Münchener Kommentar zur Insolvenzordnung

Herausgegeben von

Prof. Dr. Dres. h.c. Rolf Stürner
em. o. Professor an der Universität Freiburg i. Br.
Richter am Oberlandesgericht a.D.

Prof. Dr. Horst Eidenmüller, LL.M. (Cantab.)
University of Oxford

Dr. Heinrich Schoppmeyer
Richter am Bundesgerichtshof Karlsruhe

Band 2
§§ 80–216 InsO

Die einzelnen Bände des Münchener Kommentars zur InsO

Band 1: Einleitung
§§ 1–79
Insolvenzrechtliche Vergütungsverordnung (InsVV)

Band 2: §§ 80–216

Band 3: §§ 217–359
und Art. 103a–110 EGInsO
Insolvenzsteuerrecht
Gesamtverzeichnis
(Gesamtabnahme der Bände 1–3)

Band 4: EuInsVO 2015
Art. 102a–102c EGInsO
Länderberichte

Münchener Kommentar zur Insolvenzordnung

Band 2
§§ 80–216

4. Auflage 2019

C.H.BECK

Zitiervorschlag:
MüKoInsO/*Stürner* Einleitung Rn. 4

www.beck.de

ISBN 978 3 406 71692 8

Wilhelmstraße 9, 80801 München
Druck, Bindung und Umschlagsatz: Druckerei C.H. Beck Nördlingen
(Adresse wie Verlag)
Satz: Meta Systems Publishing & Printservices GmbH, Wustermark

CO_2 neutral

chbeck.de/nachhaltig

Gedruckt auf säurefreiem, alterungsbeständigem Papier
(hergestellt aus chlorfrei gebleichtem Zellstoff)

Im Einzelnen haben bearbeitet

---

§§ 80–82	Dr. Mihai Vuia
§ 83	Dr. Eva Schumann
§ 84	Dr. Markus Gehrlein
Vor §§ 85–86	Dr. Robert Schumacher
§§ 87–91	Dr. Lucas F. Flöther
§§ 92, 93	Dr. Markus Gehrlein
§§ 94–96	Dr. Daniel Reichelt
Vor §§ 97–102	Guido Stephan
§ 103	Dr. Michael Huber
§ 104	Dr. Uwe Jahn †/Dr. Jörg Fried
§ 105	Dr. Michael Huber
§§ 106,107	Dr. Mihai Vuia
§§ 108–112	Dr. Jan Felix Hoffmann
§§ 113,114	Dr. Georg Caspers
§§ 115–118	Dr. Mihai Vuia
§ 119	Dr. Michael Huber
§§ 120–128	Dr. Georg Caspers
Vor §§ 129–147	Dr. Nils Freudenberg
§§ 129–134	Dr. Nils Freudenberg
§ 135–138	Dr. Markus Gehrlein
§§ 139–147	Dr. Andreas Piekenbrock
§§ 148–155	Dr. Michael Jaffé
§§ 156–164	Dr. Christoph Janssen
§§ 165–173	Dr. Christoph Kern
§§ 174–177	Ernst Riedel
§§ 178–186	Dr. Robert Schumacher
§§ 187–199	Dr. Frank Kebekus/Frank Schwarzer
§§ 200–210	Udo Hintzen
§§ 207–210	Dr. Hendrik Hefermehl
§ 210a	Dr. Stephan Madaus
§§ 211–216	Dr. Hendrik Hefermehl

Inhaltsverzeichnis

§§

Band 1

Band 2

Band 3

Band 4

Die Bearbeiter aller vier Bände
(mit Ausnahme der Länderberichte)

Dr. Martin Ahrens
o. Professor an der Universität Göttingen

Dr. Caspar Behme
Lehrstuhlvertreter an der Universität Leipzig

Dr. Georg Bitter
o. Professor an der Universität Mannheim

Wolfgang Breuer
Rechtsanwalt, Fachanwalt für Insolvenzrecht und Steuerrecht in Wiehl

Dr. Christian Brünkmans, LL.M. (Münster)
Rechtsanwalt in Bonn

Dr. Alexander Bruns, LL.M. (Duke Univ.)
o. Professor an der Universität Freiburg

Dr. Klaus-Peter Busch
Richter am Amtsgericht Detmold a.D.

Dr. Georg Caspers
o. Professor an der Universität Erlangen-Nürnberg

Dr. Dr. h.c. Jochen Drukarczyk
em. o. Professor an der Universität Regensburg

Dr. Horst Eidenmüller, LL.M. (Cantab.)
Professor an der Universität Oxford, Professorial Fellow, St. Hugh's College, Oxford

Dr. Guido Eilenberger
em. o. Professor an der Universität Rostock

Dr. Lucas F. Flöther
Rechtsanwalt, Fachanwalt für Insolvenzrecht in Halle, Berlin, Mannheim, Honorarprofessor der Universität Halle-Wittenberg

Dr. Nils Freudenberg
Rechtsanwalt, Fachanwalt für Insolvenzrecht in Dresden

Dr. Jörg Fried
Rechtsanwalt und Solicitor (England & Wales) in Berlin

Dr. Hans Gerhard Ganter
Vorsitzender Richter am Bundesgerichtshof a.D.

Dr. Markus Gehrlein
Richter am Bundesgerichtshof, Honorarprofessor der Universität Mannheim

Dr. Thorsten Graeber
Richter am Amtsgericht Potsdam (Insolvenzgericht)

Dr. Hans Haarmeyer
em. Professor an der Hochschule Koblenz, RheinAhrCampus Remagen

Die Bearbeiter aller vier Bände (m. Ausnahme d. Länderberichte)

Dr. Hendrik Hefermehl
Rechtsanwalt, Fachanwalt für Insovenzrecht, Notar a.D. in Stuttgart

Udo Hintzen
Diplom-Rechtspfleger, Professor an der Hochschule für Wirtschaft und Recht Berlin

Dr. Jan Felix Hoffmann
o. Professor an der Universität Freiburg

Dr. Michael Huber
Präsident des Landgerichts Passau a. D., Honorarprofessor an der Universität Passau

Dr. Michael Jaffé
Rechtsanwalt, Fachanwalt für Steuerrecht und Insolvenzrecht in München

Dr. Uwe Jahn †
Rechtsanwalt in Frankfurt a. M.

Dr. Christoph Janssen
Rechtsanwalt in Köln

Dr. Frank Kebekus
Rechtsanwalt, Fachanwalt für Insolvenzrecht in Düsseldorf

Dr. Christoph A. Kern, LL.M. (Harvard)
o. Professor an der Universität Heidelberg

Dr. Lars Klöhn, LL.M. (Harvard)
o. Professor an der Humboldt-Universität zu Berlin

Dr. Stephan Madaus
o. Professor an der Martin-Luther-Universität Halle-Wittenberg

Dr. Bernd Peters
Rechtsanwalt in Hamburg

Dr. Andreas Piekenbrock
o. Professor an der Universität Heidelberg

Dr. Daniel Reichelt
Richter am Oberlandesgericht Schleswig-Holstein

Dr. Stefan Reinhart
Rechtsanwalt, Solicitor (England & Wales) in Frankfurt a.M., Honorarprofessor an der Frankfurt University of Applied Science

Ernst Riedel
Diplom-Rechtspfleger, Hochschule für den öff. Dienst in Starnberg

Winfried Ruh
Dipl. Betriebswirt (FH), Steuerberater, Fachberater für Internationales Steuerrecht in Freiburg

Dr. Christoph Scheuing
Rechtsanwalt in Karlsruhe

Dr. Charlotte Schildt
Rechtsanwältin in Frankfurt am Main

Dr. Ursula Schlegel
Rechtsanwältin, Solicitor (England & Wales) in Frankfurt am Main

Die Bearbeiter aller vier Bände (m. Ausnahme d. Länderberichte)

Dr. Thorsten Schleich
Rechtsanwalt in Villingen-Schwenningen

Dr. Klaus Schmid-Burgk
Rechtsanwalt in Hamburg

Dr. Heinrich Schoppmeyer
Richter am Bundesgerichtshof in Karlsruhe

Dr. Andreas Schüler
Professor an der Universität der Bundeswehr München

Dr. Robert Schumacher, LL.M. (Cantab.)
Notar in Köln

Dr. Eva Schumann
o. Professorin an der Universität Göttingen

Dr. Matthias Schüppen
Dipl. Ökonom, Rechtsanwalt, Wirtschaftsprüfer und Steuerberater in Stuttgart, Honorarprofessor an der Universität Hohenheim

Frank Schwarzer
Rechtsanwalt, Fachanwalt für Insolvenzrecht in Düsseldorf

Dr. Matthias Siegmann
Rechtsanwalt beim Bundesgerichtshof in Karlsruhe, Honorarprofessor an der Universität Heidelberg

Dr. Ralf Sinz
Rechtsanwalt, Fachanwalt für Insolvenzrecht und Diplom-Kaufmann in Köln/Hannover, Professor an der RFH Köln

Guido Stephan
Richter am Amtsgericht Darmstadt a. D.

Dr. Dres. h.c. Rolf Stürner
em. o. Professor an der Universität Freiburg i. Br., Richter am Oberlandesgericht Karlsruhe a. D.

Dr. Christoph Thole
Diplom-Kaufmann und o. Professor an der Universität zu Köln

Dr. Mihai Vuia
Richter am Amtsgericht Eschweiler

Verzeichnis der Abkürzungen und der abgekürzt zitierten Literatur

Zeitschriften werden, soweit nicht anders angegeben, nach Jahrgang und Seite zitiert.

aA	anderer Ansicht
aaO	am angegebenen Ort
AAÜG	Gesetz zur Überführung der Ansprüche und Anwartschaften aus Zusatz- und Sonderversorgungssystemen des Beitrittsgebiets (Anspruchs- und Anwartschaftsüberführungsgesetz – AAÜG) idF v. 23.12.2016 (BGBl. I S. 3234)
Abg.	Abgeordneter
Abh.	Abhandlung(en)
Abk.	Abkommen
ABl.	Amtsblatt
abl.	ablehnend
ABl. EG	Amtsblatt der Europäischen Gemeinschaften
Abs.	Absatz
Abschn.	Abschnitt
Abt.	Abteilung
abw.	abweichend
AcP	Archiv für die civilistische Praxis (Zeitschrift; zitiert nach Band und Seite; in Klammer Erscheinungsjahr des jeweiligen Bandes)
ADSp.	Allgemeine Deutsche Spediteurbedingungen
aE	am Ende
aF	alte(r) Fassung
AFG	Arbeitsförderungsgesetz idF v. 16.12.1997 (BGBl. I S. 2390)
AfP	Archiv für Presserecht (Zeitschrift)
AG	Aktiengesellschaft; Die Aktiengesellschaft (Zeitschrift); Amtsgericht (mit Ortsnamen)
AGB	Allgemeine Geschäftsbedingungen
AGBG	Gesetz zur Regelung des Rechts der Allgemeinen Geschäftsbedingungen idF v. 26.11.2001 (BGBl. I S. 3138)
AGBSpK	Allgemeine Geschäftsbedingungen der Sparkassen
AGG	Allgemeines Gleichbehandlungsgesetz idF v. 3.4.2013 (BGBl. I S. 610)
AgrarR	Agrarrecht, Zeitschrift für das gesamte Recht der Landwirtschaft, der Agrarmärkte und des ländlichen Raumes
AgV	Arbeitsgemeinschaft für Verbraucher
AHB	Allgemeine Versicherungsbedingungen für die Haftpflichtversicherung
AGR/*Bearbeiter* InsO	Ahrens/Gehrlein/Ringstmeier, Fachanwaltskommentar Insolvenzrecht, 3. Auflage 2017
AiB	Arbeitsrecht im Betrieb (Zeitschrift)
AIZ	Allgemeine Immobilien-Zeitung
AKB	Allgemeine Bedingungen für die Kraftfahrtversicherung idF v. 26.7.1988 (BAnz. S. 3658)
AK-BGB/*Bearbeiter*	Alternativkommentar zum Bürgerlichen Gesetzbuch, hrsg. v. Wassermann, 1979 ff.
AK-ZPO/*Bearbeiter*	Ankermann/Wassermann (Hrsg.), Alternativkommentar zur Zivilprozeßordnung, 1987
AktG	Aktiengesetz idF v. 17.7.2017 (BGBl. I S. 2446)
ALG	Gesetz über die Alterssicherung der Landwirte idF v. 18.12.2018 (BGBl. I S. 2651)
allg.	allgemein
allgM	allgemeine Meinung
ALR	Allgemeines Landrecht für die Preußischen Staaten von 1794 (zitiert nach §, Teil und Titel)
Alt.	Alternative
AltersteilzeitG	Altersteilzeitgesetz idF v. 29.3.2017 (BGBl. I S. 626)
aM	andere(r) Meinung
Amtl. Begr.	Amtliche Begründung
ANBA	Amtliche Nachrichten der Bundesanstalt für Arbeit
ÄndG	Gesetz zur Änderung
Andres/Leithaus/*Bearbeiter*	Andres/Leithaus, Insolvenzordnung, Kommentar, 4. Auflage 2018

Abkürzungs- und Literaturverzeichnis

AnfG	Gesetz, betr. die Anfechtung von Rechtshandlungen eines Schuldners außerhalb des Konkursverfahrens idF v. 29.3.2017 (RGBl. S. 654)
AngKSchG	Gesetz über die Fristen für die Kündigung von Angestellten v. 9.7.1926 (RGBl. I S. 399)
Anh.	Anhang
Anm.	Anmerkung
AnwBl	Anwaltsblatt (Zeitschrift)
AO	Abgabenordnung (AO) idF v. 18.12.2018 (BGBl. I S. 2639)
AöR	Archiv des öffentlichen Rechts (Zeitschrift, zitiert nach Band und Seite)
AP	Arbeitsrechtliche Praxis, Nachschlagewerk des Bundesarbeitsgerichts (Nr. ohne Gesetzesstelle bezieht sich auf den gerade kommentierten Paragraphen)
AppG	Appellationsgericht
APS/*Bearbeiter*	Ascheid/Preis/Schmidt (Hrsg.), Kündigungsrecht, 5. Aufl. 2017
AR/*Bearbeiter*	Dornbusch/Fischmeier/Löwisch (Hrsg.), Kommentar zum gesamten Arbeitsrecht, 8. Aufl. 2016
ARB	Allgemeine Reisebedingungen, AGB-Empfehlungen des Deutschen Reisebüro-Verband e. V.
ArbG	Arbeitsgericht (mit Ortsnamen)
ArbGeb.	Der Arbeitgeber (Zeitschrift)
ArbGG	Arbeitsgerichtsgesetz idF v. 12.7.2018 (BGBl. I S. 1151)
AR-Blattei	Dieterich/Schwab/Neef/Oehmann (Hrsg.), Arbeitsrecht-Blattei, Loseblatt, Stand: 2007
ArbnErfG	Gesetz über Arbeitnehmererfindungen idF v. 31.7.2009 (BGBl. I S. 2521)
ArbPlSchG	Arbeitsplatzschutzgesetz idF v. 29.6.2015 (BGBl. I S. 1061)
ArbRGeg.	Das Arbeitsrecht der Gegenwart (Zeitschrift)
Arch.	Archiv
ArchBürgR	Archiv für Bürgerliches Recht (Zeitschrift; 1.1888–43.1919)
arg.	argumentum
Arnold/Meyer-Stolte	Arnold/Meyer-Stolte/Herrmann/Rellermeyer/Hintzen, RPflG, 7. Auflage 2009
ARSt.	Arbeitsrecht in Stichworten (Entscheidungssammlung)
Art.	Artikel
ASp.	Arbeit und Sozialpolitik (Zeitschrift)
AT	Allgemeiner Teil
AtG	Atomgesetz idF v. 10.7.2018 (BGBl. I S. 1122 iVm Beck v. 11.7.2018 (BGB1. I S. 1124)
AtW	Die Atomwirtschaft, Zeitschrift für die wirtschaftlichen Fragen der Kernumwandlung
AuA	Arbeit und Arbeitsrecht (Zeitschrift)
AUB	Allgemeine Unfallversicherungs-Bedingungen
Aufl.	Auflage
AÜG	Arbeitnehmerüberlassungsgesetz idF v. 21.2.2017 (BGBl. I S. 258)
AuR	Arbeit und Recht (Zeitschrift)
AusfG	Ausführungsgesetz
AusfVO	Ausführungsverordnung
AuslInvestmG	Auslandinvestment-Gesetz idF v. 15.12.2003 (BGBl. I S. 2676)
AVB	Allgemeine Versicherungsbedingungen; Allgemeine Vertragsbestimmungen
AVO	Ausführungsverordnung
AVV	Allgemeine Verwaltungsvorschrift
AWD	Außenwirtschaftsdienst des Betriebsberaters (Zeitschrift, 4.1958–20.1974; vorher und anschließend RIW)
AWG	Außenwirtschaftsgesetz idF v. 20.7.2017 (BGBl. I S. 2789)
AWV	Außenwirtschaftsverordnung
Az.	Aktenzeichen
B	Bundes-
BA	Bundesagentur für Arbeit
Bad.-Württ.	Baden-Württemberg
bad.-württ.	baden-württembergisch
BAföG	Bundesausbildungsförderungsgesetz idF v. 8.4.2019 (BGBl. I S. 418)
BAG	Bundesarbeitsgericht
BAGE	Entscheidungen des Bundesarbeitsgerichts
BAKred.	Bundesaufsichtsamt für das Kreditwesen zum 1.5.2002 ging diese Behörde in der BaFin auf
BaFin	Bundesanstalt für Finanzdienstleistungen, gegründet am 1. Mai 2002 auf der Grundlage des Gesetzes über die integrierte Finanzdienstleistungsaufsicht (FinDAG) vom 22.4.2002

Abkürzungs- und Literaturverzeichnis

Balz/Landfermann	Balz/Landfermann, Die neuen Insolvenzgesetze, 1999
BankA	Bank-Archiv (Zeitschrift, 1.1901–43.1943; aufgegangen in Bankwirtschaft [1943–1945])
bank und markt	bank und markt (Zeitschrift)
BAnz.	Bundesanzeiger
BArbBl.	Bundesarbeitsblatt (Zeitschrift)
BarwÄndV	Verordnung zur Änderung der BarwertV v. 22.5.1984 (BGBl. I S. 692)
BarwertV	Barwert-Verordnung idF v. 3.4.2009 (BGBl. I S. 700)
Bassenge/Roth FGG/RPflG	Bassenge/Roth, Kommentar zum FGG/RPflG, 12. Aufl. 2009
BAT	Bundes-Angestellten-Tarifvertrag
Bauer/Schaub/*Bearbeiter*	Bauer/Schaub, Grundbuchordnung, Kommentar, 4. Auflage 2018
BauGB	Baugesetzbuch idF v. 30.6.2017 (BGBl. I S. 2193)
Baumbach/Hefermehl/Casper	Baumbach/Hefermehl/Casper, Wechselgesetz, Scheckgesetz, Recht der kartengestützten Zahlungen, Kommentar, 23. Auflage 2008
Baumbach/Hefermehl Wettbewerbsrecht	Baumbach/Hefermehl, Wettbewerbsrecht, 22. Aufl. 2001
Baumbach/Hueck AktG	Baumbach/Hueck, Aktiengesetz, 13. Aufl. 1968 (ergänzt 1970)
Baumbach/Hueck/*Bearbeiter* GmbHG	Baumbach/Hueck, GmbHG, Kommentar, 21. Auflage 2017
Baumbach/Hopt/*Bearbeiter*	Baumbach/Hopt, Handelsgesetzbuch, Kommentar, 38. Aufl. 2018
Baumgärtel	Baumgärtel, Handbuch der Beweislast im Privatrecht, Kommentar, 1982 ff.
BauNVO	Baunutzungsverordnung idF v. 21.11.2017 (BGBl. I S. 3786)
Baur/Stürner SachenR	Baur/Stürner, Lehrbuch des Sachenrechts, 18. Aufl. 2009 (bzw. 17. Aufl. 1999)
Baur/Stürner/Bruns Zwangsvollstreckung/I	Baur/Stürner/Bruns, Zwangsvollstreckungsrecht, Bd. I, 13. Aufl. 2006
Baur/Stürner Insolvenzrecht/II	Baur/Stürner, Zwangsvollstreckungs-, Konkurs- und Vergleichsrecht, Bd. II, Insolvenzrecht, 12. Aufl. 1990
BauR	Baurecht (Zeitschrift 1.1970 ff.)
BauSpkG	Gesetz über Bausparkassen idF v. 25.3.2019 (BGBl. I S. 357)
BauSpkVO	Verordnung zum Schutz der Gläubiger von Bausparkassen v. 16.1.1973 (BGBl. I S. 41) (außer Kraft am 31.12.1990)
Bay., bay.	Bayern, bayerisch
BayAGBGB	Bayerisches Ausführungsgesetz zum BGB
BayBS	Bereinigte Sammlung des bayerischen Landesrechts
BayJMBl.	Bayerisches Justizministerialblatt
BayObLG	Bayerisches Oberstes Landesgericht, aufgelöst zum 30.6.2006
BayObLGZ	Amtliche Sammlung von Entscheidungen des Bayerischen Obersten Landesgerichts in Zivilsachen
BayObLGSt.	Amtliche Sammlung von Entscheidungen des Bayerischen Obersten Landesgerichts in Strafsachen
BayVBl.	Bayerische Verwaltungsblätter (Zeitschrift)
BayVerfG	Bayerischer Verfassungsgerichtshof
BayVerfGE	Sammlung von Entscheidungen des Bayerischen Verfassungsgerichtshofes
BayZ	Zeitschrift für Rechtspflege in Bayern
BB	Betriebs-Berater (Zeitschrift)
BBankG	Gesetz über die Deutsche Bundesbank idF v. 4.7.2013 (BGBl. I S. 1981)
BBauBl.	Bundesbaublatt (Zeitschrift)
BBiG	Berufsbildungsgesetz idF v. 17.7.2017 (BGBl. I S. 2581)
Bd. (Bde.)	Band (Bände)
BC	Bankruptcy Code
BDA	Bundesvereinigung der Deutschen Arbeitgeberverbände
BDSG	Bundesdatenschutzgesetz v. 30.6.2017 (BGBl. I S. 2097)
Bearb., bearb.	Bearbeitung; bearbeitet
BeckOGKBGB/*Bearbeiter*	Gsell, Krüger, Lorenz, Reymann, beck-online Großkommentar
BeckOKInsO/*Bearbeiter*	Fridgen/Geiwitz/Göpfert, 13. Edition 2019
BeckOKSOZR/*Bearbeiter*	Rolfs/Giesen/Kreikebohm/Udsching BeckOK Sozialrecht, 51. Edition 2019
BeckOKZPO/*Bearbeiter*	Vorwerk/Wolf, 31. Edition 2019
Becker Insolvenzrecht	Becker, Insolvenzrecht, 3. Auflage 2010
BeckFormB BHW/*Bearbeiter*	Beck'sches Formularbuch zum Bürgerlichen, Handels- und Wirtschaftsrecht, 11. Auflage 2013

BeckHdB GmbH	Prinz/Winkeljohann (Hrsg.), Beck'sches Handbuch der GmbH, Gesellschaftrecht, Steuerrecht, 5. Aufl. 2014
BEG	Bundesentschädigungsgesetz idF v. 29.3.2017 (BGBl. I S. 626)
Begr.	Begründung
Begr. RegE	Begründung zum Regierungsentwurf einer InsO, 1992, BT-Drs. 12/2443
Begr. RegE EGInsO	Begründung zum Regierungsentwurf eines EGInsO, 1992, BT-Drs. 12/3803
Beih.	Beiheft
Beil.	Beilage
Bek.	Bekanntmachung
Bem.	Bemerkung
ber.	berichtigt
Bericht BTag	Bericht des Rechtsausschusses des Bundestags zum Regierungsentwurf einer InsO, 1994, BT-Drs. 12/7302
Bericht BTag EG	Bericht des Rechtsausschusses des Bundestags zum Regierungsentwurf eines EGInsO, 1994, BT-Drs. 12/7303
BKInsO/*Bearbeiter*	Blersch/Goetsch/Haas, Berliner Kommentar zum Insolvenzrecht, Loseblatt, Stand: Dezember 2017
BErzGG	Bundeserziehungsgeldgesetz idF v. 10.7.2012 (BGBl. I S. 1898)
bes.	besonders
BeschFG	Gesetz über arbeitsrechtliche Vorschriften zur Beschäftigungsförderung v. 26..1985 (BGBl. I S. 710), idF. v. 25.9.1996 (BGB1. I S. 1476)
bespr.	besprochen
bestr.	bestritten
betr.	betreffend; betreffs
BetrAV	Betriebliche Altersversorgung, Mitteilungsblatt der Arbeitsgemeinschaft für betriebliche Altersversorgung
BetrAVG	Betriebsrentengesetz idF v. 19.12.2018 (BGBl. I S. 2672)
BetrR	Der Betriebsrat (Zeitschrift)
BetrVG	Betriebsverfassungsgesetz idF v. 18.12.2018 (BGBl. I S. 2651)
BeurkG	Beurkundungsgesetz idF v. 18.12.2018 (BGBl. I S. 2639)
Beuthin	Beuthin, Genossenschaftsgesetz, 16. Aufl. 2018
BewG	Bewertungsgesetz idF v. 4.11.2016 (BGBl. I S. 2464)
BezG	Bezirksgericht
BfA	Bundesversicherungsanstalt für Angestellte
BfAI	Bundesstelle für Außenhandelsinformation
BFH	Bundesfinanzhof
BFHE	Sammlung der Entscheidungen und Gutachten des Bundesfinanzhofs
BFM	Bundesfinanzministerium
BFuP	Betriebswirtschaftliche Forschung und Praxis (Zeitschrift)
BGB	Bürgerliches Gesetzbuch idF v. 31.1.2019 (BGBl. I S. 54)
BGBl.	Bundesgesetzblatt
BGH	Bundesgerichtshof
BGHSt.	Entscheidungen des Bundesgerichtshofs in Strafsachen
BGHWarn.	Rechtsprechung des Bundesgerichtshofs in Zivilsachen – in der Amtlichen Sammlung nicht enthaltene Entscheidungen (als Fortsetzung von WarnR)
BGHZ	Entscheidungen des Bundesgerichtshofs in Zivilsachen
BImSchG	Bundes-Immissionsschutzgesetz idF v. 8.4.2019 (BGBl. I S. 432)
BKartA	Bundeskartellamt
BKGG	Bundeskindergeldgesetz idF v. 29.4.2019 (BGBl. I S. 530)
BKleinG	Bundeskleingartengesetz idF v. 19.9.2006 (BGBl. I S. 2146)
BLAH/*Bearbeiter*	Baumbach/Lauterbach/Albers/Hartmann, Zivilprozessordnung, 76. Auflage 2018
Bley/Mohrbutter VerglO	Bley/Mohrbutter, Kommentar zur Vergleichsordnung, 4. Aufl. 1979/1981
BLG	Bundesleistungsgesetz idF v. 11.8.2009 (BGBl. I S. 2723)
BlGBW	Blätter für Grundstücks-, Bau- und Wohnungsrecht
BlGenW	Blätter für Genossenschaftswesen
Bln.	Berlin(er)
Blomeyer/Rolfs/Otto/*Bearbeiter*	Betriebsrentengesetz – BetrAVG, 7. Aufl. 2018
BlPMZ	Blatt für Patent-, Muster- und Zeichenwesen
BlStSozArbR	Blätter für Steuerrecht, Sozialversicherung und Arbeitsrecht
BMA	Bundesminister(ium) für Arbeit und Sozialordnung
BMBau	Bundesminister(ium) für Raumordnung, Bauwesen und Städtebau
BMI	Bundesminister(ium) des Innern
BMJ	Bundesminister(ium) der Justiz
BNotO	Bundesnotarordnung idF v. 30.10.2017 (BGBl. I S. 3618)
Böhle-Stamschräder/Kilger	Böhle-Stamschräder/Kilger, Vergleichsordnung. Kommentar. 11. Aufl. 1986

BöhmsZ	Zeitschrift für internationales Privat- und Strafrecht (ab 12.1903: für internationales Privat- und Öffentliches Recht), begr. v. Böhm (ab 1915: NiemeyersZ)
Böttcher	ZVG – Gesetz über die Zwangsversteigerung und Zwangsverwaltung, 6. Aufl. 2016
BonnKomm/*Bearbeiter*	Bonner Kommentar zum Grundgesetz, Loseblatt Stand: April 2018
Bork	Bork, Einführung in das Insolvenzrecht, 8. Aufl. 2017
Boruttau/*Bearbeiter*	Grunderwerbssteuergesetz, 18. Aufl. 2015
BörsG	Börsengesetz idF v. 23.6.2017 (BGBl. I S. 1693)
BPatA	Bundespatentamt
BPatG	Bundespatentgericht
BPersVG	Bundespersonalvertretungsgesetz idF v. 17.7.2017 (BGBl. I S. 2581)
BRAGO	Bundesgebührenordnung für Rechtsanwälte idF v. 5.5.2004 (BGBl. I S. 718)
Brandes	Brandes, Höchstrichterliche Rechtsprechung zum Insolvenzrecht, 3. Aufl. 1997
BRAO	Bundesrechtsanwaltsordnung idF v. 30.10.2017 (BGBl. I S. 3618)
BRat	Bundesrat
Braun/*Bearbeiter*	Braun, Insolvenzordnung Kommentar, 7. Auflage 2017
Braun/Uhlenbruck	Braun/Uhlenbruck, Unternehmensinsolvenz. Grundlagen, Gestaltungsmöglichkeiten, Sanierung mit der Insolvenzordnung, 1997
BR-Drucks.	Drucksache des Deutschen Bundesrates
BReg.	Bundesregierung
Breithaupt	Breithaupt, Sammlung von Entscheidungen aus dem Sozialrecht, 108. Jahrgang 2018
Brem.; brem.	Bremen; bremisch
BRepD	Bundesrepublik Deutschland
Breuer Insolvenzrecht	Breuer, Insolvenzrecht, 3. Aufl. 2011
Breuer Insolvenzrechts-FormB	Breuer, Insolvenzrechts-Formularbuch mit Erläuterungen, 3. Aufl. 2007
Brox/Walker	Brox/Walker, Zwangsvollstreckungsrecht, 11. Aufl. 2018
BR-Prot.	Protokoll des Deutschen Bundesrates
BinSchG	Binnenschiffahrtsgesetz idF v. 5.7.2016 (BGBl. I S. 1578)
BSG	Bundessozialgericht
BSGE	Entscheidungen des Bundessozialgerichts
BSHG	Bundessozialhilfegesetz idF v. 21.3.2005 (BGBl. I S. 818)
BStBl.	Bundessteuerblatt
BT	Besonderer Teil
BTag	Bundestag
BT-Drs.	Drucksache des Deutschen Bundestages
BT-Prot.	Protokoll des Deutschen Bundestages
BuB	Bankrecht und Bankpraxis, Loseblattwerk, 6 Bände, 134. EL, Stand: Mai 2018
Bub/Treier MietR-HdB/*Bearbeiter*	Bub/Treier, Handbuch der Geschäfts- und Wohnraummiete, 5. Aufl. 2018
Buchst.	Buchstabe
Bülow	Bülow, Recht der Kreditsicherheiten, 9. Aufl. 2017
Bülow WechselG/ScheckG	Bülow, Kommentar zum Wechsel- und Scheckgesetz, 5. Aufl. 2013
Bumiller/Harders	Bumiller/Harders, Freiwillige Gerichtsbarkeit, 11. Aufl. 2015
Bunte	Bunte, Entscheidungssammlung zum AGB-Gesetz
Bunte HdB	Bunte, Handbuch der Allgemeinen Geschäftsbedingungen, 1982
BUrlG	Mindesturlaubsgesetz für Arbeitnehmer (Bundesurlaubsgesetz) v. 8.1.1963 (BGBl. I S. 868)
Buth/Hermanns/*Bearbeiter*	Buth/Hermanns, Restrukturierung, Sanierung, Insolvenz, 4. Aufl. 2014
Büro	Das Büro (Zeitschrift)
II. BV	Verordnung über wohnungswirtschaftliche Berechnungen (Zweite Berechnungsverordnung) idF v. 23.11.2007 (BGBl. I S. 2614)
BVerfG	Bundesverfassungsgericht
BVerfGE	Entscheidungen des Bundesverfassungsgerichts
BVerfGG	Bundesverfassungsgerichtsgesetz idF v. 8.10.2017 (BGBl. I S. 3546)
BVerwG	Bundesverwaltungsgericht
BVerwGE	Entscheidungen des Bundesverwaltungsgerichts
BVFG	Bundesvertriebenengesetz idF v. 20.11.2015 (BGBl. I S. 2010)
BVG	Bundesversorgungsgesetz idF v. 28.11.2018 (BGBl. I S. 2016)
bzgl.	bezüglich
BZRG	Bundeszentralregistergesetz idF v. 18.7.2017 (BGBl. I S. 2732)
bzw.	beziehungsweise

ca.	circa
Canaris	Canaris, Handelsrecht, 24. Aufl. 2006 (bzw. Capelle/Canaris, 22. Aufl. 1995)
Canaris Bankvertragsrecht	Canaris, Bankvertragsrecht, 1. Teil, 3. Aufl. 1988, 2. Teil 3. Auflage 1991
Canaris Vertrauenshaftung	Canaris, Die Vertrauenshaftung im deutschen Privatrecht, 1971
C.com	Code de commerce
cic	culpa in contrahendo
c.i.f.	cost, insurance, freight
Clemente	Clemente, Recht der Sicherungsgrundschuld, 3. Aufl. 1999
Cod.	Codex
Cosack/Mitteis	Cosack/Mitteis, Lehrbuch des Bürgerlichen Rechts, 8. Aufl. 1927
CR	Computer und Recht (Zeitschrift)
DAVorm	Der Amtsvormund, Rundbrief des Deutschen Instituts für Vormundschaftswesen
DB	Der Betrieb (Zeitschrift)
DBW	Die Betriebswirtschaft (Zeitschrift)
DDZ/*Bearbeiter*	Däubler/Deinert/Zwanziger (Hrsg.), KSchR – Kündigungsschutzrecht, 10. Aufl. 2017
DE	BMJ (Hrsg.), Diskussionsentwurf, Gesetz zur Reform des Insolvenzrechts, Entwurf einer Insolvenzordnung (EInsO), 1988
Demharter	Demharter, Grundbuchordnung, Kurz-Kommentar, 31. Aufl. 2018
DepotG	Depotgesetz idF v. 30.6.2016 (BGBl. I S. 1514 iVm Bek. v. 20.3.2017, BGBl. I S. 559)
ders.	derselbe
DesignG	Gesetz über den rechtlichen Schutz von Design idF v. 17.7.2017 (BGBl. I S. 2541)
DFG	Deutsche Freiwillige Gerichtsbarkeit (Zeitschrift, 1.1936–9.1944)
DGB	Deutscher Gewerkschaftsbund
dgl.	desgleichen; dergleichen
DGVZ	Deutsche Gerichtsvollzieher-Zeitung
DGWR	Deutsches Gemein- und Wirtschaftsrecht (Zeitschrift, 1.1935–7.1942)
dh	das heißt
Die Bank	Die Bank (Zeitschrift)
dies.	dieselbe(n)
Dig.	Digesten
DiskE-ESUG	BMJ, Diskussionsentwurf, Gesetz zur weiteren Erleichterung der Sanierung von Unternehmen, 2010
Diss.	Dissertation (Universitätsort)
DJ	Deutsche Justiz (Zeitschrift)
DJT	Deutscher Juristentag
DJZ	Deutsche Juristenzeitung (Zeitschrift)
DKKW/*Bearbeiter*	Däubler/Kittner/Klebe/Wedde (Hrsg.), Betriebsverfassungsgesetz, 16. Aufl. 2018
DNotZ	Deutsche Notar-Zeitung (Zeitschrift)
Dok.	Dokument
DÖV	Die öffentliche Verwaltung (Zeitschrift)
DR	Deutsches Recht (Zeitschrift)
DRdA	Das Recht der Arbeit (österreichische Zeitschrift)
DRiG	Deutsches Richtergesetz idF v. 8.6.2017 (BGBl. I S. 1570)
DRiZ	Deutsche Richterzeitung (Zeitschrift)
DRspr.	Deutsche Rechtsprechung, Entscheidungssammlung und Aufsatzhinweise
DRZ	Deutsche Rechts-Zeitschrift
DSb.	Der Sozialberater (Zeitschrift)
DStR	Deutsches Steuerrecht (Zeitschrift)
DStZ/A	Deutsche Steuerzeitung Ausgabe A
Dt.; dt.	deutsch
DtZ	Deutsch-Deutsche Rechts-Zeitschrift
DuR	Demokratie und Recht (Zeitschrift)
DVBl.	Deutsches Verwaltungsblatt
DVerkStRdsch.	Deutsche Verkehrsteuer-Rundschau
DVO	Durchführungsverordnung
DWW	Deutsche Wohnungswirtschaft (herausgegeben vom Zentralverband der deutschen Haus-, Wohnungs- und Grundeigentümer; Zeitschrift)
DZWir	Deutsche Zeitschrift für Wirtschaftrecht (Zeitschrift, ab 1999: DZWiR)
DZWiR	Deutsche Zeitschrift für Wirtschafts- und Insolvenzrecht (ab 1999; vorher: DZWir)
E	Entwurf, Entscheidung (in der amtlichen Sammlung)
EBJS/*Bearbeiter*	Ebenroth/Boujong/Joost/Strohn, Handelsgesetzbuch, Kommentar, 3. Auflage 2014 ff.
ebd.	ebenda

ECHR	ECHR Reports of Judgements and Decisions (amtliche Entscheidungssammlung des Europäischen Gerichtshofs für Menschenrechte)
ECU	European Currency Unit
EFG	Entscheidungen der Finanzgerichte
EFZG	Entgeltfortzahlungsgesetz idF v. 16.7.2015 (BGBl. I S. 1211)
EG	Einführungsgesetz; Europäische Gemeinschaft(en)
EGBGB	Einführungsgesetz zum Bürgerlichen Gesetzbuch idF v. 18.12.2018 (BGBl. I S. 2648)
EGInsO	Einführungsgesetz zur Insolvenzordnung idF v. 5.6.2017 (BGBl. I S. 1476)
EGKS	Europäische Gemeinschaft für Kohle und Stahl
EGKO	Gesetz, betreffend die Einführung der Konkursordnung vom 10.2.1877 (RGBl. S. 390)
EheG	Ehegesetz v. 26.2.1946 (= KRG Nr. 16; ABlKR S. 77)
1. EheRG	Erstes Gesetz zur Reform des Ehe- und Familienrechts idF v. 3.4.2009 (BGBl. I S. 700)
EHUG	Gesetz über elektronische Handelsregister und Genossenschaftsregister sowie das Unternehmensregister (EHUG) vom 10.11.2006 (BGBl. I S. 2553)
EignungsübungsG	Eignungsübungsgesetz idF v. 11.12.2018 (BGBl. I S. 2387, ber. S. 462)
Einf.	Einführung
Einl.	Einleitung
EInsO	siehe DE
Eisenhardt/Wackerbarth GesR I	Eisenhardt/Wackerbarth, Gesellschaftsrecht, 16. Aufl. 2015
EKMR	Europäische Kommission für Menschenrechte
Emmerich/Sonnenschein	Emmerich/Sonnenschein, Miete Handkommentar, 11. Aufl. 2014
Entsch.	Entscheidung
entspr.	entsprechend
ErbbauVO	Verordnung über das Erbbaurecht idF v. 1.10.2013 (BGBl. I S. 3719)
ErbStG	Erbschaftsteuer- und Schenkungsteuergesetz idF v. 25.3.2019 (BGBl. I S. 357)
ErfK/*Bearbeiter*	Erfurter Kommentar zum Arbeitsrecht, 18. Aufl. 2018
Erg.	Ergänzung
Erl.	Erlass; Erläuterung
Erman/*Bearbeiter*	Erman, Handkommentar zum Bürgerlichen Gesetzbuch, Band I und II, 13. Aufl. 2011
Esser/Weyers BT/1	Esser/Weyers, Schuldrecht, Band II: Besonderer Teil, Teilband 1, 8. Aufl. 1998
EStG	Einkommensteuergesetz
etc	et cetera
EuG	Europäisches Gericht Erster Instanz
EuGH	Gerichtshof der Europäischen Gemeinschaften
EuGHE	Entscheidungen des Gerichtshofes der Europäischen Gemeinschaften
EuGHMR	Europäischer Gerichtshof für Menschenrechte
EuGVVO	Verordnung (EU) Nr. 1215/2012 vom 12.12.2012 über die gerichtliche Zuständigkeit und die Anerkennung und Vollstreckung von Entscheidungen in Zivil- und Handelssachen zul. geänd. durch Art. 1 ÄndVO (EU) 2015/201 v. 26.11.14
EuGVÜ	Europäisches Übereinkommen über die gerichtliche Zuständigkeit und die Vollstreckung gerichtlicher Entscheidungen in Zivil- und Handelssachen v. 27.9.1968 (BGBl. 1996 II; 1998 II S. 1411)
EuInsVO	Verordnung (EU) Nr. 2015/848 vom 20. Mai 2015 über Insolvenzverfahren (ABl. Nr. L 141 S. 19 ber. 2016 Nr. L 349 S. 6) zul. geänd. durch Art. 1 ÄndVO (EU) 2018/946 vom 4.7.18 (ABl. Nr. L 171 S. 1)
EuInsVO aF	Verordnung (EG) Nr. 1346/2000 über Insolvenzverfahren vom 29.5.2000 (ABl. L 160 vom 30.6.2000, S. 1 = NZI 2000, 407) zul. geänd. durch VO v. 4.7.2018 (ABl. Nr. L 171 S. 1)
EuR	Europarecht (Zeitschrift)
EuZA	Europäische Zeitschrift für Arbeitsrecht
EuZW	Europäische Zeitschrift für Wirtschaftsrecht
EV	Eigentumsvorbehalt
eV	eingetragener Verein
EVertr.	Einigungsvertrag v. 31.8.1990 (BGBl. II S. 889), idF v. 8.7.2016 (BGB1. I S. 1594)
evtl.	eventuell
EVÜ	(Europäisches) Übereinkommen über das auf vertragliche Schuldverhältnisse anzuwendende Recht v. 19.6.1980 (BGBl. 1986 II S. 809; 1991 II S. 871)
EWG	Europäische Wirtschaftsgemeinschaft
EWGV	Vertrag zur Gründung der Europäischen Wirtschaftsgemeinschaft v. 25.3.1957 (BGBl. II S. 766)
EWiR	Entscheidungen zum Wirtschaftsrecht (Zeitschrift)

EWIV	Europäische wirtschaftliche Interessenvereinigung
EWIV-AG	EWIV-Ausführungsgesetz idF v. 23.10.2008 (BGBl. I S. 2026)
EWIV-VO	Verordnung (EWG) Nr. 2137/85 des Rates der EG über die Schaffung der Europäischen wirtschaftlichen Interessenvereinigung v. 25.7.1985 (ABl. EG Nr. L 199, S. 1)
EWS	Europäisches Währungssystem
EzA	Entscheidungen zum Arbeitsrecht, hrsg. von Stahlhacke (Nr. ohne Gesetzesstelle bezieht sich auf den gerade kommentierten Paragraphen)
f., ff.	folgend(e)
FamRZ	Zeitschrift für das gesamte Familienrecht
Ferid/Firsching	Ferid/Firsching, Internationales Erbrecht, 7 Bde., 1955 ff. (Loseblattausgabe) 4. Aufl. 1997
Ferid/Firsching/Dörner/Hausmann	Ferid/Firsching/Dörner/Hausmann, Internationales Erbrecht, 9 Bde. Loseblatt, 103. Auflage 2017
FernUSG	Gesetz zum Schutz der Teilnehmer am Fernunterricht (Fernunterrichtsschutzgesetz) v. 24.8.1976 (BGBl. I S. 2525)
FGG	Gesetz über die Angelegenheit der freiwilligen Gerichtsbarkeit idF v. 12.3.2009 (BGBl. I S. 470)
FGO	Finanzgerichtsordnung idF v. 12.7.2018 (BGBl. I S. 1151)
FGPrax	Praxis der Freiwilligen Gerichtsbarkeit (Zeitschrift)
Fikentscher/Heinemann	Fikentscher/Heinemann, Schuldrecht, 11. Aufl. 2017
FinDAG	Gesetz über die Bundesanstalt für Finanzdienstleistungsaufsicht idF v. 17.7.2017 (BGBl. I S. 2446)
FinG	Finanzgericht
Firsching/Graf	Firsching/Graf, Nachlaßrecht, 8. Aufl. 1999
Firsching/v. Hoffmann	Firsching/v. Hoffmann, Internationales Privatrecht, 6. Aufl. 1999
Fischer	Fischer, Strafgesetzbuch, 65. Aufl. 2018
Fitting	Fitting/Engels/Schmidt/Trebinger/Linsenmaier, Betriebsverfassungsgesetz, Handkommentar, 29. Aufl. 2018
FKInsO/*Bearbeiter*	Wimmer (Hrsg.), Frankfurter Kommentar zur Insolvenzordnung, 9. Aufl. 2018
FLF	Finanzierung-Leasing-Factoring (Zeitschrift)
Flume	Flume, Allgemeiner Teil des Bürgerlichen Rechts, 1. Bd., 1. Teil: Die Personengesellschaft, 1977, 1. Bd. 2. Teil: Die juristische Person, 1983, 2. Bd.: Das Rechtsgeschäft, 4. Aufl. 1992
Flume Eigenschaftsirrtum	Flume, Eigenschaftsirrtum und Kauf, 1948
FlurbG	Flurbereinigungsgesetz idF v. 19.12.2008 (BGBl. I S. 2794)
Fn.	Fußnote
FNA	Fundstellennachweis A, Beilage zum Bundesgesetzblatt Teil I
FNB	Fundstellennachweis B, Beilage zum Bundesgesetzblatt Teil II
FN-IDW	Fachnachrichten des Instituts der Wirtschaftsprüfer
Foerste	Foerste, Insolvenzrecht, 7. Aufl. 2018
FR	Finanz-Rundschau (Zeitschrift)
Frege/Keller/Riedel InsR	Frege/Keller/Riedel, Handbuch der Rechtspraxis Insolvenzrecht, 8. Aufl. 2015
FRG	Fremdrentengesetz idF v. 11.11.2016 (BGBl. I S. 2500)
GA	Goltdammer's Archiv für Strafrecht (1953 ff.; vorher: Dt. Strafrecht)
Gaberdiel/Gamm	Gaberdiel/Gamm, Kreditsicherung durch Grundschulden, 9. Aufl. 2011
Gagel/*Bearbeiter*	Gagel (Hrsg.), Kommentar zum SGB II/SGB III, Loseblatt
Gaul/Schilken/Becker-Eberhard ZVR	Gaul/Schilken/Becker-Eberhard, Zwangsvollstreckungsrecht, 12. Aufl. 2010
GBl.	Gesetzblatt
GBl. DDR	Gesetzblatt Deutsche Demokratische Republik
GBO	Grundbuchordnung idF v. 18.7.2017 (BGBl. I S. 2745)
GbR	Gesellschaft bürgerlichen Rechts
GBMaßnG	Gesetz über Maßnahmen auf dem Gebiet des Grundbuchwesens idF v. 31.8.2015 (BGBl. I S. 1474)
GBVfg.	Allgemeine Verfügung über die Einrichtung und Führung des Grundbuchs (Grundbuchverfügung) v. 8.8.1935 (RMBl. S. 637)
GDO	Grundstücksdokumentationsordnung vom 6.11.1975 (GBl. DDR I S. 697)
GebrMG	Gebrauchsmustergesetz idF v. 17.7.2017 (BGBl. I S. 2541)
Geigel Haftpflichtprozess	Geigel, Der Haftpflichtprozess, 27. Aufl. 2015
Geimer IZPR	Geimer, Internationales Zivilprozessrecht, 7. Aufl. 2014
Gerhardt Grundbegriffe	Walter Gerhardt, Grundbegriffe des Vollstreckungs- und Insolvenzrechts, 1985
gem.	gemäß

GenG	Genossenschaftsgesetz idF v. 17.7.2017 (BGBl. I S. 2541)
Gernhuber	Die Erfüllung und ihre Surrogate sowie das Erlöschen der Schuldverhältnisse, 2. Aufl. 1994
Ges.; ges.	Gesetz; gesetzlich
GeschmMG	Geschmacksmustergesetz idF v. 17.7.2017 (BGBl. I S. 2541)
GesO	Gesamtvollstreckungsordnung idF v. 23.5.1991 (BGBl. I S. 1185); außer Kraft am 31.12.1998 (Art. 2 EGInsO)
GesRZ	Der Gesellschafter (Zeitschrift, 1.1972 ff.)
Gessner/Rhode/Strate/Ziegert	Gessner/Rhode/Strate/Ziegert, Die Praxis der Konkursabwicklung in der Bundesrepublik Deutschland, 1978
GewA	Gewerbe-Archiv (Zeitschrift)
GewO	Gewerbeordnung idF v. 29.11.2018 (BGBl. I S. 2666)
GewStG	Gewerbesteuergesetz idF v. 11.12.2018 (BGBl. I S. 2338)
GG	Grundgesetz für die Bundesrepublik Deutschland idF v. 28.3.2019 (BGBl. I S. 404)
ggf.	gegebenenfalls
Gierke/Sandrock	Gierke/Sandrock, Handels- und Wirtschaftsrecht, 9. Aufl., 1. Band 1975
GIW	Gesetz über internationale Wirtschaftsverträge v. 5.2.1976 (GBl. DDR I S. 61), zuletzt geändert durch Gesetz vom 28.6.1990 (GBl. DDR I S. 483)
GKAktG/*Bearbeiter*	Hopt/Wiedemann (Hrsg.), Aktiengesetz, Großkommentar, 5. Aufl. 2015 ff.
GKBetrVG/*Bearbeiter*	Gemeinschaftskommentar zum Betriebsverfassungsgesetz, hrsg. von Wiese/Kreutz u.a. Bd. 1 und Bd. 2, 11. Aufl. 2018
GKHGB/*Bearbeiter*	Ensthaler (Hrsg.), Gemeinschaftskommentar zum HGB, 8. Aufl. 2015
GKG	Gerichtskostengesetz idF v. 18.4.2019 (BGBl. I S. 466)
GKSGB VI/*Bearbeiter*	Lueg/v. Maydell/Ruland, Gemeinschaftskommentar zum Sozialgesetzbuch, Gesetzliche Rentenversicherung, Stand: Mai 2018
gl. Ans.	gleiche Ansicht
GmbH	Gesellschaft mit beschränkter Haftung
GmbH & Co. (KG)	Gesellschaft mit beschränkter Haftung und Compagnie (Kommanditgesellschaft)
GmbHG	Gesetz betreffend die Gesellschaften mit beschränkter Haftung idF v. 17.7.2017 (BGBl. I S. 2446)
GmbHR	GmbH-Rundschau (Zeitschrift)
GMBl.	Gemeinsames Ministerialblatt
GMP/*Bearbeiter*	Germelmann/Matthes/Prütting (Hrsg.), Arbeitsgerichtsgesetz, 9. Aufl. 2017
GmS-OGB	Gemeinsamer Senat der obersten Gerichtshöfe des Bundes
GOÄ	Gebührenordnung für Ärzte idF v. 27.6.2017 (BGBl. I S. 1966)
GoA	Geschäftsführung ohne Auftrag
Gola/Schomerus	Gola/Schomerus, Bundesdatenschutzgesetz, 12. Aufl. 2015
Göpfert/*Bearbeiter*	Göpfert (Hrsg.), Handbuch Arbeitsrecht in Restrukturierung und Insolvenz, 2013
Gottwald/*Bearbeiter*	Gottwald (Hrsg.), InsO-HdB, 5. Aufl. 2015
Gottwald/Riedel/*Bearbeiter*	Gottwald/Riedel/Frege/Keller/Jelinsky, Praxishandbuch Insolvenzrecht, Loseblatt, Stand März 2018
Graf-Schlicker/*Bearbeiter*	Graf-Schlicker (Hrsg.), Insolvenzordnung, 5. Aufl. 2018
GrdstVG	Grundstücksverkehrsgesetz idF v. 17.12.2008 (BGBl. I S. 2586)
GrEStG 1983	Grunderwerbsteuergesetz idF v. 25.3.2019 (BGBl. I S. 357)
griech.	griechisch
GrS	Großer Senat
Gruchot	Beiträge zur Erläuterung des (bis 15.1871: Preußischen) Deutschen Rechts, begr. von Gruchot (1.1857–73.1933)
GrundE	Das Grundeigentum (Zeitschrift)
Grunewald GesR	Grunewald, Gesellschaftsrecht, 10. Aufl. 2017
GrünhutsZ	Zeitschrift für das Privat- und öffentliche Recht der Gegenwart, begr. v. Grünhut
GRUR	Gewerblicher Rechtsschutz und Urheberrecht (Zeitschrift)
GRUR Ausl.	Gewerblicher Rechtsschutz und Urheberrecht, Auslands- und internationaler Teil (Zeitschrift), 1952–1969
GRURInt.	Gewerblicher Rechtsschutz und Urheberrecht, Internationaler Teil (Zeitschrift, 1970 ff.)
GüKG	Güterkraftverkehrsgesetz idF v. 4.12.2018 (BGBl. I S. 2251)
GuG	Grundstücksmarkt und Grundstücksrecht (Zeitschrift), 1990 ff.
GVBl.	Gesetz- und Verordnungsblatt
GVG	Gerichtsverfassungsgesetz idF v. 18.4.2019 (BGBl. I S. 466)
GvKostG	Gerichtsvollzieherkostengesetz idF v. 21.11.2016 (BGBl. I S. 2591)
GVO	Grundstücksverkehrsordnung idF v. 21.11.2016 (BGBl. I S. 2591)
GVÜ	siehe EuGVÜ
GWB	Gesetz gegen Wettbewerbsbeschränkungen idF v. 12.7.2018 (BGBl. I S. 1151)

GWBG/*Bearbeiter*	Grunsky/Waas/Benecke/Greiner, Arbeitsgerichtsgesetz, 8. Aufl. 2014
GWW	Gemeinnütziges Wohnungswesen (herausgegeben vom Gesamtverband Gemeinnütziger Wohnungsunternehmen; Zeitschrift)
Haarmeyer/Frind	Haarmeyer/Frind, Insolvenzrecht, 5. Aufl. 2018
Haarmeyer/Hintzen	Haarmeyer/Hintzen, Zwangsverwaltung, 6. Aufl. 2016
Haarmeyer/Wutzke/Förster GesO	Haarmeyer/Wutzke/Förster, Gesamtvollstreckungsordnung, 4. Aufl. 1998
Haarmeyer/Wutzke/Förster InsO-HdB	Haarmeyer/Wutzke/Förster, Handbuch zur Insolvenzordnung, 3. Aufl. 2011
Haarmeyer/Mock	Haarmeyer/Mock, Insolvenzrechtliche Vergütung (InsVV), 5. Aufl. 2014
Habilschr.	Habilitationsschrift
Habscheid FG	Habscheid, Freiwillige Gerichtsbarkeit, 7. Aufl. 1983
Hachenburg/*Bearbeiter*	Hachenburg, Kommentar zum GmbHG, 8. Aufl. 1992
HaftpflG	Haftpflichtgesetz idF v. 17.7.2017 (BGBl. I S. 2421)
HAG	Heimarbeitsgesetz idF v. 18.12.2018 (BGBl. I S. 2651)
Hahn Materialien	Hahn (Hrsg.), Die gesamten Materialien zu den Reichsjustizgesetzen, Band IV: Materialien zur Konkursordnung, 1881
HaKo-KSchR/*Bearbeiter*	Gallner/Mestwerdt/Nägele (Hrsg.), Kündigungsschutzrecht, Handkommentar, 6. Aufl. 2018
Halbbd.	Halbband
HambKommInsO/*Bearbeiter*	Schmidt (Hrsg.), Hamburger Kommentar zum Insolvenzrecht, 6. Aufl. 2017
Hamb.; hamb.	Hamburg; hamburgisch
HansGZ	Hanseatische Gerichtszeitung
HansOLG	Hanseatisches Oberlandesgericht
HansRGZ	Hanseatische Rechts- und Gerichtszeitschrift
HansRZ	Hanseatische Rechtszeitschrift für Handel, Schiffahrt und Versicherung, Kolonial- und Auslandsbeziehungen
Häsemeyer	Häsemeyer, Insolvenzrecht, 4. Aufl. 2007
Hauck/Noftz	Hauck/Heines, Kommentar zum Sozialgesetzbuch, Stand: 1/17 ff.
HausratsVO	Verordnung über die Behandlung der Ehewohnung und des Hausrats v. 21.10.1944 (RGBl. I S. 256) idF v. 6.7.2009 (BGBl. I S. 1696)
HaustürWG	Gesetz über den Widerruf von Haustürgeschäften und ähnlichen Geschäften v. 16.1.1986 (BGBl. I S. 122) mWv 1.1.2002 durch Gesetz v. 26.11.2001 (BGBl. I S. 3138) aufgehoben
HdB	Handbuch
HdWW	Handwörterbuch der Wirtschaftswissenschaften, Bd. 1–10, 1977 ff.
HeimatlAuslG	Gesetz über die Rechtsstellung heimatloser Ausländer im Bundesgebiet v. 25.4.1951 (BGBl. I S. 269) idF v. 30.7.2004 (BGBl. I S. 1950)
HeimG	Heimgesetz idF v. 29.7.2009 (BGBl. I S. 2319)
Heinsius/Horn/Than	Heinsius/Horn/Than, Depotgesetz, Kommentar, 1975
Heiß/Born/*Bearbeiter*	Heiß/Born, Unterhaltsrecht, Loseblatt, 53. EL, Stand: Januar 2018
HeizkostenV	Verordnung über die verbrauchsabhängige Abrechnung der Heiz- und Warmwasserkosten idF v. 5.10.2009 (BGBl. I S. 3250)
Henckel/Kreft Insolvenzrecht	Henckel/Kreft, Insolvenzrecht 1998, RWS-Forum, Bd. 14, 1999
Henssler	Henssler, Partnerschaftsgesellschaftsgesetz, 1997
Henssler/Strohn/*Bearbeiter*	Gesellschaftsrecht, 3. Aufl. 2016
Hess.; hess.	Hessen; hessisch
Hess/Binz/Wienberg GesO	Hess/Binz/Wienberg, Gesamtvollstreckungsordnung, 4. Aufl. 1998
Hess InsO	Hess, Kommentar zur Insolvenzordnung mit EGInsO in 3 Bänden, 1999; 2007 (Neufassung)
Hess KO	Hess, Konkursordnung, 6. Aufl. 1998
Hess/Weis	Harald Hess/Michaela Weis, Das neue Anfechtungsrecht. §§ 129–147 InsO, Anfechtungsrecht §§ 1–20 AnfG, 2. Aufl. 1999
Hess/Weis/Wienberg	Hess/Weis/Wienberg, Kommentar zur Insolvenzordnung, 2. Aufl. 2001 (in der Auflage 2007 nur: Hess, Kommentar zur InsO in 3 Bänden)
Heymann HGB	Heymann, Handelsgesetzbuch, Kommentar, 2. Aufl. 1995
Hess/Gross/Reill-Ruppe/Roth	Hess/Gross/Reill-Ruppe/Roth, Insolvenzplan, Sanierungsgewinn, Restschuldbefreiung und Verbraucherinsolvenz, 4. Aufl. 2015
HEZ	Höchstrichterliche Entscheidungen (Entscheidungssammlung)
HFR	Höchstrichterliche Finanzrechtsprechung

HGB	Handelsgesetzbuch idF v. 10.7.2018 (BGBl. I S. 1102)
HHB/*Bearbeiter*	Hauck/Helml/Biebl, Arbeitsgerichtsgesetz, 4. Aufl. 2011
hins.	hinsichtlich
HintO	Hinterlegungsordnung idF v. 23.11.2007 (BGBl. I S. 2614)
Hintzen/Wolf Mobiliarvollstreckung	Hintzen/Wolf, Handbuch der Mobiliarvollstreckung, 2. Aufl. 1999
HKInsO/*Bearbeiter*	Kayser/Thole (Hrsg.), Heidelberger Kommentar zur Insolvenzordnung, 9. Aufl. 2018 (1. Aufl. 1999)
HKGmbH/*Bearbeiter*	Bartl/Bartl/Fichtelmann/Koch/Schlarb/Schmitt, Heidelberger Kommentar zum GmbH-Recht, 7. Aufl. 2014
HKHGB/*Bearbeiter*	Glanegger/Kirnberger/Kusterer ua, Heidelberger Kommentar zum HGB, 7. Aufl. 2007
hL	herrschende Lehre
hM	herrschende Meinung
HöfeO	Höfeordnung idF v. 20.11.2015 (BGBl. I S. 2010)
Hoffmann/Thorn	Hoffmann/Thorn, Internationales Privatrecht einschließlich der Grundzüge des internationalen Zivilverfahrensrechts, 9. Aufl. 2007
Hölzle Praxisleitfaden ESUG	Hölzle, Praxisleitfaden ESUG, 2. Aufl. 2013
Hopt/Hehl GesR	Hopt/Hehl, Gesellschaftsrecht, 4. Aufl. 1996
v. Hoyningen-Huene/Linck/*Bearbeiter*	v. Hoyningen-Huene/Linck, Kündigungsschutzgesetz, 15. Aufl. 2013
HPflG	Haftpflichtgesetz idF v. 17.7.2017 (BGBl. I S. 2421)
HRR	Höchstrichterliche Rechtsprechung (Zeitschrift)
Hrsg.; hrsg.	Herausgeber; herausgegeben
HRV	Verfügung über die Einrichtung und Führung des Handelsregisters (Handelsregisterverfügung) v. 12.8.1937 (RMBl. S. 515), idF v. 18.7.2017 (BGB1. I S. 2745)
Hs.	Halbsatz
Huber AnfG	Huber, Anfechtungsgesetz, 11. Aufl. 2016
Hübschmann/Hepp/Spitaler AO/FGO	Hübschmann/Hepp/Spitaler, Abgabenordnung, Finanzgerichtsordnung, Loseblatt, Stand: Juni 2018
Hueck/Canaris	Hueck/Canaris, Das Recht der Wertpapiere, Kommentar, 12. Aufl. 1986
Hueck OHG	Hueck, Das Recht der offenen Handelsgesellschaft, 4. Aufl. 1971
Hüffer/Koch	Hüffer/Koch, Aktiengesetz, 13. Aufl. 2018
HWB	Handwörterbuch
HWBdSozW	Handwörterbuch der Sozialwissenschaften (1956 ff.)
HWBRWiss.	Handwörterbuch der Rechtswissenschaft, hrsg. v. Stier-Somlo und Elster (Band u. Seite)
HWF/*Bearbeiter*	Haarmeyer/Wutzke/Förster, Insolvenzrecht, 2. Aufl. 2012
HWGNRH/*Bearbeiter*	Hess/Worzalla/Glock/Nicolai/Rose/Huke, BetrVG Kommentar. 10. Aufl. 2018
HWK/*Bearbeiter*	Henssler/Willemsen/Kalb (Hrsg.), Arbeitsrecht Kommentar, 8. Aufl. 2018
HwO	Handwerksordnung idF v. 30.6.2017 (BGBl. I S. 2143)
HypBankG	Hypothekenbankgesetz idF v. 9.9.1998 (BGBl. I S. 2074) aufgeh. durch G. v. 22.5.2005 (BGBl. I S. 1373)
iA	im Allgemeinen
idF (v.)	in der Fassung (vom)
IDR	Internationales Deliktsrecht
idR	in der Regel
idS	in diesem Sinne
IDW	Institut deutscher Wirtschaftprüfer
iE	im Einzelnen
INF	Die Information über Steuer und Wirtschaft (Zeitschrift)
InsBekV	Verordnung zu öff. Bekanntmachung in Insolvenzverfahren im Internet v. 12.2.2002 (BGBl. I S. 677), zul. geändert d. G. v. 13.4.2007 (BGBl. I S. 509)
InsbürO	Zeitschrift für das Insolvenzbüro
InsO	Insolvenzordnung idF v. 23.6.2017 (BGBl. I S. 1693)
InsOÄndG 2001	Gesetz zur Änderung der Insolvenzordnung und anderer Gesetze (zitiert nach dem RegE v. 5.1.2001, BR-Drucks. 14/01 = NZI 2001, Beilage zu Heft 1)
InsVfVereinfG 2007	Gesetz zur Vereinfachung des Insolvenzverfahrens vom 13.4.2007 (BGBl. I S. 509)
IntHK	Internationale Handelskammer
InVo	Insolvenz und Vollstreckung (Zeitschrift)
InVorG	Investitionsvorranggesetz idF v. 31.8.2015 (BGBl. I S. 1474)
IPG	Gutachten zum internationalen und ausländischen Privatrecht
IPR	Internationales Privatrecht

IPRax .... Praxis des internationalen Privat- und Verfahrensrechts (Zeitschrift, 1.1981 ff.)
IPRG .... Gesetz zur Neuregelung des Internationalen Privatrechts v. 25.7.1986 (BGBl. I S. 1142)
IPRspr. .... Makarov/Gamillscheg/Müller/Dierk/Kropholler, Die deutsche Rechtsprechung auf dem Gebiet des internationalen Privatrechts, 1952 ff.
iran. .... iranisch
iS .... im Sinne
iSd .... im Sinne der (des)
iSv .... im Sinne von
ital. .... italienisch
iÜ .... im Übrigen
iVm .... in Verbindung mit
iW .... im Wesentlichen
iwS .... im weiteren Sinne
IZPR .... Internationales Zivilprozessrecht
iZw .... im Zweifel

JA .... Juristische Arbeitsblätter (Zeitschrift)
Jaeger/*Bearbeiter* .... Jaeger/Henckel/Gerhard, Insolvenzordnung, Großkommentar, 2004 ff.
Jaeger/Henckel KO .... Jaeger/Henckel, Konkursordnung, Kommentar, 9. Aufl. 1977–1997
Jaeger/Lent (bzw. *Weber*) KO .... Jaeger, Konkursordnung, Kommentar, 8. Aufl. 1958–1973
Jansen/v. Schuckmann/Sonnenfeld/*Bearbeiter* .... Jansen/v. Schuckmann/Sonnenfeld, Gesetz über die Angelegenheiten der freiwilligen Gerichtsbarkeit FGG, Kommentar, 3 Bde., 3. Aufl. 2006
Jarass/Pieroth .... Jarass/Pieroth, Grundgesetz für die Bundesrepublik Deutschland, 15. Aufl. 2018
JArbSchG .... Jugendarbeitsschutzgesetz idF v. 10.3.2017 (BGBl. I S. 420)
Jauernig/*Bearbeiter* .... Jauernig, Bürgerliches Gesetzbuch, Kommentar, 17. Aufl. 2018
Jauernig/Berger ZwangsVollstrR .... Jauernig/Berger, Zwangsvollstreckungs- und Insolvenzrecht, 23. Aufl. 2010
Jb. .... Jahrbuch
JBeitrO .... Justizbeitreibungsordnung v. 11.3.1937 (RGBl. I S. 298)
JbfpÖ .... Jahrbuch für politische Ökonomie
JbIntR .... Jahrbuch des internationalen Rechts
JbPraxSchG .... Jahrbuch für die Praxis der Schiedsgerichtsbarkeit
Jg. .... Jahrgang
Jh. .... Jahrhundert
JherJb. .... Jherings Jahrbuch für die Dogmatik des bürgerlichen Rechts (Zeitschrift, Band u. Seite)
JIBFL .... Journal of International Banking and Financial Law
JM .... Justizministerium
JMBl. .... Justizministerialblatt
JNPÖ .... Jahrbuch für Neue Politische Ökonomie
Johannsen/Henrich .... Johannsen/Henrich, Familienrecht, 6. Aufl. 2015
JöR .... Jahrbuch des öffentlichen Rechts der Gegenwart
JR .... Juristische Rundschau (Zeitschrift)
JRfPrV .... Juristische Rundschau für die Privatversicherung (Zeitschrift)
Jura .... Juristische Ausbildung (Zeitschrift)
JurA .... Juristische Analysen (Zeitschrift)
JuS .... Juristische Schulung (Zeitschrift)
Justiz .... Die Justiz (Zeitschrift)
JVBl. .... Justizverwaltungsblatt (Zeitschrift)
JW .... Juristische Wochenschrift (Zeitschrift)
JZ .... Juristenzeitung (Zeitschrift)

KAGG .... Gesetz über Kapitalanlagegesellschaften v. 9.9.1998 (BGBl. I S. 2726) aufgehoben mWv 1.1.2004 durch Investmentmodernisierungsgesetz v. 15.12.2003 (BGBl. I S. 2676)
K. Schmidt/*Bearbeiter* .... Karsten Schmidt, Insolvenzordnung, 19. Aufl. 2016
Kant.G .... Kantonsgericht
Kap. .... Kapital; Kapitel
Kapp/Ebeling .... Kapp/Ebeling, Erbschaftsteuer- und Schenkungsteuergesetz, Kommentar, Loseblatt, 75. EL, Stand: März 2018
Kayser Rechtsprechung .... Kayser, Höchstrichterliche Rechtsprechung zum Insolvenzrecht, 6. Aufl. 2012
Kegel/Schurig IPR .... Kegel/Schurig, Internationales Privatrecht, 9. Aufl. 2004
Keidel/*Bearbeiter* .... Engelhardt/Sternal (Hrsg.), FamFG, Kommentar, 19. Aufl. 2017
Keller .... Keller, Vergütung und Kosten im Insolvenzverfahren, 4. Aufl. 2016

Kfz	Kraftfahrzeug
KG	Kammergericht (Berlin); Kommanditgesellschaft
KGJ	Jahrbuch für Entscheidungen des Kammergerichts in Sachen freiwillige Gerichtsbarkeit, in Kosten-, Stempel- und Strafsachen
KGaA	Kommanditgesellschaft auf Aktien
Kilger/K. Schmidt	Kilger/K. Schmidt, Insolvenzgesetze KO, VerglO, GesO, 17. Aufl. 1997
Kindl/Meller-Hannich/ Wolf/*Bearbeiter*	Gesamtes Recht der Zwangsvollstreckung, 3. Aufl. 2016
Kirchhof, Leitfaden	Hans-Peter Kirchhof, Leitfaden zum Insolvenzrecht, 2. Aufl. 2000
Kipp/Coing	Kipp/Coing, Erbrecht, 14. Aufl. 1990
Kissel/Mayer	Kissel/Mayer, Gerichtsverfassungsgesetz, Kommentar, 9. Aufl. 2018
KiStG	Kirchensteuergesetz
KKAktG/*Bearbeiter*	Zöllner/Noack (Hrsg.), Kölner Kommentar zum Aktiengesetz, 3. Aufl. 2009 ff.
KKInsO/*Bearbeiter*	Hess (Hrsg.), Kölner Kommentar zur Insolvenzordnung, 1. Aufl. 2016/2017
KKMR	Koller/Kindler/Roth/Morck, Handelsgesetzbuch, 8. Aufl. 2015
Klein/*Bearbeiter*	Klein, Abgabenordnung, 14. Aufl. 2018
Klingelhöffer	Vermögensverwaltung in Nachlaßsache, 2002
KO	Konkursordnung idF v. 20.5.1898 (RGBl. S. 369, 612); außer Kraft am 31.12.1998
Kothe/Ahrens/Grote/ Busch/Lackmann/ *Bearbeiter*	Verfahrenskostenstundung, Restschuldbefreiung und Verbraucherinsolvenzverfahren, 8. Aufl. 2018 zit. KAGBL/*Bearbeiter*
Köhler/Bornkamm/ Feddersen/*Bearbeiter*	Köhler/Bornkamm/Feddersen, Gesetz gegen den unlauteren Wettbewerb, UWG mit PAngV, UKlaG, DL-InfoV, Kommentar, 36. Aufl. 2018 (bis 22. Aufl. Baumbach/Hefermehl)
Kossmann/Meyer-Abich	Kossmann/Meyer-Abich, Handbuch der Wohnraummiete, 7. Aufl. 2014
Kölner Schrift	Arbeitskreis für Insolvenz- und Schiedsgerichtswesen e. V., Köln (Hrsg.), Kölner Schrift zur Insolvenzordnung, Das neue Insolvenzrecht in der Praxis, 2. Aufl. 2000, 3. Aufl. 2009
Komm.	Kommentar
1. KommBer.	Bundesministerium der Justiz, Erster Bericht der Kommission für Insolvenzrecht, 1985
2. KommBer.	Bundesministerium der Justiz, Zweiter Bericht der Kommission für Insolvenzrecht, 1986
KonsG	Konsulargesetz idF v. 18.4.2018 (BGBl. I S. 478)
Konv.	Konvention
KostO	Kostenordnung idF v. 10.10.2013 (BGBl. I S. 3799)
KPB/*Bearbeiter*	Kübler/Prütting/Bork (Hrsg.), Kommentar zur Insolvenzordnung, Loseblatt, 76. EL, Stand: Mai 2018
Kraemer/Vallender/ Vogelsang	Kraemer/Vallender/Vogelsang, Handbuch zur Insolvenz, Loseblatt, 83. EL, Stand: Mai 2018
KR/*Bearbeiter*	Etzel/Bader/Fischermeier/Friedrich u.a., Gemeinschaftskommentar zum Kündigungsschutzgesetz und zu sonstigen kündigungsschutzrechtlichen Vorschriften, 11. Aufl. 2016
KreisG	Kreisgericht
krit.	kritisch
KritJ	Kritische Justiz (Zeitschrift)
KrVjschr.	Kritische Vierteljahresschrift für Gesetzgebung und Rechtswissenschaft
KSchG	Kündigungsschutzgesetz idF v. 17.7.2017 (BGBl. I S. 2509)
KStG	Körperschaftsteuergesetz idF v. 25.3.2019 (BGBl. I S. 357)
KTS	Zeitschrift für Konkurs-, Treuhand- und Schiedsgerichtswesen (vor 1942: KuT)
Kübler/Assmann GesR	Kübler/Assmann, Gesellschaftsrecht, 6. Aufl. 2006
Kübler HRI	Kübler, Handbuch Restrukturierung in der Insolvenz (HRI), 2. Aufl. 2015
Kübler Neuordnung	Kübler (Hrsg.), Neuordnung des Insolvenzrechts, 1989
Kübler/Prütting	Kübler/Prütting, Das neue Insolvenzrecht, RWS-Dokumentation 18, 1994 (bzw. 2. Aufl. 2000)
Kuhn/Uhlenbruck	Kuhn/Uhlenbruck, Konkursordnung, Kommentar, 11. Aufl. 1994
Kuntze/Ertl/Herrmann/ Eickmann	Kuntze/Ertl/Hermann/Eickmann, Grundbuchrecht, 6. Aufl. 2006
KuT	Konkurs- und Treuhandwesen (Zeitschrift ab 1942: KTS)
KVO	Kraftverkehrsordnung für den Güterfernverkehr mit Kraftfahrzeugen (Beförderungsbedingungen) idF v. 23.12.1958 (BAnz. 31.12.1958 Nr. 249)
KWG	Kreditwesengesetz idF v. 25.3.2019 (BGBl. I S. 357)

L	Landes-
Lackner/Kühl	Lackner/Kühl, Strafgesetzbuch, 29. Aufl. 2018
LAG	Landesarbeitsgericht (mit Ortsnamen); Lastenausgleichsgesetz idF v. 8.12.2016 (BGBl. I S. 2835);
LAGE	Entscheidungen der Landesarbeitsgerichte, hrsg. v. Stahlhacke
Landmann/Rohmer/ *Bearbeiter* GewO	Landmann/Rohmer, Gewerbeordnung und ergänzende Vorschriften, Kommentar, Loseblatt, 77. EL, Stand: Oktober 2017
Lang/Weidmüller GenG	Lang/Weidmüller, Genossenschaftsgesetz, 38. Aufl. 2016
Lange/Kuchinke ErbR	Lange/Kuchinke, Lehrbuch des Erbrechts, 5. Aufl. 2001
Langenfeld/Milzer	Langenfeld/Milzer, Handbuch der Eheverträge und Scheidungsvereinbarungen, 7. Aufl. 2015
Larenz I	Larenz, Lehrbuch des Schuldrechts, Band I Allg. Teil, 14. Aufl. 1987
Larenz II 1	Larenz, Lehrbuch des Schuldrechts, Band II 1 Besonderer Teil/1. Halbband, 13. Aufl. 1986
Larenz/Canaris II 2	Larenz/Canaris, Lehrbuch des Schuldrechts, Band II 2 Besonderer Teil/2. Halbband, 13. Aufl. 1994
Laufs/Uhlenbruck	Laufs/Uhlenbruck, Handbuch des Arztrechts, 4. Aufl. 2010
Leipold/*Bearbeiter*	Leipold (Hrsg.), Insolvenzrecht im Umbruch, 1991
Leonhardt/Smid/Zeuner	Leonhardt/Smid/Zeuner, Internationales Insolvenzrecht, 2. Aufl. 2012
LSZ/*Bearbeiter*	Leonhardt/Smid/Zeuner, Insolvenzordnung, 3. Aufl. 2010
Lewald	Lewald, Das deutsche internationale Privatrecht, 1931
LG	Landgericht (mit Ortsnamen)
LGZ	(österreichisches) Landgericht für Zivilrechtssachen
Lit.	Literatur
LKStGB/*Bearbeiter*	Strafgesetzbuch – Leipziger Kommentar, 12. Aufl. 2006 ff.
LM	Lindenmaier/Möhring, Nachschlagewerk des Bundesgerichtshofs (Nr. ohne Gesetzesstelle bezieht sich auf den gerade kommentierten Paragraphen)
Löwisch/Kaiser/*Bearbeiter*	Löwisch/Kaiser (Hrsg.), Kommentar zum Betriebsverfassungsgesetz, 6. Aufl. 2010; Bd. 1 (§§ 1–73b und Wahlordnung) 7. Aufl. 2017
Löwisch/Rieble	Tarifvertragsgesetz, 4. Aufl. 2017
Löwe/v. Westphalen/ Trinkner	Löwe/Graf v. Westphalen/Trinkner, Großkommentar zum AGB-Gesetz, 2. Aufl., Band 1 (1985), Band 2 (1983), Band 3 (1985)
LPachtVG	Gesetz über die Anzeige und Beanstandung von Landpachtverträgen (Landpachtverkehrsgesetz) v. 8.11.1985 (BGBl. I S. 2075) idF v. 13.4.2006 (BGBl. I S. 855)
LPersVG	Landespersonalvertretungsgesetz
LPG	Landwirtschaftliche Produktionsgenossenschaft
LPG-G	Gesetz über die landwirtschaftlichen Produktionsgenossenschaften v. 2.7.1982 (GBl. I S. 443)
LS	Leitsatz
LSSW/*Bearbeiter*	Löwisch/Schlünder/Spinner/Wertheimer, Kündigungsschutzgesetz, 11. Aufl. 2018
LSG	Landessozialgericht (mit Ortsnamen)
LuftRegV	Verordnung über die Einrichtung und Führung des Registers für Pfandrechte an Luftfahrzeugen v. 2.3.1999 (BGBl. I S. 279) idF v. 11.8.2009 (BGBl. I S. 2713)
LuftRG	Gesetz über Rechte an Luftfahrzeugen v. 26.2.1959 (BGBl. I S. 57, 223) idF v. 31.8.2015 (BGBl. I S. 1474)
LuftVG	Luftverkehrsgesetz idF v. 20.7.2017 (BGBl. I S. 2808, ber. 2018 S. 472))
Lutter/Hommelhoff/ *Bearbeiter*	Lutter/Hommelhoff, GmbH-Gesetz, Kommentar, 19. Aufl. 2016 (bzw. 14. Aufl. 1995)
lux.	luxemburgisch
LVA	Landesversicherungsanstalt
LwAnpG	Landwirtschaftsanpassungsgesetz idF v. 23.7.2013 (BGBl. I S. 2586)
LwG	Landwirtschaftsgericht
Lwowski/Fischer/ Langenbucher/*Bearbeiter*	Lwowski/Fischer/Langenbucher (Hrsg.), Das Recht der Kreditsicherung, 9. Aufl. 2011
LwVG	Gesetz über das gerichtliche Verfahren in Landwirtschaftssachen v. 21.7.1953 (BGBl. I S. 667) idF v. 27.8.2017 (BGBl. I S. 3295)
LZ	Leipziger Zeitschrift für Deutsches Recht
MA	Der Markenartikel (Zeitschrift, 1.1934–11.1944; 12.1950 ff.)
m. abl. Anm.	mit ablehnender Anmerkung
MaBV	Verordnung über die Pflichten der Makler, Darlehens- und Anlagenvermittler, Bauträger und Baubetreuer (Makler- und Bauträgerverordnung) idF v. 9.5.2018 (BGBl. I S. 550)

mÄnd	mit Änderung(en)
mAnm	mit Anmerkung
Marotzke	Marotzke, Gegenseitige Verträge im neuen Insolvenzrecht, 3. Aufl. 2001
Maunz/Dürig/*Bearbeiter*	Maunz/Dürig, Grundgesetz, Loseblatt, Kommentar, 82. EL, Stand: Januar 2018
maW	mit anderen Worten
MBl.	Ministerialblatt
MDR	Monatsschrift für Deutsches Recht (Zeitschrift)
mE	meines Erachtens
MecklZ	Mecklenburgische Zeitschrift für Rechtspflege, Rechtswissenschaft, Verwaltung (Band u. Seite)
MedR	Medizinrecht (Zeitschrift 1. 1983 ff.)
Meikel	Meikel, Grundbuchrecht, Kommentar zur Grundbuchordnung, bearb. von Bestemeyer, Böhringer, Böttcher, Brambring, Göttlinger, Grziwotz, Kraiß, Morvilius, Roth u. a., 8. Aufl. 1997 ff.
Melchior	Melchior, Die Grundlagen des deutschen internationalen Privatrechts, 1932
Meyer-Goßner/Schmitt/*Bearbeiter*	Meyer-Goßner/Schmitt, Strafprozessordnung, 61. Aufl. 2018
MHdB ArbR/*Bearbeiter*	Münchener Handbuch zum Arbeitsrecht, hrsg. v. Kiel/Lunk/Oetker, 4. Aufl. 2018
MHdB ArbR I-IV/*Bearbeiter*	Münchener Handbuch zum Arbeitsrecht, Bd. I, 4. Aufl. 2018, Bde. II–IV, 3. Aufl. 2009
MHdB GesR I-VIII/*Bearbeiter*	Münchener Handbuch des Gesellschaftsrechts, Bde. I–VI, 4. Aufl 2013 ff., Bde. VII/VIII, 5. Aufl. 2016 ff.
MHG	Gesetz zur Regelung der Miethöhe v. 18.12.1974, BGBl. I S. 3603, idF v. 13.7.2001 (BGB1. I S. 1542)
Mio.	Million(en)
Mitt.	Mitteilung(en)
MittBayNot.	Mitteilungen des Bayerischen Notarvereins (Zeitschrift)
MittBl. Königsteiner Kreis	Mitteilungsblatt des Königsteiner Kreises
MittHV	Mitteilungen des Hochschulverbandes
MittPat.	Mitteilungen der deutschen Patentanwälte (Zeitschrift)
MittRhNotK	Mitteilungen der Rheinischen Notarkammer (Zeitschrift)
m. krit. Anm.	mit kritischer Anmerkung
MitbestG	Gesetz über die Mitbestimmung der Arbeitnehmer (Mitbestimmungsgesetz) idF v. 24.4.2015 (BGBl. I S. 642)
MiZi	Allgemeine Verfügung über Mitteilungen in Zivilsachen v. 1.10.1967 (BAnz. Nr. 218)
MMR	Multimedia und Recht (Zeitschrift)
Mohrbutter/Ringstmeier/*Bearbeiter*	Mohrbutter/Ringstmeier, Handbuch Insolvenzverwaltung, 9. Aufl. 2015 (bzw. Handbuch der Konkurs- und Vergleichsverwaltung, 6. Aufl. 1990)
Möhring	Möhring/v. Selzam, Vermögensverwaltung in Vormundschafts- und Nachlaßsachen, 8. Aufl. 1999
MoMiG	Gesetz zur Modernisierung des GmbH-Rechts und zur Bekämpfung von Missbräuchen v. 23.10.2008 (BGBl. I S. 2026)
Mönning/*Bearbeiter*	Mönning (Hrsg.), Betriebsfortführung in Restrukturierung und Insolvenz, 3. Aufl. 2016
Mot. I–V	Motive zu dem Entwurf eines Bürgerlichen Gesetzbuches für das Deutsche Reich (Bd. I Allgemeiner Teil; Bd. II Recht der Schuldverhältnisse; Bd. III Sachenrecht; Bd. IV Familienrecht; Bd. V Erbrecht)
Motive zur KO	Motive zu dem Entwurf einer Konkursordnung, RT-Drucks. 2. Legislaturperiode, II. Session 1874 Nr. 200 = III. Session 1875/76 Nr. 20
MRK	Konvention zum Schutze der Menschenrechte und Grundfreiheiten v. 4.11.1950 (Gesetz v. 7.8.1952, BGBl. II S. 685)
MRS	Mietrechtssammlung, Rechtsprechung des BVerfG, des BGH, des BayObLG, des Kammergerichts und der OLGe zum Mietrecht, hrsg. von Otto, 1980 ff.
mtl.	monatlich
MTV	Manteltarifvertrag
MuA	Mensch und Arbeit (Zeitschrift)
MüKoAktG/*Bearbeiter*	Münchener Kommentar zum Aktiengesetz, 4. Aufl. 2016/2017
MüKoBGB/*Bearbeiter*	Münchener Kommentar zum Bürgerlichen Gesetzbuch, 7. Aufl. 2016
MüKoGmbHG/*Bearbeiter*	Münchener Kommentar zum GmbH Gesetz, 2. Auflage 2016/3. Auflage 2018
MüKoHGB/*Bearbeiter*	Münchener Kommentar zum Handelsgesetzbuch, Bd. 1–6, 4. Aufl. 2016 ff.

MüKoZPO/*Bearbeiter*	Münchener Kommentar zur Zivilprozessordnung mit Gerichtsverfassungsgesetz und Nebengesetzen, Bd. 1–3, 5. Aufl. 2016/2017
Mugdan	Mugdan (Hrsg.), Die gesamten Materialien zum Bürgerlichen Gesetzbuch für das deutsche Reich, Band I–V, 1899
MuSchG	Mutterschutzgesetz v. 23.5.2017 (BGBl. I S. 1228)
Musielak/Voit/*Bearbeiter*	Musielak/Voit (Hrsg.), Zivilprozessordnung, Kommentar, 15. Aufl. 2018 (bzw. 1. Aufl. 1999)
MuW	Markenschutz und Wettbewerb (Zeitschrift)
MWHLW/*Bearbeiter*	Meilicke/Graf v. Westphalen/Hoffmann/Lenz, Partnerschaftsgesellschaftsgesetz, 3. Aufl. 2015
mwN	mit weiteren Nachweisen
m. zahlr. Nachw.	mit zahlreichen Nachweisen
m. zust. Anm.	mit zustimmender Anmerkung
na	nicht abgedruckt
nachf.	nachfolgend
Nachw.	Nachweis
Nds.; nds.	Niedersachsen; niedersächsisch
NdsRpfl.	Niedersächsische Rechtspflege (Zeitschrift)
NDV	Nachrichtendienst des Deutschen Vereins für öffentliche und private Fürsorge
Nerlich/Niehus AnfG	Nerlich/Niehus, Anfechtungsgesetz, 2000
Nerlich/Römermann/*Bearbeiter*	Nerlich/Römermann (Hrsg.), Insolvenzordnung, Kommentar, Loseblatt, 37. EL, Stand: Oktober 2018
Neuhaus	Neuhaus, Die Grundbegriffe des internationalen Privatrechts, 2. Aufl. 1976
nF	neue Fassung
NF	Neue Folge
NiemeyersZ	Niemeyers Zeitschrift für internationales Recht (25.1915–52.1937/38; vorher s. BöhmsZ, danach: ZIR)
NJ	Neue Justiz (Zeitschrift)
NJW	Neue Juristische Wochenschrift
NJW-FER	NJW-Entscheidungsdienst Familien- und Erbrecht (Zeitschrift)
NJW-MietR	NJW-Entscheidungsdienst Miet- und Wohnungsrecht (Zeitschrift)
NJW-RR	NJW-Rechtsprechungs-Report, Zivilrecht (Zeitschrift)
NJW-VHR	NJW-Entscheidungsdienst Versicherungs- und Haftungsrecht (Zeitschrift)
NJW-WettbR	NJW-Entscheidungsdienst Wettbewerbsrecht (Zeitschrift)
NMV	Verordnung über die Ermittlung der zulässigen Miete für preisgebundene Wohnungen (Neubaumietenverordnung 1970) idF v. 25.11.2003 (BGBl. I S. 2346)
Noack GesR	Noack, Gesellschaftsrecht (Sonderband 1 zu Kübler/Prütting InsO), 1999
Nov.	Novelle
NPWJ/*Bearbeiter*	Neumann/Pahlen/Winkler/Jabben, Sozialgesetzbuch IX, 13. Aufl. 2018
Nr.	Nummer(n)
NRW	Nordrhein-Westfalen
NStZ	Neue Zeitschrift für Strafrecht
NStZ-RR	NStZ-Rechtsprechungs-Report Strafrecht (Zeitschrift)
NuR	Natur und Recht (Zeitschrift)
Nußbaum	Nußbaum, Deutsches IPR, 1932
NVersZ	Neue Zeitschrift für Versicherung und Recht
NVwZ	Neue Zeitschrift für Verwaltungsrecht
NVwZ-RR	Rechtsprechungs-Report Verwaltungsrecht (Zeitschrift)
NWB	Neue Wirtschaftsbriefe (Loseblatt-Sammlung)
NZA	Neue Zeitschrift für Arbeits- und Sozialrecht
NZA-RR	NZA-Rechtsprechungs-Report Arbeitsrecht (Zeitschrift)
NZG	Neue Zeitschrift für Gesellschaftsrecht
NZI	Neue Zeitschrift für das Recht der Insolvenz und Sanierung
NZM	Neue Zeitschrift für Mietrecht
NZS	Neue Zeitschrift für Sozialrecht
NZV	Neue Zeitschrift für Verkehrsrecht
o.	oben, oder
oa	oben angegeben
oÄ	oder Ähnliches
ObG	Obergericht
Obermüller	Obermüller, Insolvenzrecht in der Bankpraxis, 9. Aufl. 2016 (4. Aufl. 1991 unter dem Titel „Handbuch Insolvenzrecht für die Kreditwirtschaft“)
Obermüller/Hess	Obermüller/Hess, InsO, Eine systematische Darstellung des neuen Insolvenzrechts, 4. Aufl. 2003

OECD	Organization of Economic Cooperation and Development
OEEC	Organisation für Europäische Wirtschaftliche Zusammenarbeit
OG	Oberstes Gericht (der ehem. DDR)
OGH	Oberster Gerichtshof (Österreich)
OHG	offene Handelsgesellschaft
oJ	ohne Jahrgang
ÖJZ	Österreichische Juristenzeitung (Zeitschrift)
OLG	Oberlandesgericht
OLG-NL	OLG-Rechtsprechung Neue Länder (Zeitschrift)
OLGRspr.	Die Rechtsprechung der Oberlandesgerichte auf dem Gebiete des Zivilrechts, hrsg. v. Mugdan und Falkmann (1.1900–46.1928; aufgegangen in HRR)
OLGZ	Rechtsprechung der Oberlandesgerichte in Zivilsachen, Amtliche Entscheidungssammlung
oO	ohne Ort
OR	Schweizerisches Obligationsrecht
ORDO	ORDO, Jahrbuch für die Ordnung von Wirtschaft und Gesellschaft
österr.	österreichisch
OCT	over the counter
oV	ohne Verfasser
OVG	Oberverwaltungsgericht
OWiG	Gesetz über Ordnungswidrigkeiten idF v. 17.12.2018 (BGBl. I S. 2571)
PAngV	Preisangabenverordnung idF v. 17.7.2017 (BGBl. I S. 2394)
Palandt/*Bearbeiter*	Palandt, Bürgerliches Gesetzbuch, 78. Aufl. 2019
Pape/Uhlenbruck/Voigt-Salus	Pape/Uhlenbruck/Voigt-Salus, Insolvenzrecht, 2. Aufl. 2010
ParteiG	Gesetz über die politischen Parteien (Parteiengesetz) idF v. 10.7.2018 (BGBl. I S. 1116)
PartGG	Partnerschaftsgesellschaftsgesetz idF v. 22.12.2015 (BGBl. I S. 2565)
PatG	Patentgesetz idF v. 8.10.2017 (BGBl. I S. 3546)
PersV	Die Personalvertretung (Zeitschrift)
PfandBG	Pfandbriefgesetz idF v. 25.3.2019 (BGBl. I S. 357)
Picone/Wengler	Picone/Wengler, Internationales Privatrecht, 1974
Pikart/Henn	Pikart/Henn, Lehrbuch der freiwilligen Gerichtsbarkeit, 1963
PK-HWF	Haarmeyer/Wutzke/Förster, Präsenzkommentar zur Insolvenzordnung, abrufbar unter www.insolvenzrecht.de
port.	portugiesisch
PostSO	Postsparkassenordnung v. 24.4.1986 (BGBl. I S. 626)
PostStruktG	Gesetz zur Neustrukturierung des Post- und Fernmeldewesens und der Deutschen Bundespost (Poststrukturgesetz – PostStruktG) v. 8.6.1989 (BGBl. I S. 1026)
Pr.; pr.	Preußen; preußisch
PrAGKO	Preußisches Ausführungsgesetz zur Deutschen Konkursordnung vom 6.3.1879, PrGS S. 109
PresseG	Gesetz über die Presse v. 7.5.1874 (RGBl. S. 65)
Preuße/*Bearbeiter* SchVG	Preuße (Hrsg.), SchVG Kommentar, 2011
PrGS	Gesetzsammlung (preußisches Gesetzblatt)
ProdHaftG	Gesetz über die Haftung für fehlerhafte Produkte (Produkthaftungsgesetz) idF v. 17.7.2017 (BGBl. I S. 2421)
Prot. I–VI	Protokolle der Kommission für die zweite Lesung des Entwurfs des BGB (Bd. I und IV 1897; Bd. II 1898; Bd. III, V und VI 1899)
ProtRA	Protokolle des Rechtsausschusses
PrOVG	Preußisches Oberverwaltungsgericht
PStG	Personenstandsgesetz idF v. 18.12.2018 (BGBl. I S. 2639)
PStV	Verordnung zur Ausführung des Personenstandsgesetzes idF v. 18.12.2018 (BGBl. I S. 2639)
PSV(aG)	Pensionssicherungsverein (auf Gegenseitigkeit)
PVÜ	Pariser Verbandsübereinkunft zum Schutz des gewerblichen Eigentums vom 20.3.1983, revidiert in Stockholm am 14.7.1967 (BGBl. 1970 II S. 293, 391, 1073; 1971 II S. 1015)
pVV	positive Vertragsverletzung
RA	Rechtsausschuß
Raape	Raape, Internationales Privatrecht, 5. Aufl. 1961
Raape/Sturm	Raape/Sturm, Internationales Privatrecht Band I, 6. Aufl. 1977
RabelsZ	Zeitschrift für ausländisches und internationales Privatrecht (Band u. Seite)
RabattG	Gesetz über Preisnachlässe (Rabattgesetz) v. 25.11.1933 (RGBl. S. 1011), idF v. 23.7.2001 (BGB1. I S. 1663)

RAG	Reichsarbeitsgericht, zugleich amtliche Sammlung der Entscheidungen (Band u. Seite)
RAnwG DDR	Gesetz über die Anwendung des Rechts auf internationale zivil-, familien- und arbeitsrechtliche Beziehungen sowie auf internationale Wirtschaftsverträge (Rechtsanwendungsgesetz) v. 5.12.1975 (GBl. DDR I S. 748)
RBerG	Rechtsberatungsgesetz v. 13.12.1935 (RGBl. S. 1478) idF v. 12.12.2007 (BGBl. I S. 2840)
RdA	Recht der Arbeit (Zeitschrift)
RdErl.	Runderlass
RdJB	Recht der Jugend und des Bildungswesens (Zeitschrift)
RdK	Das Recht des Kraftfahrers (Zeitschrift, ab 1952: Deutsches Autorecht)
RdL	Recht der Landwirtschaft (Zeitschrift)
RdSchr.	Rundschreiben
RE	Rechtsentscheid
Recht	Das Recht (Zeitschrift)
Rechtstheorie	Rechtstheorie (Zeitschrift)
rechtsw.	rechtswidrig
RefE	Referentenentwurf; speziell: Gesetz zur Reform des Insolvenzrechts, hrsg. vom BMJ (1989)
Reg.	Regierung
RegBez.	Regierungsbezirk
RegBl.	Regierungsblatt
RegE	Regierungsentwurf
RegE InsOÄndG 2001	RegE eines Gesetzes zur Änderung der Insolvenzordnung und anderer Gesetze v. 5.1.2001 (BR-Drucks. 14/01 = NZI 2001, Beilage zu Heft 1)
RegE InsVGVereinfG 2007	Regierungsentwurf eines Gesetzes zur Vereinfachung des Insolvenzverfahrens vom 11.8.2006 (BR-Drucks. 549/06 = BT-Drs. 16/3227)
RegE RBerNG	Regierungsentwurf eines Gesetzes zur Neuregelung des Rechtsberatungsgesetzes vom 1.9.2006 (BR-Drucks. 623/06 = BT-Drs. 16/3655)
Reithmann/Martiny	Reithmann/Martiny, Internationales Vertragsrecht, Das IPR der Schuldverträge, 8. Aufl. 2015
REMiet.	Rechtsentscheide Mietrecht (Thieler/Frantzioch/Uetzmann)
RES	Sammlung der Rechtsentscheide in Wohnraummietsachen, hrsg. v. Landfermann/Heerde Band I Entscheidungen 1980/1981, Band II Entscheidungen 1982, Band III Entscheidungen 1983, Band IV Entscheidungen 1984, Band V Entscheidungen 1985, Band VI Entscheidungen 1986/1987
RFH	Reichsfinanzhof, zugleich amtliche Sammlung der Entscheidungen (Band u. Seite)
RFJK/*Bearbeiter*	Regh/Fanselow/Jakubowski/Kreplin, Arbeitsrecht in der Insolvenz, 2. Aufl. 2015
RG	Reichsgericht
RGBl.	Reichsgesetzblatt
RGRK/*Bearbeiter*	Das Bürgerliche Gesetzbuch, Kommentar, herausgegeben von Mitgliedern des Bundesgerichtshofs, 12. Aufl. 1974 ff.
RGSt.	Amtliche Sammlung von Entscheidungen des Reichsgerichts in Strafsachen
RGZ	Amtliche Sammlung von Entscheidungen des Reichsgerichts in Zivilsachen
RHeimstG	Reichsheimstättengesetz idF v. 25.11.1937 (RGBl. I S. 1291)
RheinZ	Rheinische Zeitschrift für Zivil- und Prozeßrecht
Rh.-Pf.; rh.-pf.	Rheinland-Pfalz; rheinland-pfälzisch
Richardi BetrVG/*Bearbeiter*	Richardi (Hrsg.), Betriebsverfassungsgesetz, 16. Aufl. 2018
Riering	Riering, Die Betriebsfortführung durch den Konkursverwalter, 1987
Riezler	Riezler, Internationales Zivilprozeßrecht und prozessuales Fremdenrecht, 1949
RiM	Rechtsentscheide im Mietrecht (Müller, Oske, Becker, Blümmel)
RiW	Recht der internationalen Wirtschaft (Zeitschrift, 1.1954/55–3.1957 u. 21.1975 ff.; früher AWD)
RKW	Rationalsierungs-Kuratorium der deutschen Wirtschaft
RL	Richtlinie
Rn.	Randnummer
RNotZ	Rheinische Notar-Zeitung (ab 2001, Fortsetzung der MittRhNotK)
Röger/*Bearbeiter*	Röger (Hrsg.), Insolvenzarbeitsrecht, 2018
ROHG	Reichsoberhandelsgericht, auch Entscheidungssammlung (Band und Seite)
Röhricht/v. Westphalen/Haas HGB	Röhricht/v. Westphalen/Haas, Kommentar zum HGB, 4. Aufl. 2014
Rosenberg/Schwab/Gottwald	Rosenberg/Schwab/Gottwald, Zivilprozessrecht, 18. Aufl. 2018
Roth/Altmeppen	Roth/Altmeppen, GmbHG, 8. Aufl. 2015
ROW	Recht in Ost und West (Zeitschrift)

Rowedder/Schmidt-Leithoff/*Bearbeiter*	Rowedder/Schmidt-Leithoff (Hrsg.), GmbH-Gesetz, 6. Aufl. 2017
Rpfleger	Der Deutsche Rechtspfleger (Zeitschrift)
RPflG	Rechtspflegergesetz idF v. 17.12.2018 (BGBl. I S. 2573)
RPflJb.	Rechtspflegerjahrbuch
Rspr.	Rechtsprechung
RT-Drucks.	Drucksache des Reichstags
RuG	Recht und Gesellschaft (Zeitschrift)
r+s	Recht und Schaden
Rüve Diss. Uni Hamburg 2008	Rüve, Mehrheitsbeschaffung durch die Gruppenbildung im Insolvenzplan, Diss. Univ. Hamburg, 2008
Runkel/Schmidt/*Bearbeiter*	Runkel/Schmidt, Anwalts-Handbuch Insolvenzrecht, 3. Aufl. 2015
RuW	Recht und Wirtschaft (Zeitschrift)
RV	Die Rentenversicherung (Zeitschrift)
RvglHWB	Rechtsvergleichendes Handwörterbuch für das Zivil- und Handelsrecht des In- und Auslandes (Band u. Seite)
RVO	Reichsversicherungsordnung idF v. 23.10.2012 (BGBl. I S. 2246)
RzW	Rechtsprechung zum Wiedergutmachungsrecht (Zeitschrift)
S.	Seite; Recueil Sirey
s.	siehe; section
s. a.	siehe auch
saarl., Saarl.	saarländisch, Saarland
SaarlRStZ	Saarländische Rechts- und Steuerzeitschrift
SaBremR	Sammlung des bremischen Rechts
SAE	Sammlung arbeitsrechtlicher Entscheidungen (Zeitschrift)
SCEAG	Gesetz zur Ausführung der Verordnung (EG) Nr. 1435/2003 des Rates vom 22.7.2003 über das Statut der Europäischen Genossenschaft (SCE-Ausführungsgesetz) vom 14.8.2006 (BGBl. I S. 1911) idF v. 5.6.2017 (BGBl. I S. 1476)
SCE	Societas Cooperativa Europaea (Europäische Genossenschaft)
SCEVO	Verordnung (EG) Nr. 1435/2003 über das Statut der Europäischen Genossenschaft (SCE) vom 22.7.2003 (ABl. EU 2003 Nr. L 207 vom 18.8.2003, S. 1), in Kraft ab 18.8.2006
SächsAnn.	Annalen des Sächsischen Oberlandesgerichts zu Dresden
SächsArch.	Sächsisches Archiv für Rechtspflege (Zeitschrift)
Schäfer/Finnern/Hochstein	Schäfer/Finnern/Hochstein, Rechtsprechung zum privaten Baurecht, Entscheidungssammlung mit Anmerkungen, Loseblatt, Stand Sept. 2006
Schaub/*Bearbeiter*	Schaub (Begr.), Arbeitsrechts-Handbuch, 17. Aufl. 2017
ScheckG	Scheckgesetz idF v. 31.8.2015 (BGBl. I S. 1474)
Schimansky/Bunte/Lwowski	Schimansky/Bunte/Lwowski (Hrsg.), Bankrechts-Handbuch, 5. Aufl. 2017
Schlegelberger/*Bearbeiter*	Schlegelberger, Handelsgesetzbuch, Kommentar von Geßler, Hefermehl, Hildebrand, Schröder, Martens und Karsten Schmidt, 5. Aufl. 1973 ff.
SchlH	Schleswig-Holstein
SchlHA	Schleswig-Holsteinische Anzeigen (NF 1. 1837 ff. Zeitschrift)
Schlüter	Schlüter, Erbrecht, 16. Auflage 2007
K. Schmidt/*Bearbeiter*	Karsten Schmidt, Insolvenzordnung, Kurzkommentar, 19. Auflage 2016
K. Schmidt GesR	K. Schmidt, Gesellschaftsrecht, 4. Aufl. 2002
K. Schmidt Handelsrecht	K. Schmidt, Handelsrecht, 6. Aufl. 2014
K. Schmidt/Uhlenbruck/*Bearbeiter* ...	K. Schmidt/Uhlenbruck (Hrsg.), Die GmbH in Krise, Sanierung, Insolvenz, 5. Aufl. 2016
Schmidt-Futterer/*Bearbeiter*	Schmidt-Futterer, Mietrecht, Kommentar, 13. Aufl. 2017
Schmidt-Räntsch InsO ..	Schmidt-Räntsch, Insolvenzordnung mit Einführungsgesetz, 1995
Schöner/Stöber GrundbuchR	Schöner/Stöber, Grundbuchrecht, 15. Aufl. 2012
Schönke/Schröder/*Bearbeiter*	Schönke/Schröder, Strafgesetzbuch, Kommentar, 25. Aufl. 1997 (bzw. 29. Aufl. 2014)
Scholz/*Bearbeiter* GmbHG	Scholz, Kommentar zum GmbHG, 12. Aufl. 2018
Scholz/Lwowski	Scholz/Lwowski, Das Recht der Kreditsicherung, 9. Aufl. 2011
SchRegO	Schiffregisterordnung v. 19.12.1940 (RGBl. I S. 1591), idF v. 5.7.2017 (BGB1. I S. 2208)

SchRG	Gesetz über Rechte an eingetragenen Schiffen und Schiffsbauwerken v. 15.11.1940 (RGBl. I 1499)
Schulze Rechtspr.	Rechtsprechung zum Urheberrecht; Entscheidungssammlung mit Anm. von E. Schulze, 1988
Schwab/Prütting	Schwab/Prütting, Sachenrecht, 36. Aufl. 2017
Schwab/Weth/*Bearbeiter*	Schwab/Weth (Hrsg.), Arbeitsgerichtsgesetz Kommentar, 5. Aufl. 2018
SchwbG	Gesetz zur Sicherung der Eingliederung Schwerbehinderter in Arbeit, Beruf und Gesellschaft (Schwerbehindertengesetz) idF v. 26.8.1986 (BGBl. I S. 1422); aufgehoben m.W. v. 1.7.2001 (jetzt SGB IX v. 23.12.2016 (BGBl. I S. 3234) idF v. 18.4.2019 (BGBl. I S. 473))
schweiz.	schweizerisch
SchweizAG	Schweizerische Aktiengesellschaft, Société anonyme suisse (Zeitschrift)
Schwerdtner	Schwerdtner, Arbeitsrecht I, 2. Aufl. 1990
Schwintowski	Schwintowski, Bankrecht, 5. Aufl. 2018
SE	Societas Europaea (Europäische Gesellschaft, Europäische Aktiengesellschaft)
SEAG	Gesetz zur Ausführung der Verordnung (EG) Nr. 2157/2001 über das Statut der Europäischen Gesellschaft (SE) (SE-Ausführungsgesetz) vom 22.12.2004 (BGBl. I S. 3675) idF v. 10.5.2016 (BGBl. I S. 1142)
Senst/Eickmann/Mohn	Senst/Eickmann/Mohn, Handbuch für das Konkursgericht, 5. Aufl. 1976
Serick	Serick, Eigentumsvorbehalt und Sicherungsübereignung, Bände II, III und V, 1970 ff.
SeuffA	Seufferts Archiv für Entscheidungen der obersten Gerichte in den deutschen Staaten (Zeitschrift, zitiert nach Band u. Nr.; 1.1847–98.1944)
SEVO	Verordnung (EG) Nr. 2157/2001 über das Statut der Europäischen Gesellschaft (SE) vom 8.10.2001 (ABl. EU 2001 Nr. L 294 vom 10.11.2001, S. 1)
SG	Sozialgericht
SGB	Sozialgesetzbuch
SGb	Die Sozialgerichtsbarkeit (Zeitschrift)
SGG	Sozialgerichtsgesetz idF v. 12.7.2018 (BGBl. I S. 1151)
SigG	Verordnung zur digitalen Signatur (Signaturgesetz – SigG)
SigV	Verordnung zur digitalen Signatur (Signaturverordnung – SigV)
SKStGB/*Bearbeiter*	Wolter (Hrsg.), Systematischer Kommentar zum Strafgesetzbuch, Loseblatt, 9. Aufl. 2015 ff.
Smid/*Bearbeiter* GesO	Smid, Gesamtvollstreckungsordnung, 3. Aufl. 1997
Smid, Grundzüge	Smid, Grundzüge des Insolvenzrechts, 4. Aufl. 2002
Smid	Handbuch Insolvenzrecht, 6. Aufl. 2012
s. o.	siehe oben
Soergel/*Bearbeiter*	Soergel, Bürgerliches Gesetzbuch mit Einführungsgesetz und Nebengesetzen, 13. Aufl. 2000 ff. (bzw. 12. Aufl. 1987 ff.)
sog.	sogenannt
SozPlG	Gesetz über den Sozialplan im Konkurs- und Vergleichsverfahren v. 20.2.1985 (BGBl. I S. 369), außer Kraft am 31.12.1998
SozR	Sozialrecht, Rechtsprechung und Schrifttum, bearbeitet von den Richtern des Bundessozialgerichts
SozVers.	Die Sozialversicherung (Zeitschrift)
SozW	Sozialwissenschaft(en)
Sp.	Spalte
SpTrUG	Gesetz über die Spaltung der von der Treuhandanstalt verwalteten Unternehmen idF v. 4.12.2004 (BGBl. I S. 3166)
SpuRt	Zeitschrift für Sport und Recht (Zeitschrift)
SPV/*Bearbeiter*	Stahlhacke/Preis/Vossen, Kündigung und Kündigungsschutz im Arbeitsverhältnis, 11. Aufl. 2015
st.	ständig
StA	Staatsangehörigkeit
StAG	Staatsangehörigkeitsgesetz idF v. 11.10.2016 (BGBl. I S. 2218), bis 31.12.1999 amtliche Überschrift: Reichs- und Staatsangehörigkeitsgesetz
Staub/*Bearbeiter*	Canaris/Habersack/Schäfer (Hrsg.), Handelsgesetzbuch Großkommentar, 5. Aufl. 2009 ff.
Staudinger/*Bearbeiter*	Kommentar zum Bürgerlichen Gesetzbuch, 12. Aufl. 1978 ff. und 13. Bearbeitung 1993 ff. und Neubearbeitung 1998 ff.
StAZ	Das Standesamt (Zeitschrift)
StB	Der Steuerberater (Zeitschrift)
StBerG	Steuerberatungsgesetz idF v. 30.10.2017 (BGBl. I S. 3618)
Stbg.	Die Steuerberatung (Zeitschrift)
StBVV	Gebührenordnung für Steuerberater, Steuerbevollmächtigte und Steuerberatungsgesellschaften (Steuerberatervergütungsverordnung) idF v. 12.7.2017 (BGBl. I S. 2360)

StBp.	Die steuerliche Betriebsprüfung (Zeitschrift)
Stein/Jonas/*Bearbeiter*	Stein/Jonas, Zivilprozessordnung, 23. Aufl. 2014 ff.
Sten. Prot.	Stenographisches Protokoll
StGB	Strafgesetzbuch idF v. 22.3.2019 (BGBl. I S. 350)
StiftG	Stiftungsgesetz
StPO	Strafprozessordnung idF v. 18.4.2019 (BGBl. I S. 466)
Stöber	Stöber, Forderungspfändung, Zwangsvollstreckung in Forderungen und Forderungspfändung andere Vermögensrechte, 16. Aufl. 2013
Stöber/*Bearbeiter* ZVG	Stöber, Zwangsversteigerungsgesetz, 22. Aufl. 2019
Stöber ZVG-HdB	Stöber, Zwangsvollstreckung in das unbewegliche Vermögen – ZVG-Handbuch, Handbuch der Rechtspraxis, 9. Aufl. 2010
str.	streitig
st. Rspr.	ständige Rechtsprechung
StuW	Steuer und Wirtschaft (Zeitschrift)
StVG	Straßenverkehrsgesetz idF v. 8.4.2019 (BGBl. I S. 430)
StVj.	Steuerliche Vierteljahresschrift
s. u.	siehe unten
TA-Lärm	Technische Anleitung zum Schutz gegen Lärm v. 16.7.1968 (Beilage zu BAnz. Nr. 137/1968)
TA-Luft	Technische Anleitung zur Reinhaltung der Luft v. 27.2.1986 (Beilage zu BAnz. Nr. 58/1986)
teilw.	teilweise
Thomas/Putzo	Thomas/Putzo, Zivilprozessordnung mit Gerichtsverfassungsgesetz und den Einführungsgesetzen, 39. Aufl. 2018
Tipke/Kruse	Tipke/Kruse, Abgabenordnung, Finanzgerichtsordnung, Loseblatt, Stand: Juni 2018
TKG	Telekommunikationsgesetz idF v. 29.11.2018 (BGBl. I S. 2230)
TranspR	Transport- und Speditionsrecht (Zeitschrift)
türk.	türkisch
TÜV	Technischer Überwachungsverein
TVG	Tarifvertragsgesetz idF v. 18.12.2018 (BGBl. I S. 2651)
Tz.	Teilziffer
TzBfG	Gesetz über Teilzeitarbeit und befristete Arbeitsverträge idF v. 11.12.2018 (BGBl. I S. 2384)
u.	und; unten; unter
ua	unter anderem; und andere
uam	und andere(s) mehr
uÄ	und ähnliche(s)
uÄm	und ähnliches mehr
überwM	überwiegende Meinung
Übk.	Übereinkommen
UFITA	Archiv für Urheber-, Film-, Funk- und Theaterrecht (Zeitschrift, zitiert nach Band und Seite)
Uhlenbruck Das neue Insolvenzrecht	Uhlenbruck, Das neue Insolvenzrecht, Insolvenzverordnung und Einführungsgesetz nebst Materialien mit Praxishinweisen, 1994
Uhlenbruck/*Bearbeiter*	Uhlenbruck Insolvenzordnung, Kommentar, 14. Aufl. 2015/15. Auflage 2018 (hrsg von Hirte und Vallender)
Uhlenbruck/Delhaes	Uhlenbruck/Delhaes, Konkurs- und Vergleichsverfahren, Handbuch der Rechtspraxis, 5. Aufl. 1990
Ulmer/Brandner/Hensen/*Bearbeiter*	Ulmer/Brandner/Hensen, Kommentar zum Gesetz zur Regelung des Rechts der Allgemeinen Geschäftsbedingungen, 12. Aufl. 2016
UNCTAD	United Nations Congress of Trade and Development
UNIDROIT	Institut International pour l'Unification du Droit Privé
UN-KaufR	(Wiener) Übereinkommen der Vereinten Nationen über Verträge über den internationalen Warenkauf v. 11.4.1980 (BGBl. 1989 II S. 586; 1990 II S. 1477), siehe auch CISG
UNO	United Nations Organization
unstr.	unstreitig
UPR	Umwelt- und Planungsrecht (Zeitschrift)
UR	Umsatzsteuer-Rundschau
UrhG	Gesetz über Urheberrecht und verwandte Schutzrechte (Urheberrechtsgesetz) idF v. 28.11.2018 (BGBl. I S. 2014)
Urt.	Urteil
U. S.	United States Reports (amtliche Entscheidungssammlung des U. S. Supreme Court)

UStG	Umsatzsteuergesetz idF v. 11.12.2018 (BGBl. I S. 2338)
usw	und so weiter
uU	unter Umständen
UWG	Gesetz gegen den unlauteren Wettbewerb idF v. 18.4.2019 (BGBl. I S. 466)
v.	vom; von
VA	Vermittlungsausschuß
VAG	Gesetz über die Beaufsichtigung der Versicherungsunternehmen (Versicherungsaufsichtsgesetz) idF v. 25.3.2019 (BGBl. I S. 357)
Vallender/*Bearbeiter*	EuInsVO, Kommentar zur Verordnung (EU) 2015/848 über Insolvenzverfahren, 2017
VBL	Versorgungsanstalt des Bundes und der Länder
Veranneman/*Bearbeiter*	Veranneman, Schuldverschreibungsgesetz SchVG, 2. Aufl. 2016
VerBAV	Veröffentlichungen des Bundesaufsichtsamtes f. das Versicherungs- und Bausparwesen (Zeitschrift)
Verb. Komm.	Verbandskommentar, Kommentar zur Reichsversicherungsordnung (4. und 5. Buch), hrsg. v. Verband Deutscher Rentenversicherungsträger
Verb. Komm. SGB VI	Kommentar zum Recht der gesetzlichen Rentenversicherung. Sozialgesetzbuch, Sechstes Buch – Gesetzliche Rentenversicherung, hrsg. vom Verband Deutscher Rentenversicherungsträger
VerbrKrG	Verbraucherkreditgesetz idF v. 26.11.2001 (BGBl. I S. 3138)
VereinsG	Vereinsgesetz v. 5.8.1964 (BGBl. I S. 593), idF v. 10.3.2017 (BGB1. I S. 419)
Verf.	Verfassung
VerglO	Vergleichsordnung v. 26.2.1935 (RGBl. I S. 321)
Verh.	Verhandlung(en)
Verhdlg. DJT	Verhandlungen des Deutschen Juristentages
VerlG	Gesetz über das Verlagsrecht v. 19.6.1901 (RGBl. S. 217), idF v. 22.3.2002 (BGB1. I S. 1155)
VermG	Gesetz zur Regelung der offenen Vermögensfragen (Vermögensgesetz) idF v. 21.11.2016 (BGBl. I S. 2591)
Veröff.	Veröffentlichung
VersArch.	Versicherungswissenschaftliches Archiv (Zeitschrift)
VersR	Versicherungsrecht, Juristische Rundschau für die Individualversicherung (Zeitschrift)
VersRdSch.	Versicherungsrundschau (österreichische Zeitschrift)
VersW	Versicherungswirtschaft (Zeitschrift)
Verw.	Verwaltung
VerwA	Verwaltungsarchiv (Zeitschrift)
VerwG	Verwaltungsgericht
VerwGH	Verwaltungsgerichtshof
VerwRspr.	Verwaltungsrechtsprechung in Deutschland (Band u. Seite)
Vfg.	Verfügung
VGH	Verfassungsgerichtshof
vgl.	vergleiche
vH	von (vom) Hundert
Virgos/Schmit	Virgos/Schmit, Erläuternder Bericht zu dem EU-Übereinkommen über Insolvenzverfahren, in Stoll (Hrsg.), Vorschläge und Gutachten zur Umsetzung des EU-Übereinkommens über Insolvenzverfahren im deutschen Recht, 1997, S. 32
VIZ	Zeitschrift für Vermögens- und Investitionsrecht
VMBl.	Ministerialblatt des Bundesministers für (ab 1962: der) Verteidigung
VO	Verordnung
VOB Teil A/B	Verdingungsordnung für Bauleistungen, Teil A: Allg. Best. für die Vergabe von Bauleistungen, Teil B: Allg. Vertragsbedingungen für die Ausführung von Bauleistungen v. 25.10.1979 (BAnz. 1979 Nr. 208 S. 4)
VOBl.	Verordnungsblatt
VollstrA	Allgemeine Verwaltungsvorschrift über die Durchführung der Vollstreckung nach der Abgabenordnung (Vollstreckungsanweisung – VollstrA) v. 13.3.1980 (BStBl. I S. 112), idF v. 23.10.2017 (BStB1. I S. 1374)
Voraufl.	Vorauflage
Vorb.	Vorbemerkung(en)
VSSR	Vierteljahresschrift für Sozialrecht
VStG	Vermögensteuergesetz idF v. 29.10.2001 (BGBl. I S. 2785)
VuR	Verbraucher und Recht (Zeitschrift)
VVaG	Versicherungsverein auf Gegenseitigkeit
VVG	Gesetz über den Versicherungsvertrag v. 30.5.1908 (RGBl. S. 263), idF v. 17.8.2017 (BGB1. I S. 3214)
VwGO	Verwaltungsgerichtsordnung idF v. 12.7.2018 (BGBl. I S. 1151)

VwKostG	Verwaltungskostengesetz idF v. 7.8.2013 (BGBl. I S. 3154)
VwV	Verwaltungsverordnung; Verwaltungsvorschrift
VwVfG	Verwaltungsverfahrensgesetz idF v. 18.12.2018 (BGBl. I S. 2639)
VwZG	Verwaltungszustellungsgesetz idF v. 18.7.2017 (BGBl. I S. 2745)
VZS	Vereinigte Zivilsenate
Waltermann	Waltermann, Arbeitsrecht, 18. Aufl. 2016
WarnR	Rechtsprechung des Reichsgerichts, herausgegeben von Warneyer (Band u. Nr.), ab 1961: Rechtsprechung des Bundesgerichtshofs in Zivilsachen
Weber	Weber, Kreditsicherungsrecht, 9. Aufl. 2012
WEG	Wohnungseigentumsgesetz idF v. 5.12.2014 (BGBl. I S. 1962)
Weller/Prütting	Weller/Prütting, Handels- und Gesellschaftsrecht, 9. Aufl. 2016
v. Westphalen/*Bearbeiter*	Graf v. Westphalen, Vertragsrecht und AGB-Klauselwerke, 40. Aufl. 2018
WG	Wechselgesetz idF v. 31.8.2015 (BGBl. I S. 1474)
WHG	Wasserhaushaltsgesetz idF v. 4.12.2018 (BGBl. I S. 2254)
WiB	Wirtschaftsrechtliche Beratung (Zeitschrift)
Wieczorek/Schütze	Wieczorek/Schütze, Zivilprozeßordnung und Nebengesetze, 2. Aufl. 1976–1989 (bzw. 4. Aufl. 2012 ff.)
Wiedemann	Wiedemann, Gesellschaftsrecht, Band 1: Grundlagen, 1980
Windbichler	Windbichler, Gesellschaftsrecht, 24. Aufl. 2017
Winkler	Winkler, Der Testamentsvollstrecker nach bürgerlichem, Handels- und Steuerrecht, 22. Aufl. 2016
WiRO	Wirtschaft und Recht in Osteuropa (Zeitschrift)
WiSta	Wirtschaft und Statistik (herausgegeben vom Statistischen Bundesamt; Zeitschrift)
WiStG	Wirtschaftsstrafgesetz idF v. 13.4.2017 (BGBl. I S. 872)
wistra	Zeitschrift für Wirtschaft, Steuer, Strafrecht
WM	Wertpapiermitteilungen (Zeitschrift)
Wolf/Lindacher/Pfeiffer/*Bearbeiter*	Wolf/Lindacher/Pfeiffer, AGB-Recht, Kommentar, 6. Aufl. 2013
Wolf/Neuner AT	Wolf/Neuner, Allgemeiner Teil des Bürgerlichen Rechts, 11. Aufl. 2016
Wolff	Wolff, Das Internationale Privatrecht Deutschlands, 1954
WoM	Wohnungswirtschaft und Mietrecht (Informationsdienst des Deutschen Mieterbundes; Zeitschrift)
WP	Wahlperiode
WP-Handbuch	Institut der Wirtschaftsprüfer (Hrsg.), WP-Handbuch 2000, Band 1, 12. Aufl. 2001, WP-Handbuch 1998, Band 2, 11. Aufl. 1998
WPg.	Die Wirtschaftsprüfung (Zeitschrift)
WpHG	Wertpapierhandelsgesetz (Schönfelder Erg.-Bd. Nr. 58)
Wprax	Wirtschaftsrecht und Praxis (Zeitschrift)
WPO	Wirtschaftsprüferordnung
WRP	Wettbewerb in Recht und Praxis (Zeitschrift)
WRV	Weimarer Reichsverfassung v. 11.8.1919 (RGBl. S. 1383), idF v. 17.12.1932 (RGB1. I S. 547)
WStG	Wehrstrafgesetz idF v. 30.10.2017 (BGBl. I S. 3618)
WuB	Wirtschafts- und Bankrecht (Zeitschrift)
WuM	Wohnungswirtschaft und Mietrecht (Zeitschrift, 1.1948 ff.)
WuR	Die Wirtschaft und das Recht (Zeitschrift)
WuW	Wirtschaft und Wettbewerb (Zeitschrift)
WuW/E	Wirtschaft und Wettbewerb – Entscheidungssammlung
ZAP	Zeitschrift für die Anwaltspraxis
ZAS	Zeitschrift für Arbeits- und Sozialrecht (Österreich)
zB	zum Beispiel
ZBB	Zeitschrift für Bankrecht und Bankwirtschaft
ZBergR	Zeitschrift für Bergrecht
ZblSozVers.	Zentralblatt für Sozialversicherung, Sozialhilfe und -versorgung
ZDJ	Zeitschrift des Bundes Deutscher Justizamtmänner
ZDG	Zivildienstgesetz idF v. 29.6.2015 (BGBl. I S. 1061)
ZErb	Zeitschrift für die Steuer- und Erbrechtspraxis (seit 1999)
ZEuP	Zeitschrift für Europäisches Privatrecht
ZEV	Zeitschrift für Erbrecht und Vermögensnachfolge
ZfA	Zeitschrift für Arbeitsrecht
ZfB	Zeitschrift für Betriebswirtschaft
ZfbF	Zeitschrift für betriebswirtschaftliche Forschung
ZfbF	(Schmalenbachs) Zeitschrift für betriebswirtschaftliche Forschung
ZfBR	Zeitschrift für deutsches und internationales Baurecht (1.1978 ff.)
ZfgK	Zeitschrift für das gesamte Kreditwesen

ZfJ	Zeitschrift für Jugendrecht
ZfIR	Zeitschrift für Immobilienrecht
ZfRV	Zeitschrift für Rechtsvergleichung (Österreich)
ZfS	Zeitschrift für Schadensrecht (1.1980 ff.)
ZfSH	Zeitschrift für Sozialhilfe (1.1962 ff.)
ZfSozW	Zeitschrift für Sozialwissenschaft
ZfVersWesen	Zeitschrift für Versicherungswesen
ZG	Zeitschrift zur Gesetzgebung
ZGB	Schweizerisches Zivilgesetzbuch
ZGB DDR	Zivilgesetzbuch der Deutschen Demokratischen Republik v. 19.6.1975 (GBl. DDR I S. 465)
ZgesGenW	Zeitschrift für das gesamte Genossenschaftswesen
ZgesKredW	Zeitschrift für das gesamte Kreditwesen
ZgesStaatsW	Zeitschrift für die gesamte Staatswissenschaft
ZGR	Zeitschrift für Unternehmens- und Gesellschaftsrecht
ZHR	Zeitschrift für das gesamte Handelsrecht und Wirtschaftsrecht (früher Zeitschrift für das gesamte Handelsrecht und Konkursrecht)
Ziff.	Ziffer(n)
ZInsO	Zeitschrift für das gesamte Insolvenz- und Sanierungsrecht
ZIP	Zeitschrift für Wirtschaftsrecht (bis 1982: Zeitschrift für Wirtschaftsrecht und Insolvenzpraxis)
ZIR	Zeitschrift für internationales Recht (früher NiemeyersZ)
ZKredW	Zeitschrift für das gesamte Kreditwesen
ZLR	Zeitschrift für Luftrecht
ZLW	Zeitschrift für Luftrecht und Weltraumrechtsfragen
ZMR	Zeitschrift für Miet- und Raumrecht
Zöller/*Bearbeiter*	Zöller, Zivilprozessordnung, 32. Aufl. 2018
Zöllner/Loritz/Hergenröder	Loritz/Zöllner/Hergenröder Arbeitsrecht, 7. Aufl. 2015
Zöllner Wertpapierrecht	Zöllner, Wertpapierrecht, 15. Aufl. 1999
ZPO	Zivilprozeßordnung idF v. 5.12.2012 (BGBl. I S. 2418)
ZRG	Zeitschrift der Savigny-Stiftung für Rechtsgeschichte (germ. Abt. = germanistische Abteilung; rom. Abt. = romanistische Abteilung, kanon. Abt. = kanonistische Abteilung)
ZRHO	Rechtshilfeordnung für Zivilsachen (einheitliche Verwaltungsvorschrift des Bundes und der Länder)
ZRP	Zeitschrift für Rechtspolitik
ZRvgl.	Zeitschrift für Rechtsvergleichung
ZS	Zivilsenat
ZSEG	Gesetz über die Entschädigung von Zeugen und Sachverständigen idF v. 22.6.2004 (BGBl. I S. 1190)
ZSR	Zeitschrift für Sozialreform
ZStrW	Zeitschrift für die gesamte Strafrechtswissenschaft (Band u. Seite)
zT	zum Teil
zust.	zuständig; zustimmend
zutr.	zutreffend
zVb	zur Veröffentlichung bestimmt
ZVersWes.	Zeitschrift für Versicherungswesen
ZVersWiss.	Zeitschrift für die gesamte Versicherungswissenschaft (1.1901–43.1943; 49.1960 ff.)
ZVG	Gesetz über die Zwangsversteigerung und Zwangsverwaltung idF v. 24.5.2016 (BGBl. I S. 1217)
ZVI	Zeitschrift für Verbraucher und Privatinsolvenzrecht
ZVglRWiss.	Zeitschrift für vergleichende Rechtswissenschaft (Band, Jahr u. Seite)
ZVP	Zeitschrift für Verbraucherpolitik
Zwanziger	Zwanziger, Kommentar zum Arbeitsrecht der Insolvenzordnung, 5. Aufl. 2015
zZ	zurzeit
ZZP	Zeitschrift für Zivilprozess (Band u. Seite)
ZZPInt	Zeitschrift für Zivilprozess International (Band u. Seite)

Insolvenzordnung (InsO)

Vom 5. Oktober 1994 (BGBl. I S. 2866)

Geändert durch Gesetze vom 19.7.1996 (BGBl. I S. 1013), vom 28.10.1996 (BGBl. I S. 1546), vom 24.3.1997 (BGBl. I S. 594), vom 16.12.1997 (BGBl. I S. 2942 und S. 2968), vom 6.4.1998 (BGBl. I S. 666), vom 22.7.1998 (BGBl. I S. 1878), vom 25.8.1998 (BGBl. I S. 2489) und vom 19.12.1998 (BGBl. I S. 3836), vom 21.7.1999 (BGBl. I S. 1642), vom 8.12.1999 (BGBl. I S. 2384), vom 16.2.2001 (BGBl. I S. 266), durch das Mietrechtsreformgesetz vom 19.6.2001 (BGBl. I S. 1149, 1171), durch das Zivilprozessreformgesetz vom 27.7.2001 (BGBl. I S. 1887), durch Gesetz vom 26.10.2001 (BGBl. I S. 2710), vom 13.12.2001 (BGBl. I S. 3574), vom 14.3.2003 (BGBl. I S. 345), vom 23.12.2003 (BGBl. I S. 2848), vom 24.12.2003 (BGBl. I S. 3002), vom 5.4.2004 (BGBl. I S. 502), vom 9.12.2004 (BGBl. I S. 3214), vom 15.12.2004 (BGBl. I S. 3396), vom 22.3.2005 (BGBl. I S. 837), vom 10.11.2006 (BGBl. I S. 2553), vom 22.12.2006 (BGBl. I S. 3416), vom 26.3.2007 (BGBl. I S. 368), vom 13.4.2007 (BGBl. I S. 509), vom 12.12.2007 (BGBl. I S. 2840), vom 17.10.2008 (BGBl. I S. 1982), vom 23.10.2008 (BGBl. I S. 2026), vom 7.4.2009 (BGBl. I S. 725), vom 7.7.2009 (BGBl. I S. 1707), vom 29.7.2009 (BGBl. I S. 2258 und S. 2355), vom 24.9.2009 (BGBl. I S. 3151), vom 19.11.2010 (BGBl. I S. 1592), vom 9.12.2010 (BGBl. I S. 1885), vom 21.10.2011 (BGBl. I S. 2082), vom 7.12.2011 (BGBl. I S. 2582, ber. S. 2800), vom 20.12.2011 (BGBl. I S. 2854), vom 5.12.2012 (BGBl. I S. 2418), vom 15.7.2013 (BGBl. I S. 2379), vom 31.8.2013 (BGBl. I S. 3533), vom 17.7.2015 (BGBl. I S. 1245), vom 31.8.2015 (BGBl. I S. 1474), vom 20.11.2015 (BGBl. I S. 2010), vom 22.12.2016 (BGBl. I S. 3147), vom 29.3.2017 (BGBl. I S. 654), vom 5.6.2017 (BGBl. I S. 1476), vom 13.4.2017 (BGBl. I S. 866) und zuletzt vom 23.6.2017 (BGBl. I S. 1693)

BGBl. III/FNA 311-13

Dritter Teil. Wirkungen der Eröffnung des Insolvenzverfahrens

Erster Abschnitt. Allgemeine Wirkungen

§ 80 Übergang des Verwaltungs- und Verfügungsrechts

(1) Durch die Eröffnung des Insolvenzverfahrens geht das Recht des Schuldners, das zur Insolvenzmasse gehörende Vermögen zu verwalten und über es zu verfügen, auf den Insolvenzverwalter über.

(2) [1]Ein gegen den Schuldner bestehendes Veräußerungsverbot, das nur den Schutz bestimmter Personen bezweckt (§§ 135, 136 des Bürgerlichen Gesetzbuchs), hat im Verfahren keine Wirkung. [2]Die Vorschriften über die Wirkungen einer Pfändung oder einer Beschlagnahme im Wege der Zwangsvollstreckung bleiben unberührt.

Schrifttum: *Achter,* Zur Zulässigkeit der gewillkürten Prozessstandschaft des Insolvenzschuldners für den Insolvenzverwalter im Finanzprozess, DStZ 2006, 194 ff.; *Adam,* Die Regelung des § 613a BGB in der Insolvenz – Plädoyer für eine Novellierung –, FS Jobst Wellensiek, 2011, S. 701 ff.; *App,* Abberufung ehrenamtlicher Finanzrichter wegen Eröffnung eines Konkursverfahrens über ihr Vermögen?, DStZ 1987, 464 ff.; *App,* Der Eröffnungsbeschluss des Insolvenzgerichts und seine Bedeutung für die Tätigkeit der kommunalen Kasse, ZKF 2003, 78 ff.; *Arndt/Lerch/Sandkühler,* Bundesnotarordnung, Kommentar, 7. Aufl., 2012; *de Avoine,* Fortführung eines Apothekenbetriebs durch den Insolvenzverwalter, ZInsO 2015, 1725 ff.; *Ballerstedt,* Zur Haftung für culpa in contrahendo bei Geschäftsabschluß durch Stellvertreter, AcP 151 (1951), 501 ff.; *Balz,* Die Ziele der Insolvenzordnung, in: Kölner Schrift, 2. Aufl., 2000, S. 3 ff.; *Barnert,* Anmerkung zu BayObLG, Beschl. v. 17.3.2004 – 3 Z BR 46/04, KTS 2004, 410 ff.; *Barth,* Anmerkung zu LArbG Kiel, Beschl. v. 18.7.1995 – 4 Ta 72/95, EWiR 1995, 1157 f.; *Bartone,* Fehlervermeidung und Abwehr unberechtigter Maßnahmen der Finanzbehörden, AO-StB 2004, 142 ff.; *Bartone,* Anmerkung zu BFH, Beschl. v. 27.9.2006 – IV S 11/05, jurisPR-SteuerR 51/2006 Anm. 5; *Baumbach/Hefermehl,* Wettbewerbsrecht, 22. Aufl., 2000; Baumbach/*Hopt,* HGB, 35. Aufl., 2012; *Baumert,* Anmerkung zu OLG Zweibrücken, Urt. v. 16.11.2018 – 2 U 68/17, EWiR 2019, 85 f.; *Baur,* „Steckengebliebene" Insolvenzverfahren, in: FS Friedrich Weber, 1975, S. 41 ff.; *Beck/Depré,* Praxis der Insolvenz, 2. Aufl., 2010; *Beisel/Klumpp,* Der Unternehmenskauf, 6. Aufl., 2009; *Berberich/Kanschik,* Daten in der Insolvenz, NZI 2017, 1 ff.; *Berger,* Der Beschaffenheitsbegriff des § 434 Abs. 1 BGB, JZ 2004, 276 ff.; *Berger/Frege/Nicht,* Unternehmerische Ermessensentscheidungen im Insolvenzverfahren – Entscheidungsfindung, Kontrolle und persönliche Haftung, NZI 2010, 321 ff.; *Bergmann,* Die Verwaltungsbefugnis des Insolvenzverwalters über einen zur Insolvenzmasse gehörenden GmbH-Geschäftsanteil, ZInsO 2004, 225 ff.; *Bernhardt,* Buchbesprechung zu: Mentzel/Kuhn, Kommentar zur Konkursordnung, 7. Aufl., 1962, NJW 1962, 2194; *Berscheid,* Ausgewählte arbeitsrechtliche Probleme im Insolvenzeröffnungsverfahren, NZI 2000, 1 ff.; *Berscheid,* Stellung und Befugnis des vorläufigen Insolvenzverwalters aus arbeitsrechtlicher Sicht, ZInsO 1998, 9 ff.; *Berscheid,* Anmerkung zu GmS-OGB, NJW 2011, 1211, jurisPR-ArbR 10/2011; *Beth,* Zulässigkeit eines Auskunftsersuchens des Insolvenzgerichts beim Bundeszentralamt für Steuern (BZSt), NZI 2016, 109 ff.; *Beyer/Beyer,* Verkauf von Kundendaten in der Insolvenz – Verstoß gegen datenschutzrechtliche Bestimmungen?, NZI 2016, 241 ff.; *Biegelsack,* Zulässigkeit der Zahlung von Erfolgshonoraren durch Verwalter an Steuerberater?, NZI 2008, 153 ff.; *Bittmann,* Das LG Aurich, die Abrechnung des (vorläufigen) Insolvenzverwalters und das Vermögensstrafrecht, ZInsO 2017, 1874 ff.; *Blank,* Anmerkung zu OLG Schleswig, Urt. v. 14.5.2013 – 11 U 46/12, EWiR 2013, 655 f.; *Bley,* Die Haftung des Gemeinschuldners für Masseansprüche, ZZP 62 (1941), 111 ff.; *Böcker,* Anmerkung zu BGH, Beschl. v. 16.7.2009 – IX ZB 221/08, DZWiR 2009, 433 ff.; *Böckmann,* Die „Freigabe" der von § 93 InsO erfassten Ansprüche wegen Existenzvernichtungshaftung durch den Insolvenzverwalter, ZIP 2005, 2186 ff.; *Bork,* Die Geltendmachung der Existenzvernichtungshaftung in der Insolvenz, KTS 2006, 39 ff.; *Bork,* Kann der (vorläufige) Insolvenzverwalter auf das Anfechtungsrecht verzichten?, ZIP 2006, 589 ff.; *Bork,* Die Verschwiegenheitspflicht des Insolvenzverwalters im Zertifizierungsverfahren, ZIP 2007, 793 ff.; *Bork,* Anmerkung zu GmS-OGB, NJW 2011, 1211, EWiR 2010, 765; *Bork/Jacoby,* Auskunftsansprüche des Schuldners und des persönlich haftenden Gesellschafters gegen den Insolvenzverwalter, ZInsO 2002, 398 ff.; *Bötticher,* Buchbesprechung zu: Jaeger, Konkursordnung mit Einführungsgesetzen, 1. Bd., §§ 1–70 KO, 8. Aufl., 1958, ZZP 71 (1958), 314 ff.; *Bötticher,* Die Konkursmasse als Rechtsträger und der Konkursverwalter als ihr Organ, ZZP 77 (1964), 55 ff.; *Bötticher,* Erbe und Gemeinschuldner als gewillkürte Prozeßstandschaftler des Nachlaß- und des Konkursverwalters – Kritische Bemerkungen zu BGHZ 38, 281 und 35, 180, JZ 1963, 582 ff.; *Brand,* Der Insolvenzverwalter als Amtsträger und Täter der §§ 331, 332 StGB, DZWiR 2008, 318 ff.; *Braun/Uhlenbruck,* Unternehmensinsolvenz, 1997; *Brödermann/Busse,* Der „doppelte Insolvenzverwalter" als Prozeßpartei, ZIP 1997, 1779 f.; *Brehm,* Anmerkung zu BGH, Urt. v. 7.5.1992 – IX ZR 175/91, EWiR 1992, 717 f.; *Brüning,* Die Strafbarkeit des Insolvenzverwalters wegen Geldwäsche gem. § 261 StGB, wistra 2006, 241 ff.; *Bruns,* Buchbesprechungen zu: Lehrbücher des Zivilprozeß-, Vollstreckungs- und Konkursrechts, JZ 1957, 390 f.; *Bruns/Heese,* Anmerkung zu BayObLG, Beschl. v. 8.4.2005 – 3 Z BR 246/04, KTS 2006, 72 ff.; *Budnik,* Anmerkung zu BGH, Urt. v. 26.4.2018 – IX ZR 56/17, NZI 2018, 670 f.; *Büttner,* Akteneinsicht und Kontoauszug im Insolvenzeröffnungsverfahren natürlicher Personen?, ZVI 2017, 213 ff.; *Butenob,* Anmerkung zu AG Hamburg, Beschl. v. 17.11.2014 – 68c IK 619/14, ZVI 2015, 68; *Canaris,* Handelsrecht, 24. Aufl., 2006; *Classen,* Distressed M&A – Besonderheiten beim Unternehmenskauf aus der Insolvenz, BB 2010, 2898 ff.; *Cranshaw/Welsch,* Freigabe von Konten als Problemfeld der Insolvenzverwaltung, DZWiR 2016, 53 ff.; *Cziupka/Kraack,* Die Ersatzfirma der insolventen Kapitalgesellschaft – Grundfragen und technische Umsetzung, AG 2018, 525 ff.; *Derleder,* Die Rechtsstellung des Wohn- und Gewerberaummieters in der Insolvenz des Vermieters – Eine praktische Darstellung anhand von 20 Fallbeispielen, NZM 2004, 568 ff.; *Dölle,* Neutrales Handeln im Privatrecht, in: FS Fritz Schulz, Bd. 2, 1951, S. 268 ff.; *Dörndorfer,* Wirkungen der Eröffnung des Insolvenzverfahrens, DGVZ 1999, 51 ff.; *Dütz/Thüsing,* Arbeitsrecht, 16. Aufl., 2011; *Dupper/Petzsche,* Zur Strafbarkeit des vorläufigen starken Insolvenzverwalters nach § 266a StGB, wistra 2016, 294 ff.; *Eichhorn,* Altlasten im Konkurs, 1996; *Eickmann,* Höchstpersönliches Verwalterhandeln oder Delegationsbefugnis? Ein Beitrag zu den Problemen des Einsatzes von Dritten bei Durchführung der Konkursverwaltung, KTS 1986, 197 ff.; *Eidenmüller,* Rechtskauf und Unternehmenskauf, ZGS 2002, 290 ff.; *Elfring,* Versicherungsverträge im Insolvenzrecht, BB 2004, 617 ff.; *Erdmann,* Praktische Konsequenzen der Behandlung des Konkursverwalters als Organ der Konkursmasse, KTS 1967, 87 ff.; *Fischer,* Die Haftung des Unternehmensverkäufers nach neuem Schuldrecht, DStR 2004, 276; *Fischer-Böhnlein/Körner,* Rechnungslegung von Kapitalgesellschaften im Insolvenzverfahren, BB 2001, 191 ff.; *Flitsch,* Anmerkung zu BGH, Urt. v. 4.11.2004 – IX ZR 22/03, BB 2005, 17; *Flitsch,* Anmerkung zu BVerwG, Urt. v. 13.4.2005 – 6 C 4.04, BB 2005, 1586 f.; *Flitsch/Schellenberger,* Anmerkung zu BGH, Urt. v. 15.12.2005 – IX ZR 227/04, EWiR 2006, 213 f.; *Flöther,* Schiedsverfahren und Schiedsabrede unter den Bedingungen der Insolvenz, DZWiR 2001, 89 ff.; *Foerste,* Anmerkung zu BAG, Urt. v. 27.10.2005 – 6 AZR 5/05, EWiR 2006, 467 f.; *Förster,* Klartext: Die Freigabe bleibt zulässig, ZInsO 2000, 315 ff.; *Förster,* Steuererklärungspflicht bei Masseunzulänglichkeit führt zur Einstellung mangels Masse!, ZInsO 2000, 444 ff.; *Franz,* Insolvenzrechtliche Probleme der Altlastenhaftung nach dem Bundes-Bodenschutzgesetz (BBodSchG), NZI 2000, 10 ff.; *Frind,* Neuregelung von Vermögenssicherungen im strafrechtlichen Bereich zu Lasten der insolvenzrechtlichen Gläubigergemeinschaft?, NZI 2016, 674 ff.; *Fritsche,* Insolvenzfestigkeit eines durch Vormerkung gesicherten künftigen Auflassungsanspruchs, DZWiR 2002, 92 ff.; *Froehner,* Die Qualifikation der Kosten nach der Aufnahme eines Zivilrechtsstreits im Insolvenzverfahren, NZI 2016, 425 ff.; *Froehner,* Anmerkung zu OLG Hamburg, Beschl. v. 20.7.2018 – 11 W 27/18, EWiR 2019, 87 f.; *Frotscher,* Besteuerung bei Insolvenz, 7. Aufl., 2010; *Funke,* Die bestmögliche Befriedigung des Gläubigers als Hauptziel des Insolvenzverfahrens, BFuP 1995, 26 ff.; *Gaier,* Die zivilrechtliche Haftung für Altlasten uns schädliche Bodenveränderungen, NZM 2005, 161 ff.; *Gaiser,* Die Auskunfts- und Mitwirkungspflichten des Schuldners gem. § 97 InsO und die Frage nach alternativen Auskunftsquellen, ZInsO 2002, 472 ff.; *Geiser,* „Big Data" im Insolvenzverfahren, ZInsO 2017, 1185 ff.; *Gerhardt,* Insolvenzrecht und Bürgerliches Gesetzbuch, AcP 200 (2000), 426 ff.; *Gerhardt,* Vom Makel des Konkurses, in: FS Karl Michaelis, 1972, S. 100 ff.; *Gloy* (Hrsg.), HdB des Wettbewerbsrechts, 3. Aufl., 2005; *Götker,* Der Geschäftsführer in der Insolvenz der GmbH, 1999; *Götze,* Die Auswirkungen der Eröffnung eines Insolvenzverfahrens auf die Durchführung einer zuvor beschlossenen Kapitalerhöhung, ZIP 2002, 2204 ff.; *Gottwald/Baumann,* Anmerkung zu BGH, Beschl. v. 24.3.1998 (XI ZR 4/98), JZ 1998, 1179 ff.; Gravenbrucher Kreis, Große Insolvenzrechtsreform gescheitert, ZIP 1990, 476 ff.; Gravenbrucher Kreis, „Große" oder „kleine" Insolvenzrechtsreform?, ZIP 1992, 657 ff.; *Griesbeck,* Die materielle Polizeipflicht des Zustandsstörers und die Kostentragungspflicht nach unmittelbarer Ausführung und Ersatzvornahme – dargestellt am Beispiel der Altlastenproblematik, 1991; *Grote,* § 35 Abs. 2 und § 295 Abs. 2 InsO – Echte oder scheinbare Probleme nach der Freigabe der Selbständigkeit, ZInsO 2011, 1489 ff.; *Grub,* Anmerkung zu FG Düsseldorf, Urt. v. 24.3.1992 – 16 K 138/88 U, EWiR 1992, 581 f.; *Gundlach/Flöther,* Neue Auskunftsansprüche des Insolvenzverwalters gegen bestimmte Anfechtungsgegner, NZI 2009, 719 ff.; *Gundlach/Frenzel/N. Schmidt,* Die Verfahrensunterbrechung durch Insolvenzeröffnung, NJW 2004, 3222 ff.; *Gundlach/Frenzel/N. Schmidt,* Die Gewährung von Prozesskostenhilfe an den Insolvenzverwalter, NJW 2003, 2412 ff.; *Gundlach/Frenzel/N. Schmidt,* Die Kapitalerhöhung in der Insolvenz, DStR 2006, 1048 ff.; *Haarmeyer,* Bundesgerichtshof greift die Praxis der Delegation an „verbundene Dienstleister" an, ZInsO 2011, 1147 ff.; *Haarmeyer/Hillebrand,* Insolvenzrechnungslegung, ZInsO 2010, 412 ff. u. 702 ff.; *Haberzettl,* Die Freigabe im Insolvenzverfahren, NZI 2017, 474 ff.; *Hackenberg,* Der Gerichtsvollzieher im Spannungsfeld zwischen Einzel- und Gesamtzwangsvollstreckung, ZVI 2009, 133 ff.; *Hacker/v. Lilien-Waldau,* Kompetenz des Insolvenzverwalters zur Umfirmierung der insolventen Gesellschaft, NZI 2017, 787 ff.; *Hannich,* Karlsruher Kommentar zur Strafprozessordnung, 6. Aufl., 2008; *Harms,* Keine Prozeßkostenhilfe für den Insolvenzverwalter?, InVo 2000, 41 ff.; *Harnacke,* Auswirkungen des Insolvenzrechts auf die Einzelzwangsvollstreckung, DGVZ 2003, 161 ff.; *Hartmann,* Kfz-Steuer in der Insolvenz nach neuer BFH-Rechtsprechung, NZI 2012, 168; *Hartung,* Datenschutz und Insolvenzverwaltung, ZInsO 2011, 1225 ff.; *Häsemeyer,* Die Behandlung der Klage auf Auskunft im Konkurse, ZZP 80 (1967), 263 ff.; *Hees,* Beschlagnahme und arretierte Vermögenswerte in der Insolvenz des Straftäters, ZIP 2004, 298 ff.; *Hees,* Setzt die Prozessführungsbefugnis des Insolvenzverwalters gem. § 259 Abs. 3 InsO Rechtshängigkeit seiner Anfechtungsklage voraus?, ZInsO 2011, 953 ff.; *Heidland,* Die Behandlung von Baugeld in der Insolvenz von Auftraggeber und Auftragnehmer durch den Insolvenzverwalter, ZInsO 2010, 737 ff.; *Helm/Keller,* Das Veräußerungs- und Zahlungsverbot nach § 46 Abs. 1 Nr. 4 KWG: Absolutes bzw. relatives Verfügungsverbot oder rein interne Maßnahme ohne Drittwirkung?, BKR 2016, 59 ff.; *Henckel,* Pflichten des Konkursverwalters gegenüber dem Aus- und Absonderungsberechtigten, 2. Aufl., 1979; *Henckel,* Buchbesprechung zu: K. Schmidt, Wege zum Insolvenzrecht der Unternehmen, ZIP 1991, 133 ff.; *Henckel,* Anmerkung zu LG Lübeck, Urt. v. 22.3.1983 – 5 O 46/81, ZIP 1983, 712 ff.; *Henke/Krämer,* Anmerkung zu OLG Zweibrücken, Urt. v. 16.11.2018 – 2 U 68/17, NZI 2019, 56; *Henning,* Anmerkung zu LG Wuppertal, Beschl. v. 17.8.2016 – 9 T 130/16, NZI 2017, 676 f.; *Hergenröder,* Erklärung des Insolvenzverwalters nach § 35 Abs. 2 InsO und Arbeitsverhältnis, DZWiR 2013, 251 ff.; *Hess,* Zur Haftung des Arbeitgebers wegen Vorenthaltung von Arbeitnehmerbeiträgen zur Sozialversicherung [hier Zahlungsunfähigkeit], SGb 1997, 287 ff.; *Hess/Boochs/Weis,* Steuerrecht in der Insolvenz, 1996; *Hippel/Schneider,* Bankinterne Kenntniszurechnung hinsichtlich Insolvenzverfahrenseröffnung – Bekanntmachung im Amtsblatt, NZI 2006, 177 ff.; *Hölken,* Die Nichtigkeit von Rechtshandlungen nach den Grundsätzen der evidenten Insolvenzzweckwidrigkeit im (vorläufigen) Regelinsolvenzverfahren und in der (vorläufigen) Eigenverwaltung, DZWIR 2019, 51 ff.; *Hölzle,* Sanierende Übertragung – Besonderheiten des Unternehmenskaufs in Krise und Insolvenz, DStR 2004, 1433 ff.; *Holzapfel/Pöllath,* Recht und Praxis des Unternehmenskaufs, 12. Aufl., 2005; *Holzkämper,* Die Haftung des GmbH-Geschäftsführers für nicht abgeführte Beiträge zur Sozialversicherung und der Einwand der Zahlungsunfähigkeit der GmbH, BB 1996, 2142 ff.; *Hommelhoff,* Die Sachmängelhaftung beim Unternehmenskauf, 1975; *Horner/Rand,* Kfz-Steuer: Massehaftung für insolventes Vermögen?, NZI 2011, 898; *Hunsalzer,* Haftung für Sozialversicherungsbeiträge und deren Insolvenzanfechtung im Schutzschirmverfahren gem. § 270b InsO, ZInsO 2014, 1748 ff.; *Jaeger,* Voraussetzungen der Bewilligung von Prozeßkostenhilfe für den Insolvenzverwalter, VersR 1997, 1060 ff.; *Janca,* Der Auskunftsanspruch des Insolvenzverwalters gegen den Gerichtsvollzieher im Rahmen der Insolvenzanfechtung, NZI 2003, 188 f.; *Janca/Schroeder/Baron,* Strafrecht und Insolvenzrecht – Stationen, Friktionen, Lösungsansätze, wistra 2015, 409 ff.; *Jauernig,* Ist die Rechtsmacht des Konkursverwalters durch den Konkurszweck begrenzt?, in: FS Friedrich Weber, 1975, S. 307 ff.; *Junghans,* Anmerkung zu BFH ZIP 2012, 42, EWiR 2012, 179; *Kämmerer,* Die Rechtsstellung der Vermögensverwalters – Ein Diskussionsbeitrag zur Frage der rechtlichen Stellung des Konkursverwalters, Testamentsvollstreckers und Nachlaßverwalters, JR 1970, 328 ff.; *Kaetzler,* Zurückbehaltungsrecht des Drittschuldners gegenüber dem Insolvenzverwalter wegen unterbliebener Identifizierung nach dem Geldwäschegesetz, NZI 2015, 455 ff.; *Kautz,* Die gesellschaftsrechtliche Neuordnung im künftigen Insolvenzrecht, 1995; *Keil,* Die Erforderlichkeit eines Gesellschafterbeschlusses bei Geltendmachung von Schadensersatzansprüchen gegen einen GmbH-Geschäftsführer in der Insolvenz und bei masseloser Liquidation, DZWiR 2005, 77 ff.; *Keramati/Klein,* Die unterlassene Anfechtung des Insolvenzverwalters als strafbare Untreue, NZI 2017, 421 ff.; *Kern,* Verwertung der Personalfirma im Insolvenzverfahren, BB 1999, 1717 ff.; *Kesseler,* Vollmachterteilung durch den Insolvenzverwalter, ZNotP 2003, 327; *Kesseler,* Anmerkung zu OLG Celle, Beschl. v. 16.4.2015 – 4 W 57/15, DNotZ 2015, 773 ff.; *Kiethe,* Prozessuale Zeugnisverweigerungsrechte in der Insolvenz, NZI 2006, 267 ff.; *Kiethe/Groeschke/Hohmann,* Die Vermögensrückgewinnung beim Anlagebetrug im Spannungsverhältnis zur Insolvenzordnung, ZIP 2003, 185 ff.; *Kilger,* Der Konkurs des Konkurses – Betrachtungen zur gegenwärtigen Situation des deutschen Insolvenzrechts, KTS 1975, 149 ff.; *Kilger,* Rechtsanwendung im Konkurs, in: FS Franz Merz, 1992, S. 253 ff.; *Kilian,* Das Verbot der Finanzierung fremder Rechtsanwaltskosten, NJW 2010, 1845 ff.; *Klasmeyer,* Anmerkung zu BFH, Urt. v. 21.6.1979 – IV R 131/74, ZIP 1980, 54 f.; *Klasmeyer/Kübler,* Buchführungs-, Bilanzierungs- und Steuererklärungspflichten des Konkursverwalters sowie Sanktionen im Falle ihrer Verletzung, BB 1978, 369 ff.; *Kleine/Flöther,* Freigabe in der Insolvenz und Sachenrechtsbereinigung, NJW 2000, 405 ff.; *Kluth,* Die Rechtsstellung des Insolvenzverwalters oder die „Insolvenz" der Verwaltertheorien, NZI 2000, 351 ff.; *Knott,* Unternehmenskauf nach der Schuldrechtsreform, NZG 2002, 249 ff.; *Koch/Ahrendt,* Anmerkung zu LG Potsdam, Beschl. v. 17.1.2001 – 8 O 29/01, EWiR 2001, 523 f.; *Kögel/Loose,* Die Befreiung des Insolvenzverwalters von § 181 BGB, ZInsO 2006, 17 ff.; *Köhler/Bornkamm,* Gesetz gegen den unlauteren Wettbewerb, 30. Aufl., 2012; *Köllner/Cyrus,* Aktuelle strafrechtliche Fragen in Krise und Insolvenz, NZI 2017, 521 ff.; *Köllner/Mück,* Reform der strafrechtlichen Vermögensabschöpfung, NZI 2017, 593 ff.; *Kreft,* Anmerkung zu BVerwG, Urt. v. 23.9.2004 – 7 C 22.03, EWiR 2005, 439 f.; *Krüger,* Art und Umfang der externen Rechnungslegung des Insolvenzverwalters, in: FS Jörg Mössner, 2002, 131 ff.; *Kuleisa,* Zwangsvollstreckung in der Insolvenz, ZVI 2014, 121 ff.; *Kuntz,* Die Kapitalerhöhung in der Insolvenz, DStR 2006, 519 ff.; *Kurz/Schwarz,* Zur ordnungsrechtlichen Haftung der Organe insolventer Kapitalgesellschaften für Betriebsgrundstücke nach deren Freigabe durch den Insolvenzverwalter – Ein Überblick, NVwZ 2007, 1380 ff.; *Lakies,* Arbeitsrechtliche Vorschriften in der neuen Insolvenzordnung, BB 1998, 2638 ff.; *Laroche/Wollenweber,* Strafbarkeit von Geschäftsführer und vorläufigem Insolvenzverwalter nach § 266a StGB im Eröffnungsverfahren und ihre Vermeidung, ZInsO 2016, 2225 ff.; *Lattka,* Unterbrechung gem. § 240 ZPO bei Insolvenzeröffnung vor Klagezustellung?, ZInsO 2007, 1034 ff.; *Laufs/Uhlenbruck,* HdB des Arztrechts, 3. Aufl., 2002; *Leipold,* Die Eigenverwaltung mit Sachwalter und die Eigenverwaltung bei Kleinverfahren, in: Leipold (Hrsg.), Insolvenzrecht im Umbruch – Analysen und Alternativen, 1991, S. 168 ff.; *Lent,* Die Grenzen der Vertretungsmacht des Konkursverwalters, KTS 1956, 161 ff.; *Lent,* Zur Lehre von der Partei kraft Amtes, ZZP 62 (1941), 129 ff.; *Leuering,* Die Änderung der Firma zwecks übertragender Sanierung, NJW 2016, 3265 ff.; *Linardatos,* Eintragung einer Ersatzfirma durch den Insolvenzverwalter ohne vorausgehende Satzungsänderung?, ZIP 2017, 901 ff.; *Lindemann,* Arbeitsrechtliche Zusammenhänge bei der „Freigabe" des Geschäftsbetriebs, BB 2011, 2357 ff.; *Linke,* Die Leistungsfreiheit des Versicherers wegen arglistiger Täuschung bei der Schadensermittlung im Konkurs des Versicherungsnehmers, KTS 1966, 193 ff.; *Lüke,* Umweltrecht und Insolvenz, in: Kölner Schrift, 3. Aufl., 2009, S. 706 ff.; *Lwowski/Tetzlaff,* Anmerkung zu BVerwG, Urt. v. 10.2.1999 – 11 C 9/97, WuB VI B. § 6 KO 2.99; *Lwowski/Tetzlaff,* Anmerkung zu OVG Greifswald, Urt. v. 16.1.1997 – 3 L 94/96, WuB VI B. § 6 KO 1.98; *Lwowski/Tetzlaff,* Zivilrechtliche Umwelthaftung und Insolvenz, WM 1998, 1509 ff.; *dies.,* Verwertung unbeweglicher Gegenstände im Insolvenzverfahren – Ausgewählte Rechtsfragen zur Verwertung von Grundpfandrechten und Zubehör in der Insolvenz –, WM 1999, 2336 ff.; *Lwowski/Tetzlaff,* Umweltrisiken und Altlasten in der Insolvenz, 2002; *Lwowski/Tetzlaff,* Altlasten in der Insolvenz – Freigabe, Insolvenzplan und parallele Zwangsverwaltungsverfahren, NZI 2004, 225 ff.; *Malitz,* Die Berücksichtigung privater Interessen bei vorläufigen strafprozessualen Maßnahmen gemäß § 111b ff. StPO, NStZ 2002, 337 ff.; *Markgraf/Hertelt,* Die Beendigung des Insolvenzverfahrens während des rechtshängigen Zivilprozesses, ZIP 2018, 1480 ff.; *Marković,* Auskunftsrechte im Insolvenzverfahren nach § 802l ZPO, ZInsO 2016, 1974 ff.; *Martens,* Anmerkung zu AG Rosenheim, Beschl. v. 8.9.2016 – 605 IN 468/15, DGVZ 2018, 186 f.; *Martini,*

Anmerkung zu AG Göttingen, NZI 2012, 198, jurisPR-InsR 9/2012 Anm. 6; *Maus,* Die steuerrechtliche Stellung des Insolvenzverwalters und des Treuhänders, ZInsO 1999, 683 ff.; *Maus,* Steuerrechtliche Probleme im Insolvenzverfahren, 2. Aufl., 1995; *Meier,* Privilegien des Fiskus und der Sozialversicherungsträger in der Unternehmensinsolvenz, 2010; *Meyer, G.,* Selbständige Beweisverfahren in der Insolvenz eines Verfahrensbeteiligten, NZI 2005, 9 ff.; *Meyer-Goßner/Schmitt,* Strafprozessordnung, 55. Aufl., 2012; *Mitlehner,* Prozeßkostenhilfe für den Insolvenzverwalter, NZI 2001, 617 ff.; *Mohrbutter,* Anmerkung zu BGH, Urt. v. 9.8.2006 – IX ZR 200/05, WuB VI A § 92 InsO 1.06; *Mückenberger/Hinz,* Die neue Vermögensabschöpfung im Steuerstrafrecht, BB 2018, 1435 ff.; *Mühlmann,* Insolvenzverfahren und Gewerbeuntersagung – Probleme bei Freigabe eines Gewerbebetriebs, ZInsO 2010, 2080 ff.; *Mühlmann,* Neues aus dem Bereich Insolvenzverfahren und Gewerbeuntersagung bei „Freigabe eines Gewerbebetriebs", ZInsO 2011, 2023 ff.; *H.-F. Müller,* Die Kapitalerhöhung in der Insolvenz, ZGR 2004, 842 ff.; *Münzberg,* Anmerkung zu BGH, Urt. v. 7.5.1992 – IX ZR 175/91, JZ 1993, 95 ff.; *Münzberg,* Anmerkung zu BGH, Urt. v. 7.5.1992 – IX ZR 175/91, WuB VI E § 767 ZPO 2.92; *Nassall,* Auskunfts- und Akteneinsichtsrechte des Konkursverwalters gegenüber dem Rechtsanwalt des Gemeinschuldners?, KTS 1988, 633 ff.; *Oepen/Rettmann,* Prozeßkostenhilfe für den Insolvenzverwalter bei Teilnahme des Steuerfiskus am Insolvenzverfahren, RPfleger 1998, 273 ff.; *Olbrich,* Steuerpflichten des Verwalters bei Neuerwerb des Schuldners?, ZInsO 2004, 1292 ff.; *Onusseit,* Die steuerrechtlichen Rechte und Pflichten des Insolvenzverwalters in den verschiedenen Verfahrensarten nach der InsO, ZInsO 2000, 363 ff.; *Onusseit,* Steuererklärungspflichten in der Insolvenz, ZIP 1995, 1798 ff.; *Onusseit,* Anmerkung zu BFH, Beschl. v. 15.6.2000 – IX B 13/00, EWiR 2001, 69 f.; *Onusseit/Kunz,* Steuern in der Insolvenz, 2. Aufl., 1997; *Ott, W./Brauckmann,* Zuständigkeitsgerangel zwischen Gesellschaftsorganen und Insolvenzverwalter in der börsennotierten Aktiengesellschaft, ZIP 2004, 2117 ff.; *Pape,* Anmerkung zu BGH, Beschl. v. 24.3.1998 (XI ZR 4/98), ZIP 1998, 791 f.; *Pape,* Die Altlastenproblematik im Konkurs, KTS 1993, 551 ff.; *Pape,* Prozeßkostenhilfe für Konkursverwalter – Aktuelle Probleme mit § 116 ZPO, NZI 1998, 64 ff.; *Pape,* Prozeßkostenhilfe für Konkursverwalter, ZIP 1988, 1293 ff.; *ders.,* Zum Freigaberecht des Konkursverwalters bei Grundstücken mit Altlasten, ZIP 1991, 1544 ff.; *Pape,* Zur Prozeßkostenhilfe für Konkursverwalter, ZIP 1990, 1529 ff.; *ders.,* Anmerkung zu OLG Frankfurt, Beschl. v. 11.4.1988 – 17 W 8/88, EWiR 1988, 621 f.; *Pape,* Die Betriebsfortführung in der Insolvenz natürlicher Personen, WM 2013, 1145 ff.; *Pape,* Die Insolvenzzweckwidrigkeit von Rechtshandlungen des vorläufigen und des endgültigen Insolvenzverwalters/Sachwalters, ZInsO 2016, 2149 ff.; *Pape/Voigt,* Die Haftung des GmbH-Geschäftsführers für nicht abgeführte Sozialversicherungsbeiträge der Arbeitnehmer, WiB 1996, 829 ff.; *Paulus,* Vorsicht Falle – Wiederaufnahme eines durch ein Insolvenzverfahren unterbrochenen Prozesses, NJW 2010, 1633 ff.; *Pelikan,* Anmerkung zu OLG Schleswig, Urt. v. 14.5.2013 – 11 U 46/12, notar 2013, 374 f.; *Peschke,* Die Erfüllung der Valutaforderung im Einzugsermächtigungsverfahren, ZInsO 2006, 470 ff.; *Petersen,* Ordnungsrechtliche Verantwortlichkeit und Insolvenz, NJW 1992, 1202 ff.; *Picot* (Hrsg.), Unternehmenskauf und Restrukturierung, 3. Aufl., 2004; *Pink,* Anmerkung zu KG Berlin, Beschl. v. 3.6.1997 – 1 W 8260/95, EWiR 1997, 755 f.; *Pluta/Heidrich,* Anmerkung zu BFH, Beschl. v. 27.9.2006 – IV S 11/05, jurisPR-InsR 10/2007 Anm. 5; *Preuß,* „Missbrauch der Vertretungsmacht" des Insolvenzverwalters, NZI 2003, 625 ff.; *Priebe,* Anmerkung zu OLG Zweibrücken, Beschl. v. 8.12.2016 – 1 Ws 334/16, EWiR 2017, 245 f.; *Quack,* Der Unternehmenskauf und seine Probleme, ZGR 1982, 350 ff.; *Rattunde/Berner,* Insolvenz einer börsennotierten Aktiengesellschaft – Pflicht des Insolvenzverwalters zur Publikation von Ad-hoc-Mitteilungen nach dem Wertpapierhandelsgesetz? –, WM 2003, 1313 ff.; *Reichold,* Anmerkung zu LAG Köln, Urt. v. 13.11.2002 – 8 (3) Sa 423/02, EWiR 2003, 675 f.; *Reinfelder,* Arbeitsgerichtliche Streitigkeiten und die Insolvenz des Arbeitnehmers, NZA 2009, 124 ff.; *Richter,* Strafbarkeit des Insolenzverwalters, NZI 2002, 121 ff.; *Riedel,* Das Bundes-Bodenschutzgesetz und die Sanierungsverantwortlichkeit, ZIP 1999, 94 ff.; *Rieger,* Anmerkung zu VG Düsseldorf, Urt. v. 13.5.2015 – 20 K 4304/14, GewArch 2015, 364 ff.; *Ries,* Anmerkung zu BFH, Beschl. v. 10.3.2010 – II B 172/09, NZI 2010, 498 ff.; *Ries,* Anmerkung zu GmS-OGB, NJW 2011, 1211, ZInsO 2010, 2382; *Ringstmeier/Hohmann,* Prozeßkostenhilfe für den Insolvenzverwalter, ZIP 2005, 284; *Ritgen,* Gefahrenabwehr im Konkurs, GewArch 1998, 393 ff.; *Robra/F. Meyer,* Umweltstrafrechtliche Unterlassungshaftung des Konkursverwalters im Zusammenhang mit Altlasten, wistra 1996, 243 ff.; *Robrecht,* Der Informationsanspruch des GmbH-Gesellschafters nach der Eröffnung des Insolvenzverfahrens, GmbHR 2002, 692 ff.; *Robrecht,* Die Rechtsposition der Organe der GmbH, der Personengesellschaften und eingetragenen Genossenschaften nach Eröffnung des Konkursverfahrens über das Gesellschaftsvermögen, DB 1968, 471 ff.; *Rönnau,* „kick-backs" – Provisionsvereinbarungen als strafbare Untreue, in: FS Günter Kohlmann, 2003, S. 239 ff.; *Rönnau,* Die Strafbarkeit des Arbeitgebers gemäß § 266a I StGB in der Krise des Unternehmens, wistra 1997, 13 ff.; *Rönnau,* Die Strafbarkeit des Vorenthaltens von Arbeitnehmersozialversicherungsbeiträgen in der Krise des Unternehmens, NJW 2004, 976 ff.; *Rönnau,* Beitragsvorenthaltung in der Unternehmenskrise, wistra 2007, 81 ff.; *Rönnau/Kirch-Heim,* Das Vorenthalten von Arbeitgeberbeiträgen zur Sozialversicherung gem. § 266a Abs. 2 StGB nF – eine geglückte Regelung?, wistra 2005, 321 ff.; *Rosset,* Altlasten in der Insolvenz – Zur Qualifizierung der Umwelthaftung aus insolvenzrechtlicher Sicht, DStR 1998, 895 ff.; *Roth,* Strafbarkeit von Geschäftsführer, vorläufigem Sachwalter und vorläufigem Insolvenzverwalter nach § 266a StGB – und ein vergessenes Kleinod: Masseforderungen sind doch anfechtbar!, ZInsO 2017, 617 ff.; *Saliger,* Kick-Back, PPP, Verfall – Korruptionsbekämpfung im Kölner Müllfall, NJW 2006, 3377 ff.; *Sämisch,* Anmerkung zu OVG Lüneburg, Beschl. v. 3.12.2009 – 7 ME 55/09 und Prof. Dr. Dres. h.c. Karsten Schmidt, NJW 2010, 1489 ff., ZInsO 2010, 1096 f.; *Schäfer,* Die Wirkungen der Insolvenzeröffnung, 2014; *Schäferhoff/Gerster,* Die Strafbarkeit des vorläufigen Insolvenzverwalters mit Verfügungsbefugnis wegen Vorenthaltens von Arbeitnehmersozialbeiträgen, ZIP 2001, 905 ff.; *Sattler/Rickert,* Anmerkung zu BGH, Urt. v. 23.6.2005 – IX ZR 139/04, ZInsO 2006, 76 ff.; *Schaub,* Arbeitsrecht in der Insolvenz, DB 1999, 217 ff.; *Schaub,* Arbeitsrechtshandbuch, 14. Aufl., 2011; *Schaub,* Insolvenzgeld, NZI 1999, 215 ff.; *Scheibner,* Die Insolvenz des Mitglieds einer eingetragenen Genossenschaft, DZWiR 2018, 376 ff.; *Schick,* Der Konkurs des

Freiberuflers – Berufsrechtliche, konkursrechtliche und steuerrechtliche Aspekte, NJW 1990, 2359 ff.; *Schlitt,* Die GmbH & Co KG in der Insolvenz nach neuem Recht (1. Teil), NZG 1998, 701 ff.; *Schlitt,* Die GmbH & Co KG in der Insolvenz nach neuem Recht (2. Teil), NZG 1998, 755 ff.; *Schmidt, K.,* Altlasten, Ordnungspflicht und Beseitigungskosten im Konkurs – Wege und Irrwege der verwaltungsgerichtlichen Praxis, NJW 1993, 2833 ff.; *Schmidt, K.,* Anwendung von Handelsrecht auf Rechtshandlungen des Konkursverwalters, NJW 1987, 1905 ff.; *Schmidt, K.,* Bodensanierung, Ordnungspflicht und Ersatzvornahme im Konkurs einer Handelsgesellschaft, BB 1991, 1273 ff.; *Schmidt, K.,* Das Insolvenzverfahren neuer Art – Kernprobleme der Insolvenzrechtsreform nach dem Kommissionsbericht, ZGR 1986, 178 ff.; *Schmidt, K.,* Der Konkursverwalter – Streitgenosse seiner selbst? Zu den Absonderlichkeiten der Amtstheorie, KTS 1991, 211 ff.; *Schmidt, K.,* Der Konkursverwalter als Gesellschaftsorgan und als Repräsentant des Gemeinschuldners – Versuch einer Konkursverwaltertheorie für heute und morgen, KTS 1984, 345 ff.; *Schmidt, K.,* Die Prokura in Liquidation und Konkurs der Handelsgesellschaften, BB 1989, 229 ff.; *Schmidt, K.,* Insolvenzrecht und Gesellschaftsrecht, ZGR 1998, 633 ff.; *Schmidt, K.,* Klage und Rechtshängigkeit bei Konkurseröffnung vor Klagezustellung – Eine Bewährungsprobe für die Amtstheorie, NJW 1995, 911 ff.; *Schmidt, K.,* Labyrinthus creditorium – Gesellschaftsrechtliche Haftung im Insolvenzverfahren nach §§ 92, 93 InsO, ZGR 1996, 209 ff.; *Schmidt, K.,* Ordnungsrechtliche Haftung der Insolvenzmasse für die Altlastenbeseitigung, ZIP 1997, 1441 ff.; *Schmidt, K.,* Titelumschreibung nach Konkurseröffnung und nach Konkursbeendigung, JR 1991, 309 ff.; *Schmidt, K.,* Unterbrechung und Fortsetzung von Prozessen im Konkurs einer Handelsgesellschaft – Fragen und Thesen zu §§ 240 ZPO, 10 ff. KO (96 ff. InsO), KTS 1994, 309 ff.; *Schmidt, K.,* Wege zum Insolvenzrecht der Unternehmen, 1990; *Schmidt, K.,* Wettbewerbsrechtliche Unterlassungsklagen und Räumungsverkäufe im Konkurs, in: FS Otto-Friedrich Frhr. v. Gamm, 1990, S. 185 ff.; *Schmidt, K.,* Zum Zeugnisanspruch des Arbeitnehmers im Konkurs einer Handelsgesellschaft, DB 1991, 1930 ff.; *Schmidt, K.,* Zustandshaftung im Konkurs einer Handelsgesellschaft, in: Gedächtnisschrift für Wolfgang Martens, 1987, S. 699 ff.; *Schmidt, K.,* Keine Ordnungspflicht des Insolvenzverwalters? Die Verwaltungsrechtsprechung als staatliche Insolvenzbeihilfe für Umweltkosten, NJW 2010, 1489 ff.; *Schmidt, K.,* Gesellschaftsrecht und Insolvenzrecht im ESUG-Entwurf, BB 2011, 1603 ff.; *Schmidt, K./Schulz,* Konkursfreies Vermögen insolventer Handelsgesellschaften? – Systemfragen des Unternehmenskonkurses, ZIP 1982, 1015 ff.; *Schmidt-Parzefall,* Anmerkung zu LG Hamburg, Beschl. v. 19.1.1998 – 309 O 88/96, NZG 1998, 271; *Schmitz,* Anmerkung zu LG München I, Beschl. v. 29.6.1999 – 10 O 5741/99, EWiR 1999, 845 f.; *Schrader/Straube,* Die Behandlung von Entgeltansprüchen aus einem Altersteilzeitverhältnis nach Insolvenzeröffnung und nach einem Betriebsübergang (Teil 1), ZInsO 2005, 184 ff.; *Schramm, E.,* Untreue durch Insolvenzverwalter, NStZ 2000, 398 ff.; *Schröcker,* Unternehmenskauf und Anteilskauf nach der Schuldrechtsreform, ZGR 2005, 63; *Schröder,* Anmerkung zu BGH, Urt. v. 2.6.2005 – IX ZR 221/03, EWiR 2006, 147 f.; *Schröder,* Der sog. Lastschriftwiderspruch in der Insolvenz aus Verwaltersicht, ZInsO 2006, 1 ff.; *Schulz,* Anmerkung zu AG Hildesheim, Urt. v. 12.4.2000 – 17 Ds 14 Js 8105/96, EWiR 2000, 671 f.; *Schulz,* Anmerkung zu BVerwG, Urt. v. 20.1.1984 – 4 C 37/80, NJW 1984, 2427 ff.; *Schwab,* Die Rechtsposition des Arbeitnehmererfinders in der Insolvenz des Arbeitgebers, NZI 1999, 257 ff.; *Schweda,* Der Insolvenzverwalter als Täter eines leichtfertigen Subventionsbetrugs?, ZInsO 2011, 1433 ff.; *Segner,* Inanspruchnahme des Insolvenzverwalters für Maßnahmen des BBodSchG, NZI 2005, 54 ff.; *Seidel/Flitsch,* Umweltrecht und Insolvenz, DZWiR 2005, 278 ff.; *Sieg,* Anmerkung zu BGH, Urt. v. 6.5.1965 – II ZR 217/62, JZ 1965, 577 ff.; *Siebel,* Insolvenzverwalter, Gesellschaftsorgane und die Börse, NZI 2007, 498 ff.; *Siebert,* Anmerkung zu AG München, Beschl. v. 12.2.2016 – 1503 IN 3339/15, NZI 2016, 541 f.; *Simon/Merkelbach,* Gesellschaftsrechtliche Strukturmaßnahmen im Insolvenzplanverfahren nach dem ESUG, NZG 2012, 121 ff.; *Smid,* Zwangsvollstreckung und Passivprozess durch Sicherungsnehmer als Gläubiger und Kläger in der Insolvenz des Sicherungsnehmers, ZInsO 2001, 433 ff.; *Smid,* Struktur und Gehalt des deutschen Insolvenzrechts in der Judikatur des IX. und des XI. Zivilsenats des Bundesgerichtshofs (IX, Teil 2), DZWiR 2011, 25 ff.; *Smid,* Struktur und systematischer Gehalt des deutschen Insolvenzrechts in der Judikatur des IX. Zivilsenats des Bundesgerichtshofs (XVI, Teil 1), DZWiR 2018, 351 ff.; *Sonnen/Tetzlaff,* Umweltstrafrechtliche Unterlassungshaftung des Insolvenzverwalters bei Umweltschäden in der Insolvenz, wistra 1999, 1 ff.; *Stamm,* Zur Rechtsstellung des Insolvenzverwalters als Vertreter des Insolvenzschuldners, KTS 2016, 279 ff.; *Steenbuck,* Die Gewährung von Prozeßkostenhilfe an den Insolvenzverwalter, MDR 2004, 1155 ff.; *Stephan, K.,* Das Bankgeheimnis im Insolvenzverfahren, WM 2009, 241 ff.; *Steinbeck,* Die Verwertbarkeit der Firma und der Marke in der Insolvenz, NZG 1999, 133 ff.; *Steiner/Arndt,* Besonderes Verwaltungsrecht, 8. Aufl., 2006; *Stoll,* Altlasten im Konkurs – Zur dogmatischen Einordnung der Gefahrbeseitigungsansprüche, ZIP 1992, 1437 ff.; *Stürner,* Aktuelle Probleme des Konkursrechts – Zur Neubearbeitung des Jaegerschen Kommentars, ZZP 94 (1981), 263 ff.; *Stürner,* Umwelthaftung und Insolvenz, in: FS Franz Merz, 1992, S. 563 ff.; *Szalai,* Anmerkung zu BGH, Urt. v. 15.3.2013 – V ZR 201/11, DZWiR 2013, 533 ff.; *Tachau,* Strafbarkeit des Insolvenzverwalters wegen Eigentumsdelikten?, wistra 2005, 449 ff.; *Tappmeier,* Wettbewerbsrechtliche Probleme des Konkurswarenverkaufs, ZIP 1992, 679 ff.; *Tauchert/Schulze Grönda,* Verhältnis zwischen Abwickler und Insolvenzverwalter, BRAK Mitt. 2010, 115 ff.; *Thiele/Fedtke,* Mitteilungs- und Veröffentlichungspflichten des WpHG in der Insolvenz, AG 2013, 288 ff.; *Thole,* Der (vorläufige) Insolvenzverwalter als Verantwortlicher iSd Art. 4 Nr. 7 DSGVO, ZIP 2018, 1001 ff.; *Tintelnot,* Anmerkung zu BGH, Urt. v. 25.4.2002 – IX ZR 313/99, EWiR 2003, 125 f.; *Tipke/Kruse,* Abgabenordnung – Finanzgerichtsordnung, Teil 2, 125. Lief. 2008; *Treffer,* Auswirkungen der GmbH-Insolvenz auf das Binnenrecht der Gesellschaft, GmbHR 2002, 205 ff.; *Trüg,* Die Reform der strafrechtlichen Vermögensabschöpfung, NJW 2017, 1913 ff.; *Uhlenbruck,* Anmerkung zu OLG Köln, Beschl. v. 23.2.1994 – 16 W 3/94, EWiR 1994, 721 f.; *Uhlenbruck,* Die Firma als Teil der Insolvenzmasse, ZIP 2000, 401 ff.; *Uhlenbruck,* Prozeßkostenhilfe im Konkurs, ZIP 1982, 288 ff.; *Uhlenbruck,* Die Rechtsstellung des vorläufigen Insolvenzverwalters, Kölner Schrift zur Insolvenzordnung, 3. Aufl., 2009, S. 159 ff.; *Uhlenbruck,* Die Rechtsstellung des Geschäftsführers der GmbH in der Insolvenz, GmbHR 2005, 817 ff.; *Ullrich/*

Seidenstücker, Möglichkeiten der Zusammenarbeit von Insolvenzverwalter und privatem Ermittlungsdienst, ZInsO 2004, 126 ff.; *Vallender,* Wohnungseigentum in der Insolvenz, NZI 2004, 401 ff.; *Vallender,* Rechtliche und tatsächliche Probleme bei der Abwicklung der Arztpraxis in der Insolvenz, NZI 2003, 530 ff.; *Vallender,* Auswirkungen des Insolvenzverfahrens auf Zivilprozessverfahren, FS Jobst Wellensiek, 2011, S. 241 ff.; *Vierhaus,* Umweltrechtliche Pflichten des Insolvenzverwalters, ZInsO 2005, 217 127 ff.; *Viertelhauser,* Anmerkung zu KG Berlin ZInsO 2012, 218, EWiR 2012, 213; *Vortmann,* Anmerkung zu BGH NJW 2011, 2725, WuB VI A § 80 InsO 1.12; *Vuia,* Anmerkung zu BGH, Urt. v. 26.2.2015 – IX ZR 174/13, NZI 2015, 379 f.; *Wachter,* Anmerkung zu OLG München, Beschl. v. 30.5.2016 – 31 Wx 38/16, GmbHR 2016, 930 ff.; *Weyand,* Anmerkung zu LG Magdeburg, Beschl. v. 28.11.2001 – 24 Qs 18/01, ZInsO 2002, 543 f.; *v. Buttlar,* Kapitalmarktrechtliche Pflichten in der Insolvenz, BB 2010, 1355 ff.; *v. Wilmowsky,* Altlasten in der Insolvenz: Verwaltungsakt – Vollstreckung – Freigabe, ZIP 1997, 389 ff.; *Weber,* in EBJS, HGB Kommentar, 2. Aufl. 2008–2009; *Weber,* Buchbesprechung zu: Mentzel/Kuhn, Kommentar zur Konkursordnung, 7. Aufl. 1962, BB 1962, 1207 f.; *Weber,* Zur Problematik der Prozeßführung des Konkursverwalters, KTS 1955, 102 ff.; *Weber,* Die Funktionsteilung zwischen Konkursverwalter und Gesellschaftsorganen im Konkurs der Kapitalgesellschaft, KTS 1970, 70; *Weers/Hönig,* Möglichkeit der Heranziehung des Insolvenzverwalters für die Sanierung von Altlasten – zum Verhältnis von Ordnungsrecht und Insolvenzrecht, ZInsO 2005, 244 ff.; *Wegner,* Neue Fragen bei § 266a Abs. 1 StGB – eine systematische Übersicht, wistra 1998, 283 ff.; *Wehdeking,* Anmerkung zu OLG Schleswig, Urt. v. 14.5.2013 – 11 U 46/12, jurisPR-InsR 8/2014 Anm. 3; *Weiß/Reisener,* Datensparsamkeit, Datenvermeidung und Pseudonymisierung: Problembewusstsein für Datenschutz in der Insolvenzverwaltung?!, ZInsO 2017, 416 ff.; *Weitemeyer,* Ordnungsrechtliche Maßnahmen im Konkursverfahren, 1995; *Weitemeyer,* Zum Verhältnis von öffentlich-rechtlichen Umweltpflichten zum Insolvenzrecht, DZWiR 1999, 384 ff.; *Wellensiek,* Die Aufgaben des Insolvenzverwalters nach der Insolvenzordnung, in: Kölner Schrift, 3. Aufl., 2009, S. 208 ff.; *Wellkamp,* Verfahrensprobleme bei der Insolvenz der Gesellschaft bürgerlichen Rechts, KTS 2000, 331 ff.; *Werres,* Prozesskostenhilfe für den Insolvenzverwalter – ein Glücksspiel –?, KTS 2000, 251 ff.; *Wessing,* Insolvenz und Strafrecht, NZI 2003, 1 ff.; *Wessing,* Strafrechtliche Risiken des Insolvenzverwalters beim Umgang mit Geldwäschesachverhalten, NZI 2015, 913 ff.; *Wexler-Uhlich/Wagner,* Zur Prorogationsbefugnis des Insolvenzverwalters, ZIP 2015, 1213 ff.; *Weyand,* Strafrechtliche Risiken in Insolvenzverfahren für Verwalter und Berater, ZInsO 2000, 413 ff.; *Weyand,* Adhäsionsverfahren als Mittel zur Massemehrung, ZInsO 2013, 865 ff.; *Wischemeyer,* Freigabe einer selbständigen Tätigkeit nach § 35 Abs. 2 InsO – Praxisfragen und Lösungswege, ZInsO 2009, 2121 ff.; *Wrobel-Sachs,* Anmerkung zu BGH, Beschl. v. 15.1.1998 – IX ZB 122/97, WuB VII A § 116 ZPO 1.98; *Wroblewski,* Recht auf Arbeit in der Insolvenz – Freistellung, Beschäftigung und die Folgen, NJW 2011, 347 ff.; *Zöllner/Loritz/Hergenröder,* Arbeitsrecht, 6. Aufl., 2008.

Übersicht

A. Allgemeines

I. Normzweck

1 Der in § 80 Abs. 1 geregelte Übergang der Befugnis zur Verwaltung des zur Insolvenzmasse gehörenden Vermögens und zur Verfügung über die Vermögensgegenstände der Insolvenzmasse diente nach bisherigem Recht vor allem dazu, alle Einwirkungsmöglichkeiten des Gemeinschuldners auf das vom Konkurs betroffene Vermögen zu verhindern, um die Insolvenzmasse möglichst ungeschmälert zur gleichmäßigen und gemeinschaftlichen Befriedigung der Gläubiger zu erhalten.[1] Das Insolvenzverfahren als Gesamtvollstreckungsverfahren setzt die Beschlagnahme des zur Insolvenzmasse gehörenden Vermögens voraus.[2] Die Verwertung der Insolvenzmasse durch Liquidation ist nicht die Angelegenheit des Schuldners, sondern erfolgt im Interesse der Gläubiger.[3] Die Aufnahme des Erhalts eines Unternehmens in den Zielkatalog der Insolvenzordnung wirkt sich auch auf den Normzweck der Vorschrift aus. Auch für die Weiterführung des Unternehmens durch Übereinkunft der Beteiligten mittels eines Insolvenzplans müssen die Betriebsmittel und Vermögenswerte den Dispositionen des Schuldners grundsätzlich entzogen werden. Demgemäß dient § 80 Abs. 1 nicht nur dem Schutz der Gläubiger, sondern auch der Masse, soweit das Unternehmen trotz des Insolvenzverfahrens weitergeführt werden soll.[4] Das Insolvenzverfahren zielt, auch im Falle der Sanierung, auf die Haftungsverwirklichung, nicht auf den Schutz des Schuldners vor seinen Gläubigern ab.[5]

2 Der Übergang der Verwaltungs- und Verfügungsbefugnis auf den Insolvenzverwalter als Grundprinzip des Insolvenzverfahrens hat jedoch eine Einschränkung erfahren durch die generelle Eröffnung der bisher nur für das Vergleichsverfahren (§ 57 VerglO) vorgesehenen Möglichkeit der Eigenverwaltung der Insolvenzmasse durch den Schuldner (§§ 270 ff.).

3 § 80 Abs. 2 Satz 1 erweitert den Handlungsspielraum des Insolvenzverwalters, indem relativen Veräußerungsverboten, die gegen den Schuldner vor Verfahrenseröffnung begründet worden sind, wie insb. durch einstweilige Verfügung, im Insolvenzverfahren die Wirkung genommen wird. Satz 2 stellt klar, dass Rechte, die vor Verfahrenseröffnung durch Pfändung oder durch Beschlagnahme im Wege der Zwangsvollstreckung begründet wurden, wirksam bleiben. Diese Vollstreckungsmaßnahmen gewähren im Insolvenzverfahren ein Recht auf abgesonderte Befriedigung (§§ 49, 50).

---

1 *Jaeger/Henckel* KO § 6 Rn. 1; *Kuhn/Uhlenbruck* KO § 6 Rn. 1; BankenKommInsO/*Ampferl* § 80 Rn. 1; K. Schmidt/*Sternal* § 80 Rn. 1.

2 *Leipold,* Insolvenzrecht im Umbruch, S. 168.

3 So insb. die Stellungnahmen des Gravenbrucher Kreises, ZIP 1990, 476, 477 und ZIP 1992, 657, 658 (mit Erwiderung des Bundesjustizministeriums).

4 *Funke* BFuP 1995, 26.

5 *Balz,* Kölner Schrift², Rn. 18.

II. Entstehungsgeschichte

1. Bisherige Rechtslage. Die Vorschrift des Abs. 1 entspricht inhaltlich unverändert der Bestimmung des bisherigen § 6 KO. Der Abs. 2 entspricht sinngemäß der Bestimmung des § 13 KO. 4

2. Gesetzgebungsverfahren. Die Vorschrift war in identischer Formulierung bereits im Referentenentwurf (§ 86 RefE) und im Regierungsentwurf (§ 91 RegE) enthalten und wurde während des Gesetzgebungsverfahrens nicht geändert. 5

B. Grundlagen

I. Der Insolvenzverwalter im System des Insolvenzrechts

1. Vermögenszuordnung und Verfügungsbefugnis. Der Verlust der Verwaltungs- und Verfügungsbefugnis des Schuldners und ihr Übergang auf den Insolvenzverwalter lässt die Rechtsstellung des Schuldners im Übrigen unberührt. Er bleibt Eigentümer des zur Insolvenzmasse gehörenden Vermögens[6] bzw. Inhaber der dazu gehörenden Rechte und Gläubiger der Forderungen gegen Dritte. Durch die Eröffnung des Insolvenzverfahrens gehen aber die aus der Rechtsträgerschaft folgenden Befugnisse auf den Insolvenzverwalter über, der sie unabhängig von Willen und Weisung des Rechtsträgers ausübt.[7] 6

Der **Übergang der Verwaltungs- und Verfügungsbefugnis** auf den Insolvenzverwalter ist eine durch Gründe des öffentlichen Interesses gerechtfertigte Inhalts- und Schrankenbestimmung des Eigentums (Art. 14 Abs. 1 Satz 2 GG); sie verstößt auch nicht gegen den verfassungsrechtlichen Grundsatz der Verhältnismäßigkeit oder gegen andere Verfassungsnormen.[8] Mit der **Beendigung des Insolvenzverfahrens** fällt die Verwaltungs- und Verfügungsbefugnis an den Schuldner im Ganzen zurück, ebenso hinsichtlich einzelner Vermögensgegenstände durch deren Freigabe durch den Insolvenzverwalter (→ Rn. 65, 70). 7

2. Verwaltung; Zurechnung des Verwalterhandels. Die Rechtshandlungen des Insolvenzverwalters in Bezug auf die Insolvenzmasse wirken unmittelbar für und gegen den Schuldner. Da dieser Rechtsträger der zur Insolvenzmasse gehörenden Gegenstände ist, treffen ihn die Verfügungen des Insolvenzverwalters über seine Rechte an diesen Gegenständen unmittelbar und endgültig, nicht anders, als wenn er selbst darüber verfügt hätte. Erwirbt der Insolvenzverwalter Gegenstände für die Insolvenzmasse, so wird der Schuldner Rechtsinhaber. Geht der Insolvenzverwalter für die Masse Verpflichtungen ein, so treffen diese den Schuldner, freilich beschränkt auf die Masse.[9] 8

Dies folgt, unabhängig vom Theorienstreit über die Stellung des Konkurs- bzw. Insolvenzverwalters (→ Rn. 20 ff.), aus der Bestimmung des § 80 Abs. 1, wonach die **Kompetenzen des Insolvenzverwalters** auf das zur Insolvenzmasse gehörende Vermögen beschränkt sind. Der Verwalter kann den Schuldner insb. nicht über den Massebestand hinaus verpflichten.[10] Die vom Verwalter begründeten Masseverbindlichkeiten entstehen zwar in der Person des Schuldners; dies führt aber nicht zu einer uneingeschränkten persönlichen Haftung des Schuldners.[11] Übereinstimmung bestand demgemäß auch unter der Geltung der KO darüber, dass ein **Zugriff auf das insolvenzfreie Vermögen** des Schuldners während des Insolvenzverfahrens hinsichtlich der nach Eröffnung begründeten Masseverbindlichkeiten ausgeschlossen ist.[12] Wegen der **Einbeziehung des Neuerwerbs** in die Insolvenzmasse (§ 35) hat diese Frage für den Geltungsbereich der InsO freilich ohnehin kaum mehr praktische Bedeutung.[13] Umstritten ist dagegen, ob der Schuldner für Masseverbindlichkeiten nach **Beendigung des Insolvenzverfahrens** in Anspruch genommen werden kann. Zwar bestehen Masseverbindlichkeiten nach Beendigung des Verfahrens in der Person des Schuldners fort, 9

---

6 Uhlenbruck/*Mock* § 80 Rn. 11.

7 *Baur/Stürner/Bruns,* Zwangsvollstreckungs-, Konkurs- und Vergleichsrecht, Band II, Rn. 8.5; *Dörndorfer* DGVZ 1999, 51.

8 BVerfGE 21, 150, 155 = NJW 1967, 1175; BVerfGE 25, 112, 117 = DÖV 1969, 281; BVerfGE 42, 263, 295 = DVBl. 1976, 710; BVerfGE 51, 405, 408 = NJW 1979, 2510; BGH NZI 2008, 613 f.; K. Schmidt/*Sternal* § 80 Rn. 1. Zu Art. 31 Abs. 1 Satz 2 Verf SN s. VerfGH Leipzig Beschl. v. 19.7.2007 – Vf. 86-IV-07, wonach mit dem Verlust der Verwaltungs- und Verfügungsbefugnis auch die Beschwerdebefugnis bezogen auf die Eigentumsgarantie entfallen soll.

9 Uhlenbruck/*Mock* § 80 Rn. 8; FKInsO/*Wimmer/Amend* § 80 Rn. 19; *Schäfer* Rn. 4 mwN.

10 KPB/*Pape* § 53 Rn. 32; BankenKommInsO/*Ampferl* § 80 Rn. 14; K. Schmidt/*Sternal* § 80 Rn. 31.

11 KPB/*Pape* § 53 Rn. 32; LSZ/*Smid/Leonhardt* § 53 Rn. 16 f.

12 LSZ/*Smid/Leonhardt* § 53 Rn. 17; *Kuhn/Uhlenbruck* KO § 57 Rn. 10 mwN.

13 Nerlich/Römermann/*Andres* § 53 Rn. 5.

jedoch haftet der Schuldner für Masseverbindlichkeiten, die der Verwalter während des Verfahrens begründet hat, nach Beendigung des Insolvenzverfahrens nur mit den ihm überlassenen Bestandteilen der Insolvenzmasse.[14] Dies ergibt sich ohne weiteres daraus, dass sich die rechtsgeschäftlichen Handlungskompetenzen des Insolvenzverwalters auf die Insolvenzmasse beschränken. Der Insolvenzverwalter kann den Schuldner deshalb auch für den Zeitraum nach Beendigung des Verfahrens nicht über den Massebestand hinaus verpflichten. Entsprechendes muss auch für andere Masseverbindlichkeiten gelten, insb. für Schadensersatzansprüche, die auf **Pflichtverletzungen des Insolvenzverwalters** beruhen, sofern diese überhaupt eine Masseverbindlichkeit begründen, was aber nur in Betracht kommt, wenn die Pflichtverletzung im Rahmen eines die Insolvenzmasse betreffenden Schuldverhältnisses begangen worden ist.[15] Geht der Insolvenzverwalter Verpflichtungen in Bezug auf zur Masse gehörende Gegenstände, wie langfristige Miet- und Pachtverhältnisse, ein, so binden diese den Schuldner auch nach Verfahrensbeendigung, sofern sich der Gegenstand danach noch in seinem Vermögen befindet.[16] Die Haftung des Schuldners für nicht vom Insolvenzverwalter begründete Masseverbindlichkeiten besteht nach Beendigung des Insolvenzverfahrens als unbeschränkte Haftung fort, wenn die spätere Masseverbindlichkeit schon vor Eröffnung des Insolvenzverfahrens begründet worden ist.[17]

10 Die Rechtslage hat sich in Bezug auf die Haftung des Schuldners nach Beendigung des Insolvenzverfahrens unmittelbar nicht geändert. Wegen der Einführung der Restschuldbefreiung (§§ 286 ff.) dürfte der Streit aber praktisch weitgehend bedeutungslos werden. Rechtskräftige Urteile, die in massebezogenen Prozessen ergehen, wirken in gleicher Weise für und gegen den Schuldner.

II. Die Rechtsstellung des Schuldners

11 **1. Vermögensrechtliche Stellung des Schuldners.** Der Schuldner bleibt Inhaber der ihm im Zeitpunkt der Eröffnung des Insolvenzverfahrens zustehenden Rechte und wird Inhaber der vom Insolvenzverwalter für die Masse erworbenen Rechte. Nicht berührt wird seine **Geschäftsfähigkeit,** ebenso wenig seine **Partei-** und **Prozessfähigkeit.**[18] Er verliert aber die Befugnis, über diese Rechte zu **verfügen.** Von der Eröffnung des Verfahrens an ist der Schuldner nicht mehr Beteiligter des Verfahrens über Massezugehörigkeit; er hat keine Befugnis mehr, Anträge zu stellen oder Rechtsmittel einzulegen.[19] Der Schuldner kann jedoch als Partei eines Rechtsstreits die Rechte geltend machen, die ihm nach Insolvenzeröffnung verbleiben.[20] Ebenso kann er sich im Rahmen eines von dem Gläubiger zulässigerweise fortgeführten Rechtsstreit auf das **Leistungsverweigerungsrecht des § 320 BGB** dahingehend berufen, dass die Gegenleistung in die Masse erbracht werden soll.[21] Dies betrifft auch im Ausland belegenes Vermögen des Schuldners.[22] Ebenso verliert er die Befugnis, in Bezug auf und mit Wirkung gegen die Masse **Verpflichtungen zu begründen.**[23] Verfügungen des Schuldners über einen Gegenstand der Insolvenzmasse, die nach der Eröffnung des Insolvenzver-

---

[14] BGH NJW 1955, 339; WM 1964, 1125; OLG Hamburg OLGZ 25, 336, 337; LAG München ZIP 1990, 1217; *Jaeger/Lent* KO § 57 Rn. 5; *Kilger/K. Schmidt* KO § 57 Anm. 2; *Kuhn/Uhlenbruck* KO § 57 Rn. 11 ff. mwN; LSZ/*Smid/Leonhardt* § 53 Rn. 17; KPB/*Pape* § 53 Rn. 32; Nerlich/Römermann/*Andres* § 53 Rn. 6; *Bötticher* ZZP 77 (1964), 55; HambKommInsO/*Kuleisa* § 80 Rn. 24; grundsätzliche Verneinung der Haftbarkeit des insolvenzfreien Vermögens nach Verfahrensbeendigung: *Kohler,* Konkursrecht, S. 384 ff.; *Seuffert,* Konkursprozessrecht, S. 240; für uneingeschränkte Bejahung der Haftbarkeit des insolvenzfreien Vermögens nach Verfahrensbeendigung: *v. Wilmowsky/Kurlbaum,* Reichs-Konkursordnung, Anm. 2 vor § 57; *Fitting,* Reichs-Konkursrecht, S. 183; so auch *Häsemeyer,* Insolvenzrecht, Rn. 25.30; ebenso nunmehr Uhlenbruck/*Uhlenbruck*[13] § 53 Rn. 8, § 80 Rn. 13; Uhlenbruck/*Mock* § 80 Rn. 28.

[15] Uhlenbruck/*Uhlenbruck*[13] § 80 Rn. 60.

[16] So zum alten Recht *Kuhn/Uhlenbruck* KO § 6 Rn. 9; eingehend zu der gesamten Streitfrage *Baur,* FS Friedrich Weber, S. 43. Zum neuen Recht Uhlenbruck/*Uhlenbruck*[13] § 80 Rn. 14.

[17] LSZ/*Smid/Leonhardt* § 53 Rn. 12; Nerlich/Römermann/*Andres* § 53 Rn. 6; *Kilger/K. Schmidt* KO § 57 Anm. 2; *Baur/Stürner/Bruns,* Zwangsvollstreckungs-, Konkurs- und Vergleichsrecht, Band II, Rn. 173.

[18] S. hierzu BGH NJW-RR 2015, 735 = NZI 2015, 376; NZI 2009, 169; ZInsO 2006, 260; KG ZIP 1990, 1092, 1093; OLG Celle ZIP 2008, 760; AG Hamburg-Harburg Beschl. v. 17.7.2006 – 644 C 143/06 – juris; BankenKommInsO/*Ampferl* § 80 Rn. 11; Graf-Schlicker/*Webel* § 80 Rn. 9; K. Schmidt/*Sternal* § 80 Rn. 9 ff.; Uhlenbruck/*Mock* § 80 Rn. 14; aA *K. Schmidt* NJW 1995, 911, 912 f. unter Zugrundelegung der sog. Vertreter- oder Organtheorie (Verlust der Prozessfähigkeit).

[19] BGH NZI 2008, 613.

[20] BGH NZI 2009, 169; ZInsO 2013, 823 ff.; OLG Köln NZI 2012, 26.

[21] BGH NJW-RR 2013, 1318 = NZI 2013, 692; iE zust. *Szalai* DZWiR 2013, 533 ff.

[22] LSZ/*Smid* § 80 Rn. 9; K. Schmidt/*Sternal* § 80 Rn. 4; Uhlenbruck/*Mock* § 80 Rn. 10; zum Universalitätsprinzip der KO s. BGHZ 118, 151, 159 = NJW 1992, 2026 mwN.

[23] BGH NJW-RR 2015, 735 = NZI 2015, 376; FKInsO/*Wimmer/Amend* § 80 Rn. 20; Uhlenbruck/*Mock* § 80 Rn. 14; aA *Merkle* Rpfleger 2002, 106, 108 f.

fahrens vorgenommen werden, sind unwirksam (§ 81 Abs. 1 Satz 1). Verpflichtungsgeschäfte, die der Schuldner nach Eröffnung des Insolvenzverfahrens vornimmt, sind zwar wirksam, sie begründen aber keine Ansprüche gegen die Masse.[24] Prozessführungsbefugt ist insoweit allein der Schuldner selbst,[25] weil sich der Anspruch lediglich auf sein insolvenzfreies Vermögen bezieht.[26] Da nunmehr auch der Neuerwerb in die Masse fällt und damit kein insolvenzfreies Vermögen begründet, wird eine Vollstreckung für den Neugläubiger regelmäßig aussichtslos sein.[27] Bei dem Anspruch des Gläubigers gegen den Schuldner handelt es sich weder um eine Insolvenzforderung gem. § 38[28] noch um eine Masseverbindlichkeit gem. § 55 Abs. 1,[29] weil der Anspruch weder vor der Verfahrenseröffnung noch danach durch den Verwalter begründet worden ist.[30] Der Schuldner bleibt ferner **wechselfähig;** Wechselverbindlichkeiten, die er nach Eröffnung des Insolvenzverfahrens eingeht, begründen weder Insolvenzforderungen noch Masseverbindlichkeiten.[31] Den Gläubigern haftet nur insolvenzfreies Vermögen des Schuldners. Protest mangels Annahme oder Zahlung erfolgt (Art. 44 WG) in diesem Falle gegenüber dem Schuldner, sofern er nicht gem. § 44 Abs. 6 WG entbehrlich ist. Für Schecks gilt entsprechendes. Vom Schuldner **nach Verfahrenseröffnung erteilte Vollmachten** sind grundsätzlich wirksam, mit ihnen können jedoch keine Wirkungen gegen die Masse begründet werden. Ist die Vollmacht auf die Vornahme einer Verpflichtung oder Verfügung zu Lasten der Masse gerichtet, ist sie unwirksam. Die Bestimmung des § 117 Abs. 1 greift zwar nicht, da sie voraussetzt, dass die Vollmacht vom Schuldner vor der Verfahrenseröffnung erteilt worden ist (→ § 117 Rn. 6). Die Unwirksamkeit der Vollmacht folgt indes unmittelbar aus den §§ 80 Abs. 1, 81 Abs. 1 Satz 1.[32]

2. Personenrechtliche Stellung des Schuldners. Die personenrechtliche Stellung des Schuldners wird durch die Eröffnung des Insolvenzverfahrens im Hinblick auf die Rechts- und Geschäftsfähigkeit nicht berührt; sie unterliegt aber Beschränkungen, die sich aus Sachnotwendigkeiten des Insolvenzverfahrens ergeben (§§ 20, 21 Abs. 3, 97 bis 99). Änderungen gegenüber der bisherigen Rechtslage ergeben sich im Bereich des **Familienrechts.** Hier hat der Gesetzgeber Konsequenzen aus der Neugestaltung des Insolvenzverfahrens gezogen, das zum einen die bisherigen Vergleichsverfahren einbezieht, deren Eröffnung die personenrechtliche Stellung des Schuldners nicht berührt hat, und zum andern in weitem Umfang den Fall berücksichtigt, dass ein redlicher Schuldner ohne vorwerfbares Verhalten insolvent wird.[33] Gem. § 1781 Nr. 3 BGB aF durfte der Schuldner für die Dauer des Konkursverfahrens nicht zum **Vormund** bestellt werden. Diese Bestimmung ist durch Art. 33 Nr. 30 EGInsO ersatzlos gestrichen worden. Nach neuer Rechtslage ist damit zwar die Bestellung einer Person zum Vormund, über deren Vermögen das Insolvenzverfahren eröffnet wurde, nicht mehr grundsätzlich ausgeschlossen, jedoch wird das Vormundschaftsgericht in der Regel eine Person, die zahlungsunfähig oder überschuldet ist, schon gem. § 1779 Abs. 2 Satz 1 BGB, der auch die **Berücksichtigung der Vermögenslage** gebietet, in der Regel nicht als Vormund auswählen, weil Überschuldung und Vermögensverfall begründete Zweifel an der Eignung aufkommen lassen.[34] Wenn Zahlungsunfähigkeit oder Überschuldung bei einem von den Eltern nach § 1776 BGB als Vormund Berufenen vorliegen, wird das Vormundschaftsgericht diesen nach § 1778 Abs. 1 Nr. 4 BGB übergehen müssen, weil dessen Bestellung das Wohl des Mündels gefährden 12

[24] LG Marburg JurBüro 2011, 104; Beck/Depré/*Holzer* § 7 Rn. 4; Gottwald/*Eickmann*, InsO-HdB, § 31 Rn. 1; *Frege/Keller/Riedel*, Insolvenzrecht, Rn. 831; *Fritsche* DZWiR 2002, 92, 93 f.; Andres/Leithaus/*Leithaus* § 80 Rn. 8; *Pape/Uhlenbruck/Voigt-Salus*, Insolvenzrecht, Kap. 29 Rn. 8; Nerlich/Römermann/*Wittkowski/Kruth* § 80 Rn. 11; *Hess*[2] § 80 Rn. 22; nicht überzeugend daher *Merkle* Rpfleger 2002, 106 ff. Ohne nähere Begründung aA LG Lüneburg ZInsO 2002, 941.

[25] LG Marburg JurBüro 2011, 104; AG Hamburg-Harburg Beschl. v. 17.7.2006 – 644 C 143/06 – juris; Braun/*Kroth* § 80 Rn. 12; *Pape* ZInsO 2002, 917, 918; aA LG Lüneburg ZInsO 2002, 941.

[26] Vgl. *Pape* ZInsO 2002, 917, 918.

[27] *Pape* ZInsO 2002, 917, 918.

[28] AA KPB/*Holzer* § 35 Rn. 38; dies wäre aber allenfalls de lege ferenda möglich, s. zutr. *Pape* ZInsO 2002, 917, 919.

[29] AA MüKoInsO/*Lwowski* → § 35 Rn. 65 (Anspruch aus § 55 Abs. 1 Nr. 3); da der Neuerwerb jedoch in die Masse fällt, liegt schon keine ungerechtfertigte Bereicherung vor, s. zutr. *Pape* ZInsO 2002, 917, 919.

[30] BGH NJW-RR 2015, 735 = NZI 2015, 376; *Pape* ZInsO 2002, 917, 918, 919 f.; K. Schmidt/*Sternal* § 80 Rn. 7.

[31] BankenKommInsO/*Ampferl* § 80 Rn. 11; Uhlenbruck/*Mock* § 80 Rn. 16; KPB/*Lüke* § 80 Rn. 12; Nerlich/Römermann/*Wittkowski/Kruth* § 80 Rn. 19; Gottwald/*Eickmann*, InsO-HdB, § 30 Rn. 44.

[32] Für eine nach Verfahrenseröffnung erteilte Prozessvollmacht s. FG Dessau-Roßlau Beschl. v. 22.9.2014 – 3 K 640/12, BeckRS 2015, 94044.

[33] Begründung zu Art. 31 RegE EGInsO, BT-Drs. 12/3803, S. 75, zu Nr. 28.

[34] MüKoBGB/*Spickhoff* § 1779 Rn. 5.

würde.[35] Entsprechendes gilt gem. § 1792 Abs. 4 BGB für die Gegenvormundschaft und gem. § 1915 Abs. 1 BGB für die Pflegschaft. Mit Wirkung zum 1.7.1998 wurde § 1670 BGB durch Art. 1 Nr. 48 KindRG im Vorgriff auf Art. 33 Nr. 28 EGInsO, der gleichfalls, jedoch erst mit Wirkung vom 1.1.1999 die Aufhebung vorsah, aufgehoben. Die **Vermögensverwaltung eines Elternteiles** endet somit nicht mehr automatisch gem. § 1670 Abs. 1 BGB mit Insolvenzeröffnung über das Vermögen des Elternteiles bzw. mit Stellung des Eröffnungsantrags durch den insolventen Elternteil selbst. Maßgeblich für die Rechtsänderung war die Erwägung, dass diese Rechtsfolge einen unverschuldet in Not geratenen Elternteil davon abhalten könnte, durch ein Insolvenzverfahren mit anschließender Restschuldbefreiung oder durch einen Schuldenbereinigungsplan seine Vermögensverhältnisse wieder in Ordnung zu bringen.[36] Es verbleiben nach der neuen Rechtslage im Einzelfall **Schutzmaßnahmen des Familiengerichtes** gem. §§ 1666, 1667 BGB, die bis zum Entzug der Vermögenssorge reichen können.[37]

13 **3. Staatsbürgerliche Stellung des Schuldners.** Die staatsbürgerliche Stellung des Schuldners wird durch die Eröffnung des Insolvenzverfahrens hinsichtlich seiner allgemeinen Rechte und Pflichten grundsätzlich nicht berührt. Der Schuldner verliert insb. nicht sein aktives und passives Wahlrecht[38] (vgl. §§ 12 ff. BWahlG für die Wahlen zum Bundestag). In Bezug auf einzelne Ämter ergeben sich jedoch Einschränkungen, die allerdings nicht wie nach bisherigem Recht an die Eröffnung des Insolvenzverfahrens, sondern an den Umstand des Vermögensverfalls anknüpfen. So soll der Schuldner im Falle des Vermögensverfalles nicht zum Schöffen,[39] § 33 Nr. 6 GVG, oder zum ehrenamtlichen Handelsrichter bestellt werden, § 109 Abs. 3 Satz 2 GVG, und von der Wahrnehmung seiner richterlichen Tätigkeit als ehrenamtlicher Arbeitsrichter gem. §§ 21 Abs. 2 Satz 2, 37 Abs. 2, 43 Abs. 3 ArbGG, ehrenamtlicher Sozialrichter gem. §§ 17 Abs. 1 Satz 2, 35 Abs. 1 Satz 2, 47 Satz 2 SGG, ehrenamtlicher Verwaltungsrichter gem. § 21 Abs. 2 VwGO, ehrenamtlicher Beisitzer in Landwirtschaftssachen gem. § 4 Abs. 3 Nr. 2 LwVfG oder ehrenamtlicher Finanzrichter gem. § 18 Abs. 2 FGO[40] ausgeschlossen bzw. hierzu nicht berufen werden. Durch die Formulierung als Soll-Vorschrift soll in diesen Fällen eine Besetzungsrüge ausgeschlossen werden.[41] Unter den genannten Voraussetzungen kommt auch eine Amtsenthebung bzw. -entbindung in Betracht (§§ 52 Abs. 1 Nr. 1, 113 Abs. 2 GVG; 21 Abs. 5 ArbGG; 24 Abs. 1 Nr. 1 VwGO; 21 Abs. 1 Nr. 1 FGO; 22 Abs. 1 SGG; § 7 Abs. 1 LwVfG).

14 **4. Berufsrechtliche Auswirkungen.** Nach früherem Recht führte die Eröffnung des Konkursverfahrens wegen der damit verbundenen Beschränkung der Verfügungsbefugnis über das eigene Vermögen infolge gerichtlicher Anordnung zu einem Ausschluss des Schuldners von bestimmten Berufen in einem besonderen Verfahren der zuständigen Kammern.[42] Verfügungsbeschränkungen im Rahmen des neuen Insolvenzverfahrens, das auch die Fälle des bisherigen Vergleichsverfahrens einschließt und keine Beeinträchtigung der Ehre des Schuldners bedeutet, erscheinen nach Ansicht des Gesetzgebers jedoch nicht mehr als geeigneter Ansatzpunkt für einen solchen Ausschluss.[43] Stattdessen wird nunmehr für den **Ausschluss von bestimmten Berufen** (Notar, Rechtsanwalt, Patentanwalt) an den **Vermögensverfall** des Betreffenden angeknüpft, wobei ein Vermögensverfall vermutet wird, wenn das Insolvenzverfahren eröffnet worden oder ein Eintrag in das Schuldnerverzeichnis gem. §§ 26 Abs. 2 InsO, 882b ZPO erfolgt ist (§§ 7 Nr. 9, 14 Abs. 2 Nr. 7 BRAO; § 14 Abs. 1 Nr. 9 PAO; § 50 Abs. 1 Nr. 6 BNotO; § 46 Abs. 2 Nr. 4 StBerG). Insofern hat sich im Ergebnis wenig geändert. Hinsichtlich des Zugangs zum Beruf bzw. zum Amt handelt es sich um **abstrakte Gefährdungstatbestände,** für die es auf eine konkrete Gefährdung des Publikums nicht ankommt.[44] Bei bestimmten Berufen kommt nach neuem Recht ein Widerruf der Bestellung bzw. die Entziehung der Zulassung auch bei Vermögensverfall ausnahmsweise dann nicht in Betracht, wenn durch den Vermögensverfall die **Interessen der Kunden** nicht gefährdet sind (Rechtsanwalt, Patentanwalt).[45] Bei diesen **konkreten Gefährdungstatbeständen** trägt der Berufsträger die Beweislast dafür, dass durch den Vermögensverfall die Interessen der Mandanten nicht gefährdet

[35] Staudinger/*Veit* BGB § 1781 Rn. 5.
[36] Begründung zu Art. 31 RegE EGInsO, BT-Drs. 12/3809, S. 75, zu Nr. 28.
[37] MüKoBGB/*Olzen* § 1666 Rn. 178, 180 ff., § 1667 Rn. 10.
[38] Uhlenbruck/*Uhlenbruck*[13] § 80 Rn. 24.
[39] Hierzu krit. *Gerhardt,* FS Michaelis, S. 100 ff.
[40] Hierzu krit. *App* DStZ 1987, 464.
[41] Uhlenbruck/*Mock* § 80 Rn. 41.
[42] Dazu *Schick* NJW 1990, 2359 ff.
[43] Begründung zu Art. 63 RegE EGInsO, BT-Drs. 12/3803, S. 100.
[44] Jaeger/*Windel* § 80 Rn. 268.
[45] Näher dazu *Hess*[2] § 80 Rn. 40 ff.

sind. Bei anderen Berufen sind maßgeblich nur noch die schon bisher geltenden Bestimmungen, die für Zulassung, Bestellung oder Widerruf der Bestellung an das Vorliegen geordneter wirtschaftlicher Verhältnisse anknüpfen (Steuerberater, Wirtschaftsprüfer, vereidigte Buchprüfer). Die Eröffnung eines Insolvenzverfahrens kann nach Ansicht des Gesetzgebers ein Indiz sein, das eine nähere Prüfung rechtfertigt, ob der Bewerber **in geordneten wirtschaftlichen Verhältnissen** lebt.[46] Die Abwicklung der Insolvenz eines Berufsangehörigen in einem geordneten Verfahren kann jedoch nicht ohne weiteres dahin verstanden werden, dass damit schon geordnete wirtschaftliche Verhältnisse vorliegen. Für die Beurteilung der Vermögensverhältnisse des Berufsträgers sind auch Veränderungen zu berücksichtigen, die nach einer Entscheidung im Amtsenthebungsverfahren eingetreten sind.[47]

a) Notare, Anwälte. Der **Notar** ist gem. § 50 Abs. 1 Nr. 6 BNotO bei Vermögensverfall seines Amtes zu entheben. Dagegen genügt nicht die Eröffnung des Insolvenzverfahrens über das Vermögen einer Gesellschaft, an der ein Notar beteiligt ist.[48] Dies gilt jedenfalls bei der Beteiligung an einer GmbH. Dagegen erstreckt sich bei der Beteiligung an einer Partnerschaftsgesellschaft oder an einer Gesellschaft bürgerlichen Rechts der Vermögensverfall der Gesellschaft wegen der damit verbundenen unbeschränkten persönlichen Haftung auch auf die Gesellschafters, so dass hier eine Rücknahme der Zulassung geboten ist.[49] Gleiches gilt für Rechtsanwälte. Bei Vermögensverfall darf der Schuldner gem. § 7 Nr. 9 BRAO nicht zur **Rechtsanwaltschaft** und gem. § 14 Abs. 1 Nr. 9 PAO nicht zur **Patentanwaltschaft** zugelassen werden. Eine zu diesem Zeitpunkt bereits erteilte Zulassung ist gem. § 14 Abs. 2 Nr. 7 BRAO bzw. § 21 Abs. 2 Nr. 9 PAO zurückzunehmen, es sei denn, dass durch den Vermögensverfall die Interessen des Ratsuchenden nicht gefährdet sind. Ohne eine unwiderrufene Zulassung als Rechtsanwalt bzw. Patentanwalt ist die Wahl zum Mitglied des Vorstandes einer **Rechtsanwaltskammer** gem. § 65 BRAO bzw. zum Mitglied des Vorstandes einer **Patentanwaltskammer** gem. § 59 PAO ausgeschlossen. Eine (patent-) anwaltliche Zulassung ist ebenfalls Voraussetzung bei der Ernennung zum Mitglied des **Anwaltsgerichts** gem. §§ 94 Abs. 3 Satz 1, 65 BRAO, zum anwaltlichen Mitglied des Anwaltsgerichtshofes bei den Oberlandesgerichten gem. §§ 103 Abs. 2, 94 Abs. 3 Satz 1, 65 BRAO und zum Beisitzer beim Senat für Anwaltssachen des Bundesgerichtshofes gem. §§ 108 Abs. 1 Satz 1, 65 BRAO bzw. zum patentanwaltlichen Mitglied der **Kammer für Patentanwaltssachen** bei den Landgerichten bzw. des Senates für Patentanwaltssachen bei den Oberlandesgerichten gem. §§ 87 Abs. 3 Satz 1, 59 PAO und zum patentanwaltlichen Beisitzer beim Senat für Patentanwaltssachen des Bundesgerichtshofes gem. §§ 91 Abs. 2 Satz 1, 87 Abs. 3 Satz 1, 59 PAO. Verliert der Schuldner seine Zulassung zur Anwaltschaft bzw. Patentanwaltschaft, so ist er auch von diesen richterlichen Ehrenämtern zu entheben (§§ 95 Abs. 2, 103 Abs. 2, 109 Abs. 1 BRAO bzw. §§ 89 Abs. 1, 93 Abs. 1 PAO). Mit der Zulassung als Rechtsanwalt endet gem. §§ 47 Nr. 4, 3 Abs. 2 BNotO zugleich das Amt eines **Anwalt-Notars.**[50] 15

b) Steuerberater, Wirtschaftsprüfer, Buchprüfer. Die Bestellung zum **Steuerberater** oder **Steuerbevollmächtigten** ist gem. § 46 Abs. 2 Nr. 4 StBerG bei Vermögensverfall zu widerrufen,[51] es sei denn, dass dadurch die Interessen der Auftraggeber nicht gefährdet sind. Mitglied der **Berufskammer für Steuerberater** können gem. § 74 StBerG u. a. nur ordnungsgemäß bestellte Steuerberater und Steuerbevollmächtigte sein, wobei sich der Vorstand der Berufskammer gem. § 77 StBerG seinerseits nur aus Mitgliedern der Berufskammer zusammensetzt. Wird auf Grund Vermögensverfalles die Bestellung zum Steuerberater widerrufen, so endet damit gleichzeitig die Mitgliedschaft in der Berufskammer sowie in deren Vorstand. Zum ehrenamtlichen Beisitzer der **Kammer für Steuerberater- und Steuerbevollmächtigtensachen** am Landgericht, zum ehrenamtlichen Beisitzer des Senates für Steuerberater- und Steuerbevollmächtigtensachen beim Oberlandesgericht, sowie zum ehrenamtlichen Beisitzer des Senates für Steuerberater- und Steuerbevollmächtigtensachen beim BGH kann gem. § 100 Abs. 1 Satz 1 StBerG nur ein Steuerberater oder Steuerbevollmächtigter gewählt werden, der in den Vorstand der Berufskammer gewählt werden kann. Ist dies auf Grund Vermögensverfalles gem. §§ 46, 74, 77 StBerG nicht möglich, so ist die Bestellung zu einem dieser ehrenamtlichen Richterämter zu versagen. Ist die Bestellung bereits erfolgt, so ist der ehren- 16

---

46 Begründung zu Art. 73 RegE EGInsO, BT-Drs. 12/3803, S. 102 f.

47 BVerfG NJW 2005, 3057 (Insolvenzplan eines Notars); and. zuvor BGH NJW 2002, 1349; dazu *Kleine-Cosack* NJW 2004, 2473, 2476; wie hier Jaeger/*Windel* § 80 Rn. 268; zur Ankündigung der Restschuldbefreiung OVG Lüneburg NJW 2014, 3529; zur Löschung aus der Architektenliste OVG Münster ZInsO 2016, 703; zur Bestellung zum Bezirksschornsteinfeger OVG Magdeburg ZInsO 2016, 796.

48 Arndt/Lerch/Sandkühler/*Lerch* BNotO § 50 Rn. 17; KPB/*Lüke* § 80 Rn. 16; BGH ZInsO 2011, 370: Amtsenthebung gem. § 50 Abs. 1 Nr. 8 BNotO.

49 Uhlenbruck/*Mock* § 80 Rn. 42.

50 Schippel/Bracker/*Püls* BNotO § 47 Rn. 5.

51 S. hierzu BFH ZInsO 2004, 203.

amtliche Richter infolge Vermögensverfalls gem. § 101 Abs. 1 Nr. 1, 2 StBerG seines Amtes zu entheben. Die Bestellung zum **Wirtschaftsprüfer** ist gem. § 16 Abs. 1 Nr. 7 WiPrO zu versagen, wenn der Bewerber sich nicht in geordneten wirtschaftlichen Verhältnissen befindet. Die Bestellung zum Wirtschaftsprüfer ist gem. §§ 20 Abs. 2 Nr. 5, 16 Abs. 1 Nr. 7 WiPrO zu widerrufen, wenn der Wirtschaftsprüfer sich nicht in wirtschaftlich geordneten Verhältnissen befindet. Für die Bestellung zum Beruf des **vereidigten Buchprüfers** gilt entsprechendes (§ 130 Abs. 1 WiPrO). Gleiches gilt gem. § 34 Abs. 2 WiPrO auch für die **Wirtschaftsprüfungsgesellschaft** und gem. § 130 Abs. 2 WiPrO für die Buchprüfungsgesellschaft. Mitglied oder sogar Vorstand einer Wirtschaftsprüferkammer kann u. a. nur ein nach der WiPrO bestellter oder anerkannter Wirtschaftsprüfer sein. Wird die Bestellung zum Wirtschaftsprüfer auf Grund fehlender geordneter wirtschaftlicher Verhältnisse widerrufen, endet auch die Mitgliedschaft bzw. die Vorstandstätigkeit in der Wirtschaftsprüferkammer. Zum ehrenamtlichen Beisitzer der **Kammer für Wirtschaftsprüfersachen** am Landgericht, zum ehrenamtlichen Beisitzer des Senates für Wirtschaftsprüfersachen beim Oberlandesgericht sowie zum ehrenamtlichen Beisitzer des Senates für Wirtschaftsprüfersachen beim BGH kann gem. § 76 Abs. 1 Satz 1 WiPrO nur ein Wirtschaftsprüfer gewählt werden, der in den Vorstand der Wirtschaftsprüferkammer gewählt werden kann. Ist dies auf Grund fehlender geordneter wirtschaftlicher Verhältnisse nicht möglich, so ist die Bestellung zu einer dieser ehrenamtlichen Richtertätigkeiten zu versagen. Ist die Bestellung bereits erfolgt, so ist der ehrenamtliche Richter infolge auftretender fehlender geordneter wirtschaftlicher Verhältnisse gem. § 77 Abs. 1 Nr. 1, 2 WiPrO seines Amtes zu entheben.

17 **5. Gewerberechtliche Auswirkungen.** Die Gewerbeüberwachungsbehörde kann bei **Unzuverlässigkeit des Gewerbetreibenden** die Ausübung des Gewerbes untersagen (§§ 35 Abs. 1, 59, 70a GewO) oder eine erteilte Erlaubnis zurücknehmen oder widerrufen (§§ 30 ff., § 57 GewO iVm §§ 48 f. VwVfG). Tatsachen, welche die Unzuverlässigkeit dartun, können sich u. a. aus **ungeordneten Vermögensverhältnissen** ergeben.[52] Die durch Art. 71 Nr. 1 EGInsO neu eingefügte Bestimmung des § 12 Satz 1 GewO schließt die Anwendung der Vorschriften über Untersagung des Gewerbes bzw. Rücknahme oder Widerruf der Zulassung wegen ungeordneter Vermögensverhältnisse für die Dauer des Insolvenzverfahrens aus. Dadurch soll ein Konflikt mit den Zielen des Insolvenzverfahrens vermieden werden, die auch die Möglichkeit einer **Fortführung bzw. Sanierung des Unternehmens** umfassen.[53] Die Entscheidung der Gläubigerversammlung über eine Fortführung oder Stilllegung des Unternehmens würde vorweggenommen, wenn dem insolventen Unternehmer wegen finanzieller Unzuverlässigkeit die weitere Ausübung seines Gewerbes behördlich untersagt werden könnte; gleichfalls könnte der Erfolg eines möglichen Insolvenzplanes (vgl. § 217 InsO), der die Sanierung des Unternehmens zum Ziel hat, durch eine Gewerbeuntersagung während des Verfahrens vereitelt werden.[54] Der Schutz des Geschäftsverkehrs vor den mit der Fortführung eines insolventen Unternehmens verbundenen Risiken wird durch die Vorschriften der InsO, insb. durch § 55 InsO gewährleistet. Demgemäß ist die Anwendung der genannten Vorschriften der GewO durch § 12 GewO für die Dauer des Insolvenzverfahrens während der Zeit, in der **Sicherungsmaßnahmen** nach § 21 InsO angeordnet sind, und während der Überwachung der Erfüllung eines Insolvenzplanes gem. § 260 InsO ausgeschlossen, jedoch nur in Bezug auf das Gewerbe, das zurzeit des Antrags auf Eröffnung des Insolvenzverfahrens ausgeübt wurde.[55] Eine vor Eröffnung des Insolvenzverfahrens ergangene Gewerbeuntersagung bleibt rechtswirksam. Im Rechtsstreit um die Rechtmäßigkeit der Gewerbeuntersagung ist **der Schuldner selbst prozessführungsbefugt,** weil das Gewerbeuntersagungsverfahren nicht die Insolvenzmasse betrifft.[56] Die Eröffnung eines Insolvenzverfahrens über das Vermögen des Gewerbetreibenden führt demnach nicht zur Unterbrechung eines gerichtlichen Verfahrens über eine Gewerbeuntersagung gem. §§ 173 Satz 1 VwGO, 240 Satz 1

---

52 Jaeger/*Windel* § 80 Rn. 265; Landmann/Rohmer/*Marcks* GewO § 35 Rn. 46; zur Insolvenz während eines Eilverfahrens VG Chemnitz GewArch 2003, 484; zur Entziehung der Apothekenerlaubnis wegen Insolvenz des Erlaubnisinhabers sowie zur Fortführung nach Eröffnung des Insolvenzverfahrens OVG Berlin ZVI 2004, 620; VG Berlin ZVI 2004, 618; *de Avoine* ZInsO 2015, 1725 ff.; zur Erteilung der Fahrerlaubnis zur Fahrgastbeförderung nach § 48 FeV vgl. VG München ZInsO 2016, 582; abl. Uhlenbruck/*Mock* § 80 Rn. 48.

53 Begründung zu Art. 75 RegE EGInsO, BT-Drs. 12/3803, S. 103; Uhlenbruck/*Mock* § 80 Rn. 46; K. Schmidt/*Sternal* § 80 Rn. 14.

54 Begründung zu Art. 75 RegE EGInsO, BT-Drs. 12/3803, S. 103; BVerwGE 152, 39 = NZI 2015, 776; ZInsO 2018, 1411 Rn. 25; Uhlenbruck/*Mock* § 80 Rn. 46.

55 Jaeger/*Windel* § 80 Rn. 265.

56 BVerwG NVwZ 2006, 599 f.; OVG Rheinland-Pfalz NVwZ-RR 2011, 229; VGH Mannheim NVwZ 2003, 626; VG Gießen ZIP 2005, 2074 ff.; zur fehlenden Anfechtungsbefugnis des Insolvenzverwalters gegen den Widerruf einer Spielbankzulassung vgl. OVG Magdeburg NZI 2014, 519; zur Unterscheidung zwischen personengebundenen Erlaubnissen und Sachgenehmigungen OVG Lüneburg NVwZ-RR 2008, 358.

ZPO.[57] Entgegen der Auffassung des BVerwG[58] darf im Hinblick auf den Schutzzweck des § 12 GewO eine **Gewerbeuntersagung nicht vollstreckt** werden.[59] Jedenfalls aber führt die Eröffnung eines Insolvenzverfahrens bzw. die insolvenzgerichtliche Anordnung von Sicherungsmaßnahmen nach § 21 dazu, dass bei der Ausübung des vollstreckungsrechtlichen Ermessens im Rahmen des jeweiligen landsrechtlichen Vollstreckungsrechts von einer Vollstreckung der Gewerbeuntersagung abzusehen ist.[60] **Neue Gewerbebetriebe** soll der Schuldner im Zustand mangelnder wirtschaftlicher Leistungsfähigkeit nicht eröffnen dürfen.[61] Die Bestimmung des § 12 Satz 1 GewO kommt nicht zur Anwendung für eine nach § 35 Abs. 2 Satz 1 freigegebene selbstständige Tätigkeit des Gewerbetreibenden, wenn dessen Unzuverlässigkeit mit Tatsachen begründet wird, die nach der Freigabe eingetreten sind (§ 12 Satz 2 GewO).[62] Der Anwendungsbereich des § 12 GewO ist zudem nicht auf die Gewerbeordnung beschränkt. In diversen Nebengesetzen, die ebenfalls Vorschriften über die Untersagung eines Gewerbes oder die Rücknahme oder den Widerruf gewerberechtlicher Erlaubnisse enthalten, wird die Gewerbeordnung insofern für ergänzend anwendbar erklärt, als nicht in diesen Gesetzen besondere Bestimmungen getroffen worden sind (vgl. § 31 GastG). Auch bei Fehlen einer ausdrücklichen Verweisung kann die Gewerbeordnung ergänzend Anwendung finden (zB bei der HWO).[63]

6. Heilberufe. Eine Approbation, die staatliche Erlaubnis zur Ausübung eines akademischen 18
Heilberufes, ist einem Antragsteller im Fall seiner Unwürdigkeit oder Unzuverlässigkeit zur Ausübung des ärztlichen Berufes gem. § 3 Abs. 1 Satz 1 Nr. 2 BÄO zu versagen. Eine bereits erteilte **Approbation** kann in einem solchen Falle gem. § 5 Abs. 1 Satz 2 iVm § 3 Abs. 1 Satz 1 Nr. 2 BÄO zurückgenommen werden bzw. ist gem. § 5 Abs. 2 iVm § 3 Abs. 1 Satz 1 Nr. 2 BÄO zu widerrufen und ebenso ist die Zulassung zur ärztlichen Prüfung gem. § 11 Nr. 4 Alt. 2 ÄAppO, § 3 Abs. 1 Satz 1 Nr. 2 BÄO zu versagen.[64] Für eine Unwürdigkeit oder Unzuverlässigkeit zur Ausübung des ärztlichen Berufes sprechen nicht notwendigerweise ungeordnete Vermögensverhältnisse, also der Vermögensverfall.[65] Praktisch kommt es in der Regel nicht zur Bejahung der Unwürdigkeit oder Unzuverlässigkeit im Falle des Vermögensverfalles.[66] Der Vermögensverfall eines Vertragsarztes stellt mangels ausdrücklicher gesetzlicher Regelung keinen selbständigen Grund für den Widerruf bzw. Entzug der Zulassung dar.[67]

7. Sonstige Bereiche. Der Schuldner ist nicht von der Wahl der Mitglieder der Vollversamm- 19
lung der **Handwerkskammer** im Falle der Insolvenzeröffnung über sein Vermögen, wie noch nach alter Rechtslage gem. § 96 Abs. 2 Nr. 2 HWO aF,[68] ausgeschlossen, soweit er noch Mitglied der Handwerkskammer ist. Ferner verliert ein Schuldner mit Insolvenzeröffnung auch nicht seinen Mitgliedstatus in der Vollversammlung der Handwerkskammer.[69] Gleiches galt bisher bereits für das Wahlrecht des Schuldners zur **Innungsversammlung** und für die eigene Wählbarkeit eines

---

57 BVerwGE 152, 39 = NZI 2015, 776 Rn. 12; VGH München ZInsO 2014, 725; OVG Bautzen ZInsO 2015, 1273.

58 BVerwGE 152, 39 = NZI 2015, 776 Rn. 25; ebenso VGH München ZInsO 2014, 725; offen lassend OVG Berlin-Brandenburg NZI 2014, 758.

59 OVG Münster NVwZ-RR 2011, 553; VG Saarland Urt. v. 14.6.2011 – 1 K 259/10, BeckRS 2011, 51782.

60 Vgl. hierzu offen lassend BVerwGE 152, 39 = NZI 2015, 776 Rn. 25 aE.

61 RegE EGInsO, BT-Drs. 12/3803, S. 103 f.

62 Zur Rechtslage vor Inkrafttreten des § 12 Satz 2 GewO vgl. OVG Münster ZInsO 2011, 1359; VGH München ZInsO 2009, 1588; VG Trier ZInsO 2010, 1744 ff. = ZIP 2010, 1141 ff.; VG Oldenburg ZInsO 2009,1354; eine Sperrwirkung im Falle der Freigabe verneinend OVG Rheinland-Pfalz NVwZ 2011, 229 (Vorinstanz: VG Trier ZInsO 2010, 1744); VG Darmstadt NZI 2011, 491; vgl. hierzu auch *Pape* WM 2013, 1145, 1151 f.; *Mühlmann* ZInsO 2010, 2080 ff.; *Mühlmann* ZInsO 2011, 2023; *Wischemeyer* ZInsO 2009, 2121, 2130 f.

63 *Steiner/Arndt*, Besonderes Verwaltungsrecht, Kap. VI, Rn. 264; zur Anwendbarkeit des § 12 GewO beim Widerruf einer Taxikonzession gem. §§ 25, 13 Abs. 1 Nr. 1 PBefG vgl. VG Düsseldorf ZInsO 2016, 1439; Uhlenbruck/*Mock* § 80 Rn. 48.

64 Vgl. hierzu Laufs/Uhlenbruck/*Laufs*, HdB des Arztrechts, § 8 Rn. 4 ff., 23 ff.

65 Uhlenbruck/*Uhlenbruck*[13] § 80 Rn. 23.

66 Jaeger/*Windel* § 80 Rn. 269; Nerlich/Römermann/*Wittkowski/Kruth* § 80 Rn. 21; die Eröffnung eines Insolvenzverfahrens im Rahmen einer Gesamtschau berücksichtigend VG Gießen Urt. v. 2.2.2015 – 4 K 1542/13, BeckRS 2015, 47829.

67 BSG NZS 2001, 160 = NJW 2001, 2823.

68 Neugefasst durch Art. 72 Nr. 3 EGInsO vom 5.10.1994 (BGBl. I S. 2911) mit Wirkung zum 1.1.1999; vgl. Begründung zu Art. 72 RegE EGInsO, BT-Drs. 12/3809, S. 104 f., zu Nr. 3 und 4.

69 RegE EGInsO, BT-Drs. 12/3803, S. 104 f.; Beschlussempfehlung Rechtsausschuss zum RegE EGInsO, BT-Drs. 12/7303, S. 114.

Innungsmitgliedes in den **Innungsvorstand** oder in die Innungsausschüsse.[70] Anders als noch nach früherer Rechtslage (§§ 51 Abs. 6 Nr. 3 SGB IV aF) verliert der Schuldner trotz Eröffnung des Insolvenzverfahrens auch nicht das Recht der Wählbarkeit zu **Organen von Versicherungsträgern.**

III. Theorie der Insolvenzverwaltung

20 **1. Gegenstand des Theorienstreits.** Der Streit um die rechtssystematische und rechtsdogmatische Erfassung der rechtlichen Stellung des Konkursverwalters, der bald nach dem Inkrafttreten der Konkursordnung im Jahre 1879 begann und seither mit wechselnder Intensität geführt wurde, ist bis heute weder überwunden noch ganz zur Ruhe gekommen. Die **Rechtsprechung** beteiligt sich allerdings kaum daran, sondern geht seit einer frühen Weichenstellung durch das Reichsgericht[71] unbeirrt und ungeachtet aller daran geübter Kritik von der Amtstheorie aus.[72] Im Schrifttum dagegen wird der Theorienstreit auch heute noch aufgegriffen, teils bei der kritischen Würdigung von gerichtlichen Entscheidungen zu bestimmten Fallgruppen, teils auch – insb. von *Karsten Schmidt*[73] – in grundsätzlicher Hinsicht. Außerdem wird in Teilen der Kommentarliteratur[74] und auch des sonstigen Schrifttums[75] der Theorienstreit immer wieder ausführlich referiert und diskutiert. Die Relevanz der Auseinandersetzung um eine Theorie der Konkurs- bzw. Insolvenzverwaltung wird jedoch vielfach mit dem Hinweis darauf in Frage gestellt, dass dieser Streit, von Ausnahmen abgesehen, nicht die Suche nach sachgerechten Problemlösungen betreffe, über die zumeist Konsens bestehe, sondern vor allem deren **Einordnung in das System des Zivilrechts.**

21 Gegenstand des historischen wie des aktuellen Theorienstreits ist im Wesentlichen die Frage, wie sich die durch das positive Recht weitgehend vorgegebene Rechtsstellung des Insolvenzverwalters in rechtssystematisch und rechtsdogmatisch konsistenter Weise erfassen und erklären lässt. Demgemäß wird die Aufgabe einer solchen Theorie vornehmlich darin gesehen, die Rechtsbeziehungen der Beteiligten übersichtlich darzustellen und Einzelergebnisse in eine **systematische Ordnung** zu bringen.[76] Die für die Lösung einzelner Rechtsprobleme entwickelten Regelungen sollen zwecks Vereinfachung, Zusammenfassung und geistiger Beherrschung der Einzelheiten auf einen zusammenfassenden Begriff gebracht werden, aus dem sie sich wiederum ableiten und erklären lassen.[77] Die Funktion der Theorie besteht aus dieser Sicht darin, die **Rechtsanwendung** zu erleichtern und die **Praxis** zu entlasten. Einigkeit besteht auch weithin darin, dass es nicht Aufgabe der Theorie ist, die Rechte und Pflichten des Insolvenzverwalters zu bestimmen und Kriterien für sachgerechte Problemlösungen zu vermitteln.[78] Die Frage, welche Ergebnisse sachgerecht sind, wird nach anderen, nicht aus der Theorie abgeleiteten Kriterien beantwortet.[79]

22 Auch in dieser Beschränkung des theoretischen Anspruchs kann von einer Theorie der Insolvenzverwaltung ein wichtiger Beitrag zur Handhabung des geltenden Rechts erwartet werden, der darin bestehen kann, dass **Regelungszusammenhänge** begrifflich erfasst und damit transparent gemacht werden und dass dadurch zugleich etwaige **Wertungswidersprüche** erkannt werden können.[80] Allerdings reduziert sich die Bedeutung einer so eingegrenzten Theorie, weil die Frage nach

---

70 Uhlenbruck/*Uhlenbruck*[13] § 80 Rn. 22.

71 RGZ 29, 29; 35, 28, 31; 52, 330; weitere Nachweise zur Rechtsprechung des Reichsgerichts bei *Jaeger/Henckel* KO § 6 Rn. 7.

72 Aus der Rechtsprechung des BGH s. nur BGHZ 88, 331, 334 = NJW 1984, 739; WM 1989, 1546; 1549 (dazu *Münzberg* JZ 1993, 95 sowie WuB VI E § 767 ZPO 2.92); BGHZ 127, 156 = NJW 1994, 3232 (dazu *K. Schmidt* NJW 1995, 911) jeweils auch unter dem Gesichtspunkt des Theorienstreits.

73 Grundlegend schon *K. Schmidt* KTS 1984, 345, 360; aus der Vielzahl einschlägiger Veröffentlichungen von *K. Schmidt* zum Theorienstreit sei im Übrigen nur verwiesen auf *K. Schmidt* NJW 1987, 1905; *K. Schmidt* KTS 1991, 211; *K. Schmidt* KTS 1994, 309; *K. Schmidt* NJW 1993, 2833.

74 Umfassende Darstellung der Theorien über die Stellung des Konkursverwalters und der im Rahmen des Theorienstreits behandelten Einzelfragen bei Jaeger/*Windel* § 80 Rn. 13 ff. mwN; *Jaeger/Henckel* KO § 6 Rn. 4–146, Rn. 165–168; *Kuhn/Uhlenbruck* KO § 6 Rn. 16 ff.; *Kilger/K. Schmidt* KO § 6 Anm. 2; *Hess/Obermüller,* Rechtsstellung Verfahrensbeteiligte, Rn. 671–733; *Häsemeyer,* Insolvenzrecht, Rn. 15.02–15.09; Stein/Jonas/*Bork* ZPO vor § 50 Rn. 27 ff.

75 *Stürner* ZZP 94 (1981), 263, 286 ff.; s. ferner *Stamm* KTS 2016, 279 ff.

76 Jaeger/*Windel* § 80 Rn. 11; *Jaeger/Henckel* KO § 6 Rn. 4; *Stürner* ZZP 94 (1981), 263, 286; *K. Schmidt* NJW 1995, 911, 914; *K. Schmidt,* Wege zum Insolvenzrecht, S. 112; *Kilger/K. Schmidt* KO § 6 Anm. 2 b.

77 So schon *Lent* ZZP 62 (1941), 129, 129 f.

78 *K. Schmidt* NJW 1995, 911, 914; *Kilger/K. Schmidt* KO § 6 Anm. 2b; Jaeger/*Windel* § 80 Rn. 11; *Jaeger/Henckel* KO § 6 Rn. 4.

79 So ausdrücklich schon *Lent* ZZP 62 (1941), 129, 132, der von „praktisch wünschenswerten Einzelergebnissen" spricht.

80 Jaeger/*Windel* § 80 Rn. 11; KPB/*Lüke* § 80 Rn. 33.

der sachgerechten Eingrenzung der Funktion und der Handlungskompetenzen des Insolvenzverwalters im Zusammenwirken mit den anderen am Insolvenzverfahren Beteiligten und insb. die Frage nach einer sachgerechten Verteilung der für das Verfahren relevanten Risiken dann unabhängig von einer theoretischen Begründung auf Grund der Analyse der einzelnen Problemkonstellationen beantwortet werden muss. Damit wird der Theorie Entscheidungsrelevanz abgesprochen; sie dient nur noch dazu, anderwärts abgeleitete und begründete Problemlösungen nachzuvollziehen.

Der tiefere Grund für den fortdauernden und letztlich noch immer ungelösten Theorienstreit 23
liegt demgemäß auch weniger in sachlichen Differenzen in Bezug auf die Aufgaben und Kompetenzen des Insolvenzverwalters oder in Bezug auf die Sachgerechtigkeit einzelner Problemlösungen. Vielmehr ist festzustellen, dass hier ungeachtet aller Meinungsverschiedenheiten auf der Ebene des Theorienstreits **weitgehende Übereinstimmung** besteht. Der Grund liegt vielmehr darin, dass das Rechtsinstitut des Konkurs- bzw. Insolvenzverwalters in seiner **Grundstruktur** Besonderheiten gegenüber anderen Rechtsinstituten des Zivilrechts aufweist. Diese bestehen darin, dass die Verwaltungs- und Verfügungsbefugnis, die essentieller Bestandteil aller subjektiver Rechte ist, mit Eröffnung des Insolvenzverfahrens von den zur Insolvenzmasse gehörenden Rechten des Schuldners abgespalten und kraft Gesetzes auf den Insolvenzverwalter übertragen wird (§ 80 Abs. 1 InsO, § 6 KO). Diese strukturelle Besonderheit unterscheidet das Rechtsinstitut des Insolvenzverwalters von allen anderen Rechtsinstituten des Zivilrechts, die **Handlungskompetenzen für fremdes Vermögen** eröffnen, in grundlegender Weise. Infolgedessen muss jede Theorie scheitern, die es unternimmt, die Rechtsstellung des Insolvenzverwalters mit juristischen Begriffen zu erfassen, die an Rechtsinstituten entwickelt worden sind, bei denen der Rechtsinhaber auch zugleich Inhaber der Verwaltungs- und Verfügungskompetenzen ist.

Aus den dargelegten Gründen kann es nicht überraschen, dass die Relevanz des Theorienstreits 24
um die Rechtsstellung des Insolvenzverwalters heute skeptisch beurteilt oder überhaupt bestritten wird. Für die Anwendung des geltenden Rechts kommt ihm unmittelbare Bedeutung nur insoweit zu, als die unterschiedlichen Grundverständnisse von der Rechtsstellung des Insolvenzverwalters bei unklaren oder unbestimmten Regelungen zu unterschiedlichen Auslegungen und zu unterschiedlichen Ergebnissen führen. Ein wesentlicher Streitpunkt in der Rechtsanwendung, die Bestimmung des **Gerichtsstands für Masseprozesse** nach dem Wohnsitz des Konkursverwalters, ist vom Gesetzgeber für die Insolvenzordnung im Sinne einer sachgerechteren Lösung entschieden worden. Gem. § 19a ZPO, eingefügt durch Art. 18 Abs. 1 EGInsO, wird der allgemeine Gerichtsstand des Insolvenzverwalters für Klagen, die sich auf die Insolvenzmasse beziehen, nunmehr durch den Sitz des Insolvenzgerichts bestimmt. Unter dem Gesichtspunkt der Rechtsanwendung und Rechtsfortbildung kommt dem Theorienstreit insgesamt nur geringe Bedeutung zu. Im Übrigen ist festzustellen, dass jede Theorie wichtige, aber **unterschiedliche Elemente** der Rechtsstellung des Insolvenzverwalters hervorhebt (→ Rn. 32 ff.).

2. Auswirkungen der Neuregelung des Insolvenzrechts auf den Theorienstreit. Aus 25
den Vorschriften der InsO lässt sich unmittelbar nichts herleiten, was den Ausschlag für eine der bisher vertretenen Theorien geben könnte. In der InsO ist zwar an mehreren Stellen vom „Amt" des Insolvenzverwalters die Rede (§§ 56 Abs. 2, 57 Abs. 1, 59 Abs. 1), rechtserhebliche Erkenntnisse ergeben sich daraus aber nicht. Die Rechtsstellung des Insolvenzverwalters ist nicht wesentlich anders geregelt als die des bisherigen Konkursverwalters. Die für den Fall entsprechender Regelungen durch den Insolvenzplan oder für den Fall einer vom Insolvenzgericht angeordneten Eigenverwaltung des Schuldners bei diesem verbleibenden Verwaltungs- und Verfügungsbefugnisse stellen eine **Alternative zum Insolvenzverwalter** dar, die aber dessen Rechtsstellung, soweit er bestellt wird, unberührt lässt.

3. Überblick über den Theorienstreit. Trotz der kritischen Einschätzung der praktischen 26
Relevanz des Theorienstreits sollen im Folgenden die wichtigsten Ansätze kurz dargestellt werden, die zwar in Bezug auf die Rechtsstellung des Konkursverwalters nach der bisherigen Konkursordnung entwickelt worden sind, wegen der weitgehend übereinstimmenden Regelungen der InsO in Bezug auf die Rechtsstellung des Insolvenzverwalters aber ohne weiteres auf diesen übertragen werden können.[81] Dem steht nicht entgegen, dass nach bislang vorherrschender Ansicht der **Konkursverwalter** als Partei kraft Amtes, der **Vergleichsverwalter** dagegen als Vertreter der Schuldners begriffen wurde,[82] während die Insolvenzordnung ein einheitliches Insolvenzverfahren geschaffen hat, das Liquidation und Sanierung vereint und die Funktionen und Kompetenzen des Insolvenzverwalters auf beide Verfahren bezieht, wobei die Rechtsstellung des Insolvenzverwalters der des bisherigen

[81] Einschränkend *Hess*[2] § 80 Rn. 109.

[82] Nachweise zum Vergleichsverwalter: BGH ZIP 1988, 1136; *Hess*[2] § 80 Rn. 108; *Kilger/K. Schmidt* KO § 57 VerglO Anm. 3b.

Konkursverwalters, nicht aber der des bisherigen Vergleichsverwalters entspricht. Die **Stellung des Insolvenzverwalters nach neuem Recht** muss jedoch einheitlich und unter Berücksichtigung aller Ziele des Insolvenzverfahrens und des daraus folgenden Aufgabenspektrums bestimmt werden.[83]

27 **a) Amtstheorie.** Ihr folgt im Wesentlichen die Rechtsprechung[84] und die überwiegende Meinung im Schrifttum.[85] Diese Theorie stellt darauf ab, dass der Insolvenzverwalter materiellrechtlich wie prozessual im eigenen Namen und aus eigenem Recht, jedoch mit Wirkung für und gegen die Masse handelt und dabei in Erfüllung der ihm auferlegten gesetzlichen Verpflichtungen tätig wird.[86] Der Schuldner bleibt Träger der Rechte und Pflichten; für Verbindlichkeiten haftet er mit der Masse. Weiter stellt die Amtstheorie darauf ab, dass die Funktionen und Handlungskompetenzen des Insolvenzverwalters auf die Insolvenzmasse bezogen und beschränkt sind.[87] Schließlich wird für die Amtstheorie auch darauf verwiesen, dass der Insolvenzverwalter seine Kompetenzen nicht im eigenen Interesse, sondern **treuhänderisch** für andere ausübt.[88] Im Prozess hat der Insolvenzverwalter kraft **gesetzlicher Prozessstandschaft** die uneingeschränkte Prozessführungsbefugnis unter Ausschluss des Schuldners und ist damit selbst Partei.

28 **b) Vertretertheorie.** Diese sieht den Konkursverwalter als gesetzlichen Vertreter des Gemeinschuldners für das zur Konkursmasse gehörende Vermögen.[89] Sie stellt insb. darauf ab, dass der Konkursverwalter das vom Konkursbeschlag erfasste Vermögen des Gemeinschuldners verwaltet und verwertet und dass **„Zurechnungsendpunkt"** seiner Rechtshandlungen der Gemeinschuldner ist.[90] Nach dieser Theorie übt der Insolvenzverwalter das Verwaltungs- und Verfügungsrecht des Schuldners in dessen Namen aus. Im Prozess ist der Schuldner Partei, während der Insolvenzverwalter dessen Vertreter ist.

29 **c) Organtheorie.** Diese Theorie stellt darauf ab, dass die Konkursmasse **rechtlich verselbständigt** ist, ähnlich wie das Vermögen einer juristischen Person.[91] Demgemäß wird die Konkursmasse als juristische Person oder als **Quasi-Rechtssubjekt** begriffen und der Konkursverwalter als ihr Vertretungsorgan.

30 **d) Theorie des neutralen Handels.** Dieser Erklärungsansatz stellt darauf ab, dass der Konkursverwalter bei der Verwaltung der Konkursmasse weder im Namen des Gemeinschuldners handelt noch dessen Interessen vertritt und demgemäß auch nicht dessen Weisungen unterliegt, andererseits aber auch nicht im eigenen Namen, sondern in seiner Eigenschaft als **Verwalter fremden Vermögens,** und nicht im eigenen Interesse, sondern in „auferlegter Verwaltung" objektbezogen und neutral handelt.[92]

31 **e) Modifizierte Organ- bzw. Vertretertheorie.** Diese Theorie verbindet Ansätze der Vertreter- und der Organtheorie und stellt darauf ab, dass der Konkursverwalter gesetzlicher Vertreter im Rahmen des Verfahrenszwecks ist mit der Konsequenz, dass er bei **natürlichen Personen** deren

---

83 *K. Schmidt* KTS 1984, 345, 362; *Hess*² § 80 Rn. 108.

84 St. Rspr. seit RGZ 29, 29; zur Rspr. des BGH s. BGHZ 24, 393 = NJW 1962, 544; BGHZ 32, 114 = NJW 1960, 1006; BGHZ 44, 1; BGHZ 88, 331, 334 = NJW 1984, 739; BGHZ 100, 346, 351 = NJW 1987, 3133; BGHZ 127, 156 = NJW 1994, 3232 mwN; ZInsO 2006, 260; WM 2005, 1084; s. ferner BVerwG NVwZ 2006, 599 f.

85 *Oetker,* Konkursrechtliche Grundbegriffe, S. 25 f., 314 ff.; *Weber* KTS 1955, 102, 111; *Henckel* ZIP 1991, 133; *Stürner* ZZP 94 (1981), 263, 268 ff.; Jaeger/*Windel* § 80 Rn. 19, 275; *Jaeger/Henckel* KO § 6 Rn. 7 ff. mwN; Uhlenbruck/*Uhlenbruck*¹³ § 80 Rn. 78 ff., 80; KPB/*Lüke* § 80 Rn. 37; LSZ/*Smid* § 80 Rn. 19 ff.; Nerlich/Römermann/*Wittkowski/Kruth* § 80 Rn. 38, 40; *Hess*² § 80 Rn. 111 ff.; 136 ff.; HKInsO/*Kayser/Thole* § 80 Rn. 14; *Bork,* Insolvenzrecht, Rn. 68; *Häsemeyer,* Insolvenzrecht, Rn. 15.06; K. Schmidt/*Sternal* § 80 Rn. 19 f.

86 So schon RGZ 29, 29, 36; s. a. OLG Hamm ZInsO 2013, 672 ff.

87 Uhlenbruck/*Uhlenbruck*¹³ § 80 Rn. 80.

88 *Kämmerer* JR 1970, 328.

89 *Bley* ZZP 62 (1941), 111; *Lent* ZZP 62 (1941), 129 ff.; *Bernhardt* NJW 1962, 2194; *Ballerstedt* AcP 151 (1951), 501, 526 ff. Die Ansicht, der Konkursverwalter sei Vertreter der Gläubiger, wird heute nicht mehr vertreten, *Kilger/K. Schmidt* KO § 6 Anm. 2a; KPB/*Lüke* § 80 Rn. 34.

90 *Bruns* JZ 1957, 390, 391.

91 Begründer dieser Lehre war *Hellwig,* Anspruch und Klagrecht, S. 228 ff., ihr wichtigster Befürworter *Bötticher* ZZP 71 (1958), 314, 318 f.; *Bötticher* ZZP 77 (1964), 55 ff.; *Bötticher* JZ 1963, 582; s. w. *Hanisch,* Rechtszuständigkeit der Konkursmasse, S. 23, 275 ff.; *Erdmann* KTS 1967, 87 mwN zur ält. Lit.; *Stürner* ZZP 94 (1981), 263, 286 ff., ebenf. mit eingehenden Nachw.

92 Begründet wurde diese Lehre von *Dölle* FS Fritz Schulz, S. 268, 273; zust. *Mohrbutter,* Vollstreckungs- und Insolvenzrecht, S. 732; Mohrbutter/Mohrbutter/*H. Mohrbutter,* HdB Insolvenzverwaltung, Rn. II.46; *Kilger/K. Schmidt* KO § 6 Anm. 2a (bis zur 15. Aufl.).

gesetzlicher Vertreter mit Beschränkung auf die Masse ist, während er im Konkurs von **juristischen Personen** und konkursfähigen Personenvereinigungen als **obligatorischer Fremdliquidator** deren Organ ist. Diese von *Karsten Schmidt* entwickelte Theorie[93] ist auf die Insolvenz von Unternehmen zugeschnitten und hängt eng mit der Frage nach dem Verhältnis von konkursrechtlicher und gesellschaftsrechtlicher Liquidation eines Unternehmens zusammen. Praktische Bedeutung hat dies vor allem für das Problem der **Freigabe** von kontaminierten Grundstücken durch den Insolvenzverwalter (→ Rn. 142 ff.).

4. Stellungnahme. a) Einzelaspekte. Eine abschließende Stellungnahme zum Theorienstreit erscheint ebenso ausgeschlossen wie entbehrlich. Alle bisher entwickelten Erklärungsansätze verweisen auf **essentielle und prägende Elemente** der Rechtsstellung des Konkurs- bzw. Insolvenzverwalters nach neuem Recht, die im Wesentlichen übereinstimmend, aber in unterschiedlicher Gewichtung in den verschiedenen Theorien enthalten sind. So bringt die **Amtstheorie** richtig zum Ausdruck, dass der Verwalter die ihm übertragenen Befugnisse nicht im Namen und nach Weisung und im Interesse des Schuldners, sondern in eigener Verantwortung im Rahmen seiner gesetzlichen Kompetenzen und Bindungen ausübt. Die **Vertretertheorie** hebt richtig hervor, dass die rechtlichen Wirkungen des Verwalterhandelns den Schuldner als den Rechtsträger treffen. Die **Organtheorie** knüpft an den Umstand an, dass die Eröffnung des Insolvenzverfahrens zu einer rechtlichen Verselbständigung der Konkurs- bzw. Insolvenzmasse führt. Dies hat zwar durch die Einbeziehung des Neuerwerbs in die Insolvenzmasse durch die Insolvenzordnung (§ 35) gegenüber der sich nach der Konkursordnung ergebenden Situation an Gewicht verloren, bleibt aber gleichwohl von Bedeutung, weil ein Insolvenzverfahren nur über ein rechtlich abgegrenztes Vermögen stattfinden kann. Die **modifizierte Vertreter- und Organtheorie** verweist auf die Besonderheiten bei der Insolvenz von Unternehmensgesellschaften, die sich aus dem Nebeneinander von insolvenzrechtlichem und gesellschaftsrechtlichem Liquidationsverfahren ergeben und begründet den Vorrang der insolvenzrechtlichen Liquidation, indem sie den Verwalter als „obligatorischen Fremdliquidator" begreift.[94] Zugleich stellt sie darauf ab, dass es nur bei natürlichen Personen insolvenzfreies Vermögen geben kann, während dies bei juristischen Personen und bei insolvenzfähigen Personenvereinigungen ausgeschlossen erscheint. 32

b) Kritische Einwände. Alle bisher entwickelten Theorien sind mehr oder weniger gewichtigen Einwänden ausgesetzt. Keine von ihnen vermag die Rechtsstellung des Verwalters so zu erklären, dass sie sich ohne Widersprüche und Inkonsistenzen in das System des Zivilrechts einfügen lässt. Diese Schwierigkeiten betreffen teils schon den konstruktiven Ansatz als solchen, teils die systemgerechte Einordnung der einzelnen Regelungen. Wie bereits erwähnt, geht es aber nur in Ausnahmefällen um unterschiedliche Konsequenzen in Bezug auf konkrete Problemlösungen. 33

Die **Amtstheorie** muss sich vorhalten lassen, dass sie den Blick für einfache Dinge durch unnütze Denkoperationen verstellt und keine plausible Abbildung der komplexen Interessenlage zu bieten vermag; kritisiert wird auch die mangelnde Offenheit für funktionsgerechte Differenzierungen.[95] Konkret bezieht sich diese Kritik vor allem auf die Konsequenzen, die sich aus der von der Amtstheorie postulierten Parteirolle des Insolvenzverwalters ergeben (→ Rn. 76), aber auch auf die mit der Freigabe von Vermögensgegenständen zusammenhängenden Probleme (→ Rn. 42). Gegen die **Vertretertheorie** wird eingewandt, dass die Verwaltungs- und Verfügungskompetenz über die Insolvenzmasse nur dem Insolvenzverwalter zusteht, während sie dem Schuldner durch die Eröffnung des Insolvenzverfahrens gerade entzogen worden ist. Der Vertreter hat danach eine Rechtsmacht, die dem von ihm Vertretenen fehlt.[96] Eine verdrängende Vertretungsmacht ist dem deutschen Zivilrecht aber fremd. Außerdem wird an der Vertretertheorie kritisiert, dass sie zur Annahme einer auf das zur Insolvenzmasse gehörende Vermögen beschränkten Vertretungsmacht genötigt ist; eine solche objektbezogene Vertretungsmacht ist dem Zivilrecht aber ebenfalls fremd. Schließlich wird gegen die Vertretertheorie angeführt, dass sie der insolvenztypischen Interessenlage nicht entspricht, die durch die vorrangige Aufgabe des Insolvenzverwalters gekennzeichnet ist, das Vermögen des Schuldners im Interesse der Gläubiger zu liquidieren.[97] Gegen die **Organtheorie** spricht, dass sie in der rechtlichen Verselbständigung der Insolvenzmasse zu weit geht, indem sie den Schuldner völlig als 34

---

93 *K. Schmidt,* Wege zum Insolvenzrecht, S. 107 ff.; *K. Schmidt* KTS 1994, 360; *K. Schmidt* NJW 1987, 1905; *K. Schmidt* KTS 1991, 211 ff.; *K. Schmidt* KTS 1994, 309, 310; *K. Schmidt* NJW 1995, 911 ff.; zust. MüKoZPO/*Lindacher* Vor § 50 Rn. 36 f.; Rosenberg/*Schwab/Gottwald, P.,* Zivilprozessrecht, § 40 II 1 d; Thomas/Putzo/*Hüßtege* ZPO § 51 Rn. 29; abl. Uhlenbruck/*Hirte* § 35 Rn. 72.

94 *K. Schmidt* KTS 1984, 345, 360 ff.

95 *K. Schmidt* NJW 1995, 911, 914.

96 Stein/Jonas/*Bork* ZPO Vor § 50 Rn. 38.

97 Jaeger/*Windel* § 80 Rn. 14, 18; *Hess*[2] § 80 Rn. 154; *Jaeger/Henckel* KO § 6 Rn. 165.

Rechtsträger ausschaltet. Diese Konstruktion fügt sich nur schwer in das System des Zivilrechts ein, das sonst Vereinigungen oder Organisationen oder verselbständigte Vermögensbereiche nicht nur zum Zwecke der Liquidation mit eigener Rechtsfähigkeit ausstattet.[98] Der völlige Entzug der Rechte des Schuldners findet zudem im Gesetz keine Stütze; auch die völlige Enthaftung des Schuldners lässt sich aus dem Zweck des Insolvenzverfahrens nicht ableiten und steht bei natürlichen Personen mit dem Rechtsinstitut der Restschuldbefreiung in Widerspruch, das gerade darauf abzielt, den Schuldner in einem besonderen, an das Insolvenzverfahren anschließenden Verfahren von der Nachhaftung zu befreien. Die **Theorie vom neutralen Handeln** war bereits unter Geltung der KO sehr umstritten, da sie die Rechtsträgerschaft offen lässt, was dem deutschen Rechtssystem fremd ist.[99] Daran hat sich auch unter der Geltung der InsO nichts geändert.[100] Dem Dogma, dass der Insolvenzverwalter weder im fremden, noch im eigenen Namen, sondern in seiner Eigenschaft als Verwalter neutral handele, widerspricht § 164 Abs. 2 BGB, wonach es eine Willenserklärung weder im eigenen noch im fremden Namen nicht gibt.[101] Die **modifizierte Organ- bzw. Vertretertheorie** gibt einen einheitlichen Erklärungsansatz von vornherein auf und ist hinsichtlich ihres letzteren Teils denselben Einwänden ausgesetzt wie die klassische Vertretertheorie. Im Übrigen hängt ihre Beurteilung davon ab, wie das Verhältnis von gesellschaftsrechtlicher zu insolvenzrechtlicher Liquidation zu bestimmen ist. Hier ergeben sich Einwände gegen die modifizierte Organtheorie aus dem Zielkonflikt, der entsteht, wenn dem Insolvenzverwalter Liquidationsaufgaben zugeordnet werden, die vom Zweck der Gläubigerbefriedigung nicht mehr gedeckt sind.

35 **c) Fazit.** Insgesamt lässt sich feststellen, dass bei der Lösung konkreter Rechtsprobleme vielfach auf **Elemente verschiedener Erklärungsansätze** zurückgegriffen wird. So hat insb. die Amtstheorie Elemente der Organtheorie übernommen. Der von der ständigen Rechtsprechung und auch von der wohl überwiegenden Meinung im Schrifttum vertreten **Amtstheorie** zu folgen erscheint unbedenklich, sofern man sich der dargelegten Zusammenhänge und der daraus notwendig folgenden Relativierung der verschiedenen Erklärungsansätze bewusst bleibt. Dies führt nicht zu einem Methodensynkretismus, sondern entspricht vielmehr dem Umstand, dass das Rechtsinstitut der Insolvenzverwaltung mit anderen Rechtsinstituten des Zivilrechts wegen seiner **strukturellen Besonderheiten** nicht voll kompatibel ist und deshalb jede der vertretenen Theorien immer nur auf **Teilaspekte** abstellt. Die Amtstheorie erlaubt eine in der überwiegenden Zahl der Fälle tragfähige Orientierung bei der Anwendung und Fortbildung des Rechts und hat insoweit eine wichtige Entlastungsfunktion für die Praxis.[102] Wegen der Relativität ihres Erklärungsansatzes ist es jedoch problematisch, konkrete Zweifelsfragen bei der Auslegung des geltenden Rechts schematisch durch Rückgriff auf diese – oder eine andere – Theorie zu lösen. Vielmehr muss stets die Überprüfung an Kriterien der aus den Zielen des Insolvenzverfahrens abgeleiteten **Sachgerechtigkeit** in Betracht gezogen werden. Im Übrigen ist von Fallgruppe zu Fallgruppe zu entscheiden, welche Problemlösung unter Berücksichtigung der jeweiligen Interessen- und Risikostrukturen und der Zwecke des Insolvenzverfahrens sachgerecht ist. Dies knüpft an den weithin bestehenden Konsens an, dass Problemlösungen nicht begrifflich-deduktiv aus einer der zur Rechtsstellung des Insolvenzverwalters vertretenen Theorien abgeleitet werden können.

36 **5. Relevanz für rechtliche Regelungsprobleme. a) Zurechnung von Willensmängeln.** Bei der Zurechnung von Willensmängeln, die zur Unwirksamkeit von rechtsgeschäftlichen Willenserklärungen führen können (Simulation, Irrtum, Täuschung) stellt sich die Frage, ob die Person des Schuldners oder die des Insolvenzverwalters maßgeblich ist. Nach der Amtstheorie kommt dafür nur die Person des Insolvenzverwalters, nicht die des Schuldners in Betracht. Das gleiche Ergebnis folgt aber auch aus der Organtheorie. Schließlich führt aber auch die Vertretertheorie zum gleichen Ergebnis, wie sich aus § 166 Abs. 1 BGB ergibt. Über das Ergebnis besteht Einigkeit in Rechtsprechung und Schrifttum.[103] Hat der Schuldner vor Eröffnung des Verfahrens einen Vertragspartner arglistig getäuscht, so kann der Vertrag dem Insolvenzverwalter gegenüber nur angefochten werden, wenn dieser die Täuschung kannte oder kennen musste, § 123 Abs. 2 Satz 1 BGB. Der Schuldner steht nicht „im Lager" des Insolvenzverwalters, sondern ist Dritter iS dieser Bestimmung.[104]

---

[98] Jaeger/*Windel* § 80 Rn. 17; *Jaeger/Henckel* KO § 6 Rn. 167; *Hess*[2] § 80 Rn. 171 ff.; *Häsemeyer,* Insolvenzrecht, Rn. 15.05.

[99] *K. Schmidt* KTS 1994, 309, 356.

[100] *Hess*[2] § 80 Rn. 175.

[101] Nerlich/Römermann/*Wittkowski/Kruth* § 80 Rn. 39.

[102] *Stürner* ZZP 94 (1981), 263, 286; zust. Uhlenbruck/*Uhlenbruck*[13] § 80 Rn. 80; Jaeger/*Windel* § 80 Rn. 11.

[103] Nerlich/Römermann/*Wittkowski/Kruth* § 80 Rn. 44; *Hess*[2] § 80 Rn. 124, 145, 162; K. Schmidt/*Sternal* § 80 Rn. 32; Uhlenbruck/*Mock* § 80 Rn. 65; *Jaeger/Henckel* KO § 6 Rn. 51; Jaeger/*Windel* § 80 Rn. 64; Graf-Schlicker/*Webel* § 80 Rn. 18.

[104] Nerlich/Römermann/*Wittkowski/Kruth* § 80 Rn. 44.

b) Gutgläubiger Erwerb. Soweit die Wirksamkeit eines Rechtsgeschäfts vom Kennen oder Kennenmüssen bestimmter Umstände abhängt, gilt das Gleiche wie bei der Zurechnung von Willensmängeln. Für den Erwerb vom Nichtberechtigten (§§ 932 ff., 892 BGB) kommt es auf den guten Glauben des **Insolvenzverwalters** an. Auch das ergibt sich unabhängig davon, welcher Theorie man folgt, daraus, dass der Schuldner an dem Erwerbsgeschäft selbst nicht beteiligt ist und keinen Einfluss darauf hat. Demzufolge schließt auch Kenntnis oder grobfahrlässige Unkenntnis des Schuldners vom mangelnden Recht des Veräußerers den Rechtserwerb der Masse nicht aus.[105] 37

c) Selbstkontrahieren. Der Insolvenzverwalter ist nicht befugt, ein Geschäft mit sich selbst über einen Massegegenstand abzuschließen.[106] Nach vorherrschender Meinung ist § 181 BGB hierauf jedenfalls analog anwendbar.[107] Nach der Amtstheorie ist § 181 BGB auf solche Rechtsgeschäfte des Insolvenzverwalters nicht unmittelbar anwendbar, da er nicht Vertreter des Schuldners ist. Nach der Vertretertheorie sowie nach der Organtheorie folgt die Anwendbarkeit des § 181 BGB unmittelbar aus dem Tatbestand der Norm. Unabhängig von dem jeweiligen Erklärungsansatz steht aber fest, dass bei **massebezogenen Eigengeschäften** des Insolvenzverwalters ein Interessenkonflikt vorliegt, wie er durch § 181 BGB gerade verhindert werden soll, auch wenn der Tatbestand des § 181 BGB gegenüber diesem Normzweck verselbständigt und als formale Ordnungsvorschrift gefasst ist.[108] Auch die Verfechter der Amtstheorie erkennen demgemäß an, dass § 181 BGB **entsprechend anzuwenden** ist.[109] Schließt der Insolvenzverwalter für die Masse ein Rechtsgeschäft mit einer juristischen Person ab, an der er selbst beteiligt ist, so liegt ein Selbstkontrahieren iS des § 181 BGB selbst dann nicht vor, wenn es sich um eine maßgebliche Beteiligung handelt.[110] In Betracht kommt aber eine Unwirksamkeit des Verwalterhandelns wegen Rechtsmissbrauchs (→ Rn. 61). 38

Eine Genehmigung des Selbstkontrahierens durch den Schuldner ist ausgeschlossen, weil diesem die Verfügungsbefugnis über die Gegenstände der Masse fehlt. Das Insolvenzgericht hat keine Kompetenzen, das Selbstkontrahieren zu gestatten. Der Interessenwiderstreit, der durch Insichgeschäfte des Insolvenzverwalters droht, geht in erster Linie zu Lasten der Gläubiger. Gleichwohl steht auch dem Gläubigerausschuss nicht das Recht zu, Selbstkontrahieren des Insolvenzverwalters zu gestatten.[111] Als Lösung kommt danach nur die Bestellung eines **Sonderverwalters** in Betracht.[112] 39

d) Besitz. Die Frage nach den Besitzverhältnissen hat vor allem für die Übereignung nach §§ 929 ff. BGB Bedeutung. Nach hM ist der Insolvenzverwalter **unmittelbarer Besitzer** (§ 854 BGB), wenn er die Sachherrschaft über die vom Insolvenzbeschlag erfassten Gegenstände erlangt. Der Schuldner ist mittelbarer Besitzer. Der Insolvenzverwalter ist **Fremdbesitzer,** der Schuldner ist Eigenbesitzer.[113] Dies entspricht der Sichtweise der Amtstheorie und der Vertretertheorie. Auch die anderen Theorien zur Stellung des Verwalters bejahen im Ergebnis die Möglichkeit der Übereignung durch den Insolvenzverwalter und die Möglichkeit des gutgläubigen Erwerbs durch Dritte. Die Organtheorie muss, sofern der Verwalter Gegenstände in seine tatsächliche Gewalt bringt, davon ausgehen, dass die Masse – die nach dieser Theorie als ein eigenes Rechtssubjekt anzusehen ist – als Eigenbesitzerin besitzt. Der Insolvenzverwalter übt diesen Besitz als Organ der Insolvenzmasse aus, während dem Schuldner keinerlei Besitz zukommt.[114] Der Insolvenzverwalter übereignet bewegliche Sachen aus der Masse, indem er erkennbar für die Masse handelt, wobei eine Stellvertretung gem. 40

---

[105] Uhlenbruck/*Uhlenbruck*[13] § 80 Rn. 58.

[106] BGHZ 113, 262, 270 = NJW 1991, 982; OLG Frankfurt BB 1976, 570; BankenKommInsO/*Ampferl* § 80 Rn. 15; PK-HWF/*Ries/Rook* § 80 Rn. 24; Uhlenbruck/*Mock* § 80 Rn. 67; Jaeger/*Windel* § 80 Rn. 250 f.; *Hess*[2] § 80 Rn. 128; MüKoBGB/*Schramm*[6] § 181 Rn. 38; Soergel/*Leptien BGB* § 181 Rn. 33; HambKomm-InsO/*Kuleisa* § 80 Rn. 25; FKInsO/*Wimmer/Amend* § 80 Rn. 37; Nerlich/Römermann/*Wittkowski/Kruth* § 80 Rn. 67; s. a. BGHZ 30, 67, 69 (Testamentsvollstrecker).

[107] AA HKInsO/*Kayser/Thole* § 80 Rn. 34; Jaeger/*Windel* § 80 Rn. 251: Unwirksamkeit wegen Interessenkonflikts; gegen eine Analogie auch BGHZ 113, 262, 270 = NJW 1991, 982, der stattdessen auf eine Abwägung von Vor- und Nachteilen für die Masse und die Erkennbarkeit durch den Geschäftsgegner abstellt.

[108] MüKoBGB/*Schramm*[6] § 181 Rn. 1 f.; Staudinger/*Schilken* BGB § 181 Rn. 4, 6.

[109] S. dazu MüKoBGB/*Schramm*[6] Vor § 164 Rn. 9, § 181 Rn. 38; Soergel/*Leptien* BGB Vor § 164 Rn. 85 f., § 181 Rn. 33; s. ferner MüKoBGB/*Schubert* § 181 Rn. 57, 59.

[110] BGH WM 1991, 420 = Gottwald EWiR 1991, 275 *(Gottwald)*; krit. *Kilger/K. Schmidt* KO § 6 Anm. 6a bb.

[111] Uhlenbruck/*Uhlenbruck*[13] § 80 Rn. 87; Jaeger/*Windel* § 80 Rn. 251.

[112] OLG Frankfurt BB 1976, 570; Jaeger/*Windel* § 80 Rn. 251; *Hess*[2] § 80 Rn. 128 f.; *Kögel/Loose* ZInsO 2006, 17 ff.; Uhlenbruck/*Mock* § 80 Rn. 68. Zur Bestellung eines Sonderverwalters für einzelne Geschäfte → § 56 Rn. 114 ff.

[113] HM; BVerwGE 13, 120 = NJW 1962, 979, 980; Jaeger/*Windel* § 80 Rn. 62; *Jaeger/Henckel* KO § 6 Rn. 47 ff.; Nerlich/Römermann/*Wittkowski/Kruth* § 80 Rn. 43; K. Schmidt/*Sternal* § 80 Rn. 22; FKInsO/*Wimmer/Amend* § 80 Rn. 28; Uhlenbruck/*Mock* § 80 Rn. 13.

[114] *Hess/Obermüller,* Rechtsstellung Verfahrensbeteiligte, Rn. 716.

§ 164 BGB vorliegen soll. Insofern ist auch nach der Organtheorie eine Übereignung gem. §§ 929 ff. BGB und insb. ein gutgläubiger Erwerb Dritter durch Übereignungshandlungen des Insolvenzverwalters möglich.[115] Nach der modifizierten Vertreter- und Organtheorie ist zu differenzieren. In der Insolvenz einer natürlichen Person wird der Insolvenzverwalter nicht automatisch kraft Amtes Besitzer, sondern durch die Inbesitznahme von Massegegenständen, an denen er unmittelbaren Fremdbesitz erlangt. In der Insolvenz einer juristischen Person oder einer Personengesellschaft erlangt der Verwalter nach dieser Auffassung wie ein Geschäftsführer oder Vorstandsmitglied Organbesitz.

41 **e) Verschulden.** Die Haftung des Insolvenzverwalters für **eigenes Verschulden** ist in § 60 Abs. 1 geregelt. Danach hat er für die Sorgfalt eines ordentlichen und gewissenhaften Insolvenzverwalters einzustehen und ist allen Beteiligten zum Schadensersatz verpflichtet, wenn er schuldhaft die Pflichten verletzt, die ihm „nach diesem Gesetz", d. h. nach der InsO, obliegen. Sofern der Insolvenzverwalter Angestellte des Schuldners im Rahmen ihrer bisherigen Tätigkeit einsetzen muss, haftet er gem. § 60 Abs. 2 nur für Überwachungsverschulden entsprechend § 831 BGB.[116] Hierbei haftet er auch für ein **Verschulden von Erfüllungsgehilfen;** → § 60 Rn. 93. Davon abgesehen gehen Pflichtverletzungen des Insolvenzverwalters zu Lasten der Masse. Die hM geht davon aus, dass die Masse auch unter Geltung der InsO für ein Verschulden seiner Hilfspersonen nach § 278 BGB haftet.[117] Nach der Vertretertheorie folgt dies aus einer unmittelbaren, für die Amtstheorie aus einer analogen Anwendung des § 278 BGB.[118] Für die Organtheorie ergibt sich die Zurechnung des Verschuldens von Hilfspersonen aus § 31 BGB.[119] Eine Haftung der Masse für Handlungen des Insolvenzverwalters **außerhalb bestehender Schuldverhältnisse** wird aber auch unabhängig von der Organtheorie in entsprechender Anwendung des § 31 BGB in Betracht gezogen.[120] Die unterschiedlichen Theorien zur Stellung des Insolvenzverwalters kommen insoweit zu denselben Ergebnissen. Der vermögens- und haftungsrechtlichen Verselbständigung der Insolvenzmasse und der eigenständigen Position des Insolvenzverwalters entspricht eine auf den allgemeinen Rechtsgedanken des § 31 BGB gestützte Zurechnung des Verschuldens des Insolvenzverwalters (**Repräsentantenhaftung**).[121] Dies schließt auch die Zurechnung deliktischen Handelns des Insolvenzverwalters ein. Zur Haftung des Insolvenzverwalters, zur Differenzierung zwischen Innen- und Außenhaftung sowie zur Haftung für Hilfspersonen im Einzelnen → § 60 Rn. 93 f.

42 **f) Freigabe von Vermögensgegenständen.** Relevanz erlangt der Meinungsstreit um die Stellung des Insolvenzverwalters bei der Frage nach der Zulässigkeit und nach den Voraussetzungen einer Freigabe von Vermögensgegenständen (zur Freigabe allgemein → Rn. 65 ff.). Nach der Organtheorie ist der Insolvenzverwalter als Organ staatlich eingesetzter Zwangsliquidator der Gesellschaft und somit zur Verwaltung der gesamten Vermögenswerte bestellt worden und kann nicht einzelne Vermögensgegenstände freigeben. Da nach einer Freigabe durch den Zwangsliquidator kein Träger des beschlagfreien Vermögens existierte, wäre diese nicht möglich, da niemand die Verwaltung übernehmen könnte.[122] Demgegenüber ist die Freigabe nach der Amtstheorie rechtstechnisch ohne weiteres möglich, da sich der Insolvenzverwalter nur insoweit von seinem Amt löst, wie die Freigabeerklärung reicht (→ Rn. 80 f.).[123] Der freigegebene Vermögensgegenstand geht dann auf den Liquidator der juristischen Person über, ohne dass es auf dessen Übernahmewillen ankommt. Die rechtliche Zulässigkeit einer Freigabe lässt sich also nicht mit der modifizierten Organtheorie, wohl aber mit der Amtstheorie erklären.[124] Die Theorien bestimmen die Reichweite der dem Verwalter zugewiesenen Aufgaben und in wessen Interesse er diese zu erfüllen hat. Versteht man den Insolvenzverwalter als Organ oder Vertreter des Insolvenzschuldners, dann treffen ihn die Pflichten aus dem Polizei- und Ordnungsrecht und aus der Stellung als Arbeitgeber unverändert. Demgegenüber werden diese Pflichten durch den **Insolvenzzweck** modifiziert, wenn man den Insolvenzverwalter als Träger eines Verwalteramtes versteht.[125]

---

115 *Kilger/K. Schmidt* KO § 6 Anm. 6 c.

116 *Wellensiek,* Kölner Schrift, Rn. 96.

117 KPB/*Lüke* § 80 Rn. 27; LSZ/*Smid/Leonhardt* § 60 Rn. 33; K. Schmidt/*Sternal* § 80 Rn. 32; Nerlich/Römermann/*Abeltshauser* § 60 Rn. 59; *Wellensiek,* Kölner Schrift, Rn. 95 f.; *Bork,* Insolvenzrecht, Rn. 60; *Kilger/K. Schmidt* KO § 82 Anm. 3c.

118 *Hess*[2] § 80 Rn. 152, 134.

119 *Hess*[2] § 80 Rn. 169.

120 KPB/*Lüke* § 80 Rn. 27; *Häsemeyer,* Insolvenzrecht, Rn. 14.10.

121 Uhlenbruck/*Uhlenbruck*[13] § 80 Rn. 88; KPB/*Lüke* § 80 Rn. 27; Jaeger/*Windel* § 80 Rn. 54 ff.; K. Schmidt/*Sternal* § 80 Rn. 32.

122 S. dazu LSZ/*Smid* § 80 Rn. 34.

123 KPB/*Lüke* § 80 Rn. 59; LSZ/*Smid* § 80 Rn. 35; Jaeger/*Windel* § 80 Rn. 28.

124 S. a. KPB/*Lüke* § 80 Rn. 61.

125 So LSZ/*Smid* § 80 Rn. 35, 46 ff.

C. Die allgemeine Rechtsstellung des Insolvenzverwalters

I. Verwaltungs- und Verfügungsbefugnisse des Insolvenzverwalters

1. Bindung an die Masse. Die Verwaltungs- und Verfügungsbefugnis des Insolvenzverwalters erstreckt sich auf alle zur Insolvenzmasse gehörenden Vermögensgegenstände, beschränkt sich aber auch hierauf. Der Insolvenzverwalter tritt in die Rechte und Pflichten des Schuldners ein. Er handelt im Rahmen der auf ihn übergegangenen vermögensrechtlichen Stellung des Schuldners und kann deshalb für die Masse nicht mehr und keine anderen Rechte ausüben als dem Schuldner zustehen.[126] Bestimmungen zum Schutz des Schuldners im Falle von Interessenkollisionen gelten unverändert fort.[127] **Lasten und Beschränkungen** des Vermögens des Schuldners sind der Verwaltungs- und Verfügungsbefugnis des Insolvenzverwalters vorgegeben und grenzen diese ein. Auch **schuldrechtliche Beschränkungen** der Rechte des Schuldners setzen sich in der Insolvenz fort.[128] Einwendungen und Einreden gegen Forderungen des Schuldners stehen diesen auch bei der Geltendmachung durch den Insolvenzverwalter entgegen.[129] Die Leistungsfreiheit von Versicherungsunternehmen besteht auch nach Eröffnung des Insolvenzverfahrens fort.[130] Ferner ist der Insolvenzverwalter grundsätzlich auch an vor Eröffnung des Insolvenzverfahrens vom Schuldner getroffene **Schiedsverträge** gebunden;[131] Entsprechendes gilt für eine vom Schuldner vor Verfahrenseröffnung wirksam getroffene Gerichtsstandsvereinbarung gem. § 38 Abs. 1 ZPO.[132] Die dem Schuldner zustehenden vertraglichen oder gesetzlichen **Auskunfts- und Rechnungslegungsansprüche** gegen Dritte gehen ebenfalls mit der Verfahrenseröffnung auf den Insolvenzverwalter über, so etwa der sich aus einer Miteigentümergemeinschaft ergebende Auskunftsanspruch,[133] der Anspruch gegen den Rechtsanwalt auf Rechenschaftslegung über erhaltene Vorschüsse[134] und der Rechnungslegungsanspruch des Schuldners gegen den vorläufigen Insolvenzverwalter wegen vorhandener Treuhandkonten.[135] Entsprechendes gilt für das **Recht auf Akteneinsicht.**[136] So kann der Insolvenzverwalter die dem Schuldner als **Verletzten gem. §§ 406d, 406e StPO** zustehenden Rechte geltend machen (zur Antragsberechtigung des Insolvenzverwalters im Adhäsionsverfahren → Rn. 44). Ferner kann der Insolvenzverwalter Einsicht in die **Akten des Gerichtsvollziehers** gem. § 760 ZPO, § 42 Gerichtsvollzieherordnung nehmen (→ Rn. 96a). Ist der Schuldner **Partei eines Rechtsstreits,** kann der Insolvenzverwalter das Akteneinsichtsrecht gem. den jeweiligen Verfahrensordnungen (zB § 299 Abs. 1 ZPO, § 78 Abs. 1 FGO) geltend machen.[137] Ein Insolvenzverwalter, der nach § 80 Abs. 1 Satz 1, § 34 Abs. 3, Abs. 1 AO die **steuerlichen Pflichten des Insolvenzschuldners** (Steuerpflichtigen) zu erfüllen hat (→ Rn. 131) und im Besteuerungsverfahren Auskünfte begehrt, hat Anspruch darauf, dass das Finanzamt darüber nach pflichtgemäßem Ermessen entscheidet.[138] Ebenso kann der Insolvenzverwalter den Anspruch des Schuldners auf **Auskunft über geleistete Beiträge zur Sozialversicherung** gem. § 83 SGB X geltend 43

[126] AllgM; s. nur Jaeger/*Windel*, InsO; § 80 Rn. 245; Uhlenbruck/*Mock* § 80 Rn. 77; HambKommInsO/*Kuleisa* § 80 Rn. 9; K. Schmidt/*Sternal* § 80 Rn. 28; s. ferner BGHZ 56, 228 = NJW 1971, 1750 betr. Beschränkung der Abtretung des Vergütungsanspruchs eines Bauunternehmens; zu den Rechten und Pflichten des Insolvenzverwalters der Insolvenz eines Wohnungseigentumsinhabers *Vallender* NZI 2004, 401, 404 ff.; s. ferner AG Neukölln ZMR 2005, 659 ff.; AG Kassel ZMR 2005, 743 f.; zur Annahme eines übertragbaren Angebots auf Abschluss eines Abtretungsvertrages s. BGH NJW-RR 2015, 735 = NZI 2015, 376 mAnm *Vuia*.

[127] BGH NJW 2011, 373: § 45 Abs. 1 Nr. 1 BRAO (Nichtigkeit eines Anwaltsvertrages wegen notarieller Vorbefassung).

[128] Zur Behandlung von Baugeld und der für dieses bestehenden Verwendungspflicht in der Insolvenz s. *Heidland* ZInsO 2010, 737 ff.

[129] BGHZ 113, 98 = NJW 1991, 560 (zu § 814 BGB); BGHZ 121, 179 = NJW 1993, 663; BGHZ 106, 169 = NJW 1989, 107 (zu § 817 BGB); K. Schmidt/*Sternal* § 80 Rn. 29; *Schäfer* Rn. 32; Uhlenbruck/*Mock* § 80 Rn. 80.

[130] *Kilger/K. Schmidt* KO § 6 Anm. 4b aa; *Sieg* JZ 1965, 577; *Linke* KTS 1966, 193.

[131] S. hierzu sowie zu Ausnahmen *Flöther* DZWiR 2001, 89, 93 f.; ferner BGH NZI 2018, 62; 2018, 106; 2013, 934; SchiedsVZ 2011, 281; ZInsO 2004, 88; OLG Köln NZI 2017, 509; Uhlenbruck/*Mock* § 80 Rn. 185; → § 115 Rn. 7.

[132] *Baumert* EWiR 2019, 85 f. mwN.; zur Frage der Prorogationsbefugnis des Insolvenzverwalters → Rn. 100.

[133] OLG Dresden NZI 2012, 458; Uhlenbruck/*Mock* § 80 Rn. 127; K. Schmidt/*Sternal* § 80 Rn. 15.

[134] BGHZ 109, 260, 263 f. = NJW 1990, 510; NJW-RR 2018, 1328.

[135] OLG Oldenburg ZIP 2013, 786 ff.

[136] K. Schmidt/*Sternal* § 80 Rn. 15.

[137] Vgl. BFH ZIP 2000, 1262 (zu § 6 KO); LAG Hamm ZInsO 2014, 799; *Onusseit* EWiR 2001, 69, 70.

[138] BFHE 240, 497 = NZI 2013, 706; OVG Magdeburg NZI 2014, 873.

machen.[139] Dem Insolvenzverwalter steht ferner der Anspruch des Schuldners gegen den **Notar gem. § 51 Abs. 1 BeurkG** auf Ausfertigung, Abschriften und Einsicht zu.[140] Dagegen gibt die Bestimmung keinen Anspruch gegen den Notar auf Durchsicht und Auskunft, welche Urkunden der Schuldner überhaupt bei dem Notar errichtet hat.[141] Zur Frage, ob dem Insolvenzverwalter gegen den Notar ein eigenständiger Auskunftsanspruch gem. § 242 BGB zusteht → Rn. 43a. Das dem Schuldner in einem Verfahren über die **Einrichtung einer Betreuung** als Betroffenen gem. § 13 Abs. 1 FamFG zustehende Akteneinsichtsrecht kann vom Insolvenzverwalter geltend gemacht werden, wenn und soweit nicht lediglich höchstpersönliche Rechte des Schuldners (→ Rn. 44), sondern ein vom Insolvenzverwalter auszuübendes vermögensrechtliches Verwaltungsrecht betroffen ist, etwa das Bestehen vermögensrechtlicher Ansprüche des Schuldners gegen den Betreuer bzw. Bevollmächtigten wegen Pflichtverletzungen (§ 1901, §§ 1908i Abs. 1 Satz 1, 1840 ff., 1890 BGB).[142] Begründet der Insolvenzverwalter sein Akteneinsichtsgesuch mit möglichen Rückgewähransprüchen gegen Dritte aufgrund Unwirksamkeit von Rechtsgeschäften wegen Geschäftsunfähigkeit des Schuldners (§ 104 BGB), muss er sowohl den tatsächlichen Abschluss von Rechtsgeschäften durch den Schuldner als auch konkrete Anhaltspunkte für eine bestehende Geschäftsunfähigkeit des Schuldners darlegen.[143] Eine Glaubhaftmachungslast besteht im Anwendungsbereich des § 13 Abs. 1 FamFG dagegen nicht.

43a Von der Geltendmachung der vom Schuldner abgeleiteten Ansprüche gem. § 80 Abs. 1 Satz 1 (→ Rn. 43) zu unterscheiden ist die Frage, ob und inwieweit **eigenständige Auskunfts- und Akteneinsichtsrechte des Insolvenzverwalters gegen Dritte** bestehen.[144] Solche Rechte können für den Insolvenzverwalter insbesondere zur Ermittlung anfechtungsrechtlich relevanter Tatbestände (§§ 129 ff.), des Umfangs der Insolvenzmasse sowie des Bestehens von Ansprüchen gegen den Schuldner oder gegen Dritte von Interesse sein. Soweit das Gesetz Dritten eigenständige Auskunfts- oder Akteneinsichtsrechte gewährt, können diese auch dem Insolvenzverwalter zustehen. So kann er in einem **Strafverfahren** gegen den Schuldner gem. § 475 Abs. 1 Satz 1, Abs. 2 StPO vollständige Akteneinsicht verlangen, wenn konkrete Anhaltspunkte dafür bestehen, dass mit der Geltendmachung von Ansprüchen gegen den Schuldner zu rechnen ist.[145] Im Rahmen eines Verfahrens über die **Einrichtung einer Betreuung** für den Schuldner kann dem Insolvenzverwalter Akteneinsicht nur gestattet werden, soweit ein berechtigtes Interesse glaubhaft gemacht wird und schutzwürdige Interessen eines Beteiligten oder eines Dritten nicht entgegenstehen (§ 13 Abs. 2 Satz 1 FamFG). Dies setzt voraus, dass der Insolvenzverwalter konkret darlegt, aus welchen Gründen sein künftiges Verhalten durch die Kenntnis vom Akteninhalt beeinflusst sein kann. Für eine Akteneinsicht „ins Blaue hinein" besteht kein berechtigtes Interesse.[146] Gegenüber **Behörden des Bundes oder der Länder** können sich eigenständige Auskunftsansprüche nach dem IFG bzw. den jeweiligen Landesgesetzes ergeben,[147] insbesondere Ansprüche auf **Erteilung steuerlicher Auskünfte gegenüber dem Finanzamt.**[148] Zur Einholung von **Drittauskünften über das Vermögen des Schuldners** durch den Insolvenzverwalter gem. § 802l ZPO → Rn. 96k. Soweit das Gesetz keine eigenständigen

---

[139] VG Hannover ZInsO 2018, 529; Uhlenbruck/*Mock* § 80 Rn. 132.

[140] Vgl. *Wehdeking* jurisPR-InsR 8/2014 Anm. 3; *Smid* DZWiR 2014, 201, 230.

[141] OLG Schleswig ZInsO 2013, 1644; Staudinger/*Hertel* BeurkG § 51 Rn. 649; *Blank* EWiR 2013, 655 f.; aA *Smid* DZWiR 2014, 201, 230; *Wehdeking* jurisPR-InsR 8/2014 Anm. 3. Gegen die Versagung einer Amtshandlung nach § 51 BeurkG kann gem. § 54 Abs. 2 BeurkG Beschwerde nach den Vorschriften des FamFG erhoben werden; vgl. hierzu *Pelikan* notar 2013, 374 f.

[142] Zu pauschal daher LG Wuppertal NZI 2017, 675; aufgrund der Einstellung des Betreuungsverfahrens mag im konkreten Fall kein Raum für vermögensrechtliche Ansprüche gegen den Bevollmächtigten bestanden haben.

[143] IE zutr. daher LG Wuppertal NZI 2017, 675 Rn. 13.

[144] Vgl. BVerwG NVwZ-RR 2018, 916 Rn. 12; DtSR 2018, 2441, 2442 Rn. 12.

[145] AG Kiel ZIP 2018, 295; AG Bochum NZI 2017, 276; Uhlenbruck/*Mock* § 80 Rn. 134; zum Akteneinsichtsrecht eines zum Gutachter im Insolvenzverfahren bestellten Rechtsanwalts vgl. OLG Dresden NZI 2014, 358; OLG Braunschweig NJW 2016, 1834.

[146] LG Wuppertal NZI 2017, 675; *Henning* NZI 2017, 676 f.

[147] *Gundlach/Flöther* NZI 2009, 719. Zu Auskunftsansprüchen gegen Sozialversicherungsträger vgl. VG Stuttgart NZI 2009, 739; VG Freiburg NZI 2011, 825; VG Köln ZInsO 2017, 36; Uhlenbruck/*Mock* § 80 Rn. 131; zu einem Auskunftsanspruch aus dem Fahrzeugregister vgl. VG Greifswald NZI 2017, 870. Zum Rechtsweg (Zuständigkeit der Verwaltungsgerichte) vgl. BGH ZInsO 2016, 597.

[148] BVerwG NVwZ-RR 2018, 916; DStR 2018, 2441; OVG Münster ZInsO 2016, 159; NZI 2016, 182; OVG Magdeburg NZI 2014, 873 (verneinend aufgrund landesrechtlicher Bereichsausnahme); OVG Berlin-Brandenburg ZInsO 2014, 2174; OVG Hamburg ZInsO 2018, 729 (verneinend aufgrund landesrechtlicher Bereichsausnahme); VG Berlin ZInsO 2018, 1101; VG Schleswig ZInsO 2014, 2385; *Büttner* ZVI 2017, 213 ff.

Auskunfts- oder Akteneinsichtsrechte gewährt, kommt ein Auskunftsanspruch allenfalls nach **§ 242 BGB** in Betracht.[149] Allein der Verdacht anfechtbarer Rechtshandlungen außerhalb bereits bestehender Rechtsbeziehungen begründet allerdings keine Auskunftspflicht (→ Rn. 48).[150] Aus diesem Grund steht dem Insolvenzverwalter **kein eigenständiger Anspruch gegen den Notar auf Durchsicht und Auskunft,** welche Urkunden der Schuldner überhaupt bei dem Notar errichtet hat, zu.[151] Auch hat der Insolvenzverwalter gegen den **Gerichtsvollzieher** keinen umfassenden Auskunftsanspruch (→ Rn. 96a).[152]

Höchstpersönliche Rechte des Schuldners fallen nicht in die Masse und unterliegen deshalb auch nicht der Verwaltungs- und Verfügungsbefugnis des Insolvenzverwalters. Zu den höchstpersönlichen Rechten des Schuldners gehört seine **Arbeitskraft,** die als solche nicht in die Insolvenzmasse fällt.[153] Arbeitsgerichtliche Verfahren, in denen es um die Art oder den Umfang des Einsatzes der Arbeitskraft geht, sind daher nicht gem. § 240 ZPO unterbrochen.[154] Zu den höchstpersönlichen Rechten gehören ferner geschützte Berufsbezeichnungen[155] sowie personenbezogene Erlaubnisse.[156] Schmerzensgeldansprüche fallen grundsätzlich in die Insolvenzmasse.[157] Nicht in die Insolvenzmasse fällt dagegen die vom EGMR einem Individualbeschwerdeführer zugesprochene Entschädigung wegen der durch eine Menschenrechtsverletzung infolge überlanger Verfahrensdauer erlittenen immateriellen Schäden.[158] Eine dem Schuldner von einem Dritten erteilte Vollmacht kann der Insolvenzverwalter nicht ausüben.[159] Ist der Schuldner als **Testamentsvollstrecker** eingesetzt worden, so erlischt dieses Amt nicht mit der Eröffnung des Insolvenzverfahrens, der Insolvenzverwalter tritt in die damit verbundenen Befugnisse aber nicht ein.[160] Eine dem Schuldner gegenüber bestehende Verpflichtung Dritter zur Verschwiegenheit, die sich auf Angelegenheiten der Insolvenzmasse bezieht, begründet kein höchstpersönliches Recht des Schuldners. Insoweit steht das Recht, Rechtsanwälte, Steuerberater, Wirtschaftsprüfer und Bankangestellte, die für den Schuldner tätig waren, von ihrer **Verschwiegenheitspflicht** zu entbinden, dem Insolvenzverwalter zu.[161] Dies gilt auch für die Entbindung von der Schweigepflicht im Strafverfahren gem. § 53 Abs. 2 StPO.[162] Mit der Eröffnung des Insolvenzverfahrens geht die Dispositionsbefugnis des „Geheimnisherrn", soweit das Mandat Angelegenheiten der Insolvenzmasse betroffen hat, auf den Insolvenzverwalter über; das Geheimhaltungsinteresse des Schuldners tritt hinter dem Interesse des Insolvenzverwalters, die zur Verwaltung der Masse erforderlichen Informationen zu erhalten, zurück.[163] Voraussetzung dabei ist, dass sich die Befreiung von der Verschwiegenheitspflicht 44

---

[149] Für die Geltendmachung des Auskunftsanspruchs nach § 242 BGB ist der Rechtsweg zu ordentlichen Gerichten gegeben. Über etwaige Auskunftsansprüche nach § 51 BeurkG kann das Zivilgericht gem. § 17 Abs. 2 Satz 1 GVG mitentscheiden; nicht überzeugend daher *Pelikan* notar 2013, 374 f.

[150] Vgl. BGHZ 74, 379 = NJW 1979, 1832; NZI 2009, 722.

[151] *Pelikan* notar 2013, 374 f.; iE auch OLG Schleswig ZInsO 2013, 1644, das zur Begründung auf die §§ 97, 98 abstellt; ebenso *Blank* EWiR 2013, 655 f.

[152] So aber *Janca* NZI 2003, 188 f.

[153] BAG NJW 2014, 171.

[154] *Reinfelder* NZA 2009, 124, 127.

[155] OVG Lüneburg NJW 2007, 1224 (Beratender Ingenieur, § 11 NIngG).

[156] OVG Lüneburg NVwZ-RR 2008, 358.

[157] Palandt/*Grüneberg* BGB § 253 Rn. 22; MüKoBGB/*Oetker* § 253 Rn. 66; Erman/*Ebert* BGB § 253 Rn. 32; HKInsO/*Keller* § 36 Rn. 44; → § 35 Rn. 475 ff.; zum Strafantragsrecht des Insolvenzverwalters eingehend Uhlenbruck/*Mock* § 80 Rn. 144 f.

[158] BGH NJW 2011, 2296; offen gelassen hinsichtlich Entschädigungsansprüchen wegen Verletzung des allgemeinen Persönlichkeitsrechts, Rn. 36 ff.

[159] Zur Auflassungsvollmacht BayObLG DB 1978, 1929; *Kilger/K. Schmidt* KO § 6 Anm. 4c.

[160] *Kilger/K. Schmidt* KO § 6 Anm. 4c. Zur Testamentsvollstreckung über einen Nachlass als Teil der Insolvenzmasse BGH NJW 2006, 2698 = ZVI 2006, 452; → § 83 Rn. 8.

[161] BGHZ 109, 260 = NJW 1990, 510; NJW-RR 2018, 1328 Rn. 7; OLG Oldenburg NJW 2004, 2176; OLG Düsseldorf ZIP 1993, 1807 = NJW-RR 1994, 958; LG Dortmund Urt. v. 8.8.2008 – 3 O 556/07, BeckRS 2009, 86629; LG Kaiserslautern AnwBl 1979, 119; LG Lübeck NJW 1978, 1014; RGZ 59, 85; *Gaiser* ZInsO 2002, 472, 475; *Ullrich/Seidenstücker* ZInsO 2004, 126, 130 f.; *Kiethe* NZI 2006, 267 ff.; Uhlenbruck/*Uhlenbruck*[13] § 80 Rn. 91,140 ff.; Nerlich/Römermann/*Wittkowski/Kruth* § 80 Rn. 56; näher dazu *Henckel* ZIP 1983, 712 ff.; *Nassall* KTS 1988, 633, 635; vgl. auch BGH NJW 1989, 1601; and. LG Darmstadt DJZ 1904, 128; LG Düsseldorf NJW 1958, 1152; *Robrecht* DB 1968, 473.

[162] OLG Oldenburg NJW 2004, 2177; OLG Hamm NZI 2017, 946; OLG Köln ZInsO 2016, 157; LG Bonn NZI 2012, 686; *Kiethe* NZI 2006, 267 ff. mwN zum Meinungsstand; aA OLG Zweibrücken NZI 2017, 175 f.; iE abl. auch *Priebe* EWiR 2017, 245 f.

[163] BGH NJW 1990, 510, 512; etwas Abweichendes gilt im Hinblick auf § 18 Abs. 2 BNotO für die Auskunftspflichten von Notaren, vgl. BGH NJW 1990, 510, 513; *Gaiser* ZInsO 2002, 472, 475 f.; Uhlenbruck/*Zipperer* § 97 Rn. 5.

zugunsten der Insolvenzmasse auswirken kann.[164] Dabei ist im Einzelfall abzuwägen, ob die Vermögensbezogenheit oder die Personbezogenheit im Vordergrund steht.[165] In Bezug auf Tatsachen rein persönlicher Art, die unter den Schutz des Persönlichkeitsrechts nach Art. 2 Abs. 1 GG fallen, steht das Recht zur Entbindung von der Verschwiegenheitspflicht dagegen dem Schuldner persönlich zu.[166] Entsprechendes gilt, wenn Interessen Dritter, die deren Persönlichkeitsrecht unterfallen, betroffen sind. Persönliche Interessen der Organmitglieder der Schuldner-Gesellschaft fallen dagegen nicht ohne weiteres dem Schutzbereich des Mandatsverhältnisses; etwas anderes kann nur dann gelten, wenn zwischen dem Mandatsträger und dem einzelnen Organmitglied eine besondere, individuell begründete Vertrauensbeziehung bestanden hat.[167] Mit der Entbindung von Verschwiegenheitspflichten entfallen auch die hierauf gestützten Zeugnisverweigerungsrechte (§§ 383 Abs. 1 Nr. 6 ZPO, 53 Abs. 1 Nr. 3 StPO);[168] → Rn. 79. Kein höchstpersönliches Recht, sondern ein vom Insolvenzverwalter auszuübendes vermögensrechtliches Verwaltungsrecht ist der Anspruch auf Wahl der steuerlichen Veranlagungsart durch Ehegatten gem. § 26 EStG.[169] Im Rahmen eines Strafverfahrens kann der Insolvenzverwalter die Masse betreffende **Vermögensansprüche in einem Adhäsionsverfahren** geltend machen, weil er insoweit in die Rechtsstellung des Schuldners als „Verletzter" iSd § 403 StPO einrückt.[170]

45 **2. Weiterreichende Kompetenzen des Insolvenzverwalters.** In bestimmten Ausnahmefällen obliegt dem Insolvenzverwalter auch die Geltendmachung von Rechten, die nicht zur Masse gehören, sondern den Gläubigern zustehen. Dies betrifft zum einen die Geltendmachung eines **Gesamtschadens der Gläubiger,** den diese durch eine Verminderung des zur Insolvenzmasse gehörenden Vermögens vor oder nach der Eröffnung des Insolvenzverfahrens erlitten haben, § 92 Satz 1 (→ § 92 Rn. 4 ff.). Zum andern gilt dies für die Geltendmachung der **persönlichen Haftung der Gesellschafter** nach Maßgabe des § 93 (→ § 93 Rn. 1 sowie → Rn. 111).[171] Zur Reichweite des Widerrufsrechts im **Einzugsermächtigungsverfahren** → § 82 Rn. 25.

46 **3. Pflichtenstellung des Insolvenzverwalters.** Der Insolvenzverwalter tritt in die Pflichten des Schuldners ein, deren Erfüllung jedoch nach Maßgabe der Insolvenzordnung erfolgt. Zu den sich für den Insolvenzverwalter ergebenden Pflichten aus Arbeitsrecht → Rn. 120 ff., zu den steuerrechtlichen Pflichten → Rn. 131 ff., zur ordnungsrechtlichen Störerhaftung und Umwelthaftung → Rn. 136 ff. In der Insolvenz des Vermieters treffen den Verwalter auf Grund des gem. § 108 fortbestehenden Mietvertrages die laufenden mietvertraglichen Pflichten zur Gebrauchsüberlassung, Instandsetzung und Instandhaltung (§ 536 BGB) sowie zur Abrechnung der Betriebskosten.[172] Pflichten, die **höchstpersönliche Verbindlichkeiten** des Schuldners betreffen, kann der Insolvenzverwalter nicht erfüllen. Höchstpersönlich ist eine Leistung, die nicht ohne Änderung ihres Inhalts von einem anderen als dem Schuldner erbracht werden kann. Dies deckt sich nicht mit dem Kreis der unvertretbaren Handlungen iSd § 888 ZPO, weil der Insolvenzverwalter **nicht Dritter** im Sinne dieser Vorschrift ist.[173] Vielmehr tritt der Insolvenzverwalter an die Stelle des Schuldners hinsichtlich aller Handlungen, die die Verwaltung der Masse betreffen. Die unter den Anwendungsbereich des

---

164 OLG Schleswig ZIP 1983, 968; LG Lübeck ZIP 1983, 711.

165 *Stephan* WM 2009, 241, 245 f.

166 OLG Frankfurt WM 1989, 1171 = WuB VIII B § 50 BRAO 1.89 *(Huff)*; LG Lübeck ZIP 1983, 712 mAnm *Henckel*; K. Schmidt/*Sternal* § 80 Rn. 42.

167 BGH NJW 1990, 510, 512; OLG Oldenburg NJW 2004, 2176 = ZInsO 2004, 932; OLG Nürnberg OLGZ 1977, 370, 374; *Nassall* KTS 1988, 633, 649. Nach aA soll eine bloße Reflexwirkung ausreichen, so OLG Frankfurt WM 1989, 1171 = WuB VIII B § 50 BRAO 1.89 *(Huff)*; OLG Koblenz AG 1988, 342; OLG Düsseldorf wistra 1993, 120; LG Saarbrücken wistra 1995, 239.

168 OLG Düsseldorf NJW-RR 1994, 958; OLG Oldenburg NJW 2004, 2176.

169 BGH NJW 2011, 2725 mAnm *Vortmann*, WuB VI A § 80 InsO 1.12; 2007, 2556; DZWiR 2011, 116; BFH ZInsO 2011, 1263; FG Münster ZInsO 2016, 1440; AG Essen ZInsO 2004, 401. Nach Eröffnung des Insolvenzverfahrens über das Vermögen eines Ehegatten hat der Insolvenzverwalter keinen Anspruch gegen den anderen Ehegatten auf Zustimmung zur steuerlichen Zusammenveranlagung, um den dem anderen Ehegatten zustehenden Verlustvortrag zu nutzen; vgl. hierzu OLG Schleswig NJW 2014, 3523.

170 OLG Celle NJW 2007, 3795 f.; Hanich/*Engelhardt* StPO § 403 Rn. 7; Löwe/Rosenberg/*Hilger* StPO § 403 Rn. 4; *Weyand* ZInsO 2013, 865 ff.; s. a. HambKommInsO/*Kuleisa* § 80 Rn. 40. Nach der Gegenauffassung soll der Insolvenzverwalter nur dann Verletzter iSd § 403 StPO sein, wenn der Insolvenzschuldner nach der Verfahrenseröffnung geschädigt worden ist; vgl. hierzu OLG Jena NJW 2012, 547, 548; OLG Frankfurt NStZ 2007, 168 f.; LG Stuttgart NJW 1998, 322; *Meyer-Goßner/Schmitt* StPO § 403 Rn. 5. S. hierzu auch *Janca/Schroeder/Baron* wistra 2015, 409 ff.

171 OLG Dresden ZInsO 2005, 1288. Zur Neuregelung *K. Schmidt* ZGR 1996, 209.

172 S. eingehend hierzu *Derleder* NZM 2004, 568, 571 ff.

173 BGHZ 49, 11, 15 f. = NJW 1968, 300.

§ 888 ZPO fallenden Handlungen des Schuldners[174] können ihrer Natur nach zumeist auch vom Insolvenzverwalter wahrgenommen werden, ohne dass sich ihr **Inhalt** dadurch verändert. Das gilt beispielsweise für die **Erteilung von Arbeitszeugnissen** (→ Rn. 122), für die Vorlage von Belegen und für die Erstellung einer Bilanz ebenso wie für **Rechnungslegungen** (→ Rn. 131) und die **Abgabe von Steuererklärungen** (→ Rn. 132). Als höchstpersönlich kommen nur Handlungen in Betracht, die von der Individualität des Schuldners geprägt sind und die im Allgemeinen keinen Bezug zur Insolvenzmasse aufweisen; dazu gehören vor allem **familienrechtliche Pflichten,** die nicht auf Geld oder geldwerte Leistungen gerichtet sind. Der Anspruch auf Vornahme einer unvertretbaren Handlung iS von § 888 ZPO begründet jedoch keine Insolvenzforderung, weil er nicht auf eine Leistung aus dessen Vermögen gerichtet ist.[175]

Selbständige vertragliche **Auskunftspflichten,** die der Schuldner eingegangen ist, binden den Insolvenzverwalter nur, wenn er in den Vertrag eingetreten ist (§ 103 Abs. 1). Andernfalls begründen sie Insolvenzforderungen auf Schadensersatz in Höhe ihres geschätzten Wertes (§§ 103 Abs. 2, 45 Satz 1). Ebenso führen unselbständige Auskunftspflichten des Schuldners grundsätzlich nur zu Schadensersatzansprüchen aus positiver Vertragsverletzung, die sich als Insolvenzforderungen gegen die Masse richten. Etwas anderes gilt für Auskunftspflichten, die den Insolvenzverwalter gegenüber den Gläubigern in Bezug auf **Angelegenheiten der Masse** treffen, an denen ein Gläubiger ein berechtigtes Interesse hat. Die eigene Auskunftspflicht des Insolvenzverwalters folgt insoweit aus seiner Zuständigkeit für die Verwaltung der Masse.[176] Sie besteht in Bezug auf Handlungen des Schuldners, die den Bestand der Masse berühren; eine solche Auskunft kann grundsätzlich auch der Insolvenzverwalter erteilen auf Grund seines eigenen Wissens oder seiner Möglichkeiten, sich dieses Wissen zu verschaffen. Dies betrifft Auskunftspflichten gegenüber Aus- und Absonderungsberechtigten,[177] so zB über Lieferungen und sonstige Leistungen, die der nachmalige Schuldner vor Eröffnung des Insolvenzverfahrens an Dritte erbracht hat.[178] Der Umfang der Auskunftspflicht bestimmt sich nach Kriterien der Zumutbarkeit.[179] Über eigene Handlungen, die zu Masseverbindlichkeiten geführt haben, muss der Insolvenzverwalter Auskunft erteilen.[180] Zum Auskunftsanspruch von Arbeitnehmern → Rn. 122; zu Veröffentlichungspflichten nach §§ 33, 38 WpHG → Rn. 112c. 47

Hat der Schuldner vor Eröffnung des Insolvenzverfahrens Forderungen an Dritte **abgetreten,** ist der Verwalter nach Eröffnung des Insolvenzverfahrens zur Erfüllung der Beurkundungspflicht gem. § 403 BGB verpflichtet, weil nunmehr der Verwalter in die Altgläubigerstellung einrückt.[181] Hiervon zu unterscheiden ist die Frage, ob die vor Eröffnung des Insolvenzverfahrens erfolgte Abtretung auch wirksam ist; bestreitet der Insolvenzverwalter dies,[182] hat der Neugläubiger das Vorliegen einer wirksamen Abtretung zu beweisen. Dies ändert aber nichts daran, dass der Verwalter bei einer *wirksamen* Abtretung verpflichtet ist, dem Neugläubiger die Abtretung gem. § 403 BGB zu beurkunden.[183] 47a

Der Insolvenzverwalter ist gegenüber nicht am Verfahren beteiligten Dritten zur **Verschwiegenheit** verpflichtet. Er darf die ihm im Rahmen seiner Amtsführung bekannt gewordenen Informationen ohne Zustimmung des Betroffenen zu verfahrensfremden Zwecken nicht offenbaren.[184] 47b

4. Verwertung der Masse durch den Insolvenzverwalter. Dem Insolvenzverwalter obliegt die Verwertung der Insolvenzmasse (§ 159). Er hat bei der Verwertung die Gesamtinteressen der Insolvenzgläubiger wahrzunehmen.[185] Die Verwertung geschieht, soweit eine Liquidation des Schuldnervermögens das Ziel ist, durch entgeltliche Veräußerung der Vermögensgegenstände bzw. durch Einziehung von Forderungen. Die Verwertung steht grundsätzlich im pflichtgemäßen Ermessen des 48

---

174 Vgl. dazu die Zusammenstellung bei Zöller/*Seibel* ZPO § 888 Rn. 3.

175 BAG InVo 2005, 182 = NJW 2005, 460; BGH ZIP 2005, 1325.

176 BGHZ 45, 11, 16 = NJW 1966, 590.

177 BGHZ 70, 86 = NJW 1978, 538; OLG Köln ZIP 1982, 1107; LG Baden-Baden ZIP 1989, 1003; LG Stuttgart DB 1986, 643; K. Schmidt/*Sternal* § 80 Rn. 27; dazu näher *Hess*² § 80 Rn. 238 f.; Jaeger/*Windel* § 80 Rn. 59; *Henckel,* Pflichten des Konkursverwalters, S. 1 ff.; *Kilger* KTS 1975, 149; *Häsemeyer* ZZP 80 (1967), 263.

178 BGHZ 45, 11 = NJW 1966, 590.

179 *Hess*² § 80 Rn. 238 f.

180 BGHZ 49, 11, 13 = NJW 1968, 300.

181 Zutr. OLG Karlsruhe WiB 1996, 634; OLG Köln ZIP 1988, 1346; *Hess*² § 80 Rn. 222, 231; aA LG Potsdam EWiR 2001, 523 f. *(Koch/Ahrendt).*

182 S. hierzu den der Entscheidung LG Potsdam EWiR 2001, 523 f. zugrunde liegenden Sachverhalt.

183 Nicht überzeugend daher *Koch/Ahrendt* EWiR 2001, 523, 524.

184 Eingehend hierzu *Bork* ZIP 2007, 793 ff.

185 *Häsemeyer,* Insolvenzrecht, Rn. 13.36; Nerlich/Römermann/*Wittkowski/Kruth* § 80 Rn. 79; HambKomm-InsO/*Kuleisa* § 80 Rn. 12.

Insolvenzverwalters.[186] Hierzu und zur Mitwirkung des Gläubigerausschusses → §§ 159, 160 ff. Zur Verwertungsbefugnis des Insolvenzverwalters in Bezug auf Gegenstände, an denen Absonderungsrechte bestehen, → §§ 165 ff. Die Verteilung der Verwertungserlöse bestimmt sich nach §§ 187 ff. Besonderheiten ergeben sich bei Bestehen eines Insolvenzplans, vgl. §§ 260, 261 ff. Die **Durchführung der Verwertung** erfolgt durch den Insolvenzverwalter auf Grund der ihm gem. § 80 Abs. 1 zustehenden **Verwaltungs- und Verfügungsbefugnis** über die Gegenstände des Vermögens des Schuldners einschließlich der diesem zustehenden Rechte und Forderungen. Auskünfte kann der Insolvenzverwalter vom Insolvenzschuldner verlangen (§§ 97, 98). Einen Auskunftsanspruch gegen Gläubiger sieht die InsO nicht vor. Ein Auskunftsanspruch aus Treu und Glauben wegen möglicher Anfechtungsansprüche kommt nur in Betracht, wenn der Anfechtungsanspruch dem Grunde nach feststeht und es nur noch um die Bestimmung von Art und Umfang des Anspruchs geht.[187] Auskunftsansprüche nach dem Informationsfreiheitsgesetz stehen unter denselben Voraussetzungen auch dem Insolvenzverwalter zur Aufdeckung anfechtbarer Vermögensverschiebungen zu (→ Rn. 43a). Darüber hinaus steht dem Insolvenzverwalter auch die Geltendmachung von Ansprüchen der Gläubiger aus persönlicher Haftung der Gesellschafter des Schuldners für dessen Gesellschaftsverbindlichkeiten zu (§§ 93 InsO, 171 Abs. 2 HGB[188]). Der Insolvenzverwalter kann die Aktiva des Schuldnervermögens grundsätzlich ebenso verwerten, wie der Schuldner dies ohne Eröffnung des Insolvenzverfahrens könnte, ist dabei aber an die gleichen allgemeinen Voraussetzungen der Verwertbarkeit von Vermögensgegenständen gebunden. Insofern ist nach den unterschiedlichen Vermögensbestandteilen zu differenzieren.

49 **a) Bewegliche Sachen.** Insoweit ergeben sich keine Besonderheiten. Die Verwertung beweglicher Sachen erfolgt durch **freihändige Veräußerung,** die auch im Wege öffentlicher Versteigerung auf privatrechtlicher Grundlage (Auktion von Kunstgegenständen) erfolgen kann.[189] Die Zustimmung der Gläubigerversammlung ist nach § 160 nur bei besonders bedeutsamen Geschäften erforderlich.

50 **b) Immobilien.** Eine **freihändige Veräußerung** steht dem Insolvenzverwalter grundsätzlich frei. Verwertungen im Wege der Zwangsvollstreckung bilden die Ausnahme.[190] Für die Veräußerung eines unbeweglichen Gegenstands aus freier Hand ist jedoch die Zustimmung des Gläubigerausschusses bzw. der Gläubigerversammlung erforderlich, s. § 160 Abs. 2 Nr. 1. Der Erwerber eines Grundstücks kann, soweit die Veräußerung durch den Insolvenzverwalter erfolgt, wenn er in ein bestehendes Miet- oder Pachtverhältnis eintritt (vgl. § 566 Abs. 1, §§ 581 Abs. 2, 566 Abs. 1 BGB), dieses unter Einhaltung der gesetzlichen Frist kündigen, § 111 Satz 1. Einer Veräußerung im Wege der Zwangsversteigerung bedarf es dazu nicht (vgl. § 57a–b ZVG).[191] Jedoch schließt eine **Veräußerung im Wege der Zwangsversteigerung Gewährleistungsrechte** des Erwerbers (§ 56 Satz 3 ZVG) und ggf. die Ausübung von **Vorkaufsrechten** aus.[192] Der Insolvenzverwalter ist bei der Zwangsversteigerung von Immobilien Beteiligter iSd § 9 ZVG. Gem. § 30c ZVG kann der Insolvenzverwalter eine bereits eingeleitete Zwangsversteigerung einstellen lassen, wenn die angemessene Verwertung der Masse wesentlich erschwert würde. Im Übrigen kann der Insolvenzverwalter selbst Zwangsversteigerungsmaßnahmen einleiten.[193] Die Verfügungsbefugnis über ein Grundstück geht ohne weiteres auf den Verwalter über, insbesondere bedarf es hierfür keiner Eintragung eines Insolvenzvermerks im Grundbuch.[194]

51 **c) Insolvenzausverkäufe.** Bei Ausverkäufen durch den Insolvenzverwalter sind die Vorschriften des UWG zu beachten, → Rn. 117 ff.[195]

52 **d) Forderungen, Patente, Nießbrauchrechte, sonstige Rechte.** Der Insolvenzverwalter muss Ansprüche des insolventen Unternehmens gegen Gesellschafter auf Zahlung rückständiger Einlagen, Nachschüsse oder verbotener Auskehrungen prüfen und ggf. geltend machen. Auch Schadensersatzansprüche gegen den Geschäftsführer oder gegen Dritte hat er zur Masse zu ziehen. Schadensersatz-

---

186 *Häsemeyer,* Insolvenzrecht, Rn. 13.36.

187 BGH NZI 2009, 722; BFH DZWiR 2011, 33; hM, → § 143 Rn. 14, jew. mwN; *Gundlach/Flöther* NZI 2009, 719.

188 S. hierzu OLG Hamm ZIP 2019, 429 ff.

189 *Häsemeyer,* Insolvenzrecht, Rn. 13.40; *Bork,* Insolvenzrecht, Rn. 291.

190 *Häsemeyer,* Insolvenzrecht, Rn. 13.39.

191 Nerlich/Römermann/*Wittkowski/Kruth* § 80 Rn. 83.

192 *Häsemeyer,* Insolvenzrecht, Rn. 13.39.

193 S. dazu *Häsemeyer,* Insolvenzrecht, Rn. 13.39; Nerlich/Römermann/*Wittkowski/Kruth* § 80 Rn. 83.

194 LG Berlin ZInsO 2003, 905, 906; zur Eintragung eines Insolvenzvermerks bei Eröffnung eines Insolvenzverfahrens über das Vermögen eines Miterben einer Erbengemeinschaft s. BGH NJW-RR 2011, 1030 f.; zur Eröffnung eines Insolvenzverfahrens über den Nachlass eines GbR-Gesellschafters s. BGH NJW 2017, 3715.

195 *Häsemeyer,* Insolvenzrecht, Rn. 13.38; Nerlich/Römermann/*Wittkowski/Kruth* § 80 Rn. 84. Näher hierzu Mohrbutter/Mohrbutter/*Ernestus,* HdB Insolvenzverwaltung, Rn. VIII.12 ff.

ansprüche gegen den Amtsvorgänger des Insolvenzverwalters aus § 61 gehören nicht zum verwalteten Vermögen, da sie nicht auf eine Anreicherung der Masse abzielen.[196] Gleiches gilt für Ansprüche aus der persönlichen Haftung eines Gesellschafters für Verbindlichkeiten bestimmter Gesellschaften, § 93 (→ Rn. 111, → § 93 Rn. 14). Der Insolvenzverwalter ist auch berechtigt, Honorarforderungen einzuziehen, die aus einer freiberuflichen Tätigkeit des Schuldners entstanden sind. Dies gilt auch dann, wenn es sich um Honorarforderungen von Ärzten oder Rechtsanwälten handelt. Auch § 203 StGB steht dem nicht entgegen, weil die sich aus § 97 Abs. 1 ergebende Offenbarungspflicht die Rechte des Patienten bzw. Mandanten nicht übermäßig beeinträchtigt.[197] Forderungen können durch Einziehung, Inkassozession oder Verkauf verwertet werden. Die Geltendmachung von dafür bestellten Sicherheiten richtet sich nach den allgemeinen Vorschriften. **Patente** können vom Insolvenzverwalter veräußert oder mittels Lizenzen verwertet werden (vgl. §§ 15 Abs. 1, 9 PatG). Ein **Nießbrauchsrecht** ist nach § 1059 BGB nicht übertragbar. Die Nutzungen aus solchen Rechten sind zu ziehen. Zudem kann ein Nießbrauchsrecht zur Ausübung überlassen werden (§ 1059 BGB). In diesem Rahmen ist eine Verwertung möglich.[198] Nicht durch Veräußerung übertragbar sind **Urheberrechte** (§ 29 Satz 2 UrhG). Der Insolvenzverwalter kann aber Nutzungsrechte nach § 31 UrhG einräumen. Ebenfalls zur Masse können **Erfindungen von Arbeitnehmern** nach dem ArbEG gehören, etwa in der Insolvenz des Arbeitgebers die von ihm vor der Eröffnung des Insolvenzverfahrens unbeschränkt in Anspruch genommenen Diensterfindungen des Arbeitnehmers (§§ 6, 7 Abs. 1 ArbEG). **Bezugsrechte** aus Lebensversicherungen muss der Verwalter durch Kündigung des Versicherungsvertrages realisieren und zur Masse einziehen.[199] Auskunftsansprüche gem. § 3 Abs. 4 Satz 2 VVG stehen dem Insolvenzverwalter zu, solange das Versicherungsverhältnis noch nicht beendet und vollständig abgewickelt ist.[200] Bei einer vom Arbeitgeber für den Arbeitnehmer abgeschlossenen betrieblichen Altersversorgung übt der Verwalter einen im Versicherungsvertrag vereinbarten Widerruf des Bezugsrechts aus.[201] Das **Wahlrecht** eines Ehegatten betr. Art der steuerlichen Veranlagung (§ 26 EStG) ist ein Vermögensrecht und fällt ggf. in die Insolvenzmasse (→ Rn. 44).[202]

e) Gewerbeerlaubnis. Nach § 45 GewO kann eine Gewerbeerlaubnis (zB Jahrmarktzulassung, Brennerlaubnis, seerechtliche Anlandeerlaubnis) durch einen Stellvertreter ausgeübt werden. Der Insolvenzverwalter ist gewerberechtlich Stellvertreter des Schuldners und kann daher mit der alten Erlaubnis tätig werden.[203] Auch personenbezogene Genehmigungen erlöschen nicht automatisch mit der Eröffnung des Insolvenzverfahrens, jedoch können sie einen Anlass zum Widerruf geben.[204] 53

5. Die Verwertung des insolventen Unternehmens durch den Verkauf als Ganzes. Der Insolvenzverwalter kann ein Unternehmen auch als Ganzes veräußern, wie sich aus § 160 Abs. 2 Nr. 1 ergibt.[205] Erforderlich ist hierzu die Zustimmung des Gläubigerausschusses oder die gerichtliche Bestätigung (§§ 160 Abs. 2 Nr. 1, 248) oder eine Übertragung auf der Grundlage eines Insolvenzplans (→ § 217 Rn. 164). Die Veräußerung des Unternehmens als Ganzes kann gegenüber der Liquidation den Vorteil haben, dass die **erheblichen Wertverluste** und Kosten, die regelmäßig mit einer Zerschlagung verbunden sind, vermieden werden (→ §§ 1 Rn. 87, → 22 Rn. 100). Die Veräußerung des Unternehmens erfolgt im Rahmen der **„übertragenden Sanierung“**,[206] bei der das Unternehmen aus der Insolvenzmasse auf einen anderen Unternehmensträger, der auch eine eigens konstituierte Auffanggesellschaft sein kann, übertragen wird (→ §§ 128 Rn. 1, → 157 Rn. 13, → 217 Rn. 155, 162, 164).[207] In Betracht kommt auch die Übertragung eines Betriebs 54

---

196 BGH ZIP 2006, 1683 = WM 2006, 1817 = NZI 2006, 580 = WuB VI A § 92 InsO 1.06 *(Mohrbutter)*.

197 BGHZ 141, 173 = NJW 1999, 1544; *Vallender* NZI 2003, 530, 532.

198 Nerlich/Römermann/*Wittkowski/Kruth* § 80 Rn. 85.

199 OLG Düsseldorf ZInsO 2006, 1270 (Kündigung und Einziehung des Rückkaufwerts einer Kapital-Lebensversicherung); *Elfring* BB 2004, 617, 619 ff. Dabei ist der Verwalter an einen Verwertungsausschluss gem. § 168 Abs. 3 VVG gebunden; KG ZInsO 2012, 218 mAnm *Viertelhauser* EWiR 2012, 213. Zum Widerruf des Bezugsrechts aus betrieblicher Altersversorgung BAG ZIP 2012, 2269.

200 OLG Saarbrücken NJW-RR 2010, 1333.

201 BAG NZI 2011, 777 mAnm *Gebert* S. 780 ff.; s. w. *Reichold* EWiR 2003, 675 f. Ist ein Arbeitnehmer nach Unverfallbarkeit seiner Anwartschaft Versicherungsnehmer einer Direktversicherung der betrieblichen Altersversorgung geworden, kann in dem Insolvenzverfahren über sein Vermögen der allein aus den Beiträgen seines Arbeitgebers gebildete Rückkaufswert nach Kündigung der Versicherung nicht zur Masse gezogen werden; vgl. BGH NJW-RR 2014, 163 = NZI 2014, 235; OLG Hamm ZInsO 2013, 1691.

202 LG Cottbus ZInsO 2006, 1337; AG Essen ZIP 2004, 1164.

203 Nerlich/Römermann/*Wittkowski/Kruth* § 80 Rn. 80, 86.

204 BVerwGE 32, 316 = MDR 1970, 80; Jaeger/*Windel* § 80 Rn. 265; KPB/*Lüke* § 80 Rn. 19.

205 Umfassend zum Unternehmenskauf aus der Insolvenz *Classen* BB 2010, 2898 ff.

206 *K. Schmidt* ZIP 1980, 328, 336.

207 Zum Schrifttum zur übertragenden Sanierung sei hier nur verwiesen auf Uhlenbruck/*Hirte* § 11 Rn. 16 ff.; Uhlenbruck/*Zipperer* § 157 Rn. 7 ff., § 159 Rn. 47 f.; *Hölzle* DStR 2004, 1433 ff.

oder Betriebsteils (→ § 128 Rn. 1). Der Verkauf des Unternehmens als Ganzes erfolgt dabei entweder durch den Verkauf des Unternehmens als Gesamtheit von Sachen, Rechten und sonstigen Vermögenswerten (Goodwill, Know-how, Kunden- und Lieferantenbeziehungen) im Wege der Singularsukzession **(„asset deal")** iSd § 453 2. Alt. BGB („sonstige Gegenstände"). Eine Veräußerung des Unternehmens durch Übertragung von Anteils- bzw. Beteiligungsrechten **(„share deal")** als **Rechtskauf** (§ 453 1. Alt. BGB)[208] kommt dagegen bei der übertragenden Sanierung in der Regel nicht in Betracht, weil damit der Übergang sämtlicher Verbindlichkeiten verknüpft wäre, was bei der übertragenden Sanierung aber gerade nicht gewollt ist.[209] Vielmehr werden die Gläubiger aus dem Verkaufserlös befriedigt.[210] Hinsichtlich der **Gewährleistung** für Sach- und Rechtsmängel haben sich auf Grund des Schuldrechtsmodernisierungsgesetzes Änderungen gegenüber der bisherigen Rechtslage ergeben. Nach der Rechtsprechung zum bisherigen Recht war auf die tatsächlichen Auswirkungen des Mangels auf den jeweiligen Kaufgegenstand abzustellen.[211] Soweit ein Mangel den Wert des Unternehmens im Ganzen betrifft, also seine Funktionstauglichkeit beeinträchtigt oder die wirtschaftliche Grundlage der unternehmerischen Tätigkeit erschüttert, wandte die Rechtsprechung unabhängig von der Natur des Mangels (Sach- oder Rechtsmangel) die Vorschriften der Sachmängelhaftung analog an.[212] Bei der Übertragung von **Geschäftsanteilen** wurden ebenfalls die Vorschriften über das Sachmängelgewährleistungsrecht angewendet, soweit der Käufer alle Geschäftsanteile oder eine beherrschende Stellung im Unternehmen erwarb.[213] Soweit das Gewährleistungsrecht nach dem früheren Recht nicht eingriff, wurde eine Haftung des Verkäufers aus Verschulden bei Vertragsverhandlungen (c.i.c.) begründet.[214] Dies betraf insbesondere die Haftung in Bezug auf **Unternehmenskennzahlen,** vor allem in Bezug auf Umsätze und Erträge. Folgt man den Vertretern eines weit gefassten Beschaffenheitsbegriffs in § 434 BGB, der auch die nach früherem Recht zusicherungsfähigen Eigenschaften umfasst, so führen nunmehr auch Abweichungen solcher Art zu einem Sachmangel.[215] Bis zu einem Verkauf wird das Unternehmen entweder durch den vorläufigen Insolvenzverwalter nach § 22 Abs. 1 Satz 1 iVm Satz 2 Nr. 2 Hs. 1 oder durch den Insolvenzverwalter nach §§ 156, 157 fortgeführt. Für die Zeit der Unternehmensfortführung haftet der Insolvenzverwalter nach Maßgabe der §§ 60, 61. Es besteht aber keine Pflicht, Neugläubiger auf eine Betriebsfortführung hinzuweisen oder eine solche zu deren Schutz zu unterlassen.[216] Erst wenn dies für den Vertragsentschluss des Verhandlungspartners wesentlich ist, muss der Verwalter auf die Insolvenz hinweisen.[217] Die Veräußerung des Unternehmens durch den Insolvenzverwalter begründet für den Erwerber auch dann keine Haftung für die Verbindlichkeiten des Schuldners (Insolvenzforderungen, Masseverbindlichkeiten), wenn der Erwerber die Firma fortführt; **§ 25 HGB** ist auf diesen Fall nicht anwendbar[218] (→ Rn. 102).

55 Im Insolvenzverfahren findet **§ 613a BGB** Anwendung. Dies entspricht der ständigen Rechtsprechung des Bundesarbeitsgerichts.[219] Der Erwerber eines Unternehmens tritt demgemäß in die

---

208 BGHZ 65, 246 = NJW 1976, 236; *Hommelhoff,* Sachmängelhaftung beim Unternehmenskauf, S. 5 ff.; Soergel/*Huber* BGB § 433 Rn. 30 ff.; Staudinger/*Beckmann* BGB § 453 Rn. 19 ff.; *Picot,* Unternehmenskauf und Restrukturierung, S. 38 ff.; *Quack* ZGR 1982, 350; MüKoBGB/*Westermann* § 453 Rn. 19. S. allg. zum Unternehmenskauf *Beisel/Klumpp,* Unternehmenskauf; *Holzapfel/Pöllath,* Recht und Praxis des Unternehmenskaufs.

209 *Hölzle* DStR 2004, 1433, 1434.

210 S. dazu näher Uhlenbruck/*Hirte* § 11 Rn. 17.

211 BGH NJW 1970, 556, 557; 1979, 33; 1995, 1547, 1548 mwN.

212 BGH NJW 1995, 1547; s. a. MüKoBGB/*Westermann*³ § 459 Rn. 46 ff.

213 BGHZ 65, 246, 248 f. = NJW 1976, 236; BGHZ 138, 195, 204 = NJW 1998, 2360; s. a. MüKoBGB/*Westermann*³ § 437 Rn. 17.

214 MüKoBGB/*Westermann*³ § 459 Rn. 46 ff. mwN.

215 *Berger* JZ 2004, 276 ff.; *Knott* NZG 2002, 249, 251; Bamberger/Roth/*Faust* BGB § 453 Rn. 29 f.; *Schröcker* ZGR 2005, 63, 75 ff., 78; einschränkend *Eidenmüller* ZGS 2002, 290; unentschieden *Fischer* DStR 2004, 276, 277 f.; abl. Palandt/*Weidenkaff* BGB § 434 Rn. 10.

216 BGHZ 100, 346 = NJW 1987, 3133; BGHZ 103, 310, 314 = NJW-RR 1988, 1488.

217 BGH NJW 1983, 1799; ZIP 1989, 937; vgl. auch Uhlenbruck/*Mock* § 80 Rn. 93.

218 BGHZ 104, 151, 154 f. = NJW 1988, 1912; BAG NJW 2007, 942 f.; OLG Düsseldorf NZI 2000, 24 = NJW-RR 1999, 1556; *Häsemeyer,* Insolvenzrecht, Rn. 13.42; MüKoHGB/*Thiessen* § 25 Rn. 36 f. mwN; *Uhlenbruck* ZIP 2000, 401, 403; *Beisel/Klumpp,* Unternehmenskauf, Kap. 5 Rn. 14 mwN; *Gerhardt* AcP 200 (2000), 426, 433 f.; *Picot/Aleth,* Unternehmenskauf und Restrukturierung, S. 1179; *Hölzle* DStR 2004, 1433, 1436.

219 BAGE 32, 326 = NJW 1980, 1124 = BB 1980, 319; BAGE 43, 13 = NJW 1984, 627 = BB 1983, 2116 = KTS 1984, 117; BAGE 53, 380; BAG NZA 2003, 318; ZIP 1992, 1247; 1996, 239; 1996, 1914; zum Betriebsübergang ohne den Übergang sächlicher Betriebsmittel LAG Hannover NZA-RR 2009, 179 ff.; krit. *Adam* FS Jobst Wellensiek, S. 701 ff.

Rechte und Pflichten aus den im Zeitpunkt des Übergangs bestehenden Arbeitsverhältnissen ein (§ 613a Abs. 1 Satz 1 BGB). Eine Kündigung von Arbeitsverhältnissen wegen des Übergangs des Betriebs ist ausgeschlossen (§ 613a Abs. 4 BGB). Davon geht auch § 128 Abs. 2 aus mit dem Verweis auf die Vermutungsregel des § 125 Abs. 1 Nr. 1. Die Haftung des Erwerbers nach § 613a BGB für vor der Verfahrenseröffnung begründete Ansprüche aus Arbeitsverhältnissen ist aber mit insolvenzrechtlichen Grundsätzen nicht zu vereinbaren, da derartige Ansprüche als Insolvenzforderungen nach § 38 der insolvenzrechtlichen Gleichbehandlung unterfallen. Damit unvereinbar wäre es, wenn der Erwerber die Ansprüche voll befriedigen müsste und der Kaufpreis zu Lasten der Masse verkürzt würde.[220] Daher wird die Haftung des Erwerbers für Ansprüche aus Arbeitsverhältnissen und betrieblichen Versorgungszusagen dahingehend beschränkt, dass der Erwerber nicht für vor der Verfahrenseröffnung entstandene Ansprüche, sondern nur für Ansprüche haftet, die im Zeitraum zwischen Insolvenzeröffnung und Betriebsübergang entstanden sind.[221] Diese Haftungsbeschränkung bleibt auch dann bestehen, wenn das Verfahren mangels Masse eingestellt wird.[222] Der Bestandsschutz, den § 613a BGB gewährt, erfasst vollumfänglich Betriebsveräußerungen in der Insolvenz.[223] Im Einzelnen hierzu und zu den Kündigungserleichterungen bei einer Betriebsveräußerung im Insolvenzfall → § 128 Rn. 6 ff., 12 ff. Nicht von der haftungsrechtlichen Beschränkung des § 613a BGB erfasst sind dagegen Ansprüche aus dem Arbeitsverhältnis, die nicht mit der Verfahrenseröffnung gem. § 108 Abs. 2 zu Insolvenzforderungen werden; hierzu gehören insbesondere **Urlaubsansprüche,** wobei diese in der Regel nicht auf die Zeit vor oder nach dem Zeitpunkt der Eröffnung des Insolvenzverfahrens zugeordnet werden können.[224]

Freiberufliche Praxen können Gegenstand eines Kaufvertrages sein. Ein solcher verstößt 56
weder gegen Standesrecht noch die guten Sitten iSd § 138 Abs. 1 BGB.[225] Ob die Praxen von Freiberuflern damit in die **Insolvenzmasse** fallen, ist umstritten. Nach hM ist eine freiberufliche Praxis als solche im Unterschied zu den dazu gehörenden Gegenständen nicht Bestandteil der Masse, so dass der Insolvenzverwalter sie ohne die **Zustimmung des Insolvenzschuldners** nicht veräußern darf. Die hM stützt sich dabei auf das besondere Vertrauensverhältnis des Freiberuflers zu seinen Mandanten/Patienten.[226] Die Gegenansicht bejaht zwar den Insolvenzbeschlag, will dem besonderen Vertrauensverhältnis aber dadurch Rechnung tragen, dass sie ebenfalls die Zustimmung des Insolvenzschuldners verlangt; nur vereinzelt wird die Ansicht vertreten, dass eine Veräußerung der Praxis ohne Zustimmung möglich ist.[227] Dabei soll die Frage, inwieweit die Patienten dem Rechtsnachfolger ihr Vertrauen schenken, für die Verfügungsbefugnis irrelevant sein.[228] Unabhängig von der Frage, ob die freiberufliche Praxis in die Insolvenzmasse fällt, ist eine **Übertragung von Patienten- oder Mandantenakten** ohne deren Zustimmung unzulässig.[229] In solchen Fällen bedarf es daher zumindest der Zustimmung der Patienten bzw. Mandanten.[230] Die Anwaltskanzlei und die Anwaltsakten gehören zur Insolvenzmasse. Überschneidungen in der Insolvenz eines Rechtsanwalts ergeben sich jedoch zwischen den Aufgaben des Insolvenzverwalters und denen des zur Erledigung der Mandate eingesetzten Abwicklers (§ 55 Abs. 5 BRAO).[231] Die von einem Abwickler eingenom-

---

220 *Häsemeyer,* Insolvenzrecht, Rn. 23.10 ff.; *Gerhardt* AcP 200 (2000), 426, 434 f.; *Schrader/Straube* ZInsO 2005, 184, 189.

221 BAG NJW 2003, 2405 = NZI 2003, 222 = ZInsO 2003, 139 = NZA 2003, 318 (Bestätigung der bisherigen Rechtspr. auch unter Geltung der InsO); BAGE 32, 326 = NJW 1980, 1124 = BB 1980, 319; BAGE 65, 208 = NZA 1991, 60 = ZIP 1990, 1596 = AP Nr. 10 zu § 1 BetrAVG; BAGE 81, 132; NJW 1992, 3188 = NZA 1992, 929 = AP Nr. 12 zu § 1 BetrAVG; NZA 1992, 658 = NJW 1993, 157 = AP Nr. 13 zu § 1 BetrAVG; BAGE 53, 380 = NJW 1987, 1966 = NZA 1987, 460 = AP Nr. 56 zu § 613a BGB; BB 1987, 761 = NZA 1987, 458 = KTS 1987, 510 = AP Nr. 57 zu § 613a BGB; BAG AP Nr. 10 zu § 113 InsO; *Beisel/Klumpp,* Unternehmenskauf, Kap. 5 Rn. 18 ff.; *Picot/Aleth,* Unternehmenskauf und Restrukturierung, S. 1179; Staudinger/*Annuß* BGB § 613a Rn. 316; MüKoBGB/*Müller-Glöge* § 613a Rn. 177.

222 *Beisel/Klumpp,* Unternehmenskauf, Kap. 5 Rn. 20.

223 Dazu *Häsemeyer,* Insolvenzrecht, Rn. 23.13 f.; Uhlenbruck/*Berscheid* § 128 Rn. 6 ff.

224 BAG NZA 2004, 43; NJW 2004, 1972 ff. = NZI 2005, 120; *Schrader/Straube* ZInsO 2005, 184, 187.

225 BGHZ 43, 46 = NJW 1965, 580.

226 FG Düsseldorf ZIP 1992, 635 = EWiR 1992, 581; *Grub* EWiR 1992, 581; *Kilger/K. Schmidt* KO § 1 Anm. 2 D. a bb; KPB/*Holzer* § 35 Rn. 74; LSZ/*Smid/Leonhardt* § 35 Rn. 9.

227 Nerlich/Römermann/*Andres* § 35 Rn. 73; *Häsemeyer,* Insolvenzrecht, Rn. 9.09; Uhlenbruck/*Uhlenbruck*[13] § 159 Rn. 31; keine Zustimmung: Uhlenbruck/*Hirte* § 35 Rn. 288; diff. Uhlenbruck/*Zipperer* § 159 Rn. 32 (keine Zustimmung aufgrund Überwiegen der Gläubigerinteressen, die aber im Einzelfall bei überragenden Vertrauenselementen zurücktreten können).

228 *Hess*[2] §§ 35, 36 Rn. 298 ff., 302.

229 BGHZ 116, 268 = NJW 1992, 737, 739 = WM 1992, 350.

230 Nerlich/Römermann/*Andres* § 35 Rn. 73; ebenso *Hess*[2] §§ 35, 36 Rn. 303.

231 Dazu näher *Sattler/Rickert* ZInsO 2006, 76; *Tauchert/Schulze-Grönda* BRAK-Mitt. 2010, 115 ff.

menen Gelder fallen in die Insolvenzmasse und sind nach Beendigung der Abwicklungstätigkeit an den Verwalter auszukehren; der Abwickler kann mit seinem Vergütungsanspruch aufrechnen.[232]

57 Besondere Bedeutung kann der **Übertragung der Firma** wegen des damit verbundenen Firmenwerts zukommen (→ § 35 Rn. 553 ff.). Ohne das Handelsgeschäft, für welches sie geführt wird, kann die Firma nicht veräußert werden (§ 23 HGB). Sie fällt in die Insolvenzmasse und bleibt auch bei Eröffnung des Insolvenzverfahrens bestehen.[233] Soweit die Firma den Namen des Schuldners als natürliche Person enthält, ist sie **Teil des Persönlichkeitsrechts** des Schuldners wie das Namensrecht (§ 12 BGB).[234] Zugleich ist sie wegen ihres Vermögenswerts auch als Vermögensrecht (Immaterialgüterrecht) anerkannt.[235] Infolgedessen fällt die Firma grundsätzlich in die Masse, auch dann, wenn sie den Namen einer natürlichen Person enthält.[236] Die für die Fortführung der Firma durch einen Erwerber des Handelsgeschäfts erforderliche **Einwilligung des bisherigen Geschäftsinhabers** (§ 22 Abs. 1 HGB) kann der Insolvenzverwalter jedenfalls dann ohne Zustimmung des Schuldners erteilen, wenn es sich um eine **Sach- oder Phantasiefirma** handelt; die Firma betrifft hier nur den unternehmerischen Tätigkeitsbereich des Schuldners.[237] Enthält die Firma dagegen den Namen des Schuldners, so galt dessen Zustimmung zur Übertragung der Firma als erforderlich.[238] Als Einzelkaufmann war dieser – nach früherem Recht – gezwungen, seinen Namen zu verwenden; der personale Bezug überwiegt hier die vermögensrechtlichen Interessen an der freien Verwertung der Firma.[239] Nach Inkrafttreten des Handelsrechtsreformgesetzes zum 1.7.1998 ist dieser Zwang jedoch weggefallen; es besteht nunmehr die **Wahl zwischen Personal-, Sach- und Phantasiefirma** (§ 18 Abs. 1 HGB nF). Bei einer nach diesem Zeitpunkt gebildeten Firma besteht wegen des Wahlrechts des Kaufmanns kein Anlass mehr, den durch die Wahl einer Personalfirma hergestellten personalen Bezug dem Interesse an einer freien Verwertung der Firma überzuordnen; einer Zustimmung des Schuldners zur Übertragung der Firma bedarf es in diesen Fällen nicht mehr.[240] Der personale Bezug muss hier hinter der selbstgewählten Kommerzialisierung des Namens zurücktreten. Die rechtliche Möglichkeit, eine früher begründete Personalfirma nunmehr in eine Sach- oder Phantasiefirma umzuändern, lässt das Erfordernis der Zustimmung des Schuldners zur Übertragung einer unter früherem Recht gebildeten Personalfirma dagegen nicht entfallen. Da eine Umfirmierung mit **hohen Folgekosten** und insb. mit erheblichen Wettbewerbsnachteilen verbunden sein kann, kann die Weiterführung der bisherigen Firma durch den späteren Schuldner diesem nicht ohne weiteres als freie Entscheidung für eine Kommerzialisierung seines Namens zugerechnet werden. Demgemäß ist für die Übertragung einer vor Inkrafttreten des neuen Firmenrechts gebildeten Personalfirma des Schuldners nach wie vor dessen Zustimmung erforderlich.[241]

58 Enthält die **Firma einer Personengesellschaft** den Namen eines Gesellschafters, so galt dessen Zustimmung zur Übertragung der Firma nach der Rechtslage bis zum Inkrafttreten des Handelsrechtsreformgesetzes von 1998 in analoger Anwendung des § 24 Abs. 2 HGB als erforderlich.[242] Als Folge der Liberalisierung des Firmenrechts wird die Rechtfertigung einer analogen Anwendung dieser Bestimmung zunehmend in Frage gestellt und die Übertragung der Firma durch den Insolvenzverwalter ohne Einwilligung des namensgebenden Gesellschafters für zulässig erklärt.[243] Die Verwertung der

---

232 BGH ZInsO 2005, 929; Vorinstanzen: OLG Rostock ZInsO 2004, 748 f.; LG Rostock ZInsO 2002, 290 f.

233 BGH WM 1983, 149; ZIP 1989, 937, 938; OLG Hamm ZInsO 2018, 1171; Jaeger/*Windel* § 80 Rn. 71; *Kern* BB 1999, 1717.

234 RGZ 9, 104; RGZ 58, 166, 169; BGHZ 32, 103 = NJW 1960, 1008.

235 HM, BGHZ 85, 221, 223 = NJW 1983, 755; BGHZ 109, 364, 367 = NJW 1990, 1605; *Canaris,* Handelsrecht, § 10 I 2 a, Rn. 7; *Baumbach/Hopt* HGB § 17 Rn. 5; *K. Schmidt,* Handelsrecht, § 12 I 3.

236 AllgM, s. nur BGHZ 85, 221; BGHZ 109, 364, 367; OLG Hamm ZInsO 2018, 1171; *Canaris,* Handelsrecht, § 10 V Rn. 66 ff.; *Baumbach/Hopt* HGB § 17 Rn. 47; *K. Schmidt,* Handelsrecht, § 112 I 3 b; Uhlenbruck/*Hirte* § 35 Rn. 275, 379; Uhlenbruck/*Zipperer* § 159 Rn. 23 ff.

237 *Canaris,* Handelsrecht, § 10 V Rn. 67.

238 BGHZ 32, 103 = NJW 1960, 1008; OLG Düsseldorf BB 1982, 695; OLG Koblenz NJW 1992, 2101; *Baumbach/Hopt* HGB § 17 Rn. 47; *Kern* BB 1999, 1717; *Jaeger/Henckel* KO § 1 Rn. 15; Nerlich/Römermann/*Wittkowski/Kruth* § 80 Rn. 87; aA *Häsemeyer,* Insolvenzrecht, Rn. 13.41; *Uhlenbruck* ZIP 2000, 401; *Hess*[2] § 80 Rn. 171, § 35 Rn. 203 ff.

239 BGHZ 85, 221, 223 = NJW 1983, 755; BGHZ 32, 103 = NJW 1960, 1008.

240 OLG Hamm ZInsO 2018, 1171; *K. Schmidt,* Handelsrecht, § 12 I 3 c; *Canaris,* Handelsrecht, § 10 V Rn. 68; Uhlenbruck/*Hirte* § 35 Rn. 379; HambKommInsO/*Kuleisa* § 80 Rn. 15; Uhlenbruck/*Zipperer* § 159 Rn. 24; Gottwald/*Haas/Hossfeld,* InsO-HdB, § 92 Rn. 311; abl. für Altfälle Jaeger/*Windel* § 80 Rn. 72.

241 *Kern* BB 1999, 1717, 1719; *Uhlenbruck* ZIP 2000, 401, 402; aA *Canaris,* Handelsrecht, § 10 V Rn. 68; *K. Schmidt,* Handelsrecht, § 12 I 3 c.

242 Staub/*Hüffer* HGB § 22 Rn. 33; dazu mwN MüKoHGB/*Heidinger* § 22 Rn. 80.

243 MüKoHGB/*Heidinger* § 22 Rn. 85; *Canaris,* Handelsrecht, § 10 V 2, Rn. 75; Röhricht/v. Westphalen/*Ammon* HGB § 22 Rn. 26; aA *Baumbach/Hopt* HGB § 17 Rn. 47.

Firma einer **juristischen Person** durch den Insolvenzverwalter ist ohne weiteres möglich.[244] Dies gilt auch dann, wenn die Firma den Namen eines Gesellschafters enthält. Da der Gesellschafter auch nach früherem Recht nicht verpflichtet war, seinen Namen für die Firmenbildung zur Verfügung zu stellen, tritt hier der personale Bezug hinter der Kommerzialisierung des Namens zurück.[245]

Für die Verwertung von Warenzeichen gilt entsprechendes.[246] 59

6. Grenzen der Rechtsmacht des Insolvenzverwalters. Die Verwaltungs- und Verfügungs- 60
befugnis des Insolvenzverwalters ist prinzipiell nicht durch den Zweck des Insolvenzverfahrens begrenzt.[247] Vielmehr ist ihm die Verwaltungs- und Verfügungsbefugnis über das zur Insolvenzmasse gehörende Vermögen **ohne Einschränkung** übertragen (§ 80 Abs. 1). Bei einem **Dauerschuldverhältnis** ist die Befugnis des Insolvenzverwalters nicht in der Weise eingeschränkt, dass er nur insoweit über das Recht verfügen kann, als Erträge aus diesem Recht in die Insolvenzmasse fallen.[248] Stattdessen unterliegt er der Aufsicht des Insolvenzgerichts (§ 58) und der Überwachung durch den Gläubigerausschuss (§ 69) mit entsprechenden Auskunfts- und Berichtspflichten sowie der Schadensersatzhaftung für pflichtwidriges Handeln (§ 60). Rechtshandlungen des Insolvenzverwalters sind demgemäß grundsätzlich auch dann wirksam, wenn er dadurch die ihm obliegenden Pflichten verletzt hat.[249] Das **Risiko von Pflichtverletzungen** des Insolvenzverwalters tragen somit grundsätzlich die Gläubiger; das entspricht ihrer Aufgabe, den Insolvenzverwalter bei seiner Geschäftsführung zu **überwachen,** und ihrem Antragsrecht auf Entlassung des Insolvenzverwalters (§ 59 Abs. 1 Satz 2).

Das Risiko pflichtwidriger Handlungen des Insolvenzverwalters fällt danach grundsätzlich nicht 61
Dritten zur Last, mit denen der Insolvenzverwalter Rechtsgeschäfte abschließt. Dieser Grundsatz greift nach allgM jedoch dann nicht ein, wenn der Geschäftsgegner weiß oder es für ihn offenkundig ist, dass der Insolvenzverwalter seine Pflichten verletzt, indem er eine Maßnahme vornimmt, welche offensichtlich dem Insolvenzzweck zuwiderläuft.[250] Das entspricht den Grundsätzen, die für die Risikoverteilung beim **Missbrauch der Vertretungsmacht** durch pflichtwidriges Handeln des Vertreters gelten **(sog. Evidenztheorie).**[251] Dort ist anerkannt, dass dem Geschäftsgegner grundsätzlich keine Prüfungspflicht obliegt, ob und inwieweit der Vertreter im Innenverhältnis gebunden ist, von seiner Vertretungsmacht nur begrenzten Gebrauch zu machen.[252] Notwendig ist vielmehr eine massive Verdachtsmomente voraussetzende **objektive Evidenz des Missbrauchs.**[253] Nach diesen Grundsätzen ist auch die Frage zu beantworten, wann ein Missbrauch der Verwaltungs- und Verfügungsbefugnis des Insolvenzverwalters bei Vornahme eines Rechtsgeschäfts vorliegt, der zu dessen Unwirksamkeit führt. Dazu ist es nicht erforderlich, die Vertretertheorie heranzuziehen; das Ergebnis folgt vielmehr aus der Interessenlage und den Kriterien einer sachgerechten Risikoverteilung. Unwirksamkeit einer rechtsgeschäftlichen Handlung des Insolvenzverwalters als Folge einer Pflichtwidrigkeit kommt nur in Betracht, wenn es sich um einen objektiv schwerwiegenden Verstoß handelt.[254] Wirksam sind Verfügungen, die nur unzweckmäßig oder sogar unrichtig sind, unwirksam ist dagegen die Zahlung einer

244 OLG Düsseldorf NJW 1980, 1284, 1285; OLG Frankfurt ZIP 1988, 598, 600 f.; *Canaris,* Handelsrecht, § 10 IV 2 Rn. 52, 77.

245 BGHZ 85, 221, 224 = NJW 1983, 755; BGHZ 109, 364, 367 = NJW 1990, 1605.

246 BGHZ 109, 364 = NJW 1990, 1605; OLG Frankfurt ZIP 1988, 598, 600; OLG Düsseldorf NJW 1980, 1284.

247 Jaeger/*Windel* § 80 Rn. 252; *Kilger/K. Schmidt* KO § 6 Anm. 6a aa; zust. auch *Preuß* NZI 2003, 625, 628; aA – aber durchweg nur für Fälle offensichtlich zweckwidriger Maßnahmen des Verwalters – KPB/*Lüke* § 80 Rn. 28; Uhlenbruck/*Uhlenbruck*[13] § 80 Rn. 152; *Hess*[2] § 80 Rn. 332, 336.

248 Zum Abschluss eines Vergleichs über einen Beratungsvertrag nach Ablauf der Wohlverhaltensperiode s. OLG Düsseldorf Beschl. v. 28.9.2017 – 23 U 25/17 – juris Rn. 23 f.

249 *Lent* KTS 1956, 161, 163; *Bork,* Insolvenzrecht, Rn. 127.

250 RGZ 23, 54, 62; RGZ 29, 80; RGZ 53, 190, 192 f.; RGZ 57, 195, 199 f.; RGZ 63, 203, 213; RGZ 76, 244, 250; BGHZ 150, 353 = NJW 2002, 2783 = WM 2002, 1199 = EWiR 2003, 125 f. *(Tintelnot)*; JZ 1955, 337; NJW 1971, 701; NZI 2013, 347 f.; BAG NJW 2006, 1998 = NZI 2006, 310 = EWiR 2006, 467 f. *(Foerste)*; *Preuß* NZI 2003, 625 ff.; *Jauernig* FS Friedrich Weber, S. 307; *Weber* BB 1962, 1207; *Kilger/K. Schmidt* KO § 6 Anm. 6a aa; BankenKommInsO/*Ampferl* § 80 Rn. 16; Uhlenbruck/*Mock* § 80 Rn. 84 ff.; *Hölken* DZWIR 2019, 51, 52 ff.

251 Dazu BGHZ 113, 315, 320 = NJW 1991, 1812; NJW 1990, 384; 1994, 2082; 1995, 250; MüKoBGB/*Schramm*[6] § 164 BGB Rn. 114 ff.; AKBGB/*Ott* Vor § 164 Rn. 25 ff.; § 164 Rn. 27 ff.; Soergel/*Leptien* BGB § 177 Rn. 15–21; Palandt/*Ellenberger* BGB § 164 Rn. 13 f. Zur Übertragung auf pflichtwidrige Handlungen des Konkursverwalters grundlegend schon *K. Schmidt* KTS 1984, 345, 389 und zuvor schon *Jauernig* FS Friedrich Weber, S. 307 ff.

252 BGH NJW 1994, 2082, 2083.

253 BGH NJW 1995, 250, 251; *Kilger/K. Schmidt* KO § 6 Anm. 6a aa; Nerlich/Römermann/*Wittkowski/Kruth* § 80 Rn. 134; HambKommInsO/*Kuleisa* § 80 Rn. 21; K. Schmidt/*Sternal* § 80 Rn. 34.

254 KPB/*Lüke* § 80 Rn. 30.

„Lästigkeitsprämie" für eine Löschungsbewilligung an den Gläubiger einer offensichtlich wertlosen Grundschuld.[255] Eine Abwägung der Belange des Gläubigerschutzes gegen die Belange des Rechtsverkehrs lässt eine Belastung des Rechtsverkehrs mit den Folgen einer Pflichtwidrigkeit des Insolvenzverwalters nur dann als gerechtfertigt erscheinen, wenn dessen Maßnahme mit dem Zweck des Insolvenzverfahrens schlechterdings unvereinbar und die Zweckwidrigkeit für die Teilnehmer des Rechtsverkehrs offensichtlich ist bzw. sich ihnen begründete Zweifel aufdrängen mussten.[256] Dies bestimmt sich nach objektiven Kriterien.[257] In Bezug auf unternehmerische Entscheidungen steht dem Insolvenzverwalter ein weiter Ermessensspielraum zu entsprechend der Business Judgment Rule (§ 93 Abs. 1 Satz 2 AktG). Rechtshandlungen, die dem Insolvenzzweck klar und eindeutig zuwiderlaufen, sind unwirksam; dazu gehören Spekulationsgeschäfte mit Massemitteln, die Anerkennung nicht bestehender Aus- und Absonderungsrechte und Schenkungen.[258]

62 Hinsichtlich der **Ergebnisse** besteht in Rechtsprechung und Schrifttum im Wesentlichen Übereinstimmung. So stellt der BGH darauf ab, dass nur solche Rechtshandlungen unwirksam sind, die dem Insolvenzzweck offenbar zuwiderlaufen, bei denen der Verstoß also für einen verständigen Beobachter **ohne weiteres erkennbar** ist.[259] Dem ist ein Großteil des Schrifttums gefolgt.[260] Demgemäß ist die Anerkennung einer Insolvenzforderung als Masseschuld, die gesetzwidrige Anerkennung von evident unberechtigten Aussonderungs-, Absonderungs- und Vorzugsrechten sowie von Aufrechnungsbefugnissen für unwirksam erklärt worden,[261] ebenso die Abtretung einer zur Insolvenzmasse gehörenden Forderung, wenn der **Verstoß gegen den Insolvenzzweck** unter allen in Betracht kommenden Umständen für einen verständigen Menschen offensichtlich ist.[262] Dies gilt auch für die offensichtlich insolvenzzweckwidrige Ablösung einer Sicherungshypothek[263] sowie für einen Vergleich über Aussonderungs- und Absonderungsrechte, wenn ein Missbrauch der Rechtsmacht des Verwalters evident ist.[264] Als unwirksam angesehen wurden auch reine **Schenkungen**[265] sowie Börsenspekulationsgeschäfte mit Mitteln der Masse.[266] Zahlt der Insolvenzverwalter aus dem Erlös des Verkaufs eines zur Masse gehörenden Grundstücks einen Betrag an einen nachrangigen Grundpfandgläubiger, dessen Recht in der Zwangsvollstreckung offensichtlich wertlos wäre, um dessen Bedingung für die Löschungsbewilligung zu erfüllen, ist demgegenüber weder eine entsprechende Vereinbarung noch die Zahlung selbst insolvenzzweckwidrig, wenn der Betrag ausschließlich zu Lasten eines damit einverstandenen vorrangigen Grundpfandgläubigers geht.[267] Im Schrifttum wird teils ausdrücklich auf die für den Missbrauch der Vertretungsmacht geltenden Grundsätze abgestellt,[268] teils wird die Ansicht vertreten, dass die Rechtsmacht des Verwalters durch den Insolvenzzweck objektiv begrenzt ist, doch wird dies zugleich auf offensichtlich zweckwidrige Rechtshandlungen des Verwalters beschränkt.[269] Der BGH geht nunmehr ebenfalls von der Anwendbarkeit

255 BGH NZI 2008, 365 mAnm *Rein*; K. Schmidt/*Sternal* § 80 Rn. 35; etwas anderes gilt, wenn die Zahlung der „Lästigkeitsprämie" ausschließlich zu Lasten eines damit einverstandenen Grundpfandrechtsgläubigers geht, s. hierzu BGH NZI 2014, 450.

256 BGHZ 150, 353, 361 = NJW 2002, 2783; *Hess*[2] § 80 Rn. 333.

257 So auch KPB/*Lüke* § 80 Rn. 30, wonach es aber auf die Erkennbarkeit für den Dritten nicht ankommen soll.

258 OLG Celle ZIP 2006, 1364; OLG Rostock NZI 2011, 488 (Verkauf eines Unternehmens unter Wert an eine nahestehende Person); *Berger/Frege/Nicht* NZI 2010, 321 ff.

259 BGHZ 124, 27 = NJW 1994, 323, 326; NJW 1983, 2018; 1971, 701; BB 1975, 583; WM 1968, 242; ebenso BVerwG NJW 1984, 2427; OLG Celle ZIP 1984, 471, 472; OLG München KTS 1957, 47, 48; OLG Schleswig SchlHA 1956, 239.

260 HKInsO/*Kayser/Thole* § 80 Rn. 35 f.; HambKommInsO/*Kuleisa* § 80 Rn. 21; *Häsemeyer,* Insolvenzrecht, Rn. 14.09; *Hess*[2] § 80 Rn. 332 ff.; Nerlich/Römermann/*Wittkowski/Kruth* § 80 Rn. 132 f.; KPB/*Lüke* § 80 Rn. 28; *Hölken* DZWIR 2019, 51, 52 ff.; zur Insolvenzzweckwidrigkeit eines Verzichts auf das Anfechtungsrecht *Bork* ZIP 2006, 589, 591 ff.; zur Insolvenzzweckwidrigkeit eines Vergleichs BGH NJW 2018, 2494 Rn. 13 f.; so auch schon *Jaeger/Henckel* KO § 6 Rn. 150; krit. Jaeger/*Windel* § 80 Rn. 252 ff.; zur Insolvenzzweckwidrigkeit einer Aufrechnung gegen Insolvenzforderungen im Nennbetrag BGHZ 201, 121 = NJW 2014, 2045, insoweit unter Aufgabe von BGHZ 100, 222.

261 RGZ 41, 1; RGZ 53, 190; BGH ZZP 68 (1955), 35, 37; vgl. a. *Kilger/K. Schmidt* KO § 6 Anm. 6a aa; Jaeger/*Windel* § 80 Rn. 253; *Frege/Keller/Riedel*, Insolvenzrecht, Rn. 1029.

262 BGH NZI 2008, 365; BB 1955, 76; NJW 1983, 2018.

263 OLG Düsseldorf ZIP 1995, 1100; vgl. auch BGH NJW-RR 2008, 1074 f.; *Schäfer* Rn. 60 ff.

264 OLG Düsseldorf ZIP 1995, 55.

265 RGZ 29, 80, 82; RGZ 53, 190, 193.

266 OLG Celle ZIP 2006, 1364 (Kreditaufnahme zum Ankauf von Wertpapieren); *Kilger/K. Schmidt* KO § 6 Anm. 6a aa; so wohl auch RGZ 29, 80, 84.

267 BGH NJW-RR 2014, 935 f.; eingehend zur Insolvenzzweckwidrigkeit *Pape* ZInsO 2016, 2149 ff.

268 *Kilger/K. Schmidt* KO § 6 Anm. 6a aa; *K. Schmidt* KTS 1984, 345, 389; *Jauernig* FS Friedrich Weber, S. 307 ff.

269 Uhlenbruck/*Uhlenbruck*[13] § 80 Rn. 150 f.; *Jauernig,* Zwangsvollstreckungs- und Insolvenzrecht, § 43 III 1; *Jauernig* FS Friedrich Weber, S. 307, 389.

der Grundsätze über den Missbrauch der Vertretungsmacht aus und stellt darauf ab, ob sich dem Geschäftspartner auf Grund der Umstände des Einzelfalls ohne weiteres begründete Zweifel an der Vereinbarkeit der Handlung mit dem Zweck des Insolvenzverfahrens aufdrängen mussten.[270] Erfolgshonorarvereinbarungen zwischen Insolvenzverwalter und Steuerberater sind bei massehaltigen Insolvenzen in den Regel unzulässig (§ 9a Abs. 2 StBerG).[271] Der Insolvenzverwalter hat alles zu unterlassen, was den Anschein einer parteilichen oder eigennützigen Geschäftsführung erwecken kann.[272] Eine Delegation von Regelaufgaben an ein Dienstleistungsunternehmen, an dem der Insolvenzverwalter selbst beteiligt ist, steht unter dem Vorbehalt der unverzüglichen Offenlegung der Beteiligungsverhältnisse gegenüber dem Insolvenzgericht und den Gläubigern.[273]

Die **Rechtsfolgen des Rechtsmissbrauchs** richten sich nach den allgemeinen Grundsätzen. 63
Unwirksam sind nicht nur Verpflichtungsgeschäfte des Insolvenzverwalters, sondern auch Verfügungsgeschäfte.[274] Der Empfänger muss das Erlangte herausgeben. Auf einen **Wegfall der Bereicherung** kann er sich in diesem Fall in der Regel nicht berufen (§ 819 Abs. 1 BGB).[275] Zwar ist danach positive Kenntnis vom Fehlen des Rechtsgrunds vorausgesetzt; selbst grobe Fahrlässigkeit erfüllt den Tatbestand nicht.[276] Der Kenntnis vom Mangel des rechtlichen Grundes ist aber das bewusste Sichverschließen gegenüber dieser Erkenntnis gleichzusetzen;[277] beruft sich der Geschäftsgegner darauf, einen wegen massiver Verdachtsmomente evidenten Missbrauch der Rechtsmacht des Insolvenzverwalters nicht wahrgenommen zu haben, so spricht das für ein bewusstes Sichverschließen.

7. Haftung des Insolvenzverwalters. Rechtshandlungen des Insolvenzverwalters, die für die 64
Masse nachteilig sind, sind verbindlich bzw. wirksam, wenn die Voraussetzungen eines evidenten Missbrauchs nicht vorliegen. Veräußert der Verwalter im Rahmen der Verwertung eine Sache unter ihrem Wert, weil er diesen falsch eingeschätzt hat, so steht ihm ein Bereicherungsanspruch gegen den Empfänger nicht zu, sofern die Diskrepanz zwischen dem Verkehrswert und dem Kaufpreis nicht so **gravierend** ist, dass eine Pflichtverletzung des Verwalters für jeden **offensichtlich** ist.[278] Ist das Geschäft danach wirksam, so führt der Verkauf unter Wert zu einer persönlichen Haftung des Verwalters nur, wenn er schuldhaft gehandelt, d. h. die gebotene Sorgfalt bei der Wertermittlung außer Acht gelassen hat (§ 60; → § 60 Rn. 30 f., 90).

8. Freigabe. Die Freigabe[279] bezeichnet die Herauslösung von Vermögensgegenständen und 65
Rechten aus dem Insolvenzbeschlag durch einen Akt des Insolvenzverwalters mit der Folge, dass der Schuldner darüber wieder unbeschränkt verfügen kann. Gegenstand der Freigabe können bewegliche und unbewegliche Sachen sowie Forderungen und andere Rechte sein.[280] Die Freigabe selbst ist im Gesetz nicht geregelt, ihre Zulässigkeit wird aber vorausgesetzt (vgl. § 32 Abs. 3 Satz 1). Die Wirksamkeit einer Freigabe folgt aus der Verwaltungs- und Verfügungsbefugnis des Insolvenzverwalters über das zur Insolvenzmasse gehörende Vermögen. Die Zulässigkeit und Wirksamkeit der Freigabe ist in Rechtsprechung und Schrifttum grundsätzlich anerkannt, auch in Bezug auf juristische Personen und Handelsgesellschaften[281] (→ § 35 Rn. 118 ff., 127). Streit besteht darüber, inwieweit

---

[270] BGHZ 150, 353 = NJW 2002, 2783, 2785; NZI 2008, 365; NJW-RR 2013, 610 f.; zust. *Preuß* NZI 2003, 625, 628 ff.
[271] *Biegelsack* NZI 2008, 153. Zum Verbot der Finanzierung fremder Rechtsanwaltskosten *Kilian* NJW 2010, 1845.
[272] BGH NJW 1991, 381.
[273] *Haarmeyer* ZInsO 2011, 1147.
[274] Uhlenbruck/*Uhlenbruck*[13] § 80 Rn. 152.
[275] Ebenso K. Schmidt/*Sternal* § 80 Rn. 35; krit. Jaeger/*Windel* § 80 Rn. 257.
[276] S. nur MüKoBGB/*Schwab* § 819 Rn. 14 mwN.
[277] BGHZ 133, 246, 251 = NJW 1996, 2652; NJW 1987, 185.
[278] Vgl. Uhlenbruck/*Uhlenbruck*[13] § 80 Rn. 152.
[279] S. hierzu auch *Haberzettl* NZI 2017, 474 ff.
[280] Zur Problematik der Freigabe von Konten eingehend *Cranshaw/Welsch* DZWiR 2016, 53 ff.; s. hierzu auch OLG Hamm NZI 2017, 616 ff.
[281] BGHZ 148, 252, 258 = NJW 2001, 2966 = NZI 2001, 531 = ZIP 2005, 1034; BGHZ 150, 305 = NJW-RR 2002, 1138 = NZI 2002, 425; NJW 2005, 2015 = NZI 2005, 387 = WM 2005, 1084; BVerwG NJW 2005, 379 = NZI 2005, 51; OLG Stuttgart OLGR 2004, 89; Uhlenbruck/*Hirte* § 35 Rn. 71; KPB/*Lüke* § 80 Rn. 57; LSZ/*Smid* § 80 Rn. 30; Nerlich/Römermann/*Wittkowski/Kruth* § 80 Rn. 95; Nerlich/Römermann/*Andres* § 36 Rn. 48 ff.; *Hess*[2] § 80 Rn. 344; HKInsO/*Eickmann* § 35 Rn. 47; *Häsemeyer,* Insolvenzrecht, Rn. 13.14; *Kleine/Flöther* NJW 2000, 405; *Förster* ZInsO 2000, 315; *Lwowski/Tetzlaff* WM 1999, 2336, 2345; *Lwowski/Tetzlaff* NZI 2004, 225, 229; ebenso schon zur KO BGHZ 35, 180, 182 = NJW 1961, 1528; ZIP 1982, 189; NJW 1994, 3232, 3234; OLG Naumburg ZIP 2000, 976; OLG Rostock ZIP 2000, 604; *Hess*[2] § 38 Rn. 89 f.; *Kuhn/Uhlenbruck* KO § 6 Rn. 35; Jaeger/*Windel* § 80 Rn. 30; *Jaeger/Henckel* KO § 6 Rn. 17; *Baur/Stürner/Bruns,* Zwangsvollstreckungs-, Konkurs- und Vergleichsrecht, Bd. II, Rn. 12.2. And. *K. Schmidt* ZIP 2000, 1913; *Bork,* Insolvenzrecht, Rn. 133.

eine Freigabe bei Unternehmensinsolvenzen (→ Rn. 114) und in Bezug auf Grundstücke mit Altlasten (→ Rn. 142 f.) eingeschränkt oder ausgeschlossen ist.

66 **a) Arten und Rechtsform der Freigabe.** Bei der sog. **echten Freigabe** wird der zunächst massezugehörige Gegenstand dem Schuldner zur freien Verfügung überlassen und damit zum insolvenzfreien Vermögen des Insolvenzschuldners.[282] Der Insolvenzverwalter löst den Gegenstand aus dem Insolvenzbeschlag und räumt dem Insolvenzschuldner die Verfügungsbefugnis wieder ein.[283] Zu Anwendungsbeispielen der echten Freigabe → § 35 Rn. 104 ff. Erforderlich ist die Massezugehörigkeit des Gegenstandes der Freigabe.[284] Keine Freigabe stellt die Herausgabe von beschlagsfreien Vermögensstücken an den Schuldner und die Aussonderung eines dem Schuldner nicht gehörenden Gegenstands dar.[285] Bei der sog. **unechten Freigabe** wird ein massefremder Gegenstand an einen Aussonderungsberechtigten (vgl. § 47) herausgegeben. Mangels Massezugehörigkeit des Gegenstands handelt es sich hierbei nicht um eine Freigabe im eigentlichen Sinne. Der Insolvenzverwalter erkennt damit lediglich eine bestehende Rechtslage an.[286] Von der Freigabe eines Gegenstands im Sinne der Herauslösung aus dem Insolvenzbeschlag ist der Verzicht des Insolvenzverwalters auf die eigene Verwertung eines massezugehörigen Gegenstands zugunsten eines absonderungsberechtigten Gläubigers gem. § 170 Abs. 2 zu unterscheiden; → Erläut. zu § 170. Eine besondere Ausgestaltung der Freigabe stellt die sog. **erkaufte Freigabe** dar. Hierbei handelt es sich um ein Verwertungsgeschäft; der Insolvenzverwalter überlässt dem Insolvenzschuldner einen Gegenstand gegen Zahlung eines Entgeltes.[287] Im Falle der sog. **modifizierten oder fiduziarischen Freigabe** verpflichtet sich der Insolvenzschuldner, ein freigegebenes Recht auf eigene Kosten zu verfolgen und den Erlös an die Masse auszukehren.[288] Auf diese Weise kann der Insolvenzverwalter die für die Masse entstehenden Risiken und Kosten abwälzen und dennoch die Masse erhöhen. Im Unterschied zur echten Freigabe soll hier der wirtschaftliche Wert der Sache oder des Rechts der Insolvenzmasse erhalten bleiben.[289] Problematisch ist eine solche Gestaltung unter dem Gesichtspunkt einer Verlagerung des Prozesskostenrisikos auf den Gegner (→ Rn. 72).

67 Eine bestimmte Form ist für die Freigabe durch den Insolvenzverwalter nicht vorgeschrieben; sie kann demgemäß auch **formlos oder konkludent** erfolgen.[290] Aus praktischen Gründen kann sich aber eine Freigabe in schriftlicher Form oder – bei der Freigabe von Rechten an Grundstücken – die Erklärung zu notarieller Urkunde empfehlen.[291] In der Zwangsvollstreckung muss der Gläubiger nachweisen, dass die Freigabeerklärung des Verwalters die zu vollstreckende Forderung umfasst.[292]

68 **b) Zulässigkeit der Freigabe.** Die Freigabe eines Vermögensgegenstandes durch den Insolvenzverwalter ist nach allgM im Grundsatz zulässig; sie wird in § 32 Abs. 3 Satz 1 vorausgesetzt und beruht auf der Verfügungsbefugnis des Insolvenzverwalters über massezugehörige Vermögensgegenstände (→ Rn. 43). Zulässig ist die Freigabe auch im Falle von juristischen Personen und von Handelsgesellschaften (→ Rn. 65; → § 35 Rn. 118 ff.). Die Freigabe löst den Vermögensgegenstand aus der Insolvenzmasse, nicht anders als eine Übertragung des Eigentums auf einen Dritten. Die

---

282 BGHZ 35, 180 = NJW 1961, 1528; Uhlenbruck/*Hirte* § 35 Rn. 82; *Sonnen/Tetzlaff* wistra 1999, 1, 5; Nerlich/Römermann/*Wittkowski/Kruth* § 80 Rn. 99.

283 HKInsO/*Eickmann* § 35 Rn. 42; HKInsO/*Marotzke* § 110 Rn. 11; Jaeger/*Windel* § 80 Rn. 31.

284 BVerwG NJW 1984, 2427; *Kilger/K. Schmidt* KO § 6 Anm. 4d; Uhlenbruck/*Hirte* § 35 Rn. 82; *Pape/Uhlenbruck/Voigt-Salus*, Insolvenzrecht, Kap. 30 Rn. 12.

285 Jaeger/*Windel* § 80 Rn. 31.

286 HKInsO/*Eickmann* § 35 Rn. 48; KPB/*Lüke* § 80 Rn. 89; *Baur/Stürner/Bruns*, Zwangsvollstreckungs-, Konkurs- und Vergleichsrecht, Bd. II, Rn. 12.2; *Häsemeyer*, Insolvenzrecht, Rn. 13.17.

287 KPB/*Lüke* § 80 Rn. 89.

288 BFH ZIP 1993, 1247, 1248; Jaeger/*Windel* § 80 Rn. 33; Uhlenbruck/*Hirte* § 35 Rn. 87; LSZ/*Smid* § 171 Rn. 18; Nerlich/Römermann/*Wittkowski/Kruth* § 80 Rn. 100; KPB/*Lüke* § 80 Rn. 96; Jaeger/*Windel* § 80 Rn. 33.

289 BFH ZIP 1993, 1247; BGHZ 35, 180, 182 = NJW 1961, 1528.

290 LSZ/*Smid/Leonhardt* § 35 Rn. 31 ff.; aA Jaeger/*Windel* § 80 Rn. 35: Publizitätserfordernisse der Dereliktionsvorschriften (§§ 928 Abs. 1, 959 BGB) als konstitutive Freigabevoraussetzungen; zur konkludenten Freigabe von Ansprüchen auf Ersatz von Abbruchkosten aus einer Gebäude-Feuerversicherung bei Freigabe eines bebauten Grundstücks s. OLG Braunschweig ZInsO 2016, 2348; zur konkludenten Freigabe eines Kontos OLG Hamm NZI 2017, 616.

291 Dazu näher LSZ/*Smid* § 80 Rn. 31. Für den Nachweis der Freigabe bei Grundstücken gilt die Formvorschrift des § 29 GBO; OLG Brandenburg NJW-Spezial 2012, 323; OLG Celle NZI 2015, 485; OLG Jena Beschl. v. 26.8.2013 – 9 W 323/13 – juris; OLG Naumburg ZIP 2014, 836; aA OLG Hamm NZI 2014, 474; *Kesseler* DNotZ 2015, 773.

292 S. hierzu AG Mosbach DGVZ 2010, 236 f.; AG Sinsheim DGVZ 2011, 74 f.; AG Waiblingen DGVZ 2011, 94 f.; zu den Bestimmtheitsanforderungen s. a. FG Köln ZInsO 2011, 1851 ff.

Zulässigkeit der Freigabe von Gegenständen der Insolvenzmasse ist auch mit dem Zweck des Insolvenzverfahrens zu vereinbaren, das Vermögen des Schuldners im Interesse der Befriedigung der Gläubiger zu verwerten. Sie eröffnet dem Insolvenzverwalter eine Möglichkeit, sich solcher Gegenstände, die für diesen Zweck nicht verwendet werden können, auf kostengünstige Weise zu entledigen.[293] Davon zu unterscheiden ist die Frage, ob der Insolvenzverwalter im **Interesse der bestmöglichen Verwaltung und Verwertung** der Masse einen Gegenstand freigeben darf; dies bestimmt sich nach den Umständen des Einzelfalls und nach den für den Insolvenzverwalter geltenden Sorgfaltspflichten (§ 60 Abs. 1 Satz 2). Aus dem Theorienstreit um die Rechtsstellung des Insolvenzverwalters lassen sich keine zwingenden Schlüsse gegen die Zulässigkeit einer Freigabe ableiten, → Rn. 42.

Die Freigabe setzt voraus, dass es eine **insolvenzfreie Vermögenssphäre** des Schuldners gibt oder geben kann. Hinsichtlich natürlicher Personen ist diese Voraussetzung ohne weiteres erfüllt, wie sich schon aus § 36 sowie aus dem Rechtsinstitut der Restschuldbefreiung ergibt (§§ 286 ff.). Demgemäß wird die Zulässigkeit einer Freigabe in der Insolvenz **natürlicher Personen** im Allgemeinen auch nicht in Frage gestellt. Auch für **juristische Personen** gilt, dass sie als Rechtsträger nach Eröffnung des Insolvenzverfahrens fortbestehen; die Eröffnung des Verfahrens führt zwar zu ihrer Auflösung, bis zur Löschung, die ihrerseits eine Vollbeendigung im Sinne einer Verteilung des gesamten Vermögens voraussetzt, bestehen sie aber fort (**sog. Doppeltatbestand der Vollbeendigung,** → § 11 Rn. 13, 71). Ebenso bleiben auch die Organe der aufgelösten juristischen Person bestehen (→ Rn. 112). Dies gilt entsprechend auch für die sog. Gesellschaften ohne Rechtspersönlichkeit (§ 11 Abs. 2 Nr. 1). Insofern ist eine Freigabe von massebefangenen Vermögensgegenständen auch in diesen Konstellationen nicht per se ausgeschlossen. Der Streit geht hier zunächst um die Frage, ob das insolvenzrechtliche Liquidationsverfahren in vollem Umfang an die Stelle des gesellschaftsrechtlichen Liquidationsverfahrens tritt, und zwar auch dann, wenn eine weitere Vermögensverwertung im **Interesse der Gläubigerbefriedigung** nicht mehr möglich und eine weitere Verwaltung der Insolvenzmasse durch den Insolvenzverwalter den Gläubigern keine Vorteile mehr bringen kann, eine Vollbeendigung durch den Insolvenzverwalter also im Interesse der Gläubiger nicht mehr geboten ist (→ Rn. 114). Praktisch bedeutsam wird diese Frage vor allem in den Fällen, in denen **kontaminierte Grundstücke** zur Insolvenzmasse gehören (Sanierung von Altlasten, → Rn. 142 ff.). 69

c) Durchführung und Rechtsfolgen der Freigabe. Die Freigabe erfolgt durch einseitige empfangsbedürftige Willenserklärung des Insolvenzverwalters gegenüber dem Schuldner bzw. seinem gesetzlichen oder organschaftlichen Vertreter.[294] → § 35 Rn. 114 ff. Einer **Zustimmung des Schuldners** bedarf es nicht; der Schuldner kann der Freigabe auch nicht wirksam widersprechen.[295] Der Schuldner hat keinen Anspruch auf Freigabe.[296] Die Freigabe durch den Insolvenzverwalter ist grundsätzlich nicht an die Zustimmung des Gläubigerausschusses oder der Gläubigerversammlung gebunden.[297] Ein Widerruf der Freigabe durch den Insolvenzverwalter ist nicht rechtswirksam möglich; in Betracht kommt aber eine Anfechtung der Freigabeerklärung nach den allgemeinen Vorschriften.[298] Die Freigabe bewirkt, dass dem Schuldner die **Verfügungsbefugnis über den freigegebenen Vermögensgegenstand** wieder zufällt.[299] Die Freigabe der Selbständigkeit gem. § 35 Abs. 2 entspricht der partiellen Aufhebung des Verfahrens.[300] Der mit der Verfahrenseröffnung eingetretene Übergang der Verfügungsmacht auf den Insolvenzverwalter entfällt mit Wirkung ex nunc. Im Falle der Freigabe der selbständigen Tätigkeit des Schuldners iSd § 35 Abs. 2 ist ein zweites Insolvenzverfahren, das nur der Befriedigung der Neugläubiger dient, rechtlich möglich.[301] Zur Konvaleszenz gem. § 185 Abs. 2 BGB → § 81 Rn. 18. Eine **Veränderung der rechtlichen Zuordnung** des Vermögensgegenstands ist mit der Freigabe nicht verbunden.[302] Zu dieser Konsequenz würde man vom Boden der Organtheorie aus gelangen mit der Folge, dass die Freigabe nur im 70

[293] KPB/*Lüke* § 80 Rn. 89; LSZ/*Smid* § 80 Rn. 30, 37.

[294] LSZ/*Smid* § 80 Rn. 31, 33; KPB/*Lüke* § 80 Rn. 90; *Hess*[2] § 33 Rn. 43; *Häsemeyer,* Insolvenzrecht, Rn. 13.15; *Pape/Uhlenbruck/Voigt-Salus,* Insolvenzrecht, Kap. 22 Rn. 12.

[295] KPB/*Lüke* § 80 Rn. 90; Uhlenbruck/*Hirte* § 35 Rn. 73.

[296] BGH NZI 2007, 407, 408.

[297] Nerlich/Römermann/*Wittkowski/Kruth* § 80 Rn. 96.

[298] KPB/*Lüke* § 80 Rn. 91.

[299] BGHZ 163, 32 = NJW 2005, 2015; BGHZ 166, 74 = NJW 2006, 1286; BAGE 146, 295 = NJW 2014, 1037; K. Schmidt/*Sternal* § 80 Rn. 5; KPB/*Lüke* § 80 Rn. 88.

[300] *Grote* ZInsO 2011, 1489, 1491 ff.; zu den arbeitsrechtlichen Zusammenhängen *Lindemann* BB 2011, 2357 ff.

[301] BGH NZI 2011, 633; AG Göttingen NZI 2012, 198; dazu *Martini* jurisPR-InsR 9/2012 Anm. 6; → § 11 Rn. 9.

[302] Zu dieser Konsequenz gelangt man unproblematisch nach der Amtstheorie; s. dazu LSZ/*Smid* § 80 Rn. 40.

Wege der Übereignung des Vermögensgegenstandes an den Schuldner erfolgen kann.[303] Diese Konsequenz wird aber soweit ersichtlich nicht vertreten.

71 **d) Steuerrechtliche Folgen.** Eine Freigabe von Sicherungsgut an den Schuldner ist ein unternehmensinterner und als solcher nicht steuerbarer Vorgang, da der Schuldner auch im Insolvenzverfahren Unternehmer des insolvenzbefangenen Unternehmens bleibt.[304] Erfolgt die Freigabe zu dem Zweck, dass der Schuldner das Sicherungsgut dem Sicherungsnehmer zur Verwertung überlässt, so handelt es sich dabei nach der Rechtsprechung des BFH um eine modifizierte Freigabe, die den Insolvenzbeschlag nicht löst, weil der wirtschaftliche Wert der freigegebenen Gegenstände der Masse durch Entlastung der Passiva zugutekommt.[305] Die bei der Verwertung von Sicherungsgut anfallende Umsatzsteuer fällt der Masse als Masseverbindlichkeit zur Last,[306] jedoch gehört die Umsatzsteuer zu den Kosten der Verwertung und ist daher aus dem Verwertungserlös vorweg zu entnehmen, §§ 171 Abs. 2 Satz 3, 170 Abs. 1 Satz 1.[307] Hat der Insolvenzverwalter die Freigabe eines Kraftfahrzeugs erklärt, wird die nach Insolvenzeröffnung anfallende Kraftfahrzeugsteuer nicht Masseverbindlichkeit; eine fortdauernde verkehrsrechtliche Zulassung auf den Schuldner begründet für sich keine Masseverbindlichkeit, die Rechtsposition als Halter eines Kraftfahrzeugs als solche ist nicht Vermögen iSd § 35 und fällt nicht in die Insolvenzmasse.[308] Der Freigabe der selbständigen Tätigkeit (§ 35 Abs. 2) wird dagegen für die insolvenzrechtliche Zuordnung der Kraftfahrzeugsteuer keine Bedeutung beigemessen.[309]

72 **e) Grenzen.** Zu den Grenzen der Zulässigkeit der Freigabe von Vermögensgegenständen durch den Insolvenzverwalter in der Insolvenz von juristischen Personen → Rn. 68; zur **Altlastenproblematik** → Rn. 142 ff. Grenzen ergeben sich weiter in Fällen der **fiduziarischen Freigabe,** insb. zur Geltendmachung von Forderungen durch den Schuldner. Diese Konstellation ist nach den Grundsätzen der **Prozessstandschaft** zu beurteilen und setzt demgemäß ein eigenes schutzwürdiges Interesse des Schuldners voraus, die Forderung im eigenen Namen geltend zu machen.[310] Daran fehlt es, wenn die Freigabe nur zu dem Zweck erfolgt, das **Prozesskostenrisiko** auf den Gegner abzuwälzen, was zugleich ein rechtsmissbräuchliches Verhalten darstellt.[311] Da grundsätzlich das gesamte Vermögen des Schuldners einschließlich eines etwaigen Neuerwerbs in die Insolvenzmasse fällt (§ 35), kann ein Missbrauch der Freigabe nur ausgeschlossen werden, wenn dem Schuldner die Mittel für die Prozessführung aus der Insolvenzmasse zur Verfügung gestellt werden. Eine Freigabe kommt ferner nicht für unter § 93 fallende Forderungen von Insolvenzgläubigern in Betracht. Eine Rückermächtigung der nach materiellem Recht Einziehungsberechtigten durch den Insolvenzverwalter käme nicht der Masse, sondern dem zur Einziehung ermächtigten Insolvenzgläubiger zugute, dem damit ein **Sondervorteil** eingeräumt würde, der dem auf eine gleichmäßige Befriedigung der Insolvenzgläubiger gerichteten Verfahrensziel widersprechen würde.[312] Auch eine analoge Anwendung des § 85 Abs. 2 kommt nicht in Betracht.[313] Nach allgemeinen Grundsätzen zulässig ist dagegen die Erteilung einer Einziehungsermächtigung an einen Insolvenzgläubiger, kraft derer dieser die Forderung im Wege der gewillkürten Prozessstandschaft im eigenen Namen zugunsten der Masse einklagen kann (→ Rn. 81).

---

303 S. dazu krit. KPB/*Lüke* § 80 Rn. 92; LSZ/*Smid* § 80 Rn. 40.

304 BFH ZIP 1993, 1247; *Onusseit/Kunz,* Steuern in der Insolvenz, Rn. 374; *Frotscher,* Besteuerung bei Insolvenz, II B V 5, S. 239 ff., 241.

305 BFH ZIP 1988, 42; BFH ZIP 1993, 1247.

306 Dazu *Onusseit/Kunz,* Steuern in der Insolvenz, Rn. 341 ff.; *Frotscher,* Besteuerung bei Insolvenz, S. 243 ff., 248; *Kilger/K. Schmidt* KO § 58 Anm. 3 f.

307 *Frotscher,* Besteuerung bei Insolvenz, S. 249 ff.

308 BFH ZIP 2012, 42; NZI 2011, 828 m. zust. Anm. *Junghans* EWiR 2012, 179; NZI 2015, 41; unter Aufgabe der früheren Rspr., BFH NZI 2008, 59; BFH/NV 2008, 250; NZI 2010, 497 m. abl. Anm. *Ries* S. 498; Uhlenbruck/*Vallender*[13] § 314 Rn. 30a; Jaeger/*Windel* § 80 Rn. 43. Zur neueren Rspr. des BFH krit. *Hartmann* NZI 2012, 168 ff.; *Horner/Rand* NZI 2011, 898 ff. Zur Kraftfahrzeugsteuerpflicht bei Abmeldung eines vor der Eröffnung des Insolvenzverfahrens durch Brand völlig zerstörten Fahrzeugs durch den Insolvenzverwalter s. FG Saarbrücken Urt. v. 25.4.2018 – 3 K 1422/16, BeckRS 2018, 19053 (Revisionsverfahren beim BFH anhängig, Az.: III R 30/18).

309 BFH ZIP 2012, 42.

310 BGHZ 35, 180, 183 = NJW 1961, 1528; generell gegen die Zulässigkeit einer Prozessstandschaft des Schuldners Jaeger/*Windel* § 80 Rn. 216 ff., 222; *Häsemeyer,* Insolvenzrecht, Rn. 13.16, 10.44.

311 BGHZ 35, 180, 182 = NJW 1961, 1528; BGHZ 100, 217 = NJW 1987, 2018; KPB/*Lüke* § 80 Rn. 92.

312 Hierzu näher OLG Dresden ZIP 2005, 1680 ff. (Kolping); insoweit bestätigend BGHZ 175, 12 = NZG 2008, 670.

313 OLG Dresden ZIP 2005, 1680 ff. (Kolping).

II. Der Insolvenzverwalter im Prozess und in der Einzelzwangsvollstreckung

1. Allgemeines. a) Eigenverantwortliche Prozessführung. Im Rechtsstreit tritt der Insolvenzverwalter im eigenen Namen für die Masse auf. Dies gilt für den Aktiv- wie für den Passivprozess. Er ist selbst **Partei,** dies aber in seiner Eigenschaft als Insolvenzverwalter. Das ist seit einer frühen, zur Frage der Vernehmung des **Gemeinschuldners als Zeuge** im Masseprozess ergangenen Entscheidung des Reichsgerichts aus dem Jahre 1892[314] ständige und festgefügte Rechtsprechung[315] und damit geltendes Recht, das als solches auch allgemein anerkannt wird.[316] Diese rechtliche Einordnung der prozessrechtlichen Stellung des Insolvenzverwalters ist konstituierend für die Amtstheorie.[317] Demgegenüber sieht die Vertretertheorie den Schuldner als Partei an, während aus dieser Sicht der Insolvenzverwalter den Rechtsstreit als gesetzlicher Vertreter des Schuldners führt.[318] Vom Ansatz der Organtheorie her ist dagegen die Masse selbst Partei, die durch den Insolvenzverwalter als ihr Organ im Prozess auftritt.[319] 73

Der von der Rechtsprechung geprägten Rechtslage entsprechend führt der Insolvenzverwalter den Prozess in eigenem Namen und in eigener Verantwortung, aber mit Wirkung für die Insolvenzmasse. Ihm steht die **Prozessführungsbefugnis** zu; sie umfasst alle Rechtsstreitigkeiten über Rechtsverhältnisse in Bezug auf die Insolvenzmasse für alle Gerichtsbarkeiten.[320] Im Rahmen des Verfahrenszwecks steht ihm auch die Dispositionsbefugnis über den Streitgegenstand zu, die sich aus seiner Verwaltungs- und Verfügungsbefugnis über die zur Masse gehörenden Gegenstände ergibt.[321] Allein der Verwalter ist in solchen Verfahren befugt, Anträge zu stellen oder Rechtsmittel einzulegen.[322] Die Befugnis des Insolvenzverwalters zur Vornahme von Prozesshandlungen **(Postulationsfähigkeit)** richtet sich nach den allgemeinen Vorschriften, insb. nach den Vorschriften über den Anwaltszwang (s. insb. § 78 ZPO,[323] § 32 FGO, § 67 Abs. 1 Satz 1, 2 VwGO; § 11 Abs. 2 Satz 1 ArbGG). Die materiellrechtlichen wie die verfahrensrechtlichen Wirkungen des Rechtsstreits treffen die Masse.[324] Mit Beendigung des Insolvenzverfahrens entfällt die Prozessführungsbefugnis des Insolvenzverwalters;[325] ist Nachtragsverteilung (§ 203 Abs. 1) angeordnet ist, bleibt der Insolvenzverwalter ausnahmsweise befugt, anhängige Prozesse fortzusetzen und neue einzuleiten zur Realisierung der vorbehaltenen Masseaktiva.[326] Einen anhängigen Anfechtungsrechtsstreit kann der Insolvenzverwalter nach Maßgabe des § 259 Abs. 3 fortsetzen.[327] Im Übrigen kann nach Aufhebung des Insolvenzverfahrens der Insolvenzverwalter einen Prozess in gewillkürter Prozessstandschaft weiterführen.[328] 74

Die **eigenverantwortliche Prozessführungsbefugnis** des Insolvenzverwalters sowie die Auswirkungen des Rechtsstreits auf die Masse ergeben sich aus der auf den Insolvenzverwalter übergegangenen Verwaltungs- und Verfügungsbefugnis über das insolvenzbefangene Vermögen.[329] Wie im 75

---

[314] RGZ 29, 29.

[315] S. nur BGHZ 49, 11, 16 = NJW 1968, 300; BGHZ 88, 331, 334 = NJW 1984, 739; BGHZ 100, 346, 351 = NJW 1987, 3133.

[316] S. dazu Uhlenbruck/*Uhlenbruck*[13] § 80 Rn. 79; Jaeger/*Windel* § 80 Rn. 165; *Kilger/K. Schmidt* KO § 6 Anm. 7 a; *Häsemeyer,* Insolvenzrecht, Rn. 13.23; *Baur/Stürner/Bruns,* Zwangsvollstreckungs-, Konkurs- und Vergleichsrecht, Band II, Rn. 10.28, jew. mwN; Nerlich/Römermann/*Wittkowski/Kruth* § 80 Rn. 38.

[317] S. dazu BGHZ 88, 331, 334 = NJW 1984, 739; Nerlich/Römermann/*Wittkowski/Kruth* § 80 Rn. 40; *Bork,* Insolvenzrecht, Rn. 68 f.

[318] S. dazu Jaeger/*Windel* § 80 Rn. 146, 151; *Bork,* Insolvenzrecht, Rn. 66.

[319] *Bötticher* ZZP 77 (1964), 55, 61 f.

[320] *Baur/Stürner/Bruns,* Zwangsvollstreckungs-, Konkurs- und Vergleichsrecht, Bd. II, Rn. 9.78; BKInsO/*Blersch/v. Olshausen* § 80 Rn. 11; *Pape/Uhlenbruck/Voigt-Salus,* Insolvenzrecht, Kap. 30 Rn. 1. Zum Zwangsversteigerugsverfahren s. BGH NZI 2008, 613 f.; zum Grundbuchverfahren OLG München ZInsO 2019, 619 ff.

[321] BKInsO/*Blersch/v. Olshausen* § 80 Rn. 11; KPB/*Lüke* § 80 Rn. 51; *Froehner* NZI 2016, 425.

[322] BGH NZI 2008, 613 f.

[323] Neufassung des § 78 ZPO durch das RABerufsRNeuOG vom 2.9.1994 (BGBl. I S. 2278) – danach wurde mit Wirkung zum 1.1.2000 in den alten Bundesländern und mit Wirkung zum 1.1.2005 in den neuen Bundesländern die Verknüpfung des Anwaltszwangs mit dem Lokalisierungsgrundsatz für Verfahren vor den Landgerichten beseitigt.

[324] S. dazu BGHZ 88, 331, 334 = NJW 1974, 739.

[325] S. hierzu im Einzelnen *Markgraf/Hertelt* ZIP 2018, 1480 ff.

[326] BFH NZI 2011, 911; BGH ZIP 2010, 102; zur notwendigen Bestimmtheit des Anordnungsordnungsbeschlusses vgl. BGH NZI 2012, 271; ZInsO 2015, 634; OLG Celle Urt. v. 18.7.2013 – 16 U 35/13, BeckRS 2014, 302.

[327] BGH NZI 2010, 99; krit. hierzu *Hees* ZInsO 2011, 953 ff.; s.w. *Cranshaw* jurisPR-InsR 3/2010 Anm. 2.

[328] BGH NZI 2008, 561.

[329] AG Hamburg-Harburg Beschl. v. 17.7.2006 – 644 C 143/06 – juris; VG München Urt. v. 6.3.2006 – M 3 K 04.355, BeckRS 2006, 31424; *Schäfer* Rn. 9; BKInsO/*Blersch/v. Olshausen* § 80 Rn. 11; *Gundlach/Frenzel/N. Schmidt* NJW 2004, 3222, 3223.

materiellen Recht so ergeben sich auch im Prozessrecht Besonderheiten daraus, dass der Insolvenzverwalter nicht selbst Träger der Rechte und Pflichten ist, über die der Rechtsstreit geführt wird, er gleichwohl aber den Rechtsstreit in eigener Verantwortung zugunsten oder zulasten der Masse führt. Das wirft eine Reihe von Problemen bei der Anwendung des Verfahrensrechts auf, die wiederum Anlass bieten, die unterschiedlichen Grundpositionen zur Erklärung der Rechtsstellung des **Insolvenzverwalters** heranzuziehen und zu überprüfen. Der Ertrag dieser grundsätzlichen Diskussion für die Rechtsanwendung ist aber auch in diesem Zusammenhang eher gering. Über die Lösung der auftretenden Probleme besteht im Ergebnis zumeist weithin Einigkeit.

76 **b) Systematik.** Jede der Theorien zur Rechtsstellung des Insolvenzverwalters führt wie schon im materiellen Recht zu Schwierigkeiten, das Institut des Insolvenzverwalters in das System des Verfahrensrechts einzuordnen. Für die **Amtstheorie** ist eine solche Einordnung nur möglich durch Abkehr vom materiellen Parteibegriff, der die Stellung als Prozesspartei nach dem Subjekt des streitigen Rechtsverhältnisses bestimmt.[330] Der in Rechtsprechung und Schrifttum heute durchweg vertretene **formelle Parteibegriff** bestimmt die Parteistellung demgegenüber nur danach, wer als Kläger oder Beklagter aufgeführt ist.[331] Weitere Schwierigkeiten ergeben sich für die Amtstheorie in Bezug auf die Bestimmung des prozessrechtlichen Verhältnisses des Insolvenzverwalters zum Schuldner, aber auch in Bezug auf das Verhältnis von Amt und Person des Insolvenzverwalters (→ Rn. 82). Für die **Vertretertheorie** ergeben sich Erklärungsprobleme daraus, dass der Schuldner – anders als der Vertretene in den Fällen der gesetzlichen Vertretung – selbst prozessfähig ist, ihm aber in Bezug auf die Masse die Prozessführungsbefugnis fehlt. Insofern vertritt der Insolvenzverwalter nicht den Schuldner, sondern substituiert ihn. Die **Organtheorie** vermag die Rechtsstellung des Insolvenzverwalters im Prozess besser als die Vertretertheorie und in mancher Hinsicht auch besser als die Amtstheorie in das System des Verfahrensrechts einzuordnen,[332] bleibt aber auch hier dem Einwand ausgesetzt, dass sie die verbleibende Rechtsträgerschaft des Schuldners negieren muss. Auch im Hinblick auf die Rechtsstellung des Insolvenzverwalters im Prozess ist danach festzustellen, dass eine widerspruchsfreie Einordnung seiner Rechtsposition nicht möglich ist, weil deren Grundkonstruktion, nämlich die Aufspaltung der Subjektstellung des Schuldners in eine **residuale Rechtsträgerschaft des Schuldners** und eine den eigentlichen Inhalt der Subjektstellung ausmachende Verfügungsmacht, die dem Insolvenzverwalter überantwortet ist, im Widerspruch zu den Grundprinzipien der Rechtsordnung in anderen Bereichen steht.

77 **2. Stellung des Insolvenzverwalters im Zivilprozess im Einzelnen.** Im Prozess ist der Insolvenzverwalter als solcher Partei. Im Verfahren nimmt er alle Rechte und Pflichten einer Prozesspartei wahr, ebenso treffen ihn die Obliegenheiten. Er trägt die Darlegungs- und Beweislast. Prozesshandlungen kann der Insolvenzverwalter nur vornehmen, wenn er die Postulationsfähigkeit besitzt, d. h. im Anwaltsprozess selbst bei Gericht zugelassener Anwalt ist.[333] Das Handeln des Insolvenzverwalters wirkt auch im Prozess nur dann für und gegen die Masse, wenn seine Stellung offen gelegt wird („als Insolvenzverwalter über das Vermögen des …“).[334] Erhebt der Insolvenzverwalter Klage, ohne diese deutlich zu machen, so tritt Rechtshängigkeit in seiner eigenen Person ein. Soweit die Insolvenzmasse betroffen ist, müssen **Zustellungen** an den Insolvenzverwalter als solchen erfolgen.[335] Eine Zustellung der gegen den Schuldner gerichteten Klage an diesen selbst nach Eröffnung des Insolvenzverfahrens führt zur Rechtshängigkeit der Klage, da die Partei- und Prozessfähigkeit des Schuldners durch die Insolvenzeröffnung nicht berührt wird;[336] die Klage ist jedoch regelmäßig als unzulässig abzuweisen (§ 87).[337] Wird die gegen den Schuldner gerichtete Klage dem Insolvenzverwalter zugestellt, so führt dies keine Rechtshängigkeit herbei.[338]

---

330 Dazu näher Jaeger/*Windel* § 80 Rn. 149; *Jaeger/Henckel* KO § 6 Rn. 57.

331 BGHZ 86, 160, 164 = NJW 1983, 1433; Stein/Jonas/*Bork* ZPO Vor § 50 Rn. 2; Zöller/*Althammer* ZPO Vor § 50 Rn. 3; Musielak/Voit/*Weth* ZPO § 50 Rn. 3.

332 Dazu näher *Stürner* ZZP 94 (1981), 263, 295 f.

333 Zur Neuregelung der Vertretungsbefugnis vor den Landgerichten → Fn. 324.

334 Nerlich/Römermann/*Wittkowski/Kruth* § 80 Rn. 22; K. Schmidt/*Sternal* § 80 Rn. 38.

335 RGZ 56, 396, 398 f.; Nerlich/Römermann/*Wittkowski/Kruth* § 80 Rn. 50; *Hess*[2] § 80 Rn. 200; K. Schmidt/*Sternal* § 80 Rn. 41.

336 BGH NZI 2009, 169; ZInsO 2006, 260; KG ZIP 1990, 1092, 1093 f.; AG Hamburg-Harburg Beschl. v. 17.7.2006 – 644 C 143/06 – juris; *K. Schmidt* NJW 1995, 911, 912.

337 *Häsemeyer,* Insolvenzrecht, Rn. 10.40; Braun/*Kroth* § 80 Rn. 12; *K. Schmidt* NJW 1995, 911, 915; K. Schmidt/*Sternal* § 80 Rn. 41; and. KG ZIP 1990, 1092 (fehlende Passivlegitimation); vgl. a. *K. Schmidt* NJW 1995, 911, 912.

338 BGHZ 127, 156, 163 = NJW 1994, 3232; zust. *Bork,* Insolvenzrecht, Rn. 69; HambKommInsO/*Kuleisa* § 80 Rn. 26; K. Schmidt/*Sternal* § 80 Rn. 41; Uhlenbruck/*Mock* § 80 Rn. 19, 70; abl. *K. Schmidt* NJW 1995, 911, 911.

78 Der **Gerichtsstand des Insolvenzverwalters** für Klagen, die sich auf die Insolvenzmasse beziehen, wird durch den **Sitz des Insolvenzgerichts** bestimmt, § 19a ZPO.[339] Die Rechtsprechung zum bisherigen Recht, wonach der Gerichtsstand bei Passivprozessen der Masse durch den Wohnsitz des Konkursverwalters bestimmt wird,[340] ist durch diese gesetzliche Neuregelung überholt. Sie soll verhindern, dass insb. bei überregional tätigen Insolvenzverwaltern Gerichte befasst werden, die weitab vom Ort des Geschehens sind.[341] Zur besonderen Zuständigkeit der Kammer für Handelssachen → Rn. 108.

79 Als **Partei** kann der **Insolvenzverwalter** vernommen werden, nicht der Schuldner; dagegen kann der **Schuldner als Zeuge** vernommen werden.[342] Für das Zeugnisverweigerungsrecht von Angehörigen des Schuldners gilt § 383 Abs. 1 Nr. 1 bis 3 ZPO unmittelbar;[343] der Schuldner ist im Sinne dieser Vorschrift als Partei zu behandeln, weil sich der Rechtsstreit auf Rechte und Pflichten bezieht, deren Träger er ist. Die **Parteistellung des Insolvenzverwalters** ist sowohl von der Parteistellung des Schuldners als auch von seiner eigenen Parteistellung in einem von ihm oder gegen ihn persönlich geführten Rechtsstreit zu unterscheiden. Überlässt der Insolvenzverwalter dem Schuldner die Führung eines Masseprozesses, so macht dies einen Parteiwechsel erforderlich; der Schuldner führt den Rechtsstreit entweder aus eigenem Recht, wenn der Insolvenzverwalter den Streitgegenstand aus der Masse freigegeben hat (→ Rn. 80), oder in gewillkürter Prozessstandschaft, wenn ihn der Insolvenzverwalter dazu ermächtigt hat, ein zur Masse gehörendes Recht im eigenen Namen geltend zu machen (sog. modifizierte Freigabe, → Rn. 81).[344] Zur Frage der Zulässigkeit einer solchen Handhabung im Hinblick auf § 86 → § 86 Rn. 26 f. Das Zeugnisverweigerungsrecht gem. § 383 Abs. 1 Nr. 6 ZPO von Rechtsanwälten, Steuerberatern, Wirtschaftsprüfern oder anderer dem Schuldner gegenüber zur Verschwiegenheit verpflichteter Mandatsträger entfällt, wenn der Insolvenzverwalter sie im Rahmen seiner Verwaltungsbefugnis von ihrer Verschwiegenheitspflicht entbindet (§ 385 Abs. 2 ZPO). Dies steht zur Disposition des Insolvenzverwalters, soweit es sich um Angelegenheiten handelt, die die Masse betreffen; → Rn. 44.

80 Die Frage, welche prozessualen Folgen die **Freigabe des Streitgegenstandes** durch den Verwalter nach Klageerhebung oder Aufnahme des Prozesses hat, ist allerdings umstritten. Aus der Sicht der **Vertretertheorie** soll in einem derartigen Fall der Rechtsstreit ohne Unterbrechung vom Schuldner fortgeführt werden,[345] während die **Organtheorie** die Freigabe als Veräußerung des Streitgegenstandes aus der Masse an den Schuldner sieht und demgemäß zur Anwendbarkeit des § 265 Abs. 2 ZPO gelangt.[346] Die Vertreter der **Amtstheorie** gehen teilweise davon aus, dass die Freigabe des streitbefangenen Gegenstands durch den Verwalter zu einem Parteiwechsel führt;[347] Streit besteht hierbei darüber, ob infolgedessen eine Unterbrechung des Prozesses gem. § 239 Abs. 1 ZPO eintritt bzw. eine Aussetzung nach § 246 ZPO entsprechend der für den Fall der Beendigung des Insolvenzverfahrens geltenden Regelung möglich ist.[348] Den Vorzug verdient aber die Ansicht, die auf die Freigabe des Streitgegenstandes durch den Insolvenzverwalter § 265 Abs. 2 ZPO anwen-

---

339 Eingefügt durch Art. 18 Nr. 1 EGInsO.

340 BGHZ 88, 331, 333 = NJW 1984, 739; OLG Celle KTS 1974, 238; LG Hildesheim BB 1974, 904; zust. Stein/Jonas/*Schumann* ZPO § 13 Rn. 17; abl. Wieczorek/Schütze/*Hausmann* ZPO Vor § 50 Rn. 36.

341 Begr. RegE zu Art. 18 Nr. 1 EGInsO, BT-Drs. 12/3803, S. 67.

342 So st. Rspr. seit RGZ 29, 29 und allgM im Schrifttum; vgl. nur *Jaeger/Henckel* KO § 6 Rn. 70; Nerlich/Römermann/*Wittkowski/Kruth* § 80 Rn. 32; AGR/*Piekenbrock* § 80 Rn. 20; HambKommInsO/*Kuleisa* § 80 Rn. 43; K. Schmidt/*Sternal* § 80 Rn. 42; Graf-Schlicker/*Webel* § 80 Rn. 11; FKInsO/*Wimmer/Amend* § 80 Rn. 51; Uhlenbruck/*Mock* § 80 Rn. 24. Nach der Vertretertheorie folgt das Ergebnis aus § 455 ZPO: Nach dieser Vorschrift ist anstelle der nichtprozessfähigen Partei ihr gesetzlicher Vertreter als Partei zu vernehmen, woraus sich zugleich ergibt, dass die Partei selbst als Zeuge zu vernehmen ist; s. hierzu Zöller/*Greger* ZPO § 455 Rn. 1.

343 Nerlich/Römermann/*Wittkowski/Kruth* § 80 Rn. 32; Jaeger/*Windel* § 80 Rn. 163; K. Schmidt/*Sternal* § 80 Rn. 42.

344 Dazu BGHZ 35, 180 = NJW 1961, 1528; BGHZ 96, 151 = NJW 1986, 850; BGHZ 100, 217 = NJW 1987, 2018; s. w. *Kilger/K. Schmidt* KO § 6 Anm. 7a mwN.

345 Vgl. *Kilger/K. Schmidt* KO § 6 Anm. 7k; Jaeger/*Windel* § 80 Rn. 210; *Jaeger/Henckel* KO § 6 Rn. 116.

346 Jaeger/*Windel* § 80 Rn. 211; *Jaeger/Henckel* KO § 6 Rn. 117.

347 RGZ 79, 27, 29 f.; BGHZ 46, 249 = NJW 1967, 781; BGHZ 123, 132; zust. Thomas/Putzo/*Reichold* ZPO § 265 Rn. 10; Zöller/*Greger* ZPO § 265 Rn. 5a; K. Schmidt/*Sternal* § 80 Rn. 5; FKInsO/*Wimmer/Amend* § 80 Rn. 56; vgl. auch BGHZ 123, 132 = NJW 1993, 3072; aA OLG Nürnberg ZIP 1994, 144.

348 BGHZ 163, 32; K. Schmidt/*Sternal* § 80 Rn. 5. Zur entsprechenden Anwendung der §§ 239, 246 ZPO auf den Fall der Beendigung des Insolvenzverfahrens Thomas/Putzo/*Reichold* ZPO § 239 Rn. 2; aA Zöller/*Greger* ZPO § 239 Rn. 7; offen gelassen für Masseprozesse, abl. für Anfechtungsprozesse BGHZ 83, 102, 105 = NJW 1982, 1765.

den will.[349] Dies folgt daraus, dass es einer Partei – abgesehen von der Klagerücknahme – im Zivilprozess nicht möglich ist, sich einseitig aus dem Prozessverhältnis zu lösen; dies darf somit auch nicht dem Insolvenzverwalter durch eine bloße Freigabeerklärung ermöglicht werden.[350] § 265 Abs. 2 ZPO soll verhindern, dass eine Partei sich aus dem Rechtsstreit zurückzieht und eine andere, möglicherweise vermögenslose Partei vorschiebt; dieser Normzweck gebietet es, die Vorschrift auch auf den Übergang der Prozessführungsbefugnis vom Verwalter auf den Schuldner anzuwenden. Andernfalls würde es dem Verwalter ermöglicht, einen Prozess über mehrere Instanzen ohne Kostenrisiko für die Masse zu führen und sich für den Fall, dass er dessen Aussichtslosigkeit erkennt, durch eine Freigabe dem Prozessergebnis zu entziehen.[351] Gegen die Anwendbarkeit des § 265 Abs. 2 ZPO spricht zwar, dass bei einer Freigabe nicht der von dieser Vorschrift vorausgesetzte Übergang eines materiellen Rechts im weitesten Sinne stattfindet; zudem wird der mit einer Freigabe verfolgte Zweck beeinträchtigt, wenn der Schuldner trotz Freigabe an die Prozessführungsbefugnis des Verwalters gebunden bleibt.[352] Der Übergang der Verwaltungs- und Verfügungsbefugnis muss aber dem Normzweck des § 265 ZPO entsprechend dem Übergang des streitbefangenen Rechts gleichgesetzt werden;[353] im Übrigen verdient der Schutz des Prozessgegners Vorrang vor dem Interesse des Schuldners an einer Unterbrechung des Rechtsstreits und an einer Weiterführung unabhängig vom Insolvenzverwalter.

81 Die **Zulässigkeit** der aus der modifizierten Freigabe folgenden **gewillkürten Prozessstandschaft** setzt voraus, dass der Schuldner ein eigenes schutzwürdiges Interesse an der Prozessführung hat.[354] Von einem solchen ist grundsätzlich auszugehen, wenn der Schuldner eine **natürliche Person** ist; dies ergibt sich daraus, dass die Insolvenzgläubiger gem. § 201 ihre restlichen Forderungen nach Verfahrensbeendigung unbeschränkt gegenüber dem Schuldner geltend machen können.[355] Der Schuldner hat weiter – trotz der Möglichkeit einer Restschuldbefreiung[356] – ein **schutzwürdiges Interesse** daran, durch die Beitreibung aller Forderungen seine Verbindlichkeiten zu tilgen.[357] Nach wohl überwiegender Ansicht soll es für das Bestehen eines schutzwürdigen Interesses auch schon ausreichend sein, dass Ungewissheit darüber besteht, ob ein Anspruch zur Insolvenzmasse oder aber zum insolvenzfreien Vermögen des Schuldners gehört.[358] Unzulässig ist hingegen die Prozessführung durch den Schuldner, wenn dieser eine **juristische Person** oder eine überschuldete und vermögenslose **Personengesellschaft** ist und keine Aussicht besteht, dass der Betrieb nach Beendigung des Insolvenzverfahrens fortgeführt werden kann[359] oder durch die Ermächtigung ausschließlich das Prozesskostenrisiko für einen der Masse zugutekommenden Prozess dem Gegner auferlegt werden soll.[360]

82 Der **Schuldner** kann – da er nicht Partei ist – prinzipiell dem Insolvenzverwalter in einem von diesem geführten Prozess als **Nebenintervenient** beitreten; Voraussetzung ist allerdings ein Interventionsinteresse, das sich allein aus dem freien Vermögen begründet.[361] Ein Beitritt zu

---

349 OLG Nürnberg ZIP 1994, 144, 147; Jaeger/*Windel* § 80 Rn. 211; *Jaeger/Henckel* KO § 6 Rn. 117 ff.; Stein/Jonas/*Roth* ZPO § 265 Rn. 43; Musielak/Voit/*Foerste* ZPO § 265 Rn. 7. Nach *Jaeger/Henckel* KO § 6 Rn. 119 sollte auch die Vertretertheorie zu einer analogen Anwendung des § 265 Abs. 2 ZPO gelangen.

350 Uhlenbruck/*Uhlenbruck*[13] § 80 Rn. 136; Jaeger/*Windel* § 80 Rn. 211.

351 OLG Nürnberg ZIP 1994, 144, 147; Uhlenbruck/*Uhlenbruck*[13] § 80 Rn. 136; Jaeger/*Windel* § 80 Rn. 211.

352 BGHZ 46, 249, 251 f. = NJW 1967, 781. Gegen die Anwendung des § 265 Abs. 2 ZPO auch Zöller/*Greger* ZPO § 265 Rn. 5a; Baumbach/Lauterbach/Albers/*Hartmann* ZPO § 240 Rn. 24.

353 Uhlenbruck/*Uhlenbruck*[13] § 80 Rn. 136; Jaeger/*Windel* § 80 Rn. 211.

354 Nerlich/Römermann/*Wittkowski/Kruth* § 80 Rn. 28; generell gegen die Zulässigkeit einer gewillkürten Prozessstandschaft *Häsemeyer,* Insolvenzrecht, Rn. 10.44 mit der Begründung, dass die haftungsrechtliche Trennung der Masse vom insolvenzfreien Vermögen sicherstellen solle, dass die Masse aus eigenen Mitteln erfasst und verwertet werden kann; dem widerspreche aber die Abschiebung des Prozesskosten- und Prozesshaftungsrisikos auf das insolvenzfreie Vermögen.

355 BGHZ 100, 217, 220 = NJW 1987, 2018; Nerlich/Römermann/*Wittkowski/Kruth* § 80 Rn. 28; *Schäfer* Rn. 20; Uhlenbruck/*Mock* § 80 Rn. 178 f.

356 Nerlich/Römermann/*Wittkowski/Kruth* § 80 Rn. 28; Uhlenbruck/*Mock* § 80 Rn. 178 f.

357 BGHZ 100, 217, 220 = NJW 1987, 2018; Nerlich/Römermann/*Wittkowski/Kruth* § 80 Rn. 28; aA *Jaeger/Henckel* KO § 6 Rn. 126; *Schäfer* Rn. 20; aA Jaeger/*Windel* § 80 Rn. 216 ff.

358 BGHZ 100, 217 = NJW 1987, 2018; WM 1965, 1054, 1056; zur gewillkürten Prozessstandschaft im Finanzprozess *Achter* DStZ 2006, 194 ff.; aA Nerlich/Römermann/*Wittkowski/Kruth* § 80 Rn. 28; *Jaeger/Henckel* KO § 6 Rn. 127.

359 BGHZ 96, 151, 156 f. = NJW 1986, 850; BGHZ 35, 180, 185 = NJW 1961, 1528; Nerlich/Römermann/*Wittkowski/Kruth* § 80 Rn. 28; FKInsO/*Wimmer/Amend* § 80 Rn. 55.

360 BGHZ 100, 217, 221 = NJW 1987, 2018; BGHZ 96, 151, 155 f. = NJW 1986, 850; Nerlich/Römermann/*Wittkowski/Kruth* § 80 Rn. 27; *Kilger/K. Schmidt* KO § 6 Anm. 7 a.

361 Nerlich/Römermann/*Wittkowski/Kruth* § 80 Rn. 29, 31; Uhlenbruck/*Uhlenbruck*[13] § 80 Rn. 10; *Jaeger/Henckel* KO § 6 Rn. 101; K. Schmidt/*Sternal* § 80 Rn. 43; ausnahmslos gegen die Zulassung einer Nebenintervention Jaeger/*Windel* § 80 Rn. 201.

einem Aktivprozess des Verwalters ist somit nur in dem Ausnahmefall möglich, dass ersichtlich nach Verfahrensbeendigung ein Überschuss für den Schuldner verbleiben wird und er daher ein berechtigtes Interesse daran hat, den Verwalter von einer nachlässigen Prozessführung abzuhalten.[362] Nach hM ausgeschlossen ist der **Beitritt in einem Feststellungsprozess,** da dieser nur das Sondervermögen der Insolvenzmasse betrifft und die Schuldnerinteressen durch das Widerspruchsrecht nach §§ 178, 184 hinreichend geschützt werden.[363] Eine Nebenintervention von Insolvenzgläubigern auf der Seite des Insolvenzverwalters ist grundsätzlich ausgeschlossen.[364] Ist der **Insolvenzverwalter** zugleich kraft Amtes für die Insolvenzmasse als auch in eigener Person in einen Rechtsstreit gegen denselben Gegner verwickelt, so besteht **Streitgenossenschaft,**[365] weil es sich im Rechtssinne um verschiedene Parteien handelt.[366] Ist der Insolvenzverwalter in dieser Funktion zugleich für mehrere Schuldner tätig und wird er für diese von demselben Kläger verklagt, so liegt nicht objektive Klagehäufung vor, bei der mehrere Ansprüche gegen denselben Beklagten geltend gemacht werden (§ 260 ZPO), sondern **subjektive Klagehäufung:** der Insolvenzverwalter tritt in rechtlich voneinander getrennten Parteirollen auf.[367] Auch in diesem Fall besteht auf der Seite des Insolvenzverwalters zwischen den verschiedenen Rechtsstreitigkeiten ein Verhältnis der Streitgenossenschaft.[368] War eine Klage gegen den nachmaligen Schuldner bereits vor Eröffnung des Insolvenzverfahrens rechtshängig geworden, so wird dieser **Rechtsstreit unterbrochen** (§ 240 Satz 1 ZPO), sofern er – sei es auch nur mittelbar[369] – die Insolvenzmasse betrifft.[370] Entsprechendes gilt gem. § 240 Satz 2 ZPO, wenn die Verwaltungs- und Verfügungsbefugnis über das Vermögen des Schuldners auf einen vorläufigen Insolvenzverwalter übergeht. Letzteres ist nach der Regelung des § 22 Abs. 1 Satz 1 allerdings nur der Fall, wenn dem Schuldner gem. § 21 Abs. 2 Satz 1 Nr. 2, 1. Alt. ein allgemeines Verfügungsverbot auferlegt wird; die Anordnung eines Zustimmungsvorbehalts genügt nicht.[371]

Die Vorschrift des § 240 ZPO greift sowohl bei **Aktiv-** als auch bei **Passivprozessen** ein.[372] 83
Sie erfasst jedoch nur die Fälle, in denen die Eröffnung des Insolvenzverfahrens nach Klagerhebung und nach Zustellung der Klage erfolgt (→ vor §§ 85–87 Rn. 42).[373] Aus dem von ihr vorausgesetzten Bezug zur Insolvenzmasse folgt, dass nur Verfahren betroffen sind, bei denen es um der Zwangsvollstreckung unterliegendes, also nicht unter § 36 fallendes Vermögen geht.[374] Keine Unterbrechung tritt daher ein, soweit die Rechtsstreitigkeit insolvenzfreie oder nichtver-

---

362 Nerlich/Römermann/*Wittkowski/Kruth* § 80 Rn. 30; Uhlenbruck/*Uhlenbruck*[13] § 80 Rn. 10; *Jaeger/Henckel* KO § 6 Rn. 101; aA Jaeger/*Windel* § 80 Rn. 201; AGR/*Piekenbrock* § 80 Rn. 20.

363 Nerlich/Römermann/*Wittkowski/Kruth* § 80 Rn. 31; Uhlenbruck/*Uhlenbruck*[13] § 80 Rn. 10; ebenso zum früheren Recht *Kuhn/Uhlenbruck* KO § 6 Rn. 11; aA Stein/Jonas/*Leipold* ZPO § 66 Rn. 13; *Jaeger/Henckel* KO § 6 Rn. 103 für den Fall, dass der Schuldner einer angemeldeten Forderung widersprochen hat, weil wegen seiner Haftung nach Verfahrensbeendigung auch sein freies Vermögen berührt sei. Dem Schuldner soll auch der Beitritt als Nebenintervenient zu einem der Forderungsanmeldung widersprechenden Gläubiger möglich sein, Nerlich/Römermann/*Wittkowski/Kruth* § 80 Rn. 29; *Jaeger/Henckel* KO § 6 Rn. 103; Uhlenbruck/*Uhlenbruck*[13] § 80 Rn. 10; aA Jaeger/*Windel* § 80 Rn. 202.

364 Diff. Jaeger/*Windel* § 80 Rn. 202.

365 Vgl. BGHZ 100, 346 = NJW 1987, 3133; BGH KTS 1989, 877, 882; eingehend dazu *K. Schmidt* KTS 1991, 211 ff.

366 Die Vertretertheorie vermeidet dieses Ergebnis sprachlich, weil es sich um zwei formal verschiedene Parteien handele, was aber nichts daran ändert, dass der Insolvenzverwalter in beiden Rollen allein agiert.

367 Vgl. *Brödermann/Busse* ZIP 1997, 1779, 1779 f.

368 *Brödermann/Busse* ZIP 1997, 1779 f.

369 *Gundlach/Frenzel/N. Schmidt* NJW 2004, 3222, 3224; MüKoZPO/*Gehrlein* § 240 Rn. 16.

370 Neu gefasst durch Art. 18 Nr. 2 EGInsO; *Gundlach/Frenzel/N. Schmidt* NJW 2004, 3222, 3222 f.

371 S. dazu BGH NJW 1999, 2822.

372 BGH BB 2003, 2538; Stein/Jonas/*Roth* ZPO § 240 Rn. 9; KPB/*Lüke* § 85 Rn. 11; *Jaeger/Henckel* KO § 10 Rn. 10; Jaeger/*Windel* § 85 Rn. 2; im Rahmen eines Schiedsverfahrens kommt es faktisch ebenfalls zu einer Unterbrechung, weil der Insolvenzverwalter auch in das Schiedsverfahren eintritt, vgl. *Flöther* DZWiR 2001, 89, 90 ff. Eingehend zu der Auswirkungen des Insolvenzverfahrens auf den Zivilprozess *Vallender* FS Jobst Wellensiek, S. 241 ff.

373 BGH NZI 2009, 169; OLG Frankfurt OLGR 2006, 935; AG Hamburg-Harburg Beschl. v. 17.7.2006 – 644 C 143/06 – juris; *Lattka* ZInsO 2007, 1034 ff.; Jaeger/*Windel* § 85 Rn. 4; Gottwald/*Gerhardt*, InsO-HdB, § 32 Rn. 10. Wird das Insolvenzverfahren nach Anhängigkeit, aber vor Rechtshängigkeit eröffnet, findet eine Unterbrechung des Rechtsstreits nicht statt; vgl. BGH NJW-RR 2009, 566 mwN; aA OLG Schleswig ZInsO 2004, 1086 f. Zur Frage, ob die Eröffnung des Insolvenzverfahrens über das Vermögen des Beklagten zwischen Eingang und Zustellung der Klage zum Wegfall des Klageanlasses iSd § 269 Abs. 3 Satz 3 ZPO führt s. OLG Hamburg NZI 2019, 190 f. mwN zum Streitstand; abl. *Froehner*, EWiR 2019, 87 f.

374 OVG Lüneburg NVwZ-RR 2008, 358; KPB/*Lüke* § 85 Rn. 13.

mögensrechtliche Ansprüche betrifft.[375] Grundsätzlich erfasst sind demnach etwa Leistungsklagen, die sich auf **massezugehörige Forderungen** beziehen und Feststellungsklagen, die einen massezugehörigen Gegenstand bzw. ein sich auf die Masse beziehendes Feststellungsinteresse des Klägers betreffen,[376] nicht hingegen Verfahren in Ehe- und Kindschaftssachen oder Unterlassungsprozesse, die in keinem Zusammenhang mit der Vermögenssphäre des Schuldners stehen.[377] Keine Anwendung findet § 240 ZPO ferner auf das **selbständige Beweisverfahren,** weil dieses nicht zu einem Vollstreckungstitel führt und Gegenstand des Verfahrens ausschließlich eine Beweisaufnahme, nicht aber die mit dieser im Zusammenhang stehenden Rechtsfragen sind (→ Vorb. §§ 85–87 Rn. 46);[378] der Insolvenzverwalter tritt dann mit der Verfahrenseröffnung in das Verfahren ein.[379] Keine Anwendung findet § 240 ZPO grundsätzlich auf Verfahren nach dem FGG, sofern es sich dabei nicht um echte Streitverfahren handelt.[380] Zur Unterbrechung von **Prozesskostenhilfeverfahren** → Rn. 86. Soweit ein vom Schuldner gerichtlich geltend gemachter Anspruch auf mehrere Anspruchsgrundlagen gestützt, aber aus einem einheitlichen Lebensverhältnis hergeleitet wird, so dass keine Klagehäufung nach § 260 ZPO vorliegt, wird das gesamte Verfahren auch dann unterbrochen, wenn er nur hinsichtlich einer Anspruchsgrundlage infolge der Verfahrenseröffnung die Prozessführungsbefugnis an den Verwalter verliert.[381] Erhebt der Schuldner trotz der Eröffnung des Insolvenzverfahrens **Klage über einen zur Masse gehörenden Gegenstand,** ist die Klage mangels Prozessführungsbefugnis unzulässig.[382] Der Verwalter wird hier – anders als bei einer Verfahrenseröffnung nach Rechtshängigkeit[383] – nicht als Rechtsnachfolger des Schuldners Partei des Rechtsstreits,[384] weil die Verwaltungs- und Verfügungsbefugnis bereits vor der Klageerhebung auf den Verwalter übergegangen ist. Der Schuldner haftet für die durch die Klageerhebung entstandenen Kosten nur mit seinem insolvenzfreien Vermögen (→ Rn. 11). Gibt der Verwalter den Massegegenstand frei oder wird das Insolvenzverfahren aufgehoben, ist der Schuldner prozessführungsbefugt und kann die Klage fortsetzen.[385] Maßgeblich ist, ob die Prozessführungsbefugnis im Zeitpunkt des Schlusses der mündlichen Verhandlung besteht. Da der Verwalter in diesem Fall nicht Partei des Rechtsstreits geworden ist, tritt durch die Aufhebung des Insolvenzverfahrens auch keine Unterbrechung des Rechtsstreits ein (→ Rn. 97).

84 Die **Aufnahme eines unterbrochenen Rechtsstreits** durch den Insolvenzverwalter erfolgt nach den Vorschriften der Insolvenzordnung (§§ 85, 86; → dort auch zur Anwendbarkeit dieser Vorschriften im Verhältnis zu § 241 ZPO bei der Insolvenz von Handelsgesellschaften).[386] Der Verwalter ist grundsätzlich an die bisherige Prozessführung des Schuldners gebunden, so dass er dessen Prozesshandlungen – vorbehaltlich der eventuellen Möglichkeit einer Insolvenzanfechtung – und auch eine etwaige Versäumung von Fristen gegen sich gelten lassen muss.[387]

---

375 KPB/*Lüke* § 85 Rn. 13, 15; *Jaeger/Henckel* KO § 10 Rn. 46 f.; Jaeger/*Windel* § 85 Rn. 20. Nicht massebezogen sind auch Ansprüche, die erst nach der Verfahrenseröffnung gegen den Schuldner entstanden sind, weil diese die Masse nicht binden, → Rn. 11; der prozessuale Kostenerstattungsanspruch des Schuldners fällt zwar als Neuerwerb in die Masse (vgl. BGH NZI 2007, 407 f.), jedoch besagt dies nur, dass eine Erfüllung zur Masse zu erfolgen hat, dagegen nicht, dass der Rechtsstreit unterbrochen ist, vgl. AG Hamburg-Harburg Beschl. v. 17.7.2006 – 644 C 143/06 – juris; zur Unterbrechung bei Räumungs- und Herausgabeklagen des Vermieters gegen den Mieter vgl. AG Köln NZI 2017, 415; Uhlenbruck/*Mock* § 80 Rn. 13.

376 KPB/*Lüke* § 85 Rn. 16 f.; LSZ/*Smid* § 80 Rn. 63.

377 LSZ/*Smid* § 80 Rn. 66 f.; *Jaeger/Henckel* KO § 10 Rn. 46; Jaeger/*Windel* § 85 Rn. 25; *Gundlach/Frenzel/N. Schmidt* NJW 2004, 3222.

378 BGH NJW 2004, 1388; OLG Hamburg ZInsO 2001, 132; OLG München MDR 2004, 170; OLG Frankfurt NZI 2003, 62; OLG Dresden NZI 2002, 688 (zumindest dann, wenn die Beweiserhebung bereits beendet ist); LG Stuttgart NZI 2003, 232; LG Karlsruhe NJW-RR 2002, 266; LG Neuruppin BauR 2002, 1887; 2003, 1081; LG Trier BauR 2003, 134; *Gundlach/Frenzel/N. Schmidt* NJW 2004, 3222, 3225 f.; Braun/*Kroth* Vor §§ 85–87 Rn. 9; Beck/Depré/*Holzer* § 7 Rn. 19; *Meyer* NZI 2005, 9, 11 f.; aA OLG Hamm NJW-RR 1997, 723; OLG Frankfurt BauR 2002, 1868; LG Frankfurt BauR 1995, 585, 586; Zöller/*Greger* ZPO Vorb. § 239 Rn. 8; FKInsO/*App*[7] § 85 Rn. 9; Gottwald/*Gerhardt,* InsO-HdB, § 32 Rn. 10; LSZ/*Smid* § 80 Rn. 70.

379 OLG Zweibrücken ZInsO 2005, 383; *Meyer* NZI 2005, 9, 12.

380 OLG Karlsruhe ZInsO 2002, 834; NZI 2001, 470; BayObLG Rpfleger 2002, 261; KPB/*Lüke* § 85 Rn. 34; Nerlich/Römermann/*Wittkowski/Kruth* § 85 Rn. 4.

381 BGH NJW 2000, 1259, 1260.

382 OLG Frankfurt OLGR 2006, 935; FG Hamburg GB v. 30.11.2012 – 4 K 127/12, BeckRS 2013, 94560.

383 S. hierzu BGH NJW 1997, 1445.

384 So aber LG Mainz NZI 2011, 768 ff.

385 AA LG Mainz NZI 2011, 768 ff.

386 Zu dieser Streitfrage, die eng mit der Frage nach Verhältnis der gesellschaftsrechtlichen zur insolvenzrechtlichen Liquidation zusammenhängt, s. *K. Schmidt* KTS 1994, 309, 315.

387 LSZ/*Smid* § 80 Rn. 67.

3. Prozesskostenhilfe. a) Grundsatz. Gem. § 116 Satz 1 Nr. 1 ZPO erhält eine Partei kraft Amtes Prozesskostenhilfe, wenn die Kosten aus der verwalteten Vermögensmasse nicht aufgebracht werden können und den am Gegenstand des Rechtsstreits wirtschaftlich Beteiligten nicht zuzumuten ist, die Kosten aufzubringen. Weiter müssen gem. § 116 Satz 2 ZPO die allgemeinen Voraussetzungen der Gewährung von Prozesskostenhilfe gem. § 114 ZPO erfüllt sein (hinreichende Aussicht auf Erfolg, keine mutwillige Rechtsverfolgung[388]). **85**

Die Vorschrift des § 116 ZPO wurde im Rahmen der Reformierung der §§ 114 ff. ZPO durch das Gesetz über die Prozesskostenhilfe vom 13.6.1980[389] neu gefasst, nachdem unter Geltung des § 114 Abs. 3 ZPO aF die Ablehnung von Prozesskostenhilfeanträgen des Konkursverwalters ständige Praxis war.[390] Durch die Neuregelung sollte der Rechtsverfolgung durch den Insolvenzverwalter ein **eigenständiges schutzwürdiges Interesse** eingeräumt und verhindert werden, dass die Verteilungsfunktion des Insolvenzverfahrens beeinträchtigt wird, wenn der Insolvenzverwalter die zur gerichtlichen Durchsetzung von **Ansprüchen der Masse** erforderlichen Mittel nicht aus der Masse aufbringen kann.[391] Diese Intention, die sich der Gesetzesbegründung entnehmen lässt, die jedoch keinen Niederschlag in der Fassung des § 116 ZPO gefunden hat, wird herangezogen, um die Gewährung von Prozesskostenhilfe für den Insolvenzverwalter generell als **Regel,** nicht als Ausnahme anzusehen.[392] Demgegenüber ist festzustellen, dass die Instanzgerichte vielfach die entgegengesetzte Tendenz verfolgt und Prozesskostenhilfe nur zurückhaltend gewährt haben.[393] In diesem Zusammenhang ist von Bedeutung das Rechtsmittel der außerordentlichen Beschwerde wegen **greifbarer Gesetzeswidrigkeit,** das der BGH in Fällen der Versagung von Prozesskostenhilfe für den Insolvenzverwalter in Betracht zieht.[394] Besondere Relevanz kommt hierbei der Auslegung der Tatbestandsmerkmale der **„wirtschaftlichen Beteiligung"** sowie der **„Zumutbarkeit der Kostenaufbringung"** zu (→ Rn. 90 ff.). Da auch der vorläufige „starke" Insolvenzverwalter iSd § 22 Abs. 1 prozessführungsbefugt ist,[395] kann auch diesem Prozesskostenhilfe gewährt werden, wobei dieselben Kriterien wie für den „endgültigen Verwalter" gelten.[396] Prozesskostenhilfe für ein Klage- oder Rechtsmittelverfahren des Verwalters kommt nicht in Betracht, wenn die Insolvenzmasse nicht ausreicht, die Verfahrenskosten zu decken (**Massearmut,** § 207 Abs. 1).[397] Ein bereits anhängiges Prozesskostenhilfeverfahren wird im Zivilprozess durch die Insolvenzeröffnung nicht unterbrochen,[398] anders jedoch im Steuerprozess.[399] **86**

---

388 S. hierzu OLG Stuttgart ZInsO 2012, 659 (keine Prozesskostenhilfe für die Beteiligung an einem Passivprozess als Streithelfer zur Abwehr möglicher Schadensersatzansprüche einfacher Insolvenzgläubiger nach Anzeige der Masseunzulänglichkeit); Uhlenbruck/*Mock* § 80 Rn. 220 ff. Mutwilligkeit liegt allerdings nicht allein deshalb vor, weil Masseunzulänglichkeit angezeigt ist, vgl. BGH ZInsO 2016, 270; NZI 2013, 79; K. Schmidt/*Sternal* § 80 Rn. 57; Uhlenbruck/*Mock* § 80 Rn. 221.

389 BGBl. I S. 677.

390 Vgl. nur BGH NJW 1977, 2317; OLG Köln NJW 1976, 1982.

391 BGH NJW 1991, 40, 41 f.; BGHZ 119, 372, 377 = NJW 1993, 135; s. hierzu Begründung RegE zu § 114c ZPO, BT-Drs. 8/3068, S. 26. S. zum Ganzen auch HambKommInsO/*Kuleisa* § 80 Rn. 48 ff.

392 BGHZ 119, 372, 376 = NJW 1993, 135 (IX. ZS); NJW 1991, 40, 41; NZI 2006, 348; *Gundlach/Frenzel/N. Schmidt* NJW 2003, 2412, 2413; *Mitlehner* NZI 2001, 617, 618; and. aber ausdrücklich BGHZ 138, 188, 191 f. = NJW 1998, 1868, 1869 (XI. ZS); NZI 2013, 82; gegen regelhafte Gewährung von Prozesskostenhilfe auch Uhlenbruck/*Uhlenbruck*[13] § 80 Rn. 116; K. Schmidt/*Sternal* § 80 Rn. 44; Jaeger/*Windel* § 80 Rn. 169; dafür Nerlich/Römermann/*Wittkowski/Kruth* § 80 Rn. 58; s. w. Musielak/Voit/*Fischer* ZPO § 116 Rn. 2; Stein/Jonas/*Bork* ZPO § 116 Rn. 2; überholt OLG Frankfurt NJW 1988, 2053. Zur Situation nach früherem Recht *Ringstmeier/Homann* ZIP 2005, 284.

393 S. dazu OLG Hamm ZIP 2005, 1711; OLG Celle ZIP 1988, 792, 794; OLG Köln MDR 1994, 726; 1997, 104; OLG Naumburg ZInsO 2002, 541; and. OLG Köln NZI 2000, 540; OLG Düsseldorf ZIP 1993, 780; OLG Celle ZIP 1994, 1973; OLG Frankfurt ZIP 1997, 1600; OLG Rostock ZIP 1997, 1710; dazu insgesamt *Frenzel/Gundlach/N. Schmidt* NJW 2003, 2412, 2413.

394 Vgl. dazu BGHZ 119, 372 = NJW 1993, 135; NJW 1997, 3318; s. w. BGH NJW 1998, 82; 1998, 1229 (im konkreten Fall verneinend).

395 FKInsO/*Schmerbach*[7] § 26 Rn. 30.

396 FKInsO/*Schmerbach*[7] § 26 Rn. 34 mit der Einschränkung, dass vom vorläufigen Insolvenzverwalter keine Angaben dazu verlangt werden dürften, welchen Gläubigern aus der beabsichtigten Rechtsverfolgung Vorteile entstehen und ob diesen die Kostenaufbringung zuzumuten ist; dies sei im frühen Verfahrensstadium noch nicht zu überblicken. Vgl. zur Frage der Prozessführungsbefugnis des Sequesters BGH ZInsO 2000, 390; zur Frage der Prozesskostenhilfe für einen Sequester BGH ZIP 1998, 1645.

397 BGH NZI 2009, 602 = DZWiR 2009, 433 mAnm *Böcker*; OLG Celle NZI 2010, 688; ZIP 2010, 1464; OLG Dresden ZVI 2010, 188; OLG Frankfurt NZI 2012, 714; OLG Stuttgart ZInsO 2005, 153; BPatG v. 28.2.2012 – 33 W (pat) 6/10, BeckRS 2012, 6402.

398 BGH NZI 2006, 543; OLG Frankfurt ZInsO 2013, 140 ff.; → Vor §§ 85–87 Rn. 46.

399 BFHE 214, 293 = BB 2006, 2737; dazu *Pluta/Heidrich* jurisPR-InsR 10/2007 Anm. 5; *Bartone* jurisPR-SteuerR 51/2006 Anm. 5.

87 **b) Insolvenz einer juristischen Person oder einer parteifähigen Vereinigung.** Hier bestimmt sich die Gewährung von Prozesskostenhilfe ebenfalls nur nach § 116 Satz 1 Nr. 1 ZPO; die strengere Voraussetzung nach Nr. 2, wonach Prozesskostenhilfe nur zu gewähren ist, wenn die Unterlassung der Rechtsverfolgung oder der Rechtsverteidigung dem allgemeinen Interesse zuwiderlaufen würde, gilt nicht für den Fall der Insolvenz.[400] Dies ergibt sich daraus, dass wegen des **öffentlichen Interesses an der Rechtsverfolgung** durch den Insolvenzverwalter die Gewährung von Prozesskostenhilfe der Regelfall sein sollte (→ Rn. 86).

88 **c) Aufbringung der Kosten aus der Masse.** Ob die Kosten aus der Masse aufgebracht werden können, bestimmt sich zunächst nach den nach Abzug der Masseverbindlichkeiten verfügbaren liquiden Mitteln, sodann auch nach der Möglichkeit, liquide Mittel durch Verwertung von Gegenständen der Insolvenzmasse aufzubringen.[401] Nicht verlangt werden kann jedoch eine Verwertung des Vermögens in wirtschaftlich unsinniger Weise.[402] In Betracht kommt auch die Beschaffung liquider Mittel für die Prozessführung durch Darlehensaufnahme.[403] Hierauf darf der Verwalter allerdings nur verwiesen werden, wenn die Gewährung des Darlehens und die spätere Rückzahlung außer Zweifel stehen.[404] Stets muss jedoch eine Abwägung mit den sonstigen Anforderungen an die Insolvenzmasse stattfinden; im Hinblick auf das öffentliche Interesse an einer Durchführung des Insolvenzverfahrens kann der Mittelverwendung für die Rechtsverfolgung oder Rechtsverteidigung nicht Priorität gegenüber anderen Aufgaben des Insolvenzverwalters eingeräumt werden; zu berücksichtigen sind dabei aber die unterschiedlichen Rangklassen der Massegläubiger (vgl. §§ 208, 209).[405]

89 **d) Wirtschaftlich Beteiligte.** Prozesskostenhilfe kann nach der Bestimmung des § 116 Satz 1 Nr. 1 ZPO nur gewährt werden, wenn den am Rechtsstreit wirtschaftlich Beteiligten nicht zuzumuten ist, die Kosten aufzubringen. Wirtschaftlich beteiligt sind diejenigen **Insolvenzgläubiger,** die bei einem erfolgreichen Abschluss des konkreten Rechtsstreits mit einer **verbesserten Befriedigung** ihrer Ansprüche aus der Masse rechnen können.[406] Die Chance einer nur geringfügigen Verbesserung der eigenen Situation durch die Prozessführung schließt nicht die wirtschaftliche Beteiligung aus;[407] dies kann jedoch der **Zumutbarkeit der Kostenaufbringung** entgegenstehen (→ Rn. 90 f.). Nicht wirtschaftlich beteiligt ist dagegen ein Insolvenzgläubiger hinsichtlich nachrangiger Forderungen (§ 39), wenn er auch im Falle des Erfolgs des Rechtsstreits auf Grund der vorrangigen Forderungen anderer Gläubiger keine bessere Befriedigung erwarten kann.[408] Nicht zu berücksichtigen sind Gläubiger, deren Forderungen noch bestritten sind.[409] Wirtschaftlich beteiligt am Gegenstand des Rechtsstreits ist auch nicht, wer umgekehrt auch ohne den erfolgreichen Ausgang des Rechtsstreits volle Befriedigung erwarten kann;[410] dies kommt in Betracht für **absonderungsberechtigte Gläubiger,** sofern der zu erwartende Erlös aus der Verwertung der Sicherheit die gesicherten Forderungen abdeckt, und für die Gläubiger von Masseverbindlichkeiten, sofern die Masse für

---

400 BGH ZInsO 2005, 877; NJW 1991, 40, 41; KG ZIP 1989, 1346, 1347. Ebenso auch die hM im Schrifttum; *Kilger/K. Schmidt* KO § 6 Anm. 7c; Uhlenbruck/*Uhlenbruck*[13] § 80 Rn. 116; *Jaeger* VersR 1997, 1060 (dort Fn. 1); *Baur/Stürner/Bruns,* Zwangsvollstreckungs-, Konkurs- und Vergleichsrecht, Bd. II, Rn. 31.11; iE ebenso *K. Schmidt,* Wege zum Insolvenzrecht, S. 114, der zwar § 116 Satz 1 Nr. 2 ZPO für anwendbar hält, aber aus der Wertung des § 116 Satz 1 Nr. 1 ZPO schließt, dass das zusätzliche Erfordernis des Nr. 2 nur bei solventen Gesellschaften zu prüfen ist. And. noch OLG Frankfurt ZIP 1988, 794 = NJW 1988, 2053 = EWiR 1988, 621 *(Pape).*

401 FKInsO/*Schmerbach*[7] § 26 Rn. 32; Nerlich/Römermann/*Wittkowski/Kruth* § 80 Rn. 59; Uhlenbruck/*Mock* § 80 Rn. 196 f.; *Kilger/K. Schmidt* KO § 6 Anm. 7c aa; Jaeger/*Windel* § 80 Rn. 170.

402 FKInsO/*Schmerbach*[7] § 26 Rn. 32; Musielak/Voit/*Fischer* ZPO § 116 Rn. 4; näher hierzu *Steenbuck* MDR 2004, 1155.

403 *Uhlenbruck* ZIP 1982, 288, 289; *Kilger/K. Schmidt* KO § 6 Anm. 7c aa; aA Nerlich/Römermann/*Wittkowski/Kruth* § 80 Rn. 61; Mohrbutter/Mohrbutter/*Pape,* HdB Insolvenzverwaltung, Rn. X.22.

404 FKInsO/*Schmerbach*[7] § 26 Rn. 33; Jaeger/*Windel* § 80 Rn. 170; *Kilger/K. Schmidt* KO § 6 Anm. 7c aa; Uhlenbruck/*Mock* § 80 Rn. 197.

405 Dazu näher *Ringstmeier/Homann* ZIP 2005, 284, 285; s. allg. zur Berücksichtigung von Masseverbindlichkeiten *Mitlehner* NZI 2001, 617, 618; Uhlenbruck/*Uhlenbruck*[13] § 80 Rn. 116; Musielak/Voit/*Fischer* ZPO § 116 Rn. 5; FKInsO/*Schmerbach*[7] § 26 Rn. 34.

406 BGHZ 119, 372, 377 = NJW 1993, 135, 136; OLG Celle NZI 1999, 231; OLG Rostock ZIP 1997, 1710, 1711; FKInsO/*Schmerbach*[7] § 26 Rn. 36; MüKoZPO/*Motzer* § 116 Rn. 17; *Oepen/Rettmann* Rpfleger 1998, 273; *Steenbuck* MDR 2004, 1155; Uhlenbruck/*Mock* § 80 Rn. 199; diff. Jaeger/*Windel* § 80 Rn. 174.

407 Nach OLG Frankfurt ZIP 1988, 794 soll eine Vorschusspflicht schon bei einer Quote um 4% in Betracht kommen.

408 *Kilger/K. Schmidt* KO § 6 Anm. 7c bb; FKInsO/*Schmerbach*[7] § 26 Rn. 36; K. Schmidt/*Sternal* § 80 Rn. 53.

409 Jaeger/*Windel* § 80 Rn. 175; Uhlenbruck/*Mock* § 80 Rn. 202.

410 Stein/Jonas/*Bork* ZPO § 116 Rn. 10; *Kilger/K. Schmidt* KO § 6 Anm. 7c bb; FKInsO/*Schmerbach*[7] § 26 Rn. 36; MüKoZPO/*Motzer* § 116 Rn. 17.

deren Befriedigung ausreicht. Grundsätzlich können allerdings auch **Massegläubiger** wirtschaftlich beteiligt sein.[411] Der **Insolvenzverwalter** ist dagegen nicht wirtschaftlich Beteiligter im Sinne dieser Vorschrift.[412] Dies ist allerdings streitig.[413] Eine wirtschaftliche Beteiligung des Insolvenzverwalters wäre nur in Betracht zu ziehen, wenn insoweit die gleichen Kriterien wie bei anderen Gläubigern anzuwenden wären und der Ausgang des Rechtsstreits für die Erfüllung des Vergütungsanspruchs des Insolvenzverwalters von Bedeutung wäre. Dagegen spricht aber der Zweck der Vorschrift des § 116 Satz 1 Nr. 1 ZPO, der darin besteht, die Durchführbarkeit von Insolvenzverfahren zu fördern, soweit es um die Beitreibung von Außenständen geht. Mit der besonderen Verantwortung des Insolvenzverwalters wäre es unvereinbar, ihn insoweit mit den Masse- und Insolvenzgläubigern auf eine Stufe zu stellen.[414] Obwohl er selbst Massegläubiger ist, gehört er nämlich nicht zu denjenigen, um derentwillen er sein Amt ausübt – er nimmt nicht eine eigennützige, sondern vielmehr eine im öffentlichen Interesse liegende Aufgabe wahr (→ Rn. 94).[415] Demgemäß muss jede seinen Gebührenanspruch einschränkende Norm an Art. 12 Abs. 1 GG gemessen werden; eine derartige Einschränkung liegt aber auch in einer Auslegung des § 116 Satz 1 Nr. 1 ZPO dahingehend, dass er die Masse betreffende Prozesse auf eigenes Kostenrisiko führen muss.[416] Auch aus dem Gesetzeswortlaut lässt sich belegen, dass der Gesetzgeber nicht von einer Vorschusspflicht des Insolvenzverwalters ausging, denn in § 116 Satz 1 Nr. 1 ZPO wird dieser als **Partei kraft Amtes** den wirtschaftlich Beteiligten gegenübergestellt.[417] Ferner würde eine Vorschusspflicht auch der Regelung des § 9 InsVV widersprechen, nach der gerade der Verwalter einen Vorschuss für seine Auslagen erhalten kann.[418] Entscheidend ist letztlich, ob dem Insolvenzverwalter eine Beteiligung an der Kostenaufbringung zuzumuten ist. Das ist wegen der besonderen Stellung des Insolvenzverwalters im Insolvenzverfahren zu verneinen.[419] Nach alledem ist dem Insolvenzverwalter Prozesskostenhilfe auch dann zu gewähren, wenn er selbst **Hauptbegünstigter** bei einem Erfolg des beabsichtigten Prozesses wäre.[420]

e) Zumutbarkeit der Kostenaufbringung. Für die Frage der Zumutbarkeit der Kostenaufbringung durch die wirtschaftlich Beteiligten ist zum einen auf das Verhältnis von Aufwand und Ertrag aus der Sicht der in Betracht kommenden Personen, zum andern jedoch auch auf die Bedeu- **90**

---

[411] OLG Rostock ZIP 1997, 1710, 1711; OLG Köln NZI 2000, 540; *Mitlehner* NZI 2001, 617, 619; Uhlenbruck/*Mock* § 80 Rn. 200; *Kilger/K. Schmidt* KO § 6 Anm. 7c bb; K. Schmidt/*Sternal* § 80 Rn. 51; Jaeger/*Windel* § 80 Rn. 172; aA OLG Jena ZIP 2001, 579; LAG Düsseldorf InVo 2003, 438; *Pape* ZIP 1988, 1293, 1305; *Pape* ZIP 1990, 1529, 1531; *Häsemeyer,* Insolvenzrecht, Rn. 13.10; offen gelassen in OLG Köln ZIP 1994, 724.

[412] BGHZ 116, 233, 238 = NJW 1992, 692; NZI 2016, 279; 2004, 26 (mAnm *Gundlach/Frenzel* S. 27) = NJW-RR 2004, 136 = ZIP 2003, 2036 (Bestätigung der bisherigen Rechtsprechung); NJW 1998, 1229. Wie hier OLG Düsseldorf ZIP 1993, 780; NZI 1999, 455; OLG Jena ZIP 2001, 579; OLG Frankfurt ZIP 1997, 1600; OLG Köln ZIP 1997, 1969; NZI 2000, 540; Nerlich/Römermann/*Wittkowski/Kruth* § 80 Rn. 61; K. Schmidt/*Sternal* § 80 Rn. 52; FKInsO/*Schmerbach*[7] § 26 Rn. 36; *Hess*[2] § 4 Rn. 388 ff.; HKInsO/*Kayser/Thole* § 80 Rn. 48; MüKoZPO/*Motzer* § 116 Rn. 16; Uhlenbruck/*Mock* § 80 Rn. 204; Jaeger/*Windel* § 80 Rn. 171; *Mitlehner* NZI 2001, 617 ff.; *Gundlach/Frenzel/N. Schmidt* NJW 2003, 2412, 2417; HambKommInsO/*Kuleisa* § 80 Rn. 51.

[413] Vgl. OLG Rostock ZIP 1997, 1710, 1711; OLG Jena ZIP 2001, 579; OLG Düsseldorf NZI 1999, 455, 456; OLG Frankfurt ZIP 1997, 1600; OLG Köln MDR 1994, 726; NZI 1997, 80; OLG Celle ZIP 1988, 793; 1995, 1973, 1974; OLG Köln InVo 1998, 252, 253 (für den Fall, dass der Prozess nur dazu dient, eine Massemehrung zur Erhöhung der Verwaltervergütung zu erzielen); OLG Naumburg ZInsO 2002, 541; *Steenbuck* MDR 2004, 1155, 1156; Zöller/*Geimer* § 116 Rn. 9.

[414] Vgl. BGH NJW 1998, 1229, 1229 f. = WuB VII A § 116 ZPO 1.98 *(Wrobel-Sachs)*; so auch schon OLG Düsseldorf ZIP 1993, 780, 781.

[415] BGH NZI 2004, 26; BGH NJW 1998, 1229, 1229 f.

[416] BGH NJW 1998, 1229, 1230.

[417] BGH NJW 1998, 1229; NZI 2004, 136; *Gundlach/Frenzel/N. Schmidt* NJW 2004, 2412, 2414; s. w. OLG Düsseldorf ZIP 1993, 780, 781.

[418] OLG Rostock ZIP 1997, 1710, 1711; OLG Celle ZIP 1994, 1973, 1974 (zu § 7 VergVO aF); *Harms* InVo 2000, 41.

[419] BGH NJW 1998, 1229, 1229 f.; OLG Düsseldorf NZI 1999, 455, 456; OLG Celle ZIP 1995, 1973, 1974; OLG Frankfurt ZIP 1997, 1600, 1601 f.; OLG Rostock ZIP 1997, 1710, 1711 f.; FKInsO/*Schmerbach*[7] § 26 Rn. 36; *Harms* InVo 2000, 41; aA OLG Köln MDR 1997, 104.

[420] So die hM in Rechtsprechung und Schrifttum, s. BGH NZI 2004, 26; OLG Rostock ZIP 1997, 1710, 1711; OLG Jena ZIP 2001, 579; OLG Düsseldorf NZI 1999, 455, 456; OLG Frankfurt ZIP 1997, 1600; OLG Köln MDR 1994, 726; NZI 1997, 80; OLG Celle ZIP 1988, 793; 1995, 1973, 1974; OLG Köln InVo 1998, 252, 253 (für den Fall, dass der Prozess nur dazu dient, eine Massemehrung zur Erhöhung der Verwaltervergütung zu erzielen); OLG Naumburg ZInsO 2002, 541; *Steenbuck* MDR 2004, 1155, 1156; Zöller/*Geimer* § 116 Rn. 9.

tung der Gewährung von Prozesskostenhilfe für die Erreichung der Ziele des Insolvenzverfahrens abzustellen. Nicht zumutbar ist einem wirtschaftlich Beteiligten eine Beteiligung an den Prozesskosten, wenn das **Kostenrisiko** für ihn außer Verhältnis zu der Chance einer Verbesserung seiner Position steht.[421] Unzumutbar ist eine Kostenaufbringung durch einen Gläubiger daher, wenn seine Position durch den Rechtsstreit **nur unerheblich verbessert** werden kann,[422] insb. dann, wenn ein Erfolg des Rechtsstreits einer Vielzahl von Gläubigern zugutekäme, den Einzelnen aber nur marginal begünstigen würde.[423] Unzumutbarkeit ist in Übereinstimmung mit der überwiegenden Ansicht weiter im Hinblick auf den Gläubiger einer bestrittenen Forderung anzunehmen;[424] Gleiches gilt für den Gläubiger einer geringfügigen Forderung.[425]

91 Nach dem Wegfall der Konkursvorrechte des § 61 KO hat das **Zumutbarkeitskriterium** als einschränkende Voraussetzung der Gewährung von Prozesskostenhilfe seine Bedeutung praktisch weitgehend verloren. Keinem Gläubiger ist es zuzumuten, die Durchsetzung fremder Vermögensinteressen zu finanzieren und dafür zusätzlich das Prozesskostenrisiko zu übernehmen.[426] Es ist daher bei der Beurteilung der Zumutbarkeit nicht abzustellen auf die Gesamtheit der beabsichtigten Prozesse, sondern vielmehr darauf, ob für den **jeweiligen Gläubiger** der erfolgreiche Abschluss des konkreten Rechtsstreits zu einer wenigstens teilweisen Befriedigung dieses Gläubigers führen wird.[427] Zumutbar ist einem Gläubiger nur eine Beteiligung an den Prozesskosten in der Höhe, die dem Wert seiner Chance entspricht, durch einen erfolgreichen Prozess seine eigene Quote zu verbessern. Eine solche Regelung ist jedoch bei einer Vielzahl von Gläubigern praktisch kaum durchführbar, weil dies einen hohen Verwaltungsaufwand erfordern und außerdem einzelnen Gläubigern die Möglichkeit des Trittbrettfahrens eröffnen würde. Die Beteiligung der Gläubiger an der Aufbringung der Prozesskosten sollte deshalb auf **besondere Konstellationen** beschränkt werden, die in Betracht kommen in Bezug auf einen oder mehrere Großgläubiger.[428]

92 Weitgehend unstreitig war nach bisherigem Recht, dass für **Arbeitnehmer** eine Beteiligung an der Kostenaufbringung generell nicht zumutbar ist, auch wenn sich ihre Position durch einen Erfolg des Rechtsstreits verbessern würde.[429] Daran ist festzuhalten.[430] Dies ergibt sich zwar nicht ohne weiteres aus einer besonderen Risikolage der Arbeitnehmer; vielmehr befinden sich auch die anderen Insolvenzgläubiger vielfach in der Situation, dass sie ihre Forderungen bereits vor der Eröffnung des Insolvenzverfahrens gestundet haben. Die Beteiligung der Arbeitnehmer an den Prozesskosten von Masseprozessen ist unzumutbar aus dem entsprechend auch für andere Gläubiger geltenden Grund, dass eine **anteilige Heranziehung** aller Arbeitnehmer und der sonstigen Gläubiger zu den Prozesskosten praktisch nicht durchführbar ist wegen der Schwierigkeiten, einen großen Kreis von Gläubigern zu einem einheitlichen Handeln zusammenzufassen.[431]

---

421 BGHZ 119, 372, 377 = NJW 1993, 135; ZInsO 2015, 1465; NZI 2012, 626; NJW 1991, 40, 41; Jaeger/*Windel* § 80, Rn. 177; Uhlenbruck/*Mock* § 80 Rn. 210; s. a. OLG Frankfurt ZIP 1988, 794: Vorschusspflicht bei Quote um 4%.

422 OLG Naumburg ZIP 1994, 383, 384; OLG Rostock ZIP 2003, 1721; OLG Hamburg NZI 2002, 662; FKInsO/*Schmerbach*[7] § 26 Rn. 38; Mohrbutter/Mohrbutter/*Pape,* HdB Insolvenzverwaltung, Rn. X.23.

423 S. dazu BGH NJW 1994, 3170, 3171.

424 FKInsO/*Schmerbach*[7] § 26 Rn. 37; Mohrbutter/Mohrbutter/*Pape,* HdB Insolvenzverwaltung, Rn. X.23; Stein/Jonas/*Bork* ZPO § 116 Rn. 10; *Mitlehner* NZI 2001, 617, 619; aA LG Aachen MDR 1996, 638, 639; Baumbach/Lauterbach/Albers/*Hartmann* ZPO § 116 Rn. 11. Nach OLG Naumburg ZIP 1994, 383, 384 sowie Musielak/Voit/*Fischer* ZPO § 116 Rn. 6 soll in einem derartigen Fall schon keine wirtschaftliche Beteiligung vorliegen.

425 OLG Hamm MDR 1998, 1498; OLG Naumburg ZIP 1994, 383, 384; Musielak/Voit/*Fischer* ZPO § 116 Rn. 6; Uhlenbruck/*Mock* § 80 Rn. 213.

426 Vgl. BGHZ 119, 372, 377 = NJW 1993, 135; NJW 1994, 3170, 3171.

427 BGHZ 119, 372, 377 = NJW 1993, 135.

428 *Häsemeyer,* Insolvenzrecht, Rn. 13.30 will dies auf Prozesse beschränken, die dem haftungsrechtlichen Ausgleich zwischen den Insolvenzgläubigern dienen. S. dazu *Ringstmeier/Hohmann* ZIP 2005, 284; zur anteiligen Aufbringung der Kosten durch mehrere Gläubiger KG NZI 2003, 148.

429 BGHZ 119, 372, 377 = NJW 1993, 135; NJW 1991, 40, 41; OLG Schleswig ZIP 1995, 759; OLG Köln ZIP 1991, 1604; InVo 1998, 252, 253; OLG Hamm ZIP 1995, 758; OLG Dresden ZIP 1995, 1830; OLG Schleswig ZIP 1997, 1427; K. Schmidt/*Sternal* § 80 Rn. 54; Musielak/Voit/*Fischer* ZPO § 116 Rn. 7; *Jaeger* VersR 1997, 1060, 1061.

430 Ebenso FKInsO/*Schmerbach*[7] § 26 Rn. 42; *Hess*[2] § 4 Rn. 364; Uhlenbruck/*Mock* § 80 Rn. 213; aA Jaeger/*Windel* § 80 Rn. 176; aA auch KG NZI 2000, 221, 222 mit der Begründung, dass mit der Abkehr von der früher in § 61 KO statuierten Rangordnung nunmehr alle Gläubiger gleich seien. Gegen eine Privilegierung der Arbeitnehmer, deren Lohnforderungen zur Tabelle angemeldet worden sind, mit gewichtigen Gründen *Steenbuck* MDR 2004, 1155, 1158.

431 BGH NJW 1991, 40, 41.

f) Träger öffentlicher Aufgaben. Einigkeit bestand in Rechtsprechung und Schrifttum weiterhin, dass von der **öffentlichen Arbeitsverwaltung**[432] und von den **Trägern der Sozialversicherung**[433] eine Beteiligung an den Prozesskosten nicht verlangt werden kann. Dies wurde im Allgemeinen damit begründet, dass für diese im Interesse der sozial schwächeren Gläubiger ohne eigenes Gewinnstreben handelnden Institutionen eine Beteiligung an den Prozesskosten im Hinblick auf ihre öffentlichen Aufgaben unzumutbar sei; teilweise wurde auch darauf abgestellt, dass dort keine Mittel für Prozesskosten bereitgestellt seien.[434] Demgegenüber wird aber in der neueren Rechtsprechung teilweise eine generelle Unzumutbarkeit der Kostenaufbringung mit der Begründung verneint, wegen der Abkehr von der früher in § 61 KO vorgenommenen Rangunterscheidung seien nunmehr alle Gläubiger als gleichgestellt anzusehen.[435] Mit dem Hinweis auf das **Fehlen eines Haushaltstitels** wurde auch eine Vorschusspflicht der öffentlichen Hand verneint.[436] Das ist ein zweifelhaftes Argument, weil es Sache der staatlichen Institutionen ist, insoweit Vorsorge zu treffen.[437] Weiter wurde darauf verwiesen, dass die Durchführung eines Insolvenzverfahrens nicht nur Gläubigerinteressen diene, sondern auch im **öffentlichen Interesse** liege;[438] es müsse die in der Neufassung des § 116 Satz 1 Nr. 1 ZPO zum Ausdruck kommende Absicht des Gesetzgebers, die Bewilligung von Prozesskostenhilfe für den Verwalter zum Regelfall zu machen, beachtet werden.[439] Zudem müssten die Mittel für die Prozessführung ohnehin von der öffentlichen Hand aufgebracht werden, sei es aus Mitteln der Finanzverwaltung oder der Prozesskostenhilfe.[440] Die Auferlegung einer Vorschusspflicht widerspreche ferner der in § 2 Abs. 1 GKG statuierten Freistellung des Bundes und der Länder von Gerichtskosten für den Fall der eigenen Geltendmachung von Forderungen.[441] Schließlich wurde argumentiert, dass durch die Einstufung der Steuerforderungen als bevorrechtigte Konkursforderungen gem. § 61 Abs. 1 Nr. 2 KO zum Ausdruck gebracht sei, dass an der Befriedigung dieser Forderungen ein 93

---

432 BGHZ 129, 372, 378 = BGH NJW 1993, 135; NJW 1991, 40, 41; ZInsO 2004, 501; OLG Köln ZIP 1991, 1603, 1604; OLG Hamm ZIP 1995, 758; OLG Düsseldorf ZIP 1995, 1277; Musielak/Voit/*Fischer* ZPO § 116 Rn. 7. Ebenso zur Rechtslage unter Geltung der InsO Nerlich/Römermann/*Wittkowski/Kruth* § 80 Rn. 63; FKInsO/*Schmerbach*[7] § 26 Rn. 42; *Hess*[2] § 4 Rn. 365 ff., 369 ff.; *Mitlehner* NZI 2001, 617, 619; Uhlenbruck/*Mock* § 80 Rn. 213; aA HambKommInsO/*Kuleisa* § 80 Rn. 54.

433 BGHZ 119, 372, 378 = NJW 1993, 135; NJW 1997, 3318, 3319; OLG Köln InVo 1998, 252, 253; OLG München ZIP 1998, 1197, 1198; OLG Celle ZIP 1991, 1604; OLG Dresden ZIP 1995, 1830; 1992, 1644; Stein/Jonas/*Bork* ZPO § 116 Rn. 10; Musielak/Voit/*Fischer* ZPO § 116 Rn. 7; Baumbach/Lauterbach/Albers/*Hartmann* ZPO § 116 Rn. 11. Ebenso zur Rechtslage unter der Geltung der InsO OLG Düsseldorf NZI 1999, 455, 456; Nerlich/Römermann/*Wittkowski/Kruth* § 80 Rn. 63; FKInsO/*Schmerbach*[7] § 26 Rn. 43; *Hess*[2] § 4 Rn. 369 ff.; *Harms* InVo 2000, 41 f.; Uhlenbruck/*Mock* § 80 Rn. 213; K. Schmidt/*Sternal* § 80 Rn. 56.

434 BGHZ 119, 372, 378 = NJW 1993, 135; OLG Stuttgart ZIP 1996, 1670; OLG München ZIP 1998, 1197, 1198; zust. Nerlich/Römermann/*Wittkowski/Kruth* § 80 Rn. 63; *Hess*[2] § 4 Rn. 367; *Harms* InVo 2000, 41, 42.

435 KG NZI 2000, 221, 222; ebenso *Steenbuck* MDR 2004, 1155, 1158.

436 Aus der umfangreichen Rechtsprechung der Oberlandesgerichte, die eine grundsätzliche Freistellung der Finanzbehörden von der Kostentragungspflicht nach § 116 ZPO bejaht haben, sei hier nur verweisen auf OLG München ZIP 1996, 512; OLG Frankfurt ZIP 1993, 1250; 1995, 1536; OLG Dresden ZIP 1995, 1830; OLG Stuttgart ZIP 1996, 1670; OLG Düsseldorf ZIP 1995, 1277, 1278; ebenso für die Rechtslage unter Geltung der InsO FKInsO/*Schmerbach*[7] § 26 Rn. 46. Ebenso BGH NJW 1997, 3318. Offen gelassen in BGH NJW 1994, 3170 hinsichtlich der Frage der generellen Verneinung einer Vorschusspflicht des Fiskus, im konkreten Fall wurde aber eine Vorschusspflicht verneint. And. nunmehr BGHZ 138, 188 = NJW 1998, 1868, wonach es eine generelle Freistellung des Fiskus von der Kostenaufbringung nicht gibt; ebenso BGH NZI 1999, 450, 450 f.; ZInsO 2004, 501; OLG Koblenz NZI 2000, 81; OLG Köln MDR 1994, 407; OLG Schleswig ZIP 1999, 201; OLG Celle NZI 1999, 231; FKInsO/*Wimmer/Amend* § 80 Rn. 63 aE; Zöller/*Geimer* ZPO § 116 Rn. 15 f.; *Oepen/Rettmann* Rpfleger 1998, 273, 275 ff.; *Jaeger* VersR 1997, 1060, 1062 f.; *Gottwald/Baumann* JZ 1998, 1179. Gegen eine Kostenbefreiung des Fiskus *Steenbuck* MDR 2004, 1155, 1157; aA *Gundlach/Frenzel/N. Schmidt* NJW 2004, 2412, 2415 f.

437 Darauf verweist zutr. BGHZ 138, 188, 194 = NJW 1998, 1868, 1869; ebenso OLG Hamm NJW-RR 1994, 1342; *Oepen/Rettmann* Rpfleger 1998, 273, 275.

438 OLG Düsseldorf ZIP 1995, 1277, 1278.

439 OLG Stuttgart ZIP 1996, 1670; OLG Dresden ZIP 1995, 1830, 1831; FKInsO/*Schmerbach*[7] § 26 Rn. 46; Mohrbutter/Mohrbutter/*Pape,* HdB Insolvenzverwaltung, Rn. X.26; hiergegen BGHZ 138, 188, 191 = NJW 1998, 1868; *Oepen/Rettmann* Rpfleger 1998, 273, 275.

440 OLG Hamburg ZIP 1994, 221, 222; FKInsO/*Schmerbach*[7] § 26 Rn. 46.

441 OLG Dresden ZIP 1995, 1830, 1831; OLG Celle ZIP 1994, 1973, 1974; hiergegen BGHZ 138, 188, 191 = 1998, 1868 mit der Begründung, dass § 2 Abs. 1 GKG ausschließlich von Bund und Ländern selbst geführte Prozesse und zudem ausschließlich die Gerichtskosten betreffe; zust. OLG Celle NZI 1999, 231; *Gottwald/Baumann* JZ 1998, 1179, 1181.

besonderes öffentliches Interesse bestehe.[442] Zumindest dem letzteren Argument ist wegen der **Beseitigung des Konkursvorrechts für Forderungen der Staatskasse** durch die Insolvenzordnung der Boden entzogen.[443] Im Kern ging und geht es aber ohnehin nur darum, die Durchsetzung von Ansprüchen nicht daran scheitern zu lassen, dass Prozesskostenhilfe verweigert wird, ohne dass sichergestellt werden kann, dass Gläubiger für die Prozesskosten aufkommen.[444] Eine Kostenvorschusspflicht des Fiskus scheitert nach jetziger Rechtslage in der Regel schon daran, dass es auch der öffentlichen Hand nicht zuzumuten ist, einen Rechtsstreit zu finanzieren, der nicht nur den eigenen, sondern vielmehr gleichrangig oder vorrangig auch der Durchsetzung fremder Vermögensinteressen dient.[445] Im Übrigen ist festzuhalten, dass einem „Ausufern" der Bewilligung von Prozesskostenhilfe ohne weiteres auch durch eine kritische **Prüfung der Erfolgsaussichten** begegnet werden kann, so dass die Führung von offensichtlich aussichtslosen Prozessen mit Mitteln der Prozesskostenhilfe ohnehin ausgeschlossen sein sollte.[446] Unzumutbarkeit der Kostenaufbringung wird schließlich auch im Hinblick auf die sonstigen Träger öffentlicher Aufgaben, insb. die Bundesrepublik Deutschland sowie die Gemeinden, angenommen.[447]

94 **g) Ziele des Insolvenzverfahrens als Kriterium für Prozesskostenhilfe.** Über die gesetzlich genannten Kriterien hinaus stellt die Rechtsprechung auch auf das Ziel des Insolvenzverfahrens und das öffentliche Interesse an einer ordnungsgemäßen Durchführung des Insolvenzverfahrens ab.[448] Dennoch wird aber davon ausgegangen, dass PKH versagt werden soll, wenn nur einige Gläubiger zur Finanzierung des Rechtsstreits nicht bereit sind und der Rest dazu allein nicht in der Lage ist; dazu wird auf die **Gesamtheit der Gläubiger,** denen der Prozesserfolg zugutekäme, abgestellt.[449] Demgemäß könnte die Durchführung eines Rechtsstreits, wenn sie von der Kostenaufbringung bestimmter Gläubiger abhängig wäre, von diesen blockiert werden, indem sie sich weigern, die Kosten aufzubringen bzw. vorzuschießen. Die Folge, dass Prozesse unterbleiben, ist dann in Kauf zu nehmen.[450] Dies wird ein rational handelnder Gläubiger nur tun, wenn er sich damit nicht selbst schädigt oder sich einen Vorteil hiervon verspricht, der sich auch darauf beziehen kann, dass die Durchführung eines Insolvenzverfahrens vereitelt wird, um nach dessen Einstellung im Wege der Einzelzwangsvollstreckung auf die Forderung des Schuldners zuzugreifen.[451] Nach dem Wegfall der Konkursvorrechte des § 61 KO besteht für die einzelnen Gläubiger in der Regel jedoch kein Anreiz mehr, einen eigenen Kostenvorschuss für die Durchführung eines Rechtsstreits zu erbringen, solange nicht gesichert ist, dass sich die anderen Gläubiger in gleicher Weise an der Aufbringung der Prozesskosten beteiligen.

95 **4. Rechtskraftwirkung.** Die Rechtskraft eines im Prozess des Insolvenzverwalters ergangenen Urteils wirkt für und gegen den Schuldner, jedoch mit Beschränkung auf die Masse. Hierüber besteht im Ergebnis Einigkeit, wenngleich die Begründungen je nach dem theoretischen Grundverständnis von der Rechtsstellung des Insolvenzverwalters im Verhältnis zum Schuldner differieren.[452] Die **Rechtskraftwirkung für und gegen den Schuldner** ergibt sich aus der Sicht der Vertretertheorie ohne weiteres daraus, dass nach dieser Ansicht der Schuldner selbst Partei ist.[453] Vom Ansatz

---

442 OLG Düsseldorf ZIP 1995, 1277, 1278; OLG Stuttgart ZIP 1996, 1670, 1671; vgl. a. BGH NJW 1994, 3170, 3171.

443 Vgl. BGHZ 138, 188 = NJW 1998, 1868 (XI. ZS), wonach es eine generelle Freistellung des Fiskus von der Kostenaufbringung nicht gibt. Diese Entscheidung steht im Widerspruch zu der vom IX. ZS verfolgten Tendenz, die Gewährung von Prozesskostenhilfe als Regelfall zu behandeln.

444 Vgl. dazu OLG Stuttgart ZIP 1996, 1670, 1671; OLG Düsseldorf ZIP 1995, 1277, 1278; *Pape* ZIP 1998, 791, 792; *Gottwald/Baumann* JZ 1998, 1179, 1180 f.

445 Vgl. dazu BGH NJW 1994, 3170; aA K. Schmidt/*Sternal* § 80 Rn. 57.

446 Vgl. *Pape* NZI 1998, 64, 65.

447 OLG München ZIP 1996, 512, 513; zust. FKInsO/*Schmerbach*[7] § 26 Rn. 45; *Hess*[2] § 4 Rn. 380; aA OLG Celle ZInsO 1998, 235 für einen Landkreis im Rahmen eines Nachlassinsolvenzverfahrens.

448 BGHZ 119, 372, 377 = NJW 1993, 135; NZI 2004, 26; NJW 1998, 1229 f.; OLG Frankfurt ZIP 1997, 1600, 1601; 1995, 1536, 1537; OLG Düsseldorf ZIP 1995, 1277, 1278. Näher zur Frage eines besonderen öffentlichen Interesses an der Durchführung auch massearmer Verfahren *Gundlach/Frenzel/N. Schmidt* NJW 2004, 2412, 2414; *Mitlehner* NZI 2001, 617, 618; krit. hiergegen *Steenbuck* MDR 2004, 1155, 1159.

449 OLG Hamm ZIP 2005, 1711; OLG Köln MDR 2000, 51, 52; Jaeger/*Windel* § 80 Rn. 178; *Jaeger/Henckel* KO § 6 Rn. 77; nach BGH NJW 1997, 3318, 3319 soll diese Ansicht zumindest nicht „greifbar gesetzwidrig" sein. Krit. hierzu aber FKInsO/*Schmerbach*[7] § 26 Rn. 40.

450 BGHZ 138, 118 = NJW 1998, 1868; hiergegen BGH NZI 2006, 348; *Gundlach/Frenzel/N. Schmidt* NJW 2004, 2412, 2416.

451 *Gundlach/Frenzel/N. Schmidt* NJW 2004, 2412, 2414, 2416; *Mitlehner* NZI 2001, 617, 621.

452 Hierzu eingehend Jaeger/*Windel* § 80 Rn. 188; *Jaeger/Henckel* KO § 6 Rn. 83–94.

453 Jaeger/*Windel* § 80 Rn. 188; *Jaeger/Henckel* KO § 6 Rn. 83.

der Amtstheorie her ergeben sich Schwierigkeiten, die Rechtskraftwirkung zu erklären, insb. wenn man dem formellen Parteibegriff auch bei der Auslegung des § 325 Abs. 1 ZPO folgt.[454] Schwierigkeiten bereitet auch die prozessrechtliche Begründung dafür, dass die Rechtskraftwirkung für und gegen den Schuldner von der **Verfügungsbefugnis des Insolvenzverwalters** abhängt.[455] Nach der Organtheorie wird der Schuldner von der Rechtskraft in Prozessen der Masse ergangener Urteile zwar grundsätzlich nicht berührt; dass er die der Masse rechtskräftig abgesprochenen Rechte gleichwohl nicht gelten machen kann, beruht darauf, dass er seit der Verfahrenseröffnung nicht mehr Träger dieser Rechte ist. Eine **Bindung an die Rechtskraft** tritt auch nach dieser Theorie aber ein, wenn der streitbefangene Gegenstand infolge einer Freigabe oder die haftende Masse infolge einer Verfahrensbeendigung ohne vollständige Liquidation an ihn zurückgelangt.[456] Die Rechtskraftwirkung tritt nur ein, soweit Verfügungsmacht und Prozessführungsbefugnis des Insolvenzverwalters reichen, erfasst also nicht das insolvenzfreie Vermögen des Schuldners.[457] Da aber nunmehr grundsätzlich das gesamte Vermögen des Schuldners zur Insolvenzmasse gehört (§ 35), kommt dieser Einschränkung und den damit nach bisherigem Recht verknüpften Streitfragen nur noch **geringe praktische Bedeutung** zu. Diese bezogen sich vor allem auf die Auswirkungen eines für oder gegen den Konkursverwalter ergangenen Urteils auf das konkursfreie Vermögen des Gemeinschuldners.[458] Da sich die Prozessführungsbefugnis des Insolvenzverwalters nunmehr grundsätzlich auf das gesamte Vermögen des Schuldners erstreckt, wird dieser im praktischen Ergebnis auch gleicherweise umfassend von der Rechtskraftwirkung erfasst.

5. Einzelzwangsvollstreckung durch Gläubiger. a) Zulassungs- und Eröffnungsverfahren. Der Eingang eines Insolvenzantrags beim Insolvenzgericht hat grundsätzlich keine Auswirkungen auf die Einzelzwangsvollstreckung. Möglich ist jedoch die Anordnung von **Sicherungsmaßnahmen nach §§ 21 f.,** so etwa die Anordnung einer Kontensperre, der Siegelung der Geschäftsräume oder bestimmter Gegenstände oder die Untersagung der Herausgabe von bestimmten Gegenständen aus dem Vermögen des Schuldners. Will das Insolvenzgericht verhindern, dass der Schuldner während des Eröffnungsverfahrens Verpflichtungsgeschäfte eingeht, kann es einen sog. Verpflichtungsvorbehalt für einzelne bestimmte Verpflichtungsgeschäfte oder ein gegenständlich beschränktes Verwaltungsverbot anordnen.[459] 96

Bestellt das Insolvenzgericht einen **schwachen vorläufigen Insolvenzverwalter,** bleiben Maßnahmen der Einzelzwangsvollstreckung zulässig, ebenso der Abschluss von Zahlungsvereinbarungen gem. § 802b Abs. 2 ZPO sowie die Entgegennahme freiwilliger Zahlungen des Schuldners durch den Gerichtsvollzieher, da die Verwaltungs- und Verfügungsbefugnis beim Schuldner verbleibt. Allerdings kann die Zahlung anfechtbar sein (§ 131 Abs. 1 Nr. 1 Alt. 2). Ein umfassender Auskunftsanspruch steht dem Insolvenzverwalter gegen den Gerichtsvollzieher insoweit zwar nicht zu,[460] jedoch kann er im Hinblick auf § 80 Abs. 1 Satz 1 **Einsicht in die Gerichtsvollzieherakten** gem. § 760 Satz 1 ZPO, § 42 Gerichtsvollzieherordnung nehmen (→ Rn. 43, 43a).[461] 96a

Bei der Bestellung eines **vorläufigen Insolvenzverwalters mit Zustimmungsvorbehalt** bleiben Maßnahmen der Einzelzwangsvollstreckung zulässig, da sie als Zwangsmaßnahmen keine „Verfügungen" iSd §§ 21 Abs. 2 Satz 1 Nr. 2 Alt. 2, 24 Abs. 1, 81 Abs. 1 Satz 1 darstellen. Nicht wirksam ist demgegenüber die Entgegennahme freiwilliger Zahlungen des Vollstreckungsschuldners aus der künftigen Insolvenzmasse, da die damit einhergehende Erfüllungswirkung als Verfügung unwirksam ist. Zahlungsvereinbarungen, die der Gerichtsvollzieher gem. § 802b Abs. 2 ZPO mit dem Schuldner schließt, sind – sofern das Insolvenzgericht keinen Verpflichtungsvorbehalt angeordnet hat (→ Rn. 96) – wirksam. Da jedoch Zahlungen, die der Vollstreckungsschuldner in Erfüllung solcher Vereinbarungen leistet, als Verfügungen unwirksam sind, muss der Gerichtsvollzieher vom Abschluss einer Zahlungsvereinbarung absehen, sofern der Vollstreckungsschuldner nicht glaubhaft darlegt, die Zahlungen aus Vermögen erbringen zu können, das nicht der künftigen Insolvenzmasse zuzuordnen ist (vgl. § 802b Abs. 2 Satz 1 ZPO). 96b

Hat das Insolvenzgericht einen **starken vorläufigen Insolvenzverwalter** bestellt, bleiben Maßnahmen der Einzelzwangsvollstreckung ebenfalls im Grundsatz zulässig. Da dem Schuldner allerdings die Verwaltungs- und Verfügungsbefugnis über die künftige Insolvenzmasse fehlt (§ 22 Abs. 1 Satz 1), sind Pfändungsmaßnahmen unzulässig. Eine gleichwohl durchgeführte Pfändung 96c

[454] Vgl. *Jaeger/Henckel* KO § 6 Rn. 86.
[455] Dazu *Jaeger/Henckel* KO § 6 Rn. Rn. 87 f. mwN.
[456] Dazu Jaeger/*Windel* § 80 Rn. 188 f.; *Jaeger/Henckel* KO § 6 Rn. 85.
[457] Uhlenbruck/*Uhlenbruck*[13] § 80 Rn. 114; *Jaeger/Henckel* KO § 6 Rn. 91.
[458] Im Einzelnen dazu *Jaeger/Henckel* KO § 6 Rn. 81 ff.
[459] Vgl. hierzu HKInsO/*Rüntz/Laroche* § 21 Rn. 19.
[460] So aber *Janca* NZI 2003, 188 f.
[461] Jaeger/*Henckel* § 143 Rn. 165; Jaeger/*Windel* § 80 Rn. 198.

ist nicht nichtig, sondern lediglich anfechtbar.[462] Zulässig bleiben Pfändungsmaßnahmen in das insolvenzfreie oder das vom vorläufigen Verwalter „freigegebene" Vermögen des Schuldners. Ebenso möglich bleiben sonstige Maßnahmen der Einzelzwangsvollstreckung, insbesondere die Abnahme der Vermögensauskunft gem. § 802c ZPO, allerdings beschränkt auf das insolvenzfreie Vermögen des Schuldners. Nicht wirksam sind freiwillige Zahlungen des Vollstreckungsschuldners aus der künftigen Insolvenzmasse (§§ 24 Abs. 1, 81 Abs. 1 Satz 1). Zahlungsvereinbarungen gem. § 802b Abs. 2 ZPO sind nur insoweit wirksam, als sie sich auf Zahlungen beziehen, die aus Vermögen erbracht werden, das nicht der künftigen Insolvenzmasse zuzuordnen ist (→ Rn. 96b).

96d Häufig wird das Insolvenzgericht gem. § 21 Abs. 2 Satz 1 Nr. 3 **Maßnahmen der Zwangsvollstreckung gegen den Schuldner untersagen oder einstweilen einstellen.** In diesem Fall kommt es zu einem Vollstreckungsverbot, wobei die Wirkungen des § 89 in das Eröffnungsverfahren vorgezogen werden. Erfasst wird dadurch auch das Verfahren über die Abgabe der Vermögensauskunft gem. § 802c ZPO, da es Teil des Zwangsvollstreckungsverfahrens ist.[463] Ebenso ausgeschlossen ist die Einholung von Drittauskünften gem. § 802l ZPO.[464] Da sich die Anordnung auf das gesamte Schuldnervermögen bezieht, gilt sie auch für vom vorläufigen Insolvenzverwalter „freigegebene" Gegenstände.[465] Hat ein Gläubiger bereits vor der Anordnung ein Pfändungspfandrecht erlangt, bleibt dieses von der Anordnung unberührt. Nach der Verfahrenseröffnung ist der Gläubiger Absonderungsberechtigter (§ 50 Abs. 1).[466] Ist eine vor der Anordnung wirksam gepfändete Sache untergestellt und Versteigerungstermin anberaumt, hat der Gerichtsvollzieher den Termin aufzuheben und von dem Vollstreckungsgläubiger einen weiteren Kostenvorschuss anzufordern. Gepfändetes Bargeld oder der Versteigerungserlös sind nicht an den Schuldner oder den vorläufigen Insolvenzverwalter auszukehren, sondern zu hinterlegen.[467] Der Vollstreckungsgläubiger kann den Gerichtsvollzieher aber auch anweisen, die Pfändung aufzuheben. Nach der Aufhebung der Pfändung hat der Gerichtsvollzieher die gepfändete Sache bzw. den Erlös an den vorläufigen Insolvenzverwalter herauszugeben (vgl. § 120 Abs. 2 Satz 2 GVGA), sofern es sich um einen starken Verwalter handelt (§ 22 Abs. 1 Satz 1). Andernfalls ist die Sache – vorbehaltlich anderweitiger Anordnungen des Insolvenzgerichts – an den Insolvenzschuldner herauszugeben, sofern dieser der letzte Gewahrsamsinhaber gewesen ist (vgl. § 120 Abs. 2 Satz 1 GVGA). Die Anordnung nach § 21 Abs. 2 Satz 1 Nr. 3 kann sich lediglich auf **bewegliches Vermögen** erstrecken. Ein Vermieter kann daher mit einem Titel gegen den Insolvenzschuldner die Räumungsvollstreckung über Räume betreiben.[468] Ebenso zulässig bleibt die Vollstreckung einer Duldungsverpflichtung, die sich auf einen unbeweglichen Gegenstand bezieht, wie etwa die Zutrittsgewährung zum Zwecke der Duldung der Sperrung eines Verbrauchszählers an der Abnahmestelle.[469] Für den **Vollstreckungsschutz in unbewegliches Vermögen** ist gem. § 30d Abs. 4 ZVG auf Antrag des vorläufigen Insolvenzverwalters ausschließlich das Vollstreckungsgericht zuständig. Als unbewegliches Vermögen gelten auch die in § 864 Abs. 1 ZPO genannten im Schiffsregister eingetragenen Schiffe[470] und die Schiffsbauwerke, die im Schiffsbauregister eingetragen sind oder in dieses Register eingetragen werden können und zwar auch dann, wenn sie sich diese in ausländischen Gewässern befinden.[471] Sollten in dem zuletzt genannten Fall Zwangsvollstreckungsmaßnahmen drohen, muss der vorläufige Insolvenzverwalter prüfen, ob nach dem jeweils geltenden ausländischen Recht eine Einstellung der Zwangsvollstreckung in Betracht kommt.[472]

96e **b) Eröffnetes Verfahren.** Die Einzelzwangsvollstreckung ist für **Insolvenzgläubiger** während der Dauer des eröffneten Verfahrens grundsätzlich unzulässig (§ 89 Abs. 1 InsO, § 51 Abs. 3 Satz 1 GVGA; → § 89 Rn. 11 ff.). Das Vollstreckungsverbot bezieht sich sowohl auf Vollstreckungen in die Insolvenzmasse als auch auf Vollstreckungen in das sonstige Vermögen des Schuldners, also

---

462 BGH NZI 2017, 892; AG Essen NZI 2018, 671.

463 *Harnacke* DGVZ 2003, 161, 162; *Brox/Walker*, Zwangsvollstreckungsrecht Rn. 1150; PG/*Meller-Hannich* ZPO § 802c Rn. 4; *Stein/Jonas/Münzberg* ZPO § 807 Rn. 22; aA LG Stuttgart Rpfleger 1999, 286; LG Würzburg InVo 2000, 106; AG Güstrow JurBüro 2004, 213; AG Heilbronn DGVZ 1999, 187; AG Hainichen JurBüro 2002, 605; AG Rostock JurBüro 2000, 214; eingehend *Hackenberg*, ZVI 2009, 133, 141 f.

464 *Beth* NZI 2016, 198, 111; zur Frage, ob das Insolvenzgericht bzw. der Insolvenzverwalter befugt sind, die Einholung von Drittauskünften nach § 802l ZPO zu beantragen → Rn. 96k.

465 Für § 89 Abs. 1 vgl. BGH NZI 2009, 382 ff.

466 Der Gegenstand ist in diesem Fall zu verwerten (§ 91 Abs. 2 Satz 2 Alt. 2 GVGA). Etwas anderes gilt, wenn die Pfändung nach § 88 unwirksam geworden ist, vgl. Zöller/*Herget* ZPO § 814 Rn. 4.

467 *Harnacke* DGVZ 2003, 161, 162.

468 AG Mainz ZInsO 2001, 574.

469 LG Mainz NZI 2002, 444.

470 S. hierzu LG Bremen ZIP 2012, 1189; AG Hamburg ZInsO 2015, 755 f.

471 Zutr. AG Hamburg ZInsO 2015, 755 f.; K. Schmidt/*Hölzle* § 21 Rn. 68; aA LG Bremen ZIP 2012, 1189.

472 AG Hamburg ZInsO 2015, 755 f.

auch auf das vom Insolvenzverwalter freigegebene Vermögen.[473] Eine unter Verstoß gegen § 89 durchgeführte Pfändung führt allerdings nicht zur Nichtigkeit, sondern lediglich zur Anfechtbarkeit des Pfändungsakts. Es entsteht zwar kein Pfändungspfandrecht, jedoch tritt die öffentlich-rechtliche Verstrickung ein.[474] Solange die Verstrickung nicht durch das Vollstreckungsorgan oder gerichtlich aufgehoben worden ist, besteht sie fort.[475] Das Pfändungspfandrecht kann dann nach Beendigung des Insolvenzverfahrens wieder wirksam werden.[476] Ein vor der Verfahrenseröffnung fehlerhaft zustande gekommener Vollstreckungsakt führt dagegen weder zur Entstehung eines Pfändungspfandrechts noch zur Verstrickung, der Mangel kann nach der Verfahrenseröffnung auch nicht mehr geheilt werden. Setzt die Heilung ein Tätigwerden des Gerichtsvollziehers voraus, folgt dies aus § 89 Abs. 1 Satz 1. Setzt die Heilung ein Tätigwerden des Vollstreckungsschuldners voraus, folgt dies aus §§ 80 Abs. 1 Satz 1, 81. Nicht von § 89 untersagt sind bloße **Vorbereitungshandlungen,** wie etwa die Erteilung einer vollstreckbaren Ausfertigung eines Titels, die Vollstreckbarerklärung ausländischer Titel (§§ 722, 1079 ff. ZPO) und auch die Zustellung eines Titels an den Schuldner gem. § 750 Abs. 1 ZPO. Die **Zulässigkeit von Zustellungen** hängt im Übrigen davon ab, ob sie unmittelbar eine Vollstreckungswirkung herbeiführen.[477] So ist die Zustellung eines Pfändungs- und Überweisungsbeschlusses an den Drittschuldner in der Insolvenz des Vollstreckungsschuldners gem. § 829 Abs. 3 Satz 1 ZPO untersagt, da erst die Zustellung die Wirksamkeit der Pfändung begründet. Ist lediglich über das Vermögen des Drittschuldners das Insolvenzverfahren eröffnet worden, steht § 89 einer Zustellung des Pfändungs- und Überweisungsbeschlusses an diesen nicht entgegen. Eine **Vorpfändung** wird im Hinblick auf die Wirkungen des § 845 Abs. 2 ZPO von § 89 erfasst. Ist die Vorpfändung bereits vor Eröffnung des Insolvenzverfahrens erfolgt und auch nicht gem. § 88 Abs. 1 unwirksam, ist jedoch der Pfändungs- und Überweisungsbeschluss nicht vor der Eröffnung des Insolvenzverfahrens zugestellt worden, kann diese Zustellung nach der Verfahrenseröffnung nicht nachgeholt werden. Die Wirkung der Vorpfändung verfällt dann (vgl. § 845 Abs. 2 Satz 1 Hs. 2 ZPO). § 80 Abs. 2 Satz 2 findet keine Anwendung (→ Rn. 158). Das Verfahren zur **Abgabe der Vermögensauskunft** (§§ 802c ff., 807 ZPO) wird für Insolvenzgläubiger vom Vollstreckungsverbot erfasst. Auch die **Vollziehung einer Eintragungsanordnung** nach § 882c ZPO ist ausgeschlossen. Aus dem Charakter des Eintragungsverfahrens als Amtsverfahren[478] folgt lediglich, dass das Verfahren nicht zur Disposition der Verfahrensbeteiligten steht, es sich insbesondere nicht um eine Vollstreckungsmaßnahme ieS handelt, die vom Gläubiger beantragt werden muss. Hieraus folgt indes nicht, dass das Eintragungsverfahren nicht als Teil des Vollstreckungsverfahrens anzusehen ist. Der Gesetzgeber hat dies zwischenzeitlich durch den am 26.11.2016 in Kraft getretenen § 882c Abs. 2 Satz 2 ZPO klargestellt. Ein vor der Verfahrenseröffnung wirksam erlassener **Haftbefehl nach § 802g Abs. 1 ZPO** wird von der Verfahrenseröffnung nicht berührt. Jedoch ist der Schuldner mit der Eröffnung des Verfahrens von Amts wegen aus der Haft zu entlassen.[479] Der Haftbefehl kann nach Beendigung des Insolvenzverfahrens wieder vollstreckt werden, sofern der zugrundeliegende Titel noch wirksam und nicht durch den Tabelleneintrag gegenstandslos geworden ist.

Von § 89 Abs. 1 nicht untersagt sind **freiwillige Zahlungen des Insolvenzschuldners aus seinem insolvenzfreien Vermögen** an Insolvenzgläubiger.[480] Hat der Gerichtsvollzieher die Durchführung eines Vollstreckungsauftrags wegen Eröffnung des Insolvenzverfahrens über das Vermögen des Vollstreckungsschuldners abgelehnt oder das Verfahren eingestellt, hat er die Entgegennahme freiwilliger Zahlungen durch den Vollstreckungsschuldner allerdings abzulehnen und diesen an den Vollstreckungsgläubiger zu verweisen, da die aus § 754 ZPO (§ 60 GVGA) folgende Befugnis zur Entgegennahme freiwilliger Zahlungen erloschen ist. Hat der Gerichtsvollzieher in Unkenntnis der Eröffnung des Insolvenzverfahrens oder in Verkennung der Rechtswirkungen des § 89 den Vollstreckungsauftrag durchgeführt und hierbei freiwillige Zahlungen des Vollstreckungsschuldners aus der Insolvenzmasse entgegengenommen, hat er diese an den Schuldner zurückzuzahlen, sofern der Vollstreckungsgläubiger dies beantragt oder er auf eine entsprechende gerichtliche Entscheidung hierzu angewiesen wird. Macht der Insolvenzverwalter Zahlung an sich geltend, hat der Gerichtsvollzieher die Zahlung zu hinterlegen. Hat der Gerichtsvollzieher die Zahlung bereits an den Gläubiger ausgekehrt, muss sich der Insolvenzverwalter an den Gläubiger halten. 96f

473 BGH NZI 2009, 382; K. Schmidt/*Hölzle* § 89 Rn. 16; aA *Harnacke* DGVZ 2003, 161, 163.
474 S. hierzu BGH NZI 2017, 892 Rn. 14 f.; AG Essen NZI 2018, 671; *Kuleisa*, ZVI 2014, 121, 126.
475 Für eine Aussetzung der Vollziehung der Pfändung durch das Vollstreckungsorgan fehlt eine gesetzliche Grundlage; s. hierzu zutr. AG Essen NZI 2018, 671 Rn. 26 f.; ohne nähere Begründung aA BGH NZI 2017, 892 Rn. 14 aE.
476 BGH NZI 2011, 600 Rn. 11; 2017, 892 Rn. 14 f.
477 *Gerhardt*, InsO-HdB, § 33 Rn. 7.
478 Vgl. hierzu BGH NJW 2016, 876.
479 *Harnacke* DGVZ 2003, 161, 162.
480 *Harnacke* DGVZ 2003, 161, 163.

96g Für **Neugläubiger** gilt § 89 Abs. 1 nicht, weshalb für sie Einzelzwangsvollstreckungen auch nach Eröffnung des Insolvenzverfahrens zulässig und durchzuführen sind (vgl. § 51 Abs. 4 Satz 1 Nr. 1 Hs. 1 GVGA). Allerdings können Neugläubiger nicht in das zur Insolvenzmasse gehörende Vermögen vollstrecken (§§ 80, 81).[481] Für sie gilt im Übrigen gem. § 89 Abs. 2 Satz 1 ein Vollstreckungsverbot in künftige Forderungen auf Bezüge aus einem Dienstverhältnis des Schuldners oder an deren Stelle tretende laufende Bezüge. Gläubiger von Unterhaltsforderungen sowie Deliktsgläubiger können in bestimmten Grenzen in den für andere Gläubiger unpfändbaren Teil des Arbeitseinkommens vollstrecken (vgl. §§ 850d, 850f Abs. 2 ZPO). Hat ein Insolvenzgläubiger wegen seiner Forderung nach Eröffnung des Insolvenzverfahrens Klage erhoben und ist ein Urteil ergangen, ist er mit seinem prozessualen Kostenerstattungsanspruch kein Insolvenz-, sondern Neugläubiger. Nur in Bezug auf die zugrundeliegende Hauptforderung sowie etwaige Nebenforderungen ist der Gläubiger nicht Neu-, sondern Insolvenzgläubiger.[482] **Massegläubiger** können in den Grenzen des § 90 vollstrecken, sofern der Insolvenzverwalter nicht dem Insolvenzgericht die Masseunzulänglichkeit angezeigt hat (§§ 208, 210). Für **absonderungsberechtigte Gläubiger** gilt § 89 ebenfalls nicht, es sei denn, sie vollstrecken nicht aus dem Absonderungsrecht, sondern wegen der zugrundeliegenden Forderung. Die Grenzen ihrer Vollstreckungsbefugnis ergeben sich aus den §§ 166 ff.[483] Zulässig ist die Zwangsvollstreckung jedenfalls dann, wenn der Insolvenzverwalter den Gegenstand nicht in Besitz hat (vgl. § 51 Abs. 4 Satz 1 Nr. 3 GVGA).[484] **Aussonderungsberechtigte Gläubiger** können die Zwangsvollstreckung betreiben (vgl. § 51 Abs. 4 Satz 1 Nr. 2 GVGA),[485] so etwa der Vermieter mit einem entsprechenden Räumungstitel.[486] Ein (Mit-)Gewahrsam des Insolvenzverwalters an den Räumlichkeiten steht der Herausgabevollstreckung allerdings entgegen,[487] sofern der Verwalter nicht herausgabebereit ist (§ 809 ZPO analog).

96h Soweit eine Zwangsvollstreckung durch Gläubiger hiernach möglich ist, bedürfen vor Verfahrenseröffnung ergangene Urteile gegen den Insolvenzschuldner der **Titelumschreibung** gegen den Insolvenzverwalter,[488] sofern die Zwangsvollstreckung erst nach Verfahrenseröffnung beginnen soll oder eine Pfändung bzw. Beschlagnahme vor diesem Zeitpunkt nicht wirksam geworden ist.[489] Ist streitig, ob ein bestimmter Gegenstand zur Masse gehört, ist der Verwalter zur **Drittwiderspruchsklage** gem. § 771 ZPO befugt.[490] Der Verwalter ist zur **Abgabe der Vermögensauskunft** nach § 802c ZPO verpflichtet.[491] Da jedoch die insolvenzrechtlichen den allgemeinen Vorschriften vorgehen, bleibt ihm die Möglichkeit, eine Einstellung mangels Masse nach § 207 anzuregen und so dieser Verpflichtung zu entgehen.[492]

96i **6. Einzelzwangsvollstreckung durch den Insolvenzverwalter. a) Vollstreckungstitel des Schuldners.** Hat der Insolvenzschuldner gegen einen Dritten einen Vollstreckungstitel erwirkt, obliegt die Zwangsvollstreckung aus diesem Titel nach Eröffnung des Insolvenzverfahrens dem Insolvenzverwalter (§ 80 Abs. 1 Satz 1). Der Vollstreckungstitel bedarf nach der Rechtsprechung[493] und der hM im Schrifttum der **Umschreibung** auf den Insolvenzverwalter gem. § 727 ZPO.[494] Ist

---

481 Entgegen AG Augsburg DGVZ 2012, 82 f. (obiter dictum) bedarf es für die Zulässigkeit des Vollstreckungsauftrags eines Neugläubigers keiner konkreten Darlegung, dass vollstreckbares Vermögen vorhanden ist, da das Zwangsvollstreckungsverfahren gerade darauf abzielen kann festzustellen, ob und welches Vermögen vorhanden ist.

482 BGH NZI 2014, 310 ff.; aA AG Bremen NZI 2008, 55 f.; zur Qualifikation der Kosten nach Aufnahme eines Zivilrechtsstreits durch den Insolvenzverwalter s. *Froehner* NZI 2016, 425, 426 ff.; *Paulus* NJW 2010, 1633 ff.

483 Dazu, ob die Verwertungsbefugnis des Insolvenzverwalters zu einem Vollstreckungsverbot (§ 89 analog) oder zu einer materiell-rechtlichen Einwendung (§ 767 ZPO) führt vgl. Jaeger/*Eckardt* § 89 Rn. 19 mwN.

484 *Harnacke* DGVZ 2003, 161, 163.

485 *Harnacke* DGVZ 2003, 161, 163.

486 AG Offenbach DGVZ 2005, 14 f.; Zöller/*Seibel* ZPO § 885 Rn. 15.

487 Zöller/*Seibel* ZPO § 885 Rn. 15.

488 Nerlich/Römermann/*Wittkowski/Kruth* § 80 Rn. 49; Jaeger/*Windel* § 80 Rn. 193; *Harnacke* DGVZ 2003, 161, 163.

489 BGH WM 2005, 1324, 1326.

490 Nerlich/Römermann/*Wittkowski/Kruth* § 80 Rn. 47; FKInsO/*Wimmer/Amend* § 80 Rn. 54.

491 Nerlich/Römermann/*Wittkowski/Kruth* § 80 Rn. 47.

492 Nerlich/Römermann/*Wittkowski/Kruth* § 80 Rn. 47.

493 OLG Stuttgart NJW 1973, 1756; LG Lübeck DGVZ 1980, 140; LG Bremen KTS 1977, 124.

494 *Jaeger/Henckel* KO § 6 Rn. 98; *Bork*, Insolvenzrecht, Rn. 195; *Schäfer* Rn. 25; K. Schmidt/*Sternal* § 80 Rn. 60 mwN; Jaeger/*Windel* § 80 Rn. 196; Uhlenbruck/*Mock* § 80 Rn. 170; nach hM soll § 727 ZPO in diesen Fällen nur analog anzuwenden sein, vgl. nur Stein/Jonas/*Münzberg* ZPO § 727 Rn. 25 f.; Wieczorek/Schütze/*Paulus* ZPO § 727 Rn. 18; Brox/*Walker*, Zwangsvollstreckungsrecht, Rn. 127; and. vom Ansatz der Vertretertheorie *K. Schmidt* JR 1991, 309, 312.

dem Vollstreckungsschuldner bereits eine Vollstreckungsklausel erteilt worden, ist eine Titelumschreibung nicht erforderlich.[495] Insoweit rückt der Insolvenzverwalter gem. § 80 Abs. 1 Satz 1 in die Rechtsposition des Schuldners ein. Tritt während des Insolvenzverfahrens ein **Wechsel in der Person des Insolvenzverwalters** ein, bedarf es ebenfalls keiner Titelumschreibung.[496] Ein Parteiwechsel ist damit nicht verbunden, weil der neue Verwalter das Amt des bisherigen fortführt; der Wechsel vollzieht sich innerhalb dieses Amtes.

b) Vollstreckungstitel des Insolvenzverwalters. Die **Geltendmachung von Ansprüchen des Insolvenzschuldners gegen Dritte** obliegt nach der Eröffnung des Insolvenzverfahrens ebenfalls dem Insolvenzverwalter. Erhebt er Klage, tut er dies als Partei kraft Amtes. Titelgläubiger ist der Insolvenzverwalter. Mit diesem Titel kann der Verwalter sodann die Einzelzwangsvollstreckung gegen Dritte betreiben. Die Bestimmung des § 148 Abs. 1 statuiert einen **Herausgabeanspruch gegenüber dem Insolvenzschuldner und besitzende Dritte.** Hat der Insolvenzschuldner zur Masse gehörendes Vermögen in Gewahrsam und verweigert er die Herausgabe an den Insolvenzverwalter, kann der Verwalter die Herausgabe im Wege der Zwangsvollstreckung durchsetzen (vgl. § 148 Abs. 2 InsO, §§ 38 Nr. 27, 51 Abs. 1 GVGA). Zur Geltendmachung vermögensrechtlicher Ansprüche gegen den Insolvenzschuldner muss der Verwalter keinen gesonderten Titel erwirken. Vielmehr bildet gem. § 148 Abs. 2 Satz 1 die vollstreckbare Ausfertigung des Eröffnungsbeschlusses (§ 27) zugleich einen Vollstreckungstitel gegen den Schuldner iSd § 794 Abs. 1 Nr. 3 ZPO.[497] Da die herauszugebenden Gegenstände im Eröffnungsbeschluss nicht näher bezeichnet sind, muss der Gerichtsvollzieher die Zugehörigkeit zur Insolvenzmasse von Amts wegen prüfen, wobei vor allem die Gewahrsamsverhältnisse maßgeblich sind.[498] Hat der Insolvenzschuldner eine Wohnung herauszugeben, ist nach überwiegender Meinung § 721 ZPO nicht anwendbar, dem Insolvenzschuldner bleibt jedoch die Möglichkeit, Vollstreckungsschutz nach § 765a ZPO zu beantragen.[499] Hat **ein Dritter zur Insolvenzmasse gehörendes Vermögen in Besitz (Gewahrsam),** kann der Insolvenzverwalter den Herausgabeanspruch nicht zwangsweise durchsetzen. Der Eröffnungsbeschluss stellt einen Titel auf Herausgabe der Insolvenzmasse ausschließlich gegenüber dem Insolvenzschuldner dar. Verweigert der Dritte die Herausgabe (§ 809 ZPO), ist der Insolvenzverwalter darauf angewiesen, diesen gerichtlich in Anspruch zu nehmen. 96j

Im Insolvenzverfahren können nach hM zudem **Drittauskünfte über das Vermögen des Schuldners** gem. § 4 InsO, § 802l ZPO durch das Insolvenzgericht oder den Insolvenzverwalter eingeholt werden.[500] Das hierfür verbreitet angeführte Argument, wenn der Gesetzgeber ausdrücklich die Verhaftung des Schuldners in § 98 Abs. 2 zugelassen habe, müssten über § 4 erst recht die Vorschriften mit einer wesentlichen geringeren Eingriffsintensität anwendbar sein,[501] überzeugt zwar nicht, weil es sich bei der Einholung von Drittauskünften nicht um eine weniger einschneidende Maßnahme zur Erzwingung der Auskunftserteilung durch den Schuldner, sondern um eine eigenständige Maßnahme zur Informationsgewinnung unter Eingriff in das Recht des Schuldners auf informationelle Selbstbestimmung handelt.[502] Die Analogie ist indes möglich, weil der Zweck des § 802l ZPO mit dem Ziel der Gesamtvollstreckung in Einklang steht.[503] Zudem wird dem verfassungsrechtlichen Bestimmtheitsgebot genügt.[504] Kommt der Insolvenzschuldner seiner Auskunftspflicht gem. §§ 20 Abs. 1 Satz 1, 97 Abs. 1 Satz 1 in Bezug auf seine Vermögensverhältnisse nicht nach oder ist bei einer Vollstreckung in die von ihm angegebenen Vermögensgegenstände eine vollständige Befriedigung aller Gläubiger voraussichtlich nicht zu erwarten und ist die Erhebung der Auskunft erforderlich,[505] kann der zuständige Gerichtsvollzie- 96k

---

[495] Vgl. BGH WM 2005, 1324 ff.; s. aber LG Köln ZInsO 2013, 198 ff.

[496] LG Essen NJW-RR 1992, 576; K. Schmidt/*Sternal* § 80 Rn. 60; Jaeger/*Windel* § 80 Rn. 197; *Kilger/K. Schmidt* KO Anm. 7h cc; *K. Schmidt* JR 1991, 309, 314; aA Zöller/*Seibel* ZPO § 727 Rn. 18.

[497] Vgl. BGH NZI 2011, 979.

[498] Vgl. hierzu LG Stendal DGVZ 2008, 77.

[499] BGH, NZI 2009, 48.

[500] AG Köln NZI 2018, 622 ff.; AG München NZI 2016, 541; AG Ludwigshafen Beschl. v. 24.11.2015 – 3b IN 208/15 – juris; AG Rosenheim DGVZ 2018, 185, 186; *Beth* NZI 2016, 109, 110 f.; *Siebert* NZI 2016, 541 f.; *Smid* DZWiR 2018, 351, 360 f.; HKInsO/*Rüntz/Laroche* § 21 Rn. 51; HKZPO/*Rathmann* § 802l Rn. 2; *Marković* ZInsO 2016, 1974 ff.; aA *Martens* DGVZ 2018, 186 f.; Musielak/Voit/*Voit* § 802l Rn. 2; PG/*Meller-Hannich* § 802l Rn. 1.

[501] AG München NZI 2016, 541; AG Rosenheim DGVZ 2018, 185, 186; *Beth* NZI 2016, 109, 114.

[502] Zutr. *Martens* DGVZ 2018, 186 f.; Musielak/Voit/*Voit* § 802l Rn. 2.

[503] AG Rosenheim DGVZ 2018, 185, 186; *Beth* NZI 2016, 109, 111; *Siebert* NZI 2016, 541, 542.

[504] S. hierzu *Beth*, NZI 2016, 109, 114.

[505] Instruktiv *Beth* NZI 2016, 109, 111 ff.

her daher mit der Einholung von Drittauskünften beauftragt werden. Im Eröffnungsverfahren ist der gem. § 4 InsO, § 802a Abs. 2 Satz 1 Nr. 3 ZPO erforderliche Auftrag durch das **Insolvenzgericht** zu stellen.[506] Im eröffneten Verfahren ist ausschließlich der **Insolvenzverwalter** zuständig, wobei die Vollstreckung auf der Grundlage einer vollstreckbaren Ausfertigung des Eröffnungsbeschlusses erfolgt (→ Rn. 96j).[507] In dem Auftrag sind die Voraussetzungen für die Einholung von Drittauskünften darzulegen.[508] Eine direkte Einholung der Drittauskünfte nach § 802l ZPO durch das Insolvenzgericht oder den Insolvenzverwalter[509] ist dagegen nicht zulässig, da de lege lata ausschließlich der Gerichtsvollzieher zur Erhebung der Auskünfte ermächtigt ist.[510] Dass die von dem Gerichtsvollzieher ersuchte Stelle die Erteilung der Auskunft uU verweigern kann, berechtigt nicht zur Ablehnung des Auftrags.[511]

97 **7. Beendigung des Insolvenzverfahrens.** Nach Aufhebung des Insolvenzverfahrens fällt die Verwaltungs- und Verfügungsbefugnis über sein Vermögen wieder an den Schuldner zurück, damit entfällt die Prozessführungsbefugnis des Verwalters.[512] Streit besteht darüber, ob dies zu einer Unterbrechung des Verfahrens führt (§§ 239 bis 242 ZPO). Vom Boden der Amtstheorie aus ist das zu bejahen, weil der **Übergang der Prozessführungsbefugnis** auf den Schuldner einen Parteiwechsel darstellt,[513] während vom Ansatz der Vertretertheorie her gesehen der Schuldner den Prozess ohne Unterbrechung weiterführt.[514] Ungeachtet des Theorienstreits ist aber anzunehmen, dass eine Unterbrechung bereits aus praktischen Gründen notwendig ist, um dem Schuldner ausreichend Gelegenheit zu geben, sich auf die neue Konstellation einzustellen.[515] Gerade diesem Zweck dient die Unterbrechung auch in den gesetzlich vorgesehenen Fällen.[516] Die Verfahrensunterbrechung tritt ferner auch ein, wenn ein Verwalterwechsel stattfindet.[517]

98 Der Schuldner unterliegt wie nach bisherigem Recht nach Aufhebung des Insolvenzverfahrens der **freien Nachforderung der Gläubiger** hinsichtlich ihrer restlichen Forderungen (§ 201 Abs. 1, dazu und zu den Einschränkungen der freien Nachforderung → Rn. 7 ff.). Ein während des Insolvenzverfahrens gegen den Insolvenzverwalter ergangener Titel bedarf der Umschreibung gegen den Schuldner.[518] Will der Insolvenzschuldner nach Abschluss des Insolvenzverfahren oder aufgrund eines freigegebenen Anspruchs aus einem von dem Insolvenzverwalter erwirkten Vollstreckungstitel die Zwangsvollstreckung betreiben, muss er den Titel gem. § 727 ZPO analog auf sich umschreiben lassen.[519] Etwas anderes gilt dann, wenn dem Insolvenzverwalter bereits eine Vollstreckungsklausel erteilt worden ist.[520] In diesem Fall muss der Schuldner lediglich nachweisen, dass die Verwaltungs- und Verfügungsbefugnis wieder auf ihn zurückgefallen ist. Eine Titelumschreibung ist auch erforderlich, wenn der Vollstreckungsgläubiger den Titel in seiner früheren Eigenschaft als Insolvenzverwalter erlangt hat.[521]

---

506 AG München NZI 2016, 541 (*Siebert*); AG Köln NZI 2018, 622 ff.; HKInsO/*Rüntz/Laroche* § 21 Rn. 51.
507 AG Rosenheim DGVZ 2018, 185, 186.
508 Nicht überzeugend daher *Martens* DGVZ 2018, 186, 187.
509 Ein direkter Auskunftsanspruch des Insolvenzverwalters gegenüber der Kfz-Zulassungsstelle aus den §§ 35 Abs. 1, 39 Abs. 1, 39 Abs. 3 Satz 1 StVG besteht nicht; vgl. hierzu VG Braunschweig NZI 2010, 116 ff. Allerdings kann sich ein Auskunftsanspruch des Insolvenzverwalter aus den jeweiligen Informationsfreiheitsgesetzen der Länder ergeben; vgl. hierzu VG Greifswald NZI 2017, 870; → Rn. 43a.
510 AG München NZI 2016, 541; AG Rosenheim DGVZ 2018, 185, 186; *Beth* NZI 2016, 109, 112; jew. unter Hinweis auf BVerfG NJW 2007, 2464; nicht überzeugend daher *Martens* DGVZ 2018, 186 f.
511 *Siebert* NZI 2016, 541, 542.
512 BGH ZIP 2010, 102; BFH NZI 2011, 911 f.
513 *Jaeger/Henckel* KO § 6 Rn. 112; Nerlich/Römermann/*Wittkowski/Kruth* § 80 Rn. 51; Uhlenbruck/*Uhlenbruck*[13] § 80 Rn. 108; aA die frühere Rechtsprechung, die sich hierbei auf einen Umkehrschluss aus § 240 ZPO stützte, vgl. nur RGZ 47, 372, 373; RGZ 58, 369, 371; RGZ 73, 312, 314. Abl. auch MüKoZPO/*Feiber* § 240 Rn. 34; Zöller/*Greger* ZPO § 240 Rn. 20.
514 Vgl. *Jaeger/Henckel* KO § 6 Rn. 112.
515 Jaeger/*Windel* § 80 Rn. 205 ff.; *Jaeger/Henckel* KO § 6 Rn. 111; ohne nähere dogmatische Begründung geht BFH NZI 2011, 911, 912 von einer Unterbrechung analog § 239 ZPO aus.
516 *Jaeger/Henckel* KO § 6 Rn. 111.
517 Nerlich/Römermann/*Wittkowski/Kruth* § 80 Rn. 52; Jaeger/*Windel* § 80 Rn. 209; *Jaeger/Henckel* KO § 6 Rn. 115; Uhlenbruck/*Uhlenbruck*[13] § 80 Rn. 109.
518 *Kilger/K. Schmidt* KO § 6 Anm. 7i bb; Jaeger/*Windel* § 80 Rn. 195; Uhlenbruck/*Uhlenbruck*[13] § 80 Rn. 110.
519 S. hierzu Nerlich/Römermann/*Wittkowski/Kruth* § 80 Rn. 49; Jaeger/*Windel* § 80 Rn. 195; *Jaeger/Henckel* KO § 6 Rn. 98; Zöller/*Seibel* ZPO § 727 Rn. 18; K. Schmidt/*Sternal* § 80 Rn. 60.
520 Vgl. BGH WM 2005, 1324.
521 BGH NJW 1992, 2159 = WuB VI E § 767 ZPO 2.92 *(Münzberg)* = EWiR 1992, 717 *(Brehm)*; krit. dazu *Münzberg* JZ 1993, 95.

D. Die Rechtsstellung des Insolvenzverwalters in Sonderrechtsgebieten

I. Der Insolvenzverwalter im Handelsrecht

1. Allgemeine Rechtsstellung des Insolvenzverwalters. a) Kaufmannseigenschaft. Bei einem kaufmännischen Schuldner endet die Kaufmannseigenschaft nicht durch die Eröffnung des Insolvenzverfahrens, sondern besteht in der Person des Schuldners solange fort, bis die Geschäftstätigkeit durch Aufgabe oder Veräußerung des Gewerbebetriebs beendet wird.[522] Der Schuldner – gleichviel ob natürliche Person oder Gesellschaft – bleibt Träger des Unternehmens. Juristische Personen, die kraft ihrer Rechtsform unabhängig vom Betrieb eines Handelsgewerbes Handelsgesellschaften sind (vgl. §§ 3 Abs. 1 AktG, 278 Abs. 3 iVm § 3 Abs. 1 AktG, 13 Abs. 3 GmbHG, 17 Abs. 2 GenG), werden zwar durch die Eröffnung des Insolvenzverfahrens aufgelöst (→ § 11 Rn. 13), behalten ihre Eigenschaft als **Handelsgesellschaft** aber bis zu ihrer Vollbeendigung.[523] Auch bei den Handelsgesellschaften ohne Rechtspersönlichkeit (OHG/KG) besteht diese Eigenschaft mindestens bis zur Beendigung der handelsgewerblichen Tätigkeit fort.[524] Die Auflösung der Gesellschaft durch Eröffnung des Insolvenzverfahrens (§ 131 Abs. 1 Nr. 3 HGB) ändert nichts an der Kaufmannseigenschaft bzw. an der Eigenschaft als Handelsgesellschaft, vielmehr bleibt die **Kaufmannseigenschaft des Unternehmensträgers** auch in der Liquidation außerhalb des Insolvenzverfahrens bis zur Vollbeendigung bestehen.[525] 99

Der Insolvenzverwalter selbst wird **nicht Kaufmann,** auch dann nicht, wenn er das Unternehmen fortführt.[526] Gleichwohl kann auf Geschäfte, die er für die Masse tätigt, Handelsrecht anzuwenden sein, solange die Kaufmannseigenschaft des Schuldners fortbesteht und sofern es sich um Handelsgeschäfte des Schuldners handelt. Darüber besteht im Ergebnis Übereinstimmung ungeachtet des Theorienstreits, der auch in diesem Zusammenhang keine rechtspraktische Relevanz hat. Maßgeblich für die Entscheidung im Einzelfall ist, ob der **kaufmännische Rechtsverkehr** die Anwendung der handelsrechtlichen Vorschriften auf den Insolvenzverwalter erfordert, ob es also im Hinblick auf Art und Umfang der vom Insolvenzverwalter vorgenommenen Geschäfte sachlich geboten und gerechtfertigt ist, auf diese die Vorschriften des Handelsrechts anzuwenden.[527] Das bestimmt sich nach dem **Normzweck** der jeweiligen Vorschrift. Die Grenze ist erreicht, wenn der Insolvenzverwalter nur noch Geschäfte vornimmt, die erkennbar in keinem Zusammenhang mit unternehmerischem Handeln mehr stehen. 100

Der Insolvenzverwalter kann nach zutreffender Ansicht keine wirksame Gerichtsstandsvereinbarung gem. § 38 Abs. 1 ZPO treffen, da er selbst kein Kaufmann ist und auch eine analoge Anwendung der Norm nicht in Betracht kommt.[528] 100a

b) Einzelfälle. Die Vorschriften über das **Handelsregister** (§§ 8 ff. HGB) sind auch in der Insolvenz anwendbar, allerdings in modifizierter Form; dies ergibt sich aus § 32 Abs. 2 HGB, der lediglich die Vorschrift des § 10 HGB über die öffentliche Bekanntmachung sowie den § 15 HGB für nicht anwendbar erklärt.[529] Auch die Vorschriften über Firmen gelten in der Insolvenz.[530] Da die **Firma des Kaufmanns** zur Masse gehört (→ Rn. 57),[531] unterliegt sie der Verwertungsbefugnis des Insolvenzverwalters. Der Insolvenzverwalter ist zwar nicht verpflichtet, aber berechtigt, sie im 101

---

522 AllgM; s. nur *Jaeger/Henckel* KO § 6 Rn. 52; Jaeger/*Windel* § 80 Rn. 67; K. Schmidt/*Sternal* § 80 Rn. 63; Nerlich/Römermann/*Wittkowski/Kruth* § 80 Rn. 33; KPB/*Lüke* § 80 Rn. 13.

523 Jaeger/*Windel* § 80 Rn. 67; K. Schmidt/*Sternal* § 80 Rn. 63; *Jaeger/Henckel* KO § 6 Rn. 52; *K. Schmidt* NJW 1987, 1905, 1907.

524 *K. Schmidt* BB 1989, 229, 230; *ders.* NJW 1987, 1905, 1907. Von einem Fortbestand bis zur Vollbeendigung gehen aus Staub/*Brüggemann* HGB § 1 Rn. 31; *K. Schmidt,* Wege zum Insolvenzrecht, S. 101 f.

525 *Jaeger/Henckel* KO § 6 Rn. 52 mwN.; Jaeger/*Windel* § 80 Rn. 77.

526 BGH NJW 1987, 1940, 1941; OLG Zweibrücken NZI 2019, 54; Andres/Leithaus/*Leithaus* § 80 Rn. 5; K. Schmidt/*Sternal* § 80 Rn. 63; Nerlich/Römermann/*Wittkowski/Kruth* § 80 Rn. 33; KPB/*Lüke* § 80 Rn. 13; LSZ/*Smid* § 80 Rn. 50; FKInsO/*Wimmer/Amend* § 80 Rn. 22; Jaeger/*Windel* § 80 Rn. 67; *Jaeger/Henckel* KO § 6 Rn. 52; Uhlenbruck/*Mock* § 80 Rn. 230; Gottwald/*Eickmann,* InsO-HdB, § 30 Rn. 42.

527 LSZ/*Smid* § 80 Rn. 50; Jaeger/*Windel* § 80 Rn. 69; FKInsO/*Wimmer/Amend* § 80 Rn. 22.

528 Zutr. OLG Zweibrücken NZI 2019, 54 f.; *Henke/Krämer* NZI 2019, 56; mit unterschiedlicher Begründung aA *Baumert* EWiR 2019, 85, 86; *Wexler-Uhlich/Wagner* ZIP 2015, 1213, 1215 f.; Zöller/*Schultzky* ZPO § 38 Rn. 22 aE.

529 Vgl. *K. Schmidt* NJW 1987, 1905, 1908.

530 *K. Schmidt* NJW 1987, 1905, 1908.

531 LSZ/*Smid* § 80 Rn. 51; K. Schmidt/*Sternal* § 80 Rn. 65; Jaeger/*Windel* § 80 Rn. 71; *Kern* BB 1999, 1717; *Steinbeck* NZG 1999, 133, 134; aA die frühere Rspr., vgl. nur RGZ 58, 166, 169.

Rechtsverkehr zu führen.[532] Soweit im Interesse der Masse zwingend geboten, ist der Insolvenzverwalter auch zur Firmenänderung befugt.[533] Anzuwenden ist insb. auch § 23 HGB, so dass eine „isolierte Verwertung" der Firma nicht möglich ist.[534] Zur **Übertragung der Firma** durch den Insolvenzverwalter bei Veräußerung des Unternehmens und zum Erfordernis der Zustimmung des Namensträgers → Rn. 57 f. Sofern der Insolvenzverwalter das Handelsgeschäft einer Handelsgesellschaft mit Firma veräußert und die Gesellschafter keine neue Firma bestimmen, muss die Handelsgesellschaft die bisherige Firma bis zur Insolvenzbeendigung fortführen; § 30 HGB steht dem nicht entgegen.[535]

102 § 25 HGB findet auf die **Veräußerung eines Unternehmens** durch den *Insolvenzverwalter* keine Anwendung.[536] Der Grund hierfür liegt darin, dass anderenfalls dem Insolvenzverwalter die Verwertung des Geschäfts durch Veräußerung – und insb. auch eine übertragende Sanierung – unmöglich wäre.[537] Die Anwendbarkeit der Vorschrift ist nach hM jedoch nicht ausgeschlossen, wenn die Eröffnung des Insolvenzverfahrens mangels Masse abgelehnt und das Unternehmen dann veräußert wird;[538] Gleiches gilt, wenn zum Zeitpunkt des Erwerbes lediglich Sicherungsmaßnahmen nach §§ 21 ff. InsO angeordnet sind und sich hieran kein Insolvenzverfahren anschließt.[539] Zu den Vorschriften über Prokura und Handlungsvollmacht → Rn. 103, zum Handelsbilanzrecht → Rn. 110.

103 **2. Prokura und Handlungsvollmacht. a) Meinungsstand.** Nach bisherigem Recht war sowohl umstritten, ob eine vom nachmaligen Gemeinschuldner erteilte Prokura oder Handlungsvollmacht durch die Konkurseröffnung erlischt als auch, ob der Konkursverwalter Prokura oder Handlungsvollmacht in Bezug auf ein in Konkurs geratenes Unternehmen erteilen kann. Die erste Frage ist nunmehr durch § 117 Abs. 1 geregelt; danach erlöschen vom Schuldner erteilte Vollmachten. Dazu gehören auch Prokura und Handlungsvollmacht (→ § 117 Rn. 7). Was die **Erteilung von Prokura oder Handlungsvollmacht** durch den Insolvenzverwalter betrifft, so war nach der vorherrschenden Meinung zum bisherigen Recht dem Konkursverwalter beim Konkurs über das Vermögen eines Handelsunternehmens die Erteilung von Handlungsvollmacht gestattet, nicht aber die Erteilung von Prokura.[540] Begründet wurde diese Auffassung zum einen mit dem Hinweis auf den **Konkurszweck;** die Vertretungsmacht des Prokuristen gehe über den Zweck, dem die Einsetzung des Konkursverwalters diene, hinaus.[541] Zum andern wurde darauf verwiesen, der Konkursverwalter dürfe sich seiner Verantwortlichkeit gegenüber dem Gericht und den Gläubigern nicht durch eine Prokuraerteilung entziehen.[542] Demgemäß wurde auch die

---

[532] BGH ZIP 1989, 937, 938; zust. LSZ/*Smid* § 80 Rn. 51.

[533] LG Essen ZIP 2009, 1583 mAnm *Cranshaw* jurisPR-HaGesR 3/2010 Anm. 1.

[534] *K. Schmidt* NJW 1987, 1905, 1908.

[535] *Baumbach/Hopt* HGB § 22 Rn. 24. Nach *K. Schmidt,* Handelsrecht, § 12 I 3c soll der Insolvenzverwalter in derartigen Fällen berechtigt sein, ausnahmsweise selbst eine Ersatzfirma zu bilden; im Einzelnen ist hier vieles streitig, s. hierzu OLG Hamm ZInsO 2018, 1171; KG NZI 2017, 813; OLG München NZI 2016, 641; *Cziupka/Kraack* AG 2018, 525 ff.; *Hacker/v. Lilien-Waldau* NZI 2017, 787 ff.; *Leuering* NJW 2016, 3265 ff.; *Linardatos* ZIP 2017, 901 ff. mwN; *Wachter* GmbHR 2016, 930 ff.

[536] BGHZ 104, 151, 153 = NJW 1988, 1912; BAG NJW 2007, 942 f.; OLG Düsseldorf NZI 2000, 24 – Anwendbarkeit selbst dann ausgeschlossen, wenn der Verwalter vom Erwerber über die Werte der übertragenen Vermögensgegenstände getäuscht wurde oder mit diesem kollusiv zum Nachteil der Gläubiger zusammengewirkt hat; OLG Zweibrücken NZG 1999, 40, 40 f.; MüKoHGB/*Thiessen* § 25 Rn. 36; Heymann/*Emmerich* HGB § 25 Rn. 12 mwN; *Baumbach/Hopt* HGB § 25 Rn. 4; *Noack,* Gesellschaftsrecht, Rn. 169; *K. Schmidt,* Handelsrecht, § 8 II 3 b; *Canaris,* Handelsrecht, § 7 I 3 d, Rn. 25; *Uhlenbruck* ZIP 2000, 401, 403; *Gerhardt* AcP 200 (2000), 426, 433 f.; Beisel/*Klumpp,* Unternehmenskauf, Kap. 5 Rn. 14.

[537] BGHZ 104, 151, 154 = NJW 1988, 1912; NJW 1992, 911; OLG Düsseldorf NZI 2000, 24; Heymann/*Emmerich* HGB § 25 Rn. 12; *Baumbach/Hopt* HGB § 25 Rn. 4. S. hierzu sowie zur Aufhebung des § 419 BGB durch Art. 33 Nr. 16 EGInsO weiter die Begr. zum RegE, BT-Drs. 12/2443, S. 94.

[538] BGH NJW 1992, 911; Heymann/*Emmerich* HGB § 25 Rn. 12; MüKoHGB/*Thiessen* § 25 Rn. 37; aA *Canaris,* Handelsrecht, § 7 I 3 d Rn. 28: Gläubiger können vernünftigerweise nicht erwarten, dass ihre wertlosen Forderungen durch die Haftung des Erwerbers plötzlich wieder voll werthaltig werden.

[539] *Baumbach/Hopt* HGB § 25 Rn. 4; ebenso zum früheren Recht – Anordnung einer Sequestration nach § 106 KO – BGHZ 104, 151 = NJW 1988, 1912; aA *Canaris,* Handelsrecht, § 7 I 3 d Rn. 28 mit der in der vorstehenden Fn. dargestellten Begründung.

[540] S. dazu *Kuhn/Uhlenbruck* KO § 6 Rn. 6; *Obermüller,* Bankpraxis, Rn. 2.106; Jaeger/*Windel* § 80 Rn. 68; *Jaeger/Henckel* KO § 6 Rn. 52, § 23 Rn. 49 (mit der Einschränkung, dass die Erteilung einer Handlungsvollmacht nur bei Fortführung des Unternehmens zulässig sei); Mohrbutter/Mohrbutter/*Pape,* HdB Insolvenzverwaltung, Rn. III.213.

[541] Vgl. BGH WM 1958, 430, 431.

[542] Mohrbutter/Mohrbutter/*Pape,* HdB Insolvenzverwaltung, Rn. III.213.

Ansicht vertreten, der Konkursverwalter dürfe generell Hilfspersonen nur im Innenverhältnis einsetzen.[543] Die Zulässigkeit der Erteilung von Handlungsvollmacht wurde vor allem auf pragmatische Erwägungen gestützt: der Konkursverwalter ist bei der Fortführung eines Unternehmens auf eine Unterstützung durch Bevollmächtigte angewiesen.[544] Eine Differenzierung zwischen Prokura und Handlungsvollmacht lässt sich aber aus dem Zweck des Insolvenzverfahrens nicht ableiten. Sie ergab sich auch weniger aus rechtssystematischen Gründen als vielmehr aus einem Dilemma: einerseits bestand unter Geltung der KO Unbehagen gegenüber einer konsequenten **Einbeziehung der Unternehmensfortführung** in den Zielkatalog des Konkursverfahrens, andererseits aber auch die Notwendigkeit, für diesen Fall gleichwohl Handlungsfähigkeit des Konkursverwalters zu ermöglichen. Die der **Zulässigkeit der Erteilung von Prokura** durch den Insolvenzverwalter entgegenstehende Ansicht, die bereits unter der Geltung der Konkursordnung zunehmend auf Widerspruch gestoßen ist,[545] kann nicht aufrechterhalten werden.[546] Die **Fortführung eines Unternehmens** durch den Insolvenzverwalter war dem Grunde nach bereits nach bisherigem Recht als gleichrangiges Ziel neben der Verwertung des Vermögens durch Liquidation des Unternehmens anerkannt[547] und ist durch die Insolvenzordnung auch förmlich in diesem Rang statuiert worden (§ 1 Satz 1). Wenn es danach zu dem gesetzlichen Aufgabenbereich des Insolvenzverwalters gehört, ein Unternehmen zunächst fortzuführen, so muss ihm auch das dazu erforderliche rechtliche Instrumentarium zur Verfügung stehen. Dazu auch → § 117 Rn. 7.

b) Erteilung durch den Insolvenzverwalter. Handelsrechtliche Gründe stehen einer 104
Erteilung der Prokura durch den Insolvenzverwalter nicht entgegen. Zwar ist der Insolvenzverwalter als solcher nicht Inhaber des Handelsgeschäfts iSd § 48 HGB; er tritt aber kraft der auf ihn übergegangenen Verwaltungs- und Verfügungsbefugnis an die Stelle des Schuldners als Unternehmensträger, der seine Kaufmannseigenschaft durch die Eröffnung des Insolvenzverfahrens nicht verliert[548] (→ Rn. 99). Die Erteilung einer Prokura, einer Handlungsvollmacht oder einer sonstigen Vollmacht für ein der Insolvenzverwaltung unterliegendes Unternehmen ist auch nicht unvereinbar mit den dem Insolvenzverwalter obliegenden Pflichten. Für Rechtsgeschäfte in Bezug auf die Insolvenzmasse, die der Schuldner ohne deren Insolvenzbefangenheit selbst vornehmen könnte, gehen die rechtsgeschäftlichen Handlungskompetenzen des Schuldners auf den Insolvenzverwalter über.[549] Welchen Gebrauch er davon macht, liegt grundsätzlich in seiner Verantwortung. Dies gilt insb. auch für den Umfang, in dem er Aufgaben, die die Fortführung eines Unternehmens betreffen, delegiert. Überlässt er diese zu weitgehend einem Vertreter, so kann dies zur **Haftung des Insolvenzverwalters** wegen Verletzung seiner Sorgfaltspflichten gegenüber den Gläubigern führen. Mit der Frage, welche Rechtsform der Bevollmächtigung von Hilfspersonen bei der Unternehmensfortführung er wählt, hat dies jedoch nichts zu tun. Je mehr Handlungskompetenzen er einem Bevollmächtigten einräumt, desto intensiver sind freilich seine Kontrollpflichten.

c) Reichweite. Anders verhält es sich dagegen mit den **Kompetenzen des Insolvenzverwal-** 105
ters, die dieser nicht an Stelle des Schuldners, sondern kraft seiner eigenen gesetzlichen Aufgaben und Befugnisse im Insolvenzverfahren hat.[550] Hierzu gehören die **Ausübung des Wahlrechts** gem. § 103 sowie die Geltendmachung der **Insolvenzanfechtung** (§§ 129 ff.). In diesem Bereich sind einer Delegation von Aufgaben auf Hilfspersonen engere Grenzen gezogen als bei der laufenden Verwaltung der Insolvenzmasse.[551]

---

543 LG München KTS 1965, 243, 245; *Jaeger/Weber* KO § 78 Rn. 10a; *Hess* KO § 78 Rn. 8.

544 *Jaeger/Henckel* KO § 23 Rn. 49; *Hess* KO § 23 Rn. 10.

545 S. vor allem *K. Schmidt* BB 1989, 229 ff.; *Kilger/K. Schmidt* KO § 6 Anm. 1; *Kuhn/Uhlenbruck* KO § 23 Rn. 7b; *Hess* KO § 23 Rn. 10; Staub/*Joost* HGB § 48 Rn. 17; Schlegelberger/*Schröder* HGB § 48 Rn. 7; Heymann/*Sonnenschein/Weitemeyer* HGB § 48 Rn. 8; *K. Schmidt,* Wege zum Insolvenzrecht, S. 125.

546 Ebenso Nerlich/Römermann/*Kießner* § 117 Rn. 11; *Baumbach/Hopt* HGB § 48 Rn. 1; *K. Schmidt,* Handelsrecht, § 16 III 2 d; *Canaris,* Handelsrecht, § 12 II 1 a Rn. 3; Ebenroth/Boujong/Joost/*Weber* HGB § 48 Rn. 14; aA Nerlich/Römermann/*Wittkowski/Kruth* § 80 Rn. 33; KPB/*Lüke* § 80 Rn. 13; Jaeger/*Windel* § 80 Rn. 68 betr. Prokura und Generalhandlungsvollmacht; *Kesseler* ZNotP 2003, 327.

547 Seit BGHZ 99, 151, 155 = NJW 1987, 844, 845.

548 Heymann/*Sonnenschein/Weitemeyer* HGB § 48 Rn. 8; MüKoHGB/*Krebs* § 48 Rn. 17; EBJS/*Weber* HGB § 48 Rn. 14.

549 Zur Differenzierung zwischen diesen Handlungskompetenzen und der Kompetenz zur Vornahme solcher Rechtshandlungen, die außerhalb eines Insolvenzverfahrens nicht möglich sind, eingehend *Eickmann* KTS 1986, 197 ff.

550 *Eickmann* KTS 1986, 197, 202 f.

551 Jaeger/*Windel* § 80 Rn. 68; *Eickmann* KTS 1986, 197, 202 f. Vgl. auch *Jaeger/Henckel* KO § 23 Rn. 49, der eine Vertretung durch Handlungsbevollmächtigte bei „typisch konkursmäßigen Aufgaben" für unzulässig hält.

106 Eine vom Insolvenzverwalter erteilte Prokura oder Handlungsvollmacht erstreckt sich nicht auf den originären Aufgabenbereich des Insolvenzverwalters, sondern ist von vornherein auf rechtsgeschäftliche **Handlungen für die Insolvenzmasse** beschränkt. Im Übrigen gelten für die Rechtswirkungen der Handlungen von Bevollmächtigten die gleichen Grundsätze wie für Rechtshandlungen, die der Insolvenzverwalter selbst vornimmt. Die Wirkungen treten nur für und gegen die Insolvenzmasse ein, nicht darüber hinaus für und gegen den Schuldner persönlich (→ Rn. 9). Die Vollmacht ist nicht durch den **Insolvenzzweck** begrenzt; liegt aber ein evidenter Missbrauch der Vertretungsmacht vor, so ist es dem Dritten verwehrt, sich darauf zu berufen, dass das vom Vertreter vorgenommene Rechtsgeschäft sich im Rahmen der erteilten Vollmacht hält (→ Rn. 61).

107 Die Frage, ob und inwieweit der Insolvenzverwalter wirksam Vollmachten erteilen kann und ob ihm dazu auch die handelsrechtlichen Sonderformen zur Verfügung stehen, beantwortet sich nach den dargelegten Kriterien unabhängig davon, welcher der Theorien zur Rechtsstellung des Insolvenzverwalters man folgt. Die Befugnis des Insolvenzverwalters, Hilfspersonen zur Wahrnehmung der ihm obliegenden Aufgaben einzusetzen und diesen Vollmachten zu erteilen, ergibt sich aus der auf ihn kraft Gesetzes übergegangenen Verwaltungs- und Verfügungsbefugnis über das zur Insolvenzmasse gehörende Vermögen; hieraus und aus der besonderen Verantwortung des Insolvenzverwalters im Insolvenzverfahren folgt zugleich die Beschränkung der zulässigen Vollmachtserteilungen auf den Bereich der Verwaltung der Insolvenzmasse.

108 **3. Zuständigkeit der Kammern für Handelssachen.** Sofern bei einem Landgericht eine Kammer für Handelssachen gebildet worden ist, tritt diese gem. § 94 GVG für Handelssachen an die Stelle der Zivilkammern. Was Handelssache in diesem Sinne ist, wird durch § 95 GVG bestimmt. Hiernach liegt eine solche u. a. bei denjenigen bürgerlichen Rechtsstreitigkeiten vor, in denen durch die Klage ein Anspruch gegen einen Kaufmann im Sinne des Handelsgesetzbuches, der in das Handels- oder Genossenschaftsregister eingetragen ist oder auf Grund gesetzlicher Sonderregelungen für juristische Personen des öffentlichen Rechts nicht eingetragen zu werden braucht, aus einem **beiderseitigen Handelsgeschäft** geltend gemacht wird (§ 95 Abs. 1 Nr. 1 GVG). Der Tatbestand des § 95 Abs. 1 Nr. 1 GVG ist erfüllt, wenn der Insolvenzverwalter aus einem beiderseitigen Handelsgeschäft in Anspruch genommen wird, das noch der Schuldner als Kaufmann abgeschlossen hat.[552] Dies folgt daraus, dass der Verwalter an die Stelle des Schuldners tritt; er muss daher die noch von diesem abgeschlossenen Geschäfte als Handelsgeschäfte gegen sich gelten und sich insoweit als Kaufmann behandeln lassen.[553] Verneint wird das Vorliegen einer Handelssache hingegen, wenn es um Geschäfte geht, die vom Verwalter selbst zur Verwertung der Masse vorgenommen worden sind.[554] Darin wirkt sich aus, dass der Insolvenzverwalter selbst nicht Kaufmann ist, sondern die Masse für die Gläubiger zu verwerten hat.[555] Eine Klage auf Herausgabe des Erlöses, der aus der Verwertung von vor der Insolvenz sicherungsübereigneten Sachgütern bzw. global zur Sicherung abgetretenen Forderungen erzielt wurde, ist aber als Handelssache zu behandeln, weil der Anspruchsgrund im ursprünglichen Handelsgeschäft liegt.[556]

109 Ebenfalls keine Handelssache ist nach ganz hM der **Anfechtungsrechtsstreit.**[557] Klagt aber der Insolvenzverwalter gegen einen Gesellschafter der schuldnerischen GmbH gem. § 32b GmbHG auf Erstattung des Wertes einer eigenkapitalersetzenden Sicherheit, so soll gem. § 95 Abs. 1 Nr. 4a GVG eine Zuständigkeit der Kammer für Handelssachen anzunehmen sein, da der Verwalter einem Liquidator gleichzustellen sei.[558]

110 **4. Handelsbilanzrecht.** Bereits unter Geltung der KO wurde angenommen, dass die den kaufmännischen Schuldner gem. §§ 238 ff. HGB treffenden **Buchführungs- und Rechnungslegungspflichten** infolge der Verfahrenseröffnung nicht etwa wegfallen, sondern vielmehr – ebenso wie die steuerrechtlichen Buchführungspflichten[559] – auf den Verwalter übergehen.[560] Dies ließ

---

552 LG Köln ZIP 1980, 1071; LG Hamburg MDR 1973, 507; LG Tübingen MDR 1954, 302; *Kissel* GVG § 95 Rn. 3; MüKoZPO/*Zimmermann* § 95 GVG Rn. 6; Musielak/Voit/*Wittschier* ZPO § 95 GVG Rn. 6.

553 LG Köln ZIP 1980, 1071; LG Hamburg MDR 1973, 507; LG Tübingen MDR 1954, 302.

554 LG Köln ZIP 1980, 1071; *Kissel* GVG § 95 Rn. 3; MüKoZPO/*Zimmermann* § 95 GVG Rn. 6; Musielak/Voit/*Wittschier* ZPO § 95 GVG Rn. 6.

555 LG Köln ZIP 1980, 1071; LG Hamburg MDR 1973, 507.

556 LG Köln ZIP 1980, 1071, 1071 f.

557 BGHZ 101, 286, 289 = NJW 1987, 2821; HKInsO/*Thole* § 129 Rn. 124; *Kilger/K. Schmidt* KO § 29 Anm. 22; Uhlenbruck/*Hirte* § 143 Rn. 65; aA LG München EWiR 1999, 845 m. abl. Anm. *Schmitz*: für die Frage, ob eine Handelssache vorliegt, sei nur auf die Partner des zugrunde liegenden Geschäfts, nicht auf den Verwalter abzustellen; s. a. Jaeger/*Windel* § 80 Rn. 157.

558 LG Hamburg ZIP 1998, 480 = NZG 1998, 270 m. zust. Anm. *Schmidt-Parzefall.*

559 BGHZ 74, 316, 318 = NJW 1979, 2212.

560 KG DB 1997, 1708, 1709 = ZIP 1997, 1511 = EWiR 1997, 755 m. zust. Anm. *Pink*; *Hess* KO § 6 Rn. 56; *Kilger/K. Schmidt* KO § 6 Anm. 5e; *Klasmeyer/Kübler* BB 1978, 369, 370.

sich damit begründen, dass es sich insoweit um unternehmensbezogene Pflichten handelt, die dem Gläubigerschutz dienen.[561] Nunmehr stellt § 155 Abs. 1 ausdrücklich klar, dass diese Pflichten des Schuldners unberührt bleiben, in Bezug auf die Insolvenzmasse aber vom Verwalter zu erfüllen sind.[562]

II. Der Insolvenzverwalter im Gesellschaftsrecht

1. Zuständigkeit für die Unternehmensleitung. a) Insolvenzverwalter. Die Eröffnung 111
des Insolvenzverfahrens über das Vermögen einer Gesellschaft lässt die Verwaltungs- und Verfügungsbefugnis über das zur Insolvenzmasse gehörende Vermögen prinzipiell in gleicher Weise auf den Insolvenzverwalter übergehen wie bei der Insolvenz natürlicher Personen. Durch die Eröffnung des Insolvenzverfahrens über ihr Vermögen wird die **Gesellschaft aufgelöst.**[563] Vom Insolvenzverfahren erfasst wird nur das **Vermögen der Gesellschaft,** nicht das Privatvermögen der einzelnen Gesellschafter, unbeschadet der ggf. vom Insolvenzverwalter geltend zu machenden persönlichen Haftung der Gesellschafter für Gesellschaftsverbindlichkeiten (→ Rn. 52).[564] Die Kompetenzen des Insolvenzverwalters erstrecken sich auf alle Angelegenheiten, die das Vermögen der Gesellschaft betreffen. Dies gilt auch für die handelsrechtliche Rechnungslegungspflicht, die neben die insolvenzrechtliche Pflicht, Rechnung zu legen (§ 66), tritt.[565] Die zur Vertretung und Geschäftsführung berufenen Gesellschafter bzw. Organe verlieren mit der Verfahrenseröffnung hinsichtlich der Insolvenzmasse ihre Kompetenzen, die auf den Insolvenzverwalter übergehen.[566] Ein GmbH-Geschäftsführer mutiert nicht zum Arbeitnehmer des Insolvenzverwalters, wenn er bei einer Betriebsfortführung seine Arbeitskraft zur Verfügung stellt.[567] Der Insolvenzverwalter tritt insoweit an die Stelle der **Organe der Gesellschaft.**[568] Nach der zum bisherigen Recht vorherrschenden Ansicht führt die Eröffnung des Insolvenzverfahrens ferner zu einer Zweckänderung in der Weise, dass an die Stelle des Zwecks der werbenden Gesellschaft der Liquidationszweck tritt.[569] Ziel ist die Haftungsverwirklichung durch Verwertung des Gesellschaftsvermögens oder nach Maßgabe des Insolvenzplans der Erhalt des Unternehmens. Die Unternehmensfortführung durch den Insolvenzverwalter gehört demgemäß zu seinen Rechten und Pflichten, soweit diese dem Insolvenzzweck dient, indem sie auf geordnete Liquidation, Sanierung oder Veräußerung des Unternehmens gerichtet ist (→ §§ 60, 61 Rn. 23 f., → § 22 Abs. 1 hinsichtlich des vorläufigen Insolvenzverwalters). Die Befugnisse des Insolvenzverwalters sind jedoch im Außenverhältnis nicht auf Maßnahmen beschränkt, die der Liquidation dienen.[570] Vielmehr ist der Insolvenzverwalter grundsätzlich nur im Innenverhältnis für einen pflichtwidrigen Gebrauch seiner Befugnisse gegenüber den Gläubigern haftbar. Unwirksam sind dagegen Rechtshandlungen des Insolvenzverwalters, die über seine Aufgabe, die Insolvenzmasse

---

561 LSZ/*Smid* § 80 Rn. 51.

562 S. näher zur Rechnungslegung von Kapitalgesellschaften *Fischer-Böhnlein/Körner* BB 2001, 191 ff.; krit. zur Insolvenzrechnungslegung in der Praxis mit Reformvorschlägen *Haarmeyer/Hillebrand* ZInsO 2010, 412 ff.; *Haarmeyer/Hillebrand* ZInsO 2010, 702 ff. Zur Befugnis des Insolvenzverwalters, den mit der Eröffnung des Insolvenzverfahrens neu beginnenden Geschäftsjahresrhythmus zu ändern s. BGH NJW-RR 2015, 245 = NZI 2015, 135.

563 §§ 131 Abs. 1 Nr. 3 HGB, 262 Abs. 1 Nr. 3 AktG, 60 Abs. 1 Nr. 4 GmbHG, 101 GenG; § 728 Abs. 1 BGB.

564 S. dazu § 93 InsO sowie § 171 Abs. 2 HGB. Zur Durchgriffshaftung BGHZ 149, 10 ff.; OLG Dresden ZInsO 2005, 1680; zur Geltendmachung in der Insolvenz BGHZ 151, 181 ff.; NJW 2006, 1344 = WM 2006, 573; *Bork* KTS 2006, 39 ff.; *Böckmann* ZIP 2005, 2186 ff.

565 Uhlenbruck/*Hirte* § 11 Rn. 118.

566 S. dazu hinsichtlich der AG *Häsemeyer,* Insolvenzrecht, Rn. 30.29; hinsichtlich der GmbH Hachenburg/*Ulmer* GmbHG § 63 Rn. 81; *Häsemeyer,* Insolvenzrecht, Rn. 30.51; hinsichtlich der Genossenschaft *Beuthien* GenG § 101 Rn. 6 f.; hinsichtlich der gesellschaftsvertraglichen Vertretungsregelung bei der Personengesellschaft *Häsemeyer,* Insolvenzrecht, Rn. 31.10.

567 BGH NZA 2000, 376; LSG Berlin-Brandenburg NJW-Spezial 2012, 631; LAG Rheinland-Pfalz ZInsO 2010, 679.

568 Uhlenbruck/*Hirte* § 11 Rn. 118; s. hierzu mit einzelnen Beispielen *Treffer* GmbHR 2002, 205 ff.

569 S. dazu *K. Schmidt* BB 1989, 229, 230 mwN; ebenso – teilweise auch schon zur Rechtslage unter der Geltung der InsO – zur AG BayObLG ZIP 1988, 1119, 1120; KKAktG/*Kraft* § 262 Rn. 2; *Noack,* Gesellschaftsrecht, Rn. 355; *Würdinger,* Aktienrecht, § 45 II; *Hueck,* Gesellschaftsrecht, § 31 II; zur GmbH Hachenburg/*Ulmer* GmbHG § 60 Rn. 74; *Roth/Altmeppen* GmbHG § 60 Rn. 4; *Treffer* GmbHR 2002, 205; zur Genossenschaft *Beuthien* GenG § 101 Rn. 1; zu den Personenhandelsgesellschaften Heymann/*Sonnenschein/Weitemeyer* HGB § 145 Rn. 5; GKHGB/*Ensthaler* § 131 Rn. 2; etwas and. Rowedder/Schmidt-Leithoff/*Rasner* GmbHG § 60 Rn. 5; Baumbach/Hueck/*Schulze-Osterloh/Fastrich* GmbHG § 60 Rn. 8: Es komme nicht zu einer Zweckänderung, sondern zu einer Überlagerung des bisherigen Zwecks durch den Liquidationszweck.

570 → Rn. 60 ff.

zu verwalten und zu verwerten, hinausgehen und in die den Gesellschaftsorganen verbleibenden Restkompetenzen eingreifen;[571] → Rn. 112.

112 **b) Gesellschaftsorgane.** Der **Übergang der Verwaltungs- und Verfügungsbefugnis** auf den Insolvenzverwalter in Bezug auf das zur Insolvenzmasse gehörende Gesellschaftsvermögen nimmt den Gesellschaftsorganen die entsprechenden Befugnisse[572] (sog. **Verdrängungsbereich**). Die Gesellschaftsorgane von Gesellschaften mit eigener Rechtspersönlichkeit **bleiben bestehen,** nehmen aber nur diejenigen Kompetenzen wahr, die nicht die Insolvenzmasse betreffen[573] (sog. **Schuldnerbereich**). Problematisch ist die Zuweisung der Kompetenzen dann, wenn zwar der Schuldnerbereich betroffen ist, jedoch nachteilige Auswirkungen auf die Insolvenzmasse entstehen (sog. **Überschneidungsbereich**).[574] Hier sollen Insolvenzverwalter und Gesellschaftsorgane zusammenwirken müssen.[575] Zu unterscheiden ist jedoch danach, ob die in Rede stehende Kompetenz das Fremd- oder das Eigenkapital betrifft. Das Fremdkapital stellt den Gläubigern haftendes Schuldnervermögen dar, für das ausschließlich der Insolvenzverwalter zuständig ist. Dagegen stellt das Eigenkapital kein den Gläubigern haftendes Vermögen und damit Teil der Insolvenzmasse dar; vielmehr ist insoweit der Unternehmensträger selbst betroffen, so dass die Gesellschaftsorgane insoweit zuständig bleiben. Im Überschneidungsbereich bleibt die Kompetenz der Gesellschaftsorgane erhalten; jedoch ist im Innenverhältnis eine Mitwirkung des Insolvenzverwalters erforderlich.[576]

112a Zum Schuldnerbereich gehören danach die Wahrnehmung der dem Schuldner nach der Insolvenzordnung zustehenden Rechte (§§ 10, 218) und der ihm obliegenden Pflichten (insb. §§ 101, 97 bis 99); → § 101 Rn. 13 ff. Im Übrigen beschränken sich die Kompetenzen der Gesellschaftsorgane zum einen auf den innergesellschaftlichen Bereich.[577] Zum andern bestehen sie in Bezug auf insolvenzfreies Vermögen der Gesellschaft fort. Da Neuerwerb in die Masse fällt (§ 35), kommen dafür nur Vermögensgegenstände in Betracht, die der Insolvenzverwalter freigegeben hat[578] (→ Rn. 11). Zu den den Gesellschaftsorganen verbleibenden gesellschaftsrechtlichen Restkompetenzen gehört demnach die **Entscheidung über die Fortsetzung** der Gesellschaft, wenn der Insolvenzplan diese vorsieht.[579] Durch das Gesetz zur weiteren Erleichterung der Sanierung von Unternehmen (ESUG) v. 13.12.2010[580] ist eine stärkere Verknüpfung von Insolvenzrecht und Gesellschaftsrecht über das Insolvenzplanverfahren ermöglicht worden (§ 217 Satz 2 nF)[581] Der Gesellschaft können keine Umstrukturierungen aufgenötigt werden.[582] Der Insolvenzverwalter hat ferner keine Befugnis, die Bestellung der Organmitglieder zu widerrufen.[583] Vielmehr steht das **Widerrufsrecht** nach wie vor nur den dafür zuständigen Gesellschaftsorganen zu.[584] Auch die Bestellung eines Organs fällt nicht in die Zuständigkeit des Insolvenzverwalters.[585] Hinsichtlich der Anstellungsverhältnisse steht dem Insolvenzverwalter dagegen im Innenverhältnis[586] ein besonderes Kündigungsrecht zu (§ 113; → § 113 Rn. 10).[587] Zu den Restkompetenzen der Gesellschaftsorgane gehören weiter die Anmeldung eintragungspflichtiger Umstände zum Handelsregister, so in Bezug auf Satzungsänderungen

---

571 Uhlenbruck/*Hirte* § 11 Rn. 122; *Uhlenbruck* GmbHR 2005, 817, 818; RGZ 53, 190; RGZ 76, 244.

572 BayObLG KTS 2004, 409, 410; OLG Köln ZIP 2001, 717, 718; *Müller* ZGR 2004, 842 f.; Jaeger/*Windel* § 80 Rn. 84 ff.; s. grundlegend zu dieser sog. Verdrängungslehre *Weber* KTS 1970, 73, 77 ff.

573 BGH ZInsO 2006, 260. S. zur AG KKAktG/*Kraft* § 262 Rn. 50 ff.; zur GmbH Hachenburg/*Ulmer* GmbHG § 63 Rn. 94; Lutter/Hommelhoff/*Bayer* GmbHG § 64 Rn. 23; zur Genossenschaft *Beuthien* GenG § 101 Rn. 4; *Lang/Weidmüller/Schaffland* GenG § 101 Rn. 3, 5. Zu einem verwaltungsgerichtlichen Verfahren gegen einer Gewerbeuntersagungsverfügung wegen Unzuverlässigkeit gem. § 12 GewO s. BVerwG NVwZ 2006, 599 f.

574 S. hierzu *W. Ott/Brauckmann* ZIP 2004, 2117, 2118; *Müller* ZGR 2004, 842 f.

575 *Hüffer* AktG § 264 Rn. 41 ff. mwN.

576 So zutr. *W. Ott/Brauckmann* ZIP 2004, 2117, 2119 f.

577 Uhlenbruck/*Hirte* § 11 Rn. 120; *Uhlenbruck* GmbHR 2005, 817, 818; Jaeger/*Windel* § 80 Rn. 79 f.

578 Uhlenbruck/*Hirte* § 11 Rn. 122.

579 §§ 274 Abs. 2 Nr. 1 AktG, § 60 Abs. 1 Nr. 4 GmbHG; § 117 Abs. 1 Satz 1 GenG.

580 BGBl I 2011, S. 2582.

581 Dazu *Simon/Merkelbach* NZG 2012, 121 ff.; *K. Schmidt* BB 2011, 1603 ff.

582 *Häsemeyer,* Insolvenzrecht, Rn. 28.43.

583 *Häsemeyer,* Insolvenzrecht, Rn. 30.30; Jaeger/*Windel* § 80 Rn. 81; *Jaeger/Weber* KO §§ 207, 208 Rn. 32; s. zur Abberufung eines GmbH-Geschäftsführers OLG Rostock Rpfleger 2003, 444, 445.

584 AG: Aufsichtsrat (§ 84 Abs. 3 AktG) und Hauptversammlung (§ 103 AktG); GmbH: Gesellschafterversammlung (§ 46 Nr. 5 GmbHG); Genossenschaft: Generalversammlung (§ 24 Abs. 3 Satz 2, § 36 Abs. 3 GenG).

585 BayObLG ZIP 1988, 1119, 1120; *Hess*[2] § 80 Rn. 275; Nerlich/Römermann/*Wittkowski/Kruth* § 80 Rn. 34; *W. Ott/Brauckmann* ZIP 2004, 2117, 2120.

586 S. hierzu *W. Ott/Brauckmann* ZIP 2004, 2117, 2120.

587 OLG Rostock Rpfleger 2003, 444, 445; Uhlenbruck/*Hirte* § 11 Rn. 125 ff.

und die Einberufung von Gesellschafterversammlungen.[588] In Bezug auf die dem Geschäftsführer der GmbH verbliebenen Kompetenzen steht den Gesellschaftern auch ein Weisungsrecht zu.[589] Für die Geltendmachung von Schadensersatzansprüchen gegen einen GmbH-Geschäftsführer bedarf es in der Insolvenz der Gesellschaft entgegen § 46 Nr. 8 GmbHG keines Gesellschafterbeschlusses.[590] Dagegen ist der dem Gesellschafter gegen die GmbH gem. § 51a Abs. 1 GmbHG zustehende Informationsanspruch nach Eröffnung des Insolvenzverfahrens allein vom Verwalter zu erfüllen.[591] Der Informationsanspruch des Gesellschafters erlischt nicht durch die Eröffnung des Insolvenzverfahrens; der Insolvenzverwalter ist jedoch grundsätzlich nicht verpflichtet, den Gesellschaftern Auskünfte zu erteilen, die die Lage der Gesellschaft nach Verfahrenseröffnung betreffen. Informations- und Kontrollrechte stehen nach Verfahrenseröffnung nur den Gläubigern nach Maßgabe der Vorschriften der InsO zu. Mit dem Übergang der Verfügungs- und Verwaltungsbefugnis auf den Insolvenzverwalter verlieren auch die Gesellschafter die auf die Geschäftsführung bezogenen Kontroll- und Mitwirkungsbefugnisse (→ Rn. 111); insoweit entfällt auch der Rechtsgrund für gesellschaftsrechtliche Auskunftsansprüche.[592] Ein solcher Auskunftsanspruch kann nur ausnahmsweise bei Vorliegen eines besonderen Informationsinteresses, das mit dem Zweck des Insolvenzverfahrens kompatibel ist, in Betracht kommen.[593]

Bei einer **Kapitalerhöhung** kann der Insolvenzverwalter die Einlagen auf das erhöhte Kapital einziehen, wenn die Kapitalerhöhung noch vor Verfahrenseröffnung bereits durchgeführt und in das Handelsregister eingetragen war (§ 35 Alt. 1)[594] oder die Eintragung nach Verfahrenseröffnung erfolgt ist (§ 35 Alt. 2).[595] Ist eine Kapitalerhöhung bereits vor Eröffnung des Insolvenzverfahrens beschlossen und ein Eintragungsantrag gestellt worden, hindert allein die Verfahrenseröffnung die Eintragung und das Wirksamwerden der beschlossenen Kapitalerhöhung nicht.[596] In diesem Fall ist bereits ein den Gläubigern zugängliches Schuldnervermögen vorhanden, über das nunmehr der Verwalter allein zu verfügen hat. Bis zum Wirksamwerden der Kapitalerhöhung durch Eintragung in das Handelsregister verbleiben die **Befugnisse** dagegen **im insolvenzfreien Bereich;** allein durch den Kapitalerhöhungsbeschluss wird ein den Gläubigern haftendes Schuldnervermögen noch nicht begründet (→ Rn. 112). Insbesondere steht auch nach Eröffnung des Insolvenzverfahrens allein den Gesellschaftern die Kompetenz für einen entsprechenden satzungsändernden Beschluss zu (§§ 179, 182 AktG, § 53 GmbHG).[597] Die Gesellschafter bleiben darüber hinaus auch nach Eröffnung des Verfahrens befugt, den einmal getroffenen Erhöhungsbeschluss bis zur Eintragung im Handelsregister aufzuheben und so eine Eintragung und damit das Wirksamwerden der beschlossenen Kapitalerhöhung zu verhindern.[598] Auch die Anmeldung einer einmal beschlossenen Kapitalerhöhung obliegt weiterhin allein den Gesellschaftsorganen;[599] dem Verwalter steht gegen eine Zurückweisung der Eintragung durch das Registergericht mangels eigener Anmelde- und Beschwerdebefugnis auch nicht die Möglichkeit von Rechtsmitteln gem. §§ 19 ff. FGG bzw. §§ 58 ff. FamFG offen.[600] 112b

[588] Dazu *Uhlenbruck* GmbHR 2005, 817, 828; Uhlenbruck/*Hirte* § 11 Rn. 123.

[589] *Uhlenbruck* GmbHR 2005, 817, 828.

[590] BGH NZG 2004, 962; dazu *Keil* DZWiR 2005, 77.

[591] OLG Hamm ZInsO 2002, 77, 79.

[592] BayObLG NZI 2005, 631; OLG Hamm NZG 2002, 178 (beide zu § 51a GmbHG); abl. *Bruns/Heese* KTS 2006, 72. Zum Informationsrecht der Komplementäre in der Insolvenz der KG *Bork/Jacoby* ZInsO 2002, 398 ff.

[593] BayObLG NZI 2005, 631, 632; aA *Bruns/Heese* KTS 2006, 72, 76 ff.

[594] KG NZG 2000, 103, 104; OLG Hamm GmbHR 1985, 326, 327; *Barnert* KTS 2004, 401, 411 mwN; Jaeger/*Windel* § 80 Rn. 93.

[595] *Barnert* KTS 2004, 410, 411; *Müller* ZGR 2004, 842, 845 f. aA *Braun/Uhlenbruck,* Unternehmensinsolvenz, S. 88 ff.; *Götker,* Der Geschäftsführer, Rn. 984 ff.; *Robrecht* GmbHR 2002, 692; *Schlitt* NZG 1998, 701, 755 f.

[596] *Barnert* KTS 2004, 410, 411 mwN; *Götze* ZIP 2002, 2204 ff.

[597] *Müller* ZGR 2004, 842, 847; *Treffer* GmbHR 2002, 205; Uhlenbruck/*Hirte* § 11 Rn. 193 f.; Jaeger/*Windel* § 80 Rn. 94; *Kuntz* DStR 2006, 519.

[598] BGH NJW 1995, 460; *Barnert* KTS 2004, 410, 412; *Hüffer* AktG § 264 Rn. 74; GKAktG/*Wiedemann* § 182 Rn. 95; Hachenburg/*Ulmer* GmbHG § 55 Rn. 29; Michalski/*Hermanns* GmbHG § 55 Rn. 63; *Roth/Altmeppen* GmbHG § 55 Rn. 10; Scholz/*Priester* GmbHG § 55 Rn. 32, 38; *Kuntz* DStR 2006, 519, 522; *Gundlach/Frenzel/N. Schmidt* DStR 2006, 1048; aA *Müller* ZGR 2004, 842, 848 ff.

[599] BayObLG KTS 2004, 409, 410 (zu § 78 GmbHG); KG NZG 2000, 103, 104; OLG Köln ZIP 2001, 717, 718; *Barnert* KTS 2004, 410, 412 f.; *Götze* ZIP 2002, 2204, 2208; *Noack,* Gesellschaftsrecht, Rn. 283; *Hüffer* AktG § 182 Rn. 32; Hachenburg/*Ulmer* GmbHG § 55 Rn. 29; Scholz/*Priester* GmbHG § 55 Rn. 32, 88; obiter auch BGH NJW 1995, 460; aA *Müller* ZGR 2004, 842, 847; *Kautz,* Gesellschaftsrechtliche Neuordnung, S. 249 f.; Uhlenbruck/*Hirte* § 11 Rn. 193; *Kuntz* DStR 2006, 519, 520 f.; aA *Gundlach/Frenzel/N. Schmidt* DStR 2006, 1048, 1050.

[600] BayObLG KTS 2004, 409, 410; *Barnert* KTS 2004, 410, 411 f.

112c Die **kapitalmarktrechtlichen Pflichten** einer börsennotierten Gesellschaft entfallen nicht auf Grund der Eröffnung des Insolvenzverfahrens. Der Insolvenzverwalter hat den Schuldner bei der Erfüllung der Pflichten zu unterstützen, insbesondere, indem er aus der Insolvenzmasse die hierfür erforderlichen Mittel bereitstellt (§ 24 Abs. 1 WpHG). Die Erfüllung kapitalmarktrechtlicher Pflichten obliegt aber grundsätzlich nicht dem Insolvenzverwalter, sondern verbleiben beim Vorstand, soweit sie nicht den Schutz der Gläubiger und die Erhaltung oder die Verwirklichung der Haftungsmasse bezwecken.[601] Dies gilt insbesondere für Veröffentlichungspflichten gem. §§ 33, 38 WpHG[602] sowie die Pflicht zu Ad-hoc-Mitteilungen gem. § 26 WpHG. Die Veröffentlichungspflichten gem. §§ 40, 41, 49, 50 WpHG gehören nicht zum Aufgabengebiet des Insolvenzverwalters.[603] Sowohl die öffentlich-rechtlichen Pflichten als auch die zivilrechtliche Haftung nach dem WpHG verbleiben demnach bei den Gesellschaftsorganen.[604] Die Kosten der Veröffentlichung fallen aber in aller Regel der Masse zur Last.[605]

113 **c) Schuldnerrolle der Gesellschaft.** Bei Gesellschaften ohne eigene Rechtspersönlichkeit ist umstritten, ob Schuldnerin die Gesellschaft ist[606] oder ob die Schuldnerrolle den Gesellschaftern zufällt[607] mit der Folge, dass die gesellschaftsrechtliche Vertretung im Insolvenzverfahren auch für die dem Schuldner zustehenden Rechte und für die ihm obliegenden Pflichten entfällt. Der letzteren Ansicht ist nicht zu folgen. Zwischen Gesellschaften mit und solchen ohne eigene Rechtspersönlichkeit besteht hinsichtlich der Organisationsstruktur kein derart grundlegender Unterschied, dass eine solche Differenzierung geboten wäre. Auch die Personengesellschaften sind ungeachtet der fehlenden eigenen Rechtspersönlichkeit gegenüber ihren Gesellschaftern rechtlich weitgehend verselbständigt, insb. in vermögensrechtlicher und organisationsrechtlicher Hinsicht (→ § 11 Rn. 42 zur OHG und KG). Dies gilt nicht nur für die OHG und die KG, sondern ebenso zumindest für die unternehmenstragende BGB-Gesellschaft (→ § 11 Rn. 49). Das Gesetz geht bei der Regelung des Antragsrechts davon aus, dass Schuldner die Gesellschaft ist, ohne nach dem Vorliegen eigener Rechtspersönlichkeit zu differenzieren; demgemäß steht das Antragsrecht jedem Mitglied des Vertretungsorgans zu (§ 15 Abs. 1; → § 15 Rn. 7 ff.). Das den persönlich haftenden Gesellschaftern bei Gesellschaften ohne eigene Rechtspersönlichkeit zusätzlich eingeräumte **Antragsrecht** ändert daran nichts, sondern trägt der besonderen Betroffenheit dieser Gesellschafter Rechnung. Zur Frage, ob den persönlich haftenden Gesellschaftern aus diesem Grunde auch ein eigenes Beschwerderecht (§ 34 Abs. 1 und 2) gegen die Abweisung des Eröffnungsantrags bzw. gegen die Eröffnung des Insolvenzverfahrens sowie ein eigenes Widerspruchsrecht gegen die Feststellung einer Forderung gem. § 178 Abs. 1 Satz 2, Abs. 2 Satz 2 zusteht,[608] → § 34 Rn. 45. OHG-Gesellschafter haften anders als für die Verbindlichkeiten der Gesellschaft (vgl. § 93) für die Kosten des Insolvenzverfahrens nicht persönlich mit ihrem Privatvermögen.[609] OHG-Gesellschafter haften gem. 128 HGB für die bei Verfahrenseröffnung begründeten Verbindlichkeiten der Gesellschaft; die Kompetenz des Insolvenzverwalters, gem. § 93 diese persönliche Haftung geltend zu machen, umfasst nicht die Rechtsmacht, Verpflichtungen der Gesellschafter persönlich zu begründen; die Verwaltungs- und Verfügungsbefugnis des Insolvenzverwalters ist auf das zur Insolvenzmasse gehörende Vermögen beschränkt.[610]

---

601 So zutr. BVerwG ZIP 2005, 1145 ff. = NZI 2005, 510 = BB 2005, 1586 mAnm *Flitsch* S. 1591; *Rattunde/Berner* WM 2003, 1313, 1315 f.; *W. Ott/Brauckmann* ZIP 2004, 2117, 2120 f.; aA VG Frankfurt a.M. ZIP 2004, 469; *Thiele/Fedtke* AG 2013, 286 ff.

602 BVerwG BB 2005, 1586 mAnm *Flitsch* = ZIP 2005, 1145 zu §§ 21, 25 Abs. 1 Satz 1 WpHG aF.

603 Im Einzelnen zu §§ 26, 26a WpHG aF *v. Buttlar* BB 2010, 1355. Zur Rolle des Insolvenzverwalters bei der Zulassung von Aktien zum Börsenhandel (Listing) und beim Widerruf der Zulassung (Delisting) *Siebel* NZI 2007, 498 ff.

604 *Rattunde/Berner* WM 2003, 1313, 1316 f.

605 BVerwG BB 2005, 1586, 1591, wo eine entsprechende Verpflichtung des Insolvenzverwalters aus gesetzlichem Schuldverhältnis in Betracht gezogen wird mit der Folge des § 55 Abs. 1 Nr. 1; krit. dazu *Flitsch* BB 2005, 1586 f.

606 So *K. Schmidt/Schulz* ZIP 1982, 1015; *Kilger/K. Schmidt* KO § 209 Anm. 2c; Heymann/*Emmerich* HGB § 131 Rn. 12; *Baumbach/Hopt* HGB § 131 Rn. 46; *Noack,* Gesellschaftsrecht, Rn. 37 f.; *K. Schmidt* ZGR 1998, 633, 642; *K. Schmidt,* Wege zum Insolvenzrecht, S. 143 f.

607 So die hM; BGHZ 34, 293, 297 = NJW 1961, 1022; *Häsemeyer,* Insolvenzrecht, Rn. 31.10; *Jaeger/Weber* KO §§ 209, 210 Rn. 18; *Braun/Uhlenbruck,* Unternehmensinsolvenz, S. 194.

608 So *Häsemeyer,* Insolvenzrecht, Rn. 31.22.

609 BGH NJW 2010, 69.

610 BGH NJW 2010, 69, 70; zust. *Smid* DZWiR 2011, 45, 46 (Fall 28). So auch die hM, → § 93 Rn. 7 mwN. Des Umweges der hM über eine teleologische Reduktion des § 128 HGB (*K. Schmidt* ZHR 152 (1988) 105, 115 f.; MüKoHGB/*K. Schmidt* § 128 Rn. 81) bedarf es nicht, da schon aus insolvenzrechtlichen Gründen keine Haftung der Gesellschafter für die durch den Insolvenzverwalter begründeten Masseverbindlichkeiten besteht.

2. Verhältnis des Insolvenzverfahrens zum gesellschaftsrechtlichen Liquidationsverfahren. Dabei geht es vor allem um die Frage, ob sich die Aufgabe des Insolvenzverwalters auf die Vollbeendigung der Gesellschaft erstreckt und dieser zugleich die Aufgabe des gesellschaftsrechtlichen Liquidators übernimmt.[611] Durch die **Einbeziehung des Neuerwerbs** in die Insolvenzmasse (§ 35) sowie durch den **Ausschluss der Geltendmachung von Forderungen** gegen den Schuldner gem. § 87 ist in bewusster Abkehr von der früheren Regelung des § 12 KO die Rechtslage weitgehend geklärt und die Bedeutung des Streits im Wesentlichen auf die Frage reduziert worden, ob der Insolvenzverwalter kontaminierte Grundstücke freigeben kann, um sich der ordnungsrechtlichen Haftung zu entziehen (→ Rn. 142 f.). Zunächst folgt aus § 80, dass der Insolvenzverwalter an die Stelle der gesellschaftsrechtlichen Liquidatoren tritt, soweit es um die Verwaltung und Verwertung des Gesellschaftsvermögens geht. Weiter folgt aus § 35, dass insolvenzfreies Vermögen einer Gesellschaft nicht in Betracht kommt. Im Übrigen ist die Geltendmachung von Forderungen gegen den Schuldner außerhalb des Insolvenzverfahrens nunmehr gem. § 87 ausgeschlossen. Die Gesellschaft verliert zwar **nicht ihre Parteifähigkeit,** wohl aber **alle Handlungskompetenzen** in Bezug auf das gegenwärtige und während des Insolvenzverfahrens erlangte Vermögen.[612] Insofern sind die Gesellschaftsorgane für die Dauer des Insolvenzverfahrens von allen mit der Liquidation der Gesellschaft zusammenhängenden Angelegenheiten ausgeschlossen. Damit kann es nur noch um die Frage gehen, ob der Insolvenzverwalter das insolvenzrechtliche Liquidationsverfahren auch dann noch bis zur Vollbeendigung fortzusetzen hat, wenn dies im Interesse der Gläubiger nicht mehr geboten ist. Diese Konstellation kommt praktisch nur in Betracht, wenn zwar noch Gesellschaftsvermögen vorhanden ist, das aber nicht mehr zur Befriedigung der Gläubiger verwertet werden kann.[613] Der wesentliche Anwendungsfall betrifft die Freigabe kontaminierter Grundstücke. Hierbei geht es um die Frage, ob die Altlasten zulasten der Masse zu entsorgen sind oder ob der Insolvenzverwalter die Masse durch Freigabe entlasten kann (→ Rn. 142 f.). 114

3. Mitbestimmung im Unternehmensrecht. Die unternehmerische Mitbestimmung der Arbeitnehmer, die durch das MitbestG eröffnet ist und über die Vertreter der Arbeitnehmer im Aufsichtsrat der AG oder in einem entsprechenden Gesellschaftsorgan stattfindet, entfällt mit der Eröffnung des Insolvenzverfahrens insoweit, als Verfügungen über das Gesellschaftsvermögen betroffen sind. Zwar bleibt der Aufsichtsrat wie auch die anderen Gesellschaftsorgane bestehen, er verliert jedoch seine Befugnisse zur **Mitwirkung an unternehmerischen Entscheidungen** ebenso wie das Leitungsorgan (Vorstand, Geschäftsführer) die Leitungs- und Geschäftsführungskompetenzen an den Insolvenzverwalter verliert. Den Gesellschaftsorganen verbleiben nur diejenigen Kompetenzen, die nicht die Insolvenzmasse betreffen (→ Rn. 112). Anders ist die Rechtslage hinsichtlich der **betrieblichen Mitbestimmung** nach dem BetrVG. Auf den Bestand und die Aufgaben des Betriebsrats hat die Eröffnung des Insolvenzverfahrens grundsätzlich keinen Einfluss; die Bestimmungen der §§ 111 ff. BetrVG über die Mitwirkungsrechte des Betriebsrats bei Betriebsänderungen werden aber durch §§ 121, 122 modifiziert. 115

4. Insolvenz eines Gesellschafters. Wird das Insolvenzverfahren über das Vermögen eines Gesellschafters eröffnet, fällt dessen Geschäftsanteil in die Masse.[614] Auch diesbezüglich geht die Verwaltungs- und Verfügungsbefugnis auf den Insolvenzverwalter über.[615] Die Befugnis des GmbH-Geschäftsführers, die Gesellschaft gem. § 35 GmbHG zu vertreten, wird durch die Eröffnung des Insolvenzverfahrens über sein Vermögen nicht beeinträchtigt.[616] In der Insolvenz des alleinigen Gesellschafters einer GmbH übt der Insolvenzverwalter die Mitgliedschaftsrechte inkl. des Stimmrechts aus.[617] Bei einer BGB-Gesellschaft führt die Insolvenz eines Gesellschafters zur Auflösung der Gesellschaft (§ 728 Abs. 2 Satz 1 BGB). Es findet dann ein Liquidationsverfahren außerhalb des Insolvenzverfahrens gem. § 84 statt.[618] Die Eröffnung eines Insolvenzverfahrens über das Vermögen einer BGB-Gesellschaft betrifft die Vertretung der Gesellschaft, die der Insolvenzverwalter wahrnimmt; die Verfügungsbeschränkung in der Person des Gesellschafters berührt nicht die BGB- 115a

---

611 S. dazu *K. Schmidt,* Gedächtnisschrift für Martens, S. 699; *K. Schmidt* ZGR 1986, 178, 182 ff.; *K. Schmidt* NJW 1993, 2833 ff.; *K. Schmidt* KTS 1994, 309 ff.; *Schulz* NJW 1984, 2427, 2428 f.

612 S. zu den Ansprüchen aus einer Kapitalerhöhung *Müller* ZGR 2004, 842, 845 ff.

613 S. dazu *Bork,* Insolvenzrecht, Rn. 133 ff.; *K. Schmidt* KTS 1994, 309, 310.

614 OLG München NZI 2017, 612 Rn. 26; LG Neuruppin ZInsO 2002, 145; eingehend *Bergmann* ZInsO 2004, 225 ff.

615 OLG München NZI 2017, 612 Rn. 27 mwN; s. näher hierzu *Bergmann* ZInsO 2004, 225, 227 ff.

616 OLG Düsseldorf GmbHR 2011, 252.

617 OLG München ZInsO 2010, 1744; Baumbach/Hueck/*Fastrich* GmbHG § 15 Rn. 64.

618 BGH NJW 2008, 2992; OLG München NZI 2017, 612 Rn. 27.

Gesellschaft, die selbst Rechtsinhaber ist.[619] Die Mitgliedschaft des Schuldners in einer **Wohnungsgenossenschaft** konnte der Insolvenzverwalter nach der bis zum 18.7.2013 geltenden Rechtslage kündigen, um den zur Insolvenzmasse gehörenden Anspruch auf Auszahlung des Auseinandersetzungsguthabens geltend zu machen.[620] Der durch Art. 8 Nr. 2 des Gesetzes zur Verkürzung des Restschuldbefreiungsverfahrens und zur Stärkung der Gläubigerrechte vom 15.7.2013[621] zum 19.7.2013 in Kraft getretene Sondertatbestand des § 67c Abs. 1 GenG führt dagegen zu einem **Kündigungsausschluss bei Wohnungsgenossenschaften.** Danach ist die Kündigung des Mitglieds einer Wohnungsgenossenschaft durch den Insolvenzverwalter ausgeschlossen, wenn die Mitgliedschaft Voraussetzung für die Nutzung der Wohnung des Mitglieds ist (Nr. 1) und das Geschäftsguthaben des Mitglieds höchstens das Vierfache des auf einen Monat entfallenden Nutzungsentgelts ohne die als Pauschale oder Vorauszahlung ausgewiesenen Betriebskosten oder höchstens 2.000 € beträgt (Nr. 2). Ist die Obergrenze des Abs. 1 Nr. 2 überschritten, kann der Insolvenzverwalter nur auf den überschießenden Teil des Geschäftsguthabens durch Kündigung einzelner Geschäftsanteile zurückgreifen (§ 67c Abs. 2 GenG). Der Teilkündigungsmöglichkeit unterfallen allerdings nur „unnötige" Genossenschaftsanteile. Sofern die bei „Überschießen" der Grenze des § 67c Abs. 1 Nr. 2 GenG übrigbleibenden Geschäftsanteile zur Aufrechterhaltung der Wohnberechtigung iSd § 7a Abs. 2 GenG (Pflichtanteilregelung) nicht ausreichen, ist eine Kündigung nicht ausgeschlossen, sondern im Sinne der Massegenerierung für den Insolvenzverwalter verpflichtend, um das der Masse gebührende Auseinandersetzungsguthaben zu erzeugen.[622] Die Regelung des § 67c GenG gilt auch für Mitgliedschaften, die bereits vor dem 19.7.2013 bestanden. Dagegen rechtfertigt die gesetzliche Neuregelung es nicht, auf eine vor ihrem Inkrafttreten vom Insolvenzverwalter ausgesprochene Kündigung der Mitgliedschaft des Schuldners in einer Wohnungsgenossenschaft entgegen der bisherigen Rechtsprechung das insolvenzrechtliche Kündigungsverbot für gemieteten Wohnraum entsprechend anzuwenden.[623]

115b **5. Insolvenz eines Geschäftsführers.** Wird das Insolvenzverfahren über das Vermögen des Geschäftsführers eröffnet und wird dieser weder abberufen noch der Dienstvertrag gekündigt, bleibt der Geschäftsführer zur außergerichtlichen und gerichtlichen Vertretung der Gesellschaft befugt, weil die persönlich geschuldete Dienstleistung des Geschäftsführers – anders als sein Vergütungsanspruch – nicht in die Insolvenzmasse fällt.[624] Demgemäß bleibt auch die Befugnis des Geschäftsführers bestehen, Zustellungen mit Wirkung für und gegen die Gesellschaft entgegenzunehmen.[625]

III. Der Insolvenzverwalter im Wettbewerbsrecht

116 **1. Allgemeines.** Grundsätzlich hat der Insolvenzverwalter bei der insolvenzmäßigen Abwicklung und Fortführung des Unternehmens die allgemeinen Regeln des Wettbewerbsrechts, insb. die des UWG zu beachten. Ein **Insolvenzprivileg** existiert im Wettbewerbsrecht nicht.[626] Besondere wettbewerbsrechtliche Probleme ergeben sich während der Dauer eines Insolvenzverfahrens in Bezug auf die Frage, ob die Tatsache der Verfahrenseröffnung zur Absatzförderung durch Werbung herausgestellt werden darf und inwieweit die Ware zu herabgesetzten Preisen verkauft werden darf. Dabei geht es um den **Schutz der Käufer vor Irreführungen.** Der besondere **Schutz der Verbraucher und Mitbewerber** vor unzulässigen Sonderveranstaltungen und Räumungsverkäufen, der Gegenstand der Gegenstand der §§ 6 (Insolvenzwarenverkauf), 8 UWG aF (Räumungsverkauf) war, ist nicht in das neue UWG übernommen worden.[627] Die Interessen beider Gruppen können mit dem Interesse des Verwalters bzw. der Gläubiger kollidieren, die „Konkursware" schnell zu verwerten, was ohne Preisnachlass und entsprechende Ankündigung nicht zu erreichen ist.[628] Nach der Aufhebung des abstrakten Gefährdungstatbestands des § 6 UWG aF zum Insolvenzwarenverkauf ist auf

---

619 KG ZIP 2011, 370 mAnm *Cranshaw* jurisPR-InsR 2/2011 Anm. 2; OLG München NZI 2017, 612 Rn. 28.

620 BGHZ 180, 185 = NZI 2009, 374; NJW 2018, 2259; DZWiR 2011, 122; ZInsO 2009, 1211; *Budnik* NZI 2018, 670 f.

621 BGBl. I, S. 2379; s. hierzu *Scheibner* DZWiR 2018, 376, 377 f.

622 AG Hamburg ZInsO 2015, 46; *Butenob* ZVI 2015, 68.

623 BGH NJW-RR 2015, 105 = NZI 2014, 953.

624 OLG Düsseldorf GmbHR 2011, 252 f.

625 OLG Düsseldorf GmbHR 2011, 252 f.

626 OLG Hamm WRP 1977, 731 f.; *Baumbach/Hefermehl*[22] UWG § 8 Rn. 2; *K. Schmidt* FS v. Gamm, S. 185, 189; Uhlenbruck/*Mock* § 80 Rn. 244.

627 Gesetz gegen den unlauteren Wettbewerb vom 3.7.2004 (BGBl. I S. 1414); Neubekanntmachung in der ab 4.9.2009 geltenden Fassung (UWG-Novelle 2008 zur Umsetzung der Richtlinie 2005/29/EG über unlautere Geschäftspraktiken).

628 Vgl. OLG Stuttgart ZIP 1992, 712; *Tappmeier* ZIP 1992, 679, 680.

Insolvenzverkäufe ausschließlich § 5 Abs. 1 Satz 2 Nr. 2 UWG anzuwenden.[629] Zu berücksichtigen ist in wettbewerbsrechtlicher Hinsicht auch, dass die Liquidation der Insolvenzmasse nicht mehr das einzige Ziel des Insolvenzverfahrens ist, sondern die **Unternehmensfortführung** zum Zwecke der Sanierung in den Zielkatalog des Insolvenzverfahrens aufgenommen worden ist (§ 1 Satz 1). Hierdurch gewinnt das **Handeln des Insolvenzverwalters zu Zwecken des Wettbewerbs** vermehrt an Bedeutung.[630] Nicht zum Regelungsbereich des Wettbewerbsrechts gehört dagegen der Schutz der Vertragspartner der Masse vor den insolvenzrechtlichen Risiken; dieser Schutz wird durch die Regelungen der InsO gewährleistet, insb. durch § 55 Abs. 1, sowie durch Bestimmungen des handelsrechtlichen Registerrechts, insb. durch die gem. §§ 6 Abs. 1, 32 Abs. 1, 34 Abs. 5 HGB vorgeschriebene Eintragung des Insolvenzvermerks. Lauterkeitsrechtlich ist daher im geschäftlichen Verkehr ein Hinweis auf die Eröffnung des Insolvenzverfahrens grundsätzlich nicht geboten, es sei denn, dass besonders schutzwürdige Interessen der Verbraucher vorliegen, die einen Hinweis auf die Insolvenzlage erfordern, zB wegen des damit verbundenen besonderen Vertragsrisikos.[631] Führt jedoch ein neues Unternehmen eine mit der eines insolventen Unternehmens weitgehend übereinstimmende Firma, dann kann dies den irreführenden Eindruck einer Fortsetzung des insolventen Unternehmens begründen und den Tatbestand des § 5 Abs. 1 Satz 2 Nr. 2 UWG erfüllen. An dieser Beurteilung ändert eine Erklärung des Insolvenzverwalters, er erhebe dagegen keine Einwendungen, auch dann nichts, wenn dem neuen Unternehmen nur der Auftragsbestand des Insolvenzschuldners übertragen wird.[632]

2. Tatbestände im Einzelnen. Das **Verbot irreführender geschäftlicher Handlungen** (§ 5 117
UWG) erfasst Ankündigungen über die **Herkunft eines Warenangebots aus einer Insolvenzmasse,** wenn die Ware nicht aus der Insolvenzmasse stammt (§ 5 Abs. 1 Satz. 2 Nr. 2 UWG).[633] Nach Aufhebung des § 6 Abs. 1 UWG aF betr. Ankündigung von Insolvenzwarenverkäufen kommt es nunmehr allein auf die Richtigkeit der Angabe an, wenn damit geworben wird, dass Waren aus einem Vermögen stammen, über das das Insolvenzverfahren eröffnet worden ist.[634] Dies trifft nicht zu, wenn die angebotene Ware nachgeschoben worden ist oder vom Insolvenzverwalter in Kommission für einen Dritten verkauft wird.[635] Der Grund besteht darin, dass der Hinweis auf die Herkunft aus der Insolvenzmasse den Eindruck erweckt, die angebotene Ware sei besonders günstig.[636] Bei einer als **Liquidationsverkauf** bezeichneten Veranstaltung durch eine Firma **im Auftrag des Insolvenzverwalters** darf demgemäß nur insolvenzbefangene Ware angeboten werden. Unzulässig ist auch der Hinweis eines Händlers auf einen wegen der Insolvenz seiner Lieferanten niedrigen Einkaufspreis für seine Waren („Einige unserer Lieferanten sind pleite; dadurch sofortige Reduzierung unserer Preise …“).[637] Eine Irreführung kommt auch dann in Betracht, wenn mit der Herkunft der Ware aus einer Insolvenzmasse geworben wird, obwohl das Unternehmen mit dem **Ziel der Sanierung** fortgeführt wird.[638] Hier entfällt das Anliegen einer schnellstmöglichen Versilberung der Masse und damit auch der Grund für besondere Preisnachlässe, was aber durch eine solche Werbung verschleiert wird. Weiter ist – in der Sache übereinstimmend mit der bisherigen Regelung des § 6 Abs. 1 UWG aF – in öffentlichen Bekanntmachungen oder Mitteilungen für einen größeren Kreis von Personen eine **Bezugnahme auf die Herkunft der Ware** aus einer Insolvenzmasse gem. § 5 Abs. 1 Satz 2 Nr. 2 UWG irreführend und damit verboten, wenn diese Ware nicht mehr zum Bestand der Insolvenzmasse gehört; maßgeblich ist der Zeitpunkt der Ankündigung, wobei es aber genügt, dass die Ankündigung zum Zeitpunkt des Verkaufs irreführend ist.[639] Gegenstände, die ausgesondert werden können, stammen nicht aus der Insolvenzmasse; anders verhält es sich mit Gegenständen, an denen **Absonderungsrechte** bestehen, so dass diese als aus einer Insolvenzmasse stammend angekündigt werden dürfen.[640]

---

629 Köhler/*Bornkamm* UWG[30] § 5 Rn. 1.88; 6.1.; Jaeger/*Windel* § 80 Rn. 116 ff.; HambKommInsO/*Kuleisa* § 80 Rn. 13.
630 *K. Schmidt* FS v. Gamm, S. 185 ff.
631 BGH ZIP 1989, 937, 938; OLG Stuttgart NJW-RR 1999, 997, 998; *Hess*[2] § 80 Rn. 298; Baumbach/Hefermehl/*Bornkamm*[23] UWG § 5 Rn. 2.49.
632 OLG Hamm EWiR 1992, 819.
633 Köhler/*Bornkamm* UWG[30] § 5 Rn. 6.4 f.; Köhler/*Bornkamm/Feddersen* UWG § 5 Rn. 3.5; HambKommInsO/*Kuleisa* § 80 Rn. 13; *Tappmeier* ZIP 1992, 679.
634 Köhler/*Bornkamm* UWG[30] § 5 Rn. 6.4.
635 Köhler/*Bornkamm* UWG[30] § 5 Rn. 6.3 f.; Uhlenbruck/*Uhlenbruck*[13] § 80 Rn. 164; § 159 Rn. 19.
636 Köhler/*Bornkamm* UWG[30] § 5 Rn. 6.3 f.; *Gloy/Helm,* Wettbewerbsrecht, § 49 Rn. 278.
637 LG Göttingen WRP 1981, 355.
638 *Tappmeier* ZIP 1992, 679, 681; Uhlenbruck/*Uhlenbruck*[13] § 159 Rn. 19; Jaeger/*Windel* § 80 Rn. 116 f.
639 Köhler/*Bornkamm* UWG[30] § 5 Rn. 6.4; *Tappmeier* ZIP 1992, 679, 680.
640 *Baumbach/Hefermehl*[22] UWG § 6 Rn. 5.

118 Unzulässig nach bisherigem Recht waren im Zusammenhang mit Insolvenzverfahren **Sonderveranstaltungen** iSd § 7 Abs. 1 UWG aF.[641] Hierbei handelte es sich um Verkaufsveranstaltungen außerhalb des regelmäßigen Geschäftsverkehrs zur Beschleunigung des Warenabsatzes, bei denen der Eindruck besonderer Kaufvorteile hervorgerufen wird. Die Ankündigung des Verkaufs eines Warenbestands aus einer Insolvenzmasse macht diesen noch nicht zu einer Sonderveranstaltung, wenn die Waren zu herabgesetzten Preisen verkauft werden.[642] Andernfalls wäre die Liquidation des Warenlagers insolventer Unternehmen nachhaltig erschwert. Entscheidend war nach bisher geltendem Recht vielmehr, ob der Verkauf **außerhalb des regelmäßigen Geschäftsverkehrs** stattfindet.[643] Was zum regelmäßigen Geschäftsverkehr gehörte, konnte freilich nicht am Vergleichsmaßstab eines lebenden Unternehmens bemessen werden.[644] Maßgeblich war vielmehr der regelmäßige Geschäftsbetrieb eines Unternehmens in der Insolvenz.[645] Sofern keine Betriebsfortführung beschlossen ist, hat der Insolvenzverwalter das zur Insolvenzmasse gehörende Vermögen unverzüglich zu verwerten (§ 159) und dazu die günstigste und effizienteste Verwertung zu wählen, zu der auch ein kurzfristiger freihändiger Verkauf gehören kann. Eine unzulässige Sonderveranstaltung kam demgemäß vor allem in Betracht, wenn der Eindruck erweckt wurde, es werde eine nur vorübergehende und so bald nicht wiederkehrende Einkaufsgelegenheit geboten.[646]

119 Insolvenzwarenverkäufe sowie Sonderveranstaltungen und Sonderverkäufe sind nach Aufhebung der §§ 6–8 UWG in der bis 2004 geltenden Fassung unbeschränkt zulässig, sofern damit nicht die Gefahr einer Irreführung gem. § 5 Abs. 1 Satz 2 Nr. 2 UWG verbunden ist.[647] Das gilt auch für Räumungsverkäufe im Zusammenhang mit der der Eröffnung des Insolvenzverfahrens. Der Insolvenzverwalter war unter der Geltung des bisherigen Rechts befugt, einen **Räumungsverkauf wegen Geschäftsaufgabe** des gesamten Geschäftsbetriebs gem. § 8 Abs. 2 UWG aF durchzuführen.[648] Nach dem ab dem 4.8.2009 geltenden Recht sind diese Beschränkungen entfallen.[649]

IV. Der Insolvenzverwalter in der Funktion des Arbeitgebers

120 **1. Allgemeines.** Die folgenden Ausführungen befassen sich nur mit der Frage nach den Auswirkungen der Eröffnung des Insolvenzverfahrens auf die Arbeitgeberstellung des Schuldners und den damit zusammenhängenden Fragen bezüglich der Rechts- und Pflichtenstellung des Insolvenzverwalters. Die arbeitsrechtlichen Fragen, die sich im Zusammenhang mit der Eröffnung des Insolvenzverfahrens über den Betrieb des Arbeitgebers stellen, sind hier dagegen nicht zu erörtern.[650] Insoweit wird verwiesen auf die Kommentierung der durch die Insolvenzordnung neu eingeführten Vorschriften zum Kündigungsrecht und zum **Kündigungsschutz** in der Insolvenz (§ 113 Abs. 1 und 2) sowie zur betrieblichen Mitbestimmung bei der Kündigung von Betriebsvereinbarungen, bei der Durchführung von Betriebsänderungen und bei der Betriebsveräußerung (§§ 120 bis 128). Hierzu sowie allgemein zum Schutz und zu den Gläubigerrechten der Arbeitnehmer im Insolvenzverfahren des Arbeitgebers und zu den Gläubigerrechten der Arbeitnehmer → §§ 120 ff.

121 **2. Arbeitgeberfunktionen des Insolvenzverwalters. a) Aufspaltung.** Der Insolvenzverwalter übt kraft seiner allgemeinen Verwaltungs- und Verfügungsbefugnis die Arbeitgeberfunktionen in der Insolvenz des Unternehmens aus. Er tritt insoweit in die Rechtsstellung des Schuldners ein, übt für die Dauer des Insolvenzverfahrens die Funktion des Arbeitgebers aus[651] und verdrängt diesen,

---

641 *Baumbach/Hefermehl*[22] UWG § 6 Rn. 7; *Tappmeier* ZIP 1992, 679, 680.

642 *Tappmeier* ZIP 1992, 679, 680.

643 OLG Düsseldorf NJW-RR 2000, 424, 425; *Tappmeier* ZIP 1992, 679, 680; *Baumbach/Hefermehl*[22] UWG § 7 Rn. 7.

644 OLG Düsseldorf NJW-RR 2000, 424, 425; OLG Stuttgart ZIP 1992, 712; *Tappmeier* ZIP 1992, 679, 680.

645 BGH BB 2006, 1471 = ZInsO 2006, 248.

646 OLG Stuttgart NJW-RR 1999, 997.

647 Köhler/*Bornkamm* UWG[30] § 5 Rn. 6.1.

648 *Baumbach/Hefermehl*[22] UWG § 8 Rn. 2; *K. Schmidt* FS v. Gamm, S. 185, 190 mwN; *Tappmeier* ZIP 1992, 679, 681.

649 Zu den damit verbundenen Missbrauchsgefahren Köhler/*Bornkamm* UWG[30] § 5 Rn. 6.11.

650 Zu arbeitsrechtlichen Problemen im Insolvenzeröffnungsverfahren *Berscheid* NZI 2000, 1; *Berscheid* ZInsO 1998, 9.

651 GemS-OGB v. 27.9.2010, Rn. 18 = BGHZ 187, 105 ff. = NJW 2011, 1211 ff. mAnm *Bork* EWiR 2010, 765; *Ries* ZInsO 2010, 2382; BAG NJW 1991, 1971; BAGE 26, 257, 251 = NJW 1973, 182; BAGE 29, 114, 121 = NJW 1977, 2182; NZA 1991, 62; KTS 1975, 122 = WM 1975, 431; Beisel/*Klumpp*, Unternehmenskauf, Kap. 5 Rn. 7; *Frege/Keller/Riedel*, Insolvenzrecht, Rn. 1103; Gottwald/*Heinze/Bertram*, InsO-HdB, § 104 Rn. 23; *Kilger/K. Schmidt* KO § 6 Anm. 5a; K. Schmidt/*Sternal* § 80 Rn. 67; zurückhaltender PK-HWF/*Ries/Rook* § 80 Rn. 30; zum Zeugnisanspruch des Arbeitnehmers in der Insolvenz einer Handelsgesellschaft eingehend *K. Schmidt* DB 1991, 1930; *Lakies* BB 1998, 2638, 2639; zu den arbeitsrechtlichen Folgen einer Freigabe s. *Hergenröder* DZWiR 2013, 251 ff.

der aber selbst Rechtsträger bleibt, aus den Arbeitgeberfunktionen. Der Insolvenzverwalter nimmt auch die **Pflichten des Arbeitgebers** wahr. Zur Wahrnehmung der arbeitsvertraglichen Nebenpflichten gegenüber dem Arbeitnehmer gehört die Erfüllung aller Verpflichtungen gegenüber Sozialversicherungsträgern, um Nachteile hinsichtlich sozialversicherungsrechtlicher Ansprüche zu vermeiden.[652] Im Einzelnen bestehen allerdings unterschiedliche Auffassungen über die arbeitsrechtliche Einordnung des Insolvenzverwalters. So wird auf der einen Seite die Ansicht vertreten, der Insolvenzverwalter sei im Rahmen seiner Amtsstellung Arbeitgeber und rücke in die arbeitsrechtliche Rechts- und Pflichtenstellung des Schuldners ein.[653] Dem wird die Ansicht entgegengestellt, der Schuldner bleibe weiterhin Arbeitgeber, der Insolvenzverwalter habe aber alle Rechte und Pflichten, die sich aus dieser Position ergeben, auszuüben.[654] Teilweise werden sowohl der Schuldner als auch der Insolvenzverwalter als Arbeitgeber angesehen.[655] Aus dem arbeitsrechtlichen **Begriff des Arbeitgebers** lässt sich wenig für die Klärung dieser Frage ableiten, weil dieser Begriff selbst nicht einheitlich verwendet wird und außerdem an anderen Regelungszusammenhängen ausgerichtet ist. Immerhin kennt auch das Arbeitsrecht eine **Aufspaltung von Arbeitgeberfunktionen** auf verschiedene Personen.[656]

b) Einzelne Rechte und Pflichten. Für die Stellung des Insolvenzverwalters kann im Arbeitsrecht im Grundsatz nichts anderes gelten als in allen übrigen Bereichen. Seine Rechtsstellung beruht darauf, dass die Verwaltungs- und Verfügungsbefugnis über die Insolvenzmasse auf ihn übergegangen ist, während der Schuldner Rechtsträger und mithin auch Träger des Unternehmens bleibt. Demgemäß bleibt der Schuldner auch **Vertragspartner der Arbeitsverhältnisse** und damit Arbeitgeber. Die daraus sich ergebenden Rechte und Pflichten kann er jedoch nicht wahrnehmen, weil ihm alle Dispositionsbefugnisse und Handlungskompetenzen durch Übertragung auf den Insolvenzverwalter entzogen sind. Letztlich ist der Streit um die arbeitsrechtliche Einordnung des Insolvenzverwalters bedeutungslos.[657] Es kann vielmehr nur darum gehen, ob mit der Stellung als Arbeitgeber einzelne Kompetenzen und Funktionen verbunden sind, die nicht der Insolvenzverwalter, sondern nur der Schuldner wahrnehmen kann. Ein Überblick über die wesentlichen Funktionen des Arbeitgebers ergibt hierfür jedoch keine Anhaltspunkte. Der Insolvenzverwalter übt das **Direktionsrecht des Arbeitgebers** im laufenden Betrieb aus, ebenso das **Kündigungsrecht.** Ein insolvenzspezifisches „Freistellungsrecht" steht dem Insolvenzverwalter nicht zu.[658] Jedoch kann es insolvenzspezifische Gründe geben, die bei überwiegenden betriebsbezogenen Interessen zu einem Freistellungsgrund führen können.[659] Der Insolvenzverwalter ist auch für **Neu-Einstellungen** zuständig (→ Rn. 124 f.). Die entsprechenden Verträge schließt er – wie im Übrigen auch – im eigenen Namen, aber mit Wirkung für die Masse (§ 55 Nr. 1, → § 55 Rn. 21). Ebenso hat der Insolvenzverwalter in der Funktion des Arbeitgebers die diesen treffenden Pflichten zu erfüllen. Dazu gehören in erster Linie gegenüber den Arbeitnehmern die Lohnzahlung, die Erfüllung der arbeitsrechtlichen Schutz- und Fürsorgepflichten sowie die **Erteilung von Arbeitszeugnissen,** und zwar auch für die Zeit vor Eröffnung des Insolvenzverfahrens, wenn er den Betrieb nach Verfahrenseröffnung weiterführt.[660] Auf persönliche Kenntnisse des Insolvenzverwalters über den Arbeitnehmer kommt es dabei nicht an; er muss sich die notwendigen Informationen beim Schuldner gem. § 97 verschaffen.[661] Den vorläufigen Insolvenzverwalter trifft diese Pflicht nur, wenn dem Schuldner gem. § 22 Abs. 1 ein allgemeines Verfügungsverbot auferlegt worden ist.[662] Den Insolvenzverwalter treffen auch die arbeitsrechtlichen Auskunftspflichten des Arbeitgebers. So muss er einem Arbeitnehmer Einsicht in dessen Personalakte gewähren; ebenso muss er dem Verlangen eines Arbeitnehmers entsprechen, falsche Eintragungen in der Akte zu berichtigen.[663] Arbeitnehmer, die noch vor der Eröffnung des Insolvenzverfahrens eine Kündigungsschutzklage 122

---

652 LAG Frankfurt ZInsO 2008, 1159.
653 Dazu Uhlenbruck/*Uhlenbruck*[13] § 80 Rn. 92; Schaub/*Linck*, Arbeitsrecht, § 16 Rn. 25.
654 Gottwald/*Heinze/Bertram*, InsO-HdB, § 104 Rn. 23 f.; Jaeger/*Windel* § 80 Rn. 108.
655 *Jaeger/Henckel* KO § 6 Rn. 53.
656 *Jaeger/Henckel* KO § 6 Rn. 53; aA Jaeger/*Windel* § 80, Rn. 108.
657 Uhlenbruck/*Uhlenbruck*[13] § 80 Rn. 92; *Jaeger/Henckel* KO § 6 Rn. 53; aA Jaeger/*Windel* § 80 Rn. 108.
658 Gottwald/*Heinze/Bertram*, InsO-HdB, § 104 Rn. 28; *Wroblewski* NJW 2011, 306 ff.; aA Beck/Depré/*Heck* § 27 Rn. 11.
659 Str., s. hierzu Gottwald/*Heinze/Bertram*, InsO-HdB, § 104 Rn. 28 mwN.
660 BAG NJW 1991, 1971; *K. Schmidt* DB 1991, 1930 ff.; K. Schmidt/*Sternal* § 80 Rn. 68; Uhlenbruck/*Mock* § 80 Rn. 150.
661 BAG InVo 2005, 182 = NJW 2005, 460.
662 BAG InVo 2005, 182 = NJW 2005, 460.
663 *Dütz/Thüsing*, Arbeitsrecht, Rn. 182.

gegen den Schuldner angestrengt haben, muss er von der Verfahrenseröffnung unterrichten.[664] **Auskunftsansprüche** von Arbeitnehmern aus vor Eröffnung des Insolvenzverfahrens beendeten Beschäftigungsverhältnissen, die zur Klärung von Schadensersatzansprüchen gegen den Schuldner oder dessen Organe dienen sollen, sind gegen den Schuldner zu richten; ein solcher Auskunftsanspruch leitet sich nicht als Nebenpflicht aus einer Insolvenzforderung ab.[665] Die Pflicht des Insolvenzverwalters, den Arbeitnehmer vor Schädigungen am Arbeitsplatz zu schützen, besteht neben und unabhängig von den öffentlich-rechtlichen Schutzpflichten und den Pflichten, die sich aus den Unfallverhütungsvorschriften der Berufsgenossenschaften ergeben.[666] Der **Freistellungsanspruch des Arbeitnehmers** in Bezug auf eigene Schäden oder Schadensersatzansprüche Dritter[667] richtet sich auch gegen den Insolvenzverwalter und ist eine Masseverbindlichkeiten bei Schäden nach Insolvenzeröffnung. Die Haftungsbeschränkung des Arbeitnehmers geht nicht zu Lasten außenstehender Dritter;[668] das gilt auch im Falle der Insolvenz des Arbeitgebers.[669] Verletzt der Insolvenzverwalter Pflichten gegenüber Arbeitnehmern, so haftet grundsätzlich die Insolvenzmasse, nicht der Insolvenzverwalter, sofern es sich nicht um insolvenzspezifische Pflichten iSv § 60 oder um deliktische Schädigungen ohne Bezug zum Insolvenzverfahren handelt.[670] Ausnahmsweise kann auch eine persönliche Haftung des Insolvenzverwalters auf Grund einer Garantieerklärung oder aus culpa in contrahendo in Betracht kommen.[671]

123 **3. Rechte und Pflichten des Insolvenzverwalters in Bezug auf Arbeitnehmererfindungen.** Arbeitnehmererfindungen darf der Arbeitgeber verwerten (§ 6 ArbErfG); in der Insolvenz des Arbeitgebers übt der Insolvenzverwalter dieses Recht aus. Die dem Arbeitnehmer zustehenden **Vergütungsansprüche** (§§ 9, 10 ArbErfG), die sich auf Verwertungshandlungen vor der Eröffnung des Insolvenzverfahrens beziehen, sind Insolvenzforderungen (§ 27 Nr. 4 ArbErfG), weil insoweit der Masse kein Gegenwert mehr zufließt.[672] Verwertet der Insolvenzverwalter die Erfindung im Unternehmen des Schuldners, so führt dies zu einer Masseverbindlichkeit (§ 27 Nr. 2 ArbErfG). Bei Veräußerung der Erfindung mit dem Geschäftsbetrieb tritt der Erwerber für die Zeit von der Eröffnung des Verfahrens an in die Vergütungspflicht des Arbeitgebers ein (§ 27 Nr. 1 ArbErfG). In allen anderen Fällen hat der Insolvenzverwalter dem Arbeitnehmer die Diensterfindung sowie darauf bezogene Schutzrechtspositionen spätestens nach Ablauf eines Jahres nach Eröffnung des Insolvenzverfahrens anzubieten; im Übrigen gilt § 16 entsprechend. Nimmt der Arbeitnehmer das Angebot innerhalb von zwei Monaten nach dessen Zugang nicht an, kann der Insolvenzverwalter die Erfindung ohne Geschäftsbetrieb veräußern oder das Recht aufgeben. Im Fall der Veräußerung kann der Insolvenzverwalter mit dem Erwerber vereinbaren, dass sich dieser verpflichtet, dem Arbeitnehmer die Vergütung nach § 9 zu zahlen. Wird eine solche Vereinbarung nicht getroffen, hat der Insolvenzverwalter dem Arbeitnehmer die Vergütung aus dem Veräußerungserlös zu zahlen (§ 27 Nr. 3 ArbErfG).[673]

124 **4. Neueinstellungen.** Stellt der Insolvenzverwalter für das Unternehmen des Schuldners Arbeitnehmer neu ein, so handelt er in der Funktion als Arbeitgeber im eigenen Namen, aber mit Wirkung für die Insolvenzmasse (→ § 55 Rn. 194). Er unterliegt dabei den für Einstellungen geltenden gesetzlichen (§ 611a BGB) und ggf. tarifvertraglichen Beschränkungen. Vertragspartner ist der Schuldner als Rechts- bzw. Unternehmensträger, jedoch übt der Insolvenzverwalter die sich aus dem Arbeitsverhältnis ergebenden Rechte kraft eigener Handlungskompetenz aus.[674]

125 Daneben kann der Insolvenzverwalter im eigenen Namen und **auf eigene Rechnung Hilfspersonen** anstellen, die ebenfalls Arbeitnehmer sein können. Die Lohnzahlungen an eigene Hilfspersonen fallen ihm selbst zur Last und sind von seiner Vergütung zu bestreiten (§ 55 Nr. 1; → § 55 Rn. 36).

126 **5. Kollektives Arbeitsrecht.** Der Insolvenzverwalter rückt auch in die Rechte und Pflichten des Schuldners nach kollektivem Arbeitsrecht ein. Der Schuldner ist nicht verpflichtet, den

---

664 *Kilger/K. Schmidt* KO § 6 Anm. 5c aa.
665 BGH ZInsO 2005, 770, 771 = ZIP 2005, 1325 = EWiR 2006, 147 *(Schröder)*.
666 BAG AP Nr. 15.
667 Dazu BAGE (GrS) 78, 56 = NJW 1995, 210; Schaub/*Linck*, ArbeitsrechtsHdB, § 59 Rn. 73.
668 BGHZ 108, 305 = NJW 1989, 3273; NJW 1994, 852.
669 *Zöllner/Loritz/Hergenröder*, Arbeitsrecht, § 20 II 2; aA OLG Celle VersR 1993, 1026.
670 LAG Frankfurt ZInsO 2008, 1159.
671 OLG Rostock ZIP 2005, 220; ArbG Essen ZInsO 2005, 54.
672 Amtl. Begründung, BT-Drs. 12/3803, S. 99.
673 Zur Rechtsposition des Arbeitnehmererfinders in der Insolvenz des Arbeitgebers *Schwab* NZI 1999, 257.
674 Vgl. *Kilger/K. Schmidt* KO § 6 Anm. 5c cc, der hierin einen Anwendungsfall der Vertretertheorie sieht; HambKommInsO/*Kuleisa* § 80 Rn. 28. Zur Rechtsstellung des GmbH-Geschäftsführers, der seine Arbeitskraft bei der Betriebsführung zur Verfügung stellt s. LAG Mainz ZInsO 2009, 679 ff.

Betriebsrat zu hören oder zu beteiligen, wenn es um die Frage des Antrags auf Eröffnung des Insolvenzverfahrens geht.[675] Die einzelnen Arbeitnehmer können, soweit sie rückständige Lohnforderungen haben und daher zu den Gläubigern gehören, einen Antrag auf Eröffnung des Insolvenzverfahrens stellen (§ 14). Nach Eröffnung des Insolvenzverfahrens ist der Insolvenzverwalter nach Maßgabe der Vorschriften des BetrVG verpflichtet, bei allen arbeitnehmerrelevanten Maßnahmen die **Mitwirkungs- und Mitbestimmungsrechte des Betriebsrats** zu beachten.[676] Zur Mitwirkung des Betriebsrats bei insolvenzbedingten Kündigungen → § 113, zur Mitwirkung des Betriebsrats bei Betriebsänderungen → § 125, bei Betriebsveräußerungen → § 128, beim Sozialplan → § 124. Zur Beteiligung des Betriebsrats an der Aufstellung eines Insolvenzplans → § 232 Abs. 1 Nr. 1. Dort jeweils auch zur Frage des Verhältnisses der betriebsverfassungsrechtlichen Mitwirkungsrechte des Betriebsrats zu den Handlungskompetenzen des Insolvenzverwalters. Zu Betriebsvereinbarungen → § 120.

6. Ansprüche des Verwalters gegen die Arbeitnehmer. Der Insolvenzverwalter nimmt in seiner Funktion als Arbeitgeber die gegen die Arbeitnehmer aus dem Arbeitsverhältnis folgenden Ansprüche und sonstigen Rechte wahr, insb. die Ansprüche auf Erbringung der geschuldeten Dienstleistungen sowie Ansprüche aus Nebenleistungspflichten und Schadensersatzansprüche aus der Verletzung von vertraglichen Nebenpflichten.[677] Soweit ein Arbeitnehmer in anfechtbarer Weise etwas vom Schuldner vor Eröffnung des Insolvenzverfahrens erlangt hat, kann der Verwalter im Wege der Insolvenzanfechtung die Rückgewähr zur Masse verlangen. Für solche Rückgewähransprüche sind die Arbeitsgerichte, nicht die ordentlichen Gerichte zuständig.[678] 127

7. Der Insolvenzverwalter als Partei im arbeitsgerichtlichen Verfahren. Im arbeitsgerichtlichen Verfahren ergeben sich hinsichtlich der Stellung des Insolvenzverwalters keine Besonderheiten gegenüber anderen Verfahren, die er für die Masse führt (→ Rn. 74). Der Insolvenzverwalter kann sich vor den Arbeitsgerichten gem. § 11 Abs. 2 Satz 2 Nr. 4 ArbGG auch durch Vertreter eines Arbeitgeberverbandes vertreten lassen, sofern das Unternehmen während des Verfahrens noch Mitglied des Verbandes ist. Daher scheidet eine solche Vertretung aus, wenn das Unternehmen wegen der Insolvenz aus dem Verband ausgeschieden ist, sei es durch Kündigung, sei es durch satzungsbedingten Ausschluss.[679] 128

8. Sozialversicherungsrechtliche Pflichten. Der Insolvenzverwalter hat die dem Arbeitgeber obliegenden sozialversicherungsrechtlichen Pflichten wahrzunehmen, soweit Arbeitsverhältnisse über die Insolvenzeröffnung hinaus fortbestehen oder vom Insolvenzverwalter neu begründet werden.[680] Hierzu gehört die **Entrichtung der Arbeitgeberanteile** für die gesetzliche Krankenversicherung (§ 249 Abs. 1 SGB V), die soziale Pflegeversicherung (§§ 54, 60 SGB XI iVm § 249 Abs. 1 SGB V), die gesetzliche Rentenversicherung (§ 168 SGB VI) und die Arbeitslosenversicherung (§ 346 Abs. 1 SGB III). Ebenso trifft den Insolvenzverwalter die Pflicht zur Abführung der jeweiligen Arbeitnehmeranteile, soweit die Beiträge für die Kranken-, Pflege-, Renten und Arbeitslosenversicherung als Gesamtsozialversicherungsbeitrag nach § 28d Satz 1 SGB IV gezahlt werden. Die während des Insolvenzverfahrens anfallenden Sozialversicherungsbeiträge sind sonstige Masseverbindlichkeiten iSd § 55 Abs. 1 Nr. 2.[681] Dies gilt auch für Arbeitnehmer, die der Insolvenzverwalter von der Arbeit freigestellt hat;[682] → § 55 Rn. 176. Rückstände aus der Zeit vor Insolvenzeröffnung sind dagegen nur Insolvenzforderungen (§ 108 Abs. 2). Verletzt der Insolvenzverwalter die Pflicht zur Abführung der genannten Beiträge, so kann er sich nach § 266a StGB strafbar machen. Aus diesem Grund kann er bei einer Teilzahlung auf den Gesamtsozialversicherungsbeitrag bestimmen, dass dieser Teil zunächst den Arbeitnehmeranteil tilgen soll.[683] Auf Verlangen des Arbeitsamts hat der 129

---

675 *Kilger/K. Schmidt* KO § 6 Anm. 5d bb; Uhlenbruck/*Mock* § 80 Rn. 153.

676 BAGE 23, 62, 72 = AP Nr. 8 zu § 72 BetrVG = DB 1971, 534; Uhlenbruck/*Uhlenbruck*[13] § 80 Rn. 95; Jaeger/*Windel* § 80 Rn. 112; Schaub/*Linck,* ArbeitsrechtsHdB, § 93 Rn. 48; *Schaub* DB 1999, 217, 221; Beisel/*Klumpp,* Unternehmenskauf, Kap. 5 Rn. 7; Gottwald/*Heinze/Bertram,* InsO-HdB, § 103 Rn. 34.

677 Zu den in Betracht kommenden Ansprüchen Schaub/*Linck,* Arbeitsrecht, §§ 45 (Arbeitspflicht), 51 (Verletzung der Arbeitspflicht), 52 (Schlechtleistung), 53 (Nebenpflichten); *Zöllner/Loritz/Hergenröder,* Arbeitsrecht, § 18 f. (Leistungsstörungen im Arbeitsverhältnis).

678 GemS-OGB v. 27.9.2010 = BGHZ 187, 105 = NJW 2011, 1211; dazu *Berscheid* jurisPR-ArbR 10/2011 Anm. 5 mwN; and. bis dahin die Rspr. des BGH, s. BGH NJW 2009, 1968 mwN.

679 Schaub/*Treber,* Arbeitsrecht, § 191 Rn. 46 ff.

680 Jaeger/*Windel* § 80 Rn. 114; Uhlenbruck/*Mock* § 80 Rn. 162.

681 Uhlenbruck/*Uhlenbruck*[13] § 80 Rn. 102; *Häsemeyer,* Insolvenzrecht, Rn. 20.65, 23.37.

682 BSGE 59, 183 = ZIP 1986, 237, 238; Uhlenbruck/*Sinz* § 55 Rn. 101; *Wellensiek,* Kölner Schrift, Rn. 67; *Häsemeyer,* Insolvenzrecht, Rn. 23.37.

683 BSGE 78, 20 = KTS 1996, 471.

Insolvenzverwalter für jeden Arbeitnehmer, für den ein Anspruch auf Insolvenzgeld gem. §§ 165 ff. SGB III in Betracht kommt, die Höhe des Arbeitsentgelts der letzten drei Monate vor Eröffnung des Insolvenzverfahrens sowie die Höhe der gesetzlichen Abzüge und der zur Erfüllung der Ansprüche auf Arbeitsentgelt erbrachten Leistungen zu bescheinigen.[684]

130 Der Insolvenzverwalter hat auch die dem Arbeitgeber obliegenden **Anzeige-, Melde- und Auskunftspflichten** gegenüber den Trägern der Sozialversicherung zu erfüllen,[685] ebenso die Mitteilungspflichten gegenüber dem Pensionssicherungsverein[686] und die Pflicht, dem Arbeitsamt Bescheinigungen über noch geschuldetes Arbeitsentgelt auszustellen.[687]

V. Steuerrechtliche Pflichtenstellung des Insolvenzverwalters

131 **1. Allgemeines.** Die Vorschriften des Steuerrechts bleiben im Insolvenzverfahren grundsätzlich unberührt.[688] Das Insolvenzrecht wirkt nur insoweit auf das Steuerrecht ein, als eine unveränderte Geltung der steuerrechtlichen Pflichten dem Zweck des Insolvenzverfahrens widerspräche (vgl. § 251 AO).[689] Gem. § 34 Abs. 3 AO hat der Insolvenzverwalter die steuerrechtlichen Pflichten des Schuldners, dem durch die Eröffnung des Insolvenzverfahrens die Verwaltungs- und Verfügungsbefugnis entzogen worden ist, so weit wahrzunehmen, wie die Insolvenzverwaltung reicht.[690] Der Insolvenzverwalter ist insofern als Vermögensverwalter iSd § 34 Abs. 3 AO anzusehen.[691] Die Eröffnung des Insolvenzverfahrens hat keine Folgen für die steuerliche Rechtsstellung des Schuldners; der Schuldner bleibt vielmehr auch während des Insolvenzverfahrens für alle Steuerarten Steuersubjekt und damit auch **Steuerschuldner** iSd § 43 AO und Steuerpflichtiger iSd § 33 AO.[692] Der Insolvenzverwalter hat jedoch die steuerlichen Pflichten des Schuldners in Bezug auf das von ihm verwaltete Vermögen in vollem Umfang zu erfüllen. Diese steuerlichen Pflichten ergeben sich aus §§ 90, 93 ff., 137 ff., 140 ff., 149 ff. AO. Sie bestehen insb. in der **Steuererklärungspflicht**[693] und in den **Buchführungs- und Aufzeichnungspflichten** (→ vor §§ 151–155; → § 155) sowie in **Auskunfts-, Anzeige- und Nachweispflichten.**[694] Auskünfte zur Sachaufklärung darf die Finanzbehörde vom Insolvenzverwalter jedoch erst dann verlangen, wenn die Sachverhaltsaufklärung durch die Beteiligten iSd § 78 AO nicht zum Ziel führt oder keinen Erfolg verspricht, § 93 Abs. 1 Satz 3 AO.[695] Die handels- und steuerrechtlichen Pflichten zur Buchführung und Rechnungslegung bestehen nach Eröffnung des Insolvenzverfahrens unverändert fort (§ 155 Abs. 1 Satz 1). Zu erfüllen hat diese Pflichten in Bezug auf die Insolvenzmasse der Insolvenzverwalter (§ 155 Abs. 1 Satz 2). Dazu im Einzelnen die Erläuterungen zu → § 155; dort auch zu der nach bisherigem Recht streitigen Frage nach dem Verhältnis der **handels- und steuerrechtlichen Buchführungs- und Aufzeichnungspflichten** des Insolvenzverwalters zu den insolvenzrechtlichen Pflichten. Die Pflicht des Insolvenzverwalters, die die Insolvenzmasse betreffenden Steuererklärungen abzugeben, folgt aus § 34 AO.[696] Der Verwalter kann sich der Pflicht zur Abgabe der Steuererklärungen für den Schuldner nicht dadurch entziehen, dass er die Buchungsunterlagen an den Schuldner herausgibt.[697] Die Bestimmung des § 34 Abs. 3 AO lässt die Abgabe von Steuererklärungen durch andere Personen auch dann nicht zu, wenn diese dazu willens wären. Auch bei **Massearmut** wird der Insolvenzver-

---

684 *Schaub* NZI 1999, 215, 217.

685 §§ 28a SGB IV, 661, 741 RVO, 316 SGB III; vgl. *Häsemeyer,* Insolvenzrecht, Rn. 13.11.

686 § 11 Abs. 3 BetrAVG.

687 § 312 SGB III.

688 KPB/*Lüke* § 80 Rn. 73; K. Schmidt/*Sternal* § 80 Rn. 72; Gottwald/*Klopp/Kluth*, InsO-HdB, § 22 Rn. 80; zum Steuerverfahren und Finanzgerichtsprozess *Bartone* AO-StB 2004, 142 ff.; s. zu den steuerlichen Pflichten beim sog. Neuerwerb *Olbrich* ZInsO 2004, 1292 ff.; zu Beitragsforderungen der IHK s. OVG Münster ZInsO 2018, 1976; *Rieger* GewArch 2015, 364 f.

689 *Frotscher,* Besteuerung bei Insolvenz, S. 17 ff.

690 *Olbrich* ZInsO 2004, 1292, 1293.

691 BVerwG DStR 2018, 2441, 2443 Rn. 21; *Maus* ZInsO 1999, 683, 686; *Onusseit* ZInsO 2000, 363, 365.

692 BFH NZI 2011, 911 f.; *Frotscher,* Besteuerung bei Insolvenz, S. 23; *Onusseit/Kunz,* Steuern in der Insolvenz, Rn. 2; *Onusseit* ZInsO 2000, 363; KPB/*Lüke* § 80 Rn. 73; and. LSZ/*Smid* § 80 Rn. 49, wo der Verwalter als steuerpflichtig bezeichnet wird.

693 BFHE 239, 15 = ZInsO 2013, 82; BFH Beschl. v. 19.11.2007 – VII B 104/07, BeckRS 2007, 25012691; BFH ZInsO 2013, 227; Gottwald/*Klopp/Kluth*, InsO-HdB, § 22 Rn. 83; K. Schmidt/*Sternal* § 80 Rn. 72.

694 Dazu *Maus* ZInsO 1999, 683, 686; *Onusseit* ZIP 1995, 1798; *Frotscher,* Besteuerung bei Insolvenz, S. 33 ff.; K. Schmidt/*Sternal* § 80 Rn. 73.

695 FG Brandenburg ZIP 2005, 41.

696 S. dazu BFH ZIP 1994, 1969; *Frotscher,* Besteuerung bei Insolvenz, S. 32 ff.; *Häsemeyer,* Insolvenzrecht, Rn. 23.38 ff.; PK-HWF/*Ries/Rook* § 80 Rn. 32.

697 *Maus* ZInsO 1999, 683, 686.

walter nicht aus den Steuererklärungspflichten entlassen. Der Verwalter ist verpflichtet, Steuererklärungen selbst zu erstellen, wenn die Masse nicht ausreicht, ein Steuerberaterhonorar zu bezahlen.[698]

Der Insolvenzverwalter einer Personengesellschaft ist nicht verpflichtet, die Erklärung zur **einheitlichen und gesonderten Feststellung** des Gewinns abzugeben, weil dies nicht den Vermögensbereich der Gesellschaft, sondern den Bereich der Gesellschafter betrifft.[699] Die Durchführung der einheitlichen Gewinnfeststellung (§§ 179 ff. AO) gehört nach der Rechtsprechung des BFH zu den insolvenzfreien Angelegenheiten der Gesellschaft.[700] Die Abgabe solcher Erklärungen gehört nach hM zu den Aufgaben der aufgelösten Gesellschaft, die von den Liquidatoren wahrzunehmen sind.[701] Die Pflicht des Insolvenzverwalters zur **Abgabe von Steuererklärungen** bezieht sich auch auf Steueransprüche, die vor Eröffnung des Insolvenzverfahrens entstanden sind.[702] Der Schuldner kann selbst keine Steuererklärungen erstellen, da die Geschäftsbücher des Schuldners zur Masse gehören (§ 36 Abs. 2 Nr. 1) und vom Insolvenzverwalter in Besitz zu nehmen sind (§ 148 Abs. 1).[703] 132

2. Adressat von Steuerbescheiden. Anders als unter der Geltung der KO steht Steuerforderungen in der Insolvenz nach der InsO kein Vorrecht zu.[704] Eine Steuerforderung ist eine **Insolvenzforderung** gem. § 38, wenn sie zurzeit der Eröffnung des Verfahrens begründet war. Wenn die Steuerforderung erst nach Eröffnung des Verfahrens begründet wurde, so ist sie eine **Masseforderung** gem. § 55.[705] Somit ist der Insolvenzverwalter ohne weiteres Adressat für Steuerbescheide wegen Steueransprüchen, die nach der Insolvenzeröffnung entstanden sind.[706] Ein Insolvenzverwalter muss als **Inhaltsadressat eines die Insolvenzmasse betreffenden Steuerbescheids** allerdings nicht ausdrücklich in dieser Eigenschaft bezeichnet werden. Es ist ausreichend, wenn sich seine Funktion nach dem objektiven Erklärungsgehalt des Bescheids aus der Sicht des Empfängers im Wege der Auslegung zweifelsfrei bestimmen lässt, wobei nicht nur die dem Bescheid beigefügten Erklärungen, sondern darüber hinaus auch die dem Betroffenen bekannten Umstände heranzuziehen sind.[707] Wegen Steuerschulden, die aus der **Zeit vor der Insolvenzeröffnung** stammen, kann ein Steuerbescheid nach Eröffnung des Verfahrens nicht mehr erlassen werden. Steuerforderungen aus der Zeit vor der Verfahrenseröffnung sind ausschließlich zur Tabelle anzumelden.[708] Das weitere Verfahren richtet sich daher insoweit nach §§ 174 ff. Wird die Steuerforderung vom Insolvenzverwalter bestritten, so muss das Finanzamt gem. § 179 die Feststellung gegenüber dem Verwalter betreiben. Dazu hat es zu prüfen, ob ein Steuerbescheid mit Leistungsgebot vor der Eröffnung des Verfahrens ergangen ist.[709] Ist vor Insolvenzeröffnung noch kein Steuerbescheid über die Insolvenzforderung erlassen worden, dann hat die Festsetzungsstelle das Bestehen der Steuerforderung mittels Feststellungsbescheid gem. § 251 Abs. 3 AO festzustellen. Adressat des **Feststellungsbescheids** ist der Widersprechende, also der Insolvenzverwalter.[710] 133

Nach Eröffnung des Insolvenzverfahrens ist allein der Insolvenzverwalter befugt, einen Antrag auf Steuererlass gem. § 227 AO zu stellen.[711] 134

3. Haftung. Für eine Verletzung der ihm obliegenden steuerrechtlichen Pflichten ist der Insolvenzverwalter der **steuerrechtlichen Haftung** nach § 69 AO und den sonstigen steuerrechtlichen 135

698 BFH ZIP 1994, 1969; *Onusseit* ZInsO 2002, 363, 367; *Maus* ZInsO 1999, 683, 686.

699 BFH ZIP 1993, 374; 1980, 53 mAnm *Klasmeyer*; 1986, 656; 1994, 1969.

700 BFHE 90, 87 = DB 1968, 382; BFHE 128, 322 = BB 1979, 1756; BFHE 145, 495 = BB 1986, 723 = ZIP 1986, 656; s. dazu Uhlenbruck/*Uhlenbruck*[13] § 80 Rn. 69; *Frotscher,* Besteuerung bei Insolvenz, S. 39.

701 BFHE 145, 495 = BB 1986, 723 = ZIP 1986, 656; offen gelassen BFH ZIP 1993, 374; Uhlenbruck/*Uhlenbruck*[13] § 80 Rn. 69; and. *Kilger/K. Schmidt* KO § 6 Anm. 5a., wo darauf abgestellt wird, dass Gewinnermittlungssubjekt bei der Personengesellschaft diese selbst sei und der Insolvenzverwalter als deren Organ fungiere. Zur Subjektivität von Personengesellschaften → § 11 Rn. 42, 49.

702 *Frotscher,* Besteuerung bei Insolvenz, S. 38 f.; *Maus* ZInsO 1999, 683, 686 mwN; *Onusseit* ZInsO 2000, 363, 366; aA Nerlich/Römermann/*Wittkowski/Kruth* § 80 Rn. 143.

703 Jaeger/*Windel* § 80 Rn. 141. S. a. *Jaeger/Henckel* KO § 6 Rn. 141.

704 Zur Stellung des Fiskus im Insolvenzverfahren nach Abschaffung des Insolvenzvorrechts s. die Untersuchung von *Meier,* Privilegien des Fiskus, passim.

705 Dazu *Frotscher,* Besteuerung bei Insolvenz, S. 53 ff.

706 BFH v. 1.8.12 – II R 28/11, DStRE 2013, 115 Rn. 14; BFHE 235, 1; BFH NZI 2011, 911 f.; FG München EFG 2012, 71; FG Berlin Urt. v. 8.3.2005 – 7 K 7085/04, BeckRS 2005, 26017778; *Hess/Boochs/Weis,* Steuerrecht in der Insolvenz, Rn. 330; *Onusseit/Kunz,* Steuern in der Insolvenz, Rn. 22, 29.

707 BFH ZInsO 2018, 1960.

708 *Kilger/K. Schmidt* KO § 6 Anm. 5a; *Hess/Boochs/Weis,* Steuerrecht in der Insolvenz, Rn. 324; *Maus,* Steuerrechtliche Probleme, S. 27.

709 *Hess/Boochs/Weis,* Steuerrecht in der Insolvenz, Rn. 337.

710 *Maus,* Steuerrechtliche Probleme, S. 25; *Hess/Boochs/Weis,* Steuerrecht in der Insolvenz, Rn. 338 ff.

711 *Tipke/Kruse,* AO, § 227 Rn. 133. Zur Rückforderung einer Eigenheimzulage gegenüber dem Insolvenzverwalter FG Brandenburg StE 2006, 773.

Sanktionen ausgesetzt. Eine Haftung des Insolvenzverwalters kommt nach dieser Vorschrift in Betracht, wenn er die ihm nach § 34 Abs. 3 AO obliegenden steuerrechtlichen Erklärungspflichten nicht erfüllt hat und dadurch dem Steuerfiskus ein Schaden entstanden ist.[712] Die Haftung nach § 69 AO greift nur ein, wenn der Insolvenzverwalter gegen Pflichten verstößt, die auf Steuergesetzen beruhen.[713] Ein Verstoß gegen insolvenzspezifische Pflichten in Bezug auf Steuerforderungen führt dagegen nach der Rechtsprechung[714] und nach herrschender, aber bestrittener Ansicht im Schrifttum nur zu einer Haftung nach § 60 InsO, während eine Verletzung steuerspezifischer Pflichten allein eine – auf Vorsatz und grobe Fahrlässigkeit beschränkte – Haftung aus § 69 AO begründet.[715] Näher zur insolvenzrechtlichen Haftung und dem Verhältnis zur Haftung für steuerspezifische Pflichtverletzungen → § 60 Rn. 81 ff. sowie → § 55 Rn. 68 ff. zur Frage, inwieweit Steuerforderungen Masseverbindlichkeiten begründen. Ansprüche gegen den Insolvenzverwalter wegen der Verletzung steuerspezifischer Pflichten können durch Haftungsbescheid nach § 191 AO geltend gemacht werden. Schadensersatzansprüche des Fiskus gegen den Insolvenzverwalter wegen der Verletzung steuerspezifischer Pflichten sind nicht vor den ordentlichen Gerichten, sondern vor den **Finanzgerichten** geltend zu machen.[716]

VI. Der Insolvenzverwalter im Ordnungsrecht

136 **1. Allgemeines.** Die Bestimmungen des Polizei- und Ordnungsrechts gelten auch nach Eröffnung des Insolvenzverfahrens fort. Das **Ordnungsrecht** wird durch das Insolvenzrecht nicht verdrängt; es besteht insoweit **kein Insolvenzprivileg.**[717] Dies gilt insb. auch für die Bestimmungen des **Umweltrechts.**[718] Im Einzelnen ergeben sich aber vielfältige Probleme in Bezug auf das **Zusammenwirken von Ordnungsrecht und Insolvenzrecht,** die aus den damit verknüpften Interessenkonflikten resultieren. Insbesondere geht der Streit um die Frage, ob ordnungsrechtlichen Ansprüchen in der Insolvenz eines Unternehmens ein genereller Vorrang zukommt.[719] Ein Insolvenzprivileg in dem Sinne, dass polizeirechtliche Pflichten im Insolvenzverfahren zurücktreten müssen, würde die mit der Störung der öffentlichen Sicherheit und Ordnung verbundenen Risiken und Kosten der **Allgemeinheit** aufbürden und die Insolvenzmasse entlasten, was den ungesicherten Gläubigern durch eine entsprechende Erhöhung der Insolvenzquote zugutekäme. Die durch Absonderungsrechte gesicherten Gläubiger sind insoweit ohnehin nicht betroffen. Ein derartiges Insolvenzprivileg würde aber zugleich einem insolventen Unternehmen ungerechtfertigte **Wettbewerbsvorteile** gegenüber den Konkurrenten einräumen, die mit den entsprechenden Kosten belastet bleiben.[720] Fragen ergeben sich weiterhin in Bezug auf die Person des **Normadressaten** und auf die **Haftung des Insolvenzverwalters** im Polizei- und Ordnungsrecht. Ferner stellen sich Probleme bei der Abgrenzung der vor Verfahrenseröffnung begründeten ordnungsrechtlichen Haftung des Insolvenzschuldners von der während des Verfahrens begründeten Haftung. In diesem Zusammenhang stellt sich die Frage, wie die aus dem Polizei- und Ordnungsrecht sich ergebenden Pflichten

---

712 Dazu Uhlenbruck/*Uhlenbruck*[13] § 80 Rn. 75; *App* ZKF 2003, 78, 79.

713 BGHZ 106, 134, 135 = NJW 1989, 303; s. w. BFH ZIP 1995, 229 zur Haftung für unberechtigt ausgewiesene Umsatzsteuer; BFH ZIP 1996, 429; *Maus* ZInsO 1999, 683, 687; *Frotscher,* Besteuerung bei Insolvenz, S. 43; Uhlenbruck/*Uhlenbruck*[13] § 80 Rn. 75; *Jaeger/Henckel* KO § 6 Rn. 144.

714 BGHZ 106, 134, 135 = NJW 1989, 303; s. a. BFH BStBl. II 1993, 265.

715 Uhlenbruck/*Uhlenbruck*[13] § 80 Rn. 75; *Frotscher,* Besteuerung bei Insolvenz, S. 42; KPB/*Lüke* § 80 Rn. 77; *Häsemeyer,* Insolvenzrecht, Rn. 23.73 (§ 69 AO als verdrängende Spezialregelung); ebenso Nerlich/Römermann/*Wittkowski/Kruth* § 80 Rn. 155; aA *Tipke/Kruse,* AO, Vor § 69 Rn. 61 60, wonach zwischen § 60 InsO und § 69 AO einfache Gesetzeskonkurrenz bestehe.

716 BGHZ 106, 134 = NJW 1989, 303; krit. *Häsemeyer,* Insolvenzrecht, Rn. 23.73.

717 BGHZ 148, 252 = ZInsO 2001, 751; BGHZ 150, 305, 311; BVerwGE 107, 299 = NJW 1999, 1416; BVerwG ZInsO 2004, 1206; OVG Lüneburg NJW 1992, 1252; OVG Greifswald NJW 1998, 175; BankenKommInsO/*Ampferl* § 80 Rn. 31; FKInsO/*Wimmer/Amend* § 80 Rn. 41; K. Schmidt/*Sternal* § 80 Rn. 69; *Franz* NZI 2000, 10; *Lüke,* Kölner Schrift, Rn. 11; BKInsO/*Blersch/v. Olshausen* § 80 Rn. 18; *Eichhorn,* Altlasten im Konkurs, S. 90 ff.; *Häsemeyer,* Insolvenzrecht, Rn. 13.13; *Kilger/K. Schmidt* KO § 6 Anm. 5g; *Sonnen/Tetzlaff* wistra 1999, 1, 3 f.; Nerlich/Römermann/*Wittkowski/Kruth* § 80 Rn. 139; Jaeger/*Windel* § 80 Rn. 119; iE ebenso *Stürner* FS Merz, S. 563; unter Hinweis auf die Amtstheorie teilw. einschränkend hinsichtlich der Art und Weise der Erfüllung einer öffentlich-rechtlichen Pflicht („durch das Insolvenzverfahren modifiziert") LSZ/*Smid* § 80 Rn. 46; krit. *Weitemeyer* DZWiR 1999, 384.

718 BVerwG ZIP 1998, 2167; *Lüke,* Kölner Schrift, Rn. 11; zu den Pflichten des Insolvenzverwalters als Waldbesitzer s. LSG Chemnitz Urt. v. 15.5.2013 – L 6 U 3/11, BeckRS 2013, 69342.

719 S. dazu die Kontroverse zwischen BGH und BVerwG; BVerwG NJW 2005, 51, 52 einerseits, BGHZ 148, 252 = NJW 2001, 2966; BGHZ 150, 305 andererseits. Dazu *Vierhaus* ZInsO 2005, 127 ff.; *Seidel/Flitsch* DZWiR 2005, 278.

720 *Lüke,* Kölner Schrift, Rn. 11.

insolvenzrechtlich einzuordnen sind, d. h. insb., ob ihnen ein **Insolvenzprivileg** in dem Sinne zuzuerkennen ist, dass sie generell als **Masseverbindlichkeiten** eingestuft werden, auch dann, wenn der ordnungsrechtliche Tatbestand schon vor Verfahrenseröffnung erfüllt worden ist. Besondere Bedeutung erlangt dies im Hinblick auf **Umweltlasten** (→ Rn. 142). Schwierigkeiten in verfahrensrechtlicher Hinsicht wirft die Koordination des auf die Festlegung und Durchsetzung ordnungsrechtlicher Pflichten gerichteten **Verwaltungsverfahrens** mit dem Insolvenzverfahren auf. Besonders im Bereich der Umwelthaftung stellt sich die Frage nach der Zulässigkeit und ggf. den Rechtsfolgen der **Freigabe** von belasteten Gegenständen, insb. von kontaminierten Grundstücken (→ Rn. 142). Soweit die Kosten der Gefahrbeseitigung bzw. einer Ersatzvornahme durch eine Behörde nicht im Rahmen des Insolvenzverfahrens berücksichtigt werden, kommt ein Ausgleich der dadurch herbeigeführten Wertsteigerungen insb. bei Grundstücken auf der Grundlage besonderer gesetzlicher Regelungen in Betracht (→ Rn. 144).

2. Normadressat. Die Festlegung des Pflichtigen nach den Vorschriften des Polizei- und Ordnungsrechts erfolgt nach Kriterien, die nicht auf die **Besonderheiten des Insolvenzverfahrens** mit dem Übergang der Verwaltungs- und Verfügungsbefugnis über das zur Insolvenzmasse gehörende Vermögen auf den Insolvenzverwalter bei fortbestehender Rechtsträgerschaft des Insolvenzschuldners zugeschnitten sind. Für die ordnungsrechtliche Pflichtigkeit, die an Handlungen des Schuldners vor Insolvenzeröffnung oder an Störungen anknüpft, die von Gegenständen seines Vermögens ausgehen, haftet das **Vermögen des Schuldners** auch nach Verfahrenseröffnung. Maßnahmen der Gefahrenbeseitigung vermag der Schuldner nach Verfahrenseröffnung mangels tatsächlicher Gewalt und rechtlicher Verfügungsbefugnis über die Anlage, von der die Gefahr ausgeht, nicht zu treffen; dies kann nur der **Insolvenzverwalter.** Insofern ist dieser Normadressat und damit zugleich Adressat einer darauf beruhenden Verfügung.[721] Der Verwalter haftet wie stets nicht persönlich, sondern nur im Rahmen seiner auf die Verwaltung der Masse bezogenen Funktion; er hat auch die ordnungsrechtlichen Pflichten nur für die Masse und nur mit den Mitteln des Masse zu erfüllen.[722] Gleiches muss gelten, wenn eine ordnungsrechtliche Pflichtigkeit nach Eröffnung des Insolvenzverfahrens begründet wird, auch dann, wenn der Insolvenzverwalter oder eine seiner Hilfspersonen Handlungsstörer ist.[723] Die Masse muss sich die ordnungsrechtlich relevanten Handlungen des Verwalters zurechnen lassen. 137

3. Pflichtigkeit in der Insolvenz. Eine **Handlungsstörerhaftung** nach Eröffnung des Insolvenzverfahrens kann sich aus Maßnahmen des Insolvenzverwalters ergeben, vor allem im Zusammenhang mit einer Nutzung durch Betriebsfortführung.[724] Die **Betriebsfortführung** durch den Insolvenzverwalter begründet jedoch als solche keine eigene Haftung des Insolvenzverwalters für vor Verfahrenseröffnung begründete Gefahren.[725] Eine Betriebsfortführung durch den Insolvenzverwalter ist auch unter ordnungsrechtlichen Gesichtspunkten nicht mit einer Betriebsübernahme durch einen anderen Unternehmensträger gleichzusetzen.[726] Durch die Eröffnung des Insolvenzverfahrens ändert sich weder die Identität des bisherigen Unternehmensträgers noch die Zuordnung des Betriebsvermögens; es verändern sich nur die Handlungskompetenzen durch den Übergang der Verfügungsbefugnis auf den Insolvenzverwalter gem. § 80 Abs. 1. Der Insolvenzverwalter rückt in eine **bei Verfahrenseröffnung bestehende Zustandsverantwortlichkeit** ein; dies ist ein rein insolvenzrechtlich zu beurteilender Vorgang.[727] Der Insolvenzverwalter nimmt ein kontaminiertes Grundstück nur auf Grund seiner Verpflichtung, die auf die Befriedigung der Gläubiger ausgerichtet ist, in Besitz.[728] Knüpft das Gesetz die Störerhaftung an die Entfaltung bestimmter Tätigkeiten (vgl. §§ 58 Abs. 1, 4 Abs. 5 BBergG), ist der Verwalter nur Störer, wenn er nach der Verfahrenseröffnung eine solche Tätigkeit entfaltet.[729] Fraglich ist, ob eine **Betriebsstilllegung** eine Haftung des Insol- 138

[721] *Lüke,* Kölner Schrift, Rn. 22.

[722] BVerwG ZIP 1998, 2167; 1999, 540; *Lüke,* Kölner Schrift, Rn. 22; missverständlich VGH Mannheim NJW 1992, 64, 66; OVG Bautzen ZIP 1995, 857.

[723] *Griesbeck,* Polizeipflicht und Kostentragungspflicht, S. 31 f.; *Petersen* NJW 1992, 1202, 1204 ff.; *K. Schmidt* BB 1991, 1273, 1277; *Weitemeyer,* Ordnungsrechtliche Maßnahmen, S. 70 ff.

[724] BVerwG NZI 2005, 55; *Eichhorn,* Altlasten im Konkurs, S. 49; *Lwowski/Tetzlaff* WM 1998, 1509, 1512 f.; Nerlich/Römermann/*Wittkowski/Kruth* § 80 Rn. 103, 140.

[725] So aber BVerwGE 107, 299 = NJW 1999, 1416 = ZIP 1999, 2167; OVG Münster UPR 2006, 456 ff.; VGH München BayVBl 2011, 762 ff.

[726] *Lüke,* Kölner Schrift, Rn. 26.

[727] Uhlenbruck/*Uhlenbruck*[13] § 80 Rn. 174; and. die Rspr. des BVerwG, das auf den ordnungsrechtlichen Aspekt der Innehabung der tatsächlichen Gewalt durch den Insolvenzverwalter abstellt; BVerwGE 108, 269, 272 = NZI 1999, 246; BVerwG NJW 2005, 379 = NZI 2005, 51, 52.

[728] *Lwowski/Tetzlaff* NZI 2004, 225, 228.

[729] Zur bergbaurechtlichen Verantwortlichkeit s. BVerwG NVwZ 2008, 583; OVG Jena ZfB 2009, 276 ff.; aA VG Gera ZfB 2007, 167 ff.

venzverwalters als Handlungsstörer begründen kann.[730] Das kommt jedoch nur an in Betracht, wenn im Zusammenhang mit der Stilllegung des Betriebs eine **neue Gefahr** begründet oder eine zuvor bestehende **Gefahrenlage vergrößert** worden ist.[731] Im Kern geht es in allen diesen Fällen nicht um die Begründung einer ordnungsrechtlichen Haftung des Insolvenzverwalters als **Handlungs- oder Zustandsstörer,** sondern vielmehr um die Einordnung der aus ordnungsrechtlichen Tatbeständen resultierenden und vor Verfahrenseröffnung begründeten Ansprüche als Insolvenzforderungen oder als Masseverbindlichkeiten, → Rn. 139 f.

139 **4. Insolvenzrechtliche Einordnung von ordnungsrechtlichen Pflichten.** Wird die Gefahr erst nach der Verfahrenseröffnung durch eine **Handlung des Insolvenzverwalters** hervorgerufen, stellt die (durch Erlass einer Grundverfügung konkretisierte) Ordnungspflicht eine sonstige Masseverbindlichkeit iSd § 55 Abs. 1 Nr. 1 dar.[732] Ist der Insolvenzschuldner der Verursacher der Gefahr, so ist dieser **Handlungs- bzw. Zustandsstörer.** Nach der Eröffnung des Insolvenzverfahrens stellt sich dann die Frage, ob bereits vor der Verfahrenseröffnung ein Vermögensanspruch iSd § 38 entstanden ist, so dass die aus der öffentlich-rechtlichen Sanierungspflicht folgenden konkreten Pflichten **Insolvenzforderungen** darstellen mit der Folge, dass sie zur Tabelle anzumelden sind.[733] Nach einer Ansicht besteht eine Beseitigungspflicht als Insolvenzforderung unabhängig vom Erlass eines die polizeirechtliche Ordnungspflicht konkretisierenden Verwaltungsaktes.[734] Dagegen wird eingewandt, die ordnungsrechtliche Pflichtigkeit zur Beseitigung von Gefahren sei wegen der unspezifischen Inhalts- und Adressatenbestimmung des abstrakten Handlungsgebots einem Anspruch im Sinne des Insolvenzrechts (§ 38) nicht gleichzustellen; die **abstrakte Ordnungspflicht** stelle mithin **keine Insolvenzforderung** dar.[735] Nach dieser Ansicht wird die allgemeine Ordnungspflicht vielmehr erst durch den Verwaltungsakt (Grundverfügung) konkretisiert. Maßgeblich für die Frage nach der insolvenzrechtlichen Einordnung der öffentlich-rechtlichen Pflicht ist danach der Zeitpunkt, zu dem die Sanierungsverfügung erlassen wurde. Hat die Behörde bereits **vor der Eröffnung des Insolvenzverfahrens** eine **Grundverfügung** erlassen, so ist der Anspruch auf Durchführung dieser Maßnahmen bereits vor der Eröffnung entstanden und mithin eine **Insolvenzforderung,** da die konkretisierte Sanierungspflicht in einen Geldbetrag umgewandelt werden kann.[736] Ist die Sanierungsanordnung – ggf. in Form der Ersatzvornahme – vor der Verfahrenseröffnung vollstreckt worden, so folgt daraus ebenfalls eine Insolvenzforderung iSd § 38.[737] Ist die Ordnungspflicht bereits vor der Verfahrenseröffnung durch eine Sanierungsverfügung konkretisiert worden, ist die Einordnung der Sanierungskosten als Insolvenzforderung im Ergebnis unstreitig. Streitig ist dagegen, ob die Konkretisierung einer vor Verfahrenseröffnung auf Grund einer Handlungs- oder Zustandsstörung bestehenden Pflichtigkeit durch eine nach Verfahrenseröffnung erlassene Grundverfügung zu einer bloßen Insolvenzforderung oder zu einer Masseverbindlichkeit führt. Ergeht eine solche **Grundverfügung nach der Verfahrenseröffnung,** stellt sich wiederum die Frage, ob es sich bei der Beseitigungspflicht um eine Masse- oder um eine Insolvenzforderung handelt. Maßgeblich für die **insolvenzrechtliche Einordnung** der aus einer ordnungsrechtlichen Haftung resultierenden Ansprüche kann aber nicht der Zeitpunkt der Grundverfügung sein, vielmehr ist grundsätzlich darauf abzustellen, ob der **konkrete Gefahrentatbestand** vollständig vor Verfahrenseröffnung erfüllt worden ist. Mit der Erfüllung des Gefahrentatbestandes konkretisiert sich die Pflicht auf bestimmte Personen und Sachverhalte.[738] Die Gegenansicht führt zu einer Privilegierung öffentlich-rechtlicher Ansprüche und dazu, dass sich die Behörde eine privilegierte Stellung durch den Erlass eines Verwaltungsak-

---

[730] So OVG Lüneburg NJW 1993, 1671.

[731] *Lüke*, Kölner Schrift, Rn. 24; Jaeger/*Windel* § 80 Rn. 123; offen gelassen in BVerwGE 107, 299.

[732] OVG Greifswald NJW 1998, 175; K. Schmidt/*Sternal* § 80 Rn. 70; Nerlich/Römermann/*Andres* § 55 Rn. 76; *Franz* NZI 2000, 10, 13; *Häsemeyer*, Insolvenzrecht, Rn. 13.13; *Hess*[2] § 38 Rn. 63; KPB/*Pape* § 55 Rn. 34; *K. Schmidt* BB 1991, 1273, 1280 f.; *Weitemeyer*, Ordnungsrechtliche Maßnahmen, S. 155.

[733] *Kilger* FS Merz, S. 253, 275; *Petersen* NJW 1992, 1202, 1205; *K. Schmidt* NJW 1993, 2833, 2836; *Sonnen/Tetzlaff* wistra 1999, 1, 4 f. mwN; *Stoll* ZIP 1992, 1437, 1441; *Weitemeyer*, Ordnungsrechtliche Maßnahmen, S. 110 ff.

[734] S. hierzu Braun/*Kroth* § 80 Rn. 29 f.

[735] OVG Greifswald NJW 1998, 175; OVG Lüneburg NJW 1998, 398, 399; *Eichhorn*, Altlasten im Konkurs, S. 112 ff.; *Franz* NZI 2000, 10, 11 mwN; *Häsemeyer*, Insolvenzrecht, Rn. 13.13; *Hess*[2] § 38 Rn. 63; *Stürner*, Kölner Schrift[2], S. 563 ff.

[736] *Franz* NZI 2000, 10; *Häsemeyer*, Insolvenzrecht, Rn. 13.13; *Hess*[2] § 38 Rn. 75; *Jaeger/Henckel* KO § 3 Rn. 22; *Petersen* NJW 1992, 1202, 1205; *Lwowski/Tetzlaff*, Umweltrisiken und Altlasten in der Insolvenz, Rn. F 99 ff.

[737] OVG Schleswig NJW 1993, 2004; VG Dresden NZI 1999, 247; *Franz* NZI 2000, 10, 11; *Hess*[2] § 80 Rn. 65; *K. Schmidt* BB 1991, 1273, 1280; Nerlich/Römermann/*Wittkowski/Kruth* § 80 Rn. 141.

[738] *Lüke*, Kölner Schrift, Rn. 42.

tes erst nach der Verfahrenseröffnung verschaffen kann.[739] Eine vermittelnde Ansicht, wonach von einer Insolvenzforderung und nicht von einer Masseverbindlichkeit auszugehen ist, wenn die nach Verfahrenseröffnung ergangene Verfügung bei korrekter Pflichtenwahrnehmung der Behörde bereits vorher hätte erlassen werden müssen,[740] belastet das Insolvenzverfahren mit erheblicher Rechtsunsicherheit und ist daher abzulehnen.

Zu einer generellen Behandlung von **Ordnungspflichten als Masseverbindlichkeiten** gelangen auch Ansichten, die darauf abstellen, dass die Ordnungspflicht unabhängig vom Vorliegen eines konkretisierenden Verwaltungsakts als absolute Rechtspflicht bzw. als eine dem Vermögen anhaftende Pflicht besteht und unabhängig vom Entstehungszeitpunkt der Störung eine Masseverbindlichkeit begründet.[741] Dies würde jedoch zu einer generellen Privilegierung aller aus öffentlich-rechtlichen Pflichtigkeiten resultierenden Ansprüche der öffentlichen Hand im Insolvenzfall führen, was in der InsO selbst nicht nur keine Stütze findet, sondern auch mit der in der Abschaffung des Fiskusprivilegs zum Ausdruck kommenden Intention des Gesetzgebers unvereinbar wäre. Demgegenüber ist entsprechend den auch für zivilrechtliche Ansprüche geltenden Grundsätzen darauf abzustellen, dass Haftungstatbestände, die bereits vor Verfahrenseröffnung erfüllt worden sind, zu Insolvenzforderungen führen, während **Masseverbindlichkeiten** nur insoweit begründet sind, als es sich um Pflichten wegen Gefahrentatbeständen handelt, die erst **nach Insolvenzeröffnung** vollendet worden sind.[742] 140

5. Auswirkungen der Insolvenz im Verwaltungsverfahren. Dem **Erlass von Verwaltungsakten** gegenüber dem Verwalter stehen die §§ 87, 89 nicht entgegen.[743] Durch eine Grundverfügung werden die aus der ordnungsrechtlichen Pflichtigkeit folgenden Pflichten im Einzelnen konkretisiert und festgelegt; die Behörde übt dadurch ihr Ermessen hinsichtlich der Inanspruchnahme des Pflichtigen aus. Damit ist zugleich festgelegt, ob und in welchem Umfang hieraus resultierende Forderungen im Insolvenzverfahren verfolgt werden sollen. Soweit es sich dabei um Insolvenzforderungen iSd § 38 handelt, ist eine **Vollstreckung** im Verwaltungsvollstreckungsverfahren ausgeschlossen, §§ 89 Abs. 1, 87; die Ansprüche müssen, ggf. unter Umrechnung gem. § 45, **zur Tabelle angemeldet** werden, § 174.[744] Als zulässig auch während des Insolvenzverfahrens ist dagegen die **unmittelbare Ausführung** einer polizeilichen Maßnahme anzusehen, sofern die polizeirechtlichen Voraussetzungen hierfür erfüllt sind.[745] In einem dem Erlass eines Verwaltungsaktes vorausgehenden **Verwaltungsverfahren** sind der Insolvenzverwalter und widerspruchsberechtigte Gläubiger nach Maßgabe der allgemeinen Bestimmungen anzuhören bzw. zu beteiligen.[746] 141

6. Umweltrecht; Haftung für Altlasten; Freigabe. Die Fragen der Ordnungspflichtigkeit des Insolvenzverwalters und des insolvenzrechtlichen Rangs, der den daraus folgenden Pflichten im Einzelnen zukommt, haben besondere Bedeutung im Umweltrecht und hier vor allem in Bezug auf die umweltrechtliche Haftung für **kontaminierte Grundstücke** (Haftung für Altlasten) und für abfallrechtliche Überwachungs- und Entsorgungspflichten.[747] Die Situation in der Insolvenz wird zudem dadurch noch verschärft, dass häufig kosteninsive Umweltschutzmaßnahmen gerade bei Unternehmen mit Liquiditätsschwierigkeiten zugunsten einer Erhaltung des Betriebes auch seitens 142

---

[739] VGH Mannheim NJW 1992, 64; OVG Schleswig NJW 1993, 2004; OVG Magdeburg ZIP 1994, 1130; HKInsO/*Eickmann*[7] § 45 Rn. 4; *Franz* NZI 2000, 10, 12; *Lüke*, Kölner Schrift, Rn. 42; KPB/*Lüke* § 80 Rn. 84; krit. auch *Lwowski/Tetzlaff* WuB VI B. § 6 KO 2.99; *Lwowski/Tetzlaff* WuB VI B. § 6 KO 1.98.

[740] *Häsemeyer,* Insolvenzrecht, Rn. 13.13.

[741] BVerwGE 108, 269 = NJW 1999, 2131 = WM 1999, 818; BVerwG ZIP 2004, 2145 = EWiR 2005, 439 *(Kreft);* NZI 2005, 51; OVG Lüneburg NJW 1992, 1252; 1993, 1671; VGH Mannheim NJW 1992, 64; OVG Greifswald NJW 1998, 175; OVG Bautzen ZIP 1995, 852, 855; OVG Münster UPR 2006, 456 ff.; VG Frankfurt/Oder NZI 1999, 284; ebenso *Eichhorn,* Altlasten im Konkurs, S. 94 ff.; *Pape* ZIP 1991, 1544, 1550; *K. Schmidt* NJW 1993, 2833, 2835; *K. Schmidt* ZIP 1997, 1441; *Stürner* FS Franz Merz, S. 563, 577; *Segner* NZI 2005, 54; *Weers/Hönig* ZInsO 2005, 244.

[742] BGHZ 148, 255, 260; 150, 305, 311; *Lüke*, Kölner Schrift, Rn. 46 f.; Uhlenbruck/*Mock* § 80 Rn. 249.

[743] *Lüke*, Kölner Schrift, Rn. 51 ff.; aA *Kilger* FS Merz, S. 253, 275; *Petersen* NJW 1992, 1202, 1205; *K. Schmidt* NJW 1993, 2833, 2836; *Sonnen/Tetzlaff* wistra 1999, 1, 4 f. mwN; *Stoll* ZIP 1992, 1437, 1441 ff.; *Weitemeyer,* Ordnungsrechtliche Maßnahmen, S. 110 ff.

[744] *Lüke*, Kölner Schrift, Rn. 49; *Jaeger/Henckel* KO § 14 Rn. 13; *Sonnen/Tetzlaff* wistra 1999, 1, 4; aA *Weitemeyer,* Ordnungsrechtliche Maßnahmen, S. 146; *K. Schmidt* BB 1991, 1273, 1279; *K. Schmidt* NJW 1993, 2833; s. a. *Kilger/K. Schmidt* KO § 6 Anm. 5g; *Stürner* FS Franz Merz, S. 563, 572 ff. S. dazu ausf. *Eichhorn,* Altlasten im Konkurs, S. 136 ff.

[745] *Petersen* NJW 1992, 1202, 1206; *Weitemeyer,* Ordnungsrechtliche Maßnahmen, S. 143 ff.; *Lüke*, Kölner Schrift, Rn. 58.

[746] Dazu näher *Lüke*, Kölner Schrift, Rn. 51.

[747] Vgl. dazu ausf. *Eichhorn,* Altlasten im Konkurs, S. 5 ff.; *Griesbeck,* Polizeipflicht und Kostentragungspflicht, S. 44 ff.; *Weitemeyer,* Ordnungsrechtliche Maßnahmen, S. 166 ff.

der Ordnungsbehörden zurückgestellt worden sind.[748] Die Verantwortlichkeit ergibt sich im Umweltrecht entweder aus Spezialnormen[749] (§§ 5 Abs. 3 BImSchG, 26 Abs. 2, 32b, 34 Abs. 2 WHG, 4 Abs. 3 Satz 1 BBodSchG, §§ 5 Abs. 2, 3 Abs. 6 KrW-/AbfG, § 58 Abs. 1 BBergG)[750] oder aus den allgemeinen Grundsätzen über die Störerhaftung im Polizei- und Ordnungsrecht; sie trifft nach der Eröffnung des Insolvenzverfahrens den Insolvenzverwalter.[751] Für die insolvenzrechtliche Behandlung der aus der Umwelthaftung resultierenden Pflichten gelten die dargelegten Grundsätze, → Rn. 139 f. Eine besondere Rolle im Bereich der Haftung für Altlasten spielt die Frage, ob der Insolvenzverwalter die Haftung für Beseitigungs- und Sanierungskosten durch eine **Freigabe der kontaminierten Grundstücke** abwenden kann.[752] Die hM hält eine Freigabe der kontaminierten Grundstücke für zulässig mit der Folge, dass der Insolvenzverwalter die Masse von der Sanierungspflicht durch Freigabe befreien kann.[753] Eine Freigabe ist zulässig auch in der Insolvenz juristischer Personen und anderer Gesellschaften; das **insolvenzrechtliche Liquidationsverfahren** tritt nicht zwingend bis zur Vollbeendigung an die Stelle des gesellschaftsrechtlichen Liquidationsverfahrens[754] (→ Rn. 69, 114). Ausgeschlossen ist eine Freigabe jedoch dann, wenn ihr besondere gesetzliche Regelungen entgegenstehen. Solche ergeben sich aus dem Kreislaufwirtschafts- und Abfallgesetz (§§ 13 ff. KrW-/AbfG).[755] Teilweise wird die Freigabe eines kontaminierten Grundstückes aus allgemeinen ordnungsrechtlichen bzw. ordnungspolitischen Gründen generell für unzulässig gehalten.[756] Auch hier geht es im Kern letztlich um die Frage, ob die **Kosten der Sanierung** eines kontaminierten Grundstücks zur Entlastung der Insolvenzmasse und der Insolvenzgläubiger auf die öffentliche Hand abgewälzt werden dürfen.[757] Welche praktische Relevanz der Möglichkeit einer Freigabe zukommt, hängt entscheidend davon ab, ob umweltrechtliche Beseitigungspflichten und Ersatzvornahmekosten in der Insolvenz als einfache Insolvenzforderungen einzuordnen sind. Wird solchen Pflichten **kein genereller Vorrang** eingeräumt, so wird eine Freigabe des belasteten Grundstücks im Allgemeinen nicht im Interesse der Masse liegen.[758] Eine abfallrechtliche Entsorgungspflicht des Insolvenzverwalters folgt aus der Haftung als Zustandsstörer für Abfälle, die sich aus der Zeit vor Eröffnung des Insolvenzverfahrens auf dem Grundstück befinden, über das der Insolvenzverwalter die tatsächliche Sachherrschaft ausübt und demgemäß Abfallbesitzer ist.[759] Dieser Haftung kann sich der Insolvenzverwalter durch Freigabe der Abfälle entziehen.[760] Der Betreiberhaftung im Falle der Fortführung des Betriebs durch den Insolvenzverwalter kann dagegen nicht durch Freigabe beendet werden.[761]

143 Nach der hier vertretenen Auffassung ist eine Freigabe in der Insolvenz einer juristischen Person oder einer Personenvereinigung mit Liquidationsverfahren möglich (→ Rn. 114). Da die Freigabe

[748] *Lwowski/Tetzlaff* WM 1998, 1509 ff.; *Stürner* FS Franz Merz, S. 563 ff.

[749] Zum Abfallrecht vgl. VGH München NVwZ 2006, 599; ZInsO 2006, 496 = NVwZ-RR 2006, 537; VGH Kassel ZIP 1999, 2102; *Weitemeyer,* Ordnungsrechtliche Maßnahmen, S. 95 ff.

[750] S. hierzu ausf. *Eichhorn,* Altlasten im Konkurs, S. 9 ff., S. 68 ff.

[751] BVerwGE 108, 269, 271 = NJW 1999, 2131 = WM 1999, 818; BVerwG NJW 2005, 379 = NZI 2005, 51.

[752] Zur ordnungsrechtlichen Haftung der Organe s. *Kurz/Schwarz* NVwZ 2007, 1380 ff.

[753] BGHZ 163, 32 = NZI 2005, 387; BVerwG NZI 2005, 51; NJW 1984, 2427; ZInsO 2006, 495; VGH München ZInsO 2006, 496 = NVwZ-RR 2006, 537; KTS 1983, 462; OVG Magdeburg ZIP 1994, 1130; VG Weimar Urt. v. 12.2.2014 – 7 K 608/11, BeckRS 2014, 51552; BKInsO/*Blersch/v. Olshausen,* § 80 Rn. 18; *Eichhorn,* Altlasten im Konkurs, S. 190 ff.; *Franz* NZI 2000, 10, 15; *Kilger* FS Merz, S. 253, 267 ff.; KPB/*Lüke* § 80 Rn. 100 ff., 104; K. Schmidt/*Sternal* § 80 Rn. 71; Uhlenbruck/*Hirte* § 35 Rn. 71 ff.; Jaeger/*Windel* § 80 Rn. 42; *Pape* KTS 1993, 551, 582 f.; *Sonnen/Tetzlaff* wistra 1999, 1, 5 f.; Nerlich/Römermann/*Wittkowski/Kruth* § 80 Rn. 140; *Kurz/Schwarz* NVwZ 2007, 1380, 1381; Uhlenbruck/*Mock* § 80 Rn. 251; nach LSZ/*Smid* § 80 Rn. 36, 47 hängt die Frage nach der Zulässigkeit einer Freigabe von den zur Stellung des Insolvenzverwalters vertretenen Theorien ab; aA OVG Lüneburg NJW 1993, 1671; *Stürner* FS Franz Merz, S. 563, 576; *Rosset* DStR 1998, 895, 897 f.; *Ritgen* GewArch 1998, 393, 400.

[754] So OLG Karlsruhe ZInsO, 2003, 768, 769 f.

[755] Dazu näher BVerwG NZI 2005, 55; 56; *Lüke,* Kölner Schrift, Rn. 82; KPB/*Lüke* § 80 Rn. 102; aA OVG Magdeburg ZIP 1994, 1130, 1134.

[756] LSZ/*Smid* § 80 Rn. 34 (polizeirechtlich irrelevante Dereliktion); *K. Schmidt* Gedächtnisschrift für Wolfgang Martens, S. 699 ff.; *K. Schmidt* NJW 1993, 2833, 2836; *Stürner* FS Franz Merz, S. 563, 576; *Petersen* NJW 1992, 1202, 1208; *Stoll* ZIP 1992, 1437, 1445; ebenfalls eine Freigabemöglichkeit verneinend OVG Lüneburg NJW 1993, 1671; OVG Greifswald NJW 1998, 175; *Hess*[2] § 80 Rn. 349.

[757] KPB/*Lüke* § 80 Rn. 100, 104; *Lüke,* Kölner Schrift, Rn. 83; *Kurz/Schwarz* NVwZ 2007, 1380, 1381; *K. Schmidt* NJW 2010, 1489 ff.; *Sämisch* ZInsO 2010, 1096 f.

[758] *v. Wilmovsky* ZIP 1997, 389; *Pape* KTS 1993, 551, 582 ff.; *Lüke,* Kölner Schrift, Rn. 83.

[759] VGH München BayVBl 2011, 762; OVG Lüneburg NJW 2010, 1546.

[760] VGH Kassel NJW 2010, 1545; abl. *K. Schmidt* NJW 2010, 1489 ff.

[761] OVG Lüneburg NJW 2010, 1546; OVG Münster UPR 2006, 456; VGH Mannheim NVwZ-RR 2012, 460; VG Freiburg Beschl. v. 2.11.2011 – 3 K 1641/11, BeckRS 2011, 56020; *Fölsing* ZInsO 2010, 2224.

dem Insolvenzschuldner den aus dem Insolvenzbeschlag freigegebenen Gegenstand vermögensrechtlich zuweist, liegt hierin keine **Dereliktion.** Die polizeirechtlichen Vorschriften der Sicherheits- und Ordnungsgesetze der jeweiligen Länder, die eine solche Dereliktion für unbeachtlich erklären, können hier auch keine analoge Anwendung finden, da der freigegebene Gegenstand gerade nicht herrenlos wird.[762] Auch stellt die Freigabe ein **insolvenzrechtlich zulässiges Mittel** dar, so dass sie nicht sittenwidrig iSd § 138 Abs. 1 BGB oder ein Rechtsmissbrauch nach § 242 BGB sein kann.[763] In der Freigabe kann auch kein Verhalten gesehen werden, das den Insolvenzverwalter seinerseits als Störer erscheinen lässt. Die Freigabe führt per se nicht zu einer neuen oder größeren Gefahr. Wollte man auch denjenigen als Handlungsstörer betrachten, der lediglich die Chancen einer Altlastenbeseitigung durch den tatsächlichen Inhaber verringert, müsste man dies auch für denjenigen annehmen, der Vermögenswerte des Zustandsstörers aufzehrt. Wollte man dem Insolvenzverwalter die Möglichkeit einer Freigabe absprechen, dürfte die Zahl der Nichteröffnungen von Verfahren zunehmen, was kaum mit dem Ziel der Insolvenzordnung, nämlich der möglichst umfänglichen Befriedigung der Gläubiger, zu vereinbaren wäre.[764] Auch umweltrechtliche Bedenken stehen einer Freigabemöglichkeit nicht entgegen, da die Sanierung unabhängig von der Freigabe möglich bleibt. Zwar kann die Freigabe eines kontaminierten Grundstücks bewirken, dass die Kosten der Sanierung auf die Allgemeinheit abgewälzt werden, es besteht aber kein sachlich gerechtfertigter Grund, stattdessen diese Kosten generell den Gläubigern aufzuerlegen. Hinsichtlich der **Wirkungen der Freigabe** ist zu differenzieren. Ersatzansprüche wegen vor der Verfahrenseröffnung durchgeführten Ersatzvornahmen werden durch die Freigabe des betroffenen Grundstücks nicht beseitigt.[765] Der Ersatzanspruch besteht als Insolvenzforderung fort. Auch bleiben die Registerpflichten des Insolvenzverwalters gem. § 49 KrWG bestehen.[766] Mit der Freigabe entfällt aber die **zukünftige Ordnungspflicht** des Insolvenzverwalters.[767] Der ordnungsrechtlichen Verantwortlichkeit für Neuschäden, die auf Handlungen des Insolvenzverwalters beruhen, kann dieser sich nicht durch Freigabe entziehen.[768] Mit der Freigabe erhält der Schuldner die Verwaltungs- und Verfügungsbefugnis zurück; er haftet mit seinem Grundstück vorrangig für die Kosten der Sanierung.[769] Die Freigabeerklärung ist jedoch unbeachtliche protestatio facto contraria, wenn der ordnungsrechtliche Tatbestand, wie insbesondere die tatsächliche Sachherrschaft, unverändert fortbesteht.[770]

7. Wertausgleich. Der aus öffentlichen Mitteln erbrachte Sanierungsaufwand darf andererseits **144**
nicht den Gläubigern zugutekommen.[771] Vielmehr sind **Wertsteigerungen eines Grundstücks** in solchen Fällen durch einen Ausgleichsanspruch zugunsten der öffentlichen Hand abzuschöpfen, wie ihn insb. das Bundesbodenschutzgesetz[772] statuiert. Nach **§ 4 BBodSchG** trifft den Grundstückseigentümer und den Inhaber der tatsächlichen Gewalt über ein Grundstück die Verpflichtung zu Sanierungs- und Gefahrabwendungsmaßnahmen nach § 2 Abs. 7 Nr. 1 und 2 BBodSchG. Eine Sanierung geht, wenn die Sanierung nicht durch den Verpflichteten vorgenommen wird, **zu Lasten der Grundpfandgläubiger,** indem ein festgesetzter Ausgleichsbetrag als öffentliche Last vorrangig im Grundbuch eingetragen wird. Aus dem Erlös einer Versteigerung oder eines freihändigen Verkaufs werden die Kosten der öffentlichen Hand bevorzugt befriedigt. Damit wird die Allgemeinheit jedenfalls hinsichtlich der kontaminierten Grundstücke nicht zwingend mit den Kosten belastet. Der Insolvenzverwalter kann sich aber seiner Verantwortlichkeit durch die Freigabe entledigen, da § 4 Abs. 3 Satz 4 Hs. 2, Abs. 6 BBodSchG nur eine Haftung des früheren Eigentümers bei Aufgabe des Eigentums (Dereliktion) vorsieht. Durch die Freigabe begibt sich der Insolvenzverwalter aber lediglich seiner tatsächlichen Sachherrschaft. Mithin ist eine Freigabe auch nach Inkrafttreten des BBodSchG möglich.[773] Auch die Veräußerung führt dazu, dass die Zustandshaftung des Veräußerers

[762] BVerwG NJW 2005, 379; *Eichhorn,* Altlasten im Konkurs, S. 213 ff.; KPB/*Lüke* § 80 Rn. 88.
[763] BVerwG NJW 2005, 379; *Lwowski/Tetzlaff* NZI 2004, 225, 228; *Eichhorn,* Altlasten im Konkurs, S. 215 ff.; *Weitemeyer,* Ordnungsrechtliche Maßnahmen, S. 174 ff.; Uhlenbruck/*Mock* § 80 Rn. 251.
[764] *Kilger* FS Merz, S. 253, 268 f.; *Lwowski/Tetzlaff* WuB VI B. § 6 KO 2.99; *Pape* ZIP 1991, 1544, 1551; zu möglichen Korrekturen bei Massearmut s. *Eichhorn,* Altlasten im Konkurs, S. 147 ff.
[765] *Franz* NZI 2000, 10, 14; KPB/*Lüke* § 80 Rn. 107; *Lüke,* Kölner Schrift, Rn. 87; *Weitemeyer,* Ordnungsrechtliche Maßnahmen, S. 180 ff.; *Sonnen/Tetzlaff* wistra 1999, 1, 6.
[766] OVG Magdeburg NZI 2015, 528; Uhlenbruck/*Mock* § 80 Rn. 251.
[767] KPB/*Lüke* § 80 Rn. 106; Nerlich/Römermann/*Wittkowski/Kruth* § 80 Rn. 139 f.
[768] *Lwowski/Tetzlaff* NZI 2004, 225, 226.
[769] BVerwG NZI 2005, 51, 53.
[770] BVerwG NZI 2005, 51 = NJW 2005, 379; VGH München ZInsO 2006, 496.
[771] BVerwG ZIP 1999, 538, 540; *Lüke,* Kölner Schrift, Rn. 62.
[772] Gesetz zum Schutz des Bodens vom 17.3.1998, BGBl. I 1998, 502, in Kraft getreten am 1.3.1999.
[773] S. dazu *Franz* NZI 2000, 10, 14 f.

erlischt und beim Erwerber originär entsteht.[774] Insoweit enthält allerdings § 4 Abs. 6 BBodSchG eine Spezialregelung zur Forthaftung.[775]

VII. Der Insolvenzverwalter im Datenschutzrecht

144a **1. Allgemeines.** Die Bestimmungen des Datenschutzrechts gelten auch nach Eröffnung des Insolvenzverfahrens fort.[776] Das Datenschutzrecht wird durch das Insolvenzrecht nicht verdrängt, es besteht auch insoweit **kein Insolvenzprivileg** (→ Rn. 116 zum Wettbewerbsrecht; → Rn. 131 zum Steuerrecht; → Rn. 136 zum Ordnungsrecht). Ähnlich wie im Ordnungsrecht (→ Rn. 136 ff.) ergeben sich Fragen in Bezug auf die Person des Pflichtigen, die Haftung des Insolvenzverwalters, der insolvenzrechtlichen Einordnung von Ansprüchen und Pflichten nach dem Datenschutzrecht sowie der Freigabe von Daten. Fragen des Datenschutzrechts haben durch die zum 25.5.2018 in Kraft getretene **Datenschutzgrundverordnung** (DSGVO) sowie die ebenfalls zum 25.5.2018 in Kraft getretenen Änderungen des **Bundesdatenschutzgesetzes** (BDSG) durch das Gesetz zur Anpassung des Datenschutzrechts an die VO (EU) 2016/679[777] jüngst an Bedeutung gewonnen.

144b **2. Pflichtigkeit in der Insolvenz.** Wer Pflichtiger ist ergibt sich aus dem Datenschutzrecht, wobei im Zusammenhang mit der Eröffnung eines Insolvenzverfahrens die insolvenzrechtlichen Besonderheiten zu berücksichtigen sind.[778] Die wesentlichen mit der Datenverarbeitung verbundenen Pflichten treffen im Datenschutzrecht den **Verantwortlichen.** Anders als in § 3 Abs. 7 BDSG aF („verantwortliche Stelle") findet sich in dem geänderten BDSG keine Definition des Verantwortlichen mehr. Aufgrund ihrer unmittelbaren Wirkung ist indes von der Begriffsbestimmung in der DSGVO auszugehen.[779] Gem. Art. 4 Nr. 7 DSGVO ist Verantwortlicher „die natürliche oder juristische Person, Behörde, Einrichtung oder andere Stelle, die allein oder gemeinsam mit anderen über die Zwecke und Mittel der Verarbeitung von personenbezogenen Daten entscheidet". Im Grundsatz ist der Begriff des Verantwortlichen weit auszulegen.[780] Es kommt auf die **Verfügungs- und Entscheidungsgewalt über die Daten** an.[781] Diese Verfügungsgewalt ergibt sich zum einen aus der ausdrücklichen oder impliziten rechtlichen Zuweisung der Entscheidungsbefugnis und zum anderen aus einem tatsächlichen Einfluss auf die entsprechenden datenrelevanten Vorgänge.[782]

144c Ob und unter welchen Voraussetzungen **der Insolvenzverwalter als Verantwortlicher im datenschutzrechtlichen Sinne** angesehen werden kann, ist noch weitgehend ungeklärt. Soweit im Schrifttum[783] zum vormaligen BDSG die Auffassung vertreten wurde, der Insolvenzverwalter sei ähnlich einem Organ lediglich Teil der „verantwortlichen Stelle", nämlich des Insolvenzschuldners, verkennt diese Sichtweise sowohl die Stellung des Insolvenzverwalters als Partei kraft Amtes (→ Rn. 20 ff.) als auch Bedeutung und Reichweite des § 80 Abs. 1 Satz 1.[784] Im Hinblick auf den **Übergang der Verwaltungs- und Verfügungsbefugnis** kann kein Zweifel daran bestehen, dass dem Insolvenzverwalter nach Eröffnung des Verfahrens gesetzlich die Entscheidungsbefugnis über die zur Insolvenzmasse gehörenden Daten zugewiesen ist.[785] Das Datenschutzrecht knüpft die Verantwortlichkeit indes nicht an eine abstrakte Eigenschaft, sondern an die Entfaltung einer bestimmten Tätigkeit, nämlich die Entscheidung über Zwecke und Mittel der Verarbeitung von personenbezogenen Daten iSd Art. 4 Nr. 2 DSGVO.[786] Der Insolvenzverwalter ist daher nur Verantwortlicher im datenschutzrechtlichen Sinne, wenn er nach der Verfahrenseröffnung eine solche Tätigkeit entfaltet (zur Störerhaftung im Ordnungsrecht → Rn. 138). Dies setzt aber voraus, dass der **Insolvenzver-**

---

[774] BVerwGE 10, 282, 285 = NJW 1960, 1588.

[775] Ausf. zur Sanierungsverantwortlichkeit nach dem BBodSchG *Riedel* ZIP 1999, 94; zur zivilrechtlichen Haftung *Gaier* NZM 2005, 161 ff.

[776] Vgl. zum Verkauf eines Online-Shops im Wege eines Asset Deals durch den Insolvenzverwalter *Beyer/Beyer* NZI 2016, 241 ff.

[777] BGBl. I, S. 2097.

[778] *Thole* ZIP 2018, 1001, 1002.

[779] *Thole* ZIP 2018, 1001.

[780] EuGH NJW 2014, 2257 Rn. 34 zur Richtlinie 95/46/EG des Europäischen Parlaments und des Rates vom 24.10.1995 zum Schutz natürlicher Personen bei der Verarbeitung personenbezogener Daten und zum freien Datenverkehr; *Thole* ZIP 2018, 1001, 1002.

[781] *Thole* ZIP 2018, 1001, 1002.

[782] Vgl. hierzu *Thole* ZIP 2018, 1001, 1002.

[783] *Hartung* ZInsO 2011, 1225, 1230; *Weiß/Reisener* ZInsO 2017, 416, 418.

[784] Abl. auch *Thole* ZIP 2018, 1001, 1004.

[785] *Thole* ZIP 2018, 1001, 1003 („unbestreitbar").

[786] Vgl. *Thole* ZIP 2018, 1001, 1006.

walter einen tatsächlichen Einfluss auf die entsprechenden datenrelevanten Vorgänge iSe mindestens mittelbaren Besitzes ausübt, er also auf die Daten faktisch zugreifen kann. Zudem muss er die jeweilige Datenverarbeitung veranlasst haben.[787] Hierfür genügt allein der Übergang der Verwaltungs- und Verfügungsbefugnis nach § 80 Abs. 1 Satz 1 nicht, ebenso reicht es nicht aus, dass der Verwalter grundsätzlich zur sofortigen Inbesitznahme der Insolvenzmasse gem. § 148 Abs. 1 Satz 1 verpflichtet ist.[788] Soweit der Insolvenzverwalter Verantwortlicher im datenschutzrechtlichen Sinne ist, ist er als nicht-öffentliche Stelle iSd § 2 Abs. 4 BDSG anzusehen.[789] Hat der Insolvenzverwalter bestimmte Datenträger nur **vorläufig zu Sicherungszwecken** in Besitz genommen, liegt noch keine Entscheidung über Zwecke und Mittel der Verarbeitung von personenbezogenen Daten und damit keine datenschutzrechtliche Verantwortlichkeit vor.[790]

Der **starke vorläufige Insolvenzverwalter** kann Verantwortlicher im datenschutzrechtlichen **144d** Sinne sein, wenn er selbst Einfluss auf die Datenverarbeitung nimmt. Dagegen ist er nicht Verantwortlicher, wenn er Daten lediglich sichert. Es ergeben sich insoweit keine Unterschiede zur Verantwortlichkeit des endgültigen Insolvenzverwalters.[791] Ein **schwacher vorläufiger Insolvenzverwalter** kann von vorneherein kein Verantwortlicher im datenschutzrechtlichen Sinne sein, weil die Verwaltungs- und Verfügungsbefugnis beim Schuldner verbleibt.[792] Daran ändert auch die Anordnung eines Zustimmungsvorbehalts oder eine Ermächtigung nach § 22 Abs. 2 Satz 1 nichts.[793]

3. Insolvenzrechtliche Einordnung von datenschutzrechtlichen Pflichten und Freigabe. **144e** Bei der insolvenzrechtlichen Einordnung von Ansprüchen und Pflichten nach der DSGVO und dem BDSG können ebenfalls Parallelen zum Ordnungsrecht gezogen werden (→ Rn. 139).[794] Hat der Insolvenzverwalter in keiner Form den Besitz an den Daten erlangt oder ergriffen oder sonst Einfluss auf die Datenverarbeitung genommen, kann es sich von vorneherein nicht um Masseverbindlichkeiten handeln. Vielmehr handelt es sich entweder um Insolvenzforderungen, die gem. § 45 in Geld umgerechnet zur Insolvenztabelle anzumelden sind, oder um Neugläubigeransprüche.[795] Hat der Insolvenzverwalter dagegen die Daten in Besitz oder sonst Einfluss auf die Datenverarbeitung genommen, handelt es sich um sonstige Masseverbindlichkeiten iSd § 55 Abs. 1 Nr. 1.

Der Insolvenzverwalter kann auch im Datenschutzrecht die Daten freigeben mit der Folge, dass **144f** die Masse von den datenschutzrechtlichen Pflichten, wie etwa die Ansprüche auf Löschung und Unterlassung, befreit wird (zur Freigabe im Ordnungsrecht → Rn. 142).[796] Von der Freigabe unberührt bleibt demgegenüber die straf- und ordnungswidrigkeitenrechtliche Verantwortlichkeit des Insolvenzverwalters aus der Zeit während seiner datenschutzrechtlichen Verantwortlichkeit.[797] Diese Forderungen bleiben Masseverbindlichkeiten.

VIII. Der Insolvenzverwalter im Strafrecht

1. Allgemeines. **145** Mit dem Übergang der Verwaltungs- und Verfügungsbefugnis auf den Insolvenzverwalter rückt dieser zugleich in eine Pflichtenstellung ein, die von einer weitreichenden Verantwortung für die ihm anvertrauten Interessen der Verfahrensbeteiligten geprägt ist. Der Schutz dieser Interessen durch die persönliche Haftung des Insolvenzverwalters für eine schuldhafte Verletzung der ihm obliegenden Pflichten auf Schadensersatz gem. § 60 wird durch die strafrechtliche Verantwortlichkeit des Insolvenzverwalters nach den allgemeinen Vorschriften des StGB ergänzt und verstärkt.[798] In Betracht kommen im Hinblick auf die besondere Rechts- und Pflichtenstellung des Insolvenzverwalters insbesondere die Straftatbestände der §§ 266, 266a, 324, 324a, 325 und 326 StGB. Im Übrigen ist der Insolvenzverwalter wie jedermann an die allgemeinen Strafgesetze und

[787] *Thole* ZIP 2018, 1001, 1003 ff.; in diese Richtung wohl auch *Berberich/Kanschik* NZI 2017, 1, 5; ohne nähere Begründung von einer Verantwortlichkeit des Insolvenzverwalters ausgehend Dannecker/Knierim/*Knierim*, Insolvenzstrafrecht, Rn. 1165.

[788] Werden die Daten nicht auf Datenträgern beim Schuldner gespeichert, sondern befinden sie sich bei Dritten, etwa in Form von onlinebasierten Speicher- und Serverdiensten, kann der Insolvenzverwalter die jeweiligen vertraglichen Ansprüche geltend machen, um Zugriff auf die Daten zu bekommen; s. hierzu *Geiser* ZInsO 2017, 1185, 1186.

[789] Zutr. *Thole* ZIP 2018, 1001, 1004 f.; aA LG Stuttgart ZIP 2019, 585 f.

[790] *Thole* ZIP 2018, 1001, 1006 f.

[791] *Thole* ZIP 2018, 1001, 1009 f.; undeutlich *Berberich/Kanschik* NZI 2017, 1, 5.

[792] *Berberich/Kanschik* NZI 2017, 1, 5; *Thole* ZIP 2018, 1001, 1010.

[793] S. hierzu im Einzelnen *Thole* ZIP 2018, 1001, 1010; zweifelnd dagegen *Berberich/Kanschik* NZI 2017, 1, 5.

[794] Zutr. *Thole* ZIP 2018, 1001, 1007 f.

[795] *Thole* ZIP 2018, 1001, 1007, 1008.

[796] *Thole* ZIP 2018, 1001, 1006 ff.

[797] *Thole* ZIP 2018, 1001, 1006.

[798] Vgl. hierzu *Richter* NZI 2002, 121; *Wessing* NZI 2003, 1.

an das Ordnungswidrigkeitsrecht gebunden.[799] Erlangt der Insolvenzverwalter durch seine Tätigkeit Kenntnis von Straftaten des Insolvenzschuldners, ist er zur Anzeige nicht verpflichtet, so dass sich der Verwalter nicht der Strafvereitelung durch Unterlassen (§§ 258 Abs. 1, 13 Abs. 1 StGB) schuldig macht, wenn er die Taten nicht zur Anzeige bringt.[800]

146 **2. Untreue, § 266 StGB.** Die nach der Rechtsprechung und der hM sowohl für den Missbrauchstatbestand (§ 266 Abs. 1 Alt. 1 StGB) als auch für den Treubruchstatbestand (§ 266 Abs. 1 Alt. 2 StGB) erforderliche **Vermögensbetreuungspflicht**[801] entsteht für den Insolvenzverwalter mit der Eröffnung des Insolvenzverfahrens und seiner Bestellung,[802] wobei der weiter erforderliche Dispositionsspielraum aus seiner umfassenden Verwaltungs- und Verfügungsbefugnis folgt.[803] Die Vermögensbetreuungspflicht besteht gegenüber dem Insolvenzschuldner sowie gegenüber den Insolvenz- und Massegläubigern. Sie besteht auch gegenüber den absonderungsberechtigten Gläubigern, selbst soweit sie nicht zugleich Insolvenzgläubiger sind,[804] weil der Gegenstand, an dem ein Absonderungsrecht besteht, haftungsrechtlich zum Vermögen des Schuldners[805] und damit zu dem Bereich gehört, auf den sich die für die Treupflicht maßgebliche Verwaltungs- und Verfügungsbefugnis des Insolvenzverwalters erstreckt.[806] Eine Untreue des Insolvenzverwalters im Sinne des **Missbrauchstatbestands** kommt in Betracht, wenn der Insolvenzverwalter eine Handlung vornimmt, die als solche im Außenverhältnis wirksam, also von seiner Verfügungsbefugnis gedeckt ist, die aber im Innenverhältnis eine Pflichtwidrigkeit darstellt, also insb. Vorgaben des Insolvenzgerichts, Beschlüsse der Gläubigerversammlung bzw. des Gläubigerausschusses oder einen Insolvenzplan missachtet.[807] Der Missbrauchstatbestand (§ 266 Abs. 1 Alt. 1 StGB) setzt voraus, dass der Insolvenzverwalter im Rahmen des rechtlichen Könnens handelt bei Überschreitung des rechtlichen Dürfens. Der Einsatz von Fremdgeldern für persönliche Kredite entspricht gerade nicht der Befugnis des Verwalters;[808] dasselbe gilt, wenn der Verwalter mit Dritten lediglich zum Schein Verträge abschließt, um Teile der Masse ohne Gegenleistung für sich zu vereinnahmen oder an Dritte weiter zu leiten.[809] In diesem Falle kommt jedoch der **Treubruchstatbestand** in Betracht. Der Missbrauchstatbestand ist etwa dann erfüllt, wenn der Insolvenzverwalter im Rahmen seiner Befugnis Verträge abschließt, soweit diese nicht gem. §§ 138 Abs. 1, 117 Abs. 1 BGB nichtig sind,[810] jedoch im Innenverhältnis seine Befugnisse überschreitet.[811] So ist der Verwalter befugt, Waren aus der Masse zu verkaufen. Er muss dabei aber die für ihn geltenden kaufmännischen Maßstäbe beachten.[812] Der Verwalter handelt daher etwa dann pflichtwidrig, wenn er Teile der Insolvenzmasse zu einem im Verhältnis

---

799 *Weyand* ZInsO 2000, 413, 420; aus dem Übergang der Verwaltungsbefugnis auf den Insolvenzverwalter folgt, dass sich dieser nicht wegen Eigentumsdelikten strafbar macht, wenn er im Rahmen seiner Befugnisse über Massegegenstände verfügt, vgl. *Tachau* wistra 2005, 449 ff. Zur Strafbarkeit des Insolvenzverwalters wegen Subventionsbetrugs s. OLG Jena Beschl. v. 11.6.2010 – 1 Ss 338/09 – juris; *Schweda* ZInsO 2011, 1433 ff.; zur Strafbarkeit des (vorläufigen) Insolvenzverwalters aufgrund unzutreffender Vergütungsanträge s. LG Aurich wistra 2018, 140 ff.; *Bittmann* ZInsO 2017, 1874 ff.; Dannecker/Knierim/*Knierim*, Insolvenzstrafrecht, Rn. 1180 ff.; zur strafrechtlichen Verantwortlichkeit des Insolvenzverwalters bei einer Betriebsfortführung s. Dannecker/Knierim/*Knierim*, Insolvenzstrafrecht, Rn. 1154 ff.; zu einer möglichen Strafbarkeit des Insolvenzverwalters wegen Geheimnisverrats s. Dannecker/Knierim/*Knierim*, Insolvenzstrafrecht, Rn. 1158 ff.

800 *Weyand* ZInsO 2000, 413, 420; zu einer Strafbarkeit wegen Strafvereitelung durch aktives Tun s. Dannecker/Knierim/*Knierim*, Insolvenzstrafrecht, Rn. 1174.

801 BGHSt 24, 387 = WM 1972, 1319; BGHSt 47, 187 = NJW 2002, 1585; NJW 2006, 453, 454; *Lackner/Kühl* StGB § 266 Rn. 4 mwN; MüKoStGB/*Dierlamm* § 266 Rn. 31 ff.; *Weyand* ZInsO 2002, 543; aA Schönke/Schröder/*Perron* StGB § 266 Rn. 2.

802 *Schramm, E.* NStZ 2000, 398 mwN; Dannecker/Knierim/*Knierim*, Insolvenzstrafrecht, Rn. 1183; MüKoStGB/*Dierlamm* § 266 Rn. 93; *Richter* NZI 2002, 121, 129; zur KO: BGHSt 15, 342, 343 f. = NJW 1961, 685; wistra 1988, 191 f.; NStZ 1998, 246 f.; OLG Frankfurt MDR 1994, 1232, 1233; Schönke/Schröder/*Perron* StGB § 266 Rn. 25.

803 BGHSt 22, 190, 191 = NJW 1968, 1938; BGHSt 41, 224, 226 ff. = NJW 1996, 65; wistra 2002, 156 f.; *Lackner/Kühl* StGB § 266 Rn. 9; Schönke/Schröder/*Perron* StGB § 266 Rn. 23a; *Schramm, E.* NStZ 2000, 398.

804 *Schramm, E.* NStZ 2000, 398, 399 mwN.

805 HKInsO/*Eickmann*[7] § 35 Rn. 5; FKInsO/*Joneleit/Wimberger*[7] § 49 Rn. 1; Jaeger/*Windel* § 80 Rn. 130.

806 *Schramm, E.* NStZ 2000, 398, 399.

807 *Schramm, E.* NStZ 2000, 398, 399; *Weyand* ZInsO 2000, 413, 420.

808 BGH wistra 1988, 191 f.

809 BGH NStZ 1998, 246 f.

810 Vgl. BGH NStZ 1998, 246 f.

811 Zur Untreuestrafbarkeit bei der Vereinbarung von Erfolgshonoraren mit Steuerberatern s. *Biegelsack* NZI 2008, 153, 154.

812 BGH NStZ 1998, 246 f.

zum Marktpreis **zu niedrigen Preis verkauft**[813] oder wenn er die Waren zwar zu einem angemessenen Preis verkauft, jedoch von einem Verkauf ganz hätte absehen müssen, weil er mit dem verkauften Waren- oder Auftragsbestand einen **Gewinn** sicher hätte erwirtschaften können, den er der Masse durch den Verkauf **entzieht.**[814] Die maßgebliche Untreuehandlung liegt dabei in dem nach außen wirksamen Abschluss des Vertrages selbst; es ist dann der Missbrauchstatbestand verwirklicht.[815] Lässt sich der Verwalter eine besondere Gegenleistung, etwa in Form eines **Schmiergeldes,** versprechen, ist die maßgebliche Untreuehandlung dagegen nicht in dem Vertragsschluss, sondern in dem Versprechenlassen oder Gewähren des Sondervorteils zu sehen.[816] Es kommt dann nur der Treuebruchtatbestand in Betracht;[817] daneben kann eine Strafbarkeit des Verwalters als „Beauftragter" wegen **Bestechlichkeit im geschäftlichen Verkehr** nach § 299 StGB vorliegen.[818] Entspricht die vereinbarte Gegenleistung der von dem Verwalter begründeten Leistungspflicht, liegt dann allerdings ein **Vermögensnachteil** nur vor, wenn der Vertragspartner bereit gewesen wäre, die von ihm erbrachte Leistung auch zu einem um die Höhe der besonderen Gegenleistung geminderten Betrag zu erbringen, denn nur in diesem Fall ist der Masse insoweit ein Schaden entstanden, als der Masse durch die Vertragsverhandlungen bereits eine entsprechende Anwartschaft erwachsen ist, die durch den tatsächlichen Vertragsschluss wieder entwertet wurde (sog. „Kick-Back-Praxis").[819] Hätte der Vertragspartner dagegen – etwa auf Grund einer öffentlich-rechtlichen Preisbindung – die Leistung zu einem niedrigeren Preis gar nicht erbringen können, ist der Masse auch kein Vermögensnachteil entstanden.[820] Der Insolvenzverwalter verwirklicht den Treuebruchtatbestand dann auch nicht dadurch, dass er den erhaltenen Sondervorteil nicht an die Masse abführt.[821] Maßgeblich ist im Übrigen, ob der Insolvenzverwalter eine Pflicht verletzt, die in einem **funktionalen Zusammenhang** mit seiner besonders qualifizierten Garantenstellung über das fremde Vermögen steht.[822] Eine verspätete Schlussrechnung kann daher nach § 66 Abs. 1 zwar eine Haftung aus § 60 auslösen, erfüllt aber nicht den Tatbestand des § 266 Abs. 1 StGB, da die Schlussverteilung zwar faktisch verzögert, nicht aber die Insolvenzmasse in ihrem Bestand berührt wird.[823] Die Treuepflicht endet mit dem förmlichen Ende des Amtes. Eine strafrechtliche Verantwortlichkeit kann sich danach nur dann noch ergeben, wenn die Verfügungs- oder Verpflichtungsbefugnis im Außenverhältnis weiterhin besteht oder wenn der Verwalter noch faktisch auf das Vermögen einwirken kann.[824]

Bei der Bestellung eines **vorläufigen Insolvenzverwalters** bestehen, soweit diesem die Verwaltungs- und Verfügungsbefugnis nach §§ 22 Abs. 1, 21 Abs. 2 Satz 1 Nr. 2 Alt. 1 übertragen wird, keine Besonderheiten gegenüber dem Insolvenzverwalter nach der Verfahrenseröffnung. Im Übrigen kann das Insolvenzgericht dem Verwalter gem. § 22 Abs. 2 bestimmte Rechte einräumen. Teilweise wird die Ansicht vertreten, dass der vorläufige Insolvenzverwalter nach § 22 Abs. 2 generell vermögensbetreuungspflichtig ist.[825] Die Gegenansicht differenziert:[826] verbleibt dem Schuldner die Verwaltungs- und Verfügungsbefugnis und kommt dem vorläufigen Insolvenzverwalter nur eine Aufsichts- und Gutachterfunktion zu **(„schwacher Insolvenzverwalter"),** soll er nicht vermögensbetreuungspflichtig sein.[827] Bei Anordnung eines allgemeinen Zustimmungsvorbehaltes nach §§ 22 Abs. 2 Satz 1, 21 Abs. 2 Satz 1 Nr. 2 Alt. 2 soll die Zustimmungsmacht zur Begründung einer Vermögensbetreuungspflicht ausreichen, da diese die absolute Wirkung der §§ 21 Abs. 2 Satz 1 Nr. 2, 24 Abs. 1, 81 Abs. 1 Satz 1 aufhebt.[828] Ordnet das Insolvenzgericht ein besonderes Verfügungsverbot bzw. besondere 147

[813] BGH NStZ 1998, 246 f.; LG Magdeburg ZInsO 2002, 541, 543; LKStGB/*Schünemann* § 266 Rn. 125; Dannecker/Knierim/*Knierim*, Insolvenzstrafrecht, Rn. 1192.
[814] BGH NStZ 1998, 246 f.
[815] Vgl. BGH NStZ 1998, 246 f.
[816] Vgl. LG Magdeburg ZInsO 2002, 541, 543.
[817] Vgl. BGH NStZ 1998, 246 f.; LG Magdeburg ZInsO 2002, 541, 543.
[818] Vgl. BGH NStZ 2012, 35. Die §§ 331, 332 StGB sind dagegen auf den Insolvenzverwalter nicht anwendbar, da er nicht tauglicher Täter (§ 11 Abs. 1 Nr. 2 StGB) ist; aA *Brand* DZWiR 2008, 318 ff.
[819] LG Magdeburg ZInsO 2002, 541, 543; LKStGB/*Schünemann* § 266 Rn. 125; *Schramm, E.* NStZ 2000, 398, 399; *Weyand* ZInsO 2002, 543, 544; *Saliger* NJW 2006, 3377 ff.; *Rönnau* FS Günter Kohlmann, S. 239 ff.
[820] LG Magdeburg ZInsO 2002, 541, 543; LKStGB/*Schünemann* § 266 Rn. 125; *Weyand* ZInsO 2002, 543, 544.
[821] BGH wistra 1995, 61, 62; 1995, 144, 146; 1998, 61; LG Magdeburg ZInsO 2002, 541, 543; *Schramm, E.* NStZ 2000, 398, 399; *Weyand* ZInsO 2002, 543, 544.
[822] Zu einer möglichen Untreuestrafbarkeit bei einer unterlassenen Anfechtung durch den Insolvenzverwalter s. *Keramati/Klein* NZI 2017, 421 ff.; *Köllner/Cyrus* NZI 2017, 521 ff.
[823] *Schramm, E.* NStZ 2000, 398, 399; zu § 86 KO: OLG Frankfurt MDR 1994, 1232, 1233.
[824] *Schramm, E.* NStZ 2000, 398, 400.
[825] LKStGB/*Schünemann* § 266 Rn. 60, 127; *Weyand* ZInsO 2002, 541, 544.
[826] Zum Sequester ebenso BGH NJW 1993, 1278.
[827] *Schramm, E.* NStZ 2000, 398, 400; wohl auch MüKoStGB/*Dierlamm* § 266 Rn. 93.
[828] *Schramm, E.* NStZ 2000, 398, 400 f.; Dannecker/Knierim/*Knierim*, Insolvenzstrafrecht, Rn. 1188.

Zustimmungsvorbehalte für einzelne Vermögensgegenstände an, dann ist der Verwalter vermögensbetreuungspflichtig, obwohl das Verfügungsverbot nur relativ nach §§ 135, 136 BGB wirkt und der Schuldner die Verfügungsmacht über sein Vermögen behält, da die Zustimmungsmacht des Insolvenzverwalters mit eigenen Entscheidungsspielräumen verbunden und fremdnützig ist, so dass der Treubruchstatbestand verwirklicht werden kann. Übernimmt der an sich **„schwache" Insolvenzverwalter** faktisch die Geschäftsleitung, dann erlangt er ebenfalls einen qualifizierten Zugriff auf das Schuldnervermögen.[829] Wird im Verfahren der Eigenverwaltung nach §§ 270 ff. ein **Sachwalter** bestellt, so ist dieser auf Grund der „gemeinsamen Unternehmensleitung" ebenfalls vermögensbetreuungspflichtig. Dasselbe soll für den Treuhänder im Kleininsolvenzverfahren (§ 292) gelten.[830]

148 Tatbestandsvoraussetzung ist weiter, dass denjenigen, deren Vermögensinteressen der Insolvenzverwalter zu betreuen hat, ein **Nachteil** zugefügt worden ist. Dieser kann aus massekürzenden Maßnahmen wie der **Verschleuderung von Massewerten** oder der Verschiebung von Geldern folgen oder in einer **Vergrößerung der Schuldenmasse** sowie in der Schädigung individueller Gläubiger bestehen.[831] An einem Vermögensschaden iSd § 266 StGB fehlt es, wenn der Insolvenzverwalter, der die Masse durch insolvenzfremde Verfügungen belastet, ständig zum vollen Ausgleich eigene flüssige Mittel bereithält und sein Augenmerk darauf richtet, die so vorhandenen Mittel jederzeit zum Ausgleich benutzen zu können, da in diesem Fall bei wirtschaftlicher Betrachtungsweise der Ausgleichsanspruch gegen den Insolvenzverwalter den eingetretenen Schaden kompensiert.[832] Ist der Insolvenzverwalter wegen Untreue verurteilt worden, hat er seinen Vergütungsanspruch verwirkt (§ 242 BGB).[833]

149 **3. Vorenthalten und Veruntreuen von Arbeitsentgelt, § 266a StGB.** Den Insolvenzverwalter treffen kraft seiner Arbeitgeberfunktionen in der Insolvenz die sozialversicherungsrechtlichen Pflichten (→ Rn. 129). Nach dem Übergang der Verwaltungs- und Verfügungsbefugnis ist dem Insolvenzschuldner die Erfüllung dieser Aufgaben rechtlich unmöglich.[834] Insbesondere wenn der Insolvenzverwalter das **Unternehmen fortführt** und die Arbeitsverhältnisse bestehen bleiben oder neu begründet werden, kommt bei Pflichtverletzungen eine Strafbarkeit nach § 266a Abs. 1 StGB in Betracht. Folgt man der Ansicht, dass der Insolvenzverwalter in die **Arbeitgeberstellung** einrückt, so ergibt sich dies unmittelbar aus § 266a Abs. 1 StGB. Vertritt man demgegenüber die Auffassung, dass der Insolvenzschuldner Arbeitgeber bleibt und der Verwalter nur in dessen Rechts- und Pflichtenstellung einrückt (→ Rn. 121 f.), dann folgt die Strafbarkeit aus § 14 Abs. 1 Nr. 3 StGB.[835] Der **Sequester** nach bisherigem Konkursrecht kann nicht Täter des § 266a Abs. 1 StGB sein, da die arbeitgebertypische Fortführung des Unternehmens nicht Gegenstand der Sequestration ist.[836] Ob der Sequester dann in die Arbeitgeberstellung einrückt, wenn er ausnahmsweise den Betrieb fortführt, war nach bisherigem Recht umstritten.[837] Unter Geltung der InsO stellt sich diese Frage neu,[838] da in §§ 22, 21 die vorläufige Insolvenzverwaltung ausdrücklich geregelt wird. Der **vorläufige Insolvenzverwalter** tritt jedenfalls dann in die **Arbeitgeberstellung** ein, wenn ihm die Verwaltungs- und Verfügungsbefugnis übertragen wird.[839] Allerdings darf der vorläufige Insolvenzverwalter seine Befugnis nur insoweit ausüben, als es der Zweck der Vermögenssicherung bis zur Eröffnung des Insolvenzverfahrens gebietet,[840] so dass der vorläufige Insolvenzverwalter zuvörderst die Masse

---

829 *Schramm, E.* NStZ 2000, 398, 401.

830 *Schramm, E.* NStZ 2000, 398, 401 f.; LKStGB/*Schünemann* § 266 Rn. 127.

831 *Schramm, E.* NStZ 2000, 398, 399.

832 BGHSt 15, 342, 344 = NJW 1961, 685; wistra 1988, 191, 192.

833 LG Konstanz ZInsO 1999, 589 ff.; AG Wolfratshausen ZInsO 2000, 517.

834 BGH NJW 1998, 1306 f.; *Pape/Voigt* WiB 1996, 829, 831; *Wegner* wistra 1998, 283, 290.

835 Vgl. *Lackner/Kühl* StGB § 14 Rn. 2, § 266a Rn. 4; Tröndle/*Fischer* StGB § 266a Rn. 7; Dannecker/Knierim/*Knierim*, Insolvenzstrafrecht, Rn. 1141; *Laroche/Wollenweber* ZInsO 2016, 2225, 2227; *Wegner* wistra 1998, 283, 285; *Weyand* ZInsO 1998, 195, 196.

836 OLG Zweibrücken wistra 1995, 319 f.; *Pape/Voigt* WiB 1996, 829, 831; SKStGB/*Samson/Günther* § 266a Rn. 9; *Wegner* wistra 1998, 283, 285.

837 Verneinend BSG ZIP 1988, 1342, 1343; OLG Schleswig ZIP 1985, 556, 557; *Pape/Voigt* WiB 1996, 829, 831; offen gelassen von OLG Zweibrücken wistra 1995, 319, 320 mwN.

838 So *Pape/Voigt* WiB 1996, 829, 831.

839 *Berscheid* NZI 2000, 1, 10 f.; *Hess* SGb 1997, 387, 388; Nerlich/Römermann/*Mönning* § 22 Rn. 22 Rn. 110; KPB/*Pape* § 22 Rn. 17; *Roth* ZInsO 2017, 617; *Laroche/Wollenweber* ZInsO 2016, 2225, 2227. Zur gerichtlichen Anordnung eines Zustimmungsvorbehalts des vorläufigen Sachwalters für die Zahlung von Arbeitnehmerbeiträgen zur Sozialversicherung im vorläufigen Eigenverwaltungsverfahren s. AG Heilbronn NZI 2016, 582; AG Düsseldorf Beschl. v. 10.7.2014 – 504 IN 124/14, BeckRS 2014, 22230; abl. *Roth* ZInsO 2017, 617, 619 f.; *Laroche/Wollenweber* ZInsO 2016, 2225 ff. Zur Haftung für Sozialversicherungsbeiträge im Schutzschirmverfahren nach § 270b s. *Hunsalzer* ZInsO 2014, 1748 ff.

840 BT-Drs. 12/2443, S. 116. Für eine teleologische Reduktion des § 266a StGB *Dupper/Petzsche* wistra 2016, 294, 297; abl. *Laroche/Wollenweber* ZInsO 2016, 2225, 2228.

zu sichern hat und demnach auch hinsichtlich seiner Verfügungsbefugnis beschränkt ist. Im Übrigen rückt der vorläufige Insolvenzverwalter nicht in die Arbeitgeberstellung ein. Daher kann er auch nicht tauglicher Täter des § 266a Abs. 1 StGB sein.[841] Anders verhält es sich, wenn ihm die Befugnisse eines Arbeitgebers durch das Insolvenzgericht übertragen wurden.[842]

Der objektive Tatbestand des § 266a Abs. 1 StGB ist erfüllt, wenn der Insolvenzverwalter einbehaltene Arbeitnehmeranteile bei Fälligkeit nicht weiterleitet. Umstritten ist dagegen, ob ein Vorenthalten auch dann vorliegt, wenn eine **Lohnzahlung** an die Arbeitnehmer nicht stattgefunden hat, oder ob der unabhängig von der Lohnzahlung entstehende sozialversicherungsrechtliche Anspruch der Sozialversicherungsträger ausreichend für eine Strafbarkeit nach § 266a Abs. 1 StGB ist. Die hM geht davon aus, dass jede nicht rechtzeitige Abführung der Arbeitnehmerbeiträge den objektiven Tatbestand des § 266a Abs. 1 StGB unabhängig von der tatsächlichen Lohnzahlung erfüllt (sog. **Lohnpflichttheorie**).[843] 150

Da es sich bei § 266a Abs. 1 StGB um ein (echtes) Unterlassungsdelikt handelt, setzt die Verwirklichung des objektiven Tatbestand voraus, dass dem Insolvenzverwalter die Erfüllung der Pflichten möglich ist („impossibilium nulla est obligatio"). Fehlen ihm im Zeitpunkt der Fälligkeit der Beiträge die Mittel, kann sich eine strafrechtliche Verantwortlichkeit nach § 266a Abs. 1 StGB unter besonderen Voraussetzungen dennoch ergeben. Dies ist dann der Fall, wenn der Insolvenzverwalter die Zahlungsunfähigkeit in vorwerfbarer Weise selbst herbeigeführt hat. Dies folgt aus einer **Vorverlagerung der Fälligkeit** auf den Zeitpunkt der Zahlungsfähigkeit nach den Grundsätzen der **omissio libera in causa** bzw. der **omissio libera in omittendo** bzw. durch den Ausschluss der Berufung auf die Unmöglichkeit aufgrund eines pflichtwidrigen Vorverhaltens.[844] Ein pflichtwidriges Verhalten in diesem Sinne kann darin liegen, dass der Insolvenzverwalter es unterlässt, Forderungen einzuziehen oder Rückstellungen zu bilden. Bei der Frage, welches Verhalten des Insolvenzverwalters pflichtwidrig ist, muss berücksichtigt werden, dass im Falle der Fortführung des Unternehmens grundsätzlich unternehmerische Entscheidungen möglich sein müssen. Problematisch ist in diesem Zusammenhang daher, inwiefern jede anderweitige Verwendung von Geldern vor dem Fälligkeitstermin als pflichtwidrig angesehen werden kann. Nach Ansicht des BGH genießen **Arbeitnehmerbeiträge Vorrang** vor allen anderen zivilrechtlichen Ansprüchen, so dass diese jedenfalls durch den Arbeitgeber bevorzugt an die zuständige Stelle abzuführen sind. Befriedigt der Insolvenzverwalter in der Funktion des Arbeitgebers unter Verletzung dieses Vorrangs andere Gläubiger, dann soll ihm die Berufung auf die Zahlungsunfähigkeit verwehrt und der objektive Tatbestand des § 266a Abs. 1 StGB erfüllt sein. Begründet wird dies mit dem Schutzzweck des § 266a Abs. 1 StGB und dem Willen des Gesetzgebers.[845] Die Gegenansicht lehnt einen solchen absoluten Vorrang ab.[846] Dem ist zu folgen. Die vorrangige Zahlungspflicht ist auf den Insolvenzverwalter während der **Unternehmensfortführung** nicht übertragbar. Ein solcher Vorrang würde das Ziel der Erhaltung des Unternehmens gefährden.[847] Anders als noch die Konkursordnung kennt die Insolvenzordnung einen solchen Vorrang nicht. Durch die am 1.8.2004 in Kraft getretene Neuregelung des § 266a Abs. 2 StGB ist neben dem Vorenthalten der Arbeitnehmerbeiträge auch das Vorenthalten der Arbeitgeberbeiträge unter Strafe gestellt. Der Begriff des „Vorenthaltens" ist dabei ebenso auszulegen wie in § 266a Abs. 1 StGB.[848] 151

4. Umweltstrafrechtliche Verantwortlichkeit, §§ 324a, 325, 326 StGB. Zur polizei- und insolvenzrechtlichen Haftung für **Altlasten** in der Insolvenz → Rn. 142 f. Einschlägige Tatbestände 152

---

[841] S. zum Streitstand im strafrechtlichen Schrifttum NKStGB/*Tag* § 266a Rn. 32; zu der umstrittenen Frage, ob der Schuldner zur Abführung von Sozialversicherungsbeiträgen verpflichtet ist, wenn ein vorläufiger Insolvenzverwalter eingesetzt wird s. Dannecker/Knierim/*Knierim*, Insolvenzstrafrecht, Rn. 1211 mwN.

[842] LAG Baden-Württemberg ZIP 1996, 1387 ff.; *Berscheid* NZI 2000, 1, 11 f.; *Hess*[2] § 22 Rn. 142; HKInsO/*Kirchhof* § 22 Rn. 29.

[843] BGH NJW 2000, 2993 ff. mwN; *Pape/Voigt* WiB 1996, 829, 830; *Wegner* wistra 1998, 283, 286 f.; *Weyand* ZInsO 1998, 195, 197.

[844] *Wegner* wistra 1998, 283, 288 f. mwN; krit. dagegen *Rönnau* wistra 1997, 13 ff.; s. w. *Schäferhoff/Gerster* ZIP 2001, 905 ff., *Richter* NZI 2002, 121 ff.

[845] BGH NJW 1997, 1237, 1238 unter Hinweis auf BT-Drs. 10/318, S. 31 und § 266a Abs. 5 Satz 1 StGB; BGH NJW 2001, 967; fortführend BGHSt 47, 318 = NJW 2002, 2480; NJW 2003, 3787; wistra 2006, 17; ebenso OLG Köln wistra 1997, 231 f.; *Hess* SGb 1997, 387, 388 mwN; *Holzkämper* BB 1996, 2142, 2143; *Pape/Voigt* WiB 1996, 829, 831 ff.; *Laroche/Wollenweber* ZInsO 2016, 2225, 2226 ff.; *Roth* ZInsO 2017, 617 f.

[846] OLG Celle NJW-RR 1996, 481, 482; OLG Düsseldorf NJW-RR 1993, 1448 f.; *Rönnau* wistra 1997, 13 ff.; *Rönnau* wistra 2007, 81 ff.; *Rönnau* NJW 2004, 976, 978 ff. mwN; SKStGB/*Samson/Günther* § 266a Rn. 30 f.; *Wegner* wistra 1998, 283, 289 f. mwN.

[847] *Wegner* wistra 1998, 283, 289.

[848] Krit. zu dieser Neuregelung *Rönnau/Kirch-Heim* wistra 2005, 321 ff.

für die Frage einer strafrechtlichen Verantwortlichkeit des Insolvenzverwalters in Bezug auf Altlasten sind die **Gewässerverunreinigung** (§ 324 StGB), die **Bodenverunreinigung** (§ 324a StGB), die **Luftverunreinigung** (§ 325 StGB) und die umweltgefährdende **Abfallbeseitigung** (§ 326 StGB).[849] Dabei stehen die polizei-, die insolvenz- und die strafrechtlichen Fragen in einem engen Zusammenhang.[850]

153 Da die **Altlasten** im Zeitpunkt des Überganges der Verwaltungs- und Verfügungsbefugnis auf den Insolvenzverwalter zumeist schon im insolventen Unternehmen vorhanden sind, kommt vor allem eine Unterlassungsstrafbarkeit des Insolvenzverwalters in Betracht. Soweit der Insolvenzverwalter das Unternehmen dagegen fortführt, liegt hierin ein aktives Tun, so dass es einer Garantenstellung nicht bedarf. Daher kann sich der Insolvenzverwalter insb. nach § 325 StGB (Luftverunreinigung) strafbar machen. Die gem. § 13 Abs. 1 Hs. 1 StGB erforderliche Garantenstellung ergibt sich im Übrigen zumeist über § 80 Abs. 1, da der Insolvenzverwalter in die Rechtsstellung des Insolvenzschuldners nach §§ 11 Abs. 1 KrW-/AbfG, 5 Abs. 3 Nr. 2 BImSchG, 9a Abs. 2 Satz 1 AtomG einrückt.[851] Aus § 80 Abs. 1 ergibt sich zudem eine **Garantenstellung des Insolvenzverwalters** kraft Sachherrschaft über eine Gefahrenquelle. Einschränkungen können sich hinsichtlich dieser umfassenden Garantenstellung aber aus der polizeirechtlichen Verantwortlichkeit und der insolvenzrechtlichen Freigabemöglichkeit ergeben. Diesbezüglich wird die Ansicht vertreten, dass den Insolvenzverwalter vor Erlass einer Ordnungsverfügung keine Handlungspflicht treffe, da der Erlass einer Verfügung für die Zustandsstörereigenschaft konstitutiv sei.[852] Auch nach Erlass einer Ordnungsverfügung kann wegen der insolvenzrechtlichen Freigabemöglichkeit eine Garantenpflicht zu verneinen sein, da der Verwalter bis zur Vornahme einer solchen zunächst in Erfüllung seiner Pflichten gegenüber den Gläubigerinteressen deren Zulässigkeit prüft. Hierin liegt kein strafwürdiges Verhalten.[853] Auch der **Verstoß gegen eine verwaltungsrechtliche Verfügung** kann nicht unter Hinweis auf die Verwaltungsaktsakzessorietät zu einer strafrechtlichen Verantwortlichkeit führen, da ansonsten entgegen dem Wortlaut des Art. 103 Abs. 2 GG die Verwaltung und nicht der Gesetzgeber über die Strafbarkeit entscheiden würde.[854] Nach der Freigabe trifft den Verwalter keine strafrechtliche Verantwortlichkeit mehr.[855] Auch die Frage, ob die Kosten einer Ersatzvornahme Insolvenz- oder Masseforderungen sind, spielt hierbei eine Rolle. Soweit diese als Insolvenzforderungen eingestuft werden, besteht gerade in dem Abwarten des Insolvenzverwalters auf die Ersatzvornahme ein masseschonendes Verhalten, da die Behörde dann ohne jede Privilegierung auf die Quote verwiesen wird. Kommt der Insolvenzverwalter dagegen einer Beseitigungsverfügung nach, dann handelt es sich bei den dabei entstehenden Kosten um Masseschulden, so dass die Aktivmasse erheblich geschmälert wird.[856] Eine Handlungspflicht des Insolvenzverwalters ließe sich aus insolvenzrechtlicher Sicht daher allenfalls dann begründen, wenn man die **Kosten der Ersatzvornahme** per se als Masseforderungen einstuft (→ Rn. 136 ff.). Aber auch in diesem Fall kann nicht ohne weiteres davon ausgegangen werden, dass der Insolvenzverwalter die durch den Insolvenzschuldner begründete **Gefahrverantwortlichkeit** übernommen hat.[857] Das Insolvenzrecht bestimmt demgemäß den Umfang der strafrechtlichen Garantenstellung.[858] Eine hiervon abweichende Ansicht würde den Insolvenzverwalter letztlich der Gefahr einer Strafbarkeit einerseits und einer persönlichen Haftung nach § 60 andererseits aussetzen. Diese Konfliktlage würde letztlich dazu führen, dass dem Insolvenzverwalter ein normgemäßes Verhalten nicht zumutbar wäre.[859] Da die Freigabe ein insolvenzrechtlich zulässiges Mittel ist, kann sich auch aus ihr keine strafrechtliche Verantwortlichkeit des Verwalters, etwa aus Ingerenz, ergeben. Aus alledem folgt, dass die strafrechtliche Verantwortlichkeit des Insolvenzverwalters durch das Insolvenz- und das Ordnungsrecht determiniert wird, so dass eine Garantenstellung des Insolvenzverwalters grundsätzlich nicht gegeben ist. Eine solche kann sich allenfalls dann ergeben,

---

849 Siehe hierzu AG Hildesheim NZI 2001, 51.

850 *Robra/Meyer* wistra 1996, 243, 244.

851 OLG Celle NJW 1987, 1281; AG Hildesheim NZI 2001, 51 f. = EWiR 2000, 671 f. *(Schulz)*; *Robra/Meyer* wistra 1996, 243, 245; *Schulz* EWiR 2000, 671, 672.

852 *Robra/Meyer* wistra 1996, 243, 245.

853 *Robra/Meyer* wistra 1996, 243, 246 f.

854 *Sonnen/Tetzlaff* wistra 1999, 1, 7; s. hierzu eingehend LKStGB/*Rönnau/Hohn* Vor § 32 Rn. 34 ff. mwN.

855 *Sonnen/Tetzlaff* wistra 1999, 1, 8 f.

856 *Robra/Meyer* wistra 1996, 243, 246; *Sonnen/Tetzlaff* wistra 1999, 1, 6 f.

857 *Sonnen/Tetzlaff* wistra 1999, 1, 7 unter Hinweis auf BGH NStZ 1991, 490 = NJW 1992, 122 f.

858 Verfehlt daher OVG Bautzen ZIP 1995, 852, 853, das deshalb von einer Qualifikation der Kosten als Masseforderungen ausgeht, weil sich der Verwalter ansonsten nach §§ 326, 13 StGB strafbar mache; s. dazu *Robra/Meyer* wistra 1996, 243, 247.

859 *Robra/Meyer* wistra 1996, 243, 247; *Sonnen/Tetzlaff* wistra 1999, 1, 7 f., jew. auch zu weiteren Möglichkeiten einer Berücksichtigung (rechtfertigende Pflichtenkollision, Verbotsirrtum iSd § 17 StGB); vgl. auch *Schulz* EWiR 2000, 671, 672 (Verneinung der Fahrlässigkeit).

wenn es der Insolvenzverwalter pflichtwidrig unterlässt, die Behörde über die drohende Steigerung der Umweltgefährdung zu informieren.[860] Eine Garantenstellung ergäbe sich dann aus Ingerenz.

5. Geldwäsche, § 261 StGB. Der Insolvenzverwalter kann sich dem Vorwurf einer Strafbarkeit wegen Geldwäsche insbes. dann ausgesetzt sehen, wenn sich in der Insolvenzmasse Gegenstände befinden, die aus einer der in § 261 Abs. 1 Satz 2 StGB genannten rechtswidrigen Taten herrühren. Da der Insolvenzverwalter verpflichtet ist, die zur Masse gehörenden Gegenstände in Besitz zu nehmen und zu verwalten sowie ggf. zu verwerten, sind verschiedene **Versuche einer allgemeinen Einschränkung der Strafbarkeit des Insolvenzverwalters** wegen Geldwäsche unternommen worden.[861] Zum einen wird vertreten, dass die Grundsätze des BGH zur sog. **neutralen Beihilfe** auf das Handeln des Insolvenzverwalters zu übertragen seien.[862] Andere plädieren für eine **teleologische Reduktion** des Tatbestandes. Dabei wird zum Teil angeführt, dass der „pflichtgemäß handelnde Insolvenzverwalter" bei Erfüllung seiner Aufgaben unter der hoheitlichen Aufsicht durch das Insolvenzgericht stehe und der Schutzzweck des § 261 StGB in diesem Fall nicht berührt sei.[863] Andere stellen darauf ab, dass die Tätigkeit des „pflichtgemäß handelnden Insolvenzverwalters" die Ermittlungsarbeit der Strafverfolgungsbehörden nicht gefährde, sondern vereinfache und damit zu dem Kreis der Handlungen gehöre, die vom Tatbestand gerade nicht erfasst werden sollten.[864] Teilweise wird davon ausgegangen, dass die Einhaltung insolvenzrechtlicher Vorgaben für den Insolvenzverwalter eine schützende Wirkung entfalte. Wieder andere nehmen an, der Insolvenzverwalter könne kein tauglicher Täter einer Geldwäsche sein, weil er kraft Amtes im öffentlichen Interesse nach § 148 tätig werde.[865] Weder die die Inbesitznahme noch die Verwertung bemakelter Gegenstände beeinträchtige in diesem Fall den Schutzzweck des Gesetzes.[866] Sämtliche vorgenannten Versuche, den Anwendungsbereich des § 261 StGB für die Tätigkeit des Insolvenzverwalters einzuschränken, sind indes abzulehnen. Die auftretenden Problemlagen sind vielmehr auf Tatbestands- bzw. Rechtfertigungsebene einzelfallbezogen aufzulösen. 153a

Durch die **Erfüllung seiner Berichts-, Dokumentations- und Inventarisierungspflichten** erfüllt der Insolvenzverwalter nicht den objektiven Tatbestand des Verschleierungs-, Vereitelungs- und Gefährdungstatbestands (§ 261 Abs. 1 StGB).[867] Die **Übernahme der Verfügungsgewalt über die Insolvenzmasse** gem. § 148 Abs. 1 stellt zudem kein Verschaffen iSd § 261 Abs. 2 Nr. 1 StGB dar, weil sie bei Rechten nicht Folge einer Handlung des Insolvenzverwalters, sondern des Eröffnungsbeschlusses ist und bei Sachen nicht zum Eigen-, sondern zum Fremdbesitz (→ Rn. 40) führt.[868] Indes verwirklicht die Ausübung der Verfügungsgewalt über die bemakelten Gegenstände durch den Insolvenzverwalter den objektiven Tatbestand des Verwahrens iSd § 261 Abs. 2 Nr. 2 Alt. 1 StGB.[869] Das Verwahren bemakelter Vermögenswerte ist aber aufgrund einer rechtfertigenden Pflichtenkollision nicht rechtswidrig.[870] Die Nutzung bemakelter Gegenstände im Rahmen einer **Fortführung des schuldnerischen Unternehmens** stellt ein Verwenden iSd § 261 Abs. 2 Nr. 2 Alt. 2 StGB dar.[871] Auch insoweit ist das Handeln des Insolvenzverwalters jedoch gerechtfertigt. Die **Verwertung der Masse** verwirklicht ebenfalls den objektiven Tatbestand des Verwendens. Eine Rechtfertigung scheidet insoweit jedoch aus. Der Verwertungsauftrag des § 159 führt nicht zu einer Sonderstellung des Verwalters.[872] Verwaltet und verwertet der Insolvenzverwalter zuvor gem. §§ 111b ff. StPO **sichergestellte Vermögenswerte,** hat der Landesjustizfiskus durch Vollziehung 153b

---

860 *Sonnen/Tetzlaff* wistra 1999, 1, 7; s. a. AG Hildesheim NZI 2001 51 f. = EWiR 2000, 671 f. *(Schulz)*; zur rechtzeitigen Anzeige der Masseunzulänglichkeit oder einer Anzeige nach § 15 Abs. 3 BImSchG.

861 Zu Versuchen, den Straftatbestand des § 261 StGB im Hinblick auf sozialübliche und berufstypische Verhaltensweisen, insbesondere bezogen auf die Honorarannahme von Strafverteidigern, einzuschränken s. BVerfG NJW 2004, 1305; *Brüning* wistra 2006, 241, 243; MüKoStGB/*Neuheuser* § 261 Rn. 81 ff.

862 Schönke/Schröder/*Stree/Hecker* § 261 Rn. 27.

863 SSW-StGB/*Jahn* § 261 Rn. 74, 66.

864 *Brüning* wistra 2006, 241, 243 ff.

865 *Frind* NZI 2016, 674, 676.

866 *Wessing* NZI 2015, 913, 914, 915 ff.

867 *Brüning* wistra 2006, 241, 242; Dannecker/Knierim/*Knierim*, Insolvenzstrafrecht, Rn. 1176; *Wessing* NZI 2015, 913, 915 f.; MüKoStGB/*Neuheuser* § 261 Rn. 92.

868 Dannecker/Knierim/*Knierim*, Insolvenzstrafrecht, Rn. 1176; ohne nähere Begründung auch MüKoStGB/*Neuheuser* § 261 Rn. 92; abw. *Brüning* wistra 2006, 241, 242.

869 *Brüning* wistra 2006, 241, 242; Dannecker/Knierim/*Knierim*, Insolvenzstrafrecht, Rn. 1177; *Kaetzler* NZI 2015, 455, 456 f.; *Wessing* NZI 2015, 913, 914; undeutlich von einer „Nähe zum Straftatbestand der Geldwäsche" ist in einem Referentenentwurf des BMJV vom 8.3.2016 (S. 82) zur Neuregelung des Rechts der Vermögensabschöpfung die Rede.

870 Dannecker/Knierim/*Knierim*, Insolvenzstrafrecht, Rn. 1177.

871 *Wessing* NZI 2015, 913, 914.

872 Dannecker/Knierim/*Knierim*, Insolvenzstrafrecht, Rn. 1177; MüKoStGB/*Neuheuser* § 261 Rn. 92.

einer Beschlagnahme oder Arrestierung den betreffenden Vermögenswert erlangt, ohne sich strafbar zu machen, so dass eine Strafbarkeit des Insolvenzverwalters gem. § 261 Abs. 6 StGB ausscheidet.[873]

153c Eine Strafbarkeit des Insolvenzverwalters setzt in **subjektiver Hinsicht** weiter voraus, dass er die Herkunft des Gegenstands in dem Zeitpunkt seiner Erlangung kannte (§ 261 Abs. 2 Nr. 2 Hs. 2 StGB). Für den Insolvenzverwalter kommt es also auf den Zeitpunkt der Inbesitznahme der Masse an.[874] In der Praxis wird es an einer solchen Kenntnis, jedenfalls aber an ihrer Nachweisbarkeit häufig fehlen. Eine erst später erlangte Kenntnis ist unschädlich und begründet keine Garantenpflicht iSd § 13 StGB.[875] Allenfalls dann, wenn der Insolvenzverwalter bereits im Rahmen des Eröffnungsverfahrens in seiner Funktion als vorläufiger Insolvenzverwalter entsprechende Kenntnisse über die Bemaklung von zur Masse gehörender Vermögenswerte erlangt hat, wird man von einem entsprechenden Vorsatz ausgehen können.[876] Eine Strafbarkeit des Insolvenzverwalters nach § 261 Abs. 5 StGB kommt nur in Betracht, wenn der Insolvenzverwalter leichtfertig verkennt, dass der Gegenstand aus einer der in § 261 Abs. 1 StGB genannten Taten herrührt, wobei von einer **Leichtfertigkeit** nur dann ausgegangen werden kann, wenn sich die Herkunft des Gegenstands aus einer Katalogtat nach der Sachlage geradezu aufdrängt und der Täter gleichwohl handelt, weil er dies aus besonderer Gleichgültigkeit oder grober Unachtsamkeit außer Acht lässt.[877] Auch diese Voraussetzungen werden bei einem Insolvenzverwalter in der Praxis regelmäßig nicht vorliegen bzw. nicht nachweisbar sein.

E. Veräußerungsverbote (Abs. 2)

I. Systematik

154 **1. Veräußerungsverbote gem. Abs. 2 Satz 1.** Die Vorschrift bezieht sich ausschließlich auf Veräußerungsverbote, die nur den Schutz bestimmter Personen bezwecken **(relative Veräußerungsverbote).** Die durch diese Vorschrift statuierte Unwirksamkeit relativer Verfügungsverbote bezweckt die Gleichbehandlung der Insolvenzgläubiger und soll die Bevorrechtigung einzelner Gläubiger verhindern.[878] **Gesetzliche Veräußerungsverbote** mit nur relativer Wirkung kommen praktisch nicht vor und haben keinen Anwendungsbereich im Rahmen des Insolvenzrechts.[879] Praktisch bedeutsam sind allein **gerichtliche oder behördliche Veräußerungsverbote** iSd § 136 BGB.[880] Dies betrifft vor allem Veräußerungsverbote auf Grund **einstweiliger Verfügungen** gem. §§ 935, 938 ZPO sowie die Zahlungssperre im Aufgebotsverfahren gem. § 480 FamFG.[881] Den gerichtlichen Verfügungsverboten stehen die gem. § 938 Abs. 1 ZPO zulässigen Erwerbsverbote gleich. Beschlagnahmen nach §§ 111b, 111c Abs. 5 StPO aF und Anordnungen nach §§ 73 ff. StGB begründen nach hM ebenfalls ein relativ wirkendes Veräußerungsverbot.[882] Demgegenüber wird gem. § 111d Abs. 1 Satz 2 StPO nF die Wirkung der Beschlagnahme von der Eröffnung des Insolvenzverfahrens nicht

---

873 *Brüning* wistra 2006, 241, 242.

874 *Wessing* NZI 2015, 913, 914 f.

875 *Wessing* NZI 2015, 913, 914 mwN.

876 Vgl. hierzu *Wessing* NZI 2015, 913, 914 f.

877 *Wessing* NZI 2015, 913, 914.

878 BGHZ 56, 228, 231 = NJW 1971, 1750; BKInsO/*Blersch/v. Olshausen* § 80 Rn. 26; HKInsO/*Kayser/Thole* § 80 Rn. 63; *Hess*² § 80 Rn. 411; Jaeger/*Windel* § 80 Rn. 276; *Jaeger/Henckel* KO § 13 Rn. 2.

879 LSZ/*Smid* § 80 Rn. 74; K. Schmidt/*Sternal* § 80 Rn. 76; *Häsemeyer,* Insolvenzrecht, Rn. 18.24; zur „Anomalie" gesetzlicher Veräußerungsverbote iSd § 135 BGB s. a. BGHZ 13, 179, 184; zu § 108 VVG s. Uhlenbruck/*Mock* § 80 Rn. 255.

880 Zur Einordnung des Veräußerungs- und Zahlungsverbots nach § 46 Abs. 1 Satz 2 Nr. 4 KWG vgl. *Helm/Keller* BKR 2016, 59 ff.

881 HKInsO/*Kayser/Thole* § 80 Rn. 66; *Hess*² § 80 Rn. 413; Jaeger/*Windel* § 80 Rn. 281; *Jaeger/Henckel* KO § 13 Rn. 4; Erman/*H. Palm* §§ 135, 136 Rn. 3; Nerlich/Römermann/*Wittkowski/Kruth* § 80 Rn. 178; Uhlenbruck/*Mock* § 80 Rn. 261; K. Schmidt/*Sternal* § 80 Rn. 77.

882 BGH NJW 2007, 3350; OLG Düsseldorf NJW 1995, 2239; LG Köln ZIP 2006, 1059 ff.; LG Düsseldorf NZI 2001, 488; AG Moers DZWiR 2001, 454, 455; HambKommInsO/*Kuleisa* § 80 Rn. 64; K. Schmidt/*Sternal* § 80 Rn. 77; *Malitz* NStZ 2002, 337, 341; Meyer-Goßner/*Schmitt* StPO § 111c Rn. 10; Hannich/*Nack* StPO § 111c Rn. 6; Löwe/Rosenberg/*Schäfer* StPO § 111c Rn. 14; FKInsO/*App*⁷ § 80 Rn. 33; K. Schmidt/*Sternal* § 80 Rn. 77; HKInsO/*Kayser/Thole* § 80 Rn. 66; BKInsO/*Blersch/v. Olshausen* § 80 Rn. 28; *Hees* ZIP 2004, 298, 299, 300, 301 (allerdings soll zum Erhalt der Vorrangstellung unter mehreren absonderungsberechtigten Gläubigern § 111g Abs. 3 Satz 1 StPO weiter gelten); *Jaeger/Henckel* KO § 13 Rn. 4 (wenn es sich nicht um eine Einziehung zu Sicherungszwecken handelt); KPB/*Lüke* § 80 Rn. 111 in Fn. 269 unter Hinweis darauf, dass diese Maßnahmen lediglich dem Fiskus dienen; ebenso Uhlenbruck/*Mock* § 80 Rn. 260, 261; aA *Kiethe/Groeschke/Hohmann* ZIP 2003, 185, 189 f.; Nerlich/Römermann/*Wittkowski/Kruth* § 80 Rn. 179; Jaeger/*Windel* § 80 Rn. 279.

berührt, die Bestimmung des § 80 Abs. 2 Satz 1 findet keine Anwendung mehr (→ Rn. 158a).[883] Ausdrücklich ausgenommen von der Regelung des Abs. 2 Satz 1 sind **Pfändungen und Beschlagnahmen** im Wege der Zwangsvollstreckung **(Abs. 2 Satz 2);** → Rn. 158. Nicht von § 80 Abs. 2 Satz 1 erfasst sind die strafprozessualen Beschlagnahmevorschriften der §§ 94 ff., 290 ff., 443 StPO.[884] **Absolute Veräußerungsverbote** dienen dem Schutz der Allgemeinheit; ihre Verletzung führt gem. § 134 BGB zur Unwirksamkeit der Verfügung gegenüber jedermann.[885] Den absoluten Verfügungsverboten in ihrer Wirkung ähnlich sind die **Verfügungsbeschränkungen** (vgl. etwa §§ 1365 ff., 1643 ff., 1812 ff., 2211 BGB), da sie mangels Rechtsmacht des Verfügenden ebenfalls zur absoluten Unwirksamkeit führen. Diese Verfügungsbeschränkungen entfalten aber in der Insolvenz des Ehegatten keine Wirkung.[886] Wie absolute Veräußerungsverbote wirken auch die durch Vereinbarung zwischen Gläubiger und Schuldner begründeten Abtretungsverbote (§ 399 BGB). **Rechtsgeschäftlich begründete Abtretungsverbote (pactum de non cedendo)** fallen nicht unter § 137 BGB, sondern führen nach ständiger, aber nicht unbestrittener Rechtsprechung zu einem absoluten Verfügungsverbot,[887] so dass sie nicht unter die Regelung des § 80 Abs. 2 Satz 1 fallen.[888] Richtigerweise ist jedoch darauf abzustellen, dass das Abtretungsverbot die Forderung dem rechtsgeschäftlichen Verkehr entzieht, so dass sie nicht mehr Gegenstand einer Zession sein kann.[889] Auf § 354a HGB kommt es dabei nicht an. Dem Insolvenzverwalter bleibt aber die Einziehungsbefugnis der gem. §§ 35 f. InsO, 851 Abs. 1 ZPO in die Masse fallenden Forderung, so dass rechtsgeschäftlich begründete Abtretungsverbote die Masse nicht unangemessen belasten.[890]

2. Rechtsgeschäftliche Veräußerungsverbote. Solche Veräußerungsverbote haben keine dingliche Wirkung, sondern begründen nur eine schuldrechtliche Verpflichtung des Schuldners; Abs. 2 Satz 2 ist hierauf nicht anwendbar.[891] Eine schuldrechtliche Verpflichtung des Insolvenzschuldners belastet die Insolvenzmasse nicht und hat daher für den Verwalter keine bindende Wirkung, so dass deren Nichtbeachtung keine Masseverbindlichkeit begründet.[892] Der Grundsatz der freien Verwertung der Masse hat gegenüber einer nur schuldrechtlichen Verfügungsbeschränkung Vorrang.[893] 155

Das Zustimmungserfordernis nach **§§ 12, 5 Abs. 4, 8 Abs. 2 WEG** entfaltet eine absolute Wirkung und schränkt demnach § 137 BGB ein.[894] Auch die Belastung mit einem Nutzungsrecht und eine nach § 3 Abs. 2 WEG zulässige Teilung kann von einer Zustimmung abhängig gemacht werden.[895] Ebenfalls eine Einschränkung des § 137 BGB stellen die **§§ 5 bis 8 ErbbauRG** dar, die als leges speciales § 80 Abs. 2 Satz 1 vorgehen.[896] Nach Maßgabe der §§ 5 ff. ErbbauRG kann zwischen dem Grundeigentümer und dem Erbbauberechtigten eine Vereinbarung dahingehend getroffen werden, dass eine Übertragung des Erbbaurechtes nicht ohne die Zustimmung des Eigentümers erfolgen darf (§§ 11, 14 f. ErbbauRG). Damit wird die Verfügungsbeschränkung verdinglicht, so dass in der Insolvenz des Erbbauberechtigten gem. **§ 8, 3. Alt. ErbbauRG** ein Recht nicht durch eine 156

---

883 *Köllner/Mück* NZI 2017, 593, 595.

884 OLG Nürnberg ZInsO 2013, 882; FKInsO/*App*[7] § 80 Rn. 33; K. Schmidt/*Sternal* § 80 Rn. 77; *Jaeger/Henckel* KO § 13 Rn. 4; Uhlenbruck/*Mock* § 80 Rn. 260.

885 BGHZ 19, 355, 359 = NJW 1956, 463; *Hess*[2] § 80 Rn. 421; K. Schmidt/*Sternal* § 80 Rn. 75.

886 KPB/Lüke § 80 Rn. 108; Nerlich/Römermann/*Wittkowski/Kruth* § 80 Rn. 177; Jaeger/*Windel* § 80 Rn. 277; *Jaeger/Henckel* KO § 2 Rn. 5, 13; K. Schmidt/*Sternal* § 80 Rn. 75; Uhlenbruck/*Mock* § 80 Rn. 254.

887 RGZ 136, 395, 399; BGHZ 40, 156, 160 = MDR 1964, 136; BGHZ 56, 228, 231 = NJW 1971, 1750; BGHZ 70, 299, 303 = NJW 1978, 813; BGHZ 112, 387, 389 = NJW 1991, 559; NJW-RR 1997, 919; zust. Palandt/*Ellenberger* BGB § 399 Rn. 11; Staudinger/*Busche* BGB § 399 Rn. 65 mwN; Graf-Schlicker/*Webel* § 80 Rn. 28; aA Erman/*Westermann* BGB § 399 Rn. 3a.

888 Uhlenbruck/*Mock* § 80 Rn. 258; BKInsO/*Blersch/v. Olshausen* § 80 Rn. 28; *Hess*[2] § 80 Rn. 421; KPB/*Lüke* § 80 Rn. 113; Nerlich/Römermann/*Wittkowski/Kruth* § 80 Rn. 177.

889 MüKoBGB/*Roth/Kieninger* § 399 Rn. 41; KPB/*Lüke* § 80 Rn. 75.

890 BGHZ 56, 228, 233 = NJW 1971, 1750; Jaeger/*Windel* § 80 Rn. 283; *Jaeger/Henckel* KO § 13 Rn. 7; KPB/*Lüke* § 80 Rn. 113; Uhlenbruck/*Uhlenbruck*[13] § 80 Rn. 204; *Kilger/K. Schmidt* KO § 13 Anm. 1d.

891 KPB/*Lüke* § 80 Rn. 112; K. Schmidt/*Sternal* § 80 Rn. 78; Uhlenbruck/*Mock* § 80 Rn. 256.

892 BKInsO/*Blersch/v. Olshausen* § 80 Rn. 28; *Hess*[2] § 80 Rn. 420; Jaeger/*Windel* § 80 Rn. 282; *Jaeger/Henckel* KO § 13 Rn. 6; Uhlenbruck/*Uhlenbruck*[13] § 80 Rn. 204; Nerlich/Römermann/*Wittkowski/Kruth* § 80 Rn. 177.

893 KPB/*Lüke* § 80 Rn. 112; Uhlenbruck/*Uhlenbruck*[13] § 80 Rn. 204.

894 *Hess*[2] § 80 Rn. 421; K. Schmidt/*Sternal* § 80 Rn. 78; Jaeger/*Windel* § 80 Rn. 284; *Jaeger/Henckel* KO § 13 Rn. 9; KPB/*Lüke* § 80 Rn. 113; MüKoBGB/*Commichau* § 12 WEG Rn. 1; Uhlenbruck/*Mock* § 80 Rn. 257.

895 BGHZ 37, 203 = NJW 1963, 1613; BGHZ 49, 250; *Jaeger/Henckel* KO § 13 Rn. 9; KPB/*Lüke* § 80 Rn. 113 mwN; BeckOK WEG/*Hogenschutz* § 12 Rn. 6.

896 MüKoBGB/*Heinemann* § 8 ErbbauRG Rn. 13; Staudinger/*Rapp* § 8 ErbbauRG Rn. 12; Uhlenbruck/*Mock* § 80 Rn. 257.

Verfügung des Insolvenzverwalters vereitelt werden kann.[897] Nach hM werden von § 8 ErbbauRG die schuldrechtlichen Vereinbarungen aber nicht berührt.[898]

II. Rechtsfolgen

157 **1. Unwirksamkeit des Veräußerungsverbots, Abs. 2 Satz 1.** Ein nach § 80 Abs. 2 Satz 1 unwirksames Verfügungsverbot entfaltet für die Dauer und im Rahmen der Insolvenzverwaltung keine Wirkung. Dies gilt auch gegenüber dem durch das Verfügungsverbot geschützten Personenkreis.[899] Das Verfügungsverbot **bleibt gegenüber Dritten wirksam.**[900] Der Schuldner bleibt nach der Freigabe oder nach der Beendigung des Insolvenzverfahrens an das Verfügungsverbot gebunden.[901] Unwirksam sind auch Verfügungsverbote, die den Schutz der Massegläubiger bezwecken.[902] Aus der Unwirksamkeit des Verfügungsverbotes gegenüber der Masse folgt, dass die Verfügung über den Massegegenstand wirksam ist. Diese Wirksamkeit besteht gegenüber jedermann.[903]

158 **2. Pfändungen und Beschlagnahmen, Abs. 2 Satz 2.** Gemäß § 80 Abs. 2 Satz 2 bleiben die Vorschriften über die Wirkung einer Pfändung oder einer Beschlagnahme im Wege der Zwangsvollstreckung unberührt. Voraussetzung ist, dass die Pfändung oder Beschlagnahme vor Eröffnung des Insolvenzverfahrens wirksam geworden ist. Bei der **Forderungspfändung** richtet sich dies nach dem Zeitpunkt der Zustellung des Beschlusses an den Drittschuldner (§§ 829 Abs. 3, 846 ZPO). Eine **Vorpfändung** (§ 845 ZPO) fällt nicht unter Abs. 2 Satz 2.[904] Wird die Pfändung nicht noch vor der Verfahrenseröffnung vorgenommen, ist die Vorpfändung ohne Wirkung. Wird die Forderung noch zuvor gepfändet, wirkt die Vorpfändung wie ein vollzogener Arrest (§§ 845 Abs. 2, 930 ZPO) und fällt darum nicht unter Abs. 2.[905] Die Beschlagnahme eines **Grundstückes** wird mit der Zustellung des sie anordnenden Beschlusses an den Schuldner oder im Zeitpunkt des Ersuchens um Eintragung eines Versteigerungsvermerks nach Maßgabe des § 22 ZVG bewirkt. Die Vorschriften der §§ 20 ff. ZVG bleiben daher von der Eröffnung des Insolvenzverfahrens unberührt. Bei der **Mobiliarvollstreckung** bedarf es der Inbesitznahme durch den Gerichtsvollzieher (§ 808 Abs. 1 ZPO). Sofern die Eröffnung des Insolvenzverfahrens vor der Zustellung erfolgt, greift § 91. Das Grundbuchamt darf eine Beschlagnahme auch nach der Verfahrenseröffnung noch eintragen, wenn das Verfahren zwischen dem Eingang des Eintragungsersuchens beim Grundbuchamt und der Eintragung eröffnet wurde.[906] Verzögerungen im Eintragungsverfahren dürfen auch hier – wie im Falle des § 878 BGB – nicht zu Lasten dessen gehen, dessen Rechte von der Eintragung abhängen. Dafür spricht, dass § 22 ZVG in Anlehnung an § 878 BGB normiert wurde.[907] Soweit die Beschlagnahme danach wirksam geworden ist, steht dem Inhaber des Pfändungspfandrechtes gem. § 50 Abs. 1 ein Recht auf abgesonderte Befriedigung zu. Nicht von § 80 Abs. 2 Satz 2 erfasst sind rechtsgeschäftlich erworbene dingliche Sicherungsrechte, für die ein Recht auf abgesonderte Befriedigung besteht. Die Rechte des Insolvenzverwalters ergeben sich ausschließlich aus §§ 165 ff.[908]

158a Ebenfalls von den Wirkungen des § 80 Abs. 2 Satz 2 erfasst werden Pfändungen im Rahmen der sog. **Rückgewinnungshilfe** nach den bis zum 30.6.2017 geltenden Bestimmungen der §§ 111b ff., 111d StPO aF. Diese Pfandrechte bleiben trotz Eröffnung eines Insolvenzverfahrens wirksam und begründen Absonderungsrechte nach § 50, selbst wenn die durch eine Straftat Verletzten vor der Verfahrenseröffnung keine insolvenzfesten Pfandrechte erworben haben. Zwar können die Verletzten im Hinblick auf § 89 Abs. 1 nicht mehr wirksam vollstrecken. Indes ordnet § 111i

---

897 BKInsO/*Blersch/v. Olshausen* § 80 Rn. 49; KPB/*Lüke* § 80 Rn. 75, *Jaeger/Henckel* KO § 13 Rn. 8.

898 Staudinger/*Rapp* § 8 ErbbauRG Rn. 12; Soergel/*Stürner* § 8 ErbbauRG Rn. 5; aA MüKoBGB/*Heinemann* § 8 ErbbauRG Rn. 13.

899 Jaeger/*Windel* § 80 Rn. 285; KPB/*Lüke* § 80 Rn. 114.

900 Jaeger/*Windel* § 80 Rn. 285; *Jaeger/Henckel* KO § 13 Rn. 5; Nerlich/Römermann/*Wittkowski/Kruth* § 80 Rn. 181.

901 BKInsO/*Blersch/v. Olshausen* § 80 Rn. 28; Jaeger/*Windel* § 80 Rn. 286; *Kilger/K. Schmidt* KO § 13 Anm. 2a; Nerlich/Römermann/*Wittkowski/Kruth* § 80 Rn. 181.

902 So schon zur KO *Jaeger/Henckel* KO § 13 Rn. 10; *Kuhn/Uhlenbruck* KO § 13 Rn. 5; ebenso zur InsO Uhlenbruck/*Uhlenbruck*[13] § 80 Rn. 202; KPB/*Lüke* § 80 Rn. 114; *Hess*[2] § 80 Rn. 412; aA Nerlich/Römermann/*Wittkowski/Kruth* § 80 Rn. 181.

903 KPB/*Lüke* § 80 Rn. 114.

904 BGHZ 167, 11 = NJW 2006, 1870; HKInsO/*Kayser/Thole* § 80 Rn. 70; FKInsO/*Wimmer/Amend* § 80 Rn. 68; K. Schmidt/*Sternal* § 80 Rn. 79.

905 BGHZ 167, 11, 16 f. = NJW 2006, 1870; Uhlenbruck/*Mock* § 80 Rn. 264.

906 *Jaeger/Henckel* KO § 13 Rn. 15; aA *Hess*[2] § 80 Rn. 425; Uhlenbruck/*Uhlenbruck*[13] § 80 Rn. 206; Nerlich/Römermann/*Wittkowski/Kruth* § 80 Rn. 179.

907 HM, s. nur Jaeger/*Windel* § 80 Rn. 291; *Jaeger/Henckel* KO § 13 Rn. 15.

908 *Smid* ZInsO 2001, 433, 444.

Abs. 5 StPO aF einen staatlichen Auffangrechtserwerb für den Fall an, dass die Tatgeschädigten nach der staatlichen Rückgewinnungshilfe innerhalb der Frist von drei Jahren (§ 111i Abs. 3 StPO) keine Zwangsvollstreckung betreiben. Hierin liegt ein durch die Nichtgeltendmachung von Ansprüchen des Verletzten innerhalb der dreijährigen Frist aufschiebend bedingter Verfallsanspruch des Fiskus[909] und damit ein eigenes sicherbares Recht des Staates. Die im Rahmen der sog. Rückgewinnungshilfe begründeten Pfandrechte sind daher nach Eröffnung des Insolvenzverfahrens nicht aufzuheben.[910] Dem Staat steht es frei, auf die sich aus dem Auffangrechtserwerb nach § 111i Abs. 5 StPO ergebenden Pfandrechte zu verzichten und die Vermögenswerte für das Insolvenzverfahren freizugeben.[911] Durch das **Gesetz zur Reform der strafrechtlichen Vermögensabschöpfung** vom 13.4.2017[912] ist mit Wirkung zum 1.7.2017[913] das bisherige System der Rückgewinnungshilfe zugunsten einer Befriedigung der Ansprüche von Tatgeschädigten im Strafvollstreckungsverfahren abgeschafft worden.[914] Gem. § 111d Abs. 1 Satz 2 Hs. 1 StPO wird die Wirkung einer Beschlagnahme von der Eröffnung eines Insolvenzverfahrens nicht berührt, § 80 Abs. 2 Satz 1 findet keine Anwendung mehr (→ Rn. 154).[915] Für das Sicherungsrecht, das in Vollziehung eines Vermögensarrests entsteht, enthält § 111h Abs. 1 Satz 2 StPO nF einen (deklaratorischen) Hinweis auf § 80 Abs. 2 Satz 2. Gem. § 111i Abs. 1 Satz 1 StPO nF erlischt allerdings das Sicherungsrecht an dem Gegenstand oder an dem durch dessen Verwertung erzielten Erlös, sobald dieser vom Insolvenzbeschlag erfasst wird, sofern mindestens einem Verletzten aus der Tat ein Anspruch auf Ersatz des Wertes des Erlangten erwachsen ist und das Insolvenzverfahren über das Vermögen des Arrestschuldners eröffnet wird.[916]

§ 81 Verfügungen des Schuldners

(1) [1]Hat der Schuldner nach der Eröffnung des Insolvenzverfahrens über einen Gegenstand der Insolvenzmasse verfügt, so ist diese Verfügung unwirksam. [2]Unberührt bleiben die §§ 892, 893 des Bürgerlichen Gesetzbuchs, §§ 16, 17 des Gesetzes über Rechte an eingetragenen Schiffen und Schiffsbauwerken und §§ 16, 17 des Gesetzes über Rechte an Luftfahrzeugen. [3]Dem anderen Teil ist die Gegenleistung aus der Insolvenzmasse zurückzugewähren, soweit die Masse durch sie bereichert ist.

(2) [1]Für eine Verfügung über künftige Forderungen auf Bezüge aus einem Dienstverhältnis des Schuldners oder an deren Stelle tretende laufende Bezüge gilt Absatz 1 auch insoweit, als die Bezüge für die Zeit nach der Beendigung des Insolvenzverfahrens betroffen sind. [2]Das Recht des Schuldners zur Abtretung dieser Bezüge an einen Treuhänder mit dem Ziel der gemeinschaftlichen Befriedigung der Insolvenzgläubiger bleibt unberührt.

(3) [1]Hat der Schuldner am Tag der Eröffnung des Verfahrens verfügt, so wird vermutet, daß er nach der Eröffnung verfügt hat. [2]Eine Verfügung des Schuldners über Finanzsicherheiten im Sinne des § 1 Abs. 17 des Kreditwesengesetzes nach der Eröffnung ist, unbeschadet der §§ 129 bis 147, wirksam, wenn sie am Tag der Eröffnung erfolgt und der andere Teil nachweist, dass er die Eröffnung des Verfahrens weder kannte noch kennen musste.

Schrifttum: *Berger,* Der BGH auf dem Wege zur Anerkennung der Insolvenzfestigkeit von Softwarelizenzen, NZI 2006, 380 ff.; *Bork,* Zahlungsverkehr in der Insolvenz, 2002; *Bork,* Die Rolle der Banken in der vorläufigen Insolvenz, ZBB 2001, 271 ff.; *Bork,* Die Verfügungsbefugnis bei der Vorauszession, in: Zimmermann/Knütel/Meincke (Hrsg.), Rechtsgeschichte und Privatrechtsdogmatik, 2000, S. 289 ff.; *Demharter,* Kommentar zur Grundbuchordnung, 27. Aufl., 2010; *Eckardt,* Vorausverfügungen und Sequestration, ZIP 1997, 957 ff.; *Ehricke,* Nochmals: Zur Umsetzung der Finanzsicherheiten-Richtlinie in das deutsche Recht, ZIP 2003, 2141 ff.; *Ehricke,* Die Umsetzung der Finanzsicherheiten-Richtlinie (Richtlinie 2002/47/EG) im Rahmen des Diskussionsentwurfs zur Änderung der Insolvenzordnung, ZIP 2003, 1065 ff.; *Flitsch/Schellenberger,* Anmerkung zu BGH, Urt. v. 15.12.2005 – IX ZR 227/04, EWiR 2006, 213 f.; *Flöther/Bräuer,* Die Umsetzung der Finanzsicherheiten-Richtli-

909 S. hierzu BGHSt 60, 75 = NJW 2015, 713 Rn. 22; NJW 2008, 1093, 1094 Rn. 15.

910 Zutr. KG ZInsO 2013, 2444; NZI 2008, 691; OLG Frankfurt ZInsO 2016, 453; OLG Hamm ZInsO 2013, 1790; NZI 2015, 904; OLG Köln ZIP 2004, 2013, 2015; OLG Karlsruhe NZI 2014, 430; aA OLG Nürnberg NZI 2013, 552; 2014, 89; *Frind* NZI 2016, 674, 677 f.; ebenso noch OLG Frankfurt ZInsO 2009, 1446; offen lassend BGHSt 60, 75, 81 = NJW 2015, 713; KG ZInsO 2017, 833.

911 KG ZInsO 2013, 2444 Rn. 25; 2017, 833 Rn. 12.

912 BGBl. I S. 872.

913 Zum zeitlichen Anwendungsbereich s. *Mückenberger/Hinz* BB 2018, 1435, 1436.

914 S. hierzu etwa *Köllner/Mück* NZI 2017, 593, 594; *Mückenberger/Hinz* BB 2018, 1435, 1436; *Trüg* NJW 2017, 1913 ff.

915 *Köllner/Mück* NZI 2017, 593, 595.

916 *Köllner/Mück* NZI 2017, 593, 595 f.; krit. *Frind* NZI 2016, 674, 676.

nie (RL 2002/47/EG), DZWiR 2004, 89 ff.; *Gehrlein*, Verfügungsbeschränkungen vor und nach Insolvenzeröffnung, WM 2014, 485 ff.; *Gerhardt*, Die Verfahrenseröffnung nach der Insolvenzordnung und ihre Wirkung – Verfügungsbeschränkungen im Eröffnungsverfahren –, ZZP 109, 415 ff.; *Gundlach*, Verfügungen des Schuldners über eigene und fremde Gegenstände nach der Insolvenzordnung – unter besonderer Berücksichtigung der Eigenverwaltung, DZWiR 1999, 363 ff.; *Häsemeyer*, Anmerkung zu BGH, Urt. v. 20.3.1997 – IX ZR 71/96, ZZP 111, 83 ff.; *Heinze*, Anmerkung zu BGH, Urt. v. 18.4.2013 – IX ZR 165/12, DZWiR 2013, 385 ff.; *Herchen*, Anmerkung zu OLG Köln, Urt. v. 30.4.2008 – 2 U 19/07, EWiR 2008, 565 f.; *Hölzle*, Ein Ausblick auf die Folgen der geplanten Umsetzung der Finanzsicherheiten-Richtlinie aus Sicht der Insolvenzverwalter – Verrechnungs- und Anfechtungsfreiheit für Kreditinstitute?, ZIP 2003, 2144 ff.; *Jacoby*, Anmerkung zu BGH, Urt. v. 10.12.2009 – IX ZR 1/09, EWiR 2010, 123 f.; *Keller/Langner*, Überblick über EU-Gesetzesvorhaben im Finanzbereich, BKR 2003, 616 ff.; *Kesseler*, Anmerkung zu BGH v. 26.4.2012 – IX ZR 136/11, ZfIR 2012, 549 ff.; *Kieper*, Abwicklungssysteme in der Insolvenz, Diss. Bremen 2004; *Kieper*, Die Finanzsicherheiten-Richtlinie und ihre Umsetzung, ZInsO 2003, 1109 ff.; *Köhn*, Erwerb von Emissionsberechtigungen aus der Hand des Insolvenzschuldners, ZInsO 2004, 641 ff.; *Kollmann*, Zur Umsetzung der Richtlinie 2002/47/EG vom 6. Juni 2002 über Finanzsicherheiten in das deutsche Recht, WM 2004, 1012 ff.; *Krüger/Opp*, Wirksamkeit des Forderungserwerbs durch einen Factor im Insolvenzeröffnungsverfahren und individuelle Konzernverrechnungsvereinbarungen, NZI 2010, 672 ff.; *Kuleisa*, Vorausverfügungen in der Insolvenz, InsVZ 2010, 203 ff.; *Landfermann*, Allgemeine Wirkungen der Insolvenzeröffnung, in: Kölner Schrift zur Insolvenzordnung, 2. Aufl., 2000, S. 159 ff.; *Langenbucher/Gößmann/Werner* (Hrsg.), Zahlungsverkehr. HdB zum Recht der Überweisung, Lastschrift, Kreditkarte und der elektronischen Zahlungsformen, 2004; *Lenenbach*, Guter Glaube des Grundbuchamtes als ungeschriebene Voraussetzung des Gutglaubenserwerbs?, NJW 1999, 923 ff.; *Lüke*, Die Auswirkungen der Eröffnung eines Insolvenzverfahrens auf den Vollzug eines Grundstückserwerbsvertrages, ZfIR 2013, 573 ff.; *Marotzke*, Der Einfluß des Insolvenzverfahrens auf Auftrags- und Geschäftsbesorgungsverhältnisse, in: FS Wolfram Henckel zum 70. Geburtstag, 1995, S. 579 ff.; *Merkle*, Insolvenzverfahren und insolvenzrechtliches Sicherungsverfahren neu definiert, Rpfleger 2002, 105 ff.; *Meyer/Rein*, Das Ende der Gleichbehandlung im Insolvenzrecht? – Anmerkungen zur Umsetzung der Finanzsicherheitenrichtlinie, NZI 2004, 367 ff.; *Mitlehner*, Anmerkung zu BGH v. 26.4.2012 – IX ZR 136/11, EWiR 2012, 629; *Mohrbutter*, Anmerkung zu BGH, Urt. v. 11.5.2010 – IX ZR 139/09, WuB VI A § 114 InsO 1.10; *Obermüller*, Die Umsetzung der Finanzsicherheitenrichtlinie, ZInsO 2004, 187 ff.; *Obermüller*, Insolvenzrechtliche Wirkungen des Überweisungsgesetzes, ZInsO 1999, 690; *Obermüller/Hartenfels*, Finanzsicherheiten, BKR 2004, 440 ff.; *Oepen/Rettmann*, Das Schicksal von Grundstücksübereignungen in einem Konkurs- bzw. Insolvenzverfahren über das Vermögen des Veräußerers, KTS 1995, 609 ff.; *v. Olshausen*, „Verfügung" statt „Rechtshandlung" in § 81 InsO oder: Der späte Triumph des Reichstagsabgeordneten Levin Goldschmidt, ZIP 1998, 1093 ff.; *Peschke*, Die Insolvenz des Girokontoinhabers, 2005; *Piekenbrock*, Anmerkung zu BGH, Beschl. v. 12.7.2012 – IX ZR 213/11, WuB VI A § 81 InsO 1.13; *Primozic/Voll*, Zur Frage eines Verwertungsrechts des Insolvenzverwalters bei verpfändeten Unternehmensbeteiligungen – Unter besonderer Berücksichtigung des Gesetzes zur Umsetzung der Finanzsicherheitenrichtlinie, NZI 2004, 363 ff.; *Sabel*, Änderungen des Insolvenzrechts im Diskussionsentwurf eines Gesetzes zur Änderung der InsO, des BGB u. a., ZIP 2003, 781 ff.; *Schäfer*, Die neuere Rechtsprechung des Bundesgerichtshofs zur Wirksamkeit von Verfügungen über künftige Rechte des Verfügenden, ZInsO 2007, 18 ff.; *Schäfer*, Die Wirkungen der Insolvenzeröffnung, 2014; *Seehafer*, Anmerkung zu BGH, Urt. v. 25.6.2009 – IX ZR 98/08, BB 2009, 2054 f.; *Serick*, Eigentumsvorbehalt und Sicherungsübertragung, Bd. IV, 1976; *Stephan*, Die Umgestaltung des Einigungsversuchs und weitere Änderungen im Insolvenzverfahren natürlicher Personen durch den Diskussionsentwurf InsO-Änderung 2003, ZVI 2003, 145 ff.; *Simokat*, Vorausverfügungen über künftige Forderungen im vorläufigen Insolvenz-Verfahren, NZI 2012, 57 ff.; *Tinnefeld*, Die Auf- und Verrechnungsmöglichkeit von Kreditinstituten zwischen Krise und Insolvenzverfahren bei debitorischer Kontoführung, 2006; *Vallender*, Reparatur- und Verschönerungsarbeiten auf der „Baustelle Insolvenzordnung" schreiten voran, NJW 2003, 3605 f.; *Wilkens/Siepmann*, Anmerkung zu BGH, Urt. v. 22.10.2009 – IX ZR 90/08, EWiR 2010, 121 f.; *Wimmer*, Die Umsetzung der Finanzsicherheitenrichtlinie – eine Selbstbedienung für Banken in der Krise?, ZInsO 2004, 1 ff.; *Wimmer*, Entwurf eines Gesetzes zur Umsetzung der Finanzsicherheiten-Richtlinie, ZIP 2003, 1563 ff.; *Zypries*, Bundesregierung setzt EU-Finanzsicherheitenrichtlinie kapitalmarkttauglich um, ZIP 2004, 51.

Übersicht

A. Allgemeines

I. Normzweck

1 Die Vorschrift dient durch Abs. 1 dem Schutz der Insolvenzmasse gegen Verfügungen des Schuldners über Vermögensgegenstände, die zur Insolvenzmasse gehören. Sie benennt in Abs. 1 Satz 1 die unmittelbaren Folgen, die sich aus dem Verlust der Verfügungsmacht des Schuldners gem. § 80 ergeben und hat insoweit eine klarstellende Funktion. Sie grenzt sodann den Schutz der Masse gegen den Schutz des guten Glaubens beim Erwerb von Rechten ab (Abs. 1 Satz 2). Weiter wird klargestellt, unter welchen Voraussetzungen die Masse für eine Rückgewähr der Gegenleistung bei unwirksamer Verfügung des Schuldners haftet (Abs. 1 Satz 3). Einen anderen Regelungszusammenhang weist die Vorschrift des Abs. 2 auf. Diese schützt das Interesse der Gläubiger, nach Beendigung des Insolvenzverfahrens im Rahmen der Restschuldbefreiung oder eines Insolvenzplans Zugriff auf das Arbeitseinkommen des Schuldners zu haben. Eine dem Schutz der Insolvenzmasse dienende Beweisregel enthält Abs. 3 Satz 1. Für den Bereich der Finanzsicherheiten wird der Normzweck durch die neu angefügte Regelung des Abs. 3 Satz 2 erweitert (→ Rn. 29).

II. Entstehungsgeschichte

2 Die Vorschrift deckt sich mit § 92 RegE. Sie entspricht in ihrem Abs. 1 und 3 Satz 1 weitgehend § 7 KO. Im Unterschied zu dieser Bestimmung, in der allgemein von Rechtshandlungen des Schuldners die Rede war, womit Verpflichtungs- und Verfügungsgeschäfte sowie sonstige Rechtshandlungen und Handlungen mit rechtlicher Wirkung erfasst waren, ist die neue Vorschrift auf Verfügungen beschränkt. Nach Ansicht des Gesetzgebers folgt bereits aus § 38, dass Verpflichtungen, die der Schuldner nach Eröffnung des Insolvenzverfahrens eingegangen ist, im Verfahren nicht geltend gemacht werden können, während sonstige Rechtshandlungen des Schuldners nach der ergänzenden Vorschrift des § 91 keine Wirkungen zulasten der Masse haben.[1] Ein weiterer Unterschied zu § 7 KO ergibt sich daraus, dass die absolute Unwirksamkeit der erfassten Verfügungen angeordnet wird, nicht nur eine relative Unwirksamkeit gegenüber den Konkursgläubigern. In der Sache ist das allerdings keine Veränderung, da auch unter der Geltung des § 7 KO anerkannt war, dass eine absolute Unwirksamkeit, beschränkt auf die Zwecke des Insolvenzverfahrens, eintrat (→ Rn. 13). Abs. 2 stellt eine Neuregelung dar. Der Grund ergibt sich aus den neuen gesetzlichen Vorschriften über die Restschuldbefreiung (§§ 286 bis 303) und über die Befriedigung der Gläubiger auf der Grundlage eines Insolvenzplans (§§ 217 bis 269). Für diese Verfahren sollen die Bezüge des Schuldners aus Arbeitseinkommen und andere vergleichbare Bezüge aus der Zeit nach Beendigung des Insolvenzverfahrens zur Verfügung stehen.

1 BT-Drs. 12/2443, S. 135 f., zu § 92 RegE.

2a Die Sonderregelung für Verfügungen über Finanzsicherheiten in § 81 Abs. 3 Satz 2 geht zurück auf die Richtlinie 2002/47/EG vom 6.6.2002 (sog. Finanzsicherheiten-Richtlinie).[2] Diese sieht in Art. 8 Abs. 2 vor, dass die Bestellung einer Finanzsicherheit, die Besicherung einer Verbindlichkeit oder die Besitzverschaffung an Finanzsicherheiten, die am Tag der Eröffnung, jedoch nach der Eröffnung eines Liquidationsverfahrens oder der Einleitung von Sanierungsmaßnahmen erfolgt, rechtlich verbindlich und absolut wirksam sein muss, wenn der Sicherungsgeber nachweisen kann, dass er von der Eröffnung des Verfahrens bzw. der Einleitung der Maßnahmen keine Kenntnis hatte und auch nicht haben konnte. Die jetzige Fassung des § 81 Abs. 3 Satz 2 war schon in dem Entwurf des Bundeskabinetts vom 15.8.2003 enthalten[3] und ist unverändert in den verabschiedeten Gesetzesentwurf der Bundesregierung vom 29.10.2003[4] übernommen worden. Die Diskussionen um die Umsetzung der Richtlinie 2002/47/EG kreisten vor allem um die Frage, ob der deutsche Gesetzgeber von der ihm durch Art. 1 Abs. 3 der Richtlinie 2002/47/EG eingeräumten Möglichkeit einer Beschränkung der nationalen Umsetzungsakte auf den Interbankenverkehr Gebrauch machen sollte (sog. opt-out-Lösung).[5] Der Gesetzgeber hat sich dagegen entschieden und lediglich den sachlichen Anwendungsbereich eingeschränkt (→ Rn. 34).[6] Durch Gesetz vom 5.4.2004[7] ist § 81 Abs. 3 Satz 1 zum 9.4.2004 in Kraft getreten und gilt für alle seit diesem Tag eröffneten Verfahren (Art. 103b EGInsO).

B. Einzelerläuterungen

I. Verfügungen des Schuldners

3 **1. Verfügungen.** Der in der Vorgängervorschrift des § 7 Abs. 1 KO verwandte Begriff der „Rechtshandlung“ wurde in einem sehr weiten Sinne verstanden und umfasste jede rechtlich erhebliche Handlung, dh jede private Willensbetätigung, an die das Gesetz eine Rechtsfolge knüpft, ohne Rücksicht darauf, ob diese gewollt ist oder nicht.[8] Einbezogen waren damit dingliche und schuldrechtliche Rechtsgeschäfte,[9] Prozesshandlungen,[10] aber auch geschäftsähnliche Handlungen[11] und für die Masse günstige Rechtshandlungen.[12] Letzteres wurde damit begründet, dass die Masse vor Einmischungen des Schuldners umfassend in Schutz genommen werden und die – häufig im Voraus nicht eindeutig zu treffende – Beurteilung, ob eine Rechtshandlung günstig sei oder nicht, dem pflichtgemäßen Ermessen des Verwalters vorbehalten bleiben müsse.[13] Streitig war, ob als Rechtshandlungen iSd § 7 KO auch Realakte[14] und die Entgegennahme empfangsbedürftiger Willenserklärungen[15] anzusehen seien.

4 **a) Begriff.** Der nunmehr in den Tatbestand aufgenommene Begriff der Verfügung umfasst zunächst **Verfügungen im materiell-rechtlichen Sinn.**[16] Verfügungen sind danach diejenigen

---

2 ABlEG Nr. L 168 vom 27.6.2002, S. 43 ff.; hierzu *Keller/Langner* BKR 2003, 616 ff.

3 BR-Drs. 563/03 vom 15.8.2003, abgedr. in ZIP 2003, 1563, 1568.

4 BT-Drs. 15/1853, S. 3.

5 Hierfür *Ehricke* ZIP 2003, 1065 ff.; *Hölzle* ZIP 2003, 2144, 2145; *Meyer/Rein* NZI 2004, 367, 368 ff.; dagegen *Wimmer* ZIP 2003, 1563, 1564; *Wimmer* ZInsO 2004, 1 f. mwN.

6 S. hierzu die Beschlussempfehlung des Rechtsausschusses zum RegE, BT-Drs. 15/2485, S. 29.

7 Gesetz zur Umsetzung der Richtlinie 2002/47/EG vom 6.6.2002 über Finanzsicherheiten und zur Änderung des Hypothekenbankgesetzes und anderer Gesetze, BGBl. I S. 502; ein chronologischer Überblick zu der Entwicklung der Finanzsicherheiten-Richtlinie und ihrer Umsetzung in das nationale Recht findet sich bei *Kollmann* WM 2004, 1012 f.

8 RGZ 59, 53, 57; *Kilger/K. Schmidt* KO § 7 Anm. 1a; *Jaeger/Henckel* KO § 7 Rn. 3; *Hess* KO § 7 Rn. 2.

9 *Kilger/K. Schmidt* KO § 7 Anm. 1a.

10 *Kilger/K. Schmidt* KO § 7 Anm. 1a; *Jaeger/Henckel* KO § 7 Rn. 3; *Kuhn/Uhlenbruck* KO § 7 Rn. 2a; Gottwald/*Eickmann*, InsO-HdB, § 31 Rn. 3.

11 *Hess* KO § 7 Rn. 2; Auflistung der geschäftsähnlichen Handlungen bei Palandt/*Ellenberger* BGB Überbl. v. § 104 Rn. 6 mwN.

12 *Jaeger/Henckel* KO § 7 Rn. 2.

13 *Jaeger/Henckel* KO § 7 Rn. 2; *v. Olshausen* ZIP 1998, 1093, 1097.

14 Dafür *Kilger/K. Schmidt* KO § 7 Anm. 1a; *Hess* KO § 7 Rn. 2; aA *Kuhn/Uhlenbruck* KO § 7 Rn. 2a.

15 Dafür *Kilger/K. Schmidt* KO § 7 Anm. 1a; *Kuhn/Uhlenbruck* KO § 7 Rn. 2a; aA *Jaeger/Henckel* KO § 7 Rn. 3; *Hess* KO § 7 Rn. 4. Beide Ansätze führten aber zum selben Ergebnis, weil die letztere Ansicht die Empfangszuständigkeit des Gemeinschuldners verneinte.

16 BGH NJW 2018, 2049 Rn. 30; Braun/*Kroth* § 81 Rn. 3; K. Schmidt/*Sternal* § 81 Rn. 4; BKInsO/*Blersch/v. Olshausen* § 81 Rn. 3; *Hess*[2] § 81 Rn. 13; KPB/*Lüke* § 81 Rn. 4; Jaeger/*Windel* § 81 Rn. 4; LSZ/*Smid* § 81 Rn. 2; HKInsO/*Kayser* § 81 Rn. 5; Nerlich/Römermann/*Wittkowski/Kruth* § 81 Rn. 4; Uhlenbruck/*Mock* § 81 Rn. 4.

Rechtsgeschäfte, durch die auf ein Recht unmittelbar eingewirkt wird, indem dieses übertragen, mit einem Recht belastet, aufgehoben oder sonst in seinem Bestand verändert wird.[17] Hierunter fallen die Übereignung beweglicher und unbeweglicher Sachen, die Forderungsabtretung sowie der Erlass einer Forderung,[18] die Übertragung immaterieller Rechte, die Bestellung von Pfandrechten und Dienstbarkeiten sowie der Verzicht hierauf und die **Gestaltungsrechte** (Anfechtung, Rücktritt, Aufrechnung).[19] Zahlungen des Schuldners nach der Verfahrenseröffnung haben keine erfüllende Wirkung.[20] Soweit hierbei eine Mitwirkung des Schuldners erforderlich ist, die auf eine Verfügung über einen zur Masse gehörenden Gegenstand gerichtet ist, kann der Schuldner mangels Verfügungsbefugnis den Leistungserfolg nicht herbeiführen (§§ 80 Abs. 1, 81 Abs. 1 Satz 1). So ist etwa ein von dem Insolvenzschuldner nach der Verfahrenseröffnung erteilter Auftrag, eine zur Masse gehörende Forderung an einen Dritten auszuzahlen, gem. § 81 unwirksam.[21] Andernfalls folgt die fehlende Erfüllungswirkung aus dem Übergang der Verwaltungsbefugnis gem. § 80 Abs. 1 auf den Insolvenzverwalter (→ Rn. 5, 12b); zur Erfüllungswirkung bei Zahlungen durch Dritte → Rn. 7.

b) Sonstige Rechtshandlungen. Zu den Verfügungen iSd Bestimmung des § 81 Abs. 1 Satz 1 **5**
zählen, dem Schutzzweck der Norm entsprechend, darüber hinaus rechtsgeschäftsähnliche Handlungen nur, sofern sie unmittelbar auf Bestand bzw. Inhalt des Rechts einwirken. Nicht erfasst von § 81 werden demgemäß **Verpflichtungen.**[22] Die Fähigkeit des Schuldners, rechtswirksame Verpflichtungen einzugehen, wird durch die Eröffnung des Insolvenzverfahrens nur insoweit eingeschränkt, als er während der Dauer des Insolvenzverfahrens keine der Masse gegenüber wirksamen Verpflichtungen eingehen kann. Mit der Eröffnung des Insolvenzverfahrens geht nicht nur die Verfügungsbefugnis des Schuldners über das in die Insolvenzmasse fallende Vermögen, sondern auch die **Verwaltungsbefugnis** hierüber auf den Insolvenzverwalter über. Dementsprechend verliert der Schuldner die Befugnis, mit Wirkung für und gegen die Masse rechtswirksam zu handeln.[23] Die aus § 80 Abs. 1 folgende alleinige Zuständigkeit des Insolvenzverwalters für die Verwaltung der Insolvenzmasse dient dem Insolvenzzweck und bedeutet zugleich die Ausschaltung aller Einwirkungsmöglichkeiten des Schuldners auf das vom Insolvenzbeschlag erfasste Vermögen.[24] Geht der Schuldner danach noch Verpflichtungen ein, so haftet er dafür den Gläubigern persönlich, aber nur mit dem insolvenzfreien Vermögen (→ § 80 Rn. 11).[25] Nicht erfasst von Abs. 1 Satz 1 werden grundsätzlich auch **sonstige Rechtshandlungen.** Diese Einschränkung gegenüber dem Tatbestand des § 7 Abs. 1 KO ist, wie sich aus den Gesetzgebungsmaterialien ergibt, ausdrücklich gewollt. Der RegE geht davon aus, dass andere Rechtshandlungen als Verfügungen bereits von §§ 38, 91 erfasst werden.[26] Dies trifft jedoch nicht zu. § 38 sagt nichts darüber aus, welche Kompetenzen dem Schuldner nach Eröffnung des Insolvenzverfahrens im Verhältnis zur Verwaltungskompetenz des Insolvenzverwalters verbleiben, sondern

---

17 BGHZ 101, 24, 26 = NJW 1987, 3177; BGHZ 75, 221, 226 = NJW 1980, 175; BGHZ 1, 294, 304 = NJW 1951, 645; NJW 2018, 2049 Rn. 30.

18 BKInsO/*Blersch/v. Olshausen* § 81 Rn. 3; K. Schmidt/*Sternal* § 81 Rn. 4; *Hess*[2] § 81 Rn. 15; Jaeger/*Windel* § 81 Rn. 4; and. für den Erlass einer Gläubigerforderung Uhlenbruck/*Uhlenbruck*[13] § 81 Rn. 2. Zwar verfügt beim Erlass nur der Gläubiger über seine Forderung, nicht der Schuldner; jedoch setzt ein wirksamer Erlassvertrag die Mitwirkung des Schuldners voraus; eine andere Frage ist, ob es sich bei einer solchen Forderung um einen Gegenstand der Insolvenzmasse handelt; → Rn. 7.

19 OLG München NZI 2010, 527 ff.; K. Schmidt/*Sternal* § 81 Rn. 5; Jaeger/*Windel* § 81 Rn. 5. Weitere Beispiele für Verfügungen bei Palandt/*Ellenberger* BGB Überbl. v. § 104 Rn. 16 f.; BKInsO/*Blersch/v. Olshausen* § 81 Rn. 3; *Hess*[2] § 81 Rn. 15; zur Kündigung s. LAG Düsseldorf ZInsO 2001, 1022, 1023 f.

20 Zu Zahlungen im Eröffnungsverfahren AG Hamburg ZInsO 2004, 458, 459; NZI 2004, 323; ZInsO 2005, 158, 159; AG Duisburg ZVI 2004, 59.

21 OLG Hamm Urt. v. 15.9.2011 – 18 U 226/10, BeckRS 2011, 25081; für eine Leistungsbestimmung iSd § 267 Abs. 1 Satz 1 s. BGH NJW-RR 2014, 873 = NZI 2014, 607 Rn. 21.

22 BGH NJW 2002, 213, 214; LG Marburg JurBüro 2011, 104; BKInsO/*Blersch/v. Olshausen* § 81 Rn. 4; Braun/*Kroth* § 81 Rn. 4, 5; HKInsO/*Kayser* § 81 Rn. 6; FKInsO/*Wimmer/Amend* § 81 Rn. 4; K. Schmidt/*Sternal* § 81 Rn. 3; *Landfermann*, Kölner Schrift, Rn. 13; *Hess*[2] § 81 Rn. 1, 11; KPB/*Lüke* § 81 Rn. 2; LSZ/*Smid* § 81 Rn. 2; Graf-Schlicker/*Webel* § 81 Rn. 2; HambKommInsO/*Kuleisa* § 81 Rn. 5; ferner Begr. RegE, BT-Drs. 12/2443 S. 135 (unter Hinweis auf § 38); aA *Merkle* Rpfleger 2002, 105, 106. Ebenso wurde bereits § 7 Abs. 1 KO verstanden, vgl. nur *Jaeger/Henckel* KO § 7 Rn. 4.

23 FKInsO/*App*[7] § 81 Rn. 1. Zur Unzulässigkeit eines Widerspruchs im Rahmen eines Markenbeschwerdeverfahrens s. BPatG Beschl. v. 22.9.2008 – 30 W (pat) 235/04 – juris; zur Genehmigung durch den Insolvenzverwalter BPatG Beschl. v. 16.4.2008 – 29 W (pat) 44/06, BeckRS 2008, 16114.

24 Uhlenbruck/*Uhlenbruck*[13] § 80 Rn. 2.

25 BKInsO/*Blersch/v. Olshausen* § 81 Rn. 4; HKInsO/*Kayser* § 81 Rn. 6; K. Schmidt/*Sternal* § 81 Rn. 3; Jaeger/*Windel* § 81 Rn. 7; zur entsprechenden Rechtslage unter Geltung des § 7 KO vgl. nur *Jaeger/Henckel* KO § 7 Rn. 4.

26 Begr. RegE, BT-Drs. 12/2443, S. 135 f.; vgl. hierzu BGH NJW 2018, 2049 Rn. 43.

setzt diese Abgrenzung voraus. § 91 erfasst nicht alle ehemals unter § 7 Abs. 1 KO fallenden Rechtshandlungen. **Rechtsgeschäftsähnliche Handlungen,** die der Schuldner nach Verfahrenseröffnung vornimmt, lassen sich weder generell und ohne weiteres als Verfügungen einordnen,[27] noch wird durch derartige Handlungen ein „Recht an einem Gegenstand der Insolvenzmasse" begründet, so dass auch § 91 Abs. 1 unanwendbar ist.[28] Hierzu gehören etwa Fristsetzungen (zB gem. §§ 281 Abs. 1 Satz 1, 323 Abs. 1 BGB), Mahnungen (zB gem. § 286 Abs. 1 Satz 1 BGB), Androhungen (§ 384 Abs. 1, § 1220 Abs. 1 Satz 1 BGB), Aufforderungen (§ 108 Abs. 2, § 177 Abs. 2 BGB), Weigerungen (§ 179 Abs. 1, § 295 Satz 1 BGB), aber auch Mitteilungen und Anzeigen (§ 149, § 171, § 409 Abs. 1, § 415 Abs. 1 Satz 2, § 416 Abs. 1 Satz 1 BGB) sowie Mängelanzeigen (§ 377 Abs. 1 HGB).[29] Vom Normzweck der Vorschrift her ist eine Einbeziehung solcher Rechtshandlungen in den Anwendungsbereich des § 80 Abs. 1 grundsätzlich geboten, um das aus dieser Vorschrift folgende umfassende **Verwaltungsmonopol des Verwalters** in Bezug auf die Masse gegen Einmischungen des Schuldners, die Rechtsfolgen für die Masse auslösen könnten, abzuschirmen. Die hL stellt dagegen auf eine analoge Anwendung des § 81 Abs. 1 Satz 1 ab.[30] Eines Rückgriffs auf einen „eigens zu diesem Zweck gedehnten und verbogenen Begriffs der ‚Verfügung iwS' " *(v. Olshausen)*[31] bedarf es dazu jedoch nicht. Eine Erweiterung der Rechtsmacht des Schuldners durch die gegenüber § 7 Abs. 1 KO engere Fassung des Tatbestands des § 81 Abs. 1 Satz 1 ist zwar weder sachlich angezeigt, noch lag sie in der Intention des Gesetzgebers.[32] Maßgeblich für die Abgrenzung der Kompetenzen zwischen Verwalter und Schuldner ist dabei indes § 80 Abs. 1. Der Masse gegenüber unwirksam sind demgemäß nicht nur die vom Insolvenzschuldner nach Verfahrenseröffnungen vorgenommenen rechtsgeschäftlich- bzw. verfügungsähnlichen Handlungen in Bezug auf Angelegenheiten des insolvenzbefangenen Vermögens, sondern auch der vom Schuldner mit einem Gläubiger vereinbarte Erlass einer Insolvenzforderung, obgleich dies nicht eine Verfügung des Schuldners über einen Gegenstand der Insolvenzmasse betrifft.[33] Diese Erwägungen gelten generell hinsichtlich aller Rechtshandlungen, die **für die Masse vorteilhaft** sind, so dass auch deren Vornahme grundsätzlich dem Verwalter vorbehalten bleiben muss.[34] Eine Ausnahme muss gelten für **fristwahrende Handlungen** wie etwa die **Mängelanzeige** gem. § 377 Abs. 1 HGB in entsprechender Anwendung der §§ 116, 115 Abs. 2.[35] Mit Wirksamkeit für die Masse darf der Schuldner weiter auch Handlungen nicht rechtsgeschäftlicher Art, die auch ein beliebiger Dritter vornehmen könnte, ausführen.[36] Nicht von § 81 Abs. 1 Satz 1 erfasst werden nach dem Gesagten zudem Handlungen des Schuldners, die lediglich **mittelbar rechtliche Wirkungen** herbeiführen. Diese unterfallen vielmehr § 91. So stellt die bloße Entgegennahme der Darlehensvaluta trotz des Wegfalls der **Einrede der Nichtvalutierung einer Grundschuld** im Rahmen eines bereits bestehenden Sicherungsvertrags keine Verfügung dar.[37] Die Valutierung von Sicherungsgrundschulden zu Lasten der Masse stellt sich nur als

---

27 KPB/*Lüke* § 81 Rn. 7; *v. Olshausen* ZIP 1998, 1093, 1096 f.

28 *v. Olshausen* ZIP 1998, 1093, 1095; BKInsO/*Blersch/v. Olshausen* § 81 Rn. 4; and. LSZ/*Smid* § 81 Rn. 4.

29 Weitere Beispiele bei Palandt/*Ellenberger* BGB Überbl. v. § 104 Rn. 6.

30 Gottwald/*Eickmann*, InsO-HdB, § 31 Rn. 3; Braun/*Kroth* § 81 Rn. 4; Uhlenbruck/*Uhlenbruck*[13] § 81 Rn. 2; Jaeger/*Windel* § 81 Rn. 2, 5; KPB/*Lüke* § 81 Rn. 7; Nerlich/Römermann/*Wittkowski/Kruth* § 81 Rn. 5; *v. Olshausen* ZIP 1998, 1093, 1097.

31 *v. Olshausen* ZIP 1998, 1093, 1097; ebenso BKInsO/*Blersch/v. Olshausen* § 81 Rn. 4; KPB/*Lüke* § 81 Rn. 7; Nerlich/Römermann/*Wittkowski/Kruth* § 81 Rn. 5.

32 Nerlich/Römermann/*Wittkowski/Kruth* § 81 Rn. 5; Uhlenbruck/*Uhlenbruck*[13] § 81 Rn. 2.

33 S. dazu *v. Olshausen* ZIP 1998, 1093, 1097. Der Schuldner kann im Rahmen eines selbstständigen Beweisverfahrens keinen Antrag nach § 494a Abs. 1 ZPO stellen, vgl. OLG Zweibrücken, ZInsO 2005, 383; für einen Kostenantrag nach § 494a Abs. 2 ZPO s. KG ZInsO 2003, 802 f.; s. w. OLG Celle DZWiR 2005, 257 f.; and. für den Fall eines Kostenantrags nach § 269 Abs. 4 ZPO AG Hamburg-Harburg Beschl. v. 17.7.2006 – 644 C 143/06 – juris; zur Unwirksamkeit eines Gesellschafterbeschlusses AG Freiburg iBr NZI 2019, 438 f.

34 LG Halle ZInsO 2005, 557 (Antrag auf Eintragung des Schuldners als Eigentümer in das Grundbuch); Jaeger/*Windel* § 81 Rn. 11; Nerlich/Römermann/*Wittkowski/Kruth* § 81 Rn. 5; *Häsemeyer,* Insolvenzrecht, Rn. 10.11.

35 Ähnlich *Häsemeyer,* Insolvenzrecht, Rn. 10.11 (teleologische Reduktion des § 81 Abs. 1 Satz 1 unter Verweis auf die Regelung gem. §§ 117 Abs. 2, 115 Abs. 2, 116); ihm folgend Nerlich/Römermann/*Wittkowski/Kruth* § 81 Rn. 13, aA *Marotzke* FS Henckel, S. 579, 589 f.; K. Schmidt/*Sternal* § 81 Rn. 5. Zur Rechtzeitigkeit der Mängelrüge des Verwalters s. Staub/*Brüggemann* HGB § 377 Rn. 3: Schutz der Masse durch das Wahlrecht des Verwalters gem. § 103 bei Vertragsschluss vor Verfahrenseröffnung; bei Ausschluss des Wahlrechts sind an die Rechtzeitigkeit der Rüge verminderte Anforderungen zu stellen.

36 Jaeger/*Windel* § 81 Rn. 11 mit Beispielen: Anzeige der Verfahrenseröffnung an Versicherungsgesellschaft, Sicherung von Massebestandteilen gegen Verderb; ferner Uhlenbruck/*Uhlenbruck*[13] § 81 Rn. 4.

37 BGH NJW 2018, 2049 Rn. 33 ff. mwN zum Streitstand; aA OLG Hamm Urt. v. 12.11.2015 – 27 U 52/15, BeckRS 2015, 124998 Rn. 64; HKInsO/*Kayser/Thole* § 91 Rn. 27; K. Schmidt/*Sternal* § 91 Rn. 19, 34; Uhlenbruck/*Mock* § 91 Rn. 46; BankenKommInsO/*Ampferl* § 91 Rn. 18; Jaeger/*Windel* § 91 Rn. 31, 41.

mittelbare Folge des Verpflichtungsgeschäfts dar, weil die Belastung des schuldnerischen Vermögens bereits bei Bestellung des Grundpfandrechts eingetreten ist.[38] Eine Abgrenzung der Kompetenzen des Schuldners gegenüber dem Verwaltungsmonopol des Insolvenzverwalters allein nach § 81 Abs. 1 Satz 1 mittels Ausdehnung des Begriffs der Verfügung auf alle Rechtshandlungen, die dem Verwalter vorzubehalten sachgerecht erscheint, bis hin zu den „verfügungsähnlichen Verpflichtungen" ist demgegenüber weder mit dem Wortlaut noch mit der Systematik der Regelung vereinbar, weil die Wirksamkeit von Verfügungen voraussetzt, dass der gesamte Verfügungstatbestand vor Verfahrenseröffnung erfüllt ist, während es nach hM für die Begründung von Insolvenzforderungen genügen soll, dass der Rechtsgrund der Forderung vor Verfahrenseröffnung entstanden ist.[39]

Von der Unwirksamkeitsfolge erfasst werden **Prozesshandlungen** des Schuldners, die im weitesten Sinne die Masse berühren.[40] Die hM spricht ihnen einen verfügenden Charakter zu.[41] Ihre Unwirksamkeit ergibt sich indes auch hier aus dem Verwaltungsmonopol des Insolvenzverwalters (§ 80 Abs. 1). Soweit sie Erwirkungshandlungen darstellen,[42] sind sie als solche schon deshalb unwirksam, weil dem Schuldner die Prozessführungsbefugnis fehlt[43] (→ § 80 Rn. 74). Nimmt der Schuldner nach Verfahrenseröffnung eine Rechtshandlung vor, mit der er gegen eine vor Verfahrenseröffnung begründete Verpflichtung verstößt und dadurch eine **Vertragsstrafe** (§ 339 BGB) verwirkt, so kann dem Gläubiger hieraus nur gegen den Schuldner persönlich ein Anspruch erwachsen, nicht ein Anspruch gegen die Masse.[44] Durch den Verstoß gegen eine mit einer Vertragsstrafe bewehrte Verhaltenspflicht (§ 339 BGB) entsteht, wenn die Vertragsstrafe in der Zahlung einer Geldsumme besteht, ein entsprechender Zahlungsanspruch gegen den Schuldner,[45] der ggf. neben den Anspruch auf Schadensersatz tritt (§ 340 Abs. 2 BGB). Eine verfügungsähnliche Handlung ist darin nicht zu sehen. Fraglich ist hingegen, zu welchem Zeitpunkt die Verpflichtung zur Zahlung der Vertragsstrafe entsteht. Schadensstiftende Handlungen des Schuldners nach Eröffnung des Insolvenzverfahrens gehen nicht zu Lasten der Insolvenzmasse, sondern betreffen das insolvenzfreie Vermögen. Würde man diese Verpflichtung als bereits mit Vertragsschluss, also als vor Verfahrenseröffnung begründet ansehen,[46] so müsste an sich § 38 mit der Folge eingreifen, dass der Vertragsstrafengläubiger Verfahrensbeteiligter würde.[47] Dies widerspräche aber dem Prinzip, die Masse gegen Einwirkungen des Schuldners abzuschirmen, das aus § 80 Abs. 1 folgt und u. a. auch in §§ 81 Abs. 1 Satz 1, 91 Abs. 1 seinen Niederschlag gefunden hat, und wäre deshalb nicht sachgerecht.[48] 6

2. Gegenstand der Verfügung. Unwirksamkeit nach Abs. 1 Satz 1 tritt nur ein, wenn die Insolvenzmasse[49] zumindest mittelbar berührt wird; wirksam bleiben daher Verfügungen über das **insolvenzfreie Vermögen** wie zB die Veräußerung einer unpfändbaren Sache.[50] Nicht gem. § 81 Abs. 1 Satz 1 unwirksam ist ferner die Mitwirkung des Schuldners bei dem **Erlass einer Insolvenzforderung,** weil eine solche keinen Gegenstand der Insolvenzmasse darstellt.[51] Der Erlass ist dennoch unwirksam, weil er die Insolvenzmasse und damit das Verwaltungsmonopol des Insolvenzverwalters berührt (→ Rn. 5). Entsprechendes gilt für sonstige Rechtshandlungen des Schuldners, die nicht Gegenstände der Insolvenzmasse betreffen; zur Abtretung einer Forderung an den Schuldner nach Verfahrenseröffnung → § 82 Rn. 3d. Etwas anderes gilt dann, wenn es der Mitwirkung des Schuldners zur Herbeiführung der Rechtsänderung nicht bedarf.[52] Auch die **Zahlung eines Dritten auf eine Insolvenzforderung** führt daher zu deren Erlöschen (§§ 362 Abs. 1, 267 Abs. 1 BGB). Die 7

---

38 BGH NJW 2018, 2049 Rn. 42.

39 Dazu näher *v. Olshausen* ZIP 1998, 1093, 1095 f.

40 Uhlenbruck/*Mock* § 81 Rn. 7; Jaeger/*Windel* § 81 Rn. 5; AGR/*Piekenbrock* § 81 Rn. 13.

41 AG Hamburg ZInsO 2004, 458, 459; FKInsO/*App*[7] § 81 Rn. 1; Braun/*Kroth* § 81 Rn. 3; *Hess*[2] § 81 Rn. 15; KPB/*Lüke* § 81 Rn. 7, 16.

42 And. *Hess*[2] § 81 Rn. 15.

43 BGHZ 79, 245, 248 = NJW 1981, 1097; Zöller/*Althammer* ZPO vor § 50 Rn. 21; MüKoZPO/*Lindacher* vor § 50 Rn. 44; Stein/Jonas/*Bork* ZPO vor § 50 Rn. 27 ff.; Musielak/Voit/*Weth* ZPO § 51 Rn. 19.

44 So iE allgM, FKInsO/*Schumacher*[7] § 38 Rn. 9; ausf. hierzu *v. Olshausen* ZIP 1998, 1093, 1094 ff. mwN.

45 Palandt/*Grüneberg* BGB § 339 Rn. 5.

46 So RGZ 59, 53, 55 f.

47 KPB/*Lüke* § 81 Rn. 6.

48 KPB/*Lüke* § 81 Rn. 7; *v. Olshausen* ZIP 1998, 1093, 1095 f.

49 Hierzu gehört auch das Auslandsvermögen; s. hierzu LG Köln ZIP 1997, 1165; *Hess*[2] § 81 Rn. 24; Nerlich/Römermann/*Wittkowski/Kruth* § 81 Rn. 7 mwN; K. Schmidt/*Sternal* § 80 Rn. 4; Uhlenbruck/*Mock* § 81 Rn. 11.

50 LG Hagen Urt. v. 27.4.2009 – 10 S 27/09, BeckRS 2010, 3369; Nerlich/Römermann/*Wittkowski/Kruth* § 81 Rn. 7; FKInsO/*App*[7] § 81 Rn. 8; KPB/*Lüke* § 81 Rn. 8; *Hess*[2] § 81 Rn. 19.

51 *v. Olshausen* ZIP 1998, 1093, 1097; Uhlenbruck/*Uhlenbruck*[13] § 81 Rn. 2.

52 Hierzu LG Halle ZInsO 2005, 557 (Antrag des Verkäufers auf Eintragung des Schuldners als Eigentümer im Grundbuch).

Leistung des Dritten ist einer Verfügung des Schuldners nicht gleichzustellen, wenn der Dritte die Leistung ausschließlich im eigenen Interesse erbracht hat und diese der Masse nicht zurechenbar war.[53] Dem Verwalter steht in diesem Fall zwar das Widerspruchsrecht gem. § 267 Abs. 2 BGB zu. Ein solcher Widerspruch steht der erfüllenden Wirkung einer Zahlung an den Gläubiger aber nicht entgegen, wenn dieser die Leistung dennoch annimmt.[54] Dem Verwalter bleibt hier allein die Möglichkeit, die Zahlung des Dritten anzufechten.[55] Auf die **Eigenverwaltung** gem. §§ 270 ff. findet § 81 keine Anwendung.[56] Die Gläubiger sind daher gegen masseverkürzende Verfügungen des Schuldners nicht geschützt, es sei denn, es ist gem. § 277 Abs. 1 Satz 1 die Zustimmung des Sachwalters für die Vornahme des in Rede stehenden Rechtsgeschäfts angeordnet worden.

8 **3. Zeitpunkt der Verfügung. a) Verfügungsbefugnis.** Eine Verfügung kann nur dann vollwirksam vorgenommen werden, wenn sämtliche Wirksamkeitsvoraussetzungen vorliegen und der Verfügende befugt ist, über das Recht zu verfügen. Der Zeitpunkt der Verfügung ist maßgeblich dafür, welche der Vorschriften zum Schutz der Insolvenzmasse eingreift. Eine Verfügung über einen Gegenstand der Insolvenzmasse, die vor Eröffnung des Insolvenzverfahrens vollwirksam vorgenommen wurde, unterliegt wie andere Rechtshandlungen des Schuldners der Insolvenzanfechtung (§ 129 Abs. 1) unter den Voraussetzungen der §§ 130 ff. Der Zeitpunkt der Vornahme der Rechtshandlung bestimmt sich dabei nach dem Eintritt der rechtlichen Wirkungen (§ 140 Abs. 1). Tritt diese Wirkung vor Eröffnung des Insolvenzverfahrens ein, so ist die Verfügung wirksam, unterliegt aber ggf. der Anfechtung. Nimmt der Schuldner die Verfügung erst nach Verfahrenseröffnung vor, so greifen die Schutzvorschriften der §§ 80, 81 ein; die Verfügung ist mangels Verfügungsbefugnis des Schuldners unwirksam gem. §§ 80 Abs. 1, 81 Abs. 1 Satz 1. Bei einem **mehraktigen, zeitlich gestreckten Verfügungstatbestand** muss die Verfügungsbefugnis des Schuldners bis zum Zeitpunkt der vollständigen Erfüllung des Verfügungstatbestands vorliegen; dazu gehört bei der Vorausabtretung künftiger Forderungen das Entstehen der Forderung. Der BGH hat demgegenüber darauf abgestellt, bei der Übertragung einer künftigen Forderung komme es nur auf die Verfügungsmacht des Zedenten zum Zeitpunkt der Einigung gem. § 398 BGB an.[57] Maßgeblich ist danach das Schuldnerhandeln.[58] Dem kann nicht gefolgt werden.[59] Die Verfügungsbefugnis über einen Gegenstand ergibt sich aus dessen rechtlicher Zuordnung zum Vermögen einer Person; etwas, was als Vermögensgegenstand nicht existiert, kann nicht zugeordnet und darüber kann folglich nicht verfügt werden.[60] Der Verlust der Verfügungsbefugnis vor Entstehung der Forderung führt demzufolge zur Unwirksamkeit der Vorausverfügung. Ein Rechtserwerb kann daher nicht eintreten, wenn die **tatbestandsmäßigen Verfügungsakte** zwar vor der Verfahrenseröffnung vorgelegen haben, die Wirksamkeit der Verfügung jedoch noch von **anderen Voraussetzungen** abhängt, die erst nach der Verfahrenseröffnung eintreten. Ob sich diese Rechtsfolge aus §§ 80 Abs. 1, 81 Abs. 1 Satz 1 oder aus § 91 Abs. 1 ergibt,[61] ist umstritten (→ Rn. 9). Von der Vorauszession zu unterscheiden ist die Übertragung von bedingten oder betagten Rechten (→ § 91 Rn. 40 f.).

9 **b) Verfügungen vor und nach Verfahrenseröffnung; gestreckte Verfügungen.** Unwirksam ist eine Verfügung des Schuldners iSd Abs. 1 Satz 1, die nach Eröffnung des Insolvenzverfahrens erfolgt ist. Bis zu diesem Zeitpunkt wird die Masse durch die Anfechtungsvorschriften geschützt (→ Rn. 8). § 81 Abs. 1 Satz 1 betrifft Verfügungen, die nach dem Eröffnungszeitpunkt vorgenom-

---

53 Dazu näher Jaeger/*Windel* § 81 Rn. 14.

54 Palandt/*Grüneberg* BGB § 267 Rn. 5.

55 Hierzu AG Hamburg ZInsO 2004, 458, 459 f.; 2005, 158, 159; jew. mwN.

56 *Gundlach* DZWiR 1999, 363 ff.; K. Schmidt/*Sternal* § 81 Rn. 2; FKInsO/*Wimmer/Amend* § 81 Rn. 7; *Hess*[2] § 81 Rn. 9; Uhlenbruck/*Uhlenbruck*[13] § 81 Rn. 2 aE.

57 BGH NZI 2010, 138; 2009, 888; BGHZ 167, 363 = NJW 2006, 2485; BGHZ 135, 140, 144 = NJW 1997, 1857 im Anschluss an *Serick,* Eigentumsvorbehalt, § 49 I 2; NZI 2009, 888 ff.; ZIP 2008, 183; OLG Köln NZI 2008, 373 ff.; ebenso SG Stuttgart ZVI 2009, 219 ff.; Jaeger/*Windel* § 81 Rn. 3; *Herchen* EWiR 2008, 565 f.; *Jacoby* EWiR 2010, 123 f.; Braun/*Kroth* § 81 Rn. 6; *Krüger/Opp* NZI 2010, 672, 673; *Kuleisa* InsVZ 2010, 203 ff.; *Wilkens/Siepmann* EWiR 2010, 121 f. Die Vorausabtretung kontokorrentgebundener Forderungen und des kausalen Schlusssaldos aus dem Kontokorrent soll dagegen nicht zum Rechtserwerb führen, wenn die Kontokorrentabrede erst mit der Insolvenzeröffnung erlischt; vgl. hierzu BGHZ 181, 361 = NJW 2009, 2677 unter Aufgabe von BGHZ 70, 86; *Seehafer* BB 2009, 2054 f.

58 *Gehrlein* WM 2014, 485, 486 f.; Jaeger/*Windel* § 81 Rn. 3.

59 *Eckardt* ZIP 1997, 957; HKInsO/*Kirchhof*[7] § 24 Rn. 9; KPB/*Lüke* § 81 Rn. 12a; *Häsemeyer* ZZP 111, 83 ff.; *Peschke,* Insolvenz des Girokontoinhabers, S. 147; Uhlenbruck/*Mock* § 81 Rn. 21; *Tinnefeld,* Auf- und Verrechnungsmöglichkeit, S. 71 ff.; Nerlich/Römermann/*Wittkowski/Kruth* § 81 Rn. 10 f.; *Simokat* NZI 2012, 57 ff.; *Schäfer* Rn. 119 ff.

60 So auch mit eingehender Begründung *Bork,* Verfügungsbefugnis, S. 289 ff., 304.

61 So die hM, s. *Peschke,* Insolvenz des Girokontoinhabers, S. 147 ff., 148; *Bork,* Zahlungsverkehr, Rn. 40.

men wurden und die erst nach diesem Zeitpunkt wirksam würden.[62] Der Zeitpunkt der Eröffnung des Insolvenzverfahrens ergibt sich aus § 27 Abs. 2 Nr. 3 bzw. Abs. 3. Zur Verfahrenseröffnung reicht der Erlass eines Eröffnungsbeschlusses aus; Zustellung, Bekanntmachung nach § 30 oder Rechtskraft des Beschlusses sind – wie nach bisherigem Recht[63] – nicht erforderlich.[64] Eine Verfügung des Schuldners ist jedenfalls dann vor Eröffnung des Insolvenzverfahrens erfolgt, wenn bis zu diesem Zeitpunkt **sämtliche Wirksamkeitselemente** vorliegen.[65] Damit ist die Verfügung vollwirksam geworden. Ihrer Wirksamkeit steht § 81 Abs. 1 Satz 1 nicht entgegen (→ Rn. 8). Wird bei einem **mehraktigen Verfügungstatbestand** ein tatbestandsmäßiger Verfügungsakt nach Verfahrenseröffnung erfüllt, so kann die Rechtswirkung nicht eintreten. Dies folgt aus §§ 80 Abs. 1, 81 Abs. 1 Satz 1, sofern nicht die Voraussetzungen des § 81 Abs. 1 Satz 2, Abs. 3 Satz 2 vorliegen (→ Rn. 19 ff., → 29 ff.). Umstritten ist die Behandlung von Verfügungen, deren **tatbestandsmäßige Verfügungsakte** schon **vor der Verfahrenseröffnung** erfolgt sind, deren Wirksamkeit aber noch von **anderen Wirksamkeitsvoraussetzungen** abhängt, die erst **nach Verfahrenseröffnung** eintreten, was bei mehraktigen, zeitlich gestreckten Verfügungstatbeständen der Fall sein kann. Die hM stellt für den Begriff der Verfügung iSd § 81 Abs. 1 auf die **Verfügungshandlung** des Schuldners ab und hält daher § 81 Abs. 1 Satz 1 für unanwendbar, wenn die tatbestandsmäßigen Verfügungsakte bereits vor der Verfahrenseröffnung vorgenommen wurden; hängt der Rechtserwerb noch von anderen Voraussetzungen ab, die erst nach der Verfahrenseröffnung eintreten, soll § 91 Abs. 1 anwendbar sein.[66] Der Begriff der Verfügung ist danach so zu verstehen, dass es dafür nur auf Wirksamkeitselemente ankommt, die Erklärungen und Handlungen des Schuldners und ggf. des anderen Teils betreffen. Die Beschränkung der Verfügungen iSd § 81 Abs. 1 Satz 1 auf Verfügungshandlungen entspricht der bisherigen Rechtslage nach § 7 KO und auch dem Regelungszusammenhang zwischen dieser Vorschrift und § 15 KO und erlaubt insofern eine der früheren Rechtslage entsprechende systematische Abgrenzung zwischen § 81 Abs. 1 Satz 1 und § 91. Dennoch kann dem nicht gefolgt werden.[67] Vielmehr ist maßgeblich für das Vorliegen einer Verfügung iSd § 81 Abs. 1 Satz 1 allein der Eintritt des **Verfügungserfolgs,** also der Zeitpunkt, zu dem die Verfügung vollwirksam wird. Nur in engen Grenzen ist hiervon eine Ausnahme zu machen (→ Rn. 10). Bei einer Vorausverfügung führt demzufolge der Verlust der Verfügungsbefugnis infolge der Verfahrenseröffnung vor Entstehung der Forderung zur Unwirksamkeit der Vorausverfügung gem. §§ 80, 81 Abs. 1 Satz 1, nicht erst gem. § 91. Dafür spricht sowohl der Wortlaut der Bestimmung als auch die allgemeine Definition der Verfügung als der rechtsgeschäftlichen Einwirkung auf ein Recht (→ Rn. 4).[68] Die Bestimmung des § 91 dient als Auffangtatbestand der Erhaltung der Insolvenzmasse in dem bei Verfahrenseröffnung vorhandenen Umfang und betrifft die Fälle eines Rechtserwerbs, der nicht durch Rechtshandlungen des Schuldners oder Vollstreckungsmaßnahmen für einen Insolvenzgläubiger bewirkt wird (→ § 91 Rn. 3).[69] Zur Anwendung kommt § 91 Abs. 1 beispielsweise dann, wenn für die Entstehung eines Rechts ausschließlich ein **Realakt** des Schuldners erforderlich ist (§§ 562, 578 Abs. 1; 647 BGB).[70] Praktische Bedeutung kommt dem Meinungsstreit insbesondere in Bezug auf Verfügungen über künftige Rechte bei der Anordnung von Sicherungsmaßnahmen im **Eröff-**

---

62 KPB/*Lüke* § 81 Rn. 11.

63 *Jaeger/Henckel* KO § 7 Rn. 31; *Kuhn/Uhlenbruck* KO § 7 Rn. 5.

64 FKInsO/*App*[7] § 81 Rn. 20.

65 *Landfermann*, Kölner Schrift, Rn. 10; Uhlenbruck/*Uhlenbruck*[13] § 81 Rn. 9.

66 BGHZ 135, 140 = NJW 1997, 1857; BGHZ 162, 187 = NJW 2005, 1505; BGHZ 167, 363 = NJW 2006, 2485; NZI 2012, 614; SG Stuttgart ZVI 2009, 219 ff.; *Bork,* Insolvenzrecht, Rn. 137; *Bork,* Zahlungsverkehr, Rn. 40; BKInsO/*Blersch/v. Olshausen* § 81 Rn. 7; K. Schmidt/*Sternal* § 81 Rn. 10; FKInsO/*Wimmer/Amend* § 81 Rn. 19; Uhlenbruck/*Mock* § 81 Rn. 20; Braun/*Kroth* § 81 Rn. 6; HKInsO/*Kayser* § 81 Rn. 18; *Peschke,* Insolvenz des Girokontoinhabers, S. 147 ff., 150; *Tinnefeld,* Auf- und Verrechnungsmöglichkeit, S. 69 f.; HambKommInsO/*Kuleisa* § 81 Rn. 8; *Mohrbutter* WuB VI A § 114 InsO 1.10; widersprüchlich Nerlich/Römermann/*Wittkowski/Kruth* § 81 Rn. 8, 10; unklar FKInsO/*App*[7] § 81 Rn. 24; da Verfügungen, die auf die Übertragung oder Begründung von Rechten an Gegenständen der Insolvenzmasse oder den Verzicht auf solche Rechte gerichtet sind, nicht durch einseitige Erklärungen des Rechtsinhabers erfolgen können, sondern der Mitwirkung des Erwerbers bzw. Begünstigten bedürfen, ist nach hM darauf abzustellen, zu welchem Zeitpunkt die konsensualen Verfügungsakte der Beteiligten vorgenommen worden sind.

67 Ebenso *Eckardt* ZIP 1997, 957, 964; Gottwald/*Eickmann*, InsO-HdB, § 31 Rn. 4; Uhlenbruck/*Uhlenbruck*[13] § 81 Rn. 3, 9; *Hess*[2] § 81 Rn. 11; KPB/*Lüke* § 81 Rn. 10, 1, 12a; *Landfermann*, Kölner Schrift, Rn. 10; Nerlich/Römermann/*Wittkowski/Kruth* § 81 Rn. 10 f.; *Mitlehner* EWiR 2012, 629; *Kesseler* ZfIR 2012, 549 ff.; *Simokat* NZI 2012, 57 ff.; AGR/*Piekenbrock* § 81 Rn. 17; aA HKInsO/*Kayser* § 81 Rn. 17; Graf-Schlicker/*Webel* § 81 Rn. 4.

68 *Eckardt* ZIP 1997, 957, 964; *Häsemeyer* ZZP 111, 83, 86; aA HKInsO/*Kirchhof*[7] § 24 Rn. 8.

69 BKInsO/*Blersch/v. Olshausen* § 81 Rn. 8.

70 BKInsO/*Blersch/v. Olshausen* § 81 Rn. 4.

nungsverfahren gem. § 21 Abs. 2 Satz 1 Nr. 2 zu, weil § 24 Abs. 1 bei einem Verstoß hiergegen lediglich § 81 für entsprechend anwendbar erklärt, nicht dagegen § 91 Abs. 1. Werden die tatbestandsmäßigen Verfügungsakte vor Verfahrenseröffnung vorgenommen, hängt der Eintritt der Rechtswirkung der Verfügung aber noch von einem weiteren außerhalb des Verfügungstatbestandes liegenden Umstand ab, der erst nach Verfahrenseröffnung vorliegt, so wird diese Verfügung nach hM weder von den Vorschriften über die Insolvenzanfechtung (§ 140 Abs. 1), noch von der Vorschrift des § 81 Abs. 1 Satz 1 erfasst. Die Insolvenzmasse soll in solchen Fällen vielmehr durch die Bestimmung des § 91 Abs. 1 geschützt werden. Folgt man der hM, wonach es für den Begriff der Verfügung des Schuldners iSd § 81 Abs. 1 Satz 1 auf die Verfügungshandlung und nicht auf den Eintritt des Verfügungserfolgs ankommt, blieben mangels der Einbeziehung des § 91 in die Verweisungsnorm des § 24 Abs. 1 danach Vorausverfügungen im Eröffnungsverfahren trotz der Anordnung eines Verfügungsverbots wirksam (→ § 22 Rn. 55, 57).[71]

10 **c) Sonderfälle gestreckter Verfügungen.** § 81 Abs. 1 Satz 1 findet nach hM keine Anwendung, wenn der spätere Schuldner als Zedent vor Verfahrenseröffnung eine **künftige Forderung** an den Zessionar im Voraus abgetreten hat, die abgetretene Forderung aber erst nach Verfahrenseröffnung entsteht; der Rechtserwerb des Zessionars scheitert nach dieser Ansicht an § 91 Abs. 1 (→ Rn. 8, 9).[72] Nach der hier vertretenen Auffassung ist die Vorausabtretung in diesem Fall gem. §§ 80 Abs. 1, 81 Abs. 1 Satz 1 unwirksam.[73] Die Wirksamkeit der Vorauszession ist nur dann zu bejahen, wenn der Rechtsgrund der Forderung bei Abtretung bereits gelegt und auch im Zeitpunkt der Entstehung noch vorhanden ist; dies ist der Fall, wenn lediglich die Fälligkeit erst nach Verfahrenseröffnung eintritt[74] (→ § 91 Rn. 24). Der Rechtserwerb auf Grund einer aufschiebend bedingten Übertragung ist grundsätzlich insolvenzfest, und zwar auch dann, wenn der Bedingungseintritt nach Insolvenzeröffnung erfolgt. Anders als künftige Rechte werden bedingt begründete Rechte im Insolvenzfall als bestehend behandelt (→ § 91 Rn. 36, 40).[75] Dabei werden die bedingte Übertragung eines unbedingten Rechts und die uneingeschränkte Übertragung eines bedingten Anspruchs einander gleichgestellt.[76] Voraussetzung der Insolvenzfestigkeit einer bedingten Verfügung ist, dass deren Gegenstand im Zeitpunkt der Verfahrenseröffnung bereits besteht, sich also nicht auf eine in Zukunft noch vorzunehmende Investition des Schuldners bezieht[77] und zu diesem Zeitpunkt zum Rechtserwerb nur noch der Eintritt der Bedingung fehlt. Weitere Voraussetzung ist, dass der Gegenstand der Verfügung aus dem Vermögen des Schuldners ausgeschieden ist und der Schuldner den Gegenstand nicht auf Grund einseitiger Willensentschließung zurückerlangen kann.[78] Insolvenzfest ist die bedingte Übertragung im Übrigen nur dann, wenn die Verfügung durch die Insolvenzeröffnung nicht berührt wird.[79] Anwendbar ist Abs. 1 Satz 1 mit der Folge der Unwirksamkeit bei der **Übereignung einer beweglichen Sache,** wenn zwar die dingliche Einigung vor Verfahrenseröffnung, die Übergabe der Sache oder die Begründung eines Besitzkonstituts aber erst danach erfolgt ist.[80] Dasselbe gilt, wenn für den **Eintritt der aufschiebenden Bedingung eine Mitwirkungshandlung des Schuldners** erforderlich ist.[81] Dabei ist unerheblich, ob die Mitwirkungshandlung

---

71 BGHZ 135, 140, 147; WM 2012, 1129 ff.; *Bork,* Zahlungsverkehr, Rn. 40; *Peschke,* Insolvenz des Girokontoinhabers, S. 150; FKInsO/*Schmerbach*[7] § 24 Rn. 10; aA *Gerhardt* ZZP 109, 415, 419; *Häsemeyer* ZZP 111, 83, 86; HKInsO/*Kirchhof*[7] § 24 Rn. 8.

72 *Bork,* Insolvenzrecht, Rn. 147; *Gehrlein* WM 2014, 485 f.; K. Schmidt/*Sternal* § 81 Rn. 11; Braun/*Kroth* § 81 Rn. 6; and. KPB/*Lüke* § 81 Rn. 12a; *Hess*[2] § 81 Rn. 11.

73 Ebenso OLG Dresden ZInsO 2006, 1057 ff.

74 BGHZ 106, 236, 241 = NJW 1989, 1282; BGHZ 109, 368, 371 f. = NJW 1990, 1113; BGHZ 167, 363 = NZI 2006, 457 = NJW 2006, 2485; Staudinger/*Busche* BGB § 398 Rn. 73; MüKoBGB/*Roth*/*Kieninger* § 398 Rn. 84; Palandt/*Grüneberg* BGB § 398 Rn. 12; *Bork,* Insolvenzrecht, Rn. 147.

75 So die ganz hM, BGHZ 155, 87 = NJW 2003, 2744 = NZI 2003, 491; NZI 2006, 229 mAnm *Höpfner* = DZWiR 2006, 290 mAnm *Fehl; Berger* NZI 2006, 380 ff.; s. w. Uhlenbruck/*Uhlenbruck*[13] § 91 Rn. 18 mwN.

76 BGHZ 155, 87, 92; NZI 2006, 229, 230.

77 BGH NZI 2006, 229, 230.

78 BGHZ 155, 87, 93; NZI 2006, 229, 230; KPB/*Lüke* § 91 Rn. 18.

79 Dazu näher BGH NZI 2006, 229 (aufschiebend bedingte Übertragung von mit dinglicher Wirkung abgespaltenen Nutzungsrechten von Softwarelizenzen); BGHZ 155, 87 (bedingter Rückzahlungsanspruch wegen einer Vorleistung für den Fall der Rückabwicklung des Vertrags); *Berger* NZI 2006, 380, 382; *Schäfer* ZInsO 2007, 18 ff.

80 BGHZ 27, 360, 366 f. = NJW 1958, 1286; KPB/*Lüke* § 81 Rn. 12; HKInsO/*Kayser* § 81 Rn. 18; *Landfermann,* Kölner Schrift, Rn. 10; ebenso als Vertreter der hM BKInsO/*Blersch*/*v. Olshausen* § 81 Rn. 7, was allerdings inkonsequent ist, weil die Übergabe der Sache einen Realakt und keine Verfügungshandlung darstellt.

81 OLG Dresden ZIP 2006, 1057; OLG Naumburg ZInsO 2008, 1022 f.

selbst eine Verfügung darstellt,[82] weil der Gegenstand der bedingten Verfügung im Zeitpunkt der Verfahrenseröffnung nicht bestand und im Zeitpunkt der Entstehung dem Schuldner die Verfügungsbefugnis fehlt. Bei einer Übereignung unter einer **aufschiebenden Bedingung** mit Begründung eines Besitzkonstituts vor Verfahrenseröffnung ergibt sich dagegen aus dem Rechtsgedanken des § 161 Abs. 1 Satz 2 BGB, dass weder § 81 Abs. 1 Satz 1 noch § 91 Abs. 1 den Rechtserwerb hindert, wenn die Bedingung erst nach Verfahrenseröffnung eintritt.[83] Die Erstarkung eines vor Verfahrenseröffnung vom Schuldner an einen Dritten übertragenen **Anwartschaftsrechts** zum Vollrecht ist nach Verfahrenseröffnung möglich; ein Durchgangserwerb findet hier nicht statt.[84] Bei der Übertragung von **Rechten an Grundstücken,** bei der die dingliche Einigung (§§ 873, 925 BGB) vor Verfahrenseröffnung erfolgt und der Eintragungsantrag vor diesem Zeitpunkt gestellt worden ist, die Eintragung aber erst nach Verfahrenseröffnung erfolgt, liegt nach den allgemeinen Grundsätzen (→ Rn. 8, 9) eine gem. §§ 80 Abs. 1, 81 Abs. 1 Satz 1 unwirksame Verfügung vor, weil der Verfügungstatbestand im Zeitpunkt der Verfahrenseröffnung noch nicht voll erfüllt war. Demgegenüber ist diese Konstellation nach hM ausschließlich an § 91 zu messen.[85] Im Ergebnis wird die Verfügung mit der Eintragung in jedem Falle gem. § 878 BGB wirksam, der – wie sich aus § 91 Abs. 2 ergibt – zum Schutz des Erwerbers auch im Insolvenzverfahren Anwendung findet.[86]

d) Wirksamkeit von Willenserklärungen. Eine auf eine Verfügung gerichtete empfangsbedürftige Willenserklärung des Schuldners, welche nach Verfahrenseröffnung zugeht, vom Schuldner aber vor Verfahrenseröffnung abgegeben worden ist, ist grundsätzlich unwirksam.[87] Dies hat selbständige Bedeutung nur für Verfügungen, die – wie **Aufrechnung, Kündigung oder Rücktritt** – durch eine **einseitige empfangsbedürftige Willenserklärung** vorgenommen werden. Gem. § 130 Abs. 1 BGB tritt die Wirksamkeit einer Willenserklärung erst mit Zugang ein; die Verfügungsbefugnis als Voraussetzung der Wirksamkeit einer Verfügung muss aber zu diesem Zeitpunkt noch vorliegen.[88] Aus §§ 130 Abs. 2, 153 BGB ergibt sich nichts anderes. Nach diesen Vorschriften bleibt eine Willenserklärung über den Tod oder den Verlust der Geschäftsfähigkeit des Erklärenden hinaus wirksam und kann, wenn sie einen Vertragsantrag darstellt, auch danach noch angenommen werden. Mit der Frage des bei Verfügungen über die Bestandskraft der Erklärung hinaus erforderlichen Fortbestands der Verfügungsbefugnis haben diese Vorschriften nichts zu tun.[89] Der **Verlust der Verfügungsbefugnis** gem. § 80 ist kein dem Verlust der Geschäftsfähigkeit oder dem Tod des Erklärenden vergleichbarer Vorgang, sondern verfolgt einen insolvenzrechtlichen Schutzzweck.[90] Für die Unwirksamkeit derartiger Willenserklärungen spricht schließlich auch der Zusammenhang der insolvenzrechtlichen Vorschriften: § 81 und § 129 korrespondieren miteinander in der Weise, dass der Schutz der ersteren Vorschrift dort einsetzt, wo der der Letzteren aufhört.[91] Da eine Rechtshandlung, die vor der „kritischen Frist" vorgenommen worden ist, aber erst innerhalb dieser Frist wirksam würde, wegen § 129 Abs. 1 iVm § 140 Abs. 1 nicht gem. §§ 130 ff. angefochten werden kann,[92] muss § 81 Abs. 1 Satz 1 11

[82] BGH NZI 2010, 138 ff.; *Krüger/Opp* NZI 2010, 672, 673 f.

[83] Nerlich/Römermann/*Wittkowski/Kruth* § 81 Rn. 11; BKInsO/*Blersch/v. Olshausen* § 81 Rn. 8; *Landfermann*, Kölner Schrift, Rn. 11; *Häsemeyer,* Insolvenzrecht, Rn. 10.24.

[84] BGHZ 27, 360, 367 = NJW 1958, 1286; OLG Hamm ZInsO 2013, 1742; Nerlich/Römermann/*Wittkowski/Kruth* § 81 Rn. 11; BKInsO/*Blersch/v. Olshausen* § 81 Rn. 8; *Häsemeyer,* Insolvenzrecht, Rn. 10.25; Uhlenbruck/*Uhlenbruck*[13] § 81 Rn. 10.

[85] BGH NZI 2012, 614; BKInsO/*Blersch/v. Olshausen* § 81 Rn. 7; HKInsO/*Kayser* § 81 Rn. 18; *Bork,* Insolvenzrecht, Rn. 137, 147 f.; K. Schmidt/*Sternal* § 81 Rn. 12; *Oepen/Rettmann* KTS 1995, 609, 613; aA Uhlenbruck/*Uhlenbruck*[13] § 81 Rn. 9; *Mitlehner* EWiR 2012, 629; *Kesseler* ZfIR 2012, 549; iE ebenso *Landfermann*, Kölner Schrift, Rn. 12. Im Eröffnungsverfahren gilt § 91 nicht, weshalb hier ein wirksamer Rechtserwerb trotz Anordnung einer Verfügungsbeschränkung möglich sein soll, s. BGH WM 2012, 1129 ff.

[86] Vgl. HKInsO/*Kayser* § 81 Rn. 18; *Landfermann*, Kölner Schrift, Rn. 12; BKInsO/*Blersch/v. Olshausen* § 81 Rn. 7m. Fn. 11; HambKommInsO/*Kuleisa* § 81 Rn. 8; Uhlenbruck/*Uhlenbruck*[13] § 81 Rn. 9; eingehend zu den Auswirkungen der Eröffnung eines Insolvenzverfahrens auf den Vollzug eines Grundstückserwerbsvertrages *Lüke* ZfIR 2014, 573 ff.

[87] BGHZ 27, 360, 366 = NJW 1958, 1286; FKInsO/*App*[7] § 81 Rn. 15, 21; KPB/*Lüke* § 81 Rn. 11; Nerlich/Römermann/*Wittkowski/Kruth* § 81 Rn. 9; Jaeger/*Windel* § 81 Rn. 40; Uhlenbruck/*Uhlenbruck*[13] § 81 Rn. 8; *Kilger/K. Schmidt* KO § 7 Anm. 2; *Häsemeyer,* Insolvenzrecht, Rn. 10.12; Graf-Schlicker/*Webel* § 81 Rn. 4.

[88] BGHZ 27, 360, 366 = NJW 1958, 1286; KPB/*Lüke* § 81 Rn. 11; FKInsO/*App*[7] § 81 Rn. 23; Jaeger/*Windel* § 81 Rn. 33; Uhlenbruck/*Uhlenbruck*[13] § 81 Rn. 5.

[89] KPB/*Lüke* § 81 Rn. 11; BKInsO/*Blersch/v. Olshausen* § 81 Rn. 7; Jaeger/*Windel* § 81 Rn. 33.

[90] Nerlich/Römermann/*Wittkowski/Kruth* § 81 Rn. 9; FKInsO/*Wimmer/Amend* § 81 Rn. 16; K. Schmidt/*Sternal* § 81 Rn. 9; Jaeger/*Windel* § 81 Rn. 33; HambKommInsO/*Kuleisa* § 81 Rn. 7.

[91] FKInsO/*App*[7] § 81 Rn. 21; FKInsO/*Wimmer/Amend* § 81 Rn. 16; ebenso zum Verhältnis der §§ 7, 29 KO *Jaeger/Henckel* KO § 7 Rn. 32; *Kuhn/Uhlenbruck* KO § 7 Rn. 18.

[92] FKInsO/*App*[7] § 81 Rn. 21; Nerlich/Römermann/*Wittkowski/Kruth* § 81 Rn. 9; ebenso zur entsprechenden Rechtsfrage unter Geltung der KO *Jaeger/Henckel* KO § 7 Rn. 32.

eingreifen.[93] Die auf eine Verfügung gerichtete Erklärung des Schuldners ist unwirksam auch dann, wenn ein von ihm vor Verfahrenseröffnung abgegebenes Angebot nach Verfahrenseröffnung zugeht.[94] Der Gegenmeinung[95] kann aus den dargelegten Gründen nicht gefolgt werden.[96] Auch in Bezug auf § 153 BGB ist der Verlust der Verfügungsbefugnis mit dem Tod bzw. dem Eintritt der Geschäftsunfähigkeit nicht vergleichbar.[97] Ein auf den **Abschluss eines Verpflichtungsvertrages** gerichtetes Angebot des Schuldners kann vom Erklärungsempfänger ebenso wie ein an den Schuldner gerichteter Antrag auf Abschluss eines solchen Vertrags auch nach Verfahrenseröffnung noch angenommen werden, da die Verpflichtungsfähigkeit des Schuldners durch die Verfahrenseröffnung nicht berührt wird (→ Rn. 5), jedoch nur mit Wirkung gegen den Schuldner persönlich, nicht mit Wirkung gegen die Masse (→ § 80 Rn. 11).[98] Hinsichtlich eines an den Schuldner gerichteten Antrags muss die Auslegung ergeben, ob eine Bindung an das Angebot auch für den Fall der Insolvenz gewollt war; hiervon hängt ab, ob es mit Wirkung für das insolvenzfreie Vermögen vom Schuldner oder mit Wirkung für die Masse vom Insolvenzverwalter angenommen werden kann.[99]

12 **4. Verfügungen Dritter.** § 81 gilt nur für Verfügungen, die der Schuldner über einen Gegenstand der Insolvenzmasse vorgenommen hat. Verfügungen des Schuldners sind auch solche seines gesetzlichen oder gewillkürten **Vertreters** bzw. – bei juristischen Personen – seines **Organs.**[100] Nimmt ein **Vertreter ohne Vertretungsmacht** im Namen des Schuldners eine Verfügung vor, so lässt dies die Masse unberührt. Eine solche Verfügung kann der Schuldner, da er sie wegen Abs. 1 Satz 1 selbst nicht wirksam vornehmen könnte, auch nicht wirksam gem. § 177 Abs. 1 BGB genehmigen[101] (zur Genehmigung durch den Verwalter → Rn. 16). Kein Vertreter des Schuldners ist der in eigenem Namen handelnde **Treuhänder.**[102] Verfügungen des Treuhänders unterfallen nicht der Vorschrift des § 81, auch wenn der Gegenstand der Verfügung wirtschaftlich zur Masse gehört. Entscheidend ist, dass der Treuhänder Vollrechtsinhaber ist. Endet aber die Treuhand mit Eröffnung des Insolvenzverfahrens, so verfügt der Treuhänder nach diesem Zeitpunkt als Nichtberechtigter.[103] Keine Verfügung des Schuldners liegt weiterhin vor, wenn ein Dritter über eine zur Masse gehörige Sache als **Nichtberechtigter** im eigenen Namen verfügt[104] (zu den Möglichkeiten eines gutgläubigen Erwerbes in derartigen Fällen → Rn. 24).

12a **5. Durchführung von Zahlungsaufträgen (Überweisungen).** Die Gutschrift bzw. Auszahlung, welche in Ausführung eines Überweisungs-, also Zahlungsauftrags iSd § 675f Abs. 3 Satz 2 BGB, durch eine vom Schuldner (Zahler) hierzu ermächtigte Bank (Zahlungsdienstleister) erfolgt, wird als Verfügung des Schuldners angesehen.[105] Dagegen spricht aber, dass der Zahlungsauftrag selbst keine Verfügung des Schuldners enthält, sondern als Weisung gem. §§ 675c Abs. 1, 665 BGB

---

93 FKInsO/*App*[7] § 81 Rn. 21; Jaeger/*Windel* § 81 Rn. 40: belanglos, ob die Unwirksamkeit aus § 81 oder aus § 91 abgeleitet wird.

94 Nerlich/Römermann/*Wittkowski/Kruth* § 81 Rn. 9; KPB/*Lüke* § 81 Rn. 11; FKInsO/*App*[7] § 81 Rn. 22; Jaeger/*Windel* § 81 Rn. 40; *Jaeger/Henckel* KO § 7 Rn. 41; Uhlenbruck/*Uhlenbruck*[13] § 81 Rn. 8; Staudinger/*Bork* BGB § 153 Rn. 15; Soergel/*Wolf* BGB § 153 Rn. 4.

95 Erman/*Hefermehl*[14] BGB § 153 Rn. 5; diff. MüKoBGB/*Busche* § 153 Rn. 2f.; *Jauernig* BGB § 153 Rn. 3 sowie Palandt/*Ellenberger* BGB § 153 Rn. 1: § 153 BGB sei nur bei verpflichtenden, nicht bei verfügenden Verträgen anzuwenden.

96 KPB/*Lüke* § 81 Rn. 11.

97 Nerlich/Römermann/*Wittkowski/Kruth* § 81 Rn. 9; FKInsO/*App*[7] § 81 Rn. 23; Jaeger/*Windel* § 81 Rn. 33; Uhlenbruck/*Uhlenbruck*[13] § 81 Rn. 5; BKInsO/*Blersch/v. Olshausen* § 81 Rn. 7.

98 Jaeger/*Windel* § 81 Rn. 36.

99 *Häsemeyer,* Insolvenzrecht, Rn. 10.12.; Jaeger/*Windel* § 81 Rn. 37.

100 Nerlich/Römermann/*Wittkowski/Kruth* § 81 Rn. 6; Jaeger/*Windel* § 81 Rn. 12.

101 Jaeger/*Windel* § 81 Rn. 12.

102 BGH NZI 2012, 803; NJW 2018, 2049 Rn. 17; *Gehrlein* WM 2014, 485, 487f.; *Piekenbrock,* WuB VI A § 81 InsO 1.13; Nerlich/Römermann/*Wittkowski/Kruth* § 81 Rn. 6; Uhlenbruck/*Mock* § 81 Rn. 15; K. Schmidt/*Sternal* § 81 Rn. 7; KPB/*Lüke* § 81 Rn. 9; Jaeger/*Windel* § 81 Rn. 13; HambKommInsO/*Kuleisa* § 81 Rn. 11.

103 KPB/*Lüke* § 81 Rn. 9; vgl. hierzu auch OLG Bamberg InVo 2006, 184ff.

104 *Kilger/K. Schmidt* KO § 7 Anm. 3c.

105 BGHZ 170, 276 = NZI 2007, 225; BGHZ 147, 193, 196 = NJW 2001, 1937; ZIP 2007, 435; NZI 2014, 156, 157; NJW 2018, 2049 Rn. 30; LG Düsseldorf KTS 1971, 293, 294; zu § 21 Abs. 2 Satz 2 Nr. 2: LG Offenburg ZInsO 2004, 559, 561; BankenKommInsO/*Ampferl* § 81 Rn. 11; Uhlenbruck/*Mock* § 81 Rn. 17; *Hess*[2] § 81 Rn. 21; HKInsO/*Kayser* § 81 Rn. 23; Jaeger/*Windel* § 81 Rn. 14; Nerlich/Römermann/*Wittkowski/Kruth* § 81 Rn. 6; KPB/*Lüke* § 81 Rn. 9; *Bork* ZBB 2001, 271 ff., 272; *Bork,* Zahlungsverkehr, Rn. 109f.; widersprüchlich OLG Celle ZIP 1998, 1232. Für die Frage der Wirksamkeit der Verfügung soll entscheidend sein, ob die Kontobelastung vor Verfahrenseröffnung in die Datenerfassung eingegeben wurde, OLG Hamm WM 1977, 1238, 1239; zust. Nerlich/Römermann/*Wittkowski/Kruth* § 81 Rn. 6.

nur eine schuldrechtliche Verpflichtung der Bank (Zahlungsdienstleister) aus dem Einzelzahlungsvertrag (§ 675f Abs. 1 BGB) oder dem Zahlungsdiensterahmenvertrag (§ 675f Abs. 2 BGB) begründet, eine Überweisung vorzunehmen.[106] Der Überweisungsauftrag umfasst eine entsprechende Ermächtigung der Bank nur in dem Sinne, dass die Bank gegen ihren Kunden einen Anspruch auf Aufwendungsersatz erlangt und ihre Aufwendung ggf. in das Kontokorrent mit dem Schuldner einstellen und im Rahmen des Kontokorrent verrechnen kann.[107] Die buchungstechnische Abwicklung des Überweisungsvorgangs besteht zwar in der Übertragung von Giralgeld von einem Konto auf ein anderes (vgl. § 675s BGB).[108] Die Buchung als solche hat aber keine Auswirkungen auf die Rechtsstellung des Kontoinhabers. Sie ist, wenn sie in einer Belastungsbuchung besteht, rein deklaratorisch.[109] Aus einer Gutschrift resultiert ein Anspruch des Kontoinhabers nur in Verbindung mit einem abstrakten Schuldversprechen der Bank.[110] Nach Beendigung des Kontokorrent als Folge der Eröffnung des Insolvenzverfahrens kann die Bank ihren **Aufwendungsersatzanspruch** ggf. mit einem Guthaben des Schuldners verrechnen, andernfalls – bei debitorischem Konto – als Insolvenzforderung geltend machen. Ist ein Überweisungsauftrag vor Eröffnung des Insolvenzverfahrens wirksam erteilt worden (vgl. § 675n BGB), so besteht dieser mit Wirkung für die Masse fort, § 116 Satz 3. Die Bank bleibt demgemäß verpflichtet und berechtigt, die Überweisung auszuführen, sofern diese durch ein Guthaben des Schuldners oder durch eine nicht ausgeschöpfte Kreditlinie gedeckt ist.[111] Dementsprechend kann die Bank den aus der an den Überweisungsempfänger (Zahlungsempfänger) erbrachten Zahlung resultierenden Aufwendungsersatzanspruch gegen ein Guthaben des Kunden aufrechnen oder als Masseverbindlichkeit geltend machen.[112]

Nach Eröffnung des Verfahrens kann der Schuldner (Zahler) der Bank (Zahlungsdienstleister) 12b
keinen Überweisungsauftrag in Bezug auf zur Masse gehörende Konten mehr erteilen; dies folgt aus dem Übergang der Verwaltungsbefugnis über das zur Insolvenzmasse gehörende Vermögen auf den Insolvenzverwalter, § 80 Abs. 1; → Rn. 5.[113] Im **Eröffnungsverfahren** kann der Schuldner dagegen grundsätzlich weiterhin Weisungen iSd §§ 675c Abs. 1, 665 BGB erteilen und weitere Verpflichtungsgeschäfte abschließen.[114] In gleicher Weise wie die Verfahrenseröffnung führt jedoch auch der Erlass eines allgemeinen Verfügungsverbots im Eröffnungsverfahren (§ 21 Abs. 2 Satz 1 Nr. 2) zur Unwirksamkeit neuer Überweisungsaufträge, sofern zugleich ein vorläufiger Insolvenzverwalter eingesetzt worden ist;[115] in diesem Fall geht die Verwaltungs- und Verfügungsbefugnis auf den vorläufigen Insolvenzverwalter über, was zugleich bewirkt, dass der Schuldner die Befugnis verliert, mit Wirkung für und gegen die Masse rechtswirksam zu handeln und dass er von allen Einwirkungsmöglichkeiten auf das vom Insolvenzbeschlag erfasste Vermögen ausgeschlossen ist (→ Rn. 5). Nach hM ist der Schuldner jedoch allein schon durch das allgemeine Verfügungsverbot an der Erteilung eines neuen Überweisungsauftrages gehindert, weil dem **Überweisungsauftrag** auch **Verfügungswirkung** zugesprochen wird.[116] Danach fällt die Verfügung über ein Bankguthaben des Schuldners unter § 81 Abs. 1 Satz 1. Begründet wird dies zum einen damit, dass die Bank auf Grund einer Ermächtigung des Anweisenden handele, weswegen die von ihr vorgenommene Umbuchung als

---

[106] Bamberger/Roth/*Schmalenbach* BGB § 675f Rn. 33. Vgl. zur Rechtslage unter Geltung der §§ 675–676h BGB aF MüKoBGB/*Casper*[6] § 676a Rn. 12, 20; *Peschke,* Insolvenz des Girokontoinhabers, S. 101; insoweit zust. auch *Bork* ZBB 2001, 271, 272.

[107] MüKoBGB/*Casper*[6] § 675 f. Rn. 64; *Peschke,* Insolvenz des Girokontoinhabers, S. 16 f., 93 ff.; aA *Bork,* Zahlungsverzug, Rn. 110; *Bork* ZBB 2001, 271 ff.

[108] *Mayen,* Bankrechts-HdB, § 46 Rn. 2.

[109] BGHZ 107, 192; BGHZ 150, 122 = NJW 2002, 1722; *Mayen,* Bankrechts-HdB, § 47 Rn. 2.

[110] *Mayen,* Bankrechts-HdB, § 47 Rn. 52.

[111] Uhlenbruck/*Berscheid* §§ 115, 116 Rn. 31; *Obermüller* ZInsO 1999, 690, 691 f.

[112] AllgM, *Bork,* Zahlungsverkehr, Rn. 163; HKInsO/*Marotzke* § 116 Rn. 6; *Obermüller* ZInsO 1999, 690, 695; *Obermüller* ZInsO 2010, 8, 16; *Peschke,* Insolvenz des Girokontoinhabers, S. 99; Jaeger/*Jacoby* §§ 115, 116 Rn. 145.

[113] BGH NJW-RR 2009, 981 = NZI 2009, 307 Rn. 18; Uhlenbruck/*Berscheid* §§ 115, 116 Rn. 36; *Obermüller* ZInsO 2010, 8, 16; auf § 81 Abs. 1 Satz 1 abstellend BGH NZI 2014, 607 Rn. 20; BankenKommInsO/*Ampferl* § 82 Rn. 17.

[114] BGH NJW 2014, 547 Rn. 8; *Obermüller* ZInsO 1999, 690, 692.

[115] BGH NJW 2014, 547 Rn. 8; *Obermüller* ZInsO 1999, 690, 693; gegen diese Einschränkung *Bork* ZBB 2001, 271, 272.

[116] LG Offenburg ZInsO 2004, 559, 561; *Bork* ZBB 2001, 271, 272 ff.; *Mayen,* Bankrechts-HdB, § 50 Rn. 49 f.; einschränkend *Obermüller* ZInsO 1999, 690 ff. Zur Rechtslage vor Einführung des Überweisungsgesetzes Uhlenbruck/*Uhlenbruck*[13] § 82 Rn. 6; *Hess*[2] § 82 Rn. 27 ff. Zum gleichen Ergebnis gelangt *Peschke,* Insolvenz des Girokontoinhabers, S. 159 ff., der zwar der Einordnung des Überweisungsvertrags als Verfügung widerspricht, den gesamten Zahlungsvorgang wegen der reflexartigen Reduktion der Guthabenforderung im Kontokorrent aber für unwirksam hält gem. §§ 24, 81 analog; gegen eine Analogie *Tinnefeld,* Auf- und Verrechnungsmöglichkeit, S. 83 ff.

Verfügung des Schuldners anzusehen sei.[117] Zum andern wird darauf abgestellt, dass die Bank durch die Ausführung des Überweisungsauftrags eine Leistung an den Kontoinhaber sowohl auf den Überweisungsauftrag als auch auf den Zahlungsdiensterahmenvertrag erbringt und dadurch ihre Verbindlichkeiten diesem gegenüber in Bezug auf dessen Auszahlungsanspruch unmittelbar erfüllt.[118] Danach liegt in der Erteilung eines Überweisungsauftrags eine Einziehung dieser Forderung durch den Schuldner, die wiederum eine Verfügung darstellt.[119] Dieser Ansatz verfängt indes von vornherein nicht, wenn es an einem Auszahlungsanspruch fehlt, wie im Falle einer von der Bank nur geduldeten Kontoüberziehung. Auch im Übrigen stößt dieser Ansatz auf Bedenken. Die sich aus dem Überweisungsauftrag ergebende Ermächtigung der Bank bewirkt – insofern wie bei der Anweisung (§ 783 BGB)[120] –, dass die Bank für Rechnung des Anweisenden leisten soll und zu leisten befugt ist und die erbrachte Zahlung nur im Deckungsverhältnis mit diesem zu verrechnen hat. Durch die Ermächtigung wird mithin nicht die Verfügungsgewalt über einen zur Masse gehörenden Gegenstand auf die Bank übertragen, sondern die schuldrechtliche Zuordnung der Zahlung der Bank zum Deckungsverhältnis mit dem Überweisenden bewirkt mit der Folge, dass die Bank legitimiert ist, die erbrachte Zahlung im Rahmen des Deckungsverhältnisses in Rechnung zu stellen und zu verrechnen. Auch führen die Ermächtigung der Bank und die Ausführung der Überweisung noch nicht dazu, dass Forderungen des Überweisenden aus dem Überweisungsauftrag und aus dem Zahlungsdiensterahmenvertrag auf Durchführung der Überweisung erfüllt werden. Die Einstellung der Leistung der Bank in das Kontokorrent hat wegen der Kontokorrentgebundenheit der Forderungen des Kontoinhabers keine Tilgungswirkung.[121] Im Übrigen gilt, dass der Anspruch des Überweisenden aus dem Deckungsverhältnis auf Vornahme der Überweisung erst mit dem Eintreffen des Buchgeldes beim Kreditinstitut des Begünstigten erlischt.[122] Im Eröffnungsverfahren kann der Schuldner daher auch weiterhin wirksam einen Überweisungsauftrag mit Wirkung für die Masse erteilen, wenn lediglich ein allgemeines Verfügungsverbot erlassen worden ist. Letztlich obliegt es dem Insolvenzgericht, durch entsprechende Sicherungsmaßnahmen, wie etwa die Anordnung einer Kontensperre, für einen wirksamen Masseschutz zu sorgen.

II. Unwirksamkeit der Verfügung, Abs. 1 Satz 1

13 **1. Unwirksamkeit.** Eine entgegen dem Verbot des Abs. 1 Satz 1 vorgenommene Verfügung ist **absolut unwirksam.** Diese Rechtsfolge, welche die ganz hM trotz seines unklaren Wortlauts bereits dem § 7 Abs. 1 KO beimaß,[123] ist durch die veränderte Formulierung des Abs. 1 Satz 1 klargestellt worden.[124] Die Unwirksamkeit tritt unmittelbar kraft Gesetzes ein.[125] Daraus folgt, dass der Insolvenzverwalter ohne weiteres eine zur Masse gehörende Sache, über die der Schuldner nach Verfahrenseröffnung verfügt hat, nach § 985 BGB herausverlangen kann und eine nach Verfahrenseröffnung abgetretene Forderung einziehen darf.[126] Die sich aus Abs. 1 Satz 1 ergebende Rechtsfolge stellt ferner eine rechtshindernde **Einwendung** dar, mit der sich der Verwalter gegenüber einem von einem Dritten geltend gemachten Anspruch, der auf einen Erwerb nach Verfahrenseröffnung gestützt wird, wehren kann.[127] Auch ein Dritter kann sich auf die Unwirksamkeit der Verfügung berufen.[128] Aus der Möglichkeit des Insolvenzverwalters, eine gem. Abs. 1 Satz 1 unwirksame Verfügung des Schuldners zu genehmigen (→ Rn. 17), ergibt sich, dass die von Abs. 1 Satz 1 angeordnete Unwirksamkeit keine Nichtigkeit bedeutet, sondern vielmehr die von ihr betroffene Rechtshandlung der **Verfügung eines Nichtberechtigten** gem. § 185 Abs. 1 BGB gleichzustellen ist.[129] Die Verur-

117 Uhlenbruck/*Uhlenbruck*[13] § 81 Rn. 4; *Hess*[2] § 81 Rn. 21 (zur Rechtslage vor Inkrafttreten des Überweisungsgesetzes); ebenso LG Offenburg ZInsO 2004, 559, 561.

118 *Bork* ZBB 2001, 271, 272; *Bork,* Zahlungsverkehr, Rn. 107 ff., 113; vgl. auch *Schäfer* Rn. 81.

119 Vgl. *Hess*[2] §§ 115, 116 Rn. 65; *Obermüller,* Insolvenzrecht, Rn. 3.11.

120 Dazu Staudinger/*Marburger* BGB § 783 Rn. 52. Der Überweisungsvertrag unterscheidet sich im Übrigen von einer Anweisung iSd § 783 BGB in wesentlichen Punkten; s. dazu MüKoBGB/*Habersack* § 783 Rn. 37.

121 Hierauf weist *Peschke,* Insolvenz des Girokontoinhabers, S. 95 ff. zutr. hin.

122 Langenbucher/Gößmann/Werner/*Langenbucher,* Zahlungsverkehr, § 1 Rn. 133; *Peschke,* Insolvenz des Girokontoinhabers, S. 97.

123 RGZ 71, 38, 39 f.; RGZ 157, 294, 295; *Kuhn/Uhlenbruck* KO § 7 Rn. 6a; *Kilger/K. Schmidt* KO § 7 Anm. 3a; *Oepen/Rettmann* KTS 1995, 609, 610.

124 Begr. RegE BT-Drs. 12/2443 S. 136; *Hess*[2] § 81 Rn. 25; Jaeger/*Windel* § 81 Rn. 15.

125 AllgM, vgl. nur *Hess*[2] § 81 Rn. 26; K. Schmidt/*Sternal* § 81 Rn. 13; Nerlich/Römermann/*Wittkowski/Kruth* § 81 Rn. 13; KPB/*Lüke* § 81 Rn. 14; HKInsO/*Kayser* § 81 Rn. 24; FKInsO/*Wimmer/Amend* § 81 Rn. 26.

126 Nerlich/Römermann/*Wittkowski/Kruth* § 81 Rn. 13.

127 FKInsO/*App*[7] § 81 Rn. 15; KPB/*Lüke* § 81 Rn. 14; Jaeger/*Windel* § 81 Rn. 16.

128 *Hess*[2] § 81 Rn. 27; Jaeger/*Windel* § 81 Rn. 21.

129 FKInsO/*App*[7] § 81 Rn. 16; FKInsO/*Wimmer/Amend* § 81 Rn. 27; *Hess*[2] § 81 Rn. 25; Jaeger/Windel § 81 Rn. 17.

teilung des Schuldners zur Abgabe einer Willenserklärung gem. § 894 Satz 1 ZPO ersetzt allerdings weder die Zustimmung noch die Genehmigung des Verwalters.[130]

2. Beweislast (Abs. 3 Satz 1). Grundsätzlich hat der Insolvenzverwalter darzulegen und zu beweisen, dass eine Verfügung, deren Unwirksamkeit gem. Abs. 1 Satz 1 er geltend macht, erst nach Verfahrenseröffnung erfolgt ist.[131] Sinn des Abs. 3 Satz 1 ist es, den durch Abs. 1 Satz 1 bezweckten Schutz der Masse gegen die Gläubiger benachteiligende Verfügungen des Schuldners zu intensivieren.[132] Zu diesem Zweck statuiert die Vorschrift eine durch den Beweis des Gegenteils **widerlegbare Vermutung** dahingehend, dass eine am Tag der Verfahrenseröffnung vorgenommene Verfügung des Schuldners erst nach Eröffnung erfolgt ist. Nach den allgemeinen Grundsätzen[133] trägt der Insolvenzverwalter jedoch die volle Darlegungs- und Beweislast für die Voraussetzungen des Vermutungstatbestands, also dafür, dass die **Verfügung am Eröffnungstag vorgenommen** worden ist.[134] Für den Fall der Abtretung einer Forderung hat der BGH dem Zessionar die Beweislast dafür aufgebürdet, dass die Abtretung vor der Verfahrenseröffnung erfolgt ist, mit der Begründung, die Verfügungsmacht des Zedenten zum Zeitpunkt der Abtretung gehöre für den Zessionar zum Erwerbsgrund.[135] Dies trifft indessen in gleicher Weise auch auf alle anderen Verfügungen zu, die die Übertragung eines Rechts betreffen.[136] Nach den allgemeinen Grundsätzen trägt aber der Insolvenzverwalter die Darlegungs- und Beweislast dafür, dass die Verfügung unwirksam ist, weil der Schuldner infolge der Verfahrenseröffnung seine Verfügungsmacht verloren hat (§§ 80 Abs. 1, 81 Abs. 1 Satz 1). Die Vermutung des Abs. 3 Satz 1 greift zugunsten der Masse, wie gezeigt, erst dann ein, wenn der Verwalter darlegen und beweisen kann, dass die Verfügung am Eröffnungstag erfolgt ist. Nur in diesem Fall trägt der Gläubiger die volle Darlegungs- und Beweislast dafür, dass die Verfügung vor der Verfahrenseröffnung erfolgt ist.[137] In Bezug auf Verfügungen, die nicht am Eröffnungstag vorgenommen worden sind, verbleibt es dagegen bei der Darlegungs- und Beweislast des Insolvenzverwalters. Die Entscheidung des BGH ist daher mit der in § 81 getroffenen Beweislastregelung nicht vereinbar.[138] **14**

Zweifelhaft ist, ob der seinem Wortlaut nach auf Verfügungen beschränkte Abs. 3 Satz 1 auch auf **Verpflichtungsgeschäfte** und sonstige Rechtshandlungen des Schuldners entsprechend anzuwenden ist. Hierfür spricht die Absicht des Gesetzgebers, mit der Beschränkung des § 81 auf Verfügungen keine substantielle Rechtsänderung gegenüber § 7 KO, der sich auch in der Beweislastregel des § 7 Abs. 3 auf alle Rechtshandlungen des Schuldners bezog, herbeizuführen.[139] Der Normzweck der Beweislastregel, die Masse in Fällen eröffnungsnaher Dispositionen des Schuldners zu schützen, gilt auch für Verpflichtungsgeschäfte des Schuldners; es kann insofern keinen Unterschied machen, ob die Aktivmasse verringert oder die Passivmasse vergrößert wird.[140] **15**

3. Begrenzung der Unwirksamkeitsfolge durch Normzweck. Für eine Begrenzung des § 81 im Wege teleologischer Reduktion auf solche Geschäfte, die dem Bestand der Masse und der Befriedigung der Gläubiger abträglich sind, ist nach dem eindeutigen Wortlaut der Vorschrift kein **16**

---

130 Vgl. BGH NJW-RR 2018, 1007.

131 FKInsO/*App*[7] § 81 Rn. 46; K. Schmidt/*Sternal*, § 81 Rn. 23; *Hess*[2] § 81 Rn. 48; BKInsO/*Blersch/v. Olshausen* § 81 Rn. 14.

132 Nerlich/Römermann/*Wittkowski/Kruth* § 81 Rn. 26; vgl. auch Motive zur KO, S. 39: „Die Erfahrung lehrt, dass noch in den letzten Augenblicken vor der Eröffnung des Verfahrens häufig Rechtshandlungen zum Nachteil der Gläubiger vorgenommen werden. Den Gläubigern wird daher ein praktischer Vorteil von der Bestimmung des § 6 [= § 7 KO] nur dann gesichert werden können, wenn das Gesetz die Vermutung aufstellt, dass alles, was der Gemeinschuldner am Tage der Eröffnung des Verfahrens vorgenommen hat, nach der Eröffnung geschehen ist.".

133 S. hierzu OLG Koblenz NJW-RR 2000, 1606.

134 Braun/*Kroth* § 81 Rn. 13; K. Schmidt/*Sternal*, § 81 Rn. 23; Nerlich/Römermann/*Wittkowski/Kruth* § 81 Rn. 28; FKInsO/*App*[7] § 81 Rn. 42; BKInsO/*Blersch/v. Olshausen* § 81 Rn. 14; LSZ/*Smid* § 81 Rn. 19; KPB/*Lüke* § 81 Rn. 13; ebenso zur entsprechenden Frage unter Geltung des § 7 Abs. 3 KO *Jaeger/Henckel* KO § 7 Rn. 31; *Kuhn/Uhlenbruck* KO § 7 Rn. 24; *Kilger/K. Schmidt* KO § 7 Anm. 8 a; *Hess* KO § 7 Rn. 14.

135 BGH NJW 1986, 1925, 1926; zust. Nerlich/Römermann/*Wittkowski/Kruth* § 81 Rn. 28; LSZ/*Smid* § 81 Rn. 19; *Kilger/K. Schmidt* KO § 7 Anm. 8 a; *Hess*[2] § 81 Rn. 49; Palandt/*Grüneberg* BGB § 398 Rn. 40.

136 *v. Olshausen* ZIP 1998, 1093, 1098; inkonsequent dagegen *Hess*[2] § 81 Rn. 49, der aber immerhin von einem „dogmatischen Bruch gegenüber dem Grundsatz der Beweislast des Insolvenzverwalters" spricht.

137 *Hess*[2] § 81 Rn. 46 f.; Uhlenbruck/*Uhlenbruck*[13] § 81 Rn. 20.

138 Abl. auch BKInsO/*Blersch/v. Olshausen* § 81 Rn. 14; *v. Olshausen* ZIP 1998, 1093, 1098; aA Nerlich/Römermann/*Wittkowski/Kruth* § 81 Rn. 28.

139 Nerlich/Römermann/*Wittkowski/Kruth* § 81 Rn. 27; K. Schmidt/*Sternal*, § 81 Rn. 23; BKInsO/*Blersch/v. Olshausen* § 81 Rn. 14; KPB/*Lüke* § 81 Rn. 13; vgl. auch *v. Olshausen* ZIP 1998, 1093, 1097 ff.; zweifelnd *Häsemeyer,* Insolvenzrecht, Rn. 10.12 (dort in Fn. 30).

140 *v. Olshausen* ZIP 1998, 1093, 1098.

Raum. Für eine solche Begrenzung besteht auch keine sachliche Notwendigkeit. Unter Geltung des § 7 KO ging die hM davon aus, dass die von § 7 Abs. 1 KO angeordnete Unwirksamkeit durch den **Zweck der Vorschrift** begrenzt sei, den Bestand der Masse zu sichern.[141] Nach dieser Ansicht sollte die Unwirksamkeitsfolge dann nicht eintreten, wenn ausnahmsweise die Verwertung des restlichen Vermögens zur Befriedigung der Gläubiger ausreicht.[142] Im Anschluss an diese Auffassung wird teilweise eine entsprechende Einschränkung auch des § 81 angenommen.[143] Dies wäre jedoch mit der Stellung des Insolvenzverwalters und mit den Kompetenzen des Gläubigerausschusses nicht vereinbar.[144] Eine Heilung unwirksamer Verfügungen des Schuldners kann im Rahmen des Insolvenzverfahrens in entsprechender Anwendung des § 185 Abs. 1 Satz 1 BGB durch eine Genehmigung des Insolvenzverwalters erfolgen;[145] → Rn. 17.

17 **4. Genehmigung durch Insolvenzverwalter.** Unwirksame Verfügungen des Schuldners können durch Genehmigung des Insolvenzverwalters gem. § 185 Abs. 2 Satz 1, 1. Alt. BGB analog mit Wirkung ex tunc genehmigt werden.[146] Dies gilt auch für Prozesshandlungen,[147] nicht hingegen für einseitige Rechtsgeschäfte, was sich aus dem Rechtsgedanken der §§ 111 Satz 1, 180 Satz 1 BGB ergibt.[148] Die Genehmigung kann gem. § 182 Abs. 1 BGB sowohl gegenüber dem Schuldner als auch gegenüber dem Geschäftsgegner erfolgen.[149] Da der Insolvenzverwalter sich bei seiner Entscheidung über die Erteilung einer Genehmigung an den Gläubigerinteressen und dem Insolvenzzweck orientieren wird, wird diese in der Regel dahin auszulegen sein, dass nur der veräußerte Gegenstand, nicht etwa auch die Gegenleistung – die im Zweifel gerade zur Masse gezogen werden soll – freigegeben wird.[150]

18 **5. Konvaleszenz; Freigabe, Beendigung des Insolvenzverfahrens.** Die Unwirksamkeit von Verfügungen des Schuldners wird ferner – allerdings nur mit Wirkung ex nunc[151] – geheilt, wenn der Insolvenzverwalter den Verfügungsgegenstand freigibt oder das Verfahren **beendet** wird und seine Verwertung nicht zur Gläubigerbefriedigung erforderlich war.[152] Dies folgt zum einen daraus, dass die Unwirksamkeit nach Abs. 1 Satz 1 lediglich im Interesse der Insolvenzgläubiger angeordnet wird und deswegen von selbst mit dem Erlöschen dieser Interessengemeinschaft enden muss, lässt sich zum anderen aber auch auf eine analoge Anwendung des § 185 Abs. 2 Satz 1, 2. Alt. BGB stützen.[153] Die **Vorausabtretung künftiger, nach Verfahrenseröffnung entstehender Forderungen** erlangt infolge Konvaleszenz ihre Wirksamkeit zurück, wenn diese aus einer durch den Insolvenzverwalter freigegebenen selbstständigen Tätigkeit des Schuldners herrühren.[154] Wird der Eröffnungsbeschluss im Beschwerdeverfahren **aufgehoben,** so werden die inzwischen vorgenommenen Verfügungen des Schuldners rückwirkend voll wirksam.[155] Die Konvaleszenz ist auch

---

141 RGZ 157, 294, 295; *Kuhn/Uhlenbruck* KO § 7 Rn. 6a; *Kilger/K. Schmidt* KO § 7 Anm. 3 a; *Jaeger/Henkel,* KO⁹, § 7 Rn. 14.

142 KPB/*Lüke* § 81 Rn. 1.

143 Braun/*Kroth* § 81 Rn. 7; Nerlich/Römermann/*Wittkowski/Kruth* § 81 Rn. 12; KPB/*Lüke* § 81 Rn. 15.

144 Ebenso HKInsO/*Kayser* § 81 Rn. 30; K. Schmidt/*Sternal* § 81 Rn. 14; Uhlenbruck/*Mock* § 81 Rn. 29.

145 BKInsO/*Blersch/v. Olshausen* § 81 Rn. 10; Jaeger/*Windel* § 81 Rn. 22; *Landfermann,* Kölner Schrift, Rn. 7; *Köhn* ZInsO 2004, 641, 642; Uhlenbruck/*Uhlenbruck*[13] § 81 Rn. 12; wie hier HambKommInsO/*Kuleisa* § 81 Rn. 15.

146 AllgM, vgl. nur Braun/*Kroth* § 81 Rn. 8; K. Schmidt/*Sternal* § 81 Rn. 15; Nerlich/Römermann/*Wittkowski/Kruth* § 81 Rn. 15; KPB/*Lüke* § 81 Rn. 18; Jaeger/*Windel* § 81 Rn. 27; FKInsO/*App*[7] § 81 Rn. 16; HKInsO/*Kayser* § 81 Rn. 28; *Häsemeyer,* Insolvenzrecht, Rn. 10.11; *Hess*[2] § 81 Rn. 28; ebenso Begr. RegE, BT-Drs. 12/2443, S. 136; allgM auch unter Geltung des § 7 KO, vgl. nur *Jaeger/Henckel* KO § 7 Rn. 26; *Kilger/K. Schmidt* KO § 7 Anm. 4; aA (Wirkung ex nunc) Gottwald/*Eickmann,* InsO-HdB, § 31 Rn. 9.

147 KPB/*Lüke* § 81 Rn. 19; Jaeger/*Windel* § 81 Rn. 29.

148 Nerlich/Römermann/*Wittkowski* § 81 Rn. 15; KPB/*Lüke* § 81 Rn. 19; *Jaeger/Henckel* KO § 7 Rn. 27; HambKommInsO/*Kuleisa* § 80 Rn. 17; Uhlenbruck/*Uhlenbruck*[13] § 81 Rn. 12; aA für einseitige Rechtsgeschäfte mit Massebezug unter entsprechender Anwendung des § 180 S. 2 BGB Jaeger/*Windel* § 81 Rn. 28.

149 Nerlich/Römermann/*Wittkowski/Kruth* § 81 Rn. 15.

150 Nerlich/Römermann/*Wittkowski/Kruth* § 81 Rn. 15; Uhlenbruck/*Uhlenbruck*[13] § 81 Rn. 12.

151 BGHZ 166, 80 = NZI 2006, 224; FG Gotha EFG 2018, 1005 (Heilung unwirksamer Verfahrenshandlungen); Nerlich/Römermann/*Wittkowski/Kruth* § 81 Rn. 14; K. Schmidt/*Sternal* § 81 Rn. 16.

152 BGHZ 163, 32 = NJW 2005, 2015; BGHZ 166, 74 = NJW 2006, 1286; NZI 2013, 641; Gottwald/*Eickmann,* InsO-HdB, § 31 Rn. 12; K. Schmidt/*Sternal* § 81 Rn. 16; Nerlich/Römermann/*Wittkowski/Kruth* § 81 Rn. 14; KPB/*Lüke* § 81 Rn. 20; Jaeger/*Windel* § 81 Rn. 39; ebenso für das frühere Recht *Jaeger/Henckel* KO § 7 Rn. 29.

153 BGHZ 166, 74, 80 = NJW 2006, 1286; HKInsO/*Kayser* § 81 Rn. 28; Jaeger/*Windel* § 81 Rn. 30.

154 BGH NZI 2013, 641; aA *Heinze* DZWiR 2013, 385 ff.

155 *Hess*[2] § 81 Rn. 29; *Kilger/K. Schmidt* KO, § 7 Anm. 4; *Kuhn/Uhlenbruck* KO § 7 Rn. 7.

bei Verfügungen im Wege der Zwangsvollstreckung zur Begründung einer Zwangshypothek möglich, sofern die sonstigen Voraussetzungen noch bestehen, insbesondere die Zwangshypothek noch eingetragen ist.[156] Hat der Schuldner eine Verfügung unter der Bedingung der Beendigung des Insolvenzverfahrens vorgenommen, so ist diese – da eine reine Rechtsbedingung vorliegt – auch dann wirksam, wenn es sich um ein an sich bedingungsfeindliches Rechtsgeschäft handelt.[157] Ist auf diese Weise eine Sache übereignet worden, so verbleiben die vor Bedingungseintritt aus ihr gezogenen Früchte aber dem Schuldner, wenngleich dieser schuldrechtlich zur Übertragung an den Geschäftsgegner verpflichtet ist.[158]

III. Gutglaubensschutz, Abs. 1 Satz 2

1. Allgemeines. Der Schutz des Rechtsverkehrs in Bezug auf die fehlende Verfügungsbefugnis des Schuldners ist im Insolvenzfall stark eingeschränkt. Vorrang hat grundsätzlich der Schutz der Masse vor Verfügungen des Schuldners. Demgemäß ist nach Eröffnung des Insolvenzverfahrens ein gutgläubiger Erwerb massezugehöriger beweglicher Sachen, eines Rechts an einer solchen Sache sowie massezugehöriger Wertpapiere auf Grund von Verfügungen des Schuldners ausgeschlossen.[159] Eine Ausnahme gilt nur für die in Abs. 1 Satz 2 aufgeführten Rechte (→ Rn. 20) sowie für Finanzsicherheiten iSd Abs. 3 Satz 2; diese Ausnahmen sind abschließend zu verstehen.[160] Auch ein nach den dafür in Betracht kommenden Vorschriften wirksamer Rechtserwerb kraft guten Glaubens unterliegt gem. § 147 Abs. 1 der Insolvenzanfechtung unter den Voraussetzungen der §§ 130 ff.;[161] zu den Finanzsicherheiten → Rn. 41. 19

2. Grundstücke; sonstige eintragungspflichtige Rechte. Abs. 1 Satz 2 erklärt die §§ 892, 893 BGB, 16, 17 SchiffsRG sowie 16, 17 LuftfzRG für anwendbar. Grundsätzlich möglich ist damit auch nach Verfahrenseröffnung der gutgläubige Erwerb dinglicher Rechte an Grundstücken gem. § 892 Abs. 1 Satz 2 BGB sowie an eingetragenen Schiffen und Schiffsbauwerken gem. § 16 Abs. 1 Satz 2 SchiffsRG. Nicht eingetragene Schiffe werden als bewegliche Sachen behandelt (§§ 929, 929a BGB), so dass insoweit ein gutgläubiger Erwerb ausscheidet. Möglich bleibt er aber schließlich auch im Hinblick auf das Registerpfandrecht an Luftfahrzeugen oder ein Recht an einem solchen Registerpfandrecht gem. § 16 Abs. 1 Satz 2 LuftfzRG. Geschützt wird stets nur der rechtsgeschäftliche Erwerb, nicht der Erwerb im Wege der Zwangsvollstreckung.[162] 20

Gutglaubensschutz kann gem. §§ 893 BGB, § 17 SchiffsRG sowie § 17 LuftfzRG auch dann bestehen, wenn nach Verfahrenseröffnung auf Grund des eingetragenen Rechts an den Schuldner geleistet wird oder zwischen dem Schuldner und einem anderen in Ansehung des eingetragenen Rechts Rechtsgeschäfte vorgenommen werden, die eine Verfügung über dieses Recht enthalten, aber nicht unter § 892 BGB, § 16 SchiffsRG bzw. § 16 LuftfzRG fallen.[163] Als Beispiele für den ersten Fall sind Sachleistungen gem. § 1105 Abs. 1 BGB und Geldleistungen gem. §§ 1105 Abs. 1, 1113 Abs. 1, 1191 oder § 1199 Abs. 1 BGB zu nennen; Beispiele für den zweiten Fall stellen die Aufhebung gem. § 875 Abs. 1 Satz 1 BGB, die Inhaltsänderung gem. § 877 BGB sowie die Kündigung gem. §§ 1141 Abs. 1 Satz 1, 1193 Abs. 1 oder § 1202 Abs. 1 BGB dar. Da die §§ 892, 893 BGB gem. § 1138 BGB auch bei der Verkehrshypothek und gem. §§ 1155 Satz 1, 1192 Abs. 1, 1200 Abs. 1 BGB bei Briefgrundpfandrechten anwendbar sind, kann auch bei Verfügungen über diese Rechte der Ausnahmetatbestand des Abs. 1 Satz 2 eingreifen. 21

3. Eintragung. Voraussetzung des von den Gutglaubensvorschriften gewährten Schutzes ist stets, dass die Verfügungsbeschränkung weder im Grundbuch bzw. Register eingetragen noch dem Geschäftsgegner bekannt ist (§§ 892 Abs. 1 Satz 2 BGB, 16 Abs. 1 Satz 2 SchiffsRG, 16 Abs. 1 Satz 2 LuftfzRG). Insoweit schadet aber nur **positive Kenntnis,** selbst eine grob fahrlässige Verkennung 22

---

[156] BGHZ 166, 74, 80 = NJW 2006, 1286.

[157] *Jaeger/Henckel* KO § 7 Rn. 29; K. Schmidt/*Sternal* § 81 Rn. 16.

[158] *Jaeger/Henckel* KO § 7 Rn. 29.

[159] OLG Frankfurt ZInsO 2003, 713, 714; KPB/*Lüke* § 81 Rn. 24; Nerlich/Römermann/*Wittkowski/Kruth* § 81 Rn. 22; Jaeger/*Windel* § 81 Rn. 73; ebenso für das frühere Recht *Jaeger/Henckel* KO § 7 Rn. 65 ff.

[160] K. Schmidt/*Sternal* § 81 Rn. 17. Die von *Köhn* ZInsO 2004, 641, 643 ff. vorgeschlagene analoge Anwendung des § 16 Abs. 2 Satz 1 TEHG aF (= § 7 Abs. 4 nF) kommt daher nicht in Betracht; die Möglichkeit eines Erwerbs von Emissionsberechtigungen nach Verfahrenseröffnung ist nur de lege ferenda möglich.

[161] Nerlich/Römermann/*Wittkowski/Kruth* § 81 Rn. 16; Jaeger/*Windel* § 81 Rn. 50.

[162] BGHZ 64, 194, 196 f. = NJW 1975, 1282; Nerlich/Römermann/*Wittkowski/Kruth* § 81 Rn. 16; K. Schmidt/*Sternal* § 81 Rn. 17; *Häsemeyer,* Insolvenzrecht, Rn. 10.10; Jaeger/*Windel* § 81 Rn. 64.

[163] Vgl. dazu KPB/*Lüke* § 81 Rn. 23.

der tatsächlichen Rechtslage ist also unerheblich.[164] Maßgeblicher Zeitpunkt ist grundsätzlich die Vollendung des Rechtserwerbs;[165] ist aber für diesen die Eintragung erforderlich, so ist auf den Zeitpunkt der Stellung des Eintragungsantrags oder, wenn die Einigung erst später zustande kommt, auf deren Zeitpunkt abzustellen (§§ 892 Abs. 2 BGB, 16 Abs. 2 SchiffsRG, 16 Abs. 2 LuftfzRG).

23 Die praktische Bedeutung des Abs. 1 Satz 2 wird dadurch gemindert, dass die Eröffnung des Insolvenzverfahrens gem. §§ 32, 33 im Grundbuch, Schiffsregister, Schiffsbauregister und im Register für Pfandrechte an Luftfahrzeugen einzutragen ist. Ferner kann, sofern im Einzelfall tatsächlich die Voraussetzungen der für anwendbar erklärten Gutglaubensvorschriften vorliegen sollten und somit ein wirksamer Erwerb stattfindet, dieser anfechtbar sein (§ 147 Abs. 1; → Rn. 19). Streitig ist die Frage, ob schon die Eröffnung des Insolvenzverfahrens eine **Grundbuchsperre** in dem Sinne bewirkt, dass das Grundbuchamt einen Eintragungsantrag zurückweisen muss bzw. darf, wenn es zwar positive Kenntnis von der Verfahrenseröffnung hat, der Antrag auf deren Eintragung aber erst nach dem verbotswidrigen Antrag eingegangen ist. Nach einer (früher ganz herrschenden) Ansicht soll das Grundbuchamt in derartigen Fällen verpflichtet sein, die beantragte Eintragung zu verweigern.[166] Begründet wird dies mit dem Argument, dass das Grundbuchamt nicht „sehenden Auges" einen Rechtserwerb herbeiführen dürfe, von dem es wisse, dass er nur kraft guten Glaubens erfolgen kann.[167] Es habe vielmehr zu beachten, dass grundsätzlich nur der materiell Berechtigte zur Verfügung befugt ist und müsse daher – soweit verfahrensrechtlich möglich – sicherstellen, dass dieser nicht einen vom ihm ungewollten Rechtsverlust erleidet.[168] Dem kann nicht gefolgt werden. Das Grundbuchamt ist vielmehr verpflichtet, die Eintragung vorzunehmen, wenn die verfahrensmäßigen Voraussetzungen vorliegen und kein Eröffnungsvermerk eingetragen ist.[169] Dies folgt zum einen aus dem **Prioritätsprinzip** des § 17 GBO,[170] zum anderen aber auch daraus, dass der Gläubigerschutz nicht höher als der Schutz des gutgläubigen Erwerbers einzustufen ist.[171] Der Gläubiger muss nach der Stellung des Eintragungsantrags ohne Gefahr seine Gegenleistung erbringen können.[172] Es kann nicht Aufgabe des Grundbuchamts sein, den redlichen Erwerb entgegen § 892 BGB dadurch zu verhindern, dass es ein **gesetzwidriges Verfahren** einschlägt.[173] Das Allgemeininteresse an Rechtssicherheit geht dem Schutz der Insolvenzgläubiger vor.[174] Das Grundbuchamt darf sich in einem solchen Konflikt nicht zum Sachwalter der Interessen der Insolvenzgläubiger aufwerfen, sondern hat sich an die gesetzlichen Vorschriften zu halten, zu denen auch die Festlegung der Eintragungsreihenfolge gehört.[175]

24 **4. Sonstige Verfügungen.** Hat der Schuldner eine Sache freiwillig einem anderen übergeben und dieser sodann als Nichtberechtigter verfügt, so ist ein Erwerb des Dritten nach §§ 932 ff. BGB möglich, da Abs. 1 Satz 1 grundsätzlich nur bei Verfügungen des Schuldners eingreift[176] (→ Rn. 12). Dies gilt auch dann, wenn die Übergabe durch den Schuldner im Rahmen einer nach Abs. 1 Satz 1 unwirksamen Verfügung erfolgte.[177] Ein gutgläubiger Erwerb ist gem. § 935 BGB nur ausgeschlossen, wenn der Insolvenzverwalter die Sache bereits im Besitz hatte und diesen **unfreiwillig wieder**

---

164 Vgl. nur Nerlich/Römermann/*Wittkowski/Kruth* § 81 Rn. 20; K. Schmidt/*Sternal* § 81 Rn. 18; MüKoBGB/*Kohler* § 892 Rn. 47 mwN; Palandt/*Herrler* BGB § 892 Rn. 24; Uhlenbruck/*Mock* § 81 Rn. 33.

165 KPB/*Lüke* § 81 Rn. 22; K. Schmidt/*Sternal* § 81 Rn. 19; MüKoBGB/*Kohler* § 892 Rn. 53 f.; Palandt/*Herrler* BGB § 892 Rn. 26.

166 RGZ 71, 38, 41; OLG Karlsruhe NJW-RR 1998, 445, 446; BayObLG Rpfleger 2003, 573; BayObLGZ 1994, 66, 71 f.; OLG Dresden NotBZ 1999, 261; OLG Frankfurt Rpfleger 1991, 361, 362; OLG Schleswig FGPrax 2004, 264; KG NJW 1973, 56, 58; Palandt/*Bassenge* BGB[75] § 892 Rn. 1; RGRK-BGB/*Augustin* § 892 Rn. 125; *Demharter* GBO § 13 Rn. 12, § 19 Rn. 59; Nerlich/Römermann/*Wittkowski/Kruth* § 81 Rn. 18; *Jaeger/Henckel* KO § 7 Rn. 19.

167 BayObLGZ 1994, 66, 71 ff.; *Demharter* GBO § 13 Rn. 12, § 19 Rn. 59.

168 OLG Karlsruhe NJW-RR 1998, 445, 446.

169 Staudinger/*Gursky* BGB § 892 Rn. 203, 236 mwN; Palandt/*Herrler* BGB § 892 Rn. 1; MüKoBGB/*Kohler* § 892 Rn. 67; BKInsO/*Blersch/v. Olshausen* § 81 Rn. 11; FKInsO/*App*[7] § 81 Rn. 18; K. Schmidt/*Sternal* § 81 Rn. 20; Jaeger/*Windel* § 81 Rn. 19; Uhlenbruck/*Mock* § 81 Rn. 35; *Oepen/Rettmann* KTS 1995, 609, 624; *Lenenbach* NJW 1999, 923 ff.; *Bork,* Insolvenzrecht, Rn. 142 mwN auch zur Gegenansicht.

170 BKInsO/*Blersch/v. Olshausen* § 81 Rn. 11; *Bork,* Insolvenzrecht, Rn. 142; HambKommInsO/*Kuleisa* § 81 Rn. 20; FKInsO/*Wimmer/Amend* § 81 Rn. 37.

171 Uhlenbruck/*Uhlenbruck*[13] § 81 Rn. 14; Jaeger/*Windel* § 81 Rn. 65.

172 Staudinger/*Gursky* BGB § 892 Rn. 203.

173 MüKoBGB/*Kohler* § 892 Rn. 68.

174 MüKoBGB/*Kohler* § 892 Rn. 68; Jaeger/*Windel* § 81 Rn. 65.

175 MüKoBGB/*Kohler* § 892 Rn. 68.

176 Nerlich/Römermann/*Wittkowski/Kruth* § 81 Rn. 22; FKInsO/*App*[7] § 81 Rn. 42; Jaeger/*Windel* § 81 Rn. 76.

177 KPB/*Lüke* § 81 Rn. 24; FKInsO/*App*[7] § 81 Rn. 43; Jaeger/*Windel* § 81 Rn. 76.

verloren hat.[178] Möglich ist ein gutgläubiger Erwerb nach §§ 932 ff. BGB ferner, wenn der Schuldner eine ihm nicht gehörende bewegliche Sache veräußert, da eine solche nicht Massebestandteil ist und die Masse deshalb nicht nach § 81 Abs. 1 Satz 1 geschützt werden muss.[179] Streitig ist allerdings, ob ein gutgläubiger Erwerb in einem solchen Fall auch möglich ist, wenn der Geschäftsgegner von der Verfahrenseröffnung weiß. Dagegen wird angeführt, der gute Glaube müsse sich nicht nur auf das Eigentum des Veräußerers, sondern auch auf die Möglichkeit beziehen, dieses rechtsgeschäftlich erwerben zu können.[180] Wenn der Erwerber aber über die Verfahrenseröffnung informiert sei, stehe seiner Vorstellung nach § 81 Abs. 1 Satz 1 einem Rechtserwerb entgegen.[181] Indessen soll das Verfügungsverbot nach § 81 Abs. 1 Satz 1 nur die Insolvenzgläubiger, nicht aber den Eigentümer einer massefremden Sache schützen.[182]

IV. Erstattung der Gegenleistung, Abs. 1 Satz 3

Hat der Geschäftsgegner für eine nach Abs. 1 Satz 1 unwirksame Verfügung des Schuldners eine Gegenleistung erbracht, so kann er diese nach **Bereicherungsgrundsätzen** (§§ 812 ff. BGB) zurückverlangen. Inhalt und Umfang dieses Anspruchs richten sich nach den §§ 818, 819 BGB, so dass er ggf. nach § 818 Abs. 2 BGB nur auf Wertersatz gerichtet oder sogar – bei Entreicherung der Masse – nach § 818 Abs. 3 BGB ganz ausgeschlossen sein kann. Sofern hiernach ein Anspruch besteht, stellt dieser gem. § 55 Abs. 1 Nr. 3 eine Masseverbindlichkeit dar.[183] 25

Probleme bereitet der Fall, dass die zurückzugewährende Gegenleistung in der Aufgabe einer gesicherten Forderung bestand. Weil ein nur auf Wiederherstellung der Forderung gerichteter Bereicherungsanspruch dem Geschäftsgegner insofern keinen hinreichenden Schutz bieten würde, als hiermit kein Wiederaufleben der **akzessorischen Sicherungsrechte** verbunden wäre, sieht die ganz hM die ursprüngliche Forderung als fortbestehend an.[184] Diese Konstruktion lässt sich damit begründen, dass die Fortdauer der unwirksam erfüllten Schuld die Kehrseite der fortdauernden Massezugehörigkeit des Erfüllungsgegenstandes darstellt.[185] 26

V. Verfügungen über künftige Forderungen, Abs. 2

1. Erstreckung der Unwirksamkeit. Abs. 2 erstreckt die von Abs. 1 Satz 1 angeordnete Unwirksamkeit auch auf Verfügungen über bestimmte künftige, die Zeit nach Beendigung des Insolvenzverfahrens betreffende Forderungen (zu Sinn und Zweck der Regelung → Rn. 1). Betroffen sind Forderungen auf Bezüge aus einem Dienstverhältnis des Schuldners oder an deren Stelle tretende laufende Bezüge.[186] Der Begriff der „Bezüge" soll nach dem Willen des Gesetzgebers in einem sehr weiten Sinne zu verstehen sein: Erfasst sein sollen sämtliche Arbeitseinkommen iSd § 850 ZPO,[187] insbesondere aber auch Renten und sonstige laufende Geldleistungen der Träger der Sozialversicherung und der Bundesanstalt für Arbeit im Falle des Ruhestandes, der Erwerbsunfähigkeit oder der Arbeitslosigkeit sowie das Arbeitsentgelt von Strafgefangenen nach § 43 StVollzG.[188] Letzteres kann vor allem bedeutsam werden, wenn der Schuldner im Anschluss an die Eröffnung des Insolvenzverfahrens wegen eines Insolvenzdelikts zu einer Freiheitsstrafe verurteilt wird.[189] Aus dem Charakter der erfassten Bezüge folgt, dass sich Abs. 2 nur auf Forderungen **natürlicher Perso-** 27

---

178 Gottwald/*Eickmann*, InsO-HdB, § 31 Rn. 12; Nerlich/Römermann/*Wittkowski/Kruth* § 81 Rn. 22; Jaeger/*Windel* § 81 Rn. 77.

179 KPB/*Lüke* § 81 Rn. 24; Jaeger/*Windel* § 81 Rn. 78.

180 *Kuhn/Uhlenbruck* KO § 7 Rn. 16 zum Parallelproblem unter Geltung des § 7 KO.

181 Uhlenbruck/*Uhlenbruck*[13] § 81 Rn. 16.

182 BGH WM 1969, 175, 176; *Gundlach* DZWiR 1999, 363, 366; KPB/*Lüke* § 81 Rn. 24; Jaeger/*Windel* § 81 Rn. 78; BKInsO/*Blersch/v. Olshausen* § 81 Rn. 9.

183 Braun/*Kroth* § 81 Rn. 11; K. Schmidt/*Sternal* § 81 Rn. 21; *Hess*[2] § 81 Rn. 39; KPB/*Lüke* § 81 Rn. 26; Uhlenbruck/*Uhlenbruck*[13] § 81 Rn. 18; BKInsO/*Blersch/v. Olshausen* § 81 Rn. 12.

184 Nerlich/Römermann/*Wittkowski/Kruth* § 81 Rn. 24; HKInsO/*Kayser* § 81 Rn. 46; Jaeger/*Windel* § 81 Rn. 55; *Jaeger/Henckel* KO § 7 Rn. 47; *Kilger/K. Schmidt* KO § 7 Anm. 3b; HambKommInsO/*Kuleisa* § 81 Rn. 21; aA FKInsO/*App*[7] § 81 Rn. 29.

185 Jaeger/*Windel* § 81 Rn. 55; *Jaeger/Henckel* KO § 7 Rn. 47; Nerlich/Römermann/*Wittkowski/Kruth* § 81 Rn. 24.

186 Erfasst ist auch eine anlässlich der Beendigung des Arbeitsvertrags gezahlte Abfindung, vgl. BGH NZI 2010, 564 f.; *Mohrbutter* WuB VI A § 114 InsO 1.10.

187 Zur Pfändbarkeit der Beiträge einer Direktversicherung s. BAG NJW 2009, 167 ff.; LAG München ZInsO 2008, 760.

188 Begr. RegE BT-Drs. 12/2443, S. 136.

189 FKInsO/*App*[7] § 81 Rn. 45.

nen beziehen kann.[190] Soweit diese im Einzelfall nach den Bestimmungen der ZPO oder spezialgesetzlichen Regelungen nicht pfändbar sind, kann die Vorschrift nicht eingreifen.[191]

28 **2. Teleologische Reduktion?** Angesichts des Zwecks der Vorschrift, die Verwertbarkeit der mit einem Verfügungsverbot belegten Forderungen im Rahmen einer **Restschuldbefreiung** oder eines **Insolvenzplanes** sicherzustellen, erscheint es erwägenswert, ihre Anwendung vom tatsächlichen Vorliegen eines Antrags auf Restschuldbefreiung nach § 287 Abs. 1 bzw. eines Insolvenzplanes nach § 217 abhängig zu machen.[192] Mit dem Wortlaut der Norm wäre eine solche Beschränkung jedoch nicht vereinbar.[193] Dagegen spricht auch, dass dadurch die Frage der Wirksamkeit oder Unwirksamkeit von Abtretungen von Umständen abhängig gemacht würde, deren Eintritt oder Nichteintritt – wie im Falle des Insolvenzplans – möglicherweise längere Zeit offen bleibt.

VI. Verfügungen über Finanzsicherheiten, Abs. 3 Satz 2

29 **1. Sonderregelung für Finanzsicherheiten.** Die Bestimmung des Abs. 3 Satz 2 erklärt Verfügungen über Finanzsicherheiten, die zwar nach, aber noch am Tag der Verfahrenseröffnung getroffen wurden, trotz der fehlenden Verfügungsmacht des Schuldners (§ 80) für wirksam. Diese Regelung stellt eine Ausnahme innerhalb der Systematik der §§ 81, 80 dar, weil sie den **guten Glauben an die Verfügungsbefugnis** des Schuldners beim Erwerb von Rechten zu Lasten der Masse schützt; zu Abs. 1 Satz 2 → Rn. 19–24. Hintergrund dieser Sonderregelung ist das mit der sog. Finanzsicherheiten-Richtlinie (→ Rn. 2a) verfolgte Ziel, den freien Dienstleistungs- und Kapitalverkehr im Finanzbinnenmarkt zu fördern und zur Stabilität des Finanzsystems in der Gemeinschaft und zur höheren Kostenwirksamkeit des Finanzmarkts beizutragen.[194] Hinsichtlich der Wirksamkeit von Verfügungen des Schuldners sieht die Richtlinie zum einen das Verbot einer **„Null-Uhr-Regelung"** vor, wonach die Verfahrenseröffnung nicht rückwirkend zu einer Entwertung der Sicherheitenbestellung führen darf (Art. 8 Abs. 1); einer Umsetzung bedurfte es insoweit nicht, weil das nationale Recht dem bereits entsprach.[195] Darüber hinaus fordert die Richtlinie, dass **Verfügungen bis zum Ablauf des Eröffnungstages** als „rechtlich verbindlich und absolut wirksam" behandelt werden müssen, wenn der Sicherungsnehmer nachweisen kann, dass er von der Verfahrenseröffnung keine Kenntnis hatte und auch nicht haben konnte (Art. 8 Abs. 2). Hierdurch wird bei der Bestellung von Finanzsicherheiten zugunsten der Stabilisierung des europäischen Finanzmarktes eine klare, nämlich vom Zeitpunkt der tatsächlichen Verfahrenseröffnung unabhängige absolute zeitliche Grenze für die Wirksamkeit von Verfügungshandlungen des Schuldners gezogen. Dem entspricht die Neuregelung des Abs. 3 Satz 2.

30 Die **praktische Bedeutung** des Abs. 3 Satz 2 dürfte freilich eher gering bleiben. Unabhängig von dem ohnehin engen persönlichen und sachlichen Anwendungsbereich des § 1 Abs. 17 KWG (→ Rn. 32–34) folgt dies bereits daraus, dass der Zeitraum zwischen der Verfahrenseröffnung und dem Ablauf des Eröffnungstages allenfalls wenige Stunden betrifft.[196] In den allermeisten Fällen wird die Übertragung der Sicherheit daher entweder wirksam (wenn auch anfechtbar) noch vor der Verfahrenseröffnung oder aber unwirksam (§§ 80, 81 Abs. 1 Satz 1) nach Ablauf des Eröffnungstages erfolgen. Praktisch relevant werden könnte Abs. 3 Satz 2 allenfalls für den eher zufälligen Fall, dass die noch vor der Verfahrenseröffnung erfolgte Übertragung der Sicherheit erst nach der Verfahrenseröffnung, aber noch vor dem Ablauf des Eröffnungstages vollwirksam wird (→ Rn. 36 f.). Tritt der Schuldner erst nach Eröffnung des Verfahrens mit dem Wunsch an den Sicherungsnehmer heran, noch vorhandene Sicherheiten auf diesen zu übertragen, ist kaum vorstellbar, dass bis zum Ablauf des Eröffnungstages wirksam über noch vorhandenes Vermögen verfügt werden kann, ohne dass bei dem Sicherungsnehmer die Voraussetzungen zumindest einer fahrlässigen Unkenntnis der Verfahrenseröffnung vorliegen; weiter hierzu u. Rn. 39.

31 **2. Verfügung über Finanzsicherheiten.** Abs. 3 Satz 2 gilt nur für Verfügungen über Finanzsicherheiten iSd § 1 Abs. 17 KWG. Zum Begriff der Verfügung → Rn. 3–6. Auf andere als die in § 1 Abs. 17 KWG genannten Sicherungsgeschäfte findet Abs. 3 Satz 2 keine Anwendung.[197] Im

---

[190] KPB/*Lüke* § 81 Rn. 29; Jaeger/*Windel* § 81 Rn. 80; K. Schmidt/*Sternal* § 81 Rn. 22.
[191] KPB/*Lüke* § 81 Rn. 28.
[192] KPB/*Lüke* § 81 Rn. 29; vgl. a. Jaeger/*Windel* § 81 Rn. 79.
[193] Ebenso K. Schmidt/*Sternal* § 81 Rn. 22.
[194] Erwägungsgrund 3 der Richtlinie 2002/47/EG; *Kieper* ZInsO 2003, 1109 f., 1111; *Wimmer* ZIP 2003, 1563.
[195] *Wimmer* ZIP 2003, 1563.
[196] KPB/*Lüke* § 81 Rn. 13c; K. Schmidt/*Sternal*, § 81 Rn. 24.
[197] *Kieper* ZInsO 2003, 1109, 1111; *Obermüller/Hartenfels* BKR 2004, 440, 445, 446.

Hinblick auf den von der Richtlinie 2002/47/EG vorgegebenen engen Regelungszweck (→ Rn. 29) scheidet auch eine analoge Anwendung von vornherein aus.

32 **a) Persönlicher Anwendungsbereich.** Sowohl der Sicherungsgeber als auch der Sicherungsnehmer müssen einer der in Art. 1 Abs. 2 lit. a bis e der Richtlinie 2002/47/EG genannten Personenkreise angehören. Keine Anwendung findet § 1 Abs. 17 KWG daher grundsätzlich, wenn und soweit eine natürliche Person beteiligt ist;[198] ferner scheiden Sicherungsgeschäfte aus, an denen *ausschließlich* die in Art. 1 Abs. 2 lit. e der Richtlinie 2002/47/EG genannten Personen oder Gesellschaften (juristische Personen des Privatrechts, Einzelkaufleute, Personengesellschaften) beteiligt sind (§ 1 Abs. 17 Satz 1 KWG).[199] Wenn ein Vertragspartner eine juristische Person, Einzelkaufmann oder Personengesellschaft ist, gilt die Sonderregelung des § 81 Abs. 3 Satz 2 entsprechend dem konkret verfolgten Sicherungszweck nur für Verträge über Finanzinstrumente und Pensionsgeschäfte uÄ oder Darlehen hierfür.[200]

33 **b) Sachlicher Anwendungsbereich.** Taugliche **Sicherungsgegenstände** sind gem. § 1 Abs. 17 Satz 1 KWG ausschließlich Barguthaben, Wertpapiere (§ 1 Abs. 11 Satz 2 KWG), Geldmarktinstrumente (§ 1 Abs. 11 Satz 3 KWG) sowie sonstige Schuldscheindarlehen[201] einschließlich jeglicher damit in Zusammenhang stehender Rechte oder Ansprüche. Nicht hierunter fallen mobile oder immobile Gegenstände des Anlage- und Umlaufvermögens, wie etwa Warenlager, Betriebsgrundstücke, Maschinen, Rohstoffe oder Lieferantenforderungen.[202] Auch GmbH-Anteile[203] und nicht auf dem Kapitalmarkt gehandelte Aktien[204] fallen nicht hierunter. Weitere **Einschränkungen** enthält das Gesetz für den Fall, dass es sich bei dem Sicherungs*geber* um eine der in Art. 1 Abs. 2 lit. e der Richtlinie 2002/47/EG genannten Personen oder Gesellschaften handelt. Hier kommen eigene Anteile des Sicherungsgebers oder Anteile an verbundenen Unternehmen (§ 290 Abs. 2 HGB) als Sicherungsgegenstände für eine Finanzsicherheit nicht in Betracht (§ 1 Abs. 17 Satz 3 KWG).

34 Die Finanzsicherheiten müssen auf Grund einer **Sicherungsvereinbarung** in Form eines beschränkten dinglichen Sicherungsrechts (Verpfändung[205]) oder im Wege der Vollrechtsübertragung (Sicherungsübereignung, Sicherungszession[206]) als Sicherheit bereitgestellt werden. Hinsichtlich des **Sicherungszwecks** enthält das Gesetz eine Einschränkung ausdrücklich nur für den Fall, dass es sich bei dem Sicherungs*geber* um eine der in Art. 1 Abs. 2 lit. e der Richtlinie 2002/47/EG genannten Personen oder Gesellschaften handelt. Die besicherte Verbindlichkeit muss dann gem. § 1 Abs. 17 Satz 2 KWG im Zusammenhang mit Finanzinstrumenten einschließlich Termingeschäften iSd § 1 Abs. 17 Satz 3 KWG stehen. Keine Finanzsicherheit liegt daher zB bei der Besicherung eines Betriebsmittelkredits vor. Ob diese Beschränkung auch für den **Interbankenverkehr** gilt, ist fraglich. Aus dem Umstand, dass der Gesetzgeber den Sicherungszweck ausdrücklich nur für die in Art. 1 Abs. 2 lit. e der Richtlinie 2002/47/EG genannten Personen und Gesellschaften begrenzt hat, wird zum Teil der Schluss gezogen, dass dies für den Interbankenverkehr nicht gelten solle.[207] Allerdings ist diese Frage nicht Gegenstand des Gesetzgebungsverfahrens gewesen.[208] Die mit den Änderungen des Rechtsausschusses[209] am 12.2.2004 verabschiedete Neufassung des § 1 Abs. 17 KWG ist vor allem auf Grund der heftigen Kritik erfolgt, die von Seiten der Insolvenzverwalter an dem Gesetzes-

---

198 K. Schmidt/*Sternal* § 81 Rn. 24. Zum persönlichen Anwendungsbereich der Richtlinie *Kieper* ZInsO 2003, 1109, 1110 f.; unter Verkennung des Wortlauts von Art. 1 Abs. 2 lit. e der Richtlinie 2002/47/EG auch natürliche Personen einbeziehend KPB/*Lüke* § 81 Rn. 13a.

199 *Kieper* ZInsO 2003, 1109, 1111, 1115; BankenKommInsO/*Ampferl* § 81 Rn. 20; K. Schmidt/*Sternal* § 81 Rn. 24.

200 Nerlich/Römermann/*Wittkowski/Kruth* § 81 Rn. 30; Jaeger/*Windel* § 81 Rn. 45 (situativ-instrumentelles Kriterium).

201 Zu der hiermit erfolgten Umsetzung des Begriffs der Finanzinstrumente gem. Art. 2 Abs. 1 lit. e der Richtlinie 2002/47/EG, *Kollmann* WM 2004, 1012, 1015 f.; ferner BT-Drs. 15/2485, S. 29.

202 *Kieper* ZInsO 2003, 1109, 1111, 1116; *Meyer/Rein* NZI 2004, 367, 368; *Obermüller* ZInsO 2004, 187, 188, 189; *Obermüller/Hartenfels* BKR 2004, 440, 442; *Zypries* ZIP 2004, 51.

203 *Kieper* ZInsO 2003, 1109, 1111; *Meyer/Rein* NZI 2004, 367, 368; *Obermüller/Hartenfels* BKR 2004, 440, 442; *Wimmer* ZInsO 2004 1, 2.

204 *Flöther/Bräuer* DZWiR 2004, 89, 91; *Kieper* ZInsO 2003, 1109, 1111 unter Hinweis auf BT-Drs. 15/1853, S. 54; aA *Obermüller/Hartenfels* BKR 2004, 440, 442.

205 *Obermüller/Hartenfels* BKR 2004, 440, 443.

206 *Obermüller/Hartenfels* BKR 2004, 440, 442.

207 So *Obermüller/Hartenfels* BKR 2004, 440, 444; ohne nähere Diskussion auch *Primozic/Voll* NZI 2004, 363, 367.

208 Hierauf hinweisend auch *Obermüller/Hartenfels* BKR 2004, 440, 444.

209 Hierzu BT-Drs. 15/2485.

entwurf der Bundesregierung vom 15.8.2003[210] wegen der Nichtausübung der sog. opt-out-Lösung für die in Art. 1 Abs. 2 lit. e der Richtlinie 2002/47/EG genannten Personenkreise geübt wurde[211] und sich im Anschluss hieran auch in der Stellungnahme des Bundesrats vom 17.10.2003[212] wiederfand. Im Schrifttum wurden diese Bedenken insbesondere von *Ehricke*[213] und *Kieper*[214] unter Hinweis auf die „maßgeblichen Verbindlichkeiten" iSd Art. 2 Abs. 1 lit. f der Richtlinie 2002/47/EG mit dem Argument relativiert, dass schon die Finanzsicherheiten-Richtlinie ihrer Systematik und ihrem Regelungsziel[215] nach nur die Besicherung von Verbindlichkeiten im Zusammenhang mit Finanzinstrumenten erfasse. Folgt man dem, ergäbe sich eine entsprechende Beschränkung des Sicherungszwecks auch für den Interbankenverkehr auf Grund einer richtlinienkonformen Auslegung des nationalen Rechts.[216] Für die in Art. 1 Abs. 2 lit. e der Richtlinie 2002/47/EG genannten Personenkreise hätte § 1 Abs. 17 Satz 2 KWG in diesem Fall lediglich eine klarstellende Funktion.[217] Die Gegenauffassung[218] entnimmt der Richtlinie keine dahingehende Beschränkung des Sicherungszwecks und versteht die ausdrückliche Beschränkung durch § 1 Abs. 17 Satz 2 KWG als Ausübung einer „Teil-opt-out-Möglichkeit"; für den Interbankenverkehr ergäbe sich dann in der Tat weder aus der Richtlinie noch aus dem nationalen Recht eine entsprechende Beschränkung.[219] Praktisch relevant wird diese Frage wohl kaum werden, weil im Interbankenverkehr ohnehin nur die in § 1 Abs. 17 Satz 2 KWG genannten Sicherungsgeschäfte vorkommen.[220]

35 **3. Zeitpunkt der Verfügung.** Die Verfügung muss „am Tag der Eröffnung erfolgt" sein. Dies bedeutet, dass der Schuldner nach Eröffnung des Insolvenzverfahrens und bis zum Ablauf des Eröffnungstages (also nicht: innerhalb von 24 Stunden seit der Eröffnung) vollwirksam über die Sicherheit verfügt haben muss (→ Rn. 9). Die **Darlegungs-** und **Beweislast** dafür, dass die Verfügung bis zum Ablauf des Eröffnungstages erfolgt ist, trägt nach den allgemeinen Grundsätzen der Gläubiger, der sich auf Abs. 3 Satz 2 beruft.

36 **a) Verfügungen bis zum Ablauf des Eröffnungstages.** Von Abs. 3 Satz 2 erfasst werden Verfügungen, die der Schuldner nach Eröffnung des Insolvenzverfahrens bis zum Ablauf des Eröffnungstages vollwirksam vornimmt. Maßgeblich ist auch hier, ob bis zum Ablauf des Eröffnungstages sämtliche Wirksamkeitsvoraussetzungen vorliegen (→ Rn. 9). Die Regelung des Abs. 3 Satz 2 ist daher auch dann anwendbar, wenn der Schuldner vor der Verfahrenseröffnung eine Verfügungshandlung vorgenommen hat, die der Sicherungsnehmer erst nach der Verfahrenseröffnung, jedoch noch bis zum Ablauf des Eröffnungstages annimmt. Auch in diesem Fall erfolgt eine Verfügung „am Tag der Eröffnung". Maßgeblich ist, ob der **Verfügungserfolg** bis zum Ablauf des Eröffnungstages eingetreten ist oder nicht.

37 Haben Schuldner und Sicherungsnehmer zwar vor Ablauf des Eröffnungstages sämtliche Verfügungshandlungen über eine Finanzsicherheit vorgenommen, hängt die Wirksamkeit der Verfügung jedoch noch von **anderen Voraussetzungen** ab, kann nach hM ein Rechtserwerb des Sicherungsnehmers zwar nicht an § 81 Abs. 1 Satz 1, wohl aber an § 91 Abs. 1 scheitern (→ Rn. 9). Dies kann für Finanzsicherheiten allerdings nur dann gelten, wenn die noch fehlende Wirksamkeitsvoraussetzung erst *nach* Ablauf des Eröffnungstages eintritt. Tritt sie noch *vor* Ablauf des Eröffnungstages ein, müsste die hM **§ 81 Abs. 3 Satz 2 analog** anwenden. Denn Art. 8 Abs. 2 der Richtlinie 2002/47/EG schreibt vor, dass das nationale Recht die Besicherung einer Verbindlichkeit, die am Tag der Eröffnung erfolgt, als rechtlich verbindlich und absolut wirksam ansehen muss. Dem stünde eine

[210] BR-Drs. 563/03; abgedr. in ZIP 2003, 1563; hierzu *Sabel* ZIP 2003, 781 ff.; *Stephan* ZVI 2003, 145 ff.; *Vallender* NJW 2003, 3605 f.

[211] Hierzu *Hölzle* ZIP 2003, 2144, 2148.

[212] BR-Drs. 563/03, S. 7 ff.

[213] *Ehricke* ZIP 2003, 2141, 2142 ff.; ebenso *Flöther/Bräuer* DZWir 2004, 89, 91; *Zypries* ZIP 2004, 51; grds. ebenso, für den Interbankenverkehr dagegen offen lassend *Wimmer* ZInsO 2004, 1, 2 f.

[214] *Kieper* ZInsO 2003, 1109, 1111 f., 1116; *Kieper,* Abwicklungssysteme in der Insolvenz, § 6 IV 3 a.

[215] S. dazu, dass der Begriff „Recht auf Barzahlung" in Art. 2 Abs. 1 lit. f der Richtlinie 2002/47/EG seinem Wortlaut nach auch den Rückzahlungsanspruch aus einem üblichen Gelddarlehen gem. § 488 Abs. 1 Satz 2 BGB erfasst, *Ehricke* ZIP 2003, 2141, 2142 f.; *Kieper* ZInsO 2003, 1109, 1111; *Wimmer* ZInsO 2004, 1, 2.

[216] S. hierzu *Ehricke* ZIP 2003, 2141, 2142 mwN (Bindung des nationalen Gesetzgebers an das Richtlinienziel auch bei einer „überschießenden" Umsetzung der Richtlinie).

[217] In diesem Sinne *Wimmer* ZInsO 2004, 1, 2 f.; *Zypries* ZIP 2004, 51.

[218] *Kollmann* WM 2004, 1012, 1013, 1014 ff.

[219] Die Gesetzgebungsmaterialien sind insoweit unergiebig; in der Beschlussempfehlung und dem Bericht des Rechtsausschusses vom 11.2.2004 (BT-Drs. 15/2485, S. 29) ist die Frage, ob schon die Finanzsicherheiten-Richtlinie eine entsprechende Beschränkung des Sicherungszwecks enthält, nicht Gegenstand der Beratungen gewesen.

[220] *Obermüller/Hartenfels* BKR 2004, 440, 444.

Anwendung des § 91 Abs. 1 entgegen, wenn die noch fehlende Wirksamkeitsvoraussetzung noch vor Ablauf des Eröffnungstages eintritt. Andernfalls ist der Rechtserwerb noch nicht vollwirksam und daher auch eine „Besicherung" nicht am Tag der Eröffnung erfolgt. In diesem Fall bleibt nach der hM § 91 Abs. 1 anwendbar. Nach der hier vertretenen Auffassung (→ Rn. 9) ist die Verfügung über eine Finanzsicherheit dagegen gem. § 81 Abs. 1 Satz 1 unwirksam, wenn bis zum Ablauf des Eröffnungstages der Verfügungserfolg nicht eingetreten ist. Andernfalls ist die Verfügung unter den Voraussetzungen des § 81 Abs. 3 Satz 2 wirksam. Für § 91 ist auch hier kein Raum.

b) Verfügungen nach Ablauf des Eröffnungstages. Keine Anwendung findet Abs. 3 Satz 2 zunächst dann, wenn der Verfügungserfolg erst nach Ablauf des Eröffnungstages eintritt. Ebenfalls nicht nach Abs. 3 Satz 2 wirksam ist daher eine Verfügung, wenn der Schuldner zwar eine Verfügungshandlung noch vor Ablauf des Eröffnungstages vorgenommen, diese aber von dem anderen Teil erst nach dessen Ablauf angenommen wurde. Die Verfügung ist in den genannten Fällen jeweils nicht „am Tag der Eröffnung" erfolgt und daher gem. § 81 Abs. 1 Satz 1 unwirksam. Tritt eine für die Herbeiführung des Verfügungserfolgs noch fehlende Wirksamkeitsvoraussetzung erst nach Ablauf des Eröffnungstages ein, scheitert ein Rechtserwerb an § 81 Abs. 1 Satz 1, nach hM an § 91 Abs. 1 (→ Rn. 9). 38

4. Gutglaubensschutz des Sicherungsnehmers. Die Verfügung über eine Finanzsicherheit ist nur dann wirksam, wenn der Sicherungsnehmer nachweist, dass er die Eröffnung des Verfahrens und damit die fehlende Verfügungsbefugnis des Schuldners weder kannte noch kennen musste (§ 122 Abs. 2 BGB). Kenntnis von der Zahlungsunfähigkeit oder des Eröffnungsantrags stehen der Kenntnis von der Verfahrenseröffnung nicht gleich,[221] begründen aber regelmäßig eine fahrlässige Unkenntnis von der Verfahrenseröffnung. Ferner wird der Sicherungsnehmer häufig schon im Rahmen der Bonitätsprüfung Kenntnis von der Krise des Schuldners erlangen; in diesem Fall muss der Sicherungsnehmer damit rechnen, dass ein Insolvenzverfahren eröffnet worden ist und entsprechende Erkundigungen einholen, insbesondere bei dem für den Schuldner zuständigen Insolvenzgericht. Von Banken und anderen branchenkundigen Unternehmen wird man darüber hinaus generell die Nutzung sämtlicher Informationsquellen, auch Veröffentlichungen im Internet, erwarten können;[222] zur Wissenszurechnung → § 82 Rn. 14. Der Sicherungsnehmer kommt seiner **Darlegungslast** daher nur nach, wenn er substantiiert zu einer fehlenden Möglichkeit der Kenntnisnahme von der Verfahrenseröffnung vorträgt. Die **Beweislast** für die fehlende Kenntnis bzw. fahrlässige Unkenntnis von der Verfahrenseröffnung trägt stets der Sicherungsnehmer, Abs. 3 Satz 2 aE. Gefordert ist ein Vollbeweis; → § 82 Rn. 15. Da das Gesetz die Beweislast dem Sicherungsnehmer zuweist, kommt auch eine **analoge Anwendung** des § 82 Satz 2 nicht in Betracht.[223] Darüber hinaus betrifft diese Regelung lediglich die Vermutung einer fehlenden positiven Kenntnis von der Verfahrenseröffnung; eine Vermutung auch der fehlenden fahrlässigen Unkenntnis wäre daher von vornherein ausgeschlossen und angesichts der für den Sicherungsnehmer bestehenden Möglichkeiten einer Kenntniserlangung auch sachlich nicht gerechtfertigt. 39

Die Gutgläubigkeit des Sicherungsnehmers muss im Zeitpunkt der vollwirksamen Bestellung der Finanzsicherheit vorgelegen haben.[224] Nach diesem Zeitpunkt eintretende Kenntnis oder fahrlässige Unkenntnis ist unschädlich. 40

5. Rechtsfolge. Die Regelung des Abs. 3 Satz 2 schützt ausnahmsweise den guten Glauben des Erwerbers in den Fortbestand der Verfügungsbefugnis des Schuldners. Bei Gutgläubigkeit des Sicherungsnehmers ist die Verfügung wie bei einer Vornahme durch den verfügungsberechtigten Schuldner wirksam. Anders als Abs. 3 Satz 1 begründet die Regelung daher nicht lediglich eine gesetzliche Vermutung hinsichtlich des Verfügungszeitpunktes. Ob der Rechtserwerb des Sicherungsnehmers endgültig ist, hängt davon ab, ob die Voraussetzungen einer Insolvenzanfechtung vorliegen, denn die §§ 129–147 bleiben von § 81 Abs. 3 Satz 2 unberührt. Für Finanzsicherheiten gelten auch insoweit allerdings Spezialregelungen (§§ 130 Abs. 1 Satz 2, 147 Abs. 1). 41

Da Abs. 3 Satz 2 auf andere als die in § 1 Abs. 17 KWG genannten Sicherungsgeschäfte keine Anwendung findet (→ Rn. 31), verbleibt es für diese bei der Unwirksamkeitsfolge des Abs. 1 Satz 1. Hat der Schuldner einem Sicherungsnehmer mehrere Gegenstände zur Sicherheit übertragen, von denen nicht alle vom Anwendungsbereich des § 1 Abs. 17 KWG erfasst sind, erstreckt sich die Unwirksamkeitsfolge des Abs. 1 Satz 1 nicht gem. § 139 BGB auch auf die Finanzsicherheiten. Da es für den Sicherungsnehmer vorteilhafter ist, zumindest die wirksam bestellten Sicherheiten zu behalten, wird es regelmäßig schon an einem entsprechenden Einheitlichkeitswillen der Parteien fehlen. 42

---

221 KPB/*Lüke* § 81 Rn. 13c.
222 KPB/*Lüke* § 81 Rn. 13d.
223 Im Ergebnis ebenso KPB/*Lüke* § 81 Rn. 13c.
224 Zu § 82 *Hess*² § 82 Rn. 14; *Kilger/K. Schmidt* KO § 8 Anm. 2.

§ 82 Leistungen an den Schuldner

[1]Ist nach der Eröffnung des Insolvenzverfahrens zur Erfüllung einer Verbindlichkeit an den Schuldner geleistet worden, obwohl die Verbindlichkeit zur Insolvenzmasse zu erfüllen war, so wird der Leistende befreit, wenn er zur Zeit der Leistung die Eröffnung des Verfahrens nicht kannte. [2]Hat er vor der öffentlichen Bekanntmachung der Eröffnung geleistet, so wird vermutet, daß er die Eröffnung nicht kannte.

Schrifttum: *Ackermann*, Anmerkung zu BAG, Urt. v. 29.1.2014 – 6 AZR 642/12, JR 2015, 103 ff.; *Bai/Schumacher*, Anmerkung zu OLG Schleswig, Urt. v. 29.6.2016 – 9 U 22/16, ZInsO 2016, 2428 ff.; *Bartels*, Zur bereicherungsrechtlichen Rückabwicklung von Überweisungen nach Umsetzung der Zahlungsdiensterichtlinie, WM 2010, 1828 ff.; *Bartholomäus*, Anmerkung zu BGH, Urt. v. 16.7.2009 – IX ZR 118/08, BB 2009, 2223 f.; *Bäumer*, Haftung bei Widerspruch gegen Lastschrifteinzüge durch vorläufige Insolvenzverwalter, ZInsO 2011, 1857 ff.; *Bauer*, Der Widerspruch des Zahlungspflichtigen im Lastschriftverfahren, WM 1981, 1186 ff.; *Baumbach/Hefermehl/Casper*, Kommentar zum Wechsel- und Scheckgesetz, 23. Aufl., 2008; *Becker*, Die zur Sicherheit abgetretene Forderung in der Insolvenz des Zedenten, DZWiR 2010, 133 ff.; *Belling, D./Belling J.*, Zahlungsdiensterecht und Bereicherungsausgleich bei nicht autorisierten Zahlungsvorgängen, JZ 2010, 708 ff.; *Berger*, Anmerkung zu BGH, Urt. v. 12.11.1999 – IX ZR 145/98, LM § 8 KO Nr. 4/5; *Berger*, Das Lastschriftverfahren im Spannungsverhältnis zwischen Bank- und Insolvenzrecht, NJW 2009, 473 ff.; *Bitter*, Problemschwerpunkte des neuen Zahlungsdienstrechts, Teil I – Überweisung und Lastschrift, WM 2010, 1725 ff.; *Böhm*, Anmerkung zu BGH, Urt. v. 4.11.2004 – IX ZR 22/03, BKR 2005, 366 ff.; *Bork*, Die Rolle der Banken in der vorläufigen Insolvenz, ZBB 2001, 271 ff.; *Bork*, Zahlungsverkehr in der Insolvenz, 2002; *Bork*, Anmerkung zu BGH, Urt. v. 4.11.2004 – IX ZR 22/03, ZIP 2004, 2446 ff.; *Bork*, Lastschriften in der Insolvenz des Lastschriftschuldners, FS Walter Gerhardt, 2004, S. 69 ff.; *Bork*, Anmerkung zu BGH, Urt. v. 5.2.2009 – IX ZR 78/07, WuB VI A § 82 InsO 1.09; *Bork*, Wissenszurechnung im Insolvenz(anfechtungs)recht, DB 2012, 33 ff.; *Brinkmann*, Anmerkung zu BGH, Urt. v. 15.5.2010 – IX ZR 62/09, KTS 2010, 343 ff.; *Büchel/Günther*, Fehlüberweisungen auf das Konto des Insolvenzschuldners in der Insolvenz, ZInsO 2008, 547 ff.; *Burghardt/Wegmann*, Insolvenzen und Einzugsermächtigungsverfahren nach der Rechtsprechung des BGH – Rechtssicherheit ab dem 31.10.2009 auf gangbaren Wegen?, NZI 2009, 752 ff.; *Canaris*, Bankvertragsrecht, Erster Teil, 4. Aufl., 2005; *Dahl*, Anmerkung zu BGH, Urt. v. 4.11.2004 – IX ZR 22/03, NZI 2005, 102 f.; *Dempewolf*, Anmerkung zu BGH, Urt. v. 24.4.1986 – VII ZR 248/85, EWiR 1986, 601 (§ 8 KO); *Einsele*, Lastschriften mit Einziehungsermächtigung als autorisierte Zahlungsvorgänge, AcP 209 (2009), S. 719 ff.; *Einsele*, Der Erstattungsanspruch des Zahlers, WM 2015, 1125 ff.; *Ellenberger*, Lastschriftverfahren, in: *Schimansky/Bunte/Lwowski* (Hrsg.), Bankrechtshandbuch, Band I, 4. Aufl. 2011, §§ 56–59; *Eyber*, Lastschrift oder Insolvenz – Durchbruch in Rechtsprechung und Praxis oder unendliche Geschichte?, ZInsO 2010, 2382 ff.; *Fallscheer-Schlegel*, Das Lastschriftverfahren, 1977; *Fehl*, Anmerkung zu LG Berlin, Urt. v. 27.1.2004 – 19 O 398/03, DZWiR 2004, 257 ff.; *Feuerborn*, Der Widerspruch gegen Lastschriften durch den (vorläufigen) Insolvenzverwalter – Zugleich Besprechung von BGH v. 4.11.2004 – IX ZR 22/03, ZIP 2005, 604 ff.; *Fischer, Gero*, Widerspruch des Insolvenzverwalters im Lastschriftverkehr, FS Walter Gerhardt, 2004, S. 223; *Fischer, Paul*, Die Einzugsermächtigung in der Insolvenz des Schuldners – eine „Dauerbaustelle" verändert sich, ZInsO 2011, 1761 ff.; *Flitsch*, Anmerkung zu BGH, Urt. v. 4.11.2004 – IX ZR 22/03, BB 2005, 17; *Flitsch*, BGH: Einheitliche Rechtsgrundsätze des IX. und des XI. Zivilsenats zur Insolvenzfestigkeit der Einziehungsermächtigungslastschrift, BB 2010, 2072 ff.; *Flitsch*, Anmerkung zu BGH, Urt. v. 15.5.2010 – IX ZR 62/09, EWiR 2010, 615 f.; *Flitsch/Schellenberger*, Anmerkung zu BGH, Urt. v. 15.12.2005 – IX ZR 227/04, EWiR 2006, 213 f.; *Ganter*, Die Rückabwicklung von Lastschriften auf Betreiben des vorläufigen Insolvenzverwalters – Bestandsaufnahme nach dem Urteil des BGH vom 4. November 2004 und Ausblick, WM 2005, 1557 ff.; *Ganter*, Anfechtungsrisiken der Bank im Verkehr mit ihrem von der Insolvenz bedrohten Kunden, NZI 2010, 835 ff.; *Gehrlein*, Insolvenzanfechtung von an und durch Banken bewirkten Zahlungen, ZInsO 2010, 1857 ff.; *Gehrlein*, Schuldbefreiung des Versicherers bei Zahlung an insolventen Versicherungsnehmer?, VersR 2015, 38 ff.; *Gernhuber*, Die Erfüllung und ihre Surrogate, 2. Aufl., 1994; *Grundmann*, Das neue Recht des Zahlungsverkehrs, Teil I WM 2009, 1109 ff., Teil II WM 2009, 1157 ff.; *Gundlach/Schirrmeister*, Anmerkung zu BGH, Urt. v. 17.7.2009 – IX ZR 118/08, EWiR 2009, 685 f.; *Hadding*, Kann der Insolvenzverwalter ohne „anerkennenswerte Gründe" Kontobelastungen wegen eingelöster Einzugsermächtigungslastschriften widersprechen?, WM 2005, 1549 ff.; *Hadding*, Erfüllung der Geldschuld im SEPA-Basislastschriftverfahren, WM 2014, 97 ff.; *Harder*, Steuererstattungsanspruch der Insolvenzmasse nach einem Wechsel der örtlichen Zuständigkeit für den Insolvenzschuldner, ZInsO 2016, 31 f.; *Hellner*, Rechtsprobleme des Zahlungsverkehrs unter Berücksichtigung der höchstrichterlichen Rechtsprechung, ZHR 145 (1981), 109 ff.; *Hempler*, Die Einschränkung des Gutglaubensschutzes von Lebensversicherern im Insolvenzverfahren des Versicherungsnehmers, ZInsO 2007, 423 ff.; *Heublein*, Gutschriften in der Krise – insolvenzfester Glücksfall oder anfechtbare Scheindeckung?, ZIP 2000, 161 ff.; *Hiebert*, Der Lastschriftenwiderspruch im Insolvenzverfahren, Diss. Köln 2010; *Hippel/Schneider*, Bankinterne Kenntniszurechnung hinsichtlich Insolvenzverfahrenseröffnung – Bekanntmachung im Amtsblatt, NZI 2006, 177 ff.; *Hippel/Schneider*, Anmerkung zu BGH, Urt. v. 15.12.2005 – IX ZR 227/04, NZI 2006, 177 f.; *Ingenstau/Korbion*, VOB-Kommentar, Teile A und B, 15. Aufl., 2004; *Jacoby*, Die Insolvenzfestigkeit von Lastschriften gestern, heute und morgen, ZIP 2010, 1725 ff.; *Jahn*, Anmerkung zu BGH, Urt. v. 23.4.2009 – IX ZR 65/08, NZI 2009, 427; *Johlke/Fialski*, Anmerkung zu BGH, Urt. v. 24.4.1986 – VII ZR 248/85, WuB VI B. § 8 KO 1.86; *Jungclaus/Keller*, Zum Bereicherungsausgleich nach zu Unrecht erfolgten Lastschriftwidersprüchen, ZIP 2011, 941 ff.; *Jungmann*, Grenzen des Widerspruchsrechts des Insolvenzverwalters beim Einzugsermächtigungsverfahren, NZI 2005, 84 ff.; *Keilmann*, Im Dschungel der Rechtsprechung zum Lastschriftwiderruf durch den Insolvenzverwalter: Wege zur Genehmigung einer Lastschrift, BB 2010, 519 ff.; *Keller*, Anmerkung zu BGH, Urt. v. 15.5.2010 – IX ZR 62/09, WuB VI A § 82 InsO 2.10; *Keller*, Anmerkung zu BGH, Urt. v. 5.2.2009 – IX ZR 78/07, EWiR 2009, 481 f.; *Kexel*, Anmerkung zu OLG Bremen, Urt. v. 30.1.2014 – 3 U 52/13, EWiR 2014, 493 f.; *Kirchhof*, Die Rechtsstellung vorläufiger Insolvenzverwalter im Lastschriftverfahren, WM 2009, 337 ff.; *Kling*, Rechtsmissbräuchlicher pauschaler Widerspruch des Insolvenzverwalters im Lastschrifteinzugsverfahren, DZWiR 2004, 54 ff.; *Knees/Fischer*, Zum Widerspruchsrecht des (vorläufigen) Insolvenzverwalters bei Einzugsermächtigungs-Lastschriften, ZInsO 2004, 5 ff.; *Knees/Kröger*, Zum Umgang der Bank mit pauschalen Widersprüchen des (vorläufigen) Insolvenz-Verwalters gegen Belastungen aufgrund Einzugsermächtigungslastschriften, ZInsO 2006, 393 ff.; *Köhler*, Die Leistung erfüllungshalber, WM 1977, 242 ff.; *Koller*, Wissenszurechnung, Kosten und Risiken, JZ 1998, 75 ff.; *Kuder*, Anmerkung zu BGH, Urt. v. 4.11.2004 – IX ZR 22/03, ZInsO 2004, 1356 ff.; *Kuder*, Anmerkung zu BGH, Urt. v. 4.11.2004 – IX ZR 22/03, LMK 2005, 45 f.; *Kuder*, Die einheitliche Rechtsprechung des BGH zum Lastschriftwiderspruch des vorläufigen Insolvenzverwalters und ihre Folgen für die Praxis, ZInsO 2010, 1665 ff.; *Kübler, B.*, Der Einfluss der Konkurseröffnung auf den Überweisungsverkehr des Gemeinschuldners, BB 1976, 801 ff.; *Laitenberger*, Das Einzugsermächtigungslastschriftverfahren nach Umsetzung der Richtlinie über Zahlungsdienste im Binnenmarkt, NJW 2010, 192 ff.; *Langen/Land*, Auf dem Weg zur insolvenzfesten Lastschrift, NJW 2010, 3484 ff.; *Langenbucher*, Die Risikozuordnung im bargeldlosen Zahlungsverkehr, München 2001; *Laumen/Vallender*, Beweisführung und Beweislast im Insolvenzverfahren, NZI 2016, 609 ff.; *Leithaus/Deike*, Insolvenzspezifische Risiken für Drittschuldner sicherungszedierter Forderungen, DStR 2010, 2194 ff.; *Martini*, Anmerkung zu BGH, Urt. v. 16.7.2009 – IX ZR 118/08, jurisPR-InsR 21/2009 Anm. 1; *Mayen*, Girovertrag und Kontokorrent, § 47, Bereicherungsausgleich und insolvenzrechtliche Fragen, § 50; in: *Schimansky/Bunte/Lwowski* (Hrsg.), Bankrechts-HdB, Band I, 4. Aufl. 2011; *Meder*, Sonderstellung des Insolvenzverwalters im Einzugsermächtigungsverfahren?, NJW 2005, 637 f.; *Meder*, Die Erfüllung einer Geldschuld im Einzugsermächtigungsverfahren, JZ 2005, 1089 ff.; *Medicus*, Karlsruher Forum 1994, Beilage zu VersR, Probleme der Wissenszurechnung, S. 4 ff.; *Menn*, Der Widerruf von Lastschriften durch den Insolvenzverwalter/Treuhänder in Insolvenzverfahren natürlicher Personen, NZI 2009, 463 ff.; *Mordhorst*, Anmerkung zu OLG Schleswig, Urt. v. 29.6.2016 – 9 U 22/16, EWiR 2016, 707 f.; *Muscheler/Bloch*, Erfüllung und Erfüllungssurrogate, JuS 2000, 729 ff.; *Neußner*, Anmerkung zu BGH, Urt. v. 23.4.2009 – IX ZR 65/08, EWiR 2009, 515 f.; *Nill*, Anmerkung zu BGH, Urt. v. 10.3.2010 – IV ZR 207/08, VersR 2010, 938 f.; *Nobbe*, Scheckanweisung, in *Schimansky/Bunte/Lwowski* (Hrsg.), Bankrechts-HdB, Band I, 4. Aufl., 2011, § 60; *Nobbe*, Probleme des Lastschriftverfahrens, insbesondere in der Insolvenz des Zahlungspflichtigen, WM 2009, 1537 ff.; *Nobbe*, Neuregelungen im Zahlungsverkehrsrecht – Ein kritischer Überblick –, WM 2011, 961 ff.; *Nobbe/Ellenberger*, Unberechtigte Widersprüche des Schuldners im Lastschriftverkehr, sittliche Läuterung durch den vorläufigen Insolvenzverwalter?, WM 2006, 1885 ff.; *Obermüller*, Insolvenzrechtliche Wirkungen des Überweisungsgesetzes, ZInsO 1999, 690 ff.; *Obermüller*, Anmerkung zu BGH, Urt. v. 15.12.2005 – IX ZR 227/04, BGHR 2006, 328 f.; *Obermüller*, Überweisungsverkehr in der Insolvenz, ZInsO 2010, 8 ff.; *Obermüller/Kuder*, SEPA-Lastschriften in der Insolvenz nach dem neuen Recht der Zahlungsdienste, ZIP 2010, 349 ff.; *Manfred Obermüller/Martin Obermüller*, Obergerichtliche Rechtsprechung des Jahres 2010 zur Position von Banken in einer Insolvenz ihres Kunden, ZInsO 2011, 697 ff.; *Pape*, Unzulässigkeit von Neugläubigerklagen gegen den Schuldner?, ZInsO 2002, 917 ff.; *Peschke*, Die Insolvenz des Girokontoinhabers, 2005; *Peschke*, Die Erfüllung der Valutaforderung im Einzugsermächtigungsverfahren, ZInsO 2006, 470 ff.; *Piekenbrock*, Lastschrift und Insolvenz – Ein Beitrag zur Dogmatik der Einzugsermächtigung, KTS 2007, 179 ff.; *Piekenbrock/Rodi/Aßfalg*, Der „SEPA-Lastschriftwiderspruch" in der Insolvenz des Zahlungsempfängers – terra incognita", WM 2017, 2281 ff.; *Rademacher*, Zu § 675u BGB: Einschränkung des Verkehrsschutzes im Überweisungsrecht?, NJW 2011, 2169; *Rattunde/Berner*, Widerruf von Banklastschrifteinzügen durch den Insolvenzverwalter, DZWiR 2003, 185 ff.; *Reymann*, Das Recht der Zahlungsdienste – Eine Zwischenbilanz auf dem Weg zur SEPA, DStR 2011, 1959 ff.; *Ringstmeier/Homann*, Der Widerspruch gegen Lastschriften durch den Insolvenzverwalter – auch durch Schweigen?, NZI 2005, 492 f.; *Ringstmeier/Homann*, Die Fiktion der konkludenten Genehmigung und die Gefahr der Altfälle, ZInsO 2010, 2039 ff.; *Rottnauer*, Widerspruchsmöglichkeit gegen Einziehungsermächtigungslastschriften im Konkurs- oder Vergleichsverfahren des Schuldners?, WM 1995, 272 ff.; *Rühl*, Weitreichende Änderungen im Verbraucherdarlehensrecht und Recht der Zahlungsdienste, DStR 2009, 2256 ff.; *Sandkühler*, Anmerkung zu OLG Zweibrücken, Urt. v. 27.7.2006 – 4 U 111/05, MittBayNot 2007, 242 ff.; *Schäfer*, Zur Rechtssystematik der §§ 80–82 InsO und deren Anwendbarkeit bei Kontoeröffnungen des Insolvenzschuldners nach der Anordnung von Verfügungsbeschränkungen, ZInsO 2008, 16 ff.; *Schäfer*, Die Wirkungen der Insolvenzeröffnung, 2014; *Schäfer, T.*, Anmerkung zu EuGH, Urt. v. 19.9.2013 – C-251/12, NZI 2013, 1041 f.; *Schimansky*, Rechtsbeziehungen im Inlands-Überweisungsverkehr, § 49; *Schimansky*, Bereicherungsausgleich und insolvenzrechtliche Fragen, § 50, in: *Schimansky/Bunte/Lwowski* (Hrsg.), Bankrechts-HdB, Band I, 4. Aufl. 2011; *Schleich/Götz/Nübel*, Lastschriften in der Insolvenz – Rechtssicherheit durch die abgestimmten Entscheidungen des IX. und XI. Senates des BGH?, DZWiR 2010, 409 ff.; *Schlitt*, Anmerkung zu BGH, Urt. v. 12.11.1998 – IX ZR 145/98, NZG 1999, 130; *Schmidt, Th./Tetzlaff*, Lastschriftwiderruf in der Insolvenz aus der Sicht der Finanzverwaltung, DB 2011, 37 ff.; *Schnauder*, Wider das Dogma vom Empfängerhorizont, NJW 1999, 2841 ff.; *Schnauder*, 50 Jahre Lastschriftverfahren – Alte und neue Rechtsprobleme –, WM 2014, 1701 ff.; *Schönfelder*, Anmerkung zu BGH, Urt. v. 23.4.2009 – IX ZR 65/08, WuB VI A § 166 InsO 2.09; *Schröder*, Der sog. Lastschriftwiderspruch in der Insolvenz aus Verwaltersicht, ZInsO 2006, 1 ff.; *Siegmann*, Anmerkung zu BGH, Urt. v. 17.7.2009 – IX ZR 118/08, WuB VI A § 82 InsO 1.10; *Smid*, Anmerkung zu BGH, Urt. v. 25.2.1999 – IX ZR 353/98, WuB VI G. § 2 GesO 2.99; *Spliedt*, Lastschriftwiderspruch: Masse und Insolvenzverwalterhaftung aus dem „Nichts"?, ZIP 2005, 1260 ff.; *Spliedt*, Neues zum Lastschriftwiderspruch des Insolvenzverwalters, NZI 2007, 72 ff.; *Stritz*, Lastschriften im Insolvenz(eröffnungs)verfahren, DZWiR 2005, 18 ff.; *Taupitz*, Anmerkung zu BGH, Urt. v. 2.2.1996 – V ZR 239/94, EWiR 1996, 585 f.; *Taupitz*, Karlsruher Forum

1994, Beilage zu VersR, Wissenszurechnung nach englischem und deutschem Recht, S. 16 ff.; *Uhlenbruck,* Anmerkung zu BGH, Urt. v. 12.11.1998 – IX ZR 145/98, WuB VI B. § 8 KO 1.99; *von Sethe,* Nachwirkungen eines erloschenen Girovertrages?, BKR 2008, 16 ff.; *Thole,* Anmerkung zu BGH, Urt. v. 17.7.2009 – IX ZR 118/08, JZ 2010, 50 ff.; *Vallender,* Die Entwicklung des Regelinsolvenzverfahren im Jahre 2010, NJW 2011, 1491 ff.; *Vuia,* Die Verantwortlichkeit von Banken in der Krise von Unternehmen, 2007; *Wagner, Magnus,* Die Anfechtung von Lastschriften durch den Insolvenzverwalter, NZI 2008, 401 ff.; *Wagner, Magnus,* Der Widerspruch des Insolvenzverwalters gegen im Einzugsermächtigungsverfahren ausgeführte Lastschriften, NZI 2008, 345 ff.; *Wagner, Magnus,* Neues aus Karlsruhe zum Einzugsermächtigungsverfahren – Steine statt Brot für Banken und Insolvenzverwalter, NZI 2008, 721 ff.; *Wagner, Magnus,* Die rechtliche Beachtlichkeit des eigenmächtig erklärten „Lastschriftwiderspruchs" des vorläufigen Insolvenzverwalters mit Zustimmungsvorbehalt, NZI 2010, 471 ff.; *Wagner, Magnus,* Der „Lastschrift-Friedensschluss" vom 20.7.2010 und seine Auswirkungen auf die Insolvenzverwalterpraxis, NZI 2010, 785 ff.; *Wagner, Magnus,* Handlungsoptionen des Insolvenzverwalters als Reaktion auf die neue Rechtsprechung des BGH zum Einzugsermächtigungsverfahrens, ZIP 2011, 846 ff.; *Welsch,* Die Verpflichtung des vorläufigen Insolvenzverwalters zur Genehmigung von Lastschriften, DZWiR 2006, 221 ff.; *Werner,* Rechtliche Neuerungen im Lastschriftverfahren – insbesondere das SEPA-Lastschriftverfahren, BKR 2010, 9 ff.; *Werner,* Der Weg zu SEPA und die Auswirkungen auf die Zahlunsgsdienste – Ein Überblick, WM 2014, 243 ff.; *Werner,* Anmerkung zu LG München I, Urt. v. 11.11.2014 – 28 O 23215/13, WuB 2016, 132 ff.; *Winkelhaus,* Der Bereicherungsausgleich im Lichte des neuen Zahlungsdiensterechts, BKR 2010, 441 ff.; *Wittmann,* Die Bedeutung des § 9 Abs. 3 InsO für die Wissenszurechnung im Insolvenzrecht, ZInsO 2008, 1010 ff.

Übersicht

A. Allgemeines

I. Normzweck

1 Die Vorschrift bezweckt in Ergänzung zu § 80 zum einen den **Schutz der Masse** durch die Aufrechterhaltung der zur Masse gehörenden Ansprüche, wenn die Leistungen, die zur Erfüllung solcher Verbindlichkeiten erbracht werden, nicht an die Masse gelangen. Zum andern dient die Bestimmung dem **Schutz des Leistenden** (Drittschuldner), der ohne Kenntnis von der Verfahrens-

eröffnung an den (Insolvenz-)Schuldner statt an die Masse leistet[1] und grenzt dadurch den Schutz der Masse gegenüber dem Schutz des gutgläubig an den Insolvenzschuldner Leistenden ab. Die Empfangszuständigkeit des Insolvenzschuldners wird durch den Übergang der Verwaltungsbefugnis auf den Insolvenzverwalter zugunsten der Empfangszuständigkeit der Masse ausgeschlossen (§ 80 Abs. 1), unabhängig davon, ob eine befreiende Leistung an den Insolvenzschuldner bereits durch den Übergang der Verfügungsbefugnis auf den Insolvenzverwalter ausgeschlossen ist. Durch § 82 wird bestimmt, dass der Leistende gegenüber der Masse durch eine nach Eröffnung des Insolvenzverfahrens an den Insolvenzschuldner auf eine diesem gegenüber bestehende Verbindlichkeit erbrachte Leistung unter der Voraussetzung mangelnder Kenntnis von der Verfahrenseröffnung befreit wird. Neben den Regelungen in § 81 Abs. 1 Satz 2 und Abs. 3 Satz 2 schützt § 82 Satz 1 damit ausnahmsweise den guten Glauben an die fortbestehende Verwaltungs- und Verfügungsbefugnis des Schuldners und schränkt damit den Grundsatz ein, dass Rechtshandlungen des Schuldners nach der Verfahrenseröffnung (absolut) unwirksam sind (§§ 80, 81).[2] Zwar fällt auch eine an den Schuldner persönlich erbrachte Leistung rechtlich in die Insolvenzmasse (§ 35),[3] damit ist aber noch nicht der Leistungsgegenstand dorthin gelangt. Der Bestimmung des § 82 lässt sich entnehmen, dass das Risiko einer Verkürzung der Masse durch eine zweckwidrige Verwendung des Leistungsgegenstands seitens des Insolvenzschuldners (sog. **Beitreibungsrisiko**) den Leistenden trifft.[4] Um den Leistungsgegenstand zur Masse zu ziehen, braucht sich der Verwalter nicht an den Insolvenzschuldner zwecks Herausgabe zu halten, sondern kann vom Drittschuldner erneute Leistung verlangen (→ Rn. 10).

II. Entstehungsgeschichte

Die Vorschrift entspricht wörtlich § 93 RegE. In der Begründung hierzu wird ausgeführt: § 8 KO wird redaktionell verkürzt, jedoch inhaltlich unverändert übernommen (vgl. auch § 7 Abs. 4 GesO). Auch auf die Konzeption einer relativen Unwirksamkeit wird verzichtet.[5] Die in § 8 KO enthaltende Einschränkung, wonach die Befreiung nur insoweit eintritt, als das Geleistete in die Konkursmasse gekommen ist, ist unter der Geltung der InsO insofern obsolet geworden, als das Geleistete rechtlich grundsätzlich die Insolvenzmasse fällt (§ 35). Gelangt das Geleistete auch faktisch in die Insolvenzmasse, so tritt Befreiung ungeachtet der gegenüber § 8 Abs. 1 KO veränderten Fassung des § 82 Satz 1 ein (→ Rn. 6). Der Schutz des Drittschuldners knüpft im Übrigen unverändert an die mangelnde Kenntnis von der Verfahrenseröffnung an. Die Beweislastregeln des § 8 Abs. 2 und 3 KO wurden durch die Vermutung des § 82 Satz 2 ersetzt, die zum selben Ergebnis führt (→ Rn. 15). 2

B. Einzelerläuterungen

I. Leistungen an den Schuldner

1. Leistung zur Erfüllung einer Verbindlichkeit. a) Leistungsbegriff; Ausschluss der Erfüllungswirkung. Der Begriff der Leistung in § 82 Satz 1 ist identisch mit dem allgemeinen Leistungsbegriff des § 362 BGB.[6] Gemeint ist daher die Herbeiführung des Leistungserfolgs durch den Drittschuldner. Die Leistung muss sich aus der Sicht des Empfängers als eine bewusste Handlung des Drittschuldners zur Erfüllung des zugrunde liegenden vermögensrechtlichen Anspruchs darstellen.[7] Der Drittschuldner kann dabei den Leistungserfolg nach der Eröffnung des Insolvenzverfahrens durch eine Leistung an den Schuldner grundsätzlich nicht herbeiführen, soweit es dazu einer gem. §§ 80 Abs. 1, 81 Abs. 1 Satz 1 in die Verwaltungs- und Verfügungskompetenz des Insolvenzverwalters fallenden Mitwirkung bedarf, durch die zugleich über einen Gegenstand der Masse verfügt wird, wozu auch die Einziehung einer Forderung gehört.[8] Das ist immer dann der Fall, wenn Gegenstand der Verbindlichkeit die **Übertragung eines Rechts** (§§ 398, 873, 925, 929 BGB) oder die **Begründung eines Rechts** ist (§§ 873, 1205, 1274 BGB). Entsprechendes gilt für die Aufhebung eines 3

---

1 KPB/*Lüke* § 82 Rn. 1.
2 Uhlenbruck/*Uhlenbruck*[13] § 82 Rn. 1.
3 LG Halle ZInsO 2005, 557; *Hess*[2] § 82 Rn. 4; KPB/*Lüke* § 82 Rn. 2.
4 Braun/*Kroth* § 82 Rn. 3; KPB/*Lüke* § 82 Rn. 4; HKInsO/*Kayser* § 82 Rn. 11; Nerlich/Römermann/*Wittkowski/Kruth* § 82 Rn. 4; Uhlenbruck/*Uhlenbruck*[13] § 82 Rn. 1.
5 BT-Drs. 12/2443, S. 136 zu § 93 RegE.
6 BKInsO/*v. Olshausen* § 82 Rn. 5; K. Schmidt/*Sternal* § 82 Rn. 3.
7 BKInsO/*v. Olshausen* § 82 Rn. 2; Uhlenbruck/*Uhlenbruck*[13] § 82 Rn. 2.
8 OLG Karlsruhe NJW 1986, 63; KPB/*Pape* § 22 Rn. 27; → zur Problematik der Verfügung beim Abschluss eines Überweisungsvertrags § 81 Rn. 12b.

Rechts (§§ 397, 875 BGB). Im Übrigen tritt Erfüllung grundsätzlich dadurch ein, dass die geschuldete Leistung tatsächlich an den Gläubiger erbracht wird (§ 362 Abs. 1 BGB). Soweit es dessen Mitwirkung an der **Entgegennahme der Leistung** in tatsächlicher Hinsicht bedarf, liegt darin weder eine rechtsgeschäftliche noch eine geschäftsähnliche Willenserklärung.[9] Das danach als Leistung auf den Schuldner Übertragene fällt zwar als Neuerwerb in die Masse.[10] Unabhängig von der Frage, ob der Drittschuldner den Leistungserfolg auch nach Eröffnung des Insolvenzverfahrens wegen der fehlenden Verfügungsbefugnis des Schuldners noch herbeiführen kann, führt auch die bloße Entgegennahme der Leistung durch den Schuldner nach der Verfahrenseröffnung nicht zu einem „Bewirken" und damit zur Erfüllung der zugrunde liegenden Verbindlichkeit, weil der Schuldner mit der Verfügungsbefugnis auch seine Empfangszuständigkeit für die Leistung zugunsten der **Empfangszuständigkeit der Masse**[11] als Teil der Verwaltungsbefugnis verloren hat (§ 80 Abs. 1).[12] Die Empfangszuständigkeit für Leistungen ist außerhalb des Insolvenzverfahrens für bestimmte Personen zu deren Schutz ausgeschlossen; dies gilt für geschäftsunfähige Minderjährige (§ 104 Nr. 1 BGB) und andere geschäftsunfähige Personen (§ 104 Nr. 2 BGB).[13] Der Ausschluss der Empfangszuständigkeit des Schuldners durch § 80 Abs. 1 dient demgegenüber dem Schutz der Masse (→ § 80 Rn. 1). Hierdurch wird die Empfangszuständigkeit für alle Leistungen, die auf zur Insolvenzmasse gehörende Ansprüche erbracht werden, auf den Insolvenzverwalter übertragen. Der Ausschluss der Erfüllungswirkung einer Leistung an den Insolvenzschuldner folgt damit unmittelbar aus § 80 Abs. 1. Insoweit bewirkt § 82 Satz 1 (wie § 407 Abs. 1 BGB) als Ausnahmeregel den Schutz des guten Glaubens des Leistenden in den Fortbestand der Empfangszuständigkeit des Schuldners (→ Rn. 1).[14] Auf die Frage, ob sich die Unwirksamkeit der Erfüllung daraus ergibt, dass es sich bei der Entgegennahme der Leistung um eine Verfügung iSd §§ 80, 81 Abs. 1 Satz 1 handelt, kommt es demzufolge im Ergebnis nicht an.[15] Nur wenn der Leistungserfolg noch vor der Verfahrenseröffnung eintritt, erlischt der zugrunde liegende Anspruch gem. § 362 Abs. 1 BGB; die **Beweislast** dafür, dass der Leistungserfolg nach der Verfahrenseröffnung eingetreten ist, trägt der Insolvenzverwalter, weil er sich auf die fehlende Verfügungsbefugnis (Empfangszuständigkeit) im Zeitpunkt des Eintritts des Leistungserfolgs beruft.[16] Die Vermutungsregelung des § 81 Abs. 3 Satz 1 greift hier nicht.[17] Dagegen liegt die Beweislast dafür, dass eine erfüllungstaugliche Leistung an den Insolvenzschuldner erbracht worden ist, bei dem Leistenden.[18] Zur Beweislast hinsichtlich der mangelnden Kenntnis von der Verfahrenseröffnung sowie hinsichtlich der Leistung vor der öffentlichen Bekanntmachung → Rn. 15.

3a Die Annahme einer **Leistung an Erfüllungs Statt** (§ 364 Abs. 1 BGB) stellt nur dann eine Leistung iSd § 82 Satz 1 dar, wenn die Ersetzungsbefugnis des Drittschuldners bereits vor der Verfahrenseröffnung wirksam vereinbart worden ist.[19] Auch die Zahlung durch **Überweisung** stellt daher eine Leistung dar, wenn diese Zahlungsweise zuvor zwischen dem Schuldner und dem Zahlenden vereinbart worden ist, was (jedenfalls konkludent) stets der Fall sein wird.[20] Nach der Verfahrenseröff-

9 HM (Theorie der realen Leistungsbewirkung), BGH NJW 1991, 1294, 1295; 1992, 2698, 2699; BAG NJW 1993, 2397, 2398; LG Hamburg NJW 1983, 1860; Palandt/*Grüneberg* BGB § 362 Rn. 5; *Larenz,* Schuldrecht I, § 18 I 5; Staudinger/*Olzen* BGB Vor §§ 362 ff. Rn. 10; BGB-RGRK/*Weber* § 362 Rn. 7; Soergel/*Zeiss* BGB Vor § 362 Rn. 7; zu den Gegenauffassungen s. *Gernhuber,* Erfüllung und Surrogate, § 5 II; *Muscheler/Bloch* JuS 2000, 729, 731 ff.

10 Hierzu KPB/*Lüke* § 82 Rn. 2, der allerdings ungenau von einer „Beschränkung" der Erfüllungswirkung im Zusammenhang mit § 82 spricht, weil die Beschränkung der Erfüllungswirkung allein aus der wegen § 80 fehlenden Verwaltungsbefugnis des Schuldners folgt.

11 FKInsO/*App*[7] § 82 Rn. 1; Palandt/*Grüneberg* BGB § 362 Rn. 3; *Hess*[2] § 82 Rn. 3.

12 Vgl. Palandt/*Grüneberg* BGB § 362 Rn. 3.

13 HM (Theorie von der Empfangszuständigkeit), *Gernhuber,* Erfüllung und Surrogate, § 5 IV 2; Palandt/*Grüneberg* BGB § 362 Rn. 3; *Larenz,* Schuldrecht I, § 18 I; *Muscheler/Bloch* JuS 2000, 729, 738 f.

14 BGH NZI 2012, 807 Rn. 6; NJW 2018, 2049 Rn. 59; KPB/*Lüke* § 82 Rn. 1.

15 BGH NJW 2018, 2049 Rn. 59. Verbreitet wird in der Annahme einer Leistung durch den Schuldner eine Verfügung gesehen, weil hierdurch die zugrunde liegende Forderung zum Erlöschen gebracht werden soll; hierzu BKInsO/*v. Olshausen* § 82 Rn. 1; *Bork* ZBB 2001, 271, 272; HKInsO/*Kayser* § 82 Rn. 6; Uhlenbruck/*Uhlenbruck*[13] § 82 Rn. 1; *Häsemeyer,* Insolvenzrecht, Rn. 10.14; → hierzu beim Abschluss eins Überweisungsvertrags § 81 Rn. 12b.

16 BKInsO/*v. Olshausen* § 82 Rn. 5; Nerlich/Römermann/*Wittkowski/Kruth* § 82 Rn. 17; KPB/*Lüke* § 82 Rn. 10; Jaeger/*Windel* § 82 Rn. 49; → hierzu auch § 81 Rn. 14; aA K. Schmidt/*Sternal* § 82 Rn. 17; Uhlenbruck/*Mock* § 82 Rn. 31; HKInsO/*Kayser* § 82 Rn. 22; *Laumen/Vallender* NZI 2016, 609, 614.

17 BKInsO/*v. Olshausen* § 82 Rn. 5.

18 KPB/*Lüke* § 82 Rn. 10; K. Schmidt/*Sternal* § 82 Rn. 17; Nerlich/Römermann/*Wittkowski/Kruth* § 82 Rn. 17.

19 Braun/*Kroth* § 82 Rn. 7; K. Schmidt/*Sternal* § 82 Rn. 5.

20 Die hL sieht in der Banküberweisung ohnehin eine Erfüllung gem. § 362 Abs. 1 BGB, hierzu MüKoBGB/*Fetzer* § 362 Rn. 20 mwN; and. die Rechtsprechung, die hier § 364 Abs. 1 BGB anwendet, BGH NJW 1953, 897; OLG Köln NJW-RR 1991, 50; offen gelassen von BGHZ 98, 24, 30; BGH WM 1999, 11.

nung kann eine entsprechende Vereinbarung durch den Schuldner dagegen nicht mehr wirksam erfolgen,[21] da die Verwaltungsbefugnis gem. § 80 Abs. 1 auf den Insolvenzverwalter übergeht. Der Drittschuldner hat in diesem Fall nicht die *geschuldete* Leistung bewirkt. Eine Leistung an Erfüllungs Statt hat allenfalls dann befreiende Wirkung, wenn diese zur Masse gelangt und der Verwalter sie als solche annimmt.[22] Für § 82 Satz 1 ist hier dagegen kein Raum (→ Rn. 3c). Von vornherein nicht von § 82 Satz 1 erfasst werden **Erfüllungssurrogate** (§§ 387 ff., 378 BGB), weil durch diese die Forderung nicht durch Bewirken der geschuldeten Leistung erlischt. Die Wirksamkeit solcher Handlungen des Drittschuldners richtet sich nach den allgemeinen Bestimmungen, insbesondere den §§ 94 ff.

b) Leistung an den Schuldner. § 82 Satz 1 setzt weiter voraus, dass die Leistung an den 3b Schuldner erfolgt. Als solche sind auch Leistungen des Drittschuldners an den **gesetzlichen Vertreter** des geschäftsunfähigen Schuldners oder an den **organschaftlichen Vertreter** einer Gesellschaft anzusehen,[23] ferner solche an einen **Stellvertreter** des Schuldners.[24] Die **Leistung an einen Dritten** stellt dann eine erfüllungstaugliche Leistung an den Schuldner iSd § 82 Satz 1 dar, wenn der Dritte vom Schuldner **vor der Verfahrenseröffnung** zur Entgegennahme der Leistung ermächtigt worden (§§ 362 Abs. 2, 185 Abs. 2 BGB) oder der Drittschuldner sonst berechtigt gewesen ist, mit befreiender Wirkung an den Dritten zu leisten (§§ 16 Abs. 6 VOB/B, 354a Satz 2 HGB).[25] Nach der Eröffnung des Insolvenzverfahrens hat eine solche Leistung jedoch keine schuldbefreiende Wirkung, weil damit die Berechtigung des Schuldners und der von diesem ermächtigten Dritten, die Leistung zur Erfüllung anzunehmen, gem. § 80 Abs. 1 auf den Verwalter übergeht (→ Rn. 3).[26] Gleiches gilt für die Leistung an einen **Stellvertreter** des Insolvenzschuldners; die dem Vertreter erteilte Vollmacht erlischt mit der Eröffnung des Insolvenzverfahrens, § 117 Abs. 1; → dort. Rn. 5, 12. Eine schuldbefreiende Zahlung des Auftraggebers an den Gläubiger des Auftragnehmers gem. § 16 Abs. 6 VOB/B ist nach der Eröffnung des Insolvenzverfahrens über das Vermögen des Auftragnehmers nicht mehr möglich.[27] Durch die Verfahrenseröffnung verliert der Auftraggeber (Bauherr) sein Wahlrecht, entweder an den Insolvenzschuldner oder an Dritte leisten zu dürfen. Die Leistung hat an die Masse zu erfolgen. Jedoch wird der Drittschuldner gem. § 82 Satz 1 frei, wenn er in Unkenntnis der Verfahrenseröffnung leistet.[28] Der Gutglaubensschutz kommt dagegen nicht zur Anwendung, wenn der Schuldner einen Dritten **nach der Verfahrenseröffnung** zur Entgegennahme der Leistung ermächtigt und der Drittschuldner an diesen leistet. Eine solche Ermächtigung ist gem. §§ 80 Abs. 1, 81 Abs. 1 nach der Verfahrenseröffnung oder nach Erlass eines einstweiligen Verfügungsverbots gem. §§ 24 Abs. 1, 21 Abs. 2 von vornherein nicht wirksam.[29] Die Vorschrift des § 82 schützt lediglich davor, dass die Erfüllungswirkung nur deshalb nicht eintritt, weil die Empfangszuständigkeit des Dritten durch die Verfahrenseröffnung fortgefallen ist (→ Rn. 12).[30] Dagegen ist der gute Glaube in den Fortbestand der gem. § 80 Abs. 1 fortgefallenen Befugnis des Schuldners, die einmal geschuldete Leistung durch eine andere zu ersetzen, nicht geschützt. In diesem Fall stellt die Leistung an den Dritten keine Leistung an den Schuldner iSd § 82 Satz 1 dar.

Ebenfalls differenziert zu betrachten ist die Anwendbarkeit des § 82 bei der **Abtretung** einer 3c Forderung durch den Insolvenzschuldner. Gleichzeitig stellt sich hier das Problem der Abgrenzung

---

21 FKInsO/*App*[7] § 82 Rn. 9; Braun/*Kroth* § 82 Rn. 7; Nerlich/Römermann/*Wittkowski/Kruth* § 82 Rn. 3; hierzu auch Palandt/*Grüneberg* BGB § 362 Rn. 3.

22 Braun/*Kroth* § 82 Rn. 7.

23 FKInsO/*App*[7] § 82 Rn. 4; *Hess*[2] § 82 Rn. 5; KPB/*Lüke* § 82 Rn. 5; Jaeger/*Windel* Rn. 10.

24 BKInsO/*v. Olshausen* § 82 Rn. 4; K. Schmidt/*Sternal*, § 82 Rn. 6; Braun/*Kroth* § 82 Rn. 4; Nerlich/Römermann/*Wittkowski/Kruth* § 82 Rn. 3; *Hess*[2] § 82 Rn. 5; HambKommInsO/*Kuleisa* § 82 Rn. 5.

25 Nerlich/Römermann/*Wittkowski/Kruth* § 82 Rn. 3. Abw. zur Auslegung des Art. 24 Abs. 1 EuInsVO aF s. EuGH NZI 2013, 1039 ff.; krit. hierzu *T. Schäfer* NZI 2013, 1041 f.

26 Vgl. BGH NJW-RR 2012, 1130 f. = NZI 2012, 807 f.; and. *Hess*[2] § 82 Rn. 6, der hierzu auf § 82 abstellt; ebenso FKInsO/*App*[7] § 82 Rn. 4; Uhlenbruck/*Mock* § 82 Rn. 24; Graf-Schlicker/*Webel* § 82 Rn. 3.

27 BGH ZIP 1986, 720 mAnm *Dempewolf* EWiR § 8 KO 1/86, 601 = WuB VI B. § 8 KO 1.86 (*Johlke/Fialski*); BKInsO/*v. Olshausen* § 82 Rn. 4; Braun/*Kroth* § 82 Rn. 8; K. Schmidt/*Sternal* § 82 Rn. 7; *Hess*[2] § 82 Rn. 7; LSZ/*Smid* § 82 Rn. 17; KPB/*Lüke* § 82 Rn. 44; Nerlich/Römermann/*Wittkowski/Kruth* § 82 Rn. 3; *Ingenstau/Korbion* VOB/B § 16 Rn. 23.

28 BGH NJW 2015, 341 Rn. 31; KPB/*Lüke* § 82 Rn. 44; HKInsO/*Kayser* § 82 Rn. 1, 6; *Hess*[2] § 82 Rn. 4; Nerlich/Römermann/*Wittkowski/Kruth* § 82 Rn. 2; Uhlenbruck/*Mock* § 82 Rn. 14.

29 Durch eine solche Ermächtigung wird noch nicht verfügt, vielmehr wird dem Ermächtigten lediglich die Befugnis eingeräumt, über ein fremdes Recht zu verfügen; hierzu Palandt/*Ellenberger* BGB § 185 Rn. 7; zur Anweisung Staudinger/*Marburger* BGB § 783 Rn. 20; → hierzu auch § 81 Rn. 12a.

30 Vgl. BGH NJW-RR 2012, 1130 f. = NZI 2012, 807 f.; ZInsO 2014, 1662 Rn. 3; NJW 2015, 341 Rn. 31; 2018, 2049 Rn. 20; OLG Koblenz ZInsO 2018, 1474 Rn. 12; *Gehrlein* VersR 2015, 38, 39; Braun/*Kroth* § 82 Rn. 7; Uhlenbruck/*Mock* § 82 Rn. 7.

zwischen dem durch § 82 bewirkten Schuldnerschutz und dem Eingreifen der **allgemeinen Schuldnerschutzbestimmungen** (§§ 404 ff. BGB). Hat der Schuldner die Forderung bereits **vor der Verfahrenseröffnung** wirksam an einen Dritten abgetreten, findet § 82 keine Anwendung, weil diese Forderung nicht zur Insolvenzmasse zu erfüllen ist (→ Rn. 4); bei einer Leistung an den Schuldner ist der Drittschuldner gegenüber dem Dritten durch § 407 Abs. 1 BGB geschützt. Dieser muss sich mit seinem Anspruch aus § 816 Abs. 2 BGB an den Insolvenzschuldner halten, kann von diesem aber nicht die erlangte Leistung heraus verlangen, weil diese als Neuerwerb in die Masse fällt (§ 35).[31] Bei dem Anspruch des Dritten handelt es sich nicht um eine Masseverbindlichkeit iSd § 55 Abs. 1 Nr. 1, da eine solche nur durch Handlungen des Insolvenzverwalters begründet werden kann.[32] Auch § 51 Abs. 1 Nr. 3 ist nicht einschlägig, weil die Masse nicht ungerechtfertigt bereichert ist, solange die Leistung nicht tatsächlich in die Masse gelangt ist. Nur wenn der Insolvenzverwalter die Leistung einzieht, entsteht eine Masseverbindlichkeit gegenüber dem Dritten (→ § 55 Rn. 214). Leistet der Drittschuldner dagegen an den Dritten (Zessionar), bewirkt er damit die geschuldete Leistung. Dem Verwalter verbleibt dann nur die Möglichkeit, die Abtretung der Forderung anzufechten und das Erlangte von dem Dritten zurückzuverlangen (§ 143). Zur **Sicherungszession** → Rn. 3e. Hat umgekehrt der Dritte eine Forderung vor der Eröffnung wirksam an den Schuldner abgetreten und leistet der Drittschuldner an den Dritten (Zedenten), kann sich der Drittschuldner gegenüber dem Verwalter auf § 407 Abs. 1 BGB berufen.[33] § 82 Satz 1 ist hier nicht einschlägig, weil weder eine Leistung an den Insolvenzschuldner noch eine solche an einen von diesem ermächtigten Dritten vorliegt. Es handelt sich vielmehr um eine Leistung an den Zedenten, die allein deshalb nicht mehr zur Erfüllung der Forderung führen kann, weil durch die Abtretung die Gläubigerstellung auf den Insolvenzschuldner übergegangen ist. Dem Verwalter steht dann gegen den Dritten (Zedenten) ein Anspruch gem. § 816 Abs. 2 BGB zu.

3d Eine **nach der Verfahrenseröffnung** erfolgte Abtretung einer Forderung durch den Insolvenzschuldner ist gem. §§ 80 Abs. 1, 81 Abs. 1 Satz 1 unwirksam. Leistet der Drittschuldner an den vermeintlichen Zessionar, wird er gegenüber einer Inanspruchnahme durch den Verwalter durch § 82 nicht geschützt. Es handelt sich schon nicht um eine Leistung „an den Schuldner“, jedenfalls ist der gute Glaube des Leistenden insoweit nicht geschützt (→ Rn. 3b).[34] Darüber hinaus schützt § 409 BGB den Leistenden nicht, weil auch eine Abtretungsanzeige nach der Verfahrenseröffnung nicht mehr wirksam erfolgen kann (§ 80; → hierzu § 81 Rn. 5).[35] Der Drittschuldner muss erneut an die Masse leisten und sich mit seinem Bereicherungsanspruch an den Dritten (Zessionar) halten. Ebenfalls unwirksam ist nach der Verfahrenseröffnung umgekehrt die Abtretung einer Forderung an den Insolvenzschuldner. Zwar verfügt der Schuldner in diesem Fall nicht über einen Gegenstand der Insolvenzmasse, so dass § 81 Abs. 1 Satz 1 nicht einschlägig ist; jedoch würde eine solche Abtretung die Insolvenzmasse berühren und ist daher ohne Zustimmung des Verwalters auf Grund der diesem gem. § 80 Abs. 1 obliegenden Verwaltungsbefugnis unwirksam (→ § 81 Rn. 5). Hat der Drittschuldner an den Insolvenzschuldner geleistet, kann er sich bei einer Inanspruchnahme durch den vermeintlichen Zedenten nicht auf § 407 Abs. 1 BGB berufen, weil eine wirksame Abtretung nicht vorliegt. Der Drittschuldner muss gegenüber dem Zedenten erneut leisten und ist auf einen Bereicherungsanspruch gegen den Insolvenzschuldner persönlich verwiesen (→ Rn. 11). Nur wenn der Verwalter die Leistung einzieht, entsteht eine Masseverbindlichkeit gem. § 55 Abs. 1 Nr. 3 (→ Rn. 3c). Genehmigt der Verwalter die Abtretung, kann sich der Drittschuldner dagegen auf § 82 berufen. In diesem Fall wird die Abtretung mit Wirkung ex tunc wirksam (§§ 185 Abs. 2 Satz 1, 184 Abs. 1 BGB). Liegen die Voraussetzungen des § 82 Satz 1 nicht vor, muss der Drittschuldner an die Masse leisten, sofern die an den Schuldner erbrachte Leistung nicht nachträglich tatsächlich zur Masse gelangt ist (→ Rn. 6). Hat der vermeintliche Zessionar dem Drittschuldner ein **qualifiziertes Legitimationspapier** vorgelegt, leistet der Drittschuldner gem. § 808 Abs. 1 Satz 1 BGB schuldbefreiend an den vermeintlichen Zessionar,

---

31 BankenKommInsO/*Ampferl* § 82 Rn. 6; einschränkend (Neuerwerb nur das Aktivvermögen nach Abzug der Neuverbindlichkeit) Nerlich/Römermann/*Andres* § 35 Rn. 89 ff., 92 f.; Braun/*Bäuerle* § 35 Rn. 77; hiergegen überzeugend *Pape* ZInsO 2002, 917, 919.

32 FG Thüringen ZInsO 2004, 392 f.; LG Erfurt ZInsO 2002, 1090, 1091.

33 Nerlich/Römermann/*Wittkowski/Kruth* § 82 Rn. 6; Uhlenbruck/*Uhlenbruck*[13] § 82 Rn. 6.

34 BGH NJW-RR 2012, 1130 f. = NZI 2012, 807 f.; NJW 2015, 341 Rn. 31; 2018, 2049 Rn. 20; OLG Koblenz ZInsO 2018, 1474 Rn. 12; OLG Düsseldorf Urt. v. 21.10.2014 – 4 U 146/13, BeckRS 2014, 20466; SG Stuttgart ZVI 2009, 219 ff.; K. Schmidt/*Sternal* § 82 Rn. 6; AGR/*Piekenbrock* § 82 Rn. 6; *Schmücker* jurisPR-InsR 20/2012 Anm. 2; and. FKInsO/*App*[7] § 82 Rn. 4; Gottwald/*Eickmann*, InsO-HdB, § 31 Rn. 104; Uhlenbruck/*Mock* § 82 Rn. 16.

35 BGH NJW-RR 2012, 1130 f. = NZI 2012, 807 f.; OLG Düsseldorf Urt. v. 21.10.2014 – 4 U 146/13, BeckRS 2014, 20466; and. wohl Uhlenbruck/*Uhlenbruck*[13] § 82 Rn. 10.

es sei denn, der Drittschuldner kannte die mangelnde Verfügungsberechtigung des Inhabers oder hat die Leistung sonst gegen Treu und Glauben bewirkt.[36]

Bei einer **Sicherungszession** findet § 82 keine Anwendung, wenn diese nach der Verfahrenseröffnung erfolgt, insoweit kann auf die Ausführungen unter → Rn. 3d Bezug genommen werden. 3e Ist die Sicherungszession **vor der Verfahrenseröffnung** erfolgt, bleibt der Sicherungszessionar Inhaber des Sicherungsrechts an der Forderung, jedoch geht das ihm zustehende Einziehungs- und Verwertungsrecht mit der Verfahrenseröffnung auf den Verwalter über.[37] Tritt der Sicherungszessionar die Forderung nach der Verfahrenseröffnung ab, rückt der Dritte in diese Rechtsposition ein.[38] Leistet der Drittschuldner an den Sicherungszessionar, finden § 407 Abs. 1, §§ 408, 412 BGB, § 82 Satz 1 InsO analoge Anwendung,[39] weil im Unterschied zu einer „echten" Abtretung (→ Rn. 3c) die Forderung wegen des auf den Verwalter übergegangenen Einziehungs- und Verwertungsrechts zur Insolvenzmasse zu erfüllen ist. Analog § 82 Satz 2 hat der Drittschuldner zu beweisen, dass er die Verfahrenseröffnung nicht kannte, wenn die Leistung nach der öffentlichen Bekanntmachung erfolgte. Da das Einziehungs- und Verwertungsrecht des Verwalters nach § 166 Abs. 2 nur besteht, wenn es sich um eine Sicherungszession handelt, hat der Verwalter analog § 407 Abs. 1, §§ 408, 412 BGB, § 82 Satz 1 InsO darzulegen und zu beweisen, dass der Sicherungszweck der Abtretung dem Drittschuldner im Zeitpunkt der Leistung bekannt gewesen ist.[40] Wusste der Drittschuldner, dass das Insolvenzverfahren über das Vermögen des Zedenten eröffnet worden ist und es sich um eine Sicherungszession gehandelt hat, kann er nicht schuldbefreiend an den Sicherungszessionar leisten. Ob der Verwalter den Drittschuldner zur Zahlung gesondert aufgefordert hat, ist unerheblich.[41] Tritt der Sicherungszessionar die ihm verbliebene Rechtsposition an den Drittschuldner ab, so erlischt die Forderung nicht durch Konfusion.[42]

2. Erfüllung zur Insolvenzmasse. Die **Empfangszuständigkeit des Insolvenzverwalters** 4 bezieht sich auf alle Leistungen auf Verbindlichkeiten, die zur Insolvenzmasse zu erfüllen sind.[43] Hierzu gehören die Ansprüche des Insolvenzschuldners, die vor Eröffnung des Insolvenzverfahrens begründet worden sind, sowie nach diesem Zeitpunkt entstandene Ansprüche aus gesetzlichen Schuldverhältnissen. In Betracht kommen insoweit Ansprüche, die aus Eingriffen in Rechtspositionen des Schuldners resultieren (Eingriffskondiktion, §§ 812 Abs. 1 Satz 1, 2. Alt., 816 BGB; Geschäftsführung ohne Auftrag, § 678 BGB; Geschäftsanmaßung, § 687 Abs. 2 BGB) oder aus deliktischer Schädigung von Gegenständen, die im Vermögen des Schuldners stehen. Ausgenommen sind Forderungen bzw. Ansprüche, die nicht der Zwangsvollstreckung unterliegen (§ 36 Abs. 1). Dies betrifft Ansprüche, die kraft Gesetzes **nicht übertragbar** sind (§§ 851 Abs. 1 ZPO, 399 1. Alt. BGB); ist die Übertragbarkeit durch Vereinbarung ausgeschlossen (§ 399 2. Alt. BGB), so ist der Anspruch gleichwohl pfändbar, wenn der Leistungsgegenstand der Pfändung unterliegt (§ 851 Abs. 2 ZPO). Er fällt demgemäß auch in die Insolvenzmasse. Nicht zur Insolvenzmasse zu erfüllen sind danach insbesondere Ansprüche höchstpersönlicher Art wie insbesondere **Unterhaltsansprüche** (§ 850b Abs. 2 ZPO) und Ansprüche auf **Dienstleistungen persönlicher Art** (Pflege und Betreuung).[44] Ebenfalls höchstpersönlicher Natur sind **Persönlichkeitsrechte** des Insolvenzschuldners.

---

36 Zur Liberationswirkung eines Versicherungsscheins s. BGH NJW-RR 2010, 904 ff.; OLG Brandenburg ZInsO 2012, 2100 ff.; *Nill* VersR 2010, 938 f. Offengelassen hat der BGH die Frage, ob die Kenntnis des Drittschuldners von der Verfahrenseröffnung nach § 82 vermutet wird und daher der Drittschuldner seinen guten Glauben an die fortdauernde Verfügungsbefugnis beweisen muss.

37 BGH NJW 2009, 2304 ff., Rn. 20; NJW-RR 2009, 1059 f.; aA für den Fall einer offengelegten Sicherungszession *Becker* DZWiR 2010, 133 ff.

38 BGH NJW 2009, 2304 ff.; NJW-RR 2009, 1059 f.

39 BGH NJW 2009, 2304 ff.; NJW-RR 2009, 1059 f.; *Leithaus/Riewe* DStR 2010, 2194, 2195 f.; Uhlenbruck/*Brinkmann* § 166 Rn. 16; HKInsO/*Landfermann* § 166 Rn. 34; Braun/*Dithmar* § 166 Rn. 17; eingehend *Becker* DZWiR 2010, 133 ff.

40 BGH NJW 2009, 2304 ff.; NJW-RR 2009, 1059 f.; *Becker* DZWiR 2010, 133 ff.; *Neußner* EWiR 2009, 515 f.; krit. *Jahn* NZI 2009, 427, der die Schutzwürdigkeit des Drittschuldners bei einer Kenntnis von der Verfahrenseröffnung in Frage stellt und zudem auf Beweisschwierigkeiten für den Verwalter hinweist; demgegenüber gilt nach Auffassung von *Schönfelder* WuB VI A § 166 InsO 2.09 eine Zahlungsaufforderung des Insolvenzverwalters gegenüber dem Schuldner als weitere Voraussetzung für den Ausschluss der Leistung mit befreiender Wirkung.

41 And. *Schönfelder* WuB VI A § 166 InsO 2.09.

42 BGH NJW-RR 2009, 1059 Rn. 22.

43 Zur Frage, ob ein Anspruch auf Rückvergütung aus einer Kreditlebensversicherung in die Vermögensmasse des Versicherungsnehmers fällt s. LG Düsseldorf Urt. v. 18.6.2009 – 21 S 454/08, BeckRS 2009, 25073 mwN zum Streitstand; AG München ZInsO 2010, 1294 f.

44 HKInsO/*Kayser* § 82 Rn. 9; K. Schmidt/*Sternal* § 82 Rn. 5; Jaeger/*Windel* § 82 Rn. 6; Uhlenbruck/*Hirte* § 35 Rn. 157; s. ferner BGH ZInsO 2013, 547 Rn. 9 (Beratungen).

Hierzu gehören das Namensrecht (§ 12 BGB) und das allgemeine Persönlichkeitsrecht (§ 823 Abs. 1 BGB) sowie die sich daraus ergebenden Ansprüche.[45] Nicht zur Insolvenzmasse zu erfüllen sind **familienrechtliche Ansprüche.**[46] **Arbeitseinkommen** und Ansprüche auf **Ruhegelder** fallen in Höhe ihres pfändbaren Teils in die Insolvenzmasse; einschlägig sind die für das Arbeitseinkommen geltenden §§ 850a–850k ZPO.[47] **Ansprüche auf Sozialleistungen** können grundsätzlich nicht übertragen und nicht gepfändet werden und fallen daher auch nicht in die Insolvenzmasse.[48] Nach § 377 Abs. 1 BGB ist das Recht auf Rücknahme der hinterlegten Sache unpfändbar, so dass dieses ebenfalls nicht massezugehörig ist.[49] Nicht zur Insolvenzmasse zu erfüllen sind ferner Ansprüche, die der Insolvenzverwalter **freigegeben** hat,[50] → § 80 Rn. 70. Nicht zur Insolvenzmasse zu erfüllen ist eine Forderung auch dann, wenn der Schuldner diese bereits zuvor wirksam an einen Dritten abgetreten hat; → Rn. 3c.

5 Honoraransprüche von Anwälten, Rechtsbeiständen, Ärzten, Zahnärzten und Angehörigen eines anderen Heilberufs sind als Geldforderungen pfändbar; dem steht nicht entgegen, dass eine Abtretung solcher Forderungen wegen Verstoßes gegen ein Verbotsgesetz nichtig sein kann (§ 203 Abs. 1 StGB) oder nur eingeschränkt zulässig ist (§ 49b Abs. 4 BRAO).[51] Demzufolge fallen sie in die Insolvenzmasse und können nach Verfahrenseröffnung nur zur Insolvenzmasse erfüllt werden[52] (→ § 35 Rn. 415 ff.).

6 **3. Genehmigung durch den Verwalter; Konvaleszenz.** Da der Schuldner mit der Eröffnung des Insolvenzverfahrens seine Empfangszuständigkeit verliert (→ Rn. 3), führen Leistungen an den Insolvenzschuldner oder an Dritte (→ Rn. 3b) grundsätzlich nur dann zur Befreiung des Drittschuldners, wenn der Verwalter die Leistung mit Wirkung ex tunc genehmigt, §§ 362 Abs. 2, 185 Abs. 1 BGB, 80 Abs. 1 InsO.[53] Andernfalls kommt eine schuldbefreiende Wirkung der Leistung nur dann in Betracht, wenn der Drittschuldner die Verfahrenseröffnung nicht kannte (→ Rn. 12–16). Die Genehmigung kann auch **konkludent** erfolgen, jedoch kann eine Genehmigung in der Regel nicht schon in dem Umstand gesehen werden, dass der Insolvenzverwalter vom Insolvenzschuldner Herausgabe des erlangten Leistungsgegenstands verlangt.[54] Es kann nicht ohne weiteres angenommen werden kann, dass der Insolvenzverwalter damit das **Beitreibungsrisiko** für die Masse übernehmen will. Auch ein eindeutiges, an den Schuldner gerichtetes Verlangen des Verwalters schließt nicht aus, dass der Verwalter den Drittschuldner in Anspruch nimmt, wenn der Leistungsgegenstand vom Insolvenzschuldner nicht zu erlangen ist.[55] Vielmehr kann in der Regel nach der Interessenlage im Herausgabeverlangen des Insolvenzverwalters eine Genehmigung der Leistung an den Insolvenzschuldner nur unter der **aufschiebenden Bedingung** gesehen werden, dass der Leistungsgegenstand tatsächlich in die Masse gelangt.[56] Gelangt der Leistungsgegenstand nachträglich in die Masse, soll ohne weiteres eine Erfüllung des zugrunde liegenden Anspruchs eintreten.[57] Dies setzt eine entsprechende Tilgungsbestimmung durch den Drittschuldner voraus.[58] Leistet der Schuldner die vom Drittschuldner empfangene Leistung an den Insolvenzverwalter, so leistet der Schuldner als Dritter iSd § 267 BGB an die Masse. Darüber hinaus liegt eine Genehmigung durch den Verwalter vor, wenn dieser den Leistungsgegenstand einzieht bzw. entgegennimmt.[59] Jedenfalls handelt der Verwalter **treuwidrig,** wenn er den Drittschuldner auf Leistung in Anspruch nimmt,

---

[45] HKInsO/*Eickmann*[7] § 35 Rn. 31.
[46] HKInsO/*Kayser* § 82 Rn. 9; Uhlenbruck/*Hirte* § 35 Rn. 157.
[47] BGH KTS 1985, 96, 98; OLG Hamm DB 1977, 1004; HKInsO/*Keller* § 36 Rn. 51 ff.; Uhlenbruck/*Hirte* § 35 Rn. 153 f.
[48] HKInsO/*Keller* § 36 Rn. 74 ff.; Uhlenbruck/*Hirte* § 35 Rn. 22.
[49] KPB/*Holzer* § 35 Rn. 90; Uhlenbruck/*Hirte* § 36 Rn. 32.
[50] BGHZ 35, 180, 181 = NJW 1961, 1528; HKInsO/*Eickmann*[7] § 35 Rn. 30; KPB/*Holzer* § 35 Rn. 21 f.
[51] Zöller/*Herget* ZPO § 829 Rn. 33.
[52] KPB/*Holzer* § 35 Rn. 80.
[53] Braun/*Kroth* § 82 Rn. 4; K. Schmidt/*Sternal* § 82 Rn. 11; Jaeger/*Windel* § 82 Rn. 39; KPB/*Lüke* § 82 Rn. 5 f.
[54] Nerlich/Römermann/*Wittkowski*/*Kruth* § 82 Rn. 4; FKInsO/*Wimmer*/*Amend* § 82 Rn. 8; K. Schmidt/*Sternal* § 82 Rn. 11; HKInsO/*Kayser* § 82 Rn. 11; Jaeger/*Windel* § 82 Rn. 41; aA KPB/*Lüke* § 82 Rn. 6.
[55] And. KPB/*Lüke* § 82 Rn. 6; LSZ/*Smid* § 82 Rn. 6.
[56] *Kilger*/*K. Schmidt* KO § 8 Anm. 3; HKInsO/*Kayser* § 82 Rn. 11; FKInsO/*Wimmer*/*Amend* § 82 Rn. 8; abl. K. Schmidt/*Sternal* § 82 Rn. 11 mwN; Uhlenbruck/*Mock* § 82 Rn. 28.
[57] Jaeger/*Windel* § 82 Rn. 2; BKInsO/*v. Olshausen* § 82 Rn. 2 unter Berufung auf die Regelung in § 8 Abs. 1 KO und die Begründung zum RegE der InsO gegen „etwas verkrampfte Konstruktionen".
[58] Jaeger/*Windel* § 82 Rn. 8: einer dem Schuldner gegenüber abgegebenen Tilgungsbestimmung soll ausnahmsweise auch Wirkung gegenüber der Masse beigemessen werden.
[59] BKInsO/*v. Olshausen* § 82 Rn. 2; aA Jaeger/*Windel* § 82 Rn. 3.

obwohl die Leistung beim Insolvenzschuldner ohne weiteres erreichbar ist, was zu einer dauerhaften Einrede des Drittschuldners gegen den Erfüllungsanspruch führt.[60]

Eine unwirksame Leistung an den Schuldner kann außer durch eine Genehmigung des Insolvenzverwalters auch dadurch rückwirkend wirksam werden, dass der zugrunde liegende Anspruch **freigegeben** oder das **Verfahren beendet** wird.[61] In diesem Fall kommt es zur **Konvaleszenz** gem. § 185 Abs. 2 Satz 1 Fall 2 BGB (analog).[62] Die Wirkung tritt ex tunc ein.[63] 7

4. Leistung nach Eröffnung des Insolvenzverfahrens. Maßgeblich ist der Zeitpunkt des Erlasses des Eröffnungsbeschlusses, d. h. der Zeitpunkt, in dem der Insolvenzrichter den **Eröffnungsbeschluss** unterschreibt; bei fehlender Angabe der Stunde der Eröffnung im Eröffnungsbeschluss (§ 27 Abs. 2 Nr. 3) gilt die Mittagsstunde des Tages, an dem der Beschluss erlassen worden ist, als Zeitpunkt der Eröffnung (§ 27 Abs. 3); → §§ 27–29 Rn. 39–44. 8

Unerheblich ist, ob die **Verbindlichkeit vor der Verfahrenseröffnung begründet** worden ist. Soweit die Auffassung vertreten wird, dass nur Personen in den Anwendungsbereich des § 82 fallen, die bereits vor der Insolvenzeröffnung Schuldner des Insolvenzschuldners waren,[64] kann dem nicht gefolgt werden. Der Zweck ist, den Leistenden zu schützen, der in Unkenntnis der Verfahrenseröffnung an den Insolvenzschuldner statt an die Masse leistet (→ Rn. 1). Der Leistende, der auf Grund einer vom Insolvenzschuldner nach Verfahrenseröffnung begründeten und als Neuerwerb in die Masse fallenden Verbindlichkeit leistet (§ 35 Abs. 1), ist in seinem Vertrauen auf die bestehende Empfangszuständigkeit des Insolvenzschuldners schutzwürdig. Insolvenzrechtlich ist kein Grund ersichtlich, den Schutz des guten Glaubens des Schuldners auf den Fortbestand der Empfangszuständigkeit zu beschränken. 8a

5. Leistung nach Erlass eines allgemeinen Verfügungsverbots. Hat das Gericht vor Eröffnung des Insolvenzverfahrens im Rahmen von Sicherungsmaßnahmen dem Schuldner ein allgemeines Verfügungsverbot auferlegt (§ 21 Abs. 2 Satz 1 Nr. 2), gilt § 82 entsprechend (§ 24 Abs. 1). 9

6. Insolvenzplan; Eigenverwaltung. Wird ein **Insolvenzplan** durch das Gericht bestätigt und das Verfahren aufgehoben, ist der Schuldner wieder verfügungsbefugt (§ 259 Abs. 1). Leistungen an den Schuldner sind daher grundsätzlich wirksam. Etwas anderes gilt dann, wenn der Insolvenzplan Zustimmungsvorbehalte für bestimmte Rechtsgeschäfte des Schuldners enthält. Insoweit sind Leistungen an den Schuldner unwirksam, sofern der Leistende nicht gutgläubig ist (§§ 263 Satz 2, 82 Satz 1).[65] Bei der **Eigenverwaltung** findet § 82 grundsätzlich keine Anwendung,[66] weil der Schuldner in diesem Fall die Verwaltungs- und Verfügungsbefugnis über sein insolvenzbefangenes Vermögen behält (§ 270 Abs. 1 Satz 1). Der Schuldner verliert seine Empfangszuständigkeit selbst dann nicht, wenn der Sachwalter gem. § 275 Abs. 2 vom Schuldner verlangt, dass eingehende Zahlungen ausschließlich vom Sachwalter selbst entgegengenommen werden dürfen; hierdurch verliert der Schuldner lediglich seine **Befugnis zur Kassenführung.**[67] Nur wenn das Insolvenzgericht einen **Zustimmungsvorbehalt** anordnet, gilt § 82 entsprechend (§ 277 Abs. 1 Satz 2). 9a

II. Ausgleichsansprüche des Leistenden

1. Fortbestand der Verbindlichkeit. Hat der Drittschuldner nach Eröffnung des Insolvenzverfahrens an den Insolvenzschuldner geleistet, statt die Verbindlichkeit zur Masse zu erfüllen, so wird er grundsätzlich nicht befreit. Seine Verbindlichkeit besteht unverändert fort und muss auf Verlangen des Verwalters an die Masse erbracht werden. Der Drittschuldner kann jedoch auch gegenüber der Masse sämtliche **Einwendungen** und **Einreden** geltend machen, die ihm gegen den Anspruch zustehen. Dies folgt bereits daraus, dass mit der Verfahrenseröffnung lediglich die 10

[60] Graf-Schlicker/*Webel* § 82 Rn. 4; Jaeger/*Windel* § 82 Rn. 41; LSZ/*Smid* § 82 Rn. 6.

[61] Braun/*Kroth* § 82 Rn. 4; Jaeger/*Windel* § 82 Rn. 39; Nerlich/Römermann/*Wittkowski/Kruth* § 82 Rn. 3; aA Uhlenbruck/*Mock* § 82 Rn. 26.

[62] Vgl. RGZ 149, 19, 22; Staudinger/*Gursky* BGB § 185 Rn. 73.

[63] Nerlich/Römermann/*Wittkowski/Kruth* § 82 Rn. 3; aA (ex nunc) HKInsO/*Kayser* § 82 Rn. 11; K. Schmidt/*Sternal* § 82 Rn. 10.

[64] *Schäfer* ZInsO 2008, 16, 17 f.; *Schäfer* Rn. 448 ff.; ohne nähere Diskussion auch *Gogger*, Insolvenzgläubiger-HdB, § 2 Rn. 324; aA *Obermüller* ZInsO 2010, 8, 17; von einer Anwendbarkeit des § 82 gehen demgegenüber BGH NZI 2006, 175 und OLG Dresden ZInsO 2008, 509 aus; ebenso *Wittmann* ZInsO 2008, 1010 ff.

[65] Nerlich/Römermann/*Wittkowski/Kruth* § 82 Rn. 16.

[66] FKInsO/*App*[7] § 82 Rn. 2; K. Schmidt/*Sternal* § 82 Rn. 2; Braun/*Kroth* § 82 Rn. 2; *Hess*[2] § 82 Rn. 2; KPB/*Lüke* § 82 Rn. 1.

[67] FKInsO/*App*[7] § 82 Rn. 2.

Empfangszuständigkeit wechselt (→ Rn. 3).[68] Der Verwalter ist grundsätzlich nicht verpflichtet, zuerst den Insolvenzschuldner wegen der Herausgabe des Erlangten in Anspruch zu nehmen (→ aber Rn. 6). Die Gegenauffassung will dem Drittschuldner die **Arglisteinrede** (§ 242 BGB) zugestehen, wenn der Verwalter sich weigert, die Leistung zuvor bei dem Insolvenzschuldner einzuziehen.[69] Praktisch relevant werden dürfte diese Frage nicht.[70] Sind die Realisierungschancen eines solchen Herausgabeverlangens ungewiss und mit Risiken für die Masse verbunden, kann das Verhalten des Verwalters nicht als treuwidrig angesehen werden.[71] Lässt sich die Leistung dagegen ohne weiteres bei dem Insolvenzschuldner realisieren, etwa wenn dieser die Leistung dem Verwalter anbietet oder sogar der Masse zukommen lässt, wird der Verwalter diese ohnehin zur Masse ziehen. Neben dem **Erfüllungsanspruch** stehen der Masse auch die aus der Nichterfüllung resultierenden Rechte nach Maßgabe der allgemeinen Voraussetzungen zu. Dazu gehören insbesondere Ansprüche auf Ersatz eines **Verzögerungsschadens** (§§ 280 Abs. 2, 286, 288 BGB) sowie auf **Schadensersatz statt der Leistung** gem. §§ 280 Abs. 3, 283 BGB.

11 **2. Ausgleichsansprüche des Leistenden.** Eine an den Insolvenzschuldner ohne befreiende Wirkung erbrachte Leistung kann der Leistende von diesem kondizieren (§ 812 Abs. 1 Satz 1, 1. Alt. BGB).[72] Die Leistung ist, da sie den Leistungszweck nicht erreicht hat, ohne rechtlichen Grund erfolgt.[73] Der **Bereicherungsanspruch** richtet sich gegen den Insolvenzschuldner persönlich, nicht gegen die Masse, weil der Anspruch erst nach Eröffnung des Insolvenzverfahrens begründet worden ist, § 38. Da aber grundsätzlich das gesamte pfändbare Vermögen des Insolvenzschuldners einschließlich eines etwaigen Neuerwerbs in die Masse fällt (§ 35), wird der Anspruch regelmäßig **nicht durchsetzbar** sein. Der Leistende ist vielmehr auf das verbleibende insolvenzfreie Vermögen des Schuldners beschränkt.[74] Dagegen ist der Anspruch nicht ohne weiteres schon rechtlich ausgeschlossen. **§ 814 BGB** steht der Rückforderung auch dann nicht entgegen, wenn der Leistende an den Insolvenzschuldner in Kenntnis der Eröffnung des Insolvenzverfahrens geleistet hat.[75] Diese Vorschrift gilt nur, wenn auf eine Verbindlichkeit geleistet wurde, die im Zeitpunkt der Leistung nicht bestand.[76] Die Eröffnung des Insolvenzverfahrens ändert aber nichts am Bestand der Verbindlichkeit. Eine Rückforderung des an den Insolvenzschuldner Geleisteten scheitert auch nicht an **§ 815 BGB,** sofern nicht zum Zeitpunkt der Leistung bereits feststand, dass der Insolvenzverwalter eine Leistung an den Insolvenzschuldner nicht genehmigen und der Leistungsgegenstand auch tatsächlich nicht an die Masse gelangen wird und sofern der Leistende davon positive Kenntnis hatte.[77] Dies kommt praktisch nur in Betracht, wenn der Leistende kollusiv mit dem Insolvenzschuldner zusammenwirkte, um die Masse zu verkürzen.

III. Gutglaubensschutz des Leistenden

12 **1. Schutz des gutgläubigen Leistenden.** Der Leistende, der in **Unkenntnis der Eröffnung des Insolvenzverfahrens** die Leistung an den Insolvenzschuldner erbringt, wird von der Verbindlichkeit befreit, § 82 Satz 1. Dies entspricht dem **allgemeinen Grundsatz des Schuldnerschutzes,** wonach Veränderungen in der Gläubigersphäre nicht zu Lasten des Schuldners gehen, sofern der

[68] Dagegen den Rechtsgedanken des § 404 BGB heranziehend Braun/*Kroth* § 82 Rn. 4; Nerlich/Römermann/*Wittkowski/Kruth* § 82 Rn. 5.

[69] So FKInsO/*App*[7] § 82 Rn. 5; K. Schmidt/*Sternal* § 82 Rn. 8; Uhlenbruck/*Mock* § 82 Rn. 25; Braun/*Kroth* § 82 Rn. 4; LSZ/*Smid* § 82 Rn. 6; *Häsemeyer,* Insolvenzrecht, Rn. 10.14; stark einschränkend (wenn die Einziehung der Leistung beim Schuldner ohne nennenswerten Aufwand und ohne offensichtliches Risiko für die Masse möglich ist) Jaeger/*Windel* § 82 Rn. 41; Nerlich/Römermann/*Wittkowski/Kruth* § 82 Rn. 5; in diesem Sinne auch BKInsO/*v. Olshausen* § 82 Rn. 8 (nur bei leichter Realisierbarkeit); HKInsO/*Kayser* § 82 Rn. 41 (in besonders gelagerten Einzelfällen).

[70] Hierzu Nerlich/Römermann/*Wittkowski/Kruth* § 82 Rn. 5; Uhlenbruck/*Uhlenbruck*[13] § 82 Rn. 5.

[71] Nerlich/Römermann/*Wittkowski/Kruth* § 82 Rn. 5; BKInsO/*v. Olshausen* § 82 Rn. 8.

[72] BKInsO/*v. Olshausen* § 82 Rn. 9 in Fn. 15; AGR/*Piekenbrock* § 82 Rn. 1; aA (§ 812 Abs. 1 Satz 2, 2. Alt. BGB) HKInsO/*Kayser* § 82 Rn. 42; Jaeger/*Windel* § 82 Rn. 38; K. Schmidt/*Sternal* § 82 Rn. 9; Uhlenbruck/*Mock* § 82 Rn. 27.

[73] Ein Fall der Kondiktion wegen Nichteintritts des mit der Leistung bezweckten Erfolgs (§ 812 Abs. 1 Satz 2, 2. Alt. BGB – condictio ob rem), worauf zumeist abgestellt wird (vgl. Jaeger/*Windel* § 82 Rn. 38; FKInsO/*App*[7] § 82 Rn. 6; *Hess*[2] § 82 Rn. 10; KPB/*Lüke* § 82 Rn. 7; HKInsO/*Kayser* § 82 Rn. 42), liegt nicht vor, weil diese nur die Fälle betrifft, in denen über den mit jeder Leistung notwendig verfolgten Zweck hinaus ein weiterer Erfolg vorausgesetzt wurde, der nicht eingetreten ist; s. dazu Palandt/*Sprau* BGB § 812 Rn. 72, 86.

[74] FKInsO/*App*[7] § 82 Rn. 6; Braun/*Kroth* § 82 Rn. 5.

[75] AllgM; *Hess*[2] § 82 Rn. 12; KPB/*Lüke* § 82 Rn. 7; HKInsO/*Kayser* § 82 Rn. 42; Uhlenbruck/*Mock* § 82 Rn. 27.

[76] Palandt/*Sprau* BGB § 814 Rn. 1.

[77] LSZ/*Smid* § 82 Rn. 4; *Hess*[2] § 82 Rn. 11; K. Schmidt/*Sternal* § 82 Rn. 9; Uhlenbruck/*Mock* § 82 Rn. 27.

Drittschuldner davon im Zeitpunkt der Leistung keine Kenntnis erlangt hat (vgl. § 407 BGB).[78] Ob der Verlust der Empfangszuständigkeit des Forderungsgläubigers auf einer Abtretung oder auf der Eröffnung des Insolvenzverfahrens beruht, macht insoweit aus der Sicht des Leistenden keinen Unterschied. Das **Risiko einer Fehlleitung** der Leistung trägt im Falle des § 407 BGB der Zedent, im Falle des § 82 Satz 1 die Insolvenzmasse. Das ist in beiden Fällen aus dem gleichen sachlichen Grund gerechtfertigt, dass es jeweils der nunmehr legitimierte Leistungsempfänger in der Hand hat, das Risiko durch umgehende Information des Leistungsschuldners von der veränderten Empfangszuständigkeit auszuschließen. Im Falle des § 82 Satz 1 wird das die Masse treffende Risiko zudem weiter durch die Beweislastregel des Satz 2 verringert. Leistet der Zahlungsschuldner **nach der Verfahrensaufhebung** oder **nach einer Freigabe der Forderung** an den nicht mehr empfangszuständigen Insolvenzverwalter, soll **§ 82 analoge Anwendung** finden.[79] Gegen eine solche Analogie bestehen Bedenken, weil der Zahlungsschuldner von der Verfahrenseröffnung Kenntnis hat und nicht darauf vertrauen darf, dass die hierdurch bewirkte Empfangszuständigkeit fortbesteht. Vielmehr muss er damit rechnen, dass diese zwischenzeitlich wieder entfallen ist.

Gutgläubig ist der Leistende, wenn er im Zeitpunkt der Leistungserbringung **keine Kenntnis** von der Eröffnung des Insolvenzverfahrens hat. Fahrlässige – auch grob fahrlässige – Unkenntnis schließt den Schutz des § 82 Satz 1 nicht aus.[80] Kenntnis von der Zahlungsunfähigkeit oder des Eröffnungsantrags steht der Kenntnis von der Verfahrenseröffnung nicht gleich.[81] Demgemäß reicht auch die bloße Möglichkeit, die Information über die Eröffnung eines Insolvenzverfahrens durch eine **Einzelabfrage aus dem Internet** (www.insolvenzbekanntmachungen.de) zu gewinnen, nicht aus;[82] da dem Gesetz eine unbewusste Regelungslücke nicht entnommen werden kann, ist für eine Einschränkung des § 82 Satz 1 durch Treu und Glauben kein Raum. Dies gilt auch dann, wenn aufgrund entsprechender technischer Möglichkeiten ein programmgesteuerter Abgleich der Unternehmensdaten mit den öffentlichen Bekanntmachungen über Insolvenzeröffnungen im Internet und eine fortlaufende Übernahme wesentlicher Informationen in die eigenen Unternehmensdateien mit einem verhältnismäßig geringem Aufwand möglich ist.[83] Auch für **Banken** besteht keine Pflicht, in ihrem Geschäftsbereich die Entwicklung des Wirtschaftslebens unter Einbeziehung von Insolvenzen zu beobachten.[84] Dies würde die Prüfungspflichten von Banken überspannen und insbesondere im Überweisungsverkehr zu einem unzumutbaren Kostenaufwand führen. Ein **Notar** ist allenfalls bei Vorliegen konkreter Anhaltspunkte verpflichtet, vor der Auszahlung von Geldern zu prüfen, ob über das Vermögen des Anweisenden das Insolvenzverfahren eröffnet worden ist.[85] Die Bestimmung des § 82 stellt auf die **Kenntnis im Zeitpunkt der Leistung** ab. In Betracht kommt dafür der Zeitpunkt der Leistungshandlung oder der Zeitpunkt, zu dem der Leistungserfolg eintritt.[86] Die hM hält den Zeitpunkt für maßgeblich, bis zu dem der Leistende den Leistungserfolg noch verhindern kann.[87] Bei der Leistung im bargeldlosen 13

[78] BGHZ 105, 358, 360; NJW-RR 2004, 1145; FKInsO/*App*[7] § 82 Rn. 1; *Häsemeyer,* Insolvenzrecht, Rn. 10.15.

[79] BGHZ 186, 223 = NJW-RR 2010, 1494; NZI 2011, 104; LG München NZI 2010, 821 ff.; *Büttner* EWiR 2010, 823 f.; BankenKommInsO/*Ampferl* § 82 Rn. 10; *Janssen* BB 2011, 467.

[80] BGH NJW 2010, 1806 f.; 2018, 2049 Rn. 61; BFHE 234, 114 = DStR 2011, 1758 ff.; BFHE 250, 499 = NZI 2016, 44 Rn. 14; BAG NJW 2014, 1839 Rn. 8; FKInsO/*App*[7] § 82 Rn. 10; *Bork* DB 2012, 33 ff.; Braun/*Kroth* § 82 Rn. 9; K. Schmidt/*Sternal* § 82 Rn. 12; *Hess*[2] § 82 Rn. 16; PK-HWF/*Ries/Rook* § 82 Rn. 11; Uhlenbruck/*Mock* § 82 Rn. 13; zum Gutglaubensschutz von Lebensversicherern in der Insolvenz des Versicherungsnehmers *Hempler* ZInsO 2007, 423 ff.

[81] Braun/*Kroth* § 82 Rn. 9; Andres/Leithaus/*Leithaus* § 82 Rn. 3; *Hess*[2] § 82 Rn. 16; AGR/*Piekenbrock* § 82 Rn. 9.

[82] BGH NJW 2010, 1806; 2018, 2049 Rn. 61; OLG Bremen NZI 2014, 403 Rn. 29; *Gehrlein* VersR 2015, 38, 39; Uhlenbruck/*Mock* § 82 Rn. 17.

[83] OLG Bremen NZI 2014, 403 Rn. 31 ff.; *Kexel* EWiR 2014, 493, 494; abw. wohl BGH NJW 2010, 1806 Rn. 13; *Gehrlein* VersR 2015, 38, 39; offen lassend BGH NJW 2015, 341 Rn. 9.

[84] So aber OLG Saarbrücken Urt. v. 27.7.2006 – 4 U 111/05, BeckRS 2007, 8974 Rn. 29.

[85] Vgl. *Sandkühler* MittBayNot 2007, 242 ff.; aA OLG Saarbrücken Urt. v. 27.7.2006 – 4 U 111/05, BeckRS 2007, 8974 Rn. 30.

[86] So BKInsO/*v. Olshausen* § 82 Rn. 6; *Hess*[2] § 82 Rn. 14.

[87] BGHZ 182, 85 = NZI 2009, 680 = JZ 2010, 48 m. krit. Anm. *Thole* S. 50 ff. = ZInsO 2009, 1646; LG Kiel ZIP 1981, 501 (zur KO); BankenKommInsO/*Ampferl* § 82 Rn. 17; K. Schmidt/*Sternal* § 82 Rn. 15; BankenKommInsO/*Ellers* § 116 Rn. 25; FKInsO/*App*[7] § 82 Rn. 11; FKInsO/*Wimmer/Amend* § 82 Rn. 15; *Bartholomäus* BB 2009, 2223, 2224; Andres/Leithaus/*Leithaus* § 82 Rn. 3; Braun/*Kroth* § 82 Rn. 10; HKInsO/*Kayser* § 82 Rn. 17; KPB/*Lüke* § 82 Rn. 24; Gottwald/*Obermüller/Kuder,* InsO-HdB, § 99 Rn. 11; *Obermüller* ZInsO 2010, 8, 18 f.; LSZ/*Smid* § 82 Rn. 9; Uhlenbruck/*Mock* § 82 Rn. 14; Nerlich/Römermann/*Wittkowski/Kruth* § 82 Rn. 18; Jaeger/*Windel* § 82 Rn. 48; HambKommInsO/*Kuleisa* § 82 Rn. 27; Graf-Schlicker/*Webel* § 82 Rn. 6; *Gundlach/Schirrmeister* EWiR 2009, 685 f.; *Siegmann* WuB VI A § 82 InsO 1.10; *Martini* jurisPR-InsR 21/2009 Anm. 1.

Zahlungsverkehr wäre danach auf die Unkenntnis in dem Zeitpunkt des letztmöglichen Widerrufs abzustellen.[88] Bei einer Leistung im Wege des **SEPA-Lastschriftverfahrens** (→ Rn. 25) wäre auf den Zeitpunkt der Unwiderruflichkeit gem. § 675p Abs. 2 Satz 2 BGB abzustellen,[89] also auf das Ende des Geschäftstags vor dem Fälligkeitstag. Durch das Hinausschieben des für die Kenntnis des für die Leistungsbefreiung gem. § 82 maßgeblichen Zeitpunkts erhöht sich das Risiko des Zahlungsschuldners, trotz der bereits vollzogenen Leistungshandlung noch einmal in Anspruch genommen zu werden. Zur Begründung hierfür erlegt die Rechtsprechung dem Zahlungsschuldner nach Erlangung der Kenntnis die **Obliegenheit** auf, seine Leistung noch zurückzurufen und so dem Risiko eines treuwidrigen Verfahrensschuldners vorzubeugen.[90] Diese Obliegenheit leitet die Rechtsprechung aus dem Regelungsziel des § 82, nämlich dem öffentlichen Interesse an einem effektiven Insolvenzverfahren, ab und schränkt damit die Reichweite des Gutglaubensschutzes generell ein. Diese Einschränkung geht jedoch zu weit, weil die Leistung des Zahlungsschuldners auch dann, wenn sie an den Insolvenzschuldner erbracht wird, rechtlich in die Insolvenzmasse fällt und damit dem Insolvenzbeschlag unterliegt. Es obliegt in erster Linie dem Insolvenzverwalter, die Leistung des Zahlungsschuldners auch faktisch zur Masse zu ziehen. Der Insolvenzverwalter ist gehalten, hierfür sämtliche ihm aufgrund des Insolvenzbeschlags zur Verfügung stehenden Möglichkeiten zu nutzen. Erst wenn auf diesem Weg die Leistung nicht zur Masse gezogen werden kann, verwirklicht sich das „Risiko eines treuwidrigen Verfahrensschuldners“,[91] das dem Zahlungsschuldner aufzuerlegen gerechtfertigt ist, sofern dieser die Möglichkeit einer Verhinderung des Leistungserfolgs nicht genutzt hat. Die von der Rechtsprechung aus dem Normzweck des § 82 abgeleiteten und den Gutglaubensschutz beschränkenden Obliegenheiten zum Schutz Masse dürfen diesem Normzweck entsprechend nicht greifen, wenn und soweit der Schutz der Masse durch die dem Insolvenzverwalter zustehenden Möglichkeiten, die Leistung zur Masse zu ziehen, bereits gewährleistet ist. In diesem Fall wäre es nicht gerechtfertigt, wenn der Zahlungsschuldner die Leistung nochmals an die Masse zu erbringen hätte und darauf verwiesen würde, die an den Insolvenzschuldner erbrachte Leistung von diesem zurückzuerlangen, obwohl ihm Zugriffsmöglichkeiten, wie sie dem Insolvenzverwalter verfügbar sind, nicht zustehen. Unter diesen Voraussetzungen kann der Insolvenzverwalter den Zahlungsschuldner nicht auf eine nochmalige Leistung in Anspruch nehmen unter Berufung auf eine dem Zahlungsschuldner nach dem gem. § 82 maßgeblichen Zeitpunkt der Leistungshandlung zu einem späteren Zeitpunkt noch mögliche Verhinderung des Eintritts des Leistungserfolgs (§ 242 BGB). Vielmehr verbleibt es hier bei der befreienden Wirkung der erbrachten Leistung gem. § 82.

14 **2. Zurechnung der Kenntnis.** Der Leistende muss sich die Kenntnis der Personen von der Eröffnung des Insolvenzverfahrens zurechnen lassen, deren er sich zur Erbringung der Leistung bedient (sog. Wissensvertreter).[92] **Wissensvertreter** ist jeder, der nach der Arbeitsorganisation des Geschäftsherrn dazu berufen ist, im Rechtsverkehr als dessen Repräsentant bestimmte Aufgaben in eigener Verantwortung wahrzunehmen und die dabei anfallenden Informationen zur Kenntnis zu nehmen und ggf. weiterzugeben; rechtsgeschäftliche Vertretungsmacht ist dazu nicht erforderlich.[93] Bei Organisationen findet eine **Wissenszusammenrechnung** in der Weise statt, dass die Organisation sicherstellen muss, dass die ihr ordnungsgemäß zugehenden, rechtserheblichen Informationen von ihren Entscheidungsträgern zur Kenntnis genommen werden können; dazu müssen die erkennbar erheblichen Informationen tatsächlich an die entscheidenden Personen weitergeleitet werden.[94] Werden entsprechende Organisationsstrukturen nicht geschaffen, muss der Leistende beweisen, dass weder er noch eine seiner Mitarbeiter, gleich auf welcher Ebene, Kenntnis von der Verfahrenseröffnung hatte.[95] Ist die Information eingegangen, jedoch mangels entsprechender organisatorischer

---

[88] Hierzu KPB/*Lüke* § 82 Rn. 24 mwN; K. Schmidt/*Sternal* § 82 Rn. 16; Uhlenbruck/*Mock* § 82 Rn. 14.
[89] Vgl. hierzu Staudinger/*Omlor* BGB § 675p Rn. 8.
[90] BGH NZI 2009, 680 Rn. 13.
[91] BGH NZI 2009, 680 Rn. 13.
[92] BGHZ 83, 293, 296 = NJW 1982, 1585; BGHZ 117, 104, 106 = NJW 1992, 1099; *Bork* DB 2012, 33 ff.; HambKommInsO/*Kuleisa* § 82 Rn. 28; Palandt/*Ellenberger* BGB § 166 Rn. 6; s. w. K. Schmidt/*Sternal* § 82 Rn. 13.
[93] BGHZ 117, 104, 106 = NJW 1992, 1099; HKInsO/*Kayser* § 82 Rn. 18.
[94] BGHZ 182, 85 = NZI 2009, 680; BGHZ 135, 202 ff. = NJW 1997, 1917; BGHZ 140, 54, 62 = NJW 1999, 284; 1996, 1205; 1996, 1339 mAnm *Taupitz* EWiR 1996, 585; 2010, 1806 f.; ZIP 2006, 138 = NZI 2006, 175 = EWiR 2006, 213 (*Flitsch/Schellenberger*); BAG NJW 2014, 1839 Rn. 10; OLG Dresden ZInsO 2008, 509 ff.; OLG Hamm Urt. v. 25.11.2009 – 31 U 15/04, BeckRS 2010, 10780; *Ackermann* JR 2015, 103, 104; *Bork* DB 2012, 33 ff.; *Gehrlein* VersR 2015, 38; *Hippel/Schneider* NZI 2006, 177 ff.; Palandt/*Ellenberger* BGB § 166 Rn. 8; HKInsO/*Kayser* § 82 Rn. 19; K. Schmidt/*Sternal* § 82 Rn. 14; Uhlenbruck/*Mock* § 82 Rn. 20; Jaeger/*Windel* § 82 Rn. 47; s. a. LG Dortmund ZIP 1997, 206.
[95] OLG Hamm Urt. v. 25.11.2009 – 31 U 15/04, BeckRS 2010, 10780.

Vorsorge nicht an die entscheidenden Personen weitergeleitet worden, muss sich der Leistende so behandeln lassen, als wenn er Kenntnis von der Verfahrenseröffnung gehabt hätte.[96] Die einmal erlangte Kenntnis über die Verfahrenseröffnung dauert fort, sie kann regelmäßig nur durch zuverlässige Kenntniserlangung über den Abschluss des Verfahrens, insbesondere eine amtliche Bekanntmachung, eine Auskunft des Insolvenzgerichts oder des Insolvenzverwalters wieder entfallen.[97] Bestand im Zeitpunkt der Kenntniserlangung demgegenüber keinerlei Geschäftsbeziehung zu dem Insolvenzschuldner, ist der Leistende nicht verpflichtet, die Information aktenmäßig festzuhalten.[98] Bei einer juristischen Person schadet die Kenntnis auch nur eines ihrer organschaftlichen Vertreter; dies gilt auch bei Personengesellschaften sowohl bei Gesamtvertretung als auch bei Einzelvertretung.[99] Demgemäß ist die aus § 82 Satz 1 folgende Vermutung nur widerlegt, wenn keinem der vertretungsberechtigten Gesellschafter die Eröffnung des Insolvenzverfahrens bekannt war.[100] Hat ein **Finanzamt Kenntnis von der Verfahrenseröffnung,** ist diese Kenntnis bei einem Wechsel der örtlichen Zuständigkeit auch dem zuständig gewordenen Finanzamt zuzurechnen, selbst dann, wenn die Finanzämter verschiedenen Bundesländern zuzuordnen sind.[101] Die **Verletzung der steuerlichen Mitwirkungspflichten** führt entgegen der Auffassung des BFH[102] nicht dazu, dass dem Insolvenzverwalter eine Berufung auf die Zurechnung des Wissens des ehemals zuständigen Finanzamts von der Eröffnung des Insolvenzverfahrens verwehrt ist. Für eine Einschränkung des § 82 Satz 1 durch Treu und Glauben ist auch insoweit kein Raum (→ Rn. 13).[103]

3. Beweislast. Die Beweislast für die mangelnde Kenntnis von der Verfahrenseröffnung zum Zeitpunkt der Leistung trägt grundsätzlich der Leistende, § 82 Satz 1 Hs. 2.[104] Hat er vor der **öffentlichen Bekanntmachung der Eröffnung** geleistet, so streitet die **widerlegbare Vermutung** des Satz 2 zu seinen Gunsten. In diesem Fall fällt die Beweislast für die Kenntnis des Leistenden von der Verfahrenseröffnung im Zeitpunkt der Leistung dem Insolvenzverwalter zu.[105] Ist die Leistung nach der öffentlichen Bekanntmachung der Verfahrenseröffnung erbracht worden, so trifft die Beweislast dafür, dass er zu diesem Zeitpunkt die Verfahrenseröffnung nicht kannte, den Leistenden.[106] Gefordert ist ein **Vollbeweis** der Kenntnis bzw. der mangelnden Kenntnis der Verfahrenseröffnung im Zeitpunkt der Leistung iSd § 286 ZPO. In diesem Rahmen gelten die allgemeinen Anforderungen an das Beweismaß; für darüber hinausgehende Anforderungen ist kein Raum.[107] Maßgeblich ist der Zeitpunkt, an dem die Bekanntmachung nach § 9 Abs. 1 Satz 3 als bewirkt gilt, also sobald zwei weitere Tage nach der **Veröffentlichung im Internet** auf der gemeinsamen Internetplattform der Bundesländer verstrichen sind. Auf Veröffentlichungen in einem anderen Organ, zB in einem Amtsblatt oder in einer Tageszeitung, kommt es nicht mehr an.[108] Die Beweislast dafür, dass die Leistung vor der öffentlichen Bekanntmachung erfolgt ist, trägt nach den allgemeinen Grundsätzen der Leistende,[109] weil er sich auf den Vermutungstatbestand des Satz 2 beruft. 15

4. Entsprechende Anwendung bei Erlass eines allgemeinen Verfügungsverbots, § 24 Abs. 1. Der Leistende wird nur befreit, wenn er in Unkenntnis dieses Verbots an den Schuldner 16

---

96 BGHZ 182, 85 = NZI 2009, 680.

97 BAG NJW 2014, 1839 Rn. 16; LG Dresden ZIP 2008, 935 ff.; LAG Düsseldorf NZI 2012, 821 f.; *Ackermann* JR 2015, 103, 104.

98 Vgl. BGHZ 132, 30 = NJW 1996, 1339; NJW 1996, 1205 f.; OLG Dresden ZInsO 2008, 509 ff.; *Wittmann* ZInsO 2008, 1010 f.

99 BGHZ 140, 54, 61 = NJW 1999, 284; BGHZ 109, 327, 331; KPB/*Lüke* § 82 Rn. 23; s. allg. zur Wissenszurechnung bei juristischen Personen *Medicus* und *Taupitz* Karlsruher Forum 1994, Beilage zu VersR, S. 4 ff., 16 ff., 50 ff.; krit. dagegen *Koller* JZ 1998, 75 ff.

100 BGHZ 140, 54, 62 f. = NJW 1999, 284 (zu § 8 Abs. 3 KO).

101 FG Hannover EFG 2011, 777; aA FG Saarbrücken EFG 2013, 1199 ff.; Uhlenbruck/*Mock* § 82 Rn. 22; offen lassend BFHE 250, 499 = NZI 2016, 44 Rn. 23.

102 BFHE 250, 499 = NZI 2016, 44 Rn. 26; ebenso Uhlenbruck/*Mock* § 82 Rn. 22.

103 Krit. auch *Harder* ZInsO 2016, 31, 32.

104 BGHZ 182, 85 = NZI 2009, 680 Rn. 8; ZIP 2006, 138; BAG NJW 2014, 1839 Rn. 8; *Ackermann* JR 2015, 103, 104; FKInsO/*App*[7] § 82 Rn. 13; *Bork* DB 2012, 33 ff.; Braun/*Kroth* § 82 Rn. 9; BKInsO/*Blersch*/*v. Olshausen* § 82 Rn. 6; *Hess*[2] § 82 Rn. 20, 22; aA Nerlich/Römermann/*Wittkowski*/*Kruth* § 82 Rn. 17.

105 BGH ZIP 2006, 138; FKInsO/*App*[7] § 82 Rn. 11; HKInsO/*Kayser* § 82 Rn. 21; K. Schmidt/*Sternal* § 82 Rn. 18; Uhlenbruck/*Mock* § 82 Rn. 34; *Laumen*/*Vallender* NZI 2016, 609, 615; Jaeger/*Windel* § 82 Rn. 49; HambKommInsO/*Kuleisa* § 82 Rn. 29.

106 OLG Rostock ZIP 2006, 1684 ff. = DZWiR 2007, 172; *Hess*[2] § 82 Rn. 20, 22; HKInsO/*Kayser* § 82 Rn. 22; K. Schmidt/*Sternal* § 82 Rn. 18; FKInsO/*Wimmer*/*Amend* § 82 Rn. 20; Uhlenbruck/*Mock* § 82 Rn. 35.

107 So aber *Hess*[2] § 82 Rn. 19 (höchste Anforderungen); ebenso KPB/*Lüke* § 82 Rn. 9; wie hier OLG Rostock ZIP 2006, 1684 ff. = DZWiR 2007, 172.

108 S. hierzu K. Schmidt/*Sternal* § 82 Rn. 19 mwN; and. noch die Voraufl.

109 BKInsO/*v. Olshausen* § 82 Rn. 5 in Fn. 8; FKInsO/*App*[7] § 82 Rn. 15; FKInsO/*Wimmer*/*Amend* § 82 Rn. 21.

geleistet hat. Maßgeblich für die Beweislastverteilung ist dann die öffentliche Bekanntmachung des allgemeinen Verfügungsverbots.[110]

IV. Leistungen im Bankverkehr

17 **1. Überweisungsverkehr.** Hier ergeben sich unterschiedliche Problemkonstellationen. In der **Insolvenz des Überweisungsempfängers** (Zahlungsempfängers) stellt sich zum einen die Frage, ob bzw. unter welchen Voraussetzungen der **Drittschuldner** durch eine an den Insolvenzschuldner erbrachte Überweisung von seiner Leistungspflicht diesem gegenüber befreit wird, wenn die Überweisung dem Konto des Empfängers nach Eröffnung des Insolvenzverfahrens über sein Vermögen gutgebracht wird. Zum andern stellt sich die Frage, ob und unter welchen Voraussetzungen die **Empfängerbank** in der Insolvenz ihres Kunden berechtigt und verpflichtet ist, den Zahlungseingang dem Konto des Schuldners gutzubringen und welche Rechte der Empfängerbank daraus ggf. erwachsen. In der **Insolvenz des Überweisenden** (Zahlers) stellt sich die Frage, ob dessen Bank berechtigt bzw. verpflichtet ist, einen vor Eröffnung des Insolvenzverfahrens erteilten Überweisungsauftrag durchzuführen und ob sie ggf. bei Durchführung der Überweisung nach Eröffnung des Insolvenzverfahrens eine der Insolvenzmasse gegenüber wirksame Leistung erbringt.

18 **a) Insolvenz des Überweisungsempfängers (Zahlungsempfängers).** Wird die Überweisung vor Eröffnung des Insolvenzverfahrens durchgeführt und der Überweisungsbetrag dem Empfänger vor diesem Zeitpunkt gutgebracht, so ist der Zahlungsvorgang abgeschlossen und der Drittschuldner ist gem. § 362 Abs. 1 BGB von der Leistungspflicht befreit. Hat der Drittschuldner der Überweisungsbank **vor Eröffnung des Insolvenzverfahrens** über das Vermögen des Überweisungsempfängers einen Überweisungsauftrag erteilt, ist Deckung bei der Empfängerbank aber erst nach Eröffnung des Insolvenzverfahrens eingegangen, so wird der Drittschuldner gem. § 82 Satz 1 frei, weil im **Zeitpunkt seiner Leistungshandlung** das Verfahren noch nicht eröffnet war. Maßgeblich ist gem. § 82 Satz 1 der Zeitpunkt der Absendung des Geldes, nicht der Eintritt des Leistungserfolgs, d. h. der Ankunft des Geldes beim Empfänger.[111] Der Drittschuldner wird gegenüber dem Schuldner gem. § 82 Satz 1 auch dann frei, wenn er den Überweisungsauftrag nach Eröffnung des Verfahrens, aber in Unkenntnis hiervon erteilt hat und die Zahlung dem Insolvenzschuldner gutgebracht wird. Unabhängig davon tritt Befreiung des Drittschuldners immer dann ein, wenn der Überweisungsbetrag **der Masse zufließt,** indem er einem der Verwaltung durch den Insolvenzverwalter unterliegenden Konto des Schuldners gutgebracht wird (→ Rn. 6).

19 Der zwischen der Empfängerbank und dem Insolvenzschuldner bestehende **Zahlungsdiensterahmenvertrag** erlischt mit der Eröffnung des Insolvenzverfahrens, §§ 116 Satz 1, 115 Abs. 1 (→ § 116 Rn. 37), sofern nicht ein Fall der Notgeschäftsführung vorliegt (§§ 116 Satz 1, 115 Abs. 2; → § 116 Rn. 53 f.) oder das Vertragsverhältnis wegen unverschuldeter Unkenntnis der Bank von der Eröffnung des Insolvenzverfahrens als fortbestehend gilt (§§ 116 Satz 1, 115 Abs. 3, → § 116 Rn. 55 f.). Für den Fall des Erlöschens des Zahlungsdiensterahmenvertrags besteht grundsätzlich keine **nachvertragliche Verpflichtung** der Empfängerbank, Überweisungen entgegenzunehmen und den Gegenwert der Insolvenzmasse zur Verfügung zu stellen (→ § 116 Rn. 37). Die Bank ist aber im Einzelfall befugt, Zahlungen entgegen zu nehmen.[112] Ein Anspruch des Überweisungsempfängers auf Gutschrift des Zahlungseingangs entsteht nicht, wenn die buchmäßige Deckung für den Überweisungsauftrag erst nach Eröffnung des Insolvenzverfahrens eingegangen ist.[113] Nimmt die Bank die Zahlungseingänge entgegen und lässt sie diese dem Verwalter zukommen, wie es der Praxis entspricht,[114] so liegt darin weder eine Pflichtverletzung gegenüber dem Schuldner noch gegenüber der Masse, sofern es sich um eine Zahlung handelt, die der Masse gegenüber zu erbringen ist (§§ 82 Satz 1, 35).[115] Eine Verpflichtung der Empfängerbank gegenüber dem Auftraggeber der Überweisung (Zahler), diesen vor Erteilung der Gutschrift von der Krise oder der Insolvenz des Zahlungs-

---

110 Zum früheren Recht ist § 8 Abs. 3 KO analog auf die öffentliche Bekanntmachung eines allgemeinen Veräußerungsverbots anzuwenden, BGHZ 140, 54 = NJW 1999, 284 = NZG 1999, 130 mAnm *Schlitt* = WuB VI B. § 8 KO 1.99 *(Uhlenbruck)* = LM § 8 KO Nr. 4/5 (*Berger*).

111 BGHZ 105, 358 = NJW 1989, 905; BankenKommInsO/*Ampferl* § 82 Rn. 19; *Obermüller,* Bankpraxis, Rn. 3.38; str., → Rn. 13.

112 BGHZ 170, 121 = NJW 2007, 914; NJW 1995, 1483; *Gehrlein* ZInsO 2010, 1857; BankenKommInsO/*Ellers* § 116 Rn. 26; *Obermüller,* Bankpraxis, Rn. 3.70, 3.85; *Mayen,* Bankrechts-HdB, § 47 Rn. 36; *Hess*[2] § 82 Rn. 42 ff.; KPB/*Lüke* § 82 Rn. 14; Uhlenbruck/*Mock* § 82 Rn. 53, 55; aA *v. Sethe* BKR 2008, 16, 19 ff.; → dazu auch § 116 Rn. 37.

113 *Obermüller,* Bankpraxis, Rn. 3.84.

114 *Obermüller,* Bankpraxis, Rn. 3.70.

115 Vgl. BGH NJW 1995, 1483.

empfängers zu **benachrichtigen** und Rückfrage zu nehmen, besteht grundsätzlich nicht.[116] Ob die Bank ausnahmsweise verpflichtet ist, den Überweisenden (Zahler) zu informieren, wenn sie Kenntnis von der Zahlungseinstellung oder dem unmittelbar bevorstehenden Zusammenbruch des Zahlungsempfängers hat,[117] erscheint zweifelhaft und ist im Hinblick auf den damit für die Bank unter den Bedingungen der Massenhaftigkeit der Geschäftsvorgänge verbundenen Aufwand und insbesondere auch im Hinblick auf das damit verbundene Haftungsrisiko gegenüber ihrem Kunden in der Regel zu verneinen.[118] Solche Hinweispflichten können allenfalls in besonderen Ausnahmefällen in Betracht kommen.[119] Es ist vielmehr Sache des Auftraggebers, sich über wie wirtschaftliche Lage seines Vertragspartners selbst zu informieren und die Risiken einzuschätzen. Nach Eröffnung eines Insolvenzverfahrens kann und muss sich jeder auf Grund der öffentlichen Bekanntmachung (§ 30) selbst informieren. Wenn die Bank des Zahlers oder die Empfängerbank die Ausführung des Zahlungsauftrags ablehnen, haben sie den Zahlungsdienstnutzer (Zahler/Zahlungsempfänger) gem. § 675o Abs. 1 Satz 1 und 2 BGB unter Angabe der Gründe hierüber unverzüglich zu unterrichten. Geht bei der Empfängerbank buchmäßige Deckung vor Verfahrenseröffnung ein, so entsteht ein Anspruch des Begünstigten (Zahlungsempfängers) auf Gutschrift,[120] der von der Bank zur Masse zu erfüllen ist. Die Gutschrift auf ein nicht zur Masse gehörendes Konto des Schuldners könnte die Bank nur befreien, wenn sie von der Eröffnung des Insolvenzverfahrens im Zeitpunkt der Erteilung der Gutschrift keine Kenntnis hatte, § 82 Satz 1. Fahrlässige Unkenntnis schadet ihr nicht; die Voraussetzungen einer befreienden Leistung an den Schuldner richten sich nach § 82, nicht nach §§ 116 Satz 1, 115 Abs. 3. Im Hinblick auf die Grundsätze der Wissenszurechnung und der Wissenszusammenrechnung (→ Rn. 14) wird eine solche Konstellation praktisch jedoch wenig relevant werden.

Zahlungseingänge, die die Empfängerbank dem Konto des Begünstigten (Zahlungsempfängers) 20 nach Eröffnung des Insolvenzverfahrens gutbringt, unterliegen nicht der kontokorrentmäßigen Verrechnung, weil mit Verfahrenseröffnung das Kontokorrentverhältnis (Zahlungsdiensterahmenvertrag) einschließlich der darin enthaltenen antizipierten Verrechnungsabrede erloschen ist (→ § 116 Rn. 39). Eine Aufrechnung der Bank gegenüber der Masse mit ihren Ansprüchen aus einem debitorischen Konto des Schuldners unterliegt den Beschränkungen des § 96 sowie der Anfechtung nach §§ 129 ff.[121] Der Aufrechnung steht jedoch § 96 Nr. 1 entgegen, weil die Bank die Herausgabe des durch Überweisung erlangten Betrags erst nach Eröffnung des Verfahrens schuldig geworden ist[122] (→ § 96 Rn. 6). Die Anfechtbarkeit hängt entscheidend davon ab, ob Zahlungseingänge auf debitorischen Konten des Schuldners für die Bank eine kongruente oder inkongruente Deckung darstellen[123] (→ § 131 Rn. 18) oder nach den Regeln für Bargeschäfte (§§ 142, 133 Abs. 1) zu behandeln sind[124] (→ § 142 Rn. 15).

b) Insolvenz des Überweisenden (Zahlers). Mit der Eröffnung des Insolvenzverfahrens über 21 das Vermögen des Überweisenden (Zahlers) erlischt der zwischen diesem und der Überweisungsbank **(Zahlungsdienstleister)** bestehende **Zahlungsdiensterahmenvertrag** gem. § 116 Satz 1 iVm § 115 Abs. 1 (→ Rn. 19, → § 116 Rn. 37).[125] Damit erlöschen auch die aus §§ 675f ff. BGB folgenden Verpflichtungen des Zahlungsdienstleisters. Unberührt davon bleiben aber **vor der Eröffnung des Verfahrens** erteilte Überweisungsaufträge; diese bestehen als Zahlungsaufträge mit Wirkung für die Masse fort, § 116 Satz 3. Der Zahlungsdienstleister hat demgemäß die zum Zeitpunkt der Eröffnung des Verfahrens bereits wirksam erteilten Überweisungsaufträge (vgl. § 675n BGB) auszuführen.[126] Mit der Ausführung der Überweisung und der Übermittlung des Überweisungsbetrags

---

116 OLG Zweibrücken WM 1985, 86; *v. Sethe* BKR 2010, 16, 21; BankenKommInsO/*Ellers* § 116 Rn. 26; *Büchel/Günther* ZInsO 2008, 547, 549 f.; krit. auch *Hellner* ZHR 145 (1981), 109, 123 f.; *Obermüller,* Bankpraxis, Rn. 3.53 ff., 3.72 ff.

117 So BGH WM 1961, 510, 511; 1978, 588, 589; 1986, 1409 f.; 2004, 1625, 1626; Baumbach/*Hopt,* Bankgeschäfte, Rn. A/24; *Canaris,* Bankvertragsrecht, Rn. 105; *Hess*^{2} § 82 Rn. 41; Schlegelberger/*Hefermehl* HGB Anh. § 365 Rn. 22.

118 *Hellner* ZHR 145 (1981), 109, 123; für eine restriktive Auslegung solcher Warnpflichten Nerlich/Römermann/*Wittkowski/Kruth* § 82 Rn. 12.

119 BGH NJW 1987, 317, 318; 1963, 1872; 1978, 1852; OLG Hamburg BB 1961, 1075.

120 BGH WM 1996, 2250, 2252; *Obermüller,* Bankpraxis, Rn. 3.82.

121 S. dazu im Einzelnen *Gehrlein* ZInsO 2010, 1857 ff.; *Obermüller,* Bankpraxis, Rn. 3.86 ff.

122 BGHZ 74, 253, 255 = NJW 1979, 1658 (zu § 55 Abs. 1 Nr. 1 KO).

123 *Heublein* ZIP 2000, 161, 163; *Obermüller,* Bankpraxis, Rn. 3101 ff.

124 BGH ZIP 1999, 665 = WuB VI G § 2 GesO 2.99 *(Smid).*

125 Zum Überweisungsverkehr in der Krise und im Insolvenzeröffnungsverfahren s. *Obermüller* ZInsO 2010, 8, 9 ff., 13 ff.; *Vuia,* Verantwortlichkeit, S. 402 ff.

126 BGH NJW-RR 2009, 981 = NZI 2009, 307; *Bork* ZBB 2001, 271, 273; *Bork* WuB VI A § 82 InsO 1.09; BankenKommInsO/*Ampferl* § 82 Rn. 16; *Keller* EWiR 2009, 481 f.; *Obermüller* ZInsO 1999, 690, 693; *Obermüller* ZInsO 2010, 8, 16; Jaeger/*Jacoby* §§ 115, 116 Rn. 144 f.; Uhlenbruck/*Mock* § 82 Rn. 43.

an den Empfänger erbringt der Zahlungsdienstleister seine aus dem zum Zeitpunkt der Auftragserteilung noch bestehenden Deckungsverhältnis (Zahlungsdiensterahmenvertrag) geschuldeten Leistungen an den Überweisenden (Zahler) mit befreiender Wirkung („Simultanleistung").[127] Zum Aufwendungsersatzanspruch der Zahlungsdienstleister und zu dessen Verrechnung → § 81 Rn. 12a. **Nach Eröffnung des Verfahrens** kann der Insolvenzschuldner dem Zahlungsdienstleister keinen Überweisungsauftrag in Bezug auf zur Masse gehörende Konten mehr erteilen (→ § 81 Rn. 12b; zum sog. P-Konto → § 116 Rn. 37a).[128] Hat der Zahlungsdienstleister von der Eröffnung des Verfahrens keine Kenntnis erlangt, so wird er im Falle eines **kreditorisch** geführten Kontos des Insolvenzschuldners von der Verpflichtung zur Auszahlung des Guthabens gem. § 82 Satz 1 befreit.[129] Maßgeblich für das Vorliegen oder Nichtvorliegen der Kenntnis ist der Zeitpunkt, zu dem der Zahlungsdienstleister die Überweisung ausgeführt hat (→ Rn. 13).[130] Die Befreiung tritt im Übrigen jedoch nur ein, wenn durch die Übermittlung des Überweisungsbetrags auch der Leistungszweck im Valutaverhältnis gegenüber dem Empfänger erreicht wird.[131] Die Befreiungswirkung gegenüber der Zahlungsdienstleister im Deckungsverhältnis hängt mit der Wirkung der Zahlung im Valutaverhältnis gegenüber dem Zahlungsempfänger zusammen. Hat der Schuldner keinen wirksamen Zahlungsauftrag erteilt, kann ihm die Zahlung nicht als Leistung gegenüber dem Zahlungsempfänger zugerechnet werden.[132] Im Falle eines zunächst erteilten, danach aber widerrufenen Zahlungsauftrags[133] kommt es entsprechend den allgemeinen Grundsätzen darauf an, ob der Empfänger den Eingang des Überweisungsbetrags auf Grund eines von dem Zahlenden zurechenbar gesetzten Rechtsscheins gutgläubig für eine Leistung des Überweisenden halten konnte oder ob für den Empfänger offensichtlich und ohne weiteres erkennbar war, dass der Zahlung ein wirksamer Überweisungsauftrag nicht zugrunde lag.[134] Wird danach der Leistungszweck der Zahlung im Verhältnis zum Zahlungsempfänger erreicht, wird der Zahler von seiner Verpflichtung gegenüber dem Zahlungsempfänger und der Zahlungsdienstleister von seiner Verpflichtung gegenüber dem Zahler befreit; er erwirbt zwar nach der gesetzlichen Neuregelung des Rechts der Zahlungsdienste (§§ 675c ff.)[135] keinen Aufwendungsersatzanspruch mehr gegen diesen, den er mit dem Aktivsaldo verrechnen kann, wenn er einen nicht autorisierten Zahlungsvorgang ausgeführt hat (§ 675u Satz 1 BGB). Eine Unterscheidung zwischen anfänglich fehlender und später weggefallener Autorisierung besteht insoweit nicht (§ 675j Abs. 1 Satz 1 BGB).[136] In Betracht kommt aber ein bereicherungsrechtlicher Anspruch des Zahlungsdienstleisters aus Leistungskondiktion, wenn die an den Zahlungsempfänger erbrachte Zahlung als Leistung des Zahlers wirksam ist.[137] Hier wird der Zahler von seiner Zahlungspflicht gegenüber dem Zahlungsempfänger befreit und ist folglich um den Erstattungsanspruch gegenüber dem Zahlungsdienstleister (§ 675u BGB) ungerechtfertigt bereichert. Ein

---

[127] *Mayen,* Bankrechts-HdB, § 50 Rn. 1 mwN zur Rechtsprechung; *Bork,* Zahlungsverkehr, Rn. 109 f.; *Peschke,* Die Insolvenz des Girokontoinhabers, S. 97.

[128] BGH NJW-RR 2009, 981 = NZI 2009, 307; OLG Schleswig NZI 2016, 875 (*Lange*); OLG Brandenburg ZInsO 2004, 806; BankenKommInsO/*Ampferl* § 82 Rn. 17; BankenKommInsO/*Ellers* § 116 Rn. 24; *Mayen,* Bankrechts-HdB, § 50 Rn. 47 ff.; *Bork,* Zahlungsverkehr, Rn. 169; Jaeger/*Jacoby* §§ 115, 116 Rn. 150; Uhlenbruck/*Mock* § 82 Rn. 45.

[129] BGH ZIP 2006, 138; NJW 2014, 547 Rn. 9; OLG Schleswig NZI 2016, 875 (*Lange*); OLG Dresden ZInsO 2008, 509; OLG Brandenburg ZInsO 2004, 806; OLG Düsseldorf ZInsO 2008, 44 f.; BankenKommInsO/*Ampferl* § 82 Rn. 17; BankenKommInsO/*Ellers* § 116 Rn. 25; Gottwald/*Obermüller/Kuder,* InsO-HdB, § 99 Rn. 9; *Obermüller* ZInsO 2010, 8, 17; *Mayen,* Bankrechts-HdB, § 50 Rn. 50; *Bork,* Zahlungsverkehr, Rn. 169; Uhlenbruck/*Mock* § 82 Rn. 46; aA *Schäfer* ZInsO 2008, 16 ff.; Jaeger/*Jacoby* §§ 115, 116 Rn. 78 ff., 151.

[130] Str., aA *Mayen,* Bankrechts-HdB, § 50 Rn. 50; KPB/*Lüke* § 82 Rn. 23; *Bork,* Zahlungsverkehr, Rn. 174; → Rn. 13.

[131] And. BGH NZI 2006, 175 ff. = NJW-RR 2006, 771 ff.

[132] BGHZ 147, 145, 151 = NJW 2001, 1855; NJW 2006, 1965; jew. mwN; 2014, 547 Rn. 17; 2018, 2049 Rn. 19.

[133] Ein dem Zahlungsdienstleister zugegangener Zahlungsauftrag ist nicht mehr widerruflich, § 675p Abs. 1 BGB, sofern nicht eine der Ausnahmen gem. Abs. 2–4 eingreift.

[134] BGHZ 176, 234 = NJW 2008, 2331 Rn. 22 ff.; NJW 2011, 66 Rn. 34; jew. mwN.; Palandt/*Sprau* BGB § 812 Rn. 107; *Grundmann* WM 2009, 1109, 1116.

[135] VerbrKrRL-UG v. 29.7.2009, BGBl. I 2355.

[136] *D. Belling/J. Belling* JZ 2010, 708, 709.

[137] Eine Kondiktionssperre ergibt sich nicht aus § 675u BGB, weil diese Bestimmung wie die Neuregelung der Zahlungsdienste insgesamt und die EG-Zahlungsdiensterichtlinie nur vertragliche Verpflichtungen zwischen dem Zahlungsdienstnutzer und dem Zahlungsdienstleister, dh zwischen der Bank und dem Kontoinhaber zum Gegenstand hat; *Mayen,* Bankrechts-HdB, § 50 Rn. 26 f.; *Rademacher* NJW 2011, 2169, 2171; aA *D. Belling/J. Belling* JZ 2010, 708, 710; *Bartels* WM 2010, 1818 ff.; Palandt/*Sprau* BGB § 812 Rn. 107; *Winkelhaus* BKR 2010, 441 ff.

Anspruch gegen den Zahlungsempfänger aus Nichtleistungskondiktion scheidet aus, da dieser nicht ungerechtfertigt bereichert ist, wenn die Zahlung aus einem vom Zahler veranlassten Rechtsschein als dessen Leistung erscheint und der Zahlungsempfänger darauf vertrauen durfte. Andernfalls muss sich der Zahlungsdienstleister an den Zahlungsempfänger halten und trägt das Ausfallrisiko.[138] Ist ein Zahlungsauftrag des Schuldners auf Grund der Eröffnung des Insolvenzverfahrens unwirksam, liegt jedoch keine der Masse zurechenbare Leistung vor. Der Leistungszweck kann solchenfalls im Valutaverhältnis nicht eintreten. Dazu näher → Rn. 22. War das Konto des Insolvenzschuldners im maßgeblichen Zeitpunkt **debitorisch,** so kommt eine Leistung des Zahlungsdienstleisters an den Insolvenzschuldner durch Übermittlung des Überweisungsbetrags grundsätzlich nicht in Betracht, weil mit der Verfahrenseröffnung der **Zahlungsdiensterahmenvertrag** erlischt (§§ 116 Satz 1, 115 Abs. 1).[139] Damit erlischt zugleich auch die Abrede über die Einräumung eines Kontokorrentkredits. Hat der Zahlungsdienstleister ohne Verschulden von der Verfahrenseröffnung keine Kenntnis erlangt, so gilt der **Zahlungsdiensterahmenvertrag** zu seinen Gunsten als fortbestehend (§ 116 Satz 1 iVm § 115 Abs. 3). Eine Erstreckung der Fortbestehensfiktion auf einen Kontokorrentkredit[140] würde sich jedoch zu Lasten des Zahlungsdienstleisters auswirken, da dieser dann weiterhin an ihre Kreditzusage gebunden wäre. Dies ist mit dem Schutzzweck der Bestimmung des § 116 Satz 3 nicht vereinbar. Für eine Anwendung des § 82 ist in diesem Fall kein Raum. Der Zahlungsdienstleister erwirbt durch eine ohne Überweisungsauftrag bei debitorischem Konto durchgeführte Überweisung keinen Aufwendungsersatzanspruch gegen die Masse, sondern lediglich einen Bereicherungsanspruch gegen den Zahlungsempfänger als Nichtleistungskondiktion.[141] Das Gleiche gilt, wenn der Zahlungsdienstleister einen Überweisungsauftrag in Kenntnis der Verfahrenseröffnung annimmt und ausführt (→ Rn. 22). Zur Behandlung von Zahlungsaufträgen im **Eröffnungsverfahren** bei Einsetzung eines vorläufigen Insolvenzverwalters → § 81 Rn. 12b.

Gegen die Masse steht der Bank (Zahlungsdienstleister) ein **bereicherungsrechtlicher Ausgleichsanspruch** zu, soweit die Masse durch die Überweisung von einer Verbindlichkeit befreit worden ist, was in der Regel nur in Höhe der Insolvenzrate in Betracht kommt. Gegen den Zahlungsempfänger steht der Bank nach allgemeinen Grundsätzen ein direkter Bereicherungsanspruch als Nichtleistungskondiktion nur zu, wenn dieser die Zahlung der Bank nicht als Leistung des vermeintlichen Auftraggebers (Zahlers) verstehen durfte. In diesem Fall steht der Bank ein direkter Anspruch gegen den Zahlungsempfänger gem. § 812 Abs. 1 Satz 1, 2. Alt. BGB zu (Nichtleistungskondiktion).[142] Andernfalls ist eine Durchgriffshaftung des Zahlungsempfängers durch eine **Direktkondiktion** des Zahlungsdienstleisters ausgeschlossen.[143] Besonderheiten ergeben sich dann, wenn eine wirksame Anweisung von vornherein fehlt[144] und die Zahlung dem vermeintlichen Auftraggeber nicht als Leistung zugerechnet werden kann (→ Rn. 21). Hat der Überweisende vor Eröffnung des Insolvenzverfahrens der Bank einen Zahlungsauftrag zugesandt, der der Bank erst nach Verfahrenseröffnung zugeht (vgl. § 675n BGB) und sodann zur Durchführung einer Überweisung geführt hat, so fehlt der Überweisung von Anfang an eine wirksame Rechtsgrundlage. Aus § 116 Satz 3 folgt für diesen Fall nicht die Wirksamkeit des Zahlungsauftrags, weil hier ein im Zeitpunkt der Verfahrenseröffnung wirksamer Auftrag vorausgesetzt wird. Wirksam wird der Auftrag mit Zugang bei dem Zahlungsdienstleister (§ 675n Abs. 1 Satz 1 BGB). Ist im Zeitpunkt des Zugangs das Insolvenzverfahren bereits eröffnet, kann der Schuldner keinen Zahlungsauftrag gegen die Masse erteilen, weil die Verwaltungsbefugnis auf den Insolvenzverwalter übergegangen ist (→ § 80 Rn. 11). Der Umstand, 22

---

[138] BGHZ 167, 171 = BGH NJW 2006, 1965 Rn. 9, 14.

[139] So die hM; aM HKInsO/*Marotzke* § 115 Rn. 5 ff. Zum Streitstand s. *Peschke,* Die Insolvenz des Girokontoinhabers, S. 34 ff.

[140] Dafür *Bork,* Zahlungsverkehr, Rn. 178.

[141] And. *Bork,* Zahlungsverkehr, Rn. 179; BankenKommInsO/*Ampferl* § 82 Rn. 16; BankenKommInsO/*Ellers* § 116 Rn. 25; Braun/*Kroth* § 82 Rn. 13; Gottwald/*Obermüller/Kuder,* InsO-HdB, § 99 Rn. 9; *Obermüller* ZInsO 2010, 8, 17.

[142] BGH NJW 1994, 2357, 2358; s. w. BGHZ 87, 393, 398 = NJW 1983, 2499; BGHZ 89, 376, 381 = NJW 1984, 1348; BGHZ 111, 382 = NJW 1990, 3194; *Grundmann* WM 2009, 1109 ff., 1116 f.; EBJS/*Grundmann* HGB BankR II Rn. 92a, 98 f.; *Baumbach/Hopt* HGB BankGesch Rn. C/09; Uhlenbruck/*Mock* § 82 Rn. 48; krit. zur sog. Lehre vom Empfängerhorizont dagegen *Schnauder* NJW 1999, 2841 ff. mwN.

[143] And. – Nichtleistungskondiktion der Zahlungsdienstleister gegen den Zahlungsempfänger – FKInsO/*App*[7] § 82 Rn. 7; *Canaris,* Bankvertragsrecht, Rn. 503; *Kübler* BB 1976, 801, 805; Staudinger/*Lorenz* BGB § 812 Rn. 51; *Obermüller,* Bankpraxis, Rn. 3.210; iE auch BGHZ 67, 75 ff. = NJW 1976, 1845 f., da der Empfänger Kenntnis von der Verfahrenseröffnung hatte; KPB/*Lüke* § 82 Rn. 21. Zur Frage der Auswirkungen der Neuregelung des Rechts der Zahlungsdienste, insbes. der §§ 675c ff., auf die Rückabwicklung von Zahlungsvorgängen s. *D. Belling/J. Belling* JZ 2010, 708, 709 ff.; *Mayen,* Bankrechts-HdB, § 50 Rn. 23 ff.

[144] Hierzu BGHZ 111, 382 = NJW 1990, 3194; NJW 1994, 2357; 2014, 547.

dass der spätere Insolvenzschuldner die Überweisung veranlasst hat, führt nicht zu einer anderen Beurteilung und rechtfertigt es nicht, diese Konstellation gleich zu behandeln wie die Fälle, in denen eine zunächst wirksame Anweisung später widerrufen wurde (→ Rn. 21). Anders als im Fall einer zunächst wirksam erteilten, dann aber widerrufenen Weisung hat der Schuldner durch den Auftrag an die Bank auf Durchführung einer Überweisung keinen der Masse zurechenbaren Rechtsschein für eine wirksame Rechtsgrundlage des Überweisungsvorgangs gesetzt; folglich kann der Masse die Übermittlung des Überweisungsbetrags auch dann nicht als Leistung zugerechnet werden, wenn der Empfänger im Zeitpunkt des Eingangs der Zahlung keine Kenntnis von der Verfahrenseröffnung hatte.[145] Entscheidend ist, dass auch in diesem Fall ein **wirksamer Überweisungsauftrag** zu keinem Zeitpunkt vorgelegen hat und die Zahlung deshalb auch nicht der Masse zugerechnet werden kann.[146] Das Rückabwicklungsrisiko muss demzufolge dem Zahlungsdienstleister zur Last fallen.[147] In diesem Fall steht der Zahlungsdienstleister eine **Direktkondiktion (Nichtleistungskondiktion)** gegen den Empfänger unabhängig davon zu, ob dieser Kenntnis von der Eröffnung des Insolvenzverfahrens hatte. Ob der Zahlungsempfänger die Zuwendung behalten darf, bestimmt sich danach, ob er die Zahlung durch Leistung des Schuldners bzw. der Masse erlangt hat. Daran fehlt es in den vorgenannten Fällen. Die Belange des Zahlungsdienstleisters sind gegenüber der Masse durch die Vorschriften der §§ 116, 115 Abs. 2 und 3 geschützt; für eine Erweiterung des Schutzes zu Lasten des Zahlungsempfängers besteht kein Anlass. Das Risiko einer Insolvenz des Auftraggebers hat der Zahlungsdienstleister zu tragen, weil dieser sein Vertragspartner ist. Ist der Zahlungsdienstleister demgegenüber von seiner Verpflichtung zur Auszahlung des Guthabens gem. § 82 befreit worden, steht der **Masse gegen den Zahlungsempfänger** ein bereicherungsrechtlicher Anspruch zu.[148] Hierbei handelt es sich um einen Anspruch aus Nichtleistungskondiktion gem. § 812 Abs. 1 Satz 1, 2. Alt. BGB.[149]

23 **2. Lastschriftverfahren.** Das Lastschriftverfahren stellt eine Sonderform des Überweisungsverkehrs (**„rückläufige Überweisung"**[150]) dar. Die Auswirkungen der Eröffnung des Insolvenzverfahrens bei einem der Beteiligten bestimmen sich demgemäß nach den gleichen Grundsätzen wie beim Überweisungsverkehr.[151] Besonderheiten gegenüber dem Überweisungsverkehr ergeben sich daraus, dass die Initiative beim Lastschriftverfahren vom Gläubiger ausgeht. Der Gläubiger (Zahlungsempfänger) reicht die Lastschrift bei seiner Bank (Gläubigerbank, Erste Inkassostelle) zum Inkasso ein, die diese an die Schuldnerbank (Zahlstelle) zur Einlösung weiterleitet.[152] Im **„herkömmlichen" Lastschriftverfahren** war Rechtsgrundlage für den Zahlungsvorgang der vom Zahlungspflichtigen im Rahmen des Girovertrags an die Bank erteilte Abbuchungsauftrag bezüglich der vom Zahlungsempfänger vorgelegten Lastschriften **(Abbuchungsverfahren)** oder eine diesem erteilte Einzugsermächtigung, die Leistung bei der Bank des Zahlungspflichtigen (Zahlstelle) zu erheben **(Einzugsermächtigungsverfahren).**[153] Die rechtlichen Rahmenbedingungen für das Lastschriftverfahren haben sich durch das **SEPA-Lastschriftverfahren** (→ Rn. 26) inzwischen wesentlich geändert. Bereits mit Wirkung zum 9.7.2012 hatte die Bankwirtschaft durch eine entsprechende Änderung des LSA und der Lastschriftbedingungen den Inhalt der Lastschrifterklärung des Schuldners dahingehend geändert, dass die Einzugsermächtigung auch eine Weisung an die Zahlstelle enthält, die Lastschrift einzulösen.[154] Zuvor hatte der XI. Zivilsenat im Rahmen eines obiter dictum die Auffassung geäußert, dass über das SEPA-Lastschriftverfahren hinaus durch eine entsprechende Ausgestaltung der Allgemeinen Geschäftsbedingungen der Banken eine Vorabautorisierung des Zahlungsvorgangs bei einer mittels Lastschrift bewirkten Zahlung rechtlich möglich und zulässig sein soll.[155]

24 **a) Das „herkömmliche" Lastschriftverfahren.** Dem **Abbuchungsverfahren** lag – wie der Überweisung – eine Zahlungsanweisung des Schuldners an seine Bank (§§ 675c Abs. 1, 665 BGB)

[145] Dazu BGHZ 147, 145, 149 ff., 151; *Bartels* WM 2010, 1828, 1831 f.
[146] *Canaris,* Bankvertragsrecht, Rn. 503; offen gelassen in BGH NJW 1976, 1845, 1846.
[147] And. BGH ZIP 2006, 138.
[148] OLG Schleswig ZInsO 2016, 1901 ff.
[149] Zutr. *Bai/Schumacher* ZInsO 2016, 2428 ff.; *Mordhorst* EWiR 2016, 707, 708; Uhlenbruck/*Mock* § 82 Rn. 46; aA OLG Schleswig ZInsO 2016, 1901 ff. (Leistungskondiktion).
[150] BGHZ 69, 82 = NJW 1977, 1916; Erman/*Graf v. Westphalen* § 675f Rn. 74; der BGH hat inzwischen seine Rechtsprechung (BGHZ 69, 82) zu Schutzpflichten im Lastschriftverfahren aufgegeben; vgl. BGHZ 176, 281 = NJW 2008, 2245; zweifelnd bereits BGHZ 144, 245 = NJW 2000, 2503.
[151] *Ellenberger,* Bankrechts-HdB, § 59 Rn. 1; Uhlenbruck/*Mock* § 82 Rn. 58.
[152] Vgl. K. Schmidt/Uhlenbruck/*Kuder/Unverdorben* Rn. 5.321; Erman/*Graf v. Westphalen* § 675f Rn. 74.
[153] S. dazu *Schnauder* WM 2014, 1701 ff.; *Stritz* DZWiR 2005, 18, 19 f.
[154] Vgl. *Schnauder* WM 2014, 1701, 1705; s. hierzu auch jurisPK-*BGB/Schwintowski* § 675x Rn. 17 f.
[155] BGHZ 186, 260 = NJW 2010, 3510 Rn. 35 ff.; abl. *Nobbe* WM 2011, 961, 966; für eine entsprechende Lösung aufgrund einer Auslegung der Einzugsermächtigung auch außerhalb des SEPA-Lastschriftverfahrens *Einsele* AcP 209 (2009), 720, 740 ff.; s. hierzu auch *Schnauder* WM 2014, 1701, 1705.

zugrunde mit der Besonderheit, dass der Gläubiger aufgrund der mit dem Schuldner getroffenen Vereinbarung befugt war, selbst den konkreten Zahlungsbetrag einzusetzen. Die Einlösung der Lastschrift durch die Schuldnerbank und die Gutschrift auf dem Gläubigerkonto führte wie bei der Überweisung zur Erfüllung der Forderung (§ 362 Abs. 1 BGB), die der Schuldner nicht mehr durch Widerruf hindern konnte; sein Widerrufsrecht hinsichtlich des Abbuchungsauftrags erlosch mit der Einlösung der Lastschrift durch die Schuldnerbank.[156] Beim **Einzugsermächtigungsverfahren** bezog sich die dem Schuldner erteilte Ermächtigung darauf, am Lastschriftverfahren teilzunehmen und die Leistung bei der Bank des Zahlungspflichtigen über seine Bank (Erste Inkassostelle) zu erheben.[157] Diese Einzugsermächtigung wurde dem Gläubiger vom Schuldner erteilt. Zwischen dem Zahlungsempfänger und seiner Bank musste zum Girovertrag noch eine Inkassovereinbarung hinzukommen, mit der der Gläubiger zum Lastschriftverfahren zugelassen wurde. Der Lastschriftbetrag wurde dem Konto des Zahlungsempfängers bei dessen Bank (Erste Inkassostelle) unter Vorbehalt des Eingangs gutgeschrieben.[158] Der Schuldnerbank erwuchs aus der Einlösung der Lastschrift ein Aufwendungsersatzanspruch gegen den Schuldner nur dann, wenn dieser die Belastungsbuchung genehmigte.[159] Ob mit der Einlösung der Lastschrift durch die Zahlstelle und der entsprechenden Gutschrift auf dem Gläubigerkonto der Gläubigerbank der Leistungserfolg und damit zugleich eine **Erfüllung der zugrunde liegenden Forderung** gem. § 362 BGB eintritt, war umstritten.[160] Die herrschende **Genehmigungstheorie** sah die geschuldete Leistung erst dann als „bewirkt" an, wenn der Schuldner die Einziehung ausdrücklich oder konkludent genehmigt.[161] Demgegenüber nahm die **Ermächtigungstheorie** ein Bewirken der geschuldeten Leistung bereits bei Einlösung der Lastschrift an. Nach der **Erfüllungstheorie** trat mit der Einlösung der Lastschrift durch die Schuldnerbank und durch die entsprechende Gutschrift auf Gläubigerkonto Erfüllung der Forderung unabhängig von einer Genehmigung des Schuldners im Deckungsverhältnis ein; → zu den Einzelheiten des Meinungsstreits die Voraufl. Rn. 23a. Bei einem **Widerspruch gegen die Lastschrift ohne anerkennenswerte Gründe** machte sich der Schuldner gegenüber dem Lastschriftgläubiger bzw. der ersten Inkassostelle gem. §§ 280 Abs. 1, 826 BGB schadensersatzpflichtig.[162] Hieran anschließend entwickelte sich ein weiterer Meinungsstreit zu der Frage, unter welchen Voraussetzungen ein (vorläufiger) **Insolvenzverwalter zum Lastschriftwiderspruch** berechtigt war. Insbesondere der IX. Zivilsenat hat dem Verwalter ein weitergehendes Widerspruchsrecht gegen alle noch nicht genehmigten Lastschriften eingeräumt.[163] Im Gegensatz hierzu hat der XI. Zivilsenat dem Insolvenzverwalter keine weitergehenden Widerspruchsrechte als dem Schuldner zuerkannt mit der Folge, dass der Insolvenzverwalter keine Handlungen vornehmen darf, durch die der Schuldner eine vorsätzliche sittenwidrige Schädigung nach § 826 BGB begehen würde **(sog. Fußstapfentheorie).**[164] Durch Entscheidungen der beiden Senate vom 20.7.2010, die jeweils vom anderen Senat mitgetragen werden, ist sodann eine weiterführende Lösung entwickelt worden;[165] → zu den Einzelheiten des Meinungsstreits die Voraufl. Rn. 23b, 25. Die Entscheidung des IX. Zivilsenat zum Widerspruchsrecht des Insolvenzverwalters in Bezug auf Lastschriften, die das „Schonvermögen" des Schuldners

[156] BGHZ 72, 343 ff. = NJW 1979, 542; BB 2013, 655; WM 2003, 524, 525 f.; *Hadding* WM 2014, 97, 98.

[157] BGHZ 167, 171 ff. = NJW 2006, 1965; NJW 1989, 1672 = WM 1989, 520.

[158] Das Lastschriftverfahren zwischen den beteiligten Kreditinstituten richtete sich nach dem Abkommen über den Lastschriftverkehr (Lastschriftabkommen) idF, abgedruckt bei *Baumbach/Hopt* HGB (10); *Ellenberger,* Bankrechts-HdB, Anhang zu §§ 56–59; dazu *Rottnauer* WM 1995, 272, 273.

[159] So die hM; BGHZ 186, 269 = NJW 2010, 3510; BGHZ 167, 171 = NJW 2006, 1965; BGHZ 162, 294 = NJW 2005, 1645; BGHZ 161, 49 = NJW 2005, 675; BGHZ 144, 349 = NJW 2000, 2667; *Nobbe/Ellenberger* WM 2006, 1885, 1886; *Spliedt* NZI 2007, 72, 75; aA *Nobbe* WM 2009, 1537, 1545 f.; *Piekenbrock* KTS 2007, 179, 184.

[160] Zum Meinungsstand eingehend jew. mwN *Langenbucher,* Risikozuordnung, S. 185 ff.; *Peschke,* Die Insolvenz des Girokontoinhabers, S. 112 ff.; *Schnauder* WM 2014, 1701 ff.

[161] BGHZ 204, 74 = NJW 2015, 1171; BGHZ 186, 242 = NJW 2010, 3517; BGHZ 186, 269 = NJW 2010, 3510; BGHZ 177, 69 = NJW 2008, 3348; BGHZ 174, 84 = NJW 2008, 63; BGHZ 167, 171 = NJW 2006, 1965; BGHZ 162, 294, 302 f. = NJW 2005, 1645; BGHZ 161, 49, 53 = NJW 2005, 675; BGHZ 144, 349, 353 = NJW 2000, 2667; BGHZ 95, 103, 106 = NJW 1985, 2326; BGHZ 74, 309, 312 f. = NJW 1979, 2145; BGHZ 72, 343, 346; BGHZ 69, 82, 84 f. = NJW 1977, 1916; BGHZ 161, 49 = NJW 2005, 675, 676; *Dahl* NZI 2005, 102; *Menn* NZI 2009, 463, 464; *Peschke,* Die Insolvenz des Girokontoinhabers, S. 120 f.; *Werner* WuB 2016, 132, 134.

[162] BGHZ 101, 153, 156 f. = NJW 1987, 2370; BGHZ 74, 300, 306 = NJW 1979, 1652; NJW 2001, 2632, 2633; 1985, 847; *Schleich/Götz/Nübel* DZWiR 2010, 409, 410.

[163] BGHZ 161, 49 = NJW 2005, 675; eingehend *Hiebert* passim.

[164] BGHZ 177,69 = NJW 2008, 3348.

[165] BGHZ 186, 242 = NZI 2010, 731; BGHZ 186, 269 = NZI 2010, 723; s. hierzu *Eyber* ZInsO 2010, 2363 ff.; *P. Fischer* ZInsO 2011, 1761 ff.; *Kuder* ZInsO 2010, 1665 ff.; *Wagner* NZI 2010, 785 ff.

betreffen, beschränkte nicht die Möglichkeit des Widerspruchs gegen Lastschriften bei **Unternehmensinsolvenzen.** Hier bestand das Problem der mangelnden Insolvenzfestigkeit von Lastschriften fort.[166]

25 **b) Das SEPA-Lastschriftverfahren.** In dem Bestreben, einen einheitlichen europäischen Euro-Zahlungsverkehrsraum (Single Euro Payments Area – SEPA) zu schaffen, hat die Bankwirtschaft zusammen mit europäischen und nationalen kreditwirtschaftlichen Verbänden europäisch einheitliche Verfahren für Zahlungsvorgänge (Überweisungen, Lastschrift und Kartenzahlungen) entwickelt, u.a. die Regelungen über das sog. **SEPA-Lastschriftverfahren.**[167] Das Einzugsermächtigungsverfahren durfte ab dem 1.8.2014 nur noch für das elektronische Lastschriftverfahren genutzt werden und auch dies nur bis zum 29.2.2016. Für sonstige Lastschriften werden das Einzugsermächtigungsverfahren seit dem 1.8.2014 und das Abbuchungsverfahren seit dem 1.2.2014 nicht mehr angeboten.[168] Ist der Lastschriftschuldner Verbraucher, gelten die Bedingungen über das **SEPA-Basislastschriftverfahren,** bei allen anderen Lastschriftschuldnern finden die Bedingungen über das **SEPA-Firmenlastschriftverfahren** Anwendung. Bei beiden Verfahren wird die Durchführung des Zahlungsvorgangs bereits mit Erteilung des SEPA-Lastschriftmandats autorisiert. Dieses beinhaltet neben der Gestattung (Ermächtigung) für den Zahlungsempfänger, den Betrag vom Konto des Zahlers einzuziehen, darüber hinaus eine Weisung (§§ 675c Abs. 1, 665 BGB) des Zahlers an die Zahlstelle, die vom Zahlungsempfänger auf das Schuldnerkonto gezogene SEPA-Lastschrift einzulösen („**Doppelmandat**").[169] In dieser Weisung des Zahlers liegt der Zahlungsauftrag iSd § 675f Abs. 3 Satz 2 BGB, der aufgrund der Parteivereinbarung bereits vor der Ausführung autorisiert wird iSd § 675j Abs. 1 Satz 2 Fall 1 BGB („**Vorabautorisierung**").[170] Der Zahlungsauftrag, der an die Schuldnerbank zu erteilen ist, wird dieser im SEPA-Lastschriftverfahren durch den Zahlungsempfänger als Erklärungsboten (vgl. § 120 BGB) über sein Kreditinstitut übermittelt.[171] Der Zahlungsauftrag wird mit Zugang bei der Schuldnerbank gem. § 675n Abs. 1 Satz 1 BGB wirksam. Der Zahlungsempfänger wird gleichzeitig ermächtigt, den Zahlungsauftrag durch die Einreichung bezifferter Lastschriften zu konkretisieren. Die mittels SEPA-Lastschriftverfahrens bewirkte Zahlung kann nach der Verfahrenseröffnung oder der Anordnung von Sicherungsmaßnahmen im Eröffnungsverfahren **von dem Verwalter nicht mehr durch einen Widerspruch** verhindert werden, weil die Forderung des Gläubigers bereits mit vorbehaltloser Gutschrift des Zahlbetrags auf seinem Konto erfüllt ist.[172] Im **SEPA-Firmenlastschriftverfahren** kann der Zahlungspflichtige eine vom Lastschriftmandat gedeckte Belastungsbuchung gem. § 675e Abs. 4 BGB iVm Nr. 2.5 der Bedingungen für das SEPA-Firmenlastschriftverfahren nicht wieder rückgängig machen, weshalb sich die Frage der Insolvenzfestigkeit hier nicht stellt.[173] Im **SEPA-Basislastschriftverfahren** steht dem Zahler zwar gem. § 675x Abs. 1, Abs. 2, Abs. 4 BGB iVm Nr. 2.5 Abs. 1 der SEPA-Basislastschriftbedingungen das Recht zu, binnen acht Wochen ab der Belastungsbuchung ohne Angaben von Gründen von seiner Bank Erstattung des Zahlbetrags zu verlangen. Dies begründet jedoch kein verlängertes Recht des Zahlers zum Widerruf der Autorisierung. Vielmehr steht dem Zahler gegen die Zahlstelle nach Ausübung des Gestaltungsrechts ein **eigenständiger vertraglicher Rückzahlungsanspruch** zu, der die Autorisierung des Zahlungsvorgangs und damit auch die Erfüllungswirkung der Gutschrift nicht entfallen lässt.[174] Die Gutschrift steht vielmehr unter der auflösenden Bedingung der Geltendma-

---

166 OLG München NZI 2011, 285 mAnm *Freitag*.

167 S. hierzu *Reymann* DStR 2011, 1959, 1964; *Werner* BKR 2010, 9 ff.; *Werner* WM 2014, 243 ff.; *Bitter* WM 2010, 1725 ff.; *Obermüller/Kuder* ZIP 2010, 349 ff.

168 S. hierzu K. Schmidt/Uhlenbruck/*Kuder/Unverdorben* Rn. 5.322; Erman/*Graf v. Westphalen* § 675f Rn. 73a.

169 BGHZ 186, 269 = NJW 2010, 3510 Rn. 17; *Bitter* WM 2010, 1725, 1731; Erman/*Graf v. Westphalen* § 675f Rn. 74; Staudinger/*Olzen* Vor §§ 362 ff. BGB Rn. 60; *Jacoby* ZIP 2010, 1725, 1726; *Piekenbrock/Rodi/Aßfalg* WM 2017, 2281, 2282; K. Schmidt/Uhlenbruck/*Kuder/Unverdorben* Rn. 5.323; *Schnauder* WM 2014, 1701, 1704.

170 BGHZ 186, 269 = NJW 2010, 3510 Rn. 17; *Piekenbrock/Rodi/Aßfalg* WM 2017, 2281, 2282; K. Schmidt/Uhlenbruck/*Kuder/Unverdorben* Rn. 5.323.

171 BGHZ 186, 260 = NJW 2010, 3510 Rn. 17; *Laitenberger* NJW 2010, 192, 193; *Piekenbrock/Rodi/Aßfalg* WM 2017, 2281, 2282; Erman/*Graf v. Westphalen* § 675f Rn. 98; FKInsO/*Wimmer/Amend* § 82 Rn. 43.

172 BGHZ 186, 269 = NJW 2010, 3510 Rn. 21 ff.; FKInsO/*Wimmer/Amend* § 82 Rn. 46.

173 Vgl. BGHZ 186, 260 = NJW 2010, 3510 Rn. 28; K. Schmidt/Uhlenbruck/*Kuder/Unverdorben* Rn. 5.326; Staudinger/*Olzen* Vor §§ 362 ff. BGB Rn. 61; Erman/*Graf v. Westphalen* § 675f Rn. 98b; jurisPK-*BGB/Schwintowski* § 675x Rn. 27.

174 BGHZ 186, 260 = NJW 2010, 3510 Rn. 20; *Bitter* WM 2010, 1773, 1778; *Piekenbrock/Rodi/Aßfalg* WM 2017, 2281, 2282 f.; Erman/*Graf v. Westphalen* § 675f Rn. 98d; *Ellenberger,* Bankrechts-HdB, § 58 Rn. 100; Staudinger/*Omlor* BGB § 675x Rn. 1, 4; *Nobbe* WM 2011, 961, 965; mit unterschiedlicher Begründung aA *Einsele* WM 2015, 1125, 1132 f.; *Grundmann* WM 2009, 1157, 1160; *Obermüller/Kuder* ZIP 2010, 341, 354; *Schnauder* WM 2014, 1701, 1706 ff.; krit. auch *Hadding* WM 2014, 97, 100.

chung des Rückzahlungsanspruchs, die erfüllte Forderung lebt dann wieder auf (§ 158 Abs. 2 BGB).[175] Das Recht des Zahlers auf Erstattung des Zahlbetrags fällt gem. § 377 Abs. 1 BGB analog nicht in die Insolvenzmasse und kann daher vom Insolvenzverwalter nicht ausgeübt werden.[176] Nach der Eröffnung des Insolvenzverfahrens kommt allein eine Anfechtung gem. §§ 129 ff. in Betracht.[177] Auch wenn der vertragliche Rückzahlungsanspruch dieselbe Funktion erfüllt wie der Widerspruch im Einzugsermächtigungsverfahren, nämlich dem Zahler ein Nachdispositionsrecht einzuräumen, sollte aufgrund der rechtskonstruktiven Unterschiede zwischen dem Widerspruch und dem Rückzahlungsanspruch nicht von einem „**SEPA-Lastschriftwiderspruch**" gesprochen werden.[178] Damit haben sich die zahlreichen Streitfragen zur Erfüllung, zum Widerspruchsrecht des Insolvenzverwalters beim Einzugsermächtigungsverfahren und zur (konkludenten) Genehmigung der Lastschrift durch den Schuldner (→ Rn. 24) erledigt.[179]

c) Insolvenz des Lastschriftgläubigers (Zahlungsempfänger). Mit der Eröffnung des Insolvenzverfahrens erlischt der Zahlungsdiensterahmenvertrag zwischen Gläubiger und Gläubigerbank (§ 116 Satz 1, → § 116 Rn. 39), einschließlich der Ermächtigung, den Betrag vom Konto des Zahlungspflichtigen einzuziehen. Damit entfällt für den Insolvenzverwalter die Möglichkeit, weitere Lastschriften zum Einzug einzureichen. Der **Anspruch gegen die Empfängerbank (Erste Inkassostelle)** auf die Gutschrift sowie der Anspruch aus Gutschrift fällt in die Insolvenzmasse. Kehrt die Empfängerbank den Betrag der Gutschrift gleichwohl an den Zahlungsempfänger selbst aus, wird sie nur befreit, wenn sie in Unkenntnis der Eröffnung des Insolvenzverfahrens verfügt hat, § 82 Satz 1. Sofern der Lastschriftschuldner berechtigt ist, gem. § 675x Abs. 1, Abs. 2, Abs. 4 BGB iVm Nr. 2.5 Abs. 1 der SEPA-Basislastschriftbedingungen Erstattung zu verlangen und macht er diesen gegenüber seiner Bank, der Zahlstelle, geltend, wird der Betrag dem Konto des Lastschriftschuldners wieder gutgeschrieben, die erfüllte Forderung lebt dann wieder auf (→ Rn. 25). Eine **Anfechtung** des von dem Lastschriftschuldner erhobenen Erstattungsverlangens durch den Insolvenzverwalter gem. §§ 129 ff. scheidet aus.[180] Hat der Lastschriftschuldner die Erstattung zu Unrecht geltend gemacht, weil ihm Einwendungen aus dem Valutaverhältnis nicht zustehen, ist das **Erstattungsverlangen nach § 162 Abs. 2 BGB** unbeachtlich und lässt den Erstattungsanspruch nicht entstehen.[181] Besteht zwischen dem Lastschriftschuldner und dem Insolvenzverwalter Streit darüber, ob das Erstattungsverlangen des Schuldners zu Recht erfolgt ist, muss dieser Streit ggf. vor den ordentlichen Gerichten geklärt werden. 25a

d) Insolvenz des Lastschriftschuldners (Zahler). In der Insolvenz des Zahlungspflichtigen (Zahler) erlischt mit dem Zahlungsdiensterahmenvertrag mit der Bank auch das der Bank erteilte Lastschriftmandat (→ Rn. 25) gem. §§ 80 Abs. 1, 81 Abs. 1 Satz 1. Führt die Bank des Zahlungspflichtigen eine Lastschrift **nach Eröffnung des Insolvenzverfahrens** noch durch, erwirbt sie ebenso wie im Falle eines nach Verfahrenseröffnung durchgeführten Überweisungsauftrags einen Anspruch auf Aufwendungsersatz nur unter den Voraussetzungen der §§ 116 Satz 1, 115 Abs. 2 und 3 (→ § 116 Rn. 53, 55). Sofern der Bank im Zeitpunkt der Belastung der Lastschrift das Insolvenzverfahren nicht bekannt ist, kann sie bei Einlösung aus einem Guthaben gem. § 82 wirksam verrechnen.[182] Ein **Widerspruch des Insolvenzverwalters gegen die Belastungsbuchung** ist nicht möglich. Auch kann der Insolvenzverwalter ein Erstattungsverlangen nach § 675x Abs. 1, Abs. 2, Abs. 4 BGB iVm Nr. 2.5 Abs. 1 der SEPA-Basislastschriftbedingungen (Recht auf Erstattung) nicht geltend machen, da es nicht in die Insolvenzmasse fällt (→ Rn. 25). Aus diesem Grund kann der Insolvenzverwalter auch nicht gem. § 97 Abs. 2 von dem Insolvenzschuldner (Zahler) verlangen, bei der Zahlstelle die Erstattung geltend zu machen, selbst wenn die Lastschrift zu Unrecht erfolgt ist. Begehrt dagegen der Insolvenzschuldner von sich aus die Erstattung gegenüber der Zahlstelle, fällt der sich hieraus ergebende Erstattungsbetrag (Recht aus Erstattung) als Neuerwerb in die Insolvenzmasse, da bei einem berechtigten Erstattungsverlangen die Erfüllung rückgängig gemacht wird und damit kein Grund mehr für eine analoge Anwendung des § 377 Abs. 1 BGB besteht. 25b

---

175 BGHZ 186, 260 = NJW 2010, 3510 Rn. 23 ff.; Staudinger/*Olzen* Vor §§ 362 ff. BGB Rn. 61; Erman/*Graf v. Westphalen* § 675f Rn. 98d; abl. *Einsele* WM 2015, 1125, 1133; *Piekenbrock/Rodi/Aßfalg* WM 2017, 2281, 2283.

176 BGHZ 186, 260 = NJW 2010, 3510 Rn. 30 ff.; FKInsO/*Wimmer/Amend* § 82 Rn. 47; Staudinger/*Olzen* Vor §§ 362 ff. BGB Rn. 61; Erman/*Graf v. Westphalen* § 675f Rn. 98h; aA *Einsele* WM 2015, 1125, 1133 f.

177 BGHZ 186, 260 = NJW 2010, 3510 Rn. 34.

178 So aber *Piekenbrock/Rodi/Aßfalg* WM 2017, 2281, 2282.

179 K. Schmidt/Uhlenbruck/*Kuder/Unverdorben* Rn. 5.323.

180 Eingehend hierzu *Piekenbrock/Rodi/Aßfalg* WM 2017, 2281, 2285 ff.

181 Vgl. BGHZ 186, 260 = NJW 2010, 3510 Rn. 20; *Ellenberger*, Bankrechts-HdB, § 59 Rn. 20.

182 K. Schmidt/Uhlenbruck/*Kuder/Unverdorben* Rn. 7.541.

26 **3. Wechselverkehr in der Insolvenz.** Der Wechsel als Sonderform der bürgerlich-rechtlichen Anweisung enthält eine Ermächtigung des Bezogenen durch den Aussteller, mit befreiender Wirkung an den legitimierten Wechselinhaber zu leisten, und eine Ermächtigung des Wechselinhabers, die Leistung beim Bezogenen zu erheben. Eine Zahlungspflicht des Bezogenen entsteht erst durch dessen Akzept (Art. 28 WG). Demgemäß sind folgende Konstellationen der Insolvenz zu unterscheiden:

27 **a) Insolvenz des Ausstellers.** Die Ermächtigung des Bezogenen durch einen vom Aussteller ausgestellten und begebenen Wechsel, sich durch Zahlung an den legitimierten Inhaber des Wechsels von seiner Schuld gegenüber dem Aussteller zu befreien, verliert ihre Wirksamkeit mit der Eröffnung des Insolvenzverfahrens über das Vermögen des Ausstellers. Der Bezogene wird daher der Masse gegenüber nur befreit, wenn er in Unkenntnis der Verfahrenseröffnung gehandelt hat, § 82 Satz 1.[183] Gleiches gilt, wenn der Bezogene den Wechsel nach Verfahrenseröffnung, aber in Unkenntnis hiervon akzeptiert hat.[184] Hat er den Wechsel dagegen vor Eröffnung des Insolvenzverfahrens akzeptiert, so hat diese keinen Einfluss auf den weiteren Ablauf.[185] Auch eine spätere Leistung in Kenntnis der Verfahrenseröffnung steht ihrer befreienden Wirkung nicht entgegen, da der Wechselinhaber auf Grund des Akzepts einen **selbständigen Anspruch** gegen den Bezogenen hat.[186] Der Insolvenzverwalter kann die Leistung des Bezogenen vom Wechselinhaber nicht gem. § 816 Abs. 2 BGB kondizieren, sofern dieser den Wechsel rechtswirksam erworben hat.[187]

28 **b) Insolvenz des Bezogenen.** Ein Wechselakzept des Bezogenen nach Eröffnung des Insolvenzverfahrens ist gegenüber der Masse unwirksam, § 80.[188] Ein **vor Verfahrenseröffnung** erteiltes Akzept behält seine Wirksamkeit.[189] Der Wechselinhaber hat folglich einen Anspruch hieraus gegen die Masse als einfache Insolvenzforderung. Davon zu unterscheiden ist die Frage, welche Ansprüche der Bank des Akzeptanten (Domizilbank) aus einer Einlösung der zur Zahlung präsentierten Wechsel erwachsen. Mit Eröffnung des Insolvenzverfahrens über das Vermögen des Akzeptanten erlischt auch der von diesem der Bank erteilte Auftrag, den Wechsel bei Fälligkeit einzulösen, § 116 Abs. 1.[190] Die Bank erwirbt einen Aufwendungsersatzanspruch gegen die Masse folglich nur unter den Voraussetzungen des § 115 Abs. 3.[191]

29 **4. Scheck.** Die Begebung eines Schecks erfolgt erfüllungshalber (§ 364 Abs. 2 BGB). Auch hier ist wiederum zwischen den Rechtsverhältnissen zwischen dem Scheckaussteller, dem Schecknehmer und dem Bezogenen zu unterscheiden. Da jedoch für den Scheckverkehr das Akzeptverbot des Art. 4 SchG gilt, kommt eine selbständige Verpflichtung der bezogenen Bank nur durch eine besondere vertragliche Vereinbarung außerhalb des Scheckrechts in Betracht.

30 **a) Insolvenz des Scheckausstellers.** Mit Eröffnung des Insolvenzverfahrens über das Vermögen des Scheckausstellers erlischt der **Scheckvertrag** zusammen mit dem Zahlungsdiensterahmenvertrag.[192] Nach Verfahrenseröffnung kann der Schuldner einen Scheck nicht mit Wirkung gegen die Masse ausstellen.[193] Da er die Verwaltungs- und Verfügungsbefugnis über das zur Masse gehörende Vermögen verloren hat (§ 80), kann er weder den Schecknehmer ermächtigen, den Scheckbetrag mit Wirkung für die Masse entgegenzunehmen, noch kann er die Bank ermächtigen, mit Wirkung für die Masse an den Schecknehmer zu leisten. Der Scheck bleibt zwar wirksam, kann sich aber nur auf ein etwaiges insolvenzfreies Vermögen des Schuldners beziehen.[194] Ist der Scheck **vor Eröffnung des Insolvenzverfahren** über das Vermögen des Scheckausstellers ausgestellt worden, so bleibt er als sol-

183 BankenKommInsO/*Ampferl* § 82 Rn. 35; Uhlenbruck/*Mock* § 82 Rn. 75; KPB/*Lüke* § 82 Rn. 37; *Hess*² § 82 Rn. 69; Jaeger/*Windel* § 82 Rn. 29.

184 BGH WM 1974, 570; KPB/*Lüke* § 82 Rn. 38; LSZ/*Smid* § 82 Rn. 16; Uhlenbruck/*Mock* § 82 Rn. 76.

185 *Hess*² § 82 Rn. 70; HambKommInsO/*Kuleisa* § 80 Rn. 15.

186 BGH NJW 1974, 1336; *Obermüller,* Bankpraxis, Rn. 3.337; KPB/*Lüke* § 82 Rn. 38; *Hess*² § 82 Rn. 70; Jaeger/*Windel* § 82 Rn. 30; *Kilger/K. Schmidt* KO § 8 Anm. 2.

187 And. OLG Hamm WM 1977, 1238; OLG Köln NJW-RR 1999, 700; LG Hamburg MDR 1966, 338; LG Düsseldorf KTS 1971, 293; Uhlenbruck/*Mock* § 82 Rn. 76; Jaeger/*Windel* § 82 Rn. 31; KPB/*Lüke* § 82 Rn. 38; Nerlich/Römermann/*Wittkowski*/*Kruth* § 82 Rn. 13.

188 KPB/*Lüke* § 82 Rn. 37.

189 AllgM; KPB/*Lüke* § 82 Rn. 37; *Obermüller,* Bankpraxis, Rn. 3.337; Uhlenbruck/*Mock* § 82 Rn. 74.

190 KPB/*Lüke* § 82 Rn. 37.

191 KPB/*Lüke* § 82 Rn. 37; Uhlenbruck/*Mock* § 82 Rn. 74.

192 *Canaris,* Bankvertragsrecht, Rn. 818; BankenKommInsO/*Ampferl* § 82 Rn. 29; BankenKommInsO/*Ellers* § 116 Rn. 30f.; Jaeger/*Windel* § 82 Rn. 35; HambKommInsO/*Kuleisa* § 80 Rn. 12; *Peschke,* Die Insolvenz des Girokontoinhabers, S. 138; KPB/*Lüke* § 82 Rn. 34; Uhlenbruck/*Mock* § 82 Rn. 67; vgl. ausf. zum Scheckverkehr in der Insolvenz *Obermüller,* Bankpraxis Rn. 3.190ff.

193 *Obermüller,* Bankpraxis, Rn. 3.207; *Hess*² § 82 Rn. 79.

194 *Hess*² § 82 Rn. 79; *Obermüller,* Bankpraxis, Rn. 3.207; Uhlenbruck/*Mock* § 82 Rn. 68.

cher anders als ein Überweisungsauftrag von der Verfahrenseröffnung unberührt.[195] Das ändert jedoch nichts daran, dass das Vertragsverhältnis mit der Bank auf Grund der Verfahrenseröffnung erlischt (§§ 116, 115 Abs. 1). Die Bank erwirbt einen **Aufwendungsersatzanspruch gegen den Scheckaussteller** nur unter den Voraussetzungen des § 115 Abs. 2 und 3, also insbesondere bei nicht verschuldeter Unkenntnis von der Verfahrenseröffnung.[196] Bei einem Guthabenkonto des Scheckausstellers wird sie von ihrer Schuld diesem gegenüber gem. § 82 frei, wenn sie den Scheck in Unkenntnis der Verfahrenseröffnung einlöst.[197] Für die Anwendung des Art. 40 Abs. 3 WG ist dagegen kein Raum.[198]

Nach Eröffnung des Insolvenzverfahrens ist die **bezogene Bank** dem Scheckaussteller gegenüber 31
nicht mehr zur Einlösung des Schecks verpflichtet, weil der Scheckvertrag, aus dem ihre Verpflichtung resultiert, erloschen ist (§§ 116, 115 Abs. 1).[199] Gegenüber dem Schecknehmer ist die Bank zur Zahlung nur bei Begebung eines **kartengarantierten Schecks** auf Grund des zusammen mit der Begebung vom Scheckaussteller namens der Bank abgeschlossenen Garantievertrags verpflichtet. Die Verwendung kartengarantierter eurocheques wurde zum 31.12.2001 eingestellt. Die hieraus resultierende Zahlungspflicht der Bank gegenüber dem Schecknehmer bleibt von der Eröffnung des Insolvenzverfahrens über das Vermögen des Scheckausstellers unberührt.[200] Dies gilt, wenn Ausstellung und Begebung sowie Begründung der Garantie vor Insolvenzeröffnung erfolgt sind, unabhängig davon, ob die Bank im Zeitpunkt der Einlösung des Schecks Kenntnis von der Insolvenzeröffnung hatte.[201] Gleiches gilt auch dann, wenn Ausstellung und Begebung mit Abschluss des Garantievertrags **nach Insolvenzeröffnung** erfolgt ist, sofern der Scheckaussteller die Bank in diesem Zeitpunkt noch wirksam bei Abschluss des Garantievertrags vertreten hat.[202] Zwar erlischt die dem Bankkunden zum Abschluss von Garantieverträgen erteilte Vertretungsmacht mit dem Erlöschen des Scheckvertrags.[203] Zugunsten des Schecknehmers greift aber die **Rechtsscheinhaftung** der Bank gem. § 172 BGB ein, solange sie die Scheckkarte von ihrem Kunden nicht zurückerhalten hat.[204] Aus ihrer Haftung gegenüber dem Schecknehmer aus Garantievertrag ergibt sich aber **kein Aufwendungsersatzanspruch** der Bank gegen den Scheckaussteller, da ihr diesbezügliches Vertragsverhältnis erloschen ist; das gilt hier selbst dann, wenn dieses ausnahmsweise gem. § 115 Abs. 2 bzw. Abs. 3 als fortbestehend gilt.[205] Der Schutzzweck dieser Vorschriften bezieht sich nicht auf Risiken des Garantievertrags, der lediglich das Verhältnis der Bank zum Scheckinhaber betrifft. Demzufolge richten sie die Ansprüche der Bank aus Einlösung eines Schecks nach den allgemein für den Scheckverkehr in der Insolvenz geltenden Grundsätzen ohne Berücksichtigung eines Kartengarantievertrags.[206]

b) Insolvenz des Schecknehmers. In der Insolvenz des Scheckinhabers gehört der Scheck 32
zur Insolvenzmasse. Wurde der Scheck nach der Eröffnung des Verfahrens für eine zuvor entstandene Kausalforderung gegen den Drittschuldner von diesem begeben, so gehört der Scheck zur Insolvenzmasse, sofern der Drittschuldner gutgläubig iSd § 82 war.[207] Nach Eröffnung des Insolvenzverfahrens über das Vermögen des Scheckinhabers darf nur noch der Insolvenzverwalter den Scheck zum Einzug geben.[208] Wegen Erlöschens des Vertragsverhältnisses gem. §§ 116, 115 Abs. 1 ist die Bank zum **Inkasso** nicht verpflichtet.

5. Anweisung nach BGB. Für die Anweisung iSd §§ 783 ff. BGB gelten die zum Wechsel- 33
und Scheckverkehr gemachten Aussagen entsprechend (→ Rn. 26).[209] Nimmt der Angewiesene die Anweisung vor der Eröffnung des Insolvenzverfahrens an, wird er durch Zahlung frei.[210] Erfolgt die Zahlung nach der Verfahrenseröffnung in Unkenntnis gilt dasselbe.

---

195 Baumbach/Hefermehl/*Casper* Art. 3 SchG Rn. 13; Jaeger/*Windel* § 82 Rn. 35; Uhlenbruck/*Mock* § 82 Rn. 67; *Obermüller,* Bankpraxis, Rn. 3.206; KPB/*Lüke* § 82 Rn. 34; LSZ/*Smid* § 82 Rn. 15; Nerlich/Römermann/*Wittkowski/Kruth* § 82 Rn. 13; aA *Canaris,* Bankvertragsrecht, Rn. 818.

196 KPB/*Lüke* § 82 Rn. 34; *Obermüller,* Bankpraxis, Rn. 3.215; Jaeger/*Windel* § 82 Rn. 35.

197 KPB/*Lüke* § 82 Rn. 34; *Obermüller,* Bankpraxis, Rn. 3.212; Jaeger/*Windel* § 82 Rn. 35; *Peschke,* Die Insolvenz des Girokontoinhabers, S. 139; *Canaris,* Bankvertragsrecht, Rn. 818; Uhlenbruck/*Mock* § 82 Rn. 68.

198 Hierzu *Peschke,* Die Insolvenz des Girokontoinhabers, S. 140.

199 *Obermüller,* Bankpraxis, Rn. 3.206.

200 KPB/*Lüke* § 82 Rn. 34.

201 *Obermüller,* Bankpraxis, Rn. 3.221.

202 *Obermüller,* Bankpraxis, Rn. 3.226.

203 *Baumbach/Hefermehl*[22] Art. 3 SchG Rn. 10; KPB/*Lüke* § 82 Rn. 34; *Obermüller,* Bankpraxis, Rn. 3.227.

204 *Baumbach/Hefermehl*[22] Art. 3 SchG Rn. 10; *Obermüller,* Bankpraxis Rn. 3.

205 KPB/*Lüke* § 82 Rn. 34; aA *Obermüller,* Bankpraxis, Rn. 3.224; *Canaris,* Bankvertragsrecht, Rn. 851.

206 *Canaris,* Bankvertragsrecht, Rn. 851; LSZ/*Smid* § 82 Rn. 10.

207 *Canaris,* Bankvertragsrecht, Rn. 821; KPB/*Lüke* § 82 Rn. 31; Uhlenbruck/*Mock* § 82 Rn. 73.

208 *Obermüller,* Bankpraxis, Rn. 3.302; Uhlenbruck/*Mock* § 82 Rn. 73.

209 Ausf. zur Rechtslage bei der Anweisung FKInsO/*App*[7] § 82 Rn. 6 f.

210 BGH WM 1974, 570, 571; Jaeger/*Windel* § 82 Rn. 18; *Kilger/K. Schmidt* KO § 8 Rn. 2; KPB/*Lüke* § 82 Rn. 36; LSZ/*Smid* § 82 Rn. 7; Uhlenbruck/*Mock* § 82 Rn. 36.

§ 83 Erbschaft. Fortgesetzte Gütergemeinschaft

(1) [1]Ist dem Schuldner vor der Eröffnung des Insolvenzverfahrens eine Erbschaft oder ein Vermächtnis angefallen oder geschieht dies während des Verfahrens, so steht die Annahme oder Ausschlagung nur dem Schuldner zu. [2]Gleiches gilt von der Ablehnung der fortgesetzten Gütergemeinschaft.

(2) Ist der Schuldner Vorerbe, so darf der Insolvenzverwalter über die Gegenstände der Erbschaft nicht verfügen, wenn die Verfügung im Falle des Eintritts der Nacherbfolge nach § 2115 des Bürgerlichen Gesetzbuchs dem Nacherben gegenüber unwirksam ist.

Schrifttum: *Bartels,* Der erbrechtliche Erwerb des Insolvenzschuldners – Erbschafts- und Vermächtnisausschlagung sowie die Vernachlässigung von Vermächtnis- und Pflichtteilsansprüchen im Vorfeld und während des Insolvenzverfahrens sowie in der Wohlverhaltensperiode nach §§ 286 ff. InsO, KTS 2003, 41–67; *Bisle,* Testamentsgestaltung bei überschuldeten Erben, DStR 2011, 526–530, 1432–1434; *Busch,* Im Dschungel der Nachlassinsolvenz – Kosten und Nutzen für den Erben (2. Teil), ErbR 2012, 358–366; *Busch,* Schnittstellen zwischen Insolvenz- und Erbrecht, ZVI 2011, 77–85; *Christandl,* Erbausschlagung und Gläubigerschutz – eine rechtsvergleichende Untersuchung zum Normzweck des § 83 Abs. 1 InsO, ZEuP 2011, 779–804; *Frank,* Der Verzicht auf erbrechtlichen Erwerb zum Nachteil der Gläubiger, FS Dieter Leipold, 2009, 983–995; *Geitner,* Der Erbe in der Insolvenz, 2007; *Haas/Vogel,* Der Zugriff der Gläubiger auf den Pflichtteilsanspruch, FS Manfred Bengel und Wolfgang Reimann, 2012, 173–190; *Hartmann,* Verfügungen von Todes wegen zugunsten verschuldeter und insolventer Personen, ZNotP 2005, 82–91; *Herrler,* Vermögenssicherung bei erbrechtlichem Erwerb während des Insolvenzverfahrens und in der Wohlverhaltensperiode, NJW 2011, 2258–2261; *Horn/Selker,* Die Insolvenz des Pflichtteilsberechtigten, ZEV 2017, 439–444; *Hultsch,* Die Anfechtung der Erbschaftsausschlagung im deutschen, US-amerikanischen und dänischen Insolvenzverfahren, Ein Beitrag zu § 83 I InsO aus rechtsvergleichender und effizienztheoretischer Sicht, 2006; *Ivo,* Der Verzicht auf erb- und familienrechtliche Positionen im Insolvenzrecht, ZErb 2003, 250–258; *Kiesgen,* Erbrechtliche Positionen in der Insolvenz und in der Wohlverhaltensperiode – Gestaltungsüberlegungen zum Überschuldeten-Testament, RNotZ 2018, 429–453; *Krieger,* Die Vorerbschaft in der Einzelzwangsvollstreckung und in der Insolvenz, Diss. iur., Bonn 2002; *Kuleisa,* Der insolvente Nachlass – Die Haftung der Erben und die Befugnisse des Testamentsvollstreckers, ZVI 2013, 173–179; *Lehmann,* Erbrechtlicher Erwerb im Insolvenz- und Restschuldbefreiungsverfahren, 2006; *Leipold,* Erbrechtlicher Erwerb und Zugewinnausgleich im Insolvenzverfahren und bei der Restschuldbefreiung, FS Hans Friedhelm Gaul, 1997, 367–379; *Limmer,* Testamentsgestaltung bei überschuldeten Erben im Hinblick auf die Auswirkungen des Verbraucherinsolvenz- und Restschuldbefreiungsverfahrens, ZEV 2004, 133–141; *Lüke,* Der Pflichtteilsanspruch in der Insolvenz, FS Rainer Kanzleiter, 2010, 271–286; *Marotzke,* Das Erbenglück des insolventen Schuldners, ZVI 2003, 309–319; *Marotzke,* Die Stellung der Nachlassgläubiger in der Eigeninsolvenz des Erben, FS Gerhard Otte, 2005, 223–240; *Mayer,* Testamentsgestaltung bei überschuldeten Erben (Teil 1 und 2), MittBayNot 2011, 445–453, MittBayNot 2012, 18–23; *Messner,* Dissonanzen zwischen Insolvenz- und Erbrecht, ZVI 2004, 433–441; *Neher,* Der Erbanfall in der Insolvenz, 2011; *Polonius,* Der Insolvenzverwalter als Erbe, ZVI 2018, 90–93; *Scheuing,* Der Pflichtteilsanspruch in Zwangsvollstreckung und Insolvenz, 2017; *Wälzholz,* Testamentsgestaltung zugunsten überschuldeter Erben, FamRB 2006, 252–257.

Übersicht

A. Normzweck

Die Norm enthält zwei verschiedene Regelungsbereiche, die beide im Zusammenhang mit dem Übergang der Verwaltungs- und Verfügungsbefugnis auf den Insolvenzverwalter nach § 80 stehen. **Abs. 1** belässt dem Schuldner auch während des Insolvenzverfahrens die **Entscheidung über die Annahme oder Ausschlagung einer Erbschaft oder eines Vermächtnisses** (S. 1) bzw. **über die Ablehnung der fortgesetzten Gütergemeinschaft** (S. 2). Da diese Entscheidungen höchstpersönlicher Natur sind, sind sie nicht dem Insolvenzverwalter zugewiesen, sondern verbleiben dem Schuldner. **Abs. 2** beschränkt die **Verfügungsbefugnis des Insolvenzverwalters über Erbschaftsgegenstände,** die dem **Schuldner als Vorerben** zustehen. Diese Verfügungsbeschränkung bezieht sich auf § 2115 BGB, wonach Verfügungen des Insolvenzverwalters, die das Recht des Nacherben vereiteln oder beeinträchtigen, im Falle des Eintritts der Nacherbfolge unwirksam sind. 1

B. Entstehungsgeschichte

Die Bestimmung beinhaltet zwei in der KO an unterschiedlichen Stellen geregelte Gegenstände. Abs. 1 übernimmt den Regelungsgegenstand des § 9 KO und erweitert ihn im Hinblick auf die **Einbeziehung des Neuerwerbs** nach § 35 auf Fälle, in denen die Erbschaft oder das Vermächtnis nach Eröffnung des Insolvenzverfahrens angefallen bzw. die fortgesetzte Gütergemeinschaft nach Verfahrenseröffnung eingetreten ist.[1] Abs. 2 entspricht inhaltlich § 128 KO, wurde aber sprachlich an das Insolvenzverfahren angepasst.[2] Abs. 2 hat im Recht der Einzelzwangsvollstreckung seine Parallele in § 773 ZPO.[3] 2

C. Anwendungsbereich

I. Erbschaft

1. Begriff. Abs. 1 S. 1 Alt. 1 knüpft materiellrechtlich an §§ 1942 ff. BGB an. Danach geht die Erbschaft mit dem Erbfall auf den Erben ohne dessen Zutun über (§ 1942 Abs. 1 BGB). Dem Erben steht aber das Recht zu, die Erbschaft in bestimmter Frist und Form auszuschlagen (§§ 1944 f. BGB). Macht der Erbe von diesem Recht Gebrauch, so hat dies nach § 1953 Abs. 1 BGB zur Folge, dass der Anfall der Erbschaft rückwirkend als nicht erfolgt gilt. Zwischen Anfall der Erbschaft und Ablauf der Ausschlagungsfrist entsteht ein **Schwebezustand,** der durch die Annahme der Erbschaft beseitigt werden kann. Mit der Erklärung der Annahme wird aus dem vorläufigen Erbschaftsanfall ein endgültiger und der Erbe verliert sein Ausschlagungsrecht, § 1943 BGB. Diese Rechtsfolge tritt auch ein, wenn der Erbe die Ausschlagungsfrist untätig verstreichen lässt.[4] 3

Wegen der **höchstpersönlichen Natur des Rechts zur Ausschlagung bzw. zur Annahme der Erbschaft** steht die Ausübung dieser Rechtsakte auch während des Insolvenzverfahrens (und in der Wohlverhaltensperiode) ausschließlich dem Schuldner zu.[5] Der Schuldner kann seine Entscheidung unabhängig von den Belangen der Insolvenzgläubiger nach freiem Belieben treffen.[6] Insoweit gilt Abs. 1 auch entsprechend für die Mitwirkung des Schuldners an einem Erb- oder Pflichtteilsverzicht oder als vertraglich eingesetzter Erbe an der Aufhebung seiner Erbeinsetzung 4

---

1 Dazu *Leipold,* FS Gaul, S. 367 (368). Krit. Leipold/*Dieckmann,* S. 127 (132) im Hinblick auf die Restschuldbefreiung. Vgl. auch *Neher,* S. 17.

2 Lit. und Rspr. zu § 128 KO sind uneingeschränkt verwertbar. Einen guten Überblick bietet *Krieger,* S. 78–94.

3 Dazu insgesamt BR-Drs. 1/92, 23, 136; BT-Drs. 12/2443, 23, 136.

4 Staudinger/*Otte* § 1942 Rn. 10.

5 RT-Drs. 9/100, 27; *Hahn/Mugdan,* Materialien, Bd. 7, S. 235; RGZ 84, 342 (347 f.); MüKoBGB/*Leipold* § 1942 Rn. 14, § 1943 Rn. 7; Staudinger/*Otte* § 1942 Rn. 15; BKInsO/*Blersch/v. Olshausen* Rn. 1, 4; *Lehmann,* S. 29 ff. Krit. Jaeger/*Windel* Rn. 2; AGR/*Piekenbrock* InsO Rn. 2. Abl. (unter Heranziehung rechtsvergleichender und systematischer Argumente) *Frank,* FS Leipold, S. 983 ff.; *Christandl* ZEuP 2011, 779 (785 ff., 802 ff.). Zum Erbausschlagungs- bzw. Erbannahmerecht im Eröffnungsverfahren vgl. *Neher,* S. 141 ff. Nach *Hillmann-Stadtfeld/Jüchser,* Die insolvente GmbH als Erbe – zur Anwendbarkeit des § 83 Abs. 1 Satz 1 InsO auf juristische Personen, ZInsO 2014, 1597 (1598 f.) ist Abs. 1 S. 1 (im Wege teleologischer Reduktion) nicht anwendbar, wenn Erbe eine juristische Person ist. Zust. BeckOKInsO/*Riewe* Rn. 3; K. Schmidt/*Sternal* Rn. 9.

6 RGZ 54, 289 (295). Vgl. auch *Leipold,* FS Gaul, S. 367 (368); Uhlenbruck/*Mock* Rn. 4; KKInsO/*Henning* Rn. 3.

durch Abschluss eines neuen Erbvertrags.[7] Als zwingende Folge der freien Entscheidungsbefugnis des Schuldners nach Abs. 1 S. 1 kann seine Entscheidung durch den Insolvenzverwalter nicht angefochten werden.[8] Wenig überzeugend ist allerdings die Argumentation, dass die **Anfechtung** deshalb ausgeschlossen sei, weil während des Schwebezustands zwischen Anfall der Erbschaft und Ablauf der Ausschlagungsfrist – entsprechend dem in § 517 BGB enthaltenen Gedanken – die Erbschaft nicht als Gegenstand des Vermögens des Erben und damit auch nicht als Bestandteil der Insolvenzmasse anzusehen sei, so dass der Insolvenzmasse durch die Ausschlagung auch kein Vermögen entzogen werde und bereits daran eine Insolvenzanfechtung scheitern müsse.[9] Dem ist entgegenzuhalten, dass die Erbschaft mit dem Anfall unmittelbar zur Entstehung gelangt und die nachträgliche Ausschlagung somit nicht Ablehnung eines angetragenen Erwerbs, sondern Verzicht auf ein bereits erworbenes Recht ist.[10] Der Nachlass ist somit Bestandteil der Insolvenzmasse, steht aber während des Schwebezustands nicht als Haftungsmasse den Eigengläubigern des Erben zur Verfügung.[11]

5 Das zeitliche **Auseinanderfallen von Erbschaftsanfall und Erbschaftsannahme** (bzw. Ablauf der Ausschlagungsfrist) hat folgende insolvenzrechtliche Konsequenzen: Fällt die Erbschaft vor oder während des Insolvenzverfahrens an, so führt die Erbschaftsannahme vor Abschluss des Insolvenzverfahrens dazu, dass die **Erbschaft als Bestandteil der Insolvenzmasse** verwertbar wird. Wird die Erbschaft erst nach Abschluss des Insolvenzverfahrens angenommen, so findet eine **Nachtragsverteilung nach § 203 Abs. 1 Nr. 3** statt.[12] Fällt die Erbschaft hingegen erst während der **Wohlverhaltensperiode** an, so ist § 295 Abs. 1 Nr. 2 zu beachten (→ § 295 Rn. 49 ff.).[13] Danach ist der Schuldner im **Restschuldbefreiungsverfahren** gehalten, Vermögen, das er von Todes wegen oder mit Rücksicht auf ein künftiges Erbrecht erwirbt, zur Hälfte des Wertes an den Treuhänder herauszugeben.[14] Diese Regelung greift jedoch auf Grund der höchstpersönlichen Natur des Rechts zur Ausschlagung bzw. zur Annahme der Erbschaft ebenfalls nur dann, wenn der Schuldner die Erbschaft angenommen hat oder die Ausschlagungsfrist untätig verstreichen ließ.[15] Mit der Ausschlagung der Erbschaft verletzt der Schuldner somit nicht seine Obliegenheiten während der Wohlverhaltensperiode.[16] **Keine Obliegenheitsverletzung**

---

[7] BGH NJW 2013, 692 = NZI 2013, 137 m. zust. Anm. *Kruth*; *Kiesgen* RNotZ 2018, 429 (440 ff.).

[8] RGZ 54, 289 (297); 84, 342 (348); BGH NJW 1997, 2384; *Kipp* JW 1912, 11 (13 f.); *Seuffert* LZ 1912, 20 (24 f.); MüKoBGB/*Leipold* § 1942 Rn. 14; Jaeger/*Windel* Rn. 10; BKInsO/*Blersch/v. Olshausen* Rn. 5; FKInsO/*Wimmer-Amend* Rn. 6; *Geitner*, S. 15 ff.; *Lehmann*, S. 38 ff., 50 f.; *Mayer* MittBayNot 2011, 445 (446); *Limmer* ZEV 2004, 133 (134 f.); *Ivo* ZErb 2003, 250 (251 f.); *Marotzke* ZVI 2003, 309 (311 f.); *Messner* ZVI 2004, 433 f. Zum Meinungsstand *Neher*, S. 75 ff. Abl. (ua unter Heranziehung rechtsvergleichender Argumente) *Bartels* KTS 2003, 41 (48 ff.); *Hultsch*, S. 65 ff., 71 ff., 99 ff., 129 ff., 157 ff.

[9] RGZ 54, 289 (295 ff.); *Seuffert* LZ 1912, 20 (21 ff.); Staudinger/*Otte* § 1942 Rn. 11. Vgl. auch RT-Drs. 9/100, 27; *Hahn/Mugdan*, Materialien, Bd. 7, S. 235.

[10] So RGZ 67, 425 (430 f.); *Kipp* JW 1912, 11 (12 f.). Dazu umfassend *Lehmann*, S. 10 ff.; *Neher*, S. 25 ff.

[11] BGH NJW 2013, 692 (693) = NZI 2013, 137 (138); BGHZ 167, 352 (355); MüKoBGB/*Leipold* § 1942 Rn. 14; *Lehmann*, S. 27, 31 ff. Vgl. weiter *Bartels* KTS 2003, 41, 43 f.

[12] HambKommInsO/*Kuleisa* Rn. 3.

[13] Für die Frage der Zuordnung der Erbschaft zum Insolvenz- oder Restschuldbefreiungsverfahren siehe BGHZ 186, 223 (226 f.) = NZI 2010, 741 (742) (maßgeblich ist der Zeitpunkt des Aufhebungsbeschlusses); AG Duisburg BeckRS 2007, 08315.

[14] Zur Berechnung des hälftigen Wertes bei Anfall einer Erbschaft vgl. *Neher*, S. 196 ff. Die Versagensgründe des § 290 Abs. 1 Nr. 5 iVm § 295 Abs. 1 Nr. 2 und 3 gelten daher nur, wenn die während der Wohlverhaltensperiode angefallene Erbschaft in dieser Phase auch angenommen, der Erwerb der Erbschaft jedoch nicht bekannt gegeben wurde. Zu erbrechtlichen Gestaltungsmöglichkeiten zur Verhinderung eines Zugriffs der Eigengläubiger des Erben vgl. *Geitner*, S. 281 ff.

[15] So der Gesetzgeberwille, BT-Drs. 12/2443, 192 zur Anreizlösung in § 295 Abs. 1 Nr. 2: „Nummer 2 betrifft den Sonderfall, daß der Schuldner während der ‚Wohlverhaltensperiode' als Erbe Vermögen erlangt. In diesem Fall wäre es unbillig, dem Schuldner Restschuldbefreiung zu gewähren, ohne daß er dieses Vermögen antasten muß. Auf der anderen Seite würde eine Obliegenheit, dieses Vermögen vollständig an den Treuhänder abzuführen, in vielen Fällen dazu führen, daß der Schuldner durch Ausschlagung der Erbschaft oder in anderer Weise dafür sorgt, daß ihm das betreffende Vermögen gar nicht zufällt; es wäre fraglich, ob man in einem solchen Verhalten die Verletzung einer Obliegenheit sehen könnte. Der Entwurf wählt daher die Lösung, daß eine Erbschaft nur zur Hälfte ihres Wertes an den Treuhänder herauszugeben ist." Vgl. auch *Neher*, S. 167 ff.; KAGBL/*Ahrens* § 295 Rn. 86 ff.

[16] BGH NJW-RR 2010, 121 f. = NZI 2009, 563 (564 f.) mAnm *Floeth* FamRZ 2010, 460 (461 f.); LG Mainz ZInsO 2003, 525; LG Aachen ZErb 2005, 1 mAnm *Ivo*; *Neher*, S. 187 ff. (mit Darstellung des Meinungsstandes; vgl. aber auch die Überlegungen *de lege ferenda*, S. 219 ff.); *Bisle* DStR 2011, 526 f.; *Herrler* NJW 2011, 2258 f.; *Mayer* MittBayNot 2011, 445 (446 f.); KPB/*Lüke* Rn. 11c f.; K. Schmidt/*Sternal* Rn. 19; *Limmer* ZEV 2004, 133 (136 f.); *Ivo* ZErb 2003, 250 (252 f.); *Messner* ZVI 2004, 433 (434 f., 437); *Busch* ErbR 2012, 358 (363). Krit. dazu *Thora*, Die Obliegenheit der Erbschaftsannahme in der Wohlverhaltensperiode, ZInsO 2002, 176 (177 ff.); *Bartels* KTS 2003, 41 (61 ff.); HambKommInsO/*Kuleisa* Rn. 7; *Frank*, FS Leipold, S. 983 (991 ff.). Vgl. weiter *Marotzke* ZVI 2003, 309 f. (313); *Hartmann* ZNotP 2005, 82 f.; *Geitner*, S. 26 ff., 255 ff.; *Lehmann*, S. 90 ff.

liegt auch dann vor, wenn der Schuldner die Annahme einer während der Wohlverhaltensperiode angefallenen Erbschaft bis nach der Erteilung der Restschuldbefreiung hinauszögert.[17]

2. Erbschaftsannahme. Nimmt der Erbe die Erbschaft nach Eröffnung des Insolvenzverfahrens durch ausdrückliche Erklärung oder schlüssiges Verhalten an oder lässt er die Ausschlagungsfrist untätig verstreichen (§ 1943 BGB), so fällt ihm die Erbschaft endgültig zu[18] und der Nachlass ist von diesem Zeitpunkt an als Bestandteil der Insolvenzmasse verwertbar (→ § 35 Rn. 62).[19] Da Bestandteil der Erbschaft auch die **Nachlassverbindlichkeiten** sind, stellt sich die Frage nach der Stellung der Nachlassgläubiger. Der Gesetzgeber hat diese Frage nicht beantwortet und im Schrifttum werden dazu unterschiedliche Auffassungen vertreten.[20] Nach überwiegender Ansicht werden die Nachlassgläubiger als Insolvenzgläubiger iSd § 38 behandelt, wenn der Erbfall bereits vor Eröffnung des Insolvenzverfahrens eingetreten ist, die Annahme der Erbschaft aber erst nach Eröffnung erklärt wird.[21] Der BGH hat auch in Fällen, in denen die Erbschaft nach Eröffnung des Insolvenzverfahrens anfällt, die **Nachlassgläubiger** ebenso wie die **persönlichen Gläubiger des Schuldners** als **Insolvenzgläubiger** eingeordnet, mit der Folge, dass aus der **Schuldnervermögen und Nachlass umfassenden Insolvenzmasse** sämtliche Gläubiger zu befriedigen sind.[22] 6

Allerdings kann die **Einbeziehung der Nachlassgläubiger** in das Insolvenzverfahren zur Konsequenz haben, dass bei Überschuldung des Nachlasses die Interessen der persönlichen Gläubiger des Schuldners gefährdet werden; aber auch die Nachlassgläubiger können ein Interesse daran haben, die Eigengläubiger vom Zugriff auf den Nachlass fernzuhalten.[23] Eine **Trennung der Vermögensmassen** kann daher sowohl der Insolvenzverwalter als auch jeder Nachlassgläubiger bewirken, nicht hingegen – wegen § 80 Abs. 1 – der Schuldner.[24] Die Trennung der Vermögensmassen hat zur Folge, dass die Nachlassgläubiger ausschließlich aus dem Nachlass und die persönlichen Gläubiger des Schuldners ausschließlich aus dessen Eigenvermögen (ohne Nachlass) Befriedigung verlangen können.[25] Zu einer 7

[17] Da die Ausschlagungs- bzw. Annahmefrist nur sechs Wochen ab Anfall der Erbschaft beträgt (§ 1944 Abs. 1 BGB), dürfte diesem Fall in der Praxis keine so große Bedeutung zukommen wie – aufgrund der längeren (Verjährungs-)Fristen – der Annahme eines Vermächtnisses oder der Geltendmachung eines Pflichtteilsanspruchs (dazu → Rn. 13 ff., 16 f.).

[18] HambKommInsO/*Kuleisa* Rn. 3. Vgl. weiter Staudinger/*Otte* § 1943 Rn. 3 ff.; MüKoBGB/*Leipold* § 1943 Rn. 3 ff.; Soergel/*Stein* § 1943 Rn. 2 ff.

[19] BGHZ 167, 352 (355) mAnm *Lüke/Ellke* LMK 2006, 196931. Vgl. weiter *Geitner,* S. 14 f.; *Leipold,* FS Gaul, S. 367 (371); → Anh § 315 Rn. 26. So im Ergebnis auch *Lehmann,* S. 35 ff. Zur Frage, ob der Schuldner mit den Gläubigern eine Vereinbarung über die Annahme der Erbschaft treffen darf (etwa, dass die Gläubiger als Gegenleistung für die Annahme der Erbschaft durch den Schuldner auf einen Teil ihrer Forderungen verzichten) vgl. *Lehmann,* S. 52 ff. Zur Freigabe der Erbschaft im Ganzen oder in Teilen durch den Insolvenzverwalter vgl. *Neher,* S. 109 ff.

[20] Zur Problematik BKInsO/*Blersch/v. Olshausen* Rn. 7; *Marotzke,* FS Otte, S. 223 (235 ff.); *Neher,* S. 134 ff. mwN. Vgl. auch *Busch* ZVI 2011, 77 (82); *Busch* ErbR 2012, 358 (365 f.); *Vallender,* Doppelinsolvenz: Erben- und Nachlassinsolvenz, NZI 2005, 318 (319 f.). Nicht diskutiert wird die Frage, ob als neuerworbenes „Vermögen" iSd § 35 Abs. 1 nur die Erbschaft nach Abzug der Nachlassverbindlichkeiten („Nettowert") begriffen werden kann, obwohl dies im Rahmen von § 295 Abs. 1 Nr. 2 für die Berechnung der Hälfte des Wertes des erworbenen Vermögens vertreten wird (so *Neher,* S. 200 f.; *Busch* ZVI 2011, 77 [83 f.]).

[21] So BKInsO/*Blersch/v. Olshausen* Rn. 6; *Marotzke,* FS Otte, S. 223 (236 f.); *Neher,* S. 133 f.; *Kesseler* RNotZ 2006, 474.

[22] BGHZ 167, 352 (355): „Ist der Schuldner vor der Eröffnung des Insolvenzverfahrens oder während des Verfahrens Erbe geworden, fällt der Nachlaß vorläufig in die Masse. […] Hat er die Erbschaft angenommen, […] tritt hinsichtlich der Erbschaft Vollerwerb ein […]. Ab diesem Zeitpunkt ist der Nachlaß endgültig Bestandteil der Insolvenzmasse […], aus der die Nachlaßgläubiger und die Eigengläubiger des Erben (Erbengläubiger) zu befriedigen sind, sofern nicht eine Trennung der Vermögensmassen […] herbeigeführt wird." Im Ergebnis so auch *Busch* ErbR 2012, 358 (366); BKInsO/*Blersch/v. Olshausen* Rn. 7 (die Lösung wird dort als das „geringste Übel" bezeichnet); BeckOKInsO/*Riewe* Rn. 14. AA *Neher,* S. 137 ff.; *Marotzke,* FS Otte, S. 223 (238 f.); → § 331 Rn. 8; *Messner* ZVI 2004, 433 (434); *Polonius* ZVI 2018, 90 (93); *Roth/Pfeuffer,* Praxishandbuch für Nachlassinsolvenzverfahren, 2009, S. 422 ff.; HambKommInsO/*Kuleisa* Rn. 4. Vgl. weiter BFH ZIP 2017, 1526 (1527) = NZI 2017, 769 f. (zur Einordnung der auf einen Erwerb des Schuldners nach Insolvenzeröffnung angefallenen Erbschaftssteuer als Masseverbindlichkeit iSd § 55 Abs. 1 Nr. 1 Hs. 2).

[23] LG Aachen NJW 1960, 46 (48). So im Ergebnis auch *Neher,* S. 139 f.

[24] So auch Uhlenbruck/*Mock* Rn. 12; BKInsO/*Blersch/v. Olshausen* Rn. 8; KPB/*Lüke* Rn. 7; Braun/*Kroth* Rn. 4; *Messner* ZVI 2004, 433 (434). AA LG Aachen NJW 1960, 46 (48 f.) m. zust. Anm. *v. Buch*; *Börner,* Das System der Erbenhaftung, JuS 1968, 53 (56); *Neher,* S. 255 ff.; *Marotzke,* FS Otte, S. 223 (226 ff.). Vgl. weiter *Vallender* NZI 2005, 318 ff.

[25] BGHZ 167, 352 (355 ff.) = RNotZ 2006, 470 ff. mAnm *Kesseler.* Vgl. weiter *Geitner,* S. 276 ff.; → § 325 Rn. 2 ff. Nachlassgläubiger, denen der Erbe unbeschränkt haftet, können im Verfahren über das Eigenvermögen des Erben ihre Forderungen insoweit geltend machen, als sie im Nachlassinsolvenzverfahren ausgefallen sind, § 331 Abs. 1 (dazu → § 331 Rn. 3). Vgl. *Marotzke,* FS Otte, S. 223 (226).

„bloßen" wirtschaftlichen Trennung der Vermögensmassen führt die Anordnung einer Testamentsvollstreckung.

8 **a) Trennung der Vermögensmassen durch den Insolvenzverwalter.** Ist der Nachlass überschuldet, stehen dem Insolvenzverwalter zur Trennung der Haftungsmassen diejenigen Befugnisse zu, die außerhalb eines Insolvenzverfahrens dem Schuldner als Erben zustehen, nämlich die Beschränkung der Haftung nach §§ 1975 ff. BGB durch Beantragung der Nachlassverwaltung oder Einleitung eines Nachlassinsolvenzverfahrens (§§ 11 Abs. 2 Nr. 2, 315–331).[26] Bei Vorliegen der Voraussetzungen des § 1980 BGB ist der Insolvenzverwalter verpflichtet, die Vermögensmassen zu trennen, um eine Benachteiligung der persönlichen Gläubiger des Schuldners zu verhindern.[27]

9 **b) Trennung der Vermögensmassen durch einen Nachlassgläubiger.** Jeder Nachlassgläubiger kann sich vor einer Verteilung des Nachlasses an die persönlichen Gläubiger des Schuldners dadurch schützen, dass er einen Antrag auf Nachlassverwaltung nach § 1981 Abs. 2 BGB oder auf Eröffnung eines Nachlassinsolvenzverfahrens nach § 317 Abs. 1 stellt.[28] Liegen die jeweiligen Voraussetzungen vor, so hat sowohl die Nachlassverwaltung als auch das Nachlassinsolvenzverfahren die Trennung der Vermögensmassen zur Folge.[29]

10 **c) Testamentsvollstreckung.** Eine vom Erblasser angeordnete Testamentsvollstreckung besteht während des Insolvenzverfahrens über das Vermögen des Erben fort, mit der Folge, dass die Verfügungsbeschränkung nach § 2211 BGB auch für den Insolvenzverwalter gilt (§ 80 Abs. 1), die Eigengläubiger des Schuldners keine Befriedigung aus den der Testamentsvollstreckung unterliegenden Nachlassgegenständen verlangen können (§ 2214 BGB)[30] und der Testamentsvollstrecker im Rahmen seiner Befugnisse den Nachlass verwalten und über Nachlassgegenstände verfügen kann.[31] Das der Testamentsvollstreckung unterliegende Vermögen bildet eine Sondermasse im Insolvenzverfahren und kann in dem Zeitraum, in dem die Testamentsvollstreckung angeordnet ist, nicht vom Insolvenzverwalter verwertet werden.[32] Endet die Testamentsvollstreckung während des Insolvenzverfahrens, so fällt der **freiwerdende Nachlass** und der **Herausgabeanspruch des Erben gegen den Testamentsvollstrecker** nach §§ 2218 Abs. 1, 667 BGB als Neuerwerb in die Insolvenzmasse und unterliegt der Verwertung durch den Insolvenzverwalter.[33]

11 **3. Erbschaftsausschlagung.** Schlägt der Erbe die Erbschaft aus,[34] so fällt die Erbschaft rückwirkend dem nächstberufenen Erben an (§ 1953 Abs. 2 BGB). Sofern der Insolvenzverwalter während des Schwebezustands Gegenstände des Nachlasses zur Insolvenzmasse gezogen hatte, steht dem nächstberufenen Erben ein **Aussonderungsrecht** zu.[35] Haftet der Schuldner dem nächstberufenen Erben nach den Grundsätzen über die Geschäftsführung ohne Auftrag gemäß § 1959 Abs. 1 BGB, so besteht dieser Anspruch des nächstberufenen Erben als Insolvenzforderung nur dann, wenn er schon vor der Verfahrenseröffnung begründet war.[36]

---

[26] BGHZ 167, 352 (355 ff.). Vgl. weiter *Rugullis* ZEV 2007, 117 ff.; *Polonius* ZVI 2018, 90 (91).

[27] *Kuleisa* ZVI 2013, 173 (177) mit Hinweis auf die Haftung des Insolvenzverwalters nach § 60 InsO; HKInsO/*Kayser* Rn. 9; KPB/*Lüke* Rn. 6. Vgl. weiter BKInsO/*Blersch/v. Olshausen* Rn. 9; Jaeger/*Windel* Rn. 8.

[28] BGHZ 167, 352 (355 f.). Vgl. weiter BKInsO/*Blersch/v. Olshausen* Rn. 8; sowie → § 317 Rn. 5.

[29] So auch *Kuleisa* ZVI 2013, 173 (177); FKInsO/*Wimmer-Amend* Rn. 8.

[30] So auch Graf-Schlicker/*Busch* Rn. 3; HambKommInsO/*Kuleisa* Rn. 5; *Bisle* DStR 2011, 526 (527 f.). Vgl. weiter *Haegele*, Der Testamentsvollstrecker bei Konkurs, Vergleich und Anfechtung außerhalb Konkurses, KTS 1969, 158 (159 f.); *Leipold*, FS Gaul, S. 367 (375); *Börner* JuS 1968, 53 (57); Staudinger/*Reimann* § 2211 Rn. 2; Staudinger/*Reimann* § 2214 Rn. 7.

[31] BGHZ 167, 352 (356) mAnm *Schindler* ZInsO 2007, 484 ff.; Uhlenbruck/*Mock* Rn. 13; MüKoBGB/*Zimmermann* § 2211 Rn. 2; MüKoBGB/*Zimmermann* § 2214 Rn. 3a; *Hanisch*, Nachlassinsolvenzverfahren und materielles Erbrecht, FS Henckel, 1995, S. 369 (378); *Messner* ZVI 2004, 433 (437 f.).

[32] BGHZ 167, 352 (359): „Der unter Testamentsvollstreckung stehende Nachlaß bildet eine Sondermasse […], aus der nur die Nachlaßgläubiger zu befriedigen sind." Vgl. auch OLG Köln ZIP 2005, 452 (453); *Busch* ErbR 2012, 358 (366); *Mayer* MittBayNot 2011, 445 (451); *Limmer* ZEV 2004, 133 (137 f.); *Kuleisa* ZVI 2013, 173 (178 f.). Zu verschiedenen Gestaltungsmöglichkeiten durch Anordnung einer Testamentsvollstreckung vgl. *Geitner*, S. 303 ff.; *Damrau*, Lebenslange Testamentsvollstreckung im Insolvenzfall, MDR 2000, 255 f.; *Limmer* ZEV 2004, 133 (137 ff.).

[33] BGHZ 167, 352 (356, 359); HambKommInsO/*Kuleisa* Rn. 5.

[34] Zu beachten ist, dass mit der Erbschaftsausschlagung in den Fällen des § 2306 Abs. 1 BGB und § 1371 Abs. 3 BGB kraft Gesetzes Pflichtteilsrechte des Schuldners entstehen (zur Behandlung dieser Rechte in der Insolvenz → Rn. 16 f.).

[35] So auch HambKommInsO/*Kuleisa* Rn. 6; FKInsO/*Wimmer-Amend* Rn. 13. Vgl. weiter *Lehmann*, S. 34 f.

[36] KPB/*Lüke* Rn. 9.

4. Nachlassinsolvenzverfahren. Abs. 1 S. 1 gilt auch für den Fall, dass vor Annahme oder Ausschlagung der Erbschaft ein Nachlassinsolvenzverfahren nach §§ 11 Abs. 2 Nr. 2, 315–331 eröffnet wird. § 316 Abs. 1 stellt ausdrücklich klar, dass die fehlende Annahme der Erbschaft die Verfahrenseröffnung nicht hindert.[37] 12

II. Vermächtnis

Abs. 1 S. 1 Alt. 2 knüpft an §§ 2176 ff. BGB an. Danach gelangt die Vermächtnisforderung mit dem Erbfall (§ 2176 BGB) bzw. im Falle der Anordnung einer Bedingung oder eines Anfangstermins mit dem Eintritt dieser Bedingung oder des Termins (§ 2177 BGB) zur Entstehung. Dem Vermächtnisnehmer steht aber nach § 2180 Abs. 1, 2 BGB das Recht zu, das Vermächtnis auszuschlagen. Macht der Vermächtnisnehmer von diesem Recht Gebrauch, so gilt das Vermächtnis nach §§ 2180 Abs. 3, 1953 Abs. 1 BGB rückwirkend als nicht erfolgt. Da beim Vermächtnis eine § 1943 Hs. 2 BGB entsprechende Bestimmung fehlt, führt die Untätigkeit des Vermächtnisnehmers nicht zur Annahme des Vermächtnisses. Die **Annahme** kann nur durch **Erklärung des Vermächtnisnehmers** gegenüber dem Beschwerten erfolgen, § 2180 Abs. 2 BGB. 13

Ebenso wie bei der Erbschaft sind Annahme und Ausschlagung des Vermächtnisses **höchstpersönliche Rechte,** deren Ausübung auch nach Eröffnung eines Insolvenzverfahrens ausschließlich dem Schuldner zusteht, wobei dessen Entscheidung nicht anfechtbar ist.[38] Die Ausführungen zur Annahme bzw. Ausschlagung der Erbschaft gelten überwiegend entsprechend (→ Rn. 4 f., 11).[39] Da die Annahmeerklärung beim Vermächtnis im Gegensatz zur Erbschaft regelmäßig nicht innerhalb einer bestimmten Frist zu erfolgen hat,[40] kann der Schuldner bis zum Ende der Verjährungsfrist von drei Jahren (§ 195 BGB)[41] seine Entscheidung treffen.[42] Dabei sind **verschiedene Fallgestaltungen** zu unterscheiden: Da das Vermächtnis mit dem Erbfall kraft Gesetzes entsteht (§ 2176 BGB), führt die Annahme eines vor oder während des Insolvenzverfahrens angefallenen Vermächtnisses dazu, dass dieses als Bestandteil der Insolvenzmasse verwertbar ist. Wird ein vor oder während des Insolvenzverfahrens angefallenes Vermächtnis hingegen erst nach dessen Abschluss angenommen, so stellt sich die Frage, ob – ebenso wie bei der Annahme einer Erbschaft (→ Rn. 5) oder der Geltendmachung eines Pflichtteilsanspruchs (→ Rn. 16) – eine **Nachtragsverteilung nach § 203 Abs. 1 Nr. 3** stattzufinden hat. Auch wenn das Vermächtnis (im Gegensatz zur Erbschaft) seiner Rechtsnatur nach nur einen schuldrechtlichen Anspruch beinhaltet, so kann für das Vermächtnis im Ergebnis nichts anderes als für die Erbschaft (oder für einen Pflichtteilsanspruch) gelten, so dass § 203 Abs. 1 Nr. 3 anzuwenden ist.[43] 14

Fällt das Vermächtnis erst während der **Wohlverhaltensperiode** an, so ist § 295 Abs. 1 Nr. 2 zu beachten (dazu → § 295 Rn. 49 ff.). Danach ist der Schuldner im **Restschuldbefreiungsverfahren** gehalten, Vermögen, das er von Todes wegen oder mit Rücksicht auf ein künftiges Erbrecht erwirbt, zur Hälfte des Wertes an den Treuhänder herauszugeben, wenn er das Vermächtnis in dieser Phase annimmt (→ Rn. 5).[44] Diese Rechtsfolge kann der Schuldner umgehen, wenn er das Vermächtnis erst nach Ablauf der Wohlverhaltensperiode annimmt.[45] Der BGH weist ausdrücklich darauf hin, dass die Annahme des Vermächtnisses nach Ablauf der Wohlverhaltensperiode ebenso wie ein Verzicht 15

---

37 So auch HambKommInsO/*Kuleisa* Rn. 9. Vgl. weiter → § 316 Rn. 2; → Vor §§ 315–331 Rn. 2 ff.

38 BGH NJW 2011, 2291 f. mAnm *Menzel* MittBayNot 2011, 374 ff.; *Krauß*, „In der Schwebe gehaltenes" Vermächtnis nicht einsatzpflichtig, NotBZ 2011, 212 (213); *Lehmann*, S. 114 ff., 119. Vgl. auch RGZ 67, 425 (430 f.); Soergel/*Wolf* § 2180 Rn. 7. AA *Bartels* KTS 2003, 41, 57 f.

39 Dazu umfassend *Lehmann*, S. 113 ff.

40 Ausnahmen bestehen im Falle des § 2307 Abs. 2 BGB oder wenn der Erblasser die Annahme des Vermächtnisses innerhalb einer bestimmten Frist angeordnet hat. Dazu Soergel/*Wolf* § 2180 Rn. 5.

41 Für den Vermächtnisanspruch bestand bis zum 31. Dezember 2009 eine dreißigjährige Verjährungsfrist nach § 197 Abs. 1 Nr. 2 BGB aF, die nach Maßgabe der Überleitungsvorschrift in Art. 229 § 23 Abs. 4 S. 1 EGBGB für Erbfälle vor dem 1. Januar 2010 noch gilt.

42 Zur freien Entscheidung des Schuldners vgl. *Lehmann*, S. 120 f.; *Messner* ZVI 2004, 433 (439, 441).

43 Zust. HambKommInsO/*Kuleisa* Rn. 10. So im Ergebnis auch AGR/*Piekenbrock* InsO Rn. 8; *Menzel* MittBayNot 2011, 374; *Herrler* NJW 2011, 2258 (2261); *Lehmann*, S. 120 f. AA *Krauß* NotBZ 2011, 212 (214).

44 BGH NJW 2011, 2291 f. Dazu insgesamt auch *Leipold*, FS Gaul, S. 367 (371); KAGBL/*Ahrens* § 295 Rn. 86 ff.; *Windel*, Die Verteilung der Befugnisse zur Entscheidung über Vermögenserwerb zwischen (Gemein-)Schuldner und Konkurs-(Insolvenz-)Verwalter bzw. Vollstreckungsgläubiger nach geltendem und künftigem Haftungsrecht, KTS 1995, 406; *Messner* ZVI 2004, 433 (439 f.); *Geitner*, S. 264 f., 295 ff.; *Lehmann*, S. 123 ff. Krit. *Bartels* KTS 2003, 41 (64 ff.).

45 BGH NJW 2011, 2291 (2292) mAnm *Menzel* MittBayNot 2011, 374 ff.; *Kiesbye* jurisPR-InsR 12/2011 Anm. 1; *Jahreis* jurisPR-FamR 13/2011 Anm. 5; *Krauß* NotBZ 2011, 212 (213). Vgl. auch BGH NJW-RR 2010, 121 (122) = NZI 2009, 563 (564) mAnm *Floeth* FamRZ 2010, 460 (461 f.) und Anm. *Menzel* MittBayNot 2010, 54 (55); *Bisle* DStR 2011, 526 f.; HambKommInsO/*Kuleisa* Rn. 10. Krit. dazu *Frank*, FS Leipold, S. 983 (991 ff.); *Herrler* NJW 2011, 2258; AGR/*Piekenbrock* InsO Rn. 8.

auf das Vermächtnis **keine Obliegenheitsverletzung** (§ 290 Abs. 1 Nr. 5 iVm § 295 Abs. 1 Nr. 2, 3) darstellt.[46]

III. Entsprechende Anwendung; Pflichtteilsanspruch

16 Nach allgemeiner Meinung findet Abs. 1 als abschließende Sondervorschrift auf den **Erwerb sonstiger Anwartschaften und Rechte** keine entsprechende Anwendung.[47] Besonderheiten gelten jedoch für den **Pflichtteilsanspruch:** Der Pflichtteilsanspruch entsteht zwar mit dem Erbfall (§ 2317 Abs. 1 BGB),[48] jedoch obliegt die Entscheidung, den Anspruch gegen den Nachlass geltend zu machen, als höchstpersönliches Recht allein dem Pflichtteilsberechtigten.[49] Der Anspruch ist zudem erst dann verwertbar, wenn er pfändbar, dh durch Vertrag anerkannt oder rechtshängig ist, **§ 852 Abs. 1 ZPO** (→ § 35 Rn. 484).[50] Nach der Rspr. des BGH ist der mit dem Erbfall entstandene Pflichtteilsanspruch jedoch vor Eintritt der Voraussetzungen des § 852 Abs. 1 ZPO aufschiebend bedingt pfändbar bzw. abtretbar und muss daher in diesem Stadium auch dem Insolvenzbeschlag unterliegen.[51] Dies führt dazu, dass der noch nicht anerkannte oder rechtshängig gemachte Pflichtteilsanspruch mit dem Erbfall zur Masse gehört (§ 36 Abs. 1 S. 1), jedoch die Verwertung dieses Anspruchs ohne Mitwirkung des Schuldners, der allein die Voraussetzungen des § 852 Abs. 1 ZPO herbeiführen kann, nicht möglich ist (→ Anh § 315 Rn. 27 mwN).[52] Sofern der während des Insolvenzverfahrens entstandene Pflichtteilsanspruch erst nach der Aufhebung des Insolvenzverfahrens anerkannt oder rechtshängig gemacht wird, unterliegt er der **Nachtragsverteilung gemäß § 203 Abs. 1 Nr. 3.**[53]

17 Über die **Geltendmachung des Pflichtteilsanspruchs** kann der Schuldner während des Insolvenzverfahrens und auch in der Wohlverhaltensperiode völlig frei entscheiden.[54] Der BGH überträgt insoweit die Wertung des Abs. 1: Da dem Schuldner die Entscheidungsmacht über die Annahme oder Ausschlagung einer Erbschaft zustehe, könne für die Geltendmachung eines Pflichtteilsanspruchs nichts anderes gelten. Daher stelle „der Verzicht auf die Geltendmachung eines Pflichtteilsanspruchs in der Wohlverhaltensphase […] – ebenso wie die Ausschlagung der Erbschaft oder der Verzicht auf ein Vermächtnis – **keine Obliegenheitsverletzung** dar".[55] Tritt der Erbfall erst in der Wohlverhaltenspe-

---

46 BGH NJW 2011, 2291 f.

47 BGHZ 167, 352 (361) = RNotZ 2006, 470 (473) mAnm *Kesseler;* HambKommInsO/*Kuleisa* Rn. 2; Uhlenbruck/*Mock* Rn. 29; BKInsO/*Blersch/v. Olshausen* Rn. 14; K. Schmidt/*Sternal* Rn. 2.

48 BGH NJW 2011, 1448 = NZI 2011, 369 (370): „Maßgeblich für die Zuordnung des Pflichtteilsanspruchs zur Insolvenzmasse oder zum Neuerwerb während der Wohlverhaltensphase ist, ob der Erbfall vor oder nach der Aufhebung des Insolvenzverfahrens stattgefunden hat." So auch *Haas/Vogel,* FS Bengel und Reimann, S. 173 (179 f.).

49 Dazu *Kiesgen* RNotZ 2018, 429 (438).

50 Dazu ausführlich *Scheuing,* S. 58 ff. Eher krit. *Lüke,* FS Kanzleiter, S. 271 (275 ff.).

51 BGH NZI 2016, 457 (458); BGH NJW-RR 2009, 632 (633) = NZI 2009, 191 (192); BGH NJW-RR 2010, 121 = NZI 2009, 563 (564) mAnm *Schmerbach* NZI 2009, 552; BGHZ 123, 183 (188 ff.); BGH NJW 1997, 2384 f. mAnm *Gerhardt,* BGH EWiR § 1 AnfG 1/97, 683 f.; *Bartels* KTS 2003, 41 (44 ff.); *Ivo* ZErb 2003, 250 (254 f.); *Wälzholz* FamRB 2006, 252 (254); *Limmer* ZEV 2004, 133 (135); *Geitner,* S. 20 ff.; *Lehmann,* S. 127 ff., 132 ff., 139 ff. (zum Pflichtteilsanspruch im Restschuldbefreiungsverfahren vgl. S. 151 ff.); Stein/Jonas/*Brehm* § 852 Rn. 4. Ausführlich *Scheuing,* S. 69 ff. (zur BGH-Rspr. seit 1993) S. 162 ff. (zur historischen Entwicklung) und S. 166 ff. (zur Insolvenzbefangenheit). Vgl. auch *Messner* ZVI 2004, 433 (438 f.). AA *Leipold,* FS Gaul, S. 367 (369); *Lüke,* FS Kanzleiter, S. 271 (277 ff., insb. 285 f.).

52 BGH NJW-RR 2009, 632 (633) = NZI 2009, 191 (192); NJW-RR 2010, 121 = NZI 2009, 563 (564); NJW 2011, 1448 f. = NZI 2011, 369 (370 f.) mAnm *Haas/Vogel* KTS 2011, 387 (388 ff.); HambKommInsO/*Kuleisa* Rn. 8; KKInsO/*Henning* Rn. 14; Uhlenbruck/*Mock* Rn. 26. Weiterführend *Scheuing,* S. 177 ff.

53 BGH NJW 2011, 1448 f. = NZI 2011, 369 ff. (die Regelungen zur Nachtragsverteilung gelten auch im Verbraucherinsolvenzverfahren; der Begriff der Ermittlung iSd § 203 Abs. 1 Nr. 3 ist weit auszulegen) mAnm *Floeth* FamRZ 2011, 1399 ff.; *Reul* ZEV 2011, 88 f.; *Horn/Selker* ZEV 2017, 439 (442); *Kiesgen* RNotZ 2018, 429 (438 f.); *Vallender* WuB IV A. § 203 InsO 1.11; *Mayer* MittBayNot 2012, 18 (22); *Scheuing,* S. 234 ff. So auch schon die Vorinstanz LG Münster NZI 2009, 657 f. m. zust. Anm. *Henning* VIA 2009, 13 f. AA noch LG Göttingen NZI 2009, 896. Vgl. weiter *Haas/Vogel,* FS Bengel und Reimann, S. 173 (184 ff.).

54 Dazu *Scheuing,* S. 205 ff.

55 BGH NJW-RR 2010, 121 (122) = NZI 2009, 563 (564); dazu auch Anm. *Schmerbach* NZI 2009, 552; *Floeth* FamRZ 2010, 460 (461 ff.); *Goltzsche* DNotZ 2009, 865 ff.; *Bartsch* jurisPR-BKR 11/2009 Anm. 2; *Kiesbye* jurisPR-InsR 19/2009 Anm. 2; BGH ZInsO 2009, 1831 (1832); KKInsO/*Henning* Rn. 14. Zur Übertragung der Wertung des Abs. 1 vgl. auch LG Tübingen ZVI 2008, 450 (452); *Enzensberger/Roth,* Der Pflichtteilsanspruch in der Pfändung und Insolvenz, NJW-Spezial 2009, 263 f.; *Henning* VIA 2009, 13. Der krit. Hinweis auf Wertungswidersprüche zum Sozial- und Unterhaltsrecht (etwa *Menzel* MittBayNot 2010, 54 f.; *Krauß,* Der Zugriff zivil- und sozialrechtlicher Gläubiger auf erbrechtliche Präventivmaßnahmen, ErbR 2011, 162 [165 f.]; *Frank,* FS Leipold, S. 983 [988 ff.]) dürfte durch BGH NJW 2011, 1586 (1589 f.) entkräftet sein (der BGH weist bezüglich der Ausschlagung bereits angefallenen Vermögens bzw. des Pflichtteilsverzichts

riode ein, so hat der Schuldner folglich die Wahl, ob er den Pflichtteilsanspruch noch während des Restschuldbefreiungsverfahrens geltend macht (und nach § 295 Abs. 1 Nr. 2 die Hälfte des Wertes an den Treuhänder herausgibt) oder mit der Geltendmachung des Anspruchs bis nach der Erteilung der Restschuldbefreiung wartet (und sich so den vollen Pflichtteil sichert).[56]

IV. Fortgesetzte Gütergemeinschaft

1. Begriff. Voraussetzung für den Eintritt der fortgesetzten Gütergemeinschaft ist nach § 1483 Abs. 1 BGB eine Bestimmung im Ehevertrag, dass nach dem Tod eines Ehegatten die Gütergemeinschaft zwischen dem überlebenden Ehegatten und den gemeinschaftlichen, gesetzlich erbberechtigten Abkömmlingen fortgesetzt werden soll. Weitere Voraussetzung ist nach § 1484 Abs. 1 BGB, dass der überlebende Ehegatte die Fortsetzung der Gütergemeinschaft nicht ablehnt. Auf die Ablehnung finden nach § 1484 Abs. 2 S. 1 BGB die für die Ausschlagung einer Erbschaft geltenden Vorschriften entsprechende Anwendung. Daran knüpft Abs. 1 S. 2 an: Sofern daher die **höchstpersönliche Entscheidung über die Fortsetzung der Gütergemeinschaft** in der Zeit nach Eröffnung des Insolvenzverfahrens über das Vermögen des überlebenden Ehegatten zu treffen ist, steht entsprechend Abs. 1 S. 1 diese Entscheidung allein dem überlebenden Ehegatten zu.[57] Die Entscheidung ist nicht anfechtbar. 18

Entsprechendes gilt für **eingetragene Lebenspartner,** die auf Grund einer Stiefkindadoption oder Sukzessivadoption gemeinschaftliche Abkömmlinge haben (§ 9 Abs. 7 LPartG iVm § 1754 Abs. 1 BGB) und durch Lebenspartnerschaftsvertrag den Eintritt einer fortgesetzten Gütergemeinschaft für den Fall des Todes eines Lebenspartners vereinbart haben (§ 7 LPartG iVm §§ 1483–1518 BGB).[58]

2. Fortsetzung der Gütergemeinschaft. Lehnt der überlebende Ehegatte die Fortsetzung der Gütergemeinschaft mit den Abkömmlingen nicht ab oder lässt er die Ablehnungsfrist nach §§ 1484 Abs. 2 S. 1, 1943 BGB untätig verstreichen, so wird die Gütergemeinschaft fortgesetzt. Dies hat nach § 37 Abs. 3 iVm Abs. 1 S. 1 zur Folge, dass das Gesamtgut Bestandteil der Insolvenzmasse im Verfahren über das Vermögen des überlebenden Ehegatten ist[59] (dazu insgesamt → § 37 Rn. 39 ff.). 19

3. Ablehnung der Fortsetzung der Gütergemeinschaft. Lehnt der überlebende Ehegatte die Fortsetzung der Gütergemeinschaft mit den Abkömmlingen ab, so führt dies gemäß §§ 1484 Abs. 3, 1482 BGB zur Beendigung der Gütergemeinschaft. Das Gesamtgut ist nach §§ 1471 ff. BGB auseinanderzusetzen, § 84 Abs. 1 S. 1. Der Gesamtgutsanteil des überlebenden Ehegatten ist nunmehr pfändbar (§ 860 Abs. 2 ZPO) und fällt damit in die Insolvenzmasse (§ 36).[60] Der Gesamtgutsanteil des verstorbenen Ehegatten gehört zusammen mit dessen Eigenvermögen zum Nachlass, § 1482 BGB.[61] Ist der überlebende Ehegatte (Mit-)Erbe, so gilt hinsichtlich der ihm anfallenden Erbschaft Abs. 1 S. 1.[62] 20

V. Vorerbschaft

1. Begriff. Vor- und Nacherbe sind zeitlich nacheinander Erben des Erblassers; der Nacherbe wird erst Erbe, nachdem zunächst der Vorerbe Erbe geworden ist, § 2100 BGB. Die Nacherbfolge 21

ausdrücklich auf die Parallele zu Abs. 1 sowie darauf hin, dass ein Eingriff in die durch die Privatautonomie in Art. 2 Abs. 1 GG und die Erbfreiheit in Art. 14 Abs. 1 GG gewährleistete Ablehnungsmöglichkeit des Begünstigten dem Gesetzgeber vorbehalten sei).

[56] BGH NJW-RR 2010, 121 (122): „Der persönliche Charakter des Ausschlagungsrechts […], der auf den besonderen Beziehungen des Erben zum Erblasser beruht, ist auch in der Wohlverhaltensperiode zu beachten. Er darf daher nicht durch einen mittelbaren Zwang zur Annahme der Erbschaft oder Geltendmachung des Pflichtteils unterlaufen werden, der sich ergeben würde, wenn man schon die Erbausschlagung selbst oder den Verzicht auf die Geltendmachung eines Pflichtteils als Obliegenheitspflichtverletzung im Sinne des § 295 Abs. 1 Nr. 2 InsO ansähe.“ Vgl. auch LSG Baden-Württemberg BeckRS 2016, 68528 Rn. 45 f.; *Henning* VIA 2009, 13 (14); *Haas/Vogel* KTS 2011, 387 (389 ff.); *Haas/Vogel*, FS Bengel und Reimann, S. 173 (188 f.); *Mayer* MittBayNot 2011, 445 (447 f.); *Horn/Selker* ZEV 2017, 439 (442 f.). Krit. *Frank*, FS Leipold, S. 983 (991 ff.). Vgl. weiter *Scheuing*, S. 211 ff.

[57] RT-Drs. 9/100, 27; HambKommInsO/*Kuleisa* Rn. 11; KPB/*Lüke* Rn. 13.

[58] Seit Inkrafttreten des *Gesetzes zur Einführung des Rechts auf Eheschließung für Personen gleichen Geschlechts* vom 20.7.2017 (BGBl. I, 2787) können keine neuen Lebenspartnerschaften mehr begründet werden, jedoch bestehen die vor diesem Termin eingetragenen Lebenspartnerschaften fort, wenn die Lebenspartner ihre Lebenspartnerschaft nicht in eine Ehe umwandeln (§ 20a LPartG).

[59] *Hahn/Mugdan*, Materialien, Bd. 7, S. 235; BKInsO/*Blersch/v. Olshausen* Rn. 11; → § 332 Rn. 6.

[60] So auch HambKommInsO/*Kuleisa* Rn. 12; Uhlenbruck/*Mock* Rn. 24.

[61] RGZ 136, 19 (21); BVerfG NJW 1957, 747 (748); → § 332 Rn. 6.

[62] So auch BKInsO/*Blersch/v. Olshausen* Rn. 12; KPB/*Lüke* Rn. 14; Uhlenbruck/*Mock* Rn. 25.

tritt zu dem vom Erblasser bestimmten Zeitpunkt oder Ereignis[63] oder mit dem Tode des Vorerben ein, § 2106 Abs. 1 BGB. Bis zu diesem Zeitpunkt ist der Vorerbe Inhaber der Erbschaft, jedoch steht dem **Nacherben** schon ein **erbrechtliches Anwartschaftsrecht** zu.[64] Da dem Nacherben die Substanz des hinterlassenen Vermögens weitgehend erhalten bleiben soll, ist dem Vorerben nur in begrenztem Umfang die Möglichkeit eingeräumt, über die zur Erbschaft gehörenden Gegenstände zu verfügen, §§ 2112 ff. BGB.[65] Der **Vorerbe** ist damit zwar **Inhaber des Vollrechts,** auf Grund der nicht unerheblichen Verfügungsbeschränkungen hat er jedoch **wirtschaftlich nur die Stellung eines Nutznießers.**[66] Demzufolge ist auch den Eigengläubigern des Vorerben der Zugriff auf die Substanz des ererbten Vermögens verwehrt, § 2115 BGB (vgl. auch § 773 ZPO für die Einzelzwangsvollstreckung).[67] Bei Eintritt der Nacherbfolge hat der Vorerbe dem Nacherben die Erbschaft in dem Zustand herauszugeben, der sich bei einer bis zur Herausgabe bestehenden ordnungsgemäßen Verwaltung ergibt, § 2130 Abs. 1 S. 1 BGB.

22 **2. Insolvenzverfahren über das Vermögen des Vorerben.** Abs. 2 gelangt nur im Insolvenzverfahren über das Vermögen des Vorerben zur Anwendung,[68] nicht hingegen, wenn über den Nachlass ein selbstständiges **Nachlassinsolvenzverfahren** nach §§ 11 Abs. 2 Nr. 2, 315–331 eröffnet worden ist. Insolvenzgläubiger im Nachlassinsolvenzverfahren sind nur die Gläubiger von Nachlassverbindlichkeiten (§ 325); diese können unbeschränkt Befriedigung aus dem Nachlass verlangen, § 2115 S. 2 BGB.[69] Demzufolge unterliegt der Insolvenzverwalter im Nachlassinsolvenzverfahren auch nicht der Beschränkung des Abs. 2 (dazu → § 329 Rn. 2).

23 Vorerbe iSd Abs. 2 ist auch der nach §§ 2136 f. BGB von den dort genannten Verfügungsbeschränkungen **befreite Vorerbe.** Da in § 2136 BGB die Befreiung von § 2115 BGB nicht aufgenommen ist, ist der Insolvenzverwalter trotz weitgehender Verfügungsfreiheit des befreiten Vorerben der Verfügungsbeschränkung des Abs. 2 unterworfen.[70]

Nach Abs. 1 S. 1 steht die Entscheidung über die Annahme oder Ausschlagung der angefallenen Vorerbschaft ausschließlich dem Schuldner zu; die Entscheidung ist nicht anfechtbar. Insoweit gelten die oben dargelegten Grundsätze (→ Rn. 4 f.).[71]

24 **3. Insolvenzmasse.** Die zur Erbschaft gehörenden Gegenstände sind Bestandteil der Insolvenzmasse im Insolvenzverfahren über das Vermögen des Vorerben bis zum Eintritt der Nacherbfolge. Der Insolvenzverwalter darf die **Erbschaftsgegenstände** jedoch nicht verwerten; nur die aus den Erbschaftsgegenständen gezogenen **Erträge** fallen in die Masse und unterliegen auch der Verwertung.[72] Darüber hinaus gehen auf den Insolvenzverwalter auch die Rechte und Pflichten zur ordnungsgemäßen Verwaltung der Vorerbschaft über.[73] Mit dem **Eintritt der Nacherbfolge** fällt die Erbschaft dem Nacherben an, § 2139 BGB. Ab diesem Zeitpunkt kann der Nacherbe die Erbschaftsgegenstände sowie etwaige Erträge aus der Insolvenzmasse aussondern.[74] Wird die Nacherbschaft während des Insolvenzverfahrens ausgeschlagen (§ 2142 Abs. 1 BGB) oder aus einem anderen Grund hinfällig, so kann der Insolvenzverwalter nunmehr über die Erbschaftsgegenstände verfügen.[75] Tritt die Nacherbfolge während des Insolvenzverfahrens nicht ein, so sind dem Vorerben nach Beendigung des Verfahrens die Erbschaftsgegenstände herauszugeben.[76]

---

[63] Befindet sich beispielsweise ein Abkömmling des Erblassers in der Wohlverhaltensperiode, so kann der Erblasser eine andere Person als Vorerben einsetzen und bestimmen, dass dem Abkömmling der Erbteil erst nach Beendigung der Wohlverhaltensperiode im Wege der Nacherbfolge zufallen soll, vgl. *Leipold,* FS Gaul, S. 367 (375).

[64] BGHZ 87, 367 (369) mwN.

[65] Mot. V, S. 114; *Kretzschmar,* Konkurs des Vorerben, LZ 1914, 556.

[66] BKInsO/*Blersch/v. Olshausen* Rn. 15; Jaeger/*Windel* Rn. 18. Zur Nichtberücksichtigung der Vorerbschaft bei Ermittlung der Zahlungsunfähigkeit vgl. *Krieger,* S. 99 ff. (der Vorerbe ist zahlungsunfähig, wenn sein persönliches Vermögen zur Erfüllung seiner fälligen Zahlungspflichten nicht mehr ausreicht).

[67] Prot. V, S. 113; Staudinger/*Avenarius* § 2115 Rn. 3; Jaeger/*Windel* Rn. 19.

[68] Vgl. dazu *Krieger,* S. 164 ff. Zum Erwerb während der Wohlverhaltensperiode vgl. *Hartmann* ZNotP 2005, 82 (84 f.).

[69] RGZ 133, 263 (265); MüKoBGB/*Grunsky* § 2115 Rn. 4; *Geitner,* S. 125 f.; *Krieger,* S. 81, 113 f.

[70] So auch HambKommInsO/*Kuleisa* Rn. 13; Jaeger/*Windel* Rn. 25; Uhlenbruck/*Mock* Rn. 33; KPB/*Lüke* Rn. 18; *Geitner,* S. 19; *Busch* ZVI 2011, 77 (80); *Hartmann* ZNotP 2005, 82 (85). Vgl. auch RGZ 133, 263 (264 ff.).

[71] *Krieger,* S. 96.

[72] *Mayer* MittBayNot 2011, 445 (449); BKInsO/*Blersch/v. Olshausen* Rn. 15; KPB/*Lüke* Rn. 15.

[73] Staudinger/*Avenarius* § 2115 Rn. 22; *Krieger,* S. 78 f., 113 f.

[74] OLG Dresden LZ 1909, 794 (796); Staudinger/*Avenarius* § 2115 Rn. 21; HKInsO/*Kayser* Rn. 16. Vgl. auch → § 47 Rn. 338; → § 329 Rn. 5.

[75] So auch HambKommInsO/*Kuleisa* Rn. 14. Zum Ausfall der Nacherbfolge während der Wohlverhaltensperiode und zur Anwendbarkeit des § 295 Abs. 1 Nr. 2 in diesem Fall vgl. *Krieger,* S. 176 ff.

[76] *Kretzschmar* LZ 1914, 556 (558); Jaeger/*Windel* Rn. 26; *Krieger,* S. 92.

4. Insolvenzgläubiger. Sofern die Haftung des Vorerben für Nachlassverbindlichkeiten nicht auf den Nachlass beschränkt ist, sind Insolvenzgläubiger neben den **Eigengläubigern des Vorerben** auch die **Nachlassgläubiger.** Verbindlichkeiten, die der Vorerbe in ordnungsgemäßer Verwaltung des Nachlasses begründet hat, sind Eigenverbindlichkeiten und zugleich Nachlassverbindlichkeiten.[77] 25

5. Verfügungsbeschränkung. Die in Abs. 2 für den Insolvenzverwalter vorgesehene Beschränkung betrifft nur diejenigen Verfügungen über Erbschaftsgegenstände, die im Falle des Eintritts der Nacherbfolge nach § 2115 BGB unwirksam sind. Sinn und Zweck des § 2115 BGB ist der **Schutz des Nacherben vor der Schmälerung des Nachlasses** durch Befriedigung der Eigengläubiger des Schuldners,[78] mit der Folge, dass Verfügungen, die das Recht des Nacherben vereiteln oder beeinträchtigen, bei Eintritt der Nacherbfolge unwirksam werden.[79] Ausgenommen von der Verfügungsbeschränkung des Abs. 2 sind Verfügungen, denen der Nacherbe zugestimmt hat, wobei dies auch nachträglich durch Genehmigung geschehen kann (§ 185 Abs. 2 S. 1 BGB).[80] Ausgenommen sind ferner Verfügungen über Erbschaftsgegenstände, wenn diese ausschließlich der Befriedigung der Nachlassgläubiger dienen, oder wenn sie zur ordnungsgemäßen Verwaltung des Nachlasses erforderlich sind.[81] 26

In allen anderen Fällen führt ein Verstoß des Insolvenzverwalters gegen Abs. 2 zu einer durch den Eintritt der Nacherbfolge **aufschiebend bedingten Unwirksamkeit der Verfügung** gemäß § 2115 S. 1 BGB.[82] Erst mit dem Eintritt der Nacherbfolge tritt die gegenüber jedermann bestehende, **absolute Unwirksamkeit der Verfügung** ein.[83] Der historische Gesetzgeber hat die §§ 2113, 2115 BGB ausdrücklich der Verfügungsbeschränkung des § 161 Abs. 1 BGB nachgebildet und nicht als relative Veräußerungsverbote iSd § 135 BGB eingeordnet.[84] Damit ist die Verfügung des Insolvenzverwalters zwar zunächst wirksam, wird aber mit dem Eintritt der Nacherbfolge unwirksam,[85] und bleibt nur dann endgültig wirksam, wenn die Nacherbfolge nicht eintritt. 27

Umstritten ist, ob ein **gutgläubiger Erwerb eines Erbschaftsgegenstandes** bei einer gegen Abs. 2 verstoßenden Verfügung des Insolvenzverwalters in dem Sinne möglich ist, dass die Verfügung zugunsten des gutgläubigen Erwerbers bereits endgültig wirksam ist und nicht unter der durch den Eintritt der Nacherbfolge aufschiebend bedingten Unwirksamkeit steht. Die hM will die Vorschriften zugunsten derjenigen, welche Rechte von einem Nichtberechtigten herleiten, entsprechend anwenden und begründet dies damit, dass Abs. 2 ein relatives Veräußerungsverbot darstelle und sich demzufolge die entsprechende Anwendung der Gutglaubensvorschriften aus § 135 Abs. 2 BGB ergebe.[86] Dies überzeugt schon deshalb nicht, weil Abs. 2 lediglich § 2115 BGB ergänzt und diese Bestimmung kein relatives Veräußerungsverbot beinhaltet,[87] sondern eine Verfügungsbeschränkung, die absolute Unwirksamkeit zur Folge hat (→ Rn. 27).[88] Gegen eine analoge Anwendung der Vorschriften über den gutgläubigen Erwerb spricht, dass in § 2115 BGB im Gegensatz zu § 161 Abs. 3 BGB oder § 2113 Abs. 3 BGB eine Bestimmung über die analoge Anwendung der Gutglaubensvorschriften fehlt.[89] Allerdings gelten die allgemeinen Regeln über den gutgläubigen Erwerb für den Fall, dass der Erwerber bei einer rechtsgeschäftlichen Veräußerung den Insolvenzverwalter gutgläubig für den 28

[77] BGHZ 110, 176 (179); Soergel/*Harder/Wegmann* § 2115 Rn. 11. Vgl. weiter Jaeger/*Windel* Rn. 23.

[78] Soergel/*Harder/Wegmann* § 2115 Rn. 1; Staudinger/*Avenarius* § 2115 Rn. 1.

[79] BGHZ 110, 176 (177 f.); BKInsO/*Blersch/v. Olshausen* Rn. 15; Jaeger/*Windel* Rn. 21; *Bisle* DStR 2011, 526 (528); *Krieger*, S. 79 ff., 85 ff., 113 f.; *Wälzholz* FamRB 2006, 252 (254); *Limmer* ZEV 2004, 133 (138).

[80] RGZ 110, 94 (95); BGHZ 40, 115 (119); Uhlenbruck/*Mock* Rn. 33.

[81] So auch HambKommInsO/*Kuleisa* Rn. 15; Uhlenbruck/*Mock* Rn. 35. Vgl. weiter Mot. V, S. 117; OLG Jena HRR 1933, Nr. 830; BGHZ 110, 176 (179); *Kretzschmar* LZ 1914, 556 (558); MüKoBGB/*Grunsky* § 2115 Rn. 4; *Geitner*, S. 125 f.

[82] Soergel/*Harder/Wegmann* § 2115 Rn. 9; Staudinger/*Avenarius* § 2115 Rn. 21.

[83] BGH NJW 1960, 2093 (2095); BGHZ 52, 269 (270 f.).

[84] Mot. V, S. 114 ff.; Mot. I, S. 261 f.; Prot. V, S. 113. Vgl. auch MüKoBGB/*Armbrüster* § 135 Rn. 24 mwN.

[85] Mot. I, S. 261. Vgl. auch RGZ 110, 94 (95); BGHZ 52, 269 (270 f.); BGHZ 110, 176 (177 f.).

[86] *Krieger*, S. 88; *Messner* ZVI 2004, 433 (436); Uhlenbruck/*Mock* Rn. 34; FKInsO/*Wimmer-Amend* Rn. 23; K. Schmidt/*Sternal* Rn. 25; KPB/*Lüke* Rn. 16; Nerlich/Römermann/*Wittkowski/Kruth* Rn. 13. Vgl. auch RT-Drs. 9/100, 41; RT-Drs. 9/61, 157; *Kretzschmar* LZ 1914, 556 (557 f.).

[87] § 135 Abs. 2 BGB erfasst nur relative Verfügungsverbote, zu denen § 2115 BGB nicht gehört; vgl. nur BeckOKBGB/*Wendtland* § 135 Rn. 5; Palandt/*Ellenberger* §§ 135, 136 Rn. 2, 3.

[88] Mot. V, S. 114 ff.; BGH NJW 1960, 2093 (2095); Soergel/*Harder/Wegmann* § 2115 Rn. 9. So auch Jaeger/*Windel* Rn. 27 (hier wird aber eine analoge Anwendung von § 161 Abs. 3 BGB befürwortet).

[89] Staudinger/*Avenarius* § 2115 Rn. 24: „Erwirbt der Dritte vom Insolvenzverwalter, der entgegen § 83 Abs 2 InsO einen Nachlaßgegenstand veräußert, so handelt es sich um einen Erwerb durch Rechtsgeschäft, für den grundsätzlich die §§ 892, 932 und 1244 gelten. Da aber der gute Glaube an die unbeschränkte Verfügungsmacht nicht geschützt ist und in § 2115 eine § 2113 Abs 3 entsprechende Bestimmung fehlt, erwirbt der Dritte nur dann gutgläubig voll wirksames Eigentum, wenn er den Insolvenzverwalter für den Eigentümer hält“. Vgl. weiter HKInsO/*Kayser* Rn. 19. AA BKInsO/*Blersch/v. Olshausen* Rn. 16.

Eigentümer hält.[90] Im Falle eines gutgläubigen Dritterwerbs ist die Verfügung endgültig wirksam und kann nicht mehr durch den Eintritt der Nacherbfolge unwirksam werden. Der Nacherbe hat aber einen Schadensersatzanspruch gegen die Masse nach § 55 Abs. 1 Nr. 1 und bei Verschulden auch gegen den Insolvenzverwalter nach Maßgabe des § 60 Abs. 1.[91]

29 Weiterhin ist zu beachten, dass die Verfügungsbeschränkungen des Vorerben nach §§ 2113 f. BGB nicht so weitreichend sind wie die Verfügungsbeschränkung nach § 2115 BGB.[92] Hat der Vorerbe, insb. der nach §§ 2136 f. BGB befreite Vorerbe, vor Eröffnung des Insolvenzverfahrens eine gegenüber dem Nacherben wirksame Verfügung zugunsten eines Dritten vorgenommen, so hat der Dritte im Insolvenzverfahren **Aus- oder Absonderungsrechte** nach §§ 47 ff.[93] Hat hingegen der Vorerbe lediglich eine Verbindlichkeit begründet, so kann der Insolvenzverwalter auch dann nicht wirksam über den betreffenden Erbschaftsgegenstand verfügen, wenn dies dem Vorerben nach §§ 2112 ff. oder §§ 2136 f. BGB möglich gewesen wäre.

§ 84 Auseinandersetzung einer Gesellschaft oder Gemeinschaft

(1) [1]Besteht zwischen dem Schuldner und Dritten eine Gemeinschaft nach Bruchteilen, eine andere Gemeinschaft oder eine Gesellschaft ohne Rechtspersönlichkeit, so erfolgt die Teilung oder sonstige Auseinandersetzung außerhalb des Insolvenzverfahrens. [2]Aus dem dabei ermittelten Anteil des Schuldners kann für Ansprüche aus dem Rechtsverhältnis abgesonderte Befriedigung verlangt werden.

(2) [1]Eine Vereinbarung, durch die bei einer Gemeinschaft nach Bruchteilen das Recht, die Aufhebung der Gemeinschaft zu verlangen, für immer oder auf Zeit ausgeschlossen oder eine Kündigungsfrist bestimmt worden ist, hat im Verfahren keine Wirkung. [2]Gleiches gilt für eine Anordnung dieses Inhalts, die ein Erblasser für die Gemeinschaft seiner Erben getroffen hat, und für eine entsprechende Vereinbarung der Miterben.

Schrifttum: *Berthold,* Unternehmensverträge in der Insolvenz, 2004; *Bork,* Vinkulierte Namensaktien in Zwangsvollstreckung und Insolvenz des Aktionärs, FS Wolfram Henckel, 1995, S. 23; *Casse,* Die Erbauseinandersetzung und das Insolvenzverfahren – Probleme in der Praxis, ZInsO 2015, 2113, *Christiansen,* Arbeitsteilige Bauleistungen in der insolvenzrechtlichen Krise – das „Werthaltigmachen" als selbständig anfechtbarer Rechtsakt, ZInsO 2013, 1333; *Gundlach/Frenzel/Schmidt,* Der Auseinandersetzungsanspruch des stillen Gesellschafters in der Insolvenz des Unternehmensträgers – zugleich ein Beitrag zu § 84 InsO, ZIP 2006, 501; *Mitlehner,* Wirkung der Eröffnung des Insolvenzverfahrens auf Kreditsicherungsrechte an Immoblien, Sachen, Rechten und Forderungen ZIP 2015, 60; *Paulus,* Konzernrecht und Konkursanfechtung, ZIP 1996, 2141; *K. Schmidt,* Gesellschaftsrecht, 4. Aufl. 2002; *ders.,* Das Vollstreckungs- und Insolvenzrecht der stillen Gesellschaft, KTS 1977, 1 und 65; *K. Schmidt/Jungmann,* Anmeldung von Insolvenzforderungen mit Rechnungslegungslast des Schuldners, NZI 2002, 65; *Singhof/Seiler/Schlitt,* Mittelbare Gesellschaftsbeteiligungen. Stille Gesellschaft, Unterbeteiligung, Treuhand, 2004.

Übersicht

90 Staudinger/*Avenarius* § 2115 Rn. 24; MüKoBGB/*Grunsky* § 2115 Rn. 11; Soergel/*Harder/Wegmann* § 2115 Rn. 13.

91 So auch HambKommInsO/*Kuleisa* Rn. 16; BKInsO/*Blersch/v. Olshausen* Rn. 16. Vgl. weiter Uhlenbruck/*Mock* Rn. 34; KPB/*Lüke* Rn. 16. Zu den Rechten des geschädigten Nacherben vgl. auch Staudinger/*Avenarius* § 2115 Rn. 26 ff.

92 Prot. V, S. 113 f.; RGZ 80, 30 (32); *Jaeger/Weber* KO § 128 Rn. 2.

93 *Jaeger/Weber* KO § 128 Rn. 6. Vgl. auch RGZ 133, 263 (265).

I. Normzweck

1 Das Insolvenzverfahren erfasst nur das – zurzeit der Verfahrenseröffnung vorhandene und das während des Verfahrens erlangte (§ 35) – Vermögen des Schuldners. Ist dieser an einem Gegenstand zusammen mit anderen, nicht vom Insolvenzbeschlag betroffenen Personen gemeinsam beteiligt, so ist es selbstverständlich, dass nur die Beteiligung des Schuldners und nicht der (gesamte) Gegenstand als solcher zur **Insolvenzmasse** gehört. § 84 stellt das klar[1] und verweist zur Frage, ob und wie der Anteil des Schuldners zugunsten der Insolvenzgläubiger verwertet werden kann, auf die Regeln, die für das jeweilige gemeinschaftliche Recht gelten.[2] Das Insolvenzrecht greift einschließlich der Anfechtungsregeln[3] und der Verrechnungsverbote[4] in sie nicht ein und kann vom Grundsatz her nicht in sie eingreifen, weil sonst die **Beschlagnahmewirkungen** auf die anderen Beteiligten als Außenstehende erstreckt würden. Der Gesetzgeber der Konkursordnung hat in § 14 des Entwurfs (= § 16 KO) eine Art erweiterter Aussonderungsregelung gesehen, die ihm für den Fall, dass „das ganze Gemeinschaftsobjekt" sich nicht in der Masse befinde, als „allgemeine Bestimmung wünschenswert" erschien.[5] Wegen der Einbeziehung des Neuerwerbs durch § 35 ist auch eine Beteiligung, die der Schuldner erst nach der Verfahrenseröffnung erwirbt, auseinanderzusetzen.[6] Auch mit der Regelung in Abs. 2, nach der eine Beschränkung der Möglichkeit, den Gemeinschaftsgegenstand zur Befriedigung der Gläubiger zu verwerten, für das Insolvenzverfahren nicht hingenommen wird, wenn sie auf einer Vereinbarung der Beteiligten beruht, wird nur ein Grundsatz ausgesprochen, der im Zwangsvollstreckungsrecht ganz allgemein gilt.[7] Schließlich gibt Abs. 1 Satz 2 den anderen an der Rechtsgemeinschaft beteiligten Personen für Ansprüche, die ihnen aus dem Gemeinschaftsverhältnis zustehen, das Recht, sich „aus dem dabei ermittelten Anteil" des Schuldners abgesondert zu befriedigen. Das ist aber ebenfalls eine Rechtsfolge, die sich bereits aus der Notwendigkeit ergibt, den Anteil des Schuldners, auf den sich der Vollstreckungszugriff beschränkt, zu ermitteln.[8] § 84 hat somit – jedenfalls im heutigen Gesamtrechtssystem – nur klarstellende Funktion.

II. Entstehungsgeschichte

2 § 84 übernimmt in sprachlich leicht modernisierter Fassung die bisherigen Vorschriften der §§ 16, 51 KO. Dabei entsprechen Abs. 1 Satz 1 und Abs. 2 dem § 16 KO und Abs. 1 Satz 2 dem § 51 KO. Die zusätzlich in Abs. 2 Satz 2 aufgenommene Ergänzung „und für eine entsprechende Vereinbarung der Miterben" soll klarstellen, dass auch eine solche Vereinbarung und nicht nur eine entsprechende letztwillige Anordnung des Erblassers im Insolvenzverfahren unbeachtlich ist.[9]

III. Die einzelnen Gemeinschaften

Die Bestimmung des § 84 bildet eine § 80 vorgehende Spezialregelung.[10] Für die Behandlung von Vermögensgegenständen, an denen nicht nur eine alleinige Berechtigung des Schuldners, sondern auch einer dritten Person besteht, verfolgt § 84 Zweck, den beteiligten Dritten aus dem Insolvenzverfahren herauszuhalten. Folglich unterfällt der gemeinsame Vermögensgegenstand nicht dem Insolvenzverfahren, sondern ist zunächst nach den allgemeinen Regeln der bestehenden Gesellschaft oder Gemeinschaft auseinanderzusetzen. Lediglich den Anteil, der dann auf den Schuldner entfällt, kann der Insolvenzverwalter dann zur Masse ziehen.[11] Hier hat eine Auseinandersetzung nach den Grundsätzen der jeweiligen Gemeinschaft stattzufinden.[12] Wesentlich ist hierbei, dass die Auseinandersetzung außerhalb des Insolvenzverfahrens stattfindet.[13]

3 **1. Bruchteilsgemeinschaft.** Der Anteil des Schuldners an einer – entweder durch Gesetz oder Vertrag begründeten – Bruchteilsgemeinschaft (§§ 741 ff. BGB; für das Miteigentum §§ 1008 ff.

---

1 Vgl. AGR/*Piekenbrock* § 84 InsO Rn. 1.
2 BGHZ 170, 206 Rn. 21=NJW 2007, 1067.
3 BGHZ 170, 206 Rn. 21 f.
4 Vgl. BGHZ 170, 206 Rn. 16=NJW 2007, 1067 zu §§ 94, 95.
5 *Hahn,* Materialien zur Konkursordnung, Begr. zu § 14 (= § 16 KO), S. 61.
6 KPB/*Lüke* § 84 Rn. 24; Uhlenbruck/*Hirte* § 84 Rn. 2.
7 → Rn. 21.
8 Einzelheiten → Rn. 23.
9 Begr. zu § 95 RegE, BT-Drs. 12/2443 S. 23.
10 *Casse* ZInsO 2015, 2113, 2114.
11 OLG München ZInsO 2016, 1584 Rn. 52.
12 OLG München ZInsO 2016, 1584 Rn. 52.
13 *Christiansen* ZInsO 2013, 1333, 1336 ff. mit teils kritischen Anmerkungen.

BGB) wird durch **Aufhebung der Gemeinschaft** nach den §§ 749 ff. BGB verwertet. Im Rahmen einer Sammellagerung gilt ergänzend § 469 Abs. 3 HGB. Bei der Geltendmachung des Aufhebungsanspruchs nach § 749 Abs. 1 BGB tritt der Insolvenzverwalter an die Stelle des Schuldners. Eine Vereinbarung, durch die das Recht, die Aufhebung zu verlangen, für immer oder auf Zeit ausgeschlossen wird (§ 749 Abs. 2 BGB), hat im Insolvenzverfahren keine Wirkung.[14] Die Eröffnung des Insolvenzverfahrens über das Vermögen eines Teilhabers stellt sozusagen einen wichtigen Grund dar, bei dessen Vorliegen die **Aufhebungsbeschränkung** schon nach § 749 Abs. 2 BGB ihre Geltung verliert.[15] Befindet sich die gemeinschaftliche Sache im Besitz des Schuldners, so können die anderen Teilhaber ihr Aussonderungsrecht[16] durch Klage auf Feststellung ihrer Mitberechtigung, auf Einräumung des Mitbesitzes oder auf Auseinandersetzung geltend machen.[17] Da die Teilung einer zwischen dem Schuldner und einem Dritten bestehenden Bruchteilsgemeinschaft außerhalb des Insolvenzverfahrens erfolgt, kann der Insolvenzverwalter nicht die Versteigerung eines Grundstücks einschließlich eines schuldnerfremden Miteigentumsanteils verlangen.[18]

4 Eine **Auseinandersetzung** nach den §§ 749 ff. BGB ist auch dann nötig, wenn ein Anteil an einem Gegenstand zur Insolvenzmasse und der andere zum **Privatvermögen** des Schuldners gehört.[19] Zu einer solchen Fallgestaltung kann es bei einem Insolvenzverfahren über ein Sondervermögen kommen, so wenn etwa bei Eröffnung eines Nachlassinsolvenzverfahrens der eine Anteil zum Sondervermögen (Nachlass) gehört, der andere nicht. Obwohl der Schuldner dann Alleininhaber des Rechts ist, muss eine Auseinandersetzung erfolgen, weil nur der zum Sondervermögen gehörende Anteil vom Insolvenzbeschlag erfasst wird.[20]

5 Die **Auseinandersetzung** vollzieht sich nach den §§ 752 ff. BGB. Teilung in Natur (§ 752 BGB) ist nur in seltenen Ausnahmefällen möglich, etwa bei der Teilung eines gemeinsamen Kassenbestandes;[21] regelmäßig wird die Aufhebung der Gemeinschaft durch Verkauf des gemeinschaftlichen Gegenstands (§ 753 BGB) vollzogen. Ein Verkauf ist immer erforderlich, wenn auf andere Weise die gemeinsamen Verbindlichkeiten nicht beglichen werden können.[22] Auf jeden Fall sind vor Verteilung des Erlöses Forderungen, die ein Teilhaber gegen einen anderen auf Grund des Gemeinschaftsverhältnisses hat (insbesondere Erhaltungs- und Verwaltungskosten, § 748 BGB), „aus dem auf den Schuldner entfallenden Teil des gemeinschaftlichen Gegenstands" zu berichtigen (§ 756 BGB). Damit tritt eine „Verdinglichung"[23] der Ansprüche aus dem Gemeinschaftsverhältnis ein, die bewirkt, dass von vornherein jeder nur das erhält, was ihm unter Berücksichtigung der gegenseitigen Forderungen zusteht, und dass andererseits diese Forderungen gegen den Zugriff von außenstehenden Gläubigern auf den Gemeinschaftsgegenstand gesichert sind.[24] Die Gemeinschaftsgläubiger haben ihrerseits kein eigenes Recht auf **Vorwegbefriedigung.**[25] Da aber die Teilhaber untereinander Anspruch auf Befreiung von allen mit dem Gemeinschaftsrecht zusammenhängenden Verbindlichkeiten haben und auch dieser Anspruch schon bei der Auseinandersetzung zu berücksichtigen ist, tritt der Sache nach auch insoweit eine „Verdinglichung" ein.[26]

6 Eine Bruchteilsgemeinschaft besteht in der Regel auch an einem **Gemeinschaftskonto;**[27] im Einzelfall kann auch ein Gesamthandsverhältnis bestehen.[28] Handelt es sich um ein sog. **„Oder-Konto"**, so berührt das Insolvenzverfahren über das Vermögen eines Kontoinhabers den Fortbestand des Kontokorrentverhältnisses des anderen mit der Bank nicht; diese kann daher Geldbeträge, die nach Eröffnung des Verfahrens auf das Konto eingezahlt worden sind, wirksam mit einem Schuldsaldo verrechnen.[29] Der Insolvenzverwalter sollte die Einräumung der Einzelverfügungsbefugnis widerrufen; wirksam ist ein solcher Widerruf allerdings grundsätzlich nur, wenn die übrigen Berechtigten

---

14 → Rn. 21.
15 Ebenso AGR/*Piekenbrock* § 84 InsO Rn. 2.
16 *Mitlehner*, ZIP 2015, 60, 61.
17 BGH LM KO, § 82 Nr. 1.
18 BGH NZI 2012, 575.
19 Uhlenbruck/*Hirte* § 84 Rn. 3.
20 Ebenso AGR/*Piekenbrock* § 84 InsO Rn. 2.
21 BGH NJW 2010, 3578 Rn. 13; 1958, 1534, 1535; AGR/*Piekenbrock* § 84 InsO Rn. 3.
22 MüKoBGB/*K. Schmidt* §§ 755, 756 Rn. 9.
23 MüKoBGB/*K. Schmidt* §§ 755, 756 Rn. 1.
24 MüKoBGB/*K. Schmidt* §§ 755, 756 Rn. 1 mwN.
25 Vgl. RGZ 42, 103, 105.
26 MüKoBGB/*K. Schmidt* §§ 755, 756 Rn. 9.
27 OLG Hamburg NZI 2008, 436, 437.
28 KPB/*Lüke* § 84 Rn. 21, 28; MüKoBGB/*K. Schmidt* § 741 Rn. 54 f. mwN.
29 BGHZ 95, 185, 187 f.; Nerlich/Römermann/*Wittkowski* § 84 Rn. 9; Uhlenbruck/*Hirte* § 84 Rn. 4; aA *Smid* § 84 Rn. 3.

(sonstige Kontoinhaber und Bank) zustimmen.[30] Ein Anfechtungsanspruch wird nicht dadurch zu einem in einer Gemeinschaft oder Gesellschaft gebundenen, dass ihm eine Zahlung mit Mitteln aus einem Oder-Konto zugrundeliegt. Wenn die Mittel im Innenverhältnis nicht dem Schuldner, sondern anderen Kontoinhabern zustehen, kann allenfalls ein Ausgleichsanspruch der anderen Kontoinhaber gemäß § 430 BGB gegen den Schuldner entstanden sein.[31]

Beim **Wohnungseigentum** ist das Recht, die Aufhebung der Gemeinschaft zu verlangen, nicht nur für den Wohnungseigentümer selbst (§ 11 Abs. 1 WEG), sondern nach der ausdrücklichen Bestimmung des § 11 Abs. 2 WEG auch für den Insolvenzverwalter (und den Pfändungsgläubiger) ausgeschlossen. Dieser kann das Wohnungseigentumsrecht des Schuldners daher allenfalls durch Verkauf verwerten.[32] 7

2. Personengesellschaften. a) BGB-Gesellschaft, offene Handelsgesellschaft, Kommanditgesellschaft. Die Gesellschaft bürgerlichen Rechts wird durch die Eröffnung des Insolvenzverfahrens über das Vermögen der Gesellschaft selbst wie auch über das Vermögen eines Gesellschafters aufgelöst (§ 728 Abs. 2 BGB).[33] Für die Personengesellschaften des Handelsrechts (offene Handelsgesellschaft, Kommanditgesellschaft) gilt hinsichtlich der Insolvenz der Gesellschaft das Gleiche (§ 131 Abs. 1 Nr. 3, § 161 Abs. 2 HGB). Die Eröffnung des Insolvenzverfahrens über das Vermögen eines OHG- oder KG-Gesellschafters löst dagegen anders als nach früherem Recht die Gesellschaft nicht auf, sondern führt nach § 131 Abs. 3 Nr. 2 HGB[34] zum Ausscheiden des Gesellschafters. Diese Vorschriften sind, soweit sie das Gesellschafter-Insolvenzverfahren betreffen, abdingbar. In aller Regel wird, auch soweit es nicht bereits gesetzlich vorgesehen ist, im Gesellschaftsvertrag vereinbart, dass der von dem Insolvenzverfahren betroffene Gesellschafter aus der Gesellschaft ausscheidet (vgl. § 736 BGB). In jedem Fall gehört der **Gesellschaftsanteil** zur Insolvenzmasse.[35] Durch die **Auflösung** tritt die Gesellschaft in das Liquidationsstadium. Die **Auseinandersetzung** geschieht nach den Vorschriften der §§ 730 ff. BGB bzw. der §§ 145 ff. HGB; dabei tritt der Insolvenzverwalter an die Stelle des Gesellschafters (vgl. § 146 Abs. 3 HGB). Führt die Eröffnung des Insolvenzverfahrens zum **Ausscheiden** des insolventen Gesellschafters, so hat er Anspruch auf das nach § 738 BGB grundsätzlich in gleicher Weise wie bei der Auseinandersetzung zu ermittelnde Abfindungsguthaben; dieser Anspruch fällt in die Insolvenzmasse. Ein umgekehrt sich ergebender Ausgleichsanspruch der Gesellschaft gegen den ausgeschiedenen Gesellschafter ist eine Insolvenzforderung, die zur Tabelle anzumelden ist. Ähnliche Grundsätze wie beim Ausscheiden eines Gesellschafters aus einer Gesamthandsgesellschaft gelten auch bei der Auflösung einer reinen Innengesellschaft des bürgerlichen Rechts.[36] Alle diese Grundsätze sind auch dann anzuwenden, wenn schon vor Eröffnung des Insolvenzverfahrens die Gesellschaft aufgelöst worden oder der Gesellschafter ausgeschieden war, solange das Auseinandersetzungsverfahren nicht beendet bzw. der nach dem Ausscheiden des Gesellschafters bestehende Abfindungs- oder Ausgleichsanspruch nicht erfüllt ist.[37] In allen Fällen ist – gegebenenfalls nach Durchführung des Liquidationsverfahrens (§§ 730 ff. BGB; §§ 145 ff. HGB) – eine Schlussabrechnung (Auseinandersetzungs- bzw. Abfindungsbilanz) aufzustellen, in der alle vorhandenen Vermögenswerte und Verbindlichkeiten gegenüberzustellen sind. Dazu gehören auch Forderungen eines Gesellschafters gegen die Gesellschaft. Soweit solche Ansprüche auf dem Gesellschaftsverhältnis beruhen (zB Aufwendungsersatz- oder Ausgleichsansprüche aus einer Inanspruchnahme durch Fremdgläubiger), können sie nicht mehr selbständig durchgesetzt werden; es besteht nur noch der Anspruch auf ein etwaiges **Auseinandersetzungs- bzw. Abfindungsguthaben.** Dies gilt auch für Forderungen, die einem Gesellschafter auf Grund eines anderen Rechtsverhältnisses gegen die Gesellschaft zustehen (zB aus einem Kaufvertrag oder einem Darlehen).[38] Diese Frage ist allerdings streitig.[39] 8

Die Bestimmung des § 84 Abs. 1 bringt damit mittelbar zum Ausdruck, dass die gesellschaftsrechtlich gebotene **Durchsetzungssperre** hinsichtlich aller Einzelforderungen der Gesellschafter auch nach Eröffnung des Insolvenzverfahrens uneingeschränkt Bestand hat. Die Gläubiger des insolventen Gesellschafters oder Mitglieds der sonstigen Gemeinschaften können grundsätzlich nur auf

---

30 BGH NJW 1991, 420; BGH NJW-RR 1993, 233, 234; vgl. auch KPB/*Lüke* § 84 Rn. 22.
31 OLG Hamburg NZI 2008, 436, 437.
32 → Rn. 22.
33 Neu gefasst durch Art. 33 Nr. 21 EGInsO.
34 § 131 HGB geändert durch Art. 40 Nr. 6 EGInsO sowie Art. 3 Nr. 29 des Handelsrechtsreformgesetzes v. 22.6.1998, BGBl. I S. 1474.
35 Vgl. § 859 Abs. 1 ZPO, § 725 BGB, § 135 HGB, § 36 InsO.
36 → Rn. 12 ff. zur stillen Gesellschaft.
37 FKInsO/*App* § 84 Rn. 13; KPB/*Lüke* § 84 Rn. 24.
38 BGH WM 1978, 89, 90; WM 1979, 937, 938.
39 Vgl. MüKoBGB/*Ulmer/Schäfer* § 730 Rn. 53 mwN z. Meinungsstand.

den nach den Regeln des Gesellschaftsrechts ermittelten Nettoanteil des ausgeschiedenen Schuldners zugreifen. Dazu stände es im Widerspruch, die vertragsmäßig in die Auseinandersetzungsbilanz eingestellten Rechnungsposten ähnlich wie die Herstellung einer Aufrechnungslage in der Weise für **anfechtbar** zu halten, dass der Durchsetzung des außerhalb des Insolvenzverfahrens gelähmten Zahlungsanspruchs innerhalb des Insolvenzverfahrens die anfechtungsfest vereinbarte Kontenangleichung nicht entgegengehalten werden kann.[40] Ebenso wie der Schuldner selbst haben dessen Gläubiger die gesellschaftlichen Auseinandersetzungsregeln als Folge des Ausscheidens des Schuldner-Gesellschafters hinzunehmen.[41]

9 Den Fall, dass die Gesellschaft insolvent wird, betrifft § 84 nicht. Das neue Insolvenzrecht hat die Insolvenzfähigkeit der Gesellschaft bürgerlichen Rechts bereits vor deren Anerkennung als rechtsfähiger Verband durch die höchstrichterliche Rechtsprechung[42] geregelt (§ 11 Abs. 2 Nr. 1). Das Gesellschaftsvermögen kann daher nur durch ein Gesellschafts-Insolvenzverfahren in Beschlag genommen werden.[43] Führt die Insolvenz der Gesellschaft wegen der akzessorischen Haftung der Gesellschafter[44] auch zu deren Insolvenz, so sind getrennte Insolvenzverfahren zu eröffnen.

10 **b) Partnerschaftsgesellschaft.** Die durch das Partnerschaftsgesellschaftsgesetz vom 25. Juli 1994[45] geschaffene, für den Zusammenschluss von Angehörigen freier Berufe bestimmte und in § 11 Abs. 2 Nr. 1 zunächst vergessene Gesellschaftsform ist eine Sonderform der BGB-Gesellschaft;[46] § 1 Abs. 4 PartGG erklärt, soweit nichts anderes bestimmt ist, auf die Partnerschaft die Vorschriften über die Gesellschaft bürgerlichen Rechts für anwendbar. Etwas anderes bestimmt ist für das Ausscheiden eines Partners, die Auflösung der Partnerschaft und deren Liquidation. Insoweit gelten nach § 9 Abs. 1 und § 10 Abs. 1 PartGG grundsätzlich die Vorschriften für die offene Handelsgesellschaft (§§ 131–158 HGB).

11 **c) Europäische wirtschaftliche Interessenvereinigung (EWIV).** Die in der Verordnung (EWG) Nr. 2137/85 vom 25. Juli 1985[47] und ergänzend im deutschen Ausführungsgesetz vom 14. April 1988 (EWIV-AG)[48] geregelte, nach § 11 Abs. 2 Nr. 1 insolvenzfähige Gesellschaftsform ist in Deutschland als besondere Art der offenen Handelsgesellschaft ausgestaltet; nach § 1 EWIV-AG gelten, soweit dieses Gesetz nichts anderes bestimmt, die §§ 105 ff. HGB. Nach § 8 EWIV-AG scheidet ein Mitglied aus der Vereinigung aus, wenn über sein Vermögen das Insolvenzverfahren eröffnet wird.

12 **d) Stille Gesellschaft.** Die stille Gesellschaft ist eine **Innengesellschaft,** bei der sich der stille Gesellschafter an einem von dem anderen Gesellschafter betriebenen Handelsgewerbe in der Weise beteiligt, dass die gezahlte Einlage in das Vermögen des Geschäftsinhabers übergeht (§ 230 Abs. 1 HGB). Es entsteht somit kein Gesamthands- oder Gemeinschaftseigentum. Für die durch die Vorschrift des § 84 bezweckte Klarstellung, dass bei einem mehreren Personen gemeinsam zustehenden Recht nur der Anteil des Schuldners und nicht das Recht selbst zur Insolvenzmasse eines Teilhabers gehört, besteht von vornherein weder Raum noch Anlass. Es versteht sich von selbst, dass von einem Insolvenzverfahren über das Vermögen des stillen Gesellschafters das Geschäftsvermögen des Unternehmensinhabers nicht berührt wird; umgekehrt ist es ebenso. Nun führt aber auch die durch eine stille Beteiligung begründete Innengesellschaft zu einer Gesellschafterstellung des Stillen, die je nach Ausgestaltung der Beteiligung auf weitgehend schuldrechtliche Beziehungen beschränkt sein, aber durch entsprechende vertragliche Vereinbarung auch ein mitgliedschaftliches Gepräge erhalten kann.[49] Die stille Gesellschaft wird durch ein Insolvenzverfahren über das Vermögen des stillen Gesellschafters ebenso aufgelöst wie durch die Verfahrenseröffnung über das Vermögen des Geschäftsinhabers, § 728 BGB.[50] Nach § 235 Abs. 1 HGB hat sich nach der **Auflösung** der Gesellschaft der Geschäftsinhaber mit dem stillen Gesellschafter „auseinanderzusetzen". Das bedeutet, dass zwar keine Liquidation wie bei einer Gesellschaft mit Gesamthandsvermögen stattfindet, dass aber eine **Ausei-**

---

40 BGHZ 170, 206 Rn. 21.

41 BGHZ 170, 206 Rn. 22.

42 BGHZ 146, 341 ff.

43 Zur früheren Rechtsprechung bei gleichzeitigem Gesellschafterkonkurs vgl. Vorauflage → Rn. 9.

44 BGHZ 146, 341, 358; zu deren Geltendmachung bei Insolvenz der Gesellschaft vgl. § 93.

45 BGBl. I S. 1744.

46 MüKoBGB/*Ulmer/Schäfer* § 1 PartGG Rn. 7.

47 ABlEG Nr. L 199/1 vom 31.7.1985.

48 BGBl. I S. 514.

49 Vgl. *K. Schmidt* Gesellschaftsrecht § 62 I 1 e; zur Übertragung und Pfändung vgl. Boujong/Ebenroth/Joost/*Gehrlein* § 230 Rn. 66 mwN.

50 BGHZ 51, 350, 352 für den Konkurs des Geschäftsinhabers; Singhof/Seiler/Schlitt/*Singhof* Rn. 231, 291; Boujong/Ebenroth/Joost/*Gehrlein* § 234 Rn. 16 mwN.

nandersetzungsrechnung im Sinne einer Gesamtabrechnung durchzuführen ist. In diese sind wie bei anderen Personengesellschaften[51] alle Forderungen und Verbindlichkeiten der Gesellschafter gegen die Gesellschaft und untereinander einzustellen.[52] Erst das Ergebnis dieser Abrechnung ist die Forderung, die der stille Gesellschafter nach § 236 Abs. 1 HGB im Insolvenzverfahren des Geschäftsinhabers – als Insolvenzforderung – geltend machen oder die bei Insolvenz des stillen Gesellschafters dessen Insolvenzverwalter zur Masse ziehen kann. Bei der **typischen stillen Gesellschaft** ist diese Abrechnung denkbar einfach. Der eingezahlte Teil der Einlage des stillen Gesellschafters zuzüglich noch nicht ausgezahlter Gewinne wird um einen etwaigen Verlustanteil gekürzt (§ 236 Abs. 1 HGB). Der Rest stellt das Abfindungsguthaben des stillen Gesellschafters dar. Was von der Einlage noch nicht eingezahlt war, braucht nur nachgezahlt zu werden, soweit es für den Verlustanteil des stillen Gesellschafters noch benötigt wird (§ 236 Abs. 2 HGB). Bei der **atypischen stillen Gesellschaft,** bei der der stille Gesellschafter wertmäßig auch am Geschäftsvermögen beteiligt ist, kann die Abrechnung wesentlich komplizierter sein. Hier ist eine Auseinandersetzungsbilanz im Sinne einer Vermögensbilanz aufzustellen.[53] Es wird also rechnerisch so verfahren, wie wenn das Gesellschaftsvermögen liquidiert würde. Die Berechnung dient aber immer nur der Ermittlung der Forderung, die der einen oder der anderen Seite zusteht.[54] Die Aufgabe der Auseinandersetzungsrechnung ist Sache des Geschäftsinhabers, in dessen Insolvenzverfahren also diejenige des Insolvenzverwalters.[55]

Obwohl bei der stillen Gesellschaft kein gemeinsames Vermögen der Gesellschafter gebildet wird,[56] wird darüber gestritten, ob die Regelung des § 84 (insgesamt oder teilweise) auf diese Gesellschaftsform anwendbar ist.[57] Die Frage ist müßig. Es ist gleichgültig, ob etwas ohne besondere gesetzliche Regelung klar ist oder ob das durch eine solche Regelung nochmals ausgesprochen wird. Eine Notwendigkeit, § 84 auf die stille Gesellschaft anzuwenden, besteht auch nicht insofern, als begründet werden muss, warum der Insolvenzverwalter des Geschäftsinhabers dem stillen Gesellschafter gegenüber verpflichtet ist, die **Auseinandersetzungsrechnung** aufzustellen, ohne dass dieser dazu vorher seine etwaige Guthabenforderung nach § 236 Abs. 1 HGB zur Tabelle anmelden müsste;[58] die Auseinandersetzungsrechnung dient gerade der Ermittlung der anzumeldenden Forderung. Dass eine solche einer **Auskunftspflicht** nahe stehende Pflicht **des Insolvenzverwalters** besteht, ist nicht zu bezweifeln.[59] Ob man sie zu den Masseschulden zählt,[60] ist ohne Bedeutung. Sie ist allerdings nicht damit zu begründen, dass auch bei der stillen Gesellschaft die Auseinandersetzung außerhalb des Insolvenzverfahrens stattfinde.[61] „Außerhalb des Insolvenzverfahrens" (§ 84 Abs. 1 Satz 1) bedeutet nur, dass für die Ermittlung dessen, was zur Insolvenzmasse gehört und was nicht, auf die für das jeweilige Rechtsverhältnis maßgebenden Regeln verwiesen wird.[62] Entscheidend ist, dass immer dann, wenn ein Gläubiger zur Bezifferung einer gegen die Insolvenzmasse gerichteten Forderung – gleichgültig, ob es sich um eine Masseverbindlichkeit oder um eine Insolvenzforderung handelt – auf eine vorherige **Auskunft** oder **Abrechnung** durch seinen insolventen Schuldner angewiesen ist, der Insolvenzverwalter diese erteilen muss, weil es sich um einen mit der Forderung verbundenen Hilfsanspruch handelt.[63] Für den Abfindungsanspruch des stillen Gesellschafters gilt insoweit nichts Besonderes.[64] 13

Der stille Gesellschafter kann auch die ihm nach seiner Ansicht zustehende Forderung selbst ermitteln und sogleich zur Tabelle anmelden.[65] Das kommt vor allem dann in Betracht, wenn er nicht am Verlust beteiligt (§ 231 Abs. 2 HGB) und der Anspruch deshalb leicht zu ermitteln ist. Da 14

---

51 → Rn. 8.
52 BGH WM 1960, 13; BGH WM 1972, 1056; BGH DB 1977, 87, 89; BGH NJW 1992, 2696, 2697; Singhof/Seiler/Schlitt/*Singhof* Rn. 234; aA nur BGH BB 1968, 268; *Baumbach/Hopt* § 235 Rn. 1.
53 MüKoHGB/*K. Schmidt* § 235 Rn. 58 mwN.
54 *K. Schmidt* KTS 1977, 1, 15.
55 FKInsO/*App* § 84 Rn. 30; MüKoHGB/*K. Schmidt* § 235 Rn. 19. – → Rn. 13.
56 → Rn. 12.
57 Bejahend BKInsO/*Blersch* § 84 Rn. 3; KPB/*Lüke* § 84 Rn. 14 f.; Uhlenbruck/*Hirte* § 84 Rn. 6; Nerlich/Römermann/*Wittkowski* § 84 Rn. 12; verneinend *Smid* § 84 Rn. 2; MüKoHGB/*K. Schmidt* § 236 Rn. 12, 44; *K. Schmidt/Jungmann* NZI 2002, 65, 67; *Gundlach/Frenzel/Schmidt* ZIP 2006, 501, 502 f.; vgl. Singhof/Seiler/Schlitt/*Singhof* Rn. 294.
58 Vgl. Uhlenbruck/*Hirte* § 84 Rn. 6.
59 So schon RG JW 1903, 10; MüKoHGB/*K. Schmidt* § 236 Rn. 12.
60 Boujong/Ebenroth/Joost/*Gehrlein* § 236 Rn. 2; Uhlenbruck/*Hirte* § 84 Rn. 6; Gottwald/*Haas*, InsO-HdB § 94 Rn. 106.
61 Uhlenbruck/*Hirte* § 84 Rn. 6.
62 → Rn. 1.
63 BGHZ 49, 11, 16 ff.; BGHZ 70, 86, 91; *Häsemeyer* Rn. 13.10; K. Schmidt/*Jungmann* NZI 2002, 65, 67 f.
64 *K. Schmidt* KTS 1977, 1, 21 f.
65 Uhlenbruck/*Hirte* § 84 Rn. 6.

es sich um eine normale Insolvenzforderung handelt, gelten für einen **Widerspruch** des Insolvenzverwalters oder eines anderen Gläubigers sowie eine etwaige Notwendigkeit, **Feststellungsklage** nach §§ 179 ff. zu erheben, keine Besonderheiten. Das ist aber auch dann nicht anders, wenn der stille Gesellschafter eine vorher vom Insolvenzverwalter berechnete Forderung anmeldet. Dann mag zwar nicht dieser, wohl aber unter Umständen ein anderer Gläubiger Grund zum Widerspruch haben. Die Ansicht, ein solcher Widerspruch sei nicht mehr möglich, wenn der Insolvenzverwalter das Guthaben des stillen Gesellschafters „außerhalb des Konkursverfahrens ... anerkannt" habe,[66] dürfte auf einem unzutreffenden Verständnis dessen beruhen, was mit „außerhalb des Insolvenzverfahrens" in (jetzt) § 84 Abs. 1 Satz 1 gemeint ist.[67] Aus dem Urteil des Reichsgerichts RGZ 84, 434 lässt sich dafür nichts entnehmen.

15 **e) Unterbeteiligung.** Die Unterbeteiligung ist eine **Innengesellschaft des bürgerlichen Rechts,** wenn dem Unterbeteiligten lediglich eine Mitberechtigung an dem Gesellschaftsanteil des Hauptberechtigten eingeräumt ist.[68] Dagegen fehlt es im Regelfall an der für ein Gesellschaftsverhältnis typischen Verfolgung eines gemeinsamen Zwecks, wenn der Hauptbeteiligte den Gesellschaftsanteil in vollem Umfang für den Unterbeteiligten hält; in diesem Falle ist von einer nach Auftragsrecht zu beurteilenden vertraglichen Beziehung auszugehen.[69] Auf die Unterbeteiligung als Gesellschaftsverhältnis sind die Vorschriften der §§ 230 ff. HGB analog anzuwenden, ergänzend die §§ 705 ff. BGB.[70] Im Insolvenzverfahren über das Vermögen sowohl des Unter- als auch des Hauptbeteiligten gelten daher die oben zur stillen und zur BGB-Gesellschaft dargelegten Grundsätze, d. h. die Eröffnung des Insolvenzverfahrens führt zur Auflösung der Unterbeteiligungsgesellschaft mit der Folge einer Auseinandersetzungsrechnung.[71] Ist Gegenstand der „Unterbeteiligung" der gesamte Gesellschaftsanteil und liegt deshalb im Innenverhältnis ein Gesellschaftsverhältnis nicht vor, so wird in der Regel ein Treuhandverhältnis gegeben sein,[72] das in der Insolvenz nach den für solche Verhältnisse geltenden Regeln abzuwickeln ist.[73]

16 **f) Konzernverhältnisse.** Ein vor oder infolge der Insolvenzeröffnung für ein abhängiges Unternehmen entstandener **Verlustausgleichsanspruch** (§§ 291 f., 302 AktG) fällt in dessen Insolvenzmasse; wird über das herrschende Unternehmen ebenfalls das Insolvenzverfahren eröffnet, so ist der Ausgleichsanspruch eine einfache Insolvenzforderung.[74] Die Ansicht, dem abhängigen Unternehmen stehe ein Absonderungsrecht nach Abs. 1 Satz 2 (früher § 51 KO) zu,[75] ist unzutreffend. Abgesehen davon, dass auf **Innengesellschaften** – nur um eine solche kann es sich, wenn überhaupt eine Gesellschaft vorliegt, bei dem durch einen Unternehmensvertrag geschaffenen Rechtsverhältnis handeln[76] – Abs. 1 Satz 2 von vornherein unanwendbar ist,[77] wird die einer Absonderung „aus dem dabei ermittelten Anteil des Schuldners" entsprechende Wirkung schon dadurch erreicht, dass der Verlustausgleichsanspruch lediglich ein bilanzmäßig festgestellter Saldo ist,[78] in den etwaige Gegenansprüche der Muttergesellschaft, derentwegen ein „Absonderungsrecht" in Betracht kommen könnte, bereits eingeflossen sind.

17 **3. Erbengemeinschaft.** Mehrere Erben erwerben die Nachlassgegenstände als Gesamthandseigentümer. Bei Eröffnung des Insolvenzverfahrens über das Vermögen eines Miterben gehört – nur – dessen Anteil am Nachlass zur Insolvenzmasse (vgl. § 859 Abs. 2 ZPO). Die **Auseinandersetzung** richtet sich nach den §§ 2042 ff. BGB; § 2042 Abs. 2 BGB verweist auf die für die Bruchteilsgemeinschaft geltenden Regelungen gem. § 749 Abs. 2 und 3, §§ 750–758 BGB. Ansprüche des einzelnen Miterben aus dem Gemeinschaftsverhältnis sind somit auch hier in der Weise „verdinglicht", dass jeder von vornherein nur das erhält, was ihm „unter dem Strich" zusteht; seine mit der Erbengemein-

---

66 KPB/*Lüke* § 84 Rn. 15; Uhlenbruck/*Hirte* § 84 Rn. 6; ebenso Boujong/Ebenroth/Joost/*Gehrlein* § 236 Rn. 4 mwN.

67 → Rn. 13 sowie MüKoHGB/*K. Schmidt* § 236 Rn. 16; vgl. ferner Singhof/Seiler/Schlitt/*Singhof* Rn. 297.

68 BGHZ 50, 316, 320; BGH NJW 1994, 2886, 2887; MüKoBGB/*Ulmer/Schäfer* vor § 705 Rn. 92.

69 BGH NJW 1994, 2886, 2887; MüKoBGB/*Ulmer/Schäfer* vor § 705 Rn. 92; *K. Schmidt,* Gesellschaftsrecht, § 63 I 2.

70 MüKoBGB/*Ulmer/Schäfer* vor § 705 Rn. 92; *K. Schmidt,* Gesellschaftsrecht, § 63 II 1 mwN.

71 Vgl. Singhof/Seiler/Schlitt/*Singhof* Rn. 473.

72 MüKoBGB/*Ulmer/Schäfer* vor § 705 Rn. 92; *K. Schmidt,* Gesellschaftsrecht, § 63 I 2 b.

73 Vgl. dazu BGHZ 155, 227 ff.; *Ganter,* FS Kreft, S. 251 ff.; *Kirchhof,* FS Kreft, S. 359 ff.; Singhof/Seiler/Schlitt/*Singhof*/Seiler Rn. 609 ff.

74 Uhlenbruck/*Hirte* § 11 Rn. 403.

75 *Paulus* ZIP 1996, 2141, 2144.

76 Vgl. *K. Schmidt,* Gesellschaftsrecht § 58 III 7 e S. 1716; ablehnend *Berthold* Rn. 326.

77 → Rn. 24.

78 Vgl. *Hüffer* § 302 Rn. 11.

schaft zusammenhängenden Forderungen sind auf diese Weise gegen den Zugriff anderer Gläubiger gesichert.[79] Die Verwertung kann durch Veräußerung des Erbteils oder eine von dem Verwalter beantragte Teilungsversteigerung erfolgen.[80]

4. Eheliche Gütergemeinschaft. Es gilt die Sondervorschrift des § 37; die Gütergemeinschaft wird durch das Insolvenzverfahren über das Vermögen eines Ehegatten nicht aufgelöst. Wird das Insolvenzverfahren in der Zeit zwischen der Beendigung der Gütergemeinschaft und dem Abschluss der Auseinandersetzung eröffnet, so fällt der Anteil des betroffenen Ehegatten an dem Gesamtgut in die Insolvenzmasse (vgl. § 860 Abs. 2 ZPO). Die **Auseinandersetzung** richtet sich nach den §§ 1471 ff., 1497 ff. BGB. An die Stelle des im Insolvenzverfahren befindlichen Ehegatten tritt der Insolvenzverwalter. Dessen Rechte bei der Auseinandersetzung gehen nicht weiter als die des Ehegatten. 18

5. Juristische Personen; nicht rechtsfähiger Verein; Partenreederei. Mitglieder einer **juristischen Person** (zB eines eingetragenen Vereins, einer Aktiengesellschaft, einer GmbH, einer eingetragenen Genossenschaft) sind an deren Vermögen als solchem nicht beteiligt; ihnen gehört nur das die Mitgliedschaft verkörpernde **Anteilsrecht** (Aktie, GmbH-Anteil u. dgl.). Dieses Anteilsrecht wird von einem Insolvenzverfahren über das Vermögen eines Mitglieds erfasst. Die juristische Person wird dadurch nicht aufgelöst; eine Auseinandersetzung findet nicht statt.[81] Die Verfügungs- und Verwaltungsbefugnis über das Anteilsrecht geht mit allen sich daraus ergebenden Rechten (einschließlich der Stimmrechte) und Pflichten auf den Insolvenzverwalter über. Die Verwertung geschieht durch Veräußerung der Aktie, des GmbH-Anteils usw. Satzungsmäßige Beschränkungen für die Übertragung von Anteilen, insbesondere das Erfordernis der Zustimmung der Gesellschaft (§ 15 Abs. 5 GmbHG; § 68 Abs. 2 AktG: vinkulierte Namensaktien), gelten für die Verwertung in der Zwangsvollstreckung und im Insolvenzverfahren nicht.[82] Für das Aktienrecht ist das in der Literatur allerdings umstritten. Dort wird teilweise die Auffassung vertreten, die Verwertung von vinkulierten Namensaktien bedürfe der Zustimmung des Vorstands, die dieser freilich nur aus wichtigem Grund versagen dürfe.[83] Wie eine juristische Person wird auch der **nicht rechtsfähige Verein** behandelt (vgl. § 11 Abs. 1 Satz 2).[84] Auch die **Partenreederei** wird durch die Insolvenz eines Reeders nicht aufgelöst (§ 505 Abs. 2 HGB); die Schiffspart ist durch Verkauf zu verwerten.[85] Eine Sonderstellung nimmt unter den juristischen Personen die **Kommanditgesellschaft auf Aktien** ein. Sie wird nach § 289 Abs. 3 AktG durch die Eröffnung des Insolvenzverfahrens über das Vermögen eines Kommanditaktionärs nicht aufgelöst; die Kommanditaktien werden wie gewöhnliche Aktien verwertet. Dagegen richtet sich die Rechtsstellung des persönlich haftenden Gesellschafters nach den für die Kommanditgesellschaft geltenden Vorschriften (§ 278 Abs. 2 AktG). Das bedeutet, dass der persönlich haftende Gesellschafter mit der Eröffnung des Insolvenzverfahrens über sein Vermögen aus der Gesellschaft ausscheidet.[86] Die weiteren Rechtsfolgen entsprechen denen beim Ausscheiden eines Gesellschafters aus einer offenen Handelsgesellschaft.[87] 19

6. Kapitalanlagegesellschaften. Das Insolvenzverfahren über das Vermögen eines Anlegers, dem Anteile an einem von einer Kapitalanlagegesellschaft verwalteten Sondervermögen zustehen, führt – ebenso wie eine Pfändung – nach der ausdrücklichen Bestimmung des § 38 Abs. 5 InvG[88] nicht zur Aufhebung der in Ansehung des Sondervermögens (§ 30 InvG) bestehenden Gemeinschaft der Anleger. In die Insolvenzmasse fällt aber das in § 37 Abs. 1 Hs. 1 InvG geregelte Recht, gegen Rückgabe Auszahlung des auf den Anleger entfallenden Anteils an dem Sondervermögen zu verlangen. 20

IV. Vertragliche Auseinandersetzungsbeschränkungen (Abs. 2)

Eine Vereinbarung, durch die das Recht, die Aufhebung einer **Bruchteilsgemeinschaft** zu verlangen, beschränkt wird, gilt nach § 749 Abs. 2 Satz 2 und 3 BGB nicht, wenn ein wichtiger Grund für die Aufhebung vorliegt. Einen solchen wichtigen Grund stellt auch die Eröffnung des 21

79 → Rn. 5.
80 *Casse* ZInsO 2015, 2113, 2114.
81 AGR/*Piekenbrock* § 84 InsO Rn. 1.
82 BGHZ 32, 151, 155; BGHZ 65, 22, 24 f. (beide für die GmbH); → Rn. 21.
83 *Bork*, FS Henckel S. 38 f.; MüKoAktG/*Bayer* § 68 Rn. 112 ff. mwN; vgl. auch KPB/*Lüke* § 84 Rn. 5.
84 *Smid* § 84 Rn. 6; Uhlenbruck/*Hirte* § 84 Rn. 9; HKInsO/*Eickmann* § 84 Rn. 4.
85 KPB/*Lüke* § 84 Rn. 10; Uhlenbruck/*Hirte* § 84 Rn. 8.
86 KPB/*Lüke* § 84 Rn. 11; MüKoAktG/*Semler/Perlitt* § 289 Rn. 72.
87 → Rn. 8.
88 Durch Art. 17 des Gesetzes zur Modernisierung des Investmentwesens und zur Besteuerung von Investmentvermögen (Investmentmodernisierungsgesetz) vom 15.12.2003 (BGBl. I S. 2676) ist das KAGG am 1.1.2004 außer Kraft und gleichzeitig das InvG in Kraft getreten.

Insolvenzverfahrens dar.[89] Das gilt nach der Verweisung in § 2042 Abs. 2 BGB auch für die **Erbengemeinschaft.**[90] § 84 Abs. 2 stellt das alles ausdrücklich klar, wobei jetzt – gegenüber § 16 Abs. 2 Satz 2 KO ebenfalls klarstellend[91] – besonders erwähnt wird, dass bei der Erbengemeinschaft die Unwirksamkeit solcher Beschränkungen für das Insolvenzverfahren nicht davon abhängt, ob sie auf einer letztwilligen Anordnung des Erblassers oder auf einer Vereinbarung der Erben beruhen. Darin kommt ein allgemeiner Grundsatz zum Ausdruck, nach dem privatautonome Regelungen, die einen Vermögensgegenstand der Einzel- oder Gesamtvollstreckung entziehen, den Gläubigern gegenüber unwirksam sind.[92] Die Regelung in Abs. 2 gilt nur zugunsten der Masse; sie schützt nicht die übrigen Mitglieder der Gemeinschaft oder Gesellschaft.[93]

22 Der Grundsatz der Unwirksamkeit von Aufhebungsbeschränkungen für das Insolvenzverfahren gilt nur, wenn diese auf Vereinbarung oder letztwilliger Verfügung des Erblassers beruhen. **Gesetzliche Teilungsbeschränkungen** haben dagegen auch für das Insolvenzverfahren Gültigkeit. Solche Teilungsbeschränkungen sind unter anderem enthalten in § 1066 Abs. 2 BGB (bei Nießbrauch an einem Miteigentumsanteil Aufhebung der Miteigentümergemeinschaft nur mit Zustimmung des Nießbrauchers), § 2043 BGB (Aufschub der Auseinandersetzung einer Erbengemeinschaft bei zeitweiliger Unbestimmtheit der Erbteile), § 2045 BGB (Aufschub der Auseinandersetzung bis zur Beendigung des Aufgebotsverfahrens für Nachlassgläubiger) und § 11 Abs. 2 WEG.[94] In solchen Fällen kann der Insolvenzverwalter die Verwertung des Anteils des Schuldners allenfalls durch Veräußerung versuchen, falls der Anteil übertragbar ist.

V. Absonderungsrecht (Abs. 1 Satz 2)

23 Abs. 1 Satz 2 übernimmt inhaltlich unverändert die früher in § 51 KO enthaltene Regelung. Sie soll sicherstellen, dass die übrigen Mitglieder des Gemeinschaftsverhältnisses wegen ihrer auf diesem Rechtsverhältnis beruhenden Ansprüche nicht auf eine Insolvenzforderung angewiesen sind, soweit ein in die Insolvenzmasse fallender Anteil des Schuldners vorhanden ist. Dieser Anteil soll ihnen vorweg zur Befriedigung zur Verfügung stehen; nur auf das, was dann noch übrigbleibt, sollen die Privatgläubiger des Schuldners zugreifen können. Die Vorschrift lässt sich nur aus historischer Sicht verstehen. Der Gesetzgeber der Konkursordnung sah sich vor der „in der Praxis des gemeinen Rechts" nicht eindeutig beantworteten Frage, „ob der Antheil des Kridars zur gemeinschaftlichen Befriedigung aller Konkursgläubiger verwendet werden und Theilnehmer wegen ihrer aus dem Gemeinschaftsverhältniß entspringenden persönlichen Forderungen in tributum gehen, – oder ob sie wegen dieser Forderungen an dem Antheil des Kridars gegenüber dessen sonstigen Gläubigern (Privatgläubigern) ein Separationsrecht genießen" sollten.[95] Er stellte dazu fest, dass die neuere Gesetzgebung die zweite Alternative begünstige, und fand die Erste dort besonders hart, ja ungerecht, wo die Teilhaber für die Schulden aus dem Gemeinschaftsverhältnis gesamtschuldnerisch – und nicht nur entsprechend ihrem Anteil – hafteten und den Gemeinschaftsgläubigern ein „Separationsrecht" zustehe. Da das inzwischen die Regel geworden sei, darüber hinaus aber auch aus allgemeinen Gerechtigkeitsgründen müsse, so heißt es in der Entwurfsbegründung weiter, gesichert werden, dass die anderen Teilhaber wegen ihrer Rückgriffsansprüche, außerdem aber auch wegen ihrer sonstigen persönlichen Ansprüche aus dem Gemeinschaftsverhältnis abgesondert vor den übrigen Gläubigern befriedigt würden: „Nur der Nettoantheil des Kridars kann zur allgemeinen Konkursmasse desselben genommen werden".[96] Das, was in diesem letzten Satz zusammengefasst ist, ist das alleinige Anliegen auch des heutigen § 84 Abs. 1 Satz 2.[97] Gerade dies – vorherige **Gesamtabrechnung** aller gegenseitigen Ansprüche **(Saldierung)** zur Feststellung des Anteils des Schuldners – ist aber nach der heutigen Rechtslage für alle in Betracht kommenden Gemeinschaftsverhältnisse schon durch die dafür geltenden Regelungen gewährleistet.[98] Das gilt nicht nur für die offene Handelsgesellschaft und die Kommanditgesellschaft,[99] sondern auch für alle anderen Personengesellschaften und

---

89 → Rn. 3.
90 → Rn. 17.
91 → Rn. 2.
92 Vgl. § 751 Satz 2, § 1258 Abs. 2, § 2044 Abs. 1 Satz 2 BGB; ferner § 725 BGB, § 135 HGB. – → Rn. 19.
93 OLG Hamburg NJW 1961, 610, 612; BKInsO/*Blersch* § 84 Rn. 6; FKInsO/*App* § 84 Rn. 37; KPB/*Lüke* § 84 Rn. 30.
94 → Rn. 7.
95 *Hahn,* Materialien zur Konkursordnung, Begr. zu § 44d. Entwurfs (= § 51 KO), S. 224.
96 *Hahn,* Materialien zur Konkursordnung, Begr. zu § 44d. Entwurfs (= § 51 KO), S. 224.
97 So zutr. MüKoBGB/*Ulmer/Schäfer* § 728 Rn. 40.
98 BGHZ 170, 206 Rn. 20=NJW 2007, 1067; vgl. auch schon RGZ 51, 344 f.
99 So Uhlenbruck/*Hirte* § 84 Rn. 18.

Gemeinschaften.[100] Es ist ein Widerspruch in sich, wenn gesagt wird, Gegenstand der Absonderung sei der bei der Auseinandersetzung ermittelte Anteil, also der **Nettoanteil.** Steht dieser fest, dann gibt es keine Ansprüche mehr, die Gegenstand eines Absonderungsrechts sein könnten. Auch Satz 2 des Absatzes 1 hat danach – ebenso wie Satz 1[101] – heute keinen eigenen Regelungsgehalt, sondern allenfalls klarstellende Funktion.

Auf **Innengesellschaften** wie insbesondere die **stille Gesellschaft** ist Abs. 1 Satz 2 von vornherein nicht anwendbar, weil hier kein gemeinsames Vermögen aufgeteilt, sondern nur ein schuldrechtlicher Ausgleich durchgeführt wird;[102] das ist ausdrücklich schon in der Begründung zum Entwurf des § 44 (= § 51) KO gesagt.[103] Der Sache nach findet indessen auch bei der stillen Gesellschaft eine „Absonderung" von der Art, wie sie in dieser Bestimmung gemeint ist, statt (§§ 235, 236 HGB). Denn auch hier hat der stille Gesellschafter nur Anspruch auf den Saldo, der sich aus der nach Auflösung der Innengesellschaft ebenfalls vorzunehmenden **Gesamtabrechnung** ergibt.[104] **24**

Vorbemerkungen vor §§ 85 bis 87

Schrifttum: *Behr,* Die Verfahrensunterbrechung durch Konkurseröffnung (§ 240 ZPO), insbesondere beim Mahn- und Kostenfestsetzungsverfahren, JurBüro 1979, S. 1105; *Buntenbroich,* Unterbrechung eines Rechtsstreits bei ausländischen Insolvenzverfahren nur bei Einfluss des Insolvenzverfahrens auf anhängige Rechtsstreitigkeiten nach dem Recht des Eröffnungsstaats?, NZI 2012, 547; *Deren,* Unterbrechungswirkung eines schweizerischen Konkurses im deutschen Zivilprozess, IPRax 2014, 386; *Drasdo,* Tod oder Insolvenz eines Sondereigentümers – Verfahrensfortführung der Beschlussanfechtungsklagen, ZMR 2014, 426; *Ehricke,* Die Feststellung streitiger Insolvenzforderungen durch ein Schiedsgericht, ZIP 2006, 1847–1854; *Froehner,* Die Qualifikation der Kosten nach der Aufnahme eines Zivilrechtsstreits im Insolvenzverfahren, NZI 2016, 425; *Frotscher,* Besteuerung bei Insolvenz, 8. Aufl. 2014; *Gaedeke,* Kostenrisiko des in den Prozeß eintretenden Konkursverwalters, JW 1939, S. 733; *Gessner,* Die zivilprozessuale Verfahrensunterbrechung in der Insolvenz bei Auskunftsansprüchen nach § 51a GmbHG, NZI 2013, 677; *Goetzke,* Die Ablehnung der Prozeßaufnahme durch den Konkursverwalter, 1967; *Grasmann,* Inlandswirkungen des Auslandskonkurses über das Vermögen eines im Konkurseröffnungsstaat ansässigen Gemeinschuldners, KTS 1990, S. 157; *Gundlach/Frenzel/Schmidt,* Die Verfahrensunterbrechung durch Insolvenzeröffnung, NJW 2004, 3222; *E. Habscheid,* § 240 ZPO bei ausländischen Insolvenzen und die Universalität des Konkurses, KTS 1998, 183; *M. Huber,* Auswirkungen der Insolvenzeröffnung auf Prozesse, JuS 2013, 1070; *Jaeger,* Eröffnung eines Insolvenzverfahrens während eines Finanzgerichtsverfahrens, DStR 2008, 1272; *Jestaedt,* Schiedsverfahren und Konkurs, 1985; *Kramer,* Konkurs- und Steuerverfahren, 1993; *Leipold,* Ausländischer Konkurs und inländischer Zivilprozeß, FS Schwab, 1990, S. 289; *Mankowski,* Inlandskonkurs und Vollstreckbarerklärungsverfahren, ZIP 1994, 1577; *Maus,* Steuerbescheide im Insolvenzverfahren, FS Greiner zum 70. Geburtstag, 2005, S. 227–238; *Meyer,* Selbstständige Beweisverfahren in der Insolvenz eines Verfahrensbeteiligten, NZI 2005, S. 9; *Nacimiento/Bähr,* Insolvenz in nationalen und internationalen Schiedsverfahren, NJOZ 2009, 4752; *Pape/Voigt,* Zur Zulässigkeit von Individualklagen trotz Gesamtvollstreckung, WiB 1995, S. 618; *Paulus,* Vorsicht Falle – Wiederaufnahme eines durch ein Insolvenzverfahren unterbrochenen Prozesses, NJW 2010, 1633; *Karsten Schmidt,* Unterbrechung und Fortsetzung von Prozessen im Konkurs einer Handelsgesellschaft – Fragen und Thesen zu §§ 240 ZPO, 10 ff. KO (§§ 86 ff. InsO), KTS 1994, S. 309; *ders.,* Klage und Rechtshängigkeit bei Konkurseröffnung vor Klagezustellung, NJW 1995, S. 911; *ders.,* Prozessunterbrechung und Prozessaufnahme in der Gesellschaftsinsolvenz – Ungelöste Probleme im Umgang mit § 240 ZPO, §§ 85 ff. InsO, FS Kreft zum 65. Geburtstag, 2004, S. 503; *ders.,* Unterlassungsansprüche in der Insolvenz: Debatte ohne Ende?, FS Eberhard Schilken zum 70. Geburtstag, 2015, S. 789; *Scherer,* Die Unterbrechung des Steuerfestsetzungsverfahrens in der Insolvenz – Kritische Überlegungen zur Rechtsprechung des BFH, DStR 2017, 296; *Schollmeyer,* § 240 ZPO und Auslandskonkurs, IPRax 1999, S. 26; *Vollkommer,* Verfahrensunterbrechung nach § 240 ZPO bei Prozessstandschaft und Sicherungszession, MDR 1998, S. 1269; *Wagner,* Die Rechtsmittelbegründungsfrist nach konkursverfahrensrechtlicher Unterbrechung, KTS 1997, S. 567; *Waltenberger,* Die insolvenzrechtliche Unterbrechung des Verfahrens nach § 240 ZPO, NZI 2018, 505; *Waza/Uhländer/Schmittmann,* Insolvenzen und Steuern, 11. Aufl. 2015; *Weber,* Die Funktionsteilung zwischen Konkursverwalter und Gesellschaftsorgan im Konkurs der Kapitalgesellschaft, KTS 1970, S. 73; *Wosgien,* Konkurs und Erledigung der Hauptsache, 1984.

Übersicht

[100] S. im Einzeln. → Rn. 5, 8, 17.
[101] → Rn. 1; vgl. BGHZ 170, 206 Rn. 20=NJW 2007, 1067.
[102] Uhlenbruck/*Hirte* § 84 Rn. 19.
[103] *Hahn,* Materialien zur Konkursordnung, Begr. zu § 44d. Entwurfs (= § 51 KO), S. 225.
[104] → Rn. 12.

I. Die Prozessunterbrechung gemäß § 240 ZPO

1 Durch die Eröffnung des Insolvenzverfahrens oder den Übergang der Verfügungsbefugnis über das Vermögen des Schuldners auf einen vorläufigen Insolvenzverwalter wird ein Rechtsstreit des Schuldners, der die Insolvenzmasse betrifft, unterbrochen (§ 240 ZPO). Die Aufnahme des Rechtsstreits ist in §§ 85, 86, 180 Abs. 2 und 184 Abs. 1 Satz 2 geregelt.

2 § 240 Satz 1 ZPO trägt der Tatsache Rechnung, dass mit der Verfügungsbefugnis über die zur Insolvenzmasse gehörenden Gegenstände auch die entsprechende Prozessführungsbefugnis auf den Verwalter übergeht (§ 80) und gleichzeitig eine von dem Schuldner erteilte Prozessvollmacht für Verfahren, welche die Insolvenzmasse betreffen, erlischt (§ 117).[1] Der Verwalter tritt kraft Gesetzes in das Verfahren ein.[2] Er erhält durch die Prozessunterbrechung Gelegenheit, sich mit dem Rechtsstreit vertraut zu machen, eine neue Prozessvollmacht zu erteilen und über die Fortsetzung des Verfahrens zu entscheiden (§§ 85 f.).[3] Auch dem Prozessgegner wird ermöglicht, sich auf die geänderte Verfahrenssituation einzustellen, insbesondere mit dem Verwalter über eine gütliche Beilegung des Rechtsstreits zu verhandeln.[4] Für den Fall, dass der Prozess eine Insolvenzforderung betrifft, ergänzt § 240 Satz 1 ZPO die §§ 87, 174 ff. Danach kann ein Insolvenzgläubiger seine Forderung, auch wenn sie

---

1 KPB/*Tintelnot* § 117 Rn. 6; Uhlenbruck/*Sinz* § 117 Rn. 1 (Erlöschen nach § 117); *Häsemeyer,* Insolvenzrecht, Rn. 10.46 (Erlöschen nach §§ 115, 116); *Wertenbruch*, Handbuch Personengesellschaften, Rz. I 765; Brandenburgisches OLG NZI 2001, 255; zur Konkursordnung BGH NJW 1998, 2364, 2365; NJW-RR 1989, 183; WM 1980, 164, 165; aA *Paulus* NJW 2010, 1633.

2 So jedenfalls die herrschende Amtstheorie. Der Parteiwechsel erfolgt nach zutreffender Auffassung schon mit der Eröffnung des Insolvenzverfahrens, nicht erst mit der Aufnahme: BGH NJW 1997, 1445; BFH ZIP 2000, 1262; aA Musielak/Voit/*Stadler,* ZPO § 240 Rn. 1; Stein/Jonas/*Roth*, ZPO § 240 Rn. 21. Nach der Organtheorie wird die Masse Partei des Verfahrens; nach der Vertretertheorie bleibt der Schuldner Partei, doch kann er die Parteirechte nicht mehr selbst wahrnehmen, sondern wird durch den Verwalter vertreten; statt aller Jaeger/*Windel* § 80 Rn. 13 ff., 145 ff.

3 Jaeger/*Windel* § 85 Rn. 2; *Jestaedt* S. 40; MüKoZPO/*Stackmann* § 240 Rn. 1, § 239 Rn. 2; *Wertenbruch*, Handbuch Personengesellschaften, Rz. I 765.

4 MüKoZPO/*Stackmann* § 239 Rn. 2; kritisch *Karsten Schmidt* KTS 1994, 309, 311.

schon rechtshängig oder gar tituliert ist, nur durch Anmeldung zur Tabelle verfolgen. Wird die Forderung im Prüfungstermin oder im schriftlichen Prüfungsverfahren bestritten, so kann der Rechtsstreit mit geändertem Antrag gegen den Bestreitenden aufgenommen werden, bei Titulierung der Forderung auch durch diesen (§§ 87, 179, 180 Abs. 2, 184 Abs. 1 Satz 2, Abs. 2). Mangels Widerspruchs gegen die angemeldete Insolvenzforderung erledigt sich der anhängige Prozess mit Eintragung der Feststellung in die Tabelle (§ 201 Abs. 2 Satz 1).

§ 240 Satz 1 ZPO gilt entsprechend, wenn die Verwaltungs- und Verfügungsbefugnis über das 3 Vermögen des Schuldners auf einen vorläufigen Insolvenzverwalter übergeht (§ 240 Satz 2 ZPO iVm §§ 22 Abs. 1 Satz 1; 21 Abs. 2 Nr. 1 und 2). Auch der vorläufige Verwalter ist befugt, rechtshängige Prozesse über Gegenstände der Insolvenzmasse anstelle des Schuldners fortzusetzen (§ 24 Abs. 2). Eine von dem Schuldner erteilte Prozessvollmacht erlischt.[5] Wie die Unterbrechung nach § 240 Satz 1 ZPO gibt auch die Unterbrechung nach § 240 Satz 2 ZPO dem (vorläufigen) Verwalter Gelegenheit, über die Fortsetzung des Verfahrens zu entscheiden (§§ 24 Abs. 2, 85 Abs. 1 Satz 1, 86) und für eine ordnungsgemäße Prozessvertretung zu sorgen. Er kann jedoch anders als der endgültige Insolvenzverwalter die Aufnahme von Aktivprozessen nicht mit Freigabewirkung ablehnen (§§ 24 Abs. 2, 85 Abs. 2). Auch bleiben Prozesse über Insolvenzforderungen während des Eröffnungsverfahrens grundsätzlich unterbrochen, da sie erst nach Anmeldung, Prüfung und Bestreiten der Forderung aufgenommen werden können (§ 240 Satz 2 ZPO iVm §§ 87, 174, 179, 180 Abs. 2, 184 Abs. 1 Satz 2).[6]

II. Neufassung des § 240 ZPO durch das EG InsO

Durch Art. 18 Nr. 2 EGInsO wurde § 240 ZPO neu gefasst: Der bisherige § 240 ZPO wurde, 4 terminologisch angepasst, zu § 240 Satz 1 ZPO. § 240 Satz 2 ZPO wurde angefügt. Unter Geltung der Konkursordnung unterbrach die Ernennung eines Sequesters mit Verfügungsbefugnis über das Vermögen des Schuldners massebezogene Prozesse des Schuldners nicht.[7] Der Sequester war grundsätzlich nicht befugt, anhängige Rechtsstreitigkeiten des Schuldners an dessen Stelle fortzuführen.[8] Nunmehr ist auch der vorläufige Insolvenzverwalter prozessführungsbefugt (§§ 24 Abs. 2, 85 Abs. 1 Satz 1, 86). Im Gesamtvollstreckungsverfahren war § 240 ZPO entsprechend anwendbar.[9] Im Vergleichsverfahren galt die Vorschrift nicht.[10]

III. Insolvenzverfahren über das Vermögen einer Partei

1. Eröffnung eines Insolvenzverfahrens (§ 240 Satz 1 ZPO). a) Inländisches Insolvenzverfahren. § 240 Satz 1 ZPO setzt die Eröffnung eines Insolvenzverfahrens über das Vermögen 5 einer Partei (→ Rn. 9 ff.) voraus. Eröffnet wird das Insolvenzverfahren durch Beschluss des Insolvenzgerichts (§§ 27 ff.; → Rn. 58). Die Anfechtung des Eröffnungsbeschlusses (§ 34 Abs. 2) hindert die Unterbrechung nicht. § 240 Satz 1 ZPO gilt für Regelinsolvenzverfahren ebenso wie für Nachlassinsolvenzverfahren (§§ 315 ff.).[11]

Auch die Eröffnung eines Eigenverwaltungsverfahrens (§§ 270 bis 285) unterbricht Prozesse des 6 Schuldners, welche die Insolvenzmasse betreffen.[12] Für Verfahren, die eine Insolvenzforderung zum Gegenstand haben, folgt dies ohne weiteres aus dem systematischen Zusammenhang des § 240 Satz 1 ZPO mit §§ 87, 174 ff., 180 Abs. 2, 184 Abs. 1 Satz 2. Diese Verfahren können erst fortgesetzt werden, nachdem die Forderung angemeldet, geprüft und bestritten worden ist (§§ 180 Abs. 2, 184 Abs. 1 Satz 2). Weniger selbstverständlich ist die Unterbrechung von Aktivprozessen sowie von Passivprozessen zur Teilungsmasse (§§ 85 f.). Die Unterbrechung wird hier üblicherweise mit dem Übergang der Prozessführungsbefugnis auf den Verwalter und mit der von ihm benötigten Prüfungs- und Bedenkzeit begründet (→ Rn. 2 f.). Diese Gesichtspunkte gelten für die Eigenverwaltung nicht

---

5 Das Erlöschen ergibt sich aus dem Sinnzusammenhang der §§ 86, 240 Satz 2, 246 ZPO. Anders als in anderen Fällen der Unterbrechung sieht § 246 ZPO für den Fall des Übergangs der Verfügungsbefugnis auf einen vorläufigen Verwalter keine Fortsetzung des Verfahrens mit Aussetzungsmöglichkeit unter der Voraussetzung vor, dass der Schuldner einen Prozessbevollmächtigten bestellt hat.

6 KPB/*Pape* § 24 Rn. 12.

7 BGH ZIP 1987, 1195; 2000, 1116.

8 Siehe dazu *Pape* ZIP 1994, 89, 95; *Uhlenbruck* KTS 1990, 15, 24 f.

9 BGH ZIP 1999, 75 f. (Anm. *Pape* EWiR 1999, 191); DtZ 1992, 282; BAG NZA 1997, 892; OLG Brandenburg NZI 1999, 454 f.; KPB/*Lüke* § 85 Rn. 4 mwN.

10 KPB/*Lüke* § 85 Rn. 4.

11 Vgl. dazu OLG Köln NZI 2002, 686; *Robrecht* KTS 2003, 385.

12 BGH ZIP 2007, 249; OLG Naumburg ZInsO 2000, 505; OLG München ZInsO 2003, 232; KPB/*Pape*/*Schaltke* § 283 Rn. 7.

(der Eigenverwalter und nicht der Sachwalter ist zur Fortsetzung berechtigt).[13] Gleichwohl unterbricht die Eröffnung des Eigenverwaltungsverfahrens auch Prozesse im Sinne der §§ 85 f. Denn mit der Verfahrenseröffnung ändert sich die Interessenlage des Schuldners. Während er zuvor in dem Prozess seine eigenen Interessen verfolgte, hat er nun vor allem die Interessen der Gläubiger wahrzunehmen.[14] Dies kann eine veränderte Konzeption der Prozessführung und eine entsprechende Bedenkzeit erfordern.[15] Wird die Eigenverwaltung aufgehoben (§ 272), so tritt der Fremdverwalter analog §§ 239, 242, 246 ZPO in den Prozess ein. § 240 Satz 1 ZPO findet keine Anwendung.[16] Entsprechendes gilt bei nachträglicher Anordnung der Eigenverwaltung (§ 271).

7 **b) Ausländisches Insolvenzverfahren.** Im Anwendungsbereich der EuInsVO bestimmt Art. 18 EuInsVO, dass für die Wirkungen des Insolvenzverfahrens auf den anhängigen Rechtsstreit über einen Gegenstand oder ein Recht, der bzw. das Teil der Insolvenzmasse ist, ausschließlich das Recht des Mitgliedstaates gilt, in dem der Rechtsstreit anhängig ist (nicht die *lex fori concursus*). Unterbrechung und Aufnahme des in Deutschland rechtshängigen Prozesses durch ein Insolvenzverfahren richten sich daher im Anwendungsbereich der EuInsVO nach § 240 ZPO.[17] Dies gilt auch für die Frage, wer zur Aufnahme befugt ist.[18] Die Eröffnung eines im Inland anzuerkennenden (§ 343 InsO) Insolvenzverfahrens außerhalb des Anwendungsbereichs der EuInsVO unterbricht einen im Inland anhängigen, die Insolvenzmasse betreffenden Prozess nach Maßgabe der §§ 352, 343 InsO.[19] Die Entscheidung, ob der Rechtsstreit unterbrochen wird, ist allein nach § 352 Abs. 1 InsO zu treffen und nicht nach der *lex fori concursus*.[20] Etwas anderes soll gelten, wenn das Recht des Insolvenzeröffnungsstaats eine Unterbrechung nicht vorsieht.[21] Trotz des missverständlichen Wortlauts setzt § 352 Abs. 1 InsO ebenso wie § 240 Satz 1 ZPO Rechtshängigkeit, nicht nur Anhängigkeit, voraus.[22]

8 **2. Übergang der Verfügungsbefugnis auf einen vorläufigen Verwalter (§ 240 Satz 2 ZPO).** Auch die Bestellung eines vorläufigen Insolvenzverwalters unter Anordnung eines allgemeinen Verfügungsverbots für den Schuldner[23] unterbricht Prozesse des Schuldners, welche die Insolvenzmasse betreffen (§ 240 Satz 2 ZPO iVm §§ 21 Abs. 2 Nr. 1, 2; 22 Abs. 1 Satz 1).[24] Entsprechendes gilt, wenn dem Schuldner im Eröffnungsverfahren hinsichtlich der von ihm geführten Aktiv- und Passivprozesse ein Verfügungsverbot auferlegt und der vorläufige Verwalter ermächtigt wird, Aktiv- und Passivprozesse des Schuldners zu führen.[25] Aktivprozesse zur Teilungsmasse kann der vorläufige Verwalter, Passivprozesse zur Teilungsmasse können vorläufiger Verwalter und Gegner aufnehmen (§§ 24 Abs. 2, 85 Abs. 1 Satz 1, 86). Der Gegner kann jedoch den vorläufigen Verwalter, der die Aufnahme des Aktivprozesses verzögert, nicht zur Aufnahme und Verhandlung über die Hauptsache laden lassen, der vorläufige Verwalter die Aufnahme nicht mit Freigabewirkung ablehnen (§ 85 Abs. 1

---

13 Begr. zu § 331 RegE (= § 270) BR-Drs. 1/92 S. 223.

14 BGH ZIP 2007, 249; zur Amtswalterschaft des Eigenverwalters *Häsemeyer,* Insolvenzrecht, Rn. 8.13 f.

15 Jaeger/*Windel* § 80 Rn. 206 (für die Folgen der Beendigung des Insolvenzverfahrens für einen Prozess des Verwalters).

16 *Häsemeyer,* Insolvenzrecht, Rn. 8.15.

17 BGH ZIP 2018, 130. BGH Zwischenurteil v. 23.4.2013 – X ZR 169/12, NZI 2013, 690 Rn. 6.

18 BGH Zwischenurteil v. 23.4.2013 – X ZR 169/12, NZI 2013, 690 Rn. 6; aA Stein/Jonas/*Roth,* ZPO § 240 Rn. 18.

19 BAG NZA-RR 2014, 32; BGH NZI 2009, 859 (U.S. amerikanisches Chapter 11-Verfahren); zur Rechtslage vor Geltung der §§ 335 bis 358 InsO und der Verordnung (EG) Nr. 1346/2000 des Rates vom 29.5.2000 über Insolvenzverfahren siehe BGH NJW 1997, 2525; ZIP 1998, 659; NJW 1998, 1543; BFH/NV 1998, 980 (Leitsatz); OLG Saarbrücken OLGR 2003, 13 (Anm. *Liersch/Kind* EWiR 2003, 707); OLG München RIW 1999, 621; NJW-RR 1996, 574; OLG Karlsruhe NJW-RR 1991, 295; LAG Rheinland-Pfalz RIW 1998, 633; *Habscheid* KTS 1998, 183; *Schollmeyer* IPRax 1999, 26; anders zuvor BGH NJW 1988, 3096, 3097; BFHE 123, 406, 407; zur Kritik an der dann aufgegebenen höchstrichterlichen Rechtsprechung *Baur/Stürner,* Insolvenzrecht, Rn. 37.32; *Habscheid* KTS 1990, 403; *Leipold,* FS Schwab, 1990, S. 289; *Mankowski* ZIP 1994, 1577.

20 BAG NZA-RR 2014, 32 Rn. 23; Stein/Jonas/*Roth,* ZPO § 240 Rn. 18.

21 BGH NZI 2012, 572; zweifelhaft, zu Recht kritisch *Buntenbroich* NZI 2012, 547; Stein/Jonas/*Roth,* ZPO § 240 Rn. 18; *Deren* IPRax 2014, 386.

22 BAG NZA-RR 2014, 32 Rn. 24; Stein/Jonas/*Roth,* ZPO § 240 Rn. 18.

23 Siehe BGH NJW 1999, 2822 (Anm. *Bähr* GmbHR 1999, 917; *Schlitt* NZG 1999, 940): Keine Unterbrechung, wenn dem Schuldner lediglich ein Zustimmungsvorbehalt im Sinne von § 21 Abs. 2 Satz 1 Nr. 2 Alt. 2 auferlegt wird; ebenso BFH/NV 2000, 734; 2003, 1434; BFHE 212, 304; OLG Karlsruhe Rpfleger 2003, 614; OLG Koblenz ZInsO 2005, 777.

24 Anderes galt bei Ernennung eines Sequesters nach der Konkursordnung: BGH NJW-RR 1987, 1276; BFH/NV 1999, 326 f.

25 BGH Urt. v. 16.5.2013 – IX ZR 332/12, NZI 2013, 747 Rn. 15 f.

Satz 2, Abs. 2; → § 85 Rn. 21).[26] Keine Unterbrechung tritt ein bei Einsetzung eines vorläufigen Sachwalters im Insolvenzeröffnungsverfahren nach § 270a, da die Voraussetzungen des § 240 Satz 2 ZPO hier nicht gegeben sind.[27]

3. Insolvenzschuldner als Partei. a) Grundsatz. Voraussetzung für die Unterbrechung gemäß § 240 Satz 1 ZPO ist, dass das Insolvenzverfahren über das Vermögen einer „Partei" eröffnet wird.[28] Auch § 240 Satz 2 ZPO findet nur Anwendung, wenn die Verfügungs- und Verwaltungsbefugnis über das Vermögen einer „Partei" auf den vorläufigen Insolvenzverwalter übergeht. Das ergibt sich aus dem Verweis auf § 240 Satz 1 ZPO. Nicht unterbrochen wird daher ein Prozess, an dem der Schuldner als einfacher Nebenintervenient (§ 67 ZPO)[29] oder einfacher Streitgenosse teilnimmt (→ Rn. 17). Ebenso wenig reicht es für die Unterbrechung aus, dass der Schuldner gesetzlicher oder rechtsgeschäftlicher Vertreter einer Partei ist.[30] Andererseits werden nicht alle Verfahren unterbrochen, in denen der Schuldner die Rolle einer Partei innehat, sondern nur solche, welche die Insolvenzmasse betreffen. Daher unterbricht zB die Eröffnung eines Insolvenzverfahrens über das Privatvermögen des Schuldners nicht ein Verfahren, das der Schuldner kraft Amtes führt, zB als Testamentsvollstrecker, Nachlassverwalter oder Insolvenzverwalter (→ Rn. 33). 9

b) Ausnahmen. Ausnahmsweise werden auch Verfahren unterbrochen, an denen der Schuldner überhaupt nicht oder nicht als Partei beteiligt ist. 10

aa) § 17 AnfG. Gemäß § 17 Abs. 1 Satz 1 AnfG unterbricht die Eröffnung des Insolvenzverfahrens über das Vermögen des Schuldners einen rechtshängigen Anfechtungsprozess, den ein (späterer) Insolvenzgläubiger gegen einen Dritten führt. Für die Folgen der Unterbrechung gilt grundsätzlich § 249 ZPO (→ Rn. 59 ff.). Während des Insolvenzverfahrens steht die Verfolgung der von den Insolvenzgläubigern erhobenen Anfechtungsansprüche dem Insolvenzverwalter zu (§ 16 Abs. 1 Satz 1 AnfG).[31] Dieser kann den unterbrochenen Anfechtungsprozess aufnehmen und mit geändertem Klageantrag im Interesse der Gesamtheit der Gläubiger fortsetzen (§ 17 Abs. 1 Satz 2 AnfG; → § 85 Rn. 45). Wird ein einheitlich eingeklagter Anspruch auf Rückgewähr von Vermögensgegenständen zugleich auf Vorschriften über die Gläubigeranfechtung und auf andere Rechtsnormen (zB über unerlaubte Handlung) gestützt, so unterbricht die Eröffnung des Insolvenzverfahrens über das Vermögen des Schuldners das Verfahren insgesamt. Der aufnehmende Insolvenzverwalter kann den Rückgewähranspruch unter sämtlichen rechtlichen Gesichtspunkten geltend machen.[32] Macht dagegen der Kläger neben dem Anfechtungsanspruch noch andere Ansprüche im prozessualen Sinne geltend (§ 260 ZPO), so beschränkt sich die Unterbrechungswirkung auf den Anfechtungsanspruch.[33]

bb) Analoge Anwendung des § 17 AnfG. Nach § 171 Abs. 2 HGB kann während der Dauer des Insolvenzverfahrens über das Vermögen einer KG die persönliche Haftung des Kommanditisten gegenüber den Gesellschaftsgläubigern nur von dem Insolvenzverwalter oder dem Sachwalter geltend gemacht werden. Die Vorschrift ist ihrem Schutzzweck nach § 16 AnfG vergleichbar (→ Rn. 10). Mit der Einziehungsbefugnis geht auch die Prozessführungsbefugnis über die Ansprüche im Sinne des § 171 Abs. 2 HGB auf den Verwalter über. Ein zurzeit der Eröffnung des Insolvenzverfahrens rechtshängiger Prozess, in dem ein Gläubiger der KG einen Kommanditisten gemäß § 171 Abs. 1 HGB in Anspruch nimmt, wird daher entsprechend § 17 Abs. 1 Satz 1 AnfG durch die Eröffnung des Insolvenzverfahrens über das Vermögen der KG unterbrochen. Er kann analog § 17 Abs. 1 Satz 2 AnfG vom Verwalter oder Sachwalter aufgenommen werden (→ § 85 Rn. 46).[34] 11

Entsprechendes gilt für die Klage eines Gesellschaftsgläubigers gegen den Gesellschafter einer Gesellschaft ohne Rechtspersönlichkeit (§ 11 Abs. 2 Nr. 1) oder einer KGaA, mit der die persönliche 12

---

26 Dazu Begr. zu § 28 RegE (= § 24) BR-Drs. 1/92, S. 117.

27 LG Freiburg BeckRS 2014, 09468; Uhlenbruck/*Mock* § 85 Rn. 18.

28 BGH NJW 1998, 156, 157; OLG Schleswig KTS 1989, 925; K. Schmidt/*Sternal* § 85 Rn. 15.

29 OLG Düsseldorf MDR 1985, 504; OLG Hamburg LZ 1920 Sp. 669 Nr. 9; NJW 1961, 610, 611; Jaeger/*Windel* § 85 Rn. 9; KPB/*Lüke* § 85 Rn. 24; siehe auch BGH NJW-RR 1995, 573 zur streitgenössischen Nebenintervention; ferner BGH Beschl. v. 15.5.2014 – IX ZR 287/12, ZIP 2014, 1304 Rn. 1 ff.: Unterbrechung des Rechtsstreits tritt auch dann ein, wenn der Schuldner durch einen Streithelfer, der dem Rechtsstreit als Nebenintervenient beigetreten ist, unterstützt wird.

30 Jaeger/*Windel* § 85 Rn. 9.

31 BGH NZI 2000, 116, 117.

32 BGH NZI 2000, 116.

33 RGZ 143, 267, 269 f.

34 BGH ZIP 1982, 177, 179 f.; 566, 567; NZI 2009, 108; Uhlenbruck/*Mock* § 85 Rn. 54; MüKoZPO/*Stackmann* § 240 Rn. 18; vgl. aber OLG Rostock NZG 2001, 1135 (keine Unterbrechung, wenn Gläubiger von ihm gepfändete Einlageforderung der insolventen KG gegen den Kommanditisten einklagt; zweifelhaft).

Haftung des Gesellschafters für eine Verbindlichkeit der Gesellschaft geltend gemacht wird (§§ 93, 280).[35] Auch in diesem Fall geht mit der Eröffnung des Insolvenzverfahrens über das Vermögen der Gesellschaft die Einziehungsbefugnis für den rechtshängigen Anspruch und mit ihr die entsprechende Prozessführungsbefugnis auf den Insolvenzverwalter oder Sachwalter über. § 265 Abs. 2 ZPO ist nicht anwendbar. §§ 105 Abs. 3, 104 Abs. 1 Satz 1 RegE sahen in Anlehnung an § 17 AnfG[36] ausdrücklich die Unterbrechung rechtshängiger Prozesse über Ansprüche im Sinne des § 93 vor. Sie wurden auf Empfehlung des Rechtsausschusses gestrichen, um die dort geregelten Details der Rechtsprechung zu überlassen.[37] Im Ergebnis macht das keinen Unterschied, zumal der BGH die analoge Anwendung des § 17 Abs. 1 Satz 1 AnfG bereits im Zusammenhang mit § 171 Abs. 2 HGB befürwortet hatte (→ § 85 Rn. 46).[38] Etwas anderes galt unter der Konkursordnung, die eine dem § 93 entsprechende Vorschrift nicht kannte. Deshalb unterbrach die Konkurseröffnung über das Vermögen der OHG nicht den Prozess eines Gesellschaftsgläubigers gegen einen Gesellschafter wegen einer Gesellschaftsverbindlichkeit. Das galt auch für den Fall, dass zugleich die Gesellschaft verklagt war.[39] Die alte Rechtslage ist durch § 93 überholt.[40] Der umgekehrte Fall, die Eröffnung eines Insolvenzverfahrens über das Vermögen eines Gesellschafters, führt nicht zur Unterbrechung von Prozessen gegen die OHG oder KG.[41]

13 Auch ein Rechtsstreit, der zurzeit der Eröffnung des Insolvenzverfahrens zwischen einem Insolvenzgläubiger und einem Dritten über einen Anspruch anhängig ist, der auf Ersatz eines Gesamtschadens (§ 92) gerichtet ist, wird analog § 17 Abs. 1 Satz 1 AnfG durch die Eröffnung des Insolvenzverfahrens unterbrochen.[42] § 104 Abs. 1 Satz 1 RegE sah auch diese Unterbrechung ausdrücklich vor (→ Rn. 12).

14 Schließlich unterbricht die Eröffnung eines Insolvenzverfahrens über das gemeinschaftlich verwaltete Gesamtgut einer Gütergemeinschaft analog § 17 AnfG einen Prozess, mit dem ein Gläubiger den Ehegatten persönlich für Verbindlichkeiten in Anspruch nimmt, deren Erfüllung er aus dem Gesamtgut verlangen kann (§ 334). Auch dies war in §§ 105 Abs. 3, 104 Abs. 1 Satz 1 RegE ausdrücklich geregelt.

15 **cc) Insolvenz des Rechtsinhabers bei Prozessstandschaft.** Die Eröffnung eines Insolvenzverfahrens über das Vermögen des Rechtsinhabers unterbricht analog § 240 ZPO einen Prozess, den der Kläger als gewillkürter Prozessstandschafter des Schuldners führt.[43] Entsprechendes sollte entgegen der Ansicht des BGH[44] auch gelten, wenn der Kläger nach Abtretung der streitbefangenen Forderung den Prozess gemäß § 265 Abs. 2 ZPO weiterführt und über das Vermögen des Zessionars ein Insolvenzverfahren eröffnet wird.[45] Anstelle des § 265 Abs. 2 Satz 2 ZPO ist § 85 sinngemäß anzuwenden. Lehnt der Verwalter die Aufnahme des Rechtsstreits ab, so tritt für die Anwendung des § 85 Abs. 2 an die Stelle des Schuldners der Prozessstandschafter.

16 Ob umgekehrt die Eröffnung des Insolvenzverfahrens über das Vermögen des Prozessstandschafters zur Unterbrechung des von ihm über ein fremdes Rechts geführten Prozesses führt, ist kein Problem fehlender Parteistellung des Schuldners. Vielmehr stellt sich hier die Frage, ob der Prozess das Vermögen des Prozessstandschafters betrifft und aus diesem Grunde unterbrochen wird (→ Rn. 33 ff.).

17 **dd) Insolvenz des Streitgenossen.** Die Eröffnung eines Insolvenzverfahrens über das Vermögen eines einfachen Streitgenossen unterbricht grundsätzlich nicht das Verfahren gegenüber den

---

35 BGH NJW 2003, 590 (mAnm *Häsemeyer* LMK 2003, 77); NJW 2016, 1592; BGH Urt. v. 17.12.2015 – IX ZR 143/13, BGHZ 208, 227 Rn. 14; OLG Koblenz NZI 2010, 411; Schleswig-Holsteinisches OLG ZInsO 2004, 1086; *Karsten Schmidt* FS Kreft, S. 503, 515 f.; Uhlenbruck/*Mock* § 85 Rn. 54.

36 So Begr. zu § 104 RegE und zu § 105 RegE, BR-Drucks. 1/92 S. 139 f.

37 Beschl.-Empfehlung des RechtsA zu § 104, BT-Drs. 12/7302 S. 165.

38 BGH ZIP 1982, 177, 179 f.; 566, 567; *Bork,* Kölner Schrift zur InsO, S. 1333, Rn. 32; aA KPB/*Lüke* § 93 Rn. 36 (§§ 240 ZPO, 85 analog).

39 BGH NJW 1988, 2113 (Klage gegen Komplementär einer KG); siehe auch NJW 1961, 1066 (Klageerweiterung gegen Gesellschafter nach Konkurs der OHG); *Jaeger/Henckel* KO (9. Aufl.), § 10 Rn. 9, 45; *Kuhn/Uhlenbruck* KO (11. Aufl.) vor § 10 Rn. 16a.

40 KPB/*Lüke* § 93 Rn. 36; Uhlenbruck/*Mock* § 85 Rn. 83.

41 BGH NJW 2011, 2671; BFH BeckRS 2017, 116263; Musielak/Voit/*Stadler,* ZPO § 240 Rn. 2; Uhlenbruck/*Mock* § 85 Rn. 82.

42 *Bork,* Kölner Schrift zur InsO, S. 1333 Rn. 32; ähnlich HKInsO/*Eickmann* § 92 Rn. 8 (unmittelbare Anwendung des § 240 ZPO); KPB/*Lüke* § 92 Rn. 67 (§ 240 ZPO analog); dieser Fall wird allerdings selten praktisch werden: *Karsten Schmidt* ZGR 1996, 209, 214 f.; siehe auch BGH NZI 2000, 116, 117.

43 BGH Urt. v. 9.1.2014 – IX ZR 209/11, BGHZ 199, 344 Rn. 23; Musielak/Voit/*Stadler,* ZPO § 240 Rn. 2; Stein/Jonas/*Roth,* ZPO § 240 Rn. 7; MüKoZPO/*Stackmann* § 240 Rn. 17.

44 BGH NJW 1998, 156, 157.

45 Wie hier Musielak/Voit/*Stadler,* ZPO § 240 Rn. 2; Stein/Jonas/*Roth,* ZPO § 240 Rn. 7.

übrigen Streitgenossen. Die mehreren Prozessrechtsverhältnisse sind von einander unabhängig.[46] Ist jedoch eine Gesellschaft ohne Rechtspersönlichkeit im Sinne des § 11 Abs. 2 Nr. 1 oder eine KGaA gemeinsam mit einem Gesellschafter wegen einer Gesellschaftsverbindlichkeit verklagt,[47] unterbricht wegen § 93 die Eröffnung des Insolvenzverfahrens über das Vermögen der Gesellschaft analog § 17 Abs. 1 Satz 1 AnfG auch den Prozess gegen den Gesellschafter (→ Rn. 11 ff.).[48]

18 Die Eröffnung eines Insolvenzverfahrens über das Vermögen eines notwendigen Streitgenossen oder der Übergang der Verfügungsbefugnis über sein Vermögen auf einen vorläufigen Verwalter unterbricht nach überwiegender Meinung auch das Verfahren der übrigen Streitgenossen.[49] Die Gegenansicht, wonach nur das Verfahren des Schuldners unterbrochen wird, das Verfahren gegen die übrigen Streitgenossen aber wegen der Notwendigkeit einheitlicher Entscheidung nicht fortgesetzt werden kann, kommt vielfach zu gleichen Ergebnissen.[50] Ein Aktivprozess von BGB-Gesellschaftern wird jedenfalls dann nicht durch die Eröffnung des Insolvenzverfahrens über das Vermögen eines Mitgesellschafters unterbrochen, wenn im Gesellschaftsvertrag das Ausscheiden aus der Gesellschaft mit Eröffnung des Insolvenzverfahrens vereinbart ist und der Gesellschaftsanteil den verbleibenden Gesellschaftern anwächst.[51]

19 **ee) Vorläufiger Verwalter oder Eigenverwalter als Partei.** Ein die Masse betreffendes Verfahren, das ein vorläufiger Insolvenzverwalter mit Verfügungsbefugnis über das Vermögen des Schuldners (§§ 21 Abs. 2 Nr. 1, 2; 22 Abs. 1; 24) begonnen oder aufgenommen hat, wird durch die Eröffnung des Insolvenzverfahrens nicht gemäß § 240 Satz 1 ZPO unterbrochen (→ § 86 Rn. 18).[52] Partei des Verfahrens ist nach der Amtstheorie nicht der Schuldner, sondern der vorläufige Verwalter. Dessen Stellung entspricht in vielfacher Hinsicht der eines regulären Verwalters. Ernennt das Insolvenzgericht im Eröffnungsbeschluss (§ 27) eine andere Person als den vorläufigen Verwalter zum Insolvenzverwalter, so sind wie bei einem Wechsel des regulären Insolvenzverwalters[53] die §§ 241, 246 ZPO analog anzuwenden.[54] § 240 ZPO ist auch nicht anwendbar auf Prozesse des Eigenverwalters bei einem Übergang von der Eigen- zur Fremdverwaltung und umgekehrt (→ Rn. 6).

IV. Verfahren, das die Insolvenzmasse betrifft

20 Unterbrochen werden grundsätzlich nur Verfahren, die die Insolvenzmasse betreffen. Neben zivilgerichtlichen Urteilsverfahren (→ Rn. 21 ff.) können dies auch Mahnverfahren, Arrest-, einstweilige Verfügungs-, Kostenfestsetzungs- oder Beschwerdeverfahren sein (→ Rn. 44 f.). Entsprechend § 240 ZPO werden auch Verfahren vor den Verwaltungs-, Sozial-, Finanz- und Arbeitsgerichten sowie außergerichtliche verwaltungsrechtliche Rechtsbehelfsverfahren unterbrochen (→ Rn. 49 ff.).

21 **1. Zivilgerichtliche Urteilsverfahren. a) Anwendbarkeit.** § 240 ZPO gilt insbesondere für zivilgerichtliche Urteilsverfahren (vgl. § 249 Abs. 3 ZPO) jeder Prozessart und in allen Rechtszügen.[55] Ist das Verfahren infolge Klagerücknahme oder beiderseitiger Erledigungserklärung in der Hauptsache bereits beendet, wegen der Kosten aber noch anhängig, so wird es insoweit unterbrochen.[56]

22 **b) Die Insolvenzmasse betreffend. aa) Grundsatz.** Unterbrochen werden nur solche Prozesse, welche unmittelbar oder mittelbar,[57] in aktiver oder passiver Richtung die Insolvenzmasse im

---

[46] BGH NZI 2003, 229; OLG Köln ZInsO 2004, 1143; Jaeger/*Windel* § 85 Rn. 15; KPB/*Lüke* § 85 Rn. 22a.

[47] Sie sind nach hM einfache Streitgenossen: siehe nur BGH NJW 1988, 2113; BGHZ 54, 251; 63, 51, 54 f.

[48] Uhlenbruck/*Mock* § 85 Rn. 9; anders die Rechtslage unter der Konkursordnung: BGH NJW 1988, 2113; *Jaeger/Henckel* KO (9. Aufl.), § 10 Rn. 9, 45; *Kuhn/Uhlenbruck* KO (11. Aufl.) vor § 10 Rn. 16a.

[49] RG JW 1893, 342 Nr. 5; JW 1898, 280 Nr. 13; KPB/*Lüke* § 85 Rn. 23; K. Schmidt/*Sternal* § 85 Rn. 16; MüKoZPO/*Stackmann* § 240 Rn. 17; Musielak/Voit/*Stadler*, ZPO § 240 Rn. 2; anders für eine Patentnichtigkeitsklage mehrerer Kläger BGH Urt. v. 2.2.2016 – X ZR 146/13, BeckRS 2016, 08735.

[50] *Jauernig* JZ 1965, 694; Jaeger/*Windel* § 85 Rn. 16; Uhlenbruck/*Mock* § 85 Rn. 9; vgl. auch BGH BauR 2003, 1758.

[51] OLG Köln KTS 1986, 63 (LS); Brandenburgisches OLG, OLG-NL 2001, 19; Uhlenbruck/die notwendige Streitgenossenschaft bei Aktivprozessen der BGB-Gesellschaft ganz ablehnend OLG Dresden NZG 2006, 622.

[52] AA Uhlenbruck/*Mock* § 85 Rn. 16; KPB/*Lüke* § 85 Rn. 6 f.

[53] Siehe Jaeger/*Windel* § 80 Rn. 209.

[54] Stein/Jonas/*Roth*, ZPO § 240 Rn. 2.

[55] *Jestaedt* S. 45 ff.; Uhlenbruck/*Mock* § 85 Rn. 51 ff.; KPB/*Lüke* § 85 Rn. 11; Stein/Jonas/*Roth*, ZPO Vor § 239 Rn. 2; *Thomas/Putzo*, ZPO Vor § 239 Rn. 1.

[56] OLG Hamburg OLGRspr. 21, 177; Jaeger/*Windel* § 85 Rn. 60; Uhlenbruck/*Mock* § 85 Rn. 55 f.

[57] BGH NJW 2010, 2213; BVerwG NZI 2018, 718 (Anfechtungsklage des Schuldners gegen die Rücknahme einer Leistungsbewilligung); BGH Beschl. v. 18.11.2014 – EnVR 59/13, NZI 2015, 127 Rn. 9 ff. (Genehmigung der Befreiung von Netzentgelten).

Sinne der §§ 35, 36 („Sollmasse") betreffen. Nur insoweit geht grundsätzlich die Verfügungs- und Prozessführungsbefugnis auf den Verwalter über (für die Insolvenz einer Gesellschaft → Rn. 38 ff.). Unterbrochen werden insbesondere, aber nicht ausschließlich Prozesse über Masseaktiva, Aus- oder Absonderungsansprüche, Masseverbindlichkeiten und Insolvenzforderungen. Verfahren, welche die Masse betreffen, aber nicht unter §§ 85, 86, 180 Abs. 2 fallen, werden analog §§ 85 f. aufgenommen (→ § 86 Rn. 15 f.).[58]

23 Für den Massebezug ist auf die Hauptsache abzustellen; der Kostenerstattungsanspruch bleibt grundsätzlich außer Betracht. War jedoch der Prozess zurzeit der Eröffnung des Insolvenzverfahrens oder des Übergangs der Verfügungsbefugnis auf den vorläufigen Verwalter durch übereinstimmende Erledigungserklärung oder Klagerücknahme in der Hauptsache beendet, so wird das noch anhängige Kostenverfahren unabhängig von dem Gegenstand der Hauptsache unterbrochen.[59]

24 **bb) Nicht die Masse betreffende Verfahren.** Ein Verfahren betrifft die Insolvenzmasse nicht, wenn es das insolvenzfreie Vermögen des Schuldners zum Gegenstand hat, zB den unpfändbaren Teil seines Arbeitseinkommens (§ 36; zu dem Fall, dass der geltend gemachte Anspruch die Insolvenzmasse nur zum Teil betrifft, → Rn. 26).[60] Auch Streitigkeiten nichtvermögensrechtlicher Art bleiben von der Eröffnung des Insolvenzverfahrens oder dem Übergang der Verfügungsbefugnis über das Vermögen des Schuldners auf den vorläufigen Verwalter unberührt, zB Unterlassungsklagen des Schuldners zum Schutz seines Persönlichkeitsrechts, Verfahren um persönliche Rechtsbeziehungen des Familienrechts,[61] Verfahren zur Gewerbeuntersagung des Schuldners[62] oder um seine Zulassung als Vertragsarzt.[63] § 240 ZPO findet schließlich keine Anwendung auf Prozesse, in denen der Schuldner auf höchstpersönliche Leistungen in Anspruch genommen wird.[64]

25 Jedenfalls missverständlich ist die Ansicht,[65] dass ein Verfahren über eine Insolvenzforderung nicht unterbrochen werde, wenn der Gläubiger erklärt, keine Befriedigung aus der Insolvenzmasse zu beanspruchen. § 87 schließt nunmehr ein Vorgehen des Insolvenzgläubigers gegen den Schuldner persönlich nach Verzicht auf die Verfahrensteilnahme grundsätzlich aus.[66] Aber auch unter der Konkursordnung, die ein solches Vorgehen zuließ,[67] konnte die einmal eingetretene Unterbrechung nicht durch nachträglichen Verzicht des Insolvenzgläubigers auf die Teilnahme am Insolvenzverfahren rückwirkend beseitigt werden. Selbst wenn der Gläubiger den Verzicht vor Eröffnung des Insolvenzverfahrens erklärt hätte, könnte dieser erst nach der Eröffnung und der dadurch bewirkten Prozessunterbrechung wirksam werden.[68]

26 **cc) Teilweise die Masse betreffende Verfahren.** Werden in einem Verfahren mehrere Ansprüche geltend gemacht, von denen nur ein Teil die Insolvenzmasse betrifft, so wird das Verfahren insgesamt unterbrochen.[69] Dies gilt auch dann, wenn sich der geltend gemachte Anspruch (zB auf Unterlassung von Patentverletzungen) infolge der Eröffnung des Insolvenzverfahrens sowohl gegen die Masse als auch gegen den Schuldner persönlich richtet.[70] Eine Klage, mit der der Beschluss der Generalversammlung einer Genossenschaft angefochten wird, wird insgesamt unterbrochen, wenn der angefochtene Beschluss teilweise die Masse, teilweise den insolvenzfreien Bereich der Genossenschaft betrifft.[71] Die Eröffnung des Insolvenzverfahrens über das Vermögen des Unterhaltsschuldners

---

[58] *Jaeger/Henckel* KO (9. Aufl.), § 10 Rn. 19 ff., Rn. 72 f. gegen RGZ 45, 374, 376; 134, 377, 379 f.; BGH NJW 1966, 51; offen *Karsten Schmidt* ZZP 90, 38, 45 ff.; aA nunmehr Jaeger/*Windel* § 86 Rn. 13 ff.

[59] Jaeger/*Windel* § 85 Rn. 60; MüKoZPO/*Stackmann* § 240 Rn. 27; Stein/Jonas/*Roth*, ZPO § 240 Rn. 5.

[60] Jaeger/*Windel* § 85 Rn. 25; Uhlenbruck/*Mock* § 85 Rn. 36; KPB/*Lüke* § 85 Rn. 13; MüKoZPO/*Stackmann* § 240 Rn. 21.

[61] Uhlenbruck/*Mock* Rn. 37; KPB/*Lüke* § 85 Rn. 15; Stein/Jonas/*Roth*, ZPO § 240 Rn. 15; siehe auch OLG Hamburg OLGRspr. 11, 355 f. (Recht zur Titelführung).

[62] BVerwG Urt. v. 15.4.2015 – 8 C 6.14, NZI 2015, 776 Rn. 12.

[63] BSG Urt. v. 10.5.2000 – 6 KA 67/98, BeckRS 2000, 41267; LSG Nordrhein-Westfalen Beschl. v. 19.12.2016 – L 11 KA 70/16 B ER, BeckRS 2016, 117575.

[64] LAG Hessen Beschl. v. 30.3.2016 – 8 Ta 120/16, BeckRS 2016, 131852 (Erteilung eines Arbeitszeugnisses); Jaeger/*Windel* § 85 Rn. 60; Uhlenbruck/*Mock* § 85 Rn. 39.

[65] Für die KO: *Kuhn/Uhlenbruck* KO (11. Aufl.) Vor § 10 Rn. 13.

[66] Begründung zu § 98 RegE (= § 87) BR-Drucks. 1/92 S. 137; zutreffend Uhlenbruck/*Mock* § 85 Rn. 44; Stein/Jonas/*Roth*, ZPO § 240 Rn. 16.

[67] BGHZ 72, 234 ff.; RGZ 86, 394, 397; *Jaeger/Henckel* KO (9. Aufl.) § 12 Rn. 8 mwN.

[68] *Jaeger/Henckel* KO (9. Aufl.), § 12 Rn. 8.

[69] BGH BGH Beschl. v. 10.12.2014 – XII ZR 136/12, NZI 2015, 173 Rn. 15; MüKoZPO/*Stackmann* § 240 Rn. 23; Uhlenbruck/*Mock* § 85 Rn. 27; aA. Jaeger/*Windel*, § 85 Rn. 26; KPB/*Lüke* § 85 Rn. 155.

[70] BGH NJW 1966, 51; aA Jaeger/*Windel* § 85 Rn. 26.

[71] BGHZ 32, 114, 123; siehe auch RGZ 151, 279, 282 f.: Vollständige Unterbrechung, wenn der rechtshängige Anspruch nur zum Teil die Masse betrifft, dieser Teil aber noch nicht gesondert berechnet ist.

führt zur Unterbrechung des Unterhaltsrechtsstreits auch insoweit, als dieser Ansprüche für den Zeitraum nach Eröffnung des Insolvenzverfahrens betrifft.[72] Zur teilweisen Unterbrechung von Prozessen gemäß § 17 Abs. 1 Satz 1 AnfG → Rn. 10.

dd) Leistungsklagen. Eine Leistungsklage gegen den Schuldner betrifft die Insolvenzmasse ohne weiteres dann, wenn der erhobene Anspruch nach Eröffnung des Insolvenzverfahrens eine Insolvenzforderung oder eine Masseverbindlichkeit (§ 55 Abs. 1 Nr. 2) darstellt oder zur Aussonderung oder abgesonderten Befriedigung berechtigt.[73] § 240 ZPO ist darüber hinaus auf Leistungsklagen anwendbar, die der Vorbereitung eines die Masse betreffenden Hauptanspruchs dienen, etwa auf Auskunftsklagen, wenn der Auskunftsanspruch nach der Eröffnung des Insolvenzverfahrens vom Verwalter zu erfüllen ist.[74] Hat der Gläubiger vor der Eröffnung des Insolvenzverfahrens oder der Ernennung des vorläufigen Verwalters auf Grund eines vorläufig vollstreckbaren Urteils Befriedigung erlangt, so betrifft das Verfahren nun die Insolvenzmasse insoweit, als ihr ein möglicher Schadensersatz- oder Bereicherungsanspruch gemäß § 717 Abs. 2 und Abs. 3 ZPO zusteht (→ § 85 Rn. 9).[75] Das gilt auch dann, wenn der Schuldner nur Abweisung der Klage beantragt hat, aber beabsichtigt, Schadensersatz zu verlangen.[76] Die Unterbrechung einer Leistungsklage, die eine Insolvenzforderung zum Gegenstand hat, wird nicht dadurch gehindert, dass die Forderung nachrangig zu befriedigen ist (§§ 39, 174 Abs. 3).[77] 27

Ein Verfahren, in dem der Gegner den Schuldner auf Unterlassung in Anspruch nimmt, wird unterbrochen, wenn die Störung von der Insolvenzmasse ausgeht oder wenn sich, sofern die Störung auf einem Verhalten des Schuldners beruht, das zu unterlassende Verhalten auf Vermögen bezieht, das nunmehr der Verfügung des (vorläufigen) Insolvenzverwalters unterliegt.[78] Unterbrechung daher, wenn der Gegner vom Schuldner die Unterlassung unternehmensbezogener Handlungen fordert, zB Unterlassung wettbewerbswidriger Anpreisungen,[79] Unterlassung von Geschäften mit Finanzdienstleistungen[80] oder Unterlassung der Verletzung gewerblicher Schutzrechte.[81] Keine Unterbrechung dagegen, wenn das zu unterlassene Verhalten in keinem Zusammenhang mit der Insolvenzmasse steht.[82] Betrifft die Unterlassungsklage die Insolvenzmasse, so wird das Verfahren unabhängig davon unterbrochen, ob der Unterlassungsanspruch als Aussonderungsanspruch oder die Verteidigung des Schuldners als Geltendmachung eines Masseanspruchs zu qualifizieren ist oder nicht.[83] Zur Aufnahme in diesem Fall → § 86 Rn. 15. 28

Leistungsklagen des Schuldners werden unterbrochen, wenn der geltend gemachte Anspruch der Masse zuzurechnen ist. Ausreichend ist wiederum, dass der Rechtsstreit den Bestand der Insolvenzmasse mittelbar berührt (→ Rn. 22). Unterbrochen werden daher auch Klagen des Schuldners auf Auskunftserteilung und Rechnungslegung, die der Vorbereitung eines zur Insolvenzmasse gehörenden Hauptanspruches dienen.[84] Keine Besonderheiten gelten für Verfahren, in denen der Schuldner auf Unterlassung oder Beseitigung klagt.[85] 29

---

72 BGH NJW 1966, 51; MDR 2004, 711; aA OLG Karlsruhe NZI 2004, 54; offen OLG Karlsruhe NJW-RR 2006, 1302.

73 Jaeger/*Windel* § 85 Rn. 27.

74 Jaeger/*Windel* § 85 Rn. 27. Siehe auch BGH LM § 146 KO Nr. 4 (Unterbrechung einer Feststellungsklage, die einen die Masse betreffenden Hauptanspruch vorbereitet); *Gessner* NZI 2013, 677 (Auskunftsansprüche nach § 51a GmbHG).

75 KG OLGZ 1977, 364 ff.; aA OLG Celle KTS 1969, 107.

76 BGHZ 36, 258, 264.

77 KPB/*Lüke* § 85 Rn. 13; anderes galt für die unanmeldbaren Forderungen im Sinne des § 63 KO.

78 BGH NJW 1966, 51; NZI 2010, 811; NJW 2010, 2213; RGZ 134, 377, 379; 45, 374; VGH Kassel NZI 2012, 765; OLG Köln BeckRS 2008, 01152; Uhlenbruck/*Mock* § 85 Rn. 32; ausführlich Jaeger/*Windel* § 85 Rn. 34 ff.; ferner MüKoZPO/*Stackmann* § 240 Rn. 22.

79 RGZ 45, 374; Stein/Jonas/*Roth*, ZPO § 240 Rn. 13.

80 VGH Kassel NZI 2012, 765.

81 RGZ 89, 114; BGH NJW 1966, 51; OLG Hamburg Urt. v. 24.3.2016 – 3 U 171/08, BeckRS 2016, 15015 Rn. 34; Jaeger/*Windel* § 85 Rn. 37; Stein/Jonas/*Roth*, ZPO § 240 Rn. 13; aA OLG Hamburg, SeuffArch 50 (1895), 122.

82 Stein/Jonas/*Roth*, ZPO § 240 Rn. 15.

83 Ausführlich Jaeger/*Windel* § 85 Rn. 34 ff.; Uhlenbruck/*Mock* § 85 Rn. 33; offen lassend *Karsten Schmidt* ZZP 90 (1977) 38, 51.

84 Jaeger/*Windel* § 85 Rn. 27; K. Schmidt/*Sternal* § 85 Rn. 25; Uhlenbruck/*Mock* § 85 Rn. 25; MüKoZPO/*Stackmann* § 240 Rn. 26; *Gessner* NZI 2013, 677 (Auskunftsansprüche nach § 51a GmbHG); siehe aber BFH/NV 1989, 173 f. (Insolvenz des Beschwerdeführers unterbricht nicht Beschwerdeverfahren wegen Akteneinsicht).

85 Jaeger/*Windel* § 85 Rn. 30 ff.

30 **ee) Feststellungsklagen.** Feststellungsprozesse betreffen die Insolvenzmasse, wenn sich das Feststellungsinteresse auf das insolvenzbefangene Vermögen bezieht oder in diesem begründet ist.[86] So zB, wenn den Gegenstand der beantragten Feststellung ein massezugehöriges Recht, eine (spätere) Insolvenzforderung oder Masseverbindlichkeit (§ 55 Abs. 1 Nr. 2) oder ein Aus- oder Absonderungsrecht bildet. § 240 ZPO gilt darüber hinaus für Feststellungsklagen, die der Vorbereitung eines die Masse aktiv oder passiv betreffenden Hauptanspruchs dienen.[87] Das Feststellungsinteresse kann in der Insolvenzmasse begründet oder gegen diese gerichtet sein, ohne dass die Masse an dem festzustellenden Rechtsverhältnis beteiligt ist. Hat zB der Schuldner als Insolvenzgläubiger im Insolvenzverfahren über das Vermögen eines Dritten der Forderung eines anderen Gläubigers widersprochen und hat dieser Gläubiger Klage gegen den Schuldner auf Feststellung der bestrittenen Forderung zur Tabelle erhoben (§§ 179 Abs. 1, 180 Abs. 1), so betrifft der Rechtsstreit die Insolvenzmasse, obwohl der Schuldner nicht Partei des festzustellenden Rechtsverhältnis ist. Denn der Anteil, der auf die Forderung des Schuldners gegen den insolventen Dritten entfällt, erhöht sich, wenn die Feststellungsklage abgewiesen und deshalb der Kläger bei den Verteilungen nicht berücksichtigt wird.[88]

31 **ff) Gestaltungsklagen.** Auch Gestaltungsprozesse werden unterbrochen, wenn sie mittelbar oder unmittelbar den Bestand der Insolvenzmasse berühren.[89] Zum Massebezug gesellschaftsrechtlicher Anfechtungs- oder Auflösungsklagen → Rn. 38 ff. Zu Patentnichtigkeitsklagen → Rn. 37.

32 **gg) Sonderinsolvenzverfahren.** Die Eröffnung eines Sonderinsolvenzverfahrens, zB eines Nachlassinsolvenzverfahrens, unterbricht nur diejenigen Prozesse des Schuldners, welche mittelbar oder unmittelbar, aktiv oder passiv die Sondermasse betreffen.[90] Wird das Nachlassinsolvenzverfahren eröffnet, während ein den Nachlass betreffender Prozess bereits nach § 239 ZPO unterbrochen ist, gelten für die Aufnahme die §§ 85 bis 87, 180 Abs. 2, nicht § 239 ZPO (§ 243 ZPO). Die Eröffnung eines Insolvenzverfahrens über das sonstige Vermögen einer Hypothekenbank unterbricht nicht einen Prozess, der nur die Deckungsmasse berührt.[91] Das Insolvenzverfahren über das Vermögen eines Ehegatten unterbricht nicht einen Prozess über Gegenstände des gemeinschaftlich verwalteten Gesamtguts.[92] Ein Insolvenzverfahren über das gemeinschaftlich verwaltete Gesamtgut (§ 11 Abs. 2 Nr. 2)[93] unterbricht jedoch analog § 17 AnfG einen Prozess gegen den Ehegatten persönlich wegen Verbindlichkeiten, deren Erfüllung aus dem Gesamtgut verlangt werden kann (→ Rn. 14). Entsprechendes gilt bei Eröffnung eines Insolvenzverfahrens über das Vermögen einer OHG oder KG für einen Prozess gegen die Gesellschafter persönlich wegen einer Gesellschaftsverbindlichkeit (→ Rn. 11 ff.).

33 **hh) Insolvenz des Prozessstandschafters.** Ein Prozess, den ein Nachlassverwalter, Insolvenzverwalter, Testamentsvollstrecker oder Zwangsverwalter als Partei kraft Amtes führt, wird durch die Eröffnung eines Insolvenzverfahrens über das Privatvermögen des Verwalters nicht unterbrochen; der Prozess betrifft nur das verwaltete, nicht das Privatvermögen des Verwalters.[94] Dagegen wird ein Prozess, den der Insolvenzschuldner als Prozessstandschafter auf Grund materieller Teilberechtigung führt (§ 2039 BGB; § 432 Abs. 2 BGB; § 1011 BGB; § 744 Abs. 2 BGB), durch die Eröffnung des Insolvenzverfahrens unterbrochen. Denn die Teilberechtigung des Schuldners fällt in die Insolvenzmasse. Dass die Auseinandersetzung der Gemeinschaft außerhalb des Insolvenzverfahrens stattfindet, ändert hieran nichts (§ 84 Abs. 1 Satz 1).[95]

34 Beruht die Prozessführungsbefugnis des Schuldners auf § 265 Abs. 2 ZPO, so wird der Prozess unterbrochen, wenn sein Ausgang nach den Rechtsbeziehungen zwischen dem Schuldner und dem Rechtsinhaber den Bestand der Insolvenzmasse berühren kann.[96] Dies ist beispielsweise der Fall, wenn der Schuldner die eingeklagte Forderung erfüllungshalber abgetreten hat und deshalb der Zessionar bei Abweisung der Klage den ursprünglichen Anspruch als Insolvenzforderung anmelden

86 Jaeger/*Windel* § 85 Rn. 28.
87 BGH LM § 146 KO Nr. 4.
88 Jaeger/*Windel* § 85 Rn. 28; KPB/*Lüke* § 85 Rn. 17.
89 Jaeger/*Windel* § 85 Rn. 29; KPB/*Lüke* § 85 Rn. 18 f.
90 Siehe für das Nachlassinsolvenzverfahren RG JW 1883, 36 Nr. 7; KG OLG Rspr. 1 Nr. 276; OLG Kassel LZ 1910 Sp. 92 Nr. 4; Jaeger/*Windel* § 85 Rn. 24.
91 aA Jaeger/*Windel* § 85 Rn. 24.
92 Jaeger/*Windel* § 85 Rn. 24.
93 Jaeger/*Windel* § 85 Rn. 24.
94 Jaeger/*Windel* § 85 Rn. 10; Uhlenbruck/*Mock* § 85 Rn. 11; KPB/*Lüke* § 85 Rn. 25.
95 Jaeger/*Windel* § 85 Rn. 11.
96 OLG Koblenz ZIP 1995, 1033, 1034; OLG Rostock ZIP 2004, 1523 (Massebefangenheit wegen Anfechtbarkeit der Abtretung; zust. Anm. *Naraschewski* EWiR 2005, 191).

könnte;[97] ferner, wenn bei einer Abweisung der Klage der Zessionar Gewährleistungsansprüche anmelden oder dem Anspruch der Masse auf Entgelt für die abgetretene Forderung entgegenhalten könnte,[98] oder wenn die Abtretung der Forderung nach insolvenzrechtlichen Vorschriften anfechtbar war.[99] Nimmt der Verwalter den Prozess auf, so führt er ihn in doppelter Prozessstandschaft.[100] Zum Einfluss der Insolvenz des Zessionars auf einen Rechtsstreit, den der Zedent nach § 265 Abs. 2 ZPO fortsetzt, → Rn. 15.

Auch eine Klage, die der Schuldner als gewillkürter Prozessstandschafter erhoben hat, wird unterbrochen, wenn der Prozess in der Hauptsache den Bestand der Insolvenzmasse jedenfalls mittelbar berührt.[101] Das unterbrochene Verfahren kann der Insolvenzverwalter gemäß § 85 Abs. 1 aufnehmen. Zum Einfluss der Eröffnung des Insolvenzverfahrens über das Vermögen des Rechtsinhabers auf den Prozess des gewillkürten Prozessstandschafters → Rn. 15. 35

ii) Insolvenz des klagenden Verbandes. Klagen von Verbänden zur Förderung gewerblicher Interessen gemäß §§ 8 Abs. 3 Nr. 2 UWG, 3 Abs. 1 Nr. 2 UKlaG und von Verbraucherschutzverbänden gemäß §§ 8 Abs. 3 Nr. 3 UWG, 4 Abs. 2 UKlaG betreffen nicht das Vermögen des klagenden Verbands und werden durch dessen Insolvenz nicht unterbrochen.[102] 36

kk) Patentnichtigkeitsklagen; markenrechtliche Verfahren. Eine auf §§ 81 Abs. 3, 22 Abs. 1, 21 Abs. 1 Nr. 3 PatG gestützte Patentnichtigkeitsklage wird durch die Eröffnung des Insolvenzverfahrens über das Vermögen des Klägers bzw. den Übergang der Verfügungsbefugnis über sein Vermögen auf den vorläufigen Verwalter stets unterbrochen, da das geltend gemachte Patent zur Masse gehört.[103] Stützt der Schuldner dagegen seine Klage auf §§ 22 Abs. 1, 21 Abs. 1 Nr. 1, 2 oder 4, die grundsätzlich auch Popularklagen ermöglichen, so wird die Klage unterbrochen, wenn sie dem Schutz eines Gegenstands der Masse wie insbesondere des Gewerbebetriebs des Schuldners dient.[104] Auch das (Einspruchs-)Beschwerdeverfahren (§§ 73 ff. PatG) kann durch die Insolvenz des Einsprechenden unterbrochen werden, da das mit Einspruch und Einspruchsbeschwerde geltend gemachte Recht einen Vermögenswert darstellen kann, der in die Insolvenzmasse fällt.[105] Eine gegen den Schuldner gerichtete Patentnichtigkeitsklage wird stets gemäß § 240 ZPO unterbrochen, da das angegriffene Patent zur Masse gehört.[106] Die Eröffnung des Insolvenzverfahrens über das Vermögen des Löschungsantragstellers unterbricht auch ein Verfahren zur Löschung einer Marke wegen absoluter Schutzhindernisse (§§ 50, 54 MarkenG).[107] Unterbrochen wird ferner ein Umschreibungsverfahren vor dem Deutschen Patent- und Markenamt,[108] nicht jedoch das markenrechtliche Anmeldeverfahren.[109] Schließlich findet § 240 ZPO Anwendung auf ein Verfahren gegen den Schuldner auf Erteilung oder Rücknahme einer Zwangslizenz. 37

ll) Insolvenz einer Gesellschaft. Auch die Eröffnung eines Insolvenzverfahrens über das Vermögen einer juristischen Person oder einer Gesellschaft ohne Rechtspersönlichkeit im Sinne des § 11 Abs. 2 Nr. 1 unterbricht nach dem Wortlaut des § 240 ZPO nur solche Verfahren der Gesellschaft, welche die Insolvenzmasse betreffen. Da gemäß § 199 Satz 2 dem Verwalter auch die Verteilung des nach der Schlussverteilung verbleibenden Vermögens übertragen ist, müssten jedoch nach dem Zweck des § 240 ZPO auch solche Verfahren unterbrochen werden, die zwar nicht die Insolvenzmasse, wohl aber die Liquidation der Gesellschaft nach Abschluss des Insolvenzverfahrens betref- 38

---

97 BGHZ 50, 397, 398 f.; LG Görlitz MDR 1998, 1308; Jaeger/*Windel* § 85 Rn. 13; KPB/*Lüke* § 85 Rn. 26; *Vollkommer* MDR 1998, 1269.

98 Jaeger/*Windel* § 85 Rn. 13; vgl. auch RGZ 66, 181, 183; 70, 64, 67 f.

99 BGH NZI 2010, 298.

100 BGH NJW 1986, 3206, 3207.

101 OLG Düsseldorf OLGR 1999, 106; OLG München BayJMBl. 1956, 35, 36; MDR 2000, 602; LG Görlitz MDR 1998, 1308, 1309; Jaeger/*Windel* § 85 Rn. 12 *Vollkommer* MDR 1998, 1269; Uhlenbruck/*Mock* § 85 Rn. 10; siehe auch OLG Koblenz ZIP 1995, 1370, 1371 (Anm. *Mitlehner* EWiR 1995, 827).

102 KG NJW-RR 1991, 41; MüKoZPO/*Stackmann* § 240 Rn. 21.

103 Jaeger/*Windel* § 85 Rn. 72, § 1 Rn. 35; Uhlenbruck/*Mock* § 85 Rn. 46.

104 BGH NJW-RR 1995, 573 (Anm. *Pape* WiB 1995, 344); EWiR 2004, 519 (Ls., mAnm *Beyerlein*); RGZ 141, 427 ff.; Jaeger/*Windel* § 85 Rn. 72; Uhlenbruck/*Mock* § 85 Rn. 46; KPB/*Lüke* § 85 Rn. 20; Entsprechendes gilt im Gebrauchsmuster-Löschungsverfahren bei Insolvenz des Antragstellers: BPatG MittdtschPatAnw 2002, 150.

105 BPatGE 40, 227.

106 BGH Zwischenurteil v. 23.4.2013 – X ZR 169/12, BeckRS 2013, 10419 Rn. 5; Jaeger/*Windel* § 85 Rn. 72; Uhlenbruck/*Mock* § 85 Rn. 34; KPB/*Lüke* § 85 Rn. 20.

107 BPatGE 38, 131, 134 ff.; BPatG Beschl. v. 19.11.2013 – 33 W (pat) 507/12, BeckRS 2013, 21429; KPB/*Lüke* § 85 Rn. 20.

108 BPatG BeckRS 2017, 137219.

109 BPatG BeckRS 2017, 130053.

fen. So war nach Ansicht des Reichsgerichts die Klage eines Aktionärs auf Feststellung seiner Mitgliedschaft in der in Konkurs gefallenen Aktiengesellschaft ohne Unterbrechung gegen die Gesellschaft, vertreten durch ihre Organe, fortzusetzen, da die Klage nicht die Insolvenzmasse, sondern nur den nach Beendigung des Insolvenzverfahrens zu verteilenden Masseüberschuss betreffe.[110] § 199 Satz 2 legt nun die gegenteilige Entscheidung nahe. Der Gesetzgeber ist mit § 199 Satz 2 einer schon für die Konkursordnung vertretenen Auffassung gefolgt, wonach das Konkursverfahren über das Vermögen einer Handelsgesellschaft nicht (nur) die Gesamtvollstreckung im Interesse der Gläubiger, sondern die vollständige Abwicklung des Gesellschaftsvermögens bezwecke (→ § 85 Rn. 27).[111] Nimmt man an, dass der Verwalter die satzungsmäßigen Gesellschaftsorgane als Fremd-Liquidator vollständig verdrängt,[112] so liegt es nahe, nicht § 240 ZPO, sondern § 241 ZPO analog anzuwenden.[113] Nicht unterbrochen wird das Klageverfahren einer Personengesellschaft gegen einen Gewinnfeststellungsbescheid, wenn der Bescheid ausschließlich die Gesellschafter und nicht die Personengesellschaft selbst betrifft, über deren Vermögen das Insolvenzverfahren eröffnet wurde.[114]

39 Nach der bislang herrschenden Ansicht werden Verfahren, die den insolvenzfreien, insbesondere den innergesellschaftlichen Bereich betreffen, ohne Unterbrechung gegenüber den zuständigen Organen weitergeführt[115] (zu den durch § 199 Satz 2 begründeten Zweifeln siehe oben Rn. 38). Praktisch relevant wurde die Abgrenzung insbesondere im Zusammenhang mit Anfechtungs- bzw. Nichtigkeitsklagen gegen Beschlüsse von Haupt-, Gesellschafter- oder Generalversammlungen.[116] Diese Verfahren werden nach überwiegender Ansicht durch die Insolvenz der Gesellschaft unterbrochen und können durch den Verwalter fortgesetzt werden, wenn die erfolgreiche Anfechtung eine Verminderung der Teilungsmasse oder eine Erhöhung der Schuldenmasse zur Folge hätte.[117] So unterbricht nach der Rechtsprechung des BGH die Eröffnung des Insolvenzverfahrens über das Vermögen einer Genossenschaft den Anfechtungsprozess gegen einen Generalversammlungsbeschluss (§ 51 GenG), der die fristlose Entlassung ihres Vorstandsmitglieds und die Auflösung der Genossenschaft beinhaltet.[118] Denn durch die Nichtigerklärung des Beschlusses entstünden zusätzliche Verbindlichkeiten in Form von Gehaltsansprüchen des Vorstands; außerdem würde der Kreis der Personen verändert, die zur Haftung herangezogen werden können. Dagegen gehört die Verteidigung des Beschlusses nicht zu den Aufgaben des Verwalters, wenn die erfolgreiche Anfechtung zu einer Vermehrung der Teilungsmasse führt oder der angefochtene Beschluss das Vermögen der Gesellschaft gar nicht berührt. Das Verfahren wird dann ohne Unterbrechung gegen die Gesellschaft, vertreten durch die zuständigen Organe, fortgesetzt.[119] Ein genossenschaftsrechtlicher Anfechtungsprozess soll ferner dann unterbrochen werden, wenn der angefochtene Beschluss die Erhöhung der Geschäftsanteile der Genossen vorsieht.[120] Andererseits betrifft nach Auffassung der Reichsgerichts eine aktienrechtliche Anfechtungsklage gegen einen Beschluss, der die Herabsetzung und Erhöhung des Grundkapitals vorsieht, nicht das insolvenzbefangene Vermögen der Aktiengesellschaft; denn der Beschluss sei mit der Konkurseröffnung und der damit verbundenen Auflösung der Gesellschaft hinfällig geworden.[121] Etwas anderes muss aber für eine Kapitalerhöhung gegen Einlagen gelten, wenn diese vor Eröffnung des Insolvenzverfahrens durch Zeichnung der neuen Aktien und Einzahlung des eingeforderten Betrags der Einlage durchgeführt und die Durchführung im Handelsregister eingetragen worden ist (§ 189 AktG). Denn die Masse verlöre bei einem Erfolg der Anfechtungsklage den Anspruch auf Leistung der rückständigen Einlagen und wäre verpflichtet, bereits geleistete Einlagen zurückzuzahlen.[122] Nach der Rechtsprechung des Reichsgerichts betrifft auch die Anfechtung eines

---

110 RG JW 1896, 373 Nr. 21; *Jaeger/Weber* KO, §§ 207, 208 Anm. 35; *Weber* KTS 1970, 73, 86.

111 *Karsten Schmidt,* Wege zum Insolvenzrecht der Unternehmen, 1990, S. 99 ff., 106 ff., 145 ff.; *Karsten Schmidt,* KTS 1994, 309 ff.; *Karsten Schmidt,* FS Kreft, S. 503 ff.; *Karsten Schmidt,* FS Schilken, S. 789, 791.

112 So *Schulz* KTS 1986, 389 ff.; einschränkend *Karsten Schmidt,* Wege zum Insolvenzrecht der Unternehmen, 1990, S. 119 ff.

113 *Karsten Schmidt* KTS 1994, 309, 317 (analoge Anwendung des § 241 ZPO zwar nicht für die Unterbrechung, wohl aber für die Aufnahme von unterbrochenen Aktivprozessen); anders offenbar nunmehr *Karsten Schmidt* FS Kreft, S. 503, 511 ff. (Anwendung von § 85 ohne dessen Abs. 2).

114 BFH BFHE 219, 129; BFHE 227, 293; BeckRS 2018, 21173.

115 *Jaeger/Weber* KO, §§ 207, 208 Anm. 35; Uhlenbruck/*Mock* § 85 Rn. 86; *Weber* KTS 1970, 73, 86 ff.

116 Umfassend hierzu *Karsten Schmidt,* FS Kreft, S. 503, 518 ff.

117 BGH NJW-RR 2006, 471; NZI 2011, 809; OLG Frankfurt BeckRS 2018, 7627.

118 BGHZ 32, 114, 121 f.; siehe auch OLG Königsberg JW 1927, 2439; Stein/Jonas/*Roth,* ZPO § 240 Rn. 13; aA für den Auflösungsbeschluss *Jaeger/Weber* KO, §§ 207, 208 Rn. 35.

119 *Stürner,* FS Uhlenbruck, S. 669, 671; *Weber* KTS 1970, 73, 86 ff.; aA Uhlenbruck/*Mock* § 85 Rn. 85; jeweils mwN.

120 RG JW 1936, 181; Uhlenbruck/*Mock* § 85 Rn. 85.

121 RGZ 76, 244, 247.

122 *Jaeger/Weber* KO, §§ 207, 208 Rn. 35, 51 f.; Uhlenbruck/*Mock* § 85 Rn. 85; Stein/Jonas/*Roth,* ZPO § 240 Rn. 13.

Beschlusses, der die Auswechselung des Aufsichtsrats der Aktiengesellschaft vorsieht, nicht die Masse.[123] Etwas anderes gilt aber dann, wenn das vorzeitig abberufene Mitglied Anspruch auf Vergütung hatte (§ 113 AktG). Denn bei erfolgreicher Anfechtung könnte das Aufsichtsratsmitglied den durch die Entlassung erloschenen Vergütungsanspruch für die Zeit bis zur Eröffnung des Insolvenzverfahrens gegen die Masse geltend machen.[124] Die Anfechtung von Beschlüssen der Gesellschafterversammlung einer GmbH, welche die Abberufung des Geschäftsführers und die Bestellung eines neuen Geschäftsführers betreffen, soll wiederum die Insolvenzmasse nicht berühren,[125] ebenso wenig ein Klageverfahren eines Aktionärs auf Feststellung seiner Teilnahmeberechtigung an der Hauptversammlung und seines Stimmrechts.[126]

Die Anfechtung des Entlastungsbeschlusses der Hauptversammlung einer Aktiengesellschaft **40**
berührt die Masse nicht, weil die Entlastung grundsätzlich nicht zum Fortfall von Schadensersatzansprüchen führt (§ 120 Abs. 2 AktG).[127] Doch würde der Anfechtungsprozess nach der hM selbst dann nicht unterbrochen, wenn alle Aktionäre der Aktiengesellschaft,[128] die Gesellschafterversammlung einer GmbH oder die Generalversammlung einer Genossenschaft die Entlastung beschlossen hätten und deswegen der angefochtene Beschluss den Fortfall der Schadensersatzansprüche zur Folge hätte. Denn es ist nicht Aufgabe des Verwalters, einen für die Masse nachteiligen Beschluss zu verteidigen (→ Rn. 39).[129] Die Wahl des Abschlussprüfers berührt ebenfalls nicht die Masse.[130]

Eine Auflösungsklage des Schuldners als Gesellschafter einer OHG (§ 133 HGB) wird durch **41**
die Eröffnung des Insolvenzverfahrens unterbrochen und zugleich unzulässig, da der Schuldner infolge der Verfahrenseröffnung aus der Gesellschaft ausscheidet (§ 131 Abs. 3 Nr. 2 HGB). Der Prozess kann von dem Verwalter zum Zwecke der Erledigungserklärung aufgenommen werden (§ 85 Abs. 1 Satz 1).[131] Auch eine Auflösungsklage gegen den Schuldner als Gesellschafter der OHG wird durch die Eröffnung des Insolvenzverfahrens unzulässig. Auch hier kommt eine Aufnahme nur wegen der Kosten in Betracht. Durch die Eröffnung des Insolvenzverfahrens über das Vermögen eines GmbH-Gesellschafters wird regelmäßig ein von ihm geführter Beschlussmängelrechtsstreit unterbrochen, da das Mitverwaltungsrecht des Gesellschafters zu seiner Vermögenssphäre gehört und bei Insolvenz unter die Verwaltungsbefugnis des Insolvenzverwalters fällt.[132]

c) Rechtshängigkeit. Eine Klage wird nur dann unterbrochen, wenn sie zurzeit der Eröffnung **42**
des Insolvenzverfahrens oder des Übergangs des Verfügungsbefugnis auf den vorläufigen Verwalter rechtshängig war (§§ 261, 253; zum Mahnverfahren → Rn. 45).[133] Hat ein Gläubiger die Klage gegen den Schuldner erst nach Eröffnung des Insolvenzverfahrens (oder Übergang der Verfügungsbefugnis auf den vorläufigen Verwalter) eingereicht oder hat der Gläubiger die Klage zwar vor diesem Zeitpunkt eingereicht, war sie aber noch nicht zugestellt, so findet § 240 ZPO keine Anwendung. Die Klage kann und muss dem Schuldner zugestellt werden.[134] Sie ist jedoch in der Regel unzulässig.[135] Das ergibt sich bei Aus- oder Absonderungsklagen aus der mangelnden passiven Prozessführungsbefugnis des Schuldners,[136] bei Klagen, die eine Insolvenzforderung zum Gegenstand haben, aus § 87.[137] Wird die vor Eröffnung des Insolvenzverfahrens gegen den Schuldner eingereichte Klage

---

123 RGZ 76, 244, 247 ff.

124 *Weber* KTS 1970, 73, 87; *Jaeger/Weber* KO, §§ 207, 208 Rn. 35; Uhlenbruck/*Mock* § 85 Rn. 92. Entsprechend BGHZ 32, 114 ff. (fristlose Entlassung des Vorstandsmitglieds einer Genossenschaft).

125 OLG München ZIP 1994, 1021, 1022; siehe auch öOGH AG 1996, 43 f.

126 OLG Frankfurt a. M. BeckRS 2018, 7627.

127 *Weber* KTS 1970, 83, 87 BGH NZI 2011, 809.

128 BGHZ 29, 385, 390.

129 RGZ 76, 244, 249 f. (für die AG); *Jaeger/Weber* KO, §§ 207, 208 Rn. 35; *Weber* KTS 1970, 83, 89; aA *Karsten Schmidt,* FS Kreft, S. 503, 518 ff.: Unterbrechung aller Beschlussanfechtungsstreitigkeiten; ebenso Uhlenbruck/*Mock* § 85 Rn. 93.

130 BGH NZI 2011, 809.

131 Jaeger/*Windel* § 85 Rn. 42; KPB/*Lüke* § 85 Rn. 18.

132 BGH NZI 2018, 75.

133 Schleswig-Holsteinisches Oberlandesgericht ZInsO 2004, 1086; KPB/*Lüke* § 85 Rn. 21; aA *Karsten Schmidt* NJW 1995, 911, 915; Jaeger/*Windel* § 85 Rn. 6 (Anhängigkeit reiche aus).

134 BGH NZI 2009, 169; Schleswig-Holsteinisches Oberlandesgericht ZInsO 2004, 1086; KG ZIP 1990, 1092, 1093.

135 Jaeger/*Windel* § 85 Rn. 5.

136 Es sei denn, der Verwalter gibt den auszusondernden oder belasteten Gegenstand frei.

137 Etwas anderes galt nach der zu § 12 KO hM, wenn der Gläubiger auf die Teilnahme am Konkursverfahren verzichtete. Siehe RGZ 86, 394, 397; BGHZ 25, 395; *Jaeger/Henckel* KO (9. Aufl.) § 12 Rn. 3; *Kuhn/Uhlenbruck* KO (11. Aufl.) § 12 Rn. 4. Nunmehr schließt § 87 ein Vorgehen gegen den Schuldner persönlich auch bei einem Verzicht des Gläubigers auf die Insolvenzverfahrensteilnahme aus (siehe Begr. zu § 98 RegE (= § 87), BR-Drucks. 1/92 S. 137); Uhlenbruck/*Mock* § 85 Rn. 44.

dem Verwalter zugestellt, so tritt keine Rechtshängigkeit ein. Denn gegen den Verwalter wurde keine Klage erhoben, dem Schuldner wurde keine Klage zugestellt.[138] Entsprechend wird ein erst nach Insolvenzeröffnung eingeleitetes Streitwertbeschwerdeverfahren zu einem bereits vor Insolvenzeröffnung rechtskräftig abgeschlossenen Verfahren durch die Insolvenzeröffnung nicht unterbrochen.[139]

43 Umgekehrt findet § 240 ZPO keine Anwendung auf eine Klage des Schuldners über einen zur Insolvenzmasse gehörigen Gegenstand, die der Schuldner zurzeit der Eröffnung des Insolvenzverfahrens oder der Bestellung des vorläufigen Insolvenzverwalters mit Verfügungsbefugnis eingereicht hatte, die aber dem Gegner zu diesem Zeitpunkt noch nicht zugestellt war. Die Klage muss zugestellt werden; sie ist jedoch mangels Prozessführungsbefugnis des Schuldners unzulässig, wenn nicht der Verwalter den Gegenstand des Rechtsstreits freigibt.[140]

44 **2. Sonstige zivilgerichtliche Verfahren. a) Anwendbarkeit.** Nicht nur Urteilsverfahren (→ Rn. 21 ff.), sondern auch Beschwerdeverfahren,[141] Verfahren des vorläufigen Rechtsschutzes,[142] Kostenfestsetzungsverfahren (§§ 103 ZPO, 11 RVG)[143] und Verfahren auf Exequatur eines ausländischen Titels[144] werden gemäß § 240 ZPO unterbrochen, wenn sie die Insolvenzmasse betreffen. Die Unterbrechung des Hauptsacheverfahrens in zweiter Instanz hindert auch eine Kostenfestsetzung hinsichtlich der Kosten erster Instanz.[145] Das Kostenfestsetzungsverfahren wird auch dann unterbrochen, wenn zum Zeitpunkt der Insolvenzeröffnung die Kostengrundentscheidung bereits rechtskräftig ist.[146] Unterbrochen wird auch das Vollstreckbarerklärungsverfahren[147] sowie das Verfahren der Vollstreckungsabwehrklage.[148]

45 § 240 ZPO gilt auch für Mahnverfahren. Die Aufnahme eines unterbrochenen Mahnverfahrens über eine Insolvenzforderung gemäß § 180 Abs. 2 kommt allerdings nicht in Betracht. Vielmehr muss der Insolvenzgläubiger Neuklage erheben, wenn seine Forderung im Prüfungstermin bestritten wird (→ § 180 Rn. 30). Anders verhält es sich, wenn das Mahnverfahren zurzeit der Unterbrechung bereits in das streitige Verfahren übergegangen war (→ § 180 Rn. 30).[149] Da § 240 ZPO ein Verfahren voraussetzt, das bereits begonnen hat, muss der Mahnbescheid zurzeit der Eröffnung des Insolvenzverfahrens oder des Übergangs der Verfügungsbefugnis auf den vorläufigen Verwalter bereits zugestellt gewesen sein.[150] Dass die Streitsache durch die Zustellung nicht rechtshängig wird (§ 696 Abs. 3 ZPO), steht der Unterbrechung des Mahnverfahrens nicht entgegen.[151] War der Mahnbescheid zwar beantragt, aber noch nicht zugestellt, so tritt keine Unterbrechung ein;[152] dasselbe gilt, wenn der Mahnbescheid erst nach Eröffnung des Insolvenzverfahrens beantragt und zugestellt wird.[153]

---

138 BGH NJW 1994, 3232, 3233; siehe auch BGH NJW-RR 1995, 764.

139 BGH BeckRS 2017, 131666 (für eine Gegenvorstellung gegen die Streitwertfestsetzung eines obersten Gerichtshofs).

140 Jaeger/*Windel* § 85 Rn. 4. Der vorläufige Verwalter ist zur Freigabe grundsätzlich nicht berechtigt (§§ 24 Abs. 2, 85 Abs. 2).

141 RGZ 30, 409; BGH NZI 2013, 539; Jaeger/*Windel* § 85 Rn. 56; KPB/*Lüke* § 85 Rn. 29; Uhlenbruck/*Mock* § 85 Rn. 68.

142 BGH NJW 1962, 591; Uhlenbruck/*Mock* § 85 Rn. 60; MüKoZPO/*Stackmann* Vor § 239 Rn. 10; Musielak/Voit/*Stadler*, ZPO § 240 Rn. 6.

143 BGH NZI 2006, 128; BGH Beschl. v. 15.5.2012 – VIII ZB 79/11, NZI 2012, 625 Rn. 5 f.; BGH Beschl. v. 1.2.2017 – VII ZB 18/14, BeckRS 2017, 102816; RG JW 1892, 204 Nr. 2; 1900, 124 Nr. 2; OLG Hamm OLGR Hamm 2005, 95; OLG München ZInsO 2002, 1037; ZIP 2003, 2318; OLG Brandenburg NZI 1999, 498 (Ls) = OLGR Brandenburg 1999, 375 f.; OLG Düsseldorf ZIP 1996, 1621; OLG Jena FamRZ 1997, 765; OLG Stuttgart MDR 1991, 1097; OLG Hamm Rpfleger 1989, 523; 1975, 446; Jaeger/*Windel* § 85 Rn. 62 ff.; K. Schmidt/*Sternal* § 85 Rn. 7; Uhlenbruck/*Mock* § 85 Rn. 57; MüKoZPO/*Stackmann* Vor § 239 Rn. 10; Musielak/Voit/*Stadler*, ZPO § 240 Rn. 6.

144 BGH NJW Spezial 2018, 517.

145 BGH NZI 2006, 128; aA OLG Koblenz KTS 1988, 368, 369; OLG Hamburg MDR 1990, 349.

146 BGH NZI 2012, 625.

147 BGH NZI 2008, 681 (für Verfahren nach § 722 ZPO); OLG Zweibrücken ZIP 2001, 301; OLG Dresden DZWiR 2001, 434; *Mankowski* ZIP 1994, 1577, 1579 f.; aA OLG Saarbrücken NJW-RR 1994, 636; OLG Dresden FamRZ 2006, 563; OLG Bamberg ZIP 2006, 489.

148 BGH NZI 2008, 683.

149 KPB/*Lüke* § 85 Rn. 27 f.

150 KPB/*Lüke* § 85 Rn. 27 f.; Uhlenbruck/*Mock* § 85 Rn. 69; Musielak/Voit/*Stadler*, ZPO § 240 Rn. 6; Stein/Jonas/*Schlosser* § 693 Rn. 15; aA Jaeger/*Windel* § 85 Rn. 27.

151 RGZ 129, 339, 343; OLG Nürnberg ZIP 1982, 476.

152 aA Jaeger/*Windel* § 85 Rn. 57.

153 RGZ 129, 339, 344; KPB/*Lüke* § 85 Rn. 27 f.; Uhlenbruck/*Mock* § 85 Rn. 69; OLG Brandenburg NZI 1999, 454 f.

46 **b) Unanwendbarkeit.** Unanwendbar ist § 240 ZPO nach herrschender Ansicht auf selbständige Beweisverfahren,[154] sofern nicht die Beweisaufnahme zum Zeitpunkt der Eröffnung bereits abgeschlossen ist.[155] Das Gericht muss jedoch durch geeignete Maßnahmen sicherstellen, dass das rechtliche Gehör des nunmehr prozessführungsbefugten Verwalters gewährleistet ist. Auch für Prozesskostenhilfeverfahren[156] und Streitwertfestsetzungsverfahren[157] soll § 240 ZPO nicht gelten.[158]

47 In der Zwangsvollstreckung kommt § 240 ZPO nicht zur Anwendung.[159] Die Zulässigkeit der Zwangsvollstreckung während des Insolvenzverfahrens ist speziell und abschließend geregelt. Insolvenzgläubiger können während des Insolvenzverfahrens nicht vollstrecken (§ 89). Aussonderungsberechtigte Gläubiger (§ 47) sind dagegen nicht gehindert, ein Vollstreckungsverfahren zu beginnen oder eine bereits begonnene Vollstreckung nach Umschreibung des Titels gegen den Verwalter weiter zu betreiben. Dasselbe gilt grundsätzlich für Grundpfandgläubiger (§ 49; §§ 30d ff., 153b f. ZVG) und Gläubiger mit Absonderungsrechten an beweglichen Sachen, die nicht im Besitz des Verwalters sind (§ 173).[160] Wird umgekehrt über das Vermögen des Vollstreckungsgläubigers ein Insolvenzverfahren eröffnet, so kann der Insolvenzverwalter, nachdem der Titel auf ihn umgeschrieben wurde, die Zwangsvollstreckung zugunsten der Masse weiter betreiben.[161]

48 § 240 ZPO ist grundsätzlich auch unanwendbar auf Verfahren der freiwilligen Gerichtsbarkeit.[162] Etwas anderes gilt für die „echten privatrechtlichen Streitverfahren“[163] (vgl. auch § 113 FamFG für Ehesachen und Familienstreitsachen[164]). In Verfahren, welche die Insolvenzmasse betreffen, tritt der Verwalter an Stelle des Schuldners ein.[165]

---

154 BGH NJW 2004, 1388 (Anm. *Vogel* IBR 2004, 111; *Hildebrandt* ZfIR 2004, 92; *Stickelbrock* EWiR 2004, 309); OLG Frankfurt NZI 2003, 62; OLG Hamm NJW-RR 1997, 723 f. (Anm. *Holzer* EWiR 1997, 431; *Zwoll* WiB 1997, 924); OLG Dresden ZIP 1997, 730; OLG München OLGRspr. 35, 90; OLG Stuttgart OLGRspr. 40, 379; *Gundlach/Frenzel/Schmidt* NJW 2004, 3222; *Meyer* NZI 2005, 9; K. Schmidt/*Sternal* § 85 Rn. 9; Uhlenbruck/*Mock* § 85 Rn. 73; OLG München NZI 2003, 57; OLG Hamm ZIP 2004, 431 (Anm. *Bierbach/Schmitz* EWiR 2005, 93); OLG Dresden NZI 2002, 688 (für den Fall, dass Beweiserhebung zum Eröffnungszeitpunkt beendet war); OLG Hamburg OLGR 2000, 436; LG Karlsruhe NZI 2001, 603; MüKoZPO/*Stackmann* Vor § 239 Rn. 10; Stein/Jonas/*Roth*, ZPO Vor § 239 Rn. 3; *Thomas/Putzo*, ZPO Vor § 239 Rn. 1a; *Lenzen* NZBau 2003, 428; Musielak/Voit/*Stadler*, ZPO § 240 Rn. 6; zweifelnd auch KPB/*Lüke* § 85 Rn. 30; differenzierend Jaeger/*Windel* § 85 Rn. 71.

155 BGH NZI 2011, 567 (unzulässige Entscheidung über einen Antrag nach § 494a ZPO); Uhlenbruck/*Mock* § 85 Rn. 74.

156 BGH NJW-RR 2006, 1208; OVG Münster Beschl. v. 11.11.2013 – 7 E 1037/13, BeckRS 2013, 58394; OLG Stuttgart ZInsO 2005, 153; OLG Karlsruhe NJW-RR 2003, 796; OLG Düsseldorf ZIP 2003, 2131; OLG Dresden ZIP 1997, 730; OLG Koblenz AnwBl 1989, 178; OLG Köln NZI 1999, 30; 2003, 58, 2003, 119; LAG Rheinland-Pfalz Beschl. v. 27.4.2016 – 7 Ta 53/16, NZI 2016, 587; LAG Köln Beschl. v. 7.10.2015 – 1 Ta 231/15, BeckRS 2015, 72711; K. Schmidt/*Sternal* § 85 Rn. 8; Uhlenbruck/*Mock* § 85 Rn. 63; Musielak/Voit/*Stadler*, ZPO § 240 Rn. 6; Stein/Jonas/*Roth*, ZPO Vor § 239 Rn. 4; aA OLG Bamberg OLGR Bamberg 2004, 181; OLG Köln ZIP 2003, 1056; LAG Hamm Beschl. v. 11. Dezember 2003, Az. 4 Ta 95/03, Bibliothek BAG; OLG Hamm MDR 2006, 1309; BFH ZIP 2006, 2333; Düsseldorf OLGR 1999, 166; KPB/*Lüke* § 85 Rn. 32.

157 OLG Hamm MDR 1971, 495; OLG Neustadt NJW 1965, 591; OLG Frankfurt, Beschl. v. 5.7.2006, Aktz 2 W 30/06; Uhlenbruck/*Mock* § 85 Rn. 59; aA KPB/*Lüke* § 85 Rn. 31.

158 Kritisch MüKoZPO/*Stackmann* § 240 Rn. 3; differenzierend Jaeger/*Windel* § 85 Rn. 65.

159 Str. Wie hier BGH Rpfleger 2007, 405; NZI 2008, 198; OLG Neustadt NJW 1965, 591, 592; KG BB 2000, 795; OLG Stuttgart NZI 2011, 907; LG Stuttgart Rpfleger 1999, 286; LG Frankenthal Rpfleger 1986, 24; Uhlenbruck/*Mock* § 85 Rn. 60; MüKoZPO/*Stackmann* § 240 Rn. 3; Musielak/Voit/*Stadler*, ZPO § 240 Rn. 6; Stein/Jonas/*Roth*, ZPO Vor § 239 Rn. 4; aA OLG München JurBüro 1998, 328 (Ermächtigungsverfahren nach § 887 ZPO); OLG Hamburg InVo 1997, 268; OLG Düsseldorf ZVJ 2005, 545.

160 Jaeger/*Windel* § 85 Rn. 69.

161 Jaeger/*Windel* § 85 Rn. 69.

162 K. Schmidt/*Sternal* § 85 Rn. 13; KPB/*Lüke* § 85 Rn. 34; Uhlenbruck/*Mock* § 85 Rn. 79; *Stürner*, FS Uhlenbruck, S. 669, 670 ff.; OLG Köln ZIP 2001, 1553 (Handelsregisterverfahren); ZInsO 2002, 834 (Vereinsregisterverfahren); BayObLG NZI 2002, 280; 512; siehe auch KG MDR 1988, 329 (keine Unterbrechung des Notarkostenbeschwerdeverfahrens); KG NJW-RR 2005, 1385: keine Unterbrechung des WEG-Beschlussanfechtungsverfahrens; BayObLGZ 1978, 209, 213: keine Unterbrechung des Verfahrens nach §§ 305, 306 AktG; ebenso BayObLGZ 1978, 278, 280; EWiR § 308 AktG 1/98, 581; vgl. auch BGH ZIP 2000, 2066; OLG Frankfurt ZIP 2006, 203 (Spruchverfahren wegen Verschmelzung); dagegen *Stürner*, FS Uhlenbruck, S. 669, 674 ff.; differenzierend Jaeger/*Windel* § 85 Rn. 74 ff.

163 BayObLGZ 1973, 307; KG MDR 1988, 329; KO Jaeger/*Windel* § 85 Rn. 75; *Stürner*, FS Uhlenbruck, S. 669, 672.

164 Dazu BGH NJW-Spezial 2018, 517 (Verfahren auf Vollstreckbarerklärung eine ausländischen Unterhaltstitels nach § 64 AUG).

165 KG MDR 1988, 329; BayObLGZ 1953, 92, 97;Uhlenbruck/*Stürner*, FS Uhlenbruck, S. 669, 670.

49 **3. Nicht zivilgerichtliche Verfahren. a) Arbeitsgerichtliche Verfahren.** Verfahren vor den Arbeitsgerichten, welche die Insolvenzmasse betreffen, werden entsprechend § 240 ZPO durch die Eröffnung des Insolvenzverfahrens oder den Übergang der Verwaltungs- und Verfügungsbefugnis über das Vermögen des Schuldners auf einen vorläufigen Insolvenzverwalter unterbrochen.[166]

50 **b) Verwaltungs-, Sozial- und Finanzgerichtsverfahren.** Im Verwaltungs-, Finanz- und Sozialgerichtsverfahren ist § 240 ZPO entsprechend anwendbar (§§ 173 VwGO, 155 FGO, 202 SGG).[167] Analog § 240 ZPO unterbrochen wird auch das außergerichtliche Rechtsbehelfsverfahren.[168] Der Lauf der Rechtsbehelfs- und Rechtsmittelfristen hört auf und beginnt nach Beendigung der Unterbrechung von neuem.[169] Eine Insolvenzforderung, die Gegenstand des unterbrochenen Rechtsbehelfs- oder Rechtsmittelverfahrens ist, kann im Insolvenzverfahren nur durch Anmeldung zur Insolvenztabelle geltend gemacht werden (§§ 87, 174 ff.). Wird der Forderung im Prüfungstermin oder im schriftlichen Verfahren widersprochen, so können der Gläubiger und gegebenenfalls der Widersprechende das unterbrochene Verfahren aufnehmen (§§ 179, 180 Abs. 2, 184 Satz 2, 185; → § 185 Rn. 12 f.).

51 **c) Verwaltungsverfahren, insbesondere Steuerfestsetzungsverfahren.** Die Eröffnung des Insolvenzverfahrens bzw. der Übergang der Verfügungsbefugnis über das Schuldnervermögen auf einen vorläufigen Verwalter unterbricht ein anhängiges Verwaltungsverfahren grundsätzlich nicht. Dies gilt nach umstrittener Auffassung auch für das Steuerfestsetzungsverfahren[170] und das vorgeschaltete Ermittlungsverfahren[171] (zum Rechtsbehelfsverfahren → Rn. 50). Die Festsetzung einer Steuer-Insolvenzforderung gegenüber dem Verwalter ist jedoch wegen § 87 unzulässig.[172] Die Forderung kann nach der Verfahrenseröffnung nur noch durch Anmeldung zur Tabelle verfolgt werden (§§ 174 ff.). Ein gleichwohl erlassener Steuerbescheid ist unwirksam.[173] Dies gilt auch für Steuerbescheide (zB Gewerbesteuermessbescheide), in denen ausschließlich Besteuerungsgrundlagen ermittelt und festgestellt werden, die ihrerseits die Höhe von Steuerforderungen beeinflussen, die zur Insolvenztabelle anzumelden sind.[174] Die Festsetzung eines Erstattungsanspruchs zugunsten der Insolvenzmasse ist trotz Eröffnung des Insolvenzverfahrens zulässig.[175]

52 Nach höchstrichterlicher Rechtsprechung, hindert die Teilnahme am Insolvenzverfahren den Steuergläubiger nicht, ein Steuerfestsetzungs- oder Rechtsmittelverfahren gegen den Schuldner fort-

---

166 ZB BAG NZI 2007, 300 (Kündigungsschutzprozess); NZA 1997, 892; ZIP 1983, 1095; LAG Mainz BB 1998, 55; Uhlenbruck/*Mock* § 85 Rn. 112; KPB/*Lüke* § 85 Rn. 35.

167 BFH/NV 1994, 293; 2000, 1134; BVerwG KTS 1989, 439; BVerwG NZI 2018, 718 (Anfechtungsklage des Schuldners gegen Rücknahme einer Leistungsbewilligung); OVG Lüneburg NDMBl. 1995, 113; OVG Hamburg MDR 1953, 442; LSG Sachsen ZInsO 2018, 2166; FG Saarland EFG 1997, 3, 4; VGH Kassel NZI 2012, 765 (Untersagung unerlaubter Finanzdienstleistungsgeschäfte); vgl. aber BVerwG ZIP 2003, 726 (Unanwendbarkeit des § 240 ZPO im Verfahren nach § 36 VermG, m. krit. Anm. *Gantenberg* EWiR 2003, 889); Hessischer VGH NVwZ 2003, 626 (Verfahren auf Gewerbeuntersagung betrifft nicht die Insolvenzmasse, daher keine Unterbrechung, m. krit. Anm. *Blank* EWiR 2003, 1033); Jaeger/*Windel* § 85 Rn. 80; K. Schmidt/*Sternal* § 85 Rn. 10; Uhlenbruck/*Mock* § 85 Rn. 99 ff.

168 Vgl. für Steuersachen BFH NJW 1998, 630; BStBl. 1976 II 506, 507; 1978 II 472; BFHE 118, 412, 414; *Waza/Uhländer/Schmittmann* Rn. 561; *Kramer* S. 220; Uhlenbruck/*Mock* § 85 Rn. 103; VG Chemnitz NVwZ-RR 1998, 309: keine Unterbrechung eines Verfahrens auf einstweiligen Rechtsschutz gemäß § 80 Abs. 5 VwGO, mit dem sich der Antragsteller gegen die Anordnung der sofortigen Vollziehung einer Gewerbeuntersagungsverfügung wendet; VGH Kassel DB 1993, 36: Keine Unterbrechung eines Verwaltungsstreitverfahrens um Gewerbeuntersagung.

169 Jaeger/*Windel* § 85 Rn. 80 ff.; Uhlenbruck/*Mock* § 85 Rn. 107.

170 K. Schmidt/*Sternal* § 85 Rn. 11; *Kramer,* S. 220 f.; aA die hM (Unterbrechung analog § 240 ZPO): BFH/NV 2002, 315; BFH/NV 2000, 1134; BFH BStBl II 1998, 428; FG Brandenburg EFG 1999, 1099 f.; FG Düsseldorf EFG 2001, 61; *Waza/Uhländer/Schmittmann* Rn. 491.

171 *Frotscher,* S. 302; *Kramer,* S. 220 f.; KPB/*Lüke* § 85 Rn. 37a; Uhlenbruck/*Mock* § 85 Rn. 102.

172 *Frotscher,* S. 301 f.; Jaeger/*Windel* § 85 Rn. 82; K. Schmidt/*Sternal* § 85 Rn. 11.

173 Im Ergebnis ebenso die hM: BFHE 207, 10; BFH/NV 2002, 315; BFH NJW 1998, 630, 631; BStBl. 1985 II 650; RFHZ 17, 185, 186; 19, 355, 359; FG Düsseldorf EFG 1956, 289, 290; FG Münster EFG 1975, 228, 229; *Waza/Uhländer/Schmittmann* Rn. 491; Uhlenbruck/*Mock* § 85 Rn. 102; aA (bloße Anfechtbarkeit des Bescheids) FG Hamburg EFG 1982, 395; *Kramer,* S. 221 ff.

174 BFHE 207, 10 (Verfahren der gesonderten und einheitlichen Feststellung von Einkünften); BFH/NV 2006, 12 f.; BFH NJW 1998, 630, 631 (Anm. *Onusseit* EWiR 1998, 191; *Scholten* ZInsO 1998, 222); Aufgabe von BFH BStBl. 1985 II 650; BFH BStBl. II 1986, 408; NV 1987, 564; ferner FG Köln EFG 2001, 922; aA für Einheitswertbescheide und Grundsteuermessbescheide FG Brandenburg ZInsO 2006, 1339; zur alten Rechtsprechung *Fichtelmann* NJW 1970, 2276; *Kramer,* S. 224 ff.

175 BFH, 13.5.2009, BStBl. II 2010, 11; BFH, 25.7.2012, BStBl. II 2013, 36; FG Münster EFG 1975, 228; *Fichtelmann* NJW 1970, 2276, 2279; *Kramer,* S. 229 f.; *Waza/Uhländer/Schmittmann* Rn. 531 f.; *Scherer* DStR 2017, 296, 299; aA *Frotscher,* S. 326 f.; KPB/*Lüke* § 85 Rn. 38.

zusetzen.[176] Zutreffender Ansicht zufolge gilt jedoch auch hier nichts anderes als für zivilrechtliche Ansprüche.[177] Der Steuergläubiger kann daher nur dann gegen den Schuldner persönlich vorgehen, wenn dieser der Forderung im Prüfungstermin oder im schriftlichen Verfahren widersprochen hat (§§ 87, 184, 185 Satz 2); unter Geltung der Konkursordnung[178] kam ein Vorgehen gegen den Schuldner persönlich auch dann in Betracht, wenn der Gläubiger auf die Teilnahme am Insolvenzverfahren verzichtete. § 87 soll dies nun ausschließen (→ § 184 Rn. 7).[179]

d) Schiedsverfahren. Im Schiedsverfahren gilt § 240 ZPO mangels anderweitiger Vereinbarung der Parteien nicht.[180] Das Schiedsgericht bestimmt seine Verfahrensregeln nach freiem Ermessen, soweit eine Vereinbarung der Parteien nicht vorliegt und das 10. Buch der Zivilprozessordnung keine Regelungen enthält (§ 1042 Abs. 3 und 4 ZPO). Dem Ermessen des Schiedsgerichts bei der Verfahrensgestaltung setzen jedoch die Aufhebungsgründe des § 1059 Abs. 2 ZPO Grenzen.[181] Das Schiedsgericht muss daher der Tatsache Rechnung tragen, dass der Schuldner durch die Eröffnung des Insolvenzverfahrens oder den Übergang der Verfügungsbefugnis über das Schuldnervermögen auf einen vorläufigen Verwalter die Verfahrensführungsbefugnis verliert und der (vorläufige) Insolvenzverwalter an seine Stelle tritt, sofern das Schiedsverfahren die Insolvenzmasse betrifft und die Schiedsabrede den Verwalter bindet (siehe unten Rn. 54).[182] Das Schiedsgericht hat daher insbesondere Maßnahmen zur Wahrung des rechtlichen Gehörs des Verwalters zu treffen (§ 1059 Abs. 2 Nr. 1b, Nr. 2b ZPO). Welche Maßnahmen dies im Einzelfall sind, ist seinem Ermessen überlassen. So kann das Schiedsgericht das Verfahren bis zur Aufnahme durch den Verwalter aussetzen, das einstweilige Ruhen des Verfahrens anordnen oder dem Verwalter eine Frist zur Beteiligung an dem Insolvenzverfahren setzen.[183] Hat das Schiedsverfahren eine Insolvenzforderung zum Gegenstand, so muss das Schiedsgericht die Aussetzung oder das Ruhen des Verfahrens bis zur Beendigung der insolvenzrechtlichen Forderungsprüfung anordnen. Dies folgt aus § 87, der die gemeinsame und gleichrangige Befriedigung der Insolvenzgläubiger sicherstellen soll und zum verfahrensrechtlichen ordre public (§ 1059 Abs. 2 Nr. 2b ZPO) zählt.[184] Würde das Schiedsverfahren über die Insolvenzforderung trotz der Eröffnung des Insolvenzverfahrens oder des Übergangs der Verfügungsbefugnis auf einen vorläufigen Verwalter fortgesetzt, so könnte der Gläubiger vor dem Prüfungstermin einen Titel im Sinne des § 179 Abs. 2 in Form des Schiedsspruchs erstreiten; er wäre damit ungerechtfertigt gegenüber solchen Insolvenzgläubigern begünstigt, die ihre Ansprüche vor den ordentlichen Gerichten verfolgt haben.[185] 53

Eine Bindung des Verwalters an Schiedsabreden des Schuldners, die nach richtiger Ansicht im anhängigen, die Insolvenzmasse betreffenden Schiedsverfahren zu einem Parteiwechsel führt (oben Rn. 53), hat die höchstrichterliche Rechtsprechung in Aktivverfahren[186] sowie in Aus- und Absonderungsprozessen bejaht.[187] Entsprechendes wird in Masseschuldverfahren um Verbindlichkeiten im Sinne des § 55 Abs. 1 Nr. 2[188] sowie mit Einschränkungen (siehe § 180 Rn. 9 ff., Rn. 31) in Schuldenmassestreitigkeiten zu gelten haben.[189] Im Anfechtungsrechtsstreit ist dagegen der Verwalter an eine Schiedsabrede des Schuldners nicht gebunden.[190] Die Schiedsvereinbarung wird regelmäßig eine spätere Insolvenzanfechtung gar nicht erfassen. Davon abgesehen kann der Schuldner keinen 54

---

176 RFHE 21, 9, 15 ff.; BFH BStBl. III 1951, 192; III 1963, 382, 383.

177 FG Rheinland-Pfalz EFG 1978, 471, 472; *Fichtelmann* NJW 1970, 2276, 2277 ff.; *Frotscher* S. 332 ff.; ausführlich *Kramer*, S. 230 ff. (Rechtsschutzbedürfnis für (Teil-)Festsetzung bei freiwilligen Zahlungen des Schuldners aus seinem freien Vermögen während des Insolvenzverfahrens).

178 RGZ 29, 73, 74; BGHZ 25, 395, 397 ff.; 72, 234 ff.; BGH NJW 1996, 2035; *Jaeger/Henckel* KO (9. Aufl.), § 12 Rn. 3, 8 mwN; *Kuhn/Uhlenbruck* KO (11. Aufl.) § 12 Rn. 4 f., § 144 Rn. 7; kritisch *Häsemeyer*, Insolvenzrecht, Rn. 25.15.

179 Begründung zu § 98 RegE (= § 87), BR-Drucks. 1/92 S. 137.

180 BGH KTS 1966, 246; RGZ 62, 24; OLG Hamm IPRax 1985, 218; Jaeger/*Windel* § 85 Rn. 68; *Jestaedt* S. 20 ff.; *Eberl*, InVo 2002, 393; *Ehricke*, ZIP 2006, 1847, 1850; Uhlenbruck/*Mock* § 85 Rn. 75; Musielak/Voit/*Stadler*, ZPO § 240 Rn. 6; *Nacimiento/Bähr* NJOZ 2009, 4752; aA MüKoZPO/*Stackmann* Vor § 239 Rn. 10.

181 *Jestaedt* S. 21 ff., 106 f.; KPB/*Lüke* § 85 Rn. 33; *Flöther* DZWJR 2001, 89, 90 ff.

182 BGHZ 179, 304 = NJW 2009, 1747; Jaeger/*Windel* § 85 Rn. 68; *Jestaedt* S. 21 ff.; Uhlenbruck/*Mock* § 85 Rn. 75; Stein/Jonas/*Schlosser* § 1025 Rn. 41.

183 *Jestaedt* S. 36 ff., 38 ff.; *Flöther* DZWJR 2001, 89, 92.

184 BGHZ 179, 304 = NJW 2009, 1747; *Jestaedt* S. 107 ff.

185 *Jestaedt* S. 111 f.

186 BGHZ 24, 15, 18; zustimmend *Jestaedt* S. 74 f.

187 RGZ 137, 109; zustimmend *Jestaedt* S. 75 f.

188 *Jestaedt* S. 76.

189 BGHZ 179, 304 = NJW 2009, 1747; *Jestaedt* S. 111 f.; Stein/Jonas/*Ehricke* ZIP 2006, 1847, 1849.

190 BGH NJW 1956, 1920 f.; *Flöther* DZWiR 2001, 89, 93 f.; *Flöther* DZWiR 2004, 162; *Eberl* InVo 2002, 393; *Nacimiento/Bähr* NJOZ 2009, 4752.

Schiedsvertrag über ein Recht schließen, das nicht ihm, sondern allein dem späteren Insolvenzverwalter zugunsten der Gläubigergesamtheit zusteht.[191] Dementsprechend kann auch das Schiedsgericht in einem die Insolvenzmasse betreffenden Verfahren, das zurzeit der Eröffnung des Insolvenzverfahrens anhängig ist, über die vom Verwalter einredeweise geltend gemachte Insolvenzanfechtung grundsätzlich nicht entscheiden. Etwas anderes gilt nur dann, wenn der Verwalter und der Prozessgegner die Insolvenzanfechtung nachträglich in das Schiedsverfahren einbeziehen.[192] Mangels Einbeziehung in den Schiedsvertrag kann der Verwalter die Insolvenzanfechtung vor den ordentlichen Gerichten geltend machen, und zwar entgegen § 1060 ZPO auch im Verfahren der Vollstreckbarerklärung des Schiedsspruchs (→ § 180 Rn. 10 f.).[193]

55 Die auf dem Schiedsverfahren beruhenden staatlichen Verfahren, zB auf Bestellung eines Schiedsrichters (§§ 1034, 1035 ZPO),[194] Aufhebung oder Vollstreckbarerklärung eines Schiedsspruchs (§§ 1059 ff. ZPO) oder die sonstigen in § 1062 ZPO genannten Verfahren, werden durch die Eröffnung des Insolvenzverfahrens oder den Übergang der Verwaltungs- und Verfügungsbefugnis auf einen vorläufigen Verwalter gemäß § 240 ZPO unterbrochen.[195]

56 **4. Gesonderte Entscheidung über die Unterbrechung.** Entscheidet das erstinstanzliche Gericht durch Zwischenurteil, dass eine Unterbrechung des Verfahrens wegen Eröffnung eines Insolvenzverfahrens gemäß § 240 ZPO eingetreten sei, kann der Kläger die Entscheidung wie ein Endurteil mit der Berufung anfechten.[196] Dasselbe gilt für ein Zwischenurteil, das nicht nur die wirksame Aufnahme des Verfahrens, sondern die Zulässigkeit der Klage insgesamt bejaht.[197] Ein Streit zwischen dem (vorläufigen) Verwalter und dem Schuldner darüber, ob ein Rechtsstreit die Insolvenzmasse betrifft und deshalb unterbrochen wurde, kann in einem separaten Prozess zwischen Verwalter und Schuldner ausgetragen werden.[198] Hat der Verwalter den vermeintlich unterbrochenen Rechtsstreit aufgenommen, so kann der Schuldner den Verwalter und den Gegner auch gemeinsam im Wege der Hauptintervention (§ 64 ZPO) verklagen.[199]

V. Beginn der Unterbrechung

57 Bestellt das Insolvenzgericht einen vorläufigen Verwalter unter gleichzeitiger Anordnung eines allgemeinen Verfügungsverbotes für den Schuldner (§ 240 Satz 2 ZPO iVm §§ 22 Abs. 1 Satz 1, 21 Abs. 2 Nr. 1, Nr. 2), so beginnt die Unterbrechung, sobald der Beschluss erlassen und damit wirksam ist. Erlassen ist der Beschluss, wenn er aufhört, eine innere Angelegenheit des Insolvenzgerichts zu sein. So zB, wenn er von dem Insolvenzrichter unterschrieben[200] an die Geschäftsstelle gegeben wird, damit diese ihn gemäß § 23 zustelle und bekannt mache. Bekanntmachung und Zustellung selbst sind keine Wirksamkeitsvoraussetzungen.[201] Ebenso wenig setzt die Wirksamkeit des Beschlusses voraus, dass in ihm der Tag und die Stunde seines Erlasses angegeben sind. Enthält der Beschluss hierzu keine Angaben, so gilt § 27 Abs. 3 entsprechend (→ Rn. 58).[202]

58 Im Anwendungsbereich des § 240 Satz 1 ZPO beginnt die Unterbrechung mit dem Wirksamwerden des Eröffnungsbeschlusses.[203] Die Ausführungen zum Wirksamwerden der Bestellung des vorläufigen Verwalters (→ Rn. 57) gelten entsprechend. Ausreichend ist wiederum der Erlass des Beschlusses ohne Rücksicht auf seine Bekanntmachung und Zustellung (§ 30 Abs. 1 und 2).[204] Der Zeitpunkt der Eröffnung ist in dem Beschluss anzugeben (§ 27 Abs. 2 Nr. 3).[205] Ist dies nicht geschehen, so wird als Zeitpunkt der Eröffnung unwiderleglich die Mittagsstunde des Tages vermutet, an dem der Beschluss erlassen worden ist (§ 27 Abs. 3).[206] Die Unterbrechung wird nicht dadurch

---

191 *Jestaedt* S. 77 ff.
192 *Jestaedt* S. 79 ff.
193 *Jestaedt* S. 79 ff.
194 OLG Hamburg OLGRspr. 13, 246.
195 BGH NZI 2017, 774; OLG München NJOZ 2018, 1146; Jaeger/*Windel* § 85 Rn. 68; *Jestaedt* S. 45 ff.; *Riestelhuber* ZInsO 2004, 427; Uhlenbruck/*Mock* § 85 Rn. 76.
196 BGH NJW 2005, 290; ferner BGH NZI 2006, 123.
197 BGH NZI 2006, 421.
198 Jaeger/*Windel* § 85 Rn. 90; KPB/*Lüke* § 85 Rn. 47.
199 Jaeger/*Windel* § 85 Rn. 90; KPB/*Lüke* § 85 Rn. 47.
200 Dazu BGH ZIP 1997, 2126.
201 BGH ZIP 1995, 40; 1996, 1909.
202 BGH ZIP 1996, 1909.
203 KPB/*Lüke* § 85 Rn. 7; MüKoZPO/*Stackmann* § 240 Rn. 28; Musielak/Voit/*Stadler*, ZPO § 240 Rn. 7.
204 KPB/*Pape* § 27 Rn. 54.
205 Beispiel: BGHZ 36, 258 (Eröffnung des Konkursverfahrens um 12.30 Uhr, Eingang der Revision um 12.33 Uhr).
206 KPB/*Pape* § 27 Rn. 54.

beseitigt, dass der Schuldner sofortige Beschwerde (§ 34 Abs. 2) gegen den Eröffnungsbeschluss einlegt (§ 4 iVm § 570 Abs. 1 ZPO). Wird auf die Beschwerde hin der Eröffnungsbeschluss aufgehoben, so entfällt die Unterbrechung mit Wirkung für die Zukunft, nicht ex tunc (→ Rn. 83).

VI. Wirkung der Unterbrechung

1. Fristen. „Die Unterbrechung ... des Verfahrens hat die Wirkung, dass der Lauf einer jeden Frist aufhört und nach Beendigung der Unterbrechung ... die volle Frist von neuem zu laufen beginnt" (§ 249 Abs. 1 ZPO). 59

a) Begriff. § 249 Abs. 1 ZPO gilt nur für prozessuale, nicht für materiellrechtliche Fristen (zB Anfechtungs- oder Widerrufsfristen, §§ 121, 124, 532 BGB).[207] Von den prozessualen Fristen werden nur die Fristen im engeren Sinne **(„eigentliche Fristen")**[208] unterbrochen, nicht uneigentliche Fristen (siehe unten Rn. 61). Unerheblich ist, ob die Dauer der Frist durch das Gesetz oder den Richter bestimmt wurde. Praktisch besonders wichtig ist die Unterbrechung der Rechtsbehelfs-, Rechtsmittel- und sonstigen Notfristen sowie der Rechtsmittelbegründungsfristen.[209] Auch Einlassungs-, Ladungs-, Erklärungs-, Klageerwiderungs- und Schriftsatzfristen (§§ 274 Abs. 3 Satz 1; 217; 273 Abs. 2 Nr. 1; 275 Abs. 1, 3; 283 ZPO) werden unterbrochen.[210] § 249 Abs. 1 ZPO gilt entsprechend für die zwischen den Parteien vereinbarte Frist zum Widerruf eines Prozessvergleichs.[211]

Eine unmittelbare Anwendung der §§ 240, 249 Abs. 1 ZPO auf die Frist des § 234 Abs. 1 ZPO scheidet aus, da die §§ 239 ff. ZPO ein schwebendes Verfahren voraussetzen (siehe oben Rn. 42, 45). Doch wird die Frist des § 234 Abs. 1 ZPO analog §§ 240, 249 Abs. 1 ZPO unterbrochen.[212] Hat der Schuldner rechtzeitig Prozesskostenhilfe für die Rechtsmittelinstanz beantragt und wird nach Ablauf der Rechtsmittelfrist das Insolvenzverfahren eröffnet, ohne dass über den Prozesskostenhilfeantrag entschieden wurde, so ist dem Verwalter, wenn er das Rechtsmittel einlegt, Wiedereinsetzung in den vorigen Stand zu gewähren.[213] Auch die Monatsfrist des § 586 Abs. 1 ZPO wird analog §§ 240, 249 Abs. 1 ZPO unterbrochen, nicht jedoch die Fünfjahresfrist gemäß § 586 Abs. 2 Satz 2 ZPO (→ Rn. 61).[214] 60

Uneigentliche Fristen[215] werden nicht gemäß § 249 Abs. 1 ZPO unterbrochen. Dies gilt zB für die Fristen zur Vornahme richterlicher Handlungen (zB §§ 310 Abs. 1 Satz 2, 315 Abs. 2, 317 Abs. 1 Satz 3 ZPO); §§ 240, 249 Abs. 1 ZPO schützen die Parteien, nicht aber das Gericht.[216] Auch die Fünfmonatsfrist der §§ 517 Halbs. 2, 548 Halbs. 2 ZPO läuft ihrem Zweck entsprechend trotz Eröffnung des Insolvenzverfahrens weiter. Läuft sie während der Unterbrechung ab, so beginnt die Berufungs- oder Revisionsfrist erst nach dem Ende der Unterbrechung (unten Rn. 62).[217] Auch die Jahresfrist des § 234 Abs. 3 ZPO und die Fünfjahresfrist des § 586 Abs. 2 Satz 2 ZPO[218] werden von der Ernennung des (vorläufigen) Insolvenzverwalters nicht berührt, da sie gerade ohne Rücksicht auf die Interessenlage der Parteien eine Wiedereinsetzung oder eine Wiederaufnahmeklage endgültig ausschließen sollen.[219] 61

b) Wirkung auf den Fristenlauf. Während der Unterbrechung kann die Frist ihren Lauf nicht beginnen.[220] Tritt das Ereignis, das den Fristbeginn normalerweise auslöst, während der Unterbrechung ein, so läuft die Frist erst von dem Zeitpunkt der Beendigung der Unterbrechung an. So etwa, wenn die Fünfmonatsfrist gemäß §§ 517 Halbs. 2, 548 Halbs. 2 während der Unterbrechung abläuft.[221] Hatte der Lauf der Frist zurzeit der Unterbrechung bereits begonnen, so hört er infolge der Unterbrechung auf; nach Beendigung der Unterbrechung beginnt die volle Frist von neuem 62

---

207 Uhlenbruck/*Mock* § 85 Rn. 118; Musielak/Voit/*Stadler*, ZPO § 249 Rn. 2.

208 Einzelheiten Stein/Jonas/*Roth*, ZPO vor § 214 Rn. 15 ff.

209 MüKoZPO/*Stackmann* § 249 Rn. 6.

210 Näher Stein/Jonas/*Roth*, ZPO vor § 214 Rn. 16 ff.

211 Jaeger/*Windel* § 85 Rn. 96; KPB/*Lüke* § 85 Rn. 40.

212 BGHZ 9, 308; Jaeger/*Windel* § 85 Rn. 95; K. Schmidt/*Sternal* § 85 Rn. 31; MüKoZPO/*Gehrlein* § 249 Rn. 7; Stein/Jonas/*Roth*, ZPO § 249 Rn. 3.

213 BGHZ 9, 308.

214 Jaeger/*Windel* § 85 Rn. 95.

215 Dazu Stein/Jonas/*Roth*, ZPO vor § 214 Rn. 23.

216 Jaeger/*Windel* § 85 Rn. 94; KPB/*Lüke* § 85 Rn. 39.

217 BGHZ 111, 104, 108; Stein/Jonas/*Roth*, ZPO § 249 Rn. 3.

218 Jaeger/*Windel* § 85 Rn. 95; MüKoZPO/*Stackmann* § 249 Rn. 6; Stein/Jonas/*Roth*, ZPO § 249 Rn. 3, vor § 214 Rn. 32.

219 Jaeger/*Windel* § 85 Rn. 95; Stein/Jonas/*Roth*, ZPO vor § 214 Rn. 23.

220 BGHZ 111, 104, 108; 9, 308, 309; MüKoZPO/*Stackmann* § 249 Rn. 9; Musielak/Voit/*Stadler*, ZPO § 249 Rn. 2.

221 BGHZ 111, 104, 108; MüKoZPO/*Stackmann* § 249 Rn. 9; Stein/Jonas/*Roth*, ZPO § 249 Rn. 3.

(§ 249 Abs. 1 ZPO).[222] Maßgeblicher Zeitpunkt für den Neubeginn der Frist ist die Zustellung des Aufnahmeschriftsatzes oder die Erklärung der Aufnahme in der mündlichen Verhandlung (→ Rn. 80 f.), mangels Aufnahme das Wirksamwerden des Beschlusses, der das Insolvenzverfahren oder die Sicherungsmaßnahme beendet (→ Rn. 83).

63 Auch eine richterliche Frist, die nach Zeitabschnitten bemessen ist (Abschnittsfrist), beginnt nach Beendigung der Unterbrechung vollständig neu zu laufen. Eine richterliche Frist, die nach einem festen Endtermin bemessen ist (Datumsfrist), wird dagegen nach hM grundsätzlich hinfällig. Eine Umrechnung in eine genau bemessene Zeitraumfrist sei nicht möglich, da die sich hieraus ergebenden Unsicherheiten mit dem Lauf von Rechtsmittelfristen unvereinbar seien.[223] Die Datumsfrist muss nach dieser Auffassung grundsätzlich erneut angeordnet werden. Das gilt unabhängig davon, ob der für das Fristende festgesetzte Zeitpunkt in die Zeit der Unterbrechung oder in eine spätere Zeit fällt (→ Rn. 64).[224]

64 Unterschiede zwischen richterlichen Abschnitts- und Datumsfristen bestehen nach überwiegender Meinung auch für den Fall, dass eine gesetzliche Frist, insbesondere eine Rechtsmittelbegründungsfrist, durch den Richter verlängert wurde. Bei einer Verlängerung nach Zeitabschnitten gilt als volle Frist im Sinne des § 249 Abs. 1 ZPO die gesamte verlängerte Frist.[225] Wurde die Frist dagegen bis zu einem bestimmten Datum verlängert, so soll, wenn das festgesetzte Datum in die Zeit der Unterbrechung fällt, vom Ende der Unterbrechung an die gesetzliche Frist laufen. Nach dem festgelegten Endtermin sei die besondere verfahrensrechtliche Position des Rechtsmittelklägers entfallen.[226] Endet jedoch die ursprünglich durch den Richter festgesetzte Verlängerungsfrist später als die nach dem Ende der Unterbrechung (hypothetisch) laufende gesetzliche Frist, so soll der richterliche Endtermin maßgebend bleiben.[227] Die ursprünglich bewilligte richterliche Datumsfrist dürfe durch die Unterbrechung des Verfahrens keine Verkürzung zu Lasten der begünstigten Partei erleiden. Die Unterscheidung zwischen Datumsfristen und Abschnittsfristen ist jedenfalls in den Fällen der Verlängerung der Rechtsmittelbegründungsfrist zweifelhaft. Von der Art der Fristberechnung kann die Schutzwürdigkeit der verfahrensrechtlichen Position des Rechtsmittelklägers nicht abhängen. Dem Zweck der §§ 240, 249 Abs. 1 ZPO, die volle gesetzliche oder richterliche Frist nach Beendigung der Unterbrechung neu zu gewähren, wird eine Umdeutung der datumsmäßigen Verlängerung in eine Zeitraumverlängerung besser gerecht.

65 **2. Handlungen einer Partei.** „Die während der Unterbrechung … von einer Partei in Ansehung der Hauptsache vorgenommenen Prozesshandlungen sind der anderen Partei gegenüber ohne rechtliche Wirkung" (§ 249 Abs. 2 ZPO).

a) Gegenüber der anderen Partei. Prozesshandlungen einer Partei sind jedenfalls dann ohne rechtliche Wirkung, wenn sie **der anderen Partei gegenüber** vorgenommen werden.[228] Beispiele: Zustellung eines Vollstreckungsbescheids im Parteibetrieb (§ 699 Abs. 4 Satz 2 ZPO), Erklärung des Rechtsmittelverzichts gegenüber dem Gegner (zur Heilbarkeit → Rn. 68).

66 **b) Gegenüber dem Gericht.** Prozesshandlungen, die während der Unterbrechung gegenüber dem Gericht vorgenommen werden, sind nach hM wirksam.[229] So kann ein Kläger oder Rechtsmittelkläger trotz der Unterbrechung die Klage oder ein Rechtsmittel wirksam zurücknehmen. War bereits mündlich verhandelt, bedarf er hierzu der Zustimmung des Gegners, die ebenfalls trotz Unterbrechung erklärt werden kann.[230] Insbesondere kann eine Partei während der Unterbrechung gegenüber dem Gericht wirksam Rechtsmittel einlegen.[231] Das Rechtsmittelverfahren läuft aber

---

222 Bsp.: BGH NJW 1990, 1239 (Neubeginn der Rechtsmittelbegründungsfrist ohne Kenntnis der Anwälte); MüKoZPO/*Stackmann* § 249 Rn. 10.

223 BGHZ 64, 1, 5; BGH NJW 1967, 1420; RGZ 151, 279, 282; RG JW 1926, 1162; Jaeger/*Windel* § 85 Rn. 93; MüKoZPO/*Stackmann* § 249 Rn. 11; Musielak/Voit/*Stadler*, ZPO § 249 Rn. 2; Stein/Jonas/*Roth*, ZPO § 249 Rn. 4.

224 BGH NJW 1967, 1420.

225 MüKoZPO/*Stackmann* § 249 Rn. 10; offen BGHZ 64, 1, 4.

226 BGHZ 64, 1, 5; MüKoZPO/*Stackmann* § 249 Rn. 12. Entsprechendes wird zu gelten haben, wenn das festgesetzte Datum zwar nicht in die Zeit der Unterbrechung fällt, wohl aber in die Zeit der nach Beendigung der Unterbrechung laufenden gesetzlichen Frist.

227 BGH NJW 1967, 1420; MüKoZPO/*Stackmann* § 249 Rn. 11; Stein/Jonas/*Roth*, ZPO § 249 Rn. 4.

228 BGHZ 50, 397 ff.; Jaeger/*Windel* § 85 Rn. 97.

229 BGHZ 50, 397 ff.; BGH NJW 1997, 1445; Uhlenbruck/*Mock* § 85 Rn. 123; KPB/*Lüke* § 85 Rn. 41a; Stein/Jonas/*Roth*, ZPO § 249 Rn. 10 ff.; aA *Grunsky* JZ 1969, 237; Jaeger/*Windel* § 85 Rn. 97: Unwirksamkeit nur, soweit der Schutzzweck des § 240 ZPO dies erfordert (weitgehend gleiche Ergebnisse); ebenso aA Musielak/Voit/*Stadler*, ZPO § 249 Rn. 3.

230 Jaeger/*Windel* § 85 Rn. 99.

231 BGHZ 50, 397, 400; 111, 104, 108; BAG KTS 2001, 371.

wegen der Unterbrechung grundsätzlich zunächst nicht weiter. Die Zustellung des Rechtsmittels (§§ 521, 550 ZPO) durch das Gericht ist während der Unterbrechung nicht wirksam möglich (→ Rn. 70 f.). Eine gleichwohl erfolgte Zustellung wird geheilt, wenn der Gegner die Unwirksamkeit im Termin nicht rügt (§ 295 ZPO).[232]

c) Gegenüber Dritten. Gegenüber Dritten können trotz der Unterbrechung rechtswirksam Prozesshandlungen vorgenommen werden. So kann zB der Insolvenzverwalter eine neue Prozessvollmacht erteilen.[233] Unter Geltung der Konkursordnung konnte der Gläubiger einer OHG seine Klage gegen die Gesellschaft ohne weiteres gegen die Gesellschafter erweitern, nachdem die OHG in Konkurs gefallen war.[234] Nach § 93 fehlt ihm dazu nun die Prozessführungsbefugnis (→ Rn. 12). 67

d) Relative Unwirksamkeit. Die Prozesshandlungen sind nicht nichtig, sondern lediglich gegenüber der anderen Partei unwirksam. Die handelnde Partei bleibt an ihre Erklärung gebunden, zB an einen Rechtsmittelverzicht, den sie dem Gegner gegenüber erklärt hat.[235] Die Unwirksamkeit ist nicht von Amts wegen zu berücksichtigen.[236] Die unwirksame Prozesshandlung kann durch Genehmigung oder rügelose Verhandlung (§ 295 ZPO) geheilt werden (zur Heilung von gerichtlichen Prozesshandlungen → Rn. 71).[237] Die Genehmigung eines während der Unterbrechung der anderen Partei gegenüber erklärten Rechtsmittelverzichts kann schon dann anzunehmen sein, wenn der Gegner seinerseits auf Rechtsmittel verzichtet.[238] 68

e) In Ansehung der Hauptsache. Nur Prozesshandlungen „in Ansehung der Hauptsache" sind relativ unwirksam. Möglich bleiben damit Prozesshandlungen, mit denen die Unterbrechung geltend gemacht[239] oder beseitigt wird (Aufnahme). Zur (Un-)Wirksamkeit von Prozesshandlungen in Nebenverfahren → Rn. 71. 69

3. Handlungen des Gerichts. a) Grundsatz. Nach außen gerichtete Handlungen des Gerichts sind während der Unterbrechung grundsätzlich unzulässig und beiden Parteien gegenüber unwirksam.[240] Die Unwirksamkeit ist in § 249 ZPO nicht ausdrücklich angeordnet, ergibt sich aber im Umkehrschluss aus § 249 Abs. 3 ZPO sowie aus dem Zweck der §§ 239 ff., 249 ZPO.[241] Unwirksam sind zB Zustellungen,[242] Ladungen, Fristsetzungen und Beweisaufnahmen. Sie müssen nach Beendigung der Unterbrechung wiederholt werden.[243] Besondere Regeln gelten für Entscheidungen (→ Rn. 72 ff.). Rein innergerichtliche Handlungen (zB Beratung, Abstimmung, Abfassen der Entscheidung) sind zulässig und wirksam.[244] Entsprechendes gilt für die Gerichtsstandsbestimmung nach § 36 Abs. 1 Nr. 3 ZPO.[245] 70

Die unwirksame Gerichtshandlung ist nach § 295 ZPO heilbar.[246] Die Möglichkeit der Heilung entfällt, sobald die unwirksame Handlung nach Beendigung der Unterbrechung durch eine wirksame ersetzt wird.[247] Ebenso wie Parteihandlungen sind auch Gerichtshandlungen nur unwirksam, wenn sie die Hauptsache betreffen. So kann über einen Einspruch oder ein Rechtsmittel, mit dem der Verstoß gegen § 249 ZPO geltend gemacht wird, auch während der Unterbrechung verhandelt und entschieden werden (→ Rn. 74). Das Gericht kann den Insolvenzverwalter trotz Unterbrechung zur Aufnahme eines Aktivprozesses laden (§ 85 Abs. 1 Satz 2 iVm § 239 Abs. 2 ZPO). Nicht die Hauptsache betreffen nach hM die Prozesskostenhilfeentscheidung und die Streitwertfestsetzung (→ Rn. 46). Unzulässig soll dagegen die Kostenfestsetzung sein (→ Rn. 44). Zulässig und wirksam 71

---

232 BGHZ 50, 397, 400; Stein/Jonas/*Roth*, ZPO § 249 Rn. 12.
233 MüKoZPO/*Stackmann* § 249 Rn. 18; Stein/Jonas/*Roth*, ZPO § 249 Rn. 8.
234 BGH NJW 1961, 1066.
235 BGHZ 4, 314, 320.
236 Jaeger/*Windel* § 85 Rn. 101.
237 BGHZ 4, 314, 320; Jaeger/*Windel* § 85 Rn. 101; Uhlenbruck/*Mock* § 85 Rn. 123; Stein/Jonas/*Roth*, ZPO § 249 Rn. 9.
238 BGHZ 4, 314, 320 f.
239 BGH NJW 1997, 1445; 1995, 2563; OLG Brandenburg NZI 1999, 498 (Ls.) = OLGR Brandenburg 1999, 375 f. (Erinnerung gegen Kostenfestsetzungsbeschluss).
240 BGHZ 66, 59, 61; 111, 104, 106 ff. mwN; BFH DStRE 2012, 1473.
241 Jaeger/*Windel* § 85 Rn. 103; K. Schmidt/*Sternal* § 85 Rn. 34; MüKoZPO/*Stackmann* § 249 Rn. 19; Stein/Jonas/*Roth*, ZPO § 249 Rn. 13.
242 BGHZ 50, 397 ff.; NJW 1997, 1445; BFH/NV 1998, 42 f.; BFH/NV 2000; 1101, 1102.
243 Jaeger/*Windel* § 85 Rn. 107; Uhlenbruck/*Mock* § 85 Rn. 126 f.
244 Stein/Jonas/*Roth*, ZPO § 249 Rn. 23.
245 BGH, Beschl. v. 21.1.2009 – Xa ARZ 273/08, BeckRS 2009, 05200 Rn. 12; BGH Beschl. v. 7.1.2014 – X ARZ 578/13, NZI 2014, 155 Rn. 7.
246 BGHZ 50, 397, 398 f.
247 RGZ 27, 350, 353.

sind auch Berichtigungen nach § 319 ZPO oder § 320 ZPO.[248] Da § 240 ZPO auf die Zwangsvollstreckung keine Anwendung findet (→ Rn. 47), darf während der Unterbrechung auch über einen Schutzantrag gemäß §§ 719, 707 ZPO entschieden werden.[249]

72 **b) Nach § 249 Abs. 3 ZPO zulässige Entscheidungen.** Tritt die Unterbrechung nach dem Schluss der mündlichen Verhandlung ein, so ist das Gericht berechtigt und verpflichtet,[250] seine auf Grund dieser Verhandlung zu erlassende Entscheidung zu verkünden (§ 249 Abs. 3 ZPO). Beratung und Beschlussfassung des Gerichts sind als interne Maßnahmen unabhängig von § 249 Abs. 3 ZPO zulässig (→ Rn. 70). Die Entscheidung kann zwar verkündet, aber während der Unterbrechung nicht wirksam zugestellt werden (→ Rn. 70; zu § 310 Abs. 3 ZPO → Rn. 73).[251] Die Verkündung ist unzulässig, wenn die Unterbrechung nach dem Schluss der mündlichen Verhandlung, aber vor Ablauf einer gemäß § 283 Satz 1 ZPO eingeräumten Schriftsatzfrist eintritt. Deren Lauf hört auf und beginnt nach Beendigung der Unterbrechung von neuem (§ 249 Abs. 1 ZPO). Dadurch wird regelmäßig auch der ursprünglich anberaumte Verkündungstermin (§ 283 Satz 1 Halbsatz 2 ZPO) hinfällig werden.[252] Eine Verkündung nach § 249 Abs. 3 ZPO ist auch dann unzulässig, wenn nach dem Schluss der mündlichen Verhandlung, aber vor der Eröffnung des Insolvenzverfahrens oder dem Übergang der Verfügungsbefugnis auf den vorläufigen Insolvenzverwalter ein nicht nachgelassener Schriftsatz eingegangen ist, der zur Wiedereröffnung der mündlichen Verhandlung zwingt (§ 156 ZPO).[253]

73 In einem Verfahren ohne mündliche Verhandlung (§ 128 Abs. 2 bis 4 ZPO) ist analog § 249 Abs. 3 ZPO die Verkündung zulässig, wenn die Unterbrechung nach dem Zeitpunkt eintritt, bis zu dem spätestens Schriftsätze eingereicht werden können (§§ 128 Abs. 2 Satz 2 ZPO). Ein Versäumnisurteil ohne mündliche Verhandlung (§ 331 Abs. 3 ZPO) kann auch nach der Eröffnung des Insolvenzverfahrens oder dem Übergang der Verfügungsbefugnis auf den vorläufigen Verwalter ergehen, wenn zu diesem Zeitpunkt die Frist des § 276 Abs. 1 Satz 1 ZPO ohne Anzeige der Verteidigungsbereitschaft abgelaufen war und der Kläger Antrag auf Versäumnisurteil gestellt hat.[254] Entsprechendes gilt für den Erlass eines Anerkenntnisurteils ohne mündliche Verhandlung (§ 307 Satz 2 ZPO). Soweit in diesen Fällen die Zustellung die Verkündung ersetzt (§ 310 Abs. 3 ZPO), ist sie zulässig und wirksam. Die Zustellung bewirkt aber nicht, dass nach Beendigung der Unterbrechung die Einspruchs- oder Rechtsmittelfrist neu zu laufen beginnt. Vielmehr bedarf es hierzu einer erneuten Zustellung.[255] Entsprechend § 249 Abs. 3 ZPO kann auch ein Rechtsmittel, das bereits vor der Unterbrechung unzulässig war, durch Beschluss verworfen werden (§§ 522, 552 ZPO).[256]

74 **c) Nicht durch § 249 Abs. 3 ZPO zugelassene Entscheidungen.** Ergeht während der Unterbrechung eine richterliche Entscheidung, die nicht unter § 249 Abs. 3 ZPO fällt, so ist sie nicht nichtig, sondern anfechtbar.[257] Dies gilt zB für ein Versäumnisurteil gegen den Schuldner, welches das Gericht in Unkenntnis der Unterbrechung erlässt,[258] oder für ein streitiges Urteil, das ergeht, nachdem die Anwälte in Unkenntnis der Eröffnung des Insolvenzverfahrens verhandelt haben.[259] Der Verwalter ist nach hM befugt, die gegen den Schuldner ergangene Entscheidung mit

---

248 Stein/Jonas/*Roth*, ZPO § 249 Rn. 14.

249 OLG Bamberg, NJW-RR 1989, 576; MüKoZPO/*Stackmann* § 249 Rn. 21; Stein/Jonas/*Roth*, ZPO vor § 239 Rn. 4, § 249 Rn. 14.

250 OLG Nürnberg JW 1931, 3571; Jaeger/*Windel* § 85 Rn. 103; Musielak/Voit/*Stadler*, ZPO § 249 Rn. 6; Stein/Jonas/*Roth*, ZPO § 249 Rn. 18; MüKoZPO/*Stackmann* § 249 Rn. 22.

251 Musielak/Voit/*Stadler*, ZPO § 249 Rn. 6.

252 MüKoZPO/*Stackmann* § 249 Rn. 24; Musielak/Voit/*Stadler*, ZPO § 251 Rn. 6.

253 MüKoZPO/*Stackmann* § 249 Rn. 24; Musielak/Voit/*Stadler*, ZPO § 249 Rn. 6.

254 Jaeger/*Windel* § 85 Rn. 134.

255 Jaeger/*Windel* § 85 Rn. 103.

256 BGH NJW 1959, 532; BGH Beschl. v. 10.10.2013 – III ZR 358/13, ZIP 2014, 148; BGH Beschl. v. 1.3.2016 – II ZR 197/14, BeckRS 2016, 05434; OLG Düsseldorf MDR 2001, 470; OLG Zweibrücken Beschl. v. 25.1.2017 – 4 U 159/16, BeckRS 2017, 115733; Jaeger/*Windel* § 85 Rn. 103; KPB/*Lüke* § 85 Rn. 42; Stein/Jonas/*Roth*, ZPO § 249 Rn. 19; MüKoZPO/*Stackmann* § 249 Rn. 24.

257 BGH NJW 1997, 1445; 1995, 2563; NZI 2004, 341; 2009, 783; 2011, 567; NJW-RR 2012, 1465; BFH Beschl. v. 24.5.2016 – IX B 36/16, BeckRS 2016, 95082; OLG Köln NJW-RR 1995, 891; ZIP 1988, 447; OLG Frankfurt OLGZ 1999, 77; LG Wuppertal DGVZ 1999, 184; siehe auch Jaeger/*Windel* § 85 Rn. 105; KPB/*Lüke* § 85 Rn. 43; Uhlenbruck/*Mock* § 85 Rn. 127; MüKoZPO/*Stackmann* § 249 Rn. 20; Musielak/Voit/*Stadler*, ZPO § 249 Rn. 5; Stein/Jonas/*Roth*, ZPO § 249 Rn. 15 ff.

258 OLG Köln ZIP 1988, 447.

259 BGH NJW 1995, 2563; BAG KTS 2001, 371.

den jeweils statthaften Rechtsbehelfen und Rechtsmitteln anzufechten.[260] Dieselbe Befugnis hat nach zutreffender Auffassung der Schuldner.[261] Das Rechtsmittel bzw. der Einspruch ist auch während der Unterbrechung zulässig.[262] Ist während der Verfahrensunterbrechung durch Eröffnung des Insolvenzverfahrens mündlich verhandelt und ein Urteil gegen den Schuldner erlassen worden, so liegt ein absoluter Revisionsgrund vor (§ 547 Nr. 4 ZPO).[263] Der Zulassungsgrund des § 547 Nr. 4 ZPO kann aber nur von der unzureichend vertretenen Partei geltend gemacht werden.[264] Ein Urteil über eine Insolvenzforderung, das während der Unterbrechung gegen den Schuldner ergeht und nicht von § 249 Abs. 3 ZPO gedeckt ist, verletzt § 87. Dieser Verstoß ist von Amts wegen zu beachten.[265] Dasselbe gilt für die fehlende Prozessführungsbefugnis des Schuldners, wenn das Gericht in Unkenntnis der Eröffnung des Insolvenzverfahrens über einen Gegenstand der Insolvenzmasse entschieden hat. Der Verwalter kann die Prozessführung des Schuldners genehmigen.[266] Wird die Entscheidung, die trotz der Unterbrechung ergeht, nicht rechtzeitig angefochten, so wird sie voll wirksam.[267] Eine Entscheidung des Bundesgerichtshofs kann auch dann, wenn sie während der Unterbrechung des Verfahrens durch Eröffnung des Insolvenzverfahrens über das Vermögen einer Partei ergangen ist, nicht angefochten werden.[268]

VII. Ende der Unterbrechung

Die Unterbrechung endet gemäß § 240 Satz 1 ZPO, wenn das Verfahren „nach den für das Insolvenzverfahren geltenden Vorschriften aufgenommen oder das Insolvenzverfahren beendet wird". 75

1. Aufnahme. a) Aufnahmebefugnis. Verfahren, in denen der Schuldner einen Anspruch verfolgt, der zur Insolvenzmasse gehört (Aktivprozesse), können zunächst nur vom Insolvenzverwalter aufgenommen werden. Verzögert der Verwalter die Aufnahme, so kann er auf Antrag des Gegners zur Aufnahme und zur Verhandlung über die Hauptsache geladen werden (§ 85 Abs. 1 Satz 2 iVm § 239 Abs. 2 bis 4 ZPO). Lehnt der Verwalter die Aufnahme ab, können sowohl der Schuldner als auch der Gegner den Rechtsstreit aufnehmen (§ 85 Abs. 2). Auch ein vorläufiger Insolvenzverwalter, auf den die Verwaltungs- und Verfügungsbefugnis über das Vermögen des Schuldners übergegangen ist, kann einen unterbrochenen Aktivprozess (§ 240 Satz 2 ZPO) aufnehmen (§§ 24 Abs. 2, 85 Abs. 1 Satz 1). Dagegen kann er die Aufnahme nicht mit Freigabewirkung ablehnen, da die Freigabe von Massegegenständen über den Sicherungszweck der vorläufigen Insolvenzverwaltung hinausginge. Auch kann der Gegner den vorläufigen Verwalter nicht zur Aufnahme und Verhandlung über die Hauptsache laden lassen (arg. §§ 24 Abs. 2, 85 Abs. 1 Satz 2, Abs. 2). Einzelheiten → § 85 Rn. 11 ff., 21. 76

Rechtsstreitigkeiten, welche die Aussonderung eines Gegenstandes aus der Insolvenzmasse, die abgesonderte Befriedigung oder eine Masseverbindlichkeit betreffen (Passivprozesse zur Teilungsmasse), können sowohl vom Insolvenzverwalter als auch vom Gegner aufgenommen werden (§ 86). Die Aufnahme ist auch durch und gegen einen vorläufigen Insolvenzverwalter, auf den die Verfügungsbefugnis über das Vermögen des Schuldners übergegangen ist, möglich (§ 24 Abs. 2). Für Einzelheiten → § 86 Rn. 17 ff. 77

Verfahren, die eine Insolvenzforderung zum Gegenstand haben (Passivprozesse zur Schuldenmasse), können zunächst nicht aufgenommen werden. Der Insolvenzgläubiger kann vielmehr seine Forderung, auch wenn sie bereits tituliert ist, nur durch Anmeldung zur Tabelle verfolgen (§§ 87, 174 ff.). Erst wenn die angemeldete Forderung im Prüfungstermin oder im schriftlichen Prüfungsverfahren bestritten wird, kann der Gläubiger den Rechtsstreit gegen den Bestreitenden aufnehmen 78

---

[260] BGH NJW 1997, 1445; BAG KTS 2001, 371; *Baur/Stürner* II, Insolvenzrecht, Rn. 9.80; Jaeger/*Windel* § 85 Rn. 106; KPB/*Lüke* § 85 Rn. 43; Stein/Jonas/*Roth*, ZPO § 249 Rn. 16; aA mit beachtlichen Gründen LG Stade KTS 1960, 46 ff.; OLG Köln ZIP 1988, 447 (mangelndes Rechtsschutzbedürfnis des Verwalters bei Einspruch gegen ein Versäumnisurteil, das nach Eröffnung des Insolvenzverfahrens gegen den Schuldner ergangen ist und eine Insolvenzforderung zuspricht).

[261] BGH NJW 1995, 2563; BAG KTS 2001, 371; OLG Köln NJW-RR 1995, 891; OLG Koblenz InVo 1997, 125; RGZ 64, 361, 363; Musielak/Voit/*Stadler*, ZPO § 249 Rn. 5; aA Jaeger/*Windel* § 85 Rn. 106.

[262] BGH NJW 1997, 1445 (Anm. *Grunsky* LM ZPO § 240 Nr. 26; *Pape* WuB VI B § 10 KO 1.97; *Kick* EWiR 1997, 313); NJW 1995, 2563; RGZ 88, 206; 90, 223, 225; 141, 306, 308; Jaeger/*Windel* § 85 Rn. 106; Musielak/Voit/*Stadler*, ZPO § 249 Rn. 5; Stein/Jonas/*Roth*, ZPO § 249 Rn. 16.

[263] BGH ZIP 1988, 446; BAG KTS 2001, 371; BGH, Beschluss vom 15.5.2007 – X ZR 20/05, BGHZ 172, 250 Rn. 7; Uhlenbruck/*Mock* § 85 Rn. 127; MüKoZPO/*Stackmann* § 249 Rn. 20; Stein/Jonas/*Roth*, ZPO § 249 Rn. 16.

[264] BGH Beschl. v. 22.12.2016 – IX ZR 259/15, NZI 2017, 540 Rn. 3.

[265] Jaeger/*Windel* § 85 Rn. 107; Uhlenbruck/*Mock* § 85 Rn. 129.

[266] Jaeger/*Windel* § 85 Rn. 107; Stein/Jonas/*Roth*, ZPO § 249 Rn. 17.

[267] Jaeger/*Windel* § 85 Rn. 105.

[268] BGH NZI 2004, 341.

(§§ 179, 180 Abs. 2, 184 Satz 2). War die Forderung tituliert, kann auch der Widersprechende den Rechtsstreit aufnehmen (§§ 179 Abs. 2, 180 Abs. 2). Widerspricht weder der Verwalter (Sachwalter, Treuhänder) noch ein Gläubiger noch der Schuldner persönlich der angemeldeten Insolvenzforderung, so erledigt sich der Rechtsstreit in der Hauptsache (§ 201 Abs. 2 Satz 1). Im Einzelnen → § 180 Rn. 15 ff., → § 184 Rn. 5. Unter Geltung der Konkursordnung konnte der Insolvenzgläubiger den Rechtsstreit ohne weiteres gegen den Schuldner aufnehmen, wenn er auf die Teilnahme am Insolvenzverfahren verzichtete; ein solches Vorgehen gegen den Schuldner persönlich außerhalb des Anwendungsbereichs des § 184 soll nun § 87 ausschließen.[269]

79 Ein gemäß § 240 ZPO unterbrochener Passivprozess des Schuldners, der nicht unter die §§ 86, 180 Abs. 2 fällt, ist analog § 86 aufzunehmen (→ § 86 Rn. 15 f.).

80 **b) Form.** Die Aufnahme erfolgt grundsätzlich durch Einreichung eines Schriftsatzes bei dem Gericht, bei dem das Verfahren anhängig ist, und Zustellung des Schriftsatzes an den Gegner (§ 250 ZPO).[270] Da die Prozessvollmacht des Anwalts des Schuldners durch die Eröffnung des Insolvenzverfahrens oder den Übergang der Verfügungsbefugnis über das Schuldnervermögen auf den vorläufigen Verwalter erlischt (→ Rn. 2 f.), darf auch der Aufnahmeschriftsatz dem Anwalt nicht mehr zugestellt werden.[271] In Amtsgerichtsprozessen kann die Einreichung des Schriftsatzes durch eine Erklärung zu Protokoll der Geschäftsstelle ersetzt werden (§ 496 ZPO). Die Aufnahme kann ungeachtet des § 250 ZPO auch in einer mündlichen Verhandlung erklärt werden, wenn beide Parteien anwesend sind.[272] Einer ausdrücklichen Aufnahmeerklärung bedarf es nicht; ausreichend ist, dass der Wille, den Rechtsstreit fortzusetzen, deutlich erkennbar ist.[273]

81 Bei Unterbrechung zwischen den Instanzen kann die Aufnahme zugleich mit der Einlegung des Rechtsmittels beim Rechtsmittelgericht erklärt werden. Die Einreichung der Rechtsmittelschrift kann eine stillschweigende Aufnahme enthalten.[274] Dass in diesen Fällen das Verfahren bei Einlegung des Rechtsmittels mangels Zustellung des Aufnahmeschriftsatzes noch unterbrochen ist, steht der Einlegung des Rechtsmittels nicht entgegen. Prozesshandlungen gegenüber dem Gericht sind nach hM auch während der Unterbrechung wirksam (→ Rn. 66).[275] Mit Rechtsmitteleinlegung gelangt der Prozess in die nächste Instanz, so dass der Aufnahmeschriftsatz ebenfalls beim Rechtsmittelgericht eingereicht werden kann.[276] Die Aufnahmeerklärung ist eine Prozesshandlung und unterliegt als solche dem Anwaltszwang (§ 78 Abs. 1 ZPO). Einen in der Revisionsinstanz unterbrochenen Prozess kann der Insolvenzverwalter über das Vermögen des Revisionsbeklagten bis zur Entscheidung über die Annahme der Revision durch einen beim Revisionsgericht einzureichenden Schriftsatz des Prozessbevollmächtigten zweiter Instanz aufnehmen.[277] Mängel der Aufnahmeerklärung sind gem. §§ 295 und 189 ZPO heilbar.[278] Entscheidet ein Berufungsgericht durch Zwischenurteil, dass eine Unterbrechung des Verfahrens fortdauere, weil die als Kläger auftretende Partei den Rechtsstreit nicht wirksam aufnehmen könne, so ist eine solche Entscheidung für die davon beschwerte Partei wie ein Endurteil mit der Revision anfechtbar.[279]

82 **c) Verfahren nach der Aufnahme.** Ein früher erster Termin, der vor der Unterbrechung festgelegt wurde und in die Zeit der Unterbrechung fällt, muss nach der Aufnahme erneut anberaumt werden. Fällt der ursprünglich festgelegte Termin in die Zeit nach der Aufnahme, so ist er regelmäßig zu verlegen, damit die Einlassungsfrist (§ 274 Abs. 3 ZPO), Klageerwiderungsfrist (§ 275 Abs. 1 Satz 1 ZPO) und Ladungsfrist (§ 217 ZPO), die neu zu laufen beginnen (§ 249 Abs. 1 ZPO), gewahrt werden.[280]

---

269 Begr. zu § 98 RegE (= § 87) BR-Drucks. 1/92 S. 137.

270 Im Patentnichtigkeitsverfahren genügt eine formlose Erklärung gegenüber dem Gericht: RGZ 141, 427, 429; K. Schmidt/*Sternal* § 85 Rn. 42; KPB/*Lüke* § 85 Rn. 55; Uhlenbruck/*Mock* § 85 Rn. 158, 160.

271 BGH NJW-RR 1989, 183; ZIP 1999, 75; KPB/*Lüke* § 85 Rn. 54.

272 RGZ 78, 343, 344; 86, 235, 240; 109, 47, 48; Jaeger/*Windel* § 85 Rn. 130.

273 BGHZ 111, 108 f.; Jaeger/*Windel* § 85 Rn. 130; KPB/*Lüke* § 85 Rn. 55; Uhlenbruck/*Mock* § 85 Rn. 159; Musielak/Voit/*Stadler*, ZPO § 250 Rn. 2; Stein/Jonas/*Roth*, ZPO § 250 Rn. 2. Siehe auch RGZ 140, 348, 352 (stillschweigende Aufnahme, wenn der Berechtigte die für die Aufnahme entscheidenden Tatsachen zugesteht und mündlich zur Sache verhandelt).

274 BGHZ 111, 104, 108 f.; s. a. BGH ZIP 2001, 578 (zulässige Aufnahmeerklärung in der Revisionsinstanz durch Prozessbevollmächtigten des Berufungsverfahrens).

275 BGHZ 50, 397 ff.; 111, 104, 108 f.; KPB/*Lüke* § 85 Rn. 56; MüKoZPO/*Stackmann* § 249 Rn. 17; Stein/Jonas/*Roth*, ZPO § 250 Rn. 4; im Ergebnis ebenso BGHZ 36, 258, 259 f. (Einreichung und Zustellung als natürliche Einheit); aA noch RGZ 66, 399, 401; 78, 343, 344.

276 Jaeger/*Windel* § 85 Rn. 131.

277 BGHZ 146, 372 (Anm. *Häcker* EWiR 2001, 551).

278 BGHZ 23, 172, 175; 50, 397, 400; Jaeger/*Windel* § 85 Rn. 130; Musielak/Voit/*Stadler*, ZPO § 250 Rn. 2.

279 BGH NZI 2005, 64.

280 Jaeger/*Windel* § 85 Rn. 133.

Der Vorsitzende kann den ursprünglich anberaumten frühen ersten Termin auch aufheben und zum schriftlichen Vorverfahren (§§ 272 Abs. 2, 276 ZPO) übergehen.[281] Hatte der Termin zurzeit der Unterbrechung des Verfahrens bereits stattgefunden, so werden die gegebenenfalls nach § 275 Abs. 3 und 4 ZPO gesetzten Fristen unterbrochen und beginnen, soweit es sich nicht um Datumsfristen handelt, nach der Aufnahme automatisch neu zu laufen (→ Rn. 63 f.).[282] Entsprechendes gilt, wenn die Unterbrechung während des schriftlichen Vorverfahrens eingetreten ist, für die Fristen der §§ 276 Abs. 1 Sätze 1 und 2, Abs. 3 ZPO. In Passivprozessen kann mit der Zustellung der Aufnahmeerklärung des Gegners eine Aufforderung analog § 276 Abs. 1 Satz 1, Abs. 2 ZPO an den Verwalter gerichtet werden. Zur entsprechenden Anwendung des § 249 Abs. 3 ZPO, wenn der Beklagte vor der Unterbrechung seine Verteidigungsbereitschaft nicht rechtzeitig angezeigt oder den Anspruch anerkannt hat, → Rn. 73 (§§ 331 Abs. 3, 276 Abs. 1 Satz 1, 307 Satz 2 ZPO).

2. Beendigung des Insolvenzverfahrens. Ist der Prozess nicht aufgenommen worden, so endet die Unterbrechung mit der Beendigung des Insolvenzverfahrens. Die Unterbrechung endet automatisch und ohne Rücksicht auf die Kenntnis der Parteien.[283] Gründe, die zur Beendigung des Insolvenzverfahrens führen, sind die Aufhebung des Eröffnungsbeschlusses auf sofortige Beschwerde des Schuldners (§ 34 Abs. 2), die Aufhebung des Insolvenzverfahrens nach Vollzug der Schlussverteilung (§ 200 Abs. 1) oder nach rechtskräftiger Bestätigung eines Insolvenzplans (§ 258 Abs. 1) sowie die Einstellung des Insolvenzverfahrens gemäß §§ 207, 211, 212 oder 213. Die Unterbrechung endet mit Wirkung für die Zukunft, nicht rückwirkend.[284] Sie endet, wenn der entsprechende Beschluss wirksam wird. Die Aufhebung des Eröffnungsbeschlusses wird mit formeller Rechtskraft der Aufhebungsentscheidung wirksam (§ 6 Abs. 3 Satz 1), es sei denn, dass das Beschwerdegericht die sofortige Wirksamkeit anordnet (§ 6 Abs. 3 Satz 2).[285] Der Beschluss über die Aufhebung (§§ 200, 258) oder die Einstellung des Insolvenzverfahrens (§§ 207, 211 bis 213) wird wirksam, sobald nach dem Tag der Veröffentlichung des Beschlusses zwei Tage verstrichen sind (§ 9 Abs. 1 Sätze 1 und 3 iVm §§ 200 Abs. 2, 258 Abs. 3, 215 Abs. 1).[286] Für die Wirksamkeit der Einstellungsbeschlüsse nach §§ 207, 212 oder § 213 ist ihre formelle Rechtskraft (§ 216 Abs. 1) nicht erforderlich.[287] 83

Der Anwalt einer Partei in dem unterbrochenen Verfahren muss geeignete Maßnahmen treffen, dass er von dem Ende des Insolvenzverfahrens und dem damit verbundenen Neubeginn des Fristenlaufs erfährt. Unterlässt er solche Maßnahmen schuldhaft und versäumt er infolgedessen eine nach Beendigung des Insolvenzverfahrens neu laufende Rechtsmittelbegründungsfrist, so scheidet eine Wiedereinsetzung der vertretenen Partei in den vorigen Stand aus (§ 85 Abs. 2 ZPO).[288] 84

3. Aufhebung der Sicherungsmaßnahme. Die Unterbrechung nach § 240 Satz 2 ZPO endet auch dann, wenn die Bestellung des vorläufigen Insolvenzverwalters und/oder das allgemeine Verfügungsverbot aufgehoben werden (§ 25).[289] 85

4. Freigabe. Die Unterbrechung endet in den Fällen des § 85 nicht schon dadurch, dass der Verwalter die Aufnahme des Verfahrens ablehnt und damit den streitbefangenen Gegenstand aus der Masse freigibt. Vielmehr müssen der Schuldner oder der Gegner den Rechtsstreit aufnehmen, um die Unterbrechung zu beenden.[290] Dafür spricht nicht nur der Wortlaut des § 85 Abs. 2, sondern auch die Interessenlage des Prozessgegners. Denn der Verwalter kann die Ablehnung dem Schuldner gegenüber erklären, ohne dass der Gegner davon Kenntnis erhält. Die Aufnahme durch den Schuldner erfolgt dagegen in der Regel durch Zustellung des Aufnahmeschriftsatzes an den Gegner (§ 250 ZPO), so dass dieser insbesondere vom Neubeginn des Fristenlaufs (§ 249 Abs. 1 ZPO) erfährt.[291] 86

Gibt der Verwalter einen massezugehörigen Gegenstand nach Aufnahme oder Beginn des Rechtsstreits frei, so gilt § 265 Abs. 2 ZPO entsprechend.[292] 87

---

281 Str. Jaeger/*Windel* § 85 Rn. 133 mwN.

282 Jaeger/*Windel* § 85 Rn. 135.

283 RGZ 122, 51, 55; BGH NJW 1990, 1239; Jaeger/*Windel* § 85 Rn. 108.

284 Jaeger/*Windel* § 85 Rn. 108.

285 BGH WM 1985, 750; MüKoZPO/*Stackmann* § 240 Rn. 30. Die Unterbrechung endet nicht dadurch, dass im Beschwerdeverfahren die Aussetzung der Vollziehung des Eröffnungsbeschlusses gemäß § 572 Abs. 2, Abs. 3 ZPO angeordnet wird: AG Düsseldorf KTS 1963, 126.

286 BGHZ 64, 1, 3; Jaeger/*Windel* § 85 Rn. 109; Uhlenbruck/*Mock* § 85 Rn. 134.

287 BGHZ 64, 1, 2 f.; NJW 1990, 1239; Uhlenbruck/*Mock* § 85 Rn. 134.

288 BGH NJW 1990, 1239, 1240 (Anm. *Münch* EWiR 1990, 513); *Wagner* KTS 1997, 567.

289 KPB/*Lüke* § 85 Rn. 46.

290 BGHZ 36, 258, 261 f.; NJW 1990, 1239; 1970, 1790; MüKoZPO/*Stackmann* § 240 Rn. 39; Stein/Jonas/*Roth*, ZPO § 240 Rn. 22; aA RGZ 122, 51, 55 f.; 138, 69, 71; Schleswig-Holsteinisches OLG, OLGR Schleswig 2002, 65.

291 BGHZ 36, 258, 261 ff.; NJW 1990, 1239; Jaeger/*Windel* § 85 Rn. 130; Stein/Jonas/*Roth*, ZPO § 240 Rn. 42.

292 Str. aA BGHZ 46, 249, 252; WM 1992, 1407, 1408; Stein/Jonas/*Roth*, ZPO § 240 Rn. 22.

88 **5. Verzicht auf die Teilnahme am Insolvenzverfahren.** Auch der Verzicht eines Insolvenzgläubigers auf die Haftung der Insolvenzmasse beseitigt nicht automatisch die Unterbrechung eines über die Insolvenzforderung anhängigen Rechtsstreits. Unter Geltung der Konkursordnung konnte jedoch der Insolvenzgläubiger, nachdem er den Verzicht erklärt hatte, den Rechtsstreit gegen den Schuldner aufnehmen.[293] Nach der Begründung zu § 98 RegE (= § 87 InsO)[294] schließt nunmehr § 87 ein Vorgehen des Insolvenzgläubigers gegen den Schuldner persönlich unter Verzicht auf die Haftung der Insolvenzmasse aus (→ § 184 Rn. 7).

89 **6. Auswirkungen der Beendigung des Insolvenzverfahrens auf Prozesse des Verwalters.** Ein Verfahren, das durch oder gegen den Insolvenzverwalter aufgenommen oder begonnen wurde, wird bei Beendigung des Insolvenzverfahrens grundsätzlich entsprechend §§ 239, 242 ZPO unterbrochen.[295] Hatte der Verwalter einen Prozessbevollmächtigten bestellt, so wird das Verfahren nicht unterbrochen, kann aber auf Antrag ausgesetzt werden (§ 246 ZPO). Die von dem Verwalter erteilte Prozessvollmacht bleibt bestehen.[296] Die Verwaltungs- und Prozessführungsbefugnis über die Insolvenzmasse geht mit der Beendigung des Insolvenzverfahrens auf den Schuldner über.

90 Besonderheiten gelten für Forderungsfeststellungsprozesse (§§ 179 ff.). Sie können auch nach Aufhebung des Insolvenzverfahrens gemäß § 200 Abs. 1 mit unveränderten Anträgen zwischen den bisherigen Parteien fortgesetzt werden. Diese streiten dann um die gemäß §§ 189 Abs. 2, 198 hinterlegten Beträge, die zuvor bei den Verteilungen für die umstrittene Forderung zurückbehalten wurden. Der Feststellungsprozess wird unabhängig davon fortgesetzt, ob ein Insolvenzverwalter (Sachwalter, Treuhänder, Eigenverwalter) oder ein Insolvenzgläubiger der Forderung widersprochen hat (→ § 179 Rn. 46).[297] Bei einer Einstellung des Insolvenzverfahrens und bei einer Aufhebung gemäß § 258 Abs. 1 werden dagegen keine Anteile für die bestrittene Forderung hinterlegt. Der Feststellungsprozess gegen den widersprechenden Verwalter wird in diesem Fall analog §§ 239, 242, 246 ZPO unterbrochen bzw. kann ausgesetzt werden. Der Feststellungsprozess gegen einen widersprechenden Gläubiger wird nicht unterbrochen, erledigt sich aber in der Hauptsache (→ § 179 Rn. 48 ff., 55). Besonderheiten gelten auch für Insolvenzanfechtungsprozesse.[298]

§ 85 Aufnahme von Aktivprozessen

(1) [1]Rechtsstreitigkeiten über das zur Insolvenzmasse gehörende Vermögen, die zur Zeit der Eröffnung des Insolvenzverfahrens für den Schuldner anhängig sind, können in der Lage, in der sie sich befinden, vom Insolvenzverwalter aufgenommen werden. [2]Wird die Aufnahme verzögert, so gilt § 239 Abs. 2 bis 4 der Zivilprozeßordnung entsprechend.

(2) Lehnt der Verwalter die Aufnahme des Rechtsstreits ab, so können sowohl der Schuldner als auch der Gegner den Rechtsstreit aufnehmen.

Schrifttum: Siehe vor § 85.

Übersicht

[293] BGHZ 72, 234 ff.; *Jaeger/Henckel* KO (9. Aufl.), § 12 Rn. 8; *Kuhn/Uhlenbruck* KO (11. Aufl.) Vor § 10 Rn. 21, § 12 Rn. 5; jeweils mwN.

[294] BR-Drucks. 1/92 S. 137; Uhlenbruck/*Mock* § 85 Rn. 44.

[295] Str. Wie hier OLG Köln ZIP 1987, 1004; RGZ 155, 350, 353 f. (für Ende einer Testamentsvollstreckung); offen lassend BGH NZI 2015, 756; 2011, 443; ausführlich Jaeger/*Windel* § 80 Rn. 205 ff. mwN; KPB/*Lüke* § 85 Rn. 49; Uhlenbruck/*Mock* § 85 Rn. 139; Stein/Jonas/*Roth*, ZPO § 240 Rn. 34; MüKoZPO/*Stackmann* § 240 Rn. 30.

[296] RGZ 73, 312, 314; Jaeger/*Windel* § 80 Rn. 207; Uhlenbruck/*Mock* § 85 Rn. 142; Stein/Jonas/*Roth*, ZPO § 240 Rn. 34.

[297] *Jaeger/Weber* KO, § 146 Rn. 43; Uhlenbruck/*Mock* § 85 Rn. 142.

[298] BGHZ 83, 102, 104 ff.

I. Normzweck

1 § 85 ergänzt § 240 ZPO. Mit der Verfügungsbefugnis über die Insolvenzmasse (§§ 80, 22 Abs. 1, 21 Abs. 2 Satz 1 Nr. 1 und 2) verliert der Schuldner auch die Prozessführungsbefugnis für Verfahren, welche die Insolvenzmasse betreffen. Sind diese Verfahren zurzeit des Übergangs der Verfügungsbefugnis rechtshängig, so werden sie unterbrochen, bis sie nach den für das Insolvenzverfahren geltenden Vorschriften aufgenommen werden oder das Insolvenzverfahren endet (§ 240 ZPO; → vor § 85, Rn. 1 ff.). § 85 (iVm § 24 Abs. 2) regelt die Aufnahme unterbrochener Prozesse des Schuldners, in denen ein Recht zugunsten der späteren Teilungsmasse in Anspruch genommen wird (Aktivprozesse). Diese Verfahren kann zunächst nur der Verwalter aufnehmen. Er ist hierzu jedoch nicht gezwungen. Hält der Verwalter den Prozess für aussichtslos oder sind bei zweifelhaften Erfolgsaussichten die Kosten nicht durch die Masse gedeckt, so kann der Verwalter die Aufnahme ablehnen mit der Folge, dass der Prozess zwischen dem Gegner und dem Schuldner fortgesetzt werden kann (Abs. 2).[1] Die Ablehnung der Aufnahme und die damit notwendig verbundene Freigabe des Streitgegenstands (→ Rn. 23 f.) ist als (negative) Verwertungsentscheidung dem Verwalter des eröffneten Insolvenzverfahrens vorbehalten (§ 24 Abs. 2; → Rn. 21).[2]

II. Entstehungsgeschichte

2 § 85 entspricht § 10 KO. Die Vorschrift blieb im Gesetzgebungsverfahren im Wesentlichen[3] unverändert. Im Gesamtvollstreckungsverfahren galten § 240 ZPO (→ § 85 Rn. 4) und §§ 10 bis 12 KO[4] entsprechend. Im Vergleichsverfahren waren § 240 ZPO und damit auch §§ 10 bis 12 KO nicht anwendbar (→ vor § 85 Rn. 4).

III. Aktivprozess

3 **1. Definition.** § 85 regelt die Aufnahme von Rechtsstreitigkeiten, in denen ein Recht zugunsten der späteren Teilungsmasse in Anspruch genommen wird (Aktivprozesse).[5] Wird ein Recht zu Lasten der Insolvenzmasse beansprucht (Passivprozess), ist zu unterscheiden: Stellt das geltend gemachte Recht ein Aus- oder Absonderungsrecht oder eine Masseverbindlichkeit dar (Passivprozess zur Teilungsmasse),[6] so richtet sich die Aufnahme nach § 86. Ist eine Insolvenzforderung Gegenstand des unterbrochenen Rechtsstreits, so liegt ein „Passivprozess zur Schuldenmasse" vor, der erst nach

---

1 Dazu Motive zur KO, S. 43 = *Hahn* IV, S. 67.

2 Siehe KPB/*Pape* § 24 Rn. 11.

3 Es wurde lediglich der Verweis des § 91 Abs. 1 Satz 2 DE auf § 239 ZPO insgesamt in einen Verweis auf § 239 Abs. 2 bis 4 ZPO geändert (§§ 91 Abs. 1 Satz 2 RefE, 96 Abs. 1 Satz 2 RegE, 85 Abs. 1 Satz 2).

4 BGH ZIP 1999, 75, 76 (entsprechende Anwendung des § 11 KO bzw. § 86 InsO); *Kilger/K. Schmidt* KO § 5 GesO Anm. 4a; KPB/*Lüke* § 85 Rn. 4; *Pape/Voigt* WiB 1995, 618 ff.

5 BGHZ 36, 258, 260; Jaeger/*Windel* § 85 Rn. 113; Uhlenbruck/*Mock* § 85 Rn. 145 f.; MüKoZPO/*Stackmann* § 240 Rn. 37; Stein/Jonas/*Roth*, ZPO § 240 Rn. 20.

6 Stein/Jonas/*Roth*, ZPO § 240 Rn. 24 f.

Anmeldung, Prüfung und Widerspruch gegen die Forderung aufgenommen werden kann (§§ 87, 174 ff., 180 Abs. 2, 184 Abs. 1 Satz 2).[7]

4 Auf die Parteirolle des Schuldners kommt es für die Einordnung grundsätzlich nicht an.[8] In der Regel wird der Schuldner Kläger des Aktivprozesses sein. Denkbar sind aber auch Aktivprozesse, in denen der Schuldner Beklagter ist.[9] So etwa bei einer Klage gegen den Schuldner auf Feststellung, dass ein von diesem behaupteter, zur Insolvenzmasse gehörender Anspruch nicht (mehr) bestehe.[10] Umgekehrt kann der Schuldner Kläger eines Passivprozesses sein, zB wenn er auf Feststellung des Nichtbestehens einer Insolvenzforderung klagt[11] oder Vollstreckungsgegenklage erhoben hat.[12] Sind in einem Rechtsstreit Klage und Widerklage erhoben, so kann die eine Aktiv-, die andere Passivprozess sein.[13] Entsprechendes gilt, wenn der Schuldner wegen eines Zahlungs- und eines Feststellungsbegehrens in Anspruch genommen wird und zum Zeitpunkt der Unterbrechung zur Vermeidung der Zwangsvollstreckung auf den Zahlungsanspruch bereits gezahlt hatte. Hinsichtlich des Zahlungsanspruchs liegt dann ein gemäß § 85 aufzunehmender Aktivprozess vor (→ Rn. 9 f.), bezüglich des Feststellungsanspruchs ein Passivprozess, der nur nach Anmeldung der Forderung mit einem gemäß § 45 geschätzten Wert sowie Prüfung und Widerspruch gegen die Forderung aufgenommen werden kann (§§ 180 Abs. 2, 184 Abs. 1 Satz 2).[14]

5 **2. Unbeachtlichkeit von Verteidigungsmitteln.** Für die Einordnung als Aktiv- oder Passivprozess kommt es auf das mit der Klage geltend gemachte Recht an, nicht auf mögliche Verteidigungsmittel des Beklagten. So wird ein Passivprozess zur Schuldenmasse nicht dadurch (teilweise) zum Aktivprozess, dass der Schuldner die Aufrechnung mit einer Gegenforderung geltend gemacht hat. Die Gegenforderung wird ungeachtet der in §§ 204 Abs. 1 Nr. 5 BGB, 322 Abs. 2 ZPO bestimmten Rechtsfolgen der Aufrechnung nicht rechtshängig. Der Prozess kann nur nach Maßgabe der §§ 87, 180 Abs. 2, 184 Satz 2 aufgenommen werden.[15] Eine Aufnahme nach § 85 kommt aber in Betracht, wenn der Kläger zurzeit der Unterbrechung seine Forderung bereits auf Grund Vorbehaltsurteils gemäß § 302 ZPO beigetrieben hatte und nur noch das Nachverfahren über die Aufrechnung anhängig ist (→ Rn. 10).

6 Entgegen teilweise vertretener Ansicht[16] bildet auch eine Unterlassungsklage gegen den Schuldner, die sich gegen dessen eingerichteten Gewerbebetrieb richtet, keinen Aktivprozess. Gegenstand dieser Klage ist der Unterlassungsanspruch, nicht das Recht, mit dem sich der Schuldner verteidigt (zur Aufnahme des Prozesses → § 86 Rn. 14 f.).[17]

7 **3. Unbeachtlichkeit des Kostenerstattungsanspruchs.** Für die Frage, ob das unterbrochene Verfahren als Aktiv- oder Passivprozess anzusehen ist, kommt es auf die Hauptsache an. Kostenerstattungsansprüche bleiben grundsätzlich außer Betracht.[18] So wird ein Passivprozess zur Schuldenmasse nicht dadurch zum Aktivprozess, dass der Schuldner möglicherweise Erstattung seiner Prozesskosten vom Gegner verlangen kann. Meldet der klagende Insolvenzgläubiger seine Forderung nicht zur Tabelle an oder nimmt er das Verfahren nicht gegen den bestreitenden Verwalter auf, so hat dieser keine Möglichkeit, den Kostenerstattungsanspruch zugunsten der Masse zu realisieren.[19]

8 War jedoch der gegen den Schuldner anhängige Rechtsstreit vor der Unterbrechung durch Zurücknahme der Klage oder des Rechtsmittels in der Hauptsache beendet, wegen der Kosten aber noch anhängig, liegt unabhängig vom Gegenstand der Hauptsache ein Aktivverfahren über den Kostenerstattungsanspruch des Schuldners vor (§§ 269 Abs. 3 Satz 2, 516 Abs. 3 Satz 1 ZPO). Der Verwalter kann das Verfahren nach § 85 Abs. 1 Satz 1 wegen der Kosten aufnehmen.[20] Entsprechen-

---

7 Stein/Jonas/*Roth*, ZPO § 240 Rn. 26 ff.

8 BGHZ 36, 258, 260; NJW 1995, 1750; K. Schmidt/*Sternal* § 85 Rn. 37.

9 BGHZ 36, 258, 260; NJW 1995, 1750; RGZ 73, 276, 277; unzutreffend aber RGZ 45, 374, 376; 134, 377, 379 für Unterlassungsklagen gegen den Schuldner.

10 RGZ 73, 276; Uhlenbruck/*Mock* § 85 Rn. 147; Stein/Jonas/*Roth*, ZPO § 240 Rn. 20.

11 RGZ 70, 368, 371; Jaeger/*Windel* § 85 Rn. 113; Uhlenbruck/*Mock* § 85 Rn. 145.

12 BGH Beschl. v. 10.5.2016 – XI ZR 46/14, NZI 2016, 657 Rn. 10.

13 BGH ZIP 2018, 130; RGZ 63, 364, 366; 122, 51, 53; LAG Nürnberg LAGE § 66 ArbGG 1979 Nr. 21; Jaeger/*Windel* § 85 Rn. 113; Uhlenbruck/*Mock* § 85 Rn. 149.

14 BGH NJW 1995, 1750.

15 RG JW 1915, 1437; Jaeger/*Windel* § 85 Rn. 114; Uhlenbruck/*Mock* § 85 Rn. 149.

16 RGZ 45, 374, 376; 134, 377, 379; BGH NJW 1966, 51; KG ZInsO 2001, 959; VGH Kassel NZI 2012, 765 (Anfechtungsklage gegen Unterlassungsverfügung); KPB/*Lüke* § 85 Rn. 53b; Uhlenbruck/*Mock* § 85 Rn. 148; aA nunmehr BGH NZI 2010, 811.

17 K. Schmidt/*Sternal* § 86 Rn. 5.

18 RGZ 16, 358, 360; 86, 394, 396; K. Schmidt/*Sternal* § 85 Rn. 38; Uhlenbruck/*Mock* § 85 Rn. 152.

19 Jaeger/*Windel* § 85 Rn. 119.

20 Jaeger/*Windel* § 85 Rn. 119 ff.; Uhlenbruck/*Mock* § 85 Rn. 152.

des gilt, wenn der Schuldner und der Gegner den Rechtsstreit vor der Unterbrechung für erledigt erklärt haben, ohne dass vor oder nach der Unterbrechung (§ 249 Abs. 3 ZPO) eine Kostenentscheidung nach § 91a ZPO ergangen ist.[21] → vor § 85 Rn. 23 und → § 180 Rn. 27.

9 **4. Maßgeblicher Zeitpunkt.** Für die Frage, ob ein Rechtsstreit als Aktivprozess im Sinne des § 85 anzusehen ist, kommt es auf die Zeit der Unterbrechung an.[22] Ein Verfahren, das aus Sicht des Schuldners als Passivprozess begonnen hat, kann zurzeit der Unterbrechung Aktivprozess sein. So zB, wenn der Schuldner vor Eröffnung des Insolvenzverfahrens oder Übergang der Verfügungsbefugnis auf den vorläufigen Verwalter vorläufig vollstreckbar zur Zahlung verurteilt worden ist und der Kläger daraufhin Befriedigung für seine Forderung erlangt hat.[23] Der zurzeit der Unterbrechung anhängige Rechtsstreit betrifft dann die Frage, ob der Gläubiger die Zahlung behalten darf. Der (vorläufige) Verwalter kann das Verfahren gemäß § 85 Abs. 1 Satz 1 (iVm. § 24 Abs. 2) aufnehmen. Dies gilt auch dann, wenn der Schuldner bislang nur Klagabweisung beantragt, also noch keinen Schadensersatz- oder Bereicherungsanspruch gemäß § 717 Abs. 2 und 3 ZPO geltend gemacht hat.[24] Unzutreffend ist die Auffassung, das Verfahren betreffe wegen der Befriedigung des Klägers die Insolvenzmasse gar nicht mehr und werde deshalb nicht gemäß § 240 ZPO unterbrochen.[25] Die Masse ist infolge der Befriedigung des Gläubigers zwar nicht mehr passiv, wohl aber aktiv betroffen (→ vor § 85 Rn. 27).[26] Umgekehrt liegt ein Aktivprozess im Sinne von § 85 Abs. 1 InsO nicht mehr vor, wenn über einen von dem Schuldner erhobenen Anspruch zu dessen Gunsten erkannt, die ausgeurteilte Leistung zur Abwendung der Zwangsvollstreckung erbracht worden ist und der Titelschuldner im Rechtsmittelverfahren wegen seiner Leistung gemäß § 717 Abs. 2 ZPO Ersatz verlangt.[27] Entsprechendes gilt, wenn der Titelschuldner gegenüber dem Schuldner statt eines Anspruchs aus § 717 Abs. 2 ZPO einen separaten Schadensersatzanspruch geltend macht.[28] Der Verwalter ist auch dann zur Aufnahme befugt, wenn der Kläger auf Grund des vorläufig vollstreckbaren Urteils vor der Vollstreckung eine Sicherheitsleistung von dem beklagten Schuldner erhalten hat.[29] Allerdings sollte in diesem Fall entsprechend § 86 auch dem Kläger die Aufnahme gestattet sein, der weiterhin sein Recht zur Befriedigung aus der Sicherheit verfolgt.

10 Ein Aktivprozess liegt auch vor, wenn der Kläger auf Grund eines Vorbehaltsurteils gegen den Schuldner Befriedigung oder Sicherung erlangt hat (§§ 599 Abs. 3, 302 Abs. 3 ZPO) und das anhängige Nachverfahren unterbrochen wurde. Der Verwalter ist befugt, das Nachverfahren gemäß § 85 Abs. 1 aufzunehmen.[30]

IV. Aufnahme (Abs. 1 Satz 1)

11 **1. Aufnahmebefugnis.** Im eröffneten Insolvenzverfahren ist zunächst nur der Insolvenzverwalter zur Aufnahme berechtigt (Abs. 1 Satz 1). Nimmt der Gegner das Verfahren auf und lässt sich der Verwalter zur Sache auf den aufgenommenen Rechtsstreit ein, so kann dies als stillschweigende Aufnahme durch den Verwalter angesehen werden (→ § 179 Rn. 21).[31] Zur Aufnahme eines Rechtsstreits mit erheblichem Streitwert muss der Verwalter die Zustimmung des Gläubigerausschusses, mangels Gläubigerausschusses die Zustimmung der Gläubigerversammlung einholen (§ 160 Abs. 2 Nr. 3). Eine ohne die erforderliche Zustimmung erklärte Aufnahme oder Ablehnung der Aufnahme ist gleichwohl wirksam (§ 164).[32] Lehnt der Verwalter die Aufnahme ab, geht die Befugnis zur Aufnahme auf den Gegner und den Schuldner über (Abs. 2).

12 Auch die Eröffnung eines Eigenverwaltungsverfahrens (§§ 270 ff.) unterbricht Prozesse des Schuldners, welche die Insolvenzmasse berühren (→ § 85 Rn. 6). Zur Aufnahme ist der Schuldner befugt, nicht der Sachwalter (zur Ablehnung → Rn. 25). Das ist zwar im Gesetz nicht ausdrücklich gesagt, ergibt sich aber daraus, dass der Schuldner die Verfügungs- und damit auch die Prozessfüh-

---

21 Jaeger/*Windel* § 85 Rn. 121; siehe dort Rn. 85 bis 99 für weitere Fälle der Erledigung der Hauptsache.
22 aA (Zeitpunkt der Entscheidung über die Aufnahme) Jaeger/*Windel* § 85 Rn. 113; K. Schmidt/*Sternal* § 85 Rn. 37; Uhlenbruck/*Mock*, § 86 Rn. 3; offen lassend BGH Beschl. v. 6.12.2016 – XI ZR 46/14, BeckRS 2016, 113449 Rn. 11.
23 BGHZ 36, 258 ff.; BGH NJW NJW 1995, 1750; RGZ 85, 214, 219; 86, 394, 396; Jaeger/*Windel* § 85 Rn. 115; K. Schmidt/*Sternal* § 85 Rn. 38 f.; Uhlenbruck/*Mock* § 85 Rn. 150 mwN.
24 BGHZ 36, 258, 264; Jaeger/*Windel* § 85 Rn. 115.
25 AA OLG Celle KTS 1969, 107.
26 Jaeger/*Windel* § 85 Rn. 115; Uhlenbruck/*Mock* § 85 Rn. 150.
27 BGH NJW-RR 2004, 925 (zust. *Johlke/Schröder* EWiR 2004, 813); ZIP 2018, 130.
28 BGH NZI 2005, 394.
29 Uhlenbruck/*Mock* § 85 Rn. 151; Jaeger/*Windel* § 85 Rn. 115.
30 Jaeger/*Windel* § 85 Rn. 115.
31 RG JW 1902, 423 Nr. 27; Uhlenbruck/*Mock* § 85 Rn. 159.
32 Jaeger/*Windel* § 85 Rn. 127; Uhlenbruck/*Mock* § 85 Rn. 154.

rungsbefugnis über die Insolvenzmasse behält (§ 270), solange das Gesetz keine besondere Zuständigkeit des Sachwalters vorsieht.[33] Auch der Eigenverwalter hat die Einwilligung des Gläubigerausschusses bzw. der Gläubigerversammlung einzuholen, bevor er einen Rechtsstreit mit erheblichem Streitwert aufnimmt (§§ 276 Satz 2, 160 Abs. 2 Nr. 3).

13 Im Eröffnungsverfahren kann ein vorläufiger Insolvenzverwalter, auf den die Verwaltungs- und Verfügungsbefugnis über das Vermögen des Schuldners übergegangen ist (§§ 21 Abs. 2 Nr. 1, Nr. 2; 22 Abs. 1), den unterbrochenen Aktivprozess aufnehmen (§ 240 Satz 2 ZPO iVm §§ 24 Abs. 2, 85 Abs. 1 Satz 1).

14 **2. Form.** → vor § 85 Rn. 80 f.

15 **3. Wirkung.** Durch die Aufnahme endet die Unterbrechung des Rechtsstreits (§ 240). Der volle Lauf unterbrochener Prozessfristen beginnt von neuem (§ 249 Abs. 1 ZPO; → vor § 85 Rn. 62 ff.). Der Verwalter wird, folgt man der Amtstheorie, als Rechtsnachfolger des Schuldners Partei des Prozesses. Nach zutreffender Auffassung tritt der gesetzliche Parteiwechsel schon mit Eröffnung des Insolvenzverfahrens bzw. Bestellung des vorläufigen Verwalters unter Anordnung eines allgemeinen Verfügungsverbots für den Schuldner ein, nicht erst mit der Aufnahme.[34] Schon vor der Aufnahme kann deshalb der Verwalter ein Urteil anfechten, das entgegen § 249 Abs. 3 ZPO gegen den Schuldner ergangen ist,[35] oder einen Rechtsmittelverzicht erklären (→ vor § 85 Rn. 74).[36]

16 Der Verwalter ist an die bisherigen Prozesshandlungen und Unterlassungen des Schuldners (zB Anerkenntnis, Geständnis) gebunden, soweit sie nicht der Insolvenzanfechtung unterliegen (§§ 129 ff.). Im Übrigen stehen dem Verwalter alle Angriffs- und Verteidigungsmittel zur Verfügung, die der Schuldner zurzeit der Unterbrechung hätte vorbringen können.[37] Nimmt der Verwalter die Klage zurück (§ 269 Abs. 3 ZPO), so verliert er dadurch nicht die Prozessführungsbefugnis über das streitige Recht.[38] Für das weitere Verfahren des Gerichts nach der Aufnahme → vor § 85 Rn. 82. Endet das Insolvenzverfahren vor Beendigung des aufgenommenen Prozesses, so tritt der Schuldner analog §§ 239, 242, 246 ZPO anstelle des Verwalters in den Prozess ein; eine von dem Verwalter erteilte Prozessvollmacht erlischt nicht infolge der Beendigung des Insolvenzverfahrens (→ vor § 85 Rn. 89 f.).

17 Ein Urteil, das in dem aufgenommenen Verfahren gegenüber dem Verwalter ergeht, wirkt Rechtskraft auch gegenüber dem Schuldner. Etwas anderes gilt, wenn das streitige Recht in Wahrheit nicht der Verfügungsmacht des Verwalters unterliegt.[39] Hat der Schuldner ein nicht der Zwangsvollstreckung unterliegendes Recht eingeklagt (§ 36 Abs. 1), so ist das Verfahren durch die Insolvenzeröffnung nicht unterbrochen und kann vom Verwalter nicht mit Wirkung gegenüber dem Schuldner aufgenommen und fortgesetzt werden. Hier wird schon die Aufnahme durch den Verwalter durch Endurteil abzuweisen sein. Entsprechendes gilt, wenn das Verfahren zwar unterbrochen, der Verwalter aber nicht zur Prozessführung befugt ist, weil er den Gegenstand des Rechtsstreits zuvor freigegeben oder die Aufnahme abgelehnt hat oder weil er nicht wirksam zum Verwalter bestellt worden ist.

18 Der Verwalter kann nach hM die Prozessführungsbefugnis für den Aktivprozess auch auf den Schuldner übertragen (gewillkürte Prozessstandschaft). Das erforderliche eigene Interesse des Schuldners soll sich, wenn der Schuldner eine natürliche Person ist, bereits aus seiner Rechtsträgerschaft ergeben.[40] Folgte man dem, so könnte der Verwalter das Prozesskostenrisiko grundsätzlich durch Übertragung der Prozessführung auf den Schuldner von der Masse abwälzen. Der Prozessgegner wäre bei für ihn positivem Prozessausgang regelmäßig auf einen wertlosen Kostenerstattungsanspruch gegen den Schuldner angewiesen. Denn der Neuerwerb des Schuldners während des Insolvenzverfahrens ist regelmäßig ebenso den Insolvenzgläubigern vorbehalten (§ 35) wie die pfändbaren Dienstbezüge des natürlichen Schuldners für die Dauer von sechs Jahren nach Abschluss des Insolvenzverfahrens (§§ 287 Abs. 2, 292 Abs. 1 Satz 2). Die Abwälzung des Kostenrisikos auf den mittellosen

---

[33] Begr. zu § 331 RegE (= § 270) BR-Drucks. 1/92 S. 223; *Häsemeyer,* Insolvenzrecht, Rn. 8.14; KPB/*Pape/Schaltke* § 270 Rn. 142.

[34] BGH NJW 1997, 1445; RGZ 53, 8, 9 f.; aA KPB/*Lüke* § 85 Rn. 57; Musielak/Voit/*Stadler,* ZPO § 240 Rn. 1; Stein/Jonas/*Roth,* ZPO § 240 Rn. 21.

[35] BGH NJW 1997, 1445.

[36] RGZ 45, 323, 329 f.

[37] Motive zur KO, S. 44 = *Hahn* IV, S. 68; Jaeger/*Windel* § 85 Rn. 132.

[38] Jaeger/*Windel* § 85 Rn. 132.

[39] Jaeger/*Windel* § 85 Rn. 138.

[40] BGH ZIP 1987, 793, 794; BGHZ 38, 281, 288 (Nachlassverwaltung); KPB/*Lüke* § 85 Rn. 57a; siehe aber auch BGH KTS 1965, 236 ff.; BGHZ 35, 180, 184 (insolvente Gesellschaft); 96, 151, 155 f.; OLG Oldenburg OLGR 1998, 233.

Schuldner widerspricht der Regel, dass die Kosten der Erfassung und Verwertung der Masse grundsätzlich aus Massemitteln zu bezahlen sind (zB §§ 26, 207; §§ 53 ff., 209).[41] Ein rechtlich schutzwürdiges Interesse des Schuldners an einer eigenen Prozessführung ist regelmäßig nicht gegeben.[42] Die Verwaltung der Insolvenzmasse und die Prozessführung hierüber ist dem Insolvenzverwalter zugewiesen (§ 80). Nimmt dieser einen aussichtsreichen Prozess nicht auf und gibt er das streitige Recht nicht frei, so ist der Schuldner durch einen möglichen Schadensersatzanspruch gegen den Verwalter hinreichend geschützt (§ 60).[43] Die Gefahr der höheren Nachhaftung des Schuldners (§ 201 Abs. 1) infolge unterlassener oder nachlässiger Prozessführung durch den Verwalter hat zudem nach Einführung der Restschuldbefreiung an Bedeutung verloren. Eine gewillkürte Prozessstandschaft des Schuldners für den Verwalter ist daher abzulehnen.[44]

4. Kosten. Verliert der Insolvenzverwalter den aufgenommenen Prozess, so ist nach bislang 19 herrschender Meinung seine Verpflichtung, die Prozesskosten zu tragen, in vollem Umfang, also auch hinsichtlich der vor der Unterbrechung entstandenen Kosten Masseverbindlichkeit (§ 55 Abs. 1 Nr. 1).[45] Der BGH hält hieran im Grundsatz fest, qualifiziert nunmehr jedoch die Kosten der Vorinstanzen als Insolvenzforderungen.[46] Eine Trennung der Prozesskosten nach Zeitabschnitten ist nach dieser Ansicht jedenfalls innerhalb einer Instanz nicht durchführbar, da die Gerichts- und Anwaltsgebühren, soweit es sich um Verfahrensgebühren handelt, nicht einzelne, sondern jeweils eine Gesamtheit gleichartiger Tätigkeiten bzw. Prozesshandlungen abdecken.[47] Im Übrigen seien die Kostenfestsetzungsorgane an eine Kostengrundentscheidung, die dem Verwalter die gesamten Prozesskosten auferlegt, gebunden, so dass jedenfalls eine Differenzierung erst im Festsetzungsverfahren nicht zulässig sei.[48]

Entgegen der hM ist einer differenzierenden Qualifikation der Kostenschuld der Vorzug zu 20 geben. Soweit die betreffenden Gebühren vor Eröffnung des Insolvenzverfahrens (bzw. dem Übergang der Verfügungsbefugnis über das Vermögen des Schuldners auf einen vorläufigen Verwalter) angefallen sind, ist die Forderung als Insolvenzforderung anzusehen. Nur für die danach entstandenen Kosten ist von einer Masseverbindlichkeit auszugehen (§ 55 Abs. 1 Nr. 1; Abs. 2).[49] Diese Differenzierung entspricht dem Rechtsgedanken des § 105 und vermeidet eine ungerechtfertigte, systemfremde Privilegierung des Kostengläubigers sowie eine entsprechende Benachteiligung der übrigen Insolvenzgläubiger.[50] Dass die Kosten eine Gesamtheit von Prozesshandlungen abdecken, schließt nicht aus, für die Qualifikation der Kostenforderung danach zu differenzieren, wann die jeweilige Gebühr angefallen ist.[51] Dies gilt insbesondere auch für die Kosten von Instanzen, die vor Eintritt des Insolvenzverwalters in den Rechtsstreit abgeschlossen wurden.[52] Auch eine Kostengrundentscheidung, die dem Verwalter die Kosten insgesamt auferlegt, kann differenzierend ausgelegt werden.[53] Es gilt hier nichts anderes als bei einer Verurteilung des Verwalters zur Leistung in der

---

41 *Häsemeyer,* Insolvenzrecht, Rn. 10.45.

42 Motive zur KO, S. 45 = *Hahn* IV S. 68 zum fehlenden Interventionsinteresse des Schuldners.

43 Motive zur KO, S. 45 = *Hahn* IV S. 68; Jaeger/*Windel* § 85 Rn. 145.

44 *Häsemeyer,* Insolvenzrecht, Rn. 10.44; Jaeger/*Windel* § 85 Rn. 145.

45 BGH NZI 2007, 104; BAG ZIP 2006, 109; OLG Frankfurt AnwBl. 1983, 569; ZIP 1981, 638; OLG Hamburg JurBüro 1974, 904; OLG Hamm JurBüro 1990, 1482; OLG Koblenz Rpfleger 1991, 335; OLG Köln JurBüro 1986, 1244; OLG Schleswig ZIP 1981, 1359; OLG Bremen ZInsO 2005, 1219; Jaeger/*Windel* § 85 Rn. 139; K. Schmidt/*Sternal* § 85 Rn. 45; Uhlenbruck/Stein/Jonas/*Roth,* ZPO § 240 Rn. 21.

46 BGH Beschluss vom 28.6.2016 – II ZR 364/13, NZI 2016, 829 Rn. 10.

47 BAG Beschl. v. 11.3.2015 – 10 AZB 101/14, BeckRS 2015, 67086 Rn. 11; OLG Frankfurt AnwBl. 83, 569; OLG Hamm JurBüro 1990, 1482 f.; BGH NZI 2007, 104.

48 OLG Frankfurt AnwBl. 83, 569; Rpfleger 1977, 372; OLG Hamm JurBüro 1990, 1482; OLG Köln JurBüro 1986, 1243; OLG Schleswig ZIP 1981, 1359; BGH NZI 2007, 104.

49 BFH DStRE 2002, 1412; OLG Hamm ZIP 1994, 1547; OLG Rostock ZIP 2001, 2145; LG Köln ZIP 2003, 1310; *Froehner* NZI 2016, 425; *Gaedeke* JW 1939, 733 ff.; KPB/*Lüke* § 85 Rn. 58 f.; *Pape* EWiR 1994, 1115; HKInsO/*Eickmann* § 85 Rn. 10; *Braun* § 85 Rn. 6; Uhlenbruck/*Mock* § 85 Rn. 166; *Uhlenbruck* ZIP 2001, 1988 f.; *Heiderhoff* ZIP 2002, 1564 f.

50 KPB/*Lüke* § 85 Rn. 59. Zu § 105 siehe Begr. zu § 119 RegE, BT-Drs. 12/7302, S. 43.

51 *Pape* EWiR 1994, 1115, 1116.

52 So nunmehr BGH Beschluss vom 28.6.2016 – II ZR 364/13, NZI 2016, 829 Rn. 11; OLG Schleswig BeckRS 2017, 143185; OLG München NZI 1999, 498; OLG Rostock ZIP 2001, 2145 (Anm. *Heiderhoff* ZIP 2002, 1564; *Binz* EWiR 2002, 77).

53 BFH ZIP 2002, 2225; aA BAG Beschl. v. 11.3.2015 – 10 AZB 101/14, BeckRS 2015, 67086 Rn. 9; OLG Frankfurt Rpfleger 1977, 372; OLG Hamburg JurBüro 1974, 903; OLG Köln JurBüro 1986, 1244 f.; OLG Schleswig ZIP 1981, 1359; OLG Düsseldorf Rpfleger 2005, 485; OLG Hamm OLGR Hamm 2005, 456; OLG Bremen ZInsO 2005, 1219; OLG Karlsruhe OLGR Karlsruhe 2005, 730; *Gaedeke* JW 1939, 733, 736 f.

Hauptsache, die nach zutreffender Ansicht des BGH als Feststellung der Forderung zur Tabelle angesehen werden kann, sofern die Urteilsgründe dies ergeben (→ § 179 Rn. 6).[54]

V. Ablehnung der Aufnahme (Abs. 2)

21 **1. Ablehnungsbefugnis.** Die Ablehnung der Aufnahme (Abs. 2) und die damit verbundene Freigabe des Streitgegenstands (→ Rn. 23) ist grundsätzlich dem Verwalter des eröffneten Insolvenzverfahrens vorbehalten. Sie stellt eine (negative) Verwertungsentscheidung da. Der vorläufige Insolvenzverwalter, der die Masse vor allem zu sichern und zu erhalten hat, ist daher nicht zur Ablehnung befugt (§ 24 Abs. 2).[55] Zur Möglichkeit der Ablehnung und Freigabe bei Eigenverwaltung und bei Insolvenz einer Gesellschaft → Rn. 25, 26 ff.

22 **2. Form.** Für die Ablehnung der Aufnahme sieht das Gesetz keine besondere Form vor.[56] Die Verwalter kann die Ablehnungserklärung, auch außergerichtlich, gegenüber dem Gegner oder dem Schuldner abgeben.[57] Ein schlüssiges Verhalten, das den Ablehnungswillen zum Ausdruck bringt, genügt.[58] Anwaltszwang besteht nicht. Die Ablehnung kann auch noch in der mündlichen Verhandlung erklärt werden, zu der der Insolvenzverwalter gemäß Abs. 1 Satz 2, § 239 Abs. 2 ZPO geladen worden ist.[59] Die Ablehnung stellt eine materiellrechtliche Willenserklärung dar.[60]

23 **3. Wirkung. a) Freigabe.** Die Ablehnung der Aufnahme beinhaltet notwendig die Freigabe des Streitgegenstands aus der Masse.[61] Umgekehrt bedeutet die Freigabe eines streitbefangenen Massegegenstands regelmäßig, dass der Verwalter die Aufnahme des Verfahrens ablehnt.[62] Eine Ablehnung der Aufnahme unter dem ausdrücklichen Vorbehalt, den Gegenstand gleichwohl für die Masse in Anspruch zu nehmen, ist als rechtsgeschäftliche Übertragung der Prozessführungsbefugnis auf den Schuldner unwirksam (→ Rn. 18).[63] Ein geheimer Vorbehalt, den Gegenstand gleichwohl für die Masse in Anspruch zu nehmen, ist unbeachtlich.[64] Führt nach der Ablehnung der Schuldner den Rechtsstreit erfolgreich fort, so fällt auch der auf Grund des Urteils erlangte Neuerwerb nicht gemäß § 36 in die Insolvenzmasse, sondern bleibt insolvenzfrei.[65] Die Freigabe des Kaufpreisanspruchs bewirkt entsprechend § 401 BGB auch die Freigabe des Anspruchs aus § 667 BGB gegen den von den Vertragsparteien beauftragten Treuhänder.[66] Freigabe und Ablehnung der Aufnahme scheiden aus, wenn der Verwalter zuvor mit der rechtshängigen Forderung gegen eine Forderung des Gegners aufgerechnet hat.[67] In der Abtretung der streitbefangenen Forderung durch den Insolvenzverwalter an einen Dritten liegt keine Freigabe. Mangels Aufnahme des Verfahrens durch den Verwalter endet daher die Unterbrechung des Verfahrens über die abgetretene Forderung mit der Beendigung des Insolvenzverfahrens.[68] Betrifft der Prozess die Rückabwicklung eines beiderseits bereits voll erfüllten Vertrags, so hat die Ablehnung nur dann die Wirkung des Abs. 2, wenn der Verwalter zugleich die Gegenleistung freigibt, sofern sie sich noch in der Masse befindet.[69]

24 **b) Übergang der Prozessführungsbefugnis.** Infolge der Ablehnung geht die Prozessführungsbefugnis auf den Schuldner über. Sowohl der Schuldner als auch der Gegner können den Rechtsstreit aufnehmen (Abs. 2). Der Schuldner ist nicht verpflichtet, dem Gegner die Aufnahme

[54] BGH LM KO, § 146 Nr. 9; ZIP 1994, 1193.

[55] KPB/*Pape* § 24 Rn. 11.

[56] BGH NJW 1966, 51; Jaeger/*Windel* § 85 Rn. 143; K. Schmidt/*Sternal* § 85 Rn. 51; KPB/*Lüke* § 85 Rn. 67; Uhlenbruck/*Mock* § 85 Rn. 159.

[57] BGH KTS 1969, 97, 99; Jaeger/*Windel* § 85 Rn. 143.

[58] BGH NZI 2003, 666.

[59] Jaeger/*Windel* § 85 Rn. 143.

[60] Im Ergebnis ebenso RGZ 122, 51, 56; BGH KTS 1969, 97, 99; KPB/*Lüke* § 85 Rn. 67; Uhlenbruck/*Mock* § 85 Rn. 175; aA Jaeger/*Windel* § 85 Rn. 144.

[61] RGZ 70, 368, 370; 127, 197, 200; BFH Beschl. v. 20.2.2018 – XI B 110/17, BeckRS 2018, 8793 Rn. 12; K. Schmidt/*Sternal* § 85 Rn. 52; Uhlenbruck/*Mock* § 85 Rn. 176; differenzierend zwischen Freigabe und Ablehnung der Aufnahme Jaeger/*Windel* § 85 Rn. 144.

[62] RGZ 73, 276, 277; 122, 51, 56; BGH NZI 2003, 666; K. Schmidt/*Sternal* § 85 Rn. 51; etwas anderes gilt, wenn der Verwalter das Verfahren als gewillkürter Prozessstandschafter des Schuldners führen soll.

[63] RGZ 122, 51 ff.; ferner BGH NJW 1973, 2065 (zu § 11 KO); RGZ 70, 368, 370; KG JR 1952, 28; KuT 1932, 99; Jaeger/*Windel* § 85 Rn. 145; im Ergebnis auch K. Schmidt/*Sternal* § 85 Rn. 51; KPB/*Lüke* § 85 Rn. 68; Uhlenbruck/*Mock* § 85 Rn. 176.

[64] RGZ 122, 51, 57; KPB/*Lüke* § 85 Rn. 68; Uhlenbruck/*Mock* § 85 Rn. 176.

[65] *Pape/Voigt* WiB 1995, 618, 620.

[66] BGH ZIP 2007, 194.

[67] OLG Rostock OLGRspr. 32, 379.

[68] BGH NJW 1990, 1239.

[69] Jaeger/*Windel* § 85 Rn. 145.

gemäß Abs. 2 durch Bestellung eines Zustellungsbevollmächtigten zu erleichtern. Die Nichtbestellung stellt auch kein die Wiedereinsetzung gemäß § 233 ZPO ausschließendes Verschulden des Schuldners dar.[70] Erst die Aufnahme des Rechtsstreits beendet die Unterbrechung, nicht schon die Ablehnung der Aufnahme durch den Verwalter (→ vor § 85 Rn. 86).[71] Der Gegner kann den Rechtsstreit nur gegenüber dem Schuldner, nicht gegenüber dem Verwalter aufnehmen. Das gilt auch für den Fall, dass der freigegebene Prozess ein unselbständiges Nebenrecht (zB eine Grunddienstbarkeit) betrifft und der Verwalter das Hauptrecht (herrschendes Grundstück) weiterhin für die Masse in Anspruch nimmt.[72] Gibt der Verwalter das umstrittene Recht frei, nachdem er den Rechtsstreit aufgenommen hat, so bleibt er nach § 265 ZPO zur Prozessführung ermächtigt.[73]

4. Eigenverwaltung. Im Eigenverwaltungsverfahren ist der Schuldner, nicht der Sachwalter 25 zur Aufnahme befugt (→ Rn. 12). Die Ablehnung der Aufnahme durch den Schuldner im Eigenverwaltungsverfahren führt nach einer im Schriftum vertretenen Ansicht[74] wegen der fehlenden Trennung zwischen dem Insolvenzverwalter mit der Insolvenzmasse einerseits und dem Schuldner andererseits nicht zur Freigabe des streitbefangenen Gegenstandes. Verweigere der Schuldner die Aufnahme, so könne der Gegner den Rechtsstreit mit Wirkung gegenüber der Insolvenzmasse aufnehmen.[75] Indes gibt es auch im Eigenverwaltungsverfahren eine „Insolvenzmasse" in Abgrenzung vom insolvenzfreien Vermögen des Schuldners (§§ 270 Abs. 1 Satz 1, 278 Abs. 1, 280, 281 Abs. 1 Satz 1, 285).[76] Während der Schuldner die Insolvenzmasse als Amtstreuhänder mit gesetzlich geregelten Rechten und Pflichten verwaltet,[77] kann er über das insolvenzfreie (dh zunächst nur das unpfändbare) Vermögen grundsätzlich frei verfügen. Die Annahme, der Schuldner könne durch Freigabeerklärung bzw. Ablehnung der Aufnahme gemäß § 85 Abs. 2 dem Insolvenzbeschlag unterliegende Gegenstände in das insolvenzfreie Vermögen überführen, stößt aber jedenfalls wegen der damit verbundenen Missbrauchsgefahr auf Bedenken.[78]

5. Gesellschaftsinsolvenz. Nach herrschender Meinung ist der Verwalter auch im Insolvenz- 26 verfahren über das Vermögen einer juristischen Person oder einer Personengesellschaft berechtigt, die Aufnahme eines für die Gesellschaft anhängigen Rechtsstreits abzulehnen. Lehnt danach der Verwalter die Aufnahme ab, so könne der Rechtsstreit durch die verfassungsmäßigen Organe der aufgelösten juristischen Person oder Personengesellschaft fortgesetzt werden.[79]

Nach anderer Ansicht hat der Verwalter im Insolvenzverfahren über das Vermögen einer Gesell- 27 schaft keine Möglichkeit zur Freigabe von Massegegenständen und von Prozessen über solche Gegenstände.[80] Die Freigabe widerspricht nach dieser Auffassung dem Zweck des Gesellschafts-Insolvenzverfahrens, die Gesellschaft vollständig zu liquidieren. Diesem Zweck entsprechend dürfe es kein massefreies Vermögen, keine Freigabe und keine Ablehnung von Aktivprozessen geben. Auch könne dem Gegner nicht zugemutet werden, das Verfahren mit der weitgehend vermögenslosen Gesellschaft fortzusetzen.[81] In der Insolvenz einer Gesellschaft ende daher die Unterbrechung des Aktivprozesses analog § 241 ZPO, wenn der Verwalter dem Gericht von seiner Bestellung Anzeige mache oder wenn der Gegner seine Absicht mitteile, das Verfahren fortzusetzen.[82] Der Verwalter könne jedoch

---

70 BGH NJW 1964, 47; Jaeger/*Windel* § 85 Rn. 147.

71 BFH/NV 2004, 349; OLG Stuttgart OLGR Stuttgart 2004, 89; Jaeger/*Windel* § 85 Rn. 147; KPB/*Lüke* § 85 Rn. 72.

72 Jaeger/*Windel* § 85 Rn. 148; KPB/*Lüke* § 85 Rn. 72; Uhlenbruck/*Mock* § 85 Rn. 179.

73 HM in der Literatur: statt vieler *Häsemeyer,* Insolvenzrecht, Rn. 10.43; Uhlenbruck/*Mock* § 85 Rn. 181; aA BGHZ 46, 249; RGZ 79, 27, 29 ff.

74 KPB/*Pape/Schaltke* § 283 Rn. 9.

75 KPB/*Pape/Schaltke* § 283 Rn. 9.

76 *Koch,* Die Eigenverwaltung nach der Insolvenzordnung, 1998, 174 f.; Jaeger/*Windel* § 85 Rn. 152.

77 *Häsemeyer,* Insolvenzrecht, Rn. 8.13; KPB/*Pape/Schaltke* § 270 Rn. 1; anders der Schuldner im alten Vergleichsverfahren; siehe *Baur/Stürner,* Insolvenzrecht, Rn. 27.2.

78 Siehe auch KPB/*Pape/Schaltke* § 283 Rn. 9; *Karsten Schmidt,* FS Kreft, S. 503, 513 f.; Jaeger/*Windel* § 85 Rn. 152.

79 RGZ 127, 197, 200; BGH ZIP 2005, 1034; NJW 1966, 51; LG Osnabrück NdsRpfleger 1993, 364 = KTS 1994, 196 (Ls.); *Baur/Stürner* II, Insolvenzrecht, Rn. 34.13; Jaeger/*Windel* § 85 Rn. 150; K. Schmidt/*Sternal* § 85 Rn. 54; *Pape* EWiR 1994, 165; Uhlenbruck/*Mock* § 85 Rn. 177; Uhlenbruck/*Weber* KTS 1970, 73, 86.

80 OLG Karlsruhe ZIP 2003, 1510 (m. abl. Anm. *Johlke/Schröder* EWiR 2003, 1095; *Seidel/Flitsch* DZWiR 2004, 125; *Bülow* WuB VI C § 85 InsO 1.04); *Karsten Schmidt* KTS 1994, 309, 315; zur Freigabe außerdem *Karsten Schmidt,* Gesellschaftsrecht, 4. Aufl. 2002, § 11 VI 4; *Karsten Schmidt,* Wege zum Insolvenzrecht der Unternehmen, 1990, S. 70 ff.; S. 99 ff.; *Karsten Schmidt* KTS 1988, 1, 11; wohl auch KPB/*Lüke* § 85 Rn. 70 f.

81 *Karsten Schmidt* KTS 1994, 309, 312 f.

82 *Karsten Schmidt* KTS 1994, 309, 317.

die Klage sofort nach der Aufnahme zurücknehmen oder ein Verzichtsurteil gegen sich ergehen lassen mit der Folge, dass der Gegner analog § 86 Abs. 2 seinen Anspruch auf Erstattung der Kosten des Rechtsstreits nur als Insolvenzgläubiger geltend machen könne.[83]

28 Für die Anwendbarkeit des § 85 Abs. 2 im Gesellschafts-Insolvenzverfahren spricht zunächst, dass § 85 trotz des dem Gesetzgeber bekannten Streits um die Möglichkeit der Freigabe im Gesellschafts-Insolvenzverfahren nicht zwischen Schuldnern, die natürliche Personen sind, und anderen Schuldnern unterscheidet.[84] Dass das Verfahren infolge der Ablehnung mit einem weitgehend vermögenslosen Schuldner fortgesetzt werden muss, gilt unter der Insolvenzordnung auch für den Fall, dass der Schuldner eine natürliche Person ist. Während des Insolvenzverfahrens fällt der Neuerwerb des Schuldners in die Insolvenzmasse (§ 35); nach Beendigung des Insolvenzverfahrens sind seine pfändbaren Dienstbezüge im Zweifel für die Dauer von sechs Jahren ebenfalls weitgehend den Insolvenzgläubigern vorbehalten (§§ 287 Abs. 2, 292 Abs. 1 Satz 2). Zwar begründet § 199 Satz 2 eine grundsätzliche Pflicht des Verwalters zur Vollabwicklung der Gesellschaft.[85] Diese Pflicht verdrängt aber nicht die dem Interesse der Insolvenzgläubiger dienende Ablehnungsbefugnis des Verwalters nach § 85 Abs. 2. Die Vollabwicklungspflicht nach § 199 Satz 2 wird insoweit durch § 85 Abs. 2 eingeschränkt.[86] Selbst wenn man eine Ablehnung gemäß § 85 Abs. 2 im Gesellschaftskonkurs ausschließt, erscheint es jedenfalls nicht angemessen, die Fortsetzung des unterbrochenen Verfahrens analog § 241 ZPO zu regeln. Denn dadurch verliert der Verwalter die in § 85 Abs. 1 Satz 2 vorausgesetzte angemessene Prüfungs- und Überlegungsfrist (→ Rn. 35). Bedenkzeit sollte dem Verwalter aber auch zur Entscheidung darüber verbleiben, ob er den Aktivprozess fortsetzt oder zur Vermeidung unnötiger Masseverbindlichkeiten die Klage zurücknimmt bzw. auf seinen Anspruch verzichtet.[87]

29 **6. Nachlassverwaltung.** Auch der Verwalter des Nachlassinsolvenzverfahrens ist befugt, die Aufnahme eines für den Erblasser anhängigen Rechtsstreits nach § 85 Abs. 2 abzulehnen. Der Erbe kann jedoch entsprechend § 1978 Abs. 3 BGB die ihm infolge der Ablehnung erwachsenden, notwendigen Kosten als Masseverbindlichkeit (§ 324 Abs. 1 Nr. 1) verlangen.[88] Der Zweck des § 85 Abs. 2, die Masse vor den Kosten aussichtsloser Prozesse zu schützen, wird damit durch die Ablehnung nicht erreicht. Dies hat der Verwalter bei der Entscheidung über die Aufnahme zu berücksichtigen.[89]

30 **7. Kosten.** Lehnt der Verwalter die Aufnahme des Rechtsstreit ab (Abs. 2), so muss der Schuldner, der den Prozess fortsetzt und in die Kosten verurteilt wird, die Kosten nach hM in vollem Umfang als Neuschuld tragen. Befriedigung aus der Masse kann der Gegner auch nicht in Ansehung der Kosten verlangen, die vor Eröffnung des Insolvenzverfahrens angefallen sind.[90] Die damit verbundene Benachteiligung des Prozessgegners einerseits, Privilegierung der übrigen Insolvenzgläubiger andererseits ist sachlich nicht gerechtfertigt. Den Interessen der Parteien und der Systematik der Insolvenzordnung entspricht es eher, die vor Eröffnung des Insolvenzverfahrens entstandenen Kosten als Insolvenzforderung, die danach entstandenen Kosten als Neuverbindlichkeiten des Schuldners zu qualifizieren (→ Rn. 20).[91]

31 Gibt der Verwalter den Streitgegenstand frei, nachdem er das Verfahren aufgenommen hat, so soll die Masse die bis dahin entstandenen Kosten zu tragen haben.[92] Die Differenzierung zwischen vor und nach der Freigabe entstandenen Kosten beruht auf der unzutreffenden Annahme, dass bei Freigabe des Streitgegenstands während des Prozesses der Schuldner anstelle des Verwalters in den Rechtsstreit eintritt.[93] Richtigerweise ist § 265 ZPO entsprechend anzuwenden (→ Rn. 24).

VI. Ermessensentscheidung des Verwalters

32 Die Entscheidung des Verwalters, ob er den Rechtsstreit aufnehmen will, steht in seinem pflichtgemäßen Ermessen.[94] Maßgebend ist, ob die Fortführung des unterbrochenen Rechtsstreits

83 *Karsten Schmidt* KTS 1994, 309, 317 f.
84 KPB/*Pape/Voigt* WiB 1995, 618, 620 f.
85 *Karsten Schmidt* KTS 1994, 309, 319; siehe auch die Allgemeine Begründung zum RegE, Anm. 4a dd.
86 Ebenso BGH ZIP 2005, 1034.
87 OLG Karlsruhe Rpfleger 2003, 614; KPB/*Lüke* § 85 Rn. 70.
88 Jaeger/*Windel* § 85 Rn. 149; KPB/*Lüke* § 85 Rn. 71; Uhlenbruck/*Mock* § 85 Rn. 185; *Kurlbaum* LZ 1917, Sp. 705, 711; aA *Schneider* LZ 1917 Sp. 583 ff.
89 Jaeger/*Windel* § 85 Rn. 149; *Kurlbaum* LZ 1917 Sp. 705, 711 f.
90 KG KuT 1927, 19; LG Osnabrück KTS 1994, 196 (Ls.) = Nds Rpfl. 1993, 364; Jaeger/*Windel* § 85 Rn. 139; K. Schmidt/*Sternal* § 85 Rn. 56; KPB/*Lüke* § 85 Rn. 59, 72.
91 Uhlenbruck/*Mock* § 85 Rn. 187.
92 OLG Stuttgart NJW 1973, 1756; KPB/*Lüke* § 85 Rn. 59.
93 So zB RGZ 79, 27, 29 f.; BGHZ 46, 249, 252; OLG Stuttgart NJW 1973, 1756.
94 Jaeger/*Windel* § 85 Rn. 127; KPB/*Lüke* § 85 Rn. 73; Uhlenbruck/*Mock* § 85 Rn. 153.

dem Interesse der Insolvenzmasse entspricht. Dabei ist die mögliche Vermehrung der Insolvenzmasse einerseits, das Prozesskostenrisiko andererseits zu berücksichtigen. Für die Entscheidung steht dem Verwalter eine den Umständen nach angemessene Prüfungs- und Überlegungsfrist zu (→ Rn. 35).[95] Bei Prozessen mit erheblichem Streitwert hat der Verwalter für seine Entscheidung die Zustimmung des Gläubigerausschusses bzw. der Gläubigerversammlung einzuholen (§ 160 Abs. 2 Nr. 3). Die Wirksamkeit der Aufnahme oder Ablehnung wird durch das Fehlen der Zustimmung nicht berührt (§ 164; → Rn. 11). Nimmt der Verwalter den Prozess trotz geringer Erfolgsaussichten auf und reicht die Masse zur Erfüllung des Kostenerstattungsanspruchs des Gegners nicht aus, so kann er dem Gegner zum Schadensersatz verpflichtet sein (§ 61).[96]

Ein vorläufiger Verwalter mit Verfügungsbefugnis über das Vermögen des Schuldners kann nur zwischen der Aufnahme und dem Unterlassen der Aufnahme wählen, nicht jedoch die Aufnahme gemäß Abs. 2 ablehnen und den umstrittenen Gegenstand freigeben (§ 24 Abs. 2; → Rn. 21). Durch die Aufnahme im Eröffnungsverfahren dürfen die Zustimmungsrechte des Gläubigerausschusses oder der Gläubigerversammlung nach § 160 Abs. 2 Nr. 3 nicht ausgehöhlt werden. Daher sollte der vorläufige Verwalter Rechtsstreitigkeiten mit erheblichem Streitwert (§ 160 Abs. 2 Nr. 3) entsprechend § 22 Abs. 1 Nr. 2 nur aufnehmen, wenn dies erforderlich ist, um eine Gefährdung der Masse zu vermeiden. 33

VII. Verzögerung der Aufnahme

Verzögert der Verwalter die Aufnahme, so ist er auf Antrag des Gegners zur Aufnahme und zugleich zur Verhandlung der Hauptsache zu laden (Abs. 1 Satz 2 iVm § 239 Abs. 2 bis 4 ZPO). 34

1. Verzögerung. Der Verwalter verzögert die Aufnahme, wenn er den Prozess ohne Entschuldigungsgrund nicht innerhalb einer den Umständen nach angemessenen Frist aufnimmt oder die Aufnahme ablehnt.[97] Der Verwalter muss insbesondere Gelegenheit erhalten, die Erfolgsaussichten des Verfahrens zu beurteilen und festzustellen, ob bei einer Niederlage die Prozesskosten aus der Masse gezahlt werden können.[98] Die Frist beginnt mit der Kenntnis des Verwalters von dem Prozess. 35

2. Unterbrechung vor dem Schluss der mündlichen Verhandlung. a) Ladung. Der Verwalter ist nur dann gemäß § 239 Abs. 2 ZPO zur Aufnahme und zugleich zur Verhandlung über die Aufnahme zu laden, wenn die Unterbrechung vor dem Schluss der mündlichen Verhandlung eintritt (§ 249 Abs. 3 ZPO). Zuständig für die Ladung ist das Gericht, vor dem der Rechtsstreit zurzeit der Unterbrechung schwebte.[99] Die Ladungsfrist wird von dem Vorsitzenden bestimmt (Abs. 1 Satz 2 iVm § 239 Abs. 3 Satz 2 ZPO). Die Ladung ist dem Verwalter selbst (§ 239 Abs. 3 Satz 1 ZPO) oder einer der in §§ 171 ff. ZPO genannten Personen zuzustellen.[100] Unzulässig ist die Zustellung an den bisherigen Prozessbevollmächtigten des Schuldners, da seine Vollmacht erloschen ist (→ vor § 85 Rn. 2).[101] Hat der Verwalter bereits einen Prozessbevollmächtigten für das Verfahren ernannt und dies dem Gegner in der Form des § 250 ZPO mitgeteilt, so ist damit das Verfahren stillschweigend aufgenommen.[102] 36

b) Termin mit beiden Parteien. Erscheinen im Termin der Insolvenzverwalter (bzw. sein Prozessvertreter) und der Gegner und verhandeln sie zur Hauptsache, so liegt darin zugleich eine Aufnahme durch den Verwalter.[103] Lehnt der Verwalter in dem Termin die Aufnahme ab, so bleibt das Verfahren in Ansehung der Hauptsache unterbrochen, bis es der Schuldner oder der Gegner aufnimmt (Abs. 2). Gibt der Verwalter den streitbefangenen Gegenstand frei, nachdem er das Verfahren aufgenommen hat, so bleibt er gemäß § 265 ZPO prozessführungsbefugt (str.; → Rn. 24). 37

Ist streitig, ob der Geladene überhaupt zur Aufnahme und Prozessführung berechtigt ist, kann das Gericht abgesonderte Verhandlung hierüber anordnen (§ 280 Abs. 1 ZPO). So zB, wenn der Geladene behauptet, dass er gar nicht Insolvenzverwalter sei oder dass der streitbefangene Gegenstand zum insolvenzfreien Vermögen des Schuldners gehöre.[104] Verneint das Gericht daraufhin die Prozess- 38

---

95 Uhlenbruck/*Mock* § 85 Rn. 169.

96 KPB/*Lüke* § 85 Rn. 74, § 60 Rn. 26 ff., § 61 Rn. 4 ff. mwN.

97 RG JW 1895, 164; Jaeger/*Windel* § 85 Rn. 155; Uhlenbruck/*Mock* § 85 Rn. 169.

98 KPB/*Lüke* § 85 Rn. 60.

99 Jaeger/*Windel* § 85 Rn. 156; Stein/Jonas/*Roth*, ZPO § 239 Rn. 34.

100 Jaeger/*Windel* § 85 Rn. 155; Stein/Jonas/*Roth*, ZPO § 239 Rn. 35; aA MüKoZPO/*Stackmann* § 239 Rn. 45 (nur Zustellung an den Verwalter selbst). Besonderheiten gelten in Patentnichtigkeitssachen: RG DR 1941, 2072; KPB/*Lüke* § 85 Rn. 56.

101 RGZ 118, 158, 161; Jaeger/*Windel* § 85 Rn. 155; KPB/*Lüke* § 85 Rn. 60; Uhlenbruck/*Mock* § 85 Rn. 170.

102 Jaeger/*Windel* § 85 Rn. 155.

103 RGZ 140, 348, 352; Jaeger/*Windel* § 85 Rn. 157.

104 Jaeger/*Windel* § 85 Rn. 157; KPB/*Lüke* § 85 Rn. 61; Uhlenbruck/*Mock* § 85 Rn. 171.

führungsbefugnis des Verwalters, so weist es den Aufnahmeantrag des Gegners ab. Andernfalls stellt es die Prozessführungsbefugnis durch selbständig anfechtbares Zwischenurteil fest (§ 280 Abs. 2 ZPO) (→ Vor §§ 85 bis 87 Rn. 56).[105] Das Fehlen der Prozessführungsbefugnis ist von Amts wegen zu berücksichtigen.

39 **c) Säumnis des Geladenen.** Erscheint der Geladene im Termin nicht, so ist gemäß dem entsprechend anwendbaren § 239 Abs. 4 ZPO „auf Antrag die behauptete Rechtsnachfolge als zugestanden anzunehmen und zur Hauptsache zu verhandeln". Der „behaupteten Rechtsnachfolge" entspricht hier die Prozessführungsbefugnis des Geladenen über den rechtshängigen Anspruch.[106] Ihr Fehlen ist jedoch von Amts wegen zu beachten (→ Rn. 38). Als feststehend wird daher im vorliegenden Zusammenhang nicht die Prozessführungsbefugnis als solches gelten können, sondern die Tatsachen, auf die der Gegner die Prozessführungsbefugnis des Geladenen stützt.[107] Kommt das Gericht auf der Grundlage dieser Behauptungen zu dem Ergebnis, dass der Verwalter nicht prozessführungsbefugt ist, so weist es den Aufnahmeantrag des Gegners durch Endurteil ab (→ Rn. 38). So, wenn der Gegenstand des Rechtsstreits zum unpfändbaren Vermögen des Schuldners gehört oder wenn sich aus dem Vorbringen des Gegners ergibt, dass der Verwalter bereits die Aufnahme des Rechtsstreits abgelehnt hat.[108] Bejaht das Gericht die Prozessführungsbefugnis des säumigen Verwalters, so ist auf Antrag Versäumnisurteil in der Hauptsache zu erlassen.[109] Ein gesondertes Versäumnis-Zwischenurteil über die Aufnahme ergeht nicht.[110] Mit dem Schluss des Termins (§ 220 Abs. 2 ZPO), auf den das Urteil ergeht, gilt der Prozess als aufgenommen. Das Ende der Unterbrechung ist jedoch auflösend bedingt durch die Aufhebung des Urteils im Rechtsbehelfsverfahren.[111] So kann der Verwalter im Einspruchstermin geltend machen, dass der umstrittene Gegenstand nicht zur Insolvenzmasse gehöre; für den Fall, dass das Gericht die Prozessführungsbefugnis des Verwalters bejaht, kann er die Aufnahme gemäß Abs. 2 ablehnen.[112]

40 **d) Säumnis des Gegners.** Ist in dem Termin der Gegner säumig und nimmt der Verwalter (bzw. sein Bevollmächtigter) das Verfahren (stillschweigend) auf, so kann Versäumnisurteil in der Hauptsache gegen den Gegner ergehen.[113] Bestreitet der Verwalter die Tatsachen, auf denen seine Prozessführungsbefugnis beruht (→ Rn. 38), so kann auch der Antrag des Gegners auf Fortsetzung des Rechtsstreits durch Versäumnisurteil zurückgewiesen werden.[114]

41 **3. Unterbrechung zwischen den Instanzen.** Bei einer Unterbrechung zwischen den Instanzen (nach Verkündung des Urteils, vor Einlegung eines Rechtsmittels) ist das Gericht der unteren Instanz für die Ladung nach § 239 Abs. 2 ZPO zuständig.[115] Die Ladung erfolgt in diesem Fall nur zur Aufnahme, nicht auch zur Verhandlung. Dem in der Vorinstanz unterlegenen Gegner dürfte es aber auch möglich sein, während der Unterbrechung wirksam (weil durch Erklärung gegenüber dem Gericht; → vor § 85 Rn. 66) Rechtsmittel einzulegen und zugleich bei dem Rechtsmittelgericht die Ladung des Verwalters zur Aufnahme und zur Verhandlung der Hauptsache zu beantragen (entsprechend → vor § 85 Rn. 81).

42 Nimmt der Verwalter in dem Termin vor dem unteren Gericht das Verfahren auf, so endet die Unterbrechung. Bestreitet der Verwalter seine Prozessführungsbefugnis, zB weil der umstrittene Anspruch zum insolvenzfreien Vermögen des Schuldners gehöre oder weil die Aufnahme bereits abgelehnt worden sei, so kann das Gericht nach hM in einem das Urteil in der Hauptsache ergänzenden Endurteil („Zusatzurteil") aussprechen, dass das Endurteil auch dem Verwalter gegenüber wirksam sei.[116] Verneint das Gericht die Prozessführungsbefugnis des Verwalters, so weist es den Aufnah-

---

105 Jaeger/*Windel* § 85 Rn. 157; K. Schmidt/*Sternal* § 85 Rn. 47; KPB/*Lüke* § 85 Rn. 61; Uhlenbruck/*Mock* § 85 Rn. 171; siehe auch Stein/Jonas/*Roth*, ZPO § 239 Rn. 25 (§ 303).

106 Jaeger/*Windel* § 85 Rn. 158; KPB/*Lüke* § 85 Rn. 66.

107 Jaeger/*Windel* § 85 Rn. 159; ähnlich KPB/*Lüke* § 85 Rn. 66.

108 Jaeger/*Windel* § 85 Rn. 159.

109 RGZ 58, 202 f.; DR 1941, 2072; Jaeger/*Windel* § 85 Rn. 158; K. Schmidt/*Sternal* § 85 Rn. 49; KPB/*Lüke* § 85 Rn. 65.

110 MüKoZPO/*Stackmann* § 239 Rn. 47; anders Stein/Jonas/*Roth*, ZPO § 239 Rn. 25 (Zwischenurteil oder Endurteil).

111 Jaeger/*Windel* § 85 Rn. 158; KPB/*Lüke* § 85 Rn. 65; Musielak/Voit/*Stadler*, ZPO § 239 Rn. 14.

112 Jaeger/*Windel* § 85 Rn. 158; KPB/*Lüke* § 85 Rn. 65.

113 Musielak/Voit/*Stadler*, ZPO § 239 Rn. 13; Stein/Jonas/*Roth*, ZPO § 239 Rn. 41.

114 Musielak/Voit/*Stadler*, ZPO § 239 Rn. 13; Stein/Jonas/*Roth*, ZPO § 239 Rn. 41.

115 RGZ 68, 247, 255; BGH KTS 1960, 121; NZI 2008, 683; Jaeger/*Windel* § 85 Rn. 156; Stein/Jonas/*Roth*, ZPO § 239 Rn. 34.

116 Jaeger/*Windel* § 85 Rn. 156; KPB/*Lüke* § 85 Rn. 63; Stein/Jonas/*Roth*, ZPO § 239 Rn. 37, 32.

meantrag des Gegners durch Endurteil ab.[117] Ist der Verwalter in dem Termin säumig, so wird durch Versäumnisurteil die Aufnahme festgestellt.

4. Unterbrechung während der Rechtsmittelbegründungsfrist. Ist die Unterbrechung nach Einlegung eines Rechtsmittels, aber vor Ablauf der Rechtsmittelbegründungsfrist und Einreichung der Begründung eingetreten, so kann ebenfalls nicht zur Aufnahme und zugleich zur Verhandlung der Hauptsache, sondern nur zur Aufnahme geladen werden. Ist der zur Aufnahme geladene Verwalter in dem Termin säumig, so kann Versäumnis-Zwischenurteil über die Aufnahme ergehen.[118] 43

VIII. Verhältnis zu § 103

Ist Gegenstand des unterbrochenen Rechtsstreits eine Forderung des Schuldners aus einem beiderseits nicht oder nicht vollständig erfüllten gegenseitigen Vertrag, so hängt das Schicksal des unterbrochenen Prozesses davon ab, ob der Verwalter die Erfüllung des Vertrags wählt oder die Erfüllung ablehnt (§ 103). Wählt der Verwalter Erfüllung, so ergeben sich für die Anwendung des § 85 keine Besonderheiten. Der Verwalter kann die Aufnahme nach § 85 Abs. 1 Satz 1 mit dem Erfüllungsverlangen (§ 103 Abs. 1) verbinden.[119] Lehnt der Verwalter die Erfüllung ab, so kann der Gegner eine Schadensersatzforderung zur Tabelle anmelden (§ 103 Abs. 2 Satz 1).[120] Tut er dies, so ist damit die Geltendmachung der gegenseitigen Erfüllungsansprüche ausgeschlossen, der unterbrochene Rechtsstreit (um den Erfüllungsanspruch des Schuldners) in der Hauptsache erledigt. Der Rechtsstreit kann wegen der Kosten vom Verwalter ohne weiteres aufgenommen werden, vom Gegner nur, nachdem die Kostenforderung angemeldet, geprüft und bestritten worden ist.[121] Für den Fall, dass der Gegner nach der Erfüllungsablehnung keinen Schadensersatzanspruch anmeldet, sondern den Vertrag mit dem Schuldner abwickeln will, sollen er und der Schuldner den unterbrochenen Rechtsstreit in der Hauptsache fortsetzen können.[122] § 87 schließt aber nunmehr aus, dass der Gegner unter Verzicht auf die Teilnahme am Insolvenzverfahren seine Gegenforderung gegen den Schuldner persönlich verfolgt (→ § 184 Rn. 7).[123] 44

IX. Aufnahme nach § 17 AnfG (analog)

1. Anfechtungsprozesse. Die Eröffnung eines Insolvenzverfahrens unterbricht den rechtshängigen Anfechtungsprozess eines (späteren) Insolvenzgläubigers gegen einen Dritten (§ 17 Abs. 1 Satz 1 AnfG; siehe vor § 85 Rn. 10). Der Insolvenzverwalter kann den unterbrochenen Prozess aufnehmen, § 17 Abs. 1 Satz 2 AnfG.[124] Der Klageantrag ist der geänderten Verfahrenssituation anzupassen (Rückgewähr der Gegenstände zur Insolvenzmasse statt Duldung der Zwangsvollstreckung in die Gegenstände).[125] Er kann nach Maßgabe der §§ 143, 144 sowie darüber hinaus im Rahmen des § 263 ZPO erweitert werden (§ 17 Abs. 2 AnfG).[126] Für die Form und die Wirkung der Aufnahme gilt im Wesentlichen das oben Gesagte (→ Rn. 15 f.; → vor § 85 Rn. 80 f.). Im Eigenverwaltungsverfahren ist anders als im Fall des § 85 Abs. 1 nicht der Schuldner, sondern der Sachwalter zur Aufnahme befugt (§ 280; → Rn. 12). Lehnt der Verwalter die Aufnahme ab, so kann jede Partei des Rechtsstreits den Anfechtungsprozess nur wegen der Kosten aufnehmen (§ 17 Abs. 3 Satz 1 AnfG). Das gilt auch dann, wenn der Verwalter deutlich macht, dass er von seinem Recht, die Anfechtung nach den Vorschriften der Insolvenzordnung zu betreiben (§ 17 Abs. 3 Satz 2 AnfG), keinen Gebrauch machen werde.[127] Eine Freigabe des Anfechtungsanspruchs zur Verfolgung im Einzelgläubiger-Anfechtungsprozess kommt nicht in Betracht (anders bei § 85 Abs. 2; → Rn. 23).[128] Wird die Aufnahme verzögert, so gilt § 239 Abs. 2 bis 4 ZPO entsprechend (§ 17 Abs. 1 Satz 3 AnfG; → Rn. 34 ff.).[129] 45

---

117 Jaeger/*Windel* § 85 Rn. 156; Stein/Jonas/*Roth*, ZPO § 239 Rn. 38.
118 RGZ 68, 390, 392; RG JW 1938, 3255 Nr. 34; Stein/Jonas/*Roth*, ZPO § 239 Rn. 43; aA Jaeger/*Windel* § 85 Rn. 158; MüKoZPO/*Stackmann* § 239 Rn. 47.
119 KPB/*Lüke* § 85 Rn. 6.
120 Jaeger/*Windel* § 85 Rn. 128; KPB/*Lüke* § 85 Rn. 5.
121 Jaeger/*Windel* § 85 Rn. 128.
122 KPB/*Lüke* § 85 Rn. 5 f.
123 Jaeger/*Windel* § 85 Rn. 129; Begründung zu § 98 RegE (= § 87) BR-Drucks. 1/92 S. 137.
124 Siehe auch BGHZ 109, 240, 249.
125 *Huber* AnfG § 17 Rn. 8; KPB/*Paulus* § 17 AnfG Rn. 5.
126 *Huber* AnfG § 17 Rn. 9; KPB/*Paulus* § 17 AnfG Rn. 6 ff.
127 BFH ZIP 1994, 1707, 1708 f.; *Huber* AnfG § 17 Rn. 16.
128 BFH ZIP 1994, 1707, 1709; *Huber* AnfG § 17 Rn. 16.
129 Dazu KPB/*Paulus* § 17 AnfG Rn. 4.

46 **2. Analoge Anwendung.** Der Prozess eines KG-Gläubigers gegen einen Kommanditisten um dessen Haftung gemäß § 171 Abs. 2 HGB wird durch die Eröffnung des Insolvenzverfahrens über das Vermögen der Kommanditgesellschaft entsprechend § 17 Abs. 1 Satz 1 AnfG unterbrochen (→ vor § 85 Rn. 11).[130] Entsprechendes gilt für eine Klage, mit der der Gläubiger einer Gesellschaft ohne Rechtspersönlichkeit (§ 11 Abs. 2 Nr. 1) die persönliche Haftung eines Gesellschafters geltend macht (§ 93; → vor § 85 Rn. 12). Analog § 17 Abs. 1 Satz 1 AnfG wird auch der Prozess eines Insolvenzgläubigers gegen einen Dritten über einen Anspruch unterbrochen, der auf Ersatz eines Gesamtschadens gerichtet ist (§ 92; → vor § 85 Rn. 13). Schließlich unterbricht die Eröffnung eines Insolvenzverfahrens über das gemeinschaftlich verwaltete Gesamtgut einer Gütergemeinschaft analog § 17 Abs. 1 Satz 1 AnfG ein Verfahren, in dem ein Gläubiger den Ehegatten persönlich für Verbindlichkeiten in Anspruch nimmt, deren Erfüllung er aus dem Gesamtgut verlangen kann (§ 334; → vor § 85 Rn. 14). In allen diesen Fällen gehen die Einziehungsbefugnis und die Prozessführungsbefugnis über den rechtshängigen Anspruch vom klagenden Gläubiger auf den Insolvenzverwalter über.[131]

47 Der Verwalter kann den unterbrochenen Rechtsstreit analog § 17 Abs. 1 Satz 2 AnfG aufnehmen. Im Eigenverwaltungsverfahren ist der Sachwalter zur Aufnahme befugt, nicht der Schuldner (§§ 171 Abs. 2 HGB, 280). Für die Rechtsfolgen der Aufnahmeverzögerung und der Ablehnung der Aufnahme gilt § 17 Abs. 1 Satz 3, Abs. 3 AnfG entsprechend.[132] Insbesondere können, wenn der Verwalter die Aufnahme ablehnt, die Parteien das Verfahren nur wegen der Kosten aufnehmen.[133] Die Unterbrechung und Aufnahme rechtshängiger Prozesse über Ansprüche nach §§ 92, 93, 334 war in §§ 105 Abs. 3, 104 Abs. 1 RegE ausdrücklich vorgesehen. Diese Vorschriften wurden auf Empfehlung des Rechtsausschusses gestrichen, weil die dort geregelten Details wie bisher der Rechtsprechung überlassen werden sollten (→ vor § 85 Rn. 12 ff.).[134] Im Ergebnis ändert sich damit nichts, da sich der BGH im Zusammenhang mit Klagen gemäß § 171 Abs. 1 HGB bereits zu Recht für die entsprechende Anwendung des § 17 AnfG ausgesprochen hat.[135]

§ 86 Aufnahme bestimmter Passivprozesse

(1) Rechtsstreitigkeiten, die zur Zeit der Eröffnung des Insolvenzverfahrens gegen den Schuldner anhängig sind, können sowohl vom Insolvenzverwalter als auch vom Gegner aufgenommen werden, wenn sie betreffen:
1. die Aussonderung eines Gegenstands aus der Insolvenzmasse,
2. die abgesonderte Befriedigung oder
3. eine Masseverbindlichkeit.

(2) Erkennt der Verwalter den Anspruch sofort an, so kann der Gegner einen Anspruch auf Erstattung der Kosten des Rechtsstreits nur als Insolvenzgläubiger geltend machen.

Schrifttum: Siehe vor § 85.

Übersicht

[130] BGH ZIP 1982, 177, 179 f.; 566, 567.
[131] Siehe auch Begr. zu § 104 RegE, BR-Drucks. 1/92 S. 139.
[132] AA KPB/*Lüke* § 92 Rn. 68, § 93 Rn. 36 (§ 85 analog).
[133] HKInsO/*Eickmann* § 92 Rn. 8; siehe auch *Bork*, Kölner Schrift, S. 1333, Rn. 32: der Verwalter könne im Falle der §§ 92 f. die Aufnahme nicht ablehnen, da dies auf eine unzulässige Freigabe hinauslaufe. Die Freigabewirkung schließt jedoch schon § 17 Abs. 3 AnfG (§ 104 Abs. 3 RegE) aus. Siehe auch BFH ZIP 1994, 1707, 1708 f.
[134] Beschl.-Empfehlung des RechtsA zu § 104 und § 105, BT-Drs. 12/7302 S. 165.
[135] BGH ZIP 1982, 177, 179 f.; 566, 567.

I. Anwendungsbereich und Normzweck

§ 86 regelt die Aufnahme gemäß § 240 ZPO unterbrochener Rechtsstreitigkeiten, welche die Aussonderung eines Gegenstands aus der Insolvenzmasse, die abgesonderte Befriedigung oder eine Masseverbindlichkeit betreffen (sog. Passivprozesse zur Teilungsmasse oder Teilungsmassegegenstreitigkeiten). Die Aufnahme von unterbrochenen Verfahren, in denen ein Recht zu Gunsten der späteren Teilungsmasse in Anspruch genommen wird (Aktivprozesse zur Teilungsmasse), ist in § 85 geregelt (→ vor § 85 Rn. 76 ff.). Unterbrochene Passivprozesse, die eine Insolvenzforderung zum Gegenstand haben (Passivprozesse zur Schuldenmasse), sind gemäß §§ 180 Abs. 2, 184 Abs. 1 Satz 2 aufzunehmen. Sie können erst aufgenommen werden, wenn die rechtshängige Forderung angemeldet, geprüft und bestritten worden ist (§§ 87, 174 ff.). 1

Die in § 86 genannten Rechtsstreitigkeiten können sowohl der Verwalter als auch der Gegner sofort aufnehmen. Die Eröffnung des Insolvenzverfahrens bzw. die Ernennung eines „starken" vorläufigen Verwalters soll den Gegner grundsätzlich nicht in der Fortsetzung des bereits begonnenen Prozesses gegenüber dem Verwalter hindern. Dies trägt dem Gedanken Rechnung, dass der Gegner seinen Aussonderungs-, Absonderungs- oder Masseanspruch, wenn er nicht schon rechtshängig wäre, grundsätzlich auch ohne weiteres durch Neuklage gegenüber dem Verwalter verfolgen könnte (→ Rn. 9, 11) und dass dieser an die bisherige Prozessführung des Schuldners gebunden ist (→ Rn. 21).[1] Die schnelle Klärung von Streitigkeiten über Aus- und Absonderungsansprüche sowie Masseverbindlichkeiten entspricht auch den Zielen der Insolvenzordnung.[2] 2

II. Entstehungsgeschichte

§ 86 Abs. 1 entspricht, redaktionell angepasst, § 11 Abs. 1 KO. Abs. 2 ist im Vergleich zu § 11 Abs. 2 KO lediglich deutlicher gefasst.[3] Im Gesetzgebungsverfahren wurde die Vorschrift, von einer redaktionellen Änderung abgesehen,[4] nicht verändert (§ 92 DE, § 92 RefE, § 97 RegE). Im Geltungsbereich der Gesamtvollstreckungsordnung waren § 240 ZPO und die §§ 10 bis 12 KO entsprechend anwendbar.[5] 3

III. Voraussetzungen

1. Unterbrochener Rechtsstreit. Eine Rechtsstreitigkeit im Sinne des § 86 Abs. 1, die zurzeit der Eröffnung des Insolvenzverfahrens gegen den Schuldner anhängig ist und – aus der Sicht des eröffneten Insolvenzverfahrens – die Aussonderung eines Gegenstands aus der Insolvenzmasse, die abgesonderte Befriedigung oder eine Masseverbindlichkeit betrifft, wird durch die Eröffnung des Insolvenzverfahrens unterbrochen (§ 240 Satz 1 ZPO; siehe vor § 85). Anhängigkeit im Sinne des § 86 Abs. 1 bedeutet für Klageverfahren grundsätzlich Rechtshängigkeit im Sinne der §§ 261, 253 Abs. 1 ZPO (→ vor § 85 Rn. 42 f.). Geht die Verfügungsbefugnis über das Vermögen des Schuldners auf einen vorläufigen Insolvenzverwalter über (§§ 22 Abs. 1, 21 Abs. 2 Nr. 1 und 2), so wird der Prozess schon durch diesen Übergang unterbrochen (§ 240 Satz 2 ZPO). Er kann während des Eröffnungsverfahrens aufgenommen werden (§§ 24 Abs. 2, 86). Betrifft der Rechtsstreit einen insolvenzfreien, insbesondere einen unpfändbaren Gegenstand, so unterbricht die Eröffnung des Insolvenzverfahrens das Verfahren nicht; es wird ohne weiteres mit dem Schuldner fortgesetzt.[6] Nimmt der Verwalter oder der Gegner ein Verfahren auf, das nach Ansicht des Gerichts einen unpfändbaren Gegenstand betrifft und deshalb nicht unterbrochen worden ist, so ist die Aufnahme als unzulässig abzuweisen. 4

2. Gegen den Schuldner – Bedeutung der Parteirolle. „Gegen den Schuldner anhängig" im Sinne des Abs. 1 ist ein Verfahren, wenn in ihm ein Recht zu Lasten der späteren Insolvenzmasse 5

---

1 Siehe auch Motive zur KO S. 45 f. = *Hahn* IV S. 69.

2 *Landfermann,* Kölner Schrift, S. 159 Rn. 27.

3 Begr. zu § 97 RegE (= § 86) BR-Drucks. 1/92 S. 136 f.; *Landfermann,* Kölner Schrift, S. 159 Rn. 29.

4 Masseverbindlichkeiten in § 92 Abs. 1 Nr. 3 RefE statt Masseschulden in § 92 Abs. 1 Nr. 3 DE.

5 BGH ZIP 1999, 75, 76 (§ 11 KO bzw. § 86 InsO); DtZ 1992, 282 (§ 240 ZPO); *Kilger/K. Schmidt* KO, § 5 GesO Anm. 4a; *Pape/Voigt* WiB 1995, 618 ff.

6 Jaeger/*Windel* § 86 Rn. 24.

in Anspruch genommen wird (→ § 85 Rn. 3). Dies ist freilich immer der Fall, wenn das Verfahren, wie Abs. 1 weiter voraussetzt, die Aussonderung eines Gegenstandes aus der Insolvenzmasse, die abgesonderte Befriedigung oder eine Masseverbindlichkeit betrifft. Auf die Parteirolle des Schuldners kommt es bei § 86 ebenso wenig an wie bei § 85 (→ § 85 Rn. 4).[7] Regelmäßig wird der Schuldner Beklagter des Teilungsmassegegenstreits sein. Ein Passivprozess zur Teilungsmasse liegt aber zB auch vor, wenn sich der Schuldner mittels Vollstreckungsgegenklage gegen die Vollstreckung aus einer Grundschuld wehrt (→ Rn. 9)[8] oder wenn er im Wege der negativen Feststellungsklage ein Recht des Gegners bestreitet, das im Insolvenzverfahren zur Aussonderung oder Absonderung berechtigt oder als Masseverbindlichkeit zu qualifizieren ist.

6 **3. Aussonderung.** Die Aussonderung eines Gegenstands aus der Insolvenzmasse (Abs. 1 Nr. 1 iVm §§ 47 f.) betrifft ein Prozess, wenn er (aus Sicht des eröffneten Insolvenzverfahrens) dazu dient, ein Recht des Gegners gegen die Verwertung zugunsten der Insolvenzgläubiger zu schützen. Der Aussonderung des Eigentums dient zum Beispiel eine Klage gegen den Schuldner bzw. die Masse auf Herausgabe gemäß § 985 BGB (nicht bei Sicherungseigentum, § 51 Nr. 1) oder auf Feststellung des Eigentums. Die Aussonderung einer von dem Schuldner bzw. dem Verwalter in Anspruch genommenen Forderung verfolgt der Gegner, wenn er auf Feststellung klagt, dass die Forderung in Wahrheit ihm zustehe.[9] Ebenso, wenn er auf Abtretung einer Forderung aus einem Kommissionsgeschäft klagt (§ 392 Abs. 2 HGB).[10] Die Aussonderung eines beschränkt dinglichen Rechts liegt zB in der Klage gegen den Schuldner (die Masse) auf Feststellung einer Dienstbarkeit[11] oder in der Klage des Grundstückseigentümers gegen den Schuldner (die Masse) auf Bewilligung der Löschung einer Hypothek.[12] Auch eine Klage gegen den Schuldner bzw. die Masse auf Herausgabe einer Sache auf Grund obligatorischer Berechtigung ist Aussonderung.[13]

7 Eine Unterlassungsklage gegen den Schuldner betrifft die Aussonderung eines Gegenstandes aus der Insolvenzmasse, wenn das durch die Klage verteidigte Recht aussonderungsfähig ist und nach Eröffnung des Insolvenzverfahrens die Verwertung des Rechts als Massebestandteil droht.[14] So zB, wenn der Schuldner bzw. der Verwalter das Patent, dessen Verletzung der Kläger geltend macht, für sich in Anspruch nimmt oder wenn er eine dingliche Lizenz behauptet.[15] Desgleichen, wenn der Schuldner das Patent des Klägers leugnet oder sich auf ein abweichendes Herstellungsverfahren beruft.[16]

8 Der insolvenzrechtliche Anfechtungsanspruch (§ 143) ist nach früher hM auf Verschaffung gerichtet und im Insolvenzverfahren über das Vermögen des Anfechtungsgegners Insolvenzforderung.[17] Dasselbe gilt für den Anspruch des anfechtenden Gläubigers nach § 11 AnfG.[18] Die Aufnahme eines unterbrochenen Anfechtungsstreits richtet sich dementsprechend nach §§ 180 Abs. 2, 184 Abs. 1 Satz 2. Der BGH ordnet demgegenüber den anfechtbar weggegebenen Gegenstand haftungsrechtlich der Insolvenzmasse zu.[19] In der Insolvenz des Anfechtungsgegners könne der anfechtende Verwalter den Gegenstand aussondern. Die Aufnahme des unterbrochenen Anfechtungsstreits erfolgt nach dieser Auffassung gemäß Abs. 1 Nr. 1. Der Anspruch nach § 11 AnfG gewährt nach der haftungsrechtlichen Theorie im Insolvenzverfahren des Anfechtungsgegners ein

---

7 KPB/*Lüke* § 86 Rn. 4; Uhlenbruck/*Mock* § 86 Rn. 3.

8 BGH NJW 1973, 2065.

9 Anders, wenn der Gegner auf Grund einer Sicherungsübereignung geklagt hatte, § 51 Nr. 1.

10 Vgl. *Baur/Stürner* II Rn. 14.5 ff.; *Häsemeyer,* Insolvenzrecht, Rn. 11.07 ff.; Jaeger/*Windel* § 86 Rn. 2.

11 Uhlenbruck/*Mock* § 86 Rn. 3.

12 RGZ 86, 235, 240.

13 Einschränkend BGHZ 148, 252 für den Herausgabeanspruch des Vermieters (§ 556 Abs. 1 BGB): Aussonderungsrecht nur in demselben Umfang wie bei Anspruch aus § 985 BGB.

14 *Baur/Stürner* II Rn. 11.4, 14.14; Jaeger/*K. Schmidt* ZZP 90 (1977) 38, 49 ff.; *Stürner* ZZP 94 (1981) 263, 306 f.; weitergehend KPB/*Lüke* § 86 Rn. 9; aA Jaeger/*Windel* § 86 Rn. 23 ff.;.

15 OLG Frankfurt OLGRspr. 35, 281; OLG Köln BeckRS 2008, 01152; Uhlenbruck/*Mock* § 86 Rn. 4; siehe auch RG LZ 1907 Sp. 230 (Klage auf Einwilligung in die Löschung eines für die Schuldnerin eingetragenen Warenzeichens).

16 *Stürner* ZZP 94 (1981), 263, 306 f.; *Baur/Stürner* II Rn. 14.14; im Ergebnis auch *Karsten Schmidt* ZZP 90 (1977) 38, 49 ff.

17 BGH NJW 1990, 990 (insolvenzrechtlicher Anfechtungsanspruch kein die Veräußerung hinderndes Recht iSd § 771 ZPO); RGZ 13, 5, 6; *Baur/Stürner* II Rn. 18.19, 18.20.

18 Zu § 7 AnfG aF vgl. BGHZ 71, 296, 302; RGZ 40, 5, 6. *Baur/Stürner* I, Einzelvollstreckungsrecht, Rn. 26.6 ff., 26.90; zu § 11 AnfG *Huber* AnfG, Einf. Rn. 23 ff., § 11 Rn. 7.

19 BGHZ 156, 350 = NZI 2004, 78; 178, 171 = NZI 2009, 45; BGH NJW-RR 2009, 1563 = NZI 2009, 429; ebenso Jaeger/*Windel* § 86 Rn. 8 mwN; K. Schmidt/*Sternal* § 86 Rn. 6; KPB/*Lüke* § 86 Rn. 10; Uhlenbruck/*Mock* § 86 Rn. 9; *Paulus* AcP 155 (1956) 277, 345 ff.; *Gerhardt,* Die systematische Einordnung der Gläubigeranfechtung, 1969, S. 334 f.

Recht auf abgesonderte Befriedigung aus dem anfechtbar weggegebenen Gegenstand.[20] Der anfechtende Gläubiger kann demnach den unterbrochenen Prozess gemäß Abs. 1 Nr. 2 aufnehmen.

4. Abgesonderte Befriedigung. Nach Abs. 1 Nr. 2 können der Verwalter und der Gegner 9
ein Verfahren aufnehmen, welches – aus Sicht des eröffneten Insolvenzverfahrens – die abgesonderte Befriedigung betrifft (Abs. 1 Nr. 2). Hierunter fällt zB eine Klage auf Duldung der Zwangsvollstreckung (§ 1147 BGB) in ein zur Insolvenzmasse gehörendes Grundstück (§ 49), ferner eine Klage auf Herausgabe einer sicherungsübereigneten (§ 51 Nr. 1) oder nach § 1206 BGB verpfändeten Sache (§ 50 Abs. 1) zum Zwecke des Verkaufs.[21] Auch eine Vollstreckungsgegenklage, mit der sich der Schuldner gegen die Zwangsvollstreckung wegen eines Absonderungsrechts wehrt, betrifft die abgesonderte Befriedigung im Sinne des Abs. 1 Nr. 2.[22] Hat der Gegner auf Herausgabe einer beweglichen Sache geklagt, die der Verwalter im Besitz hat (insbesondere bei Sicherungsübereignung), so ist zu berücksichtigen, dass nach der Eröffnung des Insolvenzverfahrens nicht mehr der Gegner, sondern der Verwalter zur Verwertung berechtigt ist (§§ 166 ff.).[23] Der Gegner kann dem dadurch Rechnung tragen, dass er nach der Aufnahme die Hauptsache für erledigt erklärt oder den Herausgabeantrag in einen Antrag auf Feststellung des Sicherungseigentums ändert (§ 264 Nr. 3 ZPO).[24] Entsprechend anwendbar ist Abs. 1 Nr. 2 auf den gegen den Insolvenzverwalter des Erben aufzunehmenden Rechtsstreit um Befriedigung von Pflichtteils- und Pflichtteilsergänzungsansprüchen aus einem der Testamentsvollstreckung unterliegenden Nachlass.[25] Ebenso ist Abs. 1 Nr. 2 entsprechend anwendbar, wenn ein geschädigter Dritter wegen des ihm gegen den Versicherungsnehmer zustehenden Anspruchs nach Eröffnung des Insolvenzverfahrens über das Vermögen des Versicherungsnehmers abgesonderte Befriedigung aus dessen Freistellungsanspruch gegen den Versicherer verlangt.[26]

Hat der Gegner in dem Rechtsstreit sowohl sein Absonderungsrecht als auch den gesicherten 10
Anspruch geltend gemacht, so kann nur der Absonderungsstreit nach Abs. 1 Nr. 2 aufgenommen werden. Den gesicherten Anspruch muss der Gegner durch Anmeldung zur Tabelle verfolgen (§§ 87, 174 ff., 180 Abs. 2, 184 Abs. 1 Satz 2).[27]

5. Masseverbindlichkeiten. Der Verwalter und der Gegner können Rechtsstreitigkeiten um 11
Ansprüche aufnehmen, die im Insolvenzverfahren Masseverbindlichkeiten sind (Abs. 1 Nr. 3). Hierzu zählen vor allem Rechtsstreitigkeiten um Verbindlichkeiten des Schuldners aus beiderseits nicht (vollständig) erfüllten gegenseitigen Verträgen, deren Erfüllung der Verwalter verlangt (§§ 55 Abs. 1 Nr. 2 Fall 1, 103 Abs. 1).[28] Da die Masseverbindlichkeit erst mit dem Erfüllungsverlangen des Verwalters entsteht, ist auch eine Aufnahme grundsätzlich erst nach diesem Verlangen möglich.[29] Der Verwalter kann die Aufnahme mit dem Erfüllungsverlangen verbinden (→ § 85 Rn. 44). Lehnt der Verwalter die Erfüllung ab, so kann der Gegner seinen Schadensersatzanspruch nur als Insolvenzgläubiger geltend machen (§ 103 Abs. 2). Eine Aufnahme des rechtshängigen Verfahrens gemäß Abs. 1 Nr. 3 scheidet in diesem Fall aus. Wird der zur Tabelle angemeldete Schadensersatzanspruch im Feststellungsverfahren vom Verwalter oder von einem Gläubiger bestritten, so hat der Kläger die Wahl: Er kann entweder selbständige Feststellungsklage gemäß §§ 179 Abs. 1, 180 Abs. 1 gegen den Bestreitenden erheben oder den unterbrochenen Prozess gemäß §§ 179 Abs. 1, 180 Abs. 2 aufnehmen und den Leistungsantrag in einen Antrag auf Feststellung des Schadensersatzanspruchs zur Tabelle (§ 264 Nr. 3 ZPO) ändern (→ § 180 Rn. 17).

Unter den Voraussetzungen des § 105 kann der unterbrochene Prozess nur hinsichtlich desjeni- 12
gen Teils des rechtshängigen Anspruchs gemäß Abs. 1 Nr. 3 aufgenommen werden, der durch das Erfüllungsverlangen des Verwalters zur Masseverbindlichkeit geworden ist.[30] Soweit der Anspruch nach § 105 Satz 1 eine Insolvenzforderung bildet, kann ihn der Gegner nur durch Anmeldung zur Tabelle verfolgen (§§ 87, 174 ff.).

---

20 Jaeger/*Paulus* AcP 155 (1956) 277, 351 f.; *Gerhard,* Die systematische Einordnung der Gläubigeranfechtung, 1969, S. 334 ff.

21 Siehe auch OLG Hamburg OLGRspr. 1997, 53 ff.: Geltendmachung des Rechts auf abgesonderte Befriedigung aus der Versicherungsforderung des Schuldners gemäß § 157 VVG durch den Geschädigten.

22 BGH NJW 1973, 2065; BGH Beschl. v. 10.5.2016 – XI ZR 46/14, NZI 2016, 657 Rn. 12; Jaeger/*Windel* § 86 Rn. 9; Uhlenbruck/*Mock* § 86 Rn. 11.

23 Begr. zu § 96 RegE (= § 85) BR-Drucks. 1/92, S. 136.

24 *Landfermann,* Kölner Schrift zur Insolvenzordnung, S. 159 Rn. 27; KPB/*Lüke* § 86 Rn. 11b.

25 BGHZ 167, 352.

26 BGH Urt. v. 18.7.2013 – IX ZR 311/12 NZI 2013, 886; BGH Beschl. v. 18.8.2016 – III ZR 71/16, BeckRS 2016, 16168.

27 Jaeger/*Windel* § 86 Rn. 9.

28 Motive zur KO, S. 45 = *Hahn* IV S. 69; Uhlenbruck/*Mock* § 86 Rn. 13.

29 Uhlenbruck/*Mock* § 86 Rn. 17; Jaeger/*Windel* § 86 Rn. 11.

30 KPB/*Lüke* § 86 Rn. 13.

13 Abs. 1 Nr. 3 findet ferner Anwendung auf Prozesse um Verbindlichkeiten aus gegenseitigen Verträgen, deren Erfüllung zur Insolvenzmasse für die Zeit nach der Eröffnung des Insolvenzverfahrens erfolgen muss (§ 55 Abs. 1 Nr. 2 Fall 2). So zB auf eine Klage des Vermieters gegen den insolventen Mieter auf Zahlung rückständigen und künftig fällig werdenden Mietzinses (§ 109 Abs. 1).[31] Abs. 1 Nr. 3 gilt nicht für Verfahren um Verbindlichkeiten, die ein „starker" vorläufiger Insolvenzverwalter während des Eröffnungsverfahrens begründet hat (§ 55 Abs. 2). Diese Streitigkeiten, die während des Eröffnungsverfahrens gegen den vorläufigen Verwalter, nicht den Schuldner zu führen sind, werden durch die Eröffnung des Insolvenzverfahrens jedenfalls nicht gemäß § 240 ZPO unterbrochen (→ Rn. 18; → vor § 85 Rn. 19).[32]

14 **6. Unterlassungsklage gegen den Schuldner.** Eine Unterlassungsklage gegen den Schuldner wird gemäß § 240 ZPO unterbrochen, wenn die Störung von der Insolvenzmasse ausgeht. Beruht die Störung auf einem Verhalten des Schuldners, so wird der Prozess unterbrochen, wenn sich das zu unterlassende Verhalten auf die Insolvenzmasse (insbesondere den Betrieb des Schuldners) bezieht (→ vor § 85 Rn. 28). So zB, wenn der Gegner auf Unterlassung wettbewerbswidrigen Verhaltens oder auf Unterlassung einer Patentverletzung klagt.[33]

15 Nach welchen Vorschriften der Unterlassungsprozess aufgenommen werden kann, ist umstritten. Der BGH geht nunmehr zutreffend davon aus, dass es sich bei einem gegen den Insolvenzschuldner gerichteten gesetzlichen Unterlassungsanspruch wegen Verletzung eines gewerblichen Schutzrechts des Klägers oder wegen eines Wettbewerbsverstoßes um einen Passivprozess i.S. des § 86 InsO handelt.[34] Demgegenüber nahmen das Reichsgericht[35] und bislang auch der BGH[36] für Unterlassungsklagen gegen den Schuldner einen Aktivprozess zur Teilungsmasse an, wenn sich der Unterlassungsanspruch gegen den Gewerbebetrieb des Schuldners und damit gegen ein Masseaktivum richtet. Zur Aufnahme war nach dieser Ansicht zunächst nur der Insolvenzverwalter befugt (§ 85). Für die Unterscheidung zwischen Aktiv- und Passivprozess ist jedoch auf den Gegenstand des Rechtsstreits abzustellen, nicht auf das Recht, mit dem sich der Schuldner verteidigt (→ § 85 Rn. 6).[37] Rechtshängig ist der Unterlassungsanspruch, der zu Lasten der späteren Masse geltend gemacht wird.[38] Die Aufnahme erfolgt nach § 86 Abs. 1 Nr. 1, wenn die Unterlassungsklage dazu dient, ein aussonderungsfähiges Recht (zB Eigentum, Patent) gegen die drohende Verwertung durch den Schuldner bzw. den Verwalter zu schützen (→ oben Rn. 7).[39] Im Übrigen wird teilweise der geltend gemachte Anspruch, zB auf Unterlassung wettbewerbswidrigen Verhaltens, als Masseverbindlichkeit (§ 55 Abs. 1 Nr. 1) angesehen mit der Folge, dass für die Aufnahme des Rechtsstreits Abs. 1 Nr. 3 unmittelbar gilt.[40] Entsprechendes gilt für die Aufnahme unterbrochener Prozesse gegen den Schuldner, welche auf die Beseitigung bereits bestehender Störungen gerichtet sind.[41] Betrifft eine Klage auf Unterlassung künftiger Patentverletzungen sowohl die Insolvenzmasse als auch den insolvenzfreien Bereich des Beklagten, so wird der Prozess insgesamt unterbrochen.[42] Soweit das Verfahren die Insolvenzmasse betrifft, kann es gemäß § 86 Abs. 1 von und gegen den Verwalter,[43] im Übrigen kann es von und gegen den Schuldner aufgenommen werden.[44]

---

[31] Jaeger/*Windel* § 86 Rn. 11; vgl. auch LAG Baden-Württemberg ZInsO 2003, 100 (Klage auf Feststellung des Bestands eines Arbeitsverhältnisses).

[32] AA KPB/*Lüke* § 86 Rn. 6.

[33] OLG Hamburg Urt. v. 24.3.2016 – 3 U 171/08, BeckRS 2016, 15015; Jaeger/*Windel* § 85 Rn. 30 ff.; *Stürner* ZZP 94 (1981) 263, 305 f.

[34] BGHZ 185,11 = NJW-RR 2010, 1053; ferner OLG Köln BeckRS 2008, 01152; zustimmend *K. Schmidt*, FS Schilken, S. 789, 792.

[35] RGZ 45, 374; 134, 377.

[36] BGH NJW 1966, 51; ebenso KPB/*Lüke* § 85 Rn. 53b.

[37] *Stürner* ZZP 94 (1981) 263, 306.

[38] *Baur/Stürner* II Rn. 11.4; *Häsemeyer*, Insolvenzrecht, Rn. 10.52; Jaeger/*Windel* § 85 Rn. 36; *Stürner* ZZP 94 (1981) 263, 306.

[39] BGH Zwischenurteil v. 23.4.2013 – X ZR 169/12, BeckRS 2013, 10419 Rn. 10 (Patentnichtigkeitsklage); OLG Hamburg Urt. v. 24.3.2016 – 3 U 171/08, BeckRS 2016, 15015 Rn. 36 f.; *Baur/Stürner* II Rn. 11.4; *Karsten Schmidt* ZZP 90 (1977) 38, 49 ff.; *Stürner* ZZP 94 (1981) 263, 307; enger Uhlenbruck/*Mock* § 86 Rn. 10; aA (analog § 86 Abs. 1 Nr. 3) BGHZ 185,11 = NJW-RR 2010, 1053; differenzierend Jaeger/*Windel* § 86 Rn. 13 ff.

[40] *Stürner* ZZP 94 (1981) 263, 307 f.; *K. Schmidt*, FS Schilken, S. 789, 796 f.; für Aufnahme analog § 86 Abs. 1 Nr. 1 nunmehr BGHZ 185, 11, 21.

[41] Näher *Baur/Stürner* II Rn. 11.5; *Stürner* ZZP 94 (1981) 263, 308 ff.; *K. Schmidt*, FS Schilken, S. 789, 796 f.

[42] BGH NJW 1966, 51; KPB/*Lüke* § 85 Rn. 15.

[43] AA BGH NJW 1966, 51 (Anwendung des § 10 KO bzw. des § 85 InsO).

[44] *Häsemeyer*, Insolvenzrecht, Rn. 10.52.

7. Klage gegen den Schuldner auf Vornahme einer unvertretbaren Handlung. Klagen gegen den Schuldner auf Vornahme einer unvertretbaren Handlung, insbesondere auf Auskunftserteilung und Rechnungslegung, werden gemäß § 240 ZPO unterbrochen, wenn sich der Anspruch auf die Masse bezieht und deshalb nach der Eröffnung des Insolvenzverfahrens von dem Verwalter zu erfüllen ist (→ vor § 85 Rn. 27). Betrachtet man den Anspruch als Masseverbindlichkeit,[45] so gilt für die Aufnahme des Rechtsstreits § 86 Abs. 1 Nr. 3 unmittelbar. Entsprechendes gilt für unterbrochene Klagen gegen den Schuldner auf Vorlegung einer Urkunde oder Besichtigung einer Sache (§ 809 BGB).[46] 16

IV. Aufnahme

1. Aufnahmebefugnis. Während des Insolvenzverfahrens können sowohl der Verwalter als auch der Gegner den unterbrochenen Prozess sofort aufnehmen. Anders als bei Aktivprozessen zur Teilungsmasse (siehe § 85 Rn. 35) steht dem Verwalter im Teilungsmassegegenstreit keine Prüfungs- und Entscheidungsfrist zu. § 86 trägt dem Umstand Rechnung, dass der Gegner den Aussonderungs-, Absonderungs- oder Masseanspruch, wenn er nicht schon rechtshängig wäre, auch ohne weiteres durch selbständige Klage gegen den Verwalter verfolgen könnte und der Verwalter an die bisherige Prozessführung des Schuldners gebunden ist. Betrifft der Rechtsstreit eine Masseverbindlichkeit im Sinne des § 55 Abs. 1 Nr. 2 Fall 1, so kommt eine Aufnahme allerdings erst in Betracht, nachdem der Verwalter Erfüllung gewählt hat (→ Rn. 11). Zu beachten ist ferner, dass sich eine Klage gegen den Schuldner auf Herausgabe einer sicherungsübereigneten Sache durch die Eröffnung des Insolvenzverfahrens regelmäßig in der Hauptsache erledigt (§ 166 Abs. 1; → Rn. 9). Im Eigenverwaltungsverfahren sind grundsätzlich der Gegner und der Schuldner, nicht der Sachwalter zur Aufnahme berechtigt (→ § 85 Rn. 12). Will der Insolvenzverwalter einen Teilungsmassegegenstreit mit erheblichem Streitwert aufnehmen, so hat er die Zustimmung des Gläubigerausschusses bzw. der Gläubigerversammlung einzuholen (§§ 160 Abs. 2 Nr. 3, 164). Unter Geltung der Konkursordnung konnte die Insolvenzabwicklung durch Prozessaufnahmen zahlreicher „unechter" Massegläubiger (§ 59 Abs. 1 Nr. 3 KO) erheblich gestört werden. Mit der Abschaffung der unechten Masseverbindlichkeiten durch die Insolvenzordnung hat dieses Problem seine Bedeutung verloren.[47] 17

Ist im Eröffnungsverfahren die Verfügungsbefugnis über das Vermögen des Schuldners auf einen vorläufigen Verwalter übergegangen (§§ 22 Abs. 1 Satz 1, 21 Abs. 2 Nr. 1 und 2), so können sowohl dieser als auch der Gegner den Rechtsstreit aufnehmen (§§ 24 Abs. 2, 86). Ein solchermaßen aufgenommener Rechtsstreit wird durch die Eröffnung des Insolvenzverfahrens nicht erneut gemäß § 240 Satz 1 ZPO unterbrochen.[48] Schon nach seinem Wortlaut findet § 240 Satz 1 ZPO nur Anwendung auf Verfahren, in denen eine der Parteien der Schuldner ist (zu Ausnahmen siehe vor § 85 Rn. 10 ff.). Der vorläufige Verwalter führt aber den aufgenommenen Prozess im eigenen Namen mit Wirkung für und gegen die Masse (Amtstheorie; → vor § 85 Rn. 1 f.). Stellung und Funktion des vorläufigen Verwalters innerhalb des aufgenommenen Prozesses entsprechen weitgehend denen des regulären Verwalters. Die Unterbrechung gemäß § 240 Satz 1 ZPO soll einem Verwalter, der anstelle des Schuldners in einen Rechtsstreit eintritt, Gelegenheit geben, sich mit dem Verfahren vertraut zu machen und die Prozessvertretung nach dem Erlöschen der bisherigen Prozessvollmacht neu zu regeln (→ vor § 85 Rn. 2). Dieser Zweck greift nicht ein, wenn der vorläufige Verwalter einen im Eröffnungsverfahren aufgenommenen oder begonnenen Prozess nach Eröffnung des Insolvenzverfahrens als regulärer Verwalter fortsetzt. Die vom vorläufigen Verwalter erteilte Prozessvollmacht erlischt durch die Eröffnung des Insolvenzverfahrens nicht. Auch die Interessenlage innerhalb des Prozesses ändert sich für den vorläufigen Verwalter mit der Eröffnung des Insolvenzverfahrens nicht wesentlich. Ist der vorläufige Verwalter nicht mit dem regulären Verwalter identisch, so kommt § 240 Satz 1 ZPO ebenfalls nicht zur Anwendung. Vielmehr gelten in diesem Fall die §§ 241, 246 ZPO entsprechend (→ vor § 85 Rn. 19). 18

Der Schuldner persönlich ist mangels Prozessführungsbefugnis nicht befugt, den unterbrochenen Rechtsstreit aufzunehmen.[49] Bei Rechtsstreitigkeiten im Sinne des Abs. 1 Nr. 1 und 2 fallen jedoch Prozessführungs- und Aufnahmebefugnis an den Schuldner zurück, wenn der Verwalter den auszusondernden oder belasteten Gegenstand vor der Aufnahme freigibt (→ Rn. 26 f.).[50] Bei einem Rechtsstreit um eine Grundschuld ist eine Aufnahme durch den Schuldner nur dann möglich, wenn 19

---

45 ZB *Baur/Stürner* II Rn. 11.6, 10.30; Jaeger/*Windel* § 86 Rn. 16.

46 Jaeger/*Windel* § 86 Rn. 17.

47 KPB/*Lüke* § 86 Rn. 13 f.

48 AA KPB/*Lüke* § 86 Rn. 6.

49 Jaeger/*Windel* § 86 Rn. 21; Uhlenbruck/*Mock* § 86 Rn. 22.

50 BGH NJW 1973, 2065; BGH Beschl. v. 10.5.2016 – XI ZR 46/14, NZI 2016, 657 Rn. 13; KPB/*Lüke* § 86 Rn. 15; siehe auch BGH NJW 1966, 51.

der Insolvenzverwalter das betroffene Grundstück freigibt; allein die Freigabe des Prozesses oder der Grundschuld reicht nicht.[51] Als Eigenverwalter kann der Schuldner den Teilungsmassegegenstreit grundsätzlich ohne weiteres aufnehmen (→ Rn. 17).

20 **2. Form der Aufnahme.** Die Aufnahme erfolgt grundsätzlich durch Zustellung eines bei Gericht einzureichenden Schriftsatzes an den Gegner (§ 250 ZPO). Zuständig ist das Gericht, bei dem der Rechtsstreit zurzeit der Unterbrechung rechtshängig war. Ist die Unterbrechung zwischen den Instanzen eingetreten, kann die Aufnahmeerklärung auch zusammen mit dem Rechtsmittel beim Rechtsmittelgericht eingereicht werden (→ vor § 85 Rn. 81). Die Aufnahmeerklärung des Gegners ist dem (vorläufigen) Verwalter selbst zuzustellen, nicht dem bisherigen Prozessvertreter des Schuldners. Dessen Vollmacht ist durch die Eröffnung des Insolvenzverfahrens erloschen (→ vor § 85 Rn. 2 f.).[52] Hat der Verwalter bereits einen Prozessbevollmächtigten bestellt, so erfolgt die Zustellung an ihn (§ 172 ZPO).[53] Die Aufnahme kann abweichend von § 250 ZPO auch in mündlicher Verhandlung erklärt werden, wenn der Verwalter und der Gegner anwesend sind (→ vor § 85 Rn. 80). Eine Aufnahmeerklärung durch schlüssiges Verhalten reicht aus.[54] Einzelheiten → vor § 85 Rn. 80 f.

21 **3. Wirkung der Aufnahme.** Durch die Aufnahme endet die Unterbrechung des Rechtsstreits. Unterbrochene Fristen beginnen vollständig neu zu laufen (§ 249 Abs. 1 ZPO; → vor § 85 Rn. 62 ff.). Der (vorläufige) Verwalter wird nach richtiger Ansicht nicht erst durch die Aufnahme, sondern bereits durch den Übergang der Verfügungs- und Prozessführungsbefugnis über das Vermögen des Schuldners (§ 80 Abs. 1; §§ 22 Abs. 1 Satz 1, 21 Abs. 2 Nr. 1 und 2) Partei des Rechtsstreits (→ vor § 85 Rn. 2 f.). Er ist an die bisherige Prozessführung durch den Schuldner gebunden, soweit sie nicht der Insolvenzanfechtung unterliegt (→ § 85 Rn. 16). Der Verwalter muss sich grundsätzlich bis zur mündlichen Verhandlung entscheiden, ob er den Prozess fortsetzt, den Anspruch sofort anerkennt oder den auszusondernden oder abzusondernden Gegenstand sofort freigibt (→ Rn. 23, 27). Der Sorgfaltsmaßstab, den der Verwalter bei der Beurteilung der Prozessaussichten und der Entscheidung über die Fortsetzung des Verfahrens zu beachten hat (§ 60 Abs. 1), hängt nicht zuletzt davon ab, wie viel Zeit ihm für die Prüfung zur Verfügung stand.[55] Endet das Insolvenzverfahren, nachdem der Prozess aufgenommen wurde, so tritt entsprechend §§ 239, 242, 246 ZPO der Schuldner anstelle des Verwalters in den Rechtsstreit ein (→ vor § 85 Rn. 89 f.). Endet das Insolvenzverfahren vor der Aufnahme, so endet die Unterbrechung des Rechtsstreits (§ 240 Satz 1 ZPO; → vor § 85 Rn. 83 f.).

22 **4. Kosten. a) Kostenpflicht.** Wer die Kosten des aufgenommenen Passivprozesses zu tragen hat, ergibt sich aus §§ 91 ff. ZPO. Unterliegt der Verwalter, so trifft die Kostenpflicht die Masse (§ 91 Abs. 1 ZPO). Ausnahmsweise hat der obsiegende Gegner die Kosten zu tragen, wenn zurzeit der Unterbrechung die Voraussetzungen für ein sofortiges Anerkenntnis des Schuldners im Sinne des § 93 ZPO vorlagen und der Verwalter sofort nach der Aufnahme anerkennt.[56] War dem Schuldner im Zeitpunkt der Unterbrechung ein sofortiges Anerkenntnis im Sinne des § 93 ZPO nicht (mehr) möglich, so hat das sofortige Anerkenntnis des Verwalters (nur) die Wirkung, dass der Kostenerstattungsanspruch des Gegners nicht als Masseverbindlichkeit (§ 55 Abs. 1 Nr. 1), sondern als Insolvenzforderung anzusehen ist (→ Rn. 23). Wo möglich, wird der Verwalter, anstatt den Anspruch anzuerkennen, den umstrittenen Gegenstand freigeben und damit die Kostenpflicht der Masse ganz vermeiden (→ Rn. 27). Obsiegt der Verwalter, so kann die Masse Kostenerstattung vom Gegner verlangen (§ 91 Abs. 1 ZPO).

23 **b) Qualifikation der Kostenschuld; sofortiges Anerkenntnis (Abs. 2).** Werden die Kosten des Rechtsstreits dem Verwalter auferlegt (§ 91 Abs. 1 ZPO), so ist der Kostenerstattungsanspruch des Gegners in der Regel Masseverbindlichkeit gemäß § 55 Abs. 1 Nr. 1.[57] Dies gilt nach hM auch für die vor der Eröffnung des Insolvenzverfahrens entstandenen Kosten (zweifelhaft; → § 85 Rn. 19 f.).[58] Der Kostenerstattungsanspruch bildet jedoch ausnahmsweise eine Insolvenzforderung,

[51] BGH Beschl. v. 10.5.2016 – XI ZR 46/14, ZIP 2016, 1655 Rn. 13; BGH Beschl. v. 10.4.2018 – XI ZR 468/17, BeckRS 2018, 5523 Rn. 3.
[52] BGH NJW-RR 1989, 183; ZIP 1999, 75; Jaeger/*Windel* § 86 Rn. 25; KPB/*Lüke* § 86 Rn. 16; Uhlenbruck/*Mock* § 86 Rn. 25.
[53] Jaeger/*Windel* § 86 Rn. 25.
[54] Jaeger/*Windel* § 86 Rn. 25.
[55] Siehe auch KPB/*Lüke* § 86 Rn. 14, 22.
[56] OLG Frankfurt NJW-RR 2006, 418; KPB/*Lüke* § 86 Rn. 20.
[57] OLG Dresden LZ 1917 Sp. 421.
[58] BGH NZI 2007, 104; OLG Düsseldorf Rpfleger 2001, 272; Jaeger/*Windel* § 86 Rn. 29; aA KPB/*Lüke* § 86 Rn. 18.

wenn der Verwalter den rechtshängigen Anspruch sofort anerkennt (Abs. 2). In der Kostenentscheidung muss diese Rechtsfolge nicht ausdrücklich ausgesprochen werden (→ § 85 Rn. 20). Ein klarstellender Hinweis empfiehlt sich aber.[59] Unberührt bleiben die Fälle, in denen gemäß § 93 ZPO der Gegner die Kosten des Rechtsstreits zu tragen hat (→ Rn. 22). Ein sofortiges Anerkenntnis im Sinne des Abs. 2 empfiehlt sich bei aussichtslosen Prozessen nur dann, wenn eine vollständige Abwälzung des Kostenrisikos durch sofortige Freigabe des auszusondernden oder belasteten Gegenstands (→ Rn. 26 f.) nicht möglich ist. So zum Beispiel, wenn der Verwalter auf die Nutzung des belasteten Gegenstands angewiesen ist, der Wert des Gegenstands den Wert der gesicherten Forderung übersteigt oder der Rechtsstreit eine Masseverbindlichkeit betrifft.[60] § 86 Abs. 2 ist im Fall einer „sofortigen" Berufungsrücknahme durch den Verwalter nicht analog anzuwenden.[61]

Das Anerkenntnis erfolgt sofort, wenn es ohne jede Verzögerung abgegeben wird.[62] Die zu § 93 ZPO entwickelten Grundsätze gelten entsprechend. Grundsätzlich muss das Anerkenntnis in der Ersten mündlichen Verhandlung nach der Aufnahme erfolgen.[63] Wurde durch die Eröffnung des Insolvenzverfahrens die Frist des § 276 Abs. 1 Satz 1 ZPO unterbrochen oder hat der Vorsitzende dem Verwalter mit der Aufnahmeerklärung des Gegners eine Aufforderung analog § 276 Abs. 1 Satz 1 ZPO zugestellt (→ vor § 85 Rn. 82), so muss der Verwalter nach der Aufnahme innerhalb dieser Frist anerkennen.[64] Unschädlich ist eine begründete Prozessrüge.[65] Hat der Verwalter den rechtshängigen Hauptsacheanspruch sofort anerkannt, so kann der Gegner seinen Kostenerstattungsanspruch (§§ 307, 91 Abs. 1 ZPO) nur durch Anmeldung zur Tabelle verfolgen (§§ 86 Abs. 2, 87, 174 ff.). Vor der Anmeldung ist der Anspruch festzusetzen (§§ 103 ff. ZPO). Der Kostenfestsetzungsbeschluss ist ein vollstreckbarer Schuldtitel im Sinne des § 179 Abs. 2,[66] so dass es im Widerspruchsfalle dem Bestreitenden obliegt, den Widerspruch (mittels sofortiger Beschwerde, § 99 Abs. 2 ZPO, §§ 104 Abs. 3 ZPO, 11 Abs. 1 RPflG) zu verfolgen (→ § 179 Rn. 23). Erkennt der Verwalter den Hauptsacheanspruch verspätet an – zB im Anschluss an eine Beweisaufnahme – so ist der Kostenerstattungsanspruch des Gegners Masseverbindlichkeit, § 55 Abs. 1 Nr. 1. 24

Bei einem Rechtsstreit im Sinne des Abs. 1 Nr. 2 ist zu berücksichtigen, dass das Absonderungsrecht regelmäßig auch für die notwendigen Kosten der Rechtsverfolgung haftet (§§ 1118, 1192, 1210, 1273 BGB, §§ 10 Abs. 2, 12 Nr. 1 ZVG). Bei einem sofortigen Anerkenntnis des Verwalters ist daher der Kostenerstattungsanspruch des Gläubigers zwar nicht Masseverbindlichkeit (Abs. 2), aber jedenfalls durch das Absonderungsrecht gesichert.[67] 25

V. Freigabe

1. Vor der Aufnahme. Gibt der Verwalter den auszusondernden (Abs. 1 Nr. 1) oder belasteten Gegenstand (Abs. 1 Nr. 2) frei, bevor der Rechtsstreit aufgenommen wurde, so geht mit der Verfügungsbefugnis auch die Prozessführungsbefugnis über den freigegebenen Gegenstand wieder auf den Schuldner über. Sowohl der Schuldner als auch der Gegner können nun den unterbrochenen Rechtsstreit gegenüber dem jeweils anderen Teil aufnehmen.[68] Das Urteil, das in dem aufgenommenen Rechtsstreit ergeht, wirkt zugunsten oder zu Lasten des Schuldners persönlich.[69] Unterliegt der Schuldner, so ist seine Kostenpflicht (§ 91 ZPO) nach hM im vollen Umfang Neuschuld (zweifelhaft; siehe § 85 Rn. 30, 19 f.). Der Gegner kann daher seinen Kostenerstattungsanspruch auch nicht insoweit zur Tabelle anmelden, als die Kosten vor der Eröffnung des Insolvenzverfahrens entstanden sind. Eine Übertragung der Prozessführungsbefugnis auf den Schuldner ohne Freigabe des umstrittenen Gegenstands ist unzulässig und unwirksam (→ § 85 Rn. 18).[70] Eine Übertragung der Prozessführungsbefugnis durch Freigabe kommt nur bei Rechtsstreitigkeiten im Sinne des Abs. 1 Nr. 1 und 2 in Betracht, nicht bei Rechtsstreitigkeiten über Masseverbindlichkeiten (Abs. 1 Nr. 3).[71] Zur Wahl 26

---

59 OLG München ZIP 1996, 1952; Jaeger/*Windel* § 86 Rn. 33; siehe auch BGH KTS 1995, 69 f.
60 *Häsemeyer,* Insolvenzrecht, Rn. 10.51.
61 LAG Köln Beschl. v. 18.8.2014 – 5 Ta 226/14, BeckRS 2014, 73397.
62 Jaeger/*Windel* § 86 Rn. 32; KPB/*Lüke* § 86 Rn. 19.
63 Uhlenbruck/*Mock* § 86 Rn. 35 mwN.
64 Jaeger/*Windel* § 86 Rn. 32.
65 RGZ 137, 71, 73; Jaeger/*Windel* § 86 Rn. 32; Uhlenbruck/*Mock* § 86 Rn. 35.
66 Jaeger/*Windel* § 86 Rn. 33.
67 Jaeger/*Windel* § 86 Rn. 30; KPB/*Lüke* § 86 Rn. 12.
68 BGH NJW 1966, 51 f.; Jaeger/*Windel* § 86 Rn. 22; *Häsemeyer,* Insolvenzrecht, Rn. 10.50; Uhlenbruck/*Uhlenbruck*§ 86 Rn. 22.
69 Jaeger/*Windel* § 86 Rn. 22; Uhlenbruck/*Mock* § 86 Rn. 22.
70 BGH NJW 1973, 2065; Uhlenbruck/*Mock* § 86 Rn. 22.
71 Jaeger/*Windel* § 86 Rn. 22.

des Verwalters zwischen sofortigem Anerkenntnis des Anspruchs und Freigabe des auszusondernden oder belasteten Gegenstands → Rn. 27.

27 **2. Nach der Aufnahme.** Gibt der Verwalter den belasteten oder auszusondernden Gegenstand nach der Aufnahme frei, so bleibt er grundsätzlich analog § 265 Abs. 2 ZPO prozessführungsbefugt (streitig; → § 85 Rn. 24).[72] Ausnahmsweise fällt jedoch die Prozessführungsbefugnis auf den Schuldner zurück, wenn der Verwalter den Gegenstand sofort nach der Aufnahme durch den Gegner freigibt.[73] Vor einer Abwälzung der Kostenpflicht von der Masse auf den Schuldner persönlich ist der Gegner nach dem Rechtsgedanken des Abs. 2 grundsätzlich erst geschützt, nachdem der Verwalter streitig zur Sache verhandelt hat.[74] Ein sofortiges Anerkenntnis gemäß Abs. 2, das lediglich zu einer für die Masse günstigeren Qualifizierung der Kostenerstattungspflicht führt, empfiehlt sich daher in aussichtslosen Prozessen nur, wenn eine Abwälzung der Kostenpflicht durch Freigabe nicht in Betracht kommt (→ Rn. 23).

§ 87 Forderungen der Insolvenzgläubiger

Die Insolvenzgläubiger können ihre Forderungen nur nach den Vorschriften über das Insolvenzverfahren verfolgen.

Schrifttum: *Birkenhauer,* Probleme der Nichtteilnahme am und im Insolvenzverfahren, 2002; *Müller/Rautmann,* Blick ins Insolvenzrecht, DStR 2016, 132; *Pape,* Unzulässigkeit von Neugläubigerklagen gegen den Schuldner?, ZInsO 2002, 917; *Peters,* Die Forderung aus einer vorsätzlich begangenen unerlaubten Handlung in der Einzelzwangsvollstreckung und in der Insolvenz, KTS 2006, 127; *Schmidt,* Das Prüfungsrecht des Insolvenzverwalters zum Forderungsgrund der unerlaubten Handlung, ZInsO 2006, 523.

Übersicht

I. Entstehungsgeschichte

1 Die Vorschrift entspricht § 98 des RegE[1] und lehnt sich an die frühere Regelung des § 12 KO an. Neben redaktionellen Anpassungen enthält sie eine Erweiterung des Anwendungsbereichs insoweit, dass die Verfolgung von Insolvenzforderungen schlechthin nur noch nach den Vorschriften über das Insolvenzverfahren erfolgen kann. Der Gesetzgeber wollte mit der erweiterten Fassung „Rechtsklarheit" darüber schaffen, dass der Schuldner während der Dauer des Insolvenzverfahrens nur noch nach den Vorschriften des Insolvenzverfahrens in Anspruch genommen werden kann.[2] Im Kern dient die Norm der Sicherstellung des Grundsatzes der Gläubigergleichbehandlung (§ 1 Satz 1).

II. Normzweck

2 Mit der Eröffnung des Insolvenzverfahrens sollen die Gläubiger im Allgemeinen gemeinschaftliche (§ 1 Satz 1) und die Insolvenzgläubiger (§ 38) im Besonderen grundsätzlich gleichmäßige Befriedigung erlangen. Dies erfordert ihre Bestrebungen, Befriedigung aus der Insolvenzmasse zu erlangen, auf das Insolvenzverfahren zu konzentrieren.[3] § 87 InsO verweist die Gläubiger auf das Anmeldeprozedere der §§ 174 ff. InsO.[4] Mehrungen oder Minderungen der Haftungsmasse sollen danach alle Insolvenzgläubiger im gleichen Verhältnis treffen. § 87 dient dabei als **Schlüsselnorm.**[5] Die Vor-

72 Jaeger/*Windel* § 86 Rn. 23; Uhlenbruck/*Mock,* § 86 Rn. 22.
73 Jaeger/*Windel* § 86 Rn. 23; KPB/*Lüke* § 86 Rn. 17.
74 Jaeger/*Windel* § 86 Rn. 23.
1 BT-Drs. 12/7302 S. 35.
2 Begr. RegE, BR-Drucks. 1/92 S. 137.
3 Jaeger/*Windel* § 87 Rn. 1.
4 BGH NZI 2017, 30 Rn. 8.
5 Uhlenbruck/*Mock* § 87 Rn. 1.

schrift soll sicherstellen, dass während der Dauer des Insolvenzverfahrens der Schuldner grundsätzlich nur noch nach den Vorschriften über das Insolvenzverfahren in Anspruch genommen werden kann. Insbesondere soll nicht etwa ein Verzicht auf die Verfahrensteilnahme dazu führen können, dass Gläubiger außerhalb des Insolvenzverfahrens gegen den Schuldner vorgehen können.[6]

Was die einheitliche Befriedigung der Insolvenzgläubiger anbelangt, handelt es sich bei § 87 um eine **Generalklausel** zum Zweck der **Sicherstellung** des **Gläubigergleichbehandlungsgrundsatzes,** näher ausgeprägt in §§ 81 f., 84 Satz 2, 85 f., 88, 91, 96, 129 ff. und ergänzt durch §§ 92, 93, die die Rechtsverfolgung der Insolvenzgläubiger auch gegenüber dem dort genannten Personenkreis ausschließen.[7] Soweit § 87 in Zusammenhang steht mit den prozessuale Fragen regelnden §§ 85, 86, werden durch ihn Passivprozesse betroffen, den ein Insolvenzgläubiger (§§ 38, 39) zur Durchsetzung seiner Forderung führt **(Schuldenmassestreit).** Die Bezeichnung ist darauf zurückzuführen, dass die Insolvenzforderungen in ihrer Gesamtheit die sog. Schuldenmasse bilden.[8] Solche, zum Zeitpunkt der Insolvenzeröffnung anhängigen Rechtsstreite werden nach § 240 ZPO kraft Gesetzes unterbrochen. Die dem Rechtsstreit zugrundeliegende Forderung ist daher zunächst ausschließlich nach den Vorschriften über das Insolvenzverfahren zu verfolgen, dh der Insolvenzgläubiger hat seine streitbefangene Forderung zunächst beim Insolvenzverwalter zur Tabelle anzumelden.[9] Erst bei einem Widerspruch des Verwalters und/oder eines Insolvenzgläubigers gegen die Forderung im Prüfungstermin kann der unterbrochene Rechtsstreit vom hiervon betroffenen Insolvenzgläubiger wieder aufgenommen werden. Das insolvenzrechtliche Feststellungsverfahren ist für anhängige Rechtsstreitigkeiten eine nicht abdingbare Sachurteilsvoraussetzung.[10] Nach Insolvenzeröffnung anhängig gemachte Rechtsstreite, gerichtet auf die Verfolgung einer Insolvenzforderung, sind auch bei Unkenntnis über die Verfahrenseröffnung unzulässig. Der Insolvenzgläubiger unterliegt weiterhin auch dann den Beschränkungen des § 87, wenn er gegen den Schuldner einen (vorläufig) vollstreckbaren Titel erlangt hat.[11] Die Regelung des § 87 InsO ist verfahrensrechtlicher ordre public.[12] 3

§ 87 gilt auch im Rahmen der Eigenverwaltung (§§ 270 ff.).[13] Keine Anwendung findet die Vorschrift hingegen bei der gerichtlichen Geltendmachung von Masseforderungen, Aus- und Absonderungsrechten sowie bei höchstpersönlichen, nur den Schuldner betreffenden Rechtsstreitigkeiten. Vom Normzweck des § 87 (und des § 89) ebenfalls nicht erfasst sind Zahlungen, die der Schuldner an die Insolvenzgläubiger freiwillig aus seinem insolvenzfreien Vermögen erbringt.[14] 4

III. Anwendungsbereich

1. Insolvenzeröffnung. § 87 setzt, wie sich schon aus seiner systematischen Stellung im Dritten Teil des Gesetzes („Wirkung der Eröffnung des Insolvenzverfahrens") ergibt, ein **eröffnetes** Insolvenzverfahren voraus. Die Norm ist mangels Bezugnahme in § 24 nicht anwendbar auf den Zeitraum einer angeordneten vorläufigen Insolvenzverwaltung, selbst dann nicht, wenn das Gericht ein allgemeines Verfügungsverbot erlassen und einen sog. „starken" vorläufigen Insolvenzverwalter bestellt hat.[15] Hier bleibt es bei den allgemeinen Regelungen, dh die Insolvenzgläubiger können ihre Forderungen, ggf. unter Beachtung etwaiger Beschränkungen, die sich durch angeordnete Sicherungsmaßnahmen ergeben (insbesondere nach § 21 Abs. 2 Nr. 3) und der Möglichkeit, dass die Befriedigung in der Schuldnerkrise zur späteren Insolvenzanfechtung führen kann (§§ 129 ff.), nach wie vor gegen den Schuldner persönlich verfolgen.[16] § 87 gilt für die **gesamte Dauer** des Insolvenzverfahrens. Erst wenn das Verfahren durch Aufhebung (§ 200) oder Einstellung (§ 207) endet, lebt das freie Nachforderungsrecht der Gläubiger (§ 201) wieder auf. 5

§ 87 hindert daher nach Verfahrensbeendigung die Insolvenzgläubiger nicht, in einem sich hieran anschließenden Restschuldbefreiungsverfahren (§§ 286 ff.) einen durch die Insolvenzeröffnung unterbrochenen Schuldenmassestreit wieder aufzunehmen oder aber gegen den Schuldner ein neues Klageverfahren zu betreiben.[17] Jedoch ist im Restschuldbefreiungsverfahren die Zwangsvollstreckung

---

6 Uhlenbruck/*Mock* § 87 Rn. 25.
7 Jaeger/*Windel* § 87 Rn. 1.
8 *Häsemeyer* Rn. 10.45.
9 BGH NZI 2014, 749, BGH NJW-RR 2005, 241 = BGH NZI 2005, 108, 109; OLG Köln InVo 2003, 276, 278.
10 BGH NZI 2014, 749, 759.
11 Uhlenbruck/*Mock* § 87 Rn. 7.
12 BGH NJW 2009, 1747 ff.; *Flecke-Giammarco/Keller* NZI 2012, 529, 531.
13 Uhlenbruck/*Mock* § 87 Rn. 5.
14 BGH NZI 2010, 223 s. hierzu Anm. *Kroth* FD-InsR 2010, 298828; BFH DStRE 2016, 660, 662.
15 Jaeger/*Windel* § 87 Rn. 2; KPB/*Lüke* § 87 Rn. 8; Uhlenbruck/*Mock* § 87 Rn. 2.
16 Jaeger/*Windel* § 87 Rn. 2; Uhlenbruck/*Mock* § 87 Rn. 2.
17 Jaeger/*Windel* § 87 Rn. 2; Uhlenbruck/*Mock* § 87 Rn. 4; OLG Zweibrücken ZInsO 2015, 597.

aus dem vollstreckbaren Tabellenauszug nach § 201 Abs. 2 während der Dauer der Wohlverhaltensperiode ausgeschlossen, § 294 Abs. 1 InsO. Vollstreckt der Gläubiger gleichwohl, kann hiergegen die Vollstreckungserinnerung nach § 766 ZPO eingelegt werden.[18]

6 **2. Insolvenzgläubiger.** Dem Anwendungsbereich der Vorschrift unterliegen nur die **Insolvenzgläubiger,** dh solche, die nach der Legaldefinition des § 38 zurzeit der Eröffnung des Insolvenzverfahrens einen begründeten Vermögensanspruch gegen den Schuldner haben. Dabei ist es ohne Belang, ob die Forderung auf eigenem oder übergegangenem Recht beruht. § 87 InsO soll nur die Insolvenzgläubiger gleichstellen, nicht die Massegläubiger. **Massegläubiger sind nicht gehindert,** sich einen Titel zu beschaffen.[19] Für Massegläubiger gilt nur die zeitliche Einschränkung nach § 90 Abs. 1 bei sog. „oktroyierten" Masseverbindlichkeiten, also solche die nicht durch eine Rechtshandlung des Verwalters begründet worden sind.[20] Eine Insolvenzforderung liegt dann vor, wenn die tatbestandsbegründenden Merkmale des Anspruchs bereits vor der Insolvenzeröffnung erfüllt waren. Es ist unerheblich, ob die Forderung selbst schon entstanden oder fällig ist.[21] Für Gebührenansprüche oder Abgaben ist maßgebend, ob der Tatbestand, der zur Entstehung führt, von dem Gebühren- oder Abgabenschuldner vor der Verfahrenseröffnung bereits verwirklicht worden war.[22] Auch Insolvenzgläubiger mit Forderungen aus einer vorsätzlich begangenen unerlaubten Handlung des Schuldners unterliegen den Beschränkungen des § 87. Zwar genießen diese das Privileg des § 302 Nr. 1 gegenüber einer Restschuldbefreiung; aber auch sie sind darauf verwiesen, ihre Forderungen nach Betrag und Rechtsgrund anzumelden (§ 174 Abs. 1 Satz 1).[23] Sie können nicht während des Insolvenzverfahrens und auch nicht während der sog. Wohlverhaltensphase in den Vorrechtsbereich des § 850f Abs. 2 ZPO für solche Forderungen vollstrecken.[24]

7 Betroffen von § 87 sind auch Gläubiger von **nachrangigen** Insolvenzforderungen (§ 39), und zwar selbst dann, wenn sie, wie regelmäßig, ihre Forderungen mangels besonderer Aufforderung nicht zur Insolvenztabelle anmelden dürfen (§ 174 Abs. 3).[25] Nicht unter § 87 fallen hingegen die **aus-** und **absonderungsberechtigten** Gläubiger, sofern sie ihre Forderungen aufgrund ihres dinglichen Rechts verfolgen sowie die Massegläubiger. Diese können daher unbeschadet von § 87 ihre Rechte außerhalb des Insolvenzverfahrens nach den allgemeinen Vorschriften gegenüber dem Insolvenzverwalter verfolgen.

8 **3. Forderungen.** § 87 gilt nur für **Insolvenzforderungen** (§§ 38, 39). Hierunter fallen in erster Linie Forderungen auf **Befriedigung.** Aber auch Ansprüche auf Bestellung von Sicherheiten werden von § 87 erfasst, auch wenn sie nicht ausdrücklich erwähnt sind.[26] Der Insolvenzverwalter kann daher die Stellung einer geschuldeten Sicherheit verweigern, ohne dass hierin ein arglistiges Verhalten liegt.[27]

9 Forderungen iS der Norm sind auch die **nachrangigen** Insolvenzforderungen (§ 39). Danach nehmen auch nach Eröffnung des Insolvenzverfahrens entstehende Forderungen (etwa Zinsen und Kosten, vgl. § 39 Abs. 1 Nr. 1, 2) am Insolvenzverfahren teil und können nicht mehr unmittelbar gegenüber dem Schuldner geltend gemacht werden.

10 Ebenfalls dem Anwendungsbereich des § 87 unterliegen **fiskalische** Forderungen. So werden von der Unterbrechungswirkung des § 240 ZPO auch laufende steuerliche Festsetzungs-, Erhebungs-, Rechtsbehelfs- und Rechtsmittelverfahren sowie Steuervollstreckungsverfahren erfasst,[28] um so umfangreichen Rechtsmitteleinlegungen durch den Insolvenzverwalter noch vor dem Prüfungstermin zu begegnen.[29] Der Erlass von belastenden Steuerfestsetzungsbescheiden[30] oder eines vorbe-

---

[18] Zur Erinnerungsbefugnis in diesen Fällen Uhlenbruck/*Sternal* § 294 Rn. 16.

[19] SG München ZInsO 2018, 269 ff.

[20] → § 90 Rn. 3 ff.

[21] BGH NZI 2011, 953 f.; OLG Brandenburg NZI 2014, 819 ff.

[22] VG Aachen VIA 2016, 23, 24.

[23] HKInsO/*Kayser* § 87 Rn. 3; Jaeger/*Windel* § 87 Rn. 3; KPB/*Lüke* § 87 Rn. 2; BGH NZI 2014, 507: Wird eine Forderung aus einer vorsätzlich begangenen unerlaubten Handlung zur Insolvenztabelle angemeldet, muss das Insolvenzgericht gemäß § 175 Abs. 2 InsO auf die Rechtsfolgen des § 302 und die Möglichkeit des Widerspruchs hinweisen.

[24] BGH NZI 2012, 811.

[25] Braun/*Kroth* § 87 Rn. 3; HKInsO/*Kayser* § 87 Rn. 3; Jaeger/*Windel* § 87 Rn. 3; KPB/*Lüke* § 87 Rn. 2.

[26] Braun/*Kroth* § 87 Rn. 7.

[27] Nerlich/Römermann/*Kruth* § 87 Rn. 12; Uhlenbruck/*Mock* § 87 Rn. 6.

[28] BFH NJW 1998, 630 = BB 1997, 2573.; KPB/*Lüke* § 87 Rn. 14; Nerlich/Römermann/*Kruth* § 87 Rn. 11.

[29] Vgl. zur Unterscheidung bei Ansprüchen aus einem Abgabenschuldverhältnis zwischen Insolvenzforderung und Masseverbindlichkeit VG Cottbus Beck RS 2012, 47889.

[30] Nerlich/Römermann/*Kruth* § 87 Rn. 11; FG Düsseldorf NZI 2019, 184. Bleibt zulässig, soweit sich aus dem Bescheid keine Zahllast ergibt.

reitenden Steuermessbescheides[31] für vor Insolvenzeröffnung entstandene Abgaben ist unzulässig; gleichwohl erlassene Bescheide sind nichtig.[32] Eine Besonderheit gilt jedoch hinsichtlich Steuerverbindlichkeiten, die gem. § 55 Abs. 4 zu Masseverbindlichkeiten werden, da sie vom vorläufigen Insolvenzverwalter oder vom Schuldner mit Zustimmung des vorläufigen Insolvenzverwalters im Eröffnungsverfahren begründet worden sind. Eine Steuerfestsetzung durch Steuerbescheid ist insoweit nach Insolvenzeröffnung gegen den Insolvenzverwalter zulässig.[33]

§ 87 InsO findet insbesondere auch auf **öffentlich-rechtliche Insolvenzforderungen** von 11 Sozialversicherungsträgern Anwendung.[34] Dies gilt unabhängig davon, ob die Forderung außerhalb des Insolvenzverfahrens mittels Verwaltungsakt oder mittels Klage geltend zu machen ist.[35] Auch der Erlass eines Verwaltungsaktes oder eines Leistungs-, Haftungs-, Feststellungs- oder Festsetzungsbescheids gegen die Insolvenzmasse ist durch § 87 InsO ausgeschlossen.[36]

Aussonderungsberechtigte Gläubiger sind keine Insolvenzgläubiger iSd § 38 InsO. Für sie 12 gilt § 87 InsO nicht. Soweit der Schuldner einem Aussonderungsberechtigten persönlich haftet, findet § 87 jedoch Anwendung.[37]

Absonderungsberechtigte Gläubiger fallen nicht unter § 87 bei der Geltendmachung des 13 Anspruchs auf Absonderung selbst.[38] Steht dem Gläubiger ein Absonderungsrecht zu, kann er ohne, dass es des Umwegs über das insolvenzrechtliche Anmeldungs- und Prüfungsverfahren bedarf, sein (dingliches) Recht direkt gegenüber dem Verwalter geltend machen.[39] Die **durch das Absonderungsrecht gesicherte persönliche Insolvenzforderung** gegen den Schuldner hingegen, haben die Gläubiger zur Insolvenztabelle anzumelden, § 87 InsO findet Anwendung.[40] Ob und ggf. in welcher Höhe sie bei der Verteilung berücksichtigt werden, ist davon abhängig, ob sie auf ihr Absonderungsrecht verzichtet haben oder aber sie mit ihrer Forderung nach Verwertung des Absonderungsguts ausgefallen sind.

Masseverbindlichkeiten unterfallen grundsätzlich **nicht** dem Regelungsbereich des § 87. Es 14 handelt sich hierbei in der Hauptsache um solche, die entweder nach Eröffnung des Insolvenzverfahrens entstanden sind (§ 55 Abs. 1 Nr. 1), nach Verfahrenseröffnung zu erfüllen sind (§ 55 Abs. 1 Nr. 2), von einem vorläufigen Insolvenzverwalter, auf den die Verwaltungs- und Verfügungsbefugnis über das Vermögen des Schuldners übergegangen ist, begründet worden sind (§ 55 Abs. 2) oder aber Verbindlichkeiten des Schuldners aus dem Steuerverhältnis, die von einem vorläufigen Insolvenzverwalter oder vom Schuldner mit Zustimmung eines vorläufigen Insolvenzverwalters begründet worden sind (§ 55 Abs. 4). Derartige Ansprüche sind außerhalb des Insolvenzverfahrens unmittelbar gegenüber dem Insolvenzverwalter nach den allgemeinen Vorschriften zu verfolgen. Lediglich die Zwangsvollstreckung hieraus beschränken die §§ 90, 210. War bereits zum Zeitpunkt der Insolvenzeröffnung ein Rechtsstreit über einen Masseschuldanspruch der Art des § 55 Abs. 2 anhängig, wird auch dieser nach § 240 Satz 2 ZPO unterbrochen. Seine Aufnahme richtet sich nach § 86 Abs. 1 Nr. 3.[41] Die Zwangsvollstreckung wegen solcher Ansprüche unterliegt nicht dem Vollstreckungsverbot des § 90, allenfalls demjenigen des § 210.

Neugläubiger sind ebenfalls **nich**t an die Beschränkungen des § 87 gebunden. Sie können 15 daher grundsätzlich ihre Ansprüche unmittelbar auch im Wege der Klage gegenüber dem Schuldner geltend machen,[42] sind vollstreckungsrechtlich indes auf das beschlagfreie Vermögen des Schuldners verwiesen, was allenfalls unpfändbare Gegenstände umfassen kann.[43]

Nicht auf einem Vermögensanspruch beruhende Forderungen unterliegen ebenfalls nicht 16 dem Anwendungsbereich des § 87, so etwa gegenüber dem Schuldner bestehende höchstpersönliche

---

[31] Uhlenbruck/*Mock* § 87 Rn. 30.
[32] BFH DStR 2009, 1644; BFH NJW 1998, 630 = BB 1997, 2573; BFH NJW 2003, 2335 = NZI 2003, 456; aA für den Erlass von Einheitswert- und Grundsteuermessbescheiden FG Brandenburg DStRE 2007, 1108.
[33] FG Düsseldorf NZI 2012, 524; BFH DStR 2011, 1128; Uhlenbruck/*Mock* § 87 Rn. 32; Nerlich/Römermann/*Kruth* § 87 Rn. 11a.
[34] *Müller/Rautmann* DStR 2016, 132, 135.
[35] AG Neustadt a.d. Weinstraße Urteil vom 17.11.2016 – 4 K 232/16.NW = BeckRS 2016, 115940.
[36] K. Schmidt/*Sternal* § 87 Rn. 11.
[37] Jaeger/*Windel* § 87 Rn. 4.
[38] BGH NZI 2013, 288 Rn. 21; FKInsO/*Wimmer-Amend* § 87 Rn. 4; HambKommInsO/*Kuleisa* § 87 Rn. 3.
[39] BGH NJW 2017, 712 Rn. 10; BGH NZI 2016, 603 Rn. 12.
[40] Jaeger/*Windel* § 87 Rn. 4.
[41] K. Schmidt/*Sternal* § 87 Rn. 4.
[42] BGH NJW 2016, 2260 Rn. 7; OLG Celle NZI 2003, 201, 202 = InVo 2003, 228; *Pape* ZInsO 2002, 917 ff.; FKInsO/*Wimmer-Amend* § 87 Rn. 4.
[43] Kritisch hierzu *Keller* Rn. 1058 („praktische Wertlosigkeit des nur theoretisch möglichen Vollstreckungszugriffs").

Ansprüche wie zB die Erteilung einer Auskunft,[44] einer Provisionsabrechnung,[45] eines Buchauszuges[46] wie auch Unterlassungsansprüche.[47] § 87 findet jedoch Anwendung auf die Wiedereinstellungszusage des Arbeitsgebers, die vor der Insolvenz erteilt wurde,[48] und auch auf den Anspruch auf Räumung der in einer Mietsache zurückgelassenen Gegenstände.[49]

IV. Rechtsfolgen

17 **1. Rechtsverfolgung gegenüber der Insolvenzmasse.** Nach Eröffnung des Insolvenzverfahrens können Insolvenzgläubiger ihre Forderungen, gleich ob und in welchem Umfang streitbefangen, **nur noch nach den Vorschriften des Insolvenzverfahrens verfolgen.** Da § 89 ein eigenständiges Vollstreckungsverbot enthält, bezieht sich die Rechtsverfolgung nach § 87 auf das **Erkenntnisverfahren.**[50] Ausgeschlossen sind damit die Klageerhebung, die Erhebung einer Widerklage,[51] der Antrag auf Erlass eines Mahnbescheides[52] oder aber sonstige Prozessaufnahmen, in welchem Rechtsweg und Prozessart auch immer,[53] soweit die Insolvenzforderung nicht zuvor zur Insolvenztabelle angemeldet und gegen sie Widerspruch erhoben worden ist.[54] Soweit dem Insolvenzgläubiger die Möglichkeit der Titulierung durch Erlass eines Verwaltungsaktes in Gestalt eines Leistungs- oder Haftungsbescheides zusteht, ist er nach Verfahrenseröffnung hieran nach § 87 ebenfalls gehindert.[55] Auch solche Insolvenzgläubiger haben daher zunächst ihre Forderungen beim Insolvenzverwalter zur Insolvenztabelle anzumelden.

18 Die Insolvenzforderung ist gem. § 174 Abs. 1 **zur Tabelle anzumelden.** Wird der Anmeldung im Prüfungstermin **nicht widersprochen,** gilt die Forderung als festgestellt (§ 178 Abs. 1). Als solche wird sie vom Insolvenzgericht vermerkt (§ 178 Abs. 2), mit der Folge, dass die Forderung sowohl im Betrag als auch im Rang wie durch ein rechtskräftiges Urteil festgestellt gilt (§ 178 Abs. 3). Ein vor Verfahrenseröffnung anhängiger Rechtsstreit über eine solche Forderung gilt als in der Hauptsache erledigt.[56]

19 Wird der Forderung vom Insolvenzverwalter oder von einem Gläubiger **widersprochen,** ist für ihre Weiterbehandlung danach zu unterscheiden, ob sie tituliert, gerichtsanhängig oder noch nicht streitbefangen ist.

Wegen der Einzelheiten wird auf die Kommentierung zu §§ 178, 179 verwiesen.[57]

20 Bei noch **nicht streitbefangenen** Forderungen kann der Gläubiger gegen den Bestreitenden Klage auf Feststellung seiner Forderung erheben (§ 179 Abs. 1). Die Anmeldung zur Tabelle und der erhobene Widerspruch im Prüfungstermin sind dabei notwendige Prozessvoraussetzungen.[58] Fiskalische Forderungen können durch Erlass eines Feststellungsbescheides zur Insolvenztabelle festgestellt werden (§ 251 Abs. 3 AO).[59] Hier obliegt dann dem Widersprechenden die Klageerhebung.

21 Haben **mehrere** der Forderung **widersprochen,** wie etwa der Insolvenzverwalter und ein oder mehrere Insolvenzgläubiger, so hat der Gläubiger grundsätzlich gegen alle Bestreitenden Feststellungsklage zu erheben.[60] Unterliegt er dabei nur in einem Verfahren, so ist nach allgemeiner Auffassung die Feststellung vereitelt (§ 178 Abs. 1 Satz 1), da durch die rechtskräftige Klageabweisung der Widerspruch für begründet erklärt wird, was gemäß § 183 Abs. 1 gegenüber dem Insolvenzverwalter und allen Insolvenzgläubigern wirkt.[61]

22 War über die Forderung zum Zeitpunkt der Insolvenzeröffnung bereits ein **Rechtsstreit anhängig,** so ist dieser mit der Verfahrenseröffnung kraft Gesetzes **unterbrochen** (§ 240 Satz 1 ZPO). Gleiches gilt für Passivprozesse bei Einsetzung eines „starken" vorläufigen Insolvenzverwalters

---

44 OLGZ 35, 244.
45 OLG Neustadt NJW 1965, 257.
46 Uhlenbruck/*Mock* § 87 Rn. 11.
47 LG Bamberg vom 18.8.2017 – 2 O 108/17 in BeckRS 2017, 138489; Uhlenbruck/*Mock* § 87 Rn. 10.
48 LAG Rheinland-Pfalz ZInsO 2013, 2027.
49 OLG Brandenburg Urteil vom 30.6.2015 – 6 U 28/14.
50 Jaeger/*Windel* § 87 Rn. 7.
51 LG Düsseldorf KTS 1959, 63.
52 HKInsO/*Kayser* § 87 Rn. 6.
53 BGHZ 179, 304 = NJW 2009, 1747 (zum Schiedsverfahren).
54 Jaeger/*Windel* § 87 Rn. 7.
55 BVerwG NJW 2003, 3576 = ZIP 2003, 1992 ff.; KPB/*Lüke* § 87 Rn. 14.
56 BGH ZInsO 2005, 372 f.; BGH WM 1961, 427, 428; Uhlenbruck/*Mock* § 87 Rn. 19; KPB/*Lüke* § 87 Rn. 4.
57 → MüKoInsO/*Schumacher* § 178 Rn. 1 ff.
58 Uhlenbruck/*Mock* § 87 Rn. 19.
59 Vgl. zum Verfahren FKInsO/*Wimmer-Amend* § 87 Rn. 24 ff.
60 BGH NZI 2013, 396 f.
61 *Häsemeyer* Rn. 22.32; *Jauernig*, Zwangsvollstreckung § 56 V.3; → MüKoInsO/*Schumacher* § 183 Rn. 3.

mit Verwaltungs- und Verfügungsbefugnis (§ 240 Satz 2 ZPO). Der Gläubiger muss hier im Falle des Widerspruchs den unterbrochenen Rechtsstreit wiederaufnehmen (§ 180 Abs. 2) und den ursprünglichen Klageantrag auf einen auf Feststellung des Anspruchs zur Insolvenztabelle umstellen (§ 264 Nr. 3 ZPO).[62] Ein ursprünglich auf Leistung gerichteter Klageantrag wird unzulässig. Einem gesondert geführten Rechtsstreit, gestützt auf Feststellung, steht der Einwand der Rechtshängigkeit entgegen.[63] Nur wenn die mehreren Bestreitenden gemeinsam verklagt werden, liegt eine notwendige Streitgenossenschaft (§ 62 ZPO) vor und muss die Entscheidung einheitlich ergehen.[64] Wird die Umstellung versäumt und ergeht daraufhin ein Leistungsurteil, kann ein solches unter Umständen in ein Feststellungsurteil umgedeutet werden.[65]

Lehnt der Insolvenzverwalter die **Erfüllung eines beidseitig noch nicht vollständig erfüllten Vertrages** ab, kann der betroffene Gläubiger seine Schadensersatzforderung als einfache Insolvenzforderung (§ 38) zur Insolvenztabelle anmelden (§ 103 Abs. 2) und im Falle des Widerspruchs Klage auf Feststellung erheben (§ 179 Abs. 1). War über den Anspruch auf Erfüllung bereits vor Insolvenzeröffnung ein Rechtsstreit anhängig, besteht für den Gläubiger ein Wahlrecht. Er kann entweder den nach § 240 ZPO unterbrochenen Rechtsstreit aufnehmen (§ 180 Abs. 2) und die Klage auf einen Feststellungsantrag umstellen (§ 264 Nr. 3 ZPO), oder aber mit einer neuen Klage unmittelbar auf Feststellung klagen. Mangels Identität der Streitgegenstände steht der neuen Klage der Einwand der Rechtshängigkeit nicht entgegen.[66] Geht der Gläubiger im Feststellungsverfahren nach § 179 von dem angemeldeten Rückzahlungsanspruch auf Wandlung auf die Geltendmachung eines Nichterfüllungsschadens über, so ist die Klage unzulässig, wenn die neue Forderung nicht zur Insolvenztabelle angemeldet wurde.[67] 23

Titulierte Forderungen sind ebenfalls zunächst zur Insolvenztabelle anzumelden. Hier obliegt es allerdings dem Widersprechenden, den Widerspruch zu verfolgen (§ 179 Abs. 2). Ist das Urteil noch nicht rechtskräftig, hat der Widersprechende den auch hier nach § 240 ZPO unterbrochenen Rechtsstreit in der zuletzt bestandenen prozessualen Lage wieder aufzunehmen. Ist der Rechtsstreit hingegen bereits rechtskräftig abgeschlossen, kommt nur noch die Vollstreckungsabwehrklage (§ 767 ZPO)[68] oder aber eine Wiederaufnahme des Verfahrens durch Nichtigkeits- oder Restitutionsklage (§§ 578 ff. ZPO) in Betracht. 24

Auch ein **vorläufiges Bestreiten** des Insolvenzverwalters ist ein Bestreiten iSd § 179. Das Gesetz unterscheidet nicht zwischen vorläufigem und endgültigem Bestreiten. Jedes Bestreiten kann von dem Insolvenzverwalter zurückgenommen werden.[69] Dies hat zur Folge, dass grundsätzlich jeder Gläubiger einer bestrittenen Forderung zur Erhebung einer Feststellungsklage berechtigt ist.[70] 25

Jedoch muss auch dem Umstand Rechnung getragen werden, dass es dem Insolvenzverwalter nicht immer möglich sein wird, bis zum Prüftermin seine Prüfung abzuschließen. Der Insolvenzverwalter darf jedoch ohne ausreichende Prüfung keine Forderungen anerkennen, da dies zu Schadensersatzansprüchen führen könnte.[71] Deswegen muss ihm auch zunächst das Aufrechterhalten eines Bestreitens möglich sein, ohne dass ihn die Kostenlast einer vom Gläubiger erhobenen Feststellungsklage trifft. Die Kostenentscheidung eines solchen Prozess ist nach den gemäß § 93 ZPO entwickelten Grundsätzen zu treffen.[72] Gibt der Verwalter eine Erklärung für sein vorläufiges Bestreiten ab und macht auch sonst deutlich, dass ein Bestreiten unter dem Vorbehalt der weiteren Prüfung und Anerkennung der Forderung steht, beispielsweise durch eine Zusatz auf dem Tabellenauszug,[73] kann ihn nicht die Kostenlast einer erhobenen Feststellungsklage treffen.[74] Der Gläubiger ist gehalten, vor Erhebung einer Klage den Verwalter unter Fristsetzung zur Abgabe einer endgültigen Erklärung aufzufordern; andernfalls trifft ihn die Kostenlast, wenn der Verwalter die Forderung im Rechtsstreit sofort anerkennt.[75] Entsprechendes gilt für den Fall des Bestreitens unter Hinweis auf fehlende

---

62 Uhlenbruck/*Mock* § 87 Rn. 22 mwN.

63 KPB/*Lüke* § 87 Rn. 7; Uhlenbruck/*Mock* § 87 Rn. 22.

64 Uhlenbruck/*Mock* § 89 Rn. 24.

65 BGH KTS 1963, 1755 ff.

66 KPB/*Lüke* § 87 Rn. 13.

67 BGH ZInsO 2003, 1138, 1140 im Anschluss an BGH WM 2001, 2180.

68 Etwa bei nachträglichem Erlöschen der Forderung durch Aufrechnung.

69 HKInsO/*Depré* § 176 Rn. 23.

70 BGH NZI 2006, 295 ff.; HKInsO/*Depré* § 179 Rn. 5; HKInsO/*Depré* § 176 Rn. 23; FKInsO/*Kießner* § 179 Rn. 10; KPB/*Pape/Schaltke* § 179 Rn. 6.

71 HKInsO/*Depré* § 176 Rn. 22.

72 BGH NZI 2006, 295 ff.

73 Beispielsweise: „In der Kürze der Zeit war eine abschließende Prüfung nicht möglich. Der Verwalter wird unaufgefordert auf die Angelegenheit zurückkommen.“.

74 KPB/*Pape/Schaltke* § 179 Rn. 7.

75 OLG München KTS 1987, 327, 330; LG Hamm ZIP 2002, 770, 772; KPB/*Pape/Schaltke* § 179 Rn. 7; Uhlenbruck/*Mock* § 87 Rn. 21.

Nachweise. Erhebt der Gläubiger ohne Nachweisführung Feststellungsklage, hat er gemäß § 93 ZPO die Kosten zu tragen, wenn die Forderung aufgrund der im Rechtsstreit vorgelegten Unterlagen anerkannt wird und ein entsprechendes Anerkenntnisurteil ergeht.[76]

26 **2. Rechtsverfolgung gegenüber dem Schuldner.** Die Möglichkeit der Rechtsverfolgung gegenüber dem Schuldner schafft § 184. Dies ist einerseits dann notwendig, wenn nur der Schuldner die Forderung bestritten hat, der Verwalter hingegen nicht. Zwar gilt die Forderung im Verfahren als festgestellt und der Gläubiger nimmt an einer etwaigen Verteilung teil (§ 178 Abs. 1 Satz 2). Jedoch führt das Bestreiten des Schuldners dazu, dass der Gläubiger nach Aufhebung oder Einstellung des Verfahrens keine Zwangsvollstreckung aus dem Tabelleneintrag betreiben kann (§§ 201, 215, Abs. 2 Satz 2).[77] Hat der Schuldner der Anmeldung der Forderung zur Insolvenztabelle widersprochen, kann der Gläubiger gegen ihn die Feststellung durch Klageerhebung bzw. Aufnahme eines anhängigen Rechtsstreits betreiben. Sieht der Insolvenzgläubiger von dieser Rechtsverfolgung ab, kann auch für den Schuldner das Rechtschutzinteresse gegeben sein, eine negative Feststellungsklage zu erheben.[78] Haben Deliktsgläubiger (§ 302 Nr. 1) Forderungen angemeldet, kann der Forderungsqualität nur der Schuldner, nicht aber der Insolvenzverwalter widersprechen.[79] Erst nach erfolgtem Widerspruch durch den Schuldner kann der Gläubiger seinen Anspruch durch die Klageerhebung[80] oder in anderer Weise[81] bzw. durch Verfahrensaufnahme[82] in entsprechender Anwendung von § 184 weiterverfolgen.[83] Ist die Insolvenztabelle wegen der Anmeldung von Tatsachen, welche die Qualität der Forderung betreffen, lückenhaft, so kann der Gläubiger den Rechtsgrund der festgestellten Forderung nur außerhalb des Insolvenzverfahrens gegen den Schuldner im Klagewege geltend machen;[84] eine Tabellenfeststellungsklage gegen den Insolvenzverwalter ist unzulässig.[85]

§ 88 Vollstreckung vor Verfahrenseröffnung

(1) Hat ein Insolvenzgläubiger im letzten Monat vor dem Antrag auf Eröffnung des Insolvenzverfahrens oder nach diesem Antrag durch Zwangsvollstreckung eine Sicherung an dem zur Insolvenzmasse gehörenden Vermögen des Schuldners erlangt, so wird diese Sicherung mit der Eröffnung des Verfahrens unwirksam.

(2) Die in Absatz 1 genannte Frist beträgt drei Monate, wenn ein Verbraucherinsolvenzverfahren nach § 304 eröffnet wird.

Schrifttum: *Alff/Hintzen,* Die wiederauferstandene Zwangshypothek – zugleich Besprechung von BGH, Urt. v. 19.1.2006 – IX ZB 232/04, ZInsO 2006, 481; *App,* Die Einschränkung bei der Vollstreckung von Steuerforderungen durch die Insolvenz, DStR 1995, 1678; *ders.,* Pfändung wegen vorsätzlich begangener unerlaubter Handlungen durch Finanzbehörden, ZIP 1990, 910; *ders.,* Die Einschränkung der Vollstreckungsbefugnis der Gemeinden und die Unwirksamkeit von Vollstreckungsmaßnahmen nach der Insolvenzordnung, KKS 1998, 69; *ders.,* Die Beteiligung kommunaler Behörden am Insolvenzverfahren und die Rechte der übrigen Verfahrensbeteiligten, InVo 1999, 65; *ders.,* Das Rechtsbehelfsverfahren gegen Vollstreckungsmaßnahmen nach Eröffnung des Insolvenzverfahrens, NZI 1999, 138; *ders.,* Anmerkung zu BGH Urt. v. 19.1.2006 – IX ZR 232/04, DZWiR 2006, 345; *Becker,* Die Zwangshypothek in der Insolvenz des Grundstückseigentümers, ZfIR 2015, 8; *Behr,* Auswirkungen des Insolvenzverfahrens auf die Einzelvollstreckung, JurBüro 1999, 66; *Berger,* Haftungsrechtliche Verteilungsprinzipien an der Schnittstelle von Einzelzwangsvollstreckung und Insolvenz, ZZP 121 (2008), 407; *Bernhardt,* Die Vollstreckungssperre nach der Vergleichsordnung, 1929; *Bestelmeyer,* Anmerkung zu BGH Urt. v. 19.1.2006 – IX ZR 232/04, Rpfleger 2006, 387; *Demharter,* Anmerkung zu BGH Urt. v. 19.1.2006 – IX ZR 232/04, Rpfleger 2006, 256; *Dörnhofer,* Wirkungen der Eröffnung des Insolvenzverfahrens, DGVZ 1999, 51; *Gerhardt,* Verfügungsbeschränkungen in der Eröffnungsphase und nach Verfahrenseröffnung, Kölner Schrift zur Insolvenzordnung (2000) S. 193; *ders.* Zum maßgeblichen Zeitpunkt bei mehraktigem Rechtserwerb, in: FS Greiner (2005) S. 31; *Grothe,* Die vollstreckungsrechtliche „Rückschlagsperre" des § 88 InsO, KTS 2001, 205; *Gundlach/Frenzel/Schmidt,* Der Anwendungsbereich des § 88 InsO, NZI 2005, 663; *Hees/Albeck,* Der Zulassungsbeschluss und § 111g Abs. 2 StPO, ZIP 2000, 871; *Hintzen,* Vollstreckung und Insolvenz: Ausgewählte Aspekte zur Vollstreckungsklausel, Pfändung von Arbeitseinkommen, Entscheidungszuständigkeiten, Zwangsversteigerung und

76 OLG Celle ZIP 1985, 823 f; OLG Dresden ZIP 1997, 327, 328.
77 HKInsO/*Depré* § 184 Rn. 2.
78 BGH NZI 2013, 1025 f.
79 LG Trier NZI 2006, 243 = ZIP 2006, 1834.
80 BGH NJW 2007, 991 = NZI 2007, 416; BGH ZVI 2006, 311.
81 AG Hamburg NZI 2007, 123 = ZIP 2006, 1915, 1916 f. (Feststellungsbescheid des Finanzamtes).
82 LG Potsdam ZInsO 2006, 615.
83 LG Potsdam ZInsO 2006, 615.
84 BGH NZI 2009, 695, 696 = ZIP 2009, 1687, 1688.
85 BGH NJW-RR 2008, 1072, 1073 = NZI 2008, 250, 251; KPB/*Pape* § 184 Rn. 98 ff.

Zwangsverwaltung, Kölner Schrift zur Insolvenzordnung (2000) S. 1107; *ders.*, Zwangsvollstreckung in den Grundbesitz im Insolvenzeröffnungsverfahren, ZInsO 1998, 318; *Jacobi,* Die teleologische Reduktion des § 88 InsO und die Verfassungswidrigkeit der Einfügung des Satz 2 zu § 131 Abs. 1 InsO, KTS 2006, 239; *Keller,* Zwangshypothek und Gesamtvollstreckung, Rpfleger 1987, 45; *ders.*, Die Umsetzung der Rückschlagsperre des § 88 InsO im Grundbuchverfahren, ZIP 2000, 1324; *ders.*, Die Wirkungen der Rückschlagsperre des § 88 InsO auf die Sicherungshypothek nach §§ 866, 867 ZPO – zugleich Besprechung von BGH Urt. v. 19.1.2006 – IX ZR 232/04, ZIP 2006, 1174; *Kohler,* Rang konvaleszierender Sicherungshypotheken im Fall des § 88 InsO, ZIP 2015, 1471; *Kreft,* Insolvenzrechtliche Unwirksamkeit – Gedanken zu § 88, 96 Abs. 1 Nr. 3, 103 Abs. 1 InsO, in: FS Gero Fischer (2008), S. 297; *Köllner/Mück,* Reform der strafrechtlichen Vermögensabschöpfung, NZI 2017, 593; *Kirchhof,* Anfechtungen von Leistungen unter Vollstreckungsdruck, ZInsO 2004, 1168; *Landfermann,* Allgemeine Wirkungen der Insolvenzeröffnung, Kölner Schrift zur Insolvenzordnung (2000), S. 159; *Liwinska,* Das Zusammentreffen von Einzelzwangsvollstreckung und Insolvenzantragsverfahren, InVo 2002, 125; *Marotzke,* Die Anfechtbarkeit von Vollstreckungsmaßnahmen wegen Benachteiligung konkurrierender Gläubiger, ZInsO 2006, 7; *Raebel,* Die Rückschlagsperre im System der Verfügungshindernisse und Verfügungsbeschränkungen, ZInsO 2003, 1124; *Rebmann,* Die Anfechtung von Zwangsvollstreckungsmaßnahmen nach § 131 InsO und die Vollstreckungssperren (v.a. § 88 InsO), Diss. Tübingen 2003; *Schoppmeyer,* Besondere und allgemeine Insolvenzanfechtung am Beispiel der Aufrechnung von Zwangsvollstreckungen, NZI 2005, 185; *Thiez-Bartram,* Keine Sperre durch die Rückschlagssperre – Zur Heilung der Unwirksamkeit von gegen § 88 InsO verstoßenden Vollstreckungen, ZInsO 2006, 527; *Thiez-Bartram,* Keine Sperre für die Rückschlagsperre – begrenzte Unwirksamkeit des § 88 InsO, Anmerkung zu LG Leipzig Urt.v. 15.12.2004 – 1 S 5075/04, ZInsO 2005, 858; *Thole,* Hinweispflichten des Rechtsanwalts zur drohenden Insolvenzanfechtung und konkurrierende Interessen bei Vertretung mehrerer Gläubiger, NZI 2018 437; *Uhlenbruck,* Das Verbot der Einzelzwangsvollstreckung im Insolvenzverfahren, InVo 1996, 89; *Vallender,* Einzelvollstreckungsverbot im neuen Insolvenzrecht, ZIP 1997, 1993; *ders.*, Zwangsvollstreckung und Zwangsverwaltung im Lichte des neuen Insolvenzrechts, Rpfleger 1997, 353; *Viertelhausen,* Einzelzwangsvollstreckung während des Insolvenzverfahrens, 1999; *ders.*, Vorpfändungen und Zustellung im Insolvenzverfahren, KTS 1999, 433; *ders.*, Anwendbarkeit des § 878 BGB auf die Immobiliarvollstreckung im Insolvenzverfahren, InVo 2000, 330; *ders.*, Vollstreckungsmaßnahmen im Vorfeld des Insolvenzverfahrens, JurBüro 2000, 6; *ders.*, Durch den Gerichtsvollzieher in die Insolvenzanfechtung, DGVZ 2004, 149; *Wilsch,* Die Rückschlagsperre nach § 88 InsO im Lichte der neuen BGH-Rechtsprechung, JurBüro 2006, 1286.

Übersicht

I. Regelungsinhalt

1 **1. Absatz 1.** Die Regelung des § 88 Abs. 1 betrifft eine insolvenzverfahrensrechtliche Grundproblematik, nämlich die **Kollision** zwischen dem **einzelzwangsvollstreckungsrechtlichen Prioritätsprinzip** und dem **Gläubigergleichbehandlungsgrundsatz,** der par conditio creditorum. Eindeutig ist die Rechtslage für den Zeitraum nach Verfahrenseröffnung. Für diesen Fall bestimmt § 89, dass Zwangsvollstreckungen für einzelne Insolvenzgläubiger (§ 38) während der Dauer des Insolvenzverfahrens weder in die Insolvenzmasse noch in das sonstige Vermögen des Schuldners zulässig sind. Für den Zeitraum vor Verfahrenseröffnung ist hingegen der Anwendungsbereich des

§ 89 nicht eröffnet, so dass Einzelzwangsvollstreckungen bis dahin Insolvenzgläubigern grundsätzlich gestattet sind. Dieser Grundsatz wird indes in der Krise, dh in dem Zeitraum, in dem sich die Insolvenzreife bereits manifestiert hat oder unmittelbar bevorsteht, auf unterschiedliche Weise zu Gunsten der Gläubigergemeinschaft gesetzlich durchbrochen. So sieht die Insolvenzordnung gleichsam eine „**Eingriffstrias**"[1] zur Begrenzung des vollstreckungsrechtlichen Prioritätsprinzips im genannten Zeitraum vor: (1) die gerichtliche Untersagung oder einstweilige Einstellung von Zwangsvollstreckungsmaßnahmen in das bewegliche Vermögen (§ 21 Abs. 2 Nr. 3), (2) die Bestimmungen über die Insolvenzanfechtung (§§ 129 ff.) und (3) eben die Regelung in § 88, durch welche im Wege der Zwangsvollstreckung erlangte Sicherungen an dem zur Insolvenzmasse gehörenden Vermögen des Schuldners, soweit **im letzten Monat,** bzw. in **Verbraucherinsolvenzverfahren** in den **letzten drei Monaten** vor Antragstellung erfolgt, für unwirksam erklärt werden.

2 Begrifflich wird die Norm gefasst unter den Terminus der „**Rückschlagsperre**".[2] Gemeint ist hiermit eine Art der Sperre für bestimmte Gläubigerpositionen, die nur für den Fall einer späteren Verfahrenseröffnung greift, dann aber automatisch ohne weitere subjektive Tatbestandsmerkmale und gleichsam rückschlagend bis zu einem Monat vor Antragstellung. In Zusammenhang mit § 88 stehen Vorschriften über die Unwirksamkeit der Pfändung von Miet- und Pachtzinsforderungen (§ 110 Abs. 2 Satz 2) sowie von nach dem Erbfall erfolgten Vollstreckungsmaßnahmen in den Nachlass (§ 321).

3 **2. Absatz 2.** Eine **Verlängerung** der Rückschlagsperre gilt nach **§ 88 Abs. 2** für **Verbraucherinsolvenzverfahren** iSd §§ 304 ff. Bei diesen beträgt die Sperrfrist nicht einen, sondern **drei Monate.** § 88 Abs. 2 wurde durch das *Gesetz zur Stärkung des Restschuldbefreiungsverfahrens und zur Stärkung der Gläubigerrechte*[3] eingefügt und ersetzte den § 312 Abs. 1 Satz 3 aF.

II. Historie

4 Die Konkurs-, die Vergleichs-, und die Gesamtvollstreckungsordnung gingen unterschiedlich mit Vollstreckungsmaßnahmen von Gläubigern vor Antragstellung um.

Die **Konkursordnung** kannte **keine Rückschlagsperre** für die Zeit vor Konkursantragstellung. Eine rückschlagende Wirkung gab es nur für Handlungen in der Phase zwischen gerichtlicher Anordnung und Konkurseröffnung, da Einzelzwangsvollstreckungsmaßnahmen, die dem Veräußerungsverbot oder der Sequestration entgegenliefen, mit der Konkurseröffnung relativ, dh im Verhältnis zu den Konkursgläubigern, unwirksam wurden.[4] Einzelzwangsvollstreckungen aus dem Zeitraum davor konnte nur im Wege der Konkursanfechtung (§ 30 Nr. 2 KO) begegnet werden.[5]

In der **Vergleichsordnung** statuierten §§ 28, 87 VerglO eine **automatische Rückschlagssperre** für Sicherungen und Befriedigungen im Wege der Einzelzwangsvollstreckung, und zwar bezogen auf die letzten 30 Tage vor dem Vergleichsantrag. Vorschriften über eine (Konkurs-)Anfechtung fehlten indes völlig.

Die im Beitrittsgebiet geltende **Gesamtvollstreckungsordnung** gab § 7 Abs. 3 GesO für die Zeit vor Antragsstellung eine **zeitlich unbefristete,** wenn auch **sachlich eingeschränkte Rückschlagsperre** vor. Vollstreckungsmaßnahmen, die gegen den Schuldner zu Gunsten einzelner Gläubiger eingeleitet worden waren, aber noch nicht abgeschlossen waren, verloren danach ihre Wirksamkeit.[6] Dies war notwendig, da die Anfechtung nach § 10 Abs. 1 Nr. 4 GesO nur Rechtshandlungen des Schuldners erfasste, nicht aber solche des Gläubigers und damit auch keine Maßnahmen der Einzelzwangsvollstreckung.[7]

Entsprechend dem Vorschlag der Insolvenzrechtsreformkommission[8] **kombiniert** die **Insolvenzordnung** nun mit § 88 das System der **Insolvenzanfechtung** mit dem der **Rückschlagsperre.** Anders als nach der Vergleichsordnung werden von der Rückschlagsperre nur vor Verfahrenseröffnung durch Zwangsvollstreckung erlangte Sicherungen erfasst, nicht aber auch Befriedigungen. Von

---

1 *Grothe* KTS 2001, 205.

2 Erstmalige Erwähnung findet der Begriff Rückschlagsperre soweit ersichtlich bei *Jaeger* KO (6./7. Aufl. 1931) § 14 Anm. 34, der sich dabei auf §§ 70, 84 VerglO 1927 bezog; vgl. auch *Bley*, VerglO, (1. Aufl. 1935), § 3 I 2a.

3 BGBl. I 2013, S. 2379.

4 OLG Köln ZIP 1981, 749, 745; OLG Oldenburg OLG-Report 1994, 268, 269; Kuhn/Uhlenbruck KO § 106 Rn. 4b mwN.

5 BGHZ 136, 309, 311 ff. = NJW 1997, 3445; die Rechtsprechung nachzeichnend *Grothe* KTS 2001, 205, 207 f.

6 BGHZ 128, 365, 366 ff. = NJW 1995, 1159; BGHZ 130, 347, 351 = NJW 1995, 1403.

7 Anders der BGH vgl. BGHZ 143, 332, 335 ff. = NJW 2000, 1117 mwN.

8 Begr. zu § 99 RegE; vgl. ferner *Grothe* KTS 2001, 205 f.; Jaeger/*Eckardt* § 88 Rn. 5; Uhlenbruck/*Mock* § 88 Rn. 1.

der Rückschlagsperre nach der Gesamtvollstreckungsordnung unterscheidet sich § 88 insbesondere durch seine zeitliche Beschränkung auf einen Monat, bzw. drei Monate in Verbraucherinsolvenzverfahren, vor Insolvenzantragstellung.

III. Normzweck

Die Vorschrift erklärt durch Zwangsvollstreckung erlangte Sicherungen **ipso iure** für **unwirksam,** wenn sie im letzten Monat (bzw. in **Verbraucherinsolvenzverfahren** in den **letzten drei Monaten)** vor dem Eröffnungsantrag und damit in der Krise erfolgt sind. Sie soll verhindern, dass Gläubiger noch in dieser Phase zwangsweise Zugriff auf das Schuldnervermögen nehmen und sich dadurch ein besseres Recht auf Befriedigung verschaffen können als die übrigen Gläubiger. Systematisch steht die Norm in Zusammenhang mit der Insolvenzanfechtung.[9] Sie stellt zum einen darauf ab, gegenüber einzelnen Gläubigern, die sich in der bereits kritischen Phase zwangsweise ein Recht auf Befriedigung sichern, das einzelzwangsvollstreckungsrechtliche Prioritätsprinzip rückwirkend zu Gunsten der gesamtvollstreckungsrechtlichen par conditio creditorum zu verdrängen,[10] zum anderen auf die Anreicherung der Masse, um der Abweisung von Insolvenzanträgen mangels Masse (§ 26) zu begegnen.[11] 5

Die par conditio creditorum wird durch die Norm aber nur eingeschränkt durchgesetzt. So erfasst sie nur **vollstreckungsrechtliche,** nicht aber auch rechtsgeschäftlich bestellte Sicherungen.[12] Dies gilt selbst dann, wenn die Deckung erst nach Einleitung der Zwangsvollstreckung gewährt wird, um diese abzuwenden.[13] Weiter bezieht sich die Vorschrift nur auf die **Sicherung,** nicht aber auch auf die Befriedigung,[14] so dass der schnell und aggressiv vorgehende Gläubiger ohne sachlichen Grund bevorzugt wird.[15] In den genannten Fällen bleibt nur die ggf. gerichtlich geltend zu machende und damit im Einzelfall kosten- und zeitaufwendige **Insolvenzanfechtung** nach den §§ 129 ff., die im Gegensatz zu § 88 nicht dinglich wirkt. So kann der Insolvenzverwalter zwar jede weitere Veranlassung des Gläubigers unter Hinweis auf deren haftungsrechtliche Unwirksamkeit mit der Anfechtungseinrede begegnen. Will er aber den hiervon betroffenen Gegenstand etwa durch Veräußerung verwerten und dem Erwerber ungeachtet der Gutglaubensvorschriften bei der Veräußerung von beweglichen Sachen eine unbelastete Rechtsposition verschaffen, ist er darauf verwiesen, zunächst gegen den Anfechtungsgegner unter Geltendmachung des Rückgewähranspruchs nach § 143 Abs. 1 vorzugehen, da die haftungsrechtliche Unwirksamkeit der anfechtbar erworbenen Rechtsposition gerade nicht das Recht zu einer lastenfreien Veräußerung verschafft.[16] Den Verwalter daher in diesen Fällen auf die Insolvenzanfechtung zu beschränken, hat die Folge, dass er mit einer Verwertung zuzuwarten hat, bis der Anfechtungsrechtsstreit entschieden ist. Dies ist ein Hindernis für die gewünschte zügige und ökonomische Insolvenzabwicklung.[17] 6

Von § 88 erfasst werden nur solche Zwangsvollstreckungsmaßnahmen, die **Gegenstände** der **Insolvenzmasse** betreffen. Sicherungen am **insolvenzfreien** Schuldnervermögen unterliegen daher nicht dem Anwendungsbereich der Norm. So bleibt hiervon unberührt etwa die Zwangsvollstreckung für Unterhalts- und Deliktgläubiger in den erweitert pfändbaren Anteil des Arbeitseinkommens (§§ 850d, 850f Abs. 2 ZPO sowie § 89 Abs. 2 Satz 2). Ebenso wenig greift die Rückschlagsperre bei vollstreckungsrechtlichem Zugriff auf das Vermögen eines mithaftenden Dritten (Mitschuldner, Bürge).[18] 7

---

9 So schon 1. Ber.InsR-Komm. LS 5.2.2 Abs. 2 mit Begr. S. 409; *Häsemeyer* Rn. 21.14; Jaeger/*Eckardt* § 88 Rn. 6.

10 *Grothe* KTS 2001, 205, 205 f.; *Raebel* ZinsO 2003, 1124, 1126; *Thiez-Bartram/Spilger* ZInsO 2005, 858, 858; KPB/*Lüke* § 88 Rn. 2; Uhlenbruck/*Mock* § 88 Rn. 2; Gottwald/*Eckardt* § 33 Rn. 11; kritisch hierzu Jaeger/*Eckardt* § 88 Rn. 6.

11 Allg. Begr. RegE, BT-Drs. 12/2443, S. 71, 83; ferner *Grothe* KTS 2001, 205, 215; Uhlenbruck/*Mock* § 88 Rn. 2; Gottwald/*Eckardt* § 33 Rn. 11; kritisch Jaeger/*Eckardt* § 88 Rn. 6.

12 Uhlenbruck/*Mock* § 88 Rn. 4; kritisch *Marotzke* ZInsO 2006, 7, 9; *Muth* KTS 1997, 345, 356; FKInsO/*Wimmer-Amend* § 88 Rn. 16; zustimmend Jaeger/*Eckardt* § 88 Rn. 11.

13 Jaeger/*Eckardt* § 88 Rn. 1; KPB/*Lüke* § 88 Rn. 6; Nerlich/Römermann/*Kruth* § 88 Rn. 4; Uhlenbruck/*Mock* § 88 Rn. 23.

14 OLG Frankfurt NZI 2002, 491, 492 = ZIP 2002, 1852.

15 Kritisch auch *Marotzke* ZZP 105 (1992), 451, 454; *Marotzke* LM GesO Nr. 11; *Marotzke* LM 400 BGB Nr. 10a; *Marotzke* ZInsO 2006, 7, 9 ff.; *Muth* KTS 1997, 347, 356; *Rebmann*, S. 158, 171 ff., 176; HKInsO/*Kayser* § 88 Rn. 2, Nerlich/Römermann/*Kruth* § 88 Rn. 5; zustimmend: *Jacobi* KTS 2006, 231, 242; *Raebel* ZInsO 2003, 1124, 1127; Jaeger/*Eckardt* § 88 Rn. 9.

16 Jaeger/*Eckardt* § 88 Rn. 7; ferner BGH NJW 1985, 200, 201 = ZIP 1984, 978, 979; BGH NJW 1990, 990, 991 = ZIP 1990, 246, 247 f.; KPB/*Paulus* § 143 Rn. 30.

17 So Jaeger/*Eckardt* § 88 Rn. 7, allerdings für den gesetzlich geregelten Fall der Sicherung durch Zwangsvollstreckung.

18 Uhlenbruck/*Mock* § 88 Rn. 12.

8 Die Rückschlagsperre ist eine Regelung iSd Art. 7 Abs. 2 lit. m) EuInsVO und gilt in Verbindung mit Art. 16 EuInsVO auch für Rechtshandlungen im Ausland, wenn das Insolvenzverfahren in Deutschland eröffnet wird.[19]

IV. Anwendungsbereich

9 **1. Betroffene Gläubiger. a) Insolvenzgläubiger.** Die Rückschlagsperre erfasst nach dem eindeutigen Wortlaut der Vorschrift nur die Zwangsvollstreckung durch **Insolvenzgläubiger,** mithin die persönlichen Gläubiger des Schuldners, die gegen diesen zum Zeitpunkt der Insolvenzeröffnung einen begründeten Vermögensanspruch haben (§ 38), wobei **nachrangige** Insolvenzgläubiger (§ 39) hiervon gleichermaßen betroffen sind.[20] Dies gilt unabhängig davon, ob die Insolvenzgläubiger ihre Forderungen zur Insolvenztabelle angemeldet haben oder nicht.[21] Jede Ausweitung des Anwendungsbereichs im Wege der Analogie auf Gläubiger anderer Kategorien scheidet aus.

10 **b) Nicht: Sonstige Gläubiger.** Von der Norm nicht erfasst werden die **aus-** oder **absonderungsberechtigten** Gläubiger, soweit sie die Zwangsvollstreckung aufgrund ihres bestehenden **dinglichen** Rechts betreiben.[22] Absonderungsberechtigte unterliegen dabei den Beschränkungen der §§ 166 ff.[23] Anderes gilt, wenn der Absonderungsberechtigte die Zwangsvollstreckung in den Gegenstand seines Absonderungsrechts betreibt, so etwa wenn der Vermieter des Schuldners Gegenstände pfändet, die seinem Vermieterpfandrecht nach § 562 BGB unterliegen. Die Rückschlagsperre zerstört dann das durch Pfändung erlangte Pfändungspfandrecht an der Sache, nicht aber das aus anderem Rechtsgrund bestehende Absonderungsrecht.[24] **Massegläubiger,** die im fraglichen Zeitraum aufgrund einer Forderung, die entweder vor (§ 55 Abs. 2, 4) oder nach Verfahrenseröffnung (§ 55 Abs. 1 Nr. 2) entstanden ist, vollstrecken, sind gleichfalls vom Anwendungsbereich der Norm ausgenommen. Für diese gelten allenfalls die Beschränkungen nach den §§ 89 ff., 110.[25]

11 **2. Betroffenes Vermögen. a) Insolvenzmasse.** Von § 88 erfasste Vollstreckungsmaßnahmen sind nur solche, die das zur **Insolvenzmasse gehörende Vermögen** des Schuldners betreffen, was sich nach den §§ 35 ff. bestimmt.[26] Die Rückschlagsperre betrifft auch **Auslandsvermögen** des Schuldners,[27] umgekehrt greift § 88 im Falle der Inlandsvollstreckung im Rahmen einer Auslandsinsolvenz aufgrund der anfechtungsrechtlichen Verortung der Norm nur dann, soweit dort auch deutsches Insolvenzanfechtungsrecht zur Anwendung gelangt (Art. 16 EuInsVO iVm Art. 7 Abs. 2 lit. m EuInsVO, § 339).[28] Bei einem Sondervermögen bezieht sich die Rückschlagsperre nur auf die jeweilige Sonderinsolvenzmasse,[29] so etwa beim Nachlassinsolvenzverfahren auf den Nachlass, oder beim Insolvenzverfahren über das Gesamtgut einer fortgesetzten Gütergemeinschaft auf das Gesamtgut.[30]

12 **b) Nicht: Sonstiges Vermögen.** Sicherungen am **insolvenzfreien Vermögen** sind von der Rückschlagsperre ausgenommen.[31] Damit bleibt die Zwangsvollstreckung für Unterhalts- oder Deliktgläubiger in den erweitert pfändbaren Teil des Arbeitseinkommens (§ 850d, 850f Abs. 2 ZPO) von § 88 unberührt. Entsprechendes gilt für die Sicherung an einem Gegenstand, der nicht zur Insolvenzmasse zählt (§ 36 Abs. 3), es sei denn, der Schuldner hat auf den Pfändungsschutz ausdrücklich verzichtet.[32] Auch der Zugriff auf das **Vermögen** eines **mithaftenden Dritten** (Mitschuldner oder Bürge) wird von § 88 InsO nicht umfasst.[33] Wirksam bleibt auch eine Sicherung, die ein

---

[19] BGH NZG 2014, 71 Rn. 8 (noch zur EuInsVO 2000, aber Art. 5 EuInsVO 2000 entspricht Art. 7 EuInsVO 2015.); Mankowski/Müller/Schmidt/*Müller* EuInsVO Art. 7 Rn. 70; Nerlich/Römermann/*Kruth* § 88 Rn. 5b.

[20] FKInsO/*Wimmer-Amend* § 88 Rn. 6; KPB/*Lüke* § 88 Rn. 5; Uhlenbruck/*Mock* § 88 Rn. 5.

[21] Uhlenbruck/*Mock* § 88 Rn. 5.

[22] BGH NZI 2014, 565 Rn. 7.

[23] Uhlenbruck/*Mock* § 88 Rn. 7.

[24] *Keller* Rn. 1012; Uhlenbruck/*Mock* § 88 Rn. 7, K. Schmidt/*Keller* § 88 Rn. 10.

[25] Uhlenbruck/*Mock* § 88 Rn. 8.

[26] FKInsO/*Wimmer-Amend* § 88 Rn. 9; Jaeger/*Eckardt* § 88 Rn. 8; KPB/*Lüke* § 88 Rn. 12; Uhlenbruck/*Mock* § 88 Rn. 10.

[27] HKInsO/*Kayser* § 88 Rn. 13; Jaeger/*Eckardt* § 88 Rn. 16; Uhlenbruck/*Mock* § 88 Rn. 10.

[28] Jaeger/*Eckardt* § 88 Rn. 16; Uhlenbruck/*Mock* § 88 Rn. 10; *Prager* NZI 2011, 697, 699.

[29] FKInsO/*Wimmer-Amend* § 88 Rn. 10; KPB/*Lüke* § 88 Rn. 13; Uhlenbruck/*Mock* § 88 Rn. 11.

[30] KPB/*Kemper* § 315 Rn. 11 ff.; § 332 Rn. 5, § 333 Rn. 10.

[31] Uhlenbruck/*Mock* § 88 Rn. 11.

[32] Jaeger/*Eckardt* § 88 Rn. 17; KPB/*Lüke* § 88 Rn. 12; Uhlenbruck/*Mock* § 88 Rn. 12.

[33] FKInsO/*Wimmer-Amend* § 88 Rn. 10; Jaeger/*Eckardt* § 88 Rn. 17; Uhlenbruck/*Mock* § 88 Rn. 12.

Gläubiger nach § 11 Abs. 1 Satz 1 AnfG in anfechtbarer Weise aus einem vom Schuldner weggegebenen Gegenstand erlangt hat, da § 16 Abs. 2 AnfG lediglich auf § 130, nicht aber auf § 88 verweist.[34]

3. Betroffene Zwangsvollstreckungsmaßnahmen. a) Maßnahmen der Zwangsvollstreckung. Der Begriff der Zwangsvollstreckung ist **umfassend** zu verstehen. Hierunter fallen alle Maßnahmen, die auf der Basis eines gesetzlichen Verfahrens erfolgen, gegen den Willen des Schuldners durchgeführt werden und zur Verwirklichung gerichtlich festgestellter oder förmlich dokumentierter Gläubigerrechte dienen,[35] einerlei ob im In- oder Ausland.[36] Unwirksam sind danach innerhalb der Sperrfrist erlangte **Pfandrechte** aufgrund **ausgebrachter Pfändungen** in das bewegliche (§ 803 ff. ZPO) und unbewegliche (§ 864 ff. ZPO) Vermögen oder in Forderungen und andere Vermögensrechte (§ 828 ff. ZPO). Die Eintragung einer **Zwangssicherungshypothek** (§ 866 ff. ZPO)[37] oder einer **Zwangsvormerkung** (§ 941 ff. ZPO)[38] wird von der Rückschlagsperre ebenfalls erfasst. Auch die **Vorpfändung** außerhalb der Frist des § 88 unterliegt der Rückschlagsperre, wenn die Forderungspfändung innerhalb der Sperrfrist erfolgt.[39] § 88 findet auch Anwendung auf das **Verwaltungsvollstreckungsverfahren** wegen öffentlich-rechtlicher Forderungen sämtlicher Art.[40] 13

b) Durch Zwangsvollstreckung erlangte Sicherungen. § 88 erfasst nur im Wege der Zwangsvollstreckung erlangte Sicherungen am Schuldnervermögen. Jedwede analoge Anwendung auf andere Tatbestände ist aufgrund des eindeutigen Gesetzeswortlautes ausgeschlossen. 14

aa) Nicht: durch Zwangsvollstreckung erlangte Befriedigungen. Von der Rückschlagsperre nicht erfasst wird die durch eine Zwangsvollstreckung in das Vermögen des Schuldners erfolgte **Befriedigung** des Gläubigers.[41] Der sachliche Anwendungsbereich der Norm ist somit erst eröffnet, wenn ein vollstreckungsrechtlicher Sicherungstatbestand innerhalb des zeitlichen Anwendungsbereichs erfüllt worden ist, wird aber wieder verlassen, sobald das Erlangte über eine Sicherung hinausgeht.[42] Auf die Kritik hieran ist bereits an anderer Stelle hingewiesen worden (→ Rn. 6). Zur Befriedigung führende Vollstreckungshandlungen unterliegen daher ausschließlich der **Insolvenzanfechtung** nach §§ 130 ff., in der Regel unter dem Gesichtspunkt der inkongruenten Deckung.[43] Zur Abgrenzung, ob die Zwangsvollstreckung nur zu einer Sicherung oder schon zu einer Befriedigung geführt hat, ist nicht eine wirtschaftliche Betrachtungsweise maßgeblich, sondern der **Inhalt** des **Vollstreckungstitels.**[44] Ist daher durch die Vollstreckungsmaßnahme die im Vollstreckungstitel bestimmte Rechtsfolge eingetreten, liegt eine Befriedigung vor. Stellt der Zwangszugriff lediglich einen sichernden „**Zwischenschritt**" zur Erlangung des nach dem Titel Geschuldeten dar, handelt es sich um eine Sicherung iS der Norm. So liegt bei der **Zwangsvollstreckung** in das **bewegliche Vermögen** Befriedigung erst vor bei Aushändigung der gepfändeten Barmittel oder des Versteigerungserlöses an den Gläubiger (§§ 815 Abs. 1, 819 ZPO). Bei der **Immobiliarvollstreckung** tritt Befriedigung erst ein nach Zahlung gemäß dem aufgestellten Teilungsplan (§ 114 ff. ZVG). Die **Herausgabevollstreckung** bewirkt eine Befriedigung erst dann, wenn bewegliche Sachen dem Gläubiger vom Vollstreckungsorgan übergeben werden (§ 883 Abs. 1 ZPO) bzw. ihm bei einem Grundstück, Schiff oder Schiffsbauwerk der Besitz eingewiesen wird (§ 885 Abs. 1 ZPO). Befindet sich die Sache im Gewahrsam eines Dritten, tritt bei der Herausgabevollstreckung nach § 886 ZPO Befriedigung erst ein, wenn der Gläubiger in den unmittelbaren Besitz gelangt ist. Ist der Schuldner zur **Bestellung einer Hypothek** verurteilt, tritt Befriedigung mit der erwirkten Eintragung des Gläubigers im Grundbuch ein (§§ 894, 896, 897 Abs. 2 ZPO, §§ 1117, 1154 BGB). Erwirkt hingegen der Gläubiger aufgrund eines existenten Zahlungstitels die Eintragung einer **Zwangssicherungs-** oder **Arresthypothek** (§§ 866 ff., 932 ZPO), liegt hierin nur eine Sicherung.[45] Bei einer Zwangsvollstreckung zur Erwirkung einer **vertretbaren Handlung** kann der Gläubiger für die Kosten der 15

---

34 FKInsO/*Wimmer-Amend* § 88 Rn. 18; KPB/*Lüke* § 88 Rn. 12a.
35 *Grothe* KTS 2001, 220 f. mwN.
36 FKInsO/*Wimmer-Amend* § 88 Rn. 9; Jaeger/*Eckardt* § 88 Rn. 19; KPB/*Lüke* § 88 Rn. 6.
37 FKInsO/*Wimmer-Amend* § 88 Rn. 17; Jaeger/*Eckardt* § 88 Rn. 24; KPB/*Lüke* § 88 Rn. 9.
38 FKInsO/*Wimmer-Amend* § 88 Rn. 10; Jaeger/*Eckardt* § 88 Rn. 25; KPB/*Lüke* § 88 Rn. 9; Uhlenbruck/*Mock* § 88 Rn. 21.
39 Uhlenbruck/*Mock* § 88 Rn. 17.
40 FKInsO/*Wimmer-Amend* § 88 Rn. 13; Jaeger/*Eckardt* § 88 Rn. 19; KPB/*Lüke* § 88 Rn. 7; Uhlenbruck/*Mock* § 88 Rn. 14.
41 FKInsO/*Wimmer-Amend* § 88 Rn. 16; Jaeger/*Eckardt* § 88 Rn. 22; KPB/*Lüke* § 88 Rn. 9 f.; *Smid/Smid* § 88 Rn. 8; Uhlenbruck/*Mock* § 88 Rn. 24.
42 *Grothe* KTS 2001, 205, 230.
43 → MüKoInsO/*Kayser* § 131 Rn. 26 ff.; HKInsO/*Thole* § 131 Rn. 12.
44 KPB/*Lüke* § 88 Rn. 10; Uhlenbruck/*Mock* § 88 Rn. 24.
45 BGH NJW 1995, 2715, 2716 = ZIP 1995, 1425.

Ersatzvornahme vom Schuldner eine entsprechende Vorauszahlung beantragen (§ 887 Abs. 2 ZPO). In der Beitreibung des Vorschusses liegt hinsichtlich der Ersatzvornahme nach § 887 Abs. 1 ZPO lediglich eine Sicherung, hinsichtlich des Titels nach § 887 Abs. 2 ZPO Befriedigung vor. Die Überweisung einer **gepfändeten Forderung** zur **Einziehung** (§ 835 Abs. 1 ZPO) ist lediglich Sicherung, diejenige an **Zahlungs Statt** (§ 835 Abs. 2 ZPO) hingegen Befriedigung.[46]

16 **bb) Nicht: Maßnahmen der Vollstreckungsvorbereitung.** Maßnahmen, die lediglich der Vorbereitung der Zwangsvollstreckung dienen, bleiben, soweit sie nicht schon zu einer Sicherung geführt haben, von § 88 unberührt,[47] so etwa die Erteilung einer Vollstreckungsklausel oder Vollstreckbarkeitserklärungen wie auch die Zustellung einer nach § 845 Abs. 1 ZPO bewirkten Vorpfändung, da sie ohne die spätere Hauptpfändung noch nicht die Wirkung einer Sicherung hat.[48]

17 **cc) Nicht: Maßnahmen ohne Sicherungsfunktion.** Maßnahmen ohne Sicherungsfunktion wie etwa die Eintragung eines **Widerspruchs** gegen die Richtigkeit eines Grundbuchs oder anderer Register sind keine Maßnahmen iS der Norm, da der Widerspruch lediglich eine bestehende dingliche Rechtslage schützen soll, nicht aber eine neue Zuordnung schaffen will.[49] Entsprechendes gilt für durch einstweilige Verfügung ausgesprochene **Veräußerungsverbote,** die nur eine bestehende Rechtsposition absichern.[50] Von der Rückschlagsperre ebenfalls nicht erfasst ist die **Sicherungshypothek** nach **§ 128 ZVG,** da sie nicht in Zusammenhang mit der Vollstreckung gegen den Schuldner steht, sondern nur im Verhältnis zum Ersteher an Bedeutung gewinnt.[51]

18 **dd) Nicht: freiwillige Zahlungen.** Freiwillige Zahlungen oder Sicherheitsleistungen des Schuldners an den Gläubiger zur Abwendung der Zwangsvollstreckung unterfallen ebenfalls nicht der Rückschlagsperre.[52] Demnach findet § 88 nur Anwendung auf solche Sicherungen, die durch echte Zwangsvollstreckungen erlangt worden sind, nicht aber auf **Vollstreckungsvereinbarungen,** die gerade der Abwendung einer drohenden oder bereits eingeleiteten Zwangsvollstreckung dienen.[53] Abgenötigte Sicherungen sind keine Sicherungen, die im Rahmen der Zwangsvollstreckung erlangt wurden.[54] § 88 findet keine Anwendung, wenn der Schuldner zur Abwendung der Zwangsvollstreckung an den Gerichtsvollzieher geleistet und dieser den Erlös noch nicht ausgekehrt hat. Auch Druckzahlungen aufgrund von Vereinbarungen nach § 802b Abs. 2 ZPO sind keine Maßnahmen der Zwangsvollstreckung.[55] Die Sicherung beruht auf einer freiwilligen Zahlung.[56] Auf ein weiterhin bestehendes Anfechtungsrisiko hat der den beitreibenden Gläubiger beratende Anwalt hinzuweisen.[57]

19 **ee) Nicht: rechtsgeschäftlich erlangte Sicherungen.** Dem eindeutigen Gesetzeswortlaut nach findet § 88 keine Anwendung auf rechtsgeschäftliche Sicherungen.[58] Solche sind ggf. nach §§ 129 ff. anfechtbar.[59]

20 **c) Strafrechtliche Vermögensabschöpfung.** Die Befriedigung der Ansprüche von durch Straftaten Verletzten im Strafvollstreckungsverfahren wurde durch die Reform der strafrechtlichen Vermögensabschöpfung[60] modifiziert. Um zu gewährleisten, dass zu diesem (durchaus späten) Zeitpunkt bei dem verurteilten Täter noch Vermögensmasse vorhanden ist, bedarf es vorläufiger Sicherungsmaßnahmen, derer sich die Gerichte, Staatsanwaltschaften sowie sonstige Ermittlungsbehörden bedienen können. Diese Sicherungsmaßnahmen finden sich in den §§ 111b ff. StPO, und zwar die

---

46 Jaeger/*Eckardt* § 88 Rn. 23; KPB/*Lüke* § 88 Rn. 9; Uhlenbruck/*Mock* § 88 Rn. 16.

47 Jaeger/*Eckardt* § 88 Rn. 28.

48 Jaeger/*Eckardt* § 88 Rn. 28, 44.

49 *Grothe* KTS 2001, 205, 220; FKInsO/*Wimmer-Amend* § 88 Rn. 17; Jaeger/*Eckardt* § 88 Rn. 29.

50 Jaeger/*Eckardt* § 88 Rn. 29.

51 Jaeger/*Eckardt* § 88 Rn. 29.

52 BAG NJW 2018, 331 Rz. 29; BGH ZInsO 2010, 376; BGHZ 55, 307, 309 = NJW 1971, 1702; FKInsO/*Wimmer-Amend* § 88 Rn. 12; Jaeger/*Eckardt* § 88 Rn. 20, 21; KPB/*Lüke* § 88 Rn. 6; Nerlich/Römermann/*Kruth* § 88 Rn. 5; Uhlenbruck/*Mock* § 88 Rn. 26; Braun/*Kroth* § 88 Rn. 3.

53 BGHZ 55, 307, 309 = NJW 1971, 1702; Braun/*Kroth* § 88 Rn. 2; KPB/*Lüke* § 88 Rn. 6; Nerlich/Römermann/*Kruth* § 88 Rn. 5; Uhlenbruck/*Mock* § 88 Rn. 26; siehe zur Anfechtbarkeit solcher Zahlungen BGH ZInsO 2002, 125 f.

54 K. Schmidt/*Keller* § 88 Rn. 15.

55 BAG NJW-Spezial 2018, 117.

56 So auch K. Schmidt/*Keller* § 88 Rn. 19; aA Braun/*Kroth* § 88 Rn. 3.

57 BGH NZI 2017, 866; dazu *Thole* NZI 2018, 437 ff.

58 Uhlenbruck/*Mock* § 88 Rn. 23; kritisch hierzu *Muth,* KTS 1997, 345, 356; zustimmend Jaeger/*Eckardt* § 88 Rn. 20.

59 Jaeger/*Eckardt* § 88 Rn. 20; Nerlich/Römermann/*Kruth* § 88 Rn. 4.

60 BGBl. 2017 I 872.

Beschlagnahme (§§ 111b ff. StPO) und der Vermögensarrest (§§ 111e ff. StPO). Die Auswirkung, die eine Insolvenz auf diese Sicherungsmaßnahmen hat, unterscheiden sich jedoch.[61]

aa) Beschlagnahme. Die Beschlagnahme (§§ 111b-d StPO) sichert eine möglicherweise in Betracht kommende spätere Einziehung nach §§ 73 ff. StGB ab. Die Beschlagnahme ist – entgegen der alten Rechtslage, die von einem insolvenzrechtlichen Vorrang ausging[62] – durch den neu eingeführten § 111d Abs. 1 Satz 2 StPO insolvenzfest.[63] § 88 Abs. 1 findet auf die **Beschlagnahme somit keine Anwendung.** Eine auch erst einen Monat vor Verfahrenseröffnung vollzogene Beschlagnahme hat danach in einem Insolvenzverfahren Bestand. Der Gesetzgeber wollte sicherstellen, dass durch eine Straftat entzogene Gegenstände auch dann nicht in die Insolvenzmasse fallen, wenn dem Geschädigten kein Aussonderungsrecht zusteht.[64] 21

Dies führt jedoch zu einer Durchbrechung des insolvenzrechtlichen Gläubigergleichbehandlungsgrundsatzes. Geht man davon aus, dass die beschlagnahmten Gegenstände werthaltig sind, wird die Insolvenzmasse durch die strafprozessualen Sonderregelungen erheblich geschmälert. Die Verletzten werden gegenüber den übrigen deliktischen und sonstigen Gläubigern privilegiert.[65]

bb) Vermögensarrest. Anders verhält es sich bei dem **Vermögensarrest (§§ 111e-i StPO)**. Der Vermögensarrest sichert den Zahlungsanspruch des Staates gegen den Einziehungsadressaten in Höhe des Wertes des Tatertrages nach § 73c StGB. Er ist ein vorläufiger Zahlungstitel, der die Staatsanwaltschaft zu Vollstreckungsmaßnahmen in das Vermögen des Betroffenen berechtigt.[66] 22

Das Sicherungsrecht, dass durch die Vollziehung des Vermögensarrestes (§ 111 f. StPO) entsteht, **unterfällt dem Anwendungsbereich des § 88.** § 111h StPO ordnet mit Verweis auf § 80 Abs. 2 Satz 2 an, dass das Pfandrecht nur bestehen bleibt, soweit es nicht anfechtbar ist und nicht der Rückschlagsperre unterfällt.[67] Die Regelung des § 88 ist somit für das Sicherungsrecht, das durch Vermögensarrest entsteht, anzuwenden. Eine **über § 88 hinausgehende Unwirksamkeit** ordnet sodann § 111i StPO Abs. 1 Satz 1 an: Wenn durch die Tat, wegen der der Vermögensarrest angeordnet wurde, mindestens einem individuellen Verletzten ein Anspruch auf Wertersatz aus der Tat erwachsen ist, erlischt das Sicherungsrecht, sobald der von ihm erfasste Vermögensgegenstand dem Insolvenzbeschlag unterfällt. Die Vermögenswerte werden damit für die Befriedigung der Tatgeschädigten und der sonstigen Gläubiger nach der Insolvenzordnung frei.[68]

Wurde der Vermögensarrest ausschließlich wegen Taten zulasten der Allgemeinheit angeordnet, erlischt das Pfandrecht mit Eröffnung des Insolvenzverfahrens hingegen nicht über die Grenzen des § 88 hinaus.[69] Der Gesetzgeber wollte verhindern, dass mit Erlösen, die durch Taten gegen Rechtsgüter der Allgemeinheit erlangt worden sind, der Betroffene private Schulden (teilweise) begleicht.[70] Diese Regelung führt zu einer Schmälerung der Insolvenzmasse und zur Bevorrechtigung des Staates.

d) Einzelfälle. aa) Mobiliarvollstreckung. Von der Norm erfasst werden vor allem die **Pfändungspfandrechte** (§ 50 Abs. 1) an beweglichen und unbeweglichen Gegenständen (§§ 803 ff., 864 ff. ZPO), Forderungen und anderen Vermögensrechten (§§ 828 ff. ZPO). Als Zwangssicherungen kommen weiterhin in Betracht **Arrestpfandrechte** an beweglichen Sachen, registrierten Schiffen und Schiffsbauwerken (§ 930 f. ZPO) und eingetragenen Luftfahrzeugen (§ 99 Abs. 2 LuftRG). Die Überweisung einer **gepfändeten Forderung** (§ 835 Abs. 1 ZPO) stellt eine von § 88 betroffene Sicherung dar, wenn sie zur Einziehung erfolgt; erfolgt sie an Zahlungs Statt (§ 835 Abs. 2 ZPO) tritt im Wege der materiell-rechtlichen Tilgungswirkung (§ 364 Abs. 1 BGB) Erfüllung und damit Befriedigung ein, soweit die Forderung besteht.[71] 23

bb) Immobiliarvollstreckung. Auch die Immobiliarbeschlagnahme zum Zwecke der **Vorbereitung** der **Zwangsverwaltung** und **Zwangsversteigerung** (§§ 10 Abs. 1 Nr. 5, 20 ff., 146, 148, 24

---

61 *Köllner/Mück* NZI 2017, 593.

62 So MüKoInsO/*Breuer* → 3. Aufl. § 88 Rn. 16; Nerlich/Römermann/*Kruth* § 88 Rn. 5a; BGH, NZI 2007, 450 Rn. 12 ff.

63 BeckOKStPO/*Huber* § 111d StPO Rn. 4; Graf/*Huber* § 111d StPO Rn. 4; *Köhler/Burkhard* NStZ 2017, 665, 677.

64 *Weitzell/Wolfer* NZI 2018, 734, 735.

65 *Köllner/Mück* NZI 2017, 593, 599, Kritik schon zum RegE *Frind* NZI 2016, 674 ff.

66 *Köhler/Burkhard* NStZ 2017, 665, 677.

67 BeckOKStPO/*Huber* StPO § 111h Rn. 2; BT-Drs. 18/9525 S. 78.

68 BT-Drs. 18/9525 S. 79; Uhlenbruck/*Mock* § 88 Rn. 6.

69 *Köllner/Mück* NZI 2017, 593, 595.

70 Vgl. BT-Drs. 18/9525 S. 79.

71 Jaeger/*Eckardt* § 88 Rn. 23; KPB/*Lüke* § 88 Rn. 9; Uhlenbruck/*Mock* § 88 Rn. 16.

162, 165, 171a, 171c ZVG) unterliegt der Rückschlagsperre des § 88. Entsprechendes gilt für die Eintragung einer **Zwangssicherungs-** oder **Arresthypothek** (§§ 866 f., 932 ZPO).[72]

Die Eintragung einer durch einstweilige Verfügung angeordneten **Vormerkung** im Grundbuch, Schiffs- oder Schiffsbauregister sowie dem Register für Pfandrechte an Flugzeugen (§ 885 Abs. 1 Satz 1 Alt. 1 BGB, 10 f. SchiffRG, 99 Abs. 1 LuftRG), die einen zu den Insolvenzforderungen gehörenden Anspruch gegenüber der Insolvenzmasse sichern soll, wird ebenfalls von der Rückschlagsperre des § 88 erfasst.[73] § 106 findet für diesen Fall keine Anwendung mehr.[74] Die Zwangsvormerkung wird, da § 140 Abs. 2, § 878 BGB auf sie keine Anwendung finden, auch dann noch von der Rückschlagsperre erfasst, wenn der Eintragungsantrag bereits vor Beginn der Sperrfrist beim Grundbuch eingegangen war.[75] § 88 findet ebenfalls Anwendung, wenn es sich um eine innerhalb der Sperrfrist eingetragene Vormerkung zur Sicherung eines Anspruchs auf Eintragung einer Bauhandwerkersicherungshypothek nach § 650e BGB handelt.[76] Dem Anwendungsbereich der Norm unterliegt indes nicht der von der Zwangsvormerkung zu unterscheidende Fall, dass der Gläubiger ein nach § 894 ZPO die Bewilligung einer Vormerkung (§ 885 Abs. 1 Satz 1 1. Alt BGB) ersetzendes rechtskräftiges Urteil erstritten hat oder die Vormerkung im Falle eines auf eine dingliche Rechtsänderung gerichteten vorläufig vollstreckbaren Urteils nach § 895 ZPO als bewilligt anzusehen ist. Es handelt sich hierbei nicht um einen vollstreckungsrechtlichen, sondern um einen quasirechtsgeschäftlichen Erwerb. Zum anderen tritt bei einer Eintragung aufgrund einer nach § 894 ZPO fingierten Einigung schon Befriedigung ein, da ihr eine Verurteilung des Schuldners zur Bewilligung der Vormerkung zugrunde liegt und dieser Anspruch damit getilgt wird.[77]

25 **4. Monatsfrist. a) Allgemeines.** Nach § 88 Abs. 1 werden nur die **im letzten Monat** vor dem Antrag auf Eröffnung des Insolvenzverfahrens oder nach diesem Zeitpunkt bis zur Verfahrenseröffnung durch Zwangsvollstreckung erlangte Sicherungen unwirksam.[78] Werden teilweise innerhalb und außerhalb dieser Sperrfrist Vollstreckungen ausgebracht, etwa wegen mehrerer Teilbeträge, ist nur die innerhalb der Monatsfrist erfolgte Zwangssicherung vom Anwendungsbereich der Norm erfasst.[79] Ordnet das Insolvenzgericht zwischen Antragstellung und Verfahrenseröffnung ein Vollstreckungsverbot oder eine einstweilige Einstellung der Zwangsvollstreckung in bewegliche Gegenstände (§ 21 Abs. 2 Nr. 3) oder die einstweilige Einstellung der Zwangsvollstreckung in das unbewegliche Vermögen (§ 30d Abs. 4 ZVG) an, findet § 88 nur bis zum Wirksamwerden der jeweiligen Anordnung Anwendung.[80] Danach kann bis zur Verfahrenseröffnung ein wirksames Pfändungspfandrecht nicht mehr erlangt werden; nach Verfahrenseröffnung greift das allgemeine Vollstreckungsverbot des § 89. Außerhalb des zeitlichen Anwendungsbereichs erlangte Zwangssicherungen sind *prima vista* insolvenzfest, es sei denn, sie unterliegen der Insolvenzanfechtung (§§ 129 ff.).[81]

26 Bei der Sperrfrist des § 88 handelt es sich nicht um eine prozessuale Ausschlussfrist, sondern um eine **materiell-rechtliche Frist.** Sie ist damit zeitliches Tatbestandsmerkmal für das Unwirksamwerden einer Rechtshandlung.[82]

27 Bei einem **Verbraucherinsolvenzverfahren** beträgt die Frist **drei Monate** (§ 88 Abs. 2).

28 **b) Fristberechnung.** Die Fristberechnung erfolgt nach § 139 Abs. 1. Danach beginnt die Sperrfrist des § 88 Abs. 1 (wie auch die des Absatzes 2) mit dem Anfang des Tages (00:00 Uhr),[83] der durch seine Zahl dem Tag entspricht, an dem der Eröffnungsantrag bei dem Insolvenzgericht eingegangen ist. Fehlt ein solcher Tag im vorangegangenen Monat, beginnt die Frist mit dem Anfang des folgenden Tages. Maßgeblich zur Fristberechnung ist der **erste zulässige** und **begründete**

72 FKInsO/*Wimmer-Amend* § 88 Rn. 17; Jaeger/*Eckardt* § 88 Rn. 24; KPB/*Lüke* § 88 Rn. 9; Uhlenbruck/*Mock* § 88 Rn. 21, 53, 61.

73 FKInsO/*Wimmer-Amend* § 88 Rn. 17; Jaeger/*Eckardt* § 88 Rn. 25; KPB/*Lüke* § 88 Rn. 9; Uhlenbruck/*Mock* § 88 Rn. 21, 61.

74 BGHZ 142, 208, 210 f. = NJW 1999, 3122 (für § 7 Abs. 3 GesO).

75 Jaeger/*Eckardt* § 88 Rn. 41, Uhlenbruck/*Mock* § 88 Rn. 35.

76 BGHZ 142, 208, 210 f. = NJW 1999, 3122 (für § 7 Abs. 3 GesO); LG Meiningen ZIP 2000, 416, 417; KPB/*Lüke* § 88 Rn. 9; Uhlenbruck/*Mock* § 88 Rn. 20; BeckOKInsO/*Matthies* Sonderthemen Rn. 426, Jaeger/*Eckardt* § 88 Rn. 26.

77 So zutreffend Jaeger/*Eckardt* § 88 Rn. 27; Uhlenbruck/*Mock* § 88 Rn. 24; ebenso *Grothe* KTS 2001, 205, 231; aA Anfechtung von Zwangsvollstreckungsmaßnahmen FKInsO/*Wimmer-Amend* § 88 Rn. 17; *Rebmann,* S. 182 f.

78 Uhlenbruck/*Mock* § 88 Rn. 27.

79 Jaeger/*Eckardt* § 88 Rn. 34; KPB/*Lüke,* § 88 Rn. 18.

80 Jaeger/*Eckardt* § 88 Rn. 35.

81 KPB/*Lüke* § 88 Rn. 14.

82 Jaeger/*Eckardt* § 88 Rn. 36; FKInsO/*Wimmer-Amend* § 88 Rn. 19; *Grothe* KTS 2001, 205, 229.

83 FKInsO/*Wimmer-Amend* § 88 Rn. 21; HKInsO/*Kayser* § 88 Rn. 25.

Eröffnungsantrag. Dabei ist unbeachtlich, ob aufgrund dieses oder eines späteren Antrages das Insolvenzverfahren dann auch eröffnet wird (§ 139 Abs. 2 Satz 1). Ebenfalls unbeachtlich ist, ob ein zunächst mangelhafter oder bei einem unzuständigen Gericht gestellter Antrag zur Verfahrenseröffnung führt, da § 88 allein auf die Antragstellung abstellt.[84] In jedem Fall ist aber Grundvoraussetzung, dass der Antragstellung auch eine Verfahrenseröffnung nachfolgt, da andernfalls der Anwendungsbereich des § 88 nicht gegeben ist.[85]

c) Erlangung der Sicherheit. aa) Zeitpunkt. Eine Sicherung wird nach § 88 dann von der Rückschlagsperre erfasst, wenn sie innerhalb der Sperrfrist „erlangt" wurde. Maßgeblich ist danach ausschließlich der **Zeitpunkt der Erlangung,** nicht etwa schon derjenige der Vornahme der Vollstreckungshandlung[86] oder der Erteilung des Vollstreckungsauftrages,[87] was dem Regelungsgehalt von § 140 Abs. 1 und 3 entspricht, die aufgrund der Verortung der Rückschlagsperre im Insolvenzanfechtungsrecht entsprechende Anwendung finden.[88] Eine **entsprechende Anwendung** von **§ 140 Abs. 2** (iVm § 878 BGB, 3 Abs. 3 SchiffsRG, 5 Abs. 3 LuftRG), wonach bei eintragungspflichtigen Erwerbstatbeständen nicht auf die Vollendung des Rechtserwerbs durch Eintragung, sondern auf die Stellung des Eintragungsantrags abzustellen ist, **scheidet hingegen aus,** da diese Vorschrift explizit nur rechtsgeschäftliche Erwerbsakte erfasst (im Gegensatz zu § 140 Abs. 1 und 3 „Rechtshandlung"), was bei § 88 im Falle der Zwangssicherung gerade nicht der Fall ist.[89] Demnach trägt also ein Insolvenzgläubiger, der sich zur Durchsetzung seiner Rechte staatlichen Zwangs bedient, auch das Risiko der zeitlichen Verzögerung aufgrund der Einschaltung staatlicher Vollstreckungsorgane.[90] 29

bb) Einzelfälle. (1) Mobiliarvollstreckung. Bei der **Sachpfändung** vollzieht sich die Sicherung erst mit der Inbesitznahme durch den Gerichtsvollzieher (§ 808 Abs. 1 ZPO).[91] Bei der **Forderungspfändung** entsteht das den Anspruch des Gläubigers sichernde Pfändungspfandrecht nicht bereits mit Erlass des Pfändungsbeschlusses, sondern erst mit dessen Zustellung an den Drittschuldner (§§ 829 Abs. 2 Satz 1, Abs. 3, 846 ZPO).[92] Bei der Pfändung zukünftiger Forderungen (Mietzins-, Lohn- oder Kontenpfändung) entsteht das Pfändungspfandrecht nicht bereits mit der Zustellung der Pfändungsverfügung an den Drittschuldner, sondern erst mit der (späteren) Entstehung der Forderung, da das Pfandrecht vom Bestehen der gepfändeten Forderung abhängig ist.[93] Bei der Kontopfändung ist dementsprechend der Zeitpunkt der Zustellung bei dem kontoführenden Kreditinstitut bzw. die Entstehung des Kontoguthabens maßgeblich.[94] Wird der Pfändungsbeschluss auf eine Erinnerung hin aufgehoben (§ 766 ZPO) und setzt das Rechtsmittelgericht die Vollziehung der Entscheidung bis zum Ablauf der Beschwerdefrist (§§ 793, 577 Abs. 2 ZPO) oder bis zu einer anderweitigen Anordnung nicht aus, so erlangt der Gläubiger, wenn das Rechtsmittelgericht den ursprünglichen Pfändungsbeschluss wiederherstellt, erst ein Pfandrecht mit der erneuten Pfändung, da die Aufhebung der Vollstreckungsmaßnahme sofortige Wirkung entfaltet.[95] Bei einer **Vorpfändung** (Pfändungsankündigung, § 845 Abs. 1 ZPO), die vor Beginn der Sperrfrist ausgebracht ist, die Pfändung selbst aber im Zeitraum der Rückschlagsperre dem Drittschuldner zugestellt wird, ist die Sicherung erst nach Beginn der Sperrfrist erlangt und damit der Anwendungsbereich des § 88 gegeben.[96] Bei 30

---

84 BayObLG NZI 2000 = InVo 2000, 390; 371; BayObLG NJW-RR 2001, 47 = NZI 2000, 427; FKInsO/*Wimmer-Amend* § 88 Rn. 24; KPB/*Lüke* § 88 Rn. 15.

85 Jaeger/*Eckardt* § 88 Rn. 39; KPB/*Lüke* § 88 Rn. 17.

86 FKInsO/*Wimmer-Amend* § 88 Rn. 29; Jaeger/*Eckardt* § 88 Rn. 40; Uhlenbruck/*Mock* § 88 Rn. 29.

87 BAG NJW 2018, 331 Rz. 10.

88 Jaeger/*Eckardt* § 88 Rn. 40; wohl auch *Grothe* KTS 2001, 205, 226; zur systematischen Verortung der Rückschlagsperre im Anfechtungsrecht: K. Schmidt/*Keller* § 88 Rn. 3; Uhlenbruck/*Mock* § 88 Rn. 1.

89 Wie hier LG Bonn ZIP 2004, 1374; s. auch LG Berlin ZIP 2001, 2293; *Raebel* ZInsO 2003, 1124, 1128; HKInsO/*Kayser* § 88 Rn. 32; Jaeger/*Eckardt* § 88 Rn. 40; Uhlenbruck/*Mock* § 88 Rn. 35; Nerlich/Römermann/*Kruth* § 88 Rn. 9; K. Schmidt/*Keller* § 88 Rn. 26; aA FKInsO/*Wimmer-Amend* § 88 Rn. 29; KPB/*Lüke* § 88 Rn. 17.

90 So wie hier Jaeger/*Eckardt* § 88 Rn. 41 unter Hinweis auf *Raebel* ZInsO 2003, 1124, 1128.

91 FKInsO/*Wimmer-Amend* § 88 Rn. 29; Jaeger/*Eckardt* § 88 Rn. 42; Nerlich/Römermann/*Kruth* § 88 Rn. 7; Uhlenbruck/*Mock* § 88 Rn. 30.

92 BFH NZI 2005, 569, 570 f. = BB 2005, 1435, 1438; FKInsO/*Wimmer-Amend* § 88 Rn. 29; Jaeger/*Eckardt* § 88 Rn. 42; KPB/*Lüke* § 88 Rn. 16.

93 BFH NZI 2005, 569, 570 f. = BB 2005, 1435, 1438; FKInsO/*Wimmer-Amend* § 88 Rn. 29; Jaeger/*Eckardt* § 88 Rn. 43 mwN.

94 BFH NZI 2005, 569, 570 f. = BB 2005, 1435, 1438; FKInsO/*Wimmer-Amend* § 88 Rn. 29; Jaeger/*Eckardt* § 88 Rn. 43 mwN.

95 Uhlenbruck/*Mock* § 88 Rn. 31 unter Hinweis auf BGH 9.6.1976 – VIII ZR 19/75 Z 66, 394, 396 = NJW 1976, 1453.

96 FKInsO/*Wimmer-Amend* § 88 Rn. 29; Jaeger/*Eckardt* § 88 Rn. 45; KPB/*Lüke* § 88 Rn. 16; MüKoZPO/*Smid* § 845 Rn. 17; Nerlich/Römermann/*Kruth* § 88 Rn. 7; Uhlenbruck/*Mock* § 88 Rn. 17.

einem **Arrest** (§§ 930 f. ZPO) ist entscheidend, ob dieser bereits vollzogen wurde.[97] Da die Zustellung keine Vollstreckungshandlung ist, entsteht beim Arrest ein Pfändungspfandrecht auch dann, wenn er vor seiner Zustellung vollzogen (etwa durch Pfändung einer beweglichen Sache) und die Zustellung innerhalb der Frist des § 929 Abs. 3 ZPO nachgeholt wird.[98]

31 **(2) Immobiliarvollstreckung.** Bei einer Vollstreckung im Wege der **Zwangsverwaltung** oder **Zwangsversteigerung** kommt es für den Anwendungsbereich des § 88 auf den Zeitpunkt der Beschlagnahme an, die mit dem Anordnungsbeschluss bewirkt wird (§§ 22 Abs. 1, 146 ZVG).[99] Setzt das Entstehen der Sicherung eine Eintragung in ein öffentliches Register voraus (etwa bei einer Arrest- oder Zwangssicherungshypothek, Zwangsvormerkung, Pfändung einer durch Buchhypothek gesicherten Forderung[100]), ist der Zeitpunkt der Eintragung im Grundbuch entscheidend, nicht dagegen die Stellung des Eintragungsantrages, da § 140 Abs. 2, § 878 BGB, § 3 Abs. 3 SchiffsRG, § 5 Abs. 3 LuftRG nicht anwendbar sind und es im Übrigen bei der Eintragung von Zwangssicherungen weder auf die Gutgläubigkeit noch auf eine positive Kenntnis der Krise oder eine Antragstellung ankommt.[101]

32 **5. Rechtsfolgen. a) Allgemeines.** Sind die Voraussetzungen des § 88 gegeben, wird die erlangte **Sicherung,** nicht aber das Vollstreckungsverfahren, ipso iure **unwirksam.**[102] Dies gilt indes nur für die materiell-rechtlichen Wirkungen der Zwangssicherung, nicht für den Vollstreckungsakt als solchen, dh die öffentlich-rechtliche **Verstrickung** der Pfandsache bleibt bestehen.[103] Die Verstrickung muss durch das dafür vorgesehen Verfahren beseitigt werden. Solange sie noch besteht, kann der Drittschuldner sich auf sie gegenüber dem Insolvenzverwalter berufen.[104] Auf den Zeitpunkt der Rechtskraft des Eröffnungsbeschlusses kommt es für den Eintritt der Rechtsfolgen der Rückschlagsperre nicht an.[105] Allerdings kann eine Aufhebung der betroffenen Vollstreckungsmaßnahme erst nach Rechtskraft des Eröffnungsbeschlusses erfolgen, da ein nicht rechtskräftiger Eröffnungsbeschluss noch aufgehoben werden kann, mit der Folge, dass die Wirkung der Rückschlagsperre rückwirkend entfällt.[106] Wäre in diesem Fall die Aufhebung der öffentlich-rechtlichen Verstrickung bereits vollzogen, so wäre die Sicherung unwiederbringlich mit Rangverlust untergegangen.[107]

33 **b) Absolute Unwirksamkeit.** Nach herrschender und zutreffender Auffassung führt die Rückschlagsperre zu einer **absoluten dinglichen Unwirksamkeit** der von ihr betroffenen Sicherungsrechte.[108] Der verschiedentlich früher zu § 7 Abs. 3 GesO[109] und später zu § 88 vertretenen Auffassung, dass diese nur relativ, dh nur zu einer den Insolvenzgläubigern gegenüber wirkenden Unwirksamkeit führe,[110] ist nicht zu folgen. Hiergegen spricht entscheidend, dass der Gesetzgeber generell die Konzeption einer relativen Unwirksamkeit nur „den Konkursgläubigern gegenüber" aufgegeben hat.[111]

---

97 K. Schmidt/*Keller* § 88 Rn. 27.

98 Nerlich/Römermann/*Kruth* § 88 Rn. 7; Uhlenbruck/*Mock* § 88 Rn. 37; vgl. aber auch Jaeger/*Eckardt* § 88 Rn. 46.

99 *Grothe* KTS 2001, 205, 225; Jaeger/*Eckardt* § 88 Rn. 47; Nerlich/Römermann/*Kruth* § 88 Rn. 9.

100 Hierzu *Keller* ZIP 2000, 1324, 1328.

101 LG Berlin ZIP 2001, 2293; LG Bonn ZIP 2004, 1374; *Grothe KTS 2001, 205, 226, Hess* § 88 Rn. 36; Nerlich/Römermann/*Kruth* § 88 Rn. 9; Uhlenbruck/*Mock* § 88 Rn. 35, *Häsemeyer* Rn. 10.38; aA FKInsO/*Wimmer-Amend* § 88 Rn. 29; KPB/*Lüke* § 88 Rn. 17, die auf die Stellung des Eintragungsantrages abstellen.

102 Begr. zu § 99 RegE, BT-Drs. 12/2443 S. 137; BGHZ 166, 74, 76 ff. = NJW 2006, 1286; *Grothe* KTS 2001, 205, 232; FKInsO/*Wimmer-Amend* § 88 Rn. 30; Jaeger/*Eckardt* § 88 Rn. 49; KPB/*Lüke* § 88 Rn. 19; Nerlich/Römermann/*Kruth* § 88 Rn. 11; Uhlenbruck/*Mock* § 88 Rn. 41.

103 BGH NZI 2017, 892; BGH NZI 2011, 600 Rn. 11; *Grothe* KTS 2001, 205, 233; Jaeger/*Eckardt* § 88 Rn. 49; Nerlich/Römermann/*Kruth* § 88 Rn. 12; Uhlenbruck/*Mock* § 88 Rn. 41.

104 BGH NZI 2017, 892 Rn. 14; *Fink* ZInsO 2000, 353, 354.

105 BGH NZI 2017, 892 Rn. 19; BGHZ 166, 74, 76 = NJW 2006, 1286; *Grothe* KTS 2001, 205, 232; Jaeger/*Eckardt* § 88 Rn. 59; Uhlenbruck/*Mock* § 88 Rn. 47.

106 Jaeger/*Eckardt* § 88 Rn. 59.

107 Jaeger/*Eckardt* § 88 Rn. 59; Nerlich/Römermann/*Kruth* § 88 Rn. 12.

108 BGHZ 166, 74, 77 = NJW 2006, 1286; ebenso *Gundlach/Frenzel/Schmidt* NZI 2005, 663 f.; HKInsO/*Kayser* § 88 Rn. 34; Nerlich/Römermann/*Kruth* § 88 Rn. 11; Uhlenbruck/*Mock* § 88 Rn. 42; aA LG Leipzig NZI 2005, 685 686.

109 Siehe hierzu *Grothe* KTS 2001, 205, 234; *Raebel* ZInsO 2003, 1124, 1128.

110 So noch BGH NJW 1995, 2715, 2716 f. = ZIP 1995, 1425, 1427; LG Leipzig ZInsO 2005, 833 ff.; *Grothe* KTS 2001, 205, 235 f.; KPB/*Lüke* § 88 Rn. 25 ff.

111 So schon RegE InsO BT-Drs. 12/2443, S. 136; im Ergebnis dann BGHZ 166, 74, 77 f. = NJW 2006, 1286; *Rebmann* NJW 2006, 1286; *Rebmann* Anfechtung von Zwangsvollstreckungsmaßnahmen, S. 184; siehe hierzu auch Jaeger/*Eckardt* § 88 Rn. 54 f. („qualifizierte haftungsrechtliche Unwirksamkeit").

c) Auswirkungen der „schwebenden" dinglichen Unwirksamkeit. Die absolut dingliche Unwirksamkeit ist eine „schwebende", so dass die Zwangssicherung entsprechend § 185 Abs. 2 Satz 1 2. Alt. BGB mit Wirkung ex iure neu entsteht, wenn die Voraussetzungen für eine Begründung der Sicherung im Wege der Zwangsvollstreckung noch gegeben sind.[112] Dies ist etwa der Fall, wenn das Insolvenzverfahren vorzeitig beendet oder aber die betreffende Sache durch den Insolvenzverwalter aus der Masse – bei fortbestehender öffentlich-rechtlicher Verstrickung – freigegeben wird.[113] Die Auswirkungen der schwebenden dinglichen Unwirksamkeit unterscheiden sich bei der **Freigabe einer gepfändeten Sache, einer gepfändeten Forderung oder eines gepfändeten Rechts an einem Grundstück.** 34

Ist **die Pfändung einer Sache** gem. § 88 ipso iure unwirksam, wird der Gegenstand durch den Gerichtsvollzieher an den Insolvenzverwalter (§§ 91 Nr. 1 Satz 4, 171 Nr. 2 Satz 2 GVG) herausgegeben. Damit endet der Besitz des Gerichtsvollziehers iS des § 808 ZPO, zugleich aber auch die öffentlich-rechtliche Verstrickung der vormals (wirksamen) Pfändung. Nach Freigabe des Gegenstandes und Wegfall der Verstrickung kann dann kein Pfändungspfandrecht analog § 185 Abs. 2 Satz 1 2. Alt. BGB auf Grund der alten Pfändung entstehen.[114]

Auch hinsichtlich der **Forderungspfändung** ist zum „Wiederaufleben" der Pfändung eine erneute Zustellung an die Drittschuldner erforderlich, da die Verstrickung nicht mehr besteht.[115]

Anders stellt sich die Sache bei einer **Zwangshypothek** dar. Die Hypothek erlischt ipso iure, es entsteht keine Eigentümergrundschuld.[116] Dies folgt aus dem insoweit eindeutigen Wortlaut. Für eine Analogie zu § 868 ZPO besteht kein Raum.[117] Die öffentlich-rechtliche Verstrickung bleibt jedoch bestehen, bis sie förmlich beseitigt worden ist.[118] Ist beim nachträglichen Wegfall des Erlöschengrundes die alte Buchposition noch vorhanden, entsteht die Hypothek *ex nunc* neu und zwar mit entsprechend verändertem Rang.[119]

d) Kein Gutglaubensschutz/Rechtsnachfolge. Die Unwirksamkeitsfolge des § 88 tritt **unabhängig** davon ein, ob der die Zwangssicherung erlangende Gläubiger **Kenntnis** von der Krise oder dem (beabsichtigten) Insolvenzantrag hatte oder nicht; ein Gutglaubensschutz besteht nicht.[120] 35

Die Rückschlagsperre des § 88 trifft auch **Rechtsnachfolger** des Gläubigers, so etwa Erben, Zweiterwerber oder eigene Pfandgläubiger an der gepfändeten Forderung.[121] 36

e) Berücksichtigung der Rückschlagsperre. Der Bundesgerichtshof hat in einer Entscheidung offen gelassen, ob die unter die Rückschlagsperre fallende Vollstreckungshandlung nur auf Antrag oder schon von Amts wegen aufgehoben wird.[122] Die dingliche[123] Wirkung der Rückschlagsperre spricht einerseits dafür, dass von Amts wegen aufzuheben ist; eines entsprechenden Antrages durch den Insolvenzverwalter bedarf es dann nicht. Anderseits ist eine Aufhebung von Amts wegen dem Vollstreckungsrecht fremd, weswegen ein Antragserfordernis vertretbar erscheint.[124] 37

f) Keine amtswegige Berücksichtigung in Grundbuchsachen. Bei der Umsetzung der Rückschlagsperre im Grundbuchverfahren ist aber zu berücksichtigen, dass das Grundbuch zwar unrichtig ist (§§ 894, 899 BGB), anderseits die Eintragung als solche regelmäßig verfahrensfehlerfrei zustande gekommen sein dürfte, so dass das Grundbuchamt eine Grundbuchberichtigung **weder** 38

---

112 BGH NZI 2011, 600 Rn. 11; BGHZ 166, 74, 82 = NJW 2006, 1286.

113 Nerlich/Römermann/*Kruth* § 88 Rn. 11.

114 *Keller* ZIP 2006, 1174, 1178.

115 BGHZ 166, 74, 81 = NJW 2006, 1286; Braun/*Kroth* § 88 Rn. 11; Uhlenbruck/*Mock* § 88 Rn. 50.

116 BGH NJW 2012, 3574; BGH NJW 2006, 1286; Uhlenbruck/*Mock* § 88 Rn. 54; HKInsO/*Kayser* § 88 Rn. 35; FKInsO/*Wimmer-Amend* § 88 Rn. 31, von der in der Vorauflage vertretenen Auffassung wird Abstand genommen; aA: es entstehe eine Eigentümergrundschuld: BayObLG NJW-RR 2001, 47 = ZIP 2000, 1263; folgend OLG Düsseldorf NZI 2004, 93, 93 f. = Rpfleger 2004, 39.

117 HKInsO/*Kayser* § 88 Rn. 35.

118 BGH NZI 2017, 892; HKInsO/*Kayser* § 88 Rn. 34.

119 BGHZ 166, 74. 82 = NJW 2006, 1286; Braun/*Kroth* § 88 Rn. 10; für das Wiederaufleben mit entsprechendem alten Rang: *Kohler* ZIP 2015, 1471 ff.; kritisch ebenfalls K. Schmidt/*Keller* § 88 Rn. 40–42.

120 *Raebel* ZInsO 2003, 1124, 1126; Jaeger/*Eckardt* § 88 Rn. 62; KPB/*Lüke* § 88 Rn. 22.

121 FKInsO/*Wimmer-Amend* § 88 Rn. 30; einschränkend Jaeger/*Eckardt* § 88 Rn. 62.

122 BGH NZI 2011, 600 Rn. 11: „Das Vollstreckungsorgan *kann* die (…) Vollstreckungsmaßnahme im Falle des § 88 von Amts wegen *oder* auf Antrag eines Beteiligten uneingeschränkt aufheben."; so auch FKInsO/*Wimmer-Amend* § 88 Rn. 30.

123 *Grothe* KTS 2001, 205, 233; Jaeger/*Eckardt* § 88 Rn. 61; KPB/*Lüke* § 88 Rn. 19; Nerlich/Römermann/*Kruth* § 88 Rn. 12; zur VerglO bereits BGH ZIP 1980, 23, 24 = WM 1980, 164.

124 HambKommInsO/*Kuleisa* § 88 Rn. 14; K. Schmidt/*Keller* § 88 Rn. 51; Uhlenbruck/*Mock* § 88 Rn. 63, 64; AG Alzey RPfleger 2017, 583; gegen ein Antragserfordernis: Nerlich/Römermann/*Kruth* § 88 Rn. 12.

von Amts wegen durchführen noch einen Amtswiderspruch eintragen kann (§ 53 Satz 1 GBO).[125] Im grundbuchlichen Verfahren bleibt es somit bei dem Antragserfordernis.[126]

39 **6. Rechtsbehelfe.** Zwangssicherungen, die aufgrund der Rückschlagsperre unwirksam geworden sind, sind für unzulässig zu erklären und aufzuheben.[127] Weigert sich das zuständige Vollstreckungsorgan, die unwirksame Vollstreckungsmaßnahme aufzuheben, steht hiergegen dem **Insolvenzverwalter** die **Vollstreckungserinnerung** nach § 766 Abs. 1 ZPO zu.[128] Im Falle der Forderungspfändung ist gleichfalls der **Drittschuldner** erinnerungsbefugt.[129]

40 In analoger Anwendung des § 89 Abs. 3 Satz 1 ist **das Insolvenzgericht** und nicht das Vollstreckungsgericht zuständig.[130] Die Interessenlage ist mit § 89 vergleichbar, auch hier ist es sinnvoll, dass das sachnähere Insolvenzgericht entscheidet. Funktionell ist der Richter, nicht der Rechtspfleger zuständig. Dies folgt aus entsprechender Anwendung des § 20 Nr. 17 RPflG.[131]

41 In **Grundbuchsachen** gilt – wie bei § 89 Abs. 3[132] – die Besonderheit, dass **das Grundbuchamt für Rechtsbehelfe in der Immobiliarvollstreckung zuständig** bleibt.[133] Eine gem. § 88 unwirksame Eintragung führt zwar zur Unrichtigkeit des Grundbuchs, ermöglicht aber keinen von Amts wegen einzutragenden **Amtswiderspruch** (§§ 53 Abs. 1 Satz 1, 71 Abs. 2 GBO). Gegen die Unrichtigkeit des Grundbuchs infolge einer nach § 88 eingetretenen unwirksamen Immobiliarvollstreckung kann daher nur der **Insolvenzverwalter** vorgehen, indem er die **Löschung** des sonach zu Unrecht eingetragenen Zwangsrechts (§ 29 iVm §§ 13 Abs. 1 Satz 2, 22 GBO)[134] oder Zwangsversteigerungsvermerks (§ 34 ZVG)[135] **beantragt.** Der Insolvenzverwalter kann entweder die Bewilligung der Betroffenen vorlegen (§ 19 GBO) oder die Unrichtigkeit des Grundbuches (§ 22 GBO) nachweisen. Dabei hat er durch öffentliche Urkunde (§ 29 Abs. 1 Satz 2 GBO) nachzuweisen, dass das eingetragene Recht der Rückschlagsperre des § 88 unterliegt. Problematisch hieran ist, dass sich der Nachweis über den Zeitpunkt des Eingangs des Insolvenzantrags beim Insolvenzgericht nicht durch öffentliche Urkunde führen lässt.[136] Der Bundesgerichtshof hat festgestellt, dass das Insolvenzgericht nicht befugt ist, den Zeitpunkt der Antragstellung zu bescheinigen.[137] Die Berechnung der maßgeblichen Fristen obliege nach dem ausdrücklichen Willen des Gesetzgebers dem Prozessgericht. Der Insolvenzverwalter ist somit regelmäßig auf das Bewilligungsverfahren verwiesen.

Der Formzwang gilt jedoch nicht ausnahmslos. Er gilt nicht, wenn **offenkundig** ist, dass die Sicherungshypothek in dem letzten Monat vor **dem Eingang des Eröffnungsantrags** oder nach diesem Antrag eingetragen worden ist. Dies ist nach der Rechtsprechung des Bundesgerichtshofs jedenfalls dann der Fall, wenn sich schon aus dem Zeitpunkt der Eröffnung des Insolvenzverfahrens zwingend ergibt, dass die Sicherungshypothek unter die Rückschlagsperre fällt.[138] Offenkundig ist es aber auch, wenn sich bereits aus den **Akten des Grundbuchamtes** ergibt, dass die Sicherungshypothek unter die Rückschlagsperre fällt.[139] Nachzuweisen sind außerdem die Bestellung des Insolvenzverwalters, der Eröffnungsbeschluss in der Form des § 29 Abs. 1 Satz 2 GBO und die Massezugehörigkeit des betroffenen Grundstücks.[140] Der von der Rückschlagsperre betroffene Gläubiger ist

---

125 OLG Dresden Rpfleger 1999, 442; LG Meiningen ZIP 2000, 416, 417; *Keller* Rpfleger 1997, 45, 49; *Keller* ZIP 2000, 1324, 1330.

126 FKInsO/*Wimmer-Amend* § 88 Rn. 31; Uhlenbruck/*Mock* § 88 Rn. 55, 57, 60.

127 Uhlenbruck/*Mock* § 88 Rn. 63.

128 Uhlenbruck/*Mock* § 88 Rn. 63; FKInsO/*Wimmer-Amend* § 88 Rn. 31; Jaeger/*Eckardt* § 88 Rn. 70; KPB/*Lüke* § 88 Rn. 23; Nerlich/Römermann/*Kruth* § 88 Rn. 13.

129 Jaeger/*Eckardt* § 88 Rn. 70.

130 AG Hamburg NZI 2014, 888; *AG Duisburg* NZI 2011, 944; K. Schmidt/*Keller* § 88 Rn. 46; FKInsO *Wimmer-Arend* § 88 Rn. 33; Uhlenbruck/*Mock* § 88 Rn. 63; Nerlich/Römermann/*Kruth* § 88 Rn. 13; HambKommInsO/*Kuleisa*, § 88 Rn. 14; HKInsO/*Kayser* § 88 Rn. 46.

131 AG Hamburg NZI 2014, 888.

132 Vgl. → § 89 Rn. 62.

133 LG Dresden, ZInsO 2017, 448; K. Schmidt/*Keller* § 89 Rn. 32; Braun/*Kroth* § 89 Rn. 17; Jaeger/*Eckardt* § 89 Rn. 89; Nerlich/Römermann/*Kruth* § 89 Rn. 30; HKInsO/*Kayser* § 89 Rn. 39; aA für die Zuständigkeit des OLG gem. § 72 GBO Uhlenbruck/*Mock* § 89 Rn. 60; HambKommInsO/*Kuleisa* § 89 Rn. 20; aA für die Zuständigkeit des Insolvenzgerichts; wohl FKInsO/*Wimmer-Amend* § 89 Rn. 55; KPB/*Lüke* § 89 Rn. 36.

134 Jaeger/*Eckardt* § 88 Rn. 65; KPB/*Lüke* § 88 Rn. 19; Uhlenbruck/*Mock* § 89 Rn. 61.

135 BGH NZI 2012, 753 Rz. 15; Jaeger/*Eckardt* § 88 Rn. 65; KPB/*Lüke* § 88 Rn. 19a.

136 BGH NZI 2012, 753, 756 mit Anmerkung *Keller.*

137 BGH NZI 2012, 753 (Leitsatz).

138 BGH NZI 2012, 753, 756 mit Anmerkung *Keller*; weiter sogar noch OLG Stuttgart, NZI 2019, 220.

139 OLG Köln NZI 2015, 486 f.

140 BGH NJW 2012, 3574 Rz. 18; *Keller* ZIP 2000, 1324, 1330 f.

vor der Löschung zu hören.[141] Die vorstehenden Grundsätze gelten entsprechend bei einer durch einstweilige Verfügung erlangten zwangsweisen Vormerkung.[142]

7. Ergänzende Regelungen. In Zusammenhang mit § 88 stehen die Vorschriften über die Pfändung von Miet- und Pachtzinsforderungen (§ 110 Abs. 3 Satz 2) sowie nach einem Erbfall ausgebrachte Vollstreckungsmaßnahmen in den Nachlass (§ 321). 42

a) Pfändungen von Miet- und Pachtzinsforderungen. Eine Verfügung über Miet- und Pachtzinsforderungen ist nach § 110 Abs. 1 für die Zeit nach Verfahrenseröffnung nur wirksam, soweit sie sich auf den Miet- oder Pachtzins für den zurzeit nach Verfahrenseröffnung laufenden Kalendermonat bezieht. Ist die Eröffnung nach dem 15. Tag des Monats erfolgt, so ist die Verfügung auch für den folgenden Kalendermonat wirksam (§ 110 Abs. 2 Satz 2). Nach § 110 Abs. 2 Satz 2 stehen zwangsvollstreckungsrechtliche Vorausverfügungen rechtsgeschäftlichen Verfügungen des Schuldners gleich. § 110 enthält keine Verweisung auf § 88, weswegen fraglich ist, ob § 88 daneben uneingeschränkt gilt.[143] Dies ist zu bejahen.[144] Sinn und Zweck von § 110 ist es, eine an sich unter den Insolvenzbeschlag fallende Vorausverfügung über eine „künftige" Forderung entgegen der Anordnung des § 91 für wirksam zu erklären.[145] Der Normgehalt von § 110 Abs. 1 besteht daher gerade nicht darin, an sich wirksame Vorausverfügungen über zukünftige Miet- und Pachtzinsforderungen, die auch nicht von § 91 erfasst sind, in bestimmtem Umfange für unwirksam zu erklären.[146] Sein Regelungsgehalt lässt die Wirkungen von § 88 unberührt. Es besteht kein Grund, einen Gläubiger, der kurz vor Verfahrenseröffnung eine Mietforderung pfändet, gegenüber demjenigen Gläubiger besserzustellen, der eine andere Forderung pfändet.[147] 43

b) Zwangsvollstreckung in den Nachlass. Der Rückschlagsperre ähnlich ist die Vorschrift des § 321, wonach Maßnahmen der Zwangsvollstreckung in den Nachlass, die nach dem Eintritt des Erbfalls erfolgt sind, kein Recht zur abgesonderten Befriedigung (§§ 49, 50) gewähren. Die Vorschrift gilt sowohl für die Zwangsvollstreckung betreibende Nachlassgläubiger wie auch für Eigengläubiger des Erben.[148] Auch hier wird man von einer absoluten Unwirksamkeit der Vollstreckungsmaßnahme auszugehen haben,[149] so dass die Rechtsfolgen denjenigen des § 88 entsprechen. Von der Norm erfasst sind nur Vollstreckungsmaßnahmen, die zwischen dem Erbfall und der Eröffnung des Nachlassinsolvenzverfahrens in den Nachlass ausgebracht worden sind, nicht indes noch gegen den (verstorbenen) Schuldner veranlasste. Letztere unterliegen, soweit die zeitlichen Voraussetzungen gegeben sind, dem Anwendungsbereich des § 88. Nach der Verfahrenseröffnung gilt ohne weiteres § 89. 44

Wie § 88 erfasst § 321 nur die durch Zwangsvollstreckung erlangte Sicherung, nicht aber auch die Zwangsbefriedigung, so dass auch hier nur die Möglichkeit der Insolvenzanfechtung (§§ 129 ff.) bleibt. 45

§ 89 Vollstreckungsverbot

(1) Zwangsvollstreckungen für einzelne Insolvenzgläubiger sind während der Dauer des Insolvenzverfahrens weder in die Insolvenzmasse noch in das sonstige Vermögen des Schuldners zulässig.

(2) [1]Zwangsvollstreckungen in künftige Forderungen auf Bezüge aus einem Dienstverhältnis des Schuldners oder an deren Stelle tretende laufende Bezüge sind während der Dauer des Verfahrens auch für Gläubiger unzulässig, die keine Insolvenzgläubiger sind. [2]Dies gilt nicht für die Zwangsvollstreckung wegen eines Unterhaltsanspruchs oder einer Forderung aus einer vorsätzlichen unerlaubten Handlung in den Teil der Bezüge, der für andere Gläubiger nicht pfändbar ist.

(3) [1]Über Einwendungen, die auf Grund des Absatzes 1 oder 2 gegen die Zulässigkeit einer Zwangsvollstreckung erhoben werden, entscheidet das Insolvenzgericht. [2]Das Gericht

---

141 *Keller* ZIP 2000, 1324, 1330 ff.; *Keller* ZIP 2006, 1175, 1179 f.; *Raebel* ZInsO 2003, 1124, 1129.
142 Uhlenbruck/*Mock* § 89 Rn. 62.
143 *Rebmann* S. 189 f.
144 Uhlenbruck/*Mock* § 88 Rn. 40; K. Schmidt/*Keller* § 88 Rn. 8; Braun/*Kroth* § 110 Rn. 6; Uhlenbruck/*Wegener* § 110 Rn. 11.
145 BGHZ 170, 196, 201 = NZI 2007, 158; Uhlenbruck/*Wegener* § 110 Rn. 2.
146 So aber noch *Flöther/Bräuer* NZI 2006, 136, 141; *Bräuer* InVo 2006, 413 ff.; *Dobmeier* NZI 2006, 144, 148.
147 *Eckert* → § 110 Rn. 7.
148 *Siegmann* → § 321 Rn. 1.
149 *Siegmann* → § 321 Rn. 3 mwN.

kann vor der Entscheidung eine einstweilige Anordnung erlassen; es kann insbesondere anordnen, daß die Zwangsvollstreckung gegen oder ohne Sicherheitsleistung einstweilen einzustellen oder nur gegen Sicherheitsleistung fortzusetzen sei.

Schrifttum: *Allolio,* Das Insolvenzrecht in der Praxis des Familienrechtlers, Teil 1: Das Regelinsolvenzverfahren, FF 2000, 189; *Althammer/Löhnig,* Das Insolvenzrecht in der Rolle des Vollstreckungsgerichts, KTS 2004, 525; *App,* Erleichterte Pfändung von Arbeitseinkommen nach Steuerhinterziehungsgesetz, DStZ 1984, 280; *ders.,* Die Einschränkung bei der Vollstreckung von Steuerforderungen durch Insolvenz, DStR 1995, 1678; *ders.,* Zwangsabmeldung von Kraftfahrzeugen des Gemeinschuldners wegen rückständiger Kraftfahrzeugsteuer nach Konkurseröffnung, KTS 1990, 579; *ders.,* Die Einschränkung der Vollstreckungsbefugnis der Gemeinden und die Unwirksamkeit von Vollstreckungsmaßnahmen nach der Insolvenzordnung, KKZ 1998, 69; *ders.,* Die Rechtsbehelfsverfahren gegen Vollstreckungsmaßnahmen nach Eröffnung des Insolvenzverfahrens, NZI 1999, 138; *ders.,* Unzulässige oder noch zulässige Maßnahmen von Insolvenzgläubigern nach Eröffnung eines Insolvenzverfahrens über das Vermögen des Schuldners, DGVZ 2004, 67; *Behr,* Auswirkungen des Insolvenzverfahrens auf die Einzelvollstreckung, JurBüro 1999, 66; *Birkenhauer,* Probleme der Nichtteilnahme am und im Insolvenzverfahren (2002); *Buhlert,* Anm. zu LG Kiel, Beschluss vom 15.2.2007 – 4 T 12/07, DZWiR 2007, 173; *Canaris,* Die Auswirkungen eines im Ausland angebrachten Arrests im inländischen Konkurs und Vergleich, ZIP 1983, 647; *Dorndörfer,* Wirkungen der Eröffnung des Insolvenzverfahrens, DGVZ 1999, 51; *Eickmann,* Problematische Wechselbeziehungen zwischen Immobiliarvollstreckung und Insolvenz, ZfIR 1999, 81; *Els* NZV 2018, 122 „14 Tage lebenslänglich" – Zur Dauerproblematik der Zulässigkeit der Anordnung von Erzwingungshaft im (Verbraucher-) Insolvenzverfahren; *Fortmann,* Vollstreckung von Geldstrafen im Insolvenzverfahren und im Restschuldbefreiungsverfahren, ZInsO 2005, 140; *Fuchs/Beyer,* Untersagung und einstweilige Einstellung der Zwangsvollstreckung während der Dauer des gerichtlichen Schuldenbereinigungsverfahrens, ZInsO 2000, 429; *Gerhardt,* Probleme der Mobiliar- und Immobiliarvollstreckung nach der InsO, RWS-Forum Insolvenzrecht 1998 (1999), S. 217; *ders.,* Verfügungsbeschränkungen in der Eröffnungsphase und nach Verfahrenseröffnung, in: Kölner Schrift zur InsO (2000), S. 193; *ders.,* Zum maßgeblichen Zeitpunkt bei mehraktigem Rechtserwerb, FS Günter Greiner (2005), S. 31; *Helwich,* Das Zusammentreffen von Lohnpfändung und Verbraucherinsolvenz, NZI 2000, 460; *Henckel,* Wert und Unwert juristischer Konstruktion im Konkursrecht, in: FS Weber (1975), S. 237; *Hintzen,* Zwangsvollstreckung in den Grundbesitz im Insolvenzeröffnungsverfahren, ZInsO 1998, 318; *ders.,* Insolvenz und Immobiliarvollstreckung, Rpfleger 1999, 256; *ders.,* Vollstreckung und Insolvenz, in: Kölner Schrift zur InsO (2000), S. 1107; *Keller,* Der Unterhaltsanspruch als Insolvenzforderung und die Stellung des Unterhaltsgläubigers im Insolvenzverfahren, NZI 2007, 143; *Kohte,* Die Behandlung von Unterhaltsansprüchen nach der Insolvenzordnung, in: Kölner Schrift zur InsO (2000), S. 781; *Kohte/Busch,* Kontenpfändungsschutz in der Insolvenz, ZVI 2006, 142; *Kuleisa,* Zwangsvollstreckung in der Insolvenz, ZVI 2014, 121; *Landfermann,* Allgemeine Wirkungen der Insolvenzeröffnung, in: Kölner Schrift zur InsO (2000), S. 127; *Lissner,* Insolvenz und Vollstreckung – eine Kurzbetrachtung, DGVZ 2015, 157; *Pape,* Vollstreckung von Geldstrafen und Ersatzfreiheitsstrafen während des Insolvenzverfahrens, InVo 2006, 454; *Pech,* Die Einbeziehung des Neuerwerbs in die Insolvenzmasse (1999); *Petershagen,* Erzwingungshaft und Ersatzfreiheitsstrafe trotz Zwangsvollstreckungsverbot im Insolvenzverfahren, ZInsO 2007, 703; *Rönner/Tachau,* Der Geldstrafenschuldner in der Insolvenz – zwischen Skylla und Charybdis?, NZI 2007, 208; *Roleder,* Unterhaltsansprüche in der Insolvenz (2004); *Smid,* Individualzwangsvollstreckung und Insolvenz, JZ 1995, 1150; *ders.,* Zwangsvollstreckung und Passivprozess durch Sicherungsnehmer als Gläubiger und Kläger in der Insolvenz des Sicherungsgebers, ZInsO 2001, 433; *Steder,* Einzelzwangsvollstreckung im Konkurs, ZIP 1996, 1072; *dies* Unterhaltsansprüche in der Insolvenz, DAVorm 1998, 868; *dies.* Behandlung des Arbeitseinkommens und sonstiger laufender Bezüge im eröffneten Insolvenzverfahren, ZIP 1999, 1874; *dies.* Auswirkungen des Vollstreckungsverbots gemäß § 21 Abs. 2 Nr. 3 InsO, ZIP 2002, 65; *Stober,* Insolvenzverfahren und Vollstreckungs-Zwangsversteigerung, NZI 1998, 105; *Uhlenbruck,* Das Verbot der Einzelzwangsvollstreckung im Insolvenzverfahren, InVo 1996, 89; *ders.,* Familienrechtliche Aspekte der Insolvenzordnung, KTS 1999, 413; *Vallender,* Einzelzwangsvollstreckung im neuen Insolvenzrecht, ZIP 1997, 1993; *ders.,* Immobiliarvollstreckung und neues Insolvenzrecht, Rpfleger 1997, 353; *Viertelhausen,* Einzelzwangsvollstreckung während des Insolvenzverfahrens (1999); *ders.,* Vorpfändungen und Zustellungen im Insolvenzverfahren, KTS 1999, 433; *ders.,* Heilung von Vollstreckungsmängeln im Insolvenzverfahren, InVo 2000, 221; *ders.,* Anwendbarkeit des § 878 BGB auf die Immobiliarvollstreckung im Insolvenzverfahren, InVo 2000, 330; *ders.,* Eidesstattliche Versicherung im Insolvenzverfahren?, DGVZ 2001, 36; *Wolf,* Allgemeine Wirkungen der Insolvenzeröffnung, in: Leipold (Hrsg.), Insolvenzrecht im Umbruch (1990), S. 113.

Übersicht

I. Regelungsinhalt

1. Abs. 1. Abs. 1 der Vorschrift normiert ein **allgemeines Vollstreckungsverbot** für die **Insolvenzgläubiger** (§ 38), auch für die **nachrangigen Insolvenzgläubiger** (§ 39).[1] 1

Wesentlicher Normzweck der Vorschrift ist die **Sicherung** der **par conditio creditorum.** Das Ziel des Insolvenzverfahrens der gemeinschaftlichen und gleichmäßigen Befriedigung der Insolvenzgläubiger könnte nicht erreicht werden, wenn einzelnen Insolvenzgläubigern während des Verfahrens, über ihren Anspruch auf die Quote hinaus (§§ 187 ff.), ein Vollstreckungszugriff auf das Vermögen des Schuldners erlaubt wäre.[2] Die Vorschrift verleiht damit dem Grundsatz Ausdruck, dass das **Insolvenzverfahren als Gesamtvollstreckungsverfahren die Zwangsvollstreckung verdrängt.**[3] Insoweit ergänzt Abs. 1 auch § 87. Da danach Insolvenzgläubiger ihre Forderungen nur nach den Vorschriften über das Insolvenzverfahren verfolgen können, sollen sie grundsätzlich auch an einer Einzelzwangsvollstreckung von vor Verfahrenseröffnung gegen den Schuldner erstrittenen Titeln gehindert sein, dh auch diese Forderungen sind ausschließlich zur Insolvenztabelle anzumelden (§§ 174, 179 Abs. 2). Das Verbot umfasst das **gesamte Schuldnervermögen,** also nicht nur die vorhandenen Gegenstände der Insolvenzmasse, sondern auch das sonstige (freie) Vermögen des Schuldners.[4] Der **Begriff der Zwangsvollstreckung ist** umfassend zu verstehen und erstreckt sich daher auch auf den Vollzug von Arresten (§§ 916 ff. ZPO) und einstweiligen Verfügungen (§§ 935 ff. ZPO).[5] **Zeitlich** beschränkt sich der Anwendungsbereich auf Vollstreckungen im eröffneten Insolvenzverfahren; vorhergehende Vollstreckungsmaßnahmen unterliegen ggf. dem Anwendungsbereich des § 88 oder fallen bei einer entsprechenden gerichtlichen Anordnung unter § 21 Abs. 2 Nr. 3.

Sachlich **ergänzt** Abs. 1 die Anordnung des § 240 ZPO, der eine Unterbrechung von anhängigen Rechtsstreiten (zunächst) statuiert (vgl. §§ 85 f.). Andererseits wird die Norm **modifiziert** in Fällen des Verbraucherinsolvenzverfahrens (§ 306 Abs. 2) und der Restschuldbefreiung (§ 294

1 Begr. § 100 RegE, BT-Drs. 12/2443 S. 137.
2 Begr. RegE BT-Drs. 12/2443 S. 137; Jaeger/*Eckardt* § 89 Rn. 4; KPB/*Lüke* § 89 Rn. 2; Uhlenbruck/*Mock* § 89 Rn. 1.
3 Begr. § 100 RegE, BT-Drs. 12/2443 S. 137.
4 OLG Frankfurt a.M. NZI 2019, 219; Braun/*Kroth* § 89 Rn. 11; Uhlenbruck/*Mock* § 89 Rn. 1, 5 ff.
5 Begr. § 100 RegE, BT-Drs. 12/2443 S. 137; siehe auch KPB/*Lüke* § 89 Rn. 10 mwN.

Abs. 1).[6] Die Vollstreckung für **Massegläubiger** ist bis auf die Beschränkungen in §§ 90, 123 Abs. 3 Satz 2, 210 uneingeschränkt zulässig.

2 § 89 ist eine Regelung iSd Art. 7 Abs. 2 Satz 2 lit. f) EuInsVO.[7] Danach regelt das Recht des Eröffnungsstaates, wie sich die Verfahrenseröffnung auf Rechtsverfolgungsmaßnahmen einzelner Gläubiger auswirkt, womit auch § 89 von der EuInsVO erfasst ist.

3 **2. Abs. 2.** Abs. 2 weitet das Vollstreckungsverbot für **künftige Bezüge** aus einem Dienstverhältnis des Schuldners oder **an deren Stelle tretende laufende Bezüge** auch auf solche Gläubiger aus, die **keine Insolvenzgläubiger** sind (Abs. 2 Satz 1).[8] Die Vorschrift ist im Zusammenhang mit der Regelung des § 81 Abs. 1, 2 zu sehen, wonach zur Sicherung der Rechte der Gläubiger auf Befriedigung aus dem laufenden Arbeitseinkommen des Schuldners für den Fall der Restschuldbefreiung oder eines Insolvenzplans Verfügungen des Schuldners über diese Einkünfte grundsätzlich unwirksam sind.[9] Hierdurch soll u.a. sichergestellt werden, dass die **künftigen Dienstbezüge des Schuldners** im Falle eines sich anschließenden Restschuldbefreiungsverfahrens den Insolvenzgläubigern zur Verfügung stehen[10] (Abs. 2 Satz 1). Vom Anwendungsbereich der Norm ausgenommen ist hingegen aus Gründen ihrer besonderen Schutzwürdigkeit die Zwangsvollstreckung wegen Unterhalts- oder deliktischen Ansprüchen, für die nach §§ 850d, 850f Abs. 2 ZPO eine erweiterte Pfändungsmöglichkeit besteht (Abs. 2 Satz 2). In den für diese Gläubiger bereits in der Einzelzwangsvollstreckung bestehenden erweitert pfändbaren Teil der Bezüge kann daher als Ausnahme von Abs. 2 Satz 1 die Zwangsvollstreckung auch in einem eröffneten Insolvenzverfahren erfolgen.

4 **3. Abs. 3.** Abs. 3 bestimmt, dass abweichend von § 766 ZPO (Zuständigkeit des Vollstreckungsgerichts) über die Zulässigkeit von Vollstreckungsmaßnahmen und einstweiligen Anordnungen die **Vollstreckungserinnerung** nicht beim Vollstreckungsgericht, sondern beim **Insolvenzgericht** einzulegen ist. Die **Zuständigkeit des Insolvenzgerichts** ergibt sich aus dem Bedürfnis nach einer **sachnäheren** Entscheidung, da das Insolvenzgericht die Voraussetzungen für das Vollstreckungsverbot, etwa die Eigenschaft des vollstreckenden Gläubigers als Insolvenzgläubiger, besser beurteilen kann.[11] Dieses kann nach Abs. 3 Satz 2 auch einstweilige Anordnungen treffen (§ 766 Abs. 1 Satz 2 iVm § 732 Abs. 2 ZPO).

II. Vollstreckungsverbot (Abs. 1)

5 **1. Betroffene Gläubiger. a) Insolvenzgläubiger.** Das Vollstreckungsverbot des Abs. 1 erfasst seinem ausdrücklichen Wortlaut nach nur die **Insolvenzgläubiger** (§ 38).[12] Dies sind solche, die zum Zeitpunkt der Eröffnung des Insolvenzverfahrens einen obligatorischen Anspruch gegen den Schuldner auf Befriedigung aus seinem Vermögen oder seinen geldwerten Rechten haben.[13] Da der Schuldner den Gläubigern persönlich haften muss, scheiden Inhaber (ausschließlich) dinglicher Ansprüche als Insolvenzgläubiger iS des § 38 aus. So können **die aussonderungsberechtigten** Gläubiger (§ 47) die Herausgabevollstreckung betreiben.[14] Die **absonderungsberechtigten Gläubiger** werden in Bezug auf ihre persönlichen Forderungen vom Vollstreckungsverbot des Abs. 1 erfasst, nicht hingegen hinsichtlich der Verwertung ihrer dinglichen Sicherheit; hier unterliegen sie den Beschränkungen der §§ 166 ff., §§ 30d ff. InsO, 153 ff. ZVG.

6 Dem Vollstreckungsverbot des Abs. 1 unterliegen auch die **nachrangigen Insolvenzgläubiger** (§ 39),[15] auch wenn sie am Verfahren mangels entsprechender Aufforderung (§ 174 Abs. 3) nicht teilnehmen.[16]

---

[6] Uhlenbruck/*Mock* § 89 Rn. 3; Jaeger/*Eckardt* § 89 Rn. 1; Uhlenbruck/*Sternal* § 306 Rn. 41.

[7] MüKoBGB/*Kindler* EuInsVO 2000 Art. 4 Rn. 32; Paulus NZI 2001, 505, 511; Uhlenbruck/*Lüer* EuInsVO 2000 Art. 4 Rn. 48; K. Schmidt/*Brinkmann* EuInsVO 2000 Art. 4 Rn. 30, aA ist eine Regelung iSd Art. 7 Abs. 2 S. 2 lit. m) EuInsVO: *Stehle* DZWiR 2008, 53, 55; Mankowski/Müller/Schmidt/*Müller* EuInsVO 2017 Art. 7 Rn. 44.

[8] Vgl. *Hellwich* ZVI 2007, 460.

[9] Uhlenbruck/*Mock* § 89 Rn. 42; Jaeger/*Eckardt* § 89 Rn. 2.

[10] Begr. § 100 RegE, BT-Drs. 12/2443 S. 137.

[11] Begr. § 100 RegE, BT-Drs. 12/2443 S. 138, 139; Jaeger/*Eckardt* § 89 Rn. 9; KPB/*Lüke* § 89 Rn. 3; Nerlich/Römermann/*Kruth* § 89 Rn. 2.

[12] Braun/*Kroth* § 89 Rn. 5; FKInsO/*Wimmer-Amend* § 89 Rn. 7; HKInsO/*Kayser* § 89 Rn. 7; Jaeger/*Eckardt* § 89 Rn. 10; KPB/*Lüke* § 89 Rn. 4.

[13] OLG Celle OLGZ 69, 368, 369.

[14] LG Traunstein NZI 2000, 438, 439, Vorinstanz AG Rosenheim ZInsO 2000, 291.

[15] Begr. § 100 RegE, BT-Drs. 12/2443 S. 137.

[16] Jaeger/*Eckardt* § 89 Rn. 12; Nerlich/Römermann/*Kruth* § 89 Rn. 18; *Smid*/*Smid* § 89 Rn. 3.

Gläubiger **öffentlich-rechtlicher Forderungen,** die im Wege der Verwaltungsvollstreckung durchgesetzt werden, sind ebenfalls vom Verbot des Abs. 1 erfasst (vgl. § 5 VwVG, § 251 Abs. 3 AO), soweit es sich um Insolvenzforderungen handelt.[17] 7

Auch **ausländische Gläubiger** unterliegen bei Vollstreckungsmaßnahmen in das inländische Vermögen dem Vollstreckungsverbot aus § 89.[18] (Für Vollstreckungsmaßnahmen in im Ausland belegenes Vermögen siehe → Rn. 24) 8

Auf die **tatsächliche Teilnahme** der Insolvenzgläubiger oder einen **Verzicht** auf die Beteiligung am Insolvenzverfahren kommt es für das Vollstreckungsverbot des Abs. 1 nicht an.[19] 9

b) Nicht: Massegläubiger. Vom Anwendungsbereich des Abs. 1 ausgenommen sind die **Massegläubiger,** die aufgrund einer Forderung, die entweder vor Verfahrenseröffnung (§ 55 Abs. 2, Abs. 4) oder danach (§ 55 Abs. 1) entstanden ist, vollstrecken, da diese „vorweg" aus der Masse zu befriedigen sind (§ 53). Diese unterliegen allenfalls den Vollstreckungsbeschränkungen der §§ 90, 123 Abs. 3 Satz 2 und ggf. des § 210.[20] 10

c) Nicht: Neugläubiger. Gläubiger, die erst **nach der Verfahrenseröffnung** einen Vermögensanspruch gegen den Schuldner (nicht: gegenüber der Masse) erlangt haben, sind keine Insolvenzgläubiger, sondern sog. **„Neugläubiger".**[21] Neugläubiger unterfallen nicht den Regelungen des § 89 Abs. 1.[22] Grundsätzlich sind sie nicht an dem Betreiben der Zwangsvollstreckung gegen den Schuldner gehindert. Gleichwohl wird auch diesen die Haftungsgrundlage zugunsten der persönlichen Gläubiger entzogen, denen zum Zeitpunkt der Verfahrenseröffnung bereits ein vermögensrechtlicher Anspruch gegen den Schuldner zustand, d. h auch die Neugläubiger haben zwar rechtlich, aber faktisch keine Vollstreckungsmöglichkeit. Dies folgt zwar nicht unmittelbar aus § 89 Abs. 1, sondern vielmehr aus den Massezuordnungsregeln der §§ 35, 38, 49 bis 51, 53 und 91, weil die vorhandene (und neu erwirtschaftete) Insolvenzmasse für die Befriedigung der Insolvenzgläubiger und der klassischen Massegläubiger „reserviert" ist.[23] Die Zwangsvollstreckung kann hier nur in das **insolvenzfreie** und (soweit überhaupt) pfändbare Vermögen des Schuldners erfolgen.[24] Da aber auch der Neuerwerb zur Masse zählt (§ 35),[25] wird idR kaum insolvenzfreies Vermögen vorhanden sein, in welches der Neugläubiger erfolgreich wird vollstrecken können. In Betracht kommen hier in der Hauptsache nur noch die vom Insolvenzverwalter aus der Insolvenzmasse freigegebenen Gegenstände sowie die Differenz zwischen dem nach § 850c ZPO und dem nach §§ 850d, 850f Abs. 2 ZPO pfändbaren Teil der Bezüge des Schuldners, soweit der Neugläubiger Unterhaltsansprüche oder deliktische Forderungen geltend macht.[26] Für die Gläubiger bestimmter künftiger Ansprüche enthält Abs. 2 allerdings eine Sonderregelung (→ Rn. 44 ff.) 11

d) Nicht: Aussonderungsberechtigte. Nicht von Abs. 1 erfasst werden die **aussonderungsberechtigten Gläubiger** (§ 47), die die Zwangsvollstreckung aufgrund ihres **dinglichen Rechts** betreiben. Diese sind keine Insolvenzgläubiger und unterliegen daher auch nicht dem Vollstreckungsverbot des § 89.[27] So kann ein noch vor Verfahrenseröffnung gegen den Schuldner selbst erwirkter Titel, so etwa die zwangsweise Räumung einer vom Schuldner angemieteten Wohnung,[28] nach dessen Umschreibung analog § 767 ZPO auf den Insolvenzverwalter in die Insolvenzmasse vollstreckt werden (§§ 883 ff. ZPO).[29] Entsprechendes gilt für von gegen den Insolvenzverwalter selbst erstrittenen Herausgabetiteln.[30] Zu beachten ist indes, dass das Herausgabebegehren uU insolvenzrechtlichen Beschränkungen unterliegen kann, so etwa, wenn das Aussonderungsrecht auf einem einfachen Eigentumsvorbehalt beruht. Für diesen Fall sieht § 107 Abs. 2 eine Erklärungsfrist des Insolvenzverwalters zur Ausübung seines Wahlrechts vor. Bis zum Ablauf dieser Frist besteht ein materiell- 12

---

17 Jaeger/*Eckardt* § 89 Rn. 13; → Rn. 31 zur Zulässigkeit von Erzwingungs- bzw. Beugehaft nach § 96 OWiG.

18 FKInsO/*Wimmer-Amend* § 89 Rn. 18; Jaeger/*Eckardt* § 89 Rn. 14.

19 Jaeger/*Eckardt* § 89 Rn. 11; KPB/*Lüke* § 89 Rn. 4.

20 Jaeger/*Eckardt* § 89 Rn. 16.

21 BGH NJW-RR 2008, 294, 295 = NZI 2008, 50, 51; Uhlenbruck/*Mock* § 89 Rn. 12; Gottwald/*Eckardt* § 33 Rn. 52.

22 HKInsO/*Kayser* § 89 Rn. 14; so aber FKInsO/*Wimmer-Amend* § 89 Rn. 11.

23 HKInsO/*Kayser* § 89 Rn. 14; Jaeger/*Eckardt* § 89 Rn. 25; *Häsemeyer* Rn. 10.05.

24 AG Crailshaim DGVZ 2017, 77 f; *Hess* InsO § 89 Rn. 12, HKInsO/*Kayser* § 89 Rn. 14; Jaeger/*Eckardt* § 89 Rn. 25; Nerlich/Römermann/*Kruth* § 89 Rn. 20.

25 HKInsO/*Kayser* § 89 Rn. 14.

26 HKInsO/*Kayser* § 89 Rn. 14; Jaeger/*Eckardt* § 89 Rn. 25; Nerlich/Römermann/*Kruth* § 89 Rn. 20.

27 Braun/*Kroth* § 89 Rn. 8; HKInsO/*Kayser* § 89 Rn. 7; Jaeger/*Eckardt* § 89 Rn. 17; KPB/*Lüke* § 89 Rn. 5; Nerlich/Römermann/*Kruth* § 89 Rn. 19; Uhlenbruck/*Mock* § 89 Rn. 14.

28 OLG Saarbrücken InVo 2005, 66, 67; LG Hannover DGVZ 1990, 170 (zur KO); Jaeger/*Eckardt* § 89 Rn. 17.

29 HKInsO/*Kayser* § 89 Rn. 12; Jaeger/*Eckardt* § 89 Rn. 17.

30 *Häsemeyer* Rn. 11.28; Jaeger/*Eckardt* § 89 Rn. 17.

rechtlicher Herausgabeanspruch des Eigentumsvorbehaltsverkäufers nicht, so dass einer Vollstreckung mit der Vollstreckungsgegenklage (§ 767 ZPO) begegnet werden kann.[31]

13 **e) Nicht: Absonderungsberechtigte hinsichtlich ihrer dinglichen Rechte.** Soweit **Absonderungsberechtigte** (§§ 49 ff.) ihr Recht aufgrund eines zu ihren Gunsten bestehenden **dinglichen Rechts** verfolgen (nicht: wegen ihrer persönlichen Forderung gegen den Schuldner), unterliegen sie grundsätzlich nicht dem Vollstreckungsverbot des Abs. 1. Im Einzelnen ist jedoch zu differenzieren:

14 **aa) Verwertungsrecht des Insolvenzverwalters.** Beschränkungen der Vollstreckungsbefugnis ergeben sich für die Absonderungsberechtigten einmal bei der **Verwertung beweglicher Gegenstände** (§§ 166 ff.).[32] Hier besteht ein gesetzliches Verwertungsrecht des Insolvenzverwalters, sofern er die Gegenstände in Besitz hat (§ 166 Abs. 1).[33] Dem Absonderungsberechtigten steht in diesem Falle kein materiell-rechtlicher Herausgabeanspruch mehr zu, der im Wege der Zwangsvollstreckung durchgesetzt werden könnte, so dass dieser im Wege der Vollstreckungsgegenklage begegnet werden kann (§ 767 ZPO).[34]

15 Bei **Immobilien** besteht eine konkurrierende Zwangsverwertungsbefugnis des Insolvenzverwalters (§ 165).[35] Eine Beschränkung der Vollstreckungsbefugnis des Absonderungsberechtigten kann sich hier durch die Möglichkeit der einstweiligen Einstellung des Zwangsversteigerungs- und Zwangsverwaltungsverfahrens nach den §§ 30d, 30e, 153b ZVG ergeben.[36]

16 **bb) Verwertungsrecht des Absonderungsberechtigten.** Soweit der Absonderungsberechtigte zur Verwertung befugt ist (§§ 49, 173), kann er zu diesem Zweck auch während des Insolvenzverfahrens die Zwangsvollstreckung in den absonderungsbefangenen Gegenstand betreiben.[37] Bei **Mobilien** wird dies indes regelmäßig nicht erforderlich sein, weil der Absonderungsberechtigte das Sicherungsgut ohnehin schon in Besitz haben wird (§ 173), andernfalls das Verwertungsrecht des Insolvenzverwalters greift (§ 166 Abs. 1). Eine Befriedigung im Wege der Zwangsvollstreckung kommt daher primär bei **Immobilien** in Betracht. Der Absonderungsberechtigte kann daher aus den Absonderungsobjekten, etwa als Grundpfandgläubiger kraft der Hypothek, Grund- oder Rentenschuld an dem Grundstück, eine Befriedigung im Wege der Zwangsvollstreckung betreiben.[38] Wegen des vollstreckbaren Anspruchs kann der Absonderungsberechtigte nur auf die pfandbelasteten Objekte (auch auf den Haftungsverband (§ 1120 BGB[39])) zugreifen, da er nur insoweit auch absonderungsberechtigt ist. Ist er – wie regelmäßig – gleichzeitig Insolvenzgläubiger (§ 38), unterliegt er mit seiner persönlichen Forderung und damit zugleich in Höhe eines etwaigen Ausfalls dem Vollstreckungsverbot des Abs. 1.[40]

17 Ein vormals gegen den Schuldner erwirkter **Herausgabetitel** ist analog § 727 ZPO gegen den **Insolvenzverwalter umzuschreiben.**[41] Richtet sich der Herausgabeanspruch unmittelbar gegen den Verwalter, muss er gegen diesen einen Titel erwirken und ihm diesen zustellen (§ 750 ZPO).[42]

Ein gegen den Schuldner zur Zeit der Insolvenzeröffnung anhängiges Vollstreckungsverfahren wegen eines zur Selbstverwertung berechtigenden Absonderungsrechts wird durch die Verfahrenseröffnung nicht nach § 240 ZPO unterbrochen[43] und kann daher vom Absonderungsberechtigten trotz Verfahrenseröffnung fortgesetzt werden.[44]

---

31 Zutreffend Jaeger/*Eckardt* § 89 Rn. 17; aA Braun/*Kroth* § 89 Rn. 8, wonach bis zum Ablauf der Erklärungsfrist ein zeitlich befristetes Vollstreckungsverbot besteht.

32 Braun/*Kroth* § 89 Rn. 9; Jaeger/*Eckardt* § 89 Rn. 19; Nerlich/Römermann/*Kruth* § 89 Rn. 19; Uhlenbruck/*Mock* § 89 Rn. 14; KPB/*Flöther* § 166 Rn. 12 ff.

33 KPB/*Flöther* § 166 Rn. 6.

34 Insoweit zutreffend *Smid* ZInsO 2001, 433, 434 f.; aA Jaeger/*Eckardt* § 89 Rn. 19 („spezifisches insolvenzverfahrensrechtliches Vollstreckungsverbot"); wohl auch Gottwald/Eckardt § 33 Rn. 97; ohne nähere Begründung für eine Unzulässigkeit der Zwangsvollstreckung Nerlich/Römermann/*Kruth* § 89 Rn. 19; Nerlich/Römermann/*Becker* § 166 Rn. 57; Uhlenbruck/*Mock* § 89 Rn. 14 wie auch *Smid* ZInsO 2001, 433, 433 f.

35 KPB/*Flöther* § 165 Rn. 2.

36 KPB/*Flöther* § 165 Rn. 56; Braun/*Kroth* § 89 Rn. 9; Jaeger/*Eckardt* § 89 Rn. 20; Nerlich/Römermann/*Kruth* § 89 Rn. 19; Uhlenbruck/*Mock* § 89 Rn. 14.

37 LG Traunstein NZI 2000, 438, 438; Braun/*Kroth* § 89 Rn. 2; Jaeger/*Eckardt* § 89 Rn. 21; KPB/*Lüke* § 89 Rn. 5; Nerlich/Römermann/*Kruth* § 89 Rn. 19; Uhlenbruck/*Mock* § 89 Rn. 14; KPB/*Flöther* § 173 Rn. 6.

38 KPB/*Flöther* § 173 Rn. 7; Braun/*Kroth* § 89 Rn. 9; Jaeger/*Eckardt* § 89 Rn. 21; Uhlenbruck/*Mock* § 89 Rn. 15.

39 Vgl. hierzu eingehend Jaeger/*Eckardt* § 89 Rn. 23.

40 So zutreffend Jaeger/*Eckardt* § 89 Rn. 22; siehe auch Nerlich/Römermann/*Kruth* § 89 Rn. 19.

41 HKInsO/*Kayser* § 89 Rn. 12.

42 OLG Hamm OLGZ 1965, 298, 299 f.

43 BGH NJW 2008, 918.

44 Jaeger/*Eckardt* § 89 Rn. 22.

f) Gläubiger nicht vermögensrechtlicher Ansprüche. Nicht vermögensrechtliche Ansprüche richten sich unmittelbar gegen den Schuldner persönlich und bleiben daher vom **Vollstreckungsverbot** des Abs. 1 **unberührt.** Hierzu zählen etwa die Ansprüche auf Vornahme einer unvertretbaren Handlung (§§ 888 ff. ZPO),[45] so zB gerichtet auf Duldung oder Unterlassung, nicht akzessorische Auskunftserteilung,[46] und Rechnungslegung.[47] Die **Vermögensauskunft des Schuldners gem. § 802c ZPO** ist als vorbereitende Maßnahme einer Zwangsvollstreckung auch dem Vollstreckungsverbot unterworfen.[48] 18

2. Betroffenes Vermögen. a) Gesamtes Vermögen. Vom Anwendungsbereich des Abs. 1 erfasst wird das gesamte in- und ausländische Vermögen des Schuldners in Gestalt der vorhandenen und künftigen Insolvenzmasse (§ 35) wie auch des sonstigen insolvenzfreien Vermögens. 19

b) Insolvenzmasse. Nach der Legaldefinition des § 35 Abs. 1 besteht die Insolvenzmasse zum einen aus dem gesamten Vermögen, das dem Schuldner **zur Zeit der Eröffnung des Verfahrens** gehört, und zum anderen auch aus dem Vermögen, das der Schuldner **während des Verfahrens** erlangt (sog. Neuerwerb).[49] Diejenigen Gegenstände, die der Insolvenzverwalter mit den Mitteln der Insolvenzmasse erwirbt, werden nicht vom Neuerwerb erfasst, sondern zählen bereits kraft **Surrogation** zur Insolvenzmasse.[50] 20

Künftiges Vermögen, so insbesondere erst nach Abschluss des Verfahrens entstehende Anspruchspositionen, wird, soweit es überhaupt der Pfändung unterworfen ist,[51] abgesehen von der Regelung in Abs. 2 Satz 1 nicht geschützt.[52] Ebenso vom Anwendungsbereich des Abs. 1 nicht erfasst sind Vollstreckungen in **schuldnerfremdes Vermögen,** was sich im Gewahrsam des Schuldners bzw. des Insolvenzverwalters befindet und sich die Vollstreckung gegen den Dritten richtet.[53] Hiergegen kann sich der Verwalter nur mit außerhalb der Insolvenzordnung zur Verfügung stehenden Mitteln wehren (§§ 809, 739, 766 Abs. 1 ZPO).[54] 21

c) Sonstiges Vermögen. Unter dem sonstigen Vermögen ist das **insolvenzfreie Vermögen** des Schuldners zu verstehen.[55] Durch die Ausdehnung der Insolvenzmasse auch auf den Neuerwerb hat das Vollstreckungsverbot hinsichtlich des insolvenzfreien Vermögens kaum noch praktische Bedeutung.[56] Zum insolvenzfreien Vermögen zählen danach die in § 36 Abs. 1, 3 genannten Gegenstände, die hingegen schon regelmäßig der Unpfändbarkeit nach §§ 811, 815 ff. ZPO unterliegen werden.[57] Eine Vollstreckung in den pfändbaren Teil des Arbeitseinkommens ist nur im Rahmen des Abs. 2 Satz 2 möglich. Ebenfalls zum insolvenzfreien Vermögen gehören die Gegenstände, die der Insolvenzverwalter freigegeben hat. Auch in diese darf während der Dauer des Insolvenzverfahrens nicht vollstreckt werden, ungeachtet dessen, dass sie aufgrund ihrer wirtschaftlichen Wertlosigkeit, und deswegen gerade vom Verwalter freigegeben, ohnehin nicht ein taugliches Vollstreckungssubstrat bilden.[58] 22

d) Sonderinsolvenzen. Bei Sonderinsolvenzen gilt das Vollstreckungsverbot des Abs. 1 grundsätzlich nur für das **Sondervermögen.**[59] Sie sind dadurch gekennzeichnet, dass eine **begrenzte Vermögensmasse** kraft Gesetzes **bestimmten persönlichen Gläubigern** allein oder im Voraus haftet.[60] Gesetzlich anerkannt ist das Sonderinsolvenzverfahren beim Nachlass, über das Gesamtgut 23

---

45 Gottwald/*Eckardt* § 33 Rn. 107; Jaeger/*Eckardt* § 89 Rn. 26; KPB/*Lüke* § 89 Rn. 5; Nerlich/Römermann/*Kruth* § 89 Rn. 16.

46 *Hess* InsO § 89 Rn. 20; Jaeger/*Eckardt* § 89 Rn. 26; vgl. schon zur KO: OLG Stuttgart ZIP 1995, 45, 45 f.; *Kilger/K. Schmidt* § 14 Anm. 1a.

47 Jaeger/*Eckardt* § 89 Rn. 26; aA Nerlich/Römermann/*Kruth* § 89 Rn. 11a.

48 BGH NZI 2012, 560; HKInsO/*Kayser* § 88 Rn. 25; Nerlich/Römermann/*Kruth* § 89 Rn. 11a; FKInsO/*Wimmer-Amend* § 89 Rn. 26.

49 Ausführlich hierzu *Hess/Weis* InVo 1998, 273 ff.

50 BGHZ 27, 360, 366 = NJUW 1958, 1286, 1287.

51 Vgl. BGH NJW 2004, 369, 370 = ZVI 2003, 646f mwN dazu.

52 Braun/*Kroth* § 89 Rn. 12; Jaeger/*Eckardt* § 89 Rn. 28.

53 FKInsO/*Wimmer-Amend* § 89 Rn. 15; Jaeger/*Eckardt* § 89 Rn. 28; anders hingegen, wenn aus einem gegen den Schuldner gerichteten Titel vollstreckt wird, siehe hierzu Jaeger/*Eckardt*, aaO.

54 Jaeger/*Eckardt* § 89 Rn. 28.

55 LG Frankfurt NZI 2017, 571 Rn. 30; Jaeger/*Eckardt* § 89 Rn. 29; KPB/*Lüke* § 89 Rn. 14; Uhlenbruck/*Mock* § 89 Rn. 5.

56 Jaeger/*Eckardt* § 89 Rn. 29; KPB/*Lüke* § 89 Rn. 14; Uhlenbruck/*Mock* § 89 Rn. 5.

57 Jaeger/*Eckardt* § 89 Rn. 29; KPB/*Lüke* § 89 Rn. 14; Uhlenbruck/*Mock* § 89 Rn. 5.

58 Jaeger/*Eckardt* § 89 Rn. 29.

59 Uhlenbruck/*Mock* § 89 Rn. 7.

60 Uhlenbruck/*Mock* § 89 Rn. 7.

einer fortgesetzten Gütergemeinschaft sowie über das gemeinschaftlich verwaltete Gesamtgut einer Gütergemeinschaft (§ 11 Abs. 1 Nr. 2), aber auch bei Gesamthandsgesellschaften des Bürgerlichen Rechts und des Handelsrechts, wie etwa der Außen-GbR, der oHG, der KG, der PartG und der EWIV (§ 11 Abs. 2 Nr. 1).[61] In der Nachlassinsolvenz (§§ 315 ff.) gilt das Vollstreckungsverbot nur hinsichtlich der Nachlassgegenstände,[62] in der Insolvenz über das Gesamtgut einer fortgesetzten Gütergemeinschaft (§ 332) oder über das gemeinschaftlich verwaltete Gesamtgut einer Gütergemeinschaft (§ 333) nur für das Gesamtgut.[63] In der Insolvenz der Gesamthandsgemeinschaften des Bürgerlichen Rechts und des Handelsrechts betrifft das Vollstreckungsverbot nur das vom Insolvenzbeschlag erfasste Gesellschaftsvermögen[64] und nicht etwa als „sonstiges Vermögen" iSd Abs. 1 auch das Privatvermögen der Gesellschafter, auch wenn sie hiermit für die Verbindlichkeiten der Gesellschaft persönlich haften (§§ 128 analog, 161 Abs. 2 HGB[65]). Wird danach das persönliche Vermögen der Gesellschafter vom Vollstreckungsverbot des § 89 Abs. 1 nicht umfasst, so ist jedoch zu beachten, dass nach § 93 die persönliche Haftung der Gesellschafter in die Verfahrensabwicklung kraft Gesetzes einbezogen ist und nur noch durch den Insolvenzverwalter geltend gemacht werden kann.[66] Damit entfällt für die Insolvenzgläubiger die Vollstreckungsgrundlage in das Privatvermögen der Gesellschafter. Persönliche Gläubiger des Gesellschafters sind hingegen von § 93 nicht betroffen.[67] Im umgekehrten Fall, also wenn das Insolvenzverfahren über das Vermögen eines persönlich haftenden Gesellschafters einer Außen-GbR, einer oHG, einer KG, einer PartG oder einer EWIV (§ 12 Abs. 2 Nr. 1) eröffnet worden ist, hindert Abs. 1 eine Vollstreckung in das Gesellschaftsvermögen nicht. Ein Gesellschaftsgläubiger, dem der insolvenzbefangene Gesellschafter persönlich haftet, kann daher ungehindert in das Gesellschaftsvermögen vollstrecken.[68] Demgegenüber unterliegt der Gesellschaftsanteil des persönlich haftenden Gesellschafters dem Insolvenzbeschlag seines Vermögens und damit zugleich dem Vollstreckungsverbot des Abs. 1.[69]

24 **e) Auslandsvermögen.** Entsprechend dem in §§ 35, 335, Art. 20 Abs. 1 EuInsVO verankerten **Universalitätsprinzip** zählt auch im **Ausland belegenes Vermögen** des Schuldners zur Insolvenzmasse eines im Inland eröffneten Insolvenzverfahrens. § 89 ist eine Regelung iSd Art. 7 Abs. 2 Satz 2 lit. f) EuInsVO.[70] Gem. Art. 7 Abs. 2 Satz 2 lit. f) EuInsVO regelt das Recht des Eröffnungsstaates wie sich die Verfahrenseröffnung auf Rechtsverfolgungsmaßnahmen einzelner Gläubiger auswirkt, womit auch § 89 von der EuInsVO erfasst ist. In Anwendbarkeit der lex fori concursus (§ 335, Art. 7 Abs. 2 Satz 2 lit. f EuInsVO) gilt danach das Vollstreckungsverbot des Abs. 1 grundsätzlich auch für das insolvenzbefangene Auslandsvermögen des Schuldners.[71] Vollstreckt danach ein inländischer Insolvenzgläubiger dennoch in Auslandsvermögen des Schuldners, zeitigt diese indes im Inland keine Wirkung, dh sie bleibt nach wie vor nach Abs. 1 **unzulässig.** Aus diesem Grunde kann sie kein materielles Befriedigungsrecht des Vollstreckungsgläubigers begründen, so dass er das aus der Zwangsvollstreckung Erlangte nach **Bereicherungsrecht** abzüglich der notwendigen Kosten der Rechtsverfolgung an den inländischen Insolvenzverwalter herauszugeben hat (§ 243 Abs. 1, Art. 20 Abs. 1 EuInsVO).[72] Für Vollstreckungen ausländischer Gläubiger kann nichts Anderes gelten.[73]

---

61 Kritisch zum Sprachgebrauch der „Sonderinsolvenz" auch für diese Gesellschaften Jaeger/*Eckardt* § 89 Rn. 31.

62 Jaeger/*Eckardt* § 89 Rn. 30; KPB/*Lüke* § 89 Rn. 15.

63 Jaeger/*Eckardt* § 89 Rn. 30; KPB/*Lüke* § 89 Rn. 15.

64 KPB/*Lüke* § 89 Rn. 16; Uhlenbruck/*Mock* § 89 Rn. 8; eingehend zum Ganzen Jaeger/*Eckardt* § 89 Rn. 31 ff.

65 Jaeger/*Eckardt* § 89 Rn. 32; KPB/*Lüke* § 89 Rn. 16; Uhlenbruck/*Mock* § 89 Rn. 8.

66 OLG Jena InVo 2002, 148; Braun/*Kroth* § 89 Rn. 18; Jaeger/*Eckardt* § 89 Rn. 16; KPB/*Lüke* § 89 Rn. 16; Uhlenbruck/*Mock* § 89 Rn. 8.

67 Braun/*Kroth* § 89 Rn. 18; Jaeger/*Eckardt* § 89 Rn. 32; Uhlenbruck/*Mock* § 89 Rn. 8.

68 Braun/*Kroth* § 89 Rn. 18; Jaeger/*Eckardt* § 89 Rn. 33; KPB/*Lüke* § 89 Rn. 16; Uhlenbruck/*Mock* § 89 Rn. 9.

69 Braun/*Kroth* § 89 Rn. 18; Jaeger/*Eckardt* § 89 Rn. 33; KPB/*Lüke* § 89 Rn. 16; Nerlich/Römermann/*Kruth* § 89 Rn. 6; Uhlenbruck/*Mock* § 89 Rn. 9.

70 MüKoBGB/*Kindler* EuInsVO 2000 Art. 4 Rn. 32; *Paulus* NZI 2001, 505, 511; Uhlenbruck/*Lüer* EuInsVO 2000 Art. 4 Rn. 48; K. Schmidt/*Brinkmann* EuInsVO 2000 Art. 4 Rn. 30, aA ist eine Regelung iSd Art. 7 Abs. 2 S. 2 lit. m) EuInsVO: *Stehle* DZWiR 2008, 53, 55; Mankowski/Müller/Schmidt/*Müller* EuInsVO 2017 Art. 7 Rn. 44.

71 Jaeger/*Eckardt* § 89 Rn. 35; KPB/*Lüke* § 89 Rn. 16; Nerlich/Römermann/*Kruth* § 89 Rn. 7; Uhlenbruck/*Mock* § 89 Rn. 10; schon zur KO: BGHZ 88, 147, 150 = NJW 1983, 2147; BGHZ 95, 256, 259 = NJW 1385, 2897; *Canaris* ZIP 1983, 647, 649; *Hanisch* ZIP 1983, 1289, 1290; FKInsO/*Wimmer-Amend* § 89 Rn. 18.

72 Braun/*Kroth* § 89 Rn. 13; Jaeger/*Eckardt* § 89 Rn. 35; KPB/*Lüke* § 89 Rn. 26; Nerlich/Römermann/*Kruth* § 89 Rn. 8; Uhlenbruck/*Mock* § 89 Rn. 18; Gottwald/*Eckardt* § 33 Rn. 33.

73 Jaeger/*Eckardt* § 89 Rn. 30. Grundsätzlich ist der Erlös auf die Quote anzurechnen.

Wird über das ausländische Vermögen eines inländischen Schuldners **im Ausland** ein im Inland anerkanntes Insolvenzverfahren eröffnet, so sind Einzelzwangsvollstreckungen auch im Inland unzulässig, soweit das ausländische Recht eine dem § 89 entsprechende Regelung enthält.[74] Grundlage des Vollstreckungsverbotes ist dabei nicht Abs. 1, sondern die entsprechende Bestimmung des ausländischen Rechts.[75] Wenn es sich um einen europäischen Mitgliedstaat handelt, ergibt sich dies aus Art. 7 Abs. 2 Satz 2 lit. f EuInsVO. 25

3. Betroffene Zwangsvollstreckungsmaßnahmen. a) Allgemeines. Der Begriff der Zwangsvollstreckung ist **umfassend** zu verstehen. Hierunter fallen alle Maßnahmen, die auf der Basis eines gesetzlichen Verfahrens erfolgen, gegen den Schuldner unter Androhung oder Anwendung von Zwangsmitteln durchgeführt werden und zur Verwirklichung gerichtlicher festgestellter oder förmlich dokumentierter Gläubigerrechte dienen,[76] einerlei ob im Inland oder Ausland. Hierunter fallen danach sämtliche Maßnahmen der Zwangsvollstreckung nach dem Zivilprozess- und dem Verwaltungsvollstreckungsrecht. Umfasst werden die Geldvollstreckung in das bewegliche und unbewegliche Vermögen (§§ 803 ff., 828 ff. ZPO), die Erzwingung sonstiger Ansprüche (§§ 883 ff. ZPO), der Vollzug von Arresten (§§ 916 ff. ZPO) und einstweiligen Verfügungen (§§ 935 ff. ZPO) sowie die Pflicht des Schuldners zu Vermögensauskunft (§ 802c ZPO). Auf die Art des Titels kommt es dabei nicht an.[77] 26

b) Vollstreckung wegen Geldforderungen. Unzulässig ist die **Vollstreckung** von Geldforderungen in das **bewegliche Vermögen** (§§ 803 ff. ZPO) wie auch die **Forderungspfändung** (§§ 828 ff. ZPO). So ist etwa die Zustellung des Pfändungs- und Überweisungsbeschlusses an den Drittschuldner des Schuldners unzulässig, da hierdurch (erst) die Pfändung bewirkt wird (§ 829 Abs. 3 ZPO) und ein Pfändungspfandrecht entsteht.[78] Dabei ist ohne Bedeutung, ob der Pfändungs- und Überweisungsbeschluss bereits vor der Verfahrenseröffnung erlassen wurde; allein das Vorliegen eines Pfändungsbeschlusses reicht für eine Verstrickung nicht aus.[79] Gleiches gilt für die nach Verfahrenseröffnung bewirkte Zustellung einer außergerichtlichen **Vorpfändung** (§ 845 Abs. 1 ZPO), da diese als Beschlagnahme wirkt[80] und durch sie ein auflösend bedingtes Pfandrecht entsteht.[81] Die Vorpfändung ist nur wirksam, wenn die Pfändung binnen eines Monats nach Zustellung an den Drittschuldner bewirkt wird (§ 845 Abs. 2 ZPO). Daher ist auch die der Vorpfändung nachfolgende gerichtliche Pfändung eine Zwangsvollstreckungsmaßnahme iS des Abs. 1 und kann nach Verfahrenseröffnung nicht mehr wirksam ausgebracht werden, selbst wenn ihr vor Verfahrenseröffnung eine wirksame und nicht von § 88 erfasste Vorpfändung vorangegangen ist. Die Zustellung der Vorpfändung und der nachfolgenden Pfändung bilden zwei gleichwertige Vorbedingungen für das Entstehen des Pfändungspfandrechts und müssen daher beide vor Verfahrenseröffnung erfüllt sein. Ebenso unzulässig ist die **Vollstreckung** in das **unbewegliche Vermögen** (§§ 864 ff. ZPO).[82] Für bereits eingeleitete Maßnahmen enthalten die §§ 30d ff. ZVG weitere Regelungen. Ebenso wenig dürfen zur Sicherung von Insolvenzforderungen **Zwangshypotheken** (§§ 866 ff. ZPO) und **Zwangsvormerkungen** an Grundstücken eingetragen werden.[83] Auch eine Erweiterung der vor Verfahrenseröffnung eingetragenen Zwangshypothek um „vergessene" Zinsen nach Eröffnung des Insolvenzverfahrens ist nicht möglich. Hier kommt es auf den Zeitpunkt des Nachtragens der Zinsen und nicht auf den Zeitpunkt der Eintragung der Hypothek an.[84] Gleiches gilt für den Rechtserwerb kraft Zwangsvollstreckung an Luftfahrzeugen (§ 98 LuftRG) und Schiffen, Schiffsbauwerken oder 27

---

74 Braun/*Kroth* § 89 Rn. 13; Gottwald/*Eckardt* § 33 Rn. 34; Jaeger/*Eckardt* § 89 Rn. 36; KPB/*Lüke* § 89 Rn. 27; Nerlich/Römermann/*Kruth* § 89 Rn. 8; Uhlenbruck/*Mock* § 89 Rn. 18.

75 Jaeger/*Eckardt* § 89 Rn. 36.

76 Jaeger/*Eckardt* § 89 Rn. 38.

77 KPB/*Lüke* § 89 Rn. 6.

78 Viertelhausen S. 133 ff.; FKInsO/*Wimmer-Amend* § 89 Rn. 22; Jaeger/*Eckardt* § 89 Rn. 39; KPB/*Lüke* § 89 Rn. 12; Uhlenbruck/*Mock* § 89 Rn. 27; schon zur KO: OLG Frankfurt ZIP 1995, 1689, 1689; OLG Stuttgart JurBüro 1975, 1378 1379.

79 So aber LG Lüneburg MDR 1956, 495; ausführlich hierzu *Viertelhausen* S. 161 ff.

80 BGHZ 87, 166, 168 = NJW 1983, 1738; BGHZ 167, 11, 14 ff. = NJW 2006, 1870; FKInsO/*Wimmer-Amend* § 89 Rn. 22; Jaeger/*Eckardt* § 89 Rn. 39, 53; Uhlenbruck/*Mock* § 89 Rn. 29; Zöller/*Stöber* § 845 Rn. 5.

81 LAG Frankfurt BB 1989, 1732.

82 Jaeger/*Eckardt* § 89 Rn. 39; KPB/*Lüke* § 89 Rn. 6 Nerlich/Römermann/*Kruth* § 89 Rn. 11; Uhlenbruck/*Mock* § 89 Rn. 23.

83 Uhlenbruck/*Mock* § 89 Rn. 23; KPB/*Lüke* § 89 Rn. 7; Nerlich/Römermann/*Kruth* § 89 Rn. 12; bereits zur KO: BGHZ 9, 250, 252 = NJW 1953, 898.

84 KG ZIP 2017, 1078.

Schwimmdocks (§§ 10, 11, 76 ff. SchRG).[85] Eine **Ausnahme** soll nach dem **Bundesgerichtshofs** in Fällen des „Wiederentstehens" einer grundsätzlich bereits dem Anwendungsbereich der **Rückschlagsperre** (§ 88) unterfallenden Zwangssicherungshypothek bei **Freigabe** des betreffenden Grundstücks aus der Insolvenzmasse gelten.[86] Die sich anschließende Fortsetzung der Zwangsvollstreckung durch einen Insolvenzgläubiger in das (danach) freie Vermögen des Schuldners stellt an sich einen Anwendungsfall des Abs. 1 dar. Der Bundesgerichtshof legt die Norm allerdings in diesem Falle einschränkend dahin aus, dass das Vollstreckungsverbot für den Fall der **schwebenden Unwirksamkeit** der Vollstreckungsmaßnahme mit Freigabe des verhafteten Gegenstandes nicht gilt. Die Vorschrift ist danach so zu verstehen, dass Insolvenzgläubiger von dem Verbot der Vollstreckung in das sonstige Vermögen des Schuldners dann nicht gehindert sein sollen, wenn sie eine dingliche Sicherung, die sie befähigte, aus diesem Vermögen Befriedigung zu suchen, nur infolge der Rückschlagsperre verloren haben.

Geht man indes davon aus, dass sich in diesen Fällen die Zwangshypothek analog § 869 ZPO in eine **Eigentümergrundschuld** umwandelt,[87] mangelt es bereits an einer materiellen Berechtigung des Insolvenzgläubigers, zwangsweise aus der Zwangshypothek gegen den Schuldner vorzugehen.

28 **c) Vollstreckung wegen anderer Ansprüche.** Auch die Erzwingung anderer Ansprüche als Geldforderungen (§§ 883 ff. ZPO) ist unzulässig, sofern es sich um Insolvenzforderungen handelt.[88] Insolvenzforderungen auf **vertretbare Handlungen** können demzufolge nicht nach § 887 ZPO verfolgt werden. Anderes gilt für die Erzwingung **nicht vertretbarer Handlungen** (§ 888 ZPO) oder auf **Unterlass ıngen** oder **Duldungen** (§ 890 ZPO), da diese Ansprüche keine Insolvenzforderungen sind. Unzulässig ist indes die Zwangsvollstreckung aus einem Titel nach § 888 ZPO, der den Schuldner aufgrund eines akzessorischen Auskunftsanspruch zur Auskunft verurteilt hat, wenn die Hauptforderung, deren Durchsetzung des Auskunftsanspruchs dient, eine Insolvenzforderung ist.[89]

29 **d) Vermögensauskunft des Schuldners.** Die Erzwingung der **Vermögensauskunft des Schuldners gem. § 802c ZPO** durch den einzelnen Insolvenzgläubiger ist ebenfalls nach Abs. 1 unzulässig,[90] die im eröffneten Verfahren nur noch nach den §§ 98, 153 Abs. 2 erzwungen werden kann. Das Verbot bezieht sich sowohl auf den Antrag auf Abnahme des Eides wie auch auf die Abnahme selbst.[91]

30 **e) Haft.** Ebenso wie die vollstreckungsrechtliche Anordnung der Vermögensauskunft unzulässig ist, ist es der Erlass **eines Haftbefehls (§ 802g ZPO) zur Erzwingung der Vermögensauskunft.**[92] War der Schuldner bereits vor Verfahrenseröffnung wegen der Abgabe der Vermögensauskunft in Haft genommen worden, so ist er jedenfalls nach Verfahrenseröffnung von Amts wegen aus dieser zu entlassen.[93] Der Haftbefehl bleibt allerdings wirksam und es kann aus ihm nach Verfahrensbeendigung vollstreckt werden, wenn der ihm zugrunde liegende Titel noch wirksam und nicht durch den Tabelleneintrag gegenstandslos geworden ist.[94] Umstritten ist, ob über die sofortige Beschwerde gegen einen vor Verfahrenseröffnung wegen Abgabe der Vermögensauskunft erlassener Haftbefehl schon während des laufenden Insolvenzverfahren entschieden werden kann. Nach überkommener Auffassung ist hiermit bis zur Beendigung des Insolvenzverfahrens zuzuwarten, da der Haftbefehl während des laufenden Verfahrens nicht vollstreckt werden darf und die Aufrechterhaltung eine zu Lasten des Schuldners wirkende Vollstreckungsmaßnahme darstelle.[95] Hiergegen spricht, dass es sich weder bei der bestätigenden noch bei der den Haftbefehl aufhebenden Entscheidung um eine Vollstreckungsmaßnahme handelt und im übrigen kein Anlass dazu besteht, den Gläubiger mehr als nötig für die Zeit nach Verfahrenseröffnung in seinen Rechten zu beschränken.[96]

---

85 Jaeger/*Eckardt* § 89 Rn. 39; KPB/*Lüke* § 89 Rn. 7; Uhlenbruck/*Mock* § 89 Rn. 23.

86 BGH NJW 2012, 3574; BGH NJW 2006, 1286; Uhlenbruck/*Mock* § 88 Rn. 59.

87 So das BayObLG NJW-RR 2001, 47 = NZI 2000, 427, 427 f.; folgend OLG Düsseldorf NZI 2004, 93, 93 f. = ZVI 2004, 483, 483 f.

88 Jaeger/*Eckardt* § 89 Rn. 40.

89 Uhlenbruck/*Mock* § 89 Rn. 31.

90 BGH NZI 2012, 560; HKInsO/*Kayser* § 88 Rn. 25; Nerlich/Römermann/*Kruth* § 89 Rn. 11a; FKInsO/*Wimmer-Amend* § 89 Rn. 26; Jaeger/*Eckardt* § 89 Rn. 41; KPB/*Lüke* § 89 Rn. 9; Uhlenbruck/*Mock* § 89 Rn. 25; FKInsO/*Wimmer-Amend* § 89 Rn. 26.

91 Jaeger/*Eckardt* § 89 Rn. 41; KPB/*Lüke* § 89 Rn. 9; Nerlich/Römermann/*Kruth* § 89 Rn. 11a.

92 OLG Hamm NJW 1955, 1444, 1444; Jaeger/*Eckardt* § 89 Rn. 42; KPB/*Lüke* § 89 Rn. 9; Nerlich/Römermann/*Kruth* § 89 Rn. 12; Uhlenbruck/*Mock* § 89 Rn. 25.

93 Jaeger/*Eckardt* § 89 Rn. 42; Uhlenbruck/*Mock* § 89 Rn. 31.

94 LG Köln DGVZ 1988, 157; Jaeger/*Eckardt* § 89 Rn. 42.

95 *Jaeger/Weber* KO § 125 Rn. 5.

96 Jaeger/*Eckardt* § 89 Rn. 42; KPB/*Lüke* § 89 Rn. 9; Nerlich/Römermann/*Kruth* § 89 Rn. 12; Gottwald/*Eckardt* § 33 Rn. 20; schon zur KO: OLG Hamm NJW 1955, 1444; LG Frankenthal MDR 1986, 63, 64.

31 Der Gesetzgeber hat mit ihrer Einstufung als nachrangige Insolvenzforderung gem. § 39 Abs. 1 Nr. 3 **Geldstrafen oder Geldbußen** den insolvenzrechtlichen Regelungen unterworfen, weswegen § 89 auch auf sie Anwendung findet.[97] Die Vollstreckung einer **Ersatzfreiheitstrafe** ist hingegen zulässig.[98] Der Schuldner kann die Geldstrafe mit Mitteln seines insolvenzfreien Vermögens zahlen. Umstritten ist, ob **Erzwingungs- bzw. Beugehaft nach § 96 OWiG** während des Insolvenzverfahrens zulässig ist.[99] Problematisch ist die „juristische Gemengelage" zwischen Insolvenzrecht und Ordnungswidrikeitenrecht.[100] Eine Ansicht geht davon aus, dass es dem Betroffenen zugemutet werden kann, auch während eines Insolvenz- bzw. Restschuldbefreiungsverfahrens offene Geldbußen aus dem ihm verbleibenden Selbstbehalt bzw. aus seinem freien Vermögen in angemessenen Raten zu begleichen. Vorschriften des Insolvenzrechts stünden dem nicht entgegen, da ohnehin nur das beschlagsfreie Vermögen betroffen sei und im Ordnungswidrigkeitenrecht gem. § 96 Abs. 1 Nr. 2 OWiG ein anderer Zahlungsunfähigkeitsbegriff herrsche als im Insolvenzrecht.[101] Falls eine solche Zahlungsunfähigkeit gem. § 96 Abs. 1 Nr. 2 OWiG vorliege, habe der Betroffene diese auch substantiiert darzulegen.[102]

Wegen des klaren Wortlauts der Norm ist diese Ansicht jedoch abzulehnen. Die Anordnung von Erzwingungshaft nach § 96 OWiG zur Vollstreckung wegen einer Geldbuße ist eine Maßnahme der Zwangsvollstreckung iSv § 89 und als solche während der Dauer eines laufenden Insolvenzverfahrens unzulässig.[103]

32 **f) Arrest und einstweilige Verfügung. aa) Allgemeines.** Vom Verbot der Einzelzwangsvollstreckung des Abs. 1 werden auch der Arrest (§§ 916 ff. ZPO) und die einstweilige Verfügung (§§ 935 ff. ZPO) erfasst. Anders als nach früherer Gesetzeslage (§ 14 KO) werden sie nicht mehr besonders erwähnt, da der Begriff der „Zwangsvollstreckung" umfassend zu verstehen ist und daher auch diese Maßnahmen erfasst.[104]

33 **bb) Arrest.** Der Erlass und der Vollzug eines Arrestbefehls dienen der Sicherung eines Geldanspruchs im Wege der Zwangsvollstreckung und werden daher vom Verbot des Abs. 1 erfasst.[105] Ein vor Verfahrenseröffnung erlassener aber noch nicht vollzogener Arrest ist auf **Widerspruch** (§ 924 Abs. 1 ZPO) des **Insolvenzverwalters** ohne Sachprüfung **aufzuheben,** da er wegen § 89 nicht mehr vollzogen werden darf.[106] Wurde bereits durch den Schuldner Widerspruch eingelegt, wird dieses Verfahren mit der Insolvenzeröffnung unterbrochen (§ 240 Satz 1 ZPO) und kann vom Insolvenzverwalter mit dem Ziel der Arrestaufhebung aufgenommen werden.[107] Wurde der Arrestbefehl schon vor Verfahrenseröffnung vollzogen, wird er auf den Widerspruch des Insolvenzverwalters auf seine Rechtmäßigkeit hin überprüft.[108] Da der Arrest schon vor seiner Zustellung vollzogen werden kann (§ 929 Abs. 3 ZPO), ist die Entstehung des Arrestpfandrechts nur dann gehindert, wenn der Arrestbefehl nicht binnen einer Woche vor Ablauf der in § 929 Abs. 2 ZPO bestimmten Monatsfrist zugestellt wird. Nach herrschender Meinung soll aber auch dann ein – nicht dem Anwendungsbereich des Abs. 1 und dem § 91 unterfallender – wirksamer Vollzug vorliegen, wenn vor Verfahrenseröffnung die Arrestvollziehung ohne vorherige Zustellung des Arrestbefehls bewirkt, die Zustellung aber innerhalb der Frist des § 929 Abs. 3 ZPO nachgeholt wurde. Erfolgt zwischenzeitlich die Verfahrenseröffnung, soll das Pfandrecht grundsätzlich bestehen bleiben, da es bereits auflösend bedingt entstanden sei. Die erst nach Verfahrenseröffnung, aber fristgerechte Zustellung habe dann an den Insolvenzverwalter zu erfolgen.[109] Dem kann im Ergebnis nicht gefolgt werden. Ebenso wie

---

97 Nerlich/Römermann/*Kruth* § 89 Rn. 14a.

98 BVerfG NJW 2006, 3626 = NZI 2006, 711; K. Schmidt/*Keller* § 89 Rn. 22.

99 K. Schmidt/*Keller* § 89 Rn. 22.

100 *Els* NZV 2018, 122 f. mwN.

101 AG Bamberg ZInsO 2017, 2701.

102 AG Bamberg ZInsO 2017, 2701, 2702; LG Potsdam NZI 2016, 652.

103 AG Dortmund VIA 2017, 86, 87; Nerlich/Römermann/*Kruth* § 89 Rn. 14a; vgl. hierzu BVerfG NJW 2006, 3626 = NZI 2006, 711 zur Zulässigkeit der Ersatzfreiheitstrafe; LG Leipzig ZIP 2002, 142; *Franke* NStZ 1999, 548; *Pape* InVO 2006, 454 ff.; *Petershagen* ZInsO 2007, 703 ff.; *Rönnan/Tachau* NZI 2007, 208, 209 Jaeger/*Eckardt* § 89 Rn. 12.

104 Vgl. Begr. § 100 RegE, BT-Drs. 12/2443 S. 137; kritisch hierzu: Jaeger/*Eckardt* § 89 Rn. 43.

105 OLG Köln ZIP 2004, 2013, 2015; KG NJW 2005, 3734, 3734 f. = ZIP 2006, 2126, 2126 f.; KPB/*Lüke* § 89 Rn. 10; Uhlenbruck/*Mock* § 89 Rn. 33; differenzierend Jaeger/*Eckardt* § 89 Rn. 44.

106 FKInsO/*Wimmer-Amend* § 89 Rn. 27; Jaeger/*Eckardt* § 89 Rn. 44; KPB/*Lüke* § 89 Rn. 10; Nerlich/Römermann/*Kruth* § 89 Rn. 13; Uhlenbruck/*Mock* § 89 Rn. 33; bereits zur KO: BGH KTS 1962, 51, 52.

107 Jaeger/*Eckardt* § 89 Rn. 44; KPB/*Lüke* § 89 Rn. 10; Uhlenbruck/*Mock* § 89 Rn. 33.

108 FKInsO/*Wimmer-Amend* § 89 Rn. 27; Jaeger/*Eckardt* § 89 Rn. 44; KPB/*Lüke* § 89 Rn. 10; Nerlich/Römermann/*Kruth* § 89 Rn. 13; Uhlenbruck/*Mock* § 89 Rn. 33; bereits zur KO: BGH KTS 1962, 51, 52.

109 KPB/*Lüke* § 89 Rn. 19; Stein/Jonas/*Grunsk* § 929 Rn. 22; bereits zur KO: OLG Hamburg LZ 1914 Sp. 792; *Furtner* DGVZ 1968, 65, 66; *Jaeger/Henckel* KO § 15 Rn. 28; *Kilger/K. Schmidt* § 14 Anm. 1.

im Falle der Vorpfändung (§ 845 ZPO) ist entscheidend, ob alle zur Entstehung des Arrestpfandrechts erforderlichen Voraussetzungen schon vor Verfahrenseröffnung eingetreten sind. Bei einer vorzeitigen Arrestvollziehung ist dies aber erst dann der Fall, wenn auch die Zustellung des Arresttitels wirksam erfolgt ist. Vollziehung und Zustellung bilden danach zwei gleichwertige Voraussetzungen des Pfandrechtserwerbs und müssen deswegen auch beide zum Zeitpunkt der Verfahrenseröffnung gegeben sein, sollen sie zu einer insolvenzfesten Rechtsposition verhelfen. Dem steht auch nicht das Prioritätsprinzip des § 929 Abs. 3 ZPO entgegen, da dieses zum Zeitpunkt der Zustellung an den Insolvenzverwalter bereits durch den insolvenzrechtlichen Gleichbehandlungsgrundsatz abgelöst wurde.[110] Damit unterliegt im Ergebnis auch die Fallgestaltung, dass die Zustellung des Arrestbefehls nach Verfahrenseröffnung dem Arrestvollzug nachfolgt, dem Anwendungsbereich des Abs. 1.

34 **cc) Zwangsvormerkung.** Die Eintragung einer Vormerkung aufgrund einer einstweiligen Verfügung (§ 885 Abs. 1 Alt. 1 BGB), die einen zu den Insolvenzforderungen zählenden Anspruch sichern soll, ist eine Vollstreckungsmaßnahme und deswegen ebenfalls nach Verfahrenseröffnung unzulässig. Die Zwangsvormerkung darf, da § 878 BGB auf sie keine Anwendung findet, auch dann nicht eingetragen werden, wenn der Eintragungsantrag bereits vor Verfahrenseröffnung beim Grundbuchamt eingegangen war.[111] Anderes gilt, wenn der Insolvenzgläubiger bereits vor Verfahrenseröffnung ein die Bewilligung einer Vormerkung (§ 885 Abs. 1 Alt. 2 BGB) ersetzendes Urteil erstritten hatte bzw. wenn bei einem auf eine dingliche Rechtsänderung gerichteten vorläufig vollstreckbaren Urteil eine Vormerkung als bewilligt gilt (§§ 894 f. ZPO); für diesen Fall findet Abs. 1 keine Anwendung.[112] Voraussetzung ist indes, dass die Rechtskraft des Urteils vor Verfahrenseröffnung eingetreten ist, da andernfalls § 240 Satz 1 ZPO den Eintritt der Rechtskraft hindert.

35 **g) Strafprozessuale Sicherungsmaßnahmen.** Auch nach der Reform der strafrechtlichen Vermögensabschöpfung[113] findet Abs. 1 ohne weiteres Anwendung auf die Vollziehung einer **strafprozessualen** Sicherungsmaßnahme, wie die Beschlagnahme nach § 111b StPO sowie der Vermögensarrest zur Sicherung einer Wertersatzeinziehung § 111e StPO. Die Gesetzesreform hat die bisherige Praxis[114] bestätigt. Lediglich für eine **Zwangsvollstreckungsmaßnahme vor Eröffnung** des Verfahrens, wird in § 111d StPO die Insolvenzfestigkeit[115] entgegen der Regelungen in §§ 88, 129 ff. angeordnet. Weitere Ausnahmen sieht die StPO nicht vor, weswegen § 89 weiterhin auch auf die staatsanwaltliche **Vollstreckung nach Eröffnung des Verfahrens** anzuwenden ist. Die Verteilung von Vermögen aus Straftaten ist nur dann Aufgabe der Staatsanwaltschaft, wenn es ausreicht, alle Verletzten vollständig zu befriedigen; ansonsten wird die Verteilung dem Insolvenzverfahren überantwortet.[116] Dies zeigt sich in § 111i StPO.

36 **h) Verwaltungsvollstreckung.** Ebenfalls nach Abs. 1 unstatthaft ist das **Verwaltungszwangsverfahren** wegen öffentlich-rechtlicher Insolvenzforderungen einschließlich von Steuerforderungen gleicher Qualität (§ 5 VwVG, § 251 Abs. 2 Satz 1 iVm Abs. 1 AO).[117] Auch kann für einen vor Verfahrenseröffnung ergangenen Steuerbescheid die Vollziehung nicht mehr ausgesetzt werden (§ 361 AO, § 69 FG).[118] Das Vollstreckungsverbot des Abs. 1 gilt auch dann, wenn die Finanzbehörde hinsichtlich der Steuerforderung als Insolvenzgläubiger auf die Verfahrensteilnahme verzichtet.[119]

37 **i) Gläubigeranfechtung.** Überwiegend wird die **Gläubigeranfechtung** nach dem **AnfG** während des Insolvenzverfahrens (auch) im Zusammenhang mit dem Vollstreckungsverbot des § 89 abgehandelt,[120] obgleich sie kein Akt der Geldvollstreckung ist und deswegen im Falle der Insolvenzeröffnung auch keinem Vollstreckungsverbot unterliegt. Die Verfahrenseröffnung zeitigt nur Rechtsfolgen für die **Zuständigkeit** der Geltendmachung des Anfechtungsanspruchs, die nunmehr in Händen des **Insolvenzverwalters** liegt (§ 143, §§ 16 bis 18 AnfG).[121] Dementsprechend unterbricht

---

[110] So mit überzeugender Begründung Jaeger/*Eckardt* § 89 Rn. 45.
[111] Jaeger/*Eckardt* § 89 Rn. 46; Uhlenbruck/*Mock* § 89 Rn. 23.
[112] Jaeger/*Eckardt* § 89 Rn. 46.
[113] BGBl. 2017 I 872; *Köllner/Mück* NZI 2017, 593 allgemein zu der Gesetzesreform.
[114] KG NJW 2005, 3734; Jaeger/*Eckardt* § 89 Rn. 44; BGH NJW 2007, 3350 = NZI 2007, 450; Uhlenbruck/*Mock* § 89 Rn. 34.
[115] BeckOKStPO/*Huber* § 111d StPO Rn. 4; Graf/*Huber* § 111d StPO Rn. 4; *Köhler/Burkhard* NStZ 2017, 665, 677.
[116] *Bittmann* NZWiSt 2016, 131.
[117] Braun/*Kroth* § 89 Rn. 2; Jaeger/*Eckardt* § 89 Rn. 48; KPB/*Lüke* § 89 Rn. 6; Nerlich/Römermann/*Kruth* § 89 Rn. 14; Uhlenbruck/*Mock* § 89 Rn. 17, 22.
[118] Jaeger/*Eckardt* § 89 Rn. 48; Nerlich/Römermann/*Kruth* § 89 Rn. 14.
[119] Jaeger/*Eckardt* § 89 Rn. 48; Nerlich/Römermann/*Kruth* § 89 Rn. 14.
[120] Vgl. nur Jaeger/*Eckardt* § 89 Rn. 47; KPB/*Lüke* § 89 Rn. 11; Uhlenbruck/*Mock* § 89 Rn. 36.
[121] Jaeger/*Eckardt* § 89 Rn. 47; KPB/*Lüke* § 89 Rn. 11; Uhlenbruck/*Mock* § 89 Rn. 36.

die Verfahrenseröffnung einen vorher rechtshängigen Anfechtungsrechtsstreit (§ 240 Satz 1 ZPO), der vom Insolvenzverwalter aufgenommen werden kann (§ 17 Abs. 1 AnfG). Ist ein Anfechtungsanspruch einem Insolvenzgläubiger vor Verfahrenseröffnung durch rechtskräftiges Urteil oder vorläufig vollstreckbares Urteil zuerkannt worden, kann der Verwalter analog eine vollstreckbare Ausfertigung zugunsten der Masse beantragen (arg. § 16 Abs. 1 Satz 1 AnfG).[122]

j) Nicht: Maßnahmen der Vollstreckungsvorbereitung. Maßnahmen, die lediglich der Vorbereitung der Zwangsvollstreckung dienen, bleiben von § 89 unberührt,[123] werden überdies ohnehin schon durch § 87 gesperrt.[124] Hierzu zählen etwa die Erteilung einer besonderen Vollstreckungsklausel (§§ 725 ff. ZPO),[125] Zustellungen, soweit ihnen keine unmittelbare Vollstreckungswirkung zukommt,[126] die vorläufig Vollstreckbarerklärung eines Urteils (§§ 708 ff. ZPO),[127] die Vollstreckbarkeitserklärung von ausländischen Erkenntnissen, Schiedssprüchen und Schiedsvergleichen (§§ 722, 1042, 1044a ZPO).[128] Vor Verfahrenseröffnung gegen Schuldner erwirkte Titel können gegenüber dem Insolvenzverwalter nur geltend gemacht werden, wenn gegen diesen eine Titelumschreibung erfolgt (§§ 727 ff. ZPO).[129] Soweit dem titulierten Anspruch eine Insolvenzforderung zugrunde liegt, ist die Titelumschreibung schon nach § 87 unzulässig,[130] jedenfalls aber mangels Rechtsschutzbedürfnis nach Abs. 1, weil insoweit das Vollstreckungsverbot besteht.[131] Wohingegen § 89 keine Anwendung findet, bleibt eine Vollstreckung möglich und hat eine Titelumschreibung zu erfolgen, so etwa bei Aus- und Absonderungsberechtigten – nicht hinsichtlich der gesicherten Forderung –.[132] 38

k) Nicht: Unvertretbare Handlungen. Ansprüche auf Vornahme einer unvertretbaren Handlung (§§ 888 f. ZPO) bleiben einschließlich einer hierauf gestützten einstweiligen Verfügung gegen den Schuldner selbst durchsetzbar, da sie keine Insolvenzforderungen sind.[133] Sie werden daher vom Verbot des Abs. 1 nicht erfasst. 39

l) Nicht: Aufrechnung. Fraglich ist, ob das Vollstreckungsverbot des Abs. 1 über § 394 BGB dazu führt, dass Insolvenzgläubiger nicht mehr Forderungen gegen den Schuldner aufrechnen dürfen. Bestand die Aufrechnungslage bereits bei Verfahrenseröffnung und gehört die Gegenforderung in die Insolvenzmasse, enthalten die §§ 94 ff. eine gesetzliche Sonderregelung der Aufrechnungsmöglichkeiten, die die Anwendbarkeit des Vollstreckungsverbots iVm § 394 BGB ausschließen. Es handelt sich hierbei nicht um eine Vollstreckung oder eine dieser gleichzusetzenden Maßnahme, so dass die Aufrechnung gegen eine insolvenzfreie Forderung des Schuldners auch während des Insolvenzverfahrens möglich bleibt.[134] 40

m) Nicht: Fiktion der Willenserklärung (§ 894 ZPO). In der durch die Urteilsrechtskraft begründeten Fiktion des § 894 ZPO liegt ebenfalls keine Vollstreckung, da das Urteil einer echten Willenserklärung gleichsteht (§ 898 ZPO).[135] 41

n) Nicht: Freiwillige Maßnahmen des Schuldners. Vom Verbot des Abs. 1 nicht betroffen sind freiwillige Leistungen des Schuldners aus seinem **insolvenzfreien Vermögen,** selbst wenn sie unter dem Zwang einer drohenden Zwangsvollstreckung erfolgen.[136] 42

---

[122] Jaeger/*Eckardt* § 89 Rn. 47; vgl. schon zur KO: RGZ 30, 67, 70; *Jaeger/Henckel* KO § 36 Rn. 19.
[123] Braun/*Kroth* § 89 Rn. 3; FKInsO/*Wimmer-Amend* § 87 Rn. 25; Jaeger/*Eckardt* § 89 Rn. 55; KPB/*Lüke* § 89 Rn. 12; Nerlich/Römermann/*Kruth* § 89 Rn. 15. Schon zur KO: OLG Saarbrücken NJW-RR 1994, 636, 637.
[124] Jaeger/*Eckardt* § 89 Rn. 85.
[125] *Steder* ZIP 1996, 1072, 1076; FKInsO/*Wimmer-Amend* § 89 Rn. 40; KPB/*Lüke* § 89 Rn. 12; Nerlich/Römermann/*Kruth* § 89 Rn. 15; Gottwald/Eckardt § 33 Rn. 21.
[126] Gottwald/Eckardt § 33 Rn. 22; FKInsO/*Wimmer-Amend* § 89 Rn. 42; *Viertelhausen* KTS 1999, 433, 439 ff.
[127] FKInsO/*Wimmer-Amend* § 89 Rn. 41; Nerlich/Römermann/*Kruth* § 89 Rn. 15; Uhlenbruck/*Mock* § 89 Rn. 37.
[128] FKInsO/*Wimmer-Amend* § 89 Rn. 41; KPB/*Lüke* § 89 Rn. 12.
[129] Jaeger/*Eckardt* § 89 Rn. 57. Schon zur KO: OLG Stuttgart NJW 1958, 1353; 1353 f.
[130] Jaeger/*Eckardt* § 89 Rn. 56.
[131] Jaeger/*Eckardt* § 89 Rn. 56; Nerlich/Römermann/*Kruth* § 89 Rn. 16; Uhlenbruck/*Mock* § 89 Rn. 37; Zöller/*Stöber* ZPO, § 727 Rn. 18.
[132] FKInsO/*Wimmer-Amend* § 89 Rn. 43; Jaeger/*Eckardt* § 89 Rn. 56.
[133] OLG Neustadt NJW 1965, 257; KG NJW-RR 2000, 1075 = NZI 2000, 228; LAG Düsseldorf NZA-RR 2004, 206 = ZIP 2004, 631; HambKommInsO/*Kuleisa* § 89 Rn. 4; Nerlich/Römermann/*Kruth* § 89 Rn. 16.
[134] BFH ZIP 2015, 1894 ff.; *Viertelhausen* S. 159 ff.; KPB/*Lüke* § 89 Rn. 25; Nerlich/Römermann/*Kruth* § 89 Rn. 17; Uhlenbruck/*Mock* § 89 Rn. 38.
[135] Stein/Jonas/*Brehm* § 894 Rn. 1, 21.
[136] BGH ZInsO 2010, 376; HambKommInsO/*Kuleisa* § 89 Rn. 4; Jaeger/*Eckardt* § 89 Rn. 59; Uhlenbruck/*Mock* § 89 Rn. 6.

43 **o) Nicht: Abtretung.** Die Abtretung einer zur Insolvenzmasse gehörenden Forderung durch den Schuldner an einen Gläubiger ist nach der Verfahrenseröffnung unwirksam. Dies ergibt sich bereits aus §§ 80 Abs. 1, 81 Abs. 1 InsO, wonach mit der Eröffnung des Insolvenzverfahrens das Recht des Schuldners, über das zur Insolvenzmasse gehörende Vermögen zur verfügen, auf den Insolvenzverwalter übergeht, Verfügungen des Schuldners hierüber deswegen absolut unwirksam sind. Der Verlust der Verfügungsbefugnis hat wegen § 35 auch zur Folge, dass der Schuldner Forderungen, welche zum Neuerwerb gehören, ebenfalls nicht mehr abtreten kann.

III. Vollstreckungsverbot (Abs. 2)

44 **1. Allgemeines.** Abs. 2 Satz 1 weitet das Vollstreckungsverbot für **künftige Forderungen** aus einem **Dienstverhältnis** oder **an deren Stelle tretende Bezüge** des Schuldners auf alle Gläubiger aus. Zweck der Regelung ist es, diese Vermögenswerte für ein Restschuldbefreiungsverfahren oder einen Insolvenzplan zu reservieren.[137] Eine Vollstreckung (auch) in diese Forderungen ist daher während der Dauer des Insolvenzverfahrens unzulässig. Für die Insolvenzgläubiger ergibt sich dies bereits aus Abs. 1. Abs. 2 Satz 1 weitet das Verbot auf alle übrigen Gläubiger aus. Das Vollstreckungsverbot besteht dabei unabhängig davon, ob tatsächlich ein Restschuldbefreiungsantrag gestellt oder aber ein Insolvenzplan vorgelegt wird.[138]

45 Im Falle der **Nachlassinsolvenz** wird Abs. 2 durch § 321 ergänzt. Maßnahmen der Zwangsvollstreckung in den Nachlass durch Unterhaltsgläubiger, dem der Schuldner als Erbe des Verpflichteten haftet, die nach dem Eintritt des Erbfalls erfolgt sind, gewähren kein Absonderungsrecht. Die Vorschrift soll sicherstellen, dass die Rechtslage zum Zeitpunkt des Erbfalls wiederhergestellt wird.[139]

46 Während des Verfahrens sind Verfügungen über **künftige Forderungen** aus einem **Dienstverhältnis** ausgeschlossen (§ 81 Abs. 2).

47 **2. Betroffene Gläubiger.** Das Verbot des Abs. 2 betrifft (ebenso wie § 87 Abs. 2 Satz 1) **sämtliche Gläubiger,** die nicht schon dem Anwendungsbereich des Abs. 1 unterliegen, mithin solche, die **nach Verfahrenseröffnung** einen persönlichen Anspruch gegen den Schuldner erwerben[140] zB Neugläubiger, Nachlassinsolvenzgläubiger, die aus- und absonderungsberechtigten Gläubiger sowie Gläubiger von familienrechtlichen Unterhalts- und Erstattungsansprüchen, die diese im Verfahren nicht geltend machen können (§ 40).[141] Hintergrund ist, dass solche Gläubiger nicht schon während des Insolvenzverfahrens in künftige Ansprüche vollstrecken sollen, um sich damit über § 832 ZPO nach Beendigung des Verfahrens den Zugriff auf das Arbeitseinkommen zu sichern.[142] Für Unterhalts- und Deliktsgläubiger, die nach §§ 850d, f Abs. 3 ZPO in den erweitert pfändbaren Teil der Bezüge vollstrecken können, greift die Ausnahme Abs. 2 Satz 2.[143]

48 **3. Betroffene Forderungen. a) Bezüge aus einem Dienstverhältnis.** Von Abs. 2 erfasst werden künftige Forderungen auf Bezüge aus einem Dienstverhältnis des Schuldners oder an deren Stelle tretende Bezüge. Die Terminologie entspricht derjenigen in § 287 Abs. 2 Satz 1. Darunter ist **jede Art von Arbeitseinkommen** iS des § 850 ZPO zu verstehen,[144] dh alle geschuldeten wiederkehrenden Entgelte für Dienstleistungen jeglicher Art, die die Erwerbstätigkeit des Schuldners vollständig oder zu einem wesentlichen Teil ausmachen.[145] In **andere künftige Forderungen** als die aus einem Dienstverhältnis des Schuldners oder an deren Stelle tretende laufende Bezüge kann indes vollstreckt werden, wenn die für die Pfändung der künftigen Forderung notwendigen Voraussetzungen vorliegen.[146] Unter Abs. 2 Satz 1 fallen zunächst der Arbeits- und Dienstlohn, die Dienst-

---

137 Begr. § 100 RegE, BT-Drs. 12/2443 S. 137; HKInsO/*Kayser* § 89 Rn. 4; Jaeger/*Eckardt* § 89 Rn. 60; KPB/*Lüke* § 89 Rn. 3, 31; Nerlich/Römermann/*Kruth* § 89 Rn. 2; Uhlenbruck/*Mock* § 89 Rn. 49; FKInsO/*Wimmer-Amend* § 89 Rn. 45.

138 Jaeger/*Eckardt* § 89 Rn. 60; KPB/*Lüke* § 89 Rn. 31; Uhlenbruck/*Mock* § 89 Rn. 49.

139 Nerlich/Römermann/*Riering* § 321 Rn. 2.

140 Jaeger/*Eckardt* § 89 Rn. 62.

141 LG Heilbronn InVo 2005 = RPfleger 2005, 98, 197; FKInsO/*Wimmer-Amend* § 89 Rn. 45; Jaeger/*Eckardt* § 89 Rn. 62; KPB/*Lüke* § 89 Rn. 28; Nerlich/Römermann/*Kruth* § 89 Rn. 28.

142 Jaeger/*Eckardt* § 89 Rn. 65; Uhlenbruck/*Mock* § 89 Rn. 49; Gottwald/*Eckardt* § 33 Rn. 103.

143 *Hess* InsO § 89 Rn. 45; Jaeger/*Eckardt* § 89 Rn. 62.

144 Jaeger/*Eckardt* § 89 Rn. 63; KPB/*Lüke* § 89 Rn. 32.

145 Jaeger/*Eckardt* § 89 Rn. 63; KPB/*Lüke* § 89 Rn. 32; Uhlenbruck/*Mock* § 89 Rn. 49; Zöller/*Stöber* § 850 Rn. 9.

146 BGHZ 80, 181 = NJW 1981, 1611, 1612 f.; FKInsO/*Wimmer-Amend* § 89 Rn. 46; Uhlenbruck/*Mock* § 89 Rn. 49.

und Versorgungsbezüge der Beamten, Hinterbliebenenbezüge, sonstige Dienstleistungsvergütungen der Handelsvertreter, Ärzte, Rechtsanwälte, Steuerberater, Wirtschaftsprüfer, Architekten uÄ. Auch die Bezüge eines Gesellschafter-Geschäftsführers fallen hierunter.[147]

b) „An deren Stelle tretende Bezüge". Dies sind vor allem sonstige nach dem einstweiligen oder dauernden Ausscheiden gewährte Abfindungen, Ruhegelder, sowie laufende Geldleistungen der Träger der Sozialversicherung und der Bundesagentur für Arbeit im Falle des Vorruhestandes, der Erwerbsunfähigkeit oder der Arbeitslosigkeit. 49

c) „Künftige Forderungen". Dies sind ausschließlich solche, die nach **Beendigung des Insolvenzverfahrens** entstehen oder fällig werden und mit Blick auf eine mögliche Restschuldbefreiung während des laufenden Verfahrens nicht gepfändet werden dürfen. Die während des Verfahrens entstehenden Bezüge sind durch die Einbeziehung des Neuerwerbs in § 35 bereits massezugehörig und fallen dabei in den Anwendungsbereich des Abs. 1. Während des Verfahrens vorgenommene Verfügungen über künftige Bezüge sind gemäß dem in § 81 Abs. 2 Satz 1 statuierten absoluten Verfügungsverbotes unwirksam. 50

4. Ausnahmen des Abs. 2 Satz 2. Unberührt vom Verbot des Abs. 2 Satz 1 bleibt nach Abs. 2 Satz 2 die Vollstreckungsmöglichkeit durch **Unterhalts-** und **Deliktsgläubiger** in den Teil der Bezüge, der gemäß §§ 850d, 850f Abs. 2 ZPO für diese Gläubiger **erweitert pfändbar** ist. Dieser Teil der Einkünfte gehört nicht zur Insolvenzmasse. Er wird auch von der Abtretung der Bezüge an einen Treuhänder im Restschuldbefreiungsverfahren nicht erfasst (§ 287 Abs. 2). Es bestehen daher keine Bedenken dagegen, dass die Unterhalts- und Deliktsgläubiger, soweit sie nicht als Insolvenzgläubiger an der gemeinschaftlichen Befriedigung im Verfahren beteiligt sind, auch während des Verfahrens in den erweiterten Teil der Bezüge vollstrecken können.[148] Die Ausnahme des Abs. 2 Satz 2 überträgt damit die Privilegierung dieser Gläubigergruppe, die sie in der Einzelzwangsvollstreckung aufgrund ihrer besonderen Schutzwürdigkeit genießen, in konsequenter Weise auf die Gesamtvollstreckung.[149] Zu beachten ist indes, dass die Pfändungserweiterung nur die Neugläubiger von Delikts- und Unterhaltsforderungen betrifft.[150] Privilegierte **Unterhaltsberechtigte** sind gemäß § 850d ZPO unterhaltsberechtigte Verwandte (§§ 1601 ff. BGB), Ehegatten und frühere Ehegatten (§§ 1360 ff., 1569 ff. BGB) sowie das betreuende Elternteil des nichtehelichen Kindes (§ 1615l BGB), (ehemalige) Lebenspartner (§§ 5, 16 LPartG).[151] Die Privilegierung für die **Deliktsgläubiger** nach § 850f Abs. 2 ZPO setzt einen Anspruch nach den §§ 823 ff. BGB aus (mindestens bedingt) vorsätzlicher unerlaubter Handlung voraus.[152] Für nur fahrlässig begangene unerlaubte Handlungen greift die Privilegierung nicht.[153] Kein Anspruch aus vorsätzlicher unerlaubter Handlung stellt der Anspruch aus einer **Steuerhinterziehung** für den Steuergläubiger dar, da der Entstehungsgrund der Steuerforderung nicht die Steuerhinterziehung, sondern die Erfüllung des gesetzlichen Steuertatbestandes ist.[154] 51

IV. Dauer des Vollstreckungsverbots

Das Vollstreckungsverbot erstreckt sich auf die **gesamte Dauer des Insolvenzverfahrens,** welches mit der Verfahrenseröffnung (§ 27) beginnt und mit der Aufhebung (§ 200) oder seiner Einstellung (§§ 207, 211, 212) endet.[155] Nach Aufhebung oder Einstellung lebt das **freie Nachforderungsrecht** der Insolvenzgläubiger auf (§ 201), dh sie können ihre restlichen Forderungen gegenüber dem Schuldner wieder unbeschränkt geltend machen und gegen ihn vollstrecken. Ist im Insolvenzverfahren ein Titel gegen den Insolvenzverwalter für einen Absonderungsberechtigten oder Massegläubiger ergangen, bedarf es der Klauselumschreibung (§ 727 ZPO). 52

---

147 *Hess* InsO § 89 Rn. 55; Jaeger/*Eckardt* § 89 Rn. 64; Uhlenbruck/*Mock* § 89 Rn. 50.

148 Begr. § 100 RegE, BT-Drs. 12/2443 S. 138; Braun/*Kroth* § 89 Rn. 12; FKInsO/*Wimmer-Amend* § 89 Rn. 5; HKInsO/*Kayser* § 89 Rn. 28; Jaeger/*Eckardt* § 89 Rn. 29; KPB/*Lüke* § 89 Rn. 29; *Smid/Smid* § 89 Rn. 6.

149 Jaeger/*Eckardt* § 89 Rn. 66; Uhlenbruck/*Mock* § 89 Rn. 51.

150 BGH NZI 2006, 593; BGH NJW RR 2008, 294, 294 f. = ZInsO 2008, 39, 39 f.; BGH NZI 2008, 50; AG Dortmund ZInsO 2005, 836; HKInsO/*Kayser* § 89 Rn. 28, 29; Uhlenbruck/*Mock* § 89 Rn. 51.

151 *Hess* InsO § 89 Rn. 47; Jaeger/*Eckardt* § 89 Rn. 67; *Smid/Smid* § 89 Rn. 7 ff.; Uhlenbruck/*Mock* § 89 Rn. 52.

152 HKInsO/*Kayser* § 89 Rn. 28; *Hess* InsO § 89 Rn. 48; Jaeger/*Eckardt* § 89 Rn. 67; Uhlenbruck/*Mock* § 89 Rn. 53.

153 BGH NZI 2006, 593, 599 mit zust. Anm. *App* EWiR 2006, 725; Uhlenbruck/*Mock* § 89 Rn. 53.

154 FKInsO/*Wimmer-Amend* § 89 Rn. 57; Uhlenbruck/*Mock* § 89 Rn. 53.

155 Jaeger/*Eckardt* § 89 Rn. 68; KPB/*Lüke* § 89 Rn. 17; Nerlich/Römermann/*Kruth* § 89 Rn. 27; Uhlenbruck/*Mock* § 89 Rn. 40.

53 Verfrüht vorgenommene Zwangsvollstreckungen sind den Gläubigern gegenüber nur wirksam, wenn die Voraussetzungen ihres Wirksamwerdens vor der Verfahrenseröffnung geschaffen wurden (§§ 750, 751, 794 Nr. 5, 798 ZPO).[156]

54 Im **Restschuldbefreiungsverfahren** sind indes während der Wohlverhaltensperiode nach Abschluss des Verfahrens Vollstreckungsmaßnahmen nach wie vor unzulässig (vgl. § 294 Abs. 1).

V. Rechtsfolgen

55 **1. Allgemeines.** Ein Verstoß gegen Abs. 1 und Abs. 2 macht die Zwangsvollstreckungsmaßnahme unzulässig, dh die entsprechenden **Vollstreckungsorgane** dürfen bei Kenntnis von der Insolvenzeröffnung einem Vollstreckungsantrag **von Amts wegen** nicht entsprechen und haben begonnene Vollstreckungen **einzustellen,** sofern nicht schon ein Absonderungsrecht entstanden ist.[157] Das Insolvenzgericht hat gem. **§ 32 von Amts wegen** das Grundbuchamt um Eintragung des Insolvenzvermerks zu ersuchen, wenn ihm Grundstücke des Schuldners oder in Registern eingetragene Rechte bekannt geworden sind.[158] Das **Grundbuchamt** hat bei Voreintragung eines Insolvenzvermerks die zugunsten eines Gläubigers beantragte Eintragung einer Zwangs- oder Arresthypothek abzulehnen.[159] Bei fehlendem Insolvenzvermerk ist das Vollstreckungsorgan **nicht** zur Nachfrage beim Insolvenzgericht verpflichtet.[160] Hält der Gläubiger die Vollstreckung für zulässig, steht ihm die Erinnerung offen (§ 766 ZPO).[161]

56 **2. Gutgläubiger Erwerb.** Grundsätzlich **scheidet** ein gutgläubiger Erwerb **aus,** dh der Gläubiger kann sich nicht darauf berufen, er habe im Zeitpunkt der Vollstreckungsmaßnahme keine Kenntnis von der Verfahrenseröffnung oder vom allgemeinen Veräußerungsverbot gehabt, da die Vorschriften über den gutgläubigen Erwerb (§§ 892, 932 BGB) mangels rechtsgeschäftlichen Charakters des Erwerbsvorganges nicht anwendbar sind.[162]

57 Für die Beurteilung **eintragungsbedürftiger** Zwangsvollstreckungsmaßnahmen kommt es auf den Zeitpunkt der **Eintragung** an, unabhängig davon, ob der Antrag vor der Verfahrenseröffnung gestellt wurde, da die Eintragung wie eine Zwangsvollstreckung wirkt (§ 866 ZPO).[163] § 140 Abs. 2 (bzw. § 878 BGB, § 3 Abs. 3 SchiffsRG, § 5 Abs. 3 LuftRG) ist weder unmittelbar noch entsprechend anwendbar, so dass es nicht ausreicht, wenn der Eintragungsantrag vor Verfahrenseröffnung gestellt wurde, die Eintragung aber erst nach Verfahrenseröffnung erfolgt.[164] Hiergegen sprechen nicht nur Wortlaut und Normzweck des § 140 Abs. 2, sondern auch, dass Abs. 1 im Gegensatz zu § 91 Abs. 2 nicht auf § 878 BGB verweist.[165] Abgesehen davon intendieren § 140 Abs. 2, § 878 BGB, dass Eintragungsverzögerungen nicht den Eintritt der Rechtsfolge hindern sollen, wohingegen bei der Eintragung einer Zwangshypothek mit dem Zahlungstitel noch kein Rechtsakt zur Begründung des dinglichen Rechts gesetzt wurde.[166] Auch bei anderen Vollstreckungsmaßnahmen (etwa bei der Sach- und Forderungspfändung wie auch bei der Zwangsversteigerung) ist allein der Vollstreckungsantrag nicht ausreichend, um dem Gläubiger eine insolvenzfeste Rechtsposition zu verschaffen.[167] Die Regelungen in § 140 Abs. 2, § 878 BGB sind daher auf den Vollstreckungserwerb nicht übertragbar.[168] Etwas anderes gilt nur dann, wenn die Einwilligung zu einer Eintragung (zB einer Hypothek) durch Urteil ersetzt wird (§§ 894 f. ZPO), da der Erwerb hier als rechtsgeschäftlich gilt und § 878 BGB Anwendung findet.[169] Wurde der Antrag erst nach der Verfahrenseröffnung gestellt, ist ein

---

156 FKInsO/*Wimmer-Amend* § 89 Rn. 53; Jaeger/*Eckardt* § 89 Rn. 54; KPB/*Lüke* § 89 Rn. 24. Schon zur KO: RGZ 125, 286, 288; aA LG München I NJW 1962, 2306, 2306 mit abl. Anm. *Stöber* NJW 1963, 769, 769.

157 OLG Stuttgart NZI 2011; LG Oldenburg ZIP 1981, 1011, 1012; FKInsO/*Wimmer-Amend* § 89 Rn. 50; KPB/*Lüke* § 89 Rn. 21; Nerlich/Römermann/*Kruth* § 89 Rn. 26; Uhlenbruck/*Mock* § 89 Rn. 47.

158 *Busch* → § 33 Rn. 24.

159 *Busch* → § 33 Rn. 75; FKInsO/*Wimmer-Amend* § 89 Rn. 50; K. Schmidt/*Keller* § 89 Rn. 31.

160 AA MüKoInsO/*Breuer* → 3. Aufl. § 89 Rn. 59, wohl auch Uhlenbruck/*Mock* § 89 Rn. 47.

161 Jaeger/*Eckardt* § 89 Rn. 70.

162 Braun/*Kroth* § 89 Rn. 4; Jaeger/*Eckardt* § 89 Rn. 71; Nerlich/Römermann/*Kruth* § 89 Rn. 23.

163 Jaeger/*Eckardt* § 89 Rn. 72; Uhlenbruck/*Mock* § 89 Rn. 23; Nerlich/Römermann/*Kruth* § 89 Rn. 1; aA KPB/*Lüke* § 89 Rn. 18.

164 So aber *Wacke*, ZZP (1969), 377, 380 ff.; KPB/*Lüke* § 89 Rn. 18.

165 So zutreffend Jaeger/*Eckardt* § 89 Rn. 72; vgl. auch Nerlich/Römermann/*Kruth* § 89 Rn. 23.

166 So zutreffend Jaeger/*Eckardt* § 89 Rn. 72.

167 Jaeger/*Eckardt* § 89 Rn. 72.

168 Jaeger/*Eckardt* § 89 Rn. 72.

169 Jaeger/*Eckardt* § 89 Rn. 72; Nerlich/Römermann/*Kruth* § 89 Rn. 23; Uhlenbruck/*Mock* § 89 Rn. 23. Schon zur KO: RGZ 68, 150, 154 f.; RGZ 90, 193, 198.

gutgläubiger Erwerb nur unter den Voraussetzungen des § 91 Abs. 2 iVm § 898 ZPO, § 892 BGB möglich.[170]

3. Keine Entstehung des Pfändungspfandrechts. Nach der herrschenden **gemischt privatrechtlichen – öffentlichen-rechtlichen Theorie** müssen zur Entstehung eines wirksamen Pfändungspfandrechts sowohl dessen materielle Voraussetzungen vorliegen wie auch die **wesentlichen Verfahrensvoraussetzungen** gegeben sein.[171] Hieran mangelt es bei Verstößen gegen Abs. 1 und Abs. 2, da nicht nur der Verstoß gegen das insolvenzrechtliche Vollstreckungsverbot einen erheblichen Verfahrensverstoß darstellt, sondern durch den mit der Verfahrenseröffnung einhergehenden Verlust der Verwaltungs- und Verfügungsbefugnis des Schuldners (§§ 80 f., 91) es auch an der materiell-rechtlichen Grundlage zum Erwerb des Pfändungspfandrechts mangelt,[172] so dass ein solches wirksam nicht entstehen kann.[173] 58

4. Wirksame Verstrickung. Ein Verstoß gegen Abs. 1 und Abs. 2 hindert zwar die Entstehung eines wirksamen Pfändungspfandrechts, nicht hingegen die öffentlich-rechtliche Verstrickung.[174] Vollstreckungsrechtlich ist eine unter Verstoß gegen das Vollstreckungsverbot vorgenommene **Vollstreckungshandlung** daher solange **wirksam,** bis ihre förmliche **Aufhebung** erfolgt ist, sie ist daher nicht etwa nichtig.[175] 59

5. Rückabwicklung nach Bereicherungsrecht. Aufgrund der wirksamen Verstrickung führt die entgegen § 89 durchgeführte Zwangsversteigerung zum Rechtserwerb bei dem Ersteher.[176] Das durch die **unwirksame Vollstreckungs- und Verwertungsmaßnahme Erlangte ist allerdings nach Bereicherungsrecht** an den Insolvenzverwalter herauszugeben (§ 812 Abs. 1 Satz 1 Alt. 2 BGB). Die Eingriffskondiktion ist begründet, da der Gläubiger kein wirksames Pfändungspfandrecht erworben hat und sich daher die Vollstreckung in die Insolvenzmasse als rechtsgrundloser Eingriff darstellt.[177] Der verbotswidrig vollstreckende Gläubiger behält nach Rückerstattung des Erlangten seine Forderung und mit ihr die Position als Insolvenzgläubiger.[178] Im Sonderfall kann sich zudem ein Schadensersatzanspruch (insbesondere nach § 826 BGB) ergeben, ggf. auch auf Rückerstattung der vom Gläubiger selbst ersteigerten Sache.[179] 60

6. Heilung. Wird das Insolvenzverfahren beendet, ohne dass der Insolvenzverwalter die verbotswidrig gepfändete Sache verwertet hat, wird der Mangel **ex nunc geheilt** und kann nicht mehr mit der Erinnerung nach § 766 ZPO (Abs. 3) gerügt werden. Mit der Beendigung des Verfahrens entsteht ein Pfändungspfandrecht, wobei bei mehreren unzulässigen Pfändungen die Gläubiger den gleichen Rang haben.[180] Bei der Zwangshypothek ist hingegen eine Heilung ausgeschlossen, da sie andernfalls rückwirkend auf den Zeitpunkt der Eintragung entstehen müsste; dies würde bei einem Gläubiger, der unter Verstoß gegen § 89 die Eintragung erwirkt hat, einen nicht zu rechtfertigenden Vorteil gegenüber den konkurrierenden Gläubigern verschaffen, deren Eintragung wegen § 89 gescheitert ist.[181] 61

VI. Rechtsbehelfe und Zuständigkeit des Insolvenzgerichts

1. Zuständigkeit. Über Einwendungen gegen unzulässige Vollstreckungsmaßnahmen nach Abs. 1 und Abs. 2 entscheidet gem. Abs. 3 Satz 1 nicht das Vollstreckungsgericht, sondern aufgrund 62

[170] Jaeger/*Eckardt* § 89 Rn. 72; Uhlenbruck/*Mock* § 89 Rn. 23.

[171] Anders die Vertreter der rein öffentlich-rechtlichen Theorien, die für die Entstehung eines Pfändungspfandrechts nur die wirksame Verstrickung erforderlich halten, vgl. OLG Frankfurt NJW 1953, 1835; LG München NJW 1962, 2306; zu den verschiedenen Theorien siehe Stein/Jonas/*Münzberg* § 804 Rn. 1 ff.

[172] So zutreffend Jaeger/*Eckardt* § 89 Rn. 74.

[173] Braun/*Kroth* § 89 Rn. 14; FKInsO/*Wimmer-Amend* § 89 Rn. 51; Jaeger/*Eckardt* § 89 Rn. 74; KPB/*Lüke* § 89 Rn. 22; Uhlenbruck/*Mock* § 89 Rn. 43.

[174] Braun/*Kroth* § 89 Rn. 14; FKInsO/*Wimmer-Amend* § 89 Rn. 51; Jaeger/*Eckardt* § 89 Rn. 73; KPB/*Lüke* § 89 Rn. 21; Nerlich/Römermann/*Kruth* § 89 Rn. 22; Uhlenbruck/*Mock* § 89 Rn. 42. Schon zur KO: OLG Celle KTS 1962, 112, 114; LAG Hamm ZIP 1980, 749, 750; LAG Mainz AP Nr. 1 zu § 14 KO.

[175] *BGH*, NZI 2017, 892 Rn. 12; AG Essen NZI 2018, 671, 672; Jaeger/*Eckardt* § 89 Rn. 73; siehe auch OLG Saarbrücken InVo 2005, 66, 67.

[176] Jaeger/*Eckardt* § 89 Rn. 73; Uhlenbruck/*Mock* § 89 Rn. 44. Schon zur KO: OLG Celle KTS 1962, 112, 114; LAG Hamm ZIP 1980, 749, 750.

[177] Braun/*Kroth* § 89 Rn. 14; FKInsO/*Wimmer-Amend* § 89 Rn. 51; Jaeger/*Eckardt* § 89 Rn. 75; KPB/*Lüke* § 89 Rn. 22; Nerlich/Römermann/*Kruth* § 89 Rn. 22.

[178] Jaeger/*Eckardt* § 89 Rn. 75; KPB/*Lüke* § 89 Rn. 22.

[179] Jaeger/*Eckardt* § 89 Rn. 73. Schon zur KO: OLG Celle KTS 1962, 112, 114 f.

[180] Jaeger/*Eckardt* § 89 Rn. 77; Uhlenbruck/*Mock* § 89 Rn. 44.

[181] Jaeger/*Eckardt* § 89 Rn. 77; Uhlenbruck/*Mock* § 89 Rn. 45.

größerer Sachnähe das Insolvenzgericht.[182] Funktionell zuständig für die Entscheidung ist der Richter (§ 20 Nr. 17 Satz 2 RPflG).[183] Die Zuständigkeit gilt für alle Rechtsbehelfe, mit denen die Unwirksamkeit einer Vollstreckungsmaßnahme in der Mobiliarvollstreckung wegen Verstoßes gegen das Vollstreckungsverbot gerügt werden kann.[184] Die Durchbrechung der allgemeinen Zuständigkeiten gilt grundsätzlich umfassend, auch wenn in den Gesetzesmaterialien ausdrücklich nur die Vollstreckungserinnerung nach § 766 ZPO genannt ist.[185] Dafür spricht neben dem Normzweck der weit gefasste Wortlaut der Norm.[186]

63 In **Grundbuchsachen gilt die Besonderheit,** dass das **Grundbuchamt für Rechtsbehelfe in der Immobiliarvollstreckung** zuständig bleibt.[187] In diesem Fall wird die allgemeine Zuständigkeit des Grundbuchamts nicht gem. § 89 Abs. 3 durchbrochen.

64 **2. Rechtsbehelfe.** Statthafter Rechtsbehelf gegen eine verbotswidrige Vollstreckungsmaßnahme ist die **Vollstreckungserinnerung** nach § 766 Satz 1 ZPO,[188] bei der **Immobiliarvollstreckung** kommt stattdessen ein **Antrag auf einstweilige Einstellung** nach § 30a ZVG in Betracht.[189] Das Insolvenzgericht stellt die Unzulässigkeit der getroffenen Vollstreckungsmaßnahme fest und hebt diese nach Maßgabe der §§ 775 Nr. 1, 776 ZPO auf. Gegen Entscheidungen des Vollstreckungsgerichts, unabhängig ob diese vom Richter oder Rechtspfleger getroffen wurden, ist nicht die Vollstreckungserinnerung, sondern die **sofortige Beschwerde** statthaft (§ 793 ZPO, § 11 Abs. 1 RPflG).[190] Dies gilt auch für die aufgrund einer Einwendung gegen eine Vollstreckungsmaßnahme getroffene Entscheidung des Insolvenzgerichts nach Abs. 3.[191] Hat das Vollstreckungsgericht durch den Rechtspfleger einen Pfändungs- und Überweisungsbeschluss erlassen, so ist je nach Qualität der Entscheidung entweder die Vollstreckungserinnerung (§ 766 ZPO) oder die sofortige Beschwerde (§ 793 ZPO, § 11 Abs. 1 RPflG) statthaft.[192] Bei Streit über die Massezugehörigkeit des Vollstreckungsgegenstandes kann der **Insolvenzverwalter** die **Drittwiderspruchsklage** erheben (§ 771 ZPO). Bei Umschreibung von vor Verfahrenseröffnung gegen den Schuldner erlassenen Titeln gegen den Insolvenzverwalter sind Einwendungen, es läge weder eine über § 80 hinausgehende Rechtsnachfolge noch eine vom Verwalter begründete Verbindlichkeit der Insolvenzmasse vor, mit der **Vollstreckungsgegenklage** geltend zu machen (§§ 767, 768 ZPO).[193] Die Unzulässigkeit einer gegen das Verbot des § 89 verstoßenden Grundbucheintragung (Zwangs- oder Arresthypothek) kann nicht mit der Erinnerung nach Abs. 3 verfolgt werden, da das Eintragungsverfahren Grundbuchsache ist. Eine gem. § 89 unzulässige Eintragung führt zwar zur Unrichtigkeit des Grundbuchs, ermöglicht aber **keinen von Amts** wegen einzutragenden **Amtswiderspruch** (§§ 53 Abs. 1 Satz 1, 71 Abs. 2 GBO). Ein solcher ist nur einzutragen, wenn die Eintragung unter Verletzung gesetzlicher Vorschriften vorgenommen wurde. Gesetzliche Vorschriften sind grundsätzlich umfassend zu verstehen, jedoch sind nur solche gemeint, auf welche sich die Prüfpflicht des Grundbuchamtes bezieht.[194] Das Grundbuchamt muss nicht allgemein prüfen, ob der ursprünglich Berechtigte in die Insolvenz gefallen ist. Zu prüfen hat es lediglich, ob ein Insolvenzvermerk eingetragen ist. Erst der Insolvenzvermerk führt zu einer Registersperre.[195] Allein **das Insolvenzgericht** hat gem. **§ 32 Abs. 2 von Amts wegen**

182 Begr. § 100 RegE, BT-Drs. 12/2443 S. 138; OLG Köln ZInsO 2002, 495.

183 BGH NZI 2004, 278; BGH NZI 2005, 520; AG Hamburg NZI 2000, 96; HambKommInsO/*Kuleisa* § 89 Rn. 21; aA AG Göttingen NZI 2000, 493; AG Duisburg NZI 2000, 608; AG Hamburg NZI 2006, 646.

184 Jaeger/*Eckardt* § 89 Rn. 81; KPB/*Lüke* § 89 Rn. 36.

185 Begr. § 100 RegE, BT-Drs. 12/2443 S. 138.

186 So wie hier: HambKommInsO/*Kuleisa* § 89 Rn. 20; KPB/*Lüke* § 89 Rn. 36.

187 LG Dresden, ZInsO 2017, 448; K. Schmidt/*Keller* § 89 Rn. 32; Braun/*Kroth* § 89 Rn. 17; Jaeger/*Eckardt* § 89 Rn. 89; Nerlich/Römermann/*Kruth* § 89 Rn. 30; HKInsO/*Kayser* § 89 Rn. 46; FKInsO/*Wimmer-Amend* § 89 Rn. 33; aA für die **Zuständigkeit des OLG** gem. § 72 GBO Uhlenbruck/*Mock* § 89 Rn. 60; HambKommInsO/*Kuleisa* § 89 Rn. 20; aA für die **Zuständigkeit des Insolvenzgerichts:** KPB/*Lüke* § 89 Rn. 36; wohl FKInsO/*Wimmer-Amend* § 89 Rn. 55.

188 BGH NZI 2004, 447; Braun/*Kroth* § 89 Rn. 15; FKInsO/*Wimmer-Amend* § 89 Rn. 54; Jaeger/*Eckardt* § 89 Rn. 78, Nerlich/Römermann/*Kruth* § 89 Rn. 24 f.; Uhlenbruck/*Mock* § 89 Rn. 57. Schon zur KO: RGZ 29, 73, 76; LAG Mainz AP Nr. 1 zu § 14 KO.

189 Jaeger/*Eckardt* § 89 Rn. 78; Nerlich/Römermann/*Kruth* § 89 Rn. 25.

190 BGH NZI 2004, 447 = ZIP 2004, 1379; Jaeger/*Eckardt* § 89 Rn. 78; KPB/*Lüke* § 89 Rn. 35; Uhlenbruck/*Mock* § 89 Rn. 58.

191 Braun/*Kroth* § 89 Rn. 15; FKInsO/*Wimmer-Amend* § 89 Rn. 62; Jaeger/*Eckardt* § 89 Rn. 78; KPB/*Lüke* § 89 Rn. 35; Uhlenbruck/*Mock* § 89 Rn. 58.

192 BGH NZI 2004, 447 = ZIP 2004, 1379; LG München I ZInsO 2001, 1118; Jaeger/*Eckardt* § 89 Rn. 78; Uhlenbruck/*Mock* § 89 Rn. 56.

193 LG Hamburg KTS 1983, 599, 601; Nerlich/Römermann/*Kruth* § 89 Rn. 25.

194 BeckOK GBO/Holzer § 53 GBO Rn. 18.

195 *Busch* → § 33 Rn. 75; FKInsO/*Wimmer-Amend* § 89 Rn. 50; K. Schmidt/*Keller* § 89 Rn. 31.

das Grundbuchamt um Eintragung des **Insolvenzvermerks** zu ersuchen, wenn ihm Grundstücke des Schuldners oder in Registern eingetragene Rechte bekannt geworden sind.[196] Die allgemeine Zuständigkeit des Grundbuchamts wird aufgrund der näheren Sachnähe nicht durch den Abs. 3 durchbrochen.[197]

3. Rechtsbehelfsbefugnis. Die Rechtsbehelfsbefugnis steht grundsätzlich dem **Insolvenzverwalter** zu.[198] Dem **Schuldner** steht diese Befugnis nur dann selbst zu, wenn die **Eigenverwaltung** angeordnet (§ 270 Abs. 1) oder durch die Vollstreckung das **insolvenzfreie Vermögen** des Schuldners betroffen ist.[199] Bei Pfändungs- und Überweisungsbeschlüssen ist neben dem Insolvenzverwalter auch der **Drittschuldner** berechtigt, die Unzulässigkeit der Zwangsvollstreckung in die Insolvenzmasse mit der Erinnerung zu rügen.[200] Die Insolvenzgläubiger haben indes, obgleich Abs. 1 auch ihrem Schutz dient, keine Rechtsbehelfsbefugnis, da ihre Interessen insoweit vollständig vom Insolvenzverwalter wahrgenommen werden.[201] 65

4. Einstweilige Anordnungen (Abs. 3 Satz 2). Das Insolvenzgericht kann nach Abs. 2 Satz 2 die gleichen Anordnungen treffen wie das Vollstreckungsgericht nach den §§ 766 Abs. 1 Satz 2, 732 Abs. 2 ZPO. Es kann daher vor seiner Entscheidung eine einstweilige Anordnung erlassen oder anordnen, dass die Zwangsvollstreckung gegen oder ohne Sicherheitsleistung fortgesetzt werden darf.[202] Die Anordnung darf indes (selbstverständlich) nur ergehen, wenn die Hauptsache auch Aussicht auf Erfolg hat.[203] Weiterhin darf die Hauptsache dadurch nicht vorweg genommen werden, dh die fragliche Vollstreckungsmaßnahme darf durch die einstweilige Anordnung nicht aufgehoben werden.[204] 66

5. Entsprechende Anwendung von Abs. 3. In Fällen der **Massearmut** (§§ 207, 210) sind in **entsprechender Anwendung** von Abs. 3 ebenfalls die **Insolvenzgerichte** zur Entscheidung bei einem Verstoß gegen Vollstreckungsverbote berufen.[205] Sieht im Falle einer **Auslandsinsolvenz** die einschlägige ausländische Rechtsordnung ein Vollstreckungsverbot vor, so findet bei einer verbotswidrigen Inlandsvollstreckung Abs. 3 ebenfalls entsprechende Anwendung.[206] Für die Einwendung der unzulässigen Vollstreckung durch einen **Nachlassgläubiger** in die Insolvenzmasse ist das Insolvenzgericht zuständig, auch wenn weder ein Fall des Abs. 1 noch des Abs. 2 vorliegt.[207] Das Gleiche gilt für das Vollstreckungsverbot im **Schuldenbereinigungsplanverfahren** (§ 306 Abs. 2 Satz 1 iVm § 21 Abs. 1 Nr. 3) und im Bereich des **Restschuldbefreiungsverfahrens** (§ 294 Abs. 1).[208] Soweit spezifische insolvenzrechtliche Fragen betroffen sind, wird man das Insolvenzgericht in entsprechender Anwendung von Abs. 3 aufgrund der Sachnähe auch dann für zuständig zu erachten haben, wenn **verwaltungsrechtliche Zuordnungsnormen** (zB §§ 72 f. VwGO, § 367 Abs. 1 AO) bestehen.[209] 67

---

[196] *Busch* → § 33 Rn. 24.

[197] Für die Zuständigkeit des Grundbuchamtes bei Rechtsschutz gegen Immobiliarvollstreckung LG Dresden, ZInsO 2017, 448; K. Schmidt/*Keller* § 89 Rn. 32; Braun/*Kroth* § 89 Rn. 17; Jaeger/*Eckardt* § 89 Rn. 89; Nerlich/Römermann/*Kruth* § 89 Rn. 30; HKInsO/*Kayser* § 89 Rn. 46; FKInsO/*Wimmer-Amend* § 89 Rn. 33; aA für die **Zuständigkeit des OLG** gem. § 72 GBO Uhlenbruck/*Mock* § 89 Rn. 60; HambKomm-InsO/*Kuleisa* § 89 Rn. 20; aA für die **Zuständigkeit des Insolvenzgerichts:** KPB/*Lüke* § 89 Rn. 36; wohl FKInsO/*Wimmer-Amend* § 89 Rn. 55.

[198] FKInsO/*Wimmer-Amend* § 89 Rn. 54; Jaeger/*Eckardt* § 89 Rn. 78; KPB/*Lüke* § 89 Rn. 37; Nerlich/Römermann/*Kruth* § 89 Rn. 24; Uhlenbruck/*Mock* § 89 Rn. 64. Schon zur KO: LAG Mainz AP Nr. 1 zu § 14 KO.

[199] Jaeger/*Eckardt* § 89 Rn. 79; KPB/*Lüke* § 89 Rn. 37; Nerlich/Römermann/*Kruth* § 89 Rn. 24; Uhlenbruck/*Mock* § 89 Rn. 64. Schon zur KO: LAG Mainz AP Nr. 1 zu § 14 KO.

[200] AG Göttingen NZI 2006, 714, 715; Jaeger/*Eckardt* § 89 Rn. 79; KPB/*Lüke* § 89 Rn. 37; Uhlenbruck/*Mock* § 89 Rn. 64.

[201] BGH NZI 2004, 278 = ZIP 2004, 732; BGH NJW-RR 2007, 119 = NZI 2006, 697, 698; *App* NZI 1999, 138, 139; Jaeger/*Eckardt* § 89 Rn. 79; Nerlich/Römermann/*Kruth* § 89 Rn. 24; Uhlenbruck/*Mock* § 89 Rn. 64.

[202] Jaeger/*Eckardt* § 89 Rn. 85; KPB/*Lüke* § 89 Rn. 34; Uhlenbruck/*Mock* § 89 Rn. 65.

[203] FKInsO/*Wimmer-Amend* § 89 Rn. 61; *Hess* InsO § 89 Rn. 54; Jaeger/*Eckardt* § 89 Rn. 85.

[204] FKInsO/*Wimmer-Amend* § 89 Rn. 61; Jaeger/*Eckardt* § 89 Rn. 85.

[205] BGH NJW-RR 2007, 119 = NZI 2006, 697, 698 mit zust. Anm. *Schwarz/Lehre* (für § 207); LG Trier NZI 2005, 170; AG Köln NZI 2004, 592 (für § 210).

[206] Jaeger/*Eckardt* § 89 Rn. 90; für eine unmittelbare Anwendung LG Kiel DZWiR 2007, 173; für eine Zuständigkeit des Vollstreckungsgerichts *Buhlert* DZWiR 2007, 173.

[207] Jaeger/*Eckardt* § 89 Rn. 90.

[208] LG Offenburg NZI 2000, 277 f.; FKInsO/*Ahrens* § 294 Rn. 25 (§§ 296, 300 analog); Jaeger/*Eckardt* § 89 Rn. 90; aA LG Köln NZI 2003, 669 = ZVI 2004, 53; AG Göttingen NZI 2006, 714, 715 (Zuständigkeit des Vollstreckungsgerichts).

[209] *App*, NZI 1999, 138, 139; FKInsO/*Wimmer-Amend* § 89 Rn. 60.

§ 90 Vollstreckungsverbot bei Masseverbindlichkeiten

(1) Zwangsvollstreckungen wegen Masseverbindlichkeiten, die nicht durch eine Rechtshandlung des Insolvenzverwalters begründet worden sind, sind für die Dauer von sechs Monaten seit der Eröffnung des Insolvenzverfahrens unzulässig.

(2) Nicht als derartige Masseverbindlichkeiten gelten die Verbindlichkeiten:
1. aus einem gegenseitigen Vertrag, dessen Erfüllung der Verwalter gewählt hat;
2. aus einem Dauerschuldverhältnis für die Zeit nach dem ersten Termin, zu dem der Verwalter kündigen konnte;
3. aus einem Dauerschuldverhältnis, soweit der Verwalter für die Insolvenzmasse die Gegenleistung in Anspruch nimmt.

Schrifttum: *Behr,* Auswirkungen des Insolvenzverfahrens auf die Einzelvollstreckung, JurBüro 1999, 60; *Gerhadt,* Probleme der Mobiliar- und Immobiliarvollstreckung nach der InsO in: *Henckel/Kreft* (Hrsg.), RWS-Forum Insolvenzrecht 1998 (1999), S. 217; *ders.,* Verfügungsbeschränkungen in der Eröffnungsphase und nach Verfahrenseröffnung, Kölner Schrift zur Insolvenzordnung (2000), S. 197; *Hintzen,* Vollstreckung und Insolvenz in: Kölner Schrift zur Insolvenzordnung (2000), S. 127; *Pape,* Vollstreckung von Geldstrafen und Ersatzfreiheitsstrafen während des Insolvenzverfahrens, InVo 2006, 454; *Schwarz/Lehre,* Unzulässigkeit der Zwangsvollstreckung des Kostengläubigers im masselosen Insolvenzverfahren, ZInsO 2007, 26; *Steder,* Einzelzwangsvollstreckung im Konkurs, ZIP 1996, 1072; *Vallender,* Einzelzwangsvollstreckung im neuen Insolvenzrecht, ZIP 1997, 1993; *Viertelhausen,* Einzelzwangsvollstreckung während des Insolvenzverfahrens (1999).

Übersicht

I. Entstehungsgeschichte

1 Die Vorschrift hat keine Entsprechung im früheren Recht, knüpft aber an eine im Rahmen des § 14 KO entwickelte Rechtsfortbildung an. Das vormals in § 14 KO statuierte Vollstreckungsverbot wurde nicht nur auf Gläubiger von (einfachen) Konkursforderungen angewandt, sondern rechtsfortbildend auch auf die Gläubiger sog. **„unechter Masseverbindlichkeiten“,** deren Rechtsgrund bereits vor Verfahrenseröffnung angelegt war.[1] Demgegenüber konnte wegen Masseverbindlichkeiten, die auf Handlungen des Konkursverwalters beruhten (§ 59 Abs. 1 Nr. 1, Nr. 2 Alt. 1 KO) jederzeit die Zwangsvollstreckung in die Konkursmasse betrieben werden.[2] Der Gesetzgeber der InsO baute die Vorschrift des § 90 auf diesem Rechtsgedanken auf. § 90 statuiert ein ipso iure wirkendes, zeitlich begrenztes Vollstreckungsverbot für aufgedrängte Masseverbindlichkeiten.

II. Normzweck

2 Nach Abs. 1 unterliegen **titulierte** Masseverbindlichkeiten, die **nicht** durch eine **Rechtshandlung** des **Insolvenzverwalters** begründet worden sind, einem **sechsmonatigen Vollstreckungsverbot.** Die Vorschrift steht in Zusammenhang mit § 53,[3] wonach aus der Insolvenzmasse die Masseverbindlichkeiten vorweg zu berichtigen sind. Abs. 1 schränkt diesen Grundsatz vollstreckungsrechtlich für solche Masseforderungen ein, die ohne Zutun des Insolvenzverwalters entstanden sind („ererbte“, „aufgedrängte“, „aufgezwungene“ oder „oktroyierte“ Masseverbindlichkeiten[4]). Hierunter fallen vor allem solche aus Dauerschuldverhältnissen (etwa aus Miet- oder Arbeitsverhältnissen), soweit diese im eröffneten Verfahren zunächst fortbestehen (vgl. §§ 55 Abs. 1 Nr. 2, 108). In der

1 Vgl. nur *Kilger/K. Schmidt* § 14 KO Rn. 1b; *Kuhn/Uhlenbruck* § 14 KO Rn. 14.
2 *Kilger/K. Schmidt* § 14 KO Anm. 9; *Kuhn/Uhlenbruck* § 14 KO Rn. 14.
3 Zur Kritik an der systematischen Stellung der Norm Jaeger/*Eckardt* § 90 Rn. 1.
4 Dies sah so ähnlich auch schon der Regierungsentwurf vor: Begr. zu § 101 RegEe, BR-Drucks. 1/92 S. 138.

Nachlassinsolvenz kommen die Verbindlichkeiten des § 324 hinzu. Das befristete Vollstreckungsverbot soll gewährleisten, dass die Insolvenzmasse nicht bereits unmittelbar nach Verfahrenseröffnung durch die Vollstreckung von solchen Forderungen ausgehöhlt wird, auf deren Entstehen der Verwalter keinen Einfluss hat[5] und ihr so die Mittel für eine Unternehmensfortführung entzogen werden.[6] Einschränkend normiert Abs. 2, dass solche Masseforderungen nicht dem Vollstreckungsverbot des Abs. 1 unterfallen, die nach Verfahrenseröffnung durch Rechtshandlungen des Insolvenzverwalters (etwa nach § 55 Abs. 1 Nr. 1 Alt. 1) begründet worden sind („gewillkürte" Masseverbindlichkeiten). Hierdurch wird zutreffend der **Vertrauensschutz** der mit einem Insolvenzverwalter Kontrahierenden berücksichtigt, dass deren Ansprüche notfalls im Wege der Zwangsvollstreckung befriedigt werden.[7] Eine Ausnahme hiervon sieht das Gesetz nur für vom Insolvenzverwalter begründete Sozialplanforderungen der Arbeitnehmer vor, derentwegen während der gesamten Dauer des Insolvenzverfahrens nicht in die Masse vollstreckt werden kann (§ 123 Abs. 3 Satz 2).

Neben dem gesetzlichen Vollstreckungsverbot des Abs. 1 besteht für den Verwalter auch die 3 Möglichkeit, die drohende oder bereits eingetretene **Masseunzulänglichkeit** anzuzeigen (§ 208), um so den damit verbundenen Vollstreckungsschutz des § 210 zu erhalten.

Es ist nicht zu verkennen, dass das Vollstreckungsverbot des Abs. 1 Nachteile für die Massegläubi- 4 ger in sich birgt. Einen Ausgleich sieht der Gesetzgeber in den gesetzlichen oder vertraglichen Ansprüchen auf Zahlung von Verzugszinsen während der Dauer des Vollstreckungsverbots.[8] Diese Zinsansprüche sind, anders als diejenigen der Insolvenzgläubiger (§ 38), die nur nachrangig sind (§ 39 Abs. 1 Nr. 1), Masseforderungen.[9]

III. Anwendungsbereich

1. Abs. 1 Vollstreckungsverbot für Masseverbindlichkeiten. a) Grundsätzliches. Nach 5 § 53 sind die Kosten des Insolvenzverfahrens (§ 54) und die sonstigen Masseverbindlichkeiten (§ 55) vorweg aus der Insolvenzmasse zu berichtigen. Aus Gründen des Vollstreckungsschutzes statuiert Abs. 1 ein zeitlich befristetes Vollstreckungsverbot für Gläubiger von solchen sonstigen Masseverbindlichkeiten, die **„oktroyiert"**, also auferlegt sind und somit nicht dem Insolvenzverwalter und damit der Masse zuzurechnen sind.[10] Dagegen ist wegen **„gewillkürter"** Masseverbindlichkeiten, also derjenigen, die auf einem Handeln des Insolvenzverwalters beruhen, die Zwangsvollstreckung uneingeschränkt zulässig.[11] Hier kommt nur ein Vollstreckungsschutz nach den allgemeinen Vorschriften in Betracht (etwa nach § 765a ZPO, § 258a AO, § 30c ZVG).

b) Oktroyierte Masseverbindlichkeiten. Als von der Vollstreckungssperre des Abs. 1 erfasste 6 oktroyierte, aufgedrängte Masseverbindlichkeiten kommen zunächst **Ansprüche aus gegenseitigen Verträgen** in Frage, soweit deren Erfüllung für die Zeit nach der Eröffnung des Insolvenzverfahrens erfolgen muss (§ 55 Abs. 1 Nr. 2),[12] so vor allem die Lohn- und Gehaltsansprüche der Arbeitnehmer, die während der Kündigungsfrist des § 113 entstehen, obgleich der Verwalter die Arbeitnehmer bis zum Auslaufen der Kündigungsfrist nicht weiterbeschäftigt,[13] oder aber **Ansprüche aus fortbestehenden Dauerschuldverhältnissen** (§ 108).[14] Weiterhin kommen in Betracht **Ansprüche aus ungerechtfertigter Bereicherung der Masse** (§ 55 Abs. 1 Nr. 3), wenn nicht die Grundlage eine Handlung des Insolvenzverwalters war.[15] Auch die besonderen Masseverbindlichkeiten in der **Nachlassinsolvenz** (§ 324 Abs. 1) sind solche des Abs. 1, da sie ebenfalls nicht auf einer Handlung des Insolvenzverwalters beruhen.[16]

c) Gewillkürte Masseverbindlichkeiten. Gläubiger von titulierten Forderungen, die durch 7 **Rechtshandlungen** des **Insolvenzverwalters** begründet worden sind (§ 55 Abs. 1 Nr. 1 Alt. 1),

---

5 Begr. zu § 101 RegE, BR-Drucks. 1/92 S. 138.

6 Uhlenbruck/*Mock* § 90 Rn. 1; Braun/*Kroth* § 90 Rn. 5.

7 Uhlenbruck/*Mock* § 90 Rn. 18; Begr. zu § 101 RegE, BR-Drucks. 1/92 S. 138.

8 Begr. RechtsA BT-Drs. 12/7302 S. 165.

9 Begr. RechtsA, BT-Drs. 12/7302 S. 165.

10 FKInsO/*Wimmer-Amend* § 90 Rn. 4; HKInsO/*Kayser* § 90 Rn. 3; Jaeger/*Eckardt* § 90 Rn. 4; Uhlenbruck/*Mock* § 90 Rn. 3.

11 Siehe aber die Sonderfälle des § 123 Abs. 3 Satz 2 und des § 210.

12 Soweit nicht der Ausnahmetatbestand des Abs. 2 greift.

13 Jaeger/*Eckardt* § 90 Rn. 11; KPB/*Lüke* § 90 Rn. 6; Uhlenbruck/*Mock* § 90 Rn. 5.

14 Uhlenbruck/*Mock* § 90 Rn. 5.

15 Jaeger/*Eckardt* § 90 Rn. 1; KPB/*Lüke* § 90 Rn. 6; Uhlenbruck/*Mock* § 90 Rn. 6, HKInsO/*Kayser* § 90 Rn. 10.

16 Braun/*Kroth* § 90 Rn. 10, HKInsO/*Kayser* § 90 Rn. 10; Jaeger/*Eckardt* § 90 Rn. 11; Uhlenbruck/*Mock* § 90 Rn. 8.

dh auf einem selbstbestimmten Handeln des Verwalters beruhen,[17] können nach der ausdrücklichen Anordnung des Abs. 1 sofort und ohne zeitliche Befristung vollstrecken. Hierzu zählen „alle Rechtshandlungen" des Verwalters im Zusammenhang mit der Verwaltung, Verwertung und Verteilung der Insolvenzmasse, vor allem der Neuabschluss gegenseitiger Verträge und die Aufnahme von Rechtsstreitigkeiten.[18]

8 Fraglich ist, ob titulierte **„in anderer Weise durch die Verwaltung, Verwertung und Verteilung der Insolvenzmasse"** begründete Masseverbindlichkeiten (§ 55 Abs. 1 Nr. 1 Alt. 2) ebenfalls dem Vollstreckungsschutz des Abs. 1 unterliegen. Der Wortlaut der Vorschrift legt eine solche Auslegung nahe. Andererseits ist nicht zu verkennen, dass in der Mehrzahl der Fälle die durch die Verwaltung, Verwertung und Verteilung der Masse begründeten Ansprüche dem Verwalter nicht aufgedrängt werden, sondern letztlich auf einer Rechtshandlung desselben beruhen, so dass insoweit der Vollstreckungsschutz des Abs. 1 keine Anwendung findet.[19] Ausnahmen sind indes auch hier denkbar, so etwa bei aufgrund **von gesetzlichen Haftungstatbeständen** begründeten Masseverbindlichkeiten, die nicht an ein Verhalten des Insolvenzverwalters anknüpfen (etwa bei der Masseverantwortlichkeit für Ersatzvornahmekosten im Zusammenhang mit einer Altlastenbeseitigung[20]). Somit ist im Einzelfall zu untersuchen, ob die Masseverbindlichkeit tatsächlich gewillkürt oder oktroyiert ist.[21]

9 Problematisch ist weiterhin die Behandlung von Verbindlichkeiten, die von einem **„starken" vorläufigen Insolvenzverwalter,** auf den die Verwaltungs- und Verfügungsbefugnis über das Vermögen des Schuldners übergegangen ist (§§ 21 Abs. 2 Nr. 1 Alt. 1, 22 Abs. 1), im Verlaufe des Insolvenzeröffnungsverfahrens begründet und nachfolgend tituliert wurden. Diese gelten nach der Verfahrenseröffnung als Masseverbindlichkeiten (§ 55 Abs. 2). Dem **Wortlaut** nach werden sie von dem Vollstreckungsverbot des Abs. 1 erfasst, weil sie nicht auf einer Rechtshandlung des „endgültigen" Insolvenzverwalters beruhen, selbst wenn hier – wie regelmäßig – Personenidentität bestehen sollte. Solchermaßen begründete Ansprüche unterfallen auch nicht dem Ausnahmekatalog des Abs. 2, so dass danach auch hier von einem befristeten Vollstreckungsverbot ausgegangen werden muss.[22] Eine Ansicht vertritt, dass ein solches Ergebnis indes nicht dem **Vertrauensschutzcharakter der Norm** entspreche, wonach der mit einem „Amtswalter" kontrahierende Vertragspartner geschützt werden soll. Dieses Vertrauen sei bei einem vorläufigen Insolvenzverwalter, auf den die Verwaltungs- und Verfügungsbefugnis übergegangen ist, nicht minder schutzwürdig, als bei einem „endgültigen" Verwalter, so dass eine Vollstreckung wegen dieser Ansprüche (§ 55 Abs. 2 Satz 1) nicht dem Vollstreckungsverbot des Abs. 1 unterliegen dürfe.[23]

Dieser Meinung lässt sich allerdings entgegenhalten, dass das Vertrauen der kontrahierenden Gläubiger auf die Erfüllung durch den vorläufigen Verwalter gerichtet ist.[24] Auch wird das Vertrauen der Gläubiger durch das Risiko der Massearmut und des damit einhergehenden Vollstreckungsverbotes nach § 210 durchbrochen. Zwar geht der Hinweis auf den fehlenden Vertrauensschutz wegen der Anfechtbarkeit von Rechtshandlungen des vorläufigen Insolvenzverwalters, ins Leere.[25] Rechtshandlungen eines „starken" vorläufigen Verwalters, die Masseverbindlichkeiten begründen, können gerade nicht angefochten werden.[26] Da der Wortlaut im Bezug auf den vorläufigen Verwalter jedoch dennoch eindeutig ist, wird das zeitlich begrenzte Vollstreckungsverbot nicht für Vollstreckungen wegen dieser Ansprüche aufgehoben. Die den „starken" vorläufigen Verwalter begründete Verbindlichkeiten werden nach § 55 Abs. 2 als Masseverbindlichkeiten privilegiert. Für eine weitere – wenn auch zeitlich begrenzte vollstreckungsrechtliche – Privilegierung bleibt kein Raum.

Ein zeitlich begrenztes Vollstreckungsverbot dürfte damit auch für solche Verbindlichkeiten des **Schuldners aus dem Steuerschuldverhältnis** vorliegen, die von einem vorläufigen Insolvenzverwalter oder vom Schuldner mit Zustimmung eines vorläufigen Insolvenzverwalters begründet worden sind (§ 55 Abs. 4).[27] Hier fehlt es von vorneherein an einem entsprechenden Vertrauensschutz, da die Steuerverbindlichkeiten automatisch durch Erfüllen des Steuertatbestands entstehen.

---

[17] BGHZ 154, 358, 363 = NJW 2003, 2454, 2455.
[18] Jaeger/*Eckardt* § 90 Rn. 5.
[19] KPB/*Lüke* § 90 Rn. 6.
[20] Braun/*Kroth* § 90 Rn. 4; Jaeger/*Eckardt* § 90 Rn. 7; siehe hierzu auch BVerwG NJW 1999, 1416 ff. BVerwGE 107, 299 = NJW 1999, 1417.
[21] Uhlenbruck/*Mock* § 90 Rn. 4; Braun/*Kroth* § 90 Rn. 4.
[22] KPB/*Lüke* InsO § 90 Rn. 10; HambKommInsO/*Kuleisa* § 90 Rn. 3; FKInsO/*Wimmer-Amend* § 90 Rn. 6, 7; HKInsO/*Kayser* § 90 Rn. 2.
[23] *Hess* InsO, § 90 Rn. 11; Jaeger/*Eckardt* § 90 Rn. 8; Uhlenbruck/*Mock* § 90 Rn. 26; Gottwald/*Eckardt* § 33 Rn. 78; Nerlich/Römermann/*Kruth* InsO § 90 Rn. 4, MüKoInsO/*Breuer* → 3. Aufl. § 90 Rn. 10.
[24] HambKommInsO/*Kuleisa* § 90 Rn. 3.
[25] So aber HambKommInsO/*Kuleisa* § 90 Rn. 4.
[26] Uhlenbruck/*Hirte/Ede* § 129 Rn. 140; BGH NZI 2014, 321.
[27] Nerlich/Römermann/*Kruth* § 90 Rn. 4; Andres/Leithaus/*Leithaus* § 90 Rn. 4.

Dies gilt insbesondere für **Umsatzsteuerschulden,** da sie – ohne weiteres Zutun des Insolvenzverwalters – bei vorinsolvenzlichen Umsätze allein aufgrund des Umsatzsteuerrechts durch bloße Entgeltvereinnahmung durch den Insolvenzverwalter entstehen. Auch insoweit besteht nach dem Zweck des § 90 Abs. 1 InsO ein Vollstreckungsverbot, da die Begründung dieser Verbindlichkeiten nicht auf einem selbstbestimmten Handeln des Verwalters beruht.[28]

Das gleiche gilt auch für solche Masseverbindlichkeiten, die ohne Zutun des späteren Insolvenzverwalters zu erfüllen sind (§ 55 Abs. 2 Satz 2), so etwa Dauerschuldverhältnisse, die automatisch fortgesetzt werden.[29]

10 Durch Abs. 1 sind die Massegläubiger allerdings nicht gehindert, ihre Ansprüche gegenüber dem Insolvenzverwalter zu **titulieren.** Das bestehende Vollstreckungsverbot nimmt daher einer entsprechenden Zahlungsklage nicht das Rechtsschutzbedürfnis, da nach Ablauf des sechsmonatigen Vollstreckungsmoratoriums die Zwangsvollstreckung für alle Massegläubiger uneingeschränkt zulässig ist, sofern nicht andere Vollstreckungsbeschränkungen eingreifen.[30] Entsprechendes gilt für andere auf Erlangung eines Titels gerichtete Maßnahmen (so etwa Anträge auf Erlass eines Mahn- oder Vollstreckungsbescheides etc.).

11 Auf die in § 54 genannten Verfahrenskosten findet Abs. 1 keine Anwendung.

12 **d) Unzulässigkeit von Zwangsvollstreckungen.** Unter den genannten Voraussetzungen sind alle Zwangsvollstreckungsmaßnahmen in die Insolvenzmasse unzulässig.[31] Der Begriff der Zwangsvollstreckung ist hier ebenso **umfassend** weit zu verstehen wie bei § 89 (vgl. → § 89 Rn. 26 ff.). Verboten sind danach vor allem die Pfändung von beweglichen Sachen, von Forderungen und anderen Vermögenswerten sowie Vollstreckungen in das unbewegliche Vermögen.[32] Von der Norm erfasst werden auch Arrestbefehle und Arrestanordnungen.[33] Nicht nur die Einleitung, sondern auch die Fortsetzung einer bereits beantragten oder schon begonnenen Vollstreckung ist unzulässig.[34]

13 **e) Dauer des Vollstreckungsverbots.** Das Vollstreckungsverbot ist zeitlich auf die **ersten sechs Monate** ab der **Verfahrenseröffnung** begrenzt. Entscheidend ist der im Eröffnungsbeschluss (§ 27 Abs. 2 Nr. 3, Abs. 3) angegebene Zeitpunkt, nicht derjenige seiner Zustellung oder seiner Rechtskraft.[35] Da eine dem § 139 entsprechende Norm zur Fristberechnung fehlt, ist auf die allgemeine Vorschrift zurückzugreifen. Über § 4 gelten die Vorschriften der ZPO, über die Verweisung in § 222 Abs. 1 ZPO diejenigen der §§ 186 ff. BGB. Der Tag der Verfahrenseröffnung wird daher bei der Bestimmung des Fristbeginns nicht mitgerechnet (§ 188 Abs. 1 BGB), so dass die Frist erst am darauf folgenden Tag zu laufen beginnt. Der Tag des Fristendes entspricht seiner Zahl nach grundsätzlich dem Tag der Verfahrenseröffnung (§ 188 Abs. 2 BGB). Sofern im letzten Monat dieser Tag fehlt, endet die Frist mit dem letzten Tag des Monats (§ 188 Abs. 3 BGB). Fällt der letzte Tag auf einen Sonnabend, Sonntag oder allgemeinen Feiertag, endet das Vollstreckungsverbot mit dem Ablauf des nächsten Werktages (§ 222 Abs. 2 ZPO). Ob eine Vollstreckungshandlung innerhalb der Frist des Abs. 1 erfolgt ist, richtet sich nicht nach dem Zeitpunkt des Antrages auf Vornahme der Vollstreckung, sondern nach dem Zeitpunkt, zu dem der Zugriff auf die Insolvenzmasse erfolgt.[36] Erst dann droht der Masse durch die mögliche Entstehung von Pfändungspfandrechten der Entzug von Massegegenständen.[37]

14 Nach **Ablauf** der Sperrfrist des Abs. 1 können die hiervon betroffenen Massegläubiger **uneingeschränkt** in das Schuldnervermögen **vollstrecken,** sofern nicht weitere spezielle (so etwa nach § 210) oder allgemeine Vollstreckungshinderungstatbestände eingreifen.

15 **2. Abs. 2 (Ausnahmetatbestände).** Nach Abs. 2 werden bestimmte Masseverbindlichkeiten vom Vollstreckungsverbot des Abs. 1 ausdrücklich ausgenommen.

16 So unterliegen nach Abs. 2 Nr. 1 zunächst solche Masseverbindlichkeiten nicht der befristeten Vollstreckungssperre, die auf einem **gegenseitigen Vertrag** beruhen, dessen **Erfüllung** der Insolvenzverwalter nach § 103 Abs. 1 gewählt hat (§ 55 Abs. 1 Nr. 2 Alt. 1). Der Rechtsgrund des betroffenen Schuldverhältnisses liegt hier zwar, ebenso wie bei den oktroyierten Masseverbindlichkeiten, in der

---

[28] Wohl auch FG Niedersachsen ZInsO 2014, 2331.
[29] BKInsO/*Blersch/v. Olshausen* § 90 Rn. 5; Uhlenbruck/*Mock* § 90 Rn. 26.
[30] BKInsO/*Blersch/v. Olshausen* § 90 Rn. 6.
[31] HKInsO/*Kayser* § 90 Rn. 11; Jaeger/*Eckardt* § 90 Rn. 12; KPB/*Lüke* § 90 Rn. 13; Uhlenbruck/*Mock* § 90 Rn. 16.
[32] FKInsO/*Wimmer-Amend* § 90 Rn. 13; Jaeger/*Eckardt* § 90 Rn. 12.
[33] FKInsO/*Wimmer-Amend* § 90 Rn. 13; Jaeger/*Eckardt* § 90 Rn. 12.
[34] Uhlenbruck/*Mock* § 90 Rn. 10.
[35] Jaeger/*Eckardt* § 90 Rn. 13; KPB/*Lüke* § 90 Rn. 15; Uhlenbruck/*Mock* § 90 Rn. 13.
[36] Jaeger/*Eckardt* § 90 Rn. 13; KPB/*Lüke* § 90 Rn. 17; Uhlenbruck/*Mock* § 90 Rn. 15.
[37] KPB/*Lüke* § 90 Rn. 17.

Zeit vor Verfahrenseröffnung. Mit der Erfüllungswahl des Verwalters entsteht nach § 103 Abs. 1 eine auf der Rechtshandlung des Verwalters beruhende gewillkürte Masseverbindlichkeit, die bereits nach Abs. 1 nicht dem Vollstreckungsverbot unterfällt; Abs. 2 Nr. 1 regelt damit eine Selbstverständlichkeit.[38]

17 Die Ausnahmen des Abs. 2 Nr. 2 und Nr. 3 betreffen **Dauerschuldverhältnisse.** Hiervon erfasst werden alle Schuldverhältnisse (§ 241 BGB), bei denen eine dauerhafte Leistungspflicht geschuldet wird,[39] so zB bei Miet- und Pachtverhältnissen über unbewegliche Gegenstände, Dienstverhältnissen, auf Dauer angelegten Liefer- oder Wartungsverträgen etc. Sind derartige Schuldverhältnisse vor Verfahrenseröffnung begründet worden, so sind diese Verbindlichkeiten unter den Voraussetzungen des § 55 Abs. 1 Nr. 2 Alt. 2 als Masseverbindlichkeiten vorab zu regulieren. Da sie ohne Zutun des Verwalters begründet wurden, unterliegen sie grundsätzlich dem Vollstreckungsverbot des Abs. 1. Kündigt der Verwalter allerdings derartige Vertragsverhältnisse nicht zum frühestmöglichen Zeitpunkt, wird dies nach Abs. 2 Nr. 2 einer Erfüllungswahl gleichgestellt, mit der Folge, dass aus hierwegen titulierter Ansprüche, die nach dem hypothetisch frühesten Beendigungszeitpunkt entstehen, uneingeschränkt in die Insolvenzmasse vollstreckt werden kann.[40] So beträgt etwa die Kündigung bei Dienstverhältnissen längstens drei Monate (§ 113 Abs. 1). Spricht der Verwalter die Kündigung nicht (fristgemäß) aus, muss dem Arbeitnehmer die zwangsweise Durchsetzung seiner dadurch begründeten Ansprüche möglich sein, ohne hieran vom Vollstreckungsverbot des Abs. 1 gehindert zu sein. Zur Bestimmung des frühestmöglichen Kündigungstermins ist nicht auf objektive Kriterien abzustellen, sondern auf den tatsächlichen oder potenziell möglichen Wissensstand des Verwalters von den die Kündigungsmöglichkeit begründenden Tatsachen,[41] wobei als Maßstab für eine fahrlässige Unkenntnis § 60 Abs. 1 Satz 2 herangezogen werden kann.[42]

18 Schließlich unterfallen nach Abs. 2 Nr. 3 Masseverbindlichkeiten aus einem Dauerschuldverhältnis dann nicht dem Vollstreckungsverbot des Abs. 1, soweit der Insolvenzverwalter in der Sperrfrist die Gegenleistung für die Insolvenzmasse in Anspruch nimmt. In einem solchen Fall kann dem Gläubiger nicht zugemutet werden, seine Leistung zu erbringen ohne seinen Anspruch auf die Gegenleistung zwangsweise durchsetzen zu können.[43] Wird etwa unverzüglich nach Verfahrenseröffnung ein Arbeitsverhältnis zum frühestmöglichen Zeitpunkt durch den Verwalter gekündigt, der Arbeitnehmer aber bis zum Ablauf der Kündigungsfrist weiterbeschäftigt, so hat der Verwalter den jeweils fälligen Lohn als Masseverbindlichkeit zu regulieren. Zahlt er nicht, kann der Arbeitnehmer wegen der offenen Lohnansprüche einen Titel erwirken und wegen Abs. 2 Nr. 3 uneingeschränkt in die Insolvenzmasse vollstrecken. Stellt der Verwalter den Arbeitnehmer unter Ausspruch der Kündigung von der Arbeitsleistung frei, greift der Vollstreckungsschutz des Abs. 1 hinsichtlich der titulierten Ansprüche, die bis zum erstmöglichen Kündigungstermin entstanden sind.[44]

19 **3. Rechtsfolgen des Vollstreckungsverbots.** Die Wirkungen des Vollstreckungsverbots des Abs. 1 entsprechen denjenigen des § 89 (→ § 89 Rn. 59 ff.), dh die verbotswidrige Zwangsvollstreckungsmaßnahme ist **verfahrensfehlerhaft** und damit rechtswidrig. Sie ist indes nicht nichtig, sondern besteht bis zu ihrer förmlichen Aufhebung prozessrechtlich fort mit der Folge der **öffentlich-rechtlichen Verstrickung,** so dass der hierauf beruhende Eigentumserwerb durch den Ersteigerer möglich ist.[45] Ein Pfändungspfandrecht und damit ein materielles Befriedigungsrecht des Massegläubigers entsteht allerdings nach der herrschenden gemischt öffentlich-rechtlichen/privatrechtlichen Theorie nicht,[46] so dass der Erlös von dem Massegläubiger zur Masse zurückzugewähren ist (§ 812 Abs. 1 Satz 1 Alt. 2 BGB).[47]

20 Das Vollstreckungsverbot ist von den Vollstreckungsorganen von Amts wegen zu beachten.[48]

21 Demgegenüber wird durch Abs. 1 ein Aufrechnungs- oder Abtretungsverbot nicht begründet.

22 **4. Rechtsbehelfe.** Da durch die Vollstreckung lediglich die Insolvenzmasse betroffen ist, kann nur der **Insolvenzverwalter,** im Falle der Forderungspfändung auch der **Drittschuldner,** gegen den fehlerhaften Pfändungsakt vorgehen.[49]

---

38 BKInsO/*Blersch/v. Olshausen* § 90 Rn. 12.

39 FKInsO/*Wimmer-Amend* § 90 Rn. 10.

40 OLG Düsseldorf NZI 2012, 675, 677.

41 FKInsO/*Wimmer-Amend* § 90 Rn. 11; HambKommInsO/*Kuleisa* § 90 Rn. 9; Jaeger/*Eckardt* § 90 Rn. 9.

42 KPB/*Lüke* § 90 Rn. 8.

43 Begr. zu § 101 RegE, BR-Drucks. 1/92 S. 138; *Vallender* ZIP 1997, 1993, 1999; Jaeger/*Eckardt* § 90 Rn. 10.

44 Braun/*Kroth* § 90 Rn. 6; FKInsO/*Wimmer-Amend* § 90 Rn. 11; HambKommInsO/*Kuleisa* § 90 Rn. 9; Jaeger/*Eckardt* § 90 Rn. 10; Nerlich/Römermann/*Kruth* § 90 Rn. 7; Uhlenbruck/*Mock* § 90 Rn. 5.

45 Braun/*Kroth* § 90 Rn. 13; HKInsO/*Kayser* § 90 Rn. 14; Jaeger/*Eckardt* § 90 Rn. 14; Uhlenbruck/*Mock* § 90 Rn. 16.

46 BKInsO/*Blersch/v. Olshausen* § 90 Rn. 8; Jaeger/*Eckardt* § 90 Rn. 14; Uhlenbruck/*Mock* § 90 Rn. 16.

47 Braun/*Kroth* § 90 Rn. 13; Jaeger/*Eckardt* § 90 Rn. 14.

48 Jaeger/*Eckardt* § 90 Rn. 12; KPB/*Lüke* § 90 Rn. 19; Uhlenbruck/*Mock* § 90 Rn. 17.

49 Braun/*Kroth* § 90 Rn. 13; KPB/*Lüke* § 90 Rn. 20; Jaeger/*Eckardt* § 90 Rn. 16.

Statthafter Rechtsbehelf ist die **Vollstreckungserinnerung** nach § 766 ZPO.[50] Ist zuvor eine Anhörung des Insolvenzverwalters erfolgt, kommt eine sofortige Beschwerde in Betracht (§ 11 Abs. 1 RPflG iVm § 793 ZPO).[51] 23

Nach nunmehr fast einhelliger Auffassung sind die **Insolvenzgerichte** aufgrund ihrer größeren **Sachnähe** und nicht die Vollstreckungsgerichte in **entsprechender Anwendung** des **§ 89 Abs. 3** zur Entscheidung über Erinnerungen berufen, die sich auf die in Abs. 1 geregelten Vollstreckungsverbote bei Masseverbindlichkeiten beziehen.[52]

§ 91 Ausschluss sonstigen Rechtserwerbs

(1) Rechte an den Gegenständen der Insolvenzmasse können nach der Eröffnung des Insolvenzverfahrens nicht wirksam erworben werden, auch wenn keine Verfügung des Schuldners und keine Zwangsvollstreckung für einen Insolvenzgläubiger zugrunde liegt.

(2) Unberührt bleiben die §§ 878, 892, 893 des Bürgerlichen Gesetzbuchs, § 3 Abs. 3, §§ 16, 17 des Gesetzes über Rechte an eingetragenen Schiffen und Schiffsbauwerken, § 5 Abs. 3, §§ 16, 17 des Gesetzes über Rechte an Luftfahrzeugen und § 20 Abs. 3 der Schiffahrtsrechtlichen Verteilungsordnung.

Schrifttum: *Bittmann,* Vom Annex zur Säule: Vermögensabschöpfung als 3. Spur des Strafrechts, NZWiSt 2016, 131; *Bülow,* Mehrfachübertragung von Kreditsicherheiten – Konvaleszenz und Insolvenz, WM 1998, 845; *Burgermeister,* Der Sicherheitenpool im Insolvenzrecht (1996); *Christiansen,* Die Abtretung aufschiebend bedingter Forderungen – insolvenzfest?, KTS 2003, 549, *Denck,* Gestattung des Fruchterwerks und Konkurs des Gestattenden, JZ 1981, 331; *Drischler,* Das Seerechtliche Verteilungsverfahren – Konkursrechtliche Grundsätze, KTS 1974, 71; *Eckardt,* Vorausverfügungen und Sequestration, ZIP 1997, 957; *Eckert,* Das Vermieterpfandrecht im Konkurs des Mieters, ZIP 1984, 663, *Ganter,* Das Sicherheitenpool-Syndrom und sein „Heilungsprozess", ZIP 2017, 2277; *Gerhardt,* Factoring plus Leasing und Konkursverfahren, in: FS Karl Heinz Schwab (1990), S. 139; *ders.,* Zum maßgeblichen Zeitpunkt bei mehraktigem Rechtserwerb, in: FS Günter Greiner (2005), S. 31; *Gundlach,* Die Grenzen der Weiterveräußerungs- und der Einziehungsermächtigung, KTS 2000, 307; *Gundlach/Frenzel/N. Schmidt,* Die Zulässigkeit des Sicherheiten – Poolvertrages im Insolvenzverfahren, NZI 2003, 142; *Häsemeyer,* Die „Verteilung des Insolvenzrisikos": Verselbständigung eines heuristischen Hilfsmittels zum Schaden des Schuldrechts und des Insolvenzrechts, KTS 1982, 1; *Köllner/Mück,* Reform der strafrechtlichen Vermögensabschöpfung, NZI 2017, 593; *Lorenz,* Gläubiger, Schuldner, Dritte und Bereicherungsausgleich, AcP 168 (1968), 286; *Ludwig,* Die Auffassungsvormerkung und der noch zu benennende Dritte, Rpfleger 1986, 345; *Oepen/Rettmann,* Das Schicksal von Grundstücksübereignungen in einem Konkurs- bzw. Insolvenzverfahren über das Vermögen des Veräußerers, KTS 1995, 609; *von Olshausen,* Konkursrechtliche Probleme um den neuen § 354a HGB, ZIP 1995, 1950; *ders.,* „Verfügung" statt „Rechtshandlung" in § 81 InsO oder: Der späte Triumph des Reichstagesabgeordneten Levin Goldschmidt, ZIP 1998, 1093; *Rein,* Der Löschungsanspruch eines nachrangigen Grundschuldgläubigers in der Insolvenz des Grundeigentümers, NJW 2006, 3470; *Riggert,* Der Lieferantenpool im neuen Insolvenzrecht, NZI 2000, 525; *Scholtz,* § 878 BGB in der Verkäuferinsolvenz, ZIP 1999, 1693; *Schäfer,* Die neuere Rechtsprechung des Bundesgerichtshofes zur Wirksamkeit von Verfügungen über künftige Rechte in der Insolvenz der Verfügenden, ZInsO 2007, 18; *Schumacher,* Die Sicherung der Konkursmasse gegen Rechtsverluste, die nicht auf einer Rechtshandlung des Gemeinschuldners beruhen (§ 15 KO), Diss. Göttingen (1975); *Serick,* Zur sicherungsrechtlichen Vorausabtretung der Schlusssaldoforderung – eine grundsätzliche und überfällige konkursrechtliche Erörterung, BB 1978, 873; *Takjas;* Insolvenz des Gesellschafters einer Immobilien-GbR nach Anteilspfändung, ZIP 2018, 564; *Wörbelbauer,* § 878 BGB und der Konkurs des Grundpfandrechts-Schuldners, DNotZ 1965, 580; *Zwicker,* Das Kontokorrent im Konkurs, KTS 1978, 76.

Übersicht

[50] BGH NZI 2006, 697, 698 = ZIP 2006, 1999, 2000; BKInsO/*Blersch/v. Olshausen* § 90 Rn. 9; Jaeger/*Eckardt* § 90 Rn. 17; KPB/*Lüke* § 90 Rn. 20; Uhlenbruck/*Mock* § 90 Rn. 27.

[51] HambKommInsO/*Kuleisa* § 90 Rn. 18.

[52] BGH NZI 2006, 697, 698 = ZIP 2006, 1999, 2000; *Behr* JurBüro 1999, 66, 68; BKInsO/*Blersch/v. Olshausen* § 90 Rn. 10; Braun/*Kroth* § 90 Rn. 13; HambKommInsO/*Kuleisa* § 90 Rn. 11; KPB/*Lüke* § 90 Rn. 21; Uhlenbruck/*Mock* § 90 Rn. 28; *Vallender* ZIP 1997, 1993, 1998 f.; Gottwald/*Eckardt* § 33 Rn. 82; siehe → § 89 Rn. 62.

A. Allgemeines

I. Normzweck

1 § 91 **ergänzt** die Regelungen über die Unwirksamkeit von Verfügungen des Schuldners (§ 80) und das (zum Teil zeitlich befristete) Verbot von Zwangsvollstreckungen für Insolvenz- und Massegläubiger (§§ 89, 90). Abs. 1 statuiert, dass Rechte an massezugehörigen Gegenständen auch dann nicht mehr wirksam erworben werden können, wenn keine Verfügung des Schuldners und keine Zwangsvollstreckung für einen Insolvenzgläubiger zugrunde liegen. Abs. 1 erstreckt damit die Unwirksamkeitsfolge auf von Rechtshandlungen des Schuldners **unabhängige Erwerbstatbestände** und schützt die haftungsrechtliche Zuweisung der Insolvenzmasse an die Insolvenzgläubiger gegen Eingriffe, die in anderer Weise als durch Rechtshandlungen des Schuldners (geschützt durch § 81) oder Vollstreckungsmaßnahmen (geschützt durch § 89, zum Teil zeitlich befristet durch § 90) bewirkt werden können. Die Vorschrift enthält danach einen **Auffangtatbestand** zum lückenlosen Masseschutz,[1] der sicherstellen soll, dass den Insolvenzgläubigern die Insolvenzmasse in dem Umfang zur Verfügung steht, in dem sie bei Verfahrenseröffnung vorhanden war.

2 Nach Abs. 2 bleiben vom Grundsatz des Abs. 1 unberührt die Vorschriften, nach denen der **gutgläubige Erwerb** von Rechten an **Immobilien** und **gleichgestellten Gegenständen** nicht mehr vereitelt werden kann, wenn die Einigungserklärung bindend geworden und der Eintragungsantrag wirksam gestellt ist. Dogmatisch hat die Regelung nur klarstellende Bedeutung.

3 Die Regelungen für Schiffe und Luftfahrzeuge beruhen auf Art. 7 VO zur Durchführung des Gesetzes über Rechte und eingetragenen Schiffen und Schiffsbauwerken vom 21.12.1940,[2] auf § 36 des Gesetzes über das Verfahren bei der Einzahlung und Verteilung der Haftungssumme zur

1 Uhlenbruck/*Mock* § 91 Rn. 1.
2 RGBl. I S. 1609.

Beschränkung der Reederhaftung (Seerechtliche Verteilungsordnung) vom 21. 6.1972,[3] auf Art. 6 des Gesetzes zur Änderung der Haftungsbeschränkung in der Binnenschifffahrt sowie auf §§ 5 Abs. 3, 15, 16 des Gesetzes über Rechte an Luftfahrzeugen.[4]

II. Anwendungsbereich

Die Vorschrift erfasst **jeden Rechtserwerb** an **Massegegenständen** nach Verfahrenseröffnung unabhängig davon, auf welchem Rechtsvorgang er beruht. Der Umfang der Insolvenzmasse bestimmt sich nach den §§ 35, 36, unter den Schutzzweck der Norm fällt danach auch der **Neuerwerb** des Schuldners.[5] 4

Von Abs. 1 erfasst werden **Verfügungen Dritter,** nicht dem § 81 unterfallende Rechtshandlungen des Schuldners sowie der ohne eine Verfügung oder eine Zwangsvollstreckung begründete Rechtserwerb, soweit dies zu einem Rechtsverlust der Insolvenzmasse führt. Die Vorschrift ist danach vor allem einschlägig bei Vollstreckungszugriffen von Neugläubigern auf die Insolvenzmasse, beim Rechtserwerb kraft Gesetzes sowie insbesondere beim gestreckten (mehraktigen) Rechtserwerb im Zusammenhang mit einer vom Schuldner vor Verfahrenseröffnung vorgenommenen Rechtshandlung.[6] 5

Von Abs. 1 unberührt bleiben zunächst Verfügungen des Insolvenzverwalters (§ 80 Abs. 1) sowie Zwangsvollstreckungen der Massegläubiger (§ 90). Ebenfalls nicht dem Anwendungsbereich des Abs. 1 unterliegen bereits vor Verfahrenseröffnung abgeschlossene Erwerbsvorgänge, so bspw. der Erwerb eines Pfändungspfandrechts an Miet- oder Pachtzinsforderungen mittels Beschlagnahme durch einen Hypothekengläubiger, soweit sich die Hypothek hierauf erstreckt.[7] Abs. 1 ist nicht im Insolvenzeröffnungsverfahren in entsprechender Auslegung der §§ 24 Abs. 1, 91 analog anwendbar, selbst wenn das Insolvenzgericht vorläufige Sicherungsmaßnahmen nach § 21 Abs. 2 Satz 1 Nr. 2 und 3 angeordnet hat.[8] Abs. 1 steht auch nicht der Übertragung von Rechten entgegen, die Dritten an Gegenständen der Insolvenzmasse zustehen, da der Wechsel der Rechtsinhaberschaft die Insolvenzmasse nicht beeinträchtigt. So wird etwa ein Grundschuldgläubiger durch die Eröffnung des Insolvenzverfahrens über das Vermögen des Grundstückseigentümers nicht daran gehindert, die Grundschuld auf einen Dritten zu übertragen.[9] Entsprechendes gilt für den Gläubigerwechsel bei einem gesetzlichen Forderungsübergang.[10] Von Abs. 1 unberührt bleiben schließlich Maßnahmen im Interesse der Allgemeinheit. Solche können auch noch nach Verfahrenseröffnung mit Wirkung gegenüber den Insolvenzgläubigern ergriffen werden; dies gilt namentlich für die Enteignung, die Einziehung und Unbrauchbarmachung (§§ 74, 74a bis f, 150 StGB) sowie für die Beschlagnahme von Zoll- und Steuergut (§ 76 AO). 6

B. Abs. 1 (Ausschluss sonstigen Rechtserwerbs)

I. Gegenstände der Insolvenzmasse

Abs. 1 erfasst nur den Erwerb an Gegenständen der Insolvenzmasse (§§ 35, 36 Abs. 2); das insolvenzfreie Vermögen des Schuldners wird hiervon nicht betroffen. Rechte am insolvenzfreien Vermögen des Schuldners können daher auch noch nach Verfahrenseröffnung erworben werden,[11] jedoch nicht von Insolvenzgläubigern im Wege der Zwangsvollstreckung (§ 89).[12] 7

II. Betroffene Rechte

Nach Abs. 1 ist der Erwerb jeglicher Rechte an Gegenständen der Insolvenzmasse ausgeschlossen. Betroffene Rechte iSd Norm sind neben dem Vollrecht des **Eigentums** an massezugehörigen Gegenständen und der Inhaberschaft einer Forderung **alle beschränkt dinglichen Rechte** (zB Pfandrechte, Grundpfandrechte, Nießbrauch, Reallasten, Erbbaurechte). Ebenso wenig können nach 8

---

[3] BGBl. I S. 953.
[4] BGBl. 1998 I S. 2489.
[5] Uhlenbruck/*Mock* § 91 Rn. 3.
[6] Uhlenbruck/*Mock* § 91 Rn. 3.
[7] Uhlenbruck/*Mock* § 91 Rn. 7.
[8] BGH NJW 2007, 1588, 1589. Uhlenbruck/*Mock* § 91 Rn. 2.
[9] Vgl. Beschlussempfehlung des RechtsA zu § 102 RegE.
[10] Uhlenbruck/*Mock* § 91 Rn. 89.
[11] KPB/*Lüke* § 91 Rn. 3.
[12] Uhlenbruck/*Mock* § 91 Rn. 4.

Abs. 1 ohne Zustimmung des Insolvenzverwalters **Rangänderungen** von Rechten an Grundstücken erfolgen (§ 880 Abs. 2 BGB), soweit die Insolvenzmasse hiervon betroffen ist, etwa eine dadurch verhinderte Entstehung einer Eigentümergrundschuld.[13] Nach Abs. 1 weiterhin nicht entstehen können Zurückbehaltungsrechte, die ein Absonderungsrecht nach § 51 Nr. 2, 3 begründen.[14] Zwar sah der Gesetzgeber von einer ausdrücklichen Aufnahme der vormals in § 15 KO genannten „Vorzugsrechte" sowie „Zurückbehaltungsrechte" als entbehrlich an. Dies ändert indes nichts daran, dass ein Zurückbehaltungsrecht nach Verfahrenseröffnung nicht mehr entstehen kann, wenn es zur Zurückbehaltung eines Massegegenstandes berechtigt. Auch ein Absonderungsrecht, das sich auf ein Zurückbehaltungsrecht gründet, ist ein Recht am Gegenstand der Insolvenzmasse iSd § 91.[15]

III. Zeitpunkt des Rechtserwerbs

9 Erfasst wird nur ein Rechtserwerb **nach Eröffnung** des **Insolvenzverfahrens.** Um der Sperrwirkung des Abs. 1 zu entgehen, muss daher der gesamte Erwerbstatbestand, bei mehraktigen auch der letzte Teil, zum Zeitpunkt der Verfahrenseröffnung vollzogen sein,[16] was sich nach materiellem Recht bestimmt. Wird daher beim sog. gestreckten Erwerb auch nur einer der zum Entstehungstatbestand gehörenden Umstände nach Verfahrenseröffnung verwirklicht, greift die erwerbshindernde Vorschrift des Abs. 1. Als Zeitpunkt der Verfahrenseröffnung gilt der im **Eröffnungsbeschluss genannte Termin** (§ 27).

10 Ein Rechtserwerb irgendwann nach Eröffnung des Insolvenzverfahrens reicht nicht aus; er muss vielmehr **vor Beendigung des Verfahrens** erfolgen. § 91 dient dem Masseschutz. Die Vorschrift soll sicherstellen, dass den Insolvenzgläubigern die Insolvenzmasse in dem Umfang zur Verfügung steht, in dem sie bei Verfahrenseröffnung vorhanden war.[17] Dieser Zweck ist mit Beendigung des Verfahrens hinfällig.[18] Der Wortlaut von § 91 Abs. 1 ist dahingehend teleologisch zu reduzieren, dass er nicht auf Fälle anzuwenden ist, in denen das Pfändungspfandrecht vom Gläubiger nach Aufhebung des Insolvenzverfahrens in der Wohlverhaltensperiode erworben wurde.[19] Eine Anwendung des § 91 Abs. 1 nach Aufhebung des Insolvenzverfahrens kommt nur in Betracht, wenn und soweit es sich um einen der Nachtragsverteilung nach § 203 Abs. 1 unterliegenden Gegenstand der Masse handelt.[20]

IV. Erwerbstatbestände

11 **1. Originärer Rechtserwerb. a) Ersitzung. aa) Besitzerlangung durch einen Dritten.** Abs. 1 hindert grundsätzlich einen Eigentumserwerb an massezugehörigen Gegenständen durch den Ersitzenden nicht, selbst dann nicht, wenn sich die Ersitzungsfrist (§ 937 Satz 1 BGB) erst nach der Verfahrenseröffnung vollendet.[21] Voraussetzung ist allerdings, dass der Ersitzende den Eigenbesitz von einem Dritten und nicht durch eine Handlung des Schuldners erlangt hat.[22] Die Ersitzung ersetzt den gutgläubigen Erwerb (§ 932 BGB), insbesondere in Fällen des Abhandenkommens der Sache. Ebenso wie derjenige, der nach Verfahrenseröffnung gutgläubig das Eigentum an massezugehörigen Gegenständen von einem Dritten erwirbt, geschützt ist, muss dies gleichermaßen für den gutgläubigen Ersitzenden gelten.[23] Wie in Fällen der Verbindung, Vermischung und Verarbeitung verliert die Masse auch bei der Ersitzung wertmäßig nichts. So steht der Masse gegen den Ersitzenden ein Bereicherungsanspruch (§ 816 Abs. 1 Satz 2 BGB) zu, wenn der Ersitzende die Sache unentgeltlich von einem nichtberechtigten Dritten erlangt hat.[24]

12 **bb) Besitzerlangung durch den Schuldner.** Demgegenüber steht dem Erwerb kraft Ersitzung Abs. 1 dann entgegen, wenn der Eigenbesitzer den Besitz vom Schuldner erlangt hat und die

---

13 FKInsO/*Wimmer-Amend* § 91 Rn. 26; *Jaeger/Henckel* KO § 15 Rn. 36; KPB/*Lüke* § 91 Rn. 16.
14 FKInsO/*Wimmer-Amend* § 91 Rn. 30.; KPB/*Lüke* § 91 Rn. 17; *Häsemeyer* Rn. 10.19.
15 KPB/*Lüke* § 91 Rn. 17 unter Hinweis auf BGH NJW 1975, 122; siehe auch *Jaeger/Henckel* KO § 15 Rn. 9.
16 BGH NJW 1975, 122; FKInsO/*Wimmer-Amend* § 91 Rn. 13; KPB/*Lüke* § 91 Rn. 13; Uhlenbruck/*Mock* § 91 Rn. 7.
17 Uhlenbruck/*Mock* § 91 Rn. 1.
18 BGH NZI 2015, 178 Rn. 12.
19 BGH NZI 2015, 178 Rn. 12.
20 BGH NZI 2008, 177.
21 Jaeger/*Windel* § 91 Rn. 18; Uhlenbruck/*Mock* § 91 Rn. 38; Braun/*Kroth* § 91 Rn. 4;; *Serick* ZIP 1982, 507, 516.
22 K. Schmidt/*Sternal* § 91 Rn. 11; Uhlenbruck/*Mock* § 91 Rn. 38.
23 Jaeger/*Windel* § 91 Rn. 18; KPB/*Lüke* § 91 Rn. 48.
24 Jaeger/*Windel* § 91 Rn. 17; Uhlenbruck/*Mock* § 91 Rn. 38; K. Schmidt/*Sternal* § 91 Rn. 11; *Häsemeyer* Rn. 10.19. Schon zur KO: *Jaeger/Henckel* KO, § 15 Rn. 16; *Seuffert*, JR 1958, 398.

Ersitzungsfrist (§ 937 Satz 1 BGB) erst nach Verfahrenseröffnung abläuft.[25] Dies ist insbesondere dann der Fall, wenn der Besitzer den Besitz vom späteren Schuldner im Zusammenhang mit einer nichtigen Einigung erlangt hat. Für die Anwendbarkeit des Abs. 1 spricht, dass die Norm Fälle erfassen will, in denen eine Rechtshandlung des späteren Schuldners allein den Rechtserwerb nicht herbeiführt, dieser vielmehr von weiteren Umständen abhängig ist, die erst nach Verfahrenseröffnung eintreten, wie hier der sich vollendende zehnjährige gutgläubige Eigenbesitz.[26]

b) Fund. Der Eigentumserwerb des Finders vollzieht sich ungeachtet von Abs. 1 nach den §§ 973, 974, 976 BGB und vollendet sich mit Ablauf der Sechs-Monats-Frist. Ob der Finder die Sache vor oder nach Verfahrenseröffnung gefunden hat, ist unerheblich.[27] Durch den Bereicherungsanspruch (§ 977 BGB) verliert die Masse wertmäßig nichts. **13**

c) Fruchterwerb. Beim Fruchterwerb ist nach den einzelnen Erwerbstatbeständen (§§ 954 bis 957 BGB) zu unterscheiden: **14**

aa) Erwerb durch den dinglich Berechtigten (§ 954 BGB). Das dingliche Fruchtentziehungsrecht ist insolvenzfest. Somit erwirbt derjenige, dem ein unentziehbares dingliches Fruchtentziehungsrecht (etwa ein Nießbrauch oder eine Grunddienstbarkeit) zusteht, ungehindert von Abs. 1 auch nach Verfahrenseröffnung mit der Trennung der Früchte das Eigentum an diesen (§ 954 BGB),[28] da dingliche Rechte grundsätzlich Bestand haben, soweit sie nicht angefochten (§§ 129 ff.) werden können.[29] Auch das Früchtepfandrecht gem. § 1 Abs. 1 des Gesetzes zur Sicherung der Düngemittel- und Saatgutversorgung vom 19.1.1949[30] begründet ein insolvenzfestes Absonderungsrecht[31] und entsteht unabhängig von § 91 auch an Früchten, die erst nach Verfahrenseröffnung entstehen und getrennt werden.[32]

bb) Erwerb durch den gutgläubigen Eigenbesitzer (§ 955 BGB). Hat der gutgläubige Eigenbesitzer den Besitz von einem Dritten, also nicht vom Schuldner erlangt, so hält der Eigentumserwerb nach § 955 BGB auch nach Verfahrenseröffnung dem Abs. 1 stand.[33] Der gutgläubige Besitzer wird daher im Falle des § 955 BGB ebenso geschützt wie der gutgläubige Erwerber einer massezugehörigen Sache. Der Masse steht hier ein Bereicherungsanspruch nach § 816 Abs. 1 Satz 1 BGB gegenüber dem Dritten zu, der dem Gutgläubigen den Besitz an der Muttersache verschafft hat; zudem kann der Insolvenzverwalter vom gutgläubigen Besitzer nach § 993 BGB die Übermaßfrüchte herausverlangen.[34] **15**

cc) Erwerb durch den persönlich Berechtigten (§ 956 BGB). Liegt eine Aneignungsgestattung des Schuldners nach § 956 BGB vor, so ist ein Fruchterwerb nach Verfahrenseröffnung trotz § 91 Abs. 1 möglich, wenn der Aneignungsberechtigte die Muttersache vor Verfahrenseröffnung in Besitz hatte und sein Anspruch auf die Erwerbsgestattung eine Masseverbindlichkeit ist.[35] Hat der Berechtigte bei Verfahrenseröffnung den Besitz an der Muttersache allerdings noch nicht erlangt, steht dem Fruchterwerb Abs. 1 entgegen. **16**

dd) Erwerb durch Gestattung des Nichtberechtigten (§ 957 BGB). Der Erwerb ist wie gutgläubiger Erwerb zu behandeln[36] (vgl. → Rn. 51 ff.). **17**

d) Verbindung, Vermischung, Verarbeitung. Erwirbt ein Dritter nach Verfahrenseröffnung durch Verbindung, Vermischung oder Verarbeitung gesetzlich Eigentum an massezugehörigen Gegenständen, so wird dieser Eigentumserwerb von § 91 Abs. 1 entgegen seinem Wortlaut nicht erfasst. Die Eigentumserwerbsgründe der §§ 946, 947, 950 BGB zerstören die haftungsrechtliche Zuweisung der Insolvenzmasse an die Insolvenzgläubiger schlechthin.[37] Der Dritte ist somit als **18**

---

25 Braun/*Kroth* § 91 Rn. 4; Jaeger/*Windel* § 91 Rn. 17; Uhlenbruck/*Mock* § 91 Rn. 38; *Häsemeyer* Rn. 10.19. Schon zur KO: *Seuffert* JR 1958, 398; *Jaeger/Henckel* KO § 15 Rn. 16.

26 *Jaeger/Henckel* KO § 15 Rn. 16.

27 KPB/*Lüke* § 91 Rn. 51; Uhlenbruck/*Mock* § 91 Rn. 39.

28 *Jaeger/Henckel* KO § 15 Rn. 82; Jaeger/*Windel* § 91 Rn. 21; KPB/*Lüke* § 91 Rn. 50; Uhlenbruck/*Mock* § 91 Rn. 36; K. Schmidt/*Sternal* § 91 Rn. 14.

29 HambKommInsO/*Kuleisa* § 91 Rn. 25; Uhlenbruck/*Mock* § 91 Rn. 37.

30 BGBl. I S. 476.

31 BGH NZI 2001, 548, 549 = KTS 2001, 602.

32 Uhlenbruck/*Mock* § 91 Rn. 37.

33 *Jaeger/Henckel* KO § 15 Rn. 82; Jaeger/*Windel* § 91 Rn. 21; aA KPB/*Lüke* § 91 Rn. 49.

34 Jaeger/*Windel* § 91 Rn. 21.

35 *Jaeger/Henckel* KO § 15 Rn. 17.

36 *Jaeger/Henckel* KO § 15 Rn. 20; Jaeger/*Windel* § 91 Rn. 24; KPB/*Lüke* § 91 Rn. 50.

37 Uhlenbruck/*Mock* § 91 Rn. 32; Braun/*Kroth* § 91 Rn. 5; *Jaeger/Henckel* KO § 15 Rn. 81.

Eigentümer zur Aussonderung (§ 47) berechtigt. Als Ausgleich für den Eigentumsverlust, den die Masse durch die §§ 946 ff. BGB erleidet, steht ihr gegenüber dem Erwerber ein Ausgleichsanspruch nach § 951 BGB zu.[38]

19 In diesem Zusammenhang gewinnen sog. **Verarbeitungs-** und **Herstellerklauseln** an Bedeutung. Zur Absicherung seiner Kaufpreisforderung kann der Warenlieferant mit dem Schuldner vereinbaren, dass er nach § 950 Abs. 1 Satz 1 BGB Hersteller und damit unmittelbar Eigentümer des hergestellten Gegenstandes wird.[39] Dabei erwirbt der Lieferant nur das Sicherungseigentum oder ein diesem ähnliches Recht an der erstellten Sache, mit der Folge, dass er kein Aussonderungsrecht (§ 47), sondern nur ein Absonderungsrecht (§§ 50, 51) erhält. Zur Begründung des Ergebnisses werden verschiedene Auffassungen vertreten. Für diese kommt es darauf an, ob der Rechtserwerb des kreditierenden Warenlieferanten auf einer rechtsgeschäftlichen Vereinbarung, einer rechtsgeschäftlichen Modifikation des § 950 Abs. 1 BGB oder unmittelbar auf § 950 Abs. 1 BGB beruht.[40] Die vorzugswürdige wohl hM folgt den erstgenannten Ansichten, so dass die Verarbeitungsklausel mit der Verfahrenseröffnung erlischt.[41] Stellt daher der Schuldner ohne Einverständnis des Lieferanten und des Insolvenzverwalters eine neue Sache her, scheitert ein Rechtserwerb des Lieferanten nach § 950 Abs. 1 BGB an Abs. 1. Entscheidet sich der Verwalter für eine Vertragserfüllung (§ 103), lebt die Verarbeitungsklausel als dingliche Nebenabrede wieder auf, so dass der Lieferant ungeachtet von Abs. 1 Eigentum nach § 950 Abs. 1 BGB erwerben kann. Verarbeitet indes der Insolvenzverwalter ohne Erfüllungswahl, so weil er etwa von dem Pfandrecht der Sache und der Verarbeitungsklausel keine Kenntnis hat, hat der Lieferant lediglich einen Bereicherungsanspruch gegen die Masse (§ 55 Abs. 1 Nr. 3 iVm § 951 Abs. 1 BGB).[42] Abs. 1 findet danach keine Anwendung.[43] Geht man hingegen davon aus, dass sich die Wirkungen der Bearbeitungsklausel unmittelbar aus § 950 Abs. 1 BGB ergeben oder die Verarbeitungsklausel auch nach Verfahrenseröffnung noch fortbesteht,[44] so ist Abs. 1 zwar grundsätzlich anwendbar,[45] kann aber gleichwohl den Erwerb des Lieferanten nicht verhindern, wenn der Insolvenzverwalter verarbeitet.[46] Allerdings erwirbt der Lieferant dabei kein vollwertiges Absonderungsrecht; dieses begrenzt sich vielmehr auf den Wert des gelieferten Materials.[47]

20 **2. Erwerb von Rechten an beweglichen Gegenständen. a) Vertragspfandrechte.** Ein **Pfandrecht an beweglichen Sachen** entsteht durch Einigung und Übergabe (§ 1205 Abs. 1 BGB). Erfolgt nur eine dieser Rechtshandlungen durch den Schuldner nach Verfahrenseröffnung, ist diese bereits nach § 81 Abs. 1 unwirksam, § 91 Abs. 1 ist danach nicht einschlägig.

21 Das besitzlose **Pfandrecht am Inventar eines landwirtschaftlichen Grundstücks** nach § 1 Abs. 1 PachtkreditG entsteht nach § 2 Abs. 1 PachtkreditG durch schriftliche Einigung und Niederlegung des Pfändungsvertrages beim zuständigen Amtsgericht. § 81 Abs. 1 Satz 1 hindert dann den Pfandrechtserwerb, wenn Einigung und Niederlegung erst nach Verfahrenseröffnung erfolgen. Hingegen findet Abs. 1 Anwendung, wenn der Pfändungsvertrag vor Insolvenzeröffnung geschlossen, jedoch erst danach beim Amtsgericht niedergelegt wird.[48]

22 **b) Gesetzliche Pfandrechte.** Gesetzliche Pfandrechte können nur dann wirksam entstehen, wenn der **gesetzliche Erwerbstatbestand vollständig bei Verfahrenseröffnung verwirklicht war.** Zu ihrer Entstehung setzen sie regelmäßig Besitz des Gläubigers oder Einbringung voraus. So entsteht das **Vermieterpfandrecht** nach § 562 BGB nur dann, wenn der Schuldner als Mieter massezugehörige Sachen vor Verfahrenseröffnung eingebracht, das **Werkunternehmerpfandrecht** nach § 647 BGB, wenn der Unternehmer vom Schuldner als Besteller den Besitz an massezugehörigen Gegenständen erlangt hat. Andernfalls hindert § 91 Abs. 1 das Entstehen der gesetzlichen Pfandrechte, so dass insoweit auch keine abgesonderte Befriedigung (§ 50 Abs. 1) verlangt werden kann. Wird hingegen etwa ein Mietverhältnis nach Verfahrenseröffnung fortgesetzt (§ 108 Abs. 1), ist der

---

38 *Jaeger/Henckel* KO § 15 Rn. 81; Jaeger/*Windel* § 91 Rn. 26; Uhlenbruck/*Mock* § 91 Rn. 32.

39 Uhlenbruck/*Mock* § 91 Rn. 34; Nerlich/Römermann/*Kruth* § 91 Rn. 16; vgl. hierzu eingehend *Serick* ZIP 1982, 507, 513 f.

40 Vgl. hierzu Jaeger/*Windel* § 91 Rn. 28.

41 Nerlich/Römermann/*Kruth* § 91 Rn. 17; Uhlenbruck/*Mock* § 91 Rn. 34; *Serick* ZIP 1982, 507, 513 f.; HKInsO/*Kayser* § 91 Rn. 41; KPB/*Lüke* § 91 Rn. 47.

42 Jaeger/*Windel* § 91 Rn. 28; KPB/*Lüke* § 91 Rn. 47; Uhlenbruck/*Mock* § 91 Rn. 34.

43 Jaeger/*Windel* § 91 Rn. 28; Uhlenbruck/*Mock* § 91 Rn. 34.

44 So *Bork,* FS Gaul (1997), S. 71, 88 ff.

45 Jaeger/*Windel* § 91 Rn. 29.

46 *Jaeger/Henckel* KO § 15 Rn. 43; Jaeger/*Windel* § 91 Rn. 29.

47 *Jaeger/Henckel* KO § 51 Rn. 44 f.; Jaeger/*Windel* § 91 Rn. 29; Uhlenbruck/*Mock* § 91 Rn. 34; für ein vollwertiges Absonderungsrecht wohl *Serick* ZIP 1983, 507, 516 f.

48 *Jaeger/Henckel* KO § 15 Rn. 21; Uhlenbruck/*Mock* § 91 Rn. 43.

Vermieter nach § 55 Abs. 1 Nr. 2 Massegläubiger. Er erwirbt für diesen Fall für seine Mietzinsforderung gegenüber der Masse das gesetzliche Vermieterpfandrecht auch an den erst nach Verfahrenseröffnung eingebrachten Sachen. Da das „Einbringen“ eine verfügungsähnliche Handlung iS des § 81 Abs. 1 Satz 1 darstellt, kann das Vermieterpfandrecht nur dann entstehen, wenn der Schuldner mit Zustimmung des Verwalters oder aber dieser selbst massezugehörige Sachen nach Verfahrenseröffnung in die gemieteten Räume einbringt.

Nach § 592 Satz 1 BGB erstreckt sich das **Verpächterpfandrecht** auch auf die Früchte des Grundstücks, wobei streitig ist, ob in diesen Fällen schon vor der Trennung ein Pfandrecht entsteht.[49] Jedenfalls erwirbt der Verpächter mit Abschluss des Pachtvertrages und Entstehung der Frucht eine bereits haftungsrechtlich geschützte Rechtsposition, die insolvenzfest ist.[50] Die Aberntung der Früchte dient nur noch der Ausübung dieses Haftungsvorrechts, das sich ungehindert von § 91 Abs. 1 in ein Pfandrecht an den getrennten Früchten verwandelt, sofern man die Entstehung eines solchen zuvor verneint.[51] 23

Das Pfandrecht des Gläubigers nach § 1 Abs. 1 des Gesetzes **zur Sicherung der Düngemittel- und Saatgutverordnung** vom 19.1.1949[52] wegen der Ansprüche aus der Lieferung von Düngemitteln, anerkanntem Saatgut oder von zugelassenem Handelssaatgut ist insolvenzfest.[53] Es besteht von § 91 Abs. 1 ungehindert auch an erst nach Verfahrenseröffnung entstandenen oder getrennten Früchten[54] und geht dabei allen an den Früchten bestehenden dinglichen Rechten im Rang vor (§ 2 Abs. 4 des Gesetzes). Das Pfandrecht erlischt auch nicht dadurch, dass der Verwalter die Früchte zur Verwertung entfernt; vielmehr setzt sich das Pfandrecht dann am Erlös fort.[55] 24

Der Erwerb eines **Pfändungspfandrechts** durch Zwangsvollstreckung nach Eröffnung des Insolvenzverfahrens ist für die Insolvenzgläubiger schon durch § 89 ausgeschlossen.[56] Auf Neugläubiger findet Abs. 1 Anwendung.[57] Zur Pfändung künftiger Ansprüche vor Verfahrenseröffnung → Rn. 45. 25

c) Zurückbehaltungsrechte. Auch Zurückbehaltungsrechte können Rechte iS des § 91 Abs. 1 sein, wenn sie zur Absonderung berechtigen. Hierzu zählt einmal das Zurückbehaltungsrecht wegen Verwendungen auf eine Sache (§ 51 Nr. 2). Es ist wegen Abs. 1 nur durchsetzbar, wenn Besitzerwerb und Verwendungen vor Verfahrenseröffnung erfolgt sind.[58] In Betracht kommt weiterhin das kaufmännische Zurückbehaltungsrecht (§§ 369 ff. HGB). Es besteht an solchen beweglichen Sachen und Wertpapieren, die mit dem Willen des Schuldners aufgrund eines Handelsgeschäfts mit dem Gläubiger in dessen Verfügungsgewalt gelangt sind. Diese Voraussetzungen müssen bereits vor Verfahrenseröffnung erfüllt sein, andernfalls steht Abs. 1 der Begründung eines hierauf beruhenden Absonderungsrechts (§ 51 Nr. 3) entgegen. Abs. 1 gilt hingegen nicht, wenn der Gegenstand zwar nach Verfahrenseröffnung, aber mit dem Willen des Verwalters in die Verfügungsgewalt des Gläubigers gelangt ist.[59] 26

3. Erwerb von (künftigen) Rechten an unbeweglichen Gegenständen. a) Erwerb von Grundpfandrechten. aa) Bestellung und Valutierung. Die Bestellung von Grundpfandrechten (Hypotheken, Grund- oder Rentenschulden) bedarf nach § 873 Abs. 1 BGB der Einigung mit dem berechtigten Eigentümer und dem Gläubiger über die Bestellung des Rechts (Ersatz: § 894 ff. ZPO) und die Eintragung in das Grundbuch (Ausnahmen: § 1287 Satz 2 HS 1 BGB, § 848 Abs. 2 Satz 2 ZPO), bei Briefpfandrechten die Aushändigung des Briefs an den Gläubiger (§ 1117 Abs. 1 BGB). Ist die Übergabe des Hypotheken- oder Grundschuldbriefes nicht schon vor Verfahrenseröffnung vollzogen (§§ 1117 Abs. 1, 1154 Abs. 1 Satz 1 BGB) greift Abs. 1 mit der Folge, dass **eine nach Eröffnung des Insolvenzverfahrens erfolgende Briefübergabe nicht mehr zu einem wirksamen Rechtserwerb führen kann,** außer es liegen die Voraussetzungen des Abs. 2 vor. War hingegen die Aushändigung des Briefs durch das Grundbuchamt vertraglich vereinbart (§§ 1117 Abs. 2, 1192 Abs. 1 BGB), ersetzt diese die Briefübergabe. Ist daher die Vereinbarung vor Verfahrenseröffnung erfolgt, wird die Aushändigung durch das Grundbuchamt nach Verfahrenseröffnung nicht von 27

---

49 Bejahend MüKoBGB/*Harke* § 562 Rn. 78 ff.; *Henckel,* Prozessrecht und materielles Recht (1970), S. 334; aA etwa *Jaeger/Henckel* KO § 15 Rn. 54; Stein/Jonas/*Münzberg* § 810 Rn. 2 jeweils mwN.
50 Uhlenbruck/*Mock* § 91 Rn. 42; Jaeger/*Windel* § 91 Rn. 35.
51 Jaeger/*Windel* § 91 Rn. 35 unter Hinweis *Jaeger/Henckel* KO § 15 Rn. 34.
52 BGBl. I S. 476/II S. 403.
53 BGH NZI 2001, 548, 549 = KTS 2001, 602.
54 *Jaeger/Henckel* KO § 15 Rn. 54; Jaeger/*Windel* § 91 Rn. 36.
55 BGH NZI 2001, 548, 549 = KTS 2001, 602.
56 → § 89 Rn. 3 ff.
57 → § 91 Rn. 68.
58 *Jaeger/Henckel* KO § 15 Rn. 23; Jaeger/*Windel* § 91 Rn. 38; Gottwald/*Eickmann* § 31 Rn. 67.
59 RG Recht 1902, 24 Nr. 98; *Jaeger/Henckel* KO § 15 Rn. 23; Jaeger/*Windel* § 91 Rn. 37.

Abs. 1 erfasst.[60] Erfolgt die Briefübergabe erst nach Verfahrenseröffnung durch den Schuldner, greift § 81.

28 **Entsteht** bei einer **Hypothek** als akzessorisches Sicherungsmittel die **Forderung** gegen den Schuldner **erst nach Verfahrenseröffnung,** handelt es sich bei der **Entgegennahme der Valuta** durch den Schuldner um **eine sonstige Rechtshandlung** iS des § 91 Abs. 1 Satz 1.[61] Es ist keine Verfügung iS des § 81 Abs. 1. Eine Verfügung iS des § 81 muss unmittelbar rechtliche Wirkung hervorgebracht haben. Daran fehlt es bei der durch die bloße Entgegennahme einer Valuta weggefallenen Einrede der Nichtvalutierung.[62] Ziel der Handlung ist es nicht vorrangig, eine sachenrechtliche Zuordnungsänderung zu bewirken.

Abs. 1 findet auch Anwendung, wenn **nach Insolvenzeröffnung** nicht gegenüber einem Schuldner, sondern **gegenüber einem Dritten valutiert** wird. Wurde dem Schuldner vor Verfahrenseröffnung gegen Abtretung seines Anspruchs auf Auszahlung eines Hypothekendarlehens ein Zwischenkredit gewährt, so wird durch die Auszahlung des Zwischenkredits nicht die Hypothek valutiert. Abs. 1 hindert somit die Umwandlung der Eigentümergrundschuld in eine Pfandhypothek, wenn der endgültige Kreditgeber das Darlehen nach Verfahrenseröffnung auszahlt.[63] Einer zum Nachteil der Masse fortschreitenden Valutierung der Höchstbetragshypothek (§ 1190 BGB) im Insolvenzverfahren über das Vermögen des Grundstückeigentümers steht ebenfalls § 91 Abs. 1 entgegen. Die Hypothek begründet also ein Absonderungsrecht nur in Höhe der Forderung zum Zeitpunkt der Insolvenzeröffnung. Im Volumen ihrer Nichtvalutierung kann daher der Verwalter die Umschreibung der Fremdhypothek in eine Eigentümergrundschuld verlangen.[64]

29 Die vorstehenden Grundsätze gelten entsprechend für die **Sicherungsgrundschuld.** Zwar entsteht die Grundschuld forderungsunabhängig durch ihre Eintragung. Solange die zu sichernde Forderung aber noch nicht entstanden ist, steht dem Eigentümer aus der Sicherungsabrede gegen die Geltendmachung der Rechte aus der Grundschuld die **Einrede der Nichtvalutierung** zu.[65] Fällt die Einrede nach Insolvenzeröffnung zu Lasten der Masse weg, ohne dass ihr die Valuta zugeflossen sind, ist die Anwendbarkeit des § 91 InsO gegeben.[66] Erfolgt danach die Auszahlung von etwaigen Darlehensvaluta nach Verfahrenseröffnung an den Schuldner oder an einen Dritten ist Abs. 1 einschlägig.

30 Lehnt der Verwalter die Erfüllung eines abgeschlossenen, noch nicht vollzogenen Darlehensvertrages ab, wird die Einrede der Nichtvalutierung peremptorisch, dh der Verwalter kann vom Gläubiger verlangen, dass er auf die Grundschuld verzichtet.[67]

31 Die nachträgliche Eintragung einer Erhöhung von Nebenleistungen (§§ 1115, 1192 BGB, § 30 SchiffsRG) kann auch Rahmen des § 1119 Abs. 1 BGB ohne Willen des Verwalters grundsätzlich nicht mehr wirksam erfolgen. Für diesen Fall finden bereits die §§ 80 Abs. 1, 81 Abs. 1 Satz 1 Anwendung.[68] Für bestimmte gesetzliche Nebenleistungen haftet das Grundstück hingegen auch ohne Eintragung (§§ 1118, 1192 BGB, § 867 Abs. 1 Satz 3 ZPO, § 10 Abs. 2 ZVG), ohne dass dem Abs. 1 entgegensteht.[69]

32 **bb) Abtretung.** Die Abtretung einer durch Buchhypothek, Buchgrund- oder Buchrentenschuld gesicherten Forderung erfolgt durch Einigung und Eintragung (§§ 1154 Abs. 3, 873, 1187 Satz 3, 1192, 1199 BGB). Die Abtretung der jeweiligen Briefrechte bedarf zu ihrer Wirksamkeit entweder eines Abtretungsvertrages in Schriftform vom Zedenten und der Briefübergabe oder durch Abschluss eines formlosen Abtretungsvertrages, Grundbucheintragung und Briefübergabe (§§ 1154 Abs. 1, Abs. 2, 1192, 1199 BGB). Im ersten Fall ist die **Abtretung wirksam,** wenn **beide Voraussetzungen vor der Verfahrenseröffnung** erfüllt sind. Wird der Brief erst nach Verfahrenseröffnung übergeben, findet § 81 Abs. 1 Satz 1 Anwendung, so dass ein Erwerb nur unter den Voraussetzungen des § 892 BGB in Betracht kommt (§ 81 Abs. 1 Satz 2).[70] Die nach § 1154 Abs. 1 Satz 2 BGB vom Erwerber zu beanspruchende Beglaubigung der privatschriftlichen Abtretungserklärung ist hingegen für den Erwerb selbst nicht wesentlich und kann daher auch noch im Verlaufe des Insolvenzverfahrens

[60] RGZ 77, 106, 107; KG NJW 1975, 878, 879; Jaeger/*Windel* § 91 Rn. 40; *Häsemeyer* Rn. 10.29.
[61] BGH NJW 2018, 2049 ff.; Braun/*Kroth* § 91 Rn. 4.
[62] BGH NJW 2018, 2049 Rn. 42; aA MüKoInsO/*Breuer* → 3. Aufl. § 91 Rn. 27.
[63] AG München DNotZ 1954, 40.
[64] *Jaeger/Henckel* KO § 15 Rn. 33; Jaeger/*Windel* § 91 Rn. 41.
[65] *Jaeger/Henckel* KO § 15 Rn. 33; Jaeger/*Windel* § 91 Rn. 41.
[66] Wie hier: Jaeger/*Windel* § 91 Rn. 41.
[67] *Jaeger/Henckel* KO § 15 Rn. 33.
[68] Jaeger/*Windel* § 91 Rn. 41.
[69] *Jaeger/Henckel* KO § 15 Rn. 34.
[70] Uhlenbruck/*Mock* § 91 Rn. 49; HambKommInsO/*Kuleisa* § 91 Rn. 16.

vom Schuldner persönlich verlangt werden.[71] **Abs. 1 findet Anwendung,** wenn die Einigung und die Briefübergabe vor, die **Eintragung** jedoch erst **nach der Verfahrenseröffnung** erfolgt, es sei denn, es liegen die Voraussetzungen des Abs. 2 vor.[72]

cc) Verpfändung. Die **Verpfändung von Grundpfandrechten** vollzieht sich in den für die Übertragung vorgesehenen Formen (§§ 1174, 1291 BGB). Dementsprechend gelten die für die Abtretung dargestellten Grundsätze hier entsprechend (→ Rn. 32). 33

dd) Rangänderung. Die Rangänderung setzt nach § 880 Abs. 2 Satz 1 BGB die Einigung zwischen dem Zurücktretenden und dem vortretenden Berechtigten und die Eintragung der Änderung im Grundbuch voraus. Ist der Schuldner Inhaber des vortretenden Rechts, finden die §§ 81, 91 keine Anwendung, weil die Masse dadurch lediglich begünstigt wird; die Verfügung ist danach unabhängig vom Zeitpunkt ihrer Vornahme wirksam.[73] Bedarf die Rangänderung nicht nach § 880 Abs. 2 Satz 2 BGB der Zustimmung des Schuldners, ist sie auch nach Verfahrenseröffnung ohne Zustimmung des Verwalters möglich, weil auch insoweit Interessen der Insolvenzmasse nicht tangiert werden.[74] Erfolgte demgegenüber die Einigung und die Zustimmung des Schuldners vor Verfahrenseröffnung und wurde die Rangänderung erst nach der Verfahrenseröffnung eingetragen, findet § 91 Anwendung. Wird die Einigung und/oder Zustimmung erst nach Verfahrenseröffnung erklärt, greift wiederum § 81 Abs. 1. 34

b) Vormerkungsgesicherte Ansprüche. Die Bestellung einer Vormerkung erfordert nach § 885 Abs. 1 Satz 1 BGB deren Bewilligung durch den Eigentümer und deren Eintragung in das Grundbuch. Wird sie erst nach der Verfahrenseröffnung im Grundbuch eingetragen, steht ihrer Wirksamkeit Abs. 1 entgegen. Erfolgt auch deren Bewilligung durch den Schuldner erst nach Verfahrenseröffnung, findet § 81 Abs. 1 Satz 1 Anwendung. 35

Der durch die Vormerkung gesicherte **unbedingte und bestehende Anspruch ist insolvenzfest** und muss vom Verwalter erfüllt werden (§ 161 Abs. 1 BGB). Dies gilt auch für durch die Vormerkung **gesicherte bedingte Ansprüche** (§ 161 Abs. 1 BGB).[75] Abs. 1 steht insoweit einem Rechtserwerb nicht entgegen. Zweifelhaft ist dies indes in den Fällen, in denen durch die Vormerkung ein **künftiger Anspruch** gesichert werden soll. Wie ausgeführt, können wegen Abs. 1 vor Verfahrenseröffnung übertragene künftige Rechte nach Verfahrenseröffnung nicht mehr wirksam entstehen. Daraus folgt, dass auch ein durch Vormerkung zu sicherndes künftiges Recht nach Verfahrenseröffnung nicht entstehen kann. Da die Vormerkung akzessorisch ist und in diesen Fällen erst mit der Entstehung des Rechts nach Verfahrenseröffnung wirksam werden kann, steht dem Abs. 1 grundsätzlich entgegen.[76] Jedoch ist mittlerweile anerkannt, dass **auch die Sicherung künftiger Ansprüche** möglich ist.[77] Es kommt darauf an, ob zum Zeitpunkt der Verfahrenseröffnung bereits ein ausreichend tragfähiger „Rechtsboden" gelegt war.[78] Der gesicherte Anspruch muss daher vor Verfahrenseröffnung zumindest dem Grunde nach angelegt sein.[79] Dem liegt die Wertung zugrunde, dass der Vormerkungsschutz für künftige Ansprüche (§ 883 Abs. 1 Satz 2 BGB) sinnentleert wäre, wollte man ihn erst von dem Zeitpunkt an eintreten lassen, indem die gesicherten Ansprüche entstehen. So ist eine Insolvenzfestigkeit der Vormerkung etwa zu bejahen, wenn die Entstehung des Anspruchs nur noch vom Willen des künftig Berechtigten abhängt.[80] Nach Auffassung von Jaeger/*Windel* kommt es für die Insolvenzfestigkeit vormerkungsgesicherter Ansprüche darauf an, ob eine aus einem Vertragsangebot folgende Bindungslage Massebezug hat.[81] Andere stellen darauf ab, ob der Schuldner noch einseitig verhindern kann, dass der zu sichernde Anspruch entsteht.[82] In der Praxis finden sich oftmals Auflassungsvormerkungen, in denen der Anspruch eines noch zu benennenden Dritten durch eine Vormerkung gesichert wird auf der Basis eines zwischen einem 36

[71] *Jaeger/Henckel* KO § 15 Rn. 35.
[72] Uhlenbruck/*Mock* § 91 Rn. 49; HambKommInsO/*Kuleisa* § 91 Rn. 16.
[73] Jaeger/*Windel* § 91 Rn. 46; Gottwald/*Eickmann* § 31 Rn. 42.
[74] *Jaeger/Henckel* KO § 15 Rn. 37; Gottwald/*Eickmann* § 31 Rn. 43.
[75] KPB/*Lüke* § 91 Rn. 38; Uhlenbruck/*Mock* § 91 Rn. 62; *Häsemeyer,* Rn. 10.27.
[76] Wie hier: KPB/*Lüke* § 91 Rn. 38; *Häsemeyer,* Rn. 10.27.
[77] BGH NJW 2002, 213, 214; BGH NJW 2006, 2408, 2409; dazu *Kessler* EWiR 2006, 457 f.; folgend OLG Köln ZIP 2005, 1038, 1040 = ZInsO 2005, 268, 270; Braun/*Kroth* § 91 Rn. 17; HambKommInsO/*Kuleisa* § 91 Rn. 19; K. Schmidt/*Sternal* § 91 Rn. 35; Jaeger/*Windel* § 91 Rn. 68.
[78] BGH NJW 2006, 2408, 2409.
[79] BGH NJW 2002, 213, 214; BGHZ 166, 319, 322f = NJW 2006, 2408, 2409.
[80] BGHZ 134, 182, 184 ff. = ZIP 1997, 420, 421; BGH NJW 2002, 213, 214, HKInsO/*Kayser* § 91 Rn. 32; Uhlenbruck/*Mock* § 91 Rn. 60.
[81] Jaeger/*Windel* § 91 Rn. 68, 69.
[82] *Preuß* AcP 201 (2001), 580, 587; *Preuß* DNotZ 2002, 285 f.

Bauträger und dem Grundstückseigentümer geschlossenen Kaufvertrages zugunsten künftiger Erwerber. Eine solche Vormerkung ist wirksam, wenn sie das eigene Forderungsrecht auf Leistung an den Dritten (§ 335 BGB) zugunsten des Versprechungsempfängers sichert, also für diesen eingetragen ist.[83] Dem ist zuzustimmen, denn der zu sichernde Anspruch ist vor Insolvenzeröffnung entstanden, auch wenn die Benennung des Dritten als Erwerber erst nach Verfahrenseröffnung erfolgt.[84]

37 **c) Erweiterung der Zubehörhaftung.** Werden massezugehörige Sachen nach Verfahrenseröffnung dazu bestimmt, dem wirtschaftlichen Zweck des Grundstücks zu dienen, so unterliegen sie gleichwohl nicht der Zubehörhaftung des § 1120 BGB. Begreift man die für die Zubehöreigenschaft maßgebende Zweckbestimmung als verfügungsähnliche Rechtshandlung,[85] folgt dies schon aus § 81 Abs. 1 Satz 1, da die Handlung im Falle ihrer Wirksamkeit die Masse verkürzt, da sie die Zubehörsache zu Lasten der Masse dem Hypothekar zuwiese.[86] In jedem Falle greift aber Abs. 1.[87] Über § 81 Abs. 1 Satz 1 gehindert wird auch die Einbeziehung von massezugehörigem Zubehör, wenn die Zweckbestimmung durch einen Dritten (etwa Mieter oder Pächter)[88] erfolgt und der Verwalter sie sich nicht zurechnen lassen muss;[89] anderes gilt, wenn die erweiterte Zubehörhaftung durch den Verwalter begründet wurde.[90]

38 **4. Erwerb von nicht voll wirksamen Rechten an beweglichen Gegenständen und Forderungen. a) Bedingte Übertragung von Rechten. aa) Allgemeines.** Bei einem bedingten Rechtserwerb zählt der **Eintritt einer aufschiebenden Bedingung** zu den **Voraussetzungen der Rechtsbegründung.** Gleichwohl **steht Abs. 1** der Entstehung des Rechts dann **nicht entgegen,** wenn der den bedingten Rechtserwerb begründende Tatbestand bereits vor Verfahrenseröffnung **vollständig verwirklicht** war und es zum Wirksamwerden nur noch des Eintritts der Bedingung bedarf.[91] Dies ergibt sich insbesondere aus § 161 Abs. 1 Satz 2 BGB, wonach eine Zwischenverfügung des Insolvenzverwalters über das aufschiebend bedingte Recht insoweit unwirksam ist, als die die von der Bedingung abhängige Wirkung vereiteln oder beeinträchtigen.[92] Danach soll eine bedingte Rechtsübertragung auch nach Verlust der Verfügungsbefugnis wirksam bleiben.[93] Einen solchen Schutzes des aufschiebend bedingten Rechtserwerbs hätte es dabei nicht bedurft, wenn ein solcher nach Abs. 1 ausgeschlossen wäre.[94]

39 Bei der Übertragung eines Rechts unter **einer auflösenden Bedingung** vor Verfahrenseröffnung fällt dieses bei Bedingungseintritt nach Verfahrenseröffnung **wieder in die Insolvenzmasse zurück**[95] oder aber es tritt der bereits vor Verfahrenseröffnung angelegte Verlust ein.[96]

40 Demgegenüber sind **für den Insolvenzfall vereinbarte Bedingungen** unwirksam, die im Insolvenzverfahren über das Vermögen des Veräußerers oder Erwerbers haftungsvereitelnd wirken sollen.[97] Der übertragene Vermögenswert bleibt hier massezugehörig.[98]

41 **bb) Eigentumsvorbehalt.** Praktische Bedeutung gewinnt die bedingte Übertragung von Rechten im Falle des Kaufs unter **Eigentumsvorbehalt in der Insolvenz des Vorbehaltsverkäufers.** Hier kann der Käufer aufgrund seines erworbenen Anwartschaftsrechts auch nach der Insolvenz des Verkäufers das Eigentum an der Vorbehaltssache erwerben, ohne das bei Eintritt der Bedingung noch der Wille zur Übereignung bestehen muss.[99] Dies ergibt sich aus der Regelung des § 107 Abs. 1. Danach kann der Vorbehaltskäufer nunmehr ausdrücklich auch nach Verfahrenseröffnung

---

83 Uhlenbruck/*Mock* § 91 Rn. 63.
84 Uhlenbruck/*Mock* § 91 Rn. 63; Gottwald/*Eickmann* § 31 Rn. 63.
85 So zur KO RG HRR 1994, Nr. 1273.
86 Jaeger/*Windel* § 91 Rn. 43.
87 KPB/*Lüke* § 91 Rn. 8; Uhlenbruck/*Mock* § 91 Rn. 64.
88 Vgl. *Soergel/Marly* § 97 Rn. 26.
89 Jaeger/*Windel* § 91 Rn. 43.
90 Jaeger/*Windel* § 91 Rn. 43; Uhlenbruck/*Mock* § 91 Rn. 65; Gottwald/*Eickmann* § 31 Rn. 64.
91 BGH NZI 2016, 347 Rn. 16; BGH NZI 2008, 371; BGHZ 155, 87, 92 = NJW 2003, 2744; *Gerhardt* ZIP 2006, 87; HKInsO/*Kayser* § 91 Rn. 10; KPB/*Lüke* § 91 Rn. 18; Uhlenbruck/*Mock* § 91 Rn. 54; kritisch hierzu vor allem Jaeger/*Windel* § 91 Rn. 57.
92 OLG Braunschweig WM 1997, 487, 488; Uhlenbruck/*Mock* § 91 Rn. 54; HKInsO/*Kayser* § 91 Rn. 8; *Häsemeyer* Rn. 10.24.
93 Uhlenbruck/*Mock* § 91 Rn. 54.
94 So zutreffend KPB/*Lüke* § 91 Rn. 20.
95 *Häsemeyer* Rn. 10.23.
96 *Jaeger/Henckel* KO § 15 Rn. 65; KPB/*Lüke* § 91 Rn. 20.
97 BGH NJW 2013, 1159; HKInsO/*Kayser* § 91 Rn. 6; Uhlenbruck/*Mock* § 91 Rn. 58.
98 *Tintelnot* S. 99 ff.; *Häsemeyer* Rn. 10.23.
99 BGHZ 22, 88, 97 = NJW 1956, 1879, 1874 f.; Nerlich/Römermann/*Kruth* § 91 Rn. 14; Uhlenbruck/*Mock* § 91 Rn. 52; *Jaeger/Henckel* KO § 15 Rn. 62.

die Erfüllung des Kaufvertrages vom Insolvenzverwalter verlangen, der Verwalter hat danach keine Möglichkeit, die Erfüllung des Kaufvertrages nach § 103 abzulehnen und damit den Bedingungseintritt zu vereiteln. Die Regelung in § 107 Abs. 1 hätte keinen Anwendungsbereich, wenn der Rechtserwerb des Vorbehaltskäufers durch Abs. 1 verhindert würde.[100]

b) Übertragung von bedingten Rechten. Von der Übertragung eines Rechts unter einer aufschiebenden Bedingung zu unterscheiden ist die **unbedingte Übertragung eines aufschiebend bedingten Rechts.** Derartige Übertragungsakte unterfallen ebenfalls **nicht dem Anwendungsbereich des Abs. 1,** da auch hier der zur Übertragung des Rechts erforderliche Tatbestand bereits vor Verfahrenseröffnung vollendet wurde.[101] Folglich erwirbt etwa ein Dritter, dem der Vorbehaltskäufer seinen aufschiebend bedingten Anspruch auf Eigentumserwerb übertragen hat, mit Zahlung der letzten Kaufpreisrate (Bedingungseintritt), auch dann das Volleigentum am Vorbehaltsgut, wenn zwischenzeitlich über das Vermögen des Vorbehaltskäufers das Insolvenzverfahren eröffnet wurde.[102] Dabei wird sich regelmäßig der Bedingungseintritt dadurch vollziehen, dass der Erwerber des Anwartschaftsrechts entsprechend § 268 BGB den Restkaufpreis im Wege der Ablösung unmittelbar an den Vorbehaltsverkäufer zahlt. Nach der Lehre vom „Direkterwerb" vollzieht sich dabei der Eigentumsübergang unmittelbar zwischen dem (letzten) Anwartschaftsberechtigten und dem Vorbehaltsverkäufer, dh außerhalb des Vermögens des insolventen Vorbehaltskäufers.[103] Danach handelt es sich schon nicht um einen nach Verfahrenseröffnung vollendeten Erwerb aus der Insolvenzmasse, da das Anwartschaftsrecht aufgrund des direkten Übergangs vom Käufer auf den Dritten bereits vor Verfahrenseröffnung aus dem schuldnerischen Vermögen ausgeschieden und damit zu keinem Zeitpunkt in die Insolvenzmasse gelangt ist. 42

c) Übertragung von betagten Rechte. Unberührt von Abs. 1 bleibt die Übertragung betagter bzw. noch nicht fälliger Ansprüche vor Verfahrenseröffnung. Hier ist der Rechtsgrund der abgetretenen Forderung bereits vor Verfahrenseröffnung gelegt. Ist somit die zedierte Forderung bereits vor Insolvenzeröffnung entstanden, hindert die erst nach Verfahrenseröffnung eingetretene Fälligkeit nicht die Wirksamkeit der Zession, so etwa bei Steuerrückerstattungsansprüchen vor behördlicher Festsetzung[104] oder etwa für Abfindungsansprüche beim Ausscheiden aus einem Verband.[105] 43

Entsprechend sind **Ansprüche des Leasinggebers** zu bewerten. Die Forderungen auf Zahlung der Leasingraten sind regelmäßig betagt, wenn das Leasingobjekt vor Verfahrenseröffnung bereits übergeben wurde.[106] Leasingraten sind nicht allein Gegenleistung für eine Nutzungsüberlassung, sondern stellen auch das Entgelt für die Vorfinanzierung dar.[107]

d) Verfügung über künftige Rechte. aa) Allgemeines. Über künftige, erst in der Zukunft entstehende Rechte kann bei ihrer hinreichenden Bestimmtheit wirksam vor Verfahrenseröffnung verfügt werden.[108] Als taugliches Kreditsicherungsmittel sind insoweit praxisrelevant die Globalzession und Vereinbarung eines verlängerten Eigentumsvorbehalts. Der **Rechtsübergang** erfolgt **erst mit dem Entstehen der Forderung,** deswegen muss das künftige Recht schon bei Verfahrenseröffnung entstanden sein.[109] Wenn das Recht erst nach Verfahrenseröffung entsteht, kann der Gläubiger gem. § 91 dieses nicht zu Lasten der Masse erwerben.[110] 44

bb) Pfandrecht an künftigen Forderungen. Wird vor **Verfahrenseröffnung ein Pfandrecht für eine künftige Forderung bestellt und entsteht diese erst nach Verfahrenseröff-** 45

---

100 So wie hier KPB/*Lüke* § 91 Rn. 21; FKInsO/*Wimmer-Amend* § 91 Rn. 15.

101 BGH DNotZ 2004, 123; FKInsO/*Wimmer-Amend* § 91 Rn. 15.

102 Grundlegend BGHZ 20, 80, 93 ff. = NJW 1956, 1873, 1874 f.; BGHZ 27, 360, 367 = NJW 1958, 1286; FKInsO/*Wimmer-Amend* § 91 Rn. 15; Uhlenbruck/*Mock* § 91 Rn. 54.

103 BGHZ 20, 88, 97 ff. = NJW 1956, 1873, 1874 f.; *Jaeger/Henckel* KO § 15 Rn. 62; KPB/*Lüke* § 91 Rn. 24; Uhlenbruck/*Mock* § 91 Rn. 54; Die Lehre vom „Durchgangserwerb" gelangt letztlich zu dem gleichen Ergebnis, vgl. hierzu *Serick*, Bd. IV § 47 IV, Bd. V, § 65 I 2.

104 BGHZ 70, 75, 76 ff. = NJW 1978, 642.

105 OLG Braunschweig WM 1977, 487 ff.

106 BGH NZM 2013, 541 Rn. 29; HKInsO/*Kayser* § 91 Rn. 14; Uhlenbruck/*Mock* § 91 Rn. 31; FKInsO/*Wimmer-Amend* § 91 Rn. 19.

107 Nerlich/Römermann/*Kruth* § 91 Rn. 19a.

108 BGHZ 70, 86, 88 ff. = NJW 1978, 538, 539; BGHZ 71, 75, 78 ff. = NJW 1978, 1050; statt aller MüKoBGB/*Roth/Kieninger* § 398 Rn. 78 ff.

109 BGH NJW 2006, 915, 916 ff. = ZIP 2006, 87 ff.; BGHZ 170, 196, 198 ff. = NJW 2007, 158, 159 f., zust. *Bärenz* DZWiR 2006, 290; *Schäfer* ZInsO 2007, 18 ff.; *Gundlach/Frenzel* EWiR 2007, 185 f.

110 BGH NZI 2012, 319 Rn. 29; HKInsO/*Kayser* § 91 Rn. 9.

nung, findet § 91 Abs. 1 Anwendung.[111] Für das Pfandrecht an beweglichen Sachen gilt nichts anderes als für Grundpfandrechte.[112] Die Begründung eines insoweit entstehenden Absonderungsrechts wird durch § 91 Abs. 1 verhindert. Stellt indes die entstehende Forderung eine Masseverbindlichkeit dar, kann das Pfandrecht in Anspruch genommen werden.[113] Zur Wirksamkeit der vertraglichen Verpfändung einer schon bestehenden Forderung ist neben dem Verpfändungsvertrag Voraussetzung, dass dem Drittschuldner die Verpfändung angezeigt wird (§ 1280 BGB). Erfolgt die Notifikation erst nach Verfahrenseröffnung, so wird der Rechtserwerb erst damit vollendet und ist deswegen nach § 91 Abs. 1 unwirksam.[114]

46 **cc) Dauerschuldverhältnisse.** Überträgt der Schuldner vor Insolvenzeröffnung **Ansprüche aus einem Dauerschuldverhältnis,** kommt es darauf an, ob die Forderung schon entstanden ist und nur in ihrer Durchsetzbarkeit von einem Ereignis abhängig ist, oder ob die Forderung erst mit Inanspruchnahme einer Gegenleistung künftig entsteht.[115] Im ersten Fall gilt das zu betagten Forderungen Gesagte,[116] im zweiten Fall findet Abs. 1 Anwendung.

47 **Mietforderungen** entstehen regelmäßig erst mit dem Anfangstermin des jeweiligen Nutzungszeitraums.[117] Grundsätzlich unterfällt die Verfügung über sie somit der Unwirksamkeitsanordnung von § 91 Abs. 1. Bei der **Vermietung und Verpachtung von unbeweglichen Gegenständen oder Räumen verdrängt jedoch § 110 Abs. 1 Satz 1** den § 91 Abs. 1 und schränkt damit die Unwirksamkeit der Verfügung über die Forderungen insoweit ein, als sie wirksam sind, soweit sie sich auf den Miet- oder Pachtzins für den zurzeit der Eröffnung des Verfahrens laufenden Kalendermonats bezieht.[118] Erfolgt die Eröffnung nach dem 15. Tag des Monats, so ist die Verfügung auch für den folgenden Kalendermonat wirksam (§ 110 Abs. 1 Satz 2).

48 Die **Abtretung von Lohn- und Gehaltsansprüchen** ist ebenfalls nach Abs. 1 unwirksam.[119] Hat der Schuldner vor Verfahrenseröffnung eine Forderung für die spätere Zeit auf Bezüge aus einem Dienstverhältnis oder an deren Stelle tretende laufende Bezüge abgetreten oder verpfändet, so ist diese Verfügung unwirksam. Die inzwischen aufgehobene Vorschrift § 114 Abs. 1 verdrängte den § 91, sodass Verfügungen über Bezüge wirksam waren, soweit sie sich auf die Bezüge für die Zeit vor Ablauf von zwei Jahren nach dem Ende des zur Zeit der Eröffnung des Verfahrens laufenden Kalendermonats bezogen.

49 **dd) Auswirkungen auf § 103.** Sowohl nach der inzwischen aufgegebenen „Erlöschenstheorie" des Bundesgerichtshofs[120] als auch nach der von ihm unter dem Topos fortgeführten Theorie von der „Änderung der originären Qualität"[121] sind Forderungen aus einem Vertrag, dessen Erfüllung der Insolvenzverwalter nach § 103 wählt, mit den ursprünglichen Forderungen aus dem Vertrag **nicht identisch.** Dies hat zur Folge, dass bei solchen Verträgen im Falle der Erfüllungswahl grundsätzlich Abs. 1 für die Vorausabtretung zur Anwendung gelangt.[122] Danach kann über Rechte aus § 103 unterfallenden Verträgen gegenüber Abs. 1 nicht mehr bestandskräftig verfügt werden.[123] Hiervon betroffen sind insbesondere vorausabgetretene Forderungen aus Kaufverträgen, aus Werkverträgen, für die der Bundesgerichtshof eine Aufteilung vornimmt[124] und aus Gebrauchsüberlassung für bewegliche Sachen, die dem Anwendungsbereich des § 103 Abs. 1 unterfallen.[125]

50 **ee) Abtretung von Kontokorrent-Saldoforderungen.** Die **Vorausabtretung von Kontokorrent-Saldoforderungen** und des kausalen Schlusssaldos führt wegen § 91 Abs. 1 nicht zu einem

---

111 BGH NZI 2015, 178 mit Anmerkung *Kluth;* Uhlenbruck/*Mock* § 91 Rn. 43.

112 *Jaeger/Henckel* KO § 15 Rn. 21; Jaeger/*Windel* § 91 Rn. 31; Uhlenbruck/*Mock* § 91 Rn. 47; *Häsemeyer* Rn. 10.28; → Rn. 26.

113 Vgl. hierzu KG ZInsO 2004, 979 f. und OLG Frankfurt ZIP 2005, 1245 ff. jeweils zur Kautionsversicherung; aA *Spliedt* EWiR 2005, 573 f.

114 BGH NZI 2015, 178 mit Anmerkung *Kluth.*

115 HKInsO/*Kayser* § 91 Rn. 13; Nerlich/Römermann/*Kruth* § 91 Rn. 19a; Uhlenbruck/*Mock* § 91 Rn. 18.

116 → Rn. 43.

117 BGH NZI 2013, 586 Rn. 22; FKInsO/*Wimmer-Amend* § 91 Rn. 14.

118 BGH NZI 2007, 158, 159; aA noch *Flöther/Bräuer* NZI 2006, 136, 141.

119 FKInsO/*Wimmer-Amend* § 91 Rn. 20; HKInsO/*Kayser* § 91 Rn. 16.

120 BGHZ 106, 236, 238 ff. = NJW 1989, 1282 ff.; BGHZ 129, 336, 337 ff. = NJW 1995, 1966 ff.; BGHZ 135, 25, 26 ff. = NJW 1997, 2184 f.

121 Jaeger/*Windel* § 91 Rn. 62; KPB/*Lüke* § 91 Rn. 27; Uhlenbruck/*Mock* § 91 Rn. 23.

122 Jaeger/*Windel* § 91 Rn. 66; Uhlenbruck/*Mock* § 91 Rn. 23, Gottwald/*Eickmann* § 31 Rn. 16; kritisch *Beinert/Luppe* NZI 2005, 15, 17; *Marotzke,* Rn. 4.17 ff.; *Marotzke* ZInsO 2004, 1273, 1278.

123 Zutreffend Jaeger/*Windel* § 91 Rn. 66; zustimmend Uhlenbruck/*Mock* § 91 Rn. 23.

124 Vgl. hierzu BGHZ 129, 336, 337 ff. = NJW 1995, 1966 ff.; BGHZ 147, 28, 30 ff. = NJW 2001, 3704 ff.

125 Siehe hierzu die Ausnahmen des § 108 InsO; Uhlenbruck/*Mock* § 91 Rn. 23; kritisch zum Ganzen Jaeger/*Windel* § 91 Rn. 66.

Rechtserwerb des Zessionars, wenn die Kontokorrentabrede erst mit Insolvenzeröffnung erlischt.[126] Die Kontokorrentabrede erlischt gem. §§ 115, 116 mit der Eröffnung des Insolvenzverfahrens. Gleichzeitig wirkt jedoch auch schon § 91, wonach ein Recht an der Kontokorrent-Saldoforderung nicht wirksam erworben werden kann.[127]

5. (Schwebend) (un-)wirksamer Erwerb. Hat der Schuldner vor Verfahrenseröffnung über einen ihm gehörenden Gegenstand verfügt und bedarf dies der **Genehmigung eines Dritten** (etwa nach § 5 ErbbRVO, § 12 WEG, §§ 876, 880 Abs. 2 BGB), so wird die Verfügung auch bei einer erst nach Verfahrenseröffnung erfolgten Genehmigung durch Abs. 1 nicht beeinträchtigt. In diesem Fall wirkt die Genehmigung nach § 184 Abs. 1 BGB zurück und das Recht entsteht im Zeitpunkt der Verfügung, mithin vor Verfahrenseröffnung.[128] Hängt die Wirksamkeit von der Erteilung einer behördlichen Genehmigung ab, ist § 184 BGB richtiger Auffassung nach nicht unmittelbar anwendbar.[129] Regelmäßig dürfte indes in diesen Fällen die Bindungswirkung des Verfügenden nicht schwächer, sondern eher stärker sein als im Anwendungsbereich des § 184 BGB,[130] so dass Abs. 1 einem Rechtserwerb nicht entgegen stünde. Eine Auslegung der einschlägigen Bestimmung kann indes Gegenteiliges ergeben.[131] 51

Hat der Schuldner vor Verfahrenseröffnung **als Nichtberechtigter** über einen ihm nicht gehörenden Gegenstand verfügt und genehmigt der Berechtigte diese Verfügung nach der Verfahrenseröffnung, scheidet die Anwendbarkeit des Abs. 1 bereits mangels Zugehörigkeit zur Insolvenzmasse (§ 35) aus.[132] Hat indes der Schuldner vor Verfahrenseröffnung über eine fremde Sache verfügt, die nach Verfahrenseröffnung zur Masse erworben wird, so wird die Verfügung nach § 185 Abs. 2 Satz 2 2. Fall BGB erst zu dem Zeitpunkt wirksam, indem das Recht, über das verfügt wurde, in die Masse gelangt.[133] Dem steht dann Abs. 1 entgegen. Der Dritte kann daher das Recht nach Verfahrenseröffnung nicht mehr erwerben.[134] 52

Verfügt ein **nichtberechtigter Dritter** über einen dem Schuldner gehörenden Gegenstand und genehmigt der Schuldner die Verfügung erst nach Verfahrenseröffnung, steht einer wirksamen Genehmigung bereits § 81 Abs. 1 Satz 1 entgegen. Allerdings kommt hier ein gutgläubiger Erwerb vom Nichtberechtigten in Betracht (§§ 929, 932, 892, 893 BGB), da der Erwerber auf das Eigentum des nichtberechtigten Verfügenden vertrauen darf und keinen Anlass hat, sich mit der Insolvenz des tatsächlich Berechtigten zu befassen, von der er regelmäßig keine Kenntnis hat.[135] Geschützt werden soll nicht die Unkenntnis von der Insolvenz, sondern diejenige von der Nichtberechtigung des Verfügenden.[136] 53

Hat ein Insolvenzgläubiger vor Verfahrenseröffnung eine **Pfändung** in das Schuldnervermögen ausgebracht, die nach §§ 750, 751, 798 ZPO noch nicht zulässig war, und ist dieser Mangel nicht durch Zeitablauf, Nachholung oder Verzicht des Schuldners vor Verfahrenseröffnung geheilt, so steht der Entstehung eines Pfändungspfandrechts in einem nachfolgenden Insolvenzverfahren Abs. 1 entgegen.[137] 54

Hat der Schuldner vor Verfahrenseröffnung eine Forderung abgetreten, die einem vertraglich vereinbarten **Abtretungsverbot** unterlag (§ 399 HS 2 BGB), ist die Verfügung unwirksam.[138] Stimmt nun der Drittschuldner nach Verfahrenseröffnung der Abtretung zu, liegt hierin keine rückwirkende Genehmigung iS des § 184 BGB,[139] sondern eine Neuvornahme der Verfügung, die bereits 55

---

126 BGH NZI 2009, 599; HKInsO/*Kayser* § 91 Rn. 22, FKInsO/*Wimmer-Amend* § 91 Rn. 23; Nerlich/Römermann/*Kruth* § 91 Rn. 18; Uhlenbruck/*Mock* § 91 Rn. 30; K. Schmidt/*Sternal* § 91 Rn. 31.

127 FKInsO/*Wimmer-Amend* § 91 Rn. 23.

128 BGH NZI 2009, 244, 245; RGZ 134, 73, 78; BGH KTS 1958, 187 f.; FKInsO/*Wimmer-Amend* § 91 Rn. 31; *Jaeger/Henckel* KO § 15 Rn. 93; KPB/*Lüke* § 91 Rn. 52; Gottwald/*Eickmann* § 31 Rn. 30; FKInsO/*Wimmer-Amend* § 91 Rn. 31; kritisch Jaeger/*Windel* § 91 Rn. 106.

129 Jaeger/*Windel* § 91 Rn. 107 unter Hinweis auf *Flume* AT Bd. II § 57, 3c (S. 912 f.).

130 MüKoBGB/*Schramm* Vor § 182 Rn. 22 f.

131 Jaeger/*Windel* § 91 Rn. 107 mwN.

132 Jaeger/*Windel* § 91 Rn. 110; KPB/*Lüke* § 91 Rn. 53; Uhlenbruck/*Mock* § 91 Rn. 78, FKInsO/*Wimmer-Amend* § 91 Rn. 31; Gottwald/*Eickmann* § 31 Rn. 31.

133 RGZ 89, 152, 158; RGZ 135, 378, 383.

134 BGH NJW-RR 2004, 259 = NZI 2004, 29; *Bülow* WM 1998, 845, 848; Jaeger/*Windel* § 91 Rn. 104; KPB/*Lüke* § 91 Rn. 54; Uhlenbruck/*Mock* § 91 Rn. 80; Gottwald/*Eickmann* § 31 Rn. 55.

135 Vgl. hierzu *Jaeger/Henckel* KO § 15 Rn. 85, 86.

136 So wie hier im Ergebnis *Jaeger/Henckel* KO § 15 Rn. 86; KPB/*Lüke* § 91 Rn. 55; Nerlich/Römermann/*Kruth* § 91 Rn. 32; Uhlenbruck/*Mock* § 91 Rn. 80.

137 RGZ 125, 286; KG JW 1934, 3146; FKInsO/*Wimmer-Amend* § 91 Rn. 13; Jaeger/*Windel* § 90 Rn. 103; aA Stein/Jonas/*Münzberg* § 750 Rn. 11, 15, § 751 Rn. 14; § 798 Rn. 7.

138 Jaeger/*Windel* § 91 Rn. 112.

139 BGHZ 70, 299, 302 f. = NJW 1978, 813; Jaeger/*Windel* § 91 Rn. 112; aA OLG Celle NJW 1968, 652 f.

nach § 81 Abs. 1 Satz 1 unwirksam ist; § 91 Abs. 1 findet dann keine Anwendung.[140] Unter den Voraussetzungen des § 354a Satz 1 HGB sind Abtretungen trotz eines vereinbarten Abtretungsverbots wirksam, dh der Schuldner kann mit befreiender Wirkung an den Zedenten zahlen. Hier erstellt sich die Frage, ob Abs. 1 die Insolvenzmasse im Insolvenzverfahren über das Vermögen des Zessionars davor schützt, dass der Drittschuldner an den Zedenten zahlt und damit die massezugehörige Forderung erlischt.[141] Dies ist zu verneinen, da die Vorschrift des § 354a HGB gerade auch vor dem Hintergrund der insolvenzrechtlichen Problematik der Abtretungsverbote geschaffen wurde. Hier kommt allenfalls im Einzelfall eine Korrektur treuwidriger Leistungen nach § 242 BGB In Betracht.[142]

56 Die Wirksamkeit eines Rechtsgeschäfts, das der **devisenrechtlichen Genehmigung** bedarf, wird nicht daran gehindert, dass die Genehmigung erst nach Verfahrenseröffnung erteilt wird.[143] Die devisenrechtliche Genehmigung beendet lediglich einen vor Verfahrenseröffnung geschaffenen Schwebezustand und ist darüber hinaus auch öffentlich-rechtlicher Natur.[144] Abs. 1 findet hier daher keine Anwendung.

57 **6. Erwerb kraft Hoheitsakt. a) Erwerb im Wege der Zwangsvollstreckung.** Der Erwerb eines Pfändungspfandrechts durch Zwangsvollstreckung ist zwar durch § 89 für die Insolvenzgläubiger an massezugehörigen Gegenständen ausgeschlossen. Nicht hierunter fällt jedoch der **Erwerb im Wege der Zwangsversteigerung,** da dieser durch die öffentlich-rechtliche Verstrickung legitimiert ist. Der Erwerb wird daher weder bei der Immobiliarvollstreckung noch bei der Fahrnisvollstreckung durch Abs. 1 gehindert.[145] So verschafft der Zuschlagsbeschluss dem Ersteher nach § 90 ZVG das Eigentum an dem Grundstück originär kraft Hoheitsakt. Bei der Versteigerung von beweglichen Sachen erwirbt der Ersteher gleichermaßen originär das Eigentum durch den hoheitlichen Übertragungsakt durch den Gerichtsvollzieher.

58 Nach Insolvenzeröffnung kann auch noch die Eintragung einer Sicherungshypothek (§ 128 ZVG) mit Wirksamkeit gegenüber den Insolvenzgläubigern erfolgen.[146] Abs. 1 steht dem nicht entgegen, da der durch die Sicherungshypothek gesicherte Anspruch das Surrogat für das aus dem Grundstück zu deckende Recht ist.[147] Dieses Surrogat wird durch die Sicherungshypothek mit einem Haftungsvorzugsrecht ausgestattet, welches die Sicherung fortsetzt, die der Berechtigte bereits vor der Zwangsversteigerung hatte.[148]

59 **b) Enteignung.** Dem Schuldner kann ungehindert von Abs. 1 auch nach Verfahrenseröffnung das Eigentum an einer massezugehörigen Sache entzogen werden.[149] Ebenso wie haftungsrechtliche Zuweisungen einer Enteignung nicht entgegenstehen, hindert auch die mit der Verfahrenseröffnung verbundene haftungsrechtliche Zuweisung des Schuldnervermögens an die Gläubiger die Enteignung nicht.[150] Anstelle der enteigneten Sache tritt der Entschädigungsanspruch des Art. 14 Abs. 3 Satz 2 bis 4 GG, der Massebestandteil ist.[151]

60 **c) Einziehung.** Nach der Reform der strafrechtlichen Vermögensabschöpfung[152] ist die strafrechtlichen Einziehung eines Gegenstandes gem. §§ 73 ff. StGB nach Verfahrenseröffnung nur dann zulässig, wenn eine Einziehung mit Sicherungscharakter (§§ 74b Abs. 1 und § 74d StGB) oder eine Einziehung aufgrund einer Beschlagnahme vor Verfahrenseröffnung (§ 111b iVm § 111d StPO, 75 Abs. 4 StGB) vorliegt. Sonstige Einziehungen sind hingegen unzulässig.

61 **aa) Einziehung mit Sicherungscharakter. Einziehungen mit Sicherungscharakter im Interesse der Allgemeinheit** (§ 74b Abs. 1 und § 74d StGB) sind auch nach Verfahrenseröffnung ohne Rücksicht auf die Eigentumslage und auf Rechte Dritter zulässig.[153] Der Einziehung mit Sicherungscharakter nach § 74b Abs. 1 StGB unterliegen nur solche Gegenstände, die die Allgemeinheit gefährden oder hinsichtlich derer die Gefahr besteht, dass sie der Begehung rechtswidriger Taten

140 KPB/*Lüke* § 91 Rn. 56; K. Schmidt/*Sternal* § 91 Rn. 37, Jaeger/*Windel* § 91 Rn. 112.
141 Eingehend zu diesem Problemkreis *von Olshausen* ZIP 1995, 1926 f.
142 So zutreffend Jaeger/*Windel* § 91 Rn. 113.
143 BGH LM KO § 15 Rn. 2.
144 FKInsO/*Wimmer-Amend* § 91 Rn. 34.
145 Uhlenbruck/*Mock* § 91 Rn. 68.
146 Jaeger/*Windel* § 91 Rn. 96; Uhlenbruck/*Mock* § 91 Rn. 68.
147 *Jaeger/Henckel* KO § 15 Rn. 89.
148 *Jaeger/Henckel* KO § 15 Rn. 89.
149 Jaeger/*Windel* § 91 Rn. 97; KPB/*Lüke* § 91 Rn. 12; Uhlenbruck/*Mock* § 91 Rn. 72.
150 Jaeger/*Windel* § 91 Rn. 97.
151 *Jaeger/Henckel* KO § 15 Rn. 19.
152 BGBl. 2017 I 872; *Köllner/Mück* NZI 2017, 593 allgemein zu der Gesetzesreform.
153 FKInsO/*Wimmer-Amend* § 91 Rn. 44; HKInsO/*Kayser* § 91 Rn. 46.

dienen werden. Auch die Einziehung nach § 74d StGB ist als Sicherungsmaßnahme zu begreifen. Sie sind Maßnahmen im Interesse der Allgemeinheit und werden daher von Abs. 1 nicht erfasst;[154] ggf. erhält die Masse eine Entschädigung nach § 74b Abs. 2 Satz 1 StGB.

bb) Einziehung aufgrund von Beschlagnahme vor Verfahrenseröffnung. Eine Einziehung auf Grund einer **vor Eröffnung** des Insolvenzverfahrens durchgeführten Beschlagnahme nach § 111b StPO iVm § 111d Abs. 1 Satz 2 StPO ist gem. § 75 Abs. 4 StGB wirksam. § 75 Abs. 4 StGB ordnet die Wirksamkeit einer Einziehung entgegen § 91 Abs. 1 (ausschließlich) in den Fällen des § 111d Abs. 1 Satz 2 StPO an, also in solchen Fällen, in denen die **Beschlagnahme vor Eröffnung** des Verfahrens insolvenzfest[155] vorgenommen wurde.[156] 62

cc) Sonstige Einziehungen. Alle anderen Maßnahmen nach §§ 73 ff. StGB zur strafrechtlichen Vermögensabschöpfung sind nach Eröffnung des Insolvenzverfahrens **nicht mehr möglich.** Die Gesetzesreform hat die bisherige Praxis[157] bestätigt, so dass die strafrechtliche Einziehung auch künftig nach Eröffnung des Insolvenzverfahrens gem. § 91 Abs. 1 **unzulässig** ist. Dies wird dadurch deutlich, dass § 75 Abs. 4 ausschließlich in den Fällen des § 111d Abs. 1 Satz 2 StPO die Einziehung entgegen § 91 Abs. 1 zulässt. Außerdem folgt das Ergebnis auch mittelbar aus § 39 Abs. 1 Nr. 3, wonach das zugunsten der Insolvenzgläubiger beschlagnahmte Vermögen nicht durch Strafmaßnahmen gegen Schuldner geschmälert werden soll. Schließlich zeigt die Anordnung in § 111i StPO, dass die Verteilung von Vermögen aus Straftaten nur dann Aufgabe der Staatsanwaltschaft ist, wenn es ausreicht, alle Verletzten vollständig zu befriedigen; ansonsten wird die Verteilung dem Insolvenzverfahren überantwortet.[158] 63

d) Haftung und Beschlagnahme von Zoll- und Steuergut. Unterliegen Waren einer Verbrauchsteuer oder einem Zoll, haften sie hierfür ohne Rücksicht auf die Eigentumslage (§ 76 Abs. 1 AO). Die Finanzbehörde kann die Waren daher solange mit Beschlag belegen, solange die Steuer nicht entrichtet ist (§ 76 Abs. 3 AO). Dies gilt auch noch für die Zeit nach Eröffnung des Insolvenzverfahrens. Abs. 1 findet daher keine Anwendung.[159] 64

7. Sonstige Anwendungsbereiche. a) Erwerb von Rechten in Sicherheitengemeinschaft (Sicherheitenpool). Unter einem Sicherheitenpool versteht man den vertraglichen Zusammenschluss von mehreren Sicherungsnehmern zum Zwecke der gemeinschaftlichen Geltendmachung ihrer Sicherungsrechte.[160] Die Ausübung der Rechte des Pools liegen regelmäßig in der Hand eines alleinvertretungsberechtigten Poolführers (Treuhänders[161]), geführt entweder als (Innen-)Gesellschaft[162] oder als Gemeinschaft mit modifizierter Verwaltungs- und Auseinandersetzungszuordnung.[163] Zweck des Pools ist es, im Falle des Insolvenzverfahrens durch seine Bildung Schwierigkeiten zu beheben, die sich aus unzureichender Bestimmtheit des Sicherungsvertrages ergeben oder auf einer ungünstigen Beweislage einzelner Poolmitglieder beruhen.[164] Nach der Verfahrenseröffnung steht Abs. 1 weder einer Poolbildung durch die Gläubiger noch der Aufnahme oder dem Wechsel einzelner Poolmitglieder entgegen.[165] Die Poolmitglieder können indes nicht mehr Rechte durch die Poolbildung erlangen, als ihnen zustehen. So steht einer Neuvalutierung Abs. 1 entgegen, nicht aber soweit die Poolbildung der Beweiserleichterung dient.[166] Nach Jaeger/*Windel* sind Poolvereinbarungen nach Verfahrenseröffnung, die der verbesserten Beweislage dienen, 65

---

[154] Grundlegend *Jaeger/Henckel* KO § 15 Rn. 27 bis 31, 91; so auch LG Duisburg ZIP 2003, 1361 f.; Jaeger/*Windel* § 91 Rn. 98; Gottwald/*Eickmann* § 31 Rn. 24.
[155] BeckOKStPO/*Huber* § 111d StPO Rn. 4; Graf/*Huber* § 111d StPO Rn. 4; *Köhler/Burkhard* NStZ 2017, 665, 677.
[156] BT-Drs. 18/11640 S. 81, 82; *Lackner/Kühl* § 75 Rn. 4.
[157] FKInsO/*Wimmer-Amend* § 91 Rn. 44; HKInsO/*Kayser* § 91 Rn. 46.
[158] *Bittmann* NZWiSt 2016, 131.
[159] HKInsO/*Kayser* § 91 Rn. 47; Jaeger/*Windel* § 91 Rn. 101; Uhlenbruck/*Mock* § 91 Rn. 70.
[160] Allgemein zu Sicherheitengemeinschaften in der Insolvenz: *Ganter* ZIP 2017, 2277 ff.
[161] *Peters* ZIP 2000, 2238 f.; *Häsemeyer* Rn. 18.64.
[162] So *Peters* ZIP 2000, 2238 f.
[163] So *Stürner* ZZP 94 (1981) 263, 275 f.; zur vormals gebräuchlichen Gesamthandsbildung kommt es praktisch kaum noch, vgl. dazu *Jaeger/Henckel* KO § 15 Rn. 72.
[164] Vgl. hierzu Jaeger/*Henckel* § 47 Rn. 90 ff.; § 48 Rn. 9.
[165] *Gundlach/Frenzel/Schmidt* NZI 2003, 142, 145; *Riggert* NZI 2000, 525, 526; Jaeger/*Windel* § 91 Rn. 86; Uhlenbruck/*Mock* § 91 Rn. 66; Nerlich/Römermann/*Kruth* § 91 Rn. 9; Gottwald/*Adolphsen* § 44 Rn. 13; kritisch *Smid* NZI 2000, 505, 510; *Smid* NZI 2005, 538; *Smid*, Kreditsicherheiten, S. 189.
[166] *Gundlach/Frenzel/Schmidt* NZI 2003, 142, 145; *Peters* ZIP 2000, 2238, 2241; *Riggert* NZI 2000, 525, 526; Gottwald/*Eickmann* § 31 Rn. 11; Uhlenbruck/*Mock* § 91 Rn. 66; aA *Burgermeister* S. 238 ff.; *Häsemeyer* Rn. 18.66; Jaeger/*Windel* § 91 Rn. 88.

als „Rechtserwerb" iSd Abs. 1 und damit als wirkungslos zu qualifizieren.[167] Unproblematisch ist hingegen eine nach Verfahrenseröffnung erfolgende Poolbildung des Insolvenzverwalters mit den Sicherungsgläubigern als Verwertungsgemeinschaft.[168]

66 **b) Leistungsbestimmung durch den Putativschuldner.** Eine Putativschuldnerleistung liegt vor, wenn ein vermeintlicher Schuldner eine Leistung, zu der er sich verpflichtet glaubt, die tatsächlich aber ein anderer schuldet, an den Gläubiger (den späteren Insolvenzschuldner) erbringt, der seinerseits annimmt, der Leistende sei der Schuldner. **Ändert nun der Leistende nachträglich die Tilgungsbestimmung dahin,** dass die erbrachte Leistung als solche des wahren Schuldners gelten soll, steht dem, sofern man dies überhaupt für zulässig erachtet,[169] Abs. 1 entgegen. Dies ergibt sich daraus, dass der Putativschuldner durch die Leistung an den Insolvenzschuldner einen Bereicherungsanspruch erlangt hat, der im Falle der Insolvenzeröffnung den Rang einer einfachen Insolvenzforderung (§ 38) hat. Dem Insolvenzschuldner steht trotz der Leistung des Putativschuldners nach wie vor der Anspruch gegen seinen wahren Schuldner zu. Bei einer Änderung der Tilgungsbestimmung durch den Putativschuldner, dass die Leistung auf den Anspruch des Insolvenzschuldners erfolgt sei, würde der Anspruch des Schuldners erlöschen und dadurch die Insolvenzmasse einen Rechtsverlust erleiden. Aus diesem Grunde ist die nach Eröffnung des Insolvenzverfahrens erklärte Änderung der Tilgungsbestimmung wegen Abs. 1 unwirksam.[170]

67 **c) Leistungen Dritter im Eigeninteresse.** Nach § 16 Nr. 6 VOB/B, §§ 48 ff. EStG sind Drittschuldner befugt, an Gläubiger des späteren Insolvenzschuldners zu leisten. Ungeachtet dessen handelt es sich hierbei um eine Leistung auf einen massebefangenen Anspruch. Es ist daher anerkannt, dass das vertraglich begründete Drittleistungsrecht des § 16 Nr. 6 VOB/B mit der Verfahrenseröffnung erlischt[171] und die gesetzliche Drittleistungspflicht der § 48 ff. EStG nach Verfahrenseröffnung nicht zu einer Masseverkürzung führen darf,[172] so dass in beiden Fällen der Anwendungsbereich des Abs. 1 gegeben ist.[173]

68 **d) Versicherungsrechtliche Absonderungs- und Vorzugsrechte.** § 157 VVG gewährt dem verletzten Dritten das Recht, wegen des ihm gegen den Haftpflichtversicherungsnehmer (Schuldner) zustehenden Schadensersatzanspruchs abgesonderte Befriedigung aus der Entschädigungsforderung zu beanspruchen, die dem Versicherungsnehmer gegen den Haftpflichtversicherer zusteht. Tritt der Versicherungsfall erst nach Verfahrenseröffnung ein, steht Abs. 1 der Entstehung des Absonderungsrechts nicht entgegen.[174]

69 § 77 VVG gewährt dem Versicherungsnehmer, der eine Versicherung auf fremde Rechnung abgeschlossen hat, im Falle des Insolvenzverfahrens über das Vermögen des Versicherten ein Zurückbehaltungsrecht am Versicherungsschein wegen der ihm gegen den Versicherten in Bezug auf die versicherte Sache zustehenden Ansprüche. Für diese Ansprüche kann er sich aus der Entschädigungsforderung gegen den Versicherer und nach Einziehung der Forderung aus der Entschädigungssumme vor dem Versicherten und dessen Gläubigern befriedigen. Entsteht die Entschädigungsforderung gegen den Versicherer erst nach Verfahrenseröffnung, so steht Abs. 1 dem Befriedigungsrecht, das § 77 Satz 2 VVG dem Versicherungsnehmer gewährt, ebenso wenig entgegen[175] wie das Entstehen des Zurückbehaltungsrechts nach § 77 Satz 1 VVG.

---

[167] Jaeger/*Windel* § 91 Rn. 88; so auch *Smid,* Kreditsicherheiten, § 17 Rn. 20 ff.; *Smid* NZI 2000, 505, 510 f.; *Smid* WM 1999, 1141, 1149.

[168] *Peters* ZIP 2000, 2238, 2243; *Stürner* ZZP 94 (1981), 263, 280; Uhlenbruck/*Mock* § 91 Rn. 66; Gottwald/*Adolphsen* § 44 Rn. 13.

[169] Bejahend BGH NJW 1964, 1898 f.; BGH NJW 1983, 812, 814; BGH NJW 1986, 2700 f.; BGH ZIP 2006, 1636 ff.; *Flume* JZ 1962, 281 f.; *Flume* AcP 199 (1999), 1, 28 ff.; Palandt/*Grüneberg* § 267 Rn. 3; *Soergel/Wolf* § 267 Rn. 26 f.; verneinend *Lorenz* AcP 168 (1968), 286, 308 ff.; *Krüger* → § 267 Rn. 12, 23; *Medicus,* Rn. 951; offenlassend BGHZ 70, 389, 397 = NJW 1978, 1375; BGHZ 137, 89, 95 = NJW 1998, 377, 378.

[170] So wie hier *Häsemeyer* KTS 1982, 1, 16 ff.; Jaeger/*Windel* § 91 Rn. 90; KPB/*Lüke* § 91 Rn. 9; Uhlenbruck/*Mock* § 91 Rn. 27; K. Schmidt/*Sternal* § 91 Rn. 4.; aA *Jaeger/Henckel* KO § 15 Rn. 104, wonach der Putativschuldner bereits vor Verfahrenseröffnung eine insolvenzfeste Rechtsposition erlangt hat.

[171] BGH NJW 1986, 2761 = ZIP 1986, 720; Braun/*Kroth* § 82 Rn. 8; K. Schmidt/*Sternal* § 91 Rn. 2; Jaeger/*Windel* § 82 Rn. 37; KPB/*Lüke* § 82 Rn. 37; Nerlich/Römermann/*Kruth* § 82 Rn. 3.

[172] BFHE 201, 80 = NJW 2003, 1552; OLG Frankfurt NZI 2004, 640 = ZIP 2004, 584; BMF-Schreiben v. 4.9.2003-IV A5-S227, 2b-20/03, abgedruckt in NZI 2003, 643 f.; *Kroth* NZI 2004, 345, 347.

[173] So zutreffend Jaeger/*Windel* § 90 Rn. 91; für den Anwendungsbereich von § 81 Abs. 1 Satz 1 OLG Frankfurt NZI 2004, 640 = ZIP 2004, 584 oder von § 81 Abs. 1 Satz 1 bzw. § 91 Abs. 1 BFHE 201, 80 = NJW 2003, 1552.

[174] Jaeger/*Henckel* Vor §§ 49–52 Rn. 20 ff.: Jaeger/*Windel* § 91 Rn. 80.

[175] Jaeger/*Henckel* § 51 Rn. 59; Jaeger/*Windel* § 91 Rn. 80.

70 **e) Blankoverfügungen.** Unter dem Geltungsbereich der Konkursordnung war streitig, ob eine vor Verfahrenseröffnung ausgestellte, undatierte lediglich mit dem Namen des Schuldners unterzeichnete Abtretungsurkunde mit der unbedingten und zeitlich unbeschränkten Ermächtigung des Gläubigers, die ihm übergebende Urkunde auszufüllen und der Gläubiger dem nach Verfahrenseröffnung nachkommt, wirksam ist. Danach sollte die Abtretung erst mit der Ausfüllung der Blanketturkunde wirksam sein, wohingegen die Blankoverpfändung eines Grundpfandrechts auch durch eine erst nach Verfahrenseröffnung vollzogene Ausfüllung wirksam werden konnte.[176] Die unterschiedliche Beurteilung fußte darauf, dass die Rechtsprechung ehemals die Blankozession einer hypothekarisch gesicherten Forderung anerkannte,[177] nicht aber die Blankettverpfändung. Da nunmehr auch die Blankettabtretung ohne weiteres anerkannt wird, hat sich diese Streitfrage erledigt.[178] Unterliegt die Abtretung keiner Form, ist regelmäßig davon auszugehen, dass die Forderung sogleich übergehen sollte. Die Urkunde dient danach nur Beweis- und Legitimationszwecken (vgl. § 409 Abs. 1 Satz 2 BGB) und soll nur zu diesen Zwecken ausfüllend vervollständigt werden.[179] Abs. 1 hindert hier den Forderungsübergang nicht. Ist die Abtretung formbedürftig und bedarf sie der Übergabe einer Urkunde (so etwa bei der Briefhypothek oder einer Wechselforderung), so ist die Forderung in dem Zeitpunkt dem Zugriff der Gläubiger des Zedenten (Schuldner) entzogen, wenn dieser die Urkunde dem Zessionar übergeben hat. Erfolgte dies vor Verfahrenseröffnung und die Blankettausfüllung danach, steht Abs. 1 auch hier einem Rechtserwerb nicht entgegen.[180] Es handelt sich lediglich um eine Vermögensumschichtung, die die Masse nicht schmälert.

71 **f) Dingliche Surrogation.** Wandelt sich ein vor Verfahrenseröffnung wirksam begründetes Recht nach Insolvenzeröffnung kraft Gesetzes in ein anderes um, etwa in Fällen der §§ 1075, 1287 Satz 2 BGB, §§ 847, 848 Abs. 2 ZPO, findet Abs. 1 keine Anwendung.[181]

72 **g) Rechtserhaltende und sichernde Maßnahmen.** Von Abs. 1 unberührt bleiben Maßnahmen, die lediglich der Erhaltung und Sicherung von bereits vor Verfahrenseröffnung erworbenen Rechten dienen. Hierzu zählen etwa die Eintragung eines vor Insolvenzeröffnung voll erworbenen Rechts, die Grundbuchberichtigung (§ 894 BGB), die Eintragung eines Widerspruchs gegen die irrtümliche Löschung eines im Grundbuch eingetragenen Rechts (§§ 894, 899 BGB), die Befriedigung eines durch Vormerkung gesicherten Rechts (§ 106), die Ausübung eines Rangvorbehalts (§ 881 BGB), die Einziehung einer wirksam gepfändeten Forderung (§ 835 ZPO), die Beschlagnahme von neben dem Grundstück für die Hypothek nach §§ 1120 ff. BGB haftenden Gegenständen, Handlungen zur Wiedererlangung unfreiwillig verlorenen Pfandbesitzes (§§ 1227, 1253 BGB) oder die Zurückschaffung aus der Mietwohnung ohne Wissen oder unter Widerspruch des Vermieters entfernter Sachen des Mieters (§ 562b BGB).

73 **h) Zwangsvollstreckung von Neugläubigern.** Abs. 1 soll die Insolvenzmasse vor Zwangsvollstreckungen zu Gunsten von Neugläubigern des Schuldners schützen. Hinsichtlich rechtsgeschäftlicher Ansprüche wirkt der Schutz des § 81, wonach massebezogene Verfügungen des Schuldners auch zugunsten von Neugläubigern absolut unwirksam sind. Gleichwohl besteht die Möglichkeit, dass Neugläubiger mit titulierten Ansprüchen in die zur Insolvenzmasse gehörenden Ansprüche vollstrecken. Dem wird nicht schon durch § 89 Abs. 1 InsO begegnet, da diese Norm lediglich ein Vollstreckungsverbot für Insolvenzgläubiger statuiert. Ein solches folgt aber für Neugläubiger aus Abs. 1, so dass für sie ein Pfändungspfandrecht an massezugehörigen Vermögen nicht wirksam begründet werden kann.

C. Rechtsfolgen (Abs. 1)

74 Entgegen dem Wortlaut des § 15 KO („Rechte…können nicht mit Wirksamkeit gegenüber den Konkursgläubigern erworben werden…") sah man im Geltungsbereich der Konkursordnung den Rechtserwerb nicht nur gegenüber den Konkursgläubigern als unwirksam an, sondern gegen-

176 RGZ 63, 230, 234; *Jaeger/Lent* KO § 15 Rn. 14.
177 RGZ 63, 530, 234.
178 BGHZ 22, 128, 132 = NJW 1957, 137.
179 Jaeger/*Windel* § 91 Rn. 78.
180 *Takjas* ZInsO 2018, 564, 567; *Ganter* NZI 2008, 583; Jaeger/*Windel* § 91 Rn. 78.
181 Uhlenbruck/*Mock* § 91 Rn. 88; Jaeger/*Windel* § 91 Rn. 25; Gottwald/*Eickmann* § 31 Rn. 47.

über jedermann, soweit daran ein Interesse der Konkursgläubiger bestand.[182] Der Gesetzgeber hat dies nunmehr durch den geänderten Gesetzeswortlaut klar zum Ausdruck gebracht. Ein entgegen Abs. 1 erlangter Rechtserwerb ist danach **absolut unwirksam,** keineswegs aber nichtig im zivilrechtlichen Sinne. Denn die Unwirksamkeit des Abs. 1 ist **heilbar,** etwa durch rückwirkende Genehmigung des Insolvenzverwalters (§§ 185 Abs. 2 1. Fall, 184 Abs. 1 BGB).[183] Auch eine Konvaleszenz durch Freigabe ex nunc kommt in Betracht, so wenn der Verwalter eine Sache, über die der Schuldner durch einen gestreckten Erwerbstatbestand verfügt hatte, nicht für die Verfahrensabwicklung benötigt.[184]

75 Die absolute Unwirksamkeit ist **von Amts wegen** zu beachten.[185] Im Grundbuchverfahren gilt die Besonderheit, dass erst der Insolvenzvermerk zur Registersperre führt.[186]

76 Werden entgegen Abs. 1 Zwangsvollstreckungen gegen den Schuldner betrieben, sind diese nicht schlechthin unbeachtlich. Vielmehr muss sich der **Insolvenzverwalter** hiergegen mit der **Vollstreckungserinnerung** (§ 766 ZPO) wenden.[187] Hierüber hat wegen des näheren Sachzusammenhanges in entsprechender Anwendung des § 89 Abs. 3 das Insolvenzgericht zu befinden.[188] Behauptet der Neugläubiger, der von der Vollstreckung betroffene Vermögensgegenstand gehöre nicht zur Insolvenzmasse, besteht für den Insolvenzverwalter die Möglichkeit der **Drittwiderspruchsklage** (§ 771 ZPO).[189]

D. Ausnahmetatbestände (Abs. 2)

I. Allgemeines

77 Nach Abs. 2 gelten die immobiliarrechtlichen Schutzregeln der §§ 878, 892, 893 BGB sowie die ihnen nachgebildeten Vorschriften in §§ 3 Abs. 3, 16, 17 SchiffsRG, §§ 5 Abs. 3, 16, 17 LuftRG[190] sowie § 20 Abs. 3 der Schifffahrtsrechtlichen Verteilungsordnung.

78 Mit Rücksicht auf die Sicherheit des Rechtsverkehrs schränkt Abs. 2 den im Abs. 1 verankerten Grundsatz des Erwerbsverbotes zugunsten des **redlichen Rechtsverkehrs** ein. Wie in § 81 Abs. 1 Satz 2 soll durch die Norm der **gutgläubige Erwerb** von **Immobiliarrechten** sowie Rechten an Schiffen und Luftfahrzeugen ermöglicht werden, allerdings unter zusätzlicher Einbeziehung des § 878 BGB. Hierdurch wird der **Schutz des Erwerbers** an dem betroffenen massezugehörigen Recht vom Zeitpunkt der Eintragung **vorverlagert** auf den der **Antragstellung.** Hat sich danach der Erwerber mit dem Schuldner bindend geeinigt (vgl. §§ 873 Abs. 2, 875 Abs. 2 BGB) und den Eintragungsantrag gestellt, kann er gutgläubig erwerben, weil der Zeitpunkt der Eintragung nicht mehr in seiner Hand liegt und der durch die Eintragung im öffentlichen Register oder Verzeichnis einhergehende Zeitverlust auch bei zwischenzeitlicher Verfahrenseröffnung nicht zu seinen Lasten gehen soll.

79 Ein vom Schuldner abgeleiteter gutgläubiger Erwerb ist wie in den Fällen des § 81 Abs. 1 Satz 2 beschränkt auf Immobiliarvermögen sowie auf Rechte an Schiffen und Luftfahrzeugen. Demgegenüber scheidet ein gutgläubiger Erwerb von beweglichen Sachen, eines Pfandrechts oder einer Forderung aus.

80 Den §§ 878, 892 BGB vergleichbare Regelungen sehen die §§ 3 Abs. 3, 16, 17 SchiffsRG und §§ 5 Abs. 3, 16, 17 LuftRG vor.

II. Rechtserwerb aufgrund bindender Eintragungsbewilligung (§ 878 BGB, § 3 Abs. 3 SchiffsRG, § 5 Abs. 3 LuftRG)

81 Trotz der Insolvenzeröffnung kann sich ein Rechtserwerb an massezugehörigen Grundstücken, Schiffen oder Luftfahrzeugen unter den Voraussetzungen der § 878 BGB, § 3 Abs. 3 SchiffsRG, § 5

[182] *Jaeger/Henckel* KO § 15 Rn. 105; *Kuhn/Uhlenbruck § 15* Rn. 4; *Kilger/K. Schmidt* § 15 Anm. 8 jeweils mwN.

[183] Jaeger/*Windel* § 91 Rn. 114; KPB/*Lüke* § 91 Rn. 72; *Nerlich/Römermann/Kruth* § 91 Rn. 5; Uhlenbruck/*Mock* § 91 Rn. 93.

[184] BGH NZI 2013, 641; Uhlenbruck/*Mock* § 91 Rn. 81; Jaeger/*Windel* § 91 Rn. 114.

[185] Jaeger/*Windel* § 91 Rn. 115; Nerlich/Römermann/*Kruth* § 91 Rn. 6; Uhlenbruck/*Mock* § 91 Rn. 93.

[186] Siehe → Rn. 91.

[187] Jaeger/*Windel* § 91 Rn. 115; Nerlich/Römermann/*Kruth* § 91 Rn. 6; HKInsO/*Kayser* § 91 Rn. 50; Uhlenbruck/*Mock* § 91 Rn. 94; *Häsemeyer* Rn. 10.18.

[188] Jaeger/*Windel* § 91 Rn. 115; Nerlich/Römermann/*Kruth* § 91 Rn. 6; *Häsemeyer* Rn. 10.18.

[189] Jaeger/*Windel* § 91 Rn. 115; Nerlich/Römermann/*Kruth* § 91 Rn. 6; *Häsemeyer* Rn. 10.18.

[190] Nach Aufhebung von § 98 Abs. 3 LuftRG durch Art. 38 Nr. 3 B EGInsO in die Insolvenzordnung integriert.

Abs. 3 LuftRG wirksam vollziehen. Erforderlich hierfür ist, dass alle Bedingungen des Rechtserwerbs vor Verfahrenseröffnung gegeben sind und es nur noch an der für den **Rechtserwerb konstituierenden Registereintragung** fehlt. Ist abgesehen von der Eintragung nur eine weitere Voraussetzung nicht gegeben, kann das Recht auch nach Abs. 2 nicht wirksam entstehen. Hierzu zählen u.a. auch alle für eine Rechtsänderung erforderlichen öffentlich-rechtlichen Genehmigungen.

Nach § 878 BGB wird eine von dem Berechtigten gemäß §§ 873, 875, 877 BGB abgegebene Erklärung nicht dadurch unwirksam, dass der Berechtigte (Schuldner) in der Verfügung beschränkt wird, nachdem die Erklärung für ihn bindend geworden und der Antrag auf Eintragung beim Grundbuchamt gestellt worden ist. **82**

§ 878 BGB findet unmittelbare Anwendung auf die Grundstücksübereignung, Belastung eines Grundstücks, Übertragung und Belastung eines Grundstücksrechts (§ 873 BGB) sowie auf Aufhebung eines Grundstücksrechts (§ 875 BGB) und auf Änderung des Inhalts eines Grundstücksrechts (§ 877 BGB), wie etwa eine vom Schuldner als Hypothekenschuldner vereinbarte Erhöhung des Zinssatzes oder Verkürzung der Kündigungsfrist sowie eine Umwandlung von Grundpfandrechten, insbesondere von Höchstbetragshypotheken in Hypotheken fester Summe (§§ 1186, 877, 878 BGB).[191] Kraft gesetzlicher Zuweisung gilt § 878 BGB für die Rangänderung (§ 880 Abs. 2 Satz 1 BGB), den Briefausschluss (§ 1116 Abs. 2 Satz 3 BGB), die Bestimmung nach § 1109 Abs. 2 BGB bei der Reallast, die Verteilung des Betrags der Forderung bei der Gesamthypothek gemäß § 1132 Abs. 2 BGB, den Verzicht auf ein Grundpfandrecht (§ 1168 Abs. 2 Satz 2 BGB), die Forderungsauswechslung bei der Hypothek (§ 1180 Abs. 1 Satz 2 BGB) sowie die Bestellung einer Eigentümergrundschuld nach § 1196 Abs. 2 BGB.[192] § 878 BGB findet ebenfalls entsprechende Anwendung für die Bestellung und Aufhebung einer Vormerkung.[193] **83**

Die durch den (späteren) Schuldner nach § 873 Abs. 1 BGB abgegebene materiell-rechtliche Einigungserklärung muss für diesen **bindend** sein. Bindung tritt insbesondere unter den Voraussetzungen des § 873 Abs. 2 BGB ein. Danach sind die Beteiligten an die erklärte Einigung gebunden, wenn die Willenserklärungen gerichtlich oder notariell beurkundet oder vor dem Grundbuchamt abgegeben oder bei diesem eingereicht sind oder aber der Schuldner dem anderen Teil eine dem § 19 GBO entsprechende öffentlich beglaubigte (§ 29 Abs. 1 Satz 1 GBO) Eintragungsbewilligung übergeben hat. Bindend bewilligt ist die Vormerkung, wenn sie im Kaufvertrag vereinbart oder ihre Eintragung beiderseits beantragt wird (§ 873 Abs. 2 2. Fall BGB). Die bloße Aushändigung einer Eintragungsbewilligung reicht nicht aus. Vielmehr müssen beide Erfordernisse, die Aushändigung (Bindung) und der Eintragungsantrag vor Verfahrenseröffnung erfüllt sein.[194]

Der **Antrag** auf Eintragung der Rechtsänderung muss weiterhin beim Grundbuchamt vor Eröffnung des Insolvenzverfahrens gestellt worden sein. Dabei erfordert § 878 BGB nicht, dass der Antrag vom Erwerber gestellt wird,[195] sondern ausreichend ist ein zum Zeitpunkt der Verfahrenseröffnung beim Grundbuchamt anhängiger Eintragungsantrag des Schuldners oder des Notars. Ein eigener Antrag sichert indes den Erwerber vor einer Antragsrücknahme durch den Insolvenzverwalter, die freilich wegen der Schutzfunktion der § 878 BGB, § 91 Abs. 2 unzulässig sein dürfte.[196] Ist die Eintragung vor Verfahrenseröffnung erfolgt und der Eintragungsantrag ebenfalls bis zur Eröffnung gestellt worden, hat das Grundbuchamt die beantragte Eintragung vorzunehmen, selbst wenn ihm die mit der Verfahrenseröffnung eintretende Grundbuchsperre bekannt ist oder der Insolvenzvermerk unter Verstoß gegen §§ 17, 45 GBO früher eingetragen worden ist.[197] **84**

Abs. 2 ist auch anwendbar, wenn die Einigungserklärung vor Verfahrenseröffnung durch rechtskräftige Verurteilung des späteren Schuldners (§ 894 ZPO) bindend geworden und auch die Eintragung schon vor Verfahrenseröffnung beantragt war.[198] **85**

---

191 *Jaeger* LZ 1914, Sp. 60 f.; *Jaeger/Henckel* KO § 15 Rn. 109.

192 Gottwald/*Eickmann* § 31 Rn. 69.

193 BGHZ 28, 182, 185 = NJW 1958, 2013; BGHZ 33, 123, 129 = NJW 1960, 1757; BGHZ 60, 46, 50 = NJW 1973, 323; BGHZ 131, 189, 197 = NJW 1996, 461; BGH NZI 2005, 331 = ZIP 2005, 627; Jaeger/*Windel* § 91 Rn. 118; KPB/*Lüke* § 91 Rn. 70; Uhlenbruck/*Mock* § 91 Rn. 98; *Häsemeyer* Rn. 10.31.

194 Jaeger/*Windel* § 91 Rn. 118 unter Hinweis auf RGZ 81, 424 f.; Uhlenbruck/*Mock* § 91 Rn. 93.

195 BKInsO/*Blersch/v. Olshausen* § 91 Rn. 14; Jaeger/*Windel* § 91 Rn. 118; Uhlenbruck/*Mock* § 91 Rn. 98.

196 Strittig, so wie hier *Scholz* ZIP 1999, 1693, 1697 ff.; BKInsO/*Blersch/v. Olshausen* § 91 Rn. 14; *Jauernig* § 878 Rn. 23; Jaeger/*Windel* § 91 Rn. 118; MüKoBGB/*Wacke* § 878 Rn. 23; Uhlenbruck/*Mock* § 91 Rn. 101; *Häsemeyer* Rn. 10.31; aA *Jaeger/Henckel* KO § 17 Rn. 64; Gottwald/*Eickmann* § 31 Rn. 72; siehe auch *Raebel* ZInsO 2002, 954, 955.

197 *Eickmann* Rpfleger 1972; Jaeger/*Windel* § 91 Rn. 118; MüKoBGB/*Wacke* § 878 Rn. 22; *Soergel/Stürner* § 878 Rn. 8; Uhlenbruck/*Mock* § 91 Rn. 103.

198 *Jaeger/Henckel* KO § 15 Rn. 108; Jaeger/*Windel* § 90 Rn. 118; KPB/*Lüke* § 90 Rn. 61; *Häsemeyer* Rn. 10.13.

86 Da der Schutz des § 878 BGB voraussetzt, dass alle Voraussetzungen des Rechtserwerbs außer mit Ausnahme der Eintragung zur Zeit der Eintragung vorliegen müssen, gilt dies gleichermaßen für behördliche oder vormundschaftliche Genehmigungen.[199]

87 Dem § 878 BGB entsprechende Regelungen enthalten die § 3 Abs. 3 SchiffsRG und § 5 III LuftRG, so dass sich Abweichungen nicht ergeben, außer dass hier der Eintragungsantrag bei der zuständigen Schiffsregisterbehörde bzw. dem für das Register für Pfandrechte an Luftfahrzeugen zuständige Amtsgericht Braunschweig zu stellen ist.

III. Rechtserwerb aufgrund öffentlichen Glaubens des Registers (§ 892 BGB, § 16 SchiffsRG, § 16 LuftRG)

88 Aus Gründen des Verkehrsschutzes ermöglicht Abs. 2 den **gutgläubigen Erwerb** von **Immobiliarrechten** (§ 892 BGB) sowie von **Rechten an Schiffen** (§ 16 Abs. 3 SchiffsRG) und **Luftfahrzeugen** (§ 16 Abs. 3 LuftRG). Wie in § 81 fehlt ein entsprechender Schutz für den Fahrnisverkehr und für Maßnahmen der Geldvollstreckung.[200]

89 Liegen Einigung und Eintragungsantrag nach Insolvenzeröffnung vor und nimmt das Grundbuchamt die beantragte Eintragung in Unkenntnis der Insolvenzeröffnung vor, so wird der Erwerber, falls er im Hinblick auf die Verfügungsbefugnis des Schuldners gutgläubig ist, nach § 892 Abs. 2 BGB iVm § 81 Abs. 1 Satz 2 Inhaber des eingetragenen Rechts.[201] Entsprechendes gilt, wenn vor Verfahrenseröffnung die dingliche Einigung (§ 873 Abs. 2 BGB, § 3 Abs. 2 SchiffsRG, § 5 Abs. 2 LuftRG) erklärt, die Eintragung bewilligt, der Erwerber aber erst nach Verfahrenseröffnung den Eintragungsantrag stellt und dieser vor dem Antrag auf Eintragung des Insolvenzvermerks bei den Registerämtern eingeht.[202] § 892 BGB findet auch Anwendung, wenn eine vor Verfahrenseröffnung bestellte oder nach § 878 BGB noch nach Verfahrenseröffnung eingetragene Hypothek danach valutiert wird und im Zeitpunkt der Valutierung der Insolvenzvermerk nicht eingetragen und die Verfahrenseröffnung dem Hypothekar nicht bekannt ist,[203] ferner auf die Valutierung einer Sicherungsgrundschuld, weil mit ihr der Grundschuldinhaber die Grundschuld frei von der Einrede der Nichtvalutierung erwirbt[204] sowie wenn die Briefübergabe beim Briefpfandrecht erst nach Verfahrenseröffnung erfolgt.[205]

90 Ein Erwerber kann sich dann nicht auf den Schutz des § 892 BGB, § 16 Abs. 3 SchiffsRG, § 16 Abs. 3 LuftRG berufen, wenn er im Zeitpunkt des Eintragungsantrages oder der erst später vollzogenen Einigung **positive Kenntnis** von dem **eröffneten,** aber noch nicht im Grundbuch bzw. Register kenntlich gemachten **Insolvenzverfahren** hatte. Die **Beweislast** für eine solche Kenntnis trifft den **Insolvenzverwalter,** der die Wirksamkeit des Erwerbs bestreitet.[206] An einer Gutgläubigkeit fehlt es immer, wenn vor dem Recht des Erwerbers aufgrund zeitlich vorhergehenden Antrages oder Ersuchens (§ 32 GBO) der Insolvenzvermerk eingetragen ist.

91 Nach wie vor umstritten ist, ob das Grundbuchamt verpflichtet ist, die Eintragung zu verhindern, wenn es selbst von der Verfahrenseröffnung Kenntnis hat. So entsprach es der früheren hM, dass ein bereits vorliegender Eintragungsantrag nicht mehr vollzogen werden darf, wenn nur noch gutgläubiger Erwerb möglich war. Die Eröffnung des Insolvenzverfahrens war danach vielmehr von Amts wegen zu berücksichtigen.[207] Nach zutreffender Auffassung muss das Grundbuchamt auch im Falle der Kenntnis die Eintragung vornehmen, da zum einen die Eintragungsreihenfolge des § 17 GBO greift, zum anderen sich der gutgläubige Erwerb in Person des Erwerbers vollzieht, nicht hingegen in Person des Grundbuchrechtspflegers.[208] Es ist nicht Aufgabe des Grundbuchamtes,

---

199 OLG Frankfurt ZInsO 2006, 612; OLG Hamm JMBl NRW 1948, 242, 244; OLGR 2006, 364 (Ls.); *Haegele* KTS 1968, 157, 166; Nerlich/Römermann/*Kruth* § 91 Rn. 34; iE auch Jaeger/*Windel* § 91 Rn. 120; aA OLG Köln NJW 1955, 80; *Knöchlein* DNotZ 1959, 3, 17; MüKoBGB/*Wacke* § 878 Rn. 12; *Soergel/Stürner* § 878 Rn. 5.

200 Jaeger/*Windel* § 91 Rn. 120.

201 *Jaeger/Henckel,* KO § 15 Rn. 113; Jaeger/*Windel* § 91 Rn. 123; KPB/*Lüke* § 81 Rn. 21 ff.; § 91 Rn. 63; Nerlich/Römermann/*Kruth* § 91 Rn. 34; Uhlenbruck/*Mock* § 91 Rn. 104.

202 RGZ 81, 424, 427.

203 *Jaeger/Henckel* KO § 15 Rn. 113; Jaeger/*Windel* § 91 Rn. 123; Uhlenbruck/*Mock* § 91 Rn. 106; *Häsemeyer* Rn. 10.30.

204 *Jaeger/Henckel* KO § 15 Rn. 113; Jaeger/*Windel* § 91 Rn. 123; aA *Wörbelauer* DNotZ 1965, 580 f.

205 Jaeger/*Windel* § 91 Rn. 123; *Häsemeyer* Rn. 10.30.

206 *Jaeger/Henckel* KO § 15 Rn. 113; Jaeger/*Windel* § 91 Rn. 123; Uhlenbruck/*Mock* § 91 Rn. 107.

207 RGZ 71, 28; KG DNotZ 1973, 301; OLG Frankfurt Rpfleger 1991, 361; BayObLG NJW 1994, 66, 71; OLG Karlsruhe NJW-RR 1998, 445; Palandt/Herrler § 892 Rn. 1.

208 *Ertel* Rpfleger 1980, 44; *Schmidt* JUS 1995, 245, 246; BKInsO/*Blersch/v. Olshausen* § 91 Rn. 14; *Hess* InsO § 91 Rn. 50; MüKoBGB/*Wacke* § 892 Rn. 70; Uhlenbruck/*Mock* § 91 Rn. 109.

unter Verstoß gegen § 17 GBO einen gutgläubigen Erwerb durch Ablehnung der Eintragung zu verhindern.[209]

Dieses Ergebnis wird gestützt durch folgende Kontrollüberlegung: Wurde eine Eintragung trotz der Kenntnis des Grundbuchpflegers von der Insolvenz vorgenommen, ist kein Amtswiderspruch gem. § 53 GBO einzutragen. Ein solcher ist nur einzutragen, wenn die Eintragung unter Verletzung gesetzlicher Vorschriften vorgenommen wurde. Gesetzliche Vorschriften sind grundsätzlich umfassend zu verstehen, jedoch sind nur solche gemeint, auf welche sich die Prüfpflicht des Grundbuchamtes bezieht.[210] Das Grundbuchamt muss nicht allgemein prüfen, ob der ursprünglich Berechtigte in die Insolvenz gefallen ist. Zu prüfen hat es lediglich, ob ein Insolvenzvermerk eingetragen ist. Erst der Insolvenzvermerk führt zu einer Registersperre.[211] Allein das Insolvenzgericht hat gem. **§ 32 von Amts wegen** das Grundbuchamt um Eintragung des Insolvenzvermerks zu ersuchen, wenn ihm betroffene Grundstücke des Schuldners oder im Register eingetragene Rechte bekannt geworden sind.[212]

Entsprechendes gilt für den gutgläubigen Erwerb nach § 3 Abs. 3 SchiffsRG und § 5 Abs. 3 LuftRG, allerdings nur für eingetragene Schiffe, bei Luftfahrzeugen ist nur der gutgläubige Erwerb eines Registerpfandrechts möglich.[213] **92**

IV. Rechtserwerb nach § 893 BGB, § 17 SchiffsRG, § 17 LuftRG

Der Anwendungsbereich des § 893 BGB, § 17 SchiffsRG und § 17 LuftRG im Rahmen des Abs. 2 ist gering. So gelangt § 893 BGB bereits über § 81 Abs. 1 Satz 2 zur Anwendung, wenn der Schuldner als eingetragener Nichtberechtigter verfügt hat. Etwas anderes gilt für Leistungen an den eingetragenen Schuldner. Bei der Annahme der Leistung handelt es sich um eine Rechtshandlung, die dem Wortlaut nach nicht von § 81 erfasst wird,[214] so dass zumindest für diese Fälle Abs. 2 Bedeutung gewinnen kann, wie auch der gutgläubige Erwerb einer Vormerkung,[215] deren Entstehungsvoraussetzungen bis auf die Eintragung bereits vor Verfahrenseröffnung gegeben waren. **93**

V. Pfandrechtserwerb nach § 20 Abs. 3 der Schifffahrtsrechtlichen Verteilungsordnung

Nach § 480 Abs. 1 HGB kann der Reeder seine Haftung für vertragliche und deliktische Ansprüche Dritter auf Ersatz von Personen- und Sachschäden, sofern diese aus Verwendung des Schiffs entstanden sind, beschränken. Diese Möglichkeit der Haftungsbeschränkung besteht auch für jeden Gesellschafter einer als Reeder tätigen Personenhandelsgesellschaft (§ 486 Abs. 5 HGB), den Charterer, die Schiffsbesatzung und sonstige Bedienstete des Schiffseigentümers, Reeders oder Charterers sowie für den Lotsen (§ 487 HGB). Die Haftungsbeschränkungen finden ihre Umsetzung in der Schifffahrtsrechtlichen Verteilungsordnung (VerteilungsO, § 487a HGB).[216] Danach beschränkt sich die Haftung des genannten Personenkreises auf den in dem Verfahren eingezahlten Geldbetrag, aus dem die Gläubiger nach Maßgabe des Verteilungsverfahrens befriedigt werden (§ 487a Abs. 1 Satz 2, Abs. 2, 3 HGB). In diesem Verfahren können den Gläubigern bestellte Sicherheiten mit Einzahlung der festgesetzten Haftungssumme oder der Feststellung der Teilnahme am Verteilungsverfahren verloren gehen (§§ 6 Abs. 2, 20 Abs. 3 VerteilungsO). Wird das Verteilungsverfahren später eingestellt (§ 17 Abs. 1 VerteilungsO) und kommt es nicht zur Verteilung, so wird der erlittene Verlust der Sicherungsrechte dadurch ausgeglichen, dass dem Sicherungsnehmer ein gesetzliches Pfandrecht an dem Anspruch des Einzahlers (Insolvenzschuldners) auf Rückzahlung der Haftsumme gewährt bzw. wenn die Einzahlung der Haftsumme durch Sicherheitsleistung ersetzt worden ist (§ 5 Abs. 3 VerteilungsO), ein Recht auf bevorzugte Befriedigung aus der Sicherheit (§ 20 Abs. 3 VerteilungsO) eingeräumt wird.[217] Wird nach Eröffnung des Verteilungsverfahrens das Insolvenzverfahren eröffnet, zählt die zu verteilende Haftsumme bzw. die gestellte Sicherheit nicht zur Insolvenzmasse (§ 8 Abs. 5 VerteilungsO). Wird jedoch erst nach Verfahrenseröffnung das Verteilungsverfahren eingestellt, entsteht erst zu diesem Zeitpunkt der mit dem Pfandrecht des Gläubigers belastete Anspruch des Schuldners auf Rückzahlung der Haftsumme, so dass der Pfandrechtsbegründung **94**

---

209 K. Schmidt/*Sternal* § 91 Rn. 47, siehe auch K. Schmidt/*Sternal* § 81 Rn. 20 mwN; Uhlenbruck/*Mock* § 91 Rn. 109.
210 BeckOK GBO/Holzer § 53 GBO Rn. 18.
211 *Busch* → § 33 Rn. 75; FKInsO/*Wimmer-Amend* § 89 Rn. 50; K. Schmidt/*Keller* § 89 Rn. 31.
212 *Busch* → § 33 Rn. 24.
213 Gottwald/*Eickmann* § 31 Rn. 88.
214 KPB/*Lüke* § 91 Rn. 67.
215 KPB/*Lüke* § 91 Rn. 71; Uhlenbruck/*Mock* § 91 Rn. 110, 111.
216 Vormals Seerechtliche Verteilungsordnung, vgl. hierzu eingehend *Drischler* KTS 1974, 71 ff.
217 Vgl. hierzu *Jaeger/Henckel* KO § 15 Rn. 115.

grundsätzlich § 91 Abs. 1 entgegenstehen würde, wodurch sich die Aufnahme von § 20 Abs. 2 VerteilungsO in Abs. 2 erklärt.

§ 92 Gesamtschaden

[1]Ansprüche der Insolvenzgläubiger auf Ersatz eines Schadens, den diese Gläubiger gemeinschaftlich durch eine Verminderung des zur Insolvenzmasse gehörenden Vermögens vor oder nach der Eröffnung des Insolvenzverfahrens erlitten haben (Gesamtschaden), können während der Dauer des Insolvenzverfahrens nur vom Insolvenzverwalter geltend gemacht werden. [2]Richten sich die Ansprüche gegen den Verwalter, so können sie nur von einem neu bestellten Insolvenzverwalter geltend gemacht werden.

Schrifttum: *Altmeppen,* Probleme der Konkursverschleppungshaftung, ZIP 1997, 1173; *Altmeppen/Wilhelm,* Quotenschaden, Individualschaden und Klagebefugnis bei der Verschleppung des Insolvenzverfahrens über das Vermögen der GmbH, NJW 1999, 673; *Armbruster,* Die Stellung des haftenden Gesellschafters in der Insolvenz der Personenhandelsgesellschaft nach geltendem und künftigem Recht; *Bitter,* Richterliche Korrektur der Funktionsuntauglichkeit des § 93 InsO, ZInsO 2002, 557; *Bork,* Gesamt(schadens)liquidation im Insolvenzverfahren, in: Kölner Schrift zur Insolvenzordnung, S. 1017; *ders.,* Haftung des GmbH-Geschäftsführers wegen verspäteten Konkursantrags, ZGR 1995, 505; *ders.,* Die analoge Anwendung des § 93 InsO auf Parallelsicherheiten, NZI 2002, 362; *ders.,* Die Wirkung des § 93 InsO auf Ansprüche aus § 303 AktG, ZIP 2012, 1001; *Bunke,* Zur Anwendbarkeit des § 93 InsO auf konkurrierende Individualansprüche gegen persönlich haftende Gesellschafter, KTS 2002, 471; *ders.,* Keine Durchsetzungssperre nach § 93 InsO für konkurrierende Steueransprüche aus §§ 69, 34 AO, NZI 2002, 591; *Dauner-Lieb,* Die Berechnung des Quotenschadens, ZGR 1998, 617; *Delhaes,* Im Überblick: Der Insolvenzverwalter im eröffneten Insolvenzverfahren, NZI 1999, 47; *Dinstübler,* Die Abwicklung massearmer Insolvenzverfahren nach der Insolvenzordnung, ZIP 1998, 1697; *Ebenroth,* Zur Aufrechnung des Finanzamts mit Steuerforderungen im Konkurs der KG, JZ 1985, 322; *Eckardt,* Zur Abtretbarkeit anfechtungsrechtlich begründeter Ansprüche im Konkurs, KTS 1993, 585; *G. Fischer,* Haftungsrisiken für Insolvenzverwalter bei unterlassener Inanspruchnahme gewerblicher Prozessfinanzierung, NZI 2014, 241; *Eyber,* Aktivlegitimation des Konkursverwalters bei Wegfall des „Quotenschadens", NJW 1994, 1622; *Flume,* Die Haftung des GmbH-Geschäftsführers bei Geschäften nach Konkursreife der GmbH, ZIP 1994, 337; *Fuchs,* Die persönliche Haftung des Gesellschafters gemäß § 93, ZIP 2000, 1089; *Gehrlein,* Abberufung und Haftung von Insolvenzverwaltern, ZInsO 2011, 1713; *ders.,* Haftung von Geschäftsführern und Gesellschaftern im Rahmen der Eigenverwaltung, ZInsO 2017, 849; *Gerhardt,* Zur Haftung des ausgeschiedenen Gesellschafters im Rahmen des § 93 InsO, ZIP 2000, 2181; *Haas/Müller,* Zur Reichweite des § 93 InsO, NZI 2002, 366; *Goette,* Haftung des Geschäftsführers in Krise und Insolvenz der GmbH, ZInsO 2001, 529; *ders.,* Zur systematischen Einordnung des § 64 Abs. 2 GmbHG, FS Kreft, S. 53; *ders.,* Aus der neueren Rechtsprechung des BGH zum GmbH-Recht, ZIP 2005, 1481; *Gross/Schork,* Der GmbH-Geschäftsführer im Spannungsverhältnis des Zahlungsverbots nach § 64 Abs. 2 GmbHG und der Strafbarkeit wegen Vorenthaltens von Sozialversicherungsbeiträgen, NZI 2004, 358; *Haas,* Ist das Trihotel-Haftungsmodell Vorbild für andere dem Schutz der Gläubigergesamtheit dienende Haftungsansprüche?, ZIP 2009, 1257; *Hadding,* Zur Haftung des ausgeschiedenen OHG-Gesellschafters, ZGR 1973, 137; *Häsemeyer,* Kommanditistenhaftung und Insolvenzrecht, ZHR 149 (1985), S. 42; *ders.,* Die Aufrechnung nach der Insolvenzordnung, in. Kölner Schrift zur Insolvenzordnung, S. 489; *Hasselbach,* Die Geltendmachung von Gesamtschadensansprüchen der Gläubiger durch den Insolvenzverwalter, DB 1996, 2213; *Henze/Bauer,* Pflichtenstellung und Haftung des GmbH-Geschäftsführers im gegenwärtigen und künftigen Insolvenzrecht, in Kölner Schrift zur Insolvenzordnung, S. 997; *Hirte,* Abschied vom Quotenschaden; *ders.,* Abschied vom Quotenschaden: Erweiterte Haftung des GmbH-Geschäftsführers gegenüber Neugläubigern wegen Konkursverschleppung, NJW 1995, 1202; *Jeitner,* Doppelinsolvenz: Anfechtungsrecht bei Insolvenz einer Personengesellschaft und des persönlich haftenden Gesellschafters, NZI 2010, 673; *Karollus,* Weitere Präzisierung zur Konkursverschleppungshaftung, ZIP 1995, 269; *Kesseler,* Persönliche Sicherheiten und § 93 InsO, ZInsO 2002, 549; *ders.,* Die Durchsetzung persönlicher Gesellschafterhaftung nach § 93 InsO, ZIP 2002, 1974; *ders.,* Die verfahrensunterbrechende Wirkung des § 93 InsO, ZInsO 2003, 67; *Kirchhof,* Aktuelle Rechtsprechung des BGH zur Abwicklung von Bankkrediten in der Kundeninsolvenz, ZInsO 2003, 149; *Klinck,* Die Konkurrenz zwischen Gesellschaftsverbindlichkeit und Gesellschafterbürgschaft im Hinblick auf § 93 InsO, NZI 2004, 651; *Kling,* Die Sperrwirkung des § 93 InsO bei insolvenzsteuerlicher Betrachtung, ZIP 2002, 881; *Krüger,* Die Vergleichsbefugnis des Insolvenzverwalters bei Ansprüchen nach §§ 92, 93 InsO, NZI 2002, 367; *Kübler,* Die Konkursverschleppungshaftung des GmbH-Geschäftsführers nach der „Wende" des Bundesgerichtshofes, ZGR 1995, 481; *Maser/Sommer,* Persönliche Haftung des GmbH-Geschäftsführers in der Insolvenz der Gesellschaft, BB 1996, 65; *Gerd Müller,* Die Haftung des GmbH-Geschäftsführers aus § 64 GmbHG bei unterlassener Konkursanfechtung, ZIP 1996, 1153; *ders.,* Zum Schutz der Neugläubiger nach § 64 GmbHG, GmbHR 1994, 209; *Oepen,* Massefremde Masse; *Pape,* Persönliche Haftung des GmbH-Geschäftsführers für masseschädigende Auszahlungen nach Eintritt der Insolvenzreife, ZInsO 2001, 397; *Pape/Graeber,* Der Sonderverwalter im Insolvenzverfahren, ZIP 2009, 991; *Prütting,* Ist die Gesellschaft bürgerlichen Rechts insolvenzfähig?, ZIP 1997, 1725; *Reiff/Arnold,* Unbeschränkte Konkursverschleppungshaftung des Geschäftsführers einer GmbH auch gegenüber gesetzlichen Neugläubigern?, ZIP 1998, 1893; *Reiswich,* Die fehlende Positionsbeziehung des

Gesetzgebers zum Ausfall- oder Doppelberücksichtigungsprinzip in § 93 InsO und ihre Konsequenzen bei der Quotenberechnung in der Doppelinsolvenz von OHG und Gesellschafter, ZInsO 2014, 2411; *Runge*, Quotale Gesellschafterhaftung für Darlehensverbindlichkeiten in der Insolvenz; NZI 2014, 492; Schlegelberger/*Karsten Schmidt,* HGB, 5. Auflage; *Sämisch* Die analoge Anwendung der §§ 93, 334 InsO auf den unbeschränkt haftenden Erben im Nachlassinsolvenzverfahren, ZInsO 2014, 25; *Karsten Schmidt,* Konkursantragspflichten bei der GmbH und bürgerliches Deliktsrecht, JZ 1978, 661; *ders.*, Insolvenzrisiko und gesellschaftsrechtliche Haftung, JZ 1985, 300; *ders.*, Verhandlungen des 54. DJT, Bd. I Teil D 46 f.; *ders.*, Das Insolvenzverfahren neuer Art, ZGR 1986, 178; *ders.*, Zur Haftung und Enthaftung der persönlich haftenden Gesellschafter bei Liquidation und Konkurs der Personengesellschaft, ZHR 152 (1988), 105; *ders.*, Konkursverschleppungshaftung und Konkursverursachungshaftung, ZIP 1988, 1497; *ders.*, Wege zum Insolvenzrecht der Unternehmen; *ders.*, Labyrinthus creditorum – Gesellschaftsrechtliche Haftung im Insolvenzverfahren nach §§ 92, 93 –, ZGR 1996, 209; *ders.*, Insolvenzordnung und Gesellschaftsrecht, ZGR 1998, 633; *ders.*, Kein Abschied vom „Quotenschaden" bei der Insolvenzverschleppungshaftung, NZI 1998, 9; *ders.*, Haftungsrealisierung in der Gesellschaftsinsolvenz, KTS 2001, 373; *ders.*, Insolvenz und Insolvenzabwicklung bei der typischen GmbH & Co. KG, GmbHR 2002, 1209; *Karsten Schmidt/Bitter,* Doppelberücksichtigung, Ausfallprinzip und Gesellschafterhaftung in der Insolvenz, ZIP 2000, 1077; *Theißen,* Gesellschafterbürgschaften in der Insolvenz der OHG nach neuem Recht, ZIP 1998, 1625; *Uhlenbruck,* Die Legitimation zur Geltendmachung von Neugläubigerschäden wegen Konkursverschleppung, ZIP 1994, 1153; *ders.*, Die Durchsetzung von Gläubigeransprüchen gegen eine vermögenslose GmbH und deren Organe nach geltendem und neuem Insolvenzrecht, ZIP 1996, 1641; *ders.*, Gesellschaftsrechtliche Aspekte des neuen Insolvenzrechts, in: Kölner Schrift zur Insolvenzordnung, S. 879; *Ulmer,* Die Gesamthandsgesellschaft – ein noch immer unbekanntes Wesen?, AcP 198, 113; *Wellkamp,* Ausweitung und Einschränkung der Eigenhaftung des GmbH-Geschäftsführers, DB 1994, 869; *Wilhelm,* Konkursantragspflicht des GmbH-Geschäftsführers und Quotenschaden, ZIP 1993, 1833; *Windel,* Zur persönlichen Haftung von Organträgern für Insolvenzverschleppungsschäden, KTS 1991, 477; *Wochner,* Die Haftung des „aufrechtstehenden" Gesellschafters im Konkurse seiner OHG, BB 1983, 517.

Übersicht

I. Normzweck

Schadensersatzansprüche, die Gläubigern daraus erwachsen, dass die Insolvenzmasse verkürzt 1
wird, können während des Insolvenzverfahrens von den Gläubigern nicht mehr durchgesetzt werden. Da der Gesetzgeber davon ausgeht, dass das pfändbare Vermögen des Schädigers regelmäßig nicht ausreicht, um die Ersatzansprüche aller Gläubiger zu tilgen, ist der Schadensersatz an den Insolvenzverwalter zu leisten. Die Einziehung durch den Insolvenzverwalter verhindert, dass sich einzelne Gläubiger durch gesonderten Zugriff Sondervorteile verschaffen, und gewährleistet, alle Gläubiger gleichmäßig befriedigen zu können. Andererseits erleichtert die Bündelung in der Hand des Insolvenzverwalters die Durchsetzung der Ansprüche. Denn der einzelne Gläubiger sieht häufig davon ab, seinen Ersatzanspruch geltend zu machen, weil für ihn der mit dessen Bezifferung verbundene Aufwand außer Verhältnis zum Ertrag steht.[1] Die Vorschrift sichert ferner den ungestörten Ablauf des Insolvenzverfahrens, indem es den Wettlauf der Gläubiger um das pfändbare Vermögen des Ersatzpflichtigen ausschließt und dieses dadurch dem Interesse aller Gläubiger an einer gleichmäßigen Befriedigung sichert.[2]

[1] BGHZ 126, 181, 197 = BGH NJW 1994, 2220, 2224 mwN; *Reiff/Arnold* ZIP 1998, 1893; *Dauner-Lieb* ZGR 1998, 617, 620; *K. Schmidt* NZI 1998, 9, 11; KPB/*Lüke* § 92 Rn. 9.

[2] Vgl. *Hasselbach* DB 1996, 2213, 2214; KPB/*Lüke* § 92 Rn. 10.

II. Entstehungsgeschichte

2 Schon die Kommission für Insolvenzrecht hat gefordert, die in den §§ 92 und 93 genannten Haftungsansprüche im Interesse zweier wichtiger Reformanliegen der Insolvenzmasse zuzuweisen. Auf diese Weise sollte nicht nur die gemeinschaftliche und gleichmäßige Befriedigung aller Gläubiger gewährleistet, sondern auch die Insolvenzmasse zugunsten aller – insbesondere der ungesicherten – Gläubiger vervollständigt werden.[3] Die Bundesregierung hat sich in ihrem Entwurf diesen Zielen angeschlossen.[4] Die in diesem Entwurf vorgesehene Geltendmachung der Ersatzansprüche gegen den Insolvenzverwalter durch einen Sonderinsolvenzverwalter hat der Rechtsausschuss als entbehrlich gestrichen. Ferner hat er die entsprechende Geltung des § 82 für den Fall, dass der zum Ersatz eines Gesamtschadens Verpflichtete an einen Insolvenzgläubiger leistet, nicht übernommen; die Lösung dieses Falles soll der Rechtsprechung überlassen bleiben.[5]

3 Der Gedanke der gleichmäßigen Gläubigerbefriedigung liegt bereits § 1978 Abs. 2 BGB zugrunde, der Ersatzansprüche von Nachlassgläubigern gegen den Erben (§ 1978 Abs. 1 BGB) oder gegen den Nachlassverwalter (§ 1985 Abs. 2 BGB) als zum Nachlass gehörig fingiert, wenn Nachlassverwaltung oder Nachlasskonkurs eröffnet worden ist.[6] Ähnlich können nach § 26 Abs. 1 Satz 1, § 125 Satz 1 und § 206 Abs. 1 Satz 1 UmwG Schadensersatzansprüche von Rechtsträgern, Anteilsinhabern und Gläubigern nach Verschmelzung, Spaltung und formwechselnder Umwandlung nur durch einen besonderen Vertreter geltend gemacht werden, an dessen Stelle im Falle der Insolvenz der Insolvenzverwalter treten muss.[7] Der § 171 Abs. 2 HGB betrifft zwar keinen Anspruch auf Schadensersatz, weist aber den Anspruch auf die Haftsumme im Interesse der Gläubigergleichbehandlung ebenfalls dem Insolvenzverwalter zu. Bei den im Regierungsentwurf zitierten §§ 93 Abs. 5 Satz 4 und 309 Abs. 4 Satz 5 AktG und dem nicht zitierten § 34 Abs. 5 Satz 3 GenG geht es zwar um Schadensersatz. Insoweit ist aber im Schrifttum umstritten, ob die Gläubiger überhaupt einen eigenen Anspruch haben, ob diese Bestimmungen ihnen hinsichtlich des Anspruchs der Gesellschaft und Genossenschaft nicht – wie § 62 Abs. 2 Satz 2 AktG – nur eine Einziehungsermächtigung geben, die ihnen mit Eröffnung des Insolvenzverfahrens wieder genommen wird.[8]

§ 92 schreibt nur fest, was ständiger Rechtsprechung entsprach. Bereits vor dem Inkrafttreten der Insolvenzordnung ging das Recht, den Ersatzanspruch wegen einer Masseschmälerung geltend zu machen, mit der Eröffnung eines Insolvenzverfahrens vom Gläubiger auf den Insolvenzverwalter über.[9] Diese Rechtslage ist nunmehr Gesetz geworden.[10] Ähnlich wie § 92 weisen auch die §§ 93 und 334 die Einziehungsbefugnis dem Insolvenzverwalter zu. An dessen Stelle tritt nach § 280 der Sachwalter, falls im Verfahren Eigenverwaltung (§ 270 ff.) angeordnet worden ist.

III. Ansprüche der Gläubiger auf Ersatz des Gesamtschadens

4 **1. Tatbestandsvoraussetzung.** § 92 wirkt nicht anspruchsbegründend; er regelt die Einziehung anderweitig begründeter Ersatzansprüche der Insolvenzgläubiger.[11] Die Regelung verlangt eine Verfahrenseröffnung und kommt im Eröffnungsverfahren auch bei Einsetzung eines vorläufigen Verwalters mit Verfügungsbefugnis nicht zur Anwendung.[12] Gleiches gilt, wenn die Eröffnung mangels Masse abgelehnt wird.[13] Schadensersatzansprüche des über einen Treuhandkommanditisten mittelbar an einer (insolventen) Fondsgesellschaft beteiligten Anlegers gegen den Fondsinitiator unterfallen mangels einer Insolvenzgläubigerstellung des Anlegers nicht der Sperrwirkung des § 92.[14] Ebenso kann der Verwalter nicht Schadensersatzansprüche von Kommanditisten verfolgen, weil diese keine Insolvenzgläubiger sind.[15] Gleichgültig ist, aus welcher Anspruchsgrundlage sich der Ersatzanspruch

---

3 1. KommBer. Leitsatz 6.

4 RegE BT-Drs. 12/2443, S. 139.

5 BT-Drs. 12/7302, S. 165.

6 Vgl. Jaeger/*Müller* § 92 Rn. 1; *Bork* Rn. 7.

7 Vgl. KPB/*Lüke* § 92 Rn. 18.

8 Für eigenen Anspruch: KKAktG/*Mertens,* 2. Aufl. § 93 Rn. 142; *Hüffer* AktG § 93 Rn. 31 ff.; GKAktG/*Hopt* § 93 Rn. 399.

9 Vgl. BGH WM 1973, 1354, 1355; BGH NJW 1986, 1174; BGH NJW 1993, 2931; BGH NJW 1994, 2149; BGHZ 126, 181, 190 = NJW 1994, 2220; BGHZ 138, 211, 216 = NJW 1998, 2667.

10 *K. Schmidt* NZI 1998, 9; *Delhaes* NZI 1999, 47, 50.

11 BGH NJW-RR 2011, 1318 Rn. 6.

12 AGR/*Piekenbrock* § 92 InsO Rn. 5.

13 AGR/*Piekenbrock* § 92 InsO Rn. 5.

14 OLG Nürnberg ZIP 2011, 1015, 1016.

15 LG Hamburg ZInsO 2010, 625.

des Gläubigers ergibt.[16] Entscheidend ist allein, dass es um den Ausgleich eines Gesamtschadens geht. Ohne Bedeutung ist auch, wodurch das Vermögen des Schuldners verkürzt wird und ob der Schaden vor (Insolvenzverschleppung) oder – infolge Pflichtverletzungen des Verwalters – nach der Eröffnung des Verfahrens eingetreten ist. In Betracht kommen in erster Linie deliktische Ansprüche. In der Regierungsbegründung werden zwei Anwendungsfälle des § 92 ausdrücklich angesprochen.

Zwar nicht um Schadensersatz, wohl aber um eine Rückgewähr in die Insolvenzmasse geht es, wenn die Gläubiger durch anfechtbare Rechtshandlungen benachteiligt worden sind (§ 143). Die Insolvenzgläubiger können ihre Anfechtungsansprüche (§ 11 AnfG) ab Eröffnung des Insolvenzverfahrens nicht mehr eigenständig verfolgen (§ 16 Abs. 1 AnfG).[17]

a) Ansprüche aus der Zeit nach Verfahrenseröffnung. aa) Art der Ansprüche – Anspruchsinhaber. Hier geht es um Schadensersatz, weil die gemeinsame Befriedigungsmasse durch eine Pflichtverletzung des **Insolvenzverwalters** verkürzt worden ist.[18] Der Anspruch auf Ersatz dieses Schadens gehört zur Insolvenzmasse. Der Schaden ist von dem verantwortlichen Insolvenzverwalter durch Zahlung an die Masse auszugleichen.[19] Es entsprach schon bisher der Rechtsprechung von Reichsgericht[20] und Bundesgerichtshof,[21] dass der von einem Insolvenzverwalter verschuldete Schaden, der in einer Verkürzung der Insolvenzmasse besteht und daher die Insolvenzgläubiger als Gesamtheit trifft, während der Dauer des Insolvenzverfahrens von keinem Insolvenzgläubiger geltend gemacht werden kann. Er kann auch weder auf Feststellung seines Schadensanteils noch auf Leistung in die Masse klagen; dies wäre mit dem Grundsatz der gemeinschaftlichen und gleichmäßigen Gläubigerbefriedigung nicht zu vereinbaren.[22] Allerdings steht neben dem Anspruch auf Ersatz des Gemeinschaftsschadens jedem an der Verteilung der Masse teilnehmenden Insolvenzgläubiger ein Anspruch auf Ersatz seines Einzelschadens (Quotenschadens) zu, den er aber erst nach Abschluss des Verfahrens geltend machen kann.[23] Der Gemeinschaftsschaden setzt sich aus der Summe der Quotenschäden zusammen.[24] Während des Verfahrens können Ansprüche gegen den Verwalter nur von einem neu bestellten Insolvenzverwalter oder einen Sonderinsolvenzverwalter[25] geltend gemacht werden.[26] (vgl. hierzu im Einzelnen → §§ 60, 61 Rn. 10 bis 32 und → 116 bis 117). Der einzelne Gläubiger hat weder ein Antragsrecht auf Bestellung eines Sonderinsolvenzverwalters noch ein Beschwerderecht gegen die ablehnende Entscheidung.[27] Daraus folgt, dass der einzelne Gläubiger auch kein Beschwerderecht hat, wenn das Insolvenzgericht dem Antrag der Gläubigerversammlung auf Bestellung eines Sonderinsolvenzverwalters stattgibt.[28] Die Sonderinsolvenzverwaltung zur Prüfung von Gesamtschadensersatzansprüchen gegen den Insolvenzverwalter kann angeordnet werden, wenn tatsächlich und rechtlich begründete Anhaltspunkte für das Vorliegen von Gesamtschadensersatzansprüchen gegen den Insolvenzverwalter gegeben sind, sofern der Erfolg des Insolvenzverfahrens durch die Sonderinsolvenzverwaltung nicht beeinträchtigt wird.[29] Bei geringfügigen und zweifelhaften Ansprüchen kann es eher gerechtfertigt sein, auf die Bestellung eines Sonderverwalters zu verzichten, als bei hohen oder als gesichert zu beurteilenden Ansprüchen.[30] 5

bb) Geltendmachung der Ansprüche. Grundsätzlich sind die **einzelnen Gläubiger** nach Beendigung des Verfahrens berechtigt, den auf sie entfallenden **Einzelschaden** gegen den Verwalter

[16] BGH NJW-RR 2011, 1318 Rn. 6; vgl. *Bork,* Kölner Schrift, S. 1017, Rn. 10; KPB/*Lüke* § 92 Rn. 12; *Gehrlein* ZInsO 2017, 849, 859 f.
[17] Vgl. hierzu *Oepen* Rn. 24 ff., 73 ff.
[18] BGH NJW-RR 2010, 404 Rn. 6.
[19] BGH NJW-RR 2010, 404 Rn. 6.
[20] RGZ 78, 186, 188; 89, 237, 240; 142, 184, 188.
[21] BGH NJW 1973, 1198; BGH NJW-RR 2010, 404 Rn. 6; 1990, 45; BGHZ 124, 27 = NJW 1994, 323.
[22] BGH NJW-RR 1990, 45 = WM 1989, 1781; BGHZ 113, 262, 279 = NJW 1991, 982; BGHZ 126. 181. 190 = NJW 1994, 2220; BGHZ 138, 211, 214 = NJW 1998, 2667 = NZI 1998, 38; BGH NZI 2004, 496 mAnm *Huber.*
[23] BGH NJW 1973, 1198; BGH NJW-RR 1990, 45 = WM 1989, 1781, 1784; BGH NZI 2004, 496 mAnm *Huber.*
[24] *Lange,* NZI 2014, 1048.
[25] *Pape/Graeber* ZIP 2007, 991, 993.
[26] RGZ 78, 186, 188; RGZ 89, 237, 240; RGZ 142, 184, 188; BGH NJW 1973, 1198; BGH NJW-RR 1990, 45 = WM 1989, 1781, 1784; BGHZ 124, 27 = NJW 1994, 323; BGH NZI 2004, 496 mAnm *Huber;* vgl. dazu *Lüke* ZIP 2004, 1693; BGH NJW-RR 2010, 404 Rn. 6; vgl. *Gehrlein* ZInsO 2011, 1713, 171720 f.
[27] BGH NJW-RR 2009, 770; NZI 2016, 831 Rn. 19.
[28] BGH NZI 2016, 831 Rn. 19.
[29] BGH NZI 2016, 831 Rn. 24.
[30] BGH NZI 2016, 831 Rn. 25.

zu verfolgen.[31] Die Notwendigkeit einer sachgemäßen Verknüpfung der Ansprüche auf den Gesamtschaden und den Einzelschaden führt zu dem Ergebnis, dass nach der Beendigung des Insolvenzverfahrens nur noch die **Einzelansprüche der Gläubiger** erhoben werden können, solange nicht im Rahmen einer **Nachtragsverteilung** ein Sonderverwalter zwecks Durchsetzung des Gesamtschadens bestellt wird. Dies ist anzunehmen, wenn der Nachtragsverteilung unterliegende Gegenstände beiseite geschafft wurden.[32] Lässt der Schuldner einen zur Sicherheit an einen Gläubiger übereigneten Gegenstand der Insolvenzmasse versteigern und den Erlös an den gesicherten Gläubiger auskehren, schädigt er die Insolvenzgläubiger in Höhe eines vom Insolvenzverwalter erzielbaren Übererlöses und des Kostenbeitrags für eine tatsächlich erfolgte Feststellung des Gegenstands.[33] Dem **Schuldner** fehlt nach Verfahrensbeendigung jedenfalls die Prozessführungsbefugnis zur Geltendmachung eines Anspruchs auf Ersatz des Gesamtschadens, sofern die Gläubiger noch nicht vollständig befriedigt sind.[34] Können die Gläubiger ihren Einzelschaden nur nach Verfahrensbeendigung verfolgen, ergibt sich daraus im Umkehrschluss, dass in dieser Phase der Gemeinschaftsschaden von dem **Schuldner** als Träger des Anspruchs nicht erhoben werden kann. Da der Gemeinschaftsschaden und der Einzelschaden eigenständige Ansprüche bilden und mithin eine Gesamtgläubigerschaft (§ 428 BGB) ausscheidet, führt diese Handhabung zu dem allein sachgerechten Ergebnis, dass der haftende Verwalter entweder einem Anspruch wegen des Gemeinschaftsschadens oder Ansprüchen wegen des Einzelschadens, aber nicht gleichzeitig beiden Ansprüchen ausgesetzt ist. Schon zur Vermeidung divergierender Entscheidungen muss sichergestellt werden, dass nicht gleichzeitig Ansprüche auf den Einzelschaden und der Anspruch auf den Gemeinschaftsschaden einer gerichtlichen Entscheidung unterbreitet werden.[35] Anders – und zwar im Sinne einer Einziehungsbefugnis des Gemeinschuldners – verhält es sich nur in dem höchst seltenen **Ausnahmefall,** in dem feststeht, dass den Gläubigern nach Verfahrensbeendigung keine weiteren Ansprüche gegen den Gemeinschuldner zustehen.[36] Der **Gemeinschaftsschaden** kann nach Beendigung des Insolvenzverfahrens nur im Rahmen einer **Nachtragsverteilung** (§ 203 Abs. 1 Nr. 3 InsO) verfolgt werden, für deren Durchführung wegen des gegen den früheren Verwalter gerichteten Ersatzanspruchs ein neuer Verwalter zu bestellen ist. Durch die Nachtragsverteilung wird die Verwaltung den insolvenzrechtlichen Grundsätzen unterstellt. Dies bedeutet, dass der Gesamtschadensanspruch von dem Verwalter einzuziehen und der Schadensbetrag auf die Gläubiger zu verteilen ist. Bei Anordnung einer Nachtragsverteilung **verlieren** die Gläubiger die **Befugnis,** den ihnen erwachsenen **Einzelschaden** gegen den Verwalter geltend zu machen. Den Belangen des an der Einziehung des Gesamtschadensanspruchs interessierten Schuldners wird durch die Möglichkeit Rechnung getragen, eine Nachtragsverteilung anzuregen.[37]

6 Nach § 59 Abs. 1 kann das Insolvenzgericht den Verwalter aus wichtigem Grund entlassen. Das kann von Amts wegen oder auf Antrag des Verwalters, des Gläubigerausschusses oder der Gläubigerversammlung erfolgen. Ein einzelner Insolvenzgläubiger kann die Entlassung unter Hinweis darauf anregen, dass ein Gesamtschadensersatzanspruch gegen ihn besteht. Empfiehlt es sich, dass der Verwalter im Interesse einer zügigen und erfolgreichen Abwicklung des Verfahrens im Amt bleibt, dürfte ein Sonderverwalter zu bestellen sein, der den Ersatzanspruch geltend macht, falls der Verwalter ihn nicht anerkennt und zahlt.[38] Lehnt das Insolvenzgericht den Antrag eines einzelnen Insolvenzgläubigers auf Bestellung eines Sonderinsolvenzverwalters ab, ist der Insolvenzgläubiger auch dann nicht beschwerdeberechtigt, wenn er die Prüfung und Durchsetzung eines auf Ersatz eines Gesamtschadens gerichteten Anspruchs erreichen will.[39]

7 Unter § 92 fällt außer der Haftung des Insolvenzverwalters auch die anderer Verfahrensbeteiligter. Die Verzögerung der Verfahrenseröffnung, die unzureichende Sicherung im Eröffnungsverfahren sowie die ungenügende Auswahl und Überwachung des Insolvenzverwalters können zur Amtshaftung des **Insolvenzgerichts** aus § 839 BGB in Verbindung mit Art. 34 GG führen.[40] Nach § 71 haften die Mitglieder des **Gläubigerausschusses,** wenn sie schuldhaft ihre Pflichten verletzen.[41]

---

31 BGH NJW-RR 2010, 404 Rn. 7.
32 BGH NZI 2014, 1046 Rn. 7.
33 BGH NZI 2014, 1046 Rn. 12.
34 BGH NJW-RR 2010, 404 Rn. 8.
35 BGH NJW-RR 2010, 404 Rn. 10; NZI 2014, 973 Rn. 11.
36 BGH NJW-RR 2010, 404 Rn. 13.
37 BGH NJW-RR 2010, 404 Rn. 14.
38 BGH NJW-RR 2009, 770 Rn. 8; *Hasselbach* DB 1996, 2213, 2216 f.; KPB/*Lüke* § 92 Rn. 9.
39 BGH NJW-RR 2009, 770 Rn. 8 ff.
40 Vgl. RGZ 154, 291; BGH NJW 1959, 1085; OLG München ZIP 1991, 1367; *Häsemeyer,* Insolvenzrecht, Rn. 6.08; KPB/*Lüke* § 92 Rn. 16, Uhlenbruck/*Hirte,* § 92 Rn. 11.
41 BGHZ 49, 121 = NJW 1968, 701; BGHZ 71, 253 = NJW 1978, 1527; BGH WM 1981, 876, 878; BGH NJW 1985, 1159; BGHZ 124, 86, 93 = NJW 1994, 453; BGH NJW-RR 2008, 783; NZI 2014, 166; *Häsemeyer,* Insolvenzrecht, Rn. 6.14; KPB/*Lüke* § 92 Rn. 16; Uhlenbruck/*Hirte* § 92 Rn. 11.

§ 92 erfasst seinem Wortlaut nach nur die Ansprüche der Insolvenzgläubiger. Massegläubiger können ihren Schaden selbständig einklagen.[42] Die Regelung gilt aber in masseunzulänglichen Verfahren entsprechend auch für **Massegläubiger,** wenn sie vom Schutzzweck der Haftungsnorm erfasst werden, was beispielsweise bei den §§ 60 und 71 der Fall ist.[43] 8

b) Ansprüche aus der Zeit vor Verfahrenseröffnung. Von einem Gesamtschaden spricht das Gesetz aber auch, wenn nicht ein Insolvenzverwalter, vielmehr der **Geschäftsführer** oder **Gesellschafter** einer GmbH oder der Vorstand einer Aktiengesellschaft nach Eintritt der Insolvenzreife die Eröffnung des Insolvenzverfahrens verschleppt und auf diese Weise das den Gläubigern haftende Gesellschaftsvermögen durch zusätzliche Verminderung der Aktiva oder Vermehrung der Schulden weiter verkürzt. § 15a InsO (früher §§ 64 Abs. 1 GmbHG und 92 Abs. 2 AktG) ist ein Schutzgesetz im Sinne von § 823 Abs. 2 BGB zugunsten der Gläubiger der Gesellschaft.[44] Die zivilrechtliche Verantwortung (die deliktische Haftung ebenso wie die nach § 64 GmbHG), falls versäumt wird, rechtzeitig den Insolvenzantrag zu stellen, trifft nicht nur denjenigen, der förmlich zum Organ der Gesellschaft bestellt worden ist, sondern auch denjenigen, der ohne eine Organstellung zu bekleiden, tatsächlich wie ein geschäftsführendes Organ tätig wird. Für die Stellung und Verantwortlichkeit einer Person als **faktischer Geschäftsführer** einer GmbH ist es erforderlich, dass der Betreffende nach dem Gesamterscheinungsbild seines Auftretens die Geschicke der Gesellschaft – über die interne Einwirkung auf die satzungsmäßige Geschäftsführung hinaus – durch eigenes Handeln im Außenverhältnis, das die Tätigkeit des rechtlichen Geschäftsführungsorgans nachhaltig prägt, maßgeblich in die Hand genommen hat.[45] Der Gesellschafter haftet den Gläubigern nach § 826 BGB, wenn er den Geschäftsführer zur Hinauszögerung des Insolvenzantrags bestimmt, um in der Zwischenzeit die Tilgung einer von ihm verbürgten Forderung gegen die Gesellschaft zu erreichen.[46] Eine **Bank** haftet nach § 826 BGB, wenn sie den Zusammenbruch eines Unternehmens dadurch hinauszögert, dass sie an einer verschleierten Kreditbeschaffung mitwirkt.[47] Ein Gesamtschaden kann sich aus der **Verschiebung des Schuldnervermögens** ergeben. So kann ein Dritter ersatzpflichtig sein, mit dem der Schuldner zusammengewirkt hat, um sein pfändbares Vermögen dem Zugriff von Gläubigern zu entziehen.[48] Gesamtschadensersatz schuldet ein Gläubiger, der sich zur Befriedigung eigener Forderungen unlauterer Mittel bedient, durch die Ansprüche anderer Gläubiger vereitelt werden.[49] Wird eine Gesellschaft mit so wenig Kapital ausstattet, dass die hohen Risiken von vornherein zu Lasten der Gläubiger gehen, scheidet eine von dem Insolvenzverwalter durchzusetzende auf **Unterkapitalisierung** gestützte Durchgriffshaftung gegen die Gesellschafter aus.[50] Dasselbe gilt nach der neueren die Existenzvernichtungshaftung modifizierenden Rechtsprechung, wenn die Gesellschafter der GmbH planmäßig deren Vermögen entziehen, um den Zugriff der Gesellschaftsgläubiger zu verhindern und auf diese Weise das Unternehmen ohne Rücksicht auf die entstandenen Schulden fortzuführen. In Fällen der Existenzvernichtungshaftung findet vielmehr eine Innenhaftung des Gesellschafters aus § 826 BGB im Verhältnis zu der Gesellschaft statt. Diesen Anspruch hat der Insolvenzverwalter als originären Anspruch der Gesellschaft ohne die Notwendigkeit eines Rückgriffs auf § 92 in der Insolvenz der Gesellschaft gegen den Gesellschafter zu verfolgen.[51] Ebenso verhält es sich für weitere Ansprüche, die dem Schuldner selbst zustehen, bei der Insolvenz einer Gesellschaft etwa Ansprüche gegen ihre Organe aus § 43 Abs. 2, § 64 Abs. 1 GmbHG, 9

---

42 *G. Fischer,* NZI 2014, 241, 245.

43 Vgl. *Bork,* Kölner Schrift, S. 1017, Rn. 11; *Dinstühler* ZIP 1998, 1697, 1706; KPB/*Lüke* § 92 Rn. 51 f.; BGHZ 159, 104 = NJW 2004, 3334 = NZI 2004, 435 mAnm *Kaufmann.*

44 BGHZ 29, 100 = NJW 1959, 623; BGHZ 75, 96, 106 = NJW 1979, 1823; BGHZ 100, 19, 23 = NJW 1987, 2433; BGHZ 126, 181, 190 = NJW 1994, 2220; BGHZ 138, 211, 214 = NJW 1998, 2667; *Scholz/K. Schmidt* GmbHG § 64 Rn. 37; Lutter/Hommelhoff/*Kleindiek* GmbHG, Anh zu § 64 Rn. 64; *Windel* KTS 1991, 477, 498 ff.; Uhlenbruck/*Hirte* § 92 Rn. 6; aA *Altmeppen/Wilhelm* NJW 1999, 673.

45 BGH WM 1973, 1354; BGHZ 75, 96, 106 = NJW 1979, 1823; BGHZ 104, 44, 46 = NJW 1988, 1789; BGHZ 150, 61 = NJW 2002, 1803; BGH ZIP 2005, 1414; BGH ZIP 2005, 1550; Uhlenbruck/*Hirte* § 92 Rn. 6.

46 BGH WM 1973, 1354, 1355.

47 BGH WM 1970, 633, 635; *K. Schmidt* ZIP 1988, 1497, 1501 f.

48 BGHZ 130, 314, 331 = NJW 1995, 2846; BGH NJW 1996, 2231, 2232; BGHZ 143, 246, 251 = ZIP 2000, 238; BGH NJW-RR 2003, 1042 = NZI 2003, 434; OLG Celle ZInsO 2012, 222.

49 BGH NJW 1970, 657; BGH NJW 1984, 728; BGH WM 1985, 866, 868; BGH NJW 1988, 700, 703; vgl. hierzu *Koller* JZ 1985, 1013.

50 BGHZ 176, 204= NJW 2008, 2437.

51 BGHZ 173, 246 Rn. 23 ff., 33, 34=NJW 2007, 2689 unter Aufgabe der Außenexistenzvernichtungshaftung; BGH NJW-RR 2008, 918 Rn. 10; anders noch BGHZ 151, 181 = NJW 2002, 3024; BGH NZG 2004, 1107 = ZIP 2004, 2138.

§ 93 Abs. 2 und 3 AktG, § 130a Abs. 2 HGB.[52] Dies gilt etwa für Ansprüche gegen Geschäftsleitungsorgane in der Eigenverwaltung.[53]

Oben wurde bereits darauf hingewiesen, dass schon vor dem Inkrafttreten der Insolvenzordnung nach der Rechtsprechung des Bundesgerichtshofes die Schadensersatzansprüche der Gläubiger aus § 823 Abs. 2 BGB in Verbindung mit § 64 Abs. 1 GmbHG/§ 92 Abs. 2 AktG (heute § 15a InsO), § 826 BGB während der Dauer eines Insolvenzverfahrens ausschließlich vom Insolvenzverwalter geltend gemacht wurden, ohne dass die Gläubiger ihm hierzu ihre Ansprüche abtreten mussten.[54]

10 Wer nach § 26 Abs. 1 Satz 2, § 207 Abs. 1 Satz 2 einen **Vorschuss** geleistet hat, hat nach § 26 Abs. 3 einen Anspruch auf Erstattung gegen jeden, der entgegen den Vorschriften des Gesellschaftsrechts pflichtwidrig und schuldhaft keinen Insolvenzantrag gestellt hat. Im Interesse einer einheitlichen Verfahrensherrschaft wird gefordert, dass analog § 92 auch dieser Anspruch ausschließlich vom Insolvenzverwalter geltend zu machen ist.[55] Dagegen spricht, dass es hier um einen Individualschaden geht, der nicht unter § 92 fällt.[56]

11 **c) Gesamtschaden.** § 92 regelt nicht den Ersatz von Individualschäden, beispielsweise die Vorschussleistung nach § 26. Beim Gesamtschaden geht es um eine Verkürzung der Masse, die die Gesamtheit der Gläubiger trifft.[57] Maßgebliche Voraussetzung des Einziehungsrechts ist folglich eine Verminderung der Insolvenzmasse, die sich in einer Verringerung der Aktiva oder in einer Vermehrung der Passiva manifestieren kann.[58] Ein Gesamtschaden bezieht sich auf einen solchen Schaden, den der einzelne Gläubiger ausschließlich aufgrund seiner Gläubigerstellung und damit als Teil der Gesamtheit der Gläubiger erlitten hat.[59] Die Verkürzung der Masse muss also die Gesamtheit der Gläubiger treffen.[60] Dasselbe gilt, wenn eine Sondermasse zu bilden ist, die der Verwalter nicht für alle, sondern nur für eine bestimmte Gruppe von Gläubigern verwaltet. Einen Gesamtschaden erleiden allerdings nur die Gesellschaftsgläubiger, die bei Eintritt der Insolvenzreife Forderungen gegen die Gesellschaft haben. Gläubiger, die erst später vertragliche Ansprüche gegen die Gesellschaft erlangen, können ebenfalls einen Quotenschaden erleiden, falls ab Vertragsschluss ihre Befriedigungsaussichten weiter verschlechtert werden. Hierbei handelt es sich aber um einen Individualschaden, der nicht unter § 92 fällt (vgl. Rn. 29 ff.). § 92 greift auch dann ein, wenn es nur einen geschädigten Gläubiger gibt oder wenn das Vermögen des Ersatzpflichtigen ausreicht, um die Schäden aller Gläubiger zu ersetzen, wenn durch deren Wettlauf also keiner benachteiligt wird.[61] Denn beides kann sich nachträglich als falsch erweisen. Da nur die bei Eintritt der Insolvenzreife vorhandenen Gläubiger (sog. Altgläubiger) und nicht die ebenfalls am Verfahren beteiligten Neugläubiger einen Gesamtschaden erleiden, ist für die Altgläubiger eine Sondermasse zu bilden.[62] Jedoch fehlt es an einem Gesamtschaden, wenn der Schaden allein darin liegen soll, dass innerhalb der unverkürzten Masse kein Sondervermögen zugunsten bestimmter Gläubiger gebildet wurde.[63] Ebenso scheidet ein Gesamtschaden aus, wenn ein Anleger Ausgleich verlangt, weil er in betrügerischer Weise zur Zeichnung einer Kapitalanlage veranlasst wurde.[64] Begründet ein Gesellschafter seinen Schaden damit, er hätte die monatlichen Zahlungen auf die Einlage eingestellt, wenn er nicht betrogen worden wäre, macht er ebenso einen Einzelschaden geltend.[65] Jedoch können sittenwidrige Schädigungen infolge von Vermögensverschiebungen in Kenntnis der Insolvenz unter § 92fallen.[66] Gleiches gilt für Schadensersatzansprüche der Gesellschafter einer insolventen Anlagegesellschaft gegen einen Mittelverwendungskontrolleur.[67] Für den Gesamtschaden der Altgläubiger ist der Verwalter prozessführungsbefugt.[68]

---

52 AGR/*Piekenbrock* § 92 InsO Rn. 8.
53 *Gehrlein* ZInsO 2017, 849, 860.
54 BGH WM 1973, 1354; BGH NJW 1986, 1174; BGHZ 110, 342, 360 f. = NJW 1990, 1725; BGH NJW 1993, 2931; BGH NJW 1994, 2149; BGHZ 126, 181, 190 = NJW 1994, 2220; BGHZ 138, 211, 216 = NJW 1998, 2667.
55 *Hasselbach* DB 1996, 2213, 2215.
56 Vgl. KPB/*Lüke* § 92 Rn. 17.
57 BGH NJW-RR 2011, 1318 Rn. 6 f.; BGH NJW-RR 2010, 404 Rn. 6; 2011, 1318 Rn. 9; vgl. auch BGH NJW-RR 1990, 45 = ZIP 1989, 1407.
58 BGH NJW-RR 2011, 1308 Rn. 6.
59 BGH NZI 2018, 721 Rn. 77.
60 BGH NJW-RR 2011, 1318 Rn. 9.
61 Vgl. *Bork*, Kölner Schrift, S. 1017, Rn. 10.
62 BGHZ 138, 211 = NJW 1998, 2667.
63 BGH NJW-RR 2011, 1308 Rn. 7.
64 OLG Nürnberg ZIP 2011, 1015, 1016 f.
65 BGH DB 2019, 365.
66 BGH NZI 2018, 721 Rn. 78.
67 BGH ZIP 2013, 781 Rn. 42 ff.
68 LG Bonn ZInsO 2016, 168, 170.

Bei der **Aussonderung** geht es um die Geltendmachung eines massefremden Rechts. Wird dieses Recht verletzt, entsteht ein Individual-, nicht ein Gesamtschaden. Wird ein **Absonderungsrecht** verletzt, kann neben den Individualschaden des Absonderungsberechtigten ein Gesamtschaden treten. Dieser kann darin bestehen, dass ein Übererlös, der zugunsten der Masse hätte erzielt werden können, entfällt und mit dem Verwertungserlös auch die Pauschalen für Feststellung und Verwertung (§ 171) geringer ausfallen.[69] Wird ein Staatshaftungsanspruch aus der verspäteten innerstaatlichen Umsetzung einer EG-Richtlinie hergeleitet, welche die bevorrechtigte Behandlung von Versicherungsforderungen bei Insolvenz eines Versicherungsunternehmens im Sinne eines der Absonderung angenäherten Vorrechts eigener Art anordnet, handelt es sich um einen von dem jeweiligen Versicherungsnehmer zu verfolgenden Einzelschaden und nicht um einen von dem Insolvenzverwalter geltend zu machenden Gesamtschaden.[70] Ein Einzelschaden ist gegeben, sofern unpfändbare Vermögensbestandteile des Schuldners beeinträchtigt werden.[71] Ebenso handelt es sich um einen Individualschaden der Arbeitsverwaltung, die von dem Geschäftsführer einer GmbH wegen verspäteter Antragstellung Ersatz des geleisteten Insolvenzgeldes beansprucht.[72] 12

Dasselbe schadenstiftende Ereignis kann auf Grund derselben Haftungsbestimmung neben dem Ersatz von Gesamt- auch den von Individualschäden zur Folge haben. Die Anwendung von § 92 wird dadurch nicht ausgeschlossen. Vielmehr macht der Insolvenzverwalter den Gesamtschaden und parallel daneben der Gläubiger seinen Individualschaden geltend.[73] Eine Sondermasse ist nur zu bilden, falls sich am Gesamtschaden nicht beteiligte Individualgläubiger mit ihren Insolvenzforderungen am Verfahren beteiligen. 13

2. Rechtsfolgen. a) Sperrwirkung. Die pflichtwidrige Verringerung der Masse bedingt neben dem Gemeinschaftsschaden notwendigerweise zugleich eine Schmälerung der Befriedigungsquote der einzelnen Gläubiger. Als Bestandteil des Gemeinschaftsschadens verwirklicht sich mithin ein Einzelschaden der Gläubiger.[74] Aus § 92 folgt, dass die Gläubiger für die Dauer des Insolvenzverfahrens ihren Schadensersatzanspruch wegen des Einzelschadens nicht durchsetzen können (sog. Sperrwirkung).[75] Die Begründung des Regierungsentwurfs,[76] wonach die Schadensersatzansprüche zur Insolvenzmasse gehören, trifft nur für den Fall zu, dass sich die von einem Insolvenzverwalter verschuldete Masseverkürzung in vollem Umfang im Vermögen des Schuldners niederschlägt; dann steht der Ersatzanspruch dem Schuldner zu und wird schon aus diesem Grunde nach § 80 von einem Insolvenzverwalter geltend gemacht. Dasselbe gilt für Ansprüche gegen das Insolvenzgericht oder Mitglieder des Gläubigerausschusses. Ersatzansprüche der Insolvenzgläubiger, um die es im § 92 geht, fallen nicht in die Masse. Die Gläubiger verlieren nicht ihren Ersatzanspruch, sondern – wie im Falle des § 171 Abs. 2 HGB[77] – nur die **Einziehungs-** und **Prozessführungsbefugnis.**[78] Ihnen verbleibt während des Verfahrens das Recht, ihren Ersatzanspruch abzutreten oder dem Schuldner zu erlassen.[79] Folge des Erlasses ist, dass der Insolvenzverwalter den auf den Gläubiger entfallenden Anteil nicht mehr geltend machen kann, der Gläubiger aber auch bei der Verteilung der – den Gesamtschaden ausgleichenden – Ersatzleistung nicht berücksichtigt wird.[80] Die Sperrwirkung des § 92 trifft auch den Insolvenzgläubiger, der sich nicht am Verfahren beteiligt, weil anderenfalls der Zweck der Bestimmung verfehlt würde, die gleichmäßige Befriedigung der Gläubiger zu sichern.[81] Die Sperrwirkung verbietet nicht, gegen den Komplementär einer KG eine gewerberechtliche Anordnung zu treffen.[82] 14

b) Ermächtigungswirkung. Für die Dauer des Insolvenzverfahrens ist der Verwalter ermächtigt, den der Gemeinschaft der Insolvenzgläubiger zustehenden Anspruch auf Ersatz des Gesamtschadens geltend zu machen (sog. Ermächtigungswirkung).[83] Es geht also nicht um eine Legalzession 15

---

[69] BGH NJW-RR 2011, 1318 Rn. 9; vgl. KPB/*Lüke* § 92 Rn. 21; Uhlenbruck/*Hirte* § 92 Rn. 10.
[70] BGH NJW-RR 2011, 1318.
[71] BGH NZI 2008, 560.
[72] BGH NZI 2008, 242 Rn. 10.
[73] Vgl. *Landfermann,* Kölner Schrift, S. 127 Rn. 55; *K. Schmidt* ZGR 1996, 209, 214; HKInsO/*Kayser* § 92 Rn. 6; KPB/*Lüke* § 92 Rn. 23.
[74] BGH NJW-RR 2010, 404 Rn. 7.
[75] BGH NJW-RR 2010, 404 Rn. 7; NZI 2014, 973 Rn. 11.
[76] BT-Drs. 12/2443, S. 139.
[77] Vgl. hierzu BGHZ 27, 51, 56 = NJW 1958, 787; BGHZ 42, 192, 193 = NJW 1964, 2407.
[78] *Haas* ZIP 2009, 1257, 1259 f.
[79] Vgl. *Bork* Rn. 13; *Dinstühler* ZIP 1998, 1697, 1706; KPB/*Lüke* § 92 Rn. 27; Uhlenbruck/*Hirte* § 92 Rn. 21.
[80] Vgl. *Bork,* Kölner Schrift, S. 1017 Rn. 13; KPB/*Lüke* § 92 Rn. 27.
[81] Vgl. *Bork,* Kölner Schrift, S. 1017 Rn. 13; KPB/*Lüke* § 92 Rn. 28.
[82] OVG Berlin-Brandenburg NZI 2011, 76, 78.
[83] BGH NJW-RR2010, 404 Rn. 7.

zugunsten des Verwalters; vielmehr übt dieser treuhänderisch fremde Rechte aus.[84] Das gilt allerdings nur für den Gesamtschaden der Gläubiger, die sich am Insolvenzverfahren beteiligen.[85] Gläubiger, die sich nicht beteiligen, können ihre Ansprüche gegen den Schädiger weiter verfolgen, sobald das Insolvenzverfahren beendet ist. Rechtsträger dessen, was der Verwalter zur Masse zieht, wird zwar der Schuldner. Der Verwalter hat aber das Eingezogene ausschließlich zugunsten der Gläubiger zu verwenden, die durch die Verkürzung der Masse geschädigt worden sind. Eine Vermischung mit der Masse ist nur zulässig, soweit deren gleichmäßige Verteilung zum selben Ergebnis führt.[86] Sind nicht alle, ist nur eine bestimmte Gruppe von Insolvenzgläubigern geschädigt worden, ist zu ihren Gunsten eine Sondermasse zu bilden. Erwirkt der Insolvenzverwalter eine Schadensersatzleistung gegen Mitglieder des Gläubigerausschusses, darf diese nur zur Befriedigung der anspruchsberechtigten absonderungsberechtigten Gläubiger und Insolvenzgläubiger, hingegen nicht zugunsten der Massegläubiger und Aussonderungsberechtigten verwandt werden.[87] Wird über das Vermögen einer ausländischen Gesellschaft im Inland im Blick auf ihre Niederlassung ein Partikularinsolvenzverfahren eröffnet, ist der im Inland bestellte Verwalter nicht befugt, die Ansprüche der Gläubiger der Niederlassung gegen die Schuldnerin zu verfolgen.[88]

16 Der einzelne Gläubiger kann aus eigenem Recht auch nicht auf Ersatz des Gemeinschaftsschadens durch Zahlung an die Insolvenzmasse klagen. Er kann den Anspruch aber als fremdes Recht geltend machen, wenn der Insolvenzverwalter ihn zur Prozessführung ermächtigt oder die ohne Ermächtigung begonnene Prozessführung genehmigt.[89]

17 Der Insolvenzverwalter ist grundsätzlich nicht berechtigt, den Anspruch auf Ersatz des Gesamtschadens **freizugeben.** Dies würde dem Zweck des § 92 widersprechen, den Wettlauf der Gläubiger auf das Vermögen des Schädigers zu unterbinden.[90] Die Durchsetzung des Ersatzanspruchs darf sich aber nicht nachteilig für die Masse auswirken. Ebenso wenig wie der Verwalter einen Anspruch der Masse gerichtlich geltend machen darf, wenn die Erfolgsaussichten ungünstig und die Prozessführung wirtschaftlich nicht vertretbar ist,[91] darf er in dem Falle den Anspruch auf Ausgleich des Gesamtschadens verfolgen. Unter diesen Voraussetzungen kann der Verwalter den Anspruch freigeben.[92] Der Verwalter kann auch mit dem Haftenden einen Vergleich schließen, sofern er dadurch nicht objektiv dem Insolvenzzweck zuwiderhandelt und der Vergleich dem gemeinsamen Interesse der Gläubiger dient.[93]

18 **3. Schadensberechnung.** Die Minderung der Masse kann in einer Herabsetzung des Aktivvermögens und/oder in einer Vermehrung der Verbindlichkeiten bestehen.[94] Bei der Berechnung des Gesamtschadens ist zunächst die fiktive Quote zu ermitteln. Sie ergibt sich aus dem Verhältnis der den Altgläubigern bei Insolvenzreife zur Verfügung stehenden Masse zu ihren damaligen Forderungen. Diese Quote ist mit den tatsächlichen Insolvenzforderungen der am Verfahren noch beteiligten Altgläubiger zu multiplizieren; von dem Ergebnis ist der auf die Altgläubiger entfallende Masseanteil abzuziehen, der sich aus dem Verhältnis ihrer Forderungen zur Summe der Insolvenzforderungen ergibt. Der Quotenschaden ist somit um den Anteil an der Masse höher, der an die Neugläubiger auszuzahlen ist.[95] Damit ist aber nicht gesagt, dass das Neugeschäft immer nachteilig für die Altgläubiger ist. Hat der Neugläubiger der Gesellschaft seine Leistung erbracht, ist denkbar, dass der Anteil, der davon auf die Altgläubiger entfällt, wertvoller ist als das, was von der vorher vorhandenen Masse an den Neugläubiger ausgeschüttet werden muss.

19 Im Rahmen der Berechnung des Quotenschadens ist die im Zeitpunkt rechtzeitiger Antragstellung für die Verteilung an die damals vorhandenen Altgläubiger (als Insolvenzgläubiger) hypothetisch verfügbare Masse zu ermitteln. Dabei sind neben dem Anteil, der nach §§ 54, 55 auf die Massegläubiger entfällt, auch Aus- und Absonderungsrechte – unter Einschluss solcher aus Sicherungszessionen – von der Masse ebenso abzusetzen wie die bevorrechtigten bzw. gesicherten Forderungen von der Summe der bilanzierten Verbindlichkeiten der Schuldnerin.[96] Besteht die verschleppungsbedingte

[84] Vgl. *Bork,* Kölner Schrift, S. 1017 Rn. 15; KPB/*Lüke* § 92 Rn. 31.
[85] Vgl. *Bork* Rn. 14.
[86] Vgl. *Bork* Rn. 15.
[87] BGH NZI 2015, 166 Rn. 45.
[88] NZI 2011, 729.
[89] BGH NJW-RR 1990, 45 = ZIP 1989, 1407; Uhlenbruck/*Hirte* § 92 Rn. 24.
[90] Vgl. *Bork,* Kölner Schrift, S. 1017 Rn. 16.
[91] Vgl. BGHZ 124, 27 = NJW 1994, 323.
[92] Vgl. KPB/*Lüke* § 92 Rn. 33; Uhlenbruck/*Hirte* § 92 Rn. 24.
[93] Vgl. LAG Berlin-Brandenburg ZIP 2007, 1420; *Krüger* NZI 2002, 367.
[94] Vgl. BGHZ 138, 211, 216 = NJW 1998, 2667.
[95] BGHZ 138, 211 = NJW 1998, 2667.
[96] BGH NJW 1997, 3021; BGHZ 138, 211 = NJW 1998, 2667.

Minderung der Masse darin, dass der Geschäftsführer einen Gläubiger befriedigt hat, so ist der Gesamtschaden um die Quote geringer, die im Verfahren auf diesen Gläubiger entfallen wäre.[97]

Stellt der Verwalter bei der Berechnung des Gesamtschadens auf die im Verfahren angemeldeten Forderungen der Altgläubiger ab, so kann der Geschäftsführer – anders als *Bork*[98] zu bedenken gibt – nicht einwenden, es gäbe noch weitere Altgläubiger, die sich am Verfahren nicht beteiligten und deren Schaden der Verwalter deshalb nicht geltend machen könne. Denn bei dieser Art der Berechnung ist von vornherein ausgeschlossen, dass der Verwalter die Schäden außenstehender Gläubiger liquidiert. Diese können den Schädiger in Anspruch nehmen, wenn mit dem Ende des Insolvenzverfahrens die Sperrwirkung des § 92 weggefallen ist. 20

Der Verwalter hat für die Höhe des Quotenschadens die Darlegungs- und Beweislast. Er muss also beweisen, dass die Insolvenzforderungen, die er in die Berechnung einbezogen hat, bestehen, falls der Geschäftsführer dies bestreitet. 21

4. Aufrechnung. Eine Aufrechnung ist während der Dauer des Insolvenzverfahrens sowohl dem Insolvenzgläubiger als auch – im Verhältnis zu diesem – einem deliktisch haftenden Ersatzpflichtigen versagt. Ist nach § 171 Abs. 2 HGB das Recht der Gläubiger, vom Kommanditisten die Haftsumme einzuziehen, auf den Insolvenzverwalter übergegangen, so entfällt mit der Verfahrenseröffnung die Möglichkeit einer Aufrechnung zwischen Kommanditist und Gläubiger.[99] Diese Rechtsfolge tritt aber nicht deshalb ein, weil der Gläubiger im Interesse einer gleichmäßigen Befriedigung die Einziehungsbefugnis verliert.[100] Zwar entfällt grundsätzlich mit der Einziehungs- auch die Aufrechnungsbefugnis. Die Eröffnung des Insolvenzverfahrens soll aber die Aufrechnungslage grundsätzlich unberührt lassen (§ 94). Was für den Gläubiger im Verhältnis zur Gesellschaft gilt, muss entsprechend §§ 94 ff. auch im Verhältnis zum Gesellschafter gelten. Im Verhältnis Gesellschaftsgläubiger/Kommanditist kann nicht aufgerechnet werden, weil der Schutz einer einmal entstandenen Aufrechnungslage voraussetzt, dass die Forderung des Aufrechnenden nicht anderweitig zu Fall gebracht werden kann.[101] Diese Möglichkeit hat aber der Kommanditist. Er kann seinem Schuldner die Aufrechnungsbefugnis vor Verfahrenseröffnung jederzeit dadurch nehmen, dass er die Haftsumme an einen anderen Gläubiger oder an die Gesellschaftskasse leistet. Diese Möglichkeit hat auch der Geschäftsführer, der den Ersatz des Quotenschadens schuldet. Er kann sich seiner Haftung gegenüber den Gläubigern dadurch entziehen, dass er im Gesellschaftsvermögen die Lücke schließt, die durch die Insolvenzverschleppung entstanden ist. Deshalb ist es dem Gesellschaftsgläubiger im Interesse einer gleichmäßigen Befriedigung aller Gläubiger versagt, durch Aufrechnung auf seine Verbindlichkeit gegenüber dem Geschäftsführer zuzugreifen. Der deliktisch haftende Geschäftsführer kann schon wegen § 393 BGB nicht aufrechnen. Das gilt auch im Verhältnis zur Gesellschaft, falls er von dieser etwas zu fordern hätte. Außerdem käme in diesem Verhältnis nur eine Aufrechnung mit dem realen Wert seiner Forderung in Betracht. 22

5. Gutglaubensschutz. Befriedigt der gemäß § 823 Abs. 2 BGB in Verbindung mit § 15a InsO (früher § 64 Abs. 1 GmbHG) auf Schadensersatz in Anspruch genommene Geschäftsführer einzelne Gläubiger in Höhe der diesen zustehenden Quoten (die sich ohne Verfahrenseröffnung allerdings kaum werden beziffern lassen), so ist nach Eröffnung des Insolvenzverfahrens der vom Insolvenzverwalter geltend zu machende Gesamtschaden um die vor Eröffnung erbrachten Ersatzleistungen geringer. Der Geschäftsführer hat mit Rechtsgrund gezahlt und kann die gezahlten Beträge nicht zurückfordern. 23

Es fragt sich, ob dasselbe auch gilt, wenn der Geschäftsführer zwar nach Eröffnung des Verfahrens zahlt, von der Eröffnung aber keine Kenntnis hat. Der Regierungsentwurf sah für diese Fälle die entsprechende Anwendung des § 82 vor.[102] Der Rechtsausschuss hat diese Regelung nicht übernommen, die Lösung des Falles vielmehr der Rechtsprechung überlassen.[103] Die Rechtsprechung wird dazu nicht viel Gelegenheit haben; denn ein amtierender Geschäftsführer kennt regelmäßig die Eröffnung eines Insolvenzverfahrens über das Vermögen seiner Gesellschaft und wird schon aus diesem Grunde keinen Einzelschaden ersetzen.[104] Nach Meinung von *Karsten Schmidt* hätte eine Regelung, die § 82 für entsprechend anwendbar erklärt, auch rechtlich keinen Sinn ergeben, weil kein guter Glaube nützen würde, wenn ein Verpflichteter den Gesamtgläubigerschaden an einen 24

---

97 BGH NJW 1994, 2149, 2150; aA jetzt BGH NJW 2001, 1280, 1283 mAnm *Pape* ZInsO 2001, 397.
98 Kölner Schrift, S. 1017, Rn. 14.
99 Vgl. BGHZ 42, 192, 194 = NJW 1964, 2407.
100 So BFHE 141, 477 = ZIP 1984, 1245.
101 Vgl. *Ebenroth* JZ 1985, 322, 324.
102 RegE BT-Drs. 12/2443, S. 139.
103 Bericht BTag, BT-Drs. 12/7302, S. 165.
104 Vgl. *Hasselbach* DB 1996, 2213, 2216; KPB/*Lüke* § 92 Rn. 29.

Einzelgläubiger zahlen sollte, und es keines guten Glaubens bedürfte, wenn bestimmte Gläubiger ihren Quotenschaden ersetzt erhielten.[105] Geht es um den Ersatz eines Quotenschadens, wird sich die Frage nach dem Gutglaubensschutz in der Tat regelmäßig nicht stellen. Hat ein bestimmter Gläubiger vom Geschäftsführer die Quote erhalten, die ihm zusteht, und hat der Geschäftsführer so viel pfändbares Vermögen, dass er über den Verwalter auch die Quoten für die übrigen Gläubiger aufbringen kann, so ist die gleichmäßige Verteilung gesichert. Reicht das pfändbare Vermögen zur Befriedigung aller Gläubiger nicht, hat der Verwalter gegen den Geschäftsführer im Falle von dessen Bösgläubigkeit zwar eine Forderung auf Zahlung dessen, was der befriedigte Gläubiger zu viel erhalten hat; diese Forderung ist aber wertlos. Der Verwalter muss den Leistungsempfänger wegen ungerechtfertigter Bereicherung in Anspruch nehmen.

Auf den guten Glauben kann es aber ankommen, wenn ein Ersatzpflichtiger summenmäßig beschränkt haftet, beispielsweise in Höhe des Wertes eines Gegenstandes, der zum Nachteil der Gläubiger aus dem Schuldnervermögen verschoben worden ist. Leistet der Ersatzpflichtige nach Verfahrenseröffnung an einen Gläubiger, geht es darum, ob er wegen seines guten Glaubens demjenigen gleichzusetzen ist, der vor Eröffnung gezahlt hat. Wie dieser sollte auch der Gutgläubige von seiner Verpflichtung frei werden. § 82 mit seiner unterschiedlichen Beweislastverteilung findet deshalb – je nachdem, ob vor oder nach öffentlicher Bekanntmachung der Verfahrenseröffnung gezahlt worden ist – entsprechende Anwendung.[106] Auch hier kann der Insolvenzverwalter von den Gläubigern die Beträge zurückfordern, die er für einen anteiligen Ausgleich benötigt.[107]

25 **6. Gerichtliche Durchsetzung.** Der Anspruch aus § 823 Abs. 2 BGB in Verbindung mit § 15a InsO (früher § 64 Abs. 1 GmbHG) gegen den Geschäftsführer kann auch im Gerichtsstand der unerlaubten Handlung geltend gemacht werden. Hat ein Gläubiger vor Eröffnung des Insolvenzverfahrens bereits einen Titel auf Ersatz seines Quotenschadens erlangt, so darf er daraus nicht mehr vollstrecken. Ist bei Eröffnung des Insolvenzverfahrens ein Rechtsstreit zwischen einem Gläubiger und dem Geschäftsführer auf Ersatz eines Einzelschadens in Höhe der Quotenminderung anhängig, so wird die Hauptsache durch die Eröffnung nicht erledigt, vielmehr das Verfahren entsprechend § 240 ZPO unterbrochen, bis der Verwalter es aufnimmt oder das Insolvenzverfahren endet.[108] § 265 Abs. 2 ZPO ist weder unmittelbar noch entsprechend anwendbar, weil der Insolvenzverwalter kein Rechtsnachfolger des Gläubigers ist und diesem zudem die Dispositionsbefugnis über den Quotenschaden entzogen und im Gesamtinteresse aller Gläubiger dem Verwalter übertragen wird.[109] Da der Gläubiger nur die auf ihn entfallende Quote geltend macht, muss der Verwalter, wenn er den Rechtsstreit aufnimmt, den Klageantrag auf den Gesamtschaden erweitern und Zahlung in die Masse beantragen. Wird die Aufnahme verzögert, gelten die Abs. 2 bis 4 des § 239 ZPO entsprechend. Der Verwalter ist nicht verpflichtet, das Verfahren aufzunehmen. Verweigert er die Aufnahme, weil er beispielsweise die bisherigen ungünstigen Ergebnisse der Prozessführung des Gläubigers nicht übernehmen will, so ist darin – entgegen der Ansicht von *Bork*[110] – keine Freigabe zu sehen. § 85 Abs. 2 gilt hier nicht. Vielmehr behält der Verwalter das Recht, eine eigene Klage auf Ersatz des Gesamtschadens zu erheben (§ 17 Abs. 3 Satz 2 AnfG entsprechend). Klagt er selbst, so kann der unterbrochene Rechtsstreit hinsichtlich der Kosten von jeder Partei aufgenommen werden. Die Einziehungs- und Prozessführungsbefugnis fällt an den Gläubiger zurück, wenn das Verfahren endet, ohne dass der Anspruch auf Ersatz des Gesamtschadens durchgesetzt worden ist. Eine Klage, die der Gläubiger erhebt, während das Verfahren andauert, ist mangels Prozessführungsbefugnis als unzulässig abzuweisen.[111]

26 Der Regierungsentwurf wollte den Schadensersatzprozess eines Insolvenzgläubigers in der vorstehend genannten Weise geregelt wissen.[112] Der Rechtsausschuss hat die Regelung gestrichen, weil er sie wie bisher der Rechtsprechung überlassen wollte.[113] Die Rechtsprechung hat schon zum § 171 Abs. 2 HGB das Anfechtungsgesetz für entsprechend anwendbar gehalten.[114] Für den § 92 gilt nichts anderes, mag es auch kaum vorkommen, dass ein einzelner Gläubiger seinen Quotenschaden ernstlich

105 ZGR 1996, 209, 216.
106 So auch *Bork* Rn. 27.
107 Vgl. *Bork,* Kölner Schrift, S. 1017, Rn. 27; KPB/*Lüke* § 92 Rn. 29.
108 Uhlenbruck/*Hirte* § 92 Rn. 27; vgl. BGH NJW-RR 2009, 343.
109 BGHZ 82, 209, 216 ff. = NJW 1982, 883 mAnm *K. Schmidt*; BGH NJW -RR 2009, 343 Rn. 9; *Hasselbach* DB 1996, 2213, 2215 f.; KPB/*Lüke* § 92 Rn. 66.
110 Kölner Schrift, S. 1017, Rn. 32.
111 *Hasselbach* DB 1996, 2213, 2215; KPB/*Lüke* § 92 Rn. 70.
112 RegE BT-Drs. 12/2443, S. 25, 139.
113 Bericht BTag, BT-Drs. 12/7302, S. 165.
114 BGHZ 82, 209, 216 ff. = NJW 1982, 883; BGH NJW -RR 2009, 343 Rn. 9.

verfolgt.[115] Neugläubiger werden allerdings regelmäßig den Anspruch auf Ersatz ihres Vertrauensschadens gegen den Geschäftsführer geltend machen.[116] Ein darauf gerichteter Rechtsstreit wird durch die Eröffnung des Insolvenzverfahrens nicht unterbrochen, vielmehr während des Verfahrens fortgesetzt.

IV. Anspruch der Gesellschaft auf Ersatz des Gesamtschadens

Einen Spezialfall der Masseschmälerung regeln § 93 Abs. 3 Nr. 6 AktG und § 64 Satz 1 GmbHG. 27
Nach ihnen haben die Organe der Gesellschaft Masseschmälerungen zu ersetzen, die auf Leistungen an Dritte in der Zeit nach Insolvenzreife beruhen.[117] Für den Beginn des mit der Ersatzpflicht des Geschäftsführers bewehrten Zahlungsverbots gemäß § 64 Satz 1 GmbHG genügt die für ihn erkennbare Überschuldung (oder Zahlungsunfähigkeit) der GmbH. Die Beweislast für fehlende Erkennbarkeit trifft den Geschäftsführer.[118] Die Bestimmungen sind keine Schadensersatznormen, sondern enthalten Ersatzansprüche eigener Art.[119] Der Anspruch ist seiner Natur nach darauf gerichtet, das Gesellschaftsvermögen wieder aufzufüllen, damit es im Insolvenzverfahren zur ranggerechten und gleichmäßigen Befriedigung aller Gesellschaftsgläubiger zur Verfügung steht.[120] Der von dem Geschäftsführer einer insolvenzreifen GmbH veranlasste Einzug eines Kundenschecks auf debitorisches Bankkonto der GmbH ist grundsätzlich als eine zur Ersatzpflicht des Geschäftsführers nach § 64 Satz 1 GmbHG führende „Zahlung" (an die Bank) zu qualifizieren.[121] Die Voraussetzungen dieses Anspruchs sind regelmäßig leichter beweisbar als die auf Ersatz des Quotenschadens. Der Verwalter braucht nur ohne nähere Aufschlüsselung auf Ersatz des nach Insolvenzreife Geleisteten zu klagen.[122] Dem Zweck des § 64 Satz 1 GmbHG widerspräche es, könnte der Geschäftsführer, der dem Verbot des § 64 GmbHG zuwider masseverkürzende Leistungen erbracht hat, auf andere Möglichkeiten der Rückführung der ausgezahlten Beträge verweisen oder den Erstattungsanspruch im Voraus um den zu diesem Zeitpunkt regelmäßig nicht feststellbaren Betrag kürzen, den der durch die verbotene Zahlung begünstigte Gläubiger erhalten hätte oder sich gar mit der bloßen Sicherstellung bis zum Abschluss des Insolvenzverfahren begnügen. Der ausgezahlte Betrag ist ungekürzt zu erstatten. Damit es nicht zu einer Bereicherung der Masse kommt, ist ihm im Urteil von Amts wegen vorzubehalten, nach Erstattung an die Masse seine Rechte gegen den Insolvenzverwalter zu verfolgen.[123] Sache des Schädigers ist es, – abgesehen vom Sorgfaltsbeweis (§ 93 Abs. 2 Satz 2 AktG, § 64 Satz 2 GmbHG)[124] – sich durch den Nachweis zu entlasten, dass ein Gegenwert in das Gesellschaftsvermögen gelangt und dort voll erhalten geblieben,[125] die Insolvenzquote also nicht geschmälert ist. Da der Verwalter bei der Durchsetzung von Ansprüchen den sichersten Weg zu wählen hat,[126] hat er den Anspruch geltend zu machen, der an seine Darlegungs- und Beweislast die geringsten Anforderungen stellt. Das wird regelmäßig der Anspruch der Gesellschaft sein. Soweit dieser den Masseschaden nicht deckt, ist ergänzend der deliktische Gesamtanspruch der Gesellschaftsgläubiger einzuziehen.

Dem Fall der Verfahrenseröffnung steht derjenige ihrer Ablehnung mangels Masse gleich, weil kein vernünftiger Grund besteht, den Geschäftsführer gerade in diesem besonders krassen Fall einer Vermögensverschlechterung der GmbH von der Haftung des § 64 Abs. 2 GmbHG freizustellen. Ist die Eröffnung des Insolvenzverfahrens mangels Masse abgelehnt worden, spielt der insolvenzrechtliche Gesichtspunkt der verhältnismäßigen Befriedigung keine ausschlaggebende Rolle mehr. Deshalb ist der Ersatzanspruch einer GmbH gegenüber ihrem Geschäftsführer aus § 64 Abs. 2 GmbHG im

---

115 Vgl. BGHZ 126, 181, 197 f. = NJW 1994, 2220; *K. Schmidt* ZGR 1996, 209, 215.
116 KG ZInsO 2016, 37, 44 unter 2.
117 BGH NJW 2009, 2454; vgl. auch BGH NJW 2011, 221.
118 BGHZ 143, 184 = NJW 2000, 668; BGH NJW 2007, 2118 Rn. 15.
119 Vgl. BGH NJW 2011, 221 Rn. 14 ff.
120 Vgl. BGH NJW 1974, 1088, 1089; BGHZ 143, 184 = NJW 2000, 668; BGH ZIP 2000, 1896; BGHZ 146, 264 = NJW 2001, 1280 = ZIP 2001, 235 = ZInsO 2001, 260 mAnm *Pape,* ZInsO 2001, 397; *Goette,* FS Kreft, S. 53, 58.
121 BGHZ 143, 184 = NJW 2000, 668; BGH NJW 2001, 304; *Goette,* FS Kreft, S. 53, 61.
122 BGH NJW 2009, 2599 Rn. 8.
123 Vgl. BGHZ 146, 264 = NJW 2001, 1280 = ZIP 2001, 235 = ZInsO 2001, 260 mAnm *Pape* ZInsO 2001, 397; BGH ZIP 2005, 1550; *Goette* ZInsO 2001, 529, 536; *Goette,* FS Kreft, S. 53, 60; hinsichtlich der Quote abweichend von BGH NJW 1994, 2149, 2150 und BGHZ 143, 184 = NJW 2000, 668.
124 Vgl. BGH NJW 1974, 1088, 1089; BGH NJW 1994, 2149, 2150; BGHZ 143, 184, 186 = NJW 2000, 668 = NZI 2000, 120; BGH NJW 2001, 304; BGHZ 146, 264, 274 = NJW 2001, 1280 = ZInsO 2001, 260 mAnm *Pape* ZInsO 2001, 397.
125 Vgl. BGH NJW 1974, 1088, 1089.
126 Vgl. BGHZ 124, 27 = NJW 1994, 323.

Fall ihrer masselosen Insolvenz der Pfändung durch einen Gesellschaftsgläubiger zugänglich.[127] Die Pflicht aus § 64 Satz 1 GmbHG, die Zahlungen zu unterlassen, ist nicht auf die Dreiwochenfrist des § 64 Abs. 1 GmbHG beschränkt, besteht vielmehr auch nach deren Ablauf.

Ein organschaftlicher Vertreter, der bei Insolvenzreife der Gesellschaft den sozial- oder steuerrechtlichen Normbefehlen folgend **Arbeitnehmeranteile der Sozialversicherung** oder **Lohnsteuer** abführt, handelt mit der Sorgfalt eines ordentlichen und gewissenhaften Geschäftsleiters und ist nicht nach § 92 Abs. 3 AktG oder § 64 Satz 1 GmbHG der Gesellschaft gegenüber erstattungspflichtig.[128] Hingegen ist die Zahlung der **Arbeitgeberbeiträge,** deren Vorenthaltung nicht strafbewehrt ist, mit der Sorgfalt eines ordentlichen Geschäftsmanns nicht vereinbar und führt zur Erstattungspflicht.[129] Der Geschäftsführer haftet nicht nach § 64 Satz 1 GmbHG, wenn er – was strafmildernd zu berücksichtigen ist – nach Eintritt der Insolvenzreife **rückständige Umsatz- und Lohnsteuern** an das Finanzamt und **rückständige Arbeitnehmeranteile** zur Sozialversicherung an die Einzugsstelle zahlt.[130] Allerdings sind, wie das Anfechtungsrecht zeigt, in der Insolvenzsituation weder die Ansprüche des Steuerfiskus noch die der Sozialkasse vorrangig.[131] Sind die Verbindlichkeiten unter Verstoß gegen die anfechtungsrechtlichen Bestimmungen getilgt worden, so haben Fiskus und Sozialkasse die Gelder zu erstatten. Ein Bargeschäft stellt die Tilgung nicht dar.[132] Bestände ein Anfechtungsrecht, wenn gezahlt worden wäre, so entfiele mangels Kausalität des Unterlassens der Zahlung der Schaden.[133] Die Anfechtung ist kein Gestaltungsrecht, das den Anspruch auf Rückzahlung erst entstehen lässt. Vielmehr begründet das Anfechtungsrecht ein unmittelbar auf dem Gesetz beruhendes Schuldverhältnis zwischen dem Anfechtungsberechtigten und dem Empfänger der anfechtbaren Leistung, und zwar gemäß § 11 AnfG gegenüber dem Gläubiger der befriedigungsbedürftigen Forderung[134] und gemäß § 143 InsO mit Eröffnung des Insolvenzverfahrens gegenüber der Insolvenzmasse.[135] Die materiell rechtliche Rechtsposition des Anfechtungsgegners ist von vornherein, also vor wie nach Eröffnung des Insolvenzverfahrens mit der Pflicht zur „Rückgewähr" belastet; von einem gedachten Geschehensablauf in Form einer späteren Anfechtung, die den Schaden erst entstehen ließe, kann also keine Rede sein.[136]

28 Unterliegt die Leistung, die der Geschäftsführer nach Insolvenzreife einem Dritten erbracht hat, der **Insolvenzanfechtung** (§§ 129 ff.), so ließe die Rückgewähr des Geleisteten insoweit auch den Anspruch auf Ersatz des Quotenschadens gegenüber dem Geschäftsführer entfallen. Deshalb billigt die im rechtswissenschaftlichen Schrifttum herrschende Meinung dem Geschäftsführer ein aufschiebendes Leistungsverweigerungsrecht zu, solange die Insolvenzmasse neben dem gegen ihn gerichteten Ersatzanspruch noch realisierbare und Erfolg versprechende Anfechtungsmöglichkeiten gegenüber dem Leistungsempfänger besitzt. Macht der Insolvenzverwalter den Anfechtungsanspruch nicht geltend, lässt er ihn vielmehr nach § 146 verjähren, soll das Leistungsverweigerungsrecht allerdings ersatzlos entfallen, der Geschäftsführer Ersatz des vollen Gesamtschadens schulden.[137] Hinter dem Leistungsverweigerungsrecht steht die zutreffende Überlegung, dass im Verhältnis des Anfechtungsgegners zum Geschäftsführer der Anfechtungsgegner der primäre Schuldner ist, dass durch seine Zahlung die Ersatzpflicht des Geschäftsführers entfällt.[138] Hieraus folgt aber nicht, dass der Insolvenzverwalter zunächst den Anfechtungsgegner in Anspruch nehmen müsste. Der Verwalter ist den Beteiligten verpflichtet, von zwei zur Wahl stehenden Ansprüchen den durchzusetzen, bei dem er sein Ziel mit den geringsten Risiken erreicht. Ist dies der Anspruch gegen den Geschäftsführer, so ist der Verwalter der Masse ersatzpflichtig, wenn er stattdessen erfolglos den Anfechtungsgegner in Anspruch nimmt. Aber auch wenn die Prozess- und Vollstreckungsaussichten bei beiden Schuldner gleich risikolos sind, kennt das Gesetz im Verhältnis zur Masse keine subsidiäre Haftung des Geschäftsführers. Es wird auch nicht der vom Geschäftsführer

---

127 BGH NJW 2001, 304.

128 BGH NJW 2007, 2118, BGH NJW-RR 2008, 1253.

129 BGH NJW 2009, 2599.

130 BGH NZI 2011, 196.

131 BGHZ 149, 100, 107 = NJW 2001, 1280 = ZIP 2001, 2235; BGH NJW-RR 2003, 1632 = NZI 2003, 542 = ZIP 2003, 1666; BGHZ 157, 350, 358 = NJW 2004, 1444 = NZI 2004, 206; BGHZ 161, 315, 317 = WM 2005, 240; BGH WM 2006, 190, 192; BGH NZI 2009, 768; BGH DStR 2012, 527.

132 BGHZ 157, 350, 360 = NJW 2004, 1444 = NZI 2004, 206.

133 BGH NJW 2001, 967 = ZIP 2001, 80, 82; BGH NJW 2005, 2546 = ZIP 2005, 1026, 1028; BFH ZIP 2005, 1797, 1798; FG Berlin ZIP 2006, 1444.

134 BGHZ 116, 222, 224 = NJW 1992, 830; BGHZ 123, 183, 185 = NJW 1993, 2876; BGHZ 144, 298, 302 =NJW 1994, 726.

135 BGH NJW 1995, 2783, 2784; BGH ZIP 2007, 488.

136 So FG Düsseldorf ZIP 2006, 1447, 1448.

137 BGHZ 131, 325 = NJW 1996, 850.

138 *Gerd Müller* ZIP 1996, 1153, 1154; *Henze/Bauer* Rn. 31.

zu ersetzende Schaden um den Anfechtungsanspruch gekürzt. Das Gesetz hat dieses Problem des Schadensersatzrechts im § 255 BGB gelöst. Gebührt dem Geschädigten die Leistung, die er von mehreren Schuldnern fordern kann, nur einmal, so hat er Zug um Zug gegen die Ersatzleistung eines Schuldners, der dem Schaden ferner steht, seinen Anspruch gegen den Schuldner abzutreten, der im Innenverhältnis den Schaden allein trägt. Damit übernimmt der Ersatzleistende das Risiko, diesen Anspruch liquidieren zu können. Der Anfechtungsanspruch kann abgetreten werden.[139] Entspricht das Entgelt dem Wert des Anspruchs, so sind die Rechte der Insolvenzgläubiger gewahrt. Interessen des Anfechtungsgegners stehen ebenfalls nicht entgegen. Befindet sich eine Gegenleistung in der Masse, die nach § 144 Abs. 2 zurückzugewähren wäre, so fehlt insoweit schon der Verschleppungsschaden, ist der Ersatzanspruch gegen den Geschäftsführer von vornherein um den Wert dieser Gegenleistung geringer. Dem Geschäftsführer wird nach § 255 BGB von dem Anfechtungsanspruch nicht mehr abgetreten, als seiner Ersatzleistung entspricht. Anders als dem Verwalter[140] hat also der Anfechtungsgegner dem Geschäftsführer, dem die Forderung abgetreten worden ist, die anfechtbar erlangte Leistung nicht insgesamt, sondern gemindert um Quote und noch vorhandener Gegenleistung zu erstatten.[141] Der Verwalter wird allerdings den Geschäftsführer so rechtzeitig in Anspruch nehmen müssen, dass dieser sich den Anfechtungsanspruch Zug um Zug gegen Ersatzleistung verschaffen und noch vor Ablauf der zweijährigen Verjährungsfrist (§ 146 Abs. 1) gerichtlich geltend machen kann. Verstößt der Verwalter hiergegen, so ist die Ersatzpflicht des Geschäftsführers gemäß § 254 Abs. 2 BGB entsprechend gemindert;[142] der Verwalter haftet der Masse nach § 60.

V. Einzelschaden des Neugläubigers

1. Anspruchsgrundlage. Einen Gesamtschaden im Sinne des § 92 erleiden durch die Insolvenzverschleppung nur die Gläubiger, die in dem Zeitpunkt, von dem an der Geschäftsführer den Insolvenzantrag hätte stellen müssen, Forderungen gegen die Gesellschaft hatten (sog. **Altgläubiger**). Gläubiger, die nach diesem Zeitpunkt noch Verträge mit der Gesellschaft abschließen und ihre vertraglichen Leistungen erbringen, werden nicht gesamt-, sondern individuell geschädigt.[143] Der sog. Kontrahierungsschaden des **Neugläubigers** besteht darin, dass er seine Leistung erbracht hat, seinen Erfüllungsanspruch aber nur in Höhe der Insolvenzquote realisieren kann. Die Rechtsprechung hat lange auf dem Standpunkt gestanden, dass der Neugläubiger diesen Schaden nicht über § 15a (früher § 64 Abs. 1 GmbHG) ersetzt verlangen kann, dass dessen Schutzbereich auf den Quotenschaden begrenzt ist.[144] Mit Urteil vom 6. Juni 1994[145] hat der Bundesgerichtshof diese Rechtsprechung aufgegeben. Nach Ansicht des Bundesgerichtshofes wird mit der Insolvenzantragspflicht auch der Zweck verfolgt, ein insolventes Unternehmen mit beschränktem Haftungsfonds vom Markt zu nehmen, um auf diese Weise präventiv zu verhindern, dass Dritte in ihren Vermögensinteressen dadurch gefährdet werden oder Schaden erleiden, dass sie mit einer insolventen GmbH noch in Vertragsbeziehungen treten und Leistungen erbringen.[146] Die insolvente GmbH ist kein tauglicher Geschäftspartner mehr und deshalb durch Insolvenzanmeldung rechtzeitig zu beseitigen.[147] Verletzt der Geschäftsführer seine Antragspflicht schuldhaft, so haftet er auch dem Neugläubiger nach § 823 Abs. 2 BGB, § 15a InsO. 29

2. Schaden. Der Neugläubiger kann geltend machen, zum Vertragsschluss und seiner Vorleistung wäre es nicht mehr gekommen, wenn der Geschäftsführer den Insolvenzantrag vorher rechtzeitig gestellt hätte. Da er so zu stellen ist, als hätte er den Vertrag nicht geschlossen und seine Leistung nicht erbracht, ist ihm der gesamte Vertrauensschaden – gemindert um die Insolvenzquote – zu ersetzen. Der auf Ersatz des negativen Interesses gerichtete Schadensersatzanspruch eines Neugläubigers wegen Insolvenzverschleppung umfasst den in einem Kaufpreis enthaltenen **Gewinnanteil** grundsätzlich nicht. Ein Anspruch auf Ersatz entgangenen Gewinns kann dem Neugläubiger jedoch dann zustehen, wenn ihm wegen des Vertragsschlusses mit der insolventen Gesellschaft ein Gewinn entgangen ist, den er ohne diesen anderweitig hätte erzielen können.[148] 30

---

139 BGH NJW-RR 2011, 1272.

140 Vgl. hierzu BGH NJW 1992, 2485.

141 Vgl. hierzu auch *Henze/Bauer* Rn. 38; *Gerd Müller* ZIP 1996, 1153, 1155.

142 Vgl. *Gerd Müller* ZIP 1996, 1153, 1157.

143 Vgl. OLG Frankfurt ZIP 2011, 1909, 1910; KG ZInsO 2016, 37, 44 unter 2.

144 BGHZ 29, 100, 104 ff. = NJW 1959, 623; BGHZ 100, 19, 23 ff. = NJW 1987, 2433.

145 BGHZ 126, 181 = NJW 1994, 2220; BGH NZG 2003, 923 = WM 2003, 1824 = ZIP 2003, 1713 mAnm *Karsten Schmidt; Goette,* FS Kreft, S. 53, 56.

146 BGH NJW-RR 1995, 289 = ZIP 1995, 124.

147 BGHZ 126, 181, 194 = NJW 1994, 2220.

148 BGH NZG 2009, 750 Rn. 14 ff.

31 Der zu ersetzende Schaden besteht nicht in dem wegen der Insolvenz der Gesellschaft „entwerteten" Erfüllungsanspruch des Gläubigers – dies wäre das deliktsrechtlich grundsätzlich nicht geschützte positive Interesse. Deshalb haftet der Geschäftsführer auch nicht wegen Insolvenzverschleppung für die Erfüllung wertloser Ansprüche der Sozialversicherungsträger auf Abführung von Sozialversicherungsbeiträgen.[149] Es besteht auch keine die Vermutung des § 252 Satz 2 BGB auslösende Wahrscheinlichkeit, dass Arbeitnehmer einer insolvent gewordenen GmbH sofort eine Beschäftigung bei einem anderen Unternehmen mit der Folge aufnehmen, dass die Sozialkasse, bei der sie zuvor versichert waren, durch die verspätete Stellung des Insolvenzantrages einen Beitragsausfallschafen erleidet.[150] Werden Sozialversicherungsbeiträge nicht abgeführt, kann allerdings eine Haftung des Geschäftsführers auf Grund von § 823 Abs. 2 BGB in Verbindung mit § 266a StGB in Betracht kommen.[151]

32 Die Rechtsprechung hat auch zu der Frage Stellung genommen, ob der Geschäftsführer auf Grund seiner Insolvenzverschleppungshaftung auch für gesetzliche und deliktische Verpflichtungen der Gesellschaft einzustehen hat. Dies wird von ihr verneint.[152] Im Schrifttum sind die Meinungen geteilt. Wird die Grundlage der Haftung weniger im Vertrauenstatbestand als darin gesehen, dass die insolvenzreife Gesellschaft vom Markt genommen wird, soll jeder in den Schutzzweck von § 15a InsO (früher § 64 Abs. 1 GmbHG) fallen, der in den Kontaktbereich der Gesellschaft tritt.[153] Richtigerweise schützt § 15a nicht davor, dass es zu einer deliktischen Haftung der Gesellschaft kommt, sondern vor werbender Geschäftstätigkeit einer insolventen GmbH, die vom Markt genommen werden muss, weil sie kein tauglicher Geschäftspartner mehr ist.[154]

33 Der Anspruch auf Ersatz des Vertrauensschadens schließt – anders als im Schrifttum teilweise angenommen wird[155] – den Anspruch auf Ersatz des Quotenschadens nicht aus. Gemeinsam ist beiden Ansprüchen nur die Anspruchsgrundlage. Wird unmittelbar, nachdem der Vertrag mit dem Neugläubiger abgeschlossen worden ist und dieser vorgeleistet hat, Insolvenzantrag gestellt, so erleidet der Neugläubiger keinen Quotenschaden. Er erleidet allein einen Kontrahierungsschaden, der darauf beruht, dass der Geschäftsführer den Insolvenzantrag nicht vor dem Vertragsschluss gestellt hat. Erst wenn der Geschäftsführer sein Fehlverhalten, den Insolvenzantrag nicht zu stellen, fortsetzt und die Quote, die bei Vertragsschluss zu erzielen gewesen wäre, mit dem Gesellschaftsvermögen weiter abnimmt, erleidet der Neugläubiger einen Quotenschaden.[156] Da die Quote auf den Erfüllungsanspruch und nicht nur auf den Vertrauensschaden gezahlt wird, kann der Quotenschaden nicht mit dem Ersatz des Vertrauensschadens abgegolten sein.

34 Der Quotenschaden der Neugläubiger wird nicht in die Gesamtschadensabwicklung einbezogen, so dass sie nicht an der vom Verwalter durchzusetzenden Soll-Quote teilhaben. Anders als bei den Altgläubigern, die infolge der Insolvenzverschleppung regelmäßig einen einheitlichen Quoten- und insofern einen Gesamtgläubigerschaden erleiden, besteht grundsätzlich kein einheitlicher Quotenschaden der Neugläubiger, der einer Geltendmachung durch den Insolvenzverwalter zugänglich wäre. Vielmehr müsste für jeden einzelnen Neugläubiger die Differenz zwischen der tatsächlichen und der im Zeitpunkt des Vertragsschlusses möglichen Quote ermittelt und für jeden einzelnen der jeweils unterschiedlich geschädigten Neugläubiger eine Sondermasse gebildet werden, was dem Zweck des Insolvenzverfahrens und der Funktion des Verwalters zuwiderliefe.[157] Das Schrifttum steht allerdings weitgehend auf dem Standpunkt, dass wegen der praktischen Schwierigkeiten, die Quote für den Zeitpunkt des Vertragsschlusses zu ermitteln, die Neu- den Altgläubigern gleichzustellen und so zu behandeln seien, als ob sie ihre Forderungen schon bei Eintritt der Insolvenzreife erworben hätten. Dies beruht entweder darauf, dass man im Verstoß gegen § 64 Abs. 1 GmbHG ein Dauerdelikt gegen die Gesamtheit der gegenwärtigen oder künftigen Insolvenzgläubiger sieht[158] oder die Schwierigkeiten, die Quote für den jeweiligen Vertragsschluss zu ermitteln, praktisch für zu groß hält. Auf diese Weise wird aber ein Schaden fingiert, der so nicht entstanden ist; der Bundesgerichtshof lehnt deshalb die Gleichstellungen zutreffend ab.[159] Dass der Insolvenzverwalter

---

149 Vgl. BGH NJW 1999, 2182.

150 BGH NZG 2003, 923 = WM 2003, 1824.

151 Vgl. BGH NJW 1997, 130; BGH NJW 1997, 133; BGHZ 134, 305 = NJW 1997, 1237; BGH NJW 1998, 1306; BGH NJW-RR 2010, 701; *Groß* ZIP 2001, 945.

152 BGH NJW 2005, 3137; BGH NZG 2009, 280.

153 Vgl. *Reiff/Arnold* ZIP 1998, 1893, 1898; *Kübler* ZGR 1995, 481, 496; KPB/*Lüke* § 92 Rn. 43; *Lutter/Hommelhoff* GmbHG § 64 Rn. 50.

154 Vgl. *Bork* ZGR 1995, 505, 519; *Roth/Altmeppen* GmbHG § 64 Rn. 16.

155 *Schanze* AG 1993, 376, 380; *Eyber* NJW 1994, 1622; *Karollus* ZIP 1995, 269, 271; *Hirte* NJW 1995, 1202.

156 Vgl. *Bork,* Kölner Schrift, S. 1017, Rn. 19.

157 BGHZ 138, 211 = NJW 1998, 2667.

158 *K. Schmidt* JZ 1978, 661, 665; *K. Schmidt* ZGR 1998, 633, 665 f.; *K. Schmidt* NZI 1998, 9, 13.

159 BGHZ 29, 100, 107 = NJW 1959, 623; BGHZ 138, 211 = NJW 1998, 2667; ebenso *Flume* ZIP 1994, 337, 339; *Bork* Rn. 20.

das Risiko trägt, beim Streit zwischen Alt- und Neugläubiger den für deren Unterscheidung wichtigen Soll-Eröffnungszeitpunkt festzustellen,[160] rechtfertigt nicht, die Neugläubiger über den Gesamtschaden zu entschädigen.

Es ist auch nicht zulässig, die neuen Verbindlichkeiten mit „Zahlungen" im Sinne von § 64 Satz 1 GmbHG gleichzusetzen und der Gesellschaft einen eigenen Anspruch gegen den Geschäftsführer auf Befreiung von diesen Verbindlichkeiten zu geben. Die Gleichstellung von Verbindlichkeiten und Zahlungen wird im Schrifttum zwar weithin vertreten.[161] Sie ist aber abzulehnen, weil sie zur Konsequenz hätte, dass der Insolvenzverwalter vom Geschäftsführer Zahlungsausgleich nicht nur in Höhe der quotalen Mehrbelastung des Gesellschaftsvermögens, sondern in voller Höhe der festgestellten Neugläubigerforderungen (positives Interesse) verlangen[162] und den Betrag zur Masse ziehen könnte[163] mit der Folge, dass dieser allen Insolvenzgläubigern unter Einschluss der für den Quotenschaden auf anderer Grundlage abzufindenden Altgläubigern zugute käme und der einzelne Neugläubiger wegen des verbleibenden Restes seines Vertrauensschadens womöglich leer ausginge.[164] 35

3. Geltendmachung. Der Kontrahierungsschaden des Neugläubigers wird – entgegen Stimmen im Schrifttum[165] – nicht vom Insolvenzverwalter, sondern vom Geschädigten selbst liquidiert.[166] Der Schaden besteht nicht in einer Verminderung des zur Insolvenzmasse gehörenden Vermögens; er ist deshalb nicht durch Auffüllen der Masse zu ersetzen. Den Schaden hat jeder Neugläubiger allein und nicht in Gemeinschaft mit anderen erlitten; jeder Neugläubiger kann deshalb den Ersatz seines Schadens – auch während des laufenden Insolvenzverfahrens – selbst geltend machen.[167] Der Quotenschaden des Neugläubigers hat zwar in einer Verkürzung der Insolvenzmasse seine Ursache. Gleichwohl ist dieser Schaden nicht durch ein Wiederauffüllen der Masse zu ersetzen. Wegen der für den Neugläubiger individuell zu ermittelnden Quote kommt eine im Verhältnis zu anderen Gläubigern gleich hohe quotale Befriedigung des Neugläubigers nicht in Betracht, fehlt also der Gesamtschaden. Weil der Neugläubiger regelmäßig die Vermögensverhältnisse der Gesellschaft im Zeitpunkt des Vertragsschlusses nicht kennt, wird er allerdings kaum in der Lage sein, die genaue Höhe seines Quotenschadens zu beziffern, sich vielmehr darauf beschränken, seinen Vertrauensschaden ersetzt zu verlangen. 36

Der Ersatz des Einzelschadens verringert nicht entsprechend § 190 den Anspruch, mit dem der Neugläubiger am Insolvenzverfahren beteiligt ist. Vielmehr ist es umgekehrt; der Neugläubiger hat einen Anspruch auf Ersatz seines Vertrauens- und Quotenschadens nur, soweit dieser durch die Insolvenzquote nicht gedeckt ist.[168] Allerdings wird, während das Insolvenzverfahren andauert, regelmäßig nicht feststehen, welche Quote der Neugläubiger aus der Insolvenzmasse zu erwarten hat. Hier kann nach § 148 ZPO der Prozess ausgesetzt werden, bis das Insolvenzverfahren abgeschlossen ist. Näher liegen dürfte allerdings, dass der Neugläubiger den Ersatz des vollen Vertrauensinteresses Zug um Zug gegen Abtretung seines Anspruchs gegen die Insolvenzmasse geltend macht. Da die GmbH die primäre Schuldnerin ist und der Geschäftsführer nicht haftet, soweit die GmbH zahlt, ist es gerechtfertigt, § 255 BGB entsprechend heranzuziehen.[169] Die Aufrechnung mit der ihm abgetretenen Forderung gegenüber einem Ersatzanspruch der Masse wäre dem Geschäftsführer nach § 96 Nr. 2 versagt, weil er die Forderung erst nach Eröffnung des Verfahrens erworben hat. Beteiligt sich der Neugläubiger nicht am Insolvenzverfahren, so kann er dem Geschäftsführer keine Forderung gegen die Masse abtreten. Gleichwohl kann er nicht sein volles Vertrauensinteresse ersetzt verlangen; er muss sich nach § 254 BGB die Quote abziehen lassen, die er durch Beteiligung am Verfahren hätte erzielen können. 37

§ 93 Persönliche Haftung der Gesellschafter

Ist das Insolvenzverfahren über das Vermögen einer Gesellschaft ohne Rechtspersönlichkeit oder einer Kommanditgesellschaft auf Aktien eröffnet, so kann die persönliche Haf-

160 Hierauf weist *K. Schmidt* NZI 1998, 9, 10, hin.
161 *Flume* ZIP 1994, 337, 341; *Maser/Sommer* BB 1996, 65, 66; aA *Karollus* ZIP 1995, 269, 271.
162 Vgl. BGHZ 57, 78, 83 = NJW 1971, 2218.
163 BGH NJW 1994, 49.
164 Vgl. BGHZ 138, 211 = NJW 1998, 2667.
165 *Uhlenbruck* ZIP 1994, 1153, 1156; anders *Uhlenbruck* ZIP 1996, 1641, 1644 und WiB 1996, 466, 468; *Hirte,* Abschied vom Quotenschaden, S. 6; *Hasselbach* DB 1996, 2213, 2214 f.
166 KG ZInsO 2016, 37, 44 unter 2.
167 BGHZ 126, 181, 201 = NJW 1994, 2220; BGH NJW 1995, 398; *K. Schmidt* ZGR 1996, 209, 213 f.; *Bork* Rn. 21; *Goette* ZInsO 2001, 529, 537.
168 BGHZ 126, 181, 201 = NJW 1994, 2220.
169 *Altmeppen* ZIP 1997, 1173, 1181.

tung eines Gesellschafters für die Verbindlichkeiten der Gesellschaft während der Dauer des Insolvenzverfahrens nur vom Insolvenzverwalter geltend gemacht werden.

Schrifttum: s. § 92.

Übersicht

I. Normzweck

1 § 93 entspricht § 171 Abs. 2 HGB. Nach dieser Bestimmung wird die Außenhaftung von Kommanditisten gegenüber Gläubigern der Gesellschaft für die Dauer eines Insolvenzverfahrens in Höhe der Haftsummen zu einer Innenhaftung und als solche vom Insolvenzverwalter geltend gemacht. Zweck der Regelung ist, einen Wettlauf der Gläubiger um die Abschöpfung der Haftsummen zu verhindern, den Haftungsanspruch der Masse zuzuführen und auf diese Weise den Grundsatz der gleichmäßigen Befriedigung der Insolvenzgläubiger auf die Gesellschafterhaftung auszudehnen. In § 93 geht es zwar nicht um eine beschränkte, sondern um eine unbeschränkte Haftung. Aber auch diese führt nur zu einer Teilbefriedigung der Gesellschaftsgläubiger, wenn deren durch das Gesellschaftsvermögen nicht gedeckten Forderungen höher sind als der Wert des pfändbaren Vermögens aller Gesellschafter. § 93 schließt den Wettlauf der Gläubiger um dieses Vermögen aus, indem er die gleichmäßige Verteilung durch den Insolvenzverwalter sicherstellt. Zugleich leistet die Regelung einen Beitrag zur Überwindung der Massearmut. Sie soll verhindern, dass der Antrag auf Eröffnung des Insolvenzverfahrens über das Vermögen einer Gesellschaft mangels Masse abgewiesen wird, obwohl ein unbeschränkt haftender Gesellschafter über ausreichendes Vermögen verfügt.[1] Der Gesellschafter wird davor geschützt, während des Insolvenzverfahrens über das Vermögen der Gesellschaft von Gesellschaftsgläubigern in voller Höhe in Anspruch genommen zu werden, bevor er nach § 227 Abs. 2 auf Grund eines Insolvenzplans teilweise von seiner Haftung frei wird.[2]

Es darf bezweifelt werden, dass diese Zwecke immer erreicht werden. Gläubiger werden bestrebt sein, sich den unmittelbaren Zugriff auf das Vermögen der Gesellschafter zu sichern, und diese werden versuchen, sich der Haftung zu entziehen. Wie schon im früheren Recht für den Fall eines Zwangsvergleichs werden Gläubiger auch nach dem Inkrafttreten der Insolvenzordnung von unbeschränkt haftenden Gesellschaftern regelmäßig Bürgschaften verlangen. Denn diese bleiben nach § 254 Abs. 2 bestehen, wenn nach Bestätigung des Insolvenzplans mit den restlichen Verbindlichkeiten der Gesellschaft nach § 227 Abs. 2 auch die persönliche Haftung der Gesellschafter wegfällt. § 93 ist ein weiterer Grund, eine Bürgschaft zu verlangen, weil mit dieser die quotale Befriedigung der Haftungsansprüche umgangen wird und der Direktzugriff erhalten bleibt. Denn die Ermächtigung, den Haftungsanspruch des Insolvenzgläubigers gegen den Gesellschafter zugunsten der Masse einzuziehen, erfasst nicht die Bürgschaftsforderung (vgl. Rn. 22).[3] Zweifel, dass sich Haftungsansprüche realisieren lassen, bestehen zudem gerade dann, wenn das pfändbare Gesellschaftervermögen die

[1] RegE BT-Drs. 12/2443, S. 140.
[2] Zum früheren Recht vgl. *Wochner* BB 1983, 517.
[3] So auch *K. Schmidt* ZGR 1996, 209, 219; Staub/*Habersack* § 128 Rn. 76 und 80.

Insolvenzforderungen nicht deckt und deshalb § 93 die gleichmäßige Befriedigung sichern soll. Dann wird der Gesellschafter, dem eine Inanspruchnahme durch den Insolvenzverwalter droht, regelmäßig die Eröffnung eines Insolvenzverfahrens über sein Privatvermögen und die Restschuldbefreiung nach §§ 286 ff. beantragen.[4]

Eine vergleichbare Regelung enthält § 334 hinsichtlich der persönlichen Haftung von Ehegatten für die Verbindlichkeiten, deren Erfüllung aus dem Gesamtgut einer Gütergemeinschaft verlangt werden kann.

II. Entstehungsgeschichte

Karsten Schmidt hat schon im Juristentagsgutachten 1982 und danach mehrfach gefordert, die Regelung des § 171 Abs. 2 HGB zu erweitern und die unbeschränkt haftenden Gesellschafter in das Insolvenzverfahren einzubeziehen.[5] Die Kommission für Insolvenzrecht hat die Zuweisung von Haftungsansprüchen an die Insolvenzmasse zwar erörtert, hinsichtlich der unbeschränkten Haftung der Gesellschafter aber keinen Vorschlag gemacht.[6] Der Referentenentwurf enthielt bereits eine dem § 93 entsprechende Regelung. 2

III. Tatbestandsvoraussetzungen

1. Gesellschaftsform. § 93 gilt für Gesellschaften ohne Rechtspersönlichkeit und für die Kommanditgesellschaft auf Aktien, deren Gesellschafter den Gläubigern der Gesellschaft unbeschränkt persönlich haften, nicht für die Gesellschafter einer GmbH.[7] Nach § 11 Abs. 2 Nr. 1 sind Gesellschaften ohne Rechtspersönlichkeit die offene Handelsgesellschaft, die Kommanditgesellschaft, die Partnerschaftsgesellschaft, die Gesellschaft bürgerlichen Rechts,[8] die Partenreederei sowie die Europäische wirtschaftliche Interessenvereinigung. Die Vor-GmbH zählt nicht zu diesen Gesellschaften. Zwar haben die Gesellschafter die Verluste dieser Gesellschaft auszugleichen; hierbei handelt es sich aber nach der Rechtsprechung des Bundesgerichthofs von vornherein um eine Haftung gegenüber der Gesellschaft und nur ausnahmsweise um eine Außenhaftung.[9] Für die errichtete (eingetragene) GmbH kann anderes gelten. Deren Gesellschafter können entsprechend § 128 HGB unbeschränkt haften, wenn wegen Vermögensvermischung die Haftungsbeschränkung des § 13 Abs. 2 GmbHG versagt. § 93 erstreckt sich auch auf die fehlerhafte, aber in Vollzug gesetzte Gesellschaft. Erfasst wird auch der Kommanditist, der nach § 176 HGB unbeschränkt haftet. 3

Nach der geänderten Rechtsprechung des Bundesgerichtshofs haften für die im Namen einer **Gesellschaft bürgerlichen Rechts** begründeten Verbindlichkeiten die Gesellschafter ebenfalls persönlich. Diese Haftung kann weder durch einen Namenszusatz noch durch einen anderen Hinweis, nur beschränkt haften zu wollen, ausgeschlossen werden, sondern nur durch eine individualvertragliche Abrede.[10] Der Gesellschafter haftet wie der einer Offenen Handelsgesellschaft akzessorisch.[11] Die Haftung erstreckt sich auch auf gesetzlich begründete Verbindlichkeiten[12] wie Steuerforderungen[13] sowie entsprechend § 130 HGB auch auf die, die vor dem Beitritt des Gesellschafters schon begründet waren.[14] Steuerforderungen sind ohne die Notwendigkeit eines vorherigen Haftungsbescheids (§ 191 AO) im einschlägigen Rechtsweg zu verfolgen.[15] Die Gesellschafter einer GmbH können wegen Vermögensvermischung unter dem Gesichtspunkt der Durchgriffshaftung den Gesellschaftsgläubigern unmittelbar haften. In der Insolvenz der GmbH macht der Insolvenzverwalter die Durchgriffshaftung geltend. Eine Durchgriffshaftung wegen Existenzvernichtung ist nach neuerer Rechtsprechung nicht gegeben (vgl. § 92 Rn. 9). 4

Der unbeschränkt Haftende muss Gesellschafter einer dieser Gesellschaften gewesen sein, als die Haftung begründet wurde. Anders als der Wortlaut des § 93 nahelegt, ist dagegen nicht erforderlich, dass die Gesellschaft noch besteht, wenn das Insolvenzverfahren eröffnet wird. Es kann ein 5

---

4 Vgl. *Uhlenbruck*, Kölner Schrift, S. 879, Rn. 20; KPB/*Lüke* § 93 Rn. 53.

5 *K. Schmidt*, Gutachten D zum 54 DJT, D 47; *K. Schmidt* JZ 1985, 301, 303 f.; *K. Schmidt* ZGR 1986, 178, 205; *K. Schmidt*, Wege zum Insolvenzrecht der Unternehmen, S. 81 f.

6 1. KommBer. Leitsätze 6 ff.

7 OLG Brandenburg ZInsO 2013, 2278 f.

8 *Gehrlein* ZInsO 2017, 849.

9 BGHZ 134, 333 = NJW 1997, 1507.

10 BGHZ 142, 315 = NJW 1999, 3489 = WM 1999, 2071; BGH NJW-RR 2005, 400 = NZG 2005, 209 = ZIP 2005, 391.

11 BGHZ 146, 341 = NJW 2001, 1056.

12 BGHZ 154, 88 = NJW 2003, 1445.

13 VG Arnsberg ZIP 2017, 244 f.; vgl. auch *Hirte* NJW 2018, 1221, 1226.

14 BGHZ 154, 370 = NZG 2003, 577 = ZIP 2003, 899; BGH ZIP 2006, 82; BGH ZIP 2007, 79.

15 *Hirte* NJW 2018, 1221, 1226.

Rechtsnachfolger an ihre Stelle getreten sein, auf dessen Schulden sich die Haftung des – noch aktiven oder ehemaligen – Gesellschafters nunmehr erstreckt. § 93 gilt entsprechend, wenn nach Begründung der Gesellschafterhaftung an die Stelle der Gesellschaft ohne Rechtspersönlichkeit ein Rechtsnachfolger mit anderer Rechtsform tritt, der dann insolvent wird. Ansprüche eines Gläubigers einer Gesellschaft gegen einen ausgeschiedenen persönlich haftenden Gesellschafter sind, wenn das Insolvenzverfahren über das Vermögen des Rechtsnachfolgers der Gesellschaft eröffnet worden ist, analog § 93vom Insolvenzverwalter geltend zu machen.[16] Die Regelung ist auch für die Haftung des unbeschränkt haftenden Erben im Nachlassinsolvenzverfahren maßgeblich.[17] Sie kann dagegen weder unmittelbar noch entsprechend auf den Fall einer Haftung nach § 133 UmwG bei einer Auf- und Abspaltung oder Ausgliederung angewandt werden.[18] Die nach Formwechsel gemäß §§ 224 und 237 UmwG fortbestehende Haftung der Gesellschafter wird vom Verwalter geltend gemacht. Tritt aus einer offenen Handelsgesellschaft der vorletzte Gesellschafter aus, so wird der zurückbleibende Gesellschafter Rechtsnachfolger der Gesellschaft, und zwar je nach Rechtsform als Einzelkaufmann oder als Kapitalgesellschaft. Die Haftung der Gesellschafter für Verbindlichkeiten, die vor ihrem Ausscheiden begründet worden sind und nunmehr den Rechtsnachfolger treffen, bleibt bestehen. Wird über das Vermögen der Rechtsnachfolger das Insolvenzverfahren eröffnet, so gebietet auch hier der Zweck des § 93, nämlich die gleichmäßige Befriedigung der Gläubiger und die Anreicherung der Masse, den Direktzugriff der Gläubiger auf das Vermögen der ehemaligen Gesellschafter auszuschließen und den Verwalter zu ermächtigen, deren Haftung zugunsten der am Verfahren beteiligten Gläubiger zu realisieren. Keine Haftung ist begründet, wenn ein Gesellschafter vor Entstehen der Verbindlichkeit ausgeschieden ist.[19]

6 **2. Ausgestaltung der Haftung. a) Anspruchsgrundlagen.** Nach § 93 geht es um die unmittelbare unbeschränkte persönliche Haftung der Gesellschafter für die Schulden der dort genannten Gesellschaften. In Betracht kommen § 278 Abs. 2 AktG in Verbindung mit §§ 161 Abs. 2, 128 HGB für die KGaA, §§ 128 ff. HGB für die OHG, §§ 161 Abs. 2, 128 ff., 176 HGB für die KG, § 8 Abs. 1 PartGG für die Partnerschaftsgesellschaft, § 507 Abs. 1 HGB für die Partenreederei, Art. 24 Abs. 1 EWIV-VO mit § 1 EWIV-Ausführungsgesetz und §§ 128 ff. HGB für die Interessenvereinigung sowie die Haftungsvorschriften der Gesellschaft bürgerlichen Rechts. Die unbeschränkte Haftung des Gesellschafters endet nicht mit seinem Ausscheiden aus der Gesellschaft.[20] Das gilt allerdings – vorbehaltlich § 15 Abs. 1 in Verbindung mit § 143 Abs. 2 HGB – nur für die bis dahin begründeten und nicht nach § 160 HGB verjährten Verbindlichkeiten; für die späteren haftet er nicht.[21] § 93 gilt auch für die Geltendmachung von Ansprüchen aus § 303 AktG.[22] Der Insolvenzverwalter macht den Anspruch auf Rückerstattung einer verbotenen Einlagenrückgewähr gegen den Kommanditisten der Insolvenzschuldnerin geltend.[23]

Da die Ermächtigung des Insolvenzverwalters nach § 93 sich nur auf Ansprüche aus der gesetzlichen akzessorischen Gesellschafterhaftung bezieht, sind solche Ansprüche davon ausgeschlossen, die deshalb gegen die Gesellschafter bestehen, weil diese aus einem anderen Rechtsgrund, beispielsweise einer rechtlich selbständigen eigenen Verpflichtung (vgl. hierzu Rn. 22), für die Verbindlichkeit der Gesellschaft einzustehen haben.[24] Deshalb hindert § 93 die Finanzverwaltung nicht, nach Eröffnung des Insolvenzverfahrens über das Vermögen der Gesellschaft einen Anspruch aus §§ 69, 34 AO gegen den persönlich haftenden Gesellschafter der Schuldnerin geltend zu machen.[25] Ebenso kann die Berufsgenossenschaft Beiträge zur Unfallversicherung gegenüber dem ehemaligen Gesellschafter einer OHG als früheren Unternehmer gemäß § 150 Abs 4 SGB VII auch nach Eröffnung des Insolvenzverfahrens über das Vermögen der OHG durch Bescheid geltend machen, ohne dass § 93 InsO dem entgegensteht.[26]

7 **b) Haftung für Masseschulden.** Im Schrifttum umstritten ist, ob Alt- und Neuverbindlichkeiten auch zu unterscheiden sind, wenn über das Vermögen der Gesellschaft das Insolvenzverfahren eröffnet worden ist. Ein Teil des Schrifttums lässt den Gesellschafter ohne Unterschied für alle

---

16 Vgl. KG ZInsO 2014, 1225 f.
17 *Sämisch* ZInsO 2014, 25 ff.
18 BGH NZI 2013, 747.
19 LAG Hamm ZInsO 2010, 822, 825.
20 LAG Hamm ZInsO 2010, 822.
21 BGH WM 1982, 584, 585; Uhlenbruck/*Hirte* § 93 Rn. 10.
22 *Bork* ZIP 2012, 1001 ff.; aA *Schuster/Dirmeier*, ZIP 2018, 308.
23 BGH ZInsO 2014 1679 Rn. 5, 11 f.
24 aA AG Siegen ZInsO 2012, 228.
25 BGHZ 151, 245 = NJW 2002, 2718 = NZI 2002, 483; ebenso BFH ZIP 2002, 179.
26 BSG NZI 2008, 630.

Masseverbindlichkeiten haften, weil anderenfalls eine Personengesellschaft mit beschränkter Haftung entstünde. Ein Zustimmungsvorbehalt für die Gesellschafter bei außergewöhnlichen Geschäften soll die Gesellschafter und deren Privatgläubiger vor unbegrenzten Verpflichtungen durch den Verwalter schützen.[27] Hiergegen lässt sich einwenden, dass der strenge Grundsatz der persönlichen Gesellschafterhaftung nur dort gerechtfertigt ist, wo die Gesellschafter das Schicksal des Unternehmens steuern können und ihnen auch die Erträge zufließen. Der Verwalter, dessen Auswahl und Amtsführung sie nicht beeinflussen können, lässt die Erträgnisse einer Unternehmensfortführung nur noch den Gläubigern zugutekommen.[28] Den Massegläubigern haftet zusätzlich der Insolvenzverwalter, falls er Masseverbindlichkeiten begründet hat, mit deren vollständiger Tilgung aus der Insolvenzmasse er nicht sicher rechnen konnte.[29]

Im Interesse der Gesellschafter und deren Privatgläubiger ist es deshalb geboten, die Gesellschafter nur für die sog. Altverbindlichkeiten der Gesellschaft haften zu lassen. Dies sind Verbindlichkeiten, deren Rechtsgrund vor Eröffnung des Insolvenzverfahrens gelegt worden ist. Demnach greift keine Haftung für Massekosten und Masseverbindlichkeiten.[30] Hierzu gehören alle Insolvenzforderungen, mithin auch Schadensersatzansprüche, die entstehen, weil die Gesellschaft Altverbindlichkeiten nicht erfüllt: Dies ist beispielsweise der Fall, wenn der Insolvenzverwalter nicht nach § 103 Abs. 2 die Erfüllung wählt.[31] 8

Zu den Neuverbindlichkeiten zählen Masseverbindlichkeiten, die aus Geschäften und Handlungen des Insolvenzverwalters (§ 55 Abs. 1 Nr. 1) und einer ungerechtfertigten Bereicherung der Masse (§ 55 Abs. 1 Nr. 3) entstehen. Für diese Verbindlichkeiten haftet der Schuldner ausschließlich mit der Insolvenzmasse, nicht aber mit seinem sonstigen Vermögen. Auch nach dem Ende des Verfahrens beschränkt sich die Haftung des Schuldners für diese Verbindlichkeiten nur auf Bestandteile der früheren Insolvenzmasse, die ihm überlassen worden sind.[32] Ebenso wenig wie der Schuldner mit seinem massefreien Vermögen haftet, haftet für diese Verbindlichkeiten der Gesellschafter. 9

Nichts anderes gilt für die **Kosten** des **Insolvenzverfahrens,** die nach § 54 aus den Gerichtskosten sowie den Vergütungen und Auslagen für Verwalter und Mitglieder des Gläubigerausschusses bestehen. Zwar beruhen diese Kosten auf der bei Verfahrenseröffnung vorliegenden Insolvenz der Gesellschaft. Dies ist aber kein entscheidendes Kriterium für die Abgrenzung; denn ohne die Insolvenz der Gesellschaft käme es auch nicht zu den Masseverbindlichkeiten des § 55 Abs. 1 Nr. 1, die auf Handlungen des Verwalters beruhen und deshalb nicht unter die Haftung des § 128 HGB fallen. Für die Abgrenzung kommt es darauf an, ob die Rechtsgrundlage für den betreffenden Anspruch vor Verfahrenseröffnung gelegt worden ist.[33] Die Insolvenz ist eine tatsächliche Voraussetzung, aber nicht der Rechtsgrund für die Verfahrenskosten. Dies gilt nicht nur für die Vergütung,[34] sondern auch für die Gerichtskosten.[35] Aus § 93 ergibt sich nichts anderes. Nach der Regierungsbegründung soll zwar die Überleitung der Haftansprüche auf den Insolvenzverwalter auch einen Beitrag zur Überwindung der Massearmut leisten, indem sie verhindert, dass der Antrag auf Eröffnung des Insolvenzverfahrens über das Vermögen einer Gesellschaft mangels Masse abgewiesen wird.[36] Dies besagt aber nicht mehr, als dass der Verwalter dem Haftungsfonds der Gesellschafter, den er zugunsten der Gesellschaftsgläubiger eingezogen hat, die Kosten des Verfahrens (§ 26 Abs. 1, § 54) entnehmen darf, damit dieses eröffnet werden kann. § 93 lässt sich nicht entnehmen, dass die Gesellschafter zusätzlich zu den Altschulden die Massekosten aufzubringen haben. Diese gehen vielmehr zu Lasten der den Gläubigern aus dem Gesellschaftervermögen zustehenden Sondermasse, und das endgültig, falls es dem Verwalter im Laufe des Verfahrens nicht gelingt, die Lücke dieser Sondermasse wieder zu schließen. Es ist auch nicht so, dass im Umfange dieser Lücke die Haftungsansprüche der Gesellschaftsgläubiger bestehen bleiben und nach Ende des Insolvenzverfahrens gegen die Gesellschafter 10

[27] Vgl. Leipold/*Wolf,* Insolvenzrecht im Umbruch, S. 113, 122 f.; KPB/*Lüke* § 93 Rn. 30.
[28] *K. Schmidt* ZHR 152 (1988), S. 105, 115 f.; MüKoHGB/*K. Schmidt* §§ 128 Rn. 81; Staub/*Habersack* HGB § 128 Rn. 72; *Armbruster* S. 164 ff.
[29] Vgl. BGHZ 99, 151 = NJW 1987, 844.
[30] OLG Brandenburg NZI 2008, 41.
[31] BGHZ 48, 203 = NJW 1967, 2203; BGHZ 135, 25 = DtZ 1997, 196; Uhlenbruck/*Hirte* § 93 Rn. 36.
[32] BGH NJW 1955, 339; BGH WM 1964, 1125; LAG München ZIP 1990, 1217, 1218; *Kilger/K. Schmidt* § 57 Anm. 2; Uhlenbruck/*Berscheid* § 54 Rn. 8; *Baur/Stürner,* Insolvenzrecht, Rn. 17.3; *Armbruster* S. 158 f.; KPB/*Pape* § 53 Rn. 32.
[33] Vgl. BGHZ 55, 267, 269 = NJW 1961, 1022, für den ausgeschiedenen Gesellschafter.
[34] BGH NJW 1955, 339; BGH WM 1964, 1125; Uhlenbruck/*Berscheid* § 54 Rn. 8; *Kilger/K. Schmidt* § 57 Anm. 2.
[35] MüKoHGB/*K. Schmidt* § 128 Rn. 80; Staub/*Habersack* § 128 Rn. 72; aA für die Gerichtskosten *Armbruster* S. 159 f., 173.
[36] RegE BT-Drs. 12/2443, S. 140.

durchgesetzt werden können. Die Gesellschafter werden im Umfange ihrer Leistung an den Verwalter von ihrer Haftung gegenüber den Gläubigern frei.

11 Zu den Altverbindlichkeiten, für die der Gesellschafter haftet, gehören nicht nur Insolvenzforderungen, vielmehr auch **Masseverbindlichkeiten,** die bereits vor Verfahrenseröffnung betagt oder aufschiebend bedingt entstanden sind (§ 55 Abs. 1 Nr. 2, 2. Altern.). Das gilt insbesondere für Dauerschuldverhältnisse (Miet- und Pachtverhältnisse, Arbeits- und Dienstverhältnisse, vgl. § 108), so dass jede Einzelverbindlichkeit, die aus einem vor Verfahrenseröffnung abgeschlossenen Dauerschuldvertrag nach Eröffnung entsteht, eine Altverbindlichkeit ist und den Gesellschafter trifft.[37] Masseverbindlichkeiten sind nach § 123 Abs. 2 auch die Verbindlichkeiten aus einem **Sozialplan,** der nach Verfahrenseröffnung aufgestellt wird. Mit Leistungen auf Grund des Sozialplans werden allerdings nicht Ansprüche aus dem Arbeitsverhältnis erfüllt. Vielmehr sollen sie nach § 112 BetrVG die mit dem Auslaufen des Arbeitsverhältnisses verbundenen wirtschaftlichen Nachteile ausgleichen. Obwohl also die Ansprüche aus dem Sozialplan auf einem Vertrag mit dem Insolvenzverwalter beruhen, handelt es sich gleichwohl um eine Altverbindlichkeit. Den Sozialplanverbindlichkeiten liegen Arbeitsverträge aus der Zeit vor Verfahrenseröffnung zugrunde. Mit der Aufstellung des Plans erfüllt der Verwalter Pflichten, die der Arbeitgeber im Falle der Betriebsstilllegung auch zu erfüllen hätte. Durch den Insolvenzverwalter werden also keine zusätzlichen Forderungen zu Lasten des Arbeitgebers und der für ihn haftenden Gesellschafter begründet.[38]

12 Ähnlich wie die Sozialplanansprüche sind Alt- und Neuverbindlichkeiten voneinander abzugrenzen, wenn der Verwalter nach § 103 Abs. 2 die Erfüllung eines gegenseitigen Vertrages wählt. Nach der Rechtsprechung des Bundesgerichtshofs hat die Eröffnung des Insolvenzverfahrens zur Folge, dass die Erfüllungsansprüche aus beiderseits noch nicht erfüllten gegenseitigen Verträgen zunächst nicht durchsetzbar sind, dann aber mit dem bisherigen Inhalt neu begründet werden, wenn der Verwalter Erfüllung wählt.[39] Sie entstehen also durch eine Handlung des Insolvenzverwalters nach Verfahrenseröffnung neu als Masseverbindlichkeiten i. S. von § 55 Abs. 1 Nr. 2. Trotzdem handelt es sich um Altverbindlichkeiten, für welche die Gesellschafter haften.[40] Der gegenseitige Vertrag stammt aus einer Zeit, in der die Gesellschafter das Schicksal des Unternehmens steuern und auf dessen Erträge zugreifen konnten. Wäre das Insolvenzverfahren nicht eröffnet worden, hätten sie für die Gesellschaftsschuld ohne weiteres einstehen müssen. Mit der Eröffnung des Verfahrens ist das Vertragsverhältnis nicht weggefallen. Der Verwalter ist bei seiner Erfüllungswahl an den Inhalt des Vertrages gebunden. Es ist deshalb sachgerecht, den Gesellschafter auch für die neue Verbindlichkeit haften zu lassen, die inhaltsgleich an die Stelle der alten tritt.

IV. Rechtsfolgen

13 **1. Sperr- und Ermächtigungsfunktion. a) Sperrfunktion.** Im § 93 kommen zwei Funktionen zum Ausdruck: Die Sperrfunktion, die darin besteht, dass die Gläubiger nicht mehr gegen die Gesellschafter vorgehen und diese nicht mehr befreiend an Gläubiger leisten können, sowie die Ermächtigungsfunktion.[41] Die Sperrwirkung besteht darin, dass die Gläubiger nicht mehr gegen persönlich haftende Gesellschafter vorgehen und diese nicht mehr befreiend an den Gläubiger der Gesellschaft leisten können.[42] Die Sperrwirkung des § 93, die sich auf sämtliche Insolvenzforderungen, gleich ob angemeldet oder nicht und ob zur Tabelle festgestellt oder nicht bezieht,[43] schließt den Direktzugriff zugunsten der Gleichbehandlung der Gläubiger aus, die ihre Forderungen im Verfahren anmelden. Ein gegen die Gesellschaft gerichteter Kostenerstattungsanspruch kann nicht gegen den haftenden Gesellschafter verfolgt werden.[44] Allerdings können gegen eine KG in der Insolvenz ihres persönlich haftenden Gesellschafters Kosten festgesetzt werden.[45] Gläubigern einer insolventen Personengesellschaft ist es verwehrt, ihre bei Verfahrenseröffnung schon titulierten gesetzlichen akzessorischen Haftungsansprüche gegen einen persönlich haftenden Gesellschafter durch Zwangsvollstreckung in dessen Vermögen durchzusetzen.[46] Auch Gläubiger, die am Verfahren

[37] BAGE 52, 24 = NJW 1987, 92; LAG München ZIP 1990, 1202.

[38] BAGE 52, 24 = NJW 1987, 92; *Armbruster* S. 181 f.

[39] BGHZ 150, 353 = NBJW 2002, 2783 = NZI 2002, 375.

[40] MüKoHGB/*K. Schmidt* § 128 Rn. 78; Staub/*Habersack* § 128 Rn. 72; *Armbruster* S. 175 ff. Uhlenbruck/*Hirte* § 93 Rn. 36.

[41] BGH, NZI 2012, 858 Rn. 5; *K. Schmidt,* Einlage und Haftung des Kommanditisten, S. 124 ff.; vgl. LG Neuruppin ZInsO 2009, 538, 539.

[42] BGH NZI 2016, 445 Rn. 10.

[43] BGH NZI 2016, 445 Rn. 16.

[44] LG Saarbrücken NZI 2010, 820.

[45] OLG Brandenburg MDR 2010, 840.

[46] AG Duisburg NZI 2011, 945; KG NZI 2016, 191 Rn. 12.

nicht teilnehmen, haben während dessen Dauer keine Möglichkeit des Direktzugriffs auf das Gesellschaftervermögen. Der Gläubiger kann also während der Dauer des Verfahrens seinen Haftungsanspruch (einschließlich der Nebenforderungen) weder durch Klage noch durch Zwangsvollstreckung aus einem schon vorher erlangten Titel durchsetzen. Der von einem Gläubiger gegen einen Gesellschafter erwirkte Titel kann auf den Insolvenzverwalter umgeschrieben werden.[47] Ebenso ist die Einzugsstelle für Krankenversicherungsbeiträge gehindert, gegen den Komplementär einer insolventen UG Ansprüche aus unerlaubter Handlung wegen nicht abgeführter Arbeitnehmeranteile zu erheben.[48] Er kann allerdings mit seinem Haftungsanspruch gegen einen Anspruch aufrechnen, den der Gesellschafter gegen ihn hat (vgl. hierzu Rn. 33 ff.). Infolge der Sperrfunktion wird der Insolvenzantrag eines Gläubigers der Gesellschaft gegen den haftenden Gesellschafter, der auf die Haftungsforderung gestützt ist, mangels Rechtsschutzbedürfnis als unzulässig erachtet.[49]

Leistet der Gesellschafter unter Umgehung des Insolvenzverwalters an einen Haftungsgläubiger, so tilgt er dadurch nicht seine Haftungsverbindlichkeit, weil er an einen zur Einziehung nicht Berechtigten geleistet hat. Dieser hat dem Gesellschafter das Geleistete nach § 812 BGB zu erstatten; dessen Verpflichtung gegenüber dem Verwalter bleibt bestehen. Gleichwohl muss der Gesellschafter auf diese Schuld an den Verwalter nicht nochmals zahlen, wenn er diesem so viel Haftungsmasse zur Verfügung stellt, wie er zur Befriedigung der übrigen Haftungsgläubiger benötigt. Erst wenn das neben dem Kondiktionsanspruch vorhandene pfändbare Gesellschaftervermögen zur Befriedigung aller Haftungsgläubiger nicht ausreicht, wirkt sich das Fehlen der unter Umgehung des Verwalters erbrachten Leistung nachteilig aus. Um an diese Leistung heranzukommen, wird der Verwalter nicht den Umweg über den Gesellschafter wählen. Er wird dessen Leistung an einen Nichtberechtigten genehmigen und gleich nach § 816 Abs. 2 BGB gegen den Gläubiger vorgehen.[50] Nichtberechtigter im Sinne des § 816 Abs. 2 BGB ist auch der Forderungsinhaber, der über seine Forderung nicht verfügen darf, weil ihm die Empfangszuständigkeit fehlt. Dieser hat dem Verwalter die erhaltene Leistung – mit Ausnahme der auf ihn entfallenden Quote – zu erstatten. Der Kondiktionsanspruch dürfte sich leichter durchsetzen lassen als der Anfechtungsanspruch nach § 130 Abs. 1 Nr. 2, der dem Verwalter verbliebe, wenn die Leistung an den Haftungsgläubiger zur wirksamen Erfüllung geführt hätte, wie das teilweise angenommen wird.[51]

b) Ermächtigungsfunktion. Die Ermächtigungswirkung erfasst neben den zur Tabelle festgestellten die angemeldeten, aber bestrittenen und deswegen nicht zur Tabelle festgestellten Insolvenzforderungen.[52] Sie verleiht dem Insolvenzverwalter über das Vermögen der Gesellschaft die treuhänderisch gebundene Befugnis, die Forderungen der Gesellschaftsgläubiger gegen die Gesellschafter gebündelt einzuziehen.[53] § 93 bewirkt – wie § 171 Abs. 2 HGB – keine cessio legis, vielmehr wird der Verwalter treuhänderisch ermächtigt, Forderungen der Gläubiger gebündelt einzuziehen.[54] Der in Anspruch genommene Gesellschafter tilgt durch die Zahlung an den Insolvenzverwalter der Gesellschaft konkrete Gläubigerforderungen, deren Selbständigkeit durch die Verfahrenseröffnung unangetastet bleibt.[55] Der Insolvenzverwalter realisiert die Gesellschafterhaftung immer nur für die Gläubiger, die gegen den betroffenen Gesellschafter Ansprüche aus gesellschaftsrechtlicher Haftung haben. Das sind nicht notwendig immer alle Insolvenzgläubiger.[56] Auch haften die Gesellschafter nicht für sämtliche Masseverbindlichkeiten. § 93 bildet also keine eigenständige Anspruchsgrundlage;[57] vielmehr tilgt der in Anspruch genommene Gesellschafter durch Zahlung an den Insolvenzverwalter konkrete Gläubigerforderungen.[58] Die Ermächtigung erfasst alle Haftungsansprüche der Gesellschaftsgläubiger, die ihre Forderungen im Verfahren angemeldet haben,[59] selbst wenn die 14

[47] KG NZI 2016, 191 Rn. 12.
[48] AG Siegen, ZInsO 2012, 228.
[49] AG Dresden ZIP 2010, 243.
[50] Vgl. BGHZ 85, 267, 272 f. = NJW 1983, 446; BGH NJW 1986, 2430; BGH NJW-RR 1990, 1200 = ZIP 1990, 1126; MüKoHGB/*Karsten Schmidt* § 128 Rn. 85.
[51] So *Oepen* Rn. 140 ff.
[52] BGH NZI 2016, 445 Rn. 16.
[53] BGH NZI 2016, 445 Rn. 10.
[54] BGHZ 27, 51, 56 = NJW 1958, 787; BGH NJW 1958, 1139 mAnm v. *Schumann* JZ 1958, 700; BGHZ 42, 192, 193 f. = NJW 1964, 2407, 2409; BGH, NZI 2012, 858 Rn. 6; *Prütting* ZIP 1997, 1725, 1732.
[55] BGH NZI 2016, 445 Rn. 10.
[56] BGH NZI 2016, 445 Rn. 11.
[57] OLG Frankfurt ZInsO 2014, 860; KG ZInsO 2016, 348, 349; OVG Sachsen ZInsO 2018, 1920; *Gehrlein*, ZInsO 2017, 849, 859 f.
[58] BGH ZIP 2007, 79, NZI 2012, 858 Rn. 6.
[59] Vgl. BGH NZI 2016, 445 Rn. 17; NJW-RR 2009, 343 Rn. 11; NJW 1958, 1139 mAnm v. *Schumann* JZ 1958, 700; KG ZInsO 2016, 348, 349 f.

Insolvenzforderungen vom Insolvenzverwalter oder einem Gläubiger bestritten und die Widersprüche nicht beseitigt worden sind.[60] Auch gegen einen ausgeschiedenen Gesellschafter kann der Verwalter nach § 93 nur vorgehen, wenn Gläubiger am Verfahren beteiligt sind, denen er haftet.[61] Ein Insolvenzverwalter genügt seiner Darlegungspflicht für die haftungsauslösende Rückgewähr der Einlage des Kommanditisten durch jährliche Ausschüttungen durch Vorlage von festgestellten Jahresabschlüssen mit Gewinn- und Verlustrechnungen und Auflistungen der jeweiligen Verlustanteile der Kommanditisten, wenn diese belegen, dass in den Jahren, in denen der Kommanditist Zahlungen erhielt, ausschließlich Verluste zu verzeichnen waren und keine Gewinne erzielt wurden.[62] § 93 greift auch ein, wenn nur ein Altgläubiger vorhanden ist oder das pfändbare Vermögen des Ausgeschiedenen ohne weiteres ausreicht, um alle am Verfahren beteiligten Altgläubiger zu befriedigen. In diesen Fällen besteht die Gefahr eines Gläubigerwettbewerbs zwar nicht. Gleichwohl ist den Gläubigern der Direktzugriff versagt, weil § 93 aus Gründen der Rechtssicherheit Vorrang verdient. Denn die Annahme, es gäbe nur einen Gläubiger oder ausreichendes Gesellschaftervermögen, kann sich nachträglich als falsch erweisen.[63] Ebenso wenig wie der Verwalter einen Anspruch der Masse geltend machen darf, wenn die Erfolgsaussichten ungünstig und die Prozessführung wirtschaftlich nicht vertretbar ist,[64] darf er solche Haftungsansprüche gegen die Gesellschafter verfolgen; vielmehr hat er sie freizugeben.[65] Der Verwalter über das Vermögen einer Ein-Mann-Vor-GmbH ist zur Stellung eines Insolvenzantrags gegen den Alleingesellschafter berechtigt.[66]

Der Verwalter kann auch mit dem Haftenden einen Vergleich schließen, sofern er dadurch nicht objektiv dem Insolvenzzweck zuwiderhandelt und der Abschluss im gemeinsamen Interesse der Gläubiger geboten ist.[67] Der Insolvenzverwalter ist berechtigt, sich mit einem Gesellschafter über die Höhe seiner Haftung oder auch nur über einzelne Haftungsforderungen mit den Gesellschaftern vergleichen. Letzteres bietet sich an, wenn diese etwa die der geltend gemachten Haftungsforderung zu Grunde liegende Insolvenzforderung oder aber die Haftungsfrage bestreiten oder geltend machen, der verlangte Betrag sei zur Gläubigerbefriedigung nicht erforderlich. Ein Vergleich kommt den betroffenen Gesellschaftern auch zugute, wenn das Insolvenzverfahren aufgehoben ist. Ist der Vergleich für die Masse nur ungünstig, aber noch nicht insolvenzzweckwidrig, ist er wirksam. In diesem Fall kann der Gläubiger der Gesellschafter, wenn die weiteren haftungsrechtlichen Voraussetzungen vorliegen, den Insolvenzverwalter nach § 60 auf Schadensersatz in Anspruch nehmen.[68] Da sich die Ermächtigungsbefugnis auf angemeldete Forderungen beschränkt, werden die Gesellschafter durch einen Vergleich nicht gegenüber Gläubigern befreit, die ihre Forderungen nicht angemeldet haben.[69] Der Insolvenzverwalter sollte, wenn er mit den Gesellschaftern einen Abfindungsvergleich schließt, die Insolvenz- und Haftungsforderungen benennen, die in den Vergleich einbezogen werden sollen. Das ist schon deswegen von Bedeutung, weil der Vergleich wegen fehlender Bestimmtheit keine Wirkungen entfaltet, wenn sich nicht ermitteln lässt, welche Forderungen verglichen werden sollten.[70]

14a **c) Prozessuale Folgerungen.** Bei der gerichtlichen Geltendmachung der Gesellschafterhaftung wird der Insolvenzverwalter als **gesetzlicher Prozessstandschafter** der einzelnen Gläubiger tätig, weil der in Anspruch genommene Gesellschafter durch Zahlung an ihn konkrete Gläubigerforderungen zum Erlöschen bringt. Die Prozessführung für die Einziehung von Forderungen gegen Gesellschafter liegt während der gesamten Verfahrensdauer allein bei dem **Insolvenzverwalter.** Die Gesellschaftsgläubiger verlieren für die Dauer des Insolvenzverfahrens die Einziehungs- und Prozessführungsbefugnis für die Geltendmachung von Haftungsansprüchen gegen die Gesellschafter.[71] Die Einziehungsermächtigung des Insolvenzverwalters umfasst damit auch die **Prozessführungsbefugnis.** Im Umkehrschluss verlieren die Gesellschaftsgläubiger die Einziehungs- und Prozessführungsbefugnis für die Geltendmachung von Haftungsansprüchen gegen die Gesellschafter.

60 BGH NZI 2016, 445 Rn. 16.
61 BGHZ 27, 51, 56 = NJW 1958, 787; BGH NJW 1958, 1139 mAnm v. *Schumann* JZ 1958, 700; BGH NJW 1964, 2407, 2409; BGHZ 71, 296, 305 = NJW 1978, 1525, 1527.
62 OLG München ZInsO 2016, 1371.
63 *K. Schmidt,* Einlage und Haftung des Kommanditisten, S. 136 f.; MüKoHGB/*K. Schmidt* §§ 171, 172 Rn. 116; *Armbruster* S. 64 ff., 150 f.; *Bork,* Kölner Schrift, 2. Aufl., Rn. 10.
64 Vgl. BGHZ 124, 27 = NJW 1994, 323.
65 *Böckmann* ZIP 2005, 2186.
66 OLG Hamm ZIP 2012, 338.
67 BAG NZI 2008, 387 Rn. 15 ff.; BFG Salzburg ZInsO 2018, 1913; vgl. *Krüger* NZI 2002, 367.
68 BGH NZI 2016, 445 Rn. 22 ff.
69 BGH NZI 2016, 445 Rn. 22 ff., 27gj mit insoweit kritischer Anm. *Schmidt/Georgiev,* NZI 2016, 450.
70 BGH NZI 2016, 445 Rn. 28.
71 BGH NZI 2016, 445 Rn. 13.

Mithin ist eine nach Verfahrenseröffnung von einem Gesellschaftsgläubiger gegen einen Gesellschafter verfolgte Haftungsklage als unzulässig abzuweisen.[72] Die Prozessstandschaft kann der Verwalter nicht auf dritte Personen übertragen.[73]

Gleiches gilt für eine von einem Gesellschafter gegen einen Gesellschaftsgläubiger erhobene, seine Haftung leugnende Feststellungsklage. Die Prozessführungsbefugnis des Insolvenzverwalters als Verwalter der Masse erstreckt sich sowohl auf **Aktivprozesse** als auch auf **Passivprozesse.** Die dem Insolvenzverwalter in § 93 InsO vorbehaltene Prozessführungsbefugnis für die Geltendmachung von Haftungsansprüchen gegen Gesellschafter umfasst ebenso Aktivprozesse und Passivprozesse. Ganz allgemein ist zur Prozessführung über Forderungen, welche die Gesellschafterhaftung betreffen, nur der Insolvenzverwalter befugt. Ebenso wie der Gesellschaftsgläubiger gehindert ist, den Gesellschafter in Regress zu nehmen, fehlt umgekehrt dem **Gesellschafter** die Befugnis, sich durch die Klage gegen einen **Gesellschaftsgläubiger** seiner Haftung zu erwehren.[74] 14b

2. Gläubiger- und Schuldnerstellung. a) Verzicht des Gläubigers. Meldet ein Gläubiger seine Gesellschaftsforderung unter Verzicht auf die Haftung des Gesellschafters in der Insolvenz der Gesellschaft an, so ist der Verwalter an diesen **Verzicht** gebunden. Er kann den Gesellschafter also insoweit nicht in Anspruch nehmen.[75] Selbstverständlich ist der verzichtende Gläubiger an der vom Verwalter eingezogenen Haftungsmasse nicht beteiligt. *Lüke* hält einen solchen Verzicht für unzulässig, weil er eine Masseminderung zur Folge hätte; der erlassene Betrag könne nicht mehr eingefordert werden und werde auf diese Weise allen Gläubigern entzogen.[76] Dagegen spricht, dass ein Wettlauf um das für die Befriedigung aller Gesellschaftsgläubiger nicht ausreichende Gesellschaftervermögen, den § 93 verhindern soll, von vornherein nicht droht, wenn alle Gläubiger auf die Haftung der Gesellschafter verzichten. Können die Gläubiger auf den Wettlauf insgesamt verzichten, so lässt sich nichts dagegen einwenden, dass durch den Verzicht einzelner die Zahl der Konkurrenten kleiner wird. Reicht das pfändbare Vermögen der Gesellschafter zur Befriedigung der nicht verzichtenden Gläubiger aus, können diese nicht mehr erwarten, als dass der Verwalter ihre Forderungen einzieht. Reicht das pfändbare Vermögen nicht aus, wird die Haftungsmasse nicht dadurch größer, dass der Verwalter auch noch die Haftung geltend macht, auf die verzichtet worden ist. Auswirken könnte der Verzicht sich allerdings, wenn über das Vermögen der Gesellschafter ebenfalls ein Insolvenzverfahren eröffnet wird und nunmehr der Gesellschafts-/Insolvenzverwalter mit anderen Gläubigern des Gesellschafters konkurriert, sich also mit ihnen dessen pfändbares Vermögen teilen muss. In dem Falle wäre der auf die Gesellschaft entfallende Anteil größer, wenn der Verwalter auch die Forderungen anmelden könnte, auf die verzichtet worden ist. Der Zuwachs, den die Quote auf diese Weise erfährt, müsste dann allerdings an die Gläubiger, die erfolglos verzichtet haben, ausgekehrt werden; sie käme nicht den übrigen Gläubigern zugute. 15

b) Gesamtschuld. Nach § 128 HGB haften die Gesellschafter für die Verbindlichkeiten der Gesellschaft deren Gläubigern als Gesamtschuldner.[77] Jeder Gesellschafter schuldet also die gesamte Leistung, die zur Deckung einer geltend gemachten Forderung erforderlich ist, der Verwalter kann sie aber nur einmal fordern (§ 421 BGB). Der Verwalter ist nicht verpflichtet, die Gesellschafter gleichmäßig in Anspruch zu nehmen; die Entscheidung darüber, ob und in welchem Umfange er gegenüber den Gesellschaftern deren Haftung geltend macht, steht in seinem – pflichtgemäß auszuübenden – Ermessen.[78] 16

c) Gesellschafter als Gläubiger. Die Haftung gestaltet sich anders, wenn sich ein Gesellschafter mit einer Forderung am Verfahren beteiligt. Für Forderungen eines **Gesellschafters** aus **Drittgeschäften** haften die Mitgesellschafter zwar ebenfalls nach § 128 HGB als Gesamtschuldner, der Gläubiger muss sich aber den auf ihn entfallenden Verlustanteil anrechnen lassen.[79] Die Summe der Haftungsansprüche, die der Verwalter gegen die Mitgesellschafter geltend macht, ist um diesen Verlustanteil geringer. Bei der verhältnismäßigen Aufteilung der vom Verwalter realisierten Haftungsmasse ist auf die Summe der Haftungsansprüche und nicht auf die Summe der im Verfahren angemeldeten Forderungen abzustellen, die nicht um den Verlustanteil gekürzt ist. Die auf das Rechtsverhält- 17

---

[72] BGH NZI 2012, 858 Rn. 9.
[73] AG Frankfurt ZInsO 2018, 2543.
[74] BGH NZI 2012, 858 Rn. 11.
[75] Vgl. *Bork*, Kölner Schrift, 2. Aufl., Rn. 13; *Oepen* Rn. 82; *Fuchs* ZIP 2000, 1089, 1093; Uhlenbruck/*Hirte* § 93 Rn. 6.
[76] KPB/*Lüke* § 93 Rn. 16.
[77] BGH NJW-RR 2008, 256= JZ 2008, 364 mAnm *Gehrlein;* vgl. auch BGH NZG 2011, 745.
[78] Vgl. BGHZ 109, 334, 344 = NJW 1990, 1109. KPB/*Lüke* § 93 Rn. 20; Uhlenbruck/*Hirte,* § 93 Rn. 20.
[79] BGH WM 1970, 280; BGH NJW 1983, 749; BGH NJW-RR 2002, 455 = NZG 2002, 232 = ZIP 2002, 394; Staub/*Habersack,* HGB, 4. Aufl., § 128 Rn. 13, 25. MüKoHGB/*Karsten Schmidt* § 128 Rn. 12, 18.

nis von Forderungsgläubiger und Forderungsschuldner beschränkte Regelung des § 41 Abs. 2 über die Abzinsung gilt nicht gegenüber Gesamtschuldnern und Bürgern sowie für die akzessorische Haftung eines Gesellschafters.[80]

18 Befriedigt ein Gesellschafter nach § 128 HGB einen Gesellschaftsgläubiger, so hat ihm die Gesellschaft nach § 110 HGB die Aufwendungen zu ersetzen. Für diese Verbindlichkeit der Gesellschaft haben die Mitgesellschafter nicht nach § 128 HGB einzustehen. Vielmehr schulden ihm die Mitgesellschafter entsprechend ihrer jeweiligen Verlustbeteiligung den Gesamtschuldnerausgleich aus § 426 BGB.[81] In derselben Weise nimmt ein Gesellschafter Regress, der aus einer Bürgschaft in Anspruch genommen worden ist, die er für eine Gesellschaftsverbindlichkeit übernommen hat. In Höhe des jeweils auf sie entfallenden Anteils schulden die Mitgesellschafter nach § 426 BGB den Ausgleich.

19 Befriedigt der Gesellschafter/Bürge seinen Gläubiger, so verringert sich nicht nur die Haftungsmasse, auf die der Verwalter bei ihm zugreifen kann; infolge der Zahlung verringert sich auch die Summe der beim Verwalter gebündelten Haftungsansprüche; denn die Haftung aus § 128 HGB, die bis dahin gegenüber dem Gläubiger bestand, entfällt mit der Zahlung. Für die vom Gesellschafter/Bürgen zur Tabelle angemeldete Regressforderung haftet kein Gesellschafter aus § 128 HGB. Der Gesamtschuldnerausgleich, den die Mitgesellschafter schulden, ist keine Haftung für eine Verbindlichkeit der Gesellschaft, kann vom Verwalter folglich nicht an sich gezogen werden.[82] Der Abfluss der Haftungsmasse an den Bürgschaftsgläubiger wird nur in Höhe der Quote ausgeglichen, die an den Regressgläubiger auszuzahlen wäre, wenn der Verwalter sie nicht zur Verwirklichung der Haftung aus § 128 HGB gegenüber den anderen Gesellschaftsgläubigern von vornherein einbehielte.[83]

20 **d) Massegläubiger.** Mit der Feststellung, dass der Gesellschafter für eine Masseverbindlichkeit haftet, ist noch nicht die Frage beantwortet, ob hinsichtlich dieser Forderungen auch die Einziehungsbefugnis der Massegläubiger nach § 93 auf den Insolvenzverwalter übergegangen ist. Anders als § 92 stellt § 93 nicht auf die Insolvenzgläubiger, sondern allein darauf ab, dass ein Gesellschafter für die Verbindlichkeiten der Gesellschaft persönlich haftet. Dies könnte dafür sprechen, dass der Insolvenzverwalter auch die Haftungsansprüche der Massegläubiger einzuziehen hat. Stellt man jedoch auf den Zweck des § 93 ab, nämlich die Befriedigungsausfälle gleichmäßig auf die Gläubiger zu verteilen, so ist § 93 auf die Gläubiger zu beschränken, bei denen es solche Ausfälle gibt. Das ist bei Massegläubigern erst dann der Fall, wenn der Verwalter nach § 208 die Unzulänglichkeit der Masse angezeigt hat. Bis dahin ziehen die Massegläubiger ihre Haftungsansprüche gegen die Gesellschafter selbst ein.[84] Eine Ausnahme gilt allerdings für Sozialplanansprüche, weil hierfür nach § 123 Abs. 2 nur ein Drittel der Insolvenzmasse verwendet werden darf, die ohne einen Sozialplan für die Verteilung an die Insolvenzgläubiger zur Verfügung stünde. Die Haftung des Gesellschafters für diese Ansprüche macht deshalb der Verwalter geltend.

21 **e) Bürgschaftsforderung.** Oben (Rn. 2) wurde bereits darauf hingewiesen, dass Gesellschaftsgläubiger sich vermehrt Bürgschaften der unbeschränkt haftenden Gesellschafter geben lassen werden, um den Rechtsfolgen des § 93 zu entgehen. *Oepen* sieht hierin einen Verstoß gegen die zwingende insolvenzrechtliche Befriedigungsordnung und will deshalb die Bürgschaftsforderung in die Sperr- und Ermächtigungswirkung des § 93 einbeziehen.[85] *Oepen* ist zuzugeben, dass durch Bürgschaftsverpflichtungen der unbeschränkt haftenden Gesellschafter das Regelungsziel des § 93 verfehlt werden kann. Zwischen dem Verwalter und den Gesellschaftsgläubigern kommt es zu einem Wettrennen um das Vermögen des bürgenden Gesellschafters. Dennoch ist *Oepen* nicht zu folgen. *Karsten Schmidt* hat bereits im Gutachten für den 54. Deutschen Juristentag[86] gefordert, die Forderung gegen den bürgenden unbeschränkt haftenden Gesellschafter zur Masse zu ziehen. Der Gesetzgeber hat den Vorschlag nicht aufgegriffen, obwohl er, wie § 254 Abs. 2 zeigt, die Probleme, welche die Absicherung einer Insolvenzforderung durch eine Bürgschaft mit sich bringt, durchaus erkannt hat. Ohne gesetzliche Regelung ist die Bürgschaft nicht anders zu behandeln als eine dingliche Sicherheit, mit der ein Gesellschafter Forderungen des Gesellschaftsgläubigers absichert. Diese kann der Insolvenzverwalter nicht an sich ziehen. Er hat sie dem Gläubiger genauso zu belassen wie die dinglichen

---

80 OLG Koblenz NZI 2014, 509, 512 mAnm *Runge* NZI 2014, 492.

81 BGHZ 37, 299, 303; BGH NJW 1980, 339, 340 BGH NJW-RR 2002, 455 = NZG 2002, 232 = ZIP 2002, 394 BGH NZG 2011, 745.

82 AG Dortmund NZI 2018, 41, 43; aA OLG Hamburg ZInsO 2018, 2031.

83 Vgl. *Theißen* ZIP 1998, 1625, 1627.

84 Vgl. *Oepen* Rn. 200 ff.

85 *Oepen* Rn. 272; ebenso *Bork* NZI 2002, 362; *Bunke* KTS 2002, 471; *Bunke* NZI 2002, 591; *Kesseler* ZInsO 2002, 549; *Kesseler* ZIP 2002, 1974; *Klinck* NZI 2004, 651; *Kling* ZIP 2002, 881.

86 S. D 48.

Sicherheiten, die der Insolvenzschuldner – anfechtungsrechtlich unbedenklich – gestellt hat und aus denen der Gläubiger sich abgesondert befriedigt. Für die Bürgschaftsforderung des Gläubigers gegen den Gesellschafter gilt nichts anderes.[87] Dem Insolvenzverwalter über das Vermögen der Gesellschaft verbleibt entsprechend §§ 129 ff. das Recht, die Bürgschaftsverpflichtung anzufechten. Wird auch über das Vermögen des Gesellschafters das Insolvenzverfahren eröffnet, erübrigt sich wegen der dann ohnehin eintretenden gleichmäßigen Befriedigung der Gläubiger eine Anfechtung.

f) Träger der Haftungsmasse. Der Verwalter zieht die Haftungsbeträge der Gesellschafter zur Insolvenzmasse der Gesellschaft. Diese und damit weder die Gemeinschaft der am Verfahren beteiligten Gläubiger noch der Verwalter (als deren Treuhänder)[88] werden Eigentümer der eingezogenen Gelder.[89] Das gilt auch dann, wenn der Verwalter auf Leistung an sich klagt.[90] Dieser hat die Haftungsmasse treuhänderisch für die daran beteiligten Gläubiger zu verwalten und zu verteilen. Haftet der Gesellschafter nicht allen Gläubigern, weil nach Ausscheiden des Gesellschafters neue Verbindlichkeiten begründet worden sind, so hat der Verwalter aus dem Haftungsbeitrag des Ausgeschiedenen zugunsten der Altgläubiger eine Sondermasse zu bilden.[91] Haben Insolvenzgläubiger in einem inländischen Partikularinsolvenzverfahren durch die deutsche Niederlassung einer in der Europäischen Union ansässigen Gesellschaft begründete Forderungen zur Tabelle angemeldet, so ist der **Partikularinsolvenzverwalter** weder analog Art. 32 EuInsVO noch analog § 93 InsO befugt, im Inland vermeintliche Haftungsansprüche der Insolvenzgläubiger gegen die Gesellschaft geltend zu machen.[92] 22

3. Gesellschafterinsolvenz. a) Feststellung der Forderung. Wird auch über das Vermögen der Gesellschafter das Insolvenzverfahren eröffnet, hat der Verwalter über das Vermögen der Gesellschaft nach § 43 die Forderungen, die er nach § 93 einzuziehen hat, in jedem Verfahren (Grundsatz der Doppelberücksichtigung) einzeln nach §§ 174 ff. zur Tabelle anzumelden und erforderlichenfalls auch im Feststellungsrechtsstreit durchzusetzen.[93] Unzulässig ist es, nur die Gesamtsumme aller Haftungsansprüche oder einer für den Eintragungsstichtag festzustellenden Unterdeckung zur Tabelle anzumelden; die Beteiligten der Gesellschafterinsolvenz müssen in der Lage sein, sich gegen jede Forderung zur Wehr zu setzen. Aus diesem Grunde und wegen der Interessengegensätze zwischen den Gesellschaftsgläubigern und den Privatgläubigern der Gesellschafter wird sich die Bestellung desselben Verwalters in der Gesellschafts- und Gesellschafterinsolvenz regelmäßig verbieten.[94] 23

b) Ausfallhaftung. Umstritten ist, ob der Verwalter die Haftungsansprüche der Gesellschaftsgläubiger in vollem Umfang oder nur soweit geltend machen darf, als sie in der Gesellschaftsinsolvenz ausfallen. Die Gesellschafter einer nicht insolventen Gesellschaft haften deren Gläubigern gemäß § 128 HGB primär. Sie können die Gläubiger also nicht darauf verweisen, vorrangig die Gesellschaft in Anspruch zu nehmen. Vor dem Inkrafttreten der Insolvenzordnung verwandelte sich diese primäre Haftung des Gesellschafters gemäß § 212 Abs. 1 KO in eine Ausfallhaftung, wenn auch über das Vermögen des Gesellschafters das Konkursverfahren eröffnet wurde. Zwar meldete der Gesellschaftsgläubiger gemäß § 68 KO (= § 43) sowohl im Gesellschafts- als auch im Gesellschafterkonkurs seine Forderungen in voller Höhe an. Die Quote im Gesellschafterkonkurs erhielt er nach § 212 Abs. 1 KO aber nur auf den Teil seiner Forderung, mit dem er im Gesellschaftskonkurs ausgefallen war, und das auch erst dann, wenn der Ausfall feststand. Bis dahin war nach der Schlussverteilung im Gesellschafterkonkurs die auf den vollen Betrag der Forderung entfallende Quote zu hinterlegen. Die Ausfallhaftung soll die Privatgläubiger des Gesellschafters gegen die Konkurrenz der Gesellschaftsgläubiger schützen, weil sie diesen den Anteil ihres Schuldners am Gesellschaftsvermögen zur Befriedigung überlassen müssen und sich nur an dessen übriges Vermögen halten können.[95] 24

---

87 BGHZ 151, 245 = NJW 2002, 2718 = NZI 2002, 483; BFH NZI 2002, 173 = ZIP 2002, 179; *K. Schmidt* ZGR 209, 219; Staub/*Habersack* § 128 Rn. 76 und 80; *Theißen* ZIP 1998, 1625, 1630; KPB/*Lüke* § 93 Rn. 18; *K. Schmidt/Bitter* ZIP 2000, 1077, 1079 f.; *Fuchs* ZIP 2000, 1089; *Haas/Müller* NZI 2002, 366; *Bitter* ZInsO 2002, 557; Uhlenbruck/*Hirte* § 93 Rn. 18; *Kirchhof* ZInsO 2003, 149, 157.

88 So *Keuk* ZHR 135/1971, S. 410, 430; *Oepen* Rn. 171.

89 MüKoHGB/*K. Schmidt* §§ 171, 172 Rn. 112; *K. Schmidt,* Einlage und Haftung des Kommanditisten, S. 138 f.

90 BGH WM 1961, 387, 389.

91 NJW-RR 2009, 343 Rn. 9.

92 KF NJW-RR 2011, 1550.

93 OLG Hamm ZIP 2012, 338.

94 *Häsemeyer,* Insolvenzrecht, Rn. 31.27; KPB/*Lüke* § 93 Rn. 52.

95 Vgl. *Kuhn/Uhlenbruck* § 212 Rn. 3; *A. Hueck,* Das Recht der offenen Handelsgesellschaft, 4. Aufl., S. 386; *Armbruster* S. 217 f.

25 An dieser Ausfallhaftung hat § 93 durch den Wechsel von der Außen- zur Innenhaftung im Ergebnis nichts geändert.[96] Ist die Gesellschaft und nicht auch der Gesellschafter insolvent, verbietet § 242 BGB dem Verwalter, die Summe der Insolvenzforderungen geltend zu machen, ohne zuvor den Liquidationswert der Masse abzuziehen. Da der Verwalter den nach Ende der Schlussverteilung verbleibenden Überschuss an die Gesellschafter auszukehren hat (§ 199 Satz 2), handelt er rechtsmissbräuchlich, wenn er mehr als den für die Gläubigerbefriedigung erforderlichen Betrag einfordert.[97] Unerheblich ist, dass die Rückgewähr aus der allgemeinen Haftungsmasse zu erfolgen hätte, während der Haftungsfonds möglicherweise in eine Sondermasse fließt, weil er nicht allen Gesellschaftsgläubigern geschuldet wird. Die Kürzung der Gesellschafterhaftung hängt nicht davon ab, dass im Einzelfall keine Sondermasse zu bilden ist. Von dieser Rechtslage geht auch die Regierungsbegründung zu § 93 aus. Dort heißt es, der Verwalter dürfe keine Zahlungen einfordern, die über den Betrag hinausgehen, der bei Berücksichtigung des Liquidationswertes der bereits vorhandenen Insolvenzmasse zur Befriedigung aller Insolvenzgläubiger erforderlich ist.[98] Auf demselben Standpunkt steht die hM, soweit es um rückständige Beiträge der Gesellschafter geht; sie werden der aufgelösten Gesellschaft nicht mehr geschuldet, soweit sie für Zwecke der Abwicklung, insbesondere zur Befriedigung der Gesellschaftsgläubiger, nicht benötigt werden.[99] Dasselbe gilt für die vom Verwalter geltend gemachte Außenhaftung der Gesellschafter gegenüber den Gläubigern. Diese Haftung greift nicht mehr durch, soweit die Haftsumme zur Befriedigung der Gläubiger nicht benötigt wird.[100] Darzulegen und zu beweisen hat dies der in Anspruch genommene Gesellschafter; jedoch hat der Insolvenzverwalter die für die Befriedigung der Gläubiger bedeutsamen Verhältnisse der Gesellschaft darzulegen, sofern nur er dazu imstande ist.[101]

26 Der aus den §§ 242 BGB, 199 Satz 2 hergeleitete Einwand des Rechtsmissbrauchs greift allerdings nicht ein, wenn auch über die **Vermögen der Gesellschafter Insolvenzverfahren** eröffnet und deshalb selbst bei Vollberücksichtigung aller Forderungen nur Quoten geschuldet werden, deren Summe hinter der Unterdeckung im Vermögen der Gesellschaft zurückbleibt. Hier entsteht von vornherein kein Überschuss, der am Ende des Verfahrens zurückzugewähren wäre. Da die Insolvenzordnung eine dem § 212 KO vergleichbare Regelung, die für diesen Fall die Ausfallhaftung anordnete, nicht kennt, wird im Schrifttum der Standpunkt vertreten, der Regelung des § 93 liege in Abweichung von § 212 KO nicht mehr das Ausfallprinzip, sondern in materieller Hinsicht der Grundsatz der Doppelberücksichtigung des § 43 zugrunde.[102] Für diese Ansicht könnte auch die Regierungsbegründung sprechen, wenn es dort heißt, mit der Zuweisung der Haftungsansprüche gegen den unbeschränkt haftenden Gesellschafter an die Insolvenzmasse der Gesellschaft wende sich der Gesetzentwurf von der Ausfallhaftung des § 212 Abs. 1 KO ab; die Gesellschafter hafteten in ihrer eigenen Insolvenz nicht nur für den Ausfall, sondern unmittelbar und voll für die Gesellschaftsschulden.[103]

27 Zur Haftung für die volle Summe der Gesellschaftsschulden stände im Widerspruch, dass die Verlagerung der Haftungsabwicklung in das Innenverhältnis den Wettlauf der Gesellschaftsgläubiger ausschließen, nicht aber die Konkurrenz mit den übrigen Gläubigern der Gesellschafter verändern sollte. Im Vergleich zu den Privatgläubigern des Gesellschafters stehen die Gesellschaftsgläubiger ohnehin besser; denn ihnen haftet in Form des Gesellschaftsvermögens ein Sondervermögen der Gesellschafter, auf das im Falle einer allseitigen Insolvenz deren Privatgläubiger keinen Zugriff haben. Die Stellung der Privatgläubiger würde zusätzlich verschlechtert, wenn die an den Insolvenzverwalter der Gesellschaft abzuführende Quote nicht auf den Ausfallbetrag, sondern auf die ungekürzte Summe der Gesellschaftsschulden berechnet würde. Die Regierungsbegründung lässt nicht erkennen, dass diese Verschlechterung gewollt war.

28 Das Fehlen einer dem § 212 KO vergleichbaren Bestimmung rechtfertigt keinen Schluss gegen die Ausfallhaftung. Denn durch die Umwandlung der Außen- in eine Innenhaftung erübrigte sich

---

96 *K. Schmidt* KTS 2001, 373, 390; *K. Schmidt* GmbHR 2002, 1209, 1215 f.; *K. Schmidt/Bitter* ZIP 2000, 1077, 1085; MüKoHGB/*K. Schmidt* § 128 Rn. 86 f.

97 KG ZInsO 2016, 348, 354; vgl. *K. Schmidt/Bitter* ZIP 2000, 1077, 1083; *Fuchs* ZIP 2000, 1089, 1090.

98 RegE BT-Drs. 12/2443, S. 140.

99 BGH NJW 1960, 433; BGH WM 1966, 639, 640; BGH NJW 1978, 424; BGH WM 1978, 898, 899; BGH NJW 1980, 1522; BGH NJW 1981, 2251; BGH NJW 1984, 435; BGH Beschl. v. 9.2.2012 – IX ZB 230/10 Rn. 12; Schlegelberger/*K. Schmidt* HGB, 5. Aufl., § 149 Rn. 19.

100 BGHZ 39, 319, 326 = NJW 1963, 1873; BGHZ 109, 334, 344 = NJW 1990, 1109; Schlegelberger/*K. Schmidt* §§ 171, 172 Rn. 109; *K. Schmidt,* GesR, § 54 V 2 a; Staub/*Schilling* § 171 Rn. 21; Staub/*Habersack* § 128 Rn. 77; KPB/*Lüke* § 93 Rn. 22.

101 BGH WM 1978, 898; BGH NJW 1980, 1522; BGHZ 109, 334, 344 = NJW 1990, 1109.

102 *Theißen* ZIP 1998, 1619, 1624; *K. Schmidt/Bitter* ZIP 2000, 1077, 1083; *Bitter* ZInsO 2002, 557, 561; *Reiswich* ZInsO 2014, 2411.

103 RegE BT-Drs. 12/2443, S. 85.

eine Regelung, wie sie § 212 KO enthielt. § 212 KO ordnete zweierlei an: Der Gläubiger wurde zunächst an das Gesellschaftsvermögen verwiesen; dann wurde festgelegt, wonach sich die Quote errechnet, nämlich nach dem Ausfall, den er dabei erlitt. An das Gesellschaftsvermögen muss kein Gläubiger mehr verwiesen werden, nachdem ihm die Einziehungsbefugnis genommen und auf den Verwalter dieses Vermögens übertragen worden ist. Der Insolvenzverwalter ist bereits unabhängig von § 93, nämlich nach § 735 BGB verpflichtet, von den Gesellschaftern im Verhältnis ihrer Verlustanteile Nachschüsse einzufordern, wenn das Gesellschaftsvermögen zur Befriedigung der Gläubiger nicht ausreicht.[104] Allerdings ist der Ausfall nach § 93 nur unter Ansatz der Altverbindlichkeiten zu ermitteln. Die während des Verfahrens entstehenden Neuverbindlichkeiten, für die der Gesellschafter nicht haftet (vgl. Rn. 8–13), sind auszuscheiden.[105] Nimmt durch Begründung solcher Verbindlichkeiten die Masse im Laufe des Verfahrens ab, so geht der dadurch entstehende Ausfall nicht zu Lasten der Gesellschafter.

Hat sich ein Gesellschafter für die Verbindlichkeit der Gesellschaft gegenüber einem Gläubiger verbürgt und hat der Gläubiger seine **Bürgschaftsforderung** im Gesellschafterinsolvenzverfahren in voller Höhe angemeldet, wozu er berechtigt ist, so ist der Gesellschaftsinsolvenzverwalter mit einer parallelen Anmeldung des Haftungsanspruchs ausgeschlossen. Ansprüche eines Gläubigers, die wirtschaftlich auf dasselbe gerichtet sind, werden aus einer Insolvenzmasse nur einmal und nicht mit mehreren Quoten befriedigt.[106] Unerheblich ist, dass die identischen Ansprüche nicht beide vom Gläubiger, sondern – wie hier – von Gläubiger und Verwalter geltend gemacht werden. Die auf die Haftungsansprüche der übrigen Gesellschaftsgläubiger entfallende Ausschüttung kommt auch nur diesen zugute; der Insolvenzverwalter hat eine Sondermasse zu bilden.[107]

Der Insolvenzverwalter meldet die Haftungsansprüche im Verfahren des Gesellschafters zwar in voller Höhe an, darf aber nur in Höhe des Ausfalls Befriedigung suchen. Die Feststellung zur Tabelle erfolgt ebenfalls für den ganzen Betrag, wie nach dem früheren § 212 Abs. 3 KO aber nur für den Ausfall in der Insolvenz der Gesellschaft.[108]

c) Rangübertragung. Wird außer über das Gesellschaftsvermögen auch über das Gesellschaftervermögen ein Insolvenzverfahren eröffnet, so stellt sich die Frage, ob Masseverbindlichkeiten der Gesellschaftsinsolvenz auch in der Gesellschafterinsolvenz Masseverbindlichkeiten oder dort nur als Insolvenzforderungen anzumelden sind. Nach der Rechtsprechung des Bundesgerichtshofes sollte dem Gläubiger der Gesellschaft ein Konkursvorrecht im Konkurs über das Gesellschaftsvermögen auch im Konkurs des persönlich haftenden Gesellschafters zustehen, weil das Vorrecht eine besondere Eigenschaft der Forderung sei. Demgegenüber seien Masseschulden im Konkurs der Gesellschaft nicht auch Masseschulden im Konkurs eines Gesellschafters; denn der Konkursverwalter könne immer nur die von ihm verwaltete Konkursmasse verpflichten.[109] Der Bundesfinanzhof teilt diese Ansicht, prüft aber die Voraussetzungen des § 61 Abs. 1 Nr. 2 KO im Gesellschafterkonkurs eigenständig.[110] Bundesarbeitsgericht und Bundessozialgericht gehen noch weiter. Sie behandeln die unechten Masseschulden des § 59 Abs. 1 Nr. 3 KO nicht nur im Gesellschafts-, sondern auch im Gesellschafterkonkurs als Masseschulden, weil es sich um Forderungen aus der Zeit vor Konkurseröffnung handele.[111] Die Insolvenzordnung kennt keine Vorrechte, so dass sich die Frage insoweit nicht mehr stellt. Sie kennt aber Masseverbindlichkeiten, für die der Gesellschafter nach § 128 HGB haftet, weil ihr Rechtsgrund aus der Zeit vor Verfahrenseröffnung der Gesellschaftsinsolvenz stammt. Die Frage, ob diese Haftung in der Insolvenz des Gesellschafters ebenfalls als Masseverbindlichkeit geltend zu machen ist, wird unterschiedlich beantwortet. Bejaht wird sie mit der Begründung, § 93 stelle die Gesellschafterhaftung in den Dienst der Refinanzierung der Masse und behandelt die beiden Insolvenzen wie eine verknüpfte Einheit.[112] Diese Meinung ist abzulehnen. Sie verkennt, dass Gesellschafts- und Gesellschafterinsolvenz zu zwei getrennten Verfahren führen und dass es in der Insolvenz des Gesellschafters nicht nur um die Haftung gegenüber den 29

104 Vgl. MüKoHGB/*K. Schmidt* § 149 Rn. 26, 27; *K. Schmidt/Bitter* ZIP 2000, 1077, 1086; Staub/*Habersack* HGB § 149 Rn. 24, 31.
105 *K. Schmidt/Bitter* ZIP 2000, 1077, 1086.
106 Vgl. hierzu im Einzelnen *K. Schmidt/Bitter* ZIP 2000, 1077, 1084.
107 *Bitter* ZInsO 2002, 557, 560.
108 Uhlenbruck/*Hirte* § 93 Rn. 26, 29; Uhlenbruck/*Uhlenbruck* § 178 Rn. 18; zu den einzelnen Haftungsmodellen anhand von Zahlenbeispielen vgl. *von Olshausen* ZIP 2003, 1321.
109 BGHZ 34, 293, 295 ff. = NJW 1961, 1022; BGHZ 55, 224, 225 = NJW 1971, 1271; BGHZ 60, 64, 65 = NJW 1973, 468.
110 BFHE 156, 73 = ZIP 1989, 869.
111 BAGE 36, 356 = NJW 1982, 2399; BAG NZA 1994, 275 = ZIP 1993, 1558; BSGE 56, 55 = ZIP 1984, 724.
112 *Kilger/K. Schmidt* § 212 Anm. 3; Schlegelberger/*K. Schmidt* § 128 Rn. 77.

Gesellschaftsgläubigern geht. Deren Ansprüche konkurrieren mit denen der Privatgläubiger des Gesellschafters. Deren mit dem Insolvenzverwalter der Gesellschaft gleichberechtigte Teilnahme, auf die die Regierungsbegründung zum § 93 ausdrücklich abstellt,[113] wäre nicht mehr gewährleistet, wenn Masseansprüche in der Insolvenz der Gesellschaft ohne weiteres auch solche in der Insolvenz des Gesellschafters wären. Ob Masseverbindlichkeiten vorliegen, ist in jedem Verfahren eigenständig zu prüfen.[114]

30 **4. Gutglaubensschutz.** Befriedigt ein Gesellschafter in Unkenntnis der Verfahrenseröffnung einen Gesellschaftsgläubiger nach § 128 HGB, so wird er entsprechend § 82 frei. Der Gläubiger muss – abgesehen von der ihm zustehenden Quote – dem Insolvenzverwalter erstatten, was er erhalten hat. Leistungen, die ein Gesellschafter vor Verfahrenseröffnung einem Gesellschaftsgläubiger erbringt, verstoßen nicht gegen § 93. Nicht ausgeschlossen ist aber, dass der Insolvenzverwalter des Gesellschaftsvermögens diese Leistung unter dem Gesichtspunkt der Insolvenzanfechtung zur Masse zieht.[115] Das Gesetz stellt Leistungen aus dem Gesellschaftervermögen denen aus dem Gesellschaftsvermögen dadurch gleich, dass in der Insolvenz Leistungen an den Gläubiger über den Verwalter abgewickelt werden. Deshalb ist der Verwalter unter den Voraussetzungen der §§ 129 ff. anfechtungsberechtigt, solange kein Insolvenzverfahren über das Vermögen des Gesellschafters eröffnet ist.[116] Ist allerdings auch der Gesellschafter insolvent, so ist der über sein Vermögen eingesetzte Verwalter allein anfechtungsberechtigt.[117] Der Anfechtungszeitraum errechnet sich in diesem Fall nach dem früher gestellten Insolvenzantrag.[118]

31 **5. Einwendungen gegen die Insolvenzforderung.** Der Gesellschafter kann einwenden, der von ihm eingeforderte Betrag sei in der geltend gemachten Höhe zur Befriedigung der Gläubiger nicht erforderlich, weil die Insolvenzmasse dafür ausreiche.[119] Zur substantiierten Darlegung einer Forderung gegen den Kommanditisten ist es ausreichend, wenn der Insolvenzverwalter die Insolvenztabelle mit festgestellten Forderungen vorlegt, die nicht aus der Insolvenzmasse befriedigt werden können.[120] Dem Gesellschafter bleiben auch nach Übergang der Einziehungsbefugnis auf den Verwalter die Einwendungen des § 129 HGB gegen die Insolvenzforderung erhalten. Er kann also Einwendungen geltend machen, die entweder ihm oder der Gesellschaft zustehen. Nach § 129 Abs. 1 HGB verliert er die in der Person der Gesellschaft begründeten Einwendungen, wenn er die Rechtskraft des Tabelleneintrags gegen sich gelten lassen muss, also der Schuldner die Forderung nicht bestritten hat (§ 201 Abs. 2).[121] Ein Insolvenzverwalter muss nicht stets alle zur Tabelle festgestellten Forderungen der Gläubiger einklagen, sofern bereits eine einzige festgestellte Insolvenzforderung so hoch ist, dass bereits für die Befriedigung dieser Forderung die Masse nicht genügt.[122] Der Kommanditist trägt die Darlegungs- und Beweislast dafür, dass seine Inanspruchnahme zur Gläubigerbefriedigung nicht mehr erforderlich ist; der Insolvenzverwalter hat jedoch die für die Befriedigung der Gläubiger bedeutsamen Verhältnisse der Gesellschaft darzulegen, soweit nur er dazu im Stande ist.[123] Schuldner ist – anders als die hM, die entgegen § 124 HGB zu Unrecht auf dem Standpunkt steht, es gebe nur eine Schuld der Gesellschafter, für die zwei verschiedene Vermögensmassen haften[124] – nicht der Gesellschafter, sondern nach § 11 Abs. 2 Nr. 1 die Gesellschaft,[125] für die – wie § 10 Abs. 2 zeigt – ihre gesetzlichen Vertreter handeln. Ist der Gesellschafter vertretungsberechtigt, kann er selbst – entweder allein oder, falls erforderlich (§ 150 HGB), zusammen mit anderen – für die Gesellschaft widersprechen; sonst muss er auf einen Widerspruch des Vertreters hinwirken, der ihm ersatzpflichtig ist, falls er dies pflichtwidrig unterlässt. Wegen seiner unbeschränkten Haftung sollte aber der Gesellschafter dem Schuldner gleichgestellt und ihm – wie bisher – ein

---

113 RegE BT-Drs. 12/2443, S. 140.

114 Staub/*Habersack* § 128 Rn. 78; *Kuhn/Uhlenbruck* § 212 Rn. 6; *Armbruster* S. 162 ff.; *Heilmann* BB 1982, 1054; KPB/*Lüke* § 93 Rn. 27, 54. Uhlenbruck/*Hirte* § 93 Rn. 38.

115 BGHZ 178, 171 Rn. 9 ff. =NJW 2009, 225; kritisch *Bork/Vogelsang*, ZIP 2014, 2313 ff.

116 MüKoHGB/*K. Schmidt* §§ 171, 172 Rn. 107; *Häsemeyer* ZHR 149 (1985), S. 42, 57; Uhlenbruck/*Hirte*, § 93 Rn. 4.

117 BGHZ 178, 171 Rn. 11 ff. =NJW 2009, 225; kritisch *Bork/Vogelsang*, ZIP 2014, 2313 ff.

118 BGHZ 178, 171 Rn. 9, 14 ff.=NJW 2009, 225; vgl. *Jeitner* NZI 2010, 673; kritisch *Bork/Vogelsang*, ZIP 2014, 2313 ff.

119 AG Dortmund NZI 2018, 41, 42; MüKoHGB/*K. Schmidt* §§ 171, 172 Rn. 110.

120 BGH NZI 2018, 442 Rn. 18.

121 BGH NZI 2018, 442 Rn. 21.

122 OLG München ZInsO 2018, 1517 Rn. 20.

123 OLG München ZInsO 2018, 1517 Rn. 42.

124 Vgl. BGHZ 34, 293, 297 = NJW 1961, 1022; zu Befürwortern und Gegnern s. *Armbruster* S. 22 ff.

125 So auch Begr. RegE BT-Drs. 12/2443, S. 113.

eigenes Widerspruchsrecht zugebilligt werden.[126] Immerhin hat er schon nach § 15 Abs. 1 ein eigenes Antrags- und nach § 34 Abs. 1 ein eigenes Beschwerderecht. Etwas anderes gilt für den Gesellschafter, der in dem Zeitpunkt bereits ausgeschieden ist, in dem der Insolvenzgläubiger seine Forderung ordnungsgemäß anmeldet. Er kann sich anders als der aktive Gesellschafter auch auf Einwendungen stützen, auf die sich die Gesellschaft nicht mehr berufen darf. Was die Rechtsprechung in diesem Punkt zur Urteilswirkung ausgesprochen hat,[127] muss auch für die Feststellung zur Tabelle gelten. Der Gesellschafter kann ferner seine Leistung mit der Begründung verweigern, der Insolvenzverwalter könne das Rechtsgeschäft anfechten (§ 129 Abs. 2 HGB) oder zwischen Insolvenzgläubiger und Gesellschaft bestehe eine Aufrechnungslage, die nach §§ 94 ff. den Gläubiger zur Aufrechnung berechtige.

6. Aufrechnung. Die Aufrechnung setzt als Gestaltungsgeschäft die Befugnis des Aufrechnenden voraus, über seine Forderung verfügen zu können. Mit der Eröffnung des Insolvenzverfahrens über das Vermögen der Gesellschaft bleibt dem Gesellschaftsgläubiger diese Befugnis erhalten, soweit es um seine Forderung gegen die Gesellschaft geht; hinsichtlich seiner Forderung gegen den Gesellschafter verliert er sie. Gleichwohl steht die Regierungsbegründung auf dem Standpunkt, dass dem Gesellschaftsgläubiger, der vor der Eröffnung des Verfahrens zur Aufrechnung gegen die Forderung eines Gesellschafters berechtigt sei, dieses Aufrechungsrecht erhalten bleibe.[128] Dies wird allerdings zu Unrecht mit der entsprechenden Anwendung der §§ 406, 412 BGB begründet. § 406 BGB schützt nur den Gesellschafter vor dem Übergang der Einziehungsbefugnis seines Gläubigers auf den Insolvenzverwalter, indem er das Erfordernis der Gegenseitigkeit durchbricht und ihm die Vorteile einer bestehenden Aufrechnungslage erhält. Er schützt aber nicht den Gläubiger, der seine Verfügungsbefugnis verloren hat. 32

Folgerichtig wird einem Gesellschaftsgläubiger, der einem Kommanditisten etwas schuldet, die Aufrechnung mit seinem Haftungsanspruch aus § 171 Abs. 1 HGB versagt, sobald über das Vermögen der Kommanditgesellschaft das Insolvenzverfahren eröffnet wird und nach § 171 Abs. 2 HGB die Verfügungsbefugnis über die noch offenen Haftungsansprüche auf den Insolvenzverwalter übergeht. Begründet wird das Aufrechnungsverbot damit, dass es dem Grundsatz der gleichmäßigen Befriedigung der Gläubiger, dessen Verwirklichung § 171 Abs. 2 HGB allein dienen soll, widerspräche, wenn ein Gläubiger auf Kosten der anderen durch Aufrechnung von einem Kommanditisten bevorzugt befriedigt würde.[129] Diese Begründung ist insofern unvollständig, als sie sich nicht mit der Frage auseinandersetzt, ob dem Grundsatz der gleichmäßigen Befriedigung aller Gläubiger nicht der Grundsatz vorgeht, dass regelmäßig die sichere Rechtsstellung einer – anfechtungsrechtlich unbedenklich erworbenen – Aufrechnungslage im Insolvenzverfahren uneingeschränkt anerkannt wird.[130] Stehen sich die Forderung des Gläubigers der Gesellschaft und deren Forderung vor Eröffnung des Verfahrens über das Vermögen der Gesellschaft aufrechenbar gegenüber, so bleibt dem Insolvenzgläubiger die Aufrechnungslage und damit das Recht aufzurechnen nach § 94 erhalten. Das Recht zur Aufrechnung hat eine Sicherungs- und Vollstreckungsfunktion, die sich in der Insolvenz wie ein pfandrechtsähnliches Vorzugsrecht auswirkt.[131] Der Gläubiger muss sich nicht mit der Insolvenzquote begnügen, kann vielmehr seine Forderung vollständig dadurch tilgen, dass er seine Schuld gegenüber der Gesellschaft durch Aufrechnung zum Erlöschen bringt. 33

Besteht die Aufrechnungslage zwischen dem Gesellschaftsgläubiger und dem ihm haftenden Gesellschafter, so gilt nichts anderes. Es gibt jedenfalls keinen Grund, der rechtfertigen könnte, den Gläubiger dann anders zu behandeln und ihm auf seine Forderung gegen die Gesellschaft nur die Insolvenzquote auszuzahlen, wenn er nicht der Gesellschaft, sondern einem Gesellschafter etwas schuldet, der ihm nach § 128 HGB für seine Forderung gegen die Gesellschaft unbeschränkt haftet. Auch hier muss ihm die einmal eingetretene Aufrechnungslage erhalten bleiben. 34

Für den Gesellschaftsgläubiger, der zugleich Schuldner eines Kommanditisten ist, gilt nur deshalb etwas anderes, weil sein Vertrauen in den Bestand der Aufrechnungslage – anders als im Regelfall – rechtlich nicht geschützt ist.[132] Der Kommanditist kann die Aufrechnungslage jederzeit dadurch beseitigen, dass er die Haftsumme einem anderen Gläubiger oder der Gesellschaft auszahlt. Mit dieser Leistung verliert der Schuldner des Kommanditisten seine Gegenforderung. Es ist deshalb 35

---

[126] So auch *Bork,* Kölner Schrift, S. 1017, Rn. 31, FN. 42; *Häsemeyer,* Insolvenzrecht, Rn. 31.18; KPB/*Lüke* § 93 Rn. 32.; Uhlenbruck/*Hirte* § 93 Rn. 42; BGHZ 165, 85 = NJW 2006, 1345; BGH ZIP 2007, 79, 80.
[127] Vgl. BGHZ 44, 229, 233 = NJW 1966, 499; BGHZ 78, 114, 120 f. = NJW 1981, 175.
[128] RegE BT-Drs. 12/2443, S. 140.
[129] BFHE 141, 477 = ZIP 1984, 1245; vgl. BGHZ 42, 192, 194 für die Aufrechnung des Kommanditisten.
[130] Vgl. RegE BT-Drs. 12/2443, S. 140.
[131] BGH NJW 1987, 2997, 2998; BGH NJW 1995, 1966, 1967.
[132] Vgl. *Ebenroth* JZ 1985, 322, 324; *Häsemeyer* ZHR 149 (1985), 42, 59.

sachgerecht, seine Aufrechnungsbefugnis auch dann enden zu lassen, wenn seine Befugnis, die Haftsumme einzuziehen, auf den Verwalter übergeht.

36 Anders ist die Rechtslage, wenn es um einen unbeschränkt haftenden Gesellschafter geht. Ist ein Gesellschaftsgläubiger zugleich dessen Schuldner und vor Verfahrenseröffnung zur Aufrechnung berechtigt, so kann er sicher sein, dass sich der Gesellschafter seiner Haftung nicht durch Leistung an Dritte entziehen kann. Der Gesellschafter mag alle anderen Gesellschaftsgläubiger befriedigen und darüber hinaus noch hohe Beträge in die Gesellschaftskasse einzahlen, an seiner Haftung gegenüber seinem Schuldner ändert sich nichts. Diese gefestigte Aufrechnungslage wird durch § 93 nicht verändert. Die in den §§ 94 ff. zum Ausdruck kommende Wertung, soweit es um eine Aufrechnungslage zur Gesellschaft geht, beansprucht auch Geltung für die Aufrechnungslage zwischen Insolvenzgläubiger und unbeschränkt haftendem Gesellschafter.[133] Vom Erhalt der Aufrechnungsmöglichkeit des Gesellschaftsgläubigers geht auch der Regierungsentwurf aus.[134] Obwohl es in dem zur Begründung herangezogenen § 406 BGB um die Aufrechnung durch den Schuldner der abgetretenen Forderung und nicht um die des ehemaligen Gläubigers geht, lässt sich der Gedanke des § 406 BGB, wonach sich die Rechtsstellung des zur Aufrechnung Berechtigten nicht ohne sein Zutun verschlechtern soll, auch für § 93 fruchtbar machen.[135] Eher sollte aber auf die §§ 94 ff. abgestellt werden.

37 Rechnet der unbeschränkt haftende Gesellschafters auf, so gilt dasselbe.[136] Er ist allerdings auf die Aufrechnung nicht angewiesen, weil er sich der Haftung dadurch entziehen kann, dass er die Forderung gegen den Gesellschaftsgläubiger in Erfüllung seiner Verpflichtung aus § 93 auf die Masse überträgt. In Höhe des Wertes der Forderung wird er von seiner Gesamthaftung gegenüber allen Insolvenzgläubigern frei.

38 Besteht die Forderung des unbeschränkt haftenden Gesellschafters nicht gegenüber einem Gläubiger, sondern gegenüber der Gesellschaft, so stellt sich ebenfalls die Frage nach der Aufrechnung, wenn der Verwalter nach § 93 die Gläubigerrechte geltend macht. Da die Gläubiger Inhaber ihrer Forderungen bleiben, der Verwalter sie lediglich einzieht, fehlt die Gegenseitigkeit der Forderungen. Diese fehlt allerdings auch, wenn ein Kommanditist Gläubiger der Gesellschaft ist, dieser aber nichts schuldet, sondern nur nach außen den Gläubigern haftet. Gleichwohl wird dem Kommanditisten die Aufrechnung erlaubt. Dies geschieht aber aus Gründen, die für den unbeschränkt haftenden Gesellschafter nicht gelten. Beim Kommanditisten besteht nämlich die Besonderheit, dass er sich schon vor Verfahrenseröffnung von seiner Außenhaftung durch Zahlung in die Gesellschaftskasse befreien und folglich entsprechend § 387 BGB auch aufrechnen kann.[137] Diese Möglichkeit hat der unbeschränkt haftende Gesellschafter nicht. Zahlungen an die Gesellschaft in der Zeit vor Verfahrenseröffnung vermindern seine Außenhaftung um keinen Cent, so dass er dieser Haftung auch nicht durch Aufrechnung mit einer Forderung gegen die Gesellschaft entgehen kann. Die mit der Verfahrenseröffnung eintretende Rechtsfolge des § 93 ändert hieran nichts.[138]

39 **7. Insolvenzplan.** Auch für die persönliche Haftung der Gesellschafter gilt nach § 227 Abs. 2 die Regelung des Abs. 1, wonach der Schuldner mit der im gestaltenden Teil des Insolvenzplans vorgesehenen Befriedigung der Insolvenzgläubiger von seinen restlichen Verbindlichkeiten gegenüber diesen Gläubigern befreit ist. Dabei gilt die für die Gesellschaft festgesetzte Quote auch für den haftenden Gesellschafter; der Insolvenzplan kann insoweit nichts anderes vorschreiben.[139]

40 Dies gilt auch für den ausgeschiedenen Gesellschafter. Allerdings hat die hM zum früheren § 211 Abs. 2 KO den Standpunkt vertreten, die Vorschrift komme dem ausgeschiedenen Gesellschafter nicht zugute, weil das Ziel der Vorschrift, nämlich die Erhaltung des Gesellschaftsunternehmens, durch ihn weder gefördert noch dadurch beeinträchtigt werden könne, dass er von den Gesellschaftsgläubigern weiterhin voll in Anspruch genommen wird.[140] Dagegen spricht, dass der Tatbestand des Ausscheidens nicht nur bei völliger Aufgabe der Mitgliedschaft, sondern auch dann erfüllt wird, wenn nach Umwandlung der Gesellschaft der bis dahin unbeschränkt haftende Gesellschafter in die

133 So auch *Oepen* Rn. 116 ff.; aA *Bork,* Kölner Schrift, S. 1017, Rn. 29; KPB/*Lüke* § 93 Rn. 33; Uhlenbruck/*Hirte* § 93 Rn. 5.

134 RegE BT-Drs. 12/2443, S. 140.

135 So auch *Hasselbach* DB 1996, 2213, 2217; *Häsemeyer,* Kölner Schrift, S. 489, Rn. 54.

136 So auch *Bork,* Kölner Schrift, S. 1017, Rn. 30; KPB/*Lüke* § 92 Rn. 35; Uhlenbruck/*Hirte* § 93 Rn. 5.

137 Vgl. BGHZ 58, 72, 76 = NJW 1972, 480, 481; BGH NJW 1974, 2000; BGH NJW 1976, 418; BGH NJW 1981, 232, 233.

138 Vgl. *Armbruster* S. 98 ff., 194 f.

139 Vgl. KPB/*Lüke* § 93 Rn. 55.

140 RGZ 142, 206, 208; BGH NJW 1970, 1921; GKHGB/*Staub/Fischer,* 3. Aufl. § 128 Rn. 34, 62; *Kuhn/Uhlenbruck* § 211 Rn. 7; *Hadding* ZGR 1973, 137, 157.

Kommanditistenstellung wechselt, der Gesellschaft also nach wie vor angehört.[141] Dagegen spricht auch, dass die hM die Herabsetzung der Haftung der aktiven Gesellschafter nur dadurch sicherstellen kann, dass sie auch den Regressanspruch des ausgeschiedenen Gesellschafters im Rahmen des Gesamtschuldnerausgleichs herabsetzt.[142] Diese Beschneidung der Regressansprüche bei Fortbestand der vollen Haftung wäre eine unzulässige vertragliche Vereinbarung zu Lasten Dritter. Die Herabsetzung erfasst deshalb auch die Haftung des Ausgeschiedenen.

§ 227 Abs. 2 betrifft nur die Haftung als Gesellschafter, nicht dagegen eine anderweitig begründete Haftung des Gesellschafters. Die Gläubiger können sich deshalb ohne Einschränkung aus einer persönlichen oder dinglichen Sicherheit befriedigen, die der Gesellschafter gestellt hat (§ 254 Abs. 2 Satz 1). In vollem Umfange kann der Gesellschafter bei seinen Mitgesellschaftern nur Regress nehmen, wenn er die Sicherheit mit deren Einverständnis gestellt hat; sonst ist der Regress auf die Höhe der Forderung beschränkt, die nach dem Insolvenzplan noch geschuldet wird (§ 254 Abs. 2 Satz 2).[143] 41

8. Gerichtliche Durchsetzung. Wird über das Vermögen einer Gesellschaft, für deren Verbindlichkeiten die Gesellschafter kraft Gesetzes persönlich haften, ein Insolvenzverfahren eröffnet, so wird ein Rechtsstreit, in dem ein Gesellschaftsgläubiger den Gesellschafter wegen seiner Haftung in Anspruch nimmt, in entsprechender Anwendung des § 17 Abs. 1 Satz 1 AnfG unterbrochen.[144] Das gilt auch für solche Gesellschafter, die Kommanditisten geworden sind und gem. § 160 Abs. 3, § 128 HGB befristet unbeschränkt für die Verbindlichkeiten der Gesellschaft weiter haften.[145] Mit der Eröffnung des Insolvenzverfahrens über das Vermögen einer Gesellschaft des bürgerlichen Rechts, einer Gesellschaft ohne Rechtspersönlichkeit, sind auch Prozesse unterbrochen, die die persönliche Haftung eines Gesellschafters betreffen. Nach der Eröffnung des Insolvenzverfahrens können Ansprüche für die Gesellschaft ohne Rechtspersönlichkeit nur durch den Insolvenzverwalter geltend gemacht werden.[146] Ein unterbrochener Rechtsstreit kann vom Insolvenzverwalter aufgenommen werden: Wird die Aufnahme verzögert, gilt § 239 Abs. 2 bis 4 ZPO entsprechend (§ 17 Abs. 1 Satz 3 AnfG). Lehnt der Verwalter die Aufnahme ab, wird sein Recht, die Gesellschafterhaftung in einem gesonderten Verfahren geltend zu machen, nicht ausgeschlossen. Wenn der Rechtsstreit zwischen Gesellschaftsgläubiger und Gesellschafter im laufenden Insolvenzverfahren nicht durch den Insolvenzverwalter aufgenommen wird und der Gesellschafter kein Versäumnisurteil gegen den Insolvenzverwalter erwirkt hat, kann der Gesellschaftsgläubiger den Prozess nach Aufhebung des Insolvenzverfahrens aufnehmen.[147] Wird der Haftungsprozess des Gesellschaftsgläubigers gegen den persönlich haftenden Gesellschafter unterbrochen, weil das Insolvenzverfahren über das Vermögen der Gesellschaft eröffnet worden ist, liegt kein Verfahrensstillstand infolge Nichtbetreibens durch die Parteien vor.[148] 42

§ 94 Erhaltung einer Aufrechnungslage

Ist ein Insolvenzgläubiger zur Zeit der Eröffnung des Insolvenzverfahrens kraft Gesetzes oder auf Grund einer Vereinbarung zur Aufrechnung berechtigt, so wird dieses Recht durch das Verfahren nicht berührt.

Schrifttum: *Adam,* Die Aufrechnung gegen das Erfüllungsverlangen des Konkursverwalters, Diss. (1994); *ders.,* Kann das Erfüllungsverlangen des Konkursverwalters mit einer Aufrechnungserklärung beantwortet werden?, NJW 1995, 3103; *ders.,* Die Aufrechnung im Rahmen der Insolvenzordnung, WM 1998, 801; *Althammer,* (Keine) Insolvenzfestigkeit von Konzernverrechnungsklauseln, Der Konzern 6/2005, 1; *Altmeppen,* Zur Reichweite des Aufrechnungsprivilegs in der Insolvenz, FS Kübler (2015), S. 1; *App,* Wirksame Aufrechnung des Finanzamts mit vor Insolvenzeröffnung entstandenen Forderungen ohne vorherige Festsetzung, Feststellung oder Anmeldung zur Tabelle, EWiR 2004, 1063; *Becker,* Begünstigen und Zurückdrängen der Aufrechnung unter laufendem Insolvenzverfahren, DZWiR 2005, 221; *Benzler,* Das deutsche Nettinggesetz – § 104 Abs. 2, 3 InsO, ZInsO 2000, 1; *Berger,* Der Aufrechnungsvertrag; *Bigge/Peters-Lange,* Auswirkungen der Streichung des § 114 InsO für gesicherte Gläubiger

[141] Vgl. MüKoHGB/*K. Schmidt* § 128 Rn. 90; Staub/*Habersack* HGB § 128 Rn. 74; Uhlenbruck/*Hirte* § 93 Rn. 32.
[142] So auch *Oepen* Rn. 300.
[143] BGHZ 100, 126, 129 = NJW 1987, 1893; Staub/*Habersack* HGB § 128 Rn. 73; *Theisen* ZIP 1998, 1625, 1629; KPB/*Lüke* § 93 Rn. 55.
[144] BGH NJW 2003, 590 = NZI 2003; 94; dazu *Kesseler* ZInsO 2003, 67; vgl. auch BGHZ 82, 209, 216 ff. = NJW 1982, 883 zur Haftung des Kommanditisten nach § 171 Abs. 2 HGB; NZI 2016, 445 Rn. 14.
[145] BGH NJW-RR 2009, 343.
[146] OLG Koblenz NZI 2010, 411.
[147] BGH NZI 2016, 445 Rn. 15.
[148] BGH NZI 2016, 445 Rn. 35.

und Auf-/Verrechnungsberechtigte durch das Gesetz zur Verkürzung des Restschuldbefreiungsverfahrens und zur Stärkung der Gläubigerrechte zum 1.7.2014, ZIP 2014, 2114; *Bork,* Aufrechnung und Insolvenzanfechtung, FS Ishikawa (2001), S. 31; *ders.,* Die Aufrechnung im Internationalen Insolvenzverfahrensrecht, ZIP 2002, 690; *ders.,* Aufrechnung mit Vorsteuervergütungsansprüchen in der Insolvenz, ZInsO 2003, 686; *ders.,* Kontokorrentverrechnung und Bargeschäft, FS Kirchhof (2003), S. 57; *ders.,* Die anfechtbare Kontokorrentverrechnung, FS G. Fischer (2008), S. 37; *ders.,* Vorleistungen des Schuldners in der Insolvenz, FS Wellensiek (2011), S. 201; *Börner,* Die Aufrechnung mit der Forderung eines Dritten, NJW 1961, 1505; *Bötticher,* Die „Selbstexekution" im Wege der Aufrechnung und die Sicherungsfunktion des Aufrechnungsrechts, FS Schima (1969), S. 95; *de Bra,* Die Anfechtbarkeit der Verrechnung von Zahlungseingängen auf debitorischen Girokonten in dem letzten Monat vor dem Antrag auf Eröffnung des Insolvenzverfahrens, NZI 1999, 249; *Braun,* Aufrechnung mit im Insolvenzplan erlassenen Forderungen, NZI 2009, 409; *Bruckhoff,* Zur Anfechtung von Kontokorrentverrechnungen in der Insolvenz, NJW 2002, 3304; *von Burchard,* Aufrechnung mit Masseforderungen gegen eine Stammeinlageforderung im Konkurs einer GmbH, GmbHR 1955, 136; *Canaris,* Die Auswirkungen von Verfügungsverboten vor Konkurs- und Vergleichseröffnung im Girovertragsrecht, ZIP 1986, 1225; *Christiansen,* Noch nicht fällige Forderungen und die Anfechtbarkeit der Aufrechnungslage, InVo 2005, 125; *ders.,* Werkvertragliche Schadensersatzansprüche und § 95 Abs. 1 Satz 3 InsO – „Versuchsstrafbarkeit" beim Aufrechnungsverbot?, ZInsO 2011, 1177; *von Craushaar/Holdt,* Verwertung des Körperschaftsteuerguthabens im Insolvenzverfahren, NZI 2011, 350; *Dahl,* Aufrechnungsbefugnis trotz rechtskräftigem Insolvenzplan?, NJW-Spezial 2009, 309; *ders./Kortleben/Michels,* Der Anwendungsbereich der lex fori concursus sowie die Abgrenzung zwischen Immobiliar-, Anfechtungs- und Aufrechnungsstatut, NZI 2018, 683; *Dampf,* Die Rückführung von Kontokorrentkrediten in der Unternehmenskrise und für ihre Behandlung nach KO und InsO, KTS 1998, 145; *Dellit/Hamann,* Forderungserlass und Insolvenzplan, ZIP 2015, 308; *Dempewolf,* Die Wirkungen des Aufrechnungsverbots im Konkurs des Begünstigten, DB 1976, 1753; *Dieckmann,* Zur Aufrechnung, in *Leipold,* Insolvenzrecht im Umbruch (1991), S. 211; *Diepenbrock,* Die Verrechnung nach § 52 SGB I in der Insolvenz, ZInsO 2004, 950; *Dobmeier,* Die Aufrechnung durch den Insolvenzverwalter, ZInsO 2007, 1208; *Ebenroth,* Zur Aufrechnung des Finanzamts mit Steuerforderungen im Konkurs der KG, JZ 1985, 322; *Eckardt,* Zur Aufrechnungsbefugnis des Konkursverwalters, ZIP 1995, 257; *ders.,* Die Aufrechnung im Gesamtvollstreckungsverfahren, ZIP 1995, 1146; *ders.,* Vorausverfügung und Sequestration, ZIP 1997, 957; *Eckhoff,* Unwirksame Aufrechnung mit Insolvenzforderungen gegen Ausgleichsanspruch des Vertragshändlers, NZI 2013, 962; *Edelmann,* Aufrechnung und Verrechnung durch Bankinstitute nach Erlass eines Veräußerungsverbotes im Sinne von § 106 KO, WiB 1995, 992; *Ehricke,* Finanztermingeschäfte im Insolvenzverfahren, ZIP 2003, 273; *ders.,* Die Umsetzung der Finanzsicherheitenrichtlinie (Richtlinie 2002/47/EG) im Rahmen des Diskussionsentwurfs zur Änderung der Insolvenzordnung, ZIP 2003, 1065; *ders.,* Verrechnungsabreden zwischen Clearing-Mitgliedern und einer zentralen Vertragspartei und deren insolvenzrechtliche Behandlung, FS Lüer (2008), S. 363; *Eichenhofer,* Verrechnungsakte der Sozialleistungsträger im Insolvenzverfahren der Berechtigten, SGb 2013, 253; *von Feldmann,* Die Aufrechnung – ein Überblick, JuS 1983, 357; *G. Fischer,* Der maßgebliche Zeitpunkt der anfechtbaren Rechtshandlung, ZIP 2004, 1679; *ders.,* Neueste Rechtsprechung zum Spannungsfeld zwischen Vertragsrecht und Insolvenzrecht, KTS 2007, 267; *ders.,* Aufrechnung und Verrechnung in der Insolvenz, WM 2008, 1; *Flöther/Bräuner,* Die Kondiktion der inkongruenten Deckung – Sprengung der subjektiven und zeitlichen Grenzen des § 131 InsO?, ZInsO 2005, 1244; *Flöther/Wehner,* Insolvenzplanbedingter Forderungserlass und Aufrechnungsbefugnis, ZInsO 2009, 503; *Fricke,* Unzulässigkeit der Aufrechnung gemäß § 55 Abs. 1 Nr. 2 KO nach Rückerwerb der vor Konkurseröffnung zur Sicherheit abgetretenen (Gegen-)Forderung, NJW 1974, 2118; *Ganter,* Aufrechnungsverbote nach § 96 Abs. 1 Nr. 2 und 3 InsO bei Sicherungsabtretungen, FS Kirchhof (2003), S. 105; *Ganter/Brünink,* Insolvenz und Umsatzsteuer aus zivilrechtlicher Sicht, NZI 2006, 257; *Gehrlein,* Insolvenzanfechtung von an und durch Banken bewirkten Zahlungen, ZInsO 2010, 1857; *ders.,* Die Rechtsprechung des BGH zu gegenseitigen Verträgen in der Insolvenz, NZI 2015, 97; *Gerhardt,* Inhalt und Umfang der Sequestrationsanordnungen, ZIP 1982, 1; *ders.,* Vorausabtretung und § 17 KO, FS Merz (1992), S. 117; *ders.,* Zahlungseingänge auf ein debitorisches Konto in der Krise und während des Konkurs- bzw. Vergleichseröffnungsverfahren, FS Zeuner (1994), S. 353; *ders.,* Verfügungsbeschränkungen in der Eröffnungsphase und nach Verfahrenseröffnung, Kölner Schrift zur Insolvenzordnung, 2. Aufl., S. 193; *ders.,* Die Verfahrenseröffnung nach der Insolvenzordnung und ihre Wirkung, ZZP 109 (1996), 415; *ders.,* Gereimtes und Ungereimtes im Anfechtungsrecht der neuen Insolvenzordnung, FS Brandner (1996), S. 605; *ders.,* Vorausabtretung und Konkurseröffnung, Gedächtnisschrift Knobbe-Keuk (1997), S. 169; *ders.,* Neue Erfahrungen mit der Aussonderung, Absonderung und Aufrechnung, in: Aktuelle Probleme des neuen Insolvenzrechts (2000), S. 127; *ders.,* Zur Insolvenzanfechtung eines Vergleichs iSd § 779 BGB, KTS 2004, 195; *von Gerkan,* Zur Aufrechnung des Kommanditisten gegen den Haftungsanspruch im Konkurs der Gesellschaft, FS Kellermann (1991), S. 67; *Gernhuber,* Die Erfüllung und ihre Surrogate, 2. Auflage; *Gosch,* Wird § 226 Abs. 4 AO im Konkurs des Steuerpflichtigen durch die Regelungen in § 55 Nr. 2 und 3 KO verdrängt?, DStZ 1992, 173; *Göpfert,* Anfechtbare Aufrechnungslagen im deutsch-amerikanischen Insolvenzrechtsverkehr, Diss. (1995); *Grashoff/Kleinmanns,* Vorsicht Falle: Die Abtretung von Körperschaftsteuerguthaben in der Insolvenz, ZInsO 2008, 609; *Grote,* Aufrechnung des Finanzamtes mit Einkommensteuererstattungsansprüchen des Schuldners im Insolvenz- und Restschuldbefreiungsverfahren, ZInsO 2001, 452; *Grunsky,* Die Rückwirkung der Aufrechnung, JuS 1963, 102; *Habermeier,* Grundfragen der Aufrechnung, JuS 1997, 1057; *von Hall,* Aufrechnungsverträge in der Insolvenz, KTS 2011, 343; *Häsemeyer,* Vertragsabwicklung, Aufrechnung und Anfechtung im Konkurs, JuS 1986, 851; *ders.,* Gläubigerschutz und Gläubigergleichbehandlung bei Regreßverhältnissen, KTS 1993, 151; *ders.,* Der Arbeitnehmerüberlassungsvertrag im Insolvenzverfahren des Verleihers: Freistellung des Entleihers von der Bürgenhaftung für Sozialversicherungsbeiträge der Leiharbeitnehmer?, KTS 2006, 99; *ders.,* Die Aufrechnung nach der Insolvenzordnung, in Kölner Schrift zur Insolvenzordnung, 3. Aufl. (2009), S. 461; *ders.,* Insolvenzrecht, 4. Aufl.; *Henckel,* Zur Aufrechnung mit Masseschuldansprüchen bei Masseunzulänglichkeit, JZ 1996, 31; *ders.,* Aufrechnung in der Insolvenz, FS G. Lüke (1997), S. 237; *ders.*, Konstruktion, Funktion, Interessen – zur modifizierten Erlöschenstheorie durch den Bundesgerichtshof, FS Kirchhof (2003), S. 191; *Henkel*, Die Verjährung der Hauptforderung des Insolvenzschuldners bei Unzulässigkeit der Aufrechnung nach § 96 I Nr. 3 InsO, NZI 2007, 84; *Hess/Weiß*, Die Aufrechnung im Insolvenzverfahren nach der InsO, InVo 2002, 1; *Heublein*, Gutschriften in der Krise – insolvenzfester Glücksfall oder anfechtbare Scheindeckung? ZIP 2000, 161; *Holzer*, Die Aufrechnung im neuen Insolvenzrecht, DStR 1998, 1268; *Honsdorf*, Zur Aufrechnung im Konkurs, 1982; *Huber*, Die Abwicklung gegenseitiger Verträge nach der Insolvenzordnung, NZI 1998, 97; *ders.*, Die insolvenzrechtlich unzulässige Aufrechnung nach § 96 Abs. 1 Nr. 3 InsO, ZInsO 2009, 566; *Jacobi*, Die Aufrechnungsbefugnis des Rechtsanwalts in der Insolvenz des Mandanten, NZI 2007, 495; *ders.*, Sanierung durch Insolvenzplan versus unbegrenzte Aufrechnung, NZI 2009, 351; *Jatzke*, Einschränkungen der Aufrechnungsbefugnis der Finanzbehörden in der Insolvenz des Steuerschuldners durch Änderung der BFH-Rechtsprechung, DStR 2011, 919; *Jauernig*, Ist die Rechtsmacht des Konkursverwalters durch den Konkurszweck begrenzt?, FS Weber (1975), S. 307; *ders.*, Versuch, einige Dunkelheiten der Insolvenzordnung aufzuhellen, FS Uhlenbruck (2000), S. 3; *Joachim/Schwarz*, Beschränkung der Aufrechnung des Insolvenzgläubigers nach einem bestätigten Insolvenzplan auf die Quote?, ZInsO 2009, 408; *Joost*, Grundlagen und Rechtsfolgen der Kapitalerhaltungsregeln in der GmbH, ZHR 148 (1984), 27; *Joussen*, Konzernverrechnungsklauseln, ZIP 1982, 279; *Kahlert*, Fiktive Masseverbindlichkeiten im Insolvenzverfahren – Wie funktioniert § 55 Abs. 4 InsO?, ZIP 2011, 401; *ders.*, Der V. Senat des BFH als Schöpfer von Fiskusvorrechten im Umsatzsteuerrecht, DStR 2011, 921; *ders.*, Insolvenzrechtliche Aufrechnungsverbote im Umsatzsteuerrecht – Aktuelle Entwicklungen und Auswirkungen auf die Insolvenzpraxis, ZIP 2013, 500; *Kannengießer*, Die Aufrechnung im internationalen Privat- und Verfahrensrecht, Diss. (1998); *Kayser*, Wirksame und unwirksame Aufrechnungen und Verrechnungen in der Insolvenz (§§ 94 bis 96 InsO), WM 2008, 1477 (Teil I); 1525 (Teil II); *ders.*, Der Rechtsgedanke des Bargeschäfts, FS G. Fischer (2008), S. 267; *Keller*, Die EG-Richtlinie 98/26 vom 19.5.1998 über die Wirksamkeit von Abrechnungen in Zahlungs- sowie Wertpapierliefer- und -abrechnungssystemen und ihre Umsetzung in Deutschland, WM 2000, 1269; *Kesseler*, Sicherungszessionen und das Aufrechnungsverbot nach § 96 Abs. 1 Nr. 2 InsO, ZInsO 2001, 148; *dies.*, Der Aufrechnungsschutz bei sicherungszedierten Forderungen, NJW 2003, 2211; *Kinski*, Aufrechnung durch das Finanzamt in der Insolvenz des Steuerpflichtigen, Diss. (2006); *Kirchhof*, Grenzüberschreitende Insolvenzen im Europäischen Binnenmarkt, WM 1993, 1364; *ders.*, Einfluß des neuen Verjährungsrechts auf die Insolvenzanfechtung, WM 2002, 2037; *ders.*, Aktuelle Rechtsprechung des BGH zur Abwicklung von Bankkrediten in der Kundeninsolvenz, ZInsO 2003, 149; *Kirstein*, Kontokorrentanfechtung nach § 133 InsO gegenüber Kreditinstituten, ZInsO 2012, 709; *Klenk/Kronthaler*, Die Rechtsprechung des V. (Umsatzsteuer-)Senats des Bundesfinanzhofs, NZI 2006, 369; *Klinck/Gärtner*, Versetzt das MoMiG dem Cash-Pooling den Todesstoß?, NZI 2008, 457; *Kollhosser*, Drittaufrechnung und Aufrechnung in Treuhandfällen, FS Lukes (1989), S. 723; *Kornblum*, Schuldnerschutz bei der Forderungsabtretung, BB 1981, 1296; *Kranenberg*, Kraftfahrzeugsteuer in der Insolvenz – neuere Entwicklungen in der Rechtsprechung, NZI 2008, 81; *Kreft*, Insolvenzrechtliche Unwirksamkeit – Gedanken zu §§ 88, 96 Abs. 1 Nr. 3, § 103 Abs. 1 InsO, FS G. Fischer (2008), S. 297; *Lackhoff/Bauer*, Fortbestand eines Aufrechnungsverbots in der Insolvenz, NZI 2013, 427; *Ladiges*, Aufrechnung gegen den Auszahlungsanspruch gem. § 37 Abs. 5 KStG, ZInsO 2011, 1001; *Landfermann*, Allgemeine Wirkungen der Insolvenzeröffnung, in: Kölner Schrift zur Insolvenzordnung, 2. Aufl., S. 159; *ders.*, Elemente der Insolvenzrechtsreform in der Gesamtvollstreckungsordnung, FS Merz (1991), S. 367; *Leithaus*, Zur Insolvenzanfechtung von Kontokorrentverrechnungen, NZI 2002, 188; *Lieder*, Zur (Un-) Wirksamkeit von Konzernverrechnungsklauseln in der Insolvenz, DZWiR 2007, 13; *Looff*, Zur Verrechnungsbefugnis von Sozialleistungsträgern, EWiR 2008, 537; *W. Lüke*, Zur Wirksamkeit eines in der Sequestration vereinbarten Aufrechnungsverbots, ZIP 1996, 1539; *W. Lüke/Scherz*, Anmerkung zu IX ZR 222/08, WuB VI.A. § 94 InsO 1.11; *Luscher/Renken-Röhrs*, Die Insolvenzfestigkeit der Konzernverrechnungsklausel, ZInsO 2002, 611; *Maier-Reimer*, Fremdwährungsverbindlichkeiten, NJW 1985, 2049; *Mankowski*, Aufrechnung während der Sequestrationsphase, insbesondere unter der GesO, JZ 1996, 392; *Marchal/Nobereit*, Berücksichtigung von Rechnungen mit unrichtigem oder unberechtigtem Umsatzsteuerausweis durch den Insolvenzverwalter, ZInsO 2014, 2308; *Marotzke*, Sinn und Unsinn einer insolvenzrechtlichen Privilegierung des Fiskus, ZInsO 2010, 2163; *Mertzbach*, Aktuelle steuerliche Praxis-Probleme in Insolvenzplanverfahren von Kapitalgesellschaften, GmbHR 2013, 75; *Müller*, Probleme der Aufrechnung mit Konkurs-Masseforderungen, Diss. (1981); *Obermair*, Die Aufrechnung mit Steuerforderungen in der Insolvenz, BB 2004, 2610; *Obermüller*, Auswirkungen der Insolvenzrechtsreform auf Kreditgeschäft und Kreditsicherheiten, WM 1994, 1829; *ders.*, Auswirkungen der Insolvenz des Bankkunden auf die Kontobeziehung und den Zahlungsverkehr, ZInsO 1998, 252; *ders.*, Die Verrechnung von Zahlungseingängen und Zahlungsausgängen im Vorfeld der Insolvenz des Kontoinhabers, ZInsO 1999, 324; *ders.*, Anglerlatein oder: Der Widerstand gegen die Umsetzung der Finanzsicherheitenrichtlinie, ZIP 2003, 2336; *ders.*, Aufrechnungsmöglichkeiten als Kreditsicherheit, ZInsO 2009, 689; *Obermüller/Hartenfels*, Finanzsicherheiten, BKR 2004, 440; *von Olshausen*, Zur Aufrechnung gemäß § 406 BGB gegen Geldbefreiungsansprüche nach deren Abtretung an den Drittgläubiger, AcP 182 (1982), S. 254; *ders.*, Konkursrechtliche Probleme um den neuen § 354a HGB, ZIP 1995, 1950; *ders.*, Die Aufrechnung mit dem Regreßanspruch eines Bürgen oder Wechseleinlösers in der Insolvenz des Hauptschuldners oder des Akzeptanten nach der InsO – alles wie gehabt?, KTS 2000, 1; *ders.*, Die Insolvenzanfechtung einer Aufrechnungserklärung nach der InsO, KTS 2001, 45; *ders.*, Eine Lanze für den Gesetzgeber – oder: Was ist von der Formulierung des § 96 Abs. 1 Nr. 3 InsO zu halten?, ZIP 2003, 893; *ders.*, Wie aus einem Euphemismus rechtliche Wirklichkeit wurde, ZInsO 2004, 1229; *ders.*, Anwendung des § 140 Abs. 3 InsO auf aufschiebend bedingte oder befristete Forderungen, ZIP 2010, 2073; *Onusseit*, Die Verrechnung der Vorsteuer aus der Verwaltervergütung, ZInsO 2001, 639; *ders.*, Umsatzsteuerrechtliche Aufrechnungslagen und Vorsteuer in der Insolvenz, ZIP 2002, 22; *ders.*, Umsatzsteuerliche Zwangsverrechnung und Insolvenz, FS Gerhardt (2004), S. 725; *ders.*, Aufrechnung des Finanzamts in der Insolvenz, ZInsO 2005, 638; *ders.*, Aufrechnung mit und gegen Steuerforderungen in der Insolvenz, Kölner Schrift zur Insolvenzordnung, 3. Aufl.

(2009), S. 1265; *ders.*, Zur Neuregelung des § 55 Abs. 4 InsO, ZInsO 2011, 641; *Pape*, Aktuelle Entwicklungstendenzen der Rechtsprechung zur Gesamtvollstreckungsordnung, DtZ 1997, 2; *Paulus*, Zum Verhältnis von Aufrechnung und Insolvenzanfechtung, ZIP 1997, 569; *ders.*, Rechtspolitisches und Rechtspraktisches zur Insolvenzfestigkeit von Aufrechnungsvereinbarungen, FS 50 Jahre BGH (2000), Bd. 3, S. 765; *Pawlowski*, Die Aufrechnungslage bei verhaltenen Ansprüchen, DZWiR 1996, 431; *Peschke*, Die Insolvenz des Girokontoinhabers, 2005; *Pfeiffer/Franken*, Die Rechtsgültigkeit von Konzernverrechnungsklauseln, NJW 1960, 1977; *Pluta*, Insolvenzaufrechnung und der Grundsatz der par conditio creditorum, 2009; *Pöllmann*, Besprechung von OLG Celle 16 U 63/08, EWiR 2009, 121; *Rafigpoor/Wilmes*, Wechselseitige Erfüllung als insolvenzanfechtungsrechtliche Alternative zur Aufrechnung, NZI 2009, 91; *Reher*, Insolvenzfestigkeit von Konzernverrechnungsklauseln, ZInsO 2004, 900; *G. und D. Reinicke*, Zur Aufrechnung mit und gegen Schadensersatzforderungen, NJW 1959, 361; *Rendels*, Ist die Aufrechnungsbefugnis kraft einer Konzern-Netting-Abrede insolvenzfest? ZIP 2003, 1583; *Ries*, § 96 Abs. Nr. 3 InsO – ein Trojanisches Pferd?, ZInsO 2004, 1231; *ders.*, Insolvenz(anfechtungs)recht auf dem Rückzug?, ZInsO 2005, 848; *Rigol/Homann*, Die Anfechtbarkeit von Gutschriften auf einem debitorischen Girokonto, ZIP 2003, 15; *Rost/Lind*, Die Aufrechnung des Insolvenzverwalters gegen eine Insolvenzforderung nach ihrer Feststellung, ZInsO 2012, 2179; *Rüskens*, Die Rechtsprechung des VII. Senats des Bundesfinanzhofs zum steuerlichen Insolvenzverfahrensrechts und zur Aufrechnung im Insolvenzverfahren, NZI 2006, 330; *Karsten Schmidt*, Übertragung, Pfändung und Verwertung von Einlageforderungen, ZHR 157 (1993), 291; *ders.*, Gleichartigkeit und Rückwirkung bei der Aufrechnung von Geldschulden, FS Odersky (1996), S. 685; *ders.*, Keine Insolvenzfestigkeit von Konzernverrechungsklauseln: Es bleibt dabei! NZI 2005, 138; *Thomas B. Schmidt*, Pflicht zur Bezahlung einer mangelhaften Werkleistung bei späterer Insolvenz des Bauunternehmers wegen § 95 I 3 InsO? NZI 2003, 186; *Schur*, Besprechung zu OLG Celle 14 U 108/08, EWiR 2009, 119; *Schwahn*, Konzernverrechnungsklauseln in der Insolvenz, NJW 2005, 473; *Schwarz/Lehre*, Aufrechnung mit einer Forderung trotz Insolvenzplan – Stärkung des Fiskusprivilegs, ZInsO 2011, 1540; *Serick*, Aufrechnungsprobleme bei sicherungsrechtlichen Vorausabtretungen – §§ 406, 404 BGB und §§ 53 ff. KO, BB 1982, 873; *Skrotzki*, Lastschriftverfahren und Insolvenz, KTS 1974, 136; *Spliedt*, Anfechtungsresistente Bardeckung trotz offener Kreditlinie, ZInsO 2002, 208; *Steinhoff*, Die insolvenzrechtlichen Probleme im Überweisungsverkehr, ZIP 2000, 1141; *Stiller*, Die (un-)zulässige Verrechnung von Zahlungseingängen im Kontokorrentkonto vom dritten Monat vor dem Eröffnungsantrag bis zur Eröffnung, ZInsO 2002, 651; *Striewe/Günther*, Anfechtung und Aufrechnungsverbot im Gesamtvollstreckungsverfahren – Wettlauf der Systeme, ZIP 1998, 1431; *Swierczok*, Das deutsche autonome internationale Insolvenzrecht: Ein Leben im Schatten der EuInsVO!, BB 2018, 2057; *Thole*, Privatautonomie und Insolvenzrecht – Eine Analyse zum Spannungsfeld von privatautonomer Gestaltung und insolvenzrechtlichen Strukturprinzipien am Beispiel der sog. Lösungsklauseln, in: Einheit des Privatrechts, komplexe Welt, Tagungsband der 19. Jahrestagung der Gesellschaft Junger Zivilrechtswissenschaftler (2008), S. 268; *ders.*, Vertragsgestaltung im Schatten des Insolvenzrechts – Prolegomena zu einer Systematik der insolvenzbezogenen Verträge, KTS 2010, 383; *ders.*, Gläubigerschutz durch Insolvenzrecht (2010); *ders.*, Die Präklusionswirkung der Rechtskraft bei Gestaltungsrechten und ihr Verhältnis zu § 767 Abs. 2 ZPO, ZZP 124 (2011), 45; *Tinnefeld*, Die Auf- und Verrechnungsmöglichkeit von Kreditinstituten zwischen Krise und Insolvenzverfahren bei debitorischer Kontoführung (2006); *Tintelnot*, Zur Aufrechnung mit einer Nichterfüllungsforderung nach § 103 Abs. 2 Satz 1 InsO, KTS 2004, 339; *Verse*, Aufrechnung gegen Verlustausgleichsansprüche im Vertragskonzern, ZIP 2005, 1627; *Viertelhausen*, Aufrechnungen und Abtretungen im Insolvenzverfahren, InVo 2000, 77; *ders.*, Das Finanzamt als Gläubiger im Insolvenzverfahren, InVo 2002, 45; *de Weerth*, Anmerkung zu BFH, Urt. v. 2.11.10 – VII R 62/10, NZI 2011, 382; *Wegener*, Verrechnungsermächtigung der Sozialversicherungsträger insolvenzfest, NZI 2008, 477; *Weitekamp*, Die analoge Anwendung des § 55 KO nach Verhängung eines allgemeinen Veräußerungsverbots – Zugleich zur Rechtslage nach § 96 InsO, NZI 1998, 112; *Wenzel*, Die Verrechnung nach § 52 SGB I in der Insolvenz des Erstattungsgläubigers, ZInsO 2006, 169; *Westermann*, Konzernverrechnungsklauseln, WM SB Nr. 2/1986; *Wieser*, Erfüllungsverlangen des Insolvenzverwalters und Aufrechnung mit einer Insolvenzforderung, JZ 2003, 231; *von Wilmowsky*, Aufrechnung in der Insolvenz, NZG 1998, 481; *ders.*, Aufrechung in internationalen Insolvenzfällen, KTS 1998, 343; *ders.*, Teilleistungen des Schuldners vor dem Insolvenzverfahren, KTS 2012, 285; *Windel*, Die Verteilung der Befugnisse zur Entscheidung über Vermögenserwerb zwischen (Gemein-)Schuldner und Konkurs-(Insolvenz-)verwalter bzw. Vollstreckungsgläubiger nach geltendem und künftigem Haftungsrecht, KTS 1995, 367; *ders.*, Die Unbeachtlichkeit von Konzernverrechnungsbefugnissen und wirkungsgleichen Drittaufrechnungsmöglichkeiten im Insolvenzverfahren, KTS 2004, 305; *ders.*, Verrechnung/Aufrechnung während des Insolvenzverfahrens – Wirksamkeit von Konzernverrechnungsklauseln im Insolvenzverfahren, KTS 2004, 563; *Wittig*, Zur Verrechnung von Zahlungseingängen während der Sequestration im Gesamtvollstreckungsverfahren, WM 1995, 865; *Wolf*, Die Aufrechnung im internationalen Privatrecht, Diss. (1989); *Wunderer*, Auswirkungen des Europäischen Übereinkommens über Insolvenzverfahren auf Bankgeschäfte, WM 1998, 793; *Zenker*, Zur Frage der Rückwirkung des § 96 Abs. 1 Nr. 3 InsO, NZI 2006, 16; *Zuleger*, Verrechnung von Zahlungseingängen bei offener Kreditlinie, ZInsO 2002, 49.

Übersicht

A. Allgemeines

I. Normzweck

1 Die §§ 94 bis 96 regeln die Aufrechnung durch den Insolvenzgläubiger. Sie ergänzen die bürgerlich-rechtlichen Vorschriften zur Aufrechnung (§§ 387 ff., 406 BGB).

§ 94 bestimmt, dass ein im Zeitpunkt der Verfahrenseröffnung kraft Gesetzes oder Vertrages – anfechtungsrechtlich unbedenklich (§ 96 Abs. 1 Nr. 3) – begründetes Aufrechnungsrecht durch das Verfahren nicht berührt wird. Die Vorschrift stellt klar, dass das Insolvenzrecht diese Aufrechnungslagen nicht antastet. Die im Zeitpunkt der Verfahrenseröffnung bestehende Aufrechnungsbefugnis ist eine gesicherte Rechtsstellung, die der Gläubiger durch die Verfahrenseröffnung nicht verliert, sondern auf die er vielmehr vertrauen darf.[1] Der Gläubiger braucht also – wie es schon im früheren § 53 KO hieß – seine Forderung nicht im Anmeldungs- und Feststellungsverfahren (§§ 174 ff.) geltend zu machen. Er kann sich durch Aufrechnung in voller Höhe befriedigen.[2] Die neue Formulierung bringt zusätzlich zum Ausdruck, dass auch der weitere Ablauf des Verfahrens, insbesondere die Annahme und Bestätigung eines Sanierungsplans, die Aufrechnungsbefugnis nicht beeinträchtigt.[3] Klargestellt wird ferner, dass auch eine vertragliche Aufrechnungsbefugnis nicht berührt wird,[4] was die Rechtsprechung zum alten Recht abgelehnt hatte.[5]

§ 95 Abs. 1 erweitert diesen Schutz auf Aufrechnungslagen aus der Zeit nach Verfahrenseröffnung, die vor der Eröffnung bereits im Kern angelegt waren und auf deren Eintritt der Insolvenzgläubiger deshalb vertrauen durfte,[6] weil der Schuldner diesen nicht mehr einseitig verhindern kann.[7]

§ 96 Abs. 1 schließt einen Aufrechnungsschutz bei sonstigen erst nach Verfahrenseröffnung eintretenden oder zuvor anfechtbar begründeten Aufrechnungslagen aus.[8]

Für die Aufrechnung in Miet- und Pachtverhältnissen über unbewegliche Gegenstände oder Räume enthält **§ 110 Abs. 3** eine vorrangige Spezialregelung.[9]

II. Entstehungsgeschichte

2 § 94 entspricht im Wesentlichen § 53 KO. Schon der 1. Bericht der Kommission für Insolvenzrecht schlug vor, die Aufrechnung außerhalb des Insolvenzverfahrens unverändert beizubehalten.[10]

---

1 BGH NZI 2012, 711 Rn. 12 f.
2 K. Schmidt/*Thole* § 94 Rn. 1; KPB/*Lüke* [Dokumentenstand: November 2014] § 94 Rn. 6; Andres/Leithaus/*Leithaus* § 94 Rn. 1.
3 Begr. RegE BT-Drs. 12/2443, S. 140; BGH NZI 2011, 538 Rn. 11.
4 Begr. Rechtsaussch., BT-Drs. 12/7302, S. 165.
5 BGHZ 81, 15, 18 = NJW 1981, 2257; OLG Köln ZIP 1995, 850.
6 BGHZ 170, 206 Rn. 9 = NJW 2007, 1067 = NZI 2007, 222; BGH NZI 2011, 538 Rn. 12.
7 KPB/*Lüke* § 95 Rn. 2; K. Schmidt/*Thole* § 95 Rn. 1.
8 HKInsO/*J. Schmidt* § 94 Rn. 5.
9 BGH NZI 2005, 553 unter II. 1. b); NZI 2007, 164 Rn. 21; HambKommInsO/*Jacoby* § 95 Rn. 24 f.; K. Schmidt/*Thole* § 95 Rn. 2; BeckOKInsO/*Liefke* § 95 Rn. 2; FKInsO/*Bernsau* § 96 Rn. 1: nur gegenüber § 96 Abs. 1 Nr. 1.
10 Leitsatz Nr. 3.6.1.

Im Referentenentwurf findet sich – mit Ausnahme der Aufrechnungsvereinbarungen – bereits die jetzige Gesetzesfassung.[11] Die Aufrechnungslage kraft Vereinbarung, die ohne Vorbild ist, wurde erst auf Vorschlag des Rechtsausschusses in die endgültige Fassung der Vorschrift eingefügt.[12]

III. Anwendungsbereich

3 **1. Begriff der Aufrechnung.** „Aufrechnung" bedeutet im allgemeinen Zivilrecht die Tilgung wechselseitiger und gleichartiger Forderungen durch einseitiges gestaltendes Rechtsgeschäft.[13] Sie ist in §§ 387 ff. BGB geregelt und führt nach § 389 BGB dazu, dass die Forderungen, soweit sie sich decken, in dem Zeitpunkt als erloschen gelten, in welchem sie einander aufrechenbar entgegenstanden. Die Vorschriften der §§ 94 bis 96 betreffen unmittelbar nur die Aufrechnung im Sinne dieser Bestimmungen. Der materielle **Aufrechnungsbegriff** des § 387 BGB gilt grundsätzlich auch im Insolvenzverfahren.[14]

Von der Aufrechnung zu unterscheiden ist einerseits die **Anrechnung** von Abzugsposten mit unmittelbar anspruchsmindernder Wirkung bei der Feststellung der Höhe einer Forderung,[15] andererseits die **Verrechnung** als die wechselseitige Tilgung gegenseitiger Ansprüche aufgrund antizipierender Vereinbarung mit verfügendem Charakter.[16] Die Terminologie ist uneinheitlich.[17] Beiden genannten Rechtsinstituten ist gemeinsam, dass eine Aufrechnungserklärung nicht erforderlich ist. Die §§ 94 bis 96 gelten für sie grundsätzlich nicht. So wird die gesellschaftsrechtlich gebotene Verrechnung unselbständiger Rechnungsposten im Wege der Kontenangleichung von § 95 Abs. 1 InsO nicht erfasst.[18] Die Vorschrift des § 96 Abs. 1 Nr. 3 – Unzulässigkeit der Aufrechnung, wenn die Möglichkeit der Aufrechnung durch eine anfechtbare Rechtshandlung erlangt worden war – ist allerdings nach gefestigter Rechtsprechung des BGH auf Verrechnungen entsprechend anwendbar (→ § 96 Rn. 52 ff.).[19] (Antizipierte) Verrechnungsvereinbarungen enden mit der Anordnung von Verfügungsbeschränkungen, spätestens mit der Eröffnung des Insolvenzverfahrens.[20]

4 **2. Aufrechnung im Insolvenzverfahren.** Die Vorschriften der §§ 94 bis 96 gelten, wie sich aus ihrer systematischen Stellung im Dritten Teil der Insolvenzordnung ergibt, **erst von der Eröffnung des Insolvenzverfahrens** an. Sie betreffen daher Aufrechnungen, die nach der Eröffnung des Insolvenzverfahrens erklärt werden. Vor der Eröffnung des Insolvenzverfahrens gelten sie nicht. Eine Ausnahme stellt die Vorschrift des § 96 Abs. 1 Nr. 3 dar, die auch vor der Eröffnung erklärte Aufrechnungen erfasst; auch diese Vorschrift setzt jedoch ein eröffnetes Insolvenzverfahren voraus.[21] Nach der vorbehaltslosen Aufhebung des Insolvenzverfahrens sind die §§ 94 bis 96 nicht mehr anwendbar; vielmehr gelten grundsätzlich die allgemeinen Vorschriften.[22] Folgende Besonderheiten sind zu beachten:

5 **a) Eröffnungsverfahren.** Im Eröffnungsverfahren sind die Vorschriften der §§ 94 bis 96 **nicht anwendbar.**[23] Hierbei geht es im Wesentlichen um die Geltung der Aufrechnungsverbote der §§ 95 Abs. 1 Satz 3, 96 Abs. 1, weil § 94 nur eine Aufrechnungslage im Zeitpunkt der Verfahrenseröffnung voraussetzt und deshalb auch dann gilt, wenn diese erst im Eröffnungsverfahren entstanden ist.[24] Der Schutz der Masse im Interesse einer gleichmäßigen Gläubigerbefriedigung erfolgt ausreichend über das Aufrechnungsverbot bei Anfechtbarkeit gemäß § 96 Abs. 1 Nr. 3.[25]

---

[11] RefE S. B 98 f.

[12] BT-Drs. 12/7302, S. 38, 165.

[13] *Gernhuber* § 12 I 1 (S. 225 f.); Jaeger/*Windel* § 94 Rn. 12.

[14] BGHZ 170, 206 Rn. 9 = NJW 2007, 1067 = NZI 2007, 222; *G. Fischer* WM 2008, 1.

[15] *Gernhuber* § 12 I 2 (S. 226); die etwa in §§ 366, 367 BGB vorgesehene Anrechnung einer auf mehrere Forderungen bzw. auf Kosten und Zinsen bleibt hier außer Betracht.

[16] Jaeger/*Windel* § 94 Rn. 12.

[17] *Berger* Der Aufrechnungsvertrag S. 14 f., 16 f.; vgl. etwa Bamberger/Roth/Hau/Poseck/*Dennhardt* § 387 Rn. 6 f.

[18] BGHZ 170, 206 Rn. 8 ff. = NJW 2007, 1067 = NZI 2007, 222; ebenso zu §§ 54, 55 KO BGH NZI 2000, 308, 309; vgl. KPB/*Lüke* § 94 Rn. 90.

[19] BGH NZI 2007, 582 Rn. 8; NZI 2008, 547 Rn. 9; ZIP 2012, 1301 Rn. 10 f.

[20] BGH NZI 2009, 307 Rn. 21; NZI 2012, 365 Rn. 21.

[21] BGH NZI 2012, 365 Rn. 25.

[22] BGH NZI 2011, 538 Rn. 10.

[23] Grundlegend BGHZ 159, 388, 390 ff.; ferner BGH NZI 2012, 365 Rn. 24 f.; Uhlenbruck/*Sinz* § 94 Rn. 67; Jaeger/*Windel* § 94 Rn. 28 ff.; *Häsemeyer* Kölner Schrift Kap. 15 Rn. 85 ff.; KPB/*Lüke* § 94 Rn. 96, 99 ff.; HKInsO/*J. Schmidt* § 94 Rn. 21; HambKommInsO/*Jacoby* Vor §§ 94–96 Rn. 11; Braun/*Kroth* § 94 Rn. 5.

[24] AGR/*Piekenbrock* § 94 Rn. 6.

[25] KPB/*Lüke* § 94 Rn. 100 ff. und § 96 Rn. 6; FKInsO/*Bernsau* § 96 Rn. 5.

Die Nichtanwendbarkeit folgt bereits aus dem Wortlaut des § 94. Im Eröffnungsverfahren gibt es noch keine Insolvenzgläubiger (§ 38), auf welche die Vorschrift sich ausdrücklich bezieht. Die §§ 94 bis 96 stehen außerdem im Dritten Teil der InsO (§§ 80 ff.), welcher die Wirkungen der Eröffnung des Insolvenzverfahrens behandelt. Im Ersten Abschnitt des Zweiten Teils der InsO (§§ 11 ff., §§ 21 ff.), welcher die Eröffnungsvoraussetzungen und das Eröffnungsverfahren behandelt, findet sich keine die Aufrechnung betreffende Vorschrift und keine Verweisung auf die §§ 94 bis 96.

Auch eine entsprechende Anwendung der §§ 94, 95 Abs. 1 und 2 im Eröffnungsverfahren kommt nicht in Betracht. Ob § 96 Abs. 1 Nr. 1 und 2 im Eröffnungsverfahren entsprechend anwendbar sind, war zunächst hoch umstritten.[26] Der BGH hat jedoch bereits zu § 55 Nr. 1 KO – der Vorgängervorschrift des § 96 Abs. 1 Nr. 1 – entschieden, dass nur Aufrechnungslagen nach Eröffnung des Konkursverfahrens erfasst sind, nicht dagegen während der Sequestration entstandene Aufrechnungslagen.[27] Eine Vorverlegung der Wirkungen dieser Vorschrift widerspräche der Wertung des Gesetzgebers, in der Zeit vor Eröffnung die Aufrechnung nur durch die flexiblen Anfechtungsregeln einzuschränken und so den gutgläubig aufrechnenden Gläubiger zu schützen. Nichts anderes kann für § 96 Abs. 1 Nr. 1 und 2 gelten.[28] Der Gesetzgeber hat in Kenntnis der Rechtsprechung des BGH zu § 55 KO keine Regelung für das Eröffnungsverfahren getroffen. Die Gesetzesmaterialien liefern keinen Hinweis auf die Absicht, unter bestimmten Voraussetzungen eine bereits im Eröffnungsverfahren entstandene Aufrechnungslage nach § 96 Abs. 1 Nr. 1 oder 2 zu behandeln.[29] Aus § 394 BGB iVm § 21 Abs. 2 Nr. 2 und 3 lässt sich ebenfalls kein Aufrechnungsverbot im Hinblick auf eine vor Insolvenzeröffnung entstandene Aufrechnungslage herleiten.[30] Die Rechtsprechung des BGH[31] zum Aufrechnungsverbot gegen Forderungen des Schuldners, die nach dem Antrag auf Eröffnung des Gesamtvollstreckungsverfahrens begründet wurden, beruhte auf der besonderen Vorschrift des § 2 Abs. 4 GesO, wonach gegen den Schuldner eingeleitete, bei Antragstellung noch nicht abgeschlossene Vollstreckungsmaßnahmen gerichtlich sofort einzustellen waren. In der KO und in der InsO gibt es keine entsprechende Vorschrift. Außerdem war zweifelhaft, ob die Anfechtungsvorschriften der GesO zur Durchsetzung des Gläubigergleichbehandlungsgrundsatzes bei anfechtbar begründeten Aufrechnungslagen ausreichten.[32] Die Vorschrift des § 96 Abs. 1 Nr. 3, nach welcher die Aufrechnung unzulässig ist, wenn ein Insolvenzgläubiger die Möglichkeit der Aufrechnung durch eine anfechtbare Rechtshandlung erlangt hat, hat die Rechtslage insoweit klargestellt. Sie ist bis zur Verfahrenseröffnung ebenfalls weder unmittelbar noch entsprechend anwendbar. Anfechtungsansprüche entstehen erst mit der Eröffnung;[33] die §§ 129 ff. gelten erst von da an.[34] Aufrechnungserklärungen von Gläubigern, die nach der Eröffnung Insolvenzgläubiger wären, sind bis zur Eröffnung gemäß den allgemeinen Vorschriften der §§ 387 ff. BGB uneingeschränkt zulässig und wirksam.[35] Freilich wirkt die von § 96 Abs. 1 Nr. 3 angeordnete insolvenzrechtliche Unwirksamkeit auf den Zeitpunkt der Aufrechnung (§ 389 BGB) zurück.[36]

b) Insolvenzplanverfahren. Im Zusammenhang mit dem Insolvenzplanverfahren stellen sich im Wesentlichen zwei Fragen: Sind aufrechnungsbefugte Insolvenzgläubiger in den Insolvenzplan als absonderungsberechtigte Gläubiger einzubeziehen? Was folgt gegebenenfalls aus der Einbeziehung und vor allem der gestaltenden Wirkung des rechtskräftigen Insolvenzplans für die Aufrechnungsbefugnis des Insolvenzgläubigers? 6

Der aufrechnungsbefugte Gläubiger ist **als Insolvenzgläubiger** am Planaufstellungsverfahren **zu beteiligen** (§§ 217 Satz 1, 222 Abs. 1 Satz 2 Nr. 2, 224, 254b), solange er nicht aufrechnet.[37] Streitig ist im Weiteren aber, ob er zugleich in den Kreis der absonderungsberechtigten Gläubiger (§§ 222 Abs. 1 Satz 2 Nr. 1, 223 Abs. 2) aufzunehmen ist. Rechtsprechung und Schrifttum haben 7

26 Vgl. die Kommentierung der 2. Aufl., § 94 Rn. 41 ff. mwN.

27 BGHZ 99, 36, 40 f. = NJW 1984, 2534; BGH NJW 1998, 2538 f.; NZI 2000, 308, 309; ebenso BFHE 188, 149 = NZI 2000, 501, 503 f.

28 Grundlegend BGHZ 159, 388, 390 f. = NZI 2004, 580 = NJW 2004, 3118; BGH NZI 2012, 365 Rn. 24; BGHZ 197, 21 Rn. 46; BeckOKInsO/*Liefke* § 94 Rn. 57; KPB/*Lüke* § 96 Rn. 6.

29 Vgl. BT-Drs. 12/2443, S. 141.

30 BGHZ 159, 388, 391 f.; KPB/*Lüke* § 94 Rn. 99 ff.; HKInsO/*J. Schmidt* § 94 Rn. 21.

31 BGHZ 130, 76 = ZIP 1995, 1200; BGH ZIP 1996, 1015; 137, 267, 278 = ZIP 1998, 257.

32 Vgl. im Einzelnen BGHZ 159, 388, 391 f. = NZI 2004, 580.

33 RGZ 30, 71, 74; BGHZ 15, 333, 337 = NJW 1955, 259; BGHZ 101, 286, 288 = NJW 1987, 2871; BGH NZI 2004, 444; ZInsO 2009, 495 Rn. 10; NZI 2011, 73 Rn. 11; NZI 2012, 365 Rn. 25.

34 BT-Drs. 12/2443, S. 156; BGH NZI 2012, 365 Rn. 25.

35 BGH NZI 2012, 635 Rn. 25; Jaeger/*Gerhardt* § 21 Rn. 67 ff.; HKInsO/*Rüntz/Laroche* § 24 Rn. 10.

36 HKInsO/*J. Schmidt* § 94 Rn. 21; HambKommInsO/*Jacoby* Vor §§ 94–96 Rn. 11.

37 K. Schmidt/*Thole* § 94 Rn. 30; BeckOKInsO/*Liefke* § 94 Rn. 59; allgemein für den vollrangigen Insolvenzgläubiger HKInsO/*Haas* § 221 Rn. 2 und § 222 Rn. 8; K. Schmidt/*Spliedt* § 221 Rn. 2.

seit jeher darauf hingewiesen, dass der Gläubiger, soweit seine Aufrechnungsbefugnis reicht, einem Absonderungsberechtigten gleichsteht oder jedenfalls ähnelt.[38] *Häsemeyer* hat vorgeschlagen, die kraft Vertrages zur Aufrechnung Berechtigten wegen des Sicherungscharakters ihrer Rechtsstellung nicht nur entsprechend §§ 166 Abs. 2, 170 Abs. 1, 171 an den Feststellungs- und Verwertungskosten zu beteiligen, sondern sie auch bei der Aufstellung und Verabschiedung eines Insolvenzplans (§§ 217 ff.) in die Gruppe der absonderungsberechtigten Gläubiger aufzunehmen.[39] Auch *Lüke* hält dies für zulässig; jedenfalls bei Gläubigern von vertraglichen Aufrechnungsvereinbarungen seien die Regeln über Absonderungsrechte analog anzuwenden.[40] Einer solchen Einbeziehung steht – wie schon nach früherem Recht[41] – indes eine eindeutige gesetzliche Regelung entgegen.[42] Die Rechtsstellung des zur Aufrechnung befugten Gläubigers wird durch die Eröffnung des Verfahrens „nicht berührt"; sie kann deshalb auch nicht den für die abgesonderte Befriedigung maßgebenden Vorschriften unterliegen. Eine Gleichstellung mit den absonderungsberechtigten Gläubigern ließe sich auch nicht durchhalten. Während dem Absonderungsberechtigten für Mobilien und Forderungen mit der Verfahrenseröffnung nach § 166 die Verwertungsbefugnis entzogen ist,[43] kann der aufrechnungsbefugte Gläubiger auch im Insolvenzplanverfahren jederzeit nach Maßgabe der §§ 94 bis 96 aufrechnen und so seine Einbeziehung in den Insolvenzplan verhindern.[44]

8 Ist aber seine Einbeziehung in den Insolvenzplan erfolgt und hat der Insolvenzgläubiger bis zum Eintritt der formellen Rechtskraft des Plans die Aufrechnung nicht erklärt, treten gemäß **§ 254 Abs. 1 Satz 1** die im gestaltenden Teil des Plans festgelegten **materiellen Wirkungen** auch unmittelbar für und gegen ihn ein.[45] Insolvenzforderungen können nur noch in Höhe der vereinbarten Quote durchgesetzt werden. Soweit sie als erlassen gelten, bestehen sie – wie der Gegenschluss aus §§ 254 Abs. 3, 255 Abs. 1 Satz 1 ergibt – nur noch als natürliche, unvollkommene Verbindlichkeiten fort, die erfüllbar, aber nicht mehr durchsetzbar sind. Mit solchen Forderungen kann nicht aufgerechnet werden,[46] allenfalls gegen sie. Der Schuldner wird mit der im gestaltenden Teil des Plans vorgesehenen Befriedigung der Insolvenzgläubiger von seinen restlichen Verbindlichkeiten diesen gegenüber befreit (§ 227 Abs. 1).[47] Eine noch weitergehende Wirkung hätte es, wenn man einen Erlassvertrag im Sinne des § 397 Abs. 1 BGB mit der dort vorgesehenen Folge des Erlöschens der Forderung annähme.[48]

Allerdings belässt es der BGH bei dieser, mit den bürgerlich-rechtlichen Vorschriften zur Aufrechnung konsistenten Lösung nicht. Bestand bereits bei Verfahrenseröffnung die Aufrechnungslage, soll vielmehr nach § 94 die Aufrechnung mit einer nach dem Insolvenzplan als erlassen geltenden Insolvenzforderung auch weiterhin möglich sein.[49] Der Wortlaut des § 254 Abs. 1 gebe für das **Verhältnis von Aufrechnungsbefugnis und gestaltender Wirkung des Insolvenzplans** nichts her. Die Gesetzgebungsgeschichte spreche für einen Fortbestand der Aufrechnungsbefugnis. Der Gesetzgeber habe an der Rechtslage nach § 54 Satz 2 VerglO festhalten wollen, wonach die Befugnis zur Aufrechnung gemäß §§ 54, 55 KO durch die Wirkungen des Vergleichs unberührt blieb.[50] Die

---

[38] RGZ 80, 407, 409, 412; RG JW 1936, 3126; BGHZ 160, 107, 111 = NJW 2004, 3185 = NZI 2004, 585; BGHZ 177, 1 Rn. 29 f. = NZI 2008, 479; BGH NJW 1960, 1295; NJW 1994, 1659; NZI 2012, 513 Rn. 14; *Jaeger/Lent* KO, 8. Aufl., § 53 Rn. 29.

[39] *Häsemeyer* Kölner Schrift, Kap. 15 Rn. 72.

[40] KPB/*Lüke* § 94 Rn. 103 und 107.

[41] Vgl. BGH NJW 1960, 1295.

[42] So auch BeckOKInsO/*Liefke* § 94 Rn. 59; K. Schmidt/*Thole* § 94 Rn. 30: wohl nur de lege ferenda erzielbar.

[43] KPB/*Lüke* § 94 Rn. 104.

[44] HKInsO/*J. Schmidt* § 94 Rn. 71; HambKommInsO/*Jacoby* Vor §§ 94–96 Rn. 11a; *Braun* NZI 2009, 409, 411; *Joachim/Schwarz,* ZInsO 2009, 408, 410; FKInsO/*Bernsau* § 94 Rn. 1; AGR/*Piekenbrock* § 94 Rn. 6. Das sieht auch KPB/*Lüke* § 94 Rn. 104.

[45] BGH NZI 2011, 538 Rn. 7 f.; HambKommInsO/*Jacoby* Vor §§ 94–96 Rn. 11a; VG Stuttgart NZI 2018, 30, 31.

[46] BGH NZI 2011, 538 Rn. 8 mwN.

[47] BGH ZIP 2018, 1141 Rn. 51.

[48] Vgl. MüKoBGB/*Schlüter* § 397 Rn. 7; *Mertzbach* GmbHR 2013, 75, 77; *Flöther/Wehner* ZInsO 2009, 503, 505; vermischend VG Stuttgart NZI 2018, 30, 31: Erlassvertrag im Sinne des § 397 BGB mit der Folge einer unvollkommenen Forderung; zum ungeklärten Verhältnis *Dellit/Hamann* ZIP 2015, 308 ff., insb. S. 313, wonach § 227 Abs. 1 eine spezialgesetzliche Ausnahme vom Grundsatz, dass Schweigen im Vertrag keine Erklärung enthält, und § 254 eine spezialgesetzliche Ausnahme von den Rechtsfolgen nach § 397 Abs. 1 BGB sei.

[49] BGH NZI 2011, 538 Rn. 9 ff.; zustimmend HKInsO/*J. Schmidt* § 94 Rn. 72 und § 95 Rn. 51; der Entscheidung auch insoweit folgend VG Stuttgart NZI 2018, 30, 32 und LSG Baden-Württemberg Urteil vom 28. Oktober 2015 – L 3 U 561/13, juris Rn. 27.

[50] Kritisch zu dieser auch von der Vorinstanz OLG Celle verwendeten Argumentation *Jacobi* NZI 2009, 351, 353; *Braun* NZI 2009, 409, 411 f; Uhlenbruck/*Sinz* § 94 Rn. 84.

Zulassung der Aufrechnung führe auch nicht zwangsläufig zu unbilligen Ergebnissen; es sei Sache des Insolvenzverwalters, den Gläubiger zum Verzicht auf sein Aufrechnungsrecht zu bewegen oder die fortbestehende Aufrechnungsmöglichkeit bei der Gestaltung des Insolvenzplans einzubeziehen.[51] Gegen diese Auslegung des § 94 ist einzuwenden, dass sie der Norm im Ergebnis eine die bürgerlich-rechtlichen Voraussetzungen der Aufrechnungsbefugnis modifizierende, nämlich den Gläubiger eines in Insolvenz geratenen Forderungsschuldners besserstellende Wirkung beimisst, ohne dass sich hierfür der vom BGH herangezogenen Gesetzgebungsgeschichte hinreichende Anhaltspunkte entnehmen ließen.[52] Nach § 387 BGB muss die Aufrechnungslage im Zeitpunkt der Aufrechnungserklärung (§ 388 Satz 1 BGB), genauer: deren Zugangs gemäß § 130 Abs. 1 BGB,[53] bestehen; nur dann „schulden" zwei Personen einander Leistungen, wie es in § 387 BGB heißt.[54] Die Aufrechnungserklärung ist unwirksam, wenn im Zeitpunkt ihrer Abgabe nicht alle Voraussetzungen der Aufrechnung gegeben sind.[55] Dieses Erfordernis setzen die §§ 94 ff. – so ihre einhellige Interpretation im Hinblick auf deren Regelungszweck – voraus[56] und *ergänzen* es für eine nach der Eröffnung eines Insolvenzverfahrens abgegebene Aufrechnungserklärung um das weitere insolvenzspezifische Element, dass die Aufrechnungslage auch schon im Zeitpunkt der Verfahrenseröffnung bestanden haben (§ 94) oder zumindest im Kern angelegt gewesen (§ 95 Abs. 1) sein muss. Die Auslegung des § 94 durch den BGH läuft hingegen darauf hinaus, dass das bürgerlich-rechtliche Erfordernis bei Vorliegen des insolvenzspezifischen Elements *ersetzt* wird – demzufolge genügte es, dass die Aufrechnungslage bei Eröffnung bestand oder angelegt war, und schadete es nicht, dass sie im Zeitpunkt der Aufrechnungserklärung wegen der fehlenden Durchsetzbarkeit[57] oder wegen Erlöschens[58] der Gegenforderung des Insolvenzgläubigers nicht mehr gegeben ist[59] – oder durch § 94 das Fortbestehen der Gegenforderung *fingiert* wird.[60] Zudem stehen weiterhin die im Schrifttum geäußerten Bedenken im Hinblick auf Wirkungen und Ziel eines festgestellten Insolvenzplans entgegen; dieser soll mit seinen Festsetzungen gerade eine Gesamtlösung erzielen und die vermögens- und haftungsmäßige Beziehung zwischen den Beteiligten allein festlegen.[61]

Das VG Stuttgart folgt zwar der Auslegung des § 94 durch den BGH; im Verhältnis zu § 95 Abs. 1 Satz 1 sei aber die gestaltende Wirkung des rechtskräftigen Insolvenzplans spezieller.[62] Die Erwägungen des Gerichts zu einer unterschiedlich gesicherten und schutzwürdigen Rechtstellung des Insolvenzgläubigers bei § 94 einerseits und § 95 andererseits[63] stehen mit der Systematik der §§ 94 ff. nicht im Einklang.[64]

c) Wohlverhaltensperiode. Nach Aufhebung des Insolvenzverfahrens finden die §§ 94 bis 96 **keine Anwendung** mehr. Das gilt auch dann, wenn der Schuldner Restschuldbefreiung beantragt 9

[51] Kritisch hierzu *Mertzbach* GmbHR 2013, 75, 76 f. für den Fall, dass ein gegen das Finanzamt gerichteter Steuererstattungs- oder Vergütungsanspruch erst nach dem Prüftermin und der Aufhebung des Insolvenzplanverfahrens bekannt wird. Vgl. auch Uhlenbruck/*Sinz* § 94 Rn. 85.

[52] Ablehnend auch Uhlenbruck/*Sinz* § 94 Rn. 85 f.; Gottwald/*Adolphsen,* InsO-HdB, § 45 Rn. 37; KPB/*Lüke* § 94 Rn. 105 f.; *Lüke/Scherz* WuB VI.A. § 94 InsO 1.11 S. 681 f.; K. Schmidt/*Thole* § 94 Rn. 30: durch den Insolvenzplan sei das Substrat der Aufrechnung beseitigt; so auch BeckOKInsO/*Liefke* § 94 Rn. 60; HambKommInsO/*Jacoby* Vor §§ 94–96 Rn. 11a; *Dellit/Hamann* ZIP 2015, 308, 315; zu OLG Celle 14 U 108/08 *Schur* EWiR 2009, 119, 120; *Dahl* NJW-Spezial 2009, 309, 310; *Jacobi* NZI 2009, 351, 354; *Flöther/Wehner* ZInsO 2009, 503, 505; *Joachim/Schwarz,* ZInsO 2009, 408, 411.

[53] Staudinger/*Gursky* § 387 Rn. 2 (für die Gegenseitigkeit) und § 388 Rn. 9.

[54] MüKoBGB/*Schlüter* § 387 Rn. 6 und § 388 Rn. 1; Staudinger/*Gursky* Vorbem zu §§ 387 ff. Rn. 15 und 21; *Flöther/Wehner* ZInsO 2009, 503, 505; *Pöllmann* EWiR 2009, 121, 122; insoweit auch VG Stuttgart NZI 2018, 30, 31, das im Weiteren allerdings der Auffassung des BGH folgt.

[55] Staudinger/*Gursky* § 388 Rn. 11; Soergel/*Schreiber* § 388 Rn. 1; *Lüke/Scherz* WuB VI.A. § 94 InsO 1.11 S. 681; für den Fall eines im Zeitpunkt der Erklärung bestehenden Aufrechnungsverbots BGH NJW 1984, 357, 358 unter I.2.b) aa).

[56] *Braun* NZI 2009, 409, 410 f.; *Lüke/Scherz* WuB VI.A. § 94 InsO 1.11 S. 681.

[57] Wenn als unvollkommene Verbindlichkeit bestehend, vgl. BGH NZI 2011, 538 Rn. 8.

[58] Wenn erlassen im Sinne des § 397 Abs. 1 BGB, vgl. *Flöther/Wehner* ZInsO 2009, 503, 505; *Dellit/Hamann* ZIP 2015, 308, 315.

[59] Kritisch auch *Dahl* NJW-Spezial 2009, 309, 310.

[60] Kritisch auch *Lüke/Scherz* WuB VI.A. § 94 InsO 1.11 S. 681.

[61] *Pöllmann* EWiR 2009, 121, 122 mwN; *Braun* NZI 2009, 409, 411; *Schrader* jurisPR-PrivBauR 11/2011 Anm. 6 unter C; *Joachim/Schwarz,* ZInsO 2009, 408, 409 und 411; *Lüke/Scherz* WuB VI.A. § 94 InsO 1.11 S. 682; Uhlenbruck/*Sinz* § 94 Rn. 84 f.

[62] NZI 2018, 30, 33 f.

[63] Insbesondere NZI 2018, 30, 33 f.

[64] Wie hier für den Fall der Restschuldbefreiung FKInsO/*Ahrens* § 301 Rn. 28. Dem VG Stuttgart zustimmend hingegen BeckOKInsO/*Liefke* § 94 Rn. 60.

(§ 287) und das Insolvenzgericht vor Aufhebung des Insolvenzverfahrens die Restschuldbefreiung angekündigt hatte (§ 287a Abs. 1). Es gelten die allgemeinen Vorschriften (§§ 387 ff. BGB).[65] Für die Wohlverhaltensperiode enthalten die Vorschriften des Achten Teils der InsO über die Restschuldbefreiung (§§ 286–303a) mit § 294 Abs. 3 ein eigenes Aufrechnungsverbot. In den bis zum 30. Juni 2014 beantragten Insolvenzverfahren berechtigte § 294 Abs. 3 aF den Zahlungsverpflichteten der Bezüge noch zwei Jahre nach Eröffnung des Insolvenzverfahrens zur Aufrechnung (§ 114 Abs. 2 aF). Die Neufassung untersagt eine Aufrechnung durch Insolvenzgläubiger gegen die von der Abtretungserklärung nach § 287 Abs. 2 erfassten Lohn- und Gehaltsansprüche des Schuldners, was nach Aufhebung des § 114 aF auch für den Arbeitgeber als Insolvenzgläubiger und dessen vor Verfahrenseröffnung gegen den Schuldner entstandene Ansprüche (etwa auf Rückerstattung eines Arbeitgeberdarlehens) gilt.[66] Die nach § 287 Abs. 2 abgetretenen Bezüge als wesentliche Leistungsgrundlage des insolventen Schuldners sollen zugunsten der Gläubigergesamtheit gesichert werden und nicht dem Befriedigungsinteresse eines Einzelgläubigers dienen.[67] Auch für den neu gefassten § 294 Abs. 3 gilt, dass diese Vorschrift nicht im Sinne eines allgemeinen Aufrechnungsverbotes auszulegen ist.[68] Gegen Forderungen, die nicht der Abtretungserklärung unterfallen, kann daher nach Maßgabe der §§ 387 ff. BGB uneingeschränkt aufgerechnet werden.[69]

10 Streitig ist, ob nach der rechtskräftigen **Erteilung der Restschuldbefreiung** eine Aufrechnung mit der von der Restschuldbefreiung erfassten Insolvenzforderung noch möglich ist. Eine Ansicht bejaht dies. Gemäß § 301 Abs. 3 fehle die Durchsetzbarkeit der Insolvenzforderung als Gegenforderung nur dann, wenn der Insolvenzgläubiger trotz Restschuldbefreiung anderweitig befriedigt worden sei.[70] Wenn die im Vergleich zu einer Aufrechnungslage schwächeren Absonderungsrechte nach § 301 Abs. 2 durch die Restschuldbefreiung nicht berührt werden, müsse dies erst recht für die Gegenforderung gelten.[71] Dies trifft nicht zu. Die erfasste Insolvenzforderung wird zu einer erfüllbaren, aber nicht erzwingbaren Forderung (vgl. § 301).[72] § 301 Abs. 3 stellt nur klar, dass eine solche Forderung gleichwohl noch einen Grund für das Behaltendürfen einer Leistung bildet.[73] Nach den bürgerlich-rechtlichen Vorschriften (§ 387 BGB) kann „mit“ einer solchen unvollkommenen Forderung nicht aufgerechnet werden; denn die Forderung des Aufrechnenden (Gegen- oder Aktivforderung) muss vollwirksam und durchsetzbar sein.[74] Hieraus folgt, dass der frühere Insolvenzgläubiger die von der Restschuldbefreiung erfasste Insolvenzforderung nicht dazu benutzen kann, um sich mittels Aufrechnung von einer Verbindlichkeit gegenüber dem Insolvenzschuldner zu befreien.[75] Da die unvollkommene Forderung erfüllbar bleibt und die Erfüllbarkeit bei der Haupt- oder Passivforderung genügt, kann aber der frühere Insolvenzschuldner seinerseits „gegen“ die von der Restschuldbefreiung erfasste Insolvenzforderung aufrechnen, wenn er bereit ist, eine eigene fällige und durchsetzbare Forderung gegen den früheren Insolvenzgläubiger für diesen Zweck einzusetzen.

Allerdings ist wohl die Auslegung des § 94 durch den BGH beim Forderungserlass gemäß § 254 aufgrund eines rechtskräftigen Insolvenzplans[76] zu übertragen.[77] Hierfür ließe sich neben der

---

65 BGH NZI 2011, 538 Rn. 10; vgl. auch BFH/NV 2010, 950 Rn. 7 f.

66 Uhlenbruck/*Sternal* § 294 Rn. 32 f.; FKInsO/*Ahrens* § 294 Rn. 68. Zu den Folgen der Aufhebung *Ahrens* NZI 2014, 529 ff. und *Kuleisa* ZVI 2015, 85 ff.

67 FKInsO/*Ahrens* § 294 Rn. 6 und 67.

68 Zu § 294 Abs. 3 aF BGHZ 163, 391, 392 ff. = NJW 2005, 2988 = NZI 2005, 565; BFHE 216, 1, 3 = ZVI 2007, 137; BFH/NV 2010, 950 Rn. 8; ThürFG EFG 2012, 795; vgl. auch BGH NZI 2012, 513 Rn. 12; KPB/*Lüke* § 94 Rn. 109; zur Neufassung Uhlenbruck/*Sternal* § 294 Rn. 35; HambKommInsO/*Streck* § 294 Rn. 15; BeckOKInsO/*Liefke* § 94 Rn. 58; FKInsO/*Ahrens* § 294 Rn. 69; K. Schmidt/*Henning* § 294 nF Rn. 9; wohl auch HKInsO/*Waltenberger* § 294 Rn. 4; BeckOKInsO/*Riedel* § 294 Rn. 14, einschränkend aber für Neuforderungen des Arbeitgebers in Rn. 11 und 13.3.

69 BGHZ 163, 391, 392 ff. = NJW 2005, 2988 = NZI 2005, 565; BGH NZI 2006, 246 Rn. 9; NZI 2012, 513 Rn. 12.

70 BeckOKInsO/*Liefke* § 94 Rn. 58.

71 OLG Oldenburg ZVI 2014, 394, 395.

72 BT-Drs. 12/2443, S. 194 zu § 250 RegE; BGH NZI 2008, 737 Rn. 11; NZI 2018, 488 Rn. 19; BFH NZI 2017, 583 Rn. 25 und 39; HambKommInsO/*Streck* § 301 Rn. 1 und 9; FKInsO/*Ahrens* § 301 Rn. 6 und 22 ff.; Uhlenbruck/*Sternal* § 294 Rn. 37.

73 FKInsO/*Ahrens* § 301 Rn. 1 und 22; *Geißler* ZInsO 2018, 1701, 1704; zur Auswirkung auf den Ansatz betrieblicher Verbindlichkeiten BFH NZI 2017, 583 Rn. 37 ff.

74 K. Schmidt/*Henning* § 294 nF Rn. 9; HKInsO/*Waltenberger* § 301 Rn. 3 aE; Uhlenbruck/*Sternal* § 294 Rn. 37 und § 301 Rn. 17; Jaeger/*Windel* § 94 Rn. 23; KPB/*Lüke* § 94 Rn. 110; FKInsO/*Ahrens* § 301 Rn. 26.

75 HambKommInsO/*Streck* § 294 Rn. 16; zweifelnd auch BFH NZI 2017, 583 Rn. 43.

76 BGH NZI 2011, 538 Rn. 9 ff.

77 Ausdrücklich in diesem Sinne FG Kiel DStRE 2014, 1272, 1274; ferner *Jacobi* NZI 2009, 351, 354; zweifelnd BFH NZI 2017, 583 Rn. 43; offen gelassen von LSG Nordrhein-Westfalen ZInsO 2018, 1280, 1283.

Entsprechung der Anordnungen in § 301 Abs. 1 und § 254 Abs. 1[78] die Orientierung der Konsequenzen bei der Restschuldbefreiung an den Wirkungen eines gerichtlich bestätigten Vergleichs nach §§ 193 KO, 82 VglO[79] anführen.[80] Auch soll § 94 gegen die Entziehung der Aufrechnungsbefugnis „ohne" Willen des Gläubigers schützen, was bei der Restschuldbefreiung jedenfalls stärker als beim Insolvenzplan relevant würde.[81] Dann wäre eine Aufrechnung weiterhin zulässig, wenn die Aufrechnungslage bereits bei Verfahrenseröffnung bestanden hat (vgl. hierzu und zu den Bedenken → § 94 Rn. 8).[82]

3. Aufrechnung durch Insolvenzgläubiger. a) Allgemeines. Die Vorschriften der §§ 94 bis 96 gelten grundsätzlich nur für die **Aufrechnung durch Insolvenzgläubiger** gegen eine massebefangene Passivforderung.[83] Insolvenzgläubiger sind nach der Legaldefinition des **§ 38** diejenigen persönlichen Gläubiger des Insolvenzschuldners, die einen zur Zeit der Eröffnung des Insolvenzverfahrens begründeten Vermögensanspruch gegen den Schuldner haben. Diese Gläubiger sind auch dann Insolvenzgläubiger, wenn sie nicht am Insolvenzverfahren teilnehmen; entscheidend ist die materielle Stellung. Die Anmeldung der Forderung ist folglich nicht Voraussetzung der Aufrechnung.[84] 11

Insolvenzgläubiger sind gemäß § 52 Satz 1 auch **Absonderungsberechtigte,** allerdings **nur** mit ihrer persönlichen Forderung. Sie sind nur insoweit aufrechnungsbefugt.[85]

Nicht an Insolvenzgläubiger, sondern an **Neugläubiger** richtet sich die Vorschrift des § 96 Abs. 1 Nr. 4. Sie verbietet die Aufrechnung durch Gläubiger, deren Forderungen aus dem freien Vermögen des Schuldners zu erfüllen sind, gegen Forderungen der Masse. Dabei handelt es sich um Forderungen, die der Schuldner persönlich nach der Eröffnung begründet hat und die nicht aus der Masse erfüllt werden dürfen. § 94 gilt für Neugläubiger jedoch nicht.

b) Aufrechnung durch nachrangige Gläubiger. Die Gläubiger nachrangiger Forderungen (§ 39) sind bei Vorliegen der Voraussetzungen der §§ 94 bis 96 aufrechnungsbefugt.[86] Da die Teilnahme am Verfahren nicht Voraussetzung der Aufrechnung ist, steht § 174 Abs. 3 Satz 1 (Anmeldung der Forderungen nachrangiger Gläubiger nur nach besonderer Aufforderung) der Aufrechnung nicht entgegen.[87] Aufrechnungsverbote des bürgerlichen Rechts oder anderer Gesetze bleiben gleichwohl zu beachten. Mit kapitalersetzenden Darlehen und vergleichbaren Forderungen des früheren Rechts konnte grundsätzlich überhaupt nicht aufgerechnet werden.[88] 12

c) Aufrechnung durch Massegläubiger. Die Vorschriften der §§ 94 bis 96 gelten grundsätzlich nicht für Massegläubiger. Gläubiger, deren Forderungen erst nach Verfahrenseröffnung vom Insolvenzverwalter oder im Vorverfahren von einem vorläufigen Insolvenzverwalter (§ 55 Abs. 2) gegen die Masse begründet worden sind (§§ 53 ff.), können deshalb nach den bürgerlich-rechtlichen Vorschriften und ohne die insolvenzrechtlichen Beschränkungen aufrechnen.[89] Denn ihre Forderungen sind nach § 53 aus der Insolvenzmasse vorweg zu befriedigen, wenn die Masse zur vollständigen Befriedigung aller Massegläubiger ausreicht. Der Masse entsteht durch die Aufrechnung mithin kein Nachteil.[90] 13

Reicht die Masse nicht zur vollständigen Befriedigung aller Massegläubiger aus, zeigt der Verwalter deshalb **Masseunzulänglichkeit (§ 208)** an und sind die Massegläubiger nunmehr in der

---

78 FKInsO/*Ahrens* § 301 Rn. 2; FG Kiel DStRE 2014, 1272, 1274: vergleichbarer Fall.

79 FKInsO/*Ahrens* § 301 Rn. 24 f.

80 Vgl. beim Insolvenzplan BGH NZI 2011, 538 Rn. 11 und 13.

81 *Jacobi* NZI 2009, 351, 354.

82 In diesem Sinne HambKommInsO/*Streck* § 301 Rn. 10; FKInsO/*Ahrens* § 301 Rn. 27 f. auch für die während des Verfahrens entstehende Aufrechnungslage. Zur Ausnahmeregelung des § 51 Abs. 2 SGB I LSG Bayern NZI 2018, 495, 497.

83 AGR/*Piekenbrock* § 94 Rn. 4; vgl. auch HambKommInsO/*Jacoby* Vor §§ 94–96 Rn. 8: Gegenseitigkeitsverhältnis in haftungsrechtlicher Hinsicht; LSG Nordrhein-Westfalen ZInsO 2018, 1280, 1283.

84 HKInsO/*J. Schmidt* § 94 Rn. 7.

85 K. Schmidt/*Thole* § 94 Rn. 3; BeckOKInsO/*Liefke* § 94 Rn. 6; HKInsO/*J. Schmidt* § 94 Rn. 9 f.; HambKommInsO/*Jacoby* Vor §§ 94–96 Rn. 7.

86 AGR/*Piekenbrock* § 94 Rn. 4; HKInsO/*J. Schmidt* § 94 Rn. 8; HambKommInsO/*Jacoby* Vor §§ 94–96 Rn. 6; Andres/Leithaus/*Leithaus* § 94 Rn. 2.

87 HKInsO/*J. Schmidt* § 94 Rn. 7.

88 Vgl. MüKoInsO/*Brandes* → 2. Aufl., § 94 Rn. 13, 24.

89 BGHZ 30, 248, 250 = NJW 1959, 1874; BGH NJW 1986, 3206, 3209 (jeweils zur KO); BGH NZI 2004, 23, 25 (zum geltenden Recht); BeckOKInsO/*Liefke* § 94 Rn. 8; K. Schmidt/*Thole* § 94 Rn. 5; KPB/*Lüke* § 94 Rn. 14; HKInsO/*J. Schmidt* § 94 Rn. 11; FKInsO/*Bernsau* § 94 Rn. 4 und § 96 Rn. 22; HambKommInsO/*Jacoby* Vor §§ 94–96 Rn. 9.

90 KPB/*Lüke* § 94 Rn. 14 und § 96 Rn. 7.

Rangfolge des § 209 zu befriedigen, gelten die §§ 94 bis 96 entsprechend.[91] § 320 Abs. 2 RegE ordnete ausdrücklich an, dass für Altmasseverbindlichkeiten die Vorschriften über die Aufrechnung im Verfahren entsprechend gelten sollten.[92] Auf Vorschlag des Rechtsausschusses wurde diese Regelung gestrichen. Eine inhaltliche Änderung war hiermit jedoch nicht beabsichtigt; vielmehr wurde eine ausdrückliche Regelung der Rechtsfolgen nicht für erforderlich gehalten.[93] Entsprechend § 94 bleiben den Massegläubigern also nur Aufrechnungslagen erhalten, die zum Zeitpunkt der Anzeige der Masseunzulänglichkeit (§ 208) bereits bestanden haben. Der Gläubiger einer Altmasseforderung kann also nicht gegen Forderungen der Insolvenzmasse aufrechnen, die erst nach der Anzeige der Masseunzulänglichkeit begründet wurden. Die Nachrangigkeit eines Massegläubigers (§ 209) schließt die Aufrechnung nicht aus, weil er nicht anders zu behandeln ist als der Gläubiger einer nachrangigen Insolvenzforderung (§ 39). Dieser kann ohne weiteres aufrechnen (§ 39 Abs. 1 Nr. 5 ausgenommen).[94] Auch die §§ 95 und 96 Abs. 1 Nr. 1, 2 und 4 gelten mit der Maßgabe entsprechend, dass an die Stelle des Zeitpunkts der Verfahrenseröffnung derjenige der Anzeige der Masseunzulänglichkeit (§ 208) tritt.[95] Nicht entsprechend anwendbar ist indes § 96 Abs. 1 Nr. 3.[96] Die Einhaltung der Rangfolge des § 209 – nur darum kann es nach Eintritt der Masseunzulänglichkeit noch gehen – wird durch die Vorschriften über die Haftung des Insolvenzverwalters (§ 60 iVm § 92 analog) abgesichert,[97] nicht durch eine entsprechende Anwendung des – bei Masseunzulänglichkeit nicht direkt anwendbaren[98] – Insolvenzanfechtungsrechts.

14 **d) Aufrechnung durch den Insolvenzverwalter.** Die §§ 94 bis 96 regeln die Aufrechnung durch den Insolvenzgläubiger, **nicht** diejenige durch den Insolvenzverwalter.[99] Auch der Verwalter kann aber mit Forderungen der Masse gegen Forderungen des Insolvenzgläubigers aufrechnen. Die rechtlichen Voraussetzungen ergeben sich aus § 387 BGB. Ist zugleich über das Vermögen des Insolvenzgläubigers das Insolvenzverfahren eröffnet und handelt es sich deshalb auch bei der aufgerechneten Gegenforderung um eine Insolvenzforderung, sind insoweit zusätzlich die §§ 94 ff. zu beachten.[100] Soweit es um das Recht des Insolvenzgläubigers, also im Falle der Aufrechnung durch den Insolvenzverwalter um die Hauptforderung, geht, sind der Anspruch auf die Insolvenzdividende und die Insolvenzforderung als Ganzes zu unterscheiden.[101]

15 Die Aufrechnung mit einer Forderung der Masse **gegen den Anspruch auf die Insolvenzquote,** die auf die festgestellte Insolvenzforderung entfällt, ist erst möglich, nachdem die angemeldete Forderung gemäß § 178 Abs. 1 als festgestellt gilt. Vorher kann der Insolvenzverwalter zwar die ihm gebührende Leistung fordern, die ihm obliegende Leistung nach § 187 Abs. 1 aber nicht bewirken.[102] Erst die Verteilung (§ 187 Abs. 2) kann anstatt durch Zahlung durch Aufrechnung erfolgen.[103] Die Aufrechnung kann erforderlichenfalls mit der Vollstreckungsgegenklage (§ 767 ZPO) geltend gemacht werden.[104]

---

91 BFHE 220, 295 = ZIP 2008, 886 Rn. 9 ff.; ebenso zur Rechtslage nach der KO BGHZ 130, 38, 46 f. = NJW 1995, 2783; BeckOKInsO/*Liefke* § 94 Rn. 9; KPB/*Lüke* § 94 Rn. 18; FKInsO/*Bernsau* § 94 Rn. 4; HKInsO/*J. Schmidt* § 94 Rn. 12; HambKommInsO/*Jacoby* Vor §§ 94–96 Rn. 9; K. Schmidt/*Thole* § 94 Rn. 5; AGR/*Piekenbrock* § 94 Rn. 5; Andres/Leithaus/*Leithaus* § 94 Rn. 2; Braun/*Kroth* § 94 Rn. 7.

92 § 320 Abs. 2 RegE; BT-Drs. 12/2443, S. 59.

93 BT-Drs. 12/7302, S. 180, zu § 234b Abs. 2 (= §§ 318 bis 320 RegE).

94 KPB/*Lüke* § 94 Rn. 19 ff.; HKInsO/*J. Schmidt* § 94 Rn. 12.

95 BFHE 220, 295 = ZIP 2008, 886 Rn. 9 ff.; ebenso zur Rechtslage nach der KO BGHZ 130, 38, 46 f. = NJW 1995, 2783; BeckOKInsO/*Liefke* § 94 Rn. 10; KPB/*Lüke* § 94 Rn. 24; Braun/*Kroth* § 96 Rn. 7.

96 HKInsO/*J. Schmidt* § 94 Rn. 13; Uhlenbruck/*Sinz* § 94 Rn. 72; K. Schmidt/*Thole* § 94 Rn. 7; KPB/*Lüke* § 94 Rn. 26 f.; HambKommInsO/*Jacoby* Vor §§ 94–96 Rn. 9; Braun/*Kroth* § 96 Rn. 7; aA *Henckel* FS Lüke, S. 237, 263.

97 Vgl. BGHZ 159, 104, 111 = NJW 2004, 3334 = NZI 2004, 435.

98 K. Schmidt/*Jungmann* § 208 Rn. 33; BeckOKInsO/*Liefke* § 94 Rn. 9.

99 HKInsO/*J. Schmidt* § 94 Rn. 14; HambKommInsO/*Jacoby* Vor §§ 94–96 Rn. 10; FKInsO/*Bernsau* § 94 Rn. 4; Andres/Leithaus/*Leithaus* § 94 Rn. 2; Braun/*Kroth* § 94 Rn. 8; Uhlenbruck/*Sinz* § 94 Rn. 76; KPB/*Lüke* § 94 Rn. 30; Gottwald/*Adolphsen,* InsO-HdB, § 45 Rn. 107.

100 BGHZ 201, 121 Rn. 9.

101 AA HKInsO/*J. Schmidt* § 94 Rn. 15 ff. Hiergegen spricht aber wohl die gesonderte Behandlung in BGHZ 201, 121 Rn. 8 ff. einerseits und Rn. 21 andererseits.

102 BGHZ 100, 222, 227 = NJW 1987, 1691; AGR/*Piekenbrock* § 94 Rn. 8: nur unter dieser Voraussetzung begründet die Insolvenzforderung ein Recht auf Dividende; *Lüke/Wenske* WuB VI.A. § 94 InsO 1.14 S. 510; aA BeckOKInsO/*Liefke* § 94 Rn. 11; K. Schmidt/*Thole* § 94 Rn. 9: Teilaufrechnung gegen die Forderung als Ganzes.

103 BGHZ 100, 222, 227 = NJW 1987, 1691; vgl. auch Uhlenbruck/*Sinz* § 94 Rn. 78.

104 BGHZ 201, 121 Rn. 21. Diese Entscheidung befasst sich insoweit aber nur mit der Aufrechnung nach der Feststellung der Insolvenzdividende.

16 Hiervon ist die Aufrechnung **gegen die Insolvenzforderung als Ganzes** bzw. im Nennbetrag zu unterscheiden. Das Reichsgericht[105] nahm an, der Insolvenzverwalter könne nur bis zur Feststellung der Forderung, später wegen § 767 Abs. 2 ZPO nicht mehr aufrechnen. Der BGH hat dagegen in einem Urteil aus dem Jahre 1987[106] angenommen, der Verwalter könne nicht mit einer Masseforderung aufrechnen, solange die Forderung des Konkursgläubigers nicht zur Tabelle festgestellt sei. Da dies dem Grundsatz der gemeinschaftlichen und gleichmäßigen Befriedigung der Konkursgläubiger zuwiderlaufe und den übrigen Konkursgläubigern das Recht nehme, der Forderung im Prüfungstermin zu widersprechen, könne der Konkursgläubiger jedenfalls bis zur Feststellung der Forderung die ihm obliegende Leistung nicht bewirken.[107] § 767 Abs. 2 ZPO stehe einer späteren Aufrechnung folglich nicht entgegen.[108] Mit Urteil vom 8. Mai 2014 hat der BGH diese Auffassung aufgegeben.[109] Danach kann der Verwalter gegen die Insolvenzforderung aufrechnen, weil diese trotz der Verfahrenseröffnung **erfüllbar** bleibt. Die Eröffnung führt nicht dazu, dass eine vom Insolvenzschuldner geschuldete Leistung ab da nicht mehr bewirkt werden kann; vielmehr geht (nur) die Verfügungsbefugnis auf den Verwalter über (§ 80 Abs. 1).[110] Auf die Feststellung zur Tabelle kommt es insoweit nicht an.[111] Unwirksam ist die Aufrechnung als Verfügung des Verwalters nur, wenn sie dem Insolvenzzweck der gleichmäßigen Gläubigerbefriedigung klar und eindeutig zuwiderläuft. Aufrechnungen des Verwalters gegen Insolvenzforderungen im Nennbetrag sind nicht stets insolvenzzweckwidrig.[112] Im Gegenteil kann die Aufrechnung mit einer uneinbringlichen Masseforderung für die Masse vorteilhaft sein, weil dann die Insolvenzforderung bei der Verteilung nicht berücksichtigt werden muss. Gleiches gilt, wenn verhindert werden soll, dass der Gläubiger die Insolvenzdividende auf seine volle Forderung in Anspruch nimmt und erst dann mit dem verbleibenden Forderungsteil gegen die Forderung der Masse aufrechnet. Besteht die Forderung des Aufrechnungsgegners nicht, so geht die Aufrechnung des Verwalters ins Leere; die Forderung bleibt der Masse erhalten und kann gegen den Schuldner durchgesetzt werden. Fehler bei der Einschätzung der Auswirkungen einer Aufrechnung oder sonstige Pflichtverletzungen können nach allgemeinen Grundsätzen zu einer Haftung des Verwalters nach § 60 führen; die Aufrechnung wird allein dadurch aber nicht unwirksam.[113] Die Erfüllbarkeit der Insolvenzforderung bereits vor Feststellung zur Tabelle hat allerdings zur Folge, dass der Verwalter nach Feststellung der Insolvenzforderung zur Tabelle mit der Aufrechnung **präkludiert** ist, wenn die Aufrechnungslage schon im Zeitpunkt der Feststellung gegeben war (**§ 767 Abs. 2 ZPO, § 178 Abs. 3**).[114] Der in der Vorauflage vertretenen gegenteiligen Ansicht[115] hat sich der BGH unter Hinweis darauf, dass das Feststellungsverfahren zumindest im Insolvenzverfahren einen weiteren Streit über das Bestehen der Forderung und über ihre Teilnahme an der Verteilung zügig und abschließend ausschließen soll, nicht angeschlossen.[116] Eine Aufrechnung muss der Insolvenzverwalter mithin bis zur Feststellung der Insolvenzforderung im Termin (§ 178) erklären; danach bleibt ihm nur noch die Aufrechnung gegen die Insolvenzquote.[117]

17 **e) Aufrechnung im Steuerrecht.** Für die Aufrechnung mit Ansprüchen aus einem Steuerschuldverhältnis im Sinne des § 37 AO sowie für die Aufrechnung gegen diese Ansprüche gelten gemäß § 226 Abs. 1 AO die Vorschriften des bürgerlichen Rechts sinngemäß, soweit nichts anderes bestimmt ist. Damit wird vor allem auf die zivilrechtlichen Bestimmungen zur Aufrechnung gemäß §§ 387 ff. BGB sowie zur Aufrechnung im Falle einer Abtretung der Forderung gemäß §§ 406 ff. BGB verwiesen.[118]

Eine andere Bestimmung ist zum einen in den Sonderregelungen des § 226 Abs. 2 bis 4 AO zu den allgemeinen bürgerlich-rechtlichen Regeln enthalten. § 226 Abs. 2 AO schließt anders als

105 RG LZ 1907, Sp. 835, 836; RG LZ 1910, Sp. 231, 232.
106 BGHZ 100, 222 = NJW 1987, 1691.
107 BGHZ 100, 222, 227.
108 BGHZ 100, 222, 228.
109 BGHZ 201, 121 ff.
110 BGHZ 201, 121 Rn. 13; FKInsO/*Bernsau* § 94 Rn. 4.
111 K. Schmidt/*Thole* § 94 Rn. 8; AGR/*Piekenbrock* § 94 Rn. 9; vgl. auch *Lüke/Wenske* WuB VI.A. § 94 InsO 1.14 S. 510.
112 BGHZ 201, 121 Rn. 13; hierzu schon die → 3. Aufl. § 94 Rn. 14 f. Ferner KPB/*Lüke* § 94 Rn. 36 f.; KKInsO/*Beyer* § 94 Rn. 91 f.; Uhlenbruck/*Sinz* § 94 Rn. 77.
113 BGHZ 201, 121 Rn. 13 mwN; hierzu schon → Vorauflage § 94 Rn. 15.
114 BGHZ 201, 121 Rn. 16 ff.; BeckOKInsO/*Liefke* § 94 Rn. 49; HambKommInsO/*Jacoby* Vor §§ 94–96 Rn. 10.
115 → § 94 Rn. 14.
116 BGHZ 201, 121 Rn. 19; ablehnend auch Uhlenbruck/*Sinz* § 94 Rn. 78.
117 *Lüke/Wenske* WuB VI.A. § 94 InsO 1.14 S. 510; KKInsO/*Beyer* § 94 Rn. 93.
118 Koenig/*Fritsch* § 226 Rn. 4.

§ 215 Fall 1 BGB die Aufrechnung mit Gegenforderungen aus, die durch Verjährung oder Ablauf einer Ausschlussfrist erloschen sind. § 226 Abs. 3 AO beschränkt die Aufrechnungsbefugnis des Steuerpflichtigen auf unbestrittene oder rechtskräftig festgestellte Gegenforderungen. § 226 Abs. 4 AO erweitert das Erfordernis der Gegenseitigkeit auf die steuerverwaltende Körperschaft; das Erfordernis der Kassenidentität nach § 395 BGB für die Aufrechnung gegen Forderungen öffentlich-rechtlicher Körperschaften[119] gilt nicht.[120]

Zum anderen finden die insolvenzrechtlichen Bestimmungen der §§ 94 ff. über § 251 Abs. 2 Satz 1 AO Anwendung.[121] Damit gelten neben den bürgerlich-rechtlichen Aufrechnungsverboten der §§ 390 bis 394 BGB auch die Verbote der § 95 Abs. 1 Satz 3 und § 96 Abs. 1.[122] § 226 Abs. 4 AO soll nicht durch die insolvenzrechtlichen Aufrechnungsverbote des § 96 Abs. 1 Nr. 2 und 3 verdrängt werden, weil diese Regelung nur die organisatorischen Besonderheiten der nach außen durch das Finanzamt einheitlich auftretenden öffentlichen Hand ausgleiche.[123] Spezielle Aufrechnungsbeschränkungen ergeben sich ferner aus § 75 EStG für Ansprüche im Zusammenhang mit dem Bezug von Kindergeld.[124]

B. Voraussetzungen der Aufrechnung

I. Gesetzlich geregelte Aufrechnung

18 **1. Funktionen der Aufrechnung.** Die Aufrechnung hat drei Funktionen. Der Aufrechnende tilgt mit ihr seine Schuld gegenüber dem Aufrechnungsgegner, indem er, anstatt die geschuldete Leistung zu erbringen, einen anderen Vermögensgegenstand, eben seine Gegenforderung, opfert. Die Erfüllungswirkung der Aufrechnung befreit ihn von seiner Schuld (Befreiungsfunktion). Gleichzeitig setzt der Aufrechnende seine Gegenforderung durch, ohne Vollstreckungsorgane bemühen zu müssen; er steht da, als hätte er die gegen ihn gerichtete Hauptforderung des Aufrechnungsgegners auf Grund eines Vollstreckungstitels pfänden und sich zur Einziehung überweisen lassen (Befriedigungsfunktion).[125] Bevor der Aufrechnende sich von seiner Schuld befreit und sich aus ihr hinsichtlich seiner Gegenforderung zugleich befriedigt, hat er seit Eintritt der Aufrechnungslage die Sicherheit, dies jederzeit vollziehen zu können, sich um die Realisierung seiner Forderung selbst in der Insolvenz seines Schuldners nicht mehr sorgen zu müssen (Sicherungsfunktion).[126] In der Insolvenz wirkt die Aufrechnungsbefugnis wie ein Absonderungsrecht an der eigenen Schuld.[127] Wegen der Sonderstellung, die kraft Gesetzes entstandene Aufrechnungslagen gegenüber der abgesonderten Befriedigung haben, unterliegt die Aufrechnung allerdings nicht den Schranken, die der Teilnahme des Absonderungsberechtigten am Insolvenzverfahren gezogen sind.[128] Insbesondere werden die Forderungen aufrechnungsberechtigter Gläubiger nicht um Feststellungs- und Verwertungskosten (§§ 170, 171) gekürzt.[129]

19 **2. Voraussetzungen der Aufrechnung.** Die allgemeinen Voraussetzungen der Aufrechnung werden im Wesentlichen durch die §§ 387 ff. BGB bestimmt. Die §§ 94 ff. stellen kein losgelöstes Regelungsregime auf, sondern knüpfen an die bürgerlich-rechtlichen Aufrechnungsvorschriften an und regeln nur die Besonderheiten der Aufrechnung im Insolvenzverfahren.[130] Zwei Personen müssen demnach einander Leistungen schulden (Gegenseitigkeit der Forderungen), die ihrem

[119] MüKoBGB/*Schlüter* § 395 Rn. 1.

[120] BFHE 157, 8 = NVwZ-RR 1990, 523; MüKoBGB/*Schlüter* § 395 Rn. 3; BeckOKInsO/*Liefke* § 94 Rn. 40; HambKommInsO/*Jacoby* § 94 Rn. 6; Klein/*Rüsken* § 226 Rn. 16.

[121] KPB/*Lüke* § 94 Rn. 111.

[122] Klein/*Rüsken* § 226 Rn. 45 und 53 ff.; Koenig/*Fritsch* § 226 Rn. 35 und § 251 Rn. 82 ff.; zu § 95 Abs. 1 Satz 3 KPB/*Lüke* § 94 Rn. 117 aE; K. Schmidt/*Thole* § 94 Rn. 31.

[123] KPB/*Lüke* § 94 Rn. 114; *Gosch* DStZ 1992, 173; *Onusseit* Kölner Schrift, 3. Aufl., Kap. 39 Rn. 4 f.

[124] Klein/*Rüsken* § 226 Rn. 51.

[125] BGH NJW 1955, 339; BGH NJW 1971, 1563; *Gernhuber* § 12 I, 3a; *Berger* S. 70 ff.

[126] BGHZ 2, 300, 305 = NJW 1951, 595; MüKoBGB/*Schlüter* § 387 Rn. 1; HKInsO/*J. Schmidt* § 94 Rn. 22; *Habermeier* JuS 1997, 1057 f.; *v. Wilmowsky* NZG 1998, 481 f.; *Henckel,* FS Lüke, S. 237, 240.

[127] BGHZ 160, 107, 111 = NJW 2004, 3185 = NZI 2004, 585; BGHZ 169, BGHZ 177, 1 Rn. 29 f. = NZI 2008, 479; BGH NJW 1960, 1295; NJW 1994, 1659, 1660; NJW 1995, 1966, 1967; NZI 2012, 513 Rn. 14; *Jaeger/Lent* KO, 8. Aufl., § 53 Einl., Rn. 29; HKInsO/*J. Schmidt* § 94 Rn. 22; *Berger* S. 75; *Serick* BB 1982, 873, 879; *Ganter* FS Kirchhof, S. 105, 106.

[128] BGH NJW 1960, 1295, 1296.

[129] Vgl. *Häsemeyer,* Kölner Schrift, S. 466 Rn. 18; HKInsO/*J. Schmidt* § 94 Rn. 22.

[130] BeckOKInsO/*Liefke* § 94 Rn. 1 und 12; vgl. KPB/*Lüke* § 94 Rn. 39; ähnlich HambKommInsO/*Jacoby* Vor §§ 94–96 Rn. 2.

Gegenstand nach gleichartig sind (Gleichartigkeit der Forderungen); die Forderung, mit der aufgerechnet wird (Gegenforderung oder Aktivforderung), muss vollwirksam und fällig sein, und die Forderung, gegen die aufgerechnet wird (Hauptforderung oder Passivforderung), muss erfüllbar sein.[131] Diese Voraussetzungen müssen nach allgemeinem Zivilrecht im Zeitpunkt der Aufrechnungserklärung (§ 388 BGB) gegeben sein;[132] für die nach Eröffnung des Insolvenzverfahrens erklärte Aufrechnung ist zusätzlich der Zeitpunkt der Eröffnung des Insolvenzverfahrens zu beachten (§ 96 Abs. 1 Nr. 1 und 2).[133]

a) Gegenseitigkeit der Forderungen. aa) Grundsatz. Zwei Personen müssen einander Leistungen schulden (§ 387 BGB), jede Person muss also zugleich Schuldner und Gläubiger der anderen sein.[134] Dass Gegenseitigkeit der Forderungen nicht Synallagma im Sinne der §§ 320 ff. BGB meint, verdeutlicht der besser passende Begriff der Wechselseitigkeit.[135] 20

Die gesetzlichen Regelungen, die beim **Fehlen der Identität von Schuldner und Gläubiger** die Aufrechnung ausschließen, gelten auch im Insolvenzfall.[136] Ist der Aufrechnende zwar Schuldner des Aufrechnungsgegners, aber nicht dessen Gläubiger, rechnet er also mit einer Forderung auf, die er gegen einen Dritten oder die ein Dritter gegen den Aufrechnungsgegner hat,[137] so versagt die Aufrechnung. Das gilt nach einer **Schuldübernahme** für den Übernehmer selbst dann, wenn der bisherige Schuldner zur Aufrechnung berechtigt war. Der Übernehmer kann nicht mit einer dem bisherigen Schuldner zustehenden Forderung aufrechnen (§ 417 Abs. 1 Satz 2 BGB), sondern nur mit einer eigenen Forderung gegen den Gläubiger der übernommenen Schuld. Der **Bürge** kann nicht mit einer Forderung des Hauptschuldners,[138] wohl aber mit einer eigenen Forderung – auch gegen den Willen des Gläubigers – mit der Folge des § 774 Abs. 1 BGB aufrechnen.[139] Der **Gesamtschuldner** kann nicht mit der Forderung eines anderen Gesamtschuldners (§ 422 Abs. 2 BGB), ein **Gesellschafter** nicht mit der Forderung der Gesellschaft (§ 719 Abs. 1 BGB)[140] und der **Miterbe** nicht mit einer Erbschaftsforderung (§ 2040 Abs. 1 BGB)[141] gegen eine Forderung aufrechnen, die gegen ihn persönlich gerichtet ist. Der Schuldner einer Gesellschaft kann gegen deren Forderung nicht mit einer Forderung aufrechnen, die er gegen eine andere Gesellschaft hat, deren Gesellschafter mit denen seiner Gläubigerin identisch sind.[142] Mit der Forderung eines Dritten kann der Schuldner auch dann nicht aufrechnen, wenn der Dritte **einwilligt;** denn der Gläubiger braucht nicht zu dulden, dass seine Hauptforderung durch Aufrechnung mit anderen als eigenen Forderungen seines Schuldners erlischt.[143] So kann der zur Einziehung der Forderung eines Dritten Berechtigte nicht gegen eine Forderung aufrechnen, die gegen ihn gerichtet ist. Zulässig ist die Aufrechnung nur, wenn auch der Gläubiger der Hauptforderung zustimmt; dann handelt es sich um eine Aufrechnungsvereinbarung.[144]

Die Gegenseitigkeit fehlt, wenn der Hauptschuldner zwar mit einer eigenen Forderung aufrechnet, wenn **Schuldner** dieser Forderung aber nicht der Hauptgläubiger, sondern ein **Dritter** ist. So kann der Schuldner der Gesellschaft nicht mit einer Forderung gegen einen einzelnen Gesellschafter (§ 719 Abs. 2 BGB) und der Schuldner der Erbengemeinschaft nicht mit einer Forderung aufrechnen, die ihm gegen einen Miterben zusteht (§ 2040 Abs. 2 BGB). Auch der Schuldner einer Einmann-GmbH kann dieser gegenüber nicht mit einer Forderung aufrechnen, die ihm gegen den Gesellschafter zusteht.[145] Gegen eine Forderung, die zum Gesamtgut gehört, 21

---

131 BGH NZI 2014, 114 Rn. 11.

132 BGHZ 2, 300, 304 = NJW 1951, 599; BGHZ 12, 136, 144 = NJW 1954, 795; MüKoBGB/*Schlüter* § 387 Rn. 6; HKInsO/*J. Schmidt* § 94 Rn. 23.

133 BeckOKInsO/*Liefke* § 94 Rn. 13.

134 BGH NJW-RR 1991, 744 = WM 1991, 1122. HambKommInsO/*Jacoby* Vor §§ 94–96 Rn. 8 betont daneben das auch in haftungsrechtlicher Hinsicht erforderliche Gegenseitigkeitsverhältnis: es muss um die Aufrechnung gegen zur Masse gehörende Forderungen gehen.

135 Vgl. K. Schmidt/*Thole* § 94 Rn. 11.

136 AGR/*Piekenbrock* § 94 Rn. 10; HKInsO/*J. Schmidt* § 94 Rn. 26.

137 Andres/Leithaus/*Leithaus* § 94 Rn. 4.

138 Vgl. RGZ 122, 147; FKInsO/*Bernsau* § 94 Rn. 7.

139 RGZ 53, 403; *Jaeger/Lent* § 53 Rn. 10; BeckOKInsO/*Liefke* § 94 Rn. 19; K. Schmidt/*Thole* § 94 Rn. 12; KPB/*Lüke* § 94 Rn. 42.

140 OLG Düsseldorf ZIP 1996, 1749, 1751.

141 Vgl. BGHZ 38, 122, 124 = NJW 1963, 244.

142 *Gernhuber* § 12 II, 2 Fn. 21; *Habermeier* JuS 1997, 1057, 1059 f.

143 RGZ 78, 382, 383; BGH NJW-RR 1988, 1146, 1150 = WM 1988, 1137, 1143; Jaeger/*Windel* § 94 Rn. 72; KPB/*Lüke* § 94 Rn. 41; Gottwald/*Adolphsen,* InsO-HdB, § 45 Rn. 7; MüKoBGB/*Schlüter* § 387 Rn. 7; Bamberger/Roth/Hau/Poseck/*Dennhardt* § 387 Rn. 19.

144 BGHZ 94, 132, 135 = NJW 1985, 2409; KPB/*Lüke* § 94 Rn. 41.

145 BGH NJW 1952, 817; BGHZ 17, 19, 23 = NJW 1955, 745; BGHZ 26, 31, 37 = NJW 1958, 98.

kann der Schuldner nur mit einer Forderung aufrechnen, deren Berichtigung er aus dem Gesamtgut verlangen kann (§ 1419 Abs. 2 BGB). Es kann nicht gegen eine gemeinschaftliche Forderung im Sinne des § 432 BGB mit einer Forderung gegen einen Mitgläubiger,[146] gegen eine Gemeinschaftsforderung der Wohnungseigentümer mit einer Forderung gegen einzelne Wohnungseigentümer[147] oder gegen den Verwalter aufgerechnet werden.[148] Geht es dagegen um Gesamtgläubigerschaft im Sinne von § 428 BGB, so kann der Schuldner mit seiner Forderung gegen einen der Gesamtgläubiger aufrechnen, weil er nach Belieben an jeden der Gläubiger leisten darf.[149] Steht bei einem Bankkonto die Einlageforderung einem anderen als demjenigen zu, der die Verfügungsmacht über das Konto – im eigenen oder fremden Namen – ausübt (sog. Fremdkonto),[150] so kann die Bank gegenüber ihrer Schuld aus dem Fremdkonto mangels Gegenseitigkeit nicht mit einer Forderung gegen den Verfügungsberechtigten aufrechnen; aufrechnen kann sie nur mit einer Forderung gegen den Kontoinhaber.[151] Mit einer Forderung aus einem Eigenkonto kann in der Insolvenz des Inhabers des Anderkontos nicht gegen eine Forderung aus dem Anderkonto aufgerechnet werden.[152] Der Versicherungsnehmer kann nicht gegen die Prämienforderung des Versicherers mit einer Forderung gegen den Agenten aufrechnen, mag der Agent auch inkassobevollmächtigt und mit der Verrechnung einverstanden sein.[153]

22 **bb) Ausnahmen.** Von dem Grundsatz, dass der Schuldner nur mit eigenen Forderungen gegen den Hauptgläubiger aufrechnen kann, gibt es **Ausnahmen.**

23 Der Schuldner einer abgetretenen Gegenforderung kann nach **§ 406 BGB** auch dem neuen Gläubiger gegenüber aufrechnen, sofern die Aufrechnungslage schon vor der Abtretung bestand oder er beim Erwerb seiner Forderung keine Kenntnis von der Abtretung hatte.[154] Ist die Forderung nur treuhänderisch zum Zwecke der Einziehung abgetreten worden, kann der Schuldner der abgetretenen Forderung auch über § 406 BGB hinaus mit einer Forderung gegen den Zedenten (Treugeber) aufrechnen. Denn steht ein Schuldner einem Treuhänder und einem Treugeber in der Weise gegenüber, dass er jenem etwas schuldet und von diesem etwas zu fordern hat, so darf er, obwohl die Forderungen nicht gegenseitig sind, mit seiner Forderung, die er gegen den Treugeber hat, gegenüber der des Treuhänders aufrechnen, wenn dessen Stellung im Treuhandverhältnis unselbständig ist und die Berufung auf die formelle Rechtslage Treu und Glauben widerspricht.[155] Wegen der identischen Interessenlage gilt nichts anderes, wenn Inhaber der Forderung der Treugeber ist und der Schuldner vom Treuhänder etwas zu fordern hat, wofür auf Grund des Treuhandverhältnisses der Treugeber einzustehen und jenen freizustellen hat, weil die Verbindlichkeit für seine Rechnung eingegangen worden ist.[156] Zu beachten ist aber § 96 Abs. 1 Nr. 2 (→ § 96 Rn. 25 und 34 ff.)

24 Eine Ausnahme besteht ferner gemäß **§ 409 Abs. 1 Satz 1 BGB.** Danach kann der Schuldner gegenüber dem Scheinzessionar mit einer diesem gegenüber bestehenden Forderung aufrechnen, wenn ihm die Abtretung von dem Gläubiger angezeigt worden ist.[157]

25 Ähnlich wie § 406 BGB erlaubt **§ 566d BGB** dem Mieter eines veräußerten Grundstücks in den zeitlichen Grenzen des § 566c BGB die Aufrechnung mit einer ihm gegen den bisherigen Vermieter zustehenden Forderung gegen die Mietzinsforderung des Erwerbers.

26 Die Gegenseitigkeit fehlt, wenn der Aufrechnende zwar Gläubiger des Aufrechnungsgegners, aber nicht dessen Schuldner ist, wenn er also gegenüber einer Forderung aufrechnet, die der Aufrechnungsgegner gegen einen anderen hat. Die Aufrechnung versagt ungeachtet dessen, dass der Aufrechnende durch Leistung die Schuld des anderen tilgen könnte (§ 267 Abs. 1 Satz 1 BGB). Denn dem Aufrechnungsgegner soll keine Forderung verloren gehen, ohne dass ihm der Gegenwert in Form einer effektiven Leistung zufließt.[158] So kann der Bürge mit einer Forderung gegen den Gläubiger nicht gegen dessen Forderung gegen den Hauptschuldner aufrechnen. Der Aussteller eines Wechsels

---

146 Vgl. BGH NJW 1969, 839, 840.

147 Vgl. BGH NJW 1992, 435.

148 BayObLG 1980, 57.

149 Vgl. BGH WM 1961, 1149, 1151; BGHZ 55, 20, 33 = NJW 1971, 799; BGH NJW 1979, 2038.

150 Vgl. BGH NJW 1988, 709.

151 OLG Hamburg WM 1970, 1307, 1308; Staudinger/*Gursky* § 387 Rn. 49.

152 Uhlenbruck/*Sinz* § 94 Rn. 14; KPB/*Lüke* § 94 Rn. 43; BeckOKInsO/*Liefke* § 94 Rn. 19.

153 LG Stuttgart VersR 1978, 173, 174.

154 Vgl. BGHZ 56, 111, 114 = NJW 1971, 1270.

155 Vgl. BGHZ 17, 19, 23 = NJW 1955, 745; BGHZ 25, 360, 367 = NJW 1958, 18; BGH WM 1962, 1174, 1175; BGH NJW 1968, 594, 595; BGH WM 1975, 79, 80; BGHZ 110, 47, 81 = NJW 1990, 982; HKInsO/*J. Schmidt* § 94 Rn. 29.

156 Vgl. BGH NJW 1989, 2386, 2387.

157 Vgl. BGH NJW 1978, 2025, 2026.

158 *Habermeier* JuS 1997, 1057, 1058.

darf nicht mit seiner Forderung gegen den Wechselinhaber gegen dessen Forderung gegen den Akzeptanten aufrechnen.[159] Aufgerechnet werden darf allerdings gegenüber einer Forderung des Aufrechnungsgegners gegen einen anderen, wenn der Aufrechnende nach § 268 Abs. 2, § 1142 Abs. 2, §§ 1150, 1224, 1249 BGB ein **Ablösungsrecht** hat.[160]

Der **Pfandgläubiger,** dem eine Forderung verpfändet worden ist, kann nach Eintritt der Pfandreife mit dieser Forderung gegen Forderungen des Drittschuldners aufrechnen (§ 1282 BGB);[161] gleiches gilt für den Pfändungspfandgläubiger, dem die gepfändete Forderung zur Einziehung überwiesen worden ist.[162] **27**

Die Eröffnung des Insolvenzverfahrens beseitigt die Gegenseitigkeit nicht. Vielmehr bleibt der Insolvenzschuldner Schuldner der Insolvenzforderung und Gläubiger der in die Masse zu erfüllenden Gegenforderung.[163] Etwas anderes gilt im **Nachlassinsolvenzverfahren** (§§ 315 ff.), das mit rückwirkender Kraft das ererbte vom eigenen Vermögen des Erben sondert (vgl. § 1975 BGB). Deshalb besteht die zur Aufrechnung erforderliche Gegenseitigkeit nur noch zwischen Nachlassverbindlichkeiten und Nachlassforderungen sowie zwischen Erbenverbindlichkeiten und Erbenforderungen. Weil nach § 1975 BGB die Haftung für Nachlassverbindlichkeiten auf den Nachlass beschränkt ist, können Nachlassgläubiger nicht mehr gegen eine Privatforderung des Erben und Nachlassschuldner nicht mit einer Privatforderung gegen den Erben aufrechnen.[164] Der Erbe kann nicht aufrechnen, weil ihm nach § 80 die Verfügungsbefugnis über Nachlassforderungen fehlt. Der Nachlassgläubiger kann nach Verfahrenseröffnung gegen eine Forderung des Erben aufrechnen, falls dieser ihm schon vorher unbeschränkbar haftete. Haftete der Erbe nur einzelnen Gläubigern (§ 2006 Abs. 3 BGB), nicht aber allgemein unbeschränkbar, so geht die durch Aufrechnung berichtigte Forderung des Nachlassgläubigers nach § 326 Abs. 2 auf den Erben über. Der Erbengläubiger kann gegen eine Nachlassforderung nicht aufrechnen, da ihm der Nachlass nach § 325 nicht haftet. Hat vor Insolvenzbeginn ein Nachlassgläubiger gegen eine eigene Forderung des Erben oder ein Erbengläubiger gegen eine Nachlassforderung aufgerechnet, so gilt nach § 1977 BGB mit Eröffnung des Verfahrens die Aufrechnung als nicht erfolgt, falls der Erbe nicht unbeschränkbar haftet und er der Aufrechnung nicht zugestimmt hat. Hat er zugestimmt oder selbst aufgerechnet, so bleibt die Verfügung wirksam.[165] **28**

Ist eine trotz Abtretungsverbots erfolgte Abtretung nach § 354a Abs. 1 Satz 1 HGB wirksam, kann der Schuldner gemäß **§ 354a Abs. 1 Satz 2 HGB** trotz der Abtretung gegenüber dem bisherigen Gläubiger mit einer gegen diesen gerichteten Forderung aufrechnen; die Aufrechnung steht einer „Leistung" im Sinne einer Erfüllungshandlung gemäß §§ 362, 364 BGB gleich.[166] **29**

Ob der Vertragspartner eines **Kommissionärs** gegenüber der Forderung aus dem Ausführungsgeschäft aufrechnen kann, obwohl nach § 392 Abs. 2 HGB diese Forderung, auch wenn sie nicht abgetreten ist, im Verhältnis zwischen dem Kommissionär und dessen Gläubigern als Forderung des Kommittenten gilt, ist streitig.[167] Die – ältere – Rechtsprechung erlaubt regelmäßig dem Vertragspartner des Kommissionärs die Aufrechnung, weil § 392 Abs. 2 HGB nach seinem richtigen Verständnis auf einen Gläubiger des Kommissionärs, der zugleich dessen Schuldner ist, nicht anwendbar sei; er sei eine nur das Innenverhältnis zwischen Kommissionär und Kommittenten betreffende Ausnahme und nicht erweiterungsfähig. Das gelte auch dann, wenn die Forderung, mit der der Drittkontrahent gegenüber dem Kommissionär aufrechnet, nicht aus dem Kommissionsgeschäft herrühre, sondern anderweitig erworben sei.[168] Mit der überwiegenden Ansicht im Schrifttum ist jedoch die Aufrechnung nur zuzulassen, wenn der Dritte mit Forderungen aus dem Ausführungsgeschäft (also mit konnexen Gegenforderungen) aufrechnet; soweit es um nichtkonnexe Forderungen geht, ist der Dritte nicht schutzwürdiger als ein Gläubiger des Kommissionärs, der dessen Forderung aus dem Ausführungsgeschäft pfänden lässt. Ebensowenig wie dieser darauf vertrauen kann, dass die Forderung dem Kommissionär zusteht, kann der Partner des Ausführungsgeschäfts darauf vertrauen, **30**

---

159 RG SeuffArch 58, 40.
160 *Jaeger/Lent* KO, 8. Aufl., § 53 Rn. 8; K. Schmidt/*Thole* § 94 Rn. 12; Braun/*Kroth* § 94 Rn. 15.
161 RGZ 97, 34, 39.
162 Zöller/*Herget* § 836 Rn. 4.
163 Vgl. BGHZ 100, 222, 226 = NJW 1987, 1691.
164 KPB/*Lüke* § 94 Rn. 43; BeckOKInsO/*Liefke* § 94 Rn. 22; Uhlenbruck/*Sinz* § 94 Rn. 28; K. Schmidt/*Thole* § 94 Rn. 12.
165 *Jaeger/Lent* KO, 8. Aufl., § 53 Rn. 17 bis 20.
166 BGHZ 178, 315 Rn. 20 = NJW 2009, 438.
167 *K. Schmidt* Handelsrecht § 31 Rn. 133 ff.
168 RGZ 32, 39, 42; 121, 177, 178; BGH NJW 1969, 276; erwähnt in BGHZ 104, 123, 128; *Jaeger/Lent* KO, 8. Aufl., § 53 Rn. 8; Bamberger/Roth/Hau/Poseck/*Dennhardt* § 387 Rn. 24; Uhlenbruck/*Sinz* § 94 Rn. 14; BeckOKInsO/*Liefke* § 94 Rn. 19; *Hager* AcP 180 (1980), S. 239, 261; KPB/*Lüke* § 94 Rn. 50.

durch dessen Abschluss eine Aufrechnungslage zu schaffen.[169] Das gilt auch dann, wenn er nicht weiß, dass es sich um ein Kommissionsgeschäft handelt.[170]

31 Der **Kommanditist** kann mit einer Forderung, die er aus Drittgeschäften gegen die Kommanditgesellschaft hat, dieser gegenüber gegen den Anspruch auf Zahlung der Haftsumme aufrechnen, obwohl dieser nicht ihr, sondern den Gläubigern zusteht. Dieses Recht zur Aufrechnung folgt daraus, dass der Kommanditist schon vor Verfahrenseröffnung sich durch jede Leistung in das Gesellschaftsvermögen von seiner Haftung gegenüber den Gläubigern befreien konnte.[171] Allerdings wird der Kommanditist nur in Höhe des objektiven Wertes seiner Forderung von seiner Haftung gegenüber den Gesellschaftsgläubigern frei; hierbei handelt es sich nicht um eine Einschränkung seiner Aufrechnungsbefugnis.[172] In Höhe des Nennwerts seiner Forderung kann er aber aufrechnen, wenn er einen Gesellschaftsgläubiger befriedigt hat und nunmehr bei der Gesellschaft Regress nimmt.[173]

32 Nach **§ 35 VVG** kann der Versicherer mit seinen Forderungen gegen den Versicherungsnehmer gegenüber einem aus demselben Versicherungsverhältnis anspruchsberechtigten Dritten aufrechnen.[174]

33 Nach § 226 Abs. 1 AO gelten für die Aufrechnung gegen Ansprüche aus dem **Steuerschuldverhältnis** die Vorschriften des bürgerlichen Rechts sinngemäß, soweit nichts anderes bestimmt ist. Nach § 226 Abs. 4 AO gilt als Gläubiger oder Schuldner eines Anspruchs aus dem Steuerschuldverhältnis auch die Körperschaft, die die Steuer verwaltet. Wie die Entstehungsgeschichte des § 226 AO ergibt, entfällt das Erfordernis der Kassenidentität des § 395 BGB bei einer Aufrechnung des Steuerpflichtigen gegen Ansprüche aus dem Steuerschuldverhältnis.[175] Zur Aufrechnung befugt ist danach sowohl die Körperschaft, der nach Art. 106 GG der Ertrag zusteht (§ 226 Abs. 1 AO), als auch diejenige, welche die Steuer verwaltet (§ 226 Abs. 4 AO).[176] Diese Verdoppelung der Aufrechnungsmöglichkeit gilt auch in der Insolvenz, weil das Gesetz beiden Körperschaften die volle Gläubigerstellung zuschreibt.[177]

34 Ähnliche Sonderregeln gibt es im **Sozialrecht.** Nach § 52 SGB I ist der für eine Geldleistung zuständige Leistungsträger befugt, mit Ermächtigung eines anderen Leistungsträgers dessen Ansprüche gegen den Berechtigten mit der ihm obliegenden Geldleistung zu verrechnen. Dies gilt nach der Rechtsprechung des BSG auch nach der Eröffnung des Insolvenzverfahrens über das Vermögen des Berechtigten,[178] nach dem BGH jedenfalls dann, wenn die Ermächtigung vor der Eröffnung des Insolvenzverfahrens über das Vermögen des Leistungsberechtigten erteilt worden ist.[179] Die Verrechnung mit laufenden Bezügen war allerdings in den vor dem 1. Juli 2014 eröffneten Insolvenzverfahren nur in den zeitlichen Grenzen des § 114 Abs. 2 aF iVm Abs. 1 zulässig.[180] Den wesentlichen Unterschied zu einer Konzernverrechnungsklausel, die im Insolvenzverfahrens keine Wirkung entfaltet,[181] hat der BGH darin gesehen, dass die Aufrechnungslage im Zeitpunkt der Eröffnung bereits besteht,[182] also nicht durch eine Aufrechnungserklärung im Insolvenzverfahren erst hergestellt wird, und dass keine Vervielfachung der Aufrechnungsmöglichkeiten zum Nachteil der anderen Insolvenzgläubiger stattfindet.[183] Gemäß § 28 Nr. 1 SGB IV kann der für die Erstattung von Beiträgen zustän-

---

169 *K. Schmidt* Handelsrecht § 31 Rn. 135; *Kilger/K. Schmidt* § 53 KO Anm. 5; AGR/*Piekenbrock* § 94 Rn. 14; *Baumbach/Hopt* § 392 Rn. 12; Schlegelberger/*Hefermehl* § 392 Rn. 24; *Dressler* NJW 1969, 655, 656.

170 AA Jaeger/*Windel* § 94 Rn. 86; MüKoBGB/*Schlüter* § 387 Rn. 18; *Capelle* FS Raape, S. 325, 333; *Schwarz* NJW 1969, 1942.

171 BGHZ 58, 72, 75 ff.; BGH NJW 1981, 232, 233; BeckOKInsO/*Liefke* § 94 Rn. 21; K. Schmidt/*Thole* § 94 Rn. 12; KPB/*Lüke* § 94 Rn. 48; aA Jaeger/*Windel* § 94 Rn. 98 f.

172 In diesem Sinne versteht wohl KPB/*Lüke* § 94 Rn. 48 und Fn. 102 diesen bereits in der Vorauflage erwähnten Zusatz. Vgl. aber BGHZ 95, 188, 194 f.

173 BGHZ 95, 188, 195 = NJW 1985, 2947.

174 Vgl. BGH LM VVG § 35b Nr. 1; BGH LM VVG § 35b Nr. 2.

175 BFHE 157, 8 = ZIP 1989, 1580; BGH NZI 2007, 655 Rn. 10f; BeckOKInsO/*Liefke* § 94 Rn. 40.

176 BGH NZI 2007, 655 Rn. 11.

177 BGH NZI 2007, 655 Rn. 11 f.; HKInsO/*J. Schmidt* § 94 Rn. 33; HambKommInsO/*Jacoby* § 94 Rn. 6; K. Schmidt/*Thole* § 94 Rn. 16; aA Jaeger/*Windel* § 94 Rn. 113; § 96 Rn. 35.

178 BSGE 92, 1 = ZIP 2004, 1327, 1329 f.; vgl. hierzu BGHZ 177, 1 Rn. 6 ff. = NZI 2008, 479; krit. HKInsO/*J. Schmidt* § 94 Rn. 31 f.; Jaeger/*Windel* § 94 Rn. 109 ff.

179 BGHZ 177, 1 Rn. 22, 33 = NZI 2008, 479.

180 BSGE 92, 1 = ZIP 2004, 1327; hierzu und zu den Folgen der Aufhebung *Bigge/Peters-Lange* ZIP 2014, 2114, 2116 ff.; *Ahrens* NZI 2014, 529 ff.

181 BGHZ 160, 107 = NJW 2004, 3185 = NZI 2004, 585.

182 ME bleibt bei BGHZ 177, 1 ff. unklar, ob dies bereits aufgrund der gesetzlichen Regelung oder erst infolge der – im entschiedenen Fall bereits erteilten – Verrechnungsermächtigung gilt. Hierzu näher → § 95 Rn. 38.

183 BGHZ 177, 1 Rn. 22, 23 = NZI 2008, 479; hierzu KPB/*Lüke* § 94 Rn. 44 f. und § 96 Rn. 49; HambKommInsO/*Jacoby* § 94 Rn. 7.

dige Leistungsträger mit Ermächtigung eines anderen Leistungsträgers dessen Ansprüche gegen den Berechtigten mit dem ihm obliegenden Erstattungsbeitrag verrechnen. Dieser Bestimmung für das Sozialversicherungsrecht bedurfte es, weil Beitragserstattungsansprüche im Sinne des § 26 Abs. 2 und 3 SGB IV keine Ansprüche auf Sozialleistung darstellen, wie sie § 52 SGB I voraussetzt.[184]

b) Gleichartigkeit. Die einander geschuldeten Leistungen müssen zum Zeitpunkt der Aufrechnungserklärung – und in Abgrenzung zu § 95 auch schon im Zeitpunkt der Verfahrenseröffnung[185] – ihrem Gegenstand nach gleichartig sein. Was beide Gläubiger infolge der Aufrechnung als Leistung nicht zu erbringen haben, soll dem gleichen, was ihnen geschuldet wird. Entscheidend ist der **Leistungsinhalt;** auf die Gleichartigkeit der Rechtsnatur und des Rechtsgrundes der Forderungen kommt es nicht an.[186] Zum vertraglichen oder außervertraglichen Schuldgrund gehört auch der Zweck der Leistung, so dass dessen Gleichartigkeit nicht Voraussetzung der Aufrechnung ist.[187] Öffentlich-rechtliche Forderungen können gegen privatrechtliche aufgerechnet werden und umgekehrt.[188] Im Unterschied zum Zurückbehaltungsrecht (§ 273 Abs. 1 BGB) ist eine Konnexität der Forderungen nicht erforderlich.[189] Gleichartig sind eine Geldforderung und der Anspruch aus § 667 BGB auf Herausgabe einer Geldsumme; denn der Herausgabeanspruch hat nicht die Verschaffung der erlangten Gegenstände, sondern eine Zahlungsverpflichtung zum Gegenstand.[190] Gleichartigkeit besteht auch zwischen dinglichen und persönlichen Ansprüchen, wenn sie beide auf Zahlung von Geldsummen gerichtet sind.[191] Gleichartigkeit fehlt, wenn nicht die Herausgabe einer Geldsumme, sondern gemäß § 667 BGB nach Eingang einer Überweisung die Gutschrift auf dem Girokonto geschuldet wird.[192] Einer Geldforderung ist ferner gleichartig der Anspruch auf Einwilligung in die Auszahlung hinterlegten Geldes[193] und der auf Zahlung einer Geldsumme gehende Urlaubsabgeltungsanspruch.[194] Der Insolvenzgläubiger ist nicht gehindert, mit Forderungen aufzurechnen, die nachrangig im Sinne des § 39 sind.[195] Dies gilt selbstverständlich nur, soweit andere Vorschriften die Aufrechnung nicht ausschließen. 35

Geldforderungen unterschiedlicher **Währungen** sind ungleichartig. Ist die in ausländischer Währung ausgedrückte Geldschuld im Inland zu zahlen und kann die Zahlung deswegen nach § 244 BGB in Euro erfolgen, so kann der Fremdwährungsschuldner mit seiner Heimwährungsforderung aufrechnen. Die hierfür erforderliche Gleichartigkeit wird durch Erklärung der Aufrechnung hergestellt und diese deshalb mit Wirkung ex nunc vollzogen.[196] § 95 Abs. 2 erweitert die Aufrechnungsmöglichkeit,[197] indem er die Aufrechnung währungsverschiedener Forderungen generell zulässt, sie allerdings zum Schutz des Aufrechnungsgegners vor wirtschaftlichen Nachteilen auf die Fälle beschränkt, in denen die unterschiedlichen Währungen am Zahlungsort der Forderung des Aufrechnungsgegners frei konvertibel sind. Für die Umrechnung ist der Kurs des Tages maßgebend, an dem die Aufrechnungserklärung zugeht. 36

Ähnlich wie die Forderungen unterschiedlicher Währungen werden Geldsummen- und Geldwertforderungen erst mit der Aufrechnung als gleichartig angesehen, weil erst diese die Geldwertschuld betragsmäßig festlegt.[198] Da beide Forderungen auf Geldzahlungen in derselben Währung gerichtet sind, sollte nicht zweifelhaft sein, dass sie schon vor Erklärung der Aufrechnung gleichartig sind.[199] Die **Geldwertschuld** erlischt mit dem Wert, den sie im Zeitpunkt der Erklärung hat,[200] 37

---

184 AGR/*Piekenbrock* § 94 Fn. 38.

185 K. Schmidt/*Thole* § 94 Rn. 17.

186 KPB/*Lüke* § 94 Rn. 51; Uhlenbruck/*Sinz* § 94 Rn. 29; BeckOKInsO/*Liefke* § 94 Rn. 23; HKInsO/*J. Schmidt* § 94 Rn. 34.

187 BGHZ 54, 244, 246 = NJW 1970, 2019.

188 BGHZ 5, 352, 354 = NJW 1952, 785; BGHZ 16, 124, 127 = NJW 1955, 497.

189 HKInsO/*J. Schmidt* § 94 Rn. 34.

190 BGHZ 71, 380, 382 = NJW 1978, 1807; BGH NJW 1993, 2042; BGH NJW 1995, 1425, 1426.

191 *Jaeger/Lent* KO, 8. Aufl., § 53 Rn. 6; MüKoBGB/*Schlüter* § 387 Rn. 30, 34; *Kilger/K. Schmidt* § 53 KO Anm. 3.

192 BGH NJW 1978, 699.

193 RG JW 1912, 635 f.; RG JW 1938, 3112 f.; BGH NJW-RR 1989, 173, 174 = WM 1988, 1834, 1836; HKInsO/*J. Schmidt* § 94 Rn. 35; Jaeger/*Windel* § 94 Rn. 119; AGR/*Piekenbrock* § 94 Rn. 15; aA Staudinger/*Gursky* § 387 Rn. 93.

194 BAGE 16, 228, 235 = NJW 1965, 70, 72.

195 *Kilger/K. Schmidt* § 53 KO Anm. 3; *Jaeger/Lent* KO, 8. Aufl.,§ 53 Rn. 7; KPB/*Lüke* § 94 Rn. 13; HKInsO/*J. Schmidt* § 94 Rn. 35.

196 RGZ 106, 99; 167, 62; KG NJW 1988, 2181; MüKoBGB/*Schlüter* § 387 Rn. 32.

197 K. Schmidt/*Thole* § 94 Rn. 17.

198 *Reinicke/Reinicke* NJW 1959, 361.

199 Staudinger/*Gursky* § 387 Rn. 83; *Grunsky* JuS 1963, 102, 104; *Gernhuber* § 12 III 4; *Habermeier* JuS 1997, 1057, 1060.

200 Vgl. auch BGHZ 27, 123, 126 = NJW 1958, 1040.

weil sich nach § 389 BGB nur die Tilgungswirkung auf den Eintritt der Aufrechnungslage zurückbezieht, nicht aber der Umfang der Erfüllungswirkung; dieser bestimmt sich nach dem Stand der Forderungen bei Erklärung der Aufrechnung.[201] Als einem Zahlungsanspruch gleichartig werden der Anspruch auf Leistung von Wertpapieren und der auf Einwilligung in die Aushändigung von Wertpapieren angesehen.[202] Das kann aber nicht für Wertpapiere gelten, die Kursschwankungen unterliegen.[203]

38 Nicht gleichartig sind ein Zahlungsanspruch und der Anspruch auf **Befreiung** von einer Verbindlichkeit.[204] Auch mit dem Freistellungsanspruch des Bürgen aus § 775 BGB gegen den Hauptschuldner, dessen Vermögensverhältnisse sich wesentlich verschlechtert haben, kann gegen einen Zahlungsanspruch mangels Gleichartigkeit nicht aufgerechnet werden.[205] Der Befreiungsanspruch verwandelt sich in einen Geldanspruch und wird dadurch gleichartig, wenn er an den Drittgläubiger abgetreten wird[206] oder der Gläubiger an den Drittgläubiger zahlt[207] oder wenn die Befreiungsverpflichtung auf den Drittgläubiger übergeht.[208] Nicht gleichartig sind ferner ein Geldanspruch und die Hypotheken- oder Grundschuldforderung.[209] Ungeachtet dessen hat der Eigentümer ein Aufrechnungsrecht aus § 1142 Abs. 2 BGB.[210]

39 **c) Vollwirksamkeit und Fälligkeit der Gegenforderung.** Die Gegenforderung, mit der aufgerechnet wird, muss **durchsetzbar,**[211] also fällig (§ 271 Abs. 1 BGB) und nach § 390 BGB frei von Einreden sein;[212] ihre Erfüllung muss erzwungen werden können.[213]

40 Nicht aufgerechnet werden kann insbesondere mit einer Forderung, der ein Leistungsverweigerungsrecht entgegensteht. Schon das Bestehen, nicht erst die Geltendmachung der **Einrede** hindert die Aufrechnung.[214] Allerdings schließt die Einrede der Verjährung nach § 215 BGB die Aufrechnung nicht aus, wenn die Forderung bei Eintritt der Aufrechnungslage noch nicht verjährt war. Weil der Ausschluss einer Nachforderung wegen vorbehaltloser Annahme der Schlusszahlung (§ 16 Nr. 3 Abs. 2 Satz 1 VOB/B) mit der Verjährung vergleichbar ist, kann der Auftragnehmer noch gegen eine Forderung des Auftraggebers aufrechnen, soweit sich beide Forderungen aufrechenbar gegenübergestanden haben.[215]

Aufrechenbar sind auch nicht liquide Forderungen, also solche, die bestritten sind und erst des Beweises bedürfen.[216] Nach § 226 Abs. 3 AO kann der Steuerpflichtige gegen Ansprüche aus dem Steuerschuldverhältnis allerdings nur mit unbestrittenen oder rechtskräftig festgestellten Gegenansprüchen aufrechnen. Ähnliche Beschränkungen werden häufig vertraglich vereinbart.

Der Anspruch eines ausgeschiedenen Gesellschafters auf Zahlung der Abfindung wird fällig und damit aufrechenbar, wenn die für die Erstellung der Abfindungsbilanz voraussichtlich benötigte Zeitdauer verstrichen oder der Anspruch auf andere Weise berechenbar ist;[217] auf die Feststellung der Abfindungsbilanz kommt es – anders als überwiegend angenommen wird – nicht an.

---

201 Vgl. im Einzelnen *K. Schmidt* FS Odersky, S. 685, 698 f.

202 RG LZ 1912, 458; RG JW 1938, 3112; RGZ 160, 52, 60; KPB/*Lüke* § 94 Rn. 51; Bamberger/Roth/Hau/Poseck/*Dennhardt* § 387 Rn. 27.1; aA MüKoBGB/*Schlüter* § 387 Rn. 34.

203 *Gernhuber* § 12 III, 6; *Habermeier* JuS 1997, 1057, 1060.

204 BGHZ 12, 136, 144 f. = NJW 1954, 795; BGHZ 25, 1, 6 = NJW 1957, 1514; BGHZ 29, 337, 343 = NJW 1959, 886; BGHZ 47, 157, 166 = NJW 1957, 1275; BGH WM 1971, 855, 857; BGH WM 1983, 2438, 2439; BGH NJW-RR 1987, 869 = ZIP 1987, 1058; NJW 1992, 114, 115; K. Schmidt/*Thole* § 94 Rn. 17; AGR/*Piekenbrock* § 94 Rn. 16; KPB/*Lüke* § 94 Rn. 51; HKInsO/*J. Schmidt* § 94 Rn. 36; *von Olshausen* AcP 182 (1982), S. 254.

205 BGHZ 140, 270 = NJW 1999, 1182 = NZI 1999, 148; BGHZ 161, 241 = NJW 2005, 884; BGH NJW 2005, 3285 = NZI 2005, 624 = ZIP 2005, 1559, 1560.

206 BGHZ 12, 136, 144 = NJW 1954, 795.

207 BGH WM 1971, 855, 857.

208 BGHZ 35, 317, 325 = NJW 1961, 1966.

209 RG JW 1914, 402; BGH WM 1965, 476, 479; *Gernhuber* § 12 III 7; aA *Jaeger/Lent* KO, 8. Aufl., § 387 Rn. 6.

210 *Gernhuber* § 21 II 1 a.

211 BGH NJW 1981, 1897.

212 BGH NJW 2001, 287; BGH ZIP 2005, 1559, 1560.

213 BGH NJW-RR 2009, 407 Rn. 10; NZI 2011, 538 Rn. 6.

214 BGH NJW 2001, 287, 288; NZI 2005, 624.

215 BGH NJW 1978, 1485, 1486; NJW 1981, 1784, 1785; NJW 1982, 2250, 2251.

216 BGHZ 16, 124, 129 f. = NJW 1955, 497; BGHZ 54, 244, 248 = NJW 1970, 2019; *Jaeger/Lent* § 53 Rn. 5.

217 Vgl. BGH NJW-RR 1987, 1386 f.; NZG 2011, 858. Einschränkend MüKoBGB/*Schäfer* § 738 Rn. 20; Bamberger/Roth/Hau/Poseck/*Schöne* § 738 Rn. 19: Aus den Umständen (§ 271 Abs. 1 BGB) sei zu entnehmen, dass der Wille der Beteiligten dahin gehe, den Zeitpunkt für die Fälligkeit des Abfindungsanspruchs für maßgeblich zu erachten, zu dem die Abfindungsbilanz voraussichtlich erstellt sein werde.

Nicht aufgerechnet werden kann mit **unvollkommenen,** rechtlich nicht durchsetzbaren Forderungen.[218] Das folgt aus der Befriedigungsfunktion der Aufrechnung.[219] Das betrifft Forderungen wie solchen aus Ehemäklerverträgen (§ 656 Abs. 1 Satz 1, Abs. 2 BGB) oder aus Spiel oder Wette (§ 762 BGB); der Einwand aus § 762 BGB kann allerdings nicht gegen Ansprüche aus Finanztermingeschäften erhoben werden, bei denen mindestens ein Vertragsteil ein Unternehmen ist, das gewerbsmäßig oder in einem Umfang, der einen in kaufmännischer Weise eingerichteten Geschäftsbetrieb erfordert, Finanztermingeschäfte abschließt oder deren Abschluss vermittelt oder die Anschaffung, Veräußerung oder Vermittlung von Finanztermingeschäften betreibt (§ 37c WpHG). 41

Insolvenzforderungen, die nach Bestätigung eines Insolvenzplans als erlassen gelten, bestehen insoweit nur als natürliche Verbindlichkeiten fort, deren Erfüllung möglich ist, aber nicht erzwungen werden kann (Gegenschluss aus § 254 Abs. 3, § 255 Abs. 1 Satz 1).[220] Gleiches gilt für Insolvenzforderungen nach Erteilung der Restschuldbefreiung (§§ 286, 301). Eine Aufrechnung mit diesen Forderungen soll nach Ansicht des BGH jedoch gemäß § 94 möglich sein, wenn der Insolvenzgläubiger vor der Eröffnung des Insolvenzverfahrens zur Aufrechnung berechtigt war (→ § 94 Rn. 8 und 10).[221]

Nicht aufrechenbar sind **aufschiebend bedingte, gestundete, künftige**[222] und durch Fristablauf erloschene[223] Gegenansprüche. Gemäß §§ 119 ff. BGB anfechtbare und auflösend bedingte Gegenforderungen sind voll wirksam, solange nicht angefochten wird oder die Bedingung eintritt. Wird angefochten oder tritt die Bedingung ein, so entfällt die Aufrechnungswirkung rückwirkend.[224] Rechnet der Schuldner in Kenntnis des Anfechtungsrechts auf, liegt darin allerdings regelmäßig eine Bestätigung im Sinne des § 144 BGB, welche die Anfechtung ausschließt. 42

Bei Verfahrenseröffnung aufschiebend bedingt oder noch nicht fällig können **Ansprüche aus einem Steuerverhältnis** sein. Insolvenzforderungen sind sie, wenn sie zur Zeit der Verfahrenseröffnung begründet sind. Hierfür kommt es nicht darauf an, ob der Anspruch im steuerrechtlichen Sinne entstanden war. Vielmehr ist maßgeblich, ob in diesem Zeitpunkt nach insolvenzrechtlichen Grundsätzen der **Rechtsgrund für den Anspruch** bereits **gelegt** war, ob also der zur Entstehung des öffentlich-rechtlichen Steueranspruchs führende zivilrechtliche Sachverhalt von dem Schuldner bereits verwirklicht wurde. Nach denselben Grundsätzen ist auch die Zugehörigkeit und Fälligkeit eines steuerrechtlichen Vergütungs- oder Erstattungsanspruchs des Schuldners zur Insolvenzmasse zu beurteilen.[225] Im Einzelnen unterscheiden sich die den jeweiligen steuerlichen Anspruch begründenden Tatbestände; insoweit wird auf die Kommentierung zu § 95 verwiesen (→ § 95 Rn. 29 ff.). 43

Die für eine Aufrechnung erforderliche **Fälligkeit und Durchsetzbarkeit** von Steuerforderungen setzt gemäß § 220 Abs. 1 und 2 Satz 2 AO i. V. mit den Bestimmungen in den Einzelgesetzen grundsätzlich die Festsetzung durch Steuerbescheid voraus, die nach Insolvenzeröffnung allerdings gemäß § 251 Abs. 2 Satz 1 AO wegen der vorrangigen Regelung in § 87 ausgeschlossen ist.[226] Nach Ansicht des BFH ist deshalb § 220 Abs. 1 AO durch die insolvenzrechtlichen Bestimmungen überlagert; diese regeln die Verwirklichung der Rechte des Gläubigers ausschließlich. Weil sie für eine Aufrechnung keine Feststellung der Gegenforderung verlangen, ist mit dem BFH § 220 Abs. 2 Satz 1 AO anzuwenden. Deshalb werden die im Zeitpunkt der Verfahrenseröffnung bereits entstandenen Steuerforderungen jedenfalls mit der Verfahrenseröffnung fällig.[227] Das Finanzamt kann mit vor Verfahrenseröffnung entstandenen Forderungen gegen den Schuldner folglich aufrechnen, ohne dass es deren vorheriger Festsetzung, Feststellung oder Anmeldung zur Tabelle bedarf.[228]

Fälligkeitsvoraussetzungen wie in § 641 BGB und in den Rechnungsstellungsregelungen für die freien Berufe (§ 10 Abs. 1 Satz 1 RVG, § 18 BRAGO aF, § 9 StBGebV, § 12 Abs. 1 GOÄ, § 10 Abs. 1 GOZ, § 15 HOAI) und die Versorgungswirtschaft (§ 17 Abs. 1 StromGVV, § 17 Abs. 1 44

---

218 BGH NZI 2011, 538 Rn. 6.
219 HKInsO/*J. Schmidt* § 94 Rn. 38.
220 BGH NZI 2011, 538 Rn. 8.
221 BGH NZI 2011, 538 Rn. 9 ff.
222 OLG Köln NJW 1965, 2109, 2110.
223 BAG NJW 1968, 813; BAGE 25, 169 = MDR 1974, 171.
224 BeckOKInsO/*Liefke* § 94 Rn. 28; Uhlenbruck/*Sinz* § 94 Rn. 32; K. Schmidt/*Thole* § 94 Rn. 18.
225 BFHE 208, 10 = NZI 2005, 276, 277 unter II. 2. a); BFHE 217, 14 = ZIP 2007, 1225 Rn. 7; BFHE 236, 274 = DStRE 2012, 749 Rn. 24 und 27; BFHE 257, 465 = ZIP 2017, 1121 Rn. 25.
226 BFHE 225, 278 = ZIP 2009, 1631 Rn. 17; BFHE 244, 209 = ZIP 2014, 427 Rn. 20; BFHE 247, 460 = ZIP 2014, 2451 Rn. 48; BFHE 257, 465 = ZIP 2017, 1121 Rn. 24; *App* EWiR 2004, 1063 mwN; Hübschmann/Hepp/Spitaler/*Alber* [Stand Juni 2012] § 220 AO Rn. 15.
227 BFHE 205, 409 = ZIP 2004, 1423, 1425; BFHE 217, 216 = ZIP 2007, 1514 Rn. 14 f. zur GesO; AG Erfurt Urteil vom 8. Juli 2014 – 6 C 3153/13, juris Rn. 25 f.; Hübschmann/Hepp/Spitaler/*Alber* § 220 Rn. 16; kritisch zur Herleitung *App* EWiR 2004, 1063, 1064; ablehnend *Kinski* S. 142 ff.
228 BFHE 205, 409 = ZIP 2004, 1423 Leitsatz; Uhlenbruck/*Sinz* § 94 Rn. 20.

GasGVV) sind zu beachten.[229] Nicht einklagbar und infolgedessen auch nicht aufrechenbar sind deshalb Honoraransprüche eines Rechtsanwalts, solange eine den Anforderungen des § 10 RVG (§ 18 BRAGO) entsprechende Berechnung fehlt.[230]

Der prozessuale Kostenerstattungsanspruch wird im Regelfall mit der vorläufigen Vollstreckbarkeit der Kostengrundentscheidung fällig;[231] mit ihm kann im Rechtsstreit aber nur dann aufgerechnet werden, wenn er seiner Höhe nach unumstritten oder im Kostenfestsetzungsverfahren rechtskräftig festgesetzt worden ist.[232]

45 **d) Erfüllbarkeit der Hauptforderung.** Anders als die Gegenforderung des Aufrechnenden muss die Hauptforderung der Masse nicht fällig sein. Vielmehr reicht es für den Eintritt der Aufrechnungslage aus, dass der Aufrechnende die ihm obliegende Leistung **bewirken kann.** Die Forderung muss entstanden und das aus § 271 Abs. 2 BGB folgende Recht zur Voraustilgung darf nicht ausgeschlossen sein.[233] § 271 Abs. 2 BGB gilt nach Art. 40 Abs. 1 WG nicht für den Wechsel; deshalb kann gegen eine nicht fällige Wechselforderung nicht aufgerechnet werden.[234] Der Provisionsanspruch eines Versicherungsvertreters entsteht erst, wenn das Geschäft ausgeführt ist; bis zu diesem Zeitpunkt liegt keine erfüllbare Forderung vor. Gegen eine Abschlussprovision kann deshalb erst aufgerechnet werden, wenn das vermittelte Geschäft mit der Versicherung abgeschlossen ist, gegen Folgeprovisionen hingegen bereits dann, wenn der vermittelte Vertrag bei Verfahrenseröffnung abgeschlossen ist und keine weiteren Rechtshandlungen erforderlich sind, um die Provision zu verdienen.[235]

46 Nicht erfüllbar sind **künftige** sowie solche Forderungen, die unter einer **aufschiebenden Bedingung** stehen (§ 158 Abs. 1 BGB) oder befristet sind (§ 163 iVm § 158 Abs. 1 BGB); gegen sie kann deshalb nicht aufgerechnet werden.[236] Nicht erfüllbar – besser: aufschiebend bedingt durch den Abschluss des Prüfungsverfahrens[237] – ist der Anspruch eines Insolvenzgläubigers auf Zahlung der Insolvenzdividende, bevor der Anspruch des Insolvenzgläubigers angemeldet, geprüft und zur Tabelle festgestellt ist (§§ 176, 178).[238] Vorher kann der Verwalter mit einem Anspruch der Masse deshalb nicht gegen den Dividendenanspruch aufrechnen. Aufrechnen kann er allerdings schon vorher gegen die Insolvenzforderung im Ganzen (→ § 94 Rn. 13 ff.).[239] Die Aufrechnung gegen künftig fällig werdende Renten- oder Unterhaltsansprüche ist nur zulässig, soweit der Renten- oder Unterhaltsberechtigte Vorausleistungen annehmen muss, wozu er nur zeitlich eingeschränkt oder sogar überhaupt nicht verpflichtet ist.[240] Falls er dafür sorgt, dass seine Forderung nicht verjährt, kann der Rentenverpflichtete allerdings aufrechnen, sobald die Teilbeträge fällig werden, so dass bei der Aufrechnung der Schutz, der mit der Beschränkung der Vorausleistung bezweckt wird, nicht viel wert ist.[241]

47 Die Aufrechnung ist nicht dadurch ausgeschlossen, dass die Hauptforderung **einredebehaftet** ist;[242] der Schuldner kann allerdings nach § 813 Abs. 1 Satz 1 BGB berechtigt sein, das durch Aufrechnung Geleistete zurückzufordern.

Nicht erfüllbar ist nach § 829 Abs. 1 Satz 1 ZPO eine Forderung, die beschlagnahmt ist. Gleichwohl erlaubt § 392 BGB dem Schuldner die Aufrechnung, wenn im Zeitpunkt der Beschlagnahme die Aufrechnungslage bereits bestand oder er darauf vertrauen durfte, aufrechnen zu können, weil seine Forderung zwar nach der Beschlagnahme, aber vor oder zugleich mit der beschlagnahmten Forderung fällig wurde.[243]

48 Gegen eine **unvollkommene Forderung** kann aufgerechnet werden, denn erfüllbar ist diese. Das Erfordernis der Durchsetzbarkeit der Forderung gilt nur für die Gegenforderung und schließt

229 AGR/*Piekenbrock* § 94 Rn. 17.
230 BGH AnwBl. 1985, 257; BGHR BRAGO § 18 Abs. 1 Satz 1 – Aufrechnung 1; HKInsO/*J. Schmidt* § 94 Rn. 40.
231 BGH LM ZPO § 91 Nr. 22 = WM 1976, 460; HKInsO/*J. Schmidt* § 94 Rn. 40.
232 BGH LM ZPO § 104 Nr. 5 = WM 1963, 287; HKInsO/*J. Schmidt* § 94 Rn. 40.
233 BGHZ 17, 19, 29 f. = NJW 1955, 745; BGHZ 103, 362, 367 = NJW 1988, 2542; BGHZ 159, 388, 394 f.
234 BGH NJW 1970, 41, 42.
235 BGH NZI 2012, 711 Rn. 11.
236 BGHZ 103, 362, 367 = NJW 1988, 2542; BGHZ 160, 1, 6 = NZI 2004, 583; BGH NJW-RR 2009, 407 Rn. 9; HKInsO/*J. Schmidt* § 94 Rn. 42; BeckOKInsO/*Liefke* § 94 Rn. 29; K. Schmidt/*Thole* § 94 Rn. 19.
237 Vgl. *Eckardt* ZIP 1995, 257, 262.
238 BGHZ 100, 222, 227 = NJW 1987, 1691.
239 BGHZ 201, 121 Rn. 13.
240 BGH NJW 1972, 154; BGH NJW-RR 1990, 159 = VersR 1990, 189; BGHZ 123, 49 = NJW 1993, 2105.
241 Vgl. *von Feldmann* JuS 1983, 357, 360.
242 FKInsO/*Bernsau* § 94 Rn. 14.
243 BGH WM 1978, 1326; BGH NJW 1980, 584, 585.

deshalb die Aufrechnung mit einer unvollkommenen Forderung aus. Nach Erteilung der Restschuldbefreiung stellen die erfassten Insolvenzforderungen unvollkommene Verbindlichkeiten dar, die weiterhin erfüllbar, aber nicht mehr durchsetzbar sind.[244] Gegen sie kann daher aufgerechnet werden, wenn der frühere Insolvenzschuldner eine eigene fällige und durchsetzbare Forderung für diesen Zweck einzusetzen bereit ist (→ § 94 Rn. 10). Gleiches gilt für Insolvenzforderungen, die nach Bestätigung eines Insolvenzplans als erlassen gelten (→ § 94 Rn. 8).[245]

3. Ausschluss der Aufrechnung. Die Aufrechnung kann gesetzlich, vertraglich oder nach Treu und Glauben ausgeschlossen sein. 49

a) Gesetz. Gesetzliche Aufrechnungsverbote gelten auch in der Insolvenz.[246] 50

Das gilt zunächst für die **bürgerlich-rechtlichen Aufrechnungsverbote.** Unzulässig ist nach § 390 BGB die Aufrechnung mit einer einredebehafteten Forderung. Dasselbe gilt für die Aufrechnung gegen eine Forderung aus vorsätzlich begangener unerlaubter Handlung (§ 393 BGB) und gegen unpfändbare Forderungen (§ 394 BGB). Die Aufrechnung gegen einen deliktischen Anspruch ist auch dann ausgeschlossen, wenn dieser mit einem vertraglichen konkurriert.[247] Das gilt selbst dann, wenn der deliktische Anspruch nicht ausdrücklich verfolgt wird oder bereits verjährt ist und deshalb nicht mehr geltend gemacht werden kann.[248] Das Aufrechnungsverbot des § 394 BGB entfällt nach Treu und Glauben (§ 242 BGB) über den unpfändbaren Teil hinaus bis zu dem Teil, der der Sicherung des Existenzminimums dient, wenn gegen Lohn-, Ruhegehalts- oder Unterhaltsforderungen mit einer Schadensersatzforderung aus einer vorsätzlich begangenen unerlaubten Handlung des Arbeitnehmers oder Unterhaltsberechtigten aufgerechnet wird.[249] § 395 BGB verschärft mit dem Erfordernis der Kassenidentität für die Aufrechnung gegen Forderungen öffentlich-rechtlicher Körperschaften die Voraussetzungen der Gegenseitigkeit.[250] 51

Bei der Aufrechnung gegen **Ansprüche aus einem Steuerschuldverhältnis** gilt die Einschränkung des § 395 BGB zwar nicht.[251] Dafür können Steuerpflichtige nach § 226 Abs. 3 AO nur mit unbestrittenen oder rechtskräftig festgestellten Gegenansprüchen aufrechnen. 52

Gegen **Einlageforderungen** von **Kapitalgesellschaften** können die Gesellschafter nicht aufrechnen (§§ 66 Abs. 1 Satz 2, 278 Abs. 3 AktG, § 19 Abs. 2 Satz 2 GmbHG, § 22 Abs. 5 GenG, § 181 VAG). Dem Einzelinteresse des Gesellschafters, der zugleich Gläubiger ist, geht das Interesse aller Gesellschaftsgläubiger an einer Komplettierung der Haftungsmasse vor.[252] Der Gesellschaft ist die Aufrechnung versagt gegen Forderungen des Gesellschafters, die nicht vollwertig, fällig und liquide[253] sind oder von ihm als Sacheinlage eingebracht werden müssten, so dass die Aufrechnung eine solche verdecken würde.[254] Das gilt auch für Masseforderungen des Gesellschafters.[255] Ist der Gesellschafter insolvent, die Einlageforderung also uneinbringlich, kann die Gesellschaft auch dann mit ihr aufrechnen, wenn die Forderung des Gesellschafters nicht vollwertig ist; denn durch eine Zahlung müsste die Gesellschaft mehr aufwenden, als sie durch Einziehung der Einlage erhielte.[256] Der typische stille Gesellschafter einer GmbH kann in deren Insolvenz gegenüber einer gegen ihn bestehenden Forderung der GmbH mit einem Anspruch auf Rückzahlung der erbrachten Einlage aufrechnen, soweit nicht die Erbringung einer stillen Einlage gesellschaftsvertragliche Beitragspflicht eines Kom- 53

---

[244] BT-Drs. 12/2443, S. 195 zu § 250 RegE; BGH NZI 2008, 737 Rn. 11; NZI 2018, 488 Rn. 19; Uhlenbruck/*Sternal* § 301 Rn. 16.

[245] BGH NZI 2011, 538 Rn. 8.

[246] KPB/*Lüke* § 94 Rn. 56; Gottwald/*Adolphsen,* InsO-HdB, § 45 Rn. 19; HKInsO/*J. Schmidt* § 94 Rn. 46; Andres/Leithaus/*Leithaus* § 94 Rn. 5; HambKommInsO/*Jacoby* § 94 Rn. 10; Braun/*Kroth* § 94 Rn. 20.

[247] RGZ 154, 334, 338; BGH NJW 1967, 2012, 2013; NJW 1994, 252, 253; NJW 1999, 714; MüKoBGB/*Schlüter* § 393 Rn. 2; Bamberger/Roth/Hau/Poseck/*Dennhardt* § 393 Rn. 3; HKInsO/*J. Schmidt* § 94 Rn. 46; zur primären und sekundären Darlegungslast vgl. BGH NJW 1999, 714.

[248] RGZ 167, 257, 259; BGH NJW 1977, 529, 530; RGRK/*Weber* § 393 Rn. 5.

[249] BGHZ 30, 36, 39 = NJW 1959, 1275; BGHZ 123, 49, 57 = NJW 1993, 2105, 2106; BAG 1960, 1589; BAG NJW 1965, 70, 72; BAG ZIP 1987, 1339; BAG ZIP 1997, 935; KPB/*Lüke* § 94 Rn. 59.

[250] MüKoBGB/*Schlüter* § 395 Rn. 1.

[251] BFHE 157, 8 = NVwZ-RR 1990, 523; MüKoBGB/*Schlüter* § 395 Rn. 3; BeckOKInsO/*Liefke* § 94 Rn. 40.

[252] RGZ 94, 61, 62; KPB/*Lüke* § 94 Rn. 61.

[253] BGHZ 15, 52, 59 f. = NJW 1954, 1842; BGHZ 42, 89, 93 = NJW 1964, 1954; BGHZ 90, 370, 373 = NJW 1984, 1891; BGH NJW 1992, 2229; BGHZ 132, 141 = NJW 1996, 1473.

[254] BGH NJW 1979, 216; BGHZ 110, 47 = NJW 1990, 982; BGHZ 113, 335, 341 = NJW 1991, 1754; BGHZ 125, 141 = NJW 1994, 1477; BGHZ 132, 141 = NJW 1996, 1473.

[255] RGZ 152, 292, 300; 158, 6; Uhlenbruck/*Sinz* § 94 Rn. 40; KPB/*Lüke* § 94 Rn. 62; Scholz/*Veil* § 19 Rn. 90; aA *von Burchard* GmbHR 1955, 136.

[256] BGHZ 15, 52, 59 f. = NJW 1954, 1842.

manditisten ist[257] oder der Vertrag der stillen Gesellschaft festlegt, dass der stille Gesellschafter die Einlage erst nach Befriedigung der Gläubiger zurückfordern kann.[258] In der Insolvenz einer Genossenschaft kann der Genosse gegen die Nachschussforderung mit seiner Forderung auf Insolvenzdividende aufrechnen (§ 105 Abs. 5 GenG); dies gilt nicht für die nach § 106 GenG eingeforderten Vorschüsse, weil diese der Insolvenzmasse unverkürzt zufließen sollen.[259]

54 Die Gesellschafter einer **offenen Handelsgesellschaft** können mit Forderungen gegen die Gesellschaft gegen deren Forderung auf Zahlung der Einlage aufrechnen.[260]

55 Auch der **Kommanditist** kann gegen den Anspruch der Gesellschaft auf Zahlung der Pflichteinlage aufrechnen; wegen des für den Kommanditisten geltenden Grundsatzes der Kapitalaufbringung erlischt seine Haftung gegenüber den Gesellschaftsgläubigern aber nur in dem Umfange, wie die Gegenforderung des Kommanditisten vollwertig ist.[261] Ausnahmsweise ist eine Aufrechnung zum Nennwert zulässig, wenn der Kommanditist einen Gesellschaftsgläubiger befriedigt hat und nunmehr mit seinem Anspruch auf Aufwendungsersatz (§ 110 HGB) aufrechnet.[262]

56 Der BGH hat offen gelassen, ob während der Dauer eines von der Bundesanstalt für Finanzdienstleistungsaufsicht erlassenen vorläufigen Zahlungsverbots nach **§ 46a Abs. 1 Satz 1 Nr. 1 KWG** in der bis zum 31. Dezember 2010 bzw. nach **§ 46 Abs. 1 Satz 2 Nr. 4 KWG** in der seitdem geltenden Fassung Aufrechnungen ausgeschlossen sind. Einer Aufrechnung stünde jedenfalls weder der Sicherungs- noch der Sanierungszweck der gesetzlichen Regelung entgegen.[263]

57 Gegen den **Anspruch aus § 717 Abs. 2 ZPO** auf Ersatz des Schadens, der in der Leistung zur Abwendung der Vollstreckung besteht, kann nicht mit der ursprünglich titulierten, noch rechtshängigen Forderung aufgerechnet werden. § 717 Abs. 2 ZPO soll gewährleisten, dass derjenige, der aufgrund eines vorläufig vollstreckbaren Urteils in Anspruch genommen worden ist, seine Leistung zur Abwehr der Vollstreckung nach Aufhebung des Titels sogleich zurückerhält. Mit diesem Sinn und Zweck der Vorschrift wäre es nicht zu vereinbaren, gegen den entsprechenden Schadensersatzanspruch die Aufrechnung mit der nach wie vor streitigen Klageforderung zuzulassen. Die Aufrechnung ist allerdings zulässig, soweit der Anspruch aus § 717 Abs. 2 ZPO den Ersatz eines weitergehenden Schadens zum Inhalt hat.[264]

58 **b) Vertrag.** Die Aufrechnung kann durch Vertrag – ausdrücklich oder schlüssig – **ausgeschlossen** oder **beschränkt** werden; § 137 BGB steht nicht entgegen.[265]

59 Zu prüfen ist, inwieweit das vertragliche Verbot oder die vertragliche Beschränkung der Aufrechnung den jeweiligen Einzelfall erfassen soll oder ob eine einschränkende Auslegung nach Sinn und Zweck der Regelung geboten ist.[266]

Nach Nr. 19 ADSp (§ 32 ADSp aF) kann der Auftraggeber gegenüber Ansprüchen aus dem Verkehrsvertrag und damit zusammenhängenden außervertraglichen Ansprüchen nur mit solchen Gegenansprüchen aufrechnen, denen ein Einwand nicht entgegensteht.[267] Handelsklauseln wie „netto Kasse gegen Rechnung und Verladepapiere“, „Kasse gegen Dokumente“, „Zahlbar innerhalb 30 Tagen dato Faktura rein netto Kasse“, „Kasse gegen Verladedokumente“ oder „cash on delivery (C. O. D.)“ schließen die Aufrechnung aus.[268] Wird vereinbart, dass bar gezahlt werden müsse, so kann darin der Verzicht auf eine Aufrechnung mit Gegenforderungen liegen.[269] Ausgeschlossen ist die Aufrechnung, wenn die Klausel in Kenntnis von Gegenforderungen vereinbart wird.[270]

---

257 BGHZ 70, 61 = NJW 1978, 376; BGH NJW 1981, 2251; BGHZ 93, 159 = NJW 1985, 1468; KPB/*Lüke* § 94 Rn. 70.

258 BGHZ 83, 341, 344 f. = NJW 1983, 42; BGH NJW 1983, 1855.

259 BGH NJW 1978, 2595; BeckOKInsO/*Liefke* § 94 Rn. 41; KPB/*Lüke* § 94 Rn. 63; FKInsO/*Bernsau* § 94 Rn. 26.

260 KPB/*Lüke* § 94 Rn. 64.

261 BGHZ 95, 188 = NJW 1985, 2947; Henssler/Strohn/*Gummert* § 172 HGB Rn. 41.

262 BGHZ 95, 188, 195 = NJW 1985, 2947; Staub/*Thiessen* § 171 Rn. 144; Henssler/Strohn/*Gummert* § 172 HGB Rn. 42; MüKoHGB/*K. Schmidt* § 172 Rn. 60.

263 BGHZ 197, 21 Rn. 45 f.; vgl. *Beck* WM 2013, 301, 303.

264 BGHZ 136, 199 = NJW 1997, 2601.

265 BGH NJW 1984, 357, 358; MüKoBGB/*Schlüter* § 387 Rn. 58; HKInsO/*J. Schmidt* § 94 Rn. 47; aA *Fenge* JZ 1971, 118.

266 BGH NJW 2005, 2771, 2772; vgl. Jaeger/*Windel* § 94 Rn. 187 ff.

267 BGH NJW-RR 1987, 883 = WM 1987, 732; NJW-RR 2008, 121 Rn. 10; BGH BeckRS 2018, 33719 Rn. 22.

268 BGHZ 14, 61, 62 = NJW 1954, 1561; BGHZ 23, 131, 135 f. = NJW 1957, 827; BGH WM 1972, 1092; BGH NJW 1976, 852, 853; BGH NJW 1985, 550.

269 BGH NJW 1971, 1563; *Jaeger/Lent* KO, 8. Aufl., § 53 Rn. 13.

270 RGZ 60, 356, 358; BGHZ 23, 131, 135 = NJW 1957, 827.

Wird bei der Errichtung eines Kontos der Bank offengelegt, dass das Konto ausschließlich zur Aufnahme fremder Gelder bestimmt ist, die der Kontoinhaber in seiner Funktion als Treuhänder erhält, ist auch ein Aufrechnungsrecht des Kreditinstituts mit Ansprüchen gegen den Treuhänder in aller Regel vereinbarungsgemäß (§§ 133, 157 BGB) ausgeschlossen.[271] Dagegen kann das Kreditinstitut bei einem verdeckten Treuhandkonto mit Ansprüchen gegen den Treuhänder als Kontoinhaber aufrechnen.[272] Eine Unterart des offenen Treuhandkontos ist das Anderkonto. Die für ein solches geltenden Bankbedingungen schließen in Nr. 12 die Aufrechnung mit Forderungen aus, die nicht in Bezug auf das Anderkonto selbst entstanden sind. Die Aufrechnung des Treuhänders mit Forderungen gegen den Treugeber wird hingegen durch eine Treuhandabrede dauerhaft ausgeschlossen; das gilt namentlich bei Anderkonten von Rechtsanwälten und Notaren.[273]

In der Anmeldung der Forderung im Insolvenzverfahren liegt kein Verzicht auf das Aufrechnungsrecht.[274] Gleiches gilt für die Zustimmung des zur Aufrechnung berechtigten Insolvenzgläubigers zu einem Insolvenzplan oder die widerstandslose Hinnahme des Plans; an die Feststellung eines solchen Verzichtswillens sind strenge Anforderungen zu stellen.[275]

Vertragliche Aufrechnungsverbote gelten **nicht schrankenlos.** Sie können – wie in § 556b **60**
Abs. 2 BGB – kraft Gesetzes ausgeschlossen sein. In allgemeinen Geschäftsbedingungen ist nach § 309 Nr. 3 BGB ein Verbot unwirksam, soweit es die Aufrechnung mit unbestrittenen oder rechtskräftig festgestellten Forderungen ausschließt.[276] Für Individualvereinbarungen gilt dasselbe, wenn die zur Aufrechnung gestellte Gegenforderung entscheidungsreif ist.[277]

Ein vertragliches Aufrechnungsverbot kann je nach den Umständen des Einzelfalls treuwidrig und daher unzulässig sein. Bei der Beurteilung dieser Frage ist auf den Zweck des Verbots und die vom Verbot berührten Interessen[278] abzustellen. Führt ein solches Verbot dazu, dass der Schuldner seine Gegenforderungen wegen eines nachträglichen Vermögensverfalls des Gläubigers später nicht mehr durchsetzen kann, wird er mit ihnen regelmäßig ungeachtet des Verbots aufrechnen können,[279] falls dieses nicht auch für den Fall der Insolvenz gelten sollte, die Vertragspartner also in Kauf nahmen, dass der Schuldner mit seinen Gegenforderungen ausfällt. Danach bleibt ein Aufrechnungsverbot regelmäßig in Kraft, wenn es entsprechend seiner Zweckbestimmung als Mittel der Kreditsicherung verwandt worden ist; denn der Kreditgeber soll gerade dann darauf vertrauen dürfen, die ihm als Sicherheit abgetretene Forderung nicht durch Aufrechnung zu verlieren, wenn sein Schuldner insolvent wird.[280] Aufrechnungsverbote in allgemeinen Geschäftsbedingungen gelten regelmäßig nicht bei Vermögensverfall des Klauselverwenders.[281] Auch die Berufung auf das Aufrechnungsverbot des Nr. 19 ADSp (§ 32 ADSp aF) ist unzulässig, wenn der Aufrechnende infolge Vermögensverfalls des Aufrechnungsgegners Erfüllung für die zur Aufrechnung gestellten Forderungen nur noch durch Aufrechnung finden kann.[282] Treu und Glauben kann es auch widersprechen, wenn es einem Vertragspartner verwehrt werden sollte, etwaige Schadensersatzansprüche zur Aufrechnung zu stellen, die er gegen den anderen Vertragspartner hat, weil dieser vorsätzlich seine dem einheitlichen Vertragsverhältnis entspringenden Pflichten verletzt hat.[283] Allerdings gilt das nicht uneingeschränkt. Je nach den besonderen Umständen des Einzelfalls tritt ein vertragliches Aufrechnungsverbot dann nicht zurück, wenn die Prüfung, ob überhaupt eine auf eine vorsätzlich unerlaubte Handlung zu stützende

---

[271] BGHZ 61, 72 = NJW 1973, 1754; BGH NJW 1987, 3250; Staub/*Staub* Bankvertragsrecht Rn. 206.

[272] Vgl. BGHZ 61, 72, 77 = NJW 1973, 1754; WM 1983, 873; NJW 1985, 1954; NJW 1987, 3250; Staub/*Staub* Bankvertragsrecht Rn. 207.

[273] AGR/*Piekenbrock* § 94 Rn. 23.

[274] *Jaeger/Lent* KO, 8. Aufl., § 53 Rn. 14; Uhlenbruck/*Sinz* § 94 Rn. 50; K. Schmidt/*Thole* § 94 Rn. 3; KPB/*Lüke* § 94 Rn. 12.

[275] BGH NZI 2011, 538 Rn. 15.

[276] BGH WM 1972, 72, 73; NJW 1981, 2243, 2244.

[277] BGH WM 1975, 614, 616; WM 1978, 620, 621; WM 1978, 1042, 1043 f.

[278] HambKommInsO/*Jacoby* § 94 Rn. 10.

[279] BGHZ 23, 17, 26 f. = NJW 1957, 591; BGH WM 1966, 218; WM 1975, 614, 616; NJW 1975, 442; NJW 1978, 2244, 2245; *Jaeger/Lent* KO, 8. Aufl., § 53 Rn. 13; Uhlenbruck/*Sinz* § 94 Rn. 46; K. Schmidt/*Thole* § 94 Rn. 23; HKInsO/*J. Schmidt* § 94 Rn. 48; FKInsO/*Bernsau* § 94 Rn. 21; *Gernhuber* § 12 VI, 8d; *Häsemeyer* Insolvenzrecht, Rn. 19.09.

[280] BGHZ 14, 61, 63 = NJW 1954, 1561; BGHZ 23, 131, 137 = NJW 1957, 827; BGH NJW-RR 1989, 124, 125 = ZIP 1988, 1340; K. Schmidt/*Thole* § 94 Rn. 23; KPB/*Lüke* § 94 Rn. 75; HKInsO/*J. Schmidt* § 94 Rn. 48.

[281] BGH NJW 1975, 442; NJW 1978, 2244; NJW 1984, 357; Uhlenbruck/*Sinz* § 94 Rn. 45; Gottwald/*Adolphsen*, InsO-HdB, § 45 Rn. 25; KPB/*Lüke* § 94 Rn. 76; HKInsO/*J. Schmidt* § 94 Rn. 48; FKInsO/*Bernsau* § 94 Rn. 22; *Kilger/K. Schmidt* § 53 KO Anm. 9.

[282] BGH NJW-RR 1987, 883 = WM 1987, 732.

[283] BGH WM 1956, 563, 564; BGH WM 1972, 72, 73; ZIP 1985, 921, 926.

Gegenforderung vorliegt, eine langwierige Beweisaufnahme und ein Hinausschieben der Prozessentscheidung notwendig machen würde, oder wenn die Gegenforderung gänzlich undurchsichtig erscheint.[284]

Eine vor der Insolvenz wegen des zu diesem Zeitpunkt zulässigen Aufrechnungsverbots unwirksam abgegebene Aufrechnungserklärung muss nach Eintritt der Insolvenz wiederholt werden, um gegebenenfalls für die Insolvenz wirksam zu werden.[285]

61 Die Aufrechnung kann vertraglich **für den Fall der Insolvenz ausgeschlossen** werden.[286] Dies kann auch konkludent geschehen. Die wegen drohenden Vermögensverfalls des Bauunternehmers zwischen dessen Lieferanten und dem Bauherrn getroffene Vereinbarung, das Baumaterial an den Bauherrn gegen Zahlung eines Abschlags auf die an den Lieferanten abgetretene Werklohnforderung zu liefern, enthält das stillschweigende Verbot der Aufrechnung mit gegen den Bauunternehmer gerichteten Forderungen des Bauherrn.[287]

62 **c) Treu und Glauben.** Die Aufrechnung ist über die gesetzlich und vertraglich ausdrücklich geregelten Fälle hinaus ausgeschlossen, sofern der besondere Inhalt des Schuldverhältnisses, die Natur der Rechtsbeziehungen oder der Zweck der geschuldeten Leistung eine Erfüllung durch Aufrechnung als mit Treu und Glauben unvereinbar erscheinen lassen.[288] Dies kann sich vor allem aus der Zweckgebundenheit des Geschäfts ergeben. So dürfen insbesondere Treuhänder und Geschäftsführer gegen den Anspruch auf Herausgabe des Erlangten nach § 667 BGB nicht mit Gegenforderungen aufrechnen, die ihren Grund nicht in dem betreffenden Rechtsverhältnis haben.[289] Dies gilt nicht, wenn die Treuhandabrede gesetzwidrigen Zwecken dient.[290] Aus nicht zweckgebundenen Fremdgeldern darf ein Rechtsanwalt sich durch Aufrechnung mit Honoraransprüchen befriedigen, auch wenn diese nicht gerade den Auftrag betreffen, der zu dem Geldeingang geführt hat.[291]

Erwirbt eine Bank in nicht banküblicher Weise den Anspruch eines Dritten gegen ihren Bankkunden allein zu dem Zweck, durch Aufrechnung gegen eine Guthabenforderung ihres Kunden dem Dritten den Zugriff auf dessen Vermögen zu verschaffen, so ist die Aufrechnung rechtsmissbräuchlich und deshalb unwirksam.[292] Das gilt grundsätzlich auch, wenn die Forderung des Dritten auf einer vorsätzlichen unerlaubten Handlung des Bankkunden beruht und der Bank die Forderung von ihrer Schwesterbank zediert worden ist.[293] Rechtsmissbräuchlich ist die Aufrechnung gegen eine entscheidungsreife Klageforderung mit einer Gegenforderung aus einem Rechtsverhältnis, über das der Aufrechnende abrechnen müsste, aber aus eigenem groben Verschulden nicht kann, und wenn deswegen die aufgerechnete Gegenforderung im Prozess nur mit erheblichen Schwierigkeiten und Zeitaufwand festgestellt werden muss.[294]

Nicht gegen Treu und Glauben verstößt es, wenn der Besteller mit einem Anspruch auf Vorschuss aus § 637 Abs. 3 BGB (§ 633 Abs. 3 BGB aF) oder VOB/B § 13 Abs. 5 (VOB/B § 13 Nr. 5 aF) gegen die Restwerklohnforderung des Unternehmers aufrechnet; und zwar auch dann nicht, wenn der Besteller den Anspruch durch Abtretung erlangt hat.[295]

Rechnet ein Insolvenzgläubiger trotz seiner Zustimmung zu einem Insolvenzplan auf, verstößt dies nicht gegen Treu und Glauben. Die Zustimmung erlaubt nicht den Schluss, der zur Aufrechnung berechtigte Insolvenzgläubiger werde nach Rechtskraft des Insolvenzplans zur Abwehr von Ansprüchen der Masse von der bestehenden Aufrechnungsmöglichkeit keinen Gebrauch mehr machen.[296]

---

284 BGH NJW 1966, 1452; BGH WM 1976, 1332; BGH WM 1977, 311; BGH ZIP 1985, 921, 926.

285 BGH NJW 1984, 357; KPB/*Lüke* § 94 Rn. 77; HambKommInsO/*Jacoby* § 94 Rn. 16.

286 OLG Hamm ZIP 1988, 253; Jaeger/*Windel* § 94 Rn. 188; KPB/*Lüke* § 94 Rn. 75; Andres/Leithaus/*Leithaus* § 94 Rn. 5.

287 BGH ZIP 1980, 110 f.

288 BGH ZIP 1980, 110; BGHZ 113, 90, 93 f. = NJW 1991, 839; BeckOKInsO/*Liefke* § 94 Rn. 43; HKInsO/*J. Schmidt* § 94 Rn. 49.

289 RGZ 160, 52, 60; BGHZ 14, 342, 346 = NJW 1954, 1722; BGH NJW 1957, 1759; WM 1960, 842; BGHZ 54, 244, 247 = NJW 1970, 2019; BGHZ 71, 380, 383 = NJW 1978, 1807; BGHZ 95, 109, 113 = NJW 1985, 2820; BGHZ 113, 90, 93 = NJW 1991, 839; BGH NJW 1993, 2041, 2042; NJW 1994, 2885; NJW 1995, 1425, 1426; NZI 2007, 515 Rn. 8.

290 BGH NJW 1993, 2041, 2042.

291 BGHZ 71, 380, 383 = NJW 1978, 1807; BGH NJW 1995, 1425, 1426.

292 BGH NJW 1987, 2997.

293 BGH NJW 1987, 2997.

294 BGH WM 1963, 509.

295 BGHZ 54, 244 = NJW 1970, 2019; BGHZ 95, 250 = NJW 1985, 2822; BGHZ 96, 146 = NJW 1986, 713; BGH NJW-RR 1989, 406 = WM 1989, 418.

296 BGH NZI 2011, 538 Rn. 16.

II. Vertraglich geregelte Aufrechnung

Abweichend vom früheren Recht bestimmt § 94, dass nicht nur das gesetzliche, sondern auch ein vertragliches Aufrechnungsrecht des Insolvenzgläubigers durch das Insolvenzverfahren nicht berührt wird. Diese Regelung geht auf eine Initiative des Rechtsausschusses zurück und soll der Klarstellung dienen.[297] Klargestellt wird jedoch nichts; vielmehr handelt es sich um eine grundlegende Änderung der Rechtslage. Denn nach früherem Recht waren Aufrechnungsverträge nach der Eröffnung des Konkursverfahrens grundsätzlich unwirksam.[298] Mit der Neuregelung werden die Aufrechnungsmöglichkeiten im Hinblick auf vertragliche Anfechtungsberechtigungen erweitert.[299] Auf die vereinbarte Aufrechnungslage beziehen sich die Erleichterungen des § 95 nicht.[300] 63

Nach dem **bürgerlichen Recht** können aufgrund der Vertragsfreiheit (§ 311 BGB) die gesetzlichen Voraussetzungen der Aufrechnung wie Gegenseitigkeit, Gleichartigkeit, Fälligkeit und Erfüllbarkeit der Forderungen vertraglich weitgehend abbedungen werden.[301] Unverzichtbar ist hingegen die Rechtsgültigkeit der Forderungen; bestehen die von den Vertragsschließenden angenommenen Forderungen tatsächlich nicht, ist der Vertrag unwirksam,[302] sofern die Forderung nicht durch den Vertrag neu begründet oder in zulässiger Weise anerkannt werden sollte.[303] Drittinteressen schützende und deshalb zwingende Aufrechnungsverbote – wie zum Beispiel die der Kapitalaufbringung und Kapitalerhaltung dienenden des Gesellschaftsrecht – stehen auch dem Abschluss eines Aufrechnungsvertrages entgegen; wird nur der Aufrechnungsgegner geschützt, so kann dieser vertraglich auf den Schutz verzichten.[304] 64

Vereinbaren mehrere Gläubiger und Schuldner, dass ihre wechselseitigen Forderungen durch Verrechnung getilgt werden, wird auf diese Weise die Gegenseitigkeit der zu verrechnenden Forderungen abbedungen.[305] An einer derartigen Vereinbarung müssen diejenigen Personen beteiligt sein, die berechtigt sind, über die zu tilgenden Forderungen zu verfügen; ihr Einverständnis schafft die rechtliche Grundlage für das Erlöschen der zu verrechnenden Forderungen, auch wenn die Voraussetzungen des § 387 BGB nicht vorliegen.[306] Abreden dieser Art sind in Form von individuell ausgehandelten **Konzernverrechnungsvereinbarungen** anerkannt, und zwar sowohl für den Fall, dass ein konzernangehöriges Unternehmen zur Aufrechnung mit eigenen Forderungen auch gegen Forderungen des Vertragspartners gegen andere konzernangehörige Unternehmen berechtigt sein soll,[307] als auch für den umgekehrten Fall, dass ein Konzernunternehmen befugt sein soll, durch „Verrechnung"[308] mit Forderungen anderer konzernangehöriger Unternehmen gegen denselben Vertragspartner dessen Forderung zu tilgen.[309] In AGB können diese Klauseln im Einzelfall überraschend im Sinne von § 305c BGB oder unangemessen benachteiligend im Sinne von § 307 BGB und deshalb unwirksam sein.[310]

Hiervon ist die **insolvenzrechtliche Behandlung** derartiger Vereinbarungen zu unterscheiden. 65

Mit § 94 Fall 2 können **nicht** Verträge gemeint sein, durch die vor Verfahrenseröffnung (oder vor Anordnung eines allgemeinen Verfügungsverbots, § 21 Abs. 2 Satz 1 Nr. 2 Fall 1) eine Aufrechnung – ohne gesonderte Erklärung – sofort vollzogen wird (sog. **Aufrechnungsvollzugsvereinbarungen**).[311] Denn bis zu diesem Zeitpunkt kann der spätere Insolvenzschuldner uneingeschränkt

---

297 BT-Drs. 12/7302, S. 165.
298 BGH ZIP 1996, 552.
299 BGH NZI 2011, 538 Rn. 13; KPB/*Lüke* § 94 Rn. 80; HKInsO/*J. Schmidt* § 94 Rn. 53.
300 HambKommInsO/*Jacoby* § 94 Rn. 11.
301 RGZ 104, 186, 188; BGH NJW 1970, 41, 42; für die Gegenseitigkeit RGZ 72, 377, 378; BGH WM 1977, 760.
302 BGH NJW 1998, 978, 979; AGR/*Piekenbrock* § 94 Rn. 26; HambKommInsO/*Jacoby* § 94 Rn. 11; KKInsO/KKInsO/*Beyer* § 94 Rn. 26; Braun/*Kroth* § 94 Rn. 24; Gottwald/*Adolphsen* § 45 Rn. 27.
303 MüKoBGB/*Schlüter* § 387 Rn. 52.
304 KPB/*Lüke* § 94 Rn. 81; Jaeger/*Windel* § 94 Rn. 197; Braun/*Kroth* § 94 Rn. 24; Gottwald/*Adolphsen* § 45 Rn. 27.
305 RGZ 72, 377, 378; BGH WM 1977, 760; BGHZ 94, 132, 135 = NJW 1985, 2409; BAG NZA-RR 2010, 646; MüKoBGB/*Schlüter* § 387 Rn. 52.
306 BGHZ 94, 132, 135 = NJW 1985, 2409.
307 BGH WM 1966, 651; MüKoBGB/*Schlüter* § 387 Rn. 51.
308 Der Begriff ist irreführend, weil es nicht um eine automatische Saldierung, sondern um eine Aufrechnung mit selbständigen, einem anderen Rechtsträger zustehenden Forderungen geht; *G. Fischer* WM 2008, 1.
309 BGH WM 1977, 760; BGHZ 81, 15, 17 = NJW 1981, 2257; BGHZ 94, 132, 135 = NJW 1985, 2409; MüKoBGB/*Schlüter* § 387 Rn. 51.
310 Verneinend für den kaufmännischen Geschäftsverkehr OLG Frankfurt NJW-RR 2004, 54, 56.
311 BGHZ 170, 206 Rn. 10 = NZI 2007, 222; BeckOKInsO/*Liefke* § 94 Rn. 32; HambKommInsO/*Jacoby* § 94 Rn. 12; KPB/*Lüke* § 94 Rn. 83. Kritisch K. Schmidt/*Thole* § 94 Rn. 25.

aufrechnen; Korrekturen erfolgen gegebenenfalls über § 96 Abs. 1 Nr. 3.[312] Nach Eröffnung scheitern solche Vereinbarungen an § 80.[313] Ebenfalls nicht gemeint sind Verträge, die mit dem Ziel in die Zukunft wirken, dass künftige Forderungen erlöschen, sobald sie einander gegenübertreten,[314] die also eine **antizipierte oder vorgreifliche Verrechnungsvereinbarung** wie beim Kontokorrentvertrag[315] oder der Skontration[316] enthalten. Denn die auf künftige Verrechnung zielenden Vertragsverhältnisse haben den Charakter von Vorausverfügungen (§ 91 Abs. 1) und erlöschen gemäß §§ 115, 116, wenn über das Vermögen eines Vertragspartners das Insolvenzverfahren eröffnet wird,[317] so dass eine Aufrechnung während des Verfahrens entfällt und § 94 nicht anzuwenden ist.[318] Die vorher vollzogenen Aufrechnungen bleiben wirksam, soweit sie nicht anfechtbar und deshalb nach § 96 Abs. 1 Nr. 3 unzulässig waren.[319]

Bedeutung hat § 94 deshalb nur für vertragliche Erweiterungen der gesetzlichen Aufrechnungslage, die den Aufrechnungsvollzug einer späteren einseitigen Erklärung vorbehalten[320] oder die Anforderungen an die Erfüllbarkeit der Hauptforderung, die Fälligkeit der Gegenforderung[321] oder die Gleichartigkeit[322] bei Festlegung eines Geldäquivalents für Sachleistungen[323] betreffen.[324]

Hingegen fallen Aufrechnungsvereinbarungen, in denen das Gegenseitigkeitserfordernis abbedungen wurde, nicht in den Schutzbereich des § 94, wenn die Aufrechnung vor der Eröffnung des Insolvenzverfahrens nicht erklärt wurde.[325] Ermächtigen die Mitglieder eines Konzerns einander, mit ihren Forderungen gegen die Forderungen konzernfremder Lieferanten aufzurechnen, war nach Meinung des BGH zum Recht der Konkursordnung eine derartige mit dem Lieferanten vereinbarte **Konzernverrechnungsklausel** in dessen Konkurs unwirksam, weil sie gegen zwingendes Recht (§ 55 Satz 1 Nr. 2 und 3 KO = § 96 Nr. 2 und 3) verstößt. Das aufrechnende Konzernmitglied müsse sich so behandeln lassen, als habe es die zur Aufrechnung gestellte Forderung im Zeitpunkt der Aufrechnungserklärung und damit nach der Eröffnung des Insolvenzverfahrens erworben; denn erst mit der Aufrechnungserklärung nehme das Konzernmitglied die Forderung endgültig für sich in Anspruch, indem es über sie wie ihr Inhaber verfüge.[326] Diese Begründung lässt sich nicht auf den umgekehrten Fall übertragen, dass das Konzernmitglied als Lieferant mit seinem Abnehmer vereinbart, mit seiner Forderung gegen Verbindlichkeiten anderer Konzernmitglieder aufrechnen zu dürfen.[327] Die Einwilligung der schuldenden Konzernmitglieder ist hierzu nicht erforderlich (§ 269 Abs. 1 Satz 2 BGB); es genügt, dass deren Gläubiger mit dieser Art der Leistungserbringung einverstanden ist.

Umstritten war, ob die Insolvenzordnung eine Aufrechnung auf Grund von Konzernverrechnungsklauseln erlaubt. § 53 KO hatte – anders als § 94 Fall 2 – nur die gesetzliche Aufrechnung zugelassen, soweit nicht § 55 KO entgegenstand. Die überwiegende Meinung des Schrifttums vertrat deshalb den Standpunkt, seit der Neufassung seien Konzernverrechnungsklauseln insolvenzfest. Der BGH ist dem nicht gefolgt. Es gelten die früheren Grundsätze zur **Unwirksamkeit derartiger**

---

[312] BGHZ 170, 206 Rn. 10 ff.; Jaeger/*Windel* § 94 Rn. 199; BeckOKInsO/*Liefke* § 94 Rn. 32; KPB/*Lüke* § 94 Rn. 83; HambKommInsO/*Jacoby* § 94 Rn. 12.

[313] KPB/*Lüke* § 94 Rn. 83; HambKommInsO/*Jacoby* § 94 Rn. 12.

[314] BGHZ 170, 206 Rn. 10 = NZI 2007, 222; HambKommInsO/*Jacoby* § 94 Rn. 13.

[315] BGHZ 74, 253, 255 = NJW 1979, 1658; BGHZ 93, 315, 323 = NJW 1985, 1218; BGHZ 107, 192, 197 = NJW 1989, 2120.

[316] BGH WM 1972, 1379; BGH NJW 1987, 2439, 2440.

[317] BGHZ 58, 108, 111 = NJW 1972, 633; BGHZ 70, 86, 93 = NJW 1978, 538; BGHZ 74, 253, 255 = NJW 1979, 1658; BGH NJW 1991, 1286, 1287.

[318] KPB/*Lüke* § 94 Rn. 83 und 87; HambKommInsO/*Jacoby* § 94 Rn. 13.

[319] KPB/*Lüke* § 94 Rn. 83 und 87; Jaeger/*Windel* § 94 Rn. 200; BeckOKInsO/*Liefke* § 94 Rn. 35; HambKommInsO/*Jacoby* § 94 Rn. 13.

[320] BGHZ 170, 206 Rn. 10 = NJW 2007, 1067 = NZI 2007, 222; HKInsO/*J. Schmidt* § 94 Rn. 54; *Häsemeyer* Insolvenzrecht, Rn. 19.30; BeckOKInsO/*Liefke* § 94 Rn. 30; HambKommInsO/*Jacoby* § 94 Rn. 15; Jaeger/*Windel* § 94 Rn. 194; KPB/*Lüke* § 94 Rn. 83; K. Schmidt/*Thole* § 94 Rn. 24.

[321] *Schwahn* NJW 2005, 473, 475; K. Schmidt/*Thole* § 94 Rn. 24; AGR/*Piekenbrock* § 94 Rn. 27; HKInsO/*J. Schmidt* § 66; KPB/*Lüke* § 94 Rn. 84; aA *Rendels* ZIP 2003, 1583, 1587 f. hinsichtlich Abweichungen vom Erfordernis der Fälligkeit wegen § 95 Abs. 1 Satz 3.

[322] *Schwahn* NJW 2005, 473, 475; HKInsO/*J. Schmidt* § 94 Rn. 66; KPB/*Lüke* § 94 Rn. 84.

[323] K. Schmidt/*Thole* § 94 Rn. 24.

[324] Siehe die Beispiele bei *Obermüller* Rn. 6.501 ff.

[325] BGHZ 170, 206 Rn. 17 = NJW 2007, 1067 = NZI 2007, 222; Jaeger/*Windel* § 94 Rn. 225; HKInsO/*J. Schmidt* § 94 Rn. 55 ff.; Braun/*Kroth* § 94 Rn. 25, der aber eine Unwirksamkeit analog § 96 Abs. 1 Nr. 2 annimmt; ähnlich KPB/*Lüke* § 94 Rn. 85, allerdings Unzulässigkeit auch analog § 96 Abs. 1 Nr. 1.

[326] BGHZ 81, 15, 18 ff. = NJW 1981, 2257; OLG Köln ZIP 1995, 850 und Nichtannahme der Revision, BGH ZIP 1996, 552; aA BGH WM 1977, 760.

[327] LG Berlin ZIP 1980, 861; *Hess* § 56 Rn. 30; *Joussen* ZIP 1982, 279, 284; *Westermann* WM SB 3/1986, 15.

Klauseln unverändert fort.[328] Bei einer auf eine Konzernverrechnungsklausel gestützten Aufrechnung entsteht die Aufrechnungslage erst, wenn nach Verfahrenseröffnung die Aufrechnung erklärt wird. Es geht damit nicht um eine bei Eröffnung bestehenden Aufrechnungslage, die § 94 schützen soll, sondern um die Einräumung einer künstlichen Befriedigungsmöglichkeit für fremde Forderungen.[329] Zudem muss die Wertung des § 449 Abs. 3 BGB beachtet werden, nach dem der Eigentumsübergang im Rahmen des Eigentumsvorbehalts nicht davon abhängig gemacht werden kann, dass der Käufer Forderungen insbesondere eines mit dem Verkäufer verbundenen Unternehmens erfüllt.[330] Obwohl sich die Aufrechnungsbefugnis in der Insolvenz im wirtschaftlichen Ergebnis wie das durch ein Pfandrecht oder eine Sicherungsabtretung vermittelte Recht zur abgesonderten Befriedigung auswirkt, können die Rechtsinstitute nicht gleichbehandelt werden. Letztere räumen dem Gläubiger des Schuldners ein Sicherungsrecht für eigene Forderungen ein; demgegenüber gewährt die Konzernverrechnungsklausel die Aufrechnungsbefugnis einem (Dritt-)Schuldner, damit er Forderungen des Insolvenzschuldners nicht ausgleichen muss.[331]

Diese Grundsätze finden auch Anwendung, wenn eine Konzerngesellschaft nach Eröffnung des Insolvenzverfahrens gestützt auf eine Konzernverrechnungsklausel mit eigenen Forderungen gegenüber den Ansprüchen des Schuldners aufrechnet, die diesem gegen ein anderes Konzernunternehmen zustehen. Die auf den Konzernverrechnungsklauseln beruhenden Aufrechnungserklärungen nach Verfahrenseröffnung sind gemäß § 96 Abs. 1 Nr. 2 unwirksam. Eine vor Verfahrenseröffnung erklärte Aufrechnung kann anfechtbar und deshalb nach § 96 Abs. 1 Nr. 3 unwirksam sein.[332]

Der BGH hatte diese Rechtsprechung im Recht der Konkursordnung auf den Fall einer **wechselseitigen stillen Zession** ausgedehnt und ausgeführt: Treten zwei durch eine gemeinsame Muttergesellschaft verbundene Unternehmen sich gegenseitig ihre Außenstände still zum Inkasso bei Weiterbestehen der Einziehungsermächtigung ab und erweitern sie so die Aufrechnungsmöglichkeit, kann das im Falle des Konkurses eines Geschäftsgegners wegen Umgehung der Regelung des § 55 KO unwirksam sein.[333] Im Recht der Insolvenzordnung kann nichts anderes gelten; auch im Falle der stillen Zession ist die Aufrechnung analog § 96 Abs. 1 Nr. 2 unwirksam.[334] 66

C. Durchsetzung der Aufrechnung

I. Aufrechnungserklärung

Gegeneinander aufrechenbare Forderungen erlöschen nicht kraft Gesetzes mit Eintritt der Aufrechnungslage; erforderlich ist ein Gestaltungsakt, eine unwiderrufliche und bedingungsfeindliche Willenserklärung, die gegenüber dem anderen Teile abzugeben ist (§ 388 BGB).[335] Hierbei handelt es sich um ein **Verfügungsgeschäft.** Der Aufrechnende verfügt über seine Gegenforderung, nicht über die Hauptforderung des Aufrechnungsgegners. Diese erlischt als Folge der Verfügung über die Gegenforderung.[336] Auch die Aufrechnung mit Steuerforderungen[337] oder anderen öffentlich-rechtlichen Forderungen[338] wird durch rechtsgeschäftliche Willenserklärung nach § 388 BGB und nicht durch Verwaltungsakt vollzogen.[339] Verliert der Inhaber der Gegenforderung nach Eintritt der Aufrechnungslage sein Verfügungsrecht, so fällt auch sein Aufrechnungsrecht weg. Das ist etwa dann 67

328 BGHZ 160, 107, 109 = NZI 2004, 585; BGH NZI 2006, 639 Rn. 11 f.
329 K. Schmidt/*Thole* § 94 Rn. 27; BeckOKInsO/*Liefke* § 94 Rn. 36; HKInsO/*J. Schmidt* § 94 Rn. 57 f.
330 BeckOKInsO/*Liefke* § 94 Rn. 36.
331 BGHZ 160, 107 = NJW 2004, 3185 = NZI 2004, 585 m. zust. Anm. *Höpfner*; BGH NJW-RR 2005, 695 = NZI 2005, 167; zustimmend ferner: Jaeger/*Windel* § 94 Rn. 226; HKInsO/*J. Schmidt* § 94 Rn. 59; HambKommInsO/*Jacoby* § 94 Rn. 14; Uhlenbruck/*Sinz* § 94 Rn. 9 f.; KKInsO/*Beyer* § 94 Rn. 31 f.; AGR/*Piekenbrock* § 94 Rn. 26; *von Olshausen,* ZInsO 2004, 1229; *K. Schmidt* NZI 2005, 138; *Rendels* EWiR § 96 InsO 1/4, 1041; *Reher* ZInsO 2004, 900; *Windel* KTS 2004, 305, 308 ff.; *G. Fischer* WM 2008, 1 f.; aA *Luscher/Renken-Röhrs* ZInsO 2002, 611; *Rendels* ZIP 2003, 1583; nur teilweise zustimmend *Schwahn* NJW 2005, 473, 474 f.
332 BGH NJW 2006, 3631 = NZI 2006, 639 mAnm *Gundlach/Frenzel.*
333 BGH NJW 1991, 1060 = ZIP 1991, 110.
334 Ebenso: *K. Schmidt* NZI 2005, 138, 141; K. Schmidt/*Thole* § 94 Rn. 27; BeckOKInsO/*Liefke* § 94 Rn. 36; HKInsO/*J. Schmidt* § 94 Rn. 61; KPB/*Lüke* § 94 Rn. 86.
335 BGHZ 2, 300, 303 = NJW 1951, 595; BGHZ 109, 47, 51 = NJW 1990, 45.
336 MüKoBGB/*Schlüter* § 387 Rn. 2; *Berger* S. 124; aA *Fenge* JZ 1971, 118, 121.
337 BFHE 149, 482 = BStBl. II 1987, 536 = BB 1987, 1728; BFHE 218, 481 Rn. 16 = DStR 2008, 95; *Obermair* BB 2004, 2610.
338 BVerwGE 66, 218 = NJW 1983, 776; BSGE 75, 283 = ZIP 1995, 396; Jaeger/*Windel* § 94 Rn. 229.
339 K. Schmidt/*Thole* § 94 Rn. 31; KPB/*Lüke* § 94 Rn. 101.

der Fall, wenn über sein Vermögen das Insolvenzverfahren eröffnet wird (§ 80 Abs. 1).[340] Verliert der Aufrechnungsgegner die Verfügungsbefugnis, nachdem die Aufrechnungslage eingetreten ist oder begründete Aussicht auf deren Eintritt besteht, so kann er zwar selbst nicht mehr aufrechnen, das Aufrechnungsrecht seines Schuldners wird dadurch aber nicht berührt.

68 Die Aufrechnung erfolgt durch Erklärung **gegenüber dem anderen Teil** (§ 388 Satz 1 BGB), d. h. gegenüber dem Schuldner der aufgerechneten Forderung, der zugleich der Gläubiger der Hauptforderung ist. Von diesem Grundsatz gibt es allerdings Ausnahmen. Wird eine Forderung im Wege der Prozessstandschaft geltend gemacht, kann der Prozessgegner im Rechtsstreit, also gegenüber dem Prozessstandschafter, mit einer Forderung gegen den Ermächtigenden aufrechnen;[341] denn die gewählte Art der Prozessführung darf den Prozessgegner nicht unbillig benachteiligen. Im Falle einer materiellrechtlichen Einzugsermächtigung ist der Ermächtigte Adressat der Aufrechnungserklärung, während sich die Gegenseitigkeit nach der Person des Ermächtigenden bemisst, der Inhaber der Forderung geblieben ist.[342]

Adressat der Aufrechnungserklärung ist immer derjenige, der befugt ist, über die Hauptforderung zu verfügen.[343] Nach der Eröffnung des Insolvenzverfahrens kann wegen § 80 Abs. 1 die Aufrechnungserklärung nur vom Insolvenzverwalter abgegeben und entgegengenommen werden.[344] Gleiches gilt wegen § 22 Abs. 1 Satz 1 im Eröffnungsverfahren, wenn ein vorläufiger Insolvenzverwalter bestellt (§ 21 Abs. 2 Satz 1 Nr. 1) und dem Schuldner ein allgemeines Verfügungsverbot auferlegt worden ist (§ 21 Abs. 2 Satz 1 Nr. 2 Fall 1; sog. „starker" vorläufiger Verwalter), sowie für den vorläufigen Verwalter, dem eine Einzelermächtigung erteilt worden ist, in Bezug auf die hiervon betroffene Forderung.[345] In der Eigenverwaltung ist der Schuldner richtiger Adressat der Aufrechnungserklärung, da ihm die Verwaltungs- und Verfügungsbefugnis zusteht (§ 270 Abs. 1 Satz 1). Er auch seinerseits zur Aufrechnung berechtigt, selbst wenn der Sachwalter nach § 275 Abs. 2 die Kassenführung an sich zieht.[346]

69 Die Aufrechnung muss nicht ausdrücklich **erklärt** werden; es reicht, wenn sich für den Gläubiger aus den Umständen eindeutig ergibt, dass der Schuldner wegen seiner Forderung nichts mehr schulden will.[347] So kann bei beiderseitigen Geldforderungen in der Geltendmachung eines Zurückbehaltungsrechts eine Aufrechnungserklärung liegen.[348]

70 Stehen dem Aufrechnenden oder dem Aufrechnungsgegner oder beiden **mehrere** zur Aufrechnung geeignete **Forderungen** zu, kann der Aufrechnende die Forderungen bestimmen, mit denen oder gegen die er aufrechnen will (§ 396 Abs. 1 Satz 1 BGB). Die Tilgung gemäß §§ 388, 389 BGB erfolgt dann gemäß der Tilgungsbestimmung in der Aufrechnungserklärung. Fehlt eine solche Bestimmung oder widerspricht der andere Teil unverzüglich, erfolgt die Tilgung gemäß §§ 366 Abs. 2, 367 BGB (§ 396 Abs. 1 Satz 2 BGB).[349] Aus dem Umstand, dass der Gläubiger/Schuldner die Aufrechnung nicht sofort erklärt, erwächst ihm kein Nachteil. Ihm bleibt der umfassende gesetzliche Schutz der Aufrechnungslage so erhalten, als ob mit deren Eintritt seine Forderung erfüllt worden wäre (vgl. §§ 389, 390, 392, 406 BGB). Wie schon im früheren Recht, gilt das nach § 94 auch, wenn nach – anfechtungsrechtlich unbedenklichem – Eintritt der Aufrechnungslage das Insolvenzverfahren eröffnet wird.

71 In bestimmten Fällen begründet das Aufrechnungsrecht des Gläubigers ein **Leistungsverweigerungsrecht** des Schuldners, der selbst nicht aufrechnen kann. So sind Mithaftende berechtigt, ihre Leistung zu verweigern, solange sich der Gläubiger durch Aufrechnung gegenüber dem Hauptschuldner befriedigen kann; ebenso nach § 770 Abs. 2 BGB der Bürge, nach § 1137 Abs. 1 Satz 1 und § 1211 Abs. 1 Satz 1 BGB Hypothekenschuldner und Verpfänder sowie nach § 129 Abs. 3 HGB der Gesellschafter einer Personenhandelsgesellschaft. Dasselbe gilt, wenn ein Nachlassgläubiger einen Miterben wegen einer Nachlassschuld in Anspruch nimmt, der eine aufrechenbare Gegenforderung der Erbengemeinschaft gegenübersteht.[350]

---

340 *Habermeier* JuS 1997, 1057, 1059.

341 BGH NZI 2012, 365 Rn. 18; Zöller/*Althammer* Vor § 50 Rn. 54.

342 BGH NZI 2012, 365 Rn. 18; *Nörr/Scheyhing* Sukzessionen, 1. Aufl., § 11 IV d (S. 192); Staudinger/*Gursky* § 387 Rn. 23, § 388 Rn. 7; MüKoBGB/*Roth/Kieninger* § 398 Rn. 50.

343 RGZ 56, 362, 364.

344 BGH NJW 1984, 357, 358; Uhlenbruck/*Sinz* § 94 Rn. 58; HKInsO/*J. Schmidt* § 94 Rn. 50; K. Schmidt/*Thole* § 94 Rn. 28; FKInsO/*Bernsau* § 94 Rn. 28; BeckOKInsO/*Liefke* § 94 Rn. 48; *Obermair* BB 2004, 2610, 2614.

345 BGH NZI 2012, 365 Rn. 18; KPB/*Lüke* § 94 Rn. 77; BeckOKInsO/*Liefke* § 94 Rn. 48; HKInsO/*J. Schmidt* § 94 Rn. 50.

346 MüKoInsO/*Tetzlaff/Kern* → § 275 Rn. 19; BeckOKInsO/*Liefke* § 94 Rn. 61.

347 BGHZ 26, 241, 244 = NJW 1958, 666.

348 BGH NJW 1962, 1153.

349 AGR/*Piekenbrock* § 94 Rn. 1; HKInsO/*J. Schmidt* § 94 Rn. 52; FKInsO/*Bernsau* § 94 Rn. 29.

350 BGHZ 38, 122, 127 = NJW 1963, 244.

II. Wirkung der Aufrechnung

Die Aufrechnung bewirkt, dass die Forderungen, soweit sie sich decken, rückwirkend als in dem Zeitpunkt **erloschen** gelten, in welchem sie zur Aufrechnung geeignet einander gegenübergetreten sind (§ 389 BGB). Weil nur die Tilgungs-, nicht die Erfüllungswirkung zurückbezogen wird, wird der Umfang der durch Aufrechnung erlöschenden Forderungen durch deren Höhe im Zeitpunkt der Aufrechnungserklärung bestimmt. Wird nur ein Teilbetrag einer Forderung gerichtlich geltend gemacht und rechnet der Schuldner mit seiner Gegenforderung gegen diesen Teilbetrag auf, so kann der Gläubiger nicht geltend machen, durch die Aufrechnung sei der nicht eingeklagte Teil seiner Forderung erloschen; etwas anderes gilt nur dann, wenn eine der Parteien schon vor Prozessbeginn aufgerechnet hat.[351] Da die Forderungen erlöschen, kann die Aufrechnung nicht widerrufen oder wiederholt werden. Ebenso wenig kann der Gläubiger mit einer eigenen Forderung aufrechnen. 72

Regelmäßig setzt die Aufrechnungserklärung das Fortbestehen der Aufrechnungslage voraus, müssen also die Voraussetzungen der Aufrechnung im Zeitpunkt der Erklärung vorliegen.[352] Das Gesetz kennt Ausnahmen. Die rückwirkende Kraft der Aufrechnungserklärung soll das Vertrauen der beiden Forderungsinhaber in den Fortbestand der Aufrechnungslage schützen. Insbesondere soll nicht – wie die §§ 392 und 406 BGB zeigen – dem Aufrechnungsberechtigten durch nachträgliche Vorgänge, die seiner Einflussmöglichkeit entzogen sind und sich in der Sphäre des Aufrechnungsgegners abspielen, die ursprünglich vorhandene Aufrechnungsbefugnis verloren gehen.[353] Nach § 215 BGB (§ 390 Satz 2 BGB aF) kann ein Verlust auch nicht durch nachträgliche Verjährung eintreten. 73

Im Übrigen stehen die Forderungen **bis zur Aufrechnungserklärung** einander selbständig gegenüber. Daher kann nicht nach § 812 BGB zurückgefordert werden, was zu deren Erfüllung in Unkenntnis der Aufrechnungslage gezahlt worden ist. Denn die Aufrechnungsbefugnis ist keine Einrede im Sinne des § 813 BGB, sondern ein Gestaltungsrecht.[354] Etwas anderes gilt für Vertragsstrafen, Zinsen und sonstige Ersatzleistungen, die der Schuldner erbringen musste, weil er nicht bei Eintritt der Aufrechnungslage seine Schuld getilgt hat. Wegen der Rückwirkung gelten die Forderungen als schon in diesem Zeitpunkt erloschen, so dass damit sowohl eine vertragliche Verzinsung als auch der Verzug mit Wirkung ex tunc entfallen.[355] Rücktritt und Kündigung wegen Nichterfüllung werden unwirksam, wenn eine Aufrechnungslage bestand und die Aufrechnung unverzüglich nachgeholt wird (§§ 352, 543 Abs. 2 Satz 3 BGB). 74

Übersteigt die Insolvenzforderung die Forderung der Masse, so dass sie durch Aufrechnung nur teilweise getilgt wird (**Teilaufrechnung**), besteht die Gefahr, dass der aufrechnungsberechtigte Insolvenzgläubiger seine volle Forderung anmeldet, darauf die Quote erhält und dann aufrechnet. Eine dem § 52 vergleichbare Bestimmung, die den Absonderungsberechtigten auf den Ausfall beschränkt, fehlt bei der Aufrechnung. Hier muss der Verwalter aufrechnen und dadurch den Gläubiger auf den überschießenden Teil seiner Forderung sowie eine entsprechend niedrigere Dividende beschränken.[356] 75

III. Prozessuales

Streitigkeiten über die Aufrechnung sind zwischen dem Insolvenzgläubiger und dem Insolvenzverwalter im allgemeinen Verfahren auszutragen. So kann der Insolvenzverwalter die Hauptforderung der Masse mit der **Leistungsklage** geltend machen.[357] Hierdurch wählt er den Rechtsweg.[358] Der beklagte Insolvenzgläubiger kann daraufhin im Prozess – auch hilfsweise – die Aufrechnung erklären oder sich auf eine vor- oder außerprozessual (unbedingt) erklärte Aufrechnung berufen; dies berührt die Wahl des Rechtswegs nicht. Hält der Verwalter eine Aufrechnung wegen der anfechtbar erlangten Aufrech- 76

---

351 BGHZ 56, 312, 314 = NJW 1971, 1800.

352 BGHZ 2, 300, 304 = NJW 1951, 590; BGHZ 12, 136, 144 = NJW 1954, 795.

353 BGHZ 2, 300, 304 f. = NJW 1951, 590; HKInsO/*J. Schmidt* § 94 Rn. 51.

354 RGZ 120, 280, 281; 144, 93, 94; *Häsemeyer* Insolvenzrecht, Rn. 19.33; MüKoBGB/*Schwab* § 813 Rn. 10; MüKoBGB/*Schlüter* § 389 Rn. 1; RGRK/*Heimann-Trosien* § 813 Rn. 5; Kübler/Prütting/*Lüke* § 94 Rn. 127; Uhlenbruck/*Sinz* § 94 Rn. 64; HKInsO/*J. Schmidt* § 94 Rn. 68; BeckOKInsO/*Liefke* § 94 Rn. 52; K. Schmidt/*Thole* § 94 Rn. 29; aA *Jaeger/Lent* KO, 8. Aufl., § 53 Rn. 4; offengelassen in BGH WM 1963, 964, weil in Kenntnis der Aufrechnungslage gezahlt worden war.

355 BGHZ 80, 269, 278 = NJW 1981, 1729; BGH NJW-RR 1991, 568 = ZIP 1991, 315; BGHZ 102, 41, 50 = NJW 1988, 258.

356 *Eckardt* ZIP 1995, 257, 262; *Häsemeyer* Rn. 19.33; HKInsO/*J. Schmidt* § 94 Rn. 69; KPB/*Lüke* § 94 Rn. 123 ff.

357 Vgl. *Häsemeyer* Rn. 19.34; KPB/*Lüke* Rn. 130; BeckOKInsO/*Liefke* § 96 Rn. 3; Jaeger/*Windel* § 94 Rn. 237; K. Schmidt/*Thole* § 94 Rn. 33.

358 K. Schmidt/*Thole* § 96 Rn. 4; BeckOKInsO/*Liefke* § 96 Rn. 3; AGR/*Piekenbrock* § 96 Rn. 23.

nungsmöglichkeit für unzulässig, ist auch die Frage der Anfechtbarkeit nicht rechtswegbestimmend.[359] Der Rechtsweg zu den Sozialgerichten bleibt daher selbst dann eröffnet, wenn der beklagte Insolvenzgläubiger die Aufrechnung mit einer nicht rechtswegfremden Gegenforderung erklärt, der Insolvenzverwalter sich demgegenüber aber auf § 96 Abs. 1 Nr. 3 beruft.[360] Von dieser Geltendmachung der Anfechtbarkeit einer Aufrechnungslage im Wege der Einwendung ist die Anfechtung des zugrunde liegenden Rechtsgeschäfts nach §§ 143, 129 ff. zu unterscheiden;[361] für den insolvenzrechtlichen Anfechtungsanspruch als bürgerliche Rechtsstreitigkeit sind die Zivilgerichte zuständig.[362]

77 Die Abgabe der Aufrechnungserklärung ist nach materiellem Recht nicht fristgebunden.[363] Wird gegen eine prozessual geltend gemachte Forderung aufgerechnet, muss das jedoch noch vor Schluss der mündlichen Verhandlung geschehen. Sonst ist die Aufrechnung ausgeschlossen. Weil es nach der Rechtsprechung auf den Zeitpunkt des Bestehens der Aufrechnungslage, nicht auf den der Aufrechnungserklärung ankommt, kann sie nach **§ 767 Abs. 2 ZPO** mit der Vollstreckungsgegenklage nicht mehr geltend gemacht werden.[364] Diese Problematik stellt sich vor allem dann, wenn man mit dem BGH[365] § 96 Abs. 1 Nr. 3 auf die vor Verfahrenseröffnung erklärte Aufrechnung anwendet und die vom späteren Insolvenzschuldner bereits gerichtlich geltend gemachte Hauptforderung wegen der Aufrechnung abgewiesen wurde. Bei materieller Rechtskraft der Entscheidung im Zeitpunkt der Verfahrenseröffnung wäre eine neue – wieder auf die Hauptforderung gestützte – Klage des Insolvenzverwalters nur zulässig, wenn die Verfahrenseröffnung als neue Tatsache im Sinne des § 767 Abs. 2 ZPO anzusehen wäre.[366] Ist die Entscheidung nicht rechtskräftig (§§ 240, 249 Abs. 1 ZPO), kann der Insolvenzverwalter hingegen den Rechtsstreit nach § 85 Abs. 1 aufnehmen und der Aufrechnung unter Verweis auf § 96 Abs. 1 Nr. 3 entgegentreten.[367]

Die Entscheidung über die zur Aufrechnung gestellte Forderung des Insolvenzgläubigers ist nach Maßgabe des § 322 Abs. 2 ZPO der **Rechtskraft** fähig. Wird die Gegenforderung als unschlüssig und damit als unbegründet behandelt, ist sie nach § 322 Abs. 2 ZPO rechtskräftig aberkannt.[368] Wird die im Prozess geltend gemachte Aufrechnung hingegen als unzulässig zurückgewiesen – etwa nach §§ 296, 296a, 530 ZPO[369] –, bleibt dem Aufrechnenden die Forderung erhalten, so dass er mit ihr gegen andere Forderungen aufrechnen kann.[370]

78 Rechnet der Beklagte mit einer Gegenforderung auf, so gelten für die **Beweislast** die allgemeinen Grundsätze. Der Insolvenzgläubiger, der mit seiner Forderung gegen eine Forderung der Masse aufrechnen will, muss die Voraussetzungen dieser Aufrechnung beweisen, also insbesondere, dass die Aufrechnungslage bereits vor Verfahrenseröffnung in seiner Person entstanden war.[371] Auch für den Zeitpunkt des Entstehens der Forderung der Masse trägt der aufrechnende Insolvenzgläubiger die Beweislast.[372] Beruft sich der Verwalter auf ein Aufrechnungsverbot oder auf die Unzulässigkeit der Aufrechnung nach § 96 Abs. 1 Nr. 3, hat er die tatsächlichen Voraussetzungen des jeweiligen Tatbestandes zu beweisen.[373]

IV. Auslandsinsolvenz

79 Bis zum Inkrafttreten des § 338 war dann, wenn ein inländischer Gläubiger mit seiner Gegenforderung gegen die Hauptforderung eines ausländischen Insolvenzschuldners aufrechnen wollte, zunächst –

---

359 BGH NZI 2005, 499, 500; NZI 2010, 17 Rn. 9.

360 BGH NZI 2005, 499 f.

361 K. Schmidt/*Thole* § 96 Rn. 4; BeckOKInsO/*Liefke* § 96 Rn. 4.

362 BGHZ 114, 315; BGH NJW-RR 2005, 1138 = NZI 2005, 499; NJW 2011, 1365 Rn. 5 = NZI 2011, 323; NZI 2016, 86 Rn. 23; aA GemS-OGB BGHZ 187, 105 = NJW 2011, 1211 = NZI 2011, 15.

363 KPB/*Lüke* § 94 Rn. 78.

364 BGHZ 24, 97, 99 = NJW 1957, 986; BGHZ 163, 339, 342 = NJW 2005, 2926; hierzu KPB/*Lüke* § 94 Rn. 79.

365 BGHZ 169, 158 Rn. 11; 179, 137 Rn. 13.

366 AGR/*Piekenbrock* § 96 Rn. 28; vgl. auch HambKommInsO/*Jacoby* § 94 Rn. 20.

367 AGR/*Piekenbrock* § 96 Rn. 28.

368 BGHZ 33, 236, 242 = NJW 1961, 115; BGH NJW 1994, 1538; *Musielak* JuS 1994, 817, 820 f.

369 BGHZ 16, 124, 140 = NJW 1955, 497; BGHZ 125, 351 = NJW 1994, 2769; vgl. auch BGH NJW 2011, 2649 Rn. 14, 17 f.

370 BGH NJW 1984, 129.

371 BGH NJW 1983, 2018; NJW 1986, 1925; BGHZ 135, 30 = ZIP 1997, 649 (zu § 7 Abs. 5 GesO); BGH ZIP 2012, 1254 Rn. 12; Jaeger/*Windel* § 94 Rn. 11; HKInsO/*J. Schmidt* § 94 Rn. 67; Uhlenbruck/*Sinz* § 94 Rn. 66; KPB/*Lüke* § 94 Rn. 129; K. Schmidt/*Thole* § 94 Rn. 33.

372 BGH ZIP 2012, 1254 Rn. 10 und 12; K. Schmidt/*Thole* § 94 Rn. 33; Andres/Leithaus/*Leithaus* § 96 Rn. 3; HambKommInsO/*Jacoby* § 94 Rn. 18.

373 BGH NZI 2012, 711 Rn. 18; K. Schmidt/*Thole* § 96 Rn. 3; AGR/*Piekenbrock* § 96 Rn. 11; HKInsO/*J. Schmidt* § 94 Rn. 67; HambKommInsO/*Jacoby* § 94 Rn. 18 und § 96 Rn. 24.

unter Ausblendung der Insolvenz – zu prüfen, ob nach der Rechtsordnung, welcher die Hauptforderung unterstand, aufgerechnet werden konnte. Wurde die Aufrechnungsmöglichkeit bejaht, so war auf einer zweiten Stufe der Frage nachzugehen, ob das Recht des Staates, in welchem das Insolvenzverfahren eröffnet worden ist (lex fori concursus), das Recht zur Aufrechnung einschränkte oder ausschloss.[374] Die Anerkennung der ausländischen Rechtsordnung entsprach dem Grundsatz der Universalität von Insolvenzverfahren, wie er sich aus Art. 102 EGInsO aF ergab. Diese Rechtsprechung ist durch das Inkrafttreten des § 338 überholt. Nach § 338 wird das Recht eines Insolvenzgläubigers zur Aufrechnung von der Eröffnung des Insolvenzverfahrens nicht berührt, wenn er nach dem für die Forderung des Schuldners maßgebenden Recht zur Zeit der Eröffnung des Insolvenzverfahrens zur Aufrechnung berechtigt war. Ob es sich bei dieser Vorschrift um eine Sachnorm oder um eine alternative Anknüpfung für die Zulässigkeit der Aufrechnung handelt, ist umstritten.[375]

Der BGH hat mit Urteil vom 8. Februar 2018 zu diesen Fragen grundsätzlich Stellung genommen.[376] Danach ist wie folgt zu unterscheiden:

Die zivilrechtlichen Aufrechnungsvoraussetzungen richten sich auch im Insolvenzfall nach dem gewöhnlichen Aufrechnungsstatut. Das ist gemäß Art. 12 Abs. 1 lit. d Rom-I-VO oder jedenfalls gemäß Art. 17 Rom-I-VO das Recht, dem die Forderung unterliegt, gegen die aufgerechnet wird.[377]

Die insolvenzrechtlichen Voraussetzungen und Wirkungen einer Aufrechnung sind grundsätzlich Gegenstand des allgemeinen Insolvenzstatuts gemäß § 335; sie unterliegen dem Recht des Staates der Verfahrenseröffnung (lex fori concursus).[378] Das betrifft die insolvenzrechtliche Aufrechnungsbefugnis und die Auswirkungen des ausländischen Insolvenzverfahrens auf das Recht eines Insolvenzgläubigers zur Aufrechnung.[379] Nach diesem Recht ist gemäß § 339 auch die Anfechtbarkeit der Aufrechnungslage zu beurteilen.[380] Beschränkt allerdings das nach der lex fori concursus anwendbare Insolvenzrecht die materiell-rechtlich bestehende Aufrechnungsbefugnis des Insolvenzgläubigers, also die insolvenzrechtliche Zulässigkeit der Aufrechnung aus einem anderen Grund als dem einer Insolvenzanfechtung, greift § 338 ein[381] und beruft alternativ für die Beurteilung der insolvenzrechtlichen Zulässigkeit der Aufrechnung das gemäß der lex causae der Hauptforderung anwendbare Insolvenzrecht.[382] Nach dessen Bestimmungen ist hypothetisch zu prüfen, ob die Aufrechnung bei Eröffnung eines Insolvenzverfahrens nach der lex causae insolvenzfest ist, ob der Insolvenzgläubiger also zur Aufrechnung berechtigt wäre. Hierbei ist auch zu prüfen, ob die Aufrechnung deshalb insolvenzrechtlich unberechtigt ist, weil die Aufrechnungslage nach dem Insolvenzrecht der lex causae anfechtbar wäre.[383]

Nach Art. 4 Abs. 2 Satz 2 lit. d EuInsVO aF[384] / Art. 7 Abs. 2 Satz 2 lit. d EuInsVO nF[385] **80**
regelt die lex fori concursus Zulässigkeit und materielle Wirksamkeit der Aufrechnung. Ist die Aufrechnung nach dem Insolvenzstatut unzulässig, soll nach dem Erwägungsgrund 26 aF / 70 nF trotzdem aufgerechnet werden können, wenn die Aufrechnung vor Verfahrenseröffnung nach dem Schuldstatut der Hauptforderung zulässig war. Folgerichtig sieht Art. 6 Abs. 1 EuInsVO aF / Art. 9 Abs. 1 EuInsVO nF vor, dass die Befugnis eines Gläubigers, mit seiner Forderung gegen eine Forderung des Schuldners aufzurechnen, von der Eröffnung des Insolvenzverfahrens nicht berührt wird, wenn diese Aufrechnung nach dem für die Forderung des insolventen Schuldners maßgeblichen Recht zulässig ist. Es reicht also aus, dass entweder das Insolvenz- oder das Schuldstatut die Aufrechnung zulässt.[386] Die Gesamtregelung ist somit ausgesprochen aufrechnungsfreundlich.[387] Damit folgt die EuInsVO dem weitgehend inhaltsgleichen Europäischen Übereinkommen über Insolvenzverfahren (EuIÜ) vom 23. November 1995, welches nicht in Kraft getreten ist. Eine weitere Ausnahme von der grundsätzlichen Geltung der lex fori concursus kann sich aus Art. 9 EuInsVO aF / Art. 12

---

374 BGHZ 95, 256, 273 = NJW 1985, 2897; *Kirchhof* WM 1993, 1364, 1369; *von Wilmowsky* KTS 1998, 343, 353.

375 Vgl. die Nachweise bei HKInsO/*Stephan* § 338 Rn. 3 mit Fn. 3; Uhlenbruck/*Lüer* § 338 Rn. 1.

376 BGH NZI 2018, 721; vgl. die Besprechung *Swierczok* BB 2018, 2057 ff. und *Dahl/Kortleben/Michels* NZI 2018, 683 ff.

377 BGH NZI 2018, 721 Rn. 24.

378 BGH NZI 2018, 721 Rn. 26 ff.

379 BGH NZI 2018, 721 Rn. 27.

380 BGH NZI 2018, 721 Rn. 32.

381 BGH NZI 2018, 721 Rn. 33.

382 BGH NZI 2018, 721 Rn. 28.

383 BGH NZI 2018, 721 Rn. 33 und Leitsatz.

384 Verordnung (EG) Nr. 1346/2000 des Rates vom 29. Mai 2000 über Insolvenzverfahren, ABl. Nr. L 160 S. 1.

385 Verordnung (EU) Nr. 2015/848 des Europäischen Parlaments und des Rates vom 20. Mai 2015 über Insolvenzverfahren, ABl. Nr. L 141 S. 19.

386 Vgl. *Wunderer* WM 1998, 793, 797; vgl. HKInsO/*Dornblüth* Art. 9 EuInsVO Rn. 1.

387 KPB/*Lüke* § 94 Rn. 135.

EuInsVO nF ergeben. Für die Wirkungen des Insolvenzverfahrens auf die Rechte und Pflichten der Mitglieder eines Zahlungs- oder Abwicklungssystems oder eines Finanzmarktes ist nach dieser Bestimmung ausschließlich das Recht des Mitgliedstaats maßgebend, das für das betreffende System oder den betreffenden Markt gilt.

§ 95 Eintritt der Aufrechnungslage im Verfahren

(1) [1]Sind zur Zeit der Eröffnung des Insolvenzverfahrens die aufzurechnenden Forderungen oder eine von ihnen noch aufschiebend bedingt oder nicht fällig oder die Forderungen noch nicht auf gleichartige Leistungen gerichtet, so kann die Aufrechnung erst erfolgen, wenn ihre Voraussetzungen eingetreten sind. [2]Die §§ 41, 45 sind nicht anzuwenden. [3]Die Aufrechnung ist ausgeschlossen, wenn die Forderung, gegen die aufgerechnet werden soll, unbedingt und fällig wird, bevor die Aufrechnung erfolgen kann.

(2) [1]Die Aufrechnung wird nicht dadurch ausgeschlossen, dass die Forderungen auf unterschiedliche Währungen oder Rechnungseinheiten lauten, wenn diese Währungen oder Rechnungseinheiten am Zahlungsort der Forderung, gegen die aufgerechnet wird, frei getauscht werden können. [2]Die Umrechnung erfolgt nach dem Kurswert, der für diesen Ort zur Zeit des Zugangs der Aufrechnungserklärung maßgeblich ist.

Schrifttum: s. § 94.

Übersicht

A. Regelungsgehalt

1 § 95 behandelt zwei unterschiedliche Problembereiche. In Absatz 1 geht es um den Eintritt der Aufrechnungslage nach der Eröffnung des Insolvenzverfahrens. Unter bestimmten Voraussetzungen kann der Insolvenzgläubiger auch dann noch gegen eine Forderung der Masse aufrechnen, wenn die Aufrechnungslage erst im Verfahren entsteht. Absatz 2 befasst sich dagegen mit Fremdwährungsschulden. Die in ihm enthaltene Regelung gilt auch für die vor der Eröffnung entstandenen Aufrechnungslagen (§ 94).

B. Eintritt der Aufrechnungslage im Verfahren (Abs. 1)

I. Normzweck

2 Grundgedanke des § 95 Abs. 1 ist der **Vertrauensschutz.** Sind wechselseitige Forderungen im Zeitpunkt der Verfahrenseröffnung schon begründet, jedoch noch bedingt oder nicht auf gleichartige Leistung gerichtet, oder ist die Gegenforderung des Insolvenzgläubigers noch nicht fällig, kann der Gläubiger nach den bürgerlich-rechtlichen Regeln noch nicht aufrechnen. Bis zum Wegfall dieser

Hindernisse bestand eine Aufrechnungslage, die § 94 schützen könnte, nicht. Durfte der Gläubiger aber vor der Eröffnung des Insolvenzverfahrens darauf vertrauen, mit Rücksicht auf das Entstehen der bereits im Kern angelegten Aufrechnungslage seine Forderung durchzusetzen, soll er in dieser Erwartung auch im Insolvenzverfahren nicht enttäuscht werden.[1] Er kann deshalb aufrechnen, wenn nach Verfahrenseröffnung die Hindernisse wegfallen und sich die Forderungen dann vollwertig in aufrechenbarer Weise gegenüberstehen (§ 95 Abs. 1 Satz 1).[2] Unter den in § 95 genannten Voraussetzungen ist es demnach unschädlich, wenn die allgemeinen bürgerlich-rechtlichen Aufrechnungsvoraussetzungen erst nach Verfahrenseröffnung eintreten.[3] Die Norm ist damit den Vertrauenstatbeständen der § 392 BGB (Aufrechnung gegen beschlagnahmte Forderung) und § 406 BGB (Aufrechnung gegenüber dem Zessionar) nachgebildet.[4]

II. Entstehungsgeschichte

Entsprechen die §§ 94 und 96 weitgehend den §§ 53 und 55 KO, so weicht § 95 erheblich vom 3
§ 54 KO ab. Nach dieser Bestimmung konnten die Gläubiger nicht fällige Forderungen vor Eintritt der Fälligkeit und nicht auf Geld gerichtete Forderungen gegen Geldforderungen aufrechnen; sie konnten ferner Sicherheit verlangen, damit aufschiebend bedingte Forderungen beim Eintritt der Bedingung aufgerechnet werden konnten. Noch die Kommission für Insolvenzrecht hielt die Regelung des § 54 KO für rechtspolitisch sachgemäß und schlug vor, sie de lege ferenda zu übernehmen.[5] Diese Aufrechnungserweiterungen sind als verfehlt kritisiert, nur die vor Verfahrenseröffnung bestehende Aufrechnungslage ist für schutzwürdig gehalten worden.[6] Die Bundesregierung verwies darauf, dass die Regelung in systemwidriger Weise die Rechtsstellung bestimmter Gläubiger zum Nachteil der übrigen verstärkt habe. Sie führe zu einem Wertungswiderspruch, wenn sie dem Gläubiger einer Naturalleistung (wegen der Umrechnung in Geld nach § 69 KO) die Aufrechnung gegen eine Geldforderung ermögliche, während der Gläubiger einer Geldforderung, der seinerseits zu einer Naturalleistung verpflichtet sei, im Insolvenzverfahren weder aufrechnen noch das allgemeine Zurückbehaltungsrecht des § 273 BGB durchsetzen könne.[7] Mit dem Ziel, derartige Vorzugsstellungen abzubauen, geht § 95 einen Mittelweg, der sich an den in §§ 392, 406 BGB getroffenen Abgrenzungen des Aufrechnungsprivilegs für bedingte und betagte Forderungen gegenüber zwischenzeitlichen Pfändungen und Abtretungen ausrichtet.[8] Die § 41 (Fälligstellung) und § 45 (Umrechnung) sind nach § 95 Abs. 1 Satz 2 ausdrücklich ausgeschlossen.

III. Anwendungsbereich

1. Aufrechnung selbständiger Forderungen. Auch § 95 Abs. 1 gilt nur für die **Aufrechnung selbständiger Forderungen.** Der Begriff der Aufrechnung entspricht – wie in § 94 – demjenigen des § 387 BGB. Danach setzt die Aufrechnung zwei selbständige Forderungen voraus. 4

Dies trifft auf unselbständige Rechnungsposten, die gebunden und gelähmt sind, nicht zu.[9] Die Frage, in welchem Umfang die Erwartung des Gläubigers darauf, mit Rücksicht auf das Entstehen einer Aufrechnungslage seine Forderung ohne Schwierigkeiten durchsetzen zu können, auch im Insolvenzverfahren nicht enttäuscht werden darf, stellt sich nicht. Nicht anwendbar ist § 95 Abs. 1 daher für die **gesellschaftsrechtlich gebotene Verrechnung** im Wege der Kontenangleichung.[10] Die Rückabwicklung eines gescheiterten Austauschvertrages nach der **Saldotheorie** stellt ebenfalls keine Aufrechnung dar und wird von § 95 nicht geregelt.[11] Zwischen den Vertragsparteien besteht vielmehr ein umfassendes Abwicklungsschuldverhältnis; durch Vergleich der durch den Bereiche-

1 RegE BT-Drs. 12/2443, S. 140 f.; BGHZ 170, 206 Rn. 9 = NJW 2007, 1067 = NZI 2007, 222; BGHZ 209, 179 Rn. 16 und 23 = NZI 2016, 347; BFHE 208, 10; 233, 114; BeckOKInsO/*Liefke* § 95 Rn. 1; KPB/*Lüke* § 94 Rn. 10, § 95 Rn. 2 und 4; HKInsO/*J. Schmidt* § 95 Rn. 2; AGR/*Piekenbrock* § 95 Rn. 2; *Häsemeyer* Kölner Schrift zur Insolvenzordnung, S. 467 Rn. 24 ff.; *Obermüller* ZInsO 2009, 689, 690; krit. Jaeger/*Windel* § 95 Rn. 3.

2 K. Schmidt/*Thole* § 95 Rn. 1.

3 BeckOKInsO/*Liefke* § 95 Rn. 2.

4 BGHZ 164, 159, 164 f.; KPB/*Lüke* § 95 Rn. 2; vgl. auch AGR/*Piekenbrock* § 94 Rn. 1; BeckOKInsO/*Liefke* § 95 Rn. 30; FKInsO/*Bernsau* § 95 Rn. 7.

5 1. KommBer., LS 3.6.2, S. 338.

6 *Häsemeyer* Insolvenzrecht, 1. Aufl., S. 389 bis 392.

7 BT-Drs. 12/2443, S. 140.

8 *Eckardt* ZIP 1995, 1146, 1150.

9 HKInsO/*J. Schmidt* § 95 Rn. 3.

10 BGHZ 170, 206 Rn. 8 ff. = NJW 2007, 1067 = NZI 2007, 226; HKInsO/*J. Schmidt* § 95 Rn. 3; AGR/*Piekenbrock* § 95 Rn. 4; K. Schmidt/*Thole* § 95 Rn. 4.

11 AGR/*Piekenbrock* § 95 Rn. 4.

rungsvorgang hervorgerufenen Vor- und Nachteile wird ermittelt, für welchen Beteiligten sich ein Überschuss (Saldo) ergibt. Dieser Beteiligte ist Gläubiger eines einheitlichen, von vornherein durch Abzug der ihm zugeflossenen Vorteile beschränkten Bereicherungsanspruchs.[12] In der Insolvenz gelten die Grundsätze der Saldotheorie jedoch nur in abgewandelter Form. Ein nichtiger Vertrag kann in der Insolvenz eines Vertragspartners keine stärkeren Wirkungen äußern als ein rechtsgültiger Vertrag.[13] Die Saldotheorie bietet deshalb keine Grundlage dafür, Forderungen, die ohne eine Saldierungsmöglichkeit Insolvenzforderungen wären, zu „verdinglichen" oder gar zu Masseforderungen zu erheben.[14] Leistungen, die nicht in einem synallagmatischen Verhältnis stehen, können nicht im Wege der Saldierung in ein Gegenseitigkeitsverhältnis gebracht werden, welches dem anderen Teil mehr Rechte verschafft, als ihm nach dem Insolvenzrecht zustünden.[15]

5 **2. Verhältnis zu § 96 Abs. 1 Nr. 1 und 2.** § 95 Abs. 1 Satz 1 steht in einem Spannungsverhältnis zu § 96 Abs. 1 Nr. 1 und 2.[16] Auch diese Vorschriften betreffen Aufrechnungslagen, die erst nach der Eröffnung entstanden sind. Nach § 96 Abs. 1 Nr. 1 ist die Aufrechnung unzulässig, wenn ein Insolvenzgläubiger erst nach der Eröffnung des Insolvenzverfahrens etwas zur Insolvenzmasse schuldig geworden ist. Sind die Voraussetzungen des § 95 Abs. 1 erfüllt, war also die Hauptforderung der Masse bereits vor der Eröffnung in ihrem Kern angelegt, geht diese Vorschrift, welche die Aufrechnung erleichtern will, derjenigen des § 96 Abs. 1 Nr. 1 vor.[17]

Gleiches gilt für das Verhältnis zu § 96 Abs. 1 Nr. 2. Nach dieser Norm ist die Aufrechnung unzulässig, wenn ein Insolvenzgläubiger seine Forderung erst nach der Eröffnung des Verfahrens von einem anderen Gläubiger erworben hat. § 96 Abs. 1 Nr. 2 tritt jedoch hinter § 95 Abs. 1 zurück, wenn die aufzurechnende Forderung dem Insolvenzgläubiger schon im Zeitpunkt der Eröffnung des Insolvenzverfahrens aufschiebend bedingt zustand, die Bedingung aber erst nach der Eröffnung eintritt.[18]

Entscheidend ist, ob die Bedingung dazu führt, dass aus Gründen der Insolvenz „künstlich" eine Aufrechnungsmöglichkeit geschaffen wird, die § 96 Abs. 1 verhindern will, oder ob dies nicht der Fall ist.[19]

IV. Nachträglicher Eintritt der Aufrechnungslage

6 **1. Allgemeines. a) Schutz künftiger Aufrechnungen (Abs. 1 Satz 1).** Nach § 95 Abs. 1 Satz 1 darf der Insolvenzgläubiger, dessen Forderung im Zeitpunkt der Eröffnung des Insolvenzverfahrens noch nicht durchsetzbar (nämlich aufschiebend bedingt oder noch nicht fällig) ist, **erst** dann aufrechnen, **wenn** die **Aufrechnungsvoraussetzungen eingetreten** sind. Gleiches gilt, wenn die beiderseitigen Forderungen noch nicht auf gleichartige Leistungen gerichtet sind. § 95 Abs. 1 erfasst damit nach Verfahrenseröffnung entstandene Aufrechnungslagen. Aufrechnungslagen, welche im Zeitpunkt der Eröffnung schon bestanden, fallen unter § 94. Auf auflösend bedingte Forderungen ist § 95 nicht anwendbar.

Anders als der Wortlaut des § 95 Abs. 1 Satz 1 nahelegt, steht der Aufrechnung schon nach den allgemeinen Vorschriften des BGB nicht entgegen, dass die Hauptforderung der Masse nicht fällig ist. Nach § 387 BGB reicht es für die Aufrechnung durch den Insolvenzgläubiger aus, dass er seine Schuld erfüllen darf. Dies gesteht ihm schon § 94 zu.[20] § 95 ändert hieran nichts.[21] § 95 Abs. 1 Satz 1 enthält damit zwei wesentliche Aussagen. Einerseits sind unter bestimmten, nachfolgend zu

---

12 BGH NJW 1995, 454, 455; NJW 1995, 2627, 2628; NJW 1999, 1181.

13 BGHZ 149, 326, 333 f. = NJW 2002, 1050 = NZI 2002, 150; BGHZ 161, 241, 250 f. = NZI 2005, 164; BGH NJW 2010, 2125 Rn. 8 = NZI 2010, 605.

14 BGHZ 161, 241, 250 f. = NZI 2005, 164.

15 BGH NJW 2010, 2125 Rn. 8 = NZI 2010, 605.

16 Für Nr. 1 HKInsO/*J. Schmidt* § 95 Rn. 6.

17 BGH NZI 2004, 583; NZI 2005, 164; BGHZ 209, 179 Rn. 26 = NZI 2016, 347; BeckOKInsO/*Liefke* § 95 Rn. 3 und § 96 Rn. 7; KPB/*Lüke* § 96 Rn. 17; Uhlenbruck/*Sinz* § 95 Rn. 3; HKInsO/*J. Schmidt* § 95 Rn. 6 ff.; *G. Fischer* WM 2008, 1, 2 f.; Andres/Leithaus/*Leithaus* § 95 Rn. 2; ebenso zu §§ 54 Abs. 1, 55 Satz 1 Nr. 1 KO BGHZ 15, 333, 335 = NJW 1955, 259; BGHZ 71, 380, 384 = NJW 1978, 1807; BGH NJW 1989, 453.

18 BGH NJW 1962, 483; NJW 1978, 2508; KPB/*Lüke* § 96 Rn. 41; Gottwald/*Adolphsen* § 45 Rn. 88; *Ganter* FS Kirchhof, S. 105, 115 f.; BeckOKInsO/*Liefke* § 96 Rn. 7; aA Jaeger/*Windel* § 96 Rn. 35.

19 BGHZ 209, 179 Rn. 23 = NZI 2016, 347.

20 *Häsemeyer* Insolvenzrecht, Rn. 19.18; *Häsemeyer* Kölner Schrift, 3. Aufl., S. 466 Rn. 20.

21 BeckOKInsO/*Liefke* § 95 Rn. 24; FKInsO/*Bernsau* § 95 Rn. 4; Uhlenbruck/*Sinz* § 95 Rn. 2; KPB/*Lüke* § 95 Rn. 8; K. Schmidt/*Thole* § 94 Rn. 19 und § 95 Rn. 6; AGR/*Piekenbrock* § 95 Fn. 3; HambKommInsO/*Jacoby* § 95 Rn. 20; Jaeger/*Windel* § 95 Rn. 7; ausführlich *Jauernig* FS Uhlenbruck S. 3, 13 f.

erörternden Voraussetzungen „**Aufrechnungsanwartschaften**“[22] von Insolvenzgläubigern geschützt. Dies wird vorausgesetzt; sonst hätten die genannten Einschränkungen keinen Sinn. Andererseits darf jedoch erst und nur dann aufgerechnet werden, wenn die Voraussetzungen der §§ 387 ff. BGB tatsächlich vorliegen; § 95 Abs. 1 Satz 1 führt insoweit keine Erleichterung der Aufrechnung in der Insolvenz herbei.[23]

b) Ausschluss der Aufrechnung mit später fälliger oder später unbedingter Gegenforderung (Abs. 1 Satz 3). Ausgeschlossen ist die Aufrechnung nach § 95 Abs. 1 Satz 3 immer dann, wenn die Forderung, gegen die der Insolvenzgläubiger aufrechnen will, also die **Hauptforderung der Masse, unbedingt und fällig** wird, **bevor** er selbst seine Leistung fordern und damit aufrechnen kann. Der Insolvenzverwalter könnte in einem solchen Fall die Hauptforderung der Masse gegen den Insolvenzgläubiger durchsetzen, bevor dieser sich im Wege der Aufrechnung daraus befriedigen kann.[24] Der Insolvenzgläubiger verdient insoweit keinen Schutz.[25] Er muss voll an die Masse leisten und kann seine Gegenforderung nur noch zur Tabelle anmelden.[26] 7

Das Aufrechnungsverbot besteht fort, wenn es dem Insolvenzgläubiger gelingt, die Zahlung der fälligen Geldschuld bis zur Fälligkeit seiner eigenen Forderung hinauszuzögern.[27] Unangetastet bleibt hiernach – ähnlich wie nach den §§ 392, 406 BGB[28] – nur eine Aufrechnungsmöglichkeit, die zu erlangen der Insolvenzgläubiger bei Eröffnung des Insolvenzverfahrens eine begründete Aussicht hatte und die ihm vom Insolvenzverwalter nicht mehr entzogen werden konnte. Dieser Gesichtspunkt kann – ähnlich wie bei der Auslegung des § 91[29] – in Zweifelsfragen zu Auslegungszwecken herangezogen werden.[30]

Abs. 1 Satz 3 schließt die Aufrechnung nicht aus, wenn **beide Forderungen gleichzeitig** fällig werden, etwa weil sie in ihrer Fälligkeit vom Eintritt derselben Bedingung abhängen.[31] Gleiches gilt, wenn zwar die Hauptforderung der Masse vor der Gegenforderung des Insolvenzgläubigers fällig wird, der Insolvenzgläubiger aber ein Recht hat, die Tilgung der Hauptforderung zu verweigern. Die Hauptforderung ist dann **nicht durchsetzbar.** Zwar setzt Abs. 1 Satz 3 die Durchsetzbarkeit der Hauptforderung nach seinem Wortlaut nicht voraus; auch § 390 BGB verlangt die Einredefreiheit nur für die Gegenforderung. Allerdings greift die dem Aufrechnungsverbot zugrunde liegende gesetzgeberische Wertung nicht ein, wenn dem Insolvenzgläubiger hinsichtlich der Forderung der Masse die Einrede des nicht erfüllten Vertrages nach § 320 BGB oder ein Zurückbehaltungsrecht nach § 273 BGB zustand, bevor er selbst seine Leistung fordern kann. Die Norm ist deshalb teleologisch zu reduzieren.[32] 8

Das Aufrechnungsverbot des § 95 Abs. 1 Satz 3 gilt nach seinem unmittelbaren Anwendungsbereich nur für die Aufrechnung eines Insolvenzgläubigers gegen eine Forderung der Masse. Hat der Schuldner seine Forderung vor Eröffnung des Insolvenzverfahrens an einen Dritten abgetreten, ist der Insolvenzgläubiger jedoch trotz der Abtretung gem. **§ 354a Abs. 1 Satz 2 HGB** zur Aufrechnung gegenüber seinem Vertragspartner berechtigt geblieben, so wird durch die Abtretung die Aufrechnungsbefugnis in der Insolvenz nicht erweitert. § 354a Abs. 1 Satz 2 HGB soll dem Schuldner die Rechtsposition erhalten, die er dem Zedenten gegenüber innehatte. Die Vorschrift verschafft ihm

---

22 Begriff nach *Jaeger/Lent* KO, 6. und 7. Aufl., § 54 Anm. 1; vgl. auch AGR/*Piekenbrock* § 95 Rn. 2.

23 HambKommInsO/*Jacoby* § 95 Rn. 2; KPB/*Lüke* § 95 Rn. 13; Andres/Leithaus/*Leithaus* § 94 Rn. 2.

24 Vgl. *von Wilmowsky*, NZG 1998, 481, 486; Braun/*Kroth* § 94 Rn. 19.

25 K. Schmidt/*Thole* § 95 Rn. 3 und § 96 Rn. 21; vgl. AGR/*Piekenbrock* § 95 Rn. 22; KPB/*Lüke* § 95 Rn. 5 f.

26 BT-Drs. 12/2443, S. 141 zu § 107 RegE; KPB/*Lüke* § 95 Rn. 5 f. und 11; HKInsO/*J. Schmidt* § 95 Rn. 5 und 10; FKInsO/*Bernsau* § 95 Rn. 7; *von Wilmowsky* NZG 1998, 481, 485 f.

27 Vgl. BT-Drs. 12/2443, S. 141 zu § 107 RegE.

28 Vgl. hierzu BT-Drs. 12/2443, S. 141 zu § 107 RegE; BGH NJW 1980, 584; K. Schmidt/*Thole* § 95 Rn. 21; HambKommInsO/*Jacoby* § 95 Rn. 35.

29 Vgl. etwa BGH NZI 2010, 682 Rn. 9; NZI 2012, 319 Rn. 31.

30 Vgl. Jaeger/*Windel* § 95 Rn. 3.

31 BGH NZI 2005, 681 unter III.1.b) bb); BGHZ 209, 179 Rn. 19 = NZI 2016, 347 (Widerruf eines verbundenen Vertrages); HKInsO/*J. Schmidt* § 95 Rn. 11 und 14.

32 BGHZ 164, 159, 164; AGR/*Piekenbrock* § 95 Rn. 14; Th. Schmidt, NZI 2003, 186, 187; *Christiansen*, ZInsO 2011, 1177, 1183; BeckOKInsO/*Liefke* § 95 Rn. 34; HKInsO/*J. Schmidt* § 95 Rn. 9; Gottwald/*Adolphsen* Kap. 45 Rn. 52; K. Schmidt/*Thole* § 95 Rn. 19 und 21; Braun/*Kroth* § 95 Rn. 11; anders OLG Dresden BauR 2011, 703 unter II.1.d): nicht für § 273 BGB; HambKommInsO/*Jacoby* § 95 Rn. 35: keine Anwendbarkeit bei synallagmatisch verbundenen Forderungen aus einem Vertragsverhältnis. Die von ihm zitierte Entscheidung BGHZ 196, 160 befasst sich jedoch nicht mit § 95 Abs. 1 Satz 3, sondern mit der Ermittlung des Ersatzanspruchs aus § 103 Abs. 2 Satz 1, bei der gegenseitige Ansprüche aus dem Vertragsverhältnis als Rechnungsposten keiner Aufrechnung bedürfen, BGH aaO Rn. 12. Kritisch gegenüber dem dogmatischen Ansatz Jaeger/*Windel* § 95 Rn. 15 und KPB/*Lüke* § 95 Rn. 31 und 31a.

jedoch nicht die Möglichkeit, mit einer gegen den Zedenten gerichteten Forderung aufzurechnen, wenn diese Möglichkeit ohne die Abtretung wegen § 95 Abs. 1 S. 3 nicht bestanden hätte.[33]

9 **2. Fälligkeit der Forderungen. a) Allgemeines.** Ob die zur Aufrechnung gestellte Forderung des Insolvenzgläubigers fällig ist, ist allein **nach dem materiellen Recht,** also nach den vertraglichen Vereinbarungen oder den gesetzlichen Bestimmungen zur Leistungszeit, zu beurteilen.[34] § 41, wonach nicht fällige Forderungen mit der Eröffnung des Insolvenzverfahrens als fällig gelten, und § 45, wonach nicht auf Geld gerichtete Forderungen umzurechnen sind, sind nach § 95 Abs. 1 Satz 2 nicht anzuwenden, führen also – anders als nach früherem Recht die §§ 65 und 69 KO (vgl. § 54 Abs. 2 und 4 KO) – für den Zeitpunkt der Verfahrenseröffnung zu keiner Aufrechnungslage. Beide Vorschriften regeln nur die Teilnahme der jeweiligen Forderung am Insolvenzverfahren, nicht deren Aufrechenbarkeit.[35] Dies stellt § 95 Abs. 1 Satz 2 ausdrücklich klar. Gleichwohl kann sich die Eröffnung des Insolvenzverfahrens auf die Fälligkeit von Insolvenzforderungen auswirken.[36] Das gilt insbesondere für Forderungen, die sich mit Verfahrenseröffnung aus dem Erlöschen der zugrundeliegenden Rechtsverhältnisse, beispielsweise von Aufträgen und Geschäftsbesorgungsverträgen (§§ 115, 116), ergeben.[37] So kann die Bank mit ihrer Forderung auf Ausgleich des Saldos, die mit Beendigung des Kontokorrentverhältnisses im Zeitpunkt der Verfahrenseröffnung als sofort fällig entsteht,[38] gegen Ansprüche der Masse aufrechnen. Hängt nach einer Vereinbarung der Parteien die Fälligkeit der Hauptforderung des Schuldners von der Vorlage bestimmter Unterlagen ab, so bindet diese Fälligkeitsvereinbarung nach der Eröffnung des Insolvenzverfahrens auch den Insolvenzverwalter; er kann Erfüllung der Hauptforderung erst nach Vorlage der Unterlagen verlangen.[39]

10 **b) Einzelfälle.** Wird die Forderung erst infolge einer **Kündigung** fällig, muss die Kündigung tatsächlich erklärt worden sein und zur Fälligkeit der Forderung geführt haben.[40] Zwar kann auch derjenige Gläubiger darauf vertrauen, seine Forderung durch Aufrechnung jederzeit durchsetzen zu können, dessen Forderung zwar später fällig wird als diejenige der Masse, der aber ab dem Zeitpunkt, in dem die Masseforderung fällig wird (lag jener vor Verfahrenseröffnung, dann ab dieser), seine Forderung durch fristlose Kündigung jederzeit fällig stellen und dadurch die Aufrechnung ermöglichen kann. Denn auch dann ist der Insolvenzverwalter von vornherein nicht in der Lage, die Masseforderung vor der Insolvenzforderung durchzusetzen. Der Insolvenzgläubiger kann dies jederzeit durch fristlose Kündigung und Aufrechnung verhindern. Voraussetzung ist allerdings, dass im Einzelfall ein Recht zur fristlosen Kündigung besteht, wie es sich beispielsweise aus Nr. 19 Abs. 3 AGB-Banken oder Nr. 26 Abs. 2 AGB-Sparkassen ergibt, wenn eine wesentliche Verschlechterung der Vermögensverhältnisse des Bankkunden eintritt oder einzutreten droht.[41] Auch eine Stundung kann widerrufen werden, wenn sich die Verhältnisse, unter denen sie gewährt worden ist, später wesentlich verschlechtern.[42] Diese Voraussetzungen liegen regelmäßig vor, wenn die Eröffnung eines Insolvenzverfahrens droht.[43] Würde bereits das Vertrauen, durch fristlose Kündigung die Aufrechnungslage jederzeit herstellen zu können, in den Schutzbereich des § 95 einbezogen, könnte verhindert werden, dass Banken, um ihre Kredite zu retten, rechtzeitig vor Verfahrenseröffnung kündigen und dadurch die Insolvenz erst herbeiführen, anstatt eine vielleicht mögliche Sanierung zu fördern. Abgesehen davon, dass die Aufrechnung nach § 96 Abs. 1 Nr. 3 regelmäßig unwirksam sein wird, dürfte sich – angesichts des eindeutigen Willens des Gesetzgebers, der auf die klare Abgrenzung der Fälligkeit abstellt – eine dahingehende, die Zulässigkeit der Aufrechnung erweiternde Auslegung der Bestimmung jedoch verbieten.

11 Für das **Finanzamt** ergibt sich ein zeitlicher Vorsprung für eine wirksame Aufrechnungserklärung daraus, dass der Steuerpflichtige mit seiner Aufrechnung solange ausgeschlossen ist, wie sein

---

33 BGH NJW-RR 2004, 50, 52 = NZI 2004, 23, 24; K. Schmidt/*Thole* § 95 Rn. 6; AGR/*Piekenbrock* § 95 Rn. 15; BeckOKInsO/*Liefke* § 95 Rn. 33.

34 Uhlenbruck/*Sinz* § 95 Rn. 8; BeckOKInsO/*Liefke* § 95 Rn. 25; KPB/*Lüke* § 95 Rn. 7; HKInsO/*J. Schmidt* § 95 Rn. 5; HambKommInsO/*Jacoby* § 94 Rn. 7.

35 BeckOKInsO/*Liefke* § 95 Rn. 25.

36 AGR/*Piekenbrock* § 95 Rn. 12; BeckOKInsO/*Liefke* § 95 Rn. 25; KPB/*Lüke* § 95 Rn. 7; HKInsO/*J. Schmidt* § 95 Rn. 5; FKInsO/*Bernsau* § 95 Rn. 7; HambKommInsO/*Jacoby* § 95 Rn. 7.

37 *Kilger/K. Schmidt* § 65 KO Anm. 2; KPB/*Lüke* § 95 Rn. 7; HKInsO/*J. Schmidt* § 95 Rn. 5; AGR/*Piekenbrock* § 95 Rn. 12; K. Schmidt/*Thole* § 95 Rn. 19.

38 Vgl. BGHZ 70, 86, 93 = NJW 1978, 538; BGHZ 181, 362 Rn. 10 = NJW 2009, 2677 = NZI 2009, 599; BGH NZI 2012, 365 Rn. 21.

39 BGH NZI 2017, 60 Rn. 10 ff.; HKInsO/*J. Schmidt* § 95 Rn. 9; Braun/*Kroth* § 95 Rn. 14.

40 Jaeger/*Windel* § 95 Rn. 10; KPB/*Lüke* § 95 Rn. 7.

41 Hierzu *Obermüller* ZInsO 2018, 1769 ff.

42 BGH WM 1974, 838; KPB/*Lüke* § 95 Rn. 7.

43 BGH WM 1985, 1493; NJW-RR 1990, 110.

Erstattungsanspruch noch nicht fällig ist; denn für das Finanzamt als Schuldner muss dieselbe Forderung nach § 387 BGB nur erfüllbar sein. Die vom Finanzamt geschuldete Steuererstattung ist schon vor deren Festsetzung und der dadurch bewirkten Fälligkeit erfüllbar.[44]

Hat der **Verleiher von Arbeitnehmern** seine vertragliche Pflicht, die Lohnnebenkosten an die Einzugsstelle abzuführen (§ 28h Abs. 1 SGB IV), schuldhaft verletzt, steht dem Entleiher, der entsprechende Beiträge nach Eröffnung des Insolvenzverfahrens an die Einzugsstelle entrichtet hat (vgl. § 28e Abs. 2 Satz 1 SGB IV), in der Insolvenz des Verleihers keine Aufrechnungsmöglichkeit zu.[45] 12

3. Aufschiebend bedingte Forderungen. a) Allgemeines. Der Insolvenzgläubiger kann weder mit einer aufschiebend bedingten Forderung noch gegen eine aufschiebend bedingte Forderung der Masse aufrechnen.[46] Diese allgemeine Aufrechnungsregel der §§ 387 ff. BGB ist im früheren Recht durch § 54 KO dahin erweitert worden, dass der Konkursgläubiger mit einer fälligen Forderung gegen eine aufschiebend bedingte Forderung der Masse aufrechnen konnte; mit einer aufschiebend bedingten Konkursforderung konnte vor Eintritt der Bedingung zwar nicht aufgerechnet, bis dahin aber Sicherstellung gefordert werden. Diese Erweiterung der allgemeinen Aufrechnungsregeln hat die Insolvenzordnung nicht übernommen; Sicherheit ist nicht zu leisten.[47] Nach § 95 Abs. 1 kann erst aufgerechnet werden, wenn Haupt- und Gegenforderung unbedingt sind und die Hauptforderung wenigstens erfüllbar ist. Allerdings gilt auch hier § 95 Abs. 1 Satz 3. Mit dem Abstellen auf die frühere oder gleichzeitige Durchsetzbarkeit der aufschiebend bedingten Insolvenzforderung wird auch insoweit an einen **Vertrauenstatbestand** angeknüpft.[48] Der Insolvenzgläubiger vertraut darauf, dass die Bedingung eintritt und dass dies geschieht, bevor die Forderung der Masse durchgesetzt werden kann. Dabei ist fraglich, ob auf den Eintritt einer Bedingung überhaupt vertraut werden kann. Sie ist ein künftiges ungewisses Ereignis und deshalb als Anknüpfungspunkt für Vertrauen wenig geeignet.[49] 13

Unter § 95 fallen nicht nur rechtsgeschäftliche Bedingungen nach § 158 Abs. 1 BGB. Gemäß dem Zweck der Vorschrift ist der **Begriff der Bedingung weit auszulegen.**[50] Erfasst sind auch Fälle, in denen nicht eine vertragliche Bedingung, sondern eine gesetzliche Voraussetzung für das Entstehen einer Forderung fehlt.[51] Macht der gesetzliche Tatbestand den Anspruch von bestimmten Voraussetzungen, etwa dem Eintritt eines Schadens, abhängig, fehlt bis dahin ein Element am rechtlichen Entstehen der Forderung selbst.[52] Voraussetzung für die Anwendbarkeit von § 95 Abs. 1 ist stets, dass die Forderung in ihrem rechtlichen **Kern** auf Grund gesetzlicher Bestimmungen oder vertraglicher Vereinbarungen bereits gesichert ist und fällig wird, ohne dass es einer weiteren Rechtshandlung des Anspruchsinhabers bedarf. Eine solche Rechtsbedingung wird im Rahmen des § 95 Abs. 1 Satz 1 InsO einer rechtsgeschäftlichen Bedingung gleichgesetzt.[53] Damit muss das Rechtsverhältnis Vorwirkungen vor der Eröffnung des Insolvenzverfahrens haben, anderenfalls läge eine spätere Entstehung vor, die § 96 Abs. 1 Nr. 1 oder 2 unterfiele.[54] 14

b) Einzelfälle. aa) Gewährleistungsrecht. Bei der Ungewissheit, ob ein Gewährleistungsanspruch besteht oder als solcher innerhalb eines bestimmten künftigen Zeitraums erkannt werden 15

---

[44] BFHE 160, 108 = BB 1990, 1404; BFH/NV 2017, 1011 Rn. 9 = BeckRS 2017, 112834.

[45] BGHZ 161, 241, 247 = NJW 2005, 884 = NZI 2005, 157; NJW 2005, 3285 = NZI 2005, 624.

[46] BGHZ 103, 362, 367 = NJW 1988, 2542; BGHZ 159, 388, 395 = NJW 2004, 3118 = NZI 2004, 580; BGHZ 160, 1, 6 = NZI 2004, 583; BGH NJW-RR 2009, 407 Rn. 3; MüKoBGB/*Schlüter* § 387 Rn. 38; BeckOGK/*Skamel* [Juli 2018] § 387 Rn. 127; HKInsO/*J. Schmidt* § 95 Rn. 13; KPB/*Lüke* § 95 Rn. 15.

[47] aA nur *Smid* § 16 Rn. 11, der auch unter der Geltung der InsO von der Zulässigkeit einer Sicherstellung ausgeht.

[48] *Häsemeyer* Kölner Schrift, S. 468 Rn. 30.

[49] Vgl. *Adam* WM 1998, 801, 803; KPB/*Lüke* § 95 Rn. 17.

[50] BGH NJW 1994, 1659 unter 1.a); BGHZ 160, 1, 3 f.; HambKommInsO/*Jacoby* § 95 Rn. 8.

[51] RGZ 58, 11; BGHZ 15, 333, 335 = NJW 1955, 259; BGH WM 1960, 720; NJW 1974, 2000; BGHZ 71, 380, 384 = NJW 1978, 1807; BGH WM 1979, 306; NJW 1990, 1301; NJW 1994, 1659; ZIP 2000, 757; NJW-RR 2004, 1561 = NZI 2004, 583, 584; BGHZ 209, 179 Rn. 16 = NZI 2016, 347; HKInsO/*J. Schmidt* § 95 Rn. 17; KPB/*Lüke* § 95 Rn. 18; BeckOKInsO/*Liefke* § 95 Rn. 6; HambKommInsO/*Jacoby* § 95 Rn. 8.

[52] HambKommInsO/*Jacoby* § 95 Rn. 8.

[53] BGH NJW 1962, 483; BGH NJW 1978, 699, 700; BGHZ 71, 380, 385 = NJW 1978, 1807; BGHZ 89, 189, 192 = NJW 1984, 1557; BGH NJW 1989, 453; NJW 1990, 1301; NJW 1994, 1659; NJW-RR 2000, 1295 = NZI 2000, 308; BGHZ 160, 1, 3 = BGH NJW-RR 2004, 1561 = NZI 2004, 583; BGHZ 209, 179 Rn. 16 = NZI 2016, 347; BFH NZI 2012, 1022 Rn. 12; Uhlenbruck/*Sinz* § 95 Rn. 10; K. Schmidt/*Thole* § 95 Rn. 7; AGR/*Piekenbrock* § 95 Rn. 7; HKInsO/*J. Schmidt* § 95 Rn. 17; vgl. KPB/*Lüke* § 95 Rn. 18.

[54] KPB/*Lüke* § 95 Rn. 18; *Häsemeyer* Kölner Schrift Kap. 15 Rn. 30; Uhlenbruck/*Sinz* § 95 Rn. 10; vgl. K. Schmidt/*Thole* § 96 Rn. 1.

kann, handelt es sich nicht um eine Bedingung im Sinne des § 95 Abs. 1. Hier geht es nicht um das Fehlen eines Elements am rechtlichen Entstehen der Forderung selbst, sondern um ein **Aufklärungsrisiko,** das § 95 Abs. 1 dem Gläubiger nicht abnehmen oder erleichtern will.[55]

16 **bb) Rechtsgeschäftliche Erklärung als aufschiebende Bedingung.** Nach der Rechtsprechung des BGH darf, damit bei Verfahrenseröffnung eine im Kern bereits angelegte Aufrechnungslage im Sinne des § 95 Abs. 1 Satz 1 besteht, die Sicherung oder Fälligkeit der Forderung grundsätzlich keine weitere Rechtshandlung des Anspruchsinhabers voraussetzen. Hängt der Anspruch aus einem über die Insolvenzeröffnung hinaus fortgesetzten Vertragsverhältnis (etwa Gesellschaft oder Dienstvertrag) noch von der Willensentscheidung (Kündigung) einer Vertragspartei ab, ist deshalb nicht § 95 Abs. 1 Satz 1 einschlägig,[56] sondern schließt § 96 Abs. 1 die Aufrechnung aus.[57] Anders ist dies, wenn die **Fälligkeit beider Forderungen** von der Abgabe derselben rechtsgeschäftlichen Erklärung als aufschiebender Bedingung abhängt. So hat der BGH[58] für den Fall des Widerrufs eines mit einer Restschuldversicherung verbundenen Darlehensvertrages entschieden, dass eine Aufrechnungslage hinsichtlich der Ansprüche auf Rückgewähr der Darlehensvaluta und auf Erstattung der Darlehensraten bereits angelegt gewesen sei und ein wirksamer Widerruf des Verbrauchers den Vertrag gemäß § 346 BGB in Verbindung mit § 357 Abs. 1 BGB aF ex nunc in ein Rückabwicklungsverhältnis umgewandelt habe. Damit knüpften die wechselseitigen Rückzahlungsansprüche – soweit die Parteien Leistungen vor Insolvenzeröffnung erbracht hatten – an das ursprüngliche Vertragsverhältnis an und waren mit ihm bereits angelegt. Sie hingen allein davon ab, ob der Verbraucher von seinem Widerrufsrecht Gebrauch machte oder nicht. Dies genügte dem BGH für die Annahme einer im Kern bereits angelegten Aufrechnungslage. Denn die bisherige Rechtsprechung zu diesem Erfordernis betraf Fälle, in denen nur eine der Forderungen unter einer Bedingung stand, während bei der Abhängigkeit beider Forderungen der Widerruf kraft Gesetzes dazu führt, dass automatisch wechselseitige Rückgewährverpflichtungen bezüglich der einzelnen Vertragsverhältnisse entstehen. Sämtliche Rückgewährverpflichtungen waren ohne den Widerruf nicht durchsetzbar; die wechselseitigen Forderungen hingen von diesem als derselben Bedingung ab.[59]

17 **cc) Gesellschaftsrecht.** Der Anspruch eines Gesellschafters auf Abfindung oder auf das Auseinandersetzungsguthaben ist ein künftiger Anspruch, der erst mit dem Ausscheiden des Gesellschafters oder der Auflösung der Gesellschaft entsteht; er ist allerdings ab Beginn der Mitgliedschaft in der Person des Gesellschafters im Kern vorhanden. Er darf jedoch nicht durch Kündigung, sondern muss vielmehr „automatisch" entstehen, damit die Voraussetzungen des § 95 Abs. 1 InsO erfüllt sind.[60]

18 **dd) Handelsrechtlicher Ausgleichsanspruch.** Die Voraussetzungen des § 95 Abs. 1 sind nicht erfüllt für den Ausgleichsanspruch gemäß § 89b HGB. In der Insolvenz des Handelsvertreters oder Vertragshändlers besteht der Vertrag gemäß § 108 Abs. 1 Satz 1 fort. Entstehung und Fälligkeit des Ausgleichsanspruchs setzen deshalb auch nach Eröffnung des Insolvenzverfahrens eine Kündigung des Vertrages voraus.[61]

19 **ee) Geschäftsbesorgung.** Ab Vertragsschluss im Kern angelegt ist auch die Verpflichtung des Geschäftsbesorgers zur Herausgabe dessen, was er aus der Geschäftsbesorgung erlangt hat (§ 667 BGB).[62] Voraussetzung ist, dass die Verpflichtung entsteht, bevor nach §§ 115, 116 mit der Eröffnung des Verfahrens das Geschäftsbesorgungsverhältnis endet, soweit es nicht nach § 115 Abs. 2 als fortbestehend gilt. Hat der Geschäftsbesorger einen Anspruch auf Ersatz seiner Aufwendungen, so kann er mit diesem Anspruch gegen denjenigen auf Herausgabe von Geld aufrechnen; § 95 Abs. 1 Satz 3 steht nicht entgegen, da in diesem Fall beide Ansprüche mit der Verfahrenseröffnung und damit

---

55 für § 54 KO BGH NJW 1994, 1659, 1660; KPB/*Lüke* § 95 Rn. 33; HKInsO/*J. Schmidt* § 95 Rn. 21; FKInsO/*Bernsau* § 95 Rn. 5.

56 Etwa BGH ZIP 2009, 380 Rn. 34 für den Anspruch auf Auszahlung des Auseinandersetzungsguthabens einer Genossenschaft; BGH NZI 2013, 694 Rn. 11 für die Kündigung eines Handelsvertreter- oder Vertragshändlervertrag.

57 Kritisch zu diesem Ansatz des BGH *Eichel* NZI 2016, 350, 351.

58 BGHZ 209, 179 Rn. 17, 21 ff. = NZI 2016, 347; HKInsO/*J. Schmidt* § 95 Rn. 14 und 17.

59 BGHZ 209, 179 Rn. 22 = NZI 2016, 347; kritisch *Thole* WuB 2016, 413, 414.

60 BGHZ 88, 205, 206 = NJW 1984, 492; BGH NJW 1989, 453; NJW-RR 2000, 1295 = NZI 2000, 308; ZIP 2000, 757; NJW-RR 2004, 1561 = NZI 2004, 583; BGHZ 160, 1, 4 f.; OLG Stuttgart NZI 2000, 430; HKInsO/*J. Schmidt* § 95 Rn. 17 und 22; K. Schmidt/*Thole* § 95 Rn. 9.

61 BGH NZI 2013, 694 Rn. 11.

62 BGHZ 71, 380, 385 = NJW 1978, 1807; BGH NZI 2005, 681; NJW 2007, 2640 Rn. 16 = NZI 2007, 515; K. Schmidt/*Thole* § 95 Rn. 9.

gleichzeitig fällig werden.[63] Gehen allerdings erst nach Beendigung des Geschäftsbesorgungsverhältnisses für den Auftraggeber bestimmte Gelder beim Geschäftsbesorger ein, also nach Erlöschen des Vertrages und der Geldempfangsbefugnis, folgt der Herausgabeanspruch nicht mehr aus § 667 BGB, sondern gegebenenfalls aus § 816 Abs. 2 BGB, und entsteht damit erst nach Verfahrenseröffnung.[64] Der Geschäftsbesorger wird mithin erst nach Verfahrenseröffnung etwas zur Masse schuldig, so dass die Aufrechnung gegen diese Forderung nach § 96 Abs. 1 Nr. 1 nicht in Betracht kommt.[65]

ff) Lastschriftverfahren. Im Lastschriftverfahren (Einziehungsermächtigungsverfahren) greift die Schuldnerbank ohne eine Weisung oder einen Auftrag ihres Kunden auf dessen Konto zu. Sie handelt bei der Einlösung der Lastschrift aufgrund einer von der Gläubigerbank oder einer etwa eingeschalteten Zwischenbank im eigenen Namen im Interbankenverhältnis erteilten Weisung. Im Verhältnis zum Schuldner begründet erst dessen nachträgliche Zustimmung die Berechtigung zur Einlösung der Lastschrift. Diese Genehmigung tritt an die Stelle einer Weisung, die im Abbuchungsauftragsverfahren der Belastung vorausgeht.[66] Stimmt der Zahlungspflichtige nicht zu, muss die Schuldnerbank die vorläufige Belastung des Kontos rückgängig machen, also den abgebuchten Betrag dem Konto wieder gutschreiben. Dieser Vorgang stellt keine Aufrechnung oder Verrechnung dar. Der Zahlungspflichtige erwirbt keinen Zahlungsanspruch gegen die Bank. Er kann lediglich die Korrektur der ungenehmigten Belastung verlangen.[67] Damit fehlt es schon im Ansatz an einer Aufrechnungslage.[68] Fragen der Zulässigkeit der Aufrechnung stellen sich nicht.[69] 20

gg) Werkvertrag. Stehen sich in einem Werkvertrag Ansprüche aufrechenbar gegenüber, können Aufrechnungsverbote nicht dadurch umgangen werden, dass ein Verrechnungsverhältnis angenommen wird. Allerdings ist stets sorgfältig zu prüfen, inwieweit Aufrechnungsverbote den zur Entscheidung stehenden Fall erfassen, einschränkend nach Sinn und Zweck der jeweils getroffenen Regelung ausgelegt werden müssen oder, zB mit Rücksicht auf § 309 Nr. 3 BGB oder auf § 307 Abs. 1 BGB, wirksam vereinbart sind. 21

Nach Kündigung gem. § 8 Nr. 3 Abs. 1 VOB/B stehen sich der Werklohnanspruch des Auftragnehmers für erbrachte Leistungen und der Schadensersatzanspruch des Auftraggebers in Höhe der Mehrkosten der Fertigstellung aufrechenbar gegenüber. Die Ansprüche werden nicht verrechnet. Für sie gelten die §§ 94 ff. Der Auftraggeber kann gegenüber dem Werklohnanspruch des Auftragnehmers für erbrachte Leistungen mit seinem Schadensersatzanspruch in Höhe der Mehrkosten der Fertigstellung auch im Insolvenzverfahren aufrechnen, wenn der Vertrag vor der Eröffnung des Verfahrens gekündigt worden ist.[70]

Der Aufrechnungsausschluss nach § 95 Abs. 1 Satz 3 greift nicht, wenn die Werklohnforderung des Insolvenzschuldners zwar vor der Schadensersatzforderung des Bestellers als späteren Insolvenzgläubiger fällig war, der Insolvenzschuldner sie aber wegen eines auf Mängeln gegründeten Leistungsverweigerungsrechts nicht hätte durchsetzen können.[71] Es kommt hierbei nicht auf den Zeitpunkt an, zu dem die Mängel zutage treten; allein maßgebend ist das objektive Bestehen des Leistungsverweigerungsrechts.[72]

hh) Kosten. Der Insolvenzgläubiger kann gegen einen **Kostenerstattungsanspruch** der Masse aus einem bei Verfahrenseröffnung anhängigen und vom Verwalter gegen ihn fortgeführten Prozess aufrechnen; denn der Erstattungsanspruch ist mit Klagezustellung aufschiebend bedingt entstanden.[73] Führt die Verwertung einer **Mobiliarsicherheit,** die sich nicht im Besitz des Insolvenzverwalters befindet, durch den Gläubiger (§ 173 Abs. 1) zu einem Übererlös, so ist der Anspruch auf dessen Auskehrung an die Masse aufschiebend bedingt bereits mit der Verpfändung entstanden. 22

---

63 Vgl. KPB/*Lüke* § 96 Rn. 19; HKInsO/*J. Schmidt* § 95 Rn. 23.

64 BGHZ 107, 88, 90 zu § 55 Nr. 1 KO.

65 BGHZ 107, 88, 90 = NJW 1989, 1353; K. Schmidt/*Thole* § 95 Rn. 9; AGR/*Piekenbrock* § 95 Rn. 8 und § 96 Rn. 4; KPB/*Lüke* § 96 Rn. 19; HKInsO/*J. Schmidt* § 95 Rn. 23.

66 BGHZ 167, 171 Rn. 12 f. = NJW 2006, 1965; BGH NJW 2012, 146 Rn. 11 = NZI 2012, 22.

67 BGH NZI 2003, 33; HambKommInsO/*Jacoby* § 95 Rn. 30.

68 BGH NZI 2003, 33.

69 MüKoInsO/*Brandes* → 2. Aufl., § 95 Rn. 13 sah im Anschluss an *Obermüller/Kuder* Insolvenzrecht, 8. Aufl., Rn. 3.6904, eine Auf- oder Verrechnungslage als gegeben an. § 95 Abs. 1 stehe der Verrechnung mit einem aus der Zeit vor der Eröffnung herrührenden Debetsaldo nicht entgegen, weil der Anspruch auf Wiedergutschrift aufschiebend bedingt durch den Widerspruch entstehe.

70 BGHZ 163, 274 = NJW 2005, 2771 = NZI 2005, 674; KG NJW-RR 2012, 271, 271.

71 BGHZ 164, 159, 164 ff.; BeckOKInsO/*Liefke* § 95 Rn. 34.

72 BGHZ 164, 159, 166.

73 BGH NJW 1975, 304, 305; Gottwald/*Adolphsen* § 45 Rn. 71; K. Schmidt/*Thole* § 95 Rn. 9; BeckOKInsO/*Liefke* § 95 Rn. 22; KPB/*Lüke* § 95 Rn. 32.

Der Gläubiger kann also gegen ihn mit anderen Insolvenzforderungen aufrechnen (§ 95 Abs. 1). Dies gilt auch, wenn eine Sicherungsgrundschuld erst nach Verfahrenseröffnung von einem Treuhänder auf den Gläubiger übertragen worden ist.[74]

23 **ii) Sittenverstoß.** Hat der Insolvenzschuldner eine Leistung unter Sittenverstoß erbracht, so erlangt er zwar einen Anspruch wegen ungerechtfertigter Bereicherung, kann diesen aber wegen § 817 Satz 2 BGB nicht durchsetzen. Weil dieses dem Insolvenzschuldner entgegenstehende Hindernis nicht für den Insolvenzverwalter gilt, erstarkt der Anspruch mit Verfahrenseröffnung zu einer vollgültigen Forderung. Es ist deshalb gerechtfertigt, sie bedingten Forderungen gleichzustellen.[75]

24 **jj) Gegenseitiger Vertrag.** Ist ein gegenseitiger Vertrag im Zeitpunkt der Eröffnung des Insolvenzverfahrens vom Schuldner und seinem Vertragspartner nicht oder nicht vollständig erfüllt und lehnt der Insolvenzverwalter die Erfüllung des Vertrages ab, so kann der Vertragspartner einen **Ersatzanspruch wegen Nichterfüllung** haben (vgl. § 103 Abs. 2 Satz 1). Ob er mit diesem gegen Forderungen der Masse aufrechnen kann, hängt wegen § 95 Abs. 1 Satz 3 davon ab, in welchem Zeitpunkt der Ersatzanspruch unbedingt entstanden und fällig ist und ob der Insolvenzverwalter vor diesem Zeitpunkt die Forderung der Masse hätte durchsetzen können.

Der BGH hat lange – wie vor ihm das Reichsgericht – auf dem Standpunkt gestanden, der Ersatzanspruch entstehe bereits vor Verfahrenseröffnung aufschiebend bedingt; aufschiebende Bedingung sei die Ablehnung der Erfüllung durch den Verwalter, die den Ersatzanspruch zu einem vollwertigen Anspruch erstarken lasse.[76] Später vertrat der BGH den Standpunkt, die Erfüllungsansprüche aus beiderseits noch nicht erfüllten gegenseitigen Verträgen fielen mit Eröffnung des Insolvenzverfahrens weg;[77] an ihre Stelle trete der einseitige Anspruch auf Schadensersatz wegen Nichterfüllung.[78] Seit dem Urteil vom 25. April 2002[79] ist der BGH auch hiervon abgerückt. Er ist nunmehr wieder der Meinung, dass durch die Verfahrenseröffnung die beiderseitigen Ansprüche nicht erlöschen, vielmehr nur ihre Durchsetzbarkeit verlieren.[80] Zum Ersatzanspruch fehlt bisher eine höchstrichterliche Stellungnahme.

(1) Der Anspruch auf Schadensersatz wegen Nichterfüllung kann nicht mit der Erfüllungsablehnung entstehen. Denn dies hätte zur Folge, dass dem Vertragspartner, der – ohne sich am Insolvenzverfahren zu beteiligen – nach dessen Beendigung den Insolvenzschuldner in Anspruch nehmen will, statt Erfüllung ein Schadensersatzanspruch aufgezwungen würde. Die Erfüllungsablehnung ist keine gestaltende rechtsgeschäftliche Erklärung; ihr kommt nur die Bedeutung zu, dass der Verwalter sein Wahlrecht verliert und nunmehr nicht mehr auf Erfüllung bestehen kann.[81] Nicht gefolgt werden kann aber auch der Ansicht, dass der Ersatzanspruch erst entstehe, wenn der Vertragspartner ihn im Verfahren durch Anmeldung zur Tabelle geltend mache; erst in diesem Zeitpunkt soll an die Stelle der beiderseitigen Erfüllungsansprüche der einseitige Anspruch auf Schadensersatz treten.[82] Ein Anspruch entsteht nicht dadurch, dass man ihn geltend macht. Was der Vertragspartner vor und nach Verfahrenseröffnung innehat, ist sein Erfüllungsanspruch. Mit diesem muss er sich nicht am Insolvenzverfahren beteiligen; er kann vielmehr das Ende des Verfahrens abwarten und ihn dann gegen den Schuldner weiterverfolgen.[83] Beteiligt er sich am Verfahren, so macht er seinen Erfüllungsanspruch und nicht einen an dessen Stelle getretenen neuen Anspruch geltend. Er muss dabei nur berücksichtigen, dass sein Erfüllungsanspruch nicht mehr die ursprüngliche Höhe hat, sondern um den Wert der von ihm geschuldeten Leistung geringer ist, die er nach Verfahrenseröffnung nicht mehr zu erbringen hat. Hatte der Vertragspartner eine Sachleistung zu fordern, so wandelt sich sein Anspruch mit der Verfahrenseröffnung in eine Geldforderung um, weil der Vertragspartner als Insolvenzgläubiger sein Vertragsinteresse nur in Geld verlangen kann. Hierin liegt keine Umrechnung

[74] OLG Stuttgart NJW-RR 1989, 506 = ZIP 1988, 1379; *Jaeger/Lent* KO, 8. Aufl., § 55 Rn. 5; *Kilger/K. Schmidt* § 55 KO Anm. 3b; Kübler/Prütting/*Lüke* § 95 Rn. 28.

[75] BGH NJW 1962, 483; KPB/*Lüke* § 96 Rn. 24.

[76] RGZ 135, 167, 170; 140, 10, 15; BGHZ 15, 333, 336 = NJW 1955, 259; BGH NJW 1962, 153, 155; NJW 1962, 2296, 2297; NJW 1963, 1869, 1870; NJW 1967, 2203, 2204; BGHZ 68, 379, 380 = WM 1977, 849; BGH NJW 1978, 2508, 2509; WM 1984, 265, 266; BGHZ 89, 189, 195 = NJW 1984, 1557.

[77] BGHZ 103, 250, 252 = NJW 1988, 1790; BGHZ 106, 236, 241 ff. = NJW 1989, 1282; BGHZ 116, 156, 158 = NJW 1992, 507; BGHZ 129, 336, 338 = NJW 1995, 1966; BGHZ 135, 25, 26 = DtZ 1997, 196; BGHZ 136, 254, 260 = NJW 1997, 2754; BGHZ 145, 245, 252 = NJW 2001, 367.

[78] BGHZ 106, 236, 242 = NJW 1989, 1282; BGHZ 116, 156, 158 = NJW 1992, 597; BGHZ 129, 336, 338 = NJW 1995, 1966; BGH NJW 1996, 1056; BGHZ 136, 254 = NJW 1997, 2754.

[79] BGHZ 150, 353 = NJW 2002, 2783 = NZI 2002, 375.

[80] So auch BGHZ 196, 160 Rn. 8 = NZI 2013, 296; BGH NZI 2016, 128 Rn. 18; NZI 2017, 60 Rn. 16.

[81] *Jaeger/Henckel* KO 9. Aufl. § 17 Rn. 115, 149; MüKoInsO/*Kreft* → § 103 Rn. 20.

[82] Vgl. MüKoInsO/*Kreft* → § 103 Rn. 22; KKInsO/*Beyer* § 95 Rn. 40; Uhlenbruck/*Sinz* § 96 Rn. 10.

[83] Vgl. BGHZ 196, 160 Rn. 8.

nach § 45. Der Schadensersatzanspruch ist **kein neuer, sondern der inhaltlich veränderte, vor Verfahrenseröffnung entstandene Erfüllungsanspruch.**[84] Während der Vertragspartner gegenüber der Masse ab Verfahrenseröffnung nur den Ersatzanspruch hat, hat er gegenüber dem Insolvenzschuldner nach wie vor den ursprünglichen Erfüllungsanspruch. Mit der Geltendmachung des Ersatzanspruchs im Verfahren wandelt sich der Erfüllungsanspruch gegen den Schuldner ebenfalls in einen einseitigen Ersatzanspruch um, so dass der Vertragspartner den Schuldner nach Abschluss des Verfahrens nicht mehr auf Erfüllung in Anspruch nehmen kann.[85] Durchsetzbar wird der Ersatzanspruch des Vertragspartners mit Verfahrenseröffnung und nicht erst dann, wenn der Insolvenzverwalter sich gegen Erfüllung entscheidet[86] oder der Vertragspartner den Anspruch geltend macht.[87] Deshalb steht § 95 Abs. 1 Satz 3 der Aufrechnung nicht entgegen. Gegenseitige Ansprüche aus demselben Vertragsverhältnis bedürfen keiner Aufrechnung; sie sind Rechnungsposten bei der Ermittlung des Ersatzanspruchs.[88]

(2) Nimmt man dagegen mit *Kreft* an, dass der Anspruch des Vertragsgegners auf Schadensersatz wegen Nichterfüllung erst mit der Umgestaltung des Vertragsverhältnisses durch die Geltendmachung dieses Anspruchs entsteht und fällig wird,[89] ändert sich im Ergebnis nichts, soweit es um Ansprüche aus dem nämlichen Schuldverhältnis geht. Das gilt auch für den Sonderfall, dass der Schuldner vor Eröffnung eine Anzahlung erbracht hatte und die vom Vertragsgegner geschuldete Leistung teilbar war.

kk) Rückgriffsansprüche. Wer für eine fremde Verbindlichkeit einzustehen hat und deshalb Regress bei deren Schuldner nehmen kann, erlangt zu seinem Schutz regelmäßig kraft Gesetzes die Forderung des Gläubigers gegen den Schuldner. Das gilt nicht nur für den Gesamtschuldner (§ 426 Abs. 2 BGB), sondern auch für denjenigen, der persönlich (§ 774 Abs. 1 BGB) oder dinglich als Grundstückseigentümer oder Verpfänder (§§ 1143, 1225 BGB) die Schuld eines Dritten abgesichert hat. Bereits **mit Begründung der Gesamtschuld und Stellung der Sicherheit** geht die **Rückgriffsforderung** aufschiebend bedingt auf die Person des Rückgriffsgläubigers über; aufschiebende Bedingung ist die Befriedigung des Gläubigers durch den Gesamtschuldner oder den Sicherungsgeber.[90] Aufschiebend bedingt ist auch der Rückgriffsanspruch des Wechselindossanten (§ 49 WG). Mit ihm kann in der Insolvenz der Vormänner aufgerechnet werden. § 96 Abs. 1 Nr. 2 steht nicht entgegen.[91] 25

Neben der Forderung, die mit der Leistung kraft Gesetzes vom Gläubiger auf den Rückgriffsgläubiger übergegangen ist, hat dieser regelmäßig noch eine weitere Forderung, die sich bei der Gesamtschuld aus dem Verhältnis der Gesamtschuldner zueinander und bei der Absicherung fremder Schuld im Verhältnis zwischen Sicherungsgeber und Schuldner aus Auftrag oder Geschäftsführung ohne Auftrag[92] ergibt. Tilgt ein Gesamtschuldner seine Schuld, so ist ihm nach § 426 Abs. 1 Satz 1 BGB sein Mitschuldner in Höhe des auf diesen entfallenden Anteils ausgleichspflichtig. Dieser **Ausgleichsanspruch** entsteht nicht erst mit der Befriedigung des Gläubigers, sondern bereits mit Begründung der Gesamtschuld. Bis zur Befriedigung ist er ein Befreiungsanspruch.[93] Hat ein Bürge, der sich im Auftrag des Hauptschuldners verbürgt hat oder dem nach den Vorschriften über die Geschäftsführung ohne Auftrag wegen der Übernahme der Bürgschaft die Rechte eines Beauftragten zustehen, den Gläubiger befriedigt, so hat er gemäß §§ 670, 683 BGB gegen den Hauptschuldner 26

84 *Jaeger/Henckel* KO 9. Aufl. § 17 Rn. 115, 170, 202; *Henckel,* FS Lüke, S. 237, 258; BGHZ 136, 254 = NJW 1997, 2754.

85 Vgl. *Jaeger/Henckel* KO § 17 Rn. 161, 162.

86 *Jaeger/Henckel* KO § 17 Rn. 162; *Henckel* FS Kirchhof, S. 191, 195; *Tintelnot* KTS 2004, 339, 348; aA KPB/*Lüke* § 95 Rn. 30.

87 So aber KKInsO/*Beyer* § 96 Rn. 30.

88 BGHZ 68, 379, 380 = NJW 1977, 1345; BGHZ 196, 160 Rn. 12 = NZI 2013, 296; BGHZ 209, 179 Rn. 25; Gottwald/*Adolphsen* § 45 Rn. 59; KPB/*Lüke* § 95 Rn. 29.; *Thomas B. Schmidt* NZI 2003, 186, 188; KKInsO/*Beyer* § 95 Rn. 42; aA Jaeger/*Windel* § 95 Rn. 27; BeckOKInsO/*Liefke* § 95 Rn. 11.

89 MüKoInsO/*Kreft* → § 103 Rn. 22, 35; ebenso HKInsO/*J. Schmidt* § 95 Rn. 27. Etwa anders K. Schmidt/*Thole* § 95 Rn. 11: die mit Verfahrenseröffnung angelegte Ersatzforderung werde mit der Ablehnung der Erfüllung durch den Verwalter als Gegenforderung durchsetzbar; in diesem Sinne auch BeckOKInsO/*Liefke* § 95 Rn. 10.

90 BGH WM 1960, 720; BGH NJW 1974, 2000, 2001; BGH NJW 1990, 1301, 1302; OLG München ZIP 1989, 322; Uhlenbruck/*Sinz* § 95 Rn. 49; HKInsO/*J. Schmidt* § 95 Rn. 44.

91 Jaeger/*Windel* § 95 Rn. 43; KPB/*Lüke* § 96 Rn. 48.

92 BGH NJW-RR 1993, 200 = WM 1993, 217.

93 BGHZ 11, 170, 174 = NJW 1954, 595; BGHZ 23, 361, 363 = NJW 1957, 747; BGH NJW 1958, 497; BGHZ 35, 317, 325 = NJW 1961, 1966; BGHZ 47, 157, 166 = NJW 1967, 1275; BGH NJW 1974, 2000; NJW 1981, 1666, 1667; NJW 1986, 978; NJW 1986, 3131, 3132; NJW-RR 1991, 499 = ZIP 1991, 647; BGHZ 114, 117, 122 = NJW 1991, 1733.

im Rückgriff einen Anspruch auf Ersatz seiner Aufwendungen. Allerdings sind die §§ 669, 671 BGB ausgeschlossen und ist der aus §§ 670, 683, 257 BGB folgende Anspruch auf Befreiung von dieser Schuld nach § 775 BGB auf Fälle beschränkt, in denen sich das Bürgenrisiko nachträglich erhöht. § 775 BGB gilt entsprechend, wenn eine fremde Schuld dinglich abgesichert wird.[94] Von einer Risikoerhöhung infolge wesentlicher Verschlechterung der Vermögensverhältnisse des Hauptschuldners (§ 775 Abs. 1 Nr. 1 BGB) und damit von Entstehen und Fälligkeit des Freistellungsanspruchs ist vor der Eröffnung eines Insolvenzverfahrens regelmäßig auszugehen.[95]

Der Regressanspruch als Zahlungsanspruch entsteht, wenn auf die Gesamtschuld gezahlt oder die Bürgschaftsverpflichtung getilgt wird. Die Rechtsprechung und überwiegend auch das Schrifttum sind der Meinung, dass auch hier die Befriedigung des Gläubigers durch den Gesamtschuldner oder den Bürgen Bedingung für das Entstehen des Regressanspruchs ist.[96] Hiergegen wird eingewandt, dass der sich aus dem Auftragsrecht ergebende Regressanspruch kein neuer, mit der Zahlung an den Gläubiger erst entstehender oder auf den Rückgriffsgläubiger übergehender Anspruch, sondern der ab Begründung des Schuldverhältnisses bestehende Freistellungsanspruch ist, der sich in eine Geldforderung umgewandelt hat.[97] Der Freistellungs- und der spätere Zahlungsanspruch seien von vornherein identisch. Für die Frage der Aufrechnung ist es gleichgültig, welcher Meinung man folgt. Mit einer ungleichartigen Forderung kann ebenso wenig aufgerechnet werden wie mit einer aufschiebend bedingten. Leistungen, die als Freistellung und Zahlung geschuldet werden, sind ihrem Gegenstande nach nicht gleichartig, so dass bis zur Umwandlung des Freistellungsanspruchs in einen Zahlungsanspruch nicht aufgerechnet werden kann.[98] Allerdings hat das Reichsgericht angenommen, dass sich ein Freistellungsanspruch schon dann in einen Zahlungsanspruch umwandelt, wenn außer Zweifel ist, dass der Regressgläubiger anstelle des Hauptschuldners zahlen wird; dann befände sich der Rückgriffsgläubiger in derselben Lage, als hätte er bereits gezahlt, so dass er schon vor der Zahlung im Rückgriff gegen den Hauptschuldner vorgehen könne.[99] Der Bundesgerichtshof hat sich gegen eine vorzeitige Umwandlung des Freistellungs- in einen Zahlungsanspruch ausgesprochen.[100] Ihm ist zu folgen. Solange der Hauptgläubiger die Leistung des Regressgläubigers nicht erhalten hat, ist dessen Zahlungsfähigkeit keine Gewähr dafür, dass er auch tatsächlich zahlt, so dass der Hauptschuldner trotz Leistung an ihn dem Hauptgläubiger verpflichtet bleibt. Selbst wenn der Hauptgläubiger durch ein Pfand des Regressgläubigers dinglich abgesichert ist, wandelt sich dessen Freistellungsanspruch nicht vorzeitig um.[101]

Ähnlich wie der Bürge hat der Arbeitnehmer-Entleiher in der Insolvenz des Verleihers keine Aufrechnungsmöglichkeit. Hat der Verleiher von Arbeitnehmern seine vertragliche Pflicht, die Lohnnebenkosten an die Einzugsstelle abzuführen (§ 28h Abs. 1 SGB IV), schuldhaft verletzt, steht dem Entleiher, der entsprechende Beiträge nach Eröffnung des Insolvenzverfahrens an die Einzugsstelle zu entrichten hat (vgl. § 28e Abs. 2 Satz 1 SGB IV), zwar ein Regressanspruch zu. Wegen fehlender Gleichartigkeit der Ansprüche kann der Arbeitnehmer-Entleiher aber in der Insolvenz des Verleihers nicht aufrechnen.[102]

27 Für die Aufrechnung ist entscheidend, **wann** der Sicherungsgeber den Hauptgläubiger **befriedigt.** Geschieht das vor Verfahrenseröffnung, so ist zu diesem Zeitpunkt auch die nach § 94 insolvenzfeste Aufrechnungslage hergestellt. Wird der Hauptgläubiger nach Verfahrenseröffnung befriedigt, kommt es nach § 95 Abs. 1 Satz 3 darauf an, ob vorher die Verbindlichkeit des Sicherungsgebers gegenüber der Masse fällig geworden ist. Wurden beide Forderungen gleichzeitig oder wurde die Forderung der Masse später fällig, kann der Sicherungsgeber aufrechnen; war die Forderung der

94 LG Karlsruhe MDR 2001, 624; MüKoBGB/*Habersack* § 775 Rn. 3, MüKoBGB/*Damrau* Vor § 1204 Rn. 2.

95 So auch *Jaeger/Henckel,* KO, 9. Aufl., § 3 Rn. 57.

96 RGZ 58, 11; BGH NJW 1974, 2000, 2001; KTS 1986, 473, 476; NJW 1990, 1301; BGHZ 140, 270, 273 f. = NJW 1999, 1182 = NZI 1999, 148; BGHZ 161, 241, 253 = NJW 2005, 884 = NZI 2005, 157; Uhlenbruck/*Sinz* § 95 Rn. 49; *Kilger/K. Schmidt* § 54 KO Anm. 4; HKInsO/*J. Schmidt* § 95 Rn. 44.

97 *Henckel* FS Lüke, S. 237, 258 f.; *Adam* WM 1998, 801, 807.

98 BGHZ 12, 136, 144 = NJW 1954, 795; BGHZ 25, 1, 6 = NJW 1957, 1514; BGHZ 47, 157, 166 = NJW 1967, 1275; BGH NJW 1983, 2438; BGH NJW-RR 1987, 869 = ZIP 1987, 1058; BGH NJW 1992, 114, 115; BGH NJW 1996, 1051; BGH ZIP 1999, 123; BGH ZIP 1999, 289, 291; BGHZ 140, 270, 273 f. = NJW 1999, 1182 = NZI 1999, 148; BGHZ 161, 241, 253 = NJW 2005, 884 = NZI 2005, 157; Jaeger/*Windel* § 95 Rn. 40.

99 RGZ 78, 26, 34; 143, 192, 194.

100 BGHZ 140, 270 = NJW 1999, 1182; BGH NJW 2000, 1643; BGHZ 161, 241, 253 = NJW 2005, 884 = NZI 2005, 157; BGH NJW 2005, 3285 = NZI 2005, 624.

101 BGH NJW-RR 1999, 904 = ZIP 1999, 123; BGHZ 140, 270 = NJW 1999, 1182; BGH NJW 2000, 1634.

102 BGHZ 161, 241, 253 = NJW 2005, 884 = NZI 2005, 157; BGH NJW 2005, 3285 = NZI 2005, 624; KPB/*Lüke* § 95 Rn. 26a.

Masse früher fällig, versagt die Aufrechnung.[103] Die Insolvenzordnung hat damit die Rechtslage des Sicherungsgebers gegenüber dem früheren Recht wesentlich verschlechtert.[104] Jeder Sicherungsgeber, der dem Hauptschuldner Geld schuldet, wird deshalb bemüht sein, die Gleichartigkeit der Forderungen rechtzeitig herzustellen, indem er nach § 271 BGB den Hauptgläubiger entweder vor Verfahrenseröffnung oder danach so rechtzeitig befriedigt, dass die Masseforderung nicht fällig wird, bevor er mit seiner Regressforderung aufrechnen kann.

Hierfür reicht es nicht schon aus, dass der Gesamtschuldner oder der Bürge nach § 271 Abs. 2 BGB jederzeit den Hauptgläubiger befriedigen kann. Entscheidend ist, dass ihm diese Befriedigung einen Anspruch verschafft, mit dem er jederzeit aufrechnen kann. Das setzt wiederum voraus, dass die Hauptverbindlichkeit fällig ist. Leistet ein Gesamtschuldner vor Fälligkeit, so wird aus seinem Freistellungsanspruch zwar eine Geldforderung; diese ist aber nicht fällig, bevor nicht die nach § 426 Abs. 1 BGB auf den Leistenden übergegangene Forderung fällig ist.[105] Wird die Forderung der Masse vorher fällig, ist die Aufrechnung ausgeschlossen. Der Freistellungsanspruch des Bürgen wird regelmäßig spätestens bei Vorliegen der Eröffnungsgründe der §§ 17 ff. fällig sein. Trotzdem kann der Bürge nicht aufrechnen, wenn er vor Fälligkeit der Hauptverbindlichkeit den Hauptgläubiger befriedigt. Die Regressforderung ist zwar fällig, aber nicht gleichartig; denn bis zur Fälligkeit der Hauptverbindlichkeit kann der Hauptschuldner nach § 775 Abs. 2 BGB, statt zu zahlen, Sicherheit leisten. Diese Wahlschuld endet erst, wenn mit Fälligkeit der Hauptverbindlichkeit an die Stelle des Freistellungsanspruchs die Geldforderung auf Ersatz der Aufwendungen tritt. Will der Bürge jetzt aufrechnen, darf seine Schuld gegenüber der Masse nicht vorher fällig geworden sein.

Voraussetzung der Aufrechnung ist nicht, dass der Gesamtschuldner oder der Bürge nach § 44 28 seine Regressforderung im Insolvenzverfahren geltend machen kann. Ähnlich wie der Absonderungsberechtigte, der sich den Regressanspruch durch den Insolvenzschuldner hat absichern lassen, kann sich der zur Aufrechnung berechtigte Regressgläubiger unter Ausschluss aller übrigen Insolvenzgläubiger aus der gegen ihn gerichteten, zur Insolvenzmasse gehörenden Forderung befriedigen; soweit sich die Forderungen decken, ist **§ 44 unanwendbar.**[106]

ll) Steueransprüche. Entsprechend der allgemeinen Abgrenzung zwischen § 95 Abs. 1 einer- 29 seits und § 96 Abs. 1 Nr. 1 andererseits kommt es auch bei einem steuerlichen Erstattungs- und Vergütungsanspruch darauf an, ob die zur Aufrechnung gestellte Hauptforderung der Masse bei Eröffnung bereits in ihrem Kern insolvenzrechtlich angelegt war. Für jeden einzelnen Erstattungs- oder Vergütungstatbestand ist zu prüfen, welche materiell-rechtlichen Voraussetzungen erforderlich sind und wann diese im Einzelfall vollständig verwirklicht wurden.[107]

Betrifft der Erstattungsanspruch **Vorauszahlungen auf die Einkommensteuer,** kommt es 30 darauf an, ob die Zahlung vor (dann § 95 Abs. 1) oder nach Verfahrenseröffnung (dann § 96 Abs. 1 Nr. 1)[108] erfolgte. Im ersten Fall erlangt der Steuerpflichtige den Erstattungsanspruch bereits mit Entrichtung der Vorauszahlung unter der aufschiebenden Bedingung, dass am Ende des Besteuerungszeitraums die geschuldete Steuer geringer als die Vorauszahlung ist.[109] Darauf, ob der betreffende Veranlagungszeitraum vor oder nach Verfahrenseröffnung abläuft, kommt es hingegen nicht an; der Ablauf dieses Zeitraums ist nicht materiell-rechtliche Anspruchsvoraussetzung.[110] Gleiches gilt für den **Umsatzsteuererstattungsanspruch,** der aus der Verrechnung mit einer geleisteten Umsatzsteuer**sondervorauszahlung** resultiert; der Rechtsgrund ist bereits im Zeitpunkt der Entrichtung der Sondervorauszahlung begründet worden.[111] Nach Ansicht des FG Berlin-Brandenburg finden diese Grundsätze auch (weiterhin)[112] auf den Anspruch auf **Erstattung** von **Gewerbesteuer**guthaben

[103] *Bork* Rn. 316 f.; KPB/*Lüke* § 95 Rn. 20, 25; aA *Häsemeyer* Insolvenzrecht, Rn. 19.23; Jaeger/*Windel* § 95 Rn. 40 f.: Das Prioritätsverhältnis richte sich nach der Fälligkeit des Befreiungsanspruchs.

[104] *von Olshausen* KTS 2000, 1, 12 f.

[105] BGH NJW 1981, 1666, 1667 f.

[106] RGZ 80, 407, 409, 412; RG JW 1936, 3126; BGH NJW 1960, 1995, 1996; Jaeger/*Windel* § 95 Rn. 42; HKInsO/*J. Schmidt* § 95 Rn. 46; KPB/*Lüke* § 95 Rn. 21; HambKommInsO/*Jacoby* § 95 Rn. 13; *Kilger/K. Schmidt* § 55 KO Anm. 4; aA *Häsemeyer* Insolvenzrecht, Rn. 19.23; *Häsemeyer* Kölner Schrift Kap. 15 Rn. 33; *Häsemeyer* KTS 1993, 151, 174 ff.: § 44 bezwecke den Schutz des Hauptgläubigers und könne den Aufrechnungsbefugten ausschließen.

[107] Vgl. BFH DStR 2018, 1819 Rn. 13 mwN; BFH ZIP 2019, 133 Rn. 14.

[108] Für die Lohnsteuer BFHE 212, 436 = DStRE 2006, 1159, 1160.

[109] BFHE 212, 436 = DStRE 2006, 1159, 1160; BFH/NV 2008, 822 unter II.1.; hieran hält der VII. Senat des BFH weiterhin fest, vgl. BFH ZIP 2014, 979 Rn. 17 mAnm *Kahlert*; aA Klein/*Rüsken* § 226 Rn. 55g: Ansatz bedarf der Überprüfung.

[110] Uhlenbruck/*Sinz* § 95 Rn. 24.

[111] BFH/NV 2005, 1745 unter II. 2. b); Uhlenbruck/*Sinz* § 95 Rn. 26.

[112] Insbesondere sei die neuere Rechtsprechung des VII. Senats des BFH zu § 17 Abs. 2 UStG nicht zu übertragen.

Anwendung, der sich aus einer rückwirkend geringeren Festsetzung gegenüber den zuvor festgesetzten und vom späteren Insolvenzschuldner vor Verfahrenseröffnung geleisteten Vorauszahlungen ergibt.[113]

31 Anders ist es bei Erstattungsansprüchen, die auf der **Berichtigung der Bemessungsgrundlage** wegen Uneinbringlichkeit vor Insolvenzeröffnung begründeter Forderungen des Schuldners (§ 17 Abs. 2 UStG) oder auf der **Berichtigung eines unberechtigten Steuerausweises** in einer Rechnung (§ 14c Abs. 2 UStG) beruhen. In beiden Fällen kommt es nach der geänderten Rechtsprechung des VII. Senats des BFH für die Abgrenzung von § 95 Abs. 1 zu § 96 Abs. 1 Nr. 1 darauf an, ob sämtliche materiell-rechtlichen Tatbestandsvoraussetzungen für die Entstehung des Erstattungsanspruchs bei Eröffnung des Insolvenzverfahrens erfüllt waren, ob also in diesem Zeitpunkt der materiell-rechtliche Berichtigungstatbestand selbst verwirklicht war.[114] Für § 17 Abs. 2 UStG hat der VII. Senat mit dem Grundsatzurteil vom 25. Juli 2012[115] seine frühere Auffassung aufgegeben, wonach die auf Grund der Berichtigung entstehende steuerliche Forderung bereits mit Begründung der zu berichtigenden ursprünglichen Steuerforderung ihrerseits begründet wurde und das Finanzamt deshalb gegen den vor Eröffnung aufschiebend bedingt[116] begründeten Erstattungsanspruch des Steuerpflichtigen gemäß § 95 aufrechnen konnte.[117] Denn im Zeitpunkt des Entstehens der ursprünglichen Steuerforderung ist noch ungewiss, ob es zu deren Kompensation durch einen Vergütungs- oder Erstattungsanspruch kommt.[118] Diesen Ansatz hat der BFH für § 14c Abs. 2 UStG übernommen; dort knüpft er nicht mehr an die unrichtige Rechnungsstellung, sondern erst an die Beseitigung der Gefährdung des Steueraufkommens an.[119] Unerheblich ist, ob der betreffende Voranmeldungs- oder Besteuerungszeitraum erst während des Insolvenzverfahrens endet und folglich die Steuer im steuerrechtlichen Sinne (etwa nach § 13 UStG) erst nach Eröffnung entsteht. Auch auf den Zeitpunkt, zu dem die Steueranmeldung abgegeben oder der Steuerbescheid, welcher den Berichtigungsfall erfasst, erlassen wird, kommt es nicht an.[120]

Ob sich diese Rechtsprechungsänderung auch auf die Beurteilung der Frage auswirkt, zu welchem Zeitpunkt der Anspruch auf **Erstattung der Grunderwerbsteuer** begründet ist, wenn der Verwalter in der Käuferinsolvenz nicht die Erfüllung eines vor Verfahrenseröffnung abgeschlossenen Grundstückskaufvertrages wählt (§ 103) oder wenn der Verkäufer nach Eröffnung des Insolvenzverfahrens über das Vermögen des Käufers das ihm vorbehaltene Recht zum Rücktritt von einem vor Verfahrenseröffnung geschlossenen Kaufvertrag ausübt, ist vom BFH noch nicht entschieden. Die Vorauflage hat noch die Ansicht vertreten, dass auch hier ab Zahlung der Steuer ein aufschiebend bedingter Anspruch auf Rückzahlung bestehe.[121] Das hat auch der VII. Senat des BFH für den Rücktritt des Verkäufers so gesehen.[122] Das Sächsische FG hält die Rechtsprechungsänderung indes auch für den aus einer Berichtigung gemäß § 16 Abs. 1 Nr. 2 GrEStG herrührenden Erstattungsanspruch für einschlägig. Dieser werde erst mit der Rückgängigmachung des notariellen Kaufvertrages insolvenzrechtlich begründet; erfolge diese nach Insolvenzeröffnung, ist die Aufrechnung nach § 96 Abs. 1 Nr. 1 unzulässig.[123] Dem ist zuzustimmen. Die tatbestandliche Verwirklichung des § 16 Abs. 1

[113] EFG 2017, 809 Rn. 24f.; in diesem Sinne auch Uhlenbruck/*Sinz* § 95 Rn. 29; aA FKInsO/*Bernsau* § 96 Rn. 9: Verbot nach § 96 Abs. 1 Nr. 1.

[114] Grundlegend für § 17 Abs. 2 UStG BFHE 238, 307 = NZI 2012, 1022; daran anschließend für § 14c Abs. 2 UStG BFHE 256, 6 = NZI 2017, 364. Insoweit unterscheidet sich der Fall, in dem bisher einer Steuer unterworfene Umsätze infolge unmittelbarer Anwendung einer EU-Richtlinie materiell-rechtlich von vornherein steuerfrei sind. Der Erstattungsanspruch entsteht im Zeitpunkt der Entrichtung der Steuer, auch wenn verfahrensrechtliche Voraussetzung für die Änderung der Bescheide ein Antrag ist; BFH/NV 2016, 87 = ZIP 2015, 2237.

[115] BFHE 217, 8 = DStRE 2007, 1057, 1058.

[116] Als aufschiebende Bedingung wurde das die Erstattung, Vergütung oder die Rückführung der steuerlichen Belastung auslösende Ereignis, das erst nach Verfahrenseröffnung eintrat, angesehen.

[117] BFH/NV 1987, 707 = ZIP 1988, 44, 45; BFH/NV 2006, 369 unter II. 1. Damals entgegen dem V. Senat des BFH zur Auslegung des § 38 für das USt-Festsetzungsverfahren BFHE 224, 24 = NZI 2009, 447; BFHE 236, 274 = DStRE 2012, 749 Rn. 27 f.; und entgegen dem I. Senat des BFH zum Anspruch auf Auszahlung eines Körperschaftsteuerguthabens BFHE 233, 114 = DStR 2011, 1029 Rn. 12 ff., 17.

[118] BFHE 238, 307 = NZI 2012, 1022 Leitsatz und Rn. 17.

[119] BFHE 256, 6 = NZI 2017, 364 Rn. 13 ff. unter Aufgabe von BFHE 209, 13; die Begründung als dogmatisch falsch ablehnend Uhlenbruck/*Sinz* § 96 Rn. 18.

[120] BFHE 238, 307 = NZI 2012, 1022 Rn. 17.

[121] So auch Uhlenbruck/*Sinz* in der 14. Aufl., 2015, § 95 Rn. 30.

[122] BFHE 217, 8 = DStRE 2007, 1057, 1059; vgl. für die Körperschaftssteuer unter Verweis auf die Entstehung des Erstattungsanspruchs kraft Gesetzes BFHE 233, 114 = DStR 2011, 1029 Rn. 14.

[123] Sächsisches FG (2. Senat) EFG 2017, 1465 Leitsatz und Rn. 26 ff. (Nichtzulassungsbeschwerde eingelegt, BFH VII B 100/17); Sächsisches FG (1. Senat) EFG 2018, 187 Leitsatz und Rn. 21 (Revision eingelegt, BFH VII R 23/17). Zustimmend Uhlenbruck/*Sinz* § 96 Rn. 30; hierfür auch Klein/*Rüsken* § 226 Rn. 55h. Vgl. auch *Jacobi/Böhme* ZInsO 2015, 2280 f.

GrEStG führt – da die Norm keine Steuerbefreiungsvorschrift ist[124] – nicht zum Erlöschen des zuvor wirksam entstandenen ursprünglichen Steueranspruchs. Vielmehr gewährt sie – wie §§ 14c Abs. 2, 17 Abs. 2 UStG – einen eigenständigen Berichtigungsanspruch.[125] Ob es zu einer Berichtigung kommt, ist erst gewiss, wenn das die Berichtigung auslösende Ereignis (Rückgängigmachung des Erwerbsvorgangs) eintritt.[126]

Für den **Vorsteueranspruch des leistungsempfangenen Unternehmers** kommt es materiell-rechtlich auf den Zeitpunkt an, in dem die Lieferung von Gegenständen bewirkt oder die Dienstleistung erbracht wird.[127] Ob der Anspruch aus steuerrechtlicher Sicht, insbesondere für die Ausübung des Rechts auf Vorsteuerabzug, zusätzlich die Rechnungserteilung mit gesondertem Umsatzsteuerausweis voraussetzt (§ 15 Abs. 1 Nr. 1 UStG),[128] ist für die materiell-rechtliche Entstehung nicht von Bedeutung;[129] gleiches gilt für den Zeitpunkt der Entstehung des Anspruchs iSv § 38 AO.[130] So entsteht beispielsweise mit dem Vergütungsanspruch des vorläufigen Insolvenzverwalters, der bereits durch die Arbeitsleistung und nicht erst durch die Festsetzung der Vergütung von Seiten des Gerichts (vgl. § 21 Abs. 2 Satz 1 Nr. 1, § 64) begründet wird,[131] gleichzeitig der Anspruch der Masse gegen das Finanzamt auf Erstattung der gemäß §§ 7, 10 InsVV im Beschluss des Gerichts festgesetzten und an den vorläufigen Insolvenzverwalter gezahlten Umsatzsteuer.[132] Das Finanzamt wird auf diese Weise vor und nicht erst nach Verfahrenseröffnung etwas zur Masse schuldig, so dass es mit steuerlichen Insolvenzforderungen gegen den Erstattungsanspruch aufrechnen kann.[133] Es ist jedoch nicht ausgeschlossen, dass diese Aufrechnung nach § 96 Abs. 1 Nr. 3 unwirksam ist, weil das Finanzamt die Aufrechnungslage durch eine anfechtbare Rechtshandlung erlangt hat; soweit es um die Vorsteuererstattung geht, kommt als Rechtshandlung die Leistungserbringung in Betracht.[134] Der BFH hat seine frühere Auffassung aufgegeben, wonach Nr. 3 daran scheitere, dass die Verpflichtung zur Vergütung der Tätigkeit des vorläufigen Insolvenzverwalters nicht auf einer vertraglichen Vereinbarung, sondern auf dessen gerichtlicher Bestellung und Festsetzung seiner Vergütung beruhe und es mithin an einer anfechtbaren Rechtshandlung fehle.[135] 32

Grundsätzlich findet eine zeitlich an die Verfahrenseröffnung anknüpfende Aufteilung der Umsatzsteuerschulden und Vorsteueransprüche nicht statt.[136] Das aus § 16 Abs. 2 Satz 1 UStG folgende umsatzsteuerrechtliche Erfordernis, wonach sämtliche in den Besteuerungszeitraum fallenden abziehbaren Vorsteuerbeträge als unselbständige Besteuerungsgrundlage mit der berechneten Umsatzsteuer zu saldieren sind und nicht einzeln ausgeschieden und durch Aufrechnung zum Erlöschen gebracht werden können, hat Vorrang gegenüber einer Aufrechnung des Finanzamts mit anderen Ansprüchen.[137] Das schließt es allerdings nicht aus, den nach dieser Saldierung verbleibenden Vorsteuervergütungsanspruch aus insolvenzrechtlicher Sicht darauf zu untersuchen, ob und in wieweit er bereits vor Eröffnung des Insolvenzverfahrens begründet und damit nach §§ 95, 96 aufrechenbar ist.[138] Nur so können die Voraussetzungen des Aufrechnungsverbots nach § 96 Abs. 1 Nr. 1

[124] Boruttau/*Loose* § 16 Rn. 12; Sächsisches FG EFG 2017, 1465 Rn. 26.
[125] In der fehlenden Rückwirkung dürfte der maßgebliche Gesichtspunkt liegen, anders die Lösung des BFH deshalb beim nachträglichen Verzicht auf eine Steuerbefreiung nach § 9 UStG, dem Rückwirkung zukommt BFH DStR 2018, 1819 Rn. 18f.
[126] Sächsisches FG EFG 2017, 1465 Rn. 26; zustimmend Uhlenbruck/*Sinz* § 96 Rn. 30.
[127] BFH DStR 2018, 1819 Rn. 14.
[128] Vgl. BFHE 255, 348 = DStR 2016, 2967 Rn. 10ff.
[129] BFH DStR 2018, 1819 Rn. 16f.
[130] BFHE 172, 308 = ZIP 1994, 50; BFH/NV 1994, 521 = ZIP 1993, 1892; BFHE 188, 149 = NZI 2000, 501 = EWiR § 55 KO 1/2000 *(Gerhardt)*; BFHE 193, 1 = ZIP 2001, 428; vgl. dazu *Onusseit* ZInsO 2001, 639; BFH ZIP 2005, 266, 267; BFH ZIP 2005, 628, 630f.; BFHE 216, 390 = ZIP 2007, 490; BFHE 233, 114 = ZIP 2011, 1116 Rn. 12; *Bork* ZInsO 2003, 686, 689f.; vgl. auch BGH NZI 2006, 246 Rn. 15 zur Frage der Massezugehörigkeit des Erstattungsanspruchs. Zu allem Uhlenbruck/*Sinz* § 96 Rn. 19.
[131] BGHZ 116, 233, 242 = NJW 1992, 692; NZI 2007, 397 Rn. 5; NZI 2010, 977 Rn. 28.
[132] Vgl. zum Vorsteuerabzug BFHE 146, 287 = NJW 1986, 2970.
[133] BFHE 172, 308 = ZIP 1994, 50; BFH ZIP 1993, 1892; BFHE 188, 149 = NZI 2000, 501 = ZIP 1999, 714; BFH NZI 2001, 333; BFHE 208, 10 = NZI 2005, 276 = ZIP 2005, 266; BFHE 208, 296 = ZIP 2005, 628; BFH ZIP 2007, 490; vgl. *Ganter/Brünink* NZI 2006, 257, 263; *Rüsken* NZI 2006, 330, 332; *Klenk/Kronthaler* NZI 2006, 369, 370f.
[134] Vgl. *Bork* ZInsO 2003, 686, 688; jetzt auch BFHE 232, 290 = NZI 2011, 378 Rn. 19ff.
[135] BFHE 208, 296 = DStRE 2005, 479, 480.
[136] BFHE 216, 385 = DStRE 2007, 728, 729.
[137] BFHE 208, 10 = NZI 2005, 276 = ZIP 2005, 266, 268; BFHE 208, 296 = DStRE 2005, 479, 481; BFHE 216, 385 = DStRE 2007, 728, 729; vgl. FG Baden-Württemberg NZI 2015, 867 868f.; ebenso *Bork* ZInsO 2003, 686, 690; Uhlenbruck/*Sinz* § 96 Rn. 20f.; aA *Onusseit* ZIP 2002, 22, 24.
[138] BFHE 208, 10 = NZI 2005, 276 = ZIP 2005, 266, 268; BFHE 208, 296 = DStRE 2005, 479, 481; BFHE 216, 385 = DStRE 2007, 728, 729; Uhlenbruck/*Sinz* § 96 Rn. 21f.

festgestellt werden. Will das Finanzamt gegen einen aus der Rechnung des vorläufigen Insolvenzverwalters resultierenden Vorsteuervergütungsanspruch des Schuldners die Aufrechnung mit Insolvenzforderungen erklären, muss es deshalb sicherstellen, dass der Vorsteuervergütungsanspruch ausschließlich auf der in der Rechnung des vorläufigen Insolvenzverwalters ausgewiesenen Umsatzsteuer bzw. auf anderen ebenso vor Eröffnung begründeten Vorsteuerbeträgen beruht.[139]

33 Steuererstattungs- oder Steuervergütungsansprüche, für die nach insolvenzrechtlichen Grundsätzen der Rechtsgrund erst nach Verfahrenseröffnung gelegt wurde, fallen **als Neuerwerb** nach § 35 Abs. 1 in die Insolvenzmasse;[140] die Aufrechnung eines Insolvenzgläubigers gegen diese Ansprüche ist nach § 96 Abs. 1 Nr. 1 unzulässig. Das gilt etwa, wenn der Insolvenzverwalter den Insolvenzschuldner im Angestelltenverhältnis weiterbeschäftigt und er für diese Tätigkeit Lohnsteuer abführt, die das Finanzamt bei der Einkommensteuerveranlagung wegen abzugsfähiger Verluste erstatten muss; der Erstattungsanspruch fällt – anders als nach bisherigem Recht[141] – nicht in das insolvenzfreie Vermögen des Schuldners, sondern in die Masse. Gleiches gilt für den vom Schuldner nach Eröffnung im Zusammenhang mit einer freiberuflichen Tätigkeit erlangten Umsatzsteuervergütungsanspruch, wenn dieser nicht freigegeben wurde.[142] Nach Eröffnung entrichtete Steuervorauszahlungen stammen aus der Insolvenzmasse, sie können nur auf solche Steuerschulden angerechnet werden, die zu den Masseverbindlichkeiten gehören. Verbleibt insoweit ein Überschuss, steht der Erstattungsanspruch der Masse zu; gegen diesen ist die Aufrechnung mit Insolvenzforderungen nach § 96 Abs. 1 Nr. 1 unzulässig.[143]

34 **4. Auflösend bedingte Forderungen.** Auflösend bedingte Forderungen fallen nicht unter § 95 Abs. 1. Sie werden auch **insolvenzrechtlich wie unbedingte Forderungen** behandelt, solange die Bedingung nicht eingetreten ist (§ 42). Die Aufrechnung ist von beiden Seiten schon nach § 387 BGB zulässig.[144] Tritt die Bedingung ein, so soll entweder die Passivforderung wieder aufleben[145] oder ein Bereicherungsanspruch auf Wiedereinräumung der Forderung entstehen.[146] Welche Ansicht man auch teilt, die Rechtsfolge ist dieselbe: Steht der Anspruch dem Insolvenzgläubiger zu, ist er als Insolvenzforderung zur Tabelle anzumelden; ist der Insolvenzschuldner der Gläubiger, ist in die Masse zu leisten.[147]

35 **5. Ungleichartige Forderungen.** Auch das weitere Aufrechnungserfordernis der Gleichartigkeit beider Forderungen kann noch nach Verfahrenseröffnung eintreten und dann zur Aufrechnung berechtigen. § 45, wonach nicht auf Geld gerichtete Forderungen zwecks Berechnung der Quote in Geldforderungen umgerechnet werden, gilt nach § 95 Abs. 1 Satz 2 – im Gegensatz zum früheren Recht – nicht für die Aufrechnung. Es geht also nicht um die Fiktion einer Geldforderung, die Gleichartigkeit muss **tatsächlich** eintreten.[148] Damit ist der Wertungswiderspruch des früheren Rechts beseitigt, das wegen § 69 KO (= § 45) dem Gläubiger einer Naturalleistung die Aufrechnung gegen eine Geldforderung ermöglichte, dem Gläubiger einer Geldforderung, der seinerseits zu einer Naturalleistung verpflichtet war, diese aber versagte.[149] Im Wesentlichen geht es um die Fälle, in denen sich Naturalleistungs- und Freistellungsansprüche nach Verfahrenseröffnung in Zahlungsansprüche umwandeln.[150]

36 Die Einbeziehung ungleichartiger Forderungen in § 95 wird für einen Systembruch gehalten, weil ein Gläubiger auf den Eintritt der Gleichartigkeit nicht in schutzwürdiger Weise vertrauen könne; denn auf Naturalleistungen gerichtete Forderungen verwandelten sich in Geldforderungen

---

139 BFHE 208, 296 = DStRE 2005, 479, 481; BFH/NV 2009, 892 unter II. 1.

140 BFH/NV 2010, 1856 = ZVI 2010, 393 Rn. 10.

141 BFH NJW 1977, 1359.

142 BFHE 228, 6 = NZI 2010, 877 Rn. 4 f.; bei Freigabe BFH/NV 2011, 2115 = ZIP 2011, 2067 Rn. 6 ff.; FG Stuttgart ZIP 2015, 1894, 1895.

143 BFHE 248, 518 = NZI 2015, 475 Rn. 15 ff.; Uhlenbruck/*Sinz* § 96 Rn. 23.

144 RGZ 143, 192, 196; HKInsO/*J. Schmidt* § 95 Rn. 48; Uhlenbruck/*Sinz* § 95 Rn. 9; Jaeger/*Windel* § 95 Rn. 32; *Häsemeyer* Kölner Schrift S. 468 Rn. 29; Gottwald/*Adolphsen* § 45 Rn. 49; BeckOKInsO/*Liefke* § 95 Rn. 8; AGR/*Piekenbrock* § 95 Rn. 5; KPB/*Lüke* § 95 Rn. 34; FKInsO/*Bernsau* § 95 Rn. 5; HambKomm-InsO/*Jacoby* § 94 Rn. 8.

145 OLG Celle OLGZ 1972, 274, 275; Jaeger/*Windel* § 95 Rn. 32; Uhlenbruck/*Sinz* § 95 Rn. 9; Gottwald/*Adolphsen* § 45 Rn. 49; BeckOKInsO/*Liefke* § 95 Rn. 8; *Gernhuber* § 12 IV 1 b.

146 *Jaeger/Lent* KO 8. Aufl. § 54 Rn. 5; *Kilger/K. Schmidt* § 54 KO Anm. 3 a; KPB/*Lüke* § 95 Rn. 34; krit. Jaeger/*Windel* § 95 Rn. 32.

147 HKInsO/*J. Schmidt* § 95 Rn. 48; KPB/*Lüke* § 95 Rn. 35; Gottwald/*Adolphsen* § 45 Rn. 49; Braun/*Kroth* § 95 Rn. 5.

148 K. Schmidt/*Thole* § 95 Rn. 20.

149 BT-Drs. 12/2443, S. 140 zu § 107 Reg-E.

150 K. Schmidt/*Thole* § 95 Rn. 20; BeckOKInsO/*Liefke* § 95 Rn. 27.

nur auf Grund atypischer Umstände (etwa vertragsverletzende Handlungen), auf die man nicht vertrauen könne.[151] Diese Kritik ist nur teilweise berechtigt. Das **Vertrauen des Regressgläubigers,** sein Freistellungsanspruch werde sich in eine Geldforderung umwandeln, sobald er an den Hauptgläubiger zahlt, ist durchaus schützenswert. Anders kann im Einzelfall das Verhalten des Schuldners einer Naturalleistung zu beurteilen sein. So verhält sich der Insolvenzgläubiger missbräuchlich, der durch **Vertragsbruch** bewirkt, dass seine geschuldete Naturalleistung in eine auf Geld gerichtete Schadensersatzforderung umgewandelt wird, damit er nunmehr gegen sie aufrechnen kann. In einem solchen Falle ist die Aufrechnung unzulässige Rechtsausübung und damit schon nach allgemeinen Vorschriften (§ 242 BGB) ausgeschlossen.[152]

Das Gesetz sagt nichts darüber, ob die Einschränkung des **§ 95 Abs. 1 Satz 3** auch für den Eintritt der Gleichartigkeit gilt. Der Zweck dieser Regelung, nämlich das Vertrauen des Gläubigers darauf zu schützen, mit seiner Forderung aufrechnen zu können, bevor der Gegner seine Forderung durchsetzen kann, gebietet die Gleichbehandlung. Die Gegenforderung des Insolvenzgläubigers muss spätestens in dem Zeitpunkt in eine Geldforderung umgewandelt sein, in dem die Hauptforderung der Masse unbedingt und fällig wird.[153] 37

C. Fremdwährungsklausel (Abs. 2)

Nach Abs. 2 ist die Aufrechnung nicht dadurch ausgeschlossen, dass die Forderungen auf unterschiedliche Währungen lauten; sie müssen nur am Zahlungsort der Forderung, gegen die aufgerechnet wird, frei getauscht werden können. Diese Regelung beruht auf einem Vorschlag des Rechtsausschusses.[154] Der Regierungsentwurf wollte es bei der Grundregel des § 244 Abs. 1 BGB belassen. Nach dieser Vorschrift kann die Zahlung in Euro erfolgen, wenn eine in einer anderen Währung als Euro ausgedrückte Geldschuld im Inland zu zahlen ist, es sei denn, dass Zahlung in der anderen Währung ausdrücklich vereinbart ist. Danach hätte ein Insolvenzgläubiger nur dann aufrechnen können, wenn er selbst Schuldner einer im Inland erfüllbaren Forderung war, nicht aber dann, wenn er Gläubiger einer solchen war. Diese Ungleichbehandlung wird durch Abs. 2 beseitigt. Er ermöglicht die Aufrechenbarkeit wirtschaftlich gleichartiger Forderungen. Um die Gleichartigkeit zu gewährleisten und damit den Aufrechnungsgegner vor wirtschaftlichen Nachteilen zu schützen, müssen die unterschiedlichen Währungen am Zahlungsort der Forderung des Aufrechnungsgegners frei konvertibel sein.[155] Der Kurswert für diesen Ort im Zeitpunkt des Zugangs der Aufrechnungserklärung ist für die Umrechnung maßgebend (Abs. 2 Satz 2). 38

§ 95 Abs. 2 bezieht sich nicht nur auf die Forderungen des Absatzes 1 und steht deshalb systematisch an falscher Stelle. Er hätte § 94 angefügt werden müssen, weil er für **alle Fälle der Aufrechnung** in der Insolvenz gilt.[156] Da kein Grund ersichtlich ist, weshalb die Aufrechnung im Insolvenzverfahren unter leichteren Voraussetzungen möglich sein soll als außerhalb des Verfahrens, wird mit Recht gefordert, § 95 Abs. 2 entsprechend auf die Aufrechnung außerhalb eines Insolvenzverfahrens anzuwenden.[157] Nach materiellem Recht lässt sich eine Aufrechnungsbefugnis auch anderweitig konstruieren. Unterliegt die Forderung der Masse deutschem Recht, folgt aus § 244 Abs. 1 BGB eine Ersetzungsbefugnis des Insolvenzgläubigers als Schuldner dieser Forderung.[158] Die Zahlung kann also in Euro erfolgen, es sei denn, dass Zahlung in der anderen Währung ausdrücklich vereinbart ist. Forderungen in verschiedenen Währungen sind gleichartig, sofern von der Ersetzungsbefugnis 39

---

151 Leipold/*Dieckmann,* Insolvenzrecht im Umbruch, S. 226 ff.; *Häsemeyer* Insolvenzrecht, Rn. 19.25; *Häsemeyer* Kölner Schrift, S. 489 Rn. 26; Braun/*Kroth* § 95 Rn. 18; KPB/*Lüke* § 95 Rn. 36; BeckOKInsO/*Liefke* § 95 Rn. 28; Gottwald/*Adolphsen* § 45 Rn. 75.

152 FKInsO/*Bernsau* § 95 Rn. 6; Braun/*Kroth* § 95 Rn. 19; KPB/*Lüke* § 95 Rn. 36, der allerdings die Abgrenzung dieser Fälle für problematisch hält.

153 Vgl. BGHZ 19, 153, 159 = NJW 1956, 257; *Häsemeyer* Kölner Schrift, S. 489, Rn. 25; *Häsemeyer* Insolvenzrecht, Rn. 19.25; K. Schmidt/*Thole* § 95 Rn. 20 und 22; HKInsO/*J. Schmidt* § 95 Rn. 50; KPB/*Lüke* § 95 Rn. 37a; Gottwald/*Adolphsen* § 45 Rn. 72; Braun/*Kroth* § 95 Rn. 20; aA AGR/*Piekenbrock* § 95 Rn. 13: Norm bezieht sich nicht auf den Eintritt der Gleichartigkeit der Hauptforderung.

154 BT-Drs. 12/7302, S. 38 zu § 107 RegE.

155 BT-Drs. 12/7302, S. 166 zu § 107 RegE; BeckOKInsO/*Liefke* § 95 Rn. 37.

156 *Häsemeyer* Kölner Schrift, 3. Aufl., S. 464 Rn. 10; HKInsO/*J. Schmidt* § 95 Rn. 1; KPB/*Lüke* § 95 Rn. 41; BeckOKInsO/*Liefke* § 95 Rn. 4; AGR/*Piekenbrock* § 95 Rn. 3 und 16.

157 Jaeger/*Windel* § 95 Rn. 51; KPB/*Lüke* § 95 Rn. 42; vgl. auch *Berger* Der Aufrechnungsvertrag S. 262 ff.; aA K. Schmidt/*Thole* § 95 Rn. 23.

158 OLG Köln NJW-RR 1992, 237, 239; Bamberger/Roth/Hau/Poseck/*Grothe* § 244 Rn. 36.

Gebrauch gemacht wird.[159] Kann in Euro gezahlt werden, kann auch gegen eine auf Zahlung in Euro lautende Forderung aufgerechnet werden. Eines Rückgriffs auf § 95 Abs. 2 bedarf es dann nicht.[160]

§ 96 Unzulässigkeit der Aufrechnung

(1) Die Aufrechnung ist unzulässig,

1. wenn ein Insolvenzgläubiger erst nach der Eröffnung des Insolvenzverfahrens etwas zur Insolvenzmasse schuldig geworden ist,

2. wenn ein Insolvenzgläubiger seine Forderung erst nach der Eröffnung des Verfahrens von einem anderen Gläubiger erworben hat,

3. wenn ein Insolvenzgläubiger die Möglichkeit der Aufrechnung durch eine anfechtbare Rechtshandlung erlangt hat,

4. wenn ein Gläubiger, dessen Forderung aus dem freien Vermögen des Schuldners zu erfüllen ist, etwas zur Insolvenzmasse schuldet.

(2) Absatz 1 sowie § 95 Abs. 1 Satz 3 stehen nicht der Verfügung über Finanzsicherheiten im Sinne des § 1 Abs. 17 des Kreditwesengesetzes oder der Verrechnung von Ansprüchen und Leistungen aus Zahlungsaufträgen, Aufträgen zwischen Zahlungsdienstleistern oder zwischengeschalteten Stellen oder Aufträgen zur Übertragung von Wertpapieren entgegen, die in Systeme im Sinne des § 1 Abs. 16 des Kreditwesengesetzes eingebracht wurden, das der Ausführung solcher Verträge dient, sofern die Verrechnung spätestens am Tage der Eröffnung des Insolvenzverfahrens erfolgt; ist der andere Teil ein Systembetreiber oder Teilnehmer in dem System, bestimmt sich der Tag der Eröffnung nach dem Geschäftstag im Sinne des § 1 Absatz 16b des Kreditwesengesetzes.

Schrifttum: s. § 94.

Übersicht

[159] RGZ 106, 99, 100; 167, 60, 62; Bamberger/Roth/Hau/Poseck/*Dennhardt* § 387 Rn. 27.1.
[160] AGR/*Piekenbrock* § 95 Rn. 16.

A. Allgemeines

I. Normzweck

Abs. 1 Nr. 1 und 2 geben – sprachlich anders gefasst – die Nr. 1 und 2 des § 55 KO wieder; Nr. 3 entspricht der bisherigen Rechtsprechung zu anfechtbar begründeten Aufrechnungslagen. § 96 soll verhindern, dass mit Forderungen aufgerechnet wird, die im Zeitpunkt der Verfahrenseröffnung **nicht durch eine Gegenforderung gesichert** und deshalb entwertet sind; denn dadurch würde die der gleichmäßigen Befriedigung aller Insolvenzgläubiger dienende Masse verkürzt.[1] Auf diese Weise wird der Versuchung entgegengewirkt, zu eigenem Vorteil und zu Lasten der Insolvenzgläubiger Aufrechnungslagen künstlich zu schaffen. 1

Die Vorschrift schließt die Aufrechnung aus, wenn Insolvenz- und Hauptforderung **nicht** schon im Zeitpunkt der Verfahrenseröffnung **gegenseitig** waren (**Nr. 1 und 2**).[2] Während es nach § 387 BGB genügt, dass die Gegenseitigkeit im Zeitpunkt der Aufrechnungserklärung gegeben ist, verlegt § 96 Abs. 1 diesen Zeitpunkt vor.[3] Nach seinen Nr. 1 und 2 ist die Aufrechnung unzulässig, wenn nach Eröffnung des Verfahrens der Insolvenzgläubiger entweder etwas zur Masse schuldig geworden ist (Nr. 1) oder seine Forderung von einem anderen Insolvenzgläubiger erlangt hat (Nr. 2). Die (haftungsrechtliche) Gegenseitigkeit fehlt ebenso, wenn der Gläubiger Schuldner der Insolvenzmasse ist, aber nichts von dieser, sondern vom Schuldner persönlich zu fordern hat (Nr. 4).[4] Gegenüber § 94 haben Nr. 1, 2 und 4 nur klarstellende Funktion, weil eine von § 94 erfasste Aufrechnungslage bei Verfahrenseröffnung jeweils noch nicht vorgelegen hat.[5]

Nr. 3 hat hingegen eine einschränkende Wirkung.[6] Bei Eröffnung des Insolvenzverfahrens bestand zwar eine Aufrechnungslage im Sinne der §§ 94 und 95. Das Vertrauen des Insolvenzgläubigers auf deren Bestand ist aber **nicht schutzwürdig,** weil er die Möglichkeit zur Aufrechnung anfechtbar erlangt hat.[7] Wie § 91 und §§ 129 ff. hat auch § 96 Abs. 1 den Zweck, die Masse möglichst vollständig zur gleichmäßigen Befriedigung der Insolvenzgläubiger zu erhalten und einer ungerechten Benachteiligung der Insolvenzmasse entgegenzutreten.[8]

II. Entstehungsgeschichte

Bereits der 1. Bericht der Kommission für Insolvenzrecht schlug vor, die Nr. 1 und 2 des § 55 KO in das neue Insolvenzrecht zu übernehmen und unter Nr. 3 die Aufrechnung aus anfechtbar begründeten Aufrechnungslagen für unzulässig zu erklären.[9] Keinen Vorläufer in der KO hat die im Referentenentwurf angefügte Nr. 4.[10] Die Fassung des Regierungsentwurfs wurde Gesetz.[11] 2

Abs. 2 wurde durch das Gesetz zur Änderung insolvenzrechtlicher und kreditwesenrechtlicher Vorschriften vom 8.12.1999 eingefügt.[12] Mit dieser Regelung ist Art. 3 Abs. 1 der Richtlinie 98/

1 BGHZ 30, 248, 250 = NJW 1959, 1874; BGH NJW 1991, 1060; HKInsO/*J. Schmidt* § 96 Rn. 2.
2 BGH NZI 2012, 711 Rn. 13.
3 BGH NJW 1972, 633, 634; KPB/*Lüke* § 96 Rn. 3.
4 HambKommInsO/*Jacoby* § 96 Rn. 8; Andres/Leithaus/*Leithaus* § 96 Rn. 10.
5 HambKommInsO/*Jacoby* Vor §§ 94–96 Rn. 3; AGR/*Piekenbrock* § 96 Rn. 1; für Nr. 1 und 2 HKInsO/*J. Schmidt* § 96 Rn. 3.
6 AGR/*Piekenbrock* § 96 Rn. 1; HKInsO/*J. Schmidt* § 96 Rn. 39; HambKommInsO/*Jacoby* Vor §§ 94–96 Rn. 4.
7 BT-Drs. 12/2443 S. 141 zu § 108 RegE; KPB/*Lüke* § 96 Rn. 56; HKInsO/*J. Schmidt* § 96 Rn. 39.
8 RGZ 124, 346, 349; vgl. BeckOKInsO/*Liefke* § 96 Rn. 1.
9 Leitsätze Nr 3.6.3 und 3.6.4.
10 RefE S. B 100 f.
11 RegE BT-Drs. 12/2443 S. 25.
12 BGBl. 1999 I S. 2384.

26/EG über die Wirksamkeit von Abrechnungen in Zahlungs- sowie Wertpapierliefer- und -abrechnungssystemen umgesetzt worden, die das Europäische Parlament am 19. Mai 1998 verabschiedet hat,[13] nachdem der Rat am 26. August 1997 den förmlichen Kommissionsvorschlag vom 18. Juli 1996[14] angenommen hatte.[15] Die Vorschrift ist seither mehrfach geändert worden. Mit Gesetz vom 5.4.2004[16] wurde Abs. 2 Satz 2 gestrichen. Die Definition der betroffenen Systeme findet sich seither in § 1 Abs. 16 KWG. Die weiteren Änderungen durch Gesetze vom 29.7.2009[17] und vom 19.11.2010[18] sind redaktioneller Natur.

Der Gesetzentwurf der Bundesregierung für ein Haushaltsbegleitgesetz 2011[19] sah die Einfügung folgenden **Abs. 3** vor:

„(3) Absatz 1 sowie § 95 Absatz 1 Satz 3 stehen der Aufrechnung von Ansprüchen aus dem Steuerschuldverhältnis durch Finanzbehörden des Bundes, der Länder oder der Gemeinden nicht entgegen."

Der Finanzverwaltung sollte dadurch ermöglicht werden, auch noch nach Eröffnung des Insolvenzverfahrens und unabhängig von Fragen der Anfechtbarkeit ein über § 226 AO hinausgehendes Gegenseitigkeitsverhältnis herzustellen.[20] Sie wäre damit von nahezu allen Aufrechnungsschranken im Insolvenzverfahren freigestellt worden. Das Vorhaben ist in der Fachöffentlichkeit kritisiert worden.[21] Die erweiterten Aufrechnungsmöglichkeiten hätten die Liquidität des insolventen Unternehmens im Eröffnungsverfahren und der Insolvenzmasse im eröffneten Verfahren beeinträchtigt; die angestrebten Einsparungen rechtfertigten die befürchteten negativen Auswirkungen nicht.[22] Das Vorhaben wurde schließlich nicht weiter verfolgt.

III. Anwendungsbereich

3 Die Aufrechnungsverbote gelten nur im Insolvenzverfahren.

4 § 96 ist erst **von der Eröffnung an** anwendbar.[23] Dies folgt insbesondere aus der systematischen Stellung der Vorschrift im Ersten Abschnitt des Dritten Teils der Insolvenzordnung (§§ 80 bis 147), welcher die allgemeinen Wirkungen der Eröffnung des Insolvenzverfahrens behandelt. Im Eröffnungsverfahren ist § 96 auch dann nicht entsprechend anwendbar, wenn das Insolvenzgericht einen Insolvenzverwalter eingesetzt und Maßnahmen nach § 21 Abs. 2 Satz 1 Nr. 2 und 3 getroffen hat.[24] Aufrechnungserklärungen von Gläubigern, die nach der Eröffnung des Insolvenzverfahrens Insolvenzgläubiger wären, sind bis zur Eröffnung nach Maßgabe der allgemeinen Vorschriften der §§ 387 ff. BGB auch dann uneingeschränkt zulässig und wirksam, wenn ein allgemeines Verfügungsverbot (§ 21 Abs. 2 Satz 1 Nr. 2 Fall 1) angeordnet worden ist.[25] Die Masse wird durch das Aufrechnungsverbot des § 96 Abs. 1 Nr. 3 hinreichend geschützt.

5 Mit der **vorbehaltslosen Aufhebung** des Insolvenzverfahrens endet die Wirkung des § 96 Abs. 1. Besteht die Forderung des Schuldners noch, kann der Insolvenzgläubiger – wenn es nicht zur Anordnung einer Nachtragsverteilung kommt (§ 203) – jetzt aufrechnen,[26] soweit seine Forderung die Quote, die er erhalten hat, übersteigt.[27] Hat das Insolvenzgericht bei der Aufhebung des Verfahrens die **Nachtragsverteilung** der nicht eingezogenen Forderung vorbehalten, gelten die Aufrechnungsverbote des § 96 Abs. 1 dagegen fort.[28] § 294 Abs. 3, der eine Aufrechnung gegen die

---

13 ABl. EG Nr. L 166 S. 45.

14 ABl. C 207, S. 13.

15 ABl. C 259, S. 6.

16 Gesetz zur Umsetzung der Richtlinie 2002/47/EG vom 6.6.2002 über Finanzsicherheiten und zur Änderung des Hypothekenbankgesetzes und anderer Gesetze, BGBl. I, 502.

17 Gesetz zur Umsetzung der Verbraucherkreditrichtlinie, des zivilrechtlichen Teils der Zahlungsdiensterichtlinie sowie zur Neuordnung der Vorschriften über das Widerrufs- und Rückgaberecht vom 29.7.2009, BGBl. I S. 2355.

18 Gesetz zur Umsetzung der geänderten Bankenrichtlinie und der geänderten Kapitaladäquanzrichtlinie vom 19.11.2010, BGBl. 2010, 1592.

19 BT-Drs. 17/3030.

20 BT-Drs. 17/3030, S. 43.

21 Vgl. *Marotzke* ZInsO 2010, 2163, 2176 ff.

22 BT-Drs. 17/3452, S. 7.

23 *Kreft* FS G. Fischer, S. 297, 301; BeckOKInsO/*Liefke* § 96 Rn. 6; AGR/*Piekenbrock* § 96 Rn. 3; KPB/*Lüke* § 96 Rn. 6; HKInsO/*J. Schmidt* § 96 Rn. 4; BFH BeckRS 2017, 94493 Rn. 10.

24 BGHZ 159, 388, 390 ff. = NJW 2004, 3118 = NZI 2004, 580; BGH NZI 2012, 365 Rn. 25; BGHZ 197, 21 Rn. 46; HKInsO/*J. Schmidt* § 96 Rn. 4; Jaeger/*Windel* § 96 Rn. 6, § 94 Rn. 34.

25 BGH NZI 2012, 365 Rn. 25; Jaeger/*Gerhardt* § 21 Rn. 67 ff.; HKInsO/*Rüntz/Laroche* § 24 Rn. 10; HambKommInsO/*Schröder* § 24 Rn. 10; FKInsO/*Schmerbach* § 24 Rn. 12; AGR/*Piekenbrock* § 96 Rn. 3.

26 BFHE 256, 388 Rn. 10 = DStRE 2017, 762.

27 *Kreft* FS G. Fischer, S. 297, 301.

28 BFHE 236, 202 = ZIP 2012, 933 Rn. 15.

Forderung auf die von der Abtretungserklärung nach § 287 Abs. 2 erfassten Bezüge für unzulässig erklärt, leitet das Aufrechnungsverbot des § 96 Abs. 1 Nr. 1 – gegenständlich beschränkt – in die **Wohlverhaltensphase** über.[29] Hierdurch soll der kollektive Zugriff der Gläubiger auf die Lohn- und Gehaltsansprüche des Schuldners und somit deren Gleichbehandlung während der Wohlverhaltensphase gewährleistet werden.[30]

Weiterhin ausgeschlossen ist die Aufrechnung außerdem dann, wenn der Insolvenzverwalter eine Forderung des Schuldners durch Abtretung **verwertet** hat (§ 159). Hier wirkt § 96 weiter, weil eine Verwertung durch Forderungsverkauf sonst ausgeschlossen wäre; der Schutz der Insolvenzgläubiger durch das insolvenzrechtliche Gleichbehandlungsgebot wäre beeinträchtigt.[31] Auch dann, wenn der Abtretungsempfänger die Forderung bis zur Aufhebung des Insolvenzverfahrens nicht eingezogen hat, bleibt die Aufrechnung ausgeschlossen. Dagegen kann aufgerechnet werden, wenn der Zessionar die Forderung gegen ein „sehr geringfügiges Entgelt" als Strohmann des Schuldners erworben hat.[32]

Der letztgenannte Fall der Abtretung an einen Strohmann des Insolvenzschuldners wird im 6
Ergebnis ebenso behandelt wie derjenige der **Freigabe** der Forderung, gegen die aufgerechnet werden soll. Gibt der Verwalter eine Forderung der Masse frei,[33] fällt diese in das beschlagnahmefreie Vermögen des Schuldners, so dass der Gläubiger aufrechnen kann.[34] Gleiches gilt für Forderungen aus einer selbständigen Tätigkeit des Schuldners, hinsichtlich derer der Verwalter eine Erklärung nach § 35 Abs. 2 abgegeben hat.[35] In der Literatur wird die Ansicht vertreten, eine Aufrechnung komme in derartigen Fällen wegen fehlender Gegenseitigkeit nicht in Betracht.[36] Belange der Gesamtheit der Insolvenzgläubiger können durch eine solche Aufrechnung nicht beeinträchtigt werden. Im Gegenteil bewirkt die Aufrechnung hier, dass der Gläubiger seine Forderung nicht zur Tabelle anzumelden braucht; die Dividende der übrigen Insolvenzgläubiger erhöht sich entsprechend. Das Aufrechnungsverbot des § 96 Abs. 1 Nr. 4 betrifft den umgekehrten Fall, dass die Forderung des Gläubigers aus dem freien Vermögen des Schuldners zu begleichen ist, während der Gläubiger etwas zur Insolvenzmasse schuldet. Die Vorschrift des § 89, welche die Zwangsvollstreckung in das freie Vermögen des Schuldners zugunsten einzelner Insolvenzgläubiger verbietet, ist nach hM auf die Aufrechnung nicht, auch nicht entsprechend, anwendbar.[37]

B. Unzulässigkeit der Aufrechnung (Abs. 1)

I. Allgemeines

1. Insolvenzrechtliche Unwirksamkeit. § 96 schließt für die Dauer des Insolvenzverfahrens 7
die Aufrechnungswirkung (§ 389 BGB)[38] im Verhältnis zur Insolvenzmasse aus. Eine gleichwohl erklärte Aufrechnung ist insolvenzrechtlich unwirksam, mag sie vor (§ 96 Abs. 1 Nr. 3) oder nach Verfahrenseröffnung erklärt worden sein.[39] Der Insolvenzverwalter kann die Forderung, gegen die der Gläubiger aufgerechnet hat, ohne Rücksicht auf die erklärte Aufrechnung einziehen oder in anderer Weise verwerten. Die insolvenzrechtliche Unwirksamkeit ist jedoch auf die Dauer und die Zwecke des Insolvenzverfahrens beschränkt.[40] Hat der Verwalter die Forderung bis zur Aufhebung des Insolvenzverfahrens nicht eingezogen, verliert § 96 Abs. 1, der bis dahin der Aufrechnung entge-

---

29 BeckOKInsO/*Riedel* § 294 Rn. 10.

30 AGR/*Fischer* § 294 aF Rn. 1; Uhlenbruck/*Sternal* § 294 Rn. 32; HKInsO/*Waltenberger* § 294 Rn. 1 f.; FKInsO/*Ahrens* § 294 Rn. 1.

31 RGZ 140, 43, 46; Jaeger/*Windel* § 96 Rn. 10; Gottwald/*Adolphsen* § 45 Rn. 80 f.; *Grashoff/Kleinmanns* ZInsO 2008, 609, 612; *von Craushaar/Holdt* NZI 2011, 350, 353; aA BFHE 256, 388 = ZIP 2017, 934 Rn. 12 ff.

32 RGZ 140, 43, 47; *Jaeger/Lent* KO 8. Aufl. § 55 Rn. 3; *Kilger/K. Schmidt* § 55 KO Anm. 2c.

33 Vgl. hierzu BGHZ 163, 32, 34 ff. = NJW 2005, 2015 = NZI 2005, 387.

34 Jaeger/*Windel* § 96 Rn. 10.

35 BFHE 230, 490 = NZI 2011, 35 Rn. 28.

36 HambKommInsO/*Jacoby* § 96 Rn. 8, Vorbem. §§ 94 bis 96 Rn. 8.

37 BGH NJW 1971, 1563 (zu § 14 KO); Uhlenbruck/*Mock* § 89 Rn. 38; AGR/*Piekenbrock* § 89 Rn. 28; allerdings str.; vgl. etwa Jaeger/*Eckardt* § 89 Rn. 57.

38 Vgl. bereits RGZ 140, 43, 47.

39 BGHZ 81, 15, 19 = NJW 1981, 2257; BGHZ 169, 158 Rn. 11 ff., 13 f. = NJW 2007, 78 = NZI 2007, 31; HKInsO/*J. Schmidt* § 96 Rn. 6.

40 BGHZ 169, 158 Rn. 17, 22 = NJW 2007, 78 = NZI 2007, 31 (bezogen auf § 96 Abs. 1 Nr. 3); *Kreft* FS G. Fischer, S. 297, 301 ff.

genstand, seine Bedeutung. Der Gläubiger kann erneut aufrechnen; hatte er bereits (im Insolvenzverfahren wirkungslos) aufgerechnet, bedarf es keiner erneuten Aufrechnungserklärung.[41]

8 **2. Abdingbarkeit der Vorschrift?** In der Kommentarliteratur heißt es wohl überwiegend, § 96 Abs. 1 sei zwingender Natur.[42] Zur Begründung wird auf ein Urteil des BGH vom 3. Juni 1981 verwiesen.[43] In diesem Urteil geht es jedoch um die Frage der insolvenzrechtlichen Wirkung einer Konzernverrechnungsklausel, einer Vereinbarung also, die vor der Eröffnung des Insolvenzverfahrens zwischen einem späteren Insolvenzgläubiger und dem späteren Insolvenzschuldner getroffen worden ist. **Vereinbarungen zwischen einem Gläubiger und dem späteren Insolvenzschuldner** können sicherlich **keinen Einfluss** auf die Anwendung der §§ 94 ff. haben. Haben Gläubiger und Schuldner eine Aufrechnungsvereinbarung im weitesten Sinne getroffen, ist diese an § 94 sowie an § 96 Abs. 1 Nr. 3 zu messen. Anders als nach früherem Recht[44] liegt kein Verstoß gegen § 96 vor, wenn Schuldner und Gläubiger vertraglich die gesetzlichen Aufrechnungsvoraussetzungen – anfechtungsrechtlich unbedenklich und nicht das Gegenseitigkeitserfordernis betreffend (vgl. → § 94 Rn. 65)[45] – erweitert haben; denn nach § 94 bleibt eine bei Verfahrenseröffnung bestehende Aufrechnungslage auch dann unberührt, wenn sie auf Vertrag beruht.[46] Etwas anderes gilt für eine vorgreifliche Verrechnungsabrede, also eine Vorausverfügung mit Aufrechnungscharakter für künftige Ansprüche; sie erlischt nach § 91 mit der Eröffnung des Insolvenzverfahrens (→ § 94 Rn. 65).[47] Ob sich der Verwalter nach der Eröffnung des Insolvenzverfahrens mit einem Insolvenzgläubiger über die Aufrechenbarkeit einer Insolvenzforderung verständigen kann, ist eine ganz andere Frage, die nach den allgemeinen Vorschriften über die Rechte und Pflichten (§ 80) und über die Haftung (§§ 60, 61) des Insolvenzverwalters zu beantworten ist. Dem Verwalter ist es nicht grundsätzlich verwehrt, einen Vergleich über eine Forderung der Masse zu schließen.[48] Dies gilt auch dann, wenn der Vergleich darin besteht, die Aufrechnung gegen eine Masseforderung ganz oder teilweise anzuerkennen.[49]

9 **3. Beweislast.** Zu den Aufrechnungsbeschränkungen des § 96 ist pauschal die Ansicht vertreten worden, sie stellten Ausschlussgründe dar, die vom Insolvenzverwalter zu beweisen seien.[50] Dies trifft für **§ 96 Abs. 1 Nr. 1 und 2** nicht zu. Die Aufrechnung in der Insolvenz ist grundsätzlich nur zulässig, wenn die Aufrechnungslage im Zeitpunkt der Verfahrenseröffnung bestand. Wer aufrechnen will, hat deshalb die tatsächlichen Voraussetzungen des Bestehens einer Aufrechnungslage zu diesem Zeitpunkt zu beweisen.[51] Dies schließt den (negativen) Beweis ein, dass keiner der Fälle des § 96 Abs. 1 Nr. 1 und 2 gegeben ist.[52] Der Insolvenzverwalter hat nur den Zeitpunkt der Verfahrenseröffnung darzutun und zu beweisen.[53] Etwas anderes gilt für die Voraussetzungen des **§ 96 Abs. 1 Nr. 3.** Sie hat der Insolvenzverwalter zu beweisen, weil einer an sich gegebenen Aufrechnungslage die Wirkung genommen werden soll.[54] Hinsichtlich der (negativen) Voraussetzungen des **§ 96 Abs. 1 Nr. 4** liegt die Darlegungs- und Beweislast wiederum beim Insolvenzgläubiger. Dies folgt daraus, dass § 94 die Massezugehörigkeit derjenigen Forderung voraussetzt, gegen die aufgerechnet werden soll, und den Gläubiger nur insoweit privilegiert.[55]

---

41 *Kreft* FS G. Fischer, S. 297, 301.

42 Vgl. Uhlenbruck/*Sinz* § 96 Rn. 1; KPB/*Lüke* § 96 Rn. 91; BeckOKInsO/*Liefke* § 96 Rn. 7; K. Schmidt/*Thole* § 96 Rn. 1; ähnlich die 2. Auflage § 96 Rn. 4.

43 BGHZ 81, 15, 18 = NJW 1981, 2257.

44 BGHZ 81, 15 = NJW 1981, 2257.

45 Vgl. zur Konzernverrechnungsklausel, bei welcher die Gegenseitigkeit erst durch die Aufrechnungserklärung hergestellt wird, BGHZ 160, 107, 109 f. = NJW 2004, 3185 = NZI 2004, 585.

46 Vgl. *Häsemeyer* Insolvenzrecht, Rn. 19.30.

47 BGHZ 58, 108 = NJW 1972, 633; BGHZ 70, 86 = NJW 1978, 538; BGHZ 74, 253 = NJW 1979, 1658; BGHZ 135, 140, 145 = NJW 1997, 1857.

48 *Kreft* FS K. Schmidt, S. 965 ff.; HKInsO/*J. Schmidt* § 96 Rn. 14.

49 Ebenso HKInsO/*J. Schmidt* § 96 Rn. 14 f.

50 *Baumgärtel/Strieder,* Handbuch der Beweislast im Privatrecht, 2. Aufl., § 387 Rn. 3; anders jetzt die 3. Aufl. 2008.

51 BGH NZI 2012, 711 Rn. 10, 12 f.; ebenso zu § 7 Abs. 5 GesO BGHZ 135, 30, 38 f. = ZIP 1997, 649; Jaeger/*Windel* § 96 Rn. 11; Uhlenbruck/*Sinz* § 96 Rn. 71; K. Schmidt/*Thole* § 96 Rn. 3; KPB/*Lüke* § 94 Rn. 129; Andres/Leithaus/*Leithaus* § 96 Rn. 3.

52 Jaeger/*Windel* § 96 Rn. 11; Uhlenbruck/*Sinz* § 96 Rn. 71; KPB/*Lüke* § 96 Rn. 92.

53 KPB/*Lüke* § 96 Rn. 92.

54 BGH NZI 2012, 711 Rn. 18; KPB/*Lüke* § 94 Rn. 129 und § 96 Rn. 92; Jaeger/*Windel* § 96 Rn. 11; Uhlenbruck/*Sinz* § 96 Rn. 71; K. Schmidt/*Thole* § 96 Rn. 3; AGR/*Piekenbrock* § 96 Rn. 11; HKInsO/*J. Schmidt* § 94 Rn. 67; HambKommInsO/*Jacoby* § 94 Rn. 18 und § 96 Rn. 24.

55 Jaeger/*Windel* § 96 Rn. 11; Uhlenbruck/*Sinz* § 96 Rn. 71.

II. Entstehung der Hauptforderung nach Verfahrenseröffnung (Nr. 1)

1. Allgemeines. Nach Nr. 1 ist die Aufrechnung im Insolvenzverfahren unzulässig, wenn der Insolvenzgläubiger erst nach Verfahrenseröffnung etwas zur Masse schuldig geworden ist. Nr. 1 stellt damit auf die **Hauptforderung der Masse** ab. Gleichgültig ist, ob die Schuld erst danach begründet oder vom Gläubiger durch Schuldübernahme übernommen worden ist; das gilt auch, wenn die gegenseitigen Forderungen auf demselben Rechtsverhältnis beruhen, der Schuldübernehmer vor Verfahrenseröffnung auch schon die Forderung übernommen hatte.[56] Die Forderung des Gläubigers ist vor der Eröffnung durch keine Gegenforderung gesichert, so dass er auf sie nur die Insolvenzquote erwarten kann. Könnte er sich für seine entwertete Forderung durch Aufrechnung volle Deckung verschaffen, verstieße dies gegen den Grundsatz, dass aus der nach Verfahrenseröffnung entstandenen Forderung der Masse die Gläubiger gleichmäßig zu befriedigen sind.[57] 10

Der Begriff „schuldig geworden“ kann nur im **Zusammenhang mit § 95 Abs. 1 Satz 1** verstanden werden. Er könnte auch diejenigen Fälle erfassen, in welchen die Hauptforderung der Masse erst nach der Eröffnung erfüllbar geworden ist. Sind die Voraussetzungen des § 95 Abs. 1 jedoch erfüllt, war die Hauptforderung der Masse also bereits vor der Eröffnung in ihrem Kern angelegt, geht diese Vorschrift, welche die Aufrechnung erleichtern will, derjenigen des § 96 Abs. 1 Nr. 1 vor (→ § 95 Rn. 5).[58]

2. Einzelfälle. Hauptanwendungsfälle des § 96 Abs. 1 Nr. 1 sind die **vom Verwalter begründeten Ansprüche** sowie **Ansprüche aus Insolvenzanfechtung** (§ 143 Abs. 1). Eine gesetzlich geregelte Ausnahme zu § 96 Abs. 1 Nr. 1 enthält § 110 Abs. 3.[59] Die Sonderregelung des § 114 Abs. 2 aF für Bezüge aus einem Dienstverhältnis wurde mit Wirkung zum 30. Juni 2014 aufgehoben.[60] 11

a) Vom Verwalter begründete Forderungen. Zu den Forderungen der Masse aus der Zeit nach Verfahrenseröffnung zählen Forderungen aus Rechtsgeschäften mit dem Insolvenzverwalter, beispielsweise aus Kauf-[61] oder Werkvertrag, sowie Forderungen, die kraft Gesetzes beispielsweise durch unerlaubte Handlung gegen die Masse, wegen ungerechtfertigter Entreicherung der Masse oder aus Geschäftsführung ohne Auftrag für die Masse (ohne dass dem ein vor Verfahrenseröffnung erteilter Auftrag zugrunde liegt) entstehen. Gegen eine vom Verwalter begründete Forderung ist die Aufrechnung mit einer Insolvenzforderung nach Nr. 1 unzulässig.[62] 12

b) Vom Schuldner begründete Forderungen. Schuldner der Insolvenzmasse kann der Insolvenzgläubiger außer durch Rechtsgeschäfte mit dem Verwalter auch durch solche mit dem Insolvenzschuldner werden. Verträge, welche der Schuldner im Rahmen einer selbständigen Tätigkeit geschlossen hat, nachdem der Verwalter eine Negativerklärung nach § 35 Abs. 2 abgegeben hat, verpflichten die Masse zwar nicht. Ist eine Freigabe aber nicht erfolgt und duldet der Verwalter die Fortführung der gewerblichen Tätigkeit durch den Schuldner, werden die dabei begründeten Verbindlichkeiten zu Masseverbindlichkeiten (§ 55 Abs. 1 Nr. 1), auch dann, wenn der Schuldner nur nach § 811 Abs. 1 Nr. 5 ZPO unpfändbare Gegenstände eingesetzt hat.[63] Der Gläubiger muss in die Masse leisten, kann aber aus ihr seine Gegenforderung aus dem Rechtsgeschäft nicht realisieren. Die Aufrechnung mit dieser Forderung versagt ihm § 96 Abs. 1 Nr. 4. 13

c) Vorschüsse. Leistet der Insolvenzverwalter Vorschüsse oder Anzahlungen auf künftige Masseverbindlichkeiten (§ 55), so entsteht bis zur Verrechnung mit diesen Verbindlichkeiten eine Schuld gegenüber der Masse, der gegenüber mit Forderungen aus der Zeit vor Verfahrenseröffnung nach § 96 Abs. 1 Nr. 1 nicht aufgerechnet werden kann. Eine Verrechnung mit diesen Forderungen ist 14

---

56 BGH WM 1957, 245, 247; *Kilger/K. Schmidt* § 55 KO Anm. 3a; Jaeger/*Windel* § 96 Rn. 12; BeckOKInsO/*Liefke* § 96 Rn. 15.

57 KPB/*Lüke* § 96 Rn. 10; HKInsO/*J. Schmidt* § 96 Rn. 17.

58 BGHZ 160, 1, 3 = NZI 2004, 583; NZI 2005, 164; NZI 2007, Rn. 12; BFH ZInsO 2012, Rn. 12; ebenso zu §§ 54 Abs. 1, 55 Satz 1 Nr. 1 KO BGHZ 15, 333, 335 = NJW 1955, 259; BGHZ 71, 380, 384 = NJW 1978, 1807; BGH NJW 1989, 453; Uhlenbruck/*Sinz* § 95 Rn. 3; HKInsO/*J. Schmidt* § 95 Rn. 6 ff.; K. Schmidt/*Thole* § 96 Rn. 1; AGR/*Piekenbrock* § 96 Rn. 3; KPB/*Lüke* § 96 Rn. 17; FKInsO/*Bernsau* § 96 Rn. 5; *G. Fischer* WM 2008, 1, 2 f.

59 BGH NZI 2005, 553; *G. Fischer* WM 2008, 1, 3; BeckOKInsO/*Liefke* § 96 Rn. 10; K. Schmidt/*Thole* § 96 Rn. 8; AGR/*Piekenbrock* § 96 Rn. 3.

60 Art. 1 Nr. 15 des Gesetzes zur Verkürzung des Restschuldbefreiungsverfahrens und zur Stärkung der Gläubigerrechte vom 15. Juli 2013, BGBl. I S. 2379.

61 Andres/Leithaus/*Leithaus* § 96 Rn. 4: Veräußerung von Massegegenständen an Insolvenzgläubiger.

62 OLG Köln KTS 1999, 80 (LS); KPB/*Lüke* § 96 Rn. 14; HKInsO/*J. Schmidt* § 96 Rn. 19 ff.

63 BT-Drs. 16/3227, S. 17.

auch dem Insolvenzverwalter versagt; sollte die Vorschussleistung die Masseverbindlichkeit übersteigen, so gilt das auch für den Anspruch der Masse auf Rückzahlung des Überschusses.[64]

15 **d) Anfechtungsansprüche.** Nicht aufgerechnet werden kann gegen den **anfechtungsrechtlichen Rückgewähranspruch** aus § 143.[65] Dieser Anspruch entsteht – nach der Verwirklichung eines Anfechtungstatbestands, der grundsätzlich (von den Ausnahmefällen des § 147 abgesehen) an eine vor der Eröffnung des Insolvenzverfahrens vorgenommene Rechtshandlung anknüpft[66] – erst mit der Verfahrenseröffnung.[67] Auch soweit im Schrifttum vertreten wird, dass der Anspruch aus § 143 mit dem des Einzelgläubigers vor Verfahrenseröffnung (Art. 1 § 11 EGInsO) identisch ist und nur, sofern die Parallele fehlt, mit Eintritt der Rechtswirkung der anfechtbaren Handlung, aufschiebend bedingt durch die Insolvenzeröffnung entsteht,[68] wird die Aufrechnung mit einer Insolvenzforderung gegen den Rückgewähranspruch ausgeschlossen; dieser Ausschluss folgt aus dem Zweck der Anfechtung.[69] Andere halten für entscheidend, dass das Anfechtungsrecht nach §§ 129 ff. die Eröffnung des Insolvenzverfahrens voraussetzt.[70]

Nach einer älteren Entscheidung des BGH zu § 55 KO war der Anfechtungsgegner allerdings so zu stellen, als hätte er aufrechnen können, falls der anfechtungsrechtliche Rückgewähranspruch nur deshalb bestand, weil ein Bereicherungsanspruch der Masse, gegen den hätte aufgerechnet werden können, wegen §§ 814, 817 Satz 2 BGB ausgeschlossen war.[71] Diese Entscheidung ist zwischenzeitlich überholt. Im Anwendungsbereich der InsO kann der Empfänger einer nicht geschuldeten, aber auch anfechtbar erlangten Leistung des Schuldners nicht einwenden, er könne gegen den neben § 143 bestehenden Bereicherungsanspruch nur wegen § 814 BGB nicht aufrechnen. Der Aufrechnung steht nunmehr auch § 96 Abs. 1 Nr. 3 entgegen.[72]

16 **e) Zwangsvollstreckung.** Wird eine vollstreckungsschuldnerfremde, weil dem Insolvenzschuldner gehörende Sache, die vor Verfahrenseröffnung gepfändet worden ist, nach Verfahrenseröffnung versteigert, so kann gegen den Anspruch der Masse auf Herausgabe des Versteigerungserlöses (§ 812 Abs. 1 Satz 1 BGB)[73] gemäß Nr. 1 nicht aufgerechnet werden.[74] Dasselbe gilt, wenn eine im letzten Monat vor dem Antrag auf Eröffnung des Insolvenzverfahrens durch Zwangsvollstreckung erlangte Sicherung nach § 88 mit Eröffnung des Verfahrens unwirksam geworden ist, aber gleichwohl noch verwertet wird; gegen den Bereicherungsanspruch der Masse kann nicht aufgerechnet werden. Gegen Erstattungsansprüche von Urlaubsentgelt und Urlaubsgeld, die nach Verfahrenseröffnung zugunsten der Masse entstanden sind, kann die Urlaubs- und Lohnausgleichskasse der Bauwirtschaft nicht mit Beitragsrückständen aus der Zeit vor Verfahrenseröffnung aufrechnen.[75]

17 **f) Gegenseitige Verträge.** Der BGH nahm – beginnend mit dem Urteil vom 20. Dezember 1988[76] – an, dass mit der Eröffnung des Insolvenzverfahrens die Erfüllungsansprüche aus gegenseitigen Verträgen erlöschen und mit dem Erfüllungsverlangen des Insolvenzverwalters neu begründet werden. An dieser Ansicht hält er nicht mehr fest. Vielmehr bestehen ab Eröffnung des Verfahrens

---

64 *Mohrbutter* KTS 1984, 401, 404.

65 BGH NZI 2004, 248, 249; BeckOKInsO/*Liefke* § 96 Rn. 16; AGR/*Piekenbrock* § 94 Rn. 24 und § 96 Rn. 4; KPB/*Lüke* § 96 Rn. 14; FKInsO/*Bernsau* § 96 Rn. 8; vgl. zur KO auch BGHZ 15, 333, 337 = NJW 1955, 259; BGHZ 130, 38 = NJW 1995, 2783, 2784.

66 BT-Drs. 12/2443, S. 157; BGH NJW 2012, 156 Rn. 8 = NZI 2012, 19; ZIP 2012, 1517 Rn. 5 f.

67 BGHZ 15, 333, 337 = NJW 1955, 259; BGH WM 1956, 703, 706; ZIP 1982, 76, 78; NJW-RR 1986, 848 = ZIP 1986, 720, 723 f.; BGHZ 113, 98, 105 = NJW 1991, 560; BGH NJW 1995, 1093; BGHZ 130, 38 = NJW 1995, 2783; BGH NZI 2004, 444, 445; BGHZ 179, 137 Rn. 9 = NJW 2009, 363 = NZI 2009, 103; BGH NZI 2011, 73 Rn. 11; NZI 2012, 365 Rn. 25; HKInsO/*J. Schmidt* § 96 Rn. 29; AGR/*Piekenbrock* § 94 Rn. 24; vgl. *Lohmann* FS Jobst Wellensiek, S. 221, 222 f.

68 *Jaeger/Henckel* § 37 KO Rn. 84; Jaeger/*Henckel* § 143 Rn. 103; MüKoInsO/*Kayser* → § 129 Rn. 186; vgl. auch K. Schmidt/*Thole* § 96 Rn. 7; *Thole* Gläubigerschutz durch Insolvenzrecht, S. 528 ff.

69 *Henckel* JZ 1996, 531, 532; K. Schmidt/*Thole* § 96 Rn. 7; KPB/*Lüke* § 96 Rn. 14; HKInsO/*J. Schmidt* § 96 Rn. 29; HambKommInsO/*Jacoby* § 95 Rn. 26: Ausschluss beruht auf besonderer haftungsrechtlicher Privilegierung des Anspruchs.

70 Uhlenbruck/*Sinz* § 96 Rn. 24; BeckOKInsO/*Liefke* § 96 Rn. 16.

71 BGHZ 113, 98, 105 = NJW 1991, 560; ebenso die 2. Auflage.

72 BGHZ 179, 137 Rn. 11 ff. = NJW 2009, 363 = NZI 2009, 103; *Thole* KTS 2011, 219, 235 f.; HKInsO/*J. Schmidt* § 96 Rn. 30.

73 Vgl. BGHZ 100, 95, 99 f. = NJW 1987, 1880.

74 RGZ 140, 45.

75 ArbG Wiesbaden ZIP 1992, 423.

76 BGHZ 106, 236 = NJW 1989, 1282; ferner BGH ZIP 1989, 1413; NJW 1991, 2897; BGHZ 116, 156, 158 ff. = NJW 1992, 507; BGH NJW 1993, 1994; BGHZ 129, 336, 338 = NJW 1995, 1966; BGHZ 135, 25, 26 = DtZ 1997, 196; BGH NJW 1997, 3434.

die Erfüllungsansprüche fort; sie können nur wegen der wechselseitigen Nichterfüllungseinreden (§ 320 Abs. 1 BGB) nicht mehr durchgesetzt werden.[77] **Wählt der Verwalter** nach § 103 **Erfüllung** eines bei Verfahrenseröffnung beiderseits nicht (vollständig) erfüllten gegenseitigen Vertrages, so hat das die gleiche Wirkung, als hätten Verwalter und Vertragspartner den Vertrag mit identischem Inhalt neu abgeschlossen,[78] so dass gegen die neue Forderung der Masse gemäß **§ 96 Abs. 1 Nr. 1** nicht mit einem vor Verfahrenseröffnung und außerhalb des Vertragsverhältnisses begründeten Anspruch aufgerechnet werden kann.[79] Hat der Schuldner vor Verfahrenseröffnung einen Teil seiner Leistung erbracht, so ist sein Vergütungsanspruch ab Verfahrenseröffnung nicht insgesamt einredebehaftet, sondern nur, soweit er auf die ausstehende Leistung entfällt; allein insoweit entsteht die Verpflichtung im Sinne von § 96 Abs. 1 Nr. 1 neu, wenn der Verwalter Erfüllung verlangt.[80] Gegenforderungen der Masse für Teilleistungen, die der Schuldner schon vor Verfahrenseröffnung erbracht hat, bleiben dem Vertragspartner als Sicherungsmittel erhalten; gegen sie kann er mit seiner Insolvenzforderung aufrechnen.[81] Diese von der Rechtsprechung aufgezeigten Rechtsfolgen der Erfüllungswahl verbessern die Rechtsstellung der Insolvenzmasse, indem sie sicherstellen, dass Leistungen, die der Insolvenzverwalter aus der Masse erbringt, der Masse zu vergüten sind und ihr Gegenwert nicht auf Grund einer vor Verfahrenseröffnung erfolgten Abtretung oder durch Aufrechnung in das Vermögen des Zessionars bzw. des Vertragspartners fließt.

Dieses Aufrechnungsverbot wird von denen abgelehnt, die meinen, der nach dem Erfüllungsverlangen des Verwalters bestehende Erfüllungsanspruch der Masse sei mit demjenigen aus der Zeit vor Verfahrenseröffnung identisch.[82] Dabei werden teilweise Begründung und Ergebnis,[83] teilweise wird nur die Begründung, nicht aber das Ergebnis[84] der Rechtsprechung beanstandet. Gegen das Aufrechnungsverbot wird eingewandt, der Vertrag sei für die Masse nichts wert, wenn der Vertragspartner aus der Zeit vor Eröffnung eine aufrechenbare Gegenforderung habe; dann sei er sicher, in der Insolvenz aufrechnen zu können, und sei vielleicht nur im Vertrauen auf diese Aufrechnungsmöglichkeit seine Verbindlichkeit eingegangen; würde ihm der Schutz der §§ 94 ff. deren offenbaren Sinn und Zweck zuwider entzogen, würde ihm im Interesse der Gläubigergesamtheit ein Sonderopfer zugemutet.[85] *Gerhardt,* der im Falle der Vorauszession des Erfüllungsanspruchs vom Vorauszessionar den wirtschaftlichen Vorteil, den jener durch die Leistung aus der Masse an den Vertragspartner erlangt, kondizieren will, belässt dem Vertragspartner die Wohltat der Aufrechnungslage zu Lasten der Masse, weil sie schon vor Verfahrenseröffnung bestanden habe und der Vorteil nicht erst auf der Leistung, sondern schon auf dem Erfüllungsverlangen des Verwalters fuße.[86] Diese Kritik berücksichtigt nicht, dass die Aufrechnungslage beim gegenseitigen Vertrag nie insolvenzfest ist, so dass der Vertragspartner auf keine vor Verfahrenseröffnung entstandene Aufrechnungslage vertrauen kann und deshalb ein gleichwohl vorhandenes Vertrauen nicht schutzwürdig ist.[87] Ab Verfahrenseröffnung kann der Vertragspartner mit seiner Forderung aus dem gegenseitigen Vertrage nur noch in Höhe des Ersatzes wegen Nichterfüllung gegen anderweitige Forderungen der Masse aufrechnen; gegen den Erfüllungsanspruch der Masse ist ihm die Aufrechnung versagt. Im ersten Falle muss er den auf anderen Rechtsgründen beruhenden Anspruch der Masse nach Abzug seines Schadensersatzes voll erfüllen; im zweiten Falle erhält er auf seinen eigenen anderweitigen Anspruch nur die Insolvenz- 18

---

77 BGHZ 150, 353 = NZI 2002, 375; BGHZ 196, 160 Rn. 8 = NZI 2013, 296; BGH NZI 2016, 128 Rn. 18; NZI 2017, 60 Rn. 16; vgl. MüKoInsO/*Kreft* → § 103 Rn. 39 ff.

78 BGHZ 106, 236, 242 ff. = NJW 1989, 1282; BGH ZIP 1989, 1413; NJW 1991, 2897; BGHZ 116, 156, 158 ff. = NJW 1992, 507; BGH NJW 1993, 1994; BGHZ 129, 336, 338 = NJW 1995, 1966; BGHZ 135, 25, 26 = DtZ 1997, 196 = ZIP 1997, 688; BGH NJW 1997, 3434; BGHZ 150, 353 = NZI 2002, 375; HKInsO/*J. Schmidt* § 95 Rn. 34.

79 BGHZ 116, 156, 158 ff. = NJW 1992, 507; BGHZ 129, 336 = NJW 1995, 1966; BGHZ 135, 25, 26 = ZIP 1997, 688; BGHZ 147, 28 = NJW 2001, 3704 = NZI 2001, 537; BGH NZI 2011, 936 Rn. 7; Uhlenbruck/*Sinz* § 94 Rn. 37 und § 96 Rn. 8; HambKommInsO/*Ahrendt* § 103 Rn. 33; KPB/*Lüke* § 96 Rn. 33 f. mit Kritik.

80 BGHZ 129, 336, 338 = NJW 1995, 1966; BGHZ 145, 245, 252 f. = NJW 2001, 367; BGHZ 147, 28, 31 = NJW 2001, 3704; BGH NJW 2002, 1050; NJW-RR 2002, 262 = NZI 2002, 35.

81 BGHZ 135, 25 = DtZ 1997, 196.

82 Jaeger/*Henckel* § 17 Rn. 114 ff.; *Gerhardt* FS Merz, S. 117, 124; *Häsemeyer* Kölner Schrift, S. 486 Rn. 101; BeckOKInsO/*Liefke* § 95 Rn. 12: nur Umgestaltung in Rechtsqualität; K. Schmidt/*Thole* § 95 Rn. 15.

83 *Gerhardt* FS Merz, S. 117, 129 f.; *Gerhardt.* Gedächtnisschrift für Knobbe-Keuk, S. 169, 177 f.; *Bork* FS Zeuner, S. 297, 310 ff.; *Bork* JZ 1996, 51; *Marotzke* EWiR § 55 KO 1/92, 71.

84 *Henckel* FS Lüke, S. 237, 256 f.; *Häsemeyer* JR 1992, 423 ff.; *Häsemeyer* Insolvenzrecht, Rn. 20.20; *Adam* NJW 1995, 3103; *Adam* WM 1998, 801, 805 f.

85 *Bork* FS Zeuner, S. 297, 311; *Bork.* JZ 1996, 51; *Gerhardt* FS Merz, S. 117, 129.

86 Gedächtnisschrift für Knobbe-Keuk, S. 169, 177 f.

87 *Henckel,* FS Lüke, S. 237, 257.

quote. Mehr war die Aufrechnungslage für den Vertragspartner nicht wert.[88] Dieser hat keinen Anspruch darauf, dass sich hieran etwas ändert; vielmehr wäre dem Verwalter verboten, Erfüllung zu verlangen, wenn sich dies zugunsten des Vertragspartners und zu Lasten der Masse auswirken würde. Nicht weiter hilft auch die Überlegung, dass nicht erst mit der Erfüllung, sondern schon mit deren Wahl die Gegenforderung entsteht, auf die der Vertragspartner zugreifen kann; denn die Wahl ist kein Selbstzweck, ihr Zweck ist die Erfüllung; gäbe es nichts zu erfüllen, würde nicht gewählt.

19 Im Schrifttum mehren sich allerdings die Stimmen, die sich – wenn auch mit anderer Begründung als der BGH – gegen eine Aufrechnung zu Lasten der Masse wenden. *Häsemeyer* sieht die Erfüllungswahl als offenkundig verfahrenszweckwidrig und deshalb als unwirksam an, wenn sie dem Insolvenzgläubiger nur zu einer werthaltigen Aufrechnungslage verhilft. Die Folge sei, dass es bei der Nichterfüllung verbleibe.[89] Gegen diese Lösung spricht, dass ein der Masse – ungeachtet der Aufrechnungslage – günstiger Vertrag unerfüllt bleiben müsste.[90] Nach *Adam* ist zwar das Erfüllungsverlangen, nicht aber die Aufrechnung wirksam. Die Unwirksamkeit folge aus dem Zweck des § 103, im Interesse aller Insolvenzgläubiger die Masse zu mehren.[91] *Henckel* versagt dem Vertragspartner die Aufrechnung aus einer Parallelwertung zu der vor Verfahrenseröffnung bestehenden Anfechtung. Sei dem Vertragspartner die Aufrechnung schon verwehrt, wenn der Schuldner noch vor Verfahrenseröffnung geliefert habe, so könne sie erst recht keinen Bestand haben, wenn nach Verfahrenseröffnung der Insolvenzverwalter liefere.[92] Im Übrigen werde die Aufrechnungslage des Vertragspartners erst mit der Leistung aus der Masse werthaltig; dieser auf Kosten der Masse ohne rechtlichen Grund erlangte Wertzuwachs sei nach § 812 BGB auszugleichen.[93] *Tintelnot* zieht den Vergleich zur Abtretung des schuldnerischen Erfüllungsanspruchs. Der aufrechnungsberechtigte Kontrahent könne in der Insolvenz nicht besser stehen, als sei ihm die Forderung (gegen sich selbst) zur Sicherung abgetreten worden. Da er in dem Falle aus der Erfüllung keinen Vorteil hätte, weil er einen Bereicherungsausgleich in Höhe des Wertes der aus der Masse erbrachten Leistung schulde, könne er auch nicht aufrechnen.[94] Der Ausgangspunkt dieser Überlegung ist insofern nicht tragfähig, als der Vorauszessionar nach der Rechtsprechung des Bundesgerichtshofs keinen Bereicherungsausgleich schuldet; denn dieser würde ihm den Gewinn belassen und die Masse das Risiko tragen lassen, dass er insolvent wird. Die Rechtsprechung vermeidet diese Folge dadurch, dass mit dem Erfüllungsverlangen der Anspruch nicht an den Vorauszessionar, sondern an die Masse fällt.[95]

20 **g) Miete.** Forderungen auf Zahlung von Miete für die periodische Gebrauchsüberlassung sind nicht betagte, sondern befristete Forderungen, entstehen also abschnittsweise neu.[96] Obwohl nach § 163 BGB auf ein Rechtsgeschäft, dessen Wirkungen erst zu einem bestimmten Zeitpunkt eintreten sollen, die für die aufschiebende Bedingung geltenden Vorschriften – auch in der Insolvenz[97] – Anwendung finden, greift nicht § 95 ein.[98] Vielmehr dürfen Forderungen der Insolvenzmasse, die Gegenleistungen für Leistungen der Masse darstellen, nur in der Weise getilgt werden, dass die **Masse nicht verkürzt** wird.[99] Deshalb ist eine Aufrechnung gegen die nach Verfahrenseröffnung entstandenen Forderungen nach § 96 Abs. 1 Nr. 1 ausgeschlossen.[100]

Eine **Ausnahme** gilt nach § 110 Abs. 3 bei der Vermietung und Verpachtung von Immobilien für den Zins, der für die in § 110 Abs. 1 genannten Monate geschuldet wird.[101] § 110 Abs. 3 Satz 1 schließt die von § 96 Abs. 1 Nr. 1 angeordnete Unzulässigkeit der Aufrechnung für den genannten

[88] Vgl. *Kreft* ZIP 1997, 865, 868.
[89] *Häsemeyer,* Insolvenzrecht, Rn. 20.20; *Häsemeyer,* Kölner Schrift, S. 487, Rn. 102; JR 1992, 423, 424; ähnlich Jaeger/*Windel* § 96 Rn. 27.
[90] Vgl. *Henckel* FS Lüke, S. 237, 256.
[91] *Adam* Die Aufrechnung gegen das Erfüllungsverlangen des Konkursverwalters, S. 62, 79, 84 ff.; *Adam* NJW 1995, 3103; *Adam* WM 1998, 801, 804 ff.
[92] *Henckel* FS Lüke, S. 237, 256 f.
[93] *Henckel* FS Kirchhof, S. 191, 207; ähnlich KPB/*Tintelnot* [November 2011] § 103 Rn. 88.
[94] KPB/*Tintelnot* § 103 Rn. 88.
[95] BGHZ 106, 236 = NJW 1989, 1282.
[96] BGH NJW 1965, 1373, 1374; BGHZ 86, 382, 385 = WM 1983, 372; BGH DtZ 1997, 156 = WM 1997, 545 = ZIP 1997, 513; BGH NJW-RR 2005, 1641 = NZI 2005, 553; BGHZ 170, 196 Rn. 12 = NZI 2007, 158; BGHZ 182, 264 Rn. 10 = NJW 2010, 444 = NZI 2010, 58; NZI 2011, 936 Rn. 9.
[97] *Baur/Stürner* Insolvenzrecht Rn. 16.11.
[98] Das hat BGH NZI 2007, 164 Rn. 12 anders gesehen; diese Entscheidung ist jedoch durch BGH NZI 2011, 936 Rn. 8 überholt.
[99] HKInsO/*J. Schmidt* § 95 Rn. 24.
[100] BGHZ 86, 382, 385 = NJW 1983, 1119; BGH NZI 2011, 936 Rn. 5 ff.
[101] BGH NJW-RR 2005, 1641 = NZI 2005, 553; NZI 2007, 164 Rn. 21; *Jaeger/Lent* KO, 8. Aufl., § 55 Rn. 6; Uhlenbruck/*Sinz* § 96 Rn. 14.

Zeitraum aus. Die Vorschrift gewährt ein besonderes, zusätzliches Aufrechnungsrecht, erweitert mithin die Aufrechnungsmöglichkeiten. Für den Wirksamkeitszeitraum des § 110 Abs. 1 wird unabhängig von den Voraussetzungen des § 95 und abweichend von § 96 Abs. 1 Nr. 1 eine Aufrechnung zugelassen, auch dann, wenn der Insolvenzgläubiger erst nach der Eröffnung des Insolvenzverfahrens etwas zur Masse schuldig geworden ist; der Schuldgrund der Gegenforderung ist dabei unerheblich.[102]

Der Anspruch auf die in einer festen Grundmietzeit zu erbringenden künftigen **Leasingraten** ist regelmäßig eine betagte, nicht eine befristete Forderung.[103] Die Leasingraten stellen nicht nur das Entgelt für einen bestimmten Zeitabschnitt der Gebrauchsüberlassung dar, sondern zugleich für die bereits geleistete Vorfinanzierung.[104] 21

Die für Miet- und Pachtzinsen entwickelten Grundsätze hat der BGH auf die **Zinsschuld für eine Kapitalforderung** (etwa eine Bareinlageverpflichtung) übertragen. Diese entstehe, auch wenn die Kapitalforderung bereits vor Eröffnung des Verfahrens begründet war, gleichfalls befristet, nämlich für den jeweils maßgebenden Zeitraum neu. Der Insolvenzgläubiger kann gegen die Zinsforderung aus der Zeit nach Verfahrenseröffnung nach Nr. 1 nicht aufrechnen.[105] 22

h) Dienstbezüge. Eine weitere Ausnahme vom Aufrechnungsverbot des § 96 Abs. 1 Nr. 1 bestand nach § 114 Abs. 2 aF für die Aufrechnung gegen die Forderung auf Dienstbezüge für den in § 114 Abs. 1 aF genannten Zeitraum. 23

i) Geschäftsbesorgung. Gehen **nach** Beendigung eines Geschäftsbesorgungsverhältnisses für den Auftraggeber bestimmte Gelder beim Geschäftsbesorger ein, wird er erst nach Verfahrenseröffnung etwas zur Masse schuldig (→ § 95 Rn. 19); die Aufrechnung gegen diese Forderung ist nach § 96 Abs. 1 Nr. 1 ausgeschlossen.[106] 24

Dasselbe gilt, wenn nach Verfahrenseröffnung und damit nach Ende des **Giroverhältnisses** (§§ 115 Abs. 1, 116 Satz 1)[107] Gelder für den Schuldner bei der Bank eingehen; die Aufrechnung gegen die daraus entstehende Forderung der Masse aus § 667 BGB[108] mit einer Gegenforderung ist nach § 96 Abs. 1 Nr. 1 ausgeschlossen.[109] Allerdings kann eine Bank, bei der zugunsten eines Kunden noch vor Eröffnung des Insolvenzverfahrens über dessen Vermögen eine Überweisung (mit entsprechender Deckung) eingeht, mit einer Forderung aus dem Debetsaldo des Kunden gegen den Anspruch *aus* der Gutschrift des überwiesenen Betrages aufrechnen, wenn sie diese erst nach Verfahrenseröffnung erteilt hat; denn dann war der Anspruch *aus* der Gutschrift seinem Kern nach schon vor der Verfahrenseröffnung mit dem Anspruch *auf* Gutschrift entstanden.[110] Der Anspruch auf Gutschrift ist auf Überführung des eingezahlten oder überwiesenen Betrages in das Vermögen des Empfängers gerichtet; er entsteht, sobald die Empfängerbank selbst den betreffenden Betrag erhalten hat.[111]

j) Abtretung an die Masse. Der Insolvenzgläubiger ist auch dann erst nach der Eröffnung etwas zur Masse schuldig geworden, wenn eine vor Verfahrenseröffnung gegen ihn begründete Forderung nach der Eröffnung an die Masse abgetreten wird. Auch in einem solchen Fall ist die Aufrechnung nach § 96 Abs. 1 Nr. 1 ausgeschlossen. 25

Weil Nr. 1 auf den bürgerlich-rechtlichen Regeln zur Aufrechnung aufbaut, kann der Insolvenzgläubiger aber unter den Voraussetzungen der **§§ 406, 407 BGB** noch mit einer Forderung gegen den Zedenten aufrechnen.[112] Um eine Ausnahme zu § 96 Abs. 1 Nr. 1 handelt es sich streng genommen nicht; es wird nicht mit einer Insolvenzforderung, sondern mit der Forderung gegen den früheren Gläubiger aufgerechnet. Handelt es sich um eine Forderung, welche der Insolvenzschuldner

---

[102] BT-Drs. 12/2443, S. 147 zu § 124 RegE; BGH NZI 2007, 164 Rn. 21; BeckOKInsO/*Berberich* § 110 Rn. 18 und 20; Uhlenbruck/*Wegener* § 110 Rn. 19; vgl. auch KPB/*Lüke* § 95 Rn. 22 und § 96 Rn. 13.

[103] BGHZ 109, 368, 372 f. = NJW 1990, 1113; BGHZ 111, 84, 94 f. = NJW 1990, 1785; BGHZ 118, 282, 290 = NJW 1992, 2150; BGH NZI 2011, 936 Rn. 9.

[104] BGHZ 111, 84, 94 f. = NJW 1990, 1785, 1788.

[105] BGHZ 110, 47, 80 f. = NJW 1990, 982 (allerdings zu Unrecht auf § 63 Nr. 1 KO abstellend); BGH DtZ 1997, 156; *Kilger/K. Schmidt* § 55 KO Anm. 3a; KPB/*Lüke* § 96 Rn. 11.

[106] BGHZ 107, 88, 90 = NJW 1989, 1353; Uhlenbruck/*Sinz* § 96 Rn. 15; K. Schmidt/*Thole* § 96 Rn. 6; AGR/*Piekenbrock* § 96 Rn. 4.

[107] BGHZ 67, 75 = NJW 1976, 1845; BGH NJW 1995, 1483; NZI 2008, 551 Rn. 11; BGHZ 181, 362 Rn. 10 = NJW 2009, 2677 = NZI 2009, 599; BGH NZI 2012, 365 Rn. 21; KPB/*Lüke* § 96 Rn. 15.

[108] BGHZ 170, 121 Rn. 12; BGH ZIP 2008, 1437 Rn. 12 = NZI 2008, 551.

[109] BGHZ 74, 253, 256 = NJW 1979, 1658; BGH NJW 1995, 1483, 1484; NZI 2008, 551 Rn. 12; *Häsemeyer* Insolvenzrecht, Rn. 19.12; *Nielsen* ZIP 1983, 131, 136; KPB/*Lüke* § 96 Rn. 12; AGR/*Piekenbrock* § 96 Rn. 4; FKInsO/*Bernsau* § 96 Rn. 7; *Dampf* KTS 1998, 145, 152.

[110] BGH NJW 1978, 699, 697; Uhlenbruck/*Sinz* § 96 Rn. 16.

[111] BGH MDR 1997, 153.

[112] Jaeger/*Windel* § 96 Rn. 18; HKInsO/*J. Schmidt* § 96 Rn. 26; Uhlenbruck/*Sinz* § 96 Rn. 28; BeckOKInsO/*Liefke* § 96 Rn. 14; KPB/*Lüke* § 96 Rn. 12; Andres/Leithaus/*Leithaus* § 96 Rn. 4.

zuvor abgetreten hatte, kann trotz § 96 Abs. 1 Nr. 1 mit einer Insolvenzforderung aufgerechnet werden, wenn nach § 404 oder § 406 BGB schon gegenüber dem Zessionar hätte aufgerechnet werden können. Die Forderung geht bei der Rückabtretung belastet mit der Aufrechnungsmöglichkeit aus der Zeit vor Verfahrenseröffnung auf den Insolvenzverwalter über; § 96 Abs. 1 Nr. 1 verkürzt diese nach bürgerlichem Recht bestehende Rechtsstellung nicht.[113] Dies gilt auch beim Forderungsrückfall nach einer Sicherungszession.[114]

26 Hat der Zessionar (der Insolvenzverwalter) die Forderung auf Grund einer **Vorausabtretung** erlangt, so ist die Aufrechnung – entgegen der Ansicht des Bundesgerichtshofes[115] – auch dann nicht ausgeschlossen, wenn der Gläubiger beim Erwerb der Gegenforderung weiß, dass die erst noch zu begründende Hauptforderung voraus an einen Dritten abgetreten worden ist. Dieser erwirbt (im Wege des Durchgangserwerbs) die Forderung belastet mit der Aufrechnungslage, da nach der ratio des § 404 BGB die Abtretung die Verteidigungslage nicht verschlechtert.[116] Die §§ 406 und 407 BGB schützen den Zessionar ebenso wenig, wie das der Fall ist, wenn die voraus abgetretene Forderung vereinbarungsgemäß von vornherein als nicht abtretbar begründet wird. Selbst wenn trotz Abtretungsausschluss unter den Voraussetzungen des § 354a HGB die Forderung gleichwohl übergeht, bleibt dem Schuldner die Möglichkeit, mit befreiender Wirkung an den Zedenten zu leisten und damit auch ihm gegenüber aufzurechnen,[117] selbst dann erhalten, wenn er bei Vereinbarung des Abtretungsausschlusses die Vorausabtretung kannte.[118] Diese Kenntnis bei Begründung der Hauptforderung schadet im Rahmen von § 406 BGB ebenfalls nicht; mag sie vor oder nach[119] Begründung der Gegenforderung erlangt worden sein.

27 **k) aufschiebend bedingte Forderung der Masse.** Tritt bei aufschiebend bedingten Forderungen der Masse die Bedingung erst nach Verfahrenseröffnung ein, so wird der Insolvenzgläubiger erst in diesem Zeitpunkt etwas zur Insolvenzmasse schuldig. Trotzdem greift § 96 Abs. 1 Nr. 1 nicht ein, wenn die Bedingung eintritt, bevor die Gegenforderung des Insolvenzgläubigers unbedingt und fällig ist. In dem Falle geht **§ 95 Abs. 1** dem § 96 Abs. 1 Nr. 1 vor.[120] Den in § 95 aufgeführten Forderungen sind solche Ansprüche gleichzustellen, die schon vor Verfahrenseröffnung zwar nicht bedingt, wohl aber ihrem Kern nach vorhanden sind (→ vgl. § 95 Rn. 14).

28 **l) Steuerforderungen.** Hinsichtlich der Entstehung von steuerlichen Erstattungs- und Vergütungsansprüchen des Schuldners wird auf die Kommentierung zu § 95 verwiesen (→ § 95 Rn. 29 ff.).

III. Erwerb der Gegenforderung nach Verfahrenseröffnung (Nr. 2)

29 **1. Allgemeines.** Nach § 96 Abs. 1 Nr. 2 ist die Aufrechnung ausgeschlossen, wenn der Insolvenzgläubiger seine Forderung nach Verfahrenseröffnung von einem anderen Insolvenzgläubiger erworben hat. Bei Nr. 2 geht es also um den **Erwerb der Gegenforderung im Wege des Gläubigerwechsels.** Nicht anwendbar ist Nr. 2, wenn die Forderung des Insolvenzgläubigers gegen die Masse in der Person des aufrechnenden Gläubigers erst nach der Eröffnung begründet worden ist. Entweder handelt es sich dann um eine voll aufrechenbare Masseverbindlichkeit, für welche die Vorschriften der §§ 94 ff. – vom Fall der Masseunzulänglichkeit einmal abgesehen (→ vgl. § 94 Rn. 13) – nicht gelten, oder die Forderung richtet sich gegen das freie Vermögen des Schuldners, so dass die Aufrechnung nach § 96 Abs. 1 Nr. 4 ausgeschlossen ist.[121] Keine Anwendung findet § 96 Abs. 1 Nr. 2 dann, wenn die aufzurechnende Forderung dem Insolvenzgläubiger schon im Zeitpunkt der Eröffnung des Insolvenzverfahrens aufschiebend bedingt zustand, die Bedingung aber erst nach der Eröffnung eintritt; die Aufrechnung ist dann nach Maßgabe des § 95 Abs. 1 zulässig.[122]

---

[113] BGHZ 56, 111, 114 f. = NJW 1971, 1270; *Serick* BB 1982, 873, 882; *Kuhn* WM 1971, 1038, 1044; Jaeger/*Windel* § 96 Rn. 19; K. Schmidt/*Thole* § 96 Rn. 6; HKInsO/*J. Schmidt* § 96 Rn. 27; KPB/*Lüke* § 96 Rn. 12 und 25; BeckOKInsO/*Liefke* § 96 Rn. 14; *Häsemeyer* Kölner Schrift, S. 45 Rn. 45.

[114] Jaeger/*Windel* § 96 Rn. 19.

[115] BGHZ 66, 384 = NJW 1976, 1351.

[116] BGHZ 19, 153, 157 = NJW 1956, 257; so auch die zutreffende Kritik von *Serick* BB 1982, 873, 876.

[117] Vgl. *Bette* WM 1994, 1909, 1918; *Wagner* WM 1994, 2093, 2098; *Henseler* BB 1995, 5, 8; *Saar* ZIP 1999, 988, 991.

[118] Vgl. *Bette* WM 1994, 1909, 1918; Koller/Kindler/Roth/Morck/*Roth* § 354a Rn. 4.

[119] Vgl. hierzu BGH NJW 1990, 2544, 2545; *Jacob* WM 1991, 1581.

[120] RGZ 79, 129, 131; BGHZ 15, 333, 335 = NJW 1955, 259; BGHZ 68, 379, 382 = NJW 1977, 1345; BGHZ 71, 380, 384 = NJW 1978, 1807; BGH NJW 1980, 584; BGH NJW 1989, 453; BGHZ 160, 1, 3 = NZI 2004, 583; NZI 2005, 164 mAnm *Gundlach/Schmidt.*

[121] Jaeger/*Windel* § 96 Rn. 34; KPB/*Lüke* § 96 Rn. 40 und 47; *Bork* Rn. 323.

[122] BGH NJW 1962, 483; NJW 1978, 2508; KPB/*Lüke* § 96 Rn. 41; Gottwald/*Adolphsen* § 45 Rn. 88; Uhlenbruck/*Sinz* § 96 Rn. 36; K. Schmidt/*Thole* § 96 Rn. 9; *Ganter* FS Kirchhof, S. 105, 115 f.; aA Jaeger/*Windel* § 96 Rn. 35.

Nr. 2 verbietet das nachträgliche Herstellen einer Aufrechnungslage durch Erwerb einer fremden Forderung, weil im maßgeblichen Zeitpunkt der Eröffnung die Forderung dem Gleichbehandlungsgrundsatz unterfiel und diesem durch Abtretung an einen Schuldner der Masse **nicht entzogen** werden darf.[123] Das Aufrechnungsverbot soll mithin „die Ausplünderung der Masse durch frivolen Ankauf von Passivforderungen“[124] verhindern. Doloses Verhalten des Gläubigers stellt gleichwohl keine Voraussetzung des Aufrechnungsverbots dar. Dieses erfasst vielmehr jeglichen Fall der Einzel- und der Gesamtrechtsnachfolge.[125] Dementsprechend ist die Aufrechnung zulässig, wenn der Erwerb der Forderung dem Zweck des Gesetzes, Sonderbegünstigungen auf Kosten einer der gemeinsamen Befriedigung dienenden Masse auszuschließen, nicht widerspricht. Das ist der Fall, wenn die Aufrechnungslagen ohne Schaden für die Masse ausgewechselt werden, wie es beispielsweise geschieht, wenn ein aufrechnungsberechtigter Gesamtschuldner die Gegenforderung auf einen Mitschuldner überträgt. Da schon der Zedent berechtigt war, die Schuld des Zessionars durch Aufrechnung zu tilgen, hat dessen Aufrechnung die Masse nicht geschädigt.[126] Dasselbe gilt, wenn eine Gesellschaft bürgerlichen Rechts und ihr Gesellschafter dasselbe schulden und die Gesellschaft ihre Gegenforderung auf den Gesellschafter überträgt.[127]

2. Einzelfälle. a) Rückgriff. Befriedigt ein Schuldner der Masse einen Insolvenzgläubiger, so ist die Aufrechnung mit dem Anspruch, der in seiner Person wegen ungerechtfertigter Bereicherung der Masse entsteht, gegen deren Forderung entsprechend § 96 Abs. 1 Nr. 2 ausgeschlossen.[128] **30**

b) Erbfall. Nr. 2 erfasst jeglichen Fall der Einzel- und Gesamtrechtsnachfolge[129] und gilt deshalb auch, wenn der Insolvenzgläubiger die Forderung im Erbgang erwirbt.[130] Ist der Erbfall nach der Eröffnung eingetreten, kann der Erbe nicht mit einer vor der Eröffnung entstandenen Nachlassforderung gegen einen Anspruch der Masse aufrechnen, der sich gegen ihn richtet. Hingegen greift Nr. 2 nach ihrem Zweck nicht ein, wenn schon der Erblasser als Insolvenzgläubiger vor der Eröffnung die Möglichkeit zur Aufrechnung hatte und der Erbe in diese Stellung nach Eröffnung eintritt.[131] In diesem Fall wird nicht allein – wie von Nr. 2 vorausgesetzt – die Gegenforderung von einem anderen Gläubiger nach Verfahrenseröffnung erworben, sondern die bei Eröffnung bestehende und nach § 94 geschützte Aufrechnungslage. **31**

c) Masseunzulänglichkeit. Nach Anzeige der Masseunzulänglichkeit gilt für die Aufrechnung gegen Forderungen, die danach für die Masse begründet werden, oder mit Forderungen, die danach von anderen Massegläubigern erworben werden, § 96 entsprechend (→ § 24 Rn. 13).[132] **32**

d) Konzernverrechnungsklauseln. Das Verbot des nachträglichen Herstellens einer Aufrechnungslage durch Erwerb einer fremden Forderung kann nicht durch Konzernverrechnungsklauseln umgangen werden, welche dem (späteren) Insolvenzgläubiger – ohne Forderungserwerb – materiellrechtlich erlauben, mit Forderungen anderer Konzerngesellschaften gegen eine Forderung des (späteren) Insolvenzschuldners aufzurechnen (→ § 94 Rn. 65).[133] **33**

e) Rückerwerb. Erwirbt der Insolvenzgläubiger eine Forderung, die er abgetreten hatte, **nach** Verfahrenseröffnung zurück, so ist die Aufrechnung nach Nr. 2 ausgeschlossen. **34**

Erfolgt der Rückerwerb **vorher,** greift Nr. 2 nicht; es kann – da im Zeitpunkt der Eröffnung eine Aufrechnungslage im Sinne des § 387 BGB besteht – nach § 94 aufgerechnet werden.[134] Allerdings kann in diesem Fall einer Aufrechnung das Verbot der Nr. 3 entgegenstehen. Da die Wiederherstellung der Aufrechnungslage und die anschließende Aufrechnungserklärung einer Erfüllung der

---

[123] BGHZ 135, 30 = NJW 1997, 1991; *Häsemeyer* Kölner Schrift, S. 473 Rn. 46; HKInsO/*J. Schmidt* § 96 Rn. 32.

[124] Vgl. *Mugdan* Die gesammten Materialien zur Konkursordnung, S. 235 f. = Nachdruck 1983, S. 224.

[125] Vgl. RGZ 51, 394, 397; Jaeger/*Windel* § 96 Rn. 33; FKInsO/*Bernsau* § 96 Rn. 12; BeckOKInsO/*Liefke* § 96 Rn. 21; K. Schmidt/*Thole* § 96 Rn. 9; KPB/*Lüke* § 96 Rn. 41; HKInsO/*J. Schmidt* § 96 Rn. 32.

[126] RGZ 11, 123; BGHZ 136, 254, 260 = NJW 1997, 2754; Jaeger/*Windel* § 96 Rn. 449; Uhlenbruck/*Sinz* § 96 Rn. 34; *Kilger/K. Schmidt* § 55 KO Anm. 4; BeckOKInsO/*Liefke* § 96 Rn. 25: teleologische Reduktion der Nr. 2.

[127] BGHZ 136, 254 = NJW 1997, 2754.

[128] BGH NJW 1962, 1200, 1202.

[129] Vgl. RGZ 51, 394, 397; Jaeger/*Windel* § 96 Rn. 33; HambKommInsO/*Jacoby* § 96 Rn. 4.

[130] RGZ 51, 394, 397.

[131] K. Schmidt/*Thole* § 96 Rn. 9; HambKommInsO/*Jacoby* § 96 Rn. 4; vgl. auch KPB/*Lüke* § 96 Rn. 45.

[132] BGHZ 130, 38, 44 ff. = NJW 1995, 2783; HKInsO/*J. Schmidt* § 96 Rn. 33 und 36.

[133] BGHZ 160, 107, 109 ff. = NJW 2004, 3185 = NZI 2004, 585; K. Schmidt/*Thole* § 96 Rn. 11; HKInsO/*J. Schmidt* § 96 Rn. 33.

[134] K. Schmidt/*Thole* § 96 Rn. 10; *Ganter* FS Kirchhof S. 103, 109.

aufzurechnenden Forderung gleichstehen,[135] kommt eine Anfechtbarkeit nach § 130 Abs. 1 Nr. 1 oder 2 in Betracht.[136]

Hat der Insolvenzgläubiger hingegen die Forderung **nach** Verfahrenseröffnung abgetreten **und** zurückerhalten, etwa entsprechend einer Sicherungsabrede, ist zwar nach dem Wortlaut Nr. 2 ebenfalls erfüllt. Da durch den Rückerwerb allerdings die Lage wiederhergestellt wird, die bei Verfahrenseröffnung vorhanden war, ist die Norm teleologisch zu reduzieren. Die Aufrechnung ist zulässig.[137]

35 Ob nach diesen Grundsätzen ein Forderungserwerb nach Verfahrenseröffnung der Nr. 2 unterfällt, wenn er sich als **Rückerwerb einer vor Eröffnung sicherungshalber abgetretenen Forderung** durch den Sicherungszedenten darstellt, wird unterschiedlich beurteilt. Vom Wortlaut der Nr. 2 ist auch dieser Fall erfasst.[138]

Allerdings wird gegen die Anwendung der Nr. 2 auf die Sicherungsabtretung eingewandt, der Sicherungszessionar habe die Forderung zuvor nur zu treuen Händen erlangt, wirtschaftlich sei sie stets im Vermögen des Zedenten geblieben;[139] die Anwendung der Nr. 2 stufe die – wegen der durch die Aufrechnungsmöglichkeit gesicherten Befriedigung – werthaltigste Forderung eines Gläubigers zu einer wertlosen Forderung herab;[140] es hänge vom zufälligen Zeitpunkt des Rückerwerbs vor oder nach Eröffnung ab, ob eine wirtschaftlich anerkennenswerte Aufrechnungslage fortbestehe oder nicht.[141] Für eine Reduktion der Nr. 2 in solchen Fällen könnten auch die ähnlichen Erwägungen des BGH im Falle einer fiduziarischen Abtretung zum Zwecke der Einziehung (Inkassozession) oder bei ähnlichen Fällen der Treuhandschaft sprechen, die dem Schuldner der abgetretenen Forderung, deren formeller Inhaber nunmehr der Treuhänder ist, über § 406 BGB hinaus die Aufrechnung mit einer ihm gegenüber dem Treugeber zustehenden Forderung erlauben. Maßgeblich sei die besondere Art und Gestaltung des Treuhandverhältnisses, das den Treuhänder den Weisungen des Treugebers nach Art eines Angestellten unterstelle; zudem müsse eine Berufung auf die fehlende Wechselseitigkeit der Forderungen unter Berücksichtigung aller Umstände treuwidrig erscheinen.[142] Zu § 406 Hs. 2 Fall 1 BGB (keine Aufrechnung gegenüber dem Zessionar bei Kenntnis von der Abtretung im Zeitpunkt des Erwerbs der Gegenforderung) hat der BGH entschieden, dass der Rückerwerb einer sicherungshalber abgetretenen Forderung nach dem Wegfall des Sicherungszwecks nicht einem Ersterwerb nach Kenntnis im Sinne dieser Vorschrift entspreche, weil der Sicherungsgeber lediglich entsprechend der Ausgestaltung des Treuhandverhältnisses auch rechtlich wieder Gläubiger der Forderung geworden sei, die wirtschaftlich nie endgültig aus seinem Vermögen ausgeschieden sei.[143]

Richtigerweise kommt es für das **insolvenzrechtliche Verbot** der Nr. 2 darauf an, ob im Zeitpunkt der Verfahrenseröffnung eine Aufrechnungslage im Sinne des § 387 BGB bestand oder nicht. Hierfür ist entscheidend, dass die Forderung **infolge der Abtretung** mit voller dinglicher Wirkung als Vollrecht auf den Sicherungszessionar übergegangen war und demzufolge bei Verfahrenseröffnung **dinglich nicht dem Zedenten zustand.**[144] Es gab unmittelbar vor Eröffnung keine Aufrechnungslage, die fortbestehen könnte. Eine schuldrechtliche Bindung des Sicherungszessionars aus dem Sicherungsvertrag ändert hieran nichts,[145] eine „wirtschaftliche" Aufrechnungsmöglichkeit

---

135 BGHZ 130, 76, 80; 173, 328 Rn. 38; BGH NZI 2016, 86 Rn. 20.

136 *Ganter* FS Kirchhof S. 103, 109. War die Abtretung auflösend bedingt, fehlt es mangels Rechtshandlung an der Anfechtbarkeit: So fällt die unter der auflösenden Bedingung einer Erledigung des Sicherungszwecks, insbesondere einer Tilgung der gesicherten Forderung, sicherheitshalber abgetretene Forderung mit der Erledigung des Sicherungszwecks „automatisch" an den Sicherungsgeber zurück, *Ganter* aaO S. 106 und 109.

137 RGZ 51, 394, 396 ff.; *Jaeger/Lent,* KO, 8. Aufl., § 55 Anm. 9; Uhlenbruck/*Sinz* § 96 Rn. 39; *Kilger/K. Schmidt* § 55 KO Anm. 4; *Fricke* NJW 1974, 2118; *Serick* BB 1982, 873, 880; *Ganter* FS Kirchhof, S. 103, 118; Schimansky/Bunte/Lwowski/*Ganter* [Stand Mai 2017] § 96 Rn. 62b; *Häsemeyer* Kölner Schrift Kap. 15 Rn. 47; KPB/*Lüke* § 96 Rn. 44; HambKommInsO/*Jacoby* § 96 Rn. 6; *Bork* Rn. 322; aA Jaeger/*Windel* § 96 Rn. 39.

138 K. Schmidt/*Thole* § 96 Rn. 10.

139 *Fricke* NJW 1974, 2118, 2119; *Kornblum* BB 1981, 1296, 1303; *Kesseler* ZInsO 2001, 148, 151.

140 *Kesseler* ZInsO 2001, 148, 152.

141 *Kesseler* ZInsO 2001, 148, 152.

142 BGHZ 25, 360, 367 = NJW 1958, 18; vgl. auch BGH NJW 1989, 2386, 2387; BGHZ 110, 47, 81 = NJW 1990, 982, 990.

143 BGH WM 2003, 578, 579 unter II. 2. a)); hierzu *Kesseler* NJW 2003, 578 ff.

144 *Jaeger/Lent,* KO, 8. Aufl., § 55 Anm 9; Uhlenbruck/*Sinz* § 96 Rn. 38; KPB/*Lüke* § 96 Rn. 42 und Fn. 117, siehe aber Rn. 46; K. Schmidt/*Thole* § 96 Rn. 10; BeckOKInsO/*Liefke* § 96 Rn. 24; FKInsO/*Bernsau* § 96 Rn. 15; Gottwald/*Adolphsen* § 45 Rn. 95; *Serick* BB 1982, 873, 880 f.; *Ganter* FS Kirchhof, S. 103, 110; aA für den Fall der Sicherungszession *Fricke* NJW 1974, 2118; *Kesseler* ZInsO 2001, 148.

145 *Ganter* FS Kirchhof, S. 103, 110 f.

gibt es nicht.[146] Auch auf den bei Erledigung des Sicherungszwecks vor Eröffnung bestehenden Anspruch gegen den Sicherungszessionar auf Rückgewähr der Sicherheit kann sich der Zedent gegenüber dem Schuldner nicht berufen.[147] Schließlich lässt sich aus den genannten BGH-Entscheidungen, die zu den allgemeinen bürgerlich-rechtlichen Vorschriften zur Aufrechnung ergangen sind, für die Auslegung des Aufrechnungsverbots in § 96 Abs. 1 Nr. 2 nichts entnehmen.[148] Die einschränkende Beurteilung des Erwerbsbegriffs bei § 406 Hs. 2 Fall 1 BGB[149] führt nicht dazu, dass bei Verfahrenseröffnung bereits eine Aufrechnungsmöglichkeit bestand.[150] Zudem ist die Interessenlage beider Regelungen verschieden.[151] § 406 BGB soll den Schutz allein des Forderungsschuldners erweitern, indem er ihn bei einer Abtretung gegenüber dem neuen Gläubiger nicht ungünstiger stehen lässt als gegenüber dem alten Gläubiger.[152] Im Fall des § 96 Abs. 1 Nr. 2 muss hingegen die mit der Erhaltung der Aufrechnungsbefugnis verbundene Vorzugsstellung des einen Gläubigers gegenüber dem Grundsatz der Gläubigergleichbehandlung legitimiert werden, was schärfere Maßstäbe mit sich bringt.[153] Nr. 2 soll die Masse schützen und eine Aufrechnung ausschließen, die bei Verfahrenseröffnung nicht möglich war.[154]

Dementsprechend ist Nr. 2 im Falle einer vor Eröffnung erteilten **Einziehungsermächtigung** nicht einschlägig.[155] Dort verbleibt die Forderung beim Gläubiger; der Ermächtigte kann sie nur im eigenen Namen geltend machen und je nach Inhalt der Ermächtigung Leistung an den Gläubiger oder an sich verlangen.[156] Hingegen erlangt der Zessionar bei der **Inkassozession** das Vollrecht;[157] deshalb gilt beim Rückerwerb der Forderung nach Verfahrenseröffnung grundsätzlich Nr. 2.[158] Gleiches gilt für den Rückerwerb der vom Insolvenzgläubiger vor Eröffnung **zur Sicherheit abgetretenen Forderung.**[159]

Auch dem Zedenten, der vor Verfahrenseröffnung die Forderung auf Grund eines **Factoring-** 36
Geschäfts auf den Factor überträgt und nach Verfahrenseröffnung zurückerhält, ist die Aufrechnung nach Nr. 2 versagt.[160] Dabei ist unerheblich, ob die Verpflichtung gegenüber der Masse vor oder nach dem Factoring-Geschäft begründet worden ist; auch wenn sie vor dem Factoring-Geschäft begründet wurde, fehlt im Zeitpunkt der Verfahrenseröffnung die Gegenseitigkeit und damit die Aufrechnungslage. Wird hingegen die vor Verfahrenseröffnung entstandene Forderung erst nach Eröffnung auf den Factor übertragen, kann der Zedent mit der Forderung aufrechnen, sobald sie an ihn zurückgefallen ist.

f) Aufschiebend bedingte und im Kern vorhandene Forderungen. Forderungen, die dem 37
Insolvenzgläubiger bereits vor Verfahrenseröffnung aufschiebend bedingt zustanden und mit denen er nach Bedingungseintritt gemäß § 95 Abs. 1 wirksam aufrechnen kann, werden von § 96 Abs. 1 Nr. 2 nicht erfasst.[161] Hierzu zählt der **Ersatzanspruch des Vertragspartners,** wenn der Verwalter nicht nach § 103 die Erfüllung des Vertrages wählt, mag man diesen Anspruch als aufschiebend bedingt durch die Verfahrenseröffnung[162] oder als Fortsetzung des nur inhaltlich veränderten Erfül-

---

[146] *Ganter* FS Kirchhof, S. 103, 113.
[147] *Ganter* FS Kirchhof, S. 103, 117 f.
[148] Schimansky/Bunte/Lwowski/*Ganter* § 96 Rn. 62c; Jaeger/*Windel* § 96 Rn. 38; aA *Kesseler* NJW 2003, 2211, 2212 f.
[149] So ausdrücklich BGH WM 2003, 578, 579.
[150] Jaeger/*Windel* § 96 Rn. 38.
[151] Schimansky/Bunte/Lwowski/*Ganter* § 96 Rn. 62c; Jaeger/*Windel* § 96 Rn. 38; HambKommInsO/*Jacoby* § 96 Rn. 5.
[152] BGH WM 2003, 578, 579; BGH NZI 2013, 200 Rn. 37.
[153] Jaeger/*Windel* § 96 Rn. 38.
[154] Schimansky/Bunte/Lwowski/*Ganter* § 96 Rn. 62c.
[155] K. Schmidt/*Thole* § 96 Rn. 10; Gottwald/*Adolphsen* § 45 Rn. 97; BeckOKInsO/*Liefke* § 96 Rn. 26.
[156] MüKoBGB/*Roth*/*Kieninger* § 398 Rn. 47.
[157] BeckOKBGB/*Rohe* § 398 Rn. 86.
[158] K. Schmidt/*Thole* § 96 Rn. 10.
[159] Uhlenbruck/*Sinz* § 96 Rn. 38; KPB/*Lüke* § 96 Rn. 42 und Fn. 117, siehe aber Rn. 46; K. Schmidt/*Thole* § 96 Rn. 10; BeckOKInsO/*Liefke* § 96 Rn. 24; FKInsO/*Bernsau* § 96 Rn. 15; Gottwald/*Adolphsen* § 45 Rn. 95; *Serick* BB 1982, 873, 880 f.; *Ganter* FS Kirchhof, S. 103, 110; Andres/Leithaus/*Leithaus* § 96 Rn. 5; HambKommInsO/*Jacoby* § 94 Rn. 4 und § 96 Rn. 5, der allerdings eine Aufrechnungsbefugnis des Zedenten daraus ableitet, dass die Inkassozession ohnehin eine Aufrechnung unter Erleichterungen vom Gegenseitigkeitsverhältnis erlaube.
[160] Gottwald/*Adolphsen* § 45 Rn. 92; K. Schmidt/*Thole* § 96 Rn. 10; FKInsO/*Bernsau* § 96 Rn. 16.
[161] BGH NJW 1962, 483; NJW 1978, 2508.
[162] So BGHZ 15, 333, 335 ff. = NJW 1955, 259; BGHZ 68, 379, 282 = NJW 1977, 1977, 1345; BGH NJW 1978, 2508; BGHZ 136, 254 = NJW 1997, 2754.

lungsanspruchs ansehen.[163] Dasselbe würde für den Schadensersatzanspruch des § 8 Nr. 2 Abs. 1 VOB/B 1996 bzw. 2002 gelten, wenn der Verwalter Erfüllung wählt und der **Bauauftraggeber** daraufhin den Bauvertrag kündigt, wenn dieses Kündigungsrecht nicht durch § 119 ausgeschlossen wäre.[164] Von diesem Ausschluss wird nur im Einzelfall unter dem Gesichtspunkt des § 242 BGB abzuweichen sein.[165] Hierher gehören auch der gemäß § 774 BGB erworbene Anspruch des **Bürgen,**[166] der Regressanspruch nach § 1143 Abs. 1 BGB oder § 1225 Satz 1 BGB,[167] der gemäß § 268 Abs. 3 BGB durch **Ablösung** erworbene Anspruch und der Rückgriffsanspruch des **Wechselindossanten** in der Insolvenz des Vormannes.[168] Wird vor Eröffnung des Insolvenzverfahrens **Insolvenzgeld** beantragt (§§ 165–172 SGB III[169]), schließt § 96 Abs. 1 Nr. 2 eine Aufrechnung mit dem Anspruch auf Arbeitsentgelt durch die Bundesanstalt nicht aus; falls diese den Anspruch auf Arbeitsentgelt – entgegen § 169 SGB III – nicht bereits mit Antragstellung unbedingt erlangt hat, ist er zumindest unter der aufschiebenden Bedingung auf sie übergegangen, dass die Voraussetzungen des § 165 Abs. 1 SGB III eintreten bzw. vorliegen.[170]

Auch bei § 96 Abs. 1 Nr. 2 sind den in § 95 aufgeführten Forderungen solche Ansprüche gleichzustellen, die schon vor Verfahrenseröffnung zwar nicht bedingt, wohl aber ihrem Kern nach vorhanden sind.[171] Hierzu gehört der Anspruch eines **Gesellschafters** auf Abfindung oder auf das Auseinandersetzungsguthaben, der bereits mit Abschluss des Gesellschaftsvertrages von § 95 Abs. 1 geschützt wird, soweit er von Rechts wegen ohne weiteres Zutun der Parteien entsteht.[172] Seinem Kern nach bereits bei Verfahrenseröffnung besteht auch der Anspruch des **Handelsvertreters** auf Ersatz seiner Aufwendungen, wenn er für Rechnung des Unternehmers einen anderen Handelsvertreter abgefunden, wegen Beendigung des Handelsvertreterverhältnisses infolge Verfahrenseröffnung (§§ 115, 116) aber keine Möglichkeit mehr hat, die gezahlte Abfindung durch Provisionseinnahmen auszugleichen.[173]

Allerdings kann die Aufrechnung mit allen diesen Forderungen nach § 95 Abs. 1 Satz 3 ausgeschlossen sein.[174]

38 **g) Sozialrechtliche Verrechnungsermächtigung und -erklärung.** Der Regierungsentwurf hat der Rechtsprechung ausdrücklich die Antwort auf die Frage überlassen, ob der **Gedanke der Einheit der Sozialleistungsträger,** der § 52 SGB I zugrunde liegt, dem Aufrechnungsverbot des § 96 Abs. 1 Nr. 2 vorgeht.[175] Nach § 52 SGB I kann ein Sozialleistungsträger, der eine Forderung gegen einen Schuldner hat, einen anderen Leistungsträger ermächtigen, diese Forderung mit einer von ihm geschuldeten Geldleistung zu verrechnen. Nach Ansicht des **BSG** ist weder die Ermächtigung zur Verrechnung noch die Verrechnungserklärung selbst als schädlicher Forderungserwerb nach § 96 Abs. 1 Nr. 2 zu behandeln.[176] Dagegen ist eingewandt worden, dass die Ermächtigungsbefugnis der §§ 52 SGB I und 28 SGB IV § 96 Abs. 1 Nr. 2 nicht außer Kraft setze; ausschließlich das Insolvenzrecht bestimme das Verhältnis der Sozialleistungsträger zu sonstigen Insolvenzgläubigern.[177] Dieser Ansicht wäre zu folgen, wenn es – wie nach früherem Recht – die Möglichkeit nicht gäbe, die Aufrechnung durch Vertrag zu regeln. Da § 94 den Beteiligten gestattet, vor der Eröffnung des Insolvenzverfahrens das gesetzliche Erfordernis der Gegenseitigkeit vertraglich abzubedingen, sind auch die Ermächtigungsbefugnisse des Sozialrechts im anderen Licht zu sehen. Auch sie gehen § 96

---

163 So *Jaeger/Henckel* KO, 9. Aufl., § 17 Rn. 202; *Henckel* FS G. Lüke, S. 237, 238.

164 Vgl. HKInsO/*Marotzke* § 119 Rn. 5.

165 Vgl. *Jaeger/Henckel* KO, 9. Aufl., § 17 Rn. 214; *Henckel* JZ 1986, 297.

166 BGH NJW 1990, 1301.

167 Krit. hierzu *Ganter* FS Kirchhof, S. 105, 115 f.; aA Jaeger/*Windel* § 96 Rn. 43.

168 *Jaeger/Henckel* KO, 9. Aufl., § 3 Rn. 58; Uhlenbruck/*Sinz* § 95 Rn. 45; KPB/*Lüke* § 96 Rn. 48; FKInsO/*Bernsau* § 96 Rn. 17; Andres/Leithaus/*Leithaus* § 96 Rn. 6.

169 Mit Wirkung zum 1.4.2012 wurden die bis dahin in den §§ 183 ff. SGB III enthaltenen Regelungen zum Insolvenzgeld in die §§ 165 ff. SGB III übernommen, ohne dass inhaltliche Änderungen vorgenommen wurden; vgl. BeckOKSozR/*Plössner* SGB III [Juni 2018] § 165 Rn. 1.

170 BSGE 75, 283 = ZIP 1995, 396.

171 BGH NJW 1962, 483; BGH NJW 1978, 699, 697; BGHZ 71, 380, 385 = NJW 1978, 1807; BGHZ 89, 189, 192 = NJW 1984, 1557; BGH NJW 1989, 453.

172 BGHZ 160, 1, 4 = NJW-RR 2004, 1561 = NZI 2004, 583; BGHZ 170, 206 Rn. 17 = NJW 2007, 1067 = NZI 2007, 222; BGH ZIP 2009, 380 = NJW-RR 2009, 755 Rn. 23.

173 BGH NJW-RR 1987, 157 = ZIP 1987, 41; Vorinstanz OLG Karlsruhe ZIP 1985, 235.

174 Für den Rückgriff des Bürgen AGR/*Piekenbrock* § 96 Rn. 8.

175 BT-Drs. 12/2443, S. 141; vgl. hierzu BGHZ 177, 1 Rn. 16 ff. = NZI 2008, 479.

176 BSGE 75, 283 = ZIP 1995, 396; BSG ZIP 1995, 400, 402; BSGE 92, 1 = ZIP 2004, 1327, 1331.

177 BayObLG ZInsO 2001, 514, 516; *Häsemeyer* Kölner Schrift, S. 473 Rn. 48; *Häsemeyer,* Insolvenzrecht, Rn. 19.13; *Wenzel* ZInsO 2006, 169, 172; KPB/*Lüke* § 96 Rn. 49.

Abs. 1 Nr. 2 vor.[178] Den maßgeblichen Unterschied zur Konzernverrechnungsklausel hat der **BGH** darin gesehen, dass die Aufrechnungslage nicht erst durch die Aufrechnungserklärung begründet wurde.[179] Da in dem vom BGH entschiedenen Fall bereits vor Eröffnung die Ermächtigung zur Verrechnung erteilt war,[180] bleibt offen, ob der BGH die Verrechnungslage bereits aufgrund der gesetzlichen Regelung[181] oder erst aufgrund der Ermächtigung[182] als gegeben ansah und ob er dementsprechend Nr. 2 auch dann als verdrängt ansähe, wenn die Ermächtigung erst nach Eröffnung erteilt wird. Für Letzteres spräche der Gesichtspunkt der funktionellen Einheit der Leistungsträger der Sozialverwaltung,[183] dem die Auslegung der Nr. 2 Rechnung zu tragen hätte,[184] und das Verständnis des BSG vom Rechtscharakter der Ermächtigung; diese habe keinen Einfluss auf die Verrechnungslage, bewirke keinen Forderungsübergang,[185] sondern erteile dem ermächtigten Leistungsträger nur die Befugnis, die Forderung des ermächtigenden Leistungsträgers geltend zu machen.[186] § 96 Abs. 1 Nr. 3 ist aber möglich.[187]

h) Genossenschaft. Nach § 105 Abs. 5 GenG kann im Insolvenzverfahren einer Genossenschaft ein Genosse gegen den Anspruch auf Nachschüsse – nicht gegen die nach § 106 GenG eingeforderten Vorschüsse[188] – mit einer Insolvenzforderung aufrechnen, soweit er in Höhe der Insolvenzquote Befriedigung aus den Nachschüssen beanspruchen kann. Streitig ist, ob auch hier § 96 Abs. 1 Nr. 2 eingreift, wenn der Genosse die Insolvenzforderung erst nach Verfahrenseröffnung von einem Dritten erworben hat. Die Aufrechnung ist zulässig; denn sie verstößt wegen ihrer Beschränkung auf die Quote nicht gegen den Grundsatz der Gleichbehandlung. Gleichgültig ist, ob die Insolvenzquote aus dem Nachschuss durch Aufrechnung an den Genossen/Zessionar oder durch Auszahlung an den Zedenten fließt.[189] 39

IV. Anfechtbare Aufrechnungslage (Nr. 3)

1. Allgemeines. a) Bedeutung der Norm und Gesetzgebungsgeschichte. § 96 Abs. 1 Nr. 3 schränkt § 94 ein, wonach das Insolvenzverfahren die Berechtigung zur Aufrechnung nicht berührt, wenn sie vor dessen Eröffnung begründet worden ist. Der Insolvenzgläubiger, der das Aufrechnungsrecht durch eine anfechtbare Rechtshandlung erlangt hat, ist nicht schutzwürdig.[190] 40

Die Vorschrift hat die Regelung des § 55 Nr. 3 KO übernommen, geht aber über sie hinaus. In § 55 Nr. 3 KO ging es darum, dass die Gegenforderung erworben wurde, nachdem der Erwerber bereits Schuldner der Hauptforderung war; nicht erfasst wurden die umgekehrte Reihenfolge[191] und das gleichzeitige Entstehen beider Forderungen.[192] War die Aufrechnung aus diesem Grunde durch § 55 Nr. 3 KO nicht ausgeschlossen, konnte sie immer noch der Anfechtung auf Grund der §§ 29 ff. KO unterliegen.[193] Die Neuregelung stellt nicht mehr auf die zeitliche Reihenfolge ab, in

---

178 BSGE 92, 1 = ZIP 2004, 1327, 1329 f.; BGHZ 177, 1 Rn. 6 ff. = NZI 2008, 479; Uhlenbruck/*Sinz* § 96 Rn. 35; BeckOKInsO/*Liefke* § 96 Rn. 27; FKInsO/*Bernsau* § 96 Rn. 13; aA Jaeger/*Windel* § 96 Rn. 35; Gottwald/*Adolphsen* § 45 Rn. 98; *Häsemeyer* Kölner Schrift, S. 473 Rn. 48.

179 BGHZ 177, 1 Rn. 21 f. = NZI 2008, 479.

180 BGHZ 177, 1 Leitsatz und Rn. 2, 22, 33.

181 Hierfür spricht die Erwägung in BGHZ 177, 1 Rn. 16 und 18; vgl. auch HKInsO/*J. Schmidt* § 94 Rn. 32.

182 Hierfür spricht wohl der Leitsatz BGHZ 177, 1. KPB/*Lüke* § 96 Rn. 49 versteht deshalb die Entscheidung dahin, dass die Verrechnung aufgrund einer nach Eröffnung erteilten Ermächtigung gemäß Nr. 2 unzulässig sei.

183 *Eichenhöfer* SGb 2013, 253, 255.

184 BSGE 67, 143 = ZIP 1991, 384, 391; BSGE 92, 1 = ZIP 2004, 1327, 1330 unter Berufung auf die Gesetzgebungsmaterialien zu § 52 SGB I und § 28 SGV IV.

185 LSG Rheinland-Pfalz Urteil vom 23.10.2013 – L 6 R 163/13, juris Rn. 33: kein Anspruchswechsel; LSG Nordrhein-Westfalen Urteil vom 15.2.2016 – L 3 R 464/14, juris Rn. 56; jurisPK-SGB I/*Pflüger* [Stand 2018] § 52 Rn. 17.

186 BSGE 67, 143 = ZIP 1991, 384, 391; BSGE 92, 1 = ZIP 2004, 1327, 1329; Hessisches LSG Beschluss vom 3. August 2016 – L 5 R 123/15, juris Rn. 35.

187 HKInsO/*J. Schmidt* § 94 Rn. 32; HambKommInsO/*Jacoby* § 94 Rn. 7.

188 BGH NJW 1978, 2595; Uhlenbruck/*Sinz* § 96 Rn. 27.

189 So auch *Jaeger/Lent* KO, 8. Aufl., § 55 Rn. 12; Uhlenbruck/*Sinz* § 96 Rn. 26.

190 RegE BT-Drs. 12/2443, S. 141; BGHZ 135, 30, 36 = NJW 1997, 1991; BGHZ 179, 137 Rn. 12 = NJW 2009, 363 = NZI 2009, 103; BGH NZI 2010, 17 Rn. 12; vgl. auch BGH NZI 2016, 86 Rn. 19 ff.; HKInsO/*J. Schmidt* § 96 Rn. 39; AGR/*Piekenbrock* § 96 Rn. 10.

191 BGH WM 1971, 908; BGHZ 58, 108, 112 = NJW 1972, 633.

192 BGH NJW-RR 1986, 579 = ZIP 1986, 456.

193 BGH WM 1971, 908; BGHZ 58, 108 = NJW 1972, 633; BGHZ 86, 190 = NJW 1983, 887; BGHZ 86, 349 = NJW 1983, 1120; BGHZ 87, 246, 250 = NJW 1983, 2501; BGHZ 89, 189, 193 = NJW 1984, 1557; BGHZ 129, 336 = NJW 1995, 1966; BGH ZIP 2000, 2207 mAnm *Schmitz* ZIP 2000, 2211.

der der Insolvenzgläubiger Schuldner und Gläubiger des Insolvenzschuldners geworden ist. Sie erfasst vielmehr alle Aufrechnungslagen, die der Insolvenzanfechtung unterliegen.[194]

Eine § 96 Abs. 1 Nr. 3 entsprechende Regelung hatte bereits die Kommission für Insolvenzrecht in ihrem 1. Bericht vorgeschlagen (Leitsatz 3.6.4). Die Kommission für Insolvenzrecht war ebenso wie die Bundesregierung der Ansicht, dass in § 55 Nr. 3 KO ein spezieller Anfechtungstatbestand geregelt war, der in der Neuregelung um die übrigen Anfechtungstatbestände nur noch erweitert zu werden brauchte. Im Gegensatz hierzu wurde § 55 Nr. 3 KO nicht als Anfechtungstatbestand, sondern als ein das Anfechtungsrecht ergänzender zusätzlicher Schutzbehelf angesehen. Dieser wurde für notwendig gehalten, weil § 30 KO (ebenso wie die §§ 130, 131) Deckungen betraf, die für eine zuvor schon begründete Konkursforderung während der Krise erworben wurden; er betraf aber nur in unzulänglichem Maße den umgekehrten Fall, dass in dieser Zeit ein Nichtgläubiger sich eine Vorzugsstellung verschaffte, indem er als Schuldner des späteren Insolvenzschuldners eine Forderung gegen diesen erwarb.[195] Angesichts der eindeutigen Absicht des Gesetzgebers, am Aufrechnungsverbot des § 55 Nr. 3 KO festzuhalten und es – unabhängig von der Reihenfolge, in der Haupt- und Gegenforderung entstehen – um alle Tatbestände des Anfechtungsrechts zu erweitern, kann die Regelung des § 96 Abs. 1 Nr. 3 – trotz ihres unzulänglichen Wortlauts – nur so verstanden werden, dass sie auch den Fall erfasst, dass ein Schuldner des späteren Insolvenzschuldners sich innerhalb der kritischen Zeit zu dessen Gläubiger macht.[196] Da er damit die erworbene Forderung durch seine schon bestehende Schuld absichert, besteht Ähnlichkeit zu den Fällen, die nach der Rechtsprechung schon immer der Insolvenzanfechtung unterlagen, nämlich das Auffüllen bereits bestehender Sicherheiten durch den Erwerb von bis dahin ungesicherten Forderungen.[197]

41 **b) Anwendungsbereich.** § 96 Abs. 1 Nr. 3 betrifft das **anfechtbare Herstellen einer Aufrechnungslage.** Diese muss **vor** der Eröffnung des Insolvenzverfahrens entstanden sein. Ob die Aufrechnung vor oder nach der Eröffnung erklärt worden ist, ist dagegen unerheblich. Die Vorschrift des § 96 Abs. 1 Nr. 3 erfasst auch die von einem künftigen Insolvenzgläubiger vor Eröffnung des Insolvenzverfahrens abgegebene Aufrechnungserklärung.[198] Anwendbar ist Nr. 3 allerdings erst von der Eröffnung des Insolvenzverfahrens an,[199] weil erst von diesem Zeitpunkt an die Vorschriften der §§ 129 ff. über die Insolvenzanfechtung gelten, welche in ihr in Bezug genommen werden. Deshalb wollen manche Stimmen in der Literatur auf die vom Insolvenzgläubiger vor der Eröffnung erklärte Aufrechnung ausschließlich die §§ 129 ff. anwenden.[200] Ein vorläufiger Insolvenzverwalter kann sich folglich nicht auf § 96 Abs. 1 Nr. 3 berufen.[201]

Das Aufrechnungsverbot der Nr. 3 erfasst nicht nur die einseitige Aufrechnung auf gesetzlicher oder vertraglicher Grundlage, sondern auch sonstige **Verrechnungslagen.**[202]

42 **2. Anfechtungsvoraussetzungen.** § 96 Abs. 1 Nr. 3 nimmt auf die allgemeinen Vorschriften über die Insolvenzanfechtung (§§ 129 ff.) Bezug. Das bedeutet, dass **sämtliche Merkmale einer anfechtbaren Handlung** erfüllt sein müssen.[203] Gegenstand der Anfechtung ist das Herstellen der Aufrechnungslage.[204] Die Aufrechnungserklärung als solche ist nicht anfechtbar;[205] die durch sie

---

194 BT-Drs. 12/2443, S. 141; BGHZ 159, 388 = NJW 2004, 3118 = NZI 2004, 580; BGH NZI 2012, 711 Rn. 16.

195 Vgl. *Jaeger/Lent* KO, 8. Aufl., § 55 Rn. 13; *Jaeger/Henckel* KO, 9. Aufl., § 30 Rn. 269; Leipold/*Dieckmann* Insolvenzrecht im Umbruch, S. 211, 219; *Honsdorf* Zur Anfechtung im Konkurs, S. 70.

196 *Gerhardt* FS Brandner, S. 605, 613; *von Olshausen* ZIP 2003, 893.

197 Vgl. BGHZ 59, 230 = NJW 1972, 2084; BGH NJW 1975, 122; BGH WM 1975, 947.

198 BGHZ 169, 158 Rn. 11 = NJW 2007, 78 = NZI 2007, 31; BGHZ 179, 137 Rn. 13; Jaeger/*Windel* § 96 Rn. 49; *Jaeger/Henckel* § 130 Rn. 81; K. Schmidt/*Thole* § 96 Rn. 23; *ders.,* Gläubigerschutz durch Insolvenzrecht, S. 380; HKInsO/*J. Schmidt* § 96 Rn. 5; HambKommInsO/*Jacoby* § 96 Rn. 9; *G. Fischer* WM 2008, 1.

199 AGR/*Piekenbrock* § 96 Rn. 10.

200 *Gerhardt* KTS 2004, 195, 200; *Ries* ZInsO 2005, 848, 849; *Zenker* NZI 2006, 16, 18 f.; AGR/*Piekenbrock* § 96 Rn. 27.

201 BGH NZI 2012, 365 Rn. 25.

202 BGHZ 174, 297 Rn. 11 = NJW 2008, 430 = NZI 2008, 89; BGH NZI 2007, 582 Rn. 8; NZI 2008, 551 Rn. 17; NJW 2012, 2517 Rn. 10; NZI 2015, 765 Rn. 8; NZI 2017, 349 Rn. 8; ZIP 2018, 1299 Rn. 39; HKInsO/*J. Schmidt* § 96 Rn. 59; BeckOKInsO/*Liefke* § 96 Rn. 30; K. Schmidt/*Thole* § 96 Rn. 12; KPB/*Lüke* § 96 Rn. 69; HambKommInsO/*Jacoby* § 96 Rn. 9; Uhlenbruck/*Sinz* § 96 Rn. 50; *G. Fischer* WM 2008, 1.

203 BGHZ 159, 388, 395 = NJW 2004, 3118 = NZI 2004, 580; BGH NZI 2014, 114 Rn. 12; KPB/*Lüke* § 96 Rn. 57; *G. Fischer* ZIP 2004, 1679, 1682.

204 BGHZ 179, 137 Rn. 12 = NJW 2009, 363 = NZI 2009, 103; BGH NZI 2012, 711 Rn. 16; NZI 2017, 669 Rn. 27 ff.

205 KG ZInsO 2006, 607, 608; HambKommInsO/*Jacoby* § 96 Rn. 11: irrelevant.

verursachte Rechtsgestaltung führt nicht zu einer selbständigen Benachteiligung der Insolvenzgläubiger, wenn die zugrundeliegende Aufrechnungslage materiell- und insolvenzrechtlich wirksam ist.[206] Solange die Aufrechnung nicht erklärt wird, tritt allerdings keine Gläubigerbenachteiligung ein; die Aufrechnungserklärung vollendet die Erfüllungswirkung.[207] Die gläubigerbenachteiligende Wirkung, die mit der Herstellung einer Aufrechnungslage eintritt, kann selbständig angefochten werden.[208] Der Verwalter kann so die Wirkungen der Anfechtung auf die Herstellung der Aufrechnungslage beschränken[209] und die Forderung der Masse, gegen die aufgerechnet worden ist, durchsetzen, als sei die Aufrechnung nicht erfolgt.

a) Rechtshandlung. Der Begriff der Rechtshandlung entspricht demjenigen in § 129. Er ist weit auszulegen.[210] Rechtshandlung ist jedes von einem Willen getragene Handeln, das rechtliche Wirkungen auslöst und das Vermögen des Schuldners zum Nachteil der Insolvenzgläubiger verändern kann.[211] Im Einzelnen wird auf die einschlägige Kommentierung zu § 129 verwiesen. Als Rechtshandlung kommt für die Anwendung der Nr. 3 – mit Ausnahme der nicht beeinflussten Gesamtrechtsnachfolge[212] – jedes Geschäft in Betracht, das zum **anfechtbaren Erwerb einer Gläubiger- oder Schuldnerstellung** führt.[213] Nicht erforderlich ist, dass sich der Gläubiger bewusst zum Schuldner des Insolvenzschuldners gemacht hat, um sich eine Aufrechnungsmöglichkeit zu verschaffen. Aufrechnungslagen können ganz ohne Zutun des Gläubigers in anfechtbarer Weise entstehen.[214] Die Erlangung der Aufrechnungsmöglichkeit durch eine anfechtbare Rechtshandlung wird genauso beurteilt, wie wenn das Insolvenzverfahren im Zeitpunkt des Erwerbs der Forderung bereits eröffnet gewesen wäre.[215] 43

Auf Rechtshandlungen des späteren Insolvenzschuldners ist die Regelung des § 96 Abs. 1 Nr. 3 nur beschränkt, wenn das Anfechtungsrecht – wie in den §§ 132 bis 134 – eine solche ausdrücklich fordert.[216] Für die Deckungsanfechtung (§§ 130, 131) sind keine – unmittelbaren oder nur mittelbar veranlassten – Rechtshandlungen des Schuldners erforderlich; es kann die Handlung des Gläubigers oder eines beliebigen Dritten sein. 44

b) Maßgeblicher Zeitpunkt. Der für die Anfechtbarkeit wesentliche Zeitpunkt der Vornahme der Rechtshandlung ist nach § 140 InsO zu bestimmen. Nach § 140 Abs. 1 gilt eine Rechtshandlung als in dem Zeitpunkt vorgenommen, in dem ihre rechtlichen Wirkungen eintreten. Rechtliche Wirkung ist bei Nr. 3 die Herstellung der Aufrechnungslage. Entscheidend ist, wann das **Gegenseitigkeitsverhältnis durch die Verknüpfung der beiden gegenseitigen Forderungen begründet** worden ist. Dagegen ist es grundsätzlich unerheblich, ob die Forderung des Schuldners oder diejenige des Insolvenzgläubigers früher entstanden oder fällig geworden ist.[217] 45

Anwendbar ist auch § 140 Abs. 3. Ist zumindest eine der gegenseitigen durch Rechtsgeschäft entstandenen Forderungen bedingt oder befristet, kommt es für die Anfechtbarkeit des Erwerbs der Aufrechnungslage nicht darauf an, wann die Aufrechnung zulässig wurde. Der Insolvenzgläubiger kann weder mit einer aufschiebend bedingten Forderung noch gegen eine aufschiebend bedingte Forderung der Masse aufrechnen.[218] Die Anwendung des § 140 Abs. 3 bedeutet vielmehr, dass hinsichtlich der Anfechtungsvoraussetzungen auf den Zeitpunkt abzustellen ist, zu dem die spätere

206 MüKoInsO/*Kayser* → § 129 Rn. 148; Jaeger/*Windel* § 96 Rn. 53.
207 MüKoInsO/*Kayser* → § 129 Rn. 148.
208 Vgl. HambKommInsO/*Jacoby* § 96 Rn. 10.
209 BGHZ 179, 137 Rn. 12 = NJW 2009, 363 = NZI 2009, 103; BGH NZI 2010, 17 Rn. 11; NZI 2012, 711 Rn. 16; BSGE 121, 194 = ZIP 2016, 2488 Rn. 22; krit. zu dieser in ständiger Rechtsprechung verwendeten Formulierung AGR/*Piekenbrock* § 96 Rn. 21.
210 HKInsO/*J. Schmidt* § 96 Rn. 41.
211 BGH NZI 2010, 17 Rn. 14.
212 Vgl. *Häsemeyer* Kölner Schrift, S. 474 Rn. 53; *Häsemeyer* Insolvenzrecht, Rn. 19.16; KPB/*Lüke* § 96 Rn. 54; HKInsO/*J. Schmidt* § 96 Rn. 42.
213 BGHZ 179, 137 Rn. 12 = NJW 2009, 363 = NZI 2009, 103; BGH NZI 2009, 644 Rn. 22; NZI 2010, 17 Rn. 15; ZInsO 2010, 1378 Rn. 9; NZI 2012, 711 Rn. 16; NZI 2013, 694 Rn. 6; NZI 2017, 669 Rn. 28; BSGE 121, 194 = ZIP 2016, 2488 Rn. 23.
214 BGH NZI 2007, 515 Rn. 11 ff.; BGHZ 190, 201 Rn. 29 = NJW 2011, 2791 = NZI 2011, 684; BGH NZI 2014, 114 Rn. 13: Vornahme nach § 64 Satz 1 GmbHG verbotener Zahlungen; NZI 2018, 527 Rn. 5: Auszahlung von Urlaubsvergütung durch den Arbeitgeber; BFHE 231, 488 = NZI 2011, 533.
215 BGHZ 169, 158 Rn. 13; BGH NZI 2012, 711; NZI 2017, 669 Rn. 28.
216 BGH NZI 2010, 903 Rn. 9; ZInsO 2010, 1378 Rn. 9.
217 BGHZ 159, 388, 391 = NJW 2004, 3118 = NZI 2004, 580; BGHZ 174, 297 Rn. 12 = NZI 2008, 89; BGHZ 190, 201 Rn. 9 = NJW 2011, 2791 = NZI 2011, 684; BGH NZI 2017, 349 Rn. 8; HKInsO/*J. Schmidt* § 96 Rn. 46; KPB/*Lüke* § 96 Rn. 67; HambKommInsO/*Jacoby* § 96 Rn. 9.
218 BGHZ 103, 362, 367 = NJW 1988, 2542; BGHZ 160, 1, 6 = NZI 2004, 583.

Forderung entstanden und damit das Gegenseitigkeitsverhältnis begründet worden ist, auch wenn die aufschiebende Bedingung und damit die Aufrechnungslage erst später eintrat.[219]

Gegen eine **Werklohnforderung** kann erst dann aufgerechnet werden, wenn der Schuldner Leistungen erbracht hat, für welche der Gläubiger eine Vergütung schuldet, wenn die durch den Abschluss des Vertrages begründete Werklohnforderung also werthaltig geworden ist. Die Aufrechnungslage als Befriedigungsmöglichkeit entsteht erst durch die Inanspruchnahme der Leistung des Schuldners. Erst dann sind die rechtlichen Wirkungen eingetreten, die für die Beurteilung der Aufrechnungslage nach § 96 Abs. 1 Nr. 3 maßgebend sind.[220] § 140 Abs. 3 gilt nicht. Die Werklohnforderung steht nicht unter einer rechtsgeschäftlichen Bedingung.[221]

46 **c) Gläubigerbenachteiligung.** Gemäß § 129 Abs. 1 sind (nur) solche Rechtshandlungen anfechtbar, welche die Insolvenzgläubiger benachteiligen. Die Aufrechnung benachteiligt die Gläubigergesamtheit regelmäßig schon deshalb, weil die **Forderung der Masse** im Umfang der Aufrechnung zur Befriedigung einer einzelnen Insolvenzforderung **verbraucht** wird und insoweit nicht mehr für die Verteilung zur Verfügung steht. Der Masse entgeht so die Differenz zwischen dem Nennwert der Forderung der Masse und der Quote auf die Gegenforderung des Insolvenzgläubigers.[222]

Nachteile für die Masse, die über die Aufrechnung bzw. die Begründung der Aufrechnungslage hinausgehen, kann der Insolvenzverwalter nur durch Anfechtung beseitigen.[223] Ist beispielsweise der Gegenstand vom Insolvenzschuldner für einen zu geringen Preis verkauft worden und kann der Verwalter ihn günstiger verwerten, muss dieser den Kaufvertrag insgesamt anfechten und den Gegenstand zurückfordern.[224] Wurde ein überhöhter Kaufpreis vereinbart, muss sich der Käufer daran festhalten lassen und unter den Voraussetzungen der Nr. 3 den Kaufpreis in die Masse zahlen. Haben dagegen beide Parteien übereinstimmend ausdrücklich einen über den – zunächst festgelegten – eigentlichen Kaufpreis hinausgehenden Mehrpreis vereinbart, um durch Verrechnung mit Gegenforderungen eine „Debitorenbereinigung" zu erzielen, kann in Höhe dieses Mehrpreises eine Gläubigerbenachteiligung fehlen und insoweit eine Anfechtbarkeit der Aufrechnung ausscheiden.[225]

Was für die Vereinbarung eines überhöhten Kaufpreises gilt, gilt auch dann, wenn die Ausgewogenheit der Vertragspflichten durch die zusätzliche Übernahme von Nebenpflichten durch den Käufer in Frage gestellt ist. Die Nebenpflichten berühren die Höhe der vom Verwalter geltend gemachten Kaufpreisforderung nicht, weil die Insolvenzgläubiger durch die zugunsten des Käufers hergestellte Aufrechnungslage auch dann benachteiligt werden, wenn der Käufer von dem Schuldner umfangreiche Pflichten gegenüber Dritten übernimmt.[226]

47 **d) Anfechtungsgründe.** Grundsätzlich kommen alle Anfechtungstatbestände in Betracht.[227]

48 **aa) Deckungsanfechtung (§§ 130, 131).** Nach dem Inkrafttreten der Insolvenzordnung war umstritten, ob die Herbeiführung einer Aufrechnungslage eine kongruente (§ 130) oder eine inkongruente (§ 131) Deckung darstellt.[228] Hinsichtlich des Meinungsstands wird auf die Vorauflage (→ § 96 Rn. 30 f.) verwiesen. Von der Antwort auf diese Frage hängt es ab, ob der Insolvenzgläubiger die Zahlungsunfähigkeit oder den Eröffnungsantrag gekannt haben muss (so bei der kongruenten Deckung, § 130) oder nicht (so bei der inkongruenten Deckung, § 131). Sie richtet sich nach mittlerweile gefestigter Rechtsprechung des BGH danach, ob der Aufrechnende einen **Anspruch auf Abschluss der Vereinbarung** hatte, welche die Aufrechnungslage entstehen ließ, oder ob dies

---

219 BGHZ 159, 388, 395 ff. = NJW 2004, 3118 = NZI 2004, 580; BGH NZI 2010, 985 Rn. 13; BGHZ 190, 201 Rn. 9 = NJW 2011, 2791 = NZI 2011, 684; KPB/*Lüke* § 96 Rn. 67; HambKommInsO/*Jacoby* § 96 Rn. 13.

220 BGH NZI 2010, 985 Rn. 13; ZIP 2013, 588 Rn. 12.

221 HKInsO/*J. Schmidt* § 96 Rn. 72; *G. Fischer* ZIP 2004, 1679, 1683; *G. Fischer* WM 2008, 1, 6.

222 BGHZ 147, 233, 238 = NJW 2001, 1940 = NZI 2001, 357, 358; BGH NZI 2004, 82, 83; BGH NZI 2014, 114 Rn. 14; BSGE 121, 194 = ZIP 2016, 2488 Rn. 27; KPB/*Lüke* § 96 Rn. 66; HKInsO/*J. Schmidt* § 96 Rn. 45; HambKommInsO/*Jacoby* § 96 Rn. 14.

223 KPB/*Lüke* § 96 Rn. 66; HambKommInsO/*Jacoby* § 96 Rn. 10.

224 BGH NJW-RR 2005, 125 = NZI 2004, 620 mAnm *Gundlach/Schirrmeister.*

225 BGH NJW-RR 2005, 125 = NZI 2004, 620 mAnm *Gundlach/Schirrmeister;* BGH NZI 2005, 553, 554; *G. Fischer* WM 2008, 1, 4.

226 BGH NZI 2005, 553.

227 BGHZ 179, 137 Rn. 12 = NJW 2009, 363 = NZI 2009, 103; BGH NZI 2012, 711 Rn. 16; NZI 2016, 86 Rn. 16; AGR/*Piekenbrock* § 96 Rn. 13; HKInsO/*J. Schmidt* § 96 Rn. 40; FKInsO/*Bernsau* § 96 Rn. 18.

228 Für Kongruenz: *Landfermann* Kölner Schrift, S. 127 Rn. 74; *Häsemeyer* Kölner Schrift, 1. Aufl., S. 489 Rn. 35; Kübler/Prütting/*Lüke* § 96 Rn. 47; ähnlich Jaeger/*Windel* § 96 Rn. 60; für Inkongruenz: Nerlich/Römermann/*Wittkowski* § 96 Rn. 18; *Bork* Insolvenzrecht, 2. Aufl., Rn. 266.

nicht der Fall war.[229] Die Herstellung einer Aufrechnungslage ist immer dann inkongruent, wenn sich die Aufrechnungsbefugnis nicht aus dem zwischen dem Schuldner und dem Gläubiger zuerst entstandenen Rechtsverhältnis ergibt.[230] Sie ist hingegen kongruent, wenn der Schuldner zum Abschluss eines die Aufrechnungslage herbeiführenden Vertrages verpflichtet war oder ihm aufgrund eines bestehenden Vertrages Forderungen zustehen.[231] Gleiches gilt, wenn die Hauptforderung des Insolvenzschuldners bei Begründung der Gegenforderung des Insolvenzgläubigers schon bestand und deshalb mit der Aufrechnung des Gläubigers zu rechnen war; hier darf der Gläubiger auf die Möglichkeit der Tilgung einer noch entstehenden Forderung gegen den Schuldner durch Aufrechnung als Sicherheit vertrauen.[232] Ob zuerst die Haupt- oder zuerst die Gegenforderung begründet worden ist, ist hingegen unerheblich.[233] Kongruente Deckungen sind unanfechtbar, wenn die Voraussetzungen eines Bargeschäfts erfüllt sind (§ 142).[234]

bb) Unmittelbar nachteilige Rechtshandlungen (§ 132). Dass eine Aufrechnungslage unmittelbar benachteiligend zustande gekommen ist, lässt sich kaum vorstellen. Der nahe liegende Fall, dass sich der spätere Insolvenzgläubiger durch Abschluss eines Austauschvertrages zum Schuldner des späteren Insolvenzschuldners macht, um eine eigene Forderung im Wege der Aufrechnung durchsetzen zu können, fällt unter §§ 130, 131 oder § 133.[235] Ist der Austauschvertrag als solcher – etwa wegen eines Missverhältnisses von Leistung und Gegenleistung – nachteilig, wird der Vertragsschluss als solcher angefochten, nicht erst die Aufrechnung. 49

cc) Vorsätzliche Benachteiligung (§ 133 Abs. 1). Anfechtbar ist die Herstellung einer Aufrechnungslage auch unter den Voraussetzungen des § 133 Abs. 1. Diese Vorschrift setzt eine Rechtshandlung des Insolvenzschuldners voraus.[236] Eine Rechtshandlung liegt jedoch bereits dann vor, wenn eine andere Person die Handlung im einverständlichen Zusammenwirken mit dem Schuldner vornimmt.[237] Der Insolvenzschuldner muss mit Gläubigerbenachteiligungsvorsatz gehandelt und der andere Teil muss hiervon Kenntnis gehabt haben. Der Bargeschäftseinwand (§ 142) ist ausgeschlossen. 50

dd) Unentgeltliche Leistung (§ 134). Die Aufrechnungslage kann schließlich auch durch eine unentgeltliche Leistung iSv § 134 Abs. 1 zustande gekommen sein.[238] Eine Anfechtung nach § 134 Abs. 1 hat der BGH im Zusammenhang mit der Auszahlung von Scheingewinnen diskutiert, allerdings nur im Rahmen einer Kontrollüberlegung.[239] Die Auszahlung als solche war nach § 134 Abs. 1 anfechtbar; eine Aufrechnung mit Schadensersatzansprüchen aus einer vor der Eröffnung des Insolvenzverfahrens begangenen unerlaubten Handlung war schon nach § 94 ausgeschlossen. Der Anfechtungstatbestand des § 134 mag nicht von vornherein ausgeschlossen sein; seine Bedeutung im Rahmen des § 96 Abs. 1 Nr. 3 ist jedoch marginal.[240] 51

3. Verrechnung im Kontokorrent. a) Allgemeines. Die Frage nach der Anfechtbarkeit und der Art der Deckung stellt sich außer bei der einseitigen Aufrechnung auch bei der **Verrechnung** von Forderungen, wie sie der Kontokorrentvertrag vorsieht. Dieser Vertrag ist regelmäßig mit dem Girovertrag verbunden. Von der **Kontokorrentbindung** werden im Zweifel alle Ansprüche und Leistungen erfasst, die sich aus der Geschäftsverbindung ergeben, sofern es sich nicht um nach Art und Umfang ungewöhnliche Geschäfte handelt.[241] Die Kontokorrentbindung führt dazu, dass die Forderungen beider Seiten nicht selbständig geltend gemacht werden können, vielmehr am Ende der Rechnungsperiode ohne weiteres miteinander verrechnet werden. Mit der Eröffnung 52

---

229 BGH ZInsO 2009, 1294 Rn. 4; NZI 2010, 985 Rn. 27; NZI 2014, 114 Rn. 15; BSGE 121, 194 = ZIP 2016, 2488 Rn. 28; HKInsO/*J. Schmidt* § 96 Rn. 50; FKInsO/*Bernsau* § 96 Rn. 18; BeckOKInsO/*Liefke* § 96 Rn. 34; KPB/*Lüke* § 96 Rn. 61; KPB/*Schoppmeyer* [September 2014] § 131 Rn. 136; HambKomm-InsO/*Jacoby* § 96 Rn. 20.

230 BGH NZI 2006, 345, 346 Rn. 14; ZInsO 2009, 1294 Rn. 4; NZI 2010, 985 Rn. 27.

231 KPB/*Lüke* § 96 Rn. 61; vgl. auch KPB/*Schoppmeyer* § 131 Rn. 136 ff.

232 *Bork* FS Ishikawa S. 31, 42; KPB/*Schoppmeyer* § 131 Rn. 137 f.; K. Schmidt/*Thole* § 96 Rn. 19 f.

233 KPB/*Lüke* § 96 Rn. 54.

234 BGHZ 150, 122, 130 ff. = NJW 2002, 1722 = NZI 2002, 311; BGH NJW 2012, 2517 Rn. 11.

235 Ähnlich Jaeger/*Windel* § 96 Rn. 63.

236 BGHZ 162, 143, 147 ff. = NJW 2005, 1121 = NZI 2005, 215.

237 BGHZ 162, 143, 152 = NJW 2005, 1121 = NZI 2005, 215; BGHZ 173, 129 Rn. 50 = NZI 2007, 650; BGH NJW 2012, 2517 Rn. 43.

238 BGHZ 179, 137 Rn. 12; BGH NZI 2012, 711 Rn. 16; NZI 2017, 669 Rn. 28.

239 BGHZ 179, 137 Rn. 12 = NJW 2009, 363 = NZI 2009, 103.

240 Jaeger/*Windel* § 96 Rn. 65; KPB/*Lüke* § 96 Rn. 63.

241 BGH WM 1959, 81, 83; NJW 1982, 1150, 1152.

des Insolvenzverfahrens über das Vermögen des Kunden endet das Kontokorrentverhältnis.[242] Damit wird der durch Verrechnung entstehende Anspruch auf einen etwaigen Überschuss als kausaler Saldo ohne vorherige Feststellung und Anerkennung sofort fällig.[243] Der Insolvenzverwalter kann diesen Anspruch gegen die Bank geltend machen. Soweit die Verrechnung mit Gegenforderungen der Bank im Kontokorrentverhältnis der Insolvenzanfechtung unterliegt, kann sich der Verwalter unmittelbar auf die Unwirksamkeit der Verrechnung gemäß § 96 Abs. 1 Nr. 3 berufen und den Anspruch aus der Gutschrift uneingeschränkt geltend machen.[244] Bei der Ermittlung des kausalen Saldos sind die nach §§ 130, 131 anfechtbaren Verrechnungen auszuscheiden.

53 **b) Bargeschäft.** Inkongruenz nach § 131 entfällt, solange die Giro- und Kontokorrentabrede besteht und erfüllt wird. Aufgrund dieser Abrede ist die Bank berechtigt und verpflichtet, für den Kunden bestimmte Geldeingänge entgegenzunehmen und gutzuschreiben.[245] Aus der Giroabrede folgt regelmäßig zugleich das Recht der Bank, bei einem debitorischen Girokonto den Sollsaldo zu verringern. Umgekehrt verpflichtet sich die Bank, Überweisungsaufträge des Kunden zu Lasten seines Girokontos auszuführen, sofern es eine ausreichende Deckung aufweist. Durch die Kontokorrentabrede werden die einzelnen Gut- und Lastschriften – mit dem Ziel der Verrechnung und Saldofeststellung – in einer einheitlichen Rechnung zusammengefasst. Solange die Verrechnung nicht stattgefunden hat, stehen die aus Ein- und Ausgängen herrührenden einzelnen Posten einander im Kontokorrent gleichwertig gegenüber. Eine Tilgung tritt gem. § 355 Abs. 1 HGB erst mit dem Rechnungsabschluss ein. Indem die Bank diese Absprachen einhält und den Giroverkehr fortsetzt, handelt sie vertragsgemäß, also kongruent.[246] Erst wenn die Bank Verfügungen des Kunden nicht mehr in der vereinbarten Weise zulässt, kann sie mit Verrechnungen vertragswidrig, also inkongruent handeln, soweit dadurch im Ergebnis ihre Darlehensforderung vor deren Fälligkeit durch die saldierten Gutschriften zurückgeführt wird.

Sind die Verrechnungen des Kreditinstituts als kongruent anzusehen, kommt nur eine Anfechtung der Verrechnung nach § 130 in Betracht. Diese entfällt, falls es sich um ein Bargeschäft handelt (§ 142).[247] Ein unanfechtbares Bargeschäft setzt voraus, dass die Bank ihren Kunden gestattet, den durch Zahlungseingänge eröffneten Liquiditätsspielraum wieder auszuschöpfen. Zwischen den Zahlungseingängen und den Zahlungsausgängen muss ein enger zeitlicher Zusammenhang bestehen. Auf die genaue Reihenfolge der Ein- und Auszahlungen kommt es dagegen nicht an.[248] Ein unanfechtbares Bargeschäft kann auch dann vorliegen, wenn die Bank nur noch einzelne Belastungsverfügungen des Schuldners ausführt, sofern dessen eigenes Bestimmungsrecht gewahrt wird und Verrechnungen nicht gegen seinen Willen stattfinden. Hingegen kommt ein Bargeschäft nicht in Betracht, soweit durch Kontobelastungen unmittelbar oder mittelbar Forderungen der kontoführenden Bank getilgt werden.[249] Nicht anfechtbar ist danach die Verrechnung von Zahlungseingängen, denen vom Schuldner frei bestimmte Zahlungsausgänge in gleicher Höhe gegenüberstehen.

54 **c) Deckungsanfechtung nach §§ 130, 131.** Anfechtbar ist die Rückführung des Kredits, die dadurch zustande kommt, dass im Anfechtungszeitraum[250] die Summe der Zahlungseingänge diejenige der Zahlungsausgänge übersteigt.[251] Ob es sich hierbei um eine kongruente oder eine inkongruente Deckung handelt, hängt davon ab, ob die Bank in dem Zeitpunkt, in dem sie die Deckung erhält, einen durchsetzbaren Anspruch auf Rückführung des Kontokorrentkredits hatte oder nicht. Ist die Überziehung des Kontos nicht mit der Bank vereinbart, hat diese sie vielmehr nur geduldet (vgl. § 505 BGB), so kann die Bank jederzeit die sofortige Rückführung des Kredits verlangen. Erfolgt diese, ist die Deckung kongruent. Dasselbe gilt, wenn die Bank, bevor sie das Geld erhält, den vertraglich gewährten Kredit fällig gestellt hat. Inkongruent ist die Deckung dagegen, wenn die Bank den Ausgleich des Sollsaldos nicht fordern kann, weil dieser das Kreditlimit nicht übersteigt, das

---

242 BGHZ 58, 108, 111 = NJW 1972, 633; BGHZ 70, 86, 93 = NJW 1978, 538; BGHZ 74, 253 = NJW 1979, 1658; BGH NJW 1991, 1286, 1287; BGHZ 181, 362 Rn. 10 = NZI 1009, 599; BGH NZI 2012, 365 Rn. 21; KPB/*Lüke* § 96 Rn. 70.

243 BGHZ 49, 24, 26 = NJW 1968, 33; BGHZ 70, 86, 93 = NJW 1978, 538; *Heublein* ZIP 2000, 161, 163.

244 BGH NZI 2008, 547 Rn. 8; NJW 2012, 2517 Rn. 10; AGR/*Piekenbrock* § 96 Rn. 29; K. Schmidt/*Thole* § 96 Rn. 15; *Bork* FS G. Fischer, S. 37 f.

245 BGHZ 128, 135, 139 = NJW 1995, 520; BGHZ 150, 138 = NJW 2002, 2313 = NZI 2002, 380.

246 BGHZ 150, 122, 129 = NJW 2002, 1722 = NZI 2002, 311; NZI 2009, 436 Rn. 11.

247 BGHZ 150, 122 = NJW 2002, 1722 = NZI 2002, 311; BGH NJW 2012, 2517 Rn. 11.

248 BGH NZI 2008, 547 Rn. 5; NJW 2012, 2517 Rn. 13; KPB/*Lüke* § 96 Rn. 75; HambKommInsO/*Jacoby* § 96 Rn. 21.

249 BGHZ 150, 122, 129 = NJW 2002, 1722 = NZI 2002, 311; BGH NZI 2004, 492, 493; NZI 2008, 175 Rn. 9 f.; NZI 2009, 436 Rn. 12 = NJW 2009, 2307; NJW 2012, 2517 Rn. 13.

250 Vgl. dazu BGH NZI 2011, 675 mAnm *Leithaus.*

251 HKInsO/*J. Schmidt* § 96 Rn. 61.

sie dem Kunden vertraglich eingeräumt hat.[252] Für die Anfechtung entscheidend ist der Zeitpunkt, in dem die Bank Deckung erhält, nicht der, in dem sie die Gutschrift erteilt. Denn mit der buchmäßigen Deckung entsteht der – bereits in die Kontokorrentbindung fallende – Anspruch auf Gutschrift.[253]

d) Anfechtung der Kreditkündigung. Nach Ansicht des BGH führt ein im Eröffnungsverfahren erlassenes allgemeines Verfügungsverbot (§ 21 Abs. 2 Nr. 2) nicht dazu, dass das vorher vereinbarte Kontokorrentverhältnis mit der Folge endet, dass später entstehende Forderungen nicht mehr der Verrechnung, sondern allenfalls einer Aufrechnung unterliegen.[254] Soll mit der Kreditforderung aufgerechnet werden, hat die Bank sie nach § 19 Abs. 3 AGB-Banken vor Verfahrenseröffnung fällig zu stellen. Bei einer Fälligstellung vor Verfahrenseröffnung kann sie an § 96 Abs. 1 Nr. 3 scheitern. Der BGH hat bisher offengelassen, ob die Kreditkündigung, die innerhalb der letzten drei Monate vor dem Insolvenzantrag oder nach diesem Antrag ausgesprochen wird, unter § 131 fällt.[255] Im Schrifttum ist diese Frage umstritten. Für anfechtbar nach § 131 wird die Kündigung gehalten, weil sie die Aufrechnung ermöglicht.[256] Abgelehnt wird die Anfechtbarkeit nach § 131 mit der Begründung, die Bank sei in der Krise des Kunden berechtigt, den Kredit zu kündigen, so dass die Voraussetzung fehle, dass die Bank die ermöglichte Befriedigung zu der Zeit nicht habe beanspruchen können.[257] Entscheidend dürfte sein, ob das während der Krise ausgeübte Kündigungsrecht vor oder nach Beginn der Krise entstanden ist.[258] Ist das Kündigungsrecht mehr als drei Monate vor Stellung des Insolvenzantrags entstanden, ist die nach Kündigung erfolgte Gutschrift kongruent; ist es später entstanden, greift § 131 ein. 55

Ohne diese Einschränkung anfechtbar ist die durch den Schuldner selbst erklärte Kündigung. Der Schuldner räumt dem Gläubiger durch eine auf einer persönlichen Entschließung beruhende Rechtshandlung mehr Rechte ein, als diesem kraft seiner eigenen Rechtsstellung gebühren.[259] Wird eine die Forderung im Anfechtungszeitraum infolge einer vom Schuldner erklärten Kündigung fällig, ist die Tilgung des Darlehens inkongruent.

e) Maßgeblicher Zeitraum. Die Vorschriften über die Deckungsanfechtung (§§ 130, 131) betreffen den Zeitraum von drei Monaten vor dem Antrag auf Eröffnung des Insolvenzverfahrens. Sie enthalten jeweils besondere Voraussetzungen, unter den Rechtshandlungen aus dem Monat vor Antragstellung einerseits, dem zweiten und dritten Monat vor Antragstellung andererseits angefochten werden können. Geht es um die Anfechtung von Verrechnungen im Kontokorrent, stellt sich die Frage, ob der anfechtende Verwalter den Zeitraum innerhalb der zeitlichen Grenzen des jeweiligen Anfechtungstatbestandes frei bestimmen und so besonders hohe Salden abschöpfen kann, die sich bis zum Eröffnungsantrag wieder verringert haben. Diese Frage ist zu verneinen. Die Frage der Inkongruenz von Verrechnungen im debitorischen Bankenkontokorrent kann bei der Anfechtung von Rechtshandlungen innerhalb des zweiten oder dritten Monats vor der Insolvenzantragstellung für den gesamten Anfechtungszeitraum nur einheitlich beantwortet werden. Wird das Kontokorrent nicht vorher gekündigt, läuft der Anfechtungszeitraum bis zur Eröffnung des Insolvenzverfahrens.[260] Eine Unterteilung des Anfechtungszeitraums würde zu willkürlichen Ergebnissen führen. Ebenso wie der höchste zwischenzeitliche Sollstand bei der besonderen Insolvenzanfechtung von Verrechnungen im Bankenkontokorrent innerhalb des Anfechtungszeitraums außer Betracht zu bleiben hat, gilt dies auch für den niedrigsten erreichten Zwischenstand.[261] Je nachdem, ob die strengeren Voraussetzungen einer Anfechtung im zweiten und dritten Monat vor Eröffnung bereits erfüllt waren oder nicht, wird der Verwalter seine Klage zwar ausdrücklich nur auf § 131 Abs. 1 Nr. 1 stützen dürfen[262] oder sogar müssen, wie auch die Anfechtungsvoraussetzungen aller Einzeltatbestände der 56

---

252 BGH NJW-RR 1989, 1010 = ZIP 1989, 785; BGHZ 138, 40 = NJW 1998, 1318, 1320; BGH NZI 1999, 194; BGH NJW 1999, 3780; *Jaeger/Henckel* KO, 9. Aufl., § 30 Rn. 274; HKInsO/*J. Schmidt* § 96 Rn. 63; *Dampf* KTS 1998, 145, 157 ff.; *de Bra* NZI 1999, 249, 250; *Heublein* ZIP 2000, 161, 166; *Steinhoff* ZIP 2000, 1141, 1144.

253 BGHZ 74, 129, 132 = NJW 1979, 1461; BGHZ 118, 171, 176 = NJW 1992, 1960; *Jaeger/Henckel,* KO, 9. Aufl., § 30 Rn. 275; *Dampf* KTS 1998, 145, 156 f.

254 BGHZ 135, 140 = NJW 1997, 1857; BGHZ 181, 362 Rn. 10 = NZI 2009, 599; BGH NZI 2012, 365 Rn. 21; ebenso *Henckel* FS Lüke, S. 237, 243; *Bork* FS Kirchhof, S. 57, 60; vgl. dazu *Eckardt* ZIP 1997, 957.

255 BGHZ 181, 132 Rn. 13 = NJW 2009, 2600 = NZI 2009, 471.

256 *Obermüller* WM 1994, 1829, 1836; *Obermüller* Rn. 3124 und 3290; *Nobbe* RWS-Forum 9, S. 99, 122.

257 *Steinhoff* ZIP 2000, 1141, 1145.

258 Vgl. *Jaeger/Henckel* KO, 9. Aufl., § 30 Rn. 217.

259 BGHZ 181, 132 Rn. 14 = NJW 2009, 2600 = NZI 2009, 471; HKInsO/*J. Schmidt* § 96 Rn. 63; aA Jaeger/*Henckel* § 131 Rn. 28.

260 BGH NZI 2011, 675; K. Schmidt/*Thole* § 96 Rn. 24; HambKommInsO/*Jacoby* § 96 Rn. 21.

261 BGH NZI 2011, 675 Rn. 10.

262 Vgl. *Leithaus* NZI 2011, 676: „eingeschränkte Rosinentheorie".

§§ 130, 131 nicht „punktgenau" zu Beginn des jeweiligen Zeitraums erfüllt sein werden. Die Frage, welcher Zeitraum für die Gesamtsaldierung zu berücksichtigen ist, ist jedoch eine Rechtsfrage, welche der Kläger durch seine Antragstellung (§ 308 Abs. 1 ZPO) nicht beeinflussen kann.

57 **f) Anderweitige Sicherheit.** Eine Anfechtung scheidet mangels Gläubigerbenachteiligung von vornherein aus, wenn die Bank an dem Anspruch, der dem Kunden gegen die Bank aus der bankmäßigen Geschäftsverbindung zusteht oder künftig zustehen wird, gem. Nr. 14 Abs. 1 Satz 2 AGB-Banken ein **Pfandrecht** hatte, das seinerseits nicht anfechtbar war.[263] Eine Befriedigung, die ein Gläubiger auf Grund eines insolvenzfesten Absonderungsrechts erlangt, benachteiligt die Gesamtheit der Gläubiger nicht.[264] Eine objektive Gläubigerbenachteiligung liegt nicht vor, wenn der Schuldner ein Absonderungsrecht durch Zahlung desjenigen Betrags ablöst, den der Absonderungsberechtigte durch Verwertung des Sicherungsguts hätte erzielen können.[265] Gleiches gilt für eine Ablösung im Wege der Auf- oder Verrechnung. Das Pfandrecht an der Forderung des Kunden gegen die Bank entsteht, wenn nicht schon mit der Entstehung des Anspruchs auf Gutschrift, so spätestens mit Entstehung des Anspruchs aus der Gutschrift. Fällt dieser Entstehungszeitpunkt in die Monatsfrist des § 131 Abs. 1 Nr. 1, ist das Pfandrecht inkongruent und somit ohne weiteres anfechtbar. Das gilt allerdings nicht, falls das Pfandrecht an die Stelle einer anderweitigen Sicherheit der Bank tritt, was der Fall ist, wenn die Forderung des späteren Insolvenzschuldners, die mit der Gutschrift erlischt, der Bank anfechtungsrechtlich unbedenklich zur Sicherheit abgetreten war.[266] Ein derartiger **unmittelbarer Sicherheitentausch** benachteiligt die Gläubiger nicht. Aber auch das durch Eingänge aus dem zweiten und dritten Monat vor dem Eröffnungsantrag entstandene Pfandrecht kann unter den in § 130 genannten Voraussetzungen anfechtbar sein.[267] Soll ein Pfandrecht nur künftige Ansprüche sichern, ist eine frühere Ausübung inkongruent.[268] Ist das Pfandrecht anfechtungsfest, so kann die Bank es dadurch sichern, dass sie das Konto, aus dem sich das Guthaben des Kunden ergibt, sperrt, bis ihre Forderung fällig ist. Die Kontosperre ist eine Rechtshandlung i. S. der §§ 129 ff. Durch sie verhindert die Bank weitere Verfügungen des Kunden über dessen Guthaben, um sich dieses bis zur Fälligkeit ihrer Forderungen als Pfand zu sichern. Die Kontosperre ist keine Verwertung der verpfändeten Forderung, die erst nach deren Fälligkeit erfolgen könnte. § 1281 Satz 2 Halbs. 1 BGB steht der Sperre nicht entgegen.[269]

Globalzessionsverträge sind auch hinsichtlich der zukünftig entstehenden Forderungen grundsätzlich nur als kongruente Deckung anfechtbar. Das Werthaltigmachen zukünftiger Forderungen aus Globalzessionen ist als selbständige Rechtshandlung anfechtbar, wenn es dem Vertragsschluss zeitlich nachfolgt; insoweit handelt es sich ebenfalls um eine kongruente Deckung, wenn dies für das Entstehen der Forderung zutrifft.[270] Gleiches gilt für **erweiterte und verlängerte Eigentumsvorbehalte** hinsichtlich der abgetretenen zukünftig entstehenden oder zukünftig werthaltig gemachten Forderungen.[271]

Verkauft der spätere Insolvenzschuldner ohne vorherige Verpflichtung kurz vor dem Eröffnungsantrag an einen Gläubiger Gegenstände, so werden die Insolvenzgläubiger durch die dadurch zu Gunsten des Käufers hergestellte Aufrechnungslage nicht benachteiligt, wenn der Käufer zuvor bereits ein insolvenzbeständiges **Sicherungseigentum** an den Kaufgegenständen hatte.[272] Etwas anderes gilt aber, wenn der spätere Schuldner an einen Insolvenzgläubiger Gegenstände verkauft, die er einem anderen Gläubiger zur Sicherheit übereignet hatte und die dieser zur Veräußerung nur an diesen Käufer „freigibt"; hier werden die Insolvenzgläubiger durch die zu Gunsten des Käufers hergestellte Aufrechnungslage benachteiligt, so dass die Aufrechnung des Käufers gegen die Kaufpreisforderung gem. § 96 Abs. 1 Nr. 3 iVm § 131 Abs. 1 Nr. 1 unwirksam ist.[273] Ebenso ist die

[263] BGH WM 1956, 217, 218; BGHZ 135, 140, 148 = NJW 1997, 1857; BGH ZIP 1996, 2082; BGH NJW 2003, 2171; BGH NZI 2004, 314.
[264] BGHZ 157, 350, 353 = NJW 2004, 1444 = NZI 2004, 206; BGHZ 162, 143, 156 = NJW 2005, 1121 = NZI 2005, 215; BGHZ 178, 171 Rn. 22 = NJW 2009, 225 = NZI 2009, 45; BGH NJW 2012, 2518 Rn. 22.
[265] BGH NZI 2009, 379 Rn. 13; BGH NJW 2012, 2518 Rn. 22; Jaeger/*Henckel* § 129 Rn. 79, § 130 Rn. 27.
[266] BGH NJW 2003, 360 = NZI 2003, 34; *Kirchhof* ZInsO 2003, 149, 155.
[267] BGHZ 150, 122 = NJW 2002, 1722 = NZI 2002, 311; BGH NJW 2004, 1660 = NZI 2004, 314; BGHZ 174, 297 Rn. 13 = NJW 2008, 430 = NZI 2008, 89.
[268] BGH NZI 1999, 116; BGH NJW-RR 2004, 1190 = NZI 2004, 248.
[269] BGH NJW-RR 2004, 1190 = NZI 2004, 248; BGH NJW 2004, 1660 = NZI 2004, 314.
[270] BGHZ 174, 297 = NJW 2008, 430 = NZI 2008, 89; BGHZ 189, 1 Rn. 36 = NJW 2011, 1506 = NZI 2011, 366.
[271] BGHZ 189, 1 = NJW 2011, 1506 = NZI 2011, 366.
[272] BGH NJW-RR 2005, 125 = NZI 2004, 620 mAnm *Gundlach/Schirrmeister.*
[273] BGH NJW-RR 2004, 846 = NZI 2004, 82 mAnm *Gundlach.*

Verrechnung der Beitragsansprüche von Sozialkassen des Baugewerbes mit den Leistungsansprüchen eines Bauarbeitgebers gegenüber der zum Beitragseinzug ermächtigten Stelle mangels Gläubigerbenachteiligung insoweit nicht anfechtbar, als bereits die leistungspflichtige Sozialkasse vor Herstellung der Verrechnungslage mit ihren Anteilen an dem Gesamtbeitrag gegen die Leistungsansprüche aufrechnen konnte.[274]

4. Rechtsfolgen. Liegen die Anfechtungsvoraussetzungen vor, ist gemäß § 96 Abs. 1 Nr. 3 mit der Eröffnung des Insolvenzverfahrens die Aufrechnung durch den Insolvenzgläubiger insolvenzrechtlich unzulässig. **58**

Die Wirkungen der Unzulässigkeit treten **kraft Gesetzes** ein. Ist die Aufrechnung bereits vor Verfahrenseröffnung erklärt worden, so wird die Erklärung mit der Eröffnung rückwirkend unwirksam.[275] Eine Erklärung nach Verfahrenseröffnung ist von vornherein kraft Gesetzes unzulässig.[276] Der Insolvenzverwalter kann sich unmittelbar auf die Unwirksamkeit der Aufrechnung berufen.[277] Einer Geltendmachung der Insolvenzanfechtung nach §§ 129 ff. oder überhaupt einer Erklärung des Insolvenzverwalters bedarf es nicht.[278] Eine Insolvenzanfechtungsklage wäre mangels Rechtsschutzbedürfnisses unzulässig.[279] **59**

Die Unzulässigkeit der Aufrechnung besteht (nur) **insolvenzrechtlich.** Das bedeutet, dass die Forderung, die durch die Aufrechnung nach den bürgerlich-rechtlichen Vorschriften erloschen ist (§ 389 BGB), für die Zwecke des Insolvenzverfahrens fortbesteht.[280] **60**

Hat der Insolvenzgläubiger aufgerechnet, macht der Insolvenzverwalter die für die Dauer und die Zwecke des Insolvenzverfahrens mit der Verfahrenseröffnung wiederaufgelebte bzw. nie erloschene Forderung geltend. Er kann die Forderung für die Insolvenzmasse einklagen und den Aufrechnungseinwand mit der Gegeneinrede der Anfechtbarkeit abwehren.[281] Einen Anspruch aus § 143 hat er daneben nicht.[282] Der Insolvenzgläubiger kann seine Gegenforderung nur zur Tabelle anmelden.[283] Hat nicht der Insolvenzgläubiger, sondern der spätere Insolvenzschuldner vor der Eröffnung des Verfahrens die Aufrechnung erklärt, wird diese dann nicht rückwirkend unwirksam, wenn nur er, nicht aber der Insolvenzgläubiger die Möglichkeit zur Aufrechnung hatte. Diese Erklärung muss der Insolvenzverwalter anfechten, wenn die Voraussetzungen dafür vorliegen.[284]

Nachteile für die Masse, die **über die Aufrechnung hinaus**gehen, kann der Insolvenzverwalter nur durch Anfechtung beseitigen. Ist beispielsweise der Gegenstand vom Insolvenzschuldner für einen zu geringen Preis verkauft worden und kann der Verwalter ihn günstiger verwerten, muss dieser den Kaufvertrag insgesamt anfechten und den Gegenstand zurückfordern.[285] Wurde ein überhöhter Kaufpreis vereinbart, muss sich der Käufer daran festhalten lassen und unter den **61**

---

[274] BGH NZI 2005, 166.

[275] BGH NJW-RR 2004, 846 = NZI 2004, 82 mAnm *Gundlach*; BGH NJW-RR 2005, 125 = NZI 2004, 620 mAnm *Gundlach/Schirrmeister*; BGH NJW-RR 2005, 1138 = NZI 2005, 499; BGHZ 169, 158 Rn. 11 = NJW 2007, 78 = NZI 2007, 31 mAnm *Huber*; KG ZInsO 2018, 1807, 1808 f.; *G. Fischer* WM 2008, 1; BeckOKInsO/*Liefke* § 96 Rn. 35; HKInsO/*J. Schmidt* § 96 Rn. 6 f.; HambKommInsO/*Jacoby* § 96 Rn. 24; nicht für Unwirksamkeit, vielmehr für Anfechtbarkeit der vor Verfahrenseröffnung erklärten Aufrechnung *Gerhard* KTS 2004, 195, 200 f.; *Ries* ZInsO 2004, 1231, 1234; *Ries* ZInsO 2005, 848, 849; *Zenker* NZI 2006, 16.

[276] RegE BT-Drs. 12/2443 S. 141; BGHZ 169, 158 Rn. 17 = NJW 2007, 78 = NZI 2007, 31; BGH NZI 2012, 323 Rn. 11; KG ZInsO 2018, 1807, 1809: von vornherein keine Wirkung; HambKommInsO/*Jacoby* § 96 Rn. 24.

[277] BT-Drs. 12/2443 S. 141; BGHZ 159, 388, 393; BGHZ 169, 158 Rn. 11; BGH NZI 2012, 711 Rn. 16; NZI 2016, 86 Rn. 12.

[278] BGHZ 159, 388 = NJW 2004, 3118 = NZI 2004, 580; BGH NJW-RR 2005, 125 = NZI 2004, 620; NJW-RR 2005, 487 = NZI 2005, 164 mAnm *Gundlach/Schmidt*; NJW-RR 2005, 1641 = NZI 2005, 553; NJW-RR 2005, 1138 = NZI 2005, 499; NJW-RR 2006, 1062 = NZI 2006, 345 mAnm *Gundlach/Schmidt;* BGHZ 169, 158 Rn. 11 ff., 13 = NJW 2007, 78 = NZI 2007, 31; BGH NZI 2012, 323 Rn. 11; NZI 2016, 86 Rn. 12; KG ZInsO 2018, 1807, 1808; KPB/*Lüke* § 96 Rn. 83; *Heublein* ZIP 2000, 161, 164. Den Standpunkt, dass nicht die Aufrechnungslage, sondern das Kaufgeschäft angefochten werden müsse (vgl. BGH NJW 1999, 359 = NZI 1999, 25), hat der BGH aufgegeben; vgl. BGHZ 145, 245, 254 = NJW 2001, 367 = NZI 2001, 23; BGHZ 147, 233, 236, 238 = NJW 2001, 1940 = NZI 2001, 357; BGH NJW-RR 2002, 262 = NZI 2002, 35; BGH NJW-RR 2004, 846 = NZI 2004, 82; BGH NZI 2004, 445.

[279] BGH ZIP 2005, 1335; BSGE 121, 194 = ZIP 2016, 2488 Rn. 21; HKInsO/*J. Schmidt* § 96 Rn. 40.

[280] BGH ZIP 2018, 1299 Rn. 39; HambKommInsO/*Jacoby* § 96 Rn. 24.

[281] BGHZ 169, 158 Rn. 16 = NJW 2007, 78 = NZI 2007, 31; KG ZInsO 2018, 1807, 1809; K. Schmidt/*Thole* § 96 Rn. 12; BeckOKInsO/*Liefke* § 96 Rn. 29.

[282] Jaeger/*Windel* § 96 Rn. 100; aA *Ries* ZInsO 2004, 1231; *Ries* ZInsO 2005, 848.

[283] BGHZ 169, 158 Rn. 22 = NJW 2007, 78 = NZI 2007.

[284] Vgl. *von Olshausen* KTS 2001, 45; HKInsO/*Kreft* § 129 Rn. 17; MüKoInsO/*Kayser* → § 129 Rn. 15.

[285] BGH NJW-RR 2005, 125 = NZI 2004, 620 mAnm *Gundlach/Schirrmeister.*

Voraussetzungen des § 96 Abs. 1 Nr. 3 den Kaufpreis in die Masse zahlen. Haben dagegen beide Parteien übereinstimmend ausdrücklich einen über den – zunächst festgelegten – eigentlichen Kaufpreis hinausgehenden Mehrpreis vereinbart, um durch Verrechnung mit Gegenforderungen eine „Debitorenbereinigung" zu erzielen, kann in Höhe dieses Mehrpreises eine Gläubigerbenachteiligung fehlen und insoweit eine Anfechtung der Aufrechnung scheitern.[286] Was für die Vereinbarung eines überhöhten Kaufpreises gilt, gilt auch dann, wenn die Ausgewogenheit der Vertragspflichten durch die zusätzliche Übernahme von Nebenpflichten durch den Käufer in Frage gestellt ist; die Nebenpflichten berühren die Höhe der vom Verwalter geltend gemachten Kaufpreisforderung nicht, weil die Insolvenzgläubiger durch die zugunsten des Käufers hergestellte Aufrechnungslage auch dann benachteiligt werden, wenn der Käufer von dem Schuldner umfangreiche Pflichten gegenüber Dritten übernimmt.[287]

62 Die **anfechtungsrechtliche Verzinsung** wird durch § 96 Abs. 1 nicht ausgeschlossen. Zu § 143 Abs. 1 Satz 2 aF hat der BGH entschieden, dass, wenn sich der Insolvenzgläubiger durch Auf- oder Verrechnung in anfechtbarer Weise Befriedigung seiner Forderung verschafft, hierauf ab Verfahrenseröffnung Prozesszinsen zu zahlen sind.[288] Der Zinsanspruch der Masse bestimme sich wegen der Nähe zur Insolvenzanfechtung einheitlich über § 143 Abs. 1 Satz 2 aF nach §§ 819 Abs. 1, 818 Abs. 4, 291, 288 Abs. 1 Satz 2 BGB.[289] Wie bei der Verjährung stellt der BGH auch hier die infolge der insolvenzrechtlichen Unwirksamkeit der Aufrechnung fortbestehende Hauptforderung der Masse einer Forderung aus Insolvenzanfechtung gleich.[290] Nach der Neufassung des § 143 infolge des Gesetzes zur Verbesserung der Rechtssicherheit bei Anfechtungen nach der Insolvenzordnung und dem Anfechtungsgesetz sind Zinsen in Neufällen nur noch bei Verzug (§§ 280 Abs. 1 und 2, 286 BGB) oder Rechtshängigkeit (§ 291 BGB) geschuldet.[291]

63 Anders als der insolvenzrechtliche Anfechtungsanspruch, der als bürgerliche Rechtsstreitigkeit vor die ordentlichen Gerichte gehört,[292] soweit keine gesetzliche Sonderregelung wie in § 191 AO besteht,[293] ist die Frage der Anfechtbarkeit **nicht rechtswegbestimmend,** wenn der Insolvenzverwalter eine Aufrechnung oder Verrechnung nach § 96 Abs. 1 Nr. 3 für unzulässig hält.[294] Der Verwalter macht in einem solchen Fall die ursprüngliche Forderung der Masse geltend, deren Rechtsnatur dann den Rechtsweg bestimmt.[295] Diese Grundsätze lassen sich auf die Frage übertragen, ob nach § 95 Abs. 1 Nr. 1 GVG die funktionelle Zuständigkeit der Kammer für Handelssachen begründet ist. Eine solche Zuständigkeit ist gegeben, wenn der Insolvenzverwalter eine Forderung des Schuldners aus einem beiderseitigen Handelsgeschäft einklagt, auch wenn er sich hinsichtlich der vom Beklagten erklärten Aufrechnung auf die Anfechtbarkeit gemäß § 96 Abs. 1 Nr. 3 beruft.[296] Hat das Finanzamt eine Insolvenzsteuerforderung mit einem Vorsteuervergütungsanspruch der Masse verrechnet, so ist das mit der Anfechtungsklage angerufene Zivilgericht an den wirksamen Bescheid des Finanzamts gebunden. Die Einwendungen des Insolvenzverwalters gegen die Zulässigkeit der Aufrechnung sind durch Klage zu den Finanzgerichten zu erledigen.[297]

64 **5. Verjährung.** Auch wenn die Voraussetzungen des § 96 Abs. 1 Nr. 3 erfüllt sind, kann der Insolvenzverwalter die Unzulässigkeit der Aufrechnung nicht mehr durchsetzen, wenn er die Frist des § 146 Abs. 1 zur gerichtlichen Geltendmachung des anfechtbaren Anspruchs versäumt hat.[298] Insoweit ist zu beachten, dass der BGH im Anschluss an einen Vorschlag von *Kreft*[299] die **Verjährung der Hauptforderung,** gegen die nach Nr. 3 insolvenzrechtlich unwirksam aufgerechnet wurde, der Verjährung des Anfechtungsanspruchs gleichstellt und deshalb **§ 146 Abs. 1 entsprechend**

---

286 BGH NJW-RR 2005, 125 = NZI 2004, 620 mAnm *Gundlach/Schirrmeister;* BGH WM 2005, 1712, 1714; Andres/Leithaus/*Leithaus* § 96 Rn. 8.

287 BGH WM 2005, 1712.

288 BGH NZI 2016, 86 Leitsatz.

289 BGH NZI 2016, 86 Rn. 14.

290 Kritisch *Hofmann* EWiR 2016, 177 f.; HambKommInsO/*Jacoby* § 96 Rn. 25: Nr. 3 stelle auf diese Weise den Insolvenzgläubiger hinsichtlich der Verzinsung auch noch schlechter als ohne Aufrechnungsmöglichkeit.

291 Vgl. HKInsO/*J. Schmidt* § 96 Rn. 58.

292 BGHZ 114, 315; BGH NJW-RR 2005, 1138 = NZI 2005, 499; NJW 2011, 1365 Rn. 5 = NZI 2011, 323; NZI 2016, 86 Rn. 23; aA GmS-OGB BGHZ 187, 105 = NJW 2011, 1211 = NZI 2011, 15.

293 HKInsO/*J. Schmidt* § 96 Rn. 12.

294 BGH NJW-RR 2005, 1138 = NZI 2005, 499; NZI 2007, 103 Rn. 10; KG ZInsO 2018, 1807, 1808 f.; OLG Düsseldorf NZI 2018, 583.

295 AGR/*Piekenbrock* § 96 Rn. 23; K. Schmidt/*Thole* § 96 Rn. 4; vgl. HKInsO/*J. Schmidt* § 96 Rn. 12.

296 KG ZInsO 2018, 1807, 1808 f. und Leitsatz.

297 BGH NZI 2007, 103.

298 BGH ZIP 2007, 1467 Rn. 9 ff.; ZIP 2008, 1593 Rn. 19; ZIP 2018, 1299 Rn. 39.

299 WuB VI A. § 96 InsO 3.05; vgl. BGHZ 169, 158 Rn. 20 = NJW 2007, 78 = NZI 2007.

anwendet.[300] Er hat sich nicht der Gegenauffassung angeschlossen, nach der die wiederaufgelebte Forderung in der für sie jeweils maßgeblichen Frist, verlängert um den Zeitraum zwischen Aufrechnungserklärung und der Eröffnung des Insolvenzverfahrens (§ 206 BGB), verjähren soll.[301] Das beruht auf folgender Überlegung: § 96 Abs. 1 Nr. 3 hat nur die insolvenzrechtliche Unwirksamkeit der Aufrechnung zur Folge; zivilrechtlich bleibt die Hauptforderung erloschen (§ 389 BGB). Damit können auch keine Verjährungsfristen mehr laufen, die dem bürgerlichen Recht (oder dem Recht, welchem die Hauptforderung unterliegt) zuzuordnen sind. Die Rechtsfolgen des § 96 Abs. 1 Nr. 3 sollen aber auch nicht zeitlich unbeschränkt geltend gemacht werden können. Es liegt nahe, an die allgemein für die Insolvenzanfechtung geltende Vorschrift des § 146 Abs. 1 anzuknüpfen. Wird diese Frist versäumt und beruft sich der Anfechtungsgegner hierauf, kann § 96 Abs. 1 Nr. 3 keine Wirkung mehr entfalten. Die Hauptforderung gilt damit auch für die Zwecke des Insolvenzverfahrens als erloschen.

Der Insolvenzverwalter muss den Anspruch aus der Hauptforderung also vor Ablauf der Verjährungsfrist des § 146 Abs. 1 gerichtlich geltend machen. Zur **Hemmung** der Verjährung reicht gemäß § 146 Abs. 1, §§ 203 ff. BGB aus, dass der Anspruch gegen den Insolvenzgläubiger und die Anfechtbarkeit der durch eine anfechtbare Rechtshandlung erlangten Aufrechnungslage **dargelegt** wurde; eine aktive Anfechtung seitens des Insolvenzverwalters wird nicht verlangt.[302]

Erklärt der Insolvenzgläubiger die **Aufrechnung erst nach Ablauf** der im unmittelbaren Anwendungsbereich der Vorschrift von der Eröffnung des Insolvenzverfahrens an laufenden Frist des § 146 Abs. 1, soll es bei der allgemeinen Verjährungsfrist bleiben.[303] Der Lauf dieser Frist kann jedenfalls nicht beginnen, bevor die anzufechtende Handlung mit der Aufrechnungserklärung ihren Abschluss gefunden hat.[304]

V. Forderung gegen das freie Vermögen des Schuldners (Nr. 4)

Gegen eine Forderung der Masse kann nicht mit einer Forderung aufgerechnet werden, die **65**
aus dem freien Vermögen des Schuldners zu erfüllen ist. Unter der Geltung der Konkursordnung haftete das bei Verfahrenseröffnung vorhandene konkursbefangene Vermögen nicht für Forderungen, die nach Verfahrenseröffnung gegen den Konkursschuldner entstanden. Nunmehr fällt nach § 35 Abs. 1 in die Insolvenzmasse auch das, was der Schuldner nach Verfahrenseröffnung erwirbt. Der Schuldner ist jedoch grundsätzlich nicht berechtigt, die Masse zu verpflichten (§ 80 Abs. 1). Der Partner eines vom Schuldner persönlich geschlossenen Austauschvertrages wird also Schuldner der Masse, weil die vom Schuldner begründete Forderung einen Neuerwerb gemäß § 35 Abs. 1 darstellt, kann sich wegen seiner Gegenforderung aber nur an den Insolvenzschuldner persönlich halten. Diese mit der Eröffnung begründete Beschlagnahmewirkung würde vereitelt, wenn der Neugläubiger seinen Anspruch im Wege der Aufrechnung auf Kosten der Masse befriedigen könnte.[305]

Weiß der Vertragspartner bei Vertragsschluss nichts von der Eröffnung des Insolvenzverfahrens, kann er entsprechend § 406 BGB aufrechnen und nach § 82 mit befreiender Wirkung an den Insolvenzschuldner leisten, falls er auch zu diesem Zeitpunkt noch gutgläubig ist.[306] Kennt der Vertragspartner das Insolvenzverfahren, kann er auf Zug-um-Zug-Leistung bestehen. Ferner soll wenigstens für konnexe Forderungen die Aufrechnung zulässig und § 96 Abs. 1 Nr. 4 insoweit teleologisch zu reduzieren sein.[307] Der Rechtsgedanke des § 81 Abs. 1 Satz 3 fordert darüber hinaus die

---

300 BGHZ 169, 158 Rn. 17 ff., 20 f. = NJW 2007, 78 = NZI 2007, 31 mAnm *Huber;* BGH NZI 2007, 582 Rn. 12; ZIP 2018, 1299 Rn. 39 f.; BFHE 249, 418 Rn. 11 = NZI 2015, 903; HKInsO/*J. Schmidt* § 96 Rn. 51 ff.; HambKommInsO/*Jacoby* § 96 Rn. 25; *Henkel* NZI 2007, 84; aA. AGR/*Piekenbrock* § 96 Rn. 23; Jaeger/*Windel* § 96 Rn. 99.

301 Dafür: OLG Düsseldorf NZI 2006, 39 mAnm *Henkel* EWiR 2006, 53; *Kirchhof* WM 2002, 2037, 2039; *Heublein* ZIP 2000, 161, 164.

302 BGH ZIP 2007, 1467 Rn. 9 ff.; ZIP 2008, 1593 Rn. 19 ff.; ZIP 2018, 1299 Rn. 39 f.

303 AGR/*Piekenbrock* § 96 Rn. 24.

304 Ähnlich BGH NZI 2008, 547 Rn. 24 hinsichtlich anfechtbar erlangter Gegenrechte gegen einen Anfechtungsanspruch.

305 *Häsemeyer* Kölner Schrift, S. 474 Rn. 50; HKInsO/*J. Schmidt* § 96 Rn. 76.

306 *Windel* KTS 1995, 367, 402; *Häsemeyer* Kölner Schrift, S. 483 Rn. 91; KPB/*Lüke* § 96 Rn. 89; HKInsO/*J. Schmidt* § 96 Rn. 77; BeckOKInsO/*Liefke* § 96 Rn. 41; HambKommInsO/*Jacoby* § 96 Rn. 8. K. Schmidt/*Thole* § 96 Rn. 25 hält dem entgegen, dass § 82 auf Erfüllungssurrogate nicht anwendbar sei und deshalb der Gläubiger nur geschützt sei, wenn er die Hauptforderung auch tatsächlich erfülle.

307 Jaeger/*Windel* § 96 Rn. 102; HKInsO/*J. Schmidt* § 96 Rn. 77; Uhlenbruck/*Sinz* § 96 Rn. 66; BeckOKInsO/*Liefke* § 96 Rn. 42; K. Schmidt/*Thole* § 96 Rn. 25; *Windel* KTS 1995, 367, 402 f.; *Häsemeyer* Kölner Schrift, S. 483 Rn. 91; *Adam* WM 1998, 801, 803; HambKommInsO/*Jacoby* § 96 Rn. 8; kritisch KPB/*Lüke* § 96 Rn. 89.

Aufrechenbarkeit auch inkonnexer Forderungen, soweit sonst die Masse bereichert würde.[308] Seit es die Möglichkeit der Freigabe der selbständigen Tätigkeit des Schuldners gibt (§ 35 Abs. 2 und 3), dürfte das Problem an Schärfe verloren haben. Nach der Freigabeerklärung, die öffentlich bekannt zu machen ist, wirtschaftet der Schuldner insoweit auf eigene Rechnung; der Neuerwerb fällt nicht in die Insolvenzmasse und steht zur Begleichung der Forderungen der Neugläubiger zur Verfügung. Gibt der Verwalter die wirtschaftliche Tätigkeit des Schuldners nicht frei, dürfte die Masse jedenfalls insoweit für vom Schuldner begründete Forderungen haften, als der Schuldner mit Kenntnis und Duldung des Verwalters handelte (§ 55 Abs. 1 Nr. 1).[309] In beiden Fällen greift § 96 Abs. 1 Nr. 4 nicht ein.

C. Ausnahmen für Abrechnungssysteme

I. Allgemeines

66 Nach § 96 Abs. 2 gelten die Aufrechnungsverbote des § 96 Abs. 1 sowie des § 95 Abs. 1 Satz 3 nicht für bestimmte, in § 1 Abs. 16 KWG näher beschriebene Abrechnungssysteme. Diese Ausnahme beruht auf der Richtlinie 98/26/EG des Europäischen Parlaments und des Rates vom 19. Mai 1998 über die Wirksamkeit von Abrechnungen in Zahlungs- sowie Wertpapierliefer- und -abrechnungssystemen, der sog. Finalitätsrichtlinie.[310] Diese **bezweckt,** die Teilnehmer der von ihr erfassten Abrechnungssysteme für den Fall zu schützen, dass einer von ihnen insolvent wird. Dessen Zusammenbruch soll angesichts der weltweiten Vernetzung nicht den anderer Teilnehmer nach sich ziehen. Es geht mithin um den Schutz von Zahlungsverkehrs- und Abrechnungssystemen vor Dominoeffekten bei der Insolvenz großer Kreditinstitute.[311] Eine der vorgesehenen Maßnahmen besteht deshalb darin, den reibungslosen Abschluss von Brutto- und Nettosystemen am Tag des Abschlusses zu gewährleisten. Dieser Forderung wird außer durch § 147 Satz 2, § 166 Abs. 3, § 223 Abs. 1 Satz 2 durch § 96 Abs. 2 Rechnung getragen.

Die Ausnahmen des § 96 Abs. 2 **gelten nicht für** die **Kunden der Kreditinstitute.** Deren Aufrechnungen unterliegen den allgemeinen Regeln, insbesondere den Beschränkungen des § 96 Abs. 1 und des § 95 Abs. 1 Satz 3.

II. Begrifflichkeiten und Funktionsweise der Abrechnungssysteme

67 Geldinstitute wickeln den Abrechnungsverkehr untereinander in Brutto- oder Nettosystemen ab.

Im **Bruttoverfahren** wird jeder Auftrag einzeln abgerechnet. Das beauftragte Institut führt den Auftrag nur aus, wenn das Konto ein Guthaben aufweist oder die Geldinstitute einander besicherte Kreditlinien eingeräumt haben. Mit dem Gegenwert des Auftrags wird das Konto jeweils einzeln belastet.

Im **Nettoverfahren** erfolgt die Abrechnung durch tägliche multilaterale Verrechnung und Ausgleich der Spitzen. Die Anschaffung der Deckung zerfällt hiernach in die Verrechnung aller Aufträge an die Gesamtheit aller anderen Teilnehmer mit allen für diesen Teilnehmer eingehenden Aufträge (Saldierung oder Clearing) und den Spitzenausgleich durch Übertragung von Guthaben auf dem Verrechnungskonto oder Inanspruchnahme einer besicherten freien Kreditlinie, die die Verrechnungsstelle zur Verfügung gestellt hat (Settlement).[312] Auf die gesetzlichen Voraussetzungen der Aufrechnung, namentlich die Gegenseitigkeit, kommt es nicht an; außerdem sind mehr als nur zwei Parteien beteiligt.[313] Wie im Kontokorrent sind die teilnehmenden Forderungen „gelähmt“, können also nicht selbständig durchgesetzt werden.[314] Der Bundesgerichtshof hat diese Verrechnung unter der Bezeichnung Skontration als Erfüllungssurrogat anerkannt.[315]

---

308 Jaeger/*Windel* § 96 Rn. 102; *Häsemeyer* Kölner Schrift, S. 484 Rn. 91; HambKommInsO/*Jacoby* § 96 Rn. 8; *Windel* KTS 1995, 367, 402 f.; aA – keine Aufrechnung gegen inkonnexe Forderungen – HKInsO/*J. Schmidt* § 96 Rn. 77; BeckOKInsO/*Liefke* § 96 Rn. 43.

309 Vgl. BT-Drs. 16/3227, S. 17; vgl. auch *Ganter/Brünink* NZI 2007, 257, 262 f.

310 ABl. L 166/45, zuletzt geändert durch die Richtlinie 2009/44/EG vom 6.5.2009, ABl. L 146/37 und das Gesetz zur Umsetzung der geänderten Bankenrichtlinie und der geänderten Kapitaladäquanzrichtlinie vom 19.11.2010, BGBl. I S. 1592.

311 KPB/*Lüke* § 96 Rn. 93; K. Schmidt/*Thole* § 96 Rn. 26; BeckOKInsO/*Liefke* § 96 Rn. 44.

312 Vgl. *Keller* WM 2000, 1269, 1271 f.

313 *Berger* Der Aufrechnungsvertrag, S. 354 f., 358 f.

314 *Berger* Der Aufrechnungsvertrag, S. 364 f.

315 BGH NJW 1970, 135, 136; WM 1972, 1379; NJW 1978, 1852; BGHZ 74, 352, 358 f. = NJW 1979, 2143, 2144; BGH NJW 1980, 1964; NJW 1987, 2439, 2440.

Wegen der Begriffe „System“, „Systembetreiber“ und „Geschäftstag“ verweist Abs. 2 Halbsatz 2 auf § 1 Abs. 16, 16a und 16b KWG:[316] 68

Es muss sich um ein Abrechnungssystem handeln, das von der zuständigen Stelle – aus Deutschland von der Deutschen Bundesbank (§ 24b KWG) – der Kommission der Europäischen Union gemeldet worden ist. Die Regelung gilt auch für die Teilnahme deutscher Institute an Systemen aus Drittstaaten, sofern sie im Wesentlichen den in Art. 2 Buchst. a der Richtlinie 98/26 EG angeführten Voraussetzungen entsprechen. Aus Deutschland wurden bisher folgende Systeme benannt:[317] alle Zahlungssysteme, die von der Deutschen Bundesbank betrieben werden, die Zahlungssysteme der Sparkassen und Genossenschaftsbanken, alle Geldclearings der Clearstream Banking AG, alle Geldclearings der Eurex Clearing AG, alle Geldclearings aus Wertpapierumsätzen des Sparkassen- und Genossenschaftsbankensektors, das Clearing der EBA. Mitglieder dieser Systeme sind nur Kreditinstitute.

III. Regelungsgehalt

Abs. 2 beseitigt die Aufrechnungshindernisse der §§ 95 und 96 für Abrechnungssysteme. Alle Aufträge – auch alle am Tage der Verfahrenseröffnung eingehenden – können wirksam verrechnet werden, mithin im Nettoverfahren alle ein- und ausgehenden Aufträge sowie im Bruttoverfahren die später eingehenden Aufträge mit Krediten aus zunächst auf debitorischer Basis ausgeführten Aufträgen. Auf diese Weise wird die Anschaffung der Deckung sichergestellt. Privilegiert sind nur Verrechnungen, die spätestens am Tage der Verfahrenseröffnung erfolgen. 69

Dass Abs. 2 nicht von Aufrechnung, sondern von der Verrechnung von Ansprüchen und Leistungen spricht, bedeutet, dass es nicht nur um die gesetzliche, sondern auch um die vertragliche Aufrechnung sowie um der Aufrechnung verwandte Konzepte der Schuldtilgung geht, die – wie § 355 Abs. 1 HGB oder die Skontration[318] – neben der Aufrechnung von Forderungen auch Leistungen einbeziehen.[319] 70

Abbedungen wird das Hindernis divergierender Fälligkeiten gemäß § 95 Abs. 1 Satz 3, wonach die Aufrechnung ausgeschlossen ist, wenn die Forderung des insolventen Gläubigers früher unbedingt und fällig ist als die der Gegenseite. Abbedungen werden ferner alle Aufrechnungshindernisse des § 96 Abs. 1, wonach nicht aufgerechnet werden kann, wenn der Insolvenzgläubiger *nach* Verfahrenseröffnung etwas zur Insolvenzmasse schuldig geworden ist oder eine Forderung gegen sie erworben hat oder wenn *vor* Verfahrenseröffnung eine Aufrechnungslage anfechtbar entstanden ist; dasselbe gilt für Nr. 4. 71

§ 97 Auskunfts- und Mitwirkungspflichten des Schuldners

(1) [1]Der Schuldner ist verpflichtet, dem Insolvenzgericht, dem Insolvenzverwalter, dem Gläubigerausschuß und auf Anordnung des Gerichts der Gläubigerversammlung über alle das Verfahren betreffenden Verhältnisse Auskunft zu geben. [2] Er hat auch Tatsachen zu offenbaren, die geeignet sind, eine Verfolgung wegen einer Straftat oder einer Ordnungswidrigkeit herbeizuführen. [3]Jedoch darf eine Auskunft, die der Schuldner gemäß seiner Verpflichtung nach Satz 1 erteilt, in einem Strafverfahren oder in einem Verfahren nach dem Gesetz über Ordnungswidrigkeiten gegen den Schuldner oder einen in § 52 Abs. 1 der Strafprozeßordnung bezeichneten Angehörigen des Schuldners nur mit Zustimmung des Schuldners verwendet werden.

(2) Der Schuldner hat den Verwalter bei der Erfüllung von dessen Aufgaben zu unterstützen.

(3) [1]Der Schuldner ist verpflichtet, sich auf Anordnung des Gerichts jederzeit zur Verfügung zu stellen, um seine Auskunfts- und Mitwirkungspflichten zu erfüllen. [2] Er hat alle Handlungen zu unterlassen, die der Erfüllung dieser Pflichten zuwiderlaufen.

Schrifttum: *App,* Mitwirkungspflichten des Schuldners im Insolvenzeröffnungsverfahren, EWiR 2001, 879; *Bader,* Das Verwendungsverbot des § 97 I 3 InsO, NZI 2009, 416; *Bittmann/Rudolph,* Das Verwendungsverbot gemäß § 97 Abs. 1 Satz 3 InsO, wistra 2001, 81; *Bittmann/Tschakert*, Strafrechtliche Vermögensabschöpfung und

[316] Gesetz über das Kreditwesen idF vom 6.12.2011, gültig ab 1.6.2012; zuletzt geändert durch Gesetz vom 17.7.2017, BGBl. I 2446, 2493.

[317] *Obermüller* Rn. 3.1010 f.

[318] Vgl. BGH WM 1972, 1379.

[319] *Keller* WM 2000, 1269, 1278.

Insolvenzrecht, ZInsO 2017, 2657; *Böhm,* Strafrechtliche Verwertbarkeit der Auskünfte von Arbeitnehmern bei unternehmensinternen Untersuchungen, WM 2009, 1923; *Bous/Solveen,* Pflicht zur Verschwiegenheit gemäß § 18 BNotO im Insolvenzverfahren, DNotZ 2005, 261; *Brill,* Die Auskunftspflichten des Schuldners im Rahmen von § 97 Abs. 1 InsO, ZVI 2015, 201; *Bruder,* Auskunftsrecht und Auskunftspflicht des Insolvenzverwalters und seiner Mitarbeiter, ZVI 2004, 332; *Bruns/van Endern,* Keine Auskunftsansprüche für Insolvenzverwalter gegenüber der Finanzverwaltung in Hamburg, ZInsO 2016, 312; *Dahl,* Rechtsweg bei Ansprüchen des Verwalters aus InformationsfreiheitsG, NJW-Spezial 2013, 21; *ders.*, Auskunfts- und Mitwirkungspflichten im Eröffnungsverfahren, NJW-Spezial 2011, 405: *Deichgräber/Krüger,* Abhängigkeit der „erfolgreichen" Insolvenzanfechtung von dem Anspruch des Insolvenzverwalters auf Erteilung von Auskünften/Informationen gegenüber der Finanzverwaltung, ZInsO 2018, 2063; *Diversy,* Eigene Angaben des Insolvenzschuldners gegenüber dem Insolvenzgericht als Erkenntnisquelle der Staatsanwaltschaft? ZInsO 2005, 180; *Dauernheim/Behler/Heutz,* Der Insolvenzverwalter – ein Refugium für Geschäftsunterlagen?, ZInsO 2008, 24–28; *Frind,* Das „zahnlose" Insolvenzgericht? – Rechtsprechung und Realität der insolvenzgerichtlichen Ermittlungs- und Zwangsmittel – eine Bestandsaufnahme, NZI 2010, 749; *Gaiser,* Die Auskunfts- und Mitwirkungspflichten des Schuldners gem. § 97 InsO und die Frage nach alternativen Auskunftsquellen, ZInsO 2002, 472; *Grub,* Die Stellung des Schuldners im Insolvenzverfahren, Kölner Schrift, 2. Aufl. 2000, 671; *Gundlach/Flöther,* Neue Auskunftsansprüche des Insolvenzverwalters gegen bestimmte Anfechtungsgegner, NZI 2009, 719; *Haarmeyer,* Eigenverwaltung mit Selbstbelastungsanzeige und die insolvenzstrafrechtlichen Folgen – Ein Beitrag zur Neujustierung des Verwendungsverbots nach § 97 Abs. 1 Satz 3 InsO, ZInsO 2016, 545; *Hartwig,* Auskunfts- und Mitwirkungspflichten des Schuldners im Insolvenzverfahren, InsbürO 2014, 183; *Hefendehl,* Beweisermittlungs- und Beweisverwertungsverbote bei Auskunfts- und Mitwirkungspflichten, wistra 2003, 1; *Henssler,* Die verfahrensrechtlichen Pflichten des Geschäftsführers im Insolvenzverfahren über das Vermögen der GmbH & Co KG, Kölner Schrift, 2. Aufl. 2000, 1283; *Henze/Bauer,* Pflichtenstellung und Haftung des GmbH-Geschäftsführers im gegenwärtigen und künftigen Insolvenzrecht, Kölner Schrift, 2. Aufl. 2000, 1311; *Heeseler,* Auskunfts-/Akteneinsichtsrechte und weitere Informationsmöglichkeiten des Gläubigers im Regelinsolvenzverfahren, ZInsO 2001, 873; *Heutz/Behler/Dauernheim,* Der Auskunftsanspruch des Insolvenzverwalters gegen Sozialversicherungsträger zur Vorbereitung einer Anfechtung im Zeitalter des IFG – Alter Krieg mit neuen Waffen, ZIP 08, 2296 ff.; *Hohnel,* Selbstbelastungsfreiheit in der Insolvenz, NZI 2005, 152; *Hoppe,* Die Erlangung außerordentlicher Informationen im eröffneten Insolvenzverfahren, ZInsO 2017, 2249; *Jess,* Versagung der Restschuldbefreiung wegen Verletzung der Mitwirkungspflichten im Insolvenzverfahren – Anmerkung zum Beschluss des BGH vom 12.4.2018, NZI 2018, 702; *Kemperdick,* Geltung der Auskunfts- und Mitwirkungspflichten des § 97 InsO in der Wohlverhaltensphase?, ZInsO 2016, 1148; *ders.,* Zum Verwendungsverbot des § 97 Abs. 1 Satz 3 InsO, ZInsO 2013, 1116; *Laroche,* Auskunftspflichten des Organvertreters in der Insolvenz der Gesellschaft, ZInsO 2015, 1469; *Lenger,* Grenzen des Verwertungsverbots nach Selbstbelastung im Insolvenzverfahren, Anm. zu OLG Jena, Beschl. v. 12.8.2010 – 1 Ss 45/10, NZI 2011, 382; *Nassall,* Auskunfts- und Akteneinsichtsrechte des Konkursverwalters gegenüber dem Rechtsanwalt des Gemeinschuldners?, KTS 1988, 633; *Marković,* Auskunftsrechte im Insolvenzverfahren nach § 802l ZPO, ZInsO 2016, 1974; *Priebe,* Die Entbindung des Wirtschaftsprüfers und des Steuerberaters von der Schweigepflicht durch den Insolvenzverwalter, ZIP 2011, 312; *Püschel,* Die Pflicht zur „qualifizierten" Belehrung im Insolvenz(straf)verfahren, ZInsO 2016, 262; *Richter,* Auskunfts- und Mitteilungspflichten nach §§ 20, 97 Abs. 1 ff. InsO, wistra, 2001, 1; *Roellenbleg,* Verfassungswidrigkeit der InsO?, NZI 2004, 176; *Rudolph,* Nemo tenetur und die Verwertbarkeit von Geschäftsunterlagen, StraFo 2017, 183; *Schaake,* Informationsansprüche des Insolvenzverwalters gegenüber der Finanzverwaltung, 2014; *Schröder,* Auskunfts- und Mitwirkungspflichten des Geschäftsführers in der Eigenverwaltung und im Insolvenzplanverfahren, ZinsO 2018, 2124; *Stephan,* Das Bankgeheimnis im Insolvenzverfahren, WM 2009, 241; *Tetzlaff,* Unzugänglichmachung des Insolvenzeröffnungsgutachtens für die Staatsanwaltschaft?, NZI 2005, 316; *Uhlenbruck,* Auskunfts- und Mitwirkungspflichten des Schuldners und seiner organschaftlichen Vertreter nach der Konkursordnung, Vergleichsordnung, Gesamtvollstreckungsordnung sowie Insolvenzordnung, KTS 1997, 371; *ders.,* Auskunfts- und Mitwirkungspflichten des Schuldners und der organschaftlichen Vertreter im Insolvenzverfahren, FS Egon Schneider, 1997, 393; *ders.,* Auskunfts- und Mitwirkungspflichten des Schuldners und seiner organschaftlichen Vertreter im Insolvenzverfahren, NZI 2002, 401; *Vallender,* Die Auskunftspflicht der Organe juristischer Personen im Konkurseröffnungsverfahren, ZIP 1996, 529; *ders.,* Wohnungseigentum in der Insolvenz, NZI 2004, 401; *ders.,* Rechtliche und tatsächliche Probleme bei der Abwicklung der Arztpraxis in der Insolvenz, NZI 2003, 530; *ders.,* Bankgeheimnis und Auskunftspflicht der Kreditinstitute im Insolvenzeröffnungsverfahren in FS *Uhlenbruck,* 2000, 133; *Wessel,* Der Sachverständige im Insolvenzeröffnungsverfahren, DZWiR 1999, 230; *Weyand,* Wichtige Entscheidungen zum Insolvenzstrafrecht aus den Jahren 2011/2012, ZInsO 2012, 770; *ders.,* Zur „Verwendung" von Angaben des Schuldners für strafrechtliche Zwecke, ZInsO 2001, 108; *ders.,* Flucht in den § 97 Abs. 1 Satz 3 InsO – Straffreiheit durch Selbstbelastung?, ZInsO 2015, 1948.

Übersicht

I. Normzweck

Die Vorschrift dient der effektiven Durchführung des Insolvenzverfahrens, nämlich der bestmöglichen Verwertung des Schuldnervermögens durch Liquidation oder Sanierung, § 1 Satz 1. Ohne **Auskünfte** und ohne **Mitwirkung des Schuldners** wären die Ermittlung und Verwertung des Schuldnervermögens und die Chance einer etwaigen Sanierung meist erschwert.[1] Von den Schuldnern wirken nur wenige vorbehaltlos im Verfahren mit. Die meisten dagegen verfolgen Interessen, die dem Verfahrenszweck entgegenstehen. Sie sind nur zögernd oder widerwillig unter Androhung oder Anwendung von Zwangsmitteln bereit, Auskunft und Unterstützung im Insolvenzverfahren zu leisten. Groß ist die Versuchung, zu verschleiern und zu vertuschen und dem Zugriff der Gläubiger auszuweichen oder Teile der Insolvenzmasse „hinüberzuretten". Manche Schuldner hängen unrealistischen Vorstellungen über ihre Geschäftslage nach; manche verhalten sich aus einem unguten Gefühl über den von ihnen (mit-)verursachten geschäftlichen Misserfolg passiv, indem sie entweder auf Anschreiben des Gerichts oder des Verwalters nicht reagieren, Auskünfte nur lückenhaft erteilen oder Unterlagen zurückhalten. Wer mit Absicht Gläubiger benachteiligt oder die Insolvenz unter Verstoß gegen insolvenzstrafrechtliche Vorschriften herbeigeführt hat, will an einer Aufklärung nicht mitwirken, um sich nicht selbst zu belasten. Die Zusammenarbeit des Schuldners mit dem Insolvenzverwalter ist aber vor allem dann wichtig, wenn eine Sanierung des schuldnerischen Unternehmens angestrebt wird und in Betracht kommt, dass der Schuldner später wieder selbst die Rolle des Unternehmers ausübt, die zeitweilig auf den Verwalter übergegangen ist. Für die Dauer seines „Interregnums" ist der Insolvenzverwalter auf Auskünfte (Abs. 1) und Unterstützung (Abs. 2) des Schuldners angewiesen.[2] 1

Abs. 1 Satz 1 regelt grundsätzlich die Auskunftspflicht des Schuldners, benennt die auskunftsberechtigten Personen sowie Inhalt und Umfang der Auskunftspflicht. **Satz 2** stellt klar, dass diese Verpflichtung auch die Offenbarung solcher Tatsachen umfasst, die eine Strafverfolgung oder ein Ordnungswidrigkeitsverfahren herbeiführen können. **Satz 3** regelt im Hinblick darauf einschränkend die Voraussetzungen einer Verwendbarkeit entsprechender Auskünfte in einem solchen Verfahren. **Abs. 2** regelt ergänzend zu der Auskunftspflicht in Satz 1eine allgemeine **Unterstützungspflicht** des Schuldners. Um sicherzustellen, dass der Schuldner seine Auskunfts- und Mitwirkungspflichten gegenüber dem Gericht, dem Verwalter und den Organen der Gläubiger auch erfüllt, hat er sich 2

[1] Vgl. die Begr. zu §§ 109 und 110 RegE in *Balz/Landfermann,* S. 182f.; *Vallender,* ZIP 1996, 529; *Laroche,* ZInsO 2015, 1469; *Brill,* ZVI 2015, 201.

[2] *Balz/Landfermann* S. 182f. zu § 110 RegE.

auf Anordnung des Gerichts jederzeit zur Verfügung zu stellen und daneben alles zu unterlassen, was die Erfüllung seiner Pflichten hindern oder erschweren könnte (Abs. 3).

3 Praktische Bedeutung haben die §§ 97 ff. vor allem im **Eröffnungsverfahren,** in dem sie nach Maßgabe der §§ 20 Satz 2, 21 Abs. 2 Nr. 4 und 22 Abs. 3 Satz 3 entsprechend gelten. Im Eröffnungsverfahren müssen das Insolvenzgericht und die von ihm beauftragten Gutachter oder vorläufigen Verwalter oft mit viel Aufwand um die Mitwirkung des Schuldners ringen, dessen Auskunft und Unterstützung für die zuverlässige Feststellung und Verwertung der Insolvenzmasse meist hilfreich, manchmal unerlässlich ist.

4 **Zur Durchsetzung dieser Schuldnerpflichten** kann das Insolvenzgericht anordnen, dass der Schuldner zu Protokoll an Eides statt versichert, die von ihm erteilte Auskunft richtig und vollständig erteilt zu haben (§ 98 Abs. 1). Das Insolvenzgericht kann den Schuldner zwangsweise vorführen und nach Anhörung in Haft nehmen (§ 98 Abs. 2) und eine Postsperre anordnen (§ 99).

II. Entstehungsgeschichte

5 **1. Das frühere Recht. a) Konkursordnung. § 100 KO** enthielt eine nur unvollkommene Regelung der Auskunfts- und Mitwirkungspflichten des Schuldners.[3] Insbesondere regelte die KO nicht, ob und inwieweit der Schuldner im Verfahren zur Unterstützung oder Mitwirkung verpflichtet ist, zB bei der Ermittlung und Verwertung von im Ausland belegenen Vermögensgegenständen[4] oder im Falle einer Betriebsfortführung,[5] wenn etwa Zeugnisse zu erteilen oder Abrechnungen zu erstellen sind. Nicht in der KO geregelt waren die Auskunfts- und Mitwirkungspflichten organschaftlicher Vertreter.[6] Erst von der Rechtsprechung des BVerfG ist die Verpflichtung des Schuldners herausgearbeitet worden, im Insolvenzverfahren auch solche Handlungen zu offenbaren, die ihn der Gefahr einer Verfolgung nach dem StGB oder dem OWiG aussetzen.[7]

6 **b) Vergleichsordnung.** Die **§§ 3–7, 10 VerglO** enthielten keine Pflichten, sondern Obliegenheiten des Schuldners, seinen Vergleichsantrag schlüssig zu begründen. Im eröffneten Verfahren war der Schuldner zur Anwesenheit im Vergleichstermin, zur Auskunft und zur eidesstattlichen Versicherung verpflichtet, §§ 68, 69 VerglO.

7 **c) Gesamtvollstreckungsordnung.** Gemäß **§ 3 GesO** hatte der Schuldner dem Gericht ein vollständiges Verzeichnis seines Vermögens, ein Verzeichnis seiner Gläubiger sowie ein Schuldnerverzeichnis vorzulegen. Wegen der Auskunfts- und Mitwirkungspflichten des Schuldners und seiner Vertreter wurde allgemein auf die KO Bezug genommen.[8]

8 **2. Reformvorschläge. a) Kommission für Insolvenzrecht.** Die Neuregelung basiert auf Vorschlägen der **Kommission für Insolvenzrecht.**[9] Deren Erster Bericht[10] sah in LS 1.3.2.2 eine Mitwirkungs- und Unterstützungspflicht des Schuldners (Abs. 1), eine weitgehende Auskunftspflicht (Abs. 2) und die Befugnis des Insolvenzgerichts vor, den Schuldner zur Vornahme einer bestimmten Handlung zu verpflichten (Abs. 3).

9 **b) Diskussionsentwurf, Referentenentwurf des BMJ.** Der 1988 vom BMJ vorgestellte **Diskussionsentwurf** eines Gesetzes zur Reform des Insolvenzrechts[11] wie auch der 1989 vorgelegte **Referentenentwurf** eines Gesetzes zur Reform des Insolvenzrechts[12] enthielten jeweils in den §§ 105–108 und § 110 gegenüber dem bisherigen Recht erweiterte und detailliertere Pflichten des Schuldners zur Mitwirkung und Unterstützung des Insolvenzverwalters, die im Wesentlichen auf den Vorschlägen der Kommission für Insolvenzrecht beruhten (→ Rn. 8). Neu war die der **Wegfall der Präsenzpflicht.** Der Schuldner sollte nicht mehr der grundsätzlichen Präsenzpflicht entsprechend dem § 101 Abs. 1 KO unterliegen. Danach durfte der „Gemeinschuldner sich von seinem Wohnort nur mit Erlaubnis des Gerichts entfernen". Anstelle der Präsenzpflicht enthielten die Entwürfe eine **Bereitschaftspflicht** kraft besonderer Anordnung des Insolvenzgerichts.

---

[3] *Uhlenbruck* KTS 1997, 371 ff.
[4] *Uhlenbruck* KTS 1997, 371, 376 f.
[5] *Uhlenbruck* KTS 371, 374.
[6] *Vallender* ZIP 1996, 529 ff.; *Uhlenbruck* KTS 1997, 371, 378.
[7] BVerfG E 56, 37 = NJW 1981, 1431 = ZIP 1981, 361 = JZ 1981, 303 = Rpfleger 1981, 225 = MDR 1981, 818 = BB 1981, 639 = DB 1981, 984; davor schon LG Hamburg KTS 1975, 242; ferner BGH U. v. 30.11.1989, III ZR 112/88, BB 1990, 91, 93.
[8] *Uhlenbruck* KTS 1997, 371, 383 mit Fn. 65.
[9] *Uhlenbruck* KTS 1997, 371, 384.
[10] 1. KommBer., S. 142 ff.
[11] DE S. 50 f.
[12] RefE S. 59 f., 102 f.; vgl. *Uhlenbruck* KTS 1997, 371, 384 mit Fn. 76.

3. Gesetzgebungsverfahren. Der **Regierungsentwurf** von 1992 sah in §§ 109–113 und 115 RegE den den §§ 105–108 und § 110 des Diskussionsentwurfs vergleichbare Regelungen vor: In Fortentwicklung des geltenden Rechts sollte der Schuldner allgemein verpflichtet sein, den Insolvenzverwalter zu unterstützen, § 110 Abs. 1 RegE; der Schuldner sollte sogar durch Anordnung des Gerichts verpflichtet werden können, im Rahmen seiner Mitwirkungspflicht eine bestimmte Handlung vorzunehmen, § 110 Abs. 2 RegE.[13] 10

Der **Rechtsausschuss** des deutschen Bundestages hat die §§ 109 bis 113 und § 115 des RegE nach der Vornahme kleiner Änderungen in den §§ 97, 98,99 und 101 zusammengefasst.[14] 11

III. Rechtsgrund der Schuldnerpflichten

Der Rechtsgrund für die Pflichten des Schuldners zur Erteilung von Auskunft, zur Mitwirkung und zur Unterlassung folgt nicht schon aus der **Amtsermittlungspflicht des Gerichts** gemäß § 5.[15] Die Amtsermittlungspflicht des Gerichts und die Auskunftspflicht des Schuldners bestehen selbständig nebeneinander.[16] Soweit nämlich in Verfahrensordnungen wie zB der StPO, des OWiG, des FGG und der VwGO eine Amtsermittlungspflicht (Untersuchungsgrundsatz, Inquisitionsmaxime) herrscht, wird sie – mit unterschiedlicher Begründung – als eine öffentlich-rechtliche Pflicht des Gerichts oder der Behörde zur Ermittlung des wahren Sachverhalts (im Gegensatz zum Prinzip der formellen Wahrheit im Zivilprozess) verstanden,[17] ohne dass dadurch der Beschuldigte, Angeklagte, Beteiligte, Betroffene oder die Partei gezwungen wäre, sich selbst zu belasten; insbesondere im Strafverfahren und im Verfahren nach dem OWiG ist das Aussageverweigerungsrecht des Beschuldigten/Angeklagten sowie das Auskunftsverweigerungsrecht jedes Zeugen gemäß § 55 StPO gewährleistet.[18] Die gesteigerte Offenbarungspflicht des Schuldners gemäß § 97 Abs. 1 Satz 2 lässt sich mithin allein aus der Amtsermittlungspflicht des § 5 nicht herleiten. 12

Die Amtsermittlungspflicht in § 5 kann auch schwerlich als Begründung dafür herhalten, warum der Schuldner am Verfahren mitwirken soll, zB um die Beschaffung von im Ausland befindlichen Gegenständen zur Masse zu ermöglichen, von denen der Insolvenzverwalter und das Gericht bereits Kenntnis hat, und deren Rückschaffung ohne Mitwirkung des Schuldners aus Rechtsgründen erschwert ist. Ebenso wenig lässt sich mit der Amtsermittlungspflicht des § 5 begründen, warum der Schuldner gemäß § 97 Abs. 3 Satz 2 alle Handlungen unterlassen soll, die der Erfüllung seiner Auskunfts- und Mitwirkungspflichten zuwiderlaufen. 13

Die Schuldnerpflichten des § 97 folgen vielmehr aus dem **Zweck des Insolvenzverfahrens,** nämlich der Haftungsverwirklichung gemäß § 1. Die für die Haftungsverwirklichung erforderlichen Kenntnisse über die Verhältnisse seines Vermögens, insbesondere eines bisher von ihm geführten Unternehmens, hat am besten von allen Beteiligten der Schuldner bzw. der organschaftliche Vertreter eines Schuldnerunternehmens. Diese Kenntnisse will sich das Gesetz durch die Auskunfts- und Mitwirkungspflichten zu Nutze machen. Der Schuldner steht in einem **besonderen Pflichtenverhältnis,** demzufolge er zu uneingeschränkter Auskunft und zu Unterstützung verpflichtet ist.[19] Die Auskunftspflicht ist eine verfahrensrechtliche Pflicht öffentlich-rechtlicher Art,[20] die unmittelbar erzwungen werden kann, ohne dass zuvor eine zivilrechtliche Klage gegen den Schuldner auf Auskunft erhoben werden müsste; eine solche Klage wäre mangels Rechtsschutzinteresses unzulässig.[21] Um der Haftungsverwirklichung willen ist dem Schuldner zuzumuten, unbeschränkt Auskunft zu erteilen und den Verwalter zu unterstützen. 14

---

13 Vgl. *Balz/Landfermann* S. 181, 183; BT-Drs. 12/2443 S. 142 zu §§ 109, 110, 111 des RegE.

14 *Balz/Landfermann* S. 181 ff., 184; BT-Drs. 12/7302 S. 25 f. zu §§ 109- 113 und 115; *Uhlenbruck* KTS 1997, 371, 385.

15 So wohl *Uhlenbruck* KTS 1997, 371 f. f. und *Vallender* ZIP 1996, 529.

16 *Jaeger/Weber* KO § 100 Rn. 1.

17 Vgl. zur **StPO** *Löwe/Rosenberg,* Die Strafprozessordnung und das Gerichtsverfassungsgesetz, 24. A. 1989, § 160 Rn. 1, § 152 Rn. 3, § 170 Rn. 1: Die Amtsaufklärung ist „Aufgabenzuweisung" und „Eingriffsermächtigung" und führt auf Grund des Legalitätsprinzips zur Aufklärung und Ermittlung der materiellen Wahrheit; vgl. zum **OWiG** *Göhler,* Ordnungswidrigkeitengesetz, § 55 Rn. 8 ff., § 46 Rn. 10c zum Aussageverweigerungsrecht; vgl. zur **VwGO** *Eyermann,* Verwaltungsgerichtsordnung, Kommentar, § 86 Rn. 5, 6: der Untersuchungs- bzw. Amtsermittlungsgrundsatz folge letztlich aus der verfassungsrechtlich gebotenen Gewährung effektiven Rechtsschutzes; zum **FGG** *Keidel/Kuntze/Winkler,* Freiwillige Gerichtsbarkeit, Teil A, Kommentar zum FGG, § 12 Rn. 3, 21: Amtsermittlung liege „im öffentlichen Interesse".

18 Zum Aussageverweigerungsrecht vgl. *Roxin,* Strafverfahrensrecht, 24. Aufl., § 15 C II; *Göhler* § 55 Rn. 8 ff., § 46 Rn. 10c.

19 BVerfG NJW 1981, 1431, 1432; BGH BB 1990, 90, 93 (Auskunftsanspruch des Konkursverwalters gegenüber Rechtsanwalt und Notar des Gemeinschuldners).

20 So zB *Jaeger/Weber* KO § 100 Rn. 1.

21 *Jaeger/Weber* KO § 100 Rn. 1.

IV. Abs. 1: Auskunftspflicht des Schuldners

15 **1. Umfang der Auskunft. a) Alle rechtlichen und wirtschaftlichen Verhältnisse.** Die Auskunftspflicht dient dem Verfahrenszweck der Haftungsverwirklichung gemäß § 1. Sie erstreckt sich inhaltlich auf alle rechtlichen und wirtschaftlichen Verhältnisse, die für das Insolvenzverfahren in irgendeiner Weise von Bedeutung sein können,[22] insbesondere auf die Gründe für die Insolvenz, die Geschäftsbeziehungen, Handlungsvollmachten, die Organisationsstruktur des Unternehmens, etwaige immaterielle Rechte wie ausgenutzte – auch nicht angemeldete – Erfindungen oder Geheimverfahren,[23] auf das gesamte Vermögen des Schuldners, die aktuellen Einkünfte,[24] die Aktiven und Passiven, die Umstände des Entstehens von Forderungen und Verbindlichkeiten,[25] etwaige Aussonderungs-, Absonderungs- und Masseansprüche,[26] auch auf Auslandsvermögen,[27] Anfechtungstatsachen,[28] auf die Gründe für eine Inanspruchnahme der Gesellschafter, auf Nachschüsse gemäß §§ 30 f. GmbHG oder auf Ansprüche wegen Gewährung von kapitalersetzenden Darlehen oder Nutzungsüberlassungen.[29] Zu den Auskünften, die zur Feststellung der Insolvenzmasse erforderlich sind, können beispielsweise Angaben eines Arztes über Forderungen gehören, die dieser aus einer fortdauernden Praxistätigkeit gegenüber Privatpatienten erwirbt, weil diese gemäß § 25 der Masse gebühren.[30] Die Auskunftspflicht umfasst auch Angaben über insolvenzfreies Vermögen, wie zB ein zur Lebensführung notwendiges Mietverhältnis.[31] Das vom Schuldner zu erstellende Vermögensverzeichnis muss die Werte möglichst nahe auf den Stichtag der Antragstellung beziehen. Zur Auskunftspflicht gehört es, eine Übersicht über die Liquidität und einen Finanzplan mit zu erstellen. Eine Auskunftspflicht besteht über einen Arbeitsplatzwechsel.[32] Keine Auskunftspflicht besteht über Tatsachen, die nicht das Verfahren selbst betreffen oder zur Ermittlung der Insolvenzmasse nicht erforderlich sind.[33] Auf persönliche Tatsachen, die keinen Bezug zum Verfahren und zur vermögensrechtlichen Situation des Schuldners haben, erstreckt sich die Auskunftspflicht grundsätzlich nicht. Haben jedoch bestimmte familiäre Entwicklungen, zB ein Ehescheidungsverfahren im Hinblick auf eine Unterhaltsgewährung einen verfahrensrechtlichen Bezug, sind auch solche Tatsachen in die Auskunftspflicht mit einzubeziehen.[34]

16 Die Verpflichtung zur Auskunft ist nicht davon abhängig, dass an den Schuldner entsprechende Fragen gerichtet werden. Der Schuldner muss vielmehr die betroffenen Umstände von sich aus, ohne besondere Nachfrage, offen legen, soweit sie offensichtlich für das Insolvenzverfahren von Bedeutung sein können und nicht klar zu Tage liegen.[35] Der Schuldner kann sich nicht auf gegenwärtig nicht mehr vorhandenes Wissen berufen. Er alles zu unternehmen, sich dieses Wissen zu beschaffen, indem er die von der Auskunft erfassten Umstände ermittelt und notfalls entsprechende Vorarbeiten erbringt.[36] Er muss unter Umständen Auskünfte von Hilfspersonen einholen, nach vorhandenen Unterlagen suchen und diese notfalls auch zusammenstellen und ordnen, um seine Auskunftserteilung zu ermöglichen.[37]

---

[22] BGH NZI 2013, 282; BGH ZInsO 2012, 751; LG Dortmund, NZI 2005, 459; *Henssler* Kölner Schrift, 2. Aufl. 2000, 1283, 1297 Rn. 33; *Brill* ZVI 2015, 201.

[23] *Jaeger/Weber* KO 1973, § 100 KO Rn. 1.

[24] BGH Beschl. v. 26.4.2012 – IX ZB 274/11 – zitiert nach juris: BGH ZInsO 2008, 975.

[25] *Henssler,* Kölner Schrift, 2. Aufl. 2000, 1283, 1297 Rn. 33.

[26] HKInsO/*Schmidt* § 97 Rn. 15; *Kilger/K. Schmidt* § 100 Anm. 1a.

[27] BGH ZIP 2003, 2123; OLG Celle ZInsO 2001, 144; *Hanisch* ZIP 1983, 1295; *Kilger/K. Schmidt* § 100 Anm. 1a; *Kuhn/Uhlenbruck* § 100 Rn. 2b.

[28] BGH ZInsO 2012, 751; BGH NZI 2010, 264.

[29] *Henssler,* Kölner Schrift, 2. Aufl. 2000, 1283, 1297 Rn. 33; hier können der Masse erhebliche Vermögenswerte zufließen, vgl. BGH GmbHR 1994, 612, 691.

[30] Honoraransprüche freiberuflich tätiger Personen gegenüber Dritten sind in vollem Umfang pfändbar und fallen ohne Abzüge in die Insolvenzmasse (BGH WM 2003, 980; BGH NZI 2004, 312; AG Köln NZI 2004, 155.

[31] AG Duisburg NZI 2000, 415; HKInsO/*Schmidt* § 97 Rn. 11; aA Jaeger/*Schilken* § 97 Rn. 18.

[32] BGH Beschl. v. 14.1.2010 – IX ZB 21/07 – BeckRS 2010, 02210.

[33] So ist zB der Geschäftsführer einer GmbH nicht verpflichtet, in einem Insolvenzverfahren über sein persönliches Vermögen Auskünfte über das Vermögen der GmbH zu erteilen, damit ermittelt werden kann, ob Kosten für eventuelle Aushilfskräfte durch eine Übertragung dieser Arbeiten auf den Geschäftsführer vermeidbar wären. (LG Dortmund NZI 2005, 459).

[34] Uhlenbruck/*Zipperer* § 97 Rn. 7; Jaeger/*Schilken* § 97 Rn. 21.

[35] BGH NZI 2013, 1030; BGH ZInsO 2011, 369; BGH NZI 2011, 66; BGH NZI 2010, 264; AG Oldenburg ZInsO 2001, 1170; AG Erfurt ZInsO 2006, 1173; → § 290 Rn. 72.

[36] BGH ZInsO 2006, 264.

[37] Jaeger/*Schilcken* § 97 Rn. 20.

b) Unbeschränkte Offenbarungspflicht. Abs. 1 Satz 2 bestimmt, dass der Schuldner auch solche Tatsachen zu offenbaren hat, die geeignet sind, eine Verfolgung wegen einer Straftat oder einer Ordnungswidrigkeit herbeizuführen. Diese Pflicht hatte das BVerfG[38] in Anwendung von § 100 KO formuliert, mit der zutreffenden Begründung, wonach der **Zweck des Verfahrens** es gebietet, dass der Schuldner im Interesse der beteiligten Gläubiger an der möglichst vollständigen Feststellung und Verwertung des Schuldnervermögens auch solche Rechtshandlungen offenbart, die eine Straftat oder Ordnungswidrigkeit darstellen können. Die Grundrechte des Schuldners werden nicht dadurch verletzt, dass er zu uneingeschränkter Auskunft verpflichtet ist und dazu durch die Beugemittel des Insolvenzrechts angehalten werden kann. Der Schuldner steht nach der zutreffenden Rechtsprechung des BGH[39] zu den Gläubigern in einem besonderen Pflichtverhältnis, wonach das Interesse der Gläubiger auf vollständige Ermittlung und Verwertung der Masse Vorrang hat. Auch die **Verschwiegenheitspflicht des Arztes,**[40] **des Rechtsanwaltes**[41] **oder des Steuerberaters**[42] stehen der Auskunftspflicht als Schuldner nicht entgegen. Zwar haben Patienten eines Arztes in gleicher Weise wie Mandanten eines Rechtsanwalts oder Steuerberaters prinzipiell ein Interesse daran, die der beruflichen Schweigepflicht unterworfenen Daten auch im Insolvenzverfahren als geschützt zu wissen. Die begrenzte Offenbarung von Daten, die zur Durchsetzung von Honorarforderungen erforderlich sind, führt aber nicht zu einer übermäßigen Beeinträchtigung der Rechte des Mandanten bzw. Patienten. Auch wenn die Preisgabe dieser Daten eine Beeinträchtigung des durch Art. 2 Abs. 1 in Verbindung mit Art. 1 Abs. 1 GG geschützten allgemeinen Persönlichkeitsrechts darstellt, hat die Verschwiegenheitspflicht zurückzutreten, wenn überragende Interessen des Gemeinwohls oder vorrangige Belange Dritter dies gebieten und der Verhältnismäßigkeitsgrundsatz gewahrt ist. Bei der hier erforderlichen Güterabwägung der Geheimhaltungsinteressen der Patienten und Mandanten einerseits und der von Art. 14 Abs. 1 GG geschützten Befriedigungsinteressen andererseits haben die Belange der Gläubiger insofern den Vorrang, als die Angaben der Namen und Höhe der Forderungen für die Durchsetzung der Gläubigerrechte erforderlich sind.[43] Ansonsten wäre es dem Insolvenzverwalter nicht möglich, Forderungen des Schuldners mit Erfolg für die Masse geltend zu machen.[44] Die Beeinträchtigung der Rechte der betroffenen Patienten infolge der Mitteilung der Daten an den Insolvenzverwalter ist im Übrigen verhältnismäßig geringfügig, da gerichtlich bestellte Insolvenzverwalter unabhängig davon, inwieweit sie selbst den entsprechenden Verschwiegenheitspflichten des Geheimnisträgers unterworfen sind,[45] die ihnen zugänglich gemachten Daten nur verwerten dürfen, soweit dies zur Erfüllung der ihnen im Insolvenzverfahren obliegenden Aufgaben notwendig ist[46] 17

c) Verwendungsverbot im Straf- und OWiG-Verfahren. Die gemäß Abs. 1 Satz 2 unbeschränkte Aussagepflicht wird durch das strafprozessuale Verwendungsverbot gemäß Satz 3 abgemildert. Danach darf eine Auskunft, die der Schuldner gemäß seiner Verpflichtung nach Satz 1 erteilt, in einem Strafverfahren oder in einem Verfahren nach dem Gesetz über Ordnungswidrigkeiten gegen den Schuldner oder einen in § 52 Abs. 1 der Strafprozessordnung bezeichneten Angehörigen des Schuldners **nur mit Zustimmung des Schuldners verwendet** werden. § 97 Abs. 1 Satz 3 spricht ausdrücklich von einem Verwendungsverbot und nicht von einem Verwertungsverbot. „Verwendungsverbot" ist auf eine Formulierung des Rechtsausschusses zurückzuführen.[47] Ein Verwendungsverbot ist mehr als ein strafprozessuales Verwertungsverbot. Bei dem Verwertungsverbot darf im Strafprozess eine vom Schuldner oder einem organschaftlichen Vertreter des Schuldnerunternehmens erteilte Auskunft selbst nicht verwertet werden. Das Verwendungsverbot, das auch als „Fernwirkungsverbot" bezeichnet wird, bedeutet dagegen, dass die erteilte Auskunft auch nicht als Grundlage für weitere Ermittlungen mit dem Ziel der Schaffung selbstständiger Beweismittel eingesetzt werden darf.[48] Dieses Verwendungsverbot ist vom Gesetzgeber entsprechend der Vorgabe des BVerfG[49] 18

---

38 BVerfG ZIP = NJW 1981, 1431.
39 BGH NJW 1990, 510.
40 Diese ergibt sich aus der Berufsordnung für Ärzte (§ 9 MBO-Ä), aus dem Behandlungsvertrag und dem § 203 Abs. 1 Nr. 1 StGB.
41 § 43a Abs. 2 BRAO, § 203 Abs. 1 Nr. 3 StGB.
42 § 64 Abs. 2 Satz 2 StBerG, § 203 Abs. Nr. 3 StGB.
43 Vgl. BVerfGE 32, 373, 380; BVerwG NJW 1989, 2961, 2962; AG Köln NZI 2004, 156 und 2005, 226, 227 (für den Arzt); BGH NJW 2004, 2015, 2017 (für den Rechtsanwalt).
44 BGH NZI 2005, 263 = NJW 2005, 1505; *Vallender* NZI 2003, 530, 532.
45 BGHZ 141, 173, 179 = NJW 1999, 1544 = NZI 1999, 191.
46 BGHZ 158, 212 = NJW 2004, 2015 = NZI 2004, 312 [313].
47 Begr. Rechtsausschuss, BT-Drs. 12/7302, S. 166; dazu auch *Richter* wistra 2003, 1, 4.
48 OLG Düsseldorf ZInsO 2017, 2271; LG Stuttgart NZI 2001, 498; Uhlenbruck NZI 2002, 401, 403; *Bittmann/Rudolph* wistra 2001, 81; *Richter* wistra 2000, 1; *Weyand* ZinsO 2001, 108.
49 BVerfG ZIP = NJW 1981, 1431.

geregelt worden. Die Auskunftspflicht darf nur so weit gehen, wie der Zweck des Insolvenzverfahrens dies erfordert. Der insolvenzrechtliche Zweck einer möglichst weitgehenden Feststellung und effektiven Verwertung des Schuldnervermögens, aus dem die weitgehende Auskunftspflicht des Schuldners folgt, ist mit der erteilten Auskunft erfüllt. Eine strafrechtliche oder ordnungswidrigkeitenrechtliche Verfolgung geht über diesen insolvenzrechtlichen Zweck hinaus. Die insolvenzrechtliche Auskunftspflicht darf deshalb die Rechtsstellung des Schuldners oder ihm Nahestehender in einem etwaigen strafrechtlichen oder ordnungswidrigkeitsrechtlichen Ermittlungsverfahren nicht verschlechtern. Das Verwendungsverbot betrifft jedoch **nur die offenbarten** verfolgbaren Handlungen. Falsche Angaben des Schuldners[50] sind ebenso verwendbar, wie sein Schweigen.[51] Macht der Schuldner vor dem Insolvenzgericht wissentlich falsche oder unvollständige Angaben, so kann er wegen eines Aussagedelikts gemäß §§ 153 ff. StGB bestraft werden.[52]

19 **Das Verwendungsverbot gilt auch für solche Tatsachen, zu denen die Auskunft „den Weg gewiesen hat"**. Unter das Verwendungsverbot des § 97 Abs. 1 Satz 3 fallen grundsätzlich nur **erzwungene Auskünfte** des Schuldners. Offenbart der Schuldner ohne besondere Aufforderung und ohne Hinweis auf die Auskunftspflicht Tatsachen, die von strafrechtlicher Relevanz sind, freiwillig, so greift das Verwendungsverbot nicht ein. Freiwillig ist die Auskunft nicht, wenn der Schuldner allgemein davon Kenntnis hat, dass er verpflichtet ist, auch strafbare Handlungen im Insolvenzverfahren zu offenbaren.[53] Die Kenntnis kann auch darauf beruhen, dass der Schuldner vom Insolvenzgericht oder dem vorläufigen oder endgültigen Verwalter belehrt worden ist. Solche freiwilligen Auskünfte dürften jedoch selten vorliegen. Gesetzlich ausdrücklich geregelt ist in Abs. 1 Satz 3, dass Auskünfte des Insolvenzschuldners im Insolvenzverfahren jedenfalls dann uneingeschränkt verwendbar sind, wenn der Schuldner einer solchen Verwendung zustimmt. Eine einmal erteilte Zustimmung ist hierbei nicht widerruflich.[54]

20 Selbstverständlich dürfen auch solche Auskunftstatsachen verwendet werden, die den Verfolgungsbehörden bereits bekannt sind[55] oder später aus anderen Quellen bekannt werden. In der Praxis werden sich hier jedoch erhebliche **Abgrenzungsschwierigkeiten** ergeben. Die Staatsanwaltschaft erlangt regelmäßig ihre Informationen aus der Insolvenzakte.[56] Die Insolvenzgerichte sind durch die Anordnung über die Mitteilungen in Zivilsachen (MiZi)[57] verpflichtet, die jeweils zuständige Staatsanwaltschaft zu informieren, wenn ein Insolvenzverfahren eröffnet oder ein Antrag mangels Masse abgewiesen worden ist. Auf der Grundlage dieser Mitteilung fordert die Staatsanwaltschaft die Insolvenzakten an und prüft, ob ein Ermittlungsverfahren wegen des Verdachts der Begehung von Insolvenzdelikten einzuleiten ist. Weitere Informationen holt sich die Staatsanwaltschaft häufig durch einen dem Insolvenzverwalter übersandten Fragebogen.[58] In der Insolvenzakte befinden sich neben dem Antrag und weiteren Auskünften des Schuldners auch Unterlagen, die in einen Ordnungswidrigkeiten- oder Strafverfahren weiter verwertet werden dürften.

21 Zur Vermeidung solcher Abgrenzungsprobleme wird vorgeschlagen, das Insolvenzgutachten der Strafverfolgungsbehörde unzugänglich zu machen und den Insolvenzverwalter zur Verschwiegenheit zu verpflichten[59] oder durch Kenntlichmachung oder Entfernung entsprechender Teile aus den Akten auszuschließen, dass erzwungene Auskünfte des Schuldners nach § 97 Abs. 1 und 2 InsO dazu benutzt werden, Ansätze für weitere Ermittlungsmaßnahmen zu schöpfen.[60] Dieser Vorschlag begegnet Bedenken. Ausgangspunkt der Ausgestaltung von § 97 Abs. 1 Satz 3, dem Recht eines Beschuldigten zum Tatvorwurf zu schweigen, dem **nemo tenetur se ipsum accusare**-Grundsatz, war der sog. Gemeinschuldnerbeschluss des Bundesverfassungsgerichts aus dem Jahre 1981.[61] Das Bundesverfassungsgericht sah die Uneingeschränktheit der Auskunftspflicht dadurch als gerechtfertigt

---

50 *Diversy* ZInsO 2005, 180, 183; *Bittmann/Rudolph* wistra 2001, 83.

51 *Diversy* ZInsO 2005, 180, 183; *Richter* wistra 2000, 1, 3; *Bittmann/Rudolph* wistra 2001, 83.

52 BGHSt 3, 309 = NJW 1953, 151; *Kuhn/Uhlenbruck* § 100 Rn. 2.

53 *Brill* ZVI 2015, 201; *Diversy* ZInsO 2005, 180, 184; *Weyand* ZInsO 2015, 1948,1950; **aA** *Laroche* ZInsO 2013, 1469, 1471; Uhlenbruck/*Zipperer* Rn. 10; AGR/*Piekenbrock* § 97 Rn. 17.

54 *Diversy* ZInsO 2005, 180, 183.

55 LG Stuttgart ZInsO 2001, 135 mAnm *Weyand* ZInsO 2001, 108; *Schmidt-Räntsch,* Insolvenzordnung mit Einführungsgesetz, § 97 Rn. 1.

56 *Diversy* ZInsO 2005, 180 „Holkriminalität", bei der eine effiziente Strafverfolgung nur durch die Einleitung entsprechender Ermittlungsverfahren von Amts wegen gewährleistet ist.

57 Anordnung über Mitteilungen in Zivilsachen (MiZi), zuletzt geändert durch die Vierzehnte Änderung der am 1. Juni 1998 in Kraft getretenen Neufassung der Anordnung über Mitteilungen in Zivilsachen (MiZi) vom 23. Dezember 2016 (BAnz AT 24.5.2017), Zweiter Teil, 3. Abschnitt, IX. Nr. 2 und 3.

58 *Tetzlaff* NZI 2005, 316, 317.

59 *Hohnel* NZI 2005, 2005, 152.

60 *Uhlenbruck* NZI 2002, 405.

61 BVerfGE, 56, 37.

an, da nur so der Gemeinschuldner gehindert werden könne, Teile der Konkursmasse dem berechtigten Gläubigerzugriff zu entziehen. Grundsätzlich sei damit auch die zwangsweise Durchsetzung der Auskunftspflicht statthaft. Strafrechtlich bedürfe es allerdings des Korrelates durch ein Verwertungsverbot. In einem Sondervotum[62] wurde ein Verwertungsverbot als nicht ausreichend angesehen, sondern ein **Offenbarungsverbot** für geboten erachtet. Danach dürften Auskünfte des Schuldners gegenüber den in § 97 Abs. 1 Satz 1 genannten Adressaten nicht an die Staatsanwaltschaft weitergeleitet werden, um die Möglichkeit auszuschließen, dass sich hieraus ein Anfangsverdacht ergeben könnte, ein Risiko, das für Angaben des Schuldners im Insolvenzverfahren auch besonders nahe liegt. Diese Auffassung hat sich in der Entscheidung nicht durchgesetzt. Der Gesetzgeber hat mit der Normierung des § 97 Abs. 1 Satz 3 den Gemeinschuldnerbeschluss des Bundesverfassungsgerichts und nicht das Minderheitsvotum umgesetzt. Ein Offenbarungsverbot würde zum einen die Kompetenzverteilung verändern und sich als unpraktikabel erweisen, da die Insolvenzgerichte zu überprüfen hätten, ob in den Insolvenzakten – speziell im Gutachten des Insolvenzverwalters – Auskünfte des Schuldners auftauchen, die geeignet sind einen Straftatverdacht hervorzurufen und die Weitergabe an die Staatsanwaltschaft zu untersagen.[63] Hierzu dürfte den Insolvenzgerichten die erforderliche Sachkunde fehlen. Selbst mit der Entscheidung des Insolvenzgerichts, welche Aktenteile der Staatsanwaltschaft übersandt werden dürfen, stünde die Verwendbarkeit oder Unverwendbarkeit der entsprechenden Aktenteile ohnehin noch nicht endgültig fest.[64] Darüber hinaus ist auch das praktische Problem, dass aus den Insolvenzakten die Teile nicht trennscharf herausgelöst werden können, die auf Auskünften des Schuldners beruhen, nicht gelöst.[65] Schließlich ist denkbar, dass Aktenbestandteile auf Angaben des Schuldners beruhen, die aber auch nicht nur den Schuldner, sondern auch Dritte strafrechtlich belasten. Diese Aussagen, die Dritte belasten, wären verwertbar und müssten auch zur Kenntnis der Staatsanwaltschaft gelangen. Ein Offenbarungsverbot würde somit auch Dritte vor strafrechtlicher Inanspruchnahme schützen.[66]

Da ein Offenbarungsverbot nicht besteht, verbietet § 97 Abs. 1 Satz 3 auch nicht die **Schöpfung eines Anfangsverdachts** entsprechend § 152 Abs. 2 StPO aus den beigezogenen Insolvenzakten.[67] Ein Anfangsverdacht darf nach der Anforderung der Insolvenzakte auch insoweit aus deren Inhalt geschöpft werden, als dieser aus eigenen Angaben des Schuldners besteht. § 97 Abs. 1 Satz 3 hindert nur eine Verwendung von entsprechenden Angaben des Schuldners im Strafverfahren. Die Schöpfung des Anfangsverdachts ist der Einleitung eines solchen Strafverfahrens jedoch vorgelagert.[68] 22

Der Schutzzweck des § 97 Abs. 1 S. 3 InsO liegt darin, den Schuldner nicht durch den Offenbarungszwang zu einem Beweismittel gegen sich selbst werden zu lassen. Anderseits soll der Schuldner jedoch nicht die Möglichkeit bekommen, die Strafverfolgung mittels einer möglichst frühzeitigen und straftatverdächtigen Auskunft zu blockieren. Eine vor Gericht zu führende Beweiskette darf nicht auf Auskünfte des Schuldners oder durch diese mittelbar erlangte Beweismittel, Tatsachen, beruhen. Die Durchführung von Ermittlungsmaßnahmen, wie zB eine Durchsuchung oder Beschlagnahme, darf nicht auf einen Verdacht gestützt werden, der sich auf solche Beweismittel gründet.[69] In der Hauptverhandlung muss also die präsentierte Schuldherleitung vollständig und sukzessiv ohne jeglichen Hinweis auf eine Auskunft des Schuldners iSd § 97 Absatz 1 InsO schlüssig sein. Sämtliche Inhalte der Beweisführung müssen auf selbständigen, also von Schuldnerauskünften unabhängigen Beweismitteln beruhen, wie beispielsweise Auskünften Dritter oder Unterlagen, die unabhängig von der Auskunft des Schuldners ermittelt wurden. Es muss im Verfahren nach der StPO oder nach dem OWiG **im Zweifel nachgewiesen werden,** dass eine Auskunft nicht auf der Aussage des Schuldners beruht, sofern die Erkenntniskette diesbezüglich nicht eindeutig ist. Das Verwertungsverbot umfasst auch etwaige Umgehungstatbestände wie beispielsweise eine Teilnahme eines Vertreters der Ermittlungsbehörden in einer Gläubigerversammlung oder die Vernehmung von Gläubigern oder des Verwalters als Zeugen über die Auskunft des Schuldners.[70] Ist nicht zu klären, dass die fraglichen Tatumstände nicht aus seiner Auskunft im Insolvenzverfahren stammen, bleibt die Auskunft unverwertbar. 23

Bei der Beurteilung der Fernwirkung des Verwendungsverbotes stellt sich auch die Frage, ob ein auf Grund der Auskunft des Schuldners „an sich" rechtswidrig ermitteltes und damit „an sich" 24

62 Sondervotum des Verfassungsrichters *Heußner* NJW 1981, 1431, 1433.
63 *Hefendehl* wistra 2003, 1, 5.
64 *Richter* wistra, 2000, 440.
65 *Hefendehl* wistra 2003, 1, 5.
66 *Hefendehl* wistra 2003, 1, 5.
67 *Hefendehl* wistra 2003, 1, 5; *Diversy* ZInsO 2005, 180, 182; aA LG Stuttgart ZinsO 2001, 135; *Richter* wistra 2000, 1, 5.
68 *Hefendehl* wistra 2003, 1, 5; *Diversy* ZInsO 2005, 180, 182.
69 LG Stuttgart ZinsO 2001, 135.
70 FKInsO/*App* 6. Aufl. § 97 Rn. 14. *Kuhn/Uhlenbruck* § 100 Rn. 2.

unverwendbares Beweismittel dann verwendbar ist, wenn es auch ohne die Auskunft rechtmäßig gefunden worden wäre.[71] Zwar verbietet der nemo-tenetur Grundsatz nach dem Gemeinschuldnerbeschluss des Bundesverfassungsgerichts nicht die Berücksichtigung eines solchen **hypothetischen Kausalverlaufs,** der von der Aussage des Schuldners unabhängig ist. Die ausdrückliche Normierung der Fernwirkung des Verwertungsverbotes enthält jedoch einen Appell an die Strafverfolgungsbehörden, alle Möglichkeiten einer rechtmäßigen Beweisgewinnung auszuschöpfen. Ist ihr dies nicht gelungen, kann es ihr nicht zugutekommen, dass es eine derartige Möglichkeit gegeben hätte: anderenfalls liefe dieser Appell leer, da er keine Konsequenzen hätte.[72] Daraus folgt, dass bei einem Verstoß gegen ausdrücklich normierte selbständige Verwertungsverbote eine Verwertbarkeit eines mittelbar durch das unverwertbare Beweismittel erlangten Beweises auf Grund eines hypothetischen Kausalverlaufs nicht mehr in Betracht kommt, wenn die Zwangsmaßnahme oder das Urteil tatsächlich auf unverwertbaren Beweisquellen beruht.

25 Das in Abs. 1 Satz 3 normierte Verwendungsverbot bezieht sich ausdrücklich nur auf Auskünfte gemäß § 97 Abs. 1 Satz 1. Sämtliche anderen Handlungen und Angaben nach § 97 Abs. 2 und 3, die der Gemeinschuldner gegenüber dem Insolvenzgericht, dem Verwalter oder dem Gläubigerausschuss tätigt oder macht, zB. die **Vorlage von Bilanzen, den Buchhaltungs- oder sonstigen Geschäftsunterlagen,** müssten damit grundsätzlich verwendet werden können, wenn sich der Schuldner ausdrücklich oder konkludent bei seinen Angaben etwa auf die Buchhaltungsunterlagen bezieht, die er vorlegt oder freiwillig zugänglich macht. Der bloß formale Unterschied in der Form der Auskunft für die Abgrenzung des Schutzbereichs des Schuldners ist jedoch kein überzeugendes Kriterium. Der Gesetzgeber hat mit § 97 InsO einen weitreichenden Schutz des Schuldners vor Sanktionen bewirken wollen, der eine Fernwirkung beinhaltet und sogar die Ordnungswidrigkeiten mit umfasst. Auch beim Verwendungsverbot des § 393 Abs. 2 S. 1 AO, das sich allerdings auf „offenbarte" Angaben des Steuerpflichtigen bezieht-e, geht die herrschende Meinung davon aus, dass nicht nur Mitteilungen, sondern auch in Erfüllung steuerlicher Pflichten vorgelegte oder zugänglich gemachte verkörperte Unterlagen vom Schutz umfasst sind. Die verfassungsrechtliche Grundlage und die Herleitung des Verwertungsverbotes aus dem nemo tenetur-Grundsatz gebietet grundsätzlich auch ein Erstrecken auch auf sonstige Handlungen, soll der Schuldner nicht doch tatsächlich gezwungen werden können, zum Strafbarkeitsbeweis gegen sich selbst zu werden. Diese Herleitung markiert aber zugleich auch die Beschränkung des Verbotes. Die in Frage stehende Handlung muss einen **eigenständigen Erklärungswert** besitzen – dies ist auch das Wesen der Auskunft als einer regelmäßig mündlichen Mitteilung Den Strafverfolgungsbehörden ist es verboten, Tatsachen zu verwerten, „zu denen die Auskunft den Weg gewiesen hat" und die Auskunft „als Ansatz für weitere Ermittlungen" zu nehmen. Eine Verwendbarkeit von Unterlagen kommt somit nur in Frage, soweit es eine Rechtspflicht zu deren Führung und Vorlage gibt.[73] Unterlagen, zu deren Führung keine Verpflichtung besteht, dürfen nach Vorlage durch den Gemeinschuldner weder unmittelbar noch mittelbar im Strafverfahren verwendet werden. Die Vorlage ist also einer Auskunftserteilung gleichzustellen. Anderenfalls würde der Schuldner schlechter gestellt, der bestimmte Vorgänge dokumentiert bzw. dokumentiert vorlegt gegenüber jenem, der alle Vorfälle mündlich nachträgt.[74]

26 Nach § 11 Abs. 1 Nr. 1 kann ein Insolvenzverfahren auch über das Vermögen natürlicher Personen eröffnet werden. Bei Privat- bzw. Nichtkaufleuten fehlt es an der normierten Buchführungspflicht. Legen diese im Rahmen des Insolvenzverfahrens bzw. des Eröffnungsverfahrens gemäß. § 20 Unterlagen vor, sind sie vor inhaltlicher Verwertung zu schützen. Eine ungerechtfertigte Ungleichbehandlung kaufmännischer und nichtkaufmännischer Schuldner liegt in dieser eingeschränkten prozessualen Entlastung von Kaufleuten nicht. Dass mit dem Privileg der Nutzung einer beschränkten Haftung oder dem gesteigerten wirtschaftlichen Spielraum auf Grund einer gewissen Unternehmensgröße zusätzliche Pflichten einhergehen, erweist sich als unabdingbar. Beruht die Kenntnis des Verwalters von Informationen allein auf einer Auskunft des Schuldners, so dürfen sie in einem Ermittlungs- und Strafverfahren nicht verwendet werden.

27 Eine unbeschränkte Verwendung von Informationen ist hingegen zulässig, soweit der Verwalter seine Kenntnis allein durch **Sichtung der Geschäftsunterlagen** erworben hat. In der Praxis gibt

---

71 So die vom LG Stuttgart, ZInsO 2001, 135, aufgestellte These, dass der angefochtene Durchsuchungsbeschluss nicht aufgehoben werden müsse, wenn der Staatsanwaltschaft „in rechtlich nicht zu beanstandender Weise", ohne auf die Angaben des Schuldners zurückgreifen zu müssen, Tatsachen bekannt geworden wären, die die Beantragung eines solchen Beschlusses hätten rechtfertigen können.

72 *Hefendehl* wistra 2003, 1, 8.

73 Zur Führung von Handelsbüchern und Bilanzen besteht (zumindest für Kaufleute) eine sich aus §§ 238 ff. HGB ergebende gesetzliche Verpflichtung. § 283 Abs. 1 Nrn. 5–7 StGB unterwerfen bestimmte Verletzungen dieser Pflichten der Strafbarkeit.

74 *Hefendehl* wistra 2003, 1, 9; aA OLG Celle ZIP 2013, 250.

es häufig Fälle, in denen der Schuldner Auskünfte erteilt und der Verwalter sich über diese anhand der Geschäftsunterlagen vergewissert, von denen er möglicherweise sogar erst durch die Auskunft erfahren hat. Nach dem bisher Gesagten müssten die Geschäftsunterlagen und deren Inhalt dem Verwendungsverbot unterfallen und damit unverwertbar sein. In einer solchen Konstellation ist jedoch der Zweck der Vorschrift heranzuziehen. § 97 Abs. 1 S. 3 InsO soll verhindern, dass der Auskunftspflichtige im Insolvenzverfahren gezwungen wird, Beweise gegen sich selbst für ein Ermittlungs- oder Strafverfahren zu schaffen. Darin beschränkt sich aber auch der Regelungszweck. Dem Schuldner soll nicht die Möglichkeit verschafft werden, durch Auskunftserteilung die Verwendung inhaltsgleicher Unterlagen zu unterbinden. Hat eine Auskunft dem Verwalter den Weg zu den Geschäftsunterlagen gewiesen, so ist zwar der Inhalt der Auskunft nicht verwendbar, die Geschäftsunterlagen bleiben es aber. Etwas anderes gilt für die Konstellation, in der erst die Auskunft des Schuldners über die Geschäftsunterlagen diese lesbar macht. Standen der Staatsanwaltschaft (bzw. dem Insolvenzgericht oder dem Insolvenzverwalter) alle Informationen schriftlich zur Verfügung, wäre sie aber nie tätig geworden, wenn der Schuldner die Geschäftsunterlagen nicht „erklärt" und damit strafrechtlich relevant gemacht hätte, dann kann auch diese Auskunft nicht verwendet werden.[75]

Das in Abs. 1 Satz 3 normierte Verwendungsverbot bezieht sich grundsätzlich nicht auf Angaben des Schuldners gegenüber dem im Insolvenzeröffnungsverfahren eingesetzten Gutachter, da die Auskunftspflicht des § 97 Abs. 1 Satz 1 nur gegenüber dem Insolvenzgericht, dem (vorläufigen) Insolvenzverwalter, dem Gläubigerausschuss und auf Anordnung des Gerichts gegenüber der Gläubigerversammlung besteht.[76] Das Verwendungsverbot findet jedoch entsprechende Anwendung, wenn der Schuldner aufgrund eines Beschlusses des Insolvenzgerichts unter Androhung von Zwangsmaßnahmen, die bei einem Verstoß gegen die Pflicht des § 97 Abs. 1 S. 1 Anwendung finden, zur Auskunftserteilung gegenüber einem Sachverständigen verpflichtet worden ist.[77] 28

d) Auskunftspflicht und Nebenpflichten. Wer zur Auskunft verpflichtet ist, kann sich nicht darauf beschränken, sein präsentes Wissen mitzuteilen; er ist vielmehr auch verpflichtet, alle **Vorarbeiten** zu erbringen, die für eine sachdienliche Auskunft erforderlich sind. Zu diesen Vorarbeiten gehört das Forschen nach vorhandenen Unterlagen und deren Zusammenstellung.[78] Die Auskunftspflicht umfasst auch die Vorlage von Belegen. Die vorzulegenden Belege müssen allerdings hinreichend konkret bezeichnet werden.[79] Die ausgeschiedenen organschaftlichen Vertreter des Schuldners haben zwar gemäß § 101 Abs. 1 und 2 die Auskunftspflicht gemäß § 97 Abs. 1, dagegen keine Unterstützungs- und Mitwirkungspflichten gemäß § 97 Abs. 2; dennoch schuldet auch dieser Personenkreis je nach Situation des Einzelfalles Unterstützung oder Mitwirkung, und zwar als Nebenpflichten aus der Auskunftspflicht.[80] Diese Nebenpflichten lassen sich aus Sinn und Zweck der Auskunftspflicht gemäß § 97 Abs. 1 und aus den Beispielsregelungen der §§ 150 bis 154 (Aufstellung von Unterlagen und eidesstattliche Versicherung) und der §§ 176, 177 (Erklärungspflichten) wie dem Recht zum Bestreiten angemeldeter Forderungen herleiten.[81] 29

2. Auskunftsberechtigte. Der Kreis der Auskunftsberechtigten ist je nach Verfahrensabschnitt unterschiedlich in der InsO festgelegt. **Im Eröffnungsverfahren** besteht die Auskunftspflicht gegenüber dem Insolvenzgericht (§ 20 Satz 1) und gegenüber dem vorläufigen Insolvenzverwalter (§ 22 Abs. 3 Satz 3). Gegenüber einem im Eröffnungsverfahren eingesetzten Gutachter hat der Schuldner keine Auskunfts- und Mitwirkungspflichten.[82] Behindert der Schuldner die Arbeit des Gutachters, kann das Gericht einen vorläufigen Insolvenzverwalter einsetzen. Für das **eröffnete Verfahren** umschreibt Abs. 1 Satz 1 abschließend, wer berechtigt ist, vom Schuldner Auskunft zu verlangen. Auskunftsberechtigt sind im eröffneten Verfahren das Insolvenzgericht, der Insolvenzverwalter, der Gläubigerausschuss. Der Gläubigerversammlung muss der Schuldner nur dann Auskunft erteilen, wenn das Insolvenzgericht dies angeordnet hat. Das Gericht hat in der Anordnung die einzelnen Fragen zu bestimmen, über die der Schuldner Auskunft geben soll.[83] Abs. 1 Satz 1 macht 30

---

75 *Hefendehl* wistra 2003, 1, 9.

76 Thüringer Oberlandesgericht NJW 2010, 367; ablehnend *Lenger,* NZI 2011, 383.

77 LG Münster ZInsO 2017, 2443.

78 So BGH ZInsO 2006, 264; BGH NZI 2005, 263; OLG Hamm ZIP 1980, 280 zu § 100 KO; *Henssler,* Kölner Schrift, 2. Aufl. 2000, 1283, 1301 Rn. 41.

79 LG Karlsruhe Beschl. vom 8.3.2018 – 11 T 30/18 –, juris.

80 *Henssler,* Kölner Schrift, 2. Aufl. 2000, 1283, 1300 f. Rn. 39 ff.

81 *Henssler,* Kölner Schrift, 2. Aufl. 2000, 1283, 1300 Rn. 39.

82 OLG Celle, ZIP 2013, 1040; Thüringer Oberlandesgericht NZI 2011, 732; FKInsO/*Wimmer/Amend* § 97 Rn. 18; Nerlich/Römermann/*Kruth* § 97 Rn. 8; K. Schmidt/*Jungmann* § 97 Rn. 18; **aA** *Lenger,* NZI 2011, 383; *Kemperdick,* ZInsO 2013, 116; *Laroche,* ZInsO 2015, 1469, 1471; Uhlenbruck/*Zipperer* § 20 Rn. 40.

83 *Jaeger/Weber* KO 100 Rn. 2.

die Anordnung nicht von einem Antrag abhängig. Das Gericht kann daher, zB wenn ein entsprechendes Anliegen in der Gläubigerversammlung vorgebracht wird, der nicht der Unterstützung der Mehrheit bedarf, eine Auskunftspflicht ohne Antrag anordnen.[84] Bereits § 100 KO sah bereits als Voraussetzung für das Auskunftsrecht der Gläubigerversammlung eine gerichtliche Anordnung vor. Diese Beschränkung sollte „leidenschaftliche Ausbrüche niederhalten", die befürchtet wurden, wenn der Schuldner gegenüber der Gläubigerversammlung auftreten müsse.[85] Gegenüber einzelnen Mitgliedern des Gläubigerausschusses besteht eine unmittelbare Auskunftspflicht nur dann, wenn sie für den Gläubigerausschuss handeln, d. h. ein entsprechender Auftrag des Gläubigerausschusses vorliegt.[86] Einzelne Gläubiger haben, wenn sie nicht berechtigterweise als Mitglied des Gläubigerausschusses für diesen handeln, keinen Auskunftsanspruch gegenüber dem Schuldner.[87] Ihr Informationsinteresse ist auf die Einsichtnahme in die Gerichtsakte gemäß §§ 4, 299 ZPO und auf den vom Insolvenzverwalter im Termin gemäß § 156 zu erstattenden Bericht beschränkt. Weil der Schuldner den Berechtigten gegenüber uneingeschränkte Auskunft schuldet, erstreckt sich das Einsichtsrecht der Gläubiger auf ein in der Gerichtsakte befindliches Gutachten über Insolvenzgrund und Werthaltigkeit der Masse.[88] Sicherungsgläubiger sind allein gegenüber dem Insolvenzverwalter auskunftsberechtigt, selbst wenn sich die Auskunft auf Handlungen des Schuldners vor Verfahrenseröffnung bezieht[89] oder auf Sicherungsgegenstände, die unter der Verantwortung seines Amtsvorgängers entfernt worden sind.[90] Wegen der fehlenden Informationen kann sich der Insolvenzverwalter an den ihm gegenüber zur Auskunft verpflichteten Schuldner wenden.

31 Die Auskunftsrechte des Sachwalters bei der **Eigenverwaltung** folgen aus den §§ 274 Abs. 2 Satz 2, 22 Abs. 3; die des vorläufigen Sachwalters im sanierungsvorbereitenden Eröffnungsverfahren gem. § 270b (Schutzschirmverfahren) aus den §§ 270a Abs. 2, 274 Abs. 2 S. 2, 20 Abs. 3.

32 Die Auskunftsberechtigten unterliegen hinsichtlich der erhaltenen Informationen grundsätzlich einer **Verschwiegenheitspflicht.** Diese Verschwiegenheitspflicht gilt nicht für offenkundige Tatsachen. Der Auskunftsberechtigte hat auch das Recht und gegebenenfalls die Pflicht, die erlangten Informationen bekannt zu machen, wenn das Gesetz oder der Insolvenzzweck dies erfordern. Beabsichtigt zB der Insolvenzverwalter einen Betrieb des Schuldners zu veräußern, wird er Betriebsgeheimnisse den Interessenten offenbaren müssen. Im Falle einer Fortführung durch den Verwalter wäre eine Offenbarung von Betriebsgeheimnissen schädlich und damit unzulässig.[91]

33 **3. Persönliche Pflicht des Schuldners.** Der Schuldner ist **persönlich** zur Auskunft verpflichtet.[92] Er hat die verlangten Auskünfte grundsätzlich persönlich und mündlich zu erteilen.[93] Um dies zu gewährleisten, verpflichtet Abs. 3 Satz 1 den Schuldner, sich auf Anordnung des Gerichts jederzeit zur Verfügung zu stellen. Allerdings können die Auskunftsberechtigten gestatten, dass der Schuldner fernmündlich, schriftlich oder per E-Mail oder durch bereite Dritte Auskunft erteilt; seine grundsätzliche Pflicht zur persönlichen und mündlichen Auskunftserteilung bleibt daneben aber bestehen. Der Auskunftsberechtigte muss sich allerdings nicht damit abfinden, Informationen ausschließlich vom Rechtsanwalt des Schuldners zu erhalten.[94]

34 Sonstige Auskunftspflichten, die den Schuldner nach allgemeinen Gesetzen gegenüber Dritten treffen, zB nach §§ 90, 93, 97, 134 bis 153, 200 der Abgabenordnung, gehen auf den Verwalter über.[95]

35 **4. Stellung des gesetzlichen Vertreters.** Die Auskunftspflicht der organschaftlichen Vertreter und Angestellten eines Schuldners, der keine natürliche Person ist, regelt § 101.

36 Ist der Schuldner als natürliche Person nicht oder nicht voll geschäftsfähig, so sind auch seine gesetzlichen Vertreter (Eltern, Vormund, Betreuer) auskunftspflichtig, bei mehreren gesetzlichen Vertretern (zB Eltern) jeder allein.

37 **5. Stellung des Bevollmächtigten.** Die Auskunftspflicht hat der Schuldner auch dann persönlich zu erfüllen, wenn er im Rahmen seiner Geschäftstätigkeit einen Bevollmächtigten eingeschaltet

84 FKInsO/*Wimmer/Amend* § 97 Rn. 20.
85 *Jaeger/Weber* KO § 100 Rn. 2.
86 Uhlenbruck/*Zipperer* § 97 Rn. 4.
87 AA OLG München, Urteil vom 16.4.2012 – 19 U 437/12 – zitiert nach juris.
88 OLG Düsseldorf ZIP 2000, 322; OLG Braunschweig ZIP 1997, 894 = EWiR § 72 KO 2/97, 373 (*Pape*); OLG Naumburg ZIP 1997, 895.
89 BGH Z 49, 11, 13; 70, 86; *Kuhn/Uhlenbruck* § 100 Rn. 10 mwN.
90 BGH NJW-RR 2004, 772.
91 *Bruder* ZVI 2004, 331.
92 *Jaeger/Weber* KO § 100 Rn. 1, 5; *Kuhn/Uhlenbruck* § 100 Rn. 1, 3; *Kilger/K. Schmidt* § 100 Anm. 1b.
93 *Kilger/K. Schmidt* § 100 KO, Anm. 1a; *Kuhn/Uhlenbruck* § 100 Rn. 3.
94 Jaeger/*Schilken* § 97 Rn. 11.
95 Vgl. *Kuhn/Uhlenbruck* § 100 Rn. 9 mwN.

hat, zB einen Rechtsanwalt, Notar oder Steuerberater. Die Berechtigten sind nicht verpflichtet, sich an den Anwalt zu wenden. Auch der Insolvenzverwalter, der selbst Rechtsanwalt ist, darf sich direkt an den Schuldner wenden.[96] § 24 der von der Bundesrechtsanwaltskammer verfassten „Grundsätze des anwaltlichen Standesrechts", wonach ein Anwalt keinen direkten Kontakt zum Mandanten des anderen Anwalts aufnehmen darf, ist eine standesgewohnheitsrechtliche Regelung, der die gesetzliche Regelung des § 97 vorgeht.

Die Auskunftspflicht erstreckt sich auf die Unterlagen oder Handakten der für ihn tätigen oder **38** tätig gewesenen Bevollmächtigten. Der Schuldner muss sich im Rahmen seiner Auskunftspflicht die bei den Bevollmächtigten abrufbaren Informationen und Geschäftsunterlagen beschaffen und den Auskunftsberechtigten zur Verfügung stellen. Soweit die Bevollmächtigten aus Geschäftsbesorgung ein **Zurückbehaltungsrecht** an Unterlagen wegen unbezahlter fälliger Forderungen haben,[97] sind sie zumindest zur Auskunft sowie dazu verpflichtet, den Auskunftsberechtigten Einsicht in ihre Handakten zu gewähren oder Gelegenheit zur Fertigung von Kopien zu geben.[98] Das Zurückbehaltungsrecht aus dem Geschäftsbesorgungsvertrag ist gegenüber der gesetzlichen Auskunftspflicht unbeachtlich. Der Bevollmächtigte kann sich dem Schuldner gegenüber auf Erlöschen der Herausgabepflicht durch Erfüllung gemäß § 362 BGB berufen, wenn der Schuldner vom Bevollmächtigten Herausgabe von Unterlagen verlangt, die der Bevollmächtigte dem Schuldner bereits herausgegeben hatte, von denen er aber noch Kopien hat.[99] Freilich bleibt der Bevollmächtigte insoweit zur Zeugenaussage ohne Verweigerungsrecht verpflichtet.

Bevollmächtigte können sich grds. nicht auf ihre **Verschwiegenheitspflicht** und ein daraus **39** folgendes Zeugnis- oder Aussageverweigerungsrecht berufen, weil das Geheimhaltungsinteresse der Bevollmächtigten nicht weiter geht als die Offenbarungspflicht des Schuldners als ihres Auftraggebers und „Herren des Geheimnisses".[100] Der von Schuldner und Rechtsanwalt abgeschlossene, auf Geschäftsbesorgung gerichtete Dienstvertrag erlischt mit der Eröffnung des Insolvenzverfahrens (§ 116 Satz 1 iVm § 115 Abs. 1). Die Verfügungsbefugnis geht mit der Insolvenz des Auftraggebers, soweit das Mandat Angelegenheiten der Insolvenzmasse betrifft, auf den Insolvenzverwalter über (§ 80). Daraus folgt, dass nach Eröffnung des Insolvenzverfahrens der Rechtsanwalt dem Insolvenzverwalter in demselben Umfang auskunfts- und rechenschaftspflichtig ist, wie er es ohne die Insolvenz dem Schuldner gegenüber wäre.[101] Die Befugnis des Mandanten, den Rechtsanwalt von seiner Schweigepflicht zu entbinden, ist mit der Eröffnung des Insolvenzverfahrens auf den Insolvenzverwalter übergegangen. Der Rechtsanwalt kann die Auskunft nur dann verweigern, wenn das Auskunftsbegehren persönliche Eindrücke des Anwalts oder vertrauliche „Hintergrundinformationen" betrifft, die der Anwalt im wohlverstandenen Interesse seines Mandanten sowie im Interesse der Rechtspflege diesem gegenüber verschweigen darf.[102] Den aus den §§ 675, 666 BGB iVm § 80 Abs. 1 folgenden Auskunftsanspruch kann der Insolvenzverwalter geltend machen, ohne dass er zuvor versuchen muss, vom Schuldner die benötigte Auskunft zu erlangen.[103] Auf eine Schweigepflicht kann sich jedoch der Anwalt berufen, soweit er als **Notar** tätig geworden ist.[104] Der wesentliche Unterschied zur anwaltlichen Tätigkeit liegt darin, dass der Notar zu den Beteiligten nicht in einem privatrechtlichen Vertragsverhältnis steht, sondern seine Amtsgeschäfte in seiner Eigenschaft als unabhängiger Träger eines öffentlichen Amtes auf dem Gebiet der vorsorgenden Rechtspflege wahrnimmt (§ 1 BNotO). Die Schweigepflicht besteht daher im Interesse derjenigen, deren persönliche oder wirtschaftliche Verhältnisse er bei seiner Amtstätigkeit erfahren hat.[105] Die Pflicht zur Verschwiegenheit entfällt daher erst, wenn – mit Ausnahme des Insolvenzschuldners- alle Beteiligten den Notar davon entbunden haben. Hinter dem Schutz der weiteren Beteiligten, die auf die absolute Verschwiegenheit des Notars vertrauen durften, haben die Interessen der Gläubiger an der optimalen Haftungsverwirklichung zurückzutreten. Die Entbindung aller Beteiligten iSd § 18 Abs. 2 BNotO von der Schweigepflicht bedeutet zunächst nur, dass der Notar seine Kenntnisse preisgeben darf, nicht aber, ob er sie auch preisgeben muss. Zwar gibt es keine allgemeine Auskunftspflicht des Notars. Zu den in den

96 Entscheidung des Vorstands der Rechtsanwaltskammer Düsseldorf KTS 1956, 63 f.

97 Ein Zurückbehaltungsrecht aus später erteilten Aufträgen des Schuldners, die die begehrte Auskunft nicht betreffen, ist insolvenzrechtlich unbeachtlich, LG Düsseldorf ZIP 1997, 1657.

98 Ausgenommen sind persönliche Notizen des Bevollmächtigten, die er bei Gelegenheit des Mandats zB über seinen Eindruck vom Schuldner gefertigt hat, die aber mit dem Schuldnervermögen, dh mit dem Auskunftsgegenstand, nicht unmittelbar zusammenhängen.

99 BGH BB 1990, 91, 92 = NJW 1990, 510.

100 BGH ZInsO 2018, 1794; BGH BB 1990, 91, 93 = NJW 1990, 510; Uhlenbruck/*Zipperer* § 97 Rn. 5.

101 *Gaiser* ZInsO 2002, 472, 475; NJW 1990, 510.

102 BGH NJW 1990, 510, 511.

103 *Gaiser* ZInsO 2002, 472, 475.

104 *Bous/Solveen* DNotZ 2005, 261, 268; *Gaiser* ZInsO 2002, 472, 475; BGH NJW 1990, 510, 511.

105 BGH NJW 1990, 510, 511.

§§ 14 Abs. 1, 24 Abs. 1 BNotO begründeten Verpflichtung zur ordnungsgemäßen Erledigung der Amtsgeschäfte gehört auch die sachgerechte Beantwortung von Anfragen der Urkundsbeteiligten und sonstigen Betroffenen.[106] Soweit daher auf den Verwalter die Verfügungsbefugnis über die Geheimnisrechte des Schuldners übergegangen ist, kann er unter den gleichen Voraussetzungen und in demselben Umfang Auskunft von dem Notar verlangen, wie es der Insolvenzschuldner ohne das Insolvenzverfahren gekonnt hätte. Folglich ist der Notar nicht nur berechtigt, sondern auch verpflichtet, Sachstandsanfragen des Verwalters zu beantworten.[107] **Steuerberater und Wirtschaftsprüfer** können sich in gleicher Weise wie Rechtsanwälte nicht auf ihre Verschwiegenheitspflicht (§ 57 Abs. 1 StBerG, § 43 Abs. 1 Satz 1 WPO) berufen. Die Rechtsprechung des BGH zur Auskunftspflicht des Rechtsanwalts des Schuldners[108] ist auch auf die Angehörigen der steuerberatenden Berufe zu übertragen. Der Insolvenzverwalter ist befugt, den Steuerberater und den Wirtschaftsprüfer des Schuldners von der Verpflichtung zur Verschwiegenheit zu entbinden, soweit deren Wissen für die Durchführung des Insolvenzverfahrens und die Erfüllung der Aufgaben des Verwalters von Bedeutung ist.[109] Mit dem Übergang der Verwaltungs- und Verfügungsbefugnis auf den (vorläufigen) Verwalter können sich auch **Kreditinstitute** nicht mehr auf das Bankgeheimnis berufen.[110] Der Verwalter kann von der Bank Auskünfte über zur Masse gehörende Gegenstände verlangen. An der Mitwirkung des Schuldners ist der Verwalter nicht mehr gebunden. Hinsichtlich sonstiger persönlicher Umstände des Schuldners, deren Kenntnis für die Abwicklung des Insolvenzverfahrens ohne Belang ist, bleibt der Schuldner „Geheimnisherr“. Da die Verschwiegenheitspflicht des Rechtsanwaltes, Steuerberaters, Wirtschaftsprüfers und des Kreditinstituts an den Übergang der Verwaltungs- und Verfügungsbefugnis auf den (vorläufigen) Verwalter geknüpft ist, steht weder einem **Sachverständigen** noch einem vorläufigen Verwalter ohne Verwaltungs- und Verfügungsbefugnis ein durchsetzbarer Auskunftsanspruch gegenüber dem Rechtsanwalt, Steuerberater oder Kreditinstitut zu.[111] Der Schuldner ist auch nicht verpflichtet, den Anwalt, den Steuerberater oder das Kreditinstitut von der Pflicht zur Verschwiegenheit freizustellen.

40 **6. Ehegatten, Familienangehörige, sonstige Dritte.** Oft bleiben die Auskünfte des Verpflichteten unvollständig, so dass die Auskunftsberechtigten, vor allem der (vorläufige) Insolvenzverwalter im frühen Verfahrensstadium, daran interessiert sind, Auskünfte von Dritten (zB: Ehegatten, Angehörigen, Arbeitnehmern, Sicherungsinhabern, Anfechtungsgegnern) einzuholen. § 97 gewährt aber – wie zuvor schon die KO, die VerglO und die GesO – **keine Auskunftsrechte gegen Dritte,** so dass hier nur die allgemeinen zivilprozessualen Möglichkeiten der Zeugenvernehmung gemäß § 5 Abs. 1 oder der Auskunftsklage bleiben,[112] wobei eine zeugenschaftliche Vernehmung durch das Insolvenzgericht häufig an dem Zeugnisverweigerungsrecht der §§ 4 InsO, 383 Nr. 2–3 ZPO scheitern wird Die speziellen insolvenzrechtlichen Pflichten des § 97 gelten nicht zu Lasten Dritter. Der **Ehegatte** oder **Familienangehörige** des Schuldners ist auch dann nicht auskunftspflichtig, wenn dies der einzig zumutbare Weg zu ausreichender Information wäre. Selbst der Umstand, dass der Schuldner unbekannten Aufenthalts ist und deshalb nicht zur Verfügung steht oder dass der Schuldner seine Verpflichtung zur Auskunftserteilung trotz Anwendung von Zwangsmitteln nicht erfüllt, rechtfertigt es nicht, einen Auskunftsanspruch gegen Angehörige zuzubilligen.[113] Aus § 101 folgt, dass länger als zwei Jahre vor Stellung des Insolvenzantrages ausgeschiedene Organe oder Angestellte nur als Zeugen vernommen werden können.

41 **7. Auskunftsverpflichtete im Nachlassinsolvenzverfahren und im Verfahren über das Gesamtgut einer Gütergemeinschaft.** Die Rolle des Schuldners kommt im **Nachlassinsolvenzverfahren** den Erben zu. Mehrere Erben sind je für sich Schuldner i.S. d. §§ 97 ff. und nicht die Erbengemeinschaft als solche. Die Schuldnerrolle in Insolvenzverfahren über das gemeinschaftlich verwaltete **Gesamtgut einer Gütergemeinschaft** (§ 333**)** fällt d den Eheleuten und im Insolvenzverfahren über das **Gesamtgut einer fortgesetzen Gütergemeinschaft** (§ 332) dem überlebenden Ehegatten zu.

[106] OLG Köln RNotZ 2005, 179.
[107] *Bous/Solveen* DNotZ 2005, 261, 278.
[108] BGH NJW 1990, 510.
[109] *Gaiser* ZInsO 2002, 472, 475.
[110] *Vallender,* FS Uhlenbruck, 2000, 133; *Obermüller* Rn. 2190; AG Duisburg NZI 2000, 606.
[111] LG Göttingen NZI 2003, 38; *Vallender,* FS Uhlenbruck, 2000, 133, 146; **aA** *Mitlehner* EWiR 2003, 279; *Wessel* DZWiR 1999, 230, 231.
[112] *Kilger/K. Schmidt* § 100 Anm. 1b.
[113] BGHZ 74, 379, 381; 383; *Gaiser,* ZInsO 2002, 472, 476; aA Voraufl. wonach in Anlehnung an *Kuhn/Uhlenbruck* § 100 Rn. 2 ein Auskunftsanspruch gegenüber Angehörigen zugebilligt wurde, wenn der Verwalter trotz Inanspruchnahme und Ausschöpfung der ihm zur Verfügung rechtlichen Möglichkeiten ohne ausreichende Information des Schuldners bliebe.

V. Abs. 2: Unterstützungs- und Mitwirkungspflichten

1. Unterstützung und Mitwirkung. Neben der Verpflichtung Auskunft zu erteilen, hat der Schuldner gemäß Abs. 2 den Verwalter bei der Erfüllung von dessen Aufgaben **zu unterstützen.** Der Verwalter darf also vom Schuldner verlangen, dass dieser mit ihm zusammenarbeitet. Diese weit gefasste, generalklauselartige Regelung[114] geht über die früheren konkursrechtlichen Regelungen hinaus. Die Konkursordnung verpflichtete nämlich den Gemeinschuldner nicht, für die Konkursmasse Dienste zu leisten.[115] Denn weil der Vermögensneuerwerb nach der Konkursordnung nicht zur Masse gehört, darf auch die Arbeitskraft des Schuldners nicht herangezogen werden.[116] Diese Unterstützungspflichten, die mit den Mitteln des § 98 erzwungen werden können, treffen den Schuldner sowohl im Eröffnungs- als auch im eröffneten Verfahren, da § 22 Abs. 3 Satz 3 ohne Differenzierung auf § 97 verweist.[117] 42

Unterstützen besagt, dass der Schuldner zu mehr verpflichtet ist, als das Tätigwerden des Verwalters und des Gerichts zu dulden. Mitwirkung schuldet der Schuldner bei der Feststellung, Verwaltung und Verwertung der Masse. Unterstützungshandlungen sind zB die Herausgabe von Schlüsseln, das faktische Verschaffen des Zugangs zu Geschäftsräumen, Angaben zur Systematik der Aufbewahrung von Geschäftsunterlagen oder die Fertigung von Übersichten über Geschäftsvorgänge und die Mitwirkung an der Feststellung und Inventarisierung des Schuldnervermögens. Zur Mitwirkung gehört auch die Herausgabe von Passwörtern, Zugangscodes etc.; bezogen auf Zugangsdaten zu E-Mail-Accounts gilt dies allerdings nur, sofern eine Postsperre (§ 99) angeordnet wurde. Ferner hat der Schuldner nach Abs. 2 Unterlagen herauszugeben/zusammenzustellen, die der Insolvenzverwalter zur Abgabe von Steuererklärungen benötigt.[118] Die Unterstützung und Mitwirkung des Schuldners ist unerlässlich, wenn im Insolvenzverfahren die Sanierung des schuldnerischen Unternehmens in Betracht kommt, wenn also der (vorläufige) Verwalter das schuldnerische Unternehmen nur vorübergehend führt, bis es im Zusammenhang mit der Sanierung vom Schuldner selbst oder einem Dritten fortgeführt werden kann.[119] Während Abs. 2 nur die allgemeine Mitwirkungspflicht des Schuldners regelt, sieht die Insolvenzordnung daneben **spezielle Mitwirkungspflichten** in einzelnen Vorschriften vor. Gemäß § 176 muss sich der Schuldner im Prüfungstermin zu den angemeldeten Forderungen erklären. Bei der Anordnung der Eigenverwaltung hat er nach § 281 das Verzeichnis der Massegegenstände, das Gläubigerverzeichnis und die Vermögensgegenstände zu erstellen. Gemäß § 153 Abs. 2 hat der Schuldner auf Antrag des Verwalters oder eines Gläubigers die Vollständigkeit der Vermögensübersicht eidesstattlich zu versichern. Diese speziellen Mitwirkungspflichten können, soweit nicht ausdrücklich wie in § 153 Abs. 2 auf § 98 verwiesen wird, nicht mit den Mitteln des § 98 erzwungen werden[120] 43

Die Pflicht des Schuldners zur Mitwirkung ist ferner dann nötig, wenn zum Schuldnervermögen **ein im Ausland gelegener Gegenstand** gehört. Wenn der ausländische Staat die grenzüberschreitende Wirkung der Eröffnung eines Insolvenzverfahrens in der Bundesrepublik Deutschland nicht anerkennt,[121] oder ein zeit- und kostenaufwändiges formelles Anerkennungsverfahren zu durchlaufen wäre,[122] ist der Insolvenzverwalter auf eine Vollmacht des Schuldners angewiesen. Die Verpflichtung zu einer solchen **Auslandsvollmacht** setzt nicht voraus, dass die Existenz ausländischen Schuldnervermögens feststeht oder der Verwalter Hinweise auf bestimmte Bankverbindungen haben muss. Es reicht aus, wenn es auf Grund konkreter Umstände nicht ganz unwahrscheinlich ist, dass der Schuldner über Auslandsvermögen verfügt.[123] Bloße Geschäfts- und Bankverbindungen in bestimmte Auslandsstaaten genügen, um die Erteilung einer Vollmacht zu rechtfertigen. Auch Hinweise auf einzelne Auslandsstaaten einer bestimmten „Sachgruppe" (zB Steueroasen) reichen aus, eine Vollmacht für solche Staaten zu fordern, für die zwar keine konkreten Anhaltspunkte ausländischen Schuldnervermögens vorliegen, die aber nach allgemeiner Auffassung dieser „Sachgruppe" angehören.[124] 44

[114] KPB/*Lüke* § 97, Rn. 9.
[115] *Grub* Kölner Schrift, 2. Aufl. 2000, 671, 687 Rn. 41 mwN.
[116] Vgl. *Grub,* Kölner Schrift, 2. Aufl. 2000, 671, 687 ff.; *Henssler,* Kölner Schrift, 2. Aufl. 2000, 1283, 1299 Rn. 36, 1301 Rn. 41.
[117] KPB/*Lüke* § 97, Rn. 18.
[118] BGH NZI 2009, 372; LG Duisburg ZInsO 2017, 882; HambKommInsO/*Herchen* § 97 Rn. 22.
[119] Vgl. die Begr. zu § 110 RegE: *Balz/Landfermann* S. 182 f.; *Grub* (Fn. 54) S. 526.
[120] Uhlenbruck/*Zipperer* § 97 Rn. 16.
[121] LG Köln ZIP 1997, 2161; *Schmidt-Räntsch,* Insolvenzordnung mit Einführungsgesetz, § 97 Rn. 3; zur Rechtsentwicklung: OLG Koblenz KTS 1980, 68, das eine Pflicht zur Vollmachtserteilung verneint hatte; OLG Köln NJW-RR 1986, 934 = ZIP 1986, 658, das eine Pflicht zur Vollmachtserteilung bejaht hatte; BVerfG ZIP 1986, 1336, das die Entscheidung des OLG Köln bestätigt hat.
[122] BGH NZI 2016, 698.
[123] BGHNZI 2916, 698; BGH NZI 2004, 21.
[124] BGH NZI 2004, 21 mAnm *Uhlenbruck.*

45 **2. Keine Pflicht zu entgeltlicher Mitarbeit.** Aus der Entstehungsgeschichte und den vom Gesetz verwendeten Begriffen „Unterstützung“ und „Mitwirkung“ folgt, dass der Schuldner nicht verpflichtet ist, beim Insolvenzverwalter gegen Entgelt zu arbeiten. Denn der auf Unterstützung in Anspruch genommene Schuldner hat grds., anders als von der Kommission für Insolvenzrecht in ihrem Ersten Bericht vorgeschlagen,[125] weder einen Anspruch auf Entgelt oder Aufwandsentschädigung noch auf Erstattung von Auslagen.[126] Unterstützungsleistungen müssen dem Schuldner also nach Zeit- und Arbeitsaufwand **zumutbar** sein. Es muss ihm hinreichend Gelegenheit verbleiben, durch Arbeit für sich und seine Familie den – gemäß §§ 35, 36, 287 Abs. 2 unpfändbaren – notwendigen Unterhalt zu verdienen, wenn ihm nicht gemäß § 100 zureichender Unterhalt aus der Insolvenzmasse gewährt wird. Die Abgrenzung zwischen geschuldeter Unterstützung und Mitwirkung einerseits und nicht geschuldeter „Arbeit“ andererseits muss dem Einzelfall vorbehalten werden. Dem Schuldner zumutbar sind alle diejenigen Unterstützungs- und Mitwirkungshandlungen, die ein Tätigwerden in begrenztem Umfang erfordern, ohne die Erwerbstätigkeit des Schuldners dadurch substantiell zu beeinträchtigen. Die Entscheidung hierüber trifft das Insolvenzgericht im Rahmen eines etwaigen Verfahrens gemäß § 98 Abs. 2, in dem der Insolvenzverwalter darzulegen hat, dass die geforderten Unterstützungs- und Mitwirkungshandlungen das Maß des Zumutbaren nicht überschreiten, während es dem Schuldner obliegt, die Umstände darzutun, die ihm die Erfüllung der geforderten Handlungen unzumutbar machen. Eine Art „moderner Knechtschaft“[127] ist mit § 97 Abs. 2 nicht bezweckt. Auch die Erwerbsobliegenheit gemäß § 295 Abs. 1 Nr. 1 ist keine mit den Mitteln des § 98 erzwingbare Mitwirkungspflicht.[128] Diese Erwerbsobliegenheit entsteht erst nach der Ankündigung der Restschuldbefreiung. Sie ist kein Bestandteil der allgemeinen Mitwirkungspflicht. Sie wurde für die Wohlverhaltenszeit deshalb besonders geregelt, weil die allgemeine Auskunfts- und Mitwirkungspflicht des Schuldners in diesem Verfahrensabschnitt nicht gilt.[129] Nimmt jedoch ausnahmsweise im Regelinsolvenzverfahren die Mitwirkung des Schuldners oder des organschaftlichen Vertreters ein Ausmaß an, dass sie zu einer ständigen Mitarbeit bei der Verfahrensabwicklung wird, die eine berufliche Vollzeittätigkeit des Schuldners daneben nicht mehr zulässt, so ist ihm eine angemessene Vergütung aus der Masse zu entrichten.[130] Von der verfahrensrechtlichen Mitwirkungspflicht sind die Fälle zu unterscheiden, in denen ein Freiberufler – Arzt, Rechtsanwalt oder Steuerberater – im eröffneten Insolvenzverfahren seine Praxis fortführt, um diese auch für die Zeit nach dem Insolvenzverfahren und einer Restschuldbefreiung zu erhalten.

46 **3. Ermessen des Verwalters.** Es liegt im Ermessen des Insolvenzverwalters, je nach den Umständen des Einzelfalles vom Schuldner Unterstützungshandlungen anzufordern. Er muss abwägen, ob der Verfahrenszweck der Haftungsverwirklichung gemäß § 1 und die Belange der Gläubiger eine solche Unterstützung erfordern oder zumindest als sinnvoll erscheinen lassen. Er hat zu bedenken, ob der „Bock zum Gärtner“ gemacht werden darf. Eine zeit- und arbeitsaufwändige Unterstützung durch den Schuldner dürfte für die Gläubiger dann von Bedenken frei sein, wenn der Schuldner nicht in unredlicher Weise in die Insolvenz geraten ist und eine Sanierung des schuldnerischen Unternehmens mit einer späteren Tätigkeit des Schuldners in seinem Unternehmen in Betracht kommt. In einem solchen Fall mag der Typ des redlich in die Insolvenz geratenen Schuldners den Vorteil bieten, dass er seine Sachkunde zur Verfügung stellt. Der Nutzen einer Unterstützung durch einen Schuldner, der hierzu erst durch Zwangsmittel angehalten werden muss (§ 98), erscheint jedoch eher gering, es sei denn, es handelt sich um ganz punktuelle Mitwirkungshandlungen oder Willenserklärungen, die er persönlich abgeben muss, wie zB eine Vollmacht zur Einziehung ausländischen Vermögens. Selbst wenn ein Schuldner zu kostenfreier Unterstützung freiwillig bereit sein sollte, kann es im Interesse der Gläubiger und der Öffentlichkeit an einem objektiv gestalteten Insolvenzverfahren liegen, auf die Mitwirkung des Schuldners zu verzichten.[131]

47 **4. Mitwirkungsverpflichteter.** Zur Mitwirkung ist nur der Schuldner persönlich verpflichtet. Weder von Angestellten oder Angehörigen des Schuldners kann eine Mitwirkung verlangt wer-

---

125 1. KommBer., LS 1.3.2.2.

126 LG Köln ZVI 2004, 193.

127 So der bei *Grub,* Kölner Schrift, 1. Aufl. 1997, 527 in der Fn. 55 zitierte Gravenbrucher Kreis.

128 AA AG Duisburg NZI 2004, 516 = ZVI 2004, 364.

129 So aber AG Duisburg NZI 2004, 516 = ZVI 2004, 364.

130 Uhlenbruck/*Zipperer* § 97 Rn. 19; FKInsO/*Wimmer/Amend* § 97 Rn. 30; HKInsO/*Schmidt* § 97 Rn. 28.

131 Wie zB im Falle eines Immobilienkaufmannes, der wegen Konkursstraftaten verurteilt war und angeboten hatte, als „Freigänger“ aus der Haft dem Insolvenzverwalter bei der Feststellung und Verwertung der – ungewöhnlich großen – Masse zu helfen: Selbst wenn die Gläubiger sich mit einer solchen Unterstützung einverstanden erklärt hätten, wäre zu befürchten gewesen, dass das Insolvenzverfahren in der Öffentlichkeit nicht mehr als objektiv angesehen wird und als Gerichtsverfahren an Ansehen verliert, weil die Gefahr von Interessenkollision auf der Hand liegt.

den.[132] Die Mitwirkungspflicht der Organe juristischer Personen und der vertretungsberechtigten persönlich haftenden Gesellschafter ergibt sich aus § 101 Abs. 1 Satz 1 (→ § 101 Rn. 14 ff.).

5. Mitwirkungsberechtigte. Die Mitwirkungspflicht des Schuldners nach Abs. 2 besteht nicht nur gegenüber dem Insolvenzverwalter im eröffneten Insolvenzverfahren, sondern aufgrund der Verweisung in § 20 Abs. 1 Satz 2, auch gegenüber dem vorläufigen Verwalter im **Eröffnungsverfahren.** Sie besteht nicht gegenüber den Gläubigern und deren Organe oder gegenüber dem Insolvenzgericht. 48

VI. Abs. 3: Bereitschaftspflicht und Unterlassungspflichten

1. Bereitschaftspflicht. Um den Auskunfts- und Mitwirkungspflichten aus Abs. 1 und Abs. 2 nachkommen zu können, hat der Schuldner sich gem. Abs. 3 Satz 1 auf Anordnung des Gerichts **jederzeit zur Verfügung zu stellen (Bereitschaftspflicht).** Damit hat das Gesetz die weitergehende, verfassungsrechtlich umstrittene **Residenzpflicht** des § 101 Abs. 1 KO gelockert, wonach der Schuldner sich von seinem Wohnort nur mit Erlaubnis des Gerichts entfernen durfte.[133] 49

Die Bereitschaftspflicht des § 97 Abs. 3 entspricht dem verfassungsrechtlichen Grundsatz der **Verhältnismäßigkeit.**[134] Das Gericht darf keine unverhältnismäßige Freiheitsbeschränkung anordnen und hat daher zu prüfen, ob und inwieweit die Gefahr besteht, dass der Schuldner sich nicht in gehöriger Weise bereithalten wird, und welche Art der Aufenthaltsbeschränkung – Ort und Zeit – nach dem Zweck des konkreten Verfahrens geboten und verhältnismäßig ist. Im Hinblick auf die Erzwingbarkeit in § 98 muss die gerichtliche Anordnung im Hinblick auf den Einzelfall hinreichend konkret beschreiben, wo und wie lange der Schuldner sich bereithalten muss.[135] Die gerichtliche Anordnung ist gem. § 6 unanfechtbar.[136] Ein Rechtsmittel gegen eine Anordnung nach § 97 ist erst dann gegeben, wenn das Gericht die dem Schuldner auferlegten Pflichten mit Zwangsmittel durchzusetzen versucht.[137] 50

Der Schuldner kann sich ohne weiteres von seinem Wohnsitz entfernen, solange er erreichbar bleibt und sicherstellt, dass er seine Auskunfts- und Mitwirkungspflichten erfüllen kann. Auch nach § 101 Abs. 1 KO darf sich der Schuldner zu kurzfristigen Ausflügen von seinem Wohnort entfernen, weil bei verfassungskonformer Handhabung der Präsenzpflicht nur ein solches Entfernen untersagt ist, das den Verfahrenszweck gefährdet.[138] Hat der (vorläufige, § 22 Abs. 3 Satz 3) Insolvenzverwalter Zweifel, ob der Schuldner sich für Auskünfte oder Mitwirkungshandlungen bereithalten wird, so kann er dies dem Gericht darlegen und einen Gerichtsbeschluss gem. Abs. 3 Satz 1 herbeiführen. 51

Ist der Schuldner kraft gerichtlicher Anordnung zur Präsenz am Wohnsitz verpflichtet, kann er dennoch ohne Verstoß entgegen der gerichtlichen Anordnung ohne weiteres kurzfristige Ausflüge zB an Wochenenden und Feiertagen unternehmen, wenn dadurch der Zweck seiner Bereitschaftspflicht nicht vereitelt oder gefährdet wird. Denn der Zweck der Bereitschaftspflicht besteht nicht darin, dass der Aufenthalt des Schuldners generell beschränkt wird, sondern darin, dass der Schuldner für Auskünfte und Unterstützungshandlungen erreichbar ist. 52

Ist die Bereitschaft des Schuldners nicht mehr nötig, können der Schuldner und der (vorläufige) Insolvenzverwalter beantragen, dass das Insolvenzgericht den Beschluss ändert oder aufhebt. Der anordnende, ändernde oder aufhebende ist wie der eine Aufhebung abweisende Beschluss gemäß § 6 unanfechtbar. Anfechtbar ist das Zwangsmittel zur Durchsetzung der Anordnung nach § 98 Abs. 3.[139] 53

2. Unterlassungspflichten. In Zusammenhang mit der Bereitschaftspflicht regelt Abs. 3 Satz 2 eine generelle **Unterlassungspflicht.** Der Schuldner hat alle Handlungen zu unterlassen, die der Erfüllung seiner Pflichten zuwiderlaufen. Zu den Unterlassungspflichten des Schuldners 54

---

[132] KPB/*Lüke* § 97 Rn. 13.

[133] Zu den Bedenken gegen die Verfassungsmäßigkeit der Präsenzpflicht in § 101 Abs. 1 KO vgl. *Kuhn/Uhlenbruck* § 101 Rn. 1, 3b, 5 mwN.

[134] Vgl. die Begr. zu § 11 RegE: *Balz/Landfermann* S. 183 f.; aA *Roellenbleg* NZI 2004, 176.

[135] LG Göttingen ZInsO 2001, 44; HKInsO/*Schmidt* § 97 Rn. 33: zB „während der im Februar … durchzuführenden Revision der Buchhaltung …".

[136] Das Fehlen eines Rechtsmittels für den Schuldner erscheint verfassungsrechtlich noch hinnehmbar, auch wenn die Regelung in § 101 Abs. 1 KO nur deswegen für unbedenklich gehalten wird, weil sie im Rechtsmittelverfahren gem. § 73 Abs. 3 KO oder § 11 RPflG überprüfbar ist, vgl. *Kilger/K. Schmidt* § 101 Anm. 1. Denn der Schuldner kann jedenfalls dann sofortige Beschwerde gemäß § 98 Abs. 3 einlegen, wenn das Gericht gegen ihn die Haft anordnet, um die Anordnung gem. § 97 Abs. 3 zu erzwingen.

[137] LG Göttingen ZInsO 2001, 44.

[138] *Kilger/K. Schmidt* § 101 Anm. 1; *Kuhn/Uhlenbruck* § 101 Rn. 5.

[139] LG Göttingen ZIP 2000, 2174.

gehört, dass er Unterlagen nicht vernichtet oder manipuliert, keine Vermögensgegenstände der Insolvenzmasse beiseiteschafft[140] und Zeugen nicht zu beeinflussen versucht. Er hat alles zu unterlassen, was seine Erreichbarkeit im Verfahren erschwert. Verletzt der Schuldner diese Pflichten, kann er gemäß § 98 Abs. 2 Nr. 3 zwangsweise vorgeführt oder nach Anhörung in Beugehaft genommen werden.

VII. Zeitlicher Umfang der Auskunfts- und Mitwirkungspflichten

55 Die Auskunfts- und Mitwirkungspflicht des Schuldners besteht während der gesamten Dauer des Insolvenzverfahrens. Weitergehend als nach der Konkursordnung[141] gelten die Schuldnerpflichten des § 97 schon im **Eröffnungsverfahren.** Danach hat der Schuldner **dem Insolvenzgericht** die **Auskünfte zu erteilen,** die zur Entscheidung über den Eröffnungsantrag erforderlich sind. Der Schuldner hat auch sonst das Gericht bei der Erfüllung seiner Aufgaben zu **unterstützen** (§ 20 Abs. 1). Er hat dem **vorläufigen Insolvenzverwalter** alle erforderlichen Auskünfte zu erteilen und ihn auch bei der Erfüllung seiner Aufgaben zu unterstützen (§ 22 Abs. 3 Satz 3). In beiden Vorschriften – § 20 Abs. 1 und § 22 Abs. 3 Satz 3 – werden die §§ 97, 98, 101 Abs. 1 und 2, Abs. 2 für entsprechend anwendbar erklärt. Die frühere Streitfrage, ob die §§ 20 Abs. 1 und 22 Abs. 3 Satz 3 nicht nur die Auskunfts- sondern auch die Mitwirkungspflichten erfassen[142] hat der Gesetzgeber durch das InsOVereinfG vom 13.4.2007[143] geklärt. Die Auskunfts- und Mitwirkungspflicht besteht nur dann gegenüber dem **vom Gericht eingesetzten Sachverständigen,** wenn das Insolvenzgericht ausdrücklich seine Auskunfts- und Mitwirkungsansprüche auf einen Sachverständigen als gerichtlichen Gehilfen gem. § 4 iVm § 404a ZPO, § 5 übertragen hat.

56 Die Verpflichtungen des Schuldners aus § 97 enden mit der Aufhebung des Insolvenzverfahrens nach § 200 oder mit der Einstellung nach § 207 Abs. 1.[144] Die den Schuldner im eröffneten Verfahren treffenden Auskunfts- und Mitwirkungspflichten gelten auch im **Nachtragsverteilungsverfahren;** sie können mit Zwangsmitteln durchgesetzt werden.[145] Die Nachtragsverteilung entfaltet nur eine beschränkte Beschlagnahmewirkung. Nur in diesem Umfang bestehen auch die Auskunfts- und Mitwirkungspflichten fort.

VIII. Auskunfts- und Mitwirkungspflichten bei der Eigenverwaltung, im Verbraucherinsolvenz- und Restschuldbefreiungsverfahren

57 Ist **Eigenverwaltung** des Schuldners angeordnet, so gilt § 97 neben den besonderen Pflichten der §§ 275, 276, 277 und 281, mit dem Sachwalter zusammenzuwirken und sich gegenüber den Gläubigern zu erklären. Der Schuldner hat nicht nur in dem Berichtstermin (§ 156) Bericht zu erstatten (§ 281 Abs. 2 Satz 1) sondern dem Sachwalter und auf Anordnung des Gerichts der Gläubigerversammlung über sämtliche Verfahren betreffende Verhältnisse Auskunft zu erteilen.[146]

58 Im **Verbraucherinsolvenzverfahren** gelten die Schuldnerpflichten des § 97 und die Zwangsmittel des § 98,[147] und zwar auch in der Phase, in der gemäß § 306 Abs. 1 das Verfahren über den Antrag auf Eröffnung des Insolvenzverfahrens ruht, bis über den Schuldenbereinigungsplan entschieden ist. Da diese Ruhensphase gemäß § 306 Abs. 2 der Anordnung von Sicherungsmaßnahmen iSd § 21 nicht entgegensteht, müssen in dieser Zeit erst recht die Schuldnerpflichten des § 97 Bestand haben. Im **Restschuldbefreiungsverfahren** gelten Besonderheiten, da dieses Verfahren zeitlich über die Beendigung oder Einstellung des Insolvenzverfahrens hinausreichen kann. verdrängt § 295 Abs. 1 Nr. 3 die umfassende Auskunfts- und Mitwirkungspflicht des § 97.[148] Während der Laufzeit der Abtretungserklärung ist der Schuldner verpflichtet, dem Gericht und dem Treuhänder Auskunft über seine Erwerbstätigkeit oder seine Bemühungen um eine solche sowie über seine Bezüge und sein Vermögen zu erteilen. Er hat einen Wohnsitzwechsel oder den Wechsel der Beschäftigungsstelle unverzüglich dem Gericht und dem Treuhänder anzuzeigen. Er darf keine von der Abtretung erfassten Bezüge und kein Vermögen, das er von Todes wegen oder mit Rücksicht auf ein künftiges Erbrecht erwirbt, verheimlichen. Eine Verstoß gegen diese

[140] *Schmidt-Räntsch,* Insolvenzordnung mit Einführungsgesetz, § 97 Rn. 3.
[141] Vgl. *Kuhn/Uhlenbruck* § 100 Rn. 7.
[142] *Uhlenbruck* NZI 2002, 401; BT- Drucks. 16/3227 S. 15.
[143] BGBl I S. 509.
[144] KPB/*Lüke* § 97 Rn. 16.
[145] BGH NZI 2016, 365; AG Köln NZI 2017, 860.
[146] Uhlenbruck/Zipperer, InsO § 97 Rn. 4.
[147] *Uhlenbruck* NZI 2000, 15, 17; kritisch dazu *Bindemann,* Handbuch Verbraucherkonkurs, 1997, S. 14.
[148] HambKommInsO/*Herchen,* § 97 Rn. 2.

konkreten Auskunfts- und Mitwirkungspflichten kann eine Versagung der Restschuldbefreiung begründen (§§ 295, 296).

IX. Folgen bei Verletzung der Schuldnerpflichten

Die zwangsweise Durchsetzung der Schuldnerpflichten regelt § 98. Ergänzend kann das Gericht gemäß § 99 eine Postsperre anordnen. 59

Im Restschuldbefreiungsverfahren werden die Pflichten des § 97 wie Obliegenheiten behandelt. Auf Antrag eines Gläubigers kann dem Schuldner die Restschuldbefreiung versagt werden, wenn er seine Auskunfts- und Mitwirkungspflichten vorsätzlich oder grob fahrlässig verletzt hat. Ob dies der Fall ist, muss das Gericht von Amts wegen prüfen, § 290 Abs. 1 Nr. 5. 60

Im Übrigen steht der Schuldner unter den allgemeinen Sanktionen des StGB und des OWiG. Die insolvenzstrafrechtlichen Tatbestände der §§ 283 ff. StGB werden durch § 97 nicht berührt. Leistet der Schuldner gemäß § 98 die eidesstattliche Versicherung auf eine falsche oder unvollständige Aussage, macht er sich gemäß § 156 StGB strafbar. 61

X. Kostenerstattung

§ 113 Abs. 1 RegE sah vor, dem Schuldner die aus der Erfüllung seiner Auskunfts- und Mitwirkungspflichten entstehenden notwendigen Auslagen zu erstatten und ihm eine Vergütung aus der Masse zu zahlen, wenn dies nach Art, Dauer und Umfang seiner Tätigkeit angemessen erscheint. Dieses Vorhaben wurde vom Rechtsausschuss als „Detailperfektionismus" gestrichen.[149] Da es somit an einer Rechtsgrundlage für einen Kostenerstattungsanspruch fehlt, steht dem Schuldner, dem organschaftlichen Vertreter oder dem vertretungsberechtigten persönlich haftenden Gesellschafter für die Erfüllung der Auskunfts- und Mitwirkungspflichten grundsätzlich weder eine **Vergütung** noch ein **Auslagenersatz** zu. Der Schuldner ist deshalb auch nicht berechtigt, seine Auskunftserteilung von einer Erstattung der ihm entstehenden Kosten abhängig zu machen.[150] 62

Fehlen dem auskunftspflichtigen Schuldner die erforderlichen Mittel, um seiner Verpflichtung nachzukommen, schließt die Entstehungsgeschichte und Begründung der Vorschrift einen Auslagenersatz nicht aus. Dem Schuldner oder Schuldnervertreter kann zB nicht zugemutet werden, mit dem Insolvenzverwalter auf eigene Kosten ins Ausland zu fahren, um dort die notwendigen Handlungen vorzunehmen, die die Verwertung des ausländischen Schuldnervermögens erfordern.[151] Im Einzelfall können daher nach pflichtgemäßem Ermessen des (vorläufigen) Insolvenzverwalters dem Auskunftspflichtigen die Auslagen erstattet werden.[152] 63

XI. Rechtsmittel

Dem Schuldner steht gegen die Anordnung der Pflichten nach § 97 **kein Rechtsmittel** zu. Auch die Anordnung des Gerichts, sich jederzeit zur Verfügung zu stellen, um seine Auskunfts- und Mitwirkungspflichten zu erfüllen, unterliegt nicht der sofortigen Beschwerde (§ 6 Abs. 1). Die dem Schuldner abverlangten Pflichten nach § 97 können jedoch im Rahmen des Zwangsmittelverfahrens nach § 98 überprüft werden. Erfolgt die Anordnung einer Pflicht nach § 97 durch den Rechtspfleger, so steht dem Schuldner die **befristete Erinnerung** nach § 11 Abs. 2 RPflG zu. 64

XII. Öffentlich-rechtliche Informationsrechte

Die Auskunfts- und Mitwirkungspflicht des § 97 ist auf Informationsansprüche der Verfahrensbeteiligten untereinander begrenzt. § 97 regelt nicht den Zugang zu amtlichen Informationen gegenüber Bundes- und Landesbehörden. Die Bundesrepublik Deutschland und einige Bundesländer haben Informationsfreiheitsgesetze (IFG) bzw. Informationszugangsgesetze beschlossen, die eine neue Qualität der Offenheit der Verwaltung gegenüber dem Bürger begründen sollen. Durch das Informationsfreiheitsgesetz soll der Zugang des Bürgers zur Information und die Transparenz behördlicher Entscheidungen gesichert und erweitert werden.[153] Die Informationsfreiheitsgesetze sollen den Bürgern einen Informationszugang ohne Voraussetzungen ermöglichen.[154] 65

---

149 Begr. des Rechtsausschusses, BT-Drs 12/7302 S 167.
150 LG Köln ZInsO 2003, 756.
151 Uhlenbruck/*Zipperer* § 97 Rn. 23.
152 Uhlenbruck/*Zipperer* § 97 Rn. 23; Jaeger/*Schilken*, § 97 Rn. 39; aA HKInsO/*Schmidt* § 97 Rn. 28.
153 *Gundlach/Flöther* NZI 2009, 719, 720.
154 BT-Drs. 15/4493, S. 6.

66 **Öffentlich-rechtliche Informationsrechte** gegen Bundesbehörden aus § 1 I **IFG** oder gegen sonstige Behörden aus den entsprechenden Landesgesetzen[155] stehen selbständig neben § 97.[156] Insolvenzrechtliche Auskunftsansprüche gehen dem IFG nicht vor.[157] Nur solche Rechtsvorschriften verdrängen nach § 1 Abs. 3 IFG den Informationsanspruch nach dem IFG, die denselben sachlichen Regelungsgegenstand, nämlich Zugang zu amtlichen Informationen haben.[158] Einen insoweit identischen sachlichen Regelungsgehalt weist der insolvenzrechtliche Auskunftsanspruch nach § 97 nicht auf. Durch die Zuerkennung eines Informationsrechts nach dem IFG wird das Auskunftsrecht des Insolvenzverwalters auch nicht über die Regelungen der Insolvenzordnung hinaus erweitert. Mit der Geltendmachung eines derartigen Anspruchs macht sich der Insolvenzverwalter vielmehr allein den Umstand zunutze, dass die auskunftspflichtige Behörde der Verpflichtung unterliegt, jedem auf einen entsprechenden Antrag hin Zugang zu den bei ihr vorhandenen amtlichen Informationen zu gewähren. Die auskunftspflichtige Behörde kann daher nicht geltend machen, sie sei einem Insolvenzverwalter gegenüber von der ihr allgemein obliegenden Auskunftsverpflichtung befreit.[159]

67 Der Anspruch des Insolvenzverwalters auf Informationszugang gegenüber einem Sozialversicherungsträger besteht auch dann, wenn die Informationserlangung der **Vorbereitung einer Insolvenzanfechtung** dienen soll. Der Insolvenzverwalter muss in einem solchen Fall nachvollziehbar und begründet darlegen, dass aus den Geschäftsunterlagen des Insolvenzschuldners die notwendigen Informationen nicht zu erhalten sind.[160] Dies gilt gegenüber **Krankenkassen** als Einzugsstellen für den Gesamtsozialversicherungsbeitrag (§ 28h SGB IV),[161] Berufsgenossenschaften,[162] aber auch gegenüber dem Finanzamt.[163] Das Steuergeheimnis steht dem landesrechtlichen Auskunftsanspruch des Insolvenzverwalters gegenüber dem Finanzamt nicht entgegen.[164]

68 Für Rechtsstreitigkeiten über Informationsansprüche nach dem IFG ist unabhängig vom Inhalt der amtlichen Information, zu der Zugang begehrt wird, und unabhängig vom Klagegegner der Verwaltungsrechtsweg nach § 40 Abs. 1 Satz 1 VwGO eröffnet.[165]

§ 98 Durchsetzung der Pflichten des Schuldners

(1) Wenn es zur Herbeiführung wahrheitsgemäßer Aussagen erforderlich erscheint, ordnet das Insolvenzgericht an, daß der Schuldner zu Protokoll an Eides Statt versichert, er habe die von ihm verlangte Auskunft nach bestem Wissen und Gewissen richtig und vollständig erteilt. [2]Die §§ 478 bis 480, 483 der Zivilprozeßordnung gelten entsprechend.

(2) Das Gericht kann den Schuldner zwangsweise vorführen und nach Anhörung in Haft nehmen lassen,
1. **wenn der Schuldner eine Auskunft oder die eidesstattliche Versicherung oder die Mitwirkung bei der Erfüllung der Aufgaben des Insolvenzverwalters verweigert;**
2. **wenn der Schuldner sich der Erfüllung seiner Auskunfts- und Mitwirkungspflichten entziehen will, insbesondere Anstalten zur Flucht trifft, oder**

---

155 Berlin § 3 Abs. 1 IFG v. 15.10.1999, GVBl. S. 561; Brandenburg § 1 AIG v. 10.3.1998; Bremen § 1 Abs. 1 BremIFG v. 16.5.2006, GBl. S. 263; Hamburg § 4 HmbIFG v. 17.2.2009, GVBl. S. 29; Mecklenburg-Vorpommern § 1 Abs. 2 IFG M-V v. 10.7.2006, GVOBl. S. 556; Nordrhein-Westfalen § 4 IFG NRW v. 27.11.2001, GVBl. S. 806; Rheinland-Pfalz § 4 LIFG v. 26.11.2008, GVBl. S. 296; Saarland § 1 Abs. 1 SIFG v. 12.7.2006, ABl. S. 1624 (dynamische Verweisung auf Bundesrecht); Sachsen-Anhalt § 1 Abs. 1 IZG LSA v. 19.6.2008, GVBl. S. 242; Schleswig-Holstein § 4 IFG-SH v. 9.2.2000, GVOBl. S. 166; Thüringen § 1 ThürIFG v. 20.12.2007, GVBl. S. 256.

156 AGR/*Piekenbrock* § 296 Rn. 2.

157 BVerwG ZIP 2011, 41; Hamburgisches Oberverwaltungsgericht, ZInsO 2012, 989.

158 VG Berlin, Urteil v. 16.11.2012 – 2 K 248.12 – juris.

159 OVG Nordrhein-Westfalen, NZI 2008, 699; VG Freiburg, NZI 2011, 1956; VG Berlin, Urteil vom 16.11.1012 – 3 K 248.12 – zitiert nach juris).

160 OVG Koblenz, NZI 2010, 357; VG Gelsenkirchen, BeckRS 2010, 54109; VG Freiburg, NZI 2011, 825, 826 mAnm Schmittmann; aA LSG Nordrhein-Westfalen, Beschl. v 26.4.2010 – L 16 B9/09 – juris; VG Hamburg ZIP 2005, 2012.

161 OVG Koblenz 12.2.2010, NZI 2010, 357 (358); VG Gelsenkirchen, BeckRS 2010, 54109.

162 OVG NRW, Insbüro 2018, 244.

163 VG Aachen NZI 2014, 328.

164 BVerwG NZI 2018, 715; *Deichgräber/Krüger* ZInsO 2018, 2063.

165 BSG NZI 2013, 197; LSG Baden-Württemberg, ZVI 2011, 180; VG Freiburg, NZI 2011, 825 mAnm *Schmittmann*; bei Akteneinsicht zu Sozialversicherungsdaten **aA** nur LSG Nordrhein-Westfalen 26.4.2010, L 16 B9/09 SV, in juris veröffentlicht.

3. wenn dies zur Vermeidung von Handlungen des Schuldners, die der Erfüllung seiner Auskunfts- und Mitwirkungspflichten zuwiderlaufen, insbesondere zur Sicherung der Insolvenzmasse, erforderlich ist.

(3) [1]Für die Anordnung von Haft gelten die § 802g Abs. 2, §§ 802h und 802j Abs. 1 der Zivilprozeßordnung entsprechend. [2]Der Haftbefehl ist von Amts wegen aufzuheben, sobald die Voraussetzungen für die Anordnung von Haft nicht mehr vorliegen. [3]Gegen die Anordnung der Haft und gegen die Abweisung eines Antrags auf Aufhebung des Haftbefehls wegen Wegfalls seiner Voraussetzungen findet die sofortige Beschwerde statt.

Schrifttum: *Ahrens,* Haftbefehl ohne Folgen – Aufschiebende Wirkung der Beschwerde?, NZI 2005, 299; *Frind,* Das „zahnlose" Insolvenzgericht? – Rechtsprechung und Realität der insolvenzgerichtlichen Ermittlungs- und Zwangsmittel – eine Bestandsaufnahme, NZI 2010, 749; *Gundlach/Flöther,* Neue Auskunftsansprüche des Insolvenzverwalters gegen bestimmte Anfechungsgegner, NZI 2009, 719; *von Olshausen,* Wenn die eine Hand nicht weiß, was die andere getan hat – zur Verweisung in § 98 Abs. 3 Satz 1 InsO, ZIP 2004, 350; *Richter,* Abgabe einer falschen Versicherung an Eides Statt im Konkursverfahren, KTS 1985, 443; *Schmitz-Herscheidt,* Eidesstattliche Versicherung des Gemeinschuldners hinsichtlich aller zu erteilender Auskünfte?, KTS 1996, 517; *Schmerbach,* Zuständigkeit des Insolvenzgerichts zur Abnahme von eidesstattlichen Versicherungen, NZI 2002, 538; *Stephan,* Vorläufige Sicherungsmaßnahmen beim Eigenantrag in der Unternehmensinsolvenz, NZI 1999, 104; *Uhlenbruck,* Die Grenzen von Amtsermittlung und Offenbarungspflicht im Konkursverfahren, JR 1971, 445; *Viertelhausen,* Eidesstattliche Versicherung im Insolvenzverfahren, DGVZ 2001, 36.

Übersicht

I. Normzweck

Die Vorschrift dient der Durchsetzung der in § 97 geregelten Pflichten des Schuldners und damit der effektiven Durchführung des Insolvenzverfahrens, nämlich der Haftungsverwirklichung und der bestmöglichen Verwertung des Schuldnervermögens.[1] Mit den vorgesehenen Sanktionen, 1

[1] Vgl. *Schmidt-Räntsch,* Insolvenzordnung mit Einführungsgesetz, S. 17 Rn. 17.

die der Einzelzwangsvollstreckung ähneln, soll der Schuldner angehalten werden, seinen Auskunfts- und Mitwirkungspflichten gemäß § 97 nachzukommen, und daran gehindert werden, Ermittlungen zu vereiteln, Informationen zu verheimlichen und Unterlagen oder Massegegenstände beiseitezuschaffen. Schon im Eröffnungsverfahren kann der Schuldner zwangsweise vorgeführt oder in Haft genommen werden, § 21 Abs. 3.

2 Gemäß § 153 Abs. 2 kann das Gericht dem Schuldner aufgeben, die Vollständigkeit des Vermögensverzeichnisses eidesstattlich zu versichern.

II. Entstehungsgeschichte

1. Die bisherigen Regelungen. Die Vorschrift greift Regelungen aus §§ 101, 72 KO und § 69 Abs. 2 VerglO auf.

3 **a) Konkursordnung.** Nach überwiegender Meinung hatte der Schuldner im Eröffnungsverfahren nicht die umfassenden Pflichten des § 100 KO:[2] Zur Ableistung der eidesstattlichen Versicherung war er im Eröffnungsverfahren nicht verpflichtet;[3] gemäß § 106 Abs. 1 KO konnte das Gericht im Eröffnungsverfahren die zwangsweise Vorführung des Schuldners oder dessen Haft anordnen, um die von ihm geschuldete Auskunft zu erzwingen oder die Masse zu sichern.[4] Die gleichen Zwangsmittel konnte das Gericht gemäß § 101 Abs. 2 KO im eröffneten Verfahren anordnen. Gemäß § 125 KO hatte der Schuldner das nach § 124 gefertigte Inventar eidesstattlich zu versichern, ebenso wie die von ihm geschuldeten Auskünfte im eröffneten Verfahren gemäß § 100.[5]

4 **b) Vergleichsordnung.** Gemäß § 69 Abs. 2 hatte der Schuldner seine Auskünfte eidesstattlich zu versichern, allerdings ohne dass dies erzwingbar war. Als „Sanktion" für die Verletzung von Pflichten und Obliegenheiten des Schuldners im Vergleichsverfahren § 69 VglO drohte dem Schuldner in erster Linie die Abweisung seines Vergleichsantrages gemäß § 17 VglO und die Eröffnung des Anschlusskonkurses gemäß § 102 VglO.[6] Die zwangsweise Vorführung oder die Haft des Schuldners waren nicht vorgesehen.

5 **c) GesamtvollstreckungsordnungO.** Die GesO regelte in § 3 Abs. 2 nur die Verpflichtung des Schuldners zur Abgabe der eidesstattlichen Versicherung. Nach überwiegender Meinung konnte diese Pflicht nach den entsprechend anwendbaren Vorschriften der §§ 901, 913 ZPO durch Beugehaft erzwungen werden.[7]

6 **2. Praktische Bedeutung der Zwangsmittel.** Insbesondere haben die in § 98 geregelten Zwangsmittel in der Praxis Bedeutung für die Feststellung und Verwertung von Massegegenständen.[8] In der Regel holt das Insolvenzgericht zügig ein Gutachten über Insolvenzgrund und Werthaltigkeit der Masse ein.[9] Wird ein vorläufiger Verwalter bestellt, wir in der Regel dieser Verwalter mit der Erstattung des Gutachtens beauftragt. Es kann jedoch auch gemäß § 5 Abs. 1 Satz 2 ein Gutachter ohne Anordnung der vorläufigen Verwaltung beauftragt werden. Der Gutachter/vorläufige Verwalter kann freilich die erforderlichen Feststellungen meist nur treffen, wenn der Schuldner kooperiert. Die zwangsweise Vorführung des Schuldners wird je nach der Terminierungspraxis der Gerichte und der Kooperation zwischen Insolvenzgericht und den zuständigen Gerichtsvollziehern gelegentlich angeordnet, aber selten vollzogen.[10] Denn die Schuldner erhalten die Anordnung des Gerichts zugestellt und erteilen dann oft zur Vermeidung der Zwangsvorführung die geforderten Auskünfte. In den Fällen einer Haftanordnung im Eröffnungsverfahren wirkt meist schon die Anordnung selbst als Druckmittel, um den Schuldner zur nötigen Kooperation mit dem Gutachter/vorläufigen Verwalter oder Gericht zu bewegen; zum Vollzug der Erzwingungshaft kommt es fast nie.

7 **3. Reformvorschläge. a) Vorschläge der Kommission für Insolvenzrecht.** In ihrem Ersten Bericht[11] schlug die Kommission für Insolvenzrecht in Leitsatz 1.3.2.2 als Mittel zur Durchsetzung der Mitwirkungspflichten des Schuldners vor: Die Ableistung der eidesstattlichen Versicherung (Abs. 2), zwangsweise Vorführung und Haft (mit sofortiger Beschwerde, Abs. 4), ferner die Anord-

---

[2] *Kilger/K. Schmidt* § 100 Anm. 2 mwN.
[3] *Uhlenbruck* KTS 1997, 371, 372.
[4] *Kilger/K. Schmidt* § 106 Anm. 5.
[5] Vgl. *Kilger/K. Schmidt* § 100 Anm. 1a.
[6] *Uhlenbruck,* KTS 1997, 371, 382.
[7] *Uhlenbruck,* KTS 1997, 371, 384.
[8] Vgl. *Uhlenbruck,* KTS 1997, 371; empirisch gesicherte Daten fehlen, vgl. Vorbemerkungen vor §§ 97 bis 102 Rn. 1.
[9] *Stephan* NZI 1999, 104.
[10] Dazu *Frind* NZI 2010, 749, 753.
[11] 1. KommBer., S. 142 f.

nung des Insolvenzgerichts, dass der Schuldner im Rahmen seiner Mitwirkungspflicht eine bestimmte Handlung vorzunehmen hat (Abs. 3). Gemäß Leitsatz 2.3.2 wurden „geeignete Vollzugsmaßnahmen" vorgeschlagen, um die Pflichten des Schuldners im Verfahren zu erzwingen.[12] Der Zweite Bericht[13] schlug in Leitsatz 9.3 eine Bereitschaftspflicht des Schuldners anstelle der Residenzpflicht gemäß § 100 Abs. 1 KO vor[14] und enthielt weitere Überlegungen zur Durchsetzung der Schuldnerpflichten.

b) Diskussionsentwurf und Referentenentwurf des BMJ. Der Diskussionsentwurf (DE) regelte die Anordnung von zwangsweiser Vorführung und Haft gegen den Schuldner in § 10, Sicherungsmaßnahmen in § 22, die Auskunftspflicht in § 104 (hier wird auch die eidesstattliche Versicherung vorgesehen) und die Bereitschaftspflicht in § 106. 8

Vergleichbare Regelungen enthielt der Referentenentwurf (RefE) in dessen §§ 10a, 21a, 22, 104 und 106. 9

4. Gesetzgebungsverfahren. Der Regierungsentwurf[15] regelte in § 11 die Anordnung von Haft gegen den Schuldner, ferner die zwangsweise Vorführung und Haft in Zusammenhang mit der Auskunfts- und Mitwirkungspflicht der §§ 109 und 111, schließlich die Leistung der eidesstattlichen Versicherung über die verlangte Auskunft in § 109. Der Ausschuss hatte diese Regelungen in den §§ 97 und 98 zusammengefasst und gestrafft; zur Verfahrensvereinfachung ist der Vorschlag des § 110 Abs. 2 RegE fallengelassen worden, wonach das Insolvenzgericht den Schuldner durch Beschluss zur Vornahme einer bestimmten Handlung verpflichten konnte.[16] Aus Gründen der Verfahrensvereinfachung weggefallen war die Befugnis des Insolvenzverwalters, Beschwerde einzulegen, wenn das Gericht entgegen seiner Anregung gegen den Schuldner keine Haft anordnet oder den Haftbefehl aufhebt.[17] Durch das Gesetz zur **Vereinfachung des Insolvenzverfahrens,** das am 17.4.2007 verkündet wurde und am 1.7.2007 in Kraft getreten ist,[18] wurde § 98 Abs. 3 Satz 1 geändert. Es handelt sich um eine redaktionelle Änderung, die dem Umstand Rechnung trägt, dass die §§ 907 und 908 ZPO aufgehoben worden sind. Durch das Gesetz zur Reform der Sachaufklärung in der Zwangsvollstreckung vom 29. Juli 2009[19] wurde Abs. 3 geändert. Der Verweis auf die §§ 904 bis 906, 909, 910 und 913 der Zivilprozeßordnung wurde ersetzt durch einen Verweis auf die § 802g Abs. 2, §§ 802h und 802j Abs. 1 der Zivilprozeßordnung. 10

III. Abs. 1: Eidesstattliche Versicherung

1. Anordnung und funktionelle Zuständigkeit. Gemäß § 98 Abs. 1 kann das Gericht durch **Beschluss** anordnen, dass der Schuldner die Richtigkeit und Vollständigkeit der von ihm verlangten Auskunft zu Protokoll eidesstattlich versichert. Vorbild dieser Regelung ist § 69 Abs. 2 VglO. Voraussetzung für eine entsprechende Anordnung ist, dass das Insolvenzgericht die Abgabe der eidesstattlichen Versicherung zur Herbeiführung wahrheitsgemäßer und vollständiger Aussagen für **erforderlich** hält. Welche Anforderungen an die Erforderlichkeit gestellt werden, ist umstritten. Teilweise wird die Auffassung vertreten, dass nur, wenn **Anhaltspunkte für eine Unrichtigkeit oder Unvollständigkeit** der vom Schuldner erteilten Auskunft ersichtlich sind, Anlass zum Einsatz des Druckmittels der eidesstattlichen Versicherung bestehe.[20] Begründet wird diese Auffassung mit dem Wortlaut der Norm, der auf die Erforderlichkeit „zur Herbeiführung wahrheitsgemäßer Aussagen" abstelle.[21] Nach der **hier vertretenen Ansicht** kann die eidesstattliche Versicherung gem. Abs. 1 Satz 1 nicht Erkenntnisse voraussetzen, die sie in der Regel erst verschaffen soll. Im Übrigen ist es geboten, wenn feststeht oder doch überwiegend wahrscheinlich ist, dass die Angaben des Schuldners unvollständig oder unrichtig sind, von einer Anordnung und Abnahme der Versicherung an Eides statt abzusehen, da die Abgabe der Versicherung an Eides statt in einem solchen Fall nicht die 11

---

12 1. KommBer., S. 207.

13 2. KommBer., S. 183.

14 2. KommBer., S. 183 f.

15 *Balz/Landfermann,* §§ 109 bis 111, 11, S. 180 ff. § 98 übernimmt Regelungen aus §§ 11, 109, 110 und 111 RegEInsO BT-Drs. 12/2443 in veränderter Fassung. Zu den Motiven vgl. BT-Drs. 12/2443 S. 111, 112 „zu § 11", und Bericht des Rechtsausschusses BT-Drs. 12/7302 S. 156 „zu § 11" (Nr. 7), S. 166 „zu § 110" (Nr. 63) und „zu § 111" (Nr. 64).

16 Bericht BTag BT-Drs. 12/7302; *Balz/Landfermann* S. 184.

17 Vgl. → vor §§ 97 ff. Rn. 9.

18 BGBl. I 2007, 509.

19 BGBl. I 2258.

20 So AG Wetzlar NZI 2009, 323; Jaeger/*Schilken,* § 98 Rn. 8; AGR/*Piekenbrock* § 98 Rn. 7.

21 AGR/*Piekenbrock* § 98 Rn. 7.

Richtigstellung bzw. Vervollständigung, sondern allein die Strafbarkeit des Schuldners bewirkt.[22] Daher müssen konkrete Anhaltspunkte für eine bisher unwahre oder unvollständige Auskunft des Schuldners nicht dargelegt werden. Es kann kein anderer Maßstab gelten, als in der Einzelzwangsvollstreckung. Erforderlich ist somit die eidesstattliche Versicherung, wenn die betreffende Auskunft **für das Verfahren von nicht nur geringer Bedeutung** ist, **und die Gläubiger noch keine vollständige Befriedigung erhalten haben.**[23]

12 Funktionell zuständig für die Anordnung ist im Eröffnungsverfahren der Richter und nach Eröffnung der Rechtspfleger des Insolvenzgerichts, § 18 RPflG. Die Abnahme der eidesstattlichen Versicherung erfolgt vor dem Rechtspfleger gemäß § 3 Nr. 2e RPflG.[24] Die Anordnung kann **von Amts wegen** ergehen, da § 98 ausdrücklich **kein Antragsrecht der nach § 97 Abs. 1 Auskunftsberechtigten** vorsieht. Den Auskunftsberechtigten – dem (vorläufigen) Insolvenzverwalter, dem Gläubigerausschuss und der Gläubigerversammlung ist jedoch ein entsprechendes Antragsrecht zuzubilligen. Sie sind nicht nur auf eine bloße unverbindliche Anregung zu verweisen.[25] Eine Anregung an das Insolvenzgericht zum Erlass einer Anordnung kann von einem Insolvenzgläubiger oder einem nicht am Verfahren Beteiligten kommen. Über die Anordnung der eidesstattlichen Versicherung hat das Gericht durch Beschluss zu entscheiden, in dem die einzelnen zu erzwingenden Auskünfte anzugeben sind. Der Beschluss ist zu begründen und – falls er nicht verkündet worden ist – gemäß § 6 Abs. 2 zuzustellen. Die Anordnung des Richters ist nicht anfechtbar, § 6, die des Rechtspflegers ist mit befristeter Erinnerung angreifbar, § 11 Abs. 2 Satz 1 RpflG.

13 **2. „Verlangte" Auskunft.** Nur eine konkret verlangte und daraufhin erteilte Auskunft kann als vollständig durch eidesstattliche Versicherung bekräftigt werden. Der Schuldner hat eidesstattlich zu versichern, dass er die „verlangte" Auskunft richtig und vollständig erteilt hat. Erst das Auskunftsverlangen derjenigen, die gemäß § 97 Auskunft verlangen dürfen, konkretisiert die generelle Auskunftspflicht des Schuldners gemäß § 97 im Einzelfall. Durch den Bezug auf die „verlangte" Auskunft wird das Risiko des Schuldners, sich gemäß §§ 156, 163 StGB wegen falscher eidesstattlicher Versicherung strafbar zu machen, eingegrenzt. Ist der Schuldner dagegen der Auffassung, dass die von ihm „verlangte" Auskunft über das hinausgeht, was er nach § 97 offenbaren muss, so hat der Schuldner dennoch die „verlangte" Auskunft zu erteilen und auf Verlangen eidesstattlich zu versichern, wenn seine Gegenvorstellung beim Insolvenzgericht erfolglos bleibt. Denn gegen die Anordnung des Gerichts auf Ableistung der eidesstattlichen Versicherung hat der Schuldner kein Rechtsmittel, wie sich aus § 6 in Verbindung mit § 98 Abs. 3 ergibt, wonach nur die Anordnung der Haft und die Abweisung des Antrages auf Aufhebung der Haft mit der sofortigen Beschwerde anfechtbar sind. Das Verwendungsverbot des § 97 Abs. 1 Satz 3 schützt den Schuldner insoweit nicht. Denn das Verwendungsverbot bezweckt nur den Schutz vor straf- oder ordnungswidrigkeitenrechtlicher Verfolgung von Handlungen, die der Schuldner im Insolvenzverfahren unbeschränkt offenbaren muss, nicht aber vor den Risiken einer falschen oder unvollständigen Auskunft.[26] Entscheidend für die Beurteilung der Vollständigkeit und Richtigkeit der eidesstattlichen Versicherung ist der Zeitpunkt ihrer Abgabe.

14 **3. Entsprechende Anwendung der §§ 478 bis 480, 483 ZPO.** Als Spezialregelung zu § 4 stellt § 98 Abs. 1 Satz 2 klar, dass die §§ 478 bis 480, 483 der Zivilprozessordnung entsprechend gelten. Der Schuldner hat also die eidesstattliche Versicherung in Person zu leisten (§ 478), auf Ersuchen des Gerichts im Wege der Rechtshilfe auch vor einem anderen Gericht (§ 497) er ist über die Bedeutung der Versicherung zu belehren (§ 480) und kann die Versicherung schriftlich oder durch Zeichen bekräftigen, wenn er stumm ist (§ 483). § 98 Abs. 1 Satz 1 enthält den Wortlaut der Eidesformel.[27]

IV. Abs. 2: Voraussetzungen für die Anordnung von zwangsweiser Vorführung und Haft

15 Bevor das Gericht gemäß Abs. 2 in Ausübung pflichtgemäßen Ermessens (dazu → Rn. 23) gegen den Schuldner die zwangsweise Vorführung oder – wenn weniger einschneidende Mittel

---

22 HambKommInsO/*Herchen* § 98 Rn. 2.

23 HKInsO/*Schmidt* § 98 Rn. 8; HambKommInsO/*Herchen* § 98 Rn. 2; Graf-Schlicker/*Voß* § 98 Rn. 2; FKInsO/*Wimmer/Amend* § 98 Rn. 7; Braun/*Kroth* § 98 Rn. 2.

24 *Schmerbach* NZI 2002, 539.

25 Jaeger/*Schilken* § 98 Rn. 7; KPB/*Lüke* § 98 Rn. 3; aA Uhlenbruck/*Zipperer* § 98 Rn. 3.

26 Vgl. *Kuhn/Uhlenbruck* § 100 Rn. 2; oben § 97 Rn. 16.

27 Ergänzend kann vom Schuldner verlangt werden zu versichern, dass er nach bestem Wissen nicht imstande sei, noch weiteres zur Insolvenzmasse gehöriges Vermögen zu offenbaren, oder dass er keine das Verfahren betreffende Akten, Buchhaltungsunterlagen oder Belege selbst oder durch Dritte vernichtet oder beiseitegeschafft habe, vgl. *Hess* § 97 Rn. 13.

nicht ausreichen[28] – die Haft anordnet, muss es das Vorliegen bestimmter Voraussetzungen bejahen. Die Anordnung der Haft soll als Beugehaft ein zukünftiges Verhalten des Schuldners durchsetzen und als Sicherungshaft nachteilige Einwirkungen auf die Masse verhindern. Die Maßnahmen des Abs. 2 sind nicht Strafen, sondern Zwangsmittel.[29]

16 **1. Voraussetzungen des Abs. 2 Nr. 1. a) Verweigerung einer Auskunft.** Der Schuldner verweigert dann eine „verlangte" Auskunft, wenn er das Auskunftsbegehren gar nicht oder unvollständig beantwortet und seine Auskunft auf Nachfrage nicht ergänzt. Nicht erforderlich ist, dass der Schuldner die Erteilung der Auskünfte ausdrücklich verweigert. Eine Auskunftsverweigerung liegt auch vor, wenn ein Schuldner über einen längeren Zeitraum den Aufforderungen des Gerichts zur Auskunftserteilung nicht nachgekommen ist und/oder gewährte Fristverlängerungen ungenutzt verstreichen lässt.[30] Davon zu trennen ist der Fall, dass der Schuldner auf Frage zu einem bestimmten Sachverhalt erklärt, dass er dazu nichts wisse und sich auch nicht dazu kundig machen könne, weil ihm zB dazu keine Unterlagen zur Verfügung stehen oder er zu einem nicht dokumentierten Vorgang keine Erinnerung mehr habe; in diesem Fall liegt eine Auskunft vor, deren Richtigkeit und Vollständigkeit der Schuldner versichern kann. In diesem Fall kann jedoch dann wiederum eine Auskunftsverweigerung angenommen werden, wenn das Gericht nach den Umständen des Einzelfalles zu der Überzeugung gelangt, dass der Schuldner bei zumutbarer Nachforschung weitergehende Auskunft erteilen könnte.

17 **b) Verweigerung der eidesstattlichen Versicherung.** Ein Fall von Verweigerung der eidesstattlichen Versicherung liegt vor, wenn der Schuldner trotz ordnungsgemäßer Ladung zum Termin zur Ableistung der eidesstattlichen Versicherung unentschuldigt nicht erscheint, oder wenn er im Termin die eidesstattliche Versicherung nicht abgibt.

18 **c) Verweigerung der Mitwirkung gegenüber dem Insolvenzverwalter.** Eine Verweigerung der Mitwirkung liegt vor, wenn der Schuldner sich untätig verhält oder Anfragen bzw. Aufforderungen des Verwalters zur Mitwirkung nicht befolgt oder der Schuldner sich nicht an die gerichtliche Anordnung zur Bereithaltung gemäß § 97 Abs. 3 hält.[31] Da die Unterstützungs- und Mitwirkungspflichten des Schuldners in § 97 nur generell umschrieben sind, kann von einer Verweigerung iSd § 98 Abs. 2 Nr. 1 nur die Rede sein, wenn der Insolvenzverwalter zuvor dem Schuldner dargelegt hat, welche konkrete Unterstützung oder Mitwirkung er für nötig hält. Das Gericht hat zu prüfen, ob die verlangte Unterstützung oder Mitwirkung sich im Rahmen des § 97 bewegt. Eine Verweigerung der Mitwirkung liegt auch vor, wenn der Schuldner eine bisher von ihm erbrachte Mitwirkung rückgängig zu machen versucht, zB indem er eine dem Verwalter zur Verwertung von Auslandsvermögen erteilte Vollmacht widerruft.[32]

19 Ist der Schuldner der Auffassung, dass die Anforderung des Insolvenzverwalters nicht mehr von § 97 gedeckt ist, so kann er gemäß § 58 das Insolvenzgericht als Kontrollorgan über den Insolvenzverwalter anrufen und im Falle der Haftanordnung sofortige Beschwerde einlegen, § 6 iVm § 98 Abs. 3.

20 **2. Voraussetzungen des Abs. 2 Nr. 2.** Gemäß Abs. 2 Nr. 2 ist die Anordnung von Zwangsmitteln zulässig, wenn der Schuldner sich der Erfüllung seiner Auskunfts- und Mitwirkungspflichten entziehen will, insbesondere Anstalten zur Flucht trifft. Die Problematik dieser Vorschrift liegt darin, dass anhand von Indizien auf innere Absichten des Schuldners geschlossen werden muss. Hat er sich bereits der Erfüllung seiner Pflichten entzogen, indem er sich zB an unbekanntem Ort aufhält oder Unterlagen beiseite geschafft oder sich ins Ausland abgesetzt hat, so liegen die Voraussetzungen des Abs. 2 Nr. 1 oder erst recht die des Abs. 2 Nr. 2 vor. Nach Wortlaut und Sinn des Abs. 2 Nr. 2 soll ein Zwangsmittel aber gerade auch schon dann angeordnet werden dürfen, wenn der Schuldner **Vorbereitungen** trifft, um sich zu entziehen oder zu fliehen. Welche Indizien dem Insolvenzgericht hierfür ausreichen dürfen, hängt entscheidend von den Umständen des Einzelfalles ab. Ein entsprechender Wille zur Entziehung dürfte anzunehmen sein, wenn der Schuldner bei dem Versuch angetroffen wird, Dokumente zu vernichten oder beiseitezuschaffen oder Angestellte oder Bevollmächtigte zu bestimmten Aussagen zu beeinflussen. Eindeutige Umstände, die auf Anstalten zur Fluchtvorbereitung schließen lassen, mögen vorliegen, wenn der Schuldner zB eine Reise ins Ausland bucht oder den Wohnort mit Reisegepäck verlässt. Schwierig wird die Auslegung der Umstände aber, wenn eine Gerichtsanordnung zur Bereitschaft des Schuldners gemäß § 97 Abs. 3 nicht vorliegt

[28] OLG Celle NZI 2001, 149.
[29] BGHZ 162, 187, 195 = NZI 05, 263, 265.
[30] LG Göttingen NZI 2001, 382.
[31] LG Göttingen NZI 2001, 44.
[32] LG Memmingen ZIP 1983, 204.

und der Schuldner geltend macht, dass er sich nur vorübergehend ortsabwesend aufhalten wolle und zB telefonisch jederzeit erreichbar sei.

21 **3. Voraussetzungen des Abs. 2 Nr. 3.** Zwangsvorführung und Haft können gemäß Abs. 2 Nr. 3 angeordnet werden, wenn dies zur Vermeidung von Handlungen des Schuldners, die der Erfüllung seiner Auskunfts- und Mitwirkungspflichten zuwiderlaufen, insbesondere zur Sicherung der Insolvenzmasse, **erforderlich** ist. Diese Vorschrift korrespondiert mit der Bereitstellungs- und Unterlassungspflicht des § 97 Abs. 3.[33] Entsprechend der Verpflichtung des Schuldners, die Feststellung und Verwertung der Masse nicht zu behindern, darf er insbesondere weder Unterlagen vernichten noch Vermögensgegenstände der Insolvenzmasse beiseiteschaffen.[34] Die Zwangsmaßnahmen sind nicht erforderlich, wenn der Insolvenzverwalter zB die fraglichen Unterlagen rekonstruieren oder die Vermögensgegenstände anderweit sichern kann.

22 **4. Anhörung des Schuldners vor Anordnung der Haft.** Vor Anordnung der Haft muss das Insolvenzgericht den Schuldner anhören. Die Haftanordnung stellt die stärkste Einschränkung der persönlichen Freiheit des Schuldners dar. Anders als bei Anordnung der Postsperre gemäß § 99 Abs. 1 Satz 3 ist daher nicht die Möglichkeit eröffnet, die Anhörung unverzüglich nachzuholen. Das Gericht hat allerdings der Pflicht zu vorheriger Anhörung genügt, wenn es den Schuldner bei Verfahrenseinleitung, bei der Ladung zur Anhörung oder bei Anordnung der Zwangsvorführung schriftlich auf die Möglichkeit der Haftanordnung in den Fällen des § 98 Abs. 2 hinweist. Gemäß § 10 Abs. 1 kann die Anhörung unterbleiben, wenn sich der Schuldner im Ausland aufhält und die Anhörung das Verfahren übermäßig verzögern würde oder wenn der Aufenthalt des Schuldners unbekannt ist.

23 **5. Ermessen.** Liegen die Voraussetzungen gemäß Abs. 2 Nrn. 1, 2 oder 3 vor, so **kann** das Insolvenzgericht den Schuldner zwangsweise vorführen oder in Haft nehmen lassen. Das Gericht hat also nach pflichtgemäßem **Ermessen** in Beachtung des Grundsatzes der **Verhältnismäßigkeit**[35] zu prüfen, ob weniger einschneidende Mittel wie zB die eidesstattliche Versicherung ausreichen oder ein Zwangsmittel notwendig ist, und ob vor Anordnung der Haft die Zwangsvorführung als das weniger einschneidende Zwangsmittel in Betracht kommt.[36] So hat das Gericht zB zu prüfen, ob es ausreicht, gegen den Schuldner ein Ausreiseverbot zu verhängen oder ihm aufzuerlegen, seinen Reisepass zu hinterlegen.[37] Die Haftanordnung ist dann nicht unverhältnismäßig, wenn der Schuldner sich der Zwangsvorführung entzieht oder als zwangsweise Vorgeführter die geschuldete Auskunft oder Mitwirkungshandlung nicht oder nicht vollständig erbringt[38] oder weiterhin ein Verhalten zeigt, dass die Sicherung der Insolvenzmasse nicht unwesentlich gefährdet. Auch wenn der Schuldner die Erteilung der Auskünfte gemäß § 97 Abs. 1 InsO nicht ausdrücklich verweigert hat, sondern über längere Zeit den Aufforderungen des Gerichts zur Auskunftserteilung nicht nachgekommen ist und ihm gewährte Fristverlängerungen ungenutzt hat verstreichen lassen, steht es nicht außer Verhältnis, zur Erzwingung der Auskünfte die Haft anzuordnen und den Haftbefehl zu erlassen.[39]

24 Befindet sich der Schuldner bereits in Untersuchungs- oder Strafhaft, so entfällt dadurch nicht ohne weiteres das Rechtsschutzinteresse an einer Haftanordnung gemäß § 98. Denn soweit der Schuldner sich in Untersuchungshaft befindet, kann diese jederzeit bei Vorliegen der Voraussetzungen der StPO aufgehoben oder unter Auflagen außer Vollzug gesetzt werden. Befindet sich der Schuldner in Strafhaft, kann die Haftanordnung gemäß § 98 zum Wegfall von etwaigen Vergünstigungen wie zB Freigang oder Urlaub führen. Die Haftanstalt hat bei einer Haftanordnung gemäß § 98 Überhaft zu notieren.

V. Abs. 3: Verfahren bei Anordnung der Haft

25 **1. Anordnung der Haft: entsprechende Anwendung der § 802g Abs. 2, §§ 802h und 802j Abs. 1 ZPO. a)** Das Gericht erlässt einen Haftbefehl. Funktionell zuständig ist der Richter gemäß § 4 Abs. 2 Nr. 2 RpflG. Mit dem Hinweis auf die entsprechende Geltung der § 802g Abs. 2, §§ 802h und 802j Abs. 1 der Zivilprozessordnung wird das Verfahren der Verhaftung geregelt. Nach § 802g Abs. 2 ZPO erfolgt die Verhaftung des Schuldners durch einen Gerichtsvollzieher. Bei der

[33] Entsprechend § 111 Abs. 1 des RegE.
[34] Begr. zu § 111 RegE, *Balz/Landfermann* S. 183.
[35] OLG Celle NZI 2001, 149, 150; Begr. zu § 111 RegE, *Balz/Landfermann* S. 184.
[36] BGH NZI 2004, 86.
[37] Vgl. *Kilger/K. Schmidt* § 106 Anm. 5.
[38] OLG Naumburg NZI 2000, 594.
[39] LG Göttingen NZI 2003, 383.

Verhaftung ist dem Schuldner der Haftbefehl in beglaubigter Abschrift zu übergeben. § 802h Abs. 1 ZPO regelt die Unzulässigkeit der Haftvollstreckung. Danach ist die Vollziehung des Haftbefehls ist unstatthaft, wenn seit dem Tag, an dem der Haftbefehl erlassen wurde, zwei Jahre vergangen sind. § 802h Abs. 2 ZPO bestimmt, dass gegen einen Schuldner, dessen Gesundheit durch die Vollstreckung der Haft einer nahen und erheblichen Gefahr ausgesetzt würde, solange dieser Zustand dauert, die Haft nicht vollstreckt werden darf. Entsprechend § 802i ZPO kann der verhaftete Schuldner zu jeder Zeit bei dem Gerichtsvollzieher des Amtsgerichts des Haftortes verlangen, ihm die verlangte Auskunft abzunehmen. Dem Verlangen ist unverzüglich stattzugeben. Der Schuldner ist nach Abgabe der Auskunft aus der Haft zu entlassen. Kann der Schuldner vollständige Angaben nicht machen, weil er die erforderlichen Unterlagen nicht bei sich hat, so kann der Gerichtsvollzieher einen neuen Termin bestimmen und die Vollziehung des Haftbefehls bis zu diesem Termin aussetzen. Zur Aufhebung des Haftbefehls, wenn der Schuldner bereit ist, die geschuldete Unterstützung oder Mitwirkung zu leisten, siehe unter Rn. 28. Die Haftdauer beträgt höchstens sechs Monate. Nach Ablauf der sechs Monate ist der Schuldner von Amts wegen aus der Haft zu entlassen. Eine erneute Weigerung des Schuldners führt nicht zu einer erneuten Verhaftung.[40]

Das vom Gerichtsvollzieher bei der Verhaftung zu beobachtende Verfahren regelt § 187 GVGA. Der Gerichtsvollzieher entscheidet, ob er den Schuldner für haftfähig hält. Über Erinnerungen gegen die Entscheidung des Gerichtsvollziehers entscheidet in Anlehnung an das in § 36 Abs. 4 Satz 1 und 148 Abs. 2 Satz 2 zum Ausdruck kommende Prinzip der größeren Sachnähe das Insolvenzgericht.[41]

b) Der Erlass eines Haftbefehls umfasst wie in der Einzelzwangsvollstreckung gemäß § 802g ZPO auch die Befugnis des Gerichtsvollziehers zur gewaltsamen Öffnung der Wohnung gemäß § 758a Abs. 1 ZPO,[42] nicht aber die Vollstreckung zur Nachtzeit (§ 188 ZPO) sowie an Sonntagen und allgemeinen Feiertagen gemäß § 758a Abs. 4 ZPO. Während für eine Vollstreckungsmaßnahme gemäß § 758a Abs. 4 ZPO in der Einzelzwangsvollstreckung zunächst mehrere vergebliche Vollstreckungsversuche außerhalb der normalen Arbeitszeit verlangt werden,[43] kann das Insolvenzgericht bei Erlass des Haftbefehls gemäß § 98 ohne weiteres auch die Erlaubnis gemäß § 758a Abs. 4 ZPO aussprechen. Dies ist durch den Zweck des Insolvenzverfahrens und das besondere Pflichtenverhältnis, in dem der Gemeinschuldner zu den Gläubigern steht, gerechtfertigt. Denn die Haftanordnung des § 98 unterliegt strengeren Voraussetzungen als nach § 802g ZPO. Der Schuldner ist durch die zwingend vorgeschriebene vorherige Anhörung und die Tatbestände des § 98 Abs. 2 Nrn. 1 bis 3 hinreichend geschützt. Der Haftbefehl gegen den Schuldner berechtigt den Gerichtsvollzieher nicht zum Betreten der Wohnung eines Dritten. Die Berechtigung kann auch nicht durch einen richterlichen Beschluss erteilt werden.[44] 26

c) In dem anordnenden Teil des Haftbefehls sind die Mitwirkungspflichten, die mit der Haft durchgesetzt werden sollen, so bestimmt zu bezeichnen, dass für den Schuldner und außenstehende Dritte unmissverständlich und eindeutig zu erkennen ist, welche Handlungen genau vom Schuldner noch verlangt werden und womit er den Vollzug der Haft vermeiden kann.[45] Es empfiehlt sich, in den Haftbefehl aufzunehmen, dass die Haftanstalt angewiesen wird, die Verhaftung des Schuldners neben dem Insolvenzgericht unverzüglich dem Insolvenzverwalter mitzuteilen, sowie den Schuldner aus der Haft zu entlassen, wenn das Gericht oder der Insolvenzverwalter der Haftanstalt mitteilt, dass der Schuldner die verlangte Auskunft erteilt oder die geschuldete Unterstützung oder Mitwirkung geleistet hat. 27

2. Pflicht zur Aufhebung des Haftbefehls von Amts wegen. Gemäß Abs. 3 Satz 2 ist der Haftbefehl von Amts wegen aufzuheben und ein bereits durchgeführter Haftvollzug umgehend zu beenden, sobald die Voraussetzungen für die Anordnung der Haft nicht mehr vorliegen. Die Voraussetzungen für die Haft liegen nicht mehr vor, wenn der Schuldner die von ihm verlangte Auskunft vollständig erteilt hat. Eine **Aufhebung des Haftbefehls** kommt auch in Betracht, wenn der Insolvenzverwalter oder der Schuldner die verweigerte Auskunft von Dritter Seite erhält.[46] Das Gericht hat deshalb jederzeit zu prüfen, ob die Voraussetzungen für die Haftanordnung fortbestehen. Wie bei der Anordnung der Haft ist das Gericht auch bei der Entscheidung über die Aufrechterhal- 28

[40] Uhlenbruck/*Zipperer* § 98 Rn. 21.
[41] HambKommInsO/*Herchen* § 98 Rn. 24; aA Uhlenbruck/*Zipperer* § 98 Rn. 20: das Vollstreckungsgericht.
[42] Vgl. *Kuhn/Uhlenbruck* § 101 Rn. 2a; *Haarmeyer/Wutzke/Förster,* Handbuch, 2. Aufl., Kap. 3 Rn. 145; Zöller/*Stöber* § 758a Rn. 33.
[43] Vgl. Zöller/*Stöber* § 758a Rn. 35.
[44] LG Göttingen ZInsO 2005, 1280.
[45] BGH NZI 2005, 263, 265. *Frind* NZI 2010, 749, 754.
[46] HKInsO/*Schmidt* § 98 Rn. 28.

tung der Haft verpflichtet, den Grundsatz der Verhältnismäßigkeit zu beachten.[47] Während der Haft ist dem Schuldner auf Verlangen Gelegenheit zu geben, seine Mitwirkungsverpflichtungen zu erfüllen. Teilt der Schuldner nach Anordnung der Haft mit, dass er zur Auskunft gegenüber dem Insolvenzgericht oder dem Insolvenzverwalter bereit ist,[48] hat das Gericht zu prüfen, ob der Haftbefehl aufgehoben oder dessen Vollzug bis zum festgesetzten Anhörungstermin ausgesetzt werden kann. Soweit die Anregung zur Verhaftung des Schuldners vom Verwalter ausgegangen ist, muss das Gericht sich in angemessenen Abständen darlegen lassen, ob und inwieweit die Notwendigkeit der Anordnung weiterhin **Kommt der Schuldner den** der Verhaftung zugrunde liegenden **Auskunftspflichten nur teilweise nach,** hat das Insolvenzgericht zu prüfen, ob die Haftanordnung weiterhin gerechtfertigt oder aus Gründen der Verhältnismäßigkeit aufzuheben ist. Welche Auskünfte bereits erteilt sind und welche Mitwirkungsverpflichtungen noch nicht erfüllt sind, darf dabei nicht offen bleiben. Auch wenn die Anordnung oder der Vollzug der Haft aufrechterhalten bleibt, ist durch entsprechende **Änderung des Haftbefehls** oder einen ergänzenden Beschluss klarzustellen, zur Erzwingung welcher noch nicht erteilten Auskünfte im Einzelnen der Zwangsvollzug dienen soll. Diese Klarstellung ist nicht nur deshalb geboten, weil der Schuldner den mit der Haftanordnung verbundenen schwerwiegenden Eingriff in seine von Art. 2 Abs. 2 Satz 2 GG geschützten Freiheitsrechte überprüfen können muss. Für den Schuldner und außenstehende Dritte muss eindeutig sein, welche Mitwirkungspflichten im Einzelnen noch zu erfüllen sind.

29 **3. Sofortige Beschwerde, Abhilfebefugnis.** Dem **Schuldner** steht gemäß Abs. 3 Satz 3 sowohl gegen die Anordnung der Haft als auch gegen die Abweisung eines Antrags auf Aufhebung des Haftbefehls, nicht aber schon gegen die Androhung der Verhaftung,[49] die sofortige Beschwerde zu. Diese ausdrückliche Erwähnung des Beschwerderechts ist wegen § 6 Abs. 1 erforderlich, wonach die Entscheidungen des Insolvenzgerichts nur in den Fällen einem Rechtsmittel unterliegen, in denen dieses Gesetz die sofortige Beschwerde vorsieht.

30 Der Schuldner kann die sofortige Beschwerde schriftlich (§ 569 Abs. 2 ZPO) oder zu Protokoll der Geschäftsstelle (§ 569 Abs. 3 Nr. 1 ZPO) beim Insolvenzgericht (§ 6 Abs. 1 Satz 2) einlegen. Das Insolvenzgericht muss der sofortigen Beschwerde abhelfen, wenn der Schuldner mit der sofortigen Beschwerde die verlangte Auskunft erteilt oder die geforderte Unterstützungs- oder Mitwirkungshandlung erbringt.

31 Der **Insolvenzverwalter** ist in seiner von den Gläubigern und dem Schuldner unabhängigen Funktion, § 56, und mit seiner Aufgabe, schon als vorläufiger Verwalter die Masse zu sichern, § 22 Abs. 1, hinreichend sachnah am Verfahren beteiligt, um auch ihm ein Beschwerderecht einzuräumen. Dennoch sieht § 98 aus Gründen der Verfahrensvereinfachung, anders als noch in § 11 RegE vorgesehen, für den Insolvenzverwalter **kein Beschwerderecht** vor. Dies kann formal damit gerechtfertigt werden, dass weder die Haftanordnung noch die Entscheidung über die Aufhebung der Haft in die Rechtsstellung des Insolvenzverwalters eingreifen. Der Insolvenzverwalter könnte allenfalls geltend machen, die Ablehnung seiner Anregung auf Anordnung der Haft sei greifbar gesetzwidrig, mit der Folge, dass ihm ein außerordentliches Beschwerderecht zusteht.[50]

32 Erweist sich im Verfahren der Beschwerde die Haftanordnung hinsichtlich einzelner Auskunftspflichten als unbegründet, weil eine entsprechende Pflicht von vornherein nicht Bestand oder sich zwischenzeitlich erledigt hat, hat das Beschwerdegericht die angefochtene Haftentscheidung auf das Rechtsmittel hin auch dann teilweise abzuändern, wenn die Anordnung der Haft im Ergebnis weiterhin berechtigt ist.[51]

33 Wie in § 73 KO und entsprechend § 764 Abs. 3 ZPO kann die Entscheidung ohne vorgängige mündliche Verhandlung getroffen werden. Der Schuldner muss vorher darauf hingewiesen worden sein, dass das Insolvenzgericht die in § 98 bezeichneten Zwangsmittel gegen ihn verhängen kann. Die Entscheidung ergeht durch Beschluss, § 4 iVm § 329 ZPO, und ist im Falle mündlicher Anhörung zu verkünden, anderenfalls dem Schuldner von Amts wegen förmlich zuzustellen, es sei denn, der Antrag des Insolvenzverwalters wird abgelehnt.

34 Die sofortige Beschwerde nach § 6 **hat keine aufschiebende Wirkung.**[52] Zwar besitzt seit der Novellierung des Beschwerdeverfahrens, insbesondere seit der Neufassung des § 570 Abs. 1 ZPO, durch das Zivilprozessreformgesetz[53] die Einlegung der sofortigen Beschwerde eine aufschiebende

---

47 Begr. zu § 11 RegE, *Balz/Landfermann*, S. 184.

48 BGHZ 162, 187 = ZIP 2005, 722 = WM 2005, 850 = NJW 2005, 1505 = ZVI 2005, 200 = NZI 2005, 263 = ZInsO 2005, 436 = Rpfleger 2005, 447 = ZWIR 2005, 336.

49 LG Hamburg NZI 2000, 236.

50 Vgl. BGH B. v. 7.7.1997 II B 7/97, KTS 1998, 101 zu § 116 ZPO.

51 BGH NZI 2005, 263, 265.

52 LG Göttingen NZI 2005, 339; *Ahrens* NZI 2005, 302; HKInsO/*Sternal* § 6 Rn. 32.

53 G v. 27.7.2001 (BGBl. I S. 1887).

Wirkung. Mit dieser Neuregelung war jedoch keine sachliche Einschränkung für das Insolvenzverfahren beabsichtigt. Anders als das Zivilverfahrensrecht begründet das Insolvenzrecht im Interesse der Haftungsverwirklichung für den Schuldner besondere Auskunfts- und Mitwirkungspflichten, zu denen häufig keine Alternativen bestehen. Durch diese insolvenzspezifische Pflichtenstellung muss ungeachtet einer sofortigen Beschwerde der Vollzug der Haftanordnung möglich sein, insbesondere in den Fällen, in denen die Anordnung der Haft zur Sicherung der Insolvenzmasse erforderlich ist, weil der Schuldner beabsichtigt, Vermögensgegenstände der Insolvenzmasse beiseite zu schaffen.

4. Kein Rechtsmittel gegen die Anordnung der Zwangsvorführung. Gegen die Anordnung der Zwangsvorführung kann der Schuldner keine sofortige Beschwerde einlegen. Denn diese ist gemäß § 6 Abs. 1 nur dann gegeben, wenn das Gesetz sie ausdrücklich vorsieht, was in § 98 Abs. 3 aber für die Anordnung der Zwangsvorführung nicht der Fall ist.[54] Diese Rechtslage erscheint verfassungsrechtlich unbedenklich.[55] Denn die Anordnung wird dem Schuldner zugestellt, so dass er Gelegenheit hat, die geforderte Auskunft oder Mitwirkungshandlung zu erbringen, bevor die Zwangsvorführung vollzogen wird. Verweigert er die Auskunft oder Mitwirkungshandlung, droht dem Schuldner zwar die Anordnung der Erzwingungshaft; diese darf jedoch nicht ohne vorherige Anhörung ergehen und eröffnet ihm die Möglichkeit, sofortige Beschwerde einzulegen. 35

5. Aufhebung von Anordnungen, formelle und materielle Rechtskraft. Gemäß Abs. 3 Satz 2 ist der Haftbefehl **von Amts wegen** aufzuheben, sobald die Voraussetzungen für die Anordnung der Haft nicht mehr vorliegen. Trägt der Schuldner vor, er sei nicht haftfähig, kann das Gericht ihn durch einen Amtsarzt untersuchen lassen und den Vollzug der Haft aussetzen.[56] 36

Die Anordnungen des § 98 sind formell rechtskräftig, soweit gegen sie nicht gemäß Abs. 3 Satz 3 die sofortige Beschwerde zulässig ist. Die Anordnungen werden aber nicht materiell rechtskräftig. Weil für die Anordnungen der allgemeine Grundsatz der Verhältnismäßigkeit gilt, ist das Gericht auch ohne ausdrückliche gesetzliche Regelung verpflichtet, eine Anordnung auch schon vor Entscheidung über den Eröffnungsantrag von Amts wegen aufzuheben, sobald sie nicht mehr erforderlich ist oder nicht mehr zweckmäßig erscheint.[57] Spätestens dann, wenn der Beschluss über die Abweisung des Eröffnungsantrages rechtskräftig geworden ist, sind die Anordnungen aufzuheben. 37

VI. Zwangsmittel bei Eigenantrag des Schuldners

Auch beim Eigenantrag auf Eröffnung des Insolvenzverfahrens sind Zwangsmaßnahmen gegen den Schuldner und die in § 101 genannten organschaftlichen Vertreter zulässig, sobald das Verfahren gegen den Schuldner zugelassen worden ist. Bis zur Zulassung des Insolvenzverfahrens kommen Zwangsmaßnahmen gegen den Schuldner nicht in Betracht. Erst wenn der Schuldner in hinreichender substantiierter Form einen Eröffnungsgrund dargelegt hat und somit die Schwelle vom Zulassungs- zum Eröffnungsverfahren überschritten hat, greift der Amtsermittlungsgrundsatz ein. Das Insolvenzgericht – so der BGH – darf, falls es sich vom Vorliegen eines Eröffnungsgrundes nicht überzeugen kann, nicht schon deswegen den Eröffnungsantrag zurückweisen. Vielmehr muss es die Ergänzung der Angaben und die Vorlage der Unterlagen mit den Zwangsmitteln des § 98 zu erzwingen versuchen.[58] Diese Auffassung wird vielfach als unpraktikabel und unverhältnismäßig kritisiert, da der Schuldner bis zur Eröffnung des Insolvenzverfahrens den Eröffnungsantrag ohnehin jederzeit zurücknehmen und dadurch die Grundlage für Zwangsmaßnahmen beseitigen könne. 38

VII. Entsprechende Geltung im Eröffnungsverfahren und im Verbraucherinsolvenzverfahren

Praktische Bedeutung erhält § 98 vor allem durch § 20 und § 22 Abs. 3 Satz 3, wonach der Schuldner schon im Eröffnungsverfahren dem Insolvenzgericht und dem vorläufigen Insolvenzverwalter gegenüber zur Auskunft und Mitwirkung gemäß §§ 97, 101 Abs. 1 Satz 1, 2 und Abs. 2 verpflichtet ist und diese Pflichten gemäß § 98 erzwungen werden können. Hat das Insolvenzgericht gemäß § 21 Abs. 2 Nr. 3 die einstweilige Einstellung der Zwangsvollstreckung angeordnet und beantragt ein Gläubiger danach im Rahmen der Einzelzwangsvollstreckung die Abnahme der eidesstattli- 39

---

54 BGH Beschl. v. 8.9.2010 – IX ZA 34/10 – BeckRS 2010, 23438.

55 *Prütting* NZI 2000, 145, 146: „erstaunliche Rechtsschutzlücke".

56 LG Köln, B. v. 17.9.1996 – 19 T 192 und 193/96; *Pape* EWiR 1998, 77; KPB/*Lüke* § 98 Rn. 10.

57 So schon für § 100 KO *Kuhn/Uhlenbruck* § 100 Rn. 31.

58 BGH ZIP 2003, 358, LG Cottbus, ZInsO 2012, 962; LG Köln NZI 2001, 559; LG Göttingen ZIP 2002, 1048; aA LG Potsdam ZVI 2002, 364; AG Göttingen NZI 2001, 670; LG Duisburg ZInsO 2002, 783; AG Dresden ZIP 2002, 862; *Schmidt* EWiR 2002, 582; KPB/*Lüke* § 98 Rn. 10.

chen Versicherung gemäß § 807 ZPO bzw. die Abnahme der Vermögensauskunft,[59] so ist für die Erinnerung dagegen das Vollstreckungsgericht zuständig, nicht das Insolvenzgericht.[60]

40 Auch im Verbraucherinsolvenzverfahren gemäß §§ 304 ff. sind die Zwangsmittel des § 98 anwendbar.[61] Dies gilt allerdings nicht, solange das Verfahren auf Eröffnung des Insolvenzverfahrens ruht, bis über den Schuldenbereinigungsplan gemäß § 306 Abs. 1 entschieden ist. Dies folgt aus § 306 Abs. 2, wonach das Ruhen des Verfahrens gemäß § 306 Abs. 1 der Anordnung von Sicherungsmaßnahmen nicht entgegensteht; mit dieser Formulierung wird auf die Sicherungsmaßnahmen des § 21 verwiesen, nicht auf die Auskunftspflicht und deren Erzwingung gemäß § 20 Satz 2 iVm § 98.

VIII. Kosten

41 Die Kosten der zwangsweisen Vorführung und Haft sind Massekosten.[62]

§ 99 Postsperre

(1) [1]Soweit dies erforderlich erscheint, um für die Gläubiger nachteilige Rechtshandlungen des Schuldners aufzuklären oder zu verhindern, ordnet das Insolvenzgericht auf Antrag des Insolvenzverwalters oder von Amts wegen durch begründeten Beschluß an, dass die in dem Beschluss bezeichneten Unternehmen bestimmte oder alle Postsendungen für den Schuldner dem Verwalter zuzuleiten haben. [2]Die Anordnung ergeht nach Anhörung des Schuldners, sofern dadurch nicht wegen besonderer Umstände des Einzelfalls der Zweck der Anordnung gefährdet wird. [3]Unterbleibt die vorherige Anhörung des Schuldners, so ist dies in dem Beschluß gesondert zu begründen und die Anhörung unverzüglich nachzuholen.

(2) [1]Der Verwalter ist berechtigt, die ihm zugeleiteten Sendungen zu öffnen. [2]Sendungen, deren Inhalt nicht die Insolvenzmasse betrifft, sind dem Schuldner unverzüglich zuzuleiten. [3]Die übrigen Sendungen kann der Schuldner einsehen.

(3) [1]Gegen die Anordnung der Postsperre steht dem Schuldner die sofortige Beschwerde zu. [2]Das Gericht hat die Anordnung nach Anhörung des Verwalters aufzuheben, soweit ihre Voraussetzungen fortfallen.

Schrifttum: *Eickmann,* Höchstpersönliches Verwalterhandeln oder Delegationsbefugnis?, KTS 1986, 197; *Fritsche,* Zu den Voraussetzungen für die Zulässigkeit einer Rechtsbeschwerde gegen die Anordnung einer Postsperre. Anm. zu BGH DZWiR 2003, 522; *Föhlisch,* Abläufe in der Verwalterkanzlei – Ermittlung des Sachverhaltes über dritte Personen, Zwangs- und Sicherungsmaßnahmen; Verbraucherinsolvenzverfahren, ZVI 2017, 454; *Frind,* Das „zahnlose" Insolvenzgericht? Rechtsprechung und Realität der insolvenzgerichtlichen Ermittlungs- und Zwangsmittel – eine Bestandsaufnahme, NZI 2010, 749; *Greiner,* Ist eine isolierte vorläufige Postsperre als vorläufige Sicherungsmaßnahme zulässig?, ZInsO 2017, 262; *Habereder/Pöllmann,* Zur Postsperre nach InsO § 99 Abs. 1, EWiR 2006, 85; *Landgrebe* und *Uhlenbruck,* Die Postsperre im Konkurs (§ 121 KO), Rpfleger 1984, 7; *Münzel/Böhm,* Postsperre für eMail?, ZInsO 1998, 363. *Pape,* Postsperre im Gesamtvollstreckungsverfahren verfassungswidrig? DtZ 1993, 199; *Prager/Keller,* die Anerkennung deutscher Postsperren im Vereinigten Königreich, NZI 2012, 829; *Quack,* Grundrechtsschutz im Konkurs – Überlegungen zu verfassungsrechtlichen Problemen des Konkursverfahrens, Rpfleger 1975, 185; *Stephan,* Das InsO-Änderungsgesetz 2005, NZI 2004, 521; *Uhlenbruck,* Das rechtliche Gehör im Konkurseröffnungsverfahren, in: FS Baumgärtel, 1990, 569; *Vallender,* Das rechtliche Gehör im Insolvenzverfahren, Kölner Schrift 2. Aufl. 2000, S. 249; *Vallender,* Kostentragungspflicht bei Anordnung der Postsperre, NZI, 2003, 244; *Voß,* Zu den Anforderungen an die Begründung einer Postsperre nach InsO § 99, EWiR 2009, 753; *Zipperer,* Vorläufige Insolvenzverwaltung und Anordnung von Verfügungsbeschränkungen bei Anordnung der vorläufigen Postsperre, EWiR 2016, 709.

Übersicht

[59] § 807 ZPO idF d. Art. 1 Nr. 10d. G. v. 29.7.2009, BGBl. I 2258 mWv 1.1.2013.

[60] LG Würzburg NZI 1999, 504; AG Köln NZI 1999, 381 = ZinsO 1999, 419; AG Rostock NZI 2000, 142; aA *Steder* NZI 2000, 456, 459.

[61] *Hess/Pape,* InsO und EGInsO, Grundzüge des neuen Insolvenzrechts, RWS-Skript 278, 1995, Rn. 1246; *Uhlenbruck* NZI 2000, 15, 17; kritisch dazu *Bindemann,* Handbuch Verbraucherkonkurs, 1997, S. 14.

[62] *Kilger/K. Schmidt* § 101 Anm. 2.

I. Normzweck

In der Abwicklung eines Insolvenzverfahrens hat der (vorläufige) Insolvenzverwalter ein umfassendes Informationsbedürfnis, insbesondere in Verfahren, die nicht von dem Schuldner selbst initiiert worden sind oder die auf Grund einer Antragspflicht eröffnet worden sind. Gerade in solchen Verfahren ist der Schuldner nicht ohne weiteres bereit, dem Verwalter die erforderlichen Auskünfte zu erteilen. Ein wichtiges Mittel zur Feststellung von Umfang und Sicherungsbedürfnis der Insolvenzmasse kann hierbei die Postsperre sein. Da eine Postsperre dem Verwalter die Befugnis verschafft, die an den Schuldner gerichtete Post zu öffnen und einzusehen, stellt sie auch einen tiefen Eingriff in den privaten Lebensbereich dar, insbesondere, wenn es sich bei dem Schuldner nicht um eine juristische Person handelt. Diesen Interessengegensatz regelt § 99. Die Vorschrift **soll verhindern, dass die Postsperre als Regelfall „formularmäßig"** angeordnet wird.[1] Sie regelt die Voraussetzungen für die Anordnung der Postsperre (Abs. 1 Satz 1), das dabei zu beachtende Verfahren (Abs. 1 Satz 2), ferner die Rechte und Pflichten des Verwalters, Postsendungen zu öffnen, einzusehen, zu verwahren bzw. dem Schuldner zur Einsicht zu geben oder auszuhändigen (Abs. 2), schließlich die Zulässigkeit der sofortigen Beschwerde und die Pflicht des Gerichts zur Aufhebung der Postsperre nach Wegfall ihrer Voraussetzungen (Abs. 3). 1

II. Entstehungsgeschichte

1. Die bisherige Regelung. a) § 121 KO. Gemäß § 121 Abs. 1 KO[2] konnte das Konkursgericht die Post- und Telegraphenanstalten verpflichten, alle für den Gemeinschuldner eingehenden Sendungen dem Verwalter auszuhändigen, der sie öffnen darf. Der Gemeinschuldner konnte Einsicht und später Herausgabe verlangen. Das Gericht konnte gemäß Abs. 2 nach freiem (pflichtgemäßem) Ermessen entscheiden, ob und inwieweit auf Antrag des Gemeinschuldners und nach Anhörung des Verwalters die Anordnung aufgehoben oder geändert wird. 2

Die Postsperre konnte als Sicherungsmaßnahme iSd § 106 KO schon im Eröffnungsverfahren angeordnet werden[3] und hatte dort „ihre wohl größte Bedeutung".[4] 3

1 Begr. RegE zu § 112, *Balz/Landfermann* (→ Fn. 1) S. 185; KPB/*Lüke* § 99 Rn. 3.

2 Zur verfassungsrechtlichen Unbedenklichkeit des § 121 KO vgl. BVerfG ZIP 1986, 1336;.

3 *Kuhn/Uhlenbruck* § 121 Rn. 1c; *Jaeger/Weber* § 106 Rn. 1.

4 *Pape* DtZ 1993, 199, 200.

4 **b) VerglO.** In der VerglO war die Postsperre nicht geregelt. Das Gesetz ging vom Leitbild des vergleichswürdigen Schuldners aus. Bestanden Zweifel an dessen Redlichkeit oder daran, dass der Schuldner seinen Obliegenheiten und Pflichten zur Information von Gericht und Gläubigern gemäß §§ 3 ff. VerglO nachkommt, führte dies zur Ablehnung der Eröffnung des Vergleichsverfahrens und zur Prüfung, ob das Konkursverfahren eröffnet wird, §§ 17, 18, 19 VerglO, wobei nach dessen Eröffnung § 121 KO eingriff.

5 **c) GesO.** In der GesO fehlte eine Regelung der Postsperre. § 6 Abs. 2 Nr. 2 erwähnte allerdings die Zustellung des Eröffnungsbeschlusses an das Zustellpostamt für den Fall, dass die Entgegennahme der Sendungen nur durch den Verwalter erfolgen sollte. Die hierauf gestützte analoge Anwendung des § 121 KO war umstritten.[5]

6 **2. Praktische Bedeutung der Postsperre.** Die Postsperre hatte **große praktische Bedeutung.**[6] Zur Ermittlung der Insolvenzmasse reichen oft weder die Auskünfte und Mitwirkungshandlungen des Schuldners (§ 97) noch die gegen den Schuldner einsetzbaren Mittel zur Erzwingung von Auskünften oder Mitwirkungshandlungen (§ 98) aus. Die Anordnung der Postsperre bietet dem Verwalter eine Möglichkeit, schnell und direkt masserelevante Informationen zu erhalten.[7] Ihr wichtigster Anwendungsfall ist die Anordnung **schon im Eröffnungsverfahren.**[8] Sie ergeht im Eröffnungsverfahren idR nicht von Amts wegen, sondern auf Anregung eines Gutachters oder vorläufigen Verwalters, wenn er Anhaltspunkte dafür darlegt, dass der Schuldner Informationen zurückhält. Durch die Postsperre ergeben sich oft Hinweise auf weitere Konten, Geschäftsverbindungen oder Vermögensgegenstände des Schuldners. Die Kontrolle der eingehenden Post ist „manchmal … **das einzige Mittel**“, um Vermögen des Gemeinschuldners festzustellen.[9] Es handelt sich meist um „Zufallsfunde“. Vielfach geben Grundsteuerbescheide, Bankauszüge oder aus dem Ausland eingehende Post erstmals Aufschluss darüber, dass der Schuldner im Ausland weiteres Vermögen besitzt.[10]

7 Mit Zunahme der **elektronischen Datenübermittlung** und der Beförderung von Postsendungen durch **private Zustelldienste** hat die Postsperre an Bedeutung verloren.[11] Insbesondere die rasante Entwicklung der Datenübermittlung über moderne Telekommunikationseinrichtungen hat bereits dazu geführt, dass schriftliche Mitteilungen nicht mehr auf dem traditionellen Postweg an den Empfänger gelangen. An Stelle der Postsendungen werden direkt vom PC aus E-Mails versendet, die zu jeder Tages- und Nachtzeit aufgegeben werden können und ihren Empfänger unabhängig von seiner Nationalität in Sekundenschnelle erreichen. Anlagen können nach vorheriger Aufnahme in das Datenverarbeitungssystem des Absenders in nahezu unbeschränkter Qualität und Menge beigefügt werden. Das Auslaufen des Beförderungsmonopols der Deutschen Post (§ 51 Postgesetz) erschwert die Feststellung der im Einzelfall in Betracht kommenden Anbieter von Postdienstleistungen als Adressaten in eine Anordnung nach § 99 InsO. Auf diese Entwicklungen hat der Gesetzgeber noch nicht reagiert. Eine wirksame Postsperre könnte zB durch die Errichtung eines für alle Post- und Kommunikationsdienstleister verpflichtenden Informationssystems geschaffen werden, das es den Insolvenzgerichten erlaubt, ihnen mittels einer Sammel-Email Postsperren mitzuteilen.[12]

8 **3. Reformvorschläge.** Es überrascht nicht, dass die Berichte der Kommission für Insolvenzrecht die Postsperre ausdrücklich nicht erwähnen. Die Kommissionsmitglieder – vor allem die darin vertretenen Praktiker aus der Anwaltschaft – gingen offenbar von einer verfassungskonformen Praxis zu § 121 KO aus.[13] Reformvorschläge zu einer restriktiveren Handhabung der Postsperre finden sich dann jedoch jeweils in § 107 des Diskussionsentwurfs und des Referentenentwurfs des BMJ.

9 **a) Diskussionsentwurf.**[14] § 107 des Diskussionsentwurfs greift die Regelung in § 121 KO auf, gestattet aber die Anordnung der Postsperre nur, soweit dies **erforderlich** erscheint, um **erhebliche Nachteile** für die Gläubiger zu vermeiden, und verpflichtet das Gericht zu einer ausdrücklichen **Begründung der Anordnung.** Sofortige Beschwerde kann der Schuldner gegen die Anordnung,

5 Bejahend *Kilger/K. Schmidt* § 5 GesO Anm. 3b mwN unter Hinweis auf die von ihm als „hM“ bezeichnete Gegenauffassung; *Pape* DtZ 1993, 199 ff.

6 Gesicherte empirische Daten liegen nicht vor, vgl. vor §§ 97 ff.

7 *Flöther/Gundlach*, NZI 2010, 719.

8 S. → Rn. 3.

9 *Kuhn/Uhlenbruck* § 121 Rn. 1a; *Uhlenbruck* Rpfleger 1984, 7, 10; *Pape* DtZ 1993 S. 199, 200.

10 Uhlenbruck/*Zipperer* § 99 Rn. 5.

11 HKInsO/*Schmidt* § 99 Rn. 2.

12 HambKommInsO/*Herchen* § 99 Rn. 17; *Frind* NZI 2010, 749.

13 Vgl. *Kuhn/Uhlenbruck* § 121 Rn. 1 mwN.

14 DE S. 52 und B 85.

der Verwalter gegen die Ablehnung der Anordnung und gegen die Aufhebung der Postsperre einlegen. Damit soll sichergestellt werden, dass die Erforderlichkeit der Anordnung in jedem Fall besonders geprüft wird.[15]

b) Referentenentwurf.[16] § 107 des Referentenentwurfs greift den Vorschlag des § 107 des Diskussionsentwurfs auf, erweitert jedoch die Anwendung der Postsperre, indem auf das Merkmal des **erheblichen** Nachteils verzichtet und die Erforderlichkeit der Postsperre dahin eingegrenzt wird, dass sie dazu **geeignet** sein muss, nachteilige Handlungen des Schuldners **aufzuklären oder zu verhindern;** die Anordnung darf nur **nach Anhörung des Schuldners** durch begründeten Beschluss ergehen; beschwerdeberechtigt sind Schuldner und Verwalter.[17] 10

4. Gesetzgebungsverfahren. § 112 des Regierungsentwurfs[18] entspricht wörtlich dem Vorschlag in § 107 des Referentenentwurfs. Im **Bericht des Rechtsausschusses** wird zur Deregulierung des Verfahrens empfohlen, die Beschwerdebefugnis des Verwalters gegen die Abweisung des Antrags auf Postsperre und gegen die Aufhebung der Postsperre zu streichen und die Pflicht zur Anhörung des Schuldners flexibler zu gestalten.[19] Der **Bundesrat** betonte Gesichtspunkte der Insolvenzpraxis, wonach die Postsperre häufig nur wirksam sein dürfte, wenn der Schuldner vor ihrer Anordnung nicht gewarnt werde; es genüge, rechtliches Gehör unverzüglich nachzuholen.[20] Diese Anregungen greift die Gegenäußerung der **Bundesregierung** mit der modifizierenden Formulierung zu § 99 Abs. 1 Satz 2 und 3 auf.[21] 11

Mit dem **Gesetz zur Vereinfachung des Insolvenzverfahrens,** das am 17.4.2007 verkündet wurde und am 1. Juli 2007 in Kraft getreten ist,[22] wurde § 99 Abs. 1 geändert. In Satz 1 wurde der letzte Teilsatz „dass bestimmte oder alle Postsendungen für den Schuldner dem Verwalter zuzuleiten sind“ in „dass die in dem Beschluss bezeichneten Unternehmen bestimmte oder alle Postsendungen für den Schuldner dem Verwalter zuzuleiten sind“ abgeändert. Diese Änderung erfolgte, weil mit dem Wegfall des Postmonopols im Zuge der Liberalisierung des Postdienstleistungsmarktes Unklarheiten aufgetreten sind, ob auch private Postdienstleister verpflichtet sind, einer Postsperre nachzukommen.[23] Mit der Änderung des § 99 Abs. 1 S. 1 wird nun klargestellt, dass auch sämtliche Lizenznehmer durch § 99 verpflichtet werden können. Im Falle einer Weigerung des Postdienstleistungsunternehmens können zügig Vollstreckungsmaßnahmen eingeleitet werden. Der **Referentenentwurf zur Änderung der Insolvenzordnung, des Kreditwesengesetzes und anderer Gesetze** sah zunächst vor, dass diesen Postdienstleistungsanbietern auch ein Beschwerderecht eingeräumt wird, weil mit der Anordnung der Postsperre in die Rechte des Postdienstleisters eingegriffen werde.[24] Von der Einräumung eines Rechtsmittels für die betroffenen Postdienstleistungsunternehmen nahm man doch im Laufe des Gesetzgebungsverfahrens Abstand, weil der Eingriff nicht erheblich sei und diese Unternehmen für ihre Tätigkeit das übliche Entgelt für eine Postnachsendung bzw. Postlagerung erheben können. Aus diesem Grunde sei es nicht erforderlich, den Unternehmen ein Rechtsmittel gegen die Anordnung zu gewähren. 12

III. Abs. 1 Satz 1: Voraussetzungen für die Anordnung der Postsperre

1. Erforderlichkeit der Anordnung, Anfangsverdacht. Gemäß Abs. 1 Satz 1 muss die Maßnahme **erforderlich erscheinen.** Wie schon für die entsprechende Anordnung nach § 121 KO angenommen, unterliegt die Anordnung der Postsperre dem Grundsatz der **Verhältnismäßigkeit.**[25] Damit macht das Gesetz die Anordnung davon abhängig, dass weniger einschneidende Maßnahmen – Auskünfte des Schuldners, Zeugenvernehmungen – entweder erfolglos versucht wurden oder voraus- 13

---

15 DE S. B 85.
16 RefE S. 61.
17 RefE S. 104 f.
18 *Balz/Landfermann* S. 185.
19 *Balz/Landfermann* S. 186.
20 *Balz/Landfermann* S. 186.
21 *Balz/Landfermann* S. 187; zu den Motiven siehe BT-Drs. 12/2443 S. 142/143 „zu § 112“ und S. 252, 264 jeweils zu Nr. 18, ferner BT-Drs. 12/7302 S. 166/167 zu Nr. 65 („zu § 112“).
22 BGBl. I 509.
23 BT-Drs. 16/3227 S. 19.
24 Art. 21 des RefE zur Änderung der Insolvenzordnung, des Kreditwesengesetzes und anderer Gesetze; *Stephan* NZI 2004, 522.
25 Begr. zu § 112 RegE, *Balz/Landfermann*, S. 185; für § 121 KO *Landgrebe* Rpfleger 1984, 7, 9; vgl. zur Verfassungsmäßigkeit des § 121 KO BVerfG ZIP 1986, 1336; OLG Naumburg ZIP 1993, 1573, 1575; OLG Köln ZIP 1986, 384 und 658; OLG Bremen NJW 1993, 198, 199 = ZIP 1992, 1757, 1759; LG Stuttgart ZIP 1986, 1591; *Kilger/K. Schmidt* § 121 Anm. 1; *Kuhn/Uhlenbruck* § 121 Rn. 1 mwN.

sichtlich keinen Erfolg versprechen, also ungeeignet erscheinen.[26] Das Gericht hat bei seiner Entscheidung zwischen dem Recht des Schuldners auf Unverletzlichkeit des Briefgeheimnisses (Art. 10 GG, vgl. § 102) und dem Schutz der übrigen Verfahrensbeteiligten gegen eine ihnen nachteilige Ausnutzung der Posteingänge abzuwägen.[27] Unverhältnismäßig wäre die Postsperre, wenn es nur um geringwertige Massegegenstände geht. Weil die Post bei Verfahren gegen juristische Personen und Personengesellschaften ohnehin dem Verwalter ausgehändigt wird, muss die Erforderlichkeit einer Postsperre gegen deren organschaftliche Vertreter (§ 101) konkret begründet werden.

14 Für die Anordnung der Postsperre reicht ein konkreter **Anfangsverdacht.**[28] Dieser liegt vor, wenn Anhaltspunkte dem Gericht bekannt sind oder von Gläubigern oder vom Insolvenzverwalter dargelegt werden, die bei vernünftiger Würdigung den Schluss zulassen, dass der Schuldner gläubigerschädigende Rechtshandlungen begangen hat oder begehen wird. Es muss m. a. W. die Möglichkeit nahe liegen, dass der Schuldner den Postweg zum Nachteil der Gläubiger „missbraucht".[29] Liegen keine Anhaltspunkte für vorangegangene oder künftige Vermögensverschiebungen des Schuldners vor, ist eine Postsperre nicht gerechtfertigt.[30] Hinreichender Anlass zu einer Anordnung gemäß § 99 besteht, wenn Gericht oder Verwalter bereits eine Rechtshandlung des Schuldners festgestellt haben, die die Gläubiger benachteiligt, und nicht sicher ist, ob die bisherige Mitwirkung des Schuldners gemäß § 97 zu einer vollständigen Ermittlung der Masse geführt hat.

15 Hinreichender Anlass besteht auch, wenn Zweifel bestehen, ob der Schuldner vollständige Auskunft erteilt hat, die er auf Nachfrage nicht ergänzt. Ein hinreichender Anhalt liegt aber auch vor, **wenn der Schuldner sich lediglich passiv verhält,** d. h. seinen Auskunfts- und Mitwirkungspflichten gemäß § 97 nicht hinreichend nachkommt, ohne dass schon ein konkreter Verdacht auf gläubigerschädigendes Verhalten besteht.[31] Wird zB der Insolvenzverwalter durch hinhaltendes, taktisches Verhalten des Schuldners daran gehindert, notwendige Informationen zu erlangen, so rechtfertigt ein solches Verhalten den Erlass einer Postsperre.[32] Der sich passiv verhaltende Schuldner gefährdet die zügige Feststellung der Masse und die Haftungsverwirklichung gemäß § 1. Es entspricht den zu § 121 KO gesammelten Erfahrungen, dass ein Schuldner, der sich gegenüber den Bemühungen des Gerichts und des gerichtlich eingesetzten Gutachters/vorläufigen Verwalters/Verwalters passiv verhält, mit diesem Verhalten oft eine Gläubigerbenachteiligung zu vertuschen sucht. Auch wenn diese Erfahrung nicht notwendig in jedem Falle zutrifft, ist ein solches passives Verhalten des Schuldners als hinreichender Anhaltspunkt geeignet, die Postsperre anzuordnen.

16 **2. Zur Aufklärung oder Verhinderung gläubigerbenachteiligender Rechtshandlungen.** Die Postsperre darf nur angeordnet werden, **soweit** sie erforderlich ist, um für die Gläubiger nachteilige Rechtshandlungen des Schuldners aufzuklären oder zu verhindern. Mit dieser Eingrenzung soll verhindert werden, dass die Postsperre sich unnötigerweise auf solche Postsendungen erstreckt, die von vornherein als Träger für masserelevante Ermittlungen ausscheiden, und dass sie länger als nötig oder zu anderen Zwecken als zur Aufklärung oder Verhinderung von Gläubigerbenachteiligungen angeordnet wird.

17 Nachteilige Rechtshandlungen sind alle Rechtsgeschäfte, tatsächliche Handlungen oder Unterlassungen, die die Masse faktisch oder rechtlich benachteiligen. Dazu gehört der Abschluss von anfechtbaren benachteiligenden Rechtsgeschäften wie das Verbringen oder Verschweigen von Vermögensgegenständen.

18 **3. Verschwiegenheitspflicht des Schuldners gegenüber Dritten.** Ist der Schuldner ein **Arzt,**[33] **Rechtsanwalt** oder **Steuerberater,** also aus beruflichen oder standesrechtlichen Gründen gegenüber Dritten zu besonderer Verschwiegenheit verpflichtet, so genießt die Anordnung der Postsperre Vorrang vor den datenschutzrechtlichen Belangen Dritter, wenn anderenfalls der Verwalter und das Gericht nicht imstande wären, das Insolvenzverfahren effektiv durchzuführen.[34] Das Geheimhaltungsinteresse der Patienten bzw. Mandanten des Schuldners verlangt allerdings, dass in

---

[26] Vgl. HKInsO/*Schmidt* § 99 Rn. 11; *Uhlenbruck/Delhaes,* Konkurs- und Vergleichsverfahren, Rn. 388.

[27] Begr. zu § 112 RegE, *Balz/Landfermann* S. 185; LG Coburg KTS 1972, 124, 125; *Hess* § 99 Rn. 25; *Landgrebe* Rpfleger 1984, 7, 9; Mohrbutter/*Mohrbutter* Rn. 55. Die Handhabung der Postsperre ist meist arbeitsintensiv und führt in der Praxis dazu, dass die Insolvenzverwalter sorgfältig prüfen, ob sie eine Postsperre beantragen oder deren Aufrechterhaltung empfehlen.

[28] OLG Celle NZI 2000, 583, 584 f.; OLG Bremen ZIP 1992, 1757, 1760; HKInsO/*Schmidt* § 99 Rn. 13.

[29] Vgl. *Hess/Pape,* InsO und EGInsO, Grundzüge des neuen Insolvenzrechts, RWS-Skript 278, 1995, Rn. 303.

[30] Begr. zu § 112 RegE, *Balz/Landfermann* S. 185.

[31] LG Göttingen NZI 2001, 44: Der Schuldner hatte die Zusammenarbeit mit dem Verwalter „vielfach erschwert bzw. verweigert".

[32] LG Bonn ZVI 2005, 30 = ZInsO 2004, 818.

[33] Vgl. OLG Bremen NJW 1993, 798 = ZIP 1992, 1757 = EWiR § 121 KO 1/92, 1215 *(Pape).*

[34] Vgl. OLG Bremen NJW 1993, 798, 799 = ZIP 1992, 1757, 1758; *Kuhn/Uhlenbruck* § 121 KO Rn. 1a.

diesen Fällen möglichst nur der Insolvenzverwalter persönlich die von diesen eingehende Post öffnen darf,[35] und dass die nicht insolvenzrelevanten Daten verschlossen an den Schuldner weiterzuleiten sind.[36]

4. Bestimmte oder alle Postsendungen. Postsendungen sind nur die **verkörperten** Sendungen und Mitteilungen; zu ihnen gehören auch Telegramme, deren Inhalt über Telefon mitgeteilt wird.[37] Der Begriff der **Postsendung** ist weit zu verstehen.[38] Hierunter fallen wie bisher gemäß § 121 KO alle schriftlichen Mitteilungen wie Briefe, Telegramme, Telefaxschreiben (Telekopien), Pakete oder Päckchen. Einhellig wird es für zulässig erachtet, dass die Postsperre auch die **Privatpost** des Schuldners erfasst.[39] Selbst „erkennbare" Privatpost kann insolvenzrelevante Informationen enthalten.[40] Abgesehen davon wäre eine Anordnung, die Privatpost von der Postsperre auszunehmen, nicht praktikabel.[41] 19

Erfasst werden auch Nachrichten, die **elektronisch übermittelt** worden sind.[42] Die Auffassung, die E-Mails nicht als von der Postsperre erfasst ansieht, wird darauf gestützt, dass der Gesetzgeber bewusst das Telefon nicht habe sperren wollen. Es trifft zwar zu, dass § 99 eine Fernsprechsperre nicht erfasst, obwohl das Bundesverfassungsgericht die Telefonsperre zu § 121 KO für zulässig erachtet hatte.[43] In der Begründung zu § 112 RegE wird ausgeführt, dass der Begriff der Postsendung weit auszulegen sei und daher auch Telegramme, Fernschreiben und Telekopien erfasse. Eine Fernsprechsperre werde durch die Vorschrift jedoch nicht ermöglicht.[44] Warum eine Fernsprechsperre ausdrücklich von der Postsperre ausgenommen worden ist, bleibt unklar.[45] Da technisch eine E-Mail bis zur Wandlung im PC des Empfängers in eine körperlich fassbare Form kaum von einem Telefonanruf zu unterscheiden ist, liegt es nahe, eine E-Mail nicht als Posteingang sondern eher als Telefoneingang einzuordnen. Beide Signale sind digitalisiert und werden – noch überwiegend – über das Telefonnetz versendet. Legt man aber der Vergleichbarkeit nicht das technische Verfahren sondern die Bedeutung die Kommunikationsform, d. h. die Bedeutung des Eingriffs für den Absender und den Empfänger zugrunde, dann ist eine elektronische Datenübermittlung eher als Posteingang einzuordnen und damit als „Post" im Sinne des § 99 anzusehen. Bei einem E-Mail-Verkehr findet keine unmittelbare Kommunikation wie bei einem Telefongespräch statt. Der Absender spricht nicht sondern schreibt. Mit der Versendung der E-Mail ist diese seinem Zugriff entzogen. Den Parteien ist es nunmehr nicht mehr möglich, den Zugriff des Verwalters auf die ausgetauschte Information durch ein einfaches Beenden der Kommunikation zu verhindern.[46] Dies alles legt es nahe, E-Mail-Sendungen als Postsendungen im Sinne des § 99 anzusehen. Dennoch sollte, um Zweifel zu beseitigen, der Anordnungsbeschluss besonders hervorheben, dass der Verwalter berechtigt ist, auch auf die E-Mails zuzugreifen. Der Provider ist zur Weiterleitung von E-Mails aufgrund einer Postsperre auch dann verpflichtet, wenn die vom Schuldner genutzte E-Mail-Adresse zB auf deren Geschäftsführer zugelassen ist.[47] Dem Verwalter sind die vorhandenen Passwörter bekanntzugeben. Regelmäßig wird die Erteilung neuer Passwörter an den Verwalter angebracht sein. Denkbar ist auch die direkte Umleitung der für den Schuldner bestimmten E-Mail an ein eigenes Postfach des Verwalters.[48] Damit sind jedoch noch nicht alle tatsächlichen und rechtlichen Probleme einer E-Mail-Sperre gelöst. Angesichts der anonymen und länderübergreifenden Welt des Internets gelangt man auch schnell an die Grenzen des faktisch Möglichen. Als Alternative bietet sich daher die 20

35 Enger *Hess* InsO § 97 Rn. 27; *Landgrebe* Rpfleger 1984, 7; der Verwalter darf wohl in diesen Fällen die Postdurchsicht nur dann seinen Angestellten übertragen, wenn der Verwalter allein diese Aufgabe wegen des Umfang des Verfahrens nicht bewältigen kann.

36 Vgl. OLG Bremen NJW 1993, 798, 799 f. = ZIP 1992, 1757, 1760; *Kuhn/Uhlenbruck* § 121 KO Rn. 1a.

37 *Kuhn/Uhlenbruck* § 121 Rn. 2.

38 Begr. zu § 112 RegE, *Balz/Landfermann* S. 185.

39 Vgl. *Landgrebe* und *Uhlenbruck* Rpfleger 1984, 7, 9, 11.

40 *Uhlenbruck* Rpfleger 1984, 7, 11.

41 *Landgrebe* Rpfleger 1984, 7, 9.

42 Jaeger/*Schilken* § 99 Rn. 21; Uhlenbruck/*Zipperer* § 99 Rn. 6; HambKommInsO/*Herchen* § 99 Rn. 7; Nerlich/Römermann/*Wittkowski/Kruth* § 99 Rn. 7; HKInsO/*Schmidt* § 99 Rn. 8; *Frind*, NZI 2010, 749, 753.*Uhlenbruck*, InsO, § 99, Rn. 6; AG Deggendorf, Beschl. vom 19.6.2000, 1 IN 72/00 nicht veröffentlicht; *Münzel/Böhm* ZInsO 1998, 363, 366.

43 BVerfG ZIP 1986, 1337.

44 Begr. zu § 112 RegE, BR-Drucks. 1/92 S. 142/143.

45 Uhlenbruck, *Uhlenbruck* 13. Aufl. § 99, Rn. 6.

46 *Münzel/Böhm* ZinsO 1998, 363, 366.

47 HambKommInsO/*Herchen* § 99 Rn. 12.

48 *Münzel/Böhm* ZInsO 1998, 363, 368. Damit sind jedoch noch nicht alle tatsächlichen und rechtlichen Probleme einer E-Mail-Sperre gelöst. Angesichts der anonymen und länderübergreifenden Welt des Internets gelangt man auch schnell an die Grenzen des faktisch Möglichen.

genaue Prüfung der Datenträger am PC des Schuldners an. In gleicher Weise wie die geschäftliche Korrespondenz hat den Schuldner die Datenträger an den (vorläufigen) Insolvenzverwalter auszuhändigen. Diesem bleibt es dann unbenommen, die Datenträger auf gespeicherte oder aber auch gelöschte Emails untersuchen zu lassen.

Nicht erfasst von der Postsperre werden die vom Schuldner ausgehenden Sendungen, ebenso Sendungen an Familienangehörige des Schuldners,[49]

21 Die Anordnung des Insolvenzgerichts kann sich auf **alle oder bestimmte Postsendungen** beziehen, die beim Schuldner eingehen, also ausdrücklich begrenzt sein auf Geschäftsbriefe oder auf Sendungen bestimmter Absender oder Sendungen aus dem Ausland, je nachdem, welche Art der Gläubigerbenachteiligung im konkreten Fall ermittelt oder verhindert werden soll. Das Gericht kann auch Postsendungen bestimmter Absender von der Postsperre auszunehmen.[50] Es empfiehlt sich zB, im Gerichtsbeschluss klarzustellen, dass die Postsperre sich nicht auf Postsendungen des Insolvenzgerichts, des Insolvenzverwalters oder der Staatsanwaltschaft erstreckt. Sofern das Insolvenzgericht nichts anderes bestimmt, erstreckt sich die Postsperre nach Abs. 1 auch auf die an den inhaftierten Schuldner gerichtete Verteidigerpost. § 99 hat als speziellere Norm gegenüber § 148 StPO.[51]

22 Während § 121 KO die Postsperre als Anordnung gegenüber den Post- und Telegraphenanstalten regeln konnte, weil und solange die Übermittlung dieser Sendung ein staatliches Monopol darstellte, regelt § 99 eine Beschlagnahme der Postsendungen und stellt damit klar, dass die Postsperre unabhängig davon gilt, ob die Sendung durch eine öffentlich-rechtlich organisierte Anstalt oder durch private Dienste übermittelt wird. Von der Beschlagnahme erfasst sind also auch Sendungen, die durch **private Dienste** (Boten-, Paketdienste) befördert werden. Es hängt vom Geschick des Insolvenzverwalters ab, hinreichend Vorsorge zu treffen, dass ihm auch diese Sendungen vorgelegt werden, bevor sie an den Schuldner gelangen. Durch das **Gesetz zur Vereinfachung des Insolvenzverfahrens** vom 13.4.2007 ist nun ausdrücklich klargestellt worden, dass auch private Postdienstleister verpflichtet sind, einer Postsperre nachzukommen.

23 In einem Insolvenzverfahren über das Vermögen einer **OHG oder KG** sind von der Postsperre auch die Sendungen an die persönlich haftenden Gesellschafter erfasst; betrifft das Verfahren dagegen eine juristische Person, erfasst die Postsperre nur Sendungen, die an die Schuldnerin oder die in § 101 genannten vertretungsberechtigten Organe gerichtet sind, nicht aber für Post an deren Gesellschafter.[52]

24 **5. Zusammentreffen mit Beschlagnahme gemäß § 99 StPO.** Wird im Rahmen eines Strafverfahrens gegen den Schuldner wegen einer Insolvenzstraftat die Beschlagnahme gemäß § 99 angeordnet, so ist diese vorrangig und sind die beschlagnahmten Unterlagen zunächst dem ermittelnden Strafrichter gemäß § 100 StPO vorzulegen.[53] Der Vorrang der strafprozessualen Ermittlung beruht auf dem Interesse der Allgemeinheit an der Ermittlung und Verfolgung einer strafbaren Handlung und wiegt schwerer als der insolvenzrechtliche Zweck der Haftungsverwirklichung gegenüber den Gläubigern des Schuldners, auch wenn dieser Zweck ordnungspolitische Bedeutung hat und die insolvenzrechtliche Amtsermittlung gemäß § 5 rechtfertigt.[54]

IV. Abs. 1: Verfahren bei Anordnung der Postsperre

25 **1. Anordnung von Amts wegen oder auf Antrag des Insolvenzverwalters.** Die Anordnung der Postsperre von Amts wegen kommt in Betracht, wenn Tatsachen gerichtsbekannt sind oder von einem Gläubiger mitgeteilt werden, die einen Anfangsverdacht gläubigerbenachteiligender Handlungen ergeben. Die Gläubiger sind nicht antragsberechtigt. Das Gericht wird aber im Falle eines Gläubigerantrags die darin liegende Anregung zu prüfen haben, ob eine Anordnung von Amts veranlasst ist.

26 Der Insolvenzverwalter muss in seinem **Antrag** die Anhaltspunkte darlegen, weswegen er die Postsperre für erforderlich hält, sowie die Art der Sendungen, die von der Sperre erfasst sein sollen. In dringenden Fällen kann der Antrag mündlich oder fernmündlich erfolgen, muss dann aber in der Akte entsprechend dokumentiert und vom Verwalter anschließend schriftlich formuliert werden.

27 **2. Grundsätzliche vorherige Anhörung des Schuldners.** Gem. § 99 Abs. 1 Satz 2 ist der Schuldner grundsätzlich vorher dazu anzuhören, dass und warum beabsichtigt ist, gegen ihn die

[49] HKInsO/*Schmidt* § 98 Rn. 7. *Kilger/K. Schmidt* § 121 Anm. 2.
[50] Uhlenbruck/*Zipperer* § 99 Rn. 8; *Kilger/K. Schmidt* § 121 Anm. 1.
[51] AG Duisburg NZI 2004, 504.
[52] *Jaeger/Weber* KO § 121 Rn. 3a; KPB/*Lüke* § 99 Rn. 7.
[53] *Kuhn/Uhlenbruck* § 121 Rn. 1b.
[54] Vgl. nur Allg. Teil der Begr. zum RegE, Teil A, 1, a), *Balz/Landfermann* S. 4.

Postsperre anzuordnen.[55] Damit soll dem Schuldner Gelegenheit gegeben werden, durch entsprechende Auskünfte oder Mitwirkungshandlungen zu vermeiden, dass es zu der für ihn einschneidenden Anordnung der Postsperre kommt, die ihn je nach Fallkonstellation vorübergehend auch von wichtigen privaten oder nicht masserelevanten Informationen abschneiden kann.

Die Anhörung des Schuldners kann durch schriftlichen Hinweis oder in einem Termin vor Gericht erfolgen. Das Gericht kann dem Schuldner in der Weise rechtliches Gehör gewähren, dass es ihn zur Anhörung vorlädt und ihn in der Ladung auf die Möglichkeit der Anordnung von Zwangsmitteln gemäß § 98 sowie einer Postsperre gemäß § 99 hinweist und ihm – zweckmäßigerweise in Anwesenheit des Insolvenzverwalters – Gelegenheit zur Auskunftserteilung und zur Stellungnahme zu den von ihm verlangten Unterstützungs- und Mitwirkungshandlungen gibt. Wenn der Schuldner dann unentschuldigt zu einer solchen Anhörung nicht erscheint oder keine hinreichenden Auskünfte erteilt oder sich nicht hinreichend erklärt, darf die Postsperre angeordnet werden. 28

Ausnahmsweise kann das Gericht davon absehen, den Schuldner vorher zu hören. Das Risiko der vorherigen Anhörung liegt darin, dass der Schuldner gewarnt wird, so dass er dafür sorgen kann, dass bestimmte Informationen über eine Deckadresse oder nicht mehr per Postsendung an ihn übermittelt werden.[56] Insbesondere im Eröffnungsverfahren nach einem Gläubigerantrag ist diese Gefahr sehr groß. Das Gericht muss anhand aller **Umstände des Einzelfalles** abwägen, ob dieses Risiko im konkreten Fall dazu nötigt, von der vorherigen Anhörung des Schuldners abzusehen. Es müssen konkrete Anhaltspunkte vorliegen, die den Schluss zulassen, dass die vorherige Anhörung des Schuldners **wahrscheinlich** den Zweck der Anordnung gefährdet. Konkrete Umstände in diesem Sinne liegen zB vor, wenn der Schuldner sich verborgen hält, untergetaucht ist oder sich ins Ausland abgesetzt hat, oder wenn er überhaupt nicht an der Feststellung der Masse mitwirkt oder Auskünfte ohne Grund nur teilweise oder verzögerlich erteilt; ferner, wenn der Insolvenzverwalter darlegt, dass Gefahr im Verzug besteht, weil in Kürze der Eingang wichtiger Postsendungen beim Schuldner zu erwarten ist, ohne dass genügend Zeit bleibt, den Schuldner vorher anzuhören. Die Abgrenzung dürfte im Übrigen schwierig sein, weil schon die Anordnung der Postsperre selbst nur einen Anfangsverdacht erfordert. Da im Übrigen gerade im Eröffnungsverfahren die Erkenntnismöglichkeiten des Gerichts noch eingeschränkt sind, sind an die Begründungspflicht keine überzogenen Anforderungen gestellt werden.[57] 29

3. Begründeter Beschluss. Gemäß Abs. 1 Satz 1 erfolgt die Anordnung der Postsperre „durch **begründeten** Beschluss". Mit dieser gegenüber § 121 KO strengeren Regelung soll der Schuldner vor „leichtfertigen", „formularmäßigen" Einschränkungen seiner Grundrechte aus Art. 10 GG geschützt werden.[58] Keinesfalls reicht eine „routinemäßige" Verhängung der Postsperre.[59] Naturgemäß kann sich die Begründung jedoch oft nur auf Verdachtsmomente oder Vermutungen stützen.[60] Nach Sinn und Zweck der Regelung ist diese Voraussetzung nicht durch eine bloße Wiederholung des Gesetzeswortlauts erfüllt. Allgemein gehaltene Textbausteine sind nicht geeignet, die erforderliche Abwägung um Einzelfall darzustellen. Die Begründung der Postsperre muss vielmehr folgende Elemente enthalten: 30

a) Anhaltspunkte dafür, dass die Anordnung einer Postsperre erforderlich ist, um etwaige Gläubigerbenachteiligungen aufzuklären oder zu verhindern,
b) Ausführungen dazu, warum anderweitige Ermittlungsmöglichkeiten im konkreten Fall nach Lage der Dinge wohl keinen hinreichenden Erfolg versprechen, und
c) für den Fall, dass das Gericht ausnahmsweise von der vorherigen Anhörung des Schuldners absieht: die Mitteilung der Gründe, warum das Gericht annehmen muss, dass die vorherige Anhörung des Schuldners den Zweck der Postsperre gefährdet.[61]

Die nach § 99 Abs. 1 erforderliche Begründung der Anordnung der Postsperre kann nicht durch das mit einer sofortigen Beschwerde nach § 99 Abs. 3 befasste Landgericht nachgeholt werden.[62] Eines begründeten Beschlusses bedarf es nicht, wenn dem Antrag des Insolvenzverwalters auf Erlass einer Postsperre nicht entsprochen wird, da diesem ein Rechtsmittel gegen diese Entscheidung nicht zusteht.[63]

---

55 So schon der Vorschlag von *Landgrebe* Rpfleger 1984, 7, 9.
56 Vgl. BR-Stellungnahme zu § 112 RegE, *Balz/Landfermann* S. 186.
57 Uhlenbruck/*Zipperer* § 99 Rn. 11.
58 *Schmidt-Räntsch* InsO § 99 Rn. 2.
59 OLG Celle NZI 2000, 583, 584 f.; vgl. zu § 121 KO OLG Bremen NJW 1993, 798, 799 f. = ZIP 1992, 1757, 1759; aA LG Stuttgart EWiR § 121 KO 1/86, 1127 (abl. Anm. *Balz*).
60 Vgl. *Uhlenbruck* Rpfleger 1984, 7, 10, 11.
61 LG Bonn, ZIP, 2009, 1875.
62 LG Bonn, ZIP, 2009, 1875.
63 Uhlenbruck/*Zipperer* § 99 Rn. 16; HKInsO/*Schmidt* § 99 Rn. 40.

31 Die Entscheidung ergeht in Beschlussform, § 4 iVm § 329 ZPO. Funktionell zuständig ist bis zur Verfahrenseröffnung der Richter, danach der Rechtspfleger, § 18 Abs. 1 Satz 1 RPflG. Der die Postsperre anordnende Beschluss muss die Angabe enthalten, welche Unternehmen (Postdienstleister) dadurch verpflichtet werden, die an den Schuldner gerichtete Post dem Insolvenzverwalter zuzuleiten. Der Beschluss ist im Falle mündlicher Anhörung zu verkünden, im Übrigen allen Beteiligten von Amts wegen zuzustellen, § 6 Abs. 2. Die förmliche Zustellung ist entbehrlich, wenn der Antrag des Insolvenzverwalters abgelehnt wird. Denn in diesem Fall ist kein Beschwerderecht gegeben, § 99 Abs. 3. Die Entscheidung kann ohne vorgängige mündliche Verhandlung getroffen werden, für den Fall, dass der Schuldner vorher schriftlich angehört worden ist.

32 **4. Nachholung der Anhörung des Schuldners.** Mit der Zustellung des Beschlusses an den vorher nicht gehörten Schuldner erhält dieser Gelegenheit zur Stellungnahme. Zweckmäßigerweise sollte der von einer Postsperre betroffene Schuldner im Beschluss darauf hingewiesen werden, dass die Postsperre aufgehoben wird, wenn er gegenüber dem Insolvenzverwalter oder dem Gericht vollständig Auskunft erteilt. „Unverzüglich", d. h. mit der Zustellung des Beschlusses über die Anordnung der Postsperre, ist der vorher nicht angehörte Schuldner schriftlich oder mündlich anzuhören. Teilt der Insolvenzverwalter dem Gericht vor dem Anhörungstermin mit, dass der Schuldner dem Insolvenzverwalter die erforderlichen Auskünfte erteilt oder die verlangten Unterstützungs- und Mitwirkungshandlungen erbracht hat, und erklärt der Insolvenzverwalter deshalb den Antrag auf Anordnung der Postsperre für erledigt, so ist die Postsperre von Amts wegen aufzuheben, ohne dass der Schuldner noch persönlich nachträglich gehört zu werden braucht.

V. Abs. 2: Durchführung der Postsperre

33 **1. Handhabung der Postsperre. a) Pflicht zur Aushändigung.** Mit Zustellung des Beschlusses über die Anordnung der Postsperre an die Deutsche Post AG oder die in dem Beschluss genannten privaten Postdienstleistungsunternehmen entsteht für diese die Pflicht, die Post an den Insolvenzverwalter auszuhändigen.[64] Für Postdienstleistungen iSd § 4 Postgesetz[65] – das sind vor allem die Beförderung von Briefsendungen und von adressierten Paketen von nicht mehr als 20 kg Einzelgewicht – ist der Deutschen Post AG gemäß § 51 Postgesetz für eine Übergangszeit eine gesetzliche Exklusivlizenz übertragen worden. Kommt in Betracht, dass der Schuldner Postsendungen von gemäß § 5 Postgesetz lizenzierten Unternehmen erhält,[66] so ist das Insolvenzgericht auf entsprechende Anregung des Insolvenzverwalters verpflichtet, den Beschluss auch den in Betracht kommenden Unternehmen zuzustellen. Die Unternehmen sind verpflichtet, ihre Angestellten zur Beachtung der Postsperre anzuweisen.

34 **b) Privatpost.** Die Postunternehmen dürfen nur diejenigen Sendungen an den Schuldner aushändigen, die das Insolvenzgericht ausdrücklich von der Sperre ausgenommen hat. Deshalb ist grundsätzlich auch die **Privatpost** an den Insolvenzverwalter zu leiten, denn diese ist nicht ohne weiteres insolvenzfrei, weil auch sie verfahrensrelevante Informationen enthalten kann. Der Insolvenzverwalter muss die Privatpost allerdings an den Schuldner herausgeben, sobald er sie auf verfahrensrelevante Informationen durchgesehen hat. Gibt der Insolvenzverwalter die Privatpost auf Verlangen des Schuldners nicht heraus, kann dieser sich an das Insolvenzgericht wenden, um eine Anordnung gemäß § 58 zu erreichen. Erst wenn das Insolvenzgericht entschieden hat, dass der Insolvenzverwalter seine Pflichten nicht verletzt hat, kann der Schuldner vor dem Zivilgericht gemäß § 985 BGB auf Herausgabe der Privatpost gegen den Verwalter klagen.[67] Diese Klage steht auch Dritten wie zB den Familienangehörigen oder Hausgenossen des Schuldners zu.

35 **c) Förmliche Zustellungen an den Schuldner.** Schriftstücke, die **vor** Erlass der Postsperre bereits nach den Bestimmungen der ZPO niedergelegt sind, werden nach der Dienstanweisung für den Postbetrieb für den Schuldner aufbewahrt[68] und sind dem Insolvenzverwalter auszuhändigen. Förmliche Zustellungen, die an den Schuldner **nach** Anordnung der Postsperre zu bewirken sind, dürfen weder an den Schuldner noch an den Insolvenzverwalter bewirkt werden. Die Sendungen sind vielmehr an den Absender mit einem Vermerk zurückzuleiten, dass gegen den Schuldner durch Anordnung des Insolvenzgerichts Postsperre angeordnet wurde. Dies entspricht § 6 Abs. 4

---

64 Vgl. *Jaeger/Weber* KO § 121 Rn. 1.

65 Postgesetz v. 22.12.1997 BGBl. I S. 3294.

66 Ausgenommen von der Lizenzpflicht ist vor allem die Tätigkeit von Kurierdiensten gemäß § 5 Abs. 2 Postgesetz. Wer lizenzpflichtige Postdienstleistungen erbringen will, hat dies gemäß § 36 der gemäß §§ 1, 2, 44 Postgesetz zuständigen Regulierungsbehörde (Bundesbehörde) anzuzeigen.

67 *Jaeger/Weber* KO § 121 Rn. 1.

68 *Kilger/K. Schmidt* § 121 Anm. 2.

der Anweisung des ehemaligen Reichspostamts v. 6.3.1914[69] und gilt unabhängig vom Inhalt der Schriftstücke. Es ist nicht Sache der Post, die Schriftstücke danach zu beurteilen, ob sie Bezug zum Insolvenzverfahren haben oder nicht. Der Absender kann nach Rückerhalt des nicht zustellbaren Schriftstückes beim Insolvenzgericht eine Ausnahme von der Postsperre beantragen. Deshalb empfiehlt es sich, bei Anordnung der Postsperre sogleich Sendungen der Staatsanwaltschaft, des Insolvenzgerichts oder des Insolvenzverwalters von der Sperre auszunehmen.[70]

Ist keine Postsperre verhängt, aber dem Postunternehmen bekannt, dass ein Insolvenzverfahren eröffnet worden ist, darf die Post nicht dem Insolvenzverwalter ausgehändigt werden, selbst wenn die Zustellung an den Schuldner gemäß §§ 80, 81 unwirksam sein sollte.[71] **36**

2. Einsichtsrecht und Verwahrungspflicht des Insolvenzverwalters, Einsichtsrecht des Schuldners. Der Insolvenzverwalter darf alle an den Schuldner gerichteten Postsendungen einsehen, soweit die Anordnung nicht bestimmte Arten von Postsendungen von der Postsperre ausnimmt. Gestützt auf das Einsichtsrecht im Rahmen der angeordneten Postsperre handelt der Insolvenzverwalter nicht „unbefugt" iSd § 202 StGB und macht sich daher nicht wegen Verletzung des Briefgeheimnisses des Schuldners strafbar.[72] Das Einsichtsrecht ist grundsätzlich **ein höchstpersönliches Recht** des Verwalters.[73] Im Einzelfall wird dies, insbesondere in Großverfahren, den praktischen Bedürfnissen nicht gerecht. Oft ist es dem Verwalter nicht möglich, sämtliche Post des Insolvenzschuldners zu öffnen und zu lesen. Er darf daher zur Sichtung der Post unterwiesene Hilfskräfte hinzuziehen.[74] Sendungen, deren Inhalt nicht die Insolvenzmasse betrifft, also insbesondere die Sendungen rein privaten Inhalts, hat der Verwalter unverzüglich an den Schuldner herauszugeben. Das dürfte auch für Sendungen gelten, die die Insolvenzmasse betreffen, deren Inhalt der Insolvenzverwalter aber hat auswerten können, ohne weiter auf das Original der Postsendung angewiesen zu sein. Die für das Insolvenzverfahren relevanten Sendungen hat der Verwalter aufzubewahren, bis die Postsperre aufgehoben wird. **37**

Der Schuldner darf alle Sendungen beim Insolvenzverwalter einsehen und sich Kopien auf seine Kosten fertigen. Postsendungen, die keinen Bezug zur Insolvenzmasse haben, sind dem Schuldner gemäß Abs. 2 Satz 2 unverzüglich zuzuleiten. Für die Weiterleitung der Post an den Schuldner oder die organschaftlichen Vertreter der schuldnerischen Gesellschaft ist der Insolvenzverwalter verantwortlich. Er hat dafür Sorge zu tragen, dass die weitergeleitete Post den Schuldner auch tatsächlich erreicht.[75] Wird die Post nicht an den Schuldner weitergeleitet, weil sie einen verfahrensrechtlichen Bezug hat, d. h. die Insolvenzmasse betrifft, so steht dem Schuldner am Ort der Insolvenzverwaltung ein **Einsichtsrecht** zu (Abs. 2 Satz 3). Dem Schuldner ist auf seine Kosten die Anfertigung von Ablichtungen zu gestatten, um seine Rechte außerhalb des Verfahrens wahren zu können. Das Einsichtsrecht wird jedoch „durch die Erfordernisse ordnungsgemäßer Insolvenzverwaltung" begrenzt. Der Streit über die Frage, ob Postsendungen die Insolvenzmasse betreffen oder privaten Charakter haben, ist vor den ordentlichen Gerichten im Wege einer Herausgabeklage zu klären.[76] Dem Insolvenzgericht ist jedoch nicht verwehrt, im Wege der gerichtlichen Aufsicht nach § 58 auf Anregung des Schuldners einzuschreiten, wenn der Verwalter die Weiterleitung oder Einsichtnahme durch den Schuldner verhindert. **38**

VI. Abs. 3: Sofortige Beschwerde, Pflicht zur Aufhebung der Postsperre von Amts wegen

1. Sofortige Beschwerde, Abhilfebefugnis des Gerichts. Gegen die Anordnung der Postsperre – zuständig dafür ist im Eröffnungsverfahren und bei der Eröffnung der Richter, § 18 Abs. 1 Nr. 1 RpflG, danach der Rechtspfleger – steht dem Schuldner die **sofortige Beschwerde** zu. Dies gilt auch für die im Eröffnungsverfahren angeordnete vorläufige Postsperre.[77] Die ausdrückliche Erwähnung des Rechtsmittels in Abs. 3 ist erforderlich, da die InsO gemäß § 6 Abs. 2 die sofortige Beschwerde nur dann gewährt, wenn das Gesetz dies ausdrücklich vorsieht. Beschwerdeberechtigt ist **nur der Schuldner.** Die Beschwerde kann schriftlich (§ 569 Abs. 3 ZPO) oder zu Protokoll der **39**

---

[69] Zentralblatt für das Deutsche Reich S. 208, PreußJMBl. S. 458; vgl. *Jaeger/Weber* KO § 121 Rn. 5.
[70] Vgl. *Jaeger/Weber* KO § 121 Rn. 1.
[71] *Jaeger/Weber* KO § 121 Rn. 1.
[72] Die Anordnung der Postsperre dürfte wohl als Rechtfertigungsgrund anzusehen sein.
[73] HKInsO/*Schmidt* § 99 Rn. 36.
[74] HambKommInsO/*Herchen* § 99 Rn. 14.; Uhlenbruck/*Zipperer* § 99 Rn. 14; KPB/*Lüke* § 99 Rn. 10.
[75] Uhlenbruck/*Zipperer* § 99 Rn. 14.
[76] Uhlenbruck/*Zipperer* § 99 Rn. 15.
[77] OLG Köln ZIP 2000, 1221 (jedoch kein Fortsetzungsfeststellungsinteresse mehr nach Eröffnung des Verfahrens).

Geschäftsstelle (§ 569 Abs. 3 Nr. 1 ZPO) beim zuständigen Insolvenzgericht eingelegt werden. Wegen Verletzung rechtlichen Gehörs bleibt dem Schuldner daneben die Gegenvorstellung.[78]

40 Die Abhilfemöglichkeit gem. § 4 iVm § 572 Abs. 1 Satz 1 ZPO, erscheint insbesondere dann sinnvoll, wenn der vor Anordnung der Postsperre nicht angehörte Schuldner mit seiner sofortigen Beschwerde den bisherigen Verdacht begangener oder geplanter gläubigerbenachteiligender Handlungen ausräumen kann, die geforderten Auskünfte erteilt oder die von ihm verlangte Unterstützung oder Mitwirkung erbringt. In diesem Fall beschleunigt die Abhilfemöglichkeit das Verfahren und entlastet den Instanzenzug. Bei Nichtabhilfe entscheidet das Landgericht. Gegen die Entscheidung des Landgerichts ist die Rechtsbeschwerde statthaft, wenn das Landgericht sie zugelassen hat (§ 574 ZPO). Die Rechtsbeschwerde dient der höchstrichterlichen Klärung grundsätzlicher Rechtsfragen auch im Insolvenzverfahren und ist zulässig, wenn die Rechtssache grundsätzliche Bedeutung hat (§ 574 Abs. 2 Nr. 1 ZPO) oder die Fortbildung des Rechts oder die Sicherung einer einheitlichen Rechtsprechung eine Entscheidung des Rechtsbeschwerdegerichts erfordert (§ 574 Abs. 2 Nr. 2 ZPO).[79]

41 Anders als noch im Gesetzgebungsverfahren vorgeschlagen, hat der **Insolvenzverwalter kein Beschwerderecht** gegen die Abweisung seines Antrags auf Anordnung der Postsperre oder gegen die Aufhebung der Postsperre. Richtig ist, dass die Postsperre nicht in die Rechtsstellung des Insolvenzverwalters eingreift. Andererseits ist er in seiner von den Gläubigern und dem Schuldner unabhängigen Funktion, § 56, und mit seiner Aufgabe, die Masse (auch schon als vorläufiger Verwalter) gemäß § 22 Abs. 1 zu sichern und zu verwerten, hinreichend sachnah am Verfahren beteiligt, um ihm auch ein Beschwerderecht einzuräumen.[80] Davon wurde jedoch in dem Bestreben abgesehen, das Gerichtsverfahren zu verschlanken". Dem Insolvenzverwalter könnte allenfalls eine außerordentliche Beschwerde zustehen, wenn die Nichtanordnung oder die Aufhebung der Postsperre „greifbar gesetzwidrig" erscheinen.[81] Ein solcher Fall dürfte aber wegen der eher unbestimmt gehaltenen Tatbestandsmerkmale des § 99 Abs. 2 und des dem Insolvenzgericht eingeräumte Ermessens praktisch kaum auftreten.

42 Die sofortige Beschwerde muss vom Schuldner binnen der in § 575 Abs. 1 geregelten Notfrist von 2 Wochen ab Zustellung bzw. ab Verkündung bei dem Rechtsbeschwerdegericht, dem BGH, einzulegen eingelegt werden.

43 **2. Pflicht zur Aufhebung der Postsperre von Amts wegen.** Fallen die Voraussetzungen für die Anordnung der Postsperre fort, ist das Gericht gemäß Abs. 3 Satz 2 nach Anhörung des Verwalters verpflichtet, die Anordnung wieder aufzuheben. Dies entspricht dem Grundsatz der Verhältnismäßigkeit, wonach die Postsperre nur insoweit angeordnet werden darf, als sie erforderlich ist.[82] Das Gericht hat **von Amts wegen** zu prüfen, ob die Voraussetzungen für die Aufrechterhaltung der Postsperre noch vorliegen.[83] Der Insolvenzverwalter ist verpflichtet, dem Gericht unverzüglich mitzuteilen, wenn der Verdacht, auf den die Anordnung der Postsperre gestützt worden ist, entfallen ist oder jedenfalls nicht mehr aufrechterhalten werden kann. Dies ist der Fall, wenn entweder der Schuldner die verlangte Auskunft erteilt hat oder die Insolvenzmasse unabhängig von der Auskunft des Schuldners vollständig ermittelt werden konnte.

VII. Anordnung der Postsperre im Eröffnungsverfahren

44 Mit der nachträglich eingefügten Regelung des § 21 Abs. 2 Nr. 4[84] ist klargestellt, dass die Postsperre auch schon im Eröffnungsverfahren angeordnet werden kann.[85] Dies wurde schon vor der gesetzgeberischen Klarstellung überwiegend angenommen.[86] Dem Gesetzgeber war u. a. daran gelegen, dem Missstand der weitgehend wegen Masselosigkeit abgewiesenen Verfahren zu begeg-

---

78 OLG Celle NZI 2001, 147.

79 BGH NZI 2003, 647 (Rechtsbeschwerde gegen die Anordnung einer Postsperre).

80 Vgl. KPB/*Lüke* § 99 Rn. 14.

81 BGH KTS 1998, 101 zu § 116 ZPO.

82 Vgl. die Begr. zu § 107 RefE S. 104.

83 Uhlenbruck/*Zipperer* § 99 Rn. 17.

84 Gesetz zur Änderung des Einführungsgesetzes zur Insolvenzordnung und anderer Gesetze (EG InsOÄndG) v. 19.12.1998, BGBl. I S. 3836, 3839; vgl. dazu ZIP 1998, 2190; Vorschläge der Justizministerkonferenz zur Vereinfachung des neuen Insolvenzverfahrens, ZIP 1997, 1207, 1208.

85 OLG Celle ZIP 2000, 1898 = NZI 2001, 143.

86 So zB *Bork,* Einführung in das neue Insolvenzrecht, 1995, Rn. 109; *Breuer,* Das neue Insolvenzrecht, 1998, S. 47; *Hess/Pape,* InsO und EGInsO, Grundzüge des neuen Insolvenzrechts, RWS-Skript 278, 1995, Rn. 158 f.; *Uhlenbruck* KTS 1997, S. 169, 177; weitere Nachweise bei KPB/*Lüke* § 99 Rn. 8; aA *Haarmeyer/Wutzke/Förster,* Handbuch, 2. Aufl. Kap. 3 Rn. 219 (Postsperre im Ermittlungsverfahren nur bei ausdrücklicher gesetzlicher Regelung auch in § 102).

nen.[87] Ein Verzicht auf die Ermittlungsmöglichkeiten, die die Postsperre eröffnet, wäre dem Ziel einer effektiven Haftungsverwirklichung diametral entgegengesetzt. Die materiellen Voraussetzungen von § 21 Abs. 2 Nr. 4 und § 99 Abs. 1 unterscheiden sich nicht.[88] Die Anordnung der Postsperre in diesem Verfahrensstadium steht der Anordnung der Postsperre im eröffneten Verfahren gleich. Der vorläufige Insolvenzverwalter muss nicht die Post gemeinsam mit dem Schuldner öffnen.[89]

Nach Auffassung des OLG Celle[90] setzt eine Postsperre im Eröffnungsverfahren die Anordnung einer vorläufigen Insolvenzverwaltung und eines Verfügungsverbots gegen den Schuldner voraus. Ist lediglich ein vorläufiger Verwalter mit Zustimmungsvorbehalt bestellt worden, sei die Anordnung der Postsperre unverhältnismäßig. Nach anderer Auffassung muss zwar kein allgemeines Verfügungsverbot angeordnet werden, zwingend erforderlich sei jedoch die vorherige oder gleichzeitige Anordnung der **vorläufigen Insolvenzverwaltung,** da allein der Insolvenzverwalter zur Postöffnung befugt sei.[91] Dies überzeugt schon deswegen nicht, da von Gesetzes wegen auch bei der Eigenverwaltung im Eröffnungsverfahren eine Postsperre angeordnet werden kann (§ 270 Abs. 1 Satz 2). Die Bestellung eines vorläufigen Insolvenzverwalters ist jedoch bei der Beantragung einer nicht offensichtlich aussichtslosen Eigenverwaltung nicht vorgesehen. Überzeugend ist die in der Literatur[92] vertretene Auffassung, dass der Gleichlauf von der Anordnung einer Postsperre und der Anordnung einer vorläufigen Insolvenzverwaltung von Gesetzes wegen nicht zwingend geboten ist. Das Gericht ist berechtigt, falls ein vorläufiger Verwalter nicht bestellt worden ist, entweder die Kontrolle selbst zu übernehmen oder einen Sachverständigen damit zu betrauen.[93] Auf diese Weise wird uU der Sachverständige überhaupt in die Lage versetzt, die Massezulänglichkeit zu prüfen. Eine Postkontrolle im Eröffnungsverfahren durch das Gericht wird allerdings als wenig praktikabel angesehen.[94] 45

VIII. Anordnung der Postsperre bei Eigenverwaltung und im Verbraucherinsolvenzverfahren

Als Sicherungsmaßnahme iSd § 21 kann die Postsperre auch im **Verbraucherinsolvenzverfahren** gem. §§ 304 ff. angeordnet werden,[95] und zwar auch, soweit und solange das Verfahren auf Eröffnung des Insolvenzverfahrens ruht, bis über den Schuldenbereinigungsplan entschieden ist. Ob die Postsperre auch im Rahmen der **Eigenverwaltung** angeordnet werden kann, ist umstritten. Nach *Landfermann*[96] ist eine Postsperre nicht angebracht, da sich der Sachwalter die Kenntnisse für die Überwachung der Geschäftsführung durch seine Einsichts- und Auskunftserteilungsansprüche nach § 274 Abs 2 S 2 iVm § 22 Abs 3 verschaffen kann. Dennoch kann im Hinblick auf § 274 Abs. 3 und § 281 Abs. 1 Satz 2 im Einzelfall eine Postsperre erforderlich werden.[97] 46

IX. Kosten der Postsperre

Die Anordnung einer Postsperre wird seit dem 1.1.2003 von der Deutschen Post AG als **„entgeltpflichtiger Nachsendeauftrag"** behandelt. Damit stellt sich das Problem, wer für diese Kosten aufzukommen hat. Teilweise wird die Auffassung vertreten, dass die Gleichstellung einer gerichtlichen Zwangsmaßnahme mit einem Nachsendeantrag der Postkunden abwegig sei und der Gesetzgeber durch entsprechende Regelungen klarzustellen habe, dass die Postdienstleister zur kostenfreien Mitwirkung an der Postsperre verpflichtet seien.[98] § 121 KO sah eine Mitwirkungspflicht der Post noch ausdrücklich vor. Da jedoch zwischenzeitlich Postdienstleistungsunternehmen private und keine staatlichen Einrichtungen mehr sind, wäre eine Verpflichtung der privaten Postdienstleistungsunternehmen, kostenfrei an einer Anordnung der Postsperre mitzuwirken bedenklich. Die Kosten einer Postsperre können auch nicht ohne weiteres als gerichtliche Auslagen iSv Nr. 9000 ff. KV-GKG 47

---

87 Vgl. Allg. Teil der Begr. zum RegE, *Balz/Landfermann* S. 4, 8, 15.

88 BGH NZI 2010, 260.

89 OLG Celle NZI 2001, 143.

90 OLG Celle NZI 2001, 143.

91 AG Ludwigshafen ZIP 2016, 1842, KPB/*Lüke* § 99 Rn. 8; KPB/*Blankenburg* § 21 Rn. 187.

92 *Greiner* ZInsO 2017, 262; Uhlenbruck/*Vallender* § 21 Rn. 34; Gottwald/*Vuia*, InsO-HdB § 14 Rn. 49; *Zipperer*, EWiR 2016, 709; nicht eindeutig *Haarmeyer/Schildt* → § 21 Rn. 88: *Die Bestellung eines vorläufigen Verwalters ist erforderlich, weil er die Vermögensverhältnisse des Schuldners für das Gericht begutachten soll.* Diese Aufgabe erfüllt auch ein vom Gericht eingesetzter Gutachter.

93 Uhlenbruck/*Vallender* § 21 Rn. 34.

94 *Greiner* ZInsO 2017, 262;.

95 Vgl. *Hess/Pape,* InsO und EGInsO, Grundzüge des neuen Insolvenzrechts, RWS-Skript 278, 1995, Rn. 1246; kritisch dazu *Bindemann,* Handbuch Verbraucherkonkurs, 1997, S. 14.

96 Kölner Schrift, 2. Aufl. 2000, S. 159, 191 Rn. 95.

97 HKInsO/*Schmidt* § 99 Rn. 4.

98 HKInsO/*Eickmann,* 4. Aufl., § 99 Rn. 97.

angesehen werden.[99] Die für die Erteilung eines Nachsendeauftrags bei Anordnung der Postsperre entstehenden Kosten sind nicht in der Anlage 1 zu § 11 Abs. 1 GKG aufgeführt. Da eine analoge Anwendung einzelner Gebührentatbestände unzulässig ist, zählen die Kosten für den Nachsendeantrag nicht zu den gerichtlichen Kosten. Andererseits läuft ein vorläufiger Verwalter die Gefahr, für diese Kosten einstehen zu müssen.[100]

48 Zur Lösung dieses Problems müsste die bei der Anordnung der Postsperre entstehenden Kosten als gerichtliche Auslagen gesetzlich normiert werden, zB durch eine Ergänzung des Kostenverzeichnisses zum Gerichtskostengesetz. Diese Kosten wären nach Eröffnung des Insolvenzverfahrens gem. § 53 vorweg aus der Insolvenzmasse zu befriedigen. Bei einer Abweisung oder Rücknahme des Antrags wäre der Antragsteller Schuldner der in diesem Verfahren entstandenen Gebühren und Auslagen.[101]

X. Postsperre im Geltungsbereich der Europäischen Insolvenzverordnung

49 Eine Postsperre kann auch gegen einen Schuldner erlassen werden, dessen Anschrift sich nicht im Inland, sondern in einem Mitgliedsland der EU (mit Ausnahme Dänemarks) befindet. Gemäß Art. 32 Abs. 1 EuInsVO werden die zur Durchführung und Beendigung eines Insolvenzverfahrens ergangen Entscheidungen eines Gerichts, dessen Eröffnungsentscheidung nach Art. 19 EuInsVO anerkannt wird, ohne weitere Förmlichkeiten in jedem anderen Mitgliedstaat der EU, mit Ausnahme Dänemarks, anerkannt. Im Falle einer Postsperre unterliegt die Anerkennung keiner Einschränkung mehr. Nach Art. 25 Abs. 3 EuInsVO aF waren die Mitgliedstaaten nicht verpflichtet, eine Entscheidung anzuerkennen und zu vollstrecken, die eine Einschränkung des Postgeheimnisses zur Folge hätte. Damit stand dem Gericht des Mitgliedstaates im Hinblick auf die Anerkennung einer Postsperre ein Ermessen zu. Allerdings kann sich jeder Mitgliedstaat weigern, ein in einem anderen Mitgliedstaat eröffnetes Insolvenzverfahren anzuerkennen oder eine in einem solchen Verfahren ergangene Entscheidung zu vollstrecken, soweit diese Anerkennung oder diese Vollstreckung zu einem Ergebnis führt, das offensichtlich mit seiner öffentlichen Ordnung, insbesondere mit den Grundprinzipien oder den verfassungsmäßig garantierten Rechten und Freiheiten des Einzelnen, unvereinbar ist.[102]

50 Die in einem Mitgliedstaat zu verhängende Postsperre setzt einen Antrag voraus, der vom Verwalter gestellt werden kann. Der Antrag ist an die zuständige Stelle des Mitgliedstaats zu richten. Im Rahmen der Ermessenentscheidung hat die zuständige Stelle zu prüfen, ob die Postsperre verhältnismäßig ist und nicht gegen den Ordre-public-Vorbehalt verstößt. Bei dieser Prüfung ist zu beachten, dass die Anerkennung ausländischer Entscheidungen im Rahmen der EuInsVO die Regel, deren Nichtanerkennung die Ausnahme sein soll, Ein Verstoß gegen den Ordre-public-Vorbehalt kann dann nicht vorliegen, wenn das Recht des Mitgliedstaates selbst die Möglichkeit einer Postsperre vorsieht.[103]

§ 100 Unterhalt aus der Insolvenzmasse

(1) Die Gläubigerversammlung beschließt, ob und in welchem Umfang dem Schuldner und seiner Familie Unterhalt aus der Insolvenzmasse gewährt werden soll.

(2) [1]Bis zur Entscheidung der Gläubigerversammlung kann der Insolvenzverwalter mit Zustimmung des Gläubigerausschusses, wenn ein solcher bestellt ist, dem Schuldner den notwendigen Unterhalt gewähren. [2]In gleicher Weise kann den minderjährigen unverheirateten Kindern des Schuldners, seinem Ehegatten, seinem früheren Ehegatten, seinem Lebenspartner, seinem früheren Lebenspartner und dem anderen Elternteil seines Kindes hinsichtlich des Anspruchs nach den §§ 1615l, 1615n des Bürgerlichen Gesetzbuchs Unterhalt gewährt werden.

Schrifttum: *Ehlers,* Der Insolvenzschuldner und seine Familie, ZInsO 2013, 1386; *Ehricke,* Beschlüsse einer Gläubigerversammlung bei mangelnder Teilnahme der Gläubiger, NZI 2000, 57; *Fischer/Hempler,* Keine Pflicht zur Unterhaltsgewährung an den Schuldner aus Mieteinnahmen der Masse, ZinsO 2006, 474; *Grote,* Einkommensverwertung und Existenzminimum des Schuldners in der Verbraucherinsolvenz, 2000; *Heidland,* Die

[99] So HKInsO/*Eickmann,* 4. Aufl., § 99 Rn. 17.
[100] *Vallender* NZI 2003, 244.
[101] *Vallender* NZI 2003, 244, 246.
[102] *Prager/Keller* NZI 2012, 829. Die Autoren des Beitrags schildern die Anerkennung einer deutschen Postsperre durch den High Court of Justice in London für das Gebiet des Vereinigten Königreichs.
[103] *Prager/Keller* NZI 2012, 829.

Rechtsstellung und Aufgaben des Gläubigerausschusses als Organ der Gläubigerselbstverwaltung in der Insolvenzordnung (InsO), Kölner Schrift, 2. Aufl. 2000, 711; *Janlewing,* Die Insolvenz des selbstständig tätigen Unterhaltsschuldners, FPR 2012, 163; *Keller,* Die Gewährung von Unterhalt im Insolvenzverfahren, in Verbraucherinsolvenz und Restschuldbefreiung, NZI 2007, 316; *ders.,* Strukturprobleme und Systembrüche des neuen Insolvenzrechts bei Einbeziehung des Arbeitseinkommens des Schuldners in die Insolvenzmasse, NZI 2001, 449; *Kohte,* Die Behandlung von Unterhaltsansprüchen nach der Insolvenzordnung, Kölner Schrift, 3. Aufl. 2009, 1161; *Morgen/Baumgarten,* § 278 InsO vs. § 100 InsO: Steht der eigenverwaltende Schuldner besser als der Schuldner im Regelverfahren?, ZVI 2018, 267; *Naumann,* Die Aufsicht des Insolvenzgerichts über den Insolvenzverwalter, Kölner Schrift, 2. Aufl. 2000, 431; *Uhlenbruck,* Unterhaltsansprüche in einem Restschuldbefreiungsverfahren nach dem Entwurf einer Insolvenzordnung, FamRZ 1993, 1026; *Uhlenbruck,* Familienrechtliche Aspekte der Insolvenzordnung, KTS 1999, 413; *Wipperfürth,* Unterhalt des selbstständigen Schuldners in der Eigenverwaltung, ZInsO 2015, 1127.

Übersicht

I. Normzweck

1 Gemäß § 100 kann dem Schuldner und seiner Familie Unterhalt aus der Insolvenzmasse gewährt werden. Die Vorschrift unterscheidet in zeitlichen Abschnitten zwischen der **Unterhaltsgewährung** während des eröffneten Insolvenzverfahrens und während des Eröffnungsverfahrens. Sie unterscheidet ferner zwischen dem Unterhalt an den Schuldner **im eröffneten Verfahren** und dem so genannten **notwendigen Unterhalt im Eröffnungsverfahren.** Einen Rechtsanspruch auf Unterhalt gewährt diese Regelung dem Schuldner nicht. Über die Unterhaltsgewährung beschließt nach freiem Ermessen die Gläubigerversammlung und vorläufig der Insolvenzverwalter mit Zustimmung des Gläubigerausschusses, wenn ein solcher bestellt ist.[1]

II. Entstehungsgeschichte

2 **1. Bisherige Regelung: a) §§ 129 Abs. 1, 132 Abs. 1 KO.** § 132 Abs. 1 KO stellte es in das freie Ermessen der **Gläubigerversammlung (Gläubigerautonomie),** ob und in welchem Umfang dem Gemeinschuldner und dessen Familie aus der Konkursmasse Unterstützung bewilligt wird.[2] Bis zur Beschlussfassung der Gläubigerversammlung konnte der **Verwalter** gemäß § 129 Abs. 1 KO – entweder mit Genehmigung des Gerichts oder des Gläubigerausschusses, wenn ein solcher bestellt ist – nach freiem Ermessen dem Gemeinschuldner und dessen Familie notdürftigen Unterhalt aus der Konkursmasse gewähren.[3] Das Konkursgericht konnte die Entscheidung des Verwalters oder

[1] Beschlussempfehlung und Bericht des Rechtsausschusses zum RegE InsO, BT-Drs. 12/7302 S. 167.
[2] Vgl. *Kuhn/Uhlenbruck* § 132 Rn. 2.
[3] Vgl. *Kuhn/Uhlenbruck* § 129 Rn. 2; *Kohte,* Die Behandlung von Unterhaltsansprüchen nach der Insolvenzordnung, Kölner Schrift, 2. Aufl. 2000, 781, 785 ff.

den Beschluss der Gläubigerversammlung im Rahmen seiner Rechtsaufsicht gemäß § 83 KO auf Rechtswidrigkeit oder Rechtsmissbrauch kontrollieren.[4]

3 Die Regelungen der §§ 129, 132 KO standen im Zusammenhang damit, dass gemäß § 1 KO das vom Schuldner nach Konkurseröffnung neu erworbene Vermögen nicht in die Masse fällt. Der Schuldner konnte also den Unterhalt für sich und die von ihm unterhaltsrechtlich abhängigen Personen durch Arbeit erzielen. Neugläubiger – dazu gehörten auch die Gläubiger von laufenden Unterhaltsansprüchen gegen den Schuldner[5] – konnten in diesen Neuerwerb des Schuldners vollstrecken. Dem Schuldner blieb der unpfändbare Betrag seines Arbeitseinkommens gemäß §§ 850a bis c ZPO nach der Tabelle in Anlage 2 zu § 850c ZPO; mit der Möglichkeit der Heraufsetzung gemäß § 850f. ZPO auch wegen seiner Unterhaltsschulden mit Wirkung gegenüber den nicht bevorrechtigten Gläubigern (→ Rn. 19). Diese Erhöhung kam den bevorrechtigten Unterhaltsgläubigern zugute, die gemäß § 850d ZPO in die Differenz zwischen dem notwendigen Selbstbehalt des Schuldners (dieser Betrag kann uU niedriger liegen als der Betrag zu § 850c ZPO) einerseits und dem Betrag gemäß § 850f. ZPO andererseits wegen ihres laufenden Unterhalts vollstrecken können.[6]

4 **b) § 56 VerglO.** Da der Vergleichsschuldner weiterhin über sein Vermögen verfügen konnte, brauchte die VerglO keine Regelung über die Gewährung von Unterhalt aus der Masse. Der Vergleichsschuldner unterlag jedoch gewissen Beschränkungen. Dazu gehörte gemäß §§ 56 ff. VerglO die Verpflichtung, Unterhalt für sich und seine Familie nur im Rahmen einer „bescheidenen Lebensführung“ zu entnehmen.[7]

5 **c) GesO.** In der GesO fehlte eine spezielle Unterhaltsregelung. Die §§ 129, 132 KO wurden jedoch nach zutreffender Ansicht neben §§ 8, 15, 17, 18 GesO für entsprechend anwendbar gehalten.[8]

6 **d) Praktische Bedeutung der Unterhaltsregelung.** Die bisherigen Regelungen hatten nur geringe praktische Bedeutung.[9] Nur wenige Entscheidungen sind veröffentlicht.[10] Mit der Einbeziehung des Neuerwerbs in die Insolvenzmasse, gemäß § 35, kann die Unterhaltsregelung an Bedeutung gewinnen. Ein Unterhaltsbedarf entsteht nur, wenn der Schuldner nicht als Arbeitnehmer tätig ist, da er dann in den Genuss des unpfändbaren Anteils des Arbeitslohns kommt, bei dessen Bemessung der Lebensbedarf seiner unterhaltsberechtigten Familienangehörigen mitberücksichtigt wird (§ 850c Abs. 1 ZPO). Dieser Anteil seines Arbeitseinkommens fällt nicht in die Insolvenzmasse (§ 36 Abs. 1 InsO) und steht damit dem Insolvenzschuldner zur freien Verfügung. Unterhaltsbedarf kann somit nur eintreten, wenn der Insolvenzschuldner zB als Selbstständiger keine pfändungsfreien Einkünfte bezieht oder die Einkünfte nach Auffassung der Gläubigerversammlung nicht angemessen sind.

7 **2. Reformvorschläge. a) Kommission für Insolvenzrecht.** Nur in ihrem Ersten Bericht äußert sich die Kommission für Insolvenzrecht[11] zu Fragen des Unterhalts aus der Insolvenzmasse für den Schuldner: Sie schlägt vor, dass der Schuldner für die Erfüllung seiner Verfahrenspflichten zwar keine Vergütung, wohl aber eine **angemessene Entschädigung** erhalten kann, wenn er infolge der ihm auferlegten Pflichten außerstande ist, seine und seiner Familie notwendigen Bedürfnisse zu befriedigen; hierüber soll das Insolvenzgericht nach Anhörung des Insolvenzverwalters unter Berücksichtigung von Art und Dauer der Inanspruchnahme des Schuldners entscheiden. Gemäß

---

4 *Kohte* Kölner Schrift, 2. Aufl. S. 786 Rn. 18.

5 *Kohte* Kölner Schrift, 2. Aufl. S. 782 Rn. 2.

6 Der längstens bis vor einem Jahr fällig gewordene Rückstand, der gemäß § 850d zusätzlich berücksichtigungsfähig ist, hat im Konkurs keine Bedeutung, weil der Rückstand nicht zu den Neuschulden zählt, vgl. *Kohte,* Kölner Schrift, 2. Aufl. S. 782 Rn. 2, 797 Rn. 57, 58.

7 Vgl. *Kilger/K. Schmidt* VglO § 56 Anm. 1a; *Kohte* Kölner Schrift, 2. Aufl. S. 787 f.

8 *Kohte* Kölner Schrift, 2. Aufl. S. 789, 790 Rn. 31.

9 Nach *Gessner/Rhode/Strate/Ziegert,* Die Praxis der Konkursabwicklung in der Bundesrepublik Deutschland, 1980, S. 54 ff., 201, 202 kam es in nur knapp 3% aller Verfahren zur Gewährung von Barunterhalt aus der Masse; *Kohte* Kölner Schrift, 2. Aufl. S. 781.

10 BGH NZI 2018, 275: Ein Schuldner, der nicht in der Lage ist, seinen Unterhalt und den seiner Familie aus seiner freigegebenen selbstständigen Tätigkeit zu erwirtschaften, kann Unterhaltsansprüche gemäß § 100 weiterhin gegen die Insolvenzmasse geltend machen kann. BGHZ 12, 380, 392: kein Anspruch auf vorläufige Weiternutzung der bisherigen Wohnung im eigenen Haus des Schuldners auf Kosten der Masse; BGH MDR 1981, 510: zur Frage, welchen angemessenen Unterhalt ein Schuldner, der sich ins Ausland abgesetzt hat, aus der Masse entnehmen darf; BGH NJW 1985, 1082 = WM 1984, 1650; LG Oldenburg NJW 1967, 785: die Weiternutzung einer dem Schuldner gehörenden Wohnung kann von der Zahlung eines Entgelts abhängig gemacht werden; vgl. *Kohte* Kölner Schrift, 2. Aufl. S. 786 Rn. 20; *Kuhn/Uhlenbruck* § 129 Rn. 2.

11 1. KommBer., Leitsatz 1.3.2.2 Abs. 9 Sätze 1 und 2.

Abs. 9 des Leitsatzes soll das Insolvenzgericht anordnen können, dass dem Schuldner dessen **notwendige Auslagen** zu erstatten sind.[12]

b) Diskussionsentwurf und Referentenentwurf des BMJ. Die vom Bundesministerium für Justiz vorgelegten Entwürfe,[13] enthalten in ihren §§ 108 und 109 wörtlich übereinstimmende Vorschläge: 8

Gemäß § 108 soll der Schuldner **Anspruch** auf Erstattung seiner notwendigen **Auslagen** haben, die ihm bei der Erfüllung seiner Auskunfts- und Mitwirkungspflichten entstehen (Abs. 1 Satz 1), sowie auf **Vergütung** aus der Masse, wenn dies nach Art, Dauer und Umfang seiner Tätigkeit angemessen erscheint (Abs. 1 Satz 2). Daneben soll der Schuldner gemäß § 109 einen **Anspruch** auf Gewährung von **notwendigem Unterhalt** aus der Masse für sich und bestimmte Familienangehörige erhalten (Abs. 1), mit der Möglichkeit einer Kürzung, wenn die Masse nicht reicht (Abs. 2). Im Streitfall soll das **Insolvenzgericht** über die Ansprüche jeweils nach Anhörung des Schuldners bzw. des Berechtigten und des Verwalters entscheiden (§ 108 Abs. 2, § 109 Abs. 3).

3. Gesetzgebungsverfahren. a) Bis zur Verkündigung der InsO. § 114 des **Regierungsentwurfs** sah für den Schuldner einen **Anspruch auf den notwendigen Unterhalt** in Anlehnung an § 109 des DE und des RefE aus der Insolvenzmasse vor (Abs. 1 Satz 1), dessen Höhe am Umfang der Sozialhilfe nach dem BSHG orientiert sein sollte.[14] Den gleichen Anspruch gegen die Insolvenzmasse sollten bestimmte bevorrechtigte Unterhaltsgläubiger haben: die minderjährigen unverheirateten Kinder des Schuldners, sein Ehegatte, sein früherer Ehegatte und die Mutter seines nichtehelichen Kindes gemäß §§ 1615l, 1615n BGB (Abs. 1 Satz 2). Dabei wurde der Kreis der aus der Insolvenzmasse vorrangig berechtigten Familienmitglieder enger gezogen als in §§ 850a bis 850i ZPO.[15] Die **Gläubigerversammlung** konnte eine **weitergehende Unterstützung** bewilligen (Abs. 1 Satz 3). Der RegE sah dagegen **keine Ansprüche des Schuldners auf Ersatz von Auslagen oder Vergütung** für die Erfüllung seiner insolvenzverfahrensrechtlichen Pflichten vor. 9

Gemäß § 114 Abs. 2 RegE sollte eine **anteilige Kürzung** der Unterhaltsleistungen entsprechend der Rangregelung des § 1582 BGB möglich sein, wenn andere Massegläubiger sonst nicht mehr voll befriedigt werden können.[16] Auch nach dem RegE sollte das **Insolvenzgericht** gemäß § 114 Abs. 3 nach Anhörung der Beteiligten im Streitfall entscheiden und im Mangelfall das in Abs. 2 geregelte unterhaltsrechtliche Rangverhältnis nach billigem Ermessen abweichend regeln können.[17] 10

Die **Empfehlung des Rechtsausschusses** in der Mehrheit seiner Mitglieder lautete, für den Schuldner **keinen Anspruch** auf notwendigen Unterhalt aus der Masse vorzusehen und aus Gründen der Verfahrensvereinfachung eine dem System der §§ 129 Abs. 1 und 132 Abs. 1 KO angepasste Ermessensregelung zu schaffen.[18] 11

Warum die Gewährung von Unterhalt für den Schuldner und seine Familie im Anschluss an die Auskunfts- und Mitwirkungspflichten des Schuldners geregelt ist, erklärt sich aus der Entstehungsgeschichte: Während die Kommission für Insolvenzrecht in ihrem Ersten Bericht vorgeschlagen hatte, dem (redlichen) Schuldner für dessen Mitwirkung im Verfahren eine Entschädigung (keine Vergütung) und Auslagenersatz aus der Insolvenzmasse zu gewähren, erfassen die nachfolgenden Vorschläge die Materie wie § 100 nur noch als „Unterhalt".[19] 12

b) Nach Verkündigung der InsO. § 100 Abs. 2 Satz 2 wurde durch Art. 14 § 7 Kindschaftsrechtsreformgesetz vom 16.12.1997 (BGBl. I S. 2942) im Wortlaut angepasst. Eine weitere Änderung erfolgte durch das Gesetz zur Überarbeitung des Lebenspartnerschaftsrechts vom 15.12.2004.[20] Aufgrund des Urteils des Bundesverfassungsgerichts vom 17. Juli 2002[21] wurde mit diesem Gesetz das Lebenspartnerschaftsrecht weitgehend an die Regelungen über die Ehe angeglichen. Durch die 13

---

12 Weitergehend *Kuhn/Uhlenbruck* § 132 Rn. 2: der mitwirkende Schuldner müsse ein entsprechendes „Entgelt" erhalten, soweit er nicht nur unterstützend tätig sei.

13 DE S. 52 f. und Begr. S. B 85 ff.; RefE S. 61, 62 und Begr. S. 105 bis 107.

14 Begr. zu § 114, *Balz/Landfermann* S. 188.

15 Vgl. Begr. zu § 114, *Balz/Landfermann* S. 188.

16 Dies entspricht der Kürzungsregelung in der Einzelzwangsvollstreckung gemäß § 850d ZPO.

17 Entsprechend der Regelung gem. § 850d Abs. 2 Buchst. a ZPO, vgl. Begr. zu § 114, *Balz/Landfermann* (oben Fn. 15) S. 188.

18 Ausschussbericht, *Balz/Landfermann* S. 189 – wonach die SPD-Fraktion gegen die Neufassung des § 114 gestimmt und sich dafür ausgesprochen hat, die Fassung des Regierungsentwurfs beizubehalten; zu den Motiven siehe BT-Drs. 12/2443 S. 143 „zu § 114" und BT-Drs. 12/7302 S. 167 unter Nr. 67 „zu § 114".

19 § 109 RefE, BMJ (Hrsg.) Referentenentwurf Gesetz zur Reform des Insolvenzrechts, 1989, S. 62.

20 BGBl. I S. 3396.

21 BVerfGE 105, 313.

Einfügung „seinem Lebenspartner, seinem früheren Lebenspartner“ in Abs. 2 Satz 2 soll eine Gleichstellung der Lebenspartner im Sinne des Lebenspartnerschaftsgesetzes mit den dort genannten Unterhaltsberechtigten erfolgen. Diese Anpassung wird aber dem Zweck der Regelung in Abs. 2 Satz 2 nicht gerecht. Die Gewährung des **notwendigen Unterhalts** durch den Insolvenzverwalter soll lediglich die Zeit bis zur Beschlussfassung der Gläubigerversammlung (Abs. 1) überbrücken. Während in der Konkursordnung der Kreis der Berechtigten dem des Abs. 1 entsprach, d. h. der vorläufige notdürftige Unterhalt konnte dem Gemeinschuldner und der Familie gewährt werden (§ 129 Abs. 1 KO), beschränkt die Insolvenzordnung bewusst den Kreis der Berechtigten auf den Schuldner, die minderjährigen unverheirateten Kindern des Schuldners, seinem Ehegatten, seinem früheren Ehegatten und dem anderen Elternteil seines Kindes hinsichtlich des Anspruchs nach den §§ 1615l, 1615n des Bürgerlichen Gesetzbuches. Es handelt sich hierbei um den Kreis von Unterhaltsberechtigten, der auch in § 850d der Zivilprozessordnung dem Rang nach dem Lebenspartner vorgeht. Dieser Personenkreis ist besonders unterhaltsbedürftig, da diese Personen nicht verpflichtet sind, zu ihrem Unterhalt durch eine eigene Erwerbstätigkeit beizutragen. Nach den Vorstellungen des Gesetzgebers steht zwar im Lebenspartnerschaftsgesetz die wirtschaftliche und rechtliche Absicherung der Partner im Vordergrund. Die ökonomische Selbstständigkeit der Partner wird aber stärker als bei der Ehe herausgestellt. § 5 LPartG enthält als Parallelvorschrift zu § 1360 BGB nicht dessen Satz 2, wonach der haushaltsführende Ehegatte durch die Haushaltsführung seine gesetzliche Unterhaltspflicht erfüllt. Diese stärkere Verpflichtung des Lebenspartners zur eigenen Erwerbstätigkeit, um den angemessenen Unterhalt der Lebenspartnerschaft zu gewährleisten, hätte eine Differenzierung bei der Gewährung des notwendigen Unterhalts gerechtfertigt, jedenfalls solange aus den genannten Gründen in § 1360 Satz 2 BGB und in § 850d Abs. 2 ZPO Ehegatten und Lebenspartner unterschiedlich behandelt werden. Die Beschränkung des notdürftigen Unterhalts bis zum Beschluss der Gläubigerversammlung auf den Personenkreis, der infolge fehlender Erwerbstätigkeit auf Unterhalt dringend angewiesen ist, soll einer übermäßigen Belastung der Insolvenzmasse durch Unterhaltsansprüche vorbeugen.

III. Abs. 1: Unterhalt aus der Insolvenzmasse

14 **1. Art und Höhe des Unterhalts für den Schuldner.** Zur Höhe der Unterhaltsgewährung gibt das Gesetz in § 100 Abs. 1 keine Vorgaben. Es liegt vielmehr in der Eigenverantwortung der Gläubigerversammlung, die Art und Höhe des Unterhalts festzulegen. Zum Unterhalt zählt zunächst der **Barunterhalt** nach dem BGB. Da ein Anspruch auf Unterhalt nicht besteht, können die Gläubiger im Rahmen des ihnen eingeräumten Ermessens (→ Rn. 20 f.) bestimmen, ob sie dem Schuldner gar keinen Unterhalt, nur Teilbeträge, den notwendigen Unterhalt, Unterhalt für eine bescheidene oder sogar angemessene Lebensführung gewähren.

15 Der Umstand, dass § 100 wie auch der RegE im Gegensatz zum DE und RefE keinen **Auslagenersatz oder Entschädigung** für den Schuldner vorsehen, schließt es nicht aus, solche Leistungen ganz oder teilweise als „Unterhalt“ zu gewähren. Die Gewährung von Unterhalt kommt auch dann in Betracht, wenn der Schuldner aus einem zwischen ihm und dem Verwalter geschlossenen Dienstvertrag Entgelt für Tätigkeiten beanspruchen kann, die er zusätzlich zu den ihm obliegenden Mitwirkungspflichten leistet.[22]

16 Unterhalt iSd § 100 ist auch der Naturalunterhalt, beispielsweise in der Form, dass die Gläubiger dem Schuldner gestatten, weiterhin eine zur Masse gehörige Wohnung – unentgeltlich oder gegen Entgelt – zu nutzen.[23] Da § 100 nach dem Vorbild der §§ 129, 132 KO ausgestaltet ist, ist auch jetzt davon auszugehen, dass der Schuldner die unentgeltliche weitere Nutzung einer zur Masse gehörenden Wohnung nicht beanspruchen kann.[24] Nutzt der Schuldner gemeinsam mit seinem Ehegatten eine zur Masse gehörige Wohnung weiter, so kann der Verwalter Nutzungsentschädigung vom Ehegatten des Schuldners nur verlangen, wenn diese besonders vereinbart oder der Ehegatte gegenüber dem Schuldner zur Zahlung von Unterhalt verpflichtet ist.[25]

17 **2. Familie des Schuldners.** § 100 zieht den Kreis der zur **Familie** des Schuldners gehörigen Personen weit, wie schon bisher § 129 KO. Zur Familie im insolvenzrechtlichen Sinne gehört, wer mit dem Schuldner nach Art einer Familie zusammenlebt oder zu seinem Hauswesen gehört oder in seine Familie einbezogen wird; maßgebend sind die Gegebenheiten des Einzelfalls.[26] Zur Familie iSd § 100 Abs. 1 gehören hiernach zunächst **die kraft Gesetzes Unterhaltsberechtigten,** nämlich

---

22 KPB/*Lüke* § 100 Rn. 4.

23 *Kohte* Kölner Schrift, 2. Aufl. S. 786 Rn. 20.

24 BGHZ 12, 380, 392; LG Oldenburg NJW 1967, 785.

25 BGH NZI 2016, 89; OLG Nürnberg NZM 2005, 918 = ZInsO 2005, 892; *Kuhn/Uhlenbruck* § 129 Rn. 2.

26 Vgl. *Jaeger/Weber* KO § 129 Anm. 8; *Kuhn/Uhlenbruck* § 129 Rn. 3; *Kilger/K. Schmidt* § 129 KO Anm. 1.

- gemäß §§ 1602 ff. BGB die minderjährigen unverheirateten Kinder, die volljährigen in der Ausbildung befindlichen Kinder, die Enkel und die Eltern des Schuldners
- gemäß § 1361 BGB der Ehegatte des Schuldners
- gemäß §§ 1569 ff. BGB der geschiedene Ehegatte des Schuldners
- gemäß §§ 1615l und 1615n BGB die Mutter des nichtehelichen Kindes des Schuldners, vgl. § 100 Abs. 2,
- gemäß §§ 5, 11 Abs. 1 LPartG der Lebenspartner des Schuldners.

Als Familienangehörige iSd § 100 kommen daneben alle Personen in Betracht, denen der Schuldner zwar nicht kraft Gesetzes Unterhalt schuldet, denen er aber als **Mitglieder seines Haushalts** bisher Unterstützung gewährt hat. Maßgebend ist, mit welchen Personen der Schuldner in einer dauerhaften Gemeinschaft lebt und einen gemeinsamen Haushalt führt. Damit können auch ein nichtehelicher Lebenspartner und dessen Abkömmlinge als Familie im Sinne des § 100 Abs. 1 angesehen werden.[27] Dem Gesetz liegt die Vorstellung zugrunde, dass die Unterhaltsregelung im Insolvenzrecht einen anderen Zweck hat und deshalb weiter gehen kann als die Regelung der gesetzlichen Unterhaltsansprüche im BGB. In der Insolvenz soll darüber entschieden werden, ob und inwieweit dem Schuldner und seiner Familie vorläufig während des Verfahrens eine Unterstützung zur Aufrechterhaltung einer bescheidenen oder dem Wert der Masse angemessenen Lebensführung ermöglicht werden soll. Dieser Zweck erlaubt auch die Berücksichtigung von Personen, die der Schuldner bisher in seinem Haushalt oder als von ihm Abhängige kraft Vertrages oder sittlicher Verpflichtung unterstützt hat. Deshalb steht es der Gläubigerversammlung gemäß § 100 Abs. 1 frei, den Begriff „Familie" weiter als in Abs. 2 zu verstehen und andere Angehörige einzubeziehen.[28] Dazu zählen insbesondere: 18

- die Geschwister und sonstige in der Nebenlinie mit dem Schuldner verwandte Personen
- Pflegepersonen
- Stiefeltern.

3. Aus der Insolvenzmasse. Zur Insolvenzmasse gehören alle von § 35 erfassten Vermögenswerte **einschließlich des Neuerwerbs.** Insoweit steht der Schuldner schlechter da als nach der KO. Ausgenommen sind die unpfändbaren Beträge, §§ 36, 287 Abs. 2 Satz 1. Soweit also der Schuldner selbst Unterhaltsansprüche gegen Dritte hat, fallen diese nicht in die Masse, weil sie als bedingt pfändbare Ansprüche dem unpfändbaren Vermögen des Schuldners gemäß §§ 36, 287 Abs. 2 Satz 1 gleichstehen.[29] Die Gläubiger und der Verwalter müssen dem Schuldner diese Unterhaltszahlungen belassen. Die Unterhaltsansprüche, die vom Verwalter oder von der Gläubigerversammlung gewährt worden sind, sind Masseverbindlichkeiten im Sinne von § 55. Im Falle der Masseunzulänglichkeit sind diese gemäß § 209 Abs. 1 Nr. 3 im letzten Rang zu befriedigen.[30] 19

4. Schlechterstellung der Unterhaltsberechtigten des Schuldners. Der Nachteil, dass die Unterhaltsberechtigten des Schuldners im Hinblick auf den laufenden Unterhalt schlechter gestellt sind, weil der Neuerwerb gemäß § 35 in die Insolvenzmasse fällt, hat der Gesetzgeber mit der Begründung in Kauf genommen, dass sich dieser Nachteil nicht erheblich auswirke, da der pfändungsfreie Teil des Einkommens nicht in die Masse falle und Unterhaltspflichten die Pfändungsfreibeträge erhöhen.[31] 20

5. Ermessensentscheidung gemäß Abs. 1. a) Gläubigerautonomie. Weil kein Anspruch auf Unterhalt aus der Masse besteht,[32] kann die Gläubigerversammlung gemäß Abs. 1 **in freiem Ermessen (Gläubigerautonomie)** beschließen, ob und in welcher Höhe dem Schuldner und/oder seiner Familie Unterhalt aus der Insolvenzmasse gewährt werden soll. Dies gilt selbst dann, wenn das – gemäß § 36 unpfändbare – Einkommen des Schuldners zu gering ist, um den notwendigen Unterhalt für sich, seine Familie und die in Abs. 2 genannten Personen zu decken.[33] Streitig ist, ob die Gläubigerversammlung ihre Entscheidungszuständigkeit auf das Insolvenzgericht übertragen kann.[34] Dem fehlenden Anspruchscharakter der Norm wird entgegengehalten, dass die staatliche Pflicht, das Existenzminimum zu schützen, auch im Insolvenzverfahren gelten müsse. Den Wertun- 21

27 *Keller* NZI 2007, 316, 317.
28 Vgl. Ausschussbericht zu § 114 RegE *Balz/Landfermann* S. 189.
29 Vgl. *Kohte* Kölner Schrift, 2. Aufl.) S. 792 Rn. 42, S. 802 Rn. 73.
30 KPB/*Lüke* § 100 Rn. 8; Uhlenbruck/*Zipperer* § 100 Rn. 17; Jaeger/*Schilcken* § 100 Rn. 16.
31 BT-Drs. 12/7302 S. 167; *Uhlenbruck* KTS 1999, 413, 416.
32 Entsprechend der Empfehlung der Mehrheit der Mitglieder des Rechtsausschusses, Ausschussbericht zu § 114 RegE, *Balz/Landfermann* S. 189.
33 LG Hamburg NZI 2000, 185. u. Rn. 30; Landessozialgericht Sachsen-Anhalt NZS 2012, 632, OLG Celle, Beschl. v. 21,10,2010 – 5 U 90/09; VG Karlsruhe NVwZ-RR 2008, 403.
34 Zum Streitstand *Ehricke* NZI 2000, 57, 62 mwN; siehe unter Rn. 31.

gen die im Recht der Einzelzwangsvollstreckung zum Pfändungsschutz für einen Teil des Arbeitseinkommens geführt hätten, müsse auch im Insolvenzverfahren Rechnung getragen werden. Aus diesem Grund müsse in den Fällen, in denen Anträge des Schuldners auf Zahlungen aus der Masse zur Sicherung des Existenzminimums keinen Erfolg haben, das Insolvenzgericht eingreifen.[35] Eine Überprüfung des Beschlusses der Gläubigerversammlung müsse in entsprechender Anwendung des § 78 möglich sein.[36] Dem ist entgegenzuhalten, dass die Entscheidung des Gesetzgebers im Insolvenzverfahren keinen selbstständigen Unterhaltsanspruch zur Sicherung des Existenzminimums vorzusehen, nicht den Wertungen des Pfändungsschutzes im Zwangsvollstreckungsrecht widerspricht.[37] Ein eigenständiger Unterhaltsanspruch im Insolvenzverfahren, der im Wesentlichen dem selbstständigen Schuldner zugutekäme, würde diesen in der Insolvenz besser stellen als in der Zwangsvollstreckung. Im Hinblick auf § 36 Abs. 1 ist der Gesetzgeber vielmehr gefordert, die Lücke im Pfändungsschutz bei dem selbstständigen Schuldner in der ZPO zu schließen.

22 **b) Ermessensgesichtspunkte.** Gesichtspunkte für die Ermessensentscheidung können insbesondere sein:

- das Verhalten des Schuldners (Redlichkeit) gegenüber den Gläubigern in der Krise,
- die Werthaltigkeit der zur Insolvenzmasse gehörenden Vermögensgegenstände,
- die Höhe des – pfändbaren, §§ 36, 287 Abs. 2 Satz 1 – Arbeitseinkommens des Schuldners, das als Neuerwerb zur Masse gehört,
- die Bereitschaft des Schuldners, seinen Verfahrenspflichten gemäß § 97 (Auskunft, Unterstützung, Präsenz) und seinen Pflichten und Obliegenheiten zu Wohlverhalten gemäß §§ 290, 295 nachzukommen,
- das Ausmaß der Unterstützung, die der Schuldner dem (vorläufigen) Insolvenzverwalter gewährt,
- die voraussichtliche Quote, deren Verteilung die Gläubiger auf ihre Forderungen gemäß §§ 187 ff. erwarten können.

Da dem Schuldner kein Anspruch auf Unterhalt zusteht, brauchen die Gläubiger auch nicht zu bedenken, ob der Schuldner sonst auf Sozialhilfe angewiesen ist.[38]

IV. Abs. 2: vorläufige Gewährung des notwendigen Unterhalts

23 **1. Notwendiger Unterhalt für den Schuldner.** Bis zur Entscheidung der Gläubigerversammlung kann der Insolvenzverwalter mit Zustimmung des Gläubigerausschusses, wenn ein solcher bestellt ist, dem Schuldner den **notwendigen Unterhalt** und bestimmten in Abs. 2 Satz 2 genannten Personen Unterhalt vorläufig gewähren. Besteht noch kein Gläubigerausschuss, entscheidet der Verwalter allein.[39]

24 Zum notwendigen Unterhalt des Schuldners gehört zunächst als Barbedarf der Betrag, der nach der Tabelle zu § 850c ZPO unpfändbar ist. Da dieser Betrag dem Schuldner gemäß § 36 ohnehin verbleibt, kann mit dem Begriff notwendiger Unterhalt iSd § 100 Abs. 2 aber nur gemeint sein, dass dem Schuldner mehr als der gemäß § 850c ZPO unpfändbare Betrag als „notwendig“ gewährt werden kann. Nach der Vorstellung des Regierungsentwurfs ist notwendiger Unterhalt iSd § 100 der Betrag, der gemäß §§ 11, 12 BSHG als Hilfe zum Lebensunterhalt verlangt werden kann.[40] Die §§ 11, 12 BSHG sind seit dem 1.1.2005 durch Kapitel 3 und Kapitel 11 des Zwölften Buches Sozialgesetzbuch oder Kapitel 3 Abschnitt 2 des Zweiten Buches Sozialgesetzbuch ersetzt worden.

25 Die nach § 100 zur Entscheidung Berufenen brauchen jedoch die Höhe des notwendigen (dh vom Schuldner und seiner Familie nach Maßgabe des nach Kapitel 3 und Kapitel 11 des Zwölften Buches Sozialgesetzbuch oder Kapitel 3 Abschnitt 2 des Zweiten Buches Sozialgesetzbuch benötigten) Unterhalts nicht selbst zu errechnen. Sie können sich vom Schuldner, wenn er aus der Masse den notwendigen Unterhalt begehrt, eine **Bescheinigung des Sozialamts** darüber vorlegen lassen, in welcher Höhe ihm und den in seinem Haushalt lebenden Angehörigen Leistungen zur Sicherung des Lebensunterhalts zusteht. Eine solche Bescheinigung, die bisher schon in der Praxis der Vollstreckungsgerichte zur Darlegung des erhöhten unpfändbaren Bedarfs des Schuldners im Verfahren nach § 850 f. ZPO verwendet wird, schützt die zur Entscheidung Berufenen vor den Risiken einer zu hohen Berechnung zu Lasten der Masse und damit vor einem etwaigen Regress.

---

[35] *Kohte* Kölner Schrift, 2. Aufl. S. 807, Rn. 90.

[36] Uhlenbruck/*Uhlenbruck,* 1, § 100 Rn. 2.

[37] *Fischer/Hempler* ZInsO 2005, 474.

[38] KBP/*Lüke* § 100 Rn. 2.

[39] KPB/*Lüke* § 100 Rn. 3; aA *Heidland,* Kölner Schrift, 2. Aufl. 2000, 711, 752 Rn. 55: Gewährung von Unterhalt nur **nach** Bestellung des Gläubigerausschusses.

[40] Begr. zu RegE § 114, *Balz/Landfermann* S. 188.

Zum notwendigen Unterhalt kann auch gehören, dem Schuldner vorübergehend – gegen Entgelt – die **Nutzung der zur Masse gehörigen Wohnung** zu gestatten, bis er eine seiner Vermögenssituation entsprechende bescheidenere Bleibe gefunden hat (→ Rn. 16). 26

Kann der Schuldner seinen notwendigen Unterhalt gar nicht oder nur bis zur Grenze des pfändungsfreien Betrages nach der ZPO selbst verdienen und gewähren die Insolvenzgläubiger dem Schuldner daneben keinen Unterhalt aus der Masse, so muss er wegen eines etwa erhöhten notwendigen Bedarfs, der über den unpfändbaren Betrag gemäß § 850c ZPO iVm § 36 hinausgeht, ergänzende Hilfe zum Lebensunterhalt beantragen. Der Träger der Sozialhilfe kann dem Schuldner nicht die Subsidiarität von Leistungen der Sozialhilfe entgegenhalten. Aber weil der Schuldner keinen Anspruch auf Unterhalt gemäß § 100 hat, geht die Sozialhilfeleistung vor. Dies dürfte nicht gegen höherrangiges Verfassungsrecht verstoßen. Denn die Insolvenzgläubiger fallen zumindest mit einem Teil ihrer Forderungen aus, so dass eine sachlich ungerechtfertigte Besserstellung der Insolvenzgläubiger gegenüber der Allgemeinheit nicht vorliegt. Problematisch erscheint allerdings, dass die Gläubiger (Abs. 1) bzw. der Verwalter als Interessenwahrer der Gläubiger (Abs. 2) als mittelbar Begünstigte darüber entscheiden, ob der Schuldner Unterhalt gemäß § 100 erhält oder ergänzende Hilfe zum Lebensunterhalt beim Sozialhilfeträger und damit zu Lasten der Allgemeinheit beantragen muss.

2. Die nach Abs. 2 unterhaltsberechtigten Angehörigen. In gleicher Weise wie für den Schuldner kann der notwendige Unterhalt für **bestimmte Familienmitglieder und Lebenspartner** nach freiem Ermessen vorläufig bis zur Entscheidung der Gläubigerversammlung gewährt werden. Zu den gemäß Abs. 2 bevorrechtigten Familienmitgliedern und Lebenspartnern gehören die minderjährigen unverheirateten Kinder des Schuldners, sein Ehegatte, sein früherer Ehegatte, sein Lebenspartner, sein früherer Lebenspartner und die Mutter seines nichtehelichen Kindes hinsichtlich der Ansprüche gemäß §§ 1615l, 1615n BGB. Bis zur Erweiterung der Unterhaltsberechtigten auf Lebenspartner und frühere Lebenspartner durch das Gesetz zur Überarbeitung des Lebenspartnerschaftsrechts vom 15.12.2004,[41] handelte sich hierbei um die schon in § 114 RegE in Anlehnung an § 850d ZPO aufgezählten Personen, die gemäß § 1609 BGB unterhaltsrechtlichen Vorrang haben, soweit das Einkommen des Pflichtigen nicht ausreicht, um allen Berechtigten vollen angemessenen Unterhalt zu gewähren.[42] Die Gewährung des **notwendigen Unterhalts** durch den Insolvenzverwalter soll lediglich die Zeit bis zur Beschlussfassung der Gläubigerversammlung (Abs. 1) überbrücken. Während in der Konkursordnung der Kreis der Berechtigten dem des Abs. 1 entsprach, d. h. der vorläufige notdürftige Unterhalt konnte dem Gemeinschuldner und der Familie gewährt werden (§ 129 Abs. 1 KO), beschränkt die Insolvenzordnung bewusst den Kreis der Berechtigten auf den Schuldner, die minderjährigen unverheirateten Kindern des Schuldners, seinem Ehegatten, seinem früheren Ehegatten und dem anderen Elternteil seines Kindes hinsichtlich des Anspruchs nach den §§ 1615l, 1615n des Bürgerlichen Gesetzbuches. Es handelt sich hierbei um den Kreis von Unterhaltsberechtigten, der auch in § 850d der Zivilprozessordnung dem Rang nach dem Lebenspartner vorgeht. Dieser Personenkreis ist besonders unterhaltsbedürftig, da diese Personen nicht verpflichtet sind, zu ihrem Unterhalt durch eine eigene Erwerbstätigkeit beizutragen. Nach den Vorstellungen des Gesetzgebers steht zwar im Lebenspartnerschaftsgesetz die wirtschaftliche und rechtliche Absicherung der Partner im Vordergrund. Die ökonomische Selbstständigkeit der Partner wird aber stärker als bei der Ehe herausgestellt. § 5 LPartG enthält als Parallelvorschrift zu § 1360 BGB nicht dessen Satz 2, wonach der haushaltsführende Ehegatte durch die Haushaltsführung seine gesetzliche Unterhaltspflicht erfüllt. Diese stärkere Verpflichtung des Lebenspartners zur eigenen Erwerbstätigkeit, um den angemessenen Unterhalt der Lebenspartnerschaft zu gewährleisten, rechtfertigt die Differenzierung bei der Gewährung des notwendigen Unterhalts. Die Beschränkung des notdürftigen Unterhalts bis zum Beschluss der Gläubigerversammlung auf den Personenkreis, der infolge fehlender Erwerbstätigkeit auf Unterhalt dringend angewiesen ist, soll einer übermäßigen Belastung der Insolvenzmasse durch Unterhaltsansprüche vorbeugen. 27

Solange im Bürgerlichen Gesetzbuch in § 1360 Satz 2 BGB und in der Zivilprozessordnung (§ 850d Abs. 2 ZPO) aus den vorgenannten Gründen Ehegatten und Lebenspartner unterschiedlich behandelt werden, sollte auch § 100 Abs. 2 InsO nicht verändert werden.

3. Ermessensentscheidung gemäß Abs. 2. Bis zur Entscheidung der Gläubigerversammlung **kann** der Verwalter gemäß Abs. 2 mit Zustimmung des Gläubigerausschusses, wenn ein solcher bestellt ist, dem Schuldner und bestimmten von ihm abhängigen Personen den notwendigen Unterhalt gewähren. Das Gesetz sieht damit wie in Abs. 1 eine **Ermessensentscheidung** vor. Für die Ausübung des Ermessens gelten grundsätzlich die gleichen Gesichtspunkte wie in Abs. 1. Die Rege- 28

---

[41] BGBl. I S. 3396.

[42] Vgl. Palandt/*Diederichsen* § 1609 Rn. 2 sowie die Neuregelung des § 1609 im Gesetz zur Vereinheitlichung des Unterhaltsrechts minderjähriger Kinder (Kindesunterhaltsgesetz – KindUG) v. 6.4.1998 (BGBl. I S. 666).

lung in Abs. 2 gibt dem Verwalter und dem Gläubigerausschuss die Befugnis zu einer vorläufigen Entscheidung und begrenzt das dabei auszuübende Ermessen der Höhe nach dahin, dass nur der notwendige, nicht ein darüber hinausgehender Unterhalt gewährt werden kann. Im Rahmen des Ermessens kann die Gewährung von Unterhalt aufgehoben oder geändert werden.

29 Zu dem vorläufig benötigten Unterhalt gehört neben dem **Barbedarf** auch der Naturalunterhalt und insbesondere der **Wohnbedarf** des Schuldners, der für eine gewisse Übergangszeit darauf angewiesen ist, die bisherige Wohnung weiter zu nutzen, bis er eine seiner Insolvenzsituation entsprechende bescheidenere Unterkunft gefunden hat. Die Entscheidung darüber, ob und wie lange der Schuldner eine zur Masse gehörende Wohnung vorübergehend weiter nutzen darf, und ob und inwieweit und von wem dafür eine Nutzungsentschädigung verlangt werden kann,[43] dürfte in der Praxis vor allem im Rahmen des Abs. 2 zu treffen sein.

V. Unterhalt im Verbraucherinsolvenzverfahren und bei der Eigenverwaltung

30 Auch im **Verbraucherinsolvenzverfahren** kann dem Schuldner Unterhalt gewährt werden. Der Anwendungsbereich dürfte im Wesentlichen für Kleingewerbetreibende im Sinne des § 304 Abs. 1 Satz 2 von Bedeutung sein. Da die Forderungen dieser Personen gegen Dritte vom Treuhänder eingezogen werden, sind sie auf eine Unterhaltsgewährung aus der Masse angewiesen.[44]

31 Im **Restschuldbefreiungsverfahren,** während der Laufzeit der Abtretung, findet § 100 keine Anwendung. In diesem Verfahrensabschnitt wird von dem Schuldner verlangt, dass er sein pfändbares Einkommen an den gem. § 287 Abs. 2 an den Treuhänder abtritt. Dem Schuldner verbleiben die nach § 850c ZPO unpfändbaren Beträge, mit denen er seinen Unterhalt bestreitet. Reichen diese Beträge aufgrund besonderer Umstände für den Unterhalt des Schuldners nicht aus, kann der unpfändbare Betrag gem. § 850f Abs. 1 ZPO erhöht werden. Über eine Erhöhung des unpfändbaren Betrages gem. § 850f Abs. 1 ZPO entscheidet das Insolvenzgericht. Funktionell zuständig ist der Rechtspfleger, der als solcher das Verfahren in diesem Verfahrensstadium führt.

32 Wird im Insolvenzverfahren die **Eigenverwaltung** angeordnet, fehlt es an einem Übergang der Verwaltungs- und Verfügungsbefugnis auf den Insolvenzverwalter, da ein solcher nicht bestellt wird. **§ 278** berechtigt den eigenverwaltenden Schuldner für sich und seine Familienangehörigen aus der Insolvenzmasse die Mittel **zu entnehmen,** die unter Berücksichtigung der bisherigen Lebensverhältnisse des Schuldners **eine bescheidene Lebensführung** gestatten. Das Entnahmerecht umfasst daher nur die Mittel, die zu einer bescheidenen Lebensführung notwendig sind.

33 Umstritten ist, ob der Schuldner bei der **Eigenverwaltung** gemäß § 278 nur die Mittel aus der Insolvenzmasse entnehmen kann, die unter Berücksichtigung seiner bisherigen Lebensverhältnisse für eine bescheidene Lebensführung erforderlich sind. Es motiviert jedoch keinen Schuldner, seine Kenntnisse und Erfahrungen als bisheriger Geschäftsleiter bei der Verwertung der Insolvenzmasse einzubringen, wenn er für diese Tätigkeit lediglich das aus der Masse entnehmen kann, das in etwa dem unpfändbaren Einkommen entspricht.[45] Durch die Beschränkung auf die Entnahme lediglich solcher Mittel, die für eine bescheidene Lebensführung notwendig sind, soll sichergestellt werden, dass der Schuldner die Befugnis nicht missbraucht und die Masse weiter schmälert.[46] Anders als Abs. 1, der die Höhe des Unterhalts in das Ermessen der Gläubigerversammlung stellt, gibt § 278 dem Schuldner einen **Rechtsanspruch** auf Gewährung von Unterhalt.[47] Der Gläubigerversammlung bleibt es unbenommen, zur Motivation des eigenverwaltenden Schuldners, diesem gemäß § 100 höhere Unterhaltsleistungen zuzuerkennen. Aufgrund des unterschiedlichen Regelungsgehalts sind sowohl § 100 Abs. 1 und § 278 in der Eigenverwaltung nebeneinander anwendbar.

34 Es bleibt dem eigenverwaltenden Schuldner auch der Abschluss eines eigenständigen Vertrages mit dem Sachwalter auf der Grundlage eines Beschlusses der Gläubigerversammlung unbenommen, der ihm ausreichende Mittel für die Lebensführung sichert und den Rückgriff auf § 278 ausschließt.[48]

35 Im **Nachlassinsolvenzverfahren** gilt § 100 grundsätzlich nicht.[49] Aufgrund der haftungsbeschränkenden Wirkung des Verfahrens (§ 1975 BGB) wird der Erbe durch die Erbschaft nicht insolvent. Der Umstand, dass der Erbe oder ein sonstiger unterhaltsberechtigter Angehöriger des Erblassers durch dessen Tod seinen Unterhaltsanspruch aus § 1601 BGB verliert (§ 1615 I BGB),

---

43 → Fn. 10 und Rn. 15.
44 *Grote* S. 92, Rn. 131.
45 Uhlenbruck/*Zipperer* § 100 Rn. 16; *Wipperfürth,* ZInsO 2015.1127, 1130.
46 MüKoInsO/*Wittig* → § 278 Rn. 9.
47 MüKoInsO/*Wittig* → § 278 Rn. 13; aA *Uhlenbruck,* InsO, § 100 Rn. 12 und *Kohte,* Kölner Schrift S. 809, Rn. 96 die den Abschluss von Dienst- oder Werkverträgen mit dem Sachwalter als gangbaren Weg ansehen.
48 K. Schmidt/*Undritz* § 278 Rn. 6; Uhlenbruck/*Zipperer* § 100 Rn. 16; *Kohte,* Kölner Schrift S. 809, Rn. 96;.
49 Jaeger/*Schilken* § 100 Rn. 6.

begründet kein Bedürfnis für die Gewährung von Unterhalt aus dem Nachlass.[50] Werden jedoch Unterhaltsansprüche für die Zukunft als Nachlassverbindlichkeiten geltend gemacht (§§ 40, 325), zB nach § 1615l Abs. 3 Satz 4, § 1615n Satz 1 BGB, auf die § 100 Abs. 2 Satz 2 ausdrücklich verweist, für den **geburtsbedingten Unterhalt,** erscheint es nicht abwegig, der Mutter nach dem Tode des Vaters aus dem Nachlass Unterhalt zu gewähren.[51] Der Unterhaltsanspruch des **ehemaligen Ehegatten** bzw **Lebenspartners** ist nur in Höhe des fiktiven Pflichtteils zu berücksichtigen (§§ 1586b I 3 BGB, 16 S. 2 LPartG). Er ist bei einem überschuldeten Nachlass ohnehin wertlos (§ 2303 I 2 BGB) und nur nachrangig zu berichtigen wäre (§ 327 Abs. 1 Nr 1). Daher besteht kein Grund, dem ehemaligen Ehegatten bzw Lebenspartner des Erblassers aus dem Nachlass Unterhalt zu gewähren.[52]

VI. Das Verfahren der Unterhaltsgewährung

Über die **Zahlung von Unterhalt gemäß Abs. 1** entscheidet die Gläubigerversammlung. Die 36 Entscheidung sollte regelmäßig in der ersten Gläubigerversammlung getroffen werden. Notwendig ist dies aber nicht.[53] Dem Gläubigerausschuss kann die Beschlussfassung über den Unterhalt von der Gläubigerversammlung nicht übertragen werden.[54] Eine ausdrückliche Befugnis, dem Gläubigerausschuss diese Aufgabe zu übertragen enthält die Insolvenzordnung nicht. Die Entscheidung über die Gewährung von Unterhalt gehört nicht zu den allgemein dem Gläubigerausschuss obliegenden Aufgaben, die Unterstützung und Überwachung des Insolvenzverwalters (§ 69). Für die Übertragung dieser Aufgabe auf den Gläubigerausschuss besteht auch kein Bedürfnis. Für die Beschlussfassung ist ausreichend ist, dass ein Gläubiger in der Gläubigerversammlung erscheint.[55] Eines Antrags des Schuldners bedarf es nicht. Stellt jedoch der Schuldner einen Antrag auf Unterhaltsgewährung, so ist dieser Antrag als Antrag auf Einberufung einer Gläubigerversammlung anzusehen.[56] In diesem Fall hat das Gericht die Gläubigerversammlung einzuberufen und den Punkt auf die Tagesordnung zu setzen. Dem Schuldner steht damit – über § 75 I hinaus – ein **subjektives Recht** auf **Beschlussfassung** sowie analog § 75 Abs. 3 auch ein Beschwerderecht zu.[57] Die Gläubigerversammlung entscheidet mit einfacher Mehrheit (§ 76 Abs. 2) und kann ihren Beschluss jederzeit abändern, den Unterhalt erhöhen oder vermindern. **Nimmt kein Gläubiger an der Gläubigerversammlung teil und ist diese somit beschlussunfähig,** so ist damit die Beschlussfassung über den Unterhalt nicht dem pflichtgemäßen Ermessen des Rechtspflegers oder Richters überlassen mit der Folge, dass das Insolvenzgericht nunmehr selbst diese Entscheidung trifft. Aufgrund der klaren, in der Gläubigerautonomie begründeten Kompetenzabgrenzung zwischen den Aufgaben des Insolvenzgerichts, das die Gläubigerversammlung im formalen Sinne leitet (§ 76 Abs. 1) und eine begrenzte Aufsichtsfunktion hat (§ 78) liegt es nahe, dem Insolvenzgericht nicht zu gestatten, die fehlende Mitwirkung der Gläubiger zu ersetzen.[58] Die Gläubigerversammlung kann aber beschließen, zukünftig dem Insolvenzgericht an ihrer Stelle die Beschlussfassung über den Unterhalt zu übertragen.[59] Damit wird die Gläubigerbeteiligung nicht ausgehebelt, sondern in Form einer Ermächtigung unmittelbar ausgeübt, ohne dass hierbei ein Interessenkonflikt ersichtlich ist.[60]

Über die **Gewährung des vorläufigen Unterhalts** bis zur Entscheidung der Gläubigerver- 37 sammlung gemäß Abs. 2 Satz 1 entscheidet der Insolvenzverwalter mit Zustimmung des Gläubigerausschusses. Ist kein Gläubigerausschuss bestellt, so schließt dies die Gewährung von Unterhalt bis zur Gläubigerversammlung nicht aus.[61] In diesem Fall entscheidet allein der Insolvenzverwalter über die Gewährung des Unterhalts. Die Zustimmung des Insolvenzgerichts ist nicht erforderlich. Hat im

---

50 AGR/*Piekenbrock* § 100 Rn. 8.
51 AGR/*Piekenbrock* § 100 Rn. 8.
52 AGR/*Piekenbrock* § 100 Rn. 8.
53 Uhlenbruck/*Zipperer* § 100 Rn. 4; KPB/*Lüke* § 100 Rn. 3.
54 OLG Celle BeckRS 2010, 17176: Jaeger/*Schilken* § 100 Rn. 8; HKInsO/*Schmidt* § 100 Rn. 9; AGR/*Piekenbrock* § 100 Rn. 9); Nerlich/Römermann/*Kruth* § 100 Rn. 10 mit der Einschränkung, dass zwar die Gläubigerversammlung die Beschlussfassung über das „Ob" der Unterhaltsgewährung nicht auf den Gläubigerausschuss übertragen kann, wohl aber die Entscheidung über die Höhe des Unterhalts und die Art des Unterhalts, soweit konkrete Entscheidungskriterien von der Gläubigerversammlung vorgegeben werden.
55 Uhlenbruck/*Zipperer* § 100, Rn. 4.
56 LG Schwerin ZVI 2003, 291 = ZInsO 2002, 1096; aA HambKommInsO/*Herchen* § 100 Rn. 9.
57 AGR/*Piekenbrock* § 100 Rn. 10.
58 *Ehricke* NZI 2000. 57, 60.
59 K. Schmidt/*Jungmann* § 100 Rn. 12; Jaeger/*Schilken* § 100 Rn. 8; *Ehricke* NZI 2000. 57, 62; MüKoInsO/*Ehricke* → § 76 Rn. 21; **aA** HKInsO/*Schmidt* § 100 Rn. 9; AGR/*Piepenbrock* § 100 Rn. 22.
60 Jaeger/*Schilken* § 100 Rn. 8; *Ehricke* NZI 2000. 57, 62;.
61 KPB/*Lüke* § 200 Rn. 3; Braun/*Kroth* § 100 Rn. 4; Nerlich/Römermann/*Wittkowski*/*Kruth* § 100 Rn. 17; aA *Heidland,* Kölner Schrift, 2. Aufl. S. 711, Rn. 55.

Eröffnungsverfahren das Gericht ein allgemeines Verfügungsverbot erlassen und ist ein sog. „starker Verwalter" bestellt worden, ist auch dieser berechtigt, dem Schuldner den vorläufigen Unterhalt gemäß Abs. 2 Satz 1 zu gewähren. Ist ein vorläufiger Gläubigerausschuss bestellt worden, so bedarf es dessen Zustimmung.[62]

38 Eine **Abänderung des Beschlusses** der Gläubigerversammlung ist **durch das Insolvenzgericht** nicht möglich,[63] da ein Anspruch auf Unterhaltsgewährung nicht besteht. Dies gilt auch für die Unterhaltsgewährung durch den Verwalter mit Zustimmung des Gläubigerausschusses gemäß Abs. 2.

VII. Rang des Unterhaltsanspruchs

39 Die vom Verwalter oder von der Gläubigerversammlung bewilligten Unterhaltsansprüche sind Masseverbindlichkeiten nach § 55. Im Falle der Masseunzulänglichkeit werden sie gemäß § 209 Abs. 1 und 3 im letzten Rang befriedigt.[64]

§ 101 Organschaftliche Vertreter, Angestellte

(1) [1]Ist der Schuldner keine natürliche Person, so gelten die §§ 97 bis 99 entsprechend für die Mitglieder des Vertretungs- oder Aufsichtsorgans und die vertretungsberechtigten persönlich haftenden Gesellschafter des Schuldners. [2]§ 97 Abs. 1 und § 98 gelten außerdem entsprechend für Personen, die nicht früher als zwei Jahre vor dem Antrag auf Eröffnung des Insolvenzverfahrens aus einer in Satz 1 genannten Stellung ausgeschieden sind. [3]§ 100 gilt entsprechend für die vertretungsberechtigten persönlich haftenden Gesellschafter des Schuldners.

(2) § 97 Abs. 1 Satz 1 gilt entsprechend für Angestellte und frühere Angestellte des Schuldners, sofern diese nicht früher als zwei Jahre vor dem Eröffnungsantrag ausgeschieden sind.

Schrifttum: *Grub,* Die Stellung des Schuldners im Insolvenzverfahren, Kölner Schrift 1997, 513 und 2. Aufl. 2000, 671; *Henssler,* Die verfahrensrechtlichen Pflichten des Geschäftsführers im Insolvenzverfahren über das Vermögen der GmbH & Co KG, Kölner Schrift 2. Aufl. 2000, 1283; *Henze/Bauer,* Pflichtenstellung und Haftung des GmbH-Geschäftsführers im gegenwärtigen und künftigen Insolvenzrecht, Kölner Schrift 2. Aufl. 2000, 1311; *Kutzer,* Prozesspfleger statt Notgeschäftsführer – ein praktikabler Ausweg in Verfahren gegen organlose Kapitalgesellschaften, ZIP 2000, 654; *Laroche,* Auskunftspflichten des Organvertreters in der Insolvenz der Gesellschaft, ZInsO 2015, 1469; *Schlitt,* Dir GmbH & Co. KG in der Insolvenz nach neuem Recht, NZG, 1998, 701; *Schröder,* Auskunfts- und Mitwirkungspflichten des Geschäftsführers in der Eigenverwaltung und im Insolvenzplanverfahren, ZInsO 2018, 2124; *Uhlenbruck,* Auskunfts- und Mitwirkungspflichten des Schuldners und seiner organschaftlichen Vertreter nach der Konkursordnung, Vergleichsordnung, Gesamtvollstreckungsordnung sowie Insolvenzordnung, KTS 1997, 371; *Uhlenbruck,* Gesellschaftsrechtliche Aspekte des neuen Insolvenzrechts, Kölner Schrift 1997, 879 und 2. Aufl. 2000, 1157; *Uhlenbruck,* Auskunfts- und Mitwirkungspflichten des Schuldners und seiner organschaftlichen Vertreter im Insolvenzverfahren, NZI 2002, 401; *Vallender,* Die Auskunftspflicht der Organe juristischer Personen im Konkurseröffnungsverfahren, ZIP 1996, 529; *Wellkamp,* Verfahrensprobleme bei der Insolvenz der Gesellschaft bürgerlichen Rechts, KTS 2000, 331.

Übersicht

[62] Uhlenbruck/*Zipperer* § 100, Rn. 9.
[63] Uhlenbruck/*Zipperer* § 100 Rn. 3;.
[64] KPB/*Lüke* § 100 Rn. 8; Uhlenbruck/*Zipperer* § 100 Rn. 17; Jaeger/*Schilken* § 100 Rn. 16.

I. Normzweck

1 § 101 bestimmt, für welche Personen §§ 97 bis 100 gelten, wenn der Schuldner „keine natürliche Person" ist; hierzu gehören die juristischen Personen und die in § 11 als insolvenzfähig Genannten, nämlich der nicht rechtsfähige Verein, § 11 Abs. 1 Satz 2, und die in § 11 Abs. 2 erwähnten Personengesellschaften und Sondervermögen. Die insolvenzverfahrensrechtlichen Pflichten dieser Schuldner waren bisher nicht ausdrücklich geregelt. § 101 schließt eine wesentliche Regelungslücke des alten Rechts, indem er die Auskunfts- und Mitwirkungspflichten auch auf die **ausgeschiedenen organschaftlichen Vertreter,** Aufsichtsorgane, vertretungsberechtigte persönlich haftende Gesellschafter sowie für Angestellte und frühere Angestellte des Schuldners für entsprechend anwendbar erklärt.[1] Durch diese Regelung können organschaftliche Vertreter juristische Personen in der Krise nicht mehr ihr Amt niederlegen oder sich abberufen lassen, nur um den verfahrensrechtlichen Pflichten zu entgehen.

II. Entstehungsgeschichte

2 **1. Bisherige Regelung.** Die Auskunfts- und Mitwirkungspflichten der Organe juristischer Personen waren weder in **§ 100 KO** noch in der **GesO** geregelt. In Rechtsprechung und Schrifttum wurde aber allgemein vertreten, dass die Geschäftsführer, die Mitglieder des Vorstands, die Liquidatoren und die Abwickler auskunfts- und mitwirkungspflichtig sind, wenn der Gemeinschuldner eine juristische Person ist.[2] Die **VerglO** enthielt in den §§ 3 bis 6 einen Katalog von Obliegenheiten des Schuldners und seiner Vertreter, deren Verletzung zur Ablehnung des Vergleichsantrags und zur Eröffnung des Anschlusskonkurses führte, §§ 10, 17, 19 VerglO.

3 Die allgemein als unbefriedigend empfundene Gesetzeslage bereitete in der Praxis vor allem im Eröffnungsverfahren erhebliche Probleme, insbesondere dann, wenn organschaftliche Vertreter in zeitlichem Zusammenhang mit der Unternehmenskrise ihr Amt niederlegten oder abgewählt wurden.[3]

4 **2. Reformvorschläge der Kommission für Insolvenzrecht. a)** Der **Erste Bericht** der Kommission für Insolvenzrecht[4] enthielt Vorschläge für die Regelung von Pflichten der organschaftlichen Vertreter und Angestellten des Schuldners. Organschaftliche Vertreter des Schuldners sollten zur **Mitwirkung** im Insolvenzverfahren verpflichtet sein (Leitsatz Abs. 6). Für ausgeschiedene gesetzliche Vertreter des Schuldners sollte eine **„nachwirkende" Auskunftspflicht** dem Insolvenzverwalter gegenüber binnen zwei Jahren nach ihrem Ausscheiden gelten. Vernahm das Insolvenzgericht sie als Zeugen, sollte von ihnen wie vom Schuldner selbst entsprechend der Rechtsprechung des BVerfG[5] auch die Offenbarung etwaiger nach dem StGB oder nach dem OWiG verfolgbarer Handlungen verlangt werden dürfen, wobei auch sie durch das Verbot der Beweisverwertung im Straf- bzw. Verfahren nach dem OWiG geschützt sein sollten (Leitsatz Abs. 5). Eine entsprechende Auskunftspflicht sollte auch die Angestellten des Schuldners treffen (Leitsatz Abs. 8).

---

1 Uhlenbruck/*Zipperer* § 101 Rn. 1.
2 *Uhlenbruck* KTS 1997, 371, 374; *Vallender* ZIP 1996, 529 ff.
3 *Henssler,* Kölner Schrift, 2. Aufl. 2000, 1283, 1285; *Uhlenbruck* KTS 1997, 374; *Vallender* ZIP 1996, 529 ff.
4 1. KommBer., Leitsatz 1.3.2.2.
5 BVerfG E 56, 37 = NJW 1981, 1431 = ZIP 1981, 361 = JZ 1981, 303 = Rpfleger 1981, 225 = MDR 1981, 818 = BB 1981, 639 = DB 1981, 984 = EuGRZ 1981, 311; davor schon LG Hamburg KTS 1975, 242; ferner BGH NJW 1990, 510.

5 In Streitigkeiten über die Mitwirkungs- und Auskunftspflicht sowie über die Anordnung von Beugemaßnahmen und die Abnahme der eidesstattlichen Versicherung sollte das **Insolvenzgericht** (nicht das Prozess- oder Vollstreckungsgericht) entscheiden (Leitsatz Abs. 2, 4 und 8).

6 **b)** Der **Zweite Bericht** schlug eine gegenüber § 100 KO **gelockerte Präsenzpflicht des Schuldners** vor und erstreckte diese Pflicht auf die organschaftlichen Vertreter des Schuldners (Leitsatz 9.3 S. 183)

7 **3. Diskussionsentwurf des BMJ.** Für die **organschaftlichen Vertreter** des Schuldners sollten gemäß § 110 Abs. 1 Satz 1 DE[6] folgende Schuldnerpflichten entsprechend gelten: Die Auskunftspflicht (§ 104), die Mitwirkungspflicht (§ 105) und die Bereitschaftspflicht des Schuldners (§ 106), die Duldung der Postsperre (§ 107), ferner – jeweils mit einer Entscheidungszuständigkeit des Insolvenzgerichts – Ansprüche des Schuldners auf Vergütung und Erstattung seiner notwendigen Auslagen (§ 108) sowie auf Unterhalt aus der Insolvenzmasse (§ 109).

8 Gemäß § 110 Abs. 1 Satz 2 des DE sollte die Auskunftspflicht des § 104 entsprechend für **frühere organschaftliche Vertreter** des Schuldners gelten, die binnen zwei Jahren vor der **Eröffnung** des Insolvenzverfahrens ausgeschieden sind.

9 **Angestellte** des Schuldners sollten gemäß § 110 Abs. 2 der gesteigerten insolvenzrechtlichen Aussagepflicht des § 104 Abs. 1 unterliegen, nicht aber den insolvenzrechtlichen Zwangsmitteln (eidesstattliche Versicherung, zwangsweise Vorführung und Erzwingungshaft).

10 **4. Referentenentwurf des BMJ.** Der Referentenentwurf des BMJ[7] enthielt gegenüber dem Diskussionsentwurf **zwei Änderungen:** Zum einen sollte gemäß § 110 Abs. 1 Satz 3 ein Unterhaltsanspruch aus der Insolvenzmasse gemäß § 109 nur den organschaftlichen Vertretern des Schuldners zustehen, die zugleich persönlich haftende Gesellschafter des Schuldners sind; zum anderen sollten die Angestellten nur der insolvenzrechtlichen Auskunftspflicht des § 104 Abs. 1 Satz 1 unterliegen, nicht aber der gesteigerten Pflicht zur Offenbarung von Straftaten und Ordnungswidrigkeiten.[8]

11 **5. Regierungsentwurf und Gesetzgebungsverfahren.** § 115 des RegE übernahm § 110 des RefE. Die Verweisungen wurden angepasst.

12 Die Regelung wurde im Gesetzgebungsverfahren zweifach erweitert: Zum einen bestimmt § 101 Abs. 1 Satz 1 neben den organschaftlichen Vertretern auch die **Mitglieder des Aufsichtsorgans** als auskunfts- und mitwirkungspflichtig; zum anderen gilt gemäß § 101 Abs. 2 die „nachwirkende“ Auskunftspflicht **auch für ausgeschiedene Angestellte.**[9]

13 **6. Gesetzesänderung nach Inkrafttreten.** Durch das zum 1.11.2008 in Kraft getretene Gesetz zur Modernisierung des GmbH-Rechts und zur Bekämpfung von Missbräuchen (MoMiG)[10] wurde in Abs 1 Satz 2 ein Halbsatz eingefügt, wonach auch die Gesellschafter einer führungslosen Gesellschaft auskunftspflichtig sind. Ferner wurde ein neuer Abs. 3 angefügt, wonach als weitere Sanktion bei Verletzung der Auskunfts- und Mitwirkungspflichten im Eröffnungsverfahren die Kosten im Fall der Abweisung des Eröffnungsantrags den in § 101 Abs. 1 und 2 genannten Personen auferlegt werden kann.

III. Abs. 1: Insolvenzverfahrensrechtliche Pflichten der organschaftlichen Vertreter

14 **1. Schuldner ist „keine natürliche Person“.** Gemäß Abs. 1 Satz 1 gelten die Insolvenzverfahrenspflichten der §§ 97 bis 99 für und gegen die organschaftlichen Vertreter des Schuldners, wenn dieser **„keine natürliche Person“** ist. Die Regelung gilt also für juristische Personen und die in § 11 Genannten, nämlich den nicht rechtsfähigen Verein (§ 11 Abs. 1 Satz 2) und die in § 11 Abs. 2 genannten Personengesellschaften und Sondervermögen.

15 **2. Mitglieder des Vertretungsorgans.** Mitglieder des Vertretungsorgans im Sinne des § 101 Abs. 1 Satz 1 sind zB (Schuldner in alphabetischer Reihenfolge):

a) **AG:** die Mitglieder des Vorstands
b) **BGB-Gesellschaft:** die Gesellschafter[11]

---

[6] DE § 110 und Begr. zu § 110 in Teil B S. 87.

[7] RefE Begr. zu § 110 S. 107.

[8] Zu den Motiven siehe RefE S. 107 f.

[9] Zu den Motiven siehe BT-Drs. 12/2443 S. 143, 144 „zu § 115“ und BT-Drs. 12/7302 S. 167 unter Nr. 68 „zu § 115“.

[10] Gesetz zur Modernisierung des GmbH-Rechts und zur Bekämpfung von Missbräuchen (MoMiG) vom 23.10.2008, BGBl I. 2026.

[11] Nicht insolvenzfähig ist die reine Innengesellschaft, weil und soweit sie keine Rechtsbeziehungen zu Dritten begründet, vgl. Begr. zu § 13 RegE in *Balz/Landfermann* S. 84; *Wellkamp* KTS 2000, 331, 335.

c) **Europäische Aktiengesellschaft:** im dualistischen System das Leitungsorgan[12] bzw. im monistischen System die geschäftsführenden Direktoren[13]
d) **Europäische Wirtschaftliche Interessenvereinigung (EWiV):** die Geschäftsführer,[14] und zwar jeder allein[15]
e) **GmbH:** der Geschäftsführer; dieser ist gemäß § 35 Abs. 1 GmbHG aus seiner Organstellung verpflichtet, sich zu überzeugen, ob ein Insolvenzgrund vorliegt oder nicht;[16] liegt er vor, muss der Geschäftsführer die Eröffnung des Insolvenzverfahrens beantragen; liegt er nicht vor, muss der Geschäftsführer alles unternehmen, um einem Gläubigerantrag entgegenzuwirken;[17] in beiden Fällen treffen ihn die Verfahrenspflichten der §§ 97 ff.; auch bei der **Einmann-GmbH** ist der Geschäftsführer insolvenzverfahrenspflichtig,[18] und zwar unabhängig davon, wie weit die Weisungsbefugnis des Gesellschafters reicht; ist kein Geschäftsführer bestellt oder ist der Geschäftsführer als **Strohmann** vorgeschoben,[19] treffen die Pflichten den **Gesellschafter,** weil er mit der GmbH „wirtschaftlich-zuordnungsrechtlich" identisch ist;[20] daneben ist der Gesellschafter als Aufsichtsorgan iSd § 101 Abs. 1 Satz 1 insolvenzverfahrenspflichtig; zum faktischen Geschäftsführer s. → Rn. 19
f) **Genossenschaft:** die Vorstandsmitglieder; diese verlieren ihre Organstellung gemäß § 24 GenG nicht, auch wenn eine gemäß § 104 GenG unverzüglich nach Eröffnung des Insolvenzverfahrens einberufene Generalversammlung neue Organmitglieder bestellt;[21] die bisherigen Vorstandsmitglieder sind ebenso wie die neu bestellten insolvenzverfahrenspflichtig
g) fortgesetzte oder gemeinschaftlich verwaltete **Gütergemeinschaft:** die Ehegatten, §§ 83, 332, 11 Abs. 2 Nr. 2
h) **KG, KGaA:** der Komplementär
i) **„Private limited company by shares" nach englischem Recht:** director (Vorstand/Geschäftsführer)
j) **Nachlass:** gemäß §§ 315 ff., 11 Abs. 2 Nr. 2 jeder Miterbe, der Nachlassverwalter oder -pfleger sowie der Testamentsvollstrecker
k) **OHG:** die Geschäftsführer und die Gesellschafter
l) **Partenreederei:** die Reeder gemäß § 489 HGB; die Mitreeder gelten als persönlich haftende Gesellschafter[22]
m) **Partnerschaftsgesellschaft:** die Partner gemäß § 7 Abs. 3 PartGG i. V. mit §§ 125 Abs. 1 und 2 sowie der §§ 126 und 127 HGB
n) **Sondervermögen** gemäß § 11 Abs. 3: Abwickler und Liquidatoren[23]
o) **Verein:** die Mitglieder des Vorstands des rechtsfähigen bzw. des gem. § 11 Abs. 1 Satz 2 insolvenzfähigen nicht rechtsfähigen Vereins
p) zu den **„faktischen" Vertretern** siehe unten Rn. 19
q) bei organlosen Kapitalgesellschaften der bestellte Notgeschäftsführer oder Prozesspfleger.[24]

3. Mitglieder des Aufsichtsorgans. Die neu geregelte Einbeziehung der **Mitglieder des Aufsichtsorgans** in die Insolvenzverfahrenspflichten bezweckt ebenfalls eine möglichst effektive Durchführung des Insolvenzverfahrens. Aufsichtsorgan ist der **Aufsichtsrat** zB bei der AG, bei der KGaA, bei der großen GmbH gemäß § 77 Abs. 1 BetrVG, bei der Genossenschaft gemäß § 9 Abs. 1 GenG und bei dem Versicherungsverein auf Gegenseitigkeit gemäß § 35 VersAufsichtG. Insolvenzverfahrenspflichtig ist jedes einzelne Mitglied des Aufsichtsorgans, es sei denn, es geht um eine Mitwirkungshandlung in Form eines Rechtsgeschäfts gemäß § 97 Abs. 2. 16

---

12 Art. 39 der Verordnung (EG) Nr. 2157/2001 des Rates vom 8.10.2001 über das Statut der Europäischen Gesellschaft (SE) (ABl. Nr. L 294 S. 1).
13 § 41 des Gesetzes zur Ausführung der Verordnung (EG) Nr. 2157/2001 des Rates vom 8.10.2001 über das Statut der Europäischen Gesellschaft (SE), (BGBl. I S. 3675).
14 Art. 16 der VO des Ministerrates der Europäischen Gemeinschaften v. 25.7.1985, Nr. L 199 v. 31.7.1985, iVm dem EWiV-Ausführungsgesetz v. 14.4.1988 BGBl. I S. 514; vgl. *K. Schmidt,* Gesellschaftsrecht, 3. Aufl., 1997, S. 1904.
15 Art. 20 Abs. 1 und 2 der VO (oben Fn. 10); *K. Schmidt* (→ Fn. 10) S. 1907.
16 *Vallender* ZIP 1996, 530; *Henssler,* Kölner Schrift, 2. Aufl. 2000, 1283, 1289 f.
17 *Vallender* ZIP 1996, 529, 530.
18 BGH NJW 1979, 1829.
19 Vgl. *Henssler,* Kölner Schrift, 2. Aufl. 2000, 1283, 1308 Rn. 61.
20 LG Düsseldorf KTS 1961, 191; *Vallender* (→ Fn. 1) S. 530; *Kilger/K. Schmidt* § 100 KO Anm. 1b.
21 So zutreffend *Vallender* ZIP 1996, 531 für das Konkursverfahren.
22 Sie ähnelt der OHG, vgl. Begr. zu § 13 RegE, *Balz/Landfermann* S. 85.
23 Uhlenbruck/*Zipperer* § 101 Rn. 1.
24 *Kutzer* ZIP 2001, 654 ff.

17 **4. Vertretungsberechtigter persönlich haftender Gesellschafter.** Vertretungsberechtigter persönlich haftender Gesellschafter gemäß Abs. 1 Satz 1 ist der Komplementär einer offenen Handelsgesellschaft, einer Kommanditgesellschaft oder einer Kommanditgesellschaft auf Aktien.[25]

18 **5. Abwickler und Liquidatoren.** Solange die Eröffnung des Insolvenzverfahrens gegen eine aufgelöste juristische Person oder Gesellschaft ohne Rechtspersönlichkeit gemäß § 11 Abs. 3 zulässig ist, sind die Abwickler und Liquidatoren vertretungsberechtigte Organe iSd § 101.

19 **6. Verfahrenspflichten bei Mehrheit von organschaftlichen Vertretern.** Die Insolvenzverfahrenspflichten treffen jedes einzelne Mitglied der organschaftlichen Vertretung oder Aufsicht, unabhängig davon, ob die Mitglieder des Organs **mehrheitlich oder gemeinschaftlich vertretungsberechtigt** sind, wie zB der Vorstand einer AG oder die Abwickler einer AG gemäß §§ 78 Abs. 2, 269 Abs. 2 AktG oder der Vereinsvorstand gemäß §§ 26, 28 BGB.[26] Dies gilt jedenfalls **bei Auskünften oder Mitwirkungshandlungen, die kein Rechtsgeschäft darstellen.** Hier genügt die Mitwirkung eines einzelnen Organmitglieds. Dies folgt aus dem unterschiedlichen Zweck der Vertretungsregelung einerseits und der Insolvenzverfahrenspflichten andererseits. Während die Regelung einer gemeinschaftlichen Vertretung letztlich die Einschränkung der Entscheidungsfreiheit des einzelnen Mitglieds des Organs bezweckt, um das Schuldnervermögen (im Interesse der Mitglieder, Gesellschafter, Aktionäre) zu sichern, geht es im Insolvenzverfahren um die Interessen der Gläubiger an einer möglichst effektiven Haftung des Schuldnervermögens. Diese Gläubigerinteressen gehen jetzt vor, so dass trotz etwaiger gemeinschaftlicher Vertretungsberechtigung im Insolvenzverfahren jedes einzelne Mitglied des Vertretungsorgans in die Pflicht genommen werden kann. Stellt allerdings die geschuldete Mitwirkungshandlung ein **Rechtsgeschäft** dar, wie zB die Abgabe einer Willenserklärung zur Rückbeschaffung oder Sicherung der Masse (vgl. § 97 Abs. 2), und liegt ein Fall gemeinschaftlicher Vertretungsberechtigung vor, so muss der (vorläufige) Insolvenzverwalter gegen alle vertretungsberechtigten Mitglieder des Vertretungsorgans vorgehen.

20 **7. Faktische organschaftliche Vertreter.** Insolvenzverfahrenspflichten treffen auch den **faktischen organschaftlichen Vertreter** (Geschäftsführer, Vorstand oder Aufsichtsrat). Im Gesetz ist eine Auskunftspflicht des faktischen Geschäftsführers nicht ausdrücklich geregelt. Maßgeblich ist nicht, ob er wirksam als Organ bestellt wurde, sondern ob er mit Wissen und Willen der Gesellschafter, des Geschäftsführers, des Vorstandes oder des Aufsichtsrates im Rechtsverkehr wie ein vertretungsberechtigtes Organ aufgetreten ist.[27] Ebenso, wie der faktische organschaftliche Vertreter verpflichtet ist, die Eröffnung des Insolvenzverfahrens zu beantragen oder abzuwehren,[28] treffen ihn auch die Insolvenzverfahrenspflichten gemäß § 101.[29]

21 **8. Insolvenzverfahrenspflicht und gesellschaftsrechtliche Rechtsstellung (Organstellung).** § 101 regelt die **Verfahrenspflichten** der organschaftlichen Vertreter in der Insolvenz. Mit der Eröffnung des Insolvenzverfahrens verlieren die Organe eines Schuldners, der keine natürliche Person ist, gegenüber dem (vorläufigen) Verwalter nicht ihre gesellschaftsrechtliche Rechtsstellung **(Organstellung).**[30] Diese Organstellung wird im Insolvenzverfahren nur so weit eingeschränkt, wie dies für den Verfahrenszweck der Haftungsverwirklichung nötig ist. Die Gesellschafter, Geschäftsführer und Organe bleiben im Übrigen gesellschaftsrechtlich handlungsbefugt, etwa um über eine Kapitalerhöhung zu entscheiden oder registerrechtliche Anmeldungen gemäß §§ 55, 57, 40, 78 GmbHG vorzunehmen.[31] Wie nach bisherigem Recht kann der Insolvenzverwalter den Vertrag des Geschäftsführers einer GmbH kündigen, § 113 Abs. 1, jedoch damit nicht dessen Rechtsstellung als organschaftlicher Vertreter der GmbH aufheben. Dies kann nur dadurch geschehen, dass die Gesellschafterversammlung den Geschäftsführer abberuft.[32] Umgekehrt kann eine solche Abberufung die insolvenzverfahrensrechtlichen Pflichten des Geschäftsführers nicht beseitigen, wie

---

25 Vgl. Begr. zu § 115 RegE, *Balz/Landfermann* S. 190.

26 Vgl. *Uhlenbruck* KTS 1997, 371 374; *Vallender* ZIP 1996, 530; *Kilger/K. Schmidt* § 100 Anm. 1b.

27 BGHZ 41, 282, 287; 47, 341, 343; *Henssler*, Kölner Schrift, 2. Aufl. 2000, 1283, 1308 Rn. 61 mwN zu § 64 GmbHG; *Vallender* ZIP 1996, 529, 531.

28 Zur Konkursantragspflicht des faktischen GmbH-Geschäftsführers BGH ZIP 1983, 173; ZIP 1988, 771; *Vallender* ZIP 1996, 529, 530.

29 *Laroche*, ZInsO 2015, 1469, 1470; HambKommInsO/*Herchen* § 97 Rn. 3; HKInsO/*Schmidt* § 101 Rn. 7; AGR/*Piekenbrock* § 101 Rn. 4.

30 *Henssler*, Kölner Schrift, 2. Aufl. 2000, 1283, 1284; *Uhlenbruck* KTS 1997, 371 378; *Vallender* ZIP 1996, 531.

31 *Henssler*, Kölner Schrift, 2. Aufl. 2000, 1283, 1305 Rn. 51.

32 *Henssler*, Kölner Schrift, 2. Aufl. 2000, 1283, 1287 Rn. 10.

die Regelung über die „nachwirkenden" Pflichten der organschaftlichen Vertreter in § 101 Abs. 1 Satz 2 zeigt.[33]

9. Durchsetzung der Pflichten, Postsperre. Gemäß § 101 Abs. 1 Satz 1 haben die organschaftlichen Vertreter des Schuldners die gleichen **insolvenzverfahrensrechtlichen Pflichten** wie der Schuldner selbst, wenn er eine natürliche Person ist: Sie sind im Rahmen des § 97 verpflichtet, Auskunft zu erteilen, mitzuwirken, sich zur Verfügung zu halten und masseschädigende Handlungen zu unterlassen. Zur Durchsetzung dieser Pflichten können gegen sie **die Zwangsmittel des § 98** angeordnet werden. Ist der Schuldner keine natürliche Person, wird die beim Schuldner eingehende Post ohnehin dem Verwalter vorgelegt; die Anordnung einer **Postsperre,** § 99, kommt gegen die organschaftlichen Vertreter dann in Betracht, wenn der konkrete Verdacht besteht, dass sie ihre Privatpost dazu verwenden, um gläubigerbenachteiligende Handlungen zu begehen oder zu verdecken. 22

IV. Abs. 1 Satz 2: Auskunftspflicht der ausgeschiedenen organschaftlichen Vertreter

Eine „nachwirkende" Auskunftspflicht trifft **ausgeschiedene organschaftliche Vertreter** iSd Abs. 1 Satz 1, sofern diese Personen nicht früher als zwei Jahre vor dem Antrag auf Eröffnung des Insolvenzverfahrens aus ihrer Position ausgeschieden sind. 23

Die Regelung hat große praktische Bedeutung. Häufig (vor allem in der Insolvenz der GmbH) legen organschaftliche Vertreter in der Zeit der Unternehmenskrise ihr Amt nieder oder werden von den zuständigen Gremien abgewählt.[34] Es treten dann im Insolvenzverfahren neue – meist firmen- und sachunkundige, oft im Ausland ansässige – organschaftliche Vertreter auf, während die Ausgeschiedenen – soweit sie sich überhaupt dem Insolvenzverfahren zur Verfügung stellen –, allenfalls als Zeugen gemäß § 5 vernommen werden können. Den Ausgeschiedenen steht auch nach der Konkursordnung der volle Schutz eines Zeugen zu, insbesondere das Zeugnisverweigerungsrecht des § 384 Nr. 2 ZPO. In dieser aus Sicht des Insolvenzrechts unbefriedigenden Gesetzeslage hat die Rechtsprechung zur Konkursordnung die fortwirkende Auskunftspflicht der Ausgeschiedenen aus dem Rechtsgedanken des Missbrauchs gemäß § 242 BGB entwickelt,[35] ähnlich wie in der Einzelzwangsvollstreckung gemäß §§ 807, 899 ff. ZPO.[36] 24

Hiervon ausgehend greift § 101 Abs. 1 Satz 2 Anregungen aus der Praxis auf (→ Rn. 2–4).[37] Die ausgeschiedenen organschaftlichen Vertreter haben für die Dauer von 2 Jahren vor Eingang des Insolvenzeröffnungsantrags bei Gericht[38] eine **„nachwirkende"** gesteigerte **insolvenzverfahrensrechtliche Offenbarungspflicht** entsprechend § 97 Abs. 1. Die Pflicht trifft die Ausgeschiedenen **als frühere Organe,** nicht als Zeugen.[39] Inhaltlich erstreckt sich diese Auskunftspflicht auf sämtliche rechtlichen, wirtschaftlichen und tatsächlichen Verhältnissen der Gesellschaft. In diesem Rahmen hat der Auskunftspflichtige auch Tatsachen zu offenbaren, die Forderungen der insolventen Gesellschaft gegen ihn selbst – etwa aus § 64 GmbHG – nahelegen können. Er ist jedoch nicht verpflichtet, über seine eigenen Vermögensverhältnisse und die Realisierbarkeit etwaiger gegen ihn gerichteter Ansprüche Angaben zu machen.[40] Mit der Auskunftspflicht können Nebenpflichten wie zB die Unterstützung des Insolvenzverwalters bei der Aufstellung der Vermögenswerte oder Vorarbeiten wie das Sammeln und Ordnen von Belegmaterial verbunden sein (→ § 97 Rn. 29).[41] 25

Wie die Verweisung in § 102 Abs. 1 Satz 2 auf § 97 Abs. 1 aber klarstellt, haben ausgeschiedene organschaftliche Vertreter außer der Auskunftspflicht **keine Mitwirkungs- und Bereithaltungspflicht.**[42] Ihre Auskunft kann mit den Mitteln des § 98 erzwungen, die Postsperre des § 99 kann gegen sie nicht mehr verhängt werden. 26

V. Abs. 1 Satz 2: Auskunftspflichten bei der führungslosen Gesellschaft

Durch das MoMiG[43] wurde mit Abs. 1 S. 2, 2. Halbs. für den Fall, dass die Gesellschaft über keinen Vertreter verfügt, also für den Fall der Führungslosigkeit der Gesellschaft, eine Auskunfts- 27

---

33 Zur fortbestehenden Organstellung des Vorstands der Genossenschaft siehe oben Rn. 14.
34 *Henssler,* Kölner Schrift, 2. Aufl. 2000, 1283 Rn. 1; *Vallender* ZIP 1996, 529 ff.
35 *Henssler,* Kölner Schrift, 1. Aufl. 1997, S. 987 Rn. 24: „als Nachwirkung der ehemaligen Geschäftsführerstellung"; Nachweise bei *Vallender* ZIP 1996, 530 insbesondere mit Fn. 21.
36 Vgl. Zöller/*Stöber,* ZPO, § 807 Rn. 8.
37 *Uhlenbruck* KTS 1997, 371, 374 f.; *Vallender* ZIP 1996, 529 ff.
38 Nicht wie in § 110 des Diskussionsentwurfs vorgesehen erst ab Insolvenzeröffnung.
39 *Uhlenbruck,* Kölner Schrift, 2. Aufl. 2000, 1157, 1184.
40 BGH NZI 2015, 380; aA *Laroche,* ZInsO 2015, 1469.
41 *Henssler,* Kölner Schrift, 2. Aufl. 2000, 1283, 1301 Rn. 41, 42.
42 Vgl. *Henssler,* Kölner Schrift, 2. Aufl. 2000, 1283, 1300 mit Rn. 32.
43 Gesetz v. 23.10.2008, BGBl. I S. 2026.

pflicht geschaffen. Die Vorschrift knüpft an die Führungslosigkeit bei der Antragspflicht in § 15a Abs. 3 an. Sie soll den Anreiz schaffen, handlungsfähige Vertreter zu bestellen und so den „Unternehmensbestattungen" entgegenwirken. Führungslosigkeit liegt nicht schon dann vor, wenn der Aufenthalt des Vertretungsorgans unbekannt oder das Vertretungsorgan nicht erreichbar ist. Es muss vielmehr abberufen, zurückgetreten oder verstorben sein.[44]

27a Im Falle der Führungslosigkeit, ist jeder Gesellschafter nach Absatz 1 Satz 2 Halbs. 2 zur unbeschränkten Auskunft verpflichtet. Die Gesellschafter sind **nur zur Auskunftserteilung** gemäß § 97 Abs. 1 verpflichtet. Sie müssen auch strafbare Handlungen offenbaren, haben aber keine Mitwirkungspflichten nach § 97 Abs. 2. Gemeint sind in Abs. 1 S. 2, 2. Halbs. nur aktuelle Gesellschafter, nicht auch ehemalige. Sind auskunftspflichtige ehemalige Organmitglieder vorhanden, die die Auskünfte ohne Schwierigkeit erteilen können, entfällt die Auskunftspflicht der Gesellschafter, auch wenn der Aufenthalt von organschaftlichen Vertretern unbekannt ist. Die Auskunftspflicht des organschaftlichen Vertreters geht derjenigen der Gesellschafter vor.[45] Mit Ausscheiden aus der Gesellschaft – auch im eröffneten Verfahren – endet die Auskunftspflicht.

28 Kommen die Gesellschafter ihrer Auskunftspflicht nicht nach, können gegen sie gem. § 98 gerichtliche Zwangsmaßnahmen angeordnet werden. Im Fall der Abweisung des Insolvenzantrags können ihnen auch gemäß Abs. 3 die Kosten des Verfahrens auferlegt werden.

29 Die Auskunftspflicht nach Absatz 1 Satz 2 Halbs. 2 betrifft trotz des weiter gefassten Wortlauts („Personen, die an diesen beteiligt sind") betrifft diese Pflicht nur die Gesellschafter von Kapitalgesellschaften und Personengesellschaften, in denen keine natürliche Person persönlich haftender Gesellschafter ist. Für persönlich haftende Gesellschafter in anderen Personengesellschaften gilt Abs. 1 S. 1 und S. 2, 1. Halbs. direkt, sofern sie zur Vertretung befugt sind; anderenfalls trifft sie keine Auskunftspflicht nach § 101.

VI. Abs. 1 Satz 3: Entsprechende Geltung des § 100 (Unterhaltsregelung) für vertretungsberechtigte persönlich haftende Gesellschafter

30 Für vertretungsberechtigte persönlich haftende Gesellschafter – und nur für diese – gilt die Unterhaltsregelung des § 100 entsprechend. Damit sind aus dem Personenkreis des Abs. 1 – wie schon in § 110 des Referentenentwurfs vorgesehen[46] – nur der Komplementär einer offenen Handelsgesellschaft, einer Kommanditgesellschaft oder einer Kommanditgesellschaft auf Aktien erfasst. Der Komplementär hat – anders als der Geschäftsführer einer GmbH oder das Vorstandsmitglied einer AG – etwa die gleiche wirtschaftliche Stellung wie ein insolventer Einzelkaufmann. Wie dieser verliert der Komplementär die Möglichkeit, seinen Lebensunterhalt aus den Mitteln des Unternehmens zu bestreiten, und wie dieser haftet er dem Zugriff der Gläubiger mit seinem vollen bisherigen und während des Insolvenzverfahrens neu erworbenen Vermögen, § 35.[47] Demgegenüber besteht der Anstellungsvertrag des Geschäftsführers einer GmbH oder des Vorstandsmitglieds einer AG in der Insolvenz zunächst weiter und sein Vermögen wird von der Insolvenz der Gesellschaft nicht erfasst.[48]

VII. Abs. 2: Auskunftspflicht der Angestellten und „nachwirkende" Auskunftspflicht der ausgeschiedenen Angestellten des Schuldners

31 **1. Auskunftspflicht.** § 101 Abs. 2 erstreckt die **insolvenzverfahrensrechtliche Auskunftspflicht** gem. § 97 Abs. 1 Satz 1 auf die Angestellten und diejenigen Angestellten des Schuldners, die nicht früher als zwei Jahre vor dem Eröffnungsantrag ausgeschieden sind. Angestellte iSd § 101 sind alle beim Schuldner beschäftigten oder beschäftigt gewesenen Personen ohne Rücksicht auf den arbeitsrechtlichen Angestelltenbegriff, denn es sollen möglichst alle Personen mit insolvenzrelevanten Kenntnissen einbezogen werden. Im Interesse einer Haftungsverwirklichung verlieren sie teilweise den prozessualen Schutz, den sie sonst als Zeugen hätten. Von den Verfahrenspflichten in der Insolvenz trifft sie aber nur die Auskunftspflicht des § 97 Abs. 1 Satz 1 – und zwar auch im Eröffnungsverfahren gemäß § 20 und § 22 Abs. 3. Sie sind zur Auskunft verpflichtet. Von den Angestellten wird jedoch nicht verlangt, dass sie auch Straftaten oder Ordnungswidrigkeiten offenbaren; ihre Auskunftspflicht darf nicht mit den Zwangsmitteln des § 98 erzwungen werden. Sie sind im Insolvenzverfahren weder zur Mitwirkung noch zur Präsenz/Bereitstellung verpflichtet.[49]

---

[44] AG Hamburg NZI 2009, 63. HambKommInsO/*Herchen* § 101 Rn. 3a.
[45] Uhlenbruck/*Zipperer* § 101 Rn. 15; aA Nerlich/Römermann/*Kruth* § 101 Rn. 3b.
[46] RefE einer Insolvenzordnung, 1989.
[47] Begr. zu § 115 RegE, *Balz/Landfermann* S. 190.
[48] Begr. zu § 115 RegE, *Balz/Landfermann* S. 190.
[49] Begr. RegE, BT-Drs. 12/2443, S. 144; *Vallender*, ZIP 1996, 529, 534; *Uhlenbruck* KTS 1997, 371, 390; Uhlenbruck/*Zipperer* § 101 Rn. 9; KPB/*Lüke* § 101 Rn. 6.

Diese weniger einschneidende Pflichtenstellung der Angestellten des Schuldners ist gerechtfertigt, weil sie regelmäßig weisungsabhängig und ohne das für die organschaftlichen Vertreter typische eigene wirtschaftliche Interesse tätig sind bzw. waren. Es wäre unverhältnismäßig, ihre Rechtsstellung als Zeugen, die sie im Zivilprozess und bei der Vernehmung vor dem Insolvenzgericht haben, noch mehr einzuschränken. 32

2. Rechtsstellung als Zeugen. Während die in § 101 Abs. 1 Satz 1 Genannten als Partei vernommen werden,[50] haben die Angestellten im Insolvenzverfahren die **Rechtsstellung als Zeugen** nach der ZPO.[51] Sie sind nicht Verfahrensbeteiligte, sondern oft auch Gläubiger von Insolvenzforderungen. Geben die Angestellten dem Insolvenzverwalter nicht freiwillig Auskunft, kann er sie vor dem Prozessgericht auf Auskunft verklagen. Werden sie vom Insolvenzgericht gemäß § 5 als Zeugen vernommen, haben sie die Rechtsstellung eines Zeugen im Zivilprozess. Es gelten die Vorschriften über die Zeugnisverweigerungsrechte (§§ 383 bis 385 ZPO) und über Ordnungsmittel (§ 380 ZPO),[52] ferner die Regelungen des ZSEG. Sie können insbesondere ihre Aussage gemäß § 384 Nr. 2 ZPO verweigern, soweit sonst die Gefahr besteht, dass sie oder ihre in dieser Vorschrift erwähnten Angehörigen wegen einer Straftat oder Ordnungswidrigkeit verfolgt werden. 33

Ein förmlicher Beweisbeschluss gemäß §§ 358 ff. ZPO ist bei der Beweisaufnahme gemäß § 5 nicht erforderlich. Es empfiehlt sich aber, dem zu Vernehmenden mit der Ladung das Vernehmungsthema möglichst genau mitzuteilen, um ihm Gelegenheit zur Vorbereitung zu geben und das Risiko von Verfahrensverzögerungen zu vermeiden.[53] 34

VIII. Entsprechende Geltung des § 101 im Eröffnungsverfahren

Nach Maßgabe der §§ 20 Abs. 1 Satz 2, 22 Abs. 3 Satz 3 gilt § 101 schon im Eröffnungsverfahren.[54] Da der Erfolg des Eröffnungsverfahrens entscheidend davon abhängt, wie schnell das Insolvenzgericht und der vorläufige Insolvenzverwalter das noch vorhandene Schuldnervermögen feststellen können, um möglichst zügig gemäß § 1 über eine Verwertung durch Liquidation oder Erhalt des Unternehmens entscheiden zu können, dürfte in der Praxis vor allem der neu geregelte Zugriff auf die ausgeschiedenen organschaftlichen Vertreter bedeutsam werden. 35

IX. § 101 im Rahmen der Eigenverwaltung

Auch im Rahmen der Eigenverwaltung gilt § 101. Da der Schuldner im Rahmen der Eigenverwaltung weiterhin verwaltungs- und verfügungsbefugt bleibt, ist der organschaftliche Vertreter bzw. der persönlich haftende Gesellschafter weiterhin in vollem Umfange **auskunftspflichtig.**[55] Der Sachwalter hat gemäß § 274 Abs. 3 die wirtschaftliche Lage des Schuldners zu prüfen und die Geschäftsführung sowie die Ausgaben für die Lebensführung für die vertretungsberechtigten persönlich haftenden Gesellschafter des Schuldners zu überwachen. Um dem Sachwalter die Erfüllung seiner Überprüfungs- und Überwachungspflichten zu ermöglichen, werden ihm durch die Verweisung in § 274 Abs. 2 Satz 2 die Rechte eines vorläufigen Insolvenzverwalters gemäß § 22 Abs. 3 eingeräumt, mit denen umfassende Informationsobliegenheiten des Schuldners korrespondieren. Auch wenn die Verfahrensabwicklung durch den organschaftlichen Vertreter oder den persönlich haftenden Gesellschafter selbst erfolgt, werden Mitwirkungspflichten nach § 97 Abs. 2 auch bei der Eigenverwaltung nicht gänzlich entfallen.[56] 36

X. Kostenpflicht bei Verletzung der Auskunfts- und Mitwirkungspflichten

Abs. 3, der durch das MoMiG[57] eingefügt wurde bestimmt, dass organschaftlichen Vertretern, Angestellten und Gesellschaftern im Fall der Verletzung ihrer Auskunfts- und Mitwirkungspflichten die Kosten des Verfahrens auferlegt werden können, wenn der Antrag auf Eröffnung des Insolvenzverfahrens abgewiesen wird. Mit dieser Regelung soll zusätzlicher Druck auf die gemäß Abs. 1 und 2 auskunftspflichtigen Personen ausgeübt werden, ihre verfahrensrechtlichen Auskunfts- und Mitwir- 37

---

50 Vgl. *Haarmeyer/Wutzke/Förster,* 3. Aufl. 2013, Handbuch, Kap. 3 Rn. 170 ff., wobei im Rahmen der Amtsermittlung die Regeln der §§ 445, 451, 453, 455 ZPO entsprechend gelten.

51 Begr. zu § 115 RegE, *Balz/Landfermann* S. 190.

52 BAG ZIP 2014, 2519; vgl. Ausschussbericht und Begr. der Bundesregierung zu § 115 RegE, *Balz/Landfermann* S. 190.

53 *Haarmeyer/Wutzke/Förster,* Handbuch, 3. Aufl. 2013, Kap. 3 Rn. 172.

54 BGH NZI 2015, 380.

55 Uhlenbruck/*Zipperer* § 101 Rn. 2.

56 KPB/*Lüke* § 101 Rn. 11: kein Bedarf.

57 Gesetz vom 23.10.2008, BGBl I S. 2026.

kungspflichten zu erfüllen.[58] Weiteres Ziel der Regelung ist es den antragstellenden Gläubiger zu schützen, der bei einer Abweisung des Antrags gemäß § 23 Abs. 1 GKG im Falle der Masselosigkeit nicht nur die Gerichtsgebühren, sondern auch die Auslagen und damit die Gutachterkosten im Eröffnungsverfahren als Entscheidungsschuldner oder als Zweitschuldner zu tragen hat. Eine solche Kostenfolge erscheint unbillig, wenn die Abweisung im Wesentlichen auf der Verletzung der verfahrensrechtlichen Auskunfts- und Mitwirkungspflichten beruht.[59] Die drohenden Kosten waren geeignet, die Gläubiger von der Stellung eines Insolvenzantrages abzuhalten.[60] Die Norm verfolgt damit ähnliche Ziele wie der durch das Haushaltsbegleitgesetz 2011[61] neu eingefügte § 14 Abs. 3.

38 Eine praktische Bedeutung hat diese Vorschrift bislang nicht erlangt. Aufgrund der Amtsermittlungspflicht des Gerichts gem. § 5 hat das Gericht zunächst alle Ermittlungen vorzunehmen, nötigenfalls unter Anwendung von Zwangsmitteln, um die Eröffnungsfähigkeit des Verfahrens feststellen zu können. In den Fällen, in denen diese Ermittlungen scheitern, weil der Schuldner oder die Auskunftspersonen abgetaucht sind, werden in aller Regel auch Kostenerstattungsansprüche nicht beizutreiben sein.

39 Streitig ist, ob die **Pflichtverletzung ursächlich für die Abweisung** des Eröffnungsantrags gewesen sein muss. Das Kausalitätserfordernis wird teilweise mit der Begründung verneint, dass, um die Ursächlichkeit feststellen zu können, dies die Kenntnis der gerade nicht gegebenen Auskünfte voraussetze. Damit würde Abs. 3 weitestgehend leerlaufen.[62] In der Tat wird es schwierig sein, die Kausalität festzustellen. Insbesondere wird man bei nur subsidiär verpflichteten Gesellschaftern (§ 101 Abs. 1 Satz 2 2. Halbs.) und bei Angestellten nicht ohne weiteres feststellen können, dass die Abweisung des Eröffnungsantrags im Wesentlichen auf der Verletzung ihrer Pflichten beruht.[63] Rechtfertigen lässt sich die Kostentragungspflicht dennoch nur, wenn die Verletzung der Auskunfts- und Mitwirkungspflichten für die Abweisung des Eröffnungsantrags kausal war,[64] Das Gericht wird feststellen müssen, dass der zur Auskunft und/oder Mitwirkung Verpflichtete Kenntnis von Umständen hatte, die, wenn er sie mitgeteilt hätte, zu einer Eröffnung des Verfahrens geführt hätte.

40 Abs. 3 räumt dem Insolvenzgericht einen **Ermessensspielraum** bei der Entscheidung ein, ob die in Abs. 1 und 2 genannten Personen die Kosten des Verfahrens tragen sollen. Den Auskunfts- und Mitwirkungspflichtigen „können" die Verfahrenskosten auferlegt werden. Bei dieser Ermessensentscheidung sind insbesondere die Art und Schwere des Pflichtverstoßes, sowie die Bedeutung der versäumten Verfahrenshandlung für die abweisende Entscheidung über den Eröffnungsantrag zu bewerten. Es ist auch zulässig, trotz des Wortlautes „die Kosten", eine Kostenteilung vorzunehmen.[65]

41 Das Insolvenzgericht entscheidet durch Beschluss von Amts wegen. Eines Antrags bedarf es nicht. Ein Antrag wäre in eine bloße Anregung umzudeuten.

§ 102 Einschränkung eines Grundrechts

Durch § 21 Abs. 2 Nr. 4 und die §§ 99, 101 Abs. 1 Satz 1 wird das Grundrecht des Briefgeheimnisses sowie des Post- und Fernmeldegeheimnisses (Artikel 10 Grundgesetz) eingeschränkt.

Schrifttum: *Rollenbleg,* Verfassungswidrigkeit der InsO?, NZI 2004, 176; Vorschläge der Justizministerkonferenz zur Vereinfachung des neuen Insolvenzverfahrens, ZIP 1997, 1207.

1 Ein förmliches Gesetz, das ein Grundrecht einschränkt oder dazu ermächtigt, muss gem. Art. 19 Abs. 1 Satz 2 GG **ausdrücklich** darauf hinweisen, dass das betreffende Grundrecht eingeschränkt wird. Dieses **Zitiergebot** hat den Zweck sicherzustellen, dass nur wirklich gewollte Eingriffe erfolgen und sich der Gesetzgeber über die Auswirkungen seiner Regelungen für die Betroffenen Grundrechte Rechenschaft gibt. Wird es nicht beachtet, dann verletzt das Gesetz das eingeschränkte Grundrecht und ist nichtig. § 102 erfüllt das Zitiergebot des Art. 19 Abs. 1 Satz 2 GG und den Gesetzesvorbehalt des Art. 10 Abs. 2 Satz 1 GG, wonach Beschränkungen des Brief-, Post- und Fernmeldegeheimnisses nur auf Grund eines Gesetzes angeordnet werden dürfen.

---

58 Begründung RegE MoMIG, BT-Drs. 16/6140, S. 57; KPB/*Lüke* § 101 Rn. 12.
59 Begründung RegE MoMIG, BT-Drs. 16/6140, S. 57.
60 Begründung RegE MoMIG, BT-Drs. 16/6140, S. 57.
61 Gesetz vom 9.12.2011, BGBl I, S 885.
62 HambKommInsO/*Herchen* § 101 Rn. 5b; aA KPB/*Lüke* § 101 Rn. 12.
63 Uhlenbruck/*Uhlenbruck* 13. Aufl. § 101 Rn. 26.
64 KPB/*Lüke* § 101 Rn. 12; BeckOK InsO/Werner/*Kolmann*, 11. Ed. 26.7.2018, § 101 Rn. 20; K. Schmidt/*Jungmann* § 101 Rn. 20; aA HambKommInsO/*Herchen* § 101 Rn. 5b.
65 HambKommInsO/*Herchen* § 101 Rn. 5d; FKInsO/*Wimmer/Amend* § 101 Rn. 19.

Zwar findet nach der Rechtsprechung des Bundesverfassungsgerichts Art. 19 Abs. 1 Satz 2 GG keine Anwendung auf solche, nach Inkrafttreten des Grundgesetzes erlassenen Gesetze, die lediglich bereits geltende Grundrechtsbeschränkungen unverändert oder mit geringen Abweichungen wiederholen.[1] Das Zitiergebot soll nach dieser Rechtsprechung lediglich ausschließen, dass neue, dem bisherigen Recht fremde Möglichkeiten des Eingriffs in Grundrechte geschaffen werden, ohne dass der Gesetzgeber sich darüber Rechenschaft legt und dies ausdrücklich zu erkennen gibt.[2] Soweit die §§ 99 und 101 lediglich Grundrechtsbeschränkungen, die schon in der Konkursordnung bestanden haben, wiederholen, hätte es des Zitiergebots nicht bedurft. Der Gesetzgeber hat dies jedoch anders gesehen und bereits in der ursprünglichen Fassung der InsO das Zitiergebot als erforderlich angesehen. § 102 beruht auf § 116 RegE,[3] der nach Anpassung der Verweisungen, Gesetz wurde, aber so nicht in Kraft getreten ist, da die Unsicherheit bestand, ob bereits im Eröffnungsverfahren eine Postsperre angeordnet werden durfte. Durch das Gesetz zur Änderung des Einführungsgesetzes zur Insolvenzordnung und anderer Gesetze (EGInsOÄndG) vom 19. Dezember 1998[4] wurde § 21 Abs. 2 geändert und Nummer 4 angefügt, wonach das Gericht eine **vorläufige Postsperre** anordnen kann, für die die §§ 99, 101 Abs. 1 Satz 1 entsprechend gelten; entsprechend wurde in § 102 der Hinweis auf § 21 Abs. 2 Nr. 4 aufgenommen. 2

Da die Konkursordnung keine ausdrückliche Regelung für das vorläufige Verfahren – die Sequestration – enthielt, war mit der Ausweitung der Postsperre durch das EGInsOÄndG auf das Eröffnungsverfahren das Zitiergebot zu beachten. Die Vorschrift stellt nun sicher, dass die Postsperre in verfassungsrechtlich unbedenklicher Weise angeordnet werden kann, auch **als vorläufige Sicherungsmaßnahme** im Eröffnungsverfahren und **mit Erstreckung auf die in § 101 Abs. 1 Satz 1 genannten Personen.**[5] Dies bedeutet jedoch nicht, dass einzelne Maßnahmen, die auf diese Vorschriften gestützt werden, verfassungswidrig sein können, falls sie übermäßig in das Grundrecht von Art. 10 Abs. 1 GG eingreifen. 3

1 BVerfGE 5, 13, 16; BVerfGE 15, 288, 293; 16, 194, 199 f.; 35, 185, 189 f.; BVerfGE 61,82.
2 BVerfGE 35, 185: BVerfGE 35, 185.
3 Begr. zu § 116 RegE, BT-Drs. 12/2443 S. 144 „zu § 116"; *Balz/Landfermann* S. 191.
4 BGBl. I, 3836.
5 Vorschläge der Justizministerkonferenz zur Vereinfachung des neuen Insolvenzverfahrens, ZIP 1997, 1207, 1208; aA *Roellenbleg* NZI 2004, 176, 183 wonach § 102 die Grundrechtseinschränkungen durch die Insolvenzordnung nur unzureichend erfasst und damit gegen das Zitiergebot verstoßen werde.

Zweiter Abschnitt. Erfüllung der Rechtsgeschäfte. Mitwirkung des Betriebsrats

§ 103 Wahlrecht des Insolvenzverwalters

(1) Ist ein gegenseitiger Vertrag zur Zeit der Eröffnung des Insolvenzverfahrens vom Schuldner und vom anderen Teil nicht oder nicht vollständig erfüllt, so kann der Insolvenzverwalter anstelle des Schuldners den Vertrag erfüllen und die Erfüllung vom anderen Teil verlangen.

(2) [1]Lehnt der Verwalter die Erfüllung ab, so kann der andere Teil eine Forderung wegen der Nichterfüllung nur als Insolvenzgläubiger geltend machen. [2]Fordert der andere Teil den Verwalter zur Ausübung seines Wahlrechts auf, so hat der Verwalter unverzüglich zu erklären, ob er die Erfüllung verlangen will. [3]Unterläßt er dies, so kann er auf der Erfüllung nicht bestehen.

Schrifttum: *Adam,* Die Forderungsabtretung und das Wahlrecht des § 103 InsO, DZWir 1998, 227; *Adam.,* Die Aufrechnung im Rahmen der Insolvenzordnung, WM 1998, 801; *Adam.,* Die Spaltung von Rechtsverhältnissen im Insolvenzverfahren, DZWiR 2010, 187; *Baldringer,* Das Wahlrecht des Insolvenzverwalters, 2014; *Bärenz,* Von der Erlöschenstheorie zur Theorie der insolvenzrechtlichen Modifizierung – zur Dogmatik der neuen BGH-Rechtsprechung zu § 103 InsO, NZI 2006, 72; *Balz,* Die Ziele der Insolvenzordnung, in: Kölner Schrift zur Insolvenzordnung, 2. Aufl. (2000), S. 1; *Berger, Klaus Peter,* Lösungsklauseln für den Insolvenzfall, in: Kölner Schrift zur Insolvenzordnung, 3. Aufl. (2009), S. 325; *Berger, Lucina,* Insolvenzschutz für Markenlizenzen, 2006; *Blaum,* Zurückbehaltungsrechte in der Insolvenz, 2008; *Bopp,* Der Bauvertrag in der Insolvenz, 2009; *Bork,* Die Doppeltreuhand in der Insolvenz, NZI 1999, 337; *Bork,* Vorleistungen des Schuldners in der Insolvenz, FS Wellensiek, 2011, S. 201; *Bornholdt,* Leasingnehmer und refinanzierende Bank in der Insolvenz des Leasinggebers nach der InsO, 1999; *Bosch,* Differenz- und Finanztermingeschäfte nach der Insolvenzordnung, in: Kölner Schrift zur Insolvenzordnung, 2. Aufl. (2000), S. 1009; *Bruns,* Das Wahlrecht des Insolvenzverwalters und vertragliche Lösungsrechte, ZZP 110 (1997), 305; *Burkhard,* Der Einfluss der Schuldrechtsreform auf von § 103 InsO erfasste Kaufverträge, 2010; *Christiansen,* Werkvertragliche Schadensersatzansprüche und § 95 Abs. 1 Satz 3 InsO – „Versuchsstrafbarkeit“ beim Aufrechnungsverbot?, ZInsO 2011, 1177; *Eckert,* Miete, Pacht und Leasing im neuen Insolvenzrecht, ZIP 1996, 897; *Gehrlein,* Die Rechtsprechung des Bundesgerichtshofs zu den gegenseitigen Verträgen in der Insolvenz, in: Festschrift für Lwowski. 2014, S. 243 = (ergänzte und erweiterte Fassung) NZI 2015. 97; *Gehrlein* Zur Anwendung des § 103 InsO bei einem Factoringvertrag, ZInsO 2015, 1645; *Gottwald,* Der unbekannte Baumangel in der Insolvenz, NZI 2005, 588; *Graf/Wunsch,* Gegenseitige Verträge im Insolvenzverfahren, ZIP 2002, 2117; *Haberhauer/Meeh,* Handlungsspielraum des Insolvenzverwalters im eröffneten Insolvenzverfahren, DStR 1995, 2005; *Häsemeyer,* Die Aufrechnung nach der Insolvenzordnung, in: Kölner Schrift zur Insolvenzordnung, 2 Aufl. (2000), S. 645; *Häsemeyer,* Gegenseitige Verträge im Spannungsfeld zwischen Privatautonomie und Insolvenzrecht, Festgabe 50 Jahre BGH, 2000, Band III, S. 725; *Harder,* Insolvenzrechtliche Surrogation, 2002; *Heidland,* Konsequenzen der „Erlöschenstheorie“ und der Theorie der Teilbarkeit der Bauleistungen für die baurechtliche Abnahme, für Vergütungsansprüche, Gewährleistungsfrist und Vertragsstrafe im Insolvenzverfahren über das Vermögen des Auftraggebers, FS Uhlenbruck, 2000, S. 423; *Heidland,* Rechtliche und tatsächliche Folgen der Erfüllungswahl eines Bauvertrages durch den Insolvenzverwalter gem. § 103 InsO, ZInsO 2011, 201; *Henckel,* Sachmängelhaftung beim Kauf im Konkurs, FS Wieacker, 1978, S. 366; *Wieacker,* Aufrechnung in der Insolvenz, FS Lüke, 1997, S. 237; *Wieacker,* Konstruktion, Funktion, Interessen – zur modifizierten Erlöschenstheorie durch den Bundesgerichtshof, FS Kirchhof, 2003, S. 191; *Wieacker,* Besprechung Petra Linder, Vorleistungen in der Insolvenz, KTS 2006, 487; *Henckelmann,* Schwebende Verträge in der Insolvenz, 2009; *Hinger,* Die Bauunternehmerinsolvenz: Die Sicherungs- und Vertragslösungsrechte zum Schutz der Vermögensinteressen des privaten Auftraggebers im Kontext von § 103 InsO, 2010; *Hoffmann,* Vertragsbindung kraft Insolvenz?, KTS 2018, 343; *Huber,* Die Abwicklung gegenseitiger Verträge nach der Insolvenzordnung, NZI 1998, 97; *Huber,* Abwicklung gegenseitiger Verträge, JuS 1998, 644 ff., 744 ff.; *Huber*; *Huber,* Gegenseitige Verträge und Teilbarkeit von Leistungen in der Insolvenz, NZI 2002, 467; *Huber,* Vertragsspaltung in der Insolvenz des Auftragnehmers auch für mangelhafte Teilleistung vor Verfahrenseröffnung?, FS Kreft, 2004, S. 327; *Huber,* Insolvenz des Vorbehaltsverkäufers, in: FS Musielak, 2004, S. 267; *ders,.* Kündigungsrecht des Vorbehaltsverkäufers in der Insolvenz des Vorbehaltskäufers, NZI 2004, 57; *Huber,* GrundstrucktUren der Abwicklung eines Bauvertrages in der Insolvenz, NZBau 2005,177 ff., 181 ff.; *Huber,* Unwirksamkeit insolvenzbedingter Lösungsklauseln – Vertragspraxis was nun?, ZIP 2013, 483; *Huber* Immobiliengeschäfte im Vorfeld der Insolvenz – sichere Vertragsabwicklung, ZfIR 2015, 237; *Huber,* Das Grundsatzurteil des Baurechtssenats des BGH zur Wirksamkeit des Kümdigungsrechts nach § 8 II Nr. 1 Fall 2 iVm § 8 II Nr. 2 VOB/B, NZI 2016. 525; *Huber,* Divergenzen zwischen dem IX. und dem VII. Zivilsenat des BGH zur Lösungsklausel, ZInsO 2016, 2130; *Kayser,* Die Lebensversicherung im Spannungsfeld der Interessen von Insolvenzmasse, Bezugsberechtigtem und Sicherungsnehmer – eine Zwischenbilanz, FS Kreft, 2004, S. 341 = ZInsO 2004, 1321; *Kayser,* Die Lebensversicherung in der Insolvenz des Arbeitgebers, 2006; *Kayser,* Höchstrichterliche Rechtsprechung zum Insolvenzrecht, 6. Aufl. (2012); *Kepplinger,* Das Synallagma in der Insolvenz – Das Wahlrecht des Masseverwalters, Ausgleichsschuldners und Insolvenzverwalters, 2000; *Kesseler,* Die Insolvenz des Bauträgers, RNotZ 2004, 176; *König,* Mietzins und Arbeitslohn – künftige oder schon dem Grunde nach angelegte Forderungen?, FS Leipold, 2009, S. 403; *Koziol,* Abtretung künftiger Forderungen im Konkurs des Zedenten, ÖBA 1998, 745; *Kreft,* Zur Dogmatik des § 103 InsO, in: FS Kübler, 2015, S. 359; *Kreft,* Teilbare Leistungen nach § 105 InsO (unter besonderer Berücksichtigung des Bauvertragsrechts), FS Uhlenbruck, 2000, S. 387; *Kreft,* Ausgesuchte Fragen zum Einfluss des neuen Schuldrechts auf die Erfüllungswahl nach § 103 InsO, FS Kirchhof, 2003, S. 275 = ZInsO 2003, 1120; *Kreft,* Insolvenzrechtliche Unwirksamkeit – Gedanken zu §§ 88, 96 Abs. 1 Nr. 3, § 103 Abs. 1 InsO -, FS Gero Fischer, 2008, S. 297; *Krull,* Zur Abwicklung schwebender Vertragsverhältnisse im künftigen Insolvenzverfahren, ZInsO 1998, 291; *Linder,* Vorleistungen in der Insolvenz, 2006; *Livonius,* § 108 Abs 1 Satz 2 InsO und seine Anwendbarkeit bei Mietverträgen, ZInsO 1998, 111; *Marotzke,* Der Eigentumsvorbehalt im neuen Insolvenzrecht, JZ 1995, 803; *Marotzke,* Gegenseitige Verträge im neuen Insolvenzrecht, 2. Aufl. (1998); 3. Aufl. (2001); *Marotzke,* Das Unternehmen in der Insolvenz: Fortführung und Veräußerung zwischen Eröffnungsantrag und Berichtstermin, 2000; *Marwedel,* Die Suspensivtheorie zu § 103 InsO – dogmatische Brüche im Richterrecht, ZInsO 2011, 937; *Mohrbutter/Mohrbutter,* Erfüllungsverlangen des Insolvenzverwalters und Teilbarkeit der Leistung, DZWiR 2003, 1; *Mossler,* Bereicherung aus Leistung und Gegenleistung – Der nichtige gegenseitige Vertrag und die Insolvenz –, 2006; *Muthorst,* § 348 BGB in der Insolvenz – zum Anwendungsbereich von § 103 InsO, KTS 2009, 467; *Nunner-Krautgasser/Pateter,* Die Neuregelungen über Verträge im österreichischen Insolvenzrecht, ZInsO 2011, 2068; *Obermüller,* Auswirkungen des Wahlrechts des Insolvenzverwalters auf Zessionen und Avale, in: Kölner Schrift zur Insolvenzordnung, 2. Aufl. (2000), S. 985; *Pape,* Behandlung bei Verfahrenseröffnung nicht vollständig erfüllter gegenseitiger Verträge nach der Insolvenzordnung, WPrax 1995, 25; *Pape,* Ablehnung und Erfüllung schwebender Rechtsgeschäfte durch den Insolvenzverwalter, in: Kölner Schrift zur Insolvenzordnung, 3. Aufl. (2009), S. 353; *Rendtorff,* Der beiderseitig nicht vollständig erfüllte Vertrag in der Insolvenz (§ 17 KO und §§ 103, 105 sowie § 107 InsO), 2004; Reul/Heckschen/Wienberg, Insolvenzrecht in der Gestaltungspraxis, 2012; *Ries,* Die gesetzliche „Ordnung" bei Insolvenz – Zur Bedeutung insolvenzrechtlicher Durchsetzungssperren und Unwirksamkeitsanordnungen, FS Runkel, 2009, S. 93; *Riehm,* Erfüllungswahl des Insolvenzverwalters und Allgemeines Leistungsstörungsrecht, KTS 2016, 143; *Roth,* Die Fortsetzung des Synallagmas mit insolvenzrechtlichen Mitteln (§ 103 InsO), FS Rolland, 1999, S. 305; *Rühle,* Gegenseitige Verträge nach Aufhebung des Insolvenzverfahrens, 2006; *Scherenberg,* Lizenzverträge in der Insolvenz des Lizenzgebers unter besonderer Berücksichtigung des Wahlrechts des Insolvenzverwalters nach § 103 Abs. 1 InsO, 2005; *Scherer,* Teilweise Vorleistungen in der Insolvenz, NZI 2004, 113; *Schluck-Amend,* Das Erfüllungswahlrecht des Insolvenzverwalters nach § 103 InsO und seine Auswirkungen auf Unternehmenskäufe in der Krise, FS Wellensiek, 2011, S. 231; *Schmid-Burgk,* Leasingraten – Masseschulden oder Konkursforderungen, ZIP 1998, 1022; *Schmid-Burgk/Ditz,* Die Refinanzierung beim Leasing nach der Insolvenzrechtsreform, ZIP 1996, 1123; *Schmidt, Karsten,* Vertragliche Unterlassungsansprüche auf unvertretbare Handlungen als Massegläubigerforderungen und als Insolvenzforderungen? – Nachdenken über §§ 38, 45, 55 und 103 InsO –, KTS 2004, 241; *Schmitz,* Der Bauvertrag in der Insolvenz, DZWiR 1999, 485; *Schmitz,* Mängel nach Abnahme und offener Werklohnanspruch – ein wesentlicher Anwendungsbereich des § 103 InsO bei Bauverträgen, ZIP 2001, 765; *Schmitz,* Die Dreiteilung des im Insolvenz-(eröffnungs-)verfahren fortgeführten Bauvertrags – Auswirkungen auf Gegenrechte des Bestellers, ZInsO 2004, 1051; *Schmitz,* Die Bauinsolvenz, 5. Aufl. (2011); *Schollmeyer,* Gegenseitige Verträge im internationalen Insolvenzrecht, 1997; *Schwörer,* Lösungsklauseln für den Insolvenzfall, 2000; *Sinz,* Leasing und Factoring im Insolvenzverfahren, in: Kölner Schrift zur Insolvenzordnung, 3. Aufl. (2009), S. 403; *Stamm,* Die Entmystifizierung des Insolvenzverwalterwahlrechts aus zivilrechtlicher Sicht, KTS 2011, 421; *Tintelnot,* Die gegenseitigen Verträge im neuen Insolvenzverfahren, ZIP 1995, 616; *Tintelnot,* Zur Aufrechnung mit einer Nichterfüllungsforderung nach § 103 II 1 InsO, KTS 2004, 339; *Wazlawik,* § 103 InsO und die Erlöschenstheorie, NZI 2018, 337; *Wegener, Dirk,* Das Wahlrecht des Insolvenzverwalters unter dem Einfluss des Schuldrechtsmodernisierungsgesetzes, 2007; *Wiedemann,* Lizenzen und Lizenzverträge in der Insolvenz, 2006; *Wieser,* Erfüllungsverlangen des Insolvenzverwalters und Aufrechnung mit einer Insolvenzforderung, JZ 2003, 231; *von Wilmowsky,* Insolvenzvertragsrecht: Die Grundstruktur, KTS 2011, 453; *von Wilmowsky,* Insolvenzvertragsrecht: Rechte am Vertragsanspruch des Insolvenzschuldners, ZIP 2012, 401; *von Wilmowsky,* Insolvenzvertragsrecht: Teilleistung des Schuldners vor dem Insolvenzverfahren, KTS 2012, 285; *Wimmer,* Neue Reformüberlegungen zur Insolvenzfestigkeit von Lizenzverträgen, ZIP 2012, 545; *Wöllner,* Die Wirksamkeit vertraglicher Lösungsklauseln im Insolvenzfall, 2009; *Wolf,* Zur Aufrechenbarkeit der Forderung wegen Nichterfüllung nach § 103 Abs. 2 Satz 1 InsO, FS Görg, 2010, S. 597; *Wortberg,* Lösungsklauseln und Insolvenz, 2003; *Wortberg,* Die Überlegungsfrist bei der Ausübung des Verwalterwahlrechts – ein Instrument zur Masseanreicherung? ZInsO 2006, 1256; *Zahn,* Der Leasingvertrag über Mobilien in der Insolvenz des Leasinggebers nach der Novellierung der InsO, DB 1996, 1393.

Schrifttum zu KO und GesO: siehe 2. Auflage.

Vgl. auch Schrifttumshinweise zu § 105 und § 119

Übersicht

A. Normzweck

1 Für die Abwicklung von Verträgen, die bei Eröffnung des Insolvenzverfahrens noch von keiner Seite vollständig erfüllt sind, stehen dem Gesetzgeber im Wesentlichen vier Regelungsmöglichkeiten zur Verfügung:

a) Die Verträge werden grundsätzlich (mit möglicher Kündigung) so fortgesetzt, wie sie ohne die Insolvenz abgewickelt worden wären (vgl. § 108 Abs. 1 Satz 1);
b) die Verträge erlöschen (vgl. § 115 Abs. 1; § 116 Satz 1);
c) an die Stelle von Erfüllungsansprüchen tritt ein Anspruch wegen der Nichterfüllung (§ 104);
d) dem Insolvenzverwalter wird die Rechtsmacht eingeräumt, es entweder bei der (teilweisen) Nichterfüllung zu belassen oder die (weitere) Erfüllung zu verlangen (§ 103 Abs. 1).[1]

2 Für gegenseitige Verträge hat der Gesetzgeber grundsätzlich die Möglichkeit zu d) gewählt. § 103 Abs. 1 entspricht § 17 Abs. 1 KO. Beide Normen betreffen nur solche Verträge, die bei Eröffnung des Insolvenzverfahrens noch von keiner Vertragspartei vollständig erfüllt sind. Welcher Zweck diesen Vorschriften zugrunde liegt, ist in der Literatur noch immer nicht abschließend geklärt,[2] vor allem nicht zur Begründung der Unwirksamkeit einer vor Verfahrenseröffnung vorgenommenen (Sicherungs-)Zession und einer Aufrechnung mit Insolvenzforderungen,[3] mögen auch Praxis und Literatur nach der Neubesinnung beim BGH (→ Rn. 11 ff.) relativ schnell weitgehend auf die Linie der höchstrichterlichen Rechtsprechung eingeschwenkt sein.[4] Immerhin scheinen sich die Positionen einander zunehmend anzunähern. So besteht seit längerem Einigkeit darüber, dass § 17 Abs. 1 KO und § 103 Abs. 1 in erster Linie dem Insolvenzverwalter ermöglichen sollen, einen von keiner Seite bereits vollständig erfüllten gegenseitigen Vertrag zum Vorteil der Masse und damit der Gläubigergesamtheit auszuführen, dass sie aber zugleich dem Vertragspartner den durch das funktionelle Synallagma vermittelten Schutz erhalten sollen.[5] Diese grundsätzliche Übereinstimmung hat zwar noch nicht zu einer einheitlichen Auslegungsdogmatik geführt. Doch scheint der in der 1. Auflage festgestellte Fundamentaldissens zwischen der Rechtsprechung und maßgeblichen Stimmen der Wissenschaft unterdessen einem Konsens zumindest in den Ergebnissen zu weichen.[6] Diese Rechtsprechung lässt sich auf eine gegenüber der bisherigen Praxis konsequentere Anwendung der § 17 KO und § 103 zugrunde liegenden Gedanken des Masseschutzes und der Gleichbehandlung der Insolvenzgläubiger[7] zurückführen. Danach sollen zum einen Gegenleistungen für Leistungen, die mit Mitteln der Masse zur Erfüllung eines gegenseitigen Vertrages erbracht werden, stets der Masse gebühren, dh der Gemeinschaft der Gläubiger zugutekommen und nicht nur einzelnen bevorrechtigten Gläubigern.[8] Aus demselben Grund soll die Masse nicht zu Gegenleistungen für solche Teilleistungen verpflichtet

---

1 Vgl. BGHZ 155, 371, 374 ff. = NJW 2003, 3060 f.; dazu *Karsten Schmidt* KTS 2004, 241, 254 f.; *Huber* NZI 2002, 467; *Gehrlein* FS Lwowski. S. 243. s.a. BGHZ 174, 84 = NJW 2008, 63 (Rn. 18).

2 Vgl. *Jaeger/Henckel* § 17 Rn. 5 ff.; *Kilger/K. Schmidt* § 17 Anm. 1; *Kuhn/Uhlenbruck* § 17 Rn. 1; *Brandes,* Insolvenzrecht 1996, S. 1, 2; *Häsemeyer* Rn. 20.04 ff.; HKInsO/*Marotzke* § 103 Rn. 4 ff., 84 ff.; KPB/*Tintelnot* § 103 Rn. 5 ff.; Nerlich/Römermann/*Balthasar* § 103 Rn. 3 ff.; *Schollmeyer,* Gegenseitige Verträge im internationalen Insolvenzrecht, S. 20 ff., 50; *Kayser,* Höchstrichterliche Rspr., Kap. 3 Rn. 109.

3 Dazu *Kreft* FS Kübler, S. 359, 360 mwN.

4 Vgl. Uhlenbruck/*D. Wegener* § 103 Rn. 8 ff.; *Pape,* Kölner Schrift, S. 353, 362 f. Rn. 14; *Bärenz* NZI 2006, 72 ff.; FKInsO/*B. Wegener* § 103 Rn. 3, 86 ff.; Braun/*Kroth* § 103 Rn. 2, 5; BKInsO/*Götsch,* § 103 Rn. 22 bis 25; Leonhardt/Smid/*Zeuner* § 103 Rn. 2 ff.; Graf-Schlicker/*Breitenbücher* § 103 Rn. 2; HambKommInsO/*Ahrendt* § 103 Rn. 4; Andres/Leithaus/*Andres* § 103 Rn. 3; Beck/Depré/*Ringstmeier,* Praxis der Insolvenz (2. Aufl. 2010), § 21 Rn. 26 ff.; Runkel/*Dahl,* Anwalts-Handbuch Insolvenzrecht (2. Aufl. 2008), § 7 Rn. 10 ff., 47 ff.

5 BGHZ 150, 138, 148 = NJW 2002, 2313, 2316; BGH NZI 2012, 76 Rn. 38; *Bork,* FS Zeuner (1994), S. 297, 309 mwN in Fn. 49; *Kreft,* FS Fuchs (1996), S. 115, 121 = ZIP 1997, 865, 867; Uhlenbruck/*D. Wegener* § 103 Rn. 1.

6 Vgl. etwa *Bork,* Einführung in das Insolvenzrecht, Rn. 160 bis 160c; *Foerste,* Insolvenzrecht, 5. Aufl.2010, Rn. 224; *Henckel,* FS Kirchhof, S. 191, 206; *Keller,* Insolvenzrecht, Rn. 1225. Allerdings gibt es in neuerer Zeit wieder Gegenströmungen (vgl. *Kreft* FS Kübler, S. 359, 356), die an alten, für überholt gehaltenen Lösungen festhalten – vgl. etwa KPB/*Tintelnot* § 103 Rn. 25 ff., 281 ff.; *Stamm* KTS 2011, 421, 442 ff.; *von Wilmowsky* ZIP 2012, 401, 403 ff. ivm *von Wilmowsky,* KTS 2011, 453 ff.; *von Wilmowsky* KTS 2012, 285, 288 ff. (zu Teilleistungen); *Marwedel* ZInsO 2011, 937, 939.

7 Vgl. etwa RGZ 79, 436, 440; BGHZ 195, 348 (Rn. 13) = NJW 2013, 1159 = ZIP 2013, 274 = ZInsO 1013, 292; *Sandrock,* Die Behandlung der zweiseitigen Verträge im Konkurse nach § 17 KO (1928), S. 17 f.; *Häsemeyer* Rn. 20.08; *Tintelnot* ZIP 1995, 616, 619; Uhlenbruck/*D. Wegener* § 103 Rn. 3.

8 BGHZ 106, 236, 243 f. = ZIP 1989, 171, 173 f.; 116, 156, 159 = ZIP 1992, 48 f.; 129, 336, 339 ff. = NJW 1995, 1966, 1967 f.; 135, 25, 27 = ZIP 1997, 688, 689; 145, 245, 252 = ZIP 2000, 2207, 2209 mAnm *Schmitz;* 149, 326, 335 f. = ZIP 2002, 309, 312 f.; 155, 87, 98 = NJW 2003, 2744, 2747; 167, 363 = NJW 2006, 2485 Rn. 19. Vgl. auch BGH ZIP 2011, 2262 Rn. 5.

sein, die der Vertragspartner vor Eröffnung des Insolvenzverfahrens erbracht hat (jetzt § 105 Satz 1). Der Sinn des dem Insolvenzverwalter zustehenden Wahlrechts besteht demnach vornehmlich darin, der Masse diejenigen noch ausstehenden Leistungen des Vertragspartners zu den bisherigen (massegünstigen) Vertragsbedingungen zu verschaffen, auf die er ohne die Erfüllungswahl einen durchsetzbaren Anspruch nicht hätte.[9] Diese Sicht gründet auf dogmatischen Annahmen, die weitgehend in der neueren insolvenzrechtlichen Literatur vorbereitet wurden[10] und auf „einfache, klare, in sich schlüssige" Weise[11] zu ausgewogenen Ergebnissen führen.[12] Das alles wird noch überzeugender, wenn man sich die Frage stellt, wie gegenseitige Verträge im Insolvenzverfahren abzuwickeln (gewesen) wären, wenn es ein Wahlrecht des Verwalters nicht gäbe, und was dieses Wahlrecht eigentlich bezweckt (dazu und zur Antwort → Rn. 13a).

Im Anschluss an die Motive zur Konkursordnung[13] ging der Bundesgerichtshof ab 1988 **zunächst** davon aus, dass bereits mit der Eröffnung des Insolvenzverfahrens und nicht erst mit einer Erfüllungsablehnung des Insolvenzverwalters die Erfüllungsansprüche aus gegenseitigen Verträgen „erlöschen".[14] Diese sog. **Erlöschenstheorie** hat Verwirrung gestiftet.[15] Zu ihrem Verständnis ist danach zu unterscheiden, ob bis zur Eröffnung des Insolvenzverfahrens noch von keiner Vertragspartei Leistungen erbracht wurden oder ob eine Partei oder beide Parteien bereits teilweise geleistet hat (haben). Hat **noch keine Vertragspartei eine Leistung erbracht,** besteht kein durchsetzbarer Anspruch des **Vertragspartners** gegen die Masse auf Erfüllung des zwischen ihm und dem Schuldner abgeschlossenen gegenseitigen Vertrages. Umgekehrt hat auch der **Insolvenzverwalter ohne Erfüllungswahl** keinen durchsetzbaren Erfüllungsanspruch gegen den Vertragspartner des Schuldners. Es liegt in der Konsequenz dieser Rechtsprechung, dass außerhalb des Insolvenzverfahrens die wechselseitigen Erfüllungsansprüche der Vertragsparteien durch die Verfahrenseröffnung grundsätzlich nicht berührt werden. Diese bewirkt insoweit keine materiell-rechtliche Umgestaltung.[16] Wählt der Insolvenzverwalter nicht Erfüllung und macht der Vertragspartner einen Anspruch wegen der Nichterfüllung (§ 103 Abs. 2 Satz 1) im Insolvenzverfahren nicht geltend, können die Erfüllungsansprüche der Vertragspartner insbesondere nach einer Beendigung des Verfahrens (sieht man von einer anderweitigen Regelung in einem Insolvenzplan und von einer Restschuldbefreiung ab) in der ursprünglichen Gestalt geltend gemacht werden.[17] Erst wenn der Insolvenzverwalter **Erfüllung des Vertrages verlangt,** werden die wechselseitigen Erfüllungsansprüche zu Ansprüchen der und gegen die Masse (§ 55 Abs. 1 Nr. 2 Fall 1). Ihr Inhalt stimmt mit den ursprünglichen Erfüllungsansprüchen überein.[18] Als Masseforderungen und -verbindlichkeiten haben sie jedoch eine **andere Qualität.** Diese wird ihnen durch die Erfüllungswahl des Insolvenzverwalters **originär** verliehen. Es handelt sich mithin um „neue", nach Eröffnung des Insolvenzverfahrens entstandene Ansprüche.[19] Deshalb kommt eine Aufrechnung mit Insolvenzforderungen gegen den Erfüllungsanspruch der 3

---

[9] BGHZ 135, 25, 27 f. = ZIP 1997, 688, 689.

[10] Va von *Henckel* in seiner Kommentierung von § 17 in der 9. Aufl. des Jaegerschen Kommentars zur Konkursordnung.

[11] *Bork,* FS Zeuner, S. 297, 300.

[12] *Kreft,* FS Fuchs, S. 115, 131 = ZIP 1997, 865, 871.

[13] Motive S. 67; BGHZ 135, 25, 30 = ZIP 1997, 688, 690. Vgl. *Jaeger/Henckel* § 17 Rn. 115; auch Rn. 71.

[14] BGHZ 103, 250, 252 = NJW 1988, 1790, 1791; 106, 236, 241 ff. = ZIP 1989, 171, 173 f.; 116, 156, 158 = ZIP 1992, 48; 129, 336, 338 = NJW 1995, 1966 f.; 135, 25, 26 = ZIP 1997, 688, 689; 145, 245, 252 = ZIP 2000, 2207, 2209.

[15] Vgl. etwa *Bork,* Insolvenzrecht, 2. Aufl., Rn. 156 ff.; KPB/*Tintelnot* § 103 Rn. 25 ff.; *Roth,* FS Rolland, S. 305, 306 ff.; (neuerdings zur Erlöschenstheorie wieder *Wazlawik* NZI 2018, 337) Vgl. auch Gottwald/*Huber* § 34 Rn. 41; → Rn. 13, 18.

[16] *Häsemeyer* Rn. 20.07; *Kirchhof,* Leitfaden, S. 71 Rn. 229 mit Fn. 80; jetzt ausdrücklich BGHZ 150, 353, 359 = NJW 2002, 2783, 2785; 155, 87, 90 = NJW 2003, 2744, 2745; BGH NJW 2006, 915 Rn. 22; 2007, 1594 Rn. 11; ZIP 2008, 372 Rn. 26; 2010, 238 Rn. 11; 2010, 264 Rn. 30 (XI. ZS); BFH ZIP 2007, 976, 977; OLG Düsseldorf NZI 2010, 21, 22. Der einzige „Sünden"-Fall, in dem der Bundesgerichtshof aus der Erlöschenstheorie Rechtsfolgen im Sinn einer materiell-rechtlichen Umgestaltung abgeleitet hat, ist das Urt. v. 4.3.1993 – IX ZR 169/92, NJW 1993, 1994. Vgl. dazu unterdessen BGH NJW 2005, 2231, 2232; NZI 2012, 76 Rn. 18; LG Hamburg ZIP 2013, 738, 740; *Kayser,* Die Lebensversicherung in der Insolvenz des Arbeitgebers, S. 47 ff. (50 f.); *Kayser,* Höchstrichterliche Rspr., Kap. 3 Rn. 171.

[17] *Jaeger/Henckel* § 17 Rn. 160, 162; *Kilger/K. Schmidt* § 17 Anm. 9; *Brandes,* Insolvenzrecht 1996, S. 1, 10; *Häsemeyer* Rn. 20.07; *Kreft,* FS Fuchs, S. 115, 121 = ZIP 1997, 865, 867 zu III, 2; *Kreft,* FS Uhlenbruck, S. 387, 393 f. Fn. 22; *Rühle,* Gegenseitige Verträge nach Aufhebung des Insolvenzverfahrens, S. 92 ff.

[18] BGHZ 103, 250, 252 = NJW 1988, 1790, 1791; 106, 236, 243 = ZIP 1989, 171, 173 f.; 116, 156, 158 = ZIP 1992, 48.

[19] BGHZ 116, 156, 158 = ZIP 1992, 48; 129, 336, 338 = NJW 1995, 1966, 1967; 135, 25, 26 = ZIP 1997, 688, 689.

Masse nach § 96 Nr. 1 (früher: § 55 Satz 1 Nr. 1 KO) nicht in Betracht.[20] Ebenso wenig kann der Schuldner vor Eröffnung des Insolvenzverfahrens über die durch das Erfüllungsverlangen des Insolvenzverwalters entstandenen Masseforderungen – etwa durch Abtretung – verfügen.[21] So wird gewährleistet, dass die Gegenleistungen für die von der Masse erbrachten Aufwendungen ungeschmälert der Masse zu Gute kommen.

4 Hat **eine Vertragspartei oder** haben **beide vor Eröffnung des Insolvenzverfahrens bereits teilweise geleistet, „erlöschen“** die beiderseitigen Erfüllungsansprüche – sofern der gegenseitige Vertrag auf den Austausch jeweils **teilbarer** Leistungen gerichtet ist[22] – mit den bei Rn. 3 wiedergegebenen Folgen auf Grund der Eröffnung des Insolvenzverfahrens **nur insoweit,** als es **nicht** um **schon erbrachte Leistungen und die ihnen entsprechenden Gegenleistungen** geht, d. h. im Umfang der Differenz zwischen den erbrachten und den vollständigen Leistungen desjenigen, der im Zeitpunkt der Verfahrenseröffnung den größeren Teil der vertraglichen Leistungen erfüllt hatte.[23] **Im Übrigen bleiben die Erfüllungsansprüche** desjenigen Vertragspartners, der vor Eröffnung des Insolvenzverfahrens mehr Leistungen als der andere erbracht hatte, **grundsätzlich bestehen.** Insoweit gilt: Hat der Schuldner vorgeleistet, kann der Insolvenzverwalter die dafür noch ausstehende anteilige Gegenleistung gemäß § 80 Abs. 1 zur Masse ziehen.[24] Hat der Vertragspartner vorgeleistet, steht diesem ein entsprechender anteiliger Gegenleistungsanspruch – freilich als Insolvenzforderung (§ 105 Satz 1) – zu,[25] den er gemäß § 174, ggf. in Verbindung mit §§ 41, 45, zur Tabelle anmelden kann. Der Vertragspartner kann grundsätzlich einerseits gegen solche Ansprüche des Insolvenzverwalters mit Insolvenzforderungen und andererseits mit eigenen derartigen Ansprüchen gegen andere vor Eröffnung des Insolvenzverfahrens entstandene Ansprüche des Insolvenzverwalters aufrechnen.[26] Die vor Eröffnung des Insolvenzverfahrens erfolgte Verfügung des Schuldners über den Gegenleistungsanspruch für von ihm teilweise erbrachte Leistungen – etwa eine Abtretung dieses Anspruchs – bleibt wirksam.[27] Ein **Erfüllungsverlangen** des Insolvenzverwalters **erfasst** in solchen Fällen mithin **nur diejenigen Erfüllungsansprüche, die nicht Gegenleistungen für schon erbrachte Teilleistungen betreffen.**[28] Nur insoweit werden die wechselseitigen Erfüllungsansprüche durch die Erfüllungswahl zu qualitativ „neuen“ Ansprüchen der und gegen die Masse mit der Folge, dass gegen sie mit Insolvenzforderungen nicht aufgerechnet und vom Schuldner über sie vor Eröffnung des Insolvenzverfahrens und während dessen Dauer nicht verfügt werden kann. Soweit es sich bei den Erfüllungsansprüchen um Forderungen auf die Gegenleistung für bereits vor Verfahrenseröffnung erbrachte Leistungen handelt, bleibt es grundsätzlich bei denjenigen Rechtsfolgen, die auf Grund der Verfahrenseröffnung ohne ein Erfüllungsverlangen des Insolvenzverwalters eintreten. Mit dieser **„Vertragsspaltung“,**[29] dh der **Aufteilung** in erfüllte und nicht erfüllte Vertragsteile,[30] wird sichergestellt, dass die Masse nur für solche Leistungen des Vertragspartners über die Insolvenzquote hinaus aufzukommen hat, die unmittelbar an sie erbracht werden.

4a **Von dieser „Erlöschenstheorie“ hat sich der Bundesgerichtshof** mit der Entscheidung vom 25. April 2002[31] endgültig **verabschiedet** (→ Rn. 11 ff.). Er hat klargestellt, dass die **gegenseitigen Erfüllungsansprüche** infolge der Verfahrenseröffnung nicht erlöschen, sondern – soweit sie nicht auf die anteilige Gegenleistung für vor Verfahrenseröffnung erbrachte Leistungen gerichtet sind – ohne ein Erfüllungsverlangen **nur ihre Durchsetzbarkeit verlieren. Wählt der Insolvenzverwalter Erfüllung,** so **erhalten die zunächst nicht durchsetzbaren Ansprüche die Rechtsqualität von originären Forderungen der und gegen die Masse,** will sagen von Masseforderun-

---

20 BGHZ 116, 156, 158 f. = ZIP 1992, 48 f.

21 BGHZ 106, 236, 241 ff. = ZIP 1989, 171, 173 f.

22 Zu gegenseitigen Verträgen, die **unteilbare** Leistungen zum Gegenstand haben, vgl. → § 105 Rn. 21 ff.

23 BGHZ 135, 25, 27/28 = ZIP 1997, 688, 689; BGH NZI 2012, 76 Rn. 23.

24 BGHZ 129, 336, 340 = NJW 1995, 1966, 1967.

25 Zu § 17 KO vgl. BGHZ 135, 25, 27 = ZIP 1997, 688, 689 f.; auch bereits BGHZ 89, 189, 195.

26 BGHZ 129, 336, 341 = NJW 1995, 1966, 1967; 135, 25, 26 f. = ZIP 1997, 688, 689.

27 BGHZ 129, 336, 340 = NJW 1995, 1966, 1967.

28 BGHZ 135, 25, 26 ff. = ZIP 1997, 688, 689 f.

29 Vgl. BGHZ 68, 379, 381; 129, 336, 342 = NJW 1995, 1966, 1967.

30 *Karsten Schmidt* JuS 2003, 96, 97.

31 BGHZ 150, 353 = NJW 2002, 2783. Vgl. dazu *Bremkamp,* Anmerkung zu BGH, Urt. v. 25.4.2002 – IX ZR 313/99 – Kein Erlöschen der Erfüllungsansprüche aus gegenseitigen Vertr. bei Eröffnung des Insolvenzverfahrens, aber Verlust der Durchsetzbarkeit der noch offenen Ansprüche, DB 2002, 1501; *Graf/Wunsch* ZIP 2002, 2117; *Henckel,* FS Kirchhof, S. 191; *Huber* LM GesO Nr. 83; *Huber* NZI 2002, 467; *Marotzke,* Anmerkung zu BGH, Urt. v. 25.4.2002 – IX ZR 313/99 – Gegenseitige Verträge und Insolvenz; Auswirkungen des Insolvenzverfahrens auf gegenseitige Verträge; Unwirksamkeit von Rechtshandlungen des Insolvenzverwalters; Missbrauch der Stellung des Insolvenzverwalters, ZZP 111 (2002), 507; *Mohrbutter/Mohrbutter* DZWiR 2003, 1; *Tintelnot* EWiR 2003, 125; *Wieser* JZ 2003, 231.

gen und Masseverbindlichkeiten. Mit dieser dogmatischen Neuausrichtung ist freilich eine **Änderung der Rechtsprechung** im Hinblick auf die Folgen einer **Abtretung** des Erfüllungsanspruchs des Schuldners und der Zulässigkeit einer **Aufrechnung** des Vertragspartners mit Insolvenzforderungen **nicht verbunden.** Solange das Insolvenzverfahren andauert, bleibt es insoweit bei den obigen Ausführungen zu Randnummer 3 und 4. Näher zum eigentlichen Grund für das Verwalterwahlrecht → Rn. 13a.

B. Entstehungsgeschichte

Der Erste Bericht der Kommission für Insolvenzrecht aus dem Jahr 1985[32] sah in Leitsatz 2.4.1.1 mit der Überschrift „Abwicklung während des Verfahrens" für gegenseitige Verträge im Reorganisationsverfahren vor:[33] 5

(1) „Beiderseits nicht vollständig erfüllte Verträge gelten fort.

(2) Der Insolvenzverwalter hat das Recht, die Erfüllung des Vertrags abzulehnen.

(3) Mit einem Schadensersatzanspruch wegen Nichterfüllung, den die Ablehnung der Erfüllung auslöst, nimmt der Vertragspartner am Reorganisationsverfahren teil.

(4) Hat der Vertragspartner ein berechtigtes Interesse daran, sich frühzeitig Klarheit über die Erfüllung des Vertrags zu verschaffen, so kann auf seinen Antrag das Insolvenzgericht dem Insolvenzverwalter eine Frist setzen, innerhalb deren er zu erklären hat, ob er die Erfüllung ablehnt; der Insolvenzverwalter ist vorher zu hören.

(5) Gibt der Insolvenzverwalter die Erklärung nicht innerhalb der Frist ab, so verliert er das Ablehnungsrecht; er muss den Vertrag voll erfüllen und kann seinerseits Erfüllung vom Vertragspartner verlangen.

(6) Eine dem § 50 Abs. 4 VerglO entsprechende Regelung ist vorzusehen."

In der Begründung heißt es:[34]

„Dem Ziel, die Fortführung der unternehmerischen Tätigkeit nach der Verfahrenseröffnung zu ermöglichen, entspricht der Grundsatz, daß gegenseitige Verträge fortgelten, die zur Zeit der Eröffnung des Insolvenzverfahrens auf beiden Seiten noch nicht vollständig erfüllt waren. Diese grundsätzliche Regel (Absatz 1) stimmt mit der Rechtslage nach § 50 VerglO überein.

Um das Unternehmen von Verträgen entlasten zu können, welche die Reorganisation gefährden würden, soll der Insolvenzverwalter das Recht erhalten, die Erfüllung eines Vertrages abzulehnen (Absatz 2). …

Der Insolvenzverwalter kann einen Vertrag nur vollständig wie vorgesehen erfüllen oder die Erfüllung nur ganz ablehnen. Macht er von seinem Ablehnungsrecht nach Absatz 2 des Leitsatzes nicht Gebrauch, so muß der Insolvenzverwalter seinerseits den Vertrag voll erfüllen. Inhaltlich ändern kann er die vom Schuldner getroffenen Vereinbarungen einseitig nicht; Änderungen müssen vielmehr mit dem Vertragspartner vereinbart werden.

…

Mit der Lage im Reorganisationsverfahren wäre es nicht zu vereinbaren, wenn auch der Vertragspartner das Recht erhielte, die Erfüllung abzulehnen. Um ihn vor Schaden zu bewahren, eröffnet Absatz 4 einen Weg, auf dem sich der Vertragspartner schnell Klarheit darüber verschaffen kann, ob die mit dem Schuldner getroffene Vereinbarung Bestand haben wird. …

Ebenso wie im geltenden Vergleichsrecht (§ 50 Abs. 4 VerglO) muß das Ablehnungsrecht ausgeschlossen sein, wenn der Leistungsanspruch des Vertragspartners des Schuldners durch eine Vormerkung gesichert ist."

Die von der bisherigen Regelung des § 17 KO abweichenden Bestimmungen, namentlich der Absätze 1, 2 und 5 des Leitsatzes 2.4.1.1 1. KommBer. wurden in die Entwürfe einer Insolvenzordnung nicht übernommen. 6

§ 111 Abs. 1 DE und RefE ist mit § 103 Abs. 1 des späteren Gesetzes identisch. Im Übrigen hatte § 111 DE folgenden Wortlaut:

„(2) Lehnt der Verwalter die Erfüllung ab, so kann der andere Teil als Insolvenzgläubiger Schadensersatz wegen Nichterfüllung verlangen.

(3) Fordert der andere Teil den Verwalter zur Ausübung seines Wahlrechts auf, so hat der Verwalter binnen angemessener Frist zu erklären, ob er die Erfüllung verlangen will. Unterlässt er dies, so kann er auf der Erfüllung nicht bestehen."

In § 111 RefE wurde § 111 Abs. 3 DE zu Abs. 2 Satz 2 und 3; die Worte „binnen angemessener Frist" wurden durch das Wort „unverzüglich" ersetzt. § 111 Abs. 2 Satz 1 RefE ist mit § 111 Abs. 2

[32] Zu den noch älterem Materialien (zu Preußische Konkursordnung und KO) vgl. *Kreft* FS Kübler, S. 359, 361 f.

[33] 1. KommBer., S. 218; die Regelung sollte im Vorverfahren sinngemäß gelten, Leitsatz 1.3.4.1, das., S. 146, und nach der Einleitung des Liquidationsverfahrens fortbestehen, Leitsatz 3.1.1, das., S. 304.

[34] 1. KommBer., S. 219 f.

DE identisch. § 111 Abs. 3 RefE betrifft den Eigentumsvorbehalt beim Verkauf einer beweglichen Sache, der nunmehr in § 107 geregelt ist.

7 § 117 Abs. 2 Satz 1 RegE weist gegenüber § 111 Abs. 2 DE und § 111 Abs. 2 Satz 1 RefE Modifizierungen auf. Insbesondere ist nicht mehr von Schadensersatz wegen Nichterfüllung die Rede, sondern von einer Forderung wegen der Nichterfüllung. § 117 RegE wurde im weiteren Gesetzgebungsverfahren nicht geändert und stimmt wörtlich mit § 103 überein. Die Regierungsbegründung zu § 117 RegE lautet:[35]

„Das Wahlrecht des Insolvenzverwalters bei gegenseitigen Verträgen wird inhaltlich unverändert aus dem geltenden Konkursrecht übernommen (§ 17 KO; vgl. auch § 9 Abs. 1 GesO).

Absatz 1 entspricht § 17 Abs. 1 KO. In Absatz 2 wird die Rechtsfolge einer Ablehnung der Erfüllung des Vertrags durch den Verwalter verdeutlicht (vgl. § 26 Satz 2 KO). Dem Vertragspartner des Schuldners wird in Anlehnung an § 17 Abs. 2 KO das Recht gegeben, den Verwalter zur Ausübung des Wahlrechts zu zwingen. Fordert er den Verwalter dazu auf, so muss sich dieser unverzüglich, d. h. ohne schuldhaftes Zögern, (§ 121 Abs. 1 Satz 1 BGB) entscheiden. Die Länge der Frist, die dem Verwalter damit eingeräumt wird, hängt davon ab, wieviel Zeit der Verwalter braucht, um die Vor- und Nachteile der Erfüllung dieses Vertrags für die Insolvenzmasse beurteilen zu können; häufig wird er sich dazu einen ersten Überblick über die Möglichkeiten einer zeitweiligen Fortführung der Geschäfte des Schuldners verschaffen müssen.

Die Entscheidung des Verwalters kann auch dann gefordert werden, wenn die Erfüllungszeit noch nicht eingetreten ist (vgl. § 17 Abs. 2 Satz 1 KO); dies braucht im Gesetzestext nicht besonders zum Ausdruck gebracht zu werden.

Der Fall, dass ein Kaufvertrag durch Lieferung der Kaufsache unter Eigentumsvorbehalt teilweise erfüllt ist, wird in § 121 des Entwurfs besonders geregelt."

C. Grundlagen der Auslegung von § 103 im Lichte der neuen höchstrichterlichen Rechtsprechung

I. Das traditionelle Normverständnis

8 Jahrzehntelang wurde in der Rechtsprechung und von dem ganz überwiegenden Teil der Lehre[36] einerseits die Auffassung vertreten, mit der **Ablehnung der Erfüllung** eines von keiner Seite voll erfüllten gegenseitigen Vertrages übe der Insolvenzverwalter ein **Gestaltungsrecht** aus. Die Erfüllungsablehnung **bewirke ein endgültiges,** nach Aufhebung des Konkursverfahrens fortdauerndes **Erlöschen der Erfüllungsansprüche.**[37] An ihre Stelle trete der einseitige Anspruch des Vertragspartners des Gemeinschuldners auf Schadensersatz wegen Nichterfüllung.[38] Dies wurde grundsätzlich auch dann angenommen, wenn vor Konkurseröffnung bereits von der einen oder anderen Vertragspartei (im Wege der Vorleistung) Teilleistungen erbracht worden waren.[39] Sofern der Gemeinschuldner teilweise vorgeleistet hatte, sollte diese Leistung auf den Nichterfüllungsanspruch des Vertragspartners angerechnet werden; ein dessen Schaden übersteigender Mehrbetrag sollte aus dem Gesichtspunkt ungerechtfertigter Bereicherung an die Masse zurückzuerstatten sein.[40]

9 Andererseits wurde der **Entscheidung** des Konkursverwalters **für die Erfüllung** des Vertrages die **Wirkung** beigemessen, dass er nunmehr gehalten sei, den Vertrag vollständig zu erfüllen und dem Vertragspartner die **Gegenleistung auch insoweit aus der Masse** zu erbringen, als es um bereits **vor Eröffnung des Konkursverfahrens erfolgte Teilleistungen** gehe.[41] Der

---

35 BT-Drs. 12/2443 S. 145.

36 Zu Gegenstimmen vgl. die Nachweise bei *Musielak* AcP 179 (1979), 189, 190 ff. Fn. 6, 9.

37 RGZ 79, 209, 211 f.; 135, 167, 170.

38 RGZ 11, 49, 51; 22, 107, 111; 58, 11; 64, 204, 207; 135, 167, 170; 140, 10, 15; BGHZ 68, 379, 380; 89, 189, 195; 96, 392, 394 f.; 98, 160, 169; BGH NJW 1962, 153, 155; 1962, 2296, 2297; WM 1963, 964, 965; NJW 1982, 768, 769; WM 1983, 1619; 1984, 265, 266; NJW 1987, 1702 f.; *Jaeger,* KO, 2. Aufl., 1904, § 17 Anm. 43, 44, 54; *Jaeger,* KO, 6./7. Aufl., 1931, § 17 Anm. 30, 40, 43, 44; auch *Kuhn/Uhlenbruck* § 17 Rn. 36, 36a.

39 Vgl. BGH NJW 1987, 1702, 1703; *Jaeger,* KO, 6./7. Aufl. (Fn. 36), § 17 Anm. 46; aA freilich RGZ 73, 58, 60 ff.

40 RGZ 135, 167, 172 ff.; BGHZ 15, 333, 335 f.; 68, 379, 381 mwN, allerdings bereits mit dem Hinweis auf eine mögliche „Aufspaltung" des Vertragsverhältnisses derart, dass es wegen der Leistungen des Gemeinschuldners bei dem Vertrage bleibe; *Jaeger* (Fn. 37), § 17 Anm. 17; *Jaeger/Lent* KO, 8. Aufl.1958, § 17 Anm. 44; iE *Jaeger/Henckel* § 17 Rn. 70 ff.; vgl. auch BGHZ 107, 88, 91 = ZIP 1989, 453, 454.

41 RGZ 39, 57, 58 f.; 62, 201, 202; 85, 221, 222; 98, 136, 137; 129, 228, 229 f.; BGHZ 81, 90, 91; 83, 359, 363; 97, 87, 90; BGH WM 1960, 1410, 1411; *Oetker* ZZP 14 (1890), 1, 18; *Jaeger/Henckel* § 17 Rn. 84, 132; *Kuhn/Uhlenbruck* § 17 Rn. 23 f. – einschränkend jedoch § 59 Rn. 9.

Konkursverwalter könne einen einheitlichen Vertrag nur als Ganzes erfüllen oder ablehnen, nicht aber in eine Mehrheit von selbständigen Verträgen auseinanderreißen. Es wäre auch unbillig, wenn der Verwalter den Gegner im Einheitsvertrage festhalten, die Masse aber der Vollleistung entheben könnte.[42] Eine Ausnahme wurde vorübergehend nur für das sog. Wiederkehrschuldverhältnis bei Verträgen mit Monopolunternehmen anerkannt.[43] § 36 Abs. 2 VerglO wurde im Konkursverfahren nicht entsprechend angewandt.[44] Dem Erfüllungsverlangen des Konkursverwalters wurde zwar die Wirkung einer rechtsgeschäftlichen Gestaltung der durch den Vertrag herbeigeführten Rechtslage beigemessen.[45] Die Rechtsfolge des Erfüllungsverlangens wurde indessen allein darin gesehen, dass der Vertrag nunmehr in gleicher Weise wie vor der Verfahrenseröffnung von beiden Seiten zu erfüllen sei.[46] Eine qualitative Veränderung der Erfüllungsansprüche wurde ungeachtet dessen, dass die Ansprüche des Vertragspartners infolge der Erfüllungswahl – allerdings gemäß ausdrücklicher gesetzlicher Vorschrift (§ 59 Abs. 1 Nr. 2 KO; § 13 Abs. 1 Nr. 1 GesO; § 55 Abs. 1 Nr. 2 Fall 1) – Masseverbindlichkeiten werden, nicht anerkannt.[47] Vielmehr wurde sowohl der Erfüllungsanspruch des Konkursverwalters als auch derjenige des Vertragspartners im Hinblick auf § 54 KO als mit den vor Eröffnung des Konkursverfahrens und dem Erfüllungsverlangen des Konkursverwalters bestehenden Erfüllungsansprüchen in jeder Hinsicht gleich angesehen.[48] Daraus wurden bedeutsame Rechtsfolgen abgeleitet: Eine Verfügung des Gemeinschuldners über den ihm zustehenden Erfüllungsanspruch – insbesondere eine (Sicherungs-)Abtretung – erfasste auch den durch das Erfüllungsverlangen des Konkursverwalters begründeten Erfüllungsanspruch der Masse.[49] Gegen den Erfüllungsanspruch der Masse konnte mit Konkursforderungen aufgerechnet werden.[50]

Die **Konsequenzen** dieser Auffassung für die vermögensrechtliche Stellung der Konkursmasse und damit für die Gleichbehandlung der Konkursgläubiger waren **katastrophal.**[51] Zu Lasten der Gläubigergesamtheit wurden den Partnern gegenseitiger Verträge mit dem Gemeinschuldner und dessen Zessionaren bei einer Erfüllungswahl des Konkursverwalters unverdiente Geschenke (windfall profits) zuteil, die angesichts der allgemeinen Folgen von Konkursen für ungesicherte Gläubiger durch nichts zu rechtfertigen waren.[52] Möglichkeiten der Abhilfe wurden außer in einem Schadensersatzanspruch gegen den Konkursverwalter nach § 82 KO[53] bei einem derart masseschädlichen Erfüllungsverlangen lediglich darin gesehen, diesem wegen Konkurszweckwidrigkeit keine Wirksamkeit beizumessen[54] oder dem Konkursverwalter ein Recht zur Anfechtung wegen Irrtums nach 10

---

42 *Jaeger* (Fn. 37), § 17 Anm. 16, 18; *Häsemeyer* KTS 1973, 2, 10 f.; *Bork,* FS Zeuner, S. 297, 310 ff.; *Henckel,* Urteilsanm. JZ 1998, 155, 156 f.; Leipold/*Marotzke,* Insolvenzrecht im Umbruch (1991), S. 183, 190.

43 RGZ 148, 326, 330 ff.; BGHZ 83, 359, 362; vgl. *Jaeger/Henckel* § 17 Rn. 85 f. mwN; *Kuhn/Uhlenbruck* § 17 Rn. 27.

44 Vgl. BGH KTS 1961, 8, 9; *Jaeger/Henckel* § 17 Rn. 84; *Kuhn/Uhlenbruck* § 17 Rn. 19b; auch *Häsemeyer* KTS 1973, 2, 12; *Marotzke,* Gegenseitige Verträge in Konkurs und Vergleich (1985), S. 451 ff.; *Henckel* ZZP 99 (1986), 419, 442 f. Zu § 36 Abs. 2 VerglO vgl. § 105 Rn. 9 ff.

45 Vgl. *Jaeger/Henckel* § 17 Rn. 116; *Kuhn/Uhlenbruck* § 17 Rn. 19; ähnlich bereits *Jaeger* (Fn. 37) § 17 Anm. 30.

46 Vgl. *Gerhardt,* FS Merz (1992), S. 117, 122; *Gerhardt,* Gedächtnisschrift für Knobbe-Keuk (1997), S. 169, 177; *Jaeger/Henckel* § 17 Rn. 114: „Die Gestaltungswirkung (des Erfüllungsverlangens) besteht also darin, dass der Vertragspartner jetzt Erfüllung verlangen kann.“; → Rn. 131 f.

47 Ausdrücklich *Gerhardt,* Gedächtnisschrift für Knobbe-Keuk, S. 169, 177.

48 Vgl. *Jaeger/Henckel* § 17 Rn. 114 ff.; *Musielak* AcP 179 (1979), 189, 212; *Henckel,* FS Lüke, S. 237, 252 f., 255; *Gerhardt,* FS Merz, S. 117, 124: „Das Wahlrecht des Konkursverwalters ändert nichts an dem alten Schuldverhältnis.“; daselbst S. 128: die „Forderung war bereits vor Verfahrenseröffnung *bedingt* entstanden“; daselbst S. 130: „... der sich aus dem Erfüllungsverlangen des Konkursverwalters ergebende Gegenleistungsanspruch (ist) mit dem vorausabgetretenen identisch“; ähnlich *Häsemeyer,* 2. Aufl., Rn. 20.16; *Adam,* Die Aufrechnung gegen das Erfüllungsverlangen des Konkursverwalters (Diss. Gießen, 1994), S. 21 bis 23, 31 f. Vgl. auch BGHZ 116, 156, 157, 159f = ZIP 1992, 48 f.

49 RGZ 11, 49, 51 f.; *Oetker* ZZP 14 (1890), 1, 30 f.; *Bork,* FS Zeuner, S. 297, 312 f.; *Bork,* Urteilsanm. JZ 1996, 51; *Gerhardt,* FS Merz, S. 117, 122; *Jaeger/Henckel* § 17 Rn. 145; vgl. auch HKInsO/*Marotzke* § 103 Rn. 42, 46 ff.; aA RGZ 11, 136, 138 f.; zweifelnd RGZ 63, 361, 363.

50 Vgl. *Bork,* FS Zeuner, S. 297, 310 f.; *Häsemeyer,* Kölner Schrift, 2. Aufl. 2000, S. 645, 666 Rn. 56; *Gerhardt,* Gedächtnisschrift für Knobbe-Keuk, S. 169, 177 f.

51 So auch Gottwald/*Huber,* Kap. 34 Rn. 38 aE.

52 Vgl. BGHZ 135, 25, 28 = ZIP 1997, 688, 690; *Kreft,* FS Fuchs, S. 115, 122 ff. = ZIP 1997, 865, 868 ff.; auch Nerlich/Römermann/*Balthasar* § 105 Rn. 4; Uhlenbruck/*D. Wegener* § 103 Rn. 5 aE; aA etwa *Häsemeyer,* 2. Aufl., Rn. 20.27.

53 Vgl. *Jaeger/Henckel* § 17 Rn. 113; *Henckel,* FS Lüke, S. 237, 253. Neuerdings sieht *Stamm* KTS 2011, 421, 448 in § 60 InsO einen hinreichenden Masseschutz.

54 Vgl. *Häsemeyer,* 2. Aufl., Rn. 20.20 mwN; *Häsemeyer,* Festgabe 50 Jahre BGH, S. 725, 731 f.; *Marotzke,* Urteilsanm. In LM KO § 17 Nr. 31; KPB/*Tintelnot* § 103 Rn. 288.

§ 119 BGB zu geben.[55] Im Fall der Zession wurde der Masse nur ein Anspruch wegen ungerechtfertigter Bereicherung zugebilligt.[56] Die geschilderte Auffassung hatte zur Folge, dass jeder erfahrene und verantwortungsbewusste Konkursverwalter ohne das Aushandeln besonderer Vereinbarungen mit den Vertragspartnern[57] regelmäßig von der Erfüllungswahl absah, wenn er nicht sicher sein konnte, dass der Vertragspartner noch keine erheblichen Vorleistungen erbracht oder keine zur Aufrechnung geeigneten Konkursforderungen hatte und eine Verfügung über den Erfüllungsanspruch durch den Gemeinschuldner unterblieben war. Da eine derartige Gewissheit nur selten bestand, **lief das** dem Konkursverwalter in § 17 KO eingeräumte **Wahlrecht** mit Billigung der herrschenden Meinung **weithin leer.**[58]

II. Die Neubesinnung in der Rechtsprechung

11 In der höchstrichterlichen Rechtsprechung hat deshalb insbesondere seit Ende der achtziger Jahre des 20. Jahrhunderts eine Neubesinnung auf Sinn und Zweck der Grundnorm des § 17 KO und die ihr zugrunde liegende Interessenlage der Partner gegenseitiger Verträge eingesetzt.[59] Der **Bundesgerichtshof hat sich von der überkommenen Auffassung gelöst,** indem er Ansätze in Rechtsprechung und Literatur aufgriff und weiterentwickelte, die in die von ihm für richtig gehaltene Richtung eines **verstärkten Masseschutzes** wiesen. Er machte das Wahlrecht des Konkursverwalters im Interesse der Masse von Vorleistungen und der Möglichkeit einer Aufrechnung des Vertragspartners mit Konkursforderungen sowie der Abtretung der Ansprüche des Gemeinschuldners unabhängig und bewirkte eine **größere Verteilungsgerechtigkeit, ohne die berechtigten Interessen des Vertragspartners, aber auch diejenigen von Zessionaren** (insbesondere Sicherungsnehmern) des Gemeinschuldners **zu vernachlässigen.**

12 Es ist das Anliegen der Insolvenzordnung, eine gegenüber der Konkursordnung größere Verteilungsgerechtigkeit und Anreicherung der Insolvenzmasse zu bewirken.[60] Deshalb ist die **neue Rechtsprechung zu § 17 KO,** die sich stärker als zuvor dem Gedanken der Gläubigergleichbehandlung in Form eines größeren Masseschutzes verpflichtet weiß, ohne weiteres **für die Auslegung von § 103 zu übernehmen**[61] und vom Bundesgerichtshof übernommen worden.[62]

13 Die neue Rechtsprechung lässt sich auf folgende **Grundgedanken** zurückführen:

Die Ansprüche aus gegenseitigen Verträgen im Sinn von § 103 werden mit der Eröffnung des Insolvenzverfahrens nicht ohne weiteres zu Masseforderungen und -verbindlichkeiten. Vielmehr bleibt es der Entscheidung des Insolvenzverwalters überlassen, ob er einen gegenseitigen Vertrag „erfüllen und die Erfüllung vom anderen Teil verlangen", d. h. den Vertrag mit Wirkung für und gegen die Masse fortsetzen will. **Wählt der Verwalter nicht Erfüllung, bleibt der Vertrag** ungeachtet der Eröffnung des Insolvenzverfahrens **bestehen, wird aber** rein **insolvenzmäßig abgewickelt.**[63] Der Bundesgerichtshof hat dies zunächst so ausgedrückt, dass die beiderseitigen Erfüllungsansprüche mit der Eröffnung des Insolvenzverfahrens „erlöschen". Schon den Entschei-

---

[55] Vgl. RGZ 62, 201, 202 ff.; 98, 136, 138 f.; *Jaeger/Henckel* § 17 Rn. 120 ff.; *Häsemeyer,* 2. Aufl., Rn. 20.17; auch KPB/*Tintelnot* § 103 Rn. 288.

[56] *Gerhardt,* FS Merz, S. 117, 130 ff.; *Gerhardt,* Gedächtnisschrift für Knobbe-Keuk, S. 169, 177; *Jaeger/Henckel* § 17 Rn. 145 – jeweils im Anschluss an RGZ 63, 361, 363 f., wo diese Rechtsgrundlage indes wegen der Besonderheiten des Falles nur als Ausweg herangezogen wurde, um nicht von der Entsch. RGZ 11, 49 abweichen und das Plenum anrufen zu müssen, vgl. *Kreft,* FS Fuchs, S. 115, 127 f. = ZIP 1997, 865, 870; weitergehend und im Erg. dem BGH zustimmend *Henckel,* FS Lüke, S. 237, 257; *Henckel,* FS Kirchhof, S. 191, 206 f.; vgl. auch KPB/*Tintelnot* § 103 Rn. 282 ff.; *Ringstmeier,* Auswirkungen der Erfüllung gegenseitiger Verträge im Konkurs auf Forderungsabtretungen (Diss. Köln, 1990), S. 46 bis 55; *Bork,* Einführung in das Insolvenzrecht, Rn. 160a. Sogar einen Bereicherungsanspruch ablehnend *Roth,* FS Rolland, S. 305, 310 ff.; dagegen KPB/*Tintelnot* § 103 Rn. 206 f.

[57] Vgl. RGZ 129, 228, 230; *Jaeger/Henckel* § 17 Rn. 84; *Kuhn/Uhlenbruck* § 17 Rn. 23 f.

[58] Vgl. *Gerhardt,* FS Merz, S. 117, 126 f.: „... für die Masse (ist es) hiernach in aller Regel wirtschaftlich günstiger ..., wenn der Verwalter *nicht* Erfüllung verlangt."; *Bork,* FS Zeuner, S. 297, 313; auch *Ringstmeier,* Auswirkungen der Erfüllung gegenseitiger Verträge im Konkurs auf Forderungsabtretungen, S. 3 bis 6.

[59] Dazu *Kreft,* FS Gero Fischer, S. 297 f.

[60] Vgl. BT-Drs. 12/2443 S. 81, 85; *Balz,* Kölner Schrift, 2. Aufl.2000, S. 1, 14 Rn. 37.

[61] Vgl. *Tintelnot* ZIP 1995, 616, 618; *Pape,* Kölner Schrift, 2. Aufl.2000, S. 531, 541 Rn. 11; *Huber* NZI 1998, 97, 98; *Kreft,* FS Uhlenbruck, S. 387, 395 mwN.

[62] Vgl. etwa BGH NJW 2005, 2231, 2232; NJW-RR 2006, 188; NJW 2006, 915 Rn. 22; Uhlenbruck/*D. Wegener* § 103 Rn. 9.

[63] Vgl. BGHZ 89, 189, 194; BGH WM 1984, 265; KPB/*Tintelnot* § 103 Rn. 26; Uhlenbruck/*D. Wegener* § 103 Rn. 157; *Kayser,* Höchstrichterliche Rspr., Kap. 3 Rn. 109; auch bereits *Pletzsch,* Die Erfüllungsweigerung des Konkursverwalters (Diss. Frankfurt a. M., 1973), S. 53.

dungen vom 4. Mai 1995[64] und vom 27. Februar 1997[65] konnte jedoch entnommen werden, dass dies nichts anderes besagen sollte, als dass der Vertragspartner – ohne Erfüllungswahl – keinen durchsetzbaren Anspruch gegen die Masse auf (weitere) Erfüllung des Vertrages hat und dass umgekehrt kein durchsetzbarer Anspruch der Masse auf die Gegenleistung für vom Schuldner noch nicht erbrachte Leistungen besteht.[66] Dies hat der Bundesgerichtshof mit der Entscheidung vom 25. April 2002[67] klargestellt. Es entspricht seitdem ständiger Rechtsprechung.[68] Der Bundesgerichtshof hat nie ausgesprochen, dass mit der Eröffnung des Insolvenzverfahrens der gegenseitige Vertrag insgesamt erlösche, auch wenn dies in der Literatur gelegentlich behauptet wird.[69] **Wenn der Insolvenzverwalter Erfüllung wählt,** ging die höchstrichterliche Rechtsprechung in der ersten Phase ihrer Neuausrichtung davon aus, dass die „erloschenen" **Erfüllungsansprüche neu begründet** werden. Seit der Entscheidung vom 25. April 2002[70] nimmt der Bundesgerichtshof an, dass den ohne Erfüllungswahl nicht durchsetzbaren Erfüllungsansprüchen durch die Erfüllungswahl die Rechtsqualität von originären Masseverbindlichkeiten und -forderungen beigelegt wird. **Für die** Rechtsfolgen einer **Zession** seines Anspruchs durch den Schuldner **und die** Möglichkeit einer **Aufrechnung** des Vertragspartners mit Insolvenzforderungen **gilt das Gleiche wie bei** Anwendung der sog. **Erlöschenstheorie.**[71] Aus diesen Grundannahmen ergibt sich eine Reihe von Rechtsfolgen, die in mehrfacher Hinsicht zu einer Überprüfung überkommener Standpunkte nötigen. Dabei ist zum einen danach zu **unterscheiden,** ob der Insolvenzverwalter sich für Nichterfüllung oder Erfüllung entscheidet, zum anderen jeweils danach, ob beide Vertragspartner noch keinerlei Leistungen auf den gegenseitigen Vertrag erbracht haben, oder ob die eine und/oder die andere Seite vor Eröffnung des Insolvenzverfahrens bereits teilweise geleistet hat (→ Rn. 3, 4).

Der eigentliche **Grund** für die dem Insolvenzverwalter durch § 103 ermöglichte **Erfüllungswahl** erschließt sich, wenn man fragt, wie ein gegenseitiger Vertrag im Insolvenzverfahren abzuwickeln wäre, wenn es ein Verwalterwahlrecht **nicht** gäbe, und was das Wahlrecht eigentlich bezweckt (→ Rn. 41). Diese Frage ist bislang erstaunlicherweise kaum aufgeworfen, geschweige denn vertieft behandelt worden.[72] Die Antwort darauf hat kürzlich ***Kreft*** im zitierten Festschriftbeitrag überzeugend gegeben: 13a

- In einem solchen Fall wäre nämlich der von noch keiner Seite gänzlich erfüllte Vertrag rein insolvenzrechtlich abzuwickeln (mit den damit verbundenen Problemen, vor allem bei Teilleistungen vor Verfahrenseröffnung).[73]
- Wollte aber der Insolvenzverwalter die gleichen Rechtsfolgen wie bei einer Erfüllungswahl herbeiführen, müsste er den gegenseitigen Vertrag mit demselben Inhalt und gegebenenfalls mit den gleichen für die gegenseitigen Forderungen bestellten Sicherheiten in vollem Umfang **neu** abschließen (sofern das überhaupt gelingen sollte).
- Das ihm vom Gesetz eingeräumte Recht, Erfüllung des bisherigen Vertrages zu wählen, enthebt den Verwalter demgegenüber der Notwendigkeit eines neuen Vertragsschlusses; er soll aber die Vorteile des Vertrages für die Masse in derselben Weise nutzbar machen können, als hätte er im Umfang der noch ausstehenden Leistungen mit dem Vertragspartner einen neuen Vertrag – ggf. mit den entsprechenden Sicherheiten – geschlossen.
- In dieser **Entlastungsfunktion** liegt der eigentliche Grund für das Wahlrecht des Insolvenzverwalters.[74]

---

64 BGHZ 129, 336, 340 = NJW 1995, 1966, 1967.
65 BGHZ 135, 25, 27 f. = ZIP 1997, 688, 689.
66 Vgl. BGH NJW 1996, 1056, 1057; ZIP 2001, 31, 32; *Kayser,* Höchstrichterliche Rspr., Kap. 3 Rn. 109 mwN; zT krit. KPB/*Tintelnot* § 103 Rn. 30 ff. mwN.
67 BGHZ 150, 353, 359 = NJW 2002, 2783, 2785.
68 Vgl. BGHZ 155, 87, 90, 95 ff. = NJW 2003, 2744, 2745, 2747 f.; 176, 43 = ZIP 2008, 778 Rn. 18 (II. ZS); BGH NJW 2006, 915 Rn. 22; 2007, 1594 Rn. 11; ZIP 2008, 372 Rn. 26; 2010, 264 Rn. 30 (XI.ZS); 2010, 238 Rn. 11; NZI 2010, 872 Rn. 6 (III. ZS); ZIP 2013, 526 Rn. 10, z.V.b. in BGHZ; BFHE 227, 513 = ZIP 2010, 383 Rn. 42; BFH ZIP 2007,976, 977; Uhlenbruck/*D. Wegener* § 103 Rn. 8 f.; Leonhardt/Smid/*Zeuner* § 103 Rn. 6, 41; krit. *von Wilmowsky* ZIP 2012, 401, 403 f.
69 Vgl. etwa *Henckel,* Urteilsanm. JZ 1998, 155, 157; *Henckel,* FS Lüke, S. 237, 252; *Henckel,* FS Kirchhof, S. 191, 197 Fn. 23.
70 BGHZ 150, 353, 359 = NJW 2002, 2783, 2785.
71 Zutr. *Bork,* Einführung in das Insolvenzrecht, Rn. 156a; *Henckel,* FS Kirchhof, S. 191, 200; KPB/*Tintelnot* § 103 Rn. 286; Graf-Schlicker/*Breitenbücher* § 103 Rn. 24 aE.
72 So *Kreft* FS Kübler, S. 359, 364.
73 Näher ausgeführt von *Kreft FS Kübler.*
74 Soweit dagegen eingewendet wird, die Konstruktion über die Entlastungsfunktion kaschiere einen Kontrahierungszwang zulasten des Vertragspartners, der einen entsprechenden Vertrag nie abgeschlossen hätte (so *Hoffmann* KTS 2018, 343, 373), beruht das auf einem offensichtlich grundlegenden Missverständnis.

Jedenfalls damit ist die Richtigkeit der neuen Rechtsprechung des BGH in auch dogmatisch befriedigender Weise erklärt, was die kritischen Stimmen in der neueren Literatur[75] nunmehr in die Lage versetzen sollte, die dogmatischen Grundannahmen der höchstrichterlichen Rechtsprechung zu akzeptieren.[76]

III. Der Insolvenzverwalter wählt nicht Erfüllung

14 **1. Keine Vertragspartei hat vor Eröffnung des Insolvenzverfahrens Leistungen erbracht.** Ist ein gegenseitiger Vertrag bei Eröffnung des Insolvenzverfahrens von keiner Seite – auch nicht teilweise – erfüllt, so ist er ohne ein Erfüllungsverlangen des Insolvenzverwalters – falls der Vertragspartner sich, was ihm grundsätzlich freisteht, an dem Insolvenzverfahren beteiligt – insolvenzmäßig abzuwickeln. Das bedeutet:

15 **a) Nichterfüllungseinrede des Insolvenzverwalters.** Der **Vertrag bleibt** in der Lage **bestehen,** in der er sich bei Eröffnung des Insolvenzverfahrens befand (BGH ZIP 2013, 526 Rn. 8, z.V.b. im BGHZ). Dies entspricht den Vorstellungen des Gesetzgebers der Konkursordnung. So heißt es in der Begründung zu § 21 (später § 26) KO:[77]

„Es konnte daher für den Entwurf nicht zweifelhaft sein, ohne Ausnahme anzunehmen: der Vertrag ist gültig und perfekt durch den Abschluss, – nicht erst durch die Erfüllung; die Nichterfüllung, welche in Folge des Konkursverfahrens eintritt, hebt den Vertrag nicht auf; das Geleistete bleibt im Vermögen und in der Masse des Gemeinschuldners; eine Kondiktion desselben (sine causa oder ob causam datorum) ist ausgeschlossen; der Kontrahent hat nur einen Entschädigungsanspruch.

Damit soll keineswegs ein, auf einem anderen Grunde beruhendes Recht des Kontrahenten oder des Verwalters zum Rücktritt von dem Vertrage oder zur Rückforderung des Gegebenen beseitigt sein, – beruhe dieses Recht auf einem dem Vertrage beigefügten Abkommen … oder beruhe es auf einem Verzuge, welchen sich schon vor Eröffnung des Konkursverfahrens der Gemeinschuldner oder nach der Eröffnung der Verwalter, falls von ihm die Erfüllung begehrt war, hat zu Schulden kommen lassen. – Nur die Konkurseröffnung und die in Folge davon eingetretene Nichterfüllung soll kein gesetzlicher Aufhebungsgrund sein.“

16 Daraus folgt, dass der Vertragspartner den Erfüllungsanspruch als Insolvenzforderung (§ 38) an sich nach § 174 beim Insolvenzverwalter zur Eintragung in die Tabelle (§ 175) anmelden und insoweit – dh unter Reduzierung auf eine Insolvenzquote – im Verteilungsverfahren grundsätzlich durchsetzen könnte; ist der Anspruch nicht auf die Zahlung von Geld gerichtet, wäre er zuvor nach § 45 umzurechnen.[78] Dem könnte der **Insolvenzverwalter** jedoch – auch wenn der Schuldner vorzuleisten hatte – die **Einrede des nicht erfüllten Vertrages** (§ 320 BGB) entgegenhalten, weil der Vertragspartner noch keine Leistung erbracht hat und ohne ein Erfüllungsverlangen des Insolvenzverwalters mit Wirkung gegen die Masse auch nicht mehr erbringen kann;[79] denn ihm steht – im Gegensatz zum Insolvenzverwalter – das Recht, mit Wirkung für und gegen die Masse Erfüllung zu verlangen, nicht zu.[80] Nur wegen der Einrede des nicht erfüllten Vertrages als Ausfluss des Synallagmas – nicht etwa wegen Aufhebung oder Umgestaltung des Vertrages infolge der Eröffnung des Insolvenzverfahrens – kommt nicht einmal die (aussichtsreiche) Anmeldung eines (ggfs. umzurechnenden) Erfüllungsanspruchs als Insolvenzforderung zur Tabelle in Betracht.[81]

17 **b) Nichterfüllungseinrede des Vertragspartners.** Umgekehrt steht dem gemäß § 80 Abs. 1 an die Stelle des Schuldners getretenen Insolvenzverwalter **ohne Erfüllungswahl** mit Rücksicht auf die **Nichterfüllungseinrede des Vertragspartners** (§ 320 BGB) kein durchsetzbarer Anspruch gegen diesen auf die vertragsmäßige Leistung zu, und zwar auch dann nicht, wenn der Vertragspartner

---

75 (Laut *Kreft* in: FS Kübler, S. 359, 360 Fn. 10, 11): *Stamm* KTS 2011, 421–451; *von Wilmowsky,* ZIP 2012, 401; 405, 406–423; *von Wilmowsky.,* KTS 2011, 453–479:.

76 So *Kreft* FS Kübler, S. 359, 369 f.

77 Motive S. 91; vgl. auch Motive S. 86 f., 89.

78 Vgl. *Pflug* AG 1986, 305, 311 Fn. 42; *Marotzke,* Gegenseitige Verträge in Konkurs und Vergleich, S. 161 ff.; dazu *Henckel* ZZP 99 (1986), 419, 429 f.

79 BGHZ 89, 189, 195; *Pletzsch,* Die Erfüllungsweigerung des Konkursverwalters, S. 97; *Jaeger/Henckel* § 17 Rn. 115; *Henckel* ZZP 99 (1986), 419, 430 ff.; *Kuhn/Uhlenbruck* § 17 Rn. 37; Nerlich/Römermann/*Balthasar* § 103 Rn. 63; auch *Musielak* AcP 179 (1979), 189, 198 bis 200; Uhlenbruck/*D. Wegener* § 103 Rn. 11.

80 *Jaeger/Henckel* § 17 Rn. 7, 162; Uhlenbruck/*D. Wegener* § 103 Rn. 11; insoweit aA *Musielak* AcP 179 (1979), 189, 200 bis 202, 210.

81 *Henckel,* FS Wieacker, S. 366; *Jaeger/Henckel* § 17 Rn. 115; Uhlenbruck/*D. Wegener* § 103 Rn. 13; Graf-Schlicker/*Breitenbücher* § 103 Rn. 38; vgl. auch *Huber* BB 1964, 731, 734. Darauf geht *Henckel* in seinen Ausführungen in der FS Kirchhof, S. 191, 199 f. nicht ein. Vgl. ferner BGHZ 176, 43 = ZIP 2008, 778 Rn. 18 (II. ZS). Zu einer Forderung wegen der Nichterfüllung → Rn. 19. Zu weiteren Folgen der Erfüllungsablehnung vgl. KPB/*Tintelnot* § 103 Rn. 296 ff.

nach dem Inhalt des Vertrages vorzuleisten hat.[82] Dem wird entgegen gehalten, es treffe nicht zu, dass auch der zur Masse gehörende Anspruch des Schuldners von der Verfahrenseröffnung an nicht durchsetzbar sei. Denn der Insolvenzverwalter könne nach § 17 Abs. 1 KO, § 103 Abs. 1 jederzeit die Erfüllung des Vertrages verlangen. Durch die Verfahrenseröffnung habe sich insoweit nichts geändert; der Anspruch der Masse habe seine Durchsetzbarkeit nicht verloren.[83] Dies widerlegt nicht die Annahme, dass dem Insolvenzverwalter **ohne Erfüllungsverlangen** ein durchsetzbarer Anspruch gegen den Vertragspartner nicht zusteht. Die Möglichkeit des Erfüllungsverlangens gemäß § 103 Abs. 1 dient dazu, den Anspruch des Schuldners trotz Insolvenzeröffnung durchsetzbar zu machen. Ohne diese Möglichkeit eines im Gesetz vorgesehenen Erfüllungsverlangens mit der weiteren gesetzlichen Folge des § 55 Abs. 1 Nr. 2 Fall 1 wäre er es nicht, und zwar deshalb nicht, weil der Vertragspartner einem Erfüllungsverlangen, welches keine Verpflichtung der Masse zur Erbringung der Gegenleistung begründete, mit der auf dem Synallagma beruhenden Einrede des nicht erfüllten Vertrages begegnen könnte. Das Gesetz brauchte dies nicht auszusprechen. Es erreicht das gleiche Ergebnis mit der in § 103 Abs. 2 Satz 3 angeordneten Rechtsfolge, dass der Insolvenzverwalter bei Verlust seines Wahlrechts nicht auf Erfüllung bestehen kann. **Solange der Verwalter sich nicht** für (oder gegen) eine Erfüllung des Vertrages **entscheidet,** besteht ein **Schwebezustand,** in dem eine Durchsetzung des Erfüllungsanspruchs auch des Schuldners/Insolvenzverwalters ausgeschlossen ist. Im Übrigen sollte die sog. Durchsetzungstheorie[84] für die Rechtsfolgen einer Erfüllungswahl nicht überbewertet werden. Sie soll in erster Linie dartun, dass der gegenseitige Vertrag einschließlich der beiderseitigen (noch offenen) Erfüllungsansprüche auch bei einer Eröffnung des Insolvenzverfahrens bestehen bleibt.

c) Folgen der Aufgabe der sog. Erlöschenstheorie. Aus den Ausführungen zu a) und b) folgt, dass die zunächst vertretene Ansicht des Bundesgerichtshofes, die beiderseitigen Erfüllungsansprüche seien mit der Eröffnung des Insolvenzverfahrens erloschen (→ Rn. 3), der Rechtslage nicht entspricht. **Der Eröffnung des Insolvenzverfahrens ist nicht die Wirkung einer materiellrechtlichen Umgestaltung des Vertrages beizumessen.** Vielmehr bestehen die vertraglichen Erfüllungsansprüche grundsätzlich fort.[85] **Dies hat** unterdessen auch **der Bundesgerichtshof anerkannt.**[86] Daraus folgt insbesondere, dass der Verfahrenseröffnung als solcher – abgesehen von ihren allgemeinen Wirkungen (vgl. §§ 80 ff.) – für das Rechtsverhältnis zwischen Schuldner und Vertragspartner eine materiell-rechtliche Wirkung nicht zukommt. Das zeigt sich vor allem bei einer Beendigung des Insolvenzverfahrens. Ist der Vertrag nicht im Laufe des Verfahrens – etwa durch die Geltendmachung einer Nichterfüllungsforderung des Vertragspartners nach § 103 Abs. 2 Satz 1 – umgestaltet worden (→ Rn. 22), kann das Vertragsverhältnis nach Verfahrensbeendigung zwischen den Vertragsteilen grundsätzlich so abgewickelt werden, als ob es nie zu einem Insolvenzverfahren gekommen wäre.[87] Dies hat zur Folge, dass Abtretungen vor Insolvenzeröffnung nach Beendigung des Verfahrens gegenüber dem Schuldner auch insoweit wieder wirksam werden, als ihnen während der Dauer des Insolvenzverfahrens eine Wirkung abgesprochen wurde. Das gleiche gilt für Aufrechnungen. § 96 Abs. 1 und § 91 gelten nur für die Zwecke und die Dauer des Insolvenzverfahrens[88] (→ Rn. 43). 18

d) Bedeutung der Erfüllungsablehnung. Steht dem Vertragspartner nach den Erwägungen zu a) (→ Rn. 16) im Insolvenzverfahren auch kein zur Tabelle anzumeldender Erfüllungsanspruch 19

---

82 BGH ZIP 2007, 1164 Rn. 15; 2010, 238 Rn. 12 aE; Uhlenbruck/*D. Wegener* § 103 Rn. 11, 12. Vgl. *Jaeger/Henckel* § 17 Rn. 6; *Pletzsch,* Die Erfüllungsweigerung des Konkursverwalters, S. 53, 55, 60.

83 *Henckel,* FS Kirchhof, S. 191, 199. Ähnlich *Marotzke,* ZZP 111 (2002), 501, 510 f.; KPB/*Tintelnot* § 103 Rn. 31; wie im Text jedoch Uhlenbruck/*D. Wegener* § 103 Rn. 11.

84 Vgl. *Rühle,* Gegenseitige Verträge nach Aufhebung des Insolvenzverfahrens, S. 65 ff., 85 ff.

85 Zutreffend *Musielak* AcP 179 (1979), 189, 195; *Henckel,* FS Lüke, S. 237, 252; *Marotzke,* Gegenseitige Verträge im neuen Insolvenzrecht, 3. Aufl., Rn. 3.5 ff., 3.48 ff. = S. 61 ff., 84 ff.; Uhlenbruck/*D. Wegener* § 103 Rn. 11, 157; Andres/Leithaus/*Andres* § 103 Rn. 34; aA noch BGHZ 106, 236, 242 = ZIP 1989, 171, 173; 116, 156, 158 = ZIP 1992, 48.

86 BGHZ 150, 353, 359 = NJW 2002, 2783, 2785; 155, 87, 90, 96 f. = NJW 2003, 2744, 2745 ff.; BGH NJW 2006, 915 Rn. 22; 2007, 1594 Rn. 11. Dem hat sich der Bundesfinanzhof angeschlossen, BFH ZIP 2007, 976, 977. Vgl. auch bereits BGH ZIP 1996, 426, 427 (V. ZS). S. o. Rn. 3 mit Fn. 15.

87 BGH ZIP 2010, 264 Rn. 30 (XI. ZS); *Jaeger/Henckel* § 17 Rn. 160; *Musielak* AcP 179 (1979), 189, 195; Uhlenbruck/*D. Wegener* § 103 Rn. 159; vgl. auch *Kilger/K. Schmidt* § 17 Anm. 1b aE, 1c, 9; *Kreft,* FS Uhlenbruck, S. 387, 393 f. Fn. 22; *Kreft,* FS Gero Fischer, S. 297, 298 f; ähnlich bereits *Grimm,* Begründete Vermögensansprüche (1927), S. 72 f.; *Rühle,* Gegenseitige Verträge nach Aufhebung des Insolvenzverfahrens, passim; vgl. S. 157 f. (Zusammenfassung der Erg.).

88 Zu § 96 Abs. 1 Nr. 3 vgl. BGHZ 169, 158 = NJW 2007, 78 Rn. 22, 23; BGH ZIP 2007, 1467 Rn. 11, 12; dazu *Kreft,* FS Gero Fischer, S. 297, 298 f., 301 bis 303; *Ries,* FS Runkel, S. 93, 98, 103 f., 106.

zu, so hat er gemäß § 103 Abs. 2 Satz 1 doch die Möglichkeit („kann"), eine Forderung wegen der Nichterfüllung als Insolvenzforderung geltend zu machen, wenn der Verwalter nicht Erfüllung wählt. Dies entspricht dem bisherigen Recht (§ 26 Satz 2 KO; → Rn. 21). **Lange Zeit** wurde angenommen, **durch die Erfüllungsablehnung** des Insolvenzverwalters werde **das Vertragsverhältnis umgestaltet.** An die Stelle der Erfüllungsansprüche trete der einseitige Anspruch des Vertragspartners auf Schadensersatz wegen Nichterfüllung (→ Rn. 8). **Diese Meinung ist** in zweierlei Hinsicht **zu korrigieren.**

20 **aa) Kein Einfluss auf den Bestand und den Inhalt des Vertrages.** Die Erfüllungsablehnung als solche ist für Bestand und Inhalt des Vertrages ohne entscheidende Bedeutung. Das ergibt sich bereits aus den Motiven zur Konkursordnung, wo es zutreffend heißt:[89]

„Ist einerseits der Verwalter nicht verpflichtet, die persönlichen Verbindlichkeiten des Gemeinschuldners, andererseits aber berechtigt, die Forderungen desselben nach eröffnetem Konkurse zur Ausführung zu bringen, so ist damit das Wahlrecht des Verwalters gegeben, die Erfüllung des Vertrages zu verlangen oder es bei der Nichterfüllung desselben zu belassen. Des letzteren braucht das Gesetz nicht Erwähnung zu tun; die Nichterfüllung ist die unmittelbare Folge der Konkurseröffnung; das Gesetz braucht nur auszusprechen, dass der Verwalter befugt ist, auf der beiderseitigen Vertragserfüllung zu bestehen."

Der in Rechtsprechung und Schrifttum zu §§ 17, 26 KO verbreiteten Meinung, die entgegen dieser Vorstellung des Gesetzgebers in der Erfüllungsablehnung durch den Insolvenzverwalter gleichwohl einen das Vertragsverhältnis umwandelnden Gestaltungsakt sah, ist namentlich *Henckel* mit überzeugenden Argumenten entgegengetreten.[90] Danach ist die **Erfüllungsablehnung grundsätzlich keine gestaltende rechtsgeschäftliche Erklärung.**[91] Der Erfüllungsablehnung kommt vielmehr nur die Bedeutung zu, dass der Insolvenzverwalter – ähnlich wie bei einem nicht unverzüglich erklärten Erfüllungsverlangen nach einer Aufforderung des Vertragspartners zur Ausübung des Wahlrechts (§ 103 Abs. 2 Satz 3) – einseitig nicht mehr auf Erfüllung bestehen kann.[92] Im Übrigen bringt die Erfüllungsablehnung **lediglich deklaratorisch** zum Ausdruck, es solle bei den mit der Eröffnung des Insolvenzverfahrens verbundenen Folgen bleiben.[93]

21 **Diese Auslegung** von §§ 17, 26 KO ist **für § 103 zu übernehmen.**[94] Der Wortlaut des § 103 Abs. 2 Satz 1 knüpft die Forderung wegen der Nichterfüllung zwar an die Erfüllungsablehnung des Insolvenzverwalters („Lehnt der Verwalter die Erfüllung ab, so kann der andere Teil … geltend machen."). Dies entspricht der zu §§ 17, 26 KO vertretenen überkommenen Auffassung. Aus der Begründung des Regierungsentwurfs der Insolvenzordnung geht jedoch hervor, dass mit § 103 Abs. 2 Satz 1 keine Änderung gegenüber § 26 Satz 2 KO bezweckt wurde (→ Rn. 7). Nach dem Wortlaut des § 26 KO wurde die Forderung wegen der Nichterfüllung nicht an die Erfüllungsablehnung, sondern – wie Satz 1 deutlich macht – an die Eröffnung des Konkursverfahrens geknüpft. **Die Verfahrenseröffnung legt den Rechtsgrund für den Nichterfüllungsanspruch.**[95] Dies entspricht der in § 133 Nr. 2 KO zum Ausdruck gekommenen Vorstellung, die der Gesetzgeber der Konkursordnung vom Wahlrecht des Konkursverwalters hatte (→ Rn. 20)[96] und die auch der neuen Rechtsprechung des Bundesgerichtshofes zugrunde liegt (→ Rn. 3, 4a, 13). Danach beseitigt die Erfüllungsablehnung – ähnlich wie das Unterlassen einer Erklärung nach § 103 Abs. 2 Satz 2, 3 – die mit der Eröffnung des Insolvenzverfahrens eingetretene Ungewissheit, ob der Insolvenzverwalter Erfüllung verlangt oder nicht, und klärt sie im negativen Sinn.[97] Erst mit der Entscheidung, die Erfüllung abzulehnen – will sagen nicht Erfüllung zu verlangen –, wird klar, dass es nach dem Willen des Insolvenzverwalters bei den Folgen der Eröffnung des Insolvenzverfahrens und damit

---

89 Motive S. 67; vgl. auch S. 73.

90 *Jaeger/Henckel* § 17 Rn. 113, 115, 149, 151 bis 163; dem zust. *Stürner* ZZP 94 (1981), 263, 299; vgl. auch *Marotzke,* Gegenseitige Verträge in Konkurs und Vergleich, S. 52 ff.; *Heilmann* KTS 1985, 639, 640; *Kuhn/Uhlenbruck* § 17 Rn. 1 mwN.

91 *Jaeger/Henckel* § 17 Rn. 149, 163; HambKommInsO/*Ahrendt* § 103 Rn. 40.

92 BGH ZIP 1996, 426, 427 (V. ZS); vgl. auch BGHZ 150, 353, 358 f. = NJW 2002, 2783, 2784 f.; 155, 87, 96, 99 = NJW 2003, 2744, 2747; BGH ZIP 1987, 304, 305; *Kuhn/Uhlenbruck* § 17 Rn. 20, 21; *Kreft,* FS Fuchs, S. 115, 130 f. = ZIP 1997, 865, 871; differenzierter *Jaeger/Henckel* § 17 Rn. 207 ff. **Insoweit** hat die Erfüllungsablehnung **rechtsgestaltende** Wirkung, *Bärenz* NZI 2006, 72, 74; Uhlenbruck/*D. Wegener* § 103 Rn. 157; HKInsO/*Marotzke* § 103 Rn. 88 aE; Andres/Leithaus/*Andres* § 103 Rn. 18.

93 BGH ZIP 1993, 600, 601 = NJW 1993, 1994; BGHZ 135, 25, 30 = ZIP 1997, 688, 690; *Jaeger/Henckel* § 17 Rn. 115, 149 mwN; *Henckel,* Urteilsanm. JZ 1987, 359, 360 aE; *Kilger/K. Schmidt* § 17 Anm. 1b; *Kuhn/Uhlenbruck* § 17 Rn. 1; Uhlenbruck/*D. Wegener* § 103 Rn. 157.

94 Vgl. BFH ZIP 2007, 976, 977; *Huber* NZI 1998, 97, 98; Gottwald/*Huber,* 3. Aufl. 2006, § 34 Rn. 46; Uhlenbruck/*D. Wegener* § 103 Rn. 9, 157.

95 So auch *Tintelnot,* KTS 2004, 339, 347.

96 *Musielak* AcP 179 (1979), 189, 193.

97 Vgl. Uhlenbruck/*D. Wegener* § 103 Rn. 126, 155, 156.

insbesondere bei der Möglichkeit des Vertragspartners bleiben soll, eine Forderung wegen der Nichterfüllung geltend zu machen.

22 **bb) Umgestaltung des Vertrages durch Geltendmachung einer Forderung wegen der Nichterfüllung.** Nach den Ausführungen zu aa) (→ Rn. 20, 21) **könnte die Auffassung vertreten werden,** nicht die Erfüllungsablehnung, wohl aber **die Eröffnung des Insolvenzverfahrens gestalte das Vertragsverhältnis** zwischen Schuldner und Vertragspartner derart **um,** dass an die Stelle der beiderseitigen Erfüllungsansprüche der einseitige Anspruch des Vertragspartners wegen der Nichterfüllung trete. Diese Ansicht lag ersichtlich noch der Entscheidung des Bundesgerichtshofes vom 20. Dezember 1988[98] zugrunde. Sie entspricht – wie dargelegt (→ Rn. 18) – nicht der Rechtslage und ist bereits durch die Entscheidungen des Bundesgerichtshofes vom 4. Mai 1995[99] und 27. Februar 1997[100] sowie ausdrücklich durch das Urteil vom 25. April 2002[101] überholt. Weder der Erfüllungsablehnung des Insolvenzverwalters noch der Verfahrenseröffnung kommt eine derartige Wirkung zu. Eine **Umgestaltung** des Vertrages vollzieht sich vielmehr **erst** (sieht man von nachwirkenden Leistungsstörungen aus der Zeit vor Eröffnung des Insolvenzverfahrens ab),[102] **wenn der Vertragspartner** – sobald feststeht, dass es bei der Nichterfüllung bleibt – **eine Forderung wegen der Nichterfüllung geltend macht** (→ Rn. 18).[103] Das geschieht grundsätzlich durch Anmeldung zur Tabelle.[104] Das Gesetz zwingt ihn nicht dazu, sondern räumt ihm nur die Möglichkeit ein. Dies folgt aus dem Wortlaut des § 103 Abs. 2 Satz 1 („kann … geltend machen") und entspricht den Regeln der §§ 281 bis 283 iVm §§ 280, 311a Abs. 2 BGB in den Fällen der Unmöglichkeit und des Verzuges, deren Rechtsgedanken jedenfalls insoweit der Vorschrift des § 103 Abs. 2 Satz 1 zugrunde liegen.[105] Nur bei diesem Verständnis des § 103 Abs. 2 Satz 1 bleibt dem Vertragspartner – sieht man von der vertragsändernden Regelung in einem Insolvenzplan (§§ 221, 227) und von einer Restschuldbefreiung (§ 301 Abs. 1) ab – jedenfalls dann, wenn er eine Forderung wegen der Nichterfüllung nicht geltend macht, die Möglichkeit erhalten, auch nach einer Beendigung des Insolvenzverfahrens die Erfüllung des Vertrages vom Schuldner zu verlangen.[106] Würde die Umgestaltung des Vertrages bereits durch die Verfahrenseröffnung als solche bewirkt, wäre das bloße Absehen von der Geltendmachung einer Forderung wegen der Nichterfüllung im Insolvenzverfahren kaum geeignet, dem Vertragspartner den Erfüllungsanspruch gegen den Schuldner zu erhalten.[107]

23 **e) Forderung wegen der Nichterfüllung und Aufrechnung.** Bei der **Forderung wegen der Nichterfüllung** handelt es sich der ausdrücklichen Bestimmung des § 103 Abs. 2 Satz 1 zufolge um eine **Insolvenzforderung.** Nach der Konkursordnung konnte der Vertragspartner mit einem solchen Anspruch grundsätzlich gegen Ansprüche **aufrechnen,** die vor Konkurseröffnung vom Schuldner begründet worden waren und gemäß § 6 KO dem Verwaltungs- und Verfügungsrecht des Konkursverwalters unterfielen.[108] Überwiegend wurde angenommen, dass der Anspruch wegen der Nichterfüllung als im Zeitpunkt der Konkurseröffnung aufschiebend bedingter Anspruch anzusehen und deshalb gemäß § 54 KO die Aufrechnung gegen eine vom Schuldner begründete Forderung –

---

98 BGHZ 106, 236, 242 = ZIP 1989, 171, 173. Ähnlich ferner BGHZ 136, 254, 260 = ZIP 1997, 1496, 1498 (XI. ZS); BGH ZIP 1991, 945, 946 f. (V. ZS); 1993, 600, 601 = NJW 1993, 1994; ZIP 1996, 426, 427 (V. ZS); vgl. *Kuhn/Uhlenbruck* § 17 Rn. 1.

99 BGHZ 129, 336, 340 = NJW 1995, 1966, 1967.

100 BGHZ 135, 25, 27 f. = ZIP 1997, 688, 689 f.

101 BGHZ 150, 353, 359 = NJW 2002, 2783, 2785; seitdem ständige Rspr., s. o. Fn. 79.

102 Vgl. dazu *Jaeger/Henckel* § 17 Rn. 140 bis 144; Uhlenbruck/*D. Wegener* § 103 Rn. 157.

103 Vgl. BGH ZIP 2003, 2379, 2382; Uhlenbruck/*D. Wegener* § 103 Rn. 160, 174; Graf-Schlicker/*Breitenbücher* § 103 Rn. 38; *Pletzsch,* Die Erfüllungsweigerung des Konkursverwalters, S. 73 f., 87; *Musielak* AcP 179 (1979), 189, 202 ff.; *Jaeger/Henckel* § 17 Rn. 161, 198 im Verhältnis zum Gemeinschuldner; nicht ganz klar Rn. 162, wonach dem Vertragspartner gegenüber der Masse von der Verfahrenseröffnung an wohl nur ein Schadensersatzanspruch wegen Nichterfüllung zustehen soll.

104 BFH ZIP 2007, 976, 977; Uhlenbruck/*D. Wegener* § 103 Rn. 161; Andres/Leithaus/Andres § 103 Rn. 34; vgl. auch BGH ZIP 2006, 1452 Rn. 9. Zur Bindung des Vertragspartners an die Geltendmachung durch Anmeldung zur Tabelle *Jaeger/Henckel* § 17 Rn. 161; Uhlenbruck/*D. Wegener* § 103 Rn. 162. Es kommt jedoch auch die Erklärung einer Aufrechnung in Betracht, vgl. BGH ZIP 2001, 31, 32 zu 2.; Uhlenbruck/*D. Wegener* § 103 Rn. 174 oder ein sonstiger Umstand, vgl. *Schmitz,* Die Bauinsolvenz, Rn. 236.

105 Zur Anwendung der „Grundsätze" der §§ 325, 326 BGB aF auf den Nichterfüllungsanspruch des § 103 Abs. 2 Satz 1 vgl. *Jaeger/Henckel* § 17 Rn. 172.

106 Zutreffend *Schmitz,* Die Bauinsolvenz, Rn. 232. Im Erg. ähnlich Uhlenbruck/*D. Wegener* § 103 Rn. 158 bis 160; Andres/Leithaus/*Andres* § 103 Rn. 34. Zum Verhältnis des Vertragspartners zum insolventen Schuldner iE *Jaeger/Henckel* § 17 Rn. 154 bis 163.

107 Nicht ganz klar *Jaeger/Henckel* § 17 Rn. 161, 162.

108 *Jaeger/Henckel* § 17 Rn. 202.

auch soweit diese noch bedingt oder betagt war – nicht ausgeschlossen sei.[109] Die Insolvenzordnung kennt eine dem § 54 KO vergleichbare Vorschrift nicht. Nach § 95 Abs. 1 kann dann, wenn zurzeit der Eröffnung des Insolvenzverfahrens die aufzurechnenden Forderungen oder eine von ihnen noch aufschiebend bedingt oder nicht fällig oder die Forderungen noch nicht auf gleichartige Leistungen gerichtet sind, die Aufrechnung erst erfolgen, wenn ihre Voraussetzungen eingetreten sind (Satz 1), wobei §§ 41, 45 keine Anwendung finden (Satz 2). Die Aufrechnung ist ausgeschlossen, wenn die Forderung, gegen die aufgerechnet werden soll, unbedingt und fällig wird, bevor die Aufrechnung erfolgen kann (Satz 3). Dies bedeutet, dass gegen eine bei Eröffnung des Insolvenzverfahrens bereits fällige, nicht in dem synallagmatischen Vertragsverhältnis wurzelnde Forderung des Schuldners mit einer durch die Verfahrenseröffnung begründeten Forderung wegen der Nichterfüllung, die – wie dargelegt (→ Rn. 22) – erst mit der Geltendmachung durch den Vertragspartner unbedingt und fällig wird, schwerlich aufgerechnet werden kann.[110] Das gilt gemäß § 95 Abs. 1 Satz 2 jedenfalls dann, wenn der Erfüllungsanspruch des Vertragspartners nicht auf Geld gerichtet ist.[111] Auch wenn man den Zeitpunkt der Fälligkeit der Forderung wegen der Nichterfüllung vorverlegt und davon ausgeht, dass er nicht bereits mit (und damit zeitlich nach) der Eröffnung des Insolvenzverfahrens – ein früherer Zeitpunkt kommt keinesfalls in Betracht (→ Rn. 21) –, sondern mit der Erfüllungsablehnung oder einer dieser nach § 103 Abs. 2 Satz 3 gleichstehenden Unterlassung durchsetzbar und fällig wird,[112] kann mit dieser Forderung gemäß § 95 Abs. 1 Satz 3 nicht gegen vor Verfahrenseröffnung unbedingt entstandene und fällig gewordene Ansprüche des Schuldners aufgerechnet werden. Anders ist es nur, wenn eine vor Verfahrenseröffnung entstandene Forderung des Schuldners/Insolvenzverwalters erst nach Verfahrenseröffnung und der Erfüllungsablehnung unbedingt und/oder fällig wird.[113] Nur dann kann es auf die strittige Frage ankommen, zu welchem genauen Zeitpunkt nach der Verfahrenseröffnung die Forderung wegen der Nichterfüllung fällig wird. (Zur Rechtslage bei der Verrechnung von synallagmatischen Forderungen und Gegenforderungen → Rn. 35.)

24 **f) Sicherheiten der Vertragsparteien. Sicherheiten,** die zur Absicherung der Erfüllungsansprüche **gegen den Schuldner** bestellt wurden, decken auch den bei einer Erfüllungsablehnung gegebenen Anspruch wegen der Nichterfüllung ab. Denn mit der Ablehnung des Insolvenzverwalters, den Vertrag zu erfüllen, verwirklicht sich das Risiko, gegen das der Vertragspartner mit den Sicherheiten abgesichert werden sollte, und der Vertrag wird – wie ausgeführt (→ Rn. 13, 15, 18) – durch die Eröffnung des Insolvenzverfahrens in seinem Bestand nicht berührt (→ Rn. 44).[114] Der **Insolvenzverwalter** hingegen **hat** – wenn der Grund für die Nichterfüllung allein in der Insolvenz des Schuldners liegt – bei der hier in Rede stehenden Fallgestaltung **keinen durchsetzbaren Anspruch gegen den Vertragspartner.** Er kann deshalb auf Sicherheiten, die zur Absicherung der Ansprüche des Schuldners gegen den Vertragspartner bestellt wurden, grundsätzlich nicht zurückgreifen. Etwas anderes kommt allenfalls in Betracht, wenn dem Insolvenzverwalter ausnahmsweise ein Anspruch auf Rückgewähr einer Teilleistung des Schuldners zustehen sollte (→ Rn. 34).

25 **2. Der Vertragspartner hat vor Eröffnung des Insolvenzverfahrens teilweise geleistet, der Schuldner nichts.**[115] **a) Ansprüche des Vertragspartners.** Da der Vertrag durch die Eröff-

---

109 RGZ 79, 129, 132; 140, 10, 16 f. mwN; BGHZ 15, 333, 336 mAnm *A. Blomeyer* JZ 1955, 285; *Jaeger/Lent* KO, 8. Aufl., § 54 Anm. 9; *Kilger/K. Schmidt* § 54 Anm. 4.

110 Str. wie hier HKInsO/*Kayser* § 95 Rn. 22; Gottwald/*Huber* § 35 Rn. 36; HambKommInsO/*Ahrendt* § 103 Rn. 43; Andres/Leithaus/*Andres* § 103 Rn. 35; *Schmitz,* Die Bauinsolvenz, Rn. 556; wohl auch Leipold/*Dieckmann,* Insolvenzrecht im Umbruch, S. 211, 226 bis 228; aA KPB/*Tintelnot* § 103 Rn. 323 (mwN zur Gegenmeinung in Fn. 861); *Tintelnot,* KTS 2004, 339, 344, 347 f.; MüKoInsO/*Brandes* → 2. Aufl., § 95 Rn. 17; wohl auch *Henckel,* FS Lüke, S. 237, 258; KPB/*Lüke* § 95 Rn. 29; noch offengelassen bei *Kreft,* FS Uhlenbruck, S. 387, 398. Vgl. auch Jaeger/*Windel* § 95 Rn. 27; Uhlenbruck/*D. Wegener* § 103 Rn. 180 mwN; *Wolf,* FS Görg, S. 597, 603 f.; *Christiansen* ZInsO 2011, 1177 ff.

111 *Häsemeyer,* Kölner Schrift, 2. Aufl. 2000, S. 645, 653 Rn. 26; S. 665 Rn. 55; KPB/*Lüke* § 95 Rn. 30; HKInsO/*Kayser* § 95 Rn. 22.

112 So mit guten Gründen Uhlenbruck/*D. Wegener* § 103 Rn. 179 mwN auch zur Gegenmeinung; *Wolf,* FS Görg, S. 597, 605 f.

113 Vgl. *Wolf,* FS Görg, S. 597, 607 f.

114 Vgl. BGH ZIP 2010, 264 Rn. 24 (XI. ZS – zur Bürgschaft); KPB/*Tintelnot* § 103 Rn. 325; HambKommInsO/*Ahrendt* § 103 Rn. 42; Andres/Leithaus/*Andres* § 103 Rn. 35; *Jaeger/Henckel* § 17 Rn. 198. Dagegen wurden unter der Geltung der sog. Erlöschenstheorie Bedenken geäußert etwa von *Marotzke,* EWiR 1992, 71, 72; *Bork,* FS Zeuner S. 297, 313; *Obermüller,* Kölner Schrift, 2. Aufl. 2000, S. 985, 1005 Rn. 82; vgl. auch *Gerhardt,* Gedächtnisschrift für Knobbe-Keuk, S. 169, 173; *Roth,* FS Rolland, S. 305, 306 f.

115 Im Folgenden wird davon ausgegangen, dass der gegenseitige Vertrag auf **beiderseits teilbare Leistungen** gerichtet ist. Wegen des Begriffs der teilbaren Leistungen und der Abgrenzung zu nicht teilbaren Leistungen wird auf die Erl. zu § 105 verwiesen.

nung des Insolvenzverfahrens als solche in seinem Bestand nicht berührt wird (→ Rn. 13, 15, 18), **steht dem Vertragspartner,** der von einer geschuldeten Gesamtmenge einen Teil geleistet hat, **ein seiner teilweisen Leistung entsprechender Erfüllungsanspruch auf die Gegenleistung als Insolvenzforderung zu.**[116] (Hat er dem Schuldner im Fall des Verkaufs mehrerer Sachen einige nur zu Besitz übergeben, steht ihm – bei der hier vorausgesetzten Wahl der Nichterfüllung – insoweit allerdings ein Anspruch aus § 985 BGB, § 47 zu, weil der Vertrag nicht länger als Rechtsgrund für den Besitz anzusehen ist.)[117] Den **Erfüllungsanspruch,** der der von ihm erbrachten Leistung entspricht, kann der Vertragspartner – sofern der Anspruch auf eine Geldzahlung gerichtet ist – **zur Tabelle anmelden.** Hatte der Vertragspartner vom Schuldner eine nicht in Geld bestehende Leistung zu fordern, ist der seiner Leistung entsprechende Anspruch des Vertragspartners gemäß § 45 in Geld umzurechnen. Einen weitergehenden Erfüllungsanspruch gegen die Masse hat der Vertragspartner nicht.[118] Soweit der Vertragspartner vor Verfahrenseröffnung bereits geleistet hat, kann sich der Insolvenzverwalter gegenüber der Anmeldung des anteiligen Erfüllungsanspruchs zur Tabelle – anders als in dem Fall, in dem keine Vertragspartei vor Insolvenzeröffnung Leistungen erbrachte (→ Rn. 16) – auf die Einrede des nicht erfüllten Vertrages nicht berufen, auch wenn der Vertragspartner vertraglich zur Vorleistung verpflichtet war.[119]

Henckel scheint demgegenüber davon auszugehen, dass dem Vertragspartner auch in einem solchen Fall **stets nur ein Anspruch wegen der Nichterfüllung** zustehe.[120] Das **überzeugt nicht.** Wenn der Vertrag – wie *Henckel* mit Recht annimmt (→ Rn. 16 mit Fn. 71 bis 74) – ungeachtet der Eröffnung des Insolvenzverfahrens bestehen bleibt, leuchtet nicht ein, weshalb der Vertragspartner in dem Verfahren auf die Geltendmachung eines Anspruchs wegen der Nichterfüllung beschränkt sein soll, obwohl er einen solchen Anspruch möglicherweise nicht oder nicht ausschließlich geltend machen will. 26

Über den teilweisen Erfüllungsanspruch hinaus hat der Vertragspartner nach § 103 Abs. 2 Satz 1 die Möglichkeit, eine **Forderung wegen der Nichterfüllung** geltend zu machen, wenn er wegen der insolvenzbedingten Nichterfüllung durch den Schuldner/Insolvenzverwalter einen über seine bereits erbrachte Leistung hinausgehenden Nachteil erlitten hat. Das wird vornehmlich dann zutreffen, wenn der **Vertrag** – verglichen mit den Marktverhältnissen – **für den Vertragspartner vorteilhaft,** für den Insolvenzverwalter hingegen ungünstig ist, so dass dieser deshalb von einer Erfüllungswahl absieht. Hat der Vertragspartner zum Beispiel 500 kg einer bestimmten Ware, die auf dem Markt 1500 € kosten, für 1000 € gekauft und vor Eröffnung des Insolvenzverfahrens 500 € angezahlt, kann er zunächst gemäß § 45 einen dem Wert von 250 kg der Ware entsprechenden Erfüllungsanspruch, mithin 750 €, sowie wegen der Nichterfüllung einen weiteren Anspruch von 250 € (die Hälfte des den Kaufpreis übersteigenden Marktwerts) zur Tabelle anmelden. Hat der Vertragspartner umgekehrt die gleiche Menge einer Ware mit einem Marktwert von 1000 € für 1500 € verkauft und vor Verfahrenseröffnung bereits 250 kg an den Schuldner geleistet, gilt im Ergebnis nichts anderes. Der Vertragspartner kann die seiner Leistung entsprechende Gegenleistung von 750 € und darüber hinaus 250 € wegen der Nichterfüllung zur Tabelle anmelden. Einen Anspruch auf Herausgabe der an den Schuldner geleisteten 250 kg hat er hingegen nicht (§ 105 Satz 2).[121] 27

b) Ansprüche des Insolvenzverwalters. Dem Insolvenzverwalter steht – da der Schuldner vor Eröffnung des Insolvenzverfahrens noch keinerlei Leistung erbracht hat – gemäß § 103 Abs. 2 Satz 3 **kein durchsetzbarer weiterer Erfüllungsanspruch** gegen den Vertragspartner **zu,** auch wenn dieser nach dem Vertrage zur Vorleistung verpflichtet sein sollte → Rn. 17). 28

c) Aufrechnungsmöglichkeiten des Vertragspartners. Der **Vertragspartner kann mit** dem seiner Leistung entsprechenden **Erfüllungsanspruch,** sofern dieser auf Zahlung von Geld gerichtet ist (andernfalls scheitert eine Aufrechnung an § 95 Abs. 1 Nr. 2, 3; → Rn. 23), gegen bei Eröffnung des Insolvenzverfahrens bestehende Zahlungsansprüche des Schuldners/Insolvenzverwalters **aufrechnen** (§§ 94, 95 Abs. 1). Dies gilt auch, wenn der Vertragspartner vorzuleisten hatte. 29

---

116 BGH ZIP 2010, 238 Rn. 12; Graf-Schlicker/*Breitenbücher* § 103 Rn. 39; vgl. auch BGHZ 135, 25, 27 = ZIP 1997, 688, 689 (für den Fall des Erfüllungsverlangens). **§ 266 BGB gilt nicht,** vgl. *Jaeger/Henckel* § 17 Rn. 68; HKInsO/*Kayser* § 95 Rn. 23.

117 *Jaeger/Henckel* § 17 Rn. 166; wohl auch Gottwald/*Huber* § 36 Rn. 21; → Rn. 33. AA mit guten Gründen Uhlenbruck/*D. Wegener* § 103 Rn. 184 unter Hinweis darauf, dass das Recht zum Besitz erst verloren gehe, wenn der Vertragspartner den Anspruch wegen Nichterfüllung geltend mache. Zum Verlust des Besitzrechts des insolventen Mieters einer beweglichen Sache BGH NJW 2007, 1594 Rn. 12; dazu Uhlenbruck/*D. Wegener* § 103 Rn. 183.

118 Vgl. *Jaeger/Henckel* § 17 Rn. 115; → Rn. 16.

119 Zum umgekehrten Fall → Rn. 32.

120 *Jaeger/Henckel* § 17 Rn. 7, 70, 83 iVm Rn. 162.

121 Vgl. *Jaeger/Henckel* § 17 Rn. 7, 70, 205; zur bisherigen Meinung insbes. *Häsemeyer* KTS 1973, 2, 7.

Denn spätestens mit der Eröffnung des Insolvenzverfahrens entfiel die Vorleistungspflicht (§ 321 BGB), so dass der seiner Leistung entsprechende Anspruch des Vertragspartners fällig wurde. Damit dürften die Voraussetzungen des § 94 erfüllt sein.[122] Mit einem darüber hinausgehenden Anspruch wegen der Nichterfüllung (→ Rn. 27) wird der Vertragspartner wegen § 95 Abs. 1 Satz 3 allerdings nicht aufrechnen können (→ Rn. 23; zu synallagmatischen Ansprüchen und Gegenansprüchen vgl. → Rn. 35).[123]

30 **d) Sicherheiten zugunsten des Vertragspartners. Sicherheiten** für die vertraglichen Ansprüche des **Vertragspartners** können in Höhe des seiner Leistung entsprechenden Erfüllungsanspruchs, aber auch wegen eines weitergehenden Anspruchs wegen der Nichterfüllung in Anspruch genommen werden (→ Rn. 24). Gehen bei Verschiedenheit von Schuldner und Sicherungsgeber die Ansprüche des Vertragspartners auf die Quote nicht wie bei akzessorischen Sicherheiten kraft Gesetzes – etwa bei der Bürgschaft nach § 774 Abs. 1 BGB – auf den leistenden Sicherungsgeber über, hat dieser regelmäßig Anspruch auf Abtretung dieser Ansprüche.[124]

31 **3. Der Schuldner hat vor Eröffnung des Insolvenzverfahrens teilweise geleistet, der Vertragspartner hat nichts geleistet. a) Ansprüche des Vertragspartners.** Hat der Vertragspartner keine Leistung erbracht, kann er einen über die bisherigen Leistungen des Schuldners hinausgehenden Anspruch auf weitere Erfüllung nicht zur Tabelle anmelden (→ Rn. 16). Wohl aber hat der Vertragspartner die Möglichkeit, insoweit einen Anspruch wegen der teilweisen Nichterfüllung geltend zu machen (→ Rn. 21 bis 23).[125]

32 **b) Ansprüche des Insolvenzverwalters oder Zessionars des Schuldners.** Dem **Insolvenzverwalter – oder,** falls der Schuldner den Anspruch auf die Gegenleistung abgetreten hatte, dem **Zessionar – steht** für die vom Schuldner erbrachte Leistung gegen den Vertragspartner **ein Anspruch auf die anteilige Gegenleistung zu,**[126] auch wenn der Schuldner vorzuleisten verpflichtet war; weitere Erfüllung kann der Insolvenzverwalter nach § 103 Abs. 2 Satz 3 nicht verlangen, so dass die Vorleistungspflicht entfällt (→ Rn. 17).[127] Gegenüber dem weiteren Erfüllungsverlangen eines Zessionars kann sich der Vertragspartner auf die Einrede des nicht erfüllten Vertrages berufen. Hat der Vertragspartner vom Schuldner 500 kg einer Ware, die auf dem Markt 1500 € kostet, für 1000 € gekauft und der Schuldner bereits 100 kg geliefert, so steht dem Insolvenzverwalter/Zessionar ein Fünftel des Kaufpreises zu, das sind 200 €. Auf ein Zurückbehaltungsrecht (§ 273 Abs. 1 BGB) oder die Einrede des (über die erbrachte Leistung hinaus vom Schuldner) nicht erfüllten Vertrages (§ 320 BGB) kann sich der Vertragspartner gegenüber dem Insolvenzverwalter/Zessionar nicht berufen. Andernfalls könnte der Vertragspartner die Vorleistungen des Schuldners im Ergebnis unentgeltlich behalten, wenn der Insolvenzverwalter – aus welchen Gründen auch immer – nicht Erfüllung wählt. Dafür gibt es keinen Sachgrund. Insoweit wird die Anwendung der genannten Normen für die Zwecke und während der Dauer des Insolvenzverfahrens zurückgedrängt.[128] Fraglich ist, ob der Insolvenzverwalter **Herausgabe der schon gelieferten Ware** verlangen kann, um sie anderweitig gewinnbringender zu veräußern. Das ist zumindest grundsätzlich zu **verneinen.**[129] Der Kaufvertrag wird durch die Eröffnung des Insolvenzverfahrens oder die Erfüllungsablehnung des Insolvenzverwalters nicht aufgehoben oder umgestaltet (→ Rn. 13, 15, 18 bis 22). Nur Ansprüche auf weitere Erfüllung entfallen. Eine Forderung wegen der Nichterfüllung steht dem Insolvenzverwalter infolge der Verfahrenseröffnung nicht zu.

---

122 HKInsO/*Schmidt* § 95 Rn. 29; KPB/*Lüke* § 95 Rn. 31; vgl. auch BGHZ 129, 336, 341 = NJW 1995, 1966, 1967.

123 HKInsO/*Schmidt* § 95 Rn. 29 aE.

124 Vgl. *Bülow,* Recht der Kreditsicherheiten, 8. Aufl., 2012, Rn. 240, 1199 mwN; Schimansky/Bunte/Lwowski/*Ganter,* Bankrechts-Handbuch 4. Aufl. 2011, § 90 Rn. 563.

125 HKInsO/*Schmidt* § 95 Rn. 30.

126 BGHZ 129, 336, 340 = NJW 1995, 1966, 1967; BGH ZIP 2010, 238 Rn. 12 (hier lag keine Zession vor); NZI 2012, 76 Rn. 38 (ebenfalls keine Zession); ähnlich bereits RGZ 73, 58, 60 ff.; OLG Frankfurt a. M. DB 1984, 2032, 2033; Andres/Leithaus/*Andres* § 103 Rn. 36; Graf-Schlicker/*Breitenbücher* § 103 Rn. 41.

127 HKInsO/*Schmidt* § 95 Rn. 30 aE.

128 Vgl. BGHZ 150, 138, 145, 149 = NJW 2002, 2313. 2315 f.; 161, 241, 252 f. = NJW 2005, 884, 887; BGH ZIP 2010, 529 Rn. 17; 2013, 179 Rn. 9 – jew. zu § 273 BGB; auch BGH ZIP 2009, 428 Rn. 6, 8; zu § 320 BGB *Bork,* FS Wellensiek, S. 201, 206 ff. (teilweise krit.); Uhlenbruck/*D. Wegener* § 103 Rn. 21, 23; ähnlich wohl KPB/*Tintelnot* § 103 Rn. 12. Für eine Anwendung des § 320 BGB in diesen Fällen *Schluck-Amend,* FS Wellensiek, S. 231, 237 f.; *von Wilmowsky* KTS 2012, 285, 293 ff.

129 RGZ 56, 238, 241; BGH ZIP 2007, 1164 Rn. 15; *Jaeger/Henckel* § 17 Rn. 80 ff.; Uhlenbruck/*D. Wegener* § 103 Rn. 186; Andres/Leithaus/*Andres* § 103 Rn. 36, 37; aA RGZ 135, 167, 172 (allerdings lag dieser Entsch. eine von der hier angenommenen verschiedene Fallgestaltung zugrunde); BGHZ 15, 333, 335 f.; *Häsemeyer* KTS 1973, 2, 9; *Häsemeyer* NJW 1977, 737, 739.

Ist die **Ware noch nicht** in das **Eigentum des Vertragspartners** übergegangen, kann der Insolvenzverwalter allerdings (vom Verkauf unter Eigentumsvorbehalt abgesehen, § 107 Abs. 1) einen Anspruch aus § 985 BGB, § 47 geltend machen, weil der Vertrag nicht mehr als Rechtsgrund für eine weitere Erfüllung und damit nicht als Recht zum Besitz im Sinn von § 986 BGB in Betracht kommt (→ Rn. 25).[130] 33

Fraglich erscheint, ob der **Insolvenzverwalter** für den Fall, dass der Schuldner Waren gekauft und eine **Anzahlung** geleistet hat, diese Anzahlung – etwa analog § 326 Abs. 4 BGB – mit der Begründung **zurückverlangen** kann, ein ihr entsprechender Teil der Ware habe für ihn kein Interesse.[131] Dagegen spricht der Rechtsgedanke des § 105 Satz 2. Wenn der Vertragspartner das Vorgeleistete nicht zurückverlangen darf, sollte dies aus Gründen der Gleichbehandlung auch für den Insolvenzverwalter gelten. Jedenfalls wird ein strenger Maßstab anzulegen sein. Ein solcher Rückgewähranspruch kommt allenfalls in Betracht, wenn die Teilleistung nach Inhalt und Zweck des Vertrages für den Insolvenzverwalter nicht verwendbar ist.[132] 34

c) Verrechnung von Ansprüchen des Insolvenzverwalters aus dem Vertragsverhältnis gegen Ansprüche des Vertragspartners wegen der Nichterfüllung. Macht der Vertragspartner eine **Forderung wegen der Nichterfüllung** geltend, so beläuft sich der Anspruch in dem unter b) (→ Rn. 32) angeführten Beispiel auf 500 € abzüglich ein Fünftel oder 100 €, mithin auf 400 €. Ob die vom Vertragspartner dem Insolvenzverwalter zu erbringende anteilige Gegenleistung von 200 € mit diesen 400 € zu **verrechnen** ist, erscheint nicht eindeutig, weil der Anspruch des Vertragspartners wegen der Nichterfüllung erst mit dessen Geltendmachung fällig wird, der Anspruch des Insolvenzverwalters auf die der Leistung des Schuldners entsprechende Gegenleistung hingegen spätestens mit Eröffnung des Insolvenzverfahrens, so dass – bei **wörtlichem** Verständnis – das **Aufrechnungsverbot des § 95 Abs. 1 Satz 3** eingreifen könnte (→ Rn. 23, 29). Eine Aufrechnung könnte nach § 95 Abs. 1 Satz 2 bereits an mangelnder Gleichartigkeit der Leistungen scheitern, wenn der Vertragspartner 500 kg einer Ware mit einem Marktwert von 1500 € für 2000 € an den Schuldner verkauft und dieser vor Eröffnung des Insolvenzverfahrens 400 € angezahlt hat. Hier kann der Vertragspartner ebenfalls 400 € wegen der Nichterfüllung als Insolvenzforderung verlangen. Der Insolvenzverwalter hat demgegenüber einen Anspruch auf Lieferung von 100 kg der Ware. In beiden Fällen dürfte dem Vertragspartner jedoch im Hinblick auf seine Forderung wegen der Nichterfüllung gegenüber dem Anspruch des Insolvenzverwalters auf die der Vorleistung des Schuldners entsprechende Gegenleistung nicht lediglich ein Zurückbehaltungsrecht nach § 273 BGB zustehen.[133] Vielmehr dürften §§ 94, 95 auf solche Forderungen und Gegenforderungen zugeschnitten sein, die nicht in einem Synallagma stehen. **Nimmt man synallagmatisch verbundene Forderungen und an deren Stelle getretene Gegenforderungen wegen der Nichterfüllung von der Regelung der §§ 94, 95 aus,** ist – freilich nur unter der notwendigen Voraussetzung, dass der Vertragspartner Ansprüche wegen der Nichterfüllung geltend macht – unter Anwendung von §§ 41, 45 eine **Verrechnung** der beiderseitigen Ansprüche aus dem gegenseitigen Vertrag **unabhängig davon** möglich, ob die **Voraussetzungen der §§ 94, 95** im Einzelfall vorliegen oder nicht. Ergibt sich eine Mehrforderung des Vertragspartners, kann er diese als Insolvenzforderung zur Tabelle anmelden. Bei einer Differenz zu Gunsten des Insolvenzverwalters hat der Vertragspartner diese zur Masse zu leisten.[134] 35

---

130 RGZ 90, 218, 220; 116, 363, 367; BGH ZIP 2013, 526 Rn. 10 mwN, z.V.b. in BGHZ; *Jaeger/Henckel* § 17 Rn. 166 mwN.

131 Vgl. *Jaeger/Henckel* § 17 Rn. 82 zu § 323 Abs. 3 BGB aF; auch *Pflug* AG 1986, 305, 312 mwN.

132 Vgl. BGHZ 155, 87, 96 f. = NJW 2003, 2744, 2747; BGH ZIP 2013, 526 Rn. 9, z.V.b. in BGHZ; *Jaeger/Henckel* § 17 Rn. 82; Uhlenbruck/*D. Wegener* § 103 Rn. 186; Graf-Schlicker/*Breitenbücher* § 103 Rn. 42; vgl. auch *Henckel* ZZP 99 (1986), 419, 437; KPB/*Tintelnot* § 103 Rn. 310 ff.; FKInsO/*B. Wegener* § 103 Rn. 103 S. u. § 105 Rn. 26. Krit. *Bork*, FS Wellensiek, S. 201, 204 f. Nur wenn dem Vertragspartner eine der Vorleistung des Schuldners entspr. (Teil-) Gegenleistung nicht möglich ist, soll der Insolvenzverwalter korrespondierend zu der Befreiung des Vertragspartners von der Leistungspflicht nach § 275 Abs. 1 BGB einen Anspruch auf Rückgewähr der Vorleistung nach § 326 Abs. 4 BGB haben, *Bork* FS Wellensiek,S. 208. Zur Frage der Rückgewähr auch *von Wilmowsky* KTS 2012, 285, 301 ff.

133 Vgl. Palandt/*Grüneberg* § 273 Rn. 9 ff., 14; *Kreft,* FS Uhlenbruck, S. 387, 398, 402.

134 So nunmehr BGHZ 196. 160 (Rn. 12 mwNachw) = ZIP 2013, 526 = ZInsO 2013, 494 = JuS 2013, 562(*K. Schmidt*). Vgl. bereits *Schmitz* ZInsO 2004, 1051, 1054; *Schmitz,* Die Bauinsolvenz, Rn. 412, 413; *Tintelnot* KTS 2004, 339, 352 ff.; wohl auch *Bork,* FS Wellensiek, S. 201, 209 zu V.; zum Recht der Konkursordnung BGH NJW 2001, 1136, 1137 f. Zur Zulässigkeit der Aufrechnung des Vertragspartners mit einem während des Insolvenzverfahrens fällig gewordenen Schadensersatzanspruch auf Ersatz von Mängelbeseitigungskosten gegen den vorher fällig gewordenen Werklohnanspruch des Insolvenzschuldners BGHZ 164, 159, 164 ff. = NJW 2005, 3574, 3575 f. ([VII. ZS]; dazu *Schütze,* FS Braun, 2007, S. 103 ff.); vgl. HKInsO/*Kayser* § 95 Rn. 26; aA Uhlenbruck/*D. Wegener* § 103 Rn. 181 unter Hinweis darauf, dass die Forderung der Masse und der Ersatzanspruch wegen der Nichterfüllung nicht synallagmatisch verbunden seien.

36 **d) Sicherheiten. Sicherheiten** für die Erfüllungsansprüche des Vertragspartners kann dieser insoweit in Anspruch nehmen, als bei der Verrechnung einer Forderung wegen der Nichterfüllung mit Gegenansprüchen des Schulnders/Insolvenzverwalters aus dem Synallagma eine Differenz zu Gunsten des Vertragspartners verbleibt (→ Rn. 35). Denn diese ist als Insolvenzforderung nur in Höhe einer Quote werthaltig (→ Rn. 30). Sicherheiten für die Gegenleistung der vom Schuldner erbrachten Vorleistungen bleiben zu Gunsten des Insolvenzverwalters bestehen; bei einer Verrechnung darf er sich im Sicherungsfall daraus nur insoweit befriedigen, als sich eine Differenz zu seinen Gunsten ergibt.

37 **4. Beide Vertragsparteien haben teilweise geleistet, die Gegenleistung entspricht jeweils der Leistung.** In diesem Fall wurde bereits während der Geltung der Konkursordnung die Auffassung vertreten, dass es insoweit bei den beiderseitigen Leistungen sein Bewenden habe und § 17 KO insoweit nicht, sondern nur wegen der restlichen Erfüllungsansprüche Anwendung finde.[135] Dem ist auch für § 103 beizupflichten.[136] Die Auffassung passt sich nahtlos in die hier vertretene Meinung ein und bestätigt, dass die Eröffnung des Insolvenzverfahrens und die Erfüllungsablehnung des Insolvenzverwalters den Vertrag grundsätzlich nicht berühren, sondern lediglich zu einer insolvenzmäßigen Abwicklung der noch nicht erfüllten Vertragsleistungen führen können.

38 **5. Beide Vertragsparteien haben bei Eröffnung des Insolvenzverfahrens teilweise geleistet, aber eine Seite mehr als die andere.** Hier gilt wegen des jeweils überschießenden Teils grundsätzlich das Gleiche wie in den Fällen, in denen eine Vertragspartei teilweise geleistet hatte, die andere hingegen nichts (→ Rn. 25 bis 30 und → Rn. 31 bis 36).[137]

IV. Der Insolvenzverwalter wählt Erfüllung

39 **1. Keine Vertragspartei hat vor Eröffnung des Insolvenzverfahrens eine Leistung erbracht. a) Grundsätzliches.** Wie ausgeführt (→ Rn. 13, 15, 22), lässt die Eröffnung des Insolvenzverfahrens den gegenseitigen Vertrag materiell-rechtlich grundsätzlich unberührt. Ohne ein Erfüllungsverlangen des Insolvenzverwalters werden die Erfüllungsansprüche des Vertragspartners, sofern er sich am Verfahren beteiligt, in der oben zu III (→ Rn. 14 bis 38) dargelegten Weise insolvenzmäßig abgewickelt. Hat noch keine Vertragspartei etwas geleistet und **wählt der Insolvenzverwalter Erfüllung, so werden die Rechte und Pflichten** aus dem Vertrag insgesamt **zu Masseforderungen und Masseverbindlichkeiten** „aufgewertet" (§ 55 Abs. 1 Nr. 2 Fall 1 bestimmt dies lediglich für die Forderungen des Vertragspartners). Dadurch erhalten sie für die Dauer des Insolvenzverfahrens eine **spezifische Qualität,** die ihnen ohne die Erfüllungswahl nicht zugekommen wäre, mögen sie inhaltlich auch mit den bisherigen Ansprüchen identisch sein.[138] Die Erfüllungswahl bewirkt für die unter § 103 fallenden gegenseitigen Verträge rechtlich das Gleiche wie die gesetzliche Vorschrift des § 108 Abs. 1 Satz 1 für die dort geregelten Miet-, Pacht- und Dienstverträge (§ 55 Abs. 1 Nr. 2 Fall 2 ordnet dies wiederum allein für die Forderungen des Vertragspartners an).[139]

40 Die **überkommene Meinung nimmt** eine derartige mit der Erfüllungswahl verbundene **Qualitätszuweisung**[140] wegen der Vorschrift des § 55 Abs. 1 Nr. 2 Fall 1 **nur für die Forderung des Vertragspartners an,** leugnet sie aber für die Forderung des Insolvenzverwalters. Sie geht davon aus, der Insolvenzverwalter mache mit dem Erfüllungsverlangen lediglich den vom Schuldner begründeten Erfüllungsanspruch geltend, wenn auch mit der Wirkung, dass er die vertraglichen Ansprüche des Vertragspartners nunmehr als Masseverbindlichkeiten zu erfüllen habe. Dieser Umstand soll jedoch die rechtliche Qualität der vertraglichen Ansprüche nicht berühren (→ Rn. 9).

41 **Diese Meinung ist verfehlt.** Sie übersieht den eigentlichen Sinn der dem Insolvenzverwalter durch § 103 Abs. 1 eingeräumten Möglichkeit, die noch ausstehende Erfüllung eines gegenseitigen Vertrages zu verlangen. Gäbe es § 103 und § 55 Abs. 1 Nr. 2 Fall 1 nicht, wäre der Insolvenzverwalter, der den gegenseitigen, von keiner Seite voll erfüllten Vertrag für massegünstig hält, darauf angewiesen,

---

135 RGZ 62, 201, 204; BGHZ 98, 160, 171; OLG Hamburg ZIP 1985, 295, 297; *Jaeger* (Fn. 37) § 17 Anm. 16; *Jaeger/Henckel* § 17 Rn. 68.

136 BGH ZIP 2010, 238 Rn. 12; HKInsO/*Schmidt* § 95 Rn. 32.

137 HKInsO/*Schmidt* § 95 Rn. 33.

138 Zutreffend – freilich unter Beschränkung auf die Ansprüche der Masse – *Pape* EWiR 1989, 283, 284; Uhlenbruck/*Sinz* WM 1989, 1113, 1115 zu c; vgl. auch bereits *Bendix* ArchBürgR 38 (1913), 93, 95 f.; *Klien* KuT 1935, 115, 116; ferner BGHZ 157, 350, 357 = ZIP 2004, 513, 515; BFH ZIP 2007, 976, 977; Braun/*Kroth* § 103 Rn. 55.

139 Vgl. BGH ZIP 2011, 2262 Rn. 7; dazu *Kayser,* Höchstrichterliche Rspr., Kap. 3 Rn. 166 bis 168.

140 In der 1. Aufl. als Qualitätssprung bezeichnet, woraus sogleich eine „Qualitätssprungtheorie" abgeleitet wurde, *Marotzke* ZZP 111 (2002), 507, 510.

mit dem Vertragspartner einen vergleichbaren neuen Vertrag abzuschließen, um die ganz oder teilweise ausstehende Gegenleistung des Vertragspartners zu erhalten. Geschähe dies, bestünden keine Zweifel, dass mit dem Vertrag gemäß § 55 Abs. 1 Nr. 1 Masseverbindlichkeiten und Masseforderungen begründet würden. Eine Abtretung seiner Forderungen aus dem ursprünglichen Vertrag durch den Schuldner wäre für den vom Insolvenzverwalter abgeschlossenen neuen Vertrag ohne Bedeutung. Der Zessionar hätte gegen den die Masse verwaltenden Insolvenzverwalter aus dem neuen Vertrag keinen Anspruch, eine Leistung des Insolvenzverwalters aufgrund des neuen Vertrages an den Zessionar wäre keine Erfüllung. Der Leistungsaustausch hätte allein zwischen den Parteien des neuen Vertrages zu erfolgen. Der Schuldner vermöchte über die Forderung der Masse aus dem neuen Vertrag nicht – etwa durch Abtretung – zu verfügen (§ 91 Abs. 1; früher § 15 Satz 1 KO).[141] Eine Aufrechnung des Vertragspartners mit Insolvenzforderungen gegen die Forderung der Masse aus dem neuen Vertrag wäre ohne Frage gemäß § 96 Abs. 1 Nr. 1 (früher § 55 Satz 1 Nr. 1 KO) unzulässig. **§ 103 Abs. 1 bezweckt (wie § 17 Abs. 1 KO) nichts anderes, als den Insolvenzverwalter der Notwendigkeit zu entheben, einen mit dem alten Vertrag inhaltsgleichen neuen Vertrag zu schließen, um ihm die Vorteile des alten Vertrages ungeschmälert zu erhalten**[142] (→ Rn. 13a **„Entlastungsfunktion"** genannt). **Dieses Verständnis** von § 103 Abs. 1 **legt die Annahme nahe, die Wirkungen des Erfüllungsverlangens mit denen eines nach Insolvenzeröffnung neu abgeschlossenen Vertrages mit identischem Inhalt gleichzusetzen.** Diese Annahme, der sich Teile des Schrifttums angeschlossen haben,[143] wird unterstützt durch die Begründung des Regierungsentwurfs der Insolvenzordnung zu § 72 (heute § 61), wo es heißt:[144]

„Der Begründung einer Verbindlichkeit durch den Verwalter steht es gleich, wenn der Verwalter die Erfüllung eines gegenseitigen Vertrages wählt … oder von der möglichen Kündigung eines Dauerschuldverhältnisses absieht."

Es besteht kein Grund, diese für die Haftung des Insolvenzverwalters nach § 61 getroffene Aussage nicht auf die Erfüllungswahl des Insolvenzverwalters nach § 103 Abs. 1 zu übertragen. Das hat zur Folge, dass Ansprüchen des Schuldners, deren Erfüllung der Insolvenzverwalter verlangt, durch die Erfüllungswahl mit, also nach der Eröffnung des Insolvenzverfahrens[145] die Eigenschaft als **originäre Masseforderungen** zugewiesen wird. Mit den ursprünglichen Erfüllungsansprüchen des Schuldners sind sie zwar inhaltlich identisch; insbesondere erlöschen diese nicht.[146] Mit der Erfüllungswahl wird ihnen jedoch ab Verfahrenseröffnung **eine andere Rechtsqualität,** nämlich diejenige einer originären Masseforderung beigelegt. **Deshalb scheitert** auch in diesem Fall **eine Aufrechnung mit Insolvenzforderungen** an § 96 Abs. 1 Nr. 1[147] **und eine** vor Eröffnung des Insolvenzverfahrens erfolgte **Abtretung des Schuldners** an § 91 Abs. 1.[148]

---

141 *Gerhardt,* Gedächtnisschrift für Knobbe-Keuk, S. 169, 170 Fn. 3, will dies aus § 7 KO (jetzt § 81) herleiten. Das Erg. ist dasselbe.

142 Näher *Kreft* FS Kübler, s. 359, 366.

143 *Karsten Schmidt* KTS 2004, 241, 253; HKInsO/*Kayser* § 95 Rn. 30, 31; Uhlenbruck/*D. Wegener* § 103 Rn. 133.

144 BT-Drs. 12/2443, S. 129.

145 Vgl. etwa BGHZ 15, 333, 337; 113, 98, 105.

146 Uhlenbruck/*D. Wegener* § 103 Rn. 133, 134.

147 Vgl. BGHZ 116, 156, 158 ff. = ZIP 1992, 48; auch BGH ZIP 2011, 2262 Rn. 6, 7; zustimmend Nerlich/Römermann/*Balthasar* § 103 Rn. 56; FKInsO/*B. Wegener* § 103 Rn. 95; HKInsO/*Schmidt* § 95 Rn. 36; Gottwald/*Huber* § 34 Rn. 40 ff.; Uhlenbruck/*D. Wegener* § 103 Rn. 133, 134, 152 (hier mit der mE nicht zutreffenden Erwägung, die Unzulässigkeit der Aufrechnung unmittelbar aus § 103 Abs. 1 abzuleiten); Leonhardt/Smid/*Zeuner* § 103 Rn. 43; Braun/*Kroth* § 103 Rn. 5, 57; Graf-Schlicker/*Breitenbücher* § 103 Rn. 25; Andres/Leithaus/*Andres* § 103 Rn. 33. *Bork,* Einführung in das Insolvenzrecht, Rn. 160a, kommt zu demselben Erg. im Wege einer entspr. Anwendung des § 96 Abs. 1 Nr. 1. AA KPB/*Tintelnot* § 103 Rn. 286 ff.; *Stamm* KTS 2011, 421, 446 ff.; *von Wilmowsky* ZIP 2012, 401, 404 f.; *Harder,* Insolvenzrechtliche Surrogation, Rn. 481, 551.

148 Vgl. BGHZ 106, 236, 241 ff. = ZIP 1989, 171, 173 f.; BGH ZIP 2006, 859, 860 mwN; zust. *Pape,* Kölner Schrift, 2. Aufl.2000, S. 531, 541 Rn. 12, 13; FKInsO/*B. Wegener* § 103 Rn. 96; Gottwald/*Huber* § 34 Rn. 40 ff.; Uhlenbruck/*D. Wegener* § 103 Rn. 150 (der – was [im Gegensatz zu einer Nichtanwendung von § 96 Abs. 1 Nr. 1 auf eine Aufrechnung mit Insolvenzforderungen, vgl. die vorangegangene Fn.] durchaus diskutabel erscheint – die Unzulässigkeit einer Abtretung wohl unmittelbar auf § 103 Abs. 1 stützen will); Leonhardt/Smid/*Zeuner* § 103 Rn. 44; Braun/*Kroth* § 103 Rn. 5, 57; Graf-Schlicker/*Breitenbücher* § 103 Rn. 25; Andres/Leithaus/*Andres* § 103 Rn. 17, 32; auch *Ringstmeier,* Auswirkungen der Erfüllung gegenseitiger Verträge im Konkurs auf Forderungsabtretungen, S. 106, verneint im Erg. eine Verpflichtung der Masse gegenüber dem Zessionar; ebenso *Harder,* Insolvenzrechtliche Surrogation, Rn. 426 ff., 707 f.; *Bork* (Fn. 140) Rn. 160b, der auch § 91 Abs. 1 entspr. anwenden will; zur gegenteiligen Ansicht von Teilen des Schrifttums vgl. die Nachweise bei *Kreft,* FS Fuchs, S. 115, 116 Fn. 8 = ZIP 1997, 865, 866 Fn. 8; ferner *Adam* DZWir 1998, 227 f.; KPB/*Tintelnot* § 103 Rn. 291 ff.; *Stamm* KTS 2011, 421, 442 ff.; *von*

42 Dieses Ergebnis wird durch eine über die vorstehenden Erwägungen hinausgehende teleologische Auslegung von § 103 Abs. 1 bestätigt. Sieht man Sinn und Zweck des Wahlrechts des Insolvenzverwalters mit der höchstrichterlichen Rechtsprechung darin, die Gegenleistung für Leistungen, die mit Mitteln der Masse zur Erfüllung eines gegenseitigen Vertrages erbracht werden, stets der Masse zukommen zu lassen (→ Rn. 2), so sind die einer Erfüllungswahl des Insolvenzverwalters von der Rechtsprechung beigemessenen Wirkungen zwingend. Nur bei einer mit der Erfüllungswahl verbundenen Einordnung der Erfüllungsansprüche als Masseforderungen und Masseverpflichtungen ist das mit § 103 Abs. 1 angestrebte Ziel zu erreichen. Der Wortlaut der Norm ist indifferent. Der Entstehungsgeschichte sind ebenfalls keine weiterführenden Hinweise zu entnehmen.[149] § 55 Abs. 1 Nr. 2 Fall 1 regelt die Folgen der Erfüllungswahl nur in Bezug auf die Verpflichtung der Masse gegenüber dem Vertragspartner und damit unvollkommen. Dass es an einer ausdrücklichen gesetzlichen Qualifizierung des vom Insolvenzverwalter mit der Erfüllungswahl geltend gemachten Erfüllungsanspruchs als originäre Masseforderung fehlt, spricht nichts dagegen, eine solche Qualifizierung im Wege der Auslegung vorzunehmen. Das heutige Verständnis von Sinn und Zweck des dem Konkurs-/Insolvenzverwalter in § 17 Abs. 1 KO und dem ihm entsprechenden § 103 Abs. 1 eingeräumten Wahlrechts wurde – sieht man von RGZ 11, 136 ab – erst mehr als 100 Jahre nach In-Kraft-Treten der Konkursordnung entwickelt. Diesem neuen Verständnis sind die Rechtsfolgen im Hinblick auf die mit der Erfüllungswahl verbundene Einordnung auch der Masseforderungen als originäre Masseansprüche und die sich daraus ergebenden weiteren Wirkungen in Bezug auf eine Abtretung des Schuldners und eine Aufrechnung des Vertragspartners mit Insolvenzforderungen anzupassen. Das im Wege teleologischer Auslegung erzielte Ergebnis wird durch systematische Erwägungen bestätigt.[150] Auch den nach Eröffnung des Insolvenzverfahrens entstehenden beiderseitigen Erfüllungsansprüchen aus den in § 108 Abs. 1 Satz 1 geregelten gegenseitigen Verträgen – Miet- und Pachtverhältnissen über unbewegliche Gegenstände und Räume sowie Dienstverhältnissen – kommt grundsätzlich die Rechtsqualität von originären Masseverbindlichkeiten und Masseansprüchen zu. Das ergibt sich aus dem Wortlaut von § 108 Abs. 1 Satz 1, für die Forderungen des Vertragspartners darüber hinaus aus § 55 Abs. 1 Nr. 2 Fall 2 sowie mittelbar aus § 108 Abs. 3, für die Forderungen der Masse ergänzend aus § 110 für Miet- und Pachtverhältnisse und aus § 114 für Dienstverhältnisse. Dass hier eine vor Insolvenzeröffnung vom Schuldner vorgenommene Abtretung von Ansprüchen und die Aufrechnung mit Insolvenzforderungen gegen Ansprüche aus derartigen Vertragsverhältnissen für bestimmte Zeiträume ausdrücklich zugelassen wird, macht deutlich, dass ohne eine solche auf besonderen Gründen beruhende Regelung weder Abtretung noch Aufrechnung der in Rede stehenden Art möglich wären. Dies hat der Bundesgerichtshof zutreffend klargestellt.[151] Da Sinn und Zweck der grundsätzlichen Einordnung der nach Insolvenzeröffnung entstehenden Ansprüche aus den in § 108 Abs. 1 Satz 1 geregelten gegenseitigen Verträgen mit den unter § 103 Abs. 1 fallenden

---

Wilmowsky ZIP 2012, 401, 404 f. Der von *Marotzke* (Gegenseitige Verträge in Konkurs und Vergleich, S. 86 ff.; *Marotzke* ZIP 1987, 1293, 1296 ff.; ferner HKInsO/*Marotzke* § 103 Rn. 46, 48 f.) vertretenen Ansicht, bei einer Abtretung des Schuldners sei § 17 KO (jetzt § 103) unanwendbar (ähnlich *Roth,* FS Rolland, S. 305, 312 ff.), ist bereits *Henckel* ZZP 99 (1986), 426 ff. mit Recht entgegengetreten. Die in weiten Teilen ansprechende Abhandlung von *Bopp,* Der Bauvertrag in der Insolvenz, unterscheidet bei der Aufrechnung mit Insolvenzforderungen und der Abtretung des Schuldners – nicht überzeugend – zwischen gegenseitigen Verträgen, vor allem Bauverträgen, die noch von keiner Seite, auch nicht teilweise, erfüllt sind, und solchen, bei denen von einer Vertragspartei teilweise vorgeleistet wurde (vgl. S. 208 ff., 212 f.). Nur bei der teilweisen Vorleistung eines Vertragspartners sind die Erg. infolge eines konstitutiven und sehr weiten Verständnisses von § 105, der auf Vorleistungen des Schuldners analog angewandt werden soll (S. 163 ff.), ähnlich wie hier. Fehlt es an Vorleistungen beider Vertragspartner, soll bei einem Erfüllungsverlangen des Insolvenzverwalters gegen den Anspruch auf die Gegenleistung mit Insolvenzforderungen aufgerechnet werden können; bei einer vom Schuldner vorgenommenen Abtretung dieses Anspruchs soll die Gegenleistung für die Leistung der Masse an den Zessionar fließen (S. 88 ff., 144, 367 ff.).

149 Vgl. BGHZ 135, 25, 27 = ZIP 1997, 688, 689 mN.

150 Vgl. bereits BGHZ 149, 326, 336 = ZIP 2002, 309, 313.

151 BGHZ 167, 363 = NJW 2006, 2485 Rn. 9 ff., 19 mAnm *Römermann/Röver* KTS 2007, 515 ff.; BGH ZIP 2006, 2276 Rn. 9, 10; 2008, 1488 Rn. 16, 20; 2010, 587 Rn. 3; 2011, 871 Rn. 11; 2012, 2358 Rn. 15; 2013, 374 Rn. 24 – jew. zu § 114; vgl. *Kayser,* Höchstrichterliche Rspr., Kap. 3 Rn. 134 ff.; BGHZ 170, 196 = NJW 2007, 1588 Rn. 12; BGH ZIP 2007, 239 Rn. 20, 21 – jew. zu § 110. Vgl. auch BGHZ 177, 1 = ZIP 2008, 1334 Rn. 30; BGH ZIP 2011, 2262 Rn. 7 und bereits RGZ 6, 109, 112; 33, 45, 48 ff.; 40, 120, 124 f.; BGHZ 86, 382, 385 f.; 129, 336, 342 f. = NJW 1995, 1966, 1968 mwN; *Jaeger/Henckel* § 21 Rn. 34, 37; Leipold/*Dieckmann,* Insolvenzrecht im Umbruch, S. 211, 229 f.; *Tintelnot* ZIP 1995, 616, 622; *König,* FS Leipold, S. 403, 404 ff.; aA *Henckel,* FS Kirchhof, S. 191, 199 Fn. 35. Soweit BGHZ 109, 368, 376 ff. = ZIP 1990, 180, 183 ff. dem entgegensteht, wird diese Entsch. zu überprüfen sein. Vgl. dazu auch *Roth,* FS Rolland, S. 305, 307; *Häsemeyer,* Festgabe 50 Jahre BGH, S. 725, 739 f.; OLG Düsseldorf ZIP 2010, 2212, 2213 f. unter Hinweis auf BGH NJW 2007, 1594.

gegenseitigen Verträgen übereinstimmt, erscheint eine einheitliche Auslegung geboten. Im Übrigen ist es unter dem Gesichtspunkt vertraglicher Ausgewogenheit kaum verständlich, den Ansprüchen des Vertragspartners mit der Erfüllungswahl gemäß § 55 Abs. 1 Nr. 2 Fall 1 die Qualität von originären Forderungen gegen die Masse beizumessen, den entsprechenden Ansprüchen der Masse hingegen die Qualität von originären Masseforderungen zu versagen.[152]

Die vorstehenden Erwägungen gelten **nur für Zwecke und Dauer des Insolvenzverfahrens.**[153] (→ Rn. 18.) Wird dieses beendet, fällt das noch vorhandene Vermögen – sieht man von anderweitigen Regelungen in einem Insolvenzplan[154] und von einer Restschuldbefreiung ab – unterschiedslos in die Verfügungsmacht des Schuldners zurück. Wurde ein gegenseitiger Vertrag, dessen Erfüllung der Insolvenzverwalter gewählt hatte, bis zur Beendigung des Verfahrens nicht voll abgewickelt, tritt der Schuldner in den Vertrag grundsätzlich so ein, wie er zu diesem Zeitpunkt besteht. Hat der Vertragspartner die Gegenleistung noch nicht (voll) erbracht und hatte der Schuldner seine Forderung abgetreten, steht die (restliche) Forderung ex tunc wieder dem Zessionar zu. Gegen die (restliche) Erfüllungsforderung des Schuldners kann der Vertragspartner grundsätzlich mit sämtlichen Gegenforderungen aufrechnen. Hatte er bereits die Aufrechnung erklärt, ist diese mit Wirkung ex tunc wieder gültig. Die Rechtslage stellt sich mithin so dar, als habe es nie ein Insolvenzverfahren und eine mit ihm verbundene Unwirksamkeit von Abtretung und Aufrechnung gemäß § 91 und § 96 Abs. 1 Nr. 1 gegeben.[155] Da der Vertrag ohne die Eröffnung des Insolvenzverfahrens in gleicher Weise zu erfüllen gewesen wäre, kommt hier ungeachtet der den Ansprüchen durch die Erfüllungswahl beigelegten Qualität von originären Masseansprüchen und -verbindlichkeiten eine Beschränkung der Haftung auf die dem Schuldner ausgefolgten Massegegenstände[156] nicht in Betracht.[157] 43

b) Sicherheiten. Für **akzessorische** Sicherheiten, etwa eine **Bürgschaft,** die für die Erfüllungsansprüche des Vertragspartners bestellt wurden, ergibt sich aus den Erwägungen zu a) (→ Rn. 39 bis 41): Spätestens **mit der Eröffnung des Insolvenzverfahrens** tritt der **Bürgschaftsfall** (als pars pro toto für den Sicherungsfall) ein und der Vertragspartner als Gläubiger kann grundsätzlich die Rechte aus der Bürgschaft gegen den Bürgen geltend machen. Die im Hinblick auf die sog. Erlöschenstheorie des Bundesgerichtshofes gesehene Gefahr, dass der gesicherte Anspruch mit der Verfahrenseröffnung erlöschen und damit auch eine akzessorische Sicherheit entfallen könnte, besteht nicht (→ Rn. 24). Das mit der Verfahrenseröffnung verwirklichte Risiko, dass die Erfüllungsansprüche des Vertragspartners bis zu einem Erfüllungsverlangen des Verwalters undurchsetzbar sind, wird von der Sicherheit abgedeckt. Allerdings dürfte dem Bürgen bis zu der Entscheidung des Insolvenzverwalters über eine Erfüllungswahl, die der Vertragspartner als Gläubiger nach § 103 Abs. 2 Satz 2 herbeiführen kann, gemäß § 242 BGB ein Leistungsverweigerungsrecht zustehen. 44

Wählt der Insolvenzverwalter Erfüllung, entfällt der **Bürgschaftsfall** nicht rückwirkend. Denn der Rechtsgrund für die Nichterfüllung ist – wie ausgeführt (→ Rn. 21) – bereits mit der Eröffnung des Insolvenzverfahrens gelegt. Er wird **durch eine Erfüllungswahl nicht schlechthin beseitigt.** Freilich ist dem Vertragspartner infolge des Erfüllungsverlangens zunächst ein Nachteil aus der Verfahrenseröffnung nicht entstanden, wenn der Vertrag wie vorgesehen abgewickelt wird. In einem solchen Fall stehen dem Bürgen die Gegenrechte aus §§ 767, 768 BGB zu. Wird der Vertrag aber im Laufe des Insolvenzverfahrens – etwa wegen Masseunzulänglichkeit oder aus sonstigen, nicht in der Sphäre des Vertragspartners liegenden Gründen – notleidend, lebt der durch die Verfahrenseröffnung begründete Bürgschaftsfall wieder auf. Deshalb können nunmehr die Ansprüche aus der Bürgschaft mit Erfolg geltend gemacht werden.[158] Zahlt der Bürge, gehen die Ansprüche des Vertragspartners aus dem Vertrag mit dem Schuldner gemäß § 774 Abs. 1 BGB auf ihn über. Das sind – solange das Verfahren nicht abgeschlossen ist – Ansprüche gegen die Masse (bei Masseunzulänglichkeit nach Maßgabe von § 209). 45

Für **nichtakzessorische** Sicherheiten gilt grundsätzlich das Gleiche wie für akzessorische Sicherheiten. Bei der Inanspruchnahme nichtakzessorischer Sicherheiten, die von Dritten gestellt wurden, tritt an die Stelle eines gesetzlichen Übergangs der gesicherten Ansprüche regelmäßig der Anspruch des Sicherungsgebers auf deren Abtretung (→ Rn. 30). 46

2. Der Vertragspartner hat vor Eröffnung des Insolvenzverfahrens teilweise geleistet, der Schuldner hat nichts geleistet. a) Vertragsteilung. In einem solchen Fall bewirkt die Erfül- 47

---

152 Vgl. BGHZ 129, 336, 341 = NJW 1995, 1966, 1967 (Umkehrschluss aus § 59 Abs. 1 Nr. 2 KO).
153 Zust. HKInsO/*Schmidt* § 95 Rn. 35. Vgl. auch *Kreft* FS Kübler, S. 359, 369.
154 Dazu KPB/*Tintelnot* § 103 Rn. 331.
155 *Kreft,* FS Gero Fischer, S. 297, 298 f.
156 Vgl. BGH WM 1955, 33, 34 f.; ZIP 2009, 2204 Rn. 12; KPB/*Pape* § 53 Rn. 44, 45; § 207 Rn. 37, 38.
157 KPB/*Pape* § 53 Rn. 45.
158 Zust. HambKommInsO/*Ahrendt* § 103 Rn. 35.

lungswahl eine **„Spaltung" oder besser Teilung des Vertrages.**[159] Soweit von dem Vertragspartner vorgeleistet wurde, geht die Erfüllungswahl nach ihrem Sinn und Zweck von vornherein ins Leere. Einerseits kann der Masse mit ihr insoweit nichts zugeführt werden, weil der Vertragspartner nicht erneut zu leisten braucht. Andererseits steht dem Vertragspartner ohne ein Erfüllungsverlangen ein seiner Leistung entsprechender Anspruch auf die Gegenleistung als Insolvenzforderung zu (→ Rn. 25).[160] Im Hinblick auf diesen Anspruch könnte die Erfüllungswahl mithin nur dessen Aufwertung zu einer Forderung gegen die Masse bewirken – ein dem Zweck der Erfüllungswahl, dh einer Massemehrung, offensichtlich zuwiderlaufendes Ergebnis.[161] Deshalb kann bei einer Vorleistung des Vertragspartners der **Sinn der Erfüllungswahl** des Insolvenzverwalters **nur darin** liegen, **den noch ausstehenden Leistungsteil des Vertragspartners** zu den vertraglich vereinbarten massegünstigen Bedingungen **für die Masse zu erwerben.**[162] Nur für diesen Leistungsteil bedürfte es ohne § 103 Abs. 1 eines neuen Vertrages mit identischem Inhalt, so dass auch nur insoweit die Wirkungen der Erfüllungswahl mit denen eines nach Insolvenzeröffnung neu abgeschlossenen Vertrages gleichzusetzen sind (→ Rn. 41). Ohne die Möglichkeit der Erfüllungswahl wäre der Anspruch des Schuldners auf die weiteren Leistungen des Vertragspartners vom Verwalter nicht durchsetzbar (→ Rn. 17). Mit der Erfüllungswahl wird der Anspruch insoweit zu einer originären Forderung der Masse aufgewertet. **Wegen des auf die bereits erbrachten Leistungen entfallenden Erfüllungsanspruchs des Vertragspartners findet § 103 Abs. 1 keine Anwendung.**[163] **Auch steht dem Vertragspartner** im Hinblick auf die seinen Vorleistungen entsprechenden noch nicht erfüllten Leistungsverpflichtungen des Schuldners/Insolvenzverwalters **weder ein Zurückbehaltungsrecht nach § 273 Abs. 1 BGB noch** – wegen der Gleichsetzung der Erfüllungswahl mit dem Abschluss eines neuen Vertrages – **die Einrede des nicht erfüllten Vertrages nach § 320 BGB zu.**[164] Beide Gegenrechte kämen einer dem Sinn der Erfüllungswahl widersprechenden masseschädlichen Aufwertung der auf die Leistungen vor Verfahrenseröffnung entfallenden Insolvenzforderung des Vertragspartners zu einer Forderung gegen die Masse gleich. Dies wäre mit dem Gebot der Gläubigergleichbehandlung und dem daraus abgeleiteten Sinn und Zweck des § 103 Abs. 1, der Masse für die mit ihren Mitteln zu erbringenden Leistungen die Gegenleistung ungeschmälert zukommen zu lassen (→ Rn. 2, 42), nicht zu vereinbaren. Mit der Vorleistung hat der Vertragspartner sich insoweit eines Zurückbehaltungsrechts und der Einrede des nicht erfüllten Vertrages begeben.[165] Müsste der Insolvenzverwalter auch die der Vorleistung entsprechende Gegenleistung aus der Masse erbringen, würde der Vertragspartner von den normalen insolvenzrechtlichen Folgen einer ungesicherten Vorleistung zum Nachteil der Masse und damit der Gläubigergesamtheit entlastet. Dafür gibt es keinen überzeugenden Grund (→ Rn. 10). Auch bei vollständiger ungesicherter Vorleistung wäre der Vertragspartner insgesamt nur Insolvenzgläubiger. Dass die Kalkulation des vereinbarten Entgelts häufig auf dem Erhalt der gesamten Gegenleistung beruhen mag, ändert daran nichts.[166] Dies wurde vom Gesetzgeber der Vergleichsordnung von 1935 (§ 36 Abs. 2) und vom Gesetzgeber der Insolvenzordnung (§ 105 Satz 1) zutreffend erkannt. Für die Auslegung von § 17 KO wurden aus § 36 Abs. 2 VerglO indessen geraume Zeit keine Folgerungen gezogen (→ Rn. 9). Dies änderte sich erst mit den Entscheidungen des Bundesgerichtshofes vom 4. Mai 1995[167] und

---

159 BGH 135, 25, 27 = ZIP 1997, 688, 689; vgl. BGHZ 129, 336, 340 ff. = NJW 1995, 1966, 1967 (Vorleistung des Schuldners); Gottwald/*Huber* § 35 Rn. 23, 24; HKInsO/*Schmidt* § 95 Rn. 37; Uhlenbruck/*D. Wegener* § 103 Rn. 16 ff.; Graf-Schlicker/*Breitenbücher* § 103 Rn. 27, 28; krit. KPB/*Tintelnot* § 103 Rn. 270; HKInsO/*Marotzke* § 103 Rn. 105. S. o. Rn. 4 aE.

160 BGHZ 135, 25, 27 = ZIP 1997, 688, 689.

161 BGHZ 135, 25, 28 f. = ZIP 1997, 688, 689 f.; HKInsO/*Schmidt* § 95 Rn. 38.

162 BGHZ 135, 25, 28 = ZIP 1997, 688, 689; Uhlenbruck/*D. Wegener* § 103 Rn. 14 (teleologische Reduktion von § 17 KO).

163 Uhlenbruck/*D. Wegener* § 103 Rn. 15, 143; Leonhardt/Smid/*Zeuner* § 103 Rn. 46. Zu einer Forderung wegen der Nichterfüllung → Rn. 49.

164 Vgl. BGHZ 149, 326, 336 = ZIP 2002, 309, 312 f.; 150, 138, 145 f., 148 f. = NJW 2002, 2313, 2315 f.; 161, 241, 252 f. = NJW 2005, 884, 887; BGH ZIP 2009, 428 Rn. 8, 9 mAnm *Muthorst* KTS 2009, 467 ff.; ZIP 2010, 529 Rn. 17; 2013, 179 Rn. 9 (sämtlich zu § 273 BGB); LG Rostock ZIP 2007, 2379, 2380 (zu § 320 BGB); HKInsO/*Schmidt* § 95 Rn. 38; KPB/*Tintelnot* § 103 Rn. 11 bis 13; FKInsO/*B. Wegener* § 105 Rn. 25; Leonhard/Smid/*Zeuner* § 103 Rn. 46; Braun/*Kroth* § 105 Rn. 7, 8; Uhlenbruck/*D. Wegener* § 103 Rn. 23; *Kepplinger,* Das Synallagma in der Insolvenz, S. 352 f.; aA HKInsO/*Marotzke* § 105 Rn. 5, 7, § 103 Rn. 107 bis 115; *von Wilmowsky* KTS 2012, 285, 293 ff.; abgemildert krit. *Henckel,* FS Kirchhof, S. 191, 201 ff.; *Henckel.,* KTS 2006, 487, 493 f.

165 *Scherer,* NZI 2004, 113, 116 f.; Leonhardt/Smid/*Zeuner* § 103 Rn. 46; Graf-Schlicker/*Breitenbücher* § 103 Rn. 28 (zu § 320 BGB).

166 Vgl. Begr. zu § 119 RegE, BT-Drs. 12/2443 S. 146; Nerlich/Römermann/*Balthasar* § 105 Rn. 5; *Scherer,* NZI 2004, 113, 116 f.

167 BGHZ 129, 336 = NJW 1995, 1966.

vom 27. Februar 1997.[168] Für die Insolvenzordnung ergibt es sich unmittelbar aus **§ 105 Satz 1.**[169] Diese Vorschrift **stimmt mit Sinn und Zweck des** dem Insolvenzverwalter bei gegenseitigen Verträgen eingeräumten **Wahlrechts bruchlos überein.**[170] Die **Systemgerechtigkeit** dieser Norm zeigt sich bei § 108 Abs. 3, wo ähnliches für solche gegenseitigen Verträge angeordnet wird, bei denen das Gesetz in § 108 Abs. 1 Satz 1, § 55 Abs. 1 Nr. 2 Fall 2 die Aufwertung der Erfüllungsansprüche zu originären Forderungen der und gegen die Masse für die Zeit nach Eröffnung des Insolvenzverfahrens selbst unmittelbar vornimmt (→ Rn. 42). **Von einer** im Schrifttum erwogenen **Verfassungswidrigkeit** des § 105 Satz 1[171] und damit wohl auch der entsprechenden höchstrichterlichen Rechtsprechung **kann** danach auch **nicht entfernt die Rede sein.**

Durch die Beschränkung der mit der Erfüllungswahl verbundenen Wirkungen auf die noch ausstehende Leistung des Vertragspartners und die dieser entsprechende Gegenleistung des Schuldners/der Masse[172] wird sichergestellt, dass die Masse über die Insolvenzquote hinaus nur für solche Leistungen aufzukommen hat, die ihr zugutekommen (→ Rn. 4 aE). Hat der Schuldner dem Vertragspartner 500 kg einer Ware mit einem Marktpreis von 1500 € für 2000 € verkauft und eine Anzahlung von 1000 € erhalten, so braucht der Insolvenzverwalter bei einer Erfüllungswahl nur 250 kg zu liefern, um den restlichen Kaufpreis von 1000 € zu erhalten. Den Anspruch auf die der Anzahlung entsprechenden 250 kg kann der Vertragspartner – nach Umrechnung in eine ihrem Wert entsprechende Geldforderung von 750 € (§ 45) – nur als Insolvenzforderung geltend machen. Hat der Schuldner vom Vertragspartner 500 kg einer Ware mit einem Marktpreis von 1500 € für 1000 € gekauft und 250 kg erhalten, so kann der Insolvenzverwalter bei einer Erfüllungswahl Lieferung der restlichen 250 kg für 500 € verlangen. Den auf die vor Eröffnung des Insolvenzverfahrens gelieferten 250 kg entfallenden Kaufpreis von 500 € kann der Vertragspartner nur als Insolvenzforderung geltend machen. Mit ihr kann er grundsätzlich gegen vor der Eröffnung des Insolvenzverfahrens begründete Forderungen des Schuldners (Insolvenzverwalters, § 80) aufrechnen (§§ 94, 95 Abs. 1; → Rn. 29). 48

Eine **Forderung wegen der Nichterfüllung** des seiner Vorleistung entsprechenden Anspruchs des Vertragspartners auf die Gegenleistung gemäß § 103 Abs. 2 Satz 1 kommt in den genannten Beispielen kaum in Betracht, weil es wegen des für ihn ungünstigen Vertrages regelmäßig an einem weitergehenden Schaden des Vertragspartners fehlen wird. Ist der Vertrag für den Vertragspartner günstig, wird der Insolvenzverwalter in aller Regel – schon um eine Haftung nach § 60 zu vermeiden – von einer Erfüllungswahl absehen. Trifft das im Einzelfall nicht zu und **verlangt der Insolvenzverwalter** gleichwohl – etwa mit Rücksicht auf die Möglichkeit einer ungewöhnlich günstigen Weiterveräußerung – **Erfüllung,** so wird der Vertragspartner über den teilweisen Erfüllungsanspruch hinaus **gemäß** – zumindest entsprechend – **§ 103 Abs. 2 Satz 1 eine Forderung wegen der Nichterfüllung des auf die Vorleistung entfallenden Gegenleistungsanspruchs** als Insolvenzforderung geltend machen können (→ Rn. 27). Das gebieten Sinn und Zweck des § 103 Abs. 2 Satz 1, weil insoweit ein Erfüllungsverlangen des Insolvenzverwalters nie in Betracht kommt und es daher stets bei der durch die Eröffnung des Insolvenzverfahrens ausgelösten Nichterfüllung bleibt (→ Rn. 21). 49

b) Sicherheiten. Für **Sicherheiten,** die zur Absicherung der Erfüllungsansprüche des Vertragspartners bestellt wurden, gilt: Auch wenn der Insolvenzverwalter Erfüllung wählt, wird ein mit der Eröffnung des Insolvenzverfahrens begründeter Schaden des Vertragspartners nie vollständig beseitigt. Der Schaden, der darin besteht, dass der Vertragspartner vorgeleistet hat und insoweit allenfalls eine Quote erhält, wird auch nicht vorübergehend beseitigt, weil die Erfüllungswahl nur die noch ausstehende Leistung des Vertragspartners erfasst (→ Rn. 48). Deshalb kann der Vertragspartner die Sicherheiten grundsätzlich bis zur Höhe der seiner Vorleistung entsprechenden Gegenleistung und eines etwa darüber hinausgehenden Schadens wegen der Nichterfüllung dieser Gegenleistung in Anspruch nehmen.[173] Wegen seiner von der Erfüllungswahl betroffenen Ansprüche ist dem Vertragspartner hingegen bis auf weiteres ein Schaden nicht entstanden. Insoweit gelten die gleichen Erwägungen wie in den Fällen, in denen kein Vertragsteil vor Verfahrenseröffnung eine Leistung erbracht hat und der Insolvenzverwalter Erfüllung wählt (→ Rn. 44 ff.). 50

---

[168] BGHZ 135, 25 = ZIP 1997, 688.

[169] Vgl. insoweit auch *Henckel,* FS Kirchhof, S. 191, 203; *Henckel,* KTS 2006, 487, 493 f.

[170] *Scherer,* NZI 2004, 113, 116.

[171] HKInsO/*Marotzke* § 105 Rn. 7; noch deutlicher in der 1. Aufl. HKInsO/*Marotzke* § 105 → Rn. 2. Vgl. auch *Häsemeyer,* Rn. 20.27; *Henckel,* FS Kirchhof, S. 191, 202 („rechtspolitischer Missgriff"); *Stamm* KTS 2011, 421, 444 f.

[172] BGHZ 150, 353, 359 = NJW 2002, 2783, 2785; BFH ZIP 2007, 976, 977; *Huber,* NZI 2002, 467 ff.; Gottwald/*Huber,* § 34 Rn. 42 ff.

[173] Gottwald/*Huber* § 35 Rn. 24; Graf-Schlicker/*Breitenbücher* § 103 Rn. 28.

51 **3. Der Schuldner hat vor Eröffnung des Insolvenzverfahrens teilweise geleistet, der Vertragspartner hat nichts geleistet. a) Vertragsteilung.** Auch hier bewirkt die Erfüllungswahl eine **„Vertragsspaltung" oder -teilung.**[174] Die Rückforderung der Leistung des Schuldners kommt grundsätzlich nicht in Betracht (→ Rn. 32). Der Insolvenzverwalter hat freilich einen Anspruch auf den der Vorleistung des Schuldners entsprechenden Teil der vertraglich vereinbarten Gegenleistung, ohne dass es einer Erfüllungswahl bedarf (→ Rn. 32). Ein durchsetzbarer Anspruch auf eine darüber hinausgehende Leistung des Vertragspartners steht dem Insolvenzverwalter ohne Erfüllungswahl jedoch nicht zu (→ Rn. 17). Umgekehrt kann der Vertragspartner ohne Erfüllungswahl des Insolvenzverwalters einen weitergehenden Erfüllungsanspruch gegen die Masse nicht durchsetzen (→ Rn. 16). Der Erfüllungswahl kommt mithin auch in diesem Fall nur insoweit Bedeutung zu, als es darum geht, diejenige vertraglich vereinbarte Gegenleistung des Vertragspartners zur Masse zu ziehen, auf die der Insolvenzverwalter ohne Erfüllungswahl einen durchsetzbaren Anspruch nicht hätte. Hat der Schuldner 500 kg einer Ware mit einem Marktpreis von 1500 € für 1000 € gekauft und 500 € angezahlt, so hat der Insolvenzverwalter nach § 433 Abs. 1 BGB, § 80 auch ohne Erfüllungsverlangen einen Anspruch auf die der Anzahlung entsprechenden 250 kg.[175] Eines Erfüllungsverlangens bedarf es nur wegen der ausstehenden 250 kg; auf diese hat der Verwalter wegen der dem Vertragspartner insoweit zustehenden Einrede des nicht erfüllten Vertrages nur dann einen durchsetzbaren Anspruch, wenn er seinerseits aus der Masse die diesem Teil entsprechende Gegenleistung von 500 € erbringt. Das Erfüllungsverlangen betrifft mithin im Fall der teilweisen Vorleistung des Schuldners allein die über die ihr entsprechende Gegenleistung hinausgehende Gegenleistung des Vertragspartners. Nur wegen der Forderung auf diese weitere Gegenleistung des Vertragspartners und des Anspruchs des Vertragspartners auf die restliche Leistung des Schuldners/der Masse sind die Wirkungen des Erfüllungsverlangens denen eines neuen Vertrages mit identischem Inhalt gleichzusetzen (→ Rn. 41). Im Übrigen lässt das Erfüllungsverlangen nach seinem Sinn und Zweck den Vertrag und seine Durchführung unberührt. **Auch soweit es um die Vorleistung des Schuldners und die ihr entsprechende Gegenleistung des Vertragspartners geht, unterfällt der Vertrag § 103 nicht.**[176] Insoweit findet eine Aufwertung des Erfüllungsanspruchs des Schuldners/Insolvenzverwalters (§ 80) zu einem originären Masseanspruch nicht statt; eine qualitative Änderung dieses Anspruchsteils tritt nicht ein. Das bedeutet, dass eine **Abtretung des Erfüllungsanspruchs durch den Schuldner insoweit** auch gegenüber dem Insolvenzverwalter **wirksam** bleibt[177] und dass **gegen diesen Teilanspruch** nach Maßgabe der §§ 94 ff. **mit Insolvenzforderungen** des Vertragspartners **aufgerechnet** werden kann.[178] **Anders** ist es nur **wegen desjenigen Teils des Erfüllungsanspruchs, der durch das Erfüllungsverlangen** des Insolvenzverwalters **die Qualität einer originären,** dh nicht unmittelbar vom Schuldner abgeleiteten **Masseforderung erlangt.** Insoweit gilt das Gleiche wie bei gänzlich unerfüllten gegenseitigen Verträgen, deren Erfüllung der Insolvenzverwalter wählt: Eine vor Verfahrenseröffnung vorgenommene **Verfügung des Schuldners** über den vertraglichen Anspruch ist insoweit unwirksam; gegen diesen Anspruchsteil kann **mit Insolvenzforderungen** des Vertragspartners **nicht aufgerechnet** werden (→ Rn. 41).

52 **b) Sicherheiten. Sicherheiten** für den Erfüllungsanspruch des Vertragspartners können insoweit in Anspruch genommen werden, als die Erfüllung der durch das Erfüllungsverlangen des Insolvenzverwalters begründeten Ansprüche notleidend wird. Insoweit gelten ähnliche Erwägungen wie in den Fällen, in denen es an Leistungen beider Vertragsparteien vor Eröffnung des Insolvenzverfahrens fehlt (→ Rn. 45, 46).

53 **4. Beide Vertragsparteien haben vor Eröffnung des Insolvenzverfahrens teilweise geleistet. a) Die Gegenleistung entspricht jeweils der Leistung. Entspricht** die **Gegenleis-**

[174] BGHZ 129, 336, 342 = NJW 1995, 1966, 1967 f.; Gottwald/*Huber,* § 35 Rn. 23, 25; HKInsO/*Schmidt* § 95 Rn. 40; Uhlenbruck/*D. Wegener* § 103 Rn. 16 ff., 150; Leonhardt/Smid/*Zeuner* § 103 Rn. 45. S. o. Rn. 47.

[175] BGHZ 129, 336, 340 = NJW 1995, 1966, 1967.

[176] Zust. HKInsO/*Schmidt* § 95 Rn. 41; Uhlenbruck/*D. Wegener* § 103 Rn. 15, 143; Leonhardt/Smid/*Zeuner* § 103 Rn. 45; Graf-Schlicker/*Breitenbücher* § 103 Rn. 30.

[177] BGHZ 129, 336, 340 = NJW 1995, 1966, 1967; 135, 25, 26 f. = ZIP 1997, 688; 150, 353, 359, 364 = NJW 2002, 2783, 2785, 2786; Nerlich/Römermann/*Balthasar* § 103 Rn. 59; Uhlenbruck/*D. Wegener* § 103 Rn. 150; Leonhardt/Smid/*Zeuner* § 103 Rn. 45; vgl. auch *Ringstmeier,* Auswirkungen der Erfüllung gegenseitiger Verträge im Konkurs auf Forderungsabtretungen, S. 108 bis 114.

[178] BGHZ 129, 336, 340 f. = NJW 1995, 1966, 1967; 135, 25, 27 = ZIP 1997, 688, 689; 147, 28, 31 = ZInsO 2001, 708, 709; Nerlich/Römermann/*Balthasar* § 103 Rn. 74; FKInsO/*B. Wegener* § 103 Rn. 95; Uhlenbruck/*D. Wegener* § 103 Rn. 152; Leonhardt/Smid/*Zeuner* § 103 Rn. 45; aA *Adam* WM 1998, 801, 805 f. mwN. Die Auffassung *Adams* beruht auf der von ihm entwickelten „Lückentheorie" (vgl. *Adam,* Die Aufrechnung gegen das Erfüllungsverlangen des Konkursverwalters, S. 9, 74 ff.). Die angenommene Lücke besteht jedoch nicht.

tung jeweils **der Leistung,** so gilt bei einer Erfüllungswahl wegen des Restes grundsätzlich das Gleiche wie in den Fällen, in denen keine Partei Leistungen erbracht hat.[179] (→ Rn. 39 bis 46.)

b) Eine Partei hat mehr geleistet. Hat **eine Vertragspartei mehr geleistet** als die andere, 54 finden wegen des nicht durch eine Gegenleistung ausgeglichenen Leistungsteils die gleichen Grundsätze Anwendung, wie wenn nur eine Vertragspartei teilweise geleistet hat.[180] (→ Rn. 47 bis 52.)

D. Anwendungsbereich – Einzelerläuterungen im Anschluss an die Grundlagendarstellung von § 103 (→ Rn. 8–54)

I. Gegenseitige Verträge

1. Begriff. In § 103 Abs. 1 wird der Begriff „Gegenseitiger Vertrag" in demselben Sinne wie 55 bei §§ 320 ff. BGB verwendet. Gemeint ist also ein **vollkommen zweiseitig verpflichtender Vertrag,** mit dem Kennzeichen der synallagmatischen Verknüpfung[181] der beiderseitigen Hauptleistungspflichten. Seine Besonderheit liegt darin, dass eine Partei ihre Leistungspflicht nur wegen der von der anderen Seite zugleich übernommenen Gegenleistungspflicht eingeht und ihre Leistung nur um der Gegenleistung Willen erbringt (Austauschvertrag; „do, ut des"). Dabei legen die Parteien bei Vertragsschluss typischerweise auch die Gleichwertigkeit der Leistungen (Äquivalenz) fest. Der Parteiwille entscheidet also alleine (in den Grenzen des § 138 BGB) über das Gegenseitigkeitsverhältnis und die Gleichwertigkeit des Leistungsaustausches; dass sich die Leistungen beider Teile darüber hinaus auch noch in ihrem objektiven Wert entsprechen, gehört nicht zum Begriff des gegenseitigen Vertrages.[182] Die beschriebene Verknüpfung der Leistungspflichten bewirkt außerhalb eines Insolvenzverfahrens nach §§ 320, 322 BGB und in der Zwangsvollstreckung gemäß § 756 ZPO, dass jede Partei grundsätzlich nur voll erfüllen muss, wenn sie zugleich (Ausnahme: §§ 322 Abs. 2, 274 Abs. 2 BGB) die volle Gegenleistung erhält (sog. *funktionelles Synallagma*), sofern sie nicht vorleistungspflichtig ist; mit einer Teilleistung braucht sie sich nicht zufriedenzugeben.

Ebenso war die **Rechtslage nach KO.** Zwar verwendete § 17 KO abweichend den Begriff 56 „zweiseitiger Vertrag"; gemeint war aber auch dort von Anfang an nur ein vollkommen zweiseitig verpflichtender Vertrag,[183] den §§ 320 ff. BGB als „gegenseitigen Vertrag" bezeichnen. Der unterschiedliche Sprachgebrauch erklärt sich aus der Entstehungsgeschichte der (gegenüber dem BGB) älteren KO;[184] in der späteren VerglO[185] ist denn auch schon vom „gegenseitigen Vertrag" die Rede (§§ 36, 50, 52 VerglO).

2. Abgrenzung nach Abwicklungslagen. a) Der vor Insolvenzeröffnung beiderseits 57 oder einseitig voll erfüllte gegenseitige Vertrag. Diese Abwicklungsalternativen werden von § 103 nicht erfasst, was sich schon im Umkehrschluss aus dem Wortlaut der Vorschrift ergibt.[186] Im Einzelnen gilt:

aa) Beiderseitige Erfüllung. Wurde ein gegenseitiger Vertrag → Rn. 55) vor Insolvenzeröff- 58 nung von beiden Seiten vollständig (→ Rn. 121 ff.) erfüllt, der vereinbarte Leistungsaustausch also programmgemäß abgewickelt, so ist das Schuldverhältnis schon vor Eröffnung des Insolvenzverfahrens durch Erfüllung erloschen (§ 362 Abs. 1 BGB); die vom späteren Insolvenzschuldner vereinnahmte Leistung bleibt, soweit noch vorhanden, in der Masse und die von ihm erbrachte Gegenleistung – vorbehaltlich einer Anfechtung nach §§ 129 ff. – beim Vertragspartner.

bb) Erfüllung durch späteren Insolvenzschuldner. Hat lediglich der *spätere Insolvenzschuld-* 59 *ner* die ihm obliegende Leistung vor Insolvenzeröffnung vollständig (→ Rn. 121 ff.) erbracht, so darf sie der Vertragspartner grundsätzlich behalten, muss aber seinerseits in die Masse leisten; eine Leistung

[179] Vgl. HKInsO/*Schmidt* § 95 Rn. 32; Uhlenbruck/*D. Wegener* § 103 Rn. 19.
[180] Vgl. HKInsO/*Schmidt* § 95 Rn. 32; Uhlenbruck/*D. Wegener* § 103 Rn. 20.
[181] Näher zum Synallagma in der Insolvenz *Kepplinger* S. 18 ff.
[182] Näher Palandt/*Grüneberg* Vor § 320 Rn. 8; das gilt auch im Insolvenzrecht; wie hier Uhlenbruck/*D. Wegener.* Rn. 25; KPB/*Tintelnot* Rn. 40; *vgl.* auch *Jaeger/Henckel* KO § 17 Rn. 11.
[183] RGZ 100, 1, 2; 147, 340, 342; BGH NJW 1980, 226, 227.
[184] KO v. 10.2.1877 (RGBl. S. 351), in Kraft getreten – zusammen mit den anderen Reichsjustizgesetzen – am 1.1.1879; BGB v. 18.8.1896 (RGBl. S. 195), in Kraft getreten am 1.1.1900.
[185] VerglO v. 26.2.1935 (RGBl. I S. 321, ber. S. 356), in Kraft getreten am 1.4.1935; Vorläufer dieses Gesetzes waren die „VO über die Geschäftsaufsicht" v. 8.8.1914 (RGBl. S. 363) und das „Gesetz über den Vergleich zur Abwendung des Konkurses" v. 5.7.1927 (RGBl. S. 139).
[186] BAG ZInsO 2012, 450 (Rn. 36).

an den Schuldner befreit ihn nach § 82 nur, wenn er in Unkenntnis der Verfahrenseröffnung geleistet hat (→ § 82 Rn. 12 ff.). Allerdings wird die Leistung des nicht vorleistungspflichtigen späteren Insolvenzschuldners, der folglich auf die Einrede gemäß § 320 BGB verzichtet hat, der inkongruenten Deckungsanfechtung nach § 131, möglicherweise auch der Vorsatzanfechtung nach § 133 unterliegen (Einzelheiten → § 131 Rn. 40, → § 133 Rn. 29); hatte er vorzuleisten, kommt eine kongruente Deckungsanfechtung gemäß § 130 in Betracht, während eine Anfechtung nach § 133 mangels Beweisbarkeit in aller Regel ausscheiden wird (Einzelheiten § 130 → Rn. 61 ff., → § 133 Rn. 33 ff.). Greift einer der Anfechtungstatbestände ein, so besteht ein Anspruch auf Rückgewähr des aus dem Vermögen des Schuldners Weggegebenen gemäß § 143.

60 **cc) Erfüllung durch den anderen Teil.** Hat lediglich der andere Teil seine Leistung vor Insolvenzeröffnung vollständig (→ Rn. 121 ff.) erbracht, dann fällt sie, soweit noch vorhanden, in die Masse; § 103 ist unanwendbar.[187] Eine Rückgabepflicht des Insolvenzverwalters besteht nicht, wie aus § 105 Satz 2 („erst-recht-Schluss") folgt (vgl. auch → § 105 Rn. 38, 39), sofern nicht ein Aussonderungsrecht besteht (→ § 47 Rn. 15 ff.); der Vertragspartner kann vielmehr seinen Anspruch auf die Gegenleistung nur als Insolvenzforderung gemäß §§ 38, 87, 174 ff. – gegebenenfalls nach Umrechnung gem. § 45 – mit Aussicht auf quotenmäßige Befriedigung geltend machen.[188] Hat also beispielsweise der Verkäufer die gelieferte Sache vor Insolvenzeröffnung auch übereignet, der spätere Insolvenzschuldner den Kaufpreis aber nicht bezahlt, so ist der Kaufpreisanspruch bloße Insolvenzforderung und kann der Gegenstand nicht zurückverlangt werden. Dieses Ergebnis rechtfertigt sich schon daraus, dass der andere Teil (hier: Verkäufer) seine Verpflichtung erfüllt hat, ohne auf dem vereinbarten Leistungsaustausch (→ Rn. 55) zu bestehen; wegen des darin liegenden Verzichts auf die Rechte der §§ 320, 322 BGB befindet er sich nun in derselben Lage wie jeder andere (ungesicherte) Kreditgeber des Schuldners auch. Entsprechendes gilt für den ungesichert in Vorleistung getretenen Arbeitnehmer.[189]

61 **b) Der vor Insolvenzeröffnung von keiner Seite vollständig erfüllte gegenseitige Vertrag.** Nur diese Abwicklungsalternative wird von § 103 nach Wortlaut und Normzweck (→ Rn. 1, 2) erfasst[190] (zur Abwicklung → Rn. 14 ff.).

aa) Regelungsbedürfnis. Das durch die Vorschrift befriedigte *Regelungsbedürfnis* folgt unmittelbar einsichtig aus dem Umstand, dass nun wegen der Eröffnung des Insolvenzverfahrens über das Vermögen eines Vertragspartners der bei Vertragsschluss verabredete volle Leistungsaustausch (→ Rn. 55) gefährdet ist; denn nach allgemeinen insolvenzrechtlichen Regeln könnte der Insolvenzverwalter den vom Schuldner erworbenen Anspruch zur Masse ziehen, hätte der andere Teil also seine Leistung voll zu erbringen, selbst aber wegen §§ 38, 87, 174 ff. nur eine teilweise Befriedigung (Quote) zu erwarten. Außerhalb des Insolvenzverfahrens bräuchte sich der Vertragspartner auf eine solche Abwicklung freilich nicht einzulassen; denn dort könnte er die Einrede des nichterfüllten Vertrages gemäß § 320 BGB erheben und auf vollem Leistungsaustausch bestehen.

62 **bb) Einrede des nicht erfüllten Vertrages (§ 320 BGB).** Ob sich der Vertragspartner darauf auch im Insolvenzfalle berufen kann, die Einrede des nichterfüllten Vertrages *also insolvenzfest ist oder nicht,* wird seit jeher unterschiedlich beantwortet. Der Gesetzgeber der InsO hat die Streitfrage nicht geklärt; § 51, der verschiedene Zurückbehaltungsrechte bevorzugt regelt (vgl. §§ 50, 51 Nr. 2, 3), nennt jedenfalls das des § 320 BGB nicht. Nach einer Meinung[191] ist § 320 BGB nicht insolvenzfest und erhält nur § 103 dem anderen Teil die bei gegenseitigen Verträgen typische Position, die Leistung nur erbringen zu müssen, wenn ihm die Gegenleistung ungeschmälert und nicht nur in Höhe der Insolvenzquote zufließt. Nach der Gegenauffassung[192] hat die Einrede des nichterfüllten Vertrages auch in der Insolvenz Bestand, kann folglich dem Insolvenzverwalter entgegengehalten werden, wovon jetzt auch der BGH ausgeht (→ Rn. 13, 18, 25, 32, 38). So wurde beispielsweise ausgesprochen, dass die Einrede des § 320 BGB die Funktion hat, die geschuldete Gegenleitung zu erzwingen, weshalb sie umgekehrt einer Partei nicht zusteht, die geltend gemacht hat, am Vertrag nicht festhalten zu wollen;[193] andererseits verliert der Schuldner nicht dadurch die Befugnis zur Ausübung des

---

187 BGHZ 169, 43 (Rn. 13) = ZIP 2006, 136 = ZInsO 2006, 933 = NJW 2006, 2919 mAnm *Huber.*

188 BGHZ 155, 371, 376 = NJW 2003, 3060 = NZI 2003, 539 = ZIP 2003, 1550 = ZInsO 2003, 751.

189 BAG ZInsO 2012, 450 (Rn. 34).

190 BGH ZIP 2017, 2267 (Rn. 15) = ZInsO 2017, 2539 = NJW-RR 2018, 48.

191 BGHZ 89, 189, 194 f. = NJW 1984, 1557 (zur entspr. Problemlage bei § 17 KO); KPB/*Tintelnot* Rn. 12, 13; *Häsemeyer* Rn. 25.14. Krit. *Henckel,* FS Kirchhof, 2003, S. 191, 199 f.

192 Vgl. zB *Musielak* AcP 179 (1979), 189, 199 f.; HKInsO/*Marotzke* § 103 Rn. 6, 104 ff., 106; *Wegener* Rn. 91; *Hoffmann* KTS 2018, 343, 348 ff.

193 BGH NZI 2013, 891 = ZIP 2013, 1729 = ZInsO 2013, 1838.

Leistungsverweigerungsrechts, dass die Verwaltungs- und Verfügungsbefugnis über sein Vermögen nach § 80 auf den Insolvenzverwalter übergegangen ist;[194] Allerdings betreffen diese Fragen nur einen Teilausschnitt aus der hier erörterten Abwicklungslage. Denn mit der Einrede lässt sich im Insolvenzfalle nur die (weitere) Durchführung des Vertrages verhindern (→ Rn. 16, 25, 28, 32), nicht aber der vereinbarte Leistungsaustausch sicherstellen.[195] Hierzu bedarf es ohnehin einer insolvenzrechtlichen Sondervorschrift, die den Verwalter befugt, dem anderen Teil entgegen der Regel des § 38 die volle Gegenleistung zukommen zu lassen; diese Funktion übernehmen bei einem Erfüllungsverlangen §§ 103 Abs. 1, 55 Abs. 1 Nr. 2 (→ Rn. 39 ff.). Für die Praxis ist es deswegen weitgehend ohne Bedeutung, ob man die Fortwirkung des Leistungsverweigerungsrechtes unmittelbar aus § 320 BGB oder nur über § 103 herleitet.[196] Macht der Insolvenzverwalter einen **nicht** im Gegenseitigkeitsverhältnis wurzelnden Anspruch geltend, ist § 103 unabwendbar.[197] Im Übrigen greift die Ableitung des Wahlrechts aus dem Synallagma ohnehin zu kurz,[198] vielmehr liegt der eigentliche Grund für das Verwalterwahlrecht in der **Entlastungsfunktion,** die den Insolvenzverwalter der Notwendigkeit eines neuen Vertragsschlusses enthebt (näher → Rn. 13a).

63 **cc) Unsicherheitseinrede (§ 321 BGB).** Entsprechendes gilt für die *Unsicherheitseinrede* (§ 321 Abs. 1 BGB).[199] Auch insoweit schützt § 103 gemäß Normzweck und Regelungsbedürfnis den anderen Teil. Ist nämlich dieser vorleistungspflichtig, hat er seine Leistung vor Insolvenzeröffnung aber – gerade auch unter Berufung auf die genannte Einrede – noch nicht erbracht, so besteht der Schutz des funktionellen Synallgma fort. Wählt der Insolvenzverwalter Erfüllung, so muss er den Anspruch des Vertragspartners auf die Gegenleistung gemäß §§ 103 Abs. 1, 55 Abs. 1 Nr. 2 voll berichtigen.[200] Folglich entfällt die nach BGB vorausgesetzte Gefährdung des Anspruchs auf die Gegenleistung, verliert der Vertragspartner also schon deshalb das Leistungsverweigerungsrecht nach dieser Bestimmung.[201] Tritt später freilich Masseunzulänglichkeit ein, steht dann also bereits fest, dass der Gegenleistungsanspruch nicht oder nicht voll bedient werden kann (§§ 208, 209), so braucht der Vertragspartner nicht weiter zu erfüllen.

64 **3. Überblick über den Anwendungsbereich des § 103. a) Grundsätze.** Die Vorschrift erfasst einen bei Insolvenzeröffnung von noch keiner Seite (→ Rn. 61) vollständig (→ Rn. 121 ff.) erfüllten gegenseitigen (→ Rn. 55; Beispiele → Rn. 67 ff.) Vertrag, sofern nicht wirksam eine Lösungsklausel für den Insolvenzfall vereinbart wurde bzw. werden konnte (→ Rn. 90; § 119 → Rn. 23 ff.), oder, soweit nicht Sondervorschriften der InsO (→ Rn. 97 ff.) oder besondere Bestimmungen des bürgerlichen Rechts (→ Rn. 108 ff.) ganz oder zum Teil vorgehen. **Nicht** Voraussetzung für die Anwendung des § 103 sind die Fälligkeit des Anspruchs (→ Rn. 121) und die Forderungszuständigkeit des Insolvenzverwalters (→ Rn. 205).

65 **b) Übergangsrecht.** Nach Art. 103 EGInsO ist auf Konkurs-, Vergleichs- und Gesamtvollstreckungsverfahren, die vor dem 1. Januar 1999 beantragt worden sind, und deren Wirkungen das *bisherige Recht* anzuwenden. Die von solchen Verfahren betroffenen schwebenden Rechtsgeschäfte sind folglich nach §§ 17 bis 28 KO, §§ 50 bis 53 VerglO bzw. § 9 GesO abzuwickeln. Das *neue Recht* gilt demgegenüber gemäß Art. 104 EGInsO für nach dem 31. Dezember 1998 beantragte Insolvenzverfahren, dann aber auch für Rechtsverhältnisse und Rechte, die vor dem 1. Januar 1999 begründet worden sind. Schwebende Rechtsgeschäfte unterfallen deshalb selbst dann den Regeln der InsO, wenn sie vor deren Inkrafttreten abgeschlossen wurden, sofern nur der Eröffnungsantrag nach dem 31. Dezember 1998 bei Gericht eingegangen ist. Einen Bestandsschutz, wie bei der Insolvenzanfechtung (vgl. Art. 106 EGInsO), gibt es nicht.[202]

66 **4. Beispiele zu unter § 103 fallende gegenseitige Verträge. a) Zweck der Übersicht und Abgrenzung.** Die folgende Übersicht nennt einige in der Praxis besonders wichtige Typen gegenseitiger Verträge, die entweder ausschließlich oder eingeschränkt von § 103 erfasst werden. Im zuletzt genannten Falle wird auf das Abgrenzungsproblem und die dann einschlägige Sondervor-

---

194 BGH NZI 2013, 692 = ZIP 2013, 890 = ZInsO 2013, 823.

195 Vom Verlust (nur) der prozessualen Durchsetzbarkeit (nicht dem der materiell-rechtlichen Durchsetzbarkeit gem. § 320 BGB) spricht deshalb auch *Riehm* KTS 2016, 143, 145 ff.

196 Ähnlich Jauernig/*Berger* § 49 Rn. 2.

197 BGH NJW 2009, 1414 (Rn. 15).

198 *Kreft* FS Kübler, S. 359, 364.

199 Zu dieser Einrede auch *Hoffmann* KTS 2018, 343, 352.

200 KPB/*Tintelnot* Rn. 6 (mit Hinweis auch auf eine mögliche Haftung des Insolvenzverwalters nach § 61). Zur KO: *Jaeger/Henckel* § 17 Rn. 6.

201 KPB/*Tintelnot* Rn. 14; *Marotzke* Rn. 2.22 ff., 4.84 f.

202 Begründung RegE Art. 103, 104 EGInsO, abgedruckt zB bei KPB; Das neue Insolvenzrecht (1994) Bd II, S. 310, 312 f.

schrift hingewiesen. Zur **Unanwendbarkeit** des § 103 (→ Rn. 87 ff.), zu den **Sondervorschriften** nach §§ 104 ff. (→ Rn. 97 ff.) und zu besonderen **Bestimmungen des bürgerlichen Rechts** (→ Rn. 108 ff.).

b) Beispiele (alphabetische Aufzählung der Haupttypen):

67 – **Bauvertrag.** Auf ihn finden seit dem (am 1.1.2018 in Kraft getretenen) Gesetz zur Reform des Bauvertragsrechts[203] bei Vertragsschluss vor diesem Zeitpunkt §§ 631 ff. BGB, bei späterem Abschluss §§ 650a ff. BGB[204] Anwendung („BGB-Bauvertrag") bzw die Vorschriften der VOB/B, wenn deren Geltung vereinbart wurde („VOB-Bauvertrag"), wobei in allen Fällen stets § 103 gilt. Besondere Probleme ergeben sich für die Beurteilung der Teilbarkeit von Leistungen (§ 105 Rn. 15) und wegen des Kündigungsrechtes nach § 8 Abs. 2 VOB/B bzw. der Wirksamkeit einer vereinbarten Lösungsklausel (→ Rn. 90; ausführlich zum Problem → § 119 Rn. 23, 28 ff., bzw. 39 ff.).[205]

Verträge über herzustellende bewegliche Sachen (nach altem Sprachgebrauch **Werklieferungsverträge**) fallen wegen § 651aF bzw. jetzt § 650 S. 1 BGB unter Kaufvertragsrecht (→ Rn. 73). Für die Einordnung bei § 103 ist die Abgrenzung zum Werkvertragsrecht grundsätzlich ohne Bedeutung;[206] obgleich eine höchstrichterliche Entscheidung zum Problem der Teilbarkeit der Leistung bei einem Werklieferungsvertrag noch nicht vorliegt, spricht viel dafür, sie nicht anders wie bei einem Bauvertrag zu behandeln.[207]

68 – **Bauträgervertrag** dann, wenn der Bauträger auf seinem Grundstück für eigene Rechnung baut. Ist bei Vertragsschluss mit dem Erwerber des Objekts das Bauwerk noch nicht hergestellt, liegt ein Werk-/Bauvertrag vor (→ Rn. 67), ist es schon vollendet, handelt es sich um einen Kaufvertrag, weshalb in beiden Fällen § 103 Anwendung findet.[208] Jedoch gilt § 103 nur für den die Bauleistung betreffenden Teil des Vertrages, während der durch Vormerkung gesicherte Anspruch auf Übereignung des Grundstücks gemäß § 106 Abs. 1 Satz 2 unberührt bleibt.[209]

Baubetreuungsverträge fallen unter → § 116 Rn. 105. Zwischen Bauträger und dem von ihm beauftragten Bauunternehmer liegt ein Bauvertrag (→ Rn. 67) vor.

69 – **Darlehen** (Gelddarlehen, §§ 488 ff. BGB), aber nur das verzinsliche (→ Rn. 92),[210] das als gegenseitiger Vertrag an sich in den Anwendungsbereich des § 103 gehört.

(1) Für die **Insolvenz des Darlehensgebers** muss man unterscheiden:

- In so genannten **Altfällen** (Insolvenzeröffnung bis 30.6.2007)[211] war Voraussetzung für die Anwendung des § 103, dass die Auszahlung des Darlehens bei Insolvenzeröffnung noch wenigstens teilweise ausstand; andernfalls lag ein von einer Seite vollständig erfüllter gegenseitiger Vertrag vor, der nicht unter § 103 fällt[212] (→ Rn. 57 ff.). Daran hat auch das neue Schuldrecht nichts geändert (vgl. § 488 Abs. 1 BGB: „… zur Verfügung zu stellen");[213] der Insolvenzverwalter muss das – vorbehaltlich einer Anfechtung, bei ungünstigeren Konditionen insbes. nach § 132 oder § 133 – hinnehmen, kann das voll valutierte Darlehen also dem anderen Teil nicht über eine Erfüllungsablehnung entziehen.
- Für seit 1.7.2007 eröffneten Insolvenzverfahren (vgl. Art. 103c EGInsO) gilt demgegenüber **§ 108 Abs. 2,**[214] der unter bestimmten Voraussetzungen den Fortbestand des Rechtsgeschäfts anordnet, es also insolvenzfest macht und ihrem Normzweck nach eine Sonderregel zu § 103 enthält. Dabei macht es keinen Unterschied, ob es sich um ein Privatdarlehen – beispielsweise des Arbeitgebers an seinen Arbeitnehmers oder eines Betriebs an ein Kunden-

---

203 Gesetz v. 24.7.2017, BGBl. I, S. 969; Materialien: BR-Drs. 123/16.

204 Den sog. Verbraucherbauvertrag regelt § 650i BGB.

205 Ausführlich zur Insolvenz bei Bauverträgen s. Messerschmidt/Voit/*Huber*, Privates Baurecht, 3. Aufl. 2018, Syst. Teil R; vgl. auch (zum bisherigen Recht nach BGB) *Kreft*, FS Uhlenbruck, 2000, 387 ff.; *Thode* ZfIR 2000, 165, 185 ff.; *C. Schmitz* ZIP 2001, 765; *Schmitz* ZIP 1998, 1421; *Schmitz* DZWiR 1999, 485.

206 Ausf. zur Insolvenz bei Bauverträgen s. Messerschmidt/Voit/*Huber*, Privates Baurecht, 3. Aufl.2018, Syst. Teil R.

207 Näher Messerschmidt/Voit/*Huber* (vorherige Fn.) Rn. 3.

208 *Jaeger/Henckel* KO § 17 Rn. 23; ausf. zur Insolvenz eines Bauträgers zB: *Kesseler* RNotZ 2004, 170 ff.; *Ampferl* ZWE 2006, 214 ff.; Reul/Heckschen/Wienberg, S. 299 ff.; *C. Schmitz* Rn. 978 ff.

209 Gottwald/*Huber* § 38 Rn. 19 ff. u. 22 (Absicherung des Fertigstellungsrisikos); Uhlenbruck/*D. Wegener* Rn. 28.

210 Im Ausgangspunkt allgM, schon zur KO (und § 607 aF BGB): *W. Luther*, Darlehen im Konkurs, 1990; *Jaeger/Henckel* § 17 Rn. 12; *K. Schmidt* JZ 1976, 756 ff.

211 Ausf. dazu *Gehrlein* ZInsO 2012, 101.

212 BGH NJW 1990, 1356 f.

213 Ausf. *Landenklos/Sester* ZInsO 2004, 1757, 1759 ff.

214 Eingefügt durch das Gesetz zur Vereinfachung des Insolvenzverfahrens v. 13.4.2007, BGBl I S. 509; Materialien: BT-Drucks 16/3227 und 16/4194 (Bericht und Beschlussempfehlung Rechtsausschuss).

unternehmen (zB einer Brauerei an eine Gaststätte; vgl. auch u.) – oder einen Bankkredit handelt; ein Kontokorrentkredit gehört aber nach noch hM (krit. → § 108 Rn. 205) nicht hierher,[215] vielmehr gilt dafür in der Insolvenz der Bank § 103 und in der des Kunden § 116.[216] Das Darlehen muss nicht in vollem Umfang ausgezahlt sein, vielmehr genügt eine teilweise Valutierung. Denn die angesprochene Rechtsfolge tritt nach dem Gesetzeswortlaut ein, „soweit" dem Darlehensnehmer der geschuldete Gegenstand zur Verfügung gestellt wurde; in einem solchen Fall bleibt hinsichtlich des nicht valutierten Rests § 103 unberührt (→ § 108 Rn. 209), weshalb der Insolvenzverwalter insoweit die (weitere) Erfüllung ablehnen kann, was zur Vertragsaufspaltung führt. Mit § 105 hat diese Problemlage freilich nichts zu tun, weil diese Vorschrift den umgekehrten Fall (Teilleistung des anderen Teils; das wäre hier der Darlehensnehmer) betrifft.

(2) In der Insolvenz des **Darlehensnehmers,**[217] der bei Eröffnung des Insolvenzverfahrens über sein Vermögen die Darlehensvaluta nicht oder nicht vollständig erhalten hat, gilt § 103, dem aber kaum praktische Bedeutung zukommt. Denn in einem solche Falle wird der Darlehensgeber den Darlehensvertrag gemäß § 490 Abs. 1 BGB kündigen; dem steht § 119, der nur „Vereinbarungen" der Parteien erfasst, nicht entgegen (→ § 119 Rn. 18 aE).[218] Ist das Darlehen bereits voll valutiert, scheidet § 103 aus, weil der Darlehensgeber den Vertrag einseitig voll erfüllt hat.

Unter § 103 fällt ein **Darlehens- und Bier-/Getränkelieferungsvertrag,** bei dem ein Getränkehersteller, insbesondere eine Brauerei, ein (in aller Regel unverzinsliches) Darlehen gegen die länger dauernde Bezugsverpflichtung des anderen Teils ausreicht.[219]

Ob § 103 uneingeschränkt für das **Sachdarlehen** (§ 607 BGB) gilt, oder ob auch § 108 Abs. 2 angewendet werden kann, ist streitig (→ § 108 Rn. 210), hat aber wegen der geringen Bedeutung dieses Vertragstyps auch insolvenzrechtlich kaum Relevanz.

– **Energielieferungsverträge,** und zwar unabhängig von ihrer Einordnung als Sukzessivlieferungsverträge oder Wiederkehrschuldverhältnisse;[220] der Insolvenzverwalter muss allerdings nur den mit seinem **Erfüllungsverlangen** abgerufenen Rest der Teilleistung als Masseschuld nach § 103 Abs. 1, 55 Abs. 1 Nr. 2 voll und vorab befriedigen, während das Schicksal der bei Insolvenzeröffnung bereits erbrachten Teilleistungen § 105 regelt (→ Rn. 99). Bei Erfüllungsverlangen ist der Fortbestand von Sonderkonditionen eine ausdrücklich erwünschte Folge, die die Masse entlastet, den Vertragspartner freilich benachteiligt.[221] Diese Problemlage ist inzwischen durch das Grundsatzurteil des IX. Zivilsenats des BGB zum Fortbestand eines Vertrages über die fortlaufenden Lieferung von Waren oder Energie erledigt, weil ein solcher Vertrag (trotz vereinbarter Losungsklausel (anders als in Fall von → Rn. 90) fortbesteht, nachdem der Senat eine entsprechende Lösungsklausel bei einem solchen Vertragstyp wegen Verstoß gegen § 119 für unwirksam erklärt hat (näher → § 119 Rn. 28 ff.). Bei weiteren Leistungen des anderen Teils nach **Erfüllungsablehnung** des Verwalters entstehen hierdurch keine Neuverbindlichkeiten des Schuldners, vielmehr richtet sich die in der Bereitstellung von Versorgungsleistungen (Strom, Gas) liegende Realofferte des Versorgungsunternehmens hinsichtlich eines massezugehörigen, vollständig fremd vermieteten Grundstücks nicht an den Schuldner persönlich, sondern entweder an den Insolvenzverwalter oder den Mieter.[222] 70

– **Factoring.**[223] Es gilt § 103 für die bereits vereinbarten Forderungsankäufe, soweit die Forderungen nicht bereits abgetreten und vom Factor bezahlt sind, und zwar sowohl in der Insolvenz des Factors wie der des Anschlusskunden.[224] Der Rahmenvertrag fällt unter → § 116 (Rn. 104, 105). 71

– **Frachtverträge** (§§ 407 ff. HGB) in der Insolvenz des Frachtführers, während für den Geschäftsherrn ein gegenseitiger Vertrag mit Geschäftsbesorgungscharakter (§ 675 BGB) vorliegt, der unter § 116 fällt.[225] Zu Speditionsverträgen → Rn. 81. 72

---

215 BT-Drs 16/3227 S. 19.
216 So zutreffend HKInsO/*Marotzke* § 108 Rn. 84 ff.; Graf-Schlicker/*Breitenbücher* § 108 Rn. 13.
217 Ausf. dazu *v. Wilmowsky* WM 2008, 1169 ff., 1237 ff.
218 Im Erg. ebenso, jedoch mit anderer Begründung FKInsO/*Wegener* Rn. 6.
219 BGH NJW 2001, 1136 = ZIP 2001, 31 = NZI 2001, 85.
220 Näher Gottwald/*Huber* § 36 Rn. 5 ff.
221 Näher und zu Konsequenzen Gottwald/*Huber* Rn. 10.
222 BGH NJW 2016, 2260 = ZIP 2016, 682 = ZInsO 2016, 694.
223 Ausführl. zur Anwendung des § 103 (den Rechtsfolgen einer Insolvenz bei einem Factoringvertrag) *Gehrlein* ZInsO 2015, 1645.
224 Nerlich/Römermann/*Balthasar* Rn. 21; KPB/*Tintelnot* Rn. 55.
225 Str. wie hier: Baumbach/Hopt HGB § 407 Rn. 23. Insges. für § 103: KPB/*Tintelnot* Rn. 101; HKInsO/*Marotzke* § 116 Rn. 4.

73 – **Kaufvertrag** (§ 433 BGB) einschließlich **Handelskauf-** (§§ 373 ff. HGB) und **Tauschverträge** (§ 480 BGB). Kaufrecht gilt auch für einen **Werklieferungsvertrag** im Sinn des § 651aF (jetzt § 650) BGB (→ Rn. 67).
Beim **Kauf unter Eigentumsvorbehalt** findet § 103 in der Insolvenz des Vorbehaltskäufers Anwendung (die Sondervorschrift des § 107 Abs. 2 bezieht sich nur auf die Überlegungsfrist des vom Verkäufer zur Wahlrechtsausübung aufgeforderten Insolvenzverwalters), während für die Insolvenz des Vorbehaltsverkäufers die Sonderregel des § 107 Abs. 1 gilt (→ Rn. 101).[226]
Bei einem **Grundstückskaufvertrag** schließt § 106 Abs. 1 Satz 1 jedoch zugunsten des durch eine Vormerkung gesicherten Erwerbers eine Erfüllungsablehnung des Insolvenzverwalters aus (→ Rn. 100).[227] Außerdem besteht bei einem solchen Grundstückskaufvertrags mit einem zu Gunsten des Verkäufers vereinbarten Rücktrittsrechts samt Verpflichtung zur unentgeltlichen Rückübertragung für den Fall der Insolvenz **kein** Wahlrecht nach § 103, wenn der Schuldner Rechte an der Sache ausschließlich aufgrund dieses Vertrages erworben hat, die Rücktrittsklausel den Berechtigten in den Stand setzt, den Zugriff der Gläubiger auf die Sache jederzeit abwehren zu können, und die Rücktrittsklausel freie Verfügungen des Schuldners zu Gunsten einzelner Gläubiger ausschließt.[228]
Als Kauf wird auch der Vertrag über die **Bestellung eines Erbbaurechts** qualifiziert.[229] Der dinglich Heimfallanspruch des Erbaurechtsbestellers fällt nicht unter § 103, beeinträchtig folglich das Wahlrecht nicht und verstößt auch nicht gegen § 119, kann aber anfechtbar sein (→ § 119 Rn. 26; vgl aber dort → Rn. 37c).

74 – **Kommissionsverträge** (§§ 383 ff. HGB) in der Insolvenz des Kommissionärs;[230] bei einer Verkaufskommission hat der Kommittent bei Erfüllungsablehnung des Insolvenzverwalters ein Aussonderungsrecht (§ 47) an der Ware bzw. nach Ausführung des Geschäftes an der erworbenen Forderung, auch vor Abtretung (§ 392 Abs. 2 HGB). In der Insolvenz des Kommittenten gilt grundsätzlich § 116;[231] jedoch kommt § 103 in Betracht, wenn der Kommittent vor Insolvenzeröffnung nach §§ 384 Abs. 3, 400 HGB (Selbsthaftung und Selbsteintritt) das Recht der Inanspruchnahme des Kommissionärs auf Erfüllung des Geschäftes erworben hat, die Kommission oder das vermittelte Geschäft (Kauf) aber noch nicht beiderseits erfüllt ist.[232]

75 – **Leasingverträge,**[233] aber nur die über bewegliche Sachen,[234] sofern nicht in der Insolvenz des Leasinggebers die Sondervorschrift des § 108 Abs. 1 Satz 2 eingreift, also der Leasinggegenstand dem Dritten zur Sicherung übertragen wurde, der seine Anschaffung oder Herstellung finanziert hat (→ § 108 Rn. 7, 42 ff.). Das Immobilienleasing fällt unter § 108 Abs. 1 Satz 1.

76 – **Lizenzverträge,** insbesondere für Patente, Filme[235] oder Software[236] (für Software-Leasingverträge gelten die vorstehenden Erörterungen entsprechend). Lizenzverträge[237] werden entsprechend der Rechtspacht als Dauerschuldverhältnis iSd §§ 108, 112 eingeordnet,[238] unterliegen aber dem Wahlrecht des Insolvenzverwalters, weil kein unbewegliches Vermögen betroffen ist, sofern der Lizenzvertrag nicht – wie regelmäßig beim Lizenzkauf – beiderseits vollständig erfüllt ist.[239]
Im Einzelnen gilt:
(1) In der **Insolvenz des Lizenzgebers** wird der Vertrag bei Erfüllungswahl des Verwalters fortgesetzt; der andere Teil hat dann einen Erfüllungsanspruch gegen die Masse. Lehnt der

---

226 Ausf. zu den Abwicklungslagen beim Kauf unter Eigentumsvorbehalt Gottwald/*Huber,* § 36 Rn. 13 ff.
227 Ausf. zum Einfluss der Insolvenz auf die Abwicklung eines bestehenden Grundstückskaufvertrags Reul/Heckschen/Wienberg S. 245 ff.
228 BGH ZIP 2017, 2267 = ZInsO 2017, 2539 = DNotZ 2018, 365 = NJW-RR 2018, 38.
229 KPB/*Tintelnot* Rn. 50.
230 RGZ 78, 94 (zu § 17 KO); KPB/*Tintelnot* Rn. 52.
231 RGZ 96, 292, 296 (zu § 23 Abs. 2 KO; jetzt: § 116); KPB/*Tintelnot* Rn. 54.
232 *Jaeger/Henckel* KO § 17 Rn. 24; zweifelnd Nerlich/Römermann/*Balthasar* Rn. 23.
233 Aus. *Krämer,* Leasingverträge in der Insolvenz, 2005.
234 Beispiel: OLG Düsseldorf ZInsO 2005, 820.
235 Ausf. zu Film- und Fersehrechten *Klanze,* Urheberrechtliche Nutzungsrechte in der Insolvenz, 2006. Vgl. auch *Adolphsen* DZWiR 2003, 228; *Abel* NZI 2003, 121.
236 Ausführl. dazu *Paulus* ZIP 1996, 2, 6 ff. Zum Schicksal der Softwarelizenz in der Lizenzkette bei Insolvenz des Leasingnehmers *Weber/Hötzel* NZI 2011, 423.
237 Neuere Monographien dazu (jew. mit umfassenden Hinweisen auf das kaum noch überschaubare Schrifttum) vgl. zB: *Riewe,* Der urheberrechtliche Lizenzvertrag in der Insolvenz einer Vertragspartei, (Diss. Passau), 2008; *Pieger,* Die nicht-exklusive Patentlizenz in der Insolvenz des Lizenzgebers, (Diss. Passau), 2012. Vgl. iÜ zur Patentlizenz in der Insolvenz des Lizenzgebers *Ganter* NZI 2011, 833.
238 BGH ZIP 2006, 87 (Rn. 21) = ZInsO 2006, 35 = NZI 2006, 229; BGH ZIP 2016, 40 (Rn. 43) = ZInsO 2016, 150 = NZI 2016, 97.
239 BGH ZIP 2016, 40 = NZI 2016, 97.

Verwalter die Erfüllung ab oder erklärt er sich nicht, sind die gegenseitigen Erfüllungsansprüche zunächst suspendiert, der Lizenznehmer kann sich folglich am Insolvenzverfahren grundsätzlich nur mit einer Nichterfüllungsforderung beteiligen; ist die Hauptlizenz danach nicht mehr durchsetzbar, gilt das auch für eine Unterlizenz oder eine Kreuzlizenz.[240]
Die Position des Lizenznehmers ist demgegenüber **insolvenzfest** im wesentlich in drei Fällen, nämlich (1) bei einem Lizenzkauf wegen der dann eintretenden vollständigen Erfüllung durch den Lizenzgeber, sowie (2) bei einer exklusiven, also mit dinglicher Wirkung (Aussonderungsrecht gemäß § 47) ausgestatteten Insolvenz[241] und (3), wenn einem Lizenznehmer im zugrundeliegenden Vertrag – unanfechtbar – ein außerordentliches Kündigungsrecht und für diesen Fall aufschiebend bedingt ein Weiternutzungsrecht eingeräumt wurde, von dem er Gebrauch gemacht hat; dann kann der Insolvenzverwalter in der Insolvenz des Lizenzgebers nicht mehr die Erfüllung ablehnen, das Nutzungsrecht also nicht wieder über § 103 zur Masse ziehen (ausf. → § 119 Rn. 26).

(2) In der **Insolvenz des Lizenznehmers** ist im Eröffnungsverfahren zunächst § 112 zu beachten und der Lizenzgeber an der Beendigung des Vertrags gehindert; nach Insolvenzeröffnung gilt § 103. Wählt der Insolvenzverwalter Erfüllung, kann er das Nutzungsrecht zugunsten der Masse verwerten, andernfalls entfällt es mit der Folge der Rückgabe an den Lizenzgeber.

Seit langem diskutiert wird allerdings ein **Reformvorhaben für die Insolvenz des Lizenzgebers** (die des Lizenznehmers ist davon nicht betroffen!). Der RegE eines Gesetzes (zur Entschuldung mittelloser Personen, zur Stärkung der Gläubigerrechte sowie) zur Regelung der Insolvenzfestigkeit von Lizenzen[242] sah dazu einen neuen § 108a (Überschrift: Schuldner als Lizenzgeber) vor, der nach wie vor heftig und kontrovers diskutiert wird.[243] Diese Vorschrift bestimmt in Satz 1 (mit einer Ausnahme in Satz 2) den Fortbestand des Vertrages (wie nach § 108 Abs. 1) und enthält in Satz 3 eine Regelung, die die individuellen Interessen des Lizenzgeber (Insolvenzschuldner) – also die der Masse – mit denen des Vertragspartners zu einem angemessenen Ausgleich bringen soll.[244] Das Schicksal des Reformvorhabens ist derzeit aber wieder offen, zunächst jedenfalls erneut verschoben; der RegE vom 18.7.2012 für ein Gesetz zur Verkürzung des Restschuldbefreiungsverfahrens und zur Stärkung der Gläubigerrechte[245] enthält die Neuregelung des § 108a nicht mehr. Dass sie deshalb auch im Gesetz v. 15.7.2013 fehlen würde, war zu erwarten, was allerdings am vielen beklagten Reformbedarf wenig ändert.[246]

- **Maklervertrag** (§§ 652 ff. BGB), falls sich der Makler verpflichtet, einen bestimmten Erfolg (Abschlussgelegenheit zu bestimmten Bedingungen) herbeizuführen und dafür einzustehen.[247] Im Übrigen handelt es sich um einen den Auftraggeber einseitig verpflichtenden Vertrag, ist folglich § 103 unanwendbar (→ Rn. 91) und gilt § 116. 77
- **Miet- und Pachtverträge,** aber nur über bewegliche Sachen und Rechte einschließlich Leasing- und Lizenzverträgen (→ Rn. 75, 76)) **sowie ähnliche Schuldverhältnisse,** zB Film-„Verleih"-Vertrag (d. h. die entgeltliche Überlassung eines Films zur Vorführung), Vertrag eines Kunden mit einer Bank über die Benutzung eines Stahlkammerfaches (Schrankfach, Safe), Verträge über Reklameflächen. Für Miet- und Pachtverträge über unbewegliche Sachen oder Räume (einschließlich Immobilienleasing) gelten §§ 108 ff. 78
- **Reisevertrag** (§§ 651a ff. BGB). Es handelt sich um einen aus dem Werkvertragsrecht entwickelten gegenseitigen Vertrag, der folglich unter § 103 fällt. Er ist auch nach Bewirkung der dem Reiseveranstalter gemäß § 651k BGB obliegenden Sicherungspflicht nicht einseitig vollständig erfüllt. In der Insolvenz des Reiseveranstalters wird der Insolvenzverwalter freilich in aller Regel 79

---

240 *Ganter* NZI 2012, 833, 840 ff.; aA zur Kreuzlizenz *Pieger* NZI 2012,S. 83 (kein Fall des § 103).

241 Ausf. dazu *Pieger* NZI 2012, S. 14 ff., die aber auch für die nicht-exklusive Patentlizenz „im Regelfall" einen quasi-dinglichen Charakter annehmen will, wofür sogar eine Vermutung sprechen soll (S. 168, 170). Nicht nur ausschließliche, sondern auch einfache Lizenzen an Schutzrechten halten für insolvenzfest *v. Frentz/Masch* ZIP 2011, 1245. Anders (§ 103 bei nicht ausschließlicher Lizenz) KG NZI 2012, 759.

242 Abdruck InsO 2012, 69.

243 Vgl. nur: *Wimmer* ZIP 2012, 545;*Bullinger/Hermes* NZI 2012, 492; *Schmittmann* InsBüro 2012, 131; *Junclaus* ZInsO 2012, 724; *Frind* ZInso 2012, 668. S. auch Gottwald/Huber Rn. 52, 53 mwN.

244 Abl. dazu mit einem eigenen, sehr überzeugenden Vorschlag (Beschränkung des vorgesehenen § 108a nur auf schuldrechtliche Lizenzen) *Pieger,* Die nicht-exklusive Patentlizenz in der Insolvenz des Lizenzgebers, 2012, S. 152 ff. AA (Reformvorgaben gänzlich ablehnend *v, Wilmmowsky* NZI 2013, 377, 383.

245 Abdruck ZInsO 2012, 1461; dazu *Frind* ZInsO 2012. 1455.

246 Vgl. vorletzte Fn. (*Pieger) und auch* den Vorschlag an den Gesetzgeber für eine Reform zur Insolvenzfestigkeit von (Software-) Lizenzen von *Seegel/Remmertz/Kast* ZInsO 2015, 1593. AA, nämlich gegen einen § 108a aber dezidiert *v. Wilmowsy* NZI 2013, 377, nach dessen Ansicht das Vorhaben aufgegeben werden sollte (vgl. S. 383)-.

247 Uhlenbruck/*D. Wegener* § 103 Rn. 39.

nicht in der Lage sein, die Gesamtheit der Reiseleistungen zu erbringen und deshalb von einem Erfüllungsverlangen absehen.

80 – **Sicherungsverträge,** in denen sich der Kreditnehmer zur Bestellung von Sicherheiten für das Darlehen verpflichtet.

81 – **Speditionsverträge** (§§ 453 ff. HGB) in der Insolvenz des Spediteurs, während für den Versender ein gegenseitiger Vertrag mit Geschäftsbesorgungscharakter (§ 675 BGB) vorliegt, der unter § 116 fällt.[248] Zum Frachtvertrag → Rn. 72.

82 – **Vergleich** (§ 779 BGB). Er ist nach hM[249] gegenseitiger Vertrag schon deshalb, weil die Parteien im Abhängigkeits-/Gegenseitigkeitsverhältnis zueinander nachgeben,[250] jedenfalls aber dann, wenn – was ohnehin in der Regel der Fall sein wird – die übernommenen Verpflichtungen gegenseitig voneinander abhängen.[251] Ob allerdings eine sogleich mit Vertragsschluss eintretende positive und negative Anerkenntniswirkung des Vergleichsvertrages das Wahlrecht des Insolvenzverwalters ausschließt, kann zweifelhaft sein, bei Durchführung des Vergleichs vor Insolvenzeröffnung (zB durch Zahlung der Vergleichssumme) liegt aber ein beiderseits vollständig erfüllter Vertrag (→ Rn. 58) vor.[252]

Unter § 103 fällt die **Vertragsübernahme durch einen Dritten,** zB der Ankauf von Wartungsverträgen über Aufzugsanlagen der späteren Insolvenzschuldner mit deren Kunden.[253]

83 – **Verwahrung,** aber nur die entgeltliche (§§ 688, 689 BGB; → Rn. 92), einschließlich der Sonderform des *Lagergeschäfts* (§§ 467 ff. HGB).

84 – **Wettbewerbsabreden,**[254] die Handlungsgehilfen oder Handelsvertreter für die Zeit nach der Beendigung des Dienst- bzw. sonstigen Vertragsverhältnisses in ihrer gewerblichen Tätigkeit beschränken. Denn solche Vereinbarungen sind unter anderem nur dann verbindlich, wenn der andere Teil eine bestimmte Entschädigung zahlt (§§ 74, 90a HGB), begründen also gegenseitige Rechte und Pflichten. Die Kündigung eines Anstellungsvertrags nach § 113 schließt eine Erfüllungswahl des Insolvenzverwalters für die dadurch ausgelösten Wettbewerbsabrede nach § 103 nicht aus;[255] werden nach einer Kündigung beiderseits keine weiteren Erklärungen abgegeben, so ist der Anspruch des gekündigten Geschäftsführers auf Karenzentschädigung aus einem vertraglichen Wettbewerbsverbots keine Masseschuld.[256]

Entsprechendes gilt für **Wettbewerbsverbote** gegenüber Arbeitnehmern, die nicht kaufmännische Angestellte sind, und für **Mandantenschutzklauseln** zwischen den einen freien Beruf Ausübenden und ihren Mitarbeitern.

85 – **Werkverträge** (§ 631 BGB); zum Bauvertrag → Rn. 67; zum Bauträgervertrag → Rn. 68), soweit sie nicht Geschäftsbesorgungscharakter (§ 675 BGB) haben und damit unter § 116 fallen (zB der Baubetreuungsvertrag → Rn. 68 → Rn. 105). Auf *Werklieferungsverträge* findet gemäß § 651aF (jetzt § 650) BGB Kaufrecht Anwendung (→ Rn. 67).

86 **c) Analoge Anwendung: Rückabwicklungsschuldverhältnis, gesetzliches Schuldverhältnis nach § 135 Abs. 3?** Ob und in welchem Umfang eine analoge Anwendung des § 103 auf die Geltendmachung von Ansprüchen bei Rückabwicklung eines gegenseitigen Vertrages in Betracht kommt,[257] kann zweifelhaft sein; Entsprechendes gilt für gesetzliche Schuldverhältnisse. Es empfiehlt sich, wie folgt zu unterscheiden:

– Auf ein **Rückabwicklungsschuldverhältnis auf vertraglicher Grundlage,** insbesondere aus Rücktritt (§§ 323 ff., 326 Abs. 5, 437 Nr. 2, 440, 634 Nr. 2, 636 BGB) oder nach Widerruf verbundener Verträge (§ 358 BGB), ist § 103 nach hM[258] analog anwendbar; es handelt sich

---

248 Str.KPB Insg. für § 116 offenbar HKInsO/*Marotzke* § 116 Rn. 4.

249 BGH WM 1974, 369, 370; MüKoBGB/*Habersack* § 779 Rn. 36; einschränkend (nur idR gegenseitiger Vertrag) Palandt/*Sprau* § 779 Rn. 1a. HM auch im insolvenzrechtlichen Schrifttum: Uhlenbruck/*D. Wegener* Rn. 43; KPB/*Tintelnot* Rn. 119; *Jaeger/Henckel* KO § 17 Rn. 12; zweifelnd aber Nerlich/Römermann/*Balthasar* Rn. 16.

250 AA. aber BAG NJW 2015, 1198 (nicht allein schon deshalb, weil eine vergleichsweise Regelung nach § 779 Abs. 1 BGB „im Wege gegenseitigen Nachgebens" erfolgt).

251 BGHZ 116, 319 = NJW 1992, 967, 970 = ZIP 1992, 191, 196 (außergerichtlicher Sanierungsvergleich).

252 BGH NZI 2007, 101 (Rn. 13) = ZInsO 2006, 1322 = ZIP 2006, 2391.

253 BGH NZI 2002, 95 = NJW-RR 2002, 191 = ZIP, 2001, 2142.

254 Dazu vgl. auch KPB/*Tintelnot* Rn. 124; ausf. zum Handelsvertretervertrag in der Insolvenz *Emde/Klem* ZIP 2005, 58. Zur KO: *Jaeger/Henckel* § 17 Rn. 215 ff.

255 BGH NZI 2009, 894 (Rn. 1) = ZIP 2009, 2204 = ZInsO 2009, 2150.

256 BGH NZI 2009, 894 (Rn. 1).

257 Offen gelassen von BGH NJW 2009, 1414 (Rn. 9) = ZIP 2009, 428.

258 *Jaeger/Henckel* KO § 17 Rn. 28; HKInsO/*Marotzke* Rn. 33; Nerlich/Römermann/*Balthasar* Rn. 15; KPB/*Tintelnot* Rn. 43; Uhlenbruck/*D. Wegener* Rn. 95; *Scherer* NZI 2002, 356, 359. Ebenso BGH WM 1961, 482, 485 f. Offen gelassen aber in BGHZ 150, 138, 148 = NJW 2002, 2313 = ZIP 2002, 858; BGH ZIP 2003, 2379, 2381; vgl. auch *Fischer* NZI 2003, 281, 286.

zwar um keinen „gegenseitigen Vertrag“, jedoch um die Nachwirkungen aus einem solchen vorangegangenen Schuldverhältnis, die in der Regel ebenfalls nur Zug um Zug zu erfüllen sind.

- Entsprechendes gilt bei **nichtigen Verträgen** (→ Rn. 89) für Ansprüche aus **ungerechtfertigter Bereicherung,** wenn die ohne Rechtsgrund empfangene Leistung selbst noch zurückgegeben werden kann.
- Soweit außerhalb des Insolvenzverfahrens nach der **Saldotheorie** (Verrechnung der beiderseitigen Leistungen zwecks Ermittlung des Überschussanspruchs) rückabgewickelt würde, gilt das in der Insolvenz eines Vertragspartners (also Beispiel: Rücktritt und erst dann Insolvenzeröffnung) nur eingeschränkt. Insoweit ist schon entschieden, dass diese Theorie keine Grundlage dafür bietet, Forderungen, die ohne Saldierungsmöglichkeit Insolvenzforderungen wären, zu „verdinglichen“ oder gar zu Masseforderungen zu erheben.[259] Deshalb konnte im konkreten Fall eines nichtigen Arbeitsüberlassungsvertrags der Entleiher seine Zahlungen, die er zum Ausgleich der dem Verleiher (Insolvenzschuldner) obliegenden Verpflichtung an Sozialversicherungsträger erbracht hatte, nicht anspruchsmindernd gegenüber dem Bereicherungsanspruch der Masse geltend machen. Entsprechendes gilt umgekehrt für die bloße Geltendmachung gesetzlicher Ansprüche durch den Insolvenzverwalter; tritt also der durch eine Vormerkung gesicherte Käufer nach Zahlung des Kaufpreises vom Grundstückskaufvertrag zurück und wird danach ein Insolvenzverfahren über das Vermögen des Verkäufers eröffnet, so kann der Insolvenzverwalter vom Käufer Bewilligung der Löschung der Vormerkung verlangen, ohne an ihn den Kaufpreis aus der Masse entrichten zu müssen.[260]
- Weitgehend offen erscheint die Frage, ob eine analoge Anwendung auf **gesetzliche Schuldverhältnisse wie** beispielsweise den Anspruch des Gesellschafters auf Ausgleich wegen Nutzungsüberlassung **nach § 135 Abs. 3** möglich ist.[261] Gemeint sind nicht die Fälle, in denen § 103 unmittelbar einschlägig ist, wenn es also um das Wahlrecht des Insolvenzverwalters geht, ob er den Vertrag anstelle des Schuldners (Gesellschaft) erfüllen und Erfüllung vom anderen Teil verlangen oder ob er es bei der Nichterfüllung belassen will, und auch nicht die Fälle, in denen §§ 108 ff. eingreifen. Vielmehr geht es um die Frage, ob der Insolvenzverwalter durch Rückgabe des Nutzungsgegenstandes die gesetzliche Ausgleichspflicht der Masse nach § 135 Abs. 3 Satz 2 abwenden kann; wird das bejaht,[262] liegt darin die Ausübung des Wahlrechts nach §§ 103 Abs. 2 Satz 2, 3 analog.

II. Unanwendbarkeit des § 103

1. Insolvenzfreie Schuldverhältnisse. Dazu gehören vor allem Rechtsgeschäfte, die sich auf **insolvenzfreies Vermögen** beziehen (Beispiele: familienrechtliche Angelegenheiten des Schuldners; Neuerwerb, soweit er – ausnahmsweise (vgl. § 35 Abs. 1) – nach der Neuregelung in § 35 Abs. 2 nicht zur Masse gehört) oder die **Gegenstände im Sinn des § 36** betreffen, zB also der Kauf von für die persönliche Tätigkeit des (späteren) Schuldners als Künstler, Gelehrter, Schriftsteller oder Handwerker unentbehrlichen Arbeitsgegenstände (§ 811 Abs. 1 Nr. 5 ZPO iVm § 36 Abs. 2 Nr. 2); hierher gehört auch ein privater Krankenversicherungsvertrag (→ Rn. 117 a. E.).[263] Da ein solcher Erwerb nicht in die Masse fällt, kann diese dadurch weder begünstigt noch belastet werden und scheidet folglich eine Anwendung des § 103 aus; selbst ein Erfüllungsverlangen des Insolvenzverwalters könnte deshalb Masseansprüche des Vertragspartners nicht begründen. Entsprechendes gilt für **höchstpersönliche Ansprüche** des Schuldners, zB aus dem Engagement einer Tanz-/Musikgruppe zwecks Auftritts auf seiner Geburtstagsfeier. 87

Nicht anders ist die Rechtslage bei **höchstpersönlichen Verpflichtungen** des Schuldners, zB zur Anfertigung eines nur von ihm herstellbaren Kunstwerkes; denn diese Leistung kann der Insolvenzverwalter weder selbst noch mit Mitteln der Masse erbringen. Gleichwohl wird im Schrifttum vereinzelt eine Anwendung des § 103 befürwortet, wenn der Schuldner nach wie vor dazu bereit sei, insbesondere um die Fortführung seiner künstlerischen oder freiberuflichen Praxis zu ermöglichen.[264] Dem kann in dieser Form nicht zugestimmt werden, vielmehr lässt sich die Problemlage auf andere Weise lösen. Fällt nämlich eine solche künstlerische oder freiberufliche Praxis – wegen ihrer Veräußerbarkeit – in die Insolvenzmasse (→ § 35 Rn. 507 ff.), so kommt eine – gegebenenfalls 88

[259] BGHZ 161, 241, 250 ff. = NZI 2005, 157 = ZIP 2005, 126 = ZInsO 2005, 90. Zust. Graf-Schlicker/*Breitenbücher* Rn. 5. Sehr krit. HKInsO/*Marotzke* Rn. 35.

[260] BGH NJW 2009, 1414 = ZIP 2009, 428.

[261] Bejahend HKInsO/*Marotzke* Rn. 32.

[262] So zB von HKInsO/*Marotzke* Rn. 32. Ebenso und ausf. zur Problemlage KPB/*Tintelnot* Rn. 77 ff.

[263] BGH NZI 2014, 369 = ZIP 2014, 688; so zuvor schon AG Kiel BeckRS 2011, 2377; dem AG zust. Graf-Schlicker/*Breitenbücher* Rn. 58 aE.

[264] Nerlich/Römermann/*Balthasar* Rn. 11.

nachträgliche – Anordnung der Eigenverwaltung (§§ 270, 271) in Betracht; der Schuldner kann dann im Einvernehmen mit dem Sachwalter selbst die Erfüllung des gegenseitigen Vertrages wählen (→ § 279 Rn. 152). Im Übrigen, d. h. außerhalb der Eigenverwaltung, ist bei fortbestehender Leistungsbereitschaft des Schuldners ein Neuabschluss des Vertrages durch den Insolvenzverwalter mit Wirkung für und gegen die Masse möglich; ein Nachteil entsteht daraus nicht, insbesondere auch kein Anspruch des Vertragspartners wegen der Nichterfüllung des ursprünglichen Schuldverhältnisses (§ 103 Abs. 2 Satz 1), weil dieses entweder durch das neue Rechtsgeschäft ersetzt wird oder weil wegen dessen Erfüllung ein Schaden beim Vertragspartner ausbleibt. Gehört die künstlerische oder freiberufliche Praxis jedoch nicht zur Insolvenzmasse, so scheidet eine Anwendung des § 103 aus; es gibt keine Erfüllungswahl des Insolvenzverwalters für vom Insolvenzbeschlag nicht erfasste Rechte.

89 **2. Unanwendbarkeit für gegenseitige Verträge.** Hiervon zu unterscheiden sind die Fälle, in denen § 103 durch insolvenzrechtliche Sonderregeln der §§ 104 ff. (→ Rn. 97 ff.) oder besondere Bestimmungen des bürgerlichen Rechts (→ Rn. 108 ff.) ganz oder zum Teil verdrängt wird. Überhaupt **nicht anwendbar** ist demgegenüber § 103 auf folgende Fallgruppen:

a) Nichtigkeit oder beiderseitige/einseitige vollständige Erfüllung des gegenseitigen Vertrags. Bei der zuerst genannten Alternative scheidet § 103 aus, weil es bei einem nichtigen gegenseitigen Vertrag schon begrifflich keine Erfüllungswahl gibt[265] (zur Anwendbarkeit des § 103 auf das bereicherungsrechtliche Rückabwicklungsverhältnis → Rn. 86); und für einen schon vor Insolvenzeröffnung beiderseits oder einseitig vollständig erfüllten gegenseitigen Vertrag ergibt sich das durch einen Umkehrschluss unmittelbar aus § 103 Abs. 1 (→ Rn. 57 ff.).

90 **b) Gegenseitiger Vertrag mit Lösungsklausel.** Unanwendbar ist § 103 auch auf denjenigen gegenseitigen Vertrag (→ Rn. 61), für den der andere Teil von einer Auflösungsklausel Gebrauch gemacht hat, sofern sie mit Blick auf § 119 wirksam vereinbart werden konnte. Letzteres ist für eine insolvenz**un**abhängige (an Verzug/Vertragsverletzung/Vermögensverschlechterung geknüpfte) Lösungsklausel unzweifelhaft (→ § 119 Rn. 19–21, 38). Für insolvenz**ab**hängige (an Insolvenzgründe/Insolvenzantrag/Insolvenzeröffnung geknüpfte) Lösungsklauseln muss man unterscheiden:

- Bei einem *Vertrag über die fortlaufende Lieferung von Waren oder Energie* ist eine entsprechende Klausel nach dem Grundsatzurteil des IX. Zivilsenats des BGH v. 15.11.2012 **unwirksam**[266] (→ § 119 Rn. 28 ff., 33–45).
- Im Gegensatz dazu ist eine solche Klausel nach dem Grundsatzurteil des VII. Zivilsenats des BGH (Baurechtssenat) v. 7.4.2016 bei einem *VOB-Bauvertrag (§ 8 Abs. 2 Nr. 1 VOB/B)* **wirksam**[267] (→ § 119 Rn. 39 ff.), was für einen *BGB-Bauvertrag* entsprechend gilt (→ § 119 Rn. 45).
- Für diese Vertragstypen ist die Rechtslage also geklärt; ein Divergenzfall lag trotz des gegenteiligen Ergebnisses der Entscheidungen nicht vor.[268]
- Für andere Typen gegenseitiger Verträge fehlt demgegenüber noch ein höchstrichterliches Urteil, weshalb es für die Wirksamkeit/Unwirksamkeit einer insolvenz**ab**hängigen Lösungsklausel auf eine Interessenabwägung im Einzelfall ankommt (→ § 119 Rn. 44).

91 **3. Sonstige nicht erfasste Fälle.** Da unter § 103 nur (bestimmte) gegenseitige Verträge fallen (→ Rn. 64, 66 ff.; zu → §§ 104 ff. Rn. 97 ff.), werden nicht erfasst:

a) Einseitig verpflichtende Verträge und einseitige Rechtsgeschäfte. Einseitig verpflichtend sind Verträge, die nur für eine Partei eine Leistungspflicht begründen, wie Schenkung (§ 516 BGB; auch unter Auflage, weil dadurch kein gegenseitiges Austauschverhältnis hergestellt wird), Schenkungsversprechen (§ 518 BGB); Beispiel für ein einseitiges Rechtsgeschäft ist die Auslobung (§ 657 BGB). Einseitig verpflichtend ist in der Regel auch der Bürgschaftsvertrag (§ 765 BGB), sofern nicht der Bürgschaftsgläubiger eine Gegenleistung übernimmt, zB die Zahlung einer Provision; dann kann ein gegenseitiger Vertrag vorliegen.[269]

92 **b) Unvollkommen zweiseitige Verträge.** Unvollkommen zweiseitig verpflichtend sind Verträge, bei denen nur eine Partei die vertragstypische Leistung erbringen muss, zu der die den anderen Teil treffende Pflicht in keinem Gegenseitigkeitsverhältnis steht, wie unverzinsliche (nicht also das

---

265 BGHZ 161, 249, 250 ff. = NZI 2005, 157 = ZIP 2005, 126; BGHZ 149, 326, 334 = NJW 2002, 1050 = ZIP 2002, 309 = ZInsO 2002, 150. Auch §§ 320 ff. BGB gelten in solchen Fällen nicht, BGHZ 150, 138, 144 = NJW 2002, 2313 = ZIP 2002, 858.

266 BGHZ 195, 348.

267 BGHZ 210, 1,.

268 Huber ZInsO 2016, 2130.

269 RGZ 84, 232; MüKoBGB/*Habersack* § 765 Rn. 6; KPB/*Tintelnot* Rn. 130. Zur KO: *Jaeger/Henckel* § 17 Rn. 31.

verzinsliche, § 488 Abs. 1 BGB – dazu → Rn. 69) Darlehen, Leihe (§ 598 BGB), unentgeltliche (nicht also entgeltliche) Verwahrung (§ 688 BGB) mit Ausnahme jedoch des Auftrags (vgl. → § 115; Rn. 104).

c) Unvollkommene Verbindlichkeiten. Unvollkommene Verbindlichkeiten (Naturalobligationen) nennt man Verträge, die nicht erzwingbare Verbindlichkeiten begründen, wie zB Spiel/Wette (§§ 762, 763 BGB), Differenzgeschäft (§ 764 BGB) und Heiratsvermittlung (§ 656 BGB). 93

d) Grundstückserwerb in der Zwangsversteigerung, Schiedsabrede. Der Grundstückserwerb in der **Zwangsversteigerung** fällt deshalb nicht unter § 103, weil er sich nicht auf Grund eines gegenseitigen Vertrages, sondern eines konstitutiv wirkenden Staatshoheitsaktes, mithin originär vollzieht.[270] 94

Eine **Schiedsabrede** ist weder ein gegenseitiger Vertrag iSd § 103 (es gibt also keine Erfüllungsablehnung), noch fällt sie unter § 115 (also kein Erlöschen mit Insolvenzeröffnung), vielmehr ist der Insolvenzverwalter an eine solche vom Schuldner getroffene Vereinbarung (außer bei Anfechtbarkeit nach §§ 129 ff.) gebunden.[271] Diese grundsätzliche Bindung soll aber nicht bestehen, soweit es um Rechte des Insolvenzverwalters geht, die sich nicht aus dem mit dem Insolvenzschuldner abgeschlossenen Vertrag ergeben, sondern auf der InsO beruhen, wozu als der Verfügungsgewalt des Schuldners entzogene Rechte nicht nur die Insolvenzanfechtung, sondern auch das Wahlrecht aus § 103 gehören sollen.[272] Das ist für die zuerst genannte Variante (Insolvenzanfechtungsrecht) unzweifelhaft, hinsichtlich der anderen von dem hier zu § 119 vertretenen Standpunkt (→ Rn. 90) aber jedenfalls zum Teil abzulehnen.[273]

e) Gründung einer AG/Kapitalerhöhung; Abgrenzung zu Beherrschungs- und Gewinnabführungsverträgen. Die Übernahme der Aktien durch die Gründer einer Aktiengesellschaft (§§ 23 ff. AktG) oder die Zeichnung neuer Aktien bzw. das Verlangen neuer Aktien bei Kapitalerhöhung gegen Einlage (§§ 182 ff. AktG) beinhaltet keinen gegenseitigen Vertrag im Sinn des § 103.[274] Denn die Leistungspflicht des Gründers, Aktienzeichners oder Bezugsberechtigten entsteht nicht in einem synallagmatischen Leistungs-/Gegenseitigkeitsverhältnis (dazu → Rn. 55); der Bezugsberechtigte verpflichtet sich zur Gegenleistung nicht für die Aktie, sondern für die Mitgliedschaft. 95

Anders ist die Rechtslage, wenn durch den Abschluss eines Beherrschungs- und Gewinnabführungsvertrags außenstehende Aktionäre gemäß § 305 AktG die Option erlangen, gegen Abfindung aus der Gesellschaft auszuscheiden. Mit Ausübung dieser (durch die Insolvenzeröffnung über das Vermögen der herrschenden Gesellschaft nicht erloschenen) Abfindungsoption kommt ein Abfindungsvertrag zustande, der einem gegenseitigen Vertag iSv § 103 entspricht, weshalb der Insolvenzverwalter wählen kann, ob er die ihm angedienten Aktien mit Mittel der Masse erwerben will oder nicht.[275]

f) Tarifvertrag. Auf einen Tarifvertrag kann § 103 nicht angewendet werden. Zwar ist dessen schuldrechtlicher Teil ein gegenseitiger Vertrag, jedoch enthalten die dort begründeten Pflichten (zB Friedenspflicht) keine vermögensrechtlichen Verpflichtungen, die aus der Masse zu befriedigen wären, wie es § 103 voraussetzt.[276] 96

III. Beschränkungen im Anwendungsbereich nach §§ 104 ff.

1. Grundsätze. Die Grund- und Auffangnorm für gegenseitige Verträge ist § 103. Darüber hinaus enthalten §§ 104 bis 128 Sondervorschriften für bestimmte Sachverhalte, die den Anwendungsbereich des § 103 beschränken, vereinzelt aber auch erweitern (zu den besonderen Bestimmungen des bürgerlichen Rechts → Rn. 108 ff.). *Abweichende Vereinbarungen* gegenüber §§ 103 bis 118, die dazu im Voraus getroffen wurden, sind gemäß § 119 unwirksam (ausf. → § 119 Rn. 57 ff.); die 97

[270] BGHZ 122, 59, 61 = ZIP 1990, 1202 (zum ZVG); BGHZ 259,397 = NJW 2004, 2900 = MittBayNot 2005, 161 mAnm *Huber* (zum AnfG). HM schon in der KO: *Jaeger/Henckel* KO § 17 Rn. 66; *Kuhn/Uhlenbruck* § 17 Rn. 18q; vgl. auch BGH LM § 3 Nr. 1 AnfG Nr. 26.

[271] BGH ZInsO 2004, 88; bestätigt in BGH ZIP 2013, 1539 = ZInsO 2013, 1583; BGH ZIP 2017, 89 Rn. 12 = ZInsO 2017, 82. HM. auch im Schrifttum, vgl. nur KPB/*Tintelnot* Rn. 55; HKInsO/*Marotzke* Rn. 31. Näher zu Schiedsgerichtsvereinbarungen und Schiedsabreden im Insolvenzverfahren *Kück,* ZInsO 2006, 11.

[272] BGH NZI 2011, 634 (Rn. 14) = ZIP 2011, 1477.

[273] Insg. aber zust. in der Urteilanmerkung *Prütting* EWiR 2011, 545; *Prütting.* FS Görg, 2010, 371, 373, 378.

[274] Ausf. *Jaeger/Henckel* KO § 17 Rn. 36 ff. Zust. auch Nerlich/Römermann/*Balthasar* Rn. 22.

[275] BGH ZIP 2008, 778, 781; zust. Graf-Schlicker/*Breitenbücher* § 103 Rn. 47.

[276] Vgl. auch KPB/*Tintelnot* Rn. 127; HKInsO/*Marotzke* Rn. 27; *Jaeger/Henckel* KO § 17 Rn. 20.

Vertragsparteien können also zB nicht die Verlängerung der Überlegungsfrist nach § 107 Abs. 1 Satz 1 im Voraus ausschließen (→ § 119 Rn. 67). Die Vorschrift des § 119 erfasst aber nicht Lösungsklauseln (→ § 119 Rn. 23 ff.). Sondervorschriften gelten schließlich bei *Eigenverwaltung und vereinfachtem Insolvenzverfahren* (→ Rn. 152, 153).

2. Übersicht. Die folgende **Übersicht** will die von der InsO ganz oder zum Teil aus dem Anwendungsbereich des § 103 herausgenommenen Sachverhalte kurz beschreiben, um die Systematik des Gesetzes aufzuzeigen und den Einstieg in die Rechtsanwendung bei Abwicklung schwebender Rechtsgeschäfte zu erleichtern; wegen der Einzelheiten wird auf die jeweilige Kommentierung verwiesen.

98 **Fixgeschäfte und Finanzleistungen, § 104.** Es handelt sich um gegenseitige Verträge, für die an sich § 103 gilt. In Ausnahme dazu ordnet jedoch § 104 für bestimmte Fixgeschäfte und Finanzleistungen an, dass Erfüllung nicht verlangt werden kann, entscheidet sich also für die Nichterfüllung. Soweit die Voraussetzungen dieser Bestimmung nicht vorliegen, ist § 103 anzuwenden.

99 **Verträge über teilbare Leistungen, § 105.** Die Vorschrift ergänzt § 103 und bestimmt, dass derjenige Vertragspartner, der vor Insolvenzeröffnung seine Leistung bereits teilweise erbracht hat, mit dem darauf entfallenden Teil seines Anspruchs auf die Gegenleistung auch dann Insolvenzgläubiger (§§ 38, 87, 174 ff.) bleibt, wenn der Insolvenzverwalter wegen des noch ausstehenden Restes Erfüllung wählt. Nur der vom Erfüllungsverlangen betroffene Teil wird gemäß §§ 103 Abs. 1, 55 Abs. 1 Nr. 2 zur Masseschuld aufgewertet.

100 **Vorgemerkte Ansprüche, § 106.** Die Bestimmung verwirklicht unter bestimmten Voraussetzungen die Sicherungsfunktion einer Vormerkung (§ 883 BGB) auch im Insolvenzfall. Denn nach ihr kann der Vormerkungsberechtigte vom Insolvenzverwalter Erfüllung in derselben Art und Weise verlangen, wie er sie außerhalb des Insolvenzverfahrens vom Schuldner hätte beanspruchen können. Die Vorschrift wurde früher – wie die entsprechende Regelung in § 24 KO – als Ausnahme gegenüber § 103 angesehen, enthält aber genau genommen nur eine Ergänzung dazu, weil nach neuem dogmatischen Verständnis die Erfüllungsansprüche nicht erlöschen, sondern nur suspendiert werden, also hier der durch die Vormerkung gesicherte Anspruch sowieso fortbesteht.

101 **Eigentumsvorbehalt, § 107** (→ Rn. 73). Abs. 1 der Vorschrift verdrängt in der Insolvenz des Vorbehaltsverkäufers § 103 und ordnet der Sache nach zugunsten des vertragstreuen Vorbehaltskäufers den Fortbestand des Kaufvertrages unter Eigentumsvorbehalt an, schneidet also dem Insolvenzverwalter die Möglichkeit einer Erfüllungsablehnung ab. In der Insolvenz des Vorbehaltskäufers gilt § 103; insoweit enthält § 107 Abs. 2 eine Sonderregel für die Überlegungsfrist des vom Verkäufer zur Wahlrechtsausübung aufgeforderten Verwalters.

102 **Miet- und Pacht- sowie ähnliche Schuldverhältnisse, §§ 108 bis 112 (→ Rn. 78).** Während bei Verträgen über bewegliche Sachen und Rechte (zum Leasing → Rn. 75) § 103 anzuwenden ist, ordnet § 108 Abs. 1 Satz 1 für solche Verträge über unbewegliche Gegenstände oder Räume den Fortbestand des Dauerschuldverhältnisses mit Wirkung für und gegen die Masse an, schließt also eine Erfüllungsablehnung durch den Insolvenzverwalter aus; eine Ausnahme ordnet Satz 2 für refinanzierte Leasingverträge an. § 108 Abs. 2 betrifft Darlehen in der Insolvenz des Darlehensgebers (→ Rn. 69), § 108 Abs. 3 enthält eine § 105 Satz 1 entsprechende Regelung für Ansprüche des Vertragspartners aus der Zeit vor Verfahrenseröffnung. Weitere Sondervorschriften zur Abwicklung finden sich in §§ 109 bis 112.

103 **Dienstverhältnisse, §§ 108 Abs. 1 Satz 1, Abs. 3, 113, 114, 120 bis 128.** Auch hier wird § 103 von § 108 Abs. 1 Satz 1 verdrängt, der den Fortbestand von Dienstverhältnissen mit Wirkung für und gegen die Masse anordnet, also eine Erfüllungsablehnung durch den Insolvenzverwalter ausschließt. Ein Dienstverhältnis besteht aber nicht mit Wirkung für die Masse fort, wenn die Dienstleistung nur durch die Begründung erheblicher Masseschulden aufgebracht werden kann;[277] erfüllt der Insolvenzverwalter den Vertag des Schuldners (im Fall: Privatschule) weiter, so kann gegen die Entgeltforderung der Masse (im Fall: Schulgeld) nicht mit einer Insolvenzforderung aufgerechnet werden.[278] § 108 Abs. 3 enthält eine § 105 Satz 1 entsprechende Regelung für den Anspruch des Vertragspartners aus der Zeit vor Verfahrenseröffnung. Weitere Sondervorschriften finden sich in §§ 113, 114 sowie in §§ 120 bis 128. Zu *Tarifverträge* → Rn. 96.

104 **Auftrag und Geschäftsbesorgungsverträge, §§ 115, 116.** Die Vorschriften stellen in mehrfacher Hinsicht eine Besonderheit dar. *Für den Anwendungsbereich gilt:* Es regelt § 115 den Auftrag, also einen nur unvollkommen zweiseitig verpflichtenden Vertrag, der nicht unter § 103 fiele (→ Rn. 92), und § 116 mit der Geschäftsbesorgung einen gegenseitigen Vertrag, auf den sonst der nun ausgeschlossene § 103 anwendbar wäre. Außerdem gehen sie § 113 vor, der die Kündigung von

[277] BGH NZI 2011, 936 (Rn. 6) = ZIP 2011, 2262 = ZInsO 2011, 2229.
[278] BGH NZI 2011, 936 (Rn. 7).

Dienstverhältnissen betrifft, finden mithin auf solche Verträge Anwendung, falls diese Geschäftsbesorgungscharakter haben. *Für die Rechtsfolgen der §§ 115, 116 gilt*: Aufträge und Geschäftsbesorgungsverträge erlöschen (von Besonderheiten für Notgeschäftsführung und Insolvenzunkenntnis abgesehen) durch die Eröffnung des Insolvenzverfahrens kraft ausdrücklicher gesetzlicher Anordnung;[279] als Ausnahme dazu bestimmt § 116 Satz 3 den Fortbestand von Überweisungs-, Zahlungs- und Übertragungsverträgen. Obgleich danach *an sich kein Anwendungsbereich für § 103* verbleibt, kann diese Vorschrift bei einem gegenseitigen Vertrag einschlägig sein, der nur für einen Teil Geschäftsbesorgungscharakter hat; so liegt es zB beim Factoring (→ Rn. 71) sowie bei Fracht- (→ Rn. 72) und Kommissions- (→ Rn. 74) und Speditionsverträgen (→ Rn. 81).

Typische *Geschäftsbesorgungsverträge* sind insbesondere: Anwalts-, Schiedsrichter-, Wirtschaftsprüfer-, Steuerberater-, Inkassotätigkeit; Auftrag zur Prozessführung in gewillkürter Prozess-Standschaft;[280] Maklervertrag (Ausnahme → Rn. 77); Baubetreuungsvertrag (zum Bauträgervertrag → Rn. 68), Treuhandverträge; Bankvertragsrecht, insbesondere Kontokorrentvertrag, Krediteröffnungsvertrag, Girovertrag und Lastschriftverfahren (mit Ausnahme der in § 116 Satz 3 genannten Geschäfte, → Rn. 104 aE). Beim *Handelsvertretervertrag* gilt § 116 S. 1 zwar im Insolvenzverfahren über das Vermögen des Unternehmens, nicht aber nach hM in der Insolvenz des Handelsvertreters, in der aber wegen des höchstpersönlichen Charakters dessen Insolvenzverwalter gleichwohl kein Wahlrecht nach § 103 zustehen soll;[281] in der Praxis bleibt in einem solchen Fall nur die Kündigung nach § 89b HGB – von welchem Teil auch immer. **105**

Vollmachten, § 117. Die Vorschrift ordnet in Ergänzung der §§ 115, 116 das Erlöschen einer vom Schuldner erteilten Vollmacht an, die sich auf das zur Insolvenzmasse gehörige Vermögen bezieht[282] (von Besonderheiten bei Notgeschäftsführung und Insolvenzunkenntnis abgesehen); § 103 ist unanwendbar. **106**

Auflösung von Gesellschaften § 118. Die Vorschrift betrifft Gesellschaften ohne Rechtspersönlichkeit (§ 11 Abs. 2 Nr. 1) und die Kommanditgesellschaft auf Aktien, falls diese durch die Eröffnung des Insolvenzverfahrens über das Vermögen eines Gesellschafters aufgelöst werden (→ Rn. 115). Sie regelt hierzu die Qualität der Ansprüche des geschäftsführenden Gesellschafters aus Notgeschäftsführung und Fortführung der Geschäfte infolge Insolvenzunkenntnis für ihre Verfolgung im Insolvenzverfahren. **107**

IV. Besondere Bestimmungen des bürgerlichen Rechts

1. Allgemeines. Die zivilrechtlichen Auswirkungen einer Insolvenzeröffnung sind in der InsO nicht abschließend geregelt. Zwar finden auf Rechtsverhältnisse, die unter die §§ 104 ff. fallen, ausschließlich die dort genannten Regelungen Anwendung. Für andere Rechtsbeziehungen sind aber Vorschriften des bürgerlichen Rechts maßgeblich, die besondere Bestimmungen über die Wirkung der Eröffnung des Insolvenzverfahrens sowie die Erfüllung und den Bestand von Rechtsverhältnissen enthalten. Dazu gehören hauptsächlich die Sondertatbestände des BGB zum Vereins-, Familien- und Erbrecht (zu Letzterem siehe die Erläuterungen bei §§ 315 ff.) sowie zur Verjährung und die besonderen Vorschriften zu Gesellschaften in BGB und HGB sowie diejenigen zu Versicherungsverhältnissen und Verlagsvertrag. **108**

2. Vereine und Stiftungen. *Rechtsfähige Vereine und Stiftungen* werden durch die Eröffnung des Insolvenzverfahrens aufgelöst, § 42 Abs. 1 Satz 1 BGB; das gilt gemäß § 86 BGB auch für Stiftungen. Infolgedessen kommt es in der Regel zur Liquidation. Zum Zwecke der Abwicklung durch den Insolvenzverwalter bestehen Vereine und Stiftungen zunächst aber fort;[283] jedoch endet die Beitragspflicht der Mitglieder, sofern die Satzung nichts anderes bestimmt.[284] Ein *nichtrechtsfähiger Verein* wird durch die Insolvenz eines Mitglieds allerdings nicht aufgelöst; § 728 Abs. 2 BGB (vgl. § 54 BGB) passt nämlich hierfür nicht und wird im Übrigen ohnehin schon meist bei der Vereinsgründung abbedungen.[285] **109**

---

279 Für den Girovertrag: BGH NZI 2008, 551 (Rn. 11). Für den Kautionsversicherungsvertrag: BGH NZI 2007, 234 u. BGHZ 168, 276 = NZI 2006, 637.

280 BGH NJW 2000, 738.

281 OLG Düsseldorf ZIP 2010, 194 = ZInsO 2010, 143; das Gericht will statt dessen – freilich wenig überzeugend – § 108 Abs. 1 S. 1 anwenden, so trefflich in der Urteilsanmerkung *Ströbl* EWiR 2010, 159.

282 Und zwar – trotz Fehlens einer § 117 entsprechenden Vorschrift – auch im Bereich der GesO, vgl. BGHZ 155, 87 = NJW 2003, 2744 = ZIP 2003, 1208 = NZI 2003, 491 mAnm *Huber*; speziell zu den Auswirkungen auf die notarielle Praxis vgl. Urteilsanmerkung *Huber* MittBayNot 2004, 58.

283 Ausf. zur Stiftung in Krise und Insolvenz *Roth/Knof* KTS 2009, 163 ff.

284 BGHZ 96, 253 = NJW 1986, 1604 = ZIP 1986, 240; dazu *Medicus* EWiR 1986, 113.

285 HKInsO/*Marotzke* § 118 Rn. 4; zur KO: *Jaeger/Henckel* § 16 Rn. 11.

110 **3. Familienrecht. a) Güterstand.** Während im gesetzlichen Güterstand der Zugewinngemeinschaft (§§ 1363 ff. BGB) oder bei Gütertrennung (§§ 1408, 1414 BGB) die Eröffnung des Insolvenzverfahrens über das Vermögen eines Ehegatten keine Auswirkungen auf die Stellung des anderen hat, ist bei Gütergemeinschaft (§§ 1408, 1415 ff. BGB) zu beachten (Einzelheiten → § 37 Rn. 16 ff.): Wird derjenige Ehegatte insolvent, der das Gesamtgut alleine verwaltet (vgl. § 1421 BGB), so fällt es in dessen Masse (§ 37 Abs. 1 Satz 1); ist der andere insolvent oder verwalten beide gemeinsam, so wird das Gesamtgut nicht berührt (§ 37 Abs. 1 Satz 3, Abs. 2); sind beide Ehegatten zahlungsunfähig, so ist ein selbstständiges Insolvenzverfahren über das Gesamtgut zulässig (§ 333).

111 **b) Elterliche Vermögenssorge.** Auf die elterliche Vermögenssorge (vgl. § 1626 Abs. 1 BGB) hat die Eröffnung des Insolvenzverfahrens keinen Einfluss mehr; § 1670 BGB, demzufolge das Vermögenssorgerecht des in Konkurs gefallenen Elternteils endete,[286] wurde mit Inkrafttreten der InsO aufgehoben (Art. 33 Nr. 28 EGInsO). Damit will der Gesetzgeber vermeiden, dass sich wegen dieser Folge ein unverschuldet in Not geratener Elternteil davon abhalten lässt, durch ein Insolvenzverfahren mit anschließender Restschuldbefreiung seine Vermögensverhältnisse wieder in Ordnung zu bringen.[287] Diese Begründung passt freilich nicht auf alle Fälle, weil das Restschuldbefreiungsverfahren nicht nur unverschuldet insolvent gewordenen Personen offen steht. Das Vormundschaftsgericht hat deshalb künftig gemäß § 1667 BGB stets sorgfältig zu prüfen, ob eine Gefährdung des Kindesvermögens droht; dann wird dem insolvent gewordenen Elternteil das Vermögenssorgerecht zu entziehen sein.

112 **c) Vormund, Gegenvormund, Pfleger, Nachlassverwalter – alte Rechtslage.** Die Eröffnung des Insolvenzverfahrens über das Vermögen eines Vormunds, Gegenvormunds, Pflegers oder Nachlassverwalters hat keine Auswirkungen mehr auf deren Ämter; der frühere § 1781 Nr. 3 BGB (iVm §§ 1886, 1915, 1985 BGB), demzufolge die Insolvenzeröffnung Entlassungsgrund von Amts wegen war, wurde mit Inkrafttreten der InsO aufgehoben (Art. 33 Nr. 29 EGInsO).[288]

113 **4. Verjährung.** Insoweit ist zu unterscheiden: Die Verjährung von *Insolvenzforderungen* wird durch ihre Anmeldung (§ 174) gehemmt (§ 204 Abs. 1 Nr. 10 BGB), wobei die Hemmung sechs Monate nach Beendigung des Insolvenzverfahrens endet (§ 204 Abs. 2 S. 1 BGB). Für *Absonderungs-, Aussonderungs- und Masseansprüche,* die nicht zur Schuldenmasse im Sinn der §§ 174 ff. gehören (vgl. §§ 47, 49 ff., 53 ff.), gelten keine Besonderheiten; hier erfolgt die Hemmung also insbesondere durch gerichtliche Geltendmachung des Rechts gegenüber dem Insolvenzverwalter (§ 204 Abs. 1 BGB).

114 **5. Gesellschaften. a) Unanwendbarkeit des § 103 bei Personengesellschaften.** Die ganz hM[289] geht von der Unanwendbarkeit des § 103 auf Gesellschaftsverträge von Personengesellschaften auch dann aus, wenn diese – was streitig ist[290] – gegenseitige Verträge im Sinn der §§ 320 ff. BGB sein sollten; Letzteres hat im Übrigen auch der Gesetzgeber der InsO an anderer Stelle als offenbar ganz selbstverständlich verneint.[291] In der Tat verpflichten sich die Gesellschafter zwar „gegenseitig" zur Förderung des Gesellschaftszwecks, jedoch nicht in einem synallagmatischen Leistungs- und Gegenleistungsverhältnis, wie es § 103 voraussetzt (→ Rn. 55).

115 **b) Gesellschaften ohne Rechtspersönlichkeit (§ 11 Abs. 2 Nr. 1).** Die Eröffnung des Insolvenzverfahrens über das Vermögen der *Gesellschaft* selbst führt zu deren Auflösung kraft Gesetzes. Bei Insolvenzeröffnung über das Vermögen eines *Gesellschafters* werden aufgelöst (für den Anspruch des geschäftsführenden Gesellschafters aus Notgeschäftsführung und Geschäftsfortführung infolge Insolvenzunkenntnis gilt → § 118, Rn. 107)
– kraft Gesetzes die Gesellschaft bürgerlichen Rechts (§ 728 Abs. 2 Satz 1 BGB),
– nur bei entsprechender Vertragsgestaltung offene Handelsgesellschaft und Kommanditgesellschaft (§§ 131 Abs. 2 Nr. 2, 161 Abs. 2 HGB), Partnergesellschaft (§ 9 Abs. 2 PartnerGG), Partnerreederei (§ 505 Abs. 2 HGB) und die Europäische wirtschaftliche Interessenvereinigung (Art. 30 EWIV–VO iVm § 8 EWIV-AusführungsG).

116 **c) Juristische Personen.** Ihre Auflösung erfolgt durch die Eröffnung des Insolvenzverfahrens über *das Vermögen der juristischen Person,* so also zB (zu Vereinen und Stiftungen → Rn. 109) die

[286] Zur früheren Rechtslage nach KO: *Jaeger/Henckel* § 25 Rn. 27 ff.
[287] Begründung RegE, abgedruckt zB bei KPB, Das neue Insolvenzrecht, Bd II, S. 156.
[288] Zur früheren Rechtslage nach KO: *Jaeger/Henckel* § 25 Rn. 33.
[289] Nerlich/Römermann/*Balthasar* Rn. 22; HKInsO/*Marotzke* Rn. 21; KPB/*Tintelnot* Rn. 56; *Keller* Rn. 1189. Zur KO: *Jaeger/Henckel* § 17 Rn. 29.
[290] Vgl. die Nachw. bei MüKoBGB/*Ulmer* § 705 Rn. 165 ff.; selbst die Befürworter der Rechtsnatur als gegenseitiger Vertrag halten §§ 320 ff. BGB nur eingeschränkt für anwendbar, Palandt/*Sprau* § 705 Rn. 13 ff.
[291] Begründung RegE § 137 (jetzt: § 119), abgedruckt zB bei KPB, Das neue Insolvenzrecht, Bd II, S. 314: „Gesellschaftsverträge sind keine „gegenseitigen Verträge" iSd Vorschrift" (gemeint: § 103).

Aktiengesellschaft (§ 262 Abs. 1 Nr. 3 AktG), die Kommanditgesellschaft auf Aktien (§ 289 Abs. 1 AktG iVm §§ 161 Abs. 2, 131 Abs. 1 Nr. 3 HGB), die GmbH (§ 30 Abs. 1 Nr. 4 GmbHG) und die eingetragene Genossenschaft (§ 101 GenG). Die Insolvenzeröffnung über das Vermögen eines *Mitglieds* führt nicht zur Auflösung der juristischen Person kraft Gesetzes. Wohl aber kann bei der GmbH die Insolvenz eines Gesellschafters die Erreichung des Gesellschaftszweckes unmöglich machen mit der Folge der Auflösung durch Urteil (§ 61 GmbHG).

6. Versicherungsverhältnisse. a) Insolvenz des Versicherers. In diesem Fall endet das *Versicherungsverhältnis* mit dem Ablauf eines Monats seit der Eröffnung des Insolvenzverfahrens und bleibt bis zu diesem Zeitpunkt der Masse gegenüber wirksam, § 16 Abs. 1 VVG. Tritt während dieser Zeit der Versicherungsfall ein, so ist der Anspruch auf die Versicherungsleistung Masseschuld gemäß § 55 Abs. 1 Nr. 2 Alt. 2; die über die Monatsfrist hinaus gezahlten Prämien kann der Versicherungsnehmer als Masseforderung zurückverlangen (§ 39 Abs. 2 VVG). *Pflichtversicherungen,* also Haftpflichtversicherungen, zu deren Abschluss eine Verpflichtung durch Rechtsvorschrift besteht (vgl. § 113 Abs. 1 VVG), enden (abweichend von § 16 Abs. 1 VVG) erst mit Ablauf eines Monats, nachdem der Insolvenzverwalter diesen Umstand (die Verfahrenseröffnung) der zuständigen Stelle angezeigt hat (§ 117 Abs. 6 VVG). 117

Allerdings bleiben nach § 16 Abs. 2 VVG die Vorschriften des Versicherungsaufsichtsgesetzes (VAG) über die Wirkungen der Insolvenzeröffnung unberührt; die von § 77b AVG erfassten *Lebens-Kranken- und Pflegepflichtversicherungen sowie Haftpflicht- und Unfallrenten-Versicherungsverhältnisse* erlöschen deshalb bereits mit Eröffnung des Insolvenzverfahrens über das Vermögen des Versicherers;[292] ein privater Krankenversicherungsvertrag gehört allerdings zum insolvenzfreien Vermögen (→ Rn. 87), wird folglich von § 103 nicht erfasst.[293]

b) Insolvenz des Versicherungsnehmers. Dort findet demgegenüber § 103 Anwendung, kann der Verwalter also den Vertrag anstelle des Schuldners erfüllen und Erfüllung von dem anderen Teil verlangen, oder die Erfüllung ablehnen;[294] ein Kündigungsrecht wie nach § 114 aF VVG (dazu → § 119 Rn. 25) gibt es nicht mehr. Erfolgt keine Erfüllungswahl, bleibt es bei den durch die Insolvenzeröffnung eingetretenen Folgen. Die gegenseitigen Erfüllungsansprüche sind aber nicht etwa erloschen, sondern nur nicht durchsetzbar geworden (→ Rn. 13), woraus sich in diesem Zusammenhang ein doch wichtiger Unterschied gegenüber der Rechtslage nach der aufgegebenen Erlöschenstheorie (→ Rn. 3) ergibt, wie im Folgenden am Beispiel der in der Praxis besonders wichtigen **Lebensversicherung** gezeigt: 118

- Will der Insolvenzverwalter den Rückkaufswert (§ 176 Abs. 1 aF VVG; jetzt § 169 VVG) zur Masse ziehen, muss er das Versicherungsverhältnis nach (§ 165 Abs. I aF VVG, jetzt) § 168 VVG kündigen;[295] die frühere gegenteilige Rechtsprechung, die eine Kündigung nicht für erforderlich hielt,[296] ist wegen des neuen Grundsatzurteils des BGH v 25.4.2002 (→ Rn. 13) überholt,[297] weil der Versicherungsvertrag gerade nicht durch die Insolvenzeröffnung erlischt. Dieser Meinung hat sich nun auch der BGH angeschlossen.[298]
- Eine Erfüllungsablehnung durch den Verwalter wird man allerdings als Kündigungserklärung auszulegen haben. Der Rückkaufswert fließt der Masse aber nur zu, wenn der Versicherungsnehmer (Insolvenzschuldner) selbst der Begünstigte ist oder er dem Dritten ein nur widerrufliches Bezugsrecht eingeräumt hatte; denn dann hat dieser nur eine Erwerbsaussicht, aber kein Recht auf Leistung des Versicherers (§ 159 Abs. 2 VVG). Anders ist es beim unwiderruflichen Bezugsrecht; dann steht die Summe nicht der Masse, sondern – vorbehaltlich einer Insolvenzanfechtung (§§ 129 ff.) – dem Dritten zu.
- Der Insolvenzverwalter kann aber auch Erfüllung wählen und das (widerrufliche) Bezugsrecht an Stelle des Schuldners (§ 80 Abs. 1) widerrufen; die Prämien sind dann Masseverbindlichkeit nach § 55 Abs. 1 Nr. 2 Alt. 1, die Versicherungssumme fließt sodann bei Eintritt des Versicherungsfalles in die Masse.

---

[292] Näher KPB/*Tintelnot* Rn. 44.

[293] BGH NZI 2014, 369 = ZIP 2014, 688; so zuvor schon AG Kiel BeckRS 2011, 23777.

[294] So schon RGZ 52, 49, 53; Vgl. auch KPB/*Tintelnot* Rn. 44.

[295] Ebenso (natürlich ebenfalls zu den früheren Vorschriften) *Günther/Kohly* ZIP 2006, 1229, 1234; *Elfring* NJW 2005, 2192, 2193 f.; Elfring BB 2004, 617, 619; *Janca* ZInsO 2004, 449. AA *Hasse* VersR 2005, 1176, 1187 (Fn. 117: Ablehnung der Erfüllung genügt); dem folgend (schon die neuen Bestimmungen zitierend) KPG/*Tintelnot* Rn. 111.

[296] BGH NJW 1993, 1994 = ZIP 1993, 600.

[297] Offen gelassen in BGH NJW 2005, 2231, 2232 (dort hatte der Insolvenzverwalter die Bezugsberechtigung vor Eintritt des Versicherungsfalls widerrufen).

[298] BGH NJW 2012, 678 (Rn. 14 ff. 22) = NZI 2012, 76 = ZIP 2012, 34 (ebenfalls noch zu den früheren Vorschriften bei einer Kapitallebensversicherung).

– Wurde die Lebensversicherung vor Insolvenzeröffnung wirksam prämienfrei gestellt (§ 165 VVG), ist zwar die Pflicht zur Prämienzahlung entfallen, die Versicherung selbst in ihrem Bestand aber unberührt geblieben. Es handelt sich dann um einen gegenseitigen, aber einseitig vollständig erfüllten Vertrag,[299] der von § 103 nicht erfasst wird (→ Rn. 59; → Rn. 121 ff.)
– Ansprüche aus den nach dem Gesetz zum Pfändungsschutz der Altersvorsorge[300] privilegierten Versicherungen sind unpfändbar (§ 851c ZPO), gehören deshalb nicht zur Insolvenzmasse (§ 36 Abs. 1 S. 2) und fallen folglich auch nicht unter § 103.

119 **7. Verlagsvertrag. a) Insolvenz des Verfassers.** In diesem Fall ist § 103 nur anwendbar, wenn das Urheberrecht in die Masse fällt (→ § 35 Rn. 339 ff.). Das setzt die Einwilligung (§ 113 UrhRG) des Insolvenzschuldners voraus; ist er nur Mit-Autor, so müssen auch alle anderen Mit-Urheber zustimmen.[301] Nur dann kann der Insolvenzverwalter den Vertrag anstelle des Schuldners erfüllen, weil er nur in diesem Falle befugt ist, dem Verleger die Vervielfältigung und Verbreitung des Werkes zu gestatten (vgl. § 8 VerlG).

120 **b) Insolvenz des Verlegers.** In der Insolvenz des Verlegers[302] werden die Verlegerrechte nur erfasst, wenn ihre Übertragung nicht ausgeschlossen wurde, weil sie nur dann übertragbar sind und dem Insolvenzbeschlag unterliegen. Außerdem ist § 36 VerlG als Sonderbestimmung zu beachten.[303] Sie stellt in ihrem Abs. 1 zunächst klar, dass § 103 auch dann gilt, wenn das Werk bereits vor Eröffnung des Verfahrens abgeliefert worden ist. Hat der Verleger bei Insolvenzeröffnung noch nicht mit der Vervielfältigung begonnen, so kann der Verfasser vom Vertrag zurücktreten, § 36 Abs. 3, 37 VerlG; ist der Verfasser nur Mit-Autor, so müssen das Rücktrittsrecht alle Urheber gemeinsam ausüben, § 37 VerlG iVm § 356 BGB. Mit *Ausübung des Rücktrittsrechts* wird der Vertrag rückwirkend aufgelöst, das Verlagsrecht erlischt (§ 9 Abs. 1 VerlG), der Urheber kann dann über das Vervielfältigungs- und Verbreitungsrecht anderweit verfügen.[304] Erfolgt *kein Rücktritt,* so kommt es darauf an:
– Wählt der Insolvenzverwalter Erfüllung, so muss er die Ansprüche des Verfassers als Masseschuld berichtigen (§ 55 Abs. 1 Nr. 2 Abs. 1). Häufig wird es aber zu einer Übertragung der Verlegerrechte kommen (vgl. § 28 Abs. 1 Satz 1 VerlG). Der Erwerber tritt dann in den Verlagsvertrag anstelle der Insolvenzmasse ein, die jedoch wie ein selbstschuldnerischer Bürge haftet, falls jener die sich aus dem Vertragsverhältnis ergebenden Verpflichtungen nicht erfüllt, § 36 Abs. 2 VerlG.
– Lehnt der Insolvenzverwalter die Erfüllung ab oder erklärt sich auf Anfrage des Verfassers nicht (vgl. § 103 Abs. 2 Satz 2, 3), so greifen die hierfür geltenden allgemeinen Regeln ein (→ Rn. 14 ff.). Ein Nichterfüllungsanspruch des Verfassers als Insolvenzforderung (§ 103 Abs. 2 Satz 1) kann sich vor allem dann ergeben, wenn dieser – dem nun das Vervielfältigungs- und Verbreitungsrecht wieder zusteht – zunächst keinen neuen Verleger findet oder einen ungünstigeren Verlagsvertrag eingehen muss. War das Manuskript bereits vor Insolvenzeröffnung abgeliefert (vgl. § 36 Abs. 1 VerlG), steht dem Verfasser ein Aussonderungsrecht (§ 47) zu; denn er ist Eigentümer des Manuskripts geblieben. Die schon hergestellten, aber noch nicht veräußerten Exemplare des Werkes gehören jedoch in die Insolvenzmasse. Der Verfasser kann sie nicht herausverlangen, der Insolvenzverwalter sie andererseits aber auch nicht verbreiten, weil er das Verlagsrecht für die Masse nicht mehr ausüben kann. In der Praxis wird es sich empfehlen, eine Einigung zwischen Insolvenzverwalter und Verfasser herbeizuführen, insbesondere zwecks Übernahme der noch vorhandenen Exemplare durch den Verfasser unter Anrechnung auf seine Forderung wegen der Nichterfüllung.[305]

V. Keine vollständige Erfüllung

121 **1. Ausgangspunkt.** Neben einem gegenseitigen Vertrag (→ Rn. 55) setzt § 103 weiter voraus, dass dieses Rechtsgeschäft zurzeit der Eröffnung des Insolvenzverfahrens „vom Schuldner und vom anderen Teil nicht oder nicht vollständig erfüllt ist" (→ Rn. 61). Aus welchem Grunde es daran

---

299 *Kayser,* FS Kreft 2004, S. 341, 349.

300 Gesetz v. 13.4.2007 BGBl I S. 509; Materialien: BT-Drs. 16/886, S. 8, 10; BT-Drs. 16/3844 (Beschlussempfehlung des Rechtsausschusses). Zum Gesetz vgl. *Wimmer* ZInsO 2007, 281; *Stöber* NJW 2007, 1242. Zum „Hinterbliebenen"-Begriff (§ 851c Abs. 1 Nr. 3 ZPO) vgl. *Holzer* ZVI 2007, 113.

301 Nerlich/Römermann/*Balthasar* Rn. 26; Uhlenbruck/*D. Wegener* Rn. 47. Vgl. auch Uhlenbruck/*Berscheid* (12. Aufl.) Rn. 36.

302 Ausf. dazu *Jaeger/Henckel* KO § 17 Rn. 233 ff.

303 Zur Funktion der Vorschrift vgl. *Riewe,* Insolvenz im urheberrechtlichen Lizenzvertrag, 2008, S. 163.

304 *Rehbinder,* Urheberrecht, 14. Aufl. (2006), Rn. 707.

305 *Jaeger/Henckel* KO § 17 Rn. 240; andere Möglichkeit: Makulieren, Uhlenbruck/*Berscheid* (12. Aufl.) Rn. 35 aE.

fehlt, hat keine Bedeutung;[306] auf Verschulden oder Verzug kommt es nicht an, Gläubigerannahmeverzug steht nicht entgegen. Nur eine vollständige beiderseitige oder einseitige Erfüllung vor Insolvenzeröffnung schließt die Anwendung der Vorschrift aus (→ Rn. 57 ff.).[307] **Maßgeblicher Zeitpunkt** zur Beurteilung der Vollständigkeit der Erfüllung ist also derjenige der Insolvenzeröffnung (§ 27 Abs. 2 Nr. 3, Abs. 3). Zu **Teilleistungen** → Rn. 25 bis 38 und 47 bis 54.

2. Begriff der vollständigen Erfüllung. a) Leistungshandlung und Leistungserfolg. 122
Eine vollständige Erfüllung setzt voraus, dass die geschuldete Leistung so, wie sie nach dem Inhalt des Vertrages zu erbringen ist, bewirkt wird, vgl. §§ 362 Abs. 1, 267, 269 ff. BGB. Dabei genügt *nicht die Vornahme der Leistungshandlung,* sondern vielmehr kommt es auf den *Eintritt des Leistungserfolges* an.[308] Das folgt nicht nur aus dem Normzweck des § 103 (→ Rn. 1, 2), sondern schon aus dessen Wortlaut, der ganz allgemein daran anknüpft, ob ein gegenseitiger Vertrag „nicht oder nicht vollständig" erfüllt ist, und eben nicht darauf abhebt, ob „das zur Leistung Erforderliche getan" wurde, wie es zB § 243 Abs. 2 BGB genügen lässt. Für die Frage, wann im *Lastschriftverkehr* Erfüllung eintritt, muss man unterscheiden:[309] Beim (in der Praxis eher seltenen) Abbuchungsverfahren kommt es auf die Einlösung bei der Zahlstelle an, im Einzugsverfahren dagegen auf die Genehmigung, außer beim SEPA-Lastschriftverfahren wegen der dort vorab erfolgten Autorisierung.

Selbst wenn nur noch eine **Nebenleistung** aussteht, hindert das die Annahme einer vollständigen Erfüllung,[310] und zwar auch bei „verhältnismäßiger Geringfügigkeit" im Sinn des § 320 Abs. 2 BGB;[311] diese Vorschrift ist wegen des Normzwecks von § 103 (→ Rn. 1, 2) für die Bestimmung des Erfüllungsbegriffes unanwendbar. Etwas anderes gilt nur bei völlig unbedeutender Nebenleistung, zB noch nicht geliefertem wertlosen Zubehör, während eine andere Meinung zwischen unselbständigen und selbständigen Nebenpflichten unterscheiden will.[312] Nach dem hier vertretenen Standpunkt ist jedenfalls ein Grundstückskaufvertrag auf Seiten desjenigen Käufers noch nicht vollständig erfüllt, der das Grundstück zwar bereits in Besitz genommen und den Kaufpreis voll bezahlt hat, dessen Mitwirkung an der Auflassung aber noch aussteht.[313] Für den Kaufvertrag über bewegliche Sachen folgt daraus, dass auch bei voller Kaufpreiszahlung so lange keine vollständige Erfüllung vorliegt, als nicht übergeben ist. Von diesem Standpunkt aus ist es mithin unerheblich, ob man in der Abnahme (§ 433 Abs. 2 BGB) bzw. der Entgegennahme der Auflassung (§ 925 BGB) eine Hauptleistungspflicht des Käufers erblickt oder nicht. 123

Dass eine Nebenleistung, insbesondere hinsichtlich einer Abnahme im *Synallagma* steht, gehört *nicht* zum Begriff der vollständigen Erfüllung;[314] ob eine synallagmatische Verknüpfung der vereinbarten Leistungspflichten gegeben ist, hat vielmehr nur Bedeutung für die Beurteilung der Gegenseitigkeit im Sinn der §§ 320 ff. BGB (→ Rn. 55), wie wiederum aus dem Normzweck des § 103 (→ Rn. 1, 2) folgt. Die neuere höchstrichterliche Rechtsprechung scheint mit der Problemlage eher pragmatisch umgehen, der soeben erörterten Abgrenzung zur Nebenpflicht ausweichen und – durchaus einleuchtend – ergebnisorientiert für die Anwendbarkeit des § 103 entscheiden zu wollen.[315] Näher zur Frage der Insolvenzfestigkeit von § 320 BGB (→ Rn. 62).

---

306 BGH NJW 1983, 1619; KPB/*Tintelnot* Rn. 145.

307 BGH NJW 1980, 226, 227.

308 BAG ZInsO 2012, 450 (Rn. 37); Nerlich/Römermann/*Balthasar* Rn. 28; Graf-Schlicker/*Breitenbücher* Rn. 6; *Keller* Rn. 1200; Uhlenbruck/*D. Wegener* Rn. 59; KPB/*Tintelnot* Rn. 147; OLG Naumburg ZInsO 2002, 677. AllgM schon zu § 17 KO: BGHZ 87, 156, 162 = NJW 1983, 1605; *Jaeger/Henckel* KO § 17 Rn. 40; *Kilger/K. Schmidt* KO § 17 Anm. 3a.

309 Ausf. dazu KPB/*Tintelnot* Rn. 159 ff.

310 BGH NZI 2017, 60 (Rn. 15) = ZIP 2017, 89 = ZInsO 2017, 82. BGHZ 58, 246, 251 = NJW 1972, 875 (zum Vergleichsrecht); insoweit zust. *Jaeger/Henckel* KO § 17 Rn. 69; einschränkend *Schlosser* Rn. 345 („primäre Nebenleistungen"). Wie hier zB Nerlich/Römermann/*Balthasar* Rn. 32; Braun/*Kroth* Rn. 24.

311 KPB/*Tintelnot* Rn. 171; *Marotzke* Rn. 4.90; *Henckel* ZZP 99 (1986), 419, 428 (einschränkend gegenüber *Jaeger/Henckel* KO § 17 Rn. 69).

312 Uhlenbruck/*D. Wegener* Rn. 58; ebenso schon *D. Wegener Rn. 105, 106.*

313 BGHZ 58, 246, 251 = NJW 1972, 875; BGH NJW 1983, 1619; OLG Naumburg EWiR 1997, 553*(Smid); OLG* Dresden ZIP 1998, 1154 ff. Sehr str, seit jeher, wie hier: Uhlenbruck/*D. Wegener* Rn. 58, 61; HKInsO/*Marotzke Rn. 70; Kilger/K. Schmidt* KO § 17 Anm. 3a; AA (Unanwendbarkeit von § 17 KO, jetzt § 103): *Jaeger/Henckel* KO § 17 Rn. 8, 47; KPB/*Tintelnot* Rn. 174; Graf-Schlicker/*Breitenbücher* Rn. 8; *Häsemeyer* KTS 1973, 2, 5 f.

314 So schon RGZ 142, 296, 299 f.; BGHZ 58, 246, 251 = NJW 1972, 875; *Marotzke* Rn. 4.91 ff.; HKInsO/*Marotzke* Rn. 70; Nerlich/Römermann/*Balthasar* Rn. 33; aA *Jaeger/Henckel* KO § 17 Rn. 7 aE, 8, 69, 132; KPB/*Tintelnot* Rn. 172 ff.

315 Zahlung von Fallpauschalen an Personal-Service-Agentur: BGH NZI 2010, 180, allerdings m. krit. Anm. *B. Wegener.*

124 **b) Leistung unter Vorbehalt/an Erfüllungs statt.** Erfüllung tritt nach allgemeinen Rechtsgrundsätzen des BGB grundsätzlich auch ein durch Annahme einer Leistung unter Vorbehalt,[316] unabhängig davon, ob eine Verpflichtung hierzu bestand, oder einer anderen als der geschuldeten *Leistung* an Erfüllungs statt gemäß § 364 BGB, nicht jedoch bei Leistung erfüllungshalber, wie bei Hereinnahme eines Wechsel[317]

125 **c) Erfüllungssurrogate. Erfüllungssurrogate** bewirken Erfüllung der geschuldeten Leistung, insbesondere Aufrechnung (§ 389 BGB), vorbehaltlose Hinterlegung unter Verzicht auf Rücknahmerecht (§§ 372, 378 BGB) oder rechtmäßiger Selbsthilfeverkauf (§§ 383 ff. BGB, § 373 Abs. 2 bis 5 HGB); Hinterlegung beim Notar führt aber in der Regel nicht zum Erlöschen eines Kaufpreisanspruchs, außer bei entsprechender Parteivereinbarung.[318]

126 **d) Vollstreckbare Entscheidung, Vorbehaltsurteil, Zwangsvollstreckung.** Die geschuldete Leistung ist schließlich bewirkt, wenn sie auf Grund einer **vorläufig vollstreckbaren Entscheidung** (§ 704 Abs. 1 ZPO) oder eines **Vorbehaltsurteils** (§§ 302, 599 ZPO) erbracht wird; dass sie infolge späterer Aufhebung einer solchen Entscheidung dann wieder zurückgefordert werden kann, steht nicht entgegen.[319] Es macht keinen Unterschied, ob auf Grund eines Titels die Leistung freiwillig oder durch **Zwangsvollstreckung** erfolgt.[320] Für Letzteres ist allerdings zu beachten: Die Wegnahme des gepfändeten Geldes und die Empfangnahme des Versteigerungserlöses durch den Gerichtsvollziehers gelten zwar gemäß §§ 815 Abs. 2, 819 ZPO als Zahlung vonseiten des Vollstreckungsschuldners; Erfüllung im Sinn des § 103 tritt aber erst ein mit Ablieferung des Geldes an den Pfändungsgläubiger, weil erst dadurch der Leistungserfolg (→ Rn. 122) herbeigeführt wird.[321] Entsprechendes gilt bei freiwilliger Leistung an den Gerichtsvollzieher.[322] Lautet ein Urteil auf Abgabe einer Willenserklärung, so gilt für den Eintritt der Erfüllung die Fiktion des § 894 Abs. 1 ZPO.

127 **e) Gesetzlicher Eigentumserwerb.** Auch in solchen Fällen tritt Erfüllung ein,[323] insbesondere durch Verbindung, Vermischung, Verarbeitung (§§ 946 ff. BGB). Erwirbt zB der Grundstückseigentümer gemäß § 946 BGB Eigentum an den bei einem Baustoffhändler zwar unter Eigentumsvorbehalt gekauften, in sein Haus aber eingebauten (nicht bezahlten) Materialien und wird anschließend das Insolvenzverfahren über das Vermögen des Grundstückseigentümers oder des Baustoffhändlers eröffnet, liegt ein bei Insolvenzeröffnung von einer Seite vollständig erfüllter gegenseitiger Vertrag vor; § 103 ist unanwendbar (→ Rn. 57 ff.). Der Grundstückserwerb durch Zwangsversteigerung gehört nicht hierher (→ Rn. 94).

128 **f) Maßgeblicher Zeitpunkt.** Für die Beurteilung der Vollständigkeit der Erfüllung ist derjenige der Eröffnung des Insolvenzverfahrens (§ 27 Abs. 1 Nr. 3, Abs. 2).[324] Der Vertragspartner des Insolvenzschuldners kann folglich seine Leistung selbst dann nicht mehr mit Wirkung gegenüber der Masse vervollständigen, wenn er an den Schuldner gemäß § 82 mit befreiender Wirkung leistet.[325] Denn das ändert an der mit Insolvenzeröffnung verknüpften Anwendbarkeit des § 103 nichts. Eine Erfüllungsablehnung durch den Insolvenzverwalter ist mithin möglich; dann kann der andere Teil die nach Insolvenzeröffnung erbrachte Leistung gemäß den Grundsätzen der ungerechtfertigten Bereicherung als Masseschuld (§ 55 Abs. 1 Nr. 3) zurückfordern, falls sie in die Masse gelangt ist.[326]

129 **3. Einzelheiten zum Erfüllungsbegriff. a) Kaufvertrag (ohne Kauf unter Eigentumsvorbehalt, Sachmängel).** Bei einem „gewöhnlichen" Kaufvertrag (ohne Kauf unter Eigentumsvorbehalt; dazu vgl. die Erläuterungen zu § 107) ist von Seiten des Verkäufers ist jedenfalls solange nicht erfüllt, als die Übergabe und Übereignung der **mangelfreien** (zum Rechtsmangel → Rn. 135 ff.; zum Sachmangel → Rn. 138 ff.) Sache an den Käufer (§ 433 Abs. 1 Satz 1 BGB) noch aussteht; war der Verkäufer Nichtberechtigter, tritt die Übereignungswirkung gleichwohl ein,

---

316 Palandt/*Grüneberg § 362 Rn. 14.*
317 BGH WM 1975, 1255.
318 BGHZ 87, 156, 162 = ZIP 1983, 691; BGH NJW 1998, 2134, 2135; OLG Naumburg ZInsO 2002, 677; KPB/*Tintelnot* Rn. 154.
319 *Jaeger/Henckel* KO § 17 Rn. 41; Nerlich/Römermann/*Balthasar* Rn. 28.
320 Uhlenbruck/*D. Wegener* Rn. 59 aE.
321 Ebenso KPB/*Tintelnot* Rn. 151; *Keller* Rn. 1197 (m. Nachw. aus der zwangsvollstreckungsrechtlichen Literatur).
322 BGH NJW 2009, 1085 (Rn. 5, 14).
323 *Jaeger/Henckel* KO § 17 Rn. 45; Uhlenbruck/*D. Wegener* Rn. 60; KPB/*Tintelnot* Rn. 149.
324 Ausf. dazu KPB/*Tintelnot* Rn. 138 ff.
325 *Jaeger/Henckel* KO § 17 Rn. 44.
326 AA Uhlenbruck/*D. Wegener* Rn. 58.

sofern der Käufer gutgläubig Eigentum erwirbt (§§ 932 ff. BGB). Fehlt es an Übergabe, liegt eine nur teilweise Erfüllung vor (→ Rn. 123). Vollständig erfüllt hat der Verkäufer jedoch, wenn er die veräußerte bewegliche Sache dem Käufer nach § 929 Satz 2 BGB übereignet hat und der Käufer sie ihm, auch in demselben Vertrage, zur Sicherung (zurück-)übereignet.[327] Da der Verkäufer die Sache frei von Sach- und Rechtsmängeln zu verschaffen hat (§ 433 Abs. 1 S. 2 BGB), liegt bei Insolvenzeröffnung ein von ihm vollständig erfüllter Vertrag – trotz Übergabe und Übereignung – nicht vor, wenn der Käufer noch Rechte wegen Mängel geltend machen kann (→ Rn. 138).

Verbleibt die Sache nach Abschluss des Kaufvertrages noch beim Verkäufer, weil dieser Änderungen vorzunehmen oder Zubehör einzubauen hat, so ist zu unterscheiden:[328] Stehen Übereignung und Kaufpreis-(Rest)-Zahlung noch aus, so liegt ein beiderseits unerfüllter Vertrag vor, auf den § 103 Anwendung findet. Es kann aber auch vorkommen, dass der Verkäufer schon übereignet hat. Der Käufer ist dann nach § 930 BGB Eigentümer und – auf Grund des für die Dauer der Änderungsarbeiten vereinbarten Besitzmittlungsverhältnisses – mittelbarer Besitzer geworden. Wird nun eine Partei insolvent, so gilt für die Abwicklung des Vertrages: Hat der Verkäufer die Arbeiten noch vor der Eröffnung des Insolvenzverfahrens über sein Vermögen durchgeführt, so bedarf es aber insolvenzrechtlicher Sondervorschriften jedenfalls dann nicht, wenn der Kaufpreis schon bezahlt ist oder in die Masse entrichtet wird. Der Käufer ist nämlich Eigentümer, kann mithin Herausgabe nach § 985 fordern, ohne Zurückbehaltungsrechten der anderen Seite ausgesetzt zu sein. Anders liegt es in der Insolvenz des Käufers, der den Kaufpreis noch nicht vollständig beglichen hat. Dieser Fall gehört in den Bereich des § 103. Dann wird der Verkäufer dem Herausgabeverlangen des Insolvenzverwalters die Einrede des nichterfüllten Vertrages entgegenhalten. Will sie der Verwalter ausräumen, muss er den Kaufpreis (Kaufpreisrest) aus der Masse bezahlen, §§ 103 Abs. 1, 55 Abs. 1 Nr. 2; andernfalls bleibt ihm nur die Möglichkeit, die Erfüllung abzulehnen. Allerdings dürfte dieser Sachverhaltsgestaltung in der Praxis keine allzu große Bedeutung zukommen, weil ein Verkäufer zur Übereignung in aller Regel nur bereit sein wird, wenn ihm zugleich der Kaufpreis gänzlich zufließt. 130

Ein **Versendungskauf** (vgl. § 447 BGB) ist vonseiten des Verkäufers erst erfüllt, wenn der Käufer Eigentümer wird, nicht also schon etwa mit der Übergabe der Sache an die Transportperson und Absendung der Übereignungsofferte.[329] Bei einem Verbrauchsgüterkauf (§ 474 BGB) gilt die genannte Gefahrtragungsregel ohnehin nicht (§ 474 Abs. 2 S. 2 BGB). 131

b) Grundstücksveräußerung. In diesem Fall tritt der Leistungserfolg erst mit der Verschaffung des Eigentums ein;[330] erforderlich sind also Auflassung und Eintragung der Rechtsänderung im Grundbuch, §§ 873, 925 BGB. Steht die Auflassung noch aus, so ist auch durch denjenigen Käufer nicht vollständig erfüllt, der den Kaufpreis bezahlt und das Grundstück in Besitz genommen hat (→ Rn. 123). Haben die Vertragsparteien jedoch schon vor der Eröffnung des Insolvenzverfahrens über das Vermögen des Verkäufers die Auflassung erklärt und *beide* einen Eintragungsantrag gestellt, so hat der Käufer ein unentziehbares Anwartschaftsrecht erlangt;[331] § 103 ist nicht mehr anwendbar, weil er voraussetzt, dass der Insolvenzverwalter über die vom Schuldner zu erbringende Leistung noch verfügen kann. Der Rechtserwerb des Käufers vollendet sich jedoch trotz der Insolvenzeröffnung mit der Grundbucheintragung, § 91 Abs. 2 iVm § 878 BGB. Dem Verwalter bleibt mithin nur noch die Möglichkeit einer Insolvenzanfechtung (vgl. § 147), falls ein anfechtbares Rechtsgeschäft vorliegt. Ist der Anspruch des Käufers auf Übertragung des Eigentums durch eine Vormerkung gesichert, so ist § 106 einschlägig (→ Rn. 100). Für den Erwerb eines Grundstücks im Wege der Zwangsversteigerung gilt § 103 nicht (→ Rn. 94). 132

c) Rechtskauf, Erbaurechtsvertrag. Ein **Rechtskauf** (§ 453 BGB) ist vonseiten des Verkäufers vollständig erfüllt, wenn er dem Käufer das Recht verschafft, es also durch Vertrag (Erfüllungsgeschäft) auf diesen übertragen hat (§§ 413, 398 BGB); auf die Anzeige davon §§ 413, 409 BGB) kommt es nicht an.[332] Berechtigt das veräußerte Recht zum Besitz einer Sache, so ist für eine vollständige Erfüllung durch den Verkäufer auch die Übergabe erforderlich; es handelt sich nicht um eine (wie auch immer geartete) Neben- (→ Rn. 123), sondern um eine Hauptleistungspflicht.[333] 133

---

[327] BGH NJW 1980, 226.

[328] Dazu ausf. *Jaeger/Henckel* KO § 17 Rn. 46.

[329] OHG NJW 1950, 385, 387. AllgM, vgl. nur Runkel/*Dahl* § 7 Rn. 23; HKInsO/*Marotzke* Rn. 29; FKInsO/*B. Wegener* Rn. 39; *Keller* Rn. 1199.

[330] So schon RGZ 113, 403, 405. AllgM, vgl. nur KPB/*Tintelnot* Rn. 192; Uhlenbruck/*D. Wegener* Rn. 62; *Jaeger/Henckel* KO § 17 Rn. 63. Davon geht auch aus: BGHZ 155, 87, 90 = NZI 2003, 491 mAnm *Huber.*

[331] BGHZ 49, 197, 200 f. = NJW 1968, 493.

[332] *Jaeger/Henckel* KO § 17 Rn. 65.

[333] Palandt/*Weidenkaff* § 453 Rn. 14.

Ein *Erbbaurechtsvertrag* (→ Rn. 73 aE.) ist als Rechtskauf deshalb mit Eintragung des Erbbaurechts und Besitzeinräumung vollständig erfüllt.[334]

134 **d) Werk-/Bauvertrag (ohne Sachmängel).** Bei einem **Werkvertrag** (→ Rn. 85) bzw. **Bauvertrag** (→ Rn. 67) hat der Unternehmer das hergestellte Werk **mangelfrei,** d. h. frei von Rechts- (dazu → Rn. 135 f.) und Sachmängel (dazu → Rn. 144 ff.) zu verschaffen (zur Behandlung von Teilleistungen → Rn. 25 bis 38, 47 bis 54). Die Abnahme des (vermeintlich) mangelfreien Werks (§ 640 BGB, § 12 VOB/B) hat für den insolvenzrechtlichen Erfüllungsbegriff keine Bedeutung; entsprechendes gilt für die fiktive Abnahme[335] und die nach früherem Recht dem Unternehmer durch einen Gutachter erteilte Fertigstellungsbescheinigung (§ 641a BGB ist seit 1.1.2009 aufgehoben). Denn der Unternehmer muss auf Verlangen alle während der Verjährungsfrist hervortretenden Mängel, die auf vertragswidrige Leistung zurückzuführen sind, auf seine Kosten beseitigen (§§ 634 ff. BGB, § 13 Abs. 5 VOB/B). Erst dann ist iSd § 103 vollständig erfüllt; wird ein Mangelbeseitigungsverlangen nicht erhoben, tritt der Leistungserfolg mit Ablauf der Verjährungsfrist ein.

Vor dem zuletzt genannten Zeitpunkt wird auch auf Seiten des Bestellers (Auftraggebers) wegen der in der Regel vereinbarten Sicherheitsleistung (vgl. § 17 VOB/B keine vollständige Erfüllung gegeben sein. Bei Einbehalt oder Hinterlegung steht ohnehin noch ein Teil des Werklohns aus; nichts anderes gilt im Ergebnis bei einer dem Besteller (Auftraggeber) gestellten Bürgschaft, weil der Unternehmer (Hauptschuldner) wegen des Rückgriffs des Bürgen den Werklohn im verbürgten Umfang nur vorläufig erhalten hat.[336] Eine ganz andere Frage ist es, ob der Besteller (Auftraggeber) nach materiellem Recht Zahlung unter Berufung auf einen Sicherheitseinbehalt mit Blick auf nur eventuell auftretende (also trotz noch nicht aufgetretener) Mängel verweigern kann.[337]

135 **e) Rechtsmangel. aa) Ausgangspunkte und Insolvenz des Käufers/Bestellers.** Bei einem im Zeitpunkt der Insolvenzeröffnung mit einem Rechtsmangel behafteten Kauf-, Werklieferungs- oder Werkvertrag (§§ 433, 651, 631 BGB) sind die Ausgangspunkte klar: Der Verkäufer/Unternehmer hat nicht vollständig erfüllt, weil die Sache/das Werk frei von Rechten Dritter zu verschaffen ist (§§ 435, 633 Abs. 1, Abs. 3 BGB). Hat auch der andere Teil noch nicht vollständig erfüllt, ist an sich § 103 einschlägig (→ Rn. 61 ff.). In der Insolvenz des Käufers/Bestellers wird es darauf in aller Regel aber nicht ankommen, weil der Insolvenzverwalter deren Rechte nach BGB bzw. VOB/B geltend machen wird (vgl. § 80 Abs. 1).

136 **bb) Insolvenz des Verkäufers/Unternehmers.** In der Insolvenz des Verkäufers/Unternehmers muss man unterscheiden: Bei einem **behebbaren Rechtsmangel** findet die Vorschrift uneingeschränkt Anwendung;[338] *Beispiele:* Der spätere Insolvenzschuldner hat das veräußerte Grundstück bereits übereignet, die vertraglich geschuldete Löschungsbewilligung für die Grundschuld eines Dritten aber nicht beschafft; der spätere Insolvenzschuldner hat die veräußerte Sache entwendet oder unterschlagen, dem Käufer also wegen § 935 BGB kein Eigentum verschaffen können, der Eigentümer (Geschädigter) würde sich aber dem Insolvenzverwalter gegenüber unter bestimmten Voraussetzungen zur Genehmigung der Verfügung bereit erklären (§ 185 Abs. 2 S. 1 BGB). Verlangt der Insolvenzverwalter Erfüllung, muss er den Rechtsmangel beseitigen, bis dahin hat der Käufer/Besteller die Einrede nach § 320 BGB. Lehnt der Verwalter die Erfüllung ab, steht dem anderen Teil eine Forderung wegen der Nichterfüllung gemäß § 103 Abs. 2 S. 1 zu.

137 Bei einem **nicht behebbaren Rechtsmangel** gibt es ohnehin *keinen Nacherfüllungsanspruch* von Käufer/Besteller; der Anspruch auf die Leistung ist wegen § 275 Abs. 1 BGB ausgeschlossen, andererseits besteht aber wegen § 326 Abs. 1 S. 1 BGB auch kein Anspruch auf die Gegenleistung. Im Übrigen muss man unterscheiden:

– Ist der Käufer/Besteller schon **vor** Insolvenzeröffnung wirksam *zurückgetreten* (§§ 437 Nr. 2, 634 Nr. 3, 323, 326 Abs. 5 BGB), gilt für das Rückabwicklungsschuldverhältnis (§§ 346 ff. BGB) grundsätzlich § 103 (→ Rn. 86; → Rn. 139). Wählt der Insolvenzverwalter Erfüllung, hat er Anspruch auf Rückgabe der Sache, muss den gezahlten Kaufpreis aber als Masseschuld (§ 55 Abs. 1 Nr. 2 Alt. 1) erstatten. Wählt er nicht Erfüllung, kann der Käufer entweder – sofern nicht das Recht eines Dritten entgegen steht – die mangelhafte Sache behalten und eine Nichterfüllungsforderung (Differenz zwischen gezahltem Kaufpreis und Wert der mangelhaften Sache) geltend

[334] BGH NJW 2007, 2325 (Rn. 10) = ZIP 2007, 112 = ZInsO 2007, 600; zust. *Meyer* NZI 2007, 487. Ausf. zur Entsch. *Reul* DNotZ 2007, 649.

[335] Näher dazu und zu den Unterschieden zwischen VOB/B- und BGB-Vertrag *Thode* ZfBR 1999, 116, 117. Zu § 640 Abs. 1 Satz 2 BGB *Kiesel* NJW 2000, 1673, 1676 f.

[336] AA *Schmitz* Bauinsolvenz Rn. 201 (Werklohn ist nach Auskehrung gegen Stellung der Bürgschaft vollständig bezahlt).

[337] Dazu näher *Lorenz* ZInsO 2009, 66.

[338] Ebenso KPB/*Tintelnot* Rn. 200.

machen oder die Sache gegen Erstattung ihres Werts in mangelhaftem Zustand zurückgeben und einen weitergehenden Nichterfüllungsanspruch als Insolvenzgläubiger verfolgen. Für den Werkvertrag gilt Entsprechendes, sofern die Rückgabe des hergestellten Werks möglich ist.
- Hat der Käufer/Besteller schon **vor** Insolvenzeröffnung *Schadensersatz* statt der ganzen Leistung gefordert (§§ 437 Nr. 3, 634 Nr. 4, 283 BGB), besteht nur eine Insolvenzforderung und kann der Insolvenzverwalter (anstelle des Schuldners, § 80) Rückgabe des Geleisteten verlangen (§§ 283 S. 2, 281 Abs. 5 BGB).
- **Ab** Insolvenzeröffnung besteht hingegen eine **Ausübungssperre** für Rücktritt und andere Käuferrechte (→ Rn. 139).

4. Sachmängel im Kaufvertragsrecht. a) Grundsätze zur Anwendbarkeit des § 103 (zum Werkvertrag → Rn. 144). aa) Ausgangspunkte. Im neuen Kaufvertragsrecht (zum alten Schuldrecht[339] Vorauflage → Rn. 138–140, 142 ff.) entfällt bei der mit einem Sachmangel behafteten Lieferung wegen des Nacherfüllungsanspruchs (§§ 437 Nr. 2, 439 BGB) und der Eingliederung des Gewährleistungsrechts in das allgemeine Schuldrecht die Notwendigkeit einer Unterscheidung zwischen Wandelung und Rücktritt sowie zwischen Spezies- und Gattungskauf. Im Übrigen gilt: 138
- Wegen der Mangelhaftigkeit der Sache fehlt es an einer vollständigen Erfüllung durch den Verkäufer vor Insolvenzeröffnung, sofern der Käufer noch Rechte wegen der Mängel geltend machen kann (→ Rn. 129); ist die Verjährungsfrist zu diesem Zeitpunkt schon verstrichen, stellt sich die Frage nach § 103 nicht, weil sich der Verkäufer dann auf sein Leistungsverweigerungsrecht (§ 214 Abs. 1 BGB) berufen wird.
- So gesehen tritt vollständige Erfüllung aufseiten des Verkäufers – wie beim Werkvertrag (→ Rn. 134) – erst mit Ablauf der Verjährungsfrist ein.
- Hat auch der Käufer noch nicht vollständig erfüllt, insbesondere erst einen Teil des Kaufpreises bezahlt, so handelt es sich um einen **von noch keiner Seite vollständig erfüllten gegenseitigen Vertrag** im Anwendungsbereich des § 103.
- Wegen des noch ausstehenden Kaufpreisrestes wird freilich ein Kaufvertrag unter Eigentumsvorbehalt (vgl. § 449 Abs. 1 BGB) gegeben sein; soweit es um Mängel der Vorbehaltsware geht, sind keine Besonderheiten zu beachten. Etwas anderes gilt für die Frage, unter welchen Voraussetzungen der Vorbehaltsverkäufer in der Insolvenz des Vorbehaltskäufers wegen dessen Zahlungsverzugs zurücktreten kann (→ Rn. 139 aE).

bb) Grundsätzliche Weichenstellungen. Für das Verhältnis von § 103 zu den Käuferrechten nach neuem Schuldrecht[340] sind folgende grundsätzliche Weichenstellungen zu beachten (sonst zu den Rechten des Vertragspartners nach BGB → Rn. 164, 165): 139
- Die Vorschrift ist **anwendbar,** wenn der *Erfüllungs-/Nacherfüllungsanspruch* bei Insolvenzeröffnung noch besteht. Der Vertrag ist an sich aber auch dann unerfüllt, wenn der Nacherfüllungsanspruch bei Insolvenzeröffnung nicht mehr besteht, weil er gemäß § 275 Abs. 1 BGB ausgeschlossen ist oder der Verkäufer die Nacherfüllung verweigern kann (§§ 275 Abs. 1, 275 Abs. 3 oder 439 Abs. 3 BGB); denn dann greifen andere Rechte ein, für die freilich eine Ausübungssperre besteht (dazu s. sogleich). Einen wirksamen *Rücktritt vor Insolvenzeröffnung* gemäß § 437 Nr. 2 i. V. mit §§ 440, 323 oder § 326 Abs. 5 BGB muss der Insolvenzverwalter – vorbehaltlich einer Insolvenzanfechtung (§§ 129 ff.) – grundsätzlich hinnehmen; jedoch findet auf das Rückabwicklungsschuldverhältnis § 103 entsprechende Anwendung (→ Rn. 86).
- **Unanwendbar** ist § 103, wenn der Käufer vor Insolvenzeröffnung wirksam *Minderung* verlangt hat (§ 437 Nr. 2 i. V. mit §§ 440, 441 BGB), denn dann ist er wegen der Gestaltungswirkung dieser Willenserklärung auf einen Zahlungsanspruch, und zwar als Insolvenzgläubiger, beschränkt. Entsprechendes gilt für das vor Insolvenzeröffnung erhobene Verlangen nach *Schadensersatz* (§ 437 Nr. 3 i. V. mit §§ 440, 280, 281, 283 BGB) oder das nach *Ersatz vergeblicher Aufwendungen* (§ 437 Nr. 3 i. V. mit § 284 BGB).
- Eine **Rechtsausübungssperre** besteht bei einer vor Insolvenzeröffnung vom Käufer gesetzten, aber noch nicht verstrichenen Frist zur Leistung oder Nacherfüllung (§§ 281 Abs. 1 S. 1, 323 Abs. 1 BGB). Wegen der Nichtdurchsetzbarkeit von Erfüllungsansprüchen (ohne Erfüllungswahl durch den Insolvenzverwalter) sind die Käuferrechte suspendiert, ist also insbesondere ein Rück-

[339] Ausf. zur Sachmängelhaftung beim Kauf im Konkurs *Henckel* FS Wieacker, 1978, S. 366; vgl. im Übrigen auch die Literaturnachweise zu KO und Geso im Schrifttumsverzeichnis (Vorauf.).

[340] Ausf. *D. Wegener* Das Wahlrecht des Insolvenzverwalters unter dem Einfluss des Schuldrechtsmodernisierungsgesetzes, 2007; *Burkhard,* Der Einfluss der Schuldrechtsreform auf von § 103 InsO erfasste Kaufverträge, Diss. Regensburg, 2007. Zum Verhältnis des neuen Schuldrechts gegenüber § 103 vgl. insbes. auch: *Kreft,* FS Kirchhof, S. 275, 281 f.; *Marotzke* KTS 2002, 1; *Scherer* NZI 2002, 356; *Schmidt* ZInsO 2002, 103; *Wittig* ZInsO 2003, 629.

tritt nach Fristablauf ausgeschlossen; selbst nach Erfüllungsablehnung können deshalb Rechte nach § 437 BGB während des Insolvenzverfahrens nicht geltend gemacht werden.[341]

– Anders ist die Rechtslage für den **Rücktritt des Vorbehaltsverkäufers in der Insolvenz des Vorbehaltskäufers wegen dessen Zahlungsverzugs,**[342] weil sich sonst die Sicherungsfunktion des vorbehaltenen Eigentums (Aussonderungsrecht nach § 47) nicht verwirklichen ließe. Der Verkäufer muss den Insolvenzverwalter zur Wahlrechtsausübung auffordern (§§ 107 Abs. 2, 103 Abs. 2 S. 3). Wählt der Insolvenzverwalter Erfüllung, wird der Vertrag abgewickelt; erfüllt er die ihm obliegende Zahlungspflicht nicht, kann der Verkäufer gemäß § 323 Abs. 1 BGB nach (neuer) Fristsetzung zurücktreten und Herausgabe nach §§ 985, 346 Abs. 1 BGB im Wege der Aussonderung (§ 47) fordern. Wählt der Insolvenzverwalter nicht die Erfüllung des Vertrages, ist der Verkäufer zum sofortigen Rücktritt berechtigt, der mit dem Verlangen nach Herausgabe (Aussonderung) des Kaufgegenstandes verbunden werden kann; das Besitzrecht des Insolvenzverwalters entfällt, das Anwartschaftsrecht des Käufers erlischt. Hatte der Verkäufer vorher keine Frist nach § 323 Abs. 1 BGB gesetzt, bedarf es dessen nicht mehr; denn jetzt steht bereits fest, dass eine zu setzende angemessene Frist nicht eingehalten werden wird.[343]

140 **b) Sachmangel in der Insolvenz des Verkäufers.**[344] **aa) Ausgangslage.** Fordert der Insolvenzverwalter für die vor Verfahrenseröffnung gelieferte Sache trotz der vom Käufer behaupteten Mängel Zahlung oder macht er den Kaufpreisanspruch gerichtlich geltend, so beinhaltet das für sich alleine genommen keine Wahlrechtsausübung, insbesondere kein konkludentes Erfüllungsverlangen (→ Rn. 156); vielmehr stellt er sich gerade umgekehrt auf den Standpunkt, die Sache sei mangelfrei und der Kaufpreisanspruch deshalb durchsetzbar. Der Käufer kann demgegenüber die Einrede des nicht erfüllten Vertrags (§§ 320, 322 BGB) erheben, weshalb der Streit über die Mangelfreiheit der Sache notfalls gerichtlich auszutragen ist. Auf § 103 kommt es in seinem Anwendungsbereich (→ Rn. 139) erst an, wenn der Insolvenzverwalter die Mangelhaftigkeit der Sache einräumt. Es handelt sich dann um eine Teilleistung des Schuldners vor Insolvenzeröffnung, ebenso aufseiten des Käufers, soweit dieser den Kaufpreis schon teilweise errichtet hat (§ 105 → Rn. 16).

141 **bb) Käufer verlangt Nacherfüllung (§ 439 Abs. 1 BGB).** Die Eröffnung des Insolvenzverfahrens ändert nichts am Vorrang des Nacherfüllungsanspruchs vor den anderen Käuferrechten, umgekehrt betrachtet also nichts am Recht zur zweiten Andienung des Verkäufers (jetzt des Insolvenzverwalters); der Käufer muss also grundsätzlich zunächst diesen Anspruch geltend machen. Dabei steht ihm das **Wahlrecht nach § 439 Abs. 1 BGB** zu; er kann also entweder Beseitigung des Mangels oder Lieferung einer mangelfreien Sache verlangen (zu § 439 Abs. 3 BGB → Rn. 142). Erst wenn das geklärt ist, vermag der Insolvenzverwalter das **Wahlrecht nach § 103** sachgerecht auszuüben.[345] Bei *Erfüllungswahl* muss er das Verlangen des Käufers grundsätzlich als Masseverbindlichkeit voll befriedigen (§ 55 Abs. 1 Nr. 2 Alt. 1); diese Variante erscheint problemlos, wenn der Käufer noch nichts gezahlt hat oder seine Anzahlung den Wert der gelieferten Sache im mangelhaften Zustand nicht übersteigt. Streit herrscht aber darüber, was bei höherer Anzahlung oder bei erst nach Erfüllungswahl weiter auftretenden, neu entdeckten Mängeln gilt; diese Problemlagen sind in der Praxis hauptsächlich bei Bauverträgen in der Insolvenz des Auftragnehmers von Bedeutung und deshalb dort behandelt (→ Rn. 146 ff.). Im Kaufvertragsrecht wird es im Übrigen meist massegünstiger sein, es bei der mit Insolvenzeröffnung eingetretenen *Nichterfüllung* zu belassen (Rechtsfolgen → § 105 → 17).

142 **cc) Verweigerung der Nacherfüllung (§ 439 Abs. 3 BGB) durch den Insolvenzverwalter.** Von der Wahlrechtsausübung des Insolvenzverwalters nach § 103 zu der vom Käufer konkret verlangten Art der Nacherfüllung (→ Rn. 141) zu unterscheiden ist seine Verweigerung der Nacherfüllung nach § 439 Abs. 3 S. 1 BGB wegen unverhältnismäßiger Kosten. Dieses kaufvertragliche Wahlrecht bezieht sich auf die andere Art der Nacherfüllung (§ 439 Abs. 3 S. 3 Hs. 1 BGB); verweigert der Insolvenzverwalter auch diese (§ 439 Abs. 3 S. 3 Hs. 2 BGB), ist die Nacherfüllung aus rein materiell-rechtlichen Gründen endgültig gescheitert. Eine Erfüllungsablehnung liegt darin nicht;[346] Gleiches gilt, wenn sich der Insolvenzverwalter auf das Leistungsverweigerungsrecht nach § 275 Abs. 2, Abs. 3 BGB (vgl. § 439 Abs. 1 S. 1 BGB: „… unbeschadet …") beruft. Es bleibt dann endgültig bei der durch die Insolvenzeröffnung eingetretenen Nichterfüllung. Andere Rechte im

---

341 Ebenso Uhlenbruck/*D. Wegener* Rn. 107; ähnlich KPB/*Tintelnot* Rn. 17, 203.

342 Ausf. dazu *Huber* FS Musielak, 2004, S. 267 ff. (Nachdruck in NZI 2004, 57 ff.).

343 BGH NJW 2012, 3714 (Rn. 26) = ZIP 2012, 1463.

344 Ausf. dazu D. *Wegener* Rn. 519–727; vgl. auch Uhlenbruck/*D. Wegener* Rn. 65 ff. Zum alten Schuldrecht s. hier 2. Aufl. Rn. 138–140.

345 Ebenso Uhlenbruck/*D. Wegener* Rn. 69; KPB/*Tintelnot* Rn. 236.

346 Zutreffend mit näherer Begründung *D. Wegener* Rn. 674–676, 681; ebenso KPB/*Tintelnot* Rn. 61.

Sinn des § 437 BGB kann der Käufer wegen der ab diesem Zeitpunkt wirkenden Rechtsausübungssperre nicht geltend machen (→ Rn. 139 aE). Nach anderer Ansicht[347] stehen dem Käufer „die sekundären Rechtsbehelfe des Rücktritts, der Minderung und des Schadensersatzes nach § 437 Nr. 2 und 3 BGB zu". Dem ist nicht zuzustimmen. Denn sonst könnte der Käufer noch im eröffneten Insolvenzverfahren wirksam zurücktreten und durch *sein Handeln* ein (neues) Wahlrecht hinsichtlich des Rückabwicklungsschuldverhältnisses eröffnen (→ Rn. 86).

c) Sachmangel in der Insolvenz des Käufers.[348] Wurde der Kaufpreis *vor Insolvenzeröffnung gänzlich gezahlt,* liegt ein einseitig vollständig erfüllter gegenseitiger Vertrag vor, auf den § 103 InsO keine Anwendung findet; der Insolvenzverwalter übt wegen des Sachmangels die Rechte des Käufers nach BGB aus. Hat der Käufer *nichts oder nur teilweise gezahlt,* gilt § 103; in aller Regel wird dann zugleich ein Kauf unter Eigentumsvorbehalt gegeben sein, selbst bei Übereignung durch den Verkäufer läge aber wegen der Mangelhaftigkeit der Sache auch von seiner Seite ein nicht vollständig erfüllter Vertrag vor. Der Verwalter kann – unbeschadet der Mängel oder gerade wegen der Mängel – die **Erfüllung ablehnen** (Rechtsfolge → § 105 Rn. 19). Bei **Erfüllungswahl** stehen ihm die Rechte des Käufers nach BGB zu (zu den Rechtsfolgen bei Nachbesserungsverlangen → § 105 Rn. 20). Fordert er Lieferung einer mangelfreien Sache (§ 439 Abs. 1 Alt. 2 BGB), ist der Kaufpreis dafür in voller Höhe als Masseverbindlichkeit (§ 55 Abs. 1 Nr. 2 Alt. 1) zu berichtigen.[349] Der Rückgewähranspruch des Verkäufers hinsichtlich der mangelhaften Sache (§ 439 Abs. 4 BGB) ist nur dann nach § 105 S. 2 (mit der Folge der Umrechnung nach § 45 in Geld und Anmeldung zur Tabelle) ausgeschlossen, wenn sie dem Käufer schon übereignet war.[350] Zugunsten eines Vorbehaltsverkäufers setzt sich dessen Recht (vorbehaltenes Eigentum) jedoch durch, weshalb Rückgabe durch Aussonderung verlangt werden kann (§ 47), Zug um Zug gegen Erstattung einer Anzahlung (§§ 346, 348 BGB). 143

5. Sachmängel im Werk-/Bauvertragsrecht.[351] **a) Grundsätze zur Anwendbarkeit des § 103.** Wegen der Harmonisierung zwischen Kauf- und Werkvertragsrecht zum Mangelbegriff und zu den Rechten wegen Mängel durch das Schuldrechtsmodernisierungsgesetz gelten die oben (→ Rn. 138, 139) erörterten Grundsätze und Weichenstellungen entsprechend (sonst zu den Rechten des Vertragspartners nach BGB → Rn. 164, 165). Im Übrigen gilt: 144

- Zusätzlich gibt es beim Werk-/Bauvertrag das Recht zur *Selbstvornahme* (§ 634 Nr. 2 i. V. mit § 637 BGB, § 13 Abs. 5 Nr. 2 VOB/B); wurde davon vor Insolvenzeröffnung Gebrauch gemacht, kann der Erstattungsanspruch nur als Insolvenzforderung verfolgt werden (→ Rn. 139).
- Beim *Nacherfüllungsanspruch* (§ 634 Nr. 1 i. V. mit § 635 BGB) hat das Wahlrecht zwischen Mangelbeseitigung und Neuherstellung gemäß § 635 Abs. 1 BGB der Unternehmer (Hersteller des mangelhaften Werks); die Rechtslage ist also seitenverkehrt zum Kauf, weil dort das Wahlrecht der anderen Vertragspartei (Käufer), nicht dem Lieferanten der mangelhaften Sache (Verkäufer) zusteht. In der Insolvenz des Unternehmers entscheidet also der Insolvenzverwalter, wie nacherfüllt wird, und schafft so selbst die Tatsachengrundlage für § 103; das zum Kaufvertragsrecht behandelte Problem (was verlangt der Käufer als der Vertragspartner → Rn. 141) stellt sich hier also nicht.
- Ein *Rücktritt* ist – sofern nicht ohnehin gesperrt (→ Rn. 139) – nur bei einem Werkvertrag bzw. einem BGB-Bauvertrag möglich (§ 634 Nr. 3 BGB), nicht aber auch bei einem VOB-Bauvertrag, weil in der VOB/B nicht vorgesehen.[352] Ein wirkliches Problem folgt daraus nicht, weil sich bei einem mangelhaften Bauwerk – unabhängig vom Vertragstyp (BGB- oder VOB-Bauvertrag) – ein praktisches Bedürfnis nach einer Rücktrittsmöglichkeit (bislang noch) nicht ergeben hat; die oben (→ Rn. 139) erörterte Abwicklungsvariante zu einem Rücktritt vor Insolvenzeröffnung ist hier also zu vernachlässigen.

---

[347] D. *Wegener* Rn. 682; so auch Uhlenbruck/*D. Wegener* Rn. 71 – ausdrücklich gegen den hier vertretenen Standpunkt.

[348] Ausf. dazu *D. Wegener* Rn. 727–767. Zum alten Schuldrecht s. hier Voraufl. Rn. 142–144.

[349] *D. Wegener* Rn. 744. AA KPB/*Tintelnot* Rn. 242.

[350] AA (stets ausgeschlossen) *D. Wegener* Rn. 752. Diametral gegensätzlich zu der hier (und von *D. Wegener*) vertretenen Meinung KPB/*Tintelnot* Rn. 242: „ … ist aus der Masse die mangelhafte Leistung unbeschadet von § 105 S. 1 zurückzugewähren".

[351] Ausf. zur Abwicklung eines Bauvertrags in der Insolvenz: Messerschmidt/Voit/*Huber*, Privates Baurecht, 3. Aufl. 2018, Syst. Teil R; *Schmitz*, Die Bauinsolvenz (5. Aufl.) 2010. Vgl. auch *Huber* NZBau 2005, 177 ff., 256 ff. Allgemein zur Insolvenz eines Bauträgers vgl. zB *Kesseler* RNotZ 2004, 175; *Ampferl* ZWE 2006, 214. Speziell aus baurechtlicher Sicht zu Mängelrechten in der Insolvenz des Bauunternehmers *Matthies* BauR 2012, 1005. Übersicht zu den rechtlichen und tatsächlichen Folgen der Erfüllungswahl eines Bauvertrags durch den Insolvenzverwalter nach § 103 vgl. *Heidland* ZInsO 2011, 201.

[352] Messerschmidt/Voit/*Voit* Privates Baurecht, 3. Aufl. 2018, § 13 VOB/B Rn. 38.

– Für den Erfüllungsbegriff des § 103 kommt es nicht auf eine *Abnahme* (§ 640 BGB; § 12 VOB/B), sondern auf den Eintritt der Verjährung an (§ 634a BGB, § 13 Abs. 4, 5 VOB/B; → Rn. 134).
– Soweit im Folgenden – gemäß dem Sprachgebrauch in der VOB – stets von *„Auftraggeber"* und *„Auftragnehmer"* (anstelle von Besteller/Bauherr und Unternehmer) die Rede ist, beruht das auf Vereinfachungsgründen.

145 **b) Mangelhafte Teilleistung des Auftragnehmers (Schuldners) vor Insolvenzeröffnung über sein Vermögen. aa) Kein Erfüllungsverlangen des Insolvenzverwalters.**[353] Der Auftraggeber hat keinen Anspruch wegen der Mängel, also insbesondere keinen Nachbesserungsanspruch, was wegen der Erfüllungsablehnung des Insolvenzverwalters unmittelbar einleuchtet. Es besteht auch insoweit nur ein Anspruch wegen Nichterfüllung (§ 105 → Rn. 17). Allerdings kann der Auftraggeber mit den Kosten der Mängelbeseitigung gegen den teilweisen Erfüllungsanspruch der Masse aufrechnen; dem steht – wie der Baurechtssenat des BGH entschieden hat – § 95 Abs. 1 S. 3 nicht entgegen;[354] das Gericht argumentiert aber (nur) mit dem Leistungsverweigerungsrecht (§ 320 BGB) wegen der Mängel. Richtigerweise ist § 95 Abs. 1 S. 3 aber schon nach seinem Normzweck auf synallagmatisch verknüpfte Forderungen (hier: Werklohnanspruch als Hauptforderung und Mängelbeseitigungskosten als Gegenforderung, jeweils aus demselben Bauvertrag) nicht anwendbar (→ Rn. 35). Eine andere Möglichkeit besteht darin, beide Forderungen nur als Rechnungsposten in das Abrechnungsverhältnis einzustellen; dort werden die gegenseitigen Ansprüche, die sich aus der insolvenzrechtlichen Beendigung der Vertragsdurchführung ergeben, miteinander verrechnet (saldiert), sodass nur derjenigen Seite ein Restanspruch zusteht, zu deren Gunsten ein Überschuss verbleibt (→ Rn. 185).

146 **bb) Insolvenzverwalter wählt Erfüllung.**[355] Nach herrschender Meinung muss der Insolvenzverwalter die **Mängel an der Teilleistung vor Insolvenzeröffnung** mit Mitteln der Masse beseitigen, weil er wegen seines Erfüllungsverlangens die mangelfreie Herstellung des Werkes schuldet; das ist im Ausgangspunkt unzweifelhaft richtig. Uneinigkeit besteht aber darüber, ob das auch gilt, wenn die Mängel erst nach dem Erfüllungsverlangen bekannt werden, zunächst also unentdeckt geblieben sind. Hierzu wird im Schrifttum vertreten, dass sich die Erfüllungswahl auf die konkreten Mängel beschränkt und der Verwalter wegen später gerügter oder erst später bekannt gewordener weiterer Mängel von neuem Erfüllung durch Nacherfüllung wählen oder ablehnen kann,[356] während die hM die Erfüllungswahl für unteilbar hält, den Insolvenzverwalter also verpflichtet, auch diese Mängel zu beseitigen;[357] allerdings wird insoweit vereinzelt auch eine Anfechtung der Wahlrechtsausübung vorgeschlagen.[358]

146a Richtigerweise muss man in solchen Fällen – entgegen der zu diesem Spezialproblem wohl noch (?) hM[359] – die **Vertragsspaltung auch auf die mangelhafte Teilleistung vor Verfahrenseröffnung** erstrecken.[360] Dann gilt:
– Da die Teilleistung feststellbar und bewertbar ist, kommt es auf den Wert im Ist-Zustand an, mindern also Mängelbeseitigungskosten den fiktiven Wert einer vertragsgemäß hergestellten Teilleistung;[361] nur in diesem Umfang fließt der Werklohnanspruch auf Grund einer – unanfechtbaren – Abtretung dem Zessionar zu.
– Bei einem Erfüllungsverlangen erfasst die Vertragsspaltung auch den Erfüllungsanspruch auf vertragsgemäße Herstellung der vor Insolvenzeröffnung erbrachten Teilleistung; insoweit gelten § 13 Abs. 1 S. 1 VOB/B und § 633 Abs. 1 BGB unmittelbar, denn Rechte wegen Mängel (§ 13 VOB/B, §§ 634 ff. BGB) ersetzen den Erfüllungsanspruch grundsätzlich erst nach Abnahme des Werks.
– Für den auf die Teilleistung entfallenden Erfüllungsanspruch des Auftraggebers auf vertragsgemäße Herstellung wird dieser trotz des Erfüllungsverlangens des Insolvenzverwalters insoweit gerade

353 Ausf. dazu Messerschmidt/Voit/*Messerschmidt*, Privates Baurecht, Syst. Teil R Rn. 55 ff.
354 BGHZ 164, 159 = NJW 2005, 3574 = NZI 2005, 672 = ZIP 2005, 1972 = ZInsO 2005, 1164.
355 Ausf. dazu Messerschmidt/Voit/*Huber*, Privates Baurecht, Syst. Teil R Rn. 62 ff.
356 So noch hier in der 3. Aufl. Rn. 146 u. ebenso noch *C. Schmitz*, ZIP 2001, 765, 768; diese Meinung ist aber geändert, vgl. sogleich.
357 So – der hM also zust. – früher auch *Kreft* FS Kirchhof, S. 275, 282 ff.; ausf. zur Problemlage Gottwald NZI 2005, 588. Nach wie vor dezidiert für die hM insbesondere Uhlenbruck/*D. Wegener* Rn. 90 (ebenso zum Parallelproblem beim Kauf in Rn. 73) *Kesseler* ZIP 2005, 2046, 2050 f.
358 KPB/*Tintelnot* Rn. 225; HKInsO/*Marotzke* Rn. 110.
359 Uhlenbruck/*D. Wegener* Rn. 90 sieht als Vertreter der hM selbst in der Gegenposition eine „immer stärker werdende Auffassung".
360 Ausf. *Huber* FS Kreft, 2004, S. 327, 282 ff. (Nachdruck in ZInsO 2005, 449, 452). In diese Richtung jetzt auch *Kreft* § 105 Rn. 18. Im Erg. wie hier jetzt *C. Schmitz*, Bauinsolvenz, Rn. 274 ff., 281.; *Heidland* Bauvertrag, Rn. 1035; *Wellensiek* BauR 2005, 169, 197.
361 Zur Minderungsberechnung bei der parallelen Problemlage im Kaufrecht *D. Wegener* Rn. 544 ff.

nicht zum Massegläubiger. Er bleibt gemäß § 105 S. 1 Insolvenzgläubiger, könnte also die Mängelbeseitigungskosten als Insolvenzforderung anmelden; ebenso wäre es für eine Rückforderung des Teils seiner Vorauszahlung, der den Wert der Sache im mangelhaften Zustand übersteigt.

– Will er Beseitigung der Mängel durch den Verwalter, der das Bauwerk fertig stellt, muss er diese (nochmals) gesondert in die Masse vergüten. Diese Rechtsfolge setzt jedoch voraus, dass der Vertragspartner sich mit einer vollständigen Mängelbeseitigung einverstanden erklärt (→ § 105 18).

Bei diesem Standpunkt erledigt sich zugleich das oben (→ Rn. 146) geschilderte Problem, wenn die Mängel erst nach dem Erfüllungsverlangen bekannt werden; insoweit gilt dann nichts anderes. Die Gegenposition überzeugt schon deshalb nicht, weil sie der Funktion des Wahlrechts (→ Rn. 196 ff.) widerspricht. Da nämlich der Insolvenzverwalter die Mängel nicht kennt, kann er sie bei seiner Erfüllungswahl nicht berücksichtigen, entscheidet also auf fehlerhafter Tatsachengrundlage darüber, ob die Durchführung des Bauvertrags für die Masse günstig ist oder nicht. **146b**

c) Insolvenz des General(Haupt-)Unternehmers. aa) Doppeltes Wahlrecht nach § 103. **147** Bei der für größere Bauvorhaben typischen **Dreiecksbeziehung zwischen Bauherrn, Generalunternehmer und Nachunternehmer** bestehen zwei getrennte Bauverträge zwischen Bauherrn und Generalunternehmer einerseits sowie zwischen Generalunternehmer und Nachunternehmer andererseits, wobei in jedem Verhältnis in der Praxis meist die Geltung der VOB/B vereinbart ist; vertragliche Beziehungen zwischen Bauherrn und Nachunternehmer gibt es demgegenüber nicht. In der Insolvenz des Generalunternehmers besteht folglich grundsätzlich ein **doppeltes Wahlrecht;** denn der Generalunternehmer ist Auftragnehmer des Bauherrn und selbst Auftraggeber des Nachunternehmers. Bei Gleichklang in der Ausübung werden sich bei Abwicklung der Bauverträge in der Regel keine zusätzlichen Schwierigkeiten ergeben: Bei *Erfüllungsverlangen gegenüber dem Bauherrn* wird der Insolvenzverwalter grundsätzlich dem Nachunternehmer gegenüber ebenso vorgehen, weil er die nun als Masseverbindlichkeit geschuldete (mangelfreie) Herstellung des Bauwerks ohne entsprechende Leistung des Nachunternehmers nicht wird erbringen können. Zwingend ist das freilich nicht; der Insolvenzverwalter kann gegenüber dem Nachunternehmer gleichwohl die Erfüllung ablehnen, zB wenn die vertraglichen Vereinbarungen sehr ungünstig waren und der Insolvenzverwalter die dem Nachunternehmer obliegenden (noch ausstehenden) Leistungen selbst erbringen oder einen Dritten damit beauftragen will, sofern das unter Berücksichtigung der Nichterfüllungsforderung (§ 103 Abs. 2 S. 1) günstiger wäre. Bei *Erfüllungsablehnung* (oder unterlassener Wahlrechtsausübung) gegenüber Bauherrn wie Nachunternehmer verbleibt es in beiden Vertragsverhältnissen bei dem durch die Insolvenzeröffnung eingetretenen Zustand der Nichterfüllung.

bb) Mangelhafte Teilleistung des Nachunternehmers vor Insolvenzeröffnung. Der **147a** Insolvenzverwalter des Generalunternehmers kann jedoch bei mangelhafter Teilleistung des Nachunternehmers vor Insolvenzeröffnung nach dem zugrunde liegenden VOB-Bauvertrag – also nach materiellem Recht (!) – **Minderung statt Nachbesserung** verlangen, wenn dem Bauherrn wegen der Mängel am Bauwerk nur eine Insolvenzforderung zusteht, weil dann die Mängelbeseitigung (durch den Nachunternehmer) für den Auftraggeber (Generalunternehmer) **„unzumutbar"** iSd § 13 Abs. 6 VOB/B ist, wie der BGH entschieden hat.[362] Der IX. Zivilsenat nennt dafür in seinem zitierten Grundsatzurteil v. 10.8.2006 zwei Fallgruppen, nämlich die Erfüllungsablehnung des Generalunternehmervertrages und (eher theoretisch) den Ausschluss des Wahlrechts wegen vollständiger Erfüllung durch den Bauherrn vor Insolvenzeröffnung. Als dritte (in der Praxis bedeutsamere) Variante kommt die Kündigung des Generalunternehmervertrages durch den Bauherrn nach § 8 Abs. 2 Nr. 1 VOB/B in Betracht (→ Rn. 90).

Daraus ergeben sich folgende **praktische Konsequenzen:** Der Nachunternehmer verliert **147b** trotz eines Nachbesserungswillens sein Recht zur zweiten Andienung, wenn der Insolvenzverwalter gegenüber dem Bauherrn (!) **nicht** Erfüllung wählt. Umgekehrt wird die Masse durch die Einziehung des Minderungsbetrages gemehrt. Die hM im Baurecht stellt bei Berechnung der Minderung trotz des eindeutigen Verweises (in § 13 Abs. 6 VOB/B) auf § 638 BGB – angeblich zur Vereinfachung – auf die fiktiven Nachbesserungskosten ab.[363] Eine Kürzung nach dem Rechtsgedanken des § 326 Abs. 2 S. 2 BGB[364] kommt aus spezifisch insolvenzrechtlichen Gründen nicht in Betracht; denn das stünde in Widerspruch zum Prinzip der par condicio creditorum und der Funktion des Wahlrechts, worauf das genannte Urteil zu § 13 Abs. 6 VOB/B gerade beruht.[365]

---

[362] BGHZ 169, 43 = NZI 2006, 575 = ZIP 2006, 136 = ZInsO 2006, 933 = NJW 2006, 2919 mAnm *Huber.*
[363] Kapellmann/Messerschmidt/*Weyer,* VOB, § 13 VOB/B Rn. 323 ff.
[364] So *Vogel* EWiR 2005, 523, 524 aE.
[365] BGHZ 169, 43 (Rn. 9, 12 ff.).

147c **cc) Kein Schadensersatzanspruch des Insolvenzverwalters bei Ablehnung der Erfüllung.** An der beschriebenen Rechtslage änderte auch das Folgeurteil v. 9.11.2015[366] nichts. Dort hat der Senat allerdings entschieden, dass der Verwalter im Insolvenzverfahren über das Vermögen eines Bauträgers im Falle der Erfüllungsablehnung eines beiderseits nicht erfüllten Subunternehmervertrags **nicht** statt der Erfüllung Schadensersatz wegen Nichterfüllung verlangen kann, worin aber kein Widerspruch zum zitierten BGHZ-Urteil liegt:

- Im Fall **v. 10.8.2006** hatte der Insolvenzverwalter gegenüber dem Bauherrn (!) **nicht** die Erfüllung des Bauvertrags (GU-Vertrags) gewählt, weshalb der Bauherr keine Erfüllung (keine Nachbesserung) verlangen konnte, sondern die Mangelbeseitigungskosten zur Tabelle anmelden musste. Andererseits hatte der Generalunternehmer die Vergütung des Subunternehmers (NachU) vor Insolvenzeröffnung vollständig (!) bezahlt, weshalb für diesen Bauvertrag (zwischen GU und SubU) § 103 InsO überhaupt nicht einschlägig war. Hätte der SubU nachbessern dürfen, wäre das insolvenzzweckwidrige Ergebnis eingetreten, dass der Bauherr – obwohl ihm gegenüber die Erfüllung des Bauvertrags abgelehnt war(!) – das Werk mangelfrei erhalten hätte.
- Im Fall **v. 19.11.2015** war die Forderung des SubU (NachU) noch nicht vollständig bezahlt, lag also insoweit ein nicht vollständig erfüllter gegenseitiger Vertrag vor, war folglich insoweit § 103 InsO eröffnet. In einem solchen Fall kann der Insolvenzverwalter Schadensersatz gem. § 13 Abs. 7 VOB/B gegen den NachU **nur** geltend machen, wenn er Erfüllung des Nachunternehmervertrags verlangt. Denn mangelbedingte Ansprüche treten an Stelle des ursprünglichen Erfüllungsanspruchs (sind sog. modifizierte Erfüllungsansprüche), aber einen Erfüllungsanspruch gibt es nur nach Erfüllungswahl

E. Einzelerläuterungen zur Ausübung des „Wahlrechts"

I. Grundsätze

148 **1. Begriff des Wahlrechts.** Nach der hier vertretenen Auslegung des § 103 (→ Rn. 1 ff., 11 ff., 22 ff.) besagt der Begriff „Wahlrecht" nur noch, dass der Insolvenzverwalter wählen kann, ob er den Vertrag anstelle des Schuldners erfüllt und die Erfüllung von dem anderen Teil verlangt, oder, ob er es bei den mit der Eröffnung des Insolvenzverfahrens verbundenen Folgen der Nichtdurchsetzbarkeit der Erfüllungsansprüche (→ Rn. 14 ff., 20) belassen will. Soweit daher im Rahmen der Erläuterungen zu § 103 von der „Ausübung des Wahlrechts" oder dem „Wahlrecht" schlechthin gesprochen wird, ist das in dem dargelegten Sinn zu verstehen.

Ein echtes Wahlrecht zwischen Erfüllungsverlangen und Erfüllungsablehnung gibt es im begrifflichen Sinn des Wortes nicht, also kein Wahlrecht zwischen zwei Gestaltungsmöglichkeiten. Denn weder die ausdrückliche Erklärung des Insolvenzverwalters, er lehne die (weitere) Erfüllung des Vertrages ab, noch sein Schweigen – auch nicht nach Aufforderung durch den Vertragspartner (§ 103 Abs. 2 Satz 2) – haben rechtsgestaltende Wirkung (→ Rn. 20, 21); etwas anderes gilt nur, wenn der Insolvenzverwalter Erfüllung verlangt wegen der daraus (rechtsgestaltend) folgenden Aufwertung der Rechte und Pflichten aus dem Vertrag insgesamt zu Masseforderungen und Masseverbindlichkeiten (→ Rn. 39).

149 **2. Ausübungsberechtigung im Regelinsolvenzverfahren. a) Insolvenzverwalter.** Das Wahlrecht nach § 103 steht im Regelinsolvenzverfahren nur dem Insolvenzverwalter zu;[367] Sondervorschriften gelten allerdings in Eigenverwaltung und galten im vereinfachtem Insolvenzverfahren (→ Rn. 152, 153). Nur ausnahmsweise kann das Wahlrecht im Einzelfall ausgeschlossen oder beschränkt sein (→ Rn. 200 ff.). Eine Vertretung des Insolvenzverwalters bei der Wahrnehmung dieses Rechtes ist deshalb dann unzulässig, wenn die Rechtsausübung nicht erkennbar auf seine eigene Willensbildung zurückzuführen ist, weil es sich sonst um eine unzulässige partielle Amtsübertragung handeln würde.[368]

150 **b) Vorläufiger Insolvenzverwalter.** Bei einem vom **Schuldner** geschlossenen gegenseitigen Vertrag kann das Wahlrecht **nicht** etwa vom vorläufigen Insolvenzverwalter ausgeübt werden.[369]

---

[366] BGH NJW 2016, 711 = ZIP 2016, 85 = ZInsO 2016, 90,.

[367] BGH NZI 2018, 111 (Rn. 19) = ZIP 2017, 1915 = ZInsO 2017, 2159.

[368] OLG Düsseldorf ZIP 1996, 337, 339; ZIP 1988, 855 = NJW-RR 1988, 1103; Uhlenbruck/*D. Wegener* Rn. 98; *Graeber* NZI 2003, 569.

[369] BGH NZI BGH NZI 2018, 111 (Rn. 19) = ZIP 2017, 1915 = ZInsO 2017, 2159; NZI 2008, 36 (Rn. 1, 9, 11) = ZIP 2007, 2322 = ZInsO 2007, 1275; BGH NZI 2008, 551 (Rn. 30) = ZIP 2008, 1437 = ZInsO 2008, 803. AllgM.

Insoweit gibt es keine Unterschiede zum früheren Sequester nach KO, dem ebenfalls das Wahlrecht nach § 17 KO (jetzt: § 103) nicht zugebilligt wurde.[370] Dabei ist unerheblich, ob es sich um einen sog. *starken vorläufigen Insolvenzverwalter* (§ 21 Abs. 2 Nr. 1) oder um einen sog. *schwachen vorläufigen Insolvenzverwalter* (§ 22 Abs. 2;) handelt; Letzterer heißt beim IX. Zivilsenat des BGH inzwischen übrigens „mitbestimmender" vorläufiger Insolvenzverwalter.[371] Denn in beiden Fällen bestimmt die Sicherungsfunktion der Maßnahme dessen Stellung (vgl. § 22 Abs. 1 Satz 2). Außerdem knüpft § 103 für Anwendungsbereich und Rechtsfolgen an die „Eröffnung des Insolvenzverfahrens" unmittelbar an.

In der Praxis kommt es häufig durch den Vertragspartner zu einer **Anfrage an den vorläufigen Insolvenzverwalter,** ob der Vertrag durchgeführt wird oder nicht. Selbst wenn der vorläufige Insolvenzverwalter seine Zustimmung zu einer Fortsetzung des Schuldverhältnisses erklärt, so beinhaltet das kein rechtlich verbindliches Erfüllungsverlangen iSd § 103. Der spätere Insolvenzverwalter ist demzufolge selbst dann, wenn er mit dem früheren vorläufigen Verwalter personenidentisch ist, nicht gehindert, die Erfüllung des Vertrages abzulehnen.[372] Für den vorläufigen Insolvenzverwalter empfiehlt es sich aber, um dem späteren Einwand eines treuwidrigen Verhaltens (§ 242 BGB) vorzubeugen, bei seiner Antwort auf eine solche Anfrage darauf hinzuweisen, dass er Erklärungen zur Weiterführung des Vertrages unbeschadet der Rechte nach §§ 103 ff. abgibt; das ist vor allem auch für eine spätere Anfechtung nach §§ 129 ff. wichtig. Der andere Teil ist damit hinreichend gewarnt. Er hat dann entsprechend den vertraglichen Vereinbarungen oder nach allgemeinen Regeln die Möglichkeit, das Schuldverhältnis zu kündigen oder zurückzutreten, sofern keine Rücktrittssperre gilt (→ Rn. 139, 144; vgl auch § 112). Lässt er sich gleichwohl auf dessen Fortsetzung ein, handelt er auf eigenes Risiko.[373] Hat ein *starker vorläufiger Insolvenzverwalter* die Durchführung des vom Schuldner geschlossenen Vertrages verlangt, gilt freilich § 55 Abs. 2 S. 1, unbeschadet des Wahlrechts des späteren Insolvenzverwalters; wickelt letzterer den Vertrag dann aber weiter ab, wird darin ein konkludentes Erfüllungsverlangen liegen (→ Rn. 156 ff.).

Keinen Unterschied macht es bei alledem, ob der Schuldner den Vertrag selbst noch vor Beginn des Eröffnungsverfahrens – also vor einem eigenen Insolvenzantrag bzw. dem eines Gläubigers – oder danach, aber **vor** Bestellung eines vorläufigen Insolvenzverwalters geschlossen hat.

Bei einem **Vertragsschluss erst im Eröffnungsverfahren nach Bestellung eines vorläufigen Insolvenzverwalters** muss man unterscheiden: 151

- Hat ein *starker vorläufiger Insolvenzverwalter* den Vertrag geschlossen, stellt sich die Frage des § 103 nicht, weil durch sein Handeln ohnehin eine Masseverbindlichkeit (§ 55 Abs. 2) begründet wurde, die der Insolvenzverwalter erfüllen muss;[374] eine Erfüllungsablehnung durch ihn nach Insolvenzeröffnung kommt folglich nicht in Betracht.[375]
- Für einen vom *Schuldner mit Zustimmung des schwachen vorläufigen Insolvenzverwalters* eingegangenen gegenseitigen Vertrag steht dem Insolvenzverwalter jedoch grundsätzlich das Wahlrecht zu.[376] Für diese Variante gelten die oben dargelegten Grundsätze; allein die Mitwirkung eines eben bloß „mitbestimmenden" vorläufigen Insolvenzverwalters vermag die Entscheidungsbefugnis des endgültigen Insolvenzverwalters nach Insolvenzeröffnung nicht zu beschränken. Im Übrigen kann die Rechtslage letztlich nicht anders sein wie in der Insolvenzanfechtung. Dort ist der Insolvenzverwalter grundsätzlich nicht gehindert, mit Zustimmung eines schwachen vorläufigen Verwalters vorgenommene Rechtshandlungen anzufechten, sofern kein schutzwürdiger Vertrauenstatbestand geschaffen wurde (→ § 129 Rn. 46 ff.). Es erscheint sachgerecht, diese Grundsätze auch für die Wahlrechtsausübung anzuwenden. Das hier vertretene Ergebnis ist nicht unbillig, weil sich ein schwacher vorläufiger Insolvenzverwalter im konkreten Einzelfall vom Insolvenzgericht zur Begründung von Masseverbindlichkeiten ermächtigen lassen kann. Andernfalls werden Verbindlichkeiten aus dem Eröffnungsverfahren Masseschulden erst nach einem Erfüllungsverlangen des Verwalters.[377]

---

370 BGHZ 97, 87, 90 = NJW 1986, 1496 = JZ 1986, 691 mAnm *Henckel* = Kilger EwiR § 17 KO 3/86, 387; BGHZ 130, 38, 42 = NJW 1995, 2783, 2785. HM im Schrifttum zur KO, vgl. nur *Kuhn/Uhlenbruck* § 106 Rn. 13b; ebenso zum vorläufigen Verwalter nach GesO, vgl. Gottwald/*Huber,* Insolvenzrechtshandbuch (1. Aufl.), Nachtrag S. 51 (Rn. 4); OLG Jena ZIP 1996, 34.

371 BGH NJW 2011 (Rn. 49) = ZIP 2011, 1410 = ZInsO 2011, 1463.

372 BGH NZI 2008, 36.

373 BGHZ 97, 87, 92 = NJW 1986, 1496 (zur Sequestration nach KO).

374 Das wird nicht hinreichend beachtet von *Hoenig/Meyer-Löwy* ZIP 2002, 2162 f.; der von ihnen vorgeschlagenen teleologischen Reduktion des § 103 in einem solchen Fall bedarf es folglich nicht.

375 HKInsO/*Marotzke* Rn. 121; insoweit im Erg. richtig *Hoenig/Meyer-Löwy* ZIP 2002. AA offenbar Uhlenbruck/*D. Wegener* Rn. 99 aE., aber ohne Problematisierung wegen § 55 Abs. 2.

376 Ebenso *Kirchhof* ZInsO 2000, 297.

377 Vgl. auch OLG Hamm NZI 2003, 150.

152 **3. Sondervorschriften. a) Eigenverwaltung.** Bei Eigenverwaltung (§§ 270 ff.) wird kein Insolvenzverwalter bestellt; der Schuldner behält vielmehr das Verwaltungs- und Verfügungsrecht, freilich unter Aufsicht eines Sachwalters, §§ 270 Abs. 1 Satz 1, 270c. Folgerichtig sind nach § 279 Satz 1 die Vorschriften über die Erfüllung der Rechtsgeschäfte (§§ 103 ff.) mit der Maßgabe anzuwenden, dass an die Stelle des Insolvenzverwalters der Schuldner tritt. Letzterer übt also bei im Zeitpunkt der Insolvenzeröffnung von noch keiner Seite vollständig erfüllten gegenseitigen Verträgen (→ Rn. 61) das Wahlrecht nach § 103 aus. Davon soll gemäß § 279 Satz 2 zwar nur im Einvernehmen mit dem Sachwalter Gebrauch gemacht werden. Verstößt der Schuldner dagegen, so beeinträchtigt das aber die Wirksamkeit der Entscheidung nicht, wie im Umkehrschluss aus § 279 Satz 3 folgt. Entsprechendes gilt, falls eine nach § 276 Satz 1 gebotene Zustimmung des Gläubigerausschusses fehlt (§§ 276 Satz 2, 164). Anders ist das nur, wenn das Insolvenzgericht auf Antrag der Gläubigerversammlung die Zustimmung des Sachwalters auch für solche Rechtsgeschäfte angeordnet hatte, § 277 Abs. 1 Satz 1. Wegen der weiteren Einzelheiten wird auf die Erläuterung zu § 279 verwiesen.

153 **b) Vereinfachtes Insolvenzverfahren.** Die Vorschriften dazu (§§ 312–314) sind zwar inzwischen aufgehoben, finden aber noch Anwendung in vor dem 1.7.2014 beantragten Verfahren.[378] Im (früheren) vereinfachten Insolvenzverfahren – also in dem nach Scheitern des gerichtlichen Schuldenbereinigungsplans eröffneten Verbraucherinsolvenz- bzw. sonstigem Kleinverfahren – wurden/werden die Aufgaben des Insolvenzverwalters von einem Treuhänder wahrgenommen, § 313 Abs. 1 Satz 1 aF. Folglich stand/steht diesem das Wahlrecht nach § 103 zu. Die Sondervorschrift des § 107 Abs. 2 für die Insolvenz des Vorbehaltsverkäufers galt jedoch ohnehin nicht, weil kein Berichtstermin stattfindet, § 312 Abs. 1 Satz 2 a,F.

II. Erfüllungsverlangen des Insolvenzverwalters

154 **1. Erklärung des Verwalters. a) Ausdrückliches Erfüllungsverlangen.** Mit der Erfüllungswahl macht der Insolvenzverwalter von einem nur ihm zustehenden (→ Rn. 149 ff.) Gestaltungsrecht Gebrauch; die rechtsgestaltende Wirkung folgt daraus, dass die Rechte und Pflichten aus dem Vertrag insgesamt zu Masseforderungen und Masseverbindlichkeiten „aufgewertet“ werden und dadurch eine andere spezifische Qualität erhalten (→ Rn. 39 ff.). Das ausdrückliche Erfüllungsverlangen wird demzufolge durch *einseitige empfangsbedürftige Willenserklärung* ausgeübt, auf die §§ 130 bis 132 BGB Anwendung finden[379] und die – wie jede Gestaltungserklärung – *unwiderruflich und bedingungsfeindlich* ist[380] (zur Erklärung unter Einschränkungen oder Vorbehalten → Rn. 159 ff.; zur Anfechtung wegen Willensmängel → Rn. 206). Die Willenserklärung ist *nicht fristgebunden,* weshalb sich aus Schweigen oder Untätigkeit grundsätzlich nichts ableiten lässt (→ Rn. 158), sofern nicht der andere Teil den Verwalter zur Ausübung seines Wahlrechts aufgefordert hat (→ Rn. 171) und *formfrei,* Letzteres selbst dann, wenn der gegenseitige Vertrag, dessen Erfüllung der Insolvenzverwalter fordert, formbedürftig war;[381] denn nicht der Vertrag, sondern nur der ursprüngliche Erfüllungsanspruch wird mit anderer Qualität neu begründet (zum konkludenten Erfüllungsverlangen → Rn. 156, 157).

155 Für die *Auslegung* der Erklärung gelten die allgemeinen Regeln der §§ 133, 137 BGB. Ob sich der Insolvenzverwalter darüber im Klaren war, dass er vom Wahlrecht nach § 103 Gebrauch macht, ist unerheblich (zur Anfechtung → Rn. 206 ff.).[382] Es kommt nur darauf an, wie der Vertragspartner die Willensäußerung nach ihrem objektiven Erklärungswert, der Verkehrssitte und den Gesamtumständen auffassen musste.

156 **b) Konkludentes Erfüllungsverlangen.** Da das Gesetz die Einhaltung einer bestimmten Form nicht vorschreibt (→ Rn. 154), kommt auch ein konkludentes (schlüssiges) Erfüllungsverlangen in Betracht. *Beispiele:*

– So liegt es, wenn der Insolvenzverwalter die vom Schuldner geschuldete Leistung mit Mitteln der Masse erbringt, gegebenenfalls auch durch Dritte, die er zB damit beauftragt, das vom Schuldner (Unternehmer) herzustellende Werk (§ 631 BGB) zu vollenden.[383]

---

[378] Näher Graf-Schlicker/*Kexel* Vor §§ 124 Rn. 1 ff.

[379] BGH NJW 2007, 1594 [Rn. 13] = ZIP 2007, 778 = NZI 2007, 335.

[380] HM schon zur KO, vgl. nur BGHZ 103, 350 = NJW 1988, 170; *Jaeger/Henckel* § 17 Rn. 116, 119. HM auch zur InsO, vgl. nur Nerlich/Römermann/*Balthasar* Rn. 40; KPB/*Tintelnot* Rn. 98; Uhlenbruck/*D. Wegener* Rn. 113; *Keller* Rn. 1246. Str. ist nur die Rechtsnatur der Erfüllungsablehnung.

[381] Ebenso KPB/*Tintelnot* Rn. 98 und Uhlenbruck/*D. Wegener* Rn. 113.

[382] OLG Naumburg ZInsO 2004, 1154; Uhlenbruck/*D. Wegener* Rn. 115.

[383] BGH NJW-RR 1988, 1338.

– Entsprechendes gilt umgekehrt, wenn der Verwalter dem anderen Teil eine Frist zur Erbringung der geschuldeten Leistung setzt, sofern er nicht zugleich zum Ausdruck bringt, seiner Auffassung nach habe der Schuldner den gegenseitigen Vertrag schon vor Insolvenzeröffnung vollständig erfüllt (→ Rn. 59, 121 ff.);[384] denn im zuletzt genannten Falle zieht der Verwalter nur den von der Insolvenzeröffnung unberührt gebliebenen Erfüllungsanspruch des Schuldners zur Masse.
– Die Erfüllung eines *Konsignationslagervertrags*[385] kann ausnahmsweise (! – Abgrenzung → Rn. 157) dadurch gewählt werden, dass der Verwalter dem Lager im Eigentum des Vertragspartners stehendes Material entnimmt und im Betrieb des Schuldners veräußert.[386]
– Teilen eine GmbH als bisherige Mieterin und eine neu gegründete GmbH unter gemeinsamem Briefkopf dem Vermieter mit, dass sein bisheriger Vertragspartner unter dem Namen der neu gegründeten GmbH „firmiere“, so kann dies als Vereinbarung einer Vertragsübernahme auszulegen sein;[387] beantwortet der der Insolvenzverwalter die Anfrage des Vermieters, ob die Mietsache nach Eröffnung des Insolvenzverfahrens weiter genutzt werde, dahin, dass er bis zum Eingreifen einer angedachten Auffanglösung für die Verträge „verantwortlich“ bleibe, so ist diese Erklärung aus Sicht eines objektiven Empfängers als Erfüllungswahl anzusehen.[388]
– Hatte der Vertragspartner bereits Gegenansprüche geltend gemacht, zB Mängelbeseitigung verlangt oder sich sonst auf ein Zurückbehaltungsrecht berufen, so kann die Forderungsbeitreibung des Insolvenzverwalters durch Mahnschreiben, Mahnbescheid, Klage oder Prozessaufnahme (§ 85) grundsätzlich **nicht** als konkludentes Erfüllungsverlangen ausgelegt werden (→ Rn. 140).
– Eine solche Willensrichtung (konkludentes Erfüllungsverlangen) lässt sich vielmehr nur dann annehmen, wenn der Verwalter gleichzeitig die Berechtigung der Einwendungen des anderen Teils einräumt, zB indem er Zahlung nur Zug um Zug gegen Mängelbeseitigung fordert.[389]

Kein konkludentes Erfüllungsverlangen liegt – anders als bei einem Konsignationslagervertrag[390] (→ Rn. 156) – in der *bloßen Verwertung* eines aus einem gegenseitigen Vertrag erlangten Gegenstandes, insbesondere in der *Veräußerung von Vorbehaltsware.* Ein *solches Rechtsgeschäft mit einem Dritten* hat keinen schlüssigen Erklärungswert gegenüber dem Vorbehaltseigentümer. Veräußert also zB der Insolvenzverwalter im Rahmen einer einheitlichen Veräußerung des gesamten Warenbestandes des Schuldners bewusst auch Vorbehaltsware, so wählt er damit grundsätzlich nicht die Erfüllung des zugrunde liegenden Kaufvertrages mit dem Vorbehaltsverkäufer, sofern für Letzteres nicht im Einzelfall besondere über den bloßen Veräußerungsakt hinausgehende Tatsachen sprechen.[391] Der Vertragspartner ist ausreichend geschützt durch die ihm wegen der Verletzung seines dinglichen Rechtes zustehenden Ansprüche gegenüber der Masse (vgl. § 48; §§ 989, 990 Abs. 2 Satz 2 BGB iVm § 55 Abs. 1 Nr. 1; § 816 Abs. 1 Satz 1 BGB iVm § 55 Abs. 1 Nr. 3) oder gegenüber dem Verwalter persönlich (§§ 60, 61).[392] Im Übrigen kann trotz der Haftung der Masse die Verletzung des fremden Rechtes in ihrem Interesse liegen, weil zB sonst die Veräußerung des gesamten Warenbestandes oder des schuldnerischen Unternehmens scheitert; auch kann der Insolvenzverwalter in der berechtigten Erwartung der nachträglichen Genehmigung durch den Vorbehaltseigentümer (§ 185 Abs. 2 Satz 1 BGB) handeln. Entsprechendes gilt bei *Verarbeitung von Vorbehaltsware.* In den gesamten Fällen kann also die Auslegung des Verhaltens des Insolvenzverwalters nur bei anderen konkreten Umständen des Einzelfalls zu einem anderen Ergebnis führen.[393] 157

Mit der Ausübung eines Rücktrittsrechts wählt der *Insolvenzverwalter* **nicht** schon die Erfüllung des Rückabwicklungsverhältnisses[394] (analog § 103, dazu → Rn. 86); vielmehr muss hinzutreten, dass er als Folge der Umgestaltung des Vertragsverhältnisses eine an den Vertragspartner bewirkte Leistung zurückverlangt. Erklärt *umgekehrt der Vertragspartner* den Rücktritt, kann eine Erfüllungswahl durch den Vertragspartner ebenfalls nur angenommen werden, wenn er die Rückgewähr der an den Vertragsgegner erbrachten Leistung beansprucht.[395]

---

384 BGH NJW 1962, 2296; OLG Dresden ZIP 2002, 815.
385 Zu Begriff und Inhalt *Gehrlein* FS Lwowoski S. 243, 245.
386 BGH NZI 2014, 400 = ZIP 2014, 736 = ZInsO 2014, 410.
387 OLG Saarbrücken ZInsO 2018, 2033.
388 OLG Saarbrücken ZInsO 2018, 2033.
389 Ebenso *C. Schmitz* EWiR 2000, 641; OLG Stuttgart ZIP 2005, 588 (angeblich noch ausstehende Sanierungsarbeiten); Uhlenbruck/*D. Wegener* Rn. 117; *D. Wegener* Rn. 671.
390 Zum Begriff u. zum Unterschied vgl. BGH NZI 2014, 400 (Rn. 1, 12, 13); *Gehrlein* NZI 2015, 97, 99.
391 BGH NJW 1998, 992 = ZIP 1998, 298 = JuS 1998, 569 Nr. 10 *(K. Schmidt)*; zust. Uhlenbruck/*D. Wegener* Rn. 120; Graf-Schlicker/*Breitenbücher* Rn. 14. Zweifelnd KPB/*Tintelnot* Rn. 223. AA (konkludentes Erfüllungsverlangen) OLG Celle NJW-RR 1988, 1145; Nerlich/Römermann/*Balthasar* Rn. 42.
392 Näher dazu vgl. den praktischen Fall bei *Huber* JuS 2000, 482 ff.
393 Im Erg. ebenso OLG Düsseldorf NZI 2003, 379 = ZIP 2003, 1306; dazu *Mitlehner* EWiR 2003, 645.
394 BGH NJW 2009, 1414 (Rn. 10) = ZIP 2009, 428.
395 BGH NJW 2009, 1414 (Rn. 10).

158 **c) Untätigkeit/Schweigen.** Bloße Untätigkeit oder Schweigen (zum schlüssigen Verhalten → Rn. 156, 157), kann grundsätzlich nicht als Erfüllungswahl ausgelegt werden.[396] Denn zum einen legt § 103 Abs. 1 dem Insolvenzverwalter keine Erklärungspflicht auf, zum anderen kann dieser gerade umgekehrt nach Schweigen auf die Aufforderung des anderen Teils zur Wahlrechtsausübung wegen § 103 Abs. 2 Satz 2, 3 nicht mehr auf Erfüllung bestehen (→ Rn. 182). Ein stillschweigendes Erfüllungsverlangen liegt insbesondere nicht darin, dass der Insolvenzverwalter die Erbringung einer (Teil-)Leistung des Vertragspartners bloß duldet oder bloß zur Kenntnis nimmt. Das gilt auch dann, wenn dieser in Absprache mit dem vorläufigen Insolvenzverwalter im Eröffnungsverfahren seine Verpflichtungen weiter erfüllt hat; denn weder konnte der vorläufige Insolvenzverwalter das Wahlrecht ausüben (→ Rn. 150), noch konnte er durch sein Handeln den Insolvenzverwalter in seiner Entscheidungsfreiheit für die Zeit nach Insolvenzeröffnung binden. Etwas anderes wird nur anzunehmen sein, wenn der Insolvenzverwalter die nach Verfahrenseröffnung erbrachten („erduldeten") Teil-Leistungen voll als Masseschuld begleicht; die Erfüllungswahl bezieht sich dann aber nur hierauf (→ Rn. 47 ff.).

159 **d) Erklärung unter Vorbehalten oder Einschränkungen.** Eine solche Erklärung ist schon unter *Geltung der KO* nach allgM grundsätzlich als Erfüllungsablehnung verbunden mit dem Angebot auf Abschluss eines neuen Vertrages behandelt worden. Allerdings wurde vom BGH in einer älteren Entscheidung[397] die Vereinbarung zwischen dem Konkursverwalter und dem Vertragspartner, das Wahlrecht der Vertragserfüllung nur für den beiderseits ausstehenden Vertragsrest auszuüben, als rechtswirksam erachtet; dort hatte der Vertragspartner vor Konkurseröffnung bereits teilweise geleistet, der Konkursverwalter dann aber nicht Lieferung des ganzen noch ausstehenden Restes, sondern nur eines Teiles davon verlangt, womit der andere einverstanden war. Bei diesem Sachverhalt bedurfte es allerdings der Konstruktion über das Wahlrecht des § 17 Abs. 1 KO nicht. Am Ergebnis ändert sich nämlich nichts, wenn man das Verhalten des Konkursverwalters als Erfüllungsablehnung und die Vereinbarung mit dem Vertragspartner als Abschluss eines neuen Vertrages ansieht. In jedem Falle konnte der andere Teil seinen Anspruch hinsichtlich seiner einseitigen Vorleistungen wegen § 3 Abs. 1 KO nur als Konkursforderung zur Tabelle anmelden, während die Forderung für den beiderseits erfüllten Teil des noch offenen Restes Masseschuld nach § 59 Abs. 1 Nr. 2 (so BGH und RG) bzw. Nr. 1 KO (Neuabschluss) war.

160 Jedenfalls aber ließ sich mit diesem Urteil nicht die daraus zum Teil vom Schrifttum[398] gezogene Folgerung rechtfertigen, jedes Erfüllungsverlangen unter welchen Vorbehalten auch immer gelte dann nicht als Vertragsablehnung, wenn ihm der andere Teil zustimme. Das hat später der IX. Zivilsenat des BGH klargestellt.[399] In dem entschiedenen Fall hatte sich die Schuldnerin zur Herstellung eines Werkes verpflichtet. Der Verwalter machte die Erfüllung des Vertrages von einem Verzicht des anderen Teils (Bestellers) auf die bei Sachmängeln bestehenden gesetzlichen Rechte gegen Einräumung eines Nachlasses abhängig; der Vertragspartner gab diese Erklärung daraufhin ab. Der BGH sieht in der Erklärung des Verwalters zu Recht eine Erfüllungsablehnung sowie das Angebot zum Neuabschluss des Vertrages unter veränderten Bedingungen, das der andere angenommen hat (§§ 145, 147 Abs. 2 BGB).

161 Ebenso ist die Rechtslage im *Geltungsbereich der InsO*, weshalb § 103 dem Insolvenzverwalter **nicht** das Recht gibt, Erfüllung nur teilweise oder nur bezüglich einzelner Ansprüche aus einem beiderseits nicht vollständig erfüllten Vertrag zu verlangen,[400] vielmehr hat er den vertraglichen Anspruch des Schuldners in dem Zustand hinzunehmen, in dem er im Zeitpunkt der Eröffnung bestand.[401] Fügt der Insolvenzverwalter seiner Erklärung also Vorbehalte oder Einschränkungen hinzu, so lehnt er damit die Erfüllung des (alten) Vertrages ab und bietet dem Vertragspartner einen Neuabschluss an.[402] Stimmt Letzterem der andere Teil zu, so wird nicht etwa der alte Vertrag mit veränderten Bedingungen fortgesetzt; denn es gibt keine – auch keine einvernehmliche – den ursprünglichen Vertrag modifizierende oder nur einzelne Ansprüche oder Rechte betreffende Erfüllungswahl,[403] wie schon aus §§ 103 Abs. 1, 55 Abs. 1 Nr. 2 folgt, die auf „den Vertrag" und auf „die

---

396 Richtig OLG Naumburg ZInsO 2004, 1145. Wie hier auch KPB/*Tintelnot* Rn. 215.

397 BGH WM 1958, 430 im Anschluss an RGZ 129, 228, 230.

398 Vgl. zB *Jaeger/Henckel* KO § 17 Rn. 18; *Kuhn/Uhlenbruck* KO § 17 Rn. 24.

399 BGHZ 103, 250 = NJW 1988, 1790.

400 BGH NZI 2013, 891 (Rn. 24).

401 BGH NZBau 2017, 144 (Rn. 12) = ZIP 2017, 89 = ZInsO 2017, 62.

402 HM im Schrifttum: Ausf. dazu Uhlenbruck/*D. Wegener* Rn. 123; vgl. iÜ FKInsO/*B. Wegener* Rn. 61; *Pape,* Kölner Schrift, S. 531, 549 (Rn. 25); HambKommInsO/*Ahrendt* Rn. 19; Gottwald/*Huber* § 35 Rn. 5. Dieser Standpunkt wird als „nahe liegend" bezeichnet in BGHZ 169, 43 [Rn. 14] = NJW 2006, 575 mAnm *Huber.*

403 So aber KPB/*Tintelnot* Rn. 218.

Ansprüche“ daraus abstellen. Vielmehr wird in einem solchen Fall für das Rechtsgeschäft eine neue vertragliche Grundlage geschaffen; die so begründeten Ansprüche sind Masseverbindlichkeiten nach § 55 Abs. 1 Nr. 1. Die Auslegung des Vorbehalts oder der Einschränkungserklärung (→ Rn. 154) kann aber auch ergeben, dass sich der Insolvenzverwalter die Entscheidung über die Wahlrechtsübung bloß noch offen halten möchte, insbesondere bis zum Berichtstermin.[404]

e) Zustimmung des Gläubigerausschusses. Gemäß § 160 Abs. 1 Satz 1 hat der Insolvenzverwalter die **Zustimmung des Gläubigerausschusses** (gegebenenfalls der Gläubigerversammlung, § 160 Abs. 1 Satz 2) einzuholen, wenn er Rechtshandlungen vornehmen will, die für das Insolvenzverfahren von besonderer Bedeutung sind; gemeint ist die vorherige Zustimmung (Einwilligung, vgl. § 183 BGB), wie aus der Formulierung „vornehmen will“ folgt (aA → § 160 Rn. 25). Das Merkmal der „besonderen Bedeutung“ wird für die Entscheidung des Insolvenzverwalters, ob er anstelle des Schuldners mit Mitteln der Masse erfüllt und Erfüllung für diese verlangt, oder, ob er bei einer Erfüllungsablehnung die Masse mit einem Nichterfüllungsanspruch (§ 103 Abs. 2 Satz 1) des anderen Teils belastet, meist gegeben sein. Handelt der Verwalter gleichwohl ohne Zustimmung des Gläubigerausschusses, so berührt das die Wirksamkeit des Erfüllungsverlangens nicht, § 164. 162

2. Rechtsfolgen. a) Grundsätze. Insoweit wird auf die **früheren grundlegenden Erörterungen** Bezug genommen. Dort sind die mit einem Erfüllungsverlangen des Insolvenzverwalters verbundenen **Rechtsfolgen** für die Ansprüche der Masse und die des anderen Teils – **auch** unter Berücksichtigung von vor Insolvenzeröffnung erbrachten **Teilleistungen** – ausführlich dargestellt (→ Rn. 39 bis 54). 163

b) Sonstiges. Im Übrigen ist auf Folgendes hinzuweisen: 164

- Mit dem Wirksamwerden des Erfüllungsverlangens (→ Rn. 154) tritt der **Insolvenzverwalter** in den Vertrag anstelle des Schuldners ein, der mithin Rechte aus dem Schuldverhältnis nicht mehr geltend machen kann. Der Vertrag wird jetzt vielmehr zwischen dem Verwalter und dem anderen Teil fortgesetzt. Dabei ist für den Inhalt des Schuldverhältnisses die Rechtslage bei Insolvenzeröffnung maßgeblich, weil der Insolvenzverwalter für die Masse grundsätzlich nicht mehr und keine anderen Rechte beanspruchen kann, als sie dem Schuldner zustehen.[405] Hatte also der Schuldner noch vor diesem Zeitpunkt Stundungen bewilligt, Lieferungsfristen verlängert, Nachlässe gewährt oder eine Vereinbarung zu einem Sicherheitseinbehalt getroffen, so muss das der Verwalter hinnehmen, falls er die Rechtshandlungen nicht nach §§ 129 ff. anfechten kann. Umgekehrt hindert ihn aber eine schon erfolgte Insolvenzanfechtung des Vertrages nicht, von der Verfolgung des Rückgewähranspruches (§ 143) abzusehen und Erfüllung zu verlangen.[406]
- Auch der **Vertragspartner** hat nunmehr Anspruch auf Erfüllung. Er kann dieses Recht gegebenenfalls einklagen und einen hierüber erwirkten Titel in die Masse vollstrecken, ohne den Beschränkungen der §§ 87, 89 ausgesetzt zu sein. Denn diese Vorschriften gelten nur für Insolvenzgläubiger. Seine Ansprüche sind aber, soweit sie im Gegenseitigkeitsverhältnis stehen, durch das Erfüllungsverlangen des Verwalters zu Masseverbindlichkeiten nach § 55 Abs. 1 Nr. 2 Alt. 1 aufgewertet worden (→ Rn. 39) und deshalb gemäß § 53 vorweg zu befriedigen. Masseschuld ist auch der bei Vertragsabwicklung durch Verschulden des Insolvenzverwalters ausgelöste Ersatz- (Sekundär-) Anspruch, insbesondere eine Schadensersatzforderung wegen Pflichtverletzungen (§§ 280 ff. BGB).[407] Hat der Verwalter allerdings nur den vor Insolvenzeröffnung ohne Zustimmung des Schuldners, zB von einem Vertreter ohne Vertretungsmacht (§ 177 Abs. 1 BGB), geschlossenen Vertrag genehmigt, so liegt darin keine Erfüllungswahl. Denn die Genehmigung wirkt nach § 184 Abs. 1 BGB auf den Zeitpunkt der Vornahme des Rechtsgeschäftes zurück, führt also lediglich zur Wirksamkeit des Vertrages schon vor Insolvenzeröffnung. Ebenso bleiben Provisionsansprüche eines Handelsvertreters (§ 87 HGB) aus vor Insolvenzeröffnung abgeschlossenen Verträgen Insolvenzforderungen, auch wenn der Verwalter die Erfüllung verlangt, weil diese Ansprüche aufschiebend bedingt bereits mit Abschluss der Verträge entstanden waren.[408]

---

404 BGH NJW 2007, 1594 [Rn. 13] = NZI 2007, 335 = ZIP 2007, 778. Zu vorübergehenden, einvernehmlichen Konditionsanpassungen bis zur endgültigen Wahlrechtausübung vgl. *Brugugnone* NZI 2012, 638 ff.; schon wegen der Einvernehmlichkeit der Änderungen ergibt sich bei Nachteiligkeit für den Vertragspartner daraus kein „Wahlrechtsschaden nach § 103 Abs. 2 S. 1“ (so aber *Brugugnone* NZI 2012 S. 639, 640) zu dessen Gunsten, jedenfalls dann nicht, wenn der Insolvenzverwalter später Erfüllung wählt.

405 BGHZ 169, 43 [Rn. 12] = ZIP 2006, 136 = ZInsO 2006, 933 = NJW 2006, 2919 mAnm *Huber*; BGH NJW 1999, 1261 f. = ZIP 1999, 199 f.

406 BGH NJW 1962, 1200.

407 Näher zum Übergang gem. §§ 281. 323 BGB *Riehm* KTS 2016, 143,151 ff.

408 BGH NJW 1990, 1665 = ZIP 1990, 318.

165 **c) Gegenrechte des Vertragspartners; Wahlrechtskollisionen zwischen BGB und InsO.** Wie sich die Rechte des Vertragspartners bei nicht vertragsgemäßer Leistung des späteren Insolvenzschuldners nach BGB und das Wahlrecht des Insolvenzverwalters nach § 103 zueinander verhalten, ist bislang systematisch umfassend nur vereinzelt behandelt worden,[409] in vielen Teilbereichen aber noch weitgehend ungeklärt.[410] Als **Konsequenz** folgt daraus für den Insolvenzverwalter, dass stets sorgfältig geklärt werden muss,

- ob erstens dem anderen Teil ein Lösungsrecht zusteht (dazu ausf. → Rn. 18 ff.), das nach der hier vertretenen Auffassung § 103 unanwendbar macht (→ Rn. 90), und ob davon wirksam Gebrauch gemacht wurde (→ § 119 Rn. 23 aE., 42), falls nein
- zweitens, ob und welche Rechte nach BGB der Vertragspartner wirksam schon vor Insolvenzeröffnung geltend gemacht hat oder jetzt noch geltend machen kann und
- drittens, wie aufgetretene oder auftretende Kollisionslagen aufzulösen sind.

Hinsichtlich der zweiten und dritten Fallgruppe wurde zum Verhältnis zwischen dem Wahlrecht des Verwalters und den Rechten des Vertragspartners nach BGB bei **Sachmängeln in Kauf- und Werkvertrag** schon ausführlich Stellung bezogen (→ Rn. 139 ff., 144 ff.). Ein weiterer praxistypischer Bereich betrifft beim Kauf unter Eigentumsvorbehalt den **Rücktritt des Vorbehaltsverkäufers in der Insolvenz des Vorbehaltskäufers** wegen dessen Zahlungsverzugs,[411] wobei einerseits die Problemlage nach § 323 BGB und anderseits die insolvenzrechtlich sozusagen „doppelte" wegen § 103 und § 107 Abs. 2 auseinander zu halten sind:[412] man muss deshalb unterscheiden zwischen

- Rücktritt vor Insolvenzeröffnung,
- Rücktritt im Eröffnungsverfahren (mit dem besonderen Problem der Rechtsausübungssperre samt ihrer zeitlichen Wirkung → Rn. 139) und
- Rücktritt nach Insolvenzeröffnung und zwar einerseits, wenn der Verwalter *nicht* Erfüllung wählt und andererseits, wenn er Erfüllung wählt.

166 **3. Art und Weise der Erfüllung.** Für die Abwicklung des Vertrages nach Erfüllungswahl gelten nach allgemeiner Auffassung[413] die §§ 320 ff. BGB in dem Umfange, in dem sie außerhalb des Insolvenzverfahrens Anwendung gefunden hätten. Wer vorleistungspflichtig ist, hat also die ihm obliegende Leistung zu erbringen. Der Vertragspartner darf sie nicht wegen der Verschlechterung der Vermögensverhältnisse infolge der Insolvenzeröffnung verweigern; auf § 321 BGB kann er sich nur berufen, wenn die Befriedigung seines Anspruchs aus der Masse gefährdet ist, also Masseunzulänglichkeit (§§ 208, 209) droht (zur Behandlung der schon vor Insolvenzeröffnung erhobenen Einrede aus § 321 BGB → Rn. 63). Hatten die Parteien keine Vorleistung vereinbart, so gilt § 322 BGB und finden in der Zwangsvollstreckung die §§ 726, 756, 765 ZPO Anwendung.

III. Ablehnung der Erfüllung und unterlassene Wahlrechtsausübung durch den Insolvenzverwalter

167 **1. Ausdrückliche Erklärung.** Die Ablehnung der Erfüllung erfolgt durch *einseitige, formfreie und empfangsbedürftige Willenserklärung* des Insolvenzverwalters. Sie hat für die Rechte und Pflichten aus dem Vertrag – anders als das Erfüllungsverlangen (→ Rn. 154) – keine rechtsgestaltende Wirkung (→ Rn. 176), ist aber gleichwohl *unwiderruflich,* weshalb der Verwalter später nicht mehr einseitig auf Erfüllung bestehen kann (→ Rn. 20);[414] denn er darf nach einer ausdrücklichen Erfüllungsablehnung nicht besser stehen als bei einem Schweigen auf die Aufforderung des anderen Teils zur Wahlrechtsausübung (vgl. § 103 Abs. 2 Satz 3). Wegen einer *Zustimmung des Gläubigerausschusses* (§ 160 Abs. 1) deckt sich die Rechtslage mit der beim Erfüllungsverlangen (→ Rn. 162).

---

[409] *D. Wegener* Das Wahlrecht des Insolvenzverwalters unter dem Einfluss des Schuldrechtsmodernisierungsgesetzes, 2007; *Burkhard,* Der Einfluss der Schuldrechtsreform auf von § 103 InsO erfasste Kaufverträge, Diss. Regensburg, 2007; *Marotzke,* BGB und InsO: zwei neue Leistungsstörungsrechte im Widerstreit, KTS 2002, 1; *Riehm,* Erfüllungswahl des Insolvenzverwalters und Allgemeines Leistungsstörungsrecht, KTS 2016, 143 ff.; *Hoffmann,* Vertragsbindung kraft Insolvenz?, KTS 2018, 343. Vgl. insbes. auch: *Kreft* FS Kirchhof, S. 275, 281 f.

[410] Vgl. die treffende Befundbeschreibung „… steckt noch in den Anfängen" bei HKInsO/*Marotzke* Rn. 101.

[411] Ausf. dazu *Huber* FS Musielak, 2004, 267 ff. (Nachdruck NZI 2004, 57).

[412] Vgl. die Übersicht bei Gottwald/*Huber* § 36 Rn. 24 ff.

[413] Nerlich/Römermann/*Balthasar* Rn. 53; Uhlenbruck/*D. Wegener* Rn. 135, 136; KPB/Tintelnot Rn. 266. HM auch zur KO, vgl. *Jaeger/Henckel* § 17 Rn. 135; *Kuhn/Uhlenbruck* § 17 Rn. 23c; *Kilger/K. Schmidt* § 17 Anm. 4b.

[414] HM; jedoch wird zT wegen des Ausschlusses eines späteren Erfüllungsverlangens insoweit eine gestaltende Wirkung angenommen, HKInsO/*Marotzke* Rn. 88; *Häsemeyer* (Rn. 20, 23) spricht von einer haftungsrechtlichen Gestaltung, ebenso KPB/*Tintelnot* Rn. 296. AA (widerruflich) *Jaeger/Henckel* KO § 17 Rn. 152.

Für die *Auslegung der Willenserklärung* gelten die früheren Erörterungen entsprechend (→ Rn. 155). Es muss also nicht der Begriff „Erfüllungsablehnung" verwendet werden, so lange nur die Auslegung eine solche Willensrichtung ergibt; das ist beispielsweise der Fall, wenn der Verwalter auf Anfrage erklärt, er sehe sich zur Erfüllung der dem Insolvenzschuldner obliegenden Verpflichtungen außerstande, oder, die Masse reiche hierfür nicht aus, oder, die erforderlichen Gerätschaften stünden nicht mehr zur Verfügung. 168

Es gibt *keine Pflicht des Insolvenzverwalters* zur ausdrücklichen Erfüllungsablehnung, sobald – insbesondere auf Grund der im Berichtstermin (§§ 156, 157 Satz 1) getroffenen Entscheidung zur schnellen Liquidation des schuldnerischen Unternehmens – feststeht, dass Erfüllung nicht verlangt, der Vertrag also nicht weiter durchgeführt werden soll. Das gilt selbst dann, wenn der andere Teil gemäß § 103 Abs. 2 Satz 2 zur Ausübung des Wahlrechts aufgefordert hatte (→ Rn. 171 ff.). Allerdings wird oft ein *eigenes Interesse des Insolvenzverwalters* an einer alsbald erklärten ausdrücklichen Erfüllungsablehnung bestehen, um frühzeitig Klarheit darüber zu erlangen, ob und in welchem Umfang sich der Vertragspartner mit einer Forderung wegen Nichterfüllung des Vertrages (§ 103 Abs. 1 Satz 1; → Rn. 184 ff.) am Insolvenzverfahren beteiligen wird. 169

2. Unterlassene Wahlrechtsausübung. a) Ungewissheit nach Insolvenzeröffnung. Da § 103 dem Insolvenzverwalter keine zeitliche Grenze für ein Erfüllungsverlangen setzt, kommt es mit Eröffnung des Insolvenzverfahrens zwangsläufig zur Unklarheit darüber, ob der Vertrag wie ursprünglich vereinbart durchgeführt und abgewickelt wird, es sei denn, der Verwalter verlangt Erfüllung (→ Rn. 154 ff.) oder lehnt das ausdrücklich ab (→ Rn. 167 ff.). Der andere Teil hat es allerdings in der Hand, diesen Zustand der Ungewissheit zu beenden. Er kann den Insolvenzverwalter zur Ausübung seines Wahlrechts auffordern (→ Rn. 171, 172), worauf sich dieser unverzüglich erklären muss (→ Rn. 173 ff.), andernfalls er nicht mehr auf Erfüllung bestehen kann (→ Rn. 181). Bleibt jedoch der Vertragspartner – wie der Insolvenzverwalter – untätig, so ist der Zustand der Ungewissheit grundsätzlich zeitlich nicht begrenzt;[415] nur ausnahmsweise wird gegenüber einem späteren Erfüllungsverlangen des Insolvenzverwalters der Einwand des Rechtsmissbrauches durchgreifen (→ Rn. 203, 204). Aus Untätigkeit oder Schweigen lässt sich also grundsätzlich nichts für die Ausübung des Wahlrechts herleiten (→ Rn. 158). 170

b) Aufforderung des Vertragspartners zur Wahlrechtsausübung (§ 103 Abs. 2 Satz 2). Sie kann schon erfolgen, auch wenn – wie § 17 Abs. 2 Satz 1 KO es ausdrückte – „die Erfüllungszeit noch nicht eingetreten ist", es also noch an der Fälligkeit der Leistung des Insolvenzschuldners fehlt.[416] Einen solchen ausdrücklichen Hinweis hielt der Gesetzgeber der InsO für überflüssig;[417] eine sachliche Änderung verbirgt sich hinter der abweichenden Formulierung also nicht. Die Aufforderung des Vertragspartners an den Insolvenzverwalter beinhaltet eine *einseitige empfangsbedürftige Willlenserklärung,* für deren Auslegung und Wirksamwerden die allgemeinen Grundsätze gelten; in der Regel wird es sich um eine schriftliche Anfrage gegenüber einem Abwesenden handeln, die folglich gemäß § 130 BGB mit Zugang beim Insolvenzverwalter wirksam wird. In Betracht kommt auch eine konkludente Aufforderung zur Wahlrechtsausübung; es ist nicht erforderlich, dass der Vertragspartner den Verwalter ausdrücklich vor die Alternative stellt, den Vertrag zu erfüllen oder dies abzulehnen, vielmehr genügt, dass er seinerseits Erfüllung verlangt[418] oder den Verwalter mehrfach auf die Erfüllung des Vertrages anspricht;[419] auch die Anmeldung der Forderung wegen Nichterfüllung des Vertrages zur Tabelle enthält eine schlüssige Aufforderung zur Wahlrechtsausübung (→ Rn. 183), ebenso die Aufforderung zur Mängelbeseitigung nach § 13 Abs. 2 Satz 1 VOB/B (→ Rn. 146). 171

In der Praxis kommt es nicht selten vor, dass der Vertragspartner in seiner Anfrage dem Insolvenzverwalter zugleich eine *Frist zur Erklärung,* ob Erfüllung verlangt wird, setzt. Dies ist nicht möglich; denn diese Frage regelt das Gesetz selbst, das in § 103 Abs. 2 Satz 2 den Insolvenzverwalter verpflichtet, ein Erfüllungsverlangen „unverzüglich", also innerhalb einer objektiv angemessenen Überlegungszeit (→ Rn. 173 ff.) anzubringen. Der andere Teil muss sich aber an der von ihm aufgestellten Erklärungsfrist festhalten lassen, wenn diese für den Insolvenzverwalter günstiger, weil länger, ist (→ Rn. 175). 172

c) Unverzüglichkeit der Erklärung des Insolvenzverwalters. Nach einer entsprechenden Aufforderung durch den anderen Teil (→ Rn. 171, 172) muss der Insolvenzverwalter unverzüglich erklären, ob er die Erfüllung verlangt, will er das Recht dazu nicht verlieren (→ Rn. 182). Mit dem 173

---

415 BGHZ 81, 90, 93 = NJW 1981, 2195. AllgM, vgl. nur Graf-Schlicker/*Breitenbücher* Rn. 13; *Keller* Rn. 1232.
416 HKInsO/*Marotzke* Rn. 157.
417 Begründung RegE § 103 InsO (s. o. Rn. 7).
418 BGH NJW 1991, 2897 = ZIP 1991, 945.
419 BGH WM 1970, 1478.

Begriff „unverzüglich" meint § 103 Abs. 2 Satz 2 nicht etwa „sofort", sondern „ohne schuldhaftes Zögern" im Sinn des § 121 Abs. 1 BGB. Dem Insolvenzverwalter steht also für eine Entscheidung eine angemessene Überlegungszeit zur Verfügung; angemessen ist diejenige Zeitspanne, die im Einzelfall objektiv benötigt wird, um Klarheit über die Maßstäbe zur Wahlrechtsausübung und deren Bewertung zu erlangen (→ Rn. 196 ff.). „Nicht schuldhaft" handelt der Insolvenzverwalter insbesondere, wenn er wegen der Bedeutung der Wahlrechtsausübung für die Masse – insbesondere deren Belastung mit Masseverbindlichkeiten – erst die Zustimmung des Gläubigerausschusses einholen will, auch wenn davon die Wirksamkeit seiner Erklärung nach außen nicht abhängt (→ Rn. 167, 162), oder, wenn er eine ihm vom Vertragspartner gesetzte – für den Eintritt der Rechtsfolge des § 103 Abs. 2 Satz 3 freilich unmaßgebliche – Erklärungsfrist ausnutzt (→ Rn. 172 aE). Kommt die Fortführung des schuldnerischen Unternehmens in Betracht, sind die Sanierungsmöglichkeiten – insbesondere für die Ausarbeitung eines Insolvenzplans – aber objektiv noch nicht hinreichend geprüft, so ist selbst eine erst nach dem Berichtstermin (§ 156) abgegebene Erklärung des Insolvenzverwalters als „unverzüglich" anzusehen; dies gilt jedenfalls dann, wenn die Erfüllung des Vertrages nur im Falle der Sanierung für die Masse vorteilhaft ist.[420]

174 Eine Sondervorschrift für die **Insolvenz des Vorbehaltskäufers,** der bereits den Besitz der Sache erlangt hat, enthält § 107 Abs. 2 Satz 1; danach braucht der vom Vertragspartner zur Wahlrechtsausübung aufgeforderte Insolvenzverwalter seine Erklärung „erst unverzüglich nach dem Berichtstermin abzugeben",[421] sofern nicht die Ausnahme des S. 2 eingreift. Die objektiv angemessene Überlegungszeit beginnt also nicht mit Zugang der Aufforderung des anderen Teils (→ Rn. 171), sondern mit Schluss des Berichtstermins; vor dem zuletzt genannten Zeitpunkt scheidet folglich kraft Gesetzes ein schuldhaftes Zögern des Insolvenzverwalters aus. Ob § 107 Abs. 2 – wie im Schrifttum erwogen[422] – auf andere Vertragstypen anwendbar ist (→ § 107 Rn. 18) wird in der Praxis meist dahinstehen können.[423] Denn für den Eintritt der Rechtsfolge des § 103 Abs. 2 Satz 3 (Ausschluss des Erfüllungsverlangens; → Rn. 182) kommt es stets darauf an, wann die Überlegungsfrist für den Insolvenzverwalter endete. Dieser Zeitpunkt kann indessen auch sonst – also im Anwendungsbereich des § 103 Abs. 2 Satz 2 – nach dem Berichtstermin liegen (→ Rn. 172).

175 **d) Behauptungs- und Beweislast.** Klagt der Insolvenzverwalter den Erfüllungsanspruch der Masse ein und ist im Prozess streitig, ob nach Aufforderung des anderen Teils Erfüllung rechtzeitig verlangt wurde, so muss man unterscheiden: Hatte der Vertragspartner, obwohl an sich unzulässig, bei seiner Anfrage eine für den Insolvenzverwalter günstige, weil längere Erklärungsfrist gesetzt (→ Rn. 172), so braucht der Insolvenzverwalter nur den Zugang des Erfüllungsverlangens innerhalb dieser Frist vorzutragen und zu beweisen; der andere Teil kann sich nicht darauf berufen, die Erklärung sei nicht unverzüglich im Sinne des § 103 Abs. 2 Satz 2 erfolgt.[424] Im Übrigen gilt: Der Insolvenzverwalter muss diejenigen Umstände darlegen und beweisen, aus denen die Angemessenheit der tatsächlich in Anspruch genommenen Überlegungszeit folgt;[425] macht der Gegner (Vertragspartner) geltend, der Insolvenzverwalter habe trotz dieser Umstände seine Erklärung früher abgeben können, also schuldhaft gezögert, so trägt er für diese rechtsaufhebenden Tatsachen die Beweislast.[426]

176 **3. Rechtsfolgen. a) Ausdrückliche Erfüllungsablehnung. aa) Grundsätze.** Insoweit wird auf die **früheren grundlegenden Erörterungen** Bezug genommen. Dort sind die mit einer Erfüllungsablehnung des Insolvenzverwalters verbundenen **Rechtsfolgen** – **auch** unter Berücksichtigung von vor Insolvenzeröffnung erbrachten **Teilleistungen** – ausführlich dargestellt (→ Rn. 14 bis 38). Zusätzlich ist auf folgendes hinzuweisen:

Hat der Insolvenzverwalter die Erfüllung von sich aus oder nach Aufforderung des Vertragspartners zur Wahlrechtsausübung (→ Rn. 171 ff.) ausdrücklich abgelehnt, so bringt er damit lediglich deklaratorisch zum Ausdruck, es solle bei den mit der Eröffnung des Insolvenzverfahrens verbundenen Folgen bleiben (→ Rn. 20). Für den Vertragspartner bedeutet das:

– Jetzt steht jetzt endgültig fest, dass der Vertragspartner – mangels Erfüllungsverlangens des Insolvenzverwalters – keine Erfüllung aus der Masse (und diese keine Erfüllung von ihm) fordern

---

420 Ähnlich HKInsO/*Marotzke* Rn. 160; *Wortberg* ZInsO 2006, 1257.

421 Weil es im vereinfachten Insolvenzverfahren keinen Berichtstermin gibt (vgl. § 312 Abs. 1), gilt dort § 107 Abs. 2 nicht.

422 Vgl. nur HKInsO/*Marotzke* § 107 Rn. 37 ff. mwN. Gegen analoge Anwendung explizit OLG Köln, NZI 2003, 149 = ZIP 2003, 543.

423 In diese Richtung wohl auch Jauernig/Berger Rn. 14; dort wird freilich – umgekehrt – bezweifelt, ob § 107 Abs. 2 im Einzelfall die Frist des § 103 Abs. 2 Satz 2 verlängert.

424 Ebenso HKInsO/*Marotzke* Rn. 158.

425 Ebenso HKInsO/*Marotzke* Rn. 158.

426 *Jaeger/Henckel* KO § 17 Rn. 205 aE.

kann und dass ihm auch kein zur Tabelle anzumeldender (gegebenenfalls gemäß § 45 in Geld umzurechnender) Erfüllungsanspruch zusteht (→ Rn. 16, 19).

– Bei weiteren Leistungen des anderen Teils *nach* Erfüllungsablehnung des Verwalters entstehen hierdurch keine Neuverbindlichkeiten des Schuldners, vielmehr richtet sich die in der Bereitstellung von Versorgungsleistungen (Strom, Gas) liegende Realofferte des Versorgungsunternehmens hinsichtlich eines massezugehörigen, vollständig fremd vermieteten Grundstücks nicht an den Schuldner persönlich, sondern entweder an den Insolvenzverwalter oder den Mieter (→ Rn. 70).[427]

– Außerdem muss sich der Vertragspartner nunmehr darüber klar werden, ob er sich mit einer Forderung wegen Nichterfüllung gemäß § 103 Abs. 2 Satz 1 als Insolvenzgläubiger am Verfahren beteiligt (→ Rn. 22; näher zu dieser Forderung → Rn. 184 ff.), oder, ob er davon absieht, um sich die Möglichkeit zu erhalten, nach Beendigung des Insolvenzverfahrens vom Schuldner – außer bei Restschuldbefreiung (§§ 227, 301) – Erfüllung des Vertrages zu verlangen (→ Rn. 22); nur in der zuerst genannten Variante (Geltendmachung einer Nichterfüllungsforderung) kommt es ab diesem Zeitpunkt zur materiell-rechtlichen Umgestaltung des Vertrages.

bb) Sonstiges (Besitzrecht, Selbsthilfeverkauf, Vormerkung, Titel über Erfüllungsansprüche). Zum **Besitzrecht gilt:** 177

– Da Erfüllung mit Wirkung für und gegen die Masse nicht mehr verlangt werden kann, fällt das Besitzrecht an einer vertragsgemäß übergebenen, aber noch nicht übereigneten Sache weg,[428] und zwar mit Erfüllungsablehnung bzw. zu dem Zeitpunkt, ab dem der Insolvenzverwalter aufgrund seines Schweigens Erfüllung nicht mehr verlangen kann (→ Rn. 170 ff.). Eine andere Ansicht will sogar schon an den Zeitpunkt der Insolvenzeröffnung anknüpfen, weil schon ab da Erfüllungsansprüche nicht mehr durchsetzbar seien (→ Rn. 25, 33). Dem ist entgegenzutreten, weil sich am Vertrag als Rechtsgrund für den Besitz nichts ändert, solange noch eine Erfüllungswahl in Betracht kommt.[429]

– In der Insolvenz des Eigentümers kann sich der Besitzer also nicht mehr auf sein vertragliches Besitzrecht (§ 986 Abs. 1 BGB) berufen, sondern muss die Sache gemäß § 985 BGB in die Masse zurückgeben; anders ist die Rechtslage in der Insolvenz des Vorbehaltsverkäufers, weil dort wegen § 107 Abs. 1 eine Erfüllungsablehnung durch den Insolvenzverwalter ausscheidet.

– Ist das Insolvenzverfahren über das Vermögen des Besitzers einer Sache eröffnet worden, fällt dessen Besitzrecht ebenfalls weg, muss also beispielsweise der Insolvenzverwalter in der Insolvenz des Mieters einer beweglichen Sache die Mietsache herausgeben.[430]

– Diese Regeln gelten grundsätzlich auch in der Insolvenz des Vorbehaltskäufers; allerdings muss der Vorbehaltsverkäufer wegen § 449 Abs. 2 BGB zurücktreten, bevor er Aussonderung (§ 47) verlangen kann, wozu es aber gerade wegen der Erfüllungsablehnung des Insolvenzverwalters keiner vorherigen Fristsetzung (§ 323 Abs. 1 BGB) bedarf.[431]

– Abzulehnen ist die Auffassung, die bei Dauerschuldverhältnissen das Besitzrecht die Erfüllungsablehnung überdauern lassen möchte.[432] Denn das widerspricht gerade Sinn und Zweck des § 103.[433]

Anders ist die Rechtslage jedoch, wenn die Leistung des Vertragspartners bereits in das Vermögen des Schuldners übergegangen war; dann ordnet § 105 Satz 2 den **Ausschluss der Rückgabepflicht des Insolvenzverwalters** an. Die – wegen § 119 zwingende (→ § 119 Rn. 61) – Vorschrift bezieht sich nicht etwa nur auf teilbare Leistungen (im Sinn ihres S. 1), sondern – wie § 26 Satz 1 KO und § 36 Abs. 2 Satz 2 VerglO[434] – auf jede vor Verfahrenseröffnung in das Vermögen des Schuldners übergegangene, auch unteilbare Leistung (→ § 105 Rn. 38 ff.). Sie erfasst nicht nur Sachen, sondern meint auch Forderungen oder sonstige Rechte. Voraussetzung ist allerdings, dass es sich um einen Vollerwerb handelt; die bloß aufschiebend bedingte (§ 158 Abs. 1 BGB) Übertragung oder Übereignung gehört deshalb nicht hierher (allgM). 178

Ein **Selbsthilfeverkauf** gemäß § 373 HGB durch den Verkäufer im Annahmeverzug des Käufers (jetziger Insolvenzschuldners) ist nun nicht mehr möglich.[435] Denn sonst könnte der Vertrags- 179

[427] BGH NJW 2016, 2260 = ZIP 2016, 682 = ZInsO 2016, 694.

[428] BGHZ 196, 260 (Rn. 10) = NZI 2013, 296 = ZIP 2013, 494 = ZInsO 2013, 494; BGH NJW 2007, 1594 [Rn. 12] = ZIP 2007, 778; NJW 1982, 768 = ZIP 1982, 189; Nerlich/Römermann/*Balthasar* Rn. 66; KPB/*Tintelnot* Rn. 288; *Jaeger/Henckel* KO § 17 Rn. 168.

[429] Im Erg. ebenso KPB/*Tintelnot*; Uhlenbruck/*D. Wegener* Rn. 183.

[430] Fall BGH ZIP 2007, 778 [Rn. 12] = NJW 2007, 1594 = NZI 2007, 335.

[431] Ausführl. *Huber* NZI 2004, 57, 62.

[432] *von Wilmowsky* ZInsO 2011, 1473, 1476 ff.; *von Wilmowsky* schon ZInsO 2007, 731, 735 ff.

[433] Im Erg. ebenso KPB/*Tintelnot* Rn. 299.

[434] Auf diese Vorschrift nimmt die Begründung des RegE ausdrücklich Bezug, vgl. *Kübler/Prütting,* Das neue Insolvenzrecht Bd I, S. 296.

[435] *Jaeger/Henckel* KO § 17 Rn. 167.

partner (Verkäufer) trotz der Erfüllungsablehnung durch den Insolvenzverwalter seine Vertragspflicht erfüllen und seinen Erfüllungs- (Kaufpreis-)Anspruch durch Verrechnung (§ 373 Abs. 2 HGB iVm §§ 387 ff. BGB) selbst befriedigen.

180 Wurde bei einem **Grundstückserwerb** des Insolvenzschuldners vor Verfahrenseröffnung zu seinen Gunsten eine Auflassungsvormerkung eingetragen, so kann der Veräußerer Löschung verlangen; denn die Vormerkung ist als akzessorisches Sicherungsmittel eigener Art abhängig vom Bestand des schuldrechtlichen Erfüllungsanspruches auf dingliche Rechtsänderung. Der Insolvenzverwalter hat eine Löschungsbewilligung zu erteilen, der andere Teil kann aussondern.[436] Hat der Verwalter im Insolvenzverfahren über das Vermögen des Grundstückskäufers die Erfüllung abgelehnt und der Verkäufer das Grundstücks ausgesondert, hat der Verwalter Anspruch auf Rückzahlung der vom Schuldner vor der Eröffnung geleisteten Anzahlung auf den Kaufpreis abzüglich des Nichterfüllungsschadens des Verkäufers;[437] denn die gegenseitigen Ansprüche aus dem nämlichen Rechtsverhältnis sind bloße Rechnungsposten (→ Rn. 185) und an der synallagmatischen Verbundenheit der Ansprüche gem. §§ 320 ff. BGB ändert sich nichts.[438]

181 Hatte der Insolvenzschuldner noch vor Insolvenzeröffnung über seinen teilweisen oder ganzen Erfüllungsanspruch ein rechtskräftiges Urteil oder eine vollstreckbare Urkunde (§ 794 Abs. 1 Nr. 5 ZPO) erlangt (zB über die erste Rate eines Eigenkapitaleinsatzes für einen Betreuungsvertrag bei einem Bauherrnmodell), so darf der Insolvenzverwalter nach Erfüllungsablehnung die **Zwangsvollstreckung aus dem Titel** nicht betreiben bzw. muss er einen Vollstreckungsauftrag zurücknehmen; wird gleichwohl (weiter) vollstreckt, so kann der Vertragspartner die Unzulässigkeit der Zwangsvollstreckung im Wege der Vollstreckungsabwehrklage (§§ 767, 795 ZPO) geltend machen.[439]

182 **b) Schweigen des Insolvenzverwalters auf Aufforderung des Vertragspartners zur Wahlrechtsausübung.** Erklärt sich der Insolvenzverwalter nach einer Aufforderung des anderen Teils zur Wahlrechtsausübung (→ Rn. 171, 172) nicht unverzüglich (→ Rn. 173 ff.), so kann er gemäß § 103 Abs. 2 Satz 3 auf Erfüllung nicht bestehen. Sein Schweigen wirkt im Ergebnis wie eine ausdrückliche Erfüllungsablehnung mit den schon erörterten Folgen (→ Rn. 176 ff.). Verlangt der Insolvenzverwalter zwar „unverzüglich" im Sinn des § 103 Abs. 2 Satz 2 Erfüllung, jedoch unter Einschränkungen oder Vorbehalten, so handelt es sich um eine Erfüllungsablehnung verbunden mit einem Angebot auf Neuabschluss des Vertrages (→ Rn. 159 ff.).

183 **c) Beiderseitige Untätigkeit.** Gibt der Insolvenzverwalter von sich aus keine Erklärung ab und fordert ihn der andere Teil auch nicht dazu auf, sind beide Seiten also untätig, verbleibt es bei dem mit Insolvenzeröffnung eingetretenen Zustand der Ungewissheit (→ Rn. 170). Das hindert den Vertragspartner indessen nicht, seine Forderung wegen Nichterfüllung des Vertrages zur Tabelle anzumelden; nach anderer Ansicht muss schon feststehen, dass Nichterfüllung eingetreten ist.[440] Da der andere Teil seine Erklärung an den Insolvenzverwalter zu richten hat (§ 174 Abs. 1), enthält sie zugleich jedenfalls eine schlüssige Aufforderung zur Wahlrechtsausübung gemäß § 103 Abs. 2 Satz 2 (→ Rn. 171); lehnt daraufhin der Insolvenzverwalter eine Erfüllung ausdrücklich ab, wäre es eine Förmelei, den anderen Teil zu einer Wiederholung der Anmeldung zu verpflichten.[441]

184 **4. Forderung des anderen Teils wegen Nichterfüllung des Vertrages (§ 103 Abs. 2 Satz 1). a) Rechtsnatur.** Was Rechtsgrundlage der Nichterfüllungsforderung des Vertragspartners ist, war bereits für die entsprechende Bestimmung in § 26 Satz 2 KO streitig und wird auch in der InsO unterschiedlich beurteilt.[442] Während eine Auffassung die Forderung aus dem *bürgerlichen Recht* (§§ 325, 326 aF BGB; pVV. Jetzt: §§ 280 ff. BGB) herleitet und sie dann auch konsequent als Schadensersatzanspruch bezeichnet, sieht eine andere Meinung die Rechtsgrundlage im *Konkurs-/Insolvenzrecht selbst* (§§ 38, 45, 103 Abs. 2 Satz 1). Einigkeit besteht aber darüber, dass die für Schadensersatzforderungen nach dem BGB geltenden Regeln grundsätzlich auch auf die dem Vertragspartner zustehende „Forderung wegen der Nichterfüllung" Anwendung finden. Meist wird deshalb auch die dogmatische Frage nach der Rechtsnatur offen bleiben können.[443]

---

[436] BGH NZI 2013, 296 Rn. 10 = ZIP 2013, 526; OLG Frankfurt/M. OLG-Report 1995, 101; Nerlich/Römermann/*Balthasar* Rn. 67; *Pape,* Kölner Schrift, S. 531, 555 (Rn. 33).

[437] BGHZ 196, 160 = NZI 2013, 296 = ZIP 2013, 526 = ZInsO 2013, 493.

[438] BGHZ 196, 160 (Rn. 12).

[439] BGH NJW 2001, 1136, 1137 f. = ZIP 2001, 31; NJW 1987, 1702 = ZIP 1987, 304 = EWiR § 17 KO 1/87, 267 *(v. Gerkan)* = JuS 1987, 659 Nr. 9 *(K. Schmidt).*

[440] Uhlenbruck/*D. Wegener* Rn. 160.

[441] So aber Uhlenbruck/*D. Wegener* Fn. 160.

[442] Ausf. Problemdarstellung bei *Marotzke,* Rn. 5, 14 ff. Zur KO: *Jaeger/Henckel* § 17 Rn. 171.

[443] BGHZ 68, 379, 380 = NJW 1977, 1345; in der neueren Rspr. des BGB wird die Frage der Rechtsnatur nicht mehr erwähnt, vgl. nur BGH NJW 1987, 1702. Wie hier („ohne Bedeutung") Uhlenbruck/*D. Wegener* Rn. 166; *Keller* Rn. 1234; Nerlich/Römermann/*Balthasar* Rn. 61.

b) Anspruchsinhalt. aa) Abrechnungsverhältnis. Maßgeblich ist das Erfüllungsinteresse bezogen auf die primären Hauptleistungspflichten; der Vertragspartner ist also so zu stellen, wie er gestanden hätte, wenn der Vertrag ordnungsgemäß erfüllt worden wäre. Sein Anspruch geht auf Ersatz in Geld und besteht in der **Differenz** zwischen der Vermögenslage, die bei ordnungsgemäßer Erfüllung eingetreten wäre und der, die durch die Nichterfüllung tatsächlich entstanden ist; dazu ist im Wege eines Gesamtvermögensvergleichs vorzutragen (→ Rn. 193). 185

Von diesem **Abrechnungsverhältnis** werden alle Ansprüche des Vertragspartners – ohne dass es einer Aufrechnung bedürfte – als **Rechnungsposten** erfasst,[444] selbstverständlich auch der Wert der vom späteren Insolvenzschuldner erbrachten Leistungen. Nach der im Rahmen dieser Kommentierung vertreten Auffassung gilt das auch für Forderungen wegen Folgeschäden auf Grund Teilleistungen des Schuldners vor Verfahrenseröffnung (→ Rn. 31 ff.) oder Ansprüche wegen Mängel, zB nach §§ 633 ff. BGB, § 13 Nr. 5 VOB/B;[445] dem steht § 95 Abs. 1 S. 3 wegen der aus demselben Vertragsverhältnis stammenden Ansprüche und Gegenansprüche nicht entgegen (→ Rn. 35; näher zur mangelhaften Teilleistung vor Insolvenzeröffnung → Rn. 145). Im Schrifttum wird allerdings bezweifelt, ob Gewährleistungsansprüche des Vertragspartners wegen vom Schuldner mangelhaft erbrachten Teilleistungen ihre Selbständigkeit verlieren und nur noch als **Rechnungsposten** innerhalb eines einheitlichen Schadensersatzanspruchs zu berücksichtigen sind.[446]

Die gegenseitigen Ansprüche, die sich aus der Beendigung der Vertragsdurchführung ergeben, sind miteinander zu verrechnen, so dass nur derjenigen Seite ein Restanspruch (**Differenzforderung**) zusteht, zu deren Gunsten ein Überschuss verbleibt.[447] Ist das der Vertragspartner, so kann dieser die Nichterfüllungsforderung als Insolvenzgläubiger verfolgen (→ Rn. 193).

bb) Berechnung der Nichterfüllungsforderung. Die Berechnung der Nichterfüllungsforderung kann der **Methode** nach sowohl konkret (→ Rn. 187) wie abstrakt (→ Rn. 188, 189) erfolgen; hierfür gelten entsprechend §§ 249 ff. BGB (→ Rn. 184), auch § 252 BGB (entgangener Gewinn; → Rn. 190) und § 254 BGB (Mitverschulden des Vertragspartners). Berechnet wird nach der strengen Differenztheorie, die Austauschtheorie findet keine Anwendung (→ Rn. 191). 186

Bei der **konkreten Berechnungsmethode** werden im Rahmen eines Gesamtvergleiches der Vermögenslage sämtliche Vor- und Nachteile aus dem nicht erfüllten Vertrag saldiert. Es kommt darauf an, wie der Vertragspartner konkret stünde, hätte der Schuldner bei Fälligkeit die ihm obliegende Leistung ordnungsgemäß erbracht; hat der Vertragspartner ein Deckungsgeschäft[448] getätigt, so muss er sowohl alle bei ihm selbst maßgeblichen Umstände (insbesondere die eigene Kalkulation) wie die Einzelheiten des Deckungsgeschäftes konkret darlegen. Angeknüpft wird an den Zeitpunkt der vorgesehenen Erfüllung, beim konkreten Deckungsgeschäft kommt es auf dessen Vornahme an; zu berücksichtigen sind weiter alle bis zur letzten mündlichen Verhandlung in der letzten Tatsacheninstanz eingetretenen Umstände. 187

Bei der **abstrakten Berechnungsmethode** wird die Differenz zur Vermögenslage im vorgesehenen Erfüllungszeitpunkt nach dem gewöhnlichen Verlauf der Dinge unter Berücksichtigung sämtlicher Vorteile (zB ersparter Aufwendungen oder Kosten für Transport/Lagerung der Ware) und Nachteile ermittelt; bei einem hypothetischen Deckungsgeschäft[449] sind Vertrags- und Marktpreis miteinander zu vergleichen. 188

Für die Berechnung der Nichterfüllungsforderung bei abstrakter Methode kommt es auf den Zeitpunkt der Insolvenzeröffnung an (anders bei konkreter Berechnungsmethode, → Rn. 187 aE), was sich aus folgendem ergibt: 189

- Auf der Grundlage der sogenannten Erlöschenstheorie war das unzweifelhaft, weil danach schon die Eröffnung des Insolvenzverfahrens das Vertragsverhältnis umgestaltete, also schon in diesem Zeitpunkt an die Stelle der beiderseitigen Erfüllungsansprüche der einseitige Anspruch des Vertragspartners auf Nichterfüllung trat. Demgegenüber vollzieht sich zwar nach der hier vertretenen Auffassung die Umgestaltung erst, wenn der Vertragspartner – sobald feststeht, dass es bei der Nichterfüllung bleibt – eine Forderung wegen der Nichterfüllung geltend macht (→ Rn. 22).
- Gleichwohl ändert sich am maßgeblichen Zeitpunkt nichts. Denn jetzt kommt es darauf an, wann die Forderung wegen der Nichterfüllung des Vertrages begründet, dh wann der Rechts-

[444] BGHZ 196, 160 (Rn. 12) = NZI 2013, 296 = ZIP 2013, 526 = ZInsO 2013, 494; BGH ZIP 2013, 526 (Rn. 12) = ZInsO 2013, 494.
[445] Zu § 635 aF BGB: BGHZ 96, 392, 395 = NJW 1986, 1176; BGH ZIP 1997, 1072, 1076.
[446] BGHZ 196, 160 (Rn. 12). Krit. Uhlenbruck/*D. Wegener* Rn. 171; zweifelnd auch Graf-Schlicker/*Breitenbücher* Rn. 44; verneinend KPB/*Tintelnot* Rn. 322.
[447] BGH NJW 2001, 1136, 1137 f. = ZIP 2001, 31 f. = NZI 2001, 85; *Fischer* NZI 2001, 281, 283.
[448] Näher dazu vgl. Palandt/*Grünberg* § 281 Rn. 27 –29; *Jaeger/Henckel* KO § 17 Rn. 185. Bsp. zur Berechnung *Keller* Rn. 1236.
[449] Näher dazu vgl. Palandt/*Grünberg* § 281 Rn. 30 ff.; *Jaeger/Henckel* KO § 17 Rn. 178 ff.

grund für sie gelegt ist, wann also der Vertragspartner den ursprünglichen Erfüllungsanspruch nicht mehr geltend machen kann. Das ist (in Folge des Verlustes der Durchsetzbarkeit der Erfüllungsansprüche) aber ebenfalls der Zeitpunkt der Insolvenzeröffnung (→ Rn. 21), mag auch die Nichterfüllungsforderung erst unbedingt und fällig werden, wenn sich der Vertragspartner damit durch Anmeldung seiner Forderung am Insolvenzverfahren beteiligt; erst recht gilt die hier vertretene Anknüpfung bei der Insolvenzeröffnung, wenn man den Zeitpunkt der Fälligkeit der Nichterfüllungsforderung auf den der Insolvenzeröffnung vorverlegt (offen gelassen → Rn. 23 aE).

– Bei der Insolvenzeröffnung ist selbst dann anzuknüpfen, wenn der Insolvenzverwalter noch die Erfüllung verlangen kann. Denn für die Berechnung der Nichterfüllungsforderung ist nur der Zeitpunkt maßgeblich, ab dem der Vertragspartner der Masse gegenüber keinen Erfüllungsanspruch mehr hat.

190 Der Vertragspartner darf in seine Nichterfüllungsforderung nach der auch hier vertretenen Meinung[450] auch den konkret oder abstrakt (§ 252 Satz 2 BGB) zu ermittelnden **entgangenen Gewinn** einstellen. Nach anderer Auffassung wird dieser Posten nur berücksichtigt, wenn der Insolvenzschuldner vor Verfahrenseröffnung Teilleistungen an den Vertragspartner erbracht hatte, der dann den noch nicht vergüteten Wert dieser Teilleistungen mit dem (ihm vollständig) entgangenen Gewinn verrechnen kann.[451] Eine dritte Meinung lässt den ergangenen Gewinn in jedem Falle im Wesentlichen mit der Begründung außer Betracht, dieser stehe Insolvenzgläubigern auch sonst nur zu, wenn sie einen Schadensersatzanspruch wegen Nichterfüllung schon vor Insolvenzeröffnung erworben hätten.[452] Letzteres überzeugt nicht, weil es dann auf den aus Sicht des Vertragspartners zufälligen Zeitpunkt der Insolvenzeröffnung ankommt, also darauf, ob er noch rechtzeitig gemäß §§ 280 ff. BGB gegen den Schuldner vorgehen konnte.

191 Die (auch nach neuem Schuldrecht bei § 281 BGB in gewissem Umfang anwendbare) **Austauschtheorie,**[453] wonach der Vertragspartner in bestimmten Fällen seine Leistung – insbesondere einen davon noch ausstehenden Rest – im Austausch gegen den Wert der Gegenleistung erbringen darf, ist jedoch im Insolvenzverfahren **unanwendbar.**[454] Freilich wird sich diese Frage in der Praxis ohnehin kaum stellen, weil der andere Teil grundsätzlich kein Interesse daran haben wird, seine Leistung erbringen zu dürfen, wenn er dafür nur die Quote auf seinen Anspruch auf die Gegenleistung erhält. Jedenfalls darf aber dem Insolvenzverwalter gegen dessen Willen keine Leistung aufgedrängt wird, die der Masse keine Vorteile, die möglicherweise aber nicht unerhebliche Nachteile bringt, zB wegen Lager-, Erhaltungs- oder Verwertungskosten.

192 Durch Berufung auf eine individualvertraglich oder durch AGB vereinbarte **Schadenspauschalierung für den Insolvenzfall** kann der Vertragspartner der Berechnung seiner Nichterfüllungsforderung nach den erörterten Grundsätzen nicht entgehen. Denn eine solche Regelung ist gemäß § 119 unwirksam (→ § 119 Rn. 57).

193 **c) Geltendmachung der Nichterfüllungsforderung.** Steht dem Vertragspartner aus dem Abrechnungsverhältnis (→ Rn. 185) – also nach Verrechnung der sich aus der Beendigung des Vertragsverhältnisses ergebenden gegenseitigen Ansprüche – eine Nichterfüllungsforderung zu, so ist er damit gemäß § 103 Abs. 2 Satz 1 **Insolvenzgläubiger.** Will er sie geltend machen, was ihm jedoch freisteht (→ Rn. 22), so muss das durch Anmeldung zur Tabelle beim Insolvenzverwalter erfolgen, §§ 87, 174. Der Vertragspartner muss dabei vortragen, wie sich sein Vermögen bei ordnungsgemäßer Vertragserfüllung entwickelt hätte, und dem die tatsächliche Vermögenslage gegenüberstellen; das Herausgreifen einzelner Positionen ergibt keine schlüssige Darstellung, erforderlich ist vielmehr ein **Gesamtvermögensvergleich.**[455]

Wegen einer **Aufrechnung** mit dieser Forderung des Vertragspartners gegen einen bei Insolvenzeröffnung bereits fälligen Anspruch des Schuldners ihm gegenüber wird auf die früheren Erörterungen verwiesen (→ Rn. 23, 29, 35); auch Fortbestand und Umfang der zur Absicherung des

---

450 Ebenso *Riehm* KTS 2016, 143, 170; *Keller* Rn. 1235. Zur KO: RGZ 142, 296, 300; *Kuhn/Uhlenbruck* § 17 Rn. 37; *Jaeger/Henckel* § 17 Rn. 177; *Baur/Stürner* Rn. 9.9.

451 *Häsemeyer* Rn. 20. 25.

452 Uhlenbruck/*D. Wegener* Rn. 167; Nerlich/Römermann/*Balthasar* Rn. 62; *Marotzke,* Rn. 5.29 f.; *Pape,* Kölner Schrift, S. 531, 553 (Rn. 31; aA nach VorAufl.).

453 Näher dazu vgl. Palandt/*Heinrichs* § 281 Rn. 19 ff.

454 *Keller* Rn. 1235; Nerlich/Römermann/*Balthasar* Rn. 63. HM schon zur KO, vgl. *Jaeger/Henckel* KO § 17 Rn. 173; *Kuhn/Uhlenbruck* KO § 17 Rn. 37.; aA: – also Anwendbarkeit von Austausch – (Surrogations-)theorie – *Musielak* AcP 179 (1979), 189, 202 ff.; *Marotzke,* Rn. 5.50 ff. Ausf. zum Streitstand, insb. auch zu einem Ausnahmefall *Henckel* ZZP 99 (1986), S. 413, 430 ff.

455 BGH NJW 2001, 1136, 1138 = ZIP 2001, 31, 32 f. HM im Schrifttum, vgl. nur Graf-Schlicker/*Breitenbücher* Rn. 39.

Erfüllungsanspruches gegen den Schuldner bestehenden **Sicherheiten** für die Nichterfüllungsforderung sind bereits dargelegt (→ Rn. 24, 30, 36).

Im Insolvenzverfahren über das Vermögen einer Gesellschaft ohne Rechtspersönlichkeit (§ 11 Abs. 2 Nr. 1) oder einer Kommanditgesellschaft auf Aktie kann der Vertragspartner wegen seiner Nichterfüllungsforderung die **persönliche Haftung der Gesellschafter** nicht in Anspruch nehmen. Das folgt aus § 93; denn diese Vorschrift erfasst alle Ansprüche von Gesellschaftsgläubigern, also auch die an die Stelle des Erfüllungsanspruchs getretene Forderung wegen der Nichterfüllung eines Vertrages. Der Vertragspartner der Gesellschaft bleibt also auf die oben erörterte insolvenzmäßige Geltendmachung seiner Nichterfüllungsforderung gemäß §§ 87, 174 beschränkt. 194

d) Verjährung. Die Forderung des Vertragspartners wegen Nichterfüllung unterliegt einer eigenen Verjährung, die sich nach der Verjährungsfrist des ursprünglichen Erfüllungsanspruches richtet. Sie beginnt mit Eröffnung des Insolvenzverfahrens entsprechend den schon oben erörterten Grundsätzen (→ Rn. 189), nicht etwa erst mit Zugang der Erfüllungsablehnung,[456] weil das Entstehen der Nichterfüllungsforderung eine solche Erklärung des Insolvenzverwalters nicht voraussetzt. Die Verjährungsfrist wird gehemmt durch die Anmeldung beim Insolvenzverwalter (→ Rn. 113). 195

Das gilt auch für die in das Abrechnungsverhältnis (→ Rn. 185) eingestellten **Ansprüche wegen Mängel,** die zwar nicht ihre rechtliche Bedeutung, aber ihre Selbstständigkeit verlieren und bloße Rechnungsposten der Nichterfüllungsforderung sind. Sie verjähren nicht etwa nach den hierfür geltenden Bestimmungen, zB § 638 BGB, sondern sind unabhängig davon zu berücksichtigen, wie der BGH entschieden hat.[457] Dieses Urteil ist für die Praxis vor allem im Bereich des Baurechts von großer Bedeutung. Früher war nämlich zweifelhaft, wann die Verjährungsfrist nach § 634a–§ 638 aF – BGB bzw. § 13 Abs. 4 VOB/B beginnt, wenn es an einer (Teil-)Abnahme fehlt und es dazu infolge der Insolvenzeröffnung auch nicht mehr kommt; die Vorinstanz[458] hatte gemeint, dann sei der Zugang der Erfüllungsablehnung maßgeblich. Jetzt ist klar gestellt, dass die sonst für Gewährleistungsansprüche geltenden Verjährungsvorschriften in einem solchen Fall ohne Bedeutung sind. Dieser im Ergebnis bewirkten Fristverlängerung bei baurechtlichen Mängelrechten wird freilich im Schrifttum auch entgegengetreten.[459]

Für andere Fälle verbleibt es aber bei der allgemeinen Regel. Hatte also vor Insolvenzeröffnung die Verjährungsfrist für einen Gewährleistungsanspruch infolge Abnahme (§ 634a Abs. 1 Nr. 2, Abs. 2) begonnen und wird nunmehr in der Insolvenz des Unternehmers eine Forderung wegen Nichterfüllung dieses Gewährleistungsanspruches geltend gemacht, so ändert sich an der durch die Abnahme in Lauf gesetzten Verjährung nichts.[460] Bei *Teilbarkeit* der Bauleistungen (→ Rn. § 105 15) und Erfüllungsverlangen des Insolvenzverwalters für den noch ausstehenden Rest kann es folglich zu verschiedenen Verjährungsfristen kommen, nämlich für die vor und für die nach Insolvenzeröffnung erbrachten Teilleistungen.[461]

IV. Wahlrechtsausübung

1. Maßstab. Der Insolvenzverwalter trifft seine Entscheidung alleine danach, ob es für die Masse günstiger ist, wenn es bei der infolge Insolvenzeröffnung eingetretenen Nichterfüllung des Vertrages verbleibt, oder, wenn er den Vertrag anstelle des Schuldners erfüllt und vom anderen Teil Erfüllung verlangt.[462] Denn § 103 ist – wie § 17 KO – dem Normzweck nach ganz wesentlich eine *Regelung zur Massemehrung* (→ Rn. 2). Der Verwalter „wählt" (→ Rn. 148) mithin Erfüllung, wenn das mehr einbringt, als die anderweitige Verwertung der zur Erfüllung benötigten Gegenstände oder die Gegenleistung mehr wert ist als die zu ihrer Berichtigung aus der Masse aufzubringenden Geldmittel. Der Schlüssel zum Erfolg liegt im zutreffenden Verständnis und eigentlichen Zweck der Wahlrechtsausübung, so wie beides von ***Kreft***[463] herausgearbeitet und mit der **Entlastungsfunktion** für den Insolvenzverwalter präzise beschrieben wurde (→ Rn. 13a). 196

Die Entscheidung des Insolvenzverwalters hängt dabei stets von den, häufig freilich nur schwer abwägbaren *Umständen des Einzelfalles* ab, zB davon, ob der Betrieb des Schuldners zunächst 197

[456] So aber Uhlenbruck/*D. Wegener* Rn. 176.
[457] BGHZ 96, 392 = NJW 1986, 1176 = ZIP 1986, 382 = JZ 1986, 669 mAnm *Peters*; zust. *Kilger/K. Schmidt* KO § 17 Anm. 4c; Nerlich/Römermann/*Balthasar* Rn. 64. HambKommInsO/*Ahrendt* Rn. 52.
[458] OLG Düsseldorf BauR 1985, 693 = EWiR § 17 KO 3/85, 499 *(Marotzke)*; zust. *Wagner* S. 130; abl. *Heidland,* FS Uhlenbruck, S. 423, 442 f.
[459] KPB/*Tintelnot* Rn. 321, 322; Graf-Schlicker/*Breitenbücher* Rn. 44.
[460] BGHZ 95, 375, 382 = NJW 1986, 310.
[461] Näher *Heidland,* FS Uhlenbruck, S. 423, 443 f.
[462] Uhlenbruck/*D. Wegener* Rn. 97. Ausf. dazu *Wortberg* ZInsO 2006, 1256.
[463] In: FS Kübler, S. 359, 364.

weitergeführt, alsbald stillgelegt oder veräußert wird und wie sich die Marktlage sowie Absatzverhältnisse voraussichtlich entwickeln werden; auch umsatzsteuerrechtliche Auswirkungen sind zu bedenken.[464] Soll das schuldnerische Unternehmen saniert werden, kann gleichwohl angezeigt sein, es bei der Nichterfüllung des Vertrages zu belassen, insbesondere dann, wenn dieser einen unrentablen und deshalb gleichwohl zu liquierenden Unternehmenszweig betrifft. Möglicherweise ist auch eine Erfüllungsablehnung verbunden mit einem Angebot auf Neuabschluss des Vertrages (→ Rn. 159 ff.) einem Erfüllungsverlangen vorzuziehen, insbesondere bei Anfechtbarkeit des ursprünglichen Vertrages gemäß §§ 129 ff. (insbesondere § 132); nimmt der andere Teil das Angebot nicht an, entsteht anfechtungsrechtlich betrachtet kein Nachteil, weil der Insolvenzverwalter dann der drohenden Nichterfüllungsforderung die Anfechtbarkeit des Vertrages einredeweise entgegenhalten kann.

198 Eine sorgfältige Prüfung aller Umstände ist nicht zuletzt zur Vermeidung der *eigenen Haftung des Insolvenzverwalters* nach § 61 geboten. Wegen dieser Bestimmung haftet der Verwalter nach einem Erfüllungsverlangen dem Vertragspartner persönlich, dessen Masseanspruch (§ 55 Abs. 1 Nr. 2 Alt. 1) infolge Masseunzulänglichkeit (§§ 208, 209) nicht voll bedient werden kann; das gilt nur dann nicht, wenn die spätere Nichterfüllbarkeit der Masseverbindlichkeit bei deren Begründung, also im Zeitpunkt des Erfüllungsverlangens, nicht erkennbar war.

199 Der vom anderen Teil zur Wahlrechtsausübung aufgeforderte Insolvenzverwalter (→ Rn. 171 ff.) kann sich der Entscheidung (Erfüllungsverlangen bzw. Erfüllungsablehnung oder Schweigen mit denselben Folgen, → Rn. 176 bis 182) nicht durch eine *„Freigabeerklärung“* entziehen.[465] Denn eine Freigabe kann nur einen bestimmten Gegenstand der Insolvenzmasse betreffen (→ § 80 Rn. 65 ff.), nicht aber ein schuldrechtliches Rechtsverhältnis als solches. In der genannten BGH-Entscheidung hatte der spätere Insolvenzschuldner ein Grundstück erworben, aber noch nicht übereignet erhalten, und hatte sodann der Insolvenzverwalter auf die Aufforderung des Vertragspartners (Grundstückseigentümers) geantwortet, „das Grundstück werde mit Zustimmung des Gläubigerausschusses freigegeben“; mit Recht hat der BGH angenommen, der Verwalter habe damit entweder die Erfüllung abgelehnt oder jedenfalls Erfüllung nicht verlangt.

200 **2. Ausschluss oder Beschränkung des Wahlrechts. a) Sondervorschriften.** Die Anwendung des § 103 wird zum Teil ausgeschlossen, zum Teil eingeschränkt in den Sondervorschriften der §§ 104 ff. (→ Rn. 97 ff.) oder in besonderen Bestimmungen des bürgerlichen Rechts (näher → Rn. 108 ff.).

201 **b) Abdingbarkeit/Unabdingbarkeit. aa) Lösungsklauseln.** Ob und wenn ja, in welchem Umfang die Vertragspartner insolvenzabhängige Lösungsklauseln vereinbaren können, muss wegen § 119 nach wie vor als nur zum Teil geklärt bezeichnet werden (→ Rn. 90); wegen der Einzelheiten wird auf die Erläuterungen dort (und bei → § 119 Rn. 28 ff.) verwiesen.

202 **bb) Sonstige Beschränkungen.** Demgegenüber sind gemäß § 119 grundsätzlich alle Vereinbarungen der Vertragspartner unwirksam, welche auf eine inhaltliche Beschränkung des – auch nach ihrem Standpunkt bei Insolvenzeröffnung einschlägigen – § 103 hinauslaufen, so beispielsweise eine Befugnis zur Pauschalierung der Nichterfüllungsforderung bei Erfüllungsablehnung oder einer vom Insolvenzverwalter unterlassenen Wahlrechtsausübung (→ Rn. 192); wegen der Einzelheiten wird auf die Erläuterungen bei → § 119 Rn. 57 verwiesen.

203 **c) Unzulässige Rechtsausübung.** Sachverhalte, in denen eine **Erfüllungsablehnung** eine unzulässige Rechtsausübung, einen Verstoß gegen Treu und Glauben (§ 242 BGB) beinhalten könnten, sind kaum vorstellbar;[466] die frühere Problemlage nach § 17 KO in der Insolvenz des Vorbehaltsverkäufers ist durch § 107 Abs. 1 erledigt.[467] Die höchstrichterliche Rechtsprechung hat unter Geltung der InsO die Frage bislang offen gelassen, aber durchaus zu erkennen gegeben, dass ein Einwand nach § 242 BGB nur in ganz besonders gelagerten Ausnahmefällen in Betracht kommen könnte.[468] Denn der Insolvenzverwalter handelt mit Rücksicht auf die Belange aller Insolvenzgläubiger, nimmt also grundsätzlich schutzwürdige Interessen wahr.[469] Dies gilt selbst dann, wenn der Vertragspartner seine Verpflichtungen schon fast vollständig erfüllt hat, denn sogar im Falle „restlos“ vollständiger seinerseitiger Erfüllung ist er Insolvenzgläubiger gemäß § 38.[470]

[464] Bspw. bei einem Bauvorhaben, *Onusseit ZInsO 209, 2180, 2184;* vgl. iÜ auch KPB/*Tintelnot* 252 ff.
[465] BGH NJW 1982, 768 = ZIP 1982, 189.
[466] Ebenso Uhlenbruck/*D. Wegener* Rn. 156; vgl. auch HKInsO/*Marotzke* Rn. 146: „… extrem selten“.
[467] Ausf. dazu Gottwald/*Huber*, InsO-HdB, 1. Aufl. 1990, § 37 Rn. 25 bis 29.
[468] BGH NZI 2004, 214; ZIP 2003, 2379, 2381.
[469] BGH NJW 1983, 1619.
[470] Treffend HKInsO/*Marotzke* Rn. 147.

Auch ein Widerspruch zum Verhalten des vorläufigen Insolvenzverwalters begründet keinen Verstoß gegen Treu und Glauben, selbst dann nicht, wenn der spätere Insolvenzverwalter mit diesem personengleich ist (→ Rn. 151).

Ein selbst erst längere Zeit nach Eröffnung des Insolvenzverfahrens erklärtes **Erfüllungsverlangen** ist nicht rechtsmissbräuchlich. Denn der Vertragspartner hat es in der Hand, die durch die Insolvenzeröffnung eingetretene Ungewissheit durch eine Aufforderung gemäß § 103 Abs. 2 Satz 2 zu beenden (→ Rn. 170, 171) und auf diese Weise innerhalb angemessener Zeit Rechtsklarheit herbeizuführen (→ Rn. 173, 174, 182). 204

d) Rechte Dritter (Forderungszuständigkeit). Ist der Anspruch aus einem gegenseitigen Vertrag noch vor Insolvenzeröffnung vom Schuldner abgetreten oder von einem Dritten gepfändet worden, so fehlt dem Insolvenzverwalter an sich die Forderungszuständigkeit.[471] Das steht nach hM der Ausübung des Wahlrechts aber nicht entgegen.[472] Jedoch wurde früher angenommen, dass sich Abtretung und Pfändung zum Nachteil der Masse durch setzten, die Gegenleistung also nicht dieser, sondern dem Dritten zusteht; der Insolvenzverwalter konnte daran mithin nur etwas ändern, wenn die Rechtshandlung anfechtbar vorgenommen war (vgl. § 35 KO, jetzt § 141). Anders ist das nach der neuen Rechtsprechung des BGH und der hier vertretenen Auffassung, weil danach der Erlös aus den vom Verwalter erfüllten Verträgen der Masse und nicht dem Zessionar gebührt, was auch bei einer Globalabtretung zutrifft, die den neu begründeten Erfüllungsanspruch wegen § 91 Abs. 1 nicht mehr erfassen kann (→ Rn. 41). Diese Rechtsprechung hat wegen ihrer Massefreundlichkeit für die Praxis große Bedeutung. Diese Grundsätze gelten für den Fall der Pfändung durch den Dritten entsprechend, sofern die so erlangte Sicherung nicht ohnehin wegen § 88 unwirksam ist. Rechte Dritter können sich also – vorbehaltlich einer Anfechtung – nur für denjenigen Erfüllungsanspruch des Schuldners durchsetzen, der auf die von ihm vor Verfahrenseröffnung erbrachten Teilleistungen entfällt. 205

3. Anfechtung wegen Willensmängel. a) Grundsätze. Ist die Willenserklärung des Insolvenzverwalters, Erfüllung zu verlangen (→ Rn. 154, 155) bzw. diese abzulehnen (→ Rn. 167, 168), von Willensmängeln beeinflusst, so kann er sie grundsätzlich gemäß §§ 119 ff. BGB anfechten.[473] Nach allgemeinen Regeln **unbeachtlich** ist aber ein Irrtum über diejenigen Rechtsfolgen, die das Gesetz unabhängig vom Willen des Erklärenden an das Rechtsgeschäft knüpft, wenn also sich der Insolvenzverwalter darüber im Unklaren war, dass er dann nach § 55 Abs. 1 Nr. 2 die Ansprüche aus dem Vertrag als Masseschulden berichtigen muss. Entsprechendes gilt für einen Berechnungsirrtum, wenn also der Insolvenzverwalter die Auswirkungen seiner Entscheidung auf die Masse fälschlich als „günstiger" eingeschätzt hat (→ Rn. 196 ff.); denn dabei wird es sich zwangsläufig um einen für den Vertragspartner verdeckten (und deshalb unbeachtlichen) Kalkulationsirrtum handeln, weil dieser die für die Wahlrechtsausübung im Einzelfall maßgeblichen Umstände nicht kennt.[474] 206

b) Fallgruppen der Irrtumsanfechtung nach § 119 Abs. 1 BGB. Geht der Insolvenzverwalter fälschlich von einer *vollständigen Erfüllung durch den Schuldner vor Insolvenzeröffnung* aus, während dieser tatsächlich nichts geleistet hatte, und fordert er deshalb den Vertragspartner auf, die Gegenleistung zu erbringen, so fehlt ihm an sich das Bewusstsein für ein Erfüllungsverlangen im Sinn des § 103 Abs. 1; denn dieser Fall gehört gerade nicht in den Anwendungsbereich der Bestimmung (→ Rn. 59). Der Vertragspartner wird die Erklärung des Verwalters jedoch als Erfüllungsverlangen verstehen und auch bei Auslegung verstehen dürfen (→ Rn. 155). Trotz des fehlenden Erklärungsbewusstseins handelt es sich nach höchstrichterlicher Rechtsprechung tatbestandlich um eine Willenserklärung,[475] die folglich der Verwalter gemäß § 119 Abs. 1 BGB anfechten kann.[476] 207

Nimmt der Insolvenzverwalter falsch eine *teilweise Erfüllung durch den Schuldner vor Insolvenzeröffnung* an, während dieser tatsächlich nichts oder weniger geleistet hatte, und fordert er deshalb den Vertragspartner auf, die diesem obliegende Leistung zu erbringen, so beinhaltet diese Erklärung ein Erfüllungsverlangen und der Wille des Verwalters bezieht sich auch hierauf. Die Fehlvorstellung 208

---

471 HKInsO/*Marotzke* Rn. 42; ausf. *Marotzke,* Gegenseitige Verträge Rn. 4.10 ff..; *Kepplinger* S. 277 ff.

472 BGHZ 155, 87 = NJW 2003, 2745 = ZIP 2003, 1208 = ZInsO 2003, 607. HM auch im Schrifttum, so schon zur KO: *Jaeger/Henckel* § 17 Rn. 145 *Henckel* ZZP 99 (1986), 419, 426 ff.; *Kuhn/Uhlenbruck* § 17 Rn. 34. Ebenso zur InsO, vgl. nur Uhlenbruck/*D. Wegener* Rn. 100; aA HKInsO/*Marotzke* Rn. 49 ff. m. ausf. Nachweisen zum Streitstand.

473 Vgl. nur Nerlich/Römermann/*Balthasar* Rn. 48 ff.; Uhlenbruck/*D. Wegener* Rn. 125; KPB/*Tintelnot* Rn. 225. AllgM auch zur KO, vgl. nur *Jaeger/Henckel* § 17 Rn. 120 ff.; *Kilger/K. Schmidt* § 17 Anm. 4a.

474 Zum verdeckten bzw. offenen Berechnungsirrtum vgl. näher Palandt/*Ellenberger* § 119 Rn. 18 ff.

475 BGHZ 91, 324, 327; 109, 171, 177.

476 AA (schon kein Erfüllungsverlangen) Uhlenbruck/*D. Wegener* Rn. 125 aE.

betrifft jedoch den Umfang der von ihm dadurch begründeten Masseverbindlichkeit nach § 55 Abs. 1 Nr. 2. Folglich handelt es sich um einen Inhaltsirrtum, der zur Anfechtung gemäß § 119 Abs. 1 BGB berechtigt.[477]

209 **c) Rechtsfolgen einer Irrtumsanfechtung.** Als Rechtsfolge einer begründeten Irrtumsanfechtung ist die vom Insolvenzverwalter abgegebene Willenserklärung gemäß § 142 Abs. 1 BGB als nichtig anzusehen. Hat der Vertragspartner auf das – nunmehr angefochtene – Erfüllungsverlangen hin eine Leistung erbracht, so kann er diese gemäß § 813 BGB zurückfordern und daneben Schadensersatz gemäß § 122 BGB verlangen;[478] beide Ansprüche sind Masseschuld nach § 55 Abs. 1 Nr. 3 bzw. Nr. 1 Alt. 1.

210 **4. Wahlrechtsausübung in der Insolvenz beider Vertragspartner.** Ist über das Vermögen beider Vertragspartner das Insolvenzverfahren eröffnet worden, so steht grundsätzlich beiden Insolvenzverwaltern das Wahlrecht nach § 103 zu. Keine besonderen Probleme ergeben sich daraus, wenn sich jeder von ihnen für ein Erfüllungsverlangen entscheidet. Im Übrigen gilt:

- Das Erfüllungsverlangen eines Insolvenzverwalters – also des von nur einer Partei – hat nicht zwingend zur Folge, dass der Insolvenzverwalter der anderen Partei deren vertragliche Verbindlichkeit als Masseschuld erfüllen muss. Vielmehr kann der zuletzt genannte Insolvenzverwalter das Erfüllungsbegehren des ersteren durch Ablehnung vereiteln.[479]
- Derjenige Insolvenzverwalter, der die Erfüllung vom anderen forderte und seinerseits zur Erfüllung bereit und imstande war, kann zugunsten seiner Insolvenzmasse im Insolvenzverfahren des Vertragspartners einen Anspruch wegen Nichterfüllung gemäß § 103 Abs. 2 anmelden.[480]

211 **5. Beendigung des Insolvenzverfahrens.** Wurde ein gegenseitiger Vertrag, dessen Erfüllung der Insolvenzverwalter gewählt hatte (→ Rn. 154 ff.), bis zur Beendigung des Verfahrens nicht voll abgewickelt, tritt der Schuldner in den Vertrag grundsätzlich so ein, wie er zu diesem Zeitpunkt besteht (→ Rn. 43). Abtretungen vor Insolvenzeröffnung und Aufrechnungen mit Insolvenzforderungen gegen Masseansprüche werden mit Wirkung ex nunc wieder wirksam, als ihnen während des Insolvenzverfahren eine Wirkung abgesprochen wurde.[481]

§ 104 Fixgeschäfte, Finanzleistungen, vertragliches Liquidationsnetting

(1) [1]War die Lieferung von Waren, die einen Markt- oder Börsenpreis haben, genau zu einer festbestimmten Zeit oder innerhalb einer festbestimmten Frist vereinbart und tritt die Zeit oder der Ablauf der Frist erst nach Eröffnung des Insolvenzverfahrens ein, so kann nicht Erfüllung verlangt, sondern nur eine Forderung wegen Nichterfüllung geltend gemacht werden. [2]Dies gilt auch für Geschäfte über Finanzleistungen, die einen Markt- oder Börsenpreis haben und für die eine bestimmte Zeit oder eine bestimmte Frist vereinbart war, die nach der Eröffnung des Verfahrens eintritt oder abläuft. [3]Als Finanzleistungen gelten insbesondere

1. die Lieferung von Edelmetallen,
2. die Lieferung von Finanzinstrumenten oder vergleichbaren Rechten, soweit nicht der Erwerb einer Beteiligung an einem Unternehmen zur Herstellung einer dauernden Verbindung beabsichtigt ist,
3. Geldleistungen,
   a) die in ausländischer Währung oder in einer Rechnungseinheit zu erbringen sind oder
   b) deren Höhe unmittelbar oder mittelbar durch den Kurs einer ausländischen Währung oder einer Rechnungseinheit, durch den Zinssatz von Forderungen oder durch den Preis anderer Güter oder Leistungen bestimmt wird,
4. von Nummer 2 nicht ausgeschlossene Lieferungen und Geldleistungen aus derivativen Finanzinstrumenten,
5. Optionen und andere Rechte auf Lieferungen nach Satz 1 oder auf Lieferungen, Geldleistungen, Optionen und Rechte im Sinne der Nummern 1 bis 5,
6. Finanzsicherheiten im Sinne des § 1 Absatz 17 des Kreditwesengesetzes.

[4]Finanzinstrumente im Sinne von Satz 3 Nummer 2 und 4 sind die in Anhang I Abschnitt C der Richtlinie 2014/65/EU des Europäischen Parlaments und des Rates vom

---

[477] Insoweit ebenso Uhlenbruck/*D. Wegener* Rn. 125. Krit. dazu aber *Heidland* ZInsO 2011, 201, 203.
[478] *Jaeger/Henckel* KO § 17 Rn. 127.
[479] *Jaeger/Henckel* KO § 17 Rn. 134.
[480] Weitere Einzelheiten *Marotzke,* Rn. 4.124, 9.57, 11.1 ff.
[481] *Kreft* FS Kübler, S. 359, 369.

15. Mai 2014 über Märkte für Finanzinstrumente sowie zur Änderung der Richtlinien 2002/92/EG und 2011/61/EU (ABl. L 173 vom 12.6.2014, S. 349; L 74 vom 18.3.2015, S. 38; L 188 vom 13.7.2016, S. 28; L 273 vom 8.10.2016, S. 35), die zuletzt durch die Richtlinie (EU) 2016/1034 (ABl. L 175 vom 30.6.2016, S. 8) geändert worden ist, genannten Instrumente.

(2) [1]Die Forderung wegen Nichterfüllung bestimmt sich nach dem Markt- oder Börsenwert des Geschäfts. [2]Als Markt- oder Börsenwert gilt
1. der Markt- oder Börsenpreis für ein Ersatzgeschäft, das unverzüglich, spätestens jedoch am fünften Werktag nach der Eröffnung des Verfahrens abgeschlossen wird, oder
2. falls kein Ersatzgeschäft nach Nummer 1 abgeschlossen wird, der Markt- oder Börsenpreis für ein Ersatzgeschäft, das am zweiten Werktag nach der Verfahrenseröffnung hätte abgeschlossen werden können.

[3]Sofern das Marktgeschehen den Abschluss eines Ersatzgeschäfts nach Satz 2 Nummer 1 oder 2 nicht zulässt, ist der Markt- und Börsenwert nach Methoden und Verfahren zu bestimmen, die Gewähr für eine angemessene Bewertung des Geschäfts bieten.

(3) [1]Werden Geschäfte nach Absatz 1 durch einen Rahmenvertrag oder das Regelwerk einer zentralen Gegenpartei im Sinne von § 1 Absatz 31 des Kreditwesengesetzes zu einem einheitlichen Vertrag zusammengefasst, der vorsieht, dass die einbezogenen Geschäfte bei Vorliegen bestimmter Gründe nur einheitlich beendet werden können, gilt die Gesamtheit der einbezogenen Geschäfte als ein Geschäft im Sinne des Absatzes 1. [2]Dies gilt auch dann, wenn zugleich andere Geschäfte einbezogen werden; für letztere gelten die allgemeinen Bestimmungen.

(4) [1]Die Vertragsparteien können abweichende Bestimmungen treffen, sofern diese mit den wesentlichen Grundgedanken der jeweiligen gesetzlichen Regelung vereinbar sind, von der abgewichen wird. [2]Sie können insbesondere vereinbaren,
1. dass die Wirkungen nach Absatz 1 auch vor der Verfahrenseröffnung eintreten, insbesondere bei Stellung des Antrags einer Vertragspartei auf Eröffnung eines Insolvenzverfahrens über das eigene Vermögen oder bei Vorliegen eines Eröffnungsgrundes (vertragliche Beendigung),
2. dass einer vertraglichen Beendigung auch solche Geschäfte nach Absatz 1 unterliegen, bei denen die Ansprüche auf die Lieferung der Ware oder die Erbringung der Finanzleistung vor der Verfahrenseröffnung, aber nach dem für die vertragliche Beendigung vorgesehenen Zeitpunkt fällig werden,
3. dass zwecks Bestimmung des Markt- oder Börsenwerts des Geschäfts
   a) der Zeitpunkt der vertraglichen Beendigung an die Stelle der Verfahrenseröffnung tritt,
   b) die Vornahme des Ersatzgeschäfts nach Absatz 2 Satz 2 Nummer 1 bis zum Ablauf des 20. Werktags nach der vertraglichen Beendigung erfolgen kann, soweit dies für eine wertschonende Abwicklung erforderlich ist,
   c) anstelle des in Absatz 2 Satz 2 Nummer 2 genannten Zeitpunkts ein Zeitpunkt oder Zeitraum zwischen der vertraglichen Beendigung und dem Ablauf des fünften darauf folgenden Werktags maßgeblich ist.

(5) Der andere Teil kann die Forderung wegen Nichterfüllung nur als Insolvenzgläubiger geltend machen.

Schrifttum: *Ahrendt,* in: Hamburger Kommentar zum Insolvenzrecht, 6. Aufl. 2017, § 104; *Andres,* in: *ders./Leithaus,* Insolvenzordnung, 4. Aufl. 2018; Baumbach/Hopt, Handelsgesetzbuch, 38. Auflage 2018; Beck'scher Online Kommentar zur Insolvenzordnung, 11. Edition, Stand 26. Juli 2018; *Behrens/Glück*, Bringt der Gesetzentwurf zu § 104 InsO Rechtssicherheit für den Energiehandel?, ZInsO 2016, 2321; *Benzler,* Nettingvereinbarungen im außerbörslichen Derivatehandel, Diss. Konstanz 1999; *Berberich*, in: Beck'scher Online Kommentar zur Insolvenzordnung, 11. Edition, Stand 26. Juli 2018, § 119; *Berger,* Zur Wirksamkeit von Lösungsklauseln für den Konkursfall, ZIP 1994, 173; *Berner,* Vertragliches Netting zur Reduzierung von Eigenkapitalkosten, Die Bank 1996, 753; *Binder,* Bankeninsolvenzen im Spannungsfeld zwischen Bankaufsichts- und Insolvenzrecht, Diss. Freiburg 2005; *Böhm,* Rechtliche Aspekte grenzüberschreitender Nettingvereinbarungen, Diss. Bonn 2001; *Boos/Fischer/Schulte-Mattler* (Hrsg.), Kommentar zum Kreditwesengesetz, 5. Aufl. 2016; *Bornemann*, Recht und Politik der insolvenzbedingten Beendigung von Finanzkontrakten, Festschrift für Schlicker, 2018, 195; *ders.*, in: Frankfurter Kommentar zur Insolvenzordnung, 9. Aufl. 2018; *ders.*, in: *Graf-Schlicker* (Hrsg.), Insolvenzordnung, 4. Aufl. 2014, § 104; *Bosch,* Finanztermingeschäfte in der Insolvenz – Zum „Netting" im Insolvenzverfahren – Teil I, WM 1995, 365; *ders.*, Finanztermingeschäfte in der Insolvenz – Zum „Netting" im Insolvenzverfahren – Teil II, WM 1995, 413; *ders.*, Differenz- und Finanztermingeschäfte nach der Insolvenzordnung, Kölner Schrift zur Insolvenzordnung, 2. Aufl. 2000; *Braun* (Hrsg.), Kommentar zur Insolvenzordnung, 7. Aufl. 2017; *Decker,* Zinssatz- und Währungsswaps unter rechtlichen Aspekten, dargestellt anhand des Muster-Rahmenvertrags für Swapgeschäfte, WM 1990, 1001; *Ebenroth/Benzler,* Close-out Netting nach der neuen Insolvenzordnung, ZVglRWiss. 95 (1996), 335; *Edelmann/Kuch,* Münchener Vertragshandbuch, Band 4/3, Kap. VII.7, Master Agreement for Financial Derivatives Transactions (Rahmenvertrag für Finanztermingeschäfte), 8. Aufl. 2018; *Ebenroth/Reiner,* Münchener Vertragshandbuch, Band 3.2, 4. Auflage 1997, OTC-Derivate nach dem 1992 ISDA Multicurrency-Cross Border Master Agreement; *Ehricke,* Die Umsetzung der Finanzsicherheitenrichtlinie (Richtlinie 2002/47/EG) im Rahmen des Diskussionsentwurfs zur Änderung der Insolvenzordnung, ZIP 2003, 1065; *ders.*, Finanztermingeschäfte im Insolvenzverfahren, ZIP 2003, 273; *ders.*, Nochmals: Zur Umsetzung der Finanzsicherheiten-Richtlinie in das deutsche Recht, ZIP 2003, 2141; *ders.*, Zur Ermittlung eines Marktpreises im Sinne des § 104 Abs. 3 InsO durch eine Auktion, ZInsO 2009, 547; *Erne,* Die Swapgeschäfte der Banken: Eine rechtliche Betrachtung der Finanzswaps unter besonderer Berücksichtigung des deutschen Zivil-, Börsen-, Konkurs- und Aufsichtsrechts, Diss. Konstanz 1992; *Firth,* Derivatives Law and Practice, Stand: Mai 2018; Frankfurter Kommentar zur Insolvenzordnung, 8. Aufl. 2015 (Vorauflage); Frankfurter Kommentar zur Insolvenzordnung, 9. Aufl. 2018; *Ellenberger,* in: Palandt, Bürgerliches Gesetzbuch, 77. Aufl. 2018, § 139; *Feier,* Swap-Verträge – Internationale Standardisierung, ZIP 1990, 680; *Fried,* in: *Zerey* (Hrsg.), Finanzderivate – Rechtshandbuch, 4. Aufl. 2016, 3. Teil: Insolvenzrecht (§§ 16 – 26); *ders.*, Rechtliche Bewältigung des OTC-Handels, in: *Schwintowski/Scholz/Schuler* (Hrsg.), Handbuch Energiehandel, 4. Aufl. 2018; *Fridgen,* in: *BFS* (Hrsg.), Kommentar zum Kreditwesengesetz, 5. Aufl. 2016, § 13 KredReorgG; *Fuchs,* Close-out Netting, Collateral und systemisches Risiko, Diss. Bonn 2012; *Goltdammer,* Kommentar und vollständige Materialien zur Konkurs-Ordnung vom 8. Mai 1855 und zu dem Gesetze betreffend die Befugniß der Gläubiger zur Anfechtung von Rechtshandlungen zahlungsunfähiger Schuldner außerhalb des Konkurses vom 9. Mai 1855, 1855; *Graf-Schlicker* (Hrsg.), Insolvenzordnung, 4. Aufl. 2014; *Grüneberg,* in: Palandt, Bürgerliches Gesetzbuch, 77. Aufl. 2018, § 271; *Häusler,* Die vertraglichen Grundlagen im Bereich des Handels mit derivativen Finanzinstrumenten, 1996; *von Hall,* Insolvenzverrechnung in bilateralen Clearingsystemen, Köln 2011; Hamburger Kommentar zum Insolvenzrecht, 6. Aufl. 2017; *Hartenfels,* § 104a InsO-E und seine Folgen, ZInsO 2011, 1831; *Hartmann,* Anmerkung zu BGH, Urteil vom 9.6.2016 – IX ZR 314/14, EWiR 2016, 535; Heidelberger Kommentar zur Insolvenzordnung, 8. Aufl. 2016 (Vorauflage); *Herring/Cristea,* Umsetzung der Finanzsicherheiten-Richtlinie, ZIP 2004, 1627; *Hess,* Insolvenzrecht: Großkommentar in zwei Bänden, 2. Aufl. 2013; *Hirte/Ede,* in: *Uhlenbruck* (Hrsg.), Insolvenzordnung, 14. Aufl. 2015, (Vorauflage) § 129; *Holzer,* Die Insolvenz von Clearingmitgliedern, DB 2013, 443; *Huber,* in: Münchener Kommentar zur InsO. Band 2, 3. Aufl. 2013 (Vorauflage), § 119; *Jacoby,* in: Jaeger, Insolvenzordnung, 2014, §§ 104, 119; Jaeger, Insolvenzordnung, 2014; *Jahn,* in: *Schimansky/Bunte/Lwowski* (Hrsg.), Bankrechts-Handbuch, 4. Aufl. 2011 (Vorauflage), § 114 (Außerbörsliche Finanztermingeschäfte (OTC-Derivate)); *ders./Fried,* in: Münchener Kommentar zur InsO. Band 2, 3. Aufl. 2013 (Vorauflage), § 104; *ders./Reiner,* in: *Schimansky/Bunte/Lwowski* (Hrsg.), Bankrechts-Handbuch, 5. Aufl. 2017, § 114 (Außerbörsliche Finanztermingeschäfte (OTC-Derivate)); *ders./Schmitt/Geier* (Hrsg.), Handbuch Bankensanierung und -abwicklung, 2016; *Jauernig,* Bürgerliches Gesetzbuch: BGB, 17. Auflage 2018; *Kayser,* in: Münchener Kommentar zur InsO. Band 2, 3. Aufl. 2013 (Vorauflage), § 129; *Keller,* Umsetzung der Richtlinie zu Finanzsicherheiten – BMJ-Entwurf eines Gesetzes zur Änderung der InsO und anderer Gesetze, BKR 2003, 481; *ders.* EG-Richtlinie 98/26, WM 2000, 1269; *Köhling,* in: *Jahn/Schmitt/Geier* (Hrsg.), Handbuch Bankensanierung und -abwicklung, 2016; *Kopp,* Der Zinsswap – Ein deutsch-US-amerikanischer Rechtsvergleich, 1995; *Kübler/Prütting/Bork* (Hrsg.), Kommentar zur Insolvenzordnung, Bände II/IV, Stand: November 2018; *Kroth,* in: *Braun* (Hrsg.), Kommentar zur Insolvenzordnung, 7. Aufl. 2017; *Kunz,* Ausgewählte Rechtsprobleme des Zentralen Kontrahenten: Unter besonderer Berücksichtigung des Clearing-Systems an der Frankfurter Wertpapierbörse, 2008; *Lehmann/Flöther/Gurlit,* Die Wirksamkeit von Close-out-netting-Klauseln in Finanzderivaten nach § 104 InsO n.F., WM 2017, 597; *Leonhardt/Smid/Zeuner* (Hrsg.), Insolvenzordnung (InsO), 3. Aufl. 2010 (Vorauflage); *Lindemann,* in: *Boos/Fischer/Schulte-Mattler* (Hrsg.), Kommentar zum Kreditwesengesetz, 5. Aufl. 2016, § 46; *Lüer,* in: *Uhlenbruck* (Hrsg.), Insolvenzordnung, 14. Aufl. 2015 (Vorauflage), § 104; *Marotzke,* in: *Kayser/Thole* (Hrsg.), Heidelberger Kommentar zur Insolvenzordnung, 8. Aufl. 2016 (Vorauflage), § 104; *K. Schmidt* (Hrsg.), Insolvenzordnung, 19. Aufl. 2016; Münchener Kommentar zum BGB, 7. Auflage 2016; Münchener Kommentar zur InsO. Band 2, 3. Aufl. 2013 (Vorauflage); Münchener Kommentar zur InsO. Band 4, 3. Aufl. 2016; Münchener Vertragshandbuch, Band 3.2, 4. Auflage 1997 (Vorauflage); Münchener Vertragshandbuch, Band 4, 8. Auflage 2018; *Neumeuer,* Die Auswirkungen von Insolvenzen auf Swapverträge, Diss. Konstanz 1997; *Obermüller,* Insolvenzrecht in der Bankpraxis, 9. Aufl. 2016; *ders.*, Anglerlatein oder: Der Widerstand gegen die Umsetzung der Finanzsicherheitenrichtlinie, ZIP 2003, 2336; *ders./Hartenfels,* Finanzsicherheiten, BKR 2004, 440; *ders./Hess,* InsO: Eine systematische Darstellung des neuen Insolvenzrechts, 4. Aufl. 2003; *Oberwald,* in: *Gottwald* (Hrsg.), InsO-HdB, 5. Aufl. 2015; Palandt, Bürgerliches Gesetzbuch, 77. Aufl. 2018; *Parker/McGarry,* The ISDA Master Agreement and CSA: close-out weaknesses exposed in the banking crisis and suggestions for change, JIBFL 2009 (Januar), 16; *Paulus,* in: *Kübler/Prütting/Bork* (Hrsg.), Kommentar zur Insolvenzordnung, Band IV, Stand: November 2018, § 340; *Rattunde/Smid/Zeuner* (Hrsg.), Kommentar zur Insolvenzordnung, Band 1, 4. Aufl. 2018; *Reiner,* ISDA Master Agreement, Kommentar, 2013; *ders.*, Münchener Vertragshandbuch, Band 4/3, Kap VI.7, OTC-Derivate nach dem 1992 ISDA Master Agreement (Multicurrency-Cross Border), 6. Aufl. 2007 (Vorauflage); *Reinhart,* in: Münchener Kommentar zur InsO.

Band 4, 3. Aufl. 2016, EuInsVO; *Ringstmeier*, in: *K. Schmidt* (Hrsg.), Insolvenzordnung, 19. Aufl. 2016, §§ 103 f.; *Riewe*, Die EFET-Rahmenverträge für den Handel mit Strom und Erdgas, Diss. Berlin 2015; *Ruzik*, Finanzmarktintegration durch Insolvenzrechtsharmonisierung, Diss. Halle 2010; *von Sachsen-Altenburg*, in: *Zerey* (Hrsg.), Finanzderivate – Rechtshandbuch, 4. Aufl. 2016, § 7 (Die ISDA Master Dokumentation); *Schimansky/Bunte/Lwowski* (Hrsg.), Bankrechts-Handbuch, 4. Auflage 2011 (Vorauflage); *dies.* (Hrsg.), Bankrechts-Handbuch, 5. Aufl. 2017; *Schöne* (Hrsg.), Vertragshandbuch Stromwirtschaft, 2. Aufl. 2014; *Schwintowski/Scholz/Schuler* (Hrsg.), Handbuch Energiehandel, 4. Aufl. 2018; *Sinz*, in: *Uhlenbruck* (Hrsg.), Insolvenzordnung, 14. Aufl. 2015 (Vorauflage), § 119; *Storck*, in: *Zerey* (Hrsg.), Finanzderivate – Rechtshandbuch, 4. Aufl. 2016, § 14 (Wertpapierdarlehen), § 15 (Wertpapierpensionsgeschäfte); *Stuhlmacher/Draxler/Littbarski/Sessel-Zsebik*, in: *Schöne* (Hrsg.), Vertragshandbuch Stromwirtschaft, 2. Aufl. 2014; *Thole*, in: Münchener Kommentar zur InsO. Band 4, 3. Aufl. 2016, EuInsVO; *Uhlenbruck* (Hrsg.), Kommentar zur Insolvenzordnung, 14. Aufl. 2015 (Vorauflage); *ders.* (Hrsg.), Kommentar zur Insolvenzordnung, 15. Aufl. 2019; *Wegener*, in: Frankfurter Kommentar zur Insolvenzordnung, 8. Aufl. 2015 (Vorauflage), § 104; *Wegener*, in: Frankfurter Kommentar zur Insolvenzordnung, 9. Aufl. 2018, § 119; *Wenner/Schuster*, in: Frankfurter Kommentar zur Insolvenzordnung, 9. Aufl. 2018, § 340; *von Wilmowsky*, in: *Kübler/Prütting/Bork* (Hrsg.), Kommentar zur Insolvenzordnung, Band II, Stand: November 2018, § 104; *Zerey* (Hrsg.), Finanzderivate – Rechtshandbuch, 4. Aufl. 2016; *Zeuner*, in: *Leonhardt/Smid/ders.* (Hrsg.), Insolvenzordnung (InsO), 3. Auflage 2010 (Vorauflage), § 104; *ders.*, in: *Rattunde/Smid/ders.* (Hrsg.), Insolvenzordnung (InsO), Band 1, 4. Aufl. 2018, § 104; *Zimmer/Fuchs*, Die Bank in Krise und Insolvenz, ZGR 2010, 597; *Zobl/Werlen*, 1992 ISDA Master Agreement unter besonderer Berücksichtigung der Swapgeschäfte, 1995; *Zypries*, Bundesregierung setzt EU-Finanzsicherheitenrichtlinie kapitalmarkttauglich um, ZIP 2004, 51.

Übersicht

I. Entstehungsgeschichte und rechtspolitische Diskussion

1 **1. Bedeutung der Entstehungsgeschichte.** Die Behandlung von Warenfixgeschäften und von Finanzleistungen in der Insolvenz spielt seit jeher eine besondere Rolle. § 104 in seiner heutigen Fassung kann auf eine über 160-jährige Geschichte zurückblicken. Der Gesetzgeber entschloss sich schon früh dazu, bestimmte Geschäfte dann nicht dem üblichen Wahlrecht des Konkurs- bzw. Insolvenzverwalters zu unterstellen, wenn diese einen Marktpreis hatten. Das Verwalterwahlrecht würde der solventen Partei die Hände binden. Sie könnte während der Wartezeit keine Ersatzgeschäfte abschließen, da sie sonst Gefahr liefe, bei der Wahl einer Erfüllung der existierenden Geschäfte durch den Verwalter das Geschäftsvolumen zu verdoppeln. Der solventen Partei würden somit aufgrund der Insolvenz des Vertragspartners die Risiken schwankender Marktpreise aufgebürdet. Die Lösung des historischen Gesetzgebers für dieses Problem war, solche Geschäfte mit Konkurs- bzw. Insolvenzeröffnung zu beenden und einen aktuellen Marktwert zu berechnen, der jeweils der Partei zustehen sollte, die durch die Nichterfüllung einen Nachteil erlitten hatte. Dieser Nachteil wurde berechnet, indem man den vereinbarten Preis mit dem aktuellen Marktpreis verglich.

2 Dieser gesetzgeberische Ansatz des Wahlrechtsausschlusses war ein Kompromiss, der ebenfalls seit über 160 Jahren diskutiert wird, da er den betreffenden Geschäften eine Sonderstellung einräumt und insoweit den Handlungsspielraum des Verwalters einschränkt. Ob die Beendigung und marktwertbasierte Bewertung für die insolvente Partei am Ende ein Vor- oder Nachteil ist, lässt sich erst im Nachhinein sagen. Eine Beendigung und Bewertung zu Marktpreisen kann, je nach Preisentwicklung, entweder der solventen oder der insolventen Partei zugutekommen.

Wenn man sich mit § 104 und der rechtspolitischen Diskussion im Zusammenhang mit seiner Neugestaltung befasst,[1] ist auch ein gleichzeitiger Blick auf die Entstehungsgeschichte der Regelungen für das Verständnis der Interessenlage und der gesetzgeberischen Lösungen hilfreich. Vieles, was bei der Novelle auf den ersten Blick als Ergebnis von Sachzwängen anmuten mag, entpuppt sich so nach einem Blick auf die Vorgeschichte der Norm als Fortführung bereits vor langer Zeit angelegter Prinzipien. 3

Die Art und Vielfalt der Waren mit einem Markt- oder Börsenpreis hat sich im Laufe der Zeit stark fortentwickelt und geht weit über die im Jahr 1855 noch als Beispiele genannten Produkte „Getreide, Wolle und Spiritus" hinaus. Auch aus dem damals noch im Gesetz genannten Terminhandel mit „geldwerthen Papieren" ist längst ein äußerst vielgestaltiger und komplexer internationaler Derivatemarkt geworden. Zudem wurde die jeweilige Norm im Laufe der Zeit durch Regelungen ergänzt, die sich mit der Zusammenfassung von Geschäften in Rahmenverträgen befassen. Das Grundprinzip und die gesetzgeberische Entscheidung, der solventen Partei die Möglichkeit der Steuerung von Marktpreisrisiken zu geben, wurden jedoch beibehalten und ziehen sich wie ein roter Faden durch die lange Vorgeschichte von § 104. 4

2. Regelung in der Preußischen Kommunalordnung (PrKO) von 1855. Bereits die Preußische Kommunalordnung von 1855 enthielt mit ihrem § 17 eine Vorgängervorschrift zu § 104, die wie folgt lautete:[2] *„Wenn von dem Gemeinschuldner Kauf- oder Lieferungsgeschäfte über fungible Sachen, welche einen marktgängigen Preis haben, oder über geldwerthe Papiere dergestalt geschlossen worden sind, daß sie erst nach der Konkurseröffnung zur Erfüllung kommen sollen, so kann weder von der Gläubigerschaft, noch von dem Mitkontrahenten des Gemeinschuldners Erfüllung gefordert werden, sondern es findet aus dem Geschäft nur ein Anspruch auf Entschädigung statt. Dieser Anspruch bestimmt sich nach der Differenz, welche an dem kontraktlichen Erfüllungstage zwischen dem Kontraktpreise und dem Marktpreise oder dem Börsenkurse sich ergiebt."*[3] 5

Für die genannten Geschäftstypen schloss die Vorschrift damit im Insolvenzfall das Wahlrecht der Gläubigerschaft aus § 16 PrKO aus. Hintergrund für die Einführung dieser Vorschrift war die gesetzgeberische Überlegung, dass das Wahlrecht der Gläubigerschaft bei bestimmten Verträgen die solvente Partei mit Risiken belastetet hätte, vor denen sich diese im Vorhinein nicht wirksam hätte schützen können:[4] *„Diese Bestimmung des Entwurfs [§ 17 PrKO,* Anm. d. Verf.*] ist singulär, jedoch durch das Bedürfnis geboten. Dieselbe betrifft die im Handelsverkehr so häufig vorkommenden Zeitkäufe und Lieferungsgeschäfte. Wollte man diese Geschäfte lediglich unter die allgemeinen Grundsätze stellen, so würde das Ergebnis sein, daß die Gläubigerschaft zwar befugt, aber nicht verpflichtet ist, sie zu erfüllen, während dem Mitkontrahenten eine gleiche Wahl nicht zusteht. Die Folge einer solchen Ungleichheit der Rechte würde sein, daß der Mitkontrahent des Gemeinschuldners längere Zeit darüber in Ungewißheit bleibt, ob das Geschäft zur Ausführung kommen wird oder nicht. […] Verluste sind hierbei in der Regel unvermeidlich. Dergleichen Übelstände, welche auf den Handelsverkehr lähmend wirken, sind möglichst zu verhüten."*[5] 6

Diese Privilegierung der Termingeschäfte stieß jedoch bereits in der damaligen gesetzgeberischen Diskussion auf Bedenken. Ein von Kritikern eingebrachter Gegenentwurf, wonach die betreffenden Geschäfte im Insolvenzfall schlicht als aufgehoben gelten sollten, konnte sich allerdings letztendlich nicht durchsetzen, *„weil man nicht bloß an die Börsen-Spekulationen und Zeitkäufe von geldwerthen Papieren, sondern auch an die vielen anderen Verträge denken muß, die sehr häufig dahin getroffen* 7

---

[1] Vgl. hierzu Graf-Schlicker/*Bornemann* S. 195 ff. Die politische Debatte und die Positionen der Parteien zur Reform von § 104 gibt das Plenarprotokoll 18/206 vom 1. Dezember 2016 wieder (Stenografischer Bericht zur 206. Plenarsitzung des Deutschen Bundestages am 1. Dezember 2016. Tagesordnungspunkt 23: Zweite und dritte Beratung des von der Bundesregierung eingebrachten Entwurfs eines Dritten Gesetzes zur Änderung der Insolvenzordnung. Drucksachen 18/9983, 18/10263, 18/10444 Nr. 1.4, 18/10470, S. 20629 ff.). Die Vielzahl der Stellungnahmen von Verbänden und Unternehmen aus den verschiedensten Branchen zeugt von dem großen Interesse an diesem Thema und gibt einen guten Überblick über das breite Spektrum der Positionen, die man zur Behandlung von Fixgeschäften und Finanzleistungen in der Insolvenz einnehmen kann (abrufbar unter: https://www.bmjv.de/SharedDocs/Gesetzgebungsverfahren/DE/Drittes_Gesetz_zur_Aenderung_der_Insolvenzordnung.html).

[2] Zur rechtshistorischen und -politischen Bedeutung von Art. 17 PrKO FKInsO/*Bornemann* § 104 Rn. 23 ff.; Graf-Schlicker/*Bornemann* S. 195 ff.

[3] *Goltdammer* S. 102.

[4] Vgl. hierzu auch FKInsO/*Bornemann* § 104 Rn. 23.

[5] *Goltdammer* S. 103 [Motive zu § 17 PrKO]; und weiter: *„Sicherheit über die Rechtsbeständigkeit der abgeschlossenen Geschäfte ist vorzugsweise für den Handel ein Bedürfnis; diese Sicherheit ist selbst dann von Werth, wenn sie auch nur durch die baldige Gewißheit, dass das Geschäft n i c h t zur Ausführung kommt, erlangt wird, denn die Verluste, welche hieraus etwa erwachsen, können alsdann durch die für anderweite Operationen erlangte Freiheit leicht wieder ersetzt werden."*.

werden, dass z. B. Getreide, Wolle, Spiritus, oder andere Produkte eines Fabrikanten oder Landbauers erst nach längerer Zeit abgeliefert werden sollen: Verträge, die gewiß nicht nachtheiliger zu behandeln sind, als sehr viele andere […]."[6]

8 Andererseits gab es aber auch Stimmen, welche die solvente Partei noch stärker privilegieren und nur dieser, nicht aber der Masse, einen Entschädigungsanspruch wegen der Vertragsbeendigung zusprechen wollten: „*Im gewöhnlichen Verkehr hat er [der solvente Vertragspartner,* Anm. d. Verf.*] das Recht zu sagen: wenn du mich zur Erfüllung zwingen willst, so mußt du gleichzeitig selbst erfüllen, und gerade dieser Trost wird ihm sonst auch im Konkurs seines Mitkontrahenten bei allen zweiseitigen Geschäften erhalten, warum soll man nun bei dieser einzigen Geschäftsfigur, zuwider dem allgemeinen Recht, ihm diesen seinen einzigen Trost nehmen, und ihn noch zwingen, wozu der Gemeinschuldner nie das Recht hätte, nämlich der Masse die Hände unter die Füße zu legen und die Differenz zu zahlen, damit sie ihren Gewinn mit mehr Bequemlichkeit realisieren könne?*"[7] Auch dieser Antrag wurde abgelehnt. Bereits § 17 PrKO stellte damit eine Abwägung zwischen dem Interesse der solventen Partei, sich vor Marktrisiken zu schützen, und den Gläubigerinteressen dar.

9 **3. Regelung in der Reichskonkursordnung (KO) von 1877.** § 16 KO enthielt für Fixgeschäfte eine an § 17 PrKO angelehnte Ausnahme vom Wahlrecht des Konkursverwalters gemäß § 15 KO.[8] Allerdings fanden die „geldwerthen Papiere" hier keine Erwähnung, da sie inzwischen als „Waren" angesehen wurden. Der bisherige Anspruch auf „Entschädigung" wurde nunmehr als „Forderung wegen Nichterfüllung" bezeichnet.[9]

10 Eine entscheidende Änderung im Verhältnis zu der preußischen Regelung bestand darin, dass von nun an nicht mehr der Markt- oder Börsenkurs am vereinbarten Erfüllungstag, sondern derjenige am zweiten Tag nach der Verfahrenseröffnung als Vergleichsgröße maßgeblich sein sollte. Den zweiten Tag nach der Verfahrenseröffnung wählte der Gesetzgeber deshalb als den entscheidenden Zeitpunkt, weil eine Neueindeckung am Tag der Verfahrenseröffnung oft nicht möglich war.[10]

11 **4. Regelung in der Reichskonkursordnung (KO) von 1898.** Die Konkursordnung von 1898 übernahm die Regelung des § 16 KO (1877) wortgleich in ihren § 18. Sie hatte in den alten Bundesländern bis zum 1.8.1994 Bestand. In den neuen Bundesländern galt vor diesem Zeitpunkt die Gesamtvollstreckungsordnung von 1990, auf die hier nicht näher eingegangen werden soll.

12 Nach der Rechtsprechung des Bundesgerichtshofs wurden gegenseitige Verträge, die im Zeitpunkt der Konkurseröffnung von keiner Partei vollständig erfüllt waren, durch die Konkurseröffnung beendet.[11] Die solvente Partei hatte einen Schadensersatzanspruch als Konkursforderung, wenn die Beendigung für sie nachteilig war. War der Vertrag für die insolvente Partei vorteilhaft und wählte der Konkursverwalter gemäß § 17 KO Erfüllung, so lebte der Vertrag (mit rückwirkender Kraft) wieder auf.

13 Eine Sonderregelung bildete § 18 KO (§ 16 KO (1877)). Die entsprechenden Nichterfüllungsforderungen waren – bei Forderungen in anderer Währung nach Umrechnung – in DM ausgedrückt und konnten nach § 53 KO in Verbindung mit §§ 387 ff. BGB gegeneinander aufgerechnet werden. § 18 KO setzte im Einzelnen voraus, dass (i) die Lieferung von Waren vereinbart war, (ii) die Waren einen Markt- oder Börsenpreis hatten, und dass (iii) das Geschäft genau zu einer festbestimmten Zeit oder binnen einer festbestimmten Frist (Fixgeschäft im Sinne von § 361 BGB aF, § 376 HGB) zu erfüllen war.

14 Nach hM wurden Wertpapiere, bei denen das Recht aus dem Papier dem Recht am Papier folgt, sowie Devisen[12] als „Waren" im Sinne des § 18 KO angesehen. Der Begriff „Markt- oder Börsenpreis" wurde weit ausgelegt, sodass auch außerbörsliche Geschäfte unter bestimmten Voraussetzungen unter § 18 KO fallen konnten.[13]

15 Als von § 18 KO erfasst wurden angesehen: Warentermingeschäfte, Termingeschäfte über die Lieferung von Wertpapieren, Devisenswaps (eine Kombination von Kassa- und Termingeschäft, bei dem in den Terminpreis der Auf- oder Abschlag für die betreffende Währung eingerechnet ist) sowie Währungsswaps und sog. kombinierte Zins- und Währungsswaps.

---

6 *Goltdammer* S. 104 [Kommissionsbericht der zweiten Kammer].
7 *Goltdammer* S. 104.
8 Vgl. FKInsO/*Bornemann* § 104 Rn. 24.
9 FKInsO/*Bornemann* § 104 Rn. 24.
10 Vgl. FKInsO/*Bornemann* § 104 Rn. 24.
11 BGHZ 116, 156, 158 = NJW 1992, 507, 508; vgl. auch *Bosch* WM 1995, 414; die Erlöschenstheorie hat der BGH im Jahr 2002 aufgeben (BGHZ 150, 353 = NJW 2002, 2783).
12 Vgl. *Erne* S. 110.
13 Vgl. *Erne* S. 110.

Streitig war, ob Währungsswaps bei Einbeziehung in standardisierte Rahmenverträge wegen der dort üblichen Kündigungsklauseln mit Nachfrist[14] ihren Fixgeschäftcharakter verloren.[15] Zinssatzswaps, Optionsgeschäfte und andere Finanztermingeschäfte fielen unstreitig nicht unter § 18 KO. Auf sie war § 17 KO und damit das Wahlrecht des Verwalters für zweiseitige Verträge anzuwenden. 16

In der Praxis verwenden die Parteien seit Ende der 1980er Jahre überwiegend sog. Rahmenverträge, die eine Zusammenfassung der einzelnen Geschäfte mit den Bestimmungen des Rahmenvertrags zu einem einheitlichen Vertrag oder einheitlichen Schuldverhältnis vorsehen.[16] Es war streitig, ob eine derartige Vertragskonstruktion das Wahlrecht des Konkursverwalters dahingehend beschränkte, dass dieser die Erfüllung des Vertrages nur im Ganzen verlangen oder ablehnen könnte. Bei Anerkennung der Zusammenfassung der Einzelgeschäfte zu einem einzigen Vertrag wäre die Wahl der Erfüllung in Bezug auf einzelne Geschäfte bei gleichzeitiger Ablehnung der Erfüllung anderer Geschäfte nicht mehr möglich gewesen.[17] 17

Um der obigen Streitfrage auszuweichen, hatte die Kautelarpraxis[18] eine Bestimmung in den Rahmenvertrag aufgenommen, nach der bei Eintritt der Insolvenz, dh noch vor der Eröffnung des gerichtlichen Verfahrens der gesamte Vertrag ohne Kündigung („automatisch") beendet wurde.[19] Das *1992 ISDA Master Agreement* sah eine entsprechende Wahlmöglichkeit im Anhang (*Schedule*) vor. Die Beendigung wurde auf einen Zeitpunkt vor Eröffnung des Konkurses, spätestens jedoch auf den der Stellung des Antrags auf Eröffnung des Konkursverfahrens, verlegt.[20] 18

Ein Teil der Literatur sah diese Klauseln als Umgehung der Regelung des § 17 KO an.[21] In dem Fehlen einer klaren gesetzlichen Regelung und der deshalb bestehenden Rechtsunsicherheit lag ein Wettbewerbsnachteil deutscher Marktteilnehmer gegenüber ausländischen Konkurrenten, insbesondere aus den USA[22] und Großbritannien.[23] 19

Darüber hinaus war im Hinblick auf den BIZ-Vorschlag zur aufsichtlichen Anerkennung des Liquidationsnettings[24] ersichtlich, dass nach Inkrafttreten der entsprechenden EU-Netting-Richtlinie[25] eine Gesetzesänderung nötig war, um die von den Bankenaufsichtsbehörden geforderte Rechtsklarheit in Bezug auf das Liquidationsnetting[26] herbeizuführen. Eine solche Regelung wurde als § 104 aF in den Text der InsO eingefügt. Sie hätte aber grundsätzlich erst am 1.1.1999 zusammen mit den anderen Bestimmungen der InsO in Kraft treten können. 20

Bundestag und Bundesrat beschlossen daher, die Regelungen der Absätze 2 und 3 des § 104 schon vorher in Kraft zu setzen. Hierzu wurde Art. 105 in das EGInsO eingefügt. Da unsicher war, ob die Insolvenzrechtsreform vor der Bundestagswahl verabschiedet werden würde, schuf der Gesetzgeber mit Art. 15 des Zweiten Finanzmarktförderungsgesetzes eine mit Art. 105 EGInsO 21

---

14 Der 1993 von den deutschen Bankenverbänden veröffentlichte Rahmenvertrag für Finanztermingeschäfte (auch Deutscher Rahmenvertrag für Finanztermingeschäfte bzw. DRV 1993) bestimmt in Nr. 7 Abs. 1 Satz 2, dass im Falle der Nichtzahlung bei Fälligkeit ein wichtiger Grund nur vorliege, wenn der verpflichteten Partei das Nichteingehen der Zahlung schriftlich mitgeteilt worden sei und fünf Bankarbeitstage vergangen seien, ohne dass die Zahlung nachgeholt worden sei. Gleiches gilt für den DRV 2001, der geringfügige Änderungen wegen der Einführung des Euro enthielt. In der im September 2018 aktualisierten Fassung des DRV (DRV 2018) wurde diese Nachfrist auf drei Bankarbeitstage reduziert. Das *1992* bzw. *2002 ISDA Master Agreement* enthält in Section 5(a)(i) eine ähnliche Regelung, wobei die Nachfrist hier drei bzw. einen Bankarbeitstag beträgt.

15 So die hM, *Decker* WM 1990, 1008; *Erne* S. 52; aA *Ebenroth/Messer* ZVglRWiss. 1988, 7 – die indes nicht auf die Kautelarpraxis eingehen –, *Feier* ZIP 1990, 685; *Kopp* S. 133; *Zobl/Werlen* S. 22.

16 So ausdrücklich Nr. 1(2) Satz 2 DRV 2001 und DRV 2018; Section 1(c) des *1992 ISDA Master Agreement* und des *2002 ISDA Master Agreement*; zum Einheitsvertrag vgl. *Decker* WM 1990, 1009; *Häusler* S. 310 ff.; Zerey/*Fried* § 16 Rn. 9 ff.

17 So *Decker* WM 1990, 1010; *Feier* ZIP 1990, 684; *Erne* S. 124 ff.; aA insbesondere *Ebenroth/Messer* ZVglRWiss. 1988, 25.

18 Nr. 7(2) des Rahmenvertrags für SWAP-Geschäfte (1990), und des Deutschen Rahmenvertrags für Finanztermingeschäfte (DRV) (1993).

19 SBL/*Jahn/Reiner* § 114 Rn. 62.

20 Vgl. *Firth* Rn. 11.106 ff. und *Reiner*, ISDA Master Agreement, § 6 Rn. 25 ff.

21 So *Berger* ZIP 1994, 182 ff.; *Ebenroth/Messer* ZVglRWiss. 1988, 24; aA *Decker* WM 1990, 1013 f. unter Berufung auf BGHZ 96, 34 = NJW 1986, 255; *Erne* S. 114 ff.

22 Vgl. den Bericht des Rechtsausschusses des BTags mit Hinweis auf US-Konkursrechts-Änderungen, BT-Drs. 12/7302 S. 168 und *Neumeuer* S. 234 ff.

23 Vgl. *Neumeuer* S. 236 ff.

24 Vgl. SBL/*Jahn* § 114 Rn. 147 (Vorauflage).

25 Vgl. SBL/*Jahn* § 114 Rn. 148 (Vorauflage).

26 Zum Begriff und allgemein zum Netting: *Bosch* WM 1995, 365 ff.; *Bosch* WM 1995, 413 ff.; → Rn. 212.

wortgleiche Regelung. Diese Bestimmung trat dann bereits am 1.8.1994, Art. 105 EGInsO am 19.10.1994 in Kraft.[27] Im Folgenden wird ausschließlich auf Art. 105 EGInsO Bezug genommen.

22 **5. Regelung in der Übergangszeit (1.8.1994 bis 31.12.1998).** Vor dem 1.1.1999 galt § 119 noch nicht, sodass sein Wortlaut nicht als Argument für die Notwendigkeit bestimmter zeitlich der Konkurseröffnung vorgehender Beendigungsklauseln (zB automatische Beendigung) angeführt werden konnte. §§ 17, 18 KO galten fort, wurden aber durch Art. 105 EGInsO ergänzt. Art. 105 EGInsO war eine Spezialnorm zu § 18 KO, der seinerseits eine Ausnahmeregelung zu § 17 KO darstellte.

23 **6. Regelung in der Insolvenzordnung aF ab 1.1.1999.** § 103 ersetzte § 17 KO, § 104 aF ersetzte § 18 KO und Art. 105 EGInsO. Zusätzlich galt § 119. § 104 Abs. 1 aF entsprach im Wesentlichen § 18 Abs. 1 KO, seine Absätze 2 und 3 waren identisch mit Art. 105 Abs. 1 und 2 EGInsO.

24 Der Wortlaut des § 104 Abs. 2 Satz 1 aF entsprach weitgehend der Formulierung zu Warenfixgeschäften in § 18 Abs. 1 KO, erfasste jedoch statt Warenfixgeschäften alle Geschäfte, die unter den neugeschaffenen Begriff „Finanzleistungen" fielen. Finanzleistungen wurden beispielhaft, aber nicht abschließend in Satz 2 definiert. Anders als in Abs. 1 wurde auf das Merkmal des Fixgeschäfts verzichtet. Für Finanzleistungen im Sinne des Abs. 2 musste lediglich eine bestimmte Zeit oder eine bestimmte Frist vereinbart worden sein.

25 § 104 Abs. 2 Satz 3 aF erkannte die Zusammenfassung von Geschäften über Finanzleistungen in einem Rahmenvertrag dergestalt an, dass sie als Bestandteile eines einzigen gegenseitigen Vertrags im Sinne der §§ 103, 104 aF galten (fingierte Vertragseinheit). Aus der Entstehungsgeschichte des § 104 aF wurde gefolgert, dass auf Grund dieser Regelung Finanzleistungen, die in einen Rahmenvertrag einbezogen worden waren, aus diesem nicht ausschieden, wenn sie einseitig erfüllt waren.[28]

26 Die Zusammenfassung der Geschäfte über Finanzleistungen unter einem Rahmenvertrag wurde – und wird – in der Vertragspraxis als einheitlicher Vertrag (ISDA: „*single agreement*") bezeichnet. Das Gesetz ließ die Qualifikation dieser Rechtsbeziehung offen und sprach nur von einer „Gesamtheit dieser Geschäfte", die als „ein gegenseitiger Vertrag im Sinne der §§ 103, 104" aF galt. Damit war klargestellt, dass der Insolvenzverwalter kein Wahlrecht nach § 103 aF hinsichtlich einzelner Finanzleistungsgeschäfte ausüben konnte, sondern allenfalls in Bezug auf die Gesamtheit der Geschäfte.

27 § 104 Abs. 3 aF regelte die Höhe der Ausgleichsforderung, die auf Grund der gesetzlichen Beendigung der Geschäfte entstand. Sie bemaß sich in Euro. Die Vorschrift orientierte sich an der Regelung des § 18 Abs. 2 KO.

28 **7. Regelung ab 6.4.2004 (Ergänzungen durch die Finanzsicherheitenrichtlinie).** Im Zusammenhang mit dem Inkrafttreten des Gesetzes zur Umsetzung der Richtlinie 2002/47/EG des Europäischen Parlaments und des Rates vom 6.6.2002 über Finanzsicherheiten und zur Änderung des Hypothekenbankgesetzes und anderer Gesetze vom 5.4.2004[29] wurde § 104 aF bereinigt und ergänzt.

29 In der Überschrift wurde der Begriff „Finanztermingeschäfte" durch „Finanzleistungen" ersetzt. Damit entfiel der Gegensatz zwischen Kassa- und Termingeschäften. Kassageschäfte, die gewöhnlich mit einer Frist von zwei oder weniger[30] Geschäftstagen erfüllt wurden, konnten daher ebenfalls Finanzleistungen im Sinne des § 104 aF sein.[31] Zugleich sollten beispielsweise für einen anfänglich unbestimmten Zeitraum geschlossene Wertpapierdarlehensgeschäfte dann der damals neuen, weiter gefassten Regelung des § 104 Abs. 2 aF unterfallen, wenn für sie (evtl. neben einem jederzeitigen Kündigungsrecht) jedenfalls ein Endtermin vereinbart war.[32] Wertpapierdarlehen mit fester Laufzeit und Wertpapierpensionsgeschäfte mit fester Laufzeit konnten so wegen des Termincharakters als „Finanzleistungen" qualifiziert werden.

30 § 104 Abs. 2 aF wurde um eine Nr. 6 erweitert, um Finanzsicherheiten im Sinne des § 1 Abs. 17 des Kreditwesengesetzes insolvenzfest in das Liquidationsnetting einzubeziehen. Dies wurde durch

---

27 Zur Entstehungsgeschichte *Bosch* WM 1995, 374 f.

28 Wie zB Optionen mit Barausgleich nach Zahlung der Optionsprämie, *Bosch,* Kölner Schrift, S. 1021 Rn. 47.

29 BGBl. I 2004, S. 502.

30 Im Kassahandel mit ausländischen Wertpapieren kann die Frist gelegentlich auch mehr als zwei Tage betragen.

31 So die Begründung zum Gesetzentwurf der Bundesregierung zu Nr. 4, RegE BT-Drs. 15/1853, S. 14; → Rn. 116; vgl. auch *Ehricke* ZIP 2003, 276; Rattunde/Smid/*Zeuner* § 104 Rn. 10.

32 Vgl. die Begründung aaO S. 15; eine solche Regelung (auch „*End-Stop-Date*") findet sich beispielsweise in Nr. 7 Abs. 2 der Rahmenvertrags für Wertpapierdarlehen („*Ein auf unbestimmte Zeit abgeschlossenes Darlehen endet spätestens ein Jahr nach dem Valutierungstag.*") oder in Nr. 2 Abs. 4 des Produktanhangs für Wertpapierdarlehen, (Ausgabe Januar 2001) zum *European Master Agreement* (EMA).

die Gleichstellung der Leistung von Finanzsicherheiten mit dem Abschluss von Geschäften über Finanzleistungen im Sinne der Nrn. 1 bis 5 erreicht.[33]

Die Ergänzung von § 104 Abs. 2 aF durch die Nr. 6 setzt Art. 7 der Richtlinie 2002/47/EG des Europäischen Parlaments und des Rates vom 6. Juni 2002 über Finanzsicherheiten[34] um. Nr. 6 gilt auch im Verhältnis zu Beteiligten aus Nicht-EU-Staaten. 31

Die Gesamtbeendigungsklausel in Abs. 2 Satz 3 wurde an Regelungen in anderen Jurisdiktionen angepasst. Die Vorgängervorschrift setzte voraus, dass die Parteien vereinbart hatten, dass die Gesamtheit der Geschäfte im Falle von *Vertragsverletzungen* nur einheitlich beendet werden konnte. Damit hatte der deutsche Gesetzgeber strengere Anforderungen an die Vertragsgestaltung gestellt, als die Richtlinie 96/10/EG des Europäischen Parlaments und des Rates vom 21. März 1996 zur Änderung der Richtlinie 89/647/EWG im Hinblick auf die aufsichtliche Anerkennung von Schuldumwandlungsverträgen und Aufrechnungsvereinbarungen („vertragliches Netting“),[35] die sog. EU-Netting-Richtlinie. Die Neuregelung verlangte nur noch, dass der Vertrag bei *Vorliegen eines Insolvenzgrundes* nach der Vereinbarung der Parteien nur einheitlich beendet werden konnte. 32

Erheblich geändert wurde auch die Regelung der Ausgleichsberechnung im Falle des Liquidationsnettings nach Abs. 3. Mit Blick auf internationale Gepflogenheiten und die Entwicklung nationaler und internationaler Verträge erlaubte der Gesetzgeber eine flexible Berechnungsmethode. Die Parteien sollten vereinbaren können, dass Berechnungen innerhalb von fünf Werktagen nach Eröffnung des Insolvenzverfahrens vorgenommen werden konnten, dh ggf. auch am Tag der Eröffnung selbst. Lag keine entsprechende vertragliche Vereinbarung vor, blieb es bei der früheren Zweitagesregelung. 33

8. Regelung ab 10.6.2016. Durch das Gesetz zur Änderung der Insolvenzordnung und Änderung des Gesetzes, betreffend die Einführung der Zivilprozessordnung vom 22.12.2016[36] hat sich die Rechtslage rückwirkend zum 10.6.2016 geändert. § 104 wurde umfassend neugestaltet. Daher stellt sich die Frage, in welchem Umfang die Diskussionen und Argumente in der Literatur zu § 104 aF noch anwendbar sind. Dies hängt sicherlich von der konkreten Frage ab und erfordert einen Vergleich der alten und der neuen Fassung. Die zuvor zur Wirksamkeit vertraglicher Nettingvereinbarungen geführte Diskussion dürfte beispielsweise nur noch in Teilen relevant sein.[37] Da jedoch die Grundstruktur des § 104 und seine Einbindung in die Kette zwingender Normen in §§ 103 ff. im Rahmen der Neufassung beibehalten und Teilaspekte von den Änderungen nicht berührt wurden, sind die Argumente in Literatur und Rechtsprechung zu solchen, eher strukturellen Aspekten nach wie vor gültig oder jedenfalls übertragbar. Trotz der Zahl der Änderungen hat der Gesetzgeber betont, dass dem der Neufassung zugrunde liegenden Gesetzentwurf lediglich eine klarstellende und präzisierende Funktion zukomme.[38] 34

Der Gesetzgeber sah sich zu dieser rückwirkenden „Klarstellung und Präzisierung“ des § 104 aF durch die Rechtsprechung des Bundesgerichtshofs veranlasst. Mit Urteil vom 9.6.2016 (nachfolgend: Netting-Urteil) hatte der IX. Zivilsenat des BGH entschieden, dass wesentliche Teile der Nettingvereinbarung des Deutschen Rahmenvertrags für Finanztermingeschäfte (DRV 2001) im Widerspruch zu zwingenden gesetzlichen Vorgaben in § 104 aF stünden und daher unwirksam seien.[39] 35

---

33 Eine aus sich heraus verständlichere Regelung wäre zwar wünschenswert gewesen, aber schon wegen der notwendigerweise wörtlichen Übernahme von Begriffen aus der Finanzsicherheitenrichtlinie sprachlich erheblich umfangreicher geworden. Dies hätte den erstrebten Zweck wohl wieder vereitelt. Der Besicherungsanhang *(Credit Support Annex)* zum ISDA Rahmenvertrag definiert eine Besicherungsvereinbarung unter einem Anhang ausdrücklich als „Transaktion“ (*Transaction*), für die der Besicherungsanhang die Einzelbestätigung (*Confirmation*) darstelle. Der Besicherungsanhang des Deutschen Rahmenvertrags für Finanztermingeschäfte enthält dagegen keine solche Fiktion.

34 Im Folgenden: „Finanzsicherheitenrichtlinie“; ABl. Nr. L 168 v. 6.6.2002, S. 43, zuletzt geändert im Jahre 2014 durch die Richtlinie 2014/59/EU des Europäischen Parlaments und des Rates vom 15. Mai 2014 (Abl. Nr. L 173, S. 190), → Rn. 140 ff. Die Finanzsicherheitenrichtlinie geht von der Wirksamkeit des Liquidationsnettings aus. Die Netting-Vorschriften der InsO sind nach allgemeinen Grundsätzen europarechtskonform auszulegen. Dies betrifft Streitfragen über die Zulässigkeit und Wirksamkeit dieser Regelungen ebenso wie die Beurteilung entsprechender Vertragsgestaltungen.

35 ABl. Nr. L 85 v. 3.4.1996, S. 17.

36 BGBl. I 2016, S. 3147.

37 Die überwiegende Meinung in der Literatur hatte sich für eine Anerkennung vertraglicher Nettingvereinbarungen im Hinblick auf § 104 Abs. 2 Satz 3 aF ausgesprochen. Vgl. hierzu beispielsweise Graf-Schlicker/*Bornemann* § 104 Rn. 36; Jaeger/*Jacoby* § 104 Rn. 52 ff.; MüKoInsO/*Jahn/Fried* → 3. Aufl., § 104 Rn. 169 ff.; Uhlenbruck/*Lüer* § 104 Rn. 37 ff. (Vorauflage); zurückhaltender beispielsweise Braun/*Kroth,* § 104 Rn. 7.

38 RegE BT-Drs. 18/9983, S. 8.

39 BGHZ 210, 321 = NJW 2016, 2328.

36 Das Netting-Urteil behandelte den Fall der Insolvenz (*Administration*) einer englischen Gesellschaft, die mit zwei deutschen Vertragspartnern jeweils Aktienoptionsgeschäfte unter dem DRV 2001 abgeschlossen hatte. Im Zeitpunkt der Insolvenzeröffnung über das Vermögen der englischen Gesellschaft hatten die bestehenden Geschäfte aus Sicht derselben einen positiven Marktwert (die Gesellschaft war „*in the money*"). Sie beanspruchte daher Zahlung des für sie positiven Marktwertes der Geschäfte nach Nr. 7, 8 und 9 des DRV 2001.[40] Das Berufungsgericht gab diesem Begehren statt.[41]

37 Der BGH erkannte zwar einen Ausgleichsanspruch auf Grundlage des Gesetzes (§ 104 aF), nicht aber auf Grundlage des – aus seiner Sicht – teilweise unwirksamen DRV an. Der BGH konstatierte unzulässige Abweichungen in der Nettingvereinbarung zulasten der Masse. Insbesondere die im DRV 2001, nicht jedoch in § 104 Abs. 3 aF vorgesehene Beschränkung eines von der solventen Partei auszugleichenden finanziellen Vorteils auf den von der insolventen Partei erlittenen Schaden (Nr. 8(2) Satz 1 DRV 2001) sei geeignet, das durch § 104 Abs. 3 aF gewährleistete Niveau des Masseschutzes abzusenken.[42] Zudem mache die Vorschrift des § 104 Abs. 3 aF den Anspruch der Masse wegen Nichterfüllung nicht davon abhängig, ob tatsächlich ein (in gleicher Weise gesichertes) Deckungsgeschäft abgeschlossen werden konnte; vielmehr gebe § 104 aF eine abstrakte Berechnungsmethode vor.[43] Damit solle eine ausgewogene und rechtssichere Bewertung erreicht werden, welche durch die im DRV 2001 vorgesehene konkrete Berechnungsweise nicht gleichermaßen erzielbar sei.[44]

38 Ob die abweichend von § 104 aF bereits für den Fall des Antrags auf Eröffnung des Insolvenzverfahrens getroffene Vereinbarung der auflösenden Bedingung wirksam war, weil sie als solche die in § 104 aF vorgesehenen Rechtsfolgen nicht änderte,[45] ließ der BGH hingegen ausdrücklich offen.[46]

39 Das Netting-Urteil veranlasste den Gesetzgeber, die Regelungen für gesetzliches und vertragliches Netting neu zu fassen. Diese Neuregelung betraf insbesondere § 104.

40 Der Regierungsentwurf lag bereits am 14.9.2016 vor.[47] Weder die Stellungnahme des Bundesrats vom 4.11.2016[48] noch die Beschlussempfehlung und der Bericht des Rechtsausschusses[49] führten zu Änderungen dieses ursprünglichen Regierungsentwurfes. Er wurde am 1.12.2016 nach ausführlicher Plenardebatte (Fn. 1) vom Bundestag beschlossen.

41 Das „Gesetz zur Änderung der Insolvenzordnung und zur Änderung des Gesetzes, betreffend die Einführung der Zivilprozessordnung" vom 22.12.2016 und mit ihm die neue Fassung von § 104 trat am 29.12.2016 in Kraft.[50] Diese Neufassung gilt für Insolvenzverfahren, deren Eröffnung am oder nach dem 29.12.2016 beantragt wurde.[51]

42 Zusammenfassend lässt sich sagen, dass die Novelle die bisherige Systematik beibehält und die Behandlung von Warenfixgeschäften und Finanzleistungen im Insolvenzfall regelt. Auch das Zusammenspiel von § 104 und § 119 wurde beibehalten, was, verglichen mit Netting-Regimen in anderen Ländern nicht dieselbe Rechtssicherheit gewährleistet, da vertragliche Vereinbarungen weiterhin an § 119 zu messen und insoweit einem gewissen Unwirksamkeitsrisiko ausgesetzt sein können.[52] Darüber hinaus hat der Gesetzgeber die Liste der in den Anwendungsbereich der Vorschrift fallenden Finanzleistungen aktualisiert. § 104 Abs. 1 Satz 3 nennt im Wesentlichen die schon

---

40 BGHZ 210, 321, 321 f. = NJW 2016, 2328, 2328 f.

41 OLG Frankfurt a.M., Urteil vom 5.12.2013 – 16 U 183/12, juris.

42 BGHZ 210, 321, 337 = NJW 2016, 2328, 2331.

43 BGHZ 210, 321, 340 = NJW 2016, 2328, 2332.

44 *Hartmann* EWiR 2016, 536.

45 Diese Frage wird in der Literatur größtenteils bejaht, vgl. *Zimmer/Fuchs* ZGR 2010, 633; Zerey/*Fried* § 19 Rn. 22; Jaeger/*Jacoby* § 119 Rn. 41; FKInsO/*Wegener* § 104 Rn. 33 (Vorauflage); KPB/*von Wilmowsky* § 104 Rn. 126 ff.

46 BGHZ 210, 321, 336 = NJW 2016, 2328, 2331.

47 RegE BT-Drs. 18/9983. Bereits abgedruckt in RegE BR-Drucks. 548/16.

48 RegE BR-Drucks. 548/16; BR-Stellungnahme BT-Drs. 18/10263.

49 BT-Drs. 18/10470. Vgl. auch das Wortprotokoll der 119. Sitzung des Ausschusses für Recht und Verbraucherschutz am 9.11.2016.

50 Gesetz zur Änderung der Insolvenzordnung und zur Änderung des Gesetzes, betreffend die Einführung der Zivilprozessordnung, BGBl. 2016, Teil I, Nr. 65, 28. Dezember 2016, S. 3147 bis 3149. Der Zeitpunkt des Inkrafttretens ist in Art. 5 Abs. 1 dieses Gesetzes geregelt. Vgl. zur Entstehung und Einordnung des Gesetzes auch *Lehmann/Flöther/Gurlit* WM 2017, 597 ff.

51 Vgl. Art. 5 Abs. 1 des Gesetzes zur Änderung der Insolvenzordnung und zur Änderung des Gesetzes, betreffend die Einführung der Zivilprozessordnung iVm Art. 105a Abs. 1 und 2 EGInsO. Auf die Interimsfassung von § 104, die auf Verfahren anwendbar ist, die nach dem 9. Juni 2016, aber vor dem 29. Dezember 2016 beantragt wurden, soll hier nicht näher eingegangen werden.

52 Vgl. auch das Fazit von SBL/*Jahn/Reiner* Rn. 202p und 202q; vgl. zur Rechtslage nach § 104 aF auch *Fuchs*, der auch im Hinblick auf rechtsvergleichenden Überlegung (Nettinggesetze in den USA, Irland und Südafrika) Vorschläge für eine Neugestaltung des Netting- und (in geringerem Umfang) des Collateral-Regimes in Deutschland macht (*Fuchs*, S. 199 ff. mit einer Zusammenfassung auf S. 350 ff.).

bisher erfassten Finanzleistungen. Neu ist jedoch der Verweis auf Anhang I Abschnitt C der Richtlinie 2014/65/EU (MiFID II). Eine wichtige Neuerung für die in Praxis sehr bedeutsamen Rahmenverträge stellt zudem die ausdrückliche Anerkennung vertraglicher Nettingbestimmungen dar. Nach § 104 Abs. 4 können Vertragsparteien von den gesetzlichen Nettingbestimmungen in einem bestimmten Umfang abweichen.

II. Zweck der Regelung

Der Zweck von § 104 ergibt sich aus seiner Entstehungsgeschichte. Das Insolvenzverwalterwahlrecht soll bei Geschäften mit hinausgeschobenem Erfüllungszeitpunkt, die sich ändernden Markt- oder Börsenpreisen ausgesetzt sind, ausgeschlossen sein. Anstelle des Erfüllungsanspruchs tritt mit gesetzlicher Beendigung durch Insolvenzeröffnung eine Forderung wegen Nichterfüllung. Geschäfte, die in einem Rahmenvertrag mit einheitlicher Beendigungsklausel zusammengefasst sind, gelten als ein Geschäft. Hierdurch wird die Saldierung (*Netting*) der Werte der einbezogenen Geschäfte erreicht. 43

Dieser Zweck wird – unter Verweis auf Gesetzgebungsmaterialien zu Vorgängerfassungen – in der Begründung des Gesetzgebers zur Novelle von § 104 prägnant zusammengefasst:[53] 44

„§ 104 InsO dient dem Schutz des Vertragsgegners vor den Unsicherheiten, die mit dem Insolvenzverwalterwahlrecht des § 103 InsO verbunden sind (Bundestagsdrucksache 12/2443, S. 145). Da die in den Anwendungsbereich des § 104 InsO einbezogenen Verträge mit Marktpreisrisiken behaftet sind, werden sie vom Verwalterwahlrecht ausgenommen und durch den Ausschluss der Erfüllungsansprüche kraft Gesetzes beendet. Hierdurch erlangt der Vertragsgegner unmittelbar Klarheit darüber, dass er sich bei Bedarf durch den Abschluss eines Ersatzgeschäfts neu eindecken kann und muss (Bundestagsdrucksache 15/1853, S. 15). Spiegelbildlich soll der Verwalter keine Gelegenheit haben, auf Kosten des Vertragsgegners auf eine für die Masse positive Preisentwicklung zu spekulieren (Bundestagsdrucksache 12/2443, S. 145; 12/7302, S. 167f.; 15/1853, S. 15). Bei für die Masse vorteilhaften Geschäften ist der Insolvenzverwalter auf das durch § 104 InsO ausgeschlossene Wahlrecht des § 103 InsO zur Wahrung des Erfüllungsinteresses nicht angewiesen. Denn auch er kann über den Markt oder die Börse ein Ersatzgeschäft abschließen (Bundestagsdrucksache 12/2443, S. 145). Die Abrechnung des Geschäfts zum Markt- oder Börsenpreis schafft dabei die Voraussetzung dafür, dass sich beide Parteien im Idealfall verlustfrei zu eben dem Preis neu eindecken können, zu dem sie das Geschäft im Verhältnis zueinander abrechnen. Grund und Tragweite sowie Grenzen der Zulässigkeit des vertraglichen Liquidationsnettings werden im Lichte dieses Normzwecks klargestellt und damit auf eine rechtssichere Grundlage gestellt, die es den Parteien insbesondere ermöglicht, Vereinbarungen zu treffen, die den Voraussetzungen für eine bankaufsichtsrechtliche Anerkennung von Liquidationsnetting genügen.“ 45

III. Kontext der Regelung

1. Verhältnis zu § 103. § 104 ist eine Spezialnorm zu § 103 (wie § 18 KO zu § 17 KO) und setzt nach der bisher zu § 104 aF vertretenen herrschenden Ansicht voraus, dass die von ihm erfassten Geschäfte von keiner Partei vollständig erfüllt worden sind.[54] Danach fallen Geschäfte grundsätzlich nur dann unter § 104, wenn sie zur Zeit der Eröffnung des Insolvenzverfahrens weder vom Schuldner noch vom anderen Teil vollständig erfüllt sind. Schon vor der Novelle gab es jedoch Stimmen, die dieses Kriterium aus systematischen oder teleologischen Gründen ablehnten.[55] 46

Die Gesetzesbegründung zur aktuellen Fassung von § 104 argumentiert nunmehr, dass es nicht auf das formale Kriterium des Vorliegens eines Vertrags im Sinne des § 103 ankomme, sondern lediglich auf die Frage, ob es ein Bedürfnis zur Absicherung von Marktpreisrisiken gebe und der Vertragspartner insoweit schutzwürdig sei.[56] 47

---

[53] RegE BT-Drs. 18/9983, S. 9.

[54] So auch *Bosch*, Kölner Schrift, S. 1018 Rn. 33; Leonhardt/Smid/*Zeuner* § 104 Rn. 7, 9 (Vorauflage).

[55] Die Meinung, dass Geschäfte grundsätzlich nur dann unter § 104 aF fallen, wenn sie zur Zeit der Eröffnung des Insolvenzverfahrens weder vom Schuldner noch vom anderen Teil vollständig erfüllt waren, vertreten beispielsweise HambKommInsO/*Ahrendt* § 104 Rn. 1; Jaeger/*Jacoby* § 104 Rn. 10 ff.; MüKoInsO/*Jahn/Fried* → 3. Aufl., § 104 Rn. 34, 58a; Braun/*Kroth* § 104 Rn. 2, 7; Uhlenbruck/*Lüer* § 104 Rn. 5 (Vorauflage); K. Schmidt/*Ringstmeier* § 104 Rn. 7; FKInsO/*Wegener* § 104 Rn. 5; die Gegenansicht, dass darüber hinaus auch einseitig bereits erfüllte Geschäfte unter § 104 aF fallen, vertreten beispielsweise KPB/*von Wilmowsky* § 104 Rn. 66 ff. sowie Graf-Schlicker/*Bornemann* § 104 Rn. 8, nach dessen Ansicht § 104 aF keine § 103 verdrängende Spezialvorschrift, sondern eine den § 103 ergänzende Vorschrift darstellt.

[56] RegE BT-Drs. 18/9983, S. 19. Im Zusammenhang mit der Begründung zur Erfassung von Optionsgeschäften nach § 104 Abs. 1 Satz 3 Nr. 5 argumentiert der Gesetzgeber, dass mit den Differenzgeschäften und den Finanzsicherheiten Geschäftstypen mit einbezogen würden, die das Merkmal „beiderseitig nicht voll erfüllt“ nicht aufwiesen und teilweise nicht einmal gegenseitige Verträge seien. Daher könne es nicht auf das Kriterium „Vorliegen eines Vertrags nach § 103“ ankommen, sondern allein auf die Frage des Schutzbedürfnisses in Bezug auf die Absicherung gegen Marktpreisrisiken.

48 Eine schon bisher zu § 104 aF geführte Diskussion war, ob speziell Optionsgeschäfte auch dann in den Anwendungsbereich der gesetzlichen Privilegierung fallen, wenn sie von einer Partei bereits einseitig vorerfüllt sind.[57] Dies wurde mit Blick auf die einheitliche Betrachtung aller Geschäfte unter einem Rahmenvertrag (Einheitsvertragskonzept) überwiegend bejaht, denn der Gesetzgeber hatte unter anderem zu diesem Zweck die Privilegierung der Rahmenverträge in § 104 Abs. 2 Satz 3 aF aufgenommen.[58]

49 Diese Erstreckung auf solche Optionen gilt auch weiterhin unter § 104. Der Gesetzgeber hat diese gesetzliche Klarstellung in seiner Begründung zur aktuellen Fassung von § 104 ausdrücklich aufgegriffen und dabei umfassend dargelegt, dass auch einseitig vorerfüllte Optionen von § 104 gedeckt sein sollen.[59]

50 Wegen spezieller Regelungen zu Optionsgeschäften und wegen der Zusammenfassung mehrerer Geschäfte unter marktüblichen Rahmenverträgen dürfte es in der Praxis für übliche Derivate-Geschäftstypen in der Regel nicht darauf ankommen, welcher der beiden Ansichten ein Gericht folgen würde.

51 **2. Verhältnis zu § 119.** Vereinbarungen, durch die im Voraus die Anwendung der §§ 103 bis 118 ausgeschlossen oder beschränkt wird, sind nach § 119 unwirksam. Hieraus ergibt sich, dass auch § 104 als zwingende Regelung nicht abdingbar ist.[60] Auch wenn diese Konzeption insoweit zunächst einfach erscheint, führt sie bei praxisüblichen Rahmenverträgen zu weiteren Fragen, da die teils sehr detaillierten vertraglichen Beendigungs-, Bewertungs- und Verrechnungsmechanismen mit den auf sie anwendbaren zwingenden gesetzlichen Vorgaben abzugleichen sind. Ist eine Nettingvereinbarung ganz oder teilweise mit § 104 unvereinbar, ist zu klären, welche Reichweite eine Unwirksamkeit hinsichtlich der betroffenen Klausel und des Vertrags insgesamt hat.

52 In der Literatur wird – dem Gesetzeswortlaut folgend und zumeist ohne eingehende Erörterung – häufig lediglich festgestellt, dass eine gegen § 119 verstoßende Vereinbarung nichtig ist.[61] Sofern die einschränkende Bestimmung Teil eines anderen Rechtsgeschäfts ist, was bei Lösungsklauseln nahezu immer der Fall ist, spricht Einiges dafür, dass sich die Nichtigkeit gemäß § 139 BGB auf die betroffene (Teil-)Klausel beschränkt.[62]

53 Dies ist auch mit dem Sinn und Zweck des § 119 vereinbar.[63] § 119 will die von den §§ 103 bis 118 erfassten Rechtsgeschäfte nach den in diesen Vorschriften aufgestellten Vorgaben abwickeln. Zöge die Unwirksamkeit einer insolvenzabhängigen Lösungsklausel grundsätzlich die Gesamtnichtigkeit des Vertrages nach sich, würde dies beispielsweise das Wahlrecht des Insolvenzverwalters nach § 103 konterkarieren; denn der Fortbestand des Vertrages ist für eine mögliche Erfüllungswahl unabdinglich. Gleiches muss auch im Rahmen des § 104 gelten. Eine Unwirksamkeit des gesamten Rechtsgeschäfts hätte zur Folge, dass auch nach den gesetzlichen Vorgaben des § 104 keine Forderung

---

57 Dies ist beispielsweise bei Optionsgeschäften mit Barausgleich der Fall: Wenn der Optionskäufer die Optionsprämie bereits vollständig bezahlt hat, kann allenfalls noch der Optionsverkäufer zur Leistung verpflichtet sein.

58 BT-Drs. 12/7302, S. 168: „*Es soll sichergestellt werden, dass im Insolvenzfall alle noch nicht erfüllten Ansprüche aus zwischen zwei Parteien bestehenden Finanzgeschäften saldiert werden können (‚Netting'). Dadurch wird das Risiko aus derartigen Geschäften gemindert. Der Wortlaut des Regierungsentwurfs gewährleistet die Saldierungsmöglichkeit insbesondere in den Fällen nicht, in denen einige der zwischen zwei Parteien geschlossenen Finanzgeschäfte von einer Partei schon voll erfüllt sind […]. Der neue Satz 3 des Absatzes 2 verwirklicht das zweite geschilderte Anliegen, indem er die Zusammenfassung aller Finanzgeschäfte zwischen zwei Parteien in einem Rahmenvertrag mit der Wirkung ausstattet, dass die Gesamtheit dieser Finanzgeschäfte als einheitlicher gegenseitiger Vertrag […] anzusehen ist.*"; vgl. hierzu Graf-Schlicker/*Bornemann* § 104 Rn. 8, 20; MüKoInsO/*Jahn/Fried* → 3. Aufl., § 104 Rn. 141; KPB/*von Wilmowsky* § 104 Rn. 66, 149; im Ergebnis wohl auch HKInsO/*Marotzke* § 104 Rn. 7 (Vorauflage) und Jaeger/*Jacoby* § 104 Rn. 35.

59 RegE BT-Drs. 18/9983, S. 19: „*Nummer 5 betrifft die bislang von § 104 Absatz 2 Satz 2 Nummer 5 erfassten Optionen und andere Rechte auf Finanzleistungen. Zwar werden Optionen über weite Strecken bereits von Nummer 4 erfasst (vgl. Anhang I Abschnitt C Nummern 4 bis 7 der neugefassten Finanzmarktrichtlinie). Ihre explizite Nennung erscheint aber erforderlich, um für Rechtssicherheit in der Frage zu sorgen, ob Optionsgeschäfte auch dann in den Anwendungsbereich des § 104 InsO-E fallen, wenn sie einseitig vorerfüllt sind. […]*".

60 BeckOKInsO/*Berberich* § 119, Einleitung.

61 So beispielsweise (jedoch jeweils ohne im Detail auf den Umfang der Rechtsfolge für Verträge im Übrigen einzugehen) MüKoInsO/*Huber* → 3. Aufl., § 119 Rn. 15; Jaeger/*Jacoby* § 119 Rn. 4; Braun/*Kroth* § 119 Rn. 6, 12; Uhlenbruck/*Sinz* § 119 Rn. 1, 2 (Vorauflage); FKInso/*Wegener* § 119 Rn. 5 f.; vgl. auch BeckOK-InsO/*Berberich* § 119, Einleitung, Rn. 37.

62 Vgl. hierzu BeckOKInsO/*Berberich* § 119 Rn. 37, der jedoch gleichzeitig davon ausgeht, dass eine geltungserhaltende Reduktion der speziellen, von § 119 erfassten Klausel nicht in Betracht komme.

63 Zur grundsätzlichen Unanwendbarkeit des § 139 BGB, sofern sich aus dem Gesetzeszweck eine abweichende Regelung ergibt, siehe Palandt/*Ellenberger* § 139 Rn. 18.

wegen Nichterfüllung entstehen könnte. Im Einklang mit dieser restriktiven Auslegung stehen auch einzelne zu § 119 ergangene Urteile, die § 139 BGB nicht aufgreifen und stattdessen erkennen lassen, dass nur die spezielle gegen § 103 bzw. § 104 verstoßende Klausel, nicht aber der Vertrag im Übrigen unwirksam sein soll.[64]

Die Unwirksamkeit einzelner gegen § 104 iVm § 119 verstoßender Klauselbestandteile führt daher nicht generell zur Unwirksamkeit weiterer, nicht unmittelbar betroffener Teile. 54

Für diese Auslegung spricht zunächst der Schutzzweck von § 119. Das Verbot, von den §§ 103 ff. abzuweichen, dient in erster Linie dem Schutz der Masse und der Gleichbehandlung der Gläubiger.[65] Dagegen schützt § 104 ausweislich der Gesetzgebungsmaterialien vorrangig die solvente Partei vor den Unwägbarkeiten des Insolvenzverwalterwahlrechts.[66] Dieser Schutz der solventen Partei und ihrer Fähigkeit, Marktpreisrisiken absichern zu können, gehört zu den „wesentlichen Grundgedanken" von § 104 Abs. 2. Seine Verwirklichung wäre gefährdet, wenn die gesetzlich in § 119 angeordnete Unwirksamkeit umfassender als nötig wirken würde. Dass der Schutz des solventen Vertragspartners auch von § 119 gedeckt sein kann, zeigen schließlich die Regelungen in den §§ 106 und 108. 55

Zugleich hat der Gesetzgeber in § 104 verschiedene vertragliche Gestaltungsmöglichkeiten ausdrücklich zugelassen. Diese Optionen sind regelbeispielhaft strukturiert, da sie eine gewisse vertragliche Flexibilität ermöglichen sollen. Auf deren Notwendigkeit hat auch der Gesetzgeber mit Blick auf § 104 Abs. 4 ausdrücklich hingewiesen.[67] Sofern diese Flexibilität im Einzelfall überschritten ist 56

---

[64] Vgl. BGHZ 195, 348 = NJW 2013, 1159, das in seinen Randnummern 22 und 33 vor dem Hintergrund von § 119 iVm § 103 folgende Ausführungen zu dieser Frage enthält (Auszug): *„Aufgrund der Unwirksamkeit der insolvenzbedingten Lösungsklausel ist der ursprüngliche Energielieferungsvertrag nicht mit der Insolvenzantragstellung oder Einleitung des Eröffnungsverfahrens beendet worden, sondern hatte weiterhin Bestand. […] Da der ursprüngliche Vertrag fortgilt, kann die Kl. keine weitergehenden Zahlungsansprüche aus dem im Neuvertrag vereinbarten höheren Strompreis herleiten.*" Auch das Netting-Urteil (BGHZ 210, 321 = NJW 2016, 2328) selbst kann in diesem Sinne verstanden werden, auch wenn der BGH zum Umfang der Unwirksamkeit von § 119 iVm § 104 keine ausdrücklichen Aussagen macht. Beispielsweise deutete das Gericht bereits im Leitsatz sowie in Rn. 56 des Urteils an, dass Vereinbarungen nur unwirksam sind, soweit sie den gesetzlichen Vorgaben widersprechen. Leitsatz des Urteils (Hervorhebung nicht im Original): *„Treffen Parteien von Aktienoptionsgeschäften, die dem deutschen Recht unterliegen, für den Fall der Insolvenz einer Partei eine Abrechnungsvereinbarung, die § 104 InsO widerspricht, ist diese insoweit unwirksam und die Regelung des § 104 InsO unmittelbar anwendbar."* Rn. 56 des Urteils (Hervorhebung nicht im Original): *„Die Vereinbarung ist jedenfalls unwirksam, soweit die darin vorgesehene Berechnungsmethode für den Ausgleichsanspruch im Insolvenzfall von § 104 Abs. 2 und 3 InsO abweicht."* Auch die Berücksichtigung weiterer nicht durch § 104 berührter Klauseln des DRV durch den BGH (zB Nr. 9(2) DRV in Verbindung mit einer Prüfung der Fälligkeit von Ansprüchen – Rn. 94 des Urteils) spricht für diese Auffassung.

[65] Andres/Leithaus/*Andres* § 119 Rn. 1, argumentiert, dass die Norm die gleichmäßige Befriedigung aller Gläubiger sichere, indem sie dem Insolvenzverwalter Gestaltungsrechte zur Anreicherung der Masse einräume und Dritte von der Verwaltung ausschließe. Vereinbarungen mit einzelnen Gläubigern, die hiervon zum Nachteil der Masse abwichen, seien mit diesem Ziel unvereinbar. Vgl. ergänzend auch K. Schmidt/*Ringstmeier* § 119 Rn. 1, der ebenfalls der Auffassung ist, dass die Norm dem Schutz und dem Erhalt des Wahlrechts des Insolvenzverwalters diene; dieser solle zugunsten der Gesamtgläubigerschaft die Vorteile günstiger Geschäfte auch in der Insolvenz nutzen können. Teilweise schütze § 119 auch den Vertragspartner des Insolvenzschuldners, soweit bestimmte Normen Privilegierungen zu seinen Gunsten vorsähen, von denen dann ebenfalls nicht abgewichen werden könne (wie zB §§ 108, 106).

[66] RegE BT-Drs. 18/9983, S. 14: *„§ 104 Absatz 4 Satz 1 InsO-E stellt vor diesem Hintergrund klar, dass die Parteien von den gesetzlichen Bestimmungen abweichen können, soweit dies mit dem wesentlichen Grundgedanken der gesetzlichen Regelung vereinbar ist. Für die Prüfung, ob eine von § 104 InsO-E abweichende vertragliche Regelung nach § 119 InsO unwirksam ist, kommt es deshalb allein auf solche Abweichungen an, die dem Zweck des gesetzlichen Beendigungs- und Abwicklungsmechanismus widersprechen. Dieser besteht darin, den Vertragsgegner von den Unwägbarkeiten zu entlasten, die mit dem Verwalterwahlrecht verbunden wären. […] Da der Schutz der Insolvenzmasse nicht zu den primären Zwecken des § 104 InsO gehört, widerspricht nicht jede Benachteiligung der Masse den für § 104 Absatz 4 Satz 1 InsO-E maßgeblichen Grundgedanken des gesetzlichen Beendigungs- und Abwicklungsmechanismus."* Vgl. auch RegE BT-Drs. 18/9983, S. 21: *„Die Änderungen in Absatz 4 verstehen sich als Folgeänderung, die infolge der Neufassung der Absätze 1 und 2 erforderlich waren. Mit ihnen sind keine Änderungen, insbesondere keine Einschränkungen der durch § 104 Absatz 4 InsO abgesteckten Spielräume für privatautonom vereinbarte Abweichungen vom gesetzlichen Beendigungs- und Abweichungsmechanismus verbunden.*" Vgl. ausführlich zum Normzweck (*„Schutz der Marktrisikosteuerungsfähigkeit des Vertragsgegners*") auch FKInsO/*Bornemann* § 104 Rn. 5 ff.

[67] RegE BT-Drs. 18/9983, S. 9 f., 14. Die entsprechenden Äußerungen sind jedoch nicht generell als Gestattung für von § 104 abweichende Vereinbarungen zu sehen, sondern stehen im Wesentlichen im Zusammenhang mit den von § 104 Abs. 4 abgedeckten Themen der Beendigung und Bewertung von Geschäften. Es geht um Bestimmungen, die der Wahrung des wesentlichen Grundgedankens der gesetzlichen Regelung (Risikomanagement der solventen Partei) dienen. In diesem Sinne ist auch die Empfehlung des Rechtsausschusses zu verstehen, wonach es Gestaltungsspielräume für abweichende vertragliche Bestimmungen nur im Hinblick auf die Rechtsfolgen des § 104, nicht aber bezüglich seines sachlichen Anwendungsbereichs geben soll.

und einzelne Klauselbestandteile gegen § 119 verstoßen, dürfte es schwerlich mit dem Willen des Gesetzgebers sowie dem Zweck und der Systematik des § 104 in Einklang stehen, auch solche Klausel- oder Vertragsbestandteile, die dem wesentlichen Grundgedanken dieser Norm entsprechen, über § 119 für unwirksam zu erklären.[68]

57 Für eine enge Auslegung der Unwirksamkeitsrechtsfolgen von § 119 speziell im Hinblick auf vertragliche Nettingbestimmungen sprechen schließlich auch europarechtliche Vorgaben.[69] Die Beachtung dieser Leitlinien wird auch in den Gesetzgebungsmaterialien als Teil des wesentlichen Grundgedankens von § 104 genannt.[70] Eine Auslegung von § 119 unter Berücksichtigung dieser Vorgaben spricht dafür, die Unwirksamkeitsrechtsfolge auf mit § 104 und seinem wesentlichen Grundgedanken nicht zu vereinbarenden Teilaspekte zu beschränken.[71]

58 **3. Verhältnis zu §§ 129 ff.** Sofern die insolvenzanknüpfenden Beendigungen von Finanzleistungen bzw. Warenfixgeschäften nicht auf Grundlage von § 104, sondern von vertraglichen Vereinbarungen geschehen, stellt sich die Frage, ob solche zeitlich vorweggenommenen vertraglichen Beendigungen und die damit üblicherweise einhergehende Verrechnung der Marktwerte (*Netting*) anfechtbar sind. In der Literatur zu § 104 aF wurde eingehend diskutiert, ob die gesetzliche Erwähnung von in Rahmenverträgen zusammengefassten Finanzleistungen (vgl. § 104 Abs. 2 Satz 3 aF) zu einem anfechtungsrechtlichen Privileg für Nettingvereinbarungen in Rahmenverträgen führte.[72] Teilweise wurde argumentiert, Netting von Finanzleistungen sei aufgrund der gesetzlichen Anerkennung von Nettingvereinbarungen in § 104 Abs. 2 Satz 3 aF privilegiert und unterliege daher grundsätzlich nicht der Insolvenzanfechtung.[73] Unter Geltung der Altfassung der InsO wurde dieser Ansicht insbesondere die Zielsetzung des § 104 in Verbindung mit § 119 entgegengehalten, die in erster Linie das Wahlrecht des Insolvenzverwalters, nicht aber eine Insolvenzanfechtung ausschließen solle.[74]

59 Diese Diskussion ist im Lichte der Neufassung von § 104 und insbesondere der nun klargestellten Zulässigkeit vertraglicher Nettingvereinbarungen neu zu führen. Grund hierfür ist, dass vertragliche Nettingvereinbarungen durch den neuen § 104 Abs. 4 insolvenzrechtlich anerkannt sind. Der insolvenzrechtlich zulässige Rahmen wird durch die Nennung von konkreten Beispielen für Beendigungs- und Bewertungsklauseln abgesteckt; darüber hinaus werden aber auch unbenannte Änderungen zugelassen, sofern diese die „wesentlichen Grundgedanken" des Gesetzes beachten (→ Rn. 260 ff.).

60 Diese ausdrückliche insolvenzrechtliche Anerkennung auch ohne das Vorliegen besonderer Umstände über den Umweg der Insolvenzanfechtung *de facto* wieder aufzuheben, stünde mit den gesetzgeberischen Bestrebungen, die Insolvenzfestigkeit von Nettingklauseln zu gewährleisten, nicht

---

68 So im Ergebnis auch *Lehmann/Flöther/Gurlit* WM 2017, 604; vgl. auch RegE BT-Drs. 18/9983, S. 14 (vgl. Fn. 66).

69 → Rn. 94 ff.

70 Im RegE BT-Drs. 18/9983, S. 14 wird hierzu ausgeführt: *„Neben dem Zweck der gesetzlichen Regelungen sind bei der Bestimmung der wesentlichen Grundgedanken auch die Vorgaben europäischen Rechts, insbesondere der Richtlinie 2002/47/EG des Europäischen Parlaments und des Rates vom 6. Juni 2002 über Finanzsicherheiten […] zu beachten."*

71 So im Ergebnis auch *Lehmann/Flöther/Gurlit* WM 2017, 604, die betonen, dass man bei der Beurteilung der Altverträge die Absicht des Gesetzgebers zu berücksichtigen habe, nur solche Vereinbarungen für unzulässig zu erklären, die dem Zweck des gesetzlichen Beendigungs- und Abwicklungsmechanismus zuwiderliefen. Ansonsten sei aber den Parteien Gestaltungsfreiheit einzuräumen. Im Gesetzestext habe diese Absicht in der Formulierung Ausdruck gefunden, dass die Vertragsparteien abweichende Bestimmungen treffen könnten, „sofern diese mit den wesentlichen Grundgedanken der jeweiligen gesetzlichen Regelung vereinbar sind, von der abgewichen wird". Auf dieser grammatikalischen, historischen und teleologischen Basis könne man argumentieren, dass auch leichte Abweichungen von den in § 104 Abs. 4 Satz 2 genannten Grenzen nicht unmittelbar zur Unwirksamkeit der gesamten (Netting-)Klausel gemäß § 119 führten. Nachgerade zwingend sei diese Sichtweise, wenn man berücksichtige, dass die Vorschriften europarechtskonform auszulegen seien.

72 *Fuchs* S. 136 ff.; *Benzler* S. 288 ff.; Zerey/*Fried* § 22 Rn. 1 ff.

73 *Zimmer/Fuchs* ZGR 2010, 634 (mwN); vgl. HambKommInsO/*Ahrendt* § 104 Rn. 16; *Hess* § 104 Rn. 83, der von der grundsätzlichen Nicht-Anwendbarkeit aber den Fall ausnimmt, dass sich die solvente Partei in anfechtbarer Weise Geschäfte verschafft, um diese in das Close-out Netting einzubeziehen; *Reiner*, ISDA Master Agreement, § 6 Rn. 147; so im Ergebnis auch *Binder* S. 445 f. und Graf-Schlicker/*Bornemann* § 104 Rn. 48, der §§ 129 ff. zwar nicht für grundsätzlich unanwendbar hält, unter Verweis auf die Sonderstellung des § 104 aF aber eine Gläubigerbenachteiligung verneint.

74 Uhlenbruck/*Lüer* § 104 Rn. 39 (Vorauflage); KPB/*von Wilmowsky* § 104 Rn. 138 ff.; *Obermüller* Rn. 8.370, der eine Anfechtung aber dann für ausgeschlossen hält, wenn die Nettingvereinbarung vor den Einzelabschlüssen abgeschlossen wurde; *Böhm* S. 149 ff. prüft Anfechtungstatbestände und geht daher offenbar von ihrer Anwendbarkeit aus, hält diese dann aber im Ergebnis für nicht einschlägig. Mit demselben Ergebnis für den aktuell gültigen § 104 (jedoch ohne Begründung) BeckOKInsO/*Berberich* § 104 Rn. 45.

in Einklang.[75] § 104 dient nach dem gesetzgeberischen Willen nicht dem Schutz der Insolvenzmasse, sondern in erster Linie dem des solventen Vertragspartners vor den Unwägbarkeiten eines Insolvenzverwalterwahlrechts.[76] Dieser Schutz würde gegenstandslos, wenn der solvente Vertragspartner trotz der Anerkennung der vertraglichen Beendigungs- und Bewertungsbestimmungen mit einer anfechtungsrechtlichen „Aufhebung" der Vereinbarung rechnen müsste. Die solvente Partei wäre dann weiterhin den Unwägbarkeiten ausgesetzt, die der Gesetzgeber durch den Erlass des neuen § 104[77] vermeiden wollte.

Der auf § 104 basierende Ausschluss des Anfechtungsrechts kann dogmatisch darauf gestützt 61 werden, dass Anfechtungen auch bei Vorliegen der sonstigen Voraussetzungen (Rechtshandlung, Zurechnungszusammenhang und rein tatsächlicher Nachteil für die Masse) dann ausgeschlossen sind, wenn es an einer Gläubigerbenachteiligung im rechtlichen Sinne fehlt. Dies ist beispielsweise der Fall, wenn Rechtshandlungen gesetzlich gerechtfertigt sind.[78] Die Rechtsprechung hat ein Anfechtungsrecht zB in Fällen verneint, in denen es einen gesetzlichen Anspruch auf Herbeiführung einer Rechtslage gab, die der vertraglich vorgesehenen entsprach.[79]

Dieses Ergebnis zur Auslegung des Schutzbereiches von § 104 sowie seinem Zusammenspiel 62 mit § 119 und §§ 129 ff. wird auch den europarechtlichen Vorgaben für ein funktionierendes Netting gerecht, die der Gesetzgeber als Bestandteil des wesentlichen Grundgedankens von § 104 erwähnt.[80]

4. Verhältnis zu EuInsVO und §§ 340 ff. Bei internationalen Sachverhalten ist die Vorfrage 63 zu klären, ob § 104 anwendbar ist. Das deutsche Internationale Insolvenzrecht ist in der EuInsVO sowie in §§ 335 bis 358 geregelt. Sachverhalte außerhalb des Anwendungsbereichs der EuInsVO[81] regelt das autonome deutsche Internationale Insolvenzrecht (§§ 335 bis 358).

Gemäß § 340 Abs. 2 werden „Schuldumwandlungs- und Aufrechnungsvereinbarungen" und 64 damit Netting-Vereinbarungen nach dem Recht beurteilt, das für die Verträge maßgeblich ist (Vertragsstatut).[82] In der Literatur wurde lange Zeit diskutiert, wie weit die Sonderanknüpfung in § 340 Abs. 2 geht, dh ob sie auf die gesamte Rechtsordnung des berufenen Staates einschließlich dessen Insolvenzrecht oder nur auf dessen Vertragsrecht verweist.[83] Diese Debatte wurde mit dem Netting-Urteil des BGH hinfällig. Der BGH bestätigte, dass auch insolvenzrechtliche Normen des Vertragsstatuts anwendbar sind und wandte im konkreten Fall – der Insolvenz einer englischen Vertragspartei – die Netting-Vorschriften der InsO an.[84]

---

75 RegE BT-Drs. 18/9983 S. 15, 21.

76 RegE BT-Drs. 18/9983 S. 9.

77 Vgl. hierzu RegE BT-Drs. 12/2443, S. 145; RegE BT-Drs. 15/1853, S. 15; RegE BT-Drs. 18/9983 S. 9; BT-Drs. 12/7302, S. 167 f.

78 Vgl. zu relevanten Fallgruppen von Gläubigerbenachteiligungen MüKoInsO/*Kayser* → 3. Aufl., § 129 Rn. 130, der (noch ohne auf § 104 Abs. 4 eingehen zu können) insbesondere im Zusammenhang mit nachteiligen Vertragsklauseln auf den Insolvenzfall der Ansicht ist, dass die Abgrenzung im Hinblick auf eine mögliche Gläubigerbenachteiligung danach zu erfolgen habe, ob auch ohne die Klausel ebenso nachteilige Folgen eingetreten wären oder ob der Vertragspartner des Schuldners in dessen Insolvenz wenigstens kraft Gesetzes dieselbe Rechtsfolge wie vereinbart hätte herbeiführen dürfen. Unter dieser Voraussetzung seien die Insolvenzgläubiger nicht im Rechtssinne benachteiligt. Dasselbe gelte, soweit ein Vertrag ohnehin mit Insolvenzeröffnung nach §§ 103 ff. umgestaltet werde oder wegfalle. Im Ergebnis ebenso Uhlenbruck/*Hirte/Ede* § 129 Rn. 341 (Vorauflage) (mwN zur Rechtsprechung), die feststellen, dass eine für den Schuldner benachteiligende Klausel im Sinne des Anfechtungsrechts nicht vorliege, wenn durch die Klausel nur die Gesetzeslage wiedergegeben werde. Entsprechendes gelte, wenn die getroffene Vereinbarung mit den gesetzlichen Wertungen übereinstimme und dem Anfechtungsgegner keine über diese hinausgehenden Rechte einräume.

79 Vgl. beispielsweise BGH NJW 2007, 2325, 2326 („*Eine objektive Gläubigerbenachteiligung wäre allerdings nicht durch § 8 I Nr. 2 der Erbbaurechtsverträge verursacht, wenn die Kl. unabhängig von dieser Regelung schon kraft Gesetzes einen Anspruch auf Herbeiführung derselben Rechtslage hätte […].*"); BGHZ 124, 76, 80 = NJW 1994, 449, 451 („*Eine objektive Gläubigerbenachteiligung wäre allerdings nicht durch die Vertragsbestimmung verursacht, wenn die Bekl. unabhängig von der Regelung der Nr. 3.3 II des Vertrages schon kraft Gesetzes einen Anspruch auf Herbeiführung derselben Rechtslage hätte […].*").

80 RegE BR-Drucks. 548/16, S. 12 f. (insbesondere Verweis auf die Vorgaben der Finanzsicherheitenrichtlinie); vgl. zum europarechtlichen Kontext Rn. 94 ff.

81 Siehe hierzu MüKoInsO/*Reinhart* → EuInsVO Art. 1 Rn. 8 ff.

82 Hierbei handelt es sich um eine Umsetzung des Art. 25 der RL 2001/24/EG; KPB/*Paulus* § 340 Rn. 12; FKInsO/*Wenner/Schuster* § 340 Rn. 6.

83 Vgl. für einen Überblick zum Meinungsstand vor dem Netting-Urteil Zerey/*Fried* § 23 Rn. 8.

84 Vgl. BGHZ 210, 321 = NJW 2016, 2328. Der BGH urteilte, dass die zulässige Wahl deutschen Rechts als das auf den Rahmenvertrag anzuwendende Recht dazu führt, dass in Abweichung von der in § 335 angeordneten *lex fori concursus* (im konkreten Fall: dem englischen Recht) gemäß § 340 Abs. 2 deutsches Recht auch hinsichtlich der Wirkungen des Insolvenzverfahrens auf rahmenvertragliche Aufrechnungsvereinbarungen Anwendung findet.

65 Liegt der Mittelpunkt der hauptsächlichen Interessen (*Centre of Main Interest*, COMI) des Schuldners, zB der Hauptteil seines Vermögens, in der Europäischen Union (ohne Dänemark), ist vorrangig die EuInsVO anzuwenden.[85] Grundsätzlich ist gemäß Art. 7 Abs. 2 Satz 2 Buchst. d) EuInsVO für die Wirksamkeit einer Aufrechnung das Recht des Staates maßgeblich, in dem das Insolvenzverfahren eröffnet wird (*lex fori concursus*; Insolvenzstatut). Eine speziellere und § 340 Abs. 2 entsprechende Ausnahmeregelung für Aufrechnungsvereinbarungen enthält die EuInsVO nicht.[86]

66 Für Unternehmen aus dem Finanz- und Versicherungsbereich gilt nicht die EuInsVO, sondern § 340 Abs. 2 und damit das *Lex-Contractus*-Prinzip.[87] Der Typus des Vertragspartners bewirkt somit eine Weichenstellung für die Prüfung der Durchsetzbarkeit von Netting-Vereinbarungen im Insolvenzfall, die in vielen Fällen etwas willkürlich erscheint.

67 Anfängliche Bestrebungen, im Zuge der Reform der EuInsVO einen Gleichlauf zu schaffen und auch im Anwendungsbereich der EuInsVO parallel zu § 340 Abs. 2 das *Lex-Contractus*-Prinzip einzuführen, waren daher begrüßenswert. Artikel 6a EuInsVO-E sah vor: *„Für Aufrechnungs- und Schuldumwandlungsvereinbarungen („netting agreements") ist ausschließlich das Recht maßgebend, das auf derartige Vereinbarungen anwendbar ist.*"[88] Eine entsprechende Regelung wurde jedoch letztlich nicht in die neue EuInsVO aufgenommen.

68 **5. Verhältnis zu Art. 102b EGInsO (Clearingprivilegien).** Im September 2012 veröffentlichte das Bundesministerium der Finanzen den Entwurf eines Ausführungsgesetzes zu EMIR,[89] dem bereits im Oktober 2012 der Regierungsentwurf dieses Gesetzes folgte.[90] Das Gesetz wurde am 15.2.2013 im Bundesgesetzblatt veröffentlicht.[91] Der Regierungsentwurf stellte in der Umschreibung der Ziele des Gesetzes fest, dass die Bestimmungen von EMIR als EU-Verordnung unmittelbar gelten. Die Mitgliedstaaten hätten aber die zuständigen nationalen Behörden zu bestimmen und geeignete Maßnahmen und Sanktionen vorzusehen, um die Einhaltung der Vorgaben von EMIR sicherzustellen. Im Hinblick auf Art. 48 EMIR wurde in der Begründung die Ansicht vertreten, dass es sich bei diesen Regelungen noch nicht um eigenständige rechtliche Grundlagen handele, sondern nur um aufsichtsrechtliche Regelungen, denen eine zentrale Gegenpartei (*Central Counterparty*; CCP) genügen müsse.[92]

69 Von besonderer Bedeutung für die insolvenzrechtliche Einschätzung von Sachverhalten im Clearingbereich ist Art. 7 des EMIR-Ausführungsgesetzes, der einen neuen Art. 102b EGInsO enthielt. § 1 von Art. 102b EGInsO bestimmt unter Hinweis auf die entsprechenden Regelungen in Art. 48 EMIR, dass die Eröffnung des Insolvenzverfahrens die Durchführung folgender Maßnahmen nicht hindert, wenn diese nach den jeweils einschlägigen EMIR-Vorgaben geboten[93] sind:

---

85 Der EuGH lehnt dabei das Erfordernis eines qualifizierten Auslandsbezugs ab: Anknüpfungspunkte zu zwei oder mehr Mitgliedstaaten sind nicht erforderlich; so EuGH NJW 2014, 610 (Ralph Schmid/Lilly Hertel).

86 Siehe Erwägungsgrund 71 der EuInsVO:*„Für diese Transaktionen sollte deshalb allein das Recht maßgebend sein, das auf das betreffende System bzw. den betreffenden Markt anwendbar ist. Dieses Recht soll verhindern, dass im Fall der Insolvenz eines Geschäftspartners die in Zahlungs- oder Aufrechnungssystemen und auf den geregelten Finanzmärkten der Mitgliedstaaten vorgesehenen Mechanismen zur Zahlung und Abwicklung von Transaktionen geändert werden können. Die Richtlinie 98/26/EG enthält Sondervorschriften, die den in dieser Verordnung festgelegten allgemeinen Regelungen vorgehen sollten.".*

87 Art. 1 Abs. 2 EuInsVO aF lautete wie folgt: *„(2) Diese Verordnung gilt nicht für Insolvenzverfahren über das Vermögen von Versicherungsunternehmen oder Kreditinstituten, von Wertpapierfirmen, die Dienstleistungen erbringen, welche die Haltung von Geldern oder Wertpapieren Dritter umfassen, sowie von Organismen für gemeinsame Anlagen.*" Art. 1 Abs. 2 EuInsVO nF hat bis auf redaktionelle Änderungen keine Veränderungen mit sich gebracht. Jedoch hat der europäische Gesetzgeber den Begriff der Wertpapierfirma genauer definiert und in Abs. 2 Buchst. (c) einen Verweis auf die Richtlinie 2001/24/EG vornimmt (vgl. MüKoInsO/*Thole* → EuInsVO Art. 2 Rn. 11). Ebenso hat er klargestellt, dass auch Alternative Investment Funds (AIFs) unter den Begriff der Organismen für gemeinsame Anlagen fallen.

88 Vorschlag für eine Verordnung des Europäischen Parlaments und des Rates zur Änderung der Verordnung (EG) Nr. 1346/2000 des Rates über Insolvenzverfahren vom 12.12.2012; COM(2012) 744 *final.*

89 Diskussionsentwurf des Bundesministeriums der Finanzen v. 11.9.2012 – Entwurf eines Ausführungsgesetzes zur Verordnung (EU) Nr. 648/2012 über OTC-Derivate, zentrale Gegenparteien und Transaktionsregister (EMIR-Ausführungsgesetz).

90 Gesetzentwurf der Bundesregierung v. 10.10.2012 – Entwurf eines Ausführungsgesetzes zur Verordnung (EU) Nr. 648/2012 über OTC-Derivate, zentrale Gegenparteien und Transaktionsregister (EMIR-Ausführungsgesetz); https://rsw.beck.de/docs/librariesprovider5/rsw-dokumente/RegE-EMIR.

91 Ausführungsgesetz zur Verordnung (EU) Nr. 648/2012 über OTC-Derivate, zentrale Gegenparteien und Transaktionsregister (EMIR-Ausführungsgesetz), BGBl. I 2013, S. 174 ff.

92 Gesetzentwurf der Bundesregierung zum EMIR-Ausführungsgesetz, aaO, S. 44.

93 Das Erfordernis der Gebotenheit ist hierbei nicht als Einschränkung bzw. Anforderung an entsprechende Maßnahmen zu verstehen, sondern lediglich als Verweis auf die Voraussetzungen von Art. 48 EMIR gedacht; so auch beispielsweise Uhlenbruck/*Knof* § 104 Rn. 104.

(1) die vom Clearinghaus vorgenommene Durchführung der Glattstellung und sonstigen Abwicklung von Kundenpositionen und Eigenhandelspositionen des Clearingmitglieds (gemäß Art. 48 Abs. 2 und 4 EMIR), (2) die Übertragung von Kundenpositionen (*Porting*) vom ausfallenden Clearingmitglied auf ein übernehmendes Clearingmitglied (gemäß Art. 48 Abs. 4, 5 und 6 EMIR), (3) Maßnahmen des Clearinghauses zur aktiven Verwaltung von Kundenpositionen (Risikomanagement), wenn die Übertragung von Positionen (*Porting*) nicht durchgeführt wurde (Art. 48 Abs. 5 Satz 3 und Abs. 6 Satz 3) und (4) die Verwendung von Kundensicherheiten (für Positionen im Namen des Kunden) und die Rückgewähr verbleibender Sicherheiten (*Excess Collateral*/entspricht in der Regel ungefähr dem Wert der *Initial Margin* (IM)) an den Kunden (gemäß Art. 48 Abs. 7 iVm Art. 39 Abs. 2 und 3 EMIR). Diese Regelungen gelten entsprechend für die Anordnung von Sicherungsmaßnahmen nach § 21. Zudem unterliegen die genannten geschützten Maßnahmen nicht der Insolvenzanfechtung.[94]

Diese Bestimmungen sind insoweit von großer praktischer Bedeutung, als sie die zentralen Elemente zum Schutz von Kunden beim Clearing von OTC-Derivaten über ein Clearingmitglied auf eine sichere rechtliche Grundlage stellen. Die Segregation von Sicherheiten des Kunden, die über das Clearingmitglied an das Clearinghaus gelangt sind, die Liquidation oder Übertragung von Positionen bei Ausfall des Clearingmitglieds auf ein übernehmendes Clearingmitglied und die Herausgabe von nicht benötigten Margensicherheiten (*Excess Collateral*) durch das Clearinghaus an den Kunden, von dem diese Sicherheiten stammen, sind für den Kunden wichtig, um Ausfälle möglichst zu vermeiden. Dies ist aus Sicht der Kunden gerechtfertigt, da EMIR ihnen eine Pflicht zum Clearing von bestimmten standardisierten OTC-Derivaten auferlegt und damit letztlich auch Risiken im Zusammenhang mit der Einschaltung von Clearingmitgliedern begründet. 70

Der Entwurf des EMIR-Ausführungsgesetzes enthielt in § 2 Abs. 2 Satz 1 des neuen Art. 102b EGInsO eine Regelung, die dem Schutz der Insolvenzgläubiger diente und fast wortgleich mit § 104a Abs. 3 Satz 3 InsO-E war: 71

„Weist der Insolvenzverwalter des Clearingmitglieds nach, dass die Insolvenzgläubiger des Clearingmitglieds durch eine Maßnahme nach § 1 im Vergleich zu einer Abwicklung nach § 104 der Insolvenzordnung benachteiligt werden, so hat die zentrale Gegenpartei (CCP) diesen Nachteil gegenüber der Masse zu erstatten." 72

In der Begründung zu dieser Norm hieß es,[95] dass Maßnahmen, die nach Art. 48 EMIR geboten sind, geschützt sein sollen. Dieser Schutz solle aber nicht zulasten der Insolvenzgläubiger eines Clearingmitglieds zu ungerechtfertigten Sondervorteilen für Kunden des insolventen Clearingmitglieds, für andere Clearingmitglieder oder für das Clearinghaus führen. Angesichts der Diskussionen zur entsprechenden Nachteilsausgleichsregelung in § 104a InsO-E dürften viele der dort ausgetauschten Argumente auch auf die Ausgleichsregelung im EMIR-Ausführungsgesetz zutreffen. Der Gesetzgeber hat einige dieser Gegenargumente in der Begründung des Gesetzentwurfes aufgegriffen und durchaus Diskussionsbereitschaft signalisiert.[96] Diese Nachteilsausgleichspflicht für CCPs wurde nach eingehenden Konsultationen nicht Gesetz. 73

Die entsprechende Streichung von § 2 Abs. 2 Satz 1 des Entwurfes von Art. 102b EGInsO war sachgerecht.[97] Angesichts der laufenden Stellung von *Variation Margin* (VM) und *Initial Margin* (IM) und damit der zeitnahen und marktwertbasierten Besicherung der Positionen wäre es fraglich gewesen, inwieweit in diesem System Nachteile für Insolvenzgläubiger entstehen konnten. Die Rückgabe von IM (bzw. des verbleibenden *Excess Collaterals*) an den Kunden konnte jedenfalls nicht gemeint sein, da der Schutz des Kunden und die Rückgabe der von ihm selbst gestellten IM-Beträge ausdrücklich von Art. 48 Abs. 7 EMIR gedeckt sind. Ein generelles Rückforderungsrecht des Insolvenzverwalters hätte diesen Schutz des Kunden und die Rückgabe der von ihm aufgebrachten und vom Clearingmitglied nur weitergeleiteten Mittel uU gefährdet und auf Kosten der CCP zu einer Bereicherung des Clearingmitglieds geführt. 74

6. Verhältnis zu § 46 KWG (Moratorium). a) Rechtsnatur von Moratorien. Für Institute gemäß § 1 Abs. 1b KWG kann die BaFin nach § 46 Abs. 1 Satz 1 KWG einstweilige Maßnahmen treffen. Voraussetzung ist, dass eine Gefahr für die Erfüllung der Verpflichtungen eines Instituts gegenüber seinen Gläubigern besteht. Die BaFin kann beispielsweise ein vorübergehendes Veräuße- 75

---

94 Vgl. § 1 Abs. 2 und § 2 Abs. 1 von Art. 102b EGInsO.

95 Gesetzentwurf der Bundesregierung zum EMIR-Ausführungsgesetz, aaO, S. 44.

96 In der Begründung heißt es: *„Da andererseits die Clearingmitglieder im Bereich der Kundenpositionen nur als Durchleitungsstation für die Kunden am Clearingsystem fungieren, mithin die Positionen stets wirtschaftlich schon dem Kunden zugeordnet sind, wird im weiteren Gesetzgebungsverfahren zu klären sein, ob eine Nachteilsregelung sachgerecht ist und wie sie ggf. auszugestalten ist."*.

97 Entsprechende Argumente für die Streichung wurden bereits im Zusammenhang mit der Diskussion des Entwurfes zu § 104a vorgebracht, vgl. *Hartenfels* ZInsO 2011, 1831 ff.; kritisch zur Streichung der Nachteilsausgleichspflicht dagegen *Holzer,* DB 2013, 443 ff.

rungs- und Zahlungsverbot an das Institut erlassen (§ 46 Abs. 1 Satz 2 Nr. 4 KWG) oder die Entgegennahme von Zahlungen, die nicht zur Erfüllung von Verbindlichkeiten gegenüber dem Institut bestimmt sind, verbieten (§ 46 Abs. 1 Satz 2 Nr. 6 KWG).

76 Die Maßnahmen nach § 46 Abs. 1 Satz 2 Nr. 4 bis 6 KWG werden üblicherweise einzeln oder in ihrer kombinierten Anwendung als Moratorium bezeichnet.[98]

77 Ein von einem Moratorium betroffenes Institut kann insbesondere gehindert sein, Vermögenswerte zu veräußern und Zahlungen an seine (besicherten) Gläubiger zu leisten. Der Erlass eines Zahlungsverbots nach § 46 Abs. 1 Satz 2 Nr. 4 KWG führt jedoch nicht zu einer Stundung der Verbindlichkeiten, sondern stellt eine vorübergehende rechtliche Unmöglichkeit analog § 275 Abs. 1 BGB dar.[99] Die von dem Moratorium erfassten Ansprüche sind ab dem Zeitpunkt seiner Bekanntgabe an das Institut[100] und für seine Dauer nicht durchsetzbar.[101]

78 **b) Auswirkungen von Moratorien auf Nettingvereinbarungen.** Für vertragliche Nettingvereinbarungen und gesetzliches Netting nach § 104 stellt sich die Frage, ob die vereinbarten Rechtsfolgen der Beendigung und Bewertung von Geschäften sowie die Saldierung dieser Werte während eines Moratoriums rechtswirksam sind.

79 Sofern Rahmenverträge nach den jeweiligen vertragsrechtlichen Bestimmungen wirksam beendet wurden, ist die damit verbundene und ebenfalls vertraglich festgelegte Bewertung der Geschäfte auch während der Geltung eines Moratoriums wirksam. Im Rahmen des Close-out Nettings werden, abhängig vom Vertrag und der Aufnahme einer Gesamtbeendigungsklausel (zu solchen „*Single-Agreement*“-Klauseln → Rn. 25 f., 195 ff., 203 ff.), die Werte der Einzelpositionen saldiert. Insoweit spricht Einiges dafür, dass es sich bei dieser vertraglichen Saldierung nicht um eine Aufrechnung handelt, sondern um die Umgestaltung von Einzelpositionen eines einheitlichen Schuldverhältnisses in eine Netto-Gesamtforderung.[102] Aber auch wenn die vertragliche Saldierung dogmatisch als Aufrechnung einzuordnen wäre, stünde eine solche Einordnung nach den *obiter dictum* gemachten Ausführungen des BGH in seinem Urteil zu einen Moratorium (in dem der Senat eine Aufrechnung mit dem Schutzzweck des Moratoriums aufgrund insolvenzrechtlicher Wertungen für vereinbar hielt) (nachfolgend: Moratorium-Urteil)[103] der Wirksamkeit der Nettingvereinbarung nicht entgegen.[104]

80 **c) Auswirkung eines Moratoriums auf gesetzliches Netting nach § 104.** Weder das KWG noch die InsO enthalten eine Regelung zur Konkurrenz von § 46 KWG und § 104. Sofern Warenfixgeschäfte oder Finanzleistungen unter § 104 bei Eröffnung des Insolvenzverfahrens noch nicht vertraglich beendet worden sind (zB auf Grundlage von Nettingvereinbarungen) und ein Moratorium zu diesem Zeitpunkt noch andauert, stellt sich die Frage, ob die spezielleren aufsichtsrechtlichen Regelungen denen der InsO vorgehen.

81 Nach den oben zum vertraglichen Netting gemachten Ausführungen handelt es sich weder bei der Beendigung oder Bewertung von Warenfixgeschäften oder Finanzleistungen noch bei der Saldierung der Marktwerte um von § 46 KWG erfasste Veräußerungen, Zahlungen oder Verfügungen. Dies spricht dafür, dass die Rechtswirkungen von § 104 auch während eines Moratoriums eintreten.

82 **7. Verhältnis zu KredReorgG, SAG und SRM-VO. a) Überblick.** Bei Finanzinstituten in der Krise gibt es umfassende deutsche und europäische Regelungen vorinsolvenzlicher Verfahren, die den Zweck haben, Insolvenzen abzuwenden bzw. Institute oder bestimmte Geschäftsbereiche im Rahmen von Sonderverfahren abzuwickeln bzw. zu übertragen. Die besonderen Vorgaben für die Behandlung von Instituten in der Krise basieren zu einem großen Teil auf internationalen Vorgaben. Die Abwicklung von systemrelevanten Kreditinstituten soll auf Grundlage der vom *Financial Stability Board* (FSB) im Oktober 2011 als „*Key Attributes of Effective Resolution Regimes for Financial Institutions*“ veröffentlichten Vorgaben erfolgen.[105] Diese „*Key Attributes*“ wurden auf europäischer

---

98 BFS/*Lindemann* § 46 Rn. 2.

99 BGHZ 197, 21 = NJW 2013, 3437.

100 BFS/*Lindemann* § 46 Rn. 115; gemeint ist die Bekanntgabe des Verwaltungsaktes iSd § 43 Abs. 1 Satz 1 Verwaltungsverfahrensgesetzes; so auch der BGH im Moratorium-Urteil (BGHZ 197, 21, 40 = NJW 2013, 3437, 3441).

101 § 46 Abs. 2 Satz 6 KWG lautet: „*Solange Maßnahmen nach Absatz 1 Satz 2 Nummer 4 bis 6 andauern, sind Zwangsvollstreckungen, Arreste und einstweilige Verfügungen in das Vermögen des Instituts nicht zulässig.*“.

102 Zerey/*Fried* § 17 Rn. 71; vgl. auch *Zimmer/Fuchs* ZGR 2010, 645, die ebenfalls von der Zulässigkeit des Close-out Nettings während eines Moratoriums ausgehen.

103 BGHZ 197, 21, 39 = NJW 2013, 3437, 3441.

104 Vgl. im Ergebnis auch BFS/*Lindemann* § 46 Rn. 88.

105 Die erweiterte Version vom Oktober 2014 ist abrufbar unter: http://www.financialstabilityboard.org/2014/10/r_141015/.

Ebene durch die Richtlinie über die Sanierung und Abwicklung von Kreditinstituten und Wertpapierfirmen (*Bank Recovery and Resolution Directive* – BRRD) aufgegriffen.[106]

83 Die schon vor Erlass der BRRD bestehenden Regelungen des Restrukturierungsgesetzes[107] für vorinsolvenzliche Verfahrensarten bzw. aufsichtsrechtliche Eingriffsbefugnisse, wie zum Beispiel die Sanierungs- bzw. Reorganisationsverfahren nach dem KredReorgG,[108] wurden durch die Umsetzung der BRRD teilweise ersetzt oder ergänzt. Wesentliches Element des BRRD-Umsetzungsgesetzes[109] ist das Gesetz zur Sanierung und Abwicklung von Instituten und Finanzgruppen (Sanierungs- und Abwicklungsgesetz – SAG).[110]

84 Im deutschen Recht besteht damit ein sehr breites Instrumentarium an vorinsolvenzlichen Interventionsmöglichkeiten.[111] Es wird seit dem 1.1.2016 durch die Maßnahmen nach der „SRM-Verordnung" (*Single Resolution Mechanism Regulation*) ergänzt,[112] die Bestandteil des einheitlichen europäischen Aufsichtsmechanismus (*Single Supervisory Mechanism* – SSM) nach der Verordnung (EU) Nr. 1024/2013 ist.[113]

85 **b) Auswirkungen des KredReorgG auf Nettingvereinbarungen.** Besondere Bedeutung für das Thema Close-out Netting hat § 13 KredReorgG, der ein Beendigungsverbot für Schuldverhältnisse einführt, das man kurz mit „*T+1 Netting Freeze*" umschreiben könnte. Leitet ein Kreditinstitut nach § 7 KredReorgG durch Anzeige bei der BaFin ein Reorganisationsverfahren ein, können Schuldverhältnisse mit dem Kreditinstitut ab dem Tag der Anzeige bis zum Ablauf des folgenden Geschäftstages nicht beendet werden. In diesem Zeitraum sind, sofern keine Ausnahmetatbestände greifen, Kündigungen ausgeschlossen und die Wirkung sonstiger Beendigungen ist aufgeschoben.[114]

86 Der wichtigste Ausnahmetatbestand ist in § 23 KredReorgG enthalten.[115] Diese Vorschrift schafft wegen der zunehmenden Verbreitung von Besicherungsanhängen sowie im Zusammenhang mit OTC-Clearing-Systemen in vielen Fällen Rechtssicherheit. Sie setzt die nicht zur Disposition des deutschen Gesetzgebers stehenden Vorgaben der Finanzsicherheitenrichtlinie sowie der Finalitätsrichtlinie um, die Finanzsicherheiten (nach § 1 Abs. 17 KWG) und Zahlungs-, Wertpapierliefer- und -abrechnungssysteme (nach § 1 Abs. 16 KWG) privilegieren.

---

[106] Richtlinie 2014/59/EU des Europäischen Parlaments und Rates vom 15. Mai 2014 zur Festlegung eines Rahmens für die Sanierung und Abwicklung von Kreditinstituten und Wertpapierfirmen (ABl. Nr. L 173 v. 12.6.2014, S. 190).

[107] Gesetz zur Restrukturierung und geordneten Abwicklung von Kreditinstituten, zur Errichtung eines Restrukturierungsfonds für Kreditinstitute und zur Verlängerung der Verjährungsfrist der aktienrechtlichen Organhaftung (Restrukturierungsgesetz) v. 9.12.2010 (BGBl. I 2010 S. 1900 ff.).

[108] Gesetz zur Reorganisation von Kreditinstituten (Kreditinstitute-Reorganisationsgesetz – KredReorgG) v. 9.12.2010 (BGBl. I S. 1900).

[109] Gesetz zur Umsetzung der Richtlinie 2014/59/EU des Europäischen Parlaments und des Rates vom 15. Mai 2014 zur Festlegung eines Rahmens für die Sanierung und Abwicklung von Kreditinstituten und Wertpapierfirmen (BGBl. I 2014 S. 2091, 2186).

[110] Das Gesetz zur Sanierung und Abwicklung von Instituten und Finanzgruppen (Sanierungs- und Abwicklungsgesetz – SAG) stellt Art. 1 des BRRD-Umsetzungsgesetzes dar. Neben dem SAG enthält das BRRD-Umsetzungsgesetz in weiteren Artikeln Änderungen des Kreditwesengesetzes, des Restrukturierungsfondsgesetzes, des Pfandbriefgesetzes, des Finanzmarktstabilisierungsfondsgesetzes, des Kreditinstitute-Reorganisationsgesetzes und der Finanzmarktstabilisierungsfonds-Verordnung.

[111] Vgl. für einen Überblick über die vorinsolvenzlichen Instrumente (einschließlich der Rechtsgrundlagen, des Adressaten bzw. des Initiators sowie der Voraussetzungen) die tabellarische Übersicht bei Zerey/*Fried* § 17 Rn. 8.

[112] Verordnung (EU) Nr. 806/2014 des Europäischen Parlaments und des Rates vom 15.7.2014 zur Festlegung einheitlicher Vorschriften und eines einheitlichen Verfahrens für die Abwicklung von Kreditinstituten und bestimmten Wertpapierfirmen im Rahmen eines einheitlichen Abwicklungsmechanismus und eines einheitlichen Abwicklungsfonds sowie zur Änderung der Verordnung (EU) Nr. 1093/2010, ABl. Nr. L 225, S. 1 ff.

[113] Der einheitliche Abwicklungsmechanismus gilt für sämtliche in einem teilnehmenden Mitgliedstaat niedergelassenen Kreditinstitute sowie für bestimmte EZB-beaufsichtigte konsolidierte Mutterunternehmen bzw. Wertpapierfirmen und Finanzinstitute (Art. 2 SRM-Verordnung). Teilnehmende Mitgliedstaaten sind dabei solche, deren Währung entweder der Euro ist oder die sich freiwillig zur Teilnahme am *Single Supervisory Mechanism* entschieden haben (vgl. Art. 2 Nr. 1 SSM-Verordnung). Das materielle Abwicklungsrecht (Art. 14 ff. SRM-Verordnung) umfasst als Abwicklungsinstrumente (nach etwaiger Frühintervention gemäß Art. 13 SRM-Verordnung) das Instrument der Unternehmensveräußerung, das Instrument des Brückeninstituts, das Instrument der Ausgliederung von Vermögenswerten, sowie ein *Bail-In*-Instrument. Damit wird weitgehend an Regelungen der BRRD angeknüpft.

[114] So auch BFS/*Fridgen* § 13 KredReorgG Rn. 9 f.

[115] § 23 KredReorgG lautet wie folgt: „*Schutz von Finanzsicherheiten sowie von Zahlungs- und Wertpapiersystemen – Die Vorschriften der Insolvenzordnung zum Schutz von Zahlungs- sowie Wertpapierliefer- und -abrechnungssystemen sowie von dinglichen Sicherheiten der Zentralbanken und von Finanzsicherheiten sind entsprechend anzuwenden.*".

87 **c) Auswirkungen von SAG-Maßnahmen auf Nettingvereinbarungen.** Der Anwendungsbereich des SAG umfasst nach § 1 SAG bestimmte Kreditinstitute, Wertpapierfirmen, Unternehmen und Unionszweigstellen, während der Anwendungsbereich der SRM-Verordnung gemäß Art. 2 SRM-VO in einem teilnehmenden Mitgliedstaat niedergelassene Kreditinstitute, Wertpapierfirmen und Finanzinstitute abdeckt.

88 Die wesentlichen Maßnahmen im SAG sind (1) die Frühinterventionsmaßnahmen (§§ 36 bis 39 SAG), welche die Abwicklungsbehörde vor der Abwicklung eines Instituts treffen kann sowie (2) die Abwicklungsinstrumente (§§ 89 ff. SAG), zu denen insbesondere (a) die unmittelbare finanzielle Beteiligung von Anteilseignern und Gläubigern des Instituts an Verlusten (sogenanntes „*Bail-in*"; §§ 89 ff. SAG) sowie (b) die Übertragung von Anteilen, Vermögenswerten, Verbindlichkeiten und Rechtsverhältnissen zB auf ein Brückeninstitut (§§ 107 ff. SAG) gehören.

89 Von besonderer Bedeutung für sich auf Finanzleistungen beziehende Rahmenverträge nach § 104 Abs. 1 ist das Bail-in-Instrument. Hierdurch soll die in der Finanzkrise angewandte Verlusttragung durch Dritte, insbesondere durch den Staat oder staatliche Institutionen (sogenanntes „*Bail-out*"), abgelöst werden.[116] Dieses Instrument sieht u a eine Gläubigerbeteiligung zum Zweck der Rekapitalisierung eines in der Abwicklung befindlichen Instituts vor. Die Abwicklungsbehörde kann dabei sogenannte „berücksichtigungsfähige Verbindlichkeiten" eines Instituts ganz oder teilweise herabsetzen. Es geht beim Bail-in immer um Verbindlichkeiten *des Instituts.*

90 Für Derivate und Finanzleistungen ist allerdings die Sonderregelung in § 93 SAG zu beachten. Nach § 93 Abs. 1 SAG ist im Hinblick auf Verbindlichkeiten aus Derivaten[117] ein Bail-in nur nach oder gleichzeitig mit der Glattstellung[118] der Derivate anwendbar. Gemäß § 93 Abs. 5 SAG gilt dies auch für Finanzleistungen iSd § 104, die in einem Rahmenvertrag nach § 104 Abs. 3 zusammengefasst sind. Daher sind Verbindlichkeiten aus von § 104 erfassten Geschäften erst nach erfolgtem Close-out Netting in Höhe der Ausgleichsforderung einem Bail-in zugänglich.[119] Ausnahmen vom Bail-in gelten jedoch für besicherte Verbindlichkeiten (§ 91 Abs. 2 Nr. 2 SAG); diese Ausnahme ist für besicherte Derivategeschäfte (zB Rahmenverträge mit Besicherungsanhängen) zu beachten.

91 Bei Vorliegen der Abwicklungsvoraussetzungen ist die BaFin nach § 93 Abs. 2 SAG befugt, Derivate gemäß § 62 Abs. 1 SAG zu kündigen und glattzustellen. Werden Geschäfte unter einem Rahmenvertrag mit Nettingvereinbarung[120] durch die BaFin gekündigt und glattgestellt, sieht § 93 Abs. 3 und Abs. 4 SAG vor, dass die Berechnung des Nettowertes der Verbindlichkeiten durch die Abwicklungsbehörde oder einen unabhängigen Sachverständigen vorgenommen wird. Für die Berechnung sind insoweit die zu Art. 49 Abs. 5 BRRD ergangenen technischen Regulierungsstandards für Methoden und Grundsätze der Bewertung von aus Derivaten entstehenden Verbindlichkeiten[121] anzuwenden.

92 § 93 SAG knüpft hierbei an den Begriff „Derivat" an und wurde im Nachhinein durch den Verweis in § 93 Abs. 5 SAG auf „Verbindlichkeiten aus Finanzleistungen im Sinne des § 104 Absatz 1 der Insolvenzordnung" erweitert.

---

116 Vgl. Deutsche Bundesbank, Monatsbericht 06/2014, 39. Vgl. auch Erwägungsgrund 67 der BRRD.

117 Nach § 2 Abs. 3 Nr. 11 SAG sind Derivate „*Derivate im Sinne des § 1 Absatz 11 Satz 3 KWG*". Der Derivatebegriff im Zusammenhang mit § 93 SAG weicht jedoch trotzdem nicht vom Begriff der Finanzleistungen iSd § 104 Abs. 1 ab, da im Zuge der Neufassung von § 104 die Klarstellung in § 93 Abs. 5 SAG ebenfalls aktualisiert wurde.

118 Der Terminus „glattstellen" in § 93 Abs. 1 und Abs. 2 SAG beschreibt Close-out Netting im Sinne der Beendigung, Bewertung und Verrechnung von Geschäften; vgl. Jahn/Schmitt/Geier/*Köhling* Kapitel B. VI. Rn. 68 zu der missverständlichen Verwendung des Begriffes „glattstellen" in der deutschen Fassung der BRRD und des SAG. In der englischen Fassung des Art. 49 Abs. 2 BRRD wird von „*close-out*" gesprochen.

119 Nach § 2 Abs. 3 Nr. 11 SAG sind Derivate „*Derivate im Sinne des § 1 Absatz 11 Satz 3 KWG*". § 93 Abs. 1 und Abs. 5 SAG lautet wie folgt: „*(1) In Bezug auf Verbindlichkeiten aus Derivaten ist das Instrument der Gläubigerbeteiligung nur nach oder gleichzeitig mit der Glattstellung der Derivate anwendbar. […] (5) Die Absätze 1 bis 4 gelten entsprechend für Verbindlichkeiten aus Finanzleistungen im Sinne des § 104 Absatz 1 der Insolvenzordnung, die in einem Rahmenvertrag nach § 104 Absatz 3 der Insolvenzordnung zusammengefasst sind.*".

120 § 93 Abs. 3 SAG spricht von einer Saldierungsvereinbarung, womit Nettingvereinbarungen gemeint sind, wie sich aus der englischen Fassung der BRRD ergibt, die insoweit in ihrem Art. 49 Abs. 3 den Begriff „*netting agreement*" verwendet.

121 Delegierte Verordnung (EU) 2016/1401 der Kommission vom 23. Mai 2016 zur Ergänzung der Richtlinie 2014/59/EU des Europäischen Parlaments und des Rates zur Festlegung eines Rahmens für die Sanierung und Abwicklung von Kreditinstituten und Wertpapierfirmen im Hinblick auf technische Regulierungsstandards für Methoden und Grundsätze der Bewertung von aus Derivaten entstehenden Verbindlichkeiten (ABl. Nr. L 228 v. 23.8.2016, S. 7).

Ein weiteres für Derivate wichtiges Thema im Zusammenhang mit Interventionsmaßnahmen durch die Abwicklungsbehörde ist das Verbot von Kündigungen von Verträgen aufgrund der Anordnung von Abwicklungsmaßnahmen. Angesichts des Eingriffes in Gläubigerrechte ist davon auszugehen, dass je nach Art der Maßnahme und Rahmenvertrag die Tatbestände vereinbarter Kündigungsrechte erfüllt sein können.[122] 93

8. Verhältnis zu europarechtlichen Vorgaben. Vertragliche Nettingvereinbarungen werden in einigen EU-Gesetzgebungsakten genannt bzw. vorausgesetzt.[123] Insbesondere mit Blick auf beaufsichtigte Finanzinstitute spielt Netting eine zentrale Rolle für das Risikomanagement. Erst eine funktionierende Beendigung und Bewertung von in Rahmenverträgen zusammengefassten Geschäften führt dazu, dass das Risiko des Ausfalles von Vertragspartnern berechenbar wird und positive bzw. negative Positionen saldiert werden können. Auch die aufsichtsrechtlich vorgeschriebene Besicherung des Saldos aller aktuellen Marktwerte von nicht über zentrale Kontrahenten abgewickelten Finanzderivaten setzt funktionierendes Netting voraus (vgl. Art. 11 der Verordnung (EU) Nr. 648/2012 des Europäischen Parlaments und des Rates vom 4. Juli 2012 über OTC-Derivate, zentrale Gegenparteien und Transaktionsregister (EMIR)).[124] 94

Der Gesetzgeber hat im Zusammenhang mit der Novelle von § 104 die Vorgaben des europäischen Rechts und insbesondere die Anforderungen der Finanzsicherheitenrichtlinie betont und darauf beispielsweise im Zusammenhang mit der Bestimmung des „wesentlichen Grundgedankens" der Vorschrift hingewiesen, der nach § 104 Abs. 4 insbesondere für den möglichen Umfang vertraglicher Nettingvereinbarungen relevant ist.[125] Nach Art. 7 der Finanzsicherheitenrichtlinie stellen die Mitgliedstaaten sicher, dass „Aufrechnungen infolge Beendigung" (Close-out Netting) vereinbarungsgemäß wirksam werden können, auch wenn gegenüber dem Geber oder Nehmer von Finanzsicherheiten beispielsweise ein Liquidationsverfahren eröffnet oder Sanierungsmaßnahmen eingeleitet wurden. 95

Das Prinzip der „vereinbarungsgemäßen Wirksamkeit" ist daher bei der Auslegung der Vorgaben von § 104 Abs. 4 für vertragliche Nettingbestimmungen sowie im Hinblick auf die Folgen einer Teilunwirksamkeit von Nettingklauseln (§ 119) zu beachten.[126] 96

---

122 Die Kündigungsverbote sollen sicherstellen, dass die Abwicklungsmaßnahmen nicht oder nicht unmittelbar die Beendigung wichtiger Verträge auslösen, da hierdurch uU eine nicht mehr aufzuhaltende Eigendynamik in Gang gesetzt würde.

123 Vgl. hierzu auch die Begründung der auf das Netting-Urteil folgenden Allgemeinverfügung der Bundesanstalt für Finanzdienstleistungsaufsicht (BaFin) „Allgemeinverfügung zu Nettingvereinbarungen im Anwendungsbereich des deutschen Insolvenzrechts", GZ: ED WA-Wp 1000-2016/0001 vom 9.6.2016 (abrufbar unter www.bafin.de – https://www.bafin.de/SharedDocs/Veroeffentlichungen/DE/Aufsichtsrecht/Verfuegung/vf_160609_allgvfg_nettingvereinbarungen.html).

124 Zu den Normen, die Netting voraussetzen, gehören neben den Vorgaben der EMIR beispielsweise (i) Art. 7 Abs. 1 der Richtlinie 2002/47/EG des Europäischen Parlaments und des Rates vom 6. Juni 2002 über Finanzsicherheiten (Finanzsicherheitenrichtlinie) (Ziel: Sicherstellung der Wirksamkeit von mit Finanzsicherheiten verbundenen Nettingvereinbarungen), (ii) Art. 25 der Richtlinie 2001/24/EG des Europäischen Parlamentes und des Rates vom 4. April 2001 über die Sanierung und Liquidation von Kreditinstituten (Ziel: für Saldierungsvereinbarungen soll das Recht des Vertrages gelten), (iii) Richtlinie 2014/59/EU des Europäischen Parlaments und des Rates vom 15. Mai 2014 zur Festlegung eines Rahmens für die Sanierung und Abwicklung von Kreditinstituten und Wertpapierfirmen (BRRD) (Ziel: Herabschreibungs- und Umwandlungsbefugnisse in Bezug auf eine Verbindlichkeit aus einem Derivat nur bei oder nach der Glattstellung der Derivate; Unterliegen Transaktionen mit Derivaten einer Saldierungsvereinbarung, bestimmt die Abwicklungsbehörde oder ein unabhängiger Sachverständiger den Nettowert der aus diesen Transaktionen resultierenden Verbindlichkeit gemäß den Bedingungen dieser Vereinbarung), (iv) Art. 296 Abs. 2 Buchst. (a) Verordnung (EU) Nr. 575/2013 des Europäischen Parlaments und des Rates vom 26. Juni 2013 über die Aufsichtsanforderungen an Kreditinstitute und Wertpapierfirmen und zur Änderung der Verordnung (EU) Nr. 646/2012 (*Capital Requirements Regulation*; CRR) (Ziel: vertragliche Nettingvereinbarungen werden von den zuständigen Behörden für Zwecke der Eigenkapitalunterlegung nur dann als risikomindernd anerkannt, wenn Rechtsgutachten vorgelegt werden, die bestätigen, dass das Institut bei Ausfall des Vertragspartners nur auf den Saldo der positiven und negativen Marktwerte der erfassten Einzelgeschäfte einen Anspruch hat bzw. zu dessen Zahlung verpflichtet ist) und (v) die Delegierte Verordnung (EU) 2016/1401 der Kommission vom 23. Mai 2016 (Ziel: Durchführung des Close-out Nettings durch die Abwicklungsbehörde im Zusammenhang mit BRRD-Maßnahmen unter Einschaltung eines unabhängigen Experten (sogenannter „Bewerter")).

125 RegE BT-Drs. 18/9983, S. 14: *„Neben dem Zweck der gesetzlichen Regelungen sind bei der Bestimmung der wesentlichen Grundgedanken auch die Vorgaben europäischen Rechts, insbesondere der Richtlinie 2002/47/EG des Europäischen Parlaments und des Rates vom 6. Juni 2002 über Finanzsicherheiten (ABl. L 168 vom 27.6.2002, S. 43) (Finanzsicherheitenrichtlinie) zu beachten.*

126 Vgl. hierzu auch *Lehmann/Flöther/Gurlit* WM 2017, 604.

97 Obwohl wichtige aufsichtsrechtliche Vorgaben von der Annahme funktionierender Nettingvereinbarungen ausgehen, bleibt festzuhalten, dass es trotz konkreter Vorarbeiten und entsprechender Forderungen von Verbänden bisher keine europäische Nettingrichtlinie gibt.[127]

IV. Absatz 1 Satz 2 (Warenfixgeschäfte)

98 **1. Warenfixgeschäfte. a) Überblick.** § 104 Abs. 1 Satz 1 entspricht, von redaktionelle Anpassungen abgesehen, § 104 Abs. 1 Satz 1 aF. Nach wie vor umfasst diese Bestimmung nicht sämtliche Waren- oder Warenhandelsgeschäfte, sondern nur Fixgeschäfte. Solche Fixgeschäfte sind in den Lieferketten des normalen Handelsverkehrs nicht die Regel. In der Praxis dürfte die sofortige Kündigung bzw. die sofortige Umwandlung des Lieferanspruchs in einen Schadensersatzanspruch aufgrund einer Leistungsstörung die Ausnahme sein. Unter normalen Umständen ist das Interesse des Käufers an einer leicht verspäteten Lieferung größer, als sein Interesse an einer sofortigen Kündigung. Üblicherweise sehen Kauf- und Lieferverträge daher je nach Produkt eine kürzere oder längere Nachfristsetzung vor, die der Qualifikation dieser Geschäfte als Fixgeschäfte entgegensteht. Ein ausufernder Ausschluss des Verwalterwahlrechts bzw. – sofern Rahmenverträge existieren – eine Ausweitung des Nettingprivilegs auf normale Liefergeschäfte im privaten oder geschäftlichen Bereich oder auf ganze Lieferketten im Groß- und Einzelhandel, ist daher nicht zu erwarten.

99 **b) Regelungszweck.** Der Regelungszweck des § 104 Abs. 1 besteht darin, im Bereich von Warentermingeschäften das Wahlrecht des Insolvenzverwalters zugunsten des Gläubigers einzuschränken. Der Gesetzgeber hat die Einführung des § 104 aF damit begründet, dass bei Fixgeschäften für den (solventen) Käufer keine Unsicherheit aufgrund dieses Wahlrechts darüber bestehen soll, ob er Deckungsgeschäfte tätigen kann. Aus Sicht des (solventen) Verkäufers wäre es beispielsweise ein Risiko, entweder auf Grund von Deckungsverkäufen der späteren Erfüllungswahl nicht entsprechen zu können oder auf der bereits beschafften Ware „sitzenzubleiben".[128] Gleichzeitig zielt die Vorschrift darauf ab, Spekulationen des Insolvenzverwalters und korrespondierende Unwägbarkeiten für die solvente Partei zu vermeiden. Dieser Zweck sowie das Bedürfnis der solventen Partei, die mit möglichen Preisschwankungen verbundenen Risiken effektiv steuern zu können, werden in der Gesetzesbegründung der Bundesregierung ausdrücklich erwähnt.[129]

100 **c) Warenbegriff.** In den Anwendungsbereich von § 104 Abs. 1 Satz 1 fallen ausschließlich Geschäfte über Waren. Mit „Waren" sind handelbare und im Sinne von § 91 BGB vertretbare bewegliche Sachen gemeint, die einen Markt- oder Börsenpreis haben.[130] Waren sind demnach beispielsweise Metalle (die nicht Edelmetalle iSv § 104 Abs. 1 Satz 3 Nr. 1 sind), landwirtschaftliche Produkte, chemische Produkte sowie Energieprodukte wie Strom, Gas, Kohle, Öl oder andere fossile Brenn- oder Treibstoffe.

101 Sofern es sich um Waren handelt, die sich nicht im Besitz bzw. im Verfügungsbereich des Verkäufers befinden, kann im Einzelfall zu prüfen sein, ob sich das Geschäft auf die Lieferung der Ware selbst bezieht oder als Kauf eines Rechts auf den Bezug bzw. die Herausgabe einer Ware zu klassifizieren ist (und dann uU unter § 104 Abs. 1 Satz 3 Nr. 5 iVm Abs. 1 Satz 1 fällt). Strom, Gas und Öl werden allerdings auch dann als Waren eingestuft,[131] wenn die Erfüllung des Vertrags unter Einbeziehung von Dritten wie zB Netz-, Pipeline- oder Lagerbetreibern stattfindet und dadurch – abhängig von den Umständen des Einzelfalles – ein Rechts- und nicht ein Warenkauf vorliegt.[132] Im Rahmen des Gesetzgebungsverfahrens äußerte sich der Rechtsausschuss hierzu wie folgt:

102 *„Nach Auffassung des Ausschusses sind Änderungen des § 104 Absatz 1 InsO-E ebenfalls nicht durch die Bitte des Bundesrates zur Prüfung der Frage veranlasst, ob unter die von Absatz 1 erfassten Warengeschäfte auch Verträge über Strom und andere Energien zu fassen sind. Strom und andere Energien sind als Waren anzusehen. Damit werden insbesondere Energiegroßhandelsprodukte erfasst. Dies gilt unabhängig von den für*

[127] Vgl. hierzu SBL/*Jahn/Reiner* § 114 Rn. 178 f., die darauf verweisen, dass die Finanzsicherheitenrichtlinie insbesondere Finanzsicherheiten schütze, die im Zusammenhang mit Rahmenverträgen gegeben wurden, während das Bestehen von nationalen Netting-Vorschriften vorausgesetzt werde.

[128] Beschlussempfehlung und Bericht des Rechtsausschusses (6. Ausschuß), BT-Drs. 12/7302, S. 167 f.

[129] RegE BT-Drs. 18/9983, S. 9, 14 f.; zum rechtsgeschichtlichen Hintergrund → Rn. 1 ff.

[130] Vgl. zum Warenbegriff beispielsweise Jaeger/*Jacoby* § 104 Rn. 18 ff., nach dessen Ansicht die unter § 18 KO noch streitige Frage, ob auch Wertpapiere unter den Warenbegriff fallen, aufgrund der Regelung für Finanzleistungen in § 104 Abs. 2 Satz 2 Nr. 2 InsO-alt für die InsO zu verneinen ist; FKInsO/*Bornemann* § 104 Rn. 42; Uhlenbruck/*Lüer* § 104 Rn. 7 (Vorauflage).

[131] Vgl. zu Strom beispielsweise K. Schmidt/*Ringstmeier* § 104 Rn. 10 bzw. zu Strom, Gas und Öl MüKoInsO/*Jahn/Fried* → 3. Aufl., § 104 Rn. 38.

[132] Zum Warenbegriff im Stromhandelsbereich und zur Einschaltung von Netzbetreibern nehmen beispielsweise *Behrens/Glück*, ZInsO 2016, 2321 ff. kritisch Stellung.

die Erfüllung dieser Geschäfte vorgesehenen Modalitäten. Nach einigen im Energiemarkt gängigen Vertragsbestimmungen erfolgt die Erfüllung der Leistungspflichten durch Buchungen in Netz-Bilanzkreisen. Gleichwohl bilden auch in diesem Fall die bezeichneten Mengen an Strom oder anderen Energien den Gegenstand des Geschäfts. Soweit angenommen wird, dass es sich insoweit um Rechtskäufe von Strom- oder Energiebezugsrechten handelt, wird dem durch § 104 Absatz 1 Satz 3 Nummer 5 InsO-E Rechnung getragen, wonach auch Rechte an Lieferungen nach § 104 Absatz 1 Satz 1 InsO-E erfasst sind.“[133]

d) Fixgeschäfte. Die in der Novelle beibehaltene Formulierung des § 104 Abs. 1 Satz 1, die auf die Vereinbarung einer Lieferung „*genau zu einer festbestimmten Zeit*“ bzw. „*innerhalb einer festbestimmten Frist*“ verweist, entspricht den Formulierungen in § 361 BGB aF und § 376 HGB.[134] Ein Fixgeschäft liegt dann vor, wenn die Einhaltung einer genau bestimmten Leistungszeit wesentlicher Inhalt der vertraglichen Pflichten ist und das Geschäft mit der zeitgerechten Leistung „steht und fällt“ (relatives Fixgeschäft)[135] oder die Einhaltung der Leistungszeit für die Erfüllung der Leistung schlechthin entscheidend ist und die Leistung nicht nachholbar ist (absolutes Fixgeschäft).[136] § 104 Abs. 1 aF erfasste beide Fälle.[137] Aufgrund der identischen Einbindung von Fixgeschäften in § 104 gilt dies auch für die neue Fassung. Ob ein Fixgeschäft im konkreten Einzelfall vorliegt, ist im Wege der Auslegung zu ermitteln. 103

2. Zeit oder Frist nach Insolvenzeröffnung. Der vereinbarte Erfüllungstermin oder der Fristablauf muss erst nach der Insolvenzeröffnung eintreten. Obwohl die Zeit bzw. der Fristablauf erst nach Insolvenzeröffnung ausdrücklicher Teil des Tatbestandes ist, ergibt sich dies auch aus der systematischen Stellung von § 104, der sich mit den Rechtswirkungen der Eröffnung des Insolvenzverfahrens auf noch laufende Geschäfte (Warenfixgeschäfte bzw. Finanzleistungen) befasst.[138] 104

Um eine ungewollte Regelungslücke für vertragliche Nettingvereinbarungen in denjenigen Fällen zu vermeiden, in denen die Ansprüche auf die Lieferung der Ware oder die Erbringung der Finanzleistung vor der Verfahrenseröffnung, aber erst nach dem für die vertragliche Beendigung vorgesehenen Zeitpunkt fällig werden, lässt § 104 Abs. 4 Satz 2 Nr. 2 ausdrücklich entsprechende Regelungen zu. § 104 erfasst somit auch vertraglich beendete Geschäfte, bei denen sich im Nachhinein herausstellt, dass der vereinbarte Erfüllungstermin bzw. die vereinbarte Frist bereits vor Insolvenzeröffnung eingetreten wäre. Die Erfassung solcher Geschäfte ist konsequent, da beim vertraglichen Netting der vereinbarte Beendigungszeitpunkt an die Stelle des beim gesetzlichen Netting maßgeblichen Zeitpunkts der Insolvenzeröffnung tritt. 105

3. Markt- oder Börsenpreis. Die zu liefernden Waren müssen einen Markt- oder Börsenpreis haben. Derselbe Begriff findet sich in § 104 Abs. 1 Satz 2 im Hinblick auf Finanzleistungen (hierzu sowie zur identischen Begriffswahl in den Vorgängernormen → Rn. 113 ff.). 106

Schon nach § 104 Abs. 1 aF war im Hinblick auf Waren anerkannt, dass es genügte, wenn der Markt- oder Börsenpreis zB durch Sachverständige feststellbar war.[139] Eines amtlich festgestellten Preises bedurfte es nicht. Ebenso wenig musste ein Warengeschäft tatsächlich über einen Markt oder eine Börse abgewickelt worden sein. „Markt“ muss kein amtlich organisierter oder geregelter Markt zu sein. Das Erfordernis des Markt- oder Börsenpreises schränkt den Begriff der Waren auf vertretbare Sachen im Sinne des § 91 BGB ein.[140] 107

4. Rechtsfolge der Insolvenzeröffnung. Die Neufassung von § 104 sieht einen Gleichlauf für Warenfixgeschäfte und Finanzleistungen vor. In beiden Fällen kann nach § 104 Abs. 1 mit Insolvenzeröffnung nicht mehr Erfüllung verlangt, sondern lediglich eine Forderung wegen Nichterfüllung geltend gemacht werden. Diese bestimmt sich nach den Vorgaben in § 104 Abs. 2. 108

Demnach bemisst sich im Hinblick auf ein beendetes Warenfixgeschäft die Forderung wegen Nichterfüllung nach dem Markt- oder Börsenpreis für ein Ersatzgeschäft, das unverzüglich, spätestens jedoch am fünften Werktag nach der Eröffnung des Verfahrens abgeschlossen wird, oder, sofern kein Ersatzgeschäft abgeschlossen wird, nach dem Markt- oder Börsenpreis für ein Ersatzgeschäft, das am zweiten Werktag nach der Verfahrenseröffnung hätte abgeschlossen werden können. Sofern das 109

133 Beschlussempfehlung und Bericht des Ausschusses für Recht und Verbraucherschutz (6. Ausschuss), BT-Drs. 18/10470, S. 12 f.

134 MüKoInsO/*Jahn/Fried* → 3. Aufl., § 104 Rn. 40.

135 BGHZ 110, 88, 96 = NJW 1990, 2065, 2067; RGZ 108, 158, 158 f.; 51, 348, 348.

136 Palandt/*Grüneberg* § 271 Rn. 17.

137 MüKoInsO/*Jahn/Fried* → 3. Aufl., § 104 Rn. 37; Schöne/*Stuhlmacher/Draxler/Littbarski/Sessel-Zsebik*, Kap. 4E, Rn. 243; implizit auch KPB/*von Wilmowsky* § 104 Rn. 64; aA Uhlenbruck/*Lüer* § 104 Rn. 6 (Vorauflage).

138 Zum Merkmal des „von keiner Seite vollständig erfüllten Geschäfts“ → Rn. 46 ff.

139 *Bosch,* Kölner Schrift, S. 1023 Rn. 57; K. Schmidt/*Ringstmeier* § 104 Rn. 9; FKInsO/*Wegener* § 104 Rn. 8 (Vorauflage).

140 Braun/*Kroth* § 104 Rn. 4.

Marktgeschehen den Abschluss eines Ersatzgeschäfts nicht zulässt, kann der Markt- und Börsenwert auch nach Methoden und Verfahren bestimmt werden, die Gewähr für eine angemessene Bewertung des Geschäfts bieten.

110 Die Forderung wegen Nichterfüllung kann – je nach Markt- oder Börsenpreis – der solventen oder der insolventen Partei zustehen. Dasselbe gilt bei Verwendung von Rahmenverträgen mit Nettingvereinbarungen für den Gesamtsaldo aus den einzelgeschäftlichen Markt- oder Börsenpreisen.

V. Absatz 1 Satz 2 (Finanzleistungen)

111 **1. Voraussetzungen für Finanzleistungen.** Finanzleistungen fallen grundsätzlich nur dann unter § 104, wenn (i) die Leistung zu einer bestimmten Zeit oder innerhalb einer bestimmten Frist, die erst nach dem vertraglichen Nettingzeitpunkt bzw. nach Eröffnung des Insolvenzverfahrens eintritt oder abläuft, zu erbringen ist und (ii) Geschäfte einen Markt- oder Börsenpreis haben und die solvente Partei insoweit dem Risiko von Preisschwankungen ausgesetzt ist.

112 Ob Geschäfte zudem nur dann von § 104 erfasst sind, wenn sie zur Zeit der Eröffnung des Insolvenzverfahrens weder vom Schuldner noch vom anderen Teil vollständig erfüllt waren, ist in der Literatur umstritten. Dies dürfte aber insbesondere wegen der ausdrücklichen Nennung von Optionsgeschäften in § 104 sowie wegen der Annahme, dass in einem Rahmenvertrag zusammengefasste Geschäfte einen einheitlichen Vertrag bilden, für die Einordnung der Geschäfte unter dem DRV in der Regel keine Rolle spielen (→ Rn. 25 f., 195 ff. und 203 ff.).

113 **a) Finanzleistungen.** Die zweite Kategorie von Geschäften, die (neben den Warenfixgeschäften) unter § 104 fallen können, ist die der sogenannten „Finanzleistungen". Diese Bezeichnung, die auch schon in § 104 aF verwendet wurde, ist ein Sammelbegriff für eine Vielzahl von Derivate- und anderen strukturierten Finanzgeschäften.

114 § 104 Abs. 1 Satz 3 enthält insgesamt sechs Regelbeispiele von Geschäften, die Finanzleistungen sein können (→ Rn. 124 ff.). Darüber hinaus können aber auch andere, nicht genannte Transaktionstypen Finanzleistungen darstellen, sofern die entsprechenden Voraussetzungen gegeben sind (→ Rn. 164 f.).

115 Für die Einschätzung, ob ein Geschäft als Finanzleistung nach § 104 zu qualifizieren ist, kommt es auf den wesentlichen Zweck des Vertrags im Sinne einer vertragstypischen Leistung an. Sofern ein Bestandteil des Geschäfts, der unter § 104 Abs. 1 Satz 3 fällt, lediglich ein Nebenaspekt, nicht jedoch das bestimmende Merkmal des entsprechenden Geschäfts ist (wie beispielsweise die Gewährung eines Darlehens in Fremdwährung), ist das entsprechende Geschäft nicht als benannte Finanzleistung, sondern uU als „sonstiges Geschäft" zu qualifizieren.[141]

116 **b) Zeit oder Frist nach Insolvenzeröffnung.** Für die Einordnung bestimmter Arten von Geschäften in die Kategorien von § 104 spielt der Erfüllungszeitpunkt eine Rolle. Bereits im Zusammenhang mit den Vorgängerfassungen von § 104 wurde davon ausgegangen, dass nur Geschäfte mit Termingeschäftscharakter und hinausgeschobenem Erfüllungszeitpunkt erfasst sind. In der Kommentarliteratur wird typischerweise unterschieden zwischen Geschäften, deren Erfüllungszeitpunkt um mehr als zwei Tage nach Geschäftsabschluss hinausgeschoben ist (*Termingeschäfte*), Geschäften, die üblicherweise innerhalb von zwei Tagen zu erfüllen sind (*Kassageschäfte*), sowie Geschäften, die sofort (taggleich) zu erfüllen sind (*Bargeschäfte*).[142] Während bei Termin- und Kassageschäften argumentiert wird, dass sie unter § 104 aF bzw. § 104 fallen, wird dies bei Bargeschäften in der Regel verneint.[143] Zwar wurden Kassageschäfte als nicht von § 104 aF erfasst angesehen.[144] Seit der Änderung der Überschrift des § 104 von „Finanztermingeschäfte" in „Finanzleistungen" durch das Gesetz zur Umsetzung der Richtlinie 2002/47/EG vom 6. Juni 2002 über Finanzsicherheiten und zur Änderung des Hypothekenbankgesetzes und anderer Gesetze (BGBl. I 2004, S. 502) unterfallen jedoch auch Kassageschäfte dem Regelungsbereich des § 104. Ausweislich der Gesetzesbegründung zu § 104 aF sollte dies durch das Reformgesetz klargestellt werden; die vorherige Überschrift sei insoweit nicht eindeutig gewesen.[145]

---

141 So im Ergebnis auch *Bosch* WM 1996, 415, der ebenfalls auf die vertragstypische Leistung abstellt.

142 *Ehricke* ZIP 2003, 276; *Bosch*, Kölner Schrift, S. 1027, Rn. 72; Uhlenbruck/*Lüer* § 104 Rn. 18, 30. Der Begriff „Bargeschäfte" weist keine Verbindung mit dem in § 142 verwendeten Begriff auf.

143 Vgl. BeckOKInsO/*Berberich* § 104 Rn. 30; K. Schmidt/*Ringstmeier* § 104 Rn. 22 (zum Kassageschäft); FKInsO/*Wegener* § 104 Rn. 21 (Vorauflage).

144 Vgl. *Ehricke* ZIP 2003, 276.

145 BT-Drs. 15/1853, S. 14: *„§ 104 InsO wurde von Seiten der Praktiker wiederholt kritisiert. Ein Kritikpunkt betraf dabei die Überschrift, die Anlass zu Fehlinterpretationen biete. Insofern wurde eine Klarstellung angeregt, dass durch Absatz 2 nicht nur Finanztermingeschäfte im engeren Sinne angesprochen sind. Zu einer solchen Annahme könnte jedoch die Überschrift von § 104 InsO verleiten. Dies hätte etwa zur Konsequenz, dass Kassageschäfte nicht erfasst*

c) Markt- oder Börsenpreis. Finanzleistungen müssen, ebenso wie Warenfixgeschäfte (→ Rn. 106 f.), einen Markt- oder Börsenpreis haben. Gesetzgeberischer Hintergrund ist, dass in diesen Fällen die solvente Partei dem Risiko von Preisschwankungen ausgesetzt ist und aus Sicht des Gesetzgebers die Möglichkeit haben soll, Markpreisrisiken zu steuern.[146] 117

Markt- und Börsenpreise müssen zugleich „echte" Preise sein, zu denen eine Ersatzbeschaffung prinzipiell auch möglich wäre. Alternativ müssen sie von solchen Geschäften zumindest ableitbar sein.[147] Dies ergibt sich schon aus der Natur der Sache. Wenn man der solventen Partei mit § 104 die Möglichkeit der Steuerung von Marktpreisrisiken geben möchte (→ Rn. 43 ff.), müssen die maßgeblichen Preise sich notwendigerweise auf mögliche Geschäfte beziehen oder auf deren Grundlage berechenbar sein. 118

Sowohl aus dem Netting-Urteil als auch aus den im Netting-Urteil zitierten Quellen ergibt sich, dass die entsprechend vorausgesetzte Möglichkeit der Ersatzbeschaffung insoweit kein eigenständiges Tatbestandsmerkmal ist, sondern lediglich dazu dient, repräsentative und objektivierte Werte zu ermitteln. Der zur Zahlung verpflichteten Partei soll hierdurch aber beispielsweise nicht die Möglichkeit eröffnet werden, unter Verweis auf ihre persönliche Situation die Entstehung eines Anspruches auf Zahlung des Markt- oder Börsenpreises zu verhindern (zB durch Hinweis auf fehlende Kontakte zu Banken, schlechte eigene Bonität, fehlendes Kapital für eine eventuelle Besicherung, organisatorische oder zeitliche Probleme, innerhalb der in § 104 genannten Fristen Ersatzgeschäfte zu tätigen oder Schwierigkeiten einer kurzfristigen Vertragsdokumentation). Dies stünde nicht im Einklang mit dem Grundprinzip von § 104 und seiner historischen Vorgängerregelungen (→ Rn. 1 ff.), die Bewertung dadurch zu objektivieren, dass auf den Markt- oder Börsenpreis abzustellen ist. 119

Der BGH stellte im Netting-Urteil (zu § 104 aF) fest: „*Die Vorschrift des § 104 Abs. 3 InsO macht den Anspruch der Masse wegen Nichterfüllung nicht davon abhängig, dass tatsächlich ein (in gleicher Weise gesichertes) Deckungsgeschäft abgeschlossen werden konnte. […]*".[148] Der BGH bestätigte darüber hinaus, dass für den Marktpreis im Übrigen nicht die Handelbarkeit der Optionen maßgeblich sei, sondern die bestehende Möglichkeit einer Ersatzeindeckung für denselben Ausübungsstichtag.[149] 120

Bei einer Ableitung des Preises von Börsenpreisen verbietet sich das Abstellen auf persönliche Umstände schon von selbst, da Börsenpreise für alle Marktteilnehmer gleich sind. Dasselbe gilt für Marktpreise für abstrakte Ersatzgeschäfte (→ Rn. 187 ff.), die auf Basis von Marktinformationen (zB Quotierungen durch Marktteilnehmer oder Preise auf außerbörslicher Plattformen) ermittelt werden. 121

Lediglich in Fällen, in denen tatsächlich innerhalb der von § 104 zugelassenen Fristen konkrete Ersatzgeschäfte (→ Rn. 177 ff.) getätigt wurden, kann es auf die Ersatzbeschaffungskosten des Einzelfalles ankommen. Die Möglichkeit der konkreten Ersatzbeschaffung hat der BGH im Netting-Urteil erwähnt und betont, dass diese letztlich der Absicherung des Merkmals „Markt- oder Börsenpreis" dient.[150] Aus der vom BGH zitierten Beschlussempfehlung des Rechtsausschusses zum Entwurf der Insolvenzordnung aF ergibt sich, dass der Begriff des Markt- oder Börsenpreises weit auszulegen ist und auch der Preis von Geschäften herangezogen werden kann, die mit dem zu ersetzenden Geschäft nicht in allen Elementen übereinstimmen.[151] 122

---

würden. Da die Vorschrift ansonsten diesen Begriff an keiner anderen Stelle verwendet, soll deshalb in der Überschrift – wie auch sonst in der Norm – statt Finanztermingeschäft der Begriff Finanzleistung verwendet werden."; vgl. hierzu auch FKInsO/*Wegener* § 104 Rn. 11 (Vorauflage).

146 Vgl. RegE BT-Drs. 18/9983, S. 15. Zur Motivation des historischen Gesetzgebers → Rn. 1 ff.

147 Unter bestimmten Voraussetzungen ist eine gewisse Pauschalierung (zB *Macro*-Ansatz) bzw. auch mathematische Ableitung (Modellpreise) zulässig, → Rn. 177 ff. und Rn. 190 ff.

148 BGHZ 210, 321, 340 = NJW 2016, 2328, 2332.

149 BGHZ 210, 321, 343 = NJW 2016, 2328, 2333.

150 Vgl. BGHZ 210, 321, 339 = NJW 2016, 2328, 2332 („*Die der Bekl. zu erstattende Ausgleichszahlung wäre durch die Erlöse aus dem Optionsverkauf an den Dritten kompensiert worden. Der Rechtsausschuss des Bundestags hatte auch die Erwartung, dass solche Ersatzgeschäfte getätigt werden. Er wollte die Möglichkeit dazu durch das Merkmal ‚Markt- oder Börsenpreis' absichern. In der Begründung zu § 118 RegE-InsO (BT-Drs. 12/7302, 168), welcher § 104 InsO entspricht, hat er ausgeführt, dass es für das Vorliegen dieses Merkmals ‚entscheidend ist, dass die Möglichkeit besteht, sich anderweitig einzudecken*'").

151 In der zitierten BT-Drs. 12/7302, S. 168 (vorherige Fußnote), wird insoweit zum damaligen § 118 Abs. 2 des Regierungsentwurfs zur Insolvenzordnung ausgeführt: „*Bei manchen von Absatz 2 erfassten Finanzgeschäften ist eine individuelle Ausgestaltung durch die Vertragsparteien marktüblich. Dies gilt zB für den Austausch von Geldleistungen auf der Grundlage unterschiedlicher Zinssätze. Hieraus ergibt sich, dass der Begriff des ‚Markt- oder Börsenpreises' in Absatz 2 Satz 1 weit zu verstehen ist. Entscheidend ist, dass die Möglichkeit besteht, sich anderweitig einzudecken; dass nicht alle Angebote im Preis übereinstimmen, ist unschädlich.*".

123 Der Gesetzgeber griff die bisher nicht ausdrücklich erwähnte Möglichkeit, den Preis durch ein konkretes Ersatzgeschäft zu ermitteln, explizit im Rahmen der Novelle von § 104 auf, stellte jedoch klar, dass auch solche Geschäfte zu einem Markt- oder Börsenpreis abgeschlossen werden müssen.[152]

124 **2. Regelbeispiele für Finanzleistungen (§ 104 Abs. 1 Satz 3). a) § 104 Abs. 1 Satz 3 Nr. 1.** Der Tatbestand der „Lieferung von Edelmetallen" im neu gefassten Katalog des § 104 Abs. 1 Satz 3 Nr. 1 übernimmt die bisherigen Beispiele für Gold und andere Edelmetalle iSd § 104 Abs. 2 Satz 1 Nr. 1 aF.[153] Der Begriff des Edelmetalls erfasst somit, wie bisher, Gold, Silber, Platin und Palladium, aber auch andere Platinmetalle wie beispielsweise Osmium, Iridium, Rhodium oder Ruthenium.[154] Andere sehr hochwertige Rohstoffe, die ebenfalls Gegenstand von Termin- oder sonstigen Derivategeschäften sein können (zB „seltene Erden", Uran oder Plutonium), fallen nach derzeitigem Marktverständnis unter den Warenbegriff des Abs. 1 und müssen daher Fixgeschäfte sein, um von § 104 erfasst zu sein.

125 Sofern sonstige Waren Gegenstand von Geschäften sind, können diese jedoch unter Umständen als Transaktionen über „Waren" anderen Regelbeispielen iSv § 104 Abs. 1 Satz 3 entsprechen. Sie können dann trotzdem von § 104 gedeckt sein, sofern sie Finanzleistungen nach einem der folgenden *warenbezogenen* Finanzleistungstatbestände darstellen: (i) § 104 Abs. 1 Satz 3 Nr. 2 (Lieferung von MiFID II-Finanzinstrumenten; vgl. insbesondere Anhang I Abschnitt C Nr. (6) und (7) MiFID II (nachfolgend: MiFID II-Anhang)), (ii) § 104 Abs. 1 Satz 3 Nr. 5 iVm § 104 Abs. 1 Satz 1 (Optionsgeschäfte) oder (iii) § 104 Abs. 1 Satz 3 Nr. 4 (Optionen auf Lieferung aus derivativen MiFID II-Finanzinstrumenten; vgl. insbesondere Nr. (6) und (7) MiFID II-Anhang).[155]

126 **b) § 104 Abs. 1 Satz 3 Nr. 2.** Mit dem Verweis auf „*Finanzinstrumente […] oder vergleichbare […] Rechte*" übernimmt dieses Regelbeispiel im Ergebnis § 104 Abs. 2 Satz 2 Nr. 2 aF, ohne sich jedoch nur auf Wertpapiere zu beziehen. Stattdessen wird auf den Begriff des Finanzinstruments im Sinne der neugefassten Finanzmarktrichtlinie 2014/65/EU (MiFID II) Bezug genommen. Die Liste der in Anhang I Abschnitt C der MiFID II genannten Finanzinstrumente lautet wie folgt:

127 *„ABSCHNITT C – Finanzinstrumente*
(1) Übertragbare Wertpapiere;
(2) Geldmarktinstrumente;
(3) Anteile an Organismen für gemeinsame Anlagen;
(4) Optionen, Terminkontrakte (Futures), Swaps, außerbörsliche Zinstermingeschäfte (Forward Rate Agreements) und alle anderen Derivatkontrakte in Bezug auf Wertpapiere, Währungen, Zinssätze oder -erträge, Emissionszertifikate oder andere Derivat-Instrumente, finanzielle Indizes oder Messgrößen, die effektiv geliefert oder bar abgerechnet werden können;
(5) Optionen, Terminkontrakte (Futures), Swaps, Termingeschäfte (Forwards) und alle anderen Derivatkontrakte in Bezug auf Waren, die bar abgerechnet werden müssen oder auf Wunsch einer der Parteien bar abgerechnet werden können, ohne dass ein Ausfall oder ein anderes Beendigungsereignis vorliegt;
(6) Optionen, Terminkontrakte (Futures), Swaps und alle anderen Derivatkontrakte in Bezug auf Waren, die effektiv geliefert werden können, vorausgesetzt, sie werden an einem geregelten Markt, über ein MTF oder über ein OTF gehandelt; ausgenommen davon sind über ein OTF gehandelte Energiegroßhandelsprodukte, die effektiv geliefert werden müssen;
(7) Optionen, Terminkontrakte (Futures), Swaps, Termingeschäfte (Forwards) und alle anderen Derivatkontrakte in Bezug auf Waren, die effektiv geliefert werden können, die sonst nicht in Nummer 6 dieses Abschnitts

---

152 In der Gesetzesbegründung zur Novelle von § 104 wird zur Berechnungsgrundlage für konkrete Ersatzgeschäfte bei gesetzlicher Beendigung nach § 104 Abs. 2 Satz 2 Nr. 1 (BT-Drs. 18/9983, S. 20) folgende Erläuterung gegeben: „*Die Unverzüglichkeit der Eindeckung und der Umstand, dass das Ersatzgeschäft zu einem Markt- oder Börsenpreis zustande kommt, verbürgen die Objektivität und Manipulationsfreiheit der Wertbestimmung und verhindern Spekulationen zulasten der anderen Partei. Die Möglichkeit, auf den Markt- oder Börsenpreis für das konkret abgeschlossene Ersatzgeschäft abzustellen, sichert zudem die von § 104 InsO vorausgesetzte Möglichkeit ab, dass sich die Parteien zu eben dem Markt- oder Börsenpreis Ersatz beschaffen können, zu dem sie das Geschäft im Verhältnis zueinander abwickeln.*".

153 RegE BT-Drs. 18/9983, S. 18.

154 Jaeger/*Jacoby* § 104 Rn. 42. Die Einordnung von Osmium, Iridium, Rhodium und Ruthenium als Edelmetalle iSd § 104 Abs. 1 Satz 3 Nr. 1 ist dabei jedoch nicht unumstritten. Vgl. zu dieser Diskussion beispielsweise, KPB/*von Wilmowsky* § 104 Rn. 70 und Gottwald/*Oberwald* § 102 Rn. 4.

155 Siehe den Wortlaut von Nr. (6) und (7) MiFID II-Anhang bei Rn. 127; zu den Optionsgeschäften auf Waren nimmt der Gesetzgeber in der Gesetzesbegründung wie folgt Stellung (RegE BT-Drs. 18/9983, S. 19): „*Anders als bislang schließt Nummer 5 nicht mehr nur Optionen und andere Rechte auf Finanzleistungen ein, sondern auch Optionen auf Warengeschäfte nach Satz 1. Derartige Optionen werden über weite Strecken bereits von Nummer 4 erfasst (vgl. Anhang I Abschnitt C Nummern 5 bis 7 der neugefassten Finanzmarktrichtlinie).*".

genannt sind und nicht kommerziellen Zwecken dienen, die die Merkmale anderer derivativer Finanzinstrumente aufweisen;
(8) Derivative Instrumente für den Transfer von Kreditrisiken;
(9) Finanzielle Differenzgeschäfte;
(10) Optionen, Terminkontrakte (Futures), Swaps, außerbörsliche Zinstermingeschäfte (Forward Rate Agreements) und alle anderen Derivatkontrakte in Bezug auf Klimavariablen, Frachtsätze, Inflationsraten oder andere offizielle Wirtschaftsstatistiken, die bar abgerechnet werden müssen oder auf Wunsch einer der Parteien bar abgerechnet werden können, ohne dass ein Ausfall oder ein anderes Beendigungsereignis vorliegt, sowie alle anderen Derivatkontrakte in Bezug auf Vermögenswerte, Rechte, Obligationen, Indizes und Messwerte, die sonst nicht im vorliegenden Abschnitt C genannt sind und die die Merkmale anderer derivativer Finanzinstrumente aufweisen, wobei unter anderem berücksichtigt wird, ob sie auf einem geregelten Markt, einem OTF oder einem MTF gehandelt werden;
(11) Emissionszertifikate, die aus Anteilen bestehen, deren Übereinstimmung mit den Anforderungen der Richtlinie 2003/87/EG (Emissionshandelssystem) anerkannt ist."

Der Verweis auf MiFID II trägt wesentlich dazu bei, die vielfältigen am Markt gehandelten Produkte und deren Abdeckung durch § 104 zu harmonisieren. Ein Beispiel, bei dem dieser Verweis besonders zur Schaffung von Rechtssicherheit beiträgt, sind die in der Praxis bedeutsamen, unter § 104 aF aber nur schwer erfassbaren Kreditderivate (wie beispielsweise *Credit Default Swaps*, *Credit Spread Swaps* oder *Total Return Swaps*), die nun als derivative Instrumente für den Transfer von Kreditrisiken über Nr. 8 des MiFID II-Anhangs unter § 104 fallen können. Dasselbe gilt für die im Versicherungs- bzw. Rückversicherungsbereich zur Risikoabsicherung verwendeten Lebenserwartungsderivate (*longevity derivatives*), die sich auf versicherungswirtschaftliche Statistiken beziehen. Weitere Beispiele sind Wetter-, Fracht-, Inflations- oder Erdbebenderivate, die bei Vorliegen der Voraussetzungen über Nr. 10 MiFID II-Anhang erfasst sind, sowie Geschäfte, die sich auf Emissionszertifikate beziehen.[156] **128**

Für Aktienderivate (*equity derivatives*) ist folgende Einschränkung zu beachten: Entsprechend der Regelung in § 104 Abs. 2 Satz 2 Nr. 2 aF kann ein Geschäft, das auf Lieferung von Wertpapieren gerichtet ist, dann keine Finanzleistung nach § 104 sein, wenn es die Lieferung von Wertpapieren oder vergleichbaren Rechten beinhaltet und dadurch der Erwerb einer Beteiligung an einem Unternehmen zur Herstellung einer dauernden Verbindung zu diesem Unternehmen beabsichtigt ist. Vertragstypische Leistung ist hierbei nicht das Wertpapiergeschäft als Finanzleistung, sondern der Erwerb der Beteiligung.[157] Die Handhabung von Aktientermingeschäften ist wegen dieser Rückausnahme auf Grundlage der Absicht einer Partei nicht immer einfach, da die insolvenzrechtliche Qualifizierung alleine von den sich uU ändernden Motiven der erwerbenden Partei abhängt. **129**

Unter § 104 Abs. 1 Satz 3 Nr. 2 fallen auch die bisher von § 104 Abs. 2 Satz 3 Nr. 2 aF erfassten Wertpapierdarlehens- und Wertpapierpensionsgeschäfte.[158] **130**

Wertpapierpensionsgeschäfte sind Sachdarlehen über Wertpapiere, da die Rückgabepflicht sich (nach anfänglicher Vollrechtsübertragung) auf Wertpapiere gleicher Art, Güte und Menge bezieht. Zudem wird üblicherweise auch ein Darlehensentgelt für die Überlassung auf Zeit vereinbart, dass der Empfänger der Wertpapiere (der Darlehensnehmer) zahlt. Als Handelsgeschäfte über die Lieferung von Wertpapieren ist ein Wertpapierpensionsgeschäft eine Finanzleistung nach Nr. 2 und keine Form des Kreditgeschäfts. Für die Dokumentation standardisierter bilateraler Wertpapierdarlehensgeschäfte (*securities lending transactions* oder *stock loan transactions*) gibt es ebenfalls Musterverträge von den deutschen Bankenverbänden bzw. von der *International Securities Lending Association* (ISLA). Dies sind der Rahmenvertrag für Wertpapierdarlehensgeschäfte (DRV-WPD) bzw. das *Global Master Securities Lending Agreement* (GMSLA).[159] Die Wertpapiere werden im Wegen der Vollrechtsübetragung vom Darlehensgeber (*Lender*) auf den Darlehensnehmer (*Borrower*) übertragen. Die Verträge sehen als Normalfall eine Besicherung mit Margensicherheiten vor, für die insoweit Privilegien für Finanzsicherheiten zu prüfen sind (Rn. 140 f.). Zu den Voraussetzungen einer bestimmten Zeit für die Erfüllung sowie zur Vereinbarung von sog. *End-Stop Dates* → Rn. 29 und Rn. 116. **131**

---

156 Vgl. zu den Auslegungsunsicherheiten für solche nur in speziellen Wirtschaftsbereichen verwendeten Geschäftstypen unter § 104 aF MüKoInsO/*Jahn/Fried* → 3. Aufl., § 104 Rn. 100 ff.

157 Vgl. hierzu sowie zu Praxispeispielen strukturierter Geschäfte die bei entsprechenden Motiven dem Erwerb von Beteiligungen dienen können Uhlenbruck/*Knof* § 104 Rn. 56.

158 So bereits *Bosch*, Kölner Schrift, S. 1028 Rn. 78 ff.; zur zivilrechtlichen Einordnung dieser beiden Geschäftsarten MüKoBGB/*Berger* § 607 Rn. 6 ff. zur klaren Erfassung von Wertpapierdarlehens- und -pensionsgeschäften durch § 104 äußerte sich auch der Gesetzgeber in RegE BT-Drs. 18/9983, S. 18.

159 Vertragsmuster sind auf den Webseiten der entsprechend Verbände abrufbar (www.bankenverband.de bzw. www.isla.co.uk); detailliert zu diesen Verträgen Zerey/*Storck* § 14 Rn. 1 ff.

132 Echte Pensionsgeschäfte im Sinne des § 340b Abs. 2 HGB sind Kassaverkäufe mit deckungsgleichem Terminrückkauf.[160] In der Praxis und bei Verwendung typischer deutschsprachiger Musterverträge, wie beispielsweise dem Rahmenvertrag für Wertapierpensionsgeschäfte (DRV-Repo) der deutschen Bankenverbände, sind die Werpapiere im Wege der Vollrechtsübertragung vom Pensionsgeber auf den Pensionsnehmer zu übertragen. Bei Rückübertragung ist nicht die Lieferung derselben Wertpapiere, sondern von Wertpapieren „derselben Art und Menge" (*Equivalent Securities*) geschuldet.[161] Auch die im angelsächsischen Rechtskreis *Repurchase Agreements* (*Repos*) genannten Geschäfte richten sich stets auf die Lieferung von Wertpapieren derselben Art und Menge.[162] Sie sind Finanzleistungen nach Abs. 1 Satz 3 Nr. 2 mit einem ähnlichen Zweck wie dem einer Kreditaufnahme, ohne Kreditgeschäfte (Darlehen) zu sein. Der Umstand, dass sie wirtschaftlich einem Darlehen mit Stellung von Wertpapiersicherheiten ähneln, steht dem nicht entgegen. Die mit einem Kassageschäft übereigneten Wertpapiere werden dem Käufer zur uneingeschränkten Verfügung und nicht zur Sicherheit übereignet (vgl. Nr. 4(5) des Rahmenvertrags für echte Pensionsgeschäfte (Repos) von 2003).

133 Dieselbe Analyse gilt grundsätzliche für die Sonderform der „*Buy/Sell back*-Geschäfte". Im Unterschied zum normalen Wertpapierpensionsgeschäft muss der Käufer dem Verkäufer keine Ausgleichszahlung(en) für die Erträge aus den Wertpapieren leisten. Die Erträge werden stattdessen vom Rückkaufpreis abgezogen.[163]

134 Für die Sonderform der unechten Wertpapierpensionsgeschäfte ist hingegen ein anderer Ansatz einschlägig. Gem. § 340b Abs. 3 HGB hat bei diesen Geschäften der Käufer das Recht, aber nicht die Pflicht, die übertragenen Wertpapiere zurückzukaufen. Die Geschäfte haben daher Optionscharakter und sind als Finanzleistungen iSd § 104 Abs. 1 Satz 3 Nr. 5 anzusehen.

135 **c) § 104 Abs. 1 Satz 3 Nr. 3 Buchst. a) und b).** Die in diesen Vorschriften genannten Beispiele für Finanzleistungen übernehmen die bislang von § 104 Abs. 2 Satz 2 Nr. 3 und 4 aF erfassten und auf Währungen, Zinssätze und die Preise von sonstigen Gütern und Leistungen bezogenen derivativen Instrumente.[164] Der Begriff der „Güter" in § 104 Abs. 1 Satz 3 Nr. 3 Buchst. b) ist wie bisher weit auszulegen und erfasst alle Vermögensgegenstände. Er geht daher über den Warenbegriff hinaus. Durch die Regelung, dass Geldleistungen in ihrer Höhe „*mittelbar oder unmittelbar*" durch Kurse, Zinssätze oder Preise bestimmt werden können, soll eine Anknüpfung an Wertpapier-, Waren- oder sonstige Güterindizes möglich bleiben.[165]

136 **d) § 104 Abs. 1 Satz 3 Nr. 4.** Dieses Finanzleistungs-Beispiel stellt auf die Lieferung und Geldleistung aus „*derivativen Finanzinstrumenten*" ab. Ausweislich der Gesetzesbegründung[166] decken diese ausschließlich diejenigen derivativen MiFID-Finanzinstrumente ab, die in Nr. 4 bis 10 MiFID II-Anhang genannt werden (zum Wortlaut → Rn. 126 f.).

137 **e) § 104 Abs. 1 Satz 3 Nr. 5.** Optionen werden auch in der Neufassung von § 104 in einer eigenen Ziffer genannt, obwohl sie bereits zu einem großen Teil von § 104 Abs. 1 Satz 3 Nr. 4 (iVm Nr. 4 bis 7 MiFID II-Anhang) erfasst sind.[167]

138 Nach dem Willen des Gesetzgebers soll die Nennung von Optionen Rechtssicherheit hinsichtlich der Frage schaffen, ob auch einseitig vorerfüllte Optionsgeschäfte unter § 104 fallen. Die Gesetzesbegründung erörtert in diesem Zusammenhang, dass Optionen unter Umständen jedoch nicht einem Markt- oder Börsenpreisrisiko unterliegen (zB Stillhalter bei Option mit Barausgleich). In der Gesetzesbegründung wird darüber hinaus erwähnt, dass anders als bislang auch Optionen auf

---

160 Zerey/*Storck* § 15 Rn. 5.

161 Vgl. Nr. 1(1) DRV-Repo. Der Mustervertrag ist über www.bankenverband.de abrufbar.

162 Im internationalen Finanzbereich ist das Global Master Repurchase Agreement gebräuchlich (Version: May 2011) (GMRA). Der Mustervertrag ist auf der Webseite der *International Capital Market Association* (ICMA) abrufbar (www.icmagroup.org).

163 Baumbach/Hopt/*Hopt* Rn. J5.

164 RegE BT-Drs. 18/9983, S. 18.

165 Vgl. zur entsprechenden Auslegung der Begriffe der „Güter" und der „unmittelbaren oder mittelbaren" Bestimmung von Geldleistungen aufgrund von zB Gütern oder Leistungen in § 104 Abs. 2 Satz 2 Nr. 4 aF MüKoInsO/*Jahn/Fried* → 3. Aufl., § 104 Rn. 66; ebenso Uhlenbruck/*Lüer* § 104 Rn. 24, der darauf hinweist, dass die Vorschrift im Laufe der Beratung des Rechtsausschusses um die Worte „unmittelbar oder mittelbar" ergänzt wurde, um auch solche Geschäfte zu erfassen, bei denen die Höhe der geschuldeten Geldleistung von der Entwicklung eines „Wertpapierindex" abhängig gemacht wird (Begründung des Rechtsausschusses zu § 118 RegE, BT-Drs. 12/7302, S. 168).

166 RegE BT-Drs. 18/9983, S. 18.

167 So auch RegE BT-Drs. 18/9983, S. 19.

Warengeschäfte nach § 104 Abs. 1 Satz 1 sowie komplexere Geschäftstypen, wie etwa mehrstufige Optionen und Optionen auf andere Finanzleistungen, miteinbezogen werden sollen.[168]

f) § 104 Abs. 1 Satz 3 Nr. 6. Diese Regelung übernimmt das Regelbeispiel zu Finanzsicherheiten, die bislang in § 104 Abs. 2 Satz 2 Nr. 6 aF erfasst waren. § 104 aF wurde erweitert, um Finanzsicherheiten im Sinne des § 1 Abs. 17 KWG insolvenzfest in das Liquidationsnetting einzubeziehen. Dies wurde durch die Gleichstellung der Leistung von Finanzsicherheiten mit dem Abschluss von Geschäften über Finanzleistungen im Sinne der Nrn. 1 bis 5 erreicht. Zur Änderung der InsO im Rahmen der Umsetzung der Finanzsicherheitenrichtlinie → Rn. 28 ff. Zu den Voraussetzungen und zur Bedeutung von Finanzsicherheiten im Zusammenhang mit der Besicherung von Rahmenverträgen → Rn. 140 ff. 139

3. Exkurs: Finanzsicherheiten nach § 1 Abs. 17 KWG iVm § 104 Abs. 1 Satz 3 Nr. 6. a) Bedeutung von Finanzsicherheiten für Derivate- und Finanzgeschäfte. Ziel der Finanzsicherheitenrichtlinie ist (neben den übergeordneten Zielen der Integration, Stabilität und Kosteneffizienz des Finanzmarktes), die Rechtssicherheit für die Stellung und Verwertung von Finanzsicherheiten zu erhöhen, indem Finanzsicherheiten von bestimmten Restriktionen des jeweiligen nationalen Insolvenzrechts ausgenommen werden.[169] Neben der privilegierten Verwertung von Finanzsicherheiten wird insbesondere Close-out Netting geschützt, soweit Ansprüche daraus mit Finanzsicherheiten abgesichert sind.[170] Auch die Stellung von Margensicherheiten soll insolvenzrechtlich bei Vorliegen der entsprechenden Voraussetzungen wirksam bleiben und zB nicht der Anfechtung unterliegen.[171] 140

Für die insolvenzrechtliche Analyse von Derivate-, Wertpapierdarlehens- und Repo-Geschäften ist die Finanzsicherheitenrichtlinie von großer Bedeutung.[172] Sie schafft für viele Marktteilnehmer die notwendige Rechtssicherheit für das Management der Risiken aus den entsprechenden Geschäften. Margensicherheiten dienen bei bilateralen OTC-Derivaten, für Clearinghäuser und verstärkt auch im Energiehandelsbereich dazu, die regelmäßig hypothetisch zu berechnende Forderung nach Close-out Netting zu besichern. Im Ernstfall deckt die Margensicherheit (oder der Verwertungserlös daraus) dann den Anspruch nach durchgeführtem Close-out Netting ab. Grundvoraussetzung dafür, dass Margensicherheiten in dieser Weise Risiken absichern können, ist ein funktionierendes Close-out Netting. 141

Diese Bedeutung der regulatorisch auferlegte Besicherungspflicht wird wegen Erweiterung dieser Pflichten in den nächsten Jahren noch weiter zunehmen; sie wird zudem durch rechtlichen Prüfungspflichten ergänzt.[173] 142

b) Einbeziehung von Finanzsicherheiten in § 104 durch Verweis auf das KWG. Die Einbeziehung von Finanzsicherheiten in die nicht abschließende Aufzählung der Finanzleistungen 143

---

168 Der Gesetzgeber wollte dadurch zum Ausdruck bringen, dass auch gleich- und mehrstufige Kombinationen aus Finanzleistungen jedenfalls dann ihrerseits Finanzleistungen darstellen, wenn sie dem Risiko von Markt- oder Börsenpreisschwankungen unterliegen (RegE BT-Drs. 18/9983, S. 19).

169 Vgl. zur den Motiven und Anforderungen der Finanzsicherheitenrichtlinie *Ruzik* S. 365 ff., *Fuchs* S. 344 ff., Zerey/*Fried* § 19 Rn. 1 ff.

170 Vgl. Art. 7 Abs. 1 Finanzsicherheitenrichtlinie: „*Artikel 7 Anerkennung der Aufrechnung infolge Beendigung (1) Die Mitgliedstaaten stellen sicher, dass die Aufrechnung infolge Beendigung vereinbarungsgemäß wirksam werden kann, a) auch wenn gegenüber dem Sicherungsgeber oder -nehmer ein Liquidationsverfahren eröffnet wurde oder Sanierungsmaßnahmen eingeleitet wurden oder das Verfahren bzw. die Maßnahmen andauern, und/oder b) ungeachtet behaupteter Zessionen, gerichtlicher oder sonstiger Pfändungen oder anderweitiger Verfügungen über jene Rechte.*".

171 Vgl. Erwägungsgrund 5 und Art. 8 der Finanzsicherheitenrichtlinie; Art. 8 wurde durch das Privileg für Margensicherheiten in § 130 Abs. 1 Satz 2 umgesetzt.

172 Vgl. zur Funktionsweise typischer Besicherungsanhänge bzw. typischer Rahmenverträge für Wertpapierpensions- und -darlehensgeschäfte Zerey/*Fried* § 19 Rn. 8 ff.

173 Die Pflicht zur Besicherung von nicht über zentrale Gegenparteien (CCPs) abgewickelte OTC-Derivaten ist wesentlicher Bestandteil der aufsichtsrechtlichen Vorgaben für sogenannte „Finanzielle Gegenparteien" (FCs) und „Nichtfinanzielle Gegenparteien" (die Derivate mit einem bestimmten Mindestvolumen abgeschlossen haben; NFC+) nach Art. 11 der Verordnung (EU) Nr. 648/2012 (EMIR). Neben der schon jetzt für alle erfassten Unternehmen geltenden Pflicht zur Besicherung des aktuellen Marktwertes (*Variation Margin* bzw. Ersteinschuss) erweitert sich der Kreis der Parteien, die zudem auch zusätzliche Margensicherheiten für Verwertungsrisiken (*Initial Margin*; Nachschuss) stellen müssen, sukzessive bis zum 1.9.2020 durch Absenkung der aggregierten durchschnittlichen Derivate-Nominalbetragsvolumina von EUR 3.000 Mrd. auf EUR 8 Mrd. Weitere Einzelheiten regelt die Delegierte Verordnung (EU) 2016/2251 vom 4. Oktober 2016. Nach Art. 3 Abs. 2 dieser Verordnung müssen Gegenparteien, die eine Nettingvereinbarung oder eine Vereinbarung über den Austausch von Sicherheiten schließen, zudem eine unabhängige Stelle mit der rechtlichen Überprüfung dieser Vereinbarungen beauftragen, um die Prüfung der Rechtswirksamkeit dieser Vereinbarungen belegen zu können.

in § 104 Abs. 1 S. 3 Nr. 6 soll den Verbund von Finanzleistungsgeschäften mit Finanzsicherheiten in einem Rahmenvertrag insolvenzfest machen. Die Leistung von Finanzsicherheiten ist allerdings kein selbständiges Derivategeschäft. Finanzsicherheiten, die nicht mit Finanzleistungen verbunden sind, wie etwa die Besicherung eines ausgereichten Darlehens, sind daher im Falle der Insolvenzeröffnung nicht wie Finanzleistungen abzuwickeln.

144 **c) Finanzsicherheiten nach § 1 Abs. 17 KWG.** § 1 Abs. 17 KWG lautet:

145 „Finanzsicherheiten im Sinne dieses Gesetzes sind Barguthaben, Geldbeträge, Wertpapiere, Geldmarktinstrumente sowie Kreditforderungen im Sinne des Artikels 2 Absatz 1 Buchstabe o der Richtlinie 2002/47/EG des Europäischen Parlaments und des Rates vom 6. Juni 2002 über Finanzsicherheiten (ABl. L 168 vom 27.6.2002, S. 43), die durch die Richtlinie 2009/44/EG (ABl. L 146 vom 10.6.2009, S. 37) geändert worden ist, und Geldforderungen aus einer Vereinbarung, auf Grund derer ein Versicherungsunternehmen im Sinne des § 1 Absatz 1 des Versicherungsaufsichtsgesetzes einen Kredit in Form eines Darlehens gewährt hat, jeweils einschließlich jeglicher damit in Zusammenhang stehender Rechte oder Ansprüche, die als Sicherheit in Form eines beschränkten dinglichen Sicherungsrechts oder im Wege der Überweisung oder Vollrechtsübertragung auf Grund einer Vereinbarung zwischen einem Sicherungsnehmer und einem Sicherungsgeber, die einer der in Artikel 1 Abs. 2 Buchstabe a bis e der Richtlinie 2002/47/EG, die durch die Richtlinie 2009/44/EG geändert worden ist, aufgeführten Kategorien angehören, bereitgestellt werden; bei von Versicherungsunternehmen gewährten Kreditforderungen gilt dies nur, wenn der Sicherungsgeber seinen Sitz im Inland hat. Gehört der Sicherungsgeber zu den in Artikel 1 Abs. 2 Buchstabe e der Richtlinie 2002/47/EG genannten Personen oder Gesellschaften, so liegt eine Finanzsicherheit nur vor, wenn die Sicherheit der Besicherung von Verbindlichkeiten aus Verträgen oder aus der Vermittlung von Verträgen über a) die Anschaffung und die Veräußerung von Finanzinstrumenten, b) Pensions-, Darlehens- sowie vergleichbare Geschäfte auf Finanzinstrumente oder c) Darlehen zur Finanzierung des Erwerbs von Finanzinstrumenten dient. Gehört der Sicherungsgeber zu den in Artikel 1 Abs. 2 Buchstabe e der Richtlinie 2002/47/EG genannten Personen oder Gesellschaften, so sind eigene Anteile des Sicherungsgebers oder Anteile an verbundenen Unternehmen im Sinne von § 290 Abs. 2 des Handelsgesetzbuches keine Finanzsicherheiten; maßgebend ist der Zeitpunkt der Bestellung der Sicherheit. Sicherungsgeber aus Drittstaaten stehen den in Satz 1 genannten Sicherungsgebern gleich, sofern sie im Wesentlichen den in Artikel 1 Abs. 2 Buchstabe a bis e aufgeführten Körperschaften, Finanzinstituten und Einrichtungen entsprechen."

146 § 104 Abs. 2 Nr. 6 gilt nicht nur im Verhältnis zu Beteiligten aus EU-Staaten, sondern allgemein.[174] Der persönliche Anwendungsbereich erschließt sich nicht direkt aus dem Wortlaut des § 1 Abs. 17 KWG, sondern erst aus den Regelungen der Finanzsicherheitenrichtlinie, auf die diese Vorschrift verweist.[175]

147 Die Finanzsicherheiten sind in Satz 1 abschließend aufgeführt. Sie entsprechen inhaltlich der Definition in Art. 1 Abs. 4 Buchst. a) der Finanzsicherheitenrichtlinie und beinhalten insbesondere Barguthaben, Geldbeträge, Wertpapiere, Geldmarktinstrumente sowie Kreditforderungen.

148 **d) Form der Bestellung der Finanzsicherheit.** Entsprechend Art. 2 Abs. 1 Buchst. b) und c) der Finanzsicherheitenrichtlinie regelt § 1 Abs. 17 Satz 1 KWG die Bestellung in Form einer Vollrechtsübertragung (*title transfer financial collateral arrangement*) und in Form der Einräumung eines beschränkt dinglichen Rechts (*security financial collateral arrangement*).

149 Der Begriff der „Vollrechtsübertragung" in § 1 Abs. 17 Satz 1 KWG ist weit auszulegen. Art. 2 Abs. 1 Buchst. b) der Finanzsicherheitenrichtlinie definiert die „*Finanzsicherheit in Form der Vollrechtsübertragung*" als „*die vollständige Übereignung bzw. Zession eines Finanzaktivums oder die Übertragung aller Rechte daran zum Zwecke der Besicherung oder anderweitigen Deckung von Verbindlichkeiten […]*". Erfasst sind ausdrücklich auch Wertpapierpensionsgeschäfte. Mit „Vollrechtsübertragung" sind auch fiduziarische Sicherungsübereignungen oder Sicherungszessionen gemeint; zudem werden dadurch laut Gesetzgeber auch sogenannte irreguläre Pfandrechte erfasst, bei denen die Parteien schon bei Vertragsschluss eine Aneignung oder Veräußerung des Pfandes durch den Gläubiger vereinbaren können

174 Unter Berücksichtigung der Spezialnorm des § 340 Abs. 2, zu Fragen des Kontextes zu §§ 335 ff. → Rn. 63 ff.

175 Wegen ihrer mehrstufigen Verweisung ist die Regelung des § 104 Abs. 2 Nr. 6 wenig transparent. Ursprünglich sollte § 1 Abs. 17 KWG fast vollständig aus einer Verweisung auf Bestimmungen der Art. 1 und 2 der Finanzsicherheitenrichtlinie bestehen, vgl. Gesetzentwurf der Bundesregierung, BT-Drs. 15/1853 v. 29.10.2003, Art. 5 Nr. 1, S. 6. Die endgültige Fassung, ein Kompromiss, kam erst auf Intervention des Bundesrates zustande. Vgl. auch die Stellungnahme des Bundesrates v. 17.10.2003, Anlage 2, S. 44/45 zur BT-Drs. 15/1853. Eine Definition des persönlichen Anwendungsbereichs in § 1 Abs. 17 KWG hätte diese Vorschrift allerdings erheblich erweitert, da die Regelungen der Finanzsicherheitenrichtlinie wörtlich hätten übernommen werden müssen, vgl. Beschlussempfehlung und Bericht des Rechtsausschusses des Bundestags, BT-Drs. 15/2485 v. 11.2.2004, S. 41.

und bei denen lediglich eine Sache gleicher Art zurückzugeben ist.[176] In der Praxis (zB in Besicherungsanhängen für Derivategeschäfte) sind allerdings Vollrechtsübereignungen üblich (auch *full title transfer* oder *outright transfer*),[177] bei denen der Empfänger der Sicherheit die uneingeschränkte Verfügungsbefugnis über diese erhält, ohne Segregations- oder sonstige treuhänderischen Pflichten zu haben. Mitgliedstaaten haben nach Art. 6 der Finanzsicherheitenrichtlinie sicherzustellen, dass Finanzsicherheiten im Wege der Vollrechtsübertragung vereinbarungsgemäß wirksam werden können.

Die „Finanzsicherheit in Form eines beschränkten dinglichen Rechts" definiert Art. 2 Abs. 1 Buchst. c) der Finanzsicherheitenrichtlinie als „*ein Sicherungsrecht an einem Finanzaktivum durch einen Sicherungsgeber, wobei das volle oder bedingte/beschränkte Eigentum oder die Inhaberschaft an der Sicherheit zum Zeitpunkt der Bestellung beim Sicherungsgeber verbleibt*". Damit wird aus Sicht des deutschen Rechts ein vertragliches Pfandrecht umschrieben. Art. 5 der Finanzsicherheitenrichtlinie verlangt aber darüber hinaus ein Verfügungsrecht über das verpfändete Finanzaktivum, das dem Sicherheitenempfänger während der Laufzeit des Geschäfts (dh vor Verwertung) zustehen soll. Dieses Verfügungsrecht soll Sicherheiten im Rahmen der üblichen Geschäftstätigkeit nutzbar machen und wird im englischsprachigen Bereich mit „*right of use*" bzw. „*rehypothecation right*" umschrieben. 150

Aus Sicht des deutschen Rechts (Pfandrechtsdogmatik) erscheint das Konzept der Verfügung über einen Sicherungsgegenstand vor Eintritt des Sicherungsfalles (Pfandreife) zunächst befremdlich. Das Justizministerium argumentierte jedoch, das deutsche Recht enthalte mit dem unregelmäßigen Pfandrecht[178] bereits eine durchführbare Form des Pfandrechts im Sinne des Art. 5 der Finanzsicherheitenrichtlinie und bedürfe daher keiner Neuregelung.[179] Dieses unregelmäßige Pfandrecht ist dadurch gekennzeichnet, dass dem Pfandgläubiger ein Aneignungs- bzw. Verwertungsrecht ausdrücklich eingeräumt wird.[180] 151

Vollrechtsübertragungen haben jedoch ebenso wie beschränkt dingliche Rechte mit Verfügungsrechten vor Eintritt des Verwertungsfalles (*right of use*) während der Finanzkrise für manche Sicherungsgeber zu Verlusten geführt. Übersicherungsbeträge standen in diesen Fällen dem (solventen) Sicherungsgeber nicht mehr zur Verfügung, da sie entweder wegen der Vollrechtsübertragung Teil der Masse des insolventen Unternehmens wurden oder zum Zeitpunkt der Insolvenz längst weitergegeben worden waren.[181] 152

In beiden Fällen steht der solventen Partei in der Regel lediglich ein unbesicherter vertraglicher Zahlungsanspruch zu. Als Lösungsmöglichkeit werden ua Pfandrechte in Erwägung gezogen, bei denen der Pfandgegenstand – wie es etwa für Pfandrechte nach deutschem Recht gesetzlich vorgeschrieben ist – erst nach Eintritt der Pfandreife und nur in Höhe der fälligen Forderung verwertet werden darf. Sicherheitenbestellungen durch die Einräumung von Pfandrechten (oder ähnlichen Sicherheiten nach dem Recht anderer Staaten) gewinnen in der Praxis zunehmend an Bedeutung und werden – auch aus regulatorischen Gründen – typischerweise für die Bestellung von *Initial Margin* verwendet (→ Rn. 240). 153

e) Parteien bei der Bestellung von Finanzsicherheiten. Die Finanzsicherheitenrichtlinie soll zu einer weiteren Integration und höheren Kostenwirksamkeit des Finanzmarkts sowie zur Stabilität des Finanzsystems in der Gemeinschaft beitragen und dadurch den freien Dienstleistungs- und Kapitalverkehr im Finanzbinnenmarkt fördern.[182] § 1 Abs. 17 Satz 1 KWG verweist insoweit auf die Regelungen des Art. 1 Abs. 2 Buchst. a) bis e) der Finanzsicherheitenrichtlinie, die durch 154

---

176 Vgl. aber die Begründung in BT-Drs. 15/1853, S. 32.

177 ZB ISDA *Credit Support Annex* (*Transfer Annex/English Law*) und der Besicherungsanhang zum Rahmenvertrag für Finanztermingeschäfte. Im *Credit Support Annex* nach New Yorker Recht ist dagegen die Verfügungsmöglichkeit des Sicherungsnehmers über *Collateral* der Standardfall. Dies hat während der Finanzkrise für manche Marktteilnehmer zu Verlusten geführt, sofern der Sicherungsnehmer Sicherheiten auf Basis dieses Vertrages erhalten und im Zeitpunkt der Insolvenz weitergegeben hatte. Vgl. zu weiteren Einzelheiten Zerey/*Fried* § 19 Rn. 13.

178 Dieses ist nicht im BGB geregelt, aber von der Rechtsprechung anerkannt, vgl. *Keller* BKR 2003, 481.

179 BT-Drs. 15/1853, S. 11 f.

180 Vgl. hierzu Jauernig/*Berger,* Vorbemerkung vor Buch 3, Abschnitt 8, Rn. 2, der unter Hinweis auf BGHZ 127, 138, 140 ein irreguläres oder unregelmäßiges Pfandrecht dann als gegeben ansieht, wenn zur Sicherung einer Forderung die „Pfandsache" dem Gläubiger übereignet wird und dieser berechtigt und verpflichtet ist, eine gleichartige Sache zurückzuerstatten; vgl. zur Verwertung und zivilrechtlichen Zulässigkeit *Herring/Cristea* ZIP 2004, 1630.

181 Vgl. hierzu sowie zu Verbesserungsmöglichkeiten für ISDA-Standardverträge bereits *Parker/McGarry* JIBFL 2009, 16 f.; für nicht geclearte OTC-Derivate ergibt sich die Pflicht zur Rückgabe von nicht in Anspruch genommenen Sicherheiten an den Sicherungsgeber nach Verwertung der Sicherheiten aus Art. 2 Abs. 2 Buchst. c) und Art. 19 Abs. 1 Buchst. f) der Delegierten Verordnung (EU) 2016/2251 vom 4. Oktober 2016.

182 Erwägungsgrund (3) der Finanzsicherheitenrichtlinie; *Obermüller/Hartenfels* BKR 2004, 440.

die Richtlinie 2014/59/EG vom 15.5.2014 zuletzt geändert worden ist. Art. 1 Abs. 2 Buchst. a) bis e) der Finanzsicherheitenrichtlinie lautet nunmehr:

155 „Sowohl der Sicherungsnehmer als auch der Sicherungsgeber muss einer der folgenden Kategorien angehören:

a) öffentlich-rechtliche Körperschaften, mit Ausnahme von Unternehmen, die mit einer öffentlichen Garantie ausgestattet sind, sofern sie nicht durch die Buchstaben b) bis e) erfasst werden, einschließlich
   i) der öffentlichen Stellen der Mitgliedstaaten, die für die Verwaltung der Schulden der öffentlichen Hand zuständig sind oder daran mitwirken, und
   ii) der öffentlichen Stellen der Mitgliedstaaten, die berechtigt sind, Konten für Kunden zu führen,
b) Zentralbanken, die Europäische Zentralbank, die Bank für Internationalen Zahlungsausgleich, multilaterale Entwicklungsbanken gemäß Anhang VI Teil 1 Abschnitt 4 der Richtlinie 2006/48/EG des Europäischen Parlaments und des Rates vom 14. Juni 2006 über die Aufnahme und Ausübung der Tätigkeit der Kreditinstitute (Neufassung), der Internationale Währungsfonds und die Europäische Investitionsbank,
c) beaufsichtigte Finanzinstitute, einschließlich der
   i) Kreditinstitute im Sinne von Artikel 4 Nummer 1 der Richtlinie 2006/48/EG einschließlich der in Artikel 2 derselben Richtlinie bezeichneten Institute,
   ii) Wertpapierfirmen im Sinne von Artikel 4 Absatz 1 Nummer 1 der Richtlinie 2004/39/EG des Europäischen Parlaments und des Rates vom 21. April 2004 über Märkte für Finanzinstrumente,
   iii) Finanzinstitute im Sinne von Artikel 4 Nummer 5 der Richtlinie 2006/48/EG,
   iv) Versicherungsunternehmen im Sinne von Artikel 1 Buchstabe a der Richtlinie 92/49/EWG des Rates vom 18. Juni 1992 zur Koordinierung der Rechts- und Verwaltungsvorschriften für die Direktversicherung (mit Ausnahme der Lebensversicherung) und Versicherungsunternehmen im Sinne von Artikel 1 Absatz 1 Buchstabe a der Richtlinie 2002/83/EG des Europäischen Parlaments und des Rates vom 5. November 2002 über Lebensversicherungen,
   v) Organismen für gemeinsame Anlagen in Wertpapieren (OGAW) im Sinne von Artikel 1 Absatz 2 der Richtlinie 85/611/EWG des Rates vom 20. Dezember 1985 zur Koordinierung der Rechts- und Verwaltungsvorschriften betreffend bestimmte Organismen für gemeinsame Anlagen in Wertpapieren (OGAW),
   vi) Verwaltungsgesellschaften im Sinne von Artikel 1a Absatz 2 der Richtlinie 85/611/EWG,
d) zentrale Vertragsparteien, Verrechnungsstellen und Clearingstellen im Sinne von Artikel 2 Buchstabe c) bzw. Buchstabe d) bzw. Buchstabe e) der Richtlinie 98/26/EG und vergleichbare Einrichtungen, die einer Aufsicht nach dem Recht eines Mitgliedstaats unterliegen und für Terminkontrakt-, Options- und Derivatemärkte fungieren, soweit sie nicht bereits von der genannten Richtlinie erfasst werden sowie juristische Personen, die als Treuhänder oder Vertreter für eine oder mehrere Personen tätig sind, insbesondere für Anleihegläubiger oder Inhaber sonstiger verbriefter Forderungen oder für eine Einrichtung im Sinne der Buchstaben a) bis d),
e) andere als natürliche Personen sowie Einzelkaufleute und Personengesellschaften, sofern die andere Vertragspartei eine Einrichtung im Sinne der Buchstaben a) bis d) ist."

156 Für Fälle, in denen natürliche Personen involviert sind, gilt die Finanzsicherheitenrichtlinie damit nicht. Der deutsche Gesetzgeber hat auch Unternehmen, die nicht zu den regulierten Finanz- oder Versicherungsunternehmen gehören, teilweise von den Privilegien für Finanzsicherheiten ausgenommen. Die Formulierung „*andere als natürliche Personen sowie Einzelkaufleute und Personengesellschaften*" in Buchst. e) erfasst alle juristischen Personen und sonstigen Organisationsformen, die weder natürliche Personen noch in den Buchst. a) bis d) genannte Organisationsformen sind. Der Anwendungsbereich von Buchst. e) ist weit auszulegen, schließt jedoch nach seinem Wortlaut Konstellationen aus, in denen beide Parteien (Sicherungsgeber und Sicherungsnehmer) Einheiten nach Buchst. e) sind.[183]

157 § 1 Abs. 17 Satz 3 KWG schließt eigene Anteile eines Sicherungsgebers, der zu dem Kreis der in Art. 1 Abs. 2 Buchst. e) der Finanzsicherheitenrichtlinie gehört (juristische Personen, Einzelkaufleute oder Personengesellschaften), sowie Anteile an verbundenen Unternehmen im Sinne des § 290 Abs. 2 HGB als Finanzsicherheiten aus. Börsennotierte oder sonst an einem Markt fungible Aktien können dagegen Finanzsicherheiten sein. Mit dieser Regelung hat der deutsche Gesetzgeber von der ihm nach Art. 1 (4) Buchst. b) der Finanzsicherheitenrichtlinie eingeräumten Möglichkeit Gebrauch gemacht.

158 **f) Sicherungsgeber oder Sicherungsnehmer aus Drittstaaten.** Nach § 1 Abs. 17 Satz 4 KWG stehen *Sicherungsgeber* aus Drittstaaten Sicherungsgebern aus EU-Mitgliedstaaten gleich, sofern

[183] Dies bedeutet ua, dass beispielsweise Industrieunternehmen (wie zB Energiehandelsunternehmen), die unter Buchst. e) fallen, die Privilegierungen der Finanzsicherheitenrichtlinie nicht zur Verfügung stehen, sofern Derivate- oder Handelsverträge zwischen diesen Unternehmen geschlossen werden. Zu entsprechenden Reformforderungen aus dem Unternehmensbereich Zerey/*Fried* § 19 Rn. 32.

sie im Wesentlichen den in Art. 1 Abs. 2 Buchst. a) bis e) der Finanzsicherheitenrichtlinie aufgeführten Körperschaften, Finanzinstituten und Einrichtungen entsprechen.

Die Behandlung von *Sicherungsnehmern* aus Drittstaaten wird in § 1 Abs. 17 KWG nicht ausdrücklich geregelt. Ein Argument gegen eine *e contrario*-Auslegung und für eine richtlinienkonforme Auslegung im Sinne einer Gleichbehandlung von Sicherungsgebern und Sicherungsnehmern aus Drittstaaten ist die Tatsache, dass einzelne in Art. 1 Abs. 2 Finanzsicherheitenrichtlinie genannte Rechtsträger keinen Sitz in der EU haben (zB BIS mit Sitz in Basel und IWF mit Sitz in Washington, Zentralbanken allgemein). Darüber hinaus dienen die Bezüge auf EU Richtlinien in den meisten Fällen lediglich als Beispiele. So spricht etwa Art. 1 Abs. 2 Buchst. c) Finanzsicherheitenrichtlinie von „beaufsichtigten Finanzinstituten" im Allgemeinen; die für die Umschreibung der Institute genannten EU-Richtlinien sind nicht abschließend, wie sich aus der einleitenden Formulierung von Buchst. c) („*beaufsichtigte Finanzinstitute, einschließlich [...]*") ergibt.[184] 159

g) Besicherung bestimmter Geschäfte bei nicht voll privilegierten Sicherungsgebern. Ist der Sicherungsgeber ein Einzelkaufmann, eine Personengesellschaft oder eine juristische Person des Privatrechts (also eine Einheit nach Art. 1 Abs. 2 Buchst. e) Finanzsicherheitenrichtlinie), liegt eine Finanzsicherheit im Sinne von Satz 1 nur dann vor, wenn sie der Besicherung bestimmter Finanzgeschäfte dient.[185] Diese Einschränkung will sicherstellen, dass sich die insolvenzrechtliche Privilegierung nur auf den von der Finanzsicherheitenrichtlinie zu schützenden und zu fördernden Marktbereich bezieht. Angesichts der auf europäischer Ebene voranschreitenden Expansion des Begriffs „Finanzinstrumente" ist die enge Definition der Derivate in § 1 Abs. 11 Satz 4 KWG erweitert worden. Als solche gelten mittlerweile auch solche Termingeschäfte, deren Preis von anderen als den ursprünglich in § 104 Abs. 2 Satz. 2 Nrn. 1 bis 5 aF genannten (klassischen) Basiswerten abhängt. 160

Entgegen seinen anfänglichen Absichten hat der deutsche Gesetzgeber keinen Gebrauch von der durch Art. 1 Abs. 3 Satz 1 der Finanzsicherheitenrichtlinie gewährten Möglichkeit gemacht, den Anwendungsbereich der Finanzsicherheitenrichtlinie ganz auf die in Art. 1 Abs. 2 Buchst. a) bis d) genannten Parteien zu beschränken (*opt out*), und sich stattdessen für eine Teileinschränkung (*partial opt out*) entschieden.[186] 161

h) Beschränkung der besicherten Geschäfte („maßgebliche Verbindlichkeiten"). In der Literatur wird die Frage diskutiert, ob eine „Finanzsicherheit" im Sinne der Finanzsicherheitenrichtlinie nur dann vorliegt, wenn sie eine „maßgebliche Verbindlichkeit" im Sinne der Begriffsbestimmung des Art. 2 Abs. 1 Buchst. f) besichert.[187] § 1 Abs. 17 KWG enthält keine entsprechende Einschränkung des Sicherungszwecks. Nach überwiegender Auffassung ergibt sich diese Begrenzung aus dem in Erwägungsgrund (3) niedergelegten Zweck sowie aus der Definition in Art. 2 Abs. 2 Buchst. f) der Finanzsicherheitenrichtlinie.[188] Diese lautet wie folgt: 162

„‚Maßgebliche Verbindlichkeiten' sind Verbindlichkeiten, die durch Finanzsicherheiten besichert sind und ein Recht auf Barzahlung und/oder Lieferung von Finanzinstrumenten begründen. Maßgebliche Verbindlichkeiten können ganz oder teilweise bestehen aus i) gegenwärtigen oder künftigen, bedingten oder unbedingten, fälligen oder betagten Verbindlichkeiten (einschließlich solcher, die aus einem Rahmenvertrag oder einer ähnlichen Vereinbarung erwachsen), ii) Verbindlichkeiten einer anderen Person als der des Sicherungsgebers gegenüber dem Sicherungsnehmer oder iii) Verbindlichkeiten, die lediglich allgemein oder ihrer Art nach bestimmt oder bestimmbar sind und gelegentlich entstehen." 163

---

184 Etwas anderes ergibt sich auch nicht aus der Gesetzgebungsgeschichte zur Finanzsicherheitenrichtlinie, in der zunächst überlegt wurde, eine ausdrückliche Regelung zur Privilegierung von Sicherungsgebern und Sicherungsnehmern aus Drittstaaten aufzunehmen. Dies geschah nicht, da man dies für überflüssig hielt (*Statement of the Council's Reason* vom 5.3.2002, *EU Document Number* 5530/3/02 REV 3 ADD 1, S. 6). Vgl. hierzu auch *Fuchs* S. 263 ff., der die Finanzsicherheitenrichtlinie auch in diesem Sinne auslegt, allerdings in Bezug auf § 1 Abs. 17 KWG zu einem anderen Ergebnis kommt, da er keine richtlinienkonforme Auslegung in Erwägung zieht.

185 Gehört der Sicherungsgeber zu den genannten Personen oder Gesellschaften, liegt nach § 1 Abs. 17 Satz 2 KWG eine Finanzsicherheit nur vor, wenn die Sicherheit der Besicherung von Verbindlichkeiten aus Verträgen oder aus der Vermittlung von Verträgen über a) die Anschaffung und die Veräußerung von Finanzinstrumenten, b) Pensions-, Darlehens- sowie vergleichbare Geschäfte auf Finanzinstrumente oder c) Darlehen zur Finanzierung des Erwerbs von Finanzinstrumenten dient. Vgl. zu den einzelnen Geschäften *Obermüller/Hartenfels* BKR 2004, 443.

186 Vgl. zur Diskussion über den Verzicht auf das „*Opt-out*"-Recht beispielsweise *Obermüller* ZIP 2003, 2336 und *Ehricke* ZIP 2003, 1065 mwN.

187 So *Ehricke* ZIP 2003, 2142; *Zypries* ZIP 2004, 51.

188 → Fn. 187.

164 **4. Weitere unbenannte Finanzleistungen.** Die Aufzählung der Finanzleistungen in § 104 Abs. 1 Satz 3 ist nicht abschließend. Weitere, nicht ausdrücklich genannte Geschäftstypen können ebenfalls Finanzleistungen iSv § 104 Abs. 1 Satz 3 sein. Voraussetzung ist, dass sie die in → Rn. 111 ff. beschriebenen allgemeinen Voraussetzungen von § 104 erfüllen. Dazu gehört auch, dass die solvente Partei sich wegen Markt- bzw. Börsenpreisschwankungen gegen Preisrisiken absichern können muss.[189] Für diese nicht ausdrücklich in § 104 Abs. 1 Satz 3 genannten Finanzleistungen liegt die Verwendung des Oberbegriffs „unbenannte Finanzleistungen" nahe.[190]

165 Auch börsengehandelte Finanzleistungen können von Abs. 1 Satz 3 erfasst werden. Dies gilt (bei Anwendbarkeit der InsO) sowohl im Verhältnis Clearinghaus – Clearingmitglied als auch im Verhältnis Clearingmitglied – Kunde/Auftraggeber. Unter § 104 aF war die Frage, ob die Clearingbedingungen bzw. ergänzende Verträge im Verhältnis Clearinghaus – Clearingmitglied als Rahmenvertrag zu qualifizieren sind, noch auslegungsbedürftig. Durch die ausdrückliche Erwähnung von CCP-Regelwerken in § 104 Abs. 3 ist diese Frage gegenstandslos geworden.[191]

166 **5. Rechtsfolge der Insolvenzeröffnung.** Die Neufassung von § 104 sieht einen Gleichlauf für Warenfixgeschäfte und Finanzleistungen vor. In beiden Fällen kann nach § 104 Abs. 1 mit Insolvenzeröffnung nicht mehr Erfüllung verlangt, sondern lediglich eine Forderung wegen Nichterfüllung geltend gemacht werden. → Rn. 108 ff., 167 ff.

VI. Absatz 2 (Forderung wegen Nichterfüllung)

167 **1. Überblick.** Die Bewertung beendeter Finanzleistungen gehört aus rechtlicher Sicht zu den wohl komplexesten Derivate-Themen. Aus diesem Grund sah sich beispielsweise auch der europäische Verordnungsgeber dazu veranlasst, eine Delegierte Verordnung für die Bewertung von Derivatekontrakten zu erlassen (Delegierte Verordnung (EU) 2016/1401 vom 23. Mai 2016). Darin wird geregelt, wie Derivate bewertet werden sollen, die durch Abwicklungsbehörden im Rahmen von Gläubigerbeteiligungen (*Bail-ins*) nach der BRRD beendet werden.[192] Diese Komplexität existiert aber auch im Warenhandelsbereich, wie zB im Strom- oder Gashandel auf Grundlage von Rahmenverträgen, soweit dort strukturierte Geschäfte abgeschlossen werden.

168 Grund für die Komplexität ist zum einen die Vielgestaltigkeit der Geschäfte. Bilaterale Verträge wie zB strukturierte Energiehandelsgeschäfte oder OTC-Finanzderivate dienen dazu, Liefer- oder Absicherungsgeschäfte zu vereinbaren, die den wirtschaftlichen Bedürfnissen der Parteien entsprechen, in dieser Form aber an Börsen oder auf sonstigen Handelsplattformen nicht verfügbar sind. Dort können nur standardisierte Produkte gehandelt werden, die den zugelassenen Produktspezifikationen entsprechen. Dies erfordert variable Ersatzbeschaffungs- und Bewertungsmechanismen. Zum anderen schließen Unternehmen und Institute unter ihren Rahmenverträgen mit einzelnen Vertragspartnern oft hunderte – zum Teil auch tausende – Einzelgeschäfte ab, die im Falle einer vorzeitigen Beendigung der entsprechenden Rahmenverträge ersetzt oder auf Grundlage hypothetischer Ersatzgeschäfte zu Markt- oder Börsenpreisen bewertet werden müssen. Dieser zweite, quantitative Aspekt gilt recht für zentrale Gegenparteien, die bei Ausfall eines großen Clearingmitglieds in kurzer Zeit hunderttausende Geschäfte übertragen, bewerten oder ersetzen müssen (zu Sonderthemen im Clearingbereich → Rn. 239 ff.).

169 Ausgangspunkt für die gesetzliche Berechnung der Forderung wegen Nichterfüllung ist die Beendigung der entsprechenden Geschäfte nach § 104 Abs. 1. Nach dieser Beendigung kann keine

189 Vgl. RegE BT-Drs. 18/9983, S. 18: „*Der so modernisierte Regelbeispielkatalog des § 104 Abs. 1 S. 3 InsO-E ist weiterhin nicht abschließend. Auch künftig soll der Begriff der Finanzleistung gegenüber der gängigen Finanzmarktpraxis und künftigen Entwicklungen im Finanzmarkt anschlussfähig sein.*".

190 Vgl. zB auch FKInsO/*Bornemann* § 104 Rn. 80 ff., der diese Fallgruppe unter dem Oberbegriff „Unbenannte Fälle" zusammenfasst.

191 Vgl. zur Abdeckung von börsengehandelten Geschäften und zur Diskussion von Rahmenvertragsthemen zu § 104 aF MüKoInsO/*Jahn/Fried* → 3. Aufl., § 104 Rn. 90.

192 Nach § 93 SAG ist das Instrument der Gläubigerbeteiligung (*Bail-in*) Bezug auf Verbindlichkeiten aus Derivaten nur nach oder gleichzeitig mit der Glattstellung der Derivate anwendbar. Die Abwicklungsbehörde (BaFin) ist bei Vorliegen der Abwicklungsvoraussetzungen befugt, Derivateverträge zu diesem Zweck zu kündigen und glattzustellen. Details der Bewertung in diesen Fällen regelt die Delegierte Verordnung für die Bewertung von Derivatekontrakten. In Präambel (2) und (3) dieser Delegierten Verordnung wird dazu Folgendes ausgeführt: „*(2) Derivatekontrakte können einen erheblichen Anteil der Verbindlichkeitsstruktur bestimmter Kreditinstitute ausmachen. Die Bewertung solcher Kontrakte ist jedoch ein komplexer Prozess, da ihr Wert an den Wert der zugrunde liegenden Instrumente, Vermögenswerte oder Unternehmen geknüpft ist, der sich im Laufe der Zeit entwickelt und erst bei Fälligkeit oder beim Close-Out herauskristallisiert. (3) Die Erfahrung zeigt, dass der Bewertungsprozess aufgrund der Komplexität der Bewertung von Derivateverbindlichkeiten beim Ausfall einer der Gegenparteien viel Zeit in Anspruch nehmen, enorme Kosten verursachen und Rechtsstreitigkeiten bewirken kann.*".

Erfüllung mehr verlangt werden. Die Forderung wegen Nichterfüllung tritt an die Stelle der bisherigen Erfüllungsansprüche.

Nach den Bewertungsvorgaben in § 104 Abs. 3 aF richtete sich die Forderung wegen Nichterfüllung nach dem Unterschied zwischen dem vereinbarten Preis und dem Markt- oder Börsenpreis an dem jeweils anwendbaren gesetzlichen oder vertraglich vereinbarten Bewertungstag. Dieses Konzept der „Differenzforderung" war bereits in der oben skizzierten PrKO von 1855 im Hinblick auf Waren- und Wertpapiertermingeschäfte enthalten (→ Rn. 5 ff.) und ist bei einfacheren Sachverhalten eine gut zu handhabende Regelung. Bei komplexeren Derivategeschäften war die Regelung jedoch auslegungsbedürftig. Zum einen gab die Tatsache, dass § 104 aF zwar Markt- und Börsenpreise nannte, die Preise konkreter Ersatzgeschäfte jedoch unerwähnt ließ, Anlass zu Diskussionen über die Auslegung der Norm.[193] Zum anderen führte die Erwähnung des „vereinbarten Preises" als Richtschnur zu einer Debatte darüber, ob damit bei Derivaten der Marktpreis des Basiswerts oder der aktuelle Marktpreis des Geschäfts selbst gemeint war. 170

Nur als Beispiel: Bei einem *Forward* (Terminkauf) auf Aktien wird ein Kaufpreis vereinbart, den der Terminkäufer am vereinbarten Tag an den Terminverkäufer zahlen muss. Wird das Geschäft aufgrund der Insolvenz des Terminverkäufers vorzeitig beendet, kam es schon bisher nicht darauf an, welchen Marktpreis die Aktien zum Zeitpunkt der Beendigung hatten. Entscheidend war vielmehr, welchen Wert dieses Terminkaufgeschäft selbst für den solventen Terminkäufer hatte.[194] Der Marktwert ist der Betrag, den der Terminkäufer einem Dritten zahlen müsste bzw. von diesem erhalten würde, wenn er mit ihm einen Vertrag mit identischen Bedingungen abschließen würde (dh insbesondere über die gleiche Art von Aktien, zum gleichen Terminpreis und mit dem gleichen Erfüllungsdatum). Diese Sichtweise ergibt sich auch aus dem Sinn und Zweck von § 104, der insbesondere darin besteht, dass die solvente Partei ihre Marktrisikosteuerungsfähigkeit behält und Ersatzgeschäfte abschließen kann, ohne einem Verwalterwahlrecht ausgesetzt zu sei. Für die Kosten solcher Ersatzgeschäfte soll die solvente Partei kompensiert werden, wenn der Marktwert des Geschäfts aus ihrer Sicht positiv ist; im umgekehrten Fall (negativer Marktwert) soll die solvente der insolventen Partei den Gegenwert des Marktwertes schulden. 171

Mit der Neufassung der Regelung zur Bewertung von Warenfixgeschäften und Finanzleistungen in § 104 Abs. 2 beabsichtigte der Gesetzgeber keine Abweichung vom bisherigen Ansatz, demzufolge es richtigerweise auf den Wert eines Deckungsgeschäftes, dh den Ersatzbeschaffungspreis für den beendeten Kontrakt ankam. 172

Diese wesentlichen Bewertungsfragen hat auch der Gesetzgeber gesehen und im Gesetz klargestellt oder zumindest in der Gesetzesbegründung aufgegriffen. Die Begründung fasst die Themen kurz und treffend zusammen und verweist gleichzeitig auf die Bedeutung privatautonomer Regelungen zur näheren Bestimmung des maßgeblichen Markt- oder Börsenwerts (Auszug):[195] 173

„Aus diesem Grund stellt § 104 Absatz 2 InsO-E auf den Markt- oder Börsenwert des Geschäfts ab, anstatt wie bisher auf die Differenz zwischen dem vereinbarten Preis und dem Markt- oder Börsenpreis. In der Sache ändert sich damit nichts, da auch bislang davon auszugehen war, dass es im Ergebnis auf den Preis eines hypothetischen Ersatzgeschäfts und damit auf den Wert der Position ankommt, die durch das in Wegfall geratene Geschäft vermittelt wurde […]. Im Fall eines Terminkaufs richtet sich dieser Wert nach der Differenz zwischen dem Markt- und dem vereinbarten Kaufpreis. Bei derivativen Instrumenten bereitet die Differenzformel hingegen Schwierigkeiten, wenn der ‚vereinbarte Preis' mit dem Preis des Referenzaktivums verwechselt wird. […] Dies wird dadurch klargestellt, dass allein auf den Markt- oder Börsenwert des Geschäfts abgestellt wird. § 104 Absatz 2 InsO-E bezieht sich dabei bewusst auf den Markt- oder Börsenwert des Geschäfts und nicht, wie § 104 Absatz 3 Satz 1 InsO, auf den Markt- oder Börsenpreis. Der Begriff Preis suggeriert, dass ein bestimmter oder eindeutig bestimmbarer Preis gemeint sei. Tatsächlich aber wirft die Bestimmung des Markt- oder Börsenpreises von Geschäften insbesondere dann eine Vielzahl von Fragen auf, wenn mit der überwiegenden Auffassung ein abstrakter Maßstab angelegt werden soll […]. Diese Schwierigkeiten lassen sich ohne Rückgriff auf rechtsgeschäftliche Konkretisierungen in den einschlägigen Vertragsdokumentationen kaum verlässlich beseitigen […]. Gerade deshalb erscheint es geboten, dass auch der Preis eines zu einem Markt- oder Börsenpreis abgeschlossenen konkreten Ersatzgeschäfts zugrunde gelegt werden kann […], und dass die Parteien auch privatautonome Regelungen zur näheren Bestimmung des maßgeblichen Markt- oder Börsenwerts treffen können […]." 174

Die terminologische Unterscheidung zwischen Markt- und Börsen*preis* einerseits und Markt- und Börsen*wert* andererseits scheint nahezulegen, dass der Begriff „Wert" ein etwas abstrakterer Oberbegriff sein soll, der eine gewisse Flexibilität bei der Bewertung zum Ausdruck bringen soll. 175

---

[193] Vgl. hierzu RegE BT-Drs. 18/9983, S. 20; MüKoInsO/*Jahn/Fried* → 3. Aufl., § 104 Rn. 181 ff.

[194] Zur selben Einschätzung kam auch der BGH in seinem Netting-Urteil im Hinblick auf das zu beurteilende Aktienoptionsgeschäft. Bei einem Optionsgeschäft komme es nicht auf den Preis des Referenzaktivums, sondern auf den Wert der Option selbst an (BGHZ 210, 321, 341 = NJW 2016, 2328, 2333).

[195] RegE BT-Drs. 18/9983, S. 20.

Für konkrete Ersatzgeschäfte und Bewertungen aufgrund von Geschäftsabschlüssen am Markt oder an Börsen allgemein (dh als auch für abstrakte Bewertungen von Geschäften auf dieser Basis; hypothetische Ersatzgeschäfte) scheint der Gesetzgeber aber nach wie vor den Begriff „Preis" zu favorisieren.

176 Für die Praxis ist insbesondere die Aussage am Ende des Zitats zu den privatautonomen Regelungen von Bedeutung, da sich das Marktpreisrisiko komplexer Geschäfte nicht ohne eine weitere vertragliche Ausgestaltung der Bestimmungen zur Wertermittlung beendeter Geschäfte ermitteln oder absichern lässt.[196] § 104 Abs. 2 regelt die Rechtsfolgen bei gesetzlicher Beendigung und ist zugleich das Leitbild für abweichende vertragliche Gestaltungen. Diese notwendige Flexibilität für vertragliche Vereinbarungen ergibt sich nunmehr aus § 104 Abs. 4 und lässt neben den in § 104 Abs. 4 Satz 2 Nr. 3 genannten bewertungsrelevanten Klauseln auch andere Abweichungen zu, sofern bei ihrer Gestaltung der wesentliche Grundgedanke der Norm berücksichtigt wird. Im Hinblick auf vertragliche Nettingvereinbarungen ist § 104 Abs. 2 (zur Bewertung von Geschäften nach Beendigung bei Eröffnung) somit immer im Zusammenhang mit § 104 Abs. 4 zu lesen (Zulässigkeit vertraglicher Abweichungen). → Rn. 260 ff.

177 **2. „Konkrete" Ersatzgeschäfte.** Als relevanter Preis gilt nach § 104 Abs. 2 Nr. 1 der Markt- oder Börsenpreis für ein Ersatzgeschäft, das unverzüglich, spätestens jedoch am fünften Werktag nach der Eröffnung des Verfahrens abgeschlossen wird. Die Bewertung auf Grundlage von konkreten Ersatzgeschäften war in § 104 aF noch nicht ausdrücklich enthalten (→ Rn. 23 ff., 28 ff. und 170).

178 Diese zeitliche Vorgabe soll sicherstellen, dass die Partei, die das Ersatzgeschäft vornimmt, nicht zu lange zuwarten kann, um auf bessere Preise zu spekulieren.[197] Daran ändert auch die Tatsache nichts, dass die Frist für konkrete Ersatzgeschäfte in vertraglichen Vereinbarungen bis auf den 20. Werktag erweitert werden kann, soweit dies für eine wertschonende Abwicklung erforderlich ist (§ 104 Abs. 4 Satz 2 Nr. 3 Buchst. b)).

179 Das Gesetz scheint in seinen Bewertungsvorgaben davon auszugehen, dass sich im Normalfall jeweils ein Ersatzgeschäft auf ein beendetes Geschäft bezieht. In der Praxis kann es gerade bei komplexeren Geschäften oder größeren Portfolien aber vorkommen, dass eine angemessene oder rechtzeitige Bestimmung eines Markt- oder Börsenpreises auf Grundlage eines konkreten Ersatzgeschäftes einen übergeordneten bzw. kombinierten Ansatz erfordert.

180 Eine Lösung kann in diesen Fällen ein *Macro*-Ansatz (auch „*Macro-Hedging*") bieten, bei dem mehrere Geschäfte oder Gruppen von Geschäften durch ein übergeordnetes Geschäft ersetzt werden, das wirtschaftlich das Profil der beendeten Geschäfte abbildet (zB: verschiedene Zinsabsicherungsgeschäfte werden durch ein Geschäft ersetzt, das die Summe des Nominalvolumens und das Risikoprofil der Einzelgeschäfte absichert).

181 Ein solcher *Macro*-Ansatz kann aber auch darin bestehen, dass der Preis für manche Geschäfte abstrakt auf Grundlage desjenigen Preises bestimmt wird, der für direkt vergleichbare Geschäfte im Rahmen von konkreten Ersatzgeschäften erzielt wurde, ohne dass für alle Geschäfte ein Ersatzgeschäft geschlossen wird („*pars pro toto*", zB: von zehn gleichartigen Geschäften wird nur für ein Geschäft ein Ersatzgeschäft am Markt getätigt; der entsprechende Marktpreis wird auch für die neun anderen Geschäften, für die kein Ersatzgeschäft abgeschlossen wurde, angewendet).[198]

182 Sofern ein beendetes Geschäft durch mehrere Geschäfte oder Geschäftstypen ersetzt werden kann, kann auch ein kombinatorischer Ansatz in Erwägung gezogen werden, wenn hierdurch die wirtschaftlichen Effekte des beendeten Geschäfts nachgebildet werden können (Ersetzung eines kombinierten Geschäfts durch Geschäfte über Einzelkomponenten) (zB: eine kombinierte Option, wie zB ein *Collar* (Kauf eines *Cap* mit gleichzeitigem Verkauf eines *Floor*), wird durch zwei getrennte Optionsgeschäfte (*Cap* und *Floor*) ersetzt).[199]

183 Denkbar ist auch, ein Geschäft abzuschließen, das dem beendeten Geschäft möglichst nahekommt. Ein ähnliches aber nicht identisches Geschäft spiegelt ebenfalls den Markt- oder Börsenwert wieder, solange die Unterschiede nicht erheblich sind oder ihre Auswirkungen auf den Preis berechnet und entsprechend berücksichtigt werden können (zB: Börsenpreis für Warentermingeschäft ist verfügbar; bilaterales Geschäft bezieht sich auf dieselbe Warengattung, jedoch auf eine andere

---

196 Zur Bedeutung des Nettings aus aufsichtsrechtlicher Sicht und insbesondere für die im Finanzbereich vorgeschriebene Besicherung des Marktwertes von nicht standardisierten und damit nicht geclearten Derivaten → Rn. 94 ff.

197 RegE BT-Drs. 18/9983, S. 16, 20. Der Gesetzgeber geht davon aus, dass diese zeitlichen Beschränkungen die „Objektivität und Manipulationsfreiheit der Wertbestimmung verbürgen und damit Spekulationen zulasten der anderen Partei ausschließen".

198 Vgl. beispielsweise die Definition von „*Close-out Amount*" in *Section 14 2002 ISDA Master Agreement*, der im Hinblick auf eine „*Terminated Transaction or Group of Transactions*" berechnet wird.

199 Siehe auch FKInsO/*Bornemann* § 104 Rn. 53 und Rn. 86, der diesen Ansatz für zulässig hält und mit dem Begriff der „finanzingenieurtechnischen Replikation" umschreibt.

Qualitätsstufe, deren Wert aber in Korrelation zum Preis der börsennotierten Ware steht, dh der Preis des vertraglichen Geschäfts ist mathematisch vom Börsenpreis ableitbar). Sofern der Ersatzeindeckungsaufwand auf Grundlage vergleichbarer Geschäfte mathematisch rekonstruiert wird, dürfte die Abgrenzung zu den Modellwerten (→ Rn. 190 ff.) nicht immer einfach sein.[200]

Weitere Methoden oder Kombinationen aus den oben genannten Methoden bzw. mit einer abstrakten Berechnung oder Modellberechnung (→ Rn. 187 ff. und Rn. 190 ff.) können ebenfalls in Betracht gezogen werden, sofern die Preisermittlung nicht willkürlich, sondern auf Grundlage eines vorhandenen Markt- oder Börsengeschehens bzw. angemessener Bewertungsmethoden ermittelt wird. 184

Dieser Ansatz wird auch durch die gesetzgeberische Befürwortung eines Spielraums gestützt, der für vertragliche Regelungen gerade im Bewertungsbereich eine gewisse Flexibilität gewährleisten soll (→ Rn. 56 und Rn. 175 f.). Dies dient auch dem Zweck von § 104, die Marktrisikosteuerungsfähigkeit der solventen Partei zu schützen, was teilweise nur mit übergeordneten Bewertungsansätzen möglich ist. Dieser Aspekt wird zudem in all den Fällen, in denen der *Macro*-Ansatz auf praktische Notwendigkeiten und Markteinschränkungen zurückzuführen ist, durch die ausdrückliche Zulassung von angemessenen Verfahren und Methoden für die Wertermittlung (Bewertungsmodellen) gedeckt (→ Rn. 190 ff.). 185

Eine andere Frage ist, aus welcher Perspektive die Bewertung erfolgt, ob also die Preise aus Sicht der solventen oder insolventen Partei maßgeblich sind. Diese Frage dürfte bei abstrakter Bewertung nach Börsenpreisen in der Regel keine Rolle spielen, da es für Notierungen auf Grundlage stattgefundener Geschäftsabschlüsse typischerweise nicht auf die Umstände des Einzelfalles oder die Bonität der Marktteilnehmer ankommt.[201] Bei Marktquotierungen auf Grundlage von Geld- oder Briefkursen oder bei Marktpreisen aufgrund konkreter Ersatzgeschäfte kann die Bewertungsperspektive aber unter Umständen einen Unterschied machen. Weder das Gesetz noch die Gesetzesbegründung enthalten hierzu Aussagen. Die meisten Rahmenverträge gehen davon aus, dass grundsätzlich die solvente Partei den Beendigungsbetrag berechnet und entsprechende Ersatzgeschäfte tätigt bzw. Markt- oder Börsenpreise ermittelt. Diese Perspektive ist vor dem Hintergrund der Zielrichtung des § 104 (Erhaltung der Marktrisikosteuerungsfähigkeit der solventen Partei) (→ Rn. 55 und Rn. 262) jedenfalls sinnvoll und vom Gesetz gedeckt. 186

3. „Abstrakte" Ersatzgeschäfte. Sofern kein Ersatzgeschäft nach Nr. 1 abgeschlossen wird, ist relevanter Markt- oder Börsenpreis der Preis für ein Ersatzgeschäft, das am zweiten Werktag nach der Verfahrenseröffnung hätte abgeschlossen werden können (§ 104 Abs. 2 Satz 1 Nr. 2). Diese Art der Preisfindung entspricht der bisher unter § 104 Abs. 3 aF ausschließlich genannten Bewertungsart. 187

Auch hier geht der Gesetzeswortlaut davon aus, dass der Wert jedes beendeten Geschäfts dem Preis eines entsprechenden am Markt gehandelten Geschäfts entspricht. Die oben genannten flexiblen Ansätze hinsichtlich konkreter Ersatzgeschäfte (*Macro-Hedging*-Ansatz) (→ Rn. 177 ff.) müssen jedoch für solche „abstrakten" Ersatzgeschäfte (manchmal auch „hypothetische Ersatzgeschäfte" genannt) entsprechend gelten. 188

Der Wortlaut („*sofern*") legt nahe, dass der Preis abstrakter Ersatzgeschäfte der Forderungsberechnung dann nicht zugrunde gelegt werden darf, wenn bereits ein konkretes Ersatzgeschäft getätigt wurde, dessen Merkmale das beendete Geschäft (oder die Gruppe beendeter Geschäfte) vollständig abbilden. 189

4. Angemessene Methoden und Verfahren. Sofern das Marktgeschehen den Abschluss eines konkreten Ersatzgeschäfts oder die Bewertung auf Basis eines abstrakten Ersatzgeschäftes nach Satz 2 Nr. 1 oder 2 nicht zulässt, ist nach § 104 Abs. 2 Satz 2 der Markt- und Börsenwert nach „Methoden und Verfahren zu bestimmen, die Gewähr für eine angemessene Bewertung des Geschäfts bieten". 190

Nach Auffassung des Gesetzgebers (RegE BT-Drs. 18/9983, S. 16) ist diese Voraussetzung insbesondere dann gegeben, wenn die relevanten Märkte inaktiv sind oder wenn die sich auf ihnen 191

[200] Vgl. beispielsweise FKInsO/*Bornemann* § 104 Rn. 90, der solche abgeleiteten Preise der Kategorie der Modellpreise (Marktpreisbestimmung nach angemessenen Verfahren und Methoden iSv § 104 Abs. 2 S. 3) zurechnet.

[201] Markt- und Börsenpreise für „abstrakte Geschäfte" werden in der Regel auf Grundlage der Annahme ermittelt, dass die Bonität der Vertragsparteien gegeben ist und insoweit der Preis nicht um eventuelle bonitätsbedingte Zu- oder Abschläge (sogenannte *credit spreads* bzw. *credit adjustments*) zu berichtigen ist. Insoweit soll der „absolute" Marktwert ermittelt werden. Im Bereich der Börsenpreise ist dies dadurch bedingt, dass die Kontrakte nach Abschluss und Überleitung auf einen zentralen Kontrahenten (CCP) jederzeit mit Margensicherheiten besichert werden müssen (*Variation Margin*, die das aktuelle Marktwertrisiko absichert, sowie *Initial Margin* als Puffer für künftige Wertänderungen zwischen Beendigung und Verwertung). Das Ausfallrisiko der Parteien wird dadurch eliminiert, dh die Bonität der Parteien (Clearingmitglieder) ist damit unerheblich.

bildenden Preise die unter marktüblichen Bedingungen sich gewöhnlich bildenden Preise nicht angemessen repräsentieren. Zu den zulässigen Verfahren und Methoden gehörten danach in erster Linie die Ableitung des Preises aus dem Markt- oder Börsenwert anderer Geschäfte, auf die sich das fragliche Geschäft finanzmathematisch zurückführen lasse. Für Modelle sei aber erforderlich, dass die dem Modell zugrunde liegenden Annahmen und Methoden sowie dessen statistische Grundlagen Gewähr für eine angemessene Wertbestimmung böten.[202]

192 In der Gesetzesbegründung wird weiter ausgeführt, dass entsprechende Modelle sämtliche für die Preisbildung relevanten Faktoren einbeziehen und mit den anerkannten ökonomischen Verfahrens- und Berechnungsweisen für die Bewertung von Finanzinstrumenten übereinstimmen müssten (RegE BT-Drs. 18/9983, S. 16 f.). Modelle müssten sich dabei auf tatsächliche im Marktgeschehen beobachtbare Preise stützen oder zumindest anhand solcher Preise kalibrier- und überprüfbar sein.[203]

193 Insgesamt ist die Zulassung von Modellen in der Praxis sehr hilfreich, da im Krisenfall unter Umständen sowohl die Liquidität für konkrete Ersatzgeschäfte als auch die schnelle Verfügbarkeit von Marktpreisen (zB durch Quotierungen von Marktteilnehmern) beeinträchtigt sein kann. Zudem wird so bei einer großen Zahl von beendeten Geschäften, die der Markt nicht in diesem Volumen kurzfristig aufnehmen kann, die Gefahr vermieden, dass diesen Geschäften ein Wert von Null zugemessen werden muss. Die Zulassung von Modellpreisen kann, in den Fällen, in denen der Ausgleichsanspruch der insolventen Partei zusteht, auch der Masse zugutekommen.

194 Auch wenn in diesem Sonderfall tatbestandlich auf die ansonsten notwendige Möglichkeit der Ersatzbeschaffung verzichtet wird, dient dieser Ansatz letztlich der Risikosteuerungsfähigkeit der solventen Partei. Parteien von Derivategeschäften stehen typischerweise in einer Kette von Geschäften, deren Gleichgewicht bei wertloser Aufhebung eines Geschäfts in eine Schieflage geraten könnte. Spiegelbildlichen Transaktionen mit anderen Parteien würden weiterlaufen und müssten entsprechend bedient bzw. besichert werden. Ähnliches gilt für Nutzer von Derivaten, die nicht in einer Kette von Geschäften stehen, sondern als „Ende der Kette“ bestimmte Risiken absichern. Eine wertlose Aufhebung würde auch hier eine Schieflage schaffen.

VII. Zusammenfassung von Geschäften in Rahmenverträgen (§ 104 Abs. 3 Satz 1 Variante 1)

195 **1. Hintergrund der Zusammenfassung von Geschäften.** Die Zusammenfassung von Geschäften durch einen Rahmenvertrag mit einheitlicher Beendigungsklausel in § 104 Abs. 2 Satz 3 übernimmt die im wesentlichen gleichlautende Bestimmung in § 104 Abs. 2 Satz 3 aF. Die bisher in der Literatur geführte Diskussion bleibt daher grundsätzlich relevant.[204] Nicht mehr relevant ist hingegen die für § 104 aF diskutierte Fragestellung, ob die Zusammenfassung von Warenfixgeschäften in Rahmenverträgen oder die Gleichstellung der Regelwerke zentraler Gegenparteien im Sinne von § 1 Abs. 31 KWG von § 104 privilegiert sind. Beide Themen sind nun ausdrücklich in § 104 geregelt (vgl. § 104 Abs. 3 Satz 1 iVm Abs. 1 Satz 1 für Warenfixgeschäfte bzw. § 104 Abs. 3 Satz 1 für Regelwerke zentraler Gegenparteien).

196 Die Bedeutung dieser Beibehaltung und der Anerkennung des Einheitsvertragskonzepts wird in der Begründung des Regierungsentwurfs wie folgt beschrieben:[205]

197 *„§ 104 Absatz 3 Satz 1 InsO-E übernimmt § 104 Absatz 2 Satz 3 InsO und erkennt damit die vertragliche Fiktion der Einheitlichkeit des Vertrags durch rahmenvertragliche Single Agreement-Klauseln an. Für die Fiktion reicht es wie bislang aus, dass die rahmenvertragliche Bestimmung eine einheitliche Beendigung der einbezogenen Geschäfte im Falle des Eintritts bestimmter Ereignisse wie insbesondere der in § 104 Absatz 4 Satz 2 Nummer 1 InsO-E erwähnten Tatbestände vorsieht; eine vertragliche Einheit im Sinne des § 139 des Bürgerlichen Gesetzbuches ist nicht unbedingt erforderlich […].“*

198 Ursprüngliches Ziel der erst spät in den Entwurfstext der InsO aF eingefügten Vorgängerregelung war es vor allem, das Wahlrecht des Insolvenzverwalters nach § 103 einzuschränken. Zudem sollte so auch die Anerkennung des Liquidationsnettings (Close-out Nettings) von Finanzderivaten

---

202 Vgl. hierzu bzw. zu Modellwerten insgesamt FKInsO/*Bornemann* § 104 Rn. 88 ff.

203 Der Gesetzgeber hat sich bei der Formulierung der Anforderungen an Modellpreise an Art. 11 Abs. 2 EMIR orientiert, der wie folgt lautet: „*Finanzielle Gegenparteien und nichtfinanzielle Gegenparteien gemäß Artikel 10 ermitteln täglich auf der Basis der aktuellen Kurse den Wert ausstehender Kontrakte. Wenn die Marktbedingungen eine Bewertung zu Marktpreisen nicht zulassen, wird eine zuverlässige und vorsichtige Bewertung zu Modellpreisen vorgenommen.*“ In der Gesetzesbegründung wird jedoch gleichzeitig klargestellt, dass diese aufsichtsrechtlich motivierten Bewertungen uU bereinigt werden müssen, da nach dem aufsichtsrechtlichen Vorsichtsprinzip Risiken tendenziell eher höher angesetzt werden (RegE BT-Drs. 18/9983, S. 17).

204 Vgl. generell zum Einheitsvertragskonzept *Benzler*, S. 130 ff.; siehe auch *Fuchs* S. 44; speziell zum Einheitsvertragskonzept des DRV Zerey/*Fried* § 6 Rn. 21.

205 Vgl. RegE BT-Drs. 18/9983, S. 21.

durch die Bankenaufsicht bei der Berechnung der Kreditrisiken im Zusammenhang mit der Eigenkapitalunterlegung ermöglicht werden.

Die Einzelheiten zur Anrechnung von Geschäften auf Netto-Basis ergeben sich für regulierte Institute nach zahlreichen Gesetzesänderungen aus der Verordnung (EU) 575/2013 (*Capital Requirements Regulation* – CRR).[206] Die konkreten Voraussetzungen für die Ermäßigung des Kreditäquivalenzbetrags bei Verwendung von Netting-Vereinbarungen finden sich in Art. 271 bis 293 und 299 CRR.[207] Standardisierte Rahmenverträge mit Nettingklauseln dienen zum einen dem Risikomanagement.[208] Für Finanzinstitute kommt der wichtige Zweck hinzu, aufsichtsrechtlich geforderte Großkreditrisiken und Eigenmittelanforderungen auf Basis des Nettobetrages berechnen zu können. 199

Nach der Anerkennung durch die zuständige Aufsichtsbehörde kann eine Einstufung der entsprechenden Vereinbarungen als risikomindernd erfolgen. Dazu müssen insbesondere die folgenden Voraussetzungen des Art. 296 CRR erfüllt sein: (1) Die Vereinbarung muss so gestaltet sein, dass sie für alle erfassten Geschäfte eine einzige rechtliche Verpflichtung begründet und somit das Institut bei Ausfall des Vertragspartners nur einen Anspruch bzw. eine Zahlungsverpflichtung in Höhe des Saldos der positiven und negativen Merkmale der erfassten Einzelgeschäfte hat; (2) das Institut weist den zuständigen Behörden durch Rechtsgutachten unter Berücksichtigung aller relevanten nationalen Rechtsvorschriften nach, dass auch bei einer rechtlichen Anfechtung der Netting-Vereinbarung keine Verpflichtungen oder Ansprüche begründet werden, die über den unter (1) festgelegten Umfang hinausgehen; (3) das Kreditrisiko wird gegenüber dem Vertragspartner in einer einzigen rechtlichen Risikoposition zusammengefasst; und (4) es liegt keine Vereinbarung vor, die es der solventen (bzw. vertragserfüllenden) Partei ermöglicht, nicht oder nur mit Einschränkung zu zahlen, sofern sie gegenüber der insolventen (bzw. ausfallenden) Partei Schuldnerin des Ausgleichsbetrags nach Close-out Netting ist (keine „Ausstiegs-" bzw. „*walk-away*"-Klausel).[209] 200

Aus deutschrechtlicher Sicht bedarf es in der Regel keines Rahmenvertrags, um in einem Insolvenzverfahren eine Gesamtsaldierung der durch Abs. 3 erfassten Einzelgeschäfte durchzuführen. Hierzu genügt die Möglichkeit, nach §§ 94, 95 die einzelnen Forderungen wegen Nichterfüllung gegeneinander aufzurechnen. Sollten wegen der zeitlichen Abfolge der Fälligkeiten oder wegen einer anfechtbaren Herbeiführung der Aufrechnung Beschränkungen nach § 95 Abs. 1 oder § 96 Abs. 1 einschlägig sein, bleiben uU die Privilegierungen nach § 96 Abs. 2 zu berücksichtigen, sofern deren Voraussetzungen erfüllt sind (insbesondere: Zusammenhang mit einer Finanzsicherheit). 201

2. Begriff des Rahmenvertrags. Rahmenverträge sind meist standardisierte Musterverträge, die mit Einzelabschlüsse über Finanzleistungen ausdrücklich zu einem einheitlichen Vertragsverhältnis verbunden werden.[210] Rahmenverträge enthalten neben dieser sogenannten *Single-Agreement*-Klausel (auch Einheitsvertragsklausel) üblicherweise Nettingbestimmungen, die aus einer Beendigungs-, Bewertungs- und Verrechnungsklausel bestehen (→ Rn. 79 und 195 ff.). 202

3. Einheitlichkeit der Vertragsbeziehung. Durch die Verknüpfung von Rahmenvertrag und Einzelabschlüssen soll ein einheitliches Vertragsverhältnis entstehen, das durch ein Wahlrecht des Insolvenzverwalters nicht aufgebrochen werden kann. Eine solche Vereinbarung ist rechtlich zulässig. § 104 Abs. 3 erkennt diese Verknüpfung ausdrücklich an, wenn der entsprechende Vertrag eine Gesamtbeendigungsklausel enthält. 203

---

206 Verordnung (EU) Nr. 575/2013 des Europäischen Parlaments und des Rates vom 26. Juni 2013 über Aufsichtsanforderungen an Kreditinstitute und Wertpapierfirmen und zur Änderung der Verordnung (EU) Nr. 646/2012, veröffentlicht im ABl. Nr. L 176 vom 27.6.2013, S. 1, berichtigt und vollständig ersetzt in ABl. Nr. L 321 v. 30.11.2013, S. 6.

207 Die Regelungen für die Anerkennung von Nettingvereinbarungen sowie der risikomindernden Effekte von vertraglichem Netting wurden auf europäischer Ebene harmonisiert. Vgl. zum Thema Netting bzw. Rechtsgutachten Art. 295 ff. CRR.

208 Dieser Aspekt trifft auf Unternehmen der Real- und der Finanzwirtschaft gleichermaßen zu. Vgl. beispielsweise für den Bereich des Energiehandels *Riewe*, S. 143 f.

209 Vgl. hierzu Zerey/*Fried* § 16 Rn. 21.

210 Vgl. beispielsweise Nr. 1(2) Satz 2 DRV 1993/DRV 2018 („*Alle Einzelabschlüsse bilden untereinander und zusammen mit diesem Rahmenvertrag einen einheitlichen Vertrag (nachstehend der ‚Vertrag' genannt); sie werden im Sinne einer einheitlichen Risikobetrachtung auf dieser Grundlage und im Vertrauen darauf getätigt.*") sowie (im Wesentlichen identisch) Nr. 1 Abs. 2 Satz 2 Deutscher Rahmenvertrag für Wertpapierdarlehen, Ziff. 1.2 Schweizer Rahmenvertrag für OTC-Derivate (*SMA 2013 Non-ISDA Version*) („*Dieser Rahmenvertrag soll, zusammen mit allen Bestätigungen oder anderen Dokumenten, die einzelne Transaktionen betreffen (nachstehend je eine ‚Transaktionsbestätigung'), einen einzigen Vertrag zwischen Partei A und Partei B bilden (nachstehend der ‚Vertrag')*") oder *Section 1(c) 1992 ISDA Master Agreement* bzw. *2002 ISDA Master Agreement* („*All Transactions are entered into in reliance on the fact that this Master Agreement and all Confirmations form a single agreement between the parties (collectively referred to as this ‚Agreement'), and the parties would not otherwise enter into any Transactions.*").

204 Die sprachliche Fassung des Abs. 3 („*werden Geschäfte nach Absatz 1 durch einen Rahmenvertrag […] zu einem einheitlichen Vertrag zusammengefasst*"), will nichts anderes ausdrücken. Gesetzlich angeordnet ist nur die – entscheidende – Rechtsfolge, dass „*die Gesamtheit der einbezogenen Geschäfte als ein Geschäft im Sinne des Absatzes 1*" gilt. Im Übrigen überlässt der Gesetzgeber es der Rechtswissenschaft, die Natur dieses einheitlichen Vertragswerks genauer zu bestimmen.[211]

205 Liegt ein Insolvenzgrund vor und ist eine Gesamtbeendigungsklausel vorhanden, wird die Einheitlichkeit des Vertragsverhältnisses im Hinblick auf von § 104 erfasste Geschäfte unwiderleglich vermutet.

206 Die in Nr. 7(1) Satz 4 DRV 1993 bzw. DRV 2018 enthaltene Bestimmung, der zufolge eine Teilkündigung, insbesondere die Kündigung einzelner und nicht aller Einzelabschlüsse, ausgeschlossen ist, wollte einer seinerzeit erwarteten Regelung für eine Gesamtbeendigungsklausel durch den Gesetzgeber Rechnung tragen. Man nahm damals an, dass sich diese Regelung auf das Vorliegen von Vertragsverletzungen generell beziehen würde und wollte die Nettingfähigkeit des Rahmenvertrags nicht gefährden. Aus heutiger Sicht ist eine Teilkündigung bei nicht insolvenzbedingen Vertragsverletzungen jedoch nicht nettingschädlich, da solche Beendigungen auch außerhalb des Schutzbereiches von § 104 insolvenzrechtlich möglich sind.[212]

207 Beispiele: Nr. 12(5)(B) DRV 1993/DRV 2018 regelt die Beendigung von Einzelabschlüssen durch Kündigung im Falle nachträglich eingetretener rechtlicher oder steuerlicher Änderungen. Eine Gesamtbeendigung des Vertragsverhältnisses wäre in diesen Fällen unangemessen und widerspräche den Interessen der Parteien. Da keine Vertragsverletzung seitens einer der Parteien vorliegt, ist nach dem Wortlaut von Abs. 3 Satz 1 diese Form der Teilbeendigung unschädlich.

208 Keine Form der Teilkündigung sind Vereinbarungen,[213] welche die vorzeitige Beendigung von Einzelabschlüssen ermöglichen, ohne dass ein Fall der Vertragsverletzung vorliegt (vgl. zB den „Anhang über die vorzeitige Erfüllung durch Ausgleichszahlung" zum DRV).[214]

209 **4. Netting.** „Netting" ist ein aus der anglo-amerikanischen Rechtssprache übernommener Begriff,[215] der mittlerweile Eingang in die Gesetzessprache der Europäischen Union gefunden hat.[216] Im deutschen Rechtskontext ließe sich der Begriff „Netting" ungefähr mit den Begriffen „Saldierung" oder „Verrechnung" umschreiben.[217] Insbesondere in der Zeit, als der Begriff aufkam, wurde „Netting" in ausländischen Rechtsordnungen auch als eine Form der Aufrechnung verstanden.[218] Man kann in Anlehnung an den sog. *Angell*-Report[219] drei Formen des Nettings unterscheiden:

---

211 Einheitlicher Vertrag, Vertragsverbindung, Gesamtvertrag; vgl. hierzu bereits zu § 104 aF *Benzler,* S. 130 ff.; *Erne* S. 124; *Edelmann/Kuch* Kap. VII.7 Anm. 5; zum schweizerischen Recht: *Häusler* S. 311.

212 In der Gesetzesbegründung wird zur einheitlichen Beendigungsklausel Folgendes ausgeführt: „*§ 104 Absatz 3 Satz 1 InsO-E übernimmt § 104 Absatz 2 Satz 3 InsO und erkennt damit die vertragliche Fiktion der Einheitlichkeit des Vertrags durch rahmenvertragliche Single Agreement-Klauseln an. Für die Fiktion reicht es wie bislang aus, dass die rahmenvertragliche Bestimmung eine einheitliche Beendigung der einbezogenen Geschäfte im Falle des Eintritts bestimmter Ereignisse wie insbesondere der in § 104 Absatz 4 Satz 2 Nummer 1 InsO-E erwähnten Tatbestände vorsieht*" (RegE BT-Drs. 18/9983, S. 21); im Zusammenhang mit vertraglichen Gestaltungsmöglichkeiten nach § 104 Abs. 4 weist der Gesetzgeber dann ausdrücklich darauf hin, dass nicht insolvenzanknüpfende Beendigungen nach der Rechtsprechung des BGH (BGHZ 195, 348 = NJW 2013, 1159) wirksam seien und somit keiner ausdrücklichen Erwähnung bedürften (RegE BT-Drs. 18/9983, S. 15).

213 *Break Clause* oder *Early Termination Option.*

214 Abgedruckt in BdB Info, Recht, Wertpapiere und Börse III/1997 Nr. 23/24 S. 750 ff. (abrufbar über www.bankenverband.de).

215 *Firth* Rn. 5.001 ff. und (zum Thema Close-out Netting) Rn. 5.026 ff.

216 Close-out Netting („bilaterale Aufrechnung infolge Beendigung") wird zB in den Erwägungsgründen 5 und 14 der Richtlinie 2002/47/EG (Finanzsicherheitenrichtlinie) beschrieben. Die Definition in Art. 2 Abs. 1 Buchst. n) dieser Richtlinie lautet wie folgt: „*‚Aufrechnung infolge Beendigung' (‚close out netting') ist eine vertragliche Bestimmung im Rahmen der Bestellung einer Finanzsicherheit bzw. einer Vereinbarung, die die Bestellung einer Finanzsicherheit umfasst, oder – sofern nichts vereinbart wurde – eine Rechtsvorschrift, wonach der Eintritt eines Verwertungs- bzw. Beendigungsfalls (im Wege der Verrechnung, Aufrechnung oder auf andere Weise) Folgendes nach sich zieht: i) die entsprechenden Verpflichtungen werden entweder sofort fällig und in eine Zahlungsverpflichtung in Höhe ihres geschätzten aktuellen Werts umgewandelt oder beendigt und durch einen entsprechenden Zahlungsanspruch ersetzt und/oder ii) der Wert der beiderseits fälligen finanziellen Verpflichtungen wird ermittelt, wobei die Partei mit den höheren Verbindlichkeiten den errechneten Nettosaldo an die andere Partei zu zahlen hat.*".

217 Im Einzelnen *Bosch* WM 1995, 367 ff.; vgl. auch *Benzler* S. 56 f. sowie SBL/*Jahn/Reiner* § 114 Rn. 173.

218 So auch *Section 1* des irischen *Netting of Financial Contracts Act,* 1995: „*'Netting' means the termination of financial contracts, the determination of the termination values of those contracts and the set off of the termination values.*".

219 Bericht einer Expertengruppe der Bank für Internationalen Zahlungsausgleich über Netting-Systeme (BIS) vom Februar 1989 („*Report on Netting Schemes – Prepared by the Group of Experts on Payment Systems of the central banks of the Group of Ten countries*") abrufbar unter www.bis.org/cpmi/publ/d02.pdf; vgl. hierzu auch SBL/*Jahn/Reiner* § 114 Rn. 173.

a) Zahlungsnetting. Der Begriff Zahlungsnetting (*payment netting)* bezeichnet eine antizipierte Aufrechnung oder ein Staffelkontokorrent, auf Grund derer nur die Differenz zwischen zwei Beträgen in gleicher Währung zu zahlen ist.[220] 210

b) Novationsnetting. Der Begriff Novationsnetting (schuldersetzende Verrechnung, *novation netting*) bezeichnet die Ersetzung zweier oder mehrerer Geschäfte durch ein neues Geschäft auf Grund einer Novationsvereinbarung.[221] Sie kann auch im Vorhinein getroffen werden. Stimmen die Zahlungsverpflichtungen der ursprünglichen Geschäfte vollständig überein, werden sie durch die Novation aufgehoben. 211

c) Liquidationsnetting. Liquidationsnetting bzw. Close-out Netting ist die Ermittlung der geschuldeten Abschlusszahlung nach Beendigung von Geschäften, die Saldierung ihrer Marktwerte sowie die Verrechnung mit eventuellen rückständigen Zahlungen und Leistungen (*Unpaid Amounts*). Kreditinstitute nehmen täglich ein „virtuelles" Liquidationsnetting der Marktwerte ihrer Handelsgeschäfte vor, um ihre Risikoposition (das Ausfallrisiko) gegenüber ihrem jeweiligen Vertragspartner zu ermitteln. Hierbei wird eine Beendigung des Vertrags unterstellt und die betreffende Abschlusszahlung errechnet. Sofern Besicherungsanhänge das laufende Ausfallrisiko besichern, ist der entsprechende Betrag die Grundlage für die Berechnung der Margensicherheit. 212

Sowohl das Netting unter § 104, als auch das unter den üblichen Rahmenverträgen (wie zB DRV oder *ISDA Master Agreements)* fällt in diese Kategorie. Der Begriff „Liquidationsnetting" wurde im Zuge der letzten Reform auch in die Überschrift des § 104 aufgenommen. 213

Der Gesetzgeber hat vertragliche Nettingbestimmungen wie folgt umschrieben (RegE BT-Drs. 18/9983, S. 8): „*Die Rahmenvertragsmuster sehen unter anderem vor, dass die Erfüllungsansprüche der einbezogenen Geschäfte bereits bei Ereignissen vor Verfahrenseröffnung, wie insbesondere der Stellung eines Insolvenzantrags, beendet werden und dass die hieraus resultierenden Nichterfüllungsansprüche zu einer einheitlichen Gesamtforderung zu saldieren sind (sogenanntes Liquidationsnetting, close-out netting).*" 214

Die Ermittlung der Werte der Einzelgeschäfte führt hierbei nicht zur Entstehung mehrerer Forderungen wegen Nichterfüllung der Einzelgeschäfte; vielmehr ergibt sich nach Saldierung der Werte nur eine einzige Forderung. Auch nach § 104 Abs. 3 Satz 1 werden die Einzelgeschäfte durch die Einbeziehung in einen Rahmenvertrag wie *ein* gegenseitiger Vertrag behandelt. Die Saldierung der Werte der Einzelgeschäfte ist daher nur ein rein rechnerischer Vorgang zur Ermittlung der Höhe der Forderung wegen Nichterfüllung und keine Aufrechnung.[222] 215

5. Rückständige Leistungen (*Unpaid Amounts*). Rahmenverträge sehen üblicherweise vor, dass fällige, aber noch nicht erfüllte Zahlungs- oder Lieferverpflichtungen aus beendeten Einzelgeschäften im Rahmen des Close-out Nettings zu berücksichtigen sind.[223] Ziel ist, diese in der Regel bereits vor der Beendigung der Geschäfte fällig gewordenen Positionen mit dem Nettobetrag des Wertes der Geschäfte zu verrechnen. Sofern die Parteien im Zusammenhang mit dem Rahmenvertrag einen Besicherungsanhang (zum DRV 2001) oder einen *Credit Support Annex* (zum *ISDA Master Agreement*) abgeschlossen haben, ist der Begriff der „rückständigen Beträge oder sonstigen Leistungen" bzw. der „*Unpaid Amounts*" von Bedeutung, da der Wert der im Wege der Vollrechtsübertragung geleisteten Sicherheiten als solcher Betrag gilt und so in den Nettobetrag einbezogen wird. Zur entsprechenden Privilegierung von Finanzsicherheiten → Rn. 140 ff. 216

§ 104 InsO ist auf rückständige Beträge und sonstige Leistungen nicht anwendbar, da hierdurch nicht in die von § 104 geregelte Beendigung von Geschäften oder deren marktwertbasierte Bewer- 217

---

[220] Vgl. zB Nr. 3(3) DRV 1993/DRV 2018; *Section 2(c) 1992 ISDA Master Agreement/2002 ISDA Master Agreement.* Zur Verwirrung der Begriffe trägt bei, dass diese Form des Nettings beispielsweise im *1992 ISDA Master Agreement* (Überschrift zu *Section 2*) ausdrücklich als „*Netting*" bezeichnet wird. Im *2002 ISDA Master Agreement* wurde diese Überschrift daher in „*Netting of Payments*" abgeändert. Siehe zu den rechtlichen Wirkungen und zur praktischen Bedeutung des Zahlungsnettings auch *Firth* Rn. 5.024 ff.

[221] Vgl. *Bosch* WM 1995, 367 ff.; SBL/*Jahn/Reiner* § 114 Rn. 175; die heute nicht mehr gebräuchlichen Rahmenverträge der *British Bankers' Association* zu Devisenhandelsgeschäften (siehe SBL/*Jahn/Reiner* § 114 Rn. 70) enthielten beispielsweise eine standardisierte Novationsklausel.

[222] Ebenso *Ebenroth/Reiner*, Münchener Vertragshandbuch. Band 3.2, IV.7 Nr. 18 bb) 1), S. 800 (in der Auflage von 1997) und *Neumeuer* S. 77.

[223] Vgl. zB Nr. 9(1) DRV 2001 („*rückständige Beträge und sonstige Leistungen*"), Nr. 8(2) DRV 2018 („*ausstehende Beträge und sonstige Leistungen*") bzw. das Konzept der Einbeziehung von „*Unpaid Amounts*" in den *Early Termination Amount* in *Section 6(e)(i)* und *6(e)(ii)* und die Definition des Begriffes in *Section 14* des *2002 ISDA Master Agreements.* Zu *Unpaid Amounts* nach den *ISDA Master Agreements Firth* Rn. 11.137 (iVm *Market Quotation* unter dem *1992 ISDA Master Agreement*) und Rn. 11.172 (zum *2002 ISDA Master Agreement*).

tung bzw. die Verrechnung der Geschäftswerte eingegriffen wird. Insoweit ist die vertragliche Einbeziehung dieser Posten in den Ausgleichsanspruch nicht schon nach § 104 iVm § 119 unwirksam.[224]

218 Die Zulässigkeit der typischerweise vor der Insolvenzeröffnung erfolgten Aufrechnung rückständiger Beträge (*Unpaid Amounts*) ist somit allein an den Vorgaben des BGB (§§ 387 ff. BGB bzw. Zulässigkeit von Aufrechnungsvereinbarungen) bzw. dem allgemein für Aufrechnungen geltenden Anfechtungsrecht (vgl. § 96 Abs. 1 Nr. 3 iVm §§ 129 ff.) zu messen.[225]

219 Die fehlende Gleichartigkeit für rückständige Beträge, die nicht in Euro (oder einer anderen vereinbarten Beendigungswährung) ausgedrückt sind, sowie für rückständige (nicht auf Geldzahlung gerichtete) Leistungen stellt bei den üblichen Rahmenverträgen kein Problem dar.[226] In Rahmenverträgen ist vereinbart, dass Währungen zu Marktkursen umzurechnen sind; der Wert von rückständigen sonstigen nicht auf Geldzahlung gerichteten Leistungen ist auf der Grundlage von Marktpreisen in gleichartige Zahlungsansprüche umzuwandeln.[227]

220 **6. Erweiterte Aufrechnungsklausel.** In Rahmenverträgen oder Zusatzvereinbarungen zu Rahmenverträgen[228] finden sich häufig Aufrechnungsklauseln, die sich auf Verpflichtungen der insolventen Partei aus anderen Rechtsverhältnissen (zB Kreditverträgen) beziehen. Sie stehen nicht im unmittelbaren Zusammenhang mit dem Liquidationsnetting. Durch derartige Vereinbarungen soll erreicht werden, dass die solvente (vertragstreue) Partei berechtigt sein soll, auch mit Forderungen aus anderen Rechtsverhältnissen gegen einen Anspruch der insolventen Partei auf Abschlusszahlung nach Liquidationsnetting aufzurechnen.

221 Der Aufrechnungszeitpunkt liegt typischerweise *vor* der Eröffnung des Insolvenzverfahrens, weil die rahmenvertraglichen Beendigungsklauseln regelmäßig an den Zeitpunkt der Insolvenzantragsstellung anknüpfen. Dies ist bei Vorliegen der entsprechenden Voraussetzungen (vertragsrechtliche Zulässigkeit und möglich nach § 94 ff.) wirksam. Dies gilt auch für die Berücksichtigung von Gegenansprüchen aus anderen Rechtsverhältnissen, etwa mit ihrem Barwert, selbst wenn sie im Beendigungszeitpunkt noch nicht fällig sind.

222 **7. Nationale und internationale Rahmenverträge.** Im Laufe der letzten dreißig Jahre wurde eine Vielzahl von Rahmenverträgen für Derivate entwickelt. 1987 wurde als einer der ersten standardisierten Rahmenverträge das *ISDA Interest Rate and Currency Exchange Agreement* publiziert. Seither sind zahlreiche nationale und internationale Rahmenverträge entstanden.[229] Das im internationalen Bereich lange Zeit übliche *1992 ISDA Master Agreement* wurde durch das *2002 ISDA Master Agree-*

---

224 Eine gesetzliche Klarstellung wäre hier jedoch hilfreich gewesen. Die Frage, ob solche rückständigen Beträge künftig von § 104 gedeckt sein sollten, veranlasste daher auch den Bundesrat, in seiner Empfehlung für die Ausschüsse vom 4.11.2016 einen Vorschlag aufzunehmen (zB durch eine Ergänzung in § 104, dass bei Beendigung noch ausstehenden Leistungen, Lieferungen, Zahlungen sowie fällige Zinsen in die Berechnung der Forderung wegen Nichterfüllung einzubeziehen seien; BR-Drucks. 548/1/16 vom 21.10.2016, Empfehlungen der Ausschüsse (R – Fz – Wi) für die 950. Sitzung des Bundesrates am 4.11.2016, S. 2 f.) Dieser Punkt wurde vom Gesetzgeber jedoch nicht weiter beachtet und auch in der Empfehlung des Rechtsausschusses nicht aufgegriffen.

225 Die §§ 94 ff. sind nur dann maßgeblich, wenn ihr zeitlicher Anwendungsbereich eröffnet ist. Dies ist dann der Fall, wenn im Zeitpunkt der Insolvenzeröffnung eine Aufrechnungslage besteht. Die Anwendung von § 94 setzt damit zwingend die Eröffnung des Insolvenzverfahrens voraus. Der Anwendungsbereich von § 96 Abs. 1 Nr. 3 geht aber über den Anwendungsbereich von § 94 hinaus und bleibt anwendbar, vgl. MüKoInsO/*Brandes/Lohmann* → § 94 Rn. 4 und → § 96 Rn. 28. Sofern ein Besicherungsanhang (*Credit Support Annex*) zum jeweiligen Rahmenvertrag abgeschlossen wurde, ist die Anwendung des § 96 Abs. 1 Nr. 3 jedoch abhängig vom Einzelfall durch § 96 Abs. 2 1. Alt. (*Verfügung über Finanzsicherheiten*) gesperrt, vgl. hierzu BeckOKInsO/*Fridgen/Geiwitz/Göpfert* § 96 Rn. 46.

226 Dieses Thema problematisiert zB FKInsO/*Bornemann* § 104 Rn. 122, der aber darüber hinaus die Einrechnung von rückständigen Beträgen und Leistungen (*Unpaid Amounts*) in den aus Geschäften resultierenden Nettobetrag für möglich hält (FKInsO/*Bornemann* § 104 Rn. 119 ff.).

227 Nach der Definition von *Unpaid Amount* in Section 14 des *2002 ISDA Master Agreements* bestimmt sich dieser Betrag bei Leistungen wie folgt: „*[...] for each obligation under Section 2(a)(i) which was [...] required to be settled by delivery to such party on or prior to such Early Termination Date and which has not been so settled as at such Early Termination Date, an amount equal to the fair market value of that which was (or would have been) required to be delivered [...]*"; hierbei sind alle Währungen nach *Section 6(e)* dieses Vertrages in die Beendigungswährung umzurechnen (*Termination Currency Equivalent*). Derselbe Ansatz gilt beispielsweise für den DRV 2018 (Nr. 8(2) Sätze 3 und 4), der eine Umrechnung von Währungen zu dem von führenden Marktteilnehmern für den Verkauf der betreffenden Währung gestellten Preis festlegt; Markt- und Börsenpreisbestimmung für Leistungen entsprechen dem von § 104 gedeckten Mechanismus für Geschäfte selbst.

228 Nr. 9(2) DRV 1993 bzw. (sofern die Geltung dieser wählbaren Bestimmung vereinbart ist) Nr. 12(6) DRV 2018, *Section 6(f) 2002 ISDA Master Agreement*.

229 Vgl. hierzu Überblick bei SBL/*Jahn/Reiner* § 114 Rn. 51 f., 88 bis 92.

ment ersetzt, das bei Neuabschlüssen mittlerweile der Marktstandard ist. Die Fassung nach englischem Recht oder nach New Yorker Recht wurde angesichts des bevorstehenden Brexits im Juli 2018 durch eine Fassung nach irischem Recht und eine weitere Fassung nach französischem Recht ergänzt. Potentiellen Vertragsparteien stehen damit auch nach dem Brexit Vertragsversionen zur Verfügung, für die das Recht eines EU-Mitgliedstaates gilt.

Zu den von den jeweiligen Bankenverbänden entwickelten nationalen Rahmenverträgen gehören beispielsweise der von den deutschen Bankenverbänden betreute DRV, der von der Schweizerischen Bankvereinigung betreute Schweizer Rahmenvertrag für OTC-Derivate (SMA) oder der von der *Fédération Bancaire Francaise* betreute Französische Rahmenvertrag (*AFB/FBF Master Agreement*), der in einer Standardversion und einer mit ISDA-Definitionen verwendbaren Fassung existiert. Das von der *European Banking Federation* entwickelte *European Master Agreement (EMA)* findet in ausgewählten Bereichen (beispielsweis bei Geschäften mit der EZB) ebenfalls Anwendung, hat sich aber gegenüber dem *ISDA Master Agreement* bzw. anderen nationalen Rahmenverträgen nicht in größerem Umfang durchgesetzt. 223

Die Verwendung solcher Standardverträge bietet den Marktteilnehmern mehrere Vorteile. Zunächst können unter solchen Standardverträgen abgeschlossene Geschäfte durch die Verwendung bestimmter Konventionen in den Produktanhängen vereinheitlicht werden. Diese Konventionen sind für die Handelbarkeit, die Marktpreisfindung und damit auch für die Besicherbarkeit dieser bilateralen Geschäfte essentiell. Die vereinheitlichte Vertragsstruktur kann zudem Verhandlungen beschleunigen, da der Vereinbarungsinhalt den Parteien im Vorfeld bereits weitgehend bekannt ist. Auch die für Standardgeschäfte vorgeschriebene Clearingfähigkeit des Geschäfts (→ Rn. 239 ff.) wird so erleichtert. 224

Auf Rahmenvertragsebene selbst etabliert die Standardisierung harmonisierte Close-out-Netting-Mechanismen. Dies erleichtert die von den Aufsichtsbehörden geforderte Begutachtung von Nettingklauseln in Rahmenverträgen (vgl. zu den Hintergründen bzw. weiteren Voraussetzungen der aufsichtsrechtlichen Anerkennung gemäß Art. 296 CRR Rn. 199 ff.). 225

Im Strom- und Gashandelsbereich in Deutschland und Europa haben insbesondere die von der *European Federation of Energy Traders* (EFET) entwickelten Standardverträge *General Agreement Concerning the Delivery and Acceptance of Electricity* sowie *General Agreement Concerning the Delivery and Acceptance of Natural Gas* große Bedeutung.[230] Für den Handel mit Emissionsrechten (Emission von Treibhausgasen) können ebenfalls *EFET General Agreements* verwendet werde, wobei jeweils ein Anhang die entsprechenden Ergänzungen regelt; auch für *ISDA Master Agreements* und den DRV gibt es entsprechende *Schedules* bzw. Produktanhänge.[231] Im internationalen Kohlehandel spielt das *Standard Coal Trading Agreement* (SCoTA) eine wesentliche Rolle.[232] Auch diese Verträge enthalten typische *Single-Agreement*-Klauseln und Nettingklauseln und sehen damit im Beendigungsfall eine Beendigung der Transaktionen sowie eine Bewertung und Verrechnung der Werte einzelner Transaktionen vor. 226

8. *Master Netting Agreements*. *Master Netting Agreements* (auch „Super-Rahmenverträge" bzw. „*Master-Master*"-Verträge) fassen mehrere Rahmenverträge zusammen. Sofern zwei Parteien gleichzeitig mehrere Rahmenverträge geschlossen haben, wird häufig überlegt, durch den Abschluss eines Master Netting-Rahmenvertrags ein Gesamtnetting für sämtliche einbezogenen Geschäfte durchzuführen. 227

Ein in der internationalen Praxis wichtiges Beispiel eines solchen Master Netting-Rahmenvertrags ist das *Cross Product Master Agreement* (CPMA) vom Februar 2000 bzw. die entsprechende *Cross-Affiliate*-Version des CPMA vom Juni 2003,[233] das im Verhältnis zu deutschen Vertragspartnern jedoch eher selten verwendet wird. Geht es um die Zusammenfassung von Zahlungsströmen an einem Termin, werden sog. Zahlungsnettingvereinbarungen geschlossen. Die Master-Netting-Rahmenverträge sollen den Parteien je nach Ausgestaltung die Möglichkeit einräumen, sämtliche Rahmenverträge bei Kündigung eines einzelnen Rahmenvertrags zu kündigen, oder zumindest nach Beendigung aller Rahmenverträge auf Grundlage der jeweiligen Beendigungsklauseln die resultierenden Nettobeträge zu verrechnen. Bei einer Erweiterung der Kündigungswirkung von einem auf alle Rahmenverträge werden die Rahmenverträge für den Fall einer Kündigung verbunden, um Kündigungen in einen Gleichlauf zu bringen. Die betreffenden Rechtswirkungen solcher Verträge 228

---

230 Vgl. hierzu Schwintowski/Scholz/Schuler/*Fried*, Rn. 203 und Rn. 205.

231 Schwintowski/Scholz/Schuler/*Fried* Rn. 211 ff.

232 Schwintowski/Scholz/Schuler/*Fried* Rn. 442 ff.

233 Die Verträge nach englischem oder New Yorker Recht sind auf der Website der *Securities Industry and Financial Markets Organisation* (SIFMA) abrufbar (https://www.sifma.org/resources/general/cross-product/); weitere derartige Verträge sind die sog. *Bridge Agreements* der ISDA und das *EFET Cross Product Master Netting Agreement*; vgl. hierzu Zerey/*Fried* § 24 Rn. 2.

können denen der sog. *Cross Default Clause*[234] mit ihrem „Import" von Beendigungsgründen oder ihrer Erstreckung von Beendigungswirkungen aus anderen Rechtsverhältnisses entsprechen.[235]

229 Für die Anerkennung von Master-Netting-Rahmenverträgen über Finanzleistungen oder Warenfixgeschäfte nach § 104 Abs. 1 spricht – sofern diese Voraussetzung erfüllt ist – die gleichzeitige Gesamtbeendigung aller einbezogenen Geschäfte, die ja auch schon bei Rahmenverträgen selbst nach § 104 Abs. 3 Satz 1 anerkannt ist.[236] Der Gesetzgeber äußert sich jedoch in seiner Begründung zur Novelle von § 104 nicht zu Master-Netting-Rahmenverträgen, sondern lediglich zur nunmehr möglichen Zusammenfassung von Warenfixgeschäften und Finanzleistungen unter- und miteinander in einem gemeinsamen Rahmenvertrag.[237] Bei der Anerkennung von sonstigen produktübergreifenden Master Netting-Rahmenverträge bleibt jedenfalls § 104 Abs. 3 Satz 2 zu beachten, der andere Transaktionen als Finanzleistungen und Warenfixgeschäfte von der Einheitsfiktion nach § 104 Abs. 3 Satz 1 ausnimmt.

230 Einige Master Netting-Rahmenverträge sehen vor, dass Netting jeweils unter den einzelnen einbezogenen Rahmenverträgen stattfindet und die resultierenden fälligen Einzel-Nettobeträge unter dem Master-Netting-Rahmenvertrag lediglich miteinander verrechnet werden. Die Gesamtverrechnung dieser Netto-Beträge kann bei Vorliegen der Voraussetzungen durch § 94 und § 95 gedeckt oder – sofern Finanzsicherheiten nach § 1 Abs. 17 KWG zur Absicherung des Gesamtnettobetrags bestellt sind – durch § 96 Abs. 2 privilegiert sein.

231 Produktübergreifende *Master Netting Agreements* (sogenannte *Cross-Product Master Netting Agreements*) sind jedenfalls für Institute in den entsprechenden europäischen Regelwerken vorgesehen. Nach Art. 196 Verordnung (EU) 575/2013 (CRR) dürfen Institute, welche die umfassende Methode zur Berücksichtigung finanzieller Sicherheiten anwenden, die Auswirkungen bilateraler Nettingvereinbarungen auf Pensionsgeschäfte, Wertpapier- oder Warenverleih- oder -leihgeschäfte oder andere Kapitalmarkttransaktionen mit einer Gegenpartei als anerkannte Form der Kreditrisikominderung berücksichtigen. Nach Art. 206 CRR sind solche Netting-Rahmenvereinbarungen von der Aufsichtsbehörde als risikomindernd anzuerkennen, wenn folgende Bedingungen erfüllt sind: Die Vereinbarungen sind a) selbst bei Konkurs oder Insolvenz der Gegenpartei in allen relevanten Rechtsräumen rechtswirksam und rechtlich durchsetzbar; b) geben der nicht ausfallenden Partei das Recht, bei einem Ausfall, einschließlich Konkurs oder Insolvenz der Gegenpartei, alle unter die Vereinbarung fallenden Geschäfte zeitnah zu beenden und glattzustellen, und c) sehen die Aufrechnung (Netting) der Gewinne und Verluste aus den im Rahmen einer Vereinbarung verrechneten Transaktionen vor, sodass die eine Partei der anderen einen einzigen Nettobetrag schuldet.

232 **9. Vertragliche Beendigungsklauseln mit und ohne Kündigung.** Grundsätzlich sind für bilaterale Rahmenverträge zwei vertragliche Beendigungsmechanismen als Reaktion auf Insolvenzfälle denkbar. Dies sind die Kündigung durch ausdrückliche Kündigungserklärung und die vorab vereinbarte „automatische" Kündigung (*Automatic Early Termination* – AET). Bei AET werden der Rahmenvertrag und alle Geschäfte darunter ohne weitere Erklärung bei Vorliegen eines definierten Insolvenzereignisses beendet. Dieses Ereignis ist typischerweise der Insolvenzantrag einer Partei, einer Aufsichtsbehörde oder eines Gläubigers.

233 **a) Beendigung im Zeitpunkt der Eröffnung des Konkursverfahrens.** Nr. 7 (2) des heute nicht mehr gebräuchlichen Rahmenvertrags für SWAP-Geschäfte bestimmte: „Der Vertrag endet ohne Kündigung mit Eröffnung des Konkursverfahrens über das Vermögen einer Partei."

234 **b) Beendigung vor Eröffnung eines Insolvenzverfahrens.** Der Rahmenvertrag für Finanztermingeschäfte (DRV) hat den Beendigungszeitpunkt in Übereinstimmung mit den international verwendeten Rahmenverträgen der ISDA (vgl. zB *Section 5(a)(vii)(4) 2002 ISDA Master Agreement*) bewusst vorverlegt. Nr. 7(2) des DRV 2018, der sich anders als noch der DRV 2001 nicht mehr auf Konkursverfahren bezieht und die für Institute relevante Stellung des Insolvenzantrages durch die Aufsichtsbehörde erwähnt, lautet wie folgt: „*Der Vertrag endet ohne Kündigung im Insolvenzfall. Dieser ist gegeben, wenn das Insolvenzverfahren oder ein sonstiges vergleichbares Verfahren über das Vermögen einer Partei beantragt wird und entweder (i) diese Partei oder eine Behörde oder öffentliche Stelle, die für die Antragstel-*

[234] Vgl. beispielsweise *Section 5(a)(vi) 1992 ISDA Master Agreement/2002 ISDA Master Agreement*, die einen Vorfälligstellung bzw. einen Zahlungsverzug unter bestimmten Darlehensverträgen oder Schuldverschreibungen als Kündigungsgrund auch für das *ISDA Master Agreement* enthalten.

[235] Vgl. hierzu auch SBL/*Jahn/Reiner* § 114 Rn. 97.

[236] *Ruzik* lässt auch ohne einen Super-Rahmenvertrag eine Aufrechnung von ggf. entstehenden Ausgleichszahlungen nach §§ 387 ff. BGB zu, ohne dass §§ 95 Abs. 1 Satz 3, 96 Abs. 1 Nr. 1 entgegenständen, *Ruzik* S. 561 f.; *Benzler* S. 256.

[237] BT-Drs. 18/9983, S. 15; vgl. hierzu auch FKInsO/*Bornemann* § 104 Rn. 94 f.

lung bezüglich dieser Partei zuständig ist, den Antrag gestellt hat oder (ii) diese Partei zahlungsunfähig ist oder sich sonst in einer Lage befindet, die die Eröffnung eines solchen Verfahrens rechtfertigt.".

Der Europäische Rahmenvertrag für Finanzgeschäfte (EMA) enthält in Nr. 6 (1) (b) Satz 2 der Allgemeinen Bestimmungen eine vergleichbare Regelung, die gemäß I.(7) der Allgemeinen Bestimmungen der Anlage (Prüfliste) jedoch ausgeschlossen werden kann. 235

Eine der Regelung im DRV 1993 ähnliche Bestimmung findet sich in Nr. 5(2) der „Bedingungen für Zinstermingeschäfte mit Ländern in der Bundesrepublik Deutschland".[238] 236

Ziff. 7.2 des Schweizer Rahmenvertrags für OTC-Derivate (SMA 2013) hat folgenden Wortlaut: „*Bei Eintritt eines Ereignisses gemäß Ziff. 6.1 (n) bezüglich einer Partei gilt ein Vorzeitiger Auflösungstermin unmittelbar vor dem Eintritt des betreffenden Ereignisses – ohne Zustellung einer entsprechenden Auflösungserklärung – als automatisch eingetreten und alle unter dem Rahmenvertrag ausstehenden Transaktionen werden auf dieses Datum aufgelöst.*" Ziff. 6.1 (n) lautet wie folgt: „*Über eine Partei wird der Konkurs eröffnet, oder es wird ihre Liquidation beschlossen oder es wird ein Nachlassvertrag mit vollständiger oder teilweiser Vermögensabtretung gerichtlich genehmigt.*" 237

Die ISDA-Rahmenverträge (*1992 ISDA Master Agreement/2002 ISDA Master Agreement*) enthalten in *Section 6(a)* iVm *Section 5(a)(vii)* insolvenzanknüpfende Beendigungsgründe. Der Vertrag kann grundsätzlich bei Vorliegen bestimmter Gründe durch eine ausdrückliche Kündigungserklärung beendet werden. Wurde hingegen eine „automatische Beendigung" im Anhang (*Schedule*) zum jeweiligen *ISDA Master Agreement* vereinbart, endet der Vertrag automatisch und ohne weitere Kündigungserklärung vor Eröffnung des Insolvenzverfahrens bzw. vor Stellung des Eröffnungsantrages.[239] Die mit AET verbundenen Risiken bei missbräuchlichen Anträgen von Gläubigern sollen durch Wartefristen (*grace periods*) reduziert werden.[240] Bei Eigenanträgen bzw. Anträgen der Aufsichtsbehörde von regulierten Finanzinstituten bedarf es keiner Wartefristen (vgl. zB *Section 5(a)(vii)(4) 2002 ISDA Master Agreement*) und die automatische Beendigung kann bereits mit Stellung des Insolvenzantrags wirksam werden. 238

10. Rahmenverträge und Netting im OTC-Clearing-Bereich. a) OTC-Clearing als Kernstück einer neuen Marktinfrastruktur. Die Abwicklung von OTC-Derivaten über Clearinghäuser wird als eine der wesentlichen Antworten auf die Finanzkrise gesehen. Die Staats- und Regierungschefs der G20 beschlossen bei einem Treffen in Pittsburgh im September 2009, die notwendige Marktinfrastruktur für Derivateclearing zu schaffen. Kernpunkt der Regulierungsvorgabe ist die Einführung einer Clearingpflicht für standardisierte OTC-Derivate ab Ende 2012. In Europa wurden die entsprechenden Maßnahmen in der Verordnung über OTC-Derivate, zentrale Gegenparteien und Transaktionsregister (*European Market Infrastructure Regulation* – EMIR) geregelt.[241] Eine Vielzahl wichtiger Detailthemen wird in „technischen Regulierungsstandards" festgelegt. Einige dieser Standards hat die neu geschaffene *European Securities and Markets Authority* (ESMA) in ihrem Bericht vom 27.9.2012 veröffentlicht und der Kommission zur Entscheidung vorgelegt; die Endfassungen wurden am 23.2.2013 im Amtsblatt der Europäischen Union veröffentlicht.[242] 239

Das Clearing von OTC-Derivaten über einen zentralen Kontrahenten[243] soll das Risiko absichern, dass eine Partei des Derivatevertrags ihre Verpflichtungen nicht mehr erfüllen kann. Zu diesem Zweck tritt ein Clearinghaus als Vertragspartei zwischen die beiden ursprünglichen Vertragspartner. Gleichzeitig wird das betreffende Clearinghaus als zentraler Kontrahent durch die laufende Hinterlegung von Margensicherheiten abgesichert. Wie im Bereich des Clearings börsengehandelter Produkte üblich, besteht diese Margensicherheit typischerweise aus einer Grundabsicherung (*Initial Margin* bzw. IM, einer Art Puffer) und einer vom Marktwert der laufenden Transaktionen abhängigen 240

[238] Abgedruckt als Anhang 10 II zu SBL/*Jahn* § 114 (Vorauflage).

[239] *Reiner,* ISDA Master Agreement, § 5 Rn. 29 ff. (zu „*Bankruptcy*" als *Event of Default*) sowie § 6 Rn. 25 ff. (zur automatischen Beendigung); Zerey/*von Sachsen-Altenburg,* § 7 Rn. 62. Zum Zusammenspiel zwischen dem Zeitpunkt des *Events of Default* (insbesondere: Ablauf der Wartefristen (*grace periods*) von 30 bzw. 15 Geschäftstagen) und der rückwirkenden Berechnung des Close-out Betrages vgl. *Firth* Rn. 11.107.

[240] Der entsprechende *Event of Default* im Insolvenzfall ist nur gegeben, wenn die Frist von 30 Geschäftstagen (*Section 5(a)(vii)(4) 1992 ISDA Master Agreement*) bzw. von 15 Geschäftstagen (*Section 5(a)(vii)(4) 2002 ISDA Master Agreement*) abgelaufen ist bzw. wenn während dieser Frist der Insolvenzfall eintritt. Zu AET und seinen Risiken *Firth* Rn. 11.106 bis 11.108 und 5.029.

[241] Verordnung (EU) Nr. 648/2012 des Europäischen Parlaments und des Rates vom 4. Juli 2012 über OTC-Derivate, zentrale Gegenparteien und Transaktionsregister, ABl. Nr. L 201 v. 27.7.2012, S. 1.

[242] Die Entwurfsfassung nach Abschluss der Konsultationen wurde am 27.9.2012 veröffentlicht (*Final Report – Draft technical standards under the Regulation (EU) No 648/2012 of the European Parliament and of the Council of 4 July 2012 on OTC Derivatives, CCPs and Trade Repositories*). Endfassung in ABl. Nr. L 52 v. 23.2.2013, S. 1.

[243] Auch Clearinghaus bzw. zentrale Gegenpartei – so der Begriff nach der EMIR-Definition.

Absicherung (*Variation Margin* bzw. VM). IM ist regelmäßig durch die Übertragung von Geldbeträgen oder geeigneten Wertpapieren zu erfüllen und geht unabhängig vom Marktwert der Transaktionen vom Kunden an das Clearingmitglied (*Clearing Member* – CM) und vom CM an das Clearinghaus (welches das IM hält). Variation Margin (VM) ist dagegen regelmäßig als Geldleistung zu erfüllen und geht an die Partei, für die das betreffende Derivat einen positiven Marktwert hat. IM ist insoweit eine gewollte „Übersicherung" (*Excess Collateral*), die vom Kunden aufgebracht werden muss und ua Marktpreisschwankungen auffangen soll.

241 Bei der Prüfung rechtlicher Sachverhalte ist das Verhältnis zwischen Kunde und CM von dem Verhältnis zwischen CM und Clearinghaus zu unterscheiden. Das Verhältnis des CM zum Clearinghaus wird durch die Clearingbedingungen des betreffenden Clearinghauses bestimmt. Diese Bedingungen sind meist öffentlich verfügbar, in aller Regel nicht verhandelbar und für alle CMs gleich. Die Ausgestaltung des Verhältnisses zwischen Kunde und CM bleibt dagegen (sofern die Clearingbedingungen keine bindenden Vorgaben enthalten) üblicherweise den Parteien überlassen und wird zB in sogenannten „*Client Clearing Agreements*" oder in Anhängen zu Rahmenverträgen niedergelegt. Alle geclearten Transaktionen werden regelmäßig zu einem einheitlichen Vertrag verbunden.[244]

242 Da systemische Risiken durch das Clearing von Derivaten verringert und nicht durch eine Pflicht zum Clearing über (wenige) zentrale Kontrahenten verstärkt werden sollen, kommt der Insolvenzfestigkeit wesentlicher Strukturelemente große Bedeutung zu. Hierzu gehören insbesondere eine insolvenzfeste Ausgestaltung von Close-out Netting und Margenverwertung zwischen Kunde und CM bzw. zwischen CM und Clearinghaus sowie – nach Ausfall eines CM – eine wirksame Übertragung von Positionen auf ein neues CM („*Porting*").

243 Der zunächst gewählte Ansatz einer allgemeinen rechtlichen Privilegierung der Segregation von Vermögen und des *Portings* von Positionen und Vermögenswerten von Kunden auf Grundlage von EMIR selbst[245] wurde in die Endfassung von EMIR nicht aufgenommen. Insoweit bleibt also auch nationales Insolvenzrecht auf Rechtsfragen grundsätzlich anwendbar. Dennoch greift EMIR den Gedanken in der Präambel auf und stellt damit die Intention klar, dass Bestimmungen zum Schutz von Kunden auch bei Prüfungen nach nationalem Recht zur berücksichtigen sind.[246] Eine besondere Rolle spielt dabei die vom Clearinghaus gehaltene *Initial Margin* (Ersteinschuss), die letztlich vom Kunden kommt und über das CM zum Clearinghaus gelangt. Diese Übersicherung liegt zwar beim Clearinghaus. Der Kunde schuldet sie jedoch wegen der Zweistufigkeit der Vertragsverhältnisse dem CM und das CM dem Clearinghaus. Der Kunde kann die Übersicherung deshalb nicht ohne Weiteres vom Clearinghaus zurückfordern; er hat daher diesbezüglich ein besonderes Schutzbedürfnis.[247]

244 Die Behandlung der Vertragsverhältnisse bleibt somit den jeweiligen Rechtsordnungen überlassen. Nach deutschem Recht kann man jedoch auf der Ebene Kunde – CM (hierzu b)) und auf der Ebene CM – Clearinghaus (hierzu c)) mit den bekannten Analysen von Netting- und Finanzsicherheitsthemen zu Ergebnissen gelangen, die den Anforderungen der Aufsichtsbehörden entsprechen. Darüber hinaus schafft das EMIR-Ausführungsgesetz[248] zusätzliche Rechtssicherheit (→ hierzu Rn. 69 ff.).

---

[244] Das in Deutschland übliche Vertragsmuster für Kundenclearingverträge ist die Clearing-Rahmenvereinbarung (CRV) (abrufbar unter: https://bankenverband.de); Unternehmen, die *ISDA Master Agreements* nutzen, verwenden üblicherweise das *ISDA/FIA Client Cleared OTC Derivatives Addendum (EU principal-to-principal arrangements)*.

[245] Vgl. Art. 37 Abs. 5 des ersten, am 15.9.2010 veröffentlichten Entwurfes der EMIR (COM(2010) 484/5; 2010/0250 (COD)), der dem jetzigen Art. 39 entsprach und ebenfalls mit „*Segregation and portability*" überschrieben war. Nach Beschreibung der Segregations- und *Porting*-Anforderungen in den Absätzen 1 bis 4 regelte Art. 37 Abs. 5 dieses EMIR-Entwurfes die europaweite Rechtswirksamkeit der Segregation und des *Portings*: „*The requirements set out in paragraphs 1 to 4 shall prevail over any conflicting laws, regulations and administrative provisions of the Member States that prevent the parties from fulfilling them.*".

[246] Vgl. Präambel 64, letzter Satz: „*Die in dieser Verordnung festgelegten Vorschriften für die Trennung und die Übertragbarkeit von Positionen und Vermögenswerten von Kunden sollten daher Vorrang vor etwaigen kollidierenden Rechts- oder Verwaltungsvorschriften der Mitgliedstaaten haben, die die Parteien an der Erfüllung dieser Vorschriften hindern.*" Aus dem „*shall prevail over any conflicting laws*" im EMIR-Entwurf wurde in der englischen Fassung von Präambel 64 ein „*should therefore prevail over any conflicting laws*".

[247] Dieses Schutzbedürfnis deckt Art. 48 Abs. 7 EMIR ab, der das Clearinghaus verpflichtet, nach Abschluss des Verfahrens (Ausfall CM) den oder dem Kunden des CM die entsprechende Übersicherung herauszugeben. Diese Übersicherung dürfte in der Regel, vorbehaltlich von Einbehalten zur Deckung von Kosten oder unvorhergesehenen Preisschwankungen, dem Betrag der vom Kunden gestellten IM entsprechen.

[248] Ausführungsgesetz zur Verordnung (EU) Nr. 648/2012 über OTC-Derivate, zentrale Gegenparteien und Transaktionsregister (EMIR-Ausführungsgesetz), BGBl. I 2013, S. 174 ff.

b) Rechtsverhältnis Kunde zu Clearing Member (CM). Hinsichtlich des Verhältnisses Kunde – CM kommt es für die Analyse des Insolvenzfalles des Kunden oder des CM auf den konkret abgeschlossenen Vertrag an. Soweit die üblichen Rahmenverträge und Besicherungsanhänge verwendet werden, gilt grundsätzlich die Insolvenz- und Nettinganalyse für diese Art von Rahmenverträgen. Üblicherweise dürften jedoch Änderungen an diesen Verträgen notwendig sein, um den Besonderheiten des Verwendungszweckes gerecht zu werden. Solche Änderungen können entweder in Anlagen zu den entsprechenden Rahmenverträgen oder in weiteren *Client Clearing Agreements* vereinbart werden. Letztere schaffen einen Rahmenvertrag für geclearte Transaktionen. Ein Beispiel für derartige Modifikationen ist die Vereinbarung zusätzlicher Beendigungsgründe. Diese gibt den Parteien die Möglichkeit, bei Ereignissen auf Clearinghaus-Ebene oder bei einer Beendigung des Vertrages zwischen CM und CCP auch auf Kunden – CM-Ebene zu reagieren. Aus Sicht des CM kann es auch wünschenswert sein, nicht selbstverschuldete Änderungen der zwischen ihm und der CCP bestehenden Transaktion an den Kunden weiterzugeben. Ein weiteres Beispiel ist die Anpassung des Besicherungsanhangs, der zwischen Kunde und CM hinsichtlich der Höhe, der Besicherungsfrequenz und eventuell des Margentypus idealerweise das abbilden sollte, was die CCP vom CM fordern kann. Dabei ist jeweils zu berücksichtigen, dass das CM – sofern nicht originär mit dem Kunden abgeschlossene Transaktion gecleart werden – letztlich als Intermediär des Kunden tätig ist. Aus diesem Grund ist ein CM grundsätzlich daran interessiert, von der CCP ausgehende Anforderungen und Risiken an den Kunden weiterzugeben. Gleichzeitig soll der Kunde vor der Insolvenz des CM geschützt sein, soweit es um die Trennung und Übertragbarkeit von OTC-Geschäften (Positionen) und Vermögenswerten des Kunden geht. 245

c) Rechtsverhältnis Clearing Member (CM) zu Clearinghaus (CCP). Aus insolvenzrechtlicher Sicht richten sich die Rechte und Pflichten von Teilnehmer an einem System nach dem Recht des Systems und damit nach dem Recht, dem die Clearingbedingungen unterstehen. Dieses „*Lex-Systema*-Prinzip" ist insoweit vergleichbar mit dem *Lex-Contractus*-Prinzip nach § 340 Abs. 2 und ergibt sich aus Art. 8 der Finalitätsrichtlinie, der in § 340 Abs. 3 iVm § 340 Abs. 1 umgesetzt wurde. Hierdurch wird Rechtssicherheit geschaffen; insbesondere wird vermieden, dass der Betreiber eines Systems durch die Vielzahl an CMs aus unterschiedlichen Jurisdiktionen mehrere Rechtsordnungen analysieren und beachten muss.[249] 246

Bei Anwendbarkeit deutschen Rechts ist für die insolvenzrechtliche Einschätzung von CM-CCP-Sachverhalten Art. 102b EGInsO von besonderer Bedeutung. § 1 von Art. 102b EGInsO bestimmt unter Hinweis auf die entsprechenden Regelungen in Art. 48 EMIR, dass die Eröffnung des Insolvenzverfahrens die Durchführung üblicher Abwicklungsmaßnahmen der CCP (wie zB *Close-out* und *Porting*) nicht hindert, wenn sie nach den jeweils einschlägigen EMIR-Vorgaben geboten sind (→ Rn. 69 ff.). Dieses Privileg dient dem Schutz des Kunden und ist bei Insolvenz des CM anwendbar. 247

Sofern Art. 102b EGInsO iVm Art. 48 EMIR nicht anwendbar ist, sind im Rechtsverhältnis CM – Clearinghaus weitere Sonderregelungen zu beachten,[250] die sich sowohl auf Finanzsicherheiten als auch auf Abrechnungssysteme gemäß § 1 Abs. 16 KWG erstrecken. Für die rechtliche Einordnung des Clearings von OTC-Derivaten ist daher die Frage von Bedeutung, ob die üblichen Clearinghäuser auch in diesem Kontext Systeme iSv § 1 Abs. 16 KWG sind. Dann würden für das Clearinghaus und seine Teilnehmer (CM) die Sonderregelungen gelten. Dies betrifft sowohl entsprechende Netting-Vereinbarungen als auch die Verwertung dazugehöriger Margensicherheiten.[251] 248

---

249 Vgl. zur Zielsetzung von § 340 Abs. 3 iVm Abs. 1 auch *Ruzik* S. 228 f.

250 ZB in § 46 Abs. 2 Satz 6 KWG nF sowie in § 96 Abs. 2.

251 Ein gewisses Indiz dafür, welche Systeme aus Sicht der zuständigen Behörden als Systeme iSd Finalitätsrichtlinie gelten, gibt die Liste der an die EU gemäß Art. 10 der Finalitätsrichtlinie gemeldeten Systeme. Eine Aufstellung der *Designated Payment & Security Settlement Systems* findet sich unter http://ec.europa.eu/internal_market/financial-markets/settlement/dir-98-26-art10-national_en.htm. Die Qualifikation eines Clearinghauses als System im Sinne von § 1 Abs. 16 KWG ist jedoch wegen des wenig präzisen Wortlautes der Finalitätsrichtlinie nicht unumstritten, vgl. *Kunz* S. 369 f. und *von Hall* S. 176 ff., der der Auffassung ist, dass durch Clearinghäuser betriebene Clearingsysteme nicht als Systeme im Sinne von Art. 2 Buchst. (a) der Finalitätsrichtlinie zu klassifizieren sind. Der formellen Argumentation (vgl. *von Hall* S. 176), dass beim Clearing über eine CCP die geforderte förmliche multilaterale Vereinbarung zwischen mindestens drei Teilnehmern (ohne CCP) fehlt, kann man entgegenhalten, dass jedes Clearinghaus eine Vielzahl von CMs hat, die zwar nicht durch einen multilateralen Vertrag oder einen Skontrationsverband, wohl aber durch mehrere bilaterale Verträge sowie für alle geltende Clearingbedingungen und *Default-Management*-Verfahren (einschließlich solidarischer Haftung durch *Default Fund Contributions*) verbunden sind. Insofern ist auch die Notifizierung von CCP-Systemen nach Art. 10 der Finalitätsrichtlinie möglich und durch die Finalitätsrichtlinie gedeckt.

249 Die 1998 erlassene Finalitätsrichtlinie[252] bezieht sich primär auf Zahlungs- sowie Wertpapierliefer- und -abrechnungsvereinbarungen. Gleichwohl könnte die gewünschte endgültige Wirksamkeit der auch mit OTC-Clearing verbundenen Abrechnungen, Zahlungen und Wertpapierlieferungen über das Clearinghaus nicht sichergestellt werden, wenn die geclearten Geschäfte, die Abwicklung von Zahlungen oder die Stellung von Sicherheiten in Frage gestellt würden. Denn auch beim OTC-Clearing ist das Clearinghaus als Partei aller Geschäfte mit der laufenden Abwicklung von Zahlungs- und Wertpapierlieferpflichten aus den OTC-Geschäften befasst. Parallel dazu ist es in die Abwicklung von Zahlungen und Wertpapiertransfers im Rahmen der Stellung von Margensicherheiten involviert. Eine weite Auslegung des Systembegriffs der Finalitätsrichtlinie ergibt sich aus dem Sinn der Richtlinie sowie aus der in ihren Artikeln 3 und 9 angelegten Struktur. Sie folgt auch aus den Erwägungsgründen der Finalitätsrichtlinie, die gerade für den Fall der Insolvenz die Wirksamkeit der Geschäfte und der bestellten Sicherheiten fordert.[253] Dies wird in den Artikeln 3 und 9 der Richtlinie näher ausgeführt, welche die Insolvenzfestigkeit von Aufrechnungen, Zahlungs- und Übertragungsaufträgen sowie im Rahmen des Systems geleisteter dinglicher Sicherheiten festlegen. Ferner bestand während der gesetzgeberischen Diskussion und der Umsetzung der Finalitätsrichtlinie Einigkeit darüber, dass der Begriff „System" schwer zu greifen ist und eine enge Definition nicht alle relevanten Systeme erfassen kann.[254]

250 Wichtig für die Anerkennung eines Systems ist jedoch die Notifizierung durch die Mitgliedstaaten nach Art. 10 der Finalitätsrichtlinie. Diese sollte sich möglichst auch auf das Clearing von OTC-Transaktionen erstrecken. In der Gesetzesbegründung zur Einfügung des § 96 Abs. 2 heißt es:[255] *„Zur näheren Präzisierung der Systeme wird in Satz 2 auf die Definition in Art. 2 Buchstabe a der Richtlinie verwiesen. Es wurde davon abgesehen, in die Insolvenzordnung eine eigene Begriffsbestimmung einzustellen, da diese einerseits sehr umfangreich gewesen wäre, andererseits die maßgebenden Systeme dennoch nur sehr allgemein hätte umreißen können. Im Übrigen wäre eine solche Definition ohnehin nur von sehr beschränktem Nutzen, da für die Anwendung der einschlägigen Bestimmungen allein maßgebend ist, ob das betreffende System der Kommission gemeldet wurde."* Auch § 96 Abs. 2 ist daher weit auszulegen.

251 Die auf Grundlage der Richtlinie 2009/44/EG zur Änderung der Finalitäts- und Finanzsicherheitenrichtlinie[256] erweiterte Aufgabenbeschreibung für Systeme unterstützt diese Argumentation. Die neugefasste Definition von „System" in Art. 2 Buchst. (a) (erster Spiegelstrich) der Finalitätsrichtlinie nennt wie bisher die *„Ausführung von Zahlungs- und Übertragungsaufträgen zwischen den Teilnehmern"* und verweist daneben ausdrücklich auch auf *„Clearing, mit oder ohne Einschaltung einer zentralen Vertragspartei"*. Richtlinie 2009/44/EG wurde durch ein Artikelgesetz[257] in nationales Recht umgesetzt; die entsprechenden Änderungen sind am 30.6.2011 in Kraft getreten.

VIII. Zusammenfassung von Geschäften in CCP-Regelwerken (§ 104 Abs. 3 Satz 1 Var. 2)

252 Angesichts der aufsichtsrechtlichen Verpflichtung, standardisierte Derivate möglichst über ein Clearinghaus abzuwickeln (zu „clearen"), haben CCPs in den letzten Jahren erheblich an Bedeutung gewonnen.[258] § 104 Abs. 3 Satz 1 stellt in diesem Zusammenhang klar, dass Geschäfte nach § 104 Abs. 1 auch durch das Regelwerk einer zentralen Gegenpartei zu einem einheitlichen Vertrag zusammengefasst werden können. Damit ist gewährleistet, dass Vereinbarungen über Liquidationsnetting für

[252] Richtlinie 98/26/EG des Europäischen Parlaments und des Rates vom 19. Mai 1998 über die Wirksamkeit von Abrechnungen in Zahlungs- sowie Wertpapierliefer- und -abrechnungssystemen, ABl. Nr. L 166 v. 11.6.1998, S. 45.

[253] Vgl. zB Erwägungsgründe 6, 14 oder 18 der Finalitätsrichtlinie: *„[...] Unter die Richtlinie fallen alle Systeme der Gemeinschaft sowie die von den Teilnehmern im Zusammenhang mit ihrer Teilnahme an diesen Systemen geleisteten dinglichen Sicherheiten. [...] Es muss gewährleistet werden, dass Zahlungs- bzw Überweisungsaufträge nach dem durch die Regeln des Systems definierten Zeitpunkt nicht mehr widerrufen werden können. [...] Bei Insolvenz eines Teilnehmers sollten die von ihm geleisteten dinglichen Sicherheiten von der Anwendung des Insolvenzrechts auf den insolventen Teilnehmer nicht berührt werden."*.

[254] Vgl. zur Diskussion des Anwendungsbereiches der Finalitätsrichtlinie *Keller* WM 2000, 1269 f.

[255] BT-Drs. 14/1539, S. 11.

[256] Richtlinie 2009/44/EG des Europäischen Parlaments und des Rates vom 6. Mai 2009 zur Änderung der Richtlinie 98/26/EG über die Wirksamkeit von Abrechnungen in Zahlungs- sowie Wertpapierliefer- und -abrechnungssystemen und der Richtlinie 2002/47/EG über Finanzsicherheiten im Hinblick auf verbundene Systeme und Kreditforderungen vom 6.5.2009; ABl. Nr. L 146 v. 10.6.2009, S. 37.

[257] Gesetz zur Umsetzung der geänderten Bankenrichtlinie und der geänderten Kapitaladäquanzrichtlinie vom 19.11.2010, BGBl. 2010, Teil 1 Nr. 58, S. 1592.

[258] Zu diesen Clearinghäusern gehören in Deutschland beispielsweise die Eurex Clearing AG, die zahlreiche OTC- und börsengehandelte Finanzderivate sowie den Aktienhandel der Frankfurter Wertpapierbörse abwickelt, sowie die European Commodity Clearing AG, die zahlreiche an Energiebörsen gehandelte Produkte abwickelt.

die Zwecke des Risikomanagements und der bankaufsichtsrechtlichen Eigenkapitalunterlegung auch im Rahmen der Abwicklung von Geschäften über zentrale Gegenparteien anerkannt werden können. Die Privilegien nach Artikel 102b EGInsO iVm Art. 48 EMIR gelten primär in der Insolvenz von Clearingmitgliedern und nicht in der von zentralen Gegenparteien. Vor diesem Hintergrund stellt Art. 104 Abs. 3 Satz 1 sicher, dass die in den Regelwerken der zentralen Gegenparteien vorgesehenen Maßnahmen zum Liquidationsnetting in ihrer Insolvenz von § 104 Abs. 3 und 4 erfasst werden.

IX. Gemischte Rahmenverträge (§ 104 Abs. 3 Satz 2)

Übliche Rahmenverträge, wie beispielsweise die *ISDA Master Agreements* oder der DRV 1993/ **253** DRV 2018, sehen keine Beschränkung auf bestimmte Finanzleistungen oder Geschäfte vor. Für die *ISDA Master Agreements* aber auch für den DRV existieren eine Reihe von produktspezifischen Ergänzungen, die beispielsweise die Dokumentation von Zins-, Währungs-, Wertpapier-, Emissionsrechte- oder Warenderivaten erlauben.

Es kommt daher vor, dass Rahmenverträge von § 104 Abs. 1 gedeckte Geschäfte und nicht **254** hiervon gedeckte Geschäfte vereinen und unter der Einheitsvertrags-Klausel zu einem einheitlichen Vertrag zusammenfassen. Beispiele solcher nicht von § 104 erfassten Geschäfte sind zB auf unbestimmte Zeit abgeschlossene Pensionsgeschäfte, Geschäfte, die keinen Markt- oder Börsenpreis haben, oder solche Geschäfte, die weder in die benannten noch in die unbenannten Finanzleistungskategorien nach § 104 Abs. 1 Satz 3 fallen und auch keine Warenfixgeschäfte sind (zB auf physische Leistung gerichtete Warentermingeschäfte, die keine Fixgeschäfte sind). Solche Rahmenverträge werden als „gemischte Rahmenverträge" bezeichnet.[259]

Die Frage nach der Behandlung gemischter Rahmenverträge wurde im Zusammenhang mit **255** § 104 aF kontrovers diskutiert. Folgende Lösungsmöglichkeiten waren damals denkbar: ein Rahmenvertrag sollte (i) insgesamt nicht § 104 aF und dem Nettingprivileg unterliegen, wenn nicht termingebundene Geschäfte darunter abgeschlossen worden waren, (ii) insgesamt unter § 104 aF fallen, wenn Finanzleistungen nach § 104 Abs. 2 aF unter dem Rahmenvertrag bestanden, oder (iii) aufgespalten werden. Bei der in (iii) geschildeter Lösung durch Aufspaltung sollten nur die Einzelabschlüsse über Finanzleistungen einen einheitlichen Vertrag im Sinne des § 104 Abs. 2 Satz 3 aF bilden, während die sonstigen, nicht unter § 104 aF fallenden Einzelabschlüsse getrennt beurteilt werden sollten.[260]

Der Gesetzgeber hat diese Diskussion nun durch eine ausdrückliche Regelung in § 104 Abs. 3 **256** Satz 2 beendet. Im Anschluss an die Bestimmungen über die wirksame Zusammenfassung und einheitliche Beendigung der von § 104 Abs. 1 gedeckten Geschäfte führt das Gesetz aus, dass dies auch dann gilt, wenn zugleich andere Geschäfte in den Rahmenvertrag einbezogen sind. Für solche Geschäfte gelten dann die „allgemeinen Bestimmungen".

Hiermit schließt sich der Gesetzgeber grundsätzlich der in (iii) skizzierten Meinung an, nach **257** der sich das Netting auf § 104er-Geschäfte beschränkt und (nur) diese Geschäfte wirksam zu einer Einheit zusammengefasst werden können. Sonstige Geschäfte werden zwar zivilrechtlich wirksam in den Rahmenvertrag einbezogen, ohne jedoch dem gesetzlichen Lösungsmechanismus und den damit verbundenen Privilegien für vertragliche Nettingvereinbarungen iSd § 104 zu unterfallen.[261]

X. Geschützter Gestaltungsbereich für vertragliche Nettingvereinbarungen (§ 104 Abs. 4)

1. Bedeutung der Anerkennung von Nettingvereinbarungen. Für die Vertragspraxis ist **258** einer der wichtigsten Aspekte der Novelle des § 104 die ausdrückliche Anerkennung vertraglicher Nettingvereinbarungen. Für das allgemeine Risikomanagement der involvierten Branchen, wie beispielsweise der Energiehandels- oder der Finanzbranche, ist funktionierendes Netting von großer Bedeutung. Für Institute ist darüber hinaus die aufsichtsrechtliche Anerkennung von Nettingvereinbarungen essentiell (→ Rn. 199 ff.).

[259] Vgl. zu § 104 aF *Bosch,* Kölner Schrift, S. 1035 Rn. 102; Zerey/*Fried* § 21 Rn. 44 f.; SBL/*Jahn* § 114 Rn. 141a (Vorauflage); *von Hall* S. 201 ff.; *Obermüller* Rn. 8.403 ff.

[260] Vgl. zu dieser bisherigen Diskussion zB Jaeger/*Jacoby* § 104 Rn. 55; MüKoInsO/*Jahn/Fried* → 3. Aufl., § 104 Rn. 174 ff.; *Fuchs* S. 229 ff. lehnt demgegenüber alle drei Ansätze ab und fordert eine Regelung durch den Gesetzgeber.

[261] In der Begründung des Regierungsentwurfs wird hierzu ausgeführt (RegE BT-Drs. 18/9983, S. 21): *„§ 104 Absatz 3 Satz 2 InsO-E stellt klar, dass die Fiktionswirkungen nur eintreten, soweit die einbezogenen Geschäfte solche nach § 104 Absatz 1 InsO-E sind. Andere Geschäfte mögen zwar zivilrechtlich in den Rahmenvertrag einbezogen werden können, ihre Einbeziehung führt aber nicht dazu, dass sie dem gesetzlichen Lösungsmechanismus oder dessen zulässigen vertragsrechtlichen Modifikationen unterfallen. Andererseits schadet die Einbeziehung solcher Verträge nicht der Fiktionswirkung in Bezug auf die Geschäfte, die sich unter den neuen Absatz 1 fassen lassen, d.h. Warentermingeschäfte und Geschäfte über Finanzleistungen.".*

259 Argumente, die nach alter Rechtslage für die Rechtswirksamkeit von Nettingvereinbarungen vorgebracht wurden, waren ua der Verweis auf die Entstehungsgeschichte von § 104 aF, die Erwähnung von Rahmenverträgen im Gesetzestext (§ 104 Abs. 2 Satz 3 aF) sowie – im Hinblick auf die kritische Rechtsprechung des BGH zu insolvenzanknüpfenden Lösungsklauseln im Jahre 2012 – die Tatsache, dass im Anwendungsbereich von § 104 auch ohne vorzeitige vertragliche Beendigung kein Insolvenzverwalterwahlrecht bestanden hätte, das durch diese hätte unterlaufen werden können.[262]

260 **2. Zielrichtung und Umfang der Gestaltungsfreiheit.** Nach § 104 Abs. 4 können Vertragsparteien von den gesetzlichen Nettingbestimmungen (§ 104 Abs. 1 und 2) abweichen.

261 Der Wortlaut des Gesetzes gestattet den Parteien ausdrücklich, abweichende vertragliche Bestimmungen zu treffen, sofern diese mit den „wesentlichen Grundgedanken" der entsprechenden gesetzlichen Regelung vereinbar sind.

262 Der Gesetzgeber sieht einen der wesentlichen Grundgedanken von § 104 insbesondere darin, den solventen Vertragspartner vor Unwägbarkeiten zu schützen, die mit dem Insolvenzverwalterwahlrecht nach § 103 verbunden wären.[263]

263 In der Empfehlung des Rechtsausschusses wurde ergänzt, dass auch die Möglichkeit der Ersatzbeschaffung zu einem Markt- oder Börsenpreis zu den wesentlichen Grundgedanken der gesetzlichen Regelung gehört.[264] Die Möglichkeit der Ersatzbeschaffung ist dabei lediglich ein Teilaspekt des Tatbestandsmerkmals des Markt- oder Börsenpreises, → Rn. 106 f. und Rn. 117 ff.

264 **3. Regelbeispiele für zulässige vertragliche Abweichungen.** § 104 Abs. 4 Satz 2 benennt Regelbeispiele für ausdrücklich zugelassene Elemente von Nettingklauseln. Der Gesetzgeber hat diese Vorgaben ausdrücklich als Beispiele gekennzeichnet, um den Parteien Spielräume für die Vereinbarung weiterer praktikabler Verfahren einzuräumen:[265]

- Nr. 1: Die Parteien können vereinbaren, dass die Wirkungen nach Abs. 1 (Beendigung und Ersetzung des Erfüllungsanspruchs durch eine Forderung wegen Nichterfüllung) auch vor der Verfahrenseröffnung eintreten. Dies bedeutet, dass Beendigungsklauseln auch an Ereignisse anknüpfen können, die der Eröffnung vorgehen. Ein ausdrücklich genanntes Beispiel ist die Stellung des Antrags einer Vertragspartei auf Eröffnung eines Insolvenzverfahrens über das eigene Vermögen oder das Vorliegen eines Eröffnungsgrundes (vertragliche Beendigung). Eine solche Anknüpfung an den Insolvenzantrag bzw. an das Vorliegen von Eröffnungsgründen sehen beispielsweise Nr. 7(2) DRV 1993/DRV 2018 sowie *Section 5(a)(vii)(2)* bzw. (4) *1992 ISDA Master Agreement/2002 ISDA Master Agreement* grundsätzlich vor.
- Nr. 2: Die Parteien können zudem vereinbaren, dass einer vertraglichen Beendigung auch solche Geschäfte nach Abs. 1 unterliegen, bei denen die Ansprüche auf die Lieferung der Ware oder die Erbringung der Finanzleistung vor der Verfahrenseröffnung, aber nach dem für die vertragliche Beendigung vorgesehenen Zeitpunkt fällig werden. Wie oben bereits dargelegt, soll diese Regelung bei den betreffenden Transaktionen auftretende unbeabsichtigte Schutzlücken vermeiden (→ Rn. 105).
- Nr. 3: Da es in der Praxis speziell bei komplexen Geschäften bzw. bei Turbulenzen im Markt vorkommen kann, dass die Bewertung von Geschäften oder die Ersatzbeschaffung mehr Zeit als gewöhnlich in Anspruch nimmt, sahen Standardverträge schon vor der Gesetzesnovelle längere Bewertungsfristen vor. Der Gesetzgeber hat dieses Bedürfnis nun – innerhalb gewisser Schranken – anerkannt. Die Parteien können zur Bestimmung des Markt- oder Börsenwerts des Geschäfts vereinbaren, dass a) der Zeitpunkt der vertraglichen Beendigung an die Stelle der Verfahrenseröffnung tritt, b) die Vornahme des Ersatzgeschäfts nach Abs. 2 Satz 2 Nr. 1 bis zum Ablauf des

---

[262] Vgl. hierzu MüKoInsO/*Jahn/Fried* → 3. Aufl., § 104 Rn. 169a.

[263] RegE BT-Drs. 18/9983, S. 9 und S. 14: „*§ 104 Absatz 4 Satz 1 InsO-E stellt vor diesem Hintergrund klar, dass die Parteien von den gesetzlichen Bestimmungen abweichen können, soweit dies mit dem Grundgedanken der gesetzlichen Regelung vereinbar ist. Für die Prüfung, ob eine von § 104 InsO-E abweichende vertragliche Regelung nach § 119 InsO unwirksam ist, kommt es deshalb allein auf solche Abweichungen an, die dem Zweck des gesetzlichen Beendigungs- und Abwicklungsmechanismus widersprechen. Dieser besteht darin, den Vertragsgegner von den Unwägbarkeiten zu entlasten, die mit dem Verwalterwahlrecht verbunden wären.*" Vgl. ausführlich zum Normzweck („*Schutz der Marktrisikosteuerungsfähigkeit des Vertragsgegners*") auch FKInsO/*Bornemann* § 104 Rn. 5 ff.

[264] Begründung des Rechtsausschusses, BT-Drs. 18/10470, S. 13: „*Denn Gestaltungsspielräume für abweichende vertragliche Bestimmungen eröffnet § 104 Absatz 4 InsO-E nur im Hinblick auf die Rechtsfolgen des § 104 InsO. Keineswegs soll durch diese Vorschrift der sachliche Anwendungsbereich über das durch § 104 Absatz 1 InsO-E abgesteckte Maß hinaus ausgedehnt werden können. Das ergibt sich auch aus der Überlegung, dass zB die durch die Markt- und Börsengängigkeit der Geschäfte sichergestellte Möglichkeit der Ersatzbeschaffung zu einem Markt- oder Börsenpreis zu dem Grundgedanken der gesetzlichen Regelung gehört, die auch im Rahmen des Absatzes 4 nicht disponibel ist.*".

[265] Vgl. RegE BT-Drs. 18/9983, S. 9 f.

20. Werktags nach der vertraglichen Beendigung erfolgen kann, soweit dies für eine wertschonende Abwicklung erforderlich ist, und c) anstelle des in Abs. 2 Satz 2 Nr. 2 genannten Zeitpunkts ein Zeitpunkt oder Zeitraum zwischen der vertraglichen Beendigung und dem Ablauf des fünften darauffolgenden Werktags maßgeblich ist.

XI. Geltendmachung der Forderung wegen Nichterfüllung (§ 104 Abs. 5)

Der andere Teil kann eine Forderung wegen Nichterfüllung nur als Insolvenzgläubiger geltend machen. § 104 Abs. 5 übernimmt damit, von einer redaktionellen Anpassung abgesehen,[266] den Wortlaut des § 104 Abs. 3 Satz 3 aF. **265**

Die Formulierung „nur“ ist nicht in dem Sinne auszulegen, dass eine Aufrechnungsmöglichkeit nach §§ 94 ff. unzulässig wäre. Dies ergibt sich aus dem Bericht des Rechtsausschusses.[267] Mit der Neuregelung sollte gerade eine Saldierungsmöglichkeit (Netting) geschaffen werden, um im internationalen Geschäftsverkehr konkurrenzfähig zu bleiben. Die Einschränkung stellt lediglich klar, dass die Ausgleichsforderung nicht als Masseschuld nach § 55 anzusehen ist.[268] **266**

§ 105 Teilbare Leistungen

[1]Sind die geschuldeten Leistungen teilbar und hat der andere Teil die ihm obliegende Leistung zur Zeit der Eröffnung des Insolvenzverfahrens bereits teilweise erbracht, so ist er mit dem der Teilleistung entsprechenden Betrag seines Anspruchs auf die Gegenleistung Insolvenzgläubiger, auch wenn der Insolvenzverwalter wegen der noch ausstehenden Leistung Erfüllung verlangt. [2]Der andere Teil ist nicht berechtigt, wegen der Nichterfüllung seines Anspruchs auf die Gegenleistung die Rückgabe einer vor der Eröffnung des Verfahrens in das Vermögen des Schuldners übergegangenen Teilleistung aus der Insolvenzmasse zu verlangen.

Schrifttum: *Damerius,* Masseverbindlichkeit oder Insolvenzforderung? Zur Einordnung der Kosten eines vom Insolvenzverwalter nach Verfahrenseröffnung fortgesetzten Prozesses, ZInsO 2007, 569; *Engert/Schmidl,* Verkaufte Darlehen in der Insolvenz des Darlehensgebers, WM 2005, 60; *Fölsing,* Unzulässige Privilegierung des Steuergläubigers in der Insolvenz?, NZI 2009, 794; *Heidland,* Konsequenzen der „Erlöschenstheorie“ und der Theorie der Teilbarkeit der Bauleistung für die baurechtliche Abnahme, für Vergütungsansprüche, Gewährleistungsfrist und Vertragsstrafe im Insolvenzverfahren über das Vermögen des Auftraggebers, FS Uhlenbruck, 2000, S. 423; *Heidland,* Die Behandlung von Abschlagszahlungen in der Insolvenz des Bestellers (Auftraggebers), ZInsO 2009, 752; *Huber,* Vertragsspaltung in der Insolvenz des Auftragnehmers auch für mangelhafte Teilleistung vor Verfahrenseröffnung?, FS Kreft, 2004, S. 327 = ZInsO 2005, 449; *Kesseler,* § 105 InsO und die teilbaren unteilbaren Leistungen, ZIP 2005, 2046; *Kreft,* Teilbare Leistungen nach § 105 InsO (unter besonderer Berücksichtigung des Bauvertragsrechts), FS Uhlenbruck, 2000, S. 387; *Krull,* Globalzession, Erfüllungsverlangen und vorkonkursliche Teilleistungen, InVo 1998, 180; *Matthies,* Der Teilbarkeitsbegriff in der InsO sowie die insolvenzrechtliche Behandlung unteilbarer Leistungen im gegenseitigen Vertrag, 2008; *Meyer,* Die Teilbarkeit von Bauleistungen nach § 105 InsO, NZI 2001, 294; *Meyer,* Zur Begründung einer „engen“ Auslegung des § 105 InsO im Zusammenhang mit werkvertraglichen Leistungen, NZI 2014, 679; *Onusseit,* Die umsatzsteuerlichen Folgen des in der Insolvenz steckengebliebenen Bauvorhabens, ZIP 2009, 2180; *Scheffler,* Teilleistungen und gegenseitige, nicht vollständig erfüllte Verträge in der Insolvenz, ZIP 2001, 1182; *Scherer,* Teilweise Vorleistungen in der Insolvenz, NZI 2004, 113; *Schmitz,* Mängel nach Abnahme und offener Werklohnanspruch – ein wesentlicher Anwendungsbereich des § 103 InsO bei Bauverträgen, ZIP 2001, 765; *Thode,* Erfüllungs- und Gewährleistungssicherheiten in innerstaatlichen und grenzüberschreitenden Bauverträgen, ZfIR 2000, 165; *Wiegmann,* Grund, Grenzen und Wirkungsweise des § 105 InsO, 2004; *Wudy,* Abwicklungsvereinbarung infolge eines wegen Insolvenz des Bauträgers stecken gebliebenen Bauvorhabens, ZNotP 2001, 142. **Im Übrigen wird auf das Schrifttum zu § 103 verwiesen.** Dort ist insbesondere (auch) schon folgende, (an sich auch) unmittelbar für § 105 einschlägige Literatur aufgeführt: *Hoffmann,* Vertragsbindung kraft Insolvenz?, KTS 2018, 343; *Kesseler,* § 105 InsO und die unteilbare Leistungen, ZIP 2005, 2046; *Riehm,* Erfüllungswahl des Insolvenzverwalters und Allgemeines Leistungsstörungsrecht, KTS 2016, 143: *von Wilmowsky,* Insolvenzvertragsrecht: Teilleistungen des Schuldners vor dem Insolvenzverfahren, KTS 2012, 285).

Übersicht

[266] Verwendung des Begriffes der „Forderung wegen Nichterfüllung“.
[267] BT-Drs. 12/7302 S. 168.
[268] *Bosch*, Kölner Schrift, S. 1026 Rn. 66.

A. Normzweck

1 § 105 hängt sachlich aufs engste mit § 103 zusammen. Versteht man § 103 in dem Sinne, wie er in Randnummern 1 bis 4a und 11 bis 54 dieser Norm ausgebreitet wurde, so **stimmt § 105 Satz 1** (ebenso wie § 108 Abs. 3) **mit dem Normzweck des § 103 bruchlos überein** (→ Rn. 47).[1] Dieser geht kurz gesagt dahin, bei einem vom Schuldner geschlossenen gegenseitigen Vertrag der Masse im Interesse einer verstärkten Gläubigergleichbehandlung diejenigen noch ausstehenden Leistungen des Vertragspartners zu den Bedingungen des Vertrages zu verschaffen, auf die der Insolvenzverwalter ohne die Erfüllungswahl einen durchsetzbaren Anspruch nicht hätte (103 Rn. 2). Dabei soll der Masse für die von ihr zu erbringenden vertraglichen Leistungen die Gegenleistung ungeschmälert durch Abtretungen des Schuldners oder Aufrechnungen mit Insolvenzforderungen zugute kommen. Ferner soll die Masse für die Leistungen des Vertragspartners (über die Quote hinaus) lediglich insoweit aufzukommen haben, als sie infolge des Erfüllungsverlangens des Insolvenzverwalters einen originären Anspruch auf diese Leistungen erworben hat (→ § 103 3 bis 4a, 47 f., 51). Liegt § 103 dieser Normzweck zugrunde, erscheint es nicht nur folgerichtig, sondern zwingend, dass „der andere Teil", d. h. der Vertragspartner des Schuldners, die Gegenleistung für die von ihm vor Eröffnung des Insolvenzverfahrens teilweise erbrachten Leistungen (bei teilbarer Gesamtleistung, → Rn. 6) auch bei einem Erfüllungsverlangen des Insolvenzverwalters nur als Insolvenzgläubiger (§§ 38 f.) geltend machen kann, maW dass es sich bei der Gegenleistung insoweit – ohne Rücksicht auf ein Erfüllungsverlangen – stets um eine Insolvenzforderung und nie um eine Masseverbindlichkeit (§§ 53 ff.) handelt.

2 **In** Teilen der **Literatur** wird **§ 105 Satz 1** als **rechtspolitisch verfehlt** und **verfassungsrechtlich bedenklich** angesehen.[2] Das beruht auf einem Fundamentaldissens über den Normzweck des § 103 und die Wertung der Interessen der Partner gegenseitiger Verträge im Falle der Insolvenz (→ § 103 Rn. 2, 11). Der Bundesgerichtshof sucht mit seiner neueren Rechtsprechung zu gegenseitigen Verträgen in der Insolvenz eine Linie einzuhalten, die im Interesse der Insolvenzgläubiger eine gegenüber der bisherigen Rechtsprechung größere Verteilungsgerechtigkeit gewährleistet und zugleich den berechtigten Interessen des Vertragspartners und der Zessionare (insbesondere Sicherungsnehmer) des Schuldners angemessen Rechnung trägt. § 105 Satz 1 (mittelbar auch § 108 Abs. 3) unterstützt diese Rechtsprechungslinie in einem wesentlichen Punkt: der rechtlichen Qualifizierung des anteiligen Gegenleistungsanspruchs des Vertragspartners für vor Eröffnung des Insolvenzverfahrens erfolgte teilweise Vorleistungen bei einem Erfüllungsverlangen des Insolvenzverwalters (→ § 103 Rn. 47). Für denjenigen, der von der grundsätzlichen Richtigkeit der neueren höchstrichterlichen Rechtsprechung überzeugt ist, bedeutet diese partielle Deckungsgleichheit mit den Vorstellungen des Gesetzgebers der Insolvenzordnung eine willkommene Bestätigung dieser Judikatur. Er wird **§ 105 Satz 1** (ebenso wie § 108 Abs. 3) nicht nur für **rechtspolitisch zutreffend,** sondern zugleich für **rechtsdogmatisch geboten** halten.[3] Irgendwelche Zweifel an der Vereinbarkeit des § 105 Satz 1 mit der Verfassung bestehen nicht.[4]

---

1 So auch *Scherer* NZI 2004, 113, 116.

2 Vgl. insb. HKInsO/*Marotzke* § 105 Rn. 1 ff. mwN; krit. auch *Häsemeyer,* Festgabe 50 Jahre BGH, S. 725, 730 f.; *Henckel,* FS Kirchhof, S. 191, 202 f. → § 103 Rn. 47 aE.

3 Vgl. Nerlich/Römermann/*Balthasar* § 105 Rn. 5; *Scheffler* ZIP 2001, 1182, 1185.

4 Zutreffend KPB/*Tintelnot* § 105 Rn. 2; → § 103 Rn. 47; auch *Henckel,* FS Kirchhof, S. 191, 203 f.

B. Entstehungsgeschichte

§ 105 geht zurück auf § 36 Abs. 2 VerglO und § 26 Satz 1 KO. § 36 VerglO hatte folgenden Wortlaut: 3

„Ein Gläubiger, dessen Forderung auf einem gegenseitigen Vertrage beruht, ist nicht Vergleichsgläubiger, wenn zur Zeit der Eröffnung des Verfahrens noch keine Vertragspartei den Vertrag vollständig erfüllt hat.

Sind die geschuldeten Leistungen teilbar und hat der Gläubiger die ihm obliegende Leistung zur Zeit der Eröffnung des Verfahrens bereits teilweise erbracht, so ist er mit dem der Teilleistung entsprechenden Betrage seiner Forderung auf die Gegenleistung Vergleichsgläubiger. Wegen dieser Teilleistung kann der Gläubiger ein etwa im Vertrage vereinbartes oder als vereinbart geltendes Rücktrittsrecht nach der Verfahrenseröffnung nicht mehr ausüben.

Ist die vom Gläubiger geschuldete Leistung deshalb nicht als vollständig bewirkt anzusehen, weil die Leistung mangelhaft ist, so ist der Gläubiger mit dem Anspruch auf die ihm trotz des Mangels etwa zustehende Gegenleistung Vergleichsgläubiger; die dem Schuldner wegen des Mangels zustehenden Rechte bleiben unberührt."

Bereits der Erste Bericht der Kommission für Insolvenzrecht sah in Leitsatz 2.4.1.10 mit der Überschrift **„Teilbare Leistung"** eine § 105 Satz 1 entsprechende Regelung vor. Der Leitsatz lautet:[5] 4

„Sind die geschuldeten Leistungen teilbar und hat der Vertragspartner des Schuldners die ihm obliegende Leistung zur Zeit der Eröffnung des Insolvenzverfahrens bereits teilweise erbracht, so nimmt er mit seinem Gegenleistungsanspruch für die vor Eröffnung des Insolvenzverfahrens erbrachte Teilleistung am Reorganisationsverfahren teil."

Der Leitsatz wurde wie folgt begründet:[6]

„Hat der Vertragspartner des Schuldners eine teilbare Leistung zu erbringen, so erscheint es sachgerecht, die Forderung des Vertragspartners im Reorganisationsverfahren ebenso zu behandeln, wie dies § 36 Abs. 2 Satz 1 VerglO für das Vergleichsverfahren vorsieht. Demgemäß soll die unterschiedliche Behandlung der Teilforderungen übernommen werden. Der Gläubiger soll mit der Forderung für die Teilleistung, die er vor Eröffnung des Insolvenzverfahrens erbracht hat, am Reorganisationsverfahren teilnehmen; insbesondere wird sich nach den Regeln des Plans bestimmen, in welcher Höhe und zu welchem Zeitpunkt diese Rückstände aus den früheren Lieferabschnitten zu erfüllen sind. Die Teillieferungen, die erst nach Verfahrenseröffnung geleistet werden, sind dagegen jeweils in voller Höhe zu begleichen."

§ 113 DE und RefE sowie § 119 RegE übernahmen den Vorschlag. Die Begründung zu § 119 RegE, der § 105 wörtlich entspricht, lautet:[7] 5

„Satz 1 übernimmt den Gedanken des § 36 Abs. 2 Satz 1 VerglO. Bei Verträgen über teilbare Leistungen, insbesondere über die fortlaufende Lieferung von Waren oder Energie, kann der Insolvenzverwalter für die Zukunft Erfüllung verlangen, ohne dadurch auch für die Vergangenheit zur vollen Erfüllung verpflichtet zu werden. Der Vertragspartner muss den Anspruch auf die Gegenleistung für seine Leistungen aus der Vergangenheit als Insolvenzgläubiger geltend machen, unabhängig davon, ob der Verwalter für die Zukunft die Erfüllung wählt oder diese ablehnt.

Im Wortlaut der Konkursordnung hat dieser Gedanke keinen Niederschlag gefunden. Rechtsprechung und Lehre haben jedoch jedenfalls für Energieversorgungsverträge auf anderen Wegen ähnliche Ergebnisse erreicht: Nach einer früher verbreiteten Auffassung sind diese Verträge als sogenannte Wiederkehrschuldverhältnisse aufzufassen. Sie bilden eine Kette ständig wiederholter Einzelverträge, mit der Folge, daß der Bezug von Energie für die Zukunft den Konkursverwalter nicht verpflichtet, aus der Konkursmasse Zahlungsrückstände des Schuldners zu begleichen. Heute wird überwiegend die Ansicht vertreten, zwar sei auch bei Energielieferungsverträgen § 17 KO auf den gesamten Vertrag anwendbar; der Verwalter könne jedoch durch Ablehnung der Erfüllung die Pflicht zur Zahlung von Rückständen vermeiden, und das Versorgungsunternehmen sei dennoch auf Grund des öffentlich-rechtlichen Kontrahierungszwangs zum sofortigen Abschluss eines neuen Vertrages verpflichtet. Bisherige Sonderkonditionen brauche das Versorgungsunternehmen allerdings nicht aufrechtzuerhalten.

Die Übernahme der Regelung der Vergleichsordnung macht diese Konstruktionen überflüssig. Sie gewährleistet zugleich, dass der Verwalter die Möglichkeit hat, Verträge über die fortlaufende Lieferung von Waren oder Energie im Insolvenzverfahren zu den gleichen Bedingungen fortzusetzen. Die Fortführung eines Unternehmens im Insolvenzverfahren wird erleichtert. Der Vertragspartner, der seine Rückstände nur als Insolvenzforderungen

---

5 1. KommBer., S. 226. Die Regelung sollte im Vorverfahren sinngemäß gelten, Leitsatz 1.3.4.1, das., S. 146, und nach Einleitung des Liquidationsverfahrens fortbestehen, Leitsatz 3.1.1, das., S. 304.

6 1. KommBer., S. 226.

7 BT-Drs. 12/2443 S. 145 f. Dazu BGHZ 195, 348 (Rn. 14) = ZIP 2013, 274.

geltend machen kann, wird im Vergleich zu den anderen Gläubigern nicht unzumutbar belastet, da er für die Zeit von der Eröffnung des Verfahrens an die vereinbarte Gegenleistung voll aus der Masse erhält.
In Satz 2 wird klargestellt, dass der Vertragspartner des Schuldners die ihm durch Satz 1 auferlegte Einschränkung seiner Rechtsstellung auch nicht dadurch kompensieren kann, dass er die Rückgabe der von ihm erbrachten Teilleistung aus der Insolvenzmasse verlangt. Auch soweit ihm für den Fall der Nichterfüllung durch den Schuldner ein gesetzliches oder vertragliches Rücktrittsrecht zusteht, kann er sich nicht durch Ausübung dieses Rücktrittsrechts nach der Verfahrenseröffnung einen Masseanspruch auf Rückgewähr seiner Teilleistung verschaffen (vgl. § 26 Satz 1 KO, § 36 Abs. 2 Satz 2 VerglO).“

C. Einzelerläuterungen

I. Satz 1

6 **1. Allgemeines.** Dem Wortlaut – „Sind die geschuldeten Leistungen teilbar …“ – entsprechend setzt eine Anwendung des § 105 Satz 1 voraus, dass die von *beiden* Vertragsparteien geschuldeten Leistungen teilbar sind.[8]

7 Nicht zu verwechseln mit dem Problem der **Teilbarkeit** ist die Frage, ob ein gegenseitiger Vertrag im Sinn von § 103 **„vollständig erfüllt“** ist. Die Teilbarkeit bezieht sich auf die geschuldete Leistung als Vertragsgegenstand. Ob ein Vertrag vollständig erfüllt ist, hängt demgegenüber unabhängig von der Teilbarkeit davon ab, ob die geschuldete Leistung so, wie sie nach dem Inhalt des Vertrages zu erbringen ist, bewirkt wurde (→ § 103 Rn. 122 ff.). Ist zB der Besitz der verkauften Sache übertragen, fehlt aber noch die Einigung über den Eigentumsübergang, ist der Kaufvertrag nach § 433 Abs. 1 Satz 1 BGB nicht vollständig erfüllt, auch wenn die Sache als solche unteilbar ist. In einem solchen Fall greift § 105 Satz 1 nicht ein. Im Konkurs des Käufers kann der Verkäufer die Sache nach § 47 iVm § 985 BGB wegen des bei ihm verbliebenen Eigentums aussondern (→ §Rn. 25). Umgekehrt ist freilich ein gegenseitiger Vertrag nie vollständig erfüllt, wenn bei teilbarem Vertragsgegenstand nur ein Teil im Sinn einer teilweisen Erfüllung erbracht worden ist.

8 Der § 105 Satz 1 zugrunde liegende **Begriff der Teilbarkeit** ist umstritten. Wohl überwiegend wird einem weiten Verständnis das Wort geredet.[9] Es wird jedoch auch angenommen, bei der Feststellung der Teilbarkeit sei nicht großzügig, sondern streng zu verfahren.[10]

9 **2. Historische Auslegung.** Nach der Entstehungsgeschichte des § 105 liegt es nahe, zum Verständnis des Teilbarkeitsbegriffs auf die **Auslegung von § 36 Abs. 2 VerglO** zurückzugreifen.[11] Die maßgebliche Meinung ging davon aus, dass diese Norm alle Arten von gegenseitigen Verträgen erfasste, bei denen die beiderseitigen Leistungen teilbar waren.[12] Allerdings wurde der Vorschrift in erster Linie Bedeutung für solche gegenseitigen Verträge beigemessen, die nach und nach zu erbringende gleichartige Leistungen zum Gegenstand hatten, und angenommen, dass für das Vergleichsverfahren die unterschiedliche Behandlung von Sukzessivlieferungsverträgen und Wiederkehrschuldverhältnissen aufgehoben sei.[13]

10 Im Anschluss an eine Entscheidung des Reichsgerichts,[14] die einen Lizenzvertrag mit monatlicher Abrechnung von Stücklizenzen betraf, wurde eine Leistung allgemein dann als teilbar angesehen, „wenn ein beliebiger Leistungsteil seinem Wesen und Wert nach verhältnismäßig (anteilig) der Gesamtleistung entspricht, d. h. sich nur der Größe, nicht der Beschaffenheit nach von ihr unterscheidet.“[15] Allerdings wurde die Meinung, es müsse sich um einen Leistungsteil handeln, der

---

[8] Nerlich/Römermann/*Balthasar* § 105 Rn. 7; *Scheffler* ZIP 2001, 1182, 1186. Zu § 36 Abs. 2 VerglO BGHZ 67, 242, 246; 129, 336, 342 = NJW 1995, 1966, 1967 f.

[9] Etwa von BGHZ 147, 28, 34 = ZInsO 2001, 708, 710; 150, 353, 359 = NJW 2002, 2783, 2784 f.; BAGE 132, 333 = NJW 2010, 2154 Rn. 30, 31 mit insoweit krit. Anm. *Tintelnot/Graj* EWiR 2010, 543 f.; Gottwald/*Huber*, InsO-HdB § 36 Rn. 1 ff. (3); *Kreft*, FS Uhlenbruck, S. 387, 388, 396; Nerlich/Römermann/*Balthasar* § 105 Rn. 7; Uhlenbruck/*D. Wegener* § 105 Rn. 7; *Scherer*, NZI 2004, 113, 117; *Thode* ZfIR 2000, 165, 181; *Bopp*, Der Bauvertrag in der Insolvenz, S. 125 ff. (137 f.).

[10] HKInsO/*Marotzke* § 105 Rn. 8; *Matthies* insbes. S. 168 ff.; wohl auch – trotz des Hinweises, das Kriterium der Teilbarkeit sei wie zu § 36 VglO weit auszulegen – KPB/*Tintelnot* § 105 Rn. 4; *Kesseler* ZIP 2005, 2046; *Meyer* NZI 2014, 679 (ebenso zuvor schon in NZI 2001, 294).

[11] *Kreft*, FS Uhlenbruck, S. 387, 389 mwN in Fn. 7. Zur Historie des § 105 auch *Bopp*, Der Bauvertrag in der Insolvenz, S. 126 ff.

[12] BGHZ 51, 350, 355; *Bley/Mohrbutter*, VerglO § 36 Rn. 47 zu a.

[13] BGHZ 51, 350, 355; 67, 242, 247; *Bley/Mohrbutter*, VerglO § 36 Rn. 46 zu a.

[14] RGZ 155, 306, 313.

[15] BGHZ 67, 242, 246.

als Einheit verselbständigt ist und als kleine Einheit wesensmäßig dem ganzen entspricht, also in entsprechender Vergrößerung zum Ganzen wird (das „kleine Ganze"), als zu eng abgelehnt.[16] Vielmehr wurde aus dem Gesetzeszweck des § 36 Abs. 2 VerglO, es im Interesse der **gleichmäßigen Behandlung aller Gläubiger** zu verhindern, dass die für die Erfüllung eines Vergleichs verfügbaren Mittel geschmälert werden und dadurch das Zustandekommen eines Vergleichs erschwert wird, abgeleitet, dass eine **weite Auslegung** des Begriffs der Teilbarkeit geboten sei. Auch Werkleistungen mit Einschluss von Bauwerken könnten teilbar sein. Denkbar sei dies auch für nebeneinander geschuldete ungleichartige Leistungen. Abgelehnt wurde allerdings, eine Leistung immer schon dann als teilbar anzusehen, wenn sich der Umfang und die Art der Teilleistung zu einem bestimmten Stichtag tatsächlich feststellen und berechnen ließen. Dies treffe insbesondere dann zu, wenn der Leistende ausgetauscht werden könne.[17] Demgegenüber wurde für den Werkvertrag angenommen, die Teilbarkeit sei je nach den Umständen des Einzelfalls, der Art der auszuführenden Arbeiten und der getroffenen Vereinbarungen verschieden zu beurteilen. Für die Teilbarkeit könne allein maßgebend sein, ob und inwieweit nach dem Inhalt des Vertrages einzelne Leistungen von der Gesamtleistung abtrennbar seien und sich die Gegenleistung auf diese Teilleistungen beziehen lasse. Teilbar sei eine Leistung demnach nur dann, wenn sie in **hinreichend verselbständigte Teile** aufgespaltet werden könne. Nur dann sei die **Interessenlage** der **bei Sukzessivlieferungs-** und ähnlichen **Verträgen** vergleichbar, die der Bestimmung des § 36 Abs. 2 VerglO zugrunde liege.[18]

11 Der Grund für diese Einschränkung des Teilbarkeitsbegriffs wurde aus dem **Gesetzeszweck** des § 36 Abs. 1 VerglO gefolgert, der seinerseits aus dem Gesetzeszweck **des § 17 Abs. 1 KO in dem damaligen Verständnis** abgeleitet wurde.[19] Danach kam der Entscheidung des Konkursverwalters für die Erfüllung eines gegenseitigen Vertrages insbesondere die Wirkung zu, dass dem Vertragspartner die Gegenleistung auch für die vor Eröffnung des Konkursverfahrens erbrachten Teilleistungen aus der Masse zu erbringen war (→ § 103 Rn. 9 mwN). Dieses Verständnis musste zu einer **kaum überbrückbaren Spannung zwischen § 17 Abs. 1 KO** und § 36 Abs. 1 VerglO einerseits **und § 36 Abs. 2 VerglO** andererseits führen. Da nicht versucht wurde, aus dieser Norm ein neues Verständnis des § 17 Abs. 1 KO und des ihm korrespondierenden § 36 Abs. 1 VerglO abzuleiten, verwundert es nicht, dass der Vorschrift des § 36 Abs. 2 VerglO mit großer Zurückhaltung begegnet wurde (→ § 103 Rn. 9).[20] Die Entscheidung des Bundesgerichtshofes vom 21. Oktober 1976 ist vor diesem Hintergrund als der **Versuch eines Kompromisses** zwischen zwei im Grunde nicht zu vereinbarenden dogmatischen Positionen zu verstehen, wenn es dort heißt:[21]

„§ 36 Abs. 1 VerglO will aber die Gläubiger aus gegenseitigen Verträgen privilegieren …; sie sollen in erster Linie und möglichst lange geschützt werden … Wenn solche Gläubiger vorgeleistet haben, zur vollständigen Erfüllung verpflichtet bleiben und dazu auch weiter bereit sind, sollen sie grundsätzlich ihren vollen Anspruch auf die Gegenleistung behalten und nicht auf die anteilige Befriedigung für ihre bisher erbrachte Leistung angewiesen sein.

§ 36 Abs. 2 VerglO schränkt diesen Grundsatz ein, hebt ihn aber nicht auf. Eine wenn auch weite, so doch interessengerechte Auslegung der Teilbarkeit kann deshalb nicht dazu führen, eine Leistung schon immer dann als ‚teilbar' im Sinne des § 36 Abs. 2 VerglO anzusehen, wenn sich die erbrachte Teilleistung feststellen und bewerten lässt. Das ist fast immer so."

12 Aus dem **Rückblick auf die Entstehungsgeschichte** ist für die Auslegung von § 105 Satz 1 zunächst zu folgern, dass **teilbare Leistungen** grundsätzlich **in jedem beliebigen gegenseitigen Vertrag** vereinbart werden können. Teilbar sind mithin nicht nur solche Leistungen, die Gegenstand von Sukzessivlieferungsverträgen oder sog. Wiederkehrschuldverhältnissen sein können. Dieses weite Verständnis ist mit dem Wortlaut des § 105 Satz 1, der ganz allgemein von geschuldeten teilbaren Leistungen spricht, und mit den Vorstellungen des Gesetzgebers vereinbar. In der Begründung von § 119 RegE heißt es ausdrücklich (→ Rn. 5): „Bei Verträgen über teilbare Leistungen, insbesondere …". Danach hatte der Gesetzgeber ersichtlich alle möglichen gegenseitigen Verträge vor Augen. Aus der Auslegung von § 36 Abs. 2 VerglO ist ferner abzuleiten, dass der **Teilbarkeitsbegriff des § 105 Satz 1 keinesfalls in einem engeren Sinn** zu verstehen ist. Es gibt keine Anhaltspunkte für die Annahme, diese Norm falle hinter BGHZ 67, 242 zurück.

13 Von besonderer Bedeutung für das Verständnis von § 105 Satz 1 ist die Erkenntnis, dass ein **enger Zusammenhang zwischen** der Auslegung des **Teilbarkeitsbegriffs** in § 36 Abs. 2 VerglO einerseits **und Sinn und Zweck des § 17 Abs. 1 KO** andererseits bestand. Dies führt zu der

---

16 BGHZ 67, 242, 246 f.
17 BGHZ 67, 242, 248.
18 Ähnlich noch BGHZ 125, 270, 274 f.
19 BGHZ 58, 246, 248 f.; 67, 242, 248 f.
20 Ähnlich noch heute HKInsO/*Marotzke* § 105 Rn. 7.
21 BGHZ 67, 242, 248 f.

methodischen Annahme, dass ein gewandeltes Normverständnis des § 17 Abs. 1 KO, das für § 103 zu übernehmen ist (→ § 103 Rn. 12), wesentlichen Einfluss auf die Auslegung des Teilbarkeitsbegriffs des § 105 Satz 1 und des § 103 im Allgemeinen hat.[22]

14 **3. Teleologische Auslegung.** Ein wesentlicher Grund dafür, dass der Bundesgerichtshof davon absah, eine Leistung schon immer dann für teilbar im Sinne des § 36 Abs. 2 VerglO zu halten, wenn sich die erbrachte Teilleistung feststellen und bewerten ließ, ist – wie dargelegt (→ Rn. 11) – auf die Annahme zurückzuführen, dass Gläubiger, die ihre Leistungen vor Konkurseröffnung teilweise erbracht, aber keine ausgleichende Gegenleistung des Schuldners erhalten hatten, bei einer Erfüllungswahl des Konkursverwalters grundsätzlich ihren vollen Anspruch auf die Gegenleistung gegen die Masse geltend machen konnten und nicht darauf verwiesen wurden, den Anspruch auf anteilige Befriedigung für ihre vor Konkurseröffnung erbrachten Leistungen als Konkursforderung zur Tabelle anzumelden. Diese Annahme ist nach der neuen Rechtsprechung des Bundesgerichtshofes zu § 17 KO, die auf § 103 zu übertragen ist (→ Rn. 13), und nach § 105 Satz 1 nicht mehr aufrechtzuerhalten. Danach ist die Masse nicht länger zu Gegenleistungen für Teilleistungen verpflichtet, die der Vertragspartner vor Eröffnung des Konkurs(Insolvenz)verfahrens erbracht hat.[23] Vielmehr lässt ein Erfüllungsverlangen des Konkurs(Insolvenz)verwalters die rechtliche Qualifizierung des Anspruchs auf die anteilige Gegenleistung für vor Verfahrenseröffnung erbrachte Teilleistungen als Konkurs(Insolvenz)forderung aus Gründen der Gläubigergleichbehandlung unberührt; umgekehrt erhalten die beiderseitigen Erfüllungsansprüche durch die Erfüllungswahl des Insolvenzverwalters die Qualität von originären Forderungen der und gegen die Masse, soweit sie nicht auf die anteilige Gegenleistung für vor Verfahrenseröffnung erbrachte Leistungen gerichtet sind (→ § 103 Rn. 47, 48, 51). Bei dieser Rechtslage ist nicht bei dem zu § 36 Abs. 2 VglO entwickelten, immer noch relativ engen Teilbarkeitsbegriff stehen zu bleiben. Vielmehr ist der Begriff der Teilbarkeit im Sinne der §§ 103, 105 Satz 1 entsprechend dem gewandelten Normzweck der §§ 17 KO, 103 weit auszulegen. Eine **Leistung** ist demzufolge als **teilbar** anzusehen, **wenn sich eine erbrachte Teilleistung feststellen und bewerten lässt.**[24] In der Entscheidung des Bundesgerichtshofes vom 21. Oktober 1976 wurde mit Recht angenommen, dass dies **fast immer so** ist.[25]

15 **4. Beispiele für teilbare Leistungen. a) Allgemeines.** Um teilbare Leistungen handelt es sich grundsätzlich, wenn mehrere Sachen auf Grund eines **Kaufvertrages** geschuldet werden, gleichviel, ob diese Sachen gleichartig oder ungleichartig sind. Das letzte gilt etwa für den Kauf von Hardware und Software. Teilbar sind ferner regelmäßig diejenigen Leistungen, die infolge eines **Werkvertrages** geschuldet werden. Dies trifft insbesondere auch für **Bauleistungen** zu.[26] Das Gleiche gilt für Leistungen aufgrund eines Versicherungsvertrages[27] oder eines Lizenzvertrages.[28] Ferner sind Leistungen, denen ein **Miet- oder ein Pachtvertrag** zugrunde liegt, im Allgemeinen als teilbar anzusehen.[29] Das gleiche gilt für Leistungen auf Grund **sonstiger Dauerschuldverhältnisse,**

---

[22] *Kreft,* FS Uhlenbruck, S. 387, 392 f.

[23] BGHZ 135, 25, 27 = ZIP 1997, 688, 689. S. o. § 103 Rn. 2, 4, 4a, 47, 48.

[24] BGHZ 150, 353, 359 = NJW 2002, 2783, 2784; BAGE 132, 333 = NJW 2010, 2154 Rn. 31; *Kreft,* FS Uhlenbruck, S. 387, 396 mwN; *Scherer* NZI 2004, 113, 114, 117; Braun/*Kroth* § 105 Rn. 5; Gottwald/*Huber,* § 36 Rn. 3; HambKommInsO/*Ahrendt* § 105 Rn. 4; InsO/*B. Wegener* § 105 Rn. 7; Uhlenbruck/*D. Wegener* § 105 Rn. 8; Graf-Schlicker/*Breitenbücher* § 105 Rn. 4; *Bopp,* Der Bauvertrag in der Insolvenz, S. 136 bis 140; vgl. bereits BGHZ 147, 28, 33 f. = ZInsO 2001, 708, 710. AA etwa *Heidland* ZInsO 2009, 752, 756 Fn. 29; *Matthies* S. 157 ff. mwN.

[25] BGHZ 67, 242, 249. S. o. Rn. 11.

[26] *Kreft,* FS Uhlenbruck, S. 387, 396, 398 ff. mwN; *Thode* ZfIR 2000, 165, 180 f.; *Meyer* NZI 2001, 294, 297. Diese Annahme liegt bereits der Entscheidung BGHZ 129, 336, 343 = NJW 1995, 1966, 1968 zugrunde. Ähnlich BGHZ 147, 28, 33 f. = ZInsO 2001, 708, 710 zum Werklieferungsvertrag; BGHZ 150, 353, 364 = NJW 2002, 2783, 2786; Uhlenbruck/*D. Wegener* § 105 Rn. 17. Zu Teilleistungen iSv § 13 Abs. 1 Nr. 1 Buchst. a Satz 3 UStG bei der Erbringung von Bauleistungen BFH NZI 2009, 662, 663 mAnm *de Weerth,* das. S. 664; Uhlenbruck/*D. Wegener* § 105 Rn. 26; HambKommInsO/*Ahrendt* § 105 Rn. 4; Braun/*Kroth* § 105 Rn. 15 ff.; Andres/Leithaus/*Andres* § 105 Rn. 4; krit. *Onusseit* ZIP 2009, 2180 ff.; *Fölsing* NZI 2009, 794 f.

[27] BGH NZI 2012, 76 Rn. 38; OLG Düsseldorf NZI 2006, 297 f.; LG Hamburg ZIP 2013, 738, 740; Uhlenbruck/*D. Wegener* § 105 Rn. 24. AA (Unteilbarkeit) va *Meier* NZI 2014, 679,680 mwN,.

[28] RGZ 155, 306, 313; Graf-Schlicker/*Breitenbücher* § 105 Rn. 6.

[29] HKInsO/*Marotzke* § 105 Rn. 12. Zur Nutzung von Containern als teilbare Leistung BGHZ 145, 245, 253 = ZIP 2000, 2207, 2209; auch BGHZ 149, 326, 336 = ZIP 2002, 309, 312 f.; BGH ZIP 2013, 179 Rn. 18. Zur Anwendung von § 105 auf einen Kostenerstattungsanspruch BGH ZIP 2006, 2132, 2133 f.; HKInsO/*Kayser* § 85 Rn. 8, 59, 60; Damerius ZInsO 2007, 569, 571 ff.; Uhlenbruck/*D. Wegener* § 105 Rn. 25; FKInsO/*B. Wegener* § 105 Rn. 18. Vgl. auch BFH ZIP 2011, 1066 f.

insbesondere **Dienstleistungen.**[30] Insoweit sind die Sondervorschriften der §§ 108 ff. zu beachten. Nur soweit diese nicht anwendbar sind, ist auf die allgemeinen Vorschriften der §§ 103, 105 zurückzugreifen. Auch Leistungen, die infolge eines entgeltlichen **Kreditvertrages** geschuldet werden, sind regelmäßig teilbar. Wurde der verzinsliche Kredit vor Eröffnung des Insolvenzverfahrens nicht voll ausgezahlt[31] und wählt der Verwalter im Insolvenzverfahren über das Vermögen des Darlehensnehmers – weil es an einer wirksamen Kündigung des Kreditgebers fehlt – Erfüllung, so handelt es sich bei dem Anspruch des Insolvenzverwalters auf Auszahlung des restlichen Kreditbetrages um einen originären Masseanspruch und bei den nach Verfahrenseröffnung anfallenden Zinsen ebenso um Masseverbindlichkeiten wie bei dem Anspruch des Kreditgebers auf Rückzahlung des nach Verfahrenseröffnung ausgezahlten Kreditbetrages. Demgegenüber sind die auf einen vor Verfahrenseröffnung ausgezahlten Kreditbetrag entfallenden Zinsforderungen Insolvenzforderungen, und zwar solche nach § 38, soweit sie bis zur Verfahrenseröffnung entstanden sind; die seit der Verfahrenseröffnung laufenden Zinsen fallen insoweit unter § 39 Abs. 1 Nr. 1. Die Forderung auf Rückzahlung des vor Verfahrenseröffnung ausgezahlten Kredits ist stets Insolvenzforderung im Sinn von § 38.[32]

b) Mangelhafte Leistungen. Jede Leistung ist grundsätzlich auch insofern teilbar, als es um Mängel geht. Davon ging bereits § 36 Abs. 3 VerglO aus (→ Rn. 3). Eine mangelhafte Leistung ist grundsätzlich nur teilweise – im Umfang der Mangelfreiheit – erbracht.[33] Das gilt insbesondere für geschuldete Werkleistungen, und zwar gleichviel, ob die Mängel vor oder nach Abnahme aufgetreten sind.[34] Es trifft aber auch auf Kaufverträge zu.[35] 16

aa) Insolvenz des Verkäufers oder des Auftragnehmers. Verlangt der Verwalter **keine Erfüllung,** so braucht der Vertragspartner die Gegenleistung nur insoweit zu erbringen, als sich dies aus den Gewährleistungsvorschriften, insbesondere den §§ 434 ff., 633 ff. BGB ergibt. Steht die Gegenleistung noch aus, braucht der Vertragspartner sie nur gekürzt oder – etwa bei einem Rücktritt – gar nicht zu erbringen. Hat der Vertragspartner die Gegenleistung bereits teilweise erbracht, so steht ihm in Höhe des – unter Berücksichtigung der Mängel – zu viel gezahlten Betrages lediglich ein Insolvenzanspruch auf Rückzahlung zu. Dieser ist entweder – etwa bei Minderung oder Rücktritt – von vornherein auf Geld gerichtet oder – falls ein Anspruch auf Nacherfüllung besteht – gemäß § 45 in Geld umzurechnen (→ § 103 Rn. 25 aE).[36] Ferner kann der Vertragspartner gemäß § 103 Abs. 2 Satz 1 einen Anspruch wegen der Nichterfüllung als Insolvenzforderung geltend machen. 17

Wählt der Insolvenzverwalter **Erfüllung,** etwa um Nacherfüllungsrechte wahrzunehmen (vgl. §§ 439, 635 BGB) und auf diese Weise den vollen Kaufpreis oder Werklohn zu erhalten – dies kann er freilich nur dann, wenn der Käufer oder Auftraggeber Nacherfüllung begehrt –,[37] so hat der Vertragspartner, der **noch nicht geleistet** hat, einen entsprechenden originären Nacherfüllungsanspruch gegen die Masse; der auf den Mangel entfallende Teil des Anspruchs des Insolvenzverwalters auf die Gegenleistung wird originäre Masseforderung (→ § 103 Rn. 41). Hat der Käufer oder Auftraggeber eine **Vorauszahlung geleistet,** welche den auf den Mangel entfallenden Teil des 18

---

30 BAGE 132, 333 = NJW 2010, 2154 Rn. 32, 33 (Honoraransprüche eines vom Betriebsrat zugezogenen Beraters); HKInsO/*Marotzke* § 105 Rn. 14.

31 Bei einer vollen Auszahlung hat der Darlehensgeber seine vertragliche Pflicht allerdings gänzlich und nicht nur teilweise erfüllt (streitig; vgl. die Nachweise bei *Engert/Schmidl* WM 2005, 60, 64 f.). Anders als bei Miet- und Pachtverträgen ist bei **Darlehensverträgen** eine fortdauernde Pflicht, die Kreditmittel dem Darlehensnehmer zu belassen, nur wirtschaftlich nicht aber rechtlich anzunehmen (vgl. BGHZ 147, 193, 196 = ZIP 2001, 825, 826; 166, 125 = ZIP 2006, 578 Rn. 17). Denn die Darlehensmittel sind – im Gegensatz zu Miet- und Pachtgegenständen – dinglich in das Vermögen des Darlehensnehmers eingegangen; dem Darlehensgeber stehen an ihnen keinerlei Rechte mehr zu. Ähnlich *Fleckner* ZIP 2004, 585, 595 f.; *Fleckner* WM 2004, 2051, 2054; FKInsO/*B. Wegener* § 103 Rn. 13; vgl. auch *Wegener* § 105 Rn. 15. AA etwa KPB/*Tintelnot* § 105 Rn. 9. Wie hier ab 1.7.2007: § 108 Abs. 2 (für Darlehen des Insolvenzschuldners).

32 Vgl. HKInsO/*Marotzke* § 105 Rn. 13.

33 Uhlenbruck/*D. Wegener* § 105 Rn. 21; *Kreft,* FS Kirchhof, S. 275, 282; *D. Wegener* Das Wahlrecht des Insolvenzverwalters, Rn. 494, 521, 542; *Riehm* KTS 2016, 143, 174; Gottwald/*Huber* § 36 Rn. 1, § 34 Rn. 27 ff.; KPB/*Tintelnot* § 103 Rn. 235 ff. aA wohl HKInsO/*Marotzke* § 105 Rn. 16; aA auch *Hoffmann* KTS 2018, 343, 371 („so weitreichender Eingriff in das Vertragsgefüge ist durch § 105 S. 1 nicht mehr gedeckt").

34 Vgl. BGH ZIP 1999, 199, 200 f.; *Kreft,* FS Uhlenbruck, S. 387, 397; *Thode* ZfIR 2000, 165, 178 f.; *Schmitz* ZIP 2001, 765, 766; *Bopp,* Der Bauvertrag in der Insolvenz, S. 274 ff., 323 ff.; Uhlenbruck/*D. Wegener* § 103 Rn. 89 ff.; auch BGHZ 147, 28, 38 = ZInsO 2001, 708, 711 zu 2; teilw. abweichend *Heidland,* FS Uhlenbruck, S. 423, 437 ff.

35 Uhlenbruck/*D. Wegener* § 103 Rn. 65 ff. mwN.

36 Vgl. iE *D. Wegener* Das Wahlrecht des Insolvenzverwalters, Rn. 544 ff.; auch BGHZ 169, 43 = ZIP 2006, 1736 Rn. 12.

37 Vgl. *D. Wegener* Das Wahlrecht des Insolvenzverwalters, Rn. 530 ff., 560 f. mwN.

Kaufpreises oder Werklohns teilweise abdeckt, stellt sich die Frage, ob der Insolvenzverwalter nur insoweit nachzuerfüllen braucht, als die Arbeiten dem noch offenen Teil des Kaufpreises oder Werklohns entsprechen (→ § 103 Rn. 47, 48). Dies trifft – abweichend von der in der 1. Auflage vertretenen Meinung – grundsätzlich zu. Dem könnte zwar entgegenstehen, dass nach materiellem Schuldrecht vollständige Mängelbeseitigung geschuldet wird. Danach hätte der Insolvenzverwalter bei Erfüllungswahl vollständig nachzuerfüllen. Da die Masse in Höhe ihrer Leistungen zu entgelten ist, könnte der Insolvenzverwalter in diesem Fall die vollen Nacherfüllungskosten als originäre Masseforderung beanspruchen. Der Vertragspartner müsste dann in Höhe seiner Vorauszahlungen erneut zahlen. Da die Vorauszahlung in dieser Höhe ihren Zweck verfehlte, stünde dem Vertragspartner insoweit eine Insolvenzforderung auf Rückzahlung zu.[38] Diese Rechtsfolge setzt aber voraus, dass der Vertragspartner sich mit einer vollständigen Mängelbeseitigung einverstanden erklärt. Tut er dies nicht, führt die Erfüllungswahl dazu, dass sich die Nacherfüllung auf Leistungen beschränkt, die der noch ausstehenden Gegenleistung des Vertragspartners entsprechen. Es geht nicht an, dem Vertragspartner gegen seinen Willen eine vollständige Nacherfüllung aufzudrängen.[39]

19 **bb) Insolvenz des Käufers oder Auftraggebers.** Verlangt der Verwalter **keine Erfüllung,** so kann er, wenn der Schuldner den **Kaufpreis oder Werklohn teilweise erbracht** hat und seine Zahlung unter Berücksichtigung der Mängel über das Geschuldete hinausgeht, den wegen der Mängel zu viel gezahlten Betrag zurückfordern. Er kann – sofern ein Recht auf Nacherfüllung besteht (§§ 439, 635 BGB) – auch im Umfang der Vorauszahlung **anteilige Nacherfüllung** verlangen.[40] Der Vertragspartner kann beiden Ansprüchen gegebenenfalls mit einer Forderung wegen der Nichterfüllung (§ 103 Abs. 2 Satz 1) entgegentreten (→ § 103 Rn. 35, 38).

20 **Wählt** der Insolvenzverwalter **Erfüllung,** so muss er die auf die Mängelbeseitigung entfallende anteilige Gegenleistung, sofern sie nicht durch Vorauszahlungen abgedeckt ist, aus der Masse erbringen.[41]

II. Unteilbare Leistungen

21 Nach den Ausführungen zu C I 3 (→ Rn. 14) und C I 4 (→ Rn. 16 ff.) ist **grundsätzlich jede Leistung teilbar.** Von diesem Grundsatz gibt es jedoch **Ausnahmen.**

22 **1. Höchstpersönliche Leistungen.** Ist Gegenstand des Vertrages etwa die Anfertigung eines Gemäldes durch einen bestimmten Künstler, so handelt es sich um eine höchstpersönliche Leistung, die weder ganz noch zu Teilen von einem Dritten erbracht werden kann. Die Teilleistungen, die bis zur Vollendung des Gemäldes erbracht werden, sind für den Auftraggeber wegen der Höchstpersönlichkeit der Schuld für sich genommen regelmäßig ohne Interesse und lassen sich im Allgemeinen nicht gesondert bewerten.[42] In einem solchen Fall erscheint es berechtigt, die geschuldete Leistung als unteilbar anzusehen.[43]

23 **2. Sonderfälle.** Unteilbar kann ferner eine für den Betrieb einer Personal-Service-Agentur und die Aufrechterhaltung von Beschäftigungsverhältnissen mit Arbeitnehmern geschuldete Geldpauschale sein, die nicht auf Einzelleistungen aufspaltbar ist.[44] Das Gleiche soll für den Urlaubsanspruch eines Arbeitnehmers gelten.[45] Unteilbarkeit dürfte auch bei solchen Leistungen anzunehmen sein, die auf die Lieferung von mehrteiligen Unikaten gerichtet sind, wobei die einzelnen Teile untereinander in einem Funktionszusammenhang stehen. Handelt es sich in dem von *Henckel*[46]

---

[38] Vgl. *Kreft,* FS Uhlenbruck, S. 387, 400 f.; auch Graf-Schlicker/*Breitenbücher* § 105 Rn. 11.

[39] *Kreft,* FS Kirchhof, S. 275, 285. Damit dürfte der Kritik von *Kesseler* ZIP 2005, 2046, 2050 f., der Boden entzogen sein. Ähnlich Graf-Schlicker/*Breitenbücher* § 105 Rn. 12; wohl auch *Linder,* Vorleistungen in der Insolvenz, S. 128 f.; *D. Wegener* Das Wahlrecht des Insolvenzverwalters, Rn. 579 ff.; *Schmitz,* Die Bauinsolvenz, Rn. 322 ff. mwN.

[40] Vgl. *Kreft,* FS Uhlenbruck, S. 387, 402. Vgl. § 103 Rn. 32.

[41] *Kreft,* FS Uhlenbruck, S. 387, 403. → § 103 Rn. 51, 54. Zur Möglichkeit einer Teilerfüllungswahl bei versteckten Mängeln *Bopp,* Der Bauvertrag in der Insolvenz, S. 328 ff.; vgl. auch Gottwald/*Huber* § 35 Rn. 25 aE; Uhlenbruck/*D. Wegener* § 103 Rn. 90; *Schmitz,* Die Bauinsolvenz, Rn. 274 ff.; Graf-Schlicker/*Breitenbücher* § 105 Rn. 12.

[42] Ähnlich bereits BGHZ 67, 242, 248.

[43] *Thode* ZfIR 2000, 165, 181; Gottwald/*Huber* § 36 Rn. 4 aE; HambKommInsO/*Ahrendt* § 105 Rn. 4; FKInsO/*B. Wegener* § 105 Rn. 9. Zweifelnd Uhlenbruck/*D. Wegener* § 105 Rn. 11.

[44] BGH ZIP 2010, 238 Rn. 26.

[45] BAGE 120, 232 = ZIP 2007, 834 Rn. 13.

[46] *Henckel,* Urteilsanm. JZ 1998, 155, 157 f.; dazu auch *Scheffler* ZIP 2001, 1182, 1186; Leonhardt/Smid/*Zeuner* § 105 Rn. 5; HambKommInsO/*Ahrendt* § 105 Rn. 4; FKInsO/*B. Wegener* § 105 Rn. 9. Krit. in Bezug auf Unteilbarkeit insoweit Uhlenbruck/*D. Wegener* § 105 Rn. 11 aE.

erörterten Tafelservice-Fall bei dem verkauften Service um Gattungsware, so dass die einzelnen Teile jederzeit ersetzt werden können, ist die geschuldete Leistung teilbar. Es gelten die Regeln, die insoweit zur Auslegung des § 103 entwickelt worden sind (vgl. insbesondere → § 103 Rn. 47 ff.). Hat der Käufer teilweise vorgeleistet, so braucht der Verwalter in der Insolvenz des Verkäufers bei einem Erfüllungsverlangen nur entsprechend weniger, nämlich nur so viele Teile zu liefern, dass deren Wert dem noch ausstehenden Kaufpreis entspricht. Dabei steht dem Insolvenzverwalter entsprechend § 262 BGB das Wahlrecht zu. Die restlichen Teile kann und muss der Käufer sich anderweitig besorgen. Anders dürfte zu entscheiden sein, wenn es sich bei dem Tafelservice um ein antikes Unikat handelt, das als Ensemble gegenüber der Summe des Wertes der einzelnen Teile einen ungleich höheren Gesamtwert aufweist. Hier und in vergleichbaren Fällen wird die geschuldete Leistung – jedenfalls grundsätzlich – als unteilbar anzusehen sein.

3. Rechtsfolgen. Hat vor Eröffnung des Insolvenzverfahrens noch keine Vertragspartei eine Leistung erbracht, gestaltet sich die Rechtslage bei einer Insolvenz des Käufers oder Auftraggebers in gleicher Weise wie bei teilbaren Leistungen (→ § 103 Rn. 14 bis 24; 39 bis 46). Unterschiede bestehen im Fall unteilbarer Leistungen bei einer Insolvenz des Verkäufers oder Auftragnehmers und insoweit, als eine oder beide Vertragsparteien vor Verfahrenseröffnung bereits mit der Leistungserbringung begonnen haben. Es ist jeweils wieder danach zu unterscheiden, ob der Schuldner oder der Vertragspartner insolvent geworden ist, ob der Schuldner oder der Vertragspartner vorgeleistet hat und danach, ob der Verwalter sich für Erfüllung oder Nichterfüllung entscheidet (→ § 103 Rn. 13 aE). 24

a) Insolvenz des Käufers oder Auftraggebers. aa) Der Käufer oder Auftraggeber hat teilweise vorgeleistet. (1) Der Insolvenzverwalter wählt nicht Erfüllung. Der Vertrag bleibt grundsätzlich bestehen (→ § 103 Rn. 25). Der Insolvenzverwalter kann Leistungen des Verkäufers oder Auftragnehmers, die über die Vorleistungen hinausgehen, wegen der diesem zustehenden Nichterfüllungseinrede (§ 320 BGB; → § 103 Rn. 32, 17) nicht verlangen. Dem Insolvenzverwalter steht aber auch nicht ein der Vorleistung entsprechender Teil der versprochenen Gegenleistung zu, denn dieser ist kaum feststellbar und im Allgemeinen für den Insolvenzverwalter ohne Wert. Anders ist es nur, wenn die geschuldete Gesamtleistung in **mehreren höchstpersönlichen Einzelleistungen** – etwa der Herstellung mehrerer Gemälde – besteht, die je für sich einen feststellbaren Wert haben. Entspricht die Vorauszahlung des Schuldners dem Preis für eine oder mehrere Einzelleistungen, kann der Insolvenzverwalter diese Einzelleistungen von dem Vertragspartner verlangen (→ § 103 Rn. 32). 25

Hat der Insolvenzverwalter wegen Unteilbarkeit der Leistung keinen durchsetzbaren Anspruch, stellt sich die Frage, ob er die **Vorauszahlung des Schuldners zurückverlangen** kann. Ein solcher Anspruch soll sich aus dem Rechtsgedanken des § 323 Abs. 3 BGB aF (jetzt § 326 Abs. 4 BGB) herleiten lassen.[47] Will man dies – was zweifelhaft erscheint – trotz § 105 Satz 2 annehmen, so steht dem Insolvenzverwalter ein Anspruch auf Rückzahlung aus ungerechtfertigter Bereicherung (Rücktritt) zu. Diesem Anspruch, dessen Grund in der Vorauszahlung und damit vor Eröffnung des Insolvenzverfahrens liegt, kann der Vertragspartner gegebenenfalls eine Insolvenzforderung wegen der Nichterfüllung nach § 103 Abs. 2 Satz 1 entgegensetzen. Beide Ansprüche sind miteinander zu verrechnen, weil sie im Synallagma und in der Eröffnung des Insolvenzverfahrens gründen (→ § 103 Rn. 35).[48] Ist der Anspruch des Vertragspartners wegen der Nichterfüllung höher als die Vorauszahlung des Schuldners, kann der Vertragspartner die Differenz zur Tabelle anmelden. Ist der Rückzahlungsanspruch des Insolvenzverwalters höher, kann dieser die Differenz verlangen. 26

(2) Der Insolvenzverwalter wählt Erfüllung. In diesem Fall hat der Vertragspartner die noch ausstehende vollständige Leistung zu erbringen; der Insolvenzverwalter hat die restliche Zahlung zu leisten. 27

bb) Der Verkäufer oder Auftragnehmer hat die geschuldete Leistung teilweise erbracht. (1) Der Insolvenzverwalter wählt nicht Erfüllung. Anders als bei teilbaren Leistungen (→ § 103 Rn. 25 bis 30) hat der Vertragspartner bei einer unteilbaren Leistung keinen vertraglichen Anspruch auf Zahlung des seiner teilweisen Leistung entsprechenden anteiligen Kaufpreises oder Werklohns, den er als Insolvenzforderung zur Tabelle anmelden könnte. Denn der Wert der erbrachten Teilleistung lässt sich nicht feststellen.[49] Allerdings dürfte dem Vertragspartner, sofern er dem Schuldner etwa ein oder mehrere Stücke eines mehrteiligen Unikats bereits zu Eigentum 28

---

[47] Vgl. *Jaeger/Henckel* § 17 Rn. 81. Vgl. auch BGHZ 155, 87, 96 f. = NJW 2003, 2744, 2747 und § 103 Rn. 34.

[48] So auch *Linder,* Vorleistungen in der Insolvenz, S. 148.

[49] Vgl. BGH ZIP 2010, 238 Rn. 26.

übertragen hat (bei bloßer Besitzübertragung hätte der Vertragspartner einen Anspruch aus § 985 BGB, § 47), ein dem Wert dieser isolierten Einzelteile entsprechender Anspruch als Insolvenzforderung zustehen (→ § 103 Rn. 25).[50] Darüber hinaus kann der Vertragspartner einen Anspruch wegen der Nichterfüllung nach § 103 Abs. 2 Satz 1 als Insolvenzforderung geltend machen.

29 **(2) Der Insolvenzverwalter wählt Erfüllung.** In diesem Fall hat der Vertragspartner die noch fehlende Leistung zu erbringen. Der Insolvenzverwalter hat grundsätzlich die vereinbarte vollständige Gegenleistung zu zahlen. Hatte der Vertragspartner dem Schuldner von einem mehrteiligen Unikat bereits ein oder mehrere Einzelteile überlassen, so wird der Insolvenzverwalter den Teil des Kaufpreises, der dem isolierten Wert dieser Teile entspricht, freilich nicht aus der Masse zu begleichen haben. Insoweit steht dem Vertragspartner lediglich eine Insolvenzforderung zu (→ Rn. 28).[51]

30 **b) Insolvenz des Verkäufers oder Auftragnehmers. aa) Der Verkäufer oder Auftragnehmer hat die geschuldete unteilbare Leistung teilweise erbracht. (1) Der Insolvenzverwalter wählt nicht Erfüllung.** Der Käufer oder Auftraggeber braucht grundsätzlich keinerlei Leistung zu erbringen, weil er die geschuldete unteilbare Leistung, soweit sie noch aussteht, vom Insolvenzverwalter nicht verlangen kann (§ 320 BGB, → § 103 Rn. 32) und die teilweise erbrachte Leistung ohne Wert und Interesse für ihn ist. Umgekehrt kann er einen Anspruch wegen der Nichterfüllung nach § 103 Abs. 2 Satz 1 als Insolvenzforderung geltend machen. Besteht die geschuldete Leistung aus einem mehrteiligen Unikat und hat der Schuldner ein oder mehrere Einzelteile geleistet, wird der Insolvenzverwalter vom Vertragspartner eine dem isolierten Wert dieser Einzelteile entsprechende Gegenleistung verlangen können.[52] Dem kann der Vertragspartner einen Anspruch wegen der Nichterfüllung entgegensetzen. Insoweit gilt ähnliches wie zu Randnummer 28. Besteht die geschuldete höchstpersönliche Leistung aus mehreren in sich abgeschlossenen Einzelleistungen, zB mehreren Gemälden, und hat der Schuldner eine oder mehrere dieser Einzelleistungen erbracht, steht dem Insolvenzverwalter die auf diese Leistungen entfallende anteilige Vergütung zu (→ Rn. 25).

31 **(2) Der Insolvenzverwalter wählt Erfüllung.** In diesem – praxisfremden – Fall geht die Erfüllungswahl ins Leere, soweit die vom Schuldner geschuldete höchstpersönliche Leistung – wie die Herstellung eines Gemäldes – nur durch dessen eigene Tätigkeit erfüllt werden kann. Insoweit kann der Insolvenzverwalter nicht „anstelle des Schuldners" leisten.[53] Die Hauptleistungspflicht kann nicht erfüllt werden. Stattdessen kommt eine Schadensersatzpflicht der Masse wegen der Nichterfüllung in Betracht. Erbringt der Schuldner die Leistung während des Insolvenzverfahrens dennoch, fällt der Anspruch auf die Gegenleistung als Neuerwerb gemäß § 35 Abs. 1 Fall 2 in die Masse.

32 Der Insolvenzverwalter kann indes wegen solcher geschuldeter unteilbarer Leistungen Erfüllung wählen, die er – wie die Lieferung eines mehrteiligen Unikats – anstelle des Schuldners erfüllen kann. Der Verwalter hat bei einer Erfüllungswahl sämtliche noch ausstehenden Teile zu leisten. Der Vertragspartner hat grundsätzlich die volle Gegenleistung als Masseforderung zu erbringen.[54] Freilich wird die dem isolierten Wert der vorgeleisteten Teile entsprechende Gegenleistung als eine vor Eröffnung des Insolvenzverfahrens begründete Forderung anzusehen sein, der ungeachtet des Erfüllungsverlangens nicht die Qualität einer originären Masseforderung zukommt. Insoweit gelten ähnliche Erwägungen wie bei einer entsprechenden teilbaren Vorleistung des Schuldners (→ § 103 Rn. 51).

33 **bb) Der Käufer oder Auftraggeber hat teilweise vorausgeleistet. (1) Der Insolvenzverwalter wählt nicht Erfüllung.** Der Insolvenzverwalter des Verkäufers oder Auftragnehmers kann weitere Zahlung nicht verlangen (§ 103 Abs. 2 Satz 3; → § 103 Rn. 28). Der Vertragspartner kann seinen Anspruch auf die versprochene Leistung nicht – auch nicht teilweise – durchsetzen (→ § 103 Rn. 25). Er kann die Vorauszahlung indes möglicherweise wegen Zweckverfehlung (→ Rn. 18) oder nach dem Rechtsgedanken des § 326 Abs. 4 BGB (→ Rn. 26) als Insolvenzforderung zurückverlangen. Ferner kann er einen Anspruch wegen der Nichterfüllung nach § 103 Abs. 2 Satz 1 ebenfalls als Insolvenzforderung geltend machen.

34 Etwas anderes gilt nur in solchen Fällen, in denen der Verkäufer oder Auftragnehmer **in sich abgeschlossene Teile einer insgesamt unteilbaren Gesamtleistung** – etwa ein Porträt von mehreren geschuldeten Porträts eines bestimmten Künstlers – zu leisten hat. Soweit die Vorauszah-

---

50 AA *Linder,* Vorleistungen in der Insolvenz, S. 145 mit Fn. 543.
51 Insoweit aA *Linder,* Vorleistungen in der Insolvenz, S. 146 mit Fn. 547.
52 AA *Linder,* Vorleistungen in der Insolvenz, S. 147 mit Fn. 552.
53 *Jaeger/Henckel* § 17 Rn. 108. Vgl. auch BGH NZI 2013, 434.
54 *Thode* ZfIR 2000, 165, 180.

lung des Vertragspartners einem oder mehreren in sich abgeschlossenen Teilen der Gesamtleistung entspricht, kann er sie nicht zurückfordern. Vielmehr steht ihm ein Anspruch auf die anteilige Gegenleistung zu. Diesen kann er – nach Umrechnung in einen Geldanspruch gemäß § 45 – zur Tabelle anmelden (→ § 103 Rn. 25). Daneben steht ihm ggf. ein Anspruch wegen der Nichterfüllung als Insolvenzforderung zu (→ § 103 Rn. 27).

(2) Der Insolvenzverwalter wählt Erfüllung. In diesem Fall kommt der Erfüllungswahl wiederum keine Wirkung für die Hauptleistungspflicht zu, soweit die vom Schuldner geschuldete Leistung höchstpersönlich ist (→ Rn. 31). Hat der Schuldner jedoch von einer geschuldeten höchstpersönlichen Gesamtleistung von mehreren in sich abgeschlossenen Einzelleistungen (mehreren Porträts) eine oder mehrere Einzelleistungen bereits fertig gestellt, aber noch nicht an den Vertragspartner abgeliefert, steht diesem bei einer Erfüllungswahl ein Anspruch auf diese Einzelleistungen zu, falls ihr anteiliger Wert über denjenigen der Vorleistung hinausgeht (→ § 103 Rn. 47). Soweit die Vorausleistung des Käufers oder Auftraggebers dem Wert der fertig gestellten Einzelleistungen entspricht, kann der Vertragspartner seinen Anspruch auf diese Leistungen nach Umrechnung (§ 45) als Insolvenzforderung zur Tabelle anmelden (→ § 103 Rn. 25, 47). 35

Der Erfüllungswahl des Verwalters kommen ferner insoweit Rechtswirkungen zu, als nicht höchstpersönliche unteilbare Leistungen geschuldet werden, also etwa ein mehrteiliges Unikat. In einem solchen Fall steht dem Insolvenzverwalter ungeachtet der Vorauszahlung des Vertragspartners die volle Gegenleistung als originäre Masseforderung zu; denn die Vorauszahlung lässt sich – anders als im umgekehrten Fall der Vorausleistung eines oder mehrerer Stücke des Unikats (→ Rn. 28 bis 30, 32) – schwerlich irgendwelchen Teilen des Unikats zuordnen. Der Vertragspartner kann die Vorauszahlung wegen Zweckverfehlung lediglich als Insolvenzforderung zurückverlangen (→ Rn. 18). 36

III. Satz 1 als zwingendes Recht

§ 105 Satz 1 enthält nach § 119 zwingendes Recht (→ § 119 Rn. 77).[55] Das bedeutet insbesondere, dass es **den Vertragsparteien verwehrt** ist, **den Begriff der Teilbarkeit** vertraglich **in einer von § 105 Satz 1 abweichenden Weise zu bestimmen.**[56] Sie können auch nicht wirksam vereinbaren, dass der Insolvenzverwalter entgegen dieser Norm Vorleistungen des Vertragspartners aus der Masse zu bedienen hat, wenn er von seinem Recht zur Erfüllungswahl Gebrauch macht.[57] Dass eine durch den Antrag auf Eröffnung des Insolvenzverfahrens oder die Eröffnung selbst bedingte Vertragsauflösung möglicherweise nicht gegen § 119 verstößt (vgl. indes BGHZ 195, 348 bzw. BGHZ 210, 1), vermag daran für den Fall, dass eine solche Lösungsklausel nicht vereinbart ist, nichts zu ändern (näher zu beiden zitierten Grundsatzurteilen samt Divergenz zwischen IX. und VII. Zivilsenat des BGH → § 119 Rn. 28 ff. bzw. 39 ff.). Inwieweit es Monopolunternehmen gestattet ist, bei wirksamer Vereinbarung einer insolvenzbedingten Vertragsauflösung den Neuabschluss eines Vertrages von der vorherigen Erfüllung der Gegenleistung für vor Eröffnung des Insolvenzverfahrens erbrachte Vorleistungen abhängig zu machen, steht auf einem anderen Blatt. Es dürfte einiges dafür sprechen, einer derartigen Vereinbarung mit Rücksicht auf die zwingende Vorschrift des § 105 Satz 1 die Wirksamkeit zu versagen.[58] 37

IV. Satz 2

1. Allgemeines. § 105 Satz 2 entspricht § 26 Satz 1 KO. Trotz ihrer systematischen Stellung bezieht die Norm sich nicht nur auf teilbare Leistungen, sondern schließt allgemein jede Rückforderung von Teilleistungen wegen einer auf der Eröffnung des Insolvenzverfahrens beruhenden Nichterfüllung aus, gleichviel, ob die geschuldete Leistung teilbar ist oder nicht.[59] Die Vorschrift bestätigt die zu § 103 vertretene Annahme (→ § 103 Rn. 15, 18, 20 bis 22), dass der von keiner Seite voll erfüllte gegenseitige Vertrag weder durch die Eröffnung des Insolvenzverfahrens noch durch eine Erfüllungsablehnung des Insolvenzverwalters in seinem Bestand berührt wird.[60] Deshalb kann ein 38

---

[55] HKInsO/*Marotzke* § 105 Rn. 24; KPB/*Tintelnot* § 105 Rn. 16; Andres/Leithaus/*Andres* § 105 Rn. 7; Leonhardt/Smid/*Zeuner* § 105 Rn. 9; aA möglicherweise *Scheffler* ZIP 2001, 1182, 1184.

[56] FKInsO/*B. Wegener* § 105 Rn. 26; Andres/Leithaus/*Andres* § 105 Rn. 7.

[57] KPB/*Tintelnot* § 105 Rn. 16; Andres/Leithaus/*Andres* § 105 Rn. 7.

[58] Ähnlich für das österreichische Recht *Kepplinger,* Das Synallagma in der Insolvenz, S. 356 ff. Vgl. auch HKInsO/*Marotzke* § 105 Rn. 6.

[59] HKInsO/*Marotzke* § 105 Rn. 22; KPB/*Tintelnot* § 105 Rn. 18 (Folge der Lösung des Insolvenzrechts vom bürgerlichen Leistungsstörungsrecht), 19; Nerlich/Römermann/*Balthasar* § 105 Rn. 11; Uhlenbruck/*D. Wegener* § 105 Rn. 30; Gottwald/*Huber* § 35 Rn. 29; HambKommInsO/*Ahrendt* § 105 Rn. 10.

[60] Zutreffend *Jaeger/Henckel* § 26 Rn. 1.

Rückgabeanspruch auch nicht als Insolvenzforderung nach einer Umwandlung gemäß § 45 zur Tabelle angemeldet werden.[61] Ein Rückgabeanspruch ist nicht nur ausgeschlossen, wenn der Insolvenzverwalter nach teilweiser Vorleistung des Vertragspartners nicht Erfüllung wählt, sondern auch, wenn der Insolvenzverwalter Erfüllung wählt, der Vertragspartner aber teilweise vorgeleistet hatte und die anteilige Gegenleistung trotz des Erfüllungsverlangens nur als Insolvenzforderung geltend machen kann (→ § 103 Rn. 47, 48; zur Zweckverfehlung → Rn. 18, 33, 36; zur entsprechenden Anwendung von § 326 Abs. 4 BGB → Rn. 26). § 105 Satz 2 soll entsprechend anzuwenden sein, wenn der Schuldner die ihm obliegende Leistung vor Eröffnung des Insolvenzverfahrens nicht oder nicht vollständig erfüllt hat, während der andere Teil seine nicht teilbare Leistung vor Eröffnung des Insolvenzverfahrens vollständig erbracht hat.[62]

39 **2. Verhältnis zum Aussonderungsrecht.** § 105 Satz 2 setzt voraus, dass die Teilleistung vor Eröffnung des Insolvenzverfahrens „in das Vermögen des Schuldners" übergegangen ist. Damit ist – wie in § 26 Satz 1 KO[63] – gemeint, dass der Vertragspartner sich der Teilleistung (einer Sache oder eines Rechts) mit dinglicher Wirkung zugunsten des Schuldners entäußert hat.[64] Das setzt die Wirksamkeit des dinglichen Übertragungsgeschäfts voraus. Diese richtet sich nach den allgemeinen Vorschriften des bürgerlichen Rechts.[65] Haftet dem dinglichen Übertragungsgeschäft ein Mangel an, der vor Eröffnung des Insolvenzverfahrens zu seiner Unwirksamkeit geführt hat, greift § 105 Satz 2 nicht ein. Dies trifft auch zu, wenn das Übertragungsgeschäft (auch nach Eröffnung des Insolvenzverfahrens) nach §§ 119, 123 BGB mit Wirkung ex tunc (§ 142 Abs. 1 BGB) erfolgreich angefochten wird.[66] Aussonderungsrechten steht § 105 Satz 2 mithin nicht entgegen.[67]

40 **3. Zwingendes Recht.** Ähnlich wie § 105 Satz 1 (→ Rn. 37) enthält auch Satz 2 zwingendes Recht. Das hat zur Folge, dass die Vereinbarung der auflösenden Bedingung einer dinglichen Übertragung für den Fall der Eröffnung des Insolvenzverfahrens oder der Nichtzahlung infolge der Verfahrenseröffnung nach § 119 unwirksam ist.[68]

§ 106 Vormerkung

(1) [1]Ist zur Sicherung eines Anspruchs auf Einräumung oder Aufhebung eines Rechts an einem Grundstück des Schuldners oder an einem für den Schuldner eingetragenen Recht oder zur Sicherung eines Anspruchs auf Änderung des Inhalts oder des Ranges eines solchen Rechts eine Vormerkung im Grundbuch eingetragen, so kann der Gläubiger für seinen Anspruch Befriedigung aus der Insolvenzmasse verlangen. [2]Dies gilt auch, wenn der Schuldner dem Gläubiger gegenüber weitere Verpflichtungen übernommen hat und diese nicht oder nicht vollständig erfüllt sind.

(2) Für eine Vormerkung, die im Schiffsregister, Schiffsbauregister oder Register für Pfandrechte an Luftfahrzeugen eingetragen ist, gilt Absatz 1 entsprechend.

Schrifttum: *Alff,* Zur Insolvenzfestigkeit des gesetzlichen Anspruchs auf Löschung von Grundpfandrechten, Rpfleger 2006, 486 ff.; *Amann,* Anmerkung zu BayObLG, Beschl. v. 3.9.2003 – 3Z BR 113/03, MittBayNot 2004, 165 f.; *Amann,* Vormerkungsschutz für Ansprüche, deren Entstehung der Schuldner verhindern kann? – zugleich Besprechung des Urteils des BGH vom 9.3.2006, MittBayNot 2007, 13 ff.; *Amann,* Grenzen der Kongruenz vorgemerkter Ansprüche, DNotZ 2014, 178 ff.; *Armbrüster,* Zur Wirkung von Treuhandabreden in der Insolvenz des Treuhänders, DZWiR 2003, 485 ff.; *Assmann, D.,* Die Vormerkung (§ 883 BGB), 1998; *Baldringer/Jordans,* Absicherung des Fertigstellungsrisikos in der Insolvenz des Bauträgers, ZInsO 2004, 119 ff.; *Bassenge,* Anmerkung zu BGH, Urt. v. 29.10.1976 – V ZR 4/75, JR 1977, 203 ff.; *Böttcher,* Entwicklung des Grundbuch- und Grundstücksrechts in den Jahren 2005–2007, NJW 2008, 2088 ff.; *Büchler,* Eigentümergrundschuld in der Insolvenz, ZInsO 2011, 802 ff.; *Clemente,* Anm. zu BGH, Urt. v. 27.4.2012 – V ZR 270/10, EWiR 2012, 517; *Cranshaw,* Reichweite einer Auflassungsvormerkung in der Insolvenz des Veräußerers, jurisPR-InsR 7/2009 Anm. 1; *Demharter,* Kommentar zur Grundbuchordnung, 26. Aufl., 2008; *Demharter,* Anmerkung zu BGH, Beschl. v.

[61] KPB/*Tintelnot* § 105 Rn. 18; Uhlenbruck/*D. Wegener* § 105 Rn. 32; *Kepplinger,* Das Synallagma in der Insolvenz, S. 253 f.; wohl auch FKInsO/*B. Wegener* § 105 Rn. 17; aA HKInsO/*Marotzke* § 105 Rn. 21 aE.

[62] LAG Düsseldorf ZIP 2010, 1099, 1101.

[63] Dazu *Jaeger/Henckel* § 26 Rn. 13.

[64] KPB/*Tintelnot* § 105 Rn. 19; Uhlenbruck/*D. Wegener* § 105 Rn. 31; FKInsO/*B. Wegener* § 105 Rn. 22.

[65] *Jaeger/Henckel* § 26 Rn. 13.

[66] *Jaeger/Henckel* § 26 Rn. 5, 6; KPB/*Tintelnot* § 105 Rn. 20.

[67] FKInsO/*B. Wegener* § 105 Rn. 22; Uhlenbruck/*. Wegener* § 103 Rn. 31; Gottwald/*Huber* § 35 Rn. 31; Graf-Schlicker/*Breitenbücher* § 105 Rn. 13.

[68] KPB/*Tintelnot* § 105 Rn. 20; FKInsO/*B. Wegener* § 105 Rn. 22; Uhlenbruck/*D. Wegener* § 105 Rn. 31; zu § 26 Satz 1 KO *Jaeger/Henckel* § 26 Rn. 17; zweifelnd HKInsO/*Marotzke* § 105 Rn. 24.

5.12.1996 – V ZB 27/96, ZEV 1997, 79 f.; *Denck,* Die Auflassungsvormerkung für den Versprechensempfänger und der Schutz des unbenannten Dritten, NJW 1984, 1009 ff.; *Dieckmann,* Zur Rechtsstellung des Grundstückskäufers im Konkurs des Verkäufers, in: FS v. Caemmerer, 1978, S. 95 ff.; *Engert/Schmidl,* Verkaufte Darlehen in der Insolvenz des Darlehensgebers, WM 2005, 60 ff.; *Ertl,* Konkursrisiko trotz Vormerkung beim Hauskauf?, RPfleger 1977, 81 ff.; *Ertl,* Rechtsgrundlagen der Vormerkung für künftige und bedingte Ansprüche, RPfleger 1977, 345 ff.; *Fehl,* Ist die Auflassungsvormerkung noch konkurssicher?, BB 1977, 524 ff.; *Fehl,* Ist die Auflassungsvormerkung durch den neuen § 24 Satz 2 KO konkurssicherer geworden?, BB 1977, 1228 ff.; *Flume,* Zur Ausübung des Vorkaufsrechts an einem Grundstück durch den Erben, zu dessen Gunsten eine Auflassungsvormerkung eingetragen ist, nachdem die Nachlassverwaltung angeordnet wurde, JZ 2000, 1159 f.; *Fritsche,* Insolvenzfestigkeit eines durch Vormerkung gesicherten künftigen Auflassungsanspruchs, DZWiR 2002, 92 ff.; *Gebauer/Haubold,* Vormerkung im Erbfall, JZ 2000, 680 ff.; *Gerhardt,* Zur Anfechtbarkeit eines durch Vormerkung gesicherten Anspruchs im Konkurs, ZIP 1988, 749 ff.; *Götte,* Neue Wege der Käufersicherung beim Kauf vom Bauträger, NJW 1977, 524 ff.; *Gottwald, S./Steer,* Teilweise Rückerstattung der Grunderwerbsteuer bei Insolvenz des Bauträgers?, MittBayNot 2005, 278 ff.; *Grziwotz,* Hinweisbrief und Bauträgervertrag, MDR 2005, 1270 ff.; *Harder,* Insolvenzrechtliche Surrogation, 2001; *Häsemeyer,* Die Grenzen der Konkursbeständigkeit vorgemerkter Ansprüche, NJW 1977, 737 ff.; *Holch,* Vormerkung für Unbekannt?, JZ 1958, 724 ff.; *Kesseler,* Die Insolvenz des Bauträgers, RNotZ 2004, 176 ff.; *Kesseler,* Der Schutzumfang der Vormerkung im Insolvenzverfahren, MittBayNot 2005, 108 ff.; *Kesseler,* Vormerkung und Freigabe im Insolvenzverfahren, ZNotP 2006, 133 ff.; *Kesseler,* Einseitige Eintragungsanträge des späteren Insolvenzschuldners im Grundbuchverfahren – Verfahrensfestigkeit, Rücknahmerecht des Insolvenzverwalters oder Unwirksamkeit?, ZfIR 2006, 117 ff.; *Kesseler,* Anmerkung zu BGH, Urt. v. 9.3.2006 – IX ZR 11/05, EWiR 2006, 458 f.; *Kesseler,* Das Verwalterwahlrecht am Beispiel des Bauträgervertrags, ZInsO 2007, 1128 ff.; *Kesseler,* Die Durchsetzung vormerkungsgesicherter Ansprüche im vorläufigen Insolvenzverfahren, NZI 2009, 218 ff.; *Kohler,* Anmerkung zu BGH, Beschl. v. 5.12.1996 – V ZB 27/96, WuB IV A. § 883 BGB 1.97; *Kohler,* Vormerkbarkeit eines durch abredewidrige Veräußerung bedingten Rückerwerbsanspruchs, DNotZ 1989, 339 ff.; *Lichtenberger,* Die Auflassungsvormerkung – auch künftig unverzichtbares Sicherungsmittel beim Kauf vom Bauträger, NJW 1977, 519 ff.; *Lichtenberger,* Die Vormerkung zur Sicherung künftiger oder bedingter Ansprüche, NJW 1977, 1755 ff.; *Ludwig,* Die Auflassungsvormerkung und der noch zu benennende Dritte, NJW 1983, 2792 ff.; *Ludwig,* Die Auflassungsvormerkung und der noch zu benennende Dritte, RPfleger 1986, 345 ff.; *Lüke/Stengel,* Anmerkung zu BGH, Urt. v. 10.2.2005 – IX ZR 100/03, WuB VI A. § 106 InsO 1.06; *Marotzke,* Das Konkurrenzverhältnis von § 17 und § 24 KO – ein Scheinproblem, JZ 1977, 552 ff.; *Meikel,* Grundbuchrecht Kommentar, 10. Aufl.2009; *Meyer, G./Fuchs, H.,* Public Private Partnership in der Insolvenz des Auftragnehmers (Teil 1), ZfIR 2005, 529 ff.; *Mohrbutter,* Anmerkung zu BGH, Urt. v. 9.3.2006 – IX ZR 11/05, WuB VI A. § 91 InsO 2.06; *Müller,* Die auf die Übertragung des Wohnungseigentums gerichtete Vormerkung im Konkurs des Bauträgers, DB 1974, 1561 ff.; *Obermüller,* Anmerkung zu BGH, Urt. v. 27.4.2012 – V ZR 270/10, ZIP 2013, 299 ff.; *Oepen/Rettmann,* Das Schicksal von Grundstücksübereignungen in einem Konkurs- bzw. Insolvenzverfahren über das Vermögen des Veräußerers, KTS 1995, 609 ff.; *v. Olshausen,* Der genarrte Vorkaufsberechtigte – Begriffsjuristisches vom V. Zivilsenat des BGH, NJW 2000, 2872 ff.; *Pape,* Anmerkung zu BGH, Urt. v. 7.3.2002 – IX ZR 457/99, WuB VI B. § 17 KO 4.02; *Paulus,* Richterliches Verfügungsverbot und Vormerkung im Konkurs, 1981; *Piegsa,* Der Grundstückskaufvertrag in der Insolvenz des Verkäufers, RNotZ 2010, 433 ff.; *Preuß,* Die Vormerkbarkeit künftiger und bedingter Ansprüche, AcP 201 (2001) 580 ff.; *Preuß,* Anmerkung zu BGH, Urt. v. 14.9.2001 – V ZR 231/00, DNotZ 2002, 283 ff.; *Preuß,* Anmerkung zu BGH, Urt. v. 27.4.2012 – V ZR 270/10, JR 2013, 218 ff.; *Raab,* Zur Insolvenzfestigkeit des Löschungsanspruchs eines nachrangigen Grundschuldgläubigers, DZWiR 2006, 427 ff.; *Rein,* Der Löschungsanspruch eines nachrangigen Grundschuldgläubigers in der Insolvenz, NJW 2006, 3470 ff.; *Reul,* Lösungsklauseln in notariellen Übergabeverträgen – Zugleich Anmerkung zum Urteil des BGH v. 19.4.2007 – IX ZR 59/06, DNotZ 2007, 649 ff.; *Reul,* Erneut: Insolvenzbedingte Lösungsklauseln auf dem Prüfstand, DNotZ 2008, 824 ff.; *Rohe,* Anmerkung zu BGH NJW 2012, 2274, LMK 2012, 337363; *Schöner/Stöber,* Grundbuchrecht, 14. Aufl. 2008; *Scholtz, T.,* § 878 BGB in der Verkäuferinsolvenz, ZIP 1999, 1693 ff.; *Schwörer,* Lösungsklauseln für den Insolvenzfall, 2000; *Servatius,* Vormerkung und Erbgang – Ein Lehrstück juristischer Methodenlehre, JuS 2006, 1060 ff.; *Stadler,* Die Vormerkungsfähigkeit bedingter und künftiger Rückgewähransprüche, Jura 1998, 189 ff.; *Stöber,* Vorkaufsrechte in der Zwangsversteigerung, NJW 1988, 3121 ff.; *Suppliet,* Exklusives Befriedigungsrecht nachrangiger Grundpfandrechtsgläubiger aus § 1179a BGB in der Insolvenz des Eigentümers, NotBZ 2012, 377; *Venjakob,* Der Eintragungsantrag des Veräußerers und § 878 BGB, Rpfleger 1991, 284 ff.; *Wacke,* Gutgläubiger Vormerkungserwerb und Konfusion, NJW 1981, 1577 ff.; *Wacke,* „Vom Pech, eine gute Erbschaft zu machen" oder die Ausschaltung des Zufalls als Maxime der Gerechtigkeit, DNotZ 2001, 302 ff.; *Wacke,* Personalunion von Gläubiger und Schuldner, Vertragsschluss mit sich selbst und die Ungerechtigkeit der Konvaleszenz durch Erbenhaftung, JZ 2001, 380 ff.; *Wagner, G./Kreidt,* Anmerkung zu BGH, Urt. v. 14.9.2001 – V ZR 231/00, WuB IV A. § 883 BGB 1.02; *Wessels,* Unternehmenskauf im Vorfeld der Verkäuferinsolvenz, ZIP 2004, 1237 ff.; *Windel,* Der insolvenzrechtliche Gleichbehandlungsgrundsatz und seine Auswirkungen auf die Abwicklung schwebender Austauschverträge, Jura 2002, 230 ff.

Übersicht

A. Einleitung

I. Normzweck

1 Die Vorschrift bezweckt, die **Sicherungsfunktion der Vormerkung** auch im Insolvenzverfahren zu wahren. Dies geschieht zum einen dadurch, dass der durch die Vormerkung gesicherte Anspruch aus der Insolvenzmasse zu befriedigen ist; wie bei einem Aussonderungsrecht erlangen die durch Vormerkung gesicherten Ansprüche Vorrang vor den Interessen der Insolvenzgläubiger.[1] Die Verwirklichung des gesicherten Anspruchs wird insoweit zugleich gegen den **Verlust der Verfügungsmacht** des Schuldners abgeschirmt. Dies entspricht der **quasi-dinglichen Wirkung** der Vormerkung. Zum anderen sichert die Vorschrift den durch Vormerkung gesicherten Anspruch dadurch, dass er von der Eröffnung des Insolvenzverfahrens in seinem Bestand unberührt bleibt und weder erlischt noch zur Disposition des Insolvenzverwalters steht. Die Vormerkung soll auch im Insolvenzverfahren **uneingeschränkt** ihren Wert behalten.[2]

II. Entstehungsgeschichte

2 Die Vorschrift entspricht inhaltlich unverändert den bisherigen Regelungen in § 24 KO sowie in § 50 Abs. 4 VglO und § 9 Abs. 1 Satz 3 GesO. Geändert wurde nur die Erfassung der Vormerkungen in Schiffs- und Schiffsbauregistern in einem gesonderten Absatz 2 und die Einbeziehung der im Register für Pfandrechte an Luftfahrzeugen eingetragenen Vormerkungen, die bislang gesondert in § 98 Abs. 3 LuftfzRG geregelt waren. Die Vorschrift entspricht wörtlich § 120 RegE.

B. Einzelerläuterungen

I. Vormerkung

3 **1. Gegenstand der Vormerkung.** Die Vormerkung schützt Ansprüche auf **dingliche Rechtsänderungen** an einem Grundstück oder an einem das Grundstück belastenden Recht (§ 883 Abs. 1 BGB) gegen eine den Anspruch vereitelnde oder beeinträchtigende Verfügung (§ 883 Abs. 2 BGB) und sichert den Rang des Rechts, auf dessen Eintragung der Anspruch gerichtet ist (§ 883 Abs. 3 BGB). Sie ist ein **Sicherungsmittel eigener Art,** das dem gesicherten Anspruch einen absoluten Schutz gegen abredewidrige Verfügungen durch Rechtsgeschäft oder durch Zwangsvoll-

[1] Nerlich/Römermann/*Balthasar* § 106 Rn. 2; Jaeger/*Jacoby* § 106 Rn. 1; Uhlenbruck/*Knof* § 106 Rn. 1; KPB/*Tintelnot* § 106 Rn. 2; BankenKommInsO/*Ellers* § 106 Rn. 1; vgl. auch BGHZ 155, 227 = NJW 2003, 3414. Zur Frage, ob der durch die §§ 106, 107 normierte Schutz abschließenden Charakter hat *Armbrüster* DZWiR 2003, 485, 487 f. (insolvenzrechtliche Behandlung von Treuhandabreden); *Wessels* ZIP 2004, 1237, 1243 f. (für eine entsprechende Anwendung des § 107 auf den Rechtskauf).

[2] Begründung zu § 120 RegE, BT-Drs. 12/2443, S. 146; LSZ/*Zeuner* § 106 Rn. 1; *Gerhardt* ZIP 1988, 749, 750; Uhlenbruck/*D. Wegener*[14] § 106 Rn. 1; s. weiter *Kesseler* MittBayNot 2005, 108 ff.

streckung oder Arrest oder durch den Insolvenzverwalter verschafft (§ 883 Abs. 2 BGB); insofern weist die Vormerkung eine quasi-dingliche Wirkung auf.[3]

a) Dingliche Ansprüche. Gesichert wird nur ein Anspruch, der auf einseitigem Rechtsgeschäft oder Vertrag oder auf Gesetz beruhen kann[4] und der auf eine dingliche, d. h. **eintragungsfähige Rechtsänderung** an einem Grundstück oder Grundstücksrecht gerichtet ist.[5] Das Gesetz verlangt weder, dass der gesicherte Anspruch schuldrechtlicher Art, noch, dass er privatrechtlicher Art sein muss.[6] Vorausgesetzt ist ein Anspruch gegen den **Inhaber des dinglichen Rechts,** auf das sich der zu sichernde Anspruch bezieht.[7] Nicht erfasst werden Ansprüche gegen staatliche Organe auf Durchführung von Vollstreckungsmaßnahmen, denen keine Verpflichtung des Schuldners entspricht, eine solche Rechtsänderung herbeizuführen.[8] Nicht durch eine Vormerkung gesichert werden können demgemäß Rechtsänderungen im Wege der **Zwangsvollstreckung** (Eintragung einer Zwangshypothek, §§ 866, 867 ZPO; Pfändung eines Grundpfandrechts, §§ 830, 857 ZPO) sowie im Wege der **Vollstreckung** in anfechtbar weggegebenes Schuldnervermögen nach § 11 Abs. 1 Satz 1 AnfG.[9] 4

Der Anspruch muss auf eine dingliche und eintragungsfähige Rechtsänderung gerichtet sein. 5
Eine Rechtsänderung in diesem Sinne liegt nicht vor bei **Verfügungsverboten und Verfügungsbeschränkungen.**[10] Dingliche Ansprüche können nicht durch eine Vormerkung gesichert werden, soweit sie nicht auf eine Rechtsänderung gerichtet, sondern auf die Durchsetzung der dinglichen Rechtslage ausgerichtet sind.[11] Sofern ein dinglicher Anspruch auf eine Rechtsänderung gerichtet ist, kann er auch durch eine Vormerkung gesichert werden.[12] Ein Anspruch auf **Anpassung eines Erbbauzinses** an veränderte Verhältnisse kann insoweit durch Vormerkung gesichert werden, als er sich auf die entsprechende Änderung einer zur Sicherung des Erbbauzinses eingetragenen Reallast bezieht.[13] Die Vormerkung kann alle zukünftigen Ansprüche auf Änderung der Erbbauzinsreallast als Folge einer Anpassung des Erbbauzinses umfassen.[14] Zulässig ist gem. § 1105 Abs. 1 Satz 2 BGB aber auch die Vereinbarung einer **Erbbauzinsreallast** dahingehend, dass sich die zu entrichtenden Leistungen ohne weiteres an veränderte Verhältnisse anpassen, wenn Art und Umfang der Belastung des Grundstücks anhand der in der Vereinbarung festgelegten Voraussetzungen bestimmt werden können.[15] In diesem Fall bestimmt sich der Leistungsumfang nach dem Inhalt des dinglichen Rechts selbst.

Der Anspruch auf eine Änderung der dinglichen Rechtslage muss grundsätzlich wirksam sein 6
(Akzessorietät der Vormerkung).[16] Ist ein Grundstückskaufvertrag nicht formwirksam abgeschlossen worden, so entsteht kein Anspruch auf Übertragung des Eigentums. Die Möglichkeit der

---

[3] MüKoBGB/*Kohler* § 883 Rn. 5 (besonders geartetes Sicherungsinstrument); Palandt/*Herrler* BGB § 883 Rn. 2; Soergel/*Stürner* BGB § 883 Rn. 2; Staudinger/*Gursky* BGB § 883 Rn. 202; zum Streit um die Rechtsnatur der Vormerkung eingehend *D.* Assmann, Vormerkung, S. 277 ff., 291 mit umfassenden Nachweisen.

[4] BGHZ 134, 182, 184 = NJW 1997, 861, 861 f.; Palandt/*Herrler* BGB § 883 Rn. 6; MüKoBGB/*Kohler* § 883 Rn. 19.

[5] MüKoBGB/*Kohler* § 883 Rn. 16; die Vormerkung kann sich auch auf Wohnungseigentum beziehen, vgl. Uhlenbruck/*D. Wegener*[14] § 106 Rn. 4; FKInsO/*B. Wegener* § 106 Rn. 2; *Hess*[2] § 106 Rn. 5.

[6] So aber durchweg das Schrifttum, insbes. die Kommentarliteratur, vgl. MüKoBGB/*Kohler* § 883 Rn. 21; Palandt/*Herrler* BGB § 883 Rn. 5; Staudinger/*Gursky* § 883 Rn. 37, 43; AKBGB/*v. Schweinitz* § 883 Rn. 16, 17; Soergel/*Stürner* BGB § 883 Rn. 4, 7; Uhlenbruck/*Knof* § 106 Rn. 1, 4.

[7] *D. Assmann,* Vormerkung, S. 31 f.

[8] *D. Assmann,* Vormerkung, S. 31 f. mwN.

[9] MüKoBGB/*Kohler* § 883 Rn. 21; *D. Assmann,* Vormerkung, S. 32; *Baur/Stürner/Bruns,* Zwangsvollstreckungs-, Konkurs- und Vergleichsrecht, Bd. I, Rn. 26.68. Der Rückgewähranspruch nach dieser Vorschrift richtet sich grds. auf Duldung der Zwangsvollstreckung des Gläubigers in die anfechtbar erlangten Vermögensgegenstände; Kindl/Meller-Hannich/Wolf/*Haertlein* § 11 AnfG Rn. 3; *Huber,* Anfechtungsgesetz, § 11 Rn. 14, 17, Einf., Rn. 10; *Hess/Weis,* Anfechtungsrecht, Rn. 986, 1004.

[10] MüKoBGB/*Kohler* § 883 Rn. 18; *D. Assmann,* Vormerkung, S. 34 f.

[11] *D. Assmann,* Vormerkung, S. 32 f.

[12] *D. Assmann,* Vormerkung, S. 33; so auch die hM in Bezug auf den Anspruch des Eigentümers auf Verzicht auf die Hypothek gem. § 1169 BGB; MüKoBGB/*Lieder* § 1169 Rn. 10; Palandt/*Herrler* BGB § 1169 Rn. 2; Soergel/*Konzen* BGB § 1169 Rn. 5; Staudinger/*Wolfsteiner* BGB § 1169 Rn. 20.

[13] Grundlegend BGHZ 22, 220 = NJW 1957, 98; s. w. MüKoBGB/*Heinemann* § 9 ErbbauRG Rn. 62; Palandt/*Wicke* BGB § 9 ErbbauRG Rn. 12.

[14] MüKoBGB/*Heinamann* § 9 ErbbauRG Rn. 71; aA *D. Assmann,* Vormerkung, S. 42 f. (zur Rechtslage nach § 9 Abs. 2 ErbbauRVO aF).

[15] Art. 11a Abs. 2 Nr. 2 EuroEG v. 9.6.1998 (BGBl. I S. 1242). Zu den vorangegangenen Regelungen durch das SachenRÄndG v. 21.9.1994 s. MüKoBGB/*Heinemann,* § 9 ErbbauRG Rn. 5.

[16] BGH NJW 1981, 991; LG Wuppertal ZInsO 2017, 2699 Rn. 36; Gottwald/*Huber,* InsO-HdB, § 39 Rn. 15; MüKoBGB/*Kohler* § 883 Rn. 6, 22, 71; K. Schmidt/*Ringstmeier* § 106 Rn. 13; HambKommInsO/*Ahrendt* § 106 Rn. 5; Uhlenbruck/*Knof* § 106 Rn. 9.

Heilung gem. § 311b Abs. 1 Satz 2 BGB durch Auflassung und Eintragung in das Grundbuch wirkt nur ex nunc; ein vormerkungsfähiger Anspruch entsteht infolgedessen von vornherein nicht.[17] Tritt der Käufer vom Kaufvertrag zurück, erlischt die zu seinen Gunsten bestellte Vormerkung, weil die gesicherte Forderung nicht mehr besteht.[18] Der Grundsatz der Akzessorietät schließt aber eine Vormerkung für künftige oder bedingte Ansprüche nicht aus (§ 883 Abs. 1 Satz 2 BGB); → Rn. 8. Rechtswirksam kann auch eine **Aufladung** einer erloschenen oder nichtigen Vormerkung zur Sicherung eines anderen Anspruchs durch entsprechende Bewilligung erfolgen, sofern Eintragung und (nachträgliche) Bewilligung der Vormerkung den gleichen sicherungsfähigen, auf dingliche Rechtsänderung gerichteten Anspruch betreffen;[19] einer Berichtigung des Grundbuchs bzw. einer Neueintragung bedarf es dazu nicht.[20] Eine Vormerkung kann ebenso auf weitere Entstehungsgründe des gesicherten Anspruchs erstreckt werden.[21] Fehlt es am Abschluss eines wirksamen Vertrags und verlangt der Insolvenzverwalter die Löschung einer Auflassungsvormerkung, die vor der Verfahrenseröffnung zugunsten des Käufers eingetragen worden ist, kann dieser wegen der von ihm vor der Verfahrenseröffnung an den verkaufenden Eigentümers erbrachten Kaufpreiszahlungen dem Verlangen des Verwalters kein Zurückbehaltungsrecht entgegensetzen; die Vormerkung erstreckt sich nicht auf die Sicherung des Rückabwicklungsanspruchs.[22]

6a Eine Vormerkung kann nur zulasten dessen eingetragen werden, gegen den sich der Anspruch auf eine dingliche Rechtsänderung richtet; eine Vormerkung **zulasten des jeweiligen Eigentümers** eines Grundstücks ist demgemäß unzulässig, weil eine Verpflichtung zur Verfügung über ein Recht an einem Grundstück nicht durch Vereinbarung zulasten eines Dritten begründet werden kann.[23] Zulässig sind dagegen Vormerkungen **zugunsten des jeweiligen Eigentümers** eines anderen Grundstücks.[24]

7 **b) Bestimmbarkeit.** Der Anspruch muss seinem Inhalt nach **bestimmt bzw. eindeutig bestimmbar** sein.[25] Dafür reicht es aus, dass der Leistungsgegenstand von einer Vertragspartei oder von einem Dritten gem. §§ 315, 317 BGB zu bestimmen ist[26] oder wenn eine unvermessene Teilfläche betroffen ist, die aber zweifelsfrei bezeichnet wird.[27] Durch Vormerkung kann bei einem **Vertrag zugunsten Dritter** der Anspruch des Versprechensempfängers auf Leistung an den Dritten gesichert werden, und zwar auch dann, wenn die Person des Dritten bei Eintragung der Vormerkung noch nicht feststeht, aber künftig bestimmbar ist.[28] Erwirbt der Dritte einen eigenen Anspruch gegen den Versprechenden (§ 328 Abs. 1 BGB), so kann auch dieser Anspruch durch eine Vormerkung gesichert werden, wenn die Person des Dritten bestimmt oder bestimmbar ist.[29] Daran fehlt es, wenn der Dritte zunächst **unbenannt** ist und erst später vom Versprechensempfänger benannt werden soll.[30]

---

17 BGHZ 54, 56, 63 = NJW 1970, 1541, 1543; NJW 1983, 1543; MüKoBGB/*Kohler* § 883 Rn. 23; Uhlenbruck/*Knof* § 106 Rn. 7, 9.

18 BGHZ 143, 175, 179 = NJW 2000, 805; BGHZ 150, 138, 142 = NJW 2002, 2313; NJW 2009, 1414; BankenKommInsO/*Ellers* § 106 Rn. 6.

19 Hieran fehlt es, wenn die Vormerkung für einen höchstpersönlichen, nicht vererblichen und nicht übertragbaren Rückübertragungsanspruch des Berechtigten eingetragen ist, die Vormerkung nach der nachfolgenden Bewilligung aber einen anderweitigen, vererblichen Anspruch sichern soll; vgl. hierzu BGHZ 193, 152 = NJW 2012, 2032; *Amann* DNotZ 2014, 178 ff.

20 BGHZ 143, 175 = NJW 2000, 805; NZI 2008, 325 mAnm *Toussaint* jurisPR-BGHZivilR 5/2008 Anm. 2; Braun/*Kroth* § 106 Rn. 3.

21 BGH NZI 2008, 325; der Rang der Vormerkung bestimmt sich in diesen Fällen nach der Bewilligung; aA *Kesseler* EWiR 2008, 583.

22 BGHZ 150, 138 = NJW 2002, 2313 = WuB VI B. § 17 KO 4.02 *(Pape)*; NZI, 2009, 235 mAnm *Cranshaw* jurisPR- InsR 7/2009 Anm. 1; FKInsO/*B. Wegener* § 106 Rn. 16; Uhlenbruck/*Knof* § 106 Rn. 9; *Hess*[2] § 106 Rn. 11.

23 BGH NJW 1966, 1656, 1657; 2000, 1033, 1034; vgl. auch BGH NJW 1993, 324, 326; MüKoBGB/*Kohler* § 883 Rn. 27.

24 MüKoBGB/*Kohler* § 883 Rn. 30.

25 Palandt/*Herrler* BGB § 883 Rn. 7.

26 BayObLG FGPrax 1998, 48; OLG Düsseldorf RPfleger 1996, 503; Palandt/*Herrler* BGB § 883 Rn. 7.

27 BayObLG DNotZ 1985, 44; FGPrax 1998, 48; Palandt/*Herrler* BGB § 883 Rn. 7.

28 BGHZ 28, 99, 103 f. = NJW 1958, 1677; NJW 1983, 1543.

29 BGHZ 22, 220, 225 = NJW 1957, 98, 99; Palandt/*Herrler* BGB § 883 Rn. 11; MüKoBGB/*Kohler* § 883 Rn. 30 mwN zur älteren Rspr.

30 RGZ 128, 246, 250; BGHZ 28, 99, 103 = NJW 1958, 1677; NJW 1983, 1543, 1544; BayObLG RPfleger 1996, 502; *Holch* JZ 1958, 724; *D. Assmann*, Vormerkung, S. 73; Soergel/*Stürner* BGB § 883 Rn. 14; *Hess*[2] § 106 Rn. 22; FKInsO/*B. Wegener* § 106 Rn. 7; zur Vormerkungsfähigkeit des Anspruchs eines „noch zu benennenden Dritten" *Piegsa* RNotZ 2010, 433, 443 f.; *Amann* MittBayNot 2007, 13 ff.; *Ludwig* NJW 1983, 2792, 2798; eingehend zum Ganzen auch Uhlenbruck/*Berscheid*[12] § 106 Rn. 8–15; *Preuß* AcP 201 (2001), 580, 605 ff.

Praktische Bedeutung hat dies, wenn der Dritte zunächst anonym bleiben will,[31] vor allem aber bei **Bauträgergeschäften.**[32] Der Dritte ist in der Insolvenz des Grundstückseigentümers auch durch die Auflassungsvormerkung für den Versprechensempfänger geschützt, und zwar auch dann, wenn die Benennung des Dritten und die Entstehung des Auflassungsanspruchs in die Zeit nach Eröffnung des Insolvenzverfahrens fallen.[33] Die Ausübung des Benennungsrechts entspricht der Abtretung des Auflassungsanspruchs; diese erfasst eine hierfür bestellte Vormerkung (§ 401 BGB).[34] Ist die Abtretung ausgeschlossen, kann der Anspruch des Benennungsberechtigten auf Leistung an den zu Benennenden durch Vormerkung gesichert werden;[35] diese unterfällt § 106 jedoch nur, wenn das Benennungsrecht vor Insolvenzeröffnung ausgeübt wird.[36]

2. Künftige und bedingte Ansprüche. Künftige und bedingte Ansprüche können durch Vormerkung gesichert werden (§ 883 Abs. 1 Satz 2 BGB). Demgemäß fallen auch Vormerkungen zur Sicherung künftiger Ansprüche in den Anwendungsbereich des § 106[37] (→ Rn. 9). Voraussetzung dafür ist aber, dass für die Entstehung des Anspruchs bereits eine feste, die Gestaltung des Anspruchs bestimmende Grundlage, nicht nur eine mehr oder weniger aussichtsreiche tatsächliche Möglichkeit besteht.[38] Wo die Grenze verläuft, ist im Einzelnen strittig. Die von der Rechtsprechung verwendete Formulierung, wonach der **„Rechtsboden"** für die Entstehung des Anspruchs vorbereitet sein muss,[39] ist wenig aussagekräftig. Die Abgrenzung muss sich am Sinn und Zweck der Vormerkung ausrichten, der darin besteht, dem durch die Vormerkung Begünstigten Bestandsschutz gegenüber Zugriffen Dritter zu gewähren. Solange die Entstehung eines Anspruchs noch im freien Belieben des – potentiellen – Schuldners steht, würde eine Vormerkung dem Gläubiger Dritten gegenüber mehr Rechtsschutz gewähren, als ihm gegenüber dem Schuldner selbst zusteht.[40] Die Konsequenz einer Absicherung unbestimmter Erwerbsaussichten durch Vormerkungen („Hoffnungsvormerkungen"[41]) wäre nicht nur eine **Überlastung des Grundbuchs** mit einer unübersehbaren Zahl gesicherter Ansprüche, die möglicherweise nie zur Entstehung gelangen,[42] sondern vor allem auch ein Wettlauf um Vorzugsrechte in Zwangsvollstreckung und Insolvenz. 8

a) Bestehen des Anspruchs. Erforderlich ist demgemäß, dass der Rechtsboden so weit vorbereitet ist, dass die Entstehung des Anspruchs nicht allein vom **Willen des Schuldners** abhängig ist, der Schuldner sich also nicht mehr einseitig von einer bereits eingetretenen Bindung lösen kann.[43] Der Anspruch muss dagegen nicht zu einer Anwartschaft in dem Sinn erstarkt sein, dass die Entste- 9

---

31 Vgl. hierzu *Holch* JZ 1958, 724; s. ferner *Preuß* DNotZ 2002, 283, 286 ff.

32 Vgl. dazu *Ludwig* NJW 1983, 2792, 2798; *Denck* NJW 1984, 1009.

33 Dazu eingehend *Piegsa* RNotZ 2010, 433; *Denck* NJW 1984, 1009; zum Schutz des Dritten durch Abtretung des vorgemerkten Anspruchs BGHZ 138, 179 = NJW 1998, 2134; *Ludwig* NJW 1983, 2792, 2798; *Ludwig* Rpfleger 1986, 345; *D. Assmann,* Vormerkung, S. 75; Uhlenbruck/*Berscheid*[12] § 106 Rn. 11; krit. HKInsO/*Marotzke* § 106 Rn. 11; *Harder,* Surrogation, S. 209 ff.

34 *Piegsa* RNotZ 2010, 433; anders, wenn die Abtretung der Rechte aus dem Angebot ausgeschlossen ist.

35 BGH NJW 2009, 356 = DNotZ 2009, 218, 219.

36 Dazu näher *Piegsa* RNotZ 2010, 433, 444.

37 So heute allgM, vgl. BGHZ 149, 1 = NJW 2002, 213 = WuB IV A. § 883 BGB 1.02 *(Wagner, G./Kreidt)*; *Denck* NJW 1984, 1009, 1011 ff.; AKBGB/*v. Schweinitz* § 883 Rn. 34; *Kilger/K. Schmidt* KO § 24 Anm. 2; KPB/*Tintelnot* § 106 Rn. 16; *Wagner, G./Kreidt* WuB IV A. § 883 1.02; eingehend *Preuß* AcP 201 (2001), 580, 587 ff. mwN; aA BGB-RGRK/*Augustin* § 883 Rn. 101; *Ludwig* NJW 1983, 2792, 2798.

38 BGHZ 12, 115, 117 (Vermächtnis vor Eintritt des Erbfalls) = NJW 1954, 633, 634; BGHZ 134, 182, 185 = NJW 1997, 861, 862; OLG Hamm NJW-RR 2000, 1389 (Schenkung von Todes wegen); BankenKomm-InsO/*Ellers* § 106 Rn. 3; weiter *Preuß* AcP 201 (2001), 580, 587 f.; FKInsO/*B. Wegener* § 106 Rn. 5.

39 BGHZ 134, 182, 184 mwN = NJW 1997, 861, 862; BGHZ 149, 1, 9; BGHZ 151, 116 = NJW 2002, 2461; NJW 2006, 2408 = ZIP 2006, 1141, 1142; *Preuß* AcP 201 (2001), 580, 591 f.; FKInsO/*B. Wegener* § 106 Rn. 5; Uhlenbruck/*Knof* § 106 Rn. 6; zum Schutz des § 95 bei dem Anspruch eines Gesellschafters auf Zahlung eines Auseinandersetzungsguthabens, sofern dieser ohne weiteres Zutun der Parteien entsteht, BGHZ 160, 1 ff. = NJW-RR 2004, 1561 ff.

40 AKBGB/v. *Schweinitz* § 883 Rn. 25; Staudinger/*Gursky* BGB § 883 Rn. 123; MüKoBGB/*Kohler* § 883 Rn. 34; ebenso BGHZ 134, 182, 185 = NJW 1997, 861, 862.

41 Staudinger/*Gursky* BGB § 883 Rn. 184.

42 BGHZ 134, 182, 185 = NJW 1997, 861, 862; BayObLG DNotZ 1978, 39; Staudinger/*Gursky* BGB § 883 Rn. 184.

43 BGHZ 134, 182, 184 f. = NJW 1997, 861; BGHZ 149, 1, 9 = NJW 2002, 213; NJW 2006, 2408 = ZIP 2006, 1141, 1142; BayObLG DNotZ 1996, 374; Rpfleger 1977, 361; *Hess*[2] § 106 Rn. 8; MüKoBGB/*Kohler* § 883 Rn. 34; Soergel/*Stürner* BGB § 883 Rn. 6; Palandt/*Herrler* BGB § 883 Rn. 15; Staudinger/*Gursky* BGB § 883 Rn. 190; *D. Assmann,* Vormerkung, S. 52; *Preuß* AcP 201 (2001), 580, 588 f.; *Preuß* DNotZ 2002, 283, 284 f.; Gottwald/*Huber,* InsO-HdB, § 39 Rn. 15.

hung nur noch vom Willen des Gläubigers abhängt.[44] Andernfalls wäre der Anspruch auf Auflassung aus einem **schuldrechtlichen Vorkaufsrecht** nicht durch Vormerkung zu sichern (→ Rn. 11), ebenso könnte der Anspruch auf Rückauflassung eines Grundstücks aus einem Rücktrittsrecht nicht durch Vormerkung gesichert werden, wenn das **Rücktrittsrecht** von einem bestimmten Verhalten des Grundstückserwerbers abhängt.[45] Entscheidend ist dabei nicht, ob der Eintritt der Bedingung an ein Verhalten des Schuldners anknüpft, sondern ob der Schuldner sich nach seinem Belieben von der vertraglichen Verpflichtung lösen kann oder nicht.[46]

9a Der gesetzliche Löschungsanspruch des nachrangigen Grundpfandgläubigers nach § 1179a BGB ist als künftiger Anspruch gegen Verfügungen, die der Löschung entgegenstehen, gem. § 1179a Abs. 1 Satz 3 BGB in gleicher Weise gesichert, als wenn zu seiner Sicherung gleichzeitig mit der Eintragung des begünstigten Grundpfandrechts eine Vormerkung in das Grundbuch eingetragen worden wäre. Der Löschungsanspruch entsteht, wenn das Grundpfandrecht mit dem Eigentum zum Zeitpunkt der Eintragung in einer Person vereinigt wird oder eine solche Vereinigung später eintritt (§ 1179a Abs. 1 Satz 1). Insolvenzfest ist der gesetzliche Löschungsanspruch gem. § 106 unabhängig davon, ob die Voraussetzungen für den Anspruch aus § 1179a BGB erst nach der Eröffnung des Insolvenzverfahrens entstanden sind.[47] Zunächst hatten Rspr.[48] und hM[49] die Insolvenzfestigkeit in der letzteren Konstellation mit der Begründung verneint, es fehle der für die Vormerkungsfähigkeit des Löschungsanspruchs erforderliche sichere Rechtsboden, weil der Eigentümer im Falle einer nicht mehr valutierten Grundschuld den Rückgewähranspruch an einen Dritten abtreten oder vor Durchsetzung des Rückgewähranspruchs die Grundschuld neu valutieren kann, solange eine vorrangige Grundschuld, die zum Zeitpunkt der Verfahrenseröffnung nicht mehr valutiert war, mit dem Eigentum an dem Grundstück nicht zusammengefallen ist.[50] Der Grundstückseigentümer ist dem Gläubiger gegenüber auch nicht verpflichtet, die den Löschungsanspruch auslösende Vereinigung herbeizuführen.[51] Entgegen dieser Auffassung ist die Insolvenzfestigkeit des Löschungsanspruchs aus § 1179a BGB jedoch auch dann zu bejahen, wenn dessen Voraussetzungen erst nach Insolvenzeröffnung entstanden sind. Der gesetzliche Löschungsanspruch ist an die Stelle der nach § 1179 aF BGB möglichen Eintragung einer als konkursfest anerkannten Vormerkung zur Sicherung des Löschungsanspruchs getreten, um der damit verbundenen Belastung der Grundbuchämter zu begegnen, ohne eine Änderung gegenüber der bisherigen Rechtslage zu bezwecken.[52] Zu einer Insolvenzfestigkeit des Löschungsanspruchs gelangt man auch, wenn entgegen der vorgenannten Auffassung darauf abgestellt wird, dass die Vormerkung nicht einen künftigen, sondern den durch die Vereinigung von Eigentum und Grundschuld bedingten Löschungsanspruch sichern soll.[53] Schließlich kann der nachrangige Grundschuldgläubiger sich den aus der Sicherungsabrede folgenden bedingten schuldrechtlichen Anspruch des Eigentümers

---

44 So aber verbreitet die Rechtsprechung, BGHZ 12, 115, 117 = NJW 1954, 633, 634; NJW 1970, 1541, 1543; 1981, 446, 447; ebenso schon KGJ 37 A, 280, 282 (Beschl. v. 5.4.1909); aA aber BGHZ 134, 182, 188 (Zulässigkeit einer Potestativbedingung) = NJW 1997, 861, 862; krit. in Bezug auf die im Text genannte enge Auffassung *Lichtenberger* NJW 1977, 1755; dagegen auch überwiegend das Schrifttum, MüKoBGB/*Kohler* § 883 Rn. 28; Palandt/*Herrler* BGB § 883 Rn. 15; Staudinger/*Gursky* BGB § 883 Rn. 186; *D.* Assmann, Vormerkung, S. 51 f. mwN; enger Graf-Schlicker/*Breitenbücher* § 106 Rn. 4.

45 Palandt/*Herrler* BGB § 883 Rn. 15 f.; Soergel/*Stürner* BGB § 883 Rn. 6.

46 BGHZ 151, 116 = NJW 2002, 2461 (Vormerkungsfähigkeit eines bei der Übertragung des Eigentums an einem Grundstück für den Fall groben Undanks des Erwerbers vorbehaltenen Rückübereignungsanspruchs).

47 So BGHZ 193, 144 = NJW 2012, 2274 (V. ZS) unter Aufgabe von BGHZ 166, 319= NJW 2006, 2408 (IX. ZS); s. dazu *Rohe* LMK 2012, 337363; *Clemente* EWiR 2012, 517; *Obermüller* ZIP 2013, 299 ff.; *Suppliet* NotBZ 2012, 377; *Preuß* JR 2013, 218 ff.

48 BGHZ 166, 319 = NJW 2006, 2408 = ZIP 2006, 1141, 1143; OLG Köln ZInsO 2005, 268, 269 f.; OLG Hamm ZIP 2010, 188 (als Vorinstanz zu BGH ZIP 2012, 1140); OLG Celle ZIP 2010, 1407.

49 KPB/*Tintelnot* § 106 Rn. 14; *Jaeger/Henckel* KO § 24 Rn. 20; *Kesseler* EWiR 2006, 458, 459; *Amann* MittBayNot 2007, 13; *Büchler* ZInsO 2011, 802; *Mohrbutter* WuB VI A. § 91 InsO 2.06; *Raab* DZWiR 2006, 427 ff.

50 AA schon bisher *Alff* Rpfleger 2006, 486 ff.; *Rein* NJW 2006, 3470, 3471; *Böttcher* NJW 2008, 2088, 2090; Jaeger/*Windel* § 91 Rn. 70; s.a. *Windel* KTS 2012, 457 ff.

51 BGHZ 166, 319 = NJW 2006, 2408 = ZIP 2006, 1141, 1143; OLG Köln ZInsO 2005, 268, 269 f.; OLG Hamm ZIP 2010, 188; OLG Celle ZIP 2010, 1407; KPB/*Tintelnot* § 106 Rn. 14; *Jaeger/Henckel* KO § 24 Rn. 20; *Kesseler* EWiR 2006, 458, 459; *Amann* MittBayNot 2007, 13; *Büchler* ZInsO 2011, 802; *Mohrbutter* WuB VI A. § 91 InsO 2.06; *Raab* DZWiR 2006, 427 ff.

52 Dazu näher BGHZ 193, 144 = ZIP 2012, 1140, Rn. 13, 15 mwN; *Rein* NJW 2006, 3470, 3471; *Böttcher* NJW 2008, 2088, 2090.

53 *Rein* NJW 2006, 3470. S.a. OLG Hamburg NZI 2009, 556 mAnm *Rein,* wo die Insolvenzfestigkeit der Löschungsvormerkung generell bejaht wird, ohne jedoch, weil für den vorliegenden Fall offenbar nicht relevant, auf die vom BGH (IX. ZS) bislang vorgenommene Beschränkung auf eine vor Insolvenzeröffnung entstandene Eigentümergrundschuld einzugehen.

gegen den Fremdgrundschuldgläubiger auf Rückgewähr der Grundschuld abtreten und diesen Anspruch durch eine Vormerkung gem. § 883 BGB sichern lassen. Eine solche Vormerkung ist zulässig.[54] Sie ist insolvenzfest und nicht durch § 1179 Satz 1 BGB ausgeschlossen, da sie nicht die Löschung der Grundschuld, sondern deren Übertragung an den nachrangigen Grundpfandgläubiger zum Gegenstand hat.[55]

b) Bedingte Ansprüche. Auch Ansprüche aus **aufschiebend oder auflösend bedingten** Rechtsgeschäften sind vormerkungsfähig (§ 883 Abs. 1 Satz 2 BGB). Auflösend bedingte Ansprüche sind bis zum Eintritt der Bedingung ohnehin vormerkungsfähig, weil sie wirksam bestehen. Auch bei aufschiebend bedingten Ansprüchen liegt im Gegensatz zu künftigen Ansprüchen eine rechtsgeschäftliche Vereinbarung der Parteien bereits vor, die den für eine Vormerkung erforderlichen sicheren Rechtsboden bildet.[56] Daraus lässt sich aber nicht generell ableiten, dass die für künftige Ansprüche geltenden Einschränkungen auf bedingte Ansprüche nicht anwendbar sind.[57] Der Unterschied ist vielfach nur graduell und abhängig von der Art der Bedingung. 10

Bedingung kann jedes zukünftige ungewisse Ereignis sein. Die Bedingung kann auch in einem Verhalten des Verpflichteten liegen (sog. **Potestativbedingung**),[58] nicht jedoch in einer Willenserklärung des Schuldners (sog. **Wollensbedingung**).[59] Bei dieser ist in Wirklichkeit noch keine Bindung eingetreten.[60] Die Abgrenzung ist häufig unklar und fließend; das Verhalten des Schuldners, das als Gegenstand einer Bedingung anerkannt ist, hängt auch von dessen Willen ab, jedoch wird der Willensakt des Schuldners hierbei zumeist auf ein anderes Ziel als die Begründung eines vormerkungsfähigen Anspruchs gerichtet sein.[61] Entscheidend ist, dass die Vertragspartei bei Abschluss des Rechtsgeschäfts ihre spätere Bindung für den Fall ihres künftigen Verhaltens gewollt hat.[62] Eine Wollensbedingung liegt dagegen vor, wenn sich der Entscheidungsfreiraum der Vertragspartei direkt und ausschließlich auf die Bindungswirkung des Rechtsgeschäfts bezieht, die Entstehung des Anspruchs also davon abhängig gemacht wird, dass der Verpflichtete sie billigt.[63] Im Falle eines schuldrechtlichen **Vorkaufsrechts** oder eines **Wiederkaufsrechts** ist der durch Ausübung des Vor- bzw. Wiederkaufsrechts bedingte Anspruch vormerkungsfähig, obwohl seine Entstehung allein von einer entsprechenden Willenserklärung des Berechtigten abhängt.[64] In diesen Fällen reichen die Beziehungen der Parteien aber auf Grund der vertraglichen Vereinbarung eines Vor- bzw. Wiederkaufsrechts über den Bereich bloß tatsächlicher Erwartungen hinaus.[65] Aus einem Vorkaufsrecht ergibt sich ein künftiger bzw. bedingter Anspruch auf Übertragung des Eigentums, der Gegenstand einer Vormerkung sein kann.[66] Nicht das Vorkaufsrecht als das Recht zur Ausübung des Vorkaufsrechts gem. § 464 Abs. 1 BGB ist Gegenstand der Vormerkung, sondern erst der **Anspruch auf Übereignung des Grundstücks** aus dem Kaufvertrag, der gem. § 464 Abs. 2 BGB durch die Ausübung des Vorkaufsrechts zustande kommt.[67] Zur (fehlenden) Insolvenzfestigkeit des schuldrechtlichen Vorkaufsrechts → Rn. 16d. 11

c) Vorkaufsfälle. Hat der Vorkaufsberechtigte, zu dessen Gunsten eine Auflassungsvormerkung bestellt war, den Vorkaufsverpflichteten als Alleinerbe beerbt, nachdem der Erblasser einem Dritten 12

---

[54] OLG Hamm NJW-RR 1990, 272, 273; *Rein* NJW 2006, 3470, 3472; *Flöther,* jurisPR-InsR 9/2011 Anm. 3; Palandt/*Herrler* BGB § 1179 Rn. 9; MüKoBGB/*Lieder* § 1179 Rn. 15.

[55] *Rein* NJW 2006, 3470, 3472; zur Anfechtung s. *Obermüller* ZIP 2013, 299 ff.

[56] BGHZ 134, 182 = BGH NJW 1997, 861 = WuB IV A. § 883 BGB 1.97 *(Kohler)* = JZ 1997, 516 mAnm *Berger* = ZEV 1997, 77 – Rückübereignungsanspruch auf Grund Rücktritts wegen abredewidriger Verfügung der Kinder über das übertragene Grundeigentum; dazu auch *Demharter* ZEV 1997, 79; *Stadler* Jura 1998, 189; s.w. BayObLG DNotZ 1978, 39; BGH NZI 2008, 325; 2008, 428 m. zust. Anm. *Eckert* EWiR 2008, 501: durch Vormerkung gesicherter Rückübertragungsanspruch für den Fall des Vermögensverfalls oder der Insolvenz des Begünstigten; mangels Gläubigerbenachteiligung nicht anfechtbar (BGH NZI 2008, 428 Rn. 12 ff.); *Reul* DNotZ 2008, 824; Andres/Leithaus/*Andres* § 106 Rn. 3.

[57] So aber BayObLG DNotZ 1978, 39, 42.

[58] BGHZ 134, 182, 188 = NJW 1997, 861, 862; Staudinger/*Gursky* BGB § 883 Rn. 177; MüKoBGB/*Westermann* § 158 Rn. 19 f.

[59] MüKoBGB/*Kohler* § 883 Rn. 32; MüKoBGB/*Westermann* § 158 Rn. 21 f.; Uhlenbruck/*Knof* § 106 Rn. 8; diff. Staudinger/*Gursky* BGB § 883 Rn. 177 mwN.

[60] Palandt/*Ellenberger* BGB Einf. v. § 158 Rn. 10; MüKoBGB/*Kohler* § 883 Rn. 32; MüKoBGB/*Westermann* § 158 Rn. 21.

[61] Vgl. *Kohler* WuB IV A. § 883 BGB 1.97.

[62] BGHZ 134, 182, 188 = NJW 1997, 861, 862; NJW-RR 1996, 1167.

[63] Staudinger/*Gursky* BGB § 883 Rn. 177 mwN; *Stadler* Jura 1998, 189, 193.

[64] §§ 456 Abs. 1, 464 Abs. 2 BGB.

[65] Dazu im Einzelnen Staudinger/*Gursky* BGB § 883 Rn. 112 ff., 120 ff.

[66] Palandt/*Herrler* BGB § 883 Rn. 17.

[67] BGH NJW 2000, 1033, 1034.

ein wirksames Kaufangebot gemacht hat und für diesen eine nachrangige Auflassungsvormerkung bestellt worden ist, so kommt der den Vorkaufsfall auslösende Vertrag mit dem Vorkaufsberechtigten zustande, wenn der Dritte nunmehr das Kaufangebot annimmt. Gegen die Wirksamkeit der zugunsten des Vorkaufsberechtigten bestellten Vormerkung spricht, dass die nach dem Tod des Erblassers erfolgende Ausübung des Vorkaufsrechts zu einem Kaufvertrag des Vorkaufsberechtigten mit sich selbst und zu einem Auflassungsanspruch in Bezug auf das bereits in seinem Eigentum stehende Grundstück führen müsste, was begrifflich beides ausgeschlossen erscheint mit der Folge, dass die Auflassungsvormerkung des Vorkaufsberechtigten als erloschen anzusehen ist.[68] Dies vermag aber weder in der Begründung noch im Ergebnis zu überzeugen.[69] Der Interessenwiderstreit zwischen dem Vorkaufsberechtigten und dem Dritten ist für beide erkennbar durch den Rang der jeweiligen Auflassungsvormerkung zugunsten des Vorkaufsberechtigten geregelt; die Regelung der Erbfolge auf der Seite des Verkäufers und Vorkaufsverpflichteten erfolgt nicht im Interesse des Dritten, dessen Rechtsposition sich andererseits durch den Erbfall auch nicht verschlechtert. Der zufällige Umstand, dass das Vorkaufsrecht erst nach dem Tod des Erblassers ausgeübt wurde, vermag den Interessen des Dritten keinen höheren Rang in Umkehrung der bisherigen Rangfolge zu verschaffen.[70] Das Sicherungsinteresse des vormerkungsgeschützten Vorkaufsberechtigten verdient unverändert Vorrang.[71]

13 Aus einem **Vorvertrag** ergibt sich eine hinreichend gefestigte Erwerbsaussicht hinsichtlich des künftigen Anspruchs aus dem Hauptvertrag, so dass für diesen eine Vormerkung bestellt werden kann;[72] zur Insolvenzfestigkeit einer solchen Vormerkung → Rn. 16. Nicht vormerkungsfähig ist dagegen eine **Erwerbsaussicht** auf Grund eines freibleibenden Angebots oder eines „letter of intent".[73] Eine **Option** begründet einen vormerkungsfähigen Anspruch nur dann, wenn der Berechtigte selbst durch einseitige Erklärung den Vertrag zustande bringen kann; nicht vormerkungsfähig ist ein freibleibendes Angebot.[74] Vormerkungsfähig ist der Anspruch auf **Rückübereignung eines Grundstücks** für den Fall der Ausübung eines Rücktrittsrechts des Veräußerers auf Grund einer abredewidrigen Verfügung des Erwerbers.[75] Ansprüche aus einem schwebend unwirksamen Rechtsgeschäft sind vormerkungsfähig, wenn die Wirksamkeit von einer **behördlichen Genehmigung** abhängt,[76] nicht dagegen, wenn die schwebende Unwirksamkeit auf der fehlenden Vertretungsmacht einer Partei beruht (vgl. § 177 BGB).[77]

II. Zeitpunkt des Entstehens der Vormerkung

14 **1. Eintragung der Vormerkung vor und nach Eröffnung des Insolvenzverfahrens.** Die Sicherungswirkung der Vormerkung tritt nur ein, wenn diese vor Eröffnung des Insolvenzverfahrens eingetragen worden ist.[78] Andernfalls ist die Vormerkung grundsätzlich unwirksam (§§ 80, 81). Entsprechendes gilt, wenn vor der Verfahrenseröffnung ein **allgemeines Veräußerungsverbot** erlassen oder ein **Zustimmungsvorbehalt**[79] angeordnet worden ist (§§ 21 Abs. 2 Satz 1 Nr. 2, 24 Abs. 1).[80] Für rechtsgeschäftlich begründete Vormerkungen greift aber § 878 BGB iVm § 91 Abs. 2

---

68 So BGH NJW 2000, 1033; abl. *Gebauer/Haubold* JZ 2000, 680, 681; krit. *Servatius* JuS 2006, 1060 ff. BGH NJW 1981, 447 bejaht in einem vergleichbaren Fall ein Erlöschen der Vormerkung durch Konfusion; dag. *Wacke* NJW 1981, 1577 ff.

69 *v. Olshausen* NJW 2000, 2872 ff.; *Flume* JZ 2000, 1159 f.; *Wacke* DNotZ 2001, 302 ff.; *Wacke* JZ 2001, 380 ff.; MüKoBGB/*Kohler* § 886 Rn. 10.

70 MüKoBGB/*Kohler* § 886 Rn. 10; *v. Olshausen* NJW 2000, 2872 ff.

71 OLG Schleswig NJW-RR 1999, 1528; Palandt/*Herrler* BGB § 886 Rn. 4; *Gebauer/Haubold* JZ 2000, 680, 681, 682.

72 Staudinger/*Gursky* BGB § 883 Rn. 118; *Stadler* Jura 1998, 189, 191; FKInsO/*B. Wegener* § 106 Rn. 6; *Preuß* DNotZ 2002, 283, 284 f.

73 *Stadler* Jura 1998, 189, 191.

74 MüKoBGB/*Westermann* § 158 Rn. 59; FKInsO/*B. Wegener* § 106 Rn. 6.

75 BGHZ 134, 182 = NJW 1997, 861; BayObLG DNotZ 1978, 159; Staudinger/*Gursky* BGB § 883 Rn. 176; *Kohler* DNotZ 1989, 339. In einer Sicherung des Rückübertragungsanspruchs in solchen Fällen ist keine Umgehung des § 137 Satz 1 BGB zu sehen, BGHZ 134, 182, 186 = NJW 1997, 861, 862 unter Berufung auf *Kohler.*

76 AKBGB/*v. Schweinitz* § 883 Rn. 25a; Palandt/*Herrler* BGB § 883 Rn. 16; *D. Assmann,* Vormerkung, S. 53.

77 *D. Assmann,* Vormerkung, S. 53.

78 BGH ZIP 2005, 627, 628 = WuB VI A. § 106 InsO 1.06 *(Lüke/Stengel)*; Andres/Leithaus/*Andres* § 106 Rn. 4; LSZ/*Zeuner* InsO § 106 Rn. 5; *Hess*[2] § 106 Rn. 18; KPB/*Tintelnot* § 106 Rn. 5; FKInsO/*B. Wegener* § 106 Rn. 11; Nerlich/Römermann/*Balthasar* § 106 Rn. 9; Uhlenbruck/*Knof* § 106 Rn. 14.

79 Hierzu OLG Frankfurt ZInsO 2006, 269, 270 f.

80 LSZ/*Zeuner* InsO § 106 Rn. 5; *Hess*[2] § 106 Rn. 18; FKInsO/*B. Wegener* § 106 Rn. 11; Uhlenbruck/*Knof* § 106 Rn. 15; KPB/*Tintelnot* § 106 Rn. 11; Nerlich/Römermann/*Balthasar* § 106 Rn. 10.

zu Gunsten des vorgemerkten Rechts ein; maßgeblich ist danach, ob vor Eröffnung des Insolvenzverfahrens bzw. vor Erlass eines allgemeinen Veräußerungsverbots die Eintragung der Vormerkung bindend bewilligt und der Eintragungsantrag gestellt worden ist.[81] Der Insolvenzverwalter kann nicht unter Hinweis auf eine unterbliebene rechtzeitige Erfüllungswahl die Grundbucheintragung verhindern bzw. nach erfolgter Eintragung das erworbene Recht kondizieren.[82] Etwas anderes gilt, wenn die Grundbucheintragung aus Gründen scheitert, die mit dem Insolvenzverfahren nichts zu tun haben. Die Antragsberechtigung ergibt sich aus § 13 Abs. 1 Satz 2 GBO. Unerheblich ist, welcher der Antragsberechtigten den Antrag gestellt hat.[83] Zur Auswirkung der Verfahrenseröffnung auf den Eintragungsantrag und zur Frage nach Voraussetzungen und Rechtswirkungen der Rücknahme des Antrags → Rn. 22.

Eine **einstweilige Verfügung** ersetzt die Eintragungsbewilligung (§ 885 Abs. 1 Satz 1 BGB). 15
Sie soll nach hM aber nicht dem Schutz des § 878 BGB unterfallen.[84] Das vermag nicht zu überzeugen; der Schutzzweck des § 878 BGB, den Rechtserwerb des Berechtigten nicht von der Betriebszügigkeit des Grundbuchamts abhängig zu machen, muss auch im Falle der Rechtsdurchsetzung durch einstweilige Verfügung gelten und zu einer analogen Anwendung des § 878 BGB führen.[85] Jedoch ist in diesem Fall die **„Rückschlagsperre"** gem. § 88 zu beachten.[86] Für die Berechnung der Monatsfrist des § 88 ist auf die Eintragung der Vormerkung, nicht den Antrag abzustellen.[87]

2. Entstehung des Anspruchs. Wenn die Vormerkung als solche insolvenzfest entstanden ist, 16
schadet es nicht, wenn der gesicherte Anspruch erst nach Eröffnung des Insolvenzverfahrens entsteht, sofern es sich um einen bedingten oder künftigen Anspruch im Sinne des § 883 Abs. 1 Satz 2 BGB handelt (→ Rn. 8 ff.). Der erst während der Insolvenz entstehende Anspruch nimmt auch an der insolvenzrechtlichen Vormerkungswirkung teil, vorausgesetzt, er kann trotz der Eröffnung des Insolvenzverfahrens noch entstehen (→ Rn. 16a–16d) und weiter vorausgesetzt, er beruht auf einer vor Eröffnung des Insolvenzverfahrens hinreichend **verfestigten Erwerbsaussicht,** so dass er Gegenstand einer Vormerkung sein kann (→ Rn. 8–13).[88] Für einen aufschiebend bedingten Anspruch, dessen Bedingung erst **nach Eröffnung des Insolvenzverfahrens** eintritt, ist überwiegend anerkannt, dass die Vorschrift des § 91 hinter § 106 zurücktritt.[89] Dagegen soll nach verbreiteter Ansicht die Vormerkung ihre Wirkung in der Insolvenz verlieren, wenn sie sich auf eine künftige Forderung

---

[81] BGH ZIP 2005, 627, 628; NZI 2010, 190; OLG Köln Urt. v. 10.2.2014 – 12 U 30/13 Rn. 44; LG Aachen ZInsO 2002, 937, 938; *Gerhardt* ZIP 1988, 749, 753; LSZ/*Zeuner* § 106 Rn. 5; Uhlenbruck/*Knof* § 106 Rn. 14; HKInsO/*Marotzke* § 106 Rn. 10, 23; *Hess*² § 106 Rn. 20; *Harder,* Surrogation, S. 201 f.; Graf-Schlicker/*Breitenbücher* § 106 Rn. 3; HambKommInsO/*Ahrendt* § 106 Rn. 9; KPB/*Tintelnot* § 106 Rn. 5; FKInsO/*B. Wegener* § 106 Rn. 11; Nerlich/Römermann/*Balthasar* § 106 Rn. 9; vgl. zur fehlenden Verwalterzustimmung nach § 12 Abs. 3 WEG OLG Frankfurt ZInsO 2006, 269, 272.

[82] *Harder,* Surrogation, S. 201 f.; MüKoBGB/*Kohler* § 878 Rn. 32.

[83] MüKoBGB/*Kohler* § 878 Rn. 22; KPB/*Tintelnot* § 106 Rn. 5, § 103 Rn. 43; BeckOK-GBO/*Reetz* § 13 Rn. 61; *Scholtz* ZIP 1999, 1693, 1697; *Harder,* Surrogation, S. 203 f.; offen lassend BGH ZIP 1988, 1612, 1613; aA FKInsO/*B. Wegener* § 106 Rn. 11.

[84] LG Frankfurt aM ZIP 1983, 351 (Vormerkung für Bauhandwerkersicherungshypothek auf Grund einstweiliger Verfügung nur wirksam bei Eintragung vor Wirksamwerden des allgemeinen Verfügungsverbots); Staudinger/*Gursky* BGB § 878 Rn. 14 (and. aber de lege ferenda Rn. 13); *Jaeger/Henckel* KO § 24 Rn. 55; *Kuhn/Uhlenbruck* KO § 24 Rn. 2a; LSZ/*Zeuner* § 106 Rn. 3; Jaeger/*Jacoby* § 106 Rn. 31; Uhlenbruck/*Knof* § 106 Rn. 16; K. Schmidt/*Ringstmeier* § 106 Rn. 19; zu § 9 Abs. 1 Satz 3 GesO ebenso OLG Dresden OLG-NL 1996, 109, 111; OLG Jena Rpfleger 1996, 211 f.

[85] MüKoBGB/*Kohler* § 878 Rn. 27; HambKommInsO/*Ahrendt* § 106 Rn. 7; in diese Richtung auch KPB/*Tintelnot* § 106 Rn. 10; Andres/Leithaus/*Andres* § 106 Rn. 4.

[86] FKInsO/*B. Wegener* § 106 Rn. 9, 13; HambKommInsO/*Ahrendt* § 106 Rn. 7; Andres/Leithaus/*Andres* § 106 Rn. 4. Zur entsprechenden, aber mangels zeitlicher Begrenzung weiterreichenden Regelung des § 7 Abs. 3 Satz 1 GesO in Bezug auf eine auf Grund einstweiliger Verfügung eingetragene Vormerkung s. BGHZ 142, 208 = NJW 1999, 3122 = WuB VI G § 7 GesO 3.99 *(Uhlenbruck)*; NJW 2000, 2427; OLG Dresden ZIP 1998, 215; aA OLG Jena Rpfleger 1996, 211 f.

[87] LG Berlin ZIP 2001, 2293; LG Meiningen ZIP 2000, 416, 417; FKInsO/*B. Wegener* § 106 Rn. 9; Nerlich/Römermann/*Wittkowski* § 88 Rn. 9; Andres/Leithaus/*Andres* § 106 Rn. 4; HKInsO/*Marotzke* § 106 Rn. 14; aA KPB/*Lüke* § 88 Rn. 17.

[88] So generell *Kilger/K. Schmidt* KO § 24 Anm. 2; MüKoBGB/*Kohler* § 883 Rn. 34; *Kuhn/Uhlenbruck* KO § 24 Rn. 2; *Jaeger/Henckel* KO § 24 Rn. 18; Uhlenbruck/*Knof* § 106 Rn. 13; aA *Ludwig* NJW 1983, 2792, 2798; *Paulus,* Verfügungsverbot, S. 103; *Ertl* RPfleger 1977, 345.

[89] OLG Köln ZInsO 2005, 268, 270; KPB/*Lüke* § 91 Rn. 38; *Bork,* Insolvenzrecht, Rn. 151; *Häsemeyer,* Insolvenzrecht, Rn. 10.27; FKInsO/*App* § 91 Rn. 20; HKInsO/*Kayser/Thole* § 91 Rn. 31; *Preuß* DNotZ 2002, 283, 286 f.; HambKommInsO/*Ahrendt* § 106 Rn. 4.

bezieht und diese erst nach Eröffnung des Insolvenzverfahrens entsteht.[90] Dies führt jedoch zu einem Wertungswiderspruch gegenüber der Gleichbehandlung von künftigen und bedingten Ansprüchen gem. §§ 883 Abs. 1 Satz 2, Abs. 2 Satz 2 BGB und widerspricht zudem der insolvenzrechtlichen Anerkennung der Pfandrechtsbestellung für künftige Forderungen;[91] → § 91 Rn. 47.

16a Vormerkungsfähig sind nur Ansprüche auf eine dingliche Rechtsänderung, auch wenn es sich um künftige oder bedingte Ansprüche handelt (§ 883 Abs. 1 Satz 1 und 2 BGB; → Rn. 8). Vormerkungsfähig sind demgemäß Auflassungsansprüche, die durch Entstehung und Ausübung eines Vorkaufsrechts bedingt sind (→ Rn. 9). Vormerkungsfähig ist auch ein Anspruch aus einem erst noch abzuschließenden Rechtsgeschäft, sofern der Schuldner durch **Vorvertrag** verpflichtet ist, das Rechtsgeschäft abzuschließen[92] (→ Rn. 13). Die Vormerkungsfähigkeit eines Anspruchs bedeutet jedoch nicht zugleich, dass dieser auch insolvenzfest ist. Insolvenzfest sind derartige Vormerkungen vielmehr nur dann, wenn und soweit ihre Voraussetzungen nach Verfahrenseröffnung erzwungen werden können, denn nur in diesem Fall kann der gesicherte Anspruch trotz der Verfahrenseröffnung noch zur Entstehung gelangen. Dies ist hinsichtlich eines Anspruchs aus einem Vorvertrag nicht der Fall, weil der Schuldner den Vertrag nicht mehr mit Wirkung für und gegen die Masse abschließen kann (§ 80 Abs. 1; → § 80 Rn. 11) und der Insolvenzverwalter nicht verpflichtet ist, den Hauptvertrag mit dem Vormerkungsberechtigten abzuschließen.[93] Forderungen, die keinen auf Geld gerichteten oder in Geld umrechenbaren Inhalt haben, gehören nicht zu den Insolvenzforderungen (§ 38; → § 38 Rn. 14).

16b Vormerkungsfähig ist der aus einem **Kaufangebot** folgende künftige Auflassungsanspruch. Er ist insolvenzfest auch dann, wenn das Angebot nach Verfahrenseröffnung angenommen worden ist.[94] Ein vom Schuldner gemachtes Angebot kann auch nach Verfahrenseröffnung vom Gläubiger angenommen werden, weil die vom vormerkungsgesicherten Anspruch betroffene Vermögensposition nicht zur Masse gehört und die Verpflichtungsfähigkeit des Schuldners insoweit nicht eingeschränkt ist.[95]

16c Das **dingliche Vorkaufsrecht** steht nach hM nicht unter dem Schutz des § 106, wenn der Vorkaufsfall bei Verfahrenseröffnung noch nicht eingetreten ist, da der Vorkaufsberechtigte in diesem Fall noch keinen Anspruch gegen den Schuldner auf Eigentumsübertragung habe.[96] Dem Vorkaufsberechtigten steht indes ein durch den Vorkaufsfall und die Ausübung des Vorkaufsrechts bedingter Anspruch auf Übertragung des Eigentums zu.[97] Ein solcher Anspruch aus einem vertraglich begründeten Vorkaufsrecht ist vormerkungsfähig (§ 883 Abs. 1 Satz 2 BGB; → Rn. 11). Für das dingliche Vorkaufsrecht gilt dies in gleicher Weise (§ 1098 Abs. 1 Satz 1 BGB). Dem steht nicht entgegen, dass die Herbeiführung des Vorkaufsfalls durch Verkauf des Grundstücks an einen Dritten im nicht vertraglich gebundenen Belieben des Schuldners steht; dies ist dem Vorkaufsrecht wesensnotwendig. Hinsichtlich der Insolvenzfestigkeit der Vormerkung des bedingten Anspruchs auf Eigentumsübertragung kommt es darauf an, ob der Eintritt des Vorkaufsfalls vor oder nach der Verfahrenseröffnung erfolgt ist. Hat der Schuldner vor Verfahrenseröffnung das Grundstück wirksam veräußert, so bleibt der Vormerkungsschutz auch nach der Verfahrenseröffnung erhalten. Nach der Eröffnung des Verfahrens kann der Schuldner den Vorkaufsfall nicht mehr herbeiführen, da er mit Wirkung gegen die Masse auch keine Verpflichtungsgeschäfte abschließen kann (§ 80 Abs. 1; → § 80 Rn. 11). Verkauft der Insolvenzverwalter das Grundstück freihändig, löst dies den Vorkaufsfall mit der Wirkung der Vormerkung zugunsten des Vorkaufsberechtigten aus (§ 1098 Abs. 1 Satz 2).[98] Hat der Schuldner das Grundstück bereits vor Verfahrenseröffnung veräußert, hängt der Vormerkungsschutz des Vorkaufsberechtigten davon ab, ob der Verkauf durch den Schuldner an den Dritten dem Wahlrecht des Insolvenzverwalters gem. § 103 unterliegt und ob dieser ggf. Erfüllung des Kaufvertrags wählt

---

[90] BGH NJW 1975, 122. Für Insolvenzfestigkeit der durch Vormerkung gesicherten künftigen Forderung aber KPB/*Tintelnot* § 106 Rn. 16; *Denck* NJW 1984, 1009, 1011.

[91] Vgl. BGHZ 86, 340 = NJW 1983, 1123; *Kuhn/Uhlenbruck* KO § 15 Rn. 9a; *Baur/Stürner/Bruns,* Zwangsvollstreckungs-, Konkurs- und Vergleichsrecht, Bd. II, Rn. 8.13; *Denck* NJW 1984, 1009, 1012.

[92] *Preuß* AcP 201 (2001), 580, 589 f.; AKBGB/*v. Schweinitz* § 883 Rn. 25a; MüKoBGB/*Kohler* § 883 Rn. 35.

[93] *Preuß* AcP 201 (2001), 580, 592; *Preuß* DNotZ 2002, 283, 286 ff. (auch zu dem Anspruch des noch nicht benannten Erwerbers eines Grundstücks); aA *Amann* Mitt.BayNot 2007, 13, 18; zweifelnd *Piegsa* RNotZ 2010, 433.

[94] BGHZ 149, 1 = NJW 2002, 213 ff.; AKBGB/*v. Schweinitz* § 883 Rn. 34; KPB/*Tintelnot* § 106 Rn. 16; LSZ/*Zeuner* § 106 Rn. 5; Andres/Leithaus/*Andres* § 106 Rn. 3.

[95] BGHZ 149, 1 = NJW 2002, 213, 214 f.

[96] BGH NJW 2006, 2408 = ZIP 2006, 1141, 1143; Braun/*Kroth* § 106 Rn. 12; KPB/*Tintelnot* § 106 Rn. 7; FKInsO/*B. Wegener* § 106 Rn. 8; LSZ/*Zeuner* § 106 Rn. 10; *Hess*[2] § 106 Rn. 6; BKInsO/*Goetsch* § 106 Rn. 8; HambKommInsO/*Ahrendt* § 106 Rn. 10.

[97] Staudinger/*Gursky* BGB § 883 Rn. 113.

[98] Der BGH misst dieser Vorschrift offenbar die Bedeutung einer konstitutiven Begründung des Vorkaufsrechts im Insolvenzfall bei, BGH NJW 2006, 2408, 2409 f. (obiter dictum).

oder sie ablehnt. Im letzteren Fall erlischt das Vorkaufsrecht und mit ihm die für den Eigentumsübertragungsanspruch bestellte Vormerkung.[99] Die wirksame Ausübung des Vorkaufsrechts setzt den rechtswirksamen Eintritt des Vorkaufsfalls voraus; ob der Berechtigte die Erklärung vor oder nach Eröffnung des Verfahrens abgibt, ist demgegenüber nicht entscheidend.

Das **schuldrechtliche Vorkaufsrecht** kann nach Eröffnung des Insolvenzverfahrens nicht mehr ausgeübt werden, § 471 BGB.[100] Ob der Verkauf im Wege der Zwangsvollstreckung freihändig oder durch Zwangsversteigerung erfolgt, macht für den Ausschluss des Vorkaufsrechts keinen Unterschied.[101] Gleiches gilt im Rahmen des § 471 BGB für den freihändigen Verkauf aus der Insolvenzmasse.[102] Die Vorschrift bezweckt, dem staatlichen Gläubigerschutz im Verfahren der Zwangsvollstreckung oder der Insolvenz im Falle der Konkurrenz mit einem Vorkaufsberechtigten Vorrang zu verschaffen.[103] Für das dingliche Vorkaufsrecht gilt dies nicht. Der Freihandverkauf durch den Insolvenzverwalter stellt vielmehr einen das Vorkaufsrecht auslösenden Vorkaufsfall dar (§ 1098 Abs. 1 Satz 2 BGB, → Rn. 16c). Auch im Übrigen ist das dingliche Vorkaufsrecht gegenüber dem schuldrechtlichen Vorkaufsrecht in einer stärkeren Position: es bleibt bestehen, wenn es dem Anspruch des betreibenden Gläubigers vorgeht und deshalb in das geringste Gebot aufgenommen wird (§ 44 ZVG) und kann gegenüber dem Ersteher ausgeübt werden.[104] Ein durch Vormerkung gesichertes schuldrechtliches Vorkaufsrecht steht einem dinglichen Vorkaufsrecht bei Verfügungen über das Grundstück im Wege der Zwangsvollstreckung oder durch den Insolvenzverwalter gleich (§ 883 Abs. 2 Satz 2 BGB). Der Eigentumserwerb des Erstehers ist dem durch Vormerkung gesicherten Vormerkungsberechtigten gegenüber unwirksam, wenn die Vormerkung mit Feststellung im geringsten Gebot bestehen bleibt.[105] Für den Verkauf aus freier Hand durch den Insolvenzverwalter ergibt sich der Vorrang des Vorkaufsrechts, das durch Vormerkung gesichert ist, aus entsprechender Anwendung des § 1098 Abs. 1 Satz 2 BGB. 16d

3. Besonderheiten beim Nachlassinsolvenzverfahren. Im Falle der **Nachlassinsolvenz** gilt für Maßnahmen der Zwangsvollstreckung einschließlich der Eintragung einer Vormerkung auf Grund einer einstweiligen Verfügung, die nach dem Erbfall erfolgt sind, dass sie kein Recht zur abgesonderten Befriedigung gewähren (→ § 321). 17

III. Rechtswirkungen

1. Erfüllung aus der Insolvenzmasse. Für den durch Vormerkung gesicherten Anspruch kann der Gläubiger Befriedigung aus der Insolvenzmasse verlangen,[106] § 106 Abs. 1 Satz 1. Die Vormerkung sichert den Anspruch gegen die Folgen der Eröffnung des Insolvenzverfahrens. Von der Eigentumsvormerkung wird auch das zum Grundstück gehörende Zubehör umfasst, soweit es mitverkauft ist.[107] Insoweit tritt auch Insolvenzfestigkeit ein.[108] Der Gläubiger ist nicht auf eine Insolvenzforderung beschränkt. Er kann folglich vom Insolvenzverwalter verlangen, dass dieser die **Einigung** hinsichtlich der Rechtsübertragung bzw. Rechtsänderung gem. § 873 Abs. 1 BGB bzw. die Auflassung gem. § 925 BGB erklärt und die erforderliche Eintragungsbewilligung gem. § 19 GBO erteilt.[109] Hat der Schuldner vormerkungswidrig verfügt, so muss der Gläubiger den Anspruch gleichwohl gegen den Verwalter 18

---

99 *Jaeger/Henckel* KO § 24 Rn. 6; *Kuhn/Uhlenbruck* KO § 24 Rn. 2b; Nerlich/Römermann/*Balthasar* § 106 Rn. 7; FKInsO/*B. Wegener* § 106 Rn. 8; LSZ/*Zeuner* § 106 Rn. 9; aA (Übereignungsanspruch nicht mehr durchsetzbar): Uhlenbruck/*D. Wegener*[14] § 106 Rn. 24; BankenKommInsO/*Ellers* § 106 Rn. 5; Andres/Leithaus/*Andres* § 106 Rn. 3; KPB/*Tintelnot* § 106 Rn. 8; K. Schmidt/*Ringstmeier* § 106 Rn. 27.

100 FKInsO/*B. Wegener* § 106 Rn. 2; LSZ/*Zeuner* § 106 Rn. 10; HambKommInsO/*Ahrendt* § 106 Rn. 10; BankenKommInsO/*Ellers* § 106 Rn. 5.

101 Staudinger/*Schermaier* BGB § 471 Rn. 4.

102 Palandt/*Weidenkaff* BGB § 471 Rn. 3; LSZ/*Zeuner* § 106 Rn. 10.

103 Staudinger/*Schermaier* BGB § 471 Rn. 1; Palandt/*Weidenkaff* BGB § 471 Rn. 1; BeckOKBGB/*Faust* § 471 Rn. 1; MüKoBGB/*Westermann* § 471 Rn. 1; and. BGH NJW 1999, 2044, wo unter Berufung auf Mot. II S. 350, Prot. II S. 108 darauf abgestellt wird, dass der Vorkaufsverpflichtete vor Schadensersatzansprüchen des Berechtigten bewahrt werden soll.

104 Staudinger/*Schermaier* BGB § 1097 Rn. 19.

105 *Stöber* NJW 1988, 3121, 3122.

106 *Gerhardt* ZIP 1988, 749, 750; *Hess*[2] § 106 Rn. 1, 23; Uhlenbruck/*Knof* § 106 Rn. 27; LSZ/*Zeuner* § 106 Rn. 4; BankenKommInsO/*Ellers* § 106 Rn. 6. Bei einer nicht rechtzeitigen Erfüllung des Anspruchs durch den Verwalter kann dieser gem. § 60 haften; hierzu OLG Hamm ZIP 2006, 1911 ff.; Uhlenbruck/*Knof* § 106 Rn. 28; Jaeger/*Jacoby* § 106 Rn. 45.

107 MüKoBGB/*Kohler* § 883 Rn. 57.

108 HambKommInsO/*Ahrendt* § 106 Rn. 2.

109 BGH NJW 2016, 3239 = NZI 2016, 451 Rn. 18; OLG Naumburg ZInsO 2015, 217 Rn. 33; Uhlenbruck/*Knof* § 106 Rn. 28.

verfolgen.[110] Dieser kann sich allerdings auch dazu entscheiden, das vormerkungsbelastete Grundstück freizugeben;[111] näher zur Freigabe → § 80 Rn. 65 ff. Die durch eine Vormerkung gesicherten Ansprüche sind auf dem ordentlichen Prozesswege geltend zu machen, nicht dagegen gem. § 174 Abs. 1 durch Forderungsanmeldung.[112] Der Insolvenzverwalter muss den durch die Vormerkung geschützten Anspruch auch im Fall der Masseunzulänglichkeit erfüllen, die Bestimmungen der §§ 209, 210 finden keine Anwendung.[113] Im vorläufigen Insolvenzverfahren richtet sich die Durchsetzung des vormerkungsgesicherten Anspruchs nach den vom Insolvenzgericht zugeordneten Verfügungskompetenzen des Schuldners und des vorläufigen Insolvenzverwalters.[114]

19 **2. Einwendungen und Einreden gegen den gesicherten Anspruch.** Die Vorschrift des § 106 Abs. 1 Satz 1 sichert den vorgemerkten Anspruch in seinem jeweiligen rechtlichen Bestand vor den Folgen der Insolvenz. Der Gläubiger wird dadurch aber nicht besser gestellt, als er ohne Eröffnung des Insolvenzverfahrens stehen würde. Insbesondere muss der Insolvenzverwalter den Anspruch des Vormerkungsgläubigers nur soweit erfüllen, wie er tatsächlich durch die Vormerkung gesichert ist.[115] Ferner bleibt der Anspruch allen **Einwendungen und Einreden** ausgesetzt, die sich aus allgemeinen Bestimmungen und den vertraglichen Vereinbarungen ergeben.[116] Der Insolvenzverwalter kann insbesondere die Übereignung von der Zahlung des Kaufpreises abhängig machen (§ 320 BGB) und bei Nichtzahlung vom Vertrag zurücktreten (§ 323 Abs. 1 BGB).[117] Ebenso bleiben der Insolvenzmasse die gegen die Vormerkung als solche gerichteten Rechte erhalten, insbesondere das Recht, Beseitigung der Vormerkung zu verlangen (§ 886 BGB).[118] Ferner steht § 106 einer Insolvenzanfechtung nicht entgegen.[119] Ist allein das Grundgeschäft anfechtbar, führt dies zum Fehlen eines vormerkungsfähigen Anspruchs, so dass die akzessorische Vormerkung nicht entsteht; dies gilt auch dann, wenn die Vormerkung außerhalb der Anfechtungsfrist eingetragen wurde.[120]

20 **3. Verhältnis zum Wahlrecht des Insolvenzverwalters.** Die Vorschrift des § 106 Abs. 1 Satz 1 stellt eine **Ergänzung der Regelung des § 103** dar.

a) Bindung des Insolvenzverwalters. Der Insolvenzverwalter ist nicht befugt, die Erfüllung des durch Vormerkung gesicherten Anspruchs unter Berufung auf § 103 abzulehnen. Dies ergibt sich aus dem klaren und eindeutigen Wortlaut des § 106 Abs. 1 Satz 1 und aus dem Zweck dieser Vorschrift, den **Schutzumfang der Vormerkung,** der gem. § 883 Abs. 2 Satz 2 BGB bereits gegen beeinträchtigende Verfügungen des Insolvenzverwalters begründet ist, auch gegen Beeinträchtigungen als Folge des Insolvenzverfahrens selbst zu gewährleisten. Dementsprechend kann der Insolvenzverwalter vor der Kaufpreiszahlung die Erfüllung des Übereignungsanspruchs nicht gem. § 103 Abs. 1 ablehnen mit der Folge, dass der Anspruch trotz der Vormerkung zu einer ungesicherten Insolvenzforderung würde (§ 103 Abs. 2 Satz 1).[121] Nicht insolvenzrechtliche Einwendungen und Einreden bleiben unberührt (→ Rn. 19).

---

110 KPB/*Tintelnot* § 106 Rn. 21; *Jaeger/Henckel* KO § 24 Rn. 27; Uhlenbruck/*Knof* § 106 Rn. 29; Nerlich/Römermann/*Balthasar* § 106 Rn. 15.

111 *Kesseler* MittBayNot 2005, 108, 109 f.; *Kesseler* ZNotP 2006, 133 ff.; Staudinger/*Gursky* BGB § 883 Rn. 309; Jaeger/*Jacoby* § 106 Rn. 61; aA *Amann* MittBayNot 2005, 111, 112 f.

112 OLG Frankfurt ZInsO 2006, 269, 271; LSZ/*Zeuner* § 106 Rn. 13; Uhlenbruck/*Knof* § 106 Rn. 28; Jaeger/*Jacoby* § 106 Rn. 46.

113 OLG Stuttgart ZInsO 2004, 1087; HKInsO/*Marotzke* § 106 Rn. 24; Uhlenbruck/*Knof* § 106 Rn. 30; s. hierzu auch K. Schmidt/*Ringstmeier* § 106 Rn. 40.

114 Näher dazu *Kesseler* NZI 2009, 218.

115 BGH NJW 2016, 3239 = NZI 2016, 451 Rn. 18; Uhlenbruck/*Knof* § 106 Rn. 28.

116 OLG Frankfurt ZInsO 2006, 269, 271; LG Hanau Urt. v. 1.6.2015 – 4 O 1345/14; FKInsO/*B. Wegener* § 106 Rn. 17; *Hess*[2] § 106 Rn. 26; Jaeger/*Jacoby* § 106 Rn. 48; K. Schmidt/*Ringstmeier* § 106 Rn. 33; Uhlenbruck/*Knof* § 106 Rn. 32; HambKommInsO/*Ahrendt* § 106 Rn. 15; LSZ/*Zeuner* § 106 Rn. 13; BKInsO/*Goetsch* § 106 Rn. 15; Nerlich/Römermann/*Balthasar* § 106 Rn. 16.

117 OLG Stuttgart ZIP 2005, 588; HKInsO/*Marotzke* § 106 Rn. 1, 19; Uhlenbruck/*Knof* § 106 Rn. 32; Jaeger/*Jacoby* § 106 Rn. 47.

118 FKInsO/*B. Wegener* § 106 Rn. 17; *Hess*[2] § 106 Rn. 26; Gottwald/*Huber*, InsO-HdB, § 38 Rn. 18.

119 BGH NJW 1978, 1437, 1438; ZIP 1988, 585, 586; OLG Köln ZInsO 2005, 268, 271; OLG Bremen ZIP 1987, 1067; Andres/Leithaus/*Andres* § 106 Rn. 5; Braun/*Kroth* § 106 Rn. 16; *Fritsche* DZWiR 2002, 92, 95 f.; *Hess*[2] § 106 Rn. 25; KPB/*Tintelnot* § 106 Rn. 23; *Kesseler* RNotZ 2002, 176, 190 ff.; LSZ/*Zeuner* § 106 Rn. 18; Nerlich/Römermann/*Balthasar* § 106 Rn. 11; s. näher FKInsO/*B. Wegener* § 106 Rn. 10.

120 BGH ZIP 1988, 585, 586; *Jaeger/Henckel* KO § 32 Rn. 51; FKInsO/*B. Wegener* § 106 Rn. 10; aA OLG Bremen ZIP 1987, 1067; LG Bremen ZIP 1987, 249; KPB/*Tintelnot* § 106 Rn. 18 f.; krit. *Gerhardt* ZIP 1988, 749.

121 BGHZ 216, 136 = NZI 2018, 22 Rn. 17; HKInsO/*Marotzke* § 106 Rn. 1, 19 gegen OLG Stuttgart ZIP 2005, 588.

Demgegenüber sah die bisher hM § 106 als Ausnahmeregelung zu § 103 an.[122] Seit der Aufgabe der Erlöschenstheorie durch die Rechtsprechung des BGH[123] (→ § 103 Rn. 11 ff.) ist diese Ansicht jedoch überholt. Nunmehr ist anerkannt, dass die Hauptpflichten aus dem beidseitig noch nicht vollständig erfüllten Vertrag nicht erlöschen, sondern vielmehr ihre Durchsetzbarkeit verlieren, sofern der Verwalter nicht Erfüllung verlangt.[124] Da der gesicherte Anspruch als solcher fortbesteht, durchbricht § 106 nicht als Ausnahmeregelung den Grundsatz der Akzessorietät der Vormerkung. Vielmehr ergänzt § 106 die Bestimmung des § 103.[125] Aus dieser Bestimmung folgt kein Recht des Insolvenzverwalters zur „Nichterfüllung" eines Vertrags, vielmehr ergibt sich nach ihr die Nichterfüllung unmittelbar aus der Eröffnung des Insolvenzverfahrens mit der Folge, dass der Insolvenzverwalter gegen den Schuldner vor der Verfahrenseröffnung begründete Verbindlichkeiten nicht ohne weiteres vollständig, d. h. ohne Beschränkung auf die Quote, erfüllen darf.[126] Ein Regel-Ausnahme-Verhältnis besteht nach dieser Ansicht nur insofern, als § 103 regelt, unter welchen Voraussetzungen der Insolvenzverwalter einen Anspruch ausnahmsweise vollständig erfüllen *darf,* während sich aus § 106 ergibt, dass er ihn unter den dort genannten Voraussetzungen erfüllen *muss.*[127] 21

b) Schutzumfang. Die Schutzwirkung der Vormerkung beginnt bereits zu dem Zeitpunkt, zu dem die Erklärung für den Schuldner bindend geworden und der Antrag auf Eintragung beim Grundbuchamt gestellt worden ist; § 878 BGB findet analoge Anwendung.[128] Eine danach erfolgende Verfahrenseröffnung führt nicht zur Unwirksamkeit der vom Schuldner abgegebenen Erklärungen wegen des Verlusts seiner Verfügungsmacht und hindert nicht den Rechtserwerb des Gläubigers, §§ 91 Abs. 2 Satz 1 InsO, 878 BGB. Der vom Erwerber gestellte Eintragungsantrag bleibt von der Eröffnung des Insolvenzverfahrens unberührt und verschafft diesem eine unentziehbare Rechtsposition.[129] Nach verbreiteter Ansicht soll dagegen der vom Schuldner gestellte Eintragungsantrag mit der Eröffnung des Verfahrens seine Wirksamkeit verlieren.[130] Damit würde jedoch die Schutzfunktion des § 878 BGB ausgehöhlt. Die Fiktion des Fortbestands der Einigung und der Eintragungsbewilligung würde jedenfalls für den Fall, dass nur der Schuldner den Eintragungsantrag gestellt hat, entgegen der Bestimmung des § 878 BGB, die – anders als § 140 Abs. 2 InsO – nicht danach unterscheidet, wer den Eintragungsantrag gestellt hat und damit keine anwartschaftsrechtliche Position des Erwerbers voraussetzt, ihre Bedeutung verlieren. Nach Verfahrenseröffnung kann der Gläubiger einen Eintragungsantrag nicht mehr stellen, da § 878 BGB nur Anwendung findet, wenn der Eintragungsantrag vor Verfahrenseröffnung gestellt worden ist.[131] Nach Verfahrenseröffnung kann auch der Schuldner einen Eintragungsantrag weder stellen noch einen von ihm gestellten Antrag **zurücknehmen** (§ 80 Abs. 1). Streitig ist, 22

---

[122] BGHZ 79, 103, 107 = NJW 1981, 991, 992; BGHZ 138, 179, 187 = NJW 1998, 2134; NJW 1977, 146, 147; OLG Frankfurt ZInsO 2006, 269, 271; OLG Rostock OLGR 2004, 41; *Baldringer/Jordans* ZInsO 2004, 119, 120; *Engert/Schmidl* WM 2005, 60, 63; KPB/*Tintelnot* § 106 Rn. 3; *Scholtz* ZIP 1999, 1693, 1699; BKInsO/*Goetsch* § 106 Rn. 2; FKInsO/*B. Wegener* § 106 Rn. 16; *Kuhn/Uhlenbruck* KO § 24 Rn. 7; *Jaeger/Henckel* KO § 24 Rn. 2, 32; LSZ/*Zeuner* § 106 Rn. 12; BankenKommInsO/*Ellers* § 106 Rn. 7; BGB-RGRK/*Augustin* § 883 Rn. 102; *Hess*[2] § 106 Rn. 27; Uhlenbruck/*Berscheid*[12] § 106 Rn. 3 mit eingeh. Nachw.

[123] BGHZ 150, 353 ff. = NJW 2002, 2783.

[124] Grundl. *Marotzke* JZ 1977, 552, 554; *Marotzke,* Gegenseitige Verträge, Rn. 10.2; HKInsO/*Marotzke* § 103 Rn. 84 ff., 91 ff.; *D. Assmann,* Vormerkung, S. 239.

[125] FKInsO/*B. Wegener* § 106 Rn. 18; Gottwald/*Huber,* InsO-HdB, § 39 Rn. 12.

[126] *Marotzke* JZ 1977, 552, 554, 553; *Marotzke,* Gegenseitige Verträge, Rn. 10.2; *D. Assmann,* Vormerkung, S. 239; vgl. auch RGZ 84, 228, 234 f.

[127] Uhlenbruck/*D. Wegener*[14] § 106 Rn. 33; *Marotzke* JZ 1977, 552, 554; *Marotzke,* Gegenseitige Verträge, Rn. 10.2; zur Begründung dieser Ansicht werden die Motive zur KO herangezogen, welche eindeutig belegen sollen, dass der Gesetzgeber die „Nichterfüllung" nicht als aus § 17 KO herzuleitendes Recht des Konkursverwalters, sondern als Folge der Konkurseröffnung selbst begriffen habe: „… die Nichterfüllung ist die unmittelbare Folge der Konkurseröffnung; das Gesetz braucht nur auszusprechen, dass der Verwalter befugt ist, auf der beiderseitigen Vertragserfüllung zu bestehen." (Motive zur KO S. 67).

[128] MüKoBGB/*Kohler* § 878 Rn. 31; Staudinger/*Gursky* BGB § 878 Rn. 9, 41 ff.

[129] BGH NJW 1998, 2134, 2136; NJW-RR 1988, 1274, 1275; LG Aachen ZInsO 2002, 937; *Kesseler* ZfIR 2006, 117, 122.

[130] *Kesseler* ZfIR 2006, 117, 119 mit eingeh. Nachw. in Fn. 15; *Venjakob* Rpfleger 1991, 284 ff.; *Demharter* GBO § 13 Rn. 9, 38, 54; *Oepen/Rettmann* KTS 1995, 609, 627; BankenKommInsO/*Ellers* § 106 Rn. 4; aA Palandt/*Herrler* BGB § 878 Rn. 16; MüKoBGB/*Kohler* § 878 Rn. 17; Staudinger/*Gursky* BGB § 878 Rn. 50; *Harder,* Surrogation, 203 f.; AKBGB/*v. Schweinitz* § 878 Rn. 24; *Scholtz* ZIP 1999, 1693, 1697.

[131] Vgl. BGHZ 136, 87, 91 ff. (Wiederaufleben des Antrags nach Aufhebung einer nach Verfahrenseröffnung erfolgten Zurückweisung auf Grund neuer Tatsachen unterfällt nicht dem Tatbestand des § 878 BGB).

ob der Insolvenzverwalter den vom Schuldner gestellten Antrag zurücknehmen kann.[132] Dafür spricht die Verwaltungs- und Verfügungsbefugnis des Insolvenzverwalters, die jedoch dem Schutzzweck des § 878 BGB entsprechend einer Einschränkung bedarf. Zwar ist der Erwerber außerhalb eines Insolvenzverfahrens gegen die Rücknahme eines einseitig vom Schuldner gestellten Eintragungsantrags durch den Schuldner selbst nicht geschützt;[133] dies verschlechtert seine Position aber nur vorläufig, da er seinen Erfüllungsanspruch behält. Eine Rücknahme des Antrags nach Eröffnung des Insolvenzverfahrens würde dagegen die Position des Erwerbers erheblich und endgültig verschlechtern, weil sie ihm nur eine Insolvenzforderung beließe, sofern der Verwalter nicht gem. § 103 Erfüllung wählt. Damit würde dem Erwerber entgegen dem Normzweck des § 878 BGB das Risiko der Schuldnerinsolvenz als Folge der Eröffnung des Insolvenzverfahrens aufgebürdet.[134] Der Erwerber soll jedoch vor dem Risiko verfahrensbedingter Verzögerungen und einem hierdurch drohenden Nachteil für den Fall der Verfügungsbeschränkung des Berechtigten geschützt werden;[135] er ist mithin, auch zur Vermeidung eines „wirtschaftshemmenden Schwebezustands",[136] so zu stellen, wie er bei sofortigem Vollzug der Eintragung im Moment der Antragstellung stünde.[137] Mit dem Normzweck des § 878 BGB ist eine Unterscheidung zwischen unmittelbaren und mittelbaren Folgen des Verlusts der Verfügungsbefugnis des Schuldners nicht vereinbar; auch verfahrensbedingten Eingriffsmöglichkeiten zur Verhinderung des Rechtserwerbs steht daher § 878 BGB entgegen. Dies schließt ein Rücknahmerecht des Insolvenzverwalters bezüglich des vom Schuldner gestellten Eintragungsantrags aus.[138] Die „Erfüllungsfiktion" zum Schutz des Erwerbers, die aus § 878 BGB folgt, muss gegenüber dem Insolvenzverwalter auch in Bezug auf eine Vormerkung Bestand haben.[139] Die Rücknahme des Eintragungsantrags durch den Verwalter würde andernfalls dazu führen, dass die noch ausstehenden Erfüllungsansprüche nicht durchgesetzt werden könnten, sofern der Verwalter nicht Erfüllung wählt.[140]

23 **c) Bindung des Gläubigers.** Die Vorschrift des § 106 Abs. 1 Satz 1 bezieht sich nur auf die Erfüllung des durch die Vormerkung gesicherten Anspruchs. Sie beseitigt nicht die Bindung des durch Vormerkung gesicherten Gläubigers an das dem gesicherten Anspruch zugrundeliegende Rechtsverhältnis und räumt diesem insbesondere nicht das Recht ein, zwischen Erfüllung oder Aufhebung des Vertragsverhältnisses zu wählen.[141] Die Vorschrift nimmt andererseits auch nicht auf der Seite des Schuldners bzw. der Masse das **gesamte Vertragsverhältnis** von den Auswirkungen der Insolvenz aus, sondern nur den durch Vormerkung gesicherten Anspruch. Ob dessen Erfüllung zur vollständigen Erfüllung des Vertrags auf der Seite des Schuldners führt, hängt von der Vertragskonstellation im Einzelfall ab. Ist der Vertrag mit der Befriedigung des durch Vormerkung gesicherten Anspruchs nicht voll erfüllt, so bleibt es für den übrigen Teil des Vertrags bei der Regelung des § 103.[142] Der Anspruch auf die Gegenleistung unterfällt jedoch nicht dem Wahlrecht des Insolvenzverwalters gem. § 103;[143] → Rn. 20, → Rn. 27. Richtet sich die Vormerkung auf die Bestellung

---

132 So die hM; *Kesseler* ZfIR 2006, 117, 120 f. mit eingeh. Nachw.; Staudinger/*Gursky* BGB § 878 Rn. 45, 50, 69; *Dieckmann* FS v. Caemmerer, S. 95, 124; Erman/*Artz* BGB § 878 Rn. 17; Jaeger/*Jacoby* § 106 Rn. 32; *Demharter* GBO § 13 Rn. 38; *Meikel/Böttcher* GBO § 13 Rn. 20; HKInsO/*Marotzke* § 106 Rn. 9, 10, 13; *Schöner/Stöber* GBO § 13 Rn. 120; *Venjakob* Rpfleger 1991, 284 ff.; *Jaeger/Henckel* KO § 17 Rn. 64; *Harder*, Surrogation, S. 204, 205, 207; MüKoBGB/*Kohler* § 878 Rn. 17, 35.

133 Gegen eine Rücknahme des Eintragungsantrags durch den Schuldner, wenn die Auflassung bereits bindend geworden ist *Oepen/Rettmann*, KTS 1995, 609, 619.

134 Der Erwerber steht damit keineswegs besser als ohne Insolvenz des Verfügenden; so aber *Harder*, Surrogation, S. 204.

135 Mot. III S. 190 = Mugdan III S. 105 ff.

136 Staudinger/*Gursky* BGB § 878 Rn. 1, 3.

137 MüKoBGB/*Kohler* § 878 Rn. 1; *Harder*, Surrogation, S. 201 f.

138 Ebenso KPB/*Tintelnot* § 103 Rn. 43; Uhlenbruck/*D. Wegener*[14] InsO § 106 Rn. 14; *Scholtz* ZIP 1999, 1693, 1700; *Häsemeyer*, Insolvenzrecht, Rn. 10.31; *Oepen/Rettmann*, KTS 1995, 609, 627; HambKommInsO/*Ahrendt* § 106 Rn. 9; aA MüKo/*Kohler* § 878 Rn. 17; BKInsO/*Blersch/v. Olshausen* § 91 Rn. 14.

139 *Scholtz* ZIP 1999, 1693, 1700 f.; aA *Kesseler* ZfIR 2006, 117, 122.

140 BGHZ 150, 353, 359.

141 OLG Stuttgart ZIP 2005, 588, 589; BayObLG ZInsO 2003, 1143, 1145 mAnm *Amann* MittBayNot 2004, 165 f.; OLG Rostock OLGR 2004, 41; *Hess*[2] § 106 Rn. 29; FKInsO/*B. Wegener* § 106 Rn. 18; HambKommInsO/*Ahrendt* § 106 Rn. 14, 21; *Jaeger/Henckel* KO § 24 Rn. 33; Uhlenbruck/*Knof* § 106 Rn. 31; Jaeger/*Jacoby* § 106 Rn. 47.

142 *Hess*[2] § 106 Rn. 28; FKInsO/*B. Wegener* § 106 Rn. 18; Uhlenbruck/*Knof* § 106 Rn. 33, 37; *Kuhn/Uhlenbruck* KO § 24 Rn. 7.

143 BGH NZI 2018, 22 Rn. 17; HKInsO/*Marotzke* § 106 Rn. 1, 19; Uhlenbruck/*Knof* § 106 Rn. 33; aA OLG Stuttgart ZIP 2005, 588; Braun/*Kroth* § 106 Rn. 7.

eines Grundpfandrechts zur Sicherung einer Geldforderung wie im Falle der Bauhandwerkersicherungshypothek, schließt die Vormerkung nicht aus, dass der Insolvenzverwalter die Erfüllung des zugrundeliegenden Vertrags gem. § 103 Abs. 1 ablehnt.[144]

24 **4. Teilbarkeit von Erfüllungsansprüchen (§ 106 Abs. 1 Satz 2).** Umfasst der Vertrag über den durch Vormerkung gesicherten Anspruch hinaus noch **weitere Erfüllungsansprüche,** so ändert dies nichts daran, dass der vormerkungsgesicherte Anspruch aus der Insolvenzmasse zu befriedigen ist. Die Abwicklung des Vertrags erfolgt getrennt für den gesicherten Anspruch einerseits und für die ungesicherten Ansprüche andererseits;[145] während der gesicherte Anspruch uneingeschränkt aus der Insolvenzmasse zu befriedigen ist, gilt dies für die ungesicherten Ansprüche nur, wenn der Insolvenzverwalter insoweit gem. § 103 Erfüllung wählt.

25 **a) Vertragsabwicklung.** Praktisch bedeutsam ist diese Regelung insbesondere bei **Bauträgerverträgen.** Hierzu hatte der **BGH** in einer Entscheidung aus dem Jahre **1976**[146] festgestellt, die Anwendung des § 17 KO sei durch § 24 KO nur ausgeschlossen, wenn der gegenseitige Vertrag durch Herbeiführung der vorgemerkten Rechtsänderung seitens des Gemeinschuldners voll erfüllt sei. Andernfalls könne der Konkursverwalter grundsätzlich nur den ganzen Vertrag annehmen oder ablehnen; lehne er die Erfüllung des Vertrags hinsichtlich der ungesicherten Ansprüche ab, dann sei auch der Vormerkung der Rechtsgrund entzogen. In dem der Entscheidung zugrundeliegenden Sachverhalt hatte der Beklagte mit dem späteren Gemeinschuldner einen Bauträgervertrag abgeschlossen, der den Kauf eines Grundstücks und die Errichtung eines schlüsselfertigen Bungalows auf diesem Grundstück umfasste. Zugunsten des Beklagten war eine Auflassungsvormerkung eingetragen. Als der Bauträger in Konkurs fiel, war mit der Errichtung des Gebäudes noch nicht begonnen worden. Der Konkursverwalter lehnte die Erfüllung des Vertrags ab und verlangte vom Beklagten Einwilligung zur Löschung der Auflassungsvormerkung. Der BGH gab – anders als die Vorinstanzen – der Klage statt.

26 Die Entscheidung fand teilweise Zustimmung,[147] stieß aber größtenteils auf heftige Ablehnung.[148] Kritisiert wurde vor allem, der BGH gefährde bzw. durchlöchere den Schutz der Auflassungsvormerkung[149] und wolle den Käufer im Konkurs des Bauträgers „schutz- und rechtlos" stellen.[150] Der **Gesetzgeber** sah sich daraufhin veranlasst, dem **§ 24 KO den Satz 2 (§ 106 I S. 2 InsO)** hinzuzufügen. Die hierin enthaltende Regelung sollte nach den Gesetzgebungsmaterialien keine Änderung, sondern lediglich eine Klarstellung der bereits vorher bestehenden Rechtslage darstellen.[151] An diese „authentische Interpretation" des Gesetzeswortlauts sah sich der BGH gebunden und stellte daher unter Aufgabe seiner vorherigen Rechtsprechung ausdrücklich fest, dass auch bei Altfällen – also solchen vor Inkrafttreten des Änderungsgesetzes – § 24 KO in der vom Gesetzgeber gewünschten Auslegung anzuwenden sei.[152]

27 Der BGH geht demgemäß in Übereinstimmung mit der hM in der Literatur nunmehr davon aus, dass ein vormerkungsgesicherter Anspruch den Schutz des § 24 Satz 1 KO bzw. § 106 Abs. 1 Satz 1 auch dann genießt, wenn der Gemeinschuldner gegenüber dem Gläubiger noch weitere Verpflichtungen übernommen hat (wie zB beim Bauträgervertrag) und diese noch nicht bzw. nicht vollständig erfüllt hat.[153] Im Übrigen – also hinsichtlich der weiteren, ungesicherten Verpflichtungen – soll es hingegen beim **Wahlrecht des Insolvenzverwalters** nach § 103 blei-

---

144 HKInsO/*Marotzke* § 106 Rn. 1, 19; Uhlenbruck/*Knof* § 106 Rn. 33.

145 BGH NJW 1986, 925; OLG Koblenz ZInsO 2007, 1353 mAnm *Kesseler* ZfIR 2007, 733; *Kesseler* ZInsO 2007, 1128; OLG Stuttgart ZInsO 2004, 1087; Uhlenbruck/*D. Wegener*[14] § 106 Rn. 38; *D. Assmann,* Vormerkung, S. 242.

146 BGH NJW 1977, 146.

147 *Fehl* BB 1977, 524; *Bassenge* JR 1977, 203; *Götte* NJW 1977, 524; *Dieckmann* FS v. Caemmerer, S. 95, 117.

148 *Lichtenberger* NJW 1977, 519; *Häsemeyer* NJW 1977, 737; *Ertl* Rpfleger 1977, 81; *Marotzke* JZ 1977, 552, 554; weitere Nachweise bei Staudinger/*Gursky* BGB § 883 Rn. 309.

149 *Marotzke* JZ 1977, 552, 554; *Ertl* Rpfleger 1977, 81, 82.

150 *Lichtenberger* NJW 1977, 519.

151 Gesetz zur Änderung sachenrechtlicher, grundbuchrechtlicher und anderer Vorschriften vom 22.6.1977 (BGBl I S. 998); BT-Drs. 8/359 S. 12 f. (unter III), S. 14 (unter 5.).

152 BGH NJW 1978, 1437, 1438.

153 BGH NJW 1978, 1437, 1438; BGHZ 79, 103, 107 = NJW 1981, 991, 992; bestätigt in BGHZ 96, 275, 282 = NJW 1986, 925, 927; Nerlich/Römermann/*Balthasar* § 106 Rn. 17; Graf-Schlicker/*Breitenbücher* § 106 Rn. 7 f.; BKInsO/*Goetsch* § 106 Rn. 20; KPB/*Tintelnot* § 106 Rn. 24; Uhlenbruck/*Knof* § 106 Rn. 36; *Kuhn/Uhlenbruck* KO § 24 Rn. 11a; Staudinger/*Gursky* BGB § 883 Rn. 309; *D. Assmann,* Vormerkung, S. 245; *Lichtenberger* NJW 1977, 519, 522; bereits vor der Einfügung des § 24 Satz 2 KO in diesem Sinne *Müller* DB 1974, 1561, 1562.

ben.[154] Es kommt infolgedessen zu einer Aufteilung des einheitlichen Vertrages in einen zwingend zu erfüllenden Teil und einen Teil, dessen Erfüllung der Insolvenzverwalter ablehnen kann.[155] Zur Begründung wird hinsichtlich der Behandlung der Altfälle vor allem auf den Willen des Gesetzgebers verwiesen, der mit der Einfügung des § 24 Satz 2 KO und der Übernahme dieser Bestimmung in § 106 Abs. 1 Satz 2 klargestellt habe, dass in dieser Weise zu verfahren sei.[156] Für den Zeitraum nach Inkrafttreten des Änderungsgesetzes handelt es sich bei der Bestimmung des § 106 Abs. 1 Satz 2 nicht um eine „authentische Interpretation",[157] sondern um geltendes Recht.

28 **b) Teilleistungen.** Das Eingreifen des Gesetzgebers hat jedoch die Diskussion um die **sachgerechte Abwicklung nicht erfüllter Verträge,** deren Erfüllung nur teilweise durch Vormerkung gesichert ist, nicht beendet.[158] Der Streit geht darum, wie eine als ungerechtfertigt und unbillig beurteilte Benachteiligung der Masse vermieden und zugleich der Schutz des Vormerkungsberechtigten gewährleistet werden kann. So wird zwischen Vormerkungsschutz und Abwicklungsregelung differenziert und darauf abgestellt, dass der Gläubiger kraft der Bestimmung des § 106 so zu stellen ist, als sei der vorgemerkte Anspruch erfüllt, wobei es vom Abwicklungsstand des Vertrags abhängen soll, ob der Gläubiger die Vorleistung behalten darf oder zur Masse zu erstatten hat.[159] Hat in einem Bauträgervertrag der Schuldner bei Eröffnung des Insolvenzverfahrens noch keine Bauleistungen erbracht, ist aber eine Auflassungsvormerkung zugunsten des Gläubigers bestellt worden, so muss nach dieser Auffassung der Gläubiger die Löschung der Vormerkung gegen **Rückerstattung von ihm bereits erbrachter Teilleistungen** bewilligen.[160] Dies wird aus dem Vergleich mit der Rechtslage abgeleitet, die sich ergibt, wenn der Schuldner den durch Vormerkung gesicherten Anspruch bereits vor Eröffnung des Insolvenzverfahrens erfüllt, also der Bauträger das Grundstück bereits übereignet hat. Für diesen Fall wird dem Insolvenzverwalter das Recht zugebilligt, die vor Verfahrenseröffnung erbrachten Teilleistungen zurückzufordern, wenn er die Erfüllung des Vertrags ablehnt.[161] Folgt man dem, so wäre es in der Tat ein „aberwitziges Ergebnis",[162] wenn die Vormerkung dem Gläubiger eine stärkere Stellung als das vorgemerkte dingliche Recht selbst verschaffen würde. Dahinter steht die Erwägung, dass es wirtschaftlich wünschenswert ist, wenn der Insolvenzverwalter im Falle eines nicht erfüllten Bauträgervertrags das **Grundstück zur Masse ziehen** und es anderweitig verwerten kann.[163] Dafür wird auch angeführt, dass die Veräußerung des Grundstücks und die Errichtung des dafür vorgesehenen Gebäudes wirtschaftlich betrachtet eine Einheit bilden.[164]

29 Auf den letztgenannten Gesichtspunkt stützt sich auch die Ansicht, Bauträgerverträge sollten regelmäßig dahingehend ausgelegt werden, dass die Bebauung eine **Bedingung** iSd § 158 BGB für die Verpflichtung zur Grundstücksübereignung darstelle.[165] Diese Auslegung ergebe sich zwingend

---

154 BGHZ 79, 103, 107 = NJW 1981, 991, 992; OLG Stuttgart ZIP 2005, 588, 589; ZInsO 2004, 1087, 1089; OLG Karlsruhe ZIP 1986, 1404 (hinsichtlich der Pflicht zur Übernahme der Erschließungsbeiträge); FKInsO/*B. Wegener*[14] § 106 Rn. 18; *Hess*[2] § 106 Rn. 34 ff.; Nerlich/Römermann/*Balthasar* § 106 Rn. 18; BKInsO/*Goetsch* § 106 Rn. 21; *Kuhn/Uhlenbruck* KO § 24 Rn. 11b; Uhlenbruck/*D. Wegener*[14] InsO § 106 Rn. 37; *Lichtenberger* NJW 1977, 519, 522; vgl. auch BGH NJW 1986, 1056, 1057 – Nachbesserungsansprüche werden von der Schutzwirkung der Vormerkung nicht erfasst.

155 BGHZ 96, 275, 281 = NJW 1986, 925, 927; *Jaeger/Henckel* KO § 24 Rn. 44; *D. Assmann,* Vormerkung, S. 243.

156 BGHZ 79, 103, 108 = NJW 1981, 991, 992; NJW 1977, 1437, 1438; Nerlich/Römermann/*Balthasar* § 106 Rn. 17.

157 BGH NJW 1978, 1437.

158 Eingehend *Kesseler* RNotZ 2004, 176 ff., 192 ff.; Uhlenbruck/*D. Wegener*[14] InsO § 106 Rn. 37 f.; zu sog. MaBV-Bauträgerverträgen *Grziwotz* MDR 2005, 1270 ff.; *Baldringer/Jordans* ZInsO 2004, 119, 120; zu grunderwerbsteuerrechtlichen Fragen bei der Insolvenz des Bauträgers *Gottwald, S./Steer* MittBayNot 2005, 278 ff.

159 *Häsemeyer,* Insolvenzrecht, Rn. 20.40 ff., 20.42; *Dieckmann* FS v. Caemmerer, S. 95, 120; *Hess*[2] § 106 Rn. 3, 28; für eine teleologische Reduktion des § 106 in den Fällen, in denen die objektiven Interessen beider Seiten bei verständiger Würdigung einer Erfüllung des gesicherten Anspruchs entgegenstehen *Windel* Jura 2002, 230, 235.

160 *Häsemeyer,* Insolvenzrecht, Rn. 20.42.

161 RGZ 135, 167, 172; BGHZ 15, 333, 335 f. = NJW 1955, 259, 259 f.; BGHZ 68, 379 = NJW 1977, 1345; MüKoBGB/*Lieb*[6] § 812 Rn. 148; Palandt/*Sprau* BGB § 812 Rn. 82; Staudinger/*Lorenz* BGB § 812 Rn. 98; aA *Jaeger/Henckel* KO § 17 Rn. 71 ff.; mwN bei *Marotzke* Gegenseitige Verträge, Rn. 3.3 (dort Fn. 12), Rn. 9.16 (dort Fn. 41).

162 *Dieckmann* FS v. Caemmerer, S. 95, 119.

163 *Dieckmann* FS v. Caemmerer, S. 95, 120.

164 *Dieckmann* FS v. Caemmerer, S. 95, 121.

165 *Fehl* BB 1977, 524, 525; *Fehl* BB 1977, 1228, 1229; hierzu auch *Baldringer/Jordans* ZInsO 2004, 119, 123.

aus dem Interesse des Bauträgers einerseits, bei eventuellem Scheitern der Bebauung nicht das Grundstück zu verlieren, und dem Interesse des Kunden an optimaler Ausnutzung der Abschreibungsmöglichkeiten sowie Minimierung des effektiven Gesamtkaufpreises andererseits. Eine andere Auslegung sei nur möglich, wenn im Vertrag klargestellt werde, dass die Verpflichtung zur Übertragung des Grundstückseigentums eine **Teilleistung** iSd § 266 BGB darstellen solle; die Wirksamkeit einer derartigen Klausel setze allerdings die Ausweisung des echten Grundstückskaufpreises im Bauträgervertrag voraus. Mit der Einführung des § 24 Satz 2 KO habe der Gesetzgeber nun lediglich eine Vertragsauslegungsregel geschaffen: Im Falle einer Insolvenz des Bauträgers sei zu vermuten, dass die Bebauungsverpflichtung ausnahmsweise keine Bedingung der Übereignungspflicht darstellen solle; § 24 Satz 2 KO erübrige also das Einfügen einer **Teilleistungsklausel.** Es bleibe aber trotz des neu eingefügten Satzes dabei, dass eine solche Auslegung nur bei einer gesonderten Ausweisung des Grundstückspreises möglich sei, deren Notwendigkeit sich im Übrigen auch aus § 313 BGB aF ergebe.[166]

c) Aufteilung des Vertrags. Diesen Lösungsansätzen sind die Rechtsprechung und das überwiegende Schrifttum jedoch mit Recht nicht gefolgt. Ihnen ist zwar zuzugeben, dass sie zu einem differenzierten Interessenausgleich zu führen vermögen, gegen sie spricht aber, dass der gesetzlich intendierte Schutzzweck der Vormerkung damit negiert und dem Berechtigten statt eines durch Vormerkung gesicherten Rechtserwerbs nur eine Sicherung für seine sich bei der Vertragsabwicklung ergebenden Ansprüche auf Rückerstattung bereits erbrachter Leistungen zugebilligt wird. Die Vormerkung sichert aber die **Durchsetzung des gesicherten Anspruchs auf dingliche Rechtsänderung und nicht Ersatzansprüche.**[167] Es ist deshalb auch bei nicht oder teilweise nicht erfüllten Verträgen an der gesetzlichen Bestimmung festzuhalten und dem gesicherten Anspruch volle Befriedigung aus der Insolvenzmasse zu gewähren. Der Wertungswiderspruch, der aus einem Rückgewähranspruch des Insolvenzverwalters hinsichtlich des übertragenen Rechts abgeleitet wird, besteht nicht, weil ein solcher Rückgewähranspruch wegen der Bestimmung des § 106 Abs. 1 Satz 2 nicht anerkannt werden kann. Aus dieser Vorschrift folgt vielmehr, dass derjenige, der Eigentum an einem Grundstück bereits erlangt hat, nicht einer Rückforderung von Seiten des Insolvenzverwalters ausgesetzt sein soll.[168] 30

Eine gesetzeskonforme Lösung kann nur darin bestehen, dass als Korrelat zum Übereignungsanspruch die Verpflichtung des Vormerkungsberechtigten zur Zahlung des Kaufpreises bestehen bleibt, wobei es in der Regel einer nachträglichen Bestimmung des **auf die Grundstücksübereignung entfallenden Kaufpreises** bedarf, wenn dieser im Vertrag nicht ausnahmsweise schon aufgeschlüsselt ist. Dies kann im Wege der ergänzenden Vertragsauslegung oder aber in Anwendung der §§ 316, 315 BGB geschehen.[169] Zudem fehlt es in allen Fällen, in denen mit dem Bau bereits begonnen worden ist, ohnehin an einem ausgewiesenen Kaufpreis für das Grundstück in dem dann teilweise bebauten Zustand.[170] Gegen den Lösungsansatz, die wirtschaftliche Einheit von Grundstücksveräußerung und Bauwerkerrichtung in einen Bedingungszusammenhang zu kleiden, spricht entscheidend, dass § 106 Abs. 1 Satz 2 keine Auslegungsregel ist, sondern zwingendes Recht. Die Vorschrift bewirkt die **Teilung des einheitlichen Vertrages** in einen zwingend zu erfüllenden und einen nicht zwingend zu erfüllenden Teil.[171] Schließlich verlangt auch § 311b BGB nicht die Ausweisung des „echten Grundstückskaufpreises". Da der Bauträgervertrag in erster Linie auf Übereignung des bebauten Grundstückes gerichtet ist, wird dieser Vorschrift schon dann Genüge getan, wenn ein den Gesamtpreis ausweisender Vertrag beurkundet worden ist.[172] 31

IV. Entsprechende Anwendung (Abs. 2)

In der Zwangsvollstreckung werden Schiffe und Schiffsbauwerke den Vorschriften über die Vollstreckung in unbewegliches Vermögen unterworfen (§ 864 ZPO). Auch im Übrigen werden Schiffe rechtlich weitgehend wie Immobilien behandelt. Auf sie ist das Schiffsregistergesetz[173] 32

---

166 *Fehl* BB 1977, 1228, 1229, 1230.

167 *D. Assmann,* Vormerkung, S. 245; *Jaeger/Henckel* KO § 24 Rn. 42.

168 BGHZ 79, 103, 110 f. = NJW 1981, 991, 993; *Marotzke* Gegenseitige Verträge, Rn. 10.17; HKInsO/*Marotzke* § 106 Rn. 2; *D. Assmann,* Vormerkung, S. 243 ff.; Jaeger/*Jacoby* § 106 Rn. 70; *Jaeger/Henckel* KO § 24 Rn. 40; Uhlenbruck/*D. Wegener*[14] § 106 Rn. 35; *Ertl* Rpfleger 1977, 81, 89; ebenso schon vor Einfügung des § 24 Satz 2 KO (= § 106 Abs. 1 Satz 2) *Lichtenberger* NJW 1977, 519, 521.

169 BGHZ 79, 103, 110 = NJW 1981, 991, 993; Nerlich/Römermann/*Balthasar* § 116 Rn. 18; KPB/*Tintelnot* § 106 Rn. 24; Gottwald/*Huber,* InsO-HdB, § 38 Rn. 21; Uhlenbruck/*Knof* § 106 Rn. 38; LSZ/*Zeuner* § 106 Rn. 16.

170 *Jaeger/Henckel* KO § 24 Rn. 44; ähnlich *Marotzke,* Gegenseitige Verträge, Rn. 10.12.

171 *Jaeger/Henckel* KO § 24 Rn. 44; Gottwald/*Huber,* Insolvenzrechtshandbuch, § 38 Rn. 21; *D. Assmann,* Vormerkung, S. 243.

172 *Marotzke,* Gegenseitige Verträge, Rn. 10.12.

173 SchiffsRG v. 15.11.1940, RGBl. I S. 1499.

anzuwenden. Schiffe und Rechte an Schiffen sind demgemäß in das Schiffsregister einzutragen, wobei das Vertrauen auf dessen Inhalt nach Maßgabe der §§ 16, 17 SchiffsRG – ähnlich wie in § 892 BGB – geschützt wird. Die Rechte an Schiffen beschränken sich auf das Eigentum, die Schiffshypothek (in der Form der Sicherungshypothek) und den Nießbrauch. Möglich ist auch die Eintragung einer Vormerkung (§§ 10–14, 22 SchiffsRG).[174] Folgerichtig wird eine solche Vormerkung zur Sicherung des Anspruchs auf Einräumung oder Aufhebung eines Rechtes an einem Schiff oder an einer Schiffshypothek oder auf Änderung des Inhaltes oder des Ranges eines solchen Rechtes (vgl. § 10 Abs. 1 SchiffsRG) in der Insolvenz gem. § 106 Abs. 2 wie eine grundstücksbezogene Vormerkung behandelt. Insoweit entspricht § 106 Abs. 2 dem § 24 Satz 1 KO. Vormerkungen iSd §§ 10 ff. SchiffsRG sind daher insolvenzfest. Dasselbe gilt für Vormerkungen, die im Register für Schiffsbauwerke für Schiffshypotheken an im Bau befindlichen Schiffen (vgl. § 77 SchiffsRG) und an im Bau befindlichen Schwimmdocks (vgl. § 81a SchiffsRG) eingetragen sind.

33 Denselben Regelungsgehalt wies auch der durch Art. 38 EGInsO aufgehobene § 98 Abs. 3 LuftfzRG in Bezug auf die nach § 10 LuftfzRG in das Register für Pfandrechte an Luftfahrzeugen einzutragenden Vormerkungen hinsichtlich Registerpfandrechten auf. Vormerkungsfähig sind nach § 10 Abs. 1 Satz 2 LuftfzRG auch künftige oder bedingte Ansprüche. § 106 Abs. 2 fasst die Regelungen über die Insolvenzfestigkeit von im Schiffsregister, Schiffsbauregister oder im Register für Pfandrechte an Luftfahrzeugen eingetragenen Vormerkungen zur Sicherung eines Rechtes an Schiffen, Schiffsbauwerken, Schwimmdocks oder Luftfahrzeugen in einer Norm zusammen, geht insoweit also über § 24 Satz 1 KO hinaus.

34 Auf **Amtsvormerkungen** (etwa gem. §§ 18 Abs. 2, 76 Abs. 1 GBO, §§ 28 Abs. 2, 81 Abs. 1 SchiffsRG, § 86 LuftfzRG) findet § 106 keine Anwendung, weil diese nicht der Anspruchssicherung, sondern allein der Rangwahrung dienen.[175]

V. Unabdingbarkeit und Lösungsklauseln

35 Der Streit um die Wirksamkeit oder Unwirksamkeit von Lösungsklauseln zur Auflösung eines gegenseitigen Vertrags für den Fall der Insolvenzeröffnung (→ § 119 Rn. 18 ff.)[176] wirkt sich für den Bereich des § 106 nicht aus (→ § 119 Rn. 64). Folgt man der Ansicht, wonach solche Lösungsklauseln wirksam vereinbart werden können, so entfällt der durch Vormerkung gesicherte Anspruch und wegen ihrer Akzessorietät mit ihm die Vormerkung. Die Gegenmeinung, die Lösungsklauseln generell gem. § 119 für unwirksam hält, will hiervon eine Ausnahme für eine § 106 abbedingende Vereinbarung zulassen.[177] Dafür spricht, dass § 106 nur den durch Vormerkung gesicherten Gläubiger vor einer Ablehnung der Erfüllung des gesicherten Anspruchs durch den Verwalter, nicht aber die Masse schützt. Der Sinn und Zweck des § 119 steht einer solchen teleologischen Reduktion nicht entgegen,[178] weil nicht erkennbar ist, dass der Gesetzgeber den Schutz des § 119 auch demjenigen zugutekommen lassen wollte, der sich freiwillig der Schutzwirkungen des § 106 begibt. Es ist jedoch kaum vorstellbar, welchen Sinn es für den Gläubiger machen könnte, an dem Anspruch festzuhalten, aber auf dessen Sicherung zu verzichten. Davon abgesehen kann eine eingetragene Vormerkung nicht durch eine Lösungsklausel, die den Anspruch selbst unberührt lässt, sondern nur durch Aufgabeerklärung des Berechtigten und Löschung im Grundbuch.

§ 107 Eigentumsvorbehalt

(1) [1]Hat vor der Eröffnung des Insolvenzverfahrens der Schuldner eine bewegliche Sache unter Eigentumsvorbehalt verkauft und dem Käufer den Besitz an der Sache übertragen, so kann der Käufer die Erfüllung des Kaufvertrages verlangen. [2]Dies gilt auch, wenn der Schuldner dem Käufer gegenüber weitere Verpflichtungen übernommen hat und diese nicht oder nicht vollständig erfüllt sind.

---

174 Baur/*Stürner,* Sachenrecht, § 31 Rn. 3.

175 LSZ/*Zeuner* § 106 Rn. 7; Andres/Leithaus/*Andres* § 106 Rn. 3; K. Schmidt/*Ringstmeier* § 106 Rn. 31; KPB/*Tintelnot* § 106 Rn. 20; *Hess*[2] § 106 Rn. 17; FKInsO/*B. Wegener* § 106 Rn. 22; Uhlenbruck/*Knof* § 106 Rn. 19; HambKommInsO/*Ahrendt* § 106 Rn. 8; BKInsO/*Goetsch* § 106 Rn. 7; Staudinger/*Gursky* BGB § 883 Rn. 10; Gottwald/*Huber,* InsO-HdB, § 39 Rn. 11.

176 Zu den unterschiedlichen Gestaltungsmöglichkeiten *Schwörer,* Lösungsklauseln, S. 5 ff.

177 *Reul,* DNotZ 2007, 649; *Reul* DNotZ 2008, 824; *Schwörer,* Lösungsklauseln, S. 85.

178 Gegen eine teleologische Reduktion unter Hinweis auf den Wortlaut des § 119 aber *Meyer, G./Fuchs. H.* ZfIR 2005, 529, 537 (für den Fall der Insolvenz des Auftragnehmers bei sog. Public Private Partnership-Projekten); BankenKommInsO/*Ellers* § 106 Rn. 13.

(2) [1]Hat vor der Eröffnung des Insolvenzverfahrens der Schuldner eine bewegliche Sache unter Eigentumsvorbehalt gekauft und vom Verkäufer den Besitz an der Sache erlangt, so braucht der Insolvenzverwalter, den der Verkäufer zur Ausübung des Wahlrechts aufgefordert hat, die Erklärung nach § 103 Abs. 2 Satz 2 erst unverzüglich nach dem Berichtstermin abzugeben. [2]Dies gilt nicht, wenn in der Zeit bis zum Berichtstermin eine erhebliche Verminderung des Wertes der Sache zu erwarten ist und der Gläubiger den Verwalter auf diesen Umstand hingewiesen hat.

Schrifttum: *Adolphsen,* Die Rechtsstellung dinglich gesicherter Gläubiger in der Insolvenzordnung, Kölner Schrift zur Insolvenzordnung, 3. Aufl., 2009, Kap. 41; *Adam,* Anmerkung zu LG Mannheim, Urteil v. 27.6.2003 – 7 O 127/03, DZWiR 2003, 482 ff.; *Bülow,* Heidelberger Kommentar zum Verbraucherkreditrecht, 6. Aufl., 2006; *Büschgen/Büschgen,* Praxishandbuch Leasing, 1998; *Cranshaw,* Fragen zur Durchsetzung des Eigentumsvorbehalts im Hauptinsolvenzverfahren des Vorbehaltskäufers im Geltungsbereich der EUInsVO, DZWiR 2010, 89 ff.; *Dobler,* Die übertragene Anwartschaft in der Insolvenz, 2008; *Eckert,* Miete, Pacht und Leasing im neuen Insolvenzrecht, ZIP 1996, 897 ff.; *Grotheer,* Insolvenzrisiken bei Kaufverträgen über Gesellschaftsanteile und Gestaltungsmöglichkeiten zu ihrer Abmilderung, RNotZ 2012, 355 ff.; *Gundlach/Frenzel/Schmidt, N.,* Die Vereinbarung eines Kostenbeitrags zugunsten der Masse zwischen Vorbehaltsverkäufer und Insolvenzverwalter, DZWiR 2001, 277 ff.; *Henckel,* Anmerkung zu BGH, Urteil v. 9.7.1986 – VIII ZR 232/85, JZ 1987, 359 ff.; *Huber,* Rücktrittsrecht des Vorbehaltsverkäufers in der Insolvenz des Vorbehaltskäufers, NZI 2004, 57 ff.; *Huber,* Insolvenz des Vorbehaltsverkäufers, FS Musielak, 2004, S. 267 (identisch mit vorerwähntem Aufsatz); *Jacoby,* Anmerkung zu BGH, Urt. v. 27.3.2008 – IX ZR 220/05, JZ 2008, 1053 ff.; *Kieninger,* Eigentumsvorbehalt, in *Lwowski/Fischer/Langenbucher,* Das Recht der Kreditsicherung, 9. Aufl., 2011, § 21; *Klose,* Der Eigentumsvorbehalt nach der Schuldrechtsmodernisierung – beschränkte Aussonderungsrechte bei Erweiterungsformen, ZInsO 2009, 1792 ff.; *Kupka,* Die Behandlung von Vorbehaltskäufen nach der Insolvenzrechtsreform, InVo 2003, 213 ff.; *Lwowski/Fischer/Langenbucher,* Das Recht der Kreditsicherung, 9. Aufl., 2011; *Marotzke,* Gegenseitige Verträge im neuen Insolvenzrecht, 3. Aufl., 2001; *Marotzke,* Der Eigentumsvorbehalt im neuen Insolvenzrecht, JZ 1995, 803 ff.; *Marotzke,* Die dinglichen Sicherheiten im neuen Insolvenzrecht, ZZP 109 (1996), 429 ff.; *Marotzke,* Anmerkung zu OLG Düsseldorf, Urt. v. 12.7.1995 – 11 U 47/94, EWiR 1996, 179 f. (§ 17 KO); *Mossler,* Rücktritt vor Fälligkeit bei insolvenzbedingten Zweifeln an der Leistungsfähigkeit des Schuldners, ZIP 2002, 1831 ff.; *Obermüller,* Auswirkungen des Wahlrechts des Insolvenzverwalters auf Zessionen und Avale, Kölner Schrift zur Insolvenzordnung, 2. Aufl., 2000, S. 985 ff.; *Pape,* Ablehnung und Erfüllung schwebender Rechtsgeschäfte durch den Insolvenzverwalter, Kölner Schrift zur Insolvenzordnung, 3. Aufl., 2009, Kap. 13; *Rendels,* Anmerkung zu LG Braunschweig, Urt. v. 12.10.2000 – 10 O 1019/00, EWiR 2001, 279 f.; *Rugullis,* Der Zahlungsrückstand des Vorbehaltskäufers in der Insolvenz des Verkäufers, KTS 2005, 459 ff.; *Schlegel,* Eigentumsvorbehalt und Sicherungsübereignung – unüberwindbare Hindernisse einer Betriebsfortführung durch den vorläufigen Insolvenzverwalter?, DZWiR 2000, 94 ff.; *Schulze/Kienle,* Der Kauf unter Eigentumsvorbehalt – eine Kehrtwende des Gesetzgebers?, NJW 2002, 2842 ff.; *Schwörer,* Lösungsklauseln für den Insolvenzfall, 2000; *Serick,* Erweiterter Eigentumsvorbehalt und Kontokorrentvorbehalt im Konkurs des Vorbehaltskäufers, BB 1978, 1477 ff.; *Smid,* Anmerkung zu BGH, Urt. v. 8.1.1998 – IX ZR 131/97, DZWiR 1998, 197 f.; *Smid/R. Rattunde,* Der Insolvenzplan, 3. Aufl., 2012; *Tintelnot,* Die gegenseitigen Verträge im neuen Insolvenzverfahren, ZIP 1995, 616 ff.; *Undritz,* Anmerkung zu BGH, Urt. v. 8.1.1998 – IX ZR 131/97, EWiR 1998, 321 f. (§ 17 KO 1/98); *Wellensiek,* Die Aufgaben des Insolvenzverwalters nach der Insolvenzordnung, Kölner Schrift zur Insolvenzordnung, 3. Aufl., 2009, Kap. 7; *Wessels,* Unternehmenskauf im Vorfeld der Verkäuferinsolvenz, ZIP 2004, 1237 ff.; *Windel,* Der insolvenzrechtliche Gleichbehandlungsgrundsatz und seine Auswirkungen auf die Abwicklung schwebender Austauschverträge, Jura 2002, 230 ff.

Übersicht

A. Allgemeines

I. Normzweck

1 Die Vorschrift zielt zum einen darauf ab, die insolvenzrechtliche Behandlung von Kaufverträgen mit dem Schuldner zu regeln, bei denen die Kaufsache vor der Eröffnung des Insolvenzverfahrens unter Eigentumsvorbehalt verkauft worden ist, und dabei eine Streitfrage des bisherigen Konkursrechts zu klären (Abs. 1).[1] Unter Geltung der KO war umstritten, ob die Rechtsstellung des Vorbehaltskäufers im Konkurs des Vorbehaltsverkäufers Bestand hat. Durch die Neuregelung soll sichergestellt werden, dass die Anwartschaft des Vorbehaltskäufers nicht durch die Insolvenz des Vorbehaltsverkäufers zerstört werden kann (Abs. 1). Weiterhin soll durch die Neuregelung für den Fall der Insolvenz des Vorbehaltskäufers eine Aussonderung des Vorbehaltsguts kurz nach Eröffnung des Insolvenzverfahrens verhindert werden, um dem Verwalter eine Überlegungsfrist zu verschaffen (Abs. 2). Auf diese Weise sollen die Vermögenswerte im Besitz des Schuldners zunächst zusammengehalten werden, um die Chancen einer Unternehmensfortführung und -sanierung zu steigern.[2]

II. Entstehungsgeschichte

2 **1. Rechtslage unter Geltung der KO.** Die Vorschrift des § 107 hat keine Entsprechung im Konkursrecht. Eine gesonderte Regelung des Eigentumsvorbehalts war in der Konkursordnung nicht enthalten.

3 **a) Konkurs des Vorbehaltsverkäufers.** Umstritten war, ob der Konkursverwalter im Konkurs des Vorbehaltsverkäufers durch Erfüllungsablehnung gem. § 17 KO das **Anwartschaftsrecht des Vorbehaltskäufers** in Wegfall bringen konnte. Während ein Teil der Literatur die Bestimmung des § 17 KO für generell unanwendbar auf den Verkauf unter Eigentumsvorbehalt hielt,[3] ging insbesondere die Rechtsprechung von der **Anwendbarkeit des § 17 KO** aus. Im Schrifttum wuchs aber die Zahl derer, die jedenfalls im Konkurs des Vorbehaltsverkäufers ein Wahlrecht des Konkursverwalters ablehnten.[4] Im Konkurs des Vorbehaltskäufers wurde dagegen § 17 KO überwiegend auf den Vorbehaltskauf für anwendbar gehalten.[5] Der Streit um die Anwendbarkeit des § 17 auf den Vorbehaltskauf ging rechtsdogmatisch um die Frage, ob der Kaufvertrag mit Übergabe der Kaufsache an den Käufer unter aufschiebend bedingter Übereignung seitens des Verkäufers **vollständig erfüllt** ist, solange das Eigentum mangels vollständiger Zahlung des Kaufpreises noch nicht auf den Käufer übergegangen ist. Die Antwort hängt davon ab, ob auf die Leistungshandlung[6] oder auf den Leistungserfolg[7] abgestellt wird. Unter diesem Blickwinkel erwies sich die Streitfrage letztlich als unlösbar. Die Entscheidung hängt vielmehr davon ab, ob es sachgerecht ist, dem Anwartschaftsrecht des Käufers **Bestandsschutz** in der Insolvenz des Verkäufers zuzuerkennen. Die Streitfrage bezieht sich demgemäß auf einen Interessenkonflikt zwischen dem Vorbehaltskäufer, in dessen Interesse es liegt, in den Kreis der dinglich gesicherten Gläubiger einbezogen zu werden, und den Konkursgläubigern, in deren Interesse ein Wahlrecht des Konkursverwalters mit der Möglichkeit liegt, den Gegenstand des Vorbehaltsverkaufs zur Masse zu ziehen und den Käufer auf eine Konkursforderung zu verweisen. Die Rechtsprechung, die unter der Geltung der Konkursordnung am Wahlrecht des Konkursverwalters

---

1 Begründung zum RegE (§ 121), BR-Drs. 1/92, S. 146.

2 Begründung zu § 121 RegE, BR-Drs. 1/92, S. 146; s. a. FKInsO/*B. Wegener* § 107 Rn. 2; Nerlich/Römermann/*Balthasar* § 107 Rn. 4.

3 Soergel/*Mühl*[12] § 455 Rn. 84 mwN in Fn. 17, § 929 Rn. 57; *Jaeger/Henckel* KO § 17 Rn. 49 ff.; Staudinger/*Beckmann* BGB § 449 Rn. 90.

4 Nachweise bei *Kuhn/Uhlenbruck* KO § 17 Rn. 18c; *Hess*[2] § 107 Rn. 4.

5 Nachweise bei *Kilger/K. Schmidt* KO § 17 Anm. 3c.

6 So etwa Staudinger/*Beckmann* BGB § 449 Rn. 46, 96.

7 In diesem Sinne *Kuhn/Uhlenbruck* KO § 17 Rn. 18c; *Kilger/K. Schmidt* KO § 17 Anm. 3b; *Hess* KO § 17 Rn. 18.

grundsätzlich festgehalten hat, gelangte gleichwohl zu einem **eingeschränkten Bestandsschutz** des Anwartschaftsrechts, indem sie das Wahlrecht des Konkursverwalters im Einzelfall gem. § 242 BGB beschränkte, um Unbilligkeiten zu vermeiden.[8]

b) Konkurs des Vorbehaltskäufers. Im Konkurs des Vorbehaltskäufers war nach der Ansicht, wonach der Vorbehaltsverkäufer mit Übergabe und bedingter Übereignung der Kaufsache an den Käufer das seinerseits Geschuldete voll erbracht hat, ein **Wahlrecht des Konkursverwalters** auch im Konkurs des Vorbehaltskäufers ausgeschlossen.[9] Daraus folgte, dass der Verwalter verpflichtet blieb, den Kaufpreis zu bezahlen, allerdings nur in Höhe der Konkursquote. Der Eigentumsübergang konnte aber bedingungsgemäß nur durch Zahlung des Kaufpreises in voller Höhe herbeigeführt werden, so dass dem Vorbehaltsverkäufer ein Rücktrittsrecht zuzubilligen war, nach dessen Ausübung er Aussonderung des Kaufgegenstandes aus der Masse vornehmen konnte. Die hM hielt dagegen im Falle des Konkurses des Vorbehaltskäufers § 17 KO für anwendbar[10] mit der Folge, dass der Konkursverwalter die Erfüllung ablehnen konnte. Dies führte nach dieser Ansicht zum **Erlöschen des Anwartschaftsrechts,** ohne dass es eines Rücktritts des Vorbehaltsverkäufers bedurfte. Wählte der Verwalter dagegen Erfüllung, so hatte er den restlichen Kaufpreis voll aus der Masse zu begleichen, um den Eigentumsübergang herbeizuführen; andernfalls konnte der Vorbehaltsverkäufer nach Verzug des Verwalters vom Vertrag zurücktreten. Für den Konkurs des Vorbehaltskäufers war der Streit um die Anwendbarkeit des § 17 KO ohne grundsätzliche Bedeutung, weil der Vorbehaltsverkäufer stets zur **Aussonderung der Vorbehaltsware** gelangt, wenn der Kaufpreis nicht in der vereinbarten Höhe erbracht wird. Dass der Streit um die Anwendbarkeit des § 17 KO im Konkurs des Vorbehaltskäufers im Ergebnis bedeutungslos ist, wird auch von der Ansicht anerkannt, die entgegen der hM ein Wahlrecht des Konkursverwalters ablehnt.[11] 4

2. Gesetzgebungsverfahren. Die Vorschrift entspricht § 121 RegE, jedoch wurde Abs. 2 um den Satz 2 ergänzt und dadurch für die dort genannten Waren die Überlegungsfrist zur Ausübung des Wahlrechts des Insolvenzverwalters des Käufers ausgeschlossen. Die Vorschrift des **Abs. 1** stellt eine Entscheidung des Gesetzgebers dar, durch die entgegen der bisherigen Rechtsprechung dem Anwartschaftsrecht des Vorbehaltskäufers in der Insolvenz des Vorbehaltsverkäufers Bestandskraft verliehen werden soll, solange der Vorbehaltskäufer vertragstreu bleibt.[12] Abs. 1 Satz 2 ist im Anschluss an die Bestimmung des § 120 Abs. 1 Satz 2 RegE (= § 106 Abs. 1 Satz 2 InsO) eingefügt worden. **Abs. 2 Satz 1** ist gegenüber § 121 Abs. 2 RegE auf Empfehlung des Rechtsausschusses redaktionell verändert worden, inhaltlich jedoch unverändert darauf ausgerichtet, dem Verwalter zu ermöglichen, die Ausübung des Wahlrechts aufzuschieben, bis die Gläubiger im Berichtstermin über das weitere Schicksal des Unternehmens entschieden haben. **Abs. 2 Satz 2** ist auf Empfehlung des Rechtsausschusses neu angefügt worden[13] und stellt eine **Sonderregelung für leicht verderbliche Waren und Saisonartikel** dar (→ Rn. 21). In diesem Fall soll es bei der Grundregel des § 103 bleiben. Dem Vorbehaltsverkäufer soll ein Abwarten auf eine Erklärung des Verwalters erst nach dem Berichtstermin nicht zuzumuten sein. 5

B. Einzelerläuterungen

I. Insolvenz des Vorbehaltsverkäufers (Abs. 1)

1. Kaufvertrag über bewegliche Sache. Vorausgesetzt ist der Verkauf einer beweglichen Sache durch den Schuldner als Vorbehaltsverkäufer; Abs. 1 ist nur anwendbar im Insolvenzverfahren über das Vermögen des **Vorbehaltsverkäufers.** 6

Erforderlich ist zunächst ein im Zeitpunkt der Eröffnung des Insolvenzverfahrens wirksamer **Kaufvertrag;** ein bloßes Angebot auf Abschluss eines Kaufvertrags reicht dagegen im Hinblick auf § 91 nicht aus.[14] Erfasst werden neben den reinen Kaufverträgen iSd § 433 BGB auch Verträge über die Lieferung herzustellender oder zu erzeugender beweglicher Sachen iSd § 650 BGB.[15] Ein Verkauf 7

---

8 BGHZ 98, 160, 168 = NJW 1986, 2948 = JZ 1987, 355 mAnm *Henckel;* NJW 1962, 2296.
9 Staudinger/*Beckmann* BGB § 449 Rn. 96.
10 *Kuhn/Uhlenbruck* KO § 17 Rn. 18e; *Kilger/K. Schmidt* KO § 17 Anm. 3c.
11 Staudinger/*Beckmann* BGB § 449 Rn. 96.
12 Begründung zum RegE (§ 121), BR-Drs. 1/92, S. 146.
13 Bericht BTag, BT-Drs. 12/7302, S. 169.
14 FKInsO/*B. Wegener* § 107 Rn. 6.
15 FKInsO/*B. Wegener* § 107 Rn. 4; Uhlenbruck/*Knof* § 107 Rn. 4; Jaeger/*Jacoby* § 107 Rn. 11; K. Schmidt/*Ringstmeier* § 107 Rn. 2; zur Frage der Anwendbarkeit des § 107 auf einen Tauschvertrag Jaeger/*Jacoby* § 107 Rn. 12 mwN.

unter Eigentumsvorbehalt im Sinne einer aufschiebend bedingten Übereignung kommt nur in Betracht, wenn die Zahlung des Kaufpreises gestundet worden ist.[16] Dies kann auch durch nachträgliche Vereinbarung geschehen. Die Frage der Anwendbarkeit der Vorschrift auf **kaufähnliche Geschäfte** stellt sich in Bezug auf bewegliche Sachen für Mietverträge und vor allem für **Finanzierungsleasingverträge** mit Kaufoption des Mieters bzw. Leasingnehmers. Derartige Verträge lassen sich zwar Kaufverträgen gleichstellen, weil sie nach ihrer rechtlichen Ausgestaltung im wirtschaftlichen Ergebnis auf die Übertragung der Sachsubstanz gerichtet sind,[17] jedoch setzt die Anwendbarkeit des Abs. 1 Satz 1 weiter voraus, dass auch schon eine bedingte Übertragung des Eigentums stattgefunden hat (→ Rn. 8).[18] Daran wird es bei solchen Vertragsgestaltungen im Allgemeinen – schon aus steuerlichen Gründen – fehlen.[19] Die Erwerbsoption verschafft dem Begünstigten noch keine unentziehbare dingliche Rechtsstellung; insbesondere ist er gegen eine seine Option beeinträchtigende Zwischenverfügung des Vermieters bzw. Leasinggebers nicht geschützt. Durch Abs. 1 Satz 1 soll aber gerade die bereits **dinglich verfestigte Rechtsstellung** des Vorbehaltskäufers auch insolvenzrechtlich abgesichert werden (→ Rn. 1).[20] Eine analoge Anwendung der Vorschrift auf Leasingverträge mit Kaufoption ist deshalb für den Regelfall ausgeschlossen.[21] Auch eine Anwendung des § 107 auf den **Rechtskauf,** insbesondere im Rahmen eines Unternehmenskaufs, scheidet demnach aus.[22] § 107 Abs. 1 ist nicht nur seinem klaren und eindeutigen Wortlaut, sondern auch dem vom Gesetzgeber verfolgten Normzweck nach auf den Kauf einer beweglichen Sache bezogen und beschränkt und setzt die Übertragung des Besitzes voraus (→ Rn. 11 aE). Eine analoge Anwendung der Norm auf den Verkauf eines Rechts kommt schon mangels Vergleichbarkeit der Interessenlage nicht in Betracht.[23]

8 **2. Eigentumsvorbehalt.** Vorausgesetzt ist weiter die **Übereignung** der Sache unter der **aufschiebenden Bedingung** der vollständigen Zahlung des Kaufpreises.[24] Dies findet im Gesetzeswortlaut keinen ausdrücklichen Niederschlag,[25] ergibt sich aber aus dem Normzweck, das **Anwartschaftsrecht des Vorbehaltskäufers** insolvenzfest auszugestalten (→ Rn. 3) sowie daraus, dass zum Rechtsinstitut des Verkaufs unter Eigentumsvorbehalt typischerweise die Begründung einer dinglichen Anwartschaft für den Käufer gehört. Ein Kauf unter Eigentumsvorbehalt im Sinne des § 449 Abs. 1 BGB kann allerdings auch dann vorliegen wenn keine bedingte Übereignung der

16 And. HKInsO/*Marotzke* § 107 Rn. 2, nach dessen Ansicht es genügen soll, dass das dingliche Vollzugsgeschäft unter Eigentumsvorbehalt vorgenommen wurde.

17 HK/*Bülow/Artz,* Verbraucherkreditrecht, § 499 Rn. 80; *Büschgen/Büschgen,* Praxishandbuch Leasing, § 3 Rn. 13. Vgl. a. BGH NJW 1995, 519 (betr. § 6 AbzG).

18 FKInsO/*B. Wegener* § 107 Rn. 5; *Marotzke* JZ 1995, 803, 807; HKInsO/*Marotzke* § 107 Rn. 2; *Hess*[2] § 107 Rn. 9; Graf-Schlicker/*Breitenbücher* § 107 Rn. 4; *Obermüller,* Kölner Schrift, Rn. 42; *Pape,* Kölner Schrift, Rn. 46; Nerlich/Römermann/*Balthasar* § 107 Rn. 7, 11; Braun/*Kroth* § 107 Rn. 9.

19 *Pape,* Kölner Schrift, Rn. 47; FKInsO/*B. Wegener* § 107 Rn. 5; Nerlich/Römermann/*Balthasar* § 107 Rn. 11. Zur steuerrechtlichen Auswirkung von Kaufoptionen auf Leasingverträge beim Mobilienleasing s. den Vollamortisationserlass v. 19.4.1971 (BB 1971, 506) sowie den Teilamortisationserlass v. 22.12.1975 (BB 1976, 72), beim Immobilienleasing den Vollamortisationserlass v. 21.3.1972 (BB 1972, 433) und den Teilamortisationserlass v. 23.12.1991 (DB 1992, 112); s. dazu näher MüKoBGB/*Koch,* Finanzierungsleasing, Rn. 20 f.

20 Nerlich/Römermann/*Balthasar* § 107 Rn. 7, der zutr. darauf hinweist, dass unmaßgeblich ist, ob das Anwartschaftsrecht von einer aufschiebenden oder einer auflösenden Bedingung abhängt; ebenso KPB/*Tintelnot* § 107 Rn. 5; aA (auflösende Bedingung genügt nicht) FKInsO/*B. Wegener* § 107 Rn. 7; K. Schmidt/*Ringstmeier* § 107 Rn. 10; Uhlenbruck/*Knof* § 107 Rn. 5; Jaeger/*Jacoby* § 107 Rn. 21; wohl auch Uhlenbruck/*D. Wegener*[14] § 107 Rn. 3, der nur auf § 158 Abs. 1 BGB verweist; *Häsemeyer,* Insolvenzrecht, Rn. 18.40; *Pape,* Kölner Schrift, Rn. 46; *Obermüller,* Kölner Schrift, Rn. 42.

21 Andres/Leithaus/*Andres* § 107 Rn. 6; FKInsO/*B. Wegener* § 107 Rn. 4 f., 15; Uhlenbruck/*Knof* § 107 Rn. 10; KPB/*Tintelnot* § 107 Rn. 8; *Hess*[2] § 107 Rn. 9; Nerlich/Römermann/*Balthasar* § 107 Rn. 11; *Pape,* Kölner Schrift, Rn. 47; aA HKInsO/*Marotzke* § 107 Rn. 2; *Marotzke* JZ 1995, 803, 807; Uhlenbruck/*D. Wegener* § 107 Rn. 10; Jaeger/*Jacoby* § 107 Rn. 13 f.; K. Schmidt/*Ringstmeier* § 107 Rn. 18; für eine analoge Anwendung, wenn die Option durch den Leasingnehmer schon vor Eröffnung des Insolvenzverfahrens ausgeübt worden ist BKInsO/*Goetsch* § 107 Rn. 11; *Obermüller,* Kölner Schrift[2], Rn. 42.

22 Ebenso FKInsO/*B. Wegener* § 107 Rn. 4; Uhlenbruck/*Knof* § 107 Rn. 10; aA *Wessels* ZIP 2004, 1237, 1244; Graf-Schlicker/*Breitenbücher* § 107 Rn. 4; Jaeger/*Jacoby* § 107 Rn. 15 f.; K. Schmidt/*Ringstmeier* § 107 Rn. 18; *Grotheer* RNotZ 2012, 355, 368; eine analoge Anwendung lediglich bei Verträgen über bewegliche Sachen befürwortend Uhlenbruck/*D. Wegener*[14] § 107 Rn. 10.

23 AA HKInsO/*Marotzke* § 107 Rn. 6, der das besitzrechtliche Element in § 107 Abs. 1 als falsa demonstratio versteht und durch Auslegung eliminieren will; → Rn. 11 aE.

24 HKInsO/*Marotzke* § 107 Rn. 3; *Hess*[2] § 107 Rn. 7; KPB/*Tintelnot* § 107 Rn. 5; aA *Adam* DZWiR 2003, 482, 483 f. (bloße Übertragung des Besitzes durch den Schuldner auf den Vorbehaltskäufer genügt).

25 *Marotzke* JZ 1995, 803, 805; Andres/Leithaus/*Andres* § 107 Rn. 4; s. w. *Kupka* InVo 2003, 213 ff.

Kaufsache stattgefunden hat, weil sich aus dieser Vorschrift ergibt, dass die aufschiebend bedingte Übereignung nur im Zweifel anzunehmen ist. In einem solchen Fall ist der Verkäufer nur schuldrechtlich verpflichtet, das Eigentum bei vollständiger Zahlung des Kaufpreises zu übertragen. Ein Schutz des Käufers gegen **Zwischenverfügungen des Verkäufers** bzw. des Insolvenzverwalters oder gegen Verfügungen im Wege der Zwangsvollstreckung (§ 161 Abs. 1 BGB) findet hier nicht statt. Eine derartige Konstellation fällt auch nicht in den Schutzbereich des § 107 Abs. 1 Satz 1. Vielmehr greift hier das Wahlrecht des Insolvenzverwalters gem. § 103 ein. Dagegen ist § 107 Abs. 1 Satz 1 auf alle Formen des Eigentumsvorbehalts mit aufschiebend bedingter Übereignung der Kaufsache anzuwenden;[26] dazu gehören außer dem einfachen Eigentumsvorbehalt auch der **erweiterte Eigentumsvorbehalt** in seinen unterschiedlichen Formen,[27] insbesondere der **verlängerte Eigentumsvorbehalt** einschließlich des Kontokorrentvorbehalts.[28] Dagegen ist der **Konzernvorbehalt** seit dem 1.1.1999 nichtig (§ 449 Abs. 3 BGB).[29] Beim erweiterten Eigentumsvorbehalt übereignet der Vorbehaltsverkäufer die Ware an den Käufer unter der zusätzlichen aufschiebenden Bedingung, dass neben der vollständigen Bezahlung der Vorbehaltsware auch noch andere Forderungen, die ihm gegen den Käufer zustehen, erfüllt werden.[30] Beim **Kontokorrentvorbehalt** erlangt der Vorbehaltskäufer Eigentum erst, nachdem er sämtliche Forderungen des Verkäufers aus der Geschäftsverbindung getilgt hat, die in das Kontokorrent einbezogen sind.[31] Beim verlängerten Eigentumsvorbehalt ist der Vorbehaltskäufer zur Veräußerung gegen Vorausabtretung der aus der Weiterveräußerung entstehenden Forderungen ermächtigt.[32] Da im Kontokorrent die beiderseitigen Forderung durch Verrechnung ausgeglichen werden, der sich daraus ergebende Saldo in der Regel aber wiederum der Kontokorrentbindung unterliegt, kommt es zu einem vollständigen Forderungsausgleich erst nach bei Beendigung der Kontokorrentverbindung. Der Kontokorrentvorbehalt führt dazu, dass sich der Sicherungszweck des Eigentumsvorbehalts von der Kaufpreisforderung auf andere Forderungen verlagert und die Vorbehaltssache aus ihrer Verbindung mit dem Kauf herausgelöst wird.[33] Der Eigentumsvorbehalt dient dann nicht mehr dem Schutz des Eigentums des Vorbehaltsverkäufers, sondern wird zum **Sicherungsrecht** mit der Folge, dass insoweit in der Insolvenz des Vorbehaltskäufers keine Aussonderung, sondern nur eine **Absonderung** in Betracht kommt (→ Rn. 26). Einer Anwendung des § 107 Abs. 1 Satz 1 bedarf es nicht.[34] Der Kontokorrentvorbehalt begründet im Übrigen die Gefahr einer **Übersicherung,** weil der Eigentumsübergang an der Vorbehaltsware durch eine vergleichsweise geringfügige Forderung aus der anderweitigen Geschäftsbeziehung verhindert werden kann.[35] Die Rechtsprechung erkennt den Kontokorrentvorbehalt grundsätzlich an.[36]

In den Schutzbereich des § 107 Abs. 1 Satz 1 fällt auch der **sog. einseitige nachträgliche** 9
Eigentumsvorbehalt, der entgegen dem Kaufvertrag vom Verkäufer verlangt und vom Käufer akzeptiert wird, sofern dies vor Eröffnung des Insolvenzverfahrens geschehen ist (§§ 929 Satz 1 BGB, 80 InsO). Lässt sich der Käufer auf die nachträgliche Vereinbarung eines Eigentumsvorbehalts nicht ein, so erwirbt er kein aufschiebend bedingtes Eigentum.[37] Es bleibt dann bei dem schuldrechtlichen Anspruch gegen den Verkäufer auf Übertragung des Eigentums, der den allgemeinen Vorschriften unterfällt (§§ 103, 38, 45).

Für den Schutz des Abs. 1 Satz 1 ist es unerheblich, ob der Erwerb des Anwartschaftsrechts des 10
Vorbehaltskäufers auf einer aufschiebend bedingten Verfügung des Verkäufers über eigenes Eigentum beruht oder auf einer **Verfügung des Verkäufers als Nichtberechtigtem,** sofern diese wirksam ist (§§ 185 Abs. 1, 932 ff. BGB, 366 HGB).[38] Vorausgesetzt ist entsprechend dem Normzweck der Vorschrift nur, dass der Käufer eine dinglich gesicherte Erwerbsposition erlangt hat, die mit Zahlung des Kaufpreises zum Eigentum erstarkt. Der Schutz des Abs. 1 Satz 1 greift über den Wortlaut

[26] Eingehend Jaeger/*Jacoby* § 107 Rn. 38 ff.

[27] Dazu *Kieninger,* Eigentumsvorbehalt, § 21 Rn. 14 ff.; Palandt/*Weidenkaff* BGB § 449 Rn. 16 ff.

[28] *Obermüller,* Bankpraxis, Rn. 6.360; *Klose* ZInsO 2009, 1792, 1795 ff.

[29] § 455 Abs. 2 BGB aF eingefügt durch Art. 33 Nr. 17 EGInsO (G. v. 5.10.1994).

[30] *Kieninger,* Eigentumsvorbehalt, Rn. 15; MüKoBGB/*Westermann* § 449 Rn. 81; *Adolphsen,* Kölner Schrift, Rn. 22; FKInsO/*B. Wegener* § 107 Rn. 7.

[31] *Kieninger,* Eigentumsvorbehalt, Rn. 16; MüKoBGB/*Westermann* § 449 Rn. 82.

[32] *Kieninger,* Eigentumsvorbehalt, Rn. 25 ff.

[33] Uhlenbruck/*Brinkmann* § 47 Rn. 35.

[34] Jaeger/*Jacoby* § 107 Rn. 44.

[35] BGHZ 125, 83, 88 = NJW 1994, 1154; MüKoBGB/*Westermann* BGB § 449 Rn. 82.

[36] BGH NJW 1978, 632; BGHZ 125, 83 = NJW 1994, 1154; das dort statuierte Erfordernis einer Freigabeklausel bei Überschreiten einer konkret bestimmten Deckungsgrenze ist durch BGHZ 137, 212 = NJW 1998, 671 (GrSZ, Beschluss vom 27.11.1997) überholt; BGH NJW-RR 1998, 1123; vgl. w. BGHZ 138, 367 = NJW 1998, 2206.

[37] Palandt/*Herrler* BGB § 929 Rn. 29 mwN; s.w. Graf-Schlicker/*Breitenbücher* § 107 Rn. 3.

[38] HKInsO/*Marotzke* § 107 Rn. 5; Uhlenbruck/*Knof* § 107 Rn. 5; Jaeger/*Jacoby* § 107 Rn. 18.

der Norm hinaus auch dann ein, wenn das Anwartschaftsrecht als solches vom ursprünglichen Vorbehaltskäufer auf einen Dritten übertragen oder von diesem gutgläubig erworben worden ist (→ Rn. 32).[39]

11 **3. Übertragung des Besitzes.** Weitere Voraussetzung des insolvenzrechtlichen Bestands der Position des Vorbehaltskäufers ist gem. Abs. 1 Satz 1, dass ihm der Besitz an der Sache vor Eröffnung des Insolvenzverfahrens vom Vorbehaltsverkäufer übertragen worden ist. Dies entspricht der Voraussetzung für das Entstehen einer dinglichen Anwartschaft durch aufschiebend bedingte Übereignung insofern, als diese nicht nur die bedingte Einigung über den Eigentumsübergang, sondern auch einen **Besitzakt** erfordert, der in der Übertragung des **unmittelbaren Besitzes,** welche in der Praxis die Regel ist, wie in der Begründung **mittelbaren Besitzes** des Vorbehaltskäufers bestehen kann.[40] Eine Beschränkung des insolvenzrechtlichen Schutzes auf solche Anwartschaftsrechte, die durch Übertragung des unmittelbaren Besitzes auf den Vorbehaltskäufer begründet worden sind, ist weder dem Wortlaut des § 107 Abs. 1 Satz 1 noch den Gesetzesmaterialien zu entnehmen und ist auch nicht durch den Normzweck geboten (→ Rn. 1).[41] Das Wahlrecht des Verwalters hängt beim Verkauf unter Eigentumsvorbehalt nicht davon ab, ob der Vorbehaltsverkäufer – und spätere Schuldner – die tatsächliche Gewalt über die Sache aufgegeben hat,[42] weil sich der Schutz des Vorbehaltskäufers auf die vermögensrechtliche Zuordnung der Sache, nicht auf den Besitz bezieht. Entgegen dem Wortlaut der Norm kann der insolvenzrechtliche Schutz des Käufers auch nicht davon abhängen, dass der Besitz an der Sache vom Verkäufer auf den Käufer übertragen worden ist. Auch insofern kann es nur darauf ankommen, dass der Käufer in einer Weise Besitz erlangt hat, die ihm gegenüber dem Verkäufer eine dinglich gesicherte Erwerbsposition verschafft.[43] Schließlich muss der Schutzbereich der Norm im Wege teleologischer Erweiterung auch auf die Fälle erstreckt werden, in denen der Käufer ein Anwartschaftsrecht in Verbindung nicht mit der Übertragung des Sachbesitzes, sondern mit der **Übertragung von Traditionspapieren** erlangt (§§ 448, 475g, 650 HGB).[44] Ein gänzlicher Verzicht auf das Erfordernis der Besitzübertragung auf den Käufer, wie er für § 107 Abs. 1 vertreten wird,[45] scheitert am Wortlaut wie am Normzweck des § 107 (→ Rn. 7 aE).[46]

12 **4. Rechtsfolgen. a) Fortbestand des Erfüllungsanspruchs (Abs. 1 Satz 1).** Die unmittelbare Rechtsfolge des **Abs. 1 Satz 1** ist, dass der Vorbehaltskäufer Erfüllung des Kaufvertrags verlangen kann. Dies besagt zunächst nur, dass der schuldrechtliche **Erfüllungsanspruch des Käufers** weder durch die Eröffnung des Insolvenzverfahrens beseitigt wird noch zur Disposition des Insolvenzverwalters gem. § 103 steht. Für den **Fortbestand des Anwartschaftsrechts** des Käufers kommt es demgegenüber entscheidend auf den Fortbestand des Kaufpreisanspruchs gegen den Käufer an, weil mit einem Wegfall des Kaufpreisanspruchs feststünde, dass die Bedingung des Eigentumsübergangs endgültig nicht mehr eintreten kann, was zum Wegfall des Anwartschaftsrechts führen müsste. Diese „offene Flanke" des Schutzes des Vorbehaltskäufers in der Insolvenz des Verkäufers wird durch § 107 Abs. 1 Satz 1 geschlossen, weil der Insolvenzverwalter an den Kaufvertrag gebunden bleibt. Damit steht dem Vorbehaltskäufer auch weiterhin ein Recht zum

---

39 Vgl. HKInsO/*Marotzke* § 107 Rn. 42; Jaeger/*Jacoby* § 107 Rn. 19. Eingehend zum Schutz des Anwartschaftszweiterwerbers in der Insolvenz des Erstkäufers *Dobler* Rn. 40–116; dazu auch *Jaeger/Henckel* KO § 17 Rn. 57. Zum Erwerb des Anwartschaftsrechts vom Nichtberechtigten Baur/*Stürner,* Sachenrecht, § 59 B IV 3, Rn. 38 ff.

40 OLG Saarbrücken ZInsO 2014, 1393; OLG Düsseldorf NZI 2013, 303; MüKoBGB/*Oechsler* § 929 Rn. 21; Nerlich/Römermann/*Balthasar* § 107 Rn. 8; HKInsO/*Marotzke* § 107 Rn. 6; *Marotzke* JZ 1995, 803, 810; KPB/*Tintelnot* § 107 Rn. 7; K. Schmidt/*Ringstmeier* § 107 Rn. 11; Andres/Leithaus/*Andres* § 107 Rn. 5; Uhlenbruck/*Knof* § 107 Rn. 6; *Hess*[2] § 107 Rn. 6; HambKommInsO/*Ahrendt* § 107 Rn. 5; *Dobler* Rn. 193 f.; aA FKInsO/*B. Wegener* § 107 Rn. 9 ff.

41 So auch *Marotzke* JZ 1995, 810: keine strengeren Anforderungen an den Besitzerwerb als nach BGB/HGB.

42 So aber FKInsO/*B. Wegener* § 107 Rn. 9; Braun/*Kroth* § 107 Rn. 4; wie hier KPB/*Tintelnot* § 107 Rn. 7; Nerlich/Römermann/*Balthasar* § 107 Rn. 8; Uhlenbruck/*D. Wegener* § 107 Rn. 6; Andres/Leithaus/*Andres* § 107 Rn. 5.

43 OLG Düsseldorf NZI 2013, 303 f.; *Marotzke* JZ 1995, 803, 810 f.; KPB/*Tintelnot* § 107 Rn. 7. In der Begründung zu § 121 RegE ist demgemäß auch nur allgemein davon die Rede, dass die Kaufsache unter Eigentumsvorbehalt geliefert worden ist, BT-Drs. 12/2443, S. 146.

44 *Marotzke* JZ 1995, 803, 810; HKInsO/*Marotzke* § 107 Rn. 6; Uhlenbruck/*Knof* § 107 Rn. 6; Jaeger/*Jacoby* § 107 Rn. 22; K. Schmidt/*Ringstmeier* § 107 Rn. 11.

45 HKInsO/*Marotzke* § 107 Rn. 6; *Marotzke* JZ 1995, 803, 810 f.; KPB/*Tintelnot* § 107 Rn. 7; FKInsO/*B. Wegener* § 107 Rn. 9.

46 Nerlich/Römermann/*Balthasar* § 107 Rn. 8; KPB/*Tintelnot* § 107 Rn. 7 (mittelbarer Besitz reicht aus); K. Schmidt/*Ringstmeier* § 107 Rn. 5; ebenso *Hess*[2] § 107 Rn. 6.

Besitz zu (§ 986 Abs. 1 Satz 1 BGB). Eine weitergehende Bedeutung hat die Vorschrift trotz des missverständlichen Wortlauts grundsätzlich nicht.[47] Ein Verlangen des Käufers, den Kaufvertrag zu erfüllen, wäre gegenstandslos, weil der Verkäufer, der dem Käufer den Besitz übertragen und die Sache aufschiebend bedingt übereignet hat, alles ihm Obliegende getan hat und zu weiteren Leistungshandlungen nicht mehr verpflichtet ist,[48] wenn man von etwaigen **Nebenleistungen** absieht. Der noch ausstehende Leistungserfolg – der **Übergang des Volleigentums auf den Käufer** durch Zahlung des Kaufpreises – hängt nur noch vom Käufer ab.[49] Erfüllungsansprüche des Käufers kommen demgemäß nur in Bezug auf noch ausstehende Nebenleistungen des Verkäufers in Betracht (→ Rn. 14) sowie im Falle der Übereignung durch Besitzkonstitut auf Übertragung des unmittelbaren Besitzes. Der Verkäufer bleibt auch an die mit der bedingten Übereignung verknüpften weiteren Vereinbarungen gebunden, insbesondere im Falle des verlängerten Eigentumsvorbehalts an die dem Käufer erteilte Ermächtigung, über die Vorbehaltssache im Rahmen des ordnungsgemäßen Geschäftsverkehrs weiter zu verfügen.[50]

b) Weitere Verpflichtungen des Vorbehaltsverkäufers (Abs. 1 Satz 2). Durch § 107 Abs. 1 Satz 2 wird bestimmt, dass der Erfüllungsanspruch des Käufers auch dann fortbesteht, wenn der Vorbehaltsverkäufer weitere Verpflichtungen übernommen hat und diese nicht oder nicht vollständig erfüllt sind. Dies entspricht der Bestimmung des § 106 Abs. 1 Satz 2 für die Vormerkung.[51] Hierdurch wird der Anwendungsbereich des § 103 weiter eingeschränkt, um sicherzustellen, dass das Anwartschaftsrecht des Vorbehaltskäufers auch dann in der Insolvenz des Vorbehaltsverkäufers Bestand hat, wenn die Übertragung von Besitz und Eigentum an der Kaufsache noch keine vollständige Erfüllung des Vertrags ist, weil der Verkäufer noch weitere Verpflichtungen zu erfüllen hat. In Betracht kommen hierfür vor allem **gemischttypische Verträge** wie insbesondere Verträge, in denen der Verkäufer zusätzlich Beratungs- und Instruktionspflichten oder Installations- bzw. Wartungspflichten übernommen hat.[52] Eine weitere Verpflichtung im Sinne der Vorschrift kann sich auf **Übergabe von Dokumenten** wie zB Zulassungsbescheinigung Teil II richten.[53] Zweck der Vorschrift ist es, die durch die Anwartschaft gesicherte Position des Käufers von dem rechtlichen Schicksal weiterer, vom Verkäufer übernommener Verpflichtungen zu lösen.[54] 13

Fraglich ist, ob die Vorschrift des § 107 Abs. 1 Satz 2 darüber hinaus eine selbständige Bedeutung insofern hat, als sie dem Vorbehaltskäufer auch hinsichtlich dieser anderen Ansprüche einen dem Wahlrecht des Insolvenzverwalters entzogenen Erfüllungsanspruch gewährt. Auszugehen ist davon, dass das Wahlrecht des Insolvenzverwalters durch § 107 Abs. 1 Satz 2 nicht völlig ausgeschlossen wird, sondern nur insoweit, als es um die **Sicherung der Anwartschaft** des Vorbehaltskäufers geht.[55] Eine weitergehende Einschränkung des Wahlrechts des Insolvenzverwalters wäre mit dem Normzweck nicht vereinbar.[56] Hat der Verkäufer weitere Verpflichtungen übernommen, so gilt hierfür grundsätzlich § 103 mit der Folge, dass die darauf gerichteten Erfüllungsansprüche des Käufers nur dann fortbestehen, wenn der Insolvenzverwalter von seinem Wahlrecht Gebrauch macht und die Erfüllung der weiteren Verpflichtungen wählt. Diese Verpflichtungen werden dann Masseverbindlichkeiten (§ 55 Abs. 1 Nr. 2). Lehnt er dagegen die Erfüllung ab, so ist der Käufer auf eine Forderung wegen Nichterfüllung als einfache Insolvenzforderung verwiesen (§ 103 Abs. 2 Satz 1). Dies kommt beispielsweise in Betracht, wenn sich der Verkäufer zur Wartung der Sache oder zur Lieferung von Zubehör oder Ersatzteilen verpflichtet hat. Etwas anderes muss jedoch hinsichtlich solcher Verpflichtungen des Vorbehaltsverkäufers gelten, ohne deren Erfüllung das Anwartschaftsrecht des Käufers **völlig wertlos** würde. Kann beispielsweise eine unter Eigentum gelieferte Anlage 14

---

47 Nerlich/Römermann/*Balthasar* § 107 Rn. 9; KPB/*Tintelnot* § 107 Rn. 9.

48 HKInsO/*Marotzke* § 107 Rn. 8; *Dobler* Rn. 86.

49 Zu den Folgen eines Rücktritts des Insolvenzverwalters bei einem Zahlungsrückstand des Vorbehaltskäufers *Rugullis* KTS 2005, 459 ff.; Graf-Schlicker/*Breitenbücher* § 107 Rn. 5 mwN.

50 *Hess*² § 107 Rn. 31.

51 Zu der als Reaktion auf eine Entscheidung des BGH vom 29.10.1976 (NJW 1977, 146) eingefügten Ergänzung von § 24 KO s. FKInsO/*B. Wegener* § 107 Rn. 14; zur Kritik an der entsprechenden Formulierung des § 107 Abs. 1 Satz 2 ausführlich *Marotzke* JZ 1995, 803, 808; → § 106 Rn. 24 ff.

52 FKInsO/*B. Wegener* § 107 Rn. 14; *Marotzke* JZ 1995, 807; Uhlenbruck/*Knof* § 107 Rn. 9; Jaeger/*Jacoby* § 107 Rn. 32; Beispiele bei *Hess*² § 107 Rn. 15: Schulung bei Veräußerung eines PC.

53 *Marotzke* EWiR 1996, 179, 180 (17 KO); aA in Bezug auf Kfz-Papiere Uhlenbruck/*D. Wegener* § 107 Rn. 9; KPB/*Tintelnot* § 107 Rn. 13; Andres/Leithaus/*Andres* § 107 Rn. 8; HambKommInsO/*Ahrendt* § 107 Rn. 9; Jaeger/*Jacoby* § 107 Rn. 33.

54 Vgl. BGHZ 79, 103, 108 = NJW 1981, 250 zum Zweck der Gesetzesergänzung vom 22.6.1977.

55 Vgl. zu der entsprechenden Regelung des § 24 Satz 2 KO BGHZ 79, 103, 107 = NJW 1981, 250; s. w. *Windel* Jura 2002, 230, 234.

56 HKInsO/*Marotzke* § 107 Rn. 8; *Marotzke* JZ 1995, 803, 807 ff.

nicht ohne Instruktionen des Verkäufers betrieben werden, so gebietet es der **Schutzzweck der Norm,** dem Käufer auch insoweit einen vollen Erfüllungsanspruch zuzubilligen.[57] Die Ablehnung ausstehender Teilleistungen darf nicht dazu führen, dass die durch Anwartschaft gesicherte Rechtsposition des Käufers für diesen praktisch wertlos wird.

15 Soweit Erfüllungsansprüche des Käufers hiernach nicht dem Wahlrecht des Insolvenzverwalters unterliegen, sind sie **Masseverbindlichkeiten** gem. § 55 Abs. 1 Nr. 2. Die **Abgrenzung** der Erfüllungsansprüche des Käufers, hinsichtlich derer das Wahlrecht des Insolvenzverwalters ausgeschlossen ist, gegenüber sonstigen Ansprüchen, die im Zusammenhang mit dem Kauf unter Eigentumsvorbehalt stehen, die aber uneingeschränkt der Regel des § 103 unterfallen, hängt nicht davon ab, ob für die weiteren Verpflichtungen des Vorbehaltsverkäufers vertraglich ein besonderes Entgelt ausgewiesen ist.[58] Vielmehr ist allein maßgeblich, ob es sich um Teilleistungen handelt, die ihrer Funktion nach zum Erfüllungsanspruch aus Kauf unter Eigentumsvorbehalt gehören.

16 **c) Gegenleistung des Vorbehaltskäufers.** Der Vorbehaltskäufer ist verpflichtet, seine Gegenleistung voll zu erbringen, soweit ihm ein Erfüllungsanspruch gegen den Insolvenzverwalter zusteht. Dies gilt ohne weiteres für den vereinbarten **Kaufpreis,** aber auch für etwaige **besondere Entgelte,** die für weitere Leistungen des Vorbehaltsverkäufers vereinbart worden sind, sofern diese bereits erbracht worden oder als Masseverbindlichkeit noch zu erbringen sind. Handelt es sich dagegen um weitere Verpflichtungen des Vorbehaltsverkäufers, die noch nicht oder nicht vollständig erbracht worden sind und die dem Wahlrecht des Insolvenzverwalters unterliegen und lehnt dieser die Erfüllung ab, so entfällt hierfür der Anspruch auf die Gegenleistung; der Käufer erwirbt einen **Schadensersatzanspruch gegen die Masse** als einfache Insolvenzforderung.[59] Ist die vom Käufer zu erbringende Gegenleistung als Gesamtpreis vereinbart worden, so ist der auf die Kaufsache entfallende Teil der vereinbarten Gesamtleistung zu ermitteln. Hierauf beschränkt sich die Gegenleistung des Käufers.[60] Die für die ähnlich gelagerten Fälle des § 106 Abs. 1 Satz 2 entwickelten Kriterien gelten entsprechend; → § 106 Rn. 31.

II. Insolvenz des Vorbehaltskäufers (Abs. 2)

17 **1. Wahlrecht des Insolvenzverwalters (Abs. 2 Satz 1).** In der Insolvenz des Vorbehaltskäufers ist das Wahlrecht des Insolvenzverwalters gem. § 103 nicht eingeschränkt. Das wäre nur dann der Fall, wenn davon auszugehen wäre, dass der Vorbehaltsverkäufer mit der Übertragung des Besitzes auf den Käufer und mit der aufschiebend bedingten Übertragung des Eigentums den Kaufvertrag seinerseits voll erfüllt hat. Die gesetzliche Regelung des § 107 Abs. 2 Satz 1 setzt aber ein Wahlrecht des Insolvenzverwalters voraus. Dies entspricht auch der zum bisherigen Recht allgemein vertretenen Meinung, wonach die Übertragung des Anwartschaftsrechts noch keine vollständige Erfüllung des Kaufvertrags ist.[61] Wählt der Insolvenzverwalter Erfüllung, so wird die Kaufpreisschuld **Masseverbindlichkeit** gem. § 55 Abs. 1 Nr. 2 (→ Rn. 24).[62] Das **Anwartschaftsrecht** bleibt bestehen; mit Zahlung des Kaufpreises erwirbt die Masse Volleigentum an der Sache.[63] Lehnt der Insolvenzverwalter die Erfüllung ab, kann der Vorbehaltsverkäufer eine Forderung wegen Nichterfüllung als Insolvenzforderung geltend machen (→ Rn. 23). Dem Interesse des Verkäufers, möglichst schnell Klarheit über das weitere Schicksal des Vertrags zu erlangen, tragen § 103 Abs. 2 Satz 2 und 3 Rechnung. Erklärt der Verwalter in der Insolvenz des Vorbehaltskäufers nach Aufforderung durch den Vorbehaltsverkäufer nicht unverzüglich, ob er die Erfüllung verlangen will, so gilt dies als Ablehnung. Für den Verwalter stellt sich, wenn bereits ein Anwartschaftsrecht zugunsten des Schuldners begründet worden ist und sich die Sache im Besitz der Masse befindet, die Frage nur noch dahingehend, ob er seinerseits den Vertrag erfüllen will.[64] Zur Vorbereitung dieser Entscheidung gewährt ihm Abs. 2 Satz 1 **Aufschub** bis nach dem **Berichtstermin.** Dadurch soll nach der Intention des Gesetzgebers verhindert werden, dass die unter Eigentumsvorbehalt gelieferten Sachen schon kurz nach der Eröff-

[57] Vgl. zur Rechtslage bei Vormerkungen Uhlenbruck/*D. Wegener*[14] § 106 Rn. 35 mwN.

[58] Zur Regelung bei der Vormerkung Uhlenbruck/*D. Wegener*[14] InsO § 106 Rn. 42 mwN. Insbesondere ist hinzuweisen auf BGHZ 79, 103 = NJW 1981, 250.

[59] Vgl. BGHZ 96, 275, 281 = NJW 1986, 925.

[60] HKInsO/*Marotzke* § 107 Rn. 10; HambKommInsO/*Ahrendt* § 107 Rn. 9; Uhlenbruck/*Knof* § 107 Rn. 9.

[61] BGHZ 98, 160 = NJW 1986, 2948; Uhlenbruck/*D. Wegener*[14] § 107 Rn. 8; *Kilger/K. Schmidt* KO § 17 Anm. 3c; *Jaeger/Henckel* KO § 17 Rn. 56; *Baur/Stürner/Bruns,* Zwangsvollstreckungs-, Konkurs- und Vergleichsrecht, Bd. 2, Insolvenzrecht, Rn. 9.71; Staudinger/*Honsell*[13] BGB § 455 Rn. 29, 49.

[62] Der Vorbehaltsverkäufer ist an der Ausübung seines Rücktrittsrechts aus § 455 BGB aF, § 323 BGB nF (jedenfalls bis zum Berichtstermin) gehindert; vgl. hierzu LSZ/*Zeuner* § 107 Rn. 8 (unter Hinweis auf § 112); *Huber* NZI 2004, 57, 61 f.; Braun/*Kroth* § 107 Rn. 17.

[63] Uhlenbruck/*D. Wegener*[14] § 107 Rn. 15.

[64] HKInsO/*Marotzke* § 107 Rn. 21.

nung des Verfahrens aus dem Unternehmen herausgezogen werden können.[65] Der Verwalter soll die Ausübung seines Wahlrechts vielmehr aufschieben können, bis die Gläubiger im Berichtstermin über das weitere Schicksal des Unternehmens entschieden haben. Außerdem soll dem Insolvenzverwalter ermöglicht werden, Sachen, die er im Falle der **Fortführung des Unternehmens** benötigt, auch dann zunächst in der Masse zu behalten, wenn noch keine ausreichende **Liquidität** für die Wahl der Erfüllung zur Verfügung steht.[66]

In der Insolvenz des Vorbehaltskäufers kann der Vorbehaltsverkäufer Herausgabe der unter Eigentumsvorbehalt gelieferten Kaufsache verlangen, wenn er die Gegenleistung nicht oder nicht vollständig erhält. Der Eigentumsvorbehalt des Verkäufers dient der Sicherung eines Warenkredits und berechtigt zur Aussonderung des Kaufgegenstands.[67] Voraussetzung ist der Rücktritt des Vorbehaltsverkäufers vom Kaufvertrag (§ 449 Abs. 2 BGB).[68] Die Voraussetzungen des Rücktritts bestimmen sich nach § 323 BGB. Danach muss die Leistung des Schuldners nicht oder nicht vertragsgemäß erbracht sein und der Gläubiger muss eine angemessene Frist zur Leistung oder Nachleistung setzen (§ 323 Abs. 1 BGB). Anders als nach dem vor dem 1.1.2002 geltenden Recht (326 BGB aF) ist der Rücktritt weder an den Verzug des Schuldners noch an eine mit der Fristsetzung verbundene Ablehnungsandrohung geknüpft. Ist der Vorbehaltsverkäufer bereits **vor Eröffnung des Insolvenzverfahrens** gem. § 323 BGB wirksam vom Vertrag zurückgetreten, so kann er ohne weiteres Herausgabe des Kaufgegenstands verlangen; § 107 Abs. 2 Satz 1 findet hierauf keine Anwendung. Durch den Rücktritt entfallen die beiderseitigen Erfüllungsansprüche; es entsteht ein Rückabwicklungsverhältnis (§ 346 Abs. 1 BGB). Ein Wahlrecht des Insolvenzverwalters (§ 103) ergibt sich nicht; er kann nicht mehr Erfüllung verlangen.[69] Anders verhält es sich, wenn zwar die Rücktrittsvoraussetzungen bereits **zum Zeitpunkt der Verfahrenseröffnung** vorgelegen haben, der Vorbehaltsverkäufer den Rücktritt bis dahin aber noch nicht erklärt hat. Mangels Rücktritts vom Kaufvertrag kann er die Herausgabe der Vorbehaltsware nicht ohne weiteres verlangen. Eine Rücktrittserklärung gegenüber dem Schuldner ist nicht rechtswirksam, da Adressat der Erklärung nach dem Übergang der Verwaltungsbefugnis auf den Insolvenzverwalter (§ 80 Abs. 1) nunmehr dieser ist. Tritt der Vorbehaltsverkäufer durch Erklärung gegenüber dem Insolvenzverwalter zurück, so entfällt dessen Wahlrecht. Dies kollidiert mit dem in § 107 Abs. 2 Satz 1 statuierten Normzweck, zu verhindern, dass ohne weiteres Gegenstände unter Eigentumsvorbehalt nach der Verfahrenseröffnung aus dem Unternehmen herausgezogen werden, denen für die Fortführung des Unternehmens erhebliche Bedeutung zukommen kann. Diesem Normzweck entsprechend überlagert das Wahlrecht des Insolvenzverwalters das Rücktrittsrecht des Vorbehaltsverkäufers.[70] Hat der Vorbehaltsverkäufer dem Vorbehaltskäufer **vor Verfahrenseröffnung** eine Frist gem. § 323 Abs. 1 BGB gesetzt, die im Zeitpunkt der Eröffnung des Insolvenzverfahrens noch nicht abgelaufen war, obliegt die Entscheidung über die Erbringung der angemahnten Zahlung und damit über die Erfüllung des Kaufvertrags dem Insolvenzverwalter (§ 80 Abs. 1). Einem Rücktritt des Verkäufers steht in diesem Fall der Verlust der Durchsetzbarkeit der Kaufpreisforderung infolge der Eröffnung des Insolvenzverfahrens entgegen.[71] Eine Fristsetzung gem. § 323 Abs. 1 BGB ist deshalb gegenstandslos. Stattdessen kann der Verkäufer den Insolvenzverwalter zur Ausübung des Wahlrechts aus § 103 Abs. 1 auffordern (§ 103 Abs. 2 Satz 2); hierfür gilt die Schonfrist des § 107 Abs. 2 Satz 1. Die **nach Verfahrenseröffnung** gegenüber dem Insolvenzverwalter erfolgte Fristsetzung ist ebenfalls gegenstandslos und damit unwirksam,[72] sie ist aber der Aufforderung zur Ausübung des Wahlrechts gleichzusetzen, unterliegt damit der Schonfrist gem. § 107 Abs. 2 Satz 1 und führt zu einem Rücktrittsrecht des 17a

[65] HKInsO/*Marotzke* § 107 Rn. 23.

[66] Begründung zu § 121 RegE (Fn. 1); s. w. Andres/Leithaus/*Andres* § 107 Rn. 3.

[67] BGHZ 176, 86 Rn. 27, 30 = NZI 2008, 357 mwN.

[68] BGH NJW-RR 2008, 818, 821; Uhlenbruck/*D. Wegener*[14] § 107 Rn. 17.

[69] Gottwald/*Huber*, InsO-HdB, § 36 Rn. 25; *Huber* NZI 2004, 57, 60.

[70] Der Rücktritt ist in diesem Fall nicht durch den mit Eröffnung des Insolvenzverfahrens eintretenden Verlust der Durchsetzungsfähigkeit der Kaufpreisforderung ausgeschlossen, da die Rücktrittsvoraussetzungen des § 323 Abs. 1 BGB bereits im Zeitpunkt der Eröffnung des Insolvenzverfahrens vorgelegen haben. Der Rücktritt des Verkäufers dient hier nicht der Durchsetzung der Kaufpreisforderung, sondern zielt auf die Rückabwicklung des Vertrags ab. And. *Huber* NZI 2004, 57 ff.; *Huber*, InsO-HdB, § 36 Rn. 28; nach dieser Ansicht ist der Rücktritt gesperrt nach Maßgabe der §§ 107 Abs. 2, 103 Abs. 2 Satz 3; für einen Ausschluss des Rücktrittsrechts nach den allgemeinen Regeln Jaeger/*Jacoby* § 107 Rn. 67 f. Gegen ein Erlöschen des Rücktrittsrechts Uhlenbruck/*D. Wegener*[14] § 103 Rn. 107, jedoch Ausübungssperre für die Dauer des Insolvenzverfahrens, Rn. 110; abl. auch Uhlenbruck/*Knof* § 107 Rn. 17.

[71] Uhlenbruck/*D. Wegener*[14] § 107 Rn. 17, § 103 Rn. 104; *Dobler* Rn. 180 f.; HKInsO/*Marotzke* § 107 Rn. 20.

[72] Uhlenbruck/*D. Wegener*[14] § 103 Rn. 104.

Verkäufers für den Fall der Erfüllungsablehnung durch den Insolvenzverwalter.[73] In allen Fällen, in denen eine Fristsetzung **in das Eröffnungsverfahren** fällt, besteht eine **Rücktrittssperre** für den Verkäufer nach Maßgabe des § 107 Abs. 2 Satz 1. Zur Ableitung einer Rücktrittssperre aus § 112 Abs. 1 → § 112 Rn. 15.[74] Wählt der Insolvenzverwalter auf die Aufforderung des Vorbehaltsverkäufers hin nach Ablauf der Schonfrist nicht die Erfüllung des Kaufvertrags, kann der Verkäufer unmittelbar zurücktreten und Aussonderung des Kaufgegenstands verlangen.[75] Eine Fristsetzung gem. § 323 Abs. 1 BGB ist für den Rücktritt in dieser Konstellation nicht erforderlich (§ 323 Abs. 2 Nr. 1 BGB).[76] Eines Rücktritts des Vorbehaltsverkäufers bedarf es nicht, wenn dieser die Forderung wegen Nichterfüllung (§ 103 Abs. 2 Satz 1) geltend macht (→ Rn. 23). Wählt der Insolvenzverwalter die Erfüllung des Kaufvertrags, gelten die allgemeinen Regeln der Vertragsabwicklung; die Kaufpreisforderung wird Masseschuld. Die für das vorinsolvenzrechtlich begründete Rücktrittsrecht im Insolvenzverfahren geltende Rücktrittssperre besteht fort und schließt aus, dass der Vorbehaltsverkäufer auf Grund der Erfüllungswahl des Insolvenzverwalters ohne weiteres vom Vertrag zurücktritt.[77] Bei nicht vertragsgemäßer Leistung des Insolvenzverwalters kann jedoch der Vorbehaltsverkäufer auf Grund einer erneuten Rücktrittsberechtigung unter den Voraussetzungen des § 323 BGB vom Vertrag zurücktreten und die Kaufsache aussondern.

17b Im Eröffnungsverfahren gilt Entsprechendes, wenn das Gericht durch Beschluss gem. § 21 Abs. 2 Satz 1 Nr. 5 ein Verbot der Herausgabe von Sachen, die der Aus- oder Absonderung unterliegen, erlassen hat. Der Verwertungs- und Einziehungsstopp für Gegenstände, die zur Fortführung des Unternehmens des Schuldners von erheblicher Bedeutung sind, dient der Vorverlagerung der Wirkungen des eröffneten Verfahrens in das Eröffnungsverfahren im Interesse der Erhaltung der Sanierungschancen und einer bestmöglichen Verwertung durch Vermeidung eines vorzeitigen Auseinanderreißens (→ § 21 Rn. 96, 98).[78] Dazu gehört auch die Wahrung der dem Insolvenzverwalter eingeräumten Überlegungsfrist des § 107 Abs. 2 Satz 1 und die hieraus abgeleitete **Rücktrittssperre.**[79] Wird das Eröffnungsverfahren mangels Masse eingestellt, kann der Vorbehaltsverkäufer auch ohne Fristsetzung zurücktreten.[80]

18 **2. Voraussetzungen (Abs. 2 Satz 1).** Die Bestimmung setzt zunächst ihrem Wortlaut nach voraus, dass der Schuldner eine bewegliche Sache unter **Eigentumsvorbehalt** gekauft und vom Verkäufer den Besitz an der Sache erlangt hat. Dies entspricht dem Tatbestand des Abs. 1 Satz 1 (im Einzelnen hierzu → Rn. 6 ff.). Anders als dort geht es hier aber nicht um den insolvenzrechtlichen Schutz eines Anwartschaftsrechts des Vorbehaltskäufers, sondern um den **zeitlichen Aufschub** der Entscheidung des Insolvenzverwalters über die Ausübung seines Wahlrechts, wobei divergierende Interessen des Vorbehaltsverkäufers und der Masse zum Ausgleich gebracht werden müssen. Dieser gegenüber der Regelung des Abs. 1 Satz 1 unterschiedliche **Normzweck** rechtfertigt es, den Anwendungsbereich des Abs. 2 Satz 1 abweichend von dem des Abs. 1 Satz 1 zu bestimmen, soweit sich dies im Rahmen des im Wortlaut der Norm zum Ausdruck gekommenen Willens des Gesetzgebers hält. Demgemäß kommt ein Aufschub gem. Abs. 2 Satz 1 in der Regel in Betracht, wenn der Schuldner als Vorbehaltskäufer **unmittelbaren Besitz** an der Sache erlangt hat.[81] **Mittelbarer Besitz** des Vorbehaltskäufers kommt nur in Betracht, wenn der Verkäufer nicht selbst Besitzmittler ist.[82] An Gegenständen, die sich nur im mittelbaren Besitz der Masse befinden, besteht in der Regel kein Nutzungsinteresse des Verwalters im Hinblick auf Fortführung und Sanierung des Unternehmens. Wegen der besonderen Nachteile, die dem Verkäufer entstehen, wenn er bis zum Berichtster-

---

[73] Gottwald/*Huber*, InsO-HdB, § 36 Rn. 29; aA Uhlenbruck/*D. Wegener*[14] § 103 Rn. 110.

[74] So HKInsO/*Marotzke* § 107 Rn. 31; abl. hierzu *Huber* NZI 2004, 57, 60; → § 112 Rn. 15.

[75] BGH NJW-RR 2008, 818; aA Uhlenbruck/*D. Wegener*[14] § 107 Rn. 16.

[76] Gottwald/*Huber*, InsO-HdB, § 36 Rn. 29; HKInsO/*Marotzke* § 107 Rn. 20.

[77] Uhlenbruck/*D. Wegener*[14] § 103 Rn. 109.

[78] Amtl. Begründ. Art 1 Nr. 6 InsOVereinfG, BT-Drs. 16/3227 S. 15; HKInsO/*Kirchhof* § 21 Rn. 27; Uhlenbruck/*Vallender* § 21 Rn. 1.

[79] And. Gottwald/*Huber*, InsO-HdB, § 36 Rn. 26: keine Rücktrittssperre im Eröffnungsverfahren bei vor Insolvenzantrag gesetzter Frist; die Angemessenheit der nach Insolvenzantrag gesetzten Frist bestimmt sich nach § 107 Abs. 2 Satz 1. So auch Braun/*Kroth* § 107 Rn. 17; krit. hierzu HKInsO/*Marotzke* § 107 Rn. 32, der auf die sich daraus ergebenden Lücken bei Fristsetzung vor Eröffnung des Insolvenzverfahrens sowie bei Entbehrlichkeit der Fristsetzung gem. § 323 Abs. 2 BGB verweist.

[80] Gottwald/*Huber*, InsO-HdB, § 36 Rn. 27.

[81] Ebenso Nerlich/Römermann/*Balthasar* § 107 Rn. 13; aA (mittelbarer Besitz genügt) Uhlenbruck/*Knof* § 107 Rn. 12; Jaeger/*Jacoby*§ § 107 Rn. 59; K. Schmidt/*Ringstmeier* § 107 Rn. 25; KPB/*Tintelnot* § 107 Rn. 18; BKInsO/*Goetsch* § 107 Rn. 29; FKInsO/*B. Wegener* § 107 Rn. 19.

[82] KPB/*Tintelnot* § 107 Rn. 18; HKInsO/*Marotzke* § 107 Rn. 26.

min warten muss, um Aufschluss über das weitere Schicksal des Kaufvertrags zu erhalten, ist hier ein Aufschub nicht gerechtfertigt, wenn nicht der Gegenstand des mittelbaren Besitzes für die Fortführung des Unternehmens notwendig ist.[83] Nicht vereinbar ist es dagegen mit der gesetzlichen Regelung des Abs. 2 Satz 1, auf das Erfordernis einer **bedingten Übereignung** der Kaufsache auf den Vorbehaltskäufer zu verzichten.[84] Dem Insolvenzverwalter über den Wortlaut des Abs. 2 Satz 1 hinaus generell einen Aufschub in Bezug auf alle Vertragsverhältnisse zuzubilligen, die sich auf Betriebsmittel beziehen, an deren Weiterbenutzung ein Interesse des Insolvenzverwalters bzw. der Masse besteht,[85] würde die Grundregel des § 103 Abs. 2 Satz 2 weithin leer laufen lassen und durch die Ausnahmevorschrift des § 107 Abs. 2 Satz 1 derogieren.[86] Eine gesetzliche Regelungslücke besteht nicht, weil alle dem Wahlrecht des Insolvenzverwalters unterliegenden Vertragskonstellationen von der Vorschrift des § 103 Abs. 2 Satz 2 erfasst werden, sofern nicht die Sonderregelung des § 107 Abs. 2 Satz 1 eingreift. Daraus folgt, dass für Miet-, Pacht- und Leasingverträge über bewegliche Sachen, die sich im Besitz der Masse befinden, § 107 Abs. 2 Satz 1 nicht anwendbar ist mit der Folge, dass sich der Insolvenzverwalter auf eine entsprechende Aufforderung des Verkäufers hin unverzüglich über die Ausübung des Wahlrechts erklären müsste (§ 103 Abs. 2 Satz 2).[87]

Weitere Voraussetzung ist, dass der Verkäufer den Insolvenzverwalter zur Ausübung seines Wahlrechts aufgefordert hat. Fehlt es daran, so wird schon die **Obliegenheit des Verwalters** nach § 103 Abs. 2 Satz 1 nicht begründet und die diesbezügliche Erklärungsfrist nicht in Gang gesetzt. Die **Ausübung des Wahlrechts** erfolgt durch Erklärung des Insolvenzverwalters, für die die allgemeinen Anforderungen gelten[88] (→ § 103 Rn. 148). Die Erklärung muss dem Partner des zu erfüllenden Vertrags zugehen. Sie kann auch durch **konkludente Erklärung** erfolgen. Für die Auslegung eines solchen Verhaltens ist maßgebend, ob ihm der Vertragsgegner nach der Verkehrssitte und den Gesamtumständen entnehmen konnte und musste, dass der Insolvenzverwalter die Erfüllung wählen oder ablehnen wollte.[89] In der Weiterveräußerung der unter verlängertem Eigentumsvorbehalt gelieferten Sache durch den Insolvenzverwalter liegt in der Regel die konkludente Wahl der Erfüllung des Vertrags, die auch die Genehmigung der Vorausabtretung der Kaufpreisforderung an den Vorbehaltsverkäufer umfasst.[90] 19

Schwierigkeiten können sich ergeben, wenn die Vorbehaltsware Teil eines gesamten **Warenbestandes** des Schuldners ist und der Verwalter diesen gesamten Warenbestand einheitlich veräußert. Dann stellt sich die Frage, ob der Insolvenzverwalter durch den Verkauf zugleich hinsichtlich der unter Eigentumsvorbehalt stehenden Waren konkludent von seinem Wahlrecht gegenüber dem Vorbehaltsverkäufer Gebrauch gemacht und Erfüllung gewählt hat. Im Einzelfall kann auch in einem vollständigen Verkauf von Unternehmenswerten eine Ausübung des Wahlrechts hinsichtlich der darin enthaltenen Vorbehaltsware gesehen werden. Allerdings muss ein Verzicht auf das Herausziehen der Vorbehaltsware und ein Verkauf des Warenbestandes im Ganzen nicht zwingend als Entscheidung ausgelegt werden, den Kaufvertrag mit dem Vorbehaltsverkäufer erfüllen zu wollen. Zwar kann es nicht darauf ankommen, ob der Insolvenzverwalter im Zeitpunkt der Veräußerung die Vorbehaltsrechte kennt,[91] denn entscheidend ist, ob der Verkäufer die Veräußerung des gesamten Warenbestandes dahingehend verstehen konnte, dass der Insolvenzverwalter darin etwa enthaltene Vorbehaltsware in jedem Fall mitveräußern wollte. Ein solches Verhalten lässt jedoch nicht zwingend den Schluss zu, dass der Insolvenzverwalter damit zugleich hinsichtlich der über die Vorbehaltsware abgeschlossenen Kaufverträge Erfüllung wählen wollte, weil der Verwalter auch andere Möglichkeiten hat, die Vorbehaltsware zugunsten der Insolvenzmasse zu verwerten.[92] So ist es auch denkbar, dass der Verwalter die Vorbehaltsware aus Zeitgründen als Nichtberechtigter veräußert und auf eine nachträgliche Genehmigung durch den Vorbehaltsverkäufer vertraut oder dass er dessen Recht bewusst missachtet 20

83 FKInsO/*B. Wegener* § 107 Rn. 19; Uhlenbruck/*D. Wegener*[14] § 107 Rn. 1; BKInsO/*Goetsch* § 107 Rn. 18, 29; Graf-Schlicker/*Breitenbücher* § 107 Rn. 7; Andres/Leithaus/*Andres* § 107 Rn. 11; Braun/*Kroth* § 107 Rn. 11; aA Nerlich/Römermann/*Balthasar* § 107 Rn. 13; *Hess*[2] § 107 Rn. 25.

84 *Hess*[2] § 107 Rn. 21; Andres/Leithaus/*Andres* § 107 Rn. 10; aA HKInsO/*Marotzke* § 107 Rn. 27; *Marotzke* JZ 1995, 812; Braun/*Kroth* § 107 Rn. 10; *Pape*, Kölner Schrift, Rn. 51; FKInsO/*B. Wegener* § 107 Rn. 18; KPB/*Tintelnot* § 107 Rn. 19; BKInsO/*Goetsch* § 107 Rn. 19; Uhlenbruck/*Knof* § 107 Rn. 12.

85 So *Pape*, Kölner Schrift, Rn. 51; *Marotzke* JZ 1995, 803, 807; BKInsO/*Goetsch* § 107 Rn. 19.

86 *Hess*[2] § 107 Rn. 21.

87 AA HKInsO/*Marotzke* § 107 Rn. 37; *Marotzke* JZ 1995, 813; *Pape*, Kölner Schrift, Rn. 52; *Tintelnot* ZIP 1995, 616; KPB/*Tintelnot* § 107 Rn. 19, 21; HambKommInsO/*Ahrendt* § 107 Rn. 3; wie hier *Hess*[2] § 107 Rn. 21.

88 Dazu und zum folgenden BGH NJW 1998, 992.

89 BGH NJW 1998, 992; *Smid* DZWiR 1998, 197.

90 LSZ/*Zeuner* § 107 Rn. 10.

91 And. insofern BGH NJW 1998, 992.

92 BGH NJW 1998, 992; *Undritz* EWiR 1998, 321, 322; *Smid* DZWiR 1998, 197.

und auch bewusst eine persönliche Haftung riskiert, um Kosten zu reduzieren oder um im Interesse des Masse eine günstige Gelegenheit zur Veräußerung wahrzunehmen.[93]

21 Hat der Insolvenzverwalter die Erfüllung abgelehnt, so ist erlischt der Kaufvertrag und damit das Anwartschaftsrecht des Käufers, wenn der Verkäufer vom Vertrag zurücktritt (→ Rn. 17a) oder eine Forderung wegen Nichterfüllung (§ 103 Abs. 2) geltend macht (→ Rn. 23). Ein nachträgliches Angebot des Insolvenzverwalters, den Kaufpreis zu zahlen, ändert daran nichts; eine Wiederherstellung des Anwartschaftsrechts bedarf einer neuen schuldrechtlichen und dinglichen Vereinbarung.[94]

22 **3. Drohende Wertminderung (Abs. 2 Satz 2).** Der Aufschub der Entscheidung über das weitere Schicksal des Kaufvertrags bis zum Berichtstermin ist dem Vorbehaltsverkäufer nicht zumutbar, wenn damit eine erhebliche Wertminderung verbunden ist, die im Falle der Ablehnung der Erfüllung der Verkäufer zu tragen hat. Dies gilt insbesondere für leicht verderbliche Waren und für Saisonartikel;[95] auch veränderte Marktbedingungen können zu berücksichtigen sein.[96] Dem trägt § 107 Abs. 2 Satz 2 Rechnung. Ist in der Zeit bis zum Berichtstermin eine erhebliche Verminderung des Werts der Sache zu erwarten, so kann der Insolvenzverwalter am Vertrag nur festhalten, wenn er unverzüglich auf eine entsprechende Aufforderung des Vorbehaltsverkäufers hin Erfüllung wählt (§ 103 Abs. 2 Satz 2); andernfalls erlischt der Erfüllungsanspruch endgültig und der Vorbehaltsverkäufer kann die Vorbehaltsware umgehend aussondern. Unbeachtlich ist demgegenüber der Wertverlust, der allein durch die weitere Nutzung eintritt; hierfür kann lediglich ein Ausgleich gem. § 172 verlangt werden.[97] Andernfalls würde der Zweck des § 107, dem Verwalter die Möglichkeit einer Weiternutzung bis zum Ablauf der Überlegungsfrist zu ermöglichen (→ Rn. 28), unterlaufen und die Ausnahmebestimmung des Abs. 2 Satz 2 zur Regel.

23 **4. Rechtsfolgen. a) Ablehnung der Vertragserfüllung.** Lehnt der Insolvenzverwalter die Erfüllung des Vertrags ab, bleibt es bei dem durch die Eröffnung des Insolvenzverfahrens eingetretenen Verlust der Durchsetzbarkeit des Anspruchs des Vorbehaltsverkäufers für die Dauer des Insolvenzverfahrens. Der Verkäufer kann weder Erfüllung seines Kaufpreisanspruchs aus der Masse noch Erfüllung als Insolvenzforderung verlangen. Der Vorbehaltsverkäufer erlangt stattdessen eine Forderung wegen Nichterfüllung als Insolvenzforderung.[98] Macht er die Forderung geltend, erlischt der Kaufpreisanspruch und damit auch das Anwartschaftsrecht des Vorbehaltskäufers, weil nunmehr feststeht, dass die Erfüllung des Kaufvertrags nicht mehr verlangt werden und folglich die Bedingung der vollständigen Zahlung des Kaufpreises nicht mehr eintreten kann.[99] Mit der Erfüllungsablehnung entfällt auch das Besitzrecht des Vorbehaltskäufers (→ § 103 Rn. 177).[100] Der Vorbehaltsverkäufer kann den Kaufgegenstand im Wege der **Aussonderung** heraus verlangen (§ 449 Abs. 1 BGB).[101] Dazu näher → Rn. 17a und → § 47 Rn. 62 ff. Hat der Vorbehaltsverkäufer die Forderung wegen Nichterfüllung geltend gemacht, bedarf es wegen des Erlöschens des Kaufpreisanspruchs keines gesonderten Rücktritts vom Vertrag (→ § 47 Rn. 62a).[102] Verzichtet der Vorbehaltsverkäufer auf

---

93 BGH NJW 1998, 992, 993.

94 And. in der Begründung HKInsO/*Marotzke* § 107 Rn. 21: Verkäufer kann die Zahlung zurückweisen und den Eintritt der Bedingung verhindern.

95 Bericht BTag, BT-Drs. 12/7302 S. 169; s. w. BKInsO/*Goetsch* § 107 Rn. 18; Andres/Leithaus/*Andres* § 107 Rn. 13; LSZ/*Zeuner* § 107 Rn. 7; Uhlenbruck/*Knof* § 107 Rn. 14; zur Veralterung infolge eines technologischen Fortschritts Nerlich/Römermann/*Balthasar* § 107 Rn. 17.

96 Nerlich/Römermann/*Balthasar* § 107 Rn. 17; K. Schmidt/*Ringstmeier* § 107 Rn. 26; aA Andres/Leithaus/*Andres* § 107 Rn. 13; KPB/*Tintelnot* § 107 Rn. 22; Braun/*Kroth* § 107 Rn. 16; Uhlenbruck/*Knof* § 107 Rn. 14.

97 Braun/*Kroth* § 107 Rn. 15; Andres/Leithaus/*Andres* § 107 Rn. 13; KPB/*Tintelnot* § 107 Rn. 22; *Marotzke* JZ 1995, 803, 813; *Hess*² § 107 Rn. 28; Uhlenbruck/*Knof* § 107 Rn. 14.

98 BGH NJW 1998, 992, 993; FKInsO/*B. Wegener* § 107 Rn. 30.

99 Zur Abhängigkeit des Anwartschaftsrechts von der zugrunde liegenden persönlichen Forderung s. nur MüKoBGB/*Oechsler* § 929 Rn. 19; Palandt/*Herrler* BGB § 929 Rn. 31.

100 BGH NJW 2007, 1594 Rn. 12; Gottwald/*Huber*, InsO-HdB, § 36 Rn. 21; Jaeger/*Jacoby* § 107 Rn. 77; aA Uhlenbruck/*Knof* § 107 Rn. 16; HKInsO/*Marotzke* § 107 Rn. 13, 20.

101 HM; HKInsO/*Marotzke* § 107 Rn. 12, 20; Gottwald/*Huber*, InsO-HdB, § 36 Rn. 21; *Klose* ZInsO 2009, 1792, 1799; Jaeger/*Jacoby* § 107 Rn. 74; Braun/*Kroth* § 107 Rn. 12; krit. *Hess*² § 107 Rn. 22, § 47 Rn. 49 (zur Kritik an dieser Meinung § 47 Rn. 50 ff., 54); KPB/*Tintelnot* § 107 Rn. 14 (krit. Rn. 3); *Obermüller*, Bankpraxis, Rn. 1.249; *Adolphsen*, Kölner Schrift, Rn. 22; *Bork*, Insolvenzrecht, Rn. 238; *Häsemeyer*, Insolvenzrecht, Rn. 11.10; Graf-Schlicker/*Breitenbücher* § 107 Rn. 12; FKInsO/*B. Wegener* § 107 Rn. 30; HambKommInsO/*Ahrendt* § 107 Rn. 21; *Kilger/K. Schmidt* KO § 43 Anm. 3; aA *Häsemeyer*, Insolvenzrecht, Rn. 11.10; *Smid/Rattunde*, Insolvenzplan, Rn. 6.36. Für abgesonderte Befriedigung dag. Uhlenbruck/*Brinkmann* InsO § 47 Rn. 25.

102 HKInsO/*Marotzke* § 107 Rn. 20; Uhlenbruck/*D. Wegener*¹⁴ § 107 Rn. 16; Braun/*Kroth* § 103 Rn. 36, § 107 Rn. 12; aA *Huber* NZI 2004, 57, 59; Gottwald/*Huber*, InsO-HdB, § 36 Rn. 21; *Klose* ZInsO 2009, 1792, 1799; Jaeger/*Henckel* § 47 Rn. 102; *Dobler* Rn. 180 f.

eine Geltendmachung des Kaufpreisanspruchs gegenüber dem Insolvenzverwalter zugunsten einer Geltendmachung gegenüber dem Schuldner nach Beendigung des Insolvenzverfahrens, besteht das Anwartschaftsrecht und das Besitzrecht des Vorbehaltskäufers fort.[103] In diesem Fall ist der Verwalter berechtigt, die Sache bestimmungsgemäß zu nutzen.

b) Erfüllungswahl des Verwalters. Verlangt der Insolvenzverwalter dagegen **Erfüllung** des Kaufvertrags, so lebt der Kaufpreisanspruch des Vorbehaltsverkäufers als Masseverbindlichkeit wieder auf (§ 55 Abs. 1 Nr. 2). Zugleich bewirkt dies das Wiederentstehen der schuldrechtlichen Gegenansprüche des Vorbehaltskäufers. Hieraus ergibt sich der Fortbestand des Rechts des Käufers zum Besitz und der **Fortbestand des Anwartschaftsrechts.** Beim erweiterten Eigentumsvorbehalt wirkt sich die Erfüllungswahl durch den Insolvenzverwalter des Käufers nicht auf die durch den Eigentumsvorbehalt gesicherten weiteren Forderungen des Verkäufers aus; diese werden im Gegensatz zur Kaufpreisforderung nicht zu Masseverbindlichkeiten.[104] 24

c) Sonderformen des Eigentumsvorbehalts. Beim **verlängerten Eigentumsvorbehalt** bleibt die dem Vorbehaltskäufer vom Vorbehaltsverkäufer erteilte Ermächtigung zur Veräußerung der Sache (§ 185 Abs. 1 BGB) von der Insolvenz des Vorbehaltskäufers zunächst unberührt.[105] Der Verwalter kann über die Sache deshalb wirksam verfügen, dies jedoch nur, wenn er zugleich die vor Eröffnung des Insolvenzverfahrens erfolgte Vorausabtretung der Kaufpreisforderung gegen den Dritten genehmigt. Andernfalls scheitert der Erwerb der Forderung durch den Vorbehaltsverkäufer an § 91 Abs. 1. Dann aber entfaltet auch die im Rahmen des verlängerten Eigentumsvorbehalts erteilte Verfügungsermächtigung keine Wirkung, weil der Verkäufer den Käufer zur Weiterveräußerung der Kaufsache nur für den Fall ermächtigt hat, dass die Forderung aus dem Weiterverkauf der Sache auf ihn übergeht (→ § 47 Rn. 119 ff.). Zur Frage, inwieweit in der Veräußerung der Vorbehaltsware eine konkludente Genehmigung zu sehen ist → Rn. 19 f. 25

Besonderheiten ergeben sich, soweit der Eigentumsvorbehalt des Verkäufers nicht mehr der Sicherung bei Ausfall der Kaufpreisforderung dient, sondern die Sicherung anderer Forderungen bezweckt, durch die die Kaufpreisforderung substituiert worden ist, wozu es regelmäßig beim **erweiterten Eigentumsvorbehalt,** insbesondere beim Kontokorrentvorbehalt kommt. Hier entfällt die Erfüllungsfunktion;[106] stattdessen erlangt der Eigentumsvorbehalt die gleiche **Sicherungsfunktion** wie eine Sicherungsübereignung; demgemäß hat der Verkäufer in diesem Fall kein Aussonderungsrecht, sondern **nur ein Absonderungsrecht**[107] (→ Rn. 8). Schwierigkeiten ergeben sich beim erweiterten Eigentumsvorbehalt, wenn Kaufpreisforderung und die weiteren gesicherten Forderungen nicht durch Kontokorrent verbunden sind, sondern selbständig nebeneinander stehen (sog. **Geschäftsverbindungsklausel**) und wenn vor Eröffnung des Insolvenzverfahrens Teilzahlungen auf den Kaufpreis der Vorbehaltsware erbracht worden sind. Eine Aufspaltung des Vorbehaltseigentums in ein Aussonderungsrecht hinsichtlich der noch offenen Kaufpreisforderung und in ein Absonderungsrecht hinsichtlich der weiteren Forderungen ist faktisch unmöglich; hier geht das Aussonderungsrecht vor (→ Rn. 8).[108] 26

d) Verarbeitungsklauseln. Wird bei Lieferung der Sache unter Eigentumsvorbehalt vereinbart, dass der Käufer die Sache verarbeiten darf, der Eigentumsvorbehalt sich aber auf die neuhergestellte Sache erstrecken soll, so erwirbt der Lieferant nach hM unmittelbar Eigentum an der neuen Sache, wenn die Verarbeitung vereinbarungsgemäß für den Lieferanten als Hersteller erfolgt.[109] Die Ermächtigung des Käufers zur Weiterverarbeitung der Kaufsache für den Lieferanten erlischt nicht 27

---

103 Dazu Uhlenbruck/*D. Wegener*[14] § 107 Rn. 16.

104 LSZ/*Zeuner* § 107 Rn. 11; *Jaeger/Henckel* KO § 17 Rn. 62.

105 LSZ/*Zeuner* § 107 Rn. 9.

106 BGH NJW 1971, 799.

107 BGH NJW 1971, 799; 1978, 632; BGHZ 98, 160, 170 = NJW 1986, 2948; BGHZ 176,86 = NZI 2008, 357; *Klose* ZInsO 2009, 1792 ff.; *Jacoby* JZ 2008, 1053; Jaeger/*Jacoby* § 107 Rn. 82; HKInsO/*Marotzke* § 107 Rn. 16; *Marotzke* ZZP 109 (1996), 429, 432; *Adolphsen*, Kölner Schrift, Rn. 23; *Bork*, Insolvenzrecht, Rn. 238; MüKoBGB/*Westermann* § 449 Rn. 84; Staudinger/*Honsell*[13] BGB § 455 Rn. 71; *Kilger/K. Schmidt* KO § 17 Anm. 3d; *Serick* BB 1978, 1477; aA LSZ/*Zeuner* § 107 Rn. 11; *Jaeger/Henckel* KO § 17 Rn. 62, der die Entstehung eines Absonderungsrechts durch § 91 InsO gehindert sieht. Von einem Absonderungsrecht in diesen Fällen ging auch der Gesetzgeber aus, s. Begründung zu § 58 RegE, BT-Drs. 12/2443, S. 125. Für ein Aussonderungsrecht, wenn ein Dritter aufgrund vertraglicher Vereinbarungen mit dem Verkäufer den Erwerb einer Sache finanziert, sofern der Verkäufer dem Dritten auch die Kaufpreisforderung und die Rechte aus dem Kaufvertrag, insbesondere das Rücktrittsrecht, abgetreten hat, OLG München ZInsO 2014, 2504. Zum Aussonderungsrecht beim echten Factoring BGH NJW 2014, 2358 = NZI 2014, 696.

108 *Jaeger/Henckel* KO § 17 Rn. 62.

109 BGHZ 14, 114, 117; BGHZ 20, 159 = NJW 1956, 788; BGHZ 46, 117 = NJW 1967, 34; BGHZ 79, 16 = NJW 1981, 816; *Kieninger*, Kreditsicherung, § 21 Rn. 27; aA Palandt/*Herrler* BGB § 950 Rn. 9 m.w.N.

mit Eröffnung des Insolvenzverfahrens über das Vermögen des Käufers.[110] Die Verarbeitung für den Lieferanten als Hersteller begründet in dessen Person originäres Eigentum an der neuen Sache kraft Gesetzes (§ 950 BGB) und kann deshalb nicht einer Verfügung über das Eigentum gleichgestellt werden. Für die Weiterverarbeitung durch den Insolvenzverwalter ist das zwischen Vorbehaltsverkäufer und Vorbehaltskäufer begründete Vertragsverhältnis maßgeblich.[111] Anders stellt sich die Rechtslage dar, wenn man den Käufer als Hersteller und die Verarbeitungsklausel als antizipierte Sicherungsübereignung der neu hergestellten Sache auf den Lieferanten betrachtet.[112] Eine solche Verfügung des Käufers wird mit Eröffnung des Insolvenzverfahrens unwirksam (§ 81 Abs. 1). Der Insolvenzverwalter kann auch Erfüllung des Kaufvertrags wählen; dann wird die Kaufpreisforderung Masseverbindlichkeit.[113] In der Verarbeitung der Vorbehaltsware durch den Verwalter liegt regelmäßig die Ausübung des Wahlrechts im Sinne der Vertragserfüllung,[114] → Rn. 19. Geht das Eigentum an der neu hergestellten Sache gem. § 950 BGB auf den Lieferanten über, so erwirbt dieser Sicherungseigentum, nicht Vorbehaltseigentum, weil der Eigentumserwerb kraft Gesetzes nicht mit einer bedingten Rückübereignung an den Käufer für den Fall der Zahlung des Kaufpreises verbunden ist.[115] Der Lieferant erlangt demgemäß ein Absonderungsrecht, kein Aussonderungsrecht.[116]

28 **e) Hinauszögerung der Erfüllungswahl.** Durch die Bestimmung des § 107 Abs. 2 Satz 1 wird dem Verwalter in der Insolvenz des Käufers die Möglichkeit eingeräumt, eine Aussonderung des Vorbehaltsguts durch den Verkäufer bis zur Entscheidung über das weitere **Schicksal des Unternehmens** zu verhindern. Insbesondere stellt dieses Hinauszögern der Entscheidung über die Ausübung des Wahlrechts kein pflichtwidriges Verhalten des Verwalters und keine Obliegenheitsverletzung dar. Entgegen der Regel des § 103 Abs. 2 Satz 2 braucht er auf entsprechende Aufforderung des Vorbehaltsverkäufers hin nicht unverzüglich, sondern erst nach dem **Berichtstermin** zu erklären, ob er die Erfüllung verlangen will. Das Vertragsverhältnis bleibt damit zunächst in der Schwebe mit der Folge, dass sowohl das **Anwartschaftsrecht des Vorbehaltskäufers** als auch das Recht zum Besitz der Vorbehaltsware zunächst bestehen bleiben. Dem Vorbehaltsverkäufer ist damit die Möglichkeit genommen, eine schnelle Entscheidung des Insolvenzverwalters zu erzwingen. Dies verdeutlicht, dass der Wahrung der Chancen einer **Unternehmensfortführung** (→ Rn. 1) ein hoher Stellenwert Bedeutung beigemessen wird.[117] Die Überlegungsfrist ist zudem **unabdingbar** (§ 119).[118] Nicht ausgeschlossen ist damit, dass der Verwalter eine unter Eigentumsvorbehalt verkaufte Sache vor dem Berichtstermin an den Vorbehaltsverkäufer herausgibt; lässt sich der Verwalter im Gegenzug die Zahlung eines **Feststellungskostenbeitrags** versprechen, ist eine solche Vereinbarung weder unzulässig noch sittenwidrig.[119] Das gesetzliche Rücktrittsrecht des § 323 Abs. 4 BGB findet in der Insolvenz keine Anwendung, weil das Wahlrecht des Insolvenzverwalters dem Gestaltungsrecht des Gläubigers vorgeht (→ Rn. 17a).

29 Gemäß § 29 soll der Berichtstermin innerhalb der ersten sechs Wochen nach Eröffnungsbeschluss stattfinden. Diese Bestimmung lässt jedoch einen Zeitraum von **bis zu drei Monaten** zu. § 107 Abs. 2 bedeutet infolgedessen eine erhebliche zeitliche Ausweitung des Wahlrechts des Verwalters zu Lasten des Vorbehaltseigentümers. Beschließt die Gläubigerversammlung im **Berichtstermin** (§ 157 Satz 1), das Unternehmen stillzulegen, so kann der Insolvenzverwalter dem Vorbehaltsverkäufer gegenüber nunmehr die Erfüllung ablehnen. Beschließt die Gläubigerversammlung dagegen, das Unternehmen vorläufig weiterzuführen, muss der Insolvenzverwalter eine Entscheidung darüber, ob er Erfüllung des Kaufvertrags verlangt, nur dann unverzüglich treffen und dem Vorbehaltsverkäufer gegenüber erklären, wenn dieser ihn zur **Ausübung seines Wahlrechts** aufgefordert hat (§ 107 Abs. 2 Satz 1 iVm § 103 Abs. 2 Satz 2). Andernfalls kann der Insolvenzverwalter die Entscheidung weiter aufschieben. Die Stilllegung nach § 158 stellt insgesamt die zeitliche Grenze für die Sonderregelung des § 107 Abs. 2 dar.[120]

30 **5. Vorläufige Weiternutzung der Vorbehaltsware.** Der Insolvenzverwalter kann Sachen, die er zur Fortführung des Unternehmens benötigt, zunächst auch dann in der Insolvenzmasse

---

110 And. *Hess*² § 107 Rn. 34; *Kuhn/Uhlenbruck* KO § 17 Rn. 18l (wo diese Ansicht als hM bezeichnet wird).
111 HKInsO/*Marotzke* § 107 Rn. 35.
112 *Häsemeyer,* Insolvenzrecht, Rn. 18.32.
113 *Hess*² § 107 Rn. 35; LSZ/*Zeuner* § 107 Rn. 12; Uhlenbruck/*D. Wegener*¹⁴ § 107 Rn. 10.
114 *Hess*² § 107 Rn. 36.
115 *Häsemeyer,* Insolvenzrecht, Rn. 18.32.
116 And. *Hess*² § 107 Rn. 35; LSZ/*Zeuner* § 107 Rn. 12; *Kuhn/Uhlenbruck* KO § 17 Rn. 18l.
117 FKInsO/*B. Wegener* § 107 Rn. 27 f.
118 FKInsO/*B. Wegener* § 107 Rn. 34; Andres/Leithaus/*Andres* § 107 Rn. 14.
119 *Gundlach/Frenzel/N. Schmidt* DZWiR 2001, 277 ff.; *Rendels* EWiR 2001, 279 f.; aA LG Braunschweig DZWiR 2001, 303 ff.
120 FKInsO/*B. Wegener* § 107 Rn. 28.

behalten, wenn ihm noch **keine ausreichende Liquidität** für die Wahl der Erfüllung des Kaufvertrags zur Verfügung steht und die Frage einer **Fortführung des Unternehmens** noch offen ist. Fraglich ist indes, inwieweit ihm ein **Recht zur Weiterbenutzung** der Vorbehaltsware zusteht und welche Ansprüche des Verkäufers sich hieraus ergeben.

Dem Insolvenzverwalter steht in der Insolvenz des Vorbehaltskäufers ein **Recht zum Besitz** 31 der Kaufsache zu, solange er die Erfüllung des Kaufvertrags nicht abgelehnt hat und der Verkäufer infolge der Ablehnung nach Ablauf der Schonfrist des § 107 Abs. 2 nicht vom Kaufvertrag zurückgetreten ist oder die Forderung wegen Nichterfüllung geltend gemacht hat (→ Rn. 17, 17a, 23). Der Zweck des dem Insolvenzverwalter gem. § 107 Abs. 2 Satz 1 gewährten Aufschubs, die Vorbehaltsware zunächst in der Masse zu halten, umfasst aus dem gleichen Grunde auch das Recht zur weiteren Nutzung der Vorbehaltsware.[121] Da die Erfüllungsansprüche aus Vertrag nicht auf Grund der Eröffnung des Insolvenzverfahrens erlöschen, ergeben sich sowohl das Recht zum Besitz als auch das Nutzungsrecht des Insolvenzverwalters unmittelbar aus dem zunächst fortbestehenden Vertragsverhältnis. Ein Anspruch auf Nutzungsentschädigung ergibt sich aus analoger Anwendung des § 55 Abs. 2 Satz 2.[122] Jedoch entfällt das Besitzrecht mit der Ablehnung der Vertragserfüllung durch den Insolvenzverwalter, da Erfüllung für und gegen die Masse nicht mehr verlangt werden kann (→ § 103 Rn. 177).

6. Die Übertragung der Anwartschaft auf einen Dritten. Veräußert und überträgt der 32 Vorbehaltskäufer sein Anwartschaftsrecht an einen Dritten, so ist dieser als **„Anwartschaftszweiterwerber"** kraft seines Anwartschaftsrechts in der **Insolvenz des Vorbehaltsverkäufers** ebenso wie der Vorbehaltskäufer geschützt.[123] Im Verhältnis zum Dritten greift § 107 Abs. 1 nicht unmittelbar ein, da der Dritte nicht Vertragspartner des Vorbehaltsverkäufers ist. Der Normzweck des § 107 Abs. 1, eine beim Käufer bereits entstandene Anwartschaft zu schützen, umfasst jedoch auch die Weiterübertragung der Anwartschaft (→ Rn. 10).[124] Der Verwalter muss auch in diesem Fall den Eigentumsübergang infolge Zahlung des Kaufpreises hinnehmen und kann dies nicht durch Ablehnung der Vertragserfüllung gem. § 103 Abs. 2 Satz 1 verhindern. Dem Übergang des Eigentums bei Bedingungseintritt steht § 91 Abs. 1 nicht entgegen, da andernfalls der durch § 107 Abs. 1 bezweckte Schutz des Anwartschaftsrechts in der Insolvenz entfallen würde (→ § 91 Rn. 22).[125] Zudem werden bedingt begründete Rechte im Insolvenzfall als bereits bestehend behandelt, wenn der aufschiebend bedingte Rechtsübergang vor Insolvenzeröffnung stattgefunden hat, auch wenn die Bedingung erst danach eintritt; demzufolge ist das Anwartschaftsrecht des Vorbehaltskäufers nicht Gegenstand der Insolvenzmasse des Vorbehaltsverkäufers.[126] In der **Insolvenz des Vorbehaltskäufers** unterfällt der Kaufvertrag zwischen diesem und dem Anwartschaftszweiterwerber dem Wahlrecht des Insolvenzverwalters gem. § 103 dann, wenn der Zweiterwerber den Kaufpreis nicht oder nicht vollständig bezahlt hat. Auf diese Konstellation findet § 107 Abs. 1 keine Anwendung. Der Insolvenzverwalter kann in der Insolvenz des Vorbehaltskäufers dem Anwartschaftsrecht des Anwartschaftszweiterwerbers durch die Ausübung eines ihm gem. § 103 Abs. 1 **gegenüber dem Vorbehaltsverkäufers** zustehenden Wahlrechts nicht unmittelbar die Grundlage entziehen, da das Anwartschaftsrecht vom Vertragsverhältnis zum Vorbehaltsverkäufer abhängig ist und seine Bestandskraft sich nach diesem Verhältnis richtet. Durch Übertragung auf den Dritten ist das Anwartschaftsrecht aus dem Vermögen und damit auch aus der Insolvenzmasse des Vorbehaltskäufers ausgeschieden und der Disposition des Insolvenzverwalters entzogen.[127] Dies gilt freilich nur, wenn das Anwartschaftsrecht an den Dritten veräußert worden ist. Ist es dagegen dem Dritten zur Sicherung einer Forderung gegen den Vorbehaltskäufer übertragen worden, so erlangt der Dritte daran ein Absonderungsrecht.[128] Lehnt der Verwalter die Erfüllung des Kaufvertrags gegenüber

---

121 *Wellensiek*, Kölner Schrift, Rn. 40; ferner BKInsO/*Goetsch* § 107 Rn. 17; Uhlenbruck/*D. Wegener*[14] § 107 Rn. 16; HKInsO/*Marotzke* § 107 Rn. 33.

122 HKInsO/*Marotzke* § 107 Rn. 34; aA KPB/*Tintelnot* § 107 Rn. 22; *Eckert* ZIP 1996, 897, 902. *Pape*, Kölner Schrift, Rn. 54 zieht eine Analogie zu § 169 InsO in Betracht mit der weiteren Folge, dass eine Nutzungsentschädigung nur für die Zeit nach dem Berichtstermin geltend gemacht werden kann; hiergegen FKInsO/*B. Wegener* § 107 Rn. 31. Gegen eine Ableitung des Anspruchs auf Nutzungsentschädigung aus § 177 bzw. aus §§ 346, 347 BGB HKInsO/*Marotzke* § 107 Rn. 34; *Wellensiek*, Kölner Schrift, Rn. 41.

123 S. dazu die eingehende Untersuchung von *Dobler* Rn. 40 ff., 87 ff., Rn. 109 ff., 339 ff.

124 *Dobler* Rn. 80 ff.

125 *Dobler* Rn. 93 ff.

126 BGHZ 155,87 = NZI 2003, 491; NZI 2006, 229 Rn. 13; KPB/*Lüke* § 91 Rn. 21.

127 Uhlenbruck/*D. Wegener*[14] § 107 Rn. 5; *Hess*[2] § 107 Rn. 24. Zum gleichen Ergebnis gelangt HKInsO/*Marotzke* § 107 Rn. 43 durch sinngemäße Anwendung des § 107 Abs. 1 auf das Verhältnis zwischen Vorbehaltskäufer und Drittem.

128 BGHZ 176, 86 = NZI 2008, 357; *Klose* ZInsO 2009, 1792; *Jacoby* JZ 2008, 1053; *Hess*[2] § 107 Rn. 24.

dem Vorbehaltsverkäufer ab, tritt an die Stelle von dessen Kaufpreisforderung eine Forderung wegen Nichterfüllung (§ 103 Abs. 2 Satz 1); die Kaufpreisforderung entfällt mit der Geltendmachung der Nichterfüllungsforderung durch den Vorbehaltsverkäufer mit der weiteren Folge, dass die Bedingung des Eigentumsübergangs endgültig ausfällt und das Anwartschaftsrecht auch nach der Übertragung auf den Anwartschaftszweiterwerber erlischt.[129] Dieser kann jedoch zuvor den Übergang des Eigentums auf sich selbst durch Zahlung des Restkaufpreises an den Vorbehaltsverkäufer herbeiführen.[130] Wählt der Insolvenzverwalter Erfüllung des Vorbehaltskaufvertrags, lässt dies das Anwartschaftsrecht des Zweiterwerbers unberührt.[131]

§ 108 Fortbestehen bestimmter Schuldverhältnisse

(1) [1]Miet- und Pachtverhältnisse des Schuldners über unbewegliche Gegenstände oder Räume sowie Dienstverhältnisse des Schuldners bestehen mit Wirkung für die Insolvenzmasse fort. [2]Dies gilt auch für Miet- und Pachtverhältnisse, die der Schuldner als Vermieter oder Verpächter eingegangen war und die sonstige Gegenstände betreffen, die einem Dritten, der ihre Anschaffung oder Herstellung finanziert hat, zur Sicherheit übertragen wurden.

(2) Ein vom Schuldner als Darlehensgeber eingegangenes Darlehensverhältnis besteht mit Wirkung für die Masse fort, soweit dem Darlehensnehmer der geschuldete Gegenstand zur Verfügung gestellt wurde.

(3) Ansprüche für die Zeit vor der Eröffnung des Insolvenzverfahrens kann der andere Teil nur als Insolvenzgläubiger geltend machen.

Schrifttum: *Bayreuther,* Sanierungs- und Insolvenzklauseln im Arbeitsverhältnis, ZIP 2008, 573; *Christian Berger,* Die unternehmerische Tätigkeit des Insolvenzschuldners im Rahmen der Haftungserklärung nach § 35 Abs. 2 InsO, ZInsO 2008, 1101; *ders.,* Barkaution des Mieters in Zwangsverwaltung und Insolvenz, ZfIR 2010, 221; *Bien,* Die Insolvenzfestigkeit von Leasingverträgen nach § 108 Abs. 1 Satz 2, ZIP 1998, 1017; *ders.,* Die insolvenzrechtliche Stellung des Refinanzierers der Leasinggesellschaft beim Finanzierungsleasing nach der Insolvenzordnung, 2000; *Böker,* Die Mietsicherungs- oder Mietdienstbarkeit, 2008; *Bork,* § 55 Abs. 2, § 108 Abs. 2 und der allgemeine Zustimmungsvorbehalt, ZIP 1999, 781; *ders.,* Insolvenz des Leasingnehmers und Sicherungsanordnung gem. § 21 II 1 Nr. 5 InsO, NZI 2012, 590; *Bornholdt,* Leasingnehmer und refinanzierende Bank in der Insolvenz des Leasinggebers nach der Insolvenzordnung, 1999; *Börstinghaus,* Welche Auswirkungen hat die neue Insolvenzordnung auf Mietverhältnisse und die Mietenverwaltung? DWW 1999, 205; *Braun,* Die Pflicht des Insolvenzverwalters zur Rückgabe von Mietsachen, NZI 2005, 255; *Cymutta,* Das außerordentliche Kündigungsrecht des Vermieters nach dem Lastschriftwiderruf des Insolvenzverwalters, ZInsO 2008, 191; *dies.,* Die Mietkaution in der Insolvenz des Vermieters und des Mieters, WuM 2008, 441; *dies.,* Besonderheiten der Pacht- und Landpachtverträge in der Insolvenz, ZInsO 2009, 412; *Dahl,* Der Mieter in der Insolvenz, NZM 2008, 585; *ders.,* Die Mietkaution in der Insolvenz, FS Görg, 2010, 119; *Delhaes,* Zur Kündigung von Wohnraummietverhältnissen durch den Treuhänder im Verbraucherinsolvenzverfahren, FS Uhlenbruck, 2000, 585; *Derleder,* Die Rechtsstellung der Wohnraummieter der Vermögensverfall von Zwischenvermietern, ZIP 1988, 415; *ders.,* Die Rechtsstellung des Wohn- und Gewerberaummieters in der Insolvenz des Vermieters, NZM 2004, 568; *ders.,* Im Überblick: Die Sicherung des Vermieters durch Barkaution, Bürgschaft, Verpfändung, Sicherungsabtretung und Schuldübernahme, NZM 2006, 601; *ders.,* Zur Frage eines Aussonderungsrechts an einer mit Vermietervermögen vermischten Mietkaution, NJW 2008, 1153; *ders.,* Die Betriebskostenrechnung bei Eigentümer- und Vermieterwechsel, Zwangs- und Insolvenzverwaltung, NZM 2009, 8; *Duursma-Kepplinger,* Eigentumsvorbehalt und Mobilienleasing in der Insolvenz, 2002; *Eckert,* Konkursforderungen und Masseschulden bei Erfüllung und Abwicklung von Mietverhältnissen, ZIP 1983, 770; *ders.,* Miete, Pacht und Leasing im neuen Insolvenzrecht, ZIP 1996, 897; *ders.,* Leasingraten – Masseschulden oder Konkursforderungen?, ZIP 1997, 2077; *ders.,* Neues im Insolvenzrecht der Wohnraummiete, NZM 2001, 260; *ders.,* Mietforderungen im vorläufigen Insolvenzverfahren, NZM 2003, 41; *ders.,* Aufrechnung im Mieterinsolvenzverfahren, NZM 2005, 330; *ders.,* Die Schuldnerwohnung im Verbraucherinsolvenzverfahren, ZVI 2006, 133 = NZM 2006, 803; *ders.,* Direktzahlungen des Untermieters an den Hauptvermieter, ZfIR 2006, 318; *ders.,* Räumung, Rückgabe und Aussonderung im Mieterinsolvenzverfahren, NZM 2006, 610; *ders.,* Die Schuldnerwohnung im Verbraucherinsolvenzverfahren, ZVI 2006, 133; *ders.,* Mietverträge über bewegliche Sachen in der Schwebephase zwischen Eröffnung des Insolvenzverfahrens und Ausübung des Insolvenzverwalterwahlrechts, NZM 2007, 829; *ders.,* Die insolvenzfeste Anlage der Mietkaution, ZMR 2010, 9; *Eickmann,* Der Grundstücknießbrauch in der Insolvenz des Nießbraucher, FS Gerhardt, 2004, 211; *Engert/Schmidl,* Verkaufte Darlehen in der Insolvenz des Darlehensgebers, WM 2005, 60; *Flatow,* Der Wohnungsmieter

[129] *Dobler* Rn. 159 f.

[130] *Hess*² § 107 Rn. 24; *Dobler* Rn. 262 ff., 298 ff. (Ablösungsrecht des Anwartschaftsrechtszweiterwerbers gem. §§ 268, 1249 BGB analog); *Baur/Stürner,* Sachenrecht, § 59 B IV, Rn. 34.

[131] Dazu eingehend *Dobler* Rn. 197 ff., 228 ff.

als Insolvenzschuldner, 10 Jahre Mietrechtsreformgesetz, 2011, 865; *Fleckner*, Insolvenzrechtliche Risiken bei Asset Backed Securities, ZIP 2004, 585; *Freitag*, Der Darlehnsvertrag in der Insolvenz, ZIP 2004, 2368; *Ganter*, Dauerschuldverhältnisse in der Insolvenz – Fortführung, Beendigung, Freigabe, ZIP 2019, 97; *Gehrlein*, Behandlung eines Darlehens in der Insolvenz des Darlehensgebers, ZInsO 2012, 101; *Grote*, Wohnraummiete und Arbeitseinkommen während des eröffneten Verbraucherinsolvenzverfahrens, NZI 2000, 66; *Gundlach/Frenzel/Strandmann*, Die Mietkaution in der Insolvenz des Vermieters, DZWiR 2008, 189; *Heinze*, Die Barkaution in der Insolvenz des Mieters, ZInsO 2010, 1073; *Henkel*, Die Vermeidung von Räumungskosten als Masseverbindlichkeiten durch Freigabe der in die gemieteten Räume eingebrachten Gegenstände, ZInsO 2005, 1311; *Hinrichs/Tholuck*, Die Abwicklung von Altersteilzeitarbeitsverhältnissen in der Insolvenz, ZInsO 2011, 1961; *Hölzle*, Gibt es noch eine Finanzierungsfolgenverantwortung im MoMiG?, ZIP 2009, 1939; *ders.*, Die Legitimation des Gesellschaftersonderopfers in der insolvenzrechtlichen Finanzierungsverstrickung, ZIP 2010, 913; *Hölzle/Geßner*, Die Insolvenz des Leasinggebers – Zweifelsfragen bei der Besicherung des Refinanziers, ZIP 2009, 1641; *J. F. Hoffmann*, Vertragsbindung kraft Insolvenz?, KTS 2018, 343; *ders.*, Executory Contracts, Ipso Facto Clauses and Licensing Agreements in Cross-Border Insolvencies, International Insolvency Review 27 (2018), 300; *Horst*, Mietforderungen in der Insolvenz des Mieters, ZMR 2007, 167; *Kalkschmid*, Immobilienleasing in der Insolvenz, 2003; *Klinck*, Refinanziertes Mobilienleasing in der Insolvenz des Leasinggebers, KTS 2007, 37; *Kohte*, Wohnraummiete und Insolvenz, FS Uhlenbruck, 2000, 217; *Krämer*, Leasingverträge in der Insolvenz, 2005; *Krull*, Zur Behandlung von Finanzierungsleasingverträgen im künftigen Insolvenzverfahren, ZMR 1998, 746; *Kuder*, Klartext: Neues Supervorrecht für Banken durch die Hintertür?, ZInsO 2004, 1180; *Lind*, Der Darlehensvertrag in der Insolvenz des Darlehensgebers, ZInsO, 2004, 580; *Livonius*, § 108 Abs. 1 Satz 2 InsO und seine Anwendbarkeit bei Mietverträgen, ZInsO 1998, 111; *Lohmann*, Der Fortbestand des Mietverhältnisses über unbewegliche Gegenstände in der Insolvenz des Vermieters, FS Fischer, 2008, 333; *Luther*, Darlehen im Konkurs, 1990; *Marotzke*, Die Wohnraummiete in der Insolvenz des Mieters, KTS 1999, 269; *ders.*, Gegenseitige Verträge im neuen Insolvenzrecht, 3. Aufl., 2001; *ders.*, Änderungs- und Ergänzungsbedarf bei § 109 und § 313 InsO, KTS 2001, 67; *ders.*, BGB und InsO: zwei neue Leistungsstörungsrechte im Widerstreit, KTS 2002, 1; ders., Die Freistellung von Arbeitnehmern in der Insolvenz des Arbeitgebers, InVo 2004, 301; *ders.*, Darlehen und Insolvenz, ZInsO 2004, 1273; *ders.*, Klartext: Neues Supervorrecht für Banken durch die Hintertür?, ZInsO 2004, 1063; *ders.*, Masseschuldbegründung im Eröffnungsverfahren – zum Reformvorschlag der Bundesregierung, ZIP 2005, 2144; *ders.*, Vorsicht, Elefanten!, ZInsO 2006, 300; *ders.*, Insolvenzrechtliche Probleme bei Untermietverträgen über Immobilien, ZInsO 2007, 1; *ders.*, Die vorzeitige Darlehnsrückforderung wegen Insolvenz des Darlehnsgebers, FS Westermann, 2008, 427; *Martinek/Stoffels/Wimmer-Leonhardt*, Leasinghandbuch, 2. Aufl., 2008; *Meyer*, Das Erbbaurecht in der Insolvenz, NZI 2007, 487; *Mork/Heß*, Mieterschutz contra Freigabe, ZInsO 2005, 1206; *Nunner-Krautgasser/Pateter*, Arbeitsverhältnisse in der Insolvenz – Die aktuelle Rechtslage in Österreich, ZInsO 2013, 1820 ff.; *Oberhofer/Wroblewski*, Die Altersteilzeit und das BAG in der Insolvenz, ZInsO 2005, 695; *Obermüller*, Auswirkungen der Insolvenz des Bankkunden auf die Kontobeziehung und den Zahlungsverkehr, ZInsO 1998, 252; *ders.*, Kreditkündigung durch Banken angesichts einer Insolvenz, ZInsO 2002, 97; *Obermüller/Livonius*, Auswirkungen der Insolvenzrechtsreform auf das Leasinggeschäft, DB 1995, 27; *Pannen*, Darlehensverträge in der Insolvenz des Kreditinstituts, ZInsO 2009, 596; *Papa*, Insolvenz im Mietrecht, NZM 2004, 401; *ders.*, Aktuelles zur Mieterinsolvenz, ZMR 2009, 558; *Peters*, Refinanzierung beim Mobilienleasing und Insolvenz des Leasinggebers, ZIP 2000, 1759; *Pfennig*, Das Erbbaurecht in der Insolvenz, 2010; *Priebe*, Mietverhältnisse in der Insolvenz des Mieters, NZM 2010,801; *ders.*, Immobilien und Insolvenz–Freigabe, ZInsO 2010, 1673; *Primozic*, Insolvenzfestigkeit von Leasingverträgen beim Doppelstock-Modell, NZI 2008, 465; *Ries*, Freigabe (auch) von Dauerschuldverhältnissen des § 108 InsO aus dem Insolvenzbeschlag beruflich selbstständiger Schuldner, ZInsO 2009, 2030; *Ringstmeier*, Abwicklung von Mietverhältnissen in masseunzulänglichen Insolvenzverfahren, ZInsO 2004, 169; *Sämisch*, Das Wohnrecht des Schuldners als persönlich beschränkte Dienstbarkeit gem. §§ 1090 ff. BGB in der Insolvenz, ZInsO 2005, 922; *Spies*, Zur Neuregelung der Insolvenzfestigkeit von Lizenzen nach § 108a InsO-Entwurf, 2010; *Stahmer*, Verzinsliches Darlehen in der Insolvenz, 2002; *Steder*, Behandlung des Arbeitseinkommens und sonstiger laufender Bezüge im eröffneten Insolvenzverfahren, ZIP 1999, 1974; *Tetzlaff*, Rechte des Vermieters in der Insolvenz des Mieters, NZI 2006, 87; *Timme*, Mietkaution in der Insolvenz des Vermieters, NZM 2008, 429; *Tintelnot*, Die gegenseitigen Verträge im neuen Insolvenzverfahren, ZIP 1995, 616; *Vallender/Dahl*, Das Mietverhältnis des Schuldners im Verbraucherinsolvenzverfahren, NZI 2000, 246; *Vogel/Neufeld*, Verblockte Altersteilzeit in der Insolvenz, ZIP 2004, 1938; *B. Wegener*, Die Herstellungspflicht des Verwalters in der Vermieterinsolvenz nach § 108 InsO, ZInsO 2005, 1259; *Welling*, Miet- und Leasingverträge über bewegliche Sachen im neuen Insolvenzrecht, 1999; *Wente*, Findet § 103 bei Insolvenz des dienstverpflichteten Unternehmens Anwendung?, ZIP 2005, 335; *v. Westphalen*, Leasing und Konkurs, BB 1988, 218; *v. Wilmowsky*, Der Mieter in der Insolvenz: Zur Kündigungssperre des § 112 InsO, ZInsO 2004, 882; *ders.*, Der Mieter eines beweglichen Gegenstands in Insolvenz, ZInsO 2007, 731, *ders.*, Darlehnsnehmer in Insolvenz (Teil I und II), WM 2008, 1189, 1237; *ders.*, Vermieter (Verpächter, Lizenzgeber) in Insolvenz, ZInsO 2011, 1473; *Wimmer*, Die Kündigung des Mietvertrages über die vom Schuldner bewohnte Wohnung durch den Insolvenzverwalter/Treuhänder, FS Uhlenbruck, 2000, 605; *Wolf/Eckert/Ball*, Handbuch des gewerblichen Miet-, Pacht- und Leasingrechts, 11. Aufl., 2013; *Wortberg*, Die Überlegungsfrist bei der Ausübung des Verwalterwahlrechts – ein Instrument der Masseanreicherung?, ZInsO 2006, 1256; *Zahn*, Leasingnehmer und refinanzierende Bank in der Insolvenz des Leasinggebers nach der Insolvenzordnung, DB 1995, 1597 und 1649; *ders.*, Der Leasingvertrag über Mobilien in der Insolvenz des Leasinggebers nach der Novellierung der InsO, DB 1996, 1393; *ders.*, Die Rechte der Bank in der Insolvenz der Leasinggesellschaft bei Doppelstock-Refinanzierung, DB 2003, 2371; *ders.*, Das Sicherungseigentum der Bank in der Insolvenz der Leasinggesellschaft,

ZIP 2007, 365; *Zeibig*, Die Mietkaution. Zum Sicherungstreuhandverhältnis der Mietkaution, den Folgen seiner Fehlerhaftigkeit und der Behandlung in Zwangsvollstreckung und Insolvenz, 2012.

Literatur zur Lizenz: *Abel*, Filmlizenzen in der Insolvenz des Lizenzgebers und Lizenznehmers, NZI 2003, 121; *Adolphsen*, Die Insolvenz im Filmlizenzgeschäft, DZWiR 2003, 228; *Bausch*, Patentlizenz und Insolvenz des Lizenzgebers, NZI 2005, 289; *Christian Berger*, Der Lizenzsicherungsnießbrauch – Lizenzerhaltung in der Insolvenz des Lizenzgebers, GRUR 2004, 20; *ders.*, Der BGH auf dem Wege zur Anerkennung der Insolvenzfestigkeit von Softwarelizenzen, NZI 2006, 380; *ders.*, Lizenzen in der Insolvenz des Lizenzengebers, GRUR 2013, 321; *Lucina Berger*, Insolvenzschutz für Markenlizenzen, 2006; *Bortz*, Urheberrechtliche Lizenzen in nationaler und internationaler Insolvenz, 2012; *Brandt*, Softwarelizenzen in der Insolvenz, NZI 2001, 337; *Brinkmann*, Schiedsverfahren über Lizenzen in der Insolvenz des Lizenzgebers – eine Gleichung mit drei Unbekannten, NZI 2012, 735; *Bullinger/Hermes*, Insolvenzfestigkeit von Lizenzen im zweiten Anlauf einer Insolvenzrechtsreform, NZI 2012, 492; *Cepl*, Lizenzen in der Insolvenz des Lizenznehmers unter Berücksichtigung des Kündigungsrechts des Lizenzgebers, NZI 2000, 357; *Dengler/Gruson/Spielberger*, Insolvenzfestigkeit von Lizenzen?, NZI 2006, 677; *Dieselhorst*, Zur Dinglichkeit und Insolvenzfestigkeit einfacher Lizenzen – Kritische Betrachtungen auf der Grundlage des BGH-Urteils „Reifen Progressiv“, CR 2010, 69; *Fezer*, Lizenzrechte in der Insolvenz des Lizenzgebers – Zur Insolvenzfestigkeit der Markenlizenz, WRP 2004, 793; *Ganter*, Patentlizenzen in der Insolvenz des Lizenzgebers, NZI 2011, 833; *Haedicke*, Dingliche Wirkungen und Insolvenzfestigkeit von Patentlizenzen in der Lizenzkette, ZGE/IPJ 2011, 377; *Hauck*, Die Verdinglichung obligatorischer Rechte am Beispiel einfacher immaterialgüterrechtlicher Lizenzen, AcP 211 (2011), 626; *Heimberg*, Lizenzen und Lizenzverträge in der Insolvenz, 2011; *J. F. Hoffmann*, Der Bestandsschutz von Unterlizenzen, ZGE/IPJ 2015, 245; *Hirte*, Sublizenzen in der neueren Rechtsprechung des I. Zivilsenats des BGH (M2Trade und Take Five) und ihre Auswirkungen auf die Debatte um die Insolvenzfestigkeit von Lizenzen, ZInsO 2013, 1770; *Hirte/Knof*, Wem „gehört“ die Lizenz? – Plädoyer für eine Dekonstruktion des Haftungsrechts in der Insolvenz, JZ 2011, 889; *Jelinek*, Lizenzen in der Insolvenz – nach deutschem und US-amerikanischen Recht, 2013; *K. Kern*, Ausschließliche Patentlizenzen im Europäischen Insolvenzrecht, 2015; *Koehler/Ludwig*, Die Behandlung von Lizenzen in der Insolvenz, NZI 2007, 79; *G. Koziol*, Lizenzen als Kreditsicherheiten, 2011; *Marotzke*, Sukzessionsschutz für Lizenzen im Immaterialgüterrecht – dargestellt am Beispiel der Patentlizenz, ZGE 2010, 233; *ders.*, Das M2Trade-Urteil des BGH vom 19.7.2012: ein Stolperstein auf dem Weg zur gesetzlichen Regelung der Insolvenzfestigkeit von Lizenzen? Zugleich ein Beitrag zum Umfang des immaterialgüterrechtlichen Sukzessionsschutzes bei Lizenzketten, ZInsO 2012, 1737; *McGuire*, Lizenzen in der Insolvenz: ein neuer Anlauf zu einer überfälligen Reform, GRUR 2012, 657; *Pleister/Wündisch*, Lizenzen in der Insolvenz – eine unendliche Geschichte?, ZIP 2012, 1792; *Potthoff*, Patentlizenzen in der Insolvenz, 2015; *Frhr Raitz v. Frentz/Masch*, Die Insolvenzfestigkeit von einfachen und ausschließlichen Nutzungsrechten an Schutzrechten (Patentlizenzen, Markenlizenzen und urheberrechtlichen Nutzungsrechten), ZIP 2011, 1245; *Scherenberg*, Lizenzverträge in der Insolvenz des Lizenzgebers unter besonderer Berücksichtigung des Wahlrechts des Insolvenzverwalters nach § 103 Abs. 1 InsO, 2005; *Schmoll/Hölder*, Patentlizenz- und Know-how-Verträge in der Insolvenz – Teil I: Insolvenz des Lizenznehmers, GRUR 2004, 743; *dies.*, Teil II: Insolvenz des Lizenzgebers, GRUR 2004, 830; *Seemann*, Der Lizenzvertrag in der Insolvenz, 2002; *Slopek*, Die Lizenz in der Insolvenz des Lizenzgebers, WRP 2010, 616; *Tabrizi*, Lizenzen in der Insolvenz nach dem Scheitern des Gesetzes zur Einführung eines § 108a InsO, 2011; *Wallner*, Die Insolvenz des Urhebers unter besonderer Berücksichtigung der Verträge zur Überlassung von Software, 2002; *ders.*, Insolvenzfeste Nutzungsrechte und Lizenzen an Software, NZI 2002, 70; *Weber/Hölzel*, Das Schicksal der Softwarelizenz in der Lizenzkette bei Insolvenz des Lizenznehmers, NZI 2011, 432; *Wiedmann*, Lizenzen und Lizenzverträge in der Insolvenz, 2006; *v. Wilmowsky*, Vermieter (Verpächter, Lizenzgeber) in Insolvenz, ZInsO 2011, 1473; *Wimmer*, Neue Reformüberlegungen zur Insolvenzfestigkeit von Lizenzverträgen, ZIP 2012, 545; *Wündisch/Bauer*, Patent-Cross-Lizenzverträge – Terra incognita?, GRUR Int 2010, 641.

Übersicht

A. Bestandsschutz von Dauerschuldverhältnissen – Vorbemerkungen

I. Sinn und Zweck der Regelung

1 § 108 thematisiert den **Schutz von Dauerschuldverhältnissen** in der Insolvenz. Die Vorschrift ordnet das „Fortbestehen" ausgewählter Dauerschuldverhältnisse „mit Wirkung für die Insolvenzmasse" an. Der Fortbestand eines Vertrages wird durch die Insolvenzeröffnung freilich ohnehin nicht angetastet, was mittlerweile auch der BGH nach Aufgabe der sog. „Erlöschenstheorie" anerkennt.[1] Entscheidender ist die Anordnung, dass der Vertrag auch für die Insolvenzmasse wirken soll, womit die entsprechenden Verträge **vom Verwalterwahlrecht des § 103 ausgenommen** werden. Bewerkstelligt wird dieser Schutz im Ausgangspunkt durch die Statuierung einer sog. **oktroyierten Masseverbindlichkeit**[2] gem. § 55 Abs. 1 Nr. 2 Alt. 2.

2 Die Gesetzesverfasser hatten die entsprechende Vorgängerregel der Konkursordnung auch damit begründet, dass am Beispiel des Mietvertrages nach Überlassung des Mietgegenstandes der Vermieter bereits seine wesentlichen Pflichten erfüllt habe, weshalb der Vertrag nicht mehr als beiderseits nicht erfüllt (heute § 103 Abs. 1) angesehen werden könne.[3] Die Vorstellung, ein Vermieter habe seine Pflichten durch Überlassung der Mietsache bereits im Wesentlichen erfüllt, erscheint aus heutiger Sicht unzutreffend.[4] Zum einen widerspricht das der dispositiven vertraglichen Risikoordnung, nach der den Vermieter insbesondere Erhaltungspflichten treffen (§ 535 Abs. 1 S. 2 BGB). Zum anderen war insbesondere auch die bereits in der Konkursordnung vorgesehene Sonderregelung für Dienstverträge nur sehr gewaltsam mit der Vorstellung zu begründen, der Dienstverpflichtete habe durch den „Antritt" seiner Dienste den wesentlichen Teil seiner Verpflichtungen bereits erfüllt.[5] Zuletzt erscheint die Vorstellung, Dauerschuldverhältnisse seien nach Invollzugsetzung vom (heutigen) § 103 nicht erfasst, auch rechtsvergleichend zweifelhaft, wenn man sich vor Augen führt, dass manche Rechtsordnungen die Regelungen der gegenseitigen Verträge in der Insolvenz fast ausschließlich an den Dauerschuldverhältnissen ausgerichtet haben.[6]

3 Maßgebend für die Sonderbehandlung bestimmter Dauerschuldverhältnisse ist vielmehr ein anderer Aspekt, auf den sich auch die Verfasser der Konkursordnung bereits bezogen hatten:[7] Bei Dauerschuldverhältnissen können in privatrechtlicher Hinsicht schutzwürdige **Kontinuitätsinteressen** entstehen. Vertragsparteien tätigen im Hinblick auf den kontinuierlichen Leistungsaustausch unter Umständen Dispositionen, die durch eine insolvenzbedingte Undurchsetzbarkeit der vertraglichen Leistungspflicht entwertet zu werden drohen. Diese Kontinuitätsinteressen führen im Bürgerlichen Recht zum einen bereits inter partes zu einer Beschränkung der Kündigungsfreiheit und entfalten zum anderen auch erga omnes Wirkungen durch eine Teilverdinglichung (siehe va § 566 BGB). Die insolvenzrechtliche Umsetzung dieser privatrechtlich anerkannten Kontinuitätsinteressen stellt grds. keinen Verstoß gegen den **Gläubigergleichbehandlungsgrundsatz** dar.[8] Am Beispiel des Mietvertrages liegen die Kontinuitätsinteressen eines Mieters auf der Hand, ebenso aus Sicht des Arbeitnehmers beim Arbeitsvertrag. Aber auch ein Vermieter hat entsprechende Interessen, da ihm ein sofortiges Anschlussgeschäft regelmäßig nicht möglich wäre, wenn etwa der Insolvenzverwalter eines Mieters im laufenden Monat mit Wirkung für die Masse entscheiden könnte, den Mietvertrag nicht fortzusetzen.[9]

II. Reichweite und Art des Schutzes

4 Im Hinblick auf den Schutz von Kontinuitätsinteressen im Rahmen der Insolvenz ist zu entscheiden, welche Vertragsverhältnisse diesen Schutz genießen sollen, wie weit der Schutz gehen soll und in welcher Form dieser Schutz zu gewähren ist. Nicht zuletzt die historische Entwicklung des Schutzes von Dauerschuldverhältnissen[10] belegt eindrücklich, dass die Auswahl der **schutzwürdigen Vertragsverhältnisse** in Teilen auch eine **dezisionistische Entscheidung** ist, die sich einer voll-

---

1 BGHZ 150, 353, 359 = NZI 2002, 375, 376; BGH NJW 2007, 1594; NZI 2016, 97, Rn. 43 – Ecosoil.

2 Eingehend → Rn. 6.

3 *Hahn*, Materialien IV, S. 93 f.

4 Vgl. auch *Lohmann* FS Fischer, 2008, 333, 336 f.

5 In diese Richtung aber *Hahn*, Materialien IV, S. 99.

6 Siehe zum französischen Recht Art. L622-13, L631-14, L641-11-1 code de commerce.

7 *Hahn*, Materialien IV, S. 94.

8 *J. F. Hoffmann*, Prioritätsgrundsatz und Gläubigergleichbehandlung, 2016, S. 335 ff.; **aA** wohl *Häsemeyer*, Insolvenzrecht, 4. Aufl. 2007, Rn. 14.04.

9 *Hahn*, Materialien IV, S. 94.

10 → Rn. 8 ff.

umfänglichen Systematisierung entzieht.[11] Soweit weder Gesetzeswortlaut noch Gesetzesmaterialien eine eindeutige Auskunft enthalten, wird sich eine zwingende Lösung weder aus dem Gesichtspunkt des Masseschutzes noch unter dem gegenläufigen Aspekt des Schutzes des Vertragspartners herleiten lassen. Einzig die Grenze der willkürlichen Ausklammerung bestimmter Dauerschuldverhältnisse vom angeordneten Schutz ist in systematischer Hinsicht zu beachten.

Hinsichtlich der **Reichweite** des Schutzes legt § 108 Abs. 1 S. 1 fest, dass das gesamte Vertrags- 5
verhältnis erfasst werden soll. Allerdings wird man auch hier insbesondere bei typengemischten Verträgen um dezisionistische Entscheidungen nicht umhinkommen, um festzulegen, wann der individuelle Vertrag sich von den von § 108 Abs. 1 S. 1 genannten Vertragstypen zu weit entfernt.[12] Grds. denkbar wäre es, bei Miet- und Pachtverhältnissen ausschließlich das Nutzungsrecht zu schützen, nicht aber die weiteren Leistungspflichten – wie insbesondere die Erhaltungspflichten – gegenüber der Masse greifen zu lassen. Für diese mögliche unterschiedliche Schutzreichweite sei exemplarisch § 986 Abs. 2 BGB im Vergleich zu § 566 Abs. 1 BGB genannt. § 108 Abs. 1 S. 1 sieht jedoch einen Schutz auch der Kontinuitätsinteressen an den weiteren Leistungspflichten vor. Eine Differenzierung zwischen Nutzungseinräumung und weiteren Vertragspflichten ist dem deutschen Insolvenzrecht insoweit (derzeit) fremd.[13]

Bezüglich der **Art und Weise** des Schutzes des Vertragspartners in einem Dauerschuldverhältnis 6
sind theoretisch unterschiedliche Lösungen denkbar: Am stärksten wäre der Schutz des Vertragspartners ausgestaltet, wenn er mit einer **echten dinglichen Wirkung** versehen würde. Am Beispiel des Mietvertrages wäre dem Mieter in der Insolvenz des Vermieters ein Aussonderungsrecht zu gewähren. Diese Lösung über ein Aussonderungsrecht wäre konstruktiv allerdings von vornherein nur für die Nutzungsbefugnis und nicht auch für die weiteren Leistungspflichten möglich; dass nur bestimmte Bereiche des Vertrages verdinglicht werden, ist freilich ein Phänomen, dem man bei §§ 106 Abs. 1 S. 2, 107 Abs. 1 S. 2 begegnet. Einen absoluten Vorrang auch hinsichtlich der weiteren Leistungspflichten könnte der Vertragspartner nur durch ein absolutes Insolvenzvorrecht zur Naturalleistung erhalten; konstruktiv dem geltenden Insolvenzrecht vertrauter wäre ein Absonderungsrecht zur Sicherung des Wertes der weiteren Leistungspflichten, was sich freilich im Einzelfall als unzulänglich erweisen kann. Etwas schwächer ausgestaltet wäre der Schutz, wenn den Kontinuitätsinteressen durch die Einräumung einer **Masseverbindlichkeit** Rechnung getragen würde. Die Nutzungsposition des Vermieters würde dann nicht vollumfänglich verdinglicht, da sie im Falle einer Masseunzulänglichkeit nach Maßgabe von § 209 Abs. 1 Nr. 3 unter Umständen nur noch quotal dem Wert nach (§ 45) geltend gemacht werden könnte. Die systematische Stellung innerhalb der §§ 103 ff. lässt noch keinen zwingenden Schluss darauf zu, ob sich der **Gesetzgeber** hinsichtlich der Nutzungsbefugnis für eine vollwertige Verdinglichung oder für die Lösung über eine Masseverbindlichkeit entschieden hat; das belegt nicht zuletzt ein Seitenblick auf §§ 106 Abs. 1 S. 1, 107 Abs. 1 S. 1, die trotz ihrer systematischen Stellung als Aussonderungsrechte eingeordnet werden.[14] Allerdings haben sich die Verfasser der Konkursordnung gegen eine echte Verdinglichung ausgesprochen.[15] Weiter wäre es in systematischer Hinsicht äußerst fragwürdig, wenn § 108 Abs. 1 S. 1 dem Mieter ein Aussonderungsrecht an einem Grundstück ohne Grundbucheintragung gewähren würde. Zwar ist auch § 566 Abs. 1 BGB in dieser Hinsicht eine systematische Ausnahme;[16] dessen Verdinglichung wirkt freilich nur in einem gegenständlich begrenzten Verteilungskonflikt, der nicht so prekär ist wie eine Insolvenzsituation, denn Insolvenzgläubiger können nicht über einen Schadensersatz gegen den Schuldner schadlos gehalten werden.[17] Im Falle der Insolvenz des Mieters oder eines Arbeitgebers kommt eine echte Verdinglichung ohnehin nicht in Betracht, da weder der Mietzins noch der Lohn dem Vermieter bzw. dem Arbeitnehmer mit dinglicher Wirkung zugewiesen werden kann; das geltende Recht kennt weder Generalhypotheken noch absolute Insolvenzvorrechte. Es ist davon auszugehen, dass § 108 **im Falle der Masseunzulänglichkeit keinen Schutz** gewährt und dass

---

11 Um eine gewisse Detailschärfe kommt die gesetzliche Regelung daher nicht umhin, auch wenn die Warnung übermäßiger gesetzgeberischer Differenzierungen bei *von Wilmowsky* NZI 2013, 377, 383 durchaus zu beherzigen ist.

12 → Rn. 50 ff.

13 Vgl. aber zur Ausgestaltung des Schutzes von Lizenznehmern im US-amerikanischen Insolvenzrecht 11 USC § 365(n)(1)(B). Auch im französischen Recht kann es dazu kommen, dass der Mieter die Sache zwar behalten darf, ansonsten aber keine vertraglichen Rechte gegen die Masse durchsetzen kann; siehe Cass. Com 19 mai 2004, Nr. 01-13542; *Pérochon*, Entreprises en difficulté, 8. Aufl. 2016, n° 741.

14 BT-Drs. 12/2443, 195 re. Sp.; BGH NZI 2008, 428; → MüKoInsO/*Ganter*, § 47 Rn. 333; → MüKoInsO/*Hefermehl*, § 55 Rn. 142; Jaeger/*Henckel*, § 47 Rn. 54 f.; Jaeger/*Jacoby*, § 106 Rn. 1.

15 *Hahn*, Materialien IV, S. 93; erwogen wurde ein Absonderungsrecht.

16 Vgl. etwa BeckOGK/*Harke*, § 566 BGB Rn. 8.

17 Zu den gegenständlich begrenzten Verteilungskonflikten („Forderungskollisionen") vgl. *J. F. Hoffmann*, Prioritätsgrundsatz und Gläubigergleichbehandlung, 2016, S. 384 ff.

eine besondere Verabsolutierung lediglich der Nutzungsbefugnis gesetzlich wohl nicht intendiert war.[18]

7 Eine nachgelagerte Frage ist, was mit Verträgen passiert, die sich die Masse nicht entgegenhalten lassen muss. Heute wird zutreffend davon ausgegangen, dass Verträge, die im Kontext von § 103 Abs. 1 vom Insolvenzverwalter nicht zur Masseverbindlichkeit aufgewertet werden, grds. bestehen bleiben, was im Hinblick auf eine mögliche Nachhaftung (§ 201 Abs. 1) des Insolvenzschuldners für den Vertragspartner theoretisch von Interesse sein kann.[19] Im Rahmen von § 103 Abs. 1 kann der Verwalter den Vertrag nicht auflösen.[20] Die Konzeption der §§ 108 ff. weicht hiervon ab: Bestimmte Dauerschuldverhältnisse werden zu Masseverbindlichkeiten aufgewertet, um den Kontinuitätsinteressen der Gegenseite Rechnung zu tragen. Der gewährte **insolvenzrechtliche Bestandsschutz** wird aber dadurch **relativiert,** dass **besondere Kündigungsrechte** zugunsten des Insolvenzverwalters (§§ 109 Abs. 1 S. 1, 113) vorgesehen sind. Diejenigen Vertragsverhältnisse, die nicht vom Schutz des § 108 erfasst werden, unterfallen dagegen dem Verwalterwahlrecht gem. § 103 Abs. 1, können vom Insolvenzverwalter also nicht beendet werden. Im Hinblick auf eine etwaige Nachhaftung des Schuldners ist es überraschend, dass Dauerschuldverhältnisse, die nicht den Schutz des § 108 genießen, fortbestehen, während die eigentlich schutzwürdigen Dauerschuldverhältnisse vom Insolvenzverwalter unter Umständen sogar gekündigt werden können. Immerhin bleiben dem Vertragspartner Schadensersatzansprüche wegen vorzeitiger Kündigung (§§ 109 Abs. 1 S. 3, 113 S. 3).

III. Die erfassten Verträge – historische Entwicklung

8 Die Konkursordnung sah in §§ 19 ff. KO einen Bestandsschutz für Miet- und Pachtverhältnisse vor. Dieser Bestandsschutz erfasste Nutzungsverträge über bewegliche und unbewegliche Gegenstände. Auch Nutzungsverträge über sonstige Rechte waren erfasst, sodass die Insolvenzfestigkeit von Lizenzen unter Geltung der Konkursordnung gewährleistet war.[21] § 22 KO sah daneben in der Insolvenz des Dienstberechtigten den grds. Fortbestand von Dienstverträgen gegenüber der Masse vor.

9 Der Schutz von **Dienstverhältnissen** ist in § 108 Abs. 1 beibehalten worden, nicht allerdings die ausdrückliche Beschränkung auf die Insolvenz des Dienstberechtigten.[22] Bei der Kodifikation der Insolvenzordnung hat sich der Gesetzgeber bewusst dafür entschieden, **Miet- und Pachtverhältnisse** über bewegliche Gegenstände vom Schutz des § 108 Abs. 1 auszunehmen, der seitdem nur noch unbewegliche Gegenstände erfasst. Im Ergebnis war damit auch die Insolvenzfestigkeit von **Lizenzen** vom direkten Anwendungsbereich des § 108 Abs. 1 ausgenommen.[23] Die Beseitigung des Schutzes von Nutzungsverträgen hinsichtlich **beweglicher Gegenstände** hat im Gesetzgebungsverfahren keine eingehende Diskussion erfahren und steht auch weiterhin in der Kritik.[24] Begründet wurde sie in der Sache damit, dass eine Veräußerung des beweglichen Gegenstandes durch den Insolvenzverwalter erschwert würde, wenn die Miet- und Pachtverhältnisse über diese unter besonderen Schutz gestellt würden; man wollte daher, dass sie „enden", wenn der Verwalter nicht Erfüllung wählt.[25] Die Regelungsalternative, Verträge über bewegliche Gegenstände im Schutzbereich der Norm zu belassen und stattdessen ein besonderes Kündigungsrecht bei einer Veräußerung vorzusehen (vgl. § 111), wurde vom Gesetzgeber offenbar nicht erwogen. Die Gesetzesverfasser gingen bei der Beschränkung des § 108 Abs. 1 auf unbewegliche Gegenstände davon aus, dass Nutzungsverhältnisse, die dem Wahlrecht des § 103 Abs. 1 unterfielen und deren Erfüllung der Insolvenzverwalter ablehnt, dadurch „enden". Obwohl diese dogmatische Prämisse der sog. „Erlöschenstheorie" heute überwunden ist,[26] bleibt dennoch das vom Gesetzgeber erwünschte Ergebnis zu beachten, dass auch ein Einzelrechtsnachfolger sich das Nutzungsverhältnis nicht entgegenhalten lassen muss, obwohl **§ 986 Abs. 2 BGB** hier einen gewissen Sukzessionsschutz für schuldrechtliche Nutzungsverhältnisse[27] vorsieht. Die Gesetzesverfasser gingen also davon aus, dass die Masse einen Gegenstand dann **sukzes-**

---

18 So etwa auch HKInsO/*Marotzke*, § 108 Rn. 50; K. Schmidt/*Ringstmeier*, § 108 Rn. 14; *Ringstmeier*, ZInsO 2004, 169, 173.

19 Siehe auch BGH NJW 2010, 1284, Rn. 30; → MüKoInsO/*Huber*, § 103 Rn. 18; HKInsO/*Marotzke*, § 103 Rn. 90.

20 Anders etwa § 21 Abs. 1 österreichische Insolvenzordnung.

21 Siehe BGH NJW-RR 1995, 936, 938 (ab „Überlassung" des lizenzierten Immaterialgüterrechts); *Jaeger/Henckel*, 9. Aufl. 1997, § 19 KO Rn. 23 ff., § 21 KO Rn. 6.

22 → Rn. 124.

23 Siehe etwa BGH NZI 2016, 97, Rn. 43 – Ecosoil; eingehend zu den Lizenzverträgen → Rn. 163 ff.

24 KPB/*Tintelnot*, § 108 Rn. 2.

25 BT-Drs. 12/2443, 146 f.

26 BGHZ 150, 353, 359 = NZI 2002, 375, 376; BGH NJW 2007, 1594; NZI 2016, 97, Rn. 43 – Ecosoil.

27 Siehe *Canaris* FS Flume, 1978, 371, 392 ff.; Staudinger/*Gursky*, § 986 BGB Rn. 49.

sionsschutzfrei veräußern könne, wenn das Nutzungsverhältnis nicht nach Maßgabe von § 108 Abs. 1 S. 1 gegen die Masse geltend gemacht werden konnte. Mit diesem Befund muss man sich auseinandersetzen, wenn man hinsichtlich Lizenzverträgen in der Insolvenz des Lizenzgebers postuliert, der lizenzrechtliche Sukzessionsschutz (vgl. §§ 15 Abs. 3 PatG, 30 Abs. 5 MarkenG) führe dazu, dass eine nicht insolvenzfeste Lizenz gegen einen Einzelrechtsnachfolger in das Immaterialgüterrecht geltend gemacht werden könne.[28] In der Tat erscheinen die Erwägungen in den Gesetzesmaterialien zwar in der Sache nicht als zwingend, aber durchaus konsequent: Wird ein Vertragsverhältnis nicht nach Maßgabe von § 108 Abs. 1 geschützt, dann kann der Nutzungsberechtigte sich gegenüber den konkurrierenden Gläubigern nicht auf seine Position berufen – auch nicht mittelbar, indem die Position in eine Veräußerung des Gegenstandes durch den Insolvenzverwalter eingepreist werden muss.

Miet- und Pachtverhältnisse an **beweglichen Gegenständen** werden nur nach Maßgabe der Sonderregelung des **§ 108 Abs. 1 S. 2** in bestimmten Konstellationen in den Schutz einbezogen.[29] Nach Inkrafttreten der Insolvenzordnung sah sich der Gesetzgeber außerdem veranlasst, **Darlehensverträge** in der Insolvenz des Darlehensgebers mittels **§ 108 Abs. 2** in den Schutzbereich aufzunehmen.[30] 10

IV. Insolvenzrechtliche Folgen für nicht geschützte Dauerschuldverhältnisse

Die praktische und wirtschaftliche Bedeutung des mittels § 108 Abs. 1 S. 1 gewährten Schutzes kann nur durch eine Gegenüberstellung mit der rechtlichen Behandlung nicht besonders geschützter Dauerschuldverhältnisse erfasst werden. Zu diesen zählen insbesondere das Leasing und auch die Gebrauchsüberlassung beweglicher Gegenstände, die von § 108 Abs. 1 S. 1 nur in der Sonderkonstellation des § 108 Abs. 1 S. 2 erfasst werden. 11

1. Wahlrecht des Insolvenzverwalters gem. § 103 Abs. 1 InsO. Das Wahlrecht des Insolvenzverwalters gem. § 103 Abs. 1 setzt voraus, dass der betroffene Vertrag von beiden Seiten **noch nicht vollständig erfüllt** ist. Der Hintergrund dieser Tatbestandsvoraussetzung besteht darin, dass der Insolvenzverwalter den Anspruch des Vertragspartners nur dann nach § 55 Abs. 1 Nr. 2 Alt. 1 zur Masseverbindlichkeit aufwerten wird, wenn er auf diesem Wege einen vorteilhaften Vertrag für die Masse abwickeln kann, der ansonsten im Zustand des **§ 320 BGB** verharren müsste, da der Vertragspartner gegen Erhalt der Insolvenzquote seinerseits nicht leisten muss.[31] Soweit der Vertragspartner vorgeleistet hat, hat der Insolvenzverwalter keinen Grund, dessen Gegenanspruch nachträglich zur Masseverbindlichkeit aufzuwerten. Soweit der Insolvenzschuldner vorgeleistet hat, kann sich der Vertragspartner ohnehin nicht auf § 320 BGB berufen, weshalb sich eine Erfüllungswahl grds. erübrigt.[32] 12

Insbesondere bei Dauerschuldverhältnissen bestehen verbreitet Missverständnisse im Umgang mit diesem Tatbestandserfordernis des § 103 Abs. 1. Bereits die Verfasser der Konkursordnung hatten Probleme mit der Vorstellung von einem Erfüllungswahlrecht nach Invollzugsetzung des Dauerschuldverhältnisses.[33] Zu erkennen ist in diesem Kontext für Nutzungsverträge in der Insolvenz des zur Nutzungsüberlassung Verpflichteten Folgendes: Soweit der Nutzungsgegenstand nicht (teilweise) mit absoluter Wirkung dem Vermögen des Nutzungsberechtigten zugewiesen wird, bedarf es einer **kontinuierlichen schuldrechtlichen Nutzungsberechtigung,** um die Nutzung der Sache gegenüber der Insolvenzmasse trotz erga omnes bestehender Störung inter partes zu legitimieren (§ 986 bzw. § 1004 Abs. 2 BGB). Hat die insolvente Partei an einer absoluten Rechtsposition eine nur schuldrechtlich wirkende Nutzungsbefugnis eingeräumt, hat sie damit nie vollständig erfüllt im Sinne von § 103 Abs. 1, unabhängig davon, ob daneben noch weitere (Neben)Leistungspflichten des Rechtsinhabers bestehen.[34] Dagegen hat sich *von Wilmowsky* gewandt, der die Vorstellung des Erfordernisses eines andauernden Fortbestehens der Einwilligung zur Nutzung für „abenteuerlich" hält.[35] Der zur Nutzungsüberlassung Verpflichtete sei lediglich verpflichtet, es zu unterlassen, den Nutzungsberechtigten in seinen Nutzungen zu stören. Diese Unterlassungspflicht nehme laut *von Wilmowsky* kein Insolvenzvermögen in Anspruch, weshalb der Nutzungsberechtigte eine insolvenz- 13

---

28 So etwa *L. Berger,* Insolvenzschutz für Markenlizenzen, 2006, S. 101; HKInsO/*Marotzke,* § 108 Rn. 11; offenbar auch *Chr. Berger* GRUR 2013, 321, 324.

29 → Rn. 127 ff.

30 → Rn. 142 ff.

31 Eingehend *Marotzke,* Gegenseitige Verträge im neuen Insolvenzrecht, 3. Aufl. 2001, Rn. 2.76 ff.

32 Zum besonderen Problem der Teilvorleistungen beider Seiten siehe *J. F. Hoffmann* KTS 2018, 343, 367 ff.

33 → Rn. 2.

34 Vgl. auch → MüKoInsO/*Eckert,* 3. Aufl. 2013, § 108 Rn. 134.

35 *von Wilmowsky* NZI 2013, 377, 380.

feste Position habe,[36] die offenbar sogar im Falle der Masseunzulänglichkeit geschützt werde. Dem kann allerdings nicht gefolgt werden: Der Nutzungsgegenstand ist der Masse mit absoluter Wirkung zugewiesen; wenn sie nun verpflichtet werden soll, es zu unterlassen, Dritte in der Nutzung zu „stören", wird unmittelbar auf die Insolvenzmasse zugegriffen.[37]

14 Der Nutzungsberechtigte hingegen mag unter Umständen vor der Insolvenz des zur Nutzungsüberlassung Verpflichteten vollständig erfüllt haben, da er das Entgelt für die Nutzung vorweg **vollständig bezahlt** hat. Es besteht dann regelmäßig kein Wahlrecht gem. § 103 Abs. 1.[38] Dagegen spricht nicht, dass den Nutzungsberechtigten weiterhin Rücksichtnahmepflichten gem. §§ 280 Abs. 1, 241 Abs. 2 BGB treffen, die noch nicht vollständig „erfüllt" seien,[39] da diese Rücksichtnahmepflichten nicht im vertraglichen Konsens,[40] sondern in einer faktischen Nähebeziehung wurzeln und sogar bei einem unwirksamen Vertrag gem. § 311 Abs. 2 Nr. 3 BGB[41] zu statuieren wären. Etwaige vertragliche Verpflichtungen des Nutzungsberechtigten im Hinblick auf eine **Instandhaltung** oder Instandsetzung des Gegenstandes können eine Anwendung von § 103 Abs. 1 begründen, was praktisch aber selten relevant sein dürfte, denn die künftige Abnutzung kann der Insolvenzverwalter durch ein Herausgabeverlangen[42] unterbinden; vergangene Abnutzungen sind nach Maßgabe der vertraglichen Vereinbarungen abzurechnen, wenn der Verwalter die Sache herausverlangt. Eine Erfüllungswahl nach § 103 Abs. 1 dürfte nur in den Fällen angezeigt sein, in denen die Instandhaltungs- bzw. Instandsetzungspflicht vertraglich zwingend davon abhängt, dass der Vertragspartner den Gegenstand noch weiter nutzen darf und die Instandsetzungspflicht einen höheren Wert als die verbleibende Nutzungsdauer hat. Eine Anwendbarkeit des § 103 Abs. 1 kommt trotz vollständiger Bezahlung außerdem bei Nutzungs- und **Bewirtschaftungspflichten** des Vertragspartners in Betracht, soweit diese für die Masse einmal einen höheren Wert haben sollten als der Zugriff auf den Gegenstand selbst.

15 Hat der Vertragspartner vollständig bezahlt und ist § 103 Abs. 1 deshalb nicht anwendbar, bedeutet das entgegen einem weitläufigen Missverständnis allerdings **nicht,** dass deshalb in der Insolvenz der Gegenseite der Nutzungsberechtigte eine **geschützte Rechtsposition** hat.[43] Es wäre auch sonderbar, einem Gläubiger deshalb einen besonderen Schutz zu gewähren, nur weil er (vor)geleistet hat. Es bleibt dem Insolvenzverwalter unbenommen, die weitere Nutzung zu untersagen, weil die schuldrechtliche Nutzungsberechtigung nur den Rang einer Insolvenzforderung und der Insolvenzverwalter keinen Anlass hat (und dies weder nach § 103 Abs. 1 noch unter dem Gesichtspunkt der Insolvenzzweckwidrigkeit überhaupt dürfte), die Nutzungsberechtigung in den Rang einer Masseverbindlichkeit zu erheben. Der **BGH** hat allerdings im Kontext des **Lizenzvertragsrechts** jüngst einen Lizenznehmer mit dem Hinweis geschützt, dieser habe die Gegenleistung vollständig erbracht, weshalb der Vertrag nicht von § 103 Abs. 1 erfasst werde.[44] Die dogmatische Begründung für den vom BGH erwünschten Schutz des Lizenznehmers ist schief:[45] Nicht der Umstand, dass der Lizenznehmer voll erfüllt hat, vermag ihm Schutz zu verleihen, sondern die implizite Annahme des BGH, dass der Lizenznehmer in diesen Fällen gleich dem Inhaber einer absoluten Nutzungsberechtigung zu schützen sei,[46] der Lizenzgeber also ein dingliches Recht eingeräumt habe. Wenn und soweit dem Lizenznehmer eine absolute Nutzungsberechtigung im Rahmen eines Einmalschuldverhältnisses („Lizenzkauf") eingeräumt worden sein sollte, hat tatsächlich auch der Lizenzgeber vollständig erfüllt im Sinne von § 103 Abs. 1. Der Schutz des Lizenznehmers kann aber nie aus einer bloßen Unanwendbarkeit des § 103 Abs. 1 resultieren, sondern muss sich auf die Inhaberschaft einer absoluten Rechtsposition stützen.

16 **2. Folgen der Erfüllungsablehnung.** Die Ablehnung der Vertragserfüllung durch den Insolvenzverwalter führt grds. nicht dazu, dass das vertragliche Verhältnis materiell-rechtlich modifiziert

[36] Siehe *von Wilmowsky* NZI 2013, 377, 380 f.; *von Wilmowsky* ZInsO 2011, 1473, 1477 ff.
[37] Wie hier etwa auch HKInsO/*Marotzke*, § 108 Rn. 20; in anderem Kontext freilich zurückhaltend BGH NJW 2013, 2429, Rn. 34.
[38] Abweichend noch *Jaeger/Henckel*, 9. Aufl. 1997, § 21 KO Rn. 3.
[39] So aber → MüKoInsO/*Eckert*, 3. Aufl. 2013, § 108 Rn. 135.
[40] Zur „totalen Irrelevanz" des vertraglichen Versprechens für entsprechende Pflichten etwa *Picker* AcP 183 (1983), 369, 399 ff.
[41] Vgl. etwa Staudinger/*Schwarze*, § 280 BGB Rn. B 13.
[42] → Rn. 26.
[43] So auch BeckOKInsO/*Berberich*, § 108 Rn. 70, 74; *L. Berger*, Insolvenzschutz für Markenlizenzen, 2006, S. 38; HKInsO/*Marotzke*, § 108 Rn. 21; **aA** etwa Uhlenbruck/*Brinkmann*, § 47 Rn. 74; KPB/*Tintelnot*, § 103 Rn. 64.
[44] BGH NZI 2016, 97, Rn. 45 – Ecosoil.
[45] Vgl. auch *Tochtermann* Mitt 2016, 178 ff.
[46] Eingehend zum Lizenzvertrag → Rn. 163 ff.

wird, entgegen der früher vertretenen „Erlöschenstheorie".[47] Vielmehr bleibt es dabei, dass der Gläubiger sich auf den insolvenzfesten,[48] weil unmittelbar der Privatautonomie geschuldeten,[49] **§ 320 BGB** berufen und seinerseits die Erfüllung verweigern darf, soweit er nur die Insolvenzquote zu erwarten hat. Es stehen sich eine Insolvenzforderung des Gläubigers und der Gegenanspruch der Masse gegenüber im Sinne von § 320 BGB. Ist der Gläubiger zur Vorleistung verpflichtet, greift § 321 BGB.[50]

a) In der Insolvenz des Nutzungsberechtigten. aa) Vergütung, Kündigung, Herausgabe. Lehnt der Insolvenzverwalter in der Insolvenz des Nutzungsberechtigten die Erfüllung des Vertrages ab, steht dem Vertragspartner eine **Vergütung** für erfolgte Nutzungen grds. nur als **Insolvenzgläubiger** zu. Der Vertragspartner wird durch die Insolvenz allerdings nicht daran gehindert, wegen der ausbleibenden Zahlungen im Falle einer Erfüllungsablehnung durch den Insolvenzverwalter (ggf. außerordentlich) zu **kündigen,** da entsprechende Kündigungsrechte als Ausfluss des begrenzten Bindungswillens ebenso insolvenzfest sind wie § 320 BGB;[51] die Kündigungssperre des § 112 ist allerdings zu beachten. Auch ordentliche Kündigungsrechte des Vertragspartners bleiben grds. bestehen.[52] Nach der Kündigung der schuldrechtlichen Nutzungsbefugnis kann der Vertragspartner seine absolute Rechtsposition im Wege der Aussonderung gem. § 47 durchsetzen,[53] indem er bei beweglichen Sachen **Herausgabe** nach § 985 BGB, bei anderen Rechtspositionen Beseitigung und Unterlassung gem. § 1004 Abs. 1 BGB verlangt. Im Falle der Erfüllungsablehnung können aus § 546 Abs. 1 BGB keine über § 985 BGB hinausgehenden Masseverbindlichkeiten hergeleitet werden.[54] Der **BGH**[55] geht davon aus, der Vertragspartner könne bereits vor einer Kündigung ab Verfahrenseröffnung[56] **„entsprechend § 546 BGB"** Herausgabe verlangen. Macht der Verwalter von seinem Wahlrecht keinen Gebrauch und erfüllt dementsprechend die Zahlungspflichten nicht, werden freilich ohnehin regelmäßig die Voraussetzungen für ein Kündigungsrecht gegeben sein. Sollten dagegen die Voraussetzungen für ein Kündigungsrecht einmal nicht vorliegen, etwa weil der Schuldner in gewissem Umfang vorgeleistet hat, könnte entgegen dem BGH nicht kurzerhand „entsprechend § 546 BGB" eine Herausgabe zugesprochen werden. 17

bb) Schadensersatz. Masseverbindlichkeiten trotz Erfüllungsablehnung kommen in Betracht, wenn der Insolvenzverwalter heteronome Haftungstatbestände verwirklicht nach Maßgabe von § 55 Abs. 1 Nr. 1. Denkbar ist das etwa, wenn der Insolvenzverwalter Integritätsinteressen des Vertragspartners vorwerfbar verletzt und damit zulasten der Masse entsprechende **Schadensersatzpflichten** aus §§ 280 Abs. 1, 241 Abs. 2 BGB oder etwa aus § 823 Abs. 1 BGB bzw. §§ 989, 990 BGB verwirklicht. Schadensersatzpflichten können sich auch ergeben, wenn der Insolvenzverwalter nach Erfüllungsablehnung trotz Kündigung und Herausgabeverlangens des Vertragspartners mit der Nutzung fortfährt. 18

cc) Bereicherungsausgleich nach Kündigung. Darüber hinaus kommen Masseverbindlichkeiten unter dem Gesichtspunkt einer ungerechtfertigten Bereicherung gem. § 55 Abs. 1 Nr. 3 in Betracht. Unproblematisch ist dies, wenn der Insolvenzverwalter weiter nutzt, obwohl der Vertragspartner berechtigt **gekündigt** hat. Einschlägig wäre insoweit die **Eingriffskondiktion** gem. § 812 Abs. 1 S. 1 Alt. 2 BGB, die auf Auskehr des objektiven Wertes der gezogenen Nutzungen gem. § 818 Abs. 1, Abs. 2 BGB gerichtet ist. 19

dd) Nutzungen bis Kündigung. Problematisch ist, wie es sich in dem **Zeitraum bis zu einer Kündigung** des Vertragspartners verhält. Insbesondere im Hinblick auf die **Nutzungen,** die der Insolvenzverwalter für die Masse zieht, stellt sich die Haftungsfrage. Verbreitet wird auch im Zeitraum bis zum Herausgabeverlangen/der Kündigung des Vertragspartners davon ausgegangen, 20

---

47 BGHZ 150, 353, 359 = NZI 2002, 375, 376; BGH NJW 2007, 1594; NZI 2016, 97, Rn. 43 – Ecosoil.

48 BGHZ 150, 353, 359 = NZI 2002, 375, 376; BGH NZI 2007, 404, 405; *Riehm* KTS 2016, 143, 145; *Stamm* KTS 2011, 421, 424 ff.

49 *J. F. Hoffmann*, Zession und Rechtszuweisung, 2012, S. 211 mwN.

50 Vgl. auch *von Wilmowsky* ZInsO 2007, 731 f.

51 Abweichend → MüKoInsO/*Eckert,* 3. Aufl. 2013, § 108 Rn. 137, 176, der eine Kündigung erst nach Erfüllungsablehnung für zulässig hält.

52 Vgl. → Rn. 80.

53 In bestimmten Fällen des Finanzierungsleasings plädiert *Brinkmann*, Kreditsicherheiten an beweglichen Sachen und Forderungen, 2011, S. 219 ff. mit beachtlichen und auf das Immobilienleasing übertragbaren Gründen für ein bloßes Absonderungsrecht.

54 → Rn. 108.

55 BGH NJW 2007, 1594; so auch BeckOKInsO/*Berberich*, § 108 Rn. 56.3; → MüKoInsO/*Eckert,* 3. Aufl. 2013, § 108 Rn. 137; wie hier dagegen *von Wilmowsky* ZInsO 2007, 731, 737.

56 Für einen Herausgabeanspruch ab Erfüllungsablehnung dagegen HKInsO/*Marotzke*, § 112 Rn. 10.

dass die Masse gezogene Nutzungen auskehren muss. Gestützt wird das auf eine bereicherungsrechtliche Haftung der Masse nach Maßgabe von § 55 Abs. 1 Nr. 3. Der Vertrag, dessen Erfüllung der Insolvenzverwalter nicht nach Maßgabe von § 103 Abs. 1 S. 1 verlangt habe, sei kein Rechtsgrund.[57] Das vermag materiell-rechtlich nicht zu überzeugen:[58] Ein Vertrag, der sich im Zustand des § 320 BGB befindet, stellt einen Rechtsgrund dar. Wenn teilweise auf § 813 Abs. 1 S. 1 BGB abgestellt wird,[59] führt auch das nicht weiter, denn materiell-rechtlich ist anerkannt, dass die Einrede aus § 320 BGB keine dauernde Einrede im Sinne von § 813 Abs. 1 S. 1 BGB ist.[60] Auch in der Sache scheint es nicht angemessen, dem Vertragspartner einen Bereicherungsanspruch auf den objektiven Wert der Nutzungen zu gewähren, wenn er unter Umständen ein schlechtes Geschäft getätigt hat und die materiell-rechtlichen Voraussetzungen für eine Kündigung im betroffenen Zeitraum noch nicht gegeben waren.

21 Zieht der Insolvenzverwalter vor einer Kündigung durch den Vertragspartner Nutzungen, ohne dafür die Gegenleistung aus der Masse zu erbringen, handelt es sich um eine klassische Leistungsstörung. Die Problematik besteht darin, dass das materielle Recht bei Dauerschuldverhältnissen für diese Konstellation keine besonderen Gewährleistungsrechte des Vertragspartners vorsieht, da er hinreichend durch seinen Anspruch auf die Gegenleistung geschützt zu sein scheint. In der besonderen Insolvenzkonstellation ist das allerdings nicht der Fall[61] und man wird dem Vertragspartner im Hinblick auf vergangene Leistungsstörungen neben seinem in die Zukunft gerichteten Kündigungsrecht ein Rücktrittsrecht[62] bezogen auf den Zeitraum der Leistungsstörung einzuräumen haben.[63] Der Vertragspartner hat dann gem. **§ 346 Abs. 1, Abs. 2 Nr. 1 BGB** einen Anspruch auf Wertersatz für gezogene Nutzungen, der nach Maßgabe von § 55 Abs. 1 Nr. 3 Masseverbindlichkeit ist,[64] soweit der Insolvenzverwalter die Nutzungen gezogen hat. Der Vertragspartner bleibt dabei gem. § 346 Abs. 2 S. 2 BGB an ein schlechtes Geschäft gebunden. Entgegen § 346 Abs. 2 S. 2 BGB kann er allerdings nicht über den objektiven Wert der Nutzungen hinaus Auskehr verlangen, wie sogleich an § 546a Abs. 1 Alt. 1 BGB zu zeigen ist.

22 **ee) Anwendbarkeit von § 546a Abs. 1 Alt. 1 BGB.** Ob darüber hinaus eine Ausgleichspflicht der Masse aus **§ 546a Abs. 1 Alt. 1 BGB** in Höhe der vereinbarten Miete hergeleitet werden kann, erscheint problematisch. Virulent wird das va in Konstellationen, in denen der Insolvenzverwalter die Position bis zur Erfüllungsablehnung vorübergehend nutzt. Der BGH hat eine entsprechende Ausgleichspflicht bejaht und diese über § 55 Abs. 1 Nr. 1 in den Rang einer Masseverbindlichkeit erhoben.[65] Praktisch relevant wird die Frage nach der Anwendbarkeit des § 546a Abs. 1 Alt. 1 BGB nur in den Fällen, in denen die Vorschrift in der Rechtsfolge über die ohnehin als Masseverbindlichkeiten zu qualifizierenden Schadensersatz- oder Nutzungsauskehransprüche des Vertragspartners hinausgehen. Denkbar ist das etwa, wenn der Vertragspartner mit dem Schuldner ein für ihn besonders günstiges Geschäft getätigt hat, das eine Vergütung über den objektiven Nutzwert der Sache und über potenzielle Anschlussgeschäfte (§ 252 BGB) hinaus vorsieht.

23 Selbst wenn man die Tatbestandsvoraussetzung der „Beendigung des Mietverhältnisses" bereits vor einer Kündigung durch den Vertragspartner als gegeben erachtet,[66] kann man die Frage nach

---

57 *Bärenz* NZI 2006, 72, 73.

58 Wie hier Martinek/Stoffels/*Klinck*, Leasinghandbuch, 2. Aufl. 2008, § 49 Rn. 23; *von Wilmowsky* ZInsO 2004, 882, 886.

59 So → MüKoInsO/*Eckert*, 3. Aufl. 2013, § 108 Rn. 180; dagegen zutreffend Martinek/Stoffels/*Klinck*, Leasinghandbuch, 2. Aufl. 2008, § 49 Rn. 23.

60 Siehe etwa MüKoBGB/*Schwab*, § 813 Rn. 6; Staudinger/*Lorenz*, § 813 BGB Rn. 6 m. Nachw. aus d. Rspr.

61 HKInsO/*Marotzke*, § 108 Rn. 18 möchte dagegen den Mietzinsanspruch bis zur Erfüllungsablehnung durch eine entsprechende Anwendung von § 55 Abs. 2 S. 2 privilegieren (so auch *Wortberg* ZInsO 2006, 1256, 1259; zurückhaltend *von Wilmowsky* ZInsO 2004, 882, 886). § 55 Abs. 2 S. 2 ist insofern aber nicht analogiefähig, denn spätestens mit der Verfahrenseröffnung tritt eine Zäsur ein und die Insolvenzmasse muss sich schuldrechtliche Wertvereinbarungen grds. nicht entgegenhalten lassen.

62 Grds. zur Insolvenzfestigkeit von Rücktrittsrechten *Marotzke*, Gegenseitige Verträge im neuen Insolvenzrecht, 3. Aufl. 2001, Rn. 7.1 ff., 7.17 ff., 7.21 ff., 7.87 ff.; siehe weiter HKInsO/*Marotzke*, § 105 Rn. 20; MüKoBGB/*Ernst*, § 323 Rn. 187; *Riehm* KTS 2016, 143, 147 ff., 166; K. Schmidt/*Ringstmeier*, § 103 Rn. 52; *Stamm* KTS 2011, S435 ff.; *Thole* ZHR 181 (2017), 548, 564 Fn. 65; **aA** etwa Jaeger/*Jacoby*, § 103 Rn. 31; Uhlenbruck/*Wegener*, § 103 Rn. 102 ff.; *von Wilmowsky* KTS 2011, 453, 473.

63 Grds. zum Verhältnis von Rücktritt und Kündigung im Dauerschuldverhältnis *J. F. Hoffmann* ZGE/IPJ 6 (2014), 1, 13 f.

64 Vgl. zur Anwendung von § 55 Abs. 1 Nr. 3 auf § 346 Abs. 1 BGB *Marotzke*, Gegenseitige Verträge im neuen Insolvenzrecht, 3. Aufl. 2001, Rn. 4.126, 7.97.

65 BGH NJW 2007, 1594; zust. etwa Jaeger/*Jacoby*, § 103 Rn. 285.

66 BGH NJW 2007, 1594 tut das mit der unzutreffenden (→ Rn. 17) Annahme, es bestünde bereits mit Eröffnung des Verfahrens eine Herausgabepflicht.

der Anwendbarkeit des § 546a Abs. 1 Alt. 1 BGB zulasten der Masse nur über dessen **Legitimation** beantworten: Die Gesetzesverfasser des BGB führten va Praktikabilitätserwägungen für die pauschale Berechnung des § 546a Abs. 1 Alt. 1 BGB an.[67] Praktikabilitätserwägungen alleine tragen die Vorschrift freilich nicht; ihre genauen Grundlagen sind jedoch unklar. Denkbar wäre eine Deutung, wonach sich ein Mieter an dem Mietzins festhalten lassen muss, zu dem er selbst kontrahiert hat. Der Mieter dürfte sich auch nach Ende der Mietzeit nicht darauf berufen, dass der objektive Wert der Nutzungsmöglichkeit hinter der vertraglichen Bewertung zurückbleibt. Der Mieter müsste sich demnach, vergleichbar zu § 346 Abs. 2 S. 2 BGB im Rücktrittsfolgenrecht,[68] an seinem Willen festhalten lassen, solange er den Gegenstand nicht zurückgibt. Maßgeblicher Ausfluss der Relativität des **nur inter partes** gefundenen Konsenses ist allerdings, dass die konkurrierenden Gläubiger im Rahmen der **Masseverwertung** an diesen grds. nicht gebunden sind, sodass auch § 546a Abs. 1 Alt. 1 BGB nicht zur Anwendung gebracht werden darf. Das gilt auch, wenn man mit dem BGH § 546a Abs. 1 Alt. 1 BGB als „vertraglichen Anspruch eigener Art" deutet,[69] da auch dieser seine Grundlage in dem Konsens zwischen Schuldner und Vertragspartner findet, an den der Insolvenzverwalter nicht gebunden ist. Dem Insolvenzverwalter und der Masse kann die Vereinbarung des Schuldners nicht entgegengehalten werden, wenn die Erfüllung abgelehnt wird. Schutzdefizite des Vertragspartners sind insoweit auch nicht ersichtlich, da der schadensersatzrechtliche und der bereicherungsrechtliche Schutz (§ 812 bzw. § 346 BGB) umfassend sind. Ein darüber hinausgehender Ersatzanspruch, der sich aus einem besonders guten Geschäft des Vertragspartners mit dem Schuldner ergibt, ist als Insolvenzforderung zu liquidieren. Nutzt der Insolvenzverwalter nach Erfüllungsablehnung weiter, kommt § 546a Abs. 1 Alt. 1 BGB erst recht nicht in Betracht.[70]

ff) § 545 BGB. Vergleichbar kann man auch **§ 545 BGB** nur dann zur Anwendung bringen, wenn die Tatbestandsvoraussetzungen nach einer Erfüllungswahl eintreten. Zum Teil wird zwar dafür plädiert, bei einem vor Insolvenzeröffnung bzw. Erfüllungswahl beendeten Mietvertrag § 545 BGB bei Fortbenutzung des Insolvenzverwalters mit der Folge zur Anwendung zu bringen, dass dem Verwalter dann das Wahlrecht aus § 103 Abs. 1 (wieder) offenstehe.[71] Das wird § 545 BGB aber nicht gerecht: Zum einen lässt sich die Unterstellung einer stillschweigenden Vertragsverlängerung nur gegenüber solchen Akteuren legitimieren, die den ursprünglichen Konsens herbeigeführt hatten. Der Insolvenzverwalter war am ursprünglichen Vertragsschluss aber nicht beteiligt. Könnte § 545 BGB der Masse entgegengehalten werden, müsste das konsequenterweise sogar dazu führen, dass das Wahlrecht gleichermaßen über § 545 BGB stillschweigend ausgeübt wird. Zum anderen setzt § 545 BGB voraus, dass das Vertragsverhältnis im Kern unverändert fortgesetzt wird, da nur dann die Grundlage für die Vermutung des fortbestehenden Konsenses gegeben ist. Davon kann aus Sicht des zur Nutzungsüberlassung Verpflichteten aber keine Rede sein, wenn der Nutzungsberechtigte insolvent wird und ein Insolvenzverwalter die Vertragsbeziehung fortsetzen soll. 24

b) In der Insolvenz des zur Nutzungsüberlassung Verpflichteten. Lehnt der Insolvenzverwalter des zur Nutzungsüberlassung Verpflichteten die Erfüllung des Vertrages ab, so hängt das weitere Schicksal der Nutzungsberechtigung von deren Qualität ab. 25

Handelt es sich um eine **schuldrechtliche Nutzungsberechtigung,** so kann der Berechtigte als Insolvenzgläubiger seine Position nicht gegen die Masse voll durchsetzen. Ein schuldrechtliches Besitzrecht im Sinne von § 986 BGB bzw. eine schuldrechtliche Nutzungsberechtigung im Sinne von § 1004 Abs. 2 BGB muss sich die Masse nicht entgegenhalten lassen. Der Berechtigte muss die Nutzung einstellen und eine Sache an die Masse **herausgeben.**[72] Dass dem Vertragspartner im Kontext von § 103 Abs. 1 S. 1 als Nutzungsberechtigtem eine schwächere Stellung zukommt als einer nutzungsberechtigten Insolvenzmasse, die grds. erst nach einer Kündigung Herausgabe schuldet,[73] ist darauf zurückzuführen, dass die Masse sich „nur" der Einrede des § 320 BGB ausgesetzt sieht, während der Vertragspartner als bloßer Insolvenzgläubiger seine Position überhaupt nur zur Tabelle anmelden darf. 26

---

67 Mugdan II, S. 231 f. = Motive II, S. 415.

68 Siehe Soergel/*Lobinger*, § 346 BGB Rn. 92 ff.

69 BGH NJW 1988, 2665, 2666; NJW-RR 2003, 1308.

70 So aber → MüKoInsO/*Eckert,* 3. Aufl. 2013, § 108 Rn. 182. Unter entsprechender Anwendung von § 55 Abs. 2 S. 2 auch HKInsO/*Marotzke*, § 108 Rn. 18; die Analogie ist allerdings nicht überzeugend, denn mit Verfahrenseröffnung tritt eine Zäsur ein, nach der sich die Masse vorinsolvenzliche schuldrechtliche Wertabsprachen nicht mehr entgegenhalten lassen muss.

71 → MüKoInsO/*Eckert,* 3. Aufl. 2013, § 108 Rn. 133.

72 → MüKoInsO/*Eckert,* 3. Aufl. 2013, § 108 Rn. 137; HKInsO/*Marotzke*, § 108 Rn. 19; **aA** *von Wilmowsky* NZI 2013, 377, 380 f.; *von Wilmowsky* ZInsO 2011, 1473, 1477 ff. (dazu → Rn. 13).

73 → Rn. 17; **aA** BGH NJW 2007, 1594.

27 Auch einen Nichterfüllungsschaden kann der Nutzungsberechtigte nur als Insolvenzgläubiger liquidieren.[74] Dem Nutzungsberechtigten bleibt es unbenommen, den Vertrag zu kündigen, wenn der Insolvenzverwalter Herausgabe verlangt.[75] Nutzt der Vertragspartner trotz Erfüllungsablehnung und trotz Herausgabeverlangens des Insolvenzverwalters die Sache weiter, schuldet er nach §§ 280 Abs. 1, 241 Abs. 2 BGB oder etwa aus § 823 Abs. 1 BGB bzw. §§ 989, 990 BGB **Schadensersatz** sowie gem. § 812 Abs. 1 S. 1 Alt. 2 BGB **Bereicherungsausgleich.** Im Verhältnis zur Insolvenzmasse ist der Vertrag kein Rechtfertigungsgrund für die Nutzung durch den Vertragspartner als Insolvenzgläubiger,[76] was etwa auch anerkannt ist, wenn der Insolvenzverwalter einen Gläubiger irrig überquotal befriedigt.[77] In dieser Konstellation bestehen auch keine Bedenken gegen eine Anwendung von **§ 546a Abs. 1 Alt. 1 BGB** ab dem Zeitpunkt der Verfahrenseröffnung,[78] da es hier der solvente ehemals Nutzungsberechtigte ist, der sich an der ursprünglichen Vereinbarung weiter festhalten lassen muss. Eine Vertragsverlängerung gem. § 545 BGB scheidet grds. aus.[79]

28 Handelt es sich um eine **dingliche Nutzungsberechtigung,** bleibt diese durch eine Erfüllungsablehnung grds. unberührt.[80] Zu erkennen ist allerdings, dass die Masse sich trotz Erfüllungsablehnung auf den begrenzten Bindungswillen des Schuldners berufen darf. Sollte der Nutzungsberechtigte daher nach Erfüllungsablehnung die Zahlungen einstellen, kann der Insolvenzverwalter das Nutzungsverhältnis kündigen und Auskehr der dinglichen Nutzungsposition verlangen.

29 **3. Folgen der Erfüllungswahl.** Wählt der Insolvenzverwalter die Vertragserfüllung, wird das Dauerschuldverhältnis, vorbehaltlich einer Masseunzulänglichkeit,[81] mit der **Masse** fortgesetzt. Die Rechtsfolgen sind vergleichbar mit denjenigen von § 108 Abs. 1 S. 1, aber nicht identisch.[82] Es entstehen keine (sog. „Alles-oder-Nichts-Entscheidung"[83]) besonderen Kündigungsrechte (§§ 109, 113). Auch wird es bei einem ausgeübten Wahlrecht des Verwalters keinen Anlass geben, die Masse vor übermäßigen Verpflichtungen zu schützen, wie das bei § 108 Abs. 1 S. 1 praktiziert werden muss.[84]

30 Allerdings wird man, wie bei § 108 Abs. 1 S. 1, in der Insolvenz des Nutzungsberechtigten **abwicklungsbezogene Leistungspflichten**[85] (va die Räumungspflicht nach § 546 Abs. 1 BGB) nicht zu Masseverbindlichkeiten aufzuwerten haben; die Erfüllungswahl des Insolvenzverwalters hat sich schon deshalb nicht auf solche Leistungspflichten zu beziehen, da es sich nicht um synallagmatische Pflichten handelt.[86] Der Insolvenzverwalter muss allerdings, wie bei § 108 Abs. 1 S. 1,[87] solche Räumungspflichten aus der Masse erfüllen, die er selbst nach Verfahrenseröffnung verursacht hat.[88] Der Insolvenzverwalter kann nicht einerseits mittels § 103 Abs. 1 die Nutzungsbefugnis für die Masse in Anspruch nehmen, andererseits aber bestimmte vertragliche Folgen der Wahrnehmung der Nutzungsbefugnis nicht gegen die Masse gelten lassen.

31 In der Insolvenz des Nutzungsberechtigten werden durch die Erfüllungswahl nur **Mietforderungen** ab Verfahrenseröffnung zu Masseverbindlichkeiten.[89] Die Begründung von Masseverbindlichkeiten im Eröffnungsverfahren selbst ist in § 55 Abs. 2 geregelt, und für den Zeitraum vor dem Eröffnungsantrag müssen keine Masseverbindlichkeiten begründet werden, da die Kündigungssperre des § 112 greift. Weiter stellt sich für den Zeitraum zwischen Verfahrenseröffnung und Erfüllungswahl die Frage, ob die Entgeltforderung eine Masseverbindlichkeit darstellt. Das ist zu bejahen, denn der

---

74 → MüKoInsO/*Eckert,* 3. Aufl. 2013, § 108 Rn. 173.

75 So auch → MüKoInsO/*Eckert,* 3. Aufl. 2013, § 108 Rn. 171.

76 Anders die spiegelbildliche Konstellation in der Insolvenz des Nutzungsberechtigten; → Rn. 20. Auch bis zum Zeitpunkt der Wahlrechtsausübung besteht kein Anlass, dem Nutzungsberechtigten über eine analoge Anwendung der §§ 55 Abs. 2 S. 2, 209 Abs. 2 Nr. 3 eine Nutzungsposition gegenüber der Masse einzuräumen; so aber *L. Berger,* Insolvenzschutz für Markenlizenzen, 2006, S. 86 ff.

77 Siehe *Hahn,* Materialien IV, S. 233; BGHZ 91, 198, 205 = NJW 1984, 2154, 2155 f.; *Häsemeyer,* Insolvenzrecht, 4. Aufl. 2007, Rn. 7.65; *Henckel* FS Weber, 1975, 237, 243 ff.; Uhlenbruck/*Wegener,* § 188 Rn. 33.

78 Zu den grds. Bedenken → Rn. 22.

79 → Rn. 24; in dieser Konstellation wie hier auch → MüKoInsO/*Eckert,* 3. Aufl. 2013, § 108 Rn. 171.

80 Vgl. zum Verhältnis des schuldrechtlichen Nutzungsvertrages zum dinglichen Nutzungsrecht in der Insolvenz des zur Nutzungsüberlassung Verpflichteten → Rn. 41 f., 164 ff.

81 → Rn. 74 ff.

82 Insoweit etwas ungenau → MüKoInsO/*Huber,* § 103 Rn. 39.

83 KPB/*Tintelnot,* § 109 Rn. 5.

84 Etwa → Rn. 66, 82, 124.

85 → Rn. 107.

86 Vgl. allgemein MüKoBGB/*Bieber,* § 546 Rn. 1.

87 → Rn. 110.

88 Wie hier, unter Berufung auf § 105 S. 1, *von Wilmowsky* ZInsO 2007, 731, 733.

89 Wie hier, unter Berufung auf § 105 S. 1, *von Wilmowsky* ZInsO 2007, 731, 733.

Verwalter kann sein Wahlrecht nur einheitlich für den Zeitraum ab Verfahrenseröffnung ausüben.[90] Zum Teil wird dagegen unter Rückgriff auf die Rechtsprechung des BGH[91] – die annimmt, mit Eröffnung des Verfahrens über das Vermögen des Nutzungsberechtigten entfalle auch dessen Besitzrecht – davon ausgegangen, auch in dieser Konstellation müsse § 546a Abs. 1 Alt. 1 BGB entsprechend angewendet werden.[92]

B. Miet- und Pachtverhältnisse – § 108 Abs. 1 S. 1 InsO

I. Schutz beider Vertragsparteien

§ 108 Abs. 1 S. 1 schützt die Kontinuitätsinteressen **beider Vertragsparteien.** Es geht nicht lediglich um einen Schutz des Mieters in der Insolvenz des Vermieters. Der Vermieter wird in der Insolvenz des Mieters gleichfalls geschützt, auch wenn dieser Schutz wegen des besonderen Kündigungsrechts des § 109 schwächer ausgestaltet ist. 32

II. Erfasste Verträge

1. Bestehender Vertrag. Voraussetzung für die Anwendung von § 108 Abs. 1 S. 1 ist der Bestand eines **wirksamen Vertrages** im Zeitpunkt der Verfahrenseröffnung. Soweit der Vertrag zu diesem Zeitpunkt materiell-rechtlich unwirksam sein sollte oder Rücktritts- oder Kündigungsrechte wirksam ausgeübt worden sein sollten, kommt § 108 Abs. 1 S. 1 nicht mehr in Betracht. Auch kann der Vertrag nicht über § 545 BGB nach Verfahrenseröffnung verlängert werden.[93] Sollten nach einer wirksam erklärten Kündigung noch Kündigungsfristen laufen, gilt § 108 Abs. 1 S. 1 in diesem Zeitraum.[94] 33

2. Abschluss durch den Schuldner. Erfasst werden grds. nur Verträge, die der **Schuldner** – oder ein Dritter nach Maßgabe von § 164 Abs. 1 BGB – abgeschlossen hat, bzw. die der Schuldner vor Verfahrenseröffnung übernommen hat.[95] Soweit der Insolvenzverwalter nach Verfahrenseröffnung den Vertrag abgeschlossen haben sollte, greift ohnehin § 55 Abs. 1 Nr. 1. Auch wenn ein vorläufiger Insolvenzverwalter als sog. starker vorläufiger Verwalter mit Verwaltungs- und Verfügungsbefugnis (§§ 22 Abs. 1 S. 1, 21 Abs. 2 Nr. 2 Alt. 1) oder ein sog. schwacher vorläufiger Verwalter mit Einzelermächtigung[96] den Vertrag abgeschlossen haben sollte, richtet sich der Status als Masseverbindlichkeit nach § 55 Abs. 2 S. 1. Das gilt auch, wenn der Schuldner mit den Befugnissen des § 270b Abs. 3 ausgestattet war und den Vertrag im Eröffnungsverfahren abgeschlossen hat. Nicht verdrängt wird § 108 Abs. 1 S. 1 durch eine in zeitlicher Hinsicht bloß punktuelle Aufwertung von Forderungen aus einem Dauerschuldverhältnis zur Masseverbindlichkeit durch einen starken vorläufigen Verwalter nach Maßgabe von § 55 Abs. 2 S. 2 bzw. einen entsprechend ausgestatteten Schuldner gem. § 270b Abs. 3. Anwendung findet § 108 Abs. 1 S. 1 außerdem, wenn der Schuldner mit Zustimmung (§ 21 Abs. 2 Nr. 2 Alt. 2) des sog. schwachen vorläufigen Insolvenzverwalters gehandelt hat,[97] da der vorläufige Verwalter in diesen Konstellationen keine Masseverbindlichkeiten nach Maßgabe von § 55 Abs. 2 begründen kann.[98] 34

Fraglich ist, ob nicht ausnahmsweise auch Verträge zu erfassen sind, die nicht der Schuldner als Eigentümer[99] des Mietgegenstandes abgeschlossen hat, sondern ein Dritter, obwohl die Voraussetzungen einer Stellvertretung im Sinne von § 164 Abs. 1 BGB nicht gegeben sind. Im Rahmen von § 566 BGB wird **in Anlehnung an § 185 BGB** zunehmend davon ausgegangen, dass der Mieter zu schützen ist, wenn der Vermieter vom Eigentümer auf dessen Rechnung zur Vermietung ermächtigt worden ist und es sich nicht lediglich um eine Untervermietung handelt.[100] Auch wenn es 35

[90] So auch *L. Berger*, Insolvenzschutz für Markenlizenzen, 2006, S. 79; Martinek/Stoffels/*Klinck*, Leasinghandbuch, 2. Aufl. 2008, § 49 Rn. 25; Uhlenbruck/*Sinz*, § 108 Rn. 87.

[91] BGH NJW 2007, 1594; dagegen → Rn. 17.

[92] → MüKoInsO/*Eckert*, 3. Aufl. 2013, § 108 Rn. 158.

[93] → Rn. 24.

[94] Jaeger/*Jacoby*, § 108 Rn. 38; Uhlenbruck/*Wegener*, § 108 Rn. 9.

[95] Vgl. Uhlenbruck/*Wegener*, § 108 Rn. 7.

[96] Dazu etwa BGHZ 204, 74, Rn. 18 = NJW 2015, 1171, Rn. 18.

[97] Uhlenbruck/*Wegener*, § 108 Rn. 8.

[98] Siehe BGH NZI 2009, 475, 476; NJW 2008, 1442; BGHZ 151, 353 = NJW 2002, 3326; → MüKoInsO/*Hefermehl*, § 55 Rn. 221.

[99] Zur Insolvenz eines Vermieters, der nicht Eigentümer ist → Rn. 71 f.

[100] Im Ergebnis BGH NZM 2017, 847; eingehender BeckOGK/*Harke*, § 566 BGB Rn. 20 ff.; siehe grds. auch *Flume*, Das Rechtsgeschäft, 4. Aufl. 1992, § 11 5. a), S. 141.

sich bei § 108 Abs. 1 S. 1 nicht um eine echte Verdinglichung handelt, geht es doch darum, die schuldrechtliche Nutzungsbefugnis unter Vorbehalt der Masseunzulänglichkeit gegenüber Dritten (den konkurrierenden Gläubigern) mit Wirkung auszustatten.[101] Ein Rückgriff auf § 185 BGB ist auch diesbezüglich weiterführend. Anders als bei § 566 BGB ist es im Rahmen von § 108 Abs. 1 S. 1 jedoch weder angemessen noch erforderlich, den gesamten Vertrag auf die Eigentümer-Insolvenzmasse überzuleiten. Vielmehr ist der Schutz des § 108 Abs. 1 S. 1 in diesen Fällen auf eine Besitzberechtigung gegenüber der Eigentümer-Masse zu begrenzen. Erhaltungs- und weitere Vermieterpflichten treffen dagegen weiterhin den (solventen) Vermieter und die Insolvenzmasse hat aus ihrem Innenverhältnis mit diesem vorzugehen.

36 Darüber hinaus erscheint es diskutabel, ob in der Insolvenz des Eigentümers § 108 Abs. 1 S. 1 nach Maßgabe von **§ 892 BGB** auch dann zur Anwendung gebracht werden kann, wenn der Mietvertrag von einem Buchberechtigten abgeschlossen worden ist. Im Kontext von § 566 BGB ist eine solche Lösung vorgeschlagen worden.[102] Problematisch ist aber zum einen, dass es wieder nur zu einem Schutz der Nutzungsberechtigung kommen könnte[103] und eine Aufwertung des gesamten Vertrages gegenüber der Masse nicht in Betracht käme, da Vertragspartner der Buchberechtigte ist. Weiter ist § 892 BGB nicht passend, da sich der „Verdinglichungsakt" selbst außerhalb des Grundbuchs vollzieht,[104] denn der Schutz des § 108 Abs. 1 S. 1 setzt keine Eintragung im Grundbuch voraus.[105]

37 **3. Vertragsgegenstand. a) Unbewegliche Gegenstände.** Auch wenn in teleologischer Hinsicht kein zwingender Zusammenhang besteht, herrscht Einigkeit,[106] dass unbewegliche Gegenstände wie bei § 49 solche sein sollen, die der Zwangsvollstreckung in das unbewegliche Vermögen unterliegen, was sich nach **§ 864 ZPO**[107] bzw. § 99 LuftRG richtet.

38 Soweit ein Mietverhältnis sowohl unbewegliche als **auch bewegliche Gegenstände** erfasst, ist problematisch, ob auch die beweglichen Gegenstände § 108 Abs. 1 S. 1 zu unterstellen sind. § 865 ZPO und der Hypothekenhaftungsverband sind insoweit nicht maßgeblich und führen nicht zur Qualifikation einer beweglichen Sache als unbeweglich im Sinne von § 108 Abs. 1 S. 1.[108] Die Anwendbarkeit von § 108 Abs. 1 S. 1 soll nach verbreiteter Auffassung insgesamt anhand des den Vertragsinhalt prägenden Elements im Sinne einer Schwerpunktbetrachtung entschieden werden.[109] Vorzugswürdig ist auch in diesem Kontext eine gespaltene Handhabung des Vertrages,[110] sodass die unbeweglichen Gegenstände § 108 Abs. 1 S. 1, die beweglichen Gegenstände dagegen § 103 Abs. 1 unterstellt werden.[111]

39 **b) Räume.** Bei Räumen soll es sich um umschlossene Innenräume in Bauwerken handeln, die zum Aufenthalt von Menschen[112] bzw. zur Lagerung von Sachen[113] geeignet sind. Die Räume müssen sich nach überwiegender Auffassung ihrerseits in **unbeweglichen Gegenständen** befinden,[114] sodass etwa Räume in Wohnwagen nicht erfasst sein sollen. Eine gegenläufige Argumentation, die auf die Vergleichbarkeit der Interessenlage abstellt,[115] ist kaum zwingend, denn eine solche dürfte regelmäßig auch bei sonstigen beweglichen Sachen bestehen; allerdings ist zu konzedieren, dass der Wortlaut hinsichtlich beweglicher Räume wohl offen ist.

40 **c) Wohnraum des Schuldners.** Im Hinblick auf vom Schuldner selbst genutzten Wohnraum wird verbreitet § 109 Abs. 1 S. 2 entnommen, dass das entsprechende Nutzungsrecht nicht in die Masse falle, sondern dem Schuldner zustehe, um seinen Lebensmittelpunkt zu schützen.[116] Auch wenn die Masse grds. **keinen Zugriff** auf das schuldrechtliche Nutzungsrecht hat, erfasst § 108

---

101 → Rn. 6.
102 *Canaris* FS Flume, 1978, 371, 403; *Wieling* GS Sonnenschein 2003, 201, 217.
103 So auch *Canaris* FS Flume, 1978, 371, 403.
104 Im Kontext von § 566 BGB auch BeckOGK/*Harke*, § 566 BGB Rn. 24.
105 Zum str. Überlassungserfordernis → Rn. 64 ff.
106 Etwa BeckOKInsO/*Berberich*, § 108 Rn. 11.
107 Siehe dazu etwa MüKoZPO/*Dörndorfer*, § 864 Rn. 2 ff.
108 BeckOKInsO/*Berberich*, § 108 Rn. 11.1.
109 BGHZ 204, 83 = NZI 2015, 331; BeckOKInsO/*Berberich*, § 108 Rn. 14; → MüKoInsO/*Eckert*, 3. Aufl. 2013, § 108 Rn. 38; K. Schmidt/*Ringstmeier*, § 108 Rn. 12.
110 Nur bei „Undurchführbarkeit" einer Schwerpunktbetrachtung auch BeckOKInsO/*Berberich*, § 108 Rn. 15.
111 Eingehend → Rn. 58.
112 KPB/*Tintelnot*, § 108 Rn. 10.
113 So BeckOKInsO/*Berberich*, § 108 Rn. 12; → MüKoInsO/*Eckert*, 3. Aufl. 2013, § 108 Rn. 39.
114 → MüKoInsO/*Eckert*, 3. Aufl. 2013, § 108 Rn. 39; Jaeger/*Jacoby*, § 108 Rn. 72; KPB/*Tintelnot*, § 108 Rn. 10a; Uhlenbruck/*Wegener*, § 108 Rn. 14.
115 BeckOKInsO/*Berberich*, § 108 Rn. 12.1.
116 Vgl. Jaeger/*Jacoby*, § 108 Rn. 142; HKInsO/*Marotzke*, § 109 Rn. 7; K. Schmidt/*Ringstmeier*, § 108 Rn. 20.

Abs. 1 S. 1 auch Mietverhältnisse über eine Privatunterkunft des Schuldners,[117] was dazu führt, dass der Mietzins aus der Masse zu zahlen ist.[118] Für die Insolvenzmasse mag das die missliche Konsequenz haben, eine Nutzung vergüten zu müssen, die ihr keinen unmittelbaren Vorteil bringt.[119] Allerdings dient § 108 Abs. 1 S. 1 in erster Linie dem Schutz der Kontinuitätsinteressen des Vertragspartners, der in dieser Konstellation ebenso angezeigt ist.

d) Dingliche Nutzungsrechte. Hinsichtlich dinglicher Nutzungsrechte sind mehrere Fragen zu unterscheiden: Zum einen ist zu klären, wie das **dingliche Nutzungsrecht selbst** sich in der Insolvenz des Eigentümers oder des Nutzungsberechtigten zu § 108 Abs. 1 S. 1 verhält. Auf dingliche Nutzungsrechte findet § 108 Abs. 1 S. 1, und insbesondere auch das Kündigungsrecht nach § 111, keine Anwendung, da sich deren Schutz nach § 47 bzw. § 49 richtet.[120] Das gilt sowohl für einen Nießbrauch als auch für Erbbaurechte.[121] 41

Zum anderen fragt sich, ob das der **Bestellung** eines dinglichen Nutzungsrechts zugrunde liegende **schuldrechtliche Kausalverhältnis** unter § 108 Abs. 1 S. 1 fällt und insoweit in der Insolvenz des Hauptrechtsinhabers oder des Inhabers des dinglichen Nutzungsrechts erfasst wird. Soweit es sich bei dem Kausalverhältnis um ein Dauerschuldverhältnis mit laufenden Zahlungspflichten handelt, ist dieses von § 108 Abs. 1 S. 1 zu erfassen;[122] jedenfalls dann, wenn sich für den Eigentümer über die Bestellung des dinglichen Nutzungsrechts hinaus weitere kontinuierliche Leistungspflichten wie etwa Erhaltungspflichten ergeben, da er ansonsten unter Umständen bereits vollständig erfüllt hat im Sinne von § 103 Abs. 1.[123] Dass dinglichen Rechten ein Dauerschuldverhältnis als causa unterlegt werden kann, wird zwar bestritten,[124] ist auf der Grundlage der Vertragsfreiheit aber anzuerkennen.[125] Wegen ihrer dinglichen Absicherung ist die Nutzungsbefugnis selbst zwar in der Insolvenz des Vermieters nicht wesentlich durch § 103 Abs. 1 gefährdet,[126] allerdings könnte § 108 Abs. 1 S. 1 hinsichtlich weiterer nutzungsbezogener Leistungspflichten[127] einen Mehrwert bieten. 42

Beim **Erbbaurechtsvertrag** wird allerdings überwiegend davon ausgegangen, dass es sich bei dem Kausalverhältnis um einen Rechtskauf handle, wonach eine Anwendung von § 103 Abs. 1 und auch § 109 Abs. 1 S. 1 nach Bestellung des Erbbaurechts ausgeschlossen sei.[128] Da beim Erbbaurecht die zeitliche Bindungsbegrenzung bereits im dinglichen Recht implementiert werden kann, bedarf es einer solchen im Rahmen eines schuldrechtlichen Dauerverhältnisses in der Tat nicht. In der Konsequenz ist in der Insolvenz des Erbbauberechtigten der Anspruch auf Erbbauzinsen lediglich Insolvenzforderung, er kann aber ohnehin gem. § 9 Abs. 1 ErbauRG dinglich gesichert werden.[129] 43

Zuletzt kann ein dingliches Nutzungsrecht, das bereits mit causa bestellt worden ist, seinerseits **schuldrechtlich zum Gebrauch überlassen** werden. Soweit das dingliche Nutzungsrecht einen Grundstücksbezug hat und es sich bei dem Kausalverhältnis um ein Dauerschuldverhältnis handelt, ist § 108 Abs. 1 S. 1 einschlägig.[130] 44

4. Vertragstypen. Nach § 108 Abs. 1 S. 1 werden „**Miet- und Pachtverhältnisse**" geschützt. Verbreitet wird unmittelbar auf die entsprechenden bürgerlich-rechtlichen Termini zurückgegriffen, um zu ermitteln, welche Vertragsverhältnisse von § 108 Abs. 1 S. 1 zu erfassen sind.[131] In der Sache ist dem mit Zurückhaltung zu begegnen; die bürgerlich-rechtliche Diskussion über die Vertragstypen kann nicht ohne Weiteres auf § 108 Abs. 1 S. 1 übertragen werden. Wenn im Bürgerlichen Recht die Typisierung eines Vertrages diskutiert wird, handelt es sich regelmäßig um eine Auseinanderset- 45

---

117 → MüKoInsO/*Eckert,* 3. Aufl. 2013, § 108 Rn. 40; Jaeger/*Jacoby,* § 108 Rn. 140; Uhlenbruck/*Wegener,* § 108 Rn. 14.

118 BGH NZI 2012, 406; → MüKoInsO/*Eckert,* 3. Aufl. 2013, § 108 Rn. 90; **aA** *Grote* NZI 2000, 66, 67 f.; *Marotzke* KTS 1999, 269, 274; HKInsO/*Marotzke,* § 109 Rn. 8 f.

119 Zu Ausgleichsansprüchen gegenüber dem Schuldner → Rn. 97.

120 BeckOKInsO/*Berberich,* § 108 Rn. 7; Jaeger/*Jacoby,* § 108 Rn. 42; KPB/*Tintelnot,* § 108 Rn. 15.

121 Zur Aussonderungskraft des Erbbaurechts *Pfennig,* Das Erbbaurecht in der Insolvenz, 2010, S. 14 ff.

122 So auch Jaeger/*Jacoby,* § 108 Rn. 42; KPB/*Tintelnot,* § 108 Rn. 15a.

123 Vgl. zum Darlehen → Rn. 144.

124 *McGuire* Mitt. 2013, 207, 212 f.; dagegen zutreffend *Fischer* WM 2013, 821, 828.

125 Ähnlich wie hier hinsichtlich Dienstbarkeiten BGH NJW 1974, 2123 f.; NJW-RR 2011, 882, 883; *Harke* ZfPW 2015, 85 ff.; *Schön,* Der Nießbrauch an Sachen, 1992, S. 356 f.

126 → Rn. 28.

127 → Rn. 81 f.

128 BGH NZI 2006, 97; NZI 2007, 462, 463; Jaeger/*Jacoby,* § 108 Rn. 80; *Pfennig,* Das Erbbaurecht in der Insolvenz, 2010, S. 28 ff.

129 Siehe auch BGH NZI 2006, 97; Jaeger/*Jacoby,* § 108 Rn. 80; *Pfennig,* Das Erbbaurecht in der Insolvenz, 2010, S. 179 ff.

130 So auch Jaeger/*Jacoby,* § 108 Rn. 82.

131 Vgl. etwa Uhlenbruck/*Wegener,* § 108 Rn. 13.

zung mit der angemessenen Risikoordnung eines solchen Vertrages. Ob bspw. das Finanzierungsleasing von §§ 535 ff. BGB erfasst oder ob es doch eher als eigenständiger Vertragstyp begriffen werden sollte, hat prima facie keinerlei Implikationen für § 108 Abs. 1 S. 1. Auch wenn für einen konkreten Vertrag die Risikoordnung der §§ 535 ff. BGB für grds. unpassend befunden wird, bedeutet das nicht, dass deshalb auch keine schutzwürdigen Kontinuitätsinteressen im Sinne von § 108 Abs. 1 S. 1 bestehen können. So mag etwa ein Abbauvertrag, bei dem sich das Entgelt auch nach der geförderten Menge bemisst, kaufvertragliche Elemente enthalten; alleine die kaufähnliche Verlagerung des Abbaurisikos vermag eine abweichende Wertung der Kontinuitätsinteressen aber nicht zu rechtfertigen.[132] Mit anderen Worten muss die Typisierung des § 108 Abs. 1 S. 1 im Anwendungsbereich nicht deckungsgleich mit derjenigen der §§ 535 ff. BGB sein. Umgekehrt wird auch nicht jedes Verhältnis, das von §§ 535 ff. BGB zu erfassen ist, ebenso § 108 Abs. 1 S. 1 zu unterstellen sein, denn die von §§ 535 ff. BGB implizierten privatrechtlichen Kontinuitätsinteressen sind nicht zwingend auch in der Insolvenz anzuerkennen.

46 **a) Entgeltliche Gebrauchsüberlassung.** Mit einiger Bestimmtheit lässt sich dem Wortlaut des § 108 Abs. 1 S. 1 („Miet- und Pachtverhältnisse") aber entnehmen, dass nur Verträge über eine **entgeltliche Gebrauchsüberlassung** geschützt werden sollen, dass **Leihverträge** also nicht erfasst sind.[133] Auch teleologisch ist das darstellbar: Kontinuitätsinteressen sind auf Seiten des Verleihers bei fehlender vermögensaufstockender Gegenleistungspflicht des Entleihers nicht erkennbar. Die Kontinuitätsinteressen eines Entleihers sind dagegen wegen der Unentgeltlichkeit nicht entsprechend schutzwürdig und haben auch privatrechtlich zu einem deutlich geringeren Bestandsschutz geführt (§ 604 Abs. 3 BGB). Mangels Gegenleistungspflicht werden diese Vertragsverhältnisse auch regelmäßig nicht von § 103 erfasst,[134] da in der Insolvenz des Verleihers keine Werte für die Masse generiert werden können, denn § 320 BGB steht ohnehin nicht im Raum. In der Insolvenz des Verleihers kann der Entleiher nicht sein schuldrechtliches Besitzrecht gegen die dingliche Rechtsposition der Masse in Stellung bringen, er hat die Sache herauszugeben.[135] In der Insolvenz des Entleihers besteht dessen Besitzrecht gegenüber dem solventen Verleiher dagegen fort. Bei einer unbefristeten Leihe bleibt dem Verleiher § 604 Abs. 3 BGB, bei einer vertraglich bestimmten Nutzungsdauer kann sich der Verleiher nur nach Maßgabe von § 605 BGB lösen.

47 Das Entgelt kann auch darin bestehen, dass der unterhaltspflichtige Schuldner die von ihm gemietete Wohnung seinerseits Angehörigen überlässt und dies durch die Verrechnung mit **Unterhaltsansprüchen** abgegolten wird;[136] insbesondere im innerfamiliären Bereich ist allerdings zu beachten, ob die Gebrauchsüberlassung von einer rechtsgeschäftlichen Grundlage begleitet wird, die schutzwürdige Kontinuitätsinteressen zu wecken vermag.[137]

48 Soweit ein Gesellschafter der Gesellschaft den Vertragsgegenstand zur Nutzung überlässt, ist **§ 135 Abs. 3** zu beachten, dessen Verhältnis zu § 108 Abs. 1 S. 1 streitig ist.[138]

49 Problematisch können Konstellationen sein, in denen ein Entgelt unter Marktwert vereinbart wird. Für den die Zwangsverwaltung betreffenden § 152 ZVG, der § 108 Abs. 1 S. 1 funktional durchaus vergleichbar ist, ist der BGH im Rahmen einer sog. **Gefälligkeitsmiete**[139] der Auffassung, dass es ausreiche, wenn der Mieter auch Lasten des Vermieters übernehme und nicht lediglich verbrauchsabhängige Kosten trage.[140] Der BGH weist in diesem Kontext auf die Möglichkeit zur Anfechtung unentgeltlicher Leistungen gem. § 4 AnfG hin;[141] auch bei § 108 Abs. 1 S. 1 ist insoweit an den anwendbaren[142] § 134 zu denken.[143] Die Rechtsfolgen der Insolvenzanfechtung einer gemischten Schenkung sind umstritten; im Ergebnis wird verbreitet angenommen, es sei ein Wertausgleich für den unentgeltlichen Teil des Geschäfts geschuldet, wobei der Anfechtungsgegner diesen Wertausgleich durch Rückgewähr des Anfechtungsgegenstandes zur Masse abwenden könne.[144] Der Schutz des § 108

132 So jedoch KPB/*Tintelnot*, § 108 Rn. 12 und auch BeckOKInsO/*Berberich*, § 108 Rn. 7; in diesem Kontext muss allerdings eine Abgrenzung zur Rechtspacht vorgenommen werden → Rn. 62.

133 Vgl. auch HKInsO/*Marotzke*, § 108 Rn. 6.

134 Vgl. aber auch → Rn. 14 und speziell zur Leihe HKInsO/*Marotzke*, § 103 Rn. 22.

135 Vgl. auch HKInsO/*Marotzke*, § 108 Rn. 6.

136 → MüKoInsO/*Eckert*, 3. Aufl. 2013, § 108 Rn. 16.

137 Im Ergebnis verneint in einem Fall von LG Freiburg NJW-RR 1996, 1164; siehe weiter Jaeger/*Jacoby*, § 108 Rn. 43.

138 Eingehend Jaeger/*Jacoby*, § 108 Rn. 48 f., 171 ff.

139 Grds. zu §§ 535 ff. BGB in diesem Kontext Staudinger/*Emmerich*, Vorb. § 535 BGB Rn. 34.

140 BGH NJW-RR 2013, 1097; NJW 2016, 1242; einschränkend BGH NJW-RR 2017, 1479.

141 BGH NJW-RR 2013, 1097.

142 → Rn. 78.

143 Sogar § 134 bei Gefälligkeitsmieten ausschließend *Derleder* NZM 2004, 568, 574.

144 Vgl. → MüKoInsO/*Kayser/Freudenberg*, § 134 Rn. 42; Jaeger/*Henckel*, § 134 Rn. 29; eingehend *Held*, Die Anfechtung unentgeltlicher Leistungen gem. 134 InsO, 2017, S. 365 ff.

Abs. 1 S. 1 würde demnach in der Insolvenz des Vermieters bei einer Gefälligkeitsmiete davon abhängig gemacht, dass der Mieter insgesamt eine objektiv angemessene Miete an die Masse zahlt, vorausgesetzt, § 134 ist tatbestandlich erfüllt. Zweifelhaft an dieser auf den ersten Blick sachgerechten Lösung scheint freilich, dass die Anfechtungsfrist des § 134 an den Akt der Begründung des Bestandsschutzes durch Überlassung[145] anzuknüpfen hätte,[146] wodurch bereits länger laufende „Gefälligkeitsmietverhältnisse" vollumfänglich und insolvenzfest den Schutz nach § 108 Abs. 1 S. 1 erhielten. Im Rahmen von § 108 Abs. 1 S. 1 sollten daher strengere Maßstäbe anzulegen sein,[147] und § 108 Abs. 1 S. 1 sollte in der Vermieterinsolvenz nicht angewendet werden, wenn bereits bei Überlassung des Mietgegenstandes der Charakter der Unentgeltlichkeit überwiegt, was regelmäßig der Fall sein wird, wenn der Vermieter nur seine laufenden Kosten vergüten lässt und deutlich unter Marktwert vermietet.

b) Typengemischte Verträge. aa) „Schwerpunktbetrachtung". Hinsichtlich **typengemischter Verträge** geht der BGH davon aus, dass diese dann von § 108 Abs. 1 S. 1 zu erfassen seien, wenn der **Schwerpunkt** des Vertrages nach dem Parteiwillen in der Gebrauchsüberlassung zu sehen ist.[148] 50

(1) Grundsätzliche Zweifel. Die Leistungsfähigkeit dieser Schwerpunktbetrachtung für § 108 Abs. 1 S. 1 ist allerdings nicht frei von **Zweifeln.** Sie ist erkennbar dem Bürgerlichen Recht entlehnt. Mag es für die Ermittlung der passendsten Risikoordnung ein sinnvoller Zugriff sein, nach der für den Vertrag charakteristischen Leistung zu fragen, ist die Problematik des § 108 Abs. 1 S. 1 damit noch nicht ausreichend erfasst. So mag man etwa einen Beherbergungsvertrag,[149] die Überlassung eines Bankschließfaches,[150] den Vertrag über die Anbringung von Werbung auf Werbeflächen[151] oder die externe Online-Benutzung eines Großrechners[152] im Ausgangspunkt ggf. unter §§ 535 ff. BGB subsumieren. Ein Automatismus für § 108 Abs. 1 S. 1 ergibt sich hieraus aber nicht.[153] 51

Zwar wird man in der Mieterinsolvenz mit einer Anwendung von § 108 Abs. 1 S. 1 noch etwas großzügiger verfahren können, denn die auf eine Geldzahlung gerichteten Kontinuitätsinteressen des Vermieters unterscheiden sich insofern nicht wesentlich von denjenigen bei „reinen" Mietverträgen; die Mietermasse scheint durch eine (auch wirtschaftliche) Schwerpunktbetrachtung vor übermäßigen Zahlungspflichten für atypische Leistungen des Vermieters hinreichend geschützt. In der **Vermieterinsolvenz** trägt die Schwerpunktbetrachtung den Masseinteressen jedoch nicht hinreichend Rechnung. Wird ein Beherbergungsvertrag geschützt,[154] so wird die Insolvenzmasse damit belastet, die gesamte Infrastruktur an Personal, Gastronomie etc. vorzuhalten, was über die typischen Erhaltungspflichten eines Vermieters deutlich hinausgeht.[155] Bei der Überlassung eines Bankschließfaches muss der Vermieter nicht nur dieses überlassen, sondern es muss auch hinreichend bewacht werden und sich in einem gesicherten Gebäude befinden. Werden Rechenkapazitäten oder Speicherplatz auf einem Server zur Verfügung gestellt, muss der Vermieter unter Umständen eine aufwändige IT-Infrastruktur am Laufen halten. Hinsichtlich des Bankschließfaches bzw. Rechnerkapazitäten mag es zwar ohnehin an einem Mietverhältnis über einen Raum fehlen,[156] je nach baulicher Gestaltung könnten die Gegenstände aber wesentlicher Grundstücksbestandteil sein.[157] 52

(2) Insbesondere andersartige Gegenleistung. Probleme stellen sich auch, wenn die Abweichung von der gesetzlichen Typisierung darin besteht, dass statt Geld eine **andersartige Gegenleistung** versprochen worden ist, wie etwa Dienst-, Werk- oder Sachleistungen, bspw. in der Form von **Betriebs- und Bewirtschaftungspflichten.** In der Mieterinsolvenz könnte eine Erfassung über § 108 Abs. 1 S. 1 dazu führen, dass die Masse mit den entsprechenden Gegenleistungspflichten belastet wird, obgleich doch im Grundsatz nur das wirtschaftliche Verwertungsinteresse des Vermie- 53

---

[145] → Rn. 64 ff.

[146] Vgl. auch *Marotzke* FS Westermann, 2008, 427, 437 f.

[147] So auch → MüKoInsO/*Eckert,* 3. Aufl. 2013, § 108 Rn. 16; **aA** Jaeger/*Jacoby,* § 108 Rn. 44.

[148] BGHZ 71, 189, 191 = NJW 1978, 1383, 1384; *Häsemeyer,* Insolvenzrecht, 4. Aufl. 2007, Rn. 20.46; *Jaeger/Henckel,* 9. Aufl. 1997, § 19 KO Rn. 28; Jaeger/*Jacoby,* § 108 Rn. 46; Uhlenbruck/*Wegener,* § 108 Rn. 13.

[149] Vgl. BGHZ 63, 333 = NJW 1975, 645; BGHZ 71, 175 = NJW 1978, 1426.

[150] Vgl. RGZ 141, 99.

[151] Vgl. BGH BeckRS 2018, 36110.

[152] Vgl. BGH NJW-RR 1993, 178.

[153] So aber → MüKoInsO/*Eckert,* 3. Aufl. 2013, § 108 Rn. 19 und für den Beispielsfall des Bankschließfaches offenbar auch BGHZ 71, 189, 194 = NJW 1978, 1383, 1384.

[154] So etwa *Jaeger/Henckel,* 9. Aufl. 1997, § 19 KO Rn. 30.

[155] Das Überlassungserfordernis (→ Rn. 64 ff.) kann hier freilich einen gewissen Masseschutz bieten; so jedenfalls OLG Koblenz BeckRS 2016, 01286.

[156] KPB/*Tintelnot,* § 108 Rn. 10.

[157] Vgl. zum Bankschließfach auch → MüKoInsO/*Eckert,* 3. Aufl. 2013, § 108 Rn. 39; Jaeger/*Jacoby,* § 108 Rn. 72; auch in diesem Fall gegen eine Anwendung von § 108 Abs. 1 S. 1 KPB/*Tintelnot,* § 108 Rn. 10a.

ters geschützt werden soll. In der Vermieterinsolvenz könnte ein Schutz dazu führen, dass die Insolvenzmasse Gegenleistungen erhält, deren wirtschaftliche Verwertung sich unter Umständen schwierig gestalten kann. Hier darauf zu rekurrieren, dass bürgerlich-rechtlich eine Anwendung der §§ 535 ff. BGB angemessen[158] und daher auch insolvenzrechtlich § 108 Abs. 1 S. 1 einschlägig sei,[159] greift zu kurz. Auch führt es nicht weiter, die Masse gegebenenfalls nach § 275 Abs. 2 BGB zu schützen,[160] denn dieser richtet sich nach der konsentierten vertraglichen Risikoordnung, die anlässlich der Insolvenz nicht kurzerhand im Interesse der Masse modifiziert werden darf.

54 Die Abwägung des Gesetzgebers zwischen den Masseinteressen und den Kontinuitätsinteressen des Vertragspartners kann sinnvollerweise typisierend nur für in Geld zu erbringende Gegenleistungspflichten getroffen werden. Jedoch kann ein Vertragspartner nicht dazu gezwungen werden, in Geld zu leisten bzw. Geld als Gegenleistung zu akzeptieren, soweit der Vertrag ausschließlich eine andersartige Gegenleistungspflicht vorsieht. Auf der anderen Seite muss es im Masseinteresse möglich sein, die Annahme oder Erbringung der andersartigen Gegenleistungspflicht zu verweigern. Zu bewältigen ist der Konflikt in einem ersten Schritt, indem die andersartige Gegenleistung ihrerseits den §§ 103 ff. unterworfen wird und dem Insolvenzverwalter ein Wahlrecht eingeräumt wird, ob er die andersartige Gegenleistung zur Masse ziehen bzw. aus dieser erbringen will. Lehnt er dies ab, ist den Masseinteressen insoweit aber Genüge getan und der Gegenseite muss nach Maßgabe von § 108 Abs. 1 S. 1 ein **Optionsrecht** eingeräumt werden, stattdessen die Gegenleistung in Geld zu erbringen bzw. einzufordern. Ansonsten bleibt es beim Zustand des § 320 BGB und die Gegenseite kann sich vom Vertrag lösen.

55 **bb) Insbesondere Leasing.** Für das **Finanzierungsleasing** hat der BGH unter Geltung der Konkursordnung entschieden, dass dieses als „Mietverhältnis" im Sinne des (heutigen) § 108 Abs. 1 S. 1 anzusehen sei, da die Nutzungsüberlassung auch bei vereinbarten Erwerbsoptionen charakteristisch für das Vertragsverhältnis sei.[161] Dass Leasingverträge als „Miet- und Pachtverhältnisse" im Sinne der Norm zu erfassen sind,[162] ergibt sich nunmehr nicht zuletzt aus § 108 Abs. 1 S. 2, der mit der gleichen Terminologie laut Gesetzesbegründung in erster Linie auf Leasingverträge abzielt.[163] Aus dieser insolvenzrechtlichen Einordnung des Leasingvertrages lassen sich keinesfalls Rückschlüsse auf die zutreffende vertragliche Risikoordnung ziehen.[164]

56 Erfasst werden soll von § 108 Abs. 1 S. 1 allerdings nur die Nutzungsbefugnis.[165] Etwaige in dem Finanzierungsleasingvertrag vereinbarte **Kaufoptionen** sollen, vorbehaltlich eines Vormerkungsschutzes gem. § 106, nicht gesondert geschützt werden, sondern § 103 zu unterstellen sein, was zu einer **gespaltenen Behandlung** des Finanzierungsleasings führt.[166] Umstritten ist, ob auch bezüglich einer **Verlängerungsoption** eine entsprechende gespaltene Behandlung zu erfolgen hat. Überwiegend wird davon ausgegangen, dass eine Verlängerungsoption den Schutz des § 108 Abs. 1 S. 1 genießt.[167] Dem ist beizupflichten, ist in diesem Kontext doch ausschließlich die Nutzungsbefugnis des Vertragspartners betroffen. Die **Leasingraten** sollen dagegen **nicht** in dem Sinne aufgespalten werden, dass § 108 Abs. 1 S. 1 die Leasingforderungen in der Insolvenz des Leasingnehmers nur in der Höhe privilegiere, in der sie eine Gegenleistung für die fortwährende Gebrauchsüberlassung darstellen, nicht aber in der Höhe, in der sie die Anschaffungs- bzw. Herstellungsinvestitionen vergüten.[168] Ein Schutzbedürfnis der Masse ist im Kontext von § 108 Abs. 1 S. 1 insoweit auch nicht erkennbar: Ist der Leasingnehmer insolvent, obliegt es dem Verwalter, die Kaufoption gem. § 103 Abs. 1 zu wählen; ansonsten kann er sich gem. § 109 Abs. 1 S. 1 vom Vertrag lösen.

---

[158] Zur Grundstücksüberlassung bei Verpflichtung des Mieters bestimmte Veränderungen am Mietobjekt vorzunehmen BGHZ 86, 71 = NJW 1983, 679; zur gegenseitigen Überlassung von Grundstücken BGH NJW-RR 1994, 971.

[159] So offenbar → MüKoInsO/*Eckert,* 3. Aufl. 2013, § 108 Rn. 19; zu Betriebspflichten offenbar auch KPB/*Tintelnot,* § 108 Rn. 30.

[160] So aber → MüKoInsO/*Eckert,* 3. Aufl. 2013, § 108 Rn. 99.

[161] BGHZ 71, 189, 194 = NJW 1978, 1383, 1384; BGHZ 109, 368 = NJW 1990, 1113; BGH NJW 1994, 516, 517.

[162] Eingehend *Kalkschmid,* Immobilienleasing in der Insolvenz, 2003, S. 64 ff.; **aA** *Häsemeyer,* Insolvenzrecht, 4. Aufl. 2007, Rn. 20.46.

[163] BT-Drs. 13/4699, 6.

[164] Entgegen *Peters* ZIP 2000, 1759, 1762, der meint, aus der Kodifikationsgeschichte des § 108 Abs. 1 S. 2 lasse sich herleiten, dass der Gesetzgeber das Leasing unter §§ 535 ff. BGB habe fassen wollen.

[165] Siehe zu zusätzlichen Leistungspflichten beim Leasing → Rn. 81.

[166] BGHZ 109, 368, 375 = NJW 1990, 1113, 1115; Jaeger/*Jacoby;* § 108 Rn. 129.

[167] BGHZ 109, 368, 373 f. = NJW 1990, 1113, 1115; → MüKoInsO/*Eckert,* 3. Aufl. 2013, § 108 Rn. 57; Jaeger/*Jacoby,* § 108 Rn. 127; Uhlenbruck/*Sinz,* § 108 Rn. 128.

[168] So aber unter Berufung auf § 108 Abs. 3 → MüKoInsO/*Eckert,* 3. Aufl. 2013, § 108 Rn. 94 ff.; dagegen etwa Jaeger/*Jacoby,* § 108 Rn. 59 ff.; *Kalkschmid,* Immobilienleasing in der Insolvenz, 2003, S. 128 ff.

Es ist durchaus schlüssig, das Finanzierungsleasing mit Erwerbsoption insofern von einem **Kaufvertrag** mit ratenweise **gestundetem Kaufpreis** zu unterscheiden, bei dem die Nutzungserwartung des Käufers für die Dauer der Ratenvereinbarung in der Insolvenz des Verkäufers **nicht** nach Maßgabe von § 108 Abs. 1 S. 1 **geschützt** wird.[169] Die gegenwärtige Nutzungsbefugnis wird beim Kaufvertrag mit ratenweise gestundetem Kaufpreis nicht als eigenständiger Vertragsgegenstand betrachtet, sondern stellt eine untrennbare Einheit mit dem prospektiven Eigentumserwerb dar. Der Zweck des Besitzrechts ist beim Kauf bereits inter partes der künftige Eigentumserwerb. Die Verdinglichung der Erwerbsaussicht richtet sich aber nach § 106. Etwas anderes gilt bei einem Kaufvertrag nur dann, wenn die Nutzungsbefugnis auch vertraglich gesondert erfasst ist, etwa wenn eine Sache einem Kaufinteressenten bereits vor Kaufvertragsschluss gegen Entgelt zur Nutzung überlassen wird, auch wenn dieses Entgelt im Falle eines Kaufvertragsschlusses auf den Kaufpreis angerechnet werden soll.[170] Umgekehrt kann auch ein **Leasingvertrag** im Einzelfall einmal so gestaltet sein, dass er nicht unter § 108 Abs. 1 S. 1 zu fassen ist, da Nutzungsbefugnis und künftiger Eigentumserwerb untrennbar miteinander verknüpft werden, weil es bspw. am Ende der Nutzungszeit automatisch zu einem Eigentumserwerb kommen soll.[171] 57

cc) Plädoyer für gespaltene Behandlungen. Soweit sich die Leistungspflichten bei einem typengemischten Vertrag voneinander unterscheiden lassen, stellt sich die Frage, inwiefern ausschließlich das Element der Nutzungsüberlassung mittels § 108 Abs. 1 S. 1 aufgewertet werden kann, während der restliche Teil schlicht § 103 Abs. 1 unterstellt wird. Der BGH nimmt eine entsprechende **gespaltene Behandlung** hinsichtlich Kaufoptionen beim Leasingvertrag vor und sie scheint eher geeignet, den von § 108 Abs. 1 S. 1 intendierten Ausgleich von Masse- und gegenläufigen Kontinuitätsinteressen zu erzielen als eine grobschlächtige Schwerpunktbetrachtung.[172] Dass in einem komplexen Vertragsverhältnis nur bestimmte Rechte insolvenzrechtlich aufgewertet werden, ist ein Phänomen, das etwa auch im Kontext von §§ 106 Abs. 1 S. 2, 107 Abs. 1 S. 2 begegnet (wenngleich dort eine echte Verdinglichung zu einem Aussonderungsrecht vorgenommen wird). In zeitlicher Hinsicht nimmt § 108 Abs. 3 ebenso eine gespaltene Behandlung vor.[173] 58

Auch im Insolvenzrecht dürfen Verträge freilich nicht nach Belieben und unter Missachtung der **Privatautonomie des Vertragspartners** gespalten werden.[174] Durch eine gespaltene Behandlung und einen nur punktuellen Schutz mittels § 108 Abs. 1 S. 1 würde dem Vertragspartner daher nicht das Recht genommen, sich von dem Vertrag insgesamt zu lösen,[175] wenn er zum Abschluss eines Teilvertrages nicht bereit gewesen wäre.[176] Am Beispiel eines Beherbergungsvertrages, bestehend aus Unterbringung und Verpflegung, wäre in der Insolvenz des Wirtes mittels § 108 Abs. 1 S. 1 also allenfalls die Unterbringung zu erfassen. Die Verpflegung wäre demnach § 103 Abs. 1 zu unterstellen. Lehnt der Insolvenzverwalter insoweit die Erfüllung ab, könnte der Gläubiger die Beherbergungsleistung annehmen und hätte dann auch nur diese anteilig zu vergüten.[177] Liegt allerdings kein **hypothetischer Spaltungswille** des Gläubigers vor, hätte er also einen Vertrag ausschließlich über die Beherbergung ohne Verpflegung nicht abgeschlossen, kann er sich vom gesamten Vertrag nach Maßgabe von § 323 Abs. 5 S. 1 BGB (ggf. vorzeitig gem. § 323 Abs. 4 BGB) lösen. Am Beispiel eines Pachtvertrages mit Warenbezugsbindung hätte der Insolvenzverwalter in der Insolvenz des Pächters nach Maßgabe von § 108 Abs. 1 S. 1 nur die Nutzungsmöglichkeit aus der Masse zu vergüten und könnte den Warenbezug nach § 103 Abs. 1 zurückweisen. Dem Verpächter bliebe es aber unbenommen, sich vom gesamten Vertrag zu lösen, wenn ein hypothetischer Spaltungswille nicht besteht.[178] 59

---

169 K. Schmidt/*Ringstmeier*, § 108 Rn. 8.

170 Im Ergebnis auch → MüKoInsO/*Eckert*, 3. Aufl. 2013, § 108 Rn. 19.

171 Vgl. auch *Obermüller/Livonius* DB 1995, 27, 29.

172 Vgl. auch HKInsO/*Marotzke*, § 108 Rn. 46.

173 → Rn. 154 ff.

174 Eingehend *J. F. Hoffmann* KTS 2018, 343, 367 ff.; grds. zur Vertragsspaltung nach bürgerlichem Recht *J. F. Hoffmann* JuS 2017, 1045 ff.

175 Unpräzise ist es daher, wenn BeckOKInsO/*Berberich*, § 108 Rn. 8 und öfter das Phänomen der gespaltenen Handhabung als echte „Vertragsspaltung“ bezeichnet. Ersteres ist eine insolvenzrechtliche, letzteres eine vertragsrechtliche Kategorisierung.

176 Das übersieht → MüKoInsO/*Eckert*, 3. Aufl. 2013, § 108 Rn. 64; keinesfalls lässt sich aus einem Einheitlichkeitswillen des Gläubigers herleiten, dass nun die Masse insgesamt nach § 108 Abs. 1 S. 1 hafte; in diese Richtung aber Jaeger/*Jacoby*, § 108 Rn. 73.

177 Die Teilvergütung wird auch bei §§ 106 Abs. 1 S. 2, 107 Abs. 1 S. 2 praktiziert: BGHZ 79, 103, 110 = NJW 1981, 991, 993. Materiell-rechtlich ist der Teilvergütungsanspruch mittels § 320 Abs. 2 BGB zu fundieren; siehe *J. F. Hoffmann* KTS 2018, 343, 378 f.

178 Entgegen → MüKoInsO/*Eckert*, 3. Aufl. 2013, § 108 Rn. 101.

60 Die **Privatautonomie des Schuldners** droht durch eine gespaltene Handhabung mittels § 108 Abs. 1 S. 1 nicht über Gebühr strapaziert zu werden; ihm wird der Teilvertrag nicht aufgezwungen, es steht ihm frei, auf der Erfüllung des gesamten Vertrages zu bestehen. Auch der Insolvenzverwalter kann mittels § 103 Abs. 1 eine Abwicklung des Gesamtvertrages herbeiführen. Lehnt er zum Schutz der Masse eine Erfüllungswahl ab, kann keine Rede davon sein, dass § 108 Abs. 1 S. 1 zu einer Vertragsspaltung zulasten der Masse ohne privatautonomes Fundament führe.

61 **c) Rechtspacht.** Überwiegend wird davon ausgegangen, dass eine Rechtspacht nicht von § 108 Abs. 1 S. 1 erfasst werde.[179] So soll insbesondere eine **Unternehmenspacht** kein Fall des § 108 Abs. 1 S. 1 sein, soweit nicht „schwerpunktmäßig" Grundstücke überlassen werden.[180] Allerdings wird man auch hier eine gespaltene Behandlung[181] in Erwägung ziehen müssen, wenn Grundstücke Teil des verpachteten Unternehmensvermögens sind. In aller Regel wird bei einer Unternehmenspacht aber ohnehin kein hypothetischer Spaltungswille[182] des solventen Vertragspartners bestehen, sodass dieser sich regelmäßig vom gesamten Vertrag lösen wird.

62 Weiter soll eine Rechtspacht vorliegen, wenn ein grundstücksbezogenes **sonderrechtsfähiges Recht** überlassen wird, wie etwa ein Abbaurecht.[183] Das vermag grds. vor dem Hintergrund zu überzeugen, dass § 108 Abs. 1 S. 1 eine typisierte Interessenabwägung hinsichtlich der von § 903 BGB erfassten Eigentümerbefugnisse vornimmt. Würden über § 903 BGB hinausgehende Rechte einbezogen, wäre das von der typischen Interessenlage nicht mehr gedeckt. Ob es allerdings vor diesem Hintergrund zutreffend ist, die Jagdpacht von § 108 Abs. 1 S. 1 auszunehmen,[184] erscheint mehr als zweifelhaft; die bürgerlich-rechtliche Qualifikation als Rechtspacht[185] kann hier nicht ausschlaggebend sein.

63 Nicht zu überzeugen vermag es in diesem Kontext, von einer nicht von § 108 Abs. 1 S. 1 erfassten Rechtspacht auszugehen, wenn lediglich **Teilausschnitte der Eigentümerbefugnisse** erfasst werden.[186] Aus Sicht des Masseschutzes drängt sich eher umgekehrt ein Schluss a majore ad minus auf. Allerdings wird es sich häufig um Konstellationen handeln, in denen die Pacht nur einen Sinn ergibt, wenn der Eigentümer sich verpflichtet, seine Eigentumsbefugnisse in einer bestimmten Weise auszuüben, was von § 108 Abs. 1 S. 1 nicht mehr erfasst wird.[187] So kann etwa die Pacht einer Kantine oder einer Garderobe nur Sinn ergeben, wenn der Verpächter den übrigen Betrieb aufrechterhält, wozu er durch § 108 Abs. 1 S. 1 nicht verpflichtet werden kann.

III. Überlassungserfordernis?

64 Problematisch ist, ob § 108 Abs. 1 S. 1 voraussetzt, dass die Sache bereits überlassen worden ist. §§ 19 S. 1, 21 Abs. 1 KO setzten tatbestandlich eine erfolgte Überlassung voraus, während § 108 Abs. 1 S. 1 das nicht in den Wortlaut aufgenommen hat. Die **Gesetzesmaterialien** zur Insolvenzordnung lassen vermuten, dass der Insolvenzverwalter vor einer Überlassung das Wahlrecht aus § 103 Abs. 1 haben solle[188] und § 108 Abs. 1 S. 1 also keine Anwendung finden könne. In den Materialien zur Konkursordnung wird das Überlassungserfordernis damit begründet, dass vorher noch keine „vollständige Erfüllung" durch den Vermieter vorliege, was aus heutiger Sicht einen unzutreffenden Umgang mit Dauerschuldverhältnissen im Kontext der Insolvenz darstellt.[189] Daneben wird in den Materialien zur Konkursordnung darauf rekurriert, dass vor einer Überlassung keine Grundlage für eine Verdinglichung der Position des Mieters gegeben sei und auch die Kontinuitätsinteressen noch nicht hinreichend ausgeprägt seien, um eine Schutzwürdigkeit zu begründen.[190]

65 Der **BGH** hat zur Insolvenzordnung entschieden, dass die Überlassung in der **Vermieterinsolvenz** Voraussetzung für einen Schutz aus § 108 Abs. 1 S. 1 sei.[191] Begründet worden ist das zum einen mit den besonderen Belastungen, die für die Masse drohen, wenn der Mietgegenstand aus Massemitteln überhaupt erst noch hergestellt werden müsse. Zum anderen sei der Mieter noch

179 Jaeger/*Jacoby*, § 108 Rn. 74 ff.
180 Jaeger/*Jacoby*, § 108 Rn. 77; KPB/*Tintelnot*, § 108 Rn. 13.
181 → Rn. 58.
182 → Rn. 59.
183 KPB/*Tintelnot*, § 108 Rn. 12.
184 So etwa Jaeger/*Jacoby*, § 108 Rn. 74; KPB/*Tintelnot*, § 108 Rn. 11.
185 So jedenfalls BGH NZM 2008, 462, 463.
186 So aber Jaeger/*Jacoby*, § 108 Rn. 75.
187 → Rn. 51 f.
188 BT-Drs. 12/2443, 147 re. Sp.
189 → Rn. 2.
190 *Hahn*, Materialien IV, S. 98.
191 BGHZ 173, 116 = NJW 2007, 3715; *Lohmann* FS Fischer, 2008, 333 ff.; K. Schmidt/*Ringstmeier*, § 108 Rn. 10; Uhlenbruck/*Wegener*, § 108 Rn. 11; **aA** noch *Häsemeyer*, Insolvenzrecht, 4. Aufl. 2007, Rn. 20.52.

nicht erhöht schutzbedürftig, wenn er die Sache noch nicht erlangt habe. Erstreckt wurde diese Rechtsprechung auf den Fall, in dem der Mieter den Besitz vorinsolvenzlich an den Vermieter vorübergehend zurückgewährt hat, damit der Vermieter grundlegende Sanierungsmaßnahmen vornehmen kann. Der BGH nahm in der Vermieterinsolvenz an, dass durch die Rückgabe der Mietsache der Schutz des § 108 Abs. 1 S. 1 entfalle.[192] Begründet wurde dies maßgeblich mit dem Hinweis, dass umfangreiche Sanierungsmaßnahmen die Masse zu sehr belasten würden und der Mieter im Übrigen mangels Besitzes keine „verdinglichte" Rechtsposition mehr habe. Insoweit wird auch ein Vergleich zu § 566 Abs. 1 BGB angestellt, der ebenfalls eine Überlassung erfordert und bei dem überwiegend angenommen wird, dass er bei einer Rückgabe der Mietsache nicht mehr greife.[193] Es solle aber offenbar für § 108 Abs. 1 S. 1 ausreichend sein, dass der Mieter im Verhältnis zum Vermieter mittelbarer Besitzer der Sache bleibe.[194]

Die Argumentation des BGH ruht im Kern auf drei Erwägungen. **Erstens** geht es darum, die Masse vor **übermäßigen Leistungspflichten** zu schützen, die der BGH dann befürchtet, wenn die Mietsache erst noch hergestellt werden muss bzw. wenn eine umfangreiche Sanierung versprochen worden ist. Man wird anzuerkennen haben, dass die Rechtsprechung um einen gewissen Dezisionismus nicht umhin kommt, um § 108 Abs. 1 S. 1 zu handhaben. Das Erfordernis einer Überlassung bzw. einer nicht erfolgten Rückgabe erscheint jedoch kein taugliches typisierendes Kriterium, um die getroffene Entscheidung zu implementieren. Zum einen werden mit dem Überlassungserfordernis auch Verträge ausgeschlossen, die die Masse nicht entsprechend belasten, weil der Gegenstand bereits existiert[195] oder weil die Sanierungsmaßnahmen, die einen temporären Auszug des Mieters erfordern, einen nur sehr geringfügigen Umfang haben. Zum anderen droht die Masse bei umfangreichen Sanierungsmaßnahmen dann belastet zu werden, wenn der Mieter den Gegenstand hierfür nicht zurückgibt; insbesondere die offenbar für ausreichend befundene Begründung eines Besitzkonstituts steht mit der Massebelastung in keinem erkennbaren teleologischen Zusammenhang. Ginge es alleine um den Schutz von Masseinteressen, hätte der BGH besser schlicht judiziert, dass die Herstellungspflicht bzw. die umfangreichen Sanierungspflichten nicht von § 108 Abs. 1 S. 1 erfasst werden,[196] wie der BGH das etwa methodisch auch hinsichtlich der Erwerbsoption beim Leasingvertrag praktiziert hat.[197] 66

Zweitens geht der BGH im Einklang mit den Gesetzesmaterialien zur Konkursordnung davon aus, dass ein Mieter bei fehlender fortdauernder Überlassung keine entsprechend **schutzwürdigen Kontinuitätsinteressen** habe. Im Hinblick auf eine fehlende anfängliche Überlassung erscheint das durchaus stimmig, denn ein Mieter, der seinen Rechtskreis noch nicht auf die Nutzung ausgerichtet hat und typischerweise auch noch keine entsprechenden Dispositionen getätigt hat, wird regelmäßig geringere Kontinuitätsinteressen haben als ein Mieter, der seinen Rechtskreis schon auf die Sache angepasst hat. Im Einzelfall mag ein Mieter, insbesondere bei der Wohnraummiete, natürlich auch bereits nach Vertragsschluss Dispositionen treffen, das Überlassungserfordernis erschiene aber jedenfalls als Typisierung darstellbar.[198] Anders verhält es sich freilich bei einem Mieter, der die Sache vorübergehend zu Sanierungszwecken dem Vermieter zurückgibt. Nur weil ein Mieter sich vorübergehend ohne die Mietsache zu behelfen weiß, können seine Kontinuitätsinteressen nicht typischerweise für weniger schutzbedürftig befunden werden. 67

Drittens meint der BGH, wieder unter Rekurs auf die Gesetzesmaterialien zur Konkursordnung, dass die mit § 108 Abs. 1 S. 1 einhergehende teilweise „Verdinglichung" einen **Publizitätsakt** voraussetze. In der Tat ist das der Rechtfertigungsansatz für das Übergabeerfordernis im Rahmen von § 566 Abs. 1 BGB.[199] Nun ist zwar zu erkennen, dass die „Verdinglichung" in § 108 Abs. 1 S. 1 nicht ganz so weitgehend ist wie in § 566 Abs. 1 BGB, denn der Mieter wird im Falle einer Masseunzulänglichkeit gegenüber den konkurrierenden Gläubigern nicht geschützt.[200] Ansonsten ist die Interessenlage aber durchaus vergleichbar. So wie der Einzelrechtsnachfolger mit § 566 Abs. 1 BGB nur konfrontiert werden soll, wenn ein für ihn grds. nach außen erkennbarer Manifestationsakt vorliegt, so werden auch die konkurrierenden Gläubiger vor entsprechenden Massebelastungen 68

---

192 BGHZ 204, 1 = NJW 2015, 627; K. Schmidt/*Ringstmeier*, § 108 Rn. 10; Uhlenbruck/*Wegener*, § 108 Rn. 11a.

193 BGH NJW-RR 2016, 982, Rn. 4; NJW 2010, 1068, Rn. 21; NJW 2007, 1818.

194 Vgl. BGHZ 204, 1 = NJW 2015, 627, Rn. 16; BeckOKInsO/*Berberich*, § 108 Rn. 16.2.

195 Zutr. → MüKoInsO/*Eckert*, 3. Aufl. 2013, § 108 Rn. 12a; vgl. auch *Preuß* JR 2008, 418, 419.

196 Vgl. auch HKInsO/*Marotzke*, § 108 Rn. 40; *Piekenbrock* LMK 2015, 367511; unzutr. *Lohmann* FS Fischer, 2008, 333, 335 f.

197 → Rn. 56.

198 Siehe auch *Derleder* NZM 2004, 568, 569.

199 Denkschrift bei Mugdan II, S. 1254.

200 → Rn. 74.

geschützt, wenn diese nicht im Zeitpunkt der Eröffnung des Insolvenzverfahrens hinreichend manifestiert sind. Unter Publizitätsgesichtspunkten wird man aber, anders als bei § 566 BGB, entgegen dem BGH, kein Fortdauern der Überlassung verlangen müssen, da die Publizitätsinteressen konkurrierender Gläubiger nicht in gleicher Weise schutzbedürftig sind, wie diejenigen eines Erwerbsinteressenten im Rahmen von § 566 BGB. Die Publizitätsinteressen konkurrierender Gläubiger sind auch dann gewahrt, wenn der Insolvenzverwalter nach Inbesitznahme der Masse feststellen kann, dass der Mieter einmal Besitz hatte.[201]

69 **Zusammenfassend** sollte die Masse vor Herstellungs- und Sanierungspflichten durch eine entsprechend einschränkende Handhabung von § 108 Abs. 1 S. 1 geschützt werden. Unter Publizitätsgesichtspunkten ist das Überlassungserfordernis für einen Schutz nach § 108 Abs. 1 S. 1 relevant, ein nachträglicher Besitzverlust des Mieters sollte für § 108 Abs. 1 S. 1, entgegen dem BGH, grds. irrelevant sein.

70 Zur **Insolvenz des Mieters** hat der BGH sich noch nicht geäußert. Auch hier ist fraglich, ob sich der Vermieter auf § 108 Abs. 1 S. 1 berufen kann, bevor die Sache an den insolventen Mieter überlassen worden ist. Massebelastungen durch Herstellungspflichten oder Sanierungsmaßnahmen drohen insofern nicht, allerdings kann die Masse des Mieters besonders belastet werden, wenn und weil diese Pflichten in einem besonders hohen Mietzins Eingang gefunden haben. Auch mag man vor einer Überlassung typischerweise von geringeren Kontinuitätsinteressen des Vermieters ausgehen, da es ihm leichter fallen wird, ein Alternativgeschäft zu tätigen. Jedoch trägt der Verdinglichungsgedanke nicht, denn es geht in der spiegelbildlichen Konstellation darum, dem Vermieter einen bevorrechtigten Zugriff auf den Mietzins zu gewähren, dessen „Verdinglichung" nicht durch eine Übergabe der Mietsache manifestiert werden könnte. In praktischer Hinsicht dürfte es müßig sein, zu diskutieren, ob eine Überlassung auch in der Mieterinsolvenz Voraussetzung für § 108 Abs. 1 S. 1 ist,[202] denn der Insolvenzverwalter hat in der Mieterinsolvenz vor Überlassung ohnehin ein besonderes Rücktrittsrecht gem. § 109 Abs. 2.[203]

IV. Berechtigung zur Vermietung/Verpachtung erforderlich?

71 Problematisch ist, ob § 108 Abs. 1 S. 1 ungeschrieben voraussetzt, dass der Vermieter seinerseits eine Berechtigung an dem Mietgegenstand hat. Eine solche kann sich daraus ergeben, dass der Vermieter Eigentümer[204] ist, aber auch daraus, dass der Vermieter dem Eigentümer gegenüber schuldrechtlich zur Weitervermietung berechtigt ist. Unter Geltung der Konkursordnung ist verbreitet angenommen worden, § 21 Abs. 1 KO erfasse Konstellationen einer **unberechtigten Vermietung** nicht,[205] und auch im Rahmen von § 108 Abs. 1 S. 1 wird teilweise dafür plädiert, entsprechende Konstellationen vom Anwendungsbereich auszunehmen.[206] Bedenken werden va hinsichtlich der Belastung der Masse mit Schadensersatzpflichten wegen anfänglicher Rechtsmängel geäußert. Dagegen wird das Bestandsinteresse des Mieters ins Feld geführt, das unabhängig von einer Berechtigung des Vermieters zur Vermietung vorliege.[207]

72 Weder aus den Masseinteressen noch den Mieterinteressen lässt sich zwingend eine Lösung herleiten.[208] Maßgebend muss vielmehr sein, ob die widerstreitende Interessenlage noch der von § 108 Abs. 1 S. 1 entschiedenen hinreichend gleicht. In der Mieterinsolvenz sind Kontinuitätsinteressen eines unberechtigten Vermieters nicht gleichermaßen erkennbar, denn Anschlussgeschäfte sind dem Vermieter ohnehin verwehrt und auch die gegenwärtige Nutzung kann ihm vom Eigentümer jederzeit untersagt werden. In der Vermieterinsolvenz entscheidet § 108 Abs. 1 S. 1 in erster Linie einen Konflikt über in der Masse befindliche Güter, seien es nun dingliche oder schuldrechtliche Nutzungsrechte des Vermieters. Sind diese Güter nicht vorhanden, könnte sich § 108 Abs. 1 S. 1 von vornherein nur auf mietvertragliche Beschaffungspflichten beziehen, die der BGH im Ergebnis mit Recht von der Vorschrift aber nicht erfasst sehen will.[209] Im Übrigen könnte mittels § 108 Abs. 1 S. 1 lediglich die verschuldensunabhängige Schadensersatzpflicht des § 536a Abs. 1 Alt. 1 BGB zur Masseverbindlichkeit aufgewertet werden, die richtigerweise aber ohnehin vom Anwendungsbe-

---

201 Im Ergebnis zu § 19 KO auch Jaeger/*Henckel*, 9. Aufl. 1997, § 19 KO Rn. 43.

202 Verneinend etwa BeckOKInsO/*Berberich*, § 108 Rn. 17; *Ganter* ZIP 2019, 97, 99; Uhlenbruck/*Wegener*, § 108 Rn. 10.

203 Vgl. auch K. Schmidt/*Ringstmeier*, § 108 Rn. 10.

204 Zum problematischen Fall des Miteigentums siehe Jaeger/*Jacoby*, § 108 Rn. 96 ff.

205 Vgl. etwa Jaeger/*Henckel*, 9. Aufl. 1997, § 21 KO Rn. 7.

206 *Marotzke* ZInsO 2007, 1, 4; HKInsO/*Marotzke*, § 108 Rn. 41; **aA** K. Schmidt/*Ringstmeier*, § 108 Rn. 11; Uhlenbruck/*Wegener*, § 108 Rn. 17.

207 → MüKoInsO/*Eckert*, 3. Aufl. 2013, § 108 Rn. 26a.

208 → Rn. 4.

209 → Rn. 65.

reich der Vorschrift auszunehmen ist.[210] § 108 Abs. 1 S. 1 sollte letztlich **nicht bei unberechtigter Vermietung angewandt** werden.

Ist der insolvente Vermieter nicht Eigentümer, sondern zur **Vermietung** gegenüber dem Eigentümer **berechtigt,** so sind **zwei Konstellationen** zu unterscheiden: Ermächtigt der Eigentümer den Vermieter, wie ein Eigentümer zu vermieten, so bezieht sich § 108 Abs. 1 S. 1 in Anlehnung an § 185 BGB[211] auf die Sache selbst und führt zu einem direkten Zugriffsrecht auf den Mietgegenstand, das durch § 108 Abs. 1 S. 1 in der Insolvenz des Vermieters (und auch des Eigentümers[212]) geschützt wird. Ist der insolvente Vermieter dagegen dem Eigentümer gegenüber nur zur Untervermietung berechtigt, bezieht sich § 108 Abs. 1 S. 1 auf das schuldrechtliche Nutzungsrecht der Masse gegenüber dem Eigentümer, und endet, vorbehaltlich § 565 BGB, mit diesem.[213] 73

V. Rechtsfolgen

1. Qualität der Privilegierung. Der Vertragspartner wird nach Maßgabe von § 108 Abs. 1 S. 1 mit **Masseverbindlichkeiten** privilegiert. Ein Mieter kann Gebrauchsüberlassung aus der Masse verlangen und ein Vermieter kann Mietzahlung aus der Masse verlangen. Im Falle der **Masseunzulänglichkeit** gem. § 209 Abs. 1 verliert das Privileg weitgehend seine Wirkung.[214] Der Vertragspartner kann nach Maßgabe von § 209 Abs. 1 Nr. 3 nur noch quotale Befriedigung verlangen, insbesondere kann ein von § 108 Abs. 1 S. 1 geschützter Mieter sein Besitzrecht der Masse nicht mehr entgegenhalten, er schuldet grds. **Herausgabe.**[215] Der solvente Vertragspartner kann regulär kündigen, wenn die unzulängliche Masse den Vertragspflichten nicht mehr nachkommt.[216] 74

a) Masseunzulänglichkeit. Eine Aufwertung der Altmasseverbindlichkeiten nach Maßgabe von § 108 Abs. 1 S. 1 zu **Neumasseverbindlichkeiten** ist gem. § 209 Abs. 2 Nr. 2, Nr. 3 möglich. Nach § 209 Abs. 2 Nr. 2 entstehen wieder privilegierte Neumasseverbindlichkeiten, wenn der Insolvenzverwalter von einem möglichen Kündigungsrecht keinen Gebrauch macht. Unabhängig davon, ob man von einer zeitlichen Befristung des Sonderkündigungsrechts nach § 109 Abs. 1 S. 1 ab Verfahrenseröffnung ausgeht,[217] löst die Masseunzulänglichkeit jedenfalls erneut ein Sonderkündigungsrecht nach § 109 Abs. 1 S. 1 aus,[218] das der Verwalter ausüben muss, um das Entstehen von Neumasseverbindlichkeiten zu verhindern. In der Insolvenz des Vermieters besteht ein entsprechendes Sonderkündigungsrecht nicht, zu einer Freigabe[219] wird man den Verwalter nach Maßgabe von § 209 Abs. 2 Nr. 2 nicht verpflichten können. Nimmt allerdings der Insolvenzverwalter nach Anzeige der Masseunzulänglichkeit die Gegenleistung in Anspruch,[220] entweder indem er als Mieter die Sache weiter nutzt oder indem er als Vermieter den Mietzins einzieht, entstehen gem. § 209 Abs. 2 Nr. 3 Neumasseverbindlichkeiten.[221] 75

b) Insbesondere Masseunzulänglichkeit bei Untervermietung und Insolvenz des Hauptmieters. Sollte der Schuldner eine berechtigte **Untervermietung** vorgenommen haben,[222] erfasst die Masseunzulänglichkeit beide Vertragsverhältnisse: Der Hauptvermieter kann nur noch quotale Befriedigung der Mietforderungen verlangen, während der Untermieter gegenüber der Masse kein Besitzrecht mehr hat. Sowohl der Hauptvermieter als auch der Untermieter können gegenüber der Masse das Vertragsverhältnis kündigen,[223] wenn ihre jeweiligen Ansprüche nicht erfüllt werden. Sollte der Insolvenzverwalter allerdings vom Untermieter den Mietzins einziehen, liegt darin sowohl eine Inanspruchnahme der Leistung des Hauptvermieters als auch der Leistung des Untermieters im Sinne von § 209 Abs. 2 Nr. 3.[224] Möchte der Insolvenzverwalter die Wirkung des § 209 Abs. 2 Nr. 3 im Hinblick auf das Hauptmietverhältnis verhindern, muss er dem Hauptver- 76

---

210 → Rn. 84.
211 Vgl. im Kontext von § 566 BGB auch BeckOGK/*Harke*, § 566 BGB Rn. 17.
212 → Rn. 35.
213 Siehe weiter → Rn. 94.
214 Eingehend → Rn. 6.
215 HKInsO/*Marotzke*, § 108 Rn. 50; K. Schmidt/*Ringstmeier*, § 108 Rn. 14; *Ringstmeier* ZInsO 2004, 169, 173; **aA** *von Wilmowsky* NZI 2013, 377, 380 f. (dazu → Rn. 13).
216 → Rn. 80.
217 Dagegen → § 109 Rn. 25.
218 Vgl. → MüKoInsO/*Hefermehl*, § 209 Rn. 31.
219 → Rn. 92.
220 Sehr weitgehend verlangt BGH BeckRS 2008, 14248 eine „Klarstellung" durch den Insolvenzverwalter sogar dann, wenn der Schuldner bereits Räumung veranlasst hatte.
221 Zur Frage, ob auch eine Teilnutzung möglich ist → Rn. 159.
222 Der Untermietvertrag profitiert grds. von § 108 Abs. 1 S. 1 → Rn. 73.
223 → Rn. 80.
224 BGH ZInsO 2004, 674.

mieter den mittelbaren Besitz gegenüber dem Untermieter einräumen. Der BGH sieht als alternative Möglichkeit, dass der Hauptmieter dem Hauptvermieter die Einziehung des Untermietzinses überlässt.[225] Es ist demnach nicht denkbar, dass der Insolvenzverwalter § 209 Abs. 2 Nr. 3 insoweit „gespalten" zulasten des Hauptvermieters zur Anwendung bringt, denn die Inanspruchnahme der Gegenleistung aus dem Untermietvertrag für die Masse ist stets zugleich eine Inanspruchnahme der Gegenleistung aus dem Hauptmietvertrag. Denkbar wäre allenfalls, dass der Insolvenzverwalter Herausgabe der Sache zur Masse verlangt, diese aber weiterhin für die Masse beansprucht und damit § 209 Abs. 2 Nr. 3 nur für das Hauptmietverhältnis zur Anwendung bringt.

77 **2. Verhältnis zur Insolvenzanfechtung.** Es bleibt dem Insolvenzverwalter unbenommen, die Bindung der Masse an den **vertraglichen Konsens** mit Hilfe der Insolvenzanfechtung zu beseitigen.[226] Vertragliche Verpflichtungsgeschäfte können insofern va zum Gegenstand einer Vorsatzanfechtung (§§ 132, 133) gemacht werden, was insbesondere in Betracht kommt, wenn es sich um ein für die Masse besonders nachteiliges Austauschverhältnis handelt (siehe auch § 134), das nach hier vertretener Auffassung allerdings in besonders ausgeprägten Fällen schon nicht von § 108 Abs. 1 S. 1 zu erfassen ist.[227]

78 Weiter kann die Deckungsanfechtung verwendet werden, um den für § 108 Abs. 1 S. 1 in der Vermieterinsolvenz erforderlichen „Verdinglichungsakt" mittels **Überlassung**[228] anzugreifen. Die Überlassung zeitigt zulasten der Masse eine Verfügungswirkung, die mit den Tatbeständen der Deckungsanfechtung neutralisiert werden kann, sodass das Verwalterwahlrecht gem. § 103 Abs. 1 wieder einschlägig ist. In der Insolvenz des Mieters wird eine Insolvenzanfechtung regelmäßig nicht die entscheidende Rolle spielen, da der Verwalter sich gem. § 109 leichter vom Vertrag lösen kann. Allerdings geht mit einer Überlassung eine Beschränkung der Lösungsmöglichkeit einher (§ 109 Abs. 1 S. 1 statt § 109 Abs. 2 S. 1), sodass sie auch in diesem Kontext zum Gegenstand der Insolvenzanfechtung gemacht werden kann. Die Privilegierung des § 108 Abs. 1 S. 1 kann darüber hinaus auch Gegenstand der Vorsatzanfechtung sein.[229]

79 Im Übrigen kann die vorinsolvenzliche Erfüllung von Forderungen, die nach Maßgabe von § 108 Abs. 3 lediglich den Rang von Insolvenzforderungen haben, zum Gegenstand der Deckungsanfechtung gemacht werden.[230]

80 **3. Vertragsbindung – Dauer und Kündigungsrechte. §§ 109, 111** enthalten Sonderkündigungsrechte und **§ 112** sieht Kündigungsbeschränkungen zum Schutz einer nutzungsberechtigten Masse vor. Klammert man die besondere Problematik der insolvenzbezogenen Lösungsrechte aus,[231] gibt es keinen Grund, die Bindung an das Vertragsverhältnis anlässlich einer Insolvenz heteronom zu modifizieren. Vereinbarte Laufzeiten und Fristen für eine ordentliche Kündigung sowie vereinbarte **Kündigungsrechte** bleiben **unangetastet.** Auch ansonsten kann jede Vertragspartei Kündigungsrechte ausüben, soweit sie materiell-rechtlich gegeben sind und nicht von § 112 erfasst werden.[232] Die Insolvenz führt, vorbehaltlich § 112, auch keine Zäsur in dem Sinne herbei, dass Kündigungsrechte, die vorinsolvenzlich entstanden sind, mit der Insolvenz erlöschen. Ein Gläubiger, der wegen vertragswidrigen Verhaltens des Schuldners zur Kündigung berechtigt war, muss grds. der Masse nicht wie einem neuen Vertragspartner gegenübertreten (Ausnahme: § 112).[233] Allerdings kann dem Kündigungsrecht selbst immanent sein, dass dessen Voraussetzungen mit Übergang der Verwaltungs- und Verfügungsbefugnis an den Verwalter entfallen; denkbar ist das etwa bei einer Kündigung des Schuldners wegen Eigenbedarfs.[234]

81 **4. Einzelheiten in der Insolvenz des Vermieters/Verpächters. a) Erhaltungspflichten.** Die Insolvenzmasse wird mittels § 108 Abs. 1 S. 1 mit allen Vertragspflichten belastet, die einen **Nutzungsbezug** haben. Dazu zählen insbesondere vertragliche **Erhaltungspflichten** (vgl. § 535 Abs. 1 S. 2 BGB), aber auch unmittelbar nutzungsbezogene Versorgungspflichten, etwa mit Wasser

---

225 BGH ZInsO 2004, 674; → MüKoInsO/*Hefermehl,* § 209 Rn. 33a; krit. *Ringstmeier* ZInsO 2004, 169, 173, 177.
226 → MüKoInsO/*Eckert,* 3. Aufl. 2013, § 108 Rn. 10; Jaeger/*Jacoby,* § 108 Rn. 101; vgl. auch OLG München NJOZ 2016, 918.
227 → Rn. 49.
228 → Rn. 64 ff.
229 HKInsO/*Marotzke,* § 108 Rn. 79.
230 So auch HKInsO/*Marotzke,* § 108 Rn. 78.
231 Eingehend dazu *J. F. Hoffmann* KTS 2018, 343, 356 ff.
232 Vgl. auch *Marotzke* KTS 1999, 269, 279 ff.
233 Entgegen → MüKoInsO/*Eckert,* 3. Aufl. 2013, § 108 Rn. 60 und Jaeger/*Jacoby,* § 108 Rn. 102, 144.
234 Siehe → MüKoInsO/*Eckert,* 3. Aufl. 2013, § 108 Rn. 60.

oder Strom, soweit der Vermieter diese vertraglich übernommen hat.[235] Probleme können sich insbesondere bei Leasingverträgen im Hinblick auf zusätzliche Leistungspflichten[236] ergeben, die zwar einen Nutzungsbezug haben, allerdings über klassische Erhaltungspflichten weit hinausgehen können, wofür beispielhaft Schulungspflichten oder Servicepflichten mit Modernisierungs- bzw. Verbesserungsintention genannt werden können. Diesbezüglich ist § 108 Abs. 1 S. 1 einzuschränken und erneut einer gespaltenen Handhabung der Vorzug zu geben.[237]

Da der Mietzins periodisch die gegenwärtige Nutzung der mangelfreien Sache vergütet, ist die Insolvenzmasse auch dann zu Erhaltungsmaßnahmen verpflichtet, wenn der Mietgegenstand sich bereits **vorinsolvenzlich verschlechtert** hat.[238] Zu erkennen ist aber wieder, dass § 108 Abs. 1 S. 1 nur typische Erhaltungspflichten vor Augen hat. Wenn bspw. vor Eröffnung des Insolvenzverfahrens ein vermietetes Haus abbrennt und sich aus der mietvertraglichen Risikoordnung im konkreten Fall (wohl atypischerweise) ergeben sollte, dass der Vermieter zum Wiederaufbau des Hauses verpflichtet sein soll, dann erscheint es mehr als fraglich, auch diese Pflicht nach § 108 Abs. 1 S. 1 der Insolvenzmasse aufzubürden. Der BGH will in anderem Kontext die Masse nicht mit Herstellungspflichten belasten, hat das freilich in ein Überlassungserfordernis eingekleidet,[239] das bei den Erhaltungspflichten nicht brauchbar gemacht werden kann. Wenn hier verbreitet auf § 275 Abs. 2 BGB verwiesen wird, um die Masse zu schützen,[240] trifft das nicht den Punkt, denn § 275 Abs. 2 BGB richtet sich nach der konsentierten vertraglichen Risikoordnung, die nicht anlässlich der Insolvenz im Interesse der Masse kurzerhand modifiziert werden darf.[241] Man wird (auch)[242] hier um eine dezisionistische Begrenzung der von § 108 Abs. 1 S. 1 erfassten Erhaltungspflichten nicht umhinkommen. 82

b) Schadensersatz. Jedenfalls für **nachträgliche Mängel,** die der Verwalter zu vertreten hat (§ 536a Abs. 1 Alt. 2 BGB), haftet die Insolvenzmasse vermittels §§ 108 Abs. 1 S. 1, 55 Abs. 1 Nr. 2 Alt. 2, soweit die Leistungsinteressen des Vertragspartners betroffen sind.[243] Für die schuldhafte Verletzung von Integritätsinteressen haftet die Masse nach Maßgabe von § 55 Abs. 1 Nr. 1. 83

Ungleich schwieriger ist die Frage nach der Haftung für **anfängliche Mängel** zu beantworten. Auf der einen Seite ist zu konstatieren, dass die Masse – jedenfalls in gewissem Umfang – auch im Hinblick auf anfängliche Mängel Beseitigungs- bzw. Erhaltungspflichten trifft.[244] Nur insoweit kommt eine Schadensersatzpflicht für anfängliche Mängel in Betracht. Unproblematisch ist die Gewährung eines verschuldensabhängigen Schadensersatzanspruchs gegen die Masse gem. § 536a Abs. 1 Alt. 3 BGB. Fraglich ist aber, ob die Masse gem. § 536a Abs. 1 Alt. 1 BGB auch mit der verschuldensunabhängigen Haftung belastet werden darf. An der Sachgerechtigkeit dieser Haftung mag man schon ganz grds. zweifeln,[245] die Aufwertung dieser Schadensersatzpflicht zur Masseverbindlichkeit ist von der durch § 108 Abs. 1 S. 1 typisiert vorgenommenen Interessenabwägung jedenfalls **nicht** mehr erfasst.[246] 84

c) Mietkaution. Die Insolvenzmasse rückt grds. in die Pflichten des Vermieters ein. Eine treuhänderisch angelegte Mietkaution geht mit dieser Bindung auf die Insolvenzmasse über. Soweit der Vermieter die Kaution vorinsolvenzlich nicht treuhänderisch angelegt haben sollte, wird diese Verpflichtung (vgl. § 551 Abs. 3 BGB) nicht nach Maßgabe von § 108 Abs. 1 S. 1 zur Masseverbindlichkeit aufgewertet.[247] Der Mieter ist in diesem Fall nicht zu einer nochmaligen **Leistung der Kaution** 85

---

235 → MüKoInsO/*Eckert,* 3. Aufl. 2013, § 108 Rn. 61.

236 Eingehend *Kalkschmid,* Immobilienleasing in der Insolvenz, 2003, S. 177 ff.

237 → Rn. 58 f.; so auch *Kalkschmid,* Immobilienleasing in der Insolvenz, 2003, S. 180 ff.; dagegen im vorliegenden Kontext → MüKoInsO/*Eckert,* 3. Aufl. 2013, § 108 Rn. 64.

238 BGH NZI 2003, 373; → MüKoInsO/*Eckert,* 3. Aufl. 2013, § 108 Rn. 71; K. Schmidt/*Ringstmeier,* § 108 Rn. 17; KPB/*Tintelnot,* § 108 Rn. 31; **aA** *Gundlach/Frenzel* NZI 2003, 374 f., deren Einwand, der Mieter könne dann im Falle der Masseunzulänglichkeit eigenhändig eine Neumasseverbindlichkeit herbeiführen, allerdings nicht zutrifft, denn Voraussetzung bleibt eine Aufwertung nach den Maßstäben der § 209 Abs. 2 Nr. 2, Nr. 3 (→ Rn. 75).

239 → Rn. 66.

240 Etwa → MüKoInsO/*Eckert,* 3. Aufl. 2013, § 108 Rn. 71; Jaeger/*Jacoby,* § 108 Rn. 111; *Wegener* ZInsO 2005, 1259, 1263 f.

241 So aber offenbar → MüKoInsO/*Eckert,* 3. Aufl. 2013, § 108 Rn. 76.

242 → Rn. 66.

243 Vgl. etwa auch → MüKoInsO/*Eckert,* 3. Aufl. 2013, § 108 Rn. 72.

244 → Rn. 82.

245 *Riesenhuber* ZfPW 2016, 448, 464 f.

246 Zurückhaltend bereits → MüKoInsO/*Eckert,* 3. Aufl. 2013, § 108 Rn. 73; tendenziell unter Rückgriff auf § 108 Abs. 3 wie hier KPB/*Tintelnot,* § 108 Rn. 32; mit zweifelhafter Begründung im Ergebnis wie hier Jaeger/*Jacoby,* § 108 Rn. 115.

247 BGH NJW 2013, 1243, 1244; → MüKoInsO/*Eckert,* 3. Aufl. 2013, § 108 Rn. 81a; Jaeger/*Jacoby,* § 108 Rn. 135; KPB/*Tintelnot,* § 108 Rn. 31; **aA** *Derleder* NZM 2004, 568, 577 f.; *Derleder* NJW 2008, 1153.

verpflichtet.[248] Das gilt auch, wenn die Kaution untergegangen sein sollte.[249] Seiner Pflicht zur Zahlung des Mietzinses gegenüber der Masse kann der Mieter nicht den Anspruch auf treuhänderische Anlage der Kaution gem. § 273 BGB entgegenhalten, da diese Einrede nicht insolvenzfest ist.[250]

86 Soweit der Mieter die Mietkaution vor Insolvenzeröffnung nicht geleistet hat oder die Kaution vorinsolvenzlich im Einklang mit der Sicherungsabrede zur Tilgung von Zahlungsrückständen verwertet worden ist, schuldet der Mieter (erneute) Zahlung der Mietkaution an die Masse.[251] Der Insolvenzverwalter ist regulär zur treuhänderischen Anlage verpflichtet.

87 Nach **Beendigung des Mietverhältnisses** kann der Mieter die Kaution gem. § 47 aussondern, soweit die Anlage die Voraussetzungen an ein insolvenzfestes Treuhandverhältnis erfüllt.[252] Sind die Voraussetzungen für eine Treuhand nicht erfüllt, wird der Anspruch auf Rückzahlung der Kaution nicht von § 108 Abs. 1 S. 1 erfasst und zur Masseverbindlichkeit aufgewertet.[253] Der Kautionsrückzahlungsanspruch nach Beendigung des Mietverhältnisses ist nicht Ausfluss der Kontinuitätsinteressen des Mieters, es handelt sich um abwicklungsbezogene Leistungspflichten.[254] Soweit die Kaution nicht durch den Insolvenzverwalter zugunsten der Masse vereinnahmt worden ist,[255] ist der Rückzahlungsanspruch als Insolvenzforderung zu behandeln.[256]

88 **d) Betriebskosten.** Auch die Verpflichtung über die **Abrechnung** von Betriebskosten gem. § 556 Abs. 3 S. 1 BGB ist Masseverbindlichkeit.[257] Das betrifft nach Maßgabe von § 108 Abs. 3 aber grds. nur Abrechnungsperioden, die nach Verfahrenseröffnung enden. Ob es darüber hinaus ausreicht, dass der Abrechnungsanspruch erst nach Verfahrenseröffnung fällig wird, ist umstritten.[258] Soweit die Verpflichtung über die Abrechnung von Betriebskosten nur eine Insolvenzforderung ist, kann der Gläubiger sein grds. gem. § 273 BGB bestehendes Zurückbehaltungsrecht[259] hinsichtlich künftiger Vorauszahlungspflichten nicht gegenüber der Insolvenzmasse geltend machen. § 273 BGB ist nicht insolvenzfest.[260] Freilich wird der Verwalter vergangene Abrechnungspflichten einhalten, wenn eine Präklusion etwaiger Nachzahlungsansprüche gem. § 556 Abs. 3 S. 3 BGB vermieden werden soll. Ob die Abrechnungsfristen anlässlich der Insolvenz zu verlängern sind, ist unklar. In der Tat scheint die kodifizierte Exkulpationsmöglichkeit eine besondere Berücksichtigung der Masseinteressen zu ermöglichen, solange die Frist nicht bereits vorinsolvenzlich abgelaufen war.[261]

89 Etwaige **Rückzahlungsansprüche** des Mieters wegen vorinsolvenzlicher Vorauszahlungen sind lediglich Insolvenzforderungen, da das Geld nicht zur Masse geflossen ist.[262] Der Mieter kann jedoch unter Umständen nach Maßgabe von §§ 94, 95 Abs. 1 S. 1 aufrechnen, soweit vorinsolvenzliche Mietzahlungen noch ausstehen. Gegenüber nachinsolvenzlichen Mietzahlungspflichten soll eine Aufrechnung wegen vorinsolvenzlicher Vorauszahlungen nicht, bzw. nur im Rahmen von § 110 Abs. 1, Abs. 3, möglich sein.[263]

90 **e) Aufwendungsersatz.** Aufwendungsersatz zur Beseitigung von Mängeln gem. **§ 536a Abs. 2 BGB** wird nur dann von § 108 Abs. 1 S. 1 erfasst, wenn die Tatbestandsvoraussetzungen

---

248 K. Schmidt/*Ringstmeier*, § 108 Rn. 19.

249 Uhlenbruck/*Wegener*, § 108 Rn. 24.

250 Grds. dazu *J. F. Hoffmann*, Prioritätsgrundsatz und Gläubigergleichbehandlung, 2016, S. 313 f.; im hiesigen Kontext auch BGH NJW 2013, 1243, 1244; **aA** HKInsO/*Marotzke*, § 108 Rn. 49; grds. gegen dessen Umgang mit § 273 BGB in der Insolvenz Jaeger/*Henckel*, § 51 Rn. 53; *Mossler*, Bereicherung aus Leistung und Gegenleistung, 2006, S. 22 ff. und *Wilhelm* JZ 1995, 574, Fn. 1.

251 Jaeger/*Jacoby*, § 108 Rn. 134.

252 Vgl. BGH NJW 2008, 1152; → MüKoInsO/*Ganter*, § 47 Rn. 380; eingehend zu den strittigen Voraussetzungen einer Treuhand → MüKoInsO/*Ganter*, § 47 Rn. 355 ff., 392 ff.

253 → MüKoInsO/*Eckert*, 3. Aufl. 2013, § 108 Rn. 114; Jaeger/*Jacoby*, § 108 Rn. 135; **aA** *Derleder* NJW 2008, 1153.

254 Dazu → Rn. 107.

255 Dann handelt es sich um eine Masseverbindlichkeit gem. § 108 Abs. 1 S. 1; Jaeger/*Jacoby*, § 108 Rn. 134.

256 Zum Umgang mit § 566a BGB, wenn in dieser Konstellation der Insolvenzverwalter den Mietgegenstand veräußert → § 111 Rn. 11.

257 → MüKoInsO/*Eckert*, 3. Aufl. 2013, § 108 Rn. 69.

258 Für ein Abstellen auf den Entstehungszeitpunkt Jaeger/*Jacoby*, § 108 Rn. 124; Uhlenbruck/*Wegener*, § 108 Rn. 22.

259 BGHZ 196, 1, Rn. 14 = NJW 2013, 859, Rn. 14; BGH NJW 2011, 368, Rn. 23.

260 Im hiesigen Zusammenhang auch Jaeger/*Jacoby*, § 108 Rn. 122; K. Schmidt/*Ringstmeier*, § 108 Rn. 18; Uhlenbruck/*Wegener*, § 108 Rn. 22; grds. zu § 273 BGB in der Insolvenz *J. F. Hoffmann*, Prioritätsgrundsatz und Gläubigergleichbehandlung, 2016, S. 313 f.

261 So → MüKoInsO/*Eckert*, 3. Aufl. 2013, § 108 Rn. 69.

262 → MüKoInsO/*Eckert*, 3. Aufl. 2013, § 108 Rn. 70; Jaeger/*Jacoby*, § 108 Rn. 119; K. Schmidt/*Ringstmeier*, § 108 Rn. 18; entgegen *Derleder* NZM 2004, 568, 574.

263 So nun BGH NZI 2011, 936, 937 unter Aufgabe von BGH NZI 2007, 164; Jaeger/*Jacoby*, § 108 Rn. 121; → § 110 Rn. 9.

nach Verfahrenseröffnung entstehen und die Aufwendungen nach Verfahrenseröffnung in die Masse geflossen sind. Vor Verfahrenseröffnung getätigte Aufwendungen begründen dagegen nur Insolvenzforderungen.[264] Das mag auf den ersten Blick widersprüchlich erscheinen, da die Masse nach Maßgabe von § 108 Abs. 1 S. 1 auch für vor Verfahrenseröffnung entstandene Mängel nach Maßgabe der mietvertraglichen Erhaltungspflicht haftet.[265] Beseitigt der Mieter den Mangel also vor Verfahrenseröffnung nicht selbst, haftet die Masse; beseitigt er den Mangel vor Verfahrenseröffnung selbst, haftet die Masse nicht. Das ist aber dem allgemeinen Grundsatz geschuldet, dass sich die Masse nur solche Anreicherungen entgegenhalten lassen muss, die der Insolvenzverwalter zu ihren Gunsten vereinnahmt hat; dadurch wird Manipulationen im Hinblick auf vermeintliche vorinsolvenzliche Anreicherungstatbestände vorgebeugt.[266]

Auch für sonstige Aufwendungen im Sinne von **§ 539 Abs. 1 BGB** schuldet die Masse nur Ersatz, wenn der Tatbestand nach Insolvenzeröffnung begründet worden ist. Maßgeblich ist für den Tatbestand der Geschäftsführung ohne Auftrag nun das Interesse der Masse an den Aufwendungen.[267] Gestützt werden kann die Qualifikation als Masseverbindlichkeit auf §§ 55 Abs. 1 Nr. 2 Alt. 2, 108 Abs. 1 S. 1 oder allgemein im Kontext der Geschäftsführung ohne Auftrag auf § 55 Abs. 1 Nr. 1.[268] Auch für einen Aufwendungsersatz auf bereicherungsrechtlicher Grundlage haftet die Masse nach Maßgabe von § 55 Abs. 1 Nr. 3 nur, wenn der Bereicherungstatbestand vollständig nach Verfahrenseröffnung begründet worden ist. Verwendungsersatzansprüche hinsichtlich Mobilien werden zum Teil mit einem Absonderungsrecht nach Maßgabe von § 51 Nr. 2 privilegiert. Das spielt freilich im auf Immobilien beschränkten Anwendungsbereich von § 108 Abs. 1 S. 1 keine Rolle, kann aber im Rahmen von § 108 Abs. 1 S. 2 relevant sein, obgleich dort die Sache regelmäßig vollumfänglich mit dem Absonderungsrecht des Sicherungsnehmers[269] belastet sein dürfte. 91

f) Freigabe. Im Falle einer **Freigabe** der vermieteten Sache entfällt der Insolvenzbeschlag und der Schuldner erhält wieder die volle Verwaltungs- und Verfügungsbefugnis.[270] Bezüglich des reinen Nutzungsrechts wird die Position des Gläubigers hierdurch nicht beeinträchtigt, da er sich nun wieder unmittelbar an den Schuldner wenden kann. Fraglich ist allerdings, wie es sich mit den künftigen Erhaltungs- und sonstigen Pflichten verhält, die gem. § 108 Abs. 1 S. 1 zu Masseverbindlichkeiten hochgestuft werden. Die Stellung des Gläubigers würde geschwächt, wenn er sich nach der Freigabe auch diesbezüglich künftig an den insolventen Schuldner halten müsste. Vor der Freigabe entstandene Masseverbindlichkeiten bleiben in jedem Fall bestehen. Verbreitet wird darüber hinaus davon ausgegangen, dass die Masse auch nach der Freigabe weiterhin gegenüber dem Gläubiger hafte, ggf. gem. §§ 280 Abs. 1, Abs. 3, 283 BGB auf Schadensersatz.[271] *Tintelnot* hat dagegen dafür plädiert, dem Insolvenzverwalter ein außerordentliches Kündigungsrecht entsprechend **§ 111** einzuräumen.[272] Wenn der Gläubiger bei einer Veräußerung des Mietobjektes durch den Insolvenzverwalter keinen vollumfänglichen Schutz genieße, so müsse er auch vor einer Freigabe nicht geschützt werden. In der Tat wird man § 111 die Wertung entnehmen können, dass der Vorrang des Gläubigers vor den konkurrierenden Gläubigern zurückstehen soll, wenn die Sache verwertet wird. Erweist sich eine Verwertung als unwirtschaftlich und erfolgt deshalb eine Freigabe, ist eine erhöhte Schutzbedürftigkeit des Gläubigers nicht erkennbar. Damit die Masse mittels Freigabe enthaftet werden kann, müssen die Voraussetzungen des Sonderkündigungsrechts des § 111[273] eingehalten werden. Da § 111 S. 1 den Masseinteressen mit einem Sonderkündigungsrecht Rechnung trägt, ist die Vorschrift sachnäher als eine teilweise befürwortete analoge Anwendung von § 566 Abs. 2 S. 2 BGB.[274] 92

Im Anwendungsbereich des **§ 35 Abs. 2** soll laut BGH eine Enthaftung der Masse ohne Einhaltung von Fristen möglich sein. § 108 Abs. 1 S. 1 werde insoweit vollständig verdrängt.[275] 93

---

264 → MüKoInsO/*Eckert*, 3. Aufl. 2013, § 108 Rn. 79; Jaeger/*Jacoby*, § 108 Rn. 116.

265 → Rn. 82.

266 Siehe zu § 55 Abs. 1 Nr. 3 *J. F. Hoffmann*, Prioritätsgrundsatz und Gläubigergleichbehandlung, 2016, S. 338 ff.

267 Jaeger/*Jacoby*, § 108 Rn. 116.

268 Zur Einordnung der Geschäftsführung ohne Auftrag bei § 55 Abs. 1 Nr. 1: BGH NJW 1971, 1564; → MüKoInsO/*Hefermehl*, § 55 Rn. 64; Uhlenbruck/*Sinz*, § 55 Rn. 39; abweichend Jaeger/*Henckel*, § 55 Rn. 99, der auf § 55 Abs. 1 Nr. 2 Alt. 2 abstellt.

269 → Rn. 136.

270 Siehe Jaeger/*Windel*, § 80 Rn. 28, 34 ff.

271 K. Schmidt/*Ringstmeier*, § 108 Rn. 16; Uhlenbruck/*Wegener*, § 108 Rn. 19; **aA** *Häsemeyer*, Insolvenzrecht, 4. Aufl. 2007, Rn. 20.53; *Ganter* ZIP 2019, 97, 102.

272 KPB/*Tintelnot*, § 108 Rn. 16c; dagegen *Marotzke* ZInsO 2007, 1, 8 f.

273 → § 111 Rn. 13 ff.

274 So Jaeger/*Jacoby*, § 108 Rn. 106; zuvor *Jaeger/Henckel*, 9. Aufl. 1997, § 21 KO Rn. 11.

275 BGHZ 192, 322, Rn. 13 ff. = NJW 2012, 1361, Rn. 13 ff.; HKInsO/*Ries*, § 35 Rn. 81; nun auch Uhlenbruck/*Hirte*, § 35 Rn. 101.

94 **g) Zwischenvermietung.** Sollte der Schuldner nicht Eigentümer der Mietsache sein, sondern seinerseits vom Eigentümer mieten und diesem gegenüber zur Untervermietung berechtigt sein, wird das Untermietverhältnis von § 108 Abs. 1 S. 1 erfasst.[276] Verbreitet wird davon ausgegangen, dass der Verwalter eine **Schadensersatzpflicht der Masse** unter dem Gesichtspunkt der Rechtsmängelhaftung begründet, wenn er eine **Kündigung des Hauptmietverhältnisses** durch den Vermieter verursacht, indem er etwa die Mieten nicht zahlt,[277] soweit der Untermieter nicht von § 565 BGB profitiert. Zur Zahlung des Mietzinses im Hauptmietverhältnis kann der Verwalter nach Maßgabe von § 108 Abs. 1 S. 1 im Hinblick auf das Untermietverhältnis nur verpflichtet sein, wenn die Hauptmietzinszahlungspflicht eine Masseverbindlichkeit darstellt, was wiederum regelmäßig nach Maßgabe von § 108 Abs. 1 S. 1 der Fall sein wird. Handelt es sich beim Hauptmietzins um eine bloße Insolvenzforderung, ist § 108 Abs. 1 S. 1 insoweit im Untermietverhältnis nicht zur Anwendung zu bringen, da dies auf eine echte Beschaffungspflicht der Masse hinausliefe, was den Belastungsrahmen des § 108 Abs. 1 S. 1 sprengen würde.[278]

95 Zu berücksichtigen ist allerdings, dass der Insolvenzverwalter den Bestandsschutz des Hauptmietverhältnisses nach Maßgabe von **§ 109 Abs. 1 S. 1** beseitigen darf und es fragt sich, ob das auch im Verhältnis zum Untermieter gilt. Unter Geltung der Konkursordnung ging die höchstrichterliche **Rechtsprechung** davon aus, dass der Insolvenzverwalter sein Sonderkündigungsrecht im Hauptmietverhältnis ausüben könne, **ohne** deshalb die Masse im Untermietverhältnis **schadensersatzpflichtig** zu machen.[279] In der Sache läuft die Frage darauf hinaus, ob die von § 108 Abs. 1 S. 1 typischerweise erfassten Erhaltungspflichten sich auch auf eine Nichtausübung des Kündigungsrechts gem. § 109 Abs. 1 S. 1 beziehen. Das Sonderkündigungsrecht des § 109 Abs. 1 S. 1 wird dem Insolvenzverwalter als Ergebnis des Abwägungsprozesses zwischen Masse- und Gläubigerinteressen im Hauptmietverhältnis eingeräumt; dürfte der Insolvenzverwalter das Kündigungsrecht aus § 109 Abs. 1 nicht ausüben, liefe das auf eine Beschaffungspflicht der Masse hinaus. Der Verwalter darf demnach das Hauptmietverhältnis gem. § 109 Abs. 1 S. 1 kündigen, ohne gegenüber dem Untermieter nach Maßgabe von § 108 Abs. 1 S. 1 Schadensersatzpflichten zulasten der Masse zu begründen.[280]

96 **5. Einzelheiten in der Insolvenz des Mieters/Pächters. a) Gebrauchsüberlassungsanspruch als Bestandteil der Masse.** Der Insolvenzverwalter kann Gebrauchsüberlassung zugunsten der Masse verlangen. Handelt es sich allerdings um die **Privatwohnung** des Schuldners, ist der schuldrechtliche Anspruch auf Gebrauchsüberlassung **nicht** vom Massebeschlag **umfasst;** die Masse haftet dennoch gem. § 108 Abs. 1 S. 1 auf Mietzahlung bis zu einer Freigabe gem. § 109 Abs. 1 S. 2.[281]

97 Fraglich ist, ob die Insolvenzmasse einen **Ausgleichsanspruch** gegen den **Schuldner** hat, der seine Privatwohnung weiter nutzen kann. Teilweise wird angenommen, für einen entsprechenden Ausgleichsanspruch fehle es an einer Grundlage.[282] Der BGH geht allerdings grds. davon aus, dass ein **Bereicherungsausgleich** zugunsten der Masse zu erfolgen habe, wenn der Schuldner ein Nutzungsrecht in Anspruch nehme, das der Masse zusteht.[283] Verbreitet wird § 109 Abs. 1 S. 2 entnommen, dass das Nutzungsrecht an der eigenen Wohnung dem Schuldner im Verhältnis zur Masse zustehe.[284] Es ist durchaus schlüssig, dem § 109 Abs. 1 S. 2 zu entnehmen, dass der Insolvenzverwalter den Schuldner nicht aus seiner Privatwohnung drängen dürfe, indem er entweder das Mietverhältnis kündigt oder das Nutzungsrecht für die Masse beansprucht. Ob damit über eine bloße Zugriffssperre hinaus allerdings auch eine echte wertmäßige Zuweisung des Nutzungsrechts im Verhältnis zur Masse einhergeht, ist mehr als fraglich. Denn es obliegt der Gläubigerversammlung, gem. § 100 zu entscheiden, inwiefern dem Schuldner aus der Insolvenzmasse Unterhalt gewährt werden soll. Das Schutzanliegen des § 109 Abs. 1 S. 2, einen Zugriff des Insolvenzverwalters auf das Nutzungsrecht des Schuldners zu verhindern, wird durch eine bereicherungsrechtliche Ausgleichspflicht des Schuldners nicht beeinträchtigt. § 109 Abs. 1 S. 2 ist nicht nur zu entnehmen, dass die Masse keinen Zugriff auf das Nutzungsrecht haben soll, sondern dass grds. der Schuldner die Miete

---

276 → Rn. 73.

277 → MüKoInsO/*Eckert,* 3. Aufl. 2013, § 108 Rn. 77.

278 Beschaffungspflichten möchte auch der BGH grds. nicht von § 108 Abs. 1 S. 1 erfassen → Rn. 65.

279 RGZ 67, 372; BGHZ 17, 127 = NJW 1955, 948; *Jaeger/Henckel,* 9. Aufl. 1997, § 19 KO Rn. 5; **aA** → MüKoInsO/*Eckert,* 3. Aufl. 2013, § 108 Rn. 78; Uhlenbruck/*Wegener,* § 108 Rn. 26.

280 Im Ergebnis über eine analoge Anwendung des § 109 Abs. 1 S. 1 auf das Untermietverhältnis auch Jaeger/*Jacoby,* § 108 Rn. 95; für eine entsprechende Anwendung des § 111 S. 1 KPB/*Tintelnot,* § 108 Rn. 16b; siehe weiter *Marotzke* ZInsO 2007, 1, 7.

281 → Rn. 40.

282 → MüKoInsO/*Eckert,* 3. Aufl. 2013, § 108 Rn. 92.

283 BGH NJW 1985, 1082.

284 Vgl. Jaeger/*Jacoby,* § 108 Rn. 142; HKInsO/*Marotzke,* § 109 Rn. 7.

aus dem beschlagsfreien Vermögen[285] zu zahlen hat. Dass § 108 Abs. 1 S. 1 die Kontinuitätsinteressen des Vermieters bis zur Freigabe schützt und diesem Masseverbindlichkeiten zuweist, trifft für die konfligierenden Interessen zwischen Schuldner und Masse keine Aussage.[286]

Entsprechende **Ausgleichsansprüche** kommen auch gegen **Dritte** in Betracht, die die Wohnung des Schuldners nutzen. Unproblematisch kann die Masse einen Ausgleich gem. § 426 Abs. 1 BGB verlangen, wenn der Dritte gesamtschuldnerisch zur Zahlung der Miete verpflichtet war. Schwieriger gestaltet sich die Lage, wenn der Dritte, etwa als Familienangehöriger, die Wohnung lediglich mitbenutzen durfte, ohne dass die Mitbenutzung ihrerseits auf einem von § 108 Abs. 1 S. 1 zu erfassenden Verhältnis beruht.[287] Wegen etwaigen Unterhaltspflichten des Schuldners gegenüber dem Nutzer wird man dessen Ausgleichspflicht gegenüber der Masse nicht verneinen können,[288] denn die Unterhaltspflichten haben nicht den Rang einer Masseverbindlichkeit und können der Masse daher nicht vollumfänglich als Rechtsgrund entgegengehalten werden. Auch Dritte nutzen daher grds. rechtsgrundlos auf Kosten der Masse.[289] Allerdings ist die Funktionsweise der §§ 108 Abs. 1 S. 1, 109 Abs. 1 S. 2 so zu deuten, dass das Nutzungsrecht an der Wohnung dem Schuldner auf Kosten der Masse vermögensrechtlich zugewiesen ist. Soweit der Schuldner Dritten den Besitz an der Wohnung einräumt, erlangen diese Dritten das Besitzrecht aus dem beschlagsfreien Vermögen des Schuldners abgeleitet und nicht unmittelbar auf Kosten der Masse. Herrschend würde man in diesem Kontext von einem Vorrang der Leistungsbeziehung sprechen. Zum Ausgleich verpflichtet bleibt der Schuldner gegenüber der Masse. Ist der Schuldner allerdings aus der Wohnung ausgezogen und hat er sein eigenes Besitzrecht vollständig geräumt, wird man unter Umständen den Schutz des § 109 Abs. 1 S. 2 zwar auf den Dritten, der die Wohnung als Wohnraum nutzt, zu erstrecken haben.[290] Dieser nutzt dann aber unmittelbar auf Kosten der Masse[291] und ist allenfalls für den Zeitraum einer Gutgläubigkeit in Anlehnung an § 993 Abs. 1 a. E. BGB vor Nutzungsersatzansprüchen der Masse zu schützen. 98

b) Schönheitsreparaturen. Die Insolvenzmasse haftet im Falle vertraglicher Übernahme für die Schönheitsreparaturen, insoweit spiegelbildlich zu den Erhaltungspflichten,[292] allerdings abweichend von der spiegelbildlichen Konstellation nur bezüglich **nachinsolvenzlicher Abnutzungen.**[293] Die Kontinuitätsinteressen des Vermieters richten sich gleichfalls auf die Vornahme der Schönheitsreparaturen, die schließlich in den Mietzins einkalkuliert[294] worden sind, weshalb auch die Masseinteressen nicht überstrapaziert werden. In der Sache handelt es sich zwar um eine andersartige Gegenleistungspflicht der Masse,[295] die allerdings derart typisch für einen Mietvertrag ist, dass eine vollständige Erfassung der Vereinbarung über § 108 Abs. 1 S. 1 angezeigt ist. 99

c) Mietzahlung, Betriebskosten und cessio legis. Für vorinsolvenzliche **Mietrückstände** haftet die Masse gem. § 108 Abs. 3 grds. nicht, es bestehen nur Insolvenzforderungen.[296] Der Vermieter darf sich auf seinen begrenzten Bindungswillen gem. **§ 320 BGB** insoweit **nicht** berufen,[297] da § 112 zu entnehmen ist, dass er sich behandeln lassen muss, als habe er mit der Masse einen neuen Vertragspartner.[298] Das gilt nach Maßgabe von § 112 allerdings nicht für Mietrückstände, die aus 100

285 Eine Kürzung des unpfändbaren Einkommens analog § 850e Nr. 3 ZPO erscheint mit *Steder* ZIP 1999, 1874, 1879 insoweit erwägenswert; **aA** → MüKoInsO/*Eckert*, 3. Aufl. 2013, § 108 Rn. 92.

286 Um eine Ausgleichspflicht des Schuldners zu begründen, sollte entgegen Jaeger/*Jacoby*, § 108 Rn. 154 f. (vgl. auch Jaeger/*Henckel*, 9. Aufl. 1997, § 19 KO Rn. 61) von einem Rückgriff auf die Geschäftsführung ohne Auftrag abgesehen werden. Diese wird zwar häufig als Rückgriffsmechanismus instrumentalisiert, grds. steht hier jedoch das Bereicherungsrecht bereit, zumal die berechtigte Geschäftsführung ohne Auftrag nur unter Manipulation an den Tatbestandserfordernissen (objektiv fremdes Geschäft bzw. „auch-fremdes" Geschäft und Fremdgeschäftsführungswille) zur Anwendung gebracht werden kann.

287 → Rn. 47.

288 So aber LG Freiburg NJW-RR 1996, 1164, 1165; vgl. auch LG Oldenburg NJW 1967, 785.

289 Jaeger/*Jacoby*, § 108 Rn. 156.

290 → § 109 Rn. 49.

291 Im Ergebnis auch Jaeger/*Jacoby*, § 108 Rn. 156; **aA** LG Freiburg NJW-RR 1996, 1164, 1165; → MüKo-InsO/*Eckert*, 3. Aufl. 2013, § 108 Rn. 92a.

292 → Rn. 81.

293 → MüKoInsO/*Eckert*, 3. Aufl. 2013, § 108 Rn. 97; Jaeger/*Jacoby*, § 108 Rn. 200; vgl. auch *Jaeger/Henckel*, 9. Aufl. 1997, § 19 KO Rn. 76.

294 Vgl. etwa BGH NJW 2007, 3776, 3777.

295 Dazu → Rn. 53.

296 → Rn. 154.

297 Im Ergebnis auch → MüKoInsO/*Eckert*, 3. Aufl. 2013, § 108 Rn. 87; Jaeger/*Jacoby*, § 108 Rn. 149; Uhlenbruck/*Wegener*, § 108 Rn. 31.

298 → § 112 Rn. 5.

dem Eröffnungsverfahren stammen, was häufig übersehen wird.[299] Mietrückstände aus dem Eröffnungsverfahren sind auch dann beachtlich, wenn es sich nicht um Masseverbindlichkeiten handeln sollte, sodass § 320 BGB insoweit aktiviert werden kann.[300]

101 Die Masse schuldet den vereinbarten **Mietzins,** auch wenn das Mietobjekt nicht von der Masse genutzt wird. Unabhängig von der Ausgestaltung der Zahlungspflicht und der entsprechenden Anspruchsentstehung hat die Masse nach Maßgabe von § 108 Abs. 3 den Nutzungszeitraum zu vergüten, der auf die Zeit nach Verfahrenseröffnung fällt.[301] Das gleiche gilt für **Betriebskostenzahlungen,** die unabhängig vom Abrechnungszeitpunkt nur dann von § 108 Abs. 1 S. 1 erfasst werden, soweit sie sich auf den Zeitraum nach Verfahrenseröffnung beziehen.[302] Problematisch ist in diesem Kontext, inwieweit der Vermieter vorinsolvenzliche Mietzinsansprüche gegen einen Anspruch der Masse auf **Rückzahlung** von Nebenkostenvorschüssen **aufrechnen** kann, der sich auf einen Zeitraum vor Verfahrenseröffnung bezieht, der aber durch Abrechnung erst nach Verfahrenseröffnung fällig geworden ist. Der BGH hat entschieden, Rückzahlungsansprüche bereits vor Ende der Abrechnungsperiode von § 95 Abs. 1 S. 1 zu erfassen und eine Aufrechnung zuzulassen.[303]

102 Fraglich ist, ob die Privilegierung des **§ 108 Abs. 1 S. 1** auch dann greift, wenn der Anspruch auf Mietzahlung im Wege der **cessio legis** auf einen Rückgriffsberechtigten übergegangen ist.[304] Denkbar ist das einerseits, wenn mehrere Mieter als Gesamtschuldner haften und in der Insolvenz eines Mieters ein anderer Mieter den Vermieter über seine interne Haftungsquote hinaus befriedigt (§ 426 Abs. 2 S. 1 BGB). In Betracht kommen kann das aber etwa auch, wenn ein Bürge die Mietzinsansprüche bedient (§ 774 Abs. 1 S. 1 BGB). Ob Privilegien mit einer Forderung gem. §§ 412, 401 Abs. 2 BGB auf einen neuen Gläubiger übergehen, wird man nur anhand des jeweiligen Privilegs und der Grundlage der jeweiligen Regressberechtigung entscheiden können. Noch vor der Kodifikation von § 55 Abs. 3 ging das BAG davon aus, dass die Aufwertung von Lohnforderungen im Eröffnungsverfahren zu Masseverbindlichkeiten nicht auf die (damalige) Bundesanstalt für Arbeit übergehe.[305] Im Kontext von § 108 Abs. 1 S. 1 ist zu erkennen, dass dieser die Kontinuitätsinteressen des Vermieters schützen soll. Blieben nach Insolvenzeröffnung im laufenden Monat die Mietzahlungen aus, könnte der Vermieter nicht unmittelbar ein Anschlussgeschäft tätigen.[306] In einer Konstellation, in der ein weiterer solventer Schuldner die Mithaftung für die Pflichten aus dem Mietverhältnis übernommen hat, mag man bereits zweifeln, ob das Schutzanliegen gegenüber der Masse nach Maßgabe von § 108 Abs. 1 S. 1 überhaupt besteht. Das ließe sich jedoch damit begründen, dass § 108 Abs. 1 S. 1 den Vermieter auch darin schützt, sich weiterhin aussuchen zu können, welchen Schuldner er in Anspruch nehmen möchte. Sobald der Vermieter aber befriedigt ist, mag man annehmen, dass sich sein Schutz erledige und dieser nicht mittels cessio legis auf einen neuen Gläubiger übergehen könne. Das wird durch den Befund untermauert, dass die Rückgriffsberechtigung ihre causa im Verhältnis zum insolventen Schuldner findet,[307] die als solche die Voraussetzung von § 108 Abs. 1 S. 1 nicht erfüllt. Jedenfalls für die Konstellation einer rechtsgeschäftlichen Gesamtschuld oder einer Bürgschaft würde das aber der Rechtsnatur der Außenhaftung des Rückgriffsberechtigten gegenüber dem Vermieter nicht gerecht werden. Weder ein Gesamtschuldner noch ein Bürge wären bereit, Risiken zu übernehmen, die den Vermieter selbst gar nicht treffen. Sollte § 108 Abs. 1 S. 1 nicht auf einen Regressgläubiger übergehen können, müsste man den Vermieter im Verhältnis zum solventen Schuldner unter Umständen sogar verpflichten, sein Privileg aus § 108 Abs. 1 S. 1 in Anspruch zu nehmen (vgl. § 776 BGB) und vorrangig die Masse zu belangen. Entweder § 108 Abs. 1 S. 1 ist also ein persönliches Privileg, dann ist der Vermieter gegenüber anderen Schuldnern, deren Mitverpflichtung eine rechtsgeschäftliche Grundlage hat, verpflichtet, primär die Masse in Anspruch zu nehmen. Oder man geht, wie hier vertreten, davon aus, dass § 108 Abs. 1 S. 1 auch die Wahlmöglichkeit des Vermieters erhalten soll, welchen Schuldner er in Anspruch nimmt; dann müssen **rechtsgeschäftlich Mitverpflichtete** im Rahmen einer cessio legis **„reflexartig“** vom Schutz des § 108 Abs. 1 S. 1 **profitieren.** In jedem Fall kann der Insolvenzverwalter die von § 108 Abs. 1 S. 1 ausgehenden nachteiligen Wirkungen für die Masse nach Maßgabe von § 109 Abs. 1 S. 1 beseitigen.[308]

---

299 Vgl. etwa Uhlenbruck/*Wegener,* § 108 Rn. 44.
300 → § 112 Rn. 39.
301 → MüKoInsO/*Eckert,* 3. Aufl. 2013, § 108 Rn. 89.
302 BGH NZI 2007, 164; NZI 2011, 404.
303 BGH NZI 2005, 164; vgl. auch BGH NZI 2007, 164, 165; der in BGH NZI 2011, 936 wieder betonte „Gegenleistungsgrundsatz“ steht dem nicht entgegen.
304 In diesem Sinne Jaeger/*Jacoby,* § 108 Rn. 148; zweifelnd → MüKoInsO/*Eckert,* 3. Aufl. 2013, § 108 Rn. 90a.
305 BAGE 97, 241 = NZI 2002, 118.
306 → Rn. 3.
307 Vgl. *J. F. Hoffmann* AcP 211 (2011), 703, 720.
308 → § 109 Rn. 36 ff.

d) Mietkaution. Hatte der Mieter die Kaution **vorinsolvenzlich** nicht geleistet, so wird der Kautionsanspruch grds. nicht mittels § 108 Abs. 1 S. 1 privilegiert. Der auf Sicherung gerichtete Anspruch des Vermieters ist auch nicht als Insolvenzforderung gem. § 38 zu qualifizieren.[309] 103

Im Hinblick auf die **fortbestehenden Sicherungsinteressen** des Vermieters auch gegenüber der Masse plädiert *Jacoby* für eine Belastung der Masse mit der Kautionszahlungspflicht; die Kaution decke dann allerdings nur die Masseverbindlichkeiten gem. § 108 Abs. 1 S. 1.[310] In der Tat können die Sicherungsinteressen des Vermieters nicht gänzlich geleugnet werden. Zu erkennen ist allerdings, dass die berechtigten Sicherungsinteressen eines nach § 108 Abs. 1 S. 1 privilegierten Vermieters deutlich geringer ausgeprägt sind als diejenigen eines regulären Vermieters. Der privilegierte Vermieter bedarf allenfalls einer Sicherung für den Fall einer Masseunzulänglichkeit, soweit § 209 Abs. 2 Nr. 2, Nr. 3 nicht greifen und auch eine etwaige Haftung des Insolvenzverwalters keinen ausreichenden Schutz bietet. Vor diesem Hintergrund könnte sich der unbesehene Rückgriff auf die ursprünglich vereinbarte Kautionshöhe unter Umständen als eine Übersicherung darstellen. 104

e) Nach Vertragsbeendigung. Nach Vertragsbeendigung durch Kündigung[311] verliert die Insolvenzmasse das Recht zum Besitz am Mietgegenstand. Der Insolvenzverwalter darf das absolut geschützte Eigentum des Vermieters nicht verletzen. Zum einen muss der Insolvenzverwalter im Rahmen der Aussonderung gem. § 47 den Besitz auskehren (**§ 985 BGB**).[312] Soweit der Insolvenzverwalter weiterhin zugunsten der Masse die Rechte des Eigentümers usurpiert und das Eigentum verletzt, führt das zu **Schadensersatzpflichten** (§§ 280 Abs. 1, 241 Abs. 2 bzw. § 823 Abs. 1 bzw. §§ 989, 990 BGB) zulasten der Masse (§ 55 Abs. 1 Nr. 1 Alt. 1)[313] – neben einer denkbaren persönlichen Haftung des Insolvenzverwalters[314] – und zur Pflicht der Auskehr von **Bereicherungen** (§ 812 Abs. 1 S. 1 Alt. 2 BGB) zulasten der Masse (§ 55 Abs. 1 Nr. 3).[315] Der Insolvenzverwalter hat mit anderen Worten die **Integritätsinteressen** des Vermieters zu wahren. 105

Bis zum Zeitpunkt der Kündigung war die Masse darüber hinaus nach Maßgabe von § 108 Abs. 1 S. 1 zur Erfüllung der mietvertraglichen Leistungspflichten verpflichtet. Sollten diese Pflichten schuldhaft verletzt worden sein, kann daraus ein Schadensersatz gegen die Masse resultieren, etwa wenn der Vermieter bei Verletzung der Pflicht zur Mietzinszahlung vorzeitig kündigt und ihm daraus ein Schaden im Hinblick auf Anschlussgeschäfte entsteht. Zu beachten ist allerdings, dass der Verwalter seinerseits ein Kündigungsrecht nach § 109 Abs. 1 S. 1 hätte, sodass nur bis zum frühestmöglichen Kündigungszeitpunkt nach dieser Vorschrift die Masse Schadensersatz schuldet.[316] 106

Problematisch ist, inwieweit darüber hinaus **abwicklungsbezogene Leistungsinteressen** zu erfüllen sind. Dabei geht es um Handlungspflichten, deren Geltungsgrund nicht das Eigentum, sondern das mietvertragliche Versprechen des insolventen Mieters ist. Im Ausgangspunkt ist zu erkennen, dass es Anliegen des § 108 Abs. 1 S. 1 ist, die Kontinuitätsinteressen der Vertragsparteien zu schützen. In der Insolvenz des Mieters soll der Vermieter vor einem abrupten Abbruch der vergütungspflichtigen Nutzung geschützt werden. Abwicklungsbezogene Leistungsinteressen sind dagegen nicht charakteristisch für Kontinuitätsinteressen, die mit der Erwartung an den langfristigen Bestand eines Vertragsverhältnisses einhergehen. Eine Ausnahme gilt für solche Abwicklungspflichten, die erst durch eine Fortführung des Vertrages nach Maßgabe von § 108 Abs. 1 S. 1 entstehen.[317] 107

aa) § 546 Abs. 1 BGB. Besondere Schwierigkeiten bereitet diese Abgrenzung zwischen der Wahrung absoluter Rechtspositionen und der Erfüllung abwicklungsbezogener Leistungsinteressen im Kontext von **§ 546 Abs. 1 BGB.** Das liegt nicht zuletzt darin begründet, dass verbreitet nicht klar genug benannt wird, dass die Legitimation der **Aussonderung** auf der Grundlage von § 546 108

309 → MüKoInsO/*Eckert*, 3. Aufl. 2013, § 108 Rn. 102; **aA** Uhlenbruck/*Wegener*, § 108 Rn. 32.

310 Jaeger/*Jacoby*, § 108 Rn. 162.

311 Zu den allgemeinen Kündigungsrechten → Rn. 80; siehe weiter § 109.

312 In bestimmten Fällen des Finanzierungsleasings plädiert *Brinkmann*, Kreditsicherheiten an beweglichen Sachen und Forderungen, 2011, S. 219 ff. mit beachtlichen und auf das Immobilienleasing übertragbaren Gründen für ein bloßes Absonderungsrecht.

313 Unzutr. → MüKoInsO/*Eckert*, 3. Aufl. 2013, § 108 Rn. 124.

314 Vgl. zur integritätsverletzenden unberechtigten Untervermietung durch den Verwalter BGH NJW 2007, 1596.

315 Vgl. BGH NJW 1994, 516, 517.

316 So auch → MüKoInsO/*Eckert*, 3. Aufl. 2013, § 108 Rn. 128.

317 → Rn. 110.

Abs. 1 BGB vom Eigentum abgeleitet wird.[318] Es ist daher nur konsequent, dass der BGH mittlerweile[319] erkennt, dass auch auf der Grundlage von § 546 Abs. 1 BGB nur in dem **Umfang** ausgesondert werden darf, in dem der Eigentümer dies auf der Grundlage von **§ 985 BGB** könnte.[320] Konkret bedeutet dies, dass die Masse im Wege der Aussonderung nur herausgeben und nicht räumen muss. Befindet sich die Masse/der Insolvenzverwalter nicht im Besitz, etwa bei Wohnraum des Schuldners, ist sie nicht Störerin im Sinne von § 985 BGB[321] und auch nicht aus § 546 Abs. 1 BGB zur Aussonderung verpflichtet.

109 Von der Herausgabepflicht des § 985 BGB umfasst sind auch die **Kosten** zur Störungsbeseitigung,[322] die etwa entstehen, um eine Bereitstellung der Sache zu ermöglichen, was freilich bei unbeweglichen Sachen nicht allzu relevant sein dürfte. Diese Kosten hat die Masse im Rahmen der Aussonderung zu tragen.[323] Es handelt sich um Masseverbindlichkeiten gem. § 54, die auch im Falle einer Masseunzulänglichkeit gem. § 209 Abs. 1 Nr. 1 vorrangig zu befriedigen sind. Davon zu unterscheiden sind Kosten, die die Masse eigentlich nicht im Rahmen von § 985 BGB zu tragen gehabt hätte, und die zu den Räumungskosten im Sinne von § 546 Abs. 1 BGB zu zählen sind.[324] Soweit diese lediglich als Insolvenzforderung zu qualifizieren gewesen wären, bestehen keine Bedenken, der Masse nach allgemeinen Grundsätzen wie bei einer überquotalen Befriedigung[325] einen bereicherungsrechtlichen Ausgleichsanspruch zu gewähren.

110 Von der sachgerechten Handhabung des § 546 Abs. 1 BGB im Kontext der Aussonderung ist der Umgang mit den Räumungspflichten im Hinblick auf § 108 Abs. 1 S. 1 zu unterscheiden. Zwar wird man Räumungspflichten ganz grds. nicht zu den von der Norm geschützten Kontinuitätsinteressen zählen können. Soweit allerdings der Insolvenzverwalter **nach Verfahrenseröffnung** die **Zustände** herbeiführt, deren Räumung nach Vertragsbeendigung begehrt wird, erscheint eine Qualifikation als **Masseverbindlichkeit** als sachgerecht.[326] Der über § 108 Abs. 1 S. 1 privilegierte Mietzins bemisst sich maßgeblich anhand der eingeräumten Nutzungsbefugnisse. Soweit der Vermieter aber vertraglich dazu verpflichtet bleibt, dem Insolvenzverwalter die vereinbarten Nutzungsbefugnisse zu belassen, sind von § 108 Abs. 1 S. 1 diejenigen Pflichten zu erfassen, die auf eine Beseitigung von Zuständen gerichtet sind, die zwangsläufig mit der Nutzung entstehen. Die vertraglichen Beseitigungspflichten sind letztlich in den Mietzins eingepreist und dem Vermieter kann mittels § 108 Abs. 1 S. 1 nicht aufgebürdet werden, die vertragliche Nutzung zu dulden, ohne dass auch die nachinsolvenzlichen Räumungspflichten zu Masseverbindlichkeiten werden. Aus Sicht der Masse wäre es widersprüchlich, ihr die potenziell schadensersatzbegründende Handlung der Veränderung der Mietsache (§§ 280 Abs. 1, 241 Abs. 2 bzw. § 823 Abs. 1 bzw. §§ 989, 990 BGB) mit Hinweis auf den gem. § 108 Abs. 1 S. 1 gegenüber der Masse fortbestehenden Mietvertrag zu gestatten, andererseits die vertraglichen Folgen dieser Handlung aber nicht der Masse aufzubürden. Da es sich insoweit um Masseverbindlichkeiten handelt, die mit Veränderung der Mietsache durch den Insolvenzverwalter begründet werden, ist es auch konsequent, an eine Freigabe nicht die Rechtsfolge der Enthaftung der Masse zu knüpfen.[327]

111 Weitergehende Räumungspflichten für vorinsolvenzlich herbeigeführte Zustände lassen sich auch nicht aus dem Beseitigungsanspruch des Grundstückseigentümers gem. **§ 1004 Abs. 1 S. 1 BGB** herleiten. Erfasst man § 1004 Abs. 1 S. 1 BGB richtigerweise strikt als dinglichen Anspruch (§ 47) auf Störungsbeseitigung,[328] wie das von der im Vordringen befindlichen sog. „Usurpationstheorie“ vertreten wird,[329] kann die Störung durch eine Dereliktion der störenden Gegenstände

[318] *J. F. Hoffmann*, Prioritätsgrundsatz und Gläubigergleichbehandlung, 2016, S. 244 ff. im Anschluss an *Picker*, Die Drittwiderspruchsklage, 1981, S. 443 ff., 469 ff.; *Picker* FS Schröder, 2013, 517, 529 ff.; nun auch *Spitzer*, Das persönliche Recht auf Aussonderung, 2017, S. 41 ff.

[319] Anders noch BGHZ 127, 156 = NJW 1994, 3232.

[320] BGHZ 148, 252 = NJW 2001, 2966; BGH NZI 2006, 293; NZI 2010, 901.

[321] → MüKoInsO/*Eckert*, 3. Aufl. 2013, § 108 Rn. 121.

[322] Eingehend mwN *J. F. Hoffmann*, Zession und Rechtszuweisung, 2012, S. 65 Fn. 160.

[323] Zutr. BGHZ 104, 304 = NJW 1988, 3264; Uhlenbruck/*Brinkmann*, § 47 Rn. 135; → MüKoInsO/*Ganter*, § 47 Rn. 470; Jaeger/*Henckel*, § 47 Rn. 160; Uhlenbruck/*Wegener*, § 108 Rn. 34; entgegen *Chr. Berger* FS Kreft, 2004, 191, 201 f.

[324] Zu pauschal → MüKoInsO/*Eckert*, 3. Aufl. 2013, § 108 Rn. 119.

[325] Siehe Hahn, Materialien IV, S. 233; BGHZ 91, 198, 205 = NJW 1984, 2154, 2155 f.; *Häsemeyer*, Insolvenzrecht, 4. Aufl. 2007, Rn. 7.65; *Henckel* FS Weber, 1975, 237, 243 ff.; Uhlenbruck/*Wegener*, § 188 Rn. 33.

[326] BGHZ 148, 252, 257 = NJW 2001, 2966, 2967; BGHZ 150, 305, 311 = NZI 2002, 425, 427; so auch BeckOKInsO/*Berberich*, § 108 Rn. 56; → MüKoInsO/*Eckert*, 3. Aufl. 2013, § 108 Rn. 118; Jaeger/*Jacoby*, § 108 Rn. 194; vgl. auch Jaeger/*Henckel*, 9. Aufl. 1997, § 19 KO Rn. 76.

[327] BGH NZI 2006, S. 293; Uhlenbruck/*Wegener*, § 108 Rn. 39.

[328] So auch Jaeger/*Henckel*, § 47 Rn. 99 f.

[329] Vgl. jüngst etwa BeckOGK/*Spohnheimer*, § 1004 BGB Rn. 36 ff.; nach MüKoBGB/*Baldus*, § 1004 Rn. 3 sei die „Usurpationstheorie“ mittlerweile „hL“.

beseitigt werden,[330] weil dann die Masse keine Eigentümerbefugnisse an dem herausgegebenen Grundstück mehr für sich in Anspruch nimmt. Insolvenzrechtlich kann statt einer Dereliktion auch eine Freigabe der störenden Gegenstände vorgenommen werden. Die Dereliktion/Freigabe vermag (nur) dann keine Schadensersatzpflichten der Masse nach Maßgabe von § 55 Abs. 1 Nr. 1 Alt. 1 zu begründen, wenn der Insolvenzverwalter den ursprünglich störenden Zustand nicht selbst herbeigeführt hat. Die Rechtsprechung verfolgt zwar (noch) ein weiteres Haftungsverständnis des § 1004 Abs. 1 S. 1 BGB, indem sie diesen im Sinne einer Kausalhaftung einem (verschuldensunabhängigen) Schadensersatzanspruch annähert und mit diesem vermengt. Sie korrigiert das insolvenzrechtlich jedoch durch eine „Zweiteilung" des Anspruchs,[331] indem der Beseitigungsanspruch zur bloßen Insolvenzforderung herabgestuft wird, wenn die störenden Zustände vor Insolvenzeröffnung begründet worden sind[332] und die Beseitigung nach Lesart der Rechtsprechung insoweit funktional einen Schadensersatz gewährt.

bb) § 546a Abs. 1 Alt. 1 BGB. Kommt der Insolvenzverwalter der Pflicht zur Herausgabe nicht nach, kann das zulasten der Masse Schadensersatz- und Bereicherungstatbestände begründen.[333] Voraussetzung für Schadensersatzansprüche ist allerdings, dass die Pflicht der Masse entgegengehalten werden kann.[334] Im Wege der Aussonderung kann nur Herausgabe, nicht auch Räumung verlangt werden. Der Räumungsanspruch ist nur dann eine Masseverbindlichkeit, wenn der Insolvenzverwalter die zu räumenden Gegenstände in das Mietobjekt verbracht hat. Neben den allgemeinen Schadensersatz- und Bereicherungstatbeständen kommt ein Anspruch gem. **§ 546a Abs. 1 Alt. 1 BGB** in Betracht, wobei auch hier Voraussetzung ist, dass der Verwalter den Herausgabepflichten nicht nachkommt, die der Masse entgegengehalten werden können.[335] Praktisch relevant wird dieser Anspruch, wenn er in der Rechtsfolge über die ohnehin als Masseverbindlichkeiten zu qualifizierenden Schadensersatz- oder Nutzungsauskehransprüche des Vertragspartners hinausgeht. Denkbar ist das etwa, wenn der Vermieter mit dem Schuldner ein für ihn besonders günstiges Geschäft getätigt hat, das eine Vergütung über den objektiven Nutzwert der Sache und über potenzielle Anschlussgeschäfte (§ 252 BGB) hinaus vorsieht. 112

Grds. ist im Umgang mit § 546a Abs. 1 Alt. 1 BGB im Insolvenzkontext Zurückhaltung geboten.[336] Die Norm aktiviert für die bereicherungsrechtliche Abschöpfung die ursprüngliche **vertragliche Wertvereinbarung,** die im Verhältnis Gläubiger und Schuldner getroffen wurde und die Insolvenzmasse grds. nicht über die Insolvenzquote hinaus bindet. Allerdings führt § 108 Abs. 1 S. 1 dazu, dass die Masse sich den Vertrag und die vereinbarte Wertrelation grds. entgegenhalten lassen muss. Soweit der Vertrag auf der Grundlage allgemeiner Kündigungsrechte nach Insolvenzeröffnung beendet worden ist, bestehen gegen eine Anwendung des § 546a Abs. 1 Alt. 1 BGB zulasten der Masse keine Bedenken.[337] Sollte der Mietvertrag bereits vor Verfahrenseröffnung beendet worden sein, ist § 108 Abs. 1 S. 1 nicht einschlägig,[338] und der Masse kann dann auch § 546a Abs. 1 Alt. 1 BGB richtigerweise nicht entgegengehalten werden.[339] Erwogen werden könnte darüber hinaus, ob das Sonderkündigungsrecht gem. § 109 Abs. 1 S. 1 dem Insolvenzverwalter auch im Hinblick auf § 546a Abs. 1 Alt. 1 BGB eine Lösung vom Konsens ermöglichen sollte. Eine erhöhte Schutzbedürftigkeit der Masse gegenüber den Wirkungen des § 546a Abs. 1 Alt. 1 BGB ist aber nicht anzuerkennen, da der Verwalter sich schlicht durch Herausgabe lösen kann. Zu beachten ist, dass sich die Masse auch im Kontext von § 108 Abs. 1 S. 1 die vertragliche Wertrelation im Falle einer Masseunzulänglichkeit grds. nicht entgegenhalten lassen muss; § 546a Abs. 1 Alt. 1 BGB ist nur nach Maßgabe der § 209 Abs. 2 Nr. 2, Nr. 3 als Neumasseverbindlichkeit zu behandeln.[340] 113

---

330 Vgl. nur BeckOGK/*Spohnheimer,* § 1004 BGB Rn. 151 ff.

331 Eingehend *Kahl* FS Picker, 2010, 391, 407 ff.

332 BGHZ 150, 305, 308 f. = NZI 2002, 425, 426 f.; → MüKoInsO/*Hefermehl,* § 55 Rn. 60; zu weitgehend *Chr. Berger* FS Kreft, 2004, 191, 203.

333 → Rn. 105.

334 → Rn. 108 f.

335 Siehe auch Jaeger/*Jacoby,* § 108 Rn. 197.

336 → Rn. 22 f.

337 So auch BGHZ 90, 145 = NJW 1984, 1527; BGH NJW 1994, 516, 517; Jaeger/*Jacoby,* § 108 Rn. 196; Uhlenbruck/*Wegener,* § 108 Rn. 41.

338 → Rn. 33.

339 Wie hier *Chr. Berger* FS Kreft, 2004, 191, 204; **aA** für den Fall, dass der Insolvenzverwalter den Gegenstand für die Masse in Anspruch nimmt BGH NJW 2007, 1594, 1595; Uhlenbruck/*Wegener,* § 108 Rn. 40; im Ergebnis auch HKInsO/*Marotzke,* § 108 Rn. 51, der für eine analoge Anwendung von § 55 Abs. 2 S. 2 plädiert; die Analogie ist allerdings nicht überzeugend, denn mit Verfahrenseröffnung tritt eine Zäsur ein, nach der sich die Masse vorinsolvenzliche schuldrechtliche Wertabsprachen nicht mehr entgegenhalten lassen muss.

340 So auch → MüKoInsO/*Eckert,* 3. Aufl. 2013, § 108 Rn. 125; zur Masseunzulänglichkeit → Rn. 74 ff.

114 **cc) Schönheitsreparaturen.** Bei der vertraglich übernommenen Pflicht zur Vornahme von Schönheitsreparaturen handelt es sich nicht um abwicklungsbezogene Leistungspflichten. Die Pflicht zur Vornahme von Schönheitsreparaturen wird vielmehr unmittelbar in den Mietzins eingerechnet[341] und damit von den Kontinuitätsinteressen des Vermieters erfasst. Die Masse ist nach Maßgabe von **§ 108 Abs. 1 S. 1** zur Vornahme von Schönheitsreparaturen verpflichtet, allerdings nur für nachinsolvenzliche Abnutzungen.[342]

C. Dienstverhältnisse – § 108 Abs. 1 S. 1 InsO

I. Erfasste Verträge

115 Vom Tatbestand des § 108 Abs. 1 S. 1 sind auch „Dienstverhältnisse" umfasst. Ganz überwiegend wird hier auf das bürgerlich-rechtliche Verständnis zurückgegriffen, wonach von § 108 Abs. 1 S. 1 Dienstverhältnisse im Sinne von **§§ 611 ff. BGB** und insbesondere Arbeitsverträge im Sinne von § 611a BGB erfasst werden.[343] Eine besondere Virulenz erhält dadurch die Abgrenzung vom Werkvertrag, der § 103 zu unterstellen sei, und die Abgrenzung zur Geschäftsbesorgung, die von §§ 115, 116 erfasst wird.[344] Für die Abgrenzung zur Geschäftsbesorgung sei insbesondere die für diese charakteristische Selbständigkeit der Tätigkeit ausschlaggebend.[345]

116 Auch in diesem Kontext ist zu betonen, dass sich Fragen bürgerlich-rechtlicher Vertragsklassifizierungen anhand anderer Maßstäbe bemessen als die § 108 Abs. 1 S. 1 zugrundeliegende Abwägung zwischen Masseinteressen und den Kontinuitätsinteressen des Vertragspartners.[346] § 108 Abs. 1 S. 1 soll ein Vertragsverhältnis erfassen, in dem typischerweise ein besonderes Kontinuitätsinteresse besteht, wie das bei Arbeitsverträgen zweifelsohne der Fall ist. Jedoch kann die bürgerlich-rechtliche Distinktion zwischen Dienst- und Werkvertrag hier nicht ausschlaggebend sein, da sie die Risikoordnung des Vertrages im Hinblick auf einen möglicherweise versprochenen Erfolg thematisiert, was mit dem Regelungskontext des § 108 Abs. 1 S. 1 in keinem Zusammenhang steht. Führt man sich insbesondere vor Augen, dass Dienstverträge mit Angehörigen freier Berufe nach diesem Abgrenzungskriterium unter § 108 Abs. 1 S. 1 fallen sollen,[347] muss das um das Erfordernis ergänzt werden, dass es sich um **kontinuierlich zu erbringende Tätigkeiten** handeln muss, die im Rahmen eines Dauerschuldverhältnisses erbracht werden. Nicht jeder Dienstvertrag unterfällt daher § 108 Abs. 1 S. 1. Umgekehrt erscheint es nicht ausgeschlossen, in bestimmten Fällen auch Werkvertragskonstellationen dem § 108 Abs. 1 S. 1 zu unterstellen, wenn es um die kontinuierliche Erbringung gleichförmiger Werkleistungen geht.

117 Die Fassung des § 22 KO ging noch davon aus, dass das Dienstverhältnis **angetreten** sein müsse, was der Gesetzgeber seinerzeit mit der aus heutiger Sicht unzutreffenden Vorstellung in Verbindung gebracht hatte, der Vertrag sei dann bereits „erfüllt".[348] Unter Geltung des § 108 Abs. 1 S. 1 wird überwiegend zutreffend angenommen, dass der Dienst noch nicht angetreten worden sein muss.[349] Zwar könnte man zweifeln, ob die Kontinuitätsinteressen bereits vor Antritt des Dienstverhältnisses hinreichend ausgeprägt sind, da die Vertragspartner ihre Rechtssphären unter Umständen noch nicht auf das Dienstverhältnis ausgerichtet haben.[350] Gerade bei den von § 108 Abs. 1 S. 1 in erster Linie erfassten Arbeitsverträgen in der Insolvenz des Arbeitgebers verhält es sich allerdings typischerweise so, dass der Arbeitnehmer bereits vor Dienstantritt seinen Rechtskreis auf die künftige Stelle ausrichtet und entsprechende Dispositionen tätigt, die Kontinuitätsinteressen zu begründen vermögen.[351] Allerdings soll ein bloßer Anspruch auf Abschluss eines Arbeitsvertrages nicht von § 108 Abs. 1 S. 1 erfasst werden.[352]

---

341 Vgl. etwa BGH NJW 2007, 3776, 3777.
342 → Rn. 99.
343 Eingehend → MüKoInsO/*Caspers*, § 113 Rn. 6 ff.
344 BeckOKInsO/*Berberich*, § 108 Rn. 19.
345 Jaeger/*Jacoby*, § 108 Rn. 236.
346 → Rn. 45 ff.
347 → MüKoInsO/*Caspers*, § 113 Rn. 11.
348 → Rn. 2.
349 BeckOKInsO/*Berberich*, § 108 Rn. 20; HKInsO/*Marotzke*, § 108 Rn. 5; K. Schmidt/*Ringstmeier*, § 108 Rn. 27; KPB/*Tintelnot*, § 108 Rn. 7.
350 Vgl. zu entsprechenden Erwägungen im Kontext eines Überlassungserfordernisses bei Miet- und Pachtverträgen → Rn. 65.
351 HKInsO/*Marotzke*, § 109 Rn. 48 möchte allerdings das Rücktrittsrecht aus § 109 Abs. 2 S. 1 entsprechend gewähren; dagegen → § 109 Rn. 69.
352 HKInsO/*Marotzke*, § 108 Rn. 5.

II. Rechtsfolgen

1. Qualität der Privilegierung. Auch die aus Dienstverhältnissen resultierenden Verbindlichkeiten werden zu Masseverbindlichkeiten hochgestuft. Im Falle einer Masseunzulänglichkeit ist § 209 zu beachten.[353] 118

2. Einzelheiten in der Insolvenz des Dienstberechtigten. Der Dienstverpflichtete kann für alle nach Insolvenzeröffnung (§ 108 Abs. 3) erbrachten Leistungen die **Gegenleistung** als **Massegläubiger** geltend machen. Sein Bestandsschutz wird jedoch maßgeblich durch das Sonderkündigungsrecht gem. § 113 abgeschwächt. Erhebliche Risiken resultieren für einen Arbeitnehmer bei einer Blockaltersteilzeit daraus, dass er in Vorleistung tritt und das BAG davon ausgeht, dass er nach Maßgabe von § 108 Abs. 3 insoweit nach Verfahrenseröffnung nur Insolvenzgläubiger ist, da § 108 Abs. 1 S. 1 nur den kontinuierlichen Leistungsaustausch privilegiert.[354] 119

Problematisch ist, wie **Sonderzuwendungen** zu behandeln sind, die nicht periodisch zu erbringen sind, wie beispielsweise ein dreizehntes Monatsgehalt. Überzeugend wird in diesem Kontext vor dem Hintergrund von § 108 Abs. 3 für eine zeitraumbezogene Aufteilung plädiert.[355] Voraussetzung ist aber, dass die Sonderzuwendung dem Zweck nach Teil des Entgelts sein soll.[356] Geht es dagegen um eine „stichtags- oder anlassbezogene Sonderzuwendung", wie etwa ein Weihnachtsgeld oder eine Treueprämie, handelt es sich vollumfänglich um eine Masseverbindlichkeit, wenn der Auszahlungstermin in den Zeitraum nach Verfahrenseröffnung fällt.[357] 120

In jüngerer Zeit hat das BAG den **Urlaubs-, Urlaubsabgeltungs- und Urlaubsgeldansprüchen** eine gewisse Vorzugsbehandlung zuteilwerden lassen. Es handle sich auch dann um Masseforderungen, wenn sie aus dem Zeitraum vor Insolvenzeröffnung herrühren, denn Urlaubsansprüche könnten keinem bestimmten Zeitraum im Jahr zugeordnet werden.[358] 121

Auch die **Beschäftigungsansprüche** von Arbeitnehmern begründen für die Zeit nach Verfahrenseröffnung Masseverbindlichkeiten.[359] Der Anspruch auf Erteilung eines **Arbeitszeugnisses** richtet sich nur dann gegen den Insolvenzverwalter, wenn dieser oder zuvor ein vorläufiger Insolvenzverwalter vollen Zugriff auf das Arbeitsverhältnis hatte.[360] Es handelt sich dann um einen Anspruch, der auch im Falle einer Masseunzulänglichkeit zu erfüllen ist.[361] 122

Eine Enthaftung der Masse kommt über § 113 hinaus noch im Rahmen von **§ 35 Abs. 2** in Betracht. Das BAG geht davon aus, dass die Masse mit sofortiger Wirkung enthaftet werde.[362] 123

3. Einzelheiten in der Insolvenz des Dienstverpflichteten. In der Insolvenz des Dienstverpflichteten ist zu erkennen, dass persönliche Leistungspflichten des Schuldners keinen Massebezug haben und damit auch nicht von § 103 bzw. § 108 Abs. 1 S. 1 erfasst werden.[363] Relevant wird § 108 Abs. 1 S. 1 daher nur bei nicht persönlichen Leistungspflichten. Diese bringen allerdings die Gefahr einer großen Massebelastung mit sich, da sie unter Umständen extern mit Massemitteln eingekauft werden müssen und § 113 in dieser Fallkonstellation kein besonderes Kündigungsrecht vorsieht. Der **BGH** hat sich dafür ausgesprochen, § 108 Abs. 1 S. 1 in der Insolvenz des Dienstverpflichteten nicht zur Anwendung zu bringen, wenn das mit „**erheblichen Masseschulden**" einherginge.[364] Dass eine solche Erheblichkeitsschwelle unter Umständen der Rechtssicherheit abträglich sein könnte, ficht diese Entscheidung nicht an.[365] Zum einen wird man auch bei Miet- und Pachtverhältnissen um eine Erheblichkeitsschwelle nicht umhin kommen,[366] und zum anderen ist dieser Weg methodisch glücklicher, als Ersatzkriterien zu erfinden, die keinen Bezug zur Massebelastung haben.[367] 124

Noch weitergehend wird in der **Literatur** dafür plädiert, zum Schutz der Masse vor unabsehbaren Belastungen § 108 Abs. 1 S. 1 in der Insolvenz des Dienstverpflichteten **gar nicht zur Anwen-** 125

---

353 Vgl. → Rn. 75.
354 BAG, NZA 2005, 408.
355 KPB/*Tintelnot*, § 108 Rn. 27c.
356 BAG NZI 2013, 360.
357 BAG NZI 2013, 360, 362; BAG NZI 2014, 38.
358 BAG NJW 2004, 1972, 1973; NZI 2004, 102; NZI 2005, 118, 120; NZA 2005, 1124; **aA** KPB/*Tintelnot*, § 108 Rn. 27d; *Windel*, AP InsO § 113 Nr. 16.
359 HKInsO/*Marotzke*, § 108 Rn. 47.
360 BAG NJW 2005, 460, 462.
361 So HKInsO/*Marotzke*, § 108 Rn. 48.
362 BAG NJW 2014, 1037.
363 Jaeger/*Jacoby*, § 108 Rn. 240.
364 BGH NZI 2011, 936.
365 So aber BeckOKInsO/*Berberich*, § 108 Rn. 18.1, der freilich in anderem Kontext für wenig rechtssichere „Schwerpunktbetrachtungen" (etwa → Rn. 38) plädiert.
366 → Rn. 82.
367 Zum vom BGH statuiert Überlassungserfordernis bei der Miete → Rn. 66.

dung zu bringen.[368] Unter Geltung der Konkursordnung war die Insolvenz des Dienstverpflichteten nicht erfasst und es sei nicht ersichtlich, dass der Gesetzgeber dies habe bewusst ändern wollen. Weiter wird der Einwand erhoben, dass die Kontinuitätsinteressen eines Dienstberechtigten an nicht persönlich zu erbringenden Dienstleistungen von vornherein nicht vergleichbar ausgeprägt seien, wie das etwa bei einem Mietvertrag in der Vermieterinsolvenz der Fall sei.[369] Dem liegt der Gedanke zugrunde, dass es einem Dienstberechtigten bei solchen Dienstleistungen typischerweise leichter fallen wird, sich kurzfristig anderweitig mit der Leistung einzudecken als das sonst in den von § 108 Abs. 1 S. 1 erfassten Konstellationen der Fall ist. Dem ist allerdings zu entgegnen, dass bei dem von § 108 Abs. 1 S. 1 vorausgesetzten Dauerschuldcharakter[370] Dispositionen durchaus auch im Hinblick auf die Langfristigkeit der Vertragsbeziehungen mit dem konkreten Dienstleister getätigt werden.[371]

D. § 108 Abs. 1 S. 2 InsO

126 Für die **Insolvenz des Vermieters/Verpächters** hält § 108 Abs. 1 S. 2 eine Spezialregelung bereit, die im Kern nicht den Kontinuitätsinteressen des Mieters/Pächters, sondern den Sicherungsinteressen eines Dritten, dem der Vertragsgegenstand sicherungsübertragen worden ist, zu dienen bestimmt ist.

I. Sinn und Zweck

127 Nach der Rechtsprechung des BGH muss sich die Insolvenzmasse eine Vorausabtretung des Schuldners hinsichtlich einer Gegenforderung gem. § 91 nicht entgegenhalten lassen, wenn diese Forderung überhaupt erst durch eine Erfüllungswahl des Insolvenzverwalters gem. § 103 Abs. 1 und durch eine Erfüllung aus Mitteln der Masse werthaltig wird.[372] Bei der Vermietung eines beweglichen Gegenstandes greift in der Insolvenz des Vermieters § 103 Abs. 1, sodass die Vorausverfügung über künftige Mietzinsforderungen hinfällig würde, wenn der Insolvenzverwalter Erfüllung wählt. Die Rechtsprechung hinsichtlich **Vorauszessionen** soll dem Umstand Rechnung tragen, dass der Zessionar ansonsten einen Vorteil auf Kosten der Masse erhielte, da diese überhaupt erst das Durchsetzungshindernis der §§ 404, 320 BGB beseitigt, was der Zessionar seinerseits gegenüber der Masse aus dem nur schuldrechtlichen Kausalverhältnis der Zession aber nicht verlangen konnte.

128 Der Gesetzgeber fürchtete, dass Leasinggebern eine **Refinanzierung** erschwert würde, wenn die künftigen Forderungen auf Zahlung der Leasingraten nicht insolvenzfest zediert werden könnten.[373] § 108 Abs. 1 S. 2 erfasst zwar grds. auch sonstige Miet- und Pachtverhältnisse, zielt aber in erster Linie auf die Interessenlage bei Leasingverträgen ab.[374] Man war der Auffassung, dass der Masse durch eine Sicherung der Vorauszessionen keine Nachteile entstünden, wenn der Leasinggegenstand zu Refinanzierungszwecken sicherungsübereignet worden sei und daher der Masse durch den Fortbestand des Leasingverhältnisses keine zusätzlichen Werte entzogen würden.[375] Zu weiteren Leistungen über die Gebrauchsgewährung des Leasinggegenstandes hinaus möchte der Gesetzgeber die Masse im Verhältnis zum Zessionar nicht verpflichtet sehen.[376]

129 Problematisch ist allerdings, dass die erstrebte Absicherung der **Vorauszession** unter Umständen dennoch an **§ 91** scheitern könnte.[377] Dem Regelungsanliegen des Gesetzgebers wird man wohl zu entnehmen haben, dass § 91 im Anwendungsbereich des § 108 Abs. 1 S. 2 keine Geltung beanspruchen können solle.[378] Weiter wird erwogen, dass die abgetretenen Forderungen ohnehin nicht mit

---

368 Jaeger/*Jacoby*, § 108 Rn. 240 ff.; KPB/*Tintelnot*, § 108 Rn. 8; *Wente* ZIP 2005, 335 ff.; **aA** etwa K. Schmidt/*Ringstmeier*, § 108 Rn. 25.

369 Jaeger/*Jacoby*, § 108 Rn. 245.

370 → Rn. 116.

371 Vgl. nur die von BGH NZI 2011, 936 entschiedene Konstellation über einen Privatschulvertrag, bei dem in einem laufenden Schuljahr erhebliche Kontinuitätsinteressen bestehen, auch wenn der BGH hier letztlich den Masseinteressen den Vorrang eingeräumt hatte.

372 BGH NZI 2006, 350, Rn. 12; BGHZ 106, 236, 241 = NJW 1989, 1282, 1283 (noch auf Grundlage der Erlöschenstheorie); Jaeger/*Jacoby*, § 103 Rn. 356 ff.; **aA** etwa *Stamm* KTS 2011, 421, 445 ff.

373 Eindringlich in diesem Sinne *Zahn* DB 1995, 1597 ff., 1649 ff.

374 Ob bei Mietverträgen eine vergleichbare Interessenlage überhaupt besteht, oder ob § 108 Abs. 1 S. 2 ausschließlich für die Leasingbranche maßgeschneidert werden sollte, erscheint zweifelhaft; vgl. etwa *Peters* ZIP 2000, 1759, Fn. 33.

375 BT-Drs. 13/4699, 6.

376 BT-Drs. 13/4699, 6; → Rn. 140.

377 Vgl. BGH NJW 2013, 2429, Rn. 26 ff.

378 K. Schmidt/*Ringstmeier*, § 108 Rn. 38; **aA** *Hölzle/Geßner* ZIP 2009, 1641 ff.

Massemitteln werthaltig gemacht würden, wenn der Leasinggegenstand zuvor sicherungsübereignet worden sei.[379] Bei alledem gibt es jedenfalls keinen Anlass, entgegen § 108 Abs. 1 S. 1[380] bei § 108 Abs. 1 S. 2 auch Kaufoptionen für insolvenzfest zu erklären, um dem Sicherungsnehmer auch diesbezügliche Sicherungszessionen zu erhalten;[381] eine Verwertung des Leasinggutes kommt dem absonderungsberechtigten Sicherungsnehmer ohnehin zugute.[382] Umgekehrt erfasst § 108 Abs. 1 S. 2, ebenso wie § 108 Abs. 1 S. 1,[383] Verlängerungsoptionen, und hierauf bezogene Zessionen sind ebenso insolvenzfest.[384]

In der Sache stellt sich § 108 Abs. 1 S. 2 nach den Vorstellungen des Gesetzgebers bloß als ein **besonderer Verwertungsmodus** eines mit einem Absonderungsrecht belasteten Gegenstandes dar.[385] Der Gegenstand sei für die Masse ohnehin verloren, sodass im Interesse des Sicherungsnehmers auch das Leasingverhältnis über diesen Gegenstand fortgesetzt werden könne. Angenommen wird, dass die Fortsetzung des Leasingverhältnisses einen größeren Erlös abwerfen könne als eine andere Verwertung der Sache.[386] Dass die Masse bei dieser Verwertungsart unter Umständen[387] die Kostenpauschale nach §§ 170, 171 nicht geltend machen kann, wird nicht als eigenständiger Nachteil begriffen, was insoweit der Grundhaltung des BGH entspricht, in dem Verlust der Kostenpauschale keine Gläubigerbenachteiligung im Sinne des § 129 zu erblicken.[388] Ein Nachteil der Masse ist allerdings darin zu sehen, dass diese mit der administrativen Abwicklung und Fortsetzung eines Leasingverhältnisses belastet wird, das für sie keine weiteren Vorteile bringt. In der Sache hat der Gesetzgeber diesen besonderen Verwertungsmodus des sicherungsübertragenen Vertragsgegenstandes für die **Bedürfnisse der Leasingbranche** maßgeschneidert. An diesen vom Gesetzgeber angenommenen besonderen Bedürfnissen muss sich eine Auslegung des § 108 Abs. 1 S. 2 orientieren; wenn in diesem Kontext behauptet wird, die Norm sei als Ausnahmevorschrift „eng" auszulegen,[389] ist das methodisch angreifbar.[390] Durchaus kurios ist es, dass der Gesetzgeber sich diesen Sicherungsbedürfnissen nur beim **Mobilienleasing** gewidmet hat; für das Immobilienleasing bleibt es – trotz Bindung der Masse an den Vertrag gem. § 108 Abs. 1 S. 1 – unter Umständen[391] bei der eingeschränkten Wirksamkeit von Vorauszessionen nach Maßgabe von § 110 Abs. 1.[392] 130

Zu konstatieren ist, dass § 108 Abs. 1 S. 2 dem Schutz des Sicherungsnehmers dient und der Leasingnehmer nur **reflexartig** hiervon profitiert. Soweit sich der **Refinanzierungszweck erledigt** hat, weil der besicherte Kredit zwischenzeitlich vollständig getilgt worden ist, fällt konsequenterweise auch der Bestandsschutz des Vertragsverhältnisses weg. Dass dies aus Sicht des Leasingnehmers unbefriedigend erscheinen mag, ändert an diesem Befund nichts, da § 108 Abs. 1 S. 2 dessen Interessen nicht im Blick hat.[393] Gesetzestechnisch ist es allerdings sehr unglücklich, dass dieser fundamentale teleologische Unterschied zwischen § 108 Abs. 1 S. 1 und § 108 Abs. 1 S. 2 regelungstechnisch derart verwirklicht wurde, dass letzterer auf ersteren verweist („dies gilt auch"). Noch **weitergehend** wird man aus dem kreditsicherungsrechtlichen Zweck des § 108 Abs. 1 S. 2 herleiten müssen, dass dieser 131

---

379 Siehe Jaeger/*Jacoby*, § 108 Rn. 231; HKInsO/*Marotzke*, § 108 Rn. 35.

380 → Rn. 56.

381 So aber *Peters* ZIP 2000, 1759, 1766 f.; dagegen Martinek/Stoffels/*Klinck*, Leasinghandbuch, 2. Aufl. 2008, § 50, Rn. 19.

382 So auch *Klinck* KTS 2007, 37, 61.

383 → Rn. 56.

384 **AA** *Klinck* KTS 2007, 37, 62 f.; Martinek/Stoffels/*Klinck*, Leasinghandbuch, 2. Aufl. 2008, § 50 Rn. 19.

385 Dazu, dass ein solcher Verwertungsmodus auch ohne Kodifikation des § 108 Abs. 1 S. 2 im Rahmen der §§ 166 ff. regelmäßig zugänglich gewesen wäre *Klinck* KTS 2007, 37, 40 ff.

386 Vgl. *Klinck* KTS 2007, 37, 40.

387 Auch bei bloß mittelbarem Besitz soll dem Verwalter unter Umständen das Verwertungsrecht gem. § 166 Abs. 1 zugesprochen werden; siehe BGHZ 166, 215, 223, Rn. 24 = NZI 2006, 342, 344, Rn. 24; BGH NZI 2007, 95; einschränkend aber BGH NZI 2018, 396, Rn. 26 (m. krit. Anm. *Mitlehner*), der maßgeblich darauf abstellt, dass wegen § 108 Abs. 1 S. 2 der Besitz dauerhaft aus der Masse ausgeschieden sei.

388 BGH NZI 2004, 82, 83; NJW-RR 2004, 340, 342; NZI 2004, 620, 621; NZI 2005, 165, 166; NZI 2007, 394, 396; NZI 2012, 667, 670.

389 BeckOKInsO/*Berberich*, § 108 Rn. 22.

390 Vgl. grds. etwa MüKoBGB/*Säcker*, Einl. BGB Rn. 121 ff.

391 Vgl. jedoch auch den insoweit zessionsfreundlichen Ansatz bei BGH NJW 2013, 2429, Rn. 26 ff.

392 Treffend *Klinck* KTS 2007, 37, Fn. 30. Grundpfandgläubiger erhalten freilich über den Haftungsverband Zugriff auf die Forderungen; siehe im Insolvenzkontext BeckOGK/*Kern*, § 1123 BGB Rn. 27 und weiter → § 110 Rn. 23 f. Im Hinblick auf Flugzeug- und Schiffsleasing plädiert *Krämer*, Leasingverträge in der Insolvenz, 2005, S. 168 ff. für eine teleologische Reduktion von § 110 Abs. 1.

393 So auch HKInsO/*Marotzke*, § 108 Rn. 33; mit Jaeger/*Jacoby* § 108 Rn. 215 eine Kündigung des Verwalters analog §§ 109 Abs. 1 S. 1, 111 S. 1 zu verlangen, mag zwar dem Informationsinteresse des Leasingnehmers Rechnung tragen, allerdings ist die damit einhergehende Kündigungsfrist von der Schutzrichtung des § 108 Abs. 1 S. 2 nicht gedeckt.

sich bereits dann erledigt, wenn der zu besichernde Kredit mit einem nach Maßgabe der §§ 166 ff. erzielbaren **Veräußerungserlös vollständig getilgt werden kann.**[394]

132 Da der reflexartige Schutz des **Leasingnehmers** maßgeblich vom Innenverhältnis zwischen Sicherungsnehmer und Leasinggeber abhängt, ist die Regelung des § 108 Abs. 1 S. 2 für den Leasingnehmer mit großen **Unsicherheiten** verbunden. *Jacoby*[395] hat vorgeschlagen, § 103 Abs. 2 entsprechend anzuwenden, und dadurch dem Leasingnehmer die Möglichkeit einzuräumen, Unsicherheiten über den Fortbestand des Vertrages zu beseitigen. Wähle der Insolvenzverwalter (ggf. im Anwendungsbereich des § 108 Abs. 1 S. 2 lediglich deklaratorisch) nicht Erfüllung, brauche der Leasingnehmer den Vertrag nicht mehr gegen sich gelten zu lassen. Die mit diesem Schutz des Leasingnehmers einhergehende Dispositionsmöglichkeit des Insolvenzverwalters über das Vertragsverhältnis will § 108 Abs. 1 S. 2 aber ausschließen. Den Insolvenzverwalter stattdessen bei „Erfüllungsablehnung" gegenüber dem Sicherungsnehmer mit einer Schadensersatzpflicht zu belasten, scheint zwar einen Ausgleich zwischen den Interessen des Sicherungsnehmers und denjenigen des Leasingnehmers herzustellen, belastet aber den Insolvenzverwalter und müsste richtigerweise auch eine Schadensersatzpflicht der Masse begründen. Die Masse sollte mittels § 108 Abs. 1 S. 2 aber nicht zusätzlich belastet werden. Im Übrigen erscheinen die mit § 108 Abs. 1 S. 2 für den Leasingnehmer verbundenen Unsicherheiten auch nicht als unzumutbar. Nutzt der Leasingnehmer im Anwendungsbereich des § 108 Abs. 1 S. 2 weiter, schuldet er regulär die Leasingraten. Nutzt er außerhalb des Anwendungsbereichs des § 108 Abs. 1 S. 2 weiter, ohne dass der Verwalter Erfüllung gewählt hat, schuldet er einen Bereicherungsausgleich für die gezogenen Nutzungen oder ggf. Ausgleich nach § 546a Abs. 1 BGB.[396] Den für den Leasingnehmer bestehenden Ungewissheiten kann hinreichend durch eine großzügige Handhabung des schadensersatzrechtlichen Sorgfaltsmaßstabs Rechnung getragen werden.

II. Überlassungserfordernis?

133 Vor dem Hintergrund der andersartigen Zielrichtung des § 108 Abs. 1 S. 2 ist, anders als bei § 108 Abs. 1 S. 1,[397] auch **nicht erforderlich,** dass der Gegenstand bereits **überlassen** worden ist,[398] da es gerade nicht darum geht, dem Leasingnehmer eine besonders gesicherte Position zu verschaffen. Auch der vom BGH mit dem Überlassungserfordernis bei § 108 Abs. 1 S. 1 bezweckte Schutz der Masse vor einer Belastung mit Herstellungskosten spielt bei § 108 Abs. 1 S. 2 keine Rolle, da schließlich die Finanzierung der Herstellungskosten durch § 108 Abs. 1 S. 2 besonders abgesichert werden soll,[399] zumal § 108 Abs. 1 S. 2 eine bereits erfolgte Sicherungsübertragung erfordert, was impliziert, dass die Anschaffungs- bzw. Herstellungskosten bereits investiert worden sind.[400]

134 Eine Gefahr für die Masse mag allenfalls darin bestehen, dass es dem Sicherungsnehmer unter Umständen vor der Überlassung des Gegenstandes an den Leasingnehmer gelingen könnte, eine **Verwertung des Gegenstandes** herbeizuführen und § 108 Abs. 1 S. 2 dann unter Umständen die Masse mit Schadensersatzpflichten im Verhältnis zum Leasingnehmer belasten könnte.[401] Erkennt man allerdings, dass § 108 Abs. 1 S. 2 den Interessen des Sicherungsnehmers zu dienen bestimmt ist und ihm einen anderen Verwertungsmodus zur Verfügung stellt, so disponiert der Sicherungsnehmer über seinen Interessenschutz, wenn er sich gegen eine Verwertung der im Voraus abgetretenen Forderungen aus dem Leasingvertrag und für eine Verwertung der Sache entscheidet; § 108 Abs. 1 S. 2 erfüllt dann keine Funktion mehr und ist teleologisch zu reduzieren. Ein Überlassungserfordernis stünde hierzu in keinem sinnvollen Zusammenhang.

III. Vertragsgegenstand

135 Zu den von § 108 Abs. 1 S. 2 erfassten Vertragsgegenständen zählen Sachen, Rechte und Forderungen.[402] Insbesondere werden, abweichend zu § 108 Abs. 1 S. 1, **auch bewegliche Gegenstände** erfasst. Auch das Softwareleasing soll unter § 108 Abs. 1 S. 2 fallen.[403] Da es sich um „sonstige Gegenstände" handeln muss, wird das Immobilienleasing nicht erfasst.

---

394 Vgl. auch HKInsO/*Marotzke*, § 108 Rn. 36 f.; **aA** *Klinck* KTS 2007, 37, 48.

395 Jaeger/*Jacoby*, § 108 Rn. 227.

396 → Rn. 26 ff.

397 → Rn. 64 ff.

398 So auch *Klinck* KTS 2007, 37, 46; *Peters* ZIP 2000, 1759, 1765.

399 BeckOKInsO/*Berberich*, § 108 Rn. 26; **aA** HKInsO/*Marotzke*, § 108 Rn. 35; KPB/*Tintelnot*, § 108 Rn. 23.

400 So auch Jaeger/*Jacoby*, § 108 Rn. 216; vgl. weiter *Peters* ZIP 2000, 1759, 1765.

401 So HKInsO/*Marotzke*, § 108 Rn. 39.

402 BT-Drs. 13/4699, 6.

403 K. Schmidt/*Ringstmeier*, § 108 Rn. 36.

IV. Sicherungsübertragung des Vertragsgegenstandes

Erforderlich ist eine **Sicherungsübertragung des Vertragsgegenstandes.**[404] Die Sicherungsübertragung muss gegenüber der Masse wirksam sein. Soweit Insolvenzanfechtungstatbestände greifen, verliert der Sicherungsnehmer auch den Schutz des § 108 Abs. 1 S. 2.[405] 136

Fraglich ist, ob § 108 Abs. 1 S. 2 auch den **Warenkreditgeber** schützt, der den Vertragsgegenstand im Wege des Eigentumsvorbehalts liefert und sich zur Sicherung seines Kaufpreiszahlungsanspruchs die Leasingforderungen abtreten lässt.[406] Eine Schutzbedürftigkeit ist hier freilich noch weniger erkennbar als beim Kreditgeber, der ein Absonderungsrecht am Vertragsgegenstand hat, denn der Warenkreditgeber kann bei Ausbleiben der Kaufpreisraten, etwa wenn der Insolvenzverwalter die Erfüllung des Kaufvertrages gem. §§ 107 Abs. 2, 103 Abs. 2 S. 1 ablehnt, vom Kaufvertrag mit dem Leasinggeber zurücktreten und anschließend vom Leasingnehmer die Sache herausverlangen.[407] Das fortbestehende Einverständnis des Warenlieferanten in die Gebrauchsüberlassung des Gegenstandes im Rahmen eines Leasingvertrages ist daran gekoppelt, dass die Abtretung der Leasingforderungen Bestand hat.[408] Es wäre konzeptionell wenig stimmig, den besonderen Verwertungsmodus des § 108 Abs. 1 S. 2, der sich auf Absonderungsrechte bezieht, auch auf Aussonderungsrechte zu erstrecken. Die Masse ist von vornherein nicht für deren Verwertung zuständig und kann auch nicht mit dem administrativen Aufwand belastet werden. Dass man verbreitet dennoch für eine Erstreckung des § 108 Abs. 1 S. 2 auf den Eigentumsvorbehalt streitet, dürfte eher dem Umstand geschuldet sein, dass ein Eigentumsvorbehalt, der eine echte (zeitliche) Kreditierung der Kaufpreisforderung absichert, funktional ohnehin einer Kreditsicherheit bzw. einem Absonderungsrecht gleicht.[409] Im Ergebnis ist es also zutreffend, dass § 108 Abs. 1 S. 2 den Eigentumsvorbehalt, der eine kreditierte Kaufpreisforderung absichert, erfasst. 137

Die Sicherungsübertragung muss im Sinne eines „Finanzierungszusammenhangs"[410] einen **Kredit besichern,** der der Finanzierung, der Herstellung oder Anschaffung des Vertragsgegenstandes diente;[411] die Absicherung eines bloßen Betriebsmittelkredits soll nicht privilegiert werden, da § 108 Abs. 1 S. 2 den spezifischen Bedürfnissen der Leasingbranche Rechnung tragen soll.[412] Für nicht ausreichend wird es zum Teil befunden, wenn der Vertragsgegenstand lediglich teilweise finanziert worden ist.[413] In dieser Pauschalität wird man dem nicht zustimmen können; allerdings ist § 108 Abs. 1 S. 2 richtigerweise ohnehin nicht einschlägig, wenn der Kredit mit einer Verwertung nach Maßgabe von §§ 166 ff. voll getilgt werden kann.[414] Weiter wird angenommen, dass es nicht ausreiche, wenn ein entsprechender Kredit erst nachträglich aufgenommen worden ist.[415] Dem wird man folgen können, da das wohl nicht mehr die spezifische Konstellation ist, die der Gesetzgeber mit § 108 Abs. 1 S. 2 erfassen wollte. Auch reicht es daher nicht aus, dass der Kredit erst nachträglich besichert worden ist.[416] Erfasst wird vom Schutz des § 108 Abs. 1 S. 2 nur der Vertrag, bei dem der Kreditnehmer, der den Gegenstand als Kreditsicherheit einsetzt, Vertragspartner ist, nicht jedoch Unterleasingverträge.[417] 138

V. Sicherungszession der Leasingforderungen

Nicht ausdrücklich von § 108 Abs. 1 S. 2 vorausgesetzt ist, dass die Forderungen auf Zahlung der **Leasingraten sicherungszediert** worden sein müssen. Einerseits ließe sich der § 108 Abs. 1 139

---

404 BT-Drs. 13/4699, 6.

405 Jaeger/*Jacoby,* § 108 Rn. 203; *Klinck* KTS 2007, 37, 48.

406 Dafür *Klinck* KTS 2007, 37, 49; Martinek/Stoffels/*Klinck,* Leasinghandbuch, 2. Aufl. 2008, § 50 Rn. 12; KPB/*Tintelnot,* § 108 Rn. 22a.

407 Jaeger/*Jacoby,* § 108 Rn. 205 argumentiert umgekehrt im Sinne der Gesetzesbegründung (→ Rn. 128), dass der Masse beim Warenkredit noch weniger Belastungen drohen und § 108 Abs. 1 S. 2 erst recht anzuwenden sei.

408 Unzutr. KPB/*Tintelnot,* § 108 Rn. 22a.

409 Siehe Uhlenbruck/*Brinkmann,* § 47 Rn. 25.

410 Jaeger/*Jacoby,* § 108 Rn. 207 ff.

411 → MüKoInsO/*Eckert,* 3. Aufl. 2013, § 108 Rn. 45.

412 Siehe auch *Klinck* KTS 2007, 37, 53, 56; Uhlenbruck/*Sinz,* § 108 Rn. 138.

413 → MüKoInsO/*Eckert,* 3. Aufl. 2013, § 108 Rn. 45; **aA** Jaeger/*Jacoby,* § 108 Rn. 210; *Klinck* KTS 2007, 37, 48; für einen nur quotalen Schutz der Vorauszessionen KPB/*Tintelnot,* § 108 Rn. 21b.

414 → Rn. 131.

415 → MüKoInsO/*Eckert,* 3. Aufl. 2013, § 108 Rn. 45 f.; **aA** *Krämer,* Leasingverträge in der Insolvenz, 2004, S. 184 ff.

416 BeckOKInsO/*Berberich,* § 108 Rn. 30; → MüKoInsO/*Eckert,* 3. Aufl. 2013, § 108 Rn. 49; **aA** Jaeger/*Jacoby,* § 108 Rn. 211 (unter Hinweis auf die Möglichkeit der Insolvenzanfechtung); KPB/*Tintelnot,* § 108 Rn. 21.

417 → MüKoInsO/*Eckert,* 3. Aufl. 2013, § 108 Rn. 51; zu sog. „Doppelstock-Refinanzierungen" siehe Jaeger/*Jacoby,* § 108 Rn. 222 f.

S. 2 als besonderer Verwertungsmodus eines Absonderungsrechts teleologisch auch ohne eine Sicherungszession handhaben, es müsste allerdings zusätzlich postuliert werden, dass der Sicherungsnehmer bevorrechtigt aus den Leasingraten zu befriedigen wäre. Der Gesetzgeber hat diese bevorrechtigte Befriedigung aber ausweislich der Gesetzesbegründung konstruktiv an die Sicherungszession angeknüpft, deren Absicherung der § 108 Abs. 1 S. 2 gerade dient,[418] sodass man von einem „ungeschriebenen Tatbestandsmerkmal" ausgehen sollte.[419] Weiter ist demnach auch Voraussetzung, dass der Sicherungsnehmer hinsichtlich des Vertragsgegenstandes und der Forderungen auf die Leasingraten personenidentisch ist.[420] Sind diese Voraussetzungen nicht erfüllt, kann dem Sicherungsnehmer nur nach Maßgabe der §§ 166 ff. ein Zugriff auf die Leasingraten ermöglicht werden.[421]

VI. Leistungspflichten der Masse

140 Der Gesetzgeber wollte eine übermäßige Belastung der Masse vermeiden. Sollte im konkreten Fall einmal mehr geschuldet sein als die **bloße Überlassung des Gegenstandes,** soll eine Aufteilung der abgetretenen Forderung vorgenommen werden.[422] Dem Gesetzgeber schwebte hier offenbar eine gespaltene Behandlung nur **im Verhältnis zum Zessionar** vor. Im Verhältnis zum Leasingnehmer wäre die Masse demnach im von § 108 Abs. 1 S. 1 vorgegebenen Umfang[423] insbesondere ggf. auch mit **Erhaltungspflichten** belastet,[424] was auch der Verweis des § 108 Abs. 1 S. 2 auf S. 1 nahelegt. Im Verhältnis zum Zessionar müsste aber ein Ausgleich erfolgen, sollte die Masse entsprechenden Erhaltungspflichten nachkommen. Dann stellt sich die Frage, wie die vom Gesetzgeber avisierte Aufteilung der abgetretenen Forderung vorgenommen werden soll. Denkbar wäre zum einen, der Masse im Verhältnis zum Zessionar stets den Teil der Forderung zuzusprechen, um den diese ansonsten wegen Pflichtverletzung gemindert worden wäre. Der Vorteil, den der Zessionar durch die Leistung der Masse erlangt, geht allerdings über eine abgewendete Minderung hinaus, denn der Vertragspartner hätte sich in noch weiterem Umfang auf § 320 BGB berufen dürfen.[425] In der Sache wird man der Masse zugestehen müssen, dass ihre **Aufwendungen** vorrangig **aus den zedierten Forderungen befriedigt** werden.[426] Bemüht man eine teleologische Erfassung des § 108 Abs. 1 S. 2 als spezifischer Verwertungsmodus des mit einem Absonderungsrecht belasteten Gegenstandes, so könnten die Erhaltungskosten als Verwertungskosten begriffen werden, die die Masse nach Maßgabe von §§ 170 f. vorrangig aus dem Verwertungserlös (= die Leasingraten) entnehmen dürfte.[427]

141 Denkbar – wenn auch vor dem Hintergrund einer typischen und angemessenen vertraglichen Risikoordnung und in Anbetracht der ohnehin nur beschränkten Erfassung von Erhaltungs- bzw. Servicepflichten durch § 108 Abs. 1 S. 1[428] wohl praktisch von untergeordneter Relevanz – sind auch Fälle, in denen absehbar ist, dass die Erhaltungspflichten der Masse aus den zedierten Raten nicht gedeckt werden können. In diesem Kontext ist erneut zu berücksichtigen, dass der Schutz des Leasingnehmers von § 108 Abs. 1 S. 2 nicht bezweckt ist und die Masse keine zusätzliche Belastung erfahren soll. In diesen Konstellationen muss die **gespaltene Behandlung auch im Verhältnis zum Leasingnehmer** greifen.[429] Die Masse ist diesem gegenüber dann nicht zur Erhaltung verpflichtet, und dem Insolvenzverwalter ist insoweit ein Wahlrecht einzuräumen.[430] Auch an dieser

---

418 → Rn. 127.

419 So HKInsO/*Marotzke*, § 108 Rn. 34; in diesem Sinne auch Jaeger/*Jacoby*, § 108 Rn. 206; *Klinck* KTS 2007, 37, 46; Martinek/Stoffels/*Klinck*, Leasinghandbuch, 2. Aufl. 2008, § 50 Rn. 9; KPB/*Tintelnot*, § 108 Rn. 21a.

420 **AA** *Klinck* KTS 2007, 37, 51 ff.

421 Eingehend hierzu *Klinck* KTS 2007, 37, 40 ff.

422 BT-Drs. 13/4699, 6.

423 → Rn. 81 f.

424 Siehe BT-Drs. 13/4699, 6: „Sollten abweichend von dieser typischen Konstellation *aus der Masse* noch zusätzliche Leistungen *zu erbringen sein*, müßte eine Aufteilung der abgetretenen Forderung vorgenommen werden" (Hervorhebung nicht im Original); **aA** BeckOKInsO/*Berberich*, § 108 Rn. 61.

425 Vgl. MüKoBGB/*Emmerich*, § 320 Rn. 8 („das Drei- bis Fünffache des Minderungsbetrages").

426 So auch *Bien* ZIP1998, 1016, 1021; *Krämer*, Leasingverträge in der Insolvenz, 2005, S. 206 f.; Jaeger/*Jacoby*, § 108 Rn. 234; Uhlenbruck/*Sinz*, § 108 Rn. 139; KPB/*Tintelnot*, § 108 Rn. 25, die der Masse einen entsprechenden Bereicherungsanspruch gegen den Zessionar zusprechen; entgegen *Klinck* KTS 2007, 37, 57 ist die Masse aus der nur schuldrechtlich wirkenden Sicherungsabrede nicht verpflichtet, eine Werthaltigkeit der zedierten Forderungen herbeizuführen.

427 In diese Richtung auch HKInsO/*Marotzke*, § 108 Rn. 38.

428 → Rn. 81 f.

429 Grds. → Rn. 58 ff.

430 So auch KPB/*Tintelnot*, § 108 Rn. 26.

Stelle zeigt sich, dass es gesetzestechnisch keine glückliche Lösung war, mit § 108 Abs. 1 S. 1 ein Schutzinstrument des Vertragspartners mit einer ganz anderen Zielsetzung zugunsten des Sicherungsnehmers zu instrumentalisieren. Dass der Leasingnehmer bei einer gespaltenen Behandlung und einer Erfüllungsablehnung des Verwalters unter Umständen § 320 BGB geltend machen kann und die abgetretenen Leasingforderungen dann insgesamt nicht durchsetzbar sind, ist in diesen Fällen zum Schutz der Masse hinzunehmen.[431]

E. § 108 Abs. 2 InsO – Darlehensverträge

I. Sinn und Zweck der Vorschrift

1. Schutz des Darlehensnehmers. Mit § 108 Abs. 2 sollte klargestellt werden, dass der Darlehensnehmer sich in der Insolvenz des Darlehensgebers keiner Rückzahlungsforderung der Masse ausgesetzt sieht.[432] Der **Gehalt** der Vorschrift ist freilich **unklar.** Zum Teil ist vor der Kodifikation der Norm davon ausgegangen worden, ein Darlehensvertrag unterliege auch nach Valutierung dem Verwalterwahlrecht des § 103 Abs. 1,[433] weshalb § 108 Abs. 2 vergleichbar zu § 108 Abs. 1 S. 1 konstitutiv die Kontinuitätsinteressen des Darlehensnehmers schützen sollte. Andere gehen davon aus, der insolvente Kreditgeber habe mit der Auszahlung des Darlehens ohnehin bereits seinerseits vollständig erfüllt, sodass § 103 Abs. 1 nicht einschlägig sei.[434] § 108 Abs. 2 würde das dann lediglich klarstellen,[435] wovon seinerseits auch die Gesetzesverfasser der Konkursordnung hinsichtlich des Bestandsschutzes für den Mietvertrag ausgegangen waren,[436] was sich aus heutiger Sicht als unzutreffend erweist.[437] 142

Die Frage, ob § 108 Abs. 2 nur deklaratorisch oder konstitutiv den Schutz des Darlehensnehmers anordnet, ist nicht lediglich von theoretischem Interesse. Sollte der Darlehensnehmer seinen Schutz nur aus § 108 Abs. 2 ableiten können, würde dies bedeuten, dass er im Falle einer **Masseunzulänglichkeit** das Darlehen unter Umständen zurückbezahlen müsste.[438] Auch ist die Frage bedeutsam für Verträge, die die Tatbestandsvoraussetzungen von § 108 Abs. 2 nicht erfüllen. 143

Es liegt mangels Erhaltungspflichten des Darlehensgebers und wegen der zwangsläufig auch dinglichen Überführung des Darlehensbetrages in das Vermögen des Darlehensnehmers – bei Buchgeld fehlt es überhaupt an eigentumsfähigen Gegenständen – näher als etwa beim Mietvertrag, davon auszugehen, dass der Darlehensvertrag mit Valutierung bereits einseitig voll erfüllt ist. Da es an weiteren Leistungspflichten des Darlehensgebers fehlt, gibt es teleologisch keinen Grund für die Anwendung des § 103 Abs. 1, da der Insolvenzverwalter keine Leistungen mehr aus der Masse erbringen müsste, um den Anspruch auf die Gegenleistung von § 320 BGB zu befreien.[439] Zwar bedarf auch der Darlehensnehmer trotz der Abwesenheit vindizierbarer Sachen eines fortwährenden schuldrechtlichen Rechtsgrundes zum Behaltendürfen der Darlehensvaluta im eigenen Vermögen.[440] Das trifft aber etwa auch auf den Käufer und neuen Eigentümer einer beweglichen Sache zu, ohne dass deshalb § 103 Abs. 1 einschlägig wäre. Alleine die Qualifikation des Darlehensvertrages als Dauerschuldverhältnis eröffnet diesem nach Valutierung nicht automatisch den Anwendungsbereich von § 103 Abs. 1.[441] 144

Für die insolvenzrechtliche Behandlung eines bereits valutierten Darlehens in der Insolvenz des Darlehensgebers ist es letztlich **irrelevant,** ob man dieses **§ 103 Abs. 1** unterstellt oder nicht.[442] Nimmt man an, der Darlehensgeber habe bereits vollständig erfüllt im Sinne von § 103 Abs. 1, kann der Darlehensnehmer die Darlehensvaluta behalten, da die Masse keine dingliche Position gegen ihn geltend machen kann. Der Darlehensnehmer muss sich allerdings gegenüber 145

---

431 Entgegen Uhlenbruck/*Sinz*, § 108 Rn. 139.

432 BT-Drs. 16/3227, 19.

433 *Stahmer*, Verzinsliches Darlehen in der Insolvenz, 2001, S. 359 ff.

434 BeckOKInsO/*Berberich*, § 108 Rn. 32.1; *Fleckner* ZIP 2004, 585, 595 f.

435 In diesem Sinne BT-Drs. 16/3227, 19.

436 → Rn. 2.

437 Zustimmend freilich im hiesigen Kontext *Gehrlein* ZInsO 2012, 101, 102.

438 So etwa, allerdings zweifelnd, K. Schmidt/*Ringstmeier*, § 108 Rn. 32 mit dem missverständlichen Hinweis, der Darlehensnehmer sei sonst zulasten der Masse „ungerechtfertigt bereichert".

439 Entgegen *Engert/Schmidl* WM 2005, 60, 65 kann es für § 103 Abs. 1 nicht einzig auf einen „schuldrechtsdogmatischen" Erfüllungsbegriff ankommen.

440 Vgl. auch MüKoBGB/*K. P. Berger*, § 488 Rn. 31; *Engert/Schmidl* WM 2005, 60, 64.

441 So aber etwa MüKoBGB/*K. P. Berger*, § 488 Rn. 31; *Freitag* ZIP 2004, 2368, 2371 f.; *Engert/Schmidl* WM 2005, 60, 65.

442 So auch *Marotzke*, ZInsO 2004, 1273, 1276 f.

der Masse weiterhin vertragstreu verhalten, denn vertragliche Kündigungsrechte bleiben – vorbehaltlich der Problematik insolvenzbezogener Lösungsklauseln – von § 108 Abs. 2 unberührt.[443] Aber auch, wenn man eine Anwendung des § 103 Abs. 1 alleine deshalb propagieren wollte, weil es sich beim Darlehensvertrag um ein Dauerschuldverhältnis handelt, käme es zu dem gleichen Ergebnis:[444] Zu beachten ist nämlich, dass ein Darlehensnehmer – anders als ein Mieter – einen auf eine absolute Rechtsposition gestützten Herausgabeanspruch des Darlehensgebers nicht befürchten muss. Die Insolvenzmasse könnte vom Darlehensnehmer von vornherein nur auf schuldrechtlicher Grundlage eine Rückzahlung des Darlehensbetrages verlangen.[445] Da der Darlehensvertrag bei einer Anwendung des § 103 Abs. 1 mit der Eröffnung des Insolvenzverfahrens und auch bei einer Erfüllungsablehnung des Insolvenzverwalters aber nicht erlischt,[446] gibt es alleine durch die Anwendung des § 103 Abs. 1 keine schuldrechtliche Grundlage für einen Rückzahlungsanspruch.[447] Der Umstand, dass sich die Insolvenzmasse hier ein nur schuldrechtliches Behaltensrecht entgegenhalten lassen muss, liegt darin begründet, dass die Insolvenzmasse ihrerseits nur schuldrechtlich zurückfordern dürfte. Während etwa bei der Miete gilt, dass sich die Insolvenzmasse bei der Massebereinigung mit schuldrechtlichen Absprachen des Schuldners nur im Rahmen einer quotalen Befriedigung befassen muss, müsste die Insolvenzmasse sich für den Rückzahlungsanspruch hinsichtlich eines valutierten Darlehens ohnehin auf die schuldrechtliche Ebene begeben. Solange der Darlehensnehmer sich vertragstreu verhält, kommen Rückzahlungsansprüche aber nicht in Betracht.

146 § 108 Abs. 2 hat damit, unabhängig wie man sich zur Frage der Anwendbarkeit von § 103 Abs. 1 auf valutierte Darlehen verhält, nur **deklaratorischen** Charakter. Der mit § 108 Abs. 1 S. 1 intendierten Annäherung an eine Dinglichkeit bedarf ein Darlehensnehmer, in dessen Vermögen sich ohnehin keine Massegegenstände befinden, nicht. Die Position des Darlehensnehmers ist daher auch nicht im Falle einer Masseunzulänglichkeit gefährdet. Es ist demnach nicht zu beanstanden, dass § 108 Abs. 2, anders als § 108 Abs. 1 S. 1, nicht von insolvenzrechtlichen Sonderkündigungsrechten flankiert wird.[448]

147 Vor diesem Hintergrund ist es zu begrüßen, dass ursprüngliche Pläne,[449] den § 108 Abs. 2 auch auf eine **Insolvenz des Darlehensnehmers**[450] zu erstrecken, nicht verwirklicht worden sind. Das hätte unter Umständen zur Konsequenz gehabt, dass die Verbindlichkeiten des Darlehensnehmers zu Masseverbindlichkeiten hochgestuft worden wären, ohne dass eine Rechtfertigung hierfür ersichtlich wäre. Die in der Mieterinsolvenz vorgetragenen Erwägungen, dass ein Vermieter eine gewisse Vorlaufzeit für Anschlussgeschäfte braucht,[451] lassen sich auf Darlehensverträge nicht ohne Weiteres übertragen.

148 **2. Schutz von Zessionaren.** Weiter wird als Regelungszweck von § 108 Abs. 2 ausgeführt, dass durch die Herausnahme von § 103 Abs. 1 **Zessionare** geschützt werden sollen, denen Forderungen aus dem Darlehensvertrag vorausabgetreten worden sind. Dadurch soll den Banken eine Refinanzierung erleichtert werden.[452] Ob entsprechende Zessionen durch eine Anwendbarkeit des § 103 aber überhaupt gefährdet wären, erscheint zweifelhaft,[453] denkbar dürfte das allenfalls für die Zinsansprüche sein, nicht jedoch hinsichtlich der Forderung auf Darlehensrückzahlung.[454] Auch in dieser Hinsicht dürfte § 108 Abs. 2 in erster Linie deklaratorisch sein.

---

443 So auch → MüKoInsO/*Eckert,* 3. Aufl. 2013, § 108 Rn. 207.

444 Im Ergebnis wie hier *Engert/Schmidl* WM 2005, 60, 66 f.

445 Insolvenzanfechtungstatbestände hinsichtlich der Auszahlung des Darlehens bleiben freilich unberührt; so auch → MüKoInsO/*Eckert,* 3. Aufl. 2013, § 108 Rn. 208; KPB/*Tintelnot,* § 108 Rn. 26d. Auch wenn man einen konstitutiven Gehalt des § 108 Abs. 2 postulierte, ergibt sich nichts anderes, denn § 108 Abs. 2 setzt tatbestandlich die Valutierung voraus, die zum Gegenstand der Insolvenzanfechtung gemacht werden kann; siehe Jaeger/*Jacoby,* § 108 Rn. 253.

446 Vgl. BGHZ 150, 353, 359 = NZI 2002, 375, 376; BGH NJW 2007, 1594; NZI 2016, 97, Rn. 43 – Ecosoil.

447 Siehe etwa auch *Marotzke* ZInsO 2006, 300, 301.

448 So aber *Häsemeyer,* Insolvenzrecht, 4. Aufl. 2007, Rn. 20.56a.

449 Siehe dazu → MüKoInsO/*Eckert,* 3. Aufl. 2013, § 108 Rn. 203.

450 Umfassend dazu *von Wilmowsky* WM 2008, 1189 ff., 1237 ff.

451 Hahn, Materialien IV, S. 94.

452 Siehe → MüKoInsO/*Eckert,* 3. Aufl. 2013, § 108 Rn. 212; HKInsO/*Marotzke,* § 108 Rn. 88; *Pannen* ZInsO 2009, 596, 598; KPB/*Tintelnot,* § 108 Rn. 4b.

453 Siehe *Fleckner* ZIP 2004, 585, 597; HKInsO/*Marotzke,* § 103 Rn. 50 unter Verweis auf BGHZ 155, 87, 96 = NJW 2003, 2744, 2747.

454 → MüKoInsO/*Eckert,* 3. Aufl. 2013, § 108 Rn. 212; auch die Zession der Zinsansprüche sieht Jaeger/*Jacoby,* § 108 Rn. 254 als nicht gefährdet an; eingehend in diesem Sinne auch *Engert/Schmidl* WM 2005, 60, 65 ff.; *Marotzke* ZInsO 2004, 1273, 1279.

II. Tatbestandsvoraussetzungen

1. Darlehen. Problematisch ist, ob der **Kontokorrentkredit** von § 108 Abs. 2 erfasst wird. In den Gesetzesmaterialien findet sich die Auffassung, dass auf diesen § 116 anzuwenden sei.[455] Das scheint eine Rückzahlungspflicht in der Insolvenz des Darlehensgebers zu implizieren. In der Literatur wird diese Auffassung nicht geteilt,[456] und in der Tat macht es für einen Kreditnehmer teleologisch keinen Unterschied, auf welcher Grundlage ihm ein Geldbetrag auf Zeit überlassen worden ist. Nach hier vertretener Auffassung ist § 108 Abs. 2 ohnehin deklaratorisch. Auch das Erlöschen eines Auftragsverhältnisses im Sinne von § 116 vermag allenfalls in die Zukunft gerichtet das Entstehen weiterer Verbindlichkeiten zu verhindern. Ein Anspruch auf weitergehende Ausreichung eines Darlehens wird von § 108 Abs. 2 aber ohnehin nicht geschützt.[457] 149

2. Entgeltlichkeit. Die Entgeltlichkeit ist nicht ausdrücklich **Tatbestandsvoraussetzung** von § 108 Abs. 2, allerdings in den Gesetzesmaterialien vorausgesetzt.[458] Auch wird man zum einen in diesem Kontext wieder von einer geringeren Schutzbedürftigkeit des unentgeltlich Nutzenden ausgehen können.[459] Zum anderen fällt der Vertrag bei Unentgeltlichkeit ohnehin nicht unter § 103.[460] 150

Die Unanwendbarkeit von § 108 Abs. 2 ändert allerdings nichts daran, dass die Masse eine **Rückgewähr** auch hier **nur auf schuldrechtliche Ansprüche** stützen kann.[461] Der unentgeltliche Vertrag erlischt nicht durch die Insolvenzeröffnung, sodass eine Rückforderung grds. ausgeschlossen ist. Unentgeltliche Verträge bringen freilich bereits privatrechtlich einen geringeren Bestandsschutz mit sich, der in einem typischerweise besonders begrenzten Bindungswillen des Zuwendenden seinen Grund findet, der mangels Gegenleistung keinen Anlass hat, sich über Gebühr zu binden. Regelmäßig werden sich daher bei solchen unentgeltlichen Verträgen Kündigungsmöglichkeiten der Masse ergeben, die durch die Insolvenz nicht gesperrt sind; so mag man etwa auch auf § 605 Nr. 1 BGB abstellen.[462] 151

3. Valutierung. Der Schutz von § 108 Abs. 2 soll nur greifen, soweit das Darlehen valutiert worden ist. Das befindet sich im Einklang mit der rein deklaratorischen Wirkung der Vorschrift, denn vor Valutierung hat der Darlehensnehmer nur einen schuldrechtlichen Anspruch auf Vermögenswerte, die mit absoluter Wirkung der Masse zugeordnet sind. Auch eine **Teilvalutierung** kann vom Insolvenzverwalter nicht zurückgefordert werden.[463] Eine dadurch herbeigeführte gespaltene Behandlung des Darlehensvertrags ändert freilich nicht den vertraglichen Konsens.[464] Sollte der Insolvenzverwalter die restliche Valutierung nach Maßgabe von § 103 Abs. 1 ablehnen, kann sich der Darlehensnehmer unter Umständen vom gesamten Darlehensvertrag lösen, falls kein hypothetischer Spaltungswille auf seiner Seite im Hinblick auf die Darlehensvaluta vorliegt.[465] 152

4. Sachdarlehen. Verbreitet wird davon ausgegangen, **Sachdarlehen** (§ 607 BGB) seien nicht nach Maßgabe von § 108 Abs. 2 zu schützen.[466] Mag diese Auslegung im Einklang mit den Gesetzesmaterialien stehen, die sich in erster Linie auf das Gelddarlehen konzentrieren,[467] wird man dem Gesetzgeber aber nicht unterstellen können, mit der für Gelddarlehen klarstellenden Vorschrift des § 108 Abs. 2 in die Position von Sachdarlehensnehmern eingreifen zu wollen. Sie unterscheidet sich in der Sache nicht von derjenigen eines Gelddarlehensnehmers:[468] Der Sachdarlehensnehmer integriert die überlassenen Gegenstände mit absoluter Wirkung in sein Vermögen[469] 153

---

455 BT-Drs. 16/3227, 19; so auch BeckOKInsO/*Berberich*, § 108 Rn. 33.

456 Jaeger/*Jacoby*, § 108 Rn. 250; Uhlenbruck/*Wegener*, § 108 Rn. 61.

457 K. Schmidt/*Ringstmeier*, § 108 Rn. 32.

458 BT-Drs. 16/3227, 19; im Ergebnis auch Jaeger/*Jacoby*, § 108 Rn. 248; K. Schmidt/*Ringstmeier*, § 108 Rn. 31; Uhlenbruck/*Wegener*, § 108 Rn. 62.

459 **AA** BeckOKInsO/*Berberich*, § 108 Rn. 35.

460 Vgl. zur Leihe bereits → Rn. 46 und HKInsO/*Marotzke*, § 108 Rn. 92.

461 Zu erwägen ist freilich eine Insolvenzanfechtung. Neben §§ 130 f. kommen auch § 132 oder § 134 in Betracht; siehe dazu *Marotzke* FS Westermann, 2008, 427, 434 ff.

462 → MüKoInsO/*Eckert*, 3. Aufl. 2013, § 108 Rn. 211; *Gehrlein* ZInsO 2012, 101, 103.

463 → MüKoInsO/*Eckert*, 3. Aufl. 2013, § 108 Rn. 209; K. Schmidt/*Ringstmeier*, § 108 Rn. 33.

464 Eingehend → Rn. 58 ff.

465 Wie hier auch KPB/*Tintelnot*, § 108 Rn. 26e; entgegen Jaeger/*Jacoby*, § 108 Rn. 252, der in der Sache einen Kontrahierungszwang zulasten des Kreditnehmers statuiert.

466 → MüKoInsO/*Eckert*, 3. Aufl. 2013, § 108 Rn. 210; HKInsO/*Marotzke*, § 108 Rn. 90; K. Schmidt/*Ringstmeier*, § 108 Rn. 31; Uhlenbruck/*Wegener*, § 108 Rn. 61; **aA** BeckOKInsO/*Berberich*, § 108 Rn. 33.

467 Diff. daher Jaeger/*Jacoby*, § 108 Rn. 247.

468 → Rn. 144.

469 Der Sachdarlehensgeber schuldet Übereignung; vgl. MüKoBGB/*K. P. Berger*, § 607 Rn. 22.

und die Masse bedarf ihrerseits eines schuldrechtlichen Rückgewähranspruches. Selbst wenn § 108 Abs. 2 auf Sachdarlehen nicht anwendbar sein sollte, handelt es sich doch ohnehin um eine deklaratorische Vorschrift und der Schutz des Sachdarlehensnehmers ergibt sich aus allgemeinen Grundsätzen.

F. Bedeutung von § 108 Abs. 3 InsO

I. Gespaltene Behandlung in zeitlicher Hinsicht

154 Aus § 108 Abs. 3 ergibt sich, dass die **Kontinuitätsinteressen** des solventen Vertragspartners nur in die **Zukunft** gerichtet geschützt werden. Der Gesetzgeber spricht insoweit von einer „Klarstellung“,[470] und in der Tat wäre teleologisch ein Schutz für bereits entstandene Forderungen nicht angezeigt: Der solvente Vermieter soll vor einem abrupten Abbruch des Vertragsverhältnisses geschützt werden, was einen Zukunftsbezug hat und dem solventen Mieter soll künftig die Nutzung des Vertragsgegenstandes erhalten werden. § 108 Abs. 3 nimmt in der Sache eine gespaltene Behandlung in zeitlicher Hinsicht vor. Wird das Insolvenzverfahren im laufenden Nutzungsmonat eröffnet, ist die Mietforderung gegen einen insolventen Mieter zeitanteilig als Masseverbindlichkeit zu behandeln.[471]

155 Darüber hinaus wird teilweise postuliert, § 108 Abs. 3 sei mit § 105 nicht nur im Wortlaut sondern auch in der Zielrichtung verwandt und führe gar zu einer „**Vertragsspaltung**“.[472] Zu erkennen ist, dass eine Vertragsspaltung einen echten Eingriff in die vertragliche Risikoordnung bedeuten würde, da dem solventen Vertragspartner unter Umständen ein Teilvertrag aufgezwungen würde, den er so nicht abgeschlossen hätte.[473] Tatsächlich soll § 105 eine solche Vertragsspaltung herbeiführen: Der Gesetzgeber hatte hier va die fortlaufende Lieferung von Waren oder Energie im Auge[474] und wollte verhindern, dass der solvente Lieferant gestützt auf vorinsolvenzliche Zahlungspflichtverletzungen den Vertrag kündigt oder sich auf § 320 BGB beruft. Der Insolvenzverwalter sollte den Dauerlieferungsvertrag fortsetzen können, ohne die vorinsolvenzlichen Zahlungsrückstände tilgen zu müssen, wodurch die schuldnerischen Produktionsgrundlagen geschützt werden sollen.[475] § 108 Abs. 3 kann hingegen nach seiner Regelungsintention keine echte Vertragsspaltung entnommen werden. Würde bspw. in der Insolvenz des Dienstverpflichteten § 108 Abs. 1 S. 1 zur Anwendung gebracht[476] und der Dienstberechtigte mit Schadensersatzforderungen wegen vorinsolvenzlicher Leistungspflichtverletzungen mittels § 108 Abs. 3 als Insolvenzgläubiger behandelt, könnte ihm ein Kündigungsrecht gegenüber dem insolventen Dienstverpflichteten wegen dieser vorinsolvenzlichen Leistungspflichtverletzungen nach allgemeinen Grundsätzen und über § 113 hinaus nicht versagt werden. Gleiches gilt umgekehrt in der Insolvenz des Dienstberechtigten: Vorinsolvenzliche Lohnzahlungsansprüche werden zwar von § 108 Abs. 3 erfasst, der Vertrag wird dennoch nicht gespalten, der Dienstverpflichtete darf kündigen, da § 112 nicht entgegensteht.[477] Vertragsspaltungen bezüglich der von § 108 Abs. 1 S. 1 erfassten Verträge werden vielmehr durch **§ 112** vorgenommen, der etwa dem Vermieter in der Mieterinsolvenz eine Kündigung wegen vorinsolvenzlicher Zahlungsrückstände und eine entsprechende Berufung auf § 320 BGB versagt.[478] Zahlungsrückstände aus dem Eröffnungsverfahren sind nach Maßgabe von § 112, der insoweit anders als § 108 Abs. 3 nicht an den Zeitpunkt der Verfahrenseröffnung anknüpft, beachtlich.[479]

156 **§ 108 Abs. 3** ordnet also eine **gespaltene Behandlung** in zeitlicher Hinsicht an, lässt die Vertragsordnung aber unangetastet. Echte **Vertragsspaltungen,** unter Umständen auch entgegen dem hypothetischen Willen des solventen Vertragspartners, sind ausschließlich im sachlichen Anwendungsbereich der **§§ 105, 112** anzuerkennen.

---

470 BT-Drs. 12/2443, 147.

471 *Ganter* ZIP 2019, 97, 99.

472 BeckOKInsO/*Berberich*, § 108 Rn. 43; in der Sache auch Jaeger/*Jacoby*, § 108 Rn. 23.

473 → Rn. 59 f.

474 Bei Energielieferungsverträgen könne zwar zugunsten der Masse ein Kontrahierungszwang des Versorgers bestehen, der Masse sollten aber auch etwaige Sonderkonditionen erhalten bleiben, die dem Schuldner eingeräumt worden sind; BT-Drs. 12/2443, 145 f.

475 Siehe *J. F. Hoffmann* KTS 2018, 343, 353.

476 → Rn. 124.

477 Siehe HKInsO/*Marotzke*, § 108 Rn. 67, § 112 Rn. 26.

478 → § 112 Rn. 3 ff., 40.

479 Entgegen Uhlenbruck/*Wegener*, § 108 Rn. 44.

II. Masseverbindlichkeiten im Eröffnungsverfahren

Zu beachten ist im Kontext von § 108 Abs. 3, dass es auch bei Dauerschuldverhältnissen im Eröffnungsverfahren zur Begründung von Masseverbindlichkeiten kommen kann. Das richtet sich allerdings nicht nach § 108 Abs. 1 S. 1, sondern nach § 55 Abs. 2, dessen Anwendung auch im Rahmen von § 270b Abs. 3 eröffnet sein kann. In **§ 55 Abs. 2 S. 2** ist eine Spezialregelung für den Umgang mit Dauerschuldverhältnissen vorgesehen, die Verbindlichkeiten dann zeitlich punktuell aufwertet, wenn und soweit ein starker vorläufiger Insolvenzverwalter oder ein Verwalter mit Einzelermächtigung die Gegenleistung in Anspruch genommen hat.[480] Hinsichtlich Arbeitsverhältnissen ist wiederum die Rückstufung gem. § 55 Abs. 3 zu berücksichtigen. 157

§ 55 Abs. 2 S. 2 ist dabei einerseits im sachlichen Anwendungsbereich nicht auf die von § 108 Abs. 1 S. 1 erfassten Verträge beschränkt[481] und sieht andererseits für das Eröffnungsverfahren einen eingeschränkteren Schutz vor. Geschützt werden mittels § 55 Abs. 2 S. 2 **nicht** die **Kontinuitätsinteressen** der solventen Vertragspartei, sondern ein Vermieter soll in der Insolvenz des Mieters einen Ausgleich für die Kündigungssperre des § 112 erhalten.[482] Die Aufwertung zu Masseverbindlichkeiten nach Maßgabe von § 55 Abs. 2 S. 2 wird durch § 108 Abs. 3 nicht verhindert.[483] Die Aufwertung ist lediglich punktuell auf die jeweilige in Anspruch genommene Gegenleistung bezogen; nutzt der vorläufige Insolvenzverwalter die Sache, schuldet die Masse den Mietzins mit Nebenkosten, nicht jedoch Kautionszahlung.[484] Für Schönheitsreparaturen haftet die Masse anteilig der entsprechenden Nutzung.[485] Ist das Mietverhältnis bereits vor dem Eröffnungsverfahren beendet worden, wird man über § 55 Abs. 2 S. 2 auch § 546a Abs. 1 Alt. 1 BGB zur Masseverbindlichkeit aufwerten können. § 55 Abs. 2 S. 2 ist die Wertung zu entnehmen, dass sich die Masse punktuell die vertragliche Wertvereinbarung entgegenhalten lassen muss, wenn sie die Sache nutzt, was auch auf § 546a Abs. 1 Alt. 1 BGB erstreckt werden kann.[486] Mit anderen Worten kann der Masse im Eröffnungsverfahren die schuldrechtliche Wertrelation noch entgegengehalten werden, während die Masse nach Verfahrenseröffnung hieran nur nach Maßgabe von § 108 Abs. 1 S. 1 gebunden werden kann.[487] 158

Im Kontext von § 55 Abs. 2 S. 2 ist dafür plädiert worden, dem vorläufigen Insolvenzverwalter auch eine bloße **Teilnutzung** der Mietsache zu gestatten, die dann entsprechend nur zu einer anteiligen Aufwertung zur Masseverbindlichkeit führen soll.[488] Zum Schutz der Masse mag eine entsprechende gespaltene Handhabung von § 55 Abs. 2 S. 2 denkbar sein. Zu erkennen ist jedoch, dass solche Spaltungen nicht jenseits von § 112 den vertraglichen Konsens modifizieren können.[489] So mag der vorläufige Insolvenzverwalter sich entscheiden, nur einen Teil der Mietsache zu nutzen und nur entsprechend Masseverbindlichkeiten zu begründen. Sollte der Vertragspartner allerdings keinen hypothetischen Spaltungswillen haben, also von vornherein nur zu einer Vermietung als Einheit bereit gewesen sein, ist der Vertrag rechtlich unteilbar,[490] und der Vertragspartner kann sich, vorbehaltlich der Kündigungssperre des § 112, vom gesamten Vertrag lösen, wenn er nicht die gesamte Leistung aus der Masse erhält. 159

G. Zwingendes Recht

Bei den Regelungen des § 108 handelt es sich gem. § 119 um zwingendes Recht. Die Vertragsparteien können im Vorfeld § 108 **nicht zulasten der Masse** modifizieren. Das heißt, dass der Umfang der Schutzwirkung des § 108 in sachlicher Hinsicht (bspw. Erhaltungs- und Herstellungspflichten;[491] erfasste Vertragstypen[492]) und in zeitlicher Hinsicht (§ 108 Abs. 3[493]) nicht zulasten der Masse **erweitert** werden kann. 160

---

480 Siehe → MüKoInsO/*Hefermehl*, § 55 Rn. 229 ff.
481 So aber Jaeger/*Henckel*, § 55 Rn. 93.
482 BT-Drs. 12/2443, 148.
483 BGHZ 151, 353, 357 f. = NJW 2002, 3326, 3327; KPB/*Tintelnot*, § 108 Rn. 28a.
484 → MüKoInsO/*Eckert*, 3. Aufl. 2013, § 108 Rn. 190.
485 → MüKoInsO/*Eckert*, 3. Aufl. 2013, § 108 Rn. 190.
486 → MüKoInsO/*Eckert*, 3. Aufl. 2013, § 108 Rn. 196.
487 → Rn. 22, 112.
488 → MüKoInsO/*Eckert*, 3. Aufl. 2013, § 108 Rn. 193; etwas restriktiver Uhlenbruck/*Sinz*, § 108 Rn. 76.
489 Siehe auch → Rn. 58 ff.; entgegen → MüKoInsO/*Eckert*, 3. Aufl. 2013, § 108 Rn. 193.
490 Eingehend *J. F. Hoffmann* JuS 2017, 1045 ff.
491 → Rn. 81 f., 64 ff., 124.
492 → Rn. 37 ff., 45 ff., 115.
493 → Rn. 154 ff.

161 Teilweise wird angenommen, man könne §§ 119, 108 entnehmen, dass in diesem Kontext insolvenzbezogene **Lösungsklauseln** unwirksam seien.[494] Dem Problem der Lösungsklauseln[495] wird man auch im Anwendungsbereich von § 108 aber nicht mit einem bloßen Verweis auf § 119 beikommen können. Lösungsklauseln sollen im Interesse der Masse ggf. für unwirksam erklärt werden, um dem Insolvenzverwalter das Wahlrecht gem. § 103 Abs. 1 zu erhalten. § 108 soll dagegen den **solventen Vertragspartner** (bzw. bei § 108 Abs. 1 S. 2 den Sicherungsnehmer) **schützen.** Zwar hat auch die Masse von einer Anwendung des § 108 unter Umständen Vorteile, da sie nicht auf die vollständige Ablehnung oder Erfüllungswahl beschränkt ist („Alles-oder-Nichts-Entscheidung“[496]), sondern in der Insolvenz des Mieters mit § 109 Abs. 1 S. 1 ein flexibleres Sonderkündigungsrecht innehat. Dieses Sonderkündigungsrecht dient aber in erster Linie dem Schutz der Masse vor einem zu weitgreifenden § 108, und die damit gewonnene Flexibilität der Masse gegenüber § 103 Abs. 1 ist nicht primärer Regelungszweck.[497]

162 Der solvente Vertragspartner ist in der Dispositionsfreiheit über seinen Schutz und seine Interessen nicht beschränkt, sodass man ihm einen **Verzicht** (vorbehaltlich §§ 305 ff. BGB) auf den Schutz des **§ 108 Abs. 1 S. 1** nicht versagen kann. Im Falle einer Doppelinsolvenz ist ggf. hinsichtlich des Verzichts an Insolvenzanfechtungstatbestände zu denken. Entsprechende Lösungsklauseln können also den Schutz des § 108 Abs. 1 S. 1 aufheben. Ob dem Verwalter mit einer solchen Lösungsklausel auch das dann wieder bestehende Wahlrecht des § 103 Abs. 1 genommen werden kann, ist eine allgemeine Frage.[498] Im Rahmen von **§ 108 Abs. 1 S. 2** ist zu erkennen, dass der Schutz sich an den Sicherungsnehmer richtet, sodass dieser dispositionsbefugt ist. Hinsichtlich **§ 108 Abs. 2** gilt, dass der Schutz des Kreditnehmers aus dem Fehlen eines dinglichen Vindikationsgegenstandes resultiert und § 108 Abs. 2 ohnehin nur eine klarstellende Funktion hat; insoweit ist eine Dispositionsbefugnis nach Maßgabe zwingender sachenrechtlicher Grundsätze nicht möglich. Es bleibt aber die Vereinbarung einer Lösungsklausel zugunsten des insolventen Darlehensgebers, die die schuldrechtliche vertragliche Bindung beseitigen soll und die sich ihrerseits grds. keinen Bedenken ausgesetzt sieht.

H. Lizenzverträge

I. Insolvenz des Lizenzgebers

163 **1. Keine Anwendung des § 108 Abs. 1 S. 1 InsO.** Der Gesetzgeber ist von der Konkursordnung zur Insolvenzordnung dazu übergegangen, nur noch Immobilien von § 108 Abs. 1 S. 1 zu erfassen.[499] Eine direkte Anwendung des § 108 Abs. 1 S. 1 auf Immaterialgüterrechte scheidet daher aus. Auch eine zum Teil propagierte entsprechende Anwendung von § 108 Abs. 1 S. 1[500] hat der BGH implizit verworfen.[501] Das für unbewegliche Gegenstände austarierte System zwischen Bestandsschutz und Sonderkündigungsrechten kann **nicht unbesehen auf Immaterialgüterrechte übertragen** werden. So wäre einerseits eine entsprechende Anwendung auch von § 111[502] wohl geeignet, den offenbar für Lizenznehmer erstrebten Investitionsschutz zu konterkarieren[503] und andererseits könnte eine analoge Anwendung von § 108 Abs. 1 S. 1 ohne jeglichen Ausgleichsmechanismus zugunsten der Masse zu weit gehen. Auch ist zu erkennen, dass § 108 Abs. 1 S. 1 im Falle einer Masseunzulänglichkeit die Position des Lizenznehmers unter Umständen nicht zu schützen vermag.[504] Kein zwingender Einwand gegen eine Erstreckung des § 108 Abs. 1 S. 1 auf Lizenzverträge ist dagegen die Erwägung, dass es nicht angemessen wäre, alle lizenzvertraglichen Pflichten zu privilegieren;[505] auch im direkten Anwendungsbereich des § 108 Abs. 1 S. 1 kommt man nicht umhin, diesen zu begrenzen.[506] Weiter spricht gegen eine Erstreckung von § 108 Abs. 1 S. 1 nicht,

494 HKInsO/*Marotzke*, § 108 Rn. 94; → MüKoInsO/*Huber*, § 119 Rn. 69; offenbar auch BGH NZI 2014, 25, Rn. 13.
495 Eingehend *J. F. Hoffmann* KTS 2018, 343, 356 ff.
496 KPB/*Tintelnot*, § 109 Rn. 5.
497 So denn auch *Kalkschmid*, Immobilienleasing in der Insolvenz, 2003, S. 76 f., 79.
498 Eingehend *J. F. Hoffmann* KTS 2018, 343, 356 ff.
499 → Rn. 8 f.
500 *Fezer* WRP 2004, 793, 799 ff.
501 BGH NZI 2016, 97, Rn. 43 – Ecosoil.
502 Siehe *Chr. Berger* GRUR 2013, 321, 326.
503 Siehe auch HKInsO/*Marotzke*, § 108 Rn. 8.
504 Siehe auch HKInsO/*Marotzke*, § 108 Rn. 12; zur Masseunzulänglichkeit allgemein → Rn. 74 ff.
505 So aber *L. Berger*, Insolvenzschutz für Markenlizenzen, 2006, S. 137; *Slopek* WRP 2010, 616, 619.
506 → Rn. 65 ff., 81 f.

dass die Regelungskomplexität des § 108 Abs. 1 S. 1 dadurch unter Umständen zunähme, denn der bei § 108 Abs. 1 S. 1 erforderliche Dezisionismus[507] kommt um eine gewisse Regelungstiefe nicht umhin.[508]

164 **2. Im Falle einer absoluten Lizenz. a) Aussonderung der Lizenz.** Sollte die eingeräumte Lizenz die Qualität einer absoluten Rechtsposition haben,[509] könnte der Lizenznehmer in der Insolvenz des Lizenzgebers gem. **§ 47** die Nutzungsposition aussondern und dürfte von seinen lizenzrechtlichen Befugnissen auch in der Insolvenz weiterhin Gebrauch machen. Der Lizenznehmer wäre in diesem Fall auch vor einer etwaigen Masseunzulänglichkeit des Lizenzgebers geschützt.[510] Allerdings wäre mittels § 47 einzig die Nutzungsbefugnis des Lizenznehmers geschützt.[511] Weitere Leistungspflichten wären von der Verdinglichung nicht erfasst, insbesondere bestünden keine Erhaltungspflichten der Masse hinsichtlich des Immaterialgüterrechts.

165 **b) Umgang mit § 103 Abs. 1 InsO. aa) Wahlrecht des Insolvenzverwalters.** Handelt es sich um eine Lizenz mit absoluter Rechtsqualität, ist der Umgang mit dem schuldrechtlichen **Kausalverhältnis gesondert** zu erfassen.[512] Auch wenn die Lizenz § 47 unterfällt, kann im Hinblick auf das Kausalverhältnis § 103 Abs. 1 einschlägig sein. In teleologischer Hinsicht kommt ein Wahlrecht des Insolvenzverwalters in Betracht, wenn die Begründung von Masseverbindlichkeiten erforderlich ist, um dem Lizenznehmer im Hinblick auf noch ausstehende Gegenleistungen die Einrede des § 320 BGB zu nehmen.

166 Sollte der insolvente **Lizenzgeber** durch die Einräumung der absoluten Lizenz seine vertraglichen Verpflichtungen **bereits vollständig erfüllt** haben, bedarf es des § 103 Abs. 1 nicht.[513] Der Lizenznehmer kann sich nicht auf § 320 BGB berufen und muss seinerseits gegebenenfalls noch ausstehende Gegenleistungen erbringen, da der Insolvenzverwalter das Kausalverhältnis sonst nach allgemeinen zivilrechtlichen Grundsätzen auflösen (Kündigung oder Rücktritt) und der Lizenz die Grundlage entziehen kann. Im Marken- und Patentrecht wird der Lizenzgeber in aller Regel nicht durch Einräumung der Lizenz vollständig erfüllt haben, weil er regelmäßig die Aufrechterhaltung des Immaterialgüterrechts durch die Entrichtung der entsprechenden Gebühren (vgl. etwa § 47 Abs. 3 MarkenG) schuldet. Denkbar wäre eine vollständige Erfüllung aber im Urheberrecht, etwa wenn Softwarelizenzen ohne begleitende Servicepflichten eingeräumt werden.

167 Sollte der **Lizenznehmer** bereits vollständig erfüllt haben, da er die Lizenzgebühren durch Einmalzahlung beglichen hat (sog. lump sum), kommt gleichfalls ein Wahlrecht nach § 103 Abs. 1 nicht in Betracht. Der Insolvenzverwalter hat dann keinen Anlass, zulasten der Masse Verbindlichkeiten zu begründen, da der Lizenznehmer dafür keine weiteren Gegenleistungen erbringen müsste. Auf Seiten des Lizenznehmers sind allerdings auch **weitere Leistungspflichten** einzubeziehen, wie insbesondere Nutzungspflichten im Hinblick auf das Immaterialgüterrecht.

168 Daneben enthalten Lizenzverträge häufig sog. **Nichtangriffsklauseln,** mit denen sich der Lizenznehmer verpflichtet, nicht gegen den Bestand des Immaterialgüterrechts vorzugehen; die Rechtsprechung entnimmt Lizenzverträgen entsprechende Nichtangriffspflichten regelmäßig auch im Wege der ergänzenden Vertragsauslegung.[514] Eine Nichtangriffspflicht steht zwar nicht im Synallagma zu den Leistungspflichten des Lizenzgebers. Dennoch kann die Masse ein Interesse haben, den Lizenznehmer an seinen vertraglichen Nebenpflichten festzuhalten, sodass dem Insolvenzverwalter diesbezüglich ein Wahlrecht einzuräumen ist.[515] Auch sind insbesondere bei Markenlizenzen regelmäßig bestimmte Qualitätsstandards vereinbart, um den Ruf der Marke nicht zu gefährden. Entsprechende **Qualitätssicherungspflichten** vermögen das Verwalterwahlrecht allerdings nicht zu eröffnen.[516] Es ist ohnehin fraglich, wie solche Pflichten durchgesetzt werden sollten. In der Sache

---

507 → Rn. 4.

508 Unklar denn auch *von Wilmowsky* NZI 2013, 377, 383, der sich einerseits gegen eine Sonderbehandlung von Lizenzverträgen ausspricht, das US-amerikanische Recht als abschreckendes Beispiel überbordender Sonderregelungen anführt, andererseits sich aber auf dieses beruft, um zu untermauern, dass der herrschende Umgang mit Lizenzen im deutschen Recht „international auf Ablehnung" stoße.

509 → Rn. 179 ff.

510 Unzutreffend *L. Berger,* Insolvenzschutz für Markenlizenzen, 2006, S. 121.

511 Vgl. → Rn. 5 f.

512 Bereits → Rn. 41 ff.; unzutreffend *McGuire* GRUR 2012, 657, 660, die meint, eine gleichzeitige Anwendung der §§ 47, 103 ff. widerspreche „der Regelungssystematik der InsO"; auch *Pahlow* WM 2016, 1717, 1721 geht offenbar von einer Exklusivität zwischen § 47 und §§ 103 ff. aus.

513 → Rn. 144.

514 Vgl. etwa BGH GRUR 1957, 482 – Chenillefäden; GRUR 1965, 135 – Vanal-Patent; GRUR 1971, 243, 244 f. – Gewindeschneideapparat; GRUR 1989, 39, 40 f. – Flächenentlüftung.

515 So auch *L. Berger,* Insolvenzschutz für Markenlizenzen, 2006, S. 36 f.

516 **AA** *L. Berger,* Insolvenzschutz für Markenlizenzen, 2006, S. 36 f.

handelt es sich um Bindungsbegrenzungen des Lizenzgebers, die bei Verstoß eine Kündigung ermöglichen,[517] nicht aber um Pflichten des Lizenznehmers, die den Anwendungsbereich von § 103 Abs. 1 eröffnen könnten.

169 **bb) Rechtsfolgen bei Erfüllungswahl.** Bei einer Erfüllungswahl wird der Lizenznehmer zum **Massegläubiger.** Hinsichtlich der Nutzungsbefugnisse, die bereits von § 47 geschützt sind, hat das für den Lizenznehmer keinen Mehrwert. Allerdings werden durch eine Erfüllungswahl auch anderweitige Leistungspflichten, wie insbesondere Erhaltungspflichten, zu Masseverbindlichkeiten aufgewertet.

170 **cc) Rechtsfolgen bei Erfüllungsablehnung.** Soweit § 103 Abs. 1 einschlägig sein sollte und der Insolvenzverwalter die Erfüllung ablehnt, hat das für den durch § 47 geschützten Bereich der Lizenz zunächst keine Konsequenzen. Der Lizenznehmer kann nicht daran gehindert werden, die immaterialgüterrechtlichen Befugnisse weiterhin auszuüben. Im Hinblick auf die von § 103 Abs. 1 erfassten Nebenleistungspflichten wird der Lizenznehmer zum bloßen Insolvenzgläubiger herabgestuft. Soweit die Position des Lizenznehmers gem. § 47 geschützt ist, schuldet er der Masse eine entsprechende **Teilvergütung.**[518] Erbringt der Lizenznehmer diese Teilvergütung nicht,[519] kann der Insolvenzverwalter den Vertrag nach allgemeinen zivilrechtlichen Grundsätzen auflösen (Kündigung oder Rücktritt) und der Lizenz die Grundlage entziehen. Freilich ist der Lizenznehmer bei dieser gespaltenen Behandlung weiterhin in der Lage, sich darauf zu berufen, dass auf seiner Seite kein hypothetischer Spaltungswille vorliegt,[520] er also einen Lizenzvertrag ausschließlich über die Nutzungsbefugnis ohne die weiteren Leistungspflichten nicht geschlossen hätte, sodass der Lizenznehmer sich dann vom Vertrag lösen kann.

171 **c) Sukzessionsschutz.** Sollte der Insolvenzverwalter erwägen, das Immaterialgüterrecht zu verwerten, ist im Hinblick auf weitere Lizenzierungen der Sukzessionsschutz zu beachten (§§ 33 S. 1 UrhG, 30 Abs. 5 MarkenG, 15 Abs. 3 PatG, 22 Abs. 3 GebrMG, 31 Abs. 5 DesignG bzw. Art. 33 Abs. 2 S. 2 GGVO bzw. Art. 23 Abs. 1 S. 2 UMVO). Bei übertragbaren Immaterialgüterrechten ist der Lizenznehmer auch vor Veräußerungen geschützt (vgl. §§ 30 Abs. 5 MarkenG, 15 Abs. 3 PatG bzw. Art. 33 Abs. 2 S. 2 GGVO bzw. Art. 23 Abs. 1 S. 2 UMVO). Soweit die Insolvenzmasse sich die Lizenz des Lizenznehmers nach Maßgabe von § 47 entgegenhalten lassen muss, ist der **Sukzessionsschutz** unstreitig voll **einschlägig.** Die Lizenz kann demnach nicht durch Verwertungshandlungen des Insolvenzverwalters beeinträchtigt werden, soweit der Sukzessionsschutz greift.[521]

172 **3. Im Falle einer schuldrechtlichen Lizenz.** Der Inhaber einer nur schuldrechtlichen Lizenz[522] kann seine Position der Insolvenzmasse grds. nicht entgegenhalten. § 108 Abs. 1 S. 1 schützt seine Kontinuitätsinteressen de lege lata nicht und der Lizenznehmer ist darauf angewiesen, dass der Insolvenzverwalter Erfüllung gem. § 103 Abs. 1 wählt.

173 **a) Wahlrecht des Insolvenzverwalters.** Eine Erfüllungswahl gem. § 103 Abs. 1 kommt nur in Betracht, wenn der Vertrag noch nicht von einer Seite vollständig erfüllt ist. Eine vollständige Erfüllung **seitens des Lizenzgebers** scheidet aus: Hat die insolvente Vertragspartei an einer ihr zustehenden Rechtsposition eine nur schuldrechtliche Befugnis eingeräumt, hat sie nie im Sinne

---

517 → Rn. 199.

518 Die Teilvergütung wird auch bei §§ 106 Abs. 1 S. 2, 107 Abs. 1 S. 2 praktiziert: BGHZ 79, 103, 110 = NJW 1981, 991, 993. Materiell-rechtlich ist der Teilvergütungsanspruch mittels § 320 Abs. 2 BGB zu fundieren; siehe *J. F. Hoffmann* KTS 2018, 343, 378 f.; verkannt wird die Pflicht zur Teilvergütung von *McGuire* GRUR 2012, 657, 660; wie hier dagegen BeckOKInsO/*Berberich*, § 108 Rn. 84 und *Chr. Berger* GRUR 2013, 321, 335; im Ergebnis auch *Heimberg*, Lizenzen und Lizenzverträge in der Insolvenz, 2011, S. 139 ff. Abweichend verfährt das US-amerikanische Recht, das dem Lizenznehmer gem. 11 USC § 365(n)(1)(B) grds. nur die Nutzungsbefugnis erhält, aber offenbar keine Herabsetzung der Lizenzgebühren vorsieht; vgl. *Menell* 22 Berkeley Technology Law Journal 733, 783 (2007).

519 Unter Geltung der Konkursordnung war im Kontext des Anwartschaftsrechts zwar umstritten, ob ein Vertragspartner seine Gegenleistung auch gegen den Willen des Konkursverwalters zur Masse erbringen kann, um so den Bedingungseintritt herbeizuführen; vgl. Uhlenbruck/*Knof*, § 107 Rn. 8. Das ist in der Tat fraglich, weil dem Verwalter über den Bedingungseintritt eine Verfügung über Massegegenstände aufgezwungen werden könnte. In der vorliegenden Konstellation ist die Lizenz aber bereits mit absoluter Wirkung aus der Masse ausgegliedert und die Leistung der Lizenzgebühren hat nur schuldrechtliche Relevanz.

520 Siehe allgemein → Rn. 58 ff.

521 Im Einzelnen ist die Reichweite des Sukzessionsschutzes problematisch; eingehend *Marotzke* ZGE/IPJ 2 (2010), 233, 243 ff.; vgl. auch jüngst BGH NZI 2016, 97, Rn. 53 – Ecosoil; krit. dazu *Tochtermann* Mitt. 2016, 178, 180 f.

522 → Rn. 179 ff.

des § 103 Abs. 1 vollständig erfüllt.[523] Der Lizenznehmer kann sich gegenüber der Masse nicht auf die nur schuldrechtliche Position berufen und die Insolvenzmasse kann weitere Leistungen schlicht dadurch zurückhalten, dass der Insolvenzverwalter dem Lizenznehmer künftige Nutzungen untersagt (§§ 97 Abs. 1 S. 1 UrhG, 139 Abs. 1 S. 1 PatG, 15 Abs. 4 S. 1 MarkenG).

Denkbar ist eine vollständige Erfüllung durch den **Lizenznehmer,** etwa wenn er die Lizenzgebühren durch Einmalzahlung vollständig beglichen hat (sog. lump sum). Aus Sicht der Masse wäre ein Erfüllungswahlrecht insoweit funktionslos, denn es muss keine Einrede des Lizenznehmers aus § 320 BGB überwunden werden. Es bleibt dann dabei, dass der Lizenznehmer sein Nutzungsrecht gegenüber der Masse nicht geltend machen kann;[524] etwaige Rückforderungsansprüche wegen der Vorauszahlung der Lizenzgebühren wären bloße Insolvenzforderungen. Zu beachten sind freilich weitere Leistungspflichten des Lizenznehmers,[525] an deren Erfüllung die Masse interessiert sein könnte und die den Anwendungsbereich von § 103 Abs. 1 eröffnen könnten. 174

b) Rechtsfolgen der Erfüllungswahl. Wählt der Insolvenzverwalter Erfüllung, erhält der Lizenznehmer die Stellung eines **Massegläubigers.** Er kann sein Nutzungsrecht gegen die Masse geltend machen, erfährt im Falle einer **Masseunzulänglichkeit** aber nur nach Maßgabe von § 209 Abs. 2 Nr. 2, Nr. 3 Schutz.[526] 175

c) Rechtsfolgen der Erfüllungsablehnung. Lehnt der Insolvenzverwalter bei einer schuldrechtlichen Lizenz die Erfüllung ab, darf der Lizenznehmer als einfacher Insolvenzgläubiger die lizenzierten Befugnisse nicht mehr in Anspruch nehmen.[527] Der Insolvenzverwalter kann dem Lizenznehmer künftige **Nutzungen untersagen** (§§ 97 Abs. 1 S. 1 UrhG, 139 Abs. 1 S. 1 PatG, 14 Abs. 5 S. 1 MarkenG). Der Lizenznehmer schuldet dann nach Maßgabe von **§ 320 BGB** seinerseits nicht mehr die Entrichtung der Lizenzgebühren und kann sich vom Lizenzvertrag nach allgemeinen zivilrechtlichen Grundsätzen lösen (Rücktritt oder Kündigung). 176

Nimmt der Lizenznehmer trotz Erfüllungsablehnung die lizenzierten Befugnisse weiter in Anspruch, macht er sich nach allgemeinen Grundsätzen **restitutionspflichtig** (vgl. §§ 97 Abs. 2 UrhG, 139 Abs. 2 PatG, 14 Abs. 6 MarkenG). Das gilt bereits für den Zeitraum zwischen Verfahrenseröffnung und Erfüllungsablehnung, wobei verschuldensabhängige Ansprüche in dieser Phase nicht in Betracht kommen werden und nur die bereicherungsrechtliche Abschöpfung einer angemessenen Lizenzgebühr angezeigt sein wird.[528] 177

d) Sukzessionsschutz. Zum Teil ist erwogen worden, dass ein Lizenznehmer, der keinen insolvenzrechtlichen Schutz erfährt, sich im Falle der Veräußerung des Immaterialgüterrechts durch den Insolvenzverwalter zumindest gegenüber dem Einzelrechtsnachfolger auf den allgemeinen Sukzessionsschutz (vgl. §§ 30 Abs. 5 MarkenG, 15 Abs. 3 PatG) berufen könne.[529] Das ist allerdings äußerst fragwürdig. Der Gesetzgeber ging bei beweglichen Sachen davon aus, dass sich der nur schuldrechtlich Nutzungsberechtigte nicht auf den Sukzessionsschutz berufen darf, wenn der Gegenstand aus der Masse veräußert wird.[530] Auch der BGH sah sich im Immaterialgüterrecht genötigt, für die Annahme eines Sukzessionsschutzes zu begründen, dass die Lizenz der veräußernden Masse entgegengehalten werden konnte.[531] Ist die Position nicht insolvenzfest, darf sie gegenüber der Masse nicht geltend gemacht werden; ein Sukzessionsschutz würde allerdings dazu führen, dass die Masse bei der Veräußerung letztlich doch mit der schuldrechtlichen Position voll belastet wird, weil der Veräußerungserlös entsprechend geringer ausfallen wird. Einer nicht insolvenzfesten Position ist der **Sukzessionsschutz zu versagen,** wenn das Immaterialgüterrecht durch den Insolvenzverwalter verwertet wird. 178

4. Zur Dinglichkeit/Absolutheit von Lizenzen. a) Das Immaterialgüterrecht und der Begriff der Dinglichkeit/Absolutheit. Im Falle der Erfüllungsablehnung durch den Insolvenzver- 179

---

523 → Rn. 13.

524 Vgl. → Rn. 12 ff.; wie hier etwa auch BeckOKInsO/*Berberich*, § 108 Rn. 70, 74; *L. Berger*, Insolvenzschutz für Markenlizenzen, 2006, S. 38; HKInsO/*Marotzke*, § 108 Rn. 21.

525 Vgl. → Rn. 167 f.

526 Zur Masseunzulänglichkeit → Rn. 74 ff.

527 Vgl. etwa auch BeckOKInsO/*Berberich*, § 108 Rn. 72; *Ganter* NZI 2011, 833, 838 f.; **aA** nur *von Wilmowsky* NZI 2013, 377, 380 f. (dagegen → Rn. 13).

528 Es besteht kein Anlass, dem Nutzungsberechtigten über eine analoge Anwendung der §§ 55 Abs. 2 S. 2, 209 Abs. 2 Nr. 3 bis zur Wahlrechtsausübung eine Nutzungsposition gegenüber der Masse einzuräumen; so aber *L. Berger*, Insolvenzschutz für Markenlizenzen, 2006, S. 86 ff.

529 *L. Berger*, Insolvenzschutz für Markenlizenzen, 2006, S. 101; HKInsO/*Marotzke*, § 108 Rn. 11; offenbar auch *Chr. Berger* GRUR 2013, 321, 324.

530 → Rn. 9.

531 BGH NZI 2016, 97, Rn. 40 ff., 56 ff. – Ecosoil.

walter und im Falle einer Masseunzulänglichkeit ist die Frage nach der Absolutheit der Lizenz entscheidend für die Stellung des Lizenznehmers.[532] Die Rechtsnatur der Lizenz ist im **Immaterialgüterrecht** zwar **breit diskutiert,** und jedenfalls für ausschließliche Lizenzen scheint man eine überwiegende Meinung ausmachen zu können, die der Lizenz eine absolute Rechtsnatur zuspricht,[533] während bei einfachen Lizenzen das Meinungsbild über die unterschiedlichen Immaterialgüterrechte hinweg weiterhin geteilt ist.[534] Diese Diskussion ist für das Insolvenzrecht allerdings **nur bedingt verwertbar.** Macht man sich klar, dass die Kategorie der Dinglichkeit bzw. der Absolutheit deskriptiv Positionen systematisiert, die bestimmte Anforderungen erfüllen und ist die Insolvenzfestigkeit eine solche systematische Anforderung, kann diese grds. nur im Einklang mit dem Insolvenzrecht bestimmt werden. Die Gefahr begrifflicher Zirkelschlüsse im Umgang mit den Kategorien der Dinglichkeit wird verbreitet nicht erkannt.[535] Eine Position wird dann für dinglich befunden, wenn sie einen Sukzessionsschutz genießt, wenn sie vor Rechtsverletzungen Dritter geschützt ist und wenn sie insolvenz- und zwangsvollstreckungsfest ist.[536] Ist der Sukzessionsschutz einer Lizenz unbestritten gesetzlich kodifiziert (§§ 33 S. 1 UrhG, 30 Abs. 5 MarkenG, 15 Abs. 3 PatG, 22 Abs. 3 GebrMG, 31 Abs. 5 DesignG bzw. Art. 33 Abs. 2 S. 2 GGVO bzw. Art. 23 Abs. 1 S. 2 UMVO), so ist der absolute Schutz des Lizenznehmers vor Rechtsverletzungen Dritter schon deutlich problematischer. Insbesondere in dieser Hinsicht hat die Unterscheidung zwischen ausschließlichen und einfachen Lizenzen viel Gefolgschaft verzeichnet,[537] wobei § 30 Abs. 3 MarkenG wieder Unruhe in die Diskussion gebracht hat.[538] Weder die immaterialgüterrechtliche Diskussion zum Sukzessionsschutz noch die immaterialgüterrechtliche Diskussion zum absoluten Schutz des Lizenznehmers vor Rechtsverletzungen vermag allerdings einen zwingenden Schluss auf die Stellung eines Lizenznehmers in der Insolvenz zuzulassen, denn es sind auch lediglich **teilweise absolute** Rechtspositionen denkbar. Darüber legt etwa auch § 566 Abs. 1 BGB Zeugnis ab, der einen Mieter zwar mit Sukzessionsschutz versieht; dieser darf in der Insolvenz de lege lata aber trotzdem nicht aussondern.[539] Eine zum Teil begrifflich geführte Diskussion über die „Dinglichkeit" von Lizenzen wird diesem Befund nicht immer gerecht.

180 **b) Das Insolvenzrecht und der Gläubigergleichbehandlungsgrundsatz.** Der häufig in diesem Kontext bemühte **Gläubigergleichbehandlungsgrundsatz** liefert ebenfalls keine zwingende Argumentation.[540] Aussonderungsrechte stellen grds. keine rechtfertigungsbedürftige Ausnahme vom Gläubigergleichbehandlungsgrundsatz dar, vorausgesetzt dass diese sich nach den allgemeinen vermögensrechtlichen Voraussetzungen einer Verabsolutierung richten.[541] Die im nationalen Recht vorgesehenen Registrierungserfordernisse (vgl. §§ 30 Abs. 3 S. 2 PatG, 8 Abs. 4 S. 2 GebrMG, 27 Abs. 3 MarkenG) haben nach herrschender Auffassung keine materiell-rechtlich konstitutive Wirkung.[542] Auch die unbestritten mittels Sukzessionsschutzes herbeigeführte (teilweise) Verabsolutierung von Lizenzen ist nicht abhängig von einer Manifestation etwa in Form einer Registrie-

532 *L. Berger,* Insolvenzschutz von Markenlizenzen, 2006, S. 112 ff. meint dagegen, der Lizenznehmer sei durch eine absolute Lizenz nicht hinreichend geschützt. Zum einen könne diese auch bei einer Restschuldbefreiung oder einem Insolvenzplan wegfallen. Jedoch bleiben in diesen Fällen Naturalobligationen bestehen (§§ 254 Abs. 3, 301 Abs. 3), die durchaus weiterhin als causa für die absolute Lizenz dienen können. Zum anderen überschätzt *L. Berger* die Bedeutung des Abstraktionsprinzips hinsichtlich absoluter Lizenzen bei einer Insolvenz des Lizenzgebers (so auch HKInsO/*Marotzke,* § 108 Rn. 103): Inter partes ist das Abstraktionsprinzip grds. irrelevant (eingehend *J. F. Hoffmann* ZGE/IPJ 7 (2015), 245, 254 ff., 260 f.) und die Stärke der Stellung des Lizenznehmers hängt nicht davon ab, ob Lizenzen abstrakt oder kausal eingeräumt werden (nur andeutungsweise erkannt bei *L. Berger,* aaO, S. 120 f.; anders *Brinkmann* NZI 2012, 735, 739); wie hier im Ergebnis auch BeckOKInsO/*Berberich,* § 108 Rn. 80; *Fischer* WM 2013, 821, 823.

533 Vgl. etwa *Mes,* § 15 PatG Rn. 41; Dreier/*Schulze* § 31 UrhG Rn. 56; Ingerl/*Rohnke,* MarkenG § 30 Rn. 13; **aA** freilich *McGuire,* Die Lizenz, 2012, passim.

534 Vgl. etwa *Mes,* § 15 PatG Rn. 43; Dreier/*Schulze* § 31 UrhG Rn. 52; Ingerl/*Rohnke,* MarkenG § 30 Rn. 13.

535 Zutreffend dagegen etwa *Brinkmann* NZI 2012, 735, 737 f.

536 *Canaris* FS Flume, 1978, 371 ff.

537 Siehe *J. F. Hoffmann* GPR 2017, 120, 122 ff. mwN.

538 Vgl. etwa BGHZ 173, 269 = GRUR 2007, 877 – Windsor Estate.

539 Vgl. auch → Rn. 6.

540 Er stünde auch einer Erstreckung von § 108 Abs. 1 S. 1 auf Lizenzen nicht entgegen; vgl. → Rn. 3; entgegen *Leithaus* und *Pannen* in BT-Rechtsausschuss, Protokoll-Nr. 97, 23.4.2008.

541 Eingehend *J. F. Hoffmann,* Prioritätsgrundsatz und Gläubigergleichbehandlung, 2016, S. 233 ff.; die von *McGuire* GRUR 2012, 657, 658 angeführten Standort- und Steuerungserwägungen könnten als allgemeinwohlspezifische Erwägungen allerdings keine Durchbrechung des Gläubigergleichbehandlungsgrundsatzes rechtfertigen (vgl. statt vieler *Häsemeyer,* Insolvenzrecht, 4. Aufl. 2007, Rn. 2.19).

542 Siehe BGH GRUR 2013, 713, 716 f. – Fräsverfahren; *Ingerl/Rohnke,* § 28 MarkenG Rn. 1; eingehend zur beweisrechtlichen Funktion der Registrierung jüngst etwa *Ohly* GRUR 2016, 1120 ff.

rung.[543] Im europäischen Immaterialgüterrecht bestehen jedoch gewisse Registrierungserfordernisse,[544] sodass eine Verabsolutierung der Lizenz in insolvenzrechtlicher Hinsicht sich evtl. an diesen Erfordernissen orientieren müsste.[545]

Da das allgemeine Vermögensrecht/Immaterialgüterrecht für eine absolute Veränderung der Zuordnung des Immaterialgüterrechts keine Manifestationserfordernisse (Publizität) aufstellt, wäre es auch aus insolvenzrechtlicher Sicht jedenfalls **nicht systemwidrig,** Lizenzen mit absoluter Wirkung zu versehen und für insolvenzfest zu befinden. Ein numerus clausus, soweit man diesen im Immaterialgüterrecht anerkennt,[546] wäre auch keine zwingende Grenze, da ein solcher der Rechtsfortbildung nicht entgegensteht.[547] 181

Aus insolvenzrechtlicher Sicht gibt es **keinen Befund,** der **zwingend** gegen oder für eine Insolvenzfestigkeit von Lizenzen spricht. Beim derzeitigen Rechtsstand stellt sich nicht die Frage, ob Lizenzen auch insolvenzrechtlich eine absolute Natur haben, sondern ob sie eine absolute Natur haben sollten. Mit rechtssystematischen und -dogmatischen Erwägungen lässt sich diese Frage nicht beantworten.[548] Auch kann hierfür der Parteiwille kaum das ausschließliche Kriterium sein,[549] denn diejenigen Privatrechtssubjekte, die von der Dinglichkeit betroffen wären (= die konkurrierenden Insolvenzgläubiger), sind am Lizenzvertragsschluss nicht beteiligt. 182

Als entscheidender Gesichtspunkt für einen besonderen Schutz von Lizenzen in der Insolvenz des Lizenzgebers wird die **fehlende Substituierbarkeit** angeführt.[550] Ein Lizenznehmer richtet unter Umständen seine gesamte Produktion auf ein lizenziertes Immaterialgüterrecht aus und alle Investitionen und Dispositionen könnten hinfällig werden, wenn die Lizenz entfällt. Zu bemängeln ist in diesem Kontext allerdings, dass das Argument fehlender Substituierbarkeit in aller Regel sehr pauschal vorgetragen wird. Es sollte erwogen werden, ob dieser Aspekt tatsächlich bei allen Immaterialgüterrechten typischerweise gleichermaßen angeführt werden kann. 183

c) Die bisherige Rechtsprechung des BGH. In der Rechtsprechung des BGH ist noch keine klare Linie hinsichtlich der Insolvenzfestigkeit von Lizenzen zu erkennen. Die richterliche Rechtsfortbildung befindet sich noch im Fluss. Zwar spricht der BGH in der Rechtssache **Vorschaubilder**[551] und **Reifen Progressiv**[552] von einer „dinglichen Natur" einfacher Lizenzen; die Entscheidungen hatten jedoch keinen insolvenzrechtlichen Kontext und gestatten keine (begrifflich zirkulären) Schlüsse auf die Insolvenzfestigkeit.[553] Insbesondere verzichtete der BGH in einer späteren Entscheidung in der Rechtssache **Take Five**[554] auf den Rekurs auf eine „Dinglichkeit" von einfachen Lizenzen, obgleich diese den in *Reifen Progressiv* postulierten Bestandsschutz von Unterlizenzen bei Fortfall der Hauptlizenz fortentwickelte. 184

Einen insolvenzrechtlichen Kontext hatte dagegen die Entscheidung in der Rechtssache **M2Trade,**[555] der in insolvenzrechtlicher Hinsicht grundsätzliche Relevanz beigemessen wird.[556] Zwar spricht der BGH hier obiter dictum davon, dass ein Lizenzvertrag dem Erfüllungswahlrecht gem. § 103 Abs. 1 in der Insolvenz des Lizenzgebers unterliege,[557] verallgemeinerungsfähig ist diese Aussage aber nicht. Auch der Umstand, dass der BGH davon ausgeht, dass eine Unterlizenz in der Insolvenz des Hauptlizenznehmers bestehen bleibt und dem Hauptlizenzgeber entgegengehalten werden kann, lässt keine Rückschlüsse auf die entscheidende Frage zu, wie es sich in der Insolvenz des Hauptlizenzgebers verhält.[558] 185

543 De lege ferenda für eine verkehrsfreundlichere Lösung etwa *Ahrens/McGuire,* Modellgesetz für Geistiges Eigentum, 2012, Buch 1, §§ 112 Abs. 3, 143 Abs. 1 S. 1.

544 Siehe *J. F. Hoffmann* GPR 2017, 120, 122 ff. mwN.; vgl. aber auch Art. 27 Abs. 4 Unionsmarkenverordnung (EU) 2017/1001.

545 Anders aber offenbar BGH NZI 2016, 97, Rn. 45, 58 – Ecosoil.

546 Vgl. etwa *Ohly* FS Schricker, 2005, 105 ff.; *Stieper,* Rechtfertigung, Rechtsnatur und Disponibilität der Schranken des Urheberrechts, 2009, S. 195 ff.

547 *Canaris* FS Flume, 1978, 371, 376; *Wiegand* FS Kroeschell, 1997, 623, 640.

548 So aber etwa *Hirte/Knof* JZ 2011, 889, 900 f.

549 So aber BeckOKInsO/*Berberich,* § 108 Rn. 74, 78 f.; *Pahlow* WM 2016, 1717, 1718.

550 *Wimmer* ZIP 2012, 545, 548; eindringlich etwa auch BeckOKInsO/*Berberich,* § 108 Rn. 72.1; *von Wilmowsky* NZI 2013, 377, 383 geht hierauf nicht ein.

551 BGH GRUR 2010, 628, Rn. 29 – Vorschaubilder.

552 BGHZ 180, Rn. 20 = GRUR 2009, 946, Rn. 20 – Reifen Progressiv.

553 So allerdings BeckOKInsO/*Berberich,* § 108 Rn. 77; *Haedicke* ZGE/IPJ 3 (2011), 377, 398 ff.; wie hier dagegen etwa auch *Brinkmann* NZI 2012, 735, 737 f.; *Chr. Berger* GRUR 2013, 321, 328 f.

554 BGH GRUR 2012, 914 – Take Five.

555 BGHZ 194, 136 = GRUR 2012, 916 – M2Trade.

556 Etwa *Chr. Berger* GRUR 2013, 321, 329 f.

557 BGHZ 194, 136, Rn. 26 = GRUR 2012, 916, Rn. 26 – M2Trade.

558 Siehe *J. F. Hoffmann* ZGE/IPJ 7 (2015), 245, 288.

186 Einen klareren Befund liefert dagegen die Entscheidung des BGH in der Rechtssache **Ecosoil.**[559] Der BGH geht davon aus, dass Lizenzverträge grds. dem Verwalterwahlrecht des § 103 Abs. 1 unterfallen, ein Lizenzvertrag aber unter Umständen von beiden Seiten voll erfüllt sein kann. Dann finde § 103 Abs. 1 keine Anwendung und die Lizenz sei insolvenzfest. Der BGH nahm das obiter dictum für einen „Lizenzkauf" an, bei dem die Lizenz eingeräumt wurde und der Lizenznehmer eine Einmalzahlung vorgenommen hat. Weiter sei eine vollständige Erfüllung bei Lizenzerteilungen in Konzernsachverhalten anzunehmen, in denen konzernintern unentgeltliche Lizenzen für die Dauer des Konzerns erteilt werden; die Befristung der Lizenz soll kein Hindernis sein. Auch wenn der BGH in der Entscheidung nicht ausdrücklich auf eine absolute Natur der Lizenz rekurriert, wird man die Entscheidung letztlich so zu verstehen haben, dass in den geschilderten Konstellationen eines Lizenzkaufs oder einer unentgeltlichen Konzern-Markenlizenz von einer „vollständigen Erfüllung" der Masse im Sinne der Einräumung einer absoluten Lizenz auszugehen ist.[560] Denn eine bloß schuldrechtliche Lizenz könnte der Lizenznehmer auch bei „vollständiger Erfüllung" der Masse nicht entgegenhalten; auch könnte bei einer schuldrechtlichen Lizenz nicht von einer vollständigen Erfüllung des Lizenzgebers gesprochen werden.[561] Ob möglicherweise noch unerfüllte Nebenpflichten bestehen, ist in diesem Kontext nicht in erster Linie relevant, weil dies den Anwendungsbereich von § 103 Abs. 1 eröffnen könnte, sondern vielmehr als Beurteilungsmaßstab, ob von der Einräumung einer absoluten Lizenz auszugehen ist.[562]

187 **5. Kautelarjuristische Gestaltungen.** Da die Rechtsentwicklung hinsichtlich der Absolutheit von Lizenzen im insolvenzrechtlichen Kontext weiter im Fluss ist, wird nach Wegen gesucht, wie durch kautelarjuristische Gestaltungen eine Insolvenzfestigkeit herbeigeführt werden kann. So hat der BGH in der Rechtssache **Softwarenutzungsrecht**[563] eine Klausel in einem Softwarelizenzvertrag für wirksam befunden, nach der einem Lizenznehmer im Falle eines „wichtigen Grundes" ein außerordentliches **Kündigungsrecht** eingeräumt worden war, verbunden mit der **Befugnis,** den Quellcode und weitergehende Nutzungsrechte zu **erwerben.** Vom Kündigungsrecht und der Erwerbsbefugnis hatte der Lizenznehmer in der Insolvenz des Lizenzgebers Gebrauch gemacht, was der BGH im Ergebnis für insolvenzfest befunden hat. Es ließe sich erwägen, ob diese Konstruktion auch bei anderen Immaterialgüterrechten zum Einsatz kommen kann. Insbesondere bei übertragbaren Immaterialgüterrechten könnte das Kündigungsrecht des Lizenznehmers mit einer Erwerbsoption hinsichtlich des Immaterialgüterrechts verbunden werden. Zum einen ist aber fraglich, ob die Entscheidung über den Software-Bereich hinaus verallgemeinerbar ist. Zum anderen käme die Konstruktion von vornherein nur in Betracht, um ausschließliche Lizenzen abzusichern. Mehrere einfache Lizenznehmer könnten nebeneinander von einer solchen Konstruktion nicht profitieren.

188 Weiter hat *Christian Berger* vorgeschlagen, die Lizenzen mit einem dinglichen **Nießbrauch** abzusichern.[564] Einer unter Umständen bloß schuldrechtlichen Lizenz würde dann ein absoluter und insolvenzfester Nießbrauch zur Seite gestellt, sodass eine Erfüllungsablehnung dem Lizenznehmer insoweit das Nutzungsrecht nicht entziehen könnte.[565] Man wird dieser Gestaltung nicht vorhalten können, sie verstoße gegen § 119,[566] da dieser sich von vornherein nicht zu Aussonderungsrechten verhält. Problematisch ist an dieser Konstruktion aber, dass sich lizenzrechtliche Beschränkungen unter Umständen (vgl. § 1030 Abs. 2 BGB) nicht auch im Rahmen eines Nießbrauchs abbilden lassen.[567] Weiter bestehen auch hier Schwierigkeiten bei der Absicherung mehrerer einfacher Lizenznehmer, da der Nießbrauch sich an Sachenrechten orientiert, daher von rivalisierenden Nutzungen ausgeht und gleichrangige Nutzungsbefugnisse grds. nicht vorgesehen sind.[568] Geht man mit *Christian Berger* dagegen davon aus, der Nießbrauch könne für die unterschiedlichsten Lizenzen maßgeschneidert werden,[569] kommt das in der Sache einem Plädoyer für die Möglichkeit einer absoluten Ausgestaltung von Lizenzen auch in insolvenzrechtlicher Hinsicht gleich, und die „Bestellung" eines Nießbrauchs ist letztlich nur eine ausdrückliche Vereinbarung der Parteien, dass sie eine entsprechende absolute Wirkung der Lizenz erstreben.

---

559 BGH NZI 2016, 97, Rn. 42 ff. – Ecosoil.

560 So auch *Berberich* ZInsO 2016, 154, 155 f. und die (krit.) Analyse bei *Tochtermann* Mitt. 2016, 178, 179.

561 → Rn. 173 f.

562 Zutreffend BeckOKInsO/*Berberich*, § 108 Rn. 75.

563 BGH NZI 2006, 229 – Softwarenutzungsrecht.

564 *Chr. Berger* GRUR 2004, 20 ff.

565 Vgl. → Rn. 170.

566 So aber *Wimmer* ZIP 2012, 545, 548 f.; *Ganter* NZI 2011, 833, 838; *Slopek* WRP 2010, 616, 620 f.

567 Vgl. *Fischer* WM 2013, 821, 826; Staudinger/*Heinze*, Anhang zu §§ 1068 f. BGB Rn. 6 mwN.

568 *Chr. Berger* GRUR 2004, 20, 24 möchte auf § 1024 BGB zurückgreifen.

569 So auch *Hauck*, Nießbrauch an Rechten, 2015, S. 331 ff.

II. Insolvenz des Lizenznehmers

189 **1. Keine Anwendung des § 108 Abs. 1 S. 1 InsO.** Auch in der Insolvenz des Lizenznehmers findet § 108 Abs. 1 S. 1 weder direkte noch entsprechende Anwendung. In der Reformdiskussion scheint man eine Gefahr für die Position des Lizenzgebers nicht zu erkennen. In der Tat werden die Kontinuitätsinteressen eines Lizenzgebers nicht vergleichbar ausgeprägt sein wie diejenigen eines Vermieters, da bei Immaterialgütern ein unmittelbares Anschlussgeschäft sich nicht vergleichbaren Hindernissen ausgesetzt sieht wie bei der Vermietung von Grundstücken.

190 **2. Bedeutung einer Dinglichkeit/Absolutheit der Lizenz und eines potenziellen Abstraktionsprinzips.** Ob der Lizenznehmer eine absolute Rechtsposition innehat oder nicht, ist in seiner Insolvenz im Ausgangspunkt **irrelevant.**[570] Die Stellung des Lizenzgebers könnte sich allerdings erheblich verschlechtern, wenn man beim Vorliegen einer absoluten Lizenz das Abstraktionsprinzip dergestalt zur Anwendung brächte, dass der Lizenzgeber der absoluten Lizenz nur einen schuldrechtlichen Rückabwicklungsanspruch entgegenhalten könnte, was in der Konsequenz dazu führen würde, dass die Masse die Lizenz sogar nach einer Kündigung des Lizenzvertrages weiter nutzen dürfte. Würde der Insolvenzverwalter die Erfüllung und die weitere Zahlung von Lizenzgebühren aus der Masse ablehnen und nähme der Lizenzgeber das als Anlass zur Beendigung des Lizenzvertrages, erhielte er demnach nur die Quote auf seinen Rückabwicklungsanspruch. Die Geltung des Abstraktionsprinzips im Immaterialgüterrecht ist heftig umstritten.[571] Im Ergebnis herrscht aber nahezu Einigkeit, dass die Lizenz **im Falle einer Kündigung nicht in der Masse verbleibt.**[572]

191 **3. Umgang mit § 103 Abs. 1 InsO. a) Wahlrecht des Insolvenzverwalters.** Eine Erfüllungswahl des Insolvenzverwalters kommt in der Insolvenz des Lizenznehmers nur in Betracht, soweit die Lizenz **Massebestandteil** ist.[573]

192 Dem Insolvenzverwalter steht in der Insolvenz des Lizenznehmers nur dann die Erfüllungswahl gem. § 103 Abs. 1 offen, wenn das erforderlich ist, um ein für die Masse günstiges Vertragsverhältnis abzuwickeln. Sollte der **Lizenznehmer** vollständig **erfüllt** haben, indem er die Lizenzgebühren vorweg entrichtet hat (sog. lump sum), ist für ein Wahlrecht gem. § 103 Abs. 1 kein Raum, wenn nicht noch weitere Leistungen[574] aus der Masse ausstehen sollten.

193 Der **Lizenzgeber** hat dagegen in der Insolvenz des Lizenznehmers **nie** vollständig erfüllt im Sinne von § 103 Abs. 1, wenn **laufende Lizenzzahlungen** vereinbart sind. Selbst wenn der Lizenznehmer eine Lizenz mit absoluter Rechtsqualität eingeräumt haben sollte, steht diese dennoch unter dem Vorbehalt einer Kündigung.[575] Die Masse muss auch bei einer absoluten Lizenz die Lizenzgebühren weiterhin entrichten, um dem Verlust der Lizenz durch Kündigung vorzubeugen; der Insolvenzverwalter bedarf auch in diesen Fällen der Wahlmöglichkeit des § 103 Abs. 1.

194 **Lehnt** der Insolvenzverwalter die **Erfüllung ab,** bleiben die Forderungen auf Lizenzzahlung bloße Insolvenzforderungen. Der Lizenzgeber kann den Lizenzvertrag bei ausbleibenden Lizenzzahlungen kündigen und die Masse macht sich nach Maßgabe von § 55 Abs. 1 Alt. 1 restitutionspflichtig (§§ 97 Abs. 2 UrhG, 139 Abs. 2 PatG, 14 Abs. 6 MarkenG), wenn der Insolvenzverwalter die immaterialgüterrechtlichen Befugnisse weiter für sich beansprucht. Für den Zeitraum zwischen Verfahrenseröffnung und Kündigung besteht ebenfalls ein Anspruch auf Auskehr gezogener Nutzungen.[576]

195 **b) Verhältnis zu lizenzvertraglichen Bindungsbegrenzungen.** Die Eröffnung des Insolvenzverfahrens modifiziert vertragsrechtliche Bindungsbegrenzungen grds. nicht. Vereinbarte Fristen und Kündigungsrechte bleiben bestehen. Auf **Leistungsstörungen** kann der Lizenzgeber regulär mit einer Kündigung reagieren. Zu beachten ist allerdings die Kündigungsbegrenzung des **§ 112,** die auch bei Lizenzverträgen Anwendung findet.[577]

196 Im Immaterialgüterrecht gibt es in diesem Kontext besondere Umstände, an denen der Bindungswille eines Lizenzgebers hängen kann. So hat insbesondere ein **Urheber** nicht nur ein Interesse an Lizenzgebühren. Er will va auch seine Schöpfung verwertet und verbreitet sehen. Eine mit einem

---

570 Unzutreffend *McGuire* GRUR 2012, 657, 660.

571 Eingehend mwN *J. F. Hoffmann* ZGE/IPJ 7 (2015), 245 ff.

572 Vgl. BGHZ 194, 136, Rn. 19 = GRUR 2012, 916, Rn. 19 – M2Trade; eingehend mwN *J. F. Hoffmann*, ZGE/IPJ 7 (2015), 245, 262 ff.; das gilt auch für die Kündigungsrechte bei → Rn. 196.

573 Dazu etwa Uhlenbruck/*Hirte/Praß*, § 35 Rn. 254; eingehend *L. Berger*, Insolvenzschutz für Markenlizenzen, 2006, S. 189 ff.

574 Vgl. → Rn. 167 f.

575 → Rn. 190.

576 → Rn. 20 f.

577 → § 112 Rn. 13.

insolvenzfesten Rücktrittsrecht des Urhebers bewehrte **Ausübungspflicht** des Lizenznehmers ist etwa im Verlagsvertragsrecht vorgesehen gem. §§ 30, 32 VerlG. Über das Verlagsrecht hinaus sieht § 41 UrhG ein zum Schutz des Urhebers zwingend ausgestaltetes Rückrufsrecht wegen Nichtausübung vor. Die Insolvenzfestigkeit auch des Rückrufsrechts ist weitgehend anerkannt.[578] Entsprechendes gilt für das Rückrufsrecht wegen **gewandelter Überzeugung** gem. § 42 UrhG.

197 Außerdem sieht das Verlagsvertragsrecht für den Fall der Insolvenz des Verlegers vor Beginn der Vertragsausführung ein besonderes Rücktrittsrecht in **§ 36 Abs. 3 VerlG** vor, das eine Erfüllungswahl des Insolvenzverwalters konterkarieren kann.[579] Das lässt sich freilich nicht mit der Ausübungspflicht des Verlegers rechtfertigen, da dieser auch der Insolvenzverwalter nachkommen kann,[580] sondern nur mit dem nicht immer zutreffenden Postulat, einem Autor sei das Erscheinen seines Werkes in einem insolventen Verlag unzumutbar.[581]

198 Auch bei gewerblichen Immaterialgüterrechten kann es bei ausschließlichen Lizenzen in besonders gelagerten Fällen angezeigt sein, eine kündigungsbewehrte **Ausübungspflicht** anzunehmen. So mögen insbesondere **Patente** im Technologiebereich rasch an Werthaltigkeit verlieren[582] und bei **Marken** kann ein Verfall wegen Nichtbenutzung drohen (§ 49 Abs. 1 MarkenG). Anders als im Verlagsrecht werden solche Immaterialgüterrechte freilich selten ohne finanzielle Gegenleistung lizenziert, sodass einem solchen Kündigungsrecht neben einer Kündigung wegen Nichtleistung der Lizenzgebühren aus der Insolvenzmasse kaum praktische Relevanz zukommen wird. Denkbar ist das aber etwa dann, wenn sich die Lizenzgebühren va nach den produzierten Stückzahlen bemessen und der Insolvenzverwalter die Produktion in einem Ausmaß drosselt, das die genannten Interessen des Rechtsinhabers zu gefährden droht.

199 Weiter sind insbesondere bei Markenlizenzen häufig Qualitätsstandards vereinbart, die der Lizenznehmer bei der Produktion einzuhalten hat, um den Ruf der Marke nicht zu gefährden. Verstößt der Insolvenzverwalter gegen diese **Qualitätssicherungspflichten,** kann der Lizenzgeber kündigen.

I. Grenzüberschreitende Insolvenzverfahren

I. Anwendbares Recht

200 **1. Immobilienmiet- und Arbeitsverträge.** Nach Maßgabe von Art. 7 Abs. 2 lit. e) EuInsVO (bzw. § 335) richtet sich der Umgang mit schwebenden Vertragsverhältnissen grds. nach der **lex fori concursus.**

201 Allerdings gibt es Sonderanknüpfungen für bestimmte Vertragsverhältnisse: Art. 11 Abs. 1 EuInsVO (bzw. § 336) sieht eine Sonderregel für **Verträge über Immobilien** vor. Hier soll die lex rei sitae einschlägig sein, insbesondere um vertragliche Kontinuitätsinteressen, etwa von Mietern, zu schützen. Art. 11 Abs. 2 EuInsVO enthält darüber hinaus eine verfahrensrechtliche Anpassungsregelung, nach der das Insolvenzgericht der lex fori concursus Aufgaben übernehmen darf, die nach der lex rei sitae ein Insolvenzgericht des Belegenheitsortes übernehmen würde.

202 Die insolvenzrechtliche Behandlung von **Arbeitsverträgen** richtet sich gem. Art. 13 Abs. 1 EuInsVO (bzw. § 337) nach der lex contractus. Art. 13 Abs. 2 EuInsVO erklärt anders als Art. 11 Abs. 2 EuInsVO die Gerichte der lex contractus für etwaige Vertragsbeendigungen für zuständig. Unklar ist freilich, welches Gericht das sein soll, wenn die lex contractus das Insolvenzgericht für zuständig befindet, aber überhaupt kein Sekundärverfahren am Ort der lex contractus eröffnet worden ist. Bemerkenswert ist, dass es bei Art. 13 Abs. 1 EuInsVO offenbar herrschender Auffassung entspricht, dass die lex contractus nur über den Fortbestand des Vertrages zu entscheiden habe. Die lex fori concursus habe dagegen darüber zu befinden, ob der Arbeitslohn auch vorrangig zu befriedi-

---

578 In Betracht käme allenfalls ein Schutz der Masse vor einem Rückruf wegen Nichtausübung mit Hilfe des Fristsetzungserfordernisses gem. § 41 Abs. 3 UrhG, um dem Insolvenzverwalter die Wahrnehmung des Wahlrechts aus § 103 Abs. 1 und damit eben auch eine Ausübung des Nutzungsrechts zu ermöglichen; zurückhaltend *Ehle/Schiddessen*, MMR 2012, 355, 357 f.; Dreier/*Schulze*, § 41 UrhG Rn. 29; *Wandtke*/Bullinger, § 41 UrhG Rn. 23.

579 *Ulmer-Eilfort*/Obergfell, § 36 VerlG Rn. 17.

580 Krit. zu § 36 Abs. 3 VerlG *Chr. Berger* FS Kirchhof, 2003, 1, 10.

581 In diesem Sinne *Brandenburg*, Die Rückrufsrechte des Urhebers im Kontext allgemeiner Vertragsbeendigungsgründe, 2014, S. 218 f.

582 *Cepl* NZI 2000, 357, 360 f. (der Rückgriff auf § 242 BGB zur Begründung der Insolvenzfestigkeit des Kündigungsrechts ist im Falle der Nichtausübung durch den Insolvenzverwalter freilich überflüssig); *Schmoll/Hölder* GRUR 2004, 743, 746; krit. *Groß*, Lizenzvertrag, 11. Aufl. 2015, Rn. 495.

gen sei.[583] Man beruft sich insoweit auf Erwägungsgrund 72 der EuInsVO, aus dem in der Tat hervorgeht, dass besondere **Arbeitnehmerprivilegien** nur nach Maßgabe der lex fori concursus zu gewähren sind. Die Konsequenz der herrschenden Auffassung würde dem Schutzanliegen des Art. 13 Abs. 1 EuInsVO allerdings unter Umständen nicht gerecht: Der Arbeitnehmer könnte sich dann zwar nach der lex contractus darauf berufen, dass sein Vertrag fortbestehe, erhielte nach der lex fori concursus aber unter Umständen nur die Insolvenzquote auf seinen Arbeitslohn. Erwägungsgrund 72 der EuInsVO schließt spezielle Arbeitnehmerprivilegien der lex contractus aus, wie etwa das Supervorrecht des französischen Rechts. Das allgemeine Privileg einer Masseforderung, das ein jeder Vertragspartner genießt, wenn das Vertragsverhältnis unter Bestandsschutz gestellt wird, ist aber zu gewähren. So wäre es etwa ähnlich zweckwidrig, einen Mieter über Art. 11 Abs. 1 EuInsVO nach Maßgabe der lex rei sitae zu schützen, indem der Mietvertrag aufrecht erhalten wird, dem Insolvenzverwalter nach Maßgabe der lex fori concursus aber ein Herausgabeverlangen mit dem Hinweis ermöglicht würde, dass der Mieter nur Inhaber einer Insolvenzforderung sei, da der Insolvenzverwalter eine Fortsetzung des Vertragsverhältnisses nicht gewollt habe. Dem Anliegen des Art. 13 Abs. 1 EuInsVO weitgehend gerecht werden dürfte dagegen eine Lösung, wonach die lex fori concursus zwar über den Rang der Lohnforderung zu befinden habe, wegen Art. 13 Abs. 1 EuInsVO den Arbeitsvertrag aber so zu behandeln hat, als habe der Verwalter die Erfüllung des Vertrages gewählt.[584]

2. Lizenzverträge. a) Grundsätzliches. Sind in einem Hauptinsolvenzverfahren Immaterialgüterrechte betroffen, die in einem anderen Mitgliedstaat belegen sind, ist Raum für einen Schutz der Lizenz nach Maßgabe von **Art. 8 Abs. 1 EuInsVO** (bzw. § 351). Der Belegenheitsort eines Immaterialgüterrechts richtet sich nach Art. 2 Abs. 9 EuInsVO. Registerrechte sind am (jeweiligen) Registrierungsort belegen gem. Art. 2 Abs. 9 (iv) EuInsVO, europäische Patente sind im Erteilungsstaat belegen gem. Art. 2 Abs. 9 (v) EuInsVO, und Urheberrechte bzw. verwandte Schutzrechte sind gem. Art. 2 Abs. 9 (vi) EuInsVO am Sitz bzw. gewöhnlichen Aufenthaltsort des Inhabers belegen. Voraussetzung für einen Schutz nach Art. 8 Abs. 1 EuInsVO ist, dass es sich bei der Lizenz nach nationalem Verständnis um ein **absolutes Recht** handelt, das außerdem die autonomen Anforderungen von Art. 8 Abs. 1 EuInsVO an eine Dinglichkeit erfüllt.[585] Die autonomen Anforderungen decken sich insoweit mit den Kriterien des deutschen Rechts: Es muss sich bei der Lizenz um eine Position handeln, die Sukzessionsschutz genießt, vor Rechtsverletzungen Dritter geschützt ist und die insolvenzfest ist. 203

Handelt es sich bei der Lizenz dagegen um eine Position, die nicht als absolutes Recht im Sinne von Art. 8 Abs. 1 EuInsVO qualifiziert werden kann, richtet sich die Behandlung der **schuldrechtlichen Lizenz** grds. nach der lex fori concursus gem. Art. 7 Abs. 2 lit. e) EuInsVO. Es gibt für Lizenzverträge keine Sonderregelungen. Das kann die Erwartungshaltung eines Lizenznehmers unter Umständen erheblich beeinträchtigen, wenn er sich auf die Insolvenzfestigkeit seiner schuldrechtlichen Lizenz nach der lex contractus verlässt und dann unter Umständen von den abweichenden Regelungen der lex fori concursus überrascht wird.[586] Auch aus diesem Grund haben US-amerikanische Gerichte eine Anwendung der deutschen lex fori concursus auf US-amerikanische Lizenzen verweigert.[587] 204

b) Schuldrechtliche Lizenzen und Sekundärverfahren. Die Behandlung der schuldrechtlichen Lizenz nach Maßgabe der lex fori concursus kann unter Umständen durch die Eröffnung eines **Sekundärverfahrens** modifiziert werden (Art. 35 EuInsVO). Soweit ein Sekundärverfahren am Ort einer Niederlassung des Insolvenzschuldners eröffnet worden ist (Art. 34 S. 1, 3 Abs. 2 EuInsVO), findet die lex fori concursus des Sekundärverfahrens auf die Vermögensgegenstände Anwendung, die im Sekundärverfahrensstaat belegen sind. 205

Handelt es sich um eine Lizenz an einem **Urheberrecht,** bleibt es in der Regel dabei, dass dieses als im Hauptverfahrensstaat belegen anzusehen ist (Art. 2 Abs. 9 (vi) EuInsVO). Auch ein **europäisches Immaterialgüterrecht** im Sinne von Art. 15 EuInsVO wird von einem Sekundärverfahren nicht erfasst. 206

Soweit **nationale Immaterialgüterrechte** lizenziert worden sind, kann die Anwendung der lex fori concursus durch ein Sekundärverfahren modifiziert werden, da es zu einer territorial aufgespaltenen Behandlung dieser Immaterialgüterrechte kommt; sie sind als im jeweiligen Registrie- 207

---

583 Vgl. etwa K. Schmidt/*Brinkmann*, Art. 10 EuInsVO Rn. 8.

584 So wohl Bork/van Zwieten/*Garcimartín/Virgós*, Art. 13 EuInsVO Rn. 13.10.

585 Siehe auch BGH NZI 2015, 668, Rn. 15 ff.

586 Eingehende Kritik bei *J. F. Hoffmann* IIR 27 (2018), 300, 312 ff.

587 Jaffé v. Samsung Electronics Co., 737 F.3d 14 (4th Cir. 2013); eingehende Analyse des Falles bei *Martin*, 23 No. 3 J. Bankr. L. & Prac. NL Art. 4.

rungsstaat belegen anzusehen (vgl. Art. 2 Abs. 9 (iv) EuInsVO). Sieht die lex fori concursus des Hauptverfahrens keinen Kontinuitätsschutz schuldrechtlicher Lizenzen vor, kann die lex fori concursus des Sekundärverfahrensstaates das für das entsprechende Territorium abweichend beurteilen.

II. Rechtsvergleich

208 Der besondere Schutz von Immobilienmietverträgen ist rechtsvergleichend weit verbreitet.[588] Auch Arbeitsverträge werden von den nationalen Insolvenzrechten regelmäßig besonders geschützt.[589] Schuldrechtliche Lizenzen werden zunehmend von nationalen Rechtsordnungen unter Schutz gestellt.[590]

§ 109 Schuldner als Mieter oder Pächter

(1) [1]Ein Miet- oder Pachtverhältnis über einen unbeweglichen Gegenstand oder über Räume, das der Schuldner als Mieter oder Pächter eingegangen war, kann der Insolvenzverwalter ohne Rücksicht auf die vereinbarte Vertragsdauer oder einen vereinbarten Ausschluss des Rechts zur ordentlichen Kündigung kündigen; die Kündigungsfrist beträgt drei Monate zum Monatsende, wenn nicht eine kürzere Frist maßgeblich ist. [2]Ist Gegenstand des Mietverhältnisses die Wohnung des Schuldners, so tritt an die Stelle der Kündigung das Recht des Insolvenzverwalters zu erklären, dass Ansprüche, die nach Ablauf der in Satz 1 genannten Frist fällig werden, nicht im Insolvenzverfahren geltend gemacht werden können. [3]Kündigt der Verwalter nach Satz 1 oder gibt er die Erklärung nach Satz 2 ab, so kann der andere Teil wegen der vorzeitigen Beendigung des Vertragsverhältnisses oder wegen der Folgen der Erklärung als Insolvenzgläubiger Schadenersatz verlangen.

(2) [1]Waren dem Schuldner der unbewegliche Gegenstand oder die Räume zur Zeit der Eröffnung des Verfahrens noch nicht überlassen, so kann sowohl der Verwalter als auch der andere Teil vom Vertrag zurücktreten. [2]Tritt der Verwalter zurück, so kann der andere Teil wegen der vorzeitigen Beendigung des Vertragsverhältnisses als Insolvenzgläubiger Schadenersatz verlangen. [3]Jeder Teil hat dem anderen auf dessen Verlangen binnen zwei Wochen zu erklären, ob er vom Vertrag zurücktreten will; unterläßt er dies, so verliert er das Rücktrittsrecht.

Schrifttum: *Behrens,* Beteiligung mehrerer Mieter am Mietverhältnis, 1989; *Cymutta,* Die Mietkaution in der Insolvenz des Vermieters und des Mieters, WuM 2008, 441; *Dahl,* Im Überblick: Der Mieter in der Insolvenz, NZM 2008, 585; *Dawe,* Der Widerruf von Einzugsermächtigungslastschriften im Insolvenzverfahren der natürlichen Person, ZVI 2007, 549; *Delhaes,* Zur Kündigung von Wohnraummietverhältnissen durch den Treuhänder im Verbraucherinsolvenzverfahren FS Uhlenbruck, 2000, 585; *Eckert,* Miete, Pacht und Leasing im neuen Insolvenzrecht, ZIP 1996, 897; *ders.,* Neues im Insolvenzrecht der Wohnraummiete, NZM 2001, 260; *ders.,* Bedeutung der Mietrechtsreform für die gewerbliche Miete, NZM 2001, 409; *ders.,* Kündigung des Mietverhältnisses mit mehreren Mietern, GS Sonnenschein, 2002, S. 313; *Flatow,* Der Wohnungsmieter als Insolvenzschuldner, 10 Jahre Mietrechtsreformgesetz, 2011, 865; *Grote,* Wohnraummiete und Arbeitseinkommen während des eröffneten Verbraucherinsolvenzverfahrens, NZI 2000, 66; *Gürlevik,* Die Rechtsstellung des insolventen Wohnraummieters, 2011; *Haak,* Verträge mit Personenmehrheiten in der Insolvenz, 2018; *Hain,* Das Wohnraummietverhältnis des Insolvenzschuldners unter besonderer Berücksichtigung der Räumungs- und Herausgabeverpflichtung des Insolvenzverwalters/Treuhänders, ZInsO 2007, 192; *Heinze,* Die Barkaution in der Insolvenz des Mieters, ZInsO 2010, 1073; *Heyer,* Wem gehört die Mietkaution? Die Wirkung der Enthaftungserklärung bleibt offen, ZInsO 2015, 1181; *Horst,* Mietforderungen in der Insolvenz des Mieters, ZMR 2007, 167; *Kohte,* Wohnraummiete und Insolvenz, FS Uhlenbruck, 2000, 217; *Langer,* Die Mietkaution als Pfandrecht im Sinne des § 50 InsO, ZInsO 2012, 1093; *Marotzke,* Die Wohnraummiete in der Insolvenz des Mieters, KTS 1999, 269; *ders.,* Änderungs- und Ergänzungsbedarf bei § 109 und § 313 InsO, KTS 2001, 67; *ders.,* Die Geltendmachung des Schadensersatzanspruchs aus § 109 Abs. 1 S. 3 InsO im Fall der Kündigung gem. § 109 Abs. 1 S. 1 InsO, FS Fischer, 2008, 379; *Minuth/Wolf,* Kündigung und Gestaltung von Mietverträgen in Hinblick auf die Insolvenzordnung, NZM 1999, 289; *Penzlin,* Der Lastschriftwiderruf im Insolvenzverfahren natürlicher Personen, ZInsO 2009, 315; *Tetzlaff,*

[588] Vgl. etwa § 24 österreichische Insolvenzordnung; Art. L622-14 code de commerce; 11 USC § 365(h)(1)(A); siehe weiter die Länderberichte bei Faber/Vermunt/Kilborn/van der Linde (Hrsg.), Treatment of Contracts in Insolvency, 2013.

[589] Vgl. etwa § 25 österreichische Insolvenzordnung; Art. L622-13 VI code de commerce; siehe weiter die Länderberichte bei Faber/Vermunt/Kilborn/van der Linde (Hrsg.), Treatment of Contracts in Insolvency, 2013.

[590] Vgl. etwa 11 USC § 365(n)(1)(B); siehe weiter *J. F. Hoffmann* IIR 27 (2018), 300, 306 ff.; außerdem die Länderberichte bei Faber/Vermunt/Kilborn/van der Linde (Hrsg.), Treatment of Contracts in Insolvency, 2013 und bei AIPPI, Question Q241 (http://aippi.org/committee/ip-licensing-and-insolvency).

Rechte des Vermieters in der Insolvenz des Mieters, NZI 2006, 87; *Tintelnot,* Die gegenseitigen Verträge im neuen Insolvenzverfahren, ZIP 1995, 616; *Vallender/Dahl,* Das Mietverhältnis des Schuldners im Verbraucherinsolvenzverfahren, NZI 2000, 246; *Wimmer,* Die Kündigung des Mietvertrages über die vom Schuldner bewohnte Wohnung durch den Insolvenzverwalter/Treuhänder, FS Uhlenbruck, 2000, 605; *Zeibig,* Die Mietkaution, 2012.

Übersicht

A. Frühere Rechtslage, Normzweck und Anwendungsbereich

I. Vollzogene Miet- und Pachtverträge – einseitiges Kündigungsrecht des Verwalters

Entsprechend dem Zweck des auf Verwertung der Masse ausgerichteten Konkursverfahrens ging die Konkursordnung davon aus, vollzogene Miet- und Pachtverhältnisse über Gegenstände jeglicher Art seien bei der Abwicklung des Konkursverfahrens hinderlich und eine möglichst baldige Beendigung liege im beiderseitigen Interesse.[1] **§ 19 KO** berechtigte daher im Konkurs des Mieters **sowohl den Verwalter als auch den Vermieter** zur vorzeitigen Kündigung. Die Notwendigkeit, auch dem 1

[1] *Hahn,* Materialien IV, S. 95.

Vertragspartner des Schuldners das Recht zur vorzeitigen Kündigung einzuräumen, sah die Begründung zu § 19 KO vorrangig bei der Pacht,[2] denn die persönliche Tüchtigkeit des Pächters und die Sicherheit, dass der Pachtgegenstand wirtschaftlich genutzt werde, seien von durchschlagender Bedeutung. Es handelt sich um Erwägungen, die heute vergleichbar in der Diskussion um die Zulässigkeit von vertraglich vereinbarten insolvenzbedingten Lösungsklauseln zugunsten der Wirksamkeit von Lösungsklauseln ins Feld geführt werden. So wird va zugunsten von Lösungsklauseln in Bauverträgen das besondere Vertrauen angeführt, das der Auftraggeber dem Auftragnehmer persönlich entgegenbringe.[3] Im Kontext von § 19 KO sprach sich der Gesetzgeber wegen befürchteter Abgrenzungsprobleme zwischen Miete und Pacht, aber auch deshalb, weil der Konkursverwalter das Mietobjekt meist in anderer Weise gebrauche als zuvor der Mieter und dies dem Vermieter nicht zuzumuten sei, für ein Sonderkündigungsrecht des Verwalters sowie des Vermieters bzw. Verpächters aus.

2 Das Sonderkündigungsrecht des **Vermieters** gem. § 19 KO hatte größere praktische Bedeutung als vom damaligen Gesetzgeber erwartet.[4] Vermieter, die jegliches Risiko vermeiden wollten, nahmen die Konkurseröffnung oder bei entsprechender Vertragsklausel den Konkursantrag häufig zum Anlass, das Mietverhältnis vorzeitig zu kündigen, selbst wenn sie noch keine Ausfälle erlitten hatten. Die Befugnis aus § 19 KO wurde offenbar als **insolvenzbezogenes Reurecht** missbraucht.[5] Die Vereinbarkeit des Kündigungsrechts mit dem Konkurszweck wurde schon unter Geltung der Konkursordnung angezweifelt.[6] Die damalige Diskussion legt Zeugnis darüber ab, dass die heute verbreitete Annahme, insolvenzbezogene Lösungsklauseln seien stets zulässig, wenn sie eine gesetzliche Entsprechung haben,[7] zu kurz greift. Als Ausweg wurde schon damals die Rechtsmissbräuchlichkeit der vorzeitigen Kündigung des Vermieters diskutiert.[8] § 51 Abs. 2 VerglO, später auch § 9 Abs. 3 S. 2 GesO billigten dem Vermieter und Verpächter das Sonderkündigungsrecht nicht mehr zu, weil durch die Entziehung der Mietsache die Fortführung und Sanierung des Unternehmens, also der Zweck des Vergleichs- bzw. Gesamtvollstreckungsverfahrens, gefährdet werden konnten.[9]

3 Der erste Bericht der Kommission für Insolvenzrecht übernahm dies für unbewegliche Gegenstände.[10] Wenn die **Insolvenzordnung** dem folgend das **Recht des Vermieters zur Kündigung abschafft** und nur den Verwalter hierzu berechtigt, so entspricht dies dem Anliegen, ihm bzw. der Masse zur sachgerechten Abwicklung des Insolvenzverfahrens den Mietgebrauch so lange zu belassen, wie er das Mietobjekt benötigt. Deshalb ist nicht nur das Sonderkündigungsrecht abgeschafft worden, es sind sogar reguläre Kündigungsrechte des Vermieters gem. § 112 beschränkt worden.[11] Wirtschaftlich betrachtet entspricht das Sonderkündigungsrecht dem Verwalterwahlrecht bei der Miete und Pacht beweglicher Sachen und Rechte. Die Lösung über ein Kündigungsrecht ist allerdings insoweit für den Verwalter vorteilhaft, als er den Gegenstand für eine gewissen Zeit nutzen kann, bevor er sich gegen den Vertrag entscheidet; diese Option besteht im Rahmen des Verwalterwahlrechts nicht („Alles-oder-Nichts-Entscheidung“[12]). Allerdings ist das Kündigungsrecht im Vergleich zur Erfüllungsablehnung überschießend, weil die Erfüllungsablehnung nur die Masse betrifft, den Vertrag ansonsten aber unangetastet lässt, während die Kündigung den Vertrag vollständig beseitigt.[13]

II. Nicht vollzogene Verträge – beidseitiges Rücktrittsrecht

4 Von einem nicht durch Überlassung der Mietsache vollzogenen Mietvertrag konnte der Vermieter nach § 20 KO zurücktreten; der Verwalter konnte nach § 17 KO zwischen Erfüllung und Ablehnung wählen. Nach § 50 VerglO blieb der Vermieter an den Vertrag gebunden, während der Mieter mit Ermächtigung des Gerichts die Erfüllung ablehnen konnte. Unter der Geltung der GesO waren wegen der lückenhaften Regelung die Auswirkungen der Verfahrenseröffnung auf ein nicht vollzogenes Mietverhältnis streitig.[14] Gegenüber dem früheren Rechtszustand erscheint die Neuregelung insofern einfacher, als nach § 109 Abs. 2 S. 1 sowohl der Verwalter als auch der Vermieter vor Übergabe der Mietsache von dem Vertrag **zurücktreten** können. Die Rechtslage weicht in der

---

2 *Hahn*, Materialien IV, S. 95 f.

3 BGHZ 210, 1, 13, Rn. 35 ff. = BGH NJW 2016, 1945, 1949, Rn. 35 ff.

4 *Hahn*, Materialien IV, S. 96.

5 Zur Unzulässigkeit insolvenzbezogener Reurechte eingehend *J. F. Hoffmann* KTS 2018, 343, 362 ff.

6 *Jaeger/Henckel*, 9. Aufl. 1997, § 19 KO Rn. 5.

7 Vgl. etwa HKInsO/*Marotzke*, § 119 Rn. 2.

8 *Jaeger/Henckel*, 9. Aufl. 1997, § 19 KO Rn. 6.

9 Vgl. BT-Drs. 12/449, 14 f.

10 Erster Bericht der Kommission für Insolvenzrecht, 1985, Nr. 2.4.1.6.

11 BT-Drs. 12/2443, 147, 148.

12 KPB/*Tintelnot*, § 109 Rn. 5.

13 → § 108 Rn. 7.

14 Vgl. *Kilger/K. Schmidt*, 17. Aufl. 1997, § 9 GesO Anm. 5.

Sache von den Regelungen der Konkursordnung aber auch ab,[15] da der Verwalter statt eines Wahlrechts im Sinne von § 103 Abs. 1, das nach nunmehr herrschender Auffassung nicht zu einem „Erlöschen" des Vertrages führt,[16] ein echtes (überschießendes) Rücktrittsrecht erhalten hat.

Das **Rücktrittsrecht des Insolvenzverwalters** ist insofern nachzuvollziehen, als ein Schutz der Kontinuitätsinteressen des Vermieters[17] im Rahmen von § 108 Abs. 1 S. 1 vor Überlassung typischerweise nicht in gleicher Weise angezeigt ist wie nach einer erfolgten Überlassung. Insbesondere Alternativgeschäfte wird der Vermieter vor erfolgter Überlassung typischerweise erfolgversprechender tätigen können. Nicht zwingend nachvollziehbar ist freilich, warum der Verwalter sogar ein Rücktrittsrecht erhält und warum nicht schlicht § 103 Abs. 1 vor Überlassung für anwendbar erklärt wird. Das aus der Konkursordnung übernommene **Rücktrittsrecht des Vermieters** durchbricht indessen das Grundanliegen der Insolvenzordnung, den Verwalter über die Erfüllung oder Nichterfüllung gegenseitiger Verträge entscheiden zu lassen.[18] Warum der Vermieter oder Verpächter einer Immobilie – anders als der einer beweglichen Sache – die Überlassung verweigern kann, obwohl sie vielfach für die sachgerechte Abwicklung des Insolvenzverfahrens genauso wichtig sein wird wie eine Maschine, ein Computer oder ein Verwertungsrecht, ist **nicht nachzuvollziehen.** Die Unsicherheit, die die Fortführung eines Mietverhältnisses mit einer Insolvenzmasse mit sich bringt, rechtfertigt die unterschiedliche Behandlung der Immobilien- und der Fahrnismiete jedenfalls nicht, da die Zäsur der Überlassung mit dieser Unsicherheit in keinem teleologischen Zusammenhang steht; zumal dem Vermieter vor Überlassung die Einrede aus § 321 BGB unbenommen bleibt.[19] In diesem Kontext ist die Gefahr insolvenzbezogener Reurechte nicht gebannt und man wird den Rücktritt im Einzelfall für rechtsmissbräuchlich zu befinden haben.[20] Dass die Masse auf einen Gegenstand, der ihr noch nicht überlassen worden ist, typischerweise nicht gleichermaßen angewiesen ist wie auf einen überlassenen Gegenstand,[21] mag zutreffen, rechtfertigt das Rücktrittsrecht aber ebenfalls nicht: Zum einen leuchtet auch unter diesem Gesichtspunkt die Unterscheidung zwischen beweglichen und unbeweglichen Sachen nicht ein. Zum anderen mag der Gesichtspunkt der fehlenden Überlassung dafür streiten, keinen erhöhten Bestandsschutz zugunsten der Masse nach Maßgabe von § 112 zu statuieren;[22] es ist jedoch nicht ersichtlich, warum das sogar zu zusätzlichen Lösungsrechten des Vertragspartners führen soll. 5

Der Grund für die unterschiedliche Behandlung der Immobilienmiete und der Miete anderer Sachen liegt möglicherweise in dem Bemühen des Gesetzgebers, für die Immobilienmiete den Regelungsgehalt des § 20 KO zu übernehmen. Hierbei wurde offenbar nicht bedacht, dass das Recht des Vermieters, von einem nicht vollzogenen Mietvertrag zurückzutreten (§ 20 KO), mit dem Sonderkündigungsrecht nach § 19 KO korrespondierte. Mit Wegfall des Sonderkündigungsrechts des Vermieters entfällt auch der Anknüpfungspunkt für das Rücktrittsrecht des Vermieters vor Überlassung der Mietsache.[23] 6

III. Wohnraummietverhältnisse – Erklärung nach § 109 Abs. 1 S. 2 InsO

Dass der Verwalter das Mietverhältnis über die vom Schuldner und seiner Familie genutzte Wohnung zu kündigen hatte, wenn die Gläubigerversammlung es ablehnte, den Schuldner aus der Masse zu unterhalten (§ 100), oder wenn die Aufwendungen für seine Wohnung der gebotenen bescheidenen Lebensführung widersprachen, stand vor Einführung des § 109 Abs. 1 S. 2 im Einklang mit dem Normzweck. In der Praxis der Verbraucherinsolvenzverfahren mit geringer Masse bestand ein Anreiz zur vorzeitigen Kündigung des Wohnraummietvertrages, um die Kaution zur Masse zu ziehen.[24] Häufig forderte der Verwalter oder Treuhänder den Schuldner auf, der Masse einen Geldbetrag in Höhe der Kaution zur Verfügung zu stellen. Bei Nichtzahlung kündigte der Verwalter bzw. Treuhänder vorzeitig gem. § 109 Abs. 1 S. 1 und löste das Mietverhältnis mit Wirkung gegen den Schuldner auf. Um dem vertragstreuen **Schuldner** seine **Wohnung zu erhalten,** beseitigte das InsOÄndG 2001 das Sonderkündigungsrecht des Verwalters. Stattdessen kann dieser ohne Auflösung des Mietvertrages gem. § 109 Abs. 1 S. 2 die Entstehung weiterer Masseverbindlichkeiten verhindern.[25] 7

---

15 Der Gesetzgeber meinte, die Rechtslage entspreche immernoch „im wesentlichen" derjenigen der Konkursordnung; BT-Drs. 12/2443, 147.

16 BGHZ 150, 353, 359 = NZI 2002, 375, 376; BGH NJW 2007, 1594; NZI 2016, 97, Rn. 43 – Ecosoil.

17 → § 108 Rn. 3.

18 *Eckert* ZIP 1996, 897, 900; *Tintelnot* ZIP 1995, 616, 621.

19 → § 112 Rn. 41.

20 → Rn. 69.

21 Vgl. Jaeger/*Jacoby,* § 109 Rn. 9.

22 → § 112 Rn. 18.

23 *Eckert* ZIP 1996, 897, 900; *Tintelnot* ZIP 1995, 616, 621.

24 BT-Drs. 14/5680, 27.

25 → Rn. 49 ff.

IV. Anwendungsbereich

8 An § 108 Abs. 1 S. 1 anknüpfend, aber beschränkt auf die Insolvenz des Mieters, lässt § 109 Abs. 1 S. 1 die Auflösung des fortbestehenden **Immobilienmietverhältnisses** zu.[26] Auch Leasingverträge über unbewegliche Gegenstände können vorzeitig gekündigt werden. Ausgenommen sind nach § 109 Abs. 1 S. 2 nur Wohnraummietverhältnisse. Das Kündigungsrecht entsteht erst nach Verfahrenseröffnung und steht damit nicht einem vorläufigen Insolvenzverwalter zu,[27] da in diesem Zeitraum § 108 Abs. 1 S. 1 ohnehin noch nicht greift.

9 Betroffen sind Verträge auf unbestimmte **Dauer,** aber auch solche auf bestimmte Zeit oder mit einer bestimmten Mindestlaufzeit sowie an sich unkündbare Miet- oder Pachtverträge auf Lebenszeit (§§ 544 S. 2, 594b S. 2 BGB). § 109 Abs. 1 S. 1 gewährt ein zusätzliches Kündigungsrecht und lässt andere Beendigungsmöglichkeiten[28] unberührt, die für die Masse günstiger sind als die vorzeitige Kündigung, weil sie keine Schadensersatzpflicht auslösen.

10 Ob ein Vertrag, an dessen Zustandekommen ein **(vorläufiger) Insolvenzverwalter** mitgewirkt hat, von den Lösungsrechten des § 109 erfasst wird, ist in Parallele zum Erfüllungswahlrecht gem. § 103 Abs. 1[29] bzw. in Parallele zur Anwendbarkeit des § 108 Abs. 1 S. 1 bei Beteiligung eines vorläufigen Verwalters[30] zu entscheiden: Soweit der Insolvenzverwalter nach Verfahrenseröffnung den Vertrag abgeschlossen haben sollte, greift § 55 Abs. 1 Nr. 1 und die Lösungsrechte des § 109 sind nicht einschlägig. Auch wenn ein vorläufiger Insolvenzverwalter als sog. starker vorläufiger Verwalter mit Verwaltungs- und Verfügungsbefugnis (§§ 22 Abs. 1 S. 1, 21 Abs. 2 Nr. 2 Alt. 1) oder ein sog. schwacher vorläufiger Verwalter mit Einzelermächtigung[31] den Vertrag abgeschlossen haben sollte, ist § 109 nicht anwendbar. Das gilt auch, wenn der Schuldner mit den Befugnissen des § 270b Abs. 3 ausgestattet war und den Vertrag im Eröffnungsverfahren abgeschlossen hat. Nicht ausgeschlossen wird die Anwendbarkeit von § 109 durch eine in zeitlicher Hinsicht bloß punktuelle Aufwertung von Forderungen aus einem Dauerschuldverhältnis zur Masseverbindlichkeit durch einen starken vorläufigen Verwalter nach Maßgabe von § 55 Abs. 2 S. 2 bzw. einen entsprechend ausgestatteten Schuldner gem. § 270b Abs. 3. Anwendung findet § 109 außerdem, wenn der Schuldner mit Zustimmung (§ 21 Abs. 2 Nr. 2 Alt. 2) des sog. schwachen vorläufigen Insolvenzverwalters gehandelt hat.[32]

11 Das Sonderkündigungsrecht des Vermieters nach Maßgabe der Konkursordnung entfällt auch in **Altverträgen,** die vor Verkündung oder Inkrafttreten der InsO abgeschlossen wurden (siehe Art. 104 EGInsO).

B. Überlassung des Miet- oder Pachtobjekts vor Verfahrenseröffnung

I. Überlassung

12 Im Gegensatz zu §§ 19, 20 KO erwähnt § 109 Abs. 2 S. 1 die Überlassung des Mietobjekts nur als negative Voraussetzung des beiderseitigen Rücktrittsrechts. Überwiegend wird zur näheren Konturierung des Überlassungsbegriffs des § 109 Abs. 2 S. 1 auf denjenigen des **§ 566 BGB** zurückgegriffen, der sich wiederum an § 535 Abs. 1 S. 2 BGB orientiert. Dabei ist allerdings zu bedenken, dass die Begriffe sich teleologisch nicht vollständig decken:[33] Bei § 566 BGB geht es um die Kontinuitätsinteressen des Mieters und eine Manifestation des Mietverhältnisses zum Schutz von Einzelrechtsnachfolgern, bei § 109 geht es darum, die Schutzbedürftigkeit der Kontinuitätsinteressen des Vermieters typisierend festzustellen. Überlassen im Sinne von § 566 BGB sind das Grundstück, die Mieträume oder eine sonstige unbewegliche Sache, wenn der Vermieter vor Verfahrenseröffnung seiner Gebrauchsgewährungspflicht gem. § 535 BGB genügt hat.[34] Bei Überlassen am Tag der Verfahrenseröffnung kann nach § 81 Abs. 3 widerleglich Überlassung nach Eröffnung vermutet werden.

13 Bei der näheren Erfassung des Überlassungsbegriffs des § 109 kann man sich im Ausgangspunkt am Meinungsstand zu § 566 BGB orientieren.[35] In aller Regel gehört zur Überlassung die **einvernehmliche derivative Verschaffung des unmittelbaren Besitzes,** die auch gem. § 854 Abs. 2

---

[26] Zum sachlichen Anwendungsbereich → § 108 Rn. 37 ff.
[27] KPB/*Tintelnot,* § 109 Rn. 25; Uhlenbruck/*Wegener,* § 109 Rn. 6.
[28] → § 108 Rn. 80.
[29] Siehe dazu → MüKoInsO/*Huber,* § 103 Rn. 151.
[30] → § 108 Rn. 34.
[31] Dazu etwa BGHZ 204, 74, 80, Rn. 18 = NJW 2015, 1171, 1173, Rn. 18.
[32] Uhlenbruck/*Wegener,* § 109 Rn. 2.
[33] → Rn. 19.
[34] BGHZ 65, 137 = NJW 1976, 105; BGH NJW-RR 1989, 589.
[35] Dazu MüKoBGB/*Häublein,* § 566 Rn. 14 ff.; BeckOGK/*Harke,* § 566 BGB Rn. 28 ff.

BGB vollzogen werden kann.[36] Die dem Mieter mitgeteilte tatsächliche Bereitstellung genügt nicht.[37] Beim Leasing eines eingetragenen Schiffes oder Flugzeugs genügt nicht die Anzeige des Herstellers, dass es abgeholt werden kann. Annahmeverzug des Mieters ersetzt nicht die Überlassung. **Abgeschlossene Räume** werden regelmäßig durch Übergabe der Schlüssel oder Gewährung des Zutritts auf andere Weise überlassen. Die Überlassung ist mit der Besitzübertragung abgeschlossen, ohne dass es auf die tatsächliche Nutzung des Mietobjekts, zB Einzug in die Mieträume, ankommt. Bei einem **frei zugänglichen Grundstück** reicht der übereinstimmende Wille beider Vertragsteile aus, dass der Mieter es nunmehr nutzen kann.

Einvernehmen zwischen Vermieter und Mieter **über den Besitzübergang ohne faktischen** 14 **Vollzug** genügt nicht. Die Überlassung kann daher nicht durch Parteivereinbarung (etwa: „Die Parteien sind sich darüber einig, dass mit Abschluss dieses Vertrages das Objekt überlassen ist" – oder „als überlassen gilt"), ersetzt werden.[38] Da sich bei **„sale-and-lease-back"-Leasing** die unmittelbaren Besitzverhältnisse nicht ändern, gibt der Zeitpunkt den Ausschlag, von dem ab der Leasingnehmer nicht mehr als Eigentümer besitzt.

Bei fehlendem Einvernehmen ist die Mietsache nicht überlassen, zB wenn der Mieter sich 15 gegen den Willen des Vermieters, insbesondere durch **verbotene Eigenmacht,** den Mietgebrauch beschafft hat.[39] Dem Vermieter muss hier jedoch eine Genehmigung möglich sein.[40] Die Besitzeinweisung im Wege der **Zwangsvollstreckung** ersetzt eine einvernehmliche Übergabe, der Titel allein genügt jedoch nicht.

Bei Übergabe der Mietsache im **Vorgriff auf einen abgeschlossenen Mietvertrag,** der 16 rechtlich erst zu einem späteren Zeitpunkt nach Eröffnung des Insolvenzverfahrens wirksam werden soll,[41] ist die Mietsache überlassen. Zu beachten ist allerdings, dass die Überlassung und die damit einhergehende stärkere Bindung der Masse zum Gegenstand der Insolvenzanfechtung gemacht werden kann.[42] Hat der Vermieter **zwei zeitlich aufeinander folgende Mietverträge über dasselbe Mietobjekt** abgeschlossen und nutzt der Schuldner während der Laufzeit des ersten Mietverhältnisses die Mietsache auf Grund eines Untermietvertrages mit dem ersten Mieter,[43] so sind beide Mietverhältnisse des Schuldners von dem Insolvenzverfahren betroffen. Auch im zeitlich späteren Mietverhältnis ist ihm die Mietsache überlassen.

Verschaffung des Mitbesitzes kann ausreichen, zB wenn der Vermieter dem Mieter der vertrag- 17 lichen Vereinbarung entsprechend eine Grundstücksfläche oder Räume zur gemeinsamen Nutzung überlässt. Hat der Mieter Anspruch auf Alleinbesitz, so wird mit Einräumung des Mitbesitzes die Mietsache nicht überlassen, es sei denn, der Mieter nimmt diesen als vertragsgerechte Leistung an.

Bei einer **teilweisen Überlassung** stellt sich die Frage nach einer teilweisen Anwendung von 18 § 109 Abs. 1 S. 1.[44] Denkbar ist das etwa, wenn der Mieter von mehreren angemieteten Räumen einige übernommen hat, andere noch nicht (zB Neubau bei nur teilweiser Bezugsfertigkeit). Kontinuitätsinteressen des Vermieters wird man typischerweise auch teilweise anerkennen können. Die Konsequenz wäre, dass die Masse sich von dem noch nicht überlassenen Teil erleichtert gem. § 109 Abs. 2 S. 1 lösen kann, für den überlassenen Teil dagegen die Fristen im Rahmen der Kündigung gem. § 109 Abs. 1 S. 1 greifen. Dem Vermieter wird man eine nur teilweise Fortführung des Mietvertrages nicht aufzwingen können; soweit er keinen hypothetischen Spaltungswillen (§ 139 BGB) hat, darf er sich in jedem Fall sofort von dem gesamten Vertrag lösen.[45] Die Masse muss dagegen vor einer heteronomen Vertragsspaltung nicht geschützt werden, da es dem Verwalter freisteht, eine Erfüllungswahl im Hinblick auf den gesamten Vertrag vorzunehmen.[46] Der **nicht vertragsgemäße Zustand** hindert nicht die Überlassung, wenn der Mieter das Mietobjekt gleichwohl in Besitz nimmt.

II. Vorzeitige Rückgabe der Mietsache

Die Gründe, die bei § 566 BGB dafür sprechen, nach vorzeitigem Auszug des Mieters die 19 Mietsache als nicht überlassen anzusehen und das Mietverhältnis nicht auf den Grundstückserwerber

[36] Jaeger/*Jacoby,* § 109 Rn. 78; vgl. aber auch BGH NJW-RR 1989, 589.
[37] *Jaeger/Henckel,* 9. Aufl. 1997, § 19 KO Rn. 41.
[38] BGHZ 65, 137 = NJW 1976, 105.
[39] Uhlenbruck/*Wegener,* § 109 Rn. 34.
[40] So Jaeger/*Jacoby,* § 109 Rn. 79.
[41] Zur Überlassung iSd § 566 BGB BGHZ 42, 333 = NJW 1964, 1851.
[42] → § 108 Rn. 78.
[43] Vgl. BGH NJW-RR 1989, 77.
[44] Dagegen etwa Jaeger/*Jacoby,* § 109 Rn. 78 („Einheitlichkeit des Mietverhältnisses").
[45] → § 108 Rn. 58 f.
[46] → § 108 Rn. 60; gegen eine gespaltene Betrachtung in diesem Kontext → MüKoInsO/*Eckert,* 3. Aufl. 2013, § 109 Rn. 18.

übergehen zu lassen,[47] greifen im Rahmen des § 109 Abs. 1 nicht. Bei § 566 BGB soll die Manifestation durch Besitz zum Schutz von Einzelrechtsnachfolgern kontinuierlich gewahrt sein. Bei § 109 sind die Publizitätsbedürfnisse der konkurrierenden Gläubiger des Mieters nicht gleichermaßen ausgeprägt[48] und bei einer (vorübergehenden) Rückgabe der Mietsache wird man nicht typischerweise die Kontinuitätsinteressen des Vermieters in Abrede stellen können. Es bleibt bei einer Rückgabe der Mietsache also bei den Kündigungsfristen des § 109 Abs. 1 S. 1, es wird nicht etwa § 109 Abs. 2 S. 1 reaktiviert.[49]

20 Der **BGH** hat allerdings im Kontext von § 108 Abs. 1 S. 1 in der Insolvenz des Vermieters judiziert, dass das postulierte Erfordernis einer Überlassung im Einklang mit § 566 BGB nicht mehr gewahrt sei, wenn die Sache (vorübergehend) zurückgegeben worden ist.[50] Es steht zu vermuten, dass entsprechend auch in der Mieterinsolvenz im Rahmen von § 109 entschieden würde.

C. Sonderkündigungsrecht nach Überlassung

I. Form

21 Grds. kann der Verwalter formlos kündigen. Zur konkludenten Kündigung genügt die vorzeitige Rückgabe des Mietobjekts in aller Regel nicht. Schriftform ist erforderlich bei der Landpacht (§ 594 f. BGB). Gegen die Auffassung, eine von den Vertragsparteien vereinbarte Formbedürftigkeit der Kündigung wirke gegen den Verwalter,[51] bestehen Bedenken, weil sie das gesetzliche Kündigungsrecht erschwert. Die Vertragsparteien können nicht zulasten der Masse einen höheren Bestandsschutz vereinbaren.[52]

II. Kündigungsfrist

22 Die Erstfassung des § 109 Abs. 1 S. 1 sah die Einhaltung der „gesetzlichen" Kündigungsfrist vor. Die teilweise recht langen Fristen standen in einem Spannungsverhältnis zum Zweck des Sonderkündigungsrechts. Das Gesetz zur Vereinfachung des Insolvenzverfahrens vom 13.4.2007[53] gab § 109 Abs. 1 S. 1 die jetzige Fassung.

23 Die Kündigungsfrist beträgt in den seit dem 1.7.2007 eröffneten Verfahren (siehe Art. 103c EGInsO) längstens **drei Monate.**[54] Da § 109 Abs. 1 S. 1 im Gegensatz zu den mietrechtlichen Kündigungsregeln des BGB Karenztage („spätestens am dritten Werktag eines Kalendermonats") nicht vorsieht, muss die Kündigung dem Vermieter spätestens am letzten Tag eines Monats zugehen, damit diesem die vollen drei Monate bleiben. Der Verwalter kann mit einer längeren als der gesetzlichen Frist kündigen,[55] wenn er abschätzen kann, dass er die Mietsache noch bis zum Ablauf dieser längeren Frist benötigen wird. Ist vertraglich eine kürzere Kündigungsfrist vereinbart, bleibt diese maßgeblich.[56]

24 Mit der Neufassung des § 109 Abs. 1 S. 2 kann der Verwalter einen Miet- oder Leasingvertrag über ein in der Luftfahrzeugrolle oder im Register für Pfandrechte an Luftfahrzeugen eingetragenes **Flugzeug** in sehr kurzer Frist vorzeitig kündigen.

III. Kündigungszeitpunkt

25 Der Verwalter kann zunächst die Entwicklung des Verfahrens abwarten und soll die Mietsache so lange wie nötig zur Abwicklung des Verfahrens nutzen können. § 109 schreibt, wie früher § 19 KO, aber im Gegensatz zu § 111 S. 2, § 57a ZVG **keine Kündigung zum erstmöglichen Termin**

---

47 BGH NJW-RR 2016, 982, Rn. 4; NJW 2010, 1068, Rn. 21; NJW 2007, 1818; BeckOGK/*Harke*, § 566 BGB Rn. 30; MüKoBGB/*Häublein*, § 566 Rn. 16.

48 → § 108 Rn. 69.

49 So auch BeckOKInsO/*Berberich*, § 109 Rn. 9; Uhlenbruck/*Wegener*, § 109 Rn. 34.

50 BGHZ 204, 1, 5, Rn. 16 = NJW 2015, 627, 629, Rn. 16.

51 OLG Naumburg NZM 2000, 90; KPB/*Tintelnot*, § 109 Rn. 47.

52 → § 108 Rn. 160.

53 BGBl I 2007, 509, 510.

54 Krit. zur Gesetzeslage hinsichtlich der besonderen Kontinuitätsinteressen bei Landpachtverhältnissen KPB/*Tintelnot*, § 109 Rn. 35.

55 Jaeger/*Jacoby*, § 109 Rn. 19; vgl. auch OLG Frankfurt ZIP 1980, 620.

56 → Rn. 77.

vor.[57] Auch die Ausübung einer Verlängerungsoption durch den Verwalter schließt nicht die spätere vorzeitige Kündigung aus, wenn sich deren Notwendigkeit erst in der Verlängerungsphase ergibt.

Dass nach lang andauernder Fortsetzung des Vertrages die vorzeitige Kündigung gegen **Treu und Glauben** verstoßen kann, ist grds. nicht ausgeschlossen,[58] setzt jedoch neben dem Ablauf eines längeren Zeitraums voraus, dass der Vermieter auf Grund des Verhaltens des Verwalters darauf vertrauen durfte, dieser werde nicht oder jedenfalls geraume Zeit später vorzeitig kündigen. Im Regelfall verstößt auch eine vorzeitige Kündigung nach mehreren Jahren nicht gegen Treu und Glauben. Mit einer längeren Abwicklung des Insolvenzverfahrens ohne Anspruch auf eine klarstellende Erklärung des Verwalters muss der Vermieter ohnehin rechnen. Durch die Kündigungsfrist ist er hinreichend geschützt. 26

IV. Folgen der Kündigung

1. Beendigung des Mietverhältnisses. Mit Vertragsende entfallen die Pflicht zur Zahlung der Miete und zur Erfüllung sonstiger zukünftig fällig werdender Ansprüche aus dem Miet- oder Leasingverhältnis. Die Kündigung soll auch dann wirksam bleiben, wenn das **Insolvenzverfahren vor Ablauf der Kündigungsfrist aufgehoben** wird.[59] Das ist allerdings nicht zweifelsfrei. Zum einen ist das echte Kündigungsrecht de lege lata ohnehin zum Schutz der Masse überschießend,[60] und zum anderen gebietet der Masseschutz in diesen Fällen nicht die Wirksamkeit der Kündigung. 27

2. Schadensersatzanspruch des Vermieters. Ob es sich bei § 109 Abs. 1 S. 3 um einen spezifischen insolvenzrechtlichen Ersatzanspruch handelt[61] oder ob diesem ein Anspruch auf Schadensersatz statt der Leistung gem. § 281 BGB zugrunde liegt,[62] ist wie bei § 103 Abs. 2 S. 1[63] umstritten. Kraft ausdrücklicher Bestimmung kann der Vermieter den Anspruch nur als Insolvenzgläubiger geltend machen, was sich stimmig in die Konzeption fügt, wonach § 109 Abs. 1 S. 1 die Masse vor übermäßigen Belastungen des § 108 Abs. 1 S. 1 schützen soll. Wird die Kündigung des Verwalters durch eine **Kündigung des Vermieters,** die zu einem früheren Zeitpunkt wirksam wird, überholt, so endet das Mietverhältnis auf Grund dieser Kündigung.[64] Der Vermieter kann dann einen Anspruch auf Ersatz seines Kündigungsfolgeschadens als Insolvenzgläubiger auf allgemeiner Grundlage haben, wenn die materiell-rechtlichen Voraussetzungen für einen solchen Schadensersatzanspruch gegeben sind,[65] was bei vertraglich eingeräumten außerordentlichen Kündigungsrechten nicht stets der Fall ist.[66] 28

Zu ersetzen ist jedenfalls der **Mietausfall,** der dem Vermieter bis zum vereinbarten Vertragsende oder bis zu dem erstmöglichen Termin, zu dem der Mieter hätte kündigen können, entsteht.[67] Umstritten ist, ob Folgeschäden, zB der Gewinn, der dem Vermieter entgeht, weil er die Mieteinnahmen nicht ertragsbringend einsetzen kann, ebenfalls zu kompensieren sind.[68] 29

Im Zuge der **Schadensminderungspflicht** (§ 254 BGB) ist der Vermieter gehalten, sich intensiv um eine angemessene anderweitige Verwertung zu bemühen.[69] Bei sinkendem Preisniveau wird er zu einer **Weitervermietung unterhalb der bisherigen Miete** verpflichtet sein; den Ausfall in Höhe des Unterschiedsbetrages kann er gleichwohl weiterhin als Ersatzanspruch geltend machen.[70] 30

Die beiläufig geäußerte Ansicht des Reichsgerichts, den Vermieter treffe die **Beweislast,** dass er trotz hinreichender Anstrengungen das Mietobjekt nicht oder nicht zum selben Mietzins habe vermieten können,[71] widerspricht allgemeinen Beweislastregeln. Danach trifft den Verwalter als 31

---

[57] RGZ 141, 391, 393; OLG Hamm ZMR 1994, 225; BeckOKInsO/*Berberich* § 109 Rn. 15; Jaeger/*Jacoby* § 109 Rn. 6, 21; HKInsO/*Marotzke,* § 109 Rn. 5; K. Schmidt/*Ringstmeier,* § 109 Rn. 11; KPB/*Tintelnot,* § 109 Rn. 28; Uhlenbruck/*Wegener,* § 109, Rn. 8.

[58] RGZ 141, 391, 393; BeckOKInsO/*Berberich,* § 109 Rn. 15; *Minuth/Wolf* NZM 1999, 289, 291.

[59] → MüKoInsO/*Eckert,* 3. Aufl. 2013, § 109 Rn. 27; Jaeger/*Jacoby,* § 109 Rn. 23; K. Schmidt/*Ringstmeier,* § 109 Rn. 14; Uhlenbruck/*Wegener,* § 109 Rn. 9.

[60] → § 108 Rn. 7.

[61] So etwa Jaeger/*Jacoby,* § 109 Rn. 27; KPB/*Tintelnot,* § 109 Rn. 49; *von Wilmowsky* ZInsO 2004, 882, 885 Fn. 17.

[62] So etwa → MüKoInsO/*Eckert,* 3. Aufl. 2013, § 109 Rn. 28; Uhlenbruck/*Wegener,* § 109 Rn. 10.

[63] → MüKoInsO/*Huber,* § 103 Rn. 184.

[64] KPB/*Tintelnot,* § 109 Rn. 10.

[65] Siehe KG BeckRS 2007, 13258.

[66] Siehe BGH BeckRS 1984, 31076348.

[67] Vgl. BGH BeckRS 1954, 31371308.

[68] Dafür → MüKoInsO/*Eckert,* 3. Aufl. 2013, § 109 Rn. 29; Uhlenbruck/*Wegener,* § 109 Rn. 11; **aA** KPB/*Tintelnot,* § 109 Rn. 49.

[69] KPB/*Tintelnot,* § 109 Rn. 49; vgl. weiter RGZ 115, 271, 272; BGH NJW 1968, 985.

[70] *Dahl* NZM 2008, 585, 588.

[71] RGZ 115, 271, 272; ebenso KPB/*Tintelnot,* § 109 Rn. 49.

Ersatzpflichtigen die Darlegungs- und Beweislast im Rahmen von § 254 BGB;[72] der Vermieter bleibt allenfalls insofern sekundär darlegungspflichtig, als er seine Bemühungen vorzutragen hat. Es besteht kein Grund, hiervon in der Mieterinsolvenz abzuweichen.

32 Bei der **Anmeldung zur Tabelle** (§ 174) ist der Schadensersatzanspruch des Vermieters als **aufschiebend bedingte Forderung gem. § 191** zu behandeln.[73] Da Mietforderungen als gem. § 163 BGB befristet erachtet werden,[74] ist auch der Ersatzanspruch befristet und steht einem aufschiebend bedingten gleich. Hingegen entsteht der Schadensersatzanspruch des Leasinggebers, der die ausgefallenen Leasingraten abgezinst in die Schadensberechnung einstellt, mit der Abrechnung nach Vertragsende unbedingt.

33 Der Schadensersatzanspruch des Vermieters oder Verpächters wegen vorzeitiger Vertragsbeendigung, der als Insolvenzforderung häufig wertlos sein wird, ist nach Maßgabe von § 50 Abs. 2 S. 1 Fall 2 nicht durch das gesetzliche **Vermieterpfandrecht** abgesichert.

34 Die **Kaution** kann der Vermieter dagegen uneingeschränkt gegen den Ersatzanspruch verrechnen. Dass dieser nur nach Verfahrenseröffnung entstehende Mietraten kompensiert, während der Kautionsrückzahlungsanspruch schon vor Verfahrenseröffnung aufschiebend bedingt entstanden ist, steht der Aufrechnung nicht entgegen, denn Zweck der Kaution ist gerade die Absicherung des Vermieters gegen die durch die Insolvenz des Mieters bedingten Verluste. Auch besteht kein Grund, § 50 Abs. 2 S. 1 analog heranzuziehen.[75]

35 Für den Ersatzanspruch haften **Abschlussvertreter** oder Dritte, die die Mithaftung übernommen haben,[76] sowie der **Bürge,** der die Forderungen des Vermieters aus dem Mietverhältnis absichert.[77] Eine nur auf die Miete beschränkte Bürgschaft oder Mithaftung deckt vordergründig betrachtet den Schadensersatzanspruch des Vermieters nicht ab; indessen ist dieser Anspruch bei wirtschaftlicher Sicht Ersatz für den entfallenen Mietzinsanspruch und deshalb wie dieser gesichert. Mit der Insolvenz des Mieters verwirklicht sich in typischer Weise das abgesicherte Risiko.

V. Sonderfälle

36 **1. Insolvenzverfahren über das Vermögen eines von mehreren Mietern.** Verbreitet wird postuliert, das Mietverhältnis sei ein nicht teilbares Schuldverhältnis, weshalb ein Mietverhältnis mit mehreren Mietern nur einheitlich von allen und mit Wirkung gegen alle Mieter gekündigt werden könne.[78] Eine Ausnahme von diesem Grundsatz macht der **BGH** nun für das Kündigungsrecht nach § 109 Abs. 1 S. 1.[79] Danach sei der Verwalter nicht gehindert, den Mietvertrag zu kündigen, wenn nur einer der Mitmieter insolvent sei. In der Rechtsfolge führe dies – nun wieder wegen der vermeintlichen Einheitlichkeit des Mietverhältnisses – dazu, dass das Mietverhältnis insgesamt auch mit Wirkung für die anderen Mitmieter beendet werde.[80]

37 Diese Auflösung des Mietverhältnisses mit Wirkung für und gegen alle Mitmieter ist jedenfalls **insolvenzrechtlich nicht angezeigt.** § 109 Abs. 1 S. 1 soll die Masse vor den weitgreifenden Wirkungen des § 108 Abs. 1 S. 1 schützen. Eine Befreiung auch der Mitmieter von der vertraglichen Bindung ist nicht erforderlich. In der Tat wäre es auf der anderen Seite mit der masseschützenden Funktion des § 109 Abs. 1 S. 1 aber auch nicht vereinbar, wenn der Insolvenzverwalter dieses Kündigungsrecht nicht mit Wirkung (nur) für die Masse ausüben könnte.[81]

38 Der Rückgriff auf eine vermeintliche „Einheitlichkeit des Mietverhältnisses" vermag eine pauschale Beendigung des Mietverhältnisses für und gegen alle Mitmieter nicht zu tragen. Ob ein Vertragsverhältnis als Einheit stehen und fallen soll, bestimmt sich nicht nach objektiven Grund- und Merksätzen, sondern nach der Auslegung des Vertrages im Einzelfall (§ 139 BGB).[82] Ob das Mietverhältnis tatsächlich nur mit allen Parteien bestehen soll, richtet sich nach dem **Willen der**

---

72 Vgl. BGH NZM 2005, 340, 341.
73 KPB/*Tintelnot,* § 109 Rn. 49; **aA** Jaeger/*Jacoby,* § 109 Rn. 33.
74 BGHZ 111, 84, 93 f. = NJW 1990, 1785, 1787.
75 **AA** *Heinze* ZInsO 2010, 1073, 1076; *Zeibig,* Die Mietkaution, 2012, S. 432 f.
76 OLG Köln ZIP 1995, 46.
77 *Cymutta* NZI 2016, 808; *Jaeger/Henckel,* 9. Aufl. 1997, § 19 KO Rn. 47; **aA** OLG Rostock NZI 2016, 804.
78 RGZ 138, 183, 186; BGHZ 26, 102 f. = NJW 1958, 421, 422; BGHZ 144, 370 = BeckRS 2000, 6764; im Ansatz auch → MüKoInsO/*Eckert,* 3. Aufl. 2013, § 109 Rn. 36; siehe auch bereits Mugdan II, S. 230 = Motive II, S. 413.
79 BGHZ 196, 318 = NJW 2013, 3232.
80 Zust. etwa Uhlenbruck/*Wegener,* § 109 Rn. 3.
81 Vgl. auch Jaeger/*Jacoby,* § 109 Rn. 39.
82 Eingehend *J. F. Hoffmann* JuS 2017, 1045 ff.; unzutreffend im vorliegenden Kontext *Haak,* Verträge mit Personenmehrheiten in der Insolvenz, 2018, S. 76 f.; zutreffend dagegen grds. *Zwanzger,* Der mehrseitige Vertrag, 2013, S. 370 ff.

Parteien bei Vertragsschluss.[83] Die Gründe, warum auf Mieterseite mehrere Vertragsparteien kontrahieren, können vielfältig sein, sodass sich eine Pauschallösung verbietet.[84] Der Einwand des BGH, Differenzierungen würden zu Rechtsunsicherheit führen,[85] ist in diesem Kontext mehr als blass.[86]

Jedenfalls grds. lassen sich zweit Gründe für die Involvierung mehrerer Mieter ausmachen: Entweder will sich der Vermieter durch die vertragliche Mitverpflichtung eines solventen Mitmieters absichern oder die mehreren Mieter nutzen das Mietobjekt gemeinsam, und ihnen ist daher auch individuell an einem eigenen Nutzungsrecht gelegen. Sollte es dem Vermieter darum gehen, sich durch die Verpflichtung mehrerer Mieter vor Insolvenzrisiken **abzusichern,** so steigt für die künftige Fortführung des Vertragsverhältnisses das Risiko, wenn ein Mieter auf der Grundlage von § 109 Abs. 1 S. 1 ausscheidet. Der Vermieter kann sich dann ggf. darauf berufen, dass er für die Zukunft nicht bereit ist, das nun aktualisierte höhere Insolvenzrisiko zu tragen[87] und den Vertrag daher insgesamt hinfällig stellen.[88] Allerdings ist es ihm auch unbenommen, seinen Einheitlichkeitswillen nicht durchzusetzen[89] und die verbleibenden Mieter an ihrem vertraglichen Versprechen festzuhalten.[90] Sollte die Initiative für ihre vertragliche Beteiligung von den Mietern ausgegangen sein, damit diese ein **eigenes Nutzungsrecht** erhalten, ist aus Sicht der Mieter ein Spaltungswille gegeben und der Vertrag soll nicht als Ganzes stehen und fallen (§ 139 BGB). Auch eine Kündigung gem. § 109 Abs. 1 S. 1 lässt dann den Mietvertrag mit den anderen Mietern fortbestehen. 39

Nach Ausscheiden der Masse aus dem Mietverhältnis sind trotz Fortführung des Vertrages durch den nicht insolventen Mitmieter **Schadensersatzansprüche des Vermieters** – Insolvenzforderungen gem. § 109 Abs. 1 S. 3 – nicht ausgeschlossen, falls er mit seiner Mietzinsforderung gegen den anderen Mitmieter ausfallen sollte. Etwaige Regressansprüche eines Mitmieters gegen die Insolvenzmasse sind nach der Kündigung gem. § 109 Abs. 1 S. 1 Insolvenzforderungen. Soweit es, etwa gem. § 426 Abs. 2 S. 1 BGB, im Hinblick auf vor der Kündigung angelaufene Mieten zu einer cessio legis gekommen sein sollte, genießt der rückgriffsberechtigte Schuldner das Privileg des § 108 Abs. 1 S. 1.[91] 40

Sollte sich die konkrete Konstellation so verhalten, dass das gesamte Vertragsverhältnis als Einheit stehen und fallen soll, dann führt die Kündigung aus § 109 Abs. 1 S. 1 zu einer Beendigung des Mietvertrages für alle Parteien. Es stellt sich die Frage, ob der **solvente Mitmieter** gegenüber dem Vermieter **schadensersatzpflichtig** ist für die vorzeitige Vertragsbeendigung. In aller Regel wird eine materiell-rechtliche Grundlage für eine Schadensersatzpflicht des Mitmieters nicht gegeben sein.[92] Selbst wenn sich die Konstellation so verhält, dass ein Mitmieter mitverpflichtet worden ist, um den Vermieter vor Insolvenzrisiken zu schützen, heißt das nicht zwangsläufig, dass diese Insolvenzrisiken über die Mietausfälle hinaus auch im Hinblick auf Schadensersatzforderungen abgedeckt sein sollen.[93] Insbesondere ist Zurückhaltung geboten, wenn sich der solvente Mitmieter weiterhin vertragstreu verhalten hat und der Vermieter das Vertragsverhältnis nur deshalb nicht fortbestehen lassen wollte, weil er die künftig nun erhöhten Insolvenzrisiken nicht mehr tragen wollte. 41

Sieht der Verwalter von der vorzeitigen Kündigung ab, so muss es der nicht insolvente Mitmieter, der nicht entsprechend § 109 Abs. 1 S. 1 vorzeitig kündigen kann, hinnehmen, dass die Masse die Mietsache nutzt und der Vermieter ihn als Gesamtschuldner auf Mietzahlung in Anspruch nimmt.[94] 42

2. Insolvenzverfahren über das Vermögen einer Gesellschaft ohne Rechtspersönlichkeit und über das eines Gesellschafters. Mangels Personenidentität berührt die Eröffnung des Insolvenzverfahrens über das Vermögen einer Gesellschaft ohne Rechtspersönlichkeit (§ 11 Abs. 2 43

---

83 Für einen Rückgriff auf §§ 313, 314 BGB besteht entgegen Jaeger/*Jacoby,* § 109 Rn. 44 und *Haak,* Verträge mit Personenmehrheiten, in der Insolvenz, 2018, S. 59 f. kein Raum.

84 Vgl. auch K. Schmidt/*Ringstmeier,* § 109 Rn. 9; KPB/*Tintelnot,* § 109 Rn. 46; siehe grds. auch *Zwanzger,* Der mehrseitige Vertrag, 2013, S. 371 ff.

85 BGHZ 196, 318, Rn. 21 = NJW 2013, 3232; zust. *Rolfs* LMK 2013, 346512.

86 Das gilt auch für die entgegengesetzte Pauschallösung von *Haak,* Verträge mit Personenmehrheiten in der Insolvenz, 2018, S. 77.

87 Nicht überzeugend dagegen *Haak,* Verträge mit Personenmehrheiten in der Insolvenz, 2018, S. 65 f.

88 Abweichend → MüKoInsO/*Eckert,* 3. Aufl. 2013, § 109 Rn. 38.

89 Allgemein zum Reurechtsausschluss bei § 139 BGB *Flume,* AT II, § 32 8., S. 588.

90 Im Ergebnis insoweit auch → MüKoInsO/*Eckert,* 3. Aufl. 2013, § 109 Rn. 38.

91 → § 108 Rn. 102.

92 OLG Celle NJW 1974, 2012; OLG Düsseldorf NJW-RR 1987, 1369; **aA** → MüKoInsO/*Eckert,* 3. Aufl. 2013, § 109 Rn. 41.

93 Bei der Bürgschaft ist das der Fall → Rn. 35.

94 Zum Rückgriff gegen die Masse → § 108 Rn. 102.

Nr. 1) nicht das Mietverhältnis mit den persönlich haftenden Gesellschaftern, soweit diese, nicht die Gesellschaft, Mieter sind. Spiegelbildlich löst auch das Insolvenzverfahren über das Vermögen eines Gesellschafters nicht das Recht zur vorzeitigen Kündigung des mit der Gesellschaft eingegangen Mietverhältnisses aus.

44 Die **Kündigung** des Mietverhältnisses zwischen Vermieter und Gesellschaft oder Partnerschaft durch den Verwalter **wirkt für und gegen die Gesellschafter oder Partner.** Eine persönliche Haftung für die Schadensersatzansprüche des Vermieters nach § 109 Abs. 1 S. 3 kommt bspw. nach § 128 HGB in Betracht.[95]

45 **3. Untermiete.** Im Insolvenzverfahren über das Vermögen des Hauptmieters, der untervermietet hat, kann der Insolvenzverwalter das Hauptmietverhältnis nach Maßgabe von § 109 Abs. 1 S. 1 kündigen. Im Untermietverhältnis besteht ein entsprechendes Kündigungsrecht zwar nicht, die Masse macht sich gegenüber dem Untermieter aber nicht nach Maßgabe von § 108 Abs. 1 S. 1 schadensersatzpflichtig, wenn das Hauptmietverhältnis gem. § 109 Abs. 1 S. 1 gekündigt wird.[96]

46 Bei der **gewerblichen Zwischenvermietung von Wohnraum** ist die Sondervorschrift des § 565 BGB zu beachten, wonach der Hauptvermieter und der Untermieter Vertragspartner werden oder aber das Untermietverhältnis zwischen einem neuen Zwischenvermieter und dem Untermieter fortgeführt wird. Mit Wirksamwerden der Kündigung des Hauptmietverhältnisses durch den Verwalter nach § 109 Abs. 1 S. 1 scheidet die Masse aus dem Mietverhältnis aus. Für den besonderen § 10 Abs. 3 BKleingG hat der BGH dagegen entscheiden, dass dieser nicht im Falle einer Kündigung nach § 109 Abs. 1 S. 1 InsO greift.[97]

47 **4. Nachlassinsolvenzverfahren.** Die Kündigung des Miet- oder Pachtverhältnisses wegen Todes des Mieters (§§ 564 S. 2, 580 BGB) oder Pächters (§§ 584a Abs. 2, 594d BGB), die der Verwalter an Stelle des Erben aussprechen kann, zieht keine Schadensersatzpflicht nach sich. Sie ist innerhalb der in §§ 564 S. 2 (betr. Wohnraum), 580, 594d BGB genannten Zeiträume zu erklären. Bei der Wohnraummiete ist dieses Sonderkündigungsrecht zum Schutz der Familienangehörigen, die in das Mietverhältnis eintreten können, nach § 563 BGB eingeschränkt.

48 **5. Zwangsverwaltung über das Mietgrundstück.** Steht das Mietgrundstück unter Zwangsverwaltung, so erfasst die Beschlagnahmewirkung des § 148 ZVG auch den Schadensersatzanspruch des Vermieters im Sinne von § 109 Abs. 1 S. 3,[98] denn er ist wirtschaftlich betrachtet Ersatz für den mit Vertragsende entfallenen Mietanspruch. Zur Nutzung im weiteren Sinn zählt auch die Geltendmachung von Ersatzforderungen, die an die Stelle des entfallenen Mietzinsanspruches treten, auch wenn diese in §§ 21 Abs. 2 ZVG und 20 Abs. 2 ZVG iVm §§ 1123, 1126 BGB nicht ausdrücklich erwähnt sind.[99]

D. Enthaftung der Masse bei Wohnraumvermietung

I. Anwendungsbereich des § 109 Abs. 1 S. 2 InsO

49 Dem Wortlaut nach betrifft § 109 Abs. 1 S. 2 das Mietverhältnis über die **vom Schuldner selbst genutzte Wohnung.** In den Schutz sollte auch die Wohnung einbezogen sein, die der Schuldner für einen nahen Angehörigen angemietet hat oder die nach seinem Auszug der von ihm getrennt lebende Ehegatte behält.[100] Den Belangen der Masse ist mit der Enthaftung und dem bis dahin möglichen Bereicherungsausgleich[101] hinreichend gedient; der Wohnungsinhaber erhält die Chance, die Mietzahlungen ggf. zu übernehmen und sich die Wohnung zu erhalten. Nicht geschützt ist das Mietverhältnis über eine Wohnung, die nicht als Lebensmittelpunkt dient, etwa die zu Freizeitzwecken angemietete Zweitwohnung oder vom Schuldner untervermietete Wohnung.[102] Der analogen Anwendung des § 109 Abs. 1 S. 2 auf Werkstatt- oder Büroräume, die eine natürliche

95 Vgl. RGZ 140, 10, 14; OLG Frankfurt WM 1979, 1274; Jaeger/*Jacoby*, § 109 Rn. 28.

96 → § 108 Rn. 95; **aA** → MüKoInsO/*Eckert*, 3. Aufl. 2013, § 109 Rn. 45.

97 BGH NZI 2018, 767.

98 Jaeger/*Jacoby*, § 109 Rn. 28.

99 Siehe auch BGH NJW-RR 2003, 1308.

100 **AA** BeckOKInsO/*Berberich*, § 109 Rn. 22; Jaeger/*Jacoby*, § 109 Rn. 54; Uhlenbruck/*Wegener*, § 109 Rn. 15; unklar KPB/*Tintelnot*, § 109 Rn. 15, der die Masse vor Schadensersatzpflichten gem. § 109 Abs. 1 S. 3 Alt. 2 schützen möchte, die sich bei Nichtanwendung von § 109 Abs. 1 S. 2 freilich schlicht aus § 109 Abs. 1 S. 3 Alt. 1 ergeben.

101 → § 108 Rn. 98.

102 KPB/*Tintelnot*, § 109 Rn. 14.

Person zur Fortsetzung ihrer selbständigen Tätigkeit benötigt, steht der auf die Wohnraumvermietung zugeschnittene Ausnahmecharakter der Vorschrift entgegen. Die bei **gemischter Nutzung** – teils gewerblich, teils zu Wohnzwecken – übliche Ausrichtung nach dem Parteiwillen und der nach dem Vertragszweck überwiegenden Nutzungsart[103] erscheint auch hier sachgerecht.[104]

II. Erklärung des Verwalters

50 Die Haftung der Masse nach Maßgabe von § 108 Abs. 1 S. 1 für die nach Verfahrenseröffnung laufenden Mieten[105] kann der Verwalter durch einseitige Erklärung beenden. Die Frage, ob eine Enthaftungserklärung auch hinsichtlich vorinsolvenzlich bereits beendeter Mietverhältnisse abgegeben werden kann, erübrigt sich,[106] da in diesen Fällen § 108 Abs. 1 S. 1 ohnehin nicht greift.[107] Die Frist, nach deren Ablauf die Masse nicht mehr haftet, beträgt gem. § 109 Abs. 1 S. 1 drei Monate. Trotz Nähe zur Kündigung ist die Befolgung der gesetzlichen **Schriftform** entsprechend § 568 Abs. 1 BGB **nicht erforderlich.**[108] Der Schutz vor Übereilung[109] gebietet nicht die Einhaltung der Form, zumal die Enthaftungserklärung für die Masse nur von Vorteil ist. Die Erklärung muss **dem Vermieter** und nicht etwa dem Schuldner **zugehen.**[110] Inhaltlich sind die Anforderungen gering. Der BGH ist großzügig und lässt genügen, dass der Verwalter seine Auffassung, die Masse hafte nicht, zu erkennen gibt, mag diese auch auf der Rechtsauffassung beruhen, dass sie ohnehin nicht für Verbindlichkeiten aus einem Wohnraummietverhältnis aufkommen müsse.[111] Die Erklärung wirkt in entsprechender Anwendung der §§ 412, 407 BGB auch gegenüber dem Erwerber des Mietobjekts, der infolge Veräußerung gem. § 566 BGB in das Mietverhältnis eingetreten ist, wenn der Verwalter sie in Unkenntnis des Eigentumsübergangs dem alten Vermieter gegenüber abgegeben hat.[112] Da es nur einen betroffenen Vertragsgegner gibt, ist die öffentliche Bekanntmachung (anders als nach § 35 Abs. 3) entbehrlich.

III. Verhältnis zur ordentlichen Kündigung

51 Im Schrifttum besteht Einigkeit, dass der Verwalter mit einer ordentlichen Kündigung das Anliegen des § 109 Abs. 1 S. 2 nicht unterlaufen darf.[113] Generell lässt sich diese Regelung in dem Sinn begreifen, dass der Verwalter das Wohnraummietverhältnis nicht ohne Mitwirkung des Schuldners beenden darf. Darüber hinaus wird zum Teil dem Schuldner eine alleinige Befugnis zur ordentlichen Kündigung auch vor der Enthaftungserklärung zugesprochen,[114] was angemessen erscheint, da letztlich nicht über Nutzungsrechte der Masse disponiert wird.[115]

IV. Verhältnis zum Sonderkündigungsrecht gem. § 109 Abs. 1 S. 1 InsO

52 Nachteilig für den Schuldner wirkt § 109 Abs. 1 S. 2 insofern, als der Verwalter nicht im Einvernehmen mit ihm einen Zeitmietvertrag oder einen Vertrag mit mehrjährigem Kündigungsausschluss vorzeitig beenden kann. Obwohl diese Konsequenz im Gesetzgebungsverfahren übersehen wurde, ist eine teleologische Reduktion des Anwendungsbereichs der Regelung auf die Kündigung gegen den Willen des Schuldners unter Beibehaltung des Sonderkündigungsrechts gem. § 109 Abs. 1 S. 1[116] im Übrigen abzulehnen. Es erschiene nicht sachgerecht, die ohnehin überschießende Kompetenz[117] zur vollständigen Kündigung in § 109 Abs. 1 S. 1 noch zu erweitern.

---

103 Dazu BGH NJW-RR 1986, 877; BeckOKBGB/*Wiederhold*, § 549 Rn. 10.
104 Einschränkend Jaeger/*Jacoby*, § 109 Rn. 55.
105 → § 108 Rn. 40.
106 Diese Frage aufwerfend aber Uhlenbruck/*Wegener*, § 109 Rn. 20.
107 → § 108 Rn. 33.
108 Jaeger/*Jacoby*, § 109 Rn. 59; K. Schmidt/*Ringstmeier*, § 109 Rn. 22; Uhlenbruck/*Wegener*, § 109 Rn. 21; **aA** BeckOKInsO/*Berberich*, § 109 Rn. 26; KPB/*Tintelnot*, § 109 Rn. 47.
109 Vgl. MüKoBGB/*Häublein*, § 568 Rn. 1, der freilich auch eine Beweissicherungsfunktion anführt.
110 BGH NZI 2012, 406.
111 BGH NZI 2012, 406.
112 BGH NZI 2012, 406, 407.
113 BeckOKInsO/*Berberich*, § 109 Rn. 25; Jaeger/*Jacoby*, § 109 Rn. 61; HKInsO/*Marotzke*, § 109 Rn. 14; KPB/*Tintelnot*, § 109 Rn. 21; Uhlenbruck/*Wegener*, § 109 Rn. 16.
114 Uhlenbruck/*Wegener*, § 109 Rn. 18.
115 Für eine Wirksamkeit der Kündigung erst nach Enthaftungserklärung Jaeger/*Jacoby*, § 109 Rn. 63.
116 So etwa K. Schmidt/*Ringstmeier*, § 109 Rn. 27.
117 → § 108 Rn. 7.

V. Wirkungen der Enthaftungserklärung

53 **1. Verwaltungs- und Verfügungsbefugnis nach Wirksamwerden der Enthaftungserklärung.** Auch wenn alle Beteiligten davon ausgehen sollten, dass die Masse von dem Wohnraummietvertrag nicht betroffen werde, kann daraus nicht ein einvernehmliches von Vermieter, Schuldner und Verwalter vereinbartes Ausscheiden der Masse aus dem Mietverhältnis und dessen Fortführung allein durch den Mieter – ohne Schadensersatzansprüche des Vermieters im Sinne von § 109 Abs. 1 S. 3 – hergeleitet werden. Das scheitert in der Regel daran, dass den Beteiligten das Bewusstsein fehlt, rechtsgeschäftlich zu handeln.

54 **Bis zum Wirksamwerden der Enthaftungserklärung,** d.h. bis zum Ablauf der in § 109 Abs. 1 S. 1 statuierten Frist, bleibt das Mietverhältnis massebefangen; die Vertragszuständigkeit des Verwalters steht außer Zweifel.[118]

55 Die Fortdauer des Insolvenzbeschlags **nach Wirksamwerden der Enthaftungserklärung** sowie die Aktiv- und Passivlegitimation zur Abgabe und Entgegennahme rechtlich erheblicher Erklärungen wurden kontrovers beurteilt.[119] Zum Teil wurde unter Rekurs auf den Gesetzestext angenommen, mit der Enthaftungserklärung werde nur die Belastung der Masse mit Masseverbindlichkeiten beseitigt, ansonsten bleibe diese aber Vertragspartner und Kündigungserklärungen müssten an den Verwalter gerichtet oder von diesem abgegeben werden.[120]

56 Der **BGH** hat dagegen entschieden, dass nach der Enthaftungserklärung nur noch der Schuldner Verwaltungs- und Verfügungsbefugnis über das Mietverhältnis habe.[121] Das wird zum einen mit Praktikabilitätserwägungen begründet, zum anderen aber auch mit dem Hinweis untermauert, dass die fortlaufende Administration des Mietverhältnisses die Masse mit nutzlosen Kosten belasten könnte.

57 **2. Erfüllung des Mietvertrages durch den Schuldner.** Bis zum Wirksamwerden der Enthaftungserklärung bleiben die nachinsolvenzlichen Mietforderungen Masseverbindlichkeiten nach Maßgabe von § 108 Abs. 1 S. 1. Nach wirksamer Enthaftung hat der Schuldner die Mieterpflichten zu erfüllen und kann hierfür den nicht dem Insolvenzbeschlag unterliegenden Teil seines Arbeitseinkommens (§ 36) einsetzen. Aus seiner Passivlegitimation folgt, dass der Vermieter prozessual nur den Schuldner auf **Zahlung der Miete** und der Betriebskosten für die Zeit nach Wirksamwerden der Enthaftungserklärung in Anspruch nehmen kann. Der Vermieter, der mit der Vollstreckung eines gegen den Schuldner persönlich erwirkten Titels ausfällt, ist nicht gehindert, den titulierten Betrag als Folgeschaden der Enthaftungserklärung (§ 109 Abs. 1 S. 3) zur Tabelle anzumelden. Hinsichtlich **Schönheitsreparaturen** handelt es sich bezüglich Abnutzungen vor Verfahrenseröffnung um Insolvenzforderungen, für Abnutzungen im Zeitraum nach Verfahrenseröffnung und vor wirksamer Enthaftung um Masseverbindlichkeiten nach Maßgabe von § 108 Abs. 1 S. 1[122] und für Abnutzungen nach wirksamer Enthaftung ist lediglich der Schuldner mit seinem beschlagsfreien Vermögen verpflichtet.

58 **3. Kündigung des Mietverhältnisses.** Die Enthaftungserklärung gem. § 109 Abs. 1 S. 2 als solche begründet für den Vermieter weder ein Recht zur außerordentlichen Kündigung gem. § 543 Abs. 1 BGB noch ein Recht zur ordentlichen Kündigung. Ein Kündigungsgrund besteht nicht, solange der Schuldner seinen vertraglichen Pflichten, va zur Mietzahlung, nachkommt. Die Folgen der Verwaltererklärung gem. § 109 Abs. 1 S. 2 kann der Vermieter nicht dadurch beseitigen oder abmildern, dass er sich für diesen Fall ein Recht zur fristlosen oder ordentlichen Kündigung ausbedingt. Insolvenzrechtlich wäre dies zwar unbedenklich,[123] da die Dispositionsbefugnis des Verwalters unberührt bleibt und die Masse entlastet wird. Unwirksam ist dies jedoch nach § 569 Abs. 5 und § 573 Abs. 4 BGB.

59 Unter den Voraussetzungen des § 543 Abs. 2 S. 1 Nr. 3 BGB ist der Vermieter nach Enthaftung der Masse zur außerordentlichen Kündigung des Mietverhältnisses und nach § 573 Abs. 1, Abs. 2 Nr. 1 BGB auch zur ordentlichen Kündigung wegen erheblicher Verletzung der Mietzahlungspflicht berechtigt. Er ist nicht gehalten, solange zu warten, bis der Schuldner nach dem in § 109 Abs. 1 S. 2 genannten Termin mit der Zahlung der fälligen Miete in Verzug gerät. Die Kündigungssperre des **§ 112 entfaltet jedenfalls keine Wirkungen** mehr nach einer Enthaftungserklärung,[124] da sich

---

[118] BGH NZI 2012, 770, 774.
[119] Siehe → MüKoInsO/*Eckert,* 3. Aufl. 2013, § 109 Rn. 54 ff.
[120] Vgl. etwa K. Schmidt/*Ringstmeier,* § 109 Rn. 26; *Eckert* NZM 2001, 260, 263.
[121] BGH NZI 2014, 452; NZI 2014, 614; vgl. auch Jaeger/*Jacoby,* § 109 Rn. 52.
[122] → § 108 Rn. 99.
[123] **AA** KPB/*Tintelnot,* § 109 Rn. 6.
[124] Bereits vor einer Enthaftungserklärung sollte § 112 nicht angewendet werden; → § 112 Rn. 12.

ihr masseschützender Zweck erledigt hat.[125] Vielmehr rechtfertigt auch der Zahlungsverzug im von § 112 Nr. 1 erfassten Zeitraum die Kündigung, äußerstenfalls würde dem Vermieter zugemutet, erst nach zweimaligem Zahlungsverzug im Umfang des § 543 Abs. 2 Nr. 3 BGB kündigen zu können. Die Folgen einer Kündigung wegen des vor Verfahrensbeantragung oder -eröffnung aufgelaufenen Rückstandes kann er gem. § 569 Abs. 3 Nr. 2 S. 1 BGB abwenden, falls dies nicht gem. § 569 Abs. 3 Nr. 2 S. 2 BGB ausgeschlossen ist.

4. Schadensersatz wegen der Folgen der Enthaftungserklärung. Als Insolvenzgläubiger kann der Vermieter Ersatz des Schadens geltend machen, den er „wegen der Folgen der Erklärung" erleidet. Zu ersetzen ist (nur) der Schaden, den der Vermieter dadurch erleidet, dass das Mietverhältnis entgegen § 108 Abs. 1 S. 1 nicht mit der Masse fortgeführt wird. Dazu zählen die Forderungsausfälle bis zur Aufhebung oder Einstellung des Insolvenzverfahrens, insbesondere der Mietausfall (einschließlich der Betriebskosten) bis zum vereinbarten Vertragsende oder bis zu dem erstmöglichen Termin, zu dem der Mieter hätte kündigen können.[126] Nicht zu erfassen sind Ansprüche, die aus Handlungen des Schuldners nach der Enthaftungserklärung resultieren, etwa auf Schadensersatz wegen Beschädigung der Mietsache oder gem. § 546a BGB, falls der Schuldner nach Beendigung des Mietverhältnisses die Wohnung nicht zurückgibt.[127] Nicht zu erfassen sind weiter Schadensersatzansprüche wegen unterlassener Schönheitsreparaturen hinsichtlich Abnutzungen durch den Schuldner, die nach der wirksamen Enthaftungserklärung vorgenommen worden sind. Trotz des ungenauen Wortlauts ist § 50 Abs. 2 S. 1 Fall 2 auch auf diesen Schadensersatzanspruch zu erstrecken, sodass das Vermieterpfandrecht insoweit nicht sichert.[128] 60

5. Abwicklung des beendeten Mietverhältnisses. Nach wirksamer Enthaftung befindet sich die Masse nicht mehr im Besitz der Sache, sodass nur der Schuldner gem. § 985 BGB zur Herausgabe verpflichtet ist. **Räumungsansprüche** aus § 546 Abs. 1 BGB sind hinsichtlich vorinsolvenzlich verursachter Zustände Insolvenzforderungen. Bezüglich Zuständen, die nach Verfahrenseröffnung und vor wirksamer Enthaftung verursacht worden sind, bestehen nach Maßgabe von § 108 Abs. 1 S. 1 Masseverbindlichkeiten.[129] Hinsichtlich Zuständen, die nach der Enthaftungserklärung verursacht worden sind, kann nur der Schuldner mit seinem beschlagsfreien Vermögen belangt werden. Zugunsten der Masse wirken sich sonstige werthaltige Ansprüche des Schuldners aus, zB auf Auszahlung eines Nebenkostenguthabens, Wegnahme von Einrichtungen, Aufwendungsersatz oder Rückerstattung einer Mietvorauszahlung, vorausgesetzt die Tatbestände dieser Ansprüche sind vor der Enthaftungserklärung begründet worden.[130] Hinsichtlich des Anspruchs auf Rückzahlung der **Kaution** herrscht Streit, ob dieser der Masse oder dem Schuldner zusteht.[131] Der **BGH** hat entschieden, dass der Kautionsrückzahlungsanspruch nach der Enthaftungserklärung dem Mieter zustehe.[132] Dadurch wird die Enthaftungwirkung des § 109 Abs. 1 S. 2 allerdings auf Haftungsmasse erstreckt, ohne dass das vom Schutzanliegen des § 109 Abs. 1 S. 2 gedeckt wäre. Die Erwägung des BGH, der Mieter mache den Kautionsrückzahlungsanspruch erst „werthaltig", indem er sich unter Rückgriff auf sein beschlagsfreies Vermögen vertragskonform verhalte, vermag nicht zu überzeugen;[133] vielmehr wird umgekehrt der Masse der Kautionsanspruch überhaupt nur vorübergehend entzogen, damit der Schuldner im Rahmen von § 109 Abs. 1 S. 2 seine Wohnung nicht verliert. 61

6. Keine weitergehenden Auswirkungen des § 109 Abs. 1 S. 2 InsO. Aus dem Zweck der Vorschrift, dem Schuldner die Mietwohnung zu erhalten, leitete der BGH nicht auch das Verbot her, aus einer Wohnungsgenossenschaft auszutreten, denn die vom Schuldner gehaltenen Anteile fallen in die Insolvenzmasse.[134] Allerdings hat der Gesetzgeber jüngst mit § 67c GenG eine einschlägige Kündigungssperre eingeführt.[135] Ein Untermietverhältnis über Teile des Wohnraums bleibt 62

---

[125] BGHZ 206, 1 = NZI 2015, 809; *Eckert* NZM 2001, 260, 263; KPB/*Tintelnot*, § 109 Rn. 19; HKInsO/*Marotzke*, § 109 Rn. 18; **aA** Jaeger/*Jacoby*, § 109 Rn. 65; K. Schmidt/*Ringstmeier*, § 109 Rn. 25.

[126] BeckOKInsO/*Berberich*, § 109 Rn. 37.1.

[127] BeckOKInsO/*Berberich*, § 109 Rn. 37.1; **aA** → MüKoInsO/*Eckert*, 3. Aufl. 2013, § 109 Rn. 60.

[128] *Zeibig*, Die Mietkaution, 2012, S. 432.

[129] → § 108 Rn. 110.

[130] BeckOKInsO/*Berberich*, § 109 Rn. 34.

[131] Für eine Berechtigung der Masse etwa → MüKoInsO/*Eckert*, 3. Aufl. 2013, § 109 Rn. 61; Jaeger/*Jacoby*, § 109 Rn. 53; für eine Berechtigung des Mieters BeckOKInsO/*Berberich*, § 109 Rn. 35.

[132] BGH NZI 2017, 444; BeckRS 2017, 118524; *Ganter* ZIP 2019, 97, 101.

[133] Krit. auch *Cymutta/Schädlich* NZI 2017, 445, 446.

[134] BGHZ 180, 185 = NJW 2009, 1820; BGH NZM 2010, 359.

[135] Siehe weiter BeckOKInsO/*Berberich*, § 109 Rn. 50 f.; Uhlenbruck/*Wegener*, § 109 Rn. 17 und auch BGH NZI 2014, 953; NJW 2018, 2259.

massebefangen; auch wenn der Schuldner die Miete nur unter Einsatz der Untermiete aufbringen kann, hat der Verwalter oder Treuhänder diese zur Masse zu ziehen.[136]

E. Verfahrenseröffnung vor Überlassung des Mietobjekts (§ 109 Abs. 2 InsO)

I. Herbeiführung der Erklärung des anderen Vertragsteils

63 Mit Eröffnung des Insolvenzverfahrens tritt ein zeitlich unbegrenzter Schwebezustand ein. Vermieter und Insolvenzverwalter können ihn beenden, indem sie den anderen auffordern, sich für oder gegen den Rücktritt zu entscheiden (§ 109 Abs. 2 S. 3). Der andere Teil muss nicht sofort oder unverzüglich antworten, sondern binnen zwei Wochen. Diese Frist rechnet ab Zugang der Anfrage. Der Gesetzeswortlaut („auf dessen Verlangen binnen zwei Wochen") zeigt, dass dem zur Erklärung Aufgeforderten eine zweiwöchige Überlegungsfrist bleiben soll. Die Pflicht zur Antwort innerhalb einer konkreten Frist anstelle einer „unverzüglichen" Reaktion (vgl. § 103 Abs. 2) wurde eingeführt, um Streitigkeiten über die Rechtzeitigkeit der Erklärung zu vermeiden. Die **starre Frist** wird den Verwalter namentlich dann überfordern, wenn der Vermieter in der Phase unmittelbar nach Verfahrenseröffnung eine Entscheidung wünscht und der Verwalter kaum absehen kann, ob er das Mietobjekt zur Sanierung oder zur Abwicklung des Verfahrens benötigt. Gleichwohl lässt der eindeutige Wortlaut des § 109 Abs. 2 S. 3 keine analoge Anwendung des § 107 Abs. 2 in dem Sinn zu, dass der Verwalter sich erst nach dem Berichtstermin zu erklären habe,[137] zumal die besitzschützende Funktion des § 107 Abs. 2 vor Überlassung ohnehin nicht einschlägig ist.[138] Ein gewisses Korrektiv bietet die hier vertretene Auffassung[139] insofern, als der Verwalter auch dann vorzeitig kündigen kann, wenn er die Erklärungsfrist versäumt oder die Mietsache erst nach Verfahrenseröffnung übernommen hat.

64 Setzt der Auffordernde dem anderen Teil eine Frist von weniger als zwei Wochen, so gilt die gesetzliche Frist. Mit Einräumung einer längeren Frist als zwei Wochen gibt derjenige, der die Klarstellung verlangt, seine Bereitschaft zu erkennen, auch einen längeren Schwebezustand hinzunehmen. Daher verliert der zur Erklärung Aufgeforderte das Rücktrittsrecht erst nach Ablauf der längeren Frist.

65 Der Verwalter wird vom Vermieter auch dann eine Erklärung nach § 109 Abs. 2 S. 3 verlangen, wenn ihm selbst an der Vertragserfüllung nicht gelegen ist, denn der Rücktritt des Vermieters löst keinen Schadensersatzanspruch gem. § 109 Abs. 2 S. 2 aus. Umgekehrt ist der Vermieter interessiert, seinen Schadensersatzanspruch zu erhalten, der ihm nur zusteht, wenn der Verwalter zurücktritt. Vor diesem Hintergrund kann in einem Verlangen nach § 109 Abs. 2 S. 3 **kein Verzicht** auf das eigene Rücktrittsrecht gesehen werden.[140] Ein eigener Rücktritt nach einem entsprechenden Verlangen wird nur in seltenen Fällen für treuwidrig befunden werden können, wenn weitere Umstände hinzukommen.

II. Rücktritt des Verwalters

66 Bei Wohnraummietverhältnissen sollte entsprechend dem Schutzanliegen des § 109 Abs. 1 S. 2 diesem auch vor Überlassung der Vorrang vor § 109 Abs. 2 eingeräumt werden, sodass bereits vor Überlassung nur eine Enthaftungserklärung in Betracht kommt.[141] Im Anwendungsbereich der Vorschrift bleibt der Verwalter zum Rücktritt gem. § 109 Abs. 2 berechtigt, wenn der Schuldner das Mietobjekt nach Eröffnung übernimmt, andernfalls würde dessen Handeln eine Masseverbindlichkeit gem. § 55 Abs. 1 Nr. 2 auslösen. Eine Überlassung vor Verfahrenseröffnung kann zum Gegenstand einer Insolvenzanfechtung gemacht werden.[142] Vorleistungen einer Partei im Vorgriff auf die beabsichtigte Erfüllung des Mietvertrages, insbesondere die Vorauszahlung der Miete für einen längeren Zeitraum, stehen dem Rücktritt nicht entgegen.[143] Etwaige Rückgewähransprüche des Schuldners

---

[136] *Flatow,* 10 Jahre Mietrechtsreformgesetz, 2011, 865, 873, 874.
[137] So auch BeckOKInsO/*Berberich,* § 109 Rn. 44.1; **aA** KPB/*Tintelnot,* § 109 Rn. 60.
[138] So auch Jaeger/*Jacoby,* § 109 Rn. 88; HKInsO/*Marotzke,* § 109 Rn. 47.
[139] → Rn. 73 ff.
[140] **AA** → MüKoInsO/*Eckert,* 3. Aufl. 2013, § 109 Rn. 65.
[141] BeckOKInsO/*Berberich,* § 109 Rn. 41; K. Schmidt/*Ringstmeier,* § 109 Rn. 32; **aA** Uhlenbruck/*Wegener,* § 109 Rn. 35.
[142] → § 108 Rn. 78.
[143] KPB/*Tintelnot,* § 109 Rn. 55.

fallen in die Masse. Der Rücktritt des Verwalters löst einen Schadensersatzanspruch aus, den der Vermieter als Insolvenzgläubiger geltend machen kann.[144]

67 Bei Eröffnung des Insolvenzverfahrens über das Vermögen eines von **mehreren Mietern** gilt das zur Kündigung Gesagte entsprechend.[145]

68 Im **Nachlassinsolvenzverfahren** ist auch bei nicht vollzogenem Mietverhältnis die Kündigung nach §§ 564 S. 2, 580, 594d BGB, die grds. schon vor Überlassung der Mietsache möglich ist,[146] günstiger als der Rücktritt.

III. Rücktritt des Vermieters

69 Da das Rücktrittsrecht des Vermieters sich ohnehin nicht stimmig in die §§ 103 ff. einfügt,[147] sollte es nicht ohne zwingende Anhaltspunkte im Wortlaut der Vorschrift gewährt werden. **Zu verwerfen** ist eine **analoge** Anwendung von § 109 Abs. 2 auf Mietverträge, die nicht in den Anwendungsbereich von § 108 Abs. 1 S. 1 fallen; auch wenn ein erst-recht-Schluss naheliegt, ist der systemwidrige § 109 Abs. 2 einem solchen nicht zugänglich.[148] Zu verwerfen ist auch eine analoge Anwendung zugunsten des Dienstverpflichteten vor Dienstantritt in der Insolvenz des Dienstberechtigten.[149] **Auch wenn** ein Vermieter das Mietobjekt in **Unkenntnis** der Verfahrenseröffnung und in der Annahme einer dahingehenden Verpflichtung **übergibt,** ist er daher nicht zum Rücktritt berechtigt.[150] Wegen **Rechtsmissbrauchs** unwirksam kann der Rücktritt sein, wenn der Vermieter vor Verfahrenseröffnung mit der Überlassung der Mieträume in Verzug geraten war[151] oder sie sogar grundlos verweigert hatte, obwohl der vorläufige Verwalter Sicherheit für die aus der Masse zu zahlende Miete oder sogar Mietvorauszahlung angeboten hatte.[152] Von einem Rechtsmissbrauch ist auch auszugehen, wenn der Vermieter das Rücktrittsrecht als insolvenzbezogenes Reurecht missbraucht, was indiziert sein kann, wenn er nur zurücktritt, um dem Insolvenzverwalter anschließend einen Mietvertrag zu einem höheren Preis anzubieten. Bei einem Wohnraummietvertrag sollte dem Schutzanliegen des § 109 Abs. 1 S. 2 bereits vor Überlassung der Vorrang eingeräumt und § 109 Abs. 2 insgesamt verdrängt werden.[153]

70 Hat der Schuldner eine für die Betriebsfortführung benötigte Immobilie zur Liquiditätsbeschaffung verkauft, um sie anschließend zu leasen („**sale-and-lease-back**“), und ist der auf Eigentumsübertragung gerichtete Teil des Geschäfts vor Verfahrenseröffnung noch nicht abgeschlossen, so würde es dem Grundsatz, dass nur der Verwalter über das Schicksal nicht vollständig erfüllter Verträge zu entscheiden hat, widersprechen, wenn der Leasinggeber nach Erfüllungswahl des Verwalters die Durchführung des Leasinggeschäfts durch seinen Rücktritt gem. § 109 Abs. 2 vereiteln könnte.

71 Der Rücktritt des Vermieters zieht **keine Schadensersatzpflicht** nach sich, weder zugunsten der Masse, noch zu seinen Gunsten. § 109 Abs. 2 S. 2 regelt abschließend, welche Schadensersatzfolgen ein Rücktritt nach sich zieht. Der Gesetzgeber nimmt an, dass ein Rücktritt durch den Vermieter stets seine Berechtigung in der Insolvenz des Mieters finde. Jedenfalls soweit man einen Missbrauch des § 109 Abs. 2 S. 2 als insolvenzbezogenes Reurecht ausschließt, ist das stimmig. Etwaige Vorausleistungen sind wie nach Rücktritt des Verwalters zurückzugewähren.

72 Im **Insolvenzverfahren über das Vermögen eines von mehreren Mietern** spricht die durch das Gesetz angeordnete Gleichbehandlung von Vermieter und Verwalter für ein Rücktrittsrecht des Vermieters. Nicht zu übersehen ist auch das Bedürfnis zurückzutreten jedenfalls dann, wenn der Mitmieter, auf dessen Bonität der Vermieter vorrangig vertraut hat, insolvent wird. Sind zB eine GmbH und deren Geschäftsführer Mieter und wird über das Vermögen der Gesellschaft das Insolvenzverfahren eröffnet, so liegt ein Rücktrittsrecht des Vermieters nahe. Gleichwohl wird ihm

---

144 → Rn. 28 ff.

145 → Rn. 36 ff. § 351 BGB steht dem nicht entgegen (so aber Jaeger/*Jacoby*, § 109 Rn. 98), da es sich um eine dispositive Vorschrift handelt.

146 Vgl. BGHZ 73, 350 = NJW 1979, 1288; BGHZ 99, 54, 59, 60 = NJW 1987, 948, 949; diese Urteile betreffen die ordentliche Kündigung; die Ausführungen lassen sich jedoch auf die außerordentliche Kündigung nach § 543 BGB übertragen.

147 → Rn. 5.

148 Entgegen den Erwägungen von HKInsO/*Marotzke*, § 109 Rn. 40; wie hier *von Wilmowsky* ZInsO 2007, S. 731, 734; → MüKoInsO/*Eckert*, 3. Aufl. 2013, § 108 Rn. 132.

149 Entgegen HKInsO/*Marotzke*, § 109 Rn. 48.

150 **AA** → MüKoInsO/*Eckert*, 3. Aufl. 2013, § 109 Rn. 69.

151 *Dahl* NZM 2008, 585, 591; im Ergebnis auch Jaeger/*Jacoby*, § 109 Rn. 83 und HKInsO/*Marotzke*, § 109 Rn. 41; **aA** Uhlenbruck/*Wegener*, § 109 Rn. 35.

152 KPB/*Tintelnot*, § 109 Rn. 8; vgl. zur Kündigung des Vermieters nach § 19 KO: BGH BeckRS 1962, 31184549; *Jaeger/Henckel*, 9. Aufl. 1997, § 19 KO Rn. 6; **aA** Uhlenbruck/*Wegener*, § 109 Rn. 35.

153 **AA** BeckOKInsO/*Berberich*, § 109 Rn. 41; → MüKoInsO/*Eckert*, 3. Aufl. 2013, § 109 Rn. 69.

entsprechend der früheren Rechtslage zum Kündigungsrecht gem. § 19 KO[154] verbreitet kein Rücktrittsrecht zugebilligt.[155] Ein Rücktritt kann in diesen Konstellationen im Einzelfall durchaus als unzulässiges insolvenzbezogenes Reurecht ausgeschlossen sein, denn die Interessen des Vermieters an den Mietzinszahlungen erfordern das Rücktrittsrecht nicht zwangsläufig;[156] das Recht aus § 321 BGB bleibt dem Vermieter unbenommen. Nach Überlassung der Mietsache an den solventen Mitmieter und die Masse ist er ggf. hinreichend gesichert, denn für seine Ansprüche haften beide gesamtschuldnerisch. Auch kann er darauf vertrauen, dass der Verwalter, der andernfalls persönlich haften würde, bei schwacher Masse seinerseits zurücktritt und nach Überlassung gem. § 109 Abs. 1 S. 1 vorzeitig kündigen wird, falls sich Masseunzulänglichkeit abzeichnet. Bei Zahlungsverzug der Masse und des Mitmieters bleibt dem Vermieter das Recht zur fristlosen Kündigung gem. § 543 Abs. 2 Nr. 3 BGB. Letztlich wird man spiegelbildlich zum Rücktritt des Verwalters unter Rückgriff auf die zum Kündigungsrecht entwickelten Grundsätze zu entscheiden haben:[157] Entgegen dem verbreitet postulierten Grundsatz der „Einheitlichkeit des Mietverhältnisses" bezieht sich der Rücktritt nur auf den insolventen Mieter,[158] ob der Vertrag in seiner Gesamtheit stehen und fallen soll, richtet sich nach dem Parteiwillen bei Vertragsschluss.

IV. Verhältnis von Kündigung gem. § 109 Abs. 1 InsO und Rücktritt gem. § 109 Abs. 2 InsO

73 § 109 Abs. 1 S. 1 weicht insofern von § 19 KO und § 51 Abs. 2 VerglO ab, als in diesen Bestimmungen das Kündigungsrecht ausdrücklich die Überlassung der Mietsache vor Eröffnung des Konkurs- bzw. Vergleichsverfahrens voraussetzt, während dies nach § 109 Abs. 1 nicht der Fall ist. Die Überlassung der Mietsache ist lediglich negative Voraussetzung des beiderseitigen Rücktrittsrechts nach § 109 Abs. 2. § 109 Abs. 1 S. 1 schließt somit nicht aus, dass der Verwalter auch ein **Mietverhältnis kündigen** kann, das **erst nach Verfahrenseröffnung vollzogen** wurde.[159] In der Sache bietet die Rücktrittsmöglichkeit einen höheren Schutz der Masse wegen noch nicht hinreichend verfestigter Kontinuitätsinteressen des Vermieters vor Überlassung. Es muss dem Insolvenzverwalter unbenommen sein, auf diesen höheren Schutz zu verzichten und sich den geschützten Kontinuitätsinteressen im Zusammenspiel von §§ 108 Abs. 1 S. 1, 109 Abs. 1 S. 1 auszusetzen. Das Kündigungsrecht aus § 109 Abs. 1 S. 1 wird auch nicht durch den Ablauf der Frist des § 109 Abs. 2 S. 3 beseitigt.[160]

74 Die Begründung des Regierungsentwurfs zu § 109[161] gibt nur einen vagen Hinweis, aus welchen Gründen die Überlassung des Mietobjekts nicht als Voraussetzung des Sonderkündigungsrechts in den Wortlaut des § 109 Abs. 1 aufgenommen wurde. Wenn es dem Schuldner vor Verfahrenseröffnung noch nicht überlassen worden sei, so heißt es dort, gehe Abs. 2, der im Wesentlichen den §§ 20, 17 KO entspreche, als Sonderregelung vor. Diese Ausführungen deuten darauf hin, dass das Sonderkündigungsrecht gem. § 109 Abs. 1 – wie bislang – nur dann eingreifen solle, wenn die Mietsache vor Verfahrenseröffnung überlassen worden war.

75 Der Wortlaut des § 109 zwingt nicht zu diesem Schluss. § 109 Abs. 2 S. 1 kann durchaus als Ergänzung zu Abs. 1 gesehen werden, die beiden Seiten vor Überlassung des Mietobjekts eine sofortige Auflösung des Vertrages ermöglicht. Diese Lesart entspricht jedenfalls dem Zweck des Insolvenzverfahrens. Zwar wird der Masse nicht die Vollziehung des Mietverhältnisses aufgedrängt, die starre zweiwöchige Erklärungsfrist gem. § 109 Abs. 2 S. 3 führt aber dazu, dass der Verwalter sich eher für als gegen den Rücktritt entscheiden wird, um das Risiko unnötiger Masseverbindlichkeiten zu vermeiden, obwohl der Vermieter zur Erfüllung bereit ist. Könnte der Verwalter ein auf längere Zeit eingegangenes Mietverhältnis über ein zunächst zur Durchführung des Insolvenzverfahrens benötigtes Grundstück nicht mehr kündigen, wenn es ihm bzw. der Masse erst nach Verfahrenseröffnung überlassen wird, so wäre entweder er gehindert, ein für die Masse vorteilhaftes Mietverhältnis zu vollziehen, oder die Masse würde mit erheblichen Verbindlichkeiten, ggf. Miete für die gesamte Vertragsdauer, belastet. Sinnvoll ist weder das eine noch das andere. Mit der späteren Kündi-

---

[154] BGHZ 26, 102 = NJW 1958, 421; *Jaeger/Henckel*, 9. Aufl. 1997, § 19 KO Rn. 36 f.

[155] *Dahl* NZM 2008, 585, 591; → MüKoInsO/*Eckert*, 3. Aufl. 2013, § 109 Rn. 72; Uhlenbruck/*Wegener*, § 109 Rn. 36.

[156] Differenzierend KPB/*Tintelnot*, § 109 Rn. 57.

[157] → Rn. 36 ff. Aus § 351 BGB ergibt sich insoweit nichts anderes, da es sich um eine dispositive Vorschrift handelt.

[158] Pauschal in diesem Sinne *Haak*, Verträge mit Personenmehrheiten in der Insolvenz, 2018, S. 95 ff.

[159] BeckOKInsO/*Berberich*, § 109 Rn. 9; *Eckert* ZIP 1996, 897, 901; KPB/*Tintelnot*, § 109 Rn. 68; Uhlenbruck/*Wegener*, § 109 Rn. 1.

[160] Jaeger/*Jacoby*, § 109 Rn. 15.

[161] BT-Drs. 12/2443, 147.

gung setzt sich der Verwalter nicht zwangsläufig in unzulässigen Widerspruch zu seinem früheren Verhalten, denn er kann, namentlich bei einem sich geraume Zeit hinziehenden Verfahren, nicht immer abschätzen, wie lange er die Mietsache benötigt oder wie sich die Masse entwickelt.

F. Abweichende Vereinbarungen der Vertragsparteien

I. Ausschluss der Lösungsrechte

Das Sonderkündigungsrecht gem. § 109 Abs. 1 S. 1, die Enthaftung der Masse gem. § 109 Abs. 1 S. 2 und das Rücktrittsrecht des Verwalters nach § 109 Abs. 2 können nicht durch individuelle oder vorformulierte Vereinbarung vorinsolvenzlich abbedungen werden (**§ 119**),[162] da dies auf eine stärkere Bindung der Masse im Sinne von § 108 Abs. 1 S. 1 hinausliefe.[163] Dem Vermieter bleibt es dagegen unbenommen, im Vorfeld auf sein Rücktrittsrecht zu verzichten.[164] 76

II. Abänderung der Kündigungsfrist

Die vorinsolvenzliche Vereinbarung einer längeren Kündigungsfrist als der gesetzlichen ist nach § 119 unzulässig, weil die Masse durch eine längere Frist zusätzlich belastet würde. Im Gegensatz zu § 19 S. 2 KO lässt § 109 Abs. 1 die Vereinbarung einer kürzeren Kündigungsfrist als der gesetzlichen nicht mehr ausdrücklich zu. Dies bedeutet nicht die Unwirksamkeit der Vereinbarung einer kürzeren Kündigungsfrist.[165] Zwar verschlechtert sich die ohnehin missliche Situation des an den Vertrag gebundenen Vermieters, wenn der Verwalter mit der Kündigung nach Belieben zuwarten und dann kurzfristig kündigen kann. § 119 dient jedoch nicht dem Schutz des Vertragsgegners. 77

III. Auflösung und Kündigung des vollzogenen Mietverhältnisses

Inwieweit der Vermieter sich vorinsolvenzlich hinsichtlich der Insolvenz des Mieters ein Lösungsrecht vom Mietvertrag ausbedingen kann, betrifft das grds. Problem der Zulässigkeit insolvenzbezogener Lösungsklauseln,[166] das zum Teil in § 112 thematisiert und das ansonsten kein Spezifikum von § 109 ist.[167] 78

§ 110 Schuldner als Vermieter oder Verpächter

(1) [1]Hatte der Schuldner als Vermieter oder Verpächter eines unbeweglichen Gegenstands oder von Räumen vor der Eröffnung des Insolvenzverfahrens über die Miet- oder Pachtforderung für die spätere Zeit verfügt, so ist diese Verfügung nur wirksam, soweit sie sich auf die Miete oder Pacht für den zur Zeit der Eröffnung des Verfahrens laufenden Kalendermonat bezieht. [2]Ist die Eröffnung nach dem fünfzehnten Tag des Monats erfolgt, so ist die Verfügung auch für den folgenden Kalendermonat wirksam.

(2) [1]Eine Verfügung im Sinne des Absatzes 1 ist insbesondere die Einziehung der Miete oder Pacht. [2]Einer rechtsgeschäftlichen Verfügung steht eine Verfügung gleich, die im Wege der Zwangsvollstreckung erfolgt.

(3) [1]Der Mieter oder der Pächter kann gegen die Miet- oder Pachtforderung für den in Absatz 1 bezeichneten Zeitraum eine Forderung aufrechnen, die ihm gegen den Schuldner zusteht. [2]Die §§ 95 und 96 Nr. 2 bis 4 bleiben unberührt.

Schrifttum: *Christiansen,* Die „Entstehungsgeschichte" von Mietforderungen, ZInsO 2010, 653; *Dobmeier,* Die Behandlung der Vorausabtretungen von Mietzinsen und pfändbaren Arbeitsentgeltansprüchen in der Insolvenz des Zedenten, NZI 2006, 144; *Dötsch,* Ende des „Baukostenzuschusses" als Einwendung „fauler" Mieter in der Insolvenzverwaltung?, NZI 2009, 714; *Eckardt,* Recht Dritter an Mietforderungen in der Vermieterinsolvenz, Zehn Jahre Mietrechtsreformgesetz – eine Bilanz, 2011, 877; *Eckert,* Keine Fortwirkung der Finanzierungsleistung des Mieters gegen Grundstückserwerber, Zwangs- und Insolvenzverwalter nach Abschaffung der § 57c, 57d ZVG, ZfIR 2008, 453; *Ehricke,* Zur Entstehung des Anspruchs auf Mietzinszahlung in der Insolvenz des Vermieters,

162 Vgl. zum früheren Rechtszustand RGZ 56, 245, 247; *Jaeger/Henckel,* 9. Aufl. 1997, § 19 KO Rn. 63.
163 → § 108 Rn. 160 ff.
164 **AA** BeckOKInsO/*Berberich,* § 109 Rn. 48.
165 HKInsO/*Marotzke,* § 109 Rn. 27; K. Schmidt/*Ringstmeier,* § 109 Rn. 13; *Tintelnot* ZIP 1995, 621.
166 Eingehend *J. F. Hoffmann* KTS 2018, 343 356 ff.
167 Siehe dagegen noch → MüKoInsO/*Eckert,* 3. Aufl. 2013, § 109 Rn. 78 ff.

ZInsO 2008, 1058; *Eichel*, Künftige Forderungen, 2014; *Eickmann*, Miet- und Pachtforderungen im Zugriff von Grundpfandrechts- und anderen Gläubigern, ZfIR 2006, 273; *Eickmann*, Zwangsverwaltung in der Insolvenz, ZfIR 2007, 557; *Flöther/Bräuer*, Die Abtretung künftiger Lohnforderungen in der Insolvenz des Arbeitnehmers, NZI 2006, 136; *Henckel*, Vorausverfügung und Aufrechnung bei der Miete beweglicher Sachen und bei der Rechtspacht im Konkurs des Vermieters und des Pächters, FS Fritz Baur, 1981, S. 443; *Henkel*, Die Kollision von Gesellschafterinsolvenz und eigenkapitalersetzender Nutzungsüberlassung, § 110 Abs. 1, § 32a Abs. 3 Satz 1 GmbHG, ZInsO 2006, 1013; *Henssler*, Vorausverfügungen über Nutzungsforderungen im Konkurs, ZBB 1991, 33; *Hofmann/Vendolsky*, Die Pfändung von Miet- und Pachtforderungen durch Grundpfandrechtsgläubiger in der Insolvenz des Vermieters oder Verpächters, ZfIR 2006, 403; *Mitlehner*, Der Anfechtungsanspruch bei Absonderungsrechten nach § 110, § 114, NZI 2008, 724; *Muthorst*, Bedingt, befristet, betagt – Sonderfälle der Forderung im Spiegel des Insolvenzrechts, ZIP 2009, 1794; *Nöll*, Insolvenzverwalter vs. Zwangsverwalter: Grenzen haftungsrechtlicher Zuweisung von Zwangsverwaltungserlös an Grundpfandgläubiger, ZInsO 2007, 1125; *v. Olshausen*, Die erstaunliche Karriere des § 140 Abs. 3 in der Rechtsprechung des BGH, KTS 2009, 481; *Peter/Greß*, Das Refinanzierungsregister und die Wohnungswirtschaft, ZInsO 2007, 455; *Piekenbrock*, Zum Wert der Globalzession in der Insolvenz, WM 2007, 141; *Schäfer*, Die rechtliche Behandlung der Vorausabtretung von Mietzins- und Leasingforderungen im Konkurs des Vermieters und Leasinggebers, BB 1990, 82; *Voß*, Die Vorausabtretung in der Insolvenz, 2010; *Wazlawik*, Die gläubigerbenachteiligende Abtretung der Miet-/Pachtzinsforderungen an den Grundpfandgläubiger, NZI 2007, 320; *Zipperer*, Die Pfändung von Miet- und Pachtzinsforderungen aus dinglichen Titeln – die ewig junge „Pfändungsbeschlagnahme", ZfIR 2006, 395; *Zipperer*, Zur Vorausabtretung von Mietzinsansprüchen, ZfIR 2007, 466.

Übersicht

A. Grundlagen

I. Frühere Rechtslage

1 Der Regelungsgehalt entspricht im Wesentlichen § 21 Abs. 2, Abs. 3 KO. § 110 Abs. 2 S. 2 und Abs. 3 S. 2 bedeuten lediglich die Klarstellung der zuvor ohne ausdrückliche Regelung anerkannten Rechtslage.[1] Wie schon die Konkursordnung regelt auch die Insolvenzordnung in § 110 Abs. 1 die Wirksamkeit von Vorausverfügungen des Vermieters über den Mietzins und die Aufrechnung nur für den Bereich der Immobilienvermietung. Die an § 49 und § 108 Abs. 1 angelehnte Verwendung des Begriffs „unbewegliche Gegenstände"[2] statt – wie in § 21 Abs. 2 KO – „Grundstück" führt zu einer praktisch bedeutsamen Änderung gegenüber der früheren Rechtslage insofern, als § 110 Abs. 1 auch das Leasing eingetragener Flugzeuge und Schiffe erfasst und somit dessen Refinanzierung unter Umständen[3] erschwert.[4]

II. Normzweck und Verhältnis zu den allgemeinen Vorschriften

2 Zu § 110 vergleichbare Regelungen sind in §§ 566b, 1124 BGB, 57b ZVG enthalten, die allesamt von der Rechtsprechung einheitlich ausgelegt werden. Im Anwendungsbereich von § 108 Abs. 1 S. 1 soll § 110 sicherstellen, dass die Masse die Miete erhält, wenn von der Masse ihrerseits Erfüllung

[1] BT-Drs. 12/2443, 147.

[2] → § 108 Rn. 37 f.

[3] Vgl. jedoch auch den insoweit zessionsfreundlichen Ansatz bei BGH NJW 2013, 2429, Rn. 26 ff. und dazu → Rn. 4 f.

[4] Im Hinblick auf Flugzeug- und Schiffsleasing plädiert *Krämer*, Leasingverträge in der Insolvenz, 2005, S. 168 ff. für eine teleologische Reduktion von § 110 Abs. 1.

des Mietvertrages verlangt werden kann. Die Frage nach dem Normzweck des § 110 berührt zugleich dessen heftig umstrittenes Verhältnis zu den allgemeinen Vorschriften, insbesondere zu **§ 91.**[5] Für gewöhnlich wird die Frage nach dem Normzweck von § 110 einheitlich für alle erfassten Tatbestände diskutiert und regelmäßig in diesem Kontext primär der Tatbestand der Vorausabtretung in den Blick genommen. Zweckmäßigerweise sollten die unterschiedlichen Alternativen des § 110 aber getrennt betrachtet werden.[6]

1. Vorausabtretungen – § 110 Abs. 1 S. 1 InsO. Während hinsichtlich der Wirksamkeit von Vorausabtretungen zum Teil davon ausgegangen wird, dass § 110 in seinem Anwendungsbereich die Unwirksamkeit von Vorausverfügungen mit eng umrissenen Ausnahmen kodifiziere und damit im Kern eine Drittinteressen berücksichtigende **masseschützende** Vorschrift sei,[7] nimmt der BGH an, dass § 110 nur die ausnahmsweise Wirksamkeit von gem. § 91 ohnehin unwirksamen Verfügungen normiere[8] und damit eine **drittschützende** Vorschrift sei. In der Sache ergeben sich nach beiden Ansätzen dann unterschiedliche Konsequenzen, wenn man davon ausgeht, dass nicht jeder von § 110 erfasste Tatbestand auch unter § 91 falle. 3

Der **BGH** hat seinen Ansatz, wonach § 110 nur einschlägig sei, wenn § 91 vorliege, dahingehend entwickelt, dass nicht jeder Vertrag, der unter § 108 Abs. 1 S. 1 falle, zwangsläufig auch von § 110 erfasst werde. Im Hinblick auf **Immobilienleasingverträge** hält der BGH an seiner im Rahmen von § 91 entwickelten Unterscheidung fest, wonach nur die Verfügung über „befristete" Forderungen unwirksam sei, nicht aber die Verfügung über **„betagte" Forderungen.**[9] Der BGH qualifiziert Forderungen aus Finanzierungsleasingverträgen grds. als „betagte" Forderungen, weshalb eine **Unwirksamkeit** der Vorausabtretung gem. § 91 **nicht in Betracht komme,**[10] woran auch § 110 nichts ändere.[11] Allerdings komme es in diesem Kontext maßgeblich auf die Abgrenzung zwischen Finanzierungsleasing, bei dem die Abtretung nicht von § 91 erfasst werde, und Miete, bei der §§ 91, 110 greifen, an.[12] 4

In der **Literatur** wird nicht nur ein anderes Verständnis zu § 110 vertreten, sondern auch der Abgrenzungsansatz im Rahmen von § 91 zwischen „betagten" und „befristeten" Forderungen kritisiert. Sowohl Stimmen, die § 110 anders als der BGH als eigene Nichtigkeitsnorm begreifen[13] als auch Stimmen, die sich generell mit § 91 auseinandersetzen,[14] wollen als maßgebliches Abgrenzungskriterium der Unwirksamkeit die Figur des **„Werthaltigmachens"** mit Massemitteln[15] verwenden. Wenn und soweit die abgetretene Forderung mit Massemitteln werthaltig gemacht werde, greife das Schutzanliegen des § 91 (respektive § 110) und die Vorausabtretung sei für unwirksam zu erklären. 5

Man wird dem BGH, unabhängig von der Überzeugungskraft der Figur des „Werthaltigmachens", vorhalten können, dass die im Ausgangspunkt formalistische Unterscheidung zwischen „betagten" und „befristeten" Forderungen einen unmittelbaren Zugriff auf die maßgeblichen insolvenzrechtlichen Wertungen kaum ermöglicht.[16] Allerdings greift der **BGH** auf dem Kriterium des „Werthaltigmachens" jedenfalls vergleichbare Erwägungen zurück, um „betagte" von „befristeten" Forderungen abzugrenzen: So sei von einer „befristeten" Forderung auszugehen, wenn der Leasinggeber untypischerweise Leistungspflichten, wie etwa Gewährleistungspflichten, übernommen habe, die die Masse erheblich belasten könnten.[17] Soweit sich allerdings die aus § 108 Abs. 1 S. 1 resultierende Belastung der Masse darin erschöpfe, dem Vertragspartner „den Gebrauch der Mietsache zu 6

---

5 Ob bei der Abtretung künftiger Forderungen § 91 einschlägig ist, wie das herrschend vertreten wird, oder § 81, wie das etwa eingehend *Eichel*, Künftige Forderungen, 2014, S. 437 ff. annimmt (vgl. auch → MüKo-InsO/*Ott/Vuia*, § 81 Rn. 10), kann für hiesige Zwecke offenbleiben; erhebliche Relevanz erfährt diese Abgrenzung im Kontext von § 24 Abs. 1; → Rn. 22.

6 Insoweit im Anschluss an *Jaeger/Henckel*, 9. Aufl. 1997, § 21 KO Rn. 34 ff.; Jaeger/*Jacoby*, § 110 Rn. 6 ff.

7 Vgl. HKInsO/*Marotzke*, § 110 Rn. 5.

8 BGH NJW 2013, 2429, Rn. 25; BGHZ 170, 196, 200, Rn. 12 = NJW 2007, 1588, 1589, Rn. 12; BGHZ 182, 264, 267, Rn. 10 = NJW 2010, 444, Rn. 10; K. Schmidt/*Ringstmeier*, § 110 Rn. 3; Uhlenbruck/*Wegener*, § 110 Rn. 2.

9 BGH NJW 2013, 2429, Rn. 27.

10 Vgl. noch zur KO BGHZ 109, 368, 376 = NJW 1990, 1113, 1115.

11 BGH NJW 2013, 2429, Rn. 29 ff.

12 BGH NJW 2013, 2429, Rn. 32 ff.

13 Jaeger/*Jacoby*, § 110 Rn. 2; HKInsO/*Marotzke*, § 110 Rn. 5.

14 Vgl. *Eckardt*, 10 Jahre Mietrechtsreformgesetz, 2011, 877, 880 f. und ähnlich auch *Eichel*, Künftige Forderungen, 2014, S. 444 ff.

15 Eingehend *Henckel* FS Baur, 1981, 443 ff.

16 Vgl. auch *Eckardt*, 10 Jahre Mietrechtsreformgesetz, 2011, 877, 880 f.

17 BGH NJW 2013, 2429, Rn. 34.

überlassen" und diesen in „der Nutzung nicht zu stören",[18] handle es sich um eine „betagte" Forderung und die Vorausabtretung sei wirksam, da § 91 nicht eingreife und demnach auch § 110 nicht einschlägig sei.

7 Auch wenn man dem BGH wird attestieren können, die verbreitet für maßgebend befundene Sachfrage nach dem „Werthaltigmachen" in seine eher formale Abgrenzung integriert zu haben, vermögen seine Ausführungen auf der Grundlage der selbst gewählten Abgrenzungskriterien in der Sache nicht zu überzeugen.[19] Von einem „Werthaltigmachen" und damit von einer „befristeten" Forderung müsste auch dann gesprochen werden, wenn die Masse nach Maßgabe von § 108 Abs. 1 S. 1 „lediglich" die Nutzung durch den Vertragspartner „dulden" müsste. Denn wäre dies nicht der Fall, könnten ebendiese Nutzungen zur Masse gezogen werden.[20] Die Nutzungen werden erst durch § 108 Abs. 1 S. 1 im Verhältnis zur Masse zugewiesen und die abgetretenen Forderungen werden unmittelbar mit Massemitteln „werthaltig" gemacht.

8 **2. Aufrechnung – § 110 Abs. 3 S. 1 InsO.** Im Ausgangspunkt vergleichbar zur Vorausabtretung stellt sich die Frage nach dem Normzweck im Hinblick auf Aufrechnungslagen, nur dass nicht das Verhältnis zu § 91, sondern zu §§ 94, 95, 96 Abs. 1 Nr. 1 in Frage steht. Geht man mit einer weit verbreiteten Auffassung davon aus, dass auch bei § 95 Abs. 1 S. 1 die Unterscheidung zwischen „betagten" und „befristeten" Forderungen maßgeblich sei,[21] so wäre eine Aufrechnung gegen eine „betagte" Forderung bereits nach § 95 Abs. 1 S. 1 zulässig, während eine Aufrechnung gegen eine „befristete" Forderung nach § 95 Abs. 1 S. 1 unzulässig wäre. Deutete man das Verhältnis zu § 95 so, wie es der BGH bei Vorausabtretungen und § 91 tut, würde § 110 nur die (begrenzte) Wirksamkeit der Aufrechnung gegen „befristete" Forderungen normieren, die Wirksamkeit der Aufrechnung gegen „betagte" Forderungen aber nicht antasten.[22]

9 Allerdings schwankt die Rechtsprechung des **BGH** zum Verhältnis der §§ 95 und 96 Abs. 1 Nr. 1 zueinander sowie zu § 110 Abs. 3. Unter Geltung der KO (§ 55 Nr. 1 KO – ihm entspricht 96 Abs. 1 Nr. 1) schloss er die Aufrechnung des Mieters mit seinen vor Verfahrenseröffnung begründeten Ansprüchen gegen die nach Eröffnung fälligen („befristeten") Mietforderungen aus, weil er die mit der periodischen Gebrauchsgewährung korrespondierenden Mietforderungen für die Zeit nach Verfahrenseröffnung erst nach diesem Termin „zur Masse schuldig" wird.[23] Diese Linie wurde unter Geltung der Insolvenzordnung zunächst beibehalten; außerhalb des Bereiches von § 110 Abs. 1 wurde eine Aufrechnung gegen „befristete" Forderungen ausgeschlossen.[24] Später schlug der BGH allerdings eine aufrechnungsfreundliche, der Masse nachteilige Linie ein, soweit der Mieter gegen nach Verfahrenseröffnung fällige („befristete") Mietforderungen mit vorinsolvenzlichen Gegenforderungen aufrechnet, die in dem Mietverhältnis begründet sind.[25] Demnach sei auch im Hinblick auf „befristete" Forderungen die Aufrechnung bereits gem. § 95 Abs. 1 S. 1 möglich und § 110 Abs. 3 würde diese Aufrechnungsmöglichkeit nicht antasten. Dieser Ansatz wurde wenig später[26] jedoch ausdrücklich aufgegeben und zur ursprünglichen Linie zurückgekehrt: In Parallele des bei § 91 weit verbreiteten Kriteriums des „Werthaltigmachens" betont der BGH hinsichtlich Aufrechnungslagen den „**Gegenleistungsgrundsatz**", demzufolge Leistungen der Insolvenzmasse nur so abgegolten werden dürfen, dass die Masse nicht verkürzt wird. Das gelte unabhängig davon, ob es sich um „befristete" oder „betagte" Forderungen handle. Demnach sei eine Aufrechnung auch gegen „betagte" Forderungen unzulässig und nur im Rahmen von § 110 Abs. 1, Abs. 3 möglich.

10 An alldem irritiert freilich, dass nun das Kriterium „Werthaltigmachen"/„Gegenleistungsgrundsatz" bei §§ 95, 96 Abs. 1 Nr. 1 maßgeblich sei, bei § 91 dagegen die Unterscheidung zwischen „betagten" und „befristeten" Forderungen. Die Aufrechnung bei Finanzierungsleasingverträgen richte sich damit grds. nur nach § 110, während die Vorausabtretung bei Finanzierungsleasingverträgen grds. nicht unter § 110 falle.

11 **3. Vorauszahlungen – § 110 Abs. 2 S. 1 InsO.** Einigermaßen unklar ist, wie sich die Unwirksamkeit von Vorauszahlungen zu den allgemeinen Vorschriften, insbesondere § 91, verhält. Zum Teil wird angenommen, § 91 erfasse auch die Erfüllung von Forderungen und insoweit sei auf die Unterscheidung zwischen „befristeten" und „betagten" Forderungen zurückzugreifen. Leiste

[18] BGH NJW 2013, 2429, Rn. 34.
[19] So auch Jaeger/*Jacoby*, § 110 Rn. 25.
[20] → § 108 Rn. 13.
[21] Jaeger/*Windel*, § 95 Rn. 31.
[22] Dagegen Jaeger/*Jacoby*, § 110 Rn. 13.
[23] BGHZ 86, 382, 386 = NJW 1983, 1119, 1120.
[24] BGH NZI 2005, 553.
[25] BGH NZI 2007, 164.
[26] BGH NZI 2011, 936, Rn. 8.

der Vertragspartner auf eine „befristete" Forderung (bspw. Miete) eine Vorauszahlung, sei dies grds. gem. § 91 unwirksam, während die Erfüllung einer „betagten" Forderung (bspw. grds. Finanzierungsleasing) nicht von § 91 erfasst werde.[27] Die Prämisse, dass § 91 die Vorauszahlung auf eine künftige Forderung für unwirksam erklären könne, erscheint jedoch sehr zweifelhaft. Die Konsequenz wäre bspw., dass bei der Vorauszahlung einer Miete über eine bewegliche Sache, die von §§ 108, 110 nicht erfasst wird, § 91 eingreife und die Vorauszahlung gegenüber der Masse für unwirksam erkläre. Würde der Insolvenzverwalter dann Erfüllung gem. § 103 Abs. 1 wählen, müsste der Vertragspartner gegenüber der Masse erneut leisten. Auf diesem Wege würden nicht nur Vorausabtretungen und Aufrechnungslagen nach Erfüllungswahl gegenüber der Masse „unschädlich" gemacht,[28] sondern auch Vorauszahlungen auf „befristete" Forderungen. Ein Schutzbedürfnis für die Masse ist außerhalb der §§ 108, 110 aber nicht erkennbar,[29] denn der Verwalter kann die Erfüllungswahl schlicht verweigern und den Gegenstand vindizieren.[30] Das ist zwar im Hinblick auf Aufrechnungslagen und Vorausabtretungen auch der Fall und hat die herrschende Meinung nicht daran gehindert, solche gegenüber der Masse nicht anzuerkennen. Die Belastungen für den Vertragspartner sind bei Erstreckung des § 91 auf Vorauszahlungen aber deutlich gravierender als es etwa der Eingriff in eine Aufrechnungslage ist, weil der Vertragspartner auf ein und dieselbe Verbindlichkeit faktisch doppelt leisten müsste.

Richtigerweise ist davon auszugehen, dass § 110 Abs. 2 S. 1 die Unwirksamkeit von Vorauszahlungen **konstitutiv** regelt, da diese von § 91 grds. nicht zu erfassen wären. Der Grund für die konstitutive Unwirksamkeitsanordnung besteht darin, dass die Masse aus Gründen des Schutzes des Vertragspartners den Vertrag gem. § 108 Abs. 1 S. 1 erfüllen muss und dafür als Ausgleich wenigstens die Gegenleistung nach dem durch § 110 Abs. 1 ausgenommenen Zeitraum erhalten soll. 12

III. Anwendungsbereich

§ 110 erfasst nur die von **§ 108 Abs. 1 S. 1 geschützten Vertragsverhältnisse**[31] in der Insolvenz des Vermieters. Dementsprechend erfasst § 110 nicht die Vorauszession bei durch den Schuldner vorgenommener unberechtigter Vermietung.[32] Auch nimmt die Norm nicht bewegliche Gegenstände und damit auch nicht den von § 108 Abs. 1 S. 2 geregelten Fall in den Blick.[33] 13

Der Gesetzgeber ging bei § 110 davon aus, dass dieser eine vorinsolvenzliche **Überlassung** des Gegenstandes nicht voraussetze,[34] was in einem gewissen Widerspruch zur jüngeren Rechtsprechung des BGH zu § 108 Abs. 1 S. 1 steht, wonach dieser nur bei vorinsolvenzlicher Überlassung anwendbar sei.[35] Allerdings ist zu erkennen, dass der BGH mit dem Überlassungserfordernis die Masse vor übermäßigen Verpflichtungen schützen möchte. Ganz im Sinne des Gesetzgebers muss es dem Verwalter unbenommen sein, auf diesen Schutz des Überlassungserfordernisses zu verzichten,[36] indem er die Sache überlässt und dadurch §§ 108 Abs. 1 S. 1, 110 aktiviert.[37] 14

B. Vorausverfügungen – § 110 Abs. 1, Abs. 2 InsO

I. Erfasste Forderungen

Wenn der Gesetzeswortlaut nur Miete und Pacht anspricht, so gehören vom Normzweck ausgehend hierzu nicht nur die periodischen Geldforderungen oder ggf. eine einmalige Zahlung, 15

[27] Jaeger/*Jacoby*, § 110 Rn. 10 ff.

[28] Dazu Jaeger/*Jacoby*, § 103 Rn. 344 ff., 365 ff.

[29] Wie hier KPB/*Tintelnot*, § 110 Rn. 2. Anders war die Lage noch unter Geltung des § 21 KO, der einerseits auch Mietverträge über bewegliche Sachen gegen die Masse fortwirken ließ, andererseits aber den ausdrücklichen Schutz vor Vorausverfügungen nur für unbewegliche Sachen vorhielt; konsequent daher *Jaeger/Henckel*, 9. Aufl. 1997, § 21 KO Rn. 36 und eing. *Henckel* FS Baur, 1981, 443 ff.

[30] → § 108 Rn. 26.

[31] Zum Problem der Vorausabtretung im Anwendungsbereich von § 103, s. statt vieler Jaeger/*Jacoby*, § 103, Rn. 344 ff.

[32] → § 108 Rn. 72.

[33] Zur Wirksamkeit von Vorausabtretungen im Rahmen von § 108 Abs. 1 S. 2 → § 108 Rn. 129, 140 f.; vgl. auch noch → MüKoInsO/*Eckert*, 3. Aufl. 2013, § 110 Rn. 26 ff.

[34] BT-Drs. 12/2443, 147 re. Sp.

[35] BGHZ 173, 116 = NJW 2007, 3715; → § 108 Rn. 64 ff.

[36] Vgl. auch → § 109 Rn. 73; → § 111 Rn. 4.

[37] **AA** BeckOKInsO/*Berberich*, § 110 Rn. 8.1; Jaeger/*Jacoby*, § 110 Rn. 20; Uhlenbruck/*Wegener*, § 110 Rn. 5; zu § 110 tendierend hingegen → MüKoInsO/*Eckert*, 3. Aufl. 2013, § 110 Rn. 3; offen gelassen von HKInsO/*Marotzke*, § 110 Rn. 3.

sondern alle Ansprüche auf die Gegenleistung zur Gebrauchsgewährung,[38] aber auch nur diese. Bei der Immobilienmiete zählen hierzu auch die vom Mieter übernommenen **Schönheitsreparaturen,** sodass – eine zeitanteilige Umrechenbarkeit vorausgesetzt[39] – der spätere Verzicht des Schuldners hierauf in den Regelungsbereich des § 110 fällt.[40] Die **Barkaution** hingegen ist keine Gegenleistung zur Gebrauchsgewährung; hatte der Schuldner vor Verfahrenseröffnung auf ihre Beibringung verzichtet, so wirkt dies gegen die Masse. **Sonderzahlungen** zu Vertragsbeginn, wie sie beim Leasing üblich sind, sind Gegenleistung zur Leistung des Leasinggebers.[41] **Keine Mietforderung** und ihr auch nicht gleichzusetzen ist der **Schadensersatzanspruch** des Vermieters wegen einer vom Mieter zu vertretenden vorzeitigen Vertragsbeendigung, auch nicht die in einem Aufhebungsvertrag vereinbarte Ausgleichszahlung, die der Mieter zu leisten hat, falls dem Vermieter nur die Weitervermietung zu einer niedrigeren als der bisherigen Miete gelingt.[42]

16 Soweit Vorausverfügungen in die Zeit nach **Aufhebung bzw. Einstellung des Insolvenzverfahrens oder nach Freigabe des Mietgrundstücks aus der Insolvenzmasse** reichen, bleiben sie wirksam, weil die Masse von ihren Auswirkungen nicht mehr betroffen wird.[43] Nach **Freigabe** des Grundstücks sind nur die Vorausverfügungen über die bis zur Freigabe fälligen Mietansprüche der Masse gegenüber unwirksam.[44]

17 Als Verfügung „**für die spätere Zeit**" unwirksam bzw. begrenzt wirksam ist die Verfügung über Mietforderungen, die nach Verfahrenseröffnung fällig werden, insbesondere die Abtretung der zukünftigen Mietforderungen oder die Entrichtung der laut Vertrag noch nicht fälligen Miete für spätere Perioden. Problematisch ist der Umgang mit § 110 bei Vereinbarungen, die entweder **Einmalzahlungen** vorsehen oder Zahlungsperioden, die den Zeitraum des § 110 überschreiten. Im Ausgangspunkt ist zu erkennen, dass eine Anwendung des § 110 insoweit vor dem **praktischen Problem** steht, dass bestimmbar sein muss, welche Miete für die von § 110 erfassten Zeitabschnitte geschuldet ist. In normativer Hinsicht spricht jedoch nichts gegen eine Aufteilung der Zahlungspflicht, auch wenn die Parteien eine Einmalzahlung vereinbart haben.[45] Wenn eine Umrechnung nicht möglich ist, kann § 110 bei einer Einmalzahlung nicht angewendet werden.[46] Möglich ist eine Umrechnung etwa dann, wenn die Einmalzahlungspflicht erst nachträglich vereinbart worden ist und zur Umrechnung auf die ursprüngliche Vereinbarung zurückgegriffen werden kann.[47] Umgerechnet werden kann auch dann, wenn die Dauer der Mietzeit bestimmt ist.[48]

II. Verfügungstatbestände

18 **Verfügung** im Sinne des § 110 ist ein Rechtsgeschäft, das unmittelbar auf den Bestand der Mietforderung oder/und die Berechtigung des Vermieters einwirkt. § 110 Abs. 2 S. 1 hebt die **Mietvorauszahlung** hervor und erklärt diese zur „Verfügung" über eine Forderung der Masse. Vorausverfügungen sind außerdem und insbesondere Erfüllungssurrogate, Abtretung, Verpfändung, Erlass, Bestellung eines Nießbrauchs, aber auch eine weniger einschneidende Maßnahme wie Stundung.[49] Die mietvertragliche Absprache, dass die monatlichen Zins- und Tilgungszahlungen, die der Mieter an die die Errichtung des Mietobjekts finanzierende Bank zu leisten hat, auf die jeweilige Mietforderung anzurechnen sind, ist wie die Abtretung eine Vorausverfügung.[50] Nicht von § 110 erfasst werden dagegen Änderungen des Mietvertrages selbst, die sich auf die Höhe der Mietforderung auswirken,[51] insoweit kommt allenfalls eine Insolvenzanfechtung in Betracht. Keine der Insolvenzmasse gegenüber unwirksame Verfügung über die zukünftigen Mietforderungen soll nach Auffassung des OLG Hamburg vorliegen, wenn der Eigentümer ohne Vereinbarung einer

---

38 So auch Jaeger/*Jacoby*, § 110 Rn. 22 ff.
39 → Rn. 17.
40 K. Schmidt/*Ringstmeier*, § 110 Rn. 7; **aA** BeckOKInsO/*Berberich*, § 110 Rn. 11.2.
41 Gegen eine Aufspaltung der Leasingraten → § 108 Rn. 56; **aA** → MüKoInsO/*Eckert*, 3. Aufl. 2013, § 110 Rn. 17.
42 Vgl. BGH NJW-RR 2011, 371.
43 Jaeger/*Jacoby*, § 110 Rn. 27.
44 HKInsO/*Marotzke*, § 110 Rn. 14.
45 BGHZ 201, 91, 97, Rn. 21 = NJW 2014, 2720, 2721, Rn. 21; Jaeger/*Jacoby*, § 110 Rn. 23 f.; vgl. weiter MüKoBGB/*Häublein*, § 566b Rn. 10; **aA** Staudinger/*Emmerich*, § 566b BGB Rn. 14.
46 Im Erg. auch BGHZ 137, 106, 114 = NJW 1998, 595, 597; BGH NJW 2007, 2919, Rn. 24; BeckRS 2012, 1720; weitergehend dagegen etwa MüKoBGB/*Lieder*, § 1124 Rn. 30.
47 Im Erg. auch BGHZ 137, 106, 114 = NJW 1998, 595, 597; BGH BeckRS 2012, 1720, Rn. 3.
48 BGHZ 201, 91, 97, Rn. 21 = NJW 2014, 2720, 2721, Rn. 21; Jaeger/*Jacoby*, § 110 Rn. 24.
49 Vgl. BGH NJW 1999, 577, 579; zur eigenkapitalersetzenden Nutzungsüberlassung siehe BGH NJW 2008, 2188 und Jaeger/*Jacoby*, § 110 Rn. 47 f.
50 OLG Frankfurt NJW-RR 2012, 911.
51 BeckOKInsO/*Berberich*, § 110 Rn. 10; Jaeger/*Jacoby*, § 110 Rn. 37; KPB/*Tintelnot*, § 110 Rn. 4.

Vertragsübernahme den Besitz des von ihm vermieteten Grundstücks dergestalt an einen Dritten überträgt, dass allein dieser dem Mieter den Mietgebrauch gewähren kann, und wenn nur dieser zur Einziehung der Mieten berechtigt ist.[52]

19 Diente die Vorleistung des Mieters vereinbarungsgem. der **Finanzierung der Herstellung oder Instandsetzung** des Gebäudes (**Baukostenzuschuss**) und kommt die dadurch geschaffene Erhöhung des Werts des Mietgrundstücks der Masse zugute, so ist nach der Rechtsprechung des BGH die Vorleistung des Mieters ihr gegenüber wirksam.[53] Mit Treu und Glauben soll es nicht zu vereinbaren sein, wenn die Gläubiger sich auf die fehlende dingliche Absicherung des Mieters und die gem. § 110 begrenzte Berücksichtigungsfähigkeit solcher Aufbauleistungen berufen könnten. Voraussetzung ist, dass die Mittel zur Instandsetzung oder Herstellung des Mietobjekts bei wirtschaftlicher Betrachtungsweise aus dem Vermögen des Mieters stammten, wobei es nicht darauf ankommt, ob er Geld, Sachmittel oder die eigene Arbeitskraft eingesetzt hat. Die Aufhebung der §§ 57c ZVG, 111 S. 3,[54] die dem Mieter sogar den Kündigungsschutz nimmt, spricht mittlerweile wohl eher gegen seine Bevorzugung gegenüber anderen Gläubigern des Vermieters.[55]

20 § 110 Abs. 2 S. 2 stellt die Überweisung und Einziehung der Forderung im Wege der **Zwangsvollstreckung** der rechtsgeschäftlichen Verfügung gleich,[56] soweit sie nicht schon gem. § 88 unwirksam ist, weil die Pfändung im Monat vor der Verfahrenseröffnung ausgebracht wurde.[57] Die Vollziehung eines Arrests oder einer einstweiligen Verfügung fällt gleichfalls unter § 110 Abs. 2 S. 2. Hingegen berührt die Verfahrenseröffnung nicht die **Zwangsverwaltung** mit Beschlagnahme der Mietforderungen (§§ 148, 21 Abs. 2 ZVG).[58]

21 Nicht unter § 110 fallen **Vorausverfügungen des** verfügungs- und verwaltungsbefugten **vorläufigen Verwalters,** zB Annahme einer Mietvorauszahlung zur Liquiditätsbeschaffung oder Abtretung von Mietforderungen an einen Kreditgeber. Sie sind nicht der Handlungssphäre des Schuldners zuzurechnen. Als Handlung des Schuldners wird eine Verfügung mit **Zustimmung des vorläufigen Verwalters** (§ 21 Abs. 2 Nr. 2) von § 110 erfasst.[59]

22 Von der Anwendung des § 110 auf Verfügungen im vorläufigen Insolvenzverfahren ist die Frage zu unterscheiden, inwieweit Vorausverfügungen über die Miete bereits im Eröffnungsverfahren unwirksam sind.[60]

III. Stellung der Grundpfandgläubiger

23 Grds. bleibt der durch den Haftungsverband gem. §§ 1123 ff. BGB erzielte Schutz erhalten, jedoch steht die den Realgläubigern gegenüber relative Unwirksamkeit von Vorausverfügungen (§ 1124 BGB) der Unwirksamkeit gegenüber der Masse nicht entgegen, denn sie sind nach § 49 nur absonderungsberechtigt und es ist ungewiss, ob sie ihr Recht geltend machen. Ohne Zwangsverwaltung hat der Insolvenzverwalter die aus § 110 Abs. 1 folgende Unwirksamkeit geltend zu machen und die eingezogenen Mieten zur Befriedigung der Absonderungsrechte einzusetzen.[61]

24 Die Beschlagnahme im Wege der Zwangsverwaltung wird von § 110 nicht erfasst,[62] sodass die Grundpfandgläubiger einen Zugriff auf die Forderungen erhalten. Die von einem Realgläubiger ausgebrachte Pfändung der Mietforderung ist dagegen gem. § 110 Abs. 1 und Abs. 2 S. 2 nur zeitlich

---

52 OLG Hamburg BeckRS 2010, 2875; abl. *Eckert* EWiR 2010, 299 und Jaeger/*Jacoby*, § 110 Rn. 26.

53 BGHZ 6, 202 = NJW 1952, 867; BGHZ 15, 296 = NJW 1955, 301; BGHZ 37, 346, 352 = NJW 1962, 1860; zustimmend etwa *Jaeger/Henckel*, 9. Aufl. 1997, § 21 KO Rn. 18.

54 Art. 13 des 2. Justizmodernisierungsgesetzes vom 22.12.2006 (BGBl. I 2006, 3416).

55 OLG Schleswig BeckRS 2000, 30139428; AG Dortmund NZI 2017, 897; *Eckert* ZfIR 2008, 453 ff.; *Dötsch* NZI 2009, 713 ff.; *Dötsch* NZM 2012, 296 ff.; Jaeger/*Jacoby*, § 110 Rn. 41; MüKoBGB/*Lieder*, § 1124 Rn. 24 ff.; vgl. aber wieder BGH NJW-RR 2012, 525 und die Rspr. verteidigend etwa *Berberich* NZI 2017, 898 f.; BeckOGK/*Kern*, § 1124 BGB Rn. 44.1 f.

56 So auch früher ohne ausdr. Regelung die hM; siehe *Jaeger/Henckel*, 9. Aufl. 1997, § 21 KO Rn. 15 mN zur Rspr.

57 Dass § 110 Abs. 2 im Gegensatz zu § 114 Abs. 3 S. 3 aF § 88 nicht ausdr. unberührt lässt, zwingt nicht zu dem Schluss, Zwangsvollstreckungsmaßnahmen aus dem letzten Monat vor Verfahrenseröffnung seien wirksam; so auch Uhlenbruck/*Wegener*, § 110 Rn. 11; **aA** HKInsO/*Marotzke*, § 110 Rn. 12. Zum Verhältnis des § 110 zur Insolvenzanfechtung siehe *Eckardt*, 10 Jahre Mietrechtsreformgesetz, 2011, 877, 883; Jaeger/*Jacoby*, § 110 Rn. 60 ff.

58 BGHZ 168, 339 = NJW 2006, 3356; → Rn. 23 f.

59 Jaeger/*Jacoby*, § 110 Rn. 30.

60 Siehe einerseits Jaeger/*Jacoby*, § 110 Rn. 16 und andererseits *Eckardt*, 10 Jahre Mietrechtsreformgesetz, 2011, 877, 889 f.

61 *Eckardt*, 10 Jahre Mietrechtsreformgesetz, 2011, 877, 885.

62 BGHZ 168, 339 = NJW 2006, 3356; Jaeger/*Jacoby*, § 110 Rn. 32.

eng begrenzt wirksam.[63] Gleiches gilt für eine an den Grundpfandgläubiger vorgenommene Zession.[64] Zwar erlangt der Gläubiger auf den ersten Blick nicht mehr, als ihm nach §§ 1123, 1124 BGB ohnehin zusteht, die Masse ist jedoch zur Einziehung berechtigt, und der Grundpfandgläubiger bleibt zum Schutz der zwangsverwaltungsrechtlichen Verteilungsordnung auf abgesonderte Befriedigung im Wege der Zwangsverwaltung angewiesen.

IV. Rechtsfolgen insbesondere bei Vorauszahlungen

25 Innerhalb des von § 110 Abs. 1 definierten Zeitraums sind die „Verfügungen" wirksam. Soweit Forderungen betroffen sind, die den Zeitraum nach § 110 Abs. 1 betreffen, sind die „Verfügungen" grds. unwirksam, wobei im Hinblick auf **Vorausabtretungen** die strittige Abgrenzung zu § 91[65] virulent wird.

26 Soweit **Vorauszahlungen des Mieters** betroffen sind, sind diese außerhalb des § 110 Abs. 1 der Masse gegenüber **unwirksam.** Der Mieter wird von der Zahlungsverpflichtung nicht befreit, da der Schuldner insoweit keine Empfangszuständigkeit hat. Da die mit der Leistung an den Schuldner erstrebte Tilgungswirkung nicht eingetreten ist, ist der Schuldner gem. § 812 Abs. 1 S. 1 Alt. 1 BGB ungerechtfertigt bereichert. Diesen **Bereicherungsanspruch,** der mit der Verfahrenseröffnung entsteht, kann der Mieter nur als Insolvenzgläubiger geltend machen.[66] Gegen den Anspruch der Masse auf Zahlung der noch laufenden Mieten kann nach Maßgabe von § 110 Abs. 3 nicht aufgerechnet werden.[67]

27 Die Unwirksamkeit einer Vorauszahlung nach Maßgabe von § 110 Abs. 1, Abs. 2 stellt für den Mieter eine erhebliche Härte dar. Da er auf seine Bereicherungsforderung nur die Insolvenzquote erhält, muss er faktisch doppelt zahlen. Im Anwendungsbereich des § 110 ist das dadurch gerechtfertigt, dass die Masse den Mietvertrag wegen § 108 Abs. 1 S. 1 erfüllen muss und dafür auch die Miete erhalten soll. Es ist jedoch zu erkennen, dass § 108 Abs. 1 S. 1 im Ausgangspunkt eine Vorschrift ist, die den Vertragspartner schützen soll,[68] im Anwendungsbereich des § 110 also den Mieter. Es muss dem Mieter unbenommen bleiben, auf den Schutz des § 108 Abs. 1 S. 1 und damit den Bestand des Mietvertrages gegenüber der Masse zu **verzichten**[69] und sich damit gegenüber der Masse von der mit § 110 Abs. 1, Abs. 2 einhergehenden **Doppelzahlungspflicht zu befreien.** Nach einem Verzicht auf § 108 Abs. 1 S. 1 lebt das Wahlrecht des Insolvenzverwalters gem. § 103 Abs. 1 ggf. wieder auf. Auch mit einer Erfüllungswahl könnte den Vorauszahlungen allerdings nicht die Wirkung gegenüber der Masse genommen werden.[70] Wer dies anders beurteilt,[71] muss dem Mieter zivilrechtlich die Möglichkeit zur Kündigung des Mietvertrages einräumen, denn der Mieter hat sein Investitionsrisiko und damit auch seinen Bindungswillen grds. auf die vereinbarten Mietzahlungen gegenüber dem Vermieter begrenzt.

28 Den **guten Glauben des Mieters,** der **nach Verfahrenseröffnung** in Unkenntnis dieser an den Schuldner oder Zessionar[72] leistet, schützt **§ 82.** Er wird von seiner Schuld befreit, während der Zessionar die ungerechtfertigte Bereicherung nach § 816 Abs. 2 BGB an die Masse auszukehren hat. Das gilt allerdings **nicht für Vorauszahlungen** an den Schuldner nach Verfahrenseröffnung; diesbezüglich trifft § 110 eine abschließende Regelung.[73]

C. Aufrechnung – § 110 Abs. 3 InsO

29 Zum Teil wird § 110 Abs. 3 auch auf das **Zurückbehaltungsrecht** aus § 273 BGB erstreckt.[74] Da das Zurückbehaltungsrecht wie auch eine Aufrechnung in der Sache der Durchsetzung einer Forderung des Mieters diene, müsse das Zurückbehaltungsrecht wie eine Aufrechnungslage geschützt werden. Dagegen spricht allerdings, dass das Zurückbehaltungsrecht, anders als die Aufrechnungslage,

63 BGHZ 168, 339 = NJW 2006, 3356; Jaeger/*Jacoby,* § 110 Rn. 33.
64 Jaeger/*Jacoby,* § 110 Rn. 33.
65 → Rn. 3 ff.
66 HKInsO/*Marotzke,* § 110 Rn. 15.
67 HKInsO/*Marotzke,* § 110 Rn. 15.
68 → § 108 Rn. 3.
69 → § 108 Rn. 162.
70 → Rn. 11 f.
71 Jaeger/*Jacoby,* § 110 Rn. 10 ff.; wie hier dagegen KPB/*Tintelnot,* § 110 Rn. 2.
72 Jaeger/*Jacoby,* § 110 Rn. 56.
73 Jaeger/*Jacoby,* § 110 Rn. 42.
74 → MüKoInsO/*Eckert,* 3. Aufl. 2013, § 110 Rn. 25; HKInsO/*Marotzke,* § 110 Rn. 18.

grds. nicht insolvenzfest ist,[75] was in erster Linie auf dessen fehlende materiell-rechtliche Rückwirkung zurückzuführen ist. § 110 ist nicht auf Zurückbehaltungsrechte zu erstrecken.[76]

§ 111 Veräußerung des Miet- oder Pachtobjekts

[1]Veräußert der Insolvenzverwalter einen unbeweglichen Gegenstand oder Räume, die der Schuldner vermietet oder verpachtet hatte, und tritt der Erwerber anstelle des Schuldners in das Miet- oder Pachtverhältnis ein, so kann der Erwerber das Miet- oder Pachtverhältnis unter Einhaltung der gesetzlichen Frist kündigen. [2]Die Kündigung kann nur für den ersten Termin erfolgen, für den sie zulässig ist.

Schrifttum: *Böker*, Die Mietsicherungs- oder Mieterdienstbarkeit, 2009; *Neumann*, Der „erste Termin" iSd § 111 S. 2, NZI 2018, 471.

Übersicht

A. Normzweck und Anwendungsbereich

1 § 111 betrifft die Insolvenz des Vermieters, Verpächters oder Leasinggebers und nur die **Vermietung unbeweglicher Gegenstände** und Räume. Insoweit schließt sich die Vorschrift an die Terminologie in § 108 Abs. 1 S. 1[1] an. In redaktionell vereinfachter Form übernimmt § 111 den wesentlichen Regelungsgehalt des früheren § 21 Abs. 4 KO.[2] Anstelle der Verweisung auf die Wirkung einer Zwangsversteigerung ordnet § 111 S. 1 unmittelbar das dem Sonderkündigungsrecht des Erstehers (§ 57a ZVG) entsprechende Kündigungsrecht des Erwerbers an, der gem. § 566 BGB in die Rechte und Pflichten aus dem Mietverhältnis eintritt. § 111 S. 3, der auf § 57c ZVG verwies,[3] wurde durch Art. 13 des 2. Justizmodernisierungsgesetzes vom 22.12.2006 aufgehoben.[4]

2 **Zweck des Sonderkündigungsrechts** ist es, die Veräußerung der vermieteten Immobilie zu erleichtern, denn eine nur langfristig lösbare Bindung des Erwerbers an das Mietverhältnis stellt ein Verwertungshindernis dar. Der in § 108 Abs. 1 S. 1 kodifizierte Bestandsschutz im Interesse des Mieters wird zur Wahrung der Verwertungsinteressen der Insolvenzgläubiger mittels § 111 abgeschwächt. Demgemäß können Vermieter und Mieter die Anwendung des § 111 nicht vertraglich ausschließen.[5] Keine unzulässige Umgehung des § 111 bedeutet die Bestellung einer das schuldrechtliche Gebrauchsrecht sichernden dinglichen Dienstbarkeit (sog. **Mieterdienstbarkeit,** § 1090 BGB) oder eines dinglichen Wohnungsrechts (1093 BGB).[6] § 111 ist ausschließlich auf schuldrechtliche Verträge anzuwenden. Im Übrigen sind dingliche Rechte insolvenzfest. Auch auf das Kausalverhältnis

[75] Statt vieler *J. F. Hoffmann*, Prioritätsgrundsatz und Gläubigergleichbehandlung, 2016, S. 314 mwN.
[76] Wie hier Jaeger/*Jacoby*, § 110 Rn. 45.
[1] → § 108 Rn. 37 ff.
[2] BT-Drs. 12/2443, 147.
[3] Dazu noch → MüKoInsO/*Eckert*, 3. Aufl. 2013, § 111 Rn. 19 f.; siehe weiter Jaeger/*Jacoby*, § 111 Rn. 34 f.
[4] BGBl. I 2006, 3416.
[5] HKInsO/*Marotzke*, § 111 Rn. 14.
[6] Staudinger/*Reymann*, § 1093 BGB Rn. 12; KPB/*Tintelnot*, § 111 Rn. 3; vgl. auch BGH NZI 2012, 443, 445.

einer Dienstbarkeit[7] sollte § 111 nicht angewandt werden, da die Norm verdinglichte Konstruktionen von vornherein nicht, auch nicht mittelbar, im Blick hat.

3 Vorzeitig kündbar sind grds. nur Verträge, die in den Anwendungsbereich des § 108 Abs. 1 S. 1 fallen, die also der **Schuldner** vor Verfahrenseröffnung als Vermieter **abgeschlossen** hat.[8] Dass ein Mietverhältnis, das er nach dem Insolvenzantrag mit Zustimmung des nicht verwaltungs- und verfügungsbefugten „schwachen" vorläufigen Verwalters eingegangen ist, nach Veräußerung des Mietobjekts außerordentlich kündbar ist, wird dennoch vereinzelt bestritten. In Parallele zur Anwendbarkeit von § 108 Abs. 1 S. 1[9] sollte auf diese Fälle auch das Kündigungsrecht des § 111 angewendet werden.[10] Der Verweis auf ein besonderes Vertrauen des Vertragspartners in einen Bestandsschutz, soweit der vorläufige schwache Insolvenzverwalter mitgewirkt hat, muss bei § 111 konsequenterweise ins Leere gehen, soweit man dem BGH dahingehend folgt, dass § 55 Abs. 2 auf schwache Verwalter keine Anwendung findet[11] und dementsprechend § 108 Abs. 1 S. 1 zur Anwendung zu bringen ist.

4 Bei der Verwertung durch Zwangsversteigerung nach § 165 bleibt § 57a ZVG einschlägig. Im Gegensatz zu § 21 Abs. 4 KO, der ausdrücklich die Überlassung der vermieteten Immobilie vor Verfahrenseröffnung voraussetzte, erfasst § 111 seinem Wortlaut nach auch Immobilienmietverhältnisse, die vor Eröffnung des Insolvenzverfahrens noch nicht durch **Überlassung** vollzogen wurden. Wer davon ausgeht, dass die Bindung der Masse gem. § 108 Abs. 1 S. 1 keine Überlassung voraussetzt, wird konsequenterweise auch für das Kündigungsrecht aus § 111 keine Überlassung fordern. Dem folgend kann bzw. muss der Verwalter das vom Schuldner begründete Mietverhältnis in Vollzug setzen,[12] ohne eine Erschwerung der Veräußerung des Mietobjekts mangels Sonderkündigungsrechts des Erwerbers befürchten zu müssen. Der BGH geht allerdings davon aus, dass § 108 Abs. 1 S. 1 eine Überlassung voraussetzt,[13] sodass es nahe liegen könnte, § 111 nicht anzuwenden.[14] Der Verwalter hätte nach dieser Konzeption schlicht die Überlassung der Sache zu verweigern und sofort ohne die Belastungen des § 566 BGB zu veräußern. Allerdings ist in einem anderen Kontext nahezu einhellig anerkannt, dass der Verwalter sich durch eine Mitwirkung an der Überlassung des Mietobjekts eines stärkeren Bestandsschutzes aussetzen kann, ohne dass deshalb Sonderkündigungsrechte erlöschen: So ist nach einer Überlassung an den Verwalter in der Mieterinsolvenz zwar § 109 Abs. 2 ausgeschlossen, das Kündigungsrecht aus § 109 Abs. 1 bleibt jedoch bestehen.[15] Auch im Kontext von § 111 können ähnliche Erwägungen angeführt werden. Wenn es mit dem BGH richtig sein soll, zum Schutz der Masse § 108 Abs. 1 S. 1 vor einer Überlassung nicht anzuwenden, muss es der Masse auch möglich sein, auf diesen Schutz zu verzichten,[16] ohne dass darin zugleich eine Erfüllungswahl gem. § 103 Abs. 1 gesehen werden könnte, die ein Kündigungsrecht aus § 111 zu Fall brächte.[17] Der Insolvenzverwalter könnte also die Sache zunächst im Wege der Vermietung verwerten, indem er durch Überlassung § 108 Abs. 1 S. 1 zur Anwendung brächte und im Verlauf des Verfahrens veräußern, ohne dass der Erwerber das Sonderkündigungsrecht gem. § 111 verliert.

B. Eintritt des Erwerbers in das Mietverhältnis als Folge der Veräußerung des unbeweglichen Mietobjekts

I. Vertragsübergang

5 § 111 ordnet nicht selbst den Eintritt des Erwerbers anstelle des Schuldners in das Miet- und Pachtverhältnis an, sondern setzt **§ 566 BGB** voraus. Nur soweit danach der Erwerber in das Mietver-

[7] Vgl. → § 108 Rn. 41 ff.
[8] Eing. → § 108 Rn. 34 ff.
[9] → § 108 Rn. 34.
[10] BeckOKInsO/*Berberich*, § 111 Rn. 4.1; HKInsO/*Marotzke*, § 111 Rn. 4; K. Schmidt/*Ringstmeier*, § 111 Rn. 5; Uhlenbruck/*Wegener*, § 111 Rn. 3; **aA** *Derleder* NZM 2004, 568, 576.
[11] BGH NZI 2009, 475, 476; NJW 2008, 1442; BGHZ 151, 353 = NJW 2002, 3326.
[12] KPB/*Tintelnot*, § 111 Rn. 9.
[13] BGHZ 173, 116 = NJW 2007, 3715; eing. dazu → § 108 Rn. 64 ff.
[14] So etwa Jaeger/*Jacoby*, § 111 Rn. 12; K. Schmidt/*Ringstmeier*, § 111 Rn. 4; Uhlenbruck/*Wegener*, § 111 Rn. 7; vgl. auch BeckOKInsO/*Berberich*, § 111 Rn. 7; → MüKoInsO/*Eckert*, 3. Aufl. 2013, § 111 Rn. 4a.
[15] → § 109 Rn. 73 ff.
[16] → § 110 Rn. 14.
[17] Zutr. gegen eine analoge Anwendung des § 111, wenn der Vertragsschluss durch den Insolvenzverwalter konsentiert worden ist HKInsO/*Marotzke*, § 111 Rn. 12. Konsequenterweise ist in diesen Konstellationen auch das Kündigungsrecht aus § 57a ZVG zu beschränken, sollte sich der Verwalter zu einer Veräußerung im Wege der Zwangsversteigerung entschließen (§ 172 ZVG); so auch *Jaeger/Henckel*, 9. Aufl. 1997, § 21 KO Rn. 9; Jaeger/*Jacoby*, § 111 Rn. 8.

hältnis eintritt, ist er zur vorzeitigen Kündigung berechtigt. Veräußerung ist die Eigentumsübertragung,[18] nicht schon der Abschluss des schuldrechtlichen Vertrages. Dass der Mieter ohne Kündigungsrecht zur Vertragsfortführung verpflichtet bleibt, entspricht dem Grundsatz von § 108 Abs. 1 S. 1 und § 566 BGB. Der Sukzessionsschutz des § 566 BGB baut auf dem Schutz des § 108 Abs. 1 S. 1 auf und setzt diesen voraus. Ohne einen insolvenzrechtlichen Bestandsschutz kann es keinen Sukzessionsschutz im Kontext von insolvenzrechtlichen Verwertungsmaßnahmen geben.[19] Sollte der Vertrag vor Vertragsübergang bereits wirksam gekündigt worden sein, die Fristen aber noch laufen, so verbleibt insofern ein Anwendungsbereich für das Kündigungsrecht aus § 111.[20]

§ 566 BGB sieht den Vermieterwechsel bei Vermietung von Grundstücken und Räumen (§ 578 BGB) vor, auch bei Vermietung eines eingetragenen Schiffes (§ 578a BGB) und Luftfahrzeugs (§ 98 Abs. 2 LuftRG iVm § 578a BGB). 6

§ 566 Abs. 1 BGB setzt ein vor Veräußerung durch Überlassung an den Mieter vollzogenes Mietverhältnis voraus. Nach **vorzeitiger Rückgabe** der Mieträume soll § 566 Abs. 1 BGB nicht mehr einschlägig sein.[21] Der Erwerber erwirbt also ohne die Belastungen des Mietverhältnisses. Der BGH nimmt an, dass bei einer zwischenzeitlichen Rückgabe auch § 108 Abs. 1 S. 1 nicht mehr greife,[22] was allerdings kaum überzeugt.[23] 7

Die **Veräußerung** des Mietgrundstücks **vor Überlassung** führt nicht zum Vertragsübergang gem. § 566 Abs. 1 BGB, sodass sich dann auch ein Kündigungsrecht aus § 111 erübrigt.[24] Vor Überlassung soll auch § 108 Abs. 1 S. 1 gegenüber der Masse keine Anwendung finden,[25] sodass der Mieter auf Insolvenzforderungen verwiesen ist. Die Wirkung des § 566 Abs. 1 BGB tritt bei fehlender Überlassung nur ein, wenn der Erwerber gem. § 567a BGB die Erfüllung der mietvertraglichen Verpflichtungen übernimmt. Im Interesse der Masse besteht kein Bedürfnis, dem Erwerber das Sonderkündigungsrecht nach § 111 zuzubilligen,[26] wenn er sich positiv und aus freien Stücken für die Vertragserfüllung entscheiden möchte. 8

Das Mietverhältnis geht mit den vertragstypischen, die Gebrauchsüberlassung und Erhaltung des vertragsgemäßen Gebrauchs betreffenden Rechten und Pflichten auf den Erwerber über. Die **bürgenähnliche Haftung des Veräußerers** nach § 566 Abs. 2 S. 1 BGB tritt an die Stelle der infolge Veräußerung entfallenen Verpflichtung zur Vertragserfüllung, in die die **Masse gem. § 108 Abs. 1 S. 1** eingetreten ist. Die Masse haftet demnach auch nach Maßgabe von § 566 Abs. 2 S. 1 BGB.[27] Nach § 566 Abs. 2 S. 2 BGB ist die Haftung auf den Zeitraum bis zur ersten Kündigungsmöglichkeit des Mieters begrenzt, sofern der Verwalter den Mieter über die Veräußerung unterrichtet. Daneben wird man im Einklang mit dem austarierten System der §§ 108 ff. die Haftung der Masse nach Maßgabe des § 111 außerdem auf den Zeitraum bis zur ersten Kündigungsmöglichkeit des Erwerbers zu beschränken haben.[28] 9

II. Sicherheiten

Durch **§ 566a BGB** wird die Wirkung des § 566 BGB auf Sicherungsgeschäfte ausgedehnt und der Erwerber tritt in die Rechte und Pflichten aus diesen Geschäften ein. 10

Problematisch ist, ob dies auch hinsichtlich einer **Mietkaution** gilt, die **nicht insolvenzverfahrensfest** angelegt worden ist. Sind die Voraussetzungen gegenüber der Masse für ein Aussonderungsrecht nicht gegeben, wird der Mieter mit seinem Kautionsrückzahlungsanspruch nicht durch § 108 Abs. 1 S. 1 privilegiert, sondern er wird als einfacher Insolvenzgläubiger behandelt.[29] Aus § 566a S. 1 BGB leitet der **BGH** her, dass der Erwerber dennoch Rückzahlung der Mietkaution schulde, sobald die Voraussetzungen für den Rückzahlungsanspruch gegeben sind.[30] Dem kann nicht gefolgt werden.[31] § 566a BGB setzt, wie auch § 566 BGB, voraus, dass die betroffene Position der Masse 11

18 Jaeger/*Jacoby*, § 111 Rn. 14.
19 → § 108 Rn. 9, 178.
20 Jaeger/*Jacoby*, § 111 Rn. 7; Uhlenbruck/*Wegener*, § 111 Rn. 3.
21 BGH NJW-RR 2016, 982, Rn. 4; NJW 2010, 1068, Rn. 21; NJW 2007, 1818.
22 BGHZ 204, 1 = NJW 2015, 627.
23 → § 108 Rn. 68.
24 Zum problematischen Fall der Überlassung durch den Insolvenzverwalter vor Veräußerung → Rn. 4.
25 BGHZ 173, 116 = NJW 2007, 3715; eingehend dazu → § 108 Rn. 64 ff.
26 Im Erg. auch Jaeger/*Jacoby*, § 111 Rn. 11.
27 Vgl. etwa Jaeger/*Jacoby*, § 111 Rn. 21.
28 So auch Jaeger/*Jacoby*, § 111 Rn. 22; KPB/*Tintelnot*, § 111 Rn. 16.
29 → § 108 Rn. 87.
30 BGH NJW 2012, 1353; so etwa auch BeckOKInsO/*Berberich*, § 111 Rn. 16.1; → MüKoInsO/Eckert, 3. Aufl. 2013, § 111 Rn. 11; MüKoBGB/*Häublein*, § 566a Rn. 13.
31 So auch Jaeger/*Jacoby*, § 111 Rn. 20; K. Schmidt/*Ringstmeier*, § 111 Rn. 18; *Noltin* NZI 2007, 149, 152; *Zeibig*, Die Mietkaution, 2012, S. 490 ff.

entgegengehalten werden kann. Eine nicht insolvenzfeste Position kann nicht durch den bürgerlichrechtlichen Sukzessionsschutz wiederaufleben, soweit dem Sukzessionstatbestand eine insolvenzrechtliche Verwertungsmaßnahme zugrunde liegt.[32] Die insolvenzrechtlichen Wertungen sind diesbezüglich abschließend: Soweit sich aus §§ 47, 108 Abs. 1 S. 1 kein Schutz des Kautionsrückzahlungsanspruchs herleiten lässt, kann der Mieter diesen nicht gegenüber den konkurrierenden Insolvenzgläubigern in Stellung bringen. Er kann dies auch nicht mittelbar tun, indem er über § 566a BGB erzwingt, dass sein Kautionsrückzahlungsanspruch vom Erwerber eingepreist wird, was den Veräußerungserlös und damit die Masse schmälern würde.

III. Vorausverfügungen über die Miete

12 Im Verhältnis zwischen der Masse als Veräußerer und dem Erwerber gelten §§ 566b, 566c BGB für Vorausverfügungen des Verwalters einschließlich Mietvorauszahlungen des Mieters.[33] **Vorausverfügungen des Schuldners** über zukünftige Mietzinsraten, die der Masse gegenüber gem. § 110 unwirksam wären, muss auch der Erwerber nicht gegen sich gelten lassen.[34] § 110 schützt unmittelbar zwar nur die Masse, dieser Schutzzweck würde aber mittelbar vereitelt, wenn die Wirkung im Rahmen einer Veräußerung verpuffen würde.

IV. Sonderkündigungsrecht des Erwerbers

13 **1. Kündigungsfrist und Zeitpunkt der Kündigung.** Die gesetzliche Kündigungsfrist ergibt sich bei der Vermietung von **Wohnraum** aus § 573d BGB bzw. § 575a BGB. Bei einem Miet- oder Leasingvertrag über **Grundstücke und Räume** beträgt sie nach § 580a Abs. 4, Abs. 1 Nr. 3 BGB drei Monate abzüglich der drei Karenztage („spätestens am dritten Werktag eines Kalendermonats") zu Beginn des ersten Monats. Ein Mietverhältnis über **Geschäftsräume** kann der Erwerber gem. § 580a Abs. 4, Abs. 2 BGB spätestens am dritten Werktag eines Kalendervierteljahres zum Ablauf des nächsten Quartals vorzeitig kündigen.

14 Ein Mietverhältnis über gewerblich genutzte unbebaute Grundstücke kann gem. § 580a Abs. 4, Abs. 1 Nr. 3 BGB mit dreimonatiger Frist, aber nur zum Quartalsende gekündigt werden. Für eingetragene Schiffe gilt § 556 HGB. Bei einem **Pachtvertrag** über Grundstücke und Räume sowie bei der **Landpacht** beträgt die Frist zur vorzeitigen Kündigung nach § 584 Abs. 2, Abs. 1 BGB bzw. § 594a Abs. 2 BGB sechs Monate abzüglich drei Karenztage zum Ende des Pachtjahres; im ungünstigsten Fall ist der Erwerber nahezu achtzehn Monate an den Vertrag gebunden.

15 Gegenüber der vorzeitigen Kündigung des Erwerbers kann der Mieter nicht eine vertragliche Verlängerungsoption einwenden, denn das Sonderkündigungsrecht bezweckt gerade die Abkürzung der vertraglichen Laufzeit.

16 Im Gegensatz zur vorzeitigen Kündigung des Verwalters im Insolvenzverfahren über das Vermögen des Mieters nach § 109 Abs. 1 S. 1[35] kann der Erwerber das Mietverhältnis nur **zum erstmöglichen Termin** kündigen (§ 111 S. 2). Da er erst mit dem Eigentumsübergang, d. h. mit der Eintragung im Grundbuch, Schiffsregister usw. zur Kündigung berechtigt ist, muss er sich kurzfristig entscheiden. Beträgt beispielsweise die gesetzliche Kündigungsfrist sechs Monate abzüglich der drei Karenztage und wird der Eigentumsübergang am Dienstag, 2. April im Grundbuch eingetragen, so muss der Erwerber bei buchstabengenauer Berechnung spätestens am 3. April – Zugang beim Mieter – kündigen.

17 Misslich ist diese knappe Frist für den Erwerber va deshalb, weil er vor dem Eigentumswechsel noch nicht zur Kündigung berechtigt ist, er aber den Zeitpunkt der Eintragung im Grundbuch bzw. Register nicht beeinflussen kann und er in aller Regel von Amts wegen erst nach einigen Tagen unterrichtet wird.[36] Eine strikte Anwendung des § 111 ohne Rücksicht auf seinen Kenntnisstand, die die Kündigung nur zu dem rechnerisch erstmöglichen Termin zulässt, wäre jedoch nicht interessengerecht, wenn dem Erwerber trotz Beachtung der ihm **zumutbaren Sorgfalt** eine Kündigung zu diesem **Zeitpunkt nicht möglich** war; er kann daher noch zum nächsten Termin kündigen.[37] Allerdings ist er verpflichtet, sich zeitnah darüber zu informieren, ab wann er zur Kündigung

---

32 → § 108 Rn. 9, 178.

33 So auch Jaeger/*Jacoby*, § 111 Rn. 18.

34 Jaeger/*Jacoby*, § 111 Rn. 17; KPB/*Tintelnot*, § 111 Rn. 18; **aA** → MüKoInsO/Eckert, 3. Aufl. 2013, § 111 Rn. 12.

35 → § 109 Rn. 25.

36 Eing. hierzu *Neumann* NZI 2018, 471 ff.

37 K. Schmidt/*Ringstmeier*, § 111 Rn. 10; KPB/*Tintelnot*, § 111 Rn. 12; Uhlenbruck/*Wegener*, § 111 Rn. 10; siehe zum Kündigungsrecht nach ZVG weiter RGZ 98, 273, 275; OLG Düsseldorf Rpfl 1987, 513; OLG Frankfurt MDR 2010, 174; LG Braunschweig MDR 1961, 417.

berechtigt ist.[38] Der Nachweis der Umstände, die eine dem Kalender nach rechtzeitige Kündigung nicht zuließen, obliegt dem Erwerber.[39]

18 Die Angabe des Beendigungstermins ist nicht zwingend erforderlich. Kündigt der Erwerber mit falsch berechneter Frist, so ist dies jedenfalls unschädlich, wenn der Erwerber ersichtlich den Vertrag zum erstmöglichen Termin beenden möchte[40] und der Unterschied nicht allzu erheblich ist.[41]

19 **2. Schutz des Mieters. a) Wohnraummiete.** Den **Schutz des Wohnraummieters** lässt das Sonderkündigungsrecht des Erwerbers nahezu **unberührt.** Der Erwerber eines zu Wohnzwecken vermieteten Grundstücks oder einer Eigentumswohnung kann nur vorzeitig kündigen, falls er ein berechtigtes Interesse im Sinne des § 573 BGB hat.[42] Auch die Schutzinstrumente des § 574 BGB[43] und des § 575 Abs. 2 BGB[44] finden Anwendung.

20 Tritt das berechtigte Interesse des Erwerbers an der Vertragsbeendigung – Eigenbedarf oder die bei Erwerb durch einen Gläubiger nahe liegende Verwertungsabsicht (§ 573 Abs. 2 Nr. 2 BGB)[45] – erst später auf, so müsste nach dem Wortlaut des § 111 eine vorzeitige Kündigung des Mietverhältnisses, sogar eines befristeten vor Ablauf der Vertragszeit, noch möglich sein, denn die nach Entstehen des Kündigungsrechts ausgesprochene Kündigung wäre die zum erstmöglichen Termin.

21 Eine derartige Begünstigung des Erwerbers ist jedoch nicht zu rechtfertigen, denn er konnte vor Erwerb die Nutzung oder Verwertung des Objekts abschätzen. **Erstmöglicher Kündigungstermin** für eine vorzeitige Kündigung wegen eines berechtigten Beendigungsinteresses ist somit **der rechnerisch erste nach Eigentumserwerb.**[46] Aus der Sicht des Mieters ist diese Einschränkung geboten; ist der erste Termin zur vorzeitigen Kündigung verstrichen, so darf er auf die Fortsetzung des Mietverhältnisses ohne die Möglichkeit einer vorzeitigen Kündigung vertrauen. Diese Konstellation ist mit einem gesetzlichen Kündigungsverbot, etwa § 577a BGB, nicht zu vergleichen.

22 Die drei- oder zehnjährige **Sperrfrist,** vor deren Ablauf der Erwerber einer Wohnung, bezüglich derer nach Überlassung an den Mieter Wohnungseigentum begründet wurde, nicht wegen Eigenbedarfs kündigen kann (§ 577a BGB), gilt zulasten dessen, der eine Eigentumswohnung vom Insolvenzverwalter erwirbt.[47] Nach Ablauf der Sperrfrist kann der Erwerber wegen Eigenbedarfs vorzeitig mit gesetzlicher Frist zum erstmöglichen Termin kündigen. Erstmöglicher Termin ist nicht der erste Kündigungstermin nach Eigentumserwerb, sondern derjenige nach Ablauf der Kündigungssperre.[48]

23 **b) Landpacht.** Nach **§ 595 BGB** kann der Pächter eines landwirtschaftlichen Betriebes oder eines zu landwirtschaftlichen Zwecken genutzten Grundstücks (Legaldefinition in § 585 BGB) zur Erhaltung seiner wirtschaftlichen Lebensgrundlage Fortsetzung des Pachtverhältnisses verlangen. Die Gesetzesmaterialien zu § 111 erwähnen die Landpacht nicht, sondern nur den Schutz des Wohnraummieters. § 574 BGB und § 595 BGB verfolgen ähnliche Zwecke.[49] Daher besteht kein Grund, den Erwerber eines landwirtschaftlichen Anwesens über den zeitlichen Vorteil hinaus weiter zu begünstigen.[50]

24 **3. Rechte des Mieters nach vorzeitiger Kündigung.** Unter Geltung des § 21 Abs. 4 KO war unstreitig, dass der Mieter Ersatz des ihm infolge der vorzeitigen Vertragsbeendigung entstehenden Schadens fordern konnte, obgleich sich das nicht eindeutig aus dem Gesetzeswortlaut ergab.[51] Auch § 111 S. 1 gibt zwar dem Erwerber das Recht zur vorzeitigen Kündigung, schweigt sich aber, wie damals § 21 Abs. 4 KO und im Gegensatz zu § 103 Abs. 2 S. 1 sowie § 109 Abs. 1 S. 3, Abs. 2 S. 2, zum Schadensersatzanspruch des Vertragsgegners aus.

---

[38] Zur Informationspflicht und zur Überlegungsfrist OLG Oldenburg BeckRS 2001, 30227920; OLG Düsseldorf BeckRS 2002, 9363.
[39] Vgl. RGZ 98, 273, 275.
[40] Siehe bei zu knapp bemessener Frist BGH NJW-RR 1996, 144.
[41] BGH NJW-RR 1996, 144 nimmt drei Monate hin.
[42] BT-Drs. 12/2443, 148; zu § 57a ZVG; BGHZ 84, 90, 100 = NJW 1982, 1696, 1699.
[43] Vgl. BGHZ 84, 90, 100 = NJW 1982, 1696, 1699.
[44] Vgl. BT-Drs. 12/2443, 148.
[45] Vgl. OLG Hamm NJW-RR 1994, 1496.
[46] So auch Jaeger/*Jacoby*, § 111 Rn. 31.
[47] Vgl. zu § 57a ZVG BayObLG NJW-RR 1992, 1166.
[48] Vgl. RGZ 103, 271, 274 zum erstmöglichen Termin nach Ablauf eines behördlichen Kündigungsverbots.
[49] Vgl. BT-Drs. 12/2443, 148.
[50] So auch Jaeger/*Jacoby*, § 111 Rn. 32.
[51] *Jaeger/Henckel*, 9. Aufl. 1997, § 21 KO Rn. 25.

25 Gleichwohl ist ein **Schadensersatzanspruch** des Mieters in Anlehnung an § 109 Abs. 1 S. 3, Abs. 2 S. 2 weiterhin **anzuerkennen.**[52] Wie bei § 103 Abs. 2 S. 1 bzw. § 109 Abs. 1 S. 3, Abs. 2 S. 2 ist umstritten, ob es sich um einen insolvenzspezifischen Anspruch[53] handelt oder um einen regulären materiell-rechtlichen Schadensersatzanspruch statt der Leistung gem. §§ 280 Abs. 1, Abs. 3, 283 BGB.[54]

26 Als **Schaden** zu ersetzen sind die Vermögenseinbußen des Mieters infolge der vorzeitigen Vertragsbeendigung. Hierzu zählt in erster Linie die Mietdifferenz,[55] falls ein gleichwertiges Ersatzobjekt teurer sein sollte. Ob auch Folgeschäden zu erfassen sind (zB Makler- und Umzugskosten, entgangener Gewinn bei zeitweiser Schließung des Gewerbebetriebs während des Umzugs), ist – wie bei § 109 Abs. 1 S. 3[56] – umstritten.[57]

27 Als Folge der Verfahrenseröffnung ordnete früher die überwiegende Ansicht diesen Anspruch als Konkursforderung ein.[58] Das überzeugt auch für das geltende Recht, dem Mieter steht lediglich eine **Insolvenzforderung** zu.[59] Wie § 109 Abs. 1 S. 1 soll auch § 111 S. 1 die Belastungen der Masse mittels § 108 Abs. 1 S. 1 abschwächen. Es handelt sich um originäre Beschränkungen des insolvenzrechtlichen Bestandsschutzes des Dauerschuldverhältnisses.

28 Die Gegenauffassung, die den Ersatzanspruch des Mieters, in Abweichung von der parallelen Regelung des § 109 Abs. 1 S. 3, als Masseforderung einordnen möchte,[60] stützt sich unter anderem auf § 566 Abs. 2 S. 1 BGB. Die Masse hafte nach Maßgabe von § 108 Abs. 1 S. 1 für die Gebrauchsüberlassung und nach dem Erwerb gem. § 566 Abs. 2 S. 1 BGB auf Schadensersatz. Das vermag freilich nicht zu überzeugen, denn mit der Kündigung aus § 111 S. 1 beseitigt der Erwerber die mietvertraglichen Pflichten, für die die Masse nach §§ 108 Abs. 1 S. 1, 566 Abs. 2 S. 1 BGB in die Haftung genommen werden könnte. Weiter wird behauptet, die Masse führe durch die Veräußerung des Mietobjekts in zu vertretender Weise die Unmöglichkeit herbei. Auch das vermag nicht zu überzeugen, denn die Unmöglichkeit wird durch den Erwerber mit der Kündigung des § 111 S. 1 herbeigeführt, die diesem gerade deshalb gewährt wird, um die Masse von den Lasten des § 108 Abs. 1 S. 1 zu befreien. Mit der vorgetragenen Argumentation müsste auch § 109 Abs. 1 S. 3 gegen den Gesetzeswortlaut zur Masseverbindlichkeit erklärt werden.

C. Ausschluss des § 566 BGB

29 Den Vertragsübergang gem. § 566 BGB können Verwalter und Erwerber nicht ausschließen, denn der Schutz des Mieters unterliegt nicht ihrer Disposition. Soweit eine dahingehende Vereinbarung mit Zustimmung des Mieters bürgerlich-rechtlich für wirksam zu erachten ist,[61] beeinträchtigt dies die Befugnisse des Verwalters nicht, wenn er an der Vereinbarung mitgewirkt hat; sie erleichtert sogar die Verwertung. Andererseits birgt sie die Gefahr einer Rechtsmängelhaftung (§ 536 Abs. 3 BGB) der Masse, weil der Erwerber dem Mieter den Mietgebrauch entziehen kann. Mit der Zustimmung verzichtet der Mieter nicht ohne Weiteres auf seine Gewährleistungsrechte. Dem Verwalter muss dann allerdings eine Freigabe mit den Fristen des § 111 unbenommen bleiben,[62] denn es kann nicht ohne Anhaltspunkte davon ausgegangen werden, dass der Verwalter mit einem Ausschluss von § 566 BGB auch über den Masseschutz des § 111 disponieren möchte.

30 Soweit Vermieter und Mieter einer Immobilie die Rechtsfolgen des § 566 BGB wirksam abbedingen,[63] ist dies der Masse gegenüber wirksam. Mit Veräußerung der Mietsache geht das Mietverhältnis nicht auf den Erwerber über, sondern besteht zwischen Masse und Mieter fort.

[52] So auch BeckOKInsO/*Berberich*, § 111 Rn. 15; HKInsO/*Marotzke*, § 111 Rn. 9; K. Schmidt/*Ringstmeier*, § 111 Rn. 13; KPB/*Tintelnot*, § 111 Rn. 14.

[53] So etwa Jaeger/*Jacoby*, § 111 Rn. 43; KPB/*Tintelnot*, § 111 Rn. 14.

[54] So → MüKoInsO/*Eckert*, 3. Aufl. 2013, § 111 Rn. 28; Jaeger/*Jacoby*, § 111 Rn. 45.

[55] KPB/*Tintelnot*, § 111 Rn. 15.

[56] → § 109 Rn. 29.

[57] Dafür etwa → MüKoInsO/*Eckert*, 3. Aufl. 2013, § 111 Rn. 29; dagegen etwa Jaeger/*Jacoby*, § 111 Rn. 45; KPB/*Tintelnot*, § 111 Rn. 15.

[58] *Jaeger/Henckel*, 9. Aufl. 1997, § 21 KO Rn. 25.

[59] BeckOKInsO/*Berberich*, § 111 Rn. 15; HKInsO/*Marotzke*, § 111 Rn. 9; K. Schmidt/*Ringstmeier*, § 111 Rn. 14; KPB/*Tintelnot*, § 111 Rn. 14.

[60] → MüKoInsO/*Eckert*, 3. Aufl. 2013, § 111 Rn. 30 f.; Uhlenbruck/*Wegener*, § 111 Rn. 13; *von Wilmowsky* ZInsO 2011, 1473, 1483.

[61] Vgl. etwa MüKoBGB/*Häublein*, § 566 Rn. 47 f.

[62] → § 108 Rn. 92.

[63] Vgl. erneut MüKoBGB/*Häublein*, § 566 Rn. 47 f.

Der Mieter ist dem Erwerber gegenüber nicht zu Besitz und Nutzung berechtigt und kann wegen eines Rechtsmangels gem. §§ 536a Abs. 1 Fall 2, 536 Abs. 3 BGB Schadensersatz als Massegläubiger (§ 108 Abs. 1 S. 1) verlangen, wenn der Erwerber ihm den Mietgebrauch entzieht. Der Ausschluss des Vertragsübergangs enthält im Zweifel keinen Verzicht des Mieters auf die Rechtsmängelhaftung des Vermieters. Allerdings steht es dem Schuldner und dem Mieter von vornherein nicht frei (§ 119), der Masse höhere Lasten aufzuerlegen als das die §§ 108 ff. vorsehen. Der Verwalter behält also die Möglichkeit, eine Freigabe nach Maßgabe der Fristen des § 111 vorzunehmen.[64]

D. Sonderkündigung bei § 108 Abs. 1 S. 2 InsO

Unklar ist, ob § 111 entgegen seinem Wortlaut aus teleologischen Gründen auch bei beweglichen Gegenständen angewandt werden sollte, die den Schutz des § 108 Abs. 1 S. 2 genießen. Im Anwendungsbereich von § 108 Abs. 1 S. 2 kann der Insolvenzverwalter freilich von vornherein nur nach Maßgabe von §§ 166 ff. über den Gegenstand verfügen. Sollte der zu besichernde Kredit mit dem Veräußerungserlös vollständig getilgt werden können, erledigt sich der Zweck des § 108 Abs. 1 S. 2[65] und der Masse kann das Vertragsverhältnis nicht mehr entgegengehalten werden. Dementsprechend muss auch der Erwerber sich das Nutzungsrecht nicht mehr gem. **§ 986 Abs. 2 BGB** entgegenhalten lassen. 31

Sollte der Insolvenzverwalter mit dem Erlös den besicherten Kredit nicht vollständig tilgen können oder gar außerhalb der §§ 166 ff. agieren und als Nichtberechtigter verfügen, besteht für eine Anwendung des **§ 111 kein Raum.**[66] § 108 Abs. 1 S. 2 soll die Sicherungsinteressen des Sicherungsnehmers schützen; die Interessenlage ist nicht vergleichbar mit derjenigen bei § 108 Abs. 1 S. 1, auf den § 111 maßgeschneidert ist. Die Masse muss sich § 108 Abs. 1 S. 2 also weiterhin entgegenhalten lassen, und der Nutzungsberechtigte wird sich regelmäßig auf § 986 Abs. 2 BGB berufen können. 32

§ 112 Kündigungssperre

Ein Miet- oder Pachtverhältnis, das der Schuldner als Mieter oder Pächter eingegangen war, kann der andere Teil nach dem Antrag auf Eröffnung des Insolvenzverfahrens nicht kündigen:

1. **wegen eines Verzugs mit der Entrichtung der Miete oder Pacht, der in der Zeit vor dem Eröffnungsantrag eingetreten ist;**
2. **wegen einer Verschlechterung der Vermögensverhältnisse des Schuldners.**

Schrifttum: *Bruns,* Das Wahlrecht des Insolvenzverwalters und vertragliche Lösungsrechte, ZZP 110 (1997), 305; *Cymutta,* Das außerordentliche Kündigungsrecht des Vermieters nach dem Lastschriftwiderruf des Insolvenzverwalters, ZInsO 2008, 191; *Dawe,* Der Widerruf von Einzugsermächtigungslastschriften im Insolvenzverfahren der natürlichen Person, ZVI 2007, 549; *Frind,* Lastschrift-„Widerruf" der Mietzahlungen in der Insolvenz des Mieters, NZM 2009, 688; *Grote,* Lastschriftwiderruf bei natürlichen Personen, ZInsO 2009, 9; *J. F. Hoffmann,* Vertragsbindung kraft Insolvenz?, KTS 2018, 343; *ders.,* Executory Contracts, Ipso Facto Clauses and Licensing Agreements in Cross-Border Insolvencies, International Insolvency Review 27 (2018), 300; *Martin Krüger,* Mieterdienstbarkeit, NZM 2012, 377; *Marotzke,* Die insolvenzrechtliche Kündigungssperre (§ 112), FS Zöllner, 1998, 1193; *Marotzke,* BGB und InsO: zwei verschiedene Leistungsstörungsrechte, KTS 2002, 1; *Schwörer,* Lösungsklauseln für den Insolvenzfall, 2000; *Torz,* Franchising und Insolvenz, ZInsO 2009, 1235; *Weber/Hötzel,* Die Softwarelizenz bei Insolvenz des Lizenznehmers, NZI 2011, 432; *von Wilmowsky,* Der Mieter in der Insolvenz: Zur Kündigungssperre des § 112 InsO, ZInsO 2004, 882.

Übersicht

[64] Anders → MüKoInsO/*Eckert,* 3. Aufl. 2013, § 111 Rn. 34.
[65] → § 108 Rn. 131.
[66] Im Erg. auch BeckOKInsO/*Berberich,* § 111 Rn. 5.

A. Grundlagen

I. Schutz von Massebesitz

1 In der Systematik der §§ 108 ff. nimmt § 112 eine **Sonderrolle** ein. Während es den §§ 108 ff. grds. um den Schutz der Kontinuitätsinteressen des Vertragspartners und dessen masseverträgliche Ausgestaltung geht, bezweckt § 112 einen **Masseschutz.** Diese andersartige Stoßrichtung des § 112 äußert sich nicht nur darin, dass Mieter und Vermieter über § 112 nicht disponieren können,[1] sondern auch in seinem abweichenden Anwendungsbereich. Anders als bei § 108 Abs. 1 S. 1 werden von § 112 auch Miet- und Pachtverhältnisse über bewegliche Gegenstände erfasst. In der Konkursordnung gibt es keinen Vorläufer einer § 112 entsprechenden Regelung.

2 Es ist Anliegen des § 112, die Produktionsgrundlagen eines insolventen Unternehmens zu erhalten und eine frühzeitige Zerschlagung zu verhindern.[2] Geschützt werden Nutzungsverhältnisse der Insolvenzmasse und damit „**Massebesitz**" im weitesten Sinne. Die Norm lässt sich systematisch zusammen mit anderen Vorschriften erfassen, die einen Schutz des Massebesitzes bezwecken. Genannt werden in diesem Kontext häufig § 21 Abs. 2 S. 1 Nr. 5 und § 107 Abs. 2.[3] Aber auch § 105 S. 1 lässt sich hier anführen.

II. Durch einen Eingriff in die Privatautonomie

3 Bewerkstelligt wird der Schutz des Massebesitzes bei § 112, indem dem Vertragspartner bestimmte **Kündigungsrechte** verwehrt werden. Kündigungsrechte im Dauerschuldverhältnis legitimieren sich durch den begrenzten Bindungswillen des Vertragspartners.[4] Er darf sich von dem Vertrag lösen, weil er sich nicht unter allen Umständen bzw. für alle Ewigkeit an den Vertrag binden wollte. Diesem zeitlich und inhaltlich **begrenzten Bindungswillen** tragen neben ausdrücklichen vertraglichen Regelungen auch die Regelungen des Schuldvertragsrechts Rechnung, die insoweit zu einer ausdrücklichen vertraglichen Vereinbarung funktionsäquivalent sind. Wenn daneben zum Teil angenommen wird, Kündigungsrechte (und auch Rücktrittsrechte) dienten der Durchsetzung von Forderungen und seien daher in der Insolvenz ohnehin zu suspendieren,[5] ist das zurückzuweisen. Mag die Drohung mit einer Kündigung unter Umständen die Durchsetzung der Forderung erleichtern, legitimiert sich die Kündigung nicht als Schutzinstrument nichterfüllter Forderungen, sondern als Ausfluss der **Privatautonomie** des Vertragspartners. Auch ist für Kündigungstatbestände, die Verzug voraussetzen, nicht erforderlich, dass der Insolvenzmasse der Verzug vorgehalten werden kann,[6] sondern ausreichend, dass man dem Schuldner nach allgemeinen Grundsätzen einen Verzug zum Vorwurf machen kann. Der begrenzte Bindungswille des Vertragspartners und alle damit verbundenen Mechanismen (§§ 320, 323 BGB, Kündigungsrechte) sind grds. insolvenzfest. § 112 stellt demnach in der Sache einen Eingriff in die Privatautonomie des Vertragspartners zum Schutz des Massebesitzes dar.

1 Vgl. auch → MüKoInsO/*Eckert,* 3. Aufl. 2013, § 112 Rn. 46.
2 BT-Drs. 12/2443, 148.
3 Jaeger/*Jacoby,* § 112 Rn. 3.
4 *J. F. Hoffmann,* Zession und Rechtszuweisung, 2012, S. 214 f. mwN.
5 Jaeger/*Jacoby,* § 112 Rn. 6, 41.
6 So aber Uhlenbruck/*Wegener,* § 112 Rn. 17.

Vor diesem Hintergrund bewerkstelligt § 112 den Masseschutz vergleichbar zu **§§ 105 S. 1, 107 Abs. 2 S. 1.** Auch dort werden Bindungsbegrenzungen des Vertragspartners im Interesse der Masse suspendiert.[7] Bei § 107 Abs. 2 S. 1 wird der für § 323 Abs. 1 BGB maßgebliche Fälligkeitszeitpunkt relativiert. Bei § 105 S. 1 werden, wie bei § 112, Lösungsrechte suspendiert, die auf vergangenen Leistungspflichtverletzungen beruhen. Die Schutzmechanismen sind allerdings nicht bruchlos aufeinander abgestimmt: Während § 112 schon im Eröffnungsverfahren gilt, greifen §§ 107 Abs. 2 S. 1, 105 S. 1 erst ab Verfahrenseröffnung. Während §§ 112, 105 S. 1 unmittelbar nach der jeweiligen Zäsur das Gegenleistungspflichtenprogramm regulär laufen lassen, erhält der Insolvenzverwalter mit § 107 Abs. 2 S. 1 eine noch längere „Schonfrist". Das eröffnet naturgemäß ein Spielfeld für das Postulat **analoger Anwendungen,** um ein stimmiges System herzustellen.[8] Da es sich aber um heteronome Eingriffsmechanismen in die Bindungsstruktur von Verträgen handelt, sollte entsprechenden Analogien mit Zurückhaltung begegnet werden, zumal auch §§ 105 S. 1, 107 Abs. 2 S. 1, 112 in sachlicher Hinsicht den „Massebesitz" nur punktuell erfassen. 4

Insbesondere § 105 S. 1 ist in seiner Wirkungsweise und Zielrichtung komplementär zu § 112: § 112 schützt die Dauernutzungsverhältnisse der Masse, während § 105 S. 1 die Dauerlieferverträge erfassen soll (va im Hinblick auf Waren und Energie),[9] um die typischen Produktionsgrundlagen eines Betriebes insgesamt abzudecken. Erreicht wird dieser Schutz bei § 105 S. 1 wie bei § 112, indem vorinsolvenzliche **Leistungspflichtverletzungen des Schuldners kassiert** werden. Bei § 105 S. 1 muss der Vertragspartner ab Verfahrenseröffnung warten, ob sich die Masse vertragstreu verhalten wird, bei § 112 greift die Zäsur ab dem Eröffnungsantrag. Es kommt in der Sache zu einer **Spaltung des Vertrages in zeitlicher Hinsicht.**[10] Der Vertragspartner wird ab dem Eröffnungsantrag (§ 112) bzw. ab Verfahrenseröffnung (§ 105 S. 1) so gestellt, als habe er einen neuen Vertrag abgeschlossen, sodass vergangene Pflichtverletzungen im angeordneten Umfang nicht mehr zur Grundlage von Lösungsrechten gemacht werden dürfen. 5

Das Ausmaß bzw. die Intensität des Eingriffs in die Privatautonomie des Vertragspartners ist zu präzisieren: Zwar hat sich der Bindungswille des Vertragspartners grds. erschöpft, wenn eine hinreichende Störung der Gegenleistungspflicht vorliegt. Sein Absatzinteresse besteht jedoch typischerweise fort. In den Konstellationen der §§ 112, 105 S. 1[11] hat der Vertragspartner keinen Einheitlichkeitswillen in dem Sinne, dass die Transaktion als Gesamtes stehen und fallen solle. Vielmehr hat der Vertragspartner bei **Dauerschuldverhältnissen** typischerweise einen **hypothetischen Spaltungswillen in zeitlicher Hinsicht,** der maßgeblich durch sein fortbestehendes Absatzinteresse getrieben wird. Die zeitliche Vertragsspaltung als solche stellt daher bei Dauerschuldverhältnissen in dieser Hinsicht typischerweise keinen Eingriff in die Privatautonomie dar. Dieser besteht allerdings darin, dass sich der Vertragspartner zu regulären Konditionen regelmäßig keinen Insolvenzverwalter als Vertragspartner ausgesucht hätte, um seine fortbestehenden Absatzinteressen zu verfolgen. **Sanierungsheteronom** wird der im begrenzten Bindungswillen implementierte **Wunsch nach einem anderen Vertragspartner überwunden.** 6

III. Problem der schwachen vorläufigen Insolvenzverwalter

Bei § 112 besteht allerdings nicht nur das Problem, dass der Vertragspartner weiter im Interesse der Masse an dem Vertrag festgehalten wird, obwohl sich der Bindungswille unter Umständen erschöpft hat. Da die Zäsur bei § 112 bereits mit dem Eröffnungsantrag herbeigeführt wird und es sich typischerweise um Transaktionen handelt, bei denen der Vertragspartner seine Leistung nicht vollumfänglich zurückhalten kann, wenn und soweit er der Masse bereits Besitz an einem Gegenstand eingeräumt hat, droht der Vertragspartner sein Kündigungsrecht sogar kompensationslos zu verlieren. Er muss dann sehenden Auges ein Vertragsverhältnis hinnehmen, das von seinem Bindungswillen nicht mehr gedeckt ist und in dem er außerdem auch künftig die volle Gegenleistung nicht erhalten wird. Der **Gesetzgeber** rechtfertigte § 112 noch damit, dass der Vertragspartner auf Grund von § 55 Abs. 2 S. 2 wegen der Kündigungssperre keine Einbußen zu befürchten habe, da er mit Masseverbindlichkeiten privilegiert werde.[12] 7

---

7 Siehe *J. F. Hoffmann* KTS 2018, 343, 350 ff.

8 → Rn. 15.

9 BT-Drs. 12/2443, 145.

10 Vgl. auch in Abgrenzung → § 108 Rn. 156.

11 Bei § 105 S. 1 ist der Anwendungsbereich und das Ausmaß der Vertragsspaltungen freilich umstritten, verbreitet wird die Norm auch außerhalb von Dauerschuldverhältnissen angewandt; dagegen *J. F. Hoffmann* KTS 2018, 343, 370 ff.

12 BT-Drs. 12/2443, 148.

8 Diese Erwartungshaltung des Gesetzgebers hat nicht die **Praxis der Insolvenzgerichte** antizipiert, lediglich vorläufige Verwalter ohne Verfügungsbefugnis zu bestellen und diese allenfalls punktuell zur Begründung von Masseverbindlichkeiten zu ermächtigen.[13] Dieser Strategie zur Vermeidung von Masseverbindlichkeiten va gem. § 55 Abs. 2 S. 2 wollte der BGH keinen Einhalt gebieten und der Gesetzgeber sah sich hierzu nur im Stande, soweit Fiskusinteressen betroffen sind (§ 55 Abs. 4[14]), obwohl die privatrechtliche Balance zwischen Freiheit und Verantwortung durch diese Gestaltung offenkundig insgesamt aus dem Lot gebracht wird.

9 Nicht zuletzt die Regelungsintention des Gesetzgebers würde es zumindest im Kontext von § 112 nahelegen, dieses **Ungleichgewicht zu korrigieren.** Entweder ließe sich die gesetzlich intendierte Balance dadurch herstellen, dass im Anwendungsbereich von § 112 auch auf den schwachen vorläufigen Insolvenzverwalter § 55 Abs. 2 S. 2 zur Anwendung gebracht wird, wie das *von Wilmowsky* vorgeschlagen hat.[15] Alternativ wäre auch denkbar, § 112 restriktiv zu handhaben und nur dann zur Anwendung zu bringen, wenn der Vertragspartner für den Zeitraum der Sperre mit Masseverbindlichkeiten bedacht wird, wie das *Marotzke* zur Diskussion gestellt hat[16] und was der Regelungsintention des Gesetzgebers auch am nächsten erscheint.

10 Der **BGH** hat sich bedauerlicherweise beiden Lösungsvorschlägen verweigert[17] und damit einer Regelung Vorschub geleistet, die weder angemessen erscheint noch vom Gesetzgeber gewollt war. Eine Verfassungswidrigkeit wird man dem so geschaffenen Rechtszustand vermutlich nicht attestieren können.[18]

B. Geschützte Nutzungsverhältnisse

I. Vertragsgegenstand

11 § 112 unterscheidet anders als § 108 Abs. 1 S. 1 nicht zwischen **beweglichen und unbeweglichen Gegenständen.** Der Gesetzgeber wollte die Produktionsgrundlagen eines schuldnerischen Unternehmens umfassend schützen.

12 Vor dem Hintergrund dieses Regelungszwecks kann erwogen werden, ob Gegenstände von der Kündigungssperre ausgenommen werden sollten, die von der Masse **nicht zur Unternehmensfortführung benötigt werden,** wobei hier va an Gegenstände zu denken ist, die von vornherein keinen gewerblichen Verwendungszweck haben. Eine teleologische Reduktion wäre in diesem Kontext sicher denkbar, allerdings kaum praktikabel, da man nur in den seltensten Fällen mit absoluter Gewissheit eine Brauchbarkeit für die Masse wird ausschließen können.[19] Anders verhält es sich allerdings im Hinblick auf die gemietete **Wohnung des Schuldners.** Das entsprechende Nutzungsrecht wird bereits vom Massebeschlag nicht erfasst, sodass eine Nutzbarkeit für die Masse ausgeschlossen ist und § 112 auch bereits vor einer Enthaftungserklärung gem. § 109 Abs. 1 S. 2[20] nicht auf solche Mietverhältnisse angewendet werden sollte.[21]

13 Zu erfassen ist ebenso die Nutzungsüberlassung von Immaterialgütern im Rahmen von **Lizenzverträgen,**[22] da auch solche Nutzungsbefugnisse typischerweise für eine Betriebsfortführung benötigt werden. Insbesondere bei Lizenzverträgen bedarf es allerdings einer präzisen Bestimmung der Reichweite der Kündigungssperre.[23]

14 **Darlehensverträge** sind von § 112 nicht erfasst.[24] Auch wenn die Masse eine Nutzungsbefugnis im Hinblick auf das Kapital erlangt, ist die Interessenlage nicht vergleichbar. Der Darlehensgeber trägt ein weitaus höheres Risiko als ein Vermieter, da er das Kapital der Schuldnermasse mit dinglicher

---

13 Dazu etwa BGHZ 204, 74, 80, Rn. 18 = NJW 2015, 1171, 1173, Rn. 18.

14 Dazu *J. F. Hoffmann*, Prioritätsgrundsatz und Gläubigergleichbehandlung, 2016, S. 342 ff.

15 *von Wilmowsky* ZInsO 2004, 882, 887.

16 HKInsO/*Marotzke*, § 112 Rn. 27.

17 BGHZ 151, 353, 372 = NZI 2002, 543, 548.

18 So aber HKInsO/*Marotzke*, § 112 Rn. 27; gegen eine Verfassungswidrigkeit auch BGHZ 151, 353, 372 = NZI 2002, 543, 548; Jaeger/*Jacoby*, § 112 Rn. 4.

19 So auch BeckOKInsO/*Berberich*, § 112 Rn. 11; Jaeger/*Jacoby*, § 112 Rn. 11.

20 Zur Unanwendbarkeit von § 112 nach der Enthaftungserklärung BGHZ 206, 1 = NZI 2015, 809.

21 So auch HKInsO/*Marotzke*, § 109 Rn. 18; **aA** BeckOKInsO/*Berberich*, § 112 Rn. 11; → MüKoInsO/*Eckert*, 3. Aufl. 2013, § 112 Rn. 3; Uhlenbruck/*Wegener*, § 112 Rn. 3.

22 So auch → MüKoInsO/*Eckert*, 3. Aufl. 2013, § 112 Rn. 7; Uhlenbruck/*Wegener*, § 112 Rn. 3.

23 → Rn. 33.

24 So auch → MüKoInsO/*Eckert*, 3. Aufl. 2013, § 112 Rn. 10; HKInsO/*Marotzke*, § 112 Rn. 25; Uhlenbruck/*Wegener*, § 112 Rn. 19.

Wirkung überführt und in einem Insolvenzverfahren Rückzahlung nur als Insolvenzgläubiger verlangen kann.

II. Vertragstyp

Im Einklang mit den Begrifflichkeiten des § 108 Abs. 1[25] und den Gesetzesmaterialien[26] ist davon auszugehen, dass **Leasingverträge** auch von § 112 erfasst sind. Das gilt jedoch nur für die Nutzungsbefugnis und nicht auch für eine Erwerbsoption.[27] Nutzt etwa die Masse unter dem Schutz des § 112 einen Leasinggegenstand weiter, ohne vergangene Zahlungsrückstände zu begleichen, kann sich der Leasinggeber jedenfalls hinsichtlich der versprochenen Erwerbsoption vom Vertrag lösen. In diesem Kontext ist erneut darauf hinzuweisen, dass das nur gilt, wenn in dem Leasingvertrag die Nutzungsbefugnis nicht vertraglich an einen künftigen (automatischen) Eigentumserwerb geknüpft ist.[28] Soweit Eigentumserwerb und Nutzungsbefugnis vertraglich miteinander verknüpft sein sollten, kommt § 112 schon deshalb nicht in Betracht, weil der typischerweise angenommene Spaltungswille des Vertragspartners in zeitlicher Hinsicht[29] in diesen Fällen bezüglich der Nutzungsbefugnis nicht besteht; die Transaktion soll als Gesamtheit stehen oder fallen. Bereits aus diesem Grund kann der vorgeschlagenen analogen Anwendung des § 112 auf den Kauf unter Eigentumsvorbehalt nicht gefolgt werden, da § 112 eine Spaltung des Vertrages in zeitlicher Hinsicht vornimmt, die in diesen Fällen nicht legitimierbar ist. Soweit mit einer analogen Anwendung des § 112 erreicht werden soll, dass die Überlegungsfrist des Insolvenzverwalters aus § 107 Abs. 2 S. 1 bezüglich der Erfüllungswahl prospektiv bereits ab dem Eröffnungsantrag geschützt wird,[30] kann dem auch nicht gefolgt werden,[31] da § 112 sich im Regelungsgehalt nicht in einer Fristverlängerung erschöpft und da die §§ 105 S. 1, 107 Abs. 2 S. 1, 112 ohnehin nicht in ein stimmiges System zu bringen sind.[32] 15

Hinsichtlich **typengemischter Verträge** ist zu verfahren wie im Rahmen von § 108 Abs. 1 S. 1.[33] Maßgebend ist nicht eine Schwerpunktbetrachtung,[34] sondern erfasst wird vom Schutz des § 112 nur das Nutzungselement des Vertrages, sodass es unter Umständen zu einer gespaltenen Behandlung des Vertrages kommen kann.[35] Es kann also dazu kommen, dass der solvente Vertragspartner sich vom übrigen Vertrag regulär lösen kann, gem. § 112 nicht aber von dem Vertragsteil mit Nutzungsbezug. Sollte allerdings der Vertrag nach dem Parteiwillen als Einheit stehen und fallen (§ 139 BGB), kann auch § 112 nicht dazu führen, dass der Vertragspartner an den Nutzungsteil des Vertrages gebunden bleibt. Die Kündigungssperre entfaltet dann keine Wirkung. Zu beachten ist allerdings, dass die weiteren Elemente des Vertrages unter Umständen von § 105 S. 1 geschützt sein können, sodass auch diesbezüglich ein Lösungsrecht ausscheiden kann, wenn auch erst bei einer entsprechenden Erfüllungswahl nach Verfahrenseröffnung. Denkbar ist das etwa bei **Franchiseverträgen,**[36] in denen Elemente der Nutzungsüberlassung (§ 112) mit Elementen der Dauerbelieferung (§ 105 S. 1) kombiniert sein können. Beim Franchisevertrag muss allerdings der Umfang der Kündigungssperre des § 112 präzise bestimmt werden.[37] 16

Sollte das schuldrechtliche Nutzungsrecht, das unter den Schutz des § 112 fällt, durch ein dingliches Recht abgesichert worden sein (etwa eine **beschränkt persönliche Dienstbarkeit gem. § 1090 BGB**), so findet § 112 auf das dingliche Recht keine Anwendung.[38] Soweit das dingliche Recht erlischt, bleibt die schulrechtliche Nutzungsbefugnis unberührt und § 112 kann seinen unmittelbaren Schutzzweck insofern erfüllen. 17

---

25 → § 108 Rn. 55 ff.
26 BT-Drs. 12/2443, 148.
27 So auch BeckOKInsO/*Berberich*, § 112 Rn. 8.2.
28 → § 108 Rn. 57; siehe weiter → MüKoInsO/*Eckert*, 3. Aufl. 2013, § 112 Rn. 5; *Obermüller/Livonius* DB 1995, 27, 29.
29 → Rn. 6.
30 So HKInsO/*Marotzke*, § 107 Rn. 31; KPB/*Tintelnot*, § 112 Rn. 5.
31 So auch BeckOKInsO/*Berberich*, § 112 Rn. 7; → MüKoInsO/*Eckert*, 3. Aufl. 2013, § 112 Rn. 10; Jaeger/*Jacoby*, § 112 Rn. 15; Uhlenbruck/*Wegener*, § 112 Rn. 19.
32 → Rn. 4.
33 → § 108 Rn. 50 ff.
34 So aber etwa → MüKoInsO/*Eckert*, 3. Aufl. 2013, § 112 Rn. 5; Jaeger/*Jacoby*, § 112 Rn. 12 ff. und zu § 108 Abs. 1 S. 1 BGHZ 71, 189, 191 = NJW 1978, 1383, 1384; *Häsemeyer*, Insolvenzrecht, 4. Aufl. 2007, Rn. 20.46; *Jaeger/Henckel*, 9. Aufl. 1997, § 19 KO Rn. 28; Jaeger/*Jacoby*, § 108 Rn. 46; Uhlenbruck/*Wegener*, § 108 Rn. 13.
35 Vgl. speziell zu Softwarenutzungsverträgen BeckOKInsO/*Berberich*, § 112 Rn. 8.1.
36 Gegen eine pauschale analoge Anwendung von § 112 etwa auch *Torz* ZInsO 2009, 1235, 1237.
37 → Rn. 33.
38 BGH NZI 2011, 443.

III. Vollzugserfordernis

18 Der Gesetzeszweck der Kündigungssperre, eine Unternehmensfortführung nicht durch frühzeitiges Zerschlagen der Produktionsgrundlagen zu gefährden,[39] streitet dafür, dass die Kündigungssperre erst greifen soll, wenn der Vertragsgegenstand bereits durch die Masse genutzt wird, also bereits „Massebesitz" besteht.[40] Bei körperlichen Gegenständen wird man eine Überlassung fordern müssen und bei Immaterialgütern den Beginn der lizenzvertraglichen Nutzungsbefugnis und die Schaffung der faktischen Voraussetzungen für eine Nutzung. Vor dem Hintergrund, dass es sich um einen rechtfertigungsbedürftigen Eingriff in die Privatautonomie des Vertragspartners handelt, der nach derzeitiger Handhabe im Eröffnungsverfahren außerdem zu unangemessenen Ergebnissen führen kann,[41] ist dieser **restriktiven,** sich eng am Gesetzeszweck orientierenden **Auslegung** der Vorzug zu geben.

C. Reichweite der Kündigungssperre

I. Auflösungskonstruktion

19 Die von § 112 bezweckte Vertragsspaltung lässt nicht nur gesetzliche Kündigungsrechte hinfällig werden, die sich auf die inkriminierten Kündigungsgründe stützen, sondern auch vertraglich vereinbarte Kündigungsklauseln.[42] Auch in diesem Kontext ist die Funktionsäquivalenz von Schuldvertragsrecht und vertraglichen Vereinbarungen zu erkennen. Die Sperre greift unabhängig davon, ob das vertragliche Lösungsrecht als auflösende Bedingung, als Rücktrittsrecht oder als Kündigungsrecht konstruiert ist.[43]

II. Beginn und Ende der Sperre

20 Die Sperre erfasst alle Kündigungen, die erst nach Antragstellung im Sinne von § 130 BGB zugegangen sind.[44] Kündigungen, die vorher zugegangen sind, bleiben auch dann wirksam, wenn der vorläufige Verwalter den Kündigungsgrund nachträglich beseitigen sollte; § 569 Abs. 3 Nr. 2 BGB bleibt unberührt.[45] Kündigungsfristen müssen nicht bereits vor Antragstellung abgelaufen sein.[46]

21 Der Eröffnungsantrag muss weder zulässig noch begründet sein. Eine Grenze wird verbreitet bei offensichtlich aussichtslosen Insolvenzanträgen gezogen.[47]

22 Mit der Eröffnung des Insolvenzverfahrens wird die Sperre einerseits zwar nicht beendet,[48] andererseits kommt es aber auch nicht zu einer erneuten Zäsur im Sinne einer neuerlich beginnenden Sperrwirkung.[49] Die Sperre endet jedenfalls[50] mit Ablehnung der Verfahrenseröffnung. Bereits ausgesprochene Kündigungen, die von § 112 für unwirksam befunden worden sind, werden mit Erledigung des Schutzzwecks des § 112 automatisch wirksam.[51] Die „Bedingungsfeindlichkeit von Gestaltungserklärungen" steht dem nicht entgegen,[52] da der Vermieter nicht einseitig bedingt hat, sondern ein Wirksamkeitshindernis der Kündigung entfallen ist.

---

[39] → Rn. 1 f.

[40] So auch Jaeger/*Jacoby,* § 112 Rn. 23; HKInsO/*Marotzke,* § 112 Rn. 5; *Marotzke* FS Zöllner, 1998, 1193, 1195 ff.; KPB/*Tintelnot,* § 112 Rn. 4; **aA** BeckOKInsO/*Berberich,* § 112 Rn. 12.1; → MüKoInsO/*Eckert,* 3. Aufl. 2013, § 112 Rn. 12, 32 und Uhlenbruck/*Wegener,* § 112 Rn. 5, die aber zumindest ein Leistungsverweigerungsrecht aus § 321 BGB anerkennen (→ Rn. 41).

[41] → Rn. 10.

[42] → MüKoInsO/*Eckert,* 3. Aufl. 2013, § 112 Rn. 16; KPB/*Tintelnot,* § 112 Rn. 6; Uhlenbruck/*Wegener,* § 112 Rn. 1.

[43] → MüKoInsO/*Eckert,* 3. Aufl. 2013, § 112 Rn. 16; HKInsO/*Marotzke,* § 112 Rn. 22 f.

[44] OLG Düsseldorf BeckRS 2009, 13870; → MüKoInsO/*Eckert,* 3. Aufl. 2013, § 112 Rn. 18; Uhlenbruck/*Wegener,* § 112 Rn. 8.

[45] → MüKoInsO/*Eckert,* 3. Aufl. 2013, § 112 Rn. 18.

[46] → MüKoInsO/*Eckert,* 3. Aufl. 2013, § 112 Rn. 18.

[47] BeckOKInsO/*Berberich,* § 112 Rn. 16; Uhlenbruck/*Wegener,* § 112 Rn. 6.

[48] HKInso/*Marotzke,* § 112 Rn. 9.

[49] So aber im Erg. Jaeger/*Jacoby,* § 112 Rn. 41.

[50] → Rn. 27.

[51] **AA** OLG Düsseldorf BeckRS 2008, 20206; BeckRS 2009, 05983; BeckOKInsO/*Berberich,* § 112 Rn. 26; Uhlenbruck/*Wegener,* § 112 Rn. 8.

[52] So aber → MüKoInsO/*Eckert,* 3. Aufl. 2013, § 112 Rn. 31.

III. Gesperrte Lösungsgründe

23 **1. § 112 Nr. 1 InsO.** Dem Mechanismus einer zeitlichen Aufspaltung des Vertrages entsprechend werden Kündigungen gesperrt, die sich auf wiederkehrende Zahlungspflichten stützen, die als **Gegenleistung zur Gebrauchsgewährung** anzusehen sind.[53] Nicht ausgeschlossen ist eine Kündigung wegen unterlassener Kautionsleistung,[54] allerdings kann eine Kündigung wegen unterlassener Kautionswiederauffüllung durch § 112 Nr. 1 gesperrt sein, wenn die Kaution mit rückständigen Mietzahlungspflichten verrechnet worden ist.[55]

24 Ausgeschlossen ist in erster Linie der gesetzliche Kündigungstatbestand des § 543 Abs. 2 S. 1 Nr. 3 BGB. Maßgebend ist dem Anliegen der zeitlichen Spaltung entsprechend nicht der Zeitpunkt, in dem der Verzug mit den Zahlungen eintritt, sondern erfasst werden **Zahlungspflichten, die sich auf den Nutzungszeitraum vor dem Eröffnungsantrag beziehen.**[56] Gesperrt werden auch die Kündigungstatbestände gem. § 543 Abs. 1 BGB und § 573 Abs. 1, Abs. 2 Nr. 1 BGB, soweit diese auf die Verletzung von Zahlungspflichten gestützt werden.[57]

25 **2. § 112 Nr. 2 InsO.** Die Kündigungssperre des § 112 Nr. 2 wird in aller Regel vertragliche Kündigungsrechte erfassen, die für einen Vermögensverfall vereinbart worden sind. Abgezielt wird auf Klauseln, die den Kündigungstatbestand auf einen Zeitpunkt vor der tatsächlich eintretenden Zahlungspflichtverletzung vorverlagern. Tragend ist auch hier der Gedanke der zeitlichen Spaltung. Dem Vermieter wird abverlangt abzuwarten, ob sich der Vermögensverfall tatsächlich auch in einer Nichterfüllung seiner synallagmatischen Forderungen niederschlagen oder ob der vorläufige Insolvenzverwalter sich vertragstreu verhalten wird.

26 Vor diesem Hintergrund kann § 112 Nr. 2 von vornherein nur solche Lösungsgründe ausschließen, denen eine Zahlungspflichtverletzung als Dauertatbestand zugrunde liegt, den der vorläufige Insolvenzverwalter tatsächlich noch beseitigen kann bzw. darf. Sollte der Mieter die **Kaution** nicht geleistet haben, wird ein entsprechendes Kündigungsrecht durch § 112 Nr. 2 vorübergehend gesperrt, da der Anspruch auf Kautionszahlung der Masse entgegengehalten werden kann, da insoweit ein Nutzungsbezug besteht.[58] Sollte das Kündigungsrecht allerdings darauf beruhen, dass der Mieter umfangreiche Schadensersatzpflichten aus der Vergangenheit nicht erfüllt hat oder die Sache vertragswidrig als Kreditsicherheit verwendet hat, ist eine Kündigung nicht gem. § 112 Nr. 2 gesperrt.[59] Mangels fortdauernden Nutzungsbezugs können die entsprechenden Zahlungspflichten nicht (zeitanteilig) gegen die Masse in Stellung gebracht werden. Das von § 112 bezweckte „Abwarten“ erfüllt insofern auch keinen Zweck.[60]

IV. Unberührte Lösungsmöglichkeiten

27 **1. Zahlungsrückstände nach dem Eröffnungsantrag. Unberührt** von der Kündigungssperre des § 112 Nr. 1 sind Lösungsrechte, die sich ausschließlich[61] auf Zahlungspflichtverletzungen stützen, zu denen es nach dem Eröffnungsantrag gekommen ist.[62] Der Vertragspartner muss mittels § 112 nur abwarten, ob es auch in einem vorläufigen Insolvenzverfahren zu Vertragspflichtverletzungen kommt. Ein Zahlungsverzug wird nicht dadurch ausgeschlossen, dass nur ein schwacher vorläufiger Verwalter bestellt wird.[63] Auch kann eine Kündigung vorzeitig angezeigt sein, wenn Schuldner und/oder vorläufiger Verwalter ankündigen, die Miete nicht mehr zu begleichen.[64]

28 Zu entsprechenden Zahlungspflichtverletzungen muss es nicht zwangsläufig kommen, denn jedenfalls kann ein sog. starker vorläufiger Verwalter mit Verwaltungs- und Verfügungsbefugnis (§§ 22 Abs. 1 S. 1, 21 Abs. 2 Nr. 2 Alt. 1) die Mietzahlungspflicht gem. § 55 Abs. 2 S. 2 zu **Masseverbindlichkeiten** aufwerten und rechtzeitig[65] tilgen. Bei einem schwachen vorläufigen Verwalter ist denk-

---

53 → MüKoInsO/*Eckert,* 3. Aufl. 2013, § 112 Rn. 22.
54 → MüKoInsO/*Eckert,* 3. Aufl. 2013, § 112 Rn. 22; allerdings greift insoweit § 112 Nr. 2 → Rn. 26.
55 → MüKoInsO/*Eckert,* 3. Aufl. 2013, § 112 Rn. 24.
56 BeckOKInsO/*Berberich,* § 112 Rn. 15; Jaeger/*Jacoby,* § 112 Rn. 30.
57 → MüKoInsO/*Eckert,* 3. Aufl. 2013, § 112 Rn. 24 f.; Jaeger/*Jacoby,* § 112 Rn. 27; HKInsO/*Marotzke,* § 112 Rn. 7.
58 Vgl. → § 108 Rn. 104. Im Erg. wie hier → MüKoInsO/*Eckert,* 3. Aufl. 2013, § 112 Rn. 29.
59 Vgl. auch Jaeger/*Jacoby,* § 112 Rn. 48; **aA** → MüKoInsO/*Eckert,* 3. Aufl. 2013, § 112 Rn. 29.
60 Siehe weiter → Rn. 31 ff.
61 → Rn. 24; Jaeger/*Jacoby,* § 112 Rn. 32; KPB/*Tintelnot,* § 112 Rn. 10.
62 BT-Drs. 12/2443, 148; BGHZ 151, 353, 370 = NZI 2002, 543, 547; BGH NZI 2005, 450, 451; NZI 2008, 295, 296.
63 BGHZ 151, 353, 368 f. = NZI 2002, 543, 547 f.
64 BGH NZI 2005, 450, 451.
65 Entgegen KPB/*Tintelnot,* § 112 Rn. 11 wird der schuldrechtlich maßgebliche Zeitpunkt durch § 25 Abs. 2 nicht verändert; s.a. Jaeger/*Jacoby,* § 112 Rn. 37.

bar, dass ihm eine Einzelermächtigung[66] erteilt wird, um die Mietforderungen zu Masseverbindlichkeiten aufzuwerten, damit eine wirksame Kündigung nach Eröffnungsantrag verhindert wird. Sollte dem schwachen vorläufigen Verwalter keine Einzelermächtigung erteilt werden, kann das dazu führen, dass der Vermieter für die Kündigungssperre keine Kompensation erhält.[67] Soweit der Vermieter Zahlungen auf entsprechende Masseverbindlichkeiten erhält, muss er grds. keine Insolvenzanfechtungstatbestände befürchten,[68] die ihn zu einer Zurückweisung der Mietzahlungen berechtigen könnten. Tilgungsvereinbarungen, die vorsehen, dass Zahlungen im Eröffnungsverfahren auf Rückstände aus der Zeit vor der Stellung des Eröffnungsantrags angerechnet werden sollen, sind nach Maßgabe von § 112 unbeachtlich,[69] auch aus § 366 Abs. 2 BGB kann insoweit keine andere Tilgungsreihenfolge hergeleitet werden.

29 Sollten im Eröffnungsverfahren Mietzahlungen durch den Schuldner selbst ggf. unter Zustimmung eines schwachen vorläufigen Verwalters vorgenommen worden sein, stellt sich die Frage, ob der Vermieter die **Zahlungen zurückweisen** kann, um einer späteren **Insolvenzanfechtung** zu entgehen und dadurch die Voraussetzungen für einen Kündigungstatbestand nach dem Eröffnungsantrag zu schaffen. Entgegen verbreiteter Auffassung[70] kann dem Vermieter nicht abverlangt werden, sich mit den Details des Insolvenzanfechtungsrechts (§ 142, Anfechtbarkeit bei Mitwirkung eines schwachen Insolvenzverwalters[71]) zu befassen, um die Ordnungsgemäßheit der erbrachten Zahlungen zu beurteilen. Es bleibt dem Insolvenzgericht unbenommen, einen starken Verwalter zu bestellen oder eine Einzelermächtigung zu erteilen.

30 **2. Sperre bei Vermögensverschlechterungen nach Eröffnungsantrag.** Nicht ausgeschlossen ist, dass es nach dem Eröffnungsantrag zu weiteren Vermögensverschlechterungen kommt. So kann sich etwa im Eröffnungsverfahren eine Masseunzulänglichkeit abzeichnen. Anders als § 112 Nr. 1 bezieht sich § 112 Nr. 2 nicht ausschließlich auf Vermögensverschlechterungen vor dem Eröffnungsantrag. Auch Vermögensverschlechterungen nach dem Eröffnungsantrag werden daher **von der Kündigungssperre des § 112 Nr. 2 erfasst.**[72] Da Lösungsklauseln wegen Vermögensverschlechterungen bereits auf das Vorfeld von Zahlungspflichtverletzungen abzielen und § 112 dem Vertragspartner grds. zumutet abzuwarten, ob der vorläufige Insolvenzverwalter sich vertragskonform verhalten wird, ist das Regelungskonzept stimmig.

31 **3. Anderweitige Kündigungsgründe.** Häufig wird darauf hingewiesen, dass anderweitige Kündigungsgründe unberührt bleiben, die sich auf **Pflichtverletzungen** des Schuldners stützen, die **keinen Bezug zu Zahlungspflichten** haben.[73] Beispielhaft genannt wird etwa das Kündigungsrecht aus § 543 Abs. 2 S. 1 Nr. 2 BGB, etwa bei Vernachlässigung der Mietsache durch den Mieter.[74]

32 Soweit es sich um Dauertatbestände handelt, denen im vorläufigen Insolvenzverfahren abgeholfen werden kann, versteht sich das allerdings nicht von selbst. Eine Vernachlässigung der Mietsache durch den Mieter kann ggf. durch einen vorläufigen Insolvenzverwalter abgestellt werden, und auch insoweit ist eine **zeitliche Zäsur denkbar,** wonach der Vertragspartner abwarten muss, ob sich der vorläufige Insolvenzverwalter vertragstreu verhalten wird. Gegen eine zeitliche Spaltung des Vertragsverhältnisses auch hinsichtlich anderweitiger Vertragspflichtverletzungen spricht jedoch zum einen der Wortlaut von § 112, der insgesamt auf die (absehbare) Verletzung von Zahlungspflichten abstellt. Weiter ging der Gesetzgeber davon aus, dass Zahlungspflichtverletzungen typischerweise im Eröffnungsverfahren nicht mehr zu erwarten seien, da Masseverbindlichkeiten begründet würden. Mag es sich auch um eine Fehleinschätzung gehandelt haben,[75] kann bei anderweitigen Vertragspflichtverletzungen **nicht typischerweise** davon ausgegangen werden, dass eine vollumfängliche Zuständigkeitsverschiebung vom Schuldner auf den vorläufigen Verwalter stattfindet. Am Beispiel des sorglosen Umgangs mit einer

---

66 Dazu etwa BGHZ 204, 74, 80, Rn. 18 = NJW 2015, 1171 1173, Rn. 18.

67 → Rn. 7 ff.

68 Siehe *Binder* KTS 2006, 1, 23; → MüKoInsO/*Kayser/Freudenberg*, § 129 Rn. 44; *Kirchhof* ZInsO 2000, 297, 299; HKInsO/*Thole*, § 129 Rn. 36.

69 → MüKoInsO/*Eckert*, 3. Aufl. 2013, § 112 Rn. 34.

70 Etwa → MüKoInsO/*Eckert*, 3. Aufl. 2013, § 112 Rn. 35 ff.; Jaeger/*Jacoby*, § 112 Rn. 40; HKInsO/*Marotzke*, § 112 Rn. 8; Uhlenbruck/*Wegener*, § 112 Rn. 14.

71 Vgl. BGHZ 161, 315 = NJW 2005, 1118; BGHZ 165, 283 = NJW 2006, 1134; BGH NZI 2013, 298, Rn. 18.

72 BeckOKInsO/*Berberich*, § 112 Rn. 18; → MüKoInsO/*Eckert*, 3. Aufl. 2013, § 112 Rn. 42; HKInsO/*Marotzke*, § 112 Rn. 11; Uhlenbruck/*Wegener*, § 112 Rn. 13.

73 Vgl. etwa BGH NZI 2005, 450, 451.

74 BeckOKInsO/*Berberich*, § 112 Rn. 14.

75 → Rn. 7 ff.

Mietsache kann nicht typischerweise davon ausgegangen werden, dass der Schuldner den faktischen Zugang zur Sache vollständig verliert, sodass auch eine zeitliche Spaltung des Vertrages in dieser Hinsicht **nicht angezeigt** ist.

Anders verhält es sich wiederum bei **lizenzvertraglichen Kündigungsklauseln** bzw. urheberrechtlichen Rückrufsrechten (§ 41 UrhG), die an eine **Ausübungspflicht** des Lizenznehmers anknüpfen. Hier wird man die vorübergehende Kündigungssperre des § 112 Nr. 2 jedenfalls entsprechend anzuwenden haben.[76] Im Hinblick auf die Entscheidung, ob ein Betrieb fortgeführt und von Immaterialgüterrechten wieder oder weiterhin Gebrauch gemacht werden soll, wird man typischerweise annehmen können, dass im Eröffnungsverfahren eine Kompetenzverlagerung stattfindet und eine zeitliche Spaltung Sinn macht. Auch insofern ist es dem Vertragspartner zuzumuten, vorübergehend[77] abzuwarten, ob die Ausübungspflichten im vorläufigen Insolvenzverfahren unter Mitwirkung des vorläufigen Insolvenzverwalters wieder eingehalten werden. 33

4. Anfechtung nach dem BGB. Das Recht zur **Anfechtung** wird durch § 112 nicht eingeschränkt. So wird etwa nicht das Recht zur Anfechtung wegen arglistiger Täuschung gem. § 123 BGB gesperrt, wenn der Schuldner den Gläubiger über seine Vermögensverhältnisse getäuscht hat.[78] Wo bereits der Wille zum Vertragsschluss fehlerbehaftet ist, kann dem Vertragspartner auch kein Spaltungswille in zeitlicher Hinsicht[79] unterstellt werden. 34

Wie so häufig, bestehen allerdings auch in diesem Kontext Probleme im Umgang mit **§ 119 Abs. 2 BGB.** Wer diesen mit der überwiegenden Auffassung als „ausnahmsweise beachtlichen Motivirrtum" einordnet,[80] wird dennoch nicht umhin kommen, § 112 Nr. 2 jedenfalls dann entsprechend anzuwenden, wenn die Leistungsfähigkeit des Schuldners einmal als „verkehrswesentlich" anzusehen sein sollte; vorausgesetzt freilich, die Leistungsfähigkeit wird allein wegen potenzieller Zahlungspflichtverletzungen für „verkehrswesentlich" befunden und nicht aus anderen Gründen.[81] Wer § 119 Abs. 2 BGB im Anschluss an *Flume*[82] für einen im Kern leistungsstörungsrechtlichen Behelf hält, wird § 321 BGB ohnehin für vorrangig befinden[83] oder jedenfalls keine Probleme mit der Anwendung von § 112 Nr. 2 haben. 35

5. § 109 Abs. 2 InsO. Das Rücktrittsrecht, das § 109 Abs. 2 dem Vermieter unbeweglicher Sachen vor deren Überlassung einräumt, **bleibt** von § 112 **unberührt.**[84] Es mag unstimmig erscheinen, dass das Gesetz Nutzungsverträge einerseits mit § 112 unter besonderen Schutz stellt und andererseits deren besonders leichte Auflösung mittels § 109 Abs. 2 gestattet. Etwas abgemildert wird dieser Wertungswiderspruch durch den hier vertretenen Ansatz, § 112 vor Überlassung nicht anzuwenden,[85] sodass insofern jedenfalls kein offener Konflikt der Normen besteht. Warum aber vor Überlassung überhaupt § 109 Abs. 2 ein Rücktrittsrecht gewährt, ist damit nicht erklärt und die Norm ist insgesamt sehr zweifelhaft.[86] 36

6. Lösungsklauseln. Verbreitet wird angenommen, § 112 gehe in seinem sachlichen Anwendungsbereich von der Unwirksamkeit vertraglicher „insolvenzbezogener" Lösungsklauseln aus.[87] § 112 Nr. 2 erfasse jede Lösungsmöglichkeit, die einen Bezug zur finanziellen Situation des Schuldners habe. Dem wird man in der Pauschalität nicht folgen können. Der „Insolvenzbezug" einer Lösungsklausel, mit der etwa auf einen Eröffnungsantrag abgestellt wird, kann tatsächlich mit dem drohenden Ausbleiben der geschuldeten Zahlung zu erklären sein. Dann greift § 112 Nr. 2 und der Vertragspartner muss abwarten, inwieweit die Zahlungspflichten im Eröffnungsverfahren verletzt werden. Der „Insolvenzbezug" einer Lösungsklausel muss aber nicht in erster Linie auf das Ausbleiben von Zahlungen abzielen, sondern kann auch andere Interessen des Vertragspartners verwirkli- 37

---

76 Im Erg. auch → MüKoInsO/*Eckert,* 3. Aufl. 2013, § 112 Rn. 30; **aA** *Schmoll/Hölder* GRUR 2004, 743, 746; siehe zu den entsprechenden Lösungsrechten auch → § 108 Rn. 195 ff.

77 Darüber hinaus verlieren die betreffenden Lösungsrechte nicht ihre Wirksamkeit in einer Insolvenz → § 108 Rn. 195 ff.

78 So auch BeckOKInsO/*Berberich,* § 112 Rn. 19; → MüKoInsO/*Eckert,* 3. Aufl. 2013, § 112 Rn. 27.

79 → Rn. 5 f.

80 Vgl. Jauernig/*Mansel,* § 119 BGB Rn. 11.

81 → Rn. 37.

82 *Flume,* Das Rechtsgeschäft, 4. Aufl. 1992, § 24 2., S. 474 ff.; jüngst etwa *Korth,* Minderung beim Kauf, 2010, S. 124 ff.

83 *Flume,* Das Rechtsgeschäft, 4. Aufl. 1992, § 24 3. b), S. 487.

84 BeckOKInsO/*Berberich,* § 112 Rn. 29.

85 → Rn. 18.

86 → § 109 Rn. 5.

87 HKInsO/*Marotzke,* § 112 Rn. 18; KPB/*Tintelnot,* § 112 Rn. 13; vgl. auch BeckOKInsO/*Berberich,* § 112 Rn. 20; vgl. weiter BGH NZI 2014, 25, Rn. 13 f.

chen. So mag eine Lösungsklausel mit Insolvenzbezug bei einem Pachtvertrag in manchen Konstellationen dem besonderen Vertrauen Rechnung tragen, das ein Verpächter seinem Pächter entgegenbringt[88] und das sich erschöpft, wenn dem Schuldner die alleinige Handlungshoheit genommen wird. Auch mag eine „insolvenzbezogene" Lösungsklausel etwa bei Lizenzverträgen damit zusammenhängen, dass der Vertragspartner sein Know-how vor Drittzugriffen schützen möchte. In all diesen Fällen greift das Grundanliegen des § 112 nicht, denn durch ein „**Abwarten**" auf das Verhalten des vorläufigen Insolvenzverwalters können die vertraglichen **Interessen des Vertragspartners nicht gewahrt** werden. Wenn und soweit ein Vertragspartner mit einer Lösungsklausel nicht der Verletzung von Zahlungspflichten zuvorkommen, sondern andere Interessen durchsetzen möchte, die in einem vorläufigen Insolvenzverfahren nicht gewahrt werden können, **steht § 112** diesen Rechten **nicht entgegen.**

V. Mehrere Mieter

38 Soweit es **mehrere Mieter** geben sollte, greift der Schutz des § 112 gegenüber einem einzelnen insolventen Mieter dann, wenn die Masse insoweit nutzungsberechtigt ist. Die Kündigungsrechte gegenüber den solventen Mietern werden dagegen nicht gesperrt. Das kann auch nicht aus einem pauschalen Grundsatz der „Einheitlichkeit des Mietverhältnisses" hergeleitet werden.[89] Ob das Mietverhältnis nur insgesamt stehen und fallen kann, richtet sich im Ausgangspunkt nach subjektiven Maßstäben (§ 139 BGB). Soweit der Vermieter einen **Teilbarkeitswillen** in persönlicher Hinsicht hat, etwa weil in das Mietverhältnis nur auf Veranlassung der Gegenseite mehrere Mieter in den Vertrag einbezogen worden sind, bestehen keine Bedenken, das Mietverhältnis nur mit der geschützten Insolvenzmasse fortzusetzen. Man wird die Kündigungserklärung des Vermieters allerdings danach auslegen müssen, ob er in diesem Fall nicht doch auch die solventen Mieter im Vertragsverhältnis behalten möchte.

39 Soweit der Vermieter **keinen Teilbarkeitswillen** hat, wenn etwa die Mieter auf seinen Willen hin gemeinschaftlich verpflichtet worden sind, müsste die wirksame Kündigung gegenüber dem solventen Mieter zu einer Beendigung des Vertrages auch gegenüber dem insolventen Mieter führen. Das würde allerdings den Regelungszweck des § 112 konterkarieren,[90] sodass gegenüber der Masse das Vertragsverhältnis fortbestehen muss.[91] In den Fällen, in denen der Vermieter ein Interesse an mehreren Mietvertragsparteien hat, wird er in aller Regel für den entsprechenden Zeitraum dann auch den solventen Mieter nicht aus dem Mietverhältnis entlassen wollen.

VI. §§ 320, 321 BGB

40 Die zeitliche Aufspaltung des Vertragsverhältnisses mittels § 112 führt dazu, dass der Vertragspartner sich hinsichtlich **vergangener Zahlungspflichtverletzungen nicht** auf **§ 320 BGB** berufen darf.[92] Sein Recht, sich nach dem Eröffnungsantrag hinsichtlich künftiger Leistungspflichten auf § 320 BGB zu berufen, wird von § 112 nicht ausgeschlossen.

41 Auch das Recht, sich wegen der künftigen Ungewissheit der Leistung auf **§ 321 BGB** zu berufen, wird von § 112 **nicht gesperrt,**[93] soweit sich die Unsicherheit einzig aus der Prognose ab dem Eröffnungsantrag speist. Sollten dem Vertragspartner allerdings unter Mitwirkung eines vorläufigen Insolvenzverwalters Masseverbindlichkeiten gewährt werden, so hat das in die Prognose des § 321 BGB einzufließen, und die Wahrscheinlichkeit einer Masseunzulänglichkeit wird zu beurteilen sein.[94] Sollte der Mietgegenstand vor dem Eröffnungsantrag noch nicht an den Schuldner überlassen worden sein, greift die Sperre des § 112 nach hier vertretener Auffassung ohnehin nicht.[95] Jedenfalls

---

88 Vgl. auch *Hahn*, Materialien IV, S. 95 f.

89 So aber → MüKoInsO/*Eckert*, 3. Aufl. 2013, § 112 Rn. 26; Uhlenbruck/*Wegener*, § 112 Rn. 7; → § 109 Rn. 36 ff.

90 So auch BeckOKInsO/*Berberich*, § 112 Rn. 25; → MüKoInsO/*Eckert*, 3. Aufl. 2013, § 112, Rn. 26; im Erg. auch OLG Düsseldorf BeckRS 2009, 05983.

91 Anders als bei → Rn. 16 ist das dem Vermieter auch zuzumuten, da die anderen solventen Mieter in Anspruch genommen werden können.

92 Materiell-rechtlich soll § 320 BGB im Dauerschuldverhältnis auch hinsichtlich vergangener Leistungspflichtverletzungen greifen: BGH NJW 2015, 2032, Rn. 23; NJW-RR 2007, 325, 328; Soergel/*Gsell*, § 320 BGB Rn. 22 ff.; Staudinger/*Schwarze* § 320 BGB Rn. 58 f.

93 So auch BeckOKInsO/*Berberich*, § 112 Rn. 24.1; → MüKoInsO/*Eckert*, 3. Aufl. 2013, § 112 Rn. 32; HKInsO/*Marotzke*, § 112 Rn. 12; KPB/*Tintelnot*, § 112 Rn. 4; Uhlenbruck/*Wegener*, § 112 Rn. 5.

94 Vgl. auch HKInsO/*Marotzke*, § 112 Rn. 12; **aA** KPB/*Tintelnot*, § 112 Rn. 4, der § 321 BGB in diesen Fällen stets ausschließen möchte.

95 → Rn. 18.

bleibt es dem Vermieter unbenommen, die Überlassung nach § 321 BGB zu verweigern. Weiter kann der Vermieter sich gegenüber Instandsetzungspflichten auch nach Überlassung auf § 321 BGB berufen.[96]

D. Grenzüberschreitende Insolvenzverfahren

42 Das Phänomen, dass Mietverträge der Masse unter einen besonderen Schutz gestellt werden, ist **rechtsvergleichend** weit verbreitet, wobei Schutzumfang und Schutzintensität aber durchaus variieren.[97]

43 In grenzüberschreitenden Insolvenzverfahren wird verbreitet die lex fori concursus als **anwendbares Recht** berufen, um über den besonderen Schutz von Nutzungsverträgen zu befinden. Das entspricht etwa auch der Lösung von Art. 7 Abs. 2 lit. e EuInsVO. Art. 11 EuInsVO sieht diesbezüglich eine Ausnahme zugunsten der lex rei sitae vor, soweit die Nutzung von Grundstücken betroffen ist. Wenn aber eine Kündigungssperre im Hinblick auf bewegliche oder unkörperliche Sachen zur Debatte steht, wie das etwa bei § 112 der Fall sein kann, bleibt es bei der Anwendbarkeit der lex fori concursus. Diese Lösung ist nicht zweifelsfrei, denn Kündigungssperren betreffen die Privatautonomie des Vertragspartners[98] und alleine auf die lex fori concursus abzustellen, gewährleistet keine hinreichende Nähe zum Rechtsproblem.[99] International ist zu beobachten, dass sich Gerichte der Anwendung der lex fori concursus verweigern, wenn diese eine Lösung vom Vertrag verbietet, die die lex contractus gestattet.[100]

Vorbemerkungen vor §§ 113 bis 128 Arbeitsrecht in der Insolvenz

Schrifttum: *Adam,* Die Regelung des § 613a BGB in der Insolvenz – Plädoyer für eine Novellierung, FS Jobst Wellensiek, 2011, S. 701; *Annuß/Lembke/Hangarter,* Arbeitsrechtliche Umstrukturierung in der Insolvenz, 3. Aufl. 2016; *Arens/Brand,* Arbeits- und Sozialrecht in der Insolvenz, 3. Aufl. 2014; *Bader/Fischermeier/Gallner/u. a.,* Gemeinschaftskommentar zum Kündigungsschutzgesetz und zu sonstigen kündigungsschutzrechtlichen Vorschriften, 12. Aufl. 2019 (zitiert: KR/*Bearbeiter*); *Berscheid,* Reformvorschläge zur Erweiterung der Befugnisse des vorläufigen Insolvenzverwalters und zur Mehrung der Insolvenzmasse, NZI 1999, 6; *Caspers,* Personalabbau und Betriebsänderung im Insolvenzverfahren, 1998; *ders.,* Das deutsche Insolvenzarbeitsrecht in der Krise – der Beitrag des Arbeitsrechts zur Sanierung insolventer Unternehmen, in: Binder/Psaroudakis, Europäisches Privat- und Wirtschaftsrecht in der Krise, 2018, S. 311; *Dornbusch/Fischermeier/Löwisch,* Kommentar zum gesamten Arbeitsrecht, 9. Aufl. 2019 (zitiert: AR/*Bearbeiter*); *Düwell,* Änderungs- und Beendigungskündigung nach der InsO, Kölner Schrift zur Insolvenzordnung, 3. Aufl. 2009, S. 1193; *Giesen,* Kündigung eines deutschem Recht unterliegenden Arbeitsverhältnisses durch nach englischem Insolvenzrecht ernannten „Administrator", EuZA 2013, 350; *Göpfert/Müller,* Englisches Administrationsverfahren und deutsches Insolvenzarbeitsrecht, NZA 2009, 1057; *Hamberger,* Der Betriebsrat im Insolvenzverfahren, 2010; *Hase/Peters-Lange,* Sicherung der Arbeitnehmeransprüche in der Insolvenzpraxis, 1999; *Heinze,* Das Arbeitsrecht der Insolvenzordnung, NZA 1999, 57; *Henssler/Willemsen/Kalb,* Arbeitsrecht Kommentar, 8. Aufl. 2018 (zitiert: HWK/*Bearbeiter*); *Kolbe,* Stilllegungskündigung durch den starken vorläufigen Insolvenzverwalter, ZIP 2009, 450; *Krolop,* Die betriebliche Mitbestimmung im Schutzschirmverfahren mit anschließender Plansanierung, ZfA 2015, 287; *Lakies,* Die arbeitsrechtliche Bedeutung der Eigenverwaltung in der Insolvenzordnung, BB 1999, 1759; *ders.,* Das Arbeitsverhältnis in der Insolvenz, 2. Aufl. 2014; *Löwisch,* Verlust des Arbeitnehmerstatus durch Erwerb einer Gesellschafterstellung mit maßgebendem Einfluß, FS Alfons Kraft, 1998, S. 375; *Meyer,* Arbeitgeberkompetenz bei Anordnung eines allgemeinen Zustimmungsvorbehalts, DZWIR 2004, 133; *Richter,* Verschleppte Eröffnung von Insolvenzverfahren – zur unzulässigen Verlängerung von Insolvenzeröffnungsverfahren unter besonderer Berücksichtigung der Insolvenzgeldvorfinanzierung, 2018; *ders.,* Weiche Landung auf Kosten Dritter bei der Vorfinanzierung des Insolvenzgelds, NJW 2018, 982; *Schelp,* Arbeitnehmerforderungen in der Insolvenz, NZA 2010, 1095; *Schrader/Straube,* Insolvenzarbeitsrecht, 2008; *Smid,* Der Erhalt von Arbeitsplätzen in der Insolvenz des Arbeitgebers nach neuem Recht, NZA 2000, 113; *Steinwedel,* Vorfinanzierung des Konkursausfallgelds – Rechtsprechung und Rechtsentwicklung, DB 1998, 822; *Wellensiek,* Probleme bei der Betriebsveräußerung aus der Insolvenz, NZI 2005, 603; *Wiester,* Das Konkursausfallgeld: Instrument zur Masseanreicherung? BB 1997, 949; *ders.,* Die Fortführungspflicht des vorläufigen Insolvenzverwalters und ihre Auswirkung auf die Vorfinanzierung des Insolvenzgeldes, ZInsO 1998, 99; *Wisskirchen/Bissels,* „Kontrollierte Insolvenz": Arbeitsrechtliche Gestaltungsmöglichkeiten des Insolvenzverwalters, BB 2009, 2142; *Zobel,* Sanie-

[96] → MüKoInsO/*Eckert,* 3. Aufl. 2013, § 112 Rn. 33.
[97] Zum österreichischen Recht siehe § 23 IO; zum französischen Recht siehe Art. L622-14 code de commerce; siehe weiter die Länderberichte bei Faber/Vermunt/Kilborn/van der Linde (Hrsg.), Treatment of Contracts in Insolvency, 2013.
[98] → Rn. 3 ff.
[99] Eingehend *J. F. Hoffmann* IIR 27 (2018), 300, 309 ff.
[100] Siehe OLG Karlsruhe NJW 2012, 3106; Fibria Celulose S/A v Pan Ocean Co. Ltd [2014] EWHC 2124 (Ch).

rungsarbeitsrecht – Wunsch oder Wirklichkeit?, BB 2011, 1397; *Zwanziger*, Kommentar zum Arbeitsrecht der Insolvenzordnung, 5. Aufl. 2015.

Übersicht

I. Arbeitsrecht in der Insolvenz

1 **1. Arbeitsrecht und Insolvenzrecht.** Arbeitsrecht und Insolvenzrecht werden von völlig unterschiedlichen Zielsetzungen bestimmt. Während das Arbeitsrecht den Arbeitnehmer vor allem umfassend gegen eine willkürliche Festsetzung der Arbeitsbedingungen durch den Arbeitgeber schützen will und dazu die Vertragsfreiheit in erheblichem Maße einschränkt, bezweckt das Insolvenzrecht die bestmögliche Schuldenregulierung und Verwirklichung der schuldnerischen Vermögenshaftung. Durch ein geregeltes Verfahren soll der ungeordnete Zugriff auf die Reste des Schuldnervermögens, der von der Schnelligkeit und Rücksichtslosigkeit einzelner Gläubiger abhängt, vermieden werden.[1] Wirtschaftlich betrachtet geht es um die Regelung des Verteilungsprozesses zwischen den Gläubigern.[2]

2 Beide Rechtsgebiete stehen selbständig und unabhängig nebeneinander. Das **Bundesarbeitsgericht** hat mehrfach entschieden, dass das Arbeitsrecht grundsätzlich auch in der Insolvenz Anwendung findet.[3] Begründet wird das mit dem Schutzzweck des Arbeitsrechts. Dieses könne seine zwingenden Anforderungen gerade dann nicht zurücknehmen, wenn es besonders auf seinen Schutz ankomme, nämlich bei Insolvenz des Arbeitgebers.[4]

3 An dieser Rechtslage hat sich **vor Inkrafttreten der Insolvenzordnung** nur wenig geändert. Der Gesetzgeber hat mit dem Gesetz über den Sozialplan im Konkurs- und Vergleichsverfahren aus dem Jahr 1985 einen Kompromiss zwischen den Interessen der Gläubiger an einer ausreichenden Teilungsmasse und dem der Arbeitnehmer an einer angemessenen Sozialplanabfindung gesucht. Das Bundesarbeitsgericht hat lediglich die Haftung des Betriebserwerbers für vor Insolvenzeröffnung entstandene Ansprüche der Arbeitnehmer ausgeschlossen.[5] Im Übrigen ist lediglich der Sozialschutz der Arbeitnehmer zu Lasten der Wettbewerber des Schuldners verstärkt worden. Mit dem Gesetz über Konkursausfallgeld v. 17.7.1974[6] wurden die Lohnforderungen aus den letzten drei der Konkurseröffnung vorausgehenden Monate durch Leistungen der Bundesanstalt für Arbeit (jetzt: Bundesagentur für Arbeit) abgesichert. Mit den §§ 7 ff. des Gesetzes zur Verbesserung der betrieblichen Altersversorgung (BetrAVG) v. 19.12.1974[7] erfolgte eine Absicherung betrieblicher Altersversorgungen über den von der Wirtschaft errichteten Pensionssicherungsverein auf Gegenseitigkeit.

4 Auch die **Insolvenzordnung** hat die grundsätzliche Anwendbarkeit des Arbeitsrechts in der Insolvenz akzeptiert. Sie hat aber eine Reihe von **Sondervorschriften** geschaffen, die das Schutzinteresse der Arbeitnehmer und die Interessen der übrigen Gläubiger angemessen ausgleichen sollen. Diese Sondervorschriften zielen vor allem auf eine **Erleichterung der Kündigung von Arbeits-**

---

1 *Henckel,* Wandlungen im Konkursrecht – Notwendigkeit und Grundlagen einer Reform, in *Immenga* (Hrsg.), Rechtswissenschaft und Rechtsentwicklung, 1980, S. 183 (184).

2 *Drukarczyk,* Unternehmen und Insolvenz, 1987, S. 61 (62).

3 Vgl. etwa BAG NJW 1975, 182 und BAG (GrS) NJW 1979, 774: Anwendbarkeit der §§ 111 ff. BetrVG; BAG NJW 1980, 1124 = ZIP 1980, 117 und BAG NJW 1984, 627 = ZIP 1983, 1377: Geltung des § 613a BGB; BAG NJW 1983, 1341 = ZIP 1983, 205: Geltung des Kündigungsschutzgesetzes; BAG NZA 1985, 121 = ZIP 1984, 1517: Geltung tariflicher Kündigungsfristen.

4 Gottwald/*Bertram,* InsO-HdB, § 104 Rn. 9.

5 BAG NZA 1990, 188 = ZIP 1989, 1422; BAG NJW 1980, 1124 = ZIP 1980, 117.

6 BGBl. 1974 I 1481.

7 BGBl. 1974 I 3610.

verhältnissen durch den Insolvenzverwalter: § 113 schafft ein vorzeitiges, ohne Rücksicht auf eine vereinbarte Vertragsdauer oder einen vereinbarten Kündigungsausschluss auszuübendes gesetzliches Kündigungsrecht mit einer Höchstkündigungsfrist von drei Monaten. § 125 ermöglicht im Zusammenwirken mit dem Betriebsrat eine Vorklärung der notwendigen Kündigungen, welche die gekündigten Arbeitnehmer nur eingeschränkt gerichtlich überprüfen lassen können. Die §§ 126, 127 ermöglichen für den Fall, dass ein Interessenausgleich nach § 125 mit dem Betriebsrat nicht zustande oder nicht in Betracht kommt, ein Sammelverfahren zum Kündigungsschutz mit Bindungswirkung für Kündigungsschutzprozesse. § 128 modifiziert den mit dem Übergang des Arbeitsverhältnisses auf den Betriebsnachfolger verbundenen Bestandsschutz. Schließlich ergeben sich aus § 55 Regelungen für die Einordnung von Arbeitnehmerforderungen als Masseverbindlichkeit (→ § 55 Rn. 169 ff., 234 ff.).

In zweiter Linie wollen die Sondervorschriften das betriebsverfassungsrechtliche **Verfahren bei Betriebsänderungen** nach den §§ 111 ff. BetrVG **beschleunigen** (§§ 121, 122) und in Anlehnung an die Regelungen des Gesetzes über den Sozialplan im Konkurs- und Vergleichsverfahren den **Umfang von Sozialplänen begrenzen** (§§ 123, 124). Auch die Kündigung von Betriebsvereinbarungen durch den Insolvenzverwalter wird erleichtert, um ihm die Möglichkeit zu geben, sich aus Belastungen mit Personalkosten, vor allem durch betriebliche Sozialleistungen, zu lösen (§ 120). 5

Daneben sieht das Gesetz **eine Reihe von Beteiligungsrechten des Betriebsrats und des Sprecherausschusses** der leitenden Angestellten am Insolvenzverfahren vor. Insbesondere gehören dazu das Recht zur Stellungnahme im Berichtstermin (§ 156 Abs. 2), die Mitwirkung bei der Aufstellung eines Insolvenzplans (§ 218 Abs. 3), die Stellungnahme zum Insolvenzplan (§ 232 Abs. 1 Nr. 1) sowie das Recht, zum Erörterungs- und Abstimmungstermin geladen zu werden (§ 235 Abs. 3).[8] Auch sollen die Arbeitnehmer bei der Aufstellung eines Insolvenzplans eine besondere Gruppe bilden, wenn sie als Insolvenzgläubiger mit nicht unerheblichen Forderungen beteiligt sind (§ 222 Abs. 3). Unabhängig davon soll dem vorläufigen Gläubigerausschuss, dem Gläubigerausschuss und, sofern ein Gruppen-Gläubigerausschuss eingesetzt wird, auch diesem, ein **Vertreter der Arbeitnehmer** angehören (§§ 21 Abs. 2 S. 1 Nr. 1a, 67 Abs. 2 S. 2, 269c Abs. 1 S. 3). 6

Im Zuge der **Reform des Anfechtungsrechts** durch das Gesetz zur Verbesserung der Rechtssicherheit bei Anfechtungen nach der Insolvenzordnung und nach dem Anfechtungsgesetz v. 29.3.2017[9] hat der Gesetzgeber durch eine Ausweitung des Bargeschäftsprivilegs in § 142 die Möglichkeit des Insolvenzverwalters, **Lohnzahlungen an Arbeitnehmer anzufechten,** stark beschnitten. Nach § 142 Abs. 1 ist eine Leistung des Schuldners, für die unmittelbar eine gleichwertige Gegenleistung in sein Vermögen gelangt, nur anfechtbar, wenn die Voraussetzungen des § 133 Abs. 1 bis 3 (vorsätzliche Benachteiligung) gegeben sind und der andere Teil erkannt hat, dass der Schuldner unlauter handelte. Eine Anfechtung wegen kongruenter Deckung nach § 130 kommt im Fall der Bardeckung nach § 142 nicht in Betracht. Der vom Gesetz für die Unmittelbarkeit geforderte **enge zeitliche Zusammenhang** ist gem. § 142 Abs. 2 S. 2 bei der Gewährung von Arbeitsentgelt an Arbeitnehmer noch gegeben, wenn der Zeitraum zwischen Arbeitsleistung und Gewährung des Arbeitsentgelts **drei Monate** nicht übersteigt. Der Gewährung des Arbeitsentgelts durch den Schuldner steht die Gewährung dieses Arbeitsentgelts durch einen Dritten nach § 267 BGB gleich, wenn für den Arbeitnehmer nicht erkennbar war, dass ein Dritter die Leistung bewirkt hat, § 142 Abs. 2 S. 3 (→ § 142 Rn. 32).[10] 6a

Im Ergebnis ist der Gesetzgeber dem **Bundesarbeitsgericht** gefolgt, welches bereits **vor der Gesetzesänderung** das Vorliegen eines Bargeschäfts annahm, wenn der Zeitraum zwischen der Arbeitsleistung und der Lohnzahlung drei Monate nicht überstieg.[11] Bei inkongruenter Leistung scheidet – abgesehen von den unter § 142 Abs. 2 S. 3 zu subsumierenden Fällen – ein Bargeschäft aus, eine Anfechtung unter den Voraussetzungen des § 131 ist möglich.[12] Für die Klage des Insolvenzverwalters, mit der dieser vom Schuldner gezahltes Arbeitsentgelt nach § 143 Abs. 1 zur Masse zurückfordert, sind gem. § 2 Abs. 1 Nr. 3 lit. a) ArbGG die Gerichte für Arbeitssachen ausschließlich zuständig.[13] 6b

---

8 Dazu im Einzelnen *Hamberger* S. 296 ff., 303 ff., 318 ff., 324 ff.

9 BGBl. 2017 I 654.

10 S. im Einzelnen Uhlenbruck/*Borries/Hirte* § 142 Rn. 35 ff.; HKInsO/*Thole* § 142 Rn. 9 ff.

11 BAG NZA 2014, 1266 Rn. 48 ff. = NZI 2014, 372 = ZIP 2014, 628; BAG NZA 2012, 330 Rn. 13 ff., 17 f. = NZI 2011, 981 = ZIP 2011, 2366; ablehnend BGHZ 202, 59 Rn. 16 ff. = NZA 2014, 1227 = NZI 2014, 775 = ZIP 2014, 1491.

12 BAG NZA 2018, 468 Rn. 22 f. = ZIP 2017, 2482 (Teilzahlung aufgrund Ratenzahlungsvereinbarung mit dem Gerichtsvollzieher); BAG NZA 2015, 1259 Rn. 13 ff., 24 = ZIP 2015, 533; BAG NZA-RR 2014, 254 Rn. 37 ff. = NZI 2014, 129 = ZIP 2014, 91 (durch Zwangsvollstreckung erlangtes Arbeitsentgelt); Uhlenbruck/*Borries/Hirte* § 142 Rn. 35, 35c; HKInsO/*Thole* § 142 Rn. 11.

13 GmS-OGB BGHZ 187, 105 Rn. 10 ff. = NZA 2011, 534 = NZI 2011, 15 = ZIP 2010, 2418.

7 Ob mit den arbeitsrechtlichen Sondervorschriften der Insolvenzordnung der Ausgleich zwischen den Schutzinteressen der Arbeitnehmer und den Interessen der übrigen Gläubiger gelungen ist oder erst eine **weitergehende Zurückdrängung des Arbeitsrechts** zu einem effektiven, Sanierungen erleichternden und damit letztlich auch den Arbeitnehmern zugutekommenden Insolvenzrecht führen würde, ist offen. Zweifelhaft ist insbesondere, ob die nur geringfügig modifizierte Anwendung des § 613a BGB in der Insolvenz ausreicht.[14]

8 **2. Insolvenzarbeitsrecht und allgemeines Arbeitsrecht.** Dass die arbeitsrechtlichen Sondervorschriften Kündigungen erleichtern, Betriebsänderungsverfahren beschleunigen und den Umfang von Sozialplänen begrenzen, führt zu einem **Gefälle gegenüber dem allgemeinen Arbeitsrecht.** Dieses Gefälle kann es attraktiv erscheinen lassen, für Restrukturierungs- und Personalanpassungsmaßnahmen den Weg über die Insolvenz zu gehen, auch wenn diese an sich vermieden werden könnte.[15]

9 Allerdings ist das allgemeine Arbeitsrecht in den vergangenen 25 Jahren zunehmend den Erfordernissen von Restrukturierungs- und Personalanpassungsmaßnahmen mehr oder weniger angepasst worden. So hatte das **Arbeitsrechtliche Beschäftigungsförderungsgesetz** v. 25.9.1996[16] das Gefälle zwischen Insolvenzarbeitsrecht und allgemeinem Arbeitsrecht zu einem Teil dadurch beseitigt, dass es nach dem Vorbild des § 125 die Regelung von Kündigungen in einem Interessenausgleich im Wesentlichen in § 1 Abs. 5 KSchG übernommen und für das Interessenausgleichsverfahren in Anlehnung an § 122 Abs. 1 Fristen für den Versuch eines Interessenausgleichs in § 113 Abs. 3 BetrVG vorgesehen hatte. Diese Angleichung des allgemeinen Arbeitsrechts an das Insolvenzarbeitsrecht hatte das **Korrekturgesetz** v. 19.12.1998[17] wieder beseitigt. Das am 1.1.2004 in Kraft getretene Gesetz zu Reformen am Arbeitsmarkt v. 24.12.2003[18] hat diese aber zum Teil wiederhergestellt und zudem die in § 113 Abs. 2 aF enthaltene Drei-Wochen-Klagefrist für alle Unwirksamkeitsgründe einer Kündigung auf das allgemeine Arbeitsrecht erstreckt. Eine Wiedereinführung der Fristenregelung des § 113 Abs. 3 BetrVG aF steht aber noch aus.

II. Anwendungsbereich des Insolvenzarbeitsrechts

10 **1. Insolvenzverwalter als Arbeitgeber.** Die arbeitsrechtlichen Sondervorschriften der Insolvenzordnung gehören zu den Vorschriften des dritten Teils der Insolvenzordnung über die Wirkungen der Eröffnung des Insolvenzverfahrens. Anknüpfungspunkt ist § 80 Abs. 1, nach dem durch die Eröffnung des Insolvenzverfahrens das Recht des Schuldners, das zur Insolvenzmasse gehörende Vermögen zu verwalten und über es zu verfügen, auf den Insolvenzverwalter übergeht. Mit dem **Übergang des Verwaltungs- und Verfügungsrechts** gehen auch alle Arbeitgeberfunktionen mit sämtlichen damit verbundenen Rechten und Pflichten für die Dauer des Insolvenzverfahrens auf den Verwalter über. Dies ist die zwingende Folge aus dem Verlust der Verwaltungs- und Verfügungsbefugnis des Schuldners, weil dieser seine aus der Rechtsstellung als Arbeitgeber resultierenden Rechte und Pflichten selbst nicht mehr ausüben kann[19] (dazu ausführlich → § 80 Rn. 120 ff.).

11 Der Übergang erstreckt sich auch auf die **Arbeitgeberfunktionen in der Betriebsverfassung.** Diese werden selbst dann ausschließlich vom Verwalter ausgeübt, wenn die erforderlichen arbeitsrechtlichen Maßnahmen Folge einer Entscheidung der Gläubigerorgane sind. So ist der Insolvenzverwalter allein kompetenter Verhandlungspartner des Betriebsrats, wenn die Gläubigerversammlung gem. § 157 S. 1 die Unternehmensstilllegung beschließt und dies die Betriebsstilllegung im Sinne des § 111 S. 3 Nr. 1 BetrVG zur Folge hat.[20]

12 Auch die Funktion des einzelnen Arbeitgebers als **Partei eines Tarifvertrages** (§ 2 Abs. 1 TVG) geht auf den Verwalter über, so dass er mit der zuständigen Gewerkschaft Haustarifverträge abschließen kann.[21] Die Bindung an einen vom Schuldner abgeschlossenen **Haustarifvertrag** bleibt bestehen.[22] Jedoch kann der Insolvenzverwalter, sofern die Voraussetzungen dafür jeweils vorliegen,

---

14 Krit. zum Gesetz etwa *Grub* WM 1994, 880; *Smid* NZA 2000, 113 (118); *Uhlenbruck* NJW 2000, 1386 (1387); *Adam* FS Wellensiek, 2011, 701 ff.; einschränkend *Wellensiek*, NZI 2005, 603 (606).

15 *Heinze* NZA 1999, 57 (58); *Wisskirchen/Bissels* BB 2009, 2142 (2147).

16 BGBl. 1996 I 1476.

17 BGBl. 1998 I 3843.

18 BGBl. 2003 I 3002.

19 Dazu GmS-OGB BGHZ 187, 105 Rn. 18 = NZA 2011, 534 = NZI 2011, 15 = ZIP 2010, 2418; BAG NZA 2014, 276 Rn. 12 = NZI 2014, 324 = ZIP 2014, 339.

20 *Caspers* Rn. 80; KPB/*Moll* § 113 Rn. 37 ff.; ausführlich *Hamberger* S. 141 ff.

21 BAG NZA 2010, 41 = ZIP 2009, 2461 (für den Abschluss eines Sanierungstarifvertrags durch den Insolvenzverwalter); Jaeger/*Giesen* Vor § 113 Rn. 149; *Löwisch/Rieble* TVG § 2 Rn. 502.

22 Jaeger/*Giesen* Vor § 113 Rn. 149; *Löwisch/Rieble* TVG § 2 Rn. 502; vgl. dazu auch die Ausführungen in BAG NZA 2001, 334 = ZIP 2001, 129.

den Haustarifvertrag ordentlich oder außerordentlich kündigen und mit der Gewerkschaft einen neuen, den bisherigen Haustarifvertrag ablösenden Tarifvertrag schließen (→ § 120 Rn. 47 ff.).

Die Insolvenz ändert grundsätzlich nichts an der Gebundenheit an einen **Verbandstarifvertrag.**[23] Jedoch wird mit dem Übergang der Verwaltungs- und Verfügungsbefugnis auf den Insolvenzverwalter nach § 80 Abs. 1 die **Mitgliedschaft** des Arbeitgebers im Arbeitgeberverband vom Insolvenzverwalter wahrgenommen.[24] Zwar ist die vereinsrechtliche Mitgliedschaft gem. § 38 BGB nicht übertragbar und kann die Ausübung der Mitgliedschaftsrechte einem anderen nicht überlassen werden, sofern die Satzung nicht ein anderes bestimmt (§ 40 BGB). Da das TVG an die Mitgliedschaft im tarifschließenden Arbeitgeberverband aber die Tarifgebundenheit knüpft (§§ 3, 4 TVG) und nach § 108 Abs. 1 S. 1 die Arbeitsverhältnisse **mit Wirkung für die Insolvenzmasse** fortbestehen, sind mit der Mitgliedschaft im Arbeitgeberverband erhebliche unternehmens- und arbeitsverhältnisbezogene Lasten für die Masse verbunden. Das rechtfertigt es, die Ausübung der Mitgliedschaftsrechte gem. § 80 Abs. 1 kraft Gesetzes dem Insolvenzverwalter zu überantworten. 13

Darüber hinaus gilt: Will man den Tarifvertrag mit der Eröffnung des Insolvenzverfahrens nicht automatisch in die Nachbindung des § 3 Abs. 3 TVG überführen, sondern belässt man es bei der Fortsetzung der Tarifbindung gem. § 3 Abs. 1 TVG, muss es der Insolvenzverwalter in der Hand haben, die **Mitgliedschaft** im tarifschließenden Arbeitgeberverband durch **Kündigung oder einvernehmliche Aufhebung** zu beenden, um Tarifsteigerungen für die Arbeitsverhältnisse zu verhindern und die Tarifbindung mittelfristig abzustreifen.[25] Endet die Mitgliedschaft auf diese Weise, bleibt die Bindung an den Verbandstarifvertrag bis zum Ende des Tarifvertrages bestehen (§ 3 Abs. 3 TVG). Danach kommt es zur dispositiven Nachwirkung entsprechend § 4 Abs. 5 TVG.[26] Folgt hingegen aus der Satzung des Arbeitgeberverbands, dass die Mitgliedschaft durch die Insolvenz automatisch endet,[27] tritt sofort die Nachwirkung ein, weil in diesem Fall die Tarifzuständigkeit des Verbands für das insolvente Unternehmen endet.[28] 13a

Der Insolvenzverwalter ist auch in **arbeitsgerichtlichen Verfahren,** insbesondere im Kündigungsschutzprozess, Partei kraft Amtes.[29] In einem solchen Verfahren kann sich der Insolvenzverwalter von einem Vertreter des zuständigen Arbeitgeberverbandes nur dann gem. § 11 ArbGG vertreten lassen, wenn er entweder selbst Mitglied des Arbeitgeberverbandes wird oder die Mitgliedschaft trotz der Insolvenz fortbesteht.[30] 14

Zum Übergang der Arbeitgeberfunktion auf einen **Verwalter** kann es auch dann kommen, wenn ein durch ein nach Art. 3 EuInsVO (VO [EU] 2015, 848) zuständiges Gericht eines Mitgliedstaats eröffnetes **ausländisches Insolvenzverfahren** nach Art. 19 EuInsVO 2015 in Deutschland anerkannt wird.[31] Nach Art. 3 Abs. 1 EuInsVO 2015 sind für die Eröffnung des Insolvenzverfahrens die Gerichte des Mitgliedstaats zuständig, in dessen Hoheitsgebiet der Schuldner den Mittelpunkt seiner hauptsächlichen Interessen hat, sog. COMI (→ EuInsVO 2015 Art. 3 Rn. 2 ff.). Gem. Art. 21 Abs. 1 EuInsVO 2015 darf dann der Verwalter iSd Art. 2 Nr. 5 EuInsVO 2015 (mit Anhang B) im Gebiet eines anderen Mitgliedstaats alle Befugnisse ausüben, die ihm nach dem Recht des Staates der Verfahrensöffnung zustehen, solange in dem anderen Staat kein Sekundärinsolvenzverfahren eröffnet und auch eine gegenteilige Sicherungsmaßnahme auf einen Antrag auf Eröffnung eines Insolvenzverfahrens hin nicht ergriffen worden ist. Für die Wirkungen des Insolvenzverfahrens auf einen **Arbeitsvertrag und auf das Arbeitsverhältnis** gilt nach Art. 13 EuInsVO 2015 hingegen ausschließlich das Recht des Mitgliedstaats, das auf den Arbeitsvertrag anzuwenden ist. Dies richtet sich nach Art. 8 Rom I-VO (VO [EG] 593/2008). Kommt danach deutsches Arbeitsrecht zur Anwendung, umfasst dies grds. auch die in den §§ 108 Abs. 1 S. 1, 113 getroffenen insolvenzarbeitsrechtlichen Regelungen.[32] Zudem kann bei inländischen Betrieben, die dem BetrVG unterfallen, 14a

---

[23] Vgl. BAG NZA 1987, 455 = ZIP 1987, 727; Jaeger/*Giesen* Vor § 113 Rn. 150.

[24] Jaeger/*Giesen* Vor § 113 Rn. 150; *Löwisch/Rieble* TVG § 3 Rn. 173; aA BAG NZA 1998, 334 = ZIP 1998, 437, dessen Ausführungen zu den Mitgliedschaftsrechten der Gemeinschuldnerin im Konkurs aber nicht im Zusammenhang mit der Tarifbindung stehen.

[25] Zutr. Jaeger/*Giesen* Vor § 113 Rn. 150.

[26] Vgl. allg. BAG NZA 2012, 281 Rn. 44 f.; BAG NZA 2002, 748; BAG NZA 1996, 769 = ZIP 1996, 1226; ErfK/*Franzen* TVG § 3 Rn. 28, § 4 Rn. 60; *Löwisch/Rieble* TVG § 3 Rn. 338, § 4 Rn. 786.

[27] Dazu *Löwisch/Rieble* TVG § 3 Rn. 173 f.

[28] *Löwisch/Rieble* TVG § 2 Rn. 348.

[29] BAG NZA 2014, 276 Rn. 12 = NZI 2014, 324 = ZIP 2014, 339; BAG NZA 2007, 404 Rn. 21 f. = NZI 2007, 182 = ZIP 2007, 1078; BAG NZA 1998, 334 = ZIP 1998, 437.

[30] Letzteres offengelassen von BAG NZA 1998, 334 = ZIP 1998, 437.

[31] Jaeger/*Giesen* Vor § 113 Rn. 349.

[32] *Giesen* EuZA 2013, 350 (352); *Göpfert/Müller* NZA 2009, 1057 (1060 f.); Jaeger/*Giesen* Vor § 113 Rn. 350; MüKoBGB/*Kindler* IPR II/IntWR EuInsVO Art. 13 Rn. 8 f.; KR/*Spelge* InsO § 113 Rn. 15 (zu § 113 und § 125).

das betriebsverfassungsrechtliche Instrumentarium der §§ 120–128 genutzt werden.[33] Dementsprechend hat das Bundesarbeitsgericht die Vereinbarung eines Interessenausgleichs mit Namensliste durch einen nach englischem Insolvenzrecht bestellten „Administrator" mit dem in dem Fall zuständigen Gesamtbetriebsrat als wirksam erachtet und im Wege einer unionsrechtskonformen Auslegung sowohl § 125 Abs. 1 S. 1 als auch § 113 S. 2 auf die Kündigung angewendet.[34]

14b **Außerhalb des Anwendungsbereichs der EuInsVO 2015** ist nach den §§ 335 ff. zu entscheiden (→ § 335 Rn. 5 ff.). Auch insoweit hat das Bundesarbeitsgericht für Recht erkannt, dass der „debtor in possession" im Verfahren nach Chapter 11 Bankruptcy Code, welches nach § 343 Abs. 1 S. 1 anzuerkennen ist, die Kündigung mit der Höchstfrist des § 113 S. 2 erklären kann, wenn diese Bestimmung über die Sonderanknüpfung nach § 337 auf die Kündigung Anwendung findet[35] (vgl. allg. → § 337 Rn. 9 ff.). Insoweit sind auch Formen der Eigenverwaltung (→ Rn. 23 f.) als funktionsäquivalent umfasst.[36]

15 **2. Anknüpfung an den allgemeinen Arbeitnehmerbegriff.** Die Insolvenzordnung enthält keine eigene Definition des Arbeitnehmers, sondern knüpft an den allgemeinen im Arbeitsrecht entwickelten **Arbeitnehmerbegriff** an.[37] Maßgebend ist das Vorliegen persönlicher Unselbständigkeit. Das folgt nunmehr aus § 611a Abs. 1 BGB, der die Merkmale des Arbeitsvertrages und damit mittelbar den Begriff des Arbeitnehmers regelt. Demnach wird durch den **Arbeitsvertrag** der Arbeitnehmer im Dienste eines anderen zur Leistung weisungsgebundener, fremdbestimmter Arbeit in persönlicher Abhängigkeit verpflichtet, wobei das Weisungsrecht Inhalt, Durchführung, Zeit und Ort der Tätigkeit betreffen kann. Erforderlich ist eine Gesamtbetrachtung der Umstände. Neben der Kodifikation der arbeitsvertraglichen Hauptleistungspflichten hat sich der Gesetzgeber im Wesentlichen darauf beschränkt, die Obersätze aus Entscheidungen des Bundesarbeitsgerichts in den Gesetzestext aufzunehmen.[38]

16 Ob persönliche Abhängigkeit vorliegt, ergibt sich aus den Vereinbarungen zwischen Arbeitgeber und Arbeitnehmer und aus der **tatsächlichen Durchführung** des Vereinbarten, wobei bei einem Widerspruch zwischen beidem die tatsächliche Durchführung ausschlaggebend ist (§ 611a Abs. 1 S. 6 BGB).[39] Auch wer als „freier Mitarbeiter" bezeichnet wird, ist Arbeitnehmer, wenn er in seiner Tätigkeit weisungsgebunden ist.[40] Umgekehrt ist regelmäßig von Arbeitnehmereigenschaft auszugehen, wenn der Beschäftigte im Vertrag ausdrücklich als Arbeitnehmer bezeichnet wird.[41] In **Zweifelsfällen,** in denen nach den objektiven Gegebenheiten ebenso viele Gründe für die eine wie für die andere Vertragsform sprechen, müssen sich die Parteien grundsätzlich an dem im Vertrag genannten Vertragstyp festhalten lassen.[42]

17 Ein Arbeitsverhältnis setzt keine auf längere Dauer angelegte Arbeitsleistung voraus. Eine **Aushilfstätigkeit** kann ebenso genügen wie die Beschäftigung im Rahmen einer bestimmten, nur kurze Zeit dauernden Arbeitsaufgabe. Arbeitnehmer sind regelmäßig auch diejenigen, die eine **nebenberufliche Tätigkeit** ausüben, wie zB die Werkstudenten.[43] Arbeitnehmer sind dagegen nicht die in sog. Ein-Euro-Jobs Tätigen (§ 16d Abs. 7 S. 2 SGB II). Auch dass die Ausübung der Arbeitgeberfunktion teilweise einem Dritten übertragen wird, ändert nichts daran, dass Arbeitgeber des Arbeitnehmers derjenige bleibt, der die Arbeitsleistung kraft des Arbeitsvertrages fordern kann.[44] Dies gilt auch für den **Leiharbeitnehmer** im Sinne des AÜG. Wird aber wegen unzulässiger Arbeitnehmerüberlassung gem. § 10 Abs. 1 AÜG ein Arbeitsverhältnis zum Entleiher fingiert, ist dieser der Arbeitgeber.[45]

---

[33] Jaeger/*Giesen* Vor § 113 Rn. 350; vgl. auch *Göpfert/Müller* NZA 2009, 1057 (1061 mN), nach denen auch hierfür das Vertragsstatut maßgeblich sein soll; ebenso KPB/*Moll* § 113 Rn. 182.

[34] BAG NZA 2013, 797 Rn. 31 ff., 40, 62 f. = NZI 2012, 1011 = ZIP 2012, 2312 (noch zur Vorgänger-VO [EG] Nr. 1346/2000).

[35] BAG NZA 2016, 102 Rn. 32 ff., 44 ff., 51 = NZI 2015, 1041 = ZIP 2015, 2387; dazu KR/*Spelge* InsO § 113 Rn. 46.

[36] BAG NZA 2016, 102 Rn. 40 ff., 47 ff. = NZI 2015, 1041 = ZIP 2015, 2387.

[37] Ausführlich MHdB ArbR/*Schneider* § 18 Rn. 12 ff.

[38] Vgl. BAG NZA 2013, 1348 Rn. 16 = ZIP 2014, 239; BAG NZA 2012, 731 Rn. 13; weiterführend ErfK/*Preis* BGB § 611a Rn. 8 ff.; MHdB ArbR/*Schneider* § 18 Rn. 9 ff.

[39] S. aus der Zeit vor Inkrafttreten des § 611a Abs. 1 BGB BAG NZA 2018, 448 Rn. 23; BAG NZA 2010, 877 Rn. 19; BAG NZA 1995, 161.

[40] BAG NZA 2018, 448 Rn. 23 ff.; BAG NZA-RR 2010, 172 Rn. 18 f.; BAG NZA 1995, 572; BAG NZA 1994, 1132; BGH NJW-RR 1991, 1458.

[41] BAG AP KSchG 1969 § 1 Betriebsbedingte Kündigung Nr. 134 = BeckRS 2005, 42775.

[42] BAG NZA 2017, 1463 Rn. 24; BAG NZA 2010, 877 Rn. 19; AR/*Kolbe* GewO § 6 Rn. 24; ErfK/*Preis* BGB § 611a Rn. 29; krit. MHdB ArbR/*Schneider* § 18 Rn. 41.

[43] BAG NZA 1997, 191.

[44] BAG AP BGB § 611 Hausmeister Nr. 1 = ZIP 1983, 486; vgl. auch BAG NJW 2013, 1692 Rn. 16, 18 ff.

[45] S. im Einzelnen Schüren/Hamann/*Schüren* AÜG § 10 Rn. 23 ff.

Zu den Arbeitnehmern zählen auch die von einem Arbeitgeber zum Zwecke der **Berufsausbildung** Beschäftigten. Studenten, die während ihres Hoch- oder Fachschulstudiums ein Betriebspraktikum ableisten, sind Arbeitnehmer, wenn sie nach der Studienordnung während des Praktikums in einer privatrechtlichen Vertragsbeziehung zum Betriebsinhaber stehen.[46] **Berufliche Rehabilitanden** sind dann zu ihrer Berufsausbildung Beschäftigte, wenn sie mit dem Arbeitgeber einen privatrechtlichen Berufsausbildungsvertrag abgeschlossen haben und eine betriebliche Ausbildung im Sinne der §§ 1 Abs. 3, 2 Abs. 1 BBiG, dh eine berufspraktische Ausbildung an Aufgaben erhalten, die im Betrieb anfallen und ansonsten von den dort tätigen Arbeitnehmern verrichtet werden.[47] 18

In reinen Ausbildungsbetrieben und Berufsbildungswerken sind Auszubildende selbst Gegenstand der Berufsbildung als Betriebszweck und damit keine Arbeitnehmer iSd § 5 BetrVG.[48] Das gilt nicht nur für berufliche Rehabilitanden,[49] sondern für alle Auszubildenden, insbesondere auch solche, die an einer von einer **Beschäftigungsgesellschaft** oder aber in einer unternehmensinternen betriebsorganisatorisch eigenständigen Einheit durchgeführten Qualifizierungsmaßnahme teilnehmen.[50] 19

Beschäftigte, die persönlich selbständig, aber vom Betriebsinhaber wirtschaftlich abhängig und vergleichbar einem Arbeitnehmer schutzbedürftig sind (sog. **arbeitnehmerähnliche Personen**), sind keine Arbeitnehmer, auch wenn sie ausschließlich im und für den betreffenden Betrieb arbeiten. Das Arbeitsrecht hat die Fälle ausdrücklich festgelegt, in denen arbeitsrechtliche Bestimmungen auf arbeitnehmerähnliche Personen anzuwenden sind (§ 6 Abs. 1 S. 1 Nr. 3 AGG, § 5 Abs. 1 S. 2 ArbGG, § 2 S. 2 BUrlG, § 12a TVG). Das Insolvenzarbeitsrecht zählt nicht dazu. Allerdings ist zu beachten, dass § 113 nicht nur für Arbeitsverträge, sondern auch für selbständige Dienstverträge gilt. Soweit arbeitnehmerähnliche Personen auf der Grundlage von selbständigen Dienstverträgen tätig werden, unterfallen sie deshalb der Vorschrift (→ § 113 Rn. 8). 20

Nicht zu den Arbeitnehmern zählen an sich auch die **Heimarbeiter.** Insoweit ist aber zu beachten, dass das Betriebsverfassungsgesetz sie in seinen Anwendungsbereich einbezieht (§ 5 Abs. 1 S. 2 BetrVG). Das hat zur Folge, dass die an das Betriebsverfassungsrecht anknüpfenden Vorschriften der §§ 120 bis 124 auch für sie gelten. Eine Anwendung der §§ 125 bis 127 scheidet hingegen aus, weil die Heimarbeiter keinen Kündigungsschutz nach dem Kündigungsschutzgesetz genießen (→ § 125 Rn. 7). Hingegen ist § 113 auf Heimarbeiter entsprechend anzuwenden (→ § 113 Rn. 9). 21

Keine Arbeitnehmer sind **Gesellschafter einer Personen- oder Kapitalgesellschaft,** wenn sie maßgebenden Einfluss auf die Führung der Geschäfte haben, insbesondere über mehr als 50 Prozent der Stimmen oder eine Sperrminorität verfügen.[51] Auch zur **gesetzlichen Vertretung einer juristischen Person** berufene Personen sind als solche keine Arbeitnehmer.[52] Allerdings liegt ihrer Tätigkeit regelmäßig ein Dienstvertrag zugrunde, auf den § 113 ebenfalls anwendbar ist (→ § 113 Rn. 10 und Rn. 83). Zudem unterfallen **GmbH-Fremdgeschäftsführer** und solche, die auf die Gesellschaft keinen bestimmenden Einfluss ausüben, nach der Rechtsprechung des EuGH dem unionsrechtlichen Arbeitnehmerbegriff, was sich allerdings nur bei solchen Regelungen auswirken kann, bei welchen dieser einschlägig ist. Entschieden hat dies der EuGH für den Arbeitnehmerbegriff der Mutterschutzrichtlinie (RL 92/85/EWG)[53] und der Massenentlassungsrichtlinie (RL 98/59/EG).[54] S. zum Massenentlassungsrecht → § 125 Rn. 57 ff. 22

3. Eigenverwaltung des Schuldners. Im Falle der **Eigenverwaltung** nach den §§ 270 ff. behält der Schuldner mit dem Verwaltungs- und Verfügungsrecht auch die Stellung als Arbeitgeber. Er übt während des Insolvenzverfahrens sämtliche Arbeitgeberfunktionen gegenüber den Arbeitneh- 23

46 BAG BeckRS 2008, 54162 Rn. 35; BAG NZA 1992, 808; näher dazu ErfK/*Koch* BetrVG § 5 Rn. 10.

47 BAG NZA 1994, 713.

48 BAG NZA-RR 2008, 19 Rn. 15; BAG NZA 1995, 120.

49 BAG NZA 1995, 120.

50 *Löwisch,* Arbeitsrechtliche Fragen des Transfersozialplans, Schriftenreihe der Bayer-Stiftung für deutsches und internationales Arbeits- und Wirtschaftsrecht, Band 6, 2000, 33 (46); *Rieble/Klumpp* NZA 2003, 1169 (1170 ff.); *Fitting* BetrVG § 5 Rn. 151 f.; *Sieg/Maschmann,* Unternehmensumstrukturierung aus arbeitsrechtlicher Sicht, 2. Aufl. 2010, Rn. 651.

51 BAG NZA 2017, 572 Rn. 22 = ZIP 2017, 836; BAG NZA 1998, 939 = ZIP 1998, 1650; *Löwisch* FS Kraft, 1998, 375 ff.; *Reinfelder* RdA 2016, 87 (90); ErfK/*Preis* BGB § 611a Rn. 92.

52 BGH NZA 2010, 889 Rn. 7 = ZIP 2010, 1288; BGH NJW 1978, 1435; BAG NZA 2006, 366 Rn. 18 = ZIP 2006, 821; grundsätzlich auch BAG NZA 1999, 987 = ZIP 1999, 1854, das aber eine Arbeitnehmereigenschaft bei einer entsprechenden Weisungsbefugnis anderer Vertretungsberechtigter für möglich hält; zum Ganzen *Reinfelder* RdA 2016, 87 (91 ff.).

53 EuGH NZA 2011, 143 Rn. 38 ff., 51, 56 = ZIP 2010, 2414 – Danosa, dazu EuArbR/*Risak* RL 92/85/EWG Art. 2 Rn. 3a ff.; ErfK/*Schlachter* MuSchG § 1 Rn. 7, § 17 Rn. 1.

54 EuGH NZA 2015, 861 Rn. 31 ff., 38 ff. = ZIP 2015, 1555 – Balkaya; dazu ErfK/*Kiel* KSchG § 17 Rn. 6a f.; EuArbR/*Spelge* RL 98/59/EG Art. 1 Rn. 45a ff.

mern und dem Betriebsrat weiterhin aus.[55] Dabei steht er unter der Aufsicht eines Sachwalters (→ Vor §§ 270–285 Rn. 70 ff.).

24 Nach § 279 S. 1 gelten die §§ 103 bis 128 und damit die **Vorschriften des Insolvenzarbeitsrechts** auch für die Eigenverwaltung des Schuldners, der insoweit an die Stelle des Insolvenzverwalters tritt. Der Schuldner kann also selbst nach § 113 S. 1 und 2 ohne Rücksicht auf eine vereinbarte Vertragsdauer oder einen vereinbarten Ausschluss des Rechts zur ordentlichen Kündigung mit einer Höchstkündigungsfrist von drei Monaten Arbeitsverhältnisse ordentlich kündigen[56] und in einem Interessenausgleich mit dem Betriebsrat eine Namensliste vereinbaren, auf die dann § 125 (und ggf. § 128) und nicht lediglich die allgemeine Vorschrift des § 1 Abs. 5 KSchG anzuwenden ist. Nach § 279 S. 2 soll der Schuldner diese Rechte im **Einvernehmen mit dem Sachwalter** ausüben. Wirksamkeitsvoraussetzung ist dies allerdings nicht.[57] Anders liegt dies bei den Rechten nach den §§ 120, 122 und 126, die der Schuldner gem. § 279 S. 3 wirksam nur mit **Zustimmung des Sachwalters** ausüben kann (im Einzelnen → § 279 Rn. 8 ff.). Schließlich kann das Insolvenzgericht auf Antrag gem. § 277 auch anordnen, dass Kündigungen von Arbeitsverhältnissen oder Vereinbarungen mit dem Betriebsrat oder einer Gewerkschaft (zB der Abschluss eines Haustarifvertrags) ebenfalls der Zustimmung des Sachwalters bedürfen[58] (→ § 279 Rn. 10).

25 **4. Vorläufige Insolvenzverwaltung.** Ein gem. §§ 21 ff. bestellter vorläufiger Insolvenzverwalter rückt dann in die **Arbeitgeberfunktionen** ein, wenn dem Schuldner gem. § 21 Abs. 2 Nr. 2 ein allgemeines Verfügungsverbot auferlegt wird. Denn dann geht nach § 22 Abs. 1 S. 1 die Verwaltungs- und Verfügungsbefugnis auf den vorläufigen Insolvenzverwalter über (→ § 22 Rn. 62, 110). Wird dem Schuldner kein allgemeines Verfügungsverbot auferlegt, behält er auch die Arbeitgeberstellung.[59] Hat das Insolvenzgericht einen Zustimmungsvorbehalt nach § 21 Abs. 2 S. 1 Nr. 2 Alt. 2 angeordnet, kann der Schuldner aber nur mit Zustimmung des vorläufigen Insolvenzverwalters wirksam kündigen, wobei die §§ 182 Abs. 3, 111 S. 2 und 3 BGB zu beachten sind.[60]

26 **Arbeitnehmerforderungen** aus der Zeit der vorläufigen Insolvenzverwaltung mit Verfügungsbefugnis des vorläufigen Insolvenzverwalters sind nach § 55 Abs. 2 S. 2 insoweit Masseverbindlichkeiten, als der Verwalter die Arbeitsleistung tatsächlich in Anspruch genommen hat. Im Übrigen sind sie gem. § 38 einfache Insolvenzforderungen. Insbesondere kommt dem aus § 615 BGB erwachsenden Anspruch auf Annahmeverzugslohn nur der Charakter einer Insolvenzforderung zu[61] (→ § 55 Rn. 173 f.).

27 Soweit die **Bundesagentur für Arbeit** für ausfallende Entgeltansprüche **Insolvenzgeld** leistet und deshalb gem. § 169 S. 1 SGB III der Anspruch auf Arbeitsentgelt auf sie übergeht (unten → Rn. 35), kann sie diesen als Insolvenzgläubiger geltend machen. Das gilt auch dann, wenn ein vorläufiger Insolvenzverwalter, auf den die Verwaltungs- und Verfügungsbefugnis über das Vermögen des Schuldners übergegangen ist, die Arbeitsleistung in Anspruch genommen hat, so dass es sich bei dem Entgeltanspruch gem. § 55 Abs. 2 S. 2 an sich um eine Masseverbindlichkeit handelt; auch insoweit kann die Bundesagentur für Arbeit den Anspruch nur als Insolvenzgläubiger geltend machen (§ 55 Abs. 3 S. 1).[62] Gleiches gilt nach § 55 Abs. 3 S. 2 für die in § 175 Abs. 1 SGB III bezeichneten Pflichtbeiträge zur Sozialversicherung, soweit diese gegenüber dem Schuldner bestehen bleiben. Auf Entgeltansprüche, die von dem Forderungsübergang nicht erfasst werden (→ Rn. 35), kann § 55 Abs. 3 S. 1 nicht angewendet werden[63] (→ § 55 Rn. 174, 234 ff.).

28 Der **vorläufige Insolvenzverwalter mit Verwaltungs- und Verfügungsbefugnis** hat nach § 22 Abs. 1 S. 2 Nr. 2 die Aufgabe, das Unternehmen bis zur Entscheidung über die Eröffnung des Insolvenzverfahrens fortzuführen. Soweit es zur Vermeidung einer erheblichen Verminderung des Vermögens erforderlich ist und das Insolvenzgericht zustimmt, hat er das Unternehmen stillzulegen (→ § 22 Rn. 111 ff.). Beide Aufgaben können arbeits- und betriebsverfassungsrechtliche Maßnahmen, insbesondere Kündigungen und die Einleitung von Betriebsänderungen, erfordern. Die

---

55 *Lakies* BB 1999, 1759 (1761); *Schrader/Straube*, Insolvenzarbeitsrecht, II Rn. 16, 27.

56 BAG NZA 2017, 995 Rn. 29 = NZI 2017, 577 = ZIP 2017, 1083 zur Anwendbarkeit des § 113 in der Eigenverwaltung.

57 HKInsO/*Brünkmans* § 279 Rn. 3; Nerlich/Römermann/*Riggert* § 279 Rn. 3; K. Schmidt/*Undritz* § 279 Rn. 2; vgl. auch BAG NZA 2016, 102 Rn. 49 = NZI 2015, 1041 = ZIP 2015, 2387.

58 HKInsO/*Brünkmans* § 279 Rn. 3; K. Schmidt/*Undritz* § 279 Rn. 2; Uhlenbruck/*Zipperer* § 279 Rn. 3.

59 BAG NZA 2003, 909 = NZI 2003, 509 = ZIP 2003, 1161; vgl. auch *Berscheid* NZI 1999, 6 (8); *Caspers* Rn. 491; Nerlich/Römermann/*Hamacher* Vor § 113 Rn. 20; HKInsO/*Linck* Vor § 113 Rn. 3.

60 BAG NZA 2003, 909 = NZI 2003, 509 = ZIP 2003, 1161.

61 Vgl. BAG NZA 2006, 1352 = ZIP 2005, 1289.

62 Dazu BAG NZA 2018, 811 Rn. 34 = ZIP 2017, 2113; für die frühere Rechtslage vor dem InsOÄndG BAG NZA 2002, 90 = NZI 2002, 118 = ZIP 2001, 1964.

63 BAG NZA 2018, 811 Rn. 35 ff. = ZIP 2017, 2113.

Zustimmung des Insolvenzgerichts zur Unternehmensstilllegung nach § 22 Abs. 1 S. 2 Nr. 2 ist dabei keine Wirksamkeitsvoraussetzung für die Kündigung der Arbeitsverhältnisse durch den vorläufigen Insolvenzverwalter wegen der von ihm beabsichtigten Stilllegung.[64] Unabhängig davon stellt sich die Frage, ob dem vorläufigen Insolvenzverwalter mit Verwaltungs- und Verfügungsbefugnis in einem solchen Fall bereits die Möglichkeiten der §§ 113, 120 ff. zur Verfügung stehen.[65]

Gegen eine **Anwendbarkeit der insolvenzarbeitsrechtlichen Bestimmungen** in der vorläufigen Insolvenzverwaltung sprechen der Wortlaut, wonach in den §§ 113, 120 ff. stets vom Insolvenzverwalter gesprochen wird, und die Gesetzessystematik, nach der die Vorschriften im dritten Teil der Insolvenzordnung angesiedelt sind, der die Überschrift „Wirkungen der Eröffnung des Insolvenzverfahrens" trägt. Die Insolvenzordnung differenziert also ausdrücklich zwischen dem Eröffnungsverfahren und den Wirkungen der Verfahrenseröffnung. Eine Gesetzesverweisung bei den Vorschriften der §§ 21 ff., wie sie beispielsweise für die Haftung des vorläufigen Insolvenzverwalters (vgl. § 21 Abs. 2 S. 1 Nr. 1) oder die Aufnahme anhängiger Rechtsstreite durch den vorläufigen Verwalter mit Verfügungsbefugnis (vgl. § 24 Abs. 2) vorgesehen ist, besteht nicht. Das Bundesarbeitsgericht hat sich deshalb gegen die Anwendbarkeit der Bestimmungen ausgesprochen.[66] 29

Die besseren Gründe sprechen jedoch nach wie vor für eine **analoge Anwendung** der §§ 113, 120–122 und §§ 125–128 im Fall des **vorläufigen Insolvenzverwalters mit Verwaltungs- und Verfügungsbefugnis.** Das Bedürfnis nach Kostenentlastungen durch zügigen und wirksamen Personalabbau sowie Kürzung von Sozialleistungen ist im vorläufigen Insolvenzverfahren gleichermaßen vorhanden wie später im eröffneten Verfahren. Dies gilt besonders in dem Fall, dass der starke vorläufige Insolvenzverwalter zur Vermeidung von Verlusten nur einzelne Betriebe oder Betriebsteile stilllegen und Arbeitnehmer entlassen muss, einen Teil des Unternehmens aber zwecks Sicherung und Erhaltung der späteren Insolvenzmasse oder zur Vorbereitung einer späteren Sanierung fortführt. Für die weitergeführten Unternehmensteile ist es dann sinnvoll und häufig auch zwingend, die Verfahrenseröffnung hinauszuzögern, um Zeit für die Entwicklung eines Sanierungskonzepts zu gewinnen, damit bei der Eröffnung sofort die angemessenen Entscheidungen getroffen werden können.[67] Das Problem ist deshalb im vorläufigen Insolvenzverfahren gleichgelagert wie im eröffneten Verfahren. 30

Auch eine **planwidrige Gesetzeslücke** liegt vor. Anders als noch der Regierungsentwurf, der schon die Verfahrenseröffnung vorsah, sobald allein feststand, dass die Kosten des Verfahrens gedeckt sind, hat die **endgültige Fassung des Gesetzes** die Möglichkeit eingeführt, die Eröffnung des Verfahrens hinauszuzögern und Sanierungen vorzubereiten, wenn der vorläufige Insolvenzverwalter gem. § 22 Abs. 1 S. 2 Nr. 3 zugleich vom Insolvenzgericht mit der Prüfung der Fortführungsaussichten für das Unternehmen beauftragt wird.[68] Das Eröffnungsverfahren ist so **entgegen der Systematik und Intention des Regierungsentwurfs** zu einem längeren und vorbereitenden Vorinsolvenzverfahren geworden, so dass die Aussage, in der fehlenden Bezugnahme des Gesetzes auf Vorschriften des vorläufigen Insolvenzverfahrens liege eine bewusste Entscheidung des Gesetzgebers,[69] nicht zutrifft. Anders als für die vom Regierungsentwurf intendierte Regelung kann hinsichtlich der insolvenzarbeitsrechtlichen Möglichkeiten zur Kündigung und Durchführung von Betriebsänderungen nicht mehr allein auf das eröffnete Verfahren verwiesen werden. Vielmehr muss es dem starken vorläufigen Verwalter möglich sein, tariflich unkündbare Arbeitnehmer nach § 113 S. 1 bereits direkt zu kündigen und diese nicht in das eröffnete Verfahren „mitschleppen" zu müssen. Der Zweck der vorläufigen Insolvenzverwaltung, das schuldnerische Vermögen zu sichern, gebietet es gerade, dass die zukünftige Masse zügig von der Personalkostenlast solcher Arbeitnehmer befreit wird, die nicht mehr produktiv eingesetzt werden können. Eine analoge Anwendung ist damit gerechtfertigt.[70] 31

---

64 BAG NZA 2006, 727 Rn. 13 ff. = NZI 2006, 310 = ZIP 2006, 585; *Kolbe* ZIP 2009, 450 (454); Uhlenbruck/*Ries* § 22 Rn. 72.

65 Zum Problem s. im Einzelnen *Caspers* Rn. 493 ff.

66 BAG NZA 2012, 1029 Rn. 25 ff. = ZIP 2012, 1822; BAG NZA 2006, 1352 = ZIP 2005, 1289; ebenso *Düwell* S. 1193 Rn. 19; *Lakies* Rn. 37; HKInsO/*Linck* Vor § 113 Rn. 61; Nerlich/Römermann/*Mönning* § 22 Rn. 105 f. (der insoweit aber von einem „Geburtsfehler" und einer „gesetzgeberischen Fehlleistung" spricht); KPB/*Moll* § 113 Rn. 77; HKInsO/*Rüntz/Laroche* § 22 Rn. 40; Uhlenbruck/*Zobel* § 22 Rn. 81.

67 Vgl. etwa *Grub* ZIP 1993, 393 (394).

68 Vgl. die Begr. zu § 26 Rechtsausschuss, BT-Drs. 12/7302, 158.

69 So *Düwell* S. 1193 Rn. 19.

70 *Caspers* Rn. 519 ff.; für den Fall der Unternehmensstilllegung auch Gottwald/*Heinze,* InsO-HdB, 2. Aufl. 2000, § 102 Rn. 22 und – mit weiteren Einschränkungen – Gottwald/*Bertram,* InsO-HdB, § 104 Rn. 24.

III. Sondervorschriften außerhalb der Insolvenzordnung

32 **1. Insolvenzsicherung der betrieblichen Altersversorgung.** Die Leistungen der betrieblichen Altersversorgung werden nach den §§ 7 ff. des Gesetzes zur Verbesserung der betrieblichen Altersversorgung v. 19.12.1974 gegen die Insolvenz des Arbeitgebers über den von der Wirtschaft gebildeten Pensionssicherungsverein auf Gegenseitigkeit (§ 14 Abs. 1 BetrAVG) gesichert. Die Betriebsrentner haben gegen diesen einen Anspruch in Höhe der Leistung, die der Schuldner auf Grund der Versorgungszusage hätte erbringen müssen (§ 7 Abs. 1 BetrAVG). Personen, die bei Eröffnung des Insolvenzverfahrens eine nach § 1b BetrAVG **unverfallbare Versorgungsanwartschaft** haben, und ihre Hinterbliebenen behalten diese und haben bei Eintritt des Versorgungsfalls einen Anspruch gegen den Pensionssicherungsverein (§ 7 Abs. 2 BetrAVG). Damit setzt der Gesetzgeber Art. 8 der RL 2008/94/EG über den Schutz der Arbeitnehmer bei Zahlungsunfähigkeit des Arbeitgebers um.[71] Die Insolvenzsicherung gilt nach § 17 Abs. 1 S. 2 BetrAVG auch für Personen, die zwar nicht Arbeitnehmer sind, denen aber, etwa als Geschäftsführer, Leistungen der betrieblichen Altersversorgung aus Anlass ihrer Tätigkeit für ein Unternehmen zugesagt worden sind. Nach § 9 Abs. 2 S. 1 BetrAVG gehen die Ansprüche und Anwartschaften auf Leistungen der betrieblichen Altersversorgung mit der Eröffnung des Insolvenzverfahrens in dem Umfang **auf den Pensionssicherungsverein über,** in dem dieser nach § 7 BetrAVG einstandspflichtig ist,[72] so dass der Pensionssicherungsverein Gläubiger in der Insolvenz über das Vermögen des Versorgungsschuldners wird.[73] Die mit der Insolvenzeröffnung übergegangenen Anwartschaften werden im Insolvenzverfahren als unbedingte Forderungen nach § 45 geltend gemacht (§ 9 Abs. 2 S. 3 BetrAVG).

33 **Zu den §§ 7 ff. BetrAVG s. im Einzelnen:** Kemper/Kisters-Kölkes/Berenz/Huber/Betz-Rehm/*Berenz,* BetrAVG: Kommentar zum Betriebsrentengesetz mit Insolvenzsicherung und Versorgungsausgleich, 8. Aufl. 2018, BetrAVG §§ 7 ff.; Gottwald/*Bertram,* InsO-HdB, § 109; Göpfert/*Frommhold,* Handbuch Arbeitsrecht in Restrukturierung und Insolvenz, § 24 (Betriebliche Altersversorgung vor und in der Insolvenz); Jaeger/*Giesen* Vor § 113 Rn. 238 ff.; Höfer/de Groot/Küpper/Reich/*Höfer/Reich,* Betriebsrentenrecht, Bd. I – Arbeitsrecht (20. EL Januar 2017), Kapitel 12; MHdB ArbR/*Lämpe* § 212 (Insolvenzsicherung §§ 7 ff. BetrAVG); *Langohr-Plato,* Betriebliche Altersversorgung, 7. Aufl. 2016; BRO/*Rolfs* BetrAVG §§ 7 ff.; HWK/*Schipp* BetrAVG §§ 7 ff.; *Schnitker/Sittard,* Die gesetzliche und privatrechtliche Insolvenzsicherung von Pensionen, NZA 2012, 963; ErfK/*Steinmeyer* BetrAVG §§ 7 ff.

34 **2. Insolvenzgeld.** Um die Arbeitnehmer eines insolventen Unternehmens gegen den endgültigen Ausfall rückständigen Arbeitsentgelts zu sichern, sehen die §§ 165 ff. SGB III die Zahlung von Insolvenzgeld durch die Bundesagentur für Arbeit vor. Mit diesen Bestimmungen werden die Art. 3–5 der RL 2008/94/EG über den Schutz der Arbeitnehmer bei Zahlungsunfähigkeit des Arbeitgebers umgesetzt.[74] Nach § 165 Abs. 1 S. 1 SGB III haben **Arbeitnehmer Anspruch auf Insolvenzgeld,** wenn sie im Inland beschäftigt waren und bei einem Insolvenzereignis für die vorausgegangenen drei Monate des Arbeitsverhältnisses noch Ansprüche auf Arbeitsentgelt haben. Als Insolvenzereignis gilt nach § 165 Abs. 1 S. 2 Nr. 1 bis 3 SGB III die Eröffnung des Insolvenzverfahrens über das Vermögen des Arbeitgebers, die Abweisung des Antrags auf Eröffnung des Insolvenzverfahrens mangels Masse oder die vollständige Beendigung der Betriebstätigkeit im Inland, wenn ein Eröffnungsantrag nicht gestellt wird oder offensichtlich mangels Masse nicht in Betracht kommt. Auf das Insolvenzgeld kann schon vor Eröffnung des Verfahrens ein **Vorschuss** geleistet werden, wenn die Eröffnung des Insolvenzverfahrens über das Vermögen des Arbeitgebers beantragt ist, das Arbeitsverhältnis beendet ist und die Anspruchsvoraussetzungen mit hinreichender Wahrscheinlichkeit erfüllt werden (§ 168 SGB III). Der Arbeitgeber ist verpflichtet, einen Beschluss des Insolvenzgerichts über die Abweisung des Antrags auf Insolvenzeröffnung mangels Masse dem Betriebsrat oder, wenn ein Betriebsrat nicht besteht, dem Arbeitnehmer unverzüglich bekannt zu geben (§ 165 Abs. 5 SGB III).

35 Das Insolvenzgeld wird **in Höhe des Nettoarbeitsentgelts** geleistet, das sich ergibt, wenn das auf die monatliche Beitragsbemessungsgrenze (§ 341 Abs. 4 SGB III) begrenzte Bruttoarbeitsentgelt um die gesetzlichen Abzüge vermindert wird (§ 167 Abs. 1 SGB III). Zu den Ansprüchen auf Arbeitsentgelt gehören dabei alle Ansprüche auf Bezüge aus dem Arbeitsverhältnis, insbesondere auch die auf den Dreimonatszeitraum entfallenden Gratifikationen (§ 165 Abs. 2 S. 1 SGB III). Kein Insolvenzgeld wird für Ansprüche gewährt, die der Arbeitnehmer wegen Beendigung des Arbeitsverhältnisses oder für die Zeit nach Beendigung des Arbeitsverhältnisses hat (§ 166 Abs. 1 Nr. 1 SGB III).

---

[71] Dazu EuArbR/*Kolbe* RL 2008/94/EG Art. 8 Rn. 1 ff., 7.

[72] BAG NZA 2000, 1290 = NZI 2000, 556.

[73] BAG NZA 1990, 524 = ZIP 1990, 400; im Einzelnen Gottwald/*Bertram,* InsO-HdB, § 109 Rn. 90 ff.; BRO/*Rolfs* BetrAVG § 9 Rn. 50 ff.; ErfK/*Steinmeyer* BetrAVG § 9 Rn. 5 ff.

[74] Zum EU-Recht im Einzelnen Gagel/*Peters-Lange* SGB III § 165 Rn. 2 ff.

Soweit es sich dabei um Sozialplanabfindungen handelt, können sie aber auf dem Weg über den Widerruf nach § 124 in einen im Insolvenzverfahren aufgestellten Sozialplan einbezogen werden (→ § 124 Rn. 18 f.). Ansprüche auf Arbeitsentgelt, die einen Anspruch auf Insolvenzgeld begründen, gehen **mit dem Antrag** auf Insolvenzgeld **auf die Bundesagentur für Arbeit über** (§ 169 S. 1 SGB III). Nach der Rechtsprechung des Bundesarbeitsgerichts erfasst der Anspruchsübergang den Bruttolohnanspruch, begrenzt auf die Höhe der monatlichen Beitragsbemessungsgrenze nach § 341 Abs. 4 SGB III.[75] Die Bundesagentur für Arbeit wird damit Insolvenzgläubigerin (→ Rn. 27). Wird dem Antrag auf Insolvenzgeld nicht oder nur zum Teil stattgegeben, fällt der Anspruch auf Arbeitsentgelt in dem Umfang wieder an den Arbeitnehmer zurück, wie kein Insolvenzgeld bewilligt wird.[76]

§ 170 Abs. 1 SGB III sieht vor, dass ein Dritter, dem der Arbeitnehmer vor seinem Antrag auf Insolvenzgeld **Ansprüche auf Arbeitsentgelt übertragen** hat, den Anspruch auf Insolvenzgeld erwirbt. Die Vorschrift trägt der Tatsache Rechnung, dass Arbeitsentgelt vielfach zur Sicherung und Tilgung vom Arbeitnehmer aufgenommener Kredite, insbesondere von Ratenkrediten, dient. Der Umweg, erst dem Arbeitnehmer das Insolvenzgeld voll auszuzahlen und den Kreditgeber auf Ansprüche gegen diesen zu verweisen, soll vermieden werden. Gleiches wie für die Abtretung des Entgeltanspruchs gilt für dessen Pfändung und Verpfändung (§ 170 Abs. 2 SGB III). **36**

Die Abtretung des Anspruchs auf Arbeitsentgelt, verbunden mit dem Übergang des Anspruchs auf Insolvenzgeld an den Zessionar, kann auch zur **Vorfinanzierung der Arbeitsentgelte** eingesetzt werden. Zu diesem Zweck wird der Insolvenzgeldanspruch dahingehend genutzt, dass die Arbeitnehmer ihre Lohnforderungen zum Nennbetrag an ein vom vorläufigen Insolvenzverwalter vermitteltes Kreditinstitut verkaufen und die Lohnforderungen Zug um Zug gegen Auszahlung des Kaufpreises an das Kreditinstitut abtreten. Dadurch erhalten die Arbeitnehmer faktisch ihren Lohn. Das Kreditinstitut wiederum sichert sich und nimmt Rückgriff mit dem Anspruch auf Insolvenzgeld bei der Bundesagentur für Arbeit, welcher ihm im Fall der Eröffnung des Insolvenzverfahrens oder der Abweisung des Eröffnungsantrags mangels Masse aufgrund des übergegangenen Lohnanspruchs nach § 170 Abs. 1 SGB III zusteht.[77] Praktisch wird diese Vorgehensweise vielfach von vorläufigen Insolvenzverwaltern genutzt, um den Zeitraum bis zur Eröffnung des Verfahrens, in dem über eine Sanierung, Übertragung oder Stilllegung entschieden wird, zu überbrücken.[78] Auch dann, wenn bereits die Verwaltungs- und Verfügungsbefugnis über das Vermögen des Schuldners gem. § 22 Abs. 1 S. 1 auf den vorläufigen Insolvenzverwalter übergegangen war, kann die Bundesagentur die nach § 169 S. 1 SGB III auf sie übergegangenen Entgeltansprüche gem. § 55 Abs. 3 S. 1 nur als Insolvenzforderung geltend machen (→ Rn. 27). **37**

Ein **Missbrauch der Institution des Insolvenzgeldes** liegt in der Vorfinanzierung angesichts der mit einer Sanierung oder Übertragung verbundenen Sicherung der Arbeitsplätze grundsätzlich nicht.[79] § 170 Abs. 4 SGB III macht den Einsatz des Insolvenzgeldes zur Vorfinanzierung des Arbeitsentgelts gleichwohl von der **Zustimmung der Agentur für Arbeit** abhängig und bestimmt, dass diese Zustimmung nur erteilt werden darf, wenn Tatsachen die Annahme rechtfertigen, dass durch die Vorfinanzierung der Arbeitsentgelte ein erheblicher Teil der Arbeitsplätze erhalten bleibt.[80] Angesichts der in der Zeit vor Insolvenzeröffnung typischerweise bestehenden Ungewissheit einer Fortführung, Sanierung oder Übertragung des Unternehmens muss für die Annahme der Erhaltung von Arbeitsplätzen das Vorliegen einer gewissen Wahrscheinlichkeit genügen.[81] Als erheblich muss man jedenfalls die Erhaltung von so vielen Arbeitsplätzen ansehen, wie diese im **spiegelbildlichen Fall des Personalabbaus** eine wesentliche Betriebseinschränkung im Sinne des § 111 S. 3 Nr. 1 BetrVG (dazu → §§ 121, 122 Rn. 8) ausmachen. Es genügen also entsprechend § 17 KSchG je nach Betriebsgröße fünf bis 30 Arbeitnehmer und in Betrieben mit mehr als 500 Arbeitnehmern fünf Prozent **38**

---

75 BAG NZA 2018, 811 Rn. 22 f. = ZIP 2017, 2113; BAG NZA 2015, 486 Rn. 16 ff. = NZI 2015, 81 = ZIP 2014, 2147; aA Gagel/*Peters-Lange* SGB III § 169 Rn. 8 ff.

76 BAG NZA 2018, 811 Rn. 22 = ZIP 2017, 2113; Brand/*Kühl* SGB III § 169 Rn. 3 f.

77 Hierzu *Caspers* Rn. 506 ff.; Jaeger/*Giesen* Vor § 113 Rn. 330 ff.; BeckOK-SozR/*Plössner* SGB III § 170 Rn. 7 ff.; KKW/*Mutschler* SGB III § 170 Rn. 11 ff.

78 Krit. dazu *Richter* S. 112 ff., 204 ff. (insbes. 273 ff.) und *Richter* NJW 2018, 982 (985 ff.), der eine „Verschleppung" der Eröffnungsentscheidung durch das Gutachten des vorläufigen Insolvenzverwalters iVm der Insolvenzgeldvorfinanzierung moniert.

79 Vgl. noch zum Konkursausfallgeld BSG ZIP 1995, 935 = BeckRS 1995, 30754155; BSG NZA 1992, 859 = ZIP 1992, 941; zur Rechtsentwicklung im Einzelnen *Steinwedel* DB 1998, 822 (824 ff.); *Wiester* BB 1997, 949 (950 ff.); *Caspers* Rn. 508 ff.; krit. *Dieckmann* ZRP 1987, 420 ff.

80 Krit. dazu *Wiester* ZInsO 1998, 99 (104 f.); *Caspers* Rn. 515 ff.

81 Vgl. Hase/Peters-Lange/*Hase* Rn. 154, der überwiegende Wahrscheinlichkeit fordert; Nerlich/Römermann/*Hamacher* Vor § 113 Rn. 89 (noch zur gleichlautenden Vorgängerbestimmung des § 188 Abs. 4 SGB III), wonach die Möglichkeit einer Sanierung genügt; ähnlich *Wiester* ZInsO 1998, 99 (105); *Caspers* Rn. 516.

der Belegschaft.[82] Insoweit wie die **Bundesagentur für Arbeit** für den Regelfall auf die Zahlenverhältnisse des § 112a Abs. 1 S. 1 Nr. 4 BetrVG abzustellen,[83] geht daran vorbei, dass § 112a BetrVG nur eine Ausnahmevorschrift ist.

39 **Zu den Vorschriften über das Insolvenzgeld s. im Einzelnen:** Fachliche Weisungen Insolvenzgeld der Bundesagentur für Arbeit v. 20.12.2018, abrufbar unter http://www.arbeitsagentur.de/veroeffentlichungen/gesetze-und-weisungen (abgerufen am 19.3.2019); *Arens/Brand*, Arbeits- und Sozialrecht in der Insolvenz, 3. Aufl. 2014, S. 359–414; Gottwald/*Bertram*, InsO-HdB, § 110 Rn. 3 ff.; Eicher/Schlegel/*Estelmann*, SGB III Arbeitsförderung, Loseblatt, §§ 165 ff.; *Frank/Heinrich*, Insolvenzgeldansprüche von Arbeitnehmern nach einem gerichtlich bestätigten Insolvenzplan – Divergenzen zwischen Sozial- und Insolvenzrecht, NZI 2011, 569; Jaeger/*Giesen* Vor § 113 Rn. 308 ff.; GKSGB III/*Hess*, Loseblatt, §§ 183 bis 189a; Brand/*Kühl* SGB III §§ 165 ff.; MHdB ArbR/*Krumbiegel* § 75 Rn. 66 ff.; FKInsO/*Mues* Anh. zu § 113 Rn. 1–254; KKW/*Mutschler* SGB III §§ 165 ff.; Gagel/*Peters-Lange* SGB III §§ 165 ff.; NK-SGB III/*Schmidt* §§ 165 ff.; Hauck/Noftz/*Voelzke* SGB III Arbeitsförderung, Loseblatt, §§ 165 ff.

40 **3. Insolvenzschutz von Wertguthaben aus Vorleistungen der Arbeitnehmer.** Im Zuge der Altersteilzeit nach dem AltersteilzeitG, aber auch im Zusammenhang mit flexiblen Teilzeitmodellen, kommt es zu Situationen, in denen die Arbeitnehmer mit ihrer Arbeitsleistung für längere Zeiträume in Vorlage treten. Die daraus auflaufenden Wertguthaben werden erst im danach liegenden Zeitraum der Arbeitsfreistellung aufgelöst. Diese Wertguthaben sind durch das Insolvenzgeld (oben → Rn. 34 ff.) nur insoweit gesichert, als der Anspruch in den letzten drei Monaten vor Eröffnung des Insolvenzverfahrens erarbeitet und noch nicht vergütet worden ist.[84] § 7e SGB IV verpflichtet deshalb den Arbeitgeber, Wertguthaben einschließlich des darin enthaltenen Gesamtsozialversicherungsbeitrags gegen das Risiko der Insolvenz des Arbeitgebers vollständig abzusichern. Gegenüber § 7d SGB IV aF, der noch keine allgemeine Verpflichtung zu einer solchen Insolvenzsicherung vorgesehen hatte,[85] ist der Insolvenzschutz ab dem 1.1.2009 deutlich verstärkt worden. Für die Altersteilzeit ist dagegen eine eigene Insolvenzsicherungspflicht in § 8a AltersteilzeitG geregelt. Die in § 7e Abs. 7 S. 2 SGB IV vorgesehene persönliche Haftung der organschaftlichen Vertreter der Schuldnerin findet auf die Insolvenzsicherung von Wertguthaben aus Altersteilzeit gem. § 8a Abs. 1 S. 1 Hs. 2 AltersteilzeitG keine Anwendung. Ein Verstoß gegen Art. 3 Abs. 1 GG liegt darin nicht.[86] Auch wird durch § 823 Abs. 2 BGB eine Haftung der organschaftlichen Vertreter wegen Verstoßes gegen § 8a Abs. 1 S. 1 AltersteilzeitG nicht begründet, da es sich bei dieser Bestimmung nur im Verhältnis zum Arbeitgeber, nicht aber im Verhältnis zu diesen um ein Schutzgesetz handelt.[87]

41 **S. zum Insolvenzschutz von Wertguthaben im Einzelnen:** *Cisch/Ulbrich*, Flexi-Gesetz II: Licht und Schatten, BB 2009, 550; *Grabmaier*, Insolvenzschutz von Arbeitszeitkonten durch Anlage der Wertguthaben in Investmentfonds, 2003; *Hanau/Veit*, Das neue Recht der Arbeitszeitkonten, 2012; *Huke/Lepping*, Neue Rahmenbedingungen für die Insolvenzsicherung von Arbeitszeitkonten, ZIP 2009, 1204; *Jacobsen*, Flexi II: Neue gesetzliche Rahmenbedingungen für Langzeit- und Lebensarbeitszeitkonten, ZTR 2009, 115; AR/*Klose* ATZG § 8a; *Knospe*, Neue Rahmenbedingungen für Wertguthaben und Arbeitszeitkonten im Sozialgesetzbuch IV – Überblick über die gesetzlichen Neuregelungen und ihr Entstehungsprozess, NZS 2009, 600; *Langohr-Plato/Sopora*, Neue gesetzliche Rahmenbedingungen für Zeitwertkonten, NZA 2008, 1377; *Marburger*, Sozialversicherungsrechtliche Neuerungen in Zusammenhang mit flexiblen Arbeitszeitregelungen, DÖD 2009, 81; Gagel/*Peters-Lange* SGB III § 165 Rn. 118 ff.; ErfK/*Rolfs* ATG § 8a und SGB IV § 7e; *Rolfs/Witschen*, Neue Regeln für Wertguthaben, NZS 2009, 295; *Wolf*, Arbeitszeitflexibilität vor neuen Herausforderungen, FS Herbert Buchner, 2009, S. 996.

§ 113 Kündigung eines Dienstverhältnisses

[1]Ein Dienstverhältnis, bei dem der Schuldner der Dienstberechtigte ist, kann vom Insolvenzverwalter und vom anderen Teil ohne Rücksicht auf eine vereinbarte Vertragsdauer

[82] Hase/Peters-Lange/*Hase* Rn. 156; aA Gagel/*Peters-Lange* SGB III § 170 Rn. 78, die den Erhalt von zehn Prozent der Arbeitsplätze verlangt; weitergehend GKSGB III/*Hess* § 188 Rn. 39a, der als Regelfall die Erhaltung von mindestens 25 Prozent der Arbeitsplätze für erforderlich hält.

[83] Vgl. Fachliche Weisungen Insolvenzgeld der Bundesagentur für Arbeit, abrufbar unter http://www.arbeitsagentur.de/veroeffentlichungen/gesetze-und-weisungen Rn. 170.7 (letzter Abruf am 19.3.2019); ebenso Brand/*Kühl* SGB III § 170 Rn. 14; ausführlich dazu Gagel/*Peters-Lange* SGB III § 170 Rn. 63 ff., 72 ff.

[84] BSG AP AFG § 141a Nr. 3 = ZIP 2004, 135; Brand/*Kühl* SGB III § 165 Rn. 43.

[85] Vgl. BAG NZA 2006, 729 Rn. 45 = ZIP 2006, 1213.

[86] BAG NZA 2016, 703 Rn. 44 ff. = ZIP 2016, 885.

[87] BAG NZA 2016, 703 Rn. 25 = ZIP 2016, 885; auch BAG NZA 2010, 1418 Rn. 47 ff. = ZIP 2010, 1361 (zu § 8a AltersteilzeitG aF).

oder einen vereinbarten Ausschluß des Rechts zur ordentlichen Kündigung gekündigt werden. ²Die Kündigungsfrist beträgt drei Monate zum Monatsende, wenn nicht eine kürzere Frist maßgeblich ist. ³Kündigt der Verwalter, so kann der andere Teil wegen der vorzeitigen Beendigung des Dienstverhältnisses als Insolvenzgläubiger Schadenersatz verlangen.

Schrifttum: *Ascheid,* Die Wiederholungskündigung als Problem der „hinkenden Rechtskraftwirkung", FS Stahlhacke, 1995, S. 1; *Ascheid/Preis/Schmidt,* Kündigungsrecht, 5. Aufl. 2017 (zitiert: APS/*Bearbeiter*); *Bader/Fischermeier/Gallner/u. a.,* Gemeinschaftskommentar zum Kündigungsschutzgesetz und zu sonstigen kündigungsschutzrechtlichen Vorschriften, 12. Aufl. 2019 (zitiert: KR/*Bearbeiter*); *Bauer/Krieger/Günther,* Allgemeines Gleichbehandlungsgesetz und Entgelttransparenzgesetz, 5. Aufl. 2018; *Berger,* Zulässigkeit eines gewerkschaftlichen Zustimmungsvorbehalts zu Kündigungen, NZA 2015, 208; *Berkowsky,* Das neue Insolvenz-Kündigungsrecht, NZI 1999, 129; *Caspers,* Personalabbau und Betriebsänderung im Insolvenzverfahren, 1998; *Däubler/Deinert/Zwanziger,* Kündigungsschutzrecht, 10. Aufl. 2017 (zitiert: DDZ/*Bearbeiter*); *Dornbusch/Fischermeier/Löwisch,* Kommentar zum gesamten Arbeitsrecht, 9. Aufl. 2019 (zitiert: AR/*Bearbeiter*); *Düwell,* Änderungs- und Beendigungskündigung nach der InsO, Kölner Schrift zur Insolvenzordnung, 3. Aufl. 2009, Kapitel 37, S. 1193; *Gallner/Mestwerdt/Nägele,* Kündigungsschutzrecht – Handkommentar, 6. Aufl. 2018 (zitiert: HaKo-KSchR/*Bearbeiter*); *Giesen,* Das neue Kündigungsschutzrecht in der Insolvenz, ZIP 1998, 46; *Grunsky,* Das Arbeitsverhältnis im Konkurs- und Vergleichsverfahren, 3. Aufl. 1994; *Grunsky/Moll,* Arbeitsrecht und Insolvenz, 1997; *Heinze,* Das Arbeitsrecht der Insolvenzordnung, NZA 1999, 57; *Henkel,* Zur Anwendbarkeit von § 113 InsO bei Neu-Einstellungen durch den Insolvenzverwalter, ZIP 2008, 1265; *Henssler/Willemsen/Kalb,* Arbeitsrecht Kommentar, 8. Aufl. 2018 (zitiert: HWK/*Bearbeiter*); *v. Hoyningen-Huene/Linck,* Kündigungsschutzgesetz, 15. Aufl. 2013; *Kraft/Lambrecht,* Die Anwendbarkeit des § 113 InsO auf im Eröffnungsverfahren begründete Arbeitsverhältnisse, NZI 2015, 639; *Leithaus,* Zur „Nachkündigung" nach § 113 InsO und zur Anfechtungsproblematik bei Kündigungen von Arbeitsverhältnissen im Vorfeld eines Insolvenzantrags, NZI 1999, 254; *Löwisch,* Verlust des Arbeitnehmerstatus durch Erwerb einer Gesellschafterstellung mit maßgebendem Einfluß, FS Kraft, 1998, S. 375; *Löwisch/Schlünder/Spinner/Wertheimer,* Kommentar zum Kündigungsschutzgesetz, 11. Aufl. 2018 (zitiert: LSSW/*Bearbeiter*); *Lohkemper,* Die Bedeutung des neuen Insolvenzrechts für das Arbeitsrecht, KTS 1996, 1; *Marotzke,* Gegenseitige Verträge im neuen Insolvenzrecht, 3. Aufl. 2001; *Moll,* Kündigungsbeschränkungen und § 113 InsO, FS Pannen, 2017, S. 533; *Reidel,* Kündigungsgarantie vs. Verschlechterungsverbot – Zum Verhältnis von § 113 InsO und §§ 322, 323 Abs. 1 UmwG – FS zum 25-jährigen Bestehen der Arbeitsgemeinschaft Arbeitsrecht im DAV, 2006, S. 1325; *Schaub,* Arbeitsrecht in der Insolvenz, DB 1999, 217; *Zeuner,* Zur Insolvenzrechtsreform: Die arbeitsrechtlichen Vorschläge der Kommission für Insolvenzrecht, ZIP 1985, 1297; *Zwanziger,* Kommentar zum Arbeitsrecht der Insolvenzordnung, 5. Aufl. 2015; zu älterem Schrifttum s. die Vorauflagen.

Übersicht

I. Allgemeines

1. Entwicklung und Zweck der Norm. § 113 hat § 22 KO fortentwickelt. Nach dieser Vorschrift konnte ein im Haushalt, Wirtschaftsbetrieb oder Erwerbsgeschäft des Gemeinschuldners angetretenes Dienstverhältnis von jedem Teil gekündigt werden (Abs. 1 S. 1). Die Kündigungsfrist war, falls nicht eine kürzere Frist bedungen war, die gesetzliche (Abs. 1 S. 2). Im Falle der Kündigung durch den Konkursverwalter konnte der andere Teil Ersatz des ihm durch die Aufhebung entstandenen Schadens verlangen (Abs. 2). Demgegenüber enthält § 113 im Wesentlichen zwei Modifikationen: Die Norm erfasst **jedes Dienstverhältnis, bei dem der Schuldner Dienstberechtigter ist,** 1 nicht mehr nur das im Haushalt, Wirtschaftsbetrieb oder Erwerbsgeschäft. Vor allem besteht das **vorzeitige Kündigungsrecht** ohne Rücksicht auf eine vereinbarte Vertragsdauer oder einen vereinbarten Ausschluss des Rechts zur ordentlichen Kündigung. Damit wird die Rechtsprechung des Bundesarbeitsgerichts korrigiert, welche tarifvertragliche Kündigungsfristen als gesetzliche Kündigungsfristen im Sinne des § 22 Abs. 1 S. 2 KO angesehen hatte, so dass diese auch vom Konkursverwalter zu beachten waren.[1]

2 Um dem Bedürfnis nach Rechtssicherheit und schneller Abwicklung von Arbeitsverhältnissen im Insolvenzverfahren Rechnung zu tragen, hatte die InsO in einem Abs. 2 des § 113 eine **Drei-Wochen-Klagefrist** für die Geltendmachung der Unwirksamkeit einer Kündigung durch den Insolvenzverwalter eingefügt. Im Zuge des Gesetzes zu Reformen am Arbeitsmarkt v. 24.12.2003,[2] das die Klagefrist des § 4 KSchG auf alle Unwirksamkeitsgründe einer Arbeitgeberkündigung erstreckt hat, ist diese Vorschrift als überflüssig aufgehoben worden (zur Klagefrist nach § 4 KSchG unten → Rn. 40 ff.).

3 **2. Systematischer Zusammenhang.** § 113 ist Teil der Sonderregelung, die bestimmte Dauerschuldverhältnisse im Rahmen der Normen des 2. Abschnitts über die Erfüllung von Rechtsgeschäften gefunden haben. § 108 Abs. 1 sieht in Abweichung von § 103 bei Dienstverhältnissen des Schuldners kein Wahlrecht des Insolvenzverwalters vor, sondern ordnet das Fortbestehen mit Wirkung für die Insolvenzmasse an. Als Ausnahme hiervon regelt § 113, dass Dienstverhältnisse, bei denen der Schuldner der Dienstberechtigte ist, vom Insolvenzverwalter und vom anderen Teil besonders gekündigt werden können. Die andere Ausnahme enthält § 116 S. 1 iVm § 115, wonach Dienst- und Werkverträge, die eine auf das Vermögen bezogene Geschäftsbesorgung für den Schuldner zum Inhalt haben, also insbesondere Verträge mit Angehörigen beratender Berufe wie Rechtsanwälten, Steuerberatern oder Wirtschaftsprüfern sowie bestimmte Bank- und Treuhandverträge und auch der Handelsvertretervertrag, durch die Eröffnung des Insolvenzverfahrens erlöschen[3] (vgl. im Einzelnen → § 116 Rn. 6 ff.).

4 Nach der früheren hL fand § 108 Abs. 1 ohne Rücksicht darauf Anwendung, ob der Schuldner Berechtigter des Dienstverhältnisses war. Die Vorschrift sollte auch die Fälle erfassen, in denen die **Insolvenz beim Dienstverpflichteten** eintrat.[4] Dass § 113 und § 116 S. 1 iVm § 115 Sonderregeln zu § 108 nur für die Insolvenz des dienstberechtigten Schuldners vorsehen, sah die hL nicht als Hinderungsgrund an, weil Verpflichtungen zu Dienstleistungen wegen ihrer Anknüpfung an die Person des aus dem Dienstvertrag Verpflichteten ohnehin nicht in die Insolvenzmasse fielen.[5] Das vernachlässigte, dass Gegenstand von Dienstverträgen nicht nur in Person zu erbringende Dienstleistungen sein können. Nach § 613 S. 1 BGB sind Dienste **nur „im Zweifel" in Person** zu leisten. Insbesondere dort, wo der zur Dienstleistung Verpflichtete ein Unternehmer ist, genügt es, dass die Dienstleistung von Personen erbracht wird, die zur arbeitsteiligen Organisation des Unternehmens gehören, wobei es nicht darauf ankommt, ob der zur Dienstleistung Verpflichtete eine Kapital- oder Personengesellschaft oder ein Einzelkaufmann ist.[6] In der Insolvenz solcher Unternehmen (etwa von Wirtschaftsprüfungsgesellschaften oder Ausbildungsunternehmen wie Privatschulen, privaten Hochschulen und Beschäftigungsgesellschaften) hatte die hL zur Folge, dass der Verwalter die Dienstleistungen bis zur Grenze der normalen Beendigungstatbestände ohne Rücksicht auf die Folgen für die Insolvenzmasse erbringen musste.

5 Der **Bundesgerichtshof** ist dem zu Recht nicht gefolgt. Nach seiner neueren Rechtsprechung besteht ein Dienstverhältnis des Schuldners dann nicht mit Wirkung für die Insolvenzmasse fort, wenn die Dienstleistung nur durch Begründung erheblicher Masseschulden erbracht werden kann. Vielmehr steht dem Insolvenzverwalter das **Wahlrecht** gem. § 103 zu.[7] § 108 Abs. 1 muss restriktiv dahin ausgelegt werden, dass er lediglich klarstellen will, dass in der Insolvenz des Dienstberechtigten an die Stelle des Wahlrechts des Insolvenzverwalters die besonders geregelten Beendigungstatbestände treten. In der Insolvenz des Dienstverpflichteten muss es hingegen beim Wahlrecht des Insolvenzverwalters bleiben, soweit die Dienstleistungspflicht, weil sie nicht in Person zu erbringen ist, von der Insolvenz erfasst wird.[8]

---

1 BAG NZA 1985, 121 = ZIP 1984, 1517.

2 BGBl. 2003 I 3002.

3 Ausführlich K. Schmidt/*Ringstmeier* § 116 Rn. 9 ff.; KPB/*Tintelnot* §§ 115, 116 Rn. 15 ff., 18 ff., 20 ff., 30 ff. mN.

4 Nerlich/Römermann/*Balthasar* § 108 Rn. 10; Uhlenbruck/*Berscheid*, 12. Aufl. 2003, § 108 Rn. 2; Braun/*Kroth*, 4. Aufl. 2010, § 108 Rn. 12; s. auch *Marotzke* Rn. 6.5 Fn. 7.

5 *Kuhn/Uhlenbruck* KO § 22 Rn. 29; vgl. auch *Marotzke* Rn. 2.96 ff., 4.11 mwN.

6 Staudinger/*Richardi/Fischinger* (2016) § 613 Rn. 8.

7 BGH NZI 2011, 936 Rn. 6 = ZIP 2011, 2262 (Insolvenz einer Privatschule).

8 *Wente* ZIP 2005, 335 ff.; jetzt auch HKInsO/*Marotzke* § 108 Rn. 4 f.; KPB/*Tintelnot* § 108 Rn. 7b ff.; vgl. auch *Jaeger/Henckel* KO § 17 Rn. 109 für die Rechtslage nach der Konkursordnung.

3. Anwendungsbereich. Mit dem Begriff Dienstverhältnis knüpft § 113 an den Dienstvertrag im Sinne der §§ 611 ff. BGB an. Gemeint sind damit sowohl Arbeitsverhältnisse (§§ 611a, 622 BGB) als auch Dienstverhältnisse, die keine Arbeitsverhältnisse sind (§§ 611, 621 BGB). Dabei wird von § 113 nur der Fall erfasst, in dem der Schuldner der Dienstberechtigte ist (→ Rn. 4 f.). Im Einzelnen gilt: **6**

In der Insolvenz des Arbeitgebers sind alle mit diesem bestehenden **Arbeitsverhältnisse** (dazu → Vor §§ 113–128 Rn. 15 ff.) nach Maßgabe des § 113 kündbar. Ob es sich um normale Arbeitnehmer oder leitende Angestellte handelt, spielt keine Rolle. Soweit öffentlich-rechtliche Arbeitgeber der Insolvenzordnung unterfallen (→ § 12 Rn. 8 ff.), findet die Vorschrift auch auf die Arbeitnehmer des öffentlichen Dienstes Anwendung. **7**

Arbeitnehmerähnliche Personen unterfallen § 113 nur, soweit sie auf Grund von Dienstverträgen tätig sind.[9] Ist die Rechtsbeziehung der arbeitnehmerähnlichen Person zum Auftraggeber als Werkvertrag einzuordnen, weil die Herstellung eines Werkes oder ein bestimmter Erfolg geschuldet sind (vgl. § 631 BGB), wie das etwa für handwerkliche Leistungen oder dort zutrifft, wo die Erstellung eines bestimmten Computerprogramms geschuldet ist, bleibt es bei der Anwendbarkeit der allgemeinen Vorschriften, insbesondere des § 103.[10] Eine Ausnahme besteht insoweit nur nach § 116 S. 1 bei Geschäftsbesorgungsverträgen. **8**

Entsprechend anzuwenden ist § 113 auf **Heimarbeiter,** auch wenn diese nicht auf Grund eines Dienstvertrages, sondern auf Grund eines Werkvertrages tätig sind:[11] § 29 Abs. 4 und 5 HAG unterstellt sie den gleichen Kündigungsfristen wie Arbeitnehmer. Darin kommt ein Schutzgedanke zum Ausdruck, der auch bei der Kündigung in der Insolvenz des Auftraggebers trägt und es angebracht erscheinen lässt, kein einseitiges Wahlrecht des Insolvenzverwalters nach § 103, sondern ein beiderseitiges Kündigungsrecht nach § 113 anzunehmen.[12] **9**

Dienstverträge sind auch die **Anstellungsverträge von Mitgliedern von Organen juristischer Personen,** so dass die Anstellungsverträge in der Insolvenz der juristischen Person nach § 113 gekündigt werden können.[13] Ob die Organmitglieder gleichzeitig Gesellschafter der juristischen Person sind, spielt keine Rolle (näher → Rn. 82 ff.).[14] Hingegen unterfallen geschäftsführende Gesellschafter von Personengesellschaften der Vorschrift regelmäßig nicht, weil Grundlage ihrer Tätigkeit kein Dienstverhältnis, sondern der Gesellschaftsvertrag ist.[15] **10**

Dienstverträge sind auch die **Verträge mit Angehörigen der freien Berufe,** insbesondere Behandlungsverträge mit Ärzten oder Physiotherapeuten, Unterrichtsverträge, gleichgültig, ob es sich um Fernunterricht oder Direktunterricht handelt, sowie Verträge über Fortbildungs-, Weiterbildungs- und Umschulungsmaßnahmen. In der Insolvenz des Patienten oder des aus dem Unterrichtsvertrag Berechtigten bzw. des Unternehmers, dem die Ausbildungsleistung zu erbringen ist, können solche Verträge deshalb, auch wenn sie auf längere Zeit abgeschlossen sind, nach § 113 gekündigt werden. **11**

Anders als die frühere Vorschrift des § 22 KO setzt § 113 nicht mehr voraus, dass der Dienstnehmer den Dienst bereits angetreten hat.[16] **Auch vor Dienstantritt** kann der Insolvenzverwalter nicht mehr auf das Wahlrecht des § 103 Abs. 1 zurückgreifen, sondern muss eine Kündigung aussprechen. Damit wird insbesondere zwischen Arbeitgeber und Arbeitnehmer Rechtsgleichheit hergestellt.[17] Zum Beginn der Kündigungsfrist → Rn. 30. **12**

Auf die Kündigung von Dienstverhältnissen, die erst nach der Eröffnung des Insolvenzverfahrens **vom Insolvenzverwalter für die Masse begründet** worden sind, ist § 113 ebenfalls anwendbar.[18] **12a**

---

9 Jaeger/*Giesen* § 113 Rn. 42; HKInsO/*Linck* § 113 Rn. 6.

10 AA *Düwell* S. 1204 Rn. 28 und DDZ/*Däubler* InsO § 113 Rn. 11, die stets § 113 anwenden wollen.

11 Vgl. zur umstrittenen rechtlichen Einordnung des Heimarbeitervertrages MHdB ArbR/*Heinkel* § 200 Rn. 2 (Dienst- oder Werkvertrag); Staudinger/*Richardi/Fischinger* (2016) § 611 Rn. 241 (regelmäßig Werkvertrag) und *Schmidt/Koberski/Tiemann/Wascher,* Heimarbeitsgesetz, 4. Aufl. 1998, § 19 Anh. Rn. 11 (Vertrag über Arbeitsleistung sui generis).

12 Im Ergebnis wie hier DDZ/*Däubler* InsO § 113 Rn. 11; *Düwell* S. 1204 Rn. 29; Jaeger/*Giesen* § 113 Rn. 42; HKInsO/*Linck* § 113 Rn. 7; Uhlenbruck/*Zobel* § 113 Rn. 5; aA KPB/*Moll* § 113 Rn. 80.

13 BAG AP InsO § 113 Nr. 24 Rn. 16 = ZIP 2007, 1829 (für den GmbH-Geschäftsführer); vgl. auch BGHZ 207, 190 Rn. 23 f. = NJW 2016, 1236 = ZIP 2016, 310 (für den Anstellungsvertrag des Vorstandsmitglieds einer AG); Braun/*Beck* § 113 Rn. 6; Nerlich/Römermann/*Hamacher* § 113 Rn. 40.

14 BGH NJW 2005, 3069 (3070); *Löwisch* FS Kraft, 1998, 375 (380 f.); Uhlenbruck/*Hirte* § 11 Rn. 125 f.; KPB/*Moll* § 113 Rn. 81.

15 Vgl. MüKoBGB/*Schäfer* § 706 Rn. 14 mwN; *Uhlenbruck* BB 2003, 1185 (1187).

16 BAG NZA 2017, 995 Rn. 30 = NZI 2017, 577 = ZIP 2017, 1083 mN.

17 *Caspers* Rn. 91 ff., 94 f.

18 LAG Berlin-Brandenburg ZIP 2007, 2002 = BeckRS 2007, 48559; HWK/*Annuß* InsO § 113 Rn. 5; Jaeger/*Giesen* § 113 Rn. 57 ff.; MHdB ArbR/*Krumbiegel* § 122 Rn. 6; HKInsO/*Linck* § 113 Rn. 10; ErfK/*Müller-Glöge* InsO § 113 Rn. 5; Uhlenbruck/*Zobel* § 113 Rn. 9; aA *Henkel* ZIP 2008, 1265 ff.; *Kraft/Lambrecht* NZI 2015, 639 (641 f.); DDZ/*Däubler* InsO § 113 Rn. 13; KPB/*Moll* § 113 Rn. 88 ff.; KR/*Spelge* InsO § 113 Rn. 23 f.; *Zwanziger* § 113 Rn. 6.

Dass der Wortlaut vom Schuldner als Dienstberechtigtem spricht, steht nicht entgegen. Denn damit wird nur klargestellt, dass § 113 nicht in der Insolvenz des Dienstverpflichteten gilt. Zudem wird der Insolvenzverwalter nur aufgrund des gem. § 80 Abs. 1 auf ihn übergegangenen Verwaltungs- und Verfügungsrechts des Schuldners als Partei kraft Amtes für die Masse tätig. In systematischer Hinsicht lässt sich zwar argumentieren, dass § 113 Folgebestimmung zu § 108 Abs. 1 S. 1 ist, der abweichend von § 103 das Fortbestehen von Dienstverhältnissen des Schuldners für die Insolvenzmasse anordnet (→ Rn. 3). Diese soll der Insolvenzverwalter ohne Rücksicht auf eine vereinbarte Vertragsdauer oder einen vereinbarten Ausschluss des Rechts zur ordentlichen Kündigung zügig kündigen können, um das Anwachsen von Masseverbindlichkeiten nach § 55 Abs. 1 Nr. 2 durch Forderungen solcher Dienst- und Arbeitnehmer zu verhindern, für die kein Beschäftigungsbedarf mehr besteht. Dieser systematische Zusammenhang besteht bei vom Insolvenzverwalter begründeten Dienst- und Arbeitsverhältnissen nicht. Der Zweck des § 113, die **Belastung der Masse zu begrenzen,** trägt allerdings nicht nur dann, wenn die Belastungen aus bereits vor der Insolvenzeröffnung begründeten und kraft Gesetzes für die Insolvenzmasse fortbestehenden Dienstverhältnissen resultieren, sondern auch dann, wenn sie ihren Grund in einer vom Insolvenzverwalter selbst eingegangenen Bindung haben (§ 55 Abs. 1 Nr. 1), für deren Aufrechterhaltung kein Bedarf mehr besteht.[19] **Praktisch** werden kann die Anwendung des § 113 auf vom Insolvenzverwalter eingestellte Arbeitnehmer mit Blick auf **tarifliche Kündigungserschwerungen** insbesondere im tarifgebundenen Unternehmen (→ Vor §§ 113–128 Rn. 12 f.), da der Insolvenzverwalter von der Gewerkschaftszugehörigkeit der von ihm eingestellten Arbeitnehmer idR keine Kenntnis hat und zudem durch Gewerkschaftsbeitritt im laufenden Arbeitsverhältnis die Tarifgeltung auch noch hergestellt werden kann. Den von § 113 intendierten Ausgleich zwischen Arbeitnehmer- und Gläubigerinteressen (→ Vor §§ 113–128 Rn. 4) herbeizuführen, gilt auch hier.

13 § 113 begründet ein **beiderseitiges Kündigungsrecht.** Nicht nur der Insolvenzverwalter, sondern auch der Vertragspartner kann sich nach Maßgabe der Vorschrift vorzeitig aus dem Dienstverhältnis lösen.[20]

14 **4. Unabdingbarkeit.** § 113 gehört nach § 119 zu den beidseitig zwingenden Vorschriften. Die mit der Vorschrift verbundenen Erleichterungen können nicht im Voraus abbedungen werden.

15 § 113 setzt sich dabei **auch gegenüber** abweichenden **tarifvertraglichen Vereinbarungen** durch. Die Vorschrift will den Insolvenzverwalter gerade von tariflichen Unkündbarkeitsklauseln und langen tariflichen Kündigungsfristen befreien (→ Rn. 1). Ein Verstoß gegen Art. 9 Abs. 3 GG liegt in dieser Zurückdrängung der Kompetenz der Tarifvertragsparteien nicht, vielmehr stellt sie einen verhältnismäßigen Ausgleich der durch Art. 14 Abs. 1 GG geschützten Forderungen der Insolvenzgläubiger mit den sozialen Belangen der Beschäftigten und der diesen dienenden Tarifautonomie dar.[21]

II. Arbeitsverhältnis

16 **1. Ordentliche Kündigung. a) Garantie des Kündigungsrechts.** § 113 S. 1 garantiert für den Fall der Insolvenz das Recht zur ordentlichen Kündigung von Arbeitsverhältnissen. Weder eine vereinbarte Unkündbarkeit noch eine vereinbarte feste Vertragsdauer hindern eine ordentliche Kündigung. Die Garantie besteht nicht nur zugunsten des Insolvenzverwalters, sondern auch zugunsten des Arbeitnehmers, wenn dieser sich für längere Zeit gebunden hat.

17 Die Garantie wirkt dabei sowohl gegenüber individualvertraglichen als auch gegenüber kollektivvertraglichen **Vereinbarungen** (Tarifvertrag, Betriebsvereinbarung, Richtlinie nach § 28 SprAuG, Dienstvereinbarung und – soweit solche überhaupt zulässig sind – Abmachungen mit dem Europäischen Betriebsrat [→ § 120 Rn. 16]). Art. 9 Abs. 3 GG steht dem nicht entgegen (oben → Rn. 15).

18 Ihrem Sinn nach soll die Garantie **jeden vertraglichen Sonderkündigungsschutz** ausschließen. Dass durch Tarifvertrag oder Betriebsvereinbarung (§ 102 Abs. 6 BetrVG) die ordentliche Kündigung von der Zustimmung des Betriebsrats abhängig ist, hindert deshalb den Insolvenzverwalter nicht an der ordentlichen Kündigung des Arbeitnehmers. Das gilt auch dann, wenn in einem vor der Insolvenz abgeschlossenen Sanierungstarifvertrag vorgesehen ist, dass betriebsbedingte Kündi-

---

[19] Zutr. LAG Berlin-Brandenburg ZIP 2007, 2002 = BeckRS 2007, 48559; Jaeger/*Giesen* § 113 Rn. 59.

[20] K. Schmidt/*Ahrens* § 113 Rn. 20; HKInsO/*Linck* § 113 Rn. 11; KPB/*Moll* § 113 Rn. 92.

[21] BAG NZA 2007, 387 Rn. 19 = ZIP 2007, 595; BAG NZA 2006, 661 Rn. 18 = ZIP 2006, 774; zuvor schon BAG NZA 1999, 1331 = ZIP 1999, 1933; vgl. auch BVerfG (Kammer) NZA 1999, 597 = NZI 1999, 228, wo von der nahe liegenden Frage gesprochen wird, ob der Eingriff in die Tarifautonomie durch das vom Gesetzgeber mit § 113 verfolgte Ziel gerechtfertigt sein könnte, eine nicht vertretbare Schlechterstellung der Insolvenzgläubiger zu verhindern; aus dem Schrifttum *Heinze* NZA 1999, 57 (59); *Reuter* DZWIR 1999, 28 (29 f.); *Caspers* Rn. 118 ff.; aA DDZ/*Däubler* InsO § 113 Rn. 29 ff.; *Zwanziger* § 113 Rn. 29 ff.

gungen für einen bestimmten Zeitraum ausgeschlossen und nur in unvorhergesehenen, wirtschaftlich dringenden Fällen mit ausdrücklicher **Zustimmung des Betriebsrats und der Gewerkschaft** zulässig sind.[22] Die Auffassung des Bundesarbeitsgerichts, wonach einer Auslegung der in Rede stehenden Klausel jeweils zu entnehmen sein soll, ob diese auch in der Insolvenz Geltung beansprucht,[23] führt zu einem Wertungswiderspruch mit der in S. 1 geregelten Unbeachtlichkeit eines gänzlichen Kündigungsausschlusses und ist auch mit Blick auf den Normzweck des § 113 abzulehnen. Ein späterer Kündigungsausspruch auf Grund des Zustimmungserfordernisses hat eine ungerechtfertigte Privilegierung der Arbeitnehmer zur Folge.[24] Unbeachtlich ist es nach S. 1 ferner, wenn die Zulässigkeit einer ordentlichen Kündigung ansonsten unkündbarer Arbeitnehmer an die Zahlung einer Sozialplanabfindung geknüpft ist.[25]

Ein **gesetzlicher Sonderkündigungsschutz** wird durch die Vorschrift des S. 1 grundsätzlich nicht berührt. Insbesondere bleiben das Kündigungsverbot für Schwangere und Mütter (§ 17 MuSchG) und für Arbeitnehmer in Elternzeit (§ 18 BEEG) oder Pflegezeit (§ 5 PflegeZG) sowie das Erfordernis der Zustimmung des Integrationsamtes bei Schwerbehinderten (§ 168 SGB IX) bestehen (dazu → § 125 Rn. 65 f.). Ist die Kündigung von der zuständigen Behörde **für zulässig erklärt worden** (§ 17 Abs. 2 MuSchG; § 18 Abs. 1 S. 4 BEEG; § 5 Abs. 2 PflegeZG), kann der Insolvenzverwalter mit der Frist des S. 2 (→ Rn. 25 ff.) kündigen, auch wenn damit sozialversicherungsrechtliche Nachteile für den Arbeitnehmer verbunden sind.[26] S. 1 ändert schließlich nichts an der Notwendigkeit der sozialen Rechtfertigung einer Kündigung nach dem Kündigungsschutzgesetz (im Überblick → § 125 Rn. 12 ff.). Insoweit kann der Verwalter aber von den besonderen Vorschriften der §§ 125 ff. Gebrauch machen. 19

§ 113 dispensiert den Insolvenzverwalter auch nicht von der Beachtung des **AGG.** Zwar bestimmt dessen § 2 Abs. 4, dass für Kündigungen ausschließlich die Bestimmungen zum allgemeinen und besonderen Kündigungsschutz gelten. Das Bundesarbeitsgericht interpretiert mit Blick auf die dem AGG zugrundeliegenden EG-Richtlinien die Vorschrift aber richtlinienkonform dahin, dass Kündigungen wegen eines der in § 1 AGG genannten Diskriminierungsmerkmale die soziale Rechtfertigung nach § 1 Abs. 1 und 2 KSchG von vornherein fehlt. Die **Diskriminierungsverbote** der §§ 1 bis 10 AGG sind danach bei der Auslegung der unbestimmten Rechtsbegriffe des KSchG in der Weise zu beachten, dass sie Konkretisierungen des Begriffs der Sozialwidrigkeit darstellen. Eine etwaige Unwirksamkeitsfolge ergibt sich allein aus dem KSchG.[27] Eine Kündigung während der Wartezeit oder im Kleinbetrieb, die aus einem der in § 1 AGG genannten Gründe diskriminiert, ist hingegen nach § 7 Abs. 1 AGG iVm § 134 BGB als nichtig anzusehen; § 2 Abs. 4 AGG steht auch dem nicht entgegen.[28] 20

Trotz § 323 Abs. 1 UmwG, wonach im Fall der **Unternehmensspaltung** sich die kündigungsrechtliche Stellung der betroffenen Arbeitnehmer auf Grund der Spaltung für die Dauer von zwei Jahren ab dem Zeitpunkt ihres Wirksamwerdens nicht verschlechtert, kann ein Insolvenzverwalter bei Stilllegung des Betriebs des abgespaltenen Unternehmens wirksam kündigen. § 323 Abs. 1 UmwG gilt nur für Verschlechterungen, die unmittelbare Folge der Spaltung sind. Die Vorschrift erfasst nachfolgende Entwicklungen nicht.[29] 21

Die **ordentliche Kündigung von Betriebsratsmitgliedern** und diesen gleichgestellten Personen ist nach Maßgabe des § 15 Abs. 1 bis 3 KSchG grundsätzlich unzulässig. Eine ordentliche 22

---

22 LAG Düsseldorf NZI 2016, 368 = ZIP 2016, 737.

23 BAG KTS 2001, 186 und BAG BeckRS 2009, 68954 (kein Zustimmungserfordernis jedenfalls bei insolvenzbedingter Betriebsstilllegung); weitergehend LAG Düsseldorf ZIP 2008, 2328 = BeckRS 2008, 55439 (das Urteil wurde von BAG NZA 2009, 915 Rn. 10 = ZIP 2009, 1294 aufgehoben, weil eine einzelvertragliche Erweiterung des dem Betriebsrat bei Kündigungen zustehenden Beteiligungsrechts nicht möglich ist); offen gelassen von ArbG Berlin NZI 2018, 222.

24 Im Ergebnis ebenso Jaeger/*Giesen* § 113 Rn. 94 ff.; *Moll* FS Pannen, 2017, 533 (535 ff.); KPB/*Moll* § 113 Rn. 115 ff.; *Rieble*, Anm. zu BAG AP BetrVG 1972 § 102 Nr. 160; KR/*Spelge* InsO § 113 Rn. 35; wie das BAG dagegen K. Schmidt/*Ahrens* § 113 Rn. 34; HWK/*Annuß* InsO § 113 Rn. 2; MHdB ArbR/*Krumbiegel* § 122 Rn. 13; HKInsO/*Linck* § 113 Rn. 17; *Zwanziger* § 113 Rn. 28.

25 LAG Hamm BB 1999, 1333 (Ls.) = BeckRS 1998, 31015643.

26 BAG NZA 2014, 897 Rn. 9 ff. = NZI 2014, 467 = ZIP 2014, 1685 (für die Zulässigkeitserklärung nach § 18 Abs. 1 S. 4 BEEG).

27 BAG NZA 2014, 722 Rn. 18; BAG NZA 2010, 280 Rn. 15; BAG NZA 2009, 361 Rn. 34 ff. = ZIP 2009, 1339; *Löwisch* BB 2006, 2189 (2190); ErfK/*Oetker* KSchG § 1 Rn. 90a; aA *Bauer/Krieger/Günther* AGG § 2 Rn. 59 f., wonach der erklärte Wille des Gesetzgebers der Auslegung des BAG entgegensteht.

28 BAG NZA 2015, 1380 Rn. 23 = ZIP 2015, 2242; BAG NZA 2015, 734 Rn. 32; BAG NZA 2014, 372 Rn. 14; ErfK/*Oetker* KSchG § 1 Rn. 90a.

29 BAG NZA 2006, 658 Rn. 22 = ZIP 2006, 631; APS/*Steffan* UmwG § 323 Rn. 11; vgl. auch *Reidel* FS zum 25-jährigen Bestehen der Arbeitsgemeinschaft Arbeitsrecht im DAV, 2006, 1325 ff.

Kündigung kommt auch in der Insolvenz gem. § 15 Abs. 4, 5 KSchG nur bei einer **Betriebsstilllegung** oder der Stilllegung der Betriebsabteilung in Betracht, in der das jeweilige Betriebsratsmitglied beschäftigt ist.[30] Spricht der Insolvenzverwalter in diesem Rahmen eine ordentliche Kündigung aus, richten sich die Kündigungsfristen nach S. 2 (→ Rn. 25 ff.). Nicht ordentlich gekündigt werden können nach § 15 Abs. 3a KSchG für den dort genannten Zeitraum die zu einer Wahlversammlung einladenden Arbeitnehmer. Auch für diese gilt aber die Ausnahme in § 15 Abs. 4, 5 KSchG, obwohl dort nicht auf § 15 Abs. 3a KSchG verwiesen wird.[31]

23 Kraft Gesetzes **nicht ordentlich kündbar** sind Auszubildende (§ 22 Abs. 2 BBiG), Datenschutzbeauftragte nach § 6 Abs. 4 S. 2 BDSG, Immissionsschutzbeauftragte und Abfallbeauftragte nach § 58 Abs. 2 BImSchG bzw. § 60 Abs. 3 S. 1 KrWG und solche Arbeitnehmer, die gerade an einer Wehrübung oder an einer Eignungsübung teilnehmen (vgl. §§ 2 Abs. 1, 10 Abs. 1 ArbPlSchG; § 2 Abs. 1 S. 1 EignungsübungsG). Auch in der Insolvenz kommt bei diesen nur eine außerordentliche Kündigung in Betracht (→ Rn. 35 ff.).

24 Dass der Schuldner einem Arbeitnehmer bereits **vor Verfahrenseröffnung** mit einer bestehenden längeren Kündigungsfrist **gekündigt** hat, hindert den Insolvenzverwalter nicht, aus gleichem Grund erneut mit der nunmehr geltenden kürzeren Frist nach S. 2 zu kündigen.[32] Die gegen ein solches **Nachkündigungsrecht** vorgebrachte Auffassung, nach der das Kündigungsrecht durch die einmal erfolgte Ausübung „verbraucht" sein soll,[33] überzeugt nicht. Abgesehen von der Frage, ob ein solcher Verbrauch rechtstheoretisch überhaupt möglich ist,[34] muss jedenfalls davon ausgegangen werden, dass § 113 dem Insolvenzverwalter ein von vorherigen vom Schuldner ausgesprochenen Kündigungen unabhängiges ordentliches Kündigungsrecht garantieren will.[35] Dies gilt erst recht in dem Fall, dass der Schuldner eine Kündigung nicht zum nächst zulässigen, sondern zu einem späteren Termin ausgesprochen hat.[36] Ebenso kann der Insolvenzverwalter nachkündigen, wenn er selbst zuvor eine unwirksame Kündigung ausgesprochen hat. Dazu kann er sogar angehalten sein, um das Entstehen von **Neumassenverbindlichkeiten** iSd § 209 Abs. 2 Nr. 2 zu **verhindern,** da der Insolvenzverwalter auch insoweit das Risiko der Unwirksamkeit einer vorherigen Kündigung trägt.[37] Allerdings muss zu Nachkündigungen erneut der Betriebsrat nach § 102 BetrVG angehört werden[38] und, sofern die Kündigung Teil einer Massenentlassung ist (dazu → § 125 Rn. 57 ff.), erneut eine Anzeige gegenüber der Agentur für Arbeit erstattet werden.[39]

25 **b) Dreimonatsfrist.** Die Frist für das dem Insolvenzverwalter und dem Arbeitnehmer garantierte Kündigungsrecht beträgt drei Monate zum Monatsende, wenn nicht eine kürzere Frist maßgeblich ist. Ist die gesetzliche Kündigungsfrist einschlägig, weil individual- oder tarifvertraglich nichts vereinbart ist, trifft meist das Letztere zu. Denn die Regelfrist für die Kündigung von Arbeitsverhältnissen beträgt nach § 622 Abs. 1 BGB vier Wochen zum 15. oder zum Ende eines Kalendermonats und überschreitet nach § 622 Abs. 2 Nr. 4 BGB erst nach zehnjährigem Bestehen des Arbeitsverhältnisses drei Monate zum Ende eines Kalendermonats.

26 Ist arbeitsvertraglich eine **längere als die gesetzliche Kündigungsfrist vereinbart,** so ist bis zur Dreimonatshöchstfrist die vereinbarte Kündigungsfrist maßgeblich. Im Unterschied zum früheren § 22 Abs. 1 KO will S. 2 nicht allgemein die gesetzlichen an die Stelle der vertraglichen Kündigungsfristen setzen, sondern nur, dies aber allgemein, für den Insolvenzfall zu lang andauernde Kündigungsfristen abschneiden.[40] Die auf das Monatsende bezogene Dreimonatsfrist setzt sich dabei auch gegenüber einer auf einen anderen Termin, etwa das Quartalsende, bezogenen längeren Kündigungsfrist durch.[41]

---

30 BAG NZA 2006, 370 Rn. 18 ff., 22 = ZIP 2006, 918, das sich ausdrücklich gegen eine analoge Anwendung auf bloße Betriebseinschränkungen wendet; Gottwald/*Bertram,* InsO-HdB, § 105 Rn. 108 ff.; Nerlich/Römermann/*Hamacher* § 113 Rn. 210 ff.; im Einzelnen LSSW/*Wertheimer* KSchG § 15 Rn. 78 ff.

31 BAG NZA 2009, 1264 Rn. 25; BAG AP KSchG 1969 § 15 Nr. 57 = ZIP 2005, 1615.

32 BAG NZA 2010, 1057 Rn. 11 = ZIP 2010, 1566; BAG NZA 2004, 1037 = ZIP 2004, 1773.

33 ArbG Köln NZA-RR 1999, 416 = NZI 1999, 282.

34 Verneinend *Ascheid* FS Stahlhacke, 1995, 1 (3); KPB/*Moll* § 113 Rn. 127 f.; krit. auch *Lingemann/Beck* NZA-RR 2007, 225 (226 ff.); aA MHdB ArbR/*Berkowsky,* 2. Aufl. 2000, § 133 Rn. 18.

35 *Leithaus* NZI 1999, 254 (255); Nerlich/Römermann/*Hamacher* § 113 Rn. 93; KPB/*Moll* § 113 Rn. 127 ff.; im Ergebnis auch schon BAG NZA 2000, 658 = NZI 2000, 339 = ZIP 2000, 985, ohne die Frage zu erörtern.

36 BAG NZA 2003, 1086 = NZI 2003, 673 = ZIP 2003, 1670.

37 BAG NZA 2018, 666 Rn. 13 ff. = NZI 2018, 450 = ZIP 2018, 988; auch BAG NZA 2018, 651 Rn. 12; KR/*Spelge* InsO § 113 Rn. 86.

38 LAG Hamm ZInsO 2001, 678 = BeckRS 2001, 30460332; Nerlich/Römermann/*Hamacher* § 113 Rn. 93; MHdB ArbR/*Krumbiegel* § 122 Rn. 5; KPB/*Moll* § 113 Rn. 129.

39 BAG NZA 2016, 490 Rn. 25 = ZIP 2016, 633; BAG NZA 2010, 1057 Rn. 11, 17 ff. = ZIP 2010, 1566.

40 BAG NZA 1999, 425 = ZIP 1999, 370.

41 Nerlich/Römermann/*Hamacher* § 113 Rn. 88; RFJK/*Regh* § 5 Rn. 55; Uhlenbruck/*Zobel* § 113 Rn. 101.

Auch wenn in einem Arbeitsverhältnis die **ordentliche Kündigung ausgeschlossen** war, gilt für die nach S. 1 ausgesprochene ordentliche Kündigung in erster Linie die Kündigungsfrist, die einschlägig gewesen wäre, wenn keine Unkündbarkeit bestanden hätte – begrenzt durch die Dreimonatsfrist. Die Überlegung des **Bundesarbeitsgerichts,** in einem solchen Fall müsse immer die Dreimonatsfrist gelten, weil in der Unkündbarkeit gleichsam eine unendliche Kündigungsfrist zu sehen sei,[42] schlägt nicht durch. Kündigungsfrist und Unkündbarkeit verfolgen verschiedene Zwecke. Während die Kündigungsfrist allein die Funktion hat, dem Gekündigten eine Anpassungszeit zu geben und ihm die Umstellung zu erleichtern, aber an der Tatsache der Vertragsbeendigung als solcher nichts ändert, verfolgt die Unkündbarkeit den Zweck, dem Arbeitnehmer den Arbeitsplatz dauerhaft zu sichern. Muss aber der Unkündbare auf Grund der Bestimmung des S. 1 damit rechnen, dass er in der Insolvenz seines Arbeitgebers gekündigt werden kann, so ist nicht ersichtlich, warum ihm, wenn beispielsweise eine gesetzliche Frist von einem Monat einschlägig ist, eine längere Anpassungszeit zugebilligt werden soll als dem Arbeitnehmer, bei dem diese Frist ohnehin gilt. Die Umstellung ist für beide die gleiche. Schutzwürdig ist nur der, der auf Grund der ausdrücklichen gesetzlichen Anordnung des S. 2 auf die Anpassungszeit von mindestens drei Monaten vertrauen kann.[43] **27**

Regelmäßig kommt als **kürzere Kündigungsfrist** die sich aus § 622 BGB ergebende gesetzliche in Betracht. Denkbar ist aber auch, dass eine tarifliche Frist von weniger als drei Monaten (die länger oder kürzer als die gesetzliche sein kann) maßgeblich ist. Hat der Arbeitnehmer den Status der Unkündbarkeit auf Grund eines Tarifvertrages erworben, der gleichzeitig Kündigungsfristen regelt, muss man davon ausgehen, dass die Tarifvertragsparteien diese auch für den Fall vorsehen wollen, dass ausnahmsweise die Unkündbarkeit durchbrochen werden kann oder die Bestimmung über die Unkündbarkeit (etwa wegen Verstoßes gegen das AGG [→ Rn. 34]) überhaupt unwirksam ist. Das gilt für § 113 nicht anders als für die ausnahmsweise betriebsbedingte außerordentliche Kündigung, bei der die tarifliche ordentliche Kündigungsfrist als Auslauffrist zu wahren ist.[44] **28**

Wie sonst auch rechnet die Kündigungsfrist vom **Zugang der Kündigung** ab. Eine Kündigung mit Dreimonatsfrist zum Monatsende muss spätestens am letzten Tag des dritten vorangegangenen Monats zugehen (§§ 187 Abs. 1, 188 Abs. 2 BGB). **29**

Ist zum Zeitpunkt der Verfahrenseröffnung die **Arbeit noch nicht angetreten** (→ Rn. 12), läuft die Frist gleichwohl ab dem Zeitpunkt des Zugangs der Kündigung und nicht erst ab dem Zeitpunkt des Antritts der Arbeit.[45] Das gilt unabhängig davon, ob ausdrücklich oder stillschweigend für den Beginn der Frist im Fall einer Kündigung vereinbart war, dass diese nicht vor dem vereinbarten Arbeitsantritt beginnt. Denn in S. 1 ist festgelegt, dass schon eine vereinbarte Vertragsdauer unbeachtlich ist. Dann muss das entsprechend auch für den Fall gelten, dass die Parteien den Vollzug des Arbeitsverhältnisses mindestens für den Zeitraum der Kündigungsfrist gewollt haben und wegen dieser Mindestvertragsdauer abweichend vom allgemeinen Grundsatz die Kündigungsfrist nicht schon mit Zugang der Kündigung beginnen lassen wollten.[46] **30**

c) Ersatzanspruch des Arbeitnehmers. Kündigt der Insolvenzverwalter ein Arbeitsverhältnis mit der Höchstfrist von drei Monaten, obwohl ohne Insolvenz eine längere Kündigungsfrist maßgeblich gewesen wäre, oder kündigt er im Fall einer Befristung oder eines arbeits- oder tarifvertraglichen Ausschlusses des Rechts zur ordentlichen Kündigung, so kann der Arbeitnehmer wegen der vorzeitigen Beendigung des Arbeitsverhältnisses **Schadensersatz als Insolvenzgläubiger** verlangen (S. 3). Der Anspruch setzt eine wirksame Kündigung durch den Insolvenzverwalter voraus, mit der eine an sich maßgebliche längere Kündigungsfrist unterschritten (S. 2), der Ablauf einer vorgesehenen **31**

---

42 BAG NZA 2001, 23 = NZI 2000, 611 = ZIP 2000, 1941, 185; BAG NZA 2000, 658 = NZI 2000, 339 = ZIP 2000, 985 für die Befristung; im Ergebnis auch BAG NZA 2006, 270 = NZI 2006, 50 = ZIP 2005, 1842; ebenso Jaeger/*Giesen* § 113 Rn. 87 f.; KKInsO/*Hess* § 113 Rn. 684 f.; *Grunsky* S. 21; HKInsO/*Linck* § 113 Rn. 26; Graf-Schlicker/*Pöhlmann*/*Kubusch* § 113 Rn. 23 f.; KR/*Spelge* InsO § 113 Rn. 44 f.; ablehnend *Caspers* SAE 2001, 187.

43 *Caspers* Rn. 107 f.; gegen das BAG auch KPB/*Moll* § 113 Rn. 103 ff. und Uhlenbruck/*Zobel* § 113 Rn. 102 ff.

44 BAG NZA 1999, 1267; BAG NZA 1998, 771 = ZIP 1998, 1119; s. auch BAG NZA 2015, 1315 Rn. 24; BAG NZA 2015, 866 Rn. 39 und BAG NZA 2014, 139 Rn. 16 f., wo aber nur von der „fiktiven ordentlichen Kündigungsfrist" gesprochen wird; im Einzelnen AR/*Fischermeier* BGB § 626 Rn. 105 ff.; LSSW/*Löwisch* KSchG Vor § 1 Rn. 159 ff.; APS/*Vossen* BGB § 626 Rn. 66.

45 BAG NZA 2017, 995 Rn. 50 = NZI 2017, 577 = ZIP 2017, 1083.

46 BAG NZA 2017, 995 Rn. 50 = NZI 2017, 577 = ZIP 2017, 1083; *Berkowsky* NZI 1999, 129 (130); *Caspers* Rn. 98; HambKommInsO/*Ahrendt* § 113 Rn. 36; Jaeger/*Giesen* § 113 Rn. 45 ff., MHdB ArbR/*Krumbiegel* § 122 Rn. 7, 48; KPB/*Moll* § 113 Rn. 112 ff.; ErfK/*Müller-Glöge* InsO § 113 Rn. 7a.

Befristung nicht eingehalten oder ein individual- oder kollektivvertraglich vereinbarter Ausschluss des Rechts zur ordentlichen Kündigung durchbrochen worden ist (S. 1).[47] Dabei wird wie schon bei § 22 Abs. 2 KO nur der **Verfrühungsschaden** erfasst, also der Schaden, der daraus resultiert, dass das Arbeitsverhältnis durch die Kündigung des Insolvenzverwalters früher als zu den außerhalb der Insolvenz möglichen Beendigungszeitpunkten aufgelöst worden ist.[48] Der Arbeitnehmer ist so zu stellen, wie er bei Anwendung der für ihn ohne das Insolvenzverfahren maßgeblichen Regelung stehen würde.[49] Dagegen hat der Arbeitnehmer keinen Schadensersatzanspruch wegen Verlust des Arbeitsplatzes. Auch wird, wenn das Arbeitsverhältnis durch einen zwischen Insolvenzverwalter und Arbeitnehmer geschlossenen Aufhebungsvertrag aufgelöst wird, ein Schadensersatzanspruch nach S. 3 nicht begründet.[50] Gleiches gilt, wenn das Arbeitsverhältnis im Zuge eines **Prozessvergleichs** aufgehoben, also ein neuer Beendigungstatbestand geschaffen wird,[51] während die bloße Hinnahme der vom Arbeitnehmer mit der Kündigungsschutzklage angegriffenen Kündigung im Prozessvergleich nichts daran ändert, dass das Arbeitsverhältnis durch die vorzeitige Kündigung des Insolvenzverwalters beendet wird, weshalb S. 3 in diesem Fall anzuwenden ist.[52] Der Anspruch auf den Verfrühungsschaden ist nach der eindeutigen Regelung in S. 3 Insolvenzforderung iSd § 38 und deshalb nach § 174 zur Insolvenztabelle anzumelden.[53]

32 **Gegenstand des Ersatzanspruchs** ist der **Verdienstausfall** für die Zeitspanne, um die sich das Arbeitsverhältnis infolge der vorzeitigen Kündigung durch den Insolvenzverwalter verkürzt hat.[54] Die Höhe des Anspruchs ist nach der Bruttolohnmethode zu ermitteln. Bei der Berechnung sind sämtliche Entgeltbestandteile wie Löhne und Gehälter, Provisionen, Jahressonderzahlungen, Urlaubsgeld[55] und sonstige Sozialleistungen zugrunde zu legen.[56] Ein **außerhalb des Entgeltausfalls** liegender Schaden, der dadurch eintritt, dass das Arbeitsverhältnis durch die Insolvenzverwalterkündigung nach § 113 früher endet, wird von S. 3 ebenfalls erfasst. Ein solcher Schaden kann zB darin bestehen, dass der Arbeitnehmer durch die vorzeitige Kündigung die notwendige Betriebszugehörigkeitszeit verpasst, um eine nach § 1b BetrAVG unverfallbare Versorgungsanwartschaft zu erwerben.[57] Auch können sozialversicherungsrechtliche Nachteile, die infolge der vorzeitigen Kündigung entstehen, als Verfrühungsschaden ersatzfähig sein.[58] Hingegen sind Ersparnisse durch den Wegfall von Steuern und Sozialversicherungsbeiträgen **im Wege des Vorteilsausgleichs anzurechnen,** ebenso sind ersparte Aufwendungen, zB für die Fahrt zur Arbeit, anderweitiger Erwerb sowie – nach § 254 Abs. 2 S. 1 Alt. 2 BGB – schuldhaft unterlassener anderweitiger Erwerb abzuziehen.[59] Grundsätzlich kommt auch eine Minderung des Schadensersatzanspruchs wegen Mitverschuldens nach § 254 Abs. 1 BGB in Betracht[60] (dazu auch → Rn. 85). Löst die Beendigung des Arbeitsverhältnisses Leistungspflichten eines Sozialversicherungsträgers aus, geht der Ersatzanspruch nach Maßgabe des § 116 Abs. 1 SGB X insoweit auf diesen über. Der Arbeitnehmer kann nur den bei ihm verbliebenen Teil des Ersatzanspruchs geltend machen, während der auf den Sozialversicherungsträger übergegangene Teil von diesem selbst zur Insolvenztabelle anzumelden ist.[61]

33 Nach dem Sinn des S. 3 ist die Entgeltfortzahlung im Schadenswege **bis zu dem Zeitpunkt zu begrenzen,** zu dem auch der Arbeitgeber außerhalb eines Insolvenzverfahrens das Arbeitsverhältnis trotz Bestehens einer Unkündbarkeit nach § 626 BGB wirksam hätte kündigen können. Ist etwa

---

47 Jaeger/*Giesen* § 113 Rn. 122; HKInsO/*Linck* § 113 Rn. 28 f.; KPB/*Moll* § 113 Rn. 140 f.

48 Vgl. *Grunsky* S. 18; *Jaeger/Henckel* KO § 22 Rn. 39; Uhlenbruck/*Zobel* § 113 Rn. 152 ff.

49 BAG NZA 2014, 897 Rn. 22 = NZI 2014, 467 = ZIP 2014, 1685; BAG AP InsO § 113 Nr. 23 Rn. 17 = ZIP 2007, 1875; KPB/*Moll* § 113 Rn. 143.

50 BAG AP InsO § 113 Nr. 23 Rn. 16, 31 ff. = ZIP 2007, 1875.

51 BAG NZA 2016, 573 Rn. 15 ff. = NZI 2016, 181.

52 BAG NZA 2016, 314 Rn. 40 = NZI 2016, 175 = ZIP 2016, 178.

53 BAG NZA 2016, 314 Rn. 39 = NZI 2016, 175 = ZIP 2016, 178; Jaeger/*Giesen* § 113 Rn. 114; HKInsO/*Linck* § 113 Rn. 28; KPB/*Moll* § 113 Rn. 156.

54 FKInsO/*Eisenbeis* § 113 Rn. 88; Jaeger/*Giesen* § 113 Rn. 117 ff., 128 ff.; HKInsO/*Linck* § 113 Rn. 29; KPB/*Moll* § 113 Rn. 143 ff.

55 LAG Hessen NZI 2013, 363 = ZIP 2013, 1137.

56 BAG NZA 2016, 314 Rn. 44 = NZI 2016, 175 = ZIP 2016, 178; Jaeger/*Giesen* § 113 Rn. 129; HKInsO/*Linck* § 113 Rn. 31; KPB/*Moll* § 113 Rn. 148.

57 K. Schmidt/*Ahrens* § 113 Rn. 62; Jaeger/*Giesen* § 113 Rn. 133; HKInsO/*Linck* § 113 Rn. 31; KPB/*Moll* § 113 Rn. 148; Uhlenbruck/*Zobel* § 113 Rn. 157; *Zwanziger* § 113 Rn. 39.

58 BAG NZA 2014, 897 Rn. 18 ff. = NZI 2014, 467 = ZIP 2014, 1685.

59 BAG NZA 2016, 314 Rn. 45 f. = NZI 2016, 175 = ZIP 2016, 178; LAG Hessen NZI 2013, 363 = ZIP 2013, 1137; *Lohkemper* KTS 1996, 1 (6); *Caspers* Rn. 116; HKInsO/*Linck* § 113 Rn. 32; Kilger/*K. Schmidt* KO § 22 Anm. 8.

60 BAG AP InsO § 113 Nr. 24 Rn. 31 = ZIP 2007, 1829; KPB/*Moll* § 113 Rn. 150.

61 Jaeger/*Giesen* § 113 Rn. 150 ff.; KR/*Spelge* InsO § 113 Rn. 65.

infolge der Insolvenz eine Betriebsstilllegung unausweichlich, kommt es auf den Zeitpunkt an, zu dem auch der Arbeitgeber aus diesem Grund außerordentlich hätte kündigen können.[62] Im Falle ordentlich unkündbarer Arbeitnehmer ist demnach Inhalt des Ersatzanspruches nicht eine Abfindung analog §§ 9, 10 KSchG,[63] entscheidend ist vielmehr, ob ausnahmsweise wegen der notwendigen Betriebsstilllegung eine außerordentliche betriebsbedingte Kündigung unter Wahrung einer der fiktiven ordentlichen Kündigungsfrist entsprechenden Auslauffrist zulässig gewesen wäre. Zu weit geht es dagegen, wenn das **Bundesarbeitsgericht** unter Verweis auf S. 1 den Verfrühungsschaden generell auf die ohne die vereinbarte Unkündbarkeit maßgebliche längste ordentliche Kündigungsfrist begrenzen will.[64] Denn der Arbeitnehmer hat einen weitergehenden Schaden erlitten, wenn sein Arbeitsverhältnis außerhalb der Insolvenz auch nicht unter Einhaltung dieser längsten ordentlichen Kündigungsfrist hätte gekündigt werden können. Der Anspruch auf den Verfrühungsschaden ist seiner systematischen Stellung nach nicht nur Kompensation für die verkürzte Kündigungsfrist, sondern auch dafür, dass der Insolvenzverwalter trotz vereinbarter Unkündbarkeit ordentlich kündigen kann. Die Einschränkung des Bundesarbeitsgerichts ist deshalb abzulehnen.[65]

Ein Ersatzanspruch kommt von vornherein dann nicht in Betracht, wenn die **Vereinbarung der Unkündbarkeit** oder einer längeren Kündigungsfrist per se **unwirksam** ist. Dies kann nach § 2 Abs. 1 Nr. 2 iVm § 7 Abs. 2 AGG vor allem auf Vereinbarungen zutreffen, welche die Kündigung älterer Arbeitnehmer ausschließen oder ihnen längere Kündigungsfristen zugestehen. Insbesondere die Vorschrift des § 4.4 des Manteltarifvertrags für die Beschäftigten in der Metall- und Elektroindustrie in Südbaden und die gleichlautende Regelung für Nordwürttemberg/Nordbaden, nach der 53-jährige Arbeitnehmer mit dreijähriger Betriebszugehörigkeit unkündbar sind, muss als eine mit dem AGG nicht zu vereinbarende Benachteiligung wegen des Alters angesehen werden und ist deshalb unwirksam.[66] 34

2. Andere Beendigungsgründe. a) Außerordentliche Kündigung. § 113 lässt das Recht von Arbeitgeber und Arbeitnehmer zur außerordentlichen Kündigung aus wichtigem Grund nach § 626 BGB unberührt. Auch der Insolvenzverwalter kann auf schwere Vertragsverletzungen des Arbeitnehmers mit der außerordentlichen Kündigung reagieren; das gilt auch für Vertragsverletzungen aus der Zeit vor Verfahrenseröffnung, soweit die Zweiwochenfrist des § 626 Abs. 2 BGB noch eingehalten werden kann. Umgekehrt hat der Arbeitnehmer ein Recht zur außerordentlichen Kündigung nach § 626 BGB, wenn trotz erfolgter Mahnung das Arbeitsentgelt nicht oder nicht vollständig oder nicht pünktlich gezahlt wird.[67] 35

Kein Grund zur außerordentlichen Kündigung stellt die **Insolvenz als solche** dar.[68] Indem § 113 ein Recht zur vorzeitigen ordentlichen Kündigung mit bestimmten Fristen einräumt, bringt er auch zum Ausdruck, dass den Beteiligten die Aufrechterhaltung des Arbeitsverhältnisses bis zum Ablauf dieser Fristen zumutbar ist. Das gilt nicht nur für die Kündigung durch den Insolvenzverwalter, sondern auch für die Kündigung durch den Arbeitnehmer. Auch eine qualifizierte Fachkraft, die ohne weiteres eine andere Arbeitsstelle finden kann, muss sich damit abfinden, dass der Insolvenzverwalter ihre Arbeitsleistung zum Zweck der Betriebsfortführung bis zum Ablauf der sich aus § 113 ergebenden Frist in Anspruch nimmt, etwa um eine Sanierung vorzubereiten oder einzuleiten. 36

Die allgemeinen Grundsätze für die außerordentliche Kündigung **kraft Gesetzes ordentlich nicht kündbarer Arbeitnehmer** gelten auch für den Insolvenzverwalter. Auch er kann ein **Ausbildungsverhältnis** außerordentlich kündigen, wenn eine Ausbildung nicht mehr möglich ist, weil 37

---

62 FKInsO/*Eisenbeis* § 113 Rn. 89; *Löwisch/Rieble* Anm. zu BAG EzA BetrVG § 113 Nr. 17 für den parallelen Fall des § 628 Abs. 2 BGB.

63 BAG AP InsO § 113 Nr. 24 Rn. 24 = ZIP 2007, 1829; FKInsO/*Eisenbeis* § 113 Rn. 89; HKInsO/*Linck* § 113 Rn. 30; KPB/*Moll* § 113 Rn. 144; Uhlenbruck/*Zobel* § 113 Rn. 158 ff.; aA DDZ/*Däubler* InsO § 113 Rn. 28; *Zwanziger* § 113 Rn. 40.

64 BAG AP InsO § 113 Nr. 24 Rn. 27 f. = ZIP 2007, 1829 (für den Dienstvertrag eines GmbH-Geschäftsführers); im Ergebnis ebenso Jaeger/*Giesen* § 113 Rn. 136 ff.; HKInsO/*Linck* § 113 Rn. 30; KR/*Spelge* InsO § 113 Rn. 57 f.; Uhlenbruck/*Zobel* § 113 Rn. 160.

65 *Moll* Anm. zu BAG AP InsO Nr. 23; KPB/*Moll* § 113 Rn. 145 ff.; im Ergebnis auch OLG Celle NZI 2018, 946 = ZIP 2018, 2281 (ebenfalls zum GmbH-Geschäftsführer).

66 *Löwisch* DB 2006, 1729 (1730); aA BAG NZA 2014, 208 Rn. 35 ff. und BAG NZA 2008, 1120 Rn. 31 (obiter dictum), die von der Wirksamkeit der Unkündbarkeitsklausel ausgehen und eine Grenze erst dort als erreicht ansehen, wo die Unkündbarkeit zu einer grob fehlerhaften Sozialauswahl führt; im Einzelnen *Bauer/Krieger/Günther* AGG § 10 Rn. 46 ff., 50c; APS/*Kiel* KSchG § 1 Rn. 625 ff., 628.

67 FKInsO/*Eisenbeis* § 113 Rn. 4; KPB/*Moll* § 113 Rn. 132; allgemein KR/*Fischermeier* BGB § 626 Rn. 485.

68 BAG AP KO § 22 Nr. 1 = NJW 1969, 525; s. auch BAG NZA 2013, 959 Rn. 23, wonach mit der schlechten wirtschaftlichen Lage oder drohenden Insolvenz des Arbeitgebers eine außerordentliche Kündigung nicht gerechtfertigt werden kann; Nerlich/Römermann/*Hamacher* § 113 Rn. 189; KPB/*Moll* § 113 Rn. 131.

der Betrieb eingeschränkt oder stillgelegt wird. Entsprechend dem Grundgedanken des S. 2 ist die Frist zu beachten, die maßgebend wäre, wenn das Ausbildungsverhältnis ordentlich kündbar gewesen wäre.[69] Das ist bei Ausbildungsverhältnissen, die weniger als zwei Jahre gedauert haben, die Kündigungsfrist des § 622 Abs. 1 BGB (vier Wochen zum 15. oder zum Monatsende) und bei Ausbildungsverhältnissen, die bereits zwei Jahre bestanden haben, die Kündigungsfrist des § 622 Abs. 2 Nr. 1 BGB (ein Monat zum Ende eines Kalendermonats). Ein generelles Abstellen auf die Dreimonatsfrist des S. 2 lässt sich nicht begründen.[70] Gleiches wie für Ausbildungsverhältnisse gilt in anderen Fällen gesetzlich ausgeschlossener ordentlicher Kündigung, die eine solche selbst im Fall der Betriebsstilllegung nicht vorsehen. Hierzu zählen zB **Eignungsübende** oder Arbeitnehmer, die zu einer **Wehrübung** einberufen werden (→ Rn. 23). Allerdings kann die Kündigungsfrist je nach Dauer des Arbeitsverhältnisses eine andere sein. Sie ist auch dann einzuhalten, wenn sie die Höchstfrist von drei Monaten überschreitet.[71]

38 **b) Aufhebungsvertrag.** Insolvenzverwalter und Arbeitnehmer ist unbenommen, das Arbeitsverhältnis einvernehmlich durch einen Aufhebungsvertrag aufzulösen und dabei auch eine Abfindung zu vereinbaren, die den Charakter einer Masseverbindlichkeit nach § 55 Abs. 1 Nr. 1 hat (→ § 55 Rn. 189).[72] Dabei verstößt es nicht gegen den arbeitsrechtlichen Gleichbehandlungsgrundsatz, wenn von einer entsprechenden Regelung diejenigen Arbeitnehmer ausgenommen werden, die sich bereits in Kenntnis des Antrags auf Eröffnung des Insolvenzverfahrens mit der Beendigung des Arbeitsverhältnisses ausdrücklich einverstanden erklärt haben.[73] Für einen solchen Aufhebungsvertrag gelten die allgemeinen Grundsätze.[74] Insbesondere bedarf er gem. § 623 BGB zu seiner Wirksamkeit der Schriftform.

39 **c) Befristung.** Unabhängig von der Möglichkeit ihrer vorzeitigen Kündigung (→ Rn. 16) enden befristete Arbeitsverhältnisse auch nach Verfahrenseröffnung mit Ablauf der festgelegten Vertragsdauer. Voraussetzung ist aber auch hier, dass die Befristung wirksam ist. Nach § 14 Abs. 1 TzBfG muss dafür, auch außerhalb des persönlichen Geltungsbereichs des Kündigungsschutzgesetzes,[75] regelmäßig ein sachlicher Grund für die Befristung gegeben sein. Bis zur Dauer von zwei Jahren ist eine Befristung auch ohne einen solchen sachlichen Grund zulässig (§ 14 Abs. 2 TzBfG). Hat der Arbeitnehmer bei Beginn des befristeten Arbeitsverhältnisses das 52. Lebensjahr vollendet und war er unmittelbar vor Beginn des befristeten Arbeitsverhältnisses mindestens vier Monate beschäftigungslos im Sinne des § 138 Abs. 1 Nr. 1 SGB III, hat er Transferkurzarbeitergeld bezogen oder an einer öffentlich geförderten Beschäftigungsmaßnahme nach dem SGB II oder SGB III teilgenommen, ist die kalendermäßige Befristung des Arbeitsverhältnisses auch ohne Vorliegen eines sachlichen Grundes bis zur Dauer von fünf Jahren zulässig (§ 14 Abs. 3 TzBfG). In jedem Fall bedarf die Befristung der Schriftform (§ 14 Abs. 4 TzBfG). Ist die Befristung unwirksam, ist auch der Insolvenzverwalter auf die Kündigung des Arbeitsverhältnisses verwiesen.[76]

40 **3. Klagefrist (§ 4 KSchG). a) Anwendungsbereich.** Nach § 4 S. 1 KSchG muss ein Arbeitnehmer, der geltend machen will, dass eine Kündigung sozial ungerechtfertigt oder aus anderen Gründen rechtsunwirksam ist, innerhalb von drei Wochen nach Zugang der schriftlichen Kündigung Klage beim Arbeitsgericht auf Feststellung erheben, dass das Arbeitsverhältnis durch die Kündigung nicht aufgelöst ist. Gleiches gilt nach § 13 Abs. 1 S. 2 KSchG für die Geltendmachung der Unwirksamkeit einer außerordentlichen Kündigung. Der gekündigte Arbeitnehmer hat die Klagefrist auch bei einer Kündigung durch den Insolvenzverwalter zu beachten. Die Bestimmung des früheren Abs. 2, nach dem die Drei-Wochen-Klagefrist auch dann galt, wenn der Arbeitnehmer geltend machen wollte, dass eine ordentliche oder außerordentliche Kündigung durch den Insolvenzverwalter aus anderen Gründen als der Sozialwidrigkeit oder dem Fehlen eines wichtigen Grundes unwirksam

---

69 In diesem Sinne für die Rechtslage nach der KO vgl. BAG NZA 1993, 845 = ZIP 1993, 1316.

70 KPB/*Moll* § 113 Rn. 136; Uhlenbruck/*Zobel* § 113 Rn. 54 ff.; aA *Lakies* BB 1998, 2638 (2641); Jaeger/*Giesen* § 113 Rn. 23; Nerlich/Römermann/*Hamacher* § 113 Rn. 45; HKInsO/*Linck* § 113 Rn. 8; ErfK/*Müller-Glöge* InsO § 113 Rn. 3; *Zwanziger* § 113 Rn. 17.

71 AA Braun/*Beck* § 113 Rn. 23 f.; KPB/*Moll* § 113 Rn. 135; RFJK/*Regh* § 5 Rn. 17.

72 Nerlich/Römermann/*Andres* § 55 Rn. 113; Gottwald/*Bertram*, InsO-HdB, § 107 Rn. 38; *Caspers* Rn. 82; Jaeger/*Giesen* Vor § 113 Rn. 57.

73 BAG NZA 1999, 719 = NZI 1999, 334 = ZIP 1999, 540.

74 S. dazu *Bauer/Krieger/Arnold*, Arbeitsrechtliche Aufhebungsverträge, 9. Aufl. 2014, A. Rn. 1 ff.; LSSW/*Löwisch* KSchG Vor § 1 Rn. 128 ff.; MHdB ArbR/*Wank* § 135.

75 BAG NZA 2012, 733 Rn. 26; BAG NZA 2005, 218 = ZIP 2004, 1428.

76 Vgl. zur Zulässigkeit von Befristungen im Einzelnen ErfK/*Müller-Glöge* TzBfG § 14 Rn. 23 ff., 81 ff., 108 ff.; Laux/Schlachter/*Schlachter*, Teilzeit- und Befristungsgesetz, 2. Aufl. 2011, § 14 Rn. 28 ff., 98 ff., 142 ff.; AR/*Schüren/Moskalew* TzBfG § 14 Rn. 7 ff., 72 ff., 94; MHdB ArbR/*Wank* § 103 Rn. 25 ff., 115 ff., 137 f.

war, konnte gestrichen werden, nachdem der Gesetzgeber § 4 S. 1 KSchG auf alle Unwirksamkeitsgründe einer Kündigung erstreckt hat (oben → Rn. 2).

41 § 4 S. 1 KSchG gilt nur für die **schriftliche Kündigung.** Die Nichtigkeit einer Kündigung wegen mangelnder Schriftform (§ 623 BGB) kann deshalb unabhängig von der Drei-Wochen-Frist geltend gemacht werden.[77] Die Geltendmachung findet ihre Grenze erst an der Verwirkung.[78] Auch die Nichteinhaltung der **Kündigungsfrist** kann unabhängig von der Frist des § 4 S. 1 KSchG geltend gemacht werden, wenn dem Kündigungsschreiben, ggf. im Wege der Auslegung, entnommen werden kann, dass der Insolvenzverwalter die objektiv einzuhaltende Kündigungsfrist wahren wollte. Die nicht fristgerechte Kündigung gilt dann als eine solche zum zutreffenden Termin.[79] Indessen ist die Klagefrist dann einzuhalten, wenn die Auslegung nicht zu diesem Ergebnis führt, sondern die mit zu kurzer Frist ausgesprochene Kündigung an sich nur nach § 140 BGB in eine solche zum richtigen Termin umgedeutet werden kann. Das ist nur möglich, wenn die Kündigung nicht gem. § 7 KSchG als rechtswirksam gilt.[80]

42 **Andere Unwirksamkeitsgründe iSd § 4 S. 1 KSchG sind:** Die nicht ordnungsgemäße Anhörung des Betriebsrats oder des Personalrats (§ 102 Abs. 1 S. 3 BetrVG, §§ 79 Abs. 1 S. 1 iVm Abs. 4, 108 Abs. 2 BPersVG); die Nichtbeachtung des Zustimmungsverfahrens für die außerordentliche Kündigung von Betriebs- und Personalratsmitgliedern (§ 103 BetrVG, §§ 47 iVm 108 BPersVG); der Verstoß gegen Kündigungsverbote oder Zustimmungserfordernisse bei besonders schutzbedürftigen Arbeitnehmergruppen (§ 17 MuSchG, § 18 BEEG, § 5 PflegeZG, §§ 2, 10 ArbPlSchG, § 78 Abs. 1 Nr. 1 ZDG, § 2 EignungsübungsG, §§ 168 ff. SGB IX, § 22 Abs. 2 BBiG); die Kündigung ohne ordnungsgemäße Konsultation des Betriebsrats und Anzeige gegenüber der Agentur für Arbeit im Fall von Massenentlassungen (§ 17 KSchG iVm § 134 BGB); der Verstoß gegen das Verbot der Benachteiligung wegen Koalitionszugehörigkeit oder -betätigung (Art. 9 Abs. 3 GG), wegen Ausübung eines Mandats (Art. 48 Abs. 2 S. 2 GG), wegen einer Benachteiligung iSd AGG (oben → Rn. 20), wegen der Ausübung von Arbeitnehmerrechten (§ 612a BGB); die Kündigung wegen des Betriebsübergangs (§ 613a Abs. 4 S. 1 BGB); allein wegen der Weigerung, von einem Vollzeit- in ein Teilzeitarbeitsverhältnis zu wechseln oder umgekehrt zu wechseln (§ 11 TzBfG) und wegen Ausscheidens des anderen Teils bei der Arbeitsplatzteilung (§ 13 Abs. 2 TzBfG); der Verstoß gegen Treu und Glauben, insbesondere bei Kündigungen in Kleinbetrieben.[81]

43 An sich zählt auch die **Sittenwidrigkeit der Kündigung** gem. § 138 BGB zu den sonstigen Unwirksamkeitsgründen, so dass sich die Klagefrist auch auf deren Geltendmachung erstreckt.[82] Allerdings muss dem Arbeitnehmer, dem der Verstoß gegen die guten Sitten erst nachträglich bekannt wird, das Recht eingeräumt werden, Schadensersatz nach § 826 iVm § 249 Abs. 1 BGB zu verlangen, mit der Konsequenz, dass bei einer Klage gegen den Insolvenzverwalter nach § 249 Abs. 1 BGB das Arbeitsverhältnis zu den alten Bedingungen wieder zu begründen ist, wenn das Insolvenzverfahren noch nicht abgeschlossen ist und der Verwalter den Betrieb fortführt. Alternativ ist Schadensersatz in Geld nach § 251 Abs. 1 BGB zu leisten.[83] Zu den sittenwidrigen Kündigungen gehören dabei auch diejenigen, die ausschließlich von Gründen getragen werden, die das Grundgesetz missbilligt, wie etwa solche, die wegen der gewerkschaftlichen Betätigung des Arbeitnehmers erfolgen.[84]

44 Wird eine **Kündigung** im Namen des Insolvenzverwalters **ohne** die erforderliche **Vollmacht** ausgesprochen, gilt § 4 S. 1 KSchG nur, wenn der Arbeitnehmer das Fehlen der Vertretungsmacht nicht beanstandet (vgl. §§ 180, 177 Abs. 1, 184 Abs. 1 BGB). Nach Auffassung des Bundesarbeitsgerichts soll trotz der Rückwirkungsfiktion der Genehmigung die Klagefrist aber erst mit Zugang der Genehmigung beim Arbeitnehmer zu laufen beginnen.[85] Beanstandet der Arbeitnehmer das Fehlen der Vertretungsmacht, liegt von vorneherein keine dem Insolvenzverwalter zurechenbare Kündigung vor. Gleiches gilt in dem Fall, dass ein **Dritter im eigenen Namen** eine Kündigung ausspricht.

---

77 BAG NZA 2013, 524 Rn. 11; BAG NZA 2007, 972 Rn. 10.

78 Näher ErfK/*Kiel* KSchG § 4 Rn. 8.

79 BAG NZA 2011, 343 Rn. 12 = ZIP 2011, 444; zuvor BAG NZA 2006, 1405 Rn. 16; BAG NZA 2006, 791 Rn. 13 ff.; zur Bestimmtheit einer ordentlichen Kündigung zum nächstmöglichen Termin s. BAG NZA 2016, 485 Rn. 13 ff., 16 mN.

80 BAG NZA 2017, 502 Rn. 70; BAG NZA 2013, 1076 Rn. 15; BAG NZA 2010, 1409 Rn. 20 = ZIP 2011, 140.

81 BAG NZA 2001, 833 = ZIP 2001, 2242; ErfK/*Kiel* KSchG § 4 Rn. 4, § 13 Rn. 10; LSSW/*Löwisch* KSchG Vor § 1 Rn. 101 ff.

82 APS/*Hesse* KSchG § 4 Rn. 10a; ErfK/*Kiel* KSchG § 4 Rn. 4; KR/*Klose* KSchG § 4 Rn. 16.

83 *Caspers* Rn. 176.

84 Vgl. zur Sittenwidrigkeit von Kündigungen im Einzelnen ErfK/*Kiel* KSchG § 13 Rn. 6 f.; LSSW/*Spinner* KSchG § 13 Rn. 37 ff.

85 BAG NZA 2013, 524 Rn. 14; BAG NZA 2009, 1146 Rn. 21; auch *Genenger* RdA 2010, 274 (278); *Ulrici* DB 2004, 250 (251); ErfK/*Kiel* KSchG § 4 Rn. 7.

§ 4 KSchG ist deshalb nicht anzuwenden, wenn der Geschäftsführer einer GmbH kurz nach Eröffnung des Insolvenzverfahrens Arbeitnehmern kündigt.[86] Hingegen ist die Klagefrist des § 4 S. 1 KSchG zu beachten, wenn der Arbeitnehmer die Kündigung **durch einen Bevollmächtigten** wegen Fehlens einer Vollmachtsurkunde gem. § 174 BGB unverzüglich zurückgewiesen hat.[87]

45 § 4 S. 1 KSchG erstreckt sich auch auf die Kündigung von Arbeitsverhältnissen, die nicht unter das Kündigungsschutzgesetz fallen, sei es wegen Nichterfüllung der Wartezeit von sechs Monaten nach § 1 Abs. 1 KSchG, sei es, weil die nach § 23 Abs. 1 KSchG erforderliche Betriebsgröße nicht erreicht ist. § 4 S. 1 KSchG will im Interesse der Rechtssicherheit generell Klarheit über die Wirksamkeit von Kündigungen schaffen.

46 Erfasst werden von § 4 S. 1 KSchG auch Kündigungen, die **noch der Schuldner vor der Insolvenzeröffnung** ausgesprochen hat. Gleichwohl kann es sich für den Insolvenzverwalter empfehlen, Kündigungen erneut auszusprechen. Solche Nachkündigungen sind grundsätzlich möglich (→ Rn. 24).

47 § 4 S. 1 KSchG gilt für jede Kündigung durch den Arbeitgeber und damit auch für die **Änderungskündigung** durch den Insolvenzverwalter. Hat der Arbeitnehmer das Änderungsangebot unter dem Vorbehalt angenommen, dass die Änderung der Arbeitsbedingungen nicht sozial ungerechtfertigt ist (§ 2 KSchG), ist nach § 4 S. 2 KSchG binnen der Dreiwochenfrist die Klage auf Feststellung zu erheben, dass die Änderung der Arbeitsbedingungen sozial ungerechtfertigt oder aus anderen Gründen rechtsunwirksam ist.[88]

48 Die Vorschrift des § 4 KSchG bezieht sich nur auf die Beendigung von Arbeitsverhältnissen **durch Kündigung** des Arbeitgebers bzw. des Insolvenzverwalters. Deshalb kann der Arbeitnehmer die Unwirksamkeit eines zwischen ihm und dem Insolvenzverwalter geschlossenen Aufhebungsvertrages oder einer Eigenkündigung auch noch nach Ablauf der Dreiwochenfrist geltend machen. Eine Grenze zieht insoweit nur das Rechtsinstitut der **Verwirkung.** Dieses setzt den Ablauf einer gewissen Zeit zwischen dem Abschluss des Aufhebungsvertrages und der Geltendmachung seiner Unwirksamkeit (Zeitmoment) und Umstände voraus, auf Grund derer der Insolvenzverwalter davon ausgehen konnte, dass der Arbeitnehmer eine Unwirksamkeit nicht mehr geltend machen werde (Umstandsmoment). In der besonderen, zur raschen Abwicklung drängenden Situation der Insolvenz darf das Zeitmoment nicht überspannt werden. Zwei bis drei Monate werden regelmäßig genügen. Im Fall der fristlosen Eigenkündigung ist das nachträgliche Berufen des Kündigenden auf das Fehlen eines wichtigen Grundes regelmäßig treuwidrig.[89]

49 Für die **Geltendmachung der Unwirksamkeit der Befristung** von Arbeitsverhältnissen gilt § 17 TzBfG, nach dem der Arbeitnehmer die Rechtsunwirksamkeit einer Befristung, aus welchen Gründen auch immer, innerhalb von drei Wochen nach dem vereinbarten Ende des Arbeitsverhältnisses durch Feststellungsklage geltend machen muss.[90] Eine allgemeine Feststellungsklage des Arbeitgebers nach § 256 ZPO hält das Bundesarbeitsgericht aufgrund der besonderen Konzeption des § 17 TzBfG hingegen für unzulässig. Lediglich wenn die Parteien darüber streiten, ob überhaupt eine Befristung vereinbart wurde, soll der Arbeitgeber auf Feststellung der Beendigung klagen können.[91]

50 **b) Dauer.** Die Dreiwochenfrist beginnt mit dem **Zugang** der schriftlichen Kündigung. Der Zugang richtet sich wie bei allen Willenserklärungen nach § 130 Abs. 1 BGB. Daraus ergibt sich Folgendes:

51 Als **schriftliche Erklärung** geht die Kündigung dem Arbeitnehmer zu, wenn sie ihm ausgehändigt wird. Ob und wann der Arbeitnehmer sie zur Kenntnis nimmt, spielt keine Rolle. Gibt der Arbeitnehmer den Umschlag mit der Kündigung ungeöffnet zurück, ändert dies nichts am Zugang der Kündigung.[92] Dass die schriftliche Kündigung dem Arbeitnehmer **mit Aushändigung** zugeht, gilt auch, wenn er sie mangels Sprachkenntnis nicht verstehen kann, sofern sie nur in der für das Arbeitsverhältnis üblichen Sprache abgefasst ist; für die Übersetzung in seiner Sprache zu sorgen ist dann Sache des Arbeitnehmers.[93] Die **Sprachunkenntnis** führt auch nicht dazu, dass sich die

---

86 APS/*Hesse* KSchG § 4 Rn. 10c; *Berkowsky* BB 2010, 1149 (1150); unklar BAG NZA 2009, 1146, das in der Entscheidung nur die Vertretungsmacht geprüft und sich nicht mit der Frage auseinandergesetzt hat, ob ein Fall der Stellvertretung wegen einer Erklärung im eigenen Namen schon gar nicht vorlag.

87 *Bender/J. Schmidt* NZA 2004, 358 (362); APS/*Hesse* KSchG § 4 Rn. 10c; ErfK/*Kiel* KSchG § 4 Rn. 7; aA *Ulrici* DB 2004, 250 (251); *Raab* RdA 2004, 321 (325); DDZ/*Zwanziger/Callsen* KSchG § 4 Rn. 11.

88 Näher dazu APS/*Hesse* KSchG § 4 Rn. 115 ff.; KR/*Klose* KSchG § 4 Rn. 361 ff.; v. Hoyningen-Huene/Linck/*Linck* KSchG § 2 Rn. 206 ff.

89 BAG NZA-RR 2012, 129 Rn. 20; BAG NZA 2009, 840 Rn. 18 = ZIP 2009, 1634.

90 Vgl. APS/*Backhaus* TzBfG § 17 Rn. 17 ff., 45 ff.; ErfK/*Müller-Glöge* TzBfG § 17 Rn. 2 ff.

91 BAG NZA 2017, 803 Rn. 12 ff., 16.

92 BAG ZInsO 2005, 671 = BeckRS 2004, 31048963.

93 LAG Hamburg LAGE BGB § 130 Nr. 16 = BeckRS 2012, 69069.

Dreiwochenfrist um die für die Übersetzung notwendige Zeit hinausschiebt.[94] Das würde nur zu Rechtsunsicherheit führen.

Es genügt, dass die Aushändigung statt an den Arbeitnehmer selbst an eine Person erfolgt, die nach der Verkehrsauffassung als zur Entgegennahme derartiger Erklärungen ermächtigt anzusehen ist. Dazu zählen die **in häuslicher Gemeinschaft mit dem Arbeitnehmer lebenden Erwachsenen,** insbesondere Familienangehörige[95] und der in häuslicher Gemeinschaft lebende **Vermieter.**[96] Verweigert allerdings der Familienangehörige oder Vermieter die Entgegennahme, so ist er nicht mehr Empfangsbote; die Kündigung geht nicht zu.[97] Die Aushändigung an einen **Bevollmächtigten** genügt, sofern sich die Vollmacht auf die Entgegennahme solcher Erklärungen bezieht. Das ist bei einer Prozessvollmacht nur dann der Fall, wenn sie schon im Hinblick auf einen erwarteten Kündigungsschutzprozess erteilt worden ist.[98] 52

Wird eine schriftliche **Kündigung dem Arbeitnehmer übersandt,** so geht sie ihm entsprechend den zu § 130 Abs. 1 BGB entwickelten Grundsätzen in dem Zeitpunkt zu, in dem sie so in seinen Machtbereich gelangt ist, dass er von ihr Kenntnis nehmen kann und unter regelmäßigen Umständen mit der Kenntnisnahme zu rechnen ist.[99] Bei Einwurf in den Briefkasten oder Einlage in das Postschließfach tritt der Zugang demnach ein, wenn und sobald mit der Leerung durch den Arbeitnehmer zu rechnen ist, bei Einwurf nach den üblichen Postzustellungszeiten oder gar nachts also erst am nächsten Morgen.[100] Fehlt es am Briefkasten, genügt die Niederlegung an anderer auffälliger Stelle.[101] Muss der Arbeitnehmer aufgrund von vorangegangenen Verhandlungen über einen Aufhebungsvertrag mit einer Kündigung am selben Tag rechnen, geht die Kündigung bei Einwurf am Nachmittag noch am Tag des Einwurfs zu.[102] 53

Ein **Übergabeeinschreiben** geht erst zu, wenn es dem Arbeitnehmer oder einer sonst empfangsberechtigten Person ausgehändigt worden ist.[103] Die Hinterlegung des Benachrichtigungszettels im Briefkasten genügt nicht.[104] Anzuraten ist deshalb die Verwendung eines Einwurfeinschreibens, das unter den normalen Voraussetzungen zugeht. 54

Ist der **Arbeitnehmer** zum Zeitpunkt des Eingangs der Kündigungserklärung für eine längere Zeit von zu Hause **abwesend,** etwa weil er eine Urlaubsreise macht, sich in Untersuchungs- oder Auslieferungshaft oder im Krankenhaus befindet, so steht das dem Zugang der Kündigung nicht entgegen. Ob der Insolvenzverwalter von der Abwesenheit weiß, spielt keine Rolle. Den Zugang auf den häufig unsicheren Zeitpunkt der Beendigung der Ortsabwesenheit zu verlegen, lässt sich mit der Rechtssicherheit nicht vereinbaren.[105] Unbilligkeiten zum Nachteil des Kündigungsempfängers werden über die entsprechende Anwendung des § 5 KSchG (→ Rn. 69 ff.) vermieden. 55

Wird der **Kündigungszugang vom Arbeitnehmer wider Treu und Glauben vereitelt** oder verzögert, muss er sich nach dem Rechtsgedanken des § 162 BGB so behandeln lassen, als wäre die Kündigung rechtzeitig zugegangen. Fälle treuwidriger Zugangsvereitelung sind etwa: Das Nichtabholen eines Übergabeeinschreibens, obwohl der Arbeitnehmer weiß, dass es eine Kündigung enthält,[106] wobei aber die Abholung innerhalb der Aufbewahrungsfrist genügt;[107] die Absprache mit Familienangehörigen, dass die Annahme verweigert wird;[108] das Nichtmitteilen eines Wohnungswechsels an den Arbeitgeber bzw. Insolvenzverwalter oder die Angabe einer falschen 56

---

94 KR/*Klose* KSchG § 4 Rn. 142; aA LAG Hamm AP KSchG 1969 § 5 Nr. 9.
95 BAG NZA 1993, 259; BAG NZA 2011, 847 Rn. 12 ff., 17 für die Aushändigung an den Ehemann der Klägerin außerhalb der ehelichen Wohnung.
96 BAG AP BGB § 130 Nr. 7 = NJW 1976, 1284 (Ls.).
97 BAG NZA 1993, 259.
98 BAG RzK (Rechtsprechung zum Kündigungsrecht) I 2b Nr. 9 = BeckRS 1988, 30728316.
99 BGH NJW-RR 2011, 1184 Rn. 15 = ZIP 2011, 1562; BGH NJW-RR 1989, 757 = ZIP 1989, 650; BAG NZA 2015, 1183 Rn. 37.
100 BAG NZA 1984, 31.
101 LAG Hamm NZA 1994, 32.
102 BAG NZA 2015, 1183 Rn. 38, wo der Empfänger davon ausgehen musste, dass die Kündigung gegen 17:00 Uhr eingeworfen wird; LAG Berlin NZA-RR 2004, 528, wo am letzten Tag der Wartezeit des § 1 Abs. 1 KSchG das Kündigungsschreiben um 16:00 Uhr in den Briefkasten eingeworfen wurde; s. aber auch LAG Köln NZA-RR 2011, 180, das einen Zugang nach 16:00 Uhr am Nachmittag verneint hat.
103 BAG NZA 2003, 719.
104 BAG NJW 1963, 554.
105 BAG NZA 2018, 1157 Rn. 15 f.; BAG AP KSchG 1969 § 5 Nr. 19 Rn. 21 ff. = NZA 2012, 1320 (Ls.); BAG NZA 2004, 1330; BAG NZA 1989, 635; BAG NZA 1988, 875.
106 BAG NZA 2003, 719; BAG NJW 1963, 554.
107 BAG NZA 1996, 1227 = ZIP 1996, 1795; aA Palandt/*Ellenberger* BGB § 130 Rn. 18 mN, wonach das Einschreiben spätestens am übernächsten Werktag nach Zugang der Benachrichtigung abzuholen ist.
108 BAG NZA 1993, 259.

Adresse.[109] Auch der Fall, dass der Arbeitnehmer die Entgegenahme eines Kündigungsschreibens ablehnt, das ihm in der für ihn erkennbaren Absicht, es ihm zu übergeben, angereicht wird, rechnet hierher.[110] Während im Fall einer grundlosen und gezielten Zugangsvereitelung der Zugang in der Regel fingiert wird, ohne dass es darauf ankommt, ob der Erklärende einen **erneuten Versuch** des Zugangs unternimmt, muss der Kündigende in den Fällen, in denen der Zugang lediglich an der fehlenden Mitwirkung des Empfängers scheitert, weitere Zugangsversuche unternehmen, wenn erkennbar ist, dass er den Empfänger nicht erreicht hat. Der tatsächliche Zugang wirkt dann aber auf den ersten gescheiterten Zugangsversuch zurück.[111] Keine treuwidrige Zugangsvereitlung liegt hingegen vor im Falle der Weigerung der Annahme eines nicht ausreichend frankierten Briefs.[112]

57 **Beweispflichtig** für den Zugang der Kündigung ist nach allgemeinen Grundsätzen der Insolvenzverwalter.[113] Soweit es auf die Rechtzeitigkeit ankommt, muss er auch den Zeitpunkt des Zugehens beweisen.[114] Es gibt keinen Beweis des ersten Anscheins dafür, dass abgesandte Briefe auch beim Empfänger ankommen.[115] Beim Einwurfeinschreiben bringt der Auslieferungsbeleg den Nachweis des Zugangs.[116]

58 Für die **Berechnung der Frist** gelten die §§ 187, 188, 193 BGB. Die Frist beginnt mit dem auf den Zugang der Kündigung folgenden Tag. Hat der Insolvenzverwalter zB am 3. Januar zum 31. Januar gekündigt, so endet die Dreiwochenfrist mit Ablauf des 24. Januar. Fällt der letzte Tag auf einen Sonnabend oder Sonntag oder gesetzlich anerkannten Feiertag, so endet die Frist mit Ablauf des nächsten Werktages.[117]

59 Nach § 4 S. 4 KSchG läuft bei Kündigungen, die – wie insbesondere nach § 18 BEEG, § 5 PflegeZG, § 17 MuSchG und § 168 SGB IX – der **Zustimmung einer Behörde** bedürfen, die Klagefrist erst von der Bekanntgabe der Entscheidung der Behörde an den Arbeitnehmer ab. Direkt geregelt ist damit der Fall, dass die Zustimmung zunächst nur dem Arbeitgeber erteilt wird, der daraufhin die Kündigung wirksam ausspricht. Die Dreiwochenfrist beginnt dann nicht mit dem Zeitpunkt der Kündigung, sondern erst mit dem Zeitpunkt, zu dem auch dem Arbeitnehmer die Zustimmung mitgeteilt wird.[118]

60 Darüber hinausgehend wird der Vorschrift vom Bundesarbeitsgericht auch der Fall untergeordnet, dass der **Insolvenzverwalter die Zustimmung nicht einholt:** Solange die Zustimmung nicht eingeholt und dem Arbeitnehmer mitgeteilt sei, könne § 4 S. 1 KSchG keine Wirkung entfalten.[119] Das gilt aber nur dann, wenn der Insolvenzverwalter das **Zustimmungserfordernis kennt.** Denn § 5 Abs. 1 S. 2 KSchG bestimmt, dass eine nachträgliche Klagezulassung auch zu erfolgen hat, wenn eine Frau von ihrer Schwangerschaft aus einem von ihr nicht zu vertretenen Grund erst nach Ablauf der Frist des § 4 S. 1 KSchG Kenntnis erlangt. Das setzt voraus, dass auch im Falle der nach § 17 MuSchG zustimmungsbedürftigen Kündigung die Klagefrist an sich läuft, so dass es notwendig ist, der Arbeitnehmerin den Weg der nachträglichen Klagezulassung einzuräumen, wenn sie erst nach Ablauf der Frist von ihrer Schwangerschaft erfährt. Dementsprechend ist § 4 S. 4 KSchG nur dann anzuwenden, wenn der Insolvenzverwalter den die Zustimmungsbedürftigkeit der Kündigung begründenden Umstand (Schwangerschaft, Schwerbehinderteneigenschaft nach § 2 Abs. 2 SGB IX, Elternzeit, Pflegezeit) zum Zeitpunkt des Zugangs der Kündigung kennt. Ist er ihm unbekannt, bleibt es bei § 4 S. 1 KSchG.[120] Ein solcher Fall kann auch bei § 18 BEEG auftreten, nämlich dann, wenn der Arbeitnehmer gem. § 18 Abs. 2 S. 1 Nr. 2 BEEG Teilzeitarbeit leistet, ohne Elternzeit in Anspruch zu nehmen.

61 Von vornherein kein Fall des § 4 S. 4 KSchG ist die Zustimmungsbedürftigkeit außerordentlicher Kündigungen von Betriebsrats- und Personalratsmitgliedern (§ 103 BetrVG, § 47 iVm § 108 BPersVG). Betriebsrat und Personalrat sind keine Behörden.

---

[109] BAG NZA 2006, 204 Rn. 17; KR/*Klose* KSchG § 4 Rn. 168.

[110] Vgl. BAG NZA 2015, 1183 Rn. 20 f.

[111] BGHZ 137, 205 (208 ff.) = NJW 1998, 976 = ZIP 1998, 212 zum Nichtabholen eines Einschreibebriefs; BAG NZA 2015, 1183 Rn. 21; APS/*Preis* Grundlagen D. Rn. 58.

[112] Palandt/*Ellenberger* BGB § 130 Rn. 16; KR/*Klose* KSchG § 4 Rn. 170; APS/*Preis* Grundlagen D. Rn. 42.

[113] BGHZ 101, 49 = NJW 1987, 2235 = ZIP 1987, 852.

[114] BGHZ 70, 232 = NJW 1978, 886.

[115] BAG AP BGB § 130 Nr. 3 = NJW 1961, 2132; LAG Bremen LAGE BGB § 130 Nr. 6 = BeckRS 1986, 30457143; BGH NJW 2009, 2197 Rn. 11.

[116] *Neuvians/Mensler* BB 1998, 1206.

[117] APS/*Hesse* KSchG § 4 Rn. 89; ErfK/*Kiel* KSchG § 4 Rn. 21.

[118] BAG NJW 1982, 2630.

[119] BAG NZA 2003, 1335 = NZI 2004, 162 = ZIP 2003, 2129 für die aufgehobene Vorschrift des § 113 Abs. 2 InsO, die in ihrem S. 2 auf § 4 S. 4 KSchG Bezug nahm.

[120] BAG NZA 2011, 411 Rn. 16, 20 f. und BAG NZA 2008, 1055 Rn. 45 f. für die Schwerbehinderteneigenschaft; BAG NZA 2009, 980 Rn. 22 f., 26 ff. für die Schwangerschaft; im Einzelnen ErfK/*Kiel* KSchG § 4 Rn. 24 ff.; LSSW/*Spinner* KSchG § 4 Rn. 65 ff.

c) Folgen der Fristversäumung. Wird die Klage nicht rechtzeitig innerhalb der Dreiwochenfrist erhoben, gilt die Kündigung als von Anfang an rechtswirksam (§ 7 Hs. 1 KSchG). Eine Klage des Arbeitnehmers gegen die Kündigung nach Ablauf der Dreiwochenfrist ist deshalb unbegründet, weil die Kündigung als von Anfang an materiell wirksam fingiert wird.[121] 62

Das Gesagte gilt auch für die **Änderungskündigung:** Ein Änderungsvorbehalt wegen fehlender sozialer Rechtfertigung oder Fehlen eines wichtigen Grundes entfällt in direkter Anwendung des § 7 Hs. 2 KSchG. Andere Unwirksamkeitsgründe werden mit Fristversäumung in entsprechender Anwendung unbeachtlich.[122] 63

Die Frist des § 4 S. 1 KSchG ist eine **Ausschlussfrist,** keine Verjährungsfrist.[123] Deshalb muss das Arbeitsgericht sie von sich aus auch dann berücksichtigen, wenn der Beklagte sich nicht auf ihre Versäumung beruft. Ist die Klage zurückgenommen und erst nach Ablauf der Dreiwochenfrist erneut erhoben worden, so ist die Frist nicht gewahrt.[124] 64

Die Versäumung der Klagefrist führt nur dazu, dass die **Rechtswirksamkeit der Kündigung selbst** feststeht. Soweit der Sachverhalt, der zur Kündigung geführt hat, noch für weitere Rechtsbeziehungen zwischen Arbeitgeber und Arbeitnehmer von Bedeutung ist, etwa für einen Schadensersatzanspruch nach § 628 BGB oder für den Verfall einer Vertragsstrafe gem. § 339 BGB, kann er in einem diesbezüglichen Verfahren zur Entscheidung gestellt werden. Die Fiktion entfaltet insofern keine Wirkung.[125] 65

d) Klagerhebung. Nach § 4 S. 1 KSchG muss der Arbeitnehmer zur Wahrung der Dreiwochenfrist Klage beim Arbeitsgericht erheben. Auch eine **unzulässige Klage** kann die Frist wahren.[126] Maßgebend ist der Zeitpunkt, zu dem die Klage beim Arbeitsgericht eingereicht wird, sofern die Zustellung an den beklagten Insolvenzverwalter „demnächst" erfolgt (§ 46 Abs. 2 ArbGG iVm §§ 495, 167 ZPO). Die Klage ist eingereicht, wenn sie beim Arbeitsgericht abgegeben oder in den Briefkasten eingeworfen oder zu Protokoll der Geschäftsstelle erklärt worden ist. Wirft der Arbeitnehmer am letzten Tag die Klage in den normalen Briefkasten des Arbeitsgerichts, so wahrt er damit die Frist selbst dann, wenn zugleich ein Nachtbriefkasten vorhanden ist; er ist jedoch für den rechtzeitigen Einwurf darlegungs- und beweispflichtig.[127] Eine durch **Telefax** übermittelte Klage ist eingereicht, wenn die gesendeten Signale vom Telefaxgerät des Gerichts vollständig empfangen und gespeichert worden sind.[128] Gleiches gilt für ein Computerfax mit eingescannter Unterschrift.[129] Die Möglichkeit einer Einreichung der Klage durch ein mit einer qualifizierten elektronischen Signatur versehenes elektronisches Dokument regelt § 46c ArbGG, wobei die Bestimmung der für die Übermittlung und Bearbeitung geeigneten technischen Rahmenbedingungen einer Rechtsverordnung der Bundesregierung bedarf (§ 46c Abs. 2 ArbGG).[130] 66

Ob eine **Zustellung noch „demnächst"** erfolgt ist, richtet sich nach den Umständen. Ausschlaggebend ist das Verhalten des Klägers oder seines Vertreters. Hat er durch (auch leicht fahrlässiges) nachlässiges Verhalten, etwa durch die Angabe einer falschen Anschrift oder eines falschen Aktenzeichens, zu einer nicht nur geringfügigen Verzögerung der Zustellung beigetragen, ist diese nicht mehr „demnächst" erfolgt. Dabei ist auf die Zeitspanne abzustellen, um die sich die Zustellung der Klage als Folge der Nachlässigkeit gerade des Klägers verzögert hat.[131] Nicht mehr geringfügig ist in der Regel eine Verzögerung, die erheblich über zwei Wochen hinausgeht.[132] Verzögerungen im gerichtlichen Geschäftsbetrieb dürfen dagegen nicht zu Lasten des Klägers gehen.[133] 67

Die Kündigungsschutzklage ist **gegen den Insolvenzverwalter** als Partei kraft Amtes zu richten. Das gilt auch dann, wenn die Kündigung noch vom Schuldner erklärt worden ist.[134] Eine Klage 68

---

121 BAG NZA 2013, 524 Rn. 10; BAG NZA 2009, 1095 Rn. 18 = ZIP 2009, 1779; APS/*Hesse* KSchG § 7 Rn. 6; LSSW/*Spinner* KSchG § 4 Rn. 92.

122 LSSW/*Wertheimer* KSchG § 2 Rn. 119.

123 Vgl. KR/*Klose* KSchG § 4 Rn. 190, 282; LSSW/*Spinner* KSchG § 4 Rn. 80 f.

124 BAG AP KSchG § 3 Nr. 7.

125 HaKo-KSchR/*Gallner* KSchG § 7 Rn. 11; v. Hoyningen-Huene/Linck/*Linck* KSchG § 7 Rn. 9; LSSW/*Spinner* KSchG § 7 Rn. 2 ff.

126 BAG NZA 1994, 237.

127 BAG NJW 1981, 298.

128 BGH NJW 2013, 2514 Rn. 11; s. auch BGHZ 167, 214 Rn. 18 ff. = NJW 2006, 2263 für die Berufungsbegründung; im Einzelnen MüKoZPO/*Becker-Eberhard* § 253 Rn. 12.

129 Vgl. GmS-OGB BGHZ 144, 160 = NZA 2000, 959 = ZIP 2000, 1356.

130 Näher dazu GMP/*Germelmann/Künzl* ArbGG § 46c Rn. 6 ff., 12; ErfK/*Kiel* KSchG § 4 Rn. 13.

131 BAG NZA-RR 2015, 380 Rn. 35; BGH NJW 2011, 1227 Rn. 8.

132 BAG ZIP 2002, 1412 = BeckRS 2002, 40930; BGH NJW 2015, 2666 Rn. 5 = ZIP 2015, 1898; s. aber auch BAG NZA 2013, 227 Rn. 31 ff., das eine Zustellung im Ausland 19 Monate nach Ablauf der Verjährungsfrist noch als „demnächst" aufgefasst hat.

133 BAG NZA-RR 2015, 380 Rn. 35; BGH NZM 2011, 752 Rn. 6.

134 BAG NZA 2014, 276 Rn. 12 = NZI 2014, 324 = ZIP 2014, 339.

gegen den Schuldner macht den Insolvenzverwalter nicht zur Partei und wahrt deshalb nicht die Klagefrist. Ist ausweislich des Rubrums der Klageschrift anstatt des Insolvenzverwalters der Schuldner verklagt, ist jedoch stets zu prüfen, ob eine Berichtigung des Rubrums möglich ist. Ergibt sich aus dem Inhalt der Klageschrift, etwa dem beigefügten Kündigungsschreiben des Insolvenzverwalters, dass sich die Klage in Wahrheit gegen den Insolvenzverwalter richten soll, so ist die irrtümlich falsche Parteibezeichnung zu berichtigen.[135] Übt der Schuldner eine selbständige Tätigkeit aus und hat der Insolvenzverwalter das Vermögen aus dieser Tätigkeit gem. § 35 Abs. 2 aus der Insolvenzmasse freigegeben, ist die Kündigungsschutzklage dagegen auch nach der Eröffnung des Insolvenzverfahrens gegen den Schuldner zu richten.[136]

69 **e) Nachträgliche Klagezulassung.** Die Rigidität der Klagefrist für den Arbeitnehmer wird dadurch abgemildert, dass er nach Maßgabe des § 5 KSchG die nachträgliche Zulassung der Klage erreichen kann. § 5 Abs. 1 S. 1 KSchG setzt voraus, dass der betroffene Arbeitnehmer die Klage trotz Anwendung aller ihm nach Lage der Umstände zuzumutenden Sorgfalt nicht rechtzeitig einreichen konnte. Kriterium für die Zulassung einer verspäteten Klage ist also das **Fehlen eines Verschuldens** des Arbeitnehmers. Dabei wird ein strenger Maßstab angelegt: Der Arbeitnehmer muss alle ihm zuzumutende Sorgfalt beachtet haben, dh ihn darf an der Versäumung der Frist keinerlei Verschulden, auch keine leichte Fahrlässigkeit treffen.[137] Maßgeblich ist die dem konkret betroffenen Arbeitnehmer in seiner individuellen Situation und nach seinen persönlichen Fähigkeiten zuzumutende Sorgfalt.[138] Das **Bundesarbeitsgericht** stellt in einer objektiven Betrachtung nun allerdings auf den Maßstab des § 276 Abs. 2 BGB ab, wonach es auf die üblicherweise zu erwartende Sorgfalt einer ordentlichen Prozesspartei ankommen soll.[139]

70 Das **Verschulden seines gesetzlichen Vertreters und eines Prozessbevollmächtigten** muss sich der Arbeitnehmer zurechnen lassen. Das ergibt sich aus den auch hier entsprechend anwendbaren §§ 51 Abs. 2 und 85 Abs. 2 ZPO.[140] Diese Vorschriften betreffen nicht nur Prozesshandlungen innerhalb eines schon anhängigen Verfahrens, sondern auch solche, mit denen ein Verfahren eingeleitet wird. Daran ändert auch nichts, dass es sich bei der Dreiwochenfrist zur Erhebung der Klage gegen eine Kündigung um eine materiell-rechtliche Ausschlussfrist handelt.[141]

71 Die **Unkenntnis der Klagefrist** an sich entschuldigt den Arbeitnehmer grundsätzlich nicht. Es gehört zu den an jeden Arbeitnehmer zu stellenden Sorgfaltsanforderungen, dass er um die Notwendigkeit weiß, gegen eine Kündigung innerhalb einer Frist vorzugehen.[142] Eine Aufklärungspflicht gegenüber dem Arbeitnehmer besteht nicht, auch nicht im Fall der Insolvenz.[143] Das gilt auch für ausländische Arbeitnehmer, und zwar auch dann, wenn die Kündigung während eines Heimaturlaubs zugegangen ist.[144]

72 **Krankheit** entschuldigt für sich genommen nicht die Versäumung der Klagefrist. Vielmehr kommt es darauf an, ob der Arbeitnehmer durch die Erkrankung objektiv daran gehindert war, seine Rechte wahrzunehmen. Dabei muss er auch ungewöhnliche Wege beschreiten, etwa dritte Personen (Ehegatte, Verwandte, Freunde) beauftragen oder auch selbst eine Klage formulieren.[145] Solange die Erkrankung seine Entschließungsfreiheit beeinträchtigt, trifft ihn aber kein Verschulden.[146] Dass dem Arbeitnehmer infolge der Erkrankung nur eine verkürzte Überlegungsfrist

[135] BAG NZA 2013, 1007 Rn. 19 = NZI 2013, 151; BAG NZA 2003, 1391; BAG ZIP 2002, 1412 = BeckRS 2002, 40930; vgl. auch BAG NZA 2007, 404 Rn. 24 ff. = NZI 2007, 182 = ZIP 2007, 1078, wo eine solche Berichtigung nicht möglich war.

[136] BAG NZA 2014, 276 Rn. 11 ff. = NZI 2014, 324 = ZIP 2014, 339.

[137] LAG Schleswig-Holstein LAGE KSchG § 5 Nr. 114 = BeckRS 2006, 40326; LAG Düsseldorf LAGE KSchG § 5 Nr. 89 = BeckRS 1997, 41709; KR/*Kreft* KSchG § 5 Rn. 10; v. Hoyningen-Huene/Linck/*Linck* KSchG § 5 Rn. 3.

[138] ErfK/*Kiel* KSchG § 5 Rn. 2; KR/*Kreft* KSchG § 5 Rn. 11; v. Hoyningen-Huene/Linck/*Linck* KSchG § 5 Rn. 4; LSSW/*Spinner* KSchG § 5 Rn. 5.

[139] BAG NZA 2012, 413 Rn. 16; ebenso MHdB ArbR/*Rachor* § 130 Rn. 61; ausführlich diskutiert und offen gelassen von BAG NZA 2018, 1157 Rn. 21 ff.

[140] BAG NZA 2012, 413 Rn. 15 ff.; BAG NZA 2009, 1052 Rn. 12 ff.; BAG NZA 2009, 692 Rn. 20 ff.; aA LAG Hamm NZA-RR 1996, 388.

[141] LSSW/*Spinner* KSchG § 5 Rn. 6.

[142] BAG AP KSchG 1969 § 5 Nr. 19 Rn. 44 = BeckRS 2012, 72009; BAG NZA 1994, 281; MHdB ArbR/*Rachor* § 130 Rn. 62.

[143] LAG Köln ZIP 2006, 2231 = BeckRS 2006, 43995; KR/*Kreft* KSchG § 5 Rn. 61.

[144] Vgl. LAG Hamburg LAGE KSchG § 5 Nr. 34 = NZA 1988, 411; LAG Hamm DB 1982, 2706.

[145] LAG Köln LAGE KSchG § 5 Nr. 112 = BeckRS 2006, 41428; LAG Hamm LAGE KSchG § 5 Nr. 45.

[146] KR/*Kreft* KSchG § 5 Rn. 46; v. Hoyningen-Huene/Linck/*Linck* KSchG § 5 Rn. 14.

nach seiner Genesung bleibt, dispensiert ihn nicht von der Einhaltung der Dreiwochenfrist.[147] Auch ein Klinikaufenthalt rechtfertigt für sich genommen noch keine nachträgliche Zulassung.[148]

Dass der Arbeitnehmer von einer ihm zugegangenen Kündigung **nicht rechtzeitig genug** 73 **Kenntnis nimmt** und deshalb die Klagefrist versäumt, muss er sich grundsätzlich als Verschulden zurechnen lassen. Allerdings kann vom Arbeitnehmer ohne Vorliegen besonderer Umstände nicht verlangt werden, dass er während einer Ortsabwesenheit dafür sorgt, dass er von einer ihm möglicherweise zugehenden Kündigung Kenntnis nehmen kann. Geht die Kündigung während des **Urlaubs** dem Arbeitnehmer zu Hause zu und nimmt der Arbeitnehmer deshalb erst nach Ablauf der Dreiwochenfrist von ihr Kenntnis, ist die Klage regelmäßig nachträglich zuzulassen.[149] Muss der Arbeitnehmer jedoch auf Grund besonderer Umstände damit rechnen, dass ihm während eines Urlaubs eine Kündigung zugeht, ist ihm diese insbesondere vom Insolvenzverwalter schon angekündigt worden, so handelt er fahrlässig, wenn er nicht für die Kenntnisnahme sorgt.[150] Hat der Arbeitnehmer eine Urlaubsadresse angegeben, muss er dafür sorgen, dass ihn dort eingehende Post ohne größere Verzögerung erreicht.[151] Eine Klage ist auch dann nicht nach § 5 Abs. 1 S. 1 KSchG nachträglich zuzulassen, wenn ein nicht nur vorübergehend ortsabwesender Arbeitnehmer nicht sicherstellt, dass er zeitnah von einem Kündigungsschreiben Kenntnis erlangt, das in einen von ihm vorgehaltenen Briefkasten im Inland eingeworfen wird.[152] Wenn ein Familienmitglied die zugegangene Kündigung dem Arbeitnehmer vorenthält, etwa um ihm Aufregung zu ersparen, kann die fehlende Kenntnisnahme hingegen unverschuldet sein.[153]

Die nachträgliche Zulassung einer verspäteten Klage erfolgt nach § 5 Abs. 1 KSchG auf **Antrag** 74 **des Arbeitnehmers.** Eine Zulassung ohne Antrag, wie sie § 236 Abs. 2 S. 2 ZPO vorsieht, kommt angesichts des Wortlauts des § 5 Abs. 1 S. 1 KSchG und der unterschiedlichen Gegenstände von Wiedereinsetzungs- und Zulassungsverfahren nicht in Betracht. Mit dem Antrag ist die Klageerhebung zu verbinden; ist die Klage bereits eingereicht, so ist auf sie Bezug zu nehmen (§ 5 Abs. 2 S. 1 KSchG). Der Antrag muss ferner die Angabe der die nachträgliche Zulassung begründenden Tatsachen und die Mittel für deren Glaubhaftmachung enthalten (§ 5 Abs. 2 S. 2 KSchG).[154]

Der Antrag auf nachträgliche Zulassung der verspäteten Klage ist nur innerhalb von **zwei** 75 **Wochen** nach Behebung des Hindernisses zulässig (§ 5 Abs. 3 S. 1 KSchG). Die Frist beginnt mit der **Behebung des Hindernisses** für die Einhaltung der Klagefrist. Behoben ist das Hindernis dann, wenn der Arbeitnehmer oder sein Prozessbevollmächtigter bzw. gesetzlicher Vertreter in der Lage ist, die Klage zu erheben, oder bei Anwendung der ihm zumutbaren Sorgfalt in der Lage wäre, das zu tun. War der Arbeitnehmer etwa durch Krankheit an der Erhebung der Klage tatsächlich verhindert (→ Rn. 72), ist das der Zeitpunkt, an dem die Verhinderung aufgehört hat. Hat er von der Kündigung keine Kenntnis gehabt, so kommt es darauf an, wann er diese Kenntnis erlangt hat oder bei gehöriger Sorgfalt hätte erlangen können.[155]

Nach **Ablauf von sechs Monaten,** vom Ende der versäumten Frist an gerechnet, kann der 76 Antrag nicht mehr gestellt werden (§ 5 Abs. 3 S. 2 KSchG). Sowohl bei Versäumung dieser Frist als auch bei Versäumung der Zweiwochenfrist des § 5 Abs. 3 S. 1 KSchG ist eine nachträgliche Zulassung der Klage unter keinen Umständen mehr möglich. Ob den Arbeitnehmer ein Verschulden an der Versäumung dieser Frist trifft, spielt keine Rolle.[156] Dass § 233 ZPO auch eine Wiedereinsetzung gegen die Versäumung der Wiedereinsetzungsfrist vorsieht, kann angesichts des unterschiedlichen Regelungsgegenstandes auf die Versäumung der Zulassungsfrist nach dem unveränderten § 5 Abs. 3 KSchG nicht übertragen werden.[157]

---

[147] LAG Hamm MDR 1981, 965 = BeckRS 1981, 30461443.

[148] LAG Schleswig-Holstein LAGE KSchG § 5 Nr. 118 = BeckRS 2008, 52192.

[149] LAG Nürnberg MDR 2006, 274 = BeckRS 2009, 68099; LAG Köln NZA-RR 1996, 455; LAG Hamm LAGE KSchG § 5 Nr. 6 = BeckRS 1979, 30705897; LAG Köln NZA-RR 2007, 521 für den Fall, dass der Arbeitnehmer während des im Ausland verbrachten Erholungsurlaubs erkrankt.

[150] Vgl. LAG Berlin ZIP 1982, 614 = BeckRS 1982, 30708706.

[151] LAG Hamm MDR 1984, 173 = LSK 1984, 250073 (Ls.).

[152] BAG NZA 2018, 1157 Rn. 26 ff.

[153] LAG Berlin AP KSchG 1969 § 5 Nr. 3.

[154] Näher dazu APS/*Hesse* KSchG § 5 Rn. 69 ff.; ErfK/*Kiel* KSchG § 5 Rn. 24; LSSW/*Spinner* KSchG § 5 Rn. 24 ff.

[155] LAG Hamm BeckRS 2015, 68701; LAG Hamburg LAGE KSchG § 5 Nr. 111 = BeckRS 2011, 66667; LAG Rheinland-Pfalz NZA-RR 2005, 274.

[156] LAG Hamm MDR 1988, 171 = BeckRS 1980, 43885 für den Fall, dass der Arbeitgeber den Arbeitnehmer arglistig von der Erhebung der Kündigungsschutzklage abgehalten hat.

[157] BAG NZA 2010, 1373 Rn. 20 ff., 27.

77 Das Verfahren über den **Antrag auf nachträgliche Klagezulassung** ist mit dem Verfahren über die Klage zu verbinden. Allerdings kann das Arbeitsgericht das Verfahren zunächst auch auf die Verhandlung und Entscheidung über den Antrag beschränken; in diesem Fall ergeht die Entscheidung durch Zwischenurteil, das wie ein Endurteil angefochten werden kann (§ 5 Abs. 4 KSchG). Das Verbundverfahren nach § 5 Abs. 4 S. 1 KSchG stellt gegenüber der Vorabentscheidung nach § 5 Abs. 4 S. 2 KSchG allerdings den Regelfall dar.[158] Statthafte Rechtmittel sind sowohl beim Verbundverfahren als auch im Fall der Vorabentscheidung unter den gesetzlichen Voraussetzungen Berufung und Revision.[159]

78 Hat das Arbeitsgericht über einen Antrag auf nachträgliche Klagezulassung nicht entschieden oder wird ein solcher Antrag erstmals vor dem **Landesarbeitsgericht** gestellt, entscheidet hierüber die Kammer des Landesarbeitsgerichts (§ 5 Abs. 5 KSchG). Die entgegen § 68 ArbGG früher in diesen Fällen praktizierte Zurückverweisung an das Arbeitsgericht[160] kommt nicht mehr in Betracht.[161]

79 **f) Verlängerte Anrufungsfrist.** Eine weitere Abmilderung der Rigidität der Klagefrist ist in § 6 KSchG vorgesehen. Danach kann ein Arbeitnehmer, der innerhalb von drei Wochen nach Zugang der Kündigung deren Unwirksamkeit im Klagewege geltend gemacht hat, sich bis zum Schluss der mündlichen Verhandlung erster Instanz zur Begründung der Unwirksamkeit auch auf innerhalb der Klagefrist nicht geltend gemachte Gründe berufen (§ 6 S. 1 KSchG). Das Arbeitsgericht soll ihn hierauf hinweisen (§ 6 S. 2 KSchG). Jedenfalls wenn der Arbeitnehmer weder anwaltlich noch gewerkschaftlich vertreten ist, muss der Hinweis erfolgen.[162] Dabei genügt der bloße Hinweis auf den Regelungsgehalt der Vorschrift. Ein Hinweis auf konkrete Unwirksamkeitsgründe ist nicht erforderlich. Die Pflicht zu derartigen Hinweisen kann sich allerdings aus § 139 ZPO ergeben.[163]

80 Der Arbeitnehmer wendet sich inzidenter auch dann gerichtlich gegen die Kündigung, wenn er innerhalb der Dreiwochenfrist eine **Leistungsklage** erhebt, mit der er Ansprüche aus dem Arbeitsverhältnis für die Zeit nach dem beabsichtigten Wirksamwerden der Kündigung geltend macht. Auch eine solche Leistungsklage genügt deshalb den Anforderungen des § 6 KSchG,[164] so dass der Arbeitnehmer in diesem Verfahren auch noch die Sozialwidrigkeit der Kündigung, das Fehlen eines wichtigen Grundes und sonstige Unwirksamkeitsgründe geltend machen kann.

81 Nach dem eindeutigen Wortlaut des § 6 S. 1 KSchG kann die Sozialwidrigkeit der Kündigung nur bis zum **Schluss der mündlichen Verhandlung erster Instanz** und damit nicht mehr in der Berufung geltend gemacht werden. Unterlässt das Gericht jedoch den Hinweis nach § 6 S. 2 KSchG (→ Rn. 79) und verstößt es damit gegen § 139 ZPO, kann sich der Arbeitnehmer auch noch in der Berufungsinstanz auf andere Unwirksamkeitsgründe berufen, die er in erster Instanz auf einen gebotenen Hinweis des Gerichts vorgetragen hätte. Eine Zurückverweisung an das Arbeitsgericht nach Aufhebung des erstinstanzlichen Urteils kommt wegen § 68 ArbGG nicht in Betracht.[165]

III. Selbständiger Dienstvertrag

82 **1. Vorzeitige Kündigung.** Auch die Dienstverhältnisse Selbständiger können sowohl vom Insolvenzverwalter als auch vom Dienstverpflichteten ohne Rücksicht auf eine vereinbarte Vertragsdauer oder einen vereinbarten Ausschluss des Rechts zur ordentlichen Kündigung gekündigt werden.

83 Für die Kündigung selbständiger Dienstverträge gilt die **Höchstfrist von drei Monaten zum Monatsende,** wenn nicht eine kürzere Frist maßgeblich ist. Ist vertraglich keine Kündigungsfrist vereinbart, wie das häufig für die auf Zeit eingegangenen Dienstverträge von Vorstandsmitgliedern von Aktiengesellschaften und GmbH-Geschäftsführer zutrifft, ist aus den → Rn. 27 genannten Gründen die gesetzliche Frist des § 621 BGB einschlägig; danach gilt regelmäßig die Halbmonatsfrist zum Monatsende (Nr. 3) und nur ausnahmsweise, wenn eine mindestens nach Kalendervierteljahren bemessene Vergütung vorgesehen ist, eine solche von sechs Wochen zum Ende des Kalendervierteljahres (Nr. 4), die – je nach Kündigungszeitpunkt – länger als die Dreimonatsfrist sein kann, welche

158 BAG NZA 2009, 1229 Rn. 17.
159 Näher ErfK/*Kiel* KSchG § 5 Rn. 32; AR/*Lukas* KSchG § 5 Rn. 20.
160 Etwa LAG Köln LAGE KSchG § 5 Nr. 99 = BeckRS 2001, 40016; LAG Nürnberg NZA 1996, 503.
161 ErfK/*Kiel* KSchG § 5 Rn. 32.
162 Vgl. BAG NZA 2012, 817 Rn. 23 = ZIP 2012, 1193; BAG NZA 2008, 936 Rn. 21.
163 BAG NZA 2012, 817 Rn. 25 = ZIP 2012, 1193.
164 BAG NZA 2014, 443 Rn. 35; BAG NZA-RR 2008, 466 Rn. 23; BAG NJW 1962, 1587; s. auch BAG NZA 2015, 1511 Rn. 29 für die Befristungskontrollklage; HaKo-KSchR/*Gallner* KSchG § 6 Rn. 24 f.; v. Hoyningen-Huene/Linck/*Linck* KSchG § 6 Rn. 6; LSSW/*Spinner* KSchG § 6 Rn. 5 ff.
165 BAG NZI 2013, 447 Rn. 57; BAG NZA 2011, 1178 Rn. 29 f.; ErfK/*Kiel* KSchG § 6 Rn. 5; KR/*Klose* KSchG § 6 Rn. 33; v. Hoyningen-Huene/Linck/*Linck* KSchG § 6 Rn. 14 f.; LSSW/*Spinner* KSchG § 6 Rn. 13; aA APS/*Hesse* KSchG § 6 Rn. 28.

auf den Quartalsbeendigungstermin keine Rücksicht nimmt. Für **Vorstandsmitglieder** einer Aktiengesellschaft und **GmbH-Geschäftsführer** gelten die Fristen des § 621 BGB jedoch nur, wenn jene die Gesellschaft beherrschen.[166] Sonst sind für sie die Fristen des § 622 BGB einschlägig.[167] Sind in dem Dienstvertrag Kündigungsfristen vereinbart, verdrängen diese kürzere gesetzliche Kündigungsfristen,[168] finden aber ihre Grenze an der Dreimonatsfrist.

2. Schadensersatz. Der aus einem selbständigen Dienstvertrag Verpflichtete kann im Falle der vorzeitigen Kündigung durch den Insolvenzverwalter wegen der vorzeitigen Beendigung seines Dienstverhältnisses als Insolvenzgläubiger Schadensersatz verlangen (S. 3). Gegenstand des Ersatzanspruchs ist auch hier das Entgelt für die Zeitspanne, um die sich das Dienstverhältnis infolge der vorzeitigen Kündigung verkürzt hat.[169] Auch hier sind ersparte Aufwendungen, anderweitiger Erwerb und schuldhaft unterlassener anderweitiger Erwerb in Abzug zu bringen und begrenzt die dem Verwalter erwachsene Möglichkeit der Kündigung wegen Betriebsstilllegung den Ersatzanspruch (→ Rn. 33). 84

Das Bundesarbeitsgericht steht auf dem Standpunkt, dass der Anspruch eines gekündigten **GmbH-Geschäftsführers** auf den Verfrühungsschaden weder nach § 254 Abs. 1 BGB ausgeschlossen noch gemindert werden kann, wenn dieser die Insolvenz sorgfaltswidrig (mit-)verschuldet hat. Der Schutzzweck der Sorgfaltspflicht nach § 43 Abs. 1 GmbHG umfasse nicht die Verhinderung des nach S. 3 zu ersetzenden Verfrühungsschadens, sondern diene dem Schutz der Gesellschaft und mittelbar den Vermögensinteressen der Gesellschafter.[170] Dieser Auffassung ist nicht zu folgen. Bei der Feststellung der Höhe des auf die Insolvenzsituation zurückzuführenden Verfrühungsschadens ist ein **Mitverschulden** an der Herbeiführung dieses Schadens wie sonst auch nach § 254 Abs. 1 BGB zu berücksichtigen. Der Verfrühungsschaden ist in Höhe der Quote aus der Insolvenzmasse und damit letztlich aus dem Vermögen der Gesellschaft zu bezahlen.[171] Auch die Vermögensinteressen der Gesellschafter sind betroffen, weil die Insolvenz regelmäßig den tatsächlichen und wirtschaftlichen Verlust des Gesellschaftsanteils zur Folge hat. 85

Nach § 87 Abs. 3 AktG ist der Schadensersatzanspruch bei **Vorstandsmitgliedern** von Aktiengesellschaften auf einen Zeitraum von höchstens zwei Jahren beschränkt. Für GmbH-Geschäftsführer besteht eine solche Regelung nicht. § 87 Abs. 3 AktG ist auf deren Anstellungsvertrag nicht anzuwenden.[172] 86

3. Keine Klagefrist. Der aus einem selbständigen Dienstvertrag Verpflichtete kann eine etwaige Unwirksamkeit der ihm gegenüber durch den Insolvenzverwalter ausgesprochenen Kündigung ohne Bindung an eine Klagefrist geltend machen. § 4 KSchG gilt für ihn nicht. Eine Schranke bildet insoweit nur das Institut der Verwirkung. 87

Auch die Dienstverhältnisse **arbeitnehmerähnlicher Personen** unterliegen § 4 KSchG nicht. Lediglich der Rechtsweg führt nach § 5 Abs. 1 S. 2 ArbGG zum Arbeitsgericht. 88

§ 114 *(aufgehoben)*

§ 115 Erlöschen von Aufträgen

(1) Ein vom Schuldner erteilter Auftrag, der sich auf das zur Insolvenzmasse gehörende Vermögen bezieht, erlischt durch die Eröffnung des Insolvenzverfahrens.

(2) [1]Der Beauftragte hat, wenn mit dem Aufschub Gefahr verbunden ist, die Besorgung des übertragenen Geschäfts fortzusetzen, bis der Insolvenzverwalter anderweitig Fürsorge treffen kann. [2]Der Auftrag gilt insoweit als fortbestehend. [3]Mit seinen Ersatzansprüchen aus dieser Fortsetzung ist der Beauftragte Massegläubiger.

---

166 OLG Hamm NJW-RR 1993, 493 = ZIP 1992, 418; *Löwisch* FS Kraft, 1998, 375 (379 f.).

167 BGH NJW 1987, 2073; BGHZ 91, 217 = NJW 1984, 2528 = ZIP 1984, 1088; BGH NJW 1981, 2748 = ZIP 1981, 858; vgl. auch BGHZ 164, 98 (105) = NJW 2005, 3641 = ZIP 2005, 1917; *Bauer/Krieger/Arnold,* Arbeitsrechtliche Aufhebungsverträge, 9. Aufl. 2014, D. Rn. 68; weitergehend LAG Rheinland-Pfalz NZG 2009, 195, das § 622 Abs. 1 BGB auf die Kündigung des Anstellungsvertrags eines GmbH-Geschäftsführers, der Alleingesellschafter der GmbH war, angewendet hat.

168 Für Arbeitsverhältnisse BAG NZA 1999, 425 = NZI 1999, 165 = ZIP 1999, 370.

169 Vgl. OLG Celle NZI 2018, 946 = ZIP 2018, 2281 (für den Ersatzanspruch eines GmbH-Geschäftsführers wegen vorzeitiger Kündigung seines Anstellungsvertrags).

170 BAG AP InsO § 113 Nr. 24 Rn. 32 = ZIP 2007, 1829.

171 HKInsO/*Linck* § 113 Rn. 30; KPB/*Moll* § 113 Rn. 152; auch Jaeger/*Giesen* § 113 Rn. 147 f.; aA Uhlenbruck/*Zobel* § 113 Rn. 163a.

172 BAG AP InsO § 113 Nr. 24 Rn. 21 = ZIP 2007, 1829.

(3) [1]Solange der Beauftragte die Eröffnung des Verfahrens ohne Verschulden nicht kennt, gilt der Auftrag zu seinen Gunsten als fortbestehend. [2]Mit den Ersatzansprüchen aus dieser Fortsetzung ist der Beauftragte Insolvenzgläubiger.

Schrifttum: *Emde/Kelm,* Der Handelsvertretervertrag in der Insolvenz des Unternehmers, ZIP 2005, 58 ff.; *Kirchhof,* Die Rechtsprechung des Bundesgerichtshofes zum Insolvenzrecht, WM 1996, Sonderbeilage Nr. 2/28, S. 1 ff.; *Kück,* Anmerkung zu BGH, Beschl. v. 20.11.2003 – III ZB 24/03, ZInsO 2006, 11 ff.; *Marotzke,* Der Einfluss des Insolvenzverfahrens auf Auftrags- und Geschäftsbesorgungsverhältnisse. Kritische Gedanken zu § 23 KO (§§ 115 ff. InsO), FS Henckel, 1995, S. 579 ff.; *Marotzke,* Die Behandlung der schwebenden Rechtsgeschäfte, in: Leipold (Hrsg.), Insolvenzrecht im Umbruch, 1991, S. 183 ff.; *Marotzke,* Anmerkung zu OLG Hamm, Urt. v. 4.8.1987 – 25 U 173/86, EWiR 1987, 1121 f.; *Marotzke,* Das Zurückbehaltungsrecht im Konkurs des Gegners, JA 1988, 117 ff.; *Peschke,* Die Insolvenz des Girokontoinhabers, 2005; *Rottnauer,* Widerspruchsmöglichkeit gegen Einzugsermächtigungslastschriften im Konkurs- oder Vergleichsverfahren des Schuldners?, WM 1995, 272 ff.; *Spliedt,* Anmerkung zu OLG Frankfurt, Urt. v. 2.6.2005 – 3 U 185/04, EWiR 2005, 573 f.; *Wochner,* Die unselbständige Stiftung, ZEV 1999, 125 ff.

Übersicht

I. Normzweck

1 Die Vorschrift bezweckt eine **Abschirmung des Aufgabenbereichs des Insolvenzverwalters** gegenüber massebezogenen Verwaltungshandlungen Dritter. Ihr Ziel ist es, sicherzustellen, dass die Verwaltung der Masse vom Zeitpunkt der Verfahrenseröffnung allein in den Händen des Verwalters liegt.[1] Dadurch wird die Regelung der Rechtsstellung des Insolvenzverwalters gem. § 80 in faktischer Hinsicht ergänzt. Der Beauftragte darf keine Aktivitäten mehr entfalten, weil diese mit dem Aufgabenbereich des Verwalters **kollidieren** würden. Darüber hinaus gehört zum Normzweck auch die Freihaltung der Insolvenzmasse vor finanziellen Belastungen durch zusätzliche Insolvenzforderungen, die sich aus Ansprüchen des Beauftragten auf Aufwendungsersatz bei einem Fortbestand des Auftrags ergeben könnten.[2] Vertragliche Vereinbarungen, die den Fortbestand des Auftrages über den Zeitpunkt der Verfahrenseröffnung hinaus vorsehen, sind gem. § 119 unwirksam.[3] Diese Bestimmung erfasst allerdings nur solche Vereinbarungen, die gerade dazu führen, dass Aufträge und Geschäftsbesorgungsverträge zu Lasten der Masse fortbestehen (→ § 119 Rn. 74 f.).[4]

1 Begründung zu §§ 133, 134 RegE, BT-Drs. 12/2443, S. 151; BGH NJW-RR 2017, 496 = NZI 2017, 105; K. Schmidt/*Ringstmeier* § 115 Rn. 2; HambKommInsO/*Ahrendt* § 115 Rn. 1; AGR/*Flöther/Wehner* § 115 Rn. 1; krit. KPB/*Tintelnot* §§ 115, 116 Rn. 2 („rechtspolitisch fragwürdig"); eingehend Jaeger/*Jacoby* §§ 115, 116 Rn. 6 ff., 23 ff., der den Zweck der §§ 115, 116 darin sieht, die vertragsrechtlichen Konsequenzen aus dem Wechsel der masserelevanten Handlungsorganisation im Hinblick darauf zu ziehen, dass bei Auftrag und Geschäftsbesorgung typischerweise Dritte in eine gewillkürte Handlungsorganisation eingebunden werden und die Erlöschensanordnung sowohl die berechtigten Interessen des Vertragspartners schützt als auch die Entscheidungsfreiheit des Insolvenzverwalters stärkt.

2 BKInsO/*Goetsch* § 115 Rn. 5; HambKommInsO/*Ahrendt* § 115 Rn. 1; krit. dazu *Marotzke* FS Henckel, S. 579, 587 f., der der Vorschrift des § 23 KO (§ 115 InsO) einen eigenständigen Sinn abspricht; dem folgend K. Schmidt/*Ringstmeier* § 115 Rn. 3, § 116 Rn. 2. Zur Frage, inwieweit sich aus einer Fortführung der Geschäftsbesorgung nach Eröffnung des Insolvenzverfahrens noch Forderungen gegen die Masse ergeben können, → Rn. 12.

3 BGHZ 168, 276 = NZI 2006, 637 ff.; NJW-RR 2017, 496 = NZI 2017, 105; Andres/Leithaus/*Andres* § 115 Rn. 10; FKInsO/*B. Wegener* § 115 Rn. 20; HKInsO/*Marotzke* § 115 Rn. 3, 20; Jaeger/*Jacoby* §§ 115, 116 Rn. 33.

4 BGH NJW-RR 2017, 496 = NZI 2017, 105; Jaeger/*Jacoby* § 119 Rn. 43.

II. Entstehungsgeschichte

Die Vorschrift entspricht wörtlich der des § 133 RegE und ist inhaltlich im Wesentlichen unverändert aus der Konkursordnung übernommen worden (§§ 23, 27 KO), jedoch wurde die Regelung in Bezug auf Geschäftsbesorgungsverträge in einer besonderen Vorschrift erfasst (§ 116); außerdem wurden die Regelungen des BGB über die Notgeschäftsführung (§ 672 Satz 2 BGB) und über die Fiktion des Fortbestands des Auftrags (§ 674 BGB) unmittelbar in die insolvenzrechtliche Neuregelung integriert. 2

Nach dem Ersten Bericht der Kommission sollten Aufträge nicht bereits mit dem Eröffnungsbeschluss, sondern erst mit der Einleitung des Insolvenzverfahrens erlöschen.[5] Dies wurde damit begründet, dass andernfalls bei einer Reorganisation bereits erloschene Aufträge neu erteilt werden müssten. Für Geschäftsbesorgungsverträge trägt die GesO diesem Anliegen insofern Rechnung, als das Wahlrecht des Verwalters auch für Geschäftsbesorgungsverträge gilt (§ 9 Abs. 1 GesO). Für Auftragsverhältnisse gilt dies jedoch nicht.[6] Der RegE ist dem Vorschlag der Kommission nicht gefolgt, sondern hat an dem Erlöschen von Aufträgen und Geschäftsbesorgungsverträgen und an der **Eröffnung des Insolvenzverfahrens** als dem dafür maßgeblichen Zeitpunkt festgehalten. Diese Regelung wurde im weiteren Gesetzgebungsverfahren nicht mehr in Frage gestellt.[7] 3

III. Einzelerläuterungen

1. Anwendungsbereich. Ein Auftrag im Rechtssinne ist ein Vertrag, der eine unentgeltliche Geschäftsbesorgung zum Gegenstand hat. Eine Geschäftsbesorgung in diesem Sinne ist jede Tätigkeit in fremdem Interesse, d. h. jede Tätigkeit, die die Interessen des Auftraggebers oder auch eines Dritten fördert.[8] In Betracht kommen alle Arten **fremdnütziger Tätigkeiten,** nicht nur wirtschaftliche[9] und nicht nur Tätigkeiten höherer Art.[10] Erfasst werden vielmehr alle unentgeltlichen Tätigkeiten, soweit sie über bloße Gefälligkeiten hinausgehen (→ Rn. 6).[11] 4

a) Unentgeltlichkeit. Von den Geschäftsbesorgungsverträgen im Sinne des § 116 unterscheidet sich der Auftrag zunächst durch seine Unentgeltlichkeit. Das Auftragsverhältnis ist, von der Unentgeltlichkeit abgesehen, nicht in gleicher Weise abzugrenzen wie der Geschäftsbesorgungsvertrag iSd §§ 675 BGB, 116 InsO, da es nicht nur selbstständige wirtschaftliche Tätigkeiten in fremdem Interesse umfasst, sondern jede Tätigkeit für einen anderen. Für ein engeres Verständnis der Geschäftsbesorgung im Sinne des § 675 BGB spricht, dass die Anwendbarkeit des Auftragsrechts auf Dienst- und Werkverträge nicht generell, sondern nur dann sachgerecht ist, wenn die geschuldete Tätigkeit auf die Wahrnehmung fremder Interessen ausgerichtet ist.[12] Demgegenüber kommt dem Auftragsrecht die Aufgabe zu, alle Tätigkeiten für andere, die einer rechtlichen Regelung bedürfen, zu erfassen.[13] Unter Berücksichtigung des Normzwecks des § 115 und der Systematik der insolvenzrechtlichen Beendigung von Vertragsverhältnissen durch die Eröffnung des Insolvenzverfahrens verdient zudem im vorliegenden Zusammenhang die weitere Auslegung den Vorzug. Ein Auftrag im Sinne dieser Vorschrift ist demgemäß jedes Vertragsverhältnis, durch das sich jemand zu einer **unentgeltlichen Tätigkeit** für den Schuldner verpflichtet hat.[14] Die Tätigkeit kann rechtsgeschäftlicher, rechtsgeschäftsähnlicher oder faktischer Art sein und sich auf die Wahrnehmung wirtschaftlicher oder anderer Interessen des Schuldners beziehen; unerheblich ist auch, ob sie selbstständiger oder unselbstständiger Art ist.[15] 5

b) Gefälligkeitsverhältnisse. Tätigkeiten im Rahmen bloßer **Gefälligkeitsverhältnisse** begründen keine rechtsgeschäftliche Bindung und führen deshalb weder zu einer rechtlich relevanten 6

---

[5] 1. KommBer., Leitsatz 1.2.10.

[6] *Smid/Zeuner* GesO § 9 Rn. 4.

[7] Zur Vorgeschichte des § 23 Satz 1 KO s. *Marotzke* FS Henckel, S. 579, 581 f.

[8] Staudinger/*Martinek/Omlor* BGB Vor §§ 662 ff. Rn. 28, § 662 Rn. 2; Soergel/*Beuthien* BGB Vor § 662 Rn. 7; FKInsO/*B. Wegener* § 115 Rn. 3; HKInsO/*Marotzke* § 115 Rn. 10; Uhlenbruck/*Sinz* §§ 115, 116 Rn. 3 mit Beispielen.

[9] BGHZ 56, 204, 207 = NJW 1971, 1404; MüKoBGB/*Seiler*[6] § 662 Rn. 15.

[10] MüKoBGB/*Seiler*[6] § 662 Rn. 15 f.

[11] K. Schmidt/*Ringstmeier* § 115 Rn. 5; HambKommInsO/*Ahrendt* § 115 Rn. 2; Andres/Leithaus/*Andres* § 115 Rn. 1; Braun/*Kroth* § 115 Rn. 3; BKInsO/*Goetsch* § 115 Rn. 8.

[12] Soergel/*Beuthien* BGB § 662 Rn. 9.

[13] MüKoBGB/*Seiler*[6] § 662 Rn. 16.

[14] Nerlich/Römermann/*Kießner* § 115 Rn. 6; FKInsO/*B. Wegener* § 115 Rn. 4; BKInsO/*Goetsch* § 115 Rn. 8; *Hess*[2] §§ 115, 116 Rn. 4; Graf-Schlicker/*Pöhlmann* § 115 Rn. 4; *Jaeger/Henckel* KO § 23 Rn. 1.

[15] MüKoBGB/*Seiler*[6] § 662 Rn. 16; Staudinger/*Martinek/Omlor* BGB Vor §§ 662 ff. Rn. 15; Nerlich/Römermann/*Kießner* § 115 Rn. 6; FKInsO/*B. Wegener* § 115 Rn. 3.

Handlungskompetenz noch zu Ansprüchen auf Aufwendungsersatz.[16] Sie sind auch insolvenzrechtlich unbeachtlich. Die Abgrenzung bestimmt sich nach der **wirtschaftlichen und rechtlichen Bedeutung** der Angelegenheit, vor allem für den Begünstigten.[17]

7 **c) Anwendungsfälle.** Beispiele für Auftragsverhältnisse mit Bezug auf das Vermögen des Schuldners betreffen die unentgeltlich übernommene Verpflichtung zur Übernahme einer Bürgschaft, zur Erteilung eines Gefälligkeitsakzepts oder zur Bestellung von sonstigen Sicherheiten.[18] Keinen Auftrag iSd § 115 stellt eine Schiedsabrede dar.[19]

8 **d) Geschäftsbesorgungen.** Für Dienst- oder Werkverträge, die eine Geschäftsbesorgung für den Schuldner zum Gegenstand haben, gilt § 115 entsprechend (§ 116 Satz 1). Im Einzelnen hierzu → § 116 Rn. 6 ff.

9 **2. Voraussetzungen. a) Massebezug.** Weitere Voraussetzung ist, dass der Auftrag vom Schuldner erteilt worden ist und dass sich die geschuldete Tätigkeit auf das **zur Insolvenzmasse gehörende Vermögen** bezieht.[20] Die **Beweislast** für die Massebezogenheit liegt anders als unter Geltung des § 23 KO aufgrund der Gesetzesformulierung beim Insolvenzverwalter.[21] Ist der Schuldner selbst Auftragnehmer, findet § 115 keine Anwendung, es finden ausschließlich die §§ 662 ff. BGB Anwendung.[22] Tätigkeiten wirtschaftlicher Art für den Schuldner werden sich in aller Regel auf das zur Insolvenzmasse gehörende Vermögen beziehen, weil auch der Neuerwerb des Schuldners in die Insolvenzmasse fällt (§ 35) und insolvenzfreies Vermögen des Schuldners demzufolge grundsätzlich nicht besteht (→ aber § 36).[23] Auftragsverhältnisse, die sich auf **Tätigkeiten ideeller Art** beziehen sowie Tätigkeiten, die sich auf die **Person des Schuldners,** nicht auf sein Vermögen beziehen wie Pflege und Betreuung, fallen nicht unter § 115.[24] Dem Auftrag im Sinne einer unentgeltlichen Geschäftsbesorgung kommt im Wirtschaftsleben nur eine untergeordnete Bedeutung zu. Der Schwerpunkt der Regelung des § 115 liegt deshalb bei Vertragsverhältnissen, die von § 116 Satz 1 erfasst werden und für die § 115 entsprechend gilt (§ 116 Satz 1). Keine Anwendung findet § 115 auf vom vorläufigen Insolvenzverwalter erteilte Aufträge.[25]

10 **b) Unvollständige Ausführung.** Die Vorschrift setzt voraus, dass der Auftrag bei Eröffnung des Insolvenzverfahrens noch nicht vollständig ausgeführt war.[26] Sie greift nicht ein, wenn der Auftrag bereits vollständig ausgeführt war und der Beauftragte nur noch Herausgabe des durch die Geschäftsbesorgung Erlangten schuldet.[27] War der Auftrag nur teilweise erfüllt, so erlischt er hinsichtlich des noch nicht erfüllten Teils.[28] Bei der Anordnung der vorläufigen Insolvenzverwaltung findet § 115 keine Anwendung.[29]

---

16 Nerlich/Römermann/*Kießner* § 115 Rn. 6.

17 BGHZ 56, 204, 210 = NJW 1971, 1404; BGHZ 88, 373, 382 = NJW 1984, 1533; BGHZ 92, 164, 168 = NJW 1985, 1778; Esser/*Weyers,* Schuldrecht, Bd. II, Teilbd. 1, § 35 I 3 b.

18 Vgl. BGH LM § 516 Nr. 2; OLG Karlsruhe WM 1991, 1161, 1163 f.; Jaeger/*Jacoby* §§ 115, 116 Rn. 47.

19 BGH NZI 2018, 62 = WuB 2018, 141 (*Christopeit*); NZI 2018, 106; NZI 2013, 934; ZInsO 2004, 88 mAnm *Kück* ZInsO 2006, 11 ff.; OLG Köln NZI 2017, 509 (*Poertzgen*); Graf-Schlicker/*Pöhlmann* § 115 Rn. 4; HambKommInsO/*Ahrendt* § 115 Rn. 2; Gottwald/*Huber*, InsO-HdB, § 36 Rn. 46; Jaeger/*Jacoby* §§ 115, 116 Rn. 35; zur KO s. BGHZ 24, 15, 18 = NJW 1957, 791; → ferner § 80 Rn. 43.

20 BGH NJW-RR 2017, 496 = NZI 2017, 105; BFHE 253, 67 = GmbHR 2016, 661; Nerlich/Römermann/*Kießner* § 115 Rn. 5; HambKommInsO/*Ahrendt* § 115 Rn. 3; HKInsO/*Marotzke* § 115 Rn. 11; Jaeger/*Jacoby* §§ 115, 116 Rn. 41; Andres/Leithaus/*Andres* § 115 Rn. 3; BKInsO/*Goetsch* § 115 Rn. 9–12; Braun/*Kroth* § 115 Rn. 4; LSZ/*Zeuner* § 115 Rn. 4.

21 Jaeger/*Jacoby* §§ 115, 116 Rn. 41.

22 HKInsO/*Marotzke* § 115 Rn. 19; BKInsO/*Goetsch* § 115 Rn. 3; K. Schmidt/*Ringstmeier* § 115 Rn. 6; Nerlich/Römermann/*Kießner* § 115 Rn. 4; Uhlenbruck/*Sinz* §§ 115, 116 Rn. 5; FKInsO/*B. Wegener* § 115 Rn. 5; *Hess*[2] §§ 115, 116 Rn. 9; näher hierzu Jaeger/*Jacoby* §§ 115, 116 Rn. 85 ff.

23 Zum Neuerwerb vgl. Jaeger/*Jacoby* §§ 115, 116 Rn. 44.

24 Palandt/*Sprau* BGB Einf. vor § 662 Rn. 8, § 675 Rn. 3: Tätigkeiten als Arzt, Erzieher, Vorleser; Jaeger/*Jacoby* §§ 115, 116 Rn. 43; K. Schmidt/*Ringstmeier* § 115 Rn. 6.

25 FKInsO/*B. Wegener* § 115 Rn. 8.

26 HKInsO/*Marotzke* § 115 Rn. 12; Braun/*Kroth* § 115 Rn. 3; *Kuhn/Uhlenbruck* KO § 23 Rn. 5; HambKommInsO/*Ahrendt* § 115 Rn. 4; Nerlich/Römermann/*Kießner* § 115 Rn. 6a; Andres/Leithaus/*Andres* § 115 Rn. 4.

27 *Marotzke* EWiR 1987, 1121; HKInsO/*Marotzke* § 115 Rn. 12.

28 HKInsO/*Marotzke* § 115 Rn. 13; HambKommInsO/*Ahrendt* § 115 Rn. 4.

29 LG Lübeck DZWiR 2000, 78; FKInsO/*B. Wegener* § 115 Rn. 7; Andres/Leithaus/*Andres* § 115 Rn. 5; HKInsO/*Marotzke* § 115 Rn. 18.

3. Rechtsfolgen (Abs. 1). Mit der Eröffnung des Insolvenzverfahrens **erlischt** der vom Schuldner erteilte Auftrag. Diese Rechtsfolge tritt mit Wirkung **ex nunc** ein.[30] Soweit der Auftragnehmer den Auftrag vor Insolvenzeröffnung erfüllt hat, muss der Insolvenzverwalter dies für und gegen die Masse gelten lassen.[31] Hat der Auftragnehmer vor Eröffnung des Insolvenzverfahrens Aufwendungen getätigt, für die er vom Schuldner Ersatz verlangen konnte, so ist er insoweit Insolvenzgläubiger. Soweit er vor Insolvenzeröffnung etwas aus der Geschäftsbesorgung erlangt hat, ist er zur Herausgabe an die Masse verpflichtet (§§ 667 BGB, 80 InsO). Ein Zurückbehaltungsrecht steht dem Auftragnehmer nicht zu.[32] Er kann auch keinen Anspruch auf **Schadensersatz statt der Leistung** geltend machen, weil die Auftragsbeendigung im Hinblick auf die jederzeitige Widerrufsmöglichkeit nach § 671 BGB keine Leistungsstörung darstellt.[33] Wird ein zunächst erlassener Eröffnungsbeschluss später aufgehoben, entfällt rückwirkend auch die Unwirksamkeit des Auftrags.[34] 11

Das Erlöschen des Auftrags schließt es aus, dass der Beauftragte durch eine **Weiterführung seiner Tätigkeit** für den Schuldner nach Eröffnung des Insolvenzverfahrens noch Ansprüche gegen die Masse auf Aufwendungsersatz (§ 670 BGB) erwirbt. Solche Ansprüche könnten ohnehin nur dann als Insolvenzforderungen geltend gemacht werden, wenn sie im Zeitpunkt der Insolvenzeröffnung bereits begründet waren, was voraussetzen würde, dass der anspruchsbegründende Tatbestand bei Verfahrenseröffnung vollständig erfüllt war.[35] Das ist jedoch zweifelhaft, wenn die Aufwendungen, deren Ersatz verlangt wird, erst nach Insolvenzeröffnung vorgenommen worden sind. In Betracht kommt ein Bereicherungsanspruch gegen die Masse gem. § 55 Abs. 1 Nr. 3, soweit die Masse durch die Handlung des früheren Beauftragten bereichert ist.[36] 12

Das Erlöschen des Auftrags, das durch § 115 Abs. 1 angeordnet wird, erfasst das **Auftragsverhältnis insgesamt,** nicht nur eine davon zu unterscheidende Geschäftsführungsbefugnis bzw. „Ermächtigung" zur Geschäftsbesorgung.[37] Eine solche vom Vertragsverhältnis losgelöste Befugnis ist dem Auftragsrecht ebenso fremd wie dem Recht des Geschäftsbesorgungsvertrags (→ Rn. 14). Ein **Wahlrecht des Insolvenzverwalters** gem. § 103 kommt demgemäß nicht in Betracht.[38] Abgesehen davon, dass ein Auftragsverhältnis als nur einseitig verpflichtender Vertrag vom Tatbestand des § 103 ohnehin nicht erfasst wird, ergibt sich aus der Systematik der gesetzlichen Regelung, dass die besonderen Vorschriften der §§ 108 ff. über die Beendigung von Vertragsverhältnissen die allgemeine 13

---

[30] BGH NZI 2006, 637 ff.; FKInsO/*B. Wegener* § 115 Rn. 7; K. Schmidt/*Ringstmeier* § 115 Rn. 9; KPB/*Tintelnot* §§ 115, 116 Rn. 9; AGR/*Flöther/Wehner* § 115 Rn. 6; Uhlenbruck/*Sinz* §§ 115, 116 Rn. 8; *Hess*[2] §§ 115, 116 Rn. 14; Nerlich/Römermann/*Kießner* § 115 Rn. 8; Jaeger/*Jacoby* §§ 115, 116 Rn. 50; LSZ/*Zeuner* § 115 Rn. 5; Andres/Leithaus/*Andres* § 115 Rn. 6; Braun/*Kroth* § 115 Rn. 6; BKInsO/*Goetsch* § 115 Rn. 6, 13.

[31] BGHZ 168, 276 = NZI 2006, 637 ff.; NJW-RR 2017, 496 = NZI 2017, 105; Nerlich/Römermann/*Kießner* § 115 Rn. 8; HKInsO/*Marotzke* § 115 Rn. 12 f.; Uhlenbruck/*Sinz* §§ 115, 116 Rn. 8; Jaeger/*Jacoby* §§ 115, 116 Rn. 51; FKInsO/*B. Wegener* § 115 Rn. 7.

[32] OLG Düsseldorf ZIP 1982, 471, 472; OLG Hamm ZIP 1987, 1330, 1331; Uhlenbruck/*Sinz* §§ 115, 116 Rn. 9; Jaeger/*Jacoby* §§ 115, 116 Rn. 57; AGR/*Flöther/Wehner* § 115 Rn. 7; K. Schmidt/*Ringstmeier* § 115 Rn. 10; Andres/Leithaus/*Andres* § 115 Rn. 6; FKInsO/*B. Wegener* § 115 Rn. 13, 19, § 116 Rn. 27; Beck/Depré/*Ringstmeier* § 23 Rn. 23; Braun/*Kroth* § 115 Rn. 6; krit. KPB/*Tintelnot* §§ 115, 116 Rn. 9b.

[33] BGH NZI 2006, 637 ff.; Nerlich/Römermann/*Kießner* § 115 Rn. 13; Andres/Leithaus/*Andres* § 115 Rn. 7; Jaeger/*Jacoby* §§ 115, 116 Rn. 62; K. Schmidt/*Ringstmeier* § 115 Rn. 10; Uhlenbruck/*Sinz* KPB/*Tintelnot* §§ 115, 116 Rn. 11; FKInsO/*B. Wegener* § 115 Rn. 12, § 116 Rn. 28a; HambKommInsO/*Ahrendt* § 115 Rn. 5; LSZ/*Zeuner* § 116 Rn. 7.

[34] BankenKommInsO/*Ellers* § 115 Rn. 3; BKInsO/*Goetsch* § 115 Rn. 7; Andres/Leithaus/*Andres* § 116 Rn. 3; LSZ/*Zeuner* § 115 Rn. 5, FKInsO/*B. Wegener* § 115 Rn. 9, § 116 Rn. 24; *Hess*[2] §§ 115, 116 Rn. 14; aA K. Schmidt/*Ringstmeier* § 115 Rn. 9.

[35] BGH NZI 2006, 637 ff.; KPB/*Holzer* § 38 Rn. 12; *Hess*[2] § 38 Rn. 6, 11; HKInsO/*Eickmann* § 38 Rn. 18.

[36] BankenKommInsO/*Ellers* § 115 Rn. 8; *Hess*[2] §§ 115, 116 Rn. 27; aA FKInsO/*B. Wegener* § 115 Rn. 17.

[37] So aber HKInsO/*Marotzke* § 115 Rn. 4; *Marotzke.* FS Henckel, S. 579, 585 ff.; Uhlenbruck/*Berscheid*[12] §§ 115, 116 Rn. 11; LSZ/*Zeuner* § 115 Rn. 2 f.; *Spliedt* EWiR 2005, 573, 574; K. Schmidt/*Ringstmeier* § 115 Rn. 8.

[38] BGHZ 109, 260, 264 = NJW 1990, 510; BGHZ 168, 276 = NZI 2006, 637 ff.; LG Essen ZIP 1996, 1878, 1879; LG Leipzig ZInsO 1999, 723; LG Cottbus ZInsO 2002, 635 f.; Uhlenbruck/*Sinz* §§ 115, 116 Rn. 10; BankenKommInsO/*Ellers* § 115 Rn. 3; FKInsO/*B. Wegener* § 116 Rn. 24 f.; BKInsO/*Goetsch* § 115 Rn. 13; LSZ/*Zeuner* § 115 Rn. 3; Nerlich/Römermann/*Kießner* § 115 Rn. 7; *Jaeger/Henckel* KO § 23 Rn. 5 f., 41 ff.; *Kilger/K. Schmidt* KO § 23 Anm. 5; *Kirchhof* WM 1996, Sonderbeilage Nr. 2, S. 1, 12; *Kuhn/Uhlenbruck* KO § 23 Rn. 6; *Rottnauer* WM 1995, 272, 277; *Wochner* ZEV 1999, 125, 127; Andres/Leithaus/*Andres* § 115 Rn. 5; HambKommInsO/*Ahrendt* § 115 Rn. 6; s. ferner *Peschke,* Insolvenz des Girokontoinhabers, S. 34 ff.; *Emde/Kelm* ZIP 2005, 58; zum Erlöschen einer Vereinbarung über die Auszahlung der Rückvergütung aus einer Kreditlebensversicherung an die kreditgebende Bank vgl. LG Memmingen ZIP 2009, 1372 f.; AG Mosbach NJW-RR 2011, 59 ff.; AG Düsseldorf ZInsO 2008, 1146 ff.; aA LG Düsseldorf Urt. v. 26.2.2010 – 22 S 257/09.

Bestimmung des § 103 verdrängen. Bedeutung hat dies insbesondere für entgeltliche Geschäftsbesorgungsverträge iSd § 116 (→ Rn. 48).

14 Demgemäß kommt eine **entsprechende Anwendung des § 103** auf Auftragsverhältnisse nicht in Betracht.[39] Eine solche Analogie lässt sich auch nicht damit begründen, dass sich bei entgeltlichen Geschäftsbesorgungsverträgen die gesetzlich angeordnete Rechtsfolge des Erlöschens nicht auf den Geschäftsbesorgungsvertrag, sondern nur auf die durch diesen übertragene Geschäftsführungsbefugnis beziehe.[40] Die durch Auftrag oder Geschäftsbesorgungsvertrag begründete **Geschäftsführungsbefugnis** ist keine vom zugrundeliegenden vertraglichen Rechtsverhältnis losgelöste Rechtsmacht im Sinne einer abstrakten Handlungsbefugnis, sondern lediglich eine abbreviative Bezeichnung der aus diesem Vertragsverhältnis resultierenden **Rechte und Pflichten des Beauftragten** bzw. des Geschäftsbesorgers. Diese Rechte und Pflichten können nicht unabhängig von dem Auftrags- oder Geschäftsbesorgungsvertrag, dem sie entstammen, bestehen. Sie können auch nicht unter Aufrechterhaltung des Vertragsverhältnisses im Übrigen erlöschen, da sie den Kern dieser Vertragsverhältnisse bilden. Da der Beauftragte bzw. der Geschäftsbesorger und der Geschäftsherr im Rahmen des Auftrags- bzw. Geschäftsbesorgungsverhältnisses kein gemeinschaftliches Vermögen begründet haben, besteht auch für eine vorübergehende Aufrechterhaltung des Vertragsverhältnisses – anders als bei der Auflösung von Gesellschaften (→ dazu § 118 Rn. 9) – als Liquidationsverhältnis und für **Handlungskompetenzen des Geschäftsbesorgers als Liquidator** kein Anlass und keine Rechtfertigung.[41] Vielmehr erfolgt die Abwicklung nach den Bestimmungen, die auch bei der Beendigung von Vertragsverhältnissen aus anderen Gründen gelten. Insolvenzrechtliche Besonderheiten ergeben sich daraus, dass die aus dem Vertragsverhältnis resultierenden Ansprüche des Schuldners gegen den Beauftragten bzw. gegen den Geschäftsbesorger nur noch vom Insolvenzverwalter geltend gemacht werden können (§ 80), während Gegenansprüche gegen die Masse geltend gemacht werden müssen und dabei grundsätzlich nur den Rang **einfacher Insolvenzforderungen** haben, sofern nicht die für Maßnahmen der Notgeschäftsführung geltenden Sonderbestimmungen eingreifen. Näher zur Abwicklung von Geschäftsbesorgungsverhältnissen in der Insolvenz → § 116 Rn. 48 ff.

15 Das hinter dem Versuch einer Differenzierung zwischen erloschener Geschäftsbesorgungsbefugnis und fortbestehendem Auftrags- bzw. Geschäftsbesorgungsverhältnis stehende Anliegen, dem Insolvenzverwalter ein Wahlrecht gem. § 103 zu eröffnen, lässt sich de lege lata nicht durchsetzen.[42] Der Insolvenzverwalter kann das durch die Eröffnung des Insolvenzverfahrens erloschene Vertragsverhältnis zwar nicht fortsetzen, er kann es aber neu begründen, was auch konkludent geschehen kann (→ § 116 Rn. 49).

16 **4. Notgeschäftsführung (Abs. 2).** Im Interesse der Masse liegt es, dass der Beauftragte **eilbedürftige Geschäfte** auch nach Eröffnung des Insolvenzverfahrens vornimmt, solange der Insolvenzverwalter seine Tätigkeit noch nicht aufgenommen oder noch keine Gelegenheit hatte, seinerseits die erforderlichen Maßnahmen zu treffen, um **Gefahren von der Masse** abzuwenden.[43] Dem trägt **Abs. 2** Rechnung. Der Beauftragte ist trotz des an sich eingetretenen Erlöschens des Auftragsverhältnisses im Sinne einer nachwirkenden Treue- und Fürsorgepflicht verpflichtet, die Maßnahmen zur Abwehr einer drohenden Gefahr für die Masse zu treffen **(Satz 1).** Insoweit wird das Auftragsverhältnis für die Übergangszeit als fortbestehend fingiert **(Satz 2).** Daraus folgt, dass der Beauftragte auch für die von ihm in dieser Phase getätigten Aufwendungen Ersatz aus Auftragsrecht (§ 670 BGB) als Masseverbindlichkeit verlangen kann **(Satz 3).** Die Regelung der Notgeschäftsführung entspricht der allgemein für das Auftragsrecht geltenden Bestimmung des § 672 Satz 2 BGB.[44] Von einer Genehmigung der Geschäftsführungsmaßnahme des Beauftragten durch den Verwalter ist der Anspruch nicht abhängig.[45] Diese Regelung ist sachlich geboten, weil der Beauftragte keinen Anreiz hätte, als Notgeschäftsführer Aufwendungen für die Masse vorzunehmen, wenn er damit rechnen

[39] BKInsO/*Goetsch* § 115 Rn. 4; Nerlich/Römermann/*Kießner* § 115 Rn. 7; K. Schmidt/*Ringstmeier* § 115 Rn. 11; dafür aber HKInsO/*Marotzke* § 115 Rn. 5 ff.; *Marotzke* JA 1988, 117, 119 sowie *Marotzke* in Leipold, Insolvenzrecht im Umbruch, S. 183, 194; *Hess*² §§ 115, 116 Rn. 3; de lege ferenda auch *Häsemeyer,* Insolvenzrecht, Rn. 20.72 (dort Fn. 161); ebenfalls krit. KPB/*Tintelnot* §§ 115, 116 Rn. 10.

[40] HKInsO/*Marotzke* § 115 Rn. 4; *Marotzke* FS Henckel, S. 579, 585, sowie *Marotzke* EWiR 1987, 1121 f.

[41] Abw. HKInsO/*Marotzke* § 115 Rn. 4.

[42] Die Entscheidung BGHZ 109, 260, 264 = NJW 1990, 510 lässt sich für eine solche Differenzierung nicht heranziehen. Der BGH stellt dort ausdrücklich fest, dass der Vertrag durch die Konkurseröffnung erloschen sei. Ein Fortbestehen des Mandats wird dort nur unter dem Gesichtspunkt angesprochen, dass sich das Mandat nicht auf das zur Konkursmasse gehörende Vermögen bezieht. Eine rechtliche Unterscheidung zwischen Mandat, das erlischt, und Mandatsvertrag, der fortbesteht, ergibt sich daraus nicht.

[43] BGH NZI 2006, 637 ff.; Beck/Depré/*Ringstmeier* § 23 Rn. 12.

[44] Vgl. hierzu BGH NZI 2018, 62 Rn. 21 ff. (daher keine insolvenzspezifische Regelung).

[45] LSZ/*Zeuner* § 115 Rn. 8; and. zum früheren Recht *Kuhn/Uhlenbruck* KO § 23 Rn. 11.

müsste, für seinen Ersatzanspruch nur die Insolvenzquote zu erlangen. Die Regelung ist sachgerecht auch deshalb, weil der Beauftragte hinsichtlich der Maßnahmen zur Gefahrenabwehr anstelle des Insolvenzverwalters in dessen Verantwortungsbereich tätig wird. Auf der Grundlage des als fortbestehend geltenden Auftragsverhältnisses handelt der Beauftragte nicht als Vertreter ohne Vertretungsmacht; darüber hinaus kann er die Masse im Rahmen der Notgeschäftsführungsmaßnahme wirksam berechtigen und verpflichten.[46]

5. Fortgeltung bei unverschuldeter Unkenntnis (Abs. 3). Führt der Beauftragte nach 17 Eröffnung des Insolvenzverfahrens noch Maßnahmen der Geschäftsbesorgung aus, so handelt er an sich als **Geschäftsführer ohne Auftrag** mit der Folge, dass ihm ein Anspruch auf Aufwendungsersatz nur unter den engeren Voraussetzungen des § 683 Satz 1 BGB zusteht, er andererseits aber einer Schadensersatzhaftung gem. § 678 BGB ausgesetzt ist. Vor diesen Rechtsnachteilen schützt ihn § 115 Abs. 3 Satz 1. Solange er die Eröffnung des Verfahrens ohne Verschulden nicht kennt, gilt danach zu seinen Gunsten der Auftrag gegenüber der Masse[47] als fortbestehend. Der Beauftragte wird unter den Voraussetzungen des Abs. 3 so behandelt, als habe er den Auftrag vor Eröffnung des Insolvenzverfahrens durchgeführt.[48] Gegenüber dem Beauftragten kann sich der Insolvenzverwalter nur auf das Erlöschen des Auftrags nach § 115 Abs. 1 berufen, wenn der Beauftragte Kenntnis oder fahrlässige Unkenntnis von der Verfahrenseröffnung hatte. Die Beweislast für die Bösgläubigkeit trägt dementsprechend der Insolvenzverwalter.[49]

§ 116 Erlöschen von Geschäftsbesorgungsverträgen

[1]Hat sich jemand durch einen Dienst- oder Werkvertrag mit dem Schuldner verpflichtet, ein Geschäft für diesen zu besorgen, so gilt § 115 entsprechend. [2]Dabei gelten die Vorschriften für die Ersatzansprüche aus der Fortsetzung der Geschäftsbesorgung auch für die Vergütungsansprüche. [3]Satz 1 findet keine Anwendung auf Zahlungsaufträge sowie auf Aufträge zwischen Zahlungsdienstleistern oder zwischengeschalteten Stellen und Aufträge zur Übertragung von Wertpapieren; diese bestehen mit Wirkung für die Masse fort.

Schrifttum: *Achsnick/Krüger,* Factoring in Krise und Insolvenz, 2. Aufl., 2011; *Baumbach/Hefermehl/Casper,* Wechselgesetz, Scheckgesetz: Recht der kartengesetützten Zahlungen, 23. Aufl., 2008; *Baumbach/Hopt,* Kommentar zum HGB, 35. Aufl., 2012; *Bitter,* Das neue Pfändungsschutzkonto (P-Konto) – eine Zwischenbilanz, ZIP 2011, 149 ff.; *Bitter/Rauhut,* Anmerkung zu BGH, Urt. v. 6.7.2006 – IX ZR 121/05, WuB VI A § 41 InsO 1.07; *Blaschczok,* Der bei Tätigkeit im fremden Interesse Verunglückte und sein Lebensrisiko, in: FS Wolfgang Gitter, 1995, S. 105 ff.; *Boos/Fischer/Schulte-Mattler/Schäfer,* Kreditwesengesetz, 4. Aufl., 2012 (zit. BFS-KWG); *Bork,* Die Doppeltreuhand in der Insolvenz, NZI 1999, 337 ff.; *Büchel,* Das neue Pfändungsschutzkonto in der Insolvenz des Schuldners, ZInsO 2010, 20 ff.; *Bülow,* Heidelberger Kommentar zum Wechselgesetz, Scheckgesetz und zu den Allgemeinen Geschäftsbedingungen, 4. Aufl., 2004; *Bunte,* Bankvertrag (Einzelprobleme), in: *Schimansky/Bunte/Lwowski* (Hrsg.), Bankrechtshandbuch, Band I, 4. Aufl., 2011, § 2; *Busch,* Kontopfändungsschutz in der Insolvenz nach dem Diskussionsentwurf eines Pfändungsschutz-Konto-Fortentwicklungsgesetzes – PKoFoG, ZVI 2019, 127 ff.; *v. Caemmerer,* Fragen des Akzeptkredits, NJW 1955, 41 ff.; *Canaris,* Bankvertragsrecht, Erster Teil, 3. Aufl., 1988; *Canaris,* Bankvertragsrecht, 2. Aufl., 1981; *du Carrois,* Aktuelle Probleme beim P-Konto in der Insolvenz des Schuldners, ZInsO 2010, 2276 ff.; *Casse,* Neue Überlegungen zum Giro- und P-Konto im Insolvenzverfahren, ZInsO 2012, 1402 ff.; *Christopeit,* Anmerkung zu BGH, Urt. v. 29.6.2017 – I ZB 60/16, WuB 2018, 143 f.; *Derleder,* Die vollharmonisierende Europäisierung des Rechts der Zahlungsdienste und des Verbraucherkredits, NJW 2009, 3195 ff.; *Einsele,* Das neue Recht der Banküberweisung, JZ 2000, 9 ff.; *Emde/Kelm,* Der Handelsvertretervertrag in der Insolvenz des Unternehmers, ZIP 2005, 58 ff.; *Feuerborn,* Die Geltendmachung von Gewährleistungsansprüchen im Bauträgerkonkurs, ZIP 1994, 14 ff.; *Fikentscher/Heinemann,* Schuldrecht, 10. Aufl., 2006; *Fischer,* Verbraucherinsolvenz – Was passiert mit dem Girokonto?, ZInsO 2003, 101 ff.; *Franck/Massari,* Die Zahlungsdiensterichtlinie: Günstigere und schnellere Zahlungen durch besseres Vertragsrecht?, WM 2009, 1117 ff.; *Ganter,* Anfechtungsrisiken der Bank im Verkehr mit ihrem von der Insolvenz bedrohten Kunden, NZI 2010, 835 ff.; *Gehrlein,* Insolvenzanfechtung von an und durch Banken bewirkten Zahlungen,

[46] KPB/*Tintelnot* §§ 115, 116 Rn. 12; K. Schmidt/*Ringstmeier* § 115 Rn. 12; Jaeger/*Jacoby* §§ 115, 116 Rn. 67; Uhlenbruck/*Sinz* §§ 115, 116 Rn. 13; LSZ/*Zeuner* § 115 Rn. 8; BKInsO/*Goetsch* § 115 Rn. 23; Nerlich/Römermann/*Kießner* § 115 Rn. 16; Braun/*Kroth* § 115 Rn. 12, § 117 Rn. 3b.

[47] Nicht jedoch gegenüber Dritten; s. hierzu Andres/Leithaus/*Andres* § 115 Rn. 9; BankenKommInsO/*Ellers* § 115 Rn. 6; Braun/*Kroth* § 115 Rn. 9. Ansprüche gegen den Auftragnehmer aus § 179 BGB sind gleichwohl gem. § 117 Abs. 3 ausgeschlossen; LSZ/*Zeuner* § 115 Rn. 10; Andres/Leithaus/*Andres* § 115 Rn. 9; BKInsO/*Goetsch* § 115 Rn. 27 f., 32; KPB/*Tintelnot* §§ 115, 116 Rn. 14; → ferner § 117 Rn. 18 f.

[48] KPB/*Tintelnot* §§ 115, 116 Rn. 13; LSZ/*Zeuner* § 115 Rn. 11; HambKommInsO/*Ahrendt* § 115 Rn. 12.

[49] Uhlenbruck/*Sinz* §§ 115, 116 Rn. 14; Andres/Leithaus/*Andres* § 115 Rn. 9; Jaeger/*Jacoby* §§ 115, 116 Rn. 70; AGR/*Flöther/Wehner* § 115 Rn. 14; aA K. Schmidt/*Ringstmeier* § 115 Rn. 14.

ZInsO 2010, 1857 ff.; *Grundmann,* Das neue Recht des Zahlungsverkehrs, WM 2011, 1109 ff. u. 1157 ff.; *Gundlach/Frenzel/N. Schmidt,* Die Wohnungseigentümergemeinschaft in der Insolvenz, NZI 2006, 437 ff.; *Günther,* Das Pfändungsschutzkonto in der Insolvenz des Bankkunden, ZInsO 2013, 859 ff.; *Habersack,* Rechtsfolgen des insolvenzbedingten Erlöschens des Kautionsversicherungsvertrages für den Bürgen, BKR 2007, 77 ff.; *Hess,* Anmerkung zu BGH, Urt. v. 18.1.2007 – IX ZR 202/05, WuB VI A § 116 InsO 1.07; *Hölzle,* Das Steuerberatungsmandat in der Insolvenz des Mandanten, DStR 2003, 2075 ff.; *Hogrefe,* Der Prämienanspruch des Kautionsversicherers in der Insolvenz des Versicherungsnehmers, VersR 2007, 1489 ff.; *Hopt,* Geschäftsverbindungen zwischen Bank und Kunden in: *Schimansky/Bunte/Lwowski* (Hrsg.), Bankrechtshandbuch, Band I, 4. Aufl., 2011, § 1; *Jaquemoth/Zimmermann,* Grundzüge und Funktionsweise des Pfändungsschutzkontos (sog. P-Konto), ZVI 2010, 113 ff.; *Kirchhof,* Die Rechtsprechung des Bundesgerichtshofes zum Insolvenzrecht, WM 1996, Sonderbeilage Nr. 2/28, S. 1 ff.; *Knees,* Und es erlischt doch! Warum (auch) das Pfändungsschutzkonto die Insolvenzeröffnung nicht ohne Weiteres überlebt, ZInsO 2011, 511 ff.; *Knipfer,* Anmerkung zu BGH, Urt. v. 4.12.1997 – VII ZR 177/96, MDR 1998, 342 ff.; *Krahm,* Anmerkung zu OLG Düsseldorf, Urt. v. 18.12.2009 – 16 U 160/09, jurisPR-HaGesR 4/2010 Anm. 2; *Krüger,* Die Wirkung der Verfahrenseröffnung bei einem insolventen Handelsvertreter auf seinen Handelsvertretervertrag, ZInsO 2010, 507 ff.; *Kulke,* Das Gesetz zur Umsetzung der Verbraucherkreditrichtlinie, des zivilrechtlichen Teils der Zahlungsdiensterichtlinie sowie zur Neuordnung der Vorschriften über das Widerrufs- und Rückgaberecht, VuR 2009, 12 ff.; *Lange,* Anmerkung zu OLG Schleswig, Urt. v. 29.6.2016 – 9 U 22/16, NZI 2016, 877 f.; *Langohr-Plato,* Anmerkung zu LAG Berlin-Brandenburg, Urt. v. 19.6.2012 – 16 Sa 2205/11, jurisPR-ArbR 46/2012 Anm. 5; *Marotzke,* Der Einfluss des Insolvenzverfahrens auf Auftrags- und Geschäftsbesorgungsverhältnisse. Kritische Gedanken zu § 23 KO (§§ 115 ff. InsO), in: FS Henckel, 1995, S. 579 ff.; *Marotzke,* Die Behandlung der schwebenden Rechtsgeschäfte, in: *Leipold* (Hrsg.), Insolvenzrecht im Umbruch, 1991, S. 183 ff.; *Marotzke,* Anmerkung zu OLG Hamm, Urt. v. 4.8.1987 – 25 U 173/86, EWiR 1987, 1121 f. (§ 49 KO); *Martinek,* Das Factoringgeschäft, in: Schimansky/Bunte/Lwowski (Hrsg.), Bankrechtshandbuch, Bd. II, 4. Aufl., 2011, § 102; *Martini* jurisPR-InsR 16/2012 Anm. 3; *Meder/Flick,* Anmerkung zu OLG Karlsruhe, Urt. v. 30.3.2011 – 17 U 56/09, WuB I D 1 Überweisungsverkehr 1.12; *Neuhof,* Anmerkung zu BGH, Urt. v. 24.6.2010 – IX ZR 199/09, WuB I E 4 Bankbürgschaft/Avalgeschäft 3.10; *Nobbe,* Das Girokonto in der Insolvenz, in: *Prütting* (Hrsg.) Insolvenzrecht 1996, 1997, S. 99 ff.; *Nobbe,* Neuregelungen im Zahlungsverkehrsrecht, WM 2011, 961 ff.; *Obermüller,* Insolvenzrechtliche Wirkungen des Überweisungsgesetzes, ZInsO 1999, 690 ff.; *Obermüller,* Überweisungsverkehr bei Insolvenz, ZInsO 2010, 8 ff.; *Paulus,* Vorsicht Falle – Wiederaufnahme eines durch ein Insolvenzverfahren unterbrochenen Prozesses, NJW 2010, 1633 ff.; *Peschke,* Die Insolvenz des Girokontoinhabers, 2005; *Peters,* Der Wechselkredit, in: *Schimansky/Bunte/Lwowski* (Hrsg.), Bankrechtshandbuch, Band I, 4. Aufl., 2011, § 65; *Poertzgen,* Anmerkung zu OLG Köln, Beschl. v. 23.9.2016 – 19 Sch 9/16, NZI 2017, 511 f.; *Proske,* Die Kautionsversicherung in der Insolvenz des Unternehmers, ZIP 2006, 1035 ff.; *Reymann,* Das Recht der Zahlungsdienste – Eine Zwischenbilanz auf dem Weg zur SEPA, DStR 2011, 1959 ff.; *Risse/Lindner,* Haftung der Banken nach dem neuen Überweisungsrecht, BB 1999, 2201 ff.; *Rösler/Werner,* Erhebliche Neuerungen im zivilen Bankrecht: Umsetzung von Verbraucherkredit- und Zahlungsdiensterichtlinie, BKR 2009, 1 ff.; *Rüger,* Die Doppeltreuhand zur Insolvenzsicherung von Arbeitnehmeransprüchen, 2009; *Mayen,* Girovertrag und Kontokorrent, in: Schimansky/Bunte/Lwowski (Hrsg.), Bankrechts-HdB, Band I, 4. Aufl., 2011, § 47; *Mayen,* Rechtsbeziehungen im Inlands-Überweisungsverkehr, in: Schimansky/Bunte/Lwowski (Hrsg.), Bankrechtshandbuch, Band I, 4. Aufl., 2011, § 49; *Schmid,* Anmerkung zu OLG Dresden, Beschl. v. 30.9.2009 – 13 W 281/09, jurisPR-InsR 6/2010 Anm. 4; *Sinz,* Leasing und Factoring im Insolvenzverfahren, in: Kölner Schrift zur Insolvenzordnung, 3. Aufl., 2009, S. 403 ff.; *Spliedt,* Anmerkung zu OLG Frankfurt, Urt. v. 2.6.2005 – 3 U 185/04, EWiR 2005, 573 f.; *Stadler,* Zurechnung von Stimmrechten und Pflichtangebote im Rahmen von Treuhandschaften an börsennotierten Aktien, insbesondere im Falle doppelnütziger Sanierungstreuhandschaften, NZI 2009, 878 ff.; *Stapper,* Der Prämienanspruch aus der Kautionsversicherung im Insolvenzverfahren, InVo 2005, 403 f.; *Storck,* Treuhand/CTA im Rahmen von Unternehmenstransaktionen, BB 2012, 2436 ff.; *Ströbl,* Anmerkung zu OLG Düsseldorf, Urt. v. 18.12.2009 – 16 U 160/09, EWiR 2010, 159 f.; *Sudergat,* Das Pfändungsschutzkonto in der Insolvenz, ZVI 2013, 169 ff.; *Tinnefeld,* Die Auf- und Verrechnungsmöglichkeit von Kreditinstituten zwischen Krise und Insolvenzverfahren bei debitorischer Kontoführung, 2006; *Torz,* Franchising und Insolvenz, ZInsO 2009, 1235 ff.; *Vogel,* Anmerkung zu OLG Dresden, Urt. v. 11.1.2007 – 13 U 2119/05, ZIP 2007, 2198 ff.; *Vosberg,* Die Kautionsversicherung in der Insolvenz des Unternehmers, ZIP 2002, 968 ff.; *Vosberg,* Anmerkung zu OLG Hamburg, Urt. v. 22.12.2009 – 3 U 244/08, EWiR 2010, 333 f.; *E. Wagner/Wexler-Uhlich,* Vertriebsvermittlerverträge in der Insolvenz – Handelsvertreterverträge, BB 2010, 2454 ff.; *E. Wagner/Wexler-Uhlich,* Vertriebsvermittlerverträge in der Insolvenz – Vertragshändlerverträge, BB 2011, 519 ff.; *Wallat,* Einlagenbegriff des Kreditwesengesetzes, NJW 1995, 3236 ff.; *Weitbrecht,* Die Doppeltreuhand – Grundstruktur, Insolvenzfestigkeit, Verwertung, NZI 2017, 553 ff.; *v. Westphalen,* Verspätete Überweisungen – Einige Bemerkungen zur neuen Rechtslage, BB 2000, 157 ff.; *Wolff,* Der Ausgleichsanspruch nach § 89b HGB bei Insolvenz des Handelsvertreters/Vertragshändlers, ZVI 2008, 1 ff.

Übersicht

A. Allgemeines

I. Normzweck

Die Vorschrift dient zunächst demselben Zweck wie § 115.[1] Es soll verhindert werden, dass Dritte unter Berufung auf entsprechende vertragliche Bindungen Geschäfte für den Schuldner besorgen und dadurch den Insolvenzverwalter in der Erfüllung seiner Aufgaben behindern. Für die Verwaltung des Vermögens des Schuldners ist nach der Eröffnung des Insolvenzverfahrens im Regelfall allein der Insolvenzverwalter zuständig und verantwortlich. Dies wird durch die für Geschäftsbesorgungsverträge mit dem Schuldner als Geschäftsherrn geltende Sondervorschrift des § 116 unterstrichen, nach der solche Verträge im Unterschied zu sonstigen Dienst- oder Werkverträgen mit Eröffnung des Insolvenzverfahrens zwingend erlöschen. Damit wird klargestellt, dass die Verwaltung der Masse vom Zeitpunkt der Verfahrenseröffnung **allein in den Händen des Insolvenzverwalters** liegt.[2] Verträge, die von der Vorschrift des § 116 Satz 1 erfasst werden, erlöschen mit Eröffnung des Insolvenzverfahrens endgültig und unterliegen damit nicht dem Wahlrecht des Insolvenzverwalters gem. § 103. Sie können demgemäß nicht durch einseitige Erklärung des Verwalters aufrechterhalten und fortgesetzt werden. Die Vorschrift des § 116 Satz 1 geht auch der des § 113 Abs. 1 vor, sofern es sich um einen Dienstvertrag mit dem Schuldner handelt, der eine Geschäftsbesorgung zum Gegenstand hat und bei dem der Schuldner der Dienstberechtigte ist. Die Vertragsinteressen des Geschäftsbesorgers werden durch die Verweisung auf § 115 vollen Umfangs geschützt in Fällen der Notgeschäftsführung für die Masse (§ 115 Abs. 2) und in eingeschränktem Umfang solange, als er von der Eröffnung des Insolvenzverfahrens ohne Verschulden keine Kenntnis erlangt hat (§ 115 Abs. 2).[3] Für Zahlungsaufträge, Aufträge zwischen Zahlungsdienstleistern oder zwischengeschalteten Stellen und Aufträge zur Übertragung von Wertpapieren, die vor Eröffnung des Insolvenzverfahrens erteilt worden sind, enthält **§ 116 Satz 3** eine privilegierende Sonderregelung; diese Aufträge beste- 1

[1] → § 115 Rn. 1.
[2] Begründung zu § 134 RegE, BT-Drs. 12/2443, S. 151.
[3] Vgl. BGH NZI 2018, 62.

hen fort. Weder erlöschen sie nach §§ 116, 115 Abs. 1 noch unterliegen sie dem Wahlrecht des Insolvenzverwalters gem. § 103.

II. Entstehungsgeschichte

2 Die Vorschrift entspricht im Wesentlichen der des § 134 RegE und ist inhaltlich unverändert aus der Konkursordnung übernommen worden (§§ 23 Abs. 2, 27 KO). Dabei wurde die Regelung in Bezug auf Geschäftsbesorgungsverträge in einer besonderen Vorschrift erfasst. Außerdem wurden die in § 27 KO nicht erwähnten Vergütungsansprüche des Geschäftsbesorgers durch Satz 2 ausdrücklich einbezogen. Nach dem Vorschlag der Kommission sollten Geschäftsbesorgungsverträge nicht erlöschen, sondern lediglich vom Verwalter gekündigt werden können.[4] Zur Entstehungsgeschichte → weiter § 115 Rn. 2 f.

3 Der ursprüngliche, für Überweisungsverträge sowie Zahlungs- und Übertragungsverträge geltende § 116 Satz 3 wurde durch Art. 2 Abs. 3 Überweisungsgesetz[5] eingefügt. Die Norm erfasste Überweisungs-, Zahlungs- und Übertragungsverträge iSd §§ 676a, 676d, 676 BGB aF. § 116 Satz 3 trat bereits am 14.8.1999 in Kraft, während die Änderungen des BGB über das Überweisungsrecht gemäß Art. 228 Abs. 2 EGBGB auf Inlandsüberweisungen und Überweisungen in Drittstaaten erst ab dem 1.1.2002 galten. Durch das Gesetz zur Umsetzung der Verbraucherkreditrichtlinie, des zivilrechtlichen Teils der Zahlungsdiensterichtlinie sowie zur Neuordnung der Vorschriften über das Widerrufs- und Rückgaberecht vom 29.7.2009[6] wurde § 116 Satz 3 an die Neuregelungen zum Recht des Zahlungsverkehrs (→ Rn. 38a) angepasst. Sinn und Zweck des § 116 Satz 3 ist es, die Abwicklung bereits wirksamer Aufträge zu erleichtern und den Auftragnehmer zu schützen. Der Gesetzgeber wollte mit Einführung des § 116 Satz 3 vor allem die Unsicherheiten beseitigen, die bei der Auslegung des Begriffs der Gefahr im Verzug im Rahmen der §§ 116, 115 Abs. 2 bestehen, und für laufende Überweisungen Klarheit schaffen.[7]

B. Einzelerläuterungen

I. Anwendungsbereich

4 **1. Allgemeine Voraussetzungen. Anwendbar** ist die Vorschrift nur im Falle der **Insolvenz des Geschäftsherrn,** § 116 Satz 1. Ist der Schuldner nicht der Geschäftsherr, so kann es zu einer Kollision der Geschäftsbesorgung mit der Verwaltungskompetenz des Insolvenzverwalters von vornherein nicht kommen.[8] Die Insolvenz dessen, der zur Geschäftsbesorgung verpflichtet ist, führt nicht zur Auflösung des Vertragsverhältnisses nach dieser Vorschrift.[9] Vielmehr endet das Vertragsverhältnis gem. § 103 unter den dort genannten Voraussetzungen; hierzu und zur Frage des Wahlrechts des Insolvenzverwalters in diesem Fall → § 103 Rn. 104. Die Insolvenz des zur Geschäftsbesorgung Verpflichteten kann für den Geschäftsherrn Anlass geben, einen Dienstvertrag gem. § 626 Abs. 1 BGB bzw. einen Werkvertrag wegen Unzumutbarkeit der Vertragsfortsetzung gem. § 242 BGB **aus wichtigem Grund** zu kündigen oder einen Werkvertrag durch Kündigung gem. § 649 BGB vorzeitig zu beenden.

5 Voraussetzung für das Erlöschen eines Geschäftsbesorgungsvertrags gem. §§ 116 Satz 1, 115 Abs. 1 ist weiter, dass sich die Geschäftsbesorgung auf das **zur Insolvenzmasse** gehörende Vermögen bezieht. Da eine Geschäftsbesorgung stets auf die Wahrnehmung wirtschaftlicher Belange gerichtet ist, andererseits auch der Neuerwerb des Schuldners in die Insolvenzmasse fällt (§ 35), werden Geschäftsbesorgungsverträge **in aller Regel** der Vorschrift des § 116 Satz 1 unterfallen (→ dazu § 115 Rn. 9). Ausnahmen ergeben sich vor allem für Mandate in Ehe- und Familiensachen.[10] Zum Pfändungsschutzkonto → Rn. 37a.

2. Geschäftsbesorgungsvertrag. Die Vorschrift gilt für Dienst- oder Werkverträge, die eine Geschäftsbesorgung zum Gegenstand haben. Der Tatbestand entspricht dem des § 675 BGB.

---

4 1. KommBer. Leitsatz 2. 4.1.9 Abs. 2.

5 Zu den Neuregelungen durch das Überweisungsgesetz vgl. *Einsele* JZ 2000, 9 ff.; *Risse/Lindner* BB 1999, 2201 ff.; *v. Westphalen* BB 2000, 157 ff.

6 BGBl. I S. 2355.

7 RegE BT-Drs. 14/745, S. 29; einschränkend K. Schmidt/*Ringstmeier* § 116 Rn. 3 (Schutz der Geldinstitute und lediglich mittelbar der Abwicklung bereits geschlossener Überweisungsverträge).

8 Nerlich/Römermann/*Kießner* § 116 Rn. 2; K. Schmidt/*Ringstmeier* § 116 Rn. 8.

9 Zum Handelsvertretervertrag s. OLG Düsseldorf NZI 2010, 105 f.; *Krahm* jurisPR-HaGesR 4/2010 Anm. 2; *Krüger* ZInsO 2010, 507, 508; *Ströbl* EWiR 2010, 159 f.

10 FKInsO/*B. Wegener* § 116 Rn. 23; K. Schmidt/*Ringstmeier* § 116 Rn. 8.

a) Geschäftsbesorgung. Nach vorherrschender Meinung bedeutet Geschäftsbesorgung eine **selbstständige Tätigkeit wirtschaftlicher Art in fremdem Interesse;**[11] kennzeichnend dafür ist, dass es sich um eine Tätigkeit handelt, für die ursprünglich der Geschäftsherr selbst zu sorgen hatte, die ihm aber durch einen anderen abgenommen wird.[12] Keine Geschäftsbesorgung für einen anderen liegt vor, wenn der Aufgabenkreis des Geschäftsherrn mit Hilfe des Vertragspartners erst geschaffen werden soll.[13] Ebenso scheidet eine Geschäftsbesorgung aus bei unselbstständigen Tätigkeiten[14] sowie bei Tätigkeiten, die sich nicht auf die Wahrnehmung von Vermögensangelegenheiten beziehen.[15] Unter § 116 fallen nur entgeltliche Geschäftsbesorgungsverträge (Dienst- oder Werkvertrag). 6

Die Abgrenzung von Auftrag (§ 662 BGB) und Geschäftsbesorgung (§ 675 BGB) ist umstritten. 7
Nach vorherrschender Ansicht umfasst das Auftragsverhältnis jede Tätigkeit für einen anderen,[16] während der Begriff der Geschäftsbesorgung enger gefasst und nur auf selbstständige Tätigkeiten wirtschaftlicher Art bezogen wird[17] (→ dazu § 115 Rn. 5). Die arbeitsgerichtliche Rechtsprechung wendet demgegenüber § 675 BGB ohne diese Einschränkung an.[18]

b) Verweis auf § 115. Dieser Streit hat für die Anwendung des § 116 insoweit keine Bedeutung, 8
als er die Abgrenzung von Auftrag und Geschäftsbesorgung betrifft, weil § 116 für die Rechtsfolge auf § 115 verweist. Für Aufträge wie für Geschäftsbesorgungsverträge, bei denen der Schuldner Auftraggeber bzw. Geschäftsherr ist, gilt, dass sie mit Eröffnung des Insolvenzverfahrens erlöschen. **Dienstverträge,** die keine Geschäftsbesorgung für den Schuldner zum Gegenstand haben, unterfallen der Vorschrift des § 113 Abs. 1, sofern der Schuldner der Dienstberechtigte ist, mit der Folge, dass sie fortbestehen. Sie können aber vom Insolvenzverwalter und vom anderen Teil ohne Vorliegen eines sonstigen Kündigungsgrundes unter verkürzten Fristen gekündigt werden (§ 113 Abs. 1 Satz 1 und 2). **Werkverträge,** die keine Geschäftsbesorgung für den Schuldner zum Gegenstand haben, unterfallen dem Wahlrecht des Verwalters gem. § 103. Aus dem Normzweck der §§ 115, 116, wonach das Erlöschen der dort genannten Verträge sicherstellen soll, dass die Verwaltung der Insolvenzmasse allein in den Händen des Insolvenzverwalters liegt, folgt, dass davon nur Tätigkeiten erfasst werden, die der Wahrnehmung von Obliegenheiten des Schuldners dienen.[19]

c) Wahrnehmung von Vermögensinteressen. Geschäftsbesorgungsverträge im dargelegten 9
und hier maßgeblichen Sinn sind alle Verträge, die sich ihrem Gegenstand nach auf die Wahrnehmung von Vermögensinteressen des Schuldners beziehen. Dazu gehören Vertragstypen wie Anwaltsverträge, Verträge mit Steuerberatern und Wirtschaftsprüfern, Vermögens- und Anlageberatern sowie mit Vermögensverwaltern, weiter Schiedsgutachter- und Schiedsrichterverträge[20] (→ Rn. 26 ff.) und insbesondere ein wesentlicher Teil der Bankverträge (→ Rn. 33 ff.). Diese Zusammenstellung ist nicht abschließend. Erfasst wird etwa auch das öffentlich-rechtliche Sonderverhältnis zwischen Notar und Urkundspartei, jedenfalls im Hinblick auf die Verpflichtung des Notars, gegenüber dem Grundbuchamt durch Stellung von Anträgen tätig zu werden.[21]

3. Baubetreuungsverträge und Bauträgerverträge. Der Baubetreuungsvertrag stellt eine 10
Geschäftsbesorgung dar, weil hierfür kennzeichnend ist, dass der Baubetreuer im Namen und für Rechnung des Bauherrn die planerische Gestaltung sowie die Durchführung, Beaufsichtigung und Abrechnung des Bauprojekts wahrnimmt.[22] Hierzu gehört auch die Projektsteuerung (vgl. § 31

---

[11] BGHZ 45, 223, 228 = NJW 1966, 1452; NJW-RR 1992, 560; 2017, 496 = NZI 2017, 105; Palandt/*Sprau* BGB § 675 Rn. 2 f.; MüKoBGB/*Seiler*[6] § 662 Rn. 12, 18 ff.; K. Schmidt/*Ringstmeier* § 116 Rn. 6; HKInsO/*Marotzke* § 116 Rn. 3; Staudinger/*Martinek/Omlor* BGB § 675 Rn. A 9; Jaeger/*Jacoby* §§ 115, 116 Rn. 36; Andres/Leithaus/*Andres* § 116 Rn. 2; HambKommInsO/*Ahrendt* § 116 Rn. 3.

[12] BGHZ 45, 223, 229 = NJW 1966, 1452 im Anschluss an die Rechtsprechung des Reichsgerichts; RGZ 97, 61, 65 f.; RGZ 109, 299, 301; BGH NJW-RR 1992, 560.

[13] BGHZ 45, 223, 229 = NJW 1966, 1452; Palandt/*Sprau* BGB § 675 Rn. 4.

[14] BKInsO/*Goetsch* § 116 Rn. 7; Staudinger/*Martinek/Omlor* BGB § 675 Rn. A 11; MüKoBGB/*Seiler*[6] § 662 Rn. 21; Palandt/*Sprau* BGB § 675 Rn. 3; Jauernig/*Mansel* BGB § 675 Rn. 5.

[15] Palandt/*Sprau* BGB § 675 Rn. 3.

[16] BGHZ 56, 204, 207 = NJW 1971, 1404; *Fikentscher/Heinemann,* Schuldrecht, § 86 I, Rn. 1245; Soergel/*Beuthien* BGB § 662 Rn. 10; Palandt/*Sprau* BGB § 662 Rn. 7.

[17] Eingehend hierzu MüKoBGB/*Heermann* § 675 Rn. 3 ff.; Staudinger/*Martinek/Omlor* BGB § 675 Rn. A 11 ff., A 17 ff.

[18] BAG GrS NJW 1962, 411, 414.

[19] BKInsO/*Goetsch* § 115 Rn. 2; FKInsO/*B. Wegener* § 115 Rn. 24.

[20] Str.; s. hierzu MüKoBGB/*Heermann* § 675 Rn. 100–102 mwN.

[21] BayObLG ZInsO 2003, 1143.

[22] BGHZ 70, 187 = NJW 1978, 1165; BGH BauR 1991, 475; OLG Düsseldorf BauR 2011, 1192 ff.; Palandt/*Sprau* BGB § 675 Rn. 13 f.; Jaeger/*Jacoby* §§ 115, 116 Rn. 109; K. Schmidt/*Ringstmeier* § 116 Rn. 9; zur Frage des Beurkundungserfordernisses eines Baubetreuungsvertrags vgl. BGH NJW-RR 2009, 953 ff.

HOAI); → Rn. 11. Die Einordnung des **Bauträgervertrags** ist dagegen streitig. Gekennzeichnet ist dieser durch den Umstand, dass der Bauträger ein Bauwerk auf einem ihm gehörenden oder von ihm zu beschaffenden Grundstück im eigenen Namen für Rechnung eines andern errichtet.[23] Auf einen solchen Vertrag wendet die Rechtsprechung hinsichtlich der Gewährleistung Werkvertragsrecht an,[24] erkennt darin aber neben kaufvertraglichen Elementen je nach den Umständen auch Bestandteile aus dem **Auftrags- und Geschäftsbesorgungsrecht.**[25] Seinem Schwerpunkt nach ist dieser Vertrag jedoch keine Geschäftsbesorgung, sondern auf den Erwerb von Grundstück und Bauwerk gerichtet; § 116 findet hierauf folglich keine Anwendung.[26] Soweit dieser Vertrag Elemente einer Geschäftsbesorgung enthält, geben diese dem Vertrag **keinen prägenden Charakter,** sondern sind nur ein mehr oder weniger untergeordneter Bestandteil der in erster Linie auf die Erstellung des Bauwerkes und Übertragung des Grundstücks gerichteten Gesamtleistung.[27] Der Grund für die automatische Vertragsbeendigung nach §§ 115, 116, eine Kollision mit den Aufgaben des Insolvenzverwalters zu verhindern, greift hier nicht durch. Da der Vertrag im Übrigen nur **einheitlich abgewickelt** werden kann, ist er insgesamt nach § 103 zu bewerten.[28]

11 **4. Projektsteuerungsverträge.** Die Koordination von im Rahmen von Großvorhaben anfallenden Aufgaben, die von baurechtlichen Anforderungen[29] über planerische Aufgaben und Ausschreibungsleistungen bis hin zur Termin- und Kostenkontrolle reichen, bildet den Gegenstand von Projektsteuerungsverträgen.[30] Der Projektsteuerer soll für den Bauherren diese Aufgaben wahrnehmen und den erfolgreichen Ablauf des Bauvorhabens gewährleisten.[31] Der Architekt oder Ingenieur wird im Rahmen des Projektsteuerungsvertrags mit umfassenden Beratungs-, Koordinations- und Kontrollleistungen beauftragt.[32] Über die rechtliche Natur des Projektsteuerungsvertrags herrscht Streit. Während er zum Teil als Dienstvertrag angesehen wird,[33] geht die herrschende Meinung davon aus, dass es sich um einen **Geschäftsbesorgungsvertrag** iSd § 675 BGB handelt,[34] wobei die Unterscheidung zwischen dem dienst- und dem werkvertraglichen Charakter jeweils nach den Umständen des Einzelfalls vorgenommen wird.[35] Nach anderer Ansicht soll der Projektsteuerungsvertrag als Werkvertrag einzustufen sein.[36] Angesichts der Vielgestaltigkeit des Aufgabenbereichs eines Projektsteuerers verbietet sich eine schematische Einordnung des Projektsteuerungsvertrags als Dienst- oder als Werkvertrag; vielmehr ist dafür auf die jeweilige **Interessenlage der Parteien** abzustellen. Unabhängig davon unterliegt aber der Projektsteuerungsvertrag als Geschäftsbesorgungsvertrag der Vorschrift des § 116. Geschäftsbesorgungsverträge sind auch Projektentwicklungsverträge, bei denen der Auftragnehmer umfassende Pflichten in Bezug auf die Entwicklung eines technischen und finanziellen Konzepts sowie die Klärung aller relevanter rechtlicher Fragen übernimmt.[37]

12 **5. Handelsrechtliche Geschäftsbesorgungsverträge.** Handelsrechtliche Vertragstypen stellen Geschäftsbesorgungsverträge dar, soweit sie nicht den Güter- und Leistungsaustausch selbst, sondern dessen Vorbereitung und Unterstützung betreffen. Dazu gehören **Absatzmittlerverträge,**

---

23 MüKoBGB/*Heermann* § 675 Rn. 97.

24 BGHZ 60, 362 = NJW 1973, 1235; BGHZ 61, 369 = NJW 1974, 143; BGHZ 74, 204, 206 = NJW 1979, 1406; BGHZ 92, 123, 126 mwN = NJW 1984, 2573.

25 BGHZ 92, 123, 126 = NJW 1984, 2573.

26 *Feuerborn* ZIP 1994, 14, 15 f.; K. Schmidt/*Ringstmeier* § 116 Rn. 9; FKInsO/*B. Wegener* § 103 Rn. 7; Jaeger/*Jacoby* §§ 115, 116 Rn. 109; ausf. zum Bauträgervertrag MüKoBGB/*Heermann* § 675 Rn. 97 f.; Soergel/*Häuser/Welter* BGB § 675 Rn. 351 ff.

27 *Feuerborn* ZIP 1994, 14, 15 f.

28 *Feuerborn* ZIP 1994, 14, 16; *Kuhn/Uhlenbruck* KO § 17 Rn. 2 f.

29 Zur Tätigkeit der Projektsteuerer unter dem Blickwinkel des Rechtsberatungsgesetzes vgl. BGH NJW 1976, 1635; *Heiermann* BauR 1996, 48 ff.

30 Vgl. § 31 HOAI. S. dazu AHO-Fachkommission, Untersuchungen zum Leitbild des § 31 HOAI und zur Honorierung für die Projektsteuerung; AHO-Schriftenreihe Nr. 9, 1996 (Verlag Bundesanzeiger). Zur Maßgeblichkeit der HOAI für Projektsteuerungsverträge vgl. BGH MDR 1997, 729; BGH MDR 1998, 342 mAnm *Knipfer.*

31 *Heiermann* BauR 1996, 48; *Stapelfeld* BauR 1994, 693, 694; *Stemmer/Wierer* BauR 1997, 935, 939 f.; *Wagner* BauR 1991, 665, 666; *Pott/Dahlhoff/Kniffka*[9] § 31 Rn. 1; *Locher/Koeble/Frik*[10] § 31 Rn. 1.

32 *Stapelfeld* BauR 1994, 693, 696.

33 *Jochem/Kaufhold*[5] § 31 Rn. 2; *Korbion/Mantscheff/Vygen*[7] § 31 Rn. 5.

34 OLG Düsseldorf BauR 1999, 508, 509; *Stapelfeld* BauR 1994, 693, 696 f.; *Stemmer/Wierer* BauR 1997, 935 ff.; *Pott/Dahlhoff/Kniffka*[9] § 31 Rn. 10; K. Schmidt/*Ringstmeier* § 116 Rn. 9.

35 So auch BGH BB 1995, 951, ohne allerdings den Projektsteuerungsvertrag als Geschäftsbesorgungsvertrag zu bezeichnen; BGH NJW 1999, 3118 f.; OLG Naumburg NZBau 2009, 318 ff.; OLG Frankfurt Urt. v. 24.4.2006 – 8 U 131/05; OLG Düsseldorf Urt. v. 23.6.2009 – 23 U 140/08.

36 *Neuenfeld/Baden/Dohna/Groscurt/Schmitz*[3], HdB des Architektenrechts, Band II, § 31 Rn. 11.

37 Vgl. BGH MDR 1997, 729, 730; 1998, 342 mAnm *Knipfer*; OLG Stuttgart NJW-RR 1989, 917.

insbesondere der **Handelsvertretervertrag,**[38] weiter **Ein- und Verkaufskommissionen.**[39] Nicht darunter fällt der Vertragshändlervertrag,[40] da der **Vertragshändler,** obgleich in die Absatzorganisation des Herstellers eingegliedert, in eigenem Namen und **für eigene Rechnung** tätig wird.[41] Entsprechend gelten die §§ 115, 116 weder direkt noch analog für **Franchiseverträge.**[42] Eine Geschäftsbesorgung stellt die Tätigkeit des **Spediteurs** dar,[43] nicht aber die des **Frachtführers.**[44] Das **Lagergeschäft** stellt keine Geschäftsbesorgung, sondern einen gegenseitigen Vertrag iSd § 103 dar.[45]

6. Factoring. Die Anwendung des § 116 Satz 1 auf Factoring-Geschäfte hängt davon ab, inwieweit diese als Geschäftsbesorgungsverträge einzuordnen oder solchen Verträgen insolvenzrechtlich gleichzustellen sind.[46] Dabei ist zu unterscheiden zwischen dem Factoring-Rahmenvertrag und den einzelnen Factoringgeschäften.[47] Die schuldrechtliche Einordnung von Factoringverträgen ist im Einzelnen streitig; streitig war unter der Geltung der Konkursordnung auch, ob solche Verträge mit der Eröffnung des Verfahrens endgültig erlöschen oder ob sie ggf. einem Wahlrecht des Verwalters unterliegen.[48] Diese Streitfragen behalten auch unter der Geltung der Insolvenzordnung ihre Relevanz (zum Factoring-Rahmenvertrag → Rn. 17–19). Für die Beurteilung der Frage, wie sich die Eröffnung des Insolvenzverfahrens auf die einzelnen Verträge des Factoring-Geschäfts auswirkt, verbietet sich wegen der **Vielschichtigkeit der Factoringverträge** eine generelle Antwort. Vielmehr ist nach den unterschiedlichen Vertragsgestaltungen und Konstellationen zu differenzieren. Das Factoring hat insgesamt den gewerbsmäßigen Ankauf und die Geltendmachung von Forderungen eines Unternehmens aus Warenlieferung oder Dienstleistungen zum Gegenstand, wobei der Factor zugleich die Debitorenbuchhaltung und die Forderungsbeitreibung übernimmt sowie weitere **Leistungen für das Unternehmen (Anschlusskunde)**[49] erbringt, wodurch dieses von dem mit der Verwaltung des Forderungsbestands verbundenen Aufwand entlastet wird.[50] Das Zusammenwirken von Factor und Anschlusskunde regelt der Factoringvertrag, der ein Dauerschuldverhältnis begründet und die generellen Rechte und Pflichten der Beteiligten festlegt; in diesem Rahmen finden die einzelnen Factoringgeschäfte statt, die jeweils aus einem **schuldrechtlichen Kausalge-** 13

38 *Jaeger/Henckel* KO § 23 Rn. 9; Gottwald/*Huber,* InsO-HdB, § 36 Rn. 45; Staudinger/*Martinek/Omlor* BGB § 675 Rn. B 218; Jaeger/*Jacoby* §§ 115, 116 Rn. 90; FKInsO/*B. Wegener* § 116 Rn. 16; Andres/Leithaus/*Andres* § 116 Rn. 4; LSZ/*Zeuner* § 116 Rn. 10; *Emde/Kelm* ZIP 2005, 58 ff.; *Krüger* ZInsO 2010, 507, 508; KPB/*Tintelnot* §§ 115, 116 Rn. 15; BankenKommInsO/*Ellers* § 116 Rn. 3; vgl. zu Vertriebsmittlerverträgen in der Insolvenz *E. Wagner/Wexler-Uhlich* BB 2011, 519 ff.; *E. Wagner/Wexler-Uhlich* BB 2010, 2454 ff.; *Krüger* ZInsO 2010, 507 ff.; zum Ausgleichsanspruch nach § 89b HGB bei Insolvenz des Handelsvertreters/Vertragshändlers vgl. BGH NJW 2011, 848 ff.; *Wolff* ZVI 2008, 1 ff.

39 BGHZ 8, 222, 225 f. = NJW 1953, 377; Staudinger/*Martinek/Omlor* BGB § 675 Rn. B 120; LSZ/*Zeuner* § 116 Rn. 11; K. Schmidt/*Ringstmeier* § 116 Rn. 10; FKInsO/*B. Wegener* § 116 Rn. 12; HambKommInsO/*Ahrendt* § 116 Rn. 5; Jaeger/*Jacoby* §§ 115, 116 Rn. 92; aA (Einkaufskommission fällt unter § 103) KPB/*Tintelnot* §§ 115, 116 Rn. 15; HKInsO/*Marotzke* § 115 Rn. 11.

40 Uhlenbruck/*D. Wegener* § 103 Rn. 48; BankenKommInsO/*Ellers* § 116 Rn. 5; FKInsO/*B. Wegener* § 116 Rn. 17.

41 Palandt/*Sprau* BGB § 675 Rn. 25.

42 Näher hierzu *Torz* ZInsO 2009, 1235 ff.

43 OLG Hamburg OLGR Hamburg 1999, 246; MüKoHGB/*Bydlinski* § 453 Rn. 18; *Kilger/K. Schmidt* KO § 23 Rn. 1a; Gottwald/*Huber,* InsO-HdB, § 36 Rn. 45; HKInsO/*Marotzke* § 116 Rn. 4; Jaeger/*Jacoby* §§ 115, 116 Rn. 91.

44 MüKoHGB/*Czerwenka* § 407 Rn. 21; HKInsO/*Marotzke* § 116 Rn. 4; K. Schmidt/*Ringstmeier* § 116 Rn. 10; HKHGB/*Ruß* § 425 Rn. 9 (Werkvertrag); Uhlenbruck/*Sinz* §§ 115, 116 Rn. 3; Gottwald/*Huber,* InsO-HdB, § 36 Rn. 46; Jaeger/*Jacoby* §§ 115, 116 Rn. 91; aA Staudinger/*Martinek/Omlor* BGB § 675 Rn. B 111; Uhlenbruck/*Berscheid*[12] §§ 115, 116 Rn. 8; BKInsO/*Goetsch* § 116 Rn. 17.

45 OLG Oldenburg MDR 1990, 820; MüKoHGB/*Frantzioch* § 467 Rn. 3; *Kilger/K. Schmidt* KO § 23 Anm. 1a; Uhlenbruck/*Berscheid*[12] §§ 115, 116 Rn. 8; K. Schmidt/*Ringstmeier* § 116 Rn. 10; Uhlenbruck/*Sinz* §§ 115, 116 Rn. 3; HKHGB/*Ruß* § 416 Rn. 2; *Hess*[2] § 103 Rn. 20; FKInsO/*B. Wegener* § 103 Rn. 19; HKInsO/*Marotzke* § 116 Rn. 4; KPB/*Tintelnot* §§ 115, 116 Rn. 16.

46 Eingehend hierzu *Achsnick/Krüger* Rn. 199 ff.; Uhlenbruck/*Sinz* §§ 115, 116 Rn. 37 ff.; *Sinz,* Kölner Schrift, Rn. 98 ff.; Jaeger/*Jacoby* §§ 115, 116 Rn. 104 ff.

47 *Sinz,* Kölner Schrift, Rn. 104; Uhlenbruck/*Sinz* §§ 115, 116 Rn. 41.

48 Nach hM fand § 23 Satz 2 KO im Konkurs des Anschlusskunden Anwendung; *Kuhn/Uhlenbruck* KO § 23 Rn. 20b; *Jaeger/Henckel* KO § 17 Rn. 17; aA Staudinger/*Hopt/Mülbert*[12] BGB Vor §§ 607 ff. Rn. 772; zweifelnd *Kilger/K. Schmidt* KO § 23 Anm. 13.

49 Die Terminologie ist uneinheitlich; verwendet werden auch die Begriffe Klient, Factoringgeber, Factoringkunde oder Anschlussfirma. Die Rechtsprechung verwendet den Begriff des Anschlusskunden (vgl. nur BGHZ 100, 353 = NJW 1987, 1878).

50 *Martinek,* Bankrechts-HdB, § 102 Rn. 3.

schäft und der **Übertragung der Forderung** bestehen. Zu unterscheiden ist weiter das **echte Factoring,** bei dem der Factor die Forderung endgültig erwirbt und das Delkredererisiko übernimmt, vom **unechten Factoring,** bei dem der Factor bei Uneinbringlichkeit der Forderung den Anschlusskunden rückbelastet. Beide Gestaltungen können in derselben Geschäftsbeziehung nebeneinander vereinbart sein (Silo-Prinzip).[51] Das unechte Factoring ist in der Praxis wenig verbreitet.[52] Unterschiede zwischen echtem und unechtem Factoring ergeben sich – von der Rückbelastung bei Forderungsausfall abgesehen – hinsichtlich der Frage, ob dem Factor in der Insolvenz des Anschlusskunden ein Aussonderungs- oder ein Absonderungsrecht zusteht. Beim echten Factoring wird dem Factor überwiegend ein Aussonderungsrecht zuerkannt,[53] während die Abtretung beim unechten Factoring als Sicherungszession eingestuft wird mit der Folge, dass dem Factor nur ein Absonderungsrecht zugestanden wird.[54]

14 **a) Insolvenz des Anschlusskunden.** Eine Anwendung des § 116 kommt von vornherein nur in der Insolvenz des Anschlusskunden in Betracht.[55] In der Insolvenz des Factors findet die Vorschrift nach ihrem Tatbestand keine Anwendung, weil der Anschlusskunde ihm keine dienst- oder werkvertragsspezifischen Vertragsleistungen zu erbringen hat.[56] Dem Insolvenzverwalter des Factors steht auch kein insolvenzrechtliches Kündigungsrecht zu; § 113 Abs. 1 Satz 1 ist ungeachtet der rechtlichen Einordnung des Factoringgeschäfts aus dem gleichen Grund nicht anwendbar. In Betracht kommt aber ein **Wahlrecht** des Insolvenzverwalters gem. § 103, falls der Vertrag beiderseits noch nicht voll erfüllt ist (→ § 103 Rn. 71).

15 **b) Einzelne Factoringgeschäfte.** Hinsichtlich der einzelnen Factoringgeschäfte kommt eine Anwendung des § 116 Satz 1 nicht in Betracht. Das gilt jedenfalls für das **echte Factoring.** Die auf Übernahme der einzelnen Forderungen gerichteten Verträge sind Kaufverträge (Forderungskauf).[57] Der einzelne Vertrag ist auf den endgültigen Erwerb der Forderung durch den Factor gerichtet, der dafür ein Entgelt an den Anschlusskunden entrichtet. Dies unterscheidet das einzelne Factoringgeschäft von einem Geschäftsbesorgungsvertrag, der auf die Beitreibung von Forderungen auf Rechnung des Gläubigers gerichtet ist.[58] Ist das auf den einzelnen Forderungserwerb bezogene obligatorische Geschäft bei Eröffnung des Insolvenzverfahrens zwar zustande gekommen, aber noch nicht beiderseits erfüllt, weil die Forderung weder an den Factor abgetreten noch von diesem an den Anschlusskunden bezahlt ist, so steht dem Insolvenzverwalter ein **Wahlrecht nach § 103** zu.[59] Das Wahlrecht ist ausgeschlossen, wenn die Abtretung im maßgeblichen Zeitpunkt bereits erfolgt war, sofern die Forderung bereits entstanden war[60] (→ dazu § 91 Rn. 10 f. und → § 103 Rn. 71). Die Vorausabtretung beim echten Factoring wird der Masse gegenüber wirksam, wenn die Abtretungsvereinbarung vor Verfahrenseröffnung erfolgt ist und die abgetretene Forderung des Anschlusskunden gegen den Dritten vor Verfahrenseröffnung entsteht. Die Vorausabtretung ist unwirksam, wenn die Abtretungsvereinbarung erst nach Verfahrenseröffnung erfolgt (§ 81). Erfolgte die Abtretungsvereinbarung zwar vor Verfahrenseröffnung, ist die Forderung gegenüber dem Dritten aber erst nach Eröffnung des Insolvenzverfahrens entstanden, so ist die Vorausabtretung der Masse gegenüber unwirksam. Dies folgt nach der hier vertretenen Meinung aus §§ 80 Abs. 1, 81 Abs. 1 Satz 1, nach herrschender Meinung dagegen aus § 91 (→ § 81 Rn. 8–10). Ist die Vorausabtretung vor Eröffnung des Insolvenzverfahrens erfolgt und ist der die Forderung begründende Vertrag zwischen dem Anschlusskunden und dem Dritten vor Eröffnung des Insolvenzverfahrens abgeschlossen worden, so kommt es weiter darauf an, ob der Vertrag zwischen dem Anschlusskunden und dem Dritten im

---

51 *Martinek*, Bankrechts-HdB, § 102 Rn. 21 mwN; Jaeger/*Jacoby* §§ 115, 116 Rn. 105.

52 LSZ/*Zeuner* § 116 Rn. 33 (Schattendasein).

53 Uhlenbruck/*Sinz* §§ 115, 116 Rn. 43; LSZ/*Zeuner* § 116 Rn. 42; *Sinz*, Kölner Schrift, Rn. 107; aA (Absonderungsrecht) *Häsemeyer*, Insolvenzrecht, Rn. 18.50.

54 LSZ/*Zeuner* § 116 Rn. 42; *Kilger/K. Schmidt* KO § 43 Anm. 11c; aA (Aussonderungsrecht) *Sinz*, Kölner Schrift, Rn. 108; Uhlenbruck/*Sinz* §§ 115, 116 Rn. 44.

55 Uhlenbruck/*Sinz* §§ 115, 116 Rn. 39; KPB/*Tintelnot* §§ 115, 116 Rn. 28; Braun/*Kroth* § 116 Rn. 10; Nerlich/Römermann/*Kießner* § 116 Rn. 22; *Martinek*, Bankrechts-HdB, § 102 Rn. 136.

56 *Martinek*, Bankrechts-HdB, § 102 Rn. 144; *Sinz*, Kölner Schrift, Rn. 165.

57 BGHZ 69, 254 = NJW 1977, 2207; BGHZ 100, 353 = NJW 1987, 1878; Palandt/*Grüneberg* BGB § 398 Rn. 36; MüKoBGB/*Roth/Kieninger* § 398 Rn. 164; *Martinek*, Bankrechts-HdB, Rn. 32 mwN; Esser/*Weyers*, Schuldrecht, Bd. 2, Teilbd. 1, § 4 IV 4; and. – gemischttypischer Vertrag mit darlehens-, geschäftsbesorgungs- und kaufrechtlichen Elementen – *Häsemeyer*, Insolvenzrecht, Rn. 18.48; Larenz/*Canaris*, Schuldrecht, BT, § 65 II 2 b.

58 Staudinger/*Martinek/Omlor* BGB § 675 Rn. B 101 f.

59 LSZ/*Zeuner* § 116 Rn. 40; *Hess*[2] § 103 Rn. 54; KPB/*Tintelnot* §§ 115, 116 Rn. 29; *Martinek*, Bankrechts-HdB, § 102 Rn. 137 ff.; *Sinz*, Kölner Schrift, Rn. 165 ff.

60 KPB/*Tintelnot* §§ 115, 116 Rn. 29.

Zeitpunkt der Eröffnung des Insolvenzverfahrens zumindest von einer Vertragsseite voll erfüllt wurde; andernfalls findet § 103 auf das Deckungsgeschäft Anwendung mit der Folge, dass die abgetretene Forderung bis zu einer Erfüllungswahl des Verwalters nicht durchsetzbar ist und damit sich auch aus der Abtretung für den Factor keine realisierbaren Rechte ergeben.[61] Auch wenn der Insolvenzverwalter im Verhältnis zum Dritten Erfüllung wählt, wodurch die Forderung gegenüber dem Dritten Masseverbindlichkeit wird, scheitert ein Forderungserwerb des Factors an § 91 Abs. 1.[62]

Beim **unechten Factoring** überwiegen Elemente des Darlehens.[63] Die Übertragung der Forderung auf den Factor erfolgt hier nicht im Rahmen eines auf den endgültigen Erwerb der Forderung gerichteten Umsatzgeschäfts. Demgemäß lässt sich das einzelne Factoringgeschäft als atypischer Darlehensvertrag mit begleitender Sicherungsabrede qualifizieren.[64] Beim unechten Factoring ist das einzelne Geschäft solange beiderseits nicht vollständig erfüllt, als die Forderung beim Drittschuldner noch nicht eingezogen ist und deshalb die Auskehrung des Sicherungseinbehalts durch den Factor noch aussteht.[65] Hinsichtlich der insolvenzrechtlichen Bestandskraft gelten für das unechte Factoring die gleichen Kriterien wie beim echten Factoring (→ dazu die vorige Rn.). 16

c) Rahmenvertrag. Hinsichtlich des Rahmenvertrags ist streitig, ob dieser durch die Eröffnung des Insolvenzverfahrens erlischt oder ob er dem Wahlrecht des Insolvenzverwalters unterfällt.[66] In Bezug auf die schuldrechtliche Einordnung dieses Vertrags besteht Einigkeit darüber, dass der Factoring-Rahmenvertrag beim echten Factoring Elemente **verschiedener Vertragstypen** aufweist, darunter auch Elemente des Geschäftsbesorgungsvertrags.[67] Die Frage, ob der Rahmenvertrag durch die Eröffnung des Insolvenzverfahrens über das Vermögen des Anschlusskunden erlischt, kann indes nur einheitlich beantwortet werden; insofern ist für eine Differenzierung nach den einzelnen Elementen von vornherein kein Raum und der sog. **Bündeltheorie,** die den Rahmenvertrag als nur äußerliche Zusammenfassung rechtlich selbstständiger Verträge versteht,[68] nicht zu folgen.[69] Auch für den Rahmenvertrag beim **echten Factoring** gilt aber, dass im Mittelpunkt der Forderungserwerb durch den Factor steht.[70] Dies wirft die Frage auf, ob eine Einordnung des Rahmenvertrags als Geschäftsbesorgungsvertrag iSd § 116 Satz 1 nicht das Element der Dienstleistung für den Anschlusskunden überbetont und dadurch die Ausrichtung auf den Forderungskauf negiert.[71] Die Aufgaben des Factors umfassen indes die Verwaltung des Forderungsbestands und gehen damit deutlich über die Pflichten eines Käufers hinaus. Dies rechtfertigt die Anwendung des § 116 Satz 1 auf den Rahmenvertrag.[72] Auch das **unechte Factoring** weist entsprechende fremdbezogene Tätigkeitselemente des Factors auf, so dass der Vertragsrahmen auch hier als gemischttypischer Vertrag mit ausgeprägter geschäftsbesorgungsvertraglicher Komponente einzuordnen ist[73] mit der Folge, dass auch auf Rahmenverträge über unechtes Factoring die Vorschrift des § 116 Satz 1 anzuwenden ist. 17

Die Anwendbarkeit des § 116 ist schon aus Gründen der Praktikabilität für beide Erscheinungsformen des Factorings **einheitlich** zu beantworten, weil beide in derselben Geschäftsbeziehung miteinander verbunden sein können. Auch erscheint es sachlich nicht gerechtfertigt, diese beiden Gestaltungsmöglichkeiten rechtlich insoweit unterschiedlich zu behandeln, weil sich echtes und unechtes Factoring im Wesentlichen nur durch die Zuordnung des Delkredererisikos unterscheiden; für die Frage, ob die Eröffnung des Insolvenzverfahrens zum Erlöschen des Vertragsverhältnisses führt, ist dies jedoch ohne erkennbare Bedeutung. 18

Insgesamt sprechen die besseren Gründe für die Anwendung des § 116 auf den Factoring-Rahmenvertrag beim echten wie beim unechten Factoring, die sich insbesondere aus dem Normzweck der Vorschrift ergeben, den Insolvenzverwalter bei der Verwaltung der Insolvenzmasse vor 19

---

61 *Sinz*, Kölner Schrift, Rn. 114; Uhlenbruck/*Sinz* §§ 115, 116 Rn. 49.

62 *Sinz*, Kölner Schrift, Rn. 115; Uhlenbruck/*Sinz* §§ 115, 116 Rn. 49.

63 BGHZ 58, 364, 367 = NJW 1972, 1715; BGHZ 61, 317, 324 f. = NJW 1974, 50; BGHZ 69, 254, 257 f. = NJW 1977, 2207; BGHZ 82, 50, 61 = NJW 1982, 164; BGHZ 100, 353, 358 = NJW 1987, 1878; Staudinger/*Martinek/Omlor* BGB § 675 Rn. B 103.

64 *Martinek*, Bankrechts-HdB, § 102 Rn. 46, 48.

65 KPB/*Tintelnot* §§ 115, 116 Rn. 29; aA *Sinz*, Kölner Schrift, Rn. 106 (nachvertragliche Pflicht).

66 *Martinek*, Bankrechts-HdB, § 102 Rn. 137 mwN.

67 *Martinek*, Bankrechts-HdB, § 102 Rn. 38.

68 Vgl. *Martinek*, Bankrechts-HdB, § 102 Rn. 37.

69 *Martinek*, Bankrechts-HdB, § 102 Rn. 37 f.; Staudinger/*Martinek/Omlor* BGB § 675 Rn. 105.

70 *Martinek*, Bankrechts-HdB, § 102 Rn. 38.

71 *Martinek*, Bankrechts-HdB, § 102 Rn. 37.

72 OLG Koblenz WM 1988, 1355; *Sinz*, Kölner Schrift, Rn. 73; KPB/*Tintelnot* §§ 115, 116 Rn. 28; *Martinek*, Bankrechts-HdB, § 102 Rn. 137; Uhlenbruck/*Sinz* §§ 115, 116 Rn. 39; *Jaeger/Henckel* KO § 17 Rn. 17; LSZ/*Zeuner* § 116 Rn. 38.

73 *Martinek,* Bankrechts-HdB, § 102 Rn. 38 ff., 47.

Interventionen Dritter zu bewahren und die Verwaltung der Masse vom Zeitpunkt der Verfahrenseröffnung an allein in die Hände des Insolvenzverwalters zu legen. Dafür spricht insbesondere, dass der Factoring-Rahmenvertrag anders als die einzelnen Factoring-Geschäfte nicht nur den Erwerb einzelner Vermögensgegenstände gegen Entgelt oder Kreditgewährung, sondern die **Verwaltung der Außenstände** und damit einen wesentlichen Bestandteil der Vermögensverwaltung des Schuldners zum Gegenstand hat (Outsourcing). Weiter spricht dafür auch die Nähe zu bankrechtlichen Verträgen[74] sowie zu Inkassoverträgen (→ Rn. 32). Nach früherem Recht gehörte das Factoring nicht zu den genehmigungspflichtigen Bankgeschäften iSd § 1 Abs. 1 Satz 1 KWG.[75] Durch das Jahressteuergesetz vom 19.12.2008[76] mit Wirkung zum 25.12.2008 wurde das Factoring hochgestuft zu einer Finanzdienstleistung (§ 1 Abs. 1a Nr. 9 KWG);[77] der Tatbestand umfasst das echte wie das unechte Factoring. Unternehmen, die das Factoring betreiben, unterliegen nach neuem Recht einer Erlaubnispflicht (§ 32 Abs. 1 Satz 1 KWG)[78] und der Aufsicht durch die BaFin (§§ 6 ff. KWG).[79]

20 **d) Erlöschen.** Daraus folgt, dass Factoring-Rahmenverträge mit der Eröffnung des Insolvenzverfahrens über das Vermögen des Anschlusskunden erlöschen und dass der Insolvenzverwalter die Geschäftsbeziehung zum Factor nur fortsetzen kann, wenn er mit diesem einen neuen Rahmenvertrag abschließt. Unabhängig von der Anwendbarkeit des § 116 kann sich der Factor gegen eine Fortsetzung des Factoring-Verhältnisses zu den bisherigen Bedingungen absichern, indem er ein fristloses Kündigungsrecht bei Insolvenz des Anschlusskunden vereinbart.[80] Mit dem Erlöschen des Rahmenvertrags gem. §§ 116 Satz 1, 115 Abs. 1 entfallen die beiderseitigen Verpflichtungen bezüglich der Andienung und Übernahme von Drittforderungen sowie die damit verbundenen Ansprüche des Factors gegen den Anschlusskunden. Vor Verfahrenseröffnung entstandene Ansprüche des Factors auf Gebühren und ggf. aus Rückbelastung von Drittforderungen werden einfache Insolvenzforderungen. Eine Aufrechnung mit Ansprüchen des Anschlusskunden auf Auskehrung eines Sicherungseinbehalts kommt nach Maßgabe der §§ 94 ff. in Betracht.[81] Eine Aufrechnung des Factors mit Ansprüchen aus einer nach Verfahrenseröffnung erfolgten Rückbelastung ist ausgeschlossen, § 95 Abs. 1 Nr. 3.[82]

21 **7. Treuhandverträge.** Der Treuhandvertrag ist Geschäftsbesorgungsvertrag, wenn der Treuhänder Vermögensinteressen des Treugebers wahrzunehmen hat (**fremdnützige Treuhand,** Verwaltungstreuhand).[83] In diesem Fall erlischt das Treuhandverhältnis mit der Eröffnung des Insolvenzverfahrens über das Vermögen des Treugebers.[84]

22 **a) Anwendungsfälle.** Dies gilt für den schuldrechtlichen Treuhandvertrag, insbesondere einen gerichtlichen oder außergerichtlichen Treuhandvergleich, der auf die **Befriedigung des Gläubigers** des Treugebers aus dem Treugut abzielt,[85] ebenso für das Treuhandverhältnis, das der **Sanierung** des Treugebers dient.[86] Weitere Anwendungsfälle sind die Abtretung einer Forderung zur Einziehung (**Inkassozession;**[87] → Rn. 32), sowie die Einschaltung eines Treuhänders bei **Bauherrenmodellen.**[88]

23 Das Erlöschen des Treuhandverhältnisses führt, wenn dem Treuhänder das Vollrecht übertragen worden ist, nur dann zum Rückfall des Treuguts an die Masse, wenn die Übertragung der zum

---

74 *Martinek*, Bankrechts-HdB, § 102 Rn. 137 aE.
75 *Szagunn/Haug/Ergenzinger*[6], KWG, § 1 Rn. 13.
76 Jahressteuergesetz BGBl. I S. 2794, Art. 27.
77 S. dazu BFS-KWG/*Schäfer* § 1 Rn. 150d ff.
78 S. dazu BFS-KWG/*Fischer* § 32 Rn. 1, 6 ff.
79 §§ 6 ff. KWG; dazu im Einzelnen BFS-KWG/*Schäfer* § 6 Rn. 1.
80 *Martinek*, Bankrechts-HdB, § 102 Rn. 137.
81 LSZ/*Zeuner* § 116 Rn. 43.
82 LSZ/*Zeuner* § 116 Rn. 43.
83 BGH NJW-RR 2012, 1129 = NZI 2012, 803; OLG Hamm NJW-RR 1988, 1463; LAG Hamm ZIP 2013, 1294; MüKoBGB/*Schramm*[6] Vor § 164 Rn. 28; K. Schmidt/*Ringstmeier* § 116 Rn. 11; Soergel/*Beuthien* BGB vor § 662 Rn. 27; *Hess*[2] §§ 115, 116 Rn. 8; LSZ/*Zeuner* § 116 Rn. 12; Jaeger/*Jacoby* §§ 115, 116 Rn. 102.
84 BGHZ 193, 129 = NJW 2012, 1959; BGHZ 207, 23 = NZI 2016, 21; BAGE 146, 1 = NZI 2014, 167; OLG Celle ZInsO 2012, 222; dazu *Martini* jurisPR- InsR Anm. 3; *Häsemeyer,* Insolvenzrecht, Rn. 20.79; KPB/*Tintelnot* §§ 115, 116 Rn. 30; FKInsO/*B. Wegener* § 116 Rn. 33; BankenKommInsO/*Ellers* § 116 Rn. 9; Braun/*Kroth* § 116 Rn. 12; Nerlich/Römermann/*Kießner* § 116 Rn. 19.
85 BGHZ 11, 37 = NJW 1954, 190; BGHZ 55, 307 = NJW 1971, 1702; BGHZ 62, 1 = NJW 1974, 238; *Kilger/K. Schmidt* KO § 23 Anm. 2; *Kuhn/Uhlenbruck* KO § 23 Rn. 16.
86 KPB/*Tintelnot* §§ 115, 116 Rn. 31; FKInsO/*B. Wegener* § 116 Rn. 34; *Kilger/K. Schmidt* KO § 23 Anm. 6; LSZ/*Zeuner* § 116 Rn. 13; Gottwald/*Huber*, InsO-HdB, § 36 Rn. 53.
87 MüKoBGB/*Roth/Kieninger* § 398 Rn. 40.
88 MüKoBGB/*Schramm*[6] vor § 164 Rn. 28; dort auch Hinweise auf weitere Anwendungsfälle.

Treugut gehörenden Gegenstände unter der **auflösenden Bedingung** des Erlöschens des Treuhandverhältnisses erfolgt ist.[89] Andernfalls ist der Treuhänder zur Rückübertragung **verpflichtet.**[90] Zum Aussonderungsrecht des Treugebers in der Insolvenz des Treuhänders → § 47 Rn. 369.

b) Eigennützige Treuhand. Die eigennützige Treuhand (Sicherungstreuhand) unterfällt nicht 24
dem Tatbestand der Vorschrift des § 116.[91] Sie dient dem Interesse des Treuhänders und zielt u. a. auf dessen Sicherung vor dem Risiko einer Insolvenz des Treugebers ab. Das schuldrechtliche Treuhandverhältnis (Sicherungsabrede) wird demgemäß von der Insolvenz des Treugebers nicht berührt. In der Insolvenz des Treuhänders hat der Treugeber ein **Aussonderungsrecht,** wenn er die gesicherte Forderung erfüllt. In der Insolvenz des Treugebers steht dem Treuhänder dagegen nur ein **Absonderungsrecht** zu (§ 51 Nr. 1; → § 51 Rn. 23).

c) Doppeltreuhand. Die Doppeltreuhand, die Elemente der Verwaltungstreuhand und der 25
Sicherungstreuhand verbindet, erlischt mit der Eröffnung des Insolvenzverfahrens, weil sie auch Geschäftsbesorgung für den Schuldner ist, sofern die Verwaltungstreuhand im Treuhandvertrag nicht hinreichend klar von der Sicherungstreuhand getrennt ist.[92] Bei einer doppelseitigen Treuhand, die der Sicherung von Wertguthaben von Arbeitnehmern aus Altersteilzeit dient, erlischt unter dieser Voraussetzung die Sicherungstreuhand nicht als Teil eines einheitlichen Geschäftsbesorgungsvertrags gem. §§ 115, 116, sondern besteht fort mit der Folge, dass das der Sicherungstreuhand unterfallende Vermögen nicht in die Insolvenzmasse fällt.[93]

8. Weitere Geschäftsbesorgungsverträge.[94] Auch **Anwalts-**[95] und **Patentanwaltsverträ-** 26
ge[96] stellen Geschäftsbesorgungsverträge dar. Bei Letzteren wird dem Anwalt zB der Auftrag erteilt, die Interessen von Mandanten aus einem europäischen Patent gegenüber Verletzungen des Schutzrechts wahrzunehmen.[97] Der Anwaltsvertrag kann dabei auch anwaltsfremde Maßnahmen umfassen, falls diese in einem inneren Zusammenhang mit der rechtlichen Beistandspflicht stehen und auch Rechtsfragen aufwerfen können, da in diesem Fall die Vergleichbarkeit der Fallgestaltungen eine einheitliche Typisierung gebietet. Etwas anderes gilt nur dann, wenn die Rechtsberatung völlig in den Hintergrund tritt.[98] Im Übrigen ist eine umfassende Wahrnehmung der Interessen in Rechtsangelegenheiten für den Anwaltsvertrag kennzeichnend.[99] So hat der Anwalt den Mandanten auch auf die Verjährung eines Regressanspruchs gegen sich selbst hinzuweisen.[100] Unterlässt der Anwalt einen solchen Hinweis, dann kann der Mandant gegen seinen Anwalt einen (sekundären) Schadensersatzanspruch geltend machen, der gem. § 249 BGB dem Anwalt die Einrede der Primärverjährung verwehrt.[101] Dem Anwalt obliegt daher immer auch die Pflicht, seine eigene Tätigkeit auf Pflichtverletzungen zu untersuchen und den

---

89 BGH NJW 1962, 1200; WM 1975, 79; OLG Frankfurt MDR 1954, 110; Uhlenbruck/*Sinz* §§ 115, 116 Rn. 24; *Kilger/K. Schmidt* KO § 23 Anm. 6; *Kuhn/Uhlenbruck* KO § 23 Rn. 16, § 43 Rn. 11 (auflösende Bedingung generell bejaht für den gerichtlichen Treuhandvergleich); aA *Jaeger/Henckel* KO § 24 Rn. 24.

90 KPB/*Tintelnot* §§ 115, 116 Rn. 30; FKInsO/*B. Wegener* § 116 Rn. 33; *Kilger/K. Schmidt* KO § 23 Anm. 6; *Jaeger/Henckel* KO § 23 Rn. 19 ff. (Rückübertragungspflicht aus §§ 675, 667 BGB).

91 BGHZ 207, 23 = NZI 2016, 21; *Häsemeyer,* Insolvenzrecht, Rn. 20.79; KPB/*Tintelnot* §§ 115, 116 Rn. 30; BankenKommInsO/*Ellers* § 116 Rn. 9; Jaeger/*Jacoby* §§ 115, 116 Rn. 103; K. Schmidt/*Ringstmeier* § 116 Rn. 11.

92 And. BAGE 146, 1 = NZI 2014, 167 mwN zum Streitstand.

93 Zur Doppeltreuhand und der Behandlung des Treuhandguts im Insolvenzfall BGHZ 109, 47 = NJW 1990, 45; BGHZ 207, 23 = NZI 2016, 21; BAGE 146, 1 = NZI 2014, 167; LAG Berlin-Brandenburg Urt. v. 19.6.2012 – 16 Sa 2205/11 – juris; LAG Berlin-Brandenburg NZI 2012, 282, *Langohr-Plato* jurisPR-ArbR 46/2012 Anm. 5; *Weitbrecht* NZI 2017, 553 ff.; *Storck* BB 2012, 2436; *Bork* NZI 1999, 337 ff.; *Häsemeyer,* Insolvenzrecht, Rn. 20.79; LSZ/*Zeuner* § 116 Rn. 12; *Rüger,* Doppeltreuhand, passim; *Stadler* NZI 2009, 878 ff.; BankenKommInsO/*Ellers* § 116 Rn. 9; Nerlich/Römermann/*Kießner* § 116 Rn. 21.

94 Für eine umfassende alphabetische Übersicht über verkehrstypische Geschäftsbesorgungsverträge und Zweifelsfälle s. Staudinger/*Martinek/Omlor* BGB § 675 Rn. B 6 – B 265. Zur Einordnung eines Bereederungsvertrags vgl. BGH NJW-RR 2018, 178; FG Schleswig-Holstein EFG 2010, 1482 ff.; offenlassend OLG Hamburg Beschl. v. 20.6.2016 – 6 SchH 2/16.

95 BGHZ 109, 260, 264 = NJW 1990, 510; BGH WM 1999, 1846; 2000, 189; NJW 2000, 509; ZIP 2000, 545; 1999, 1838; BB 2000, 378; OLG Nürnberg MDR 1999, 1530; OLG Hamm FamRZ 1999, 1423; K. Schmidt/*Ringstmeier* § 116 Rn. 11; Andres/Leithaus/*Andres* § 116 Rn. 5; Beck/Depré/*Ringstmeier* § 23 Rn. 4; Graf-Schlicker/*Pöhlmann* § 116 Rn. 4; Jaeger/*Jacoby* §§ 115, 116 Rn. 95; HKInsO/*Marotzke* § 116 Rn. 4.

96 BGH WRP 2000, 393; *Kilger/K. Schmidt* KO § 23 Anm. 1a.

97 Vgl. BGH WRP 2000, 393.

98 Vgl. BGH WM 1999, 1846, 1848.

99 BGH NJW 2000, 1263, 1265; ZIP 1999, 1838, 1839.

100 BGH NJW 2000, 1263, 1264.

101 BGHZ 94, 380, 385 ff. = NJW 1985, 2250; NJW 2000, 1263, 1264.

Mandanten ggf. auf die Notwendigkeit einer die Verjährung hindernden Handlung hinzuweisen (sog. sekundäre Hinweispflicht).[102] Diese Pflicht entfällt nur dann, wenn der Anwalt davon ausgehen darf, dass der Mandant die entsprechende Kenntnis hat.[103] Die Pflicht zur Beratung aus dem Anwaltsvertrag als Geschäftsbesorgungsvertrag mit Dienstvertragscharakter ist umfassend. Verträge des Schuldners mit **Sanierungsberatern** über die Begleitung durch das Insolvenz(eröffnungs)verfahren zur Erfüllung der insolvenzrechtlichen Pflichten im Eigenverwaltungsverfahren stellen ebenfalls Geschäftsversorgungsverträge dar, die mit der Verfahrenseröffnung erlöschen.[104]

27 Ebenso sind **Wirtschaftsprüferverträge,** die sich auf die Prüfung der Jahresabschlüsse von Unternehmen beziehen, Geschäftsbesorgungsverträge.[105] Ist für das Geschäftsjahr vor der Eröffnung des Insolvenzverfahrens bereits ein **Abschlussprüfer** bestellt worden, wird die Wirksamkeit der Bestellung gem. § 155 Abs. 3 Satz 2 durch die Eröffnung nicht berührt (→ § 155 Rn. 21). Die Regelung gilt allerdings nur für das mit der Eröffnung des Verfahrens endende Geschäftsjahr, sie gilt nicht, auch nicht analog, für frühere Geschäftsjahre.[106] Hier kommen die §§ 115, 116 zur Anwendung, ein Wahlrecht gem. § 103 steht dem Verwalter nicht zu.[107] Im Interesse des Auftraggebers ist der Wirtschaftsprüfer zu einer umfassenden Prüfung dieser Abschlüsse verpflichtet. Charakteristisch für den **Steuerberatungs-**[108] und den **Buchführungsvertrag**[109] ist eine umfassende Wahrnehmung der Interessen des Auftraggebers. Dazu gehört etwa eine angemessene Vorbereitung der Umsatzsteuervoranmeldung, wobei der Steuerprüfer auch dafür die Verantwortung übernimmt, dass bei der Ausfüllung der Erklärung zutreffende Angaben gemacht wurden, da diese Angaben für die ordnungsgemäße Durchführung des Vertrags wesentlich sind.[110] Darüber hinaus ist die Pflicht zur steuerlichen Prüfung kennzeichnend.[111] Den Steuerberater trifft zudem die Pflicht, über die Möglichkeit aufzuklären, eine Aufdeckung und Versteuerung des vom Buchwert nicht gedeckten tatsächlichen Werts eines Betriebsgrundstücks zu vermeiden.[112] Eine zusätzliche Beratungspflicht im Rahmen einer Betriebsaufgabe umfasst nicht auch solche Modelle, die nur bei einer Fortführung des Betriebs rentabel wären, da sich das Interesse des Auftraggebers insoweit nur auf den Fall einer Aufgabe des Betriebs bezieht.[113] Im Übrigen bestehen Beratungspflichten über Steuersparmöglichkeiten[114] und bei der Erstellung eines Fördermittelantrags.[115] Kennzeichnend ist also auch hier, dass der Steuerberater die Interessen des Auftraggebers in Bezug auf dessen Vermögensangelegenheiten wahrzunehmen hat. Die Beratung in Rechtsangelegenheiten kann, ohne dass der Vertrag nach § 134 BGB iVm §§ 1, 3 RDG nichtig ist, Gegenstand eines Steuerberater- oder Wirtschaftsprüfervertrags sein, wenn die rechtliche Beratung als Nebenleistung zu der Steuerberater- und Wirtschaftsprüfertätigkeit gehört (§ 5 Abs. 1 Satz 1 RDG). Dies ist der Fall, wenn die rechtliche Beratung mit dem eigentlichen Aufgabenbereich des Steuerberaters oder Wirtschaftsprüfers in einem unmittelbaren sachlichen Zusammenhang steht und diese Aufgaben ohne die Rechtsberatung nicht sachgemäß erledigt werden können (vgl. § 5 Abs. 1 Satz 2 RDG). Ein solcher unmittelbarer Zusammenhang ist nur gegeben, wenn die wirtschaftsberatende Tätigkeit im Vordergrund steht und vom Wirtschaftsprüfer nicht ohne die rechtliche Bearbeitung sachgemäß erledigt werden könnte, da nur in diesem Fall die sachgemäße Durchführung des Steuerberater- oder Wirtschaftsprüfervertrags gewährleistet werden kann.[116]

---

102 BGH NJW 2000, 1263, 1264 f.; 2000, 1267.
103 BGH NJW 2000, 1267.
104 AG Köln NZI 2018, 210 ff.; s. ferner LG Stuttgart NZI 2018, 847.
105 Vgl. BGH NJW 2000, 1107; LG Wuppertal GI 1998, 253; s. a. § 155 Rn. 21.
106 OLG Dresden NZI 2009, 858 f.; *Schmid* jurisPR-InsR 6/2010 Anm. 4; aA KPB/*Kübler* § 155 Rn. 69.
107 Offenlassend OLG Dresden NZI 2009, 858 f.
108 BGHZ 141, 173 = NJW 1999, 1544; BGH WM 1999, 1339; 1999, 2360; BB 1999, 287; OLG Brandenburg OLG-NL 1999, 265; OLG Köln OLGR Köln 1999, 265; LG Meiningen GI 1998, 250; Beck/Depré/*Ringstmeier* § 23 Rn. 4; Nerlich/Römermann/*Kießner* § 116 Rn. 23; Jaeger/*Jacoby* §§ 115, 116 Rn. 95; näher zum Steuerberatungsvertrag in der Insolvenz des Mandanten *Hölzle* DStR 2003, 2075 ff.
109 LG Essen ZIP 1998, 1878.
110 Vgl. BGH WM 1999, 1339.
111 Vgl. BGH WM 1999, 2360.
112 Vgl. BGH BB 1999, 187, 188.
113 Vgl. OLG Köln OLGR Köln 1999, 265.
114 Vgl. OLG Schleswig SchlHA 1999, 219.
115 Vgl. LG Meiningen GI 1998, 250.
116 Vgl. zu Art. 1 § 5 Nr. 2 RBerG BGH NJW 2000, 1333, 1334 (einen Zusammenhang verneinend, wenn es um die Beauftragung zur Restitution und die Veräußerung von Grundstücken geht, da der Steuerberater oder der Wirtschaftsprüfer dabei nicht Erkenntnisse, die er insbesondere aus Prüfungen oder steuerrechtlicher Beratung gewonnen hat, zum Nutzen des geprüften oder beratenen Betriebs einsetzt); s. a. BGH NJW 2000, 1560, 1561. Zu § 5 Abs. 1 RDG s. OLG Bremen NJW 2012, 81 f.; LG Baden-Baden DStR 2011, 1003 f.

Ebenfalls ein Geschäftsbesorgungsvertrag ist der **Anlageberatervertrag,**[117] wobei im Vordergrund die Pflicht zur Prüfung des Anlagekonzepts auf die wirtschaftliche Werthaltigkeit steht.[118] Ein Anlagevertrag kommt auch bei einer Beratung über den Kauf von Anleihen oder von Anteilen an einem geschlossenen Immobilienfonds zustande.[119] Mit dieser Beratung und Prüfung in Bezug auf in Aussicht genommene Projekte hat der Auftraggeber den Anlageberater als Geschäftsbesorger beauftragt. 28

Bei der Verwaltung von Anteilen und Beteiligungen obliegt es dem Verwalter im Rahmen eines **Vermögensverwaltungsvertrags** auch für den Erhalt und die Mehrung des wirtschaftlichen Werts zu sorgen.[120] Für den Vermögensverwalter besteht die Pflicht zur vollständigen, verständlichen und nachprüfbaren Rechnungslegung.[121] Daher trifft ihn im Interesse des Auftraggebers eine Pflicht zur Wahrnehmung aller vermögenswerten Angelegenheiten in Bezug auf den verwalteten Gegenstand. Im Rahmen eines **Hausverwaltungsvertrags**[122] besteht für den Hausverwalter den Eigentümern gegenüber eine Hinweispflicht in Bezug auf grundlegende Herstellermängel des verwalteten Objekts.[123] Gerade mit der Beaufsichtigung des verwalteten Guts wurde der Hausverwalter betraut, so dass eine dahingehende Hinweispflicht zu seinen vertraglich übernommenen Pflichten gehört. Des Weiteren besteht die Pflicht zur Rechnungslegung[124] und zur Übergabe von Bankunterlagen.[125] 29

Wird im Rahmen eines Kooperationsvertrags **Know-how** an den anderen Vertragspartner weitergegeben, dann kann ebenfalls ein Geschäftsbesorgungsvertrag vorliegen.[126] Aus dem kooperativen Charakter ergibt sich, dass mit der Weitergabe des Wissens bestimmte Interessen des Auftraggebers wahrgenommen werden sollten. Beim **Maklervertrag** schuldet der Makler die Herbeiführung der Bereitschaft eines Dritten zum Vertragsschluss mit dem Auftraggeber.[127] Dieser Vertrag stellt daher ebenfalls einen Geschäftsbesorgungsvertrag dar.[128] 30

Der **Reisevermittlungsvertrag** verpflichtet das Reisebüro, dem Kunden die Reise zu vermitteln. Hierbei handelt es sich um einen Geschäftsbesorgungsvertrag.[129] Das Reisebüro wird im Interesse des Kunden tätig. Es trifft dieses aber keine Aufklärungspflicht in Bezug auf eine Visumspflicht.[130] Charakteristisch für den Vertrag ist die Vermittlung der Reise, ohne dass der Kunde die Möglichkeit hat, dem Anspruch des Geschäftsbesorgers die Mangelhaftigkeit der Reise entgegenzuhalten; insoweit trifft den Geschäftsbesorger keine Erkundigungspflicht in Bezug auf den Reiseveranstalter und seine wesentlichen Leistungsträger.[131] Vermittelt ein Büro Eintrittskarten, dann stellt sich dieser **Eintrittskartenvermittlungsvertrag** ebenfalls als Geschäftsbesorgungsvertrag dar, wobei keine Rückzahlungspflicht des Vermittlers besteht, wenn der Kartenlieferant in Konkurs fällt.[132] 31

Ein Geschäftsbesorgungsvertrag liegt auch einer **Inkassozession** zugrunde; der Zessionar ist verpflichtet, die Forderung für Rechnung und im Interesse des Zedenten einzuziehen und Weisun- 32

---

117 BGH WM 2000, 426; OLG Koblenz ZIP 1999, 1667; OLG Stuttgart NZG 1999, 612; OLG Düsseldorf NZG 1999, 609; OLG Celle OLGR Celle 1998, 126.

118 Vgl. BGH WM 2000, 426.

119 Vgl. OLG Köln ZIP 1999, 1667; OLG Stuttgart NZG 1999, 612; OLG Celle OLGR Celle 1998, 126.

120 Vgl. OLG Frankfurt NZG 1999, 819; OLG Köln NZG 1999, 1177.

121 OLG Düsseldorf EWiR 1998, 349 (*Staab*).

122 BGH WM 1998, 680; BayObLG ZMR 1999, 575; BayObLG NJW-RR 1999, 810; OLG Saarbrücken NZM 1999, 1008; KG KGR Berlin 1999, 269; KG ZMR 1999, 62; OLG Frankfurt WuM 1999, 61; OLG Hamm ZMR 1998, 587; OLG Hamm FGPrax 1998, 133 = ZMR 1998, 586; Jaeger/*Jacoby* §§ 115, 116 Rn. 109; Palandt/*Sprau* BGB § 675 Rn. 25; MüKoBGB/*Heermann* § 675 Rn. 109; ferner zur Wohnungseigentümergemeinschaft *Gundlach/Frenzel/N. Schmidt* NZI 2006, 437 ff.

123 Vgl. BGH NJW 1998, 680.

124 Vgl. OLG Saarbrücken NZM 1999, 1008.

125 Vgl. KG ZMR 1999, 62.

126 Vgl. OLG Brandenburg OLGR Brandenburg 1999, 238.

127 Vgl. OLG Karlsruhe ZIP 1990, 1143; OLG Koblenz NJW-RR 1999, 1000.

128 BGHZ 94, 356; *Wirth/Mints* ZInsO 2012, 1002; Uhlenbruck/*Sinz* §§ 115, 116 Rn. 3; *Hess*[2] §§ 115, 116 Rn. 5; Jaeger/*Jacoby* §§ 115, 116 Rn. 109; K. Schmidt/*Ringstmeier* § 116 Rn. 11; KPB/*Tintelnot* §§ 115, 116 Rn. 17; *Wirth/Mintas* ZInsO 2012, 1002 ff.; aA MüKoBGB/*Heermann* § 675 Rn. 105 (lediglich Pflicht zur Beachtung einzelner, für eine Geschäftsbesorgung charakteristischer Nebenpflichten); HKInsO/*Marotzke* § 116 Rn. 4; Staudinger/*Arnold* BGB §§ 652, 653 Rn. 71.

129 OLG Frankfurt a.M. NJW-RR 1996, 889; OLG Hamburg NJW-RR 1998, 1670; vgl. auch BGHZ 130, 128 = NJW 1995, 2629; MüKoBGB/*Tonner* § 651a Rn. 46 f.; Palandt/*Sprau* BGB Einf. v. § 651a Rn. 4; MüKoBGB/*Heermann* § 675 Rn. 105; zur Abgrenzung zwischen Reisevermittlung und Reiseveranstaltung s. BGH NJW 2011, 599 f.; LG Würzburg RRa 2009, 232 f.; LG Frankfurt a.M. RRa 2009, 28 ff.

130 Vgl. LG Frankfurt a.M. NJW-RR 1999, 1145.

131 Vgl. LG Kaiserslautern RRa 1999, 75.

132 Vgl. AG Göttingen RRa 1999, 60.

gen des Zedenten Folge zu leisten.[133] Im Rahmen einer Inkassozession ist dem Beauftragten die außergerichtliche Einziehung von Forderungen gestattet; dies berechtigt ihn aber nicht, eine nur treuhänderisch abgetretene, bestrittene Forderung mit juristischen Argumenten durchzusetzen bzw. Vergleichsverhandlungen zu führen.[134] Bei einer **Abwicklungsvereinbarung** kann es sich um einen Geschäftsbesorgungsvertrag handeln, wenn der Beauftrage mit der periodischen Sammelabrechnung der Forderungen des Insolvenzschuldners betraut ist; die Abrechnung findet dann nur noch mit der Clearingstelle statt. Die Forderungen werden durch eine interne Verrechnung zum Ausgleich gebracht, und nur der verbleibende Saldo wird durch Zahlung an die Clearingstelle ausgeglichen, um so den Abrechnungs- und Zahlungsverkehr zu vereinfachen.[135]

32a Ebenfalls unter § 116 fallen sog. **Kautionsversicherungsverträge,** bei denen ein Versicherer sich dazu verpflichtet, dem „Versicherungsnehmer", insbesondere einem Bauunternehmer, für die Erfüllung möglicher Gewährleistungsansprüche Sicherheiten zur Ablösung von Gewährleistungseinbehalten durch Gewährleistungs- bzw. Vertragserfüllungsbürgschaften bis zu einem bestimmten Limit zu stellen.[136] Wirtschaftlich gesehen entspricht ein solcher Vertrag einem Avalkredit.[137] Dem Versicherer steht wegen der für den Zeitraum nach Verfahrenseröffnung eingeforderten Prämien kein Recht auf abgesonderte Befriedigung aus einer für die Prämienforderungen bestellten Sicherheit zu, weil der zugrunde liegende Geschäftsbesorgungsvertrag und damit auch die Verpflichtung zur Bereitstellung des Limits, für die die Prämie geschuldet wird, mit der Verfahrenseröffnung erlischt (§§ 116 Satz 1, 115 Abs. 1).[138] Etwas anderes gilt, wenn die Prämie für eine konkrete, vor Verfahrenseröffnung ausgereichte Bürgschaft gezahlt worden ist, die Provision also nicht für die Bereitstellung des Avalrahmens zu zahlen ist.[139] Von der Unwirksamkeitsfolge unberührt bleiben bereits erteilte Bürgschaften; deren Fortgeltung folgt aus der bürgschaftsvertraglichen Verpflichtung gegenüber den Vertragspartnern der Schuldnerin, die durch die Eröffnung des Insolvenzverfahrens gerade nicht beendet worden ist.[140]

II. Bankverträge

33 **1. Allgemeines.** Der allgemeine Bankvertrag als **Grund- oder Rahmenvertrag** für Bankgeschäfte fällt, soweit er als eigenständiger Vertragstyp in Betracht kommt,[141] als Geschäftsbesorgungsvertrag unter die Vorschrift des § 116.[142] Dies gilt nicht, wenn der allgemeine Bankvertrag nur als Rahmenvereinbarung begriffen wird, aus der sich keine durchsetzbaren Vertragspflichten ergeben; eine in diesem Sinne unverbindliche Geschäftsbeziehung wird durch die Eröffnung des Insolvenzver-

---

133 MüKoBGB/*Roth/Kieninger* § 398 Rn. 42; Palandt/*Grüneberg* BGB § 398 Rn. 26; *Kilger/K. Schmidt* KO § 23 Anm. 1a; MüKoBGB/*Heermann* § 675 Rn. 104.

134 Vgl. OLG Hamburg OLGR Hamburg 2000, 50 ff.

135 Vgl. BGH WM 1985, 617.

136 BGHZ 168, 276 = NZI 2006, 637 ff. = WuB VI A § 41 InsO 1.07 (*Bitter/Rauhut*); DZWiR 2007, 170; ZInsO 2010, 2391 ff.; NZI 2010, 859 ff.; OLG Frankfurt a.M., ZIP 2005, 1245 ff.; OLG Frankfurt a.M. Urt. v. 21.9.2009 – 7 U 96/08; OLG Frankfurt a.M. Urt. v. 21.1.2009 – 7 U 92/08; OLG Hamburg ZInsO 2010, 339 ff.; K. Schmidt/*Ringstmeier* § 116 Rn. 25; Jaeger/*Jacoby* §§ 115, 116 Rn. 99; FKInsO/*B. Wegener* § 116 Rn. 13; Braun/*Kroth* § 116 Rn. 16; *Vosberg* ZIP 2002, 968, 970; *Vosberg* EWiR 2010, 333 f.; *Neuhof* WuB I E 4 Bankbürgschaft/Avalgeschäft 3.10; *Hogrefe* VersR 2007, 1489 ff.; *Hess* WuB VI A § 116 InsO 1.07; *Spliedt* EWiR 2005, 573; *Proske* ZIP 2006, 1035, 1036; Andres/Leithaus/*Andres* § 116 Rn. 7; Uhlenbruck/*Sinz* §§ 115, 116 Rn. 25d; aA KG ZInsO 2004, 979 (§ 103 anwendbar); s. ferner *Stapper* InVo 2005, 403 f.

137 BGHZ 168, 276 = NZI 2006, 637 ff.; *Proske* ZIP 2006, 1035, 1036; aA LG Frankfurt a.M. ZInsO 2008, 1090 ff.

138 BGHZ 168, 276 = NZI 2006, 637 ff. = WuB VI A § 41 InsO 1.07 m. abl. Anm. *Bitter/Rauhut*; BGH DZWiR 2007, 170; aA OLG Frankfurt a.M. ZIP 2005, 1245 ff. Zu den Folgen des Urteils für den Regress des Bürgen s. *Habersack* BKR 2007, 77 ff.

139 BGH NZI 2010, 859 ff.; OLG Koblenz ZInsO 2009, 2305 ff.; *Neuhof* WuB I E 4 Bankbürgschaft/Avalgeschäft 3.10; *Obermüller,* Bankpraxis, Rn. 5.433c. Aus § 6 Abs. 1 der Allgemeinen Bedingungen für die Kautionsversicherung folgt nicht, dass die Prämie als Gegenleistung für die einzelnen Avale gezahlt wird, vgl. BGH NZI 2010, 859 ff.; aA OLG Koblenz ZInsO 2009, 2305 ff.

140 BGHZ 168, 276, 285 = NZI 2006, 637; BGH NJW-RR 2008, 1007 f.; OLG Dresden ZIP 2007, 640 ff.; *Vogel* ZIP 2007, 2198 ff.; Jaeger/*Jacoby* §§ 115, 116 Rn. 100.

141 Zum Streit hierzu s. MüKoBGB/*Heermann* § 675 Rn. 52; *Canaris,* Bankvertragsrecht, Teil 1, Rn. 2; *Hopt,* Bankrechts-HdB, § 1 Rn. 1 ff., 6 ff., § 2 Rn. 2; Staudinger/*Martinek/Omlor* BGB § 675 Rn. B 28 ff.; Uhlenbruck/*Sinz* §§ 115, 116 Rn. 15; abl. BGHZ 152, 114 = NJW 2002, 3695, 3696.

142 Ebenso zu § 23 KO *Kilger/K. Schmidt* KO § 23 Anm. 1a; *Obermüller,* Bankpraxis, Rn. 2.2 und 2.54.; zu § 116 InsO s. *Hess*[2] §§ 115, 116 Rn. 5; FKInsO/*B. Wegener* § 116 Rn. 38; KPB/*Tintelnot* §§ 115, 116 Rn. 20; *Gogger,* Insolvenzgläubiger-HdB, § 3 Rn. 220.

fahrens nicht berührt.[143] Für die Frage, welche Auswirkungen sich aus einer Anwendung der Regelung des § 116 Satz 1 auf Bankverträge im Einzelnen ergeben, ist wie folgt zu differenzieren:

a) Erlöschen. Sofern die vertragliche Beziehung zur Bank ein **Geschäftsbesorgungsverhältnis** darstellt, **erlischt** dieses mit Eröffnung des Insolvenzverfahrens, § 116 Satz 1. Das hat zur Folge, dass die beiderseitigen Rechte und Pflichten mit Wirkung ex nunc beendet werden; bereits entstandene Forderungen der Bank gegen den Schuldner bleiben bestehen; die Bank ist insoweit einfacher **Insolvenzgläubiger.** Die Bank ist infolge des Erlöschens des Geschäftsbesorgungsvertrags grundsätzlich nicht mehr verpflichtet, die Interessen des Schuldners bzw. der Insolvenzmasse wahrzunehmen und ist nicht mehr berechtigt, Weisungen und Aufträge des Schuldners, die vor Insolvenzeröffnung erteilt worden sind, auszuführen. Sie ist auch nicht verpflichtet, Weisungen oder Aufträge des Insolvenzverwalters auszuführen. Zur Rechtslage bei der Überweisung → Rn. 37 ff. Sie erwirbt aus einer Tätigkeit für die Masse keine Ansprüche auf Aufwendungsersatz bzw. Entgelt, sondern kann, wenn sie weiterhin Tätigkeiten für die Masse erbringt, nur Ansprüche aus **Geschäftsführung ohne Auftrag** bzw. aus ungerechtfertigter Bereicherung geltend machen. Dem Insolvenzverwalter steht das **Wahlrecht** gem. § 103 Abs. 1 in Bezug auf solche Verträge nicht zu. Er kann nicht Erfüllung des Vertrags verlangen, sondern muss, um die Leistungen der Bank in Anspruch nehmen zu können, mit dieser neue Verträge abschließen. 34

b) Allgemeine Bestimmungen. Verträge anderer Art unterfallen den allgemeinen Bestimmungen, insbesondere dem Wahlrecht des Insolvenzverwalters gem. § 103, sowie den Vorschriften der §§ 104, 105, 108, 109, 112, 113. Dies gilt für **Darlehensverträge** einschließlich der **Sparverträge** und für Vereinbarungen über **Termineinlagen**[144] und für Verträge über **Schrankfachmiete;**[145] nach den allgemeinen Bestimmungen richtet sich auch der **Verwahrungsvertrag.**[146] Dagegen unterfällt der Depotvertrag der Vorschrift des § 116 und erlischt folglich ohne weiteres und endgültig mit der Eröffnung des Insolvenzverfahrens[147] (→ dazu Rn. 44). 35

c) Rechtsmacht des Verwalters. Von der Frage, inwieweit Vertragsbeziehungen mit der Bank der Vorschrift des § 116 unterfallen und damit mit Eröffnung des Insolvenzverfahrens über das Vermögen ihres Kunden erlöschen, ist die ganz andere Frage zu unterscheiden, wie sich der **Übergang der Verwaltungs- und Verfügungsbefugnis** vom Bankkunden auf den Insolvenzverwalter (§ 80) auf die Vertragsbeziehungen zur Bank auswirken. Dies ist zunächst unabhängig von der Frage zu beurteilen, ob die schuldrechtlichen Beziehungen zwischen der Bank und dem Schuldner erlöschen oder fortbestehen oder dem Wahlrecht des Insolvenzverwalters gem. § 103 Abs. 1 unterliegen. Soweit die Vertragsbeziehungen zur Bank fortbestehen, ist der Schuldner gehindert, die daraus folgenden Ansprüche geltend zu machen; diese Befugnis steht nach Verfahrenseröffnung nur dem Insolvenzverwalter zu (§ 80 Abs. 1 Satz 1). So kann der Kunde das Recht auf Zutritt zu einem Schrankfach oder zur Herausgabe von Verwahrstücken nicht mehr ausüben.[148] Der Verlust der Verfügungsbefugnis bewirkt, dass der Kunde Verträge über Spar- und Termineinlagen **nicht kündigen** kann.[149] Beim Kontokorrentverhältnis tritt eine Beendigung, unabhängig von der Frage des Fortbestands der obligatorischen Wirkungen über die Insolvenzeröffnung hinaus, schon dadurch ein, dass der Schuldner die Verfügungsbefugnis über die in das **Kontokorrent** eingestellten Forderungen verliert. Dies bewirkt, dass auch die in der Kontokorrentvereinbarung enthaltenen antizipierten Verfügungen ihre Wirksamkeit verlieren, so dass **keine Verrechnung** der Forderungen mehr möglich ist. Dies führt zur Beendigung des Kontokorrentverhältnisses (→ Rn. 39). 36

2. Girovertrag, Überweisungsverkehr. Mit dem Girovertrag als **Zahlungsdiensterahmenvertrag** übernimmt das Kreditinstitut neben der Verpflichtung zur Führung eines laufenden Kontos auch die Ausführung von **Überweisungen** auf andere Konten und die Entgegennahme von Geldeingängen (§ 675f Abs. 2 Satz 1 BGB).[150] Diese Verpflichtung erstreckt sich auch auf die Ausführung 37

---

143 Vgl. *Hopt*, Bankrechts-HdB, § 2 Rn. 38.

144 *Obermüller*, Bankpraxis, Rn. 2.19; BankenKommInsO/*Ellers* § 116 Rn. 13; *Gogger*, Insolvenzgläubiger-HdB, § 3 Rn. 252; Uhlenbruck/*Sinz* §§ 115, 116 Rn. 36; zum Einlagebegriff iSd KWG BGH NJW 1995, 1494, dazu krit. *Wallat* NJW 1995, 3236.

145 FKInsO/*B. Wegener* § 116 Rn. 49; *Hess*² §§ 115, 116 Rn. 56; *Obermüller*, Bankpraxis, Rn. 2.111 f.; Uhlenbruck/*Sinz* §§ 115, 116 Rn. 36; BankenKommInsO/*Ellers* § 116 Rn. 10.

146 *Obermüller*, Bankpraxis, Rn. 2.121 f.; FKInsO/*B. Wegener* § 116 Rn. 50; *Hess*² §§ 115, 116 Rn. 59.

147 HM, s. *Obermüller*, Bankpraxis, Rn. 2.128; FKInsO/*B. Wegener* § 116 Rn. 51.

148 *Obermüller*, Bankpraxis, Rn. 2.42.

149 *Obermüller*, Bankpraxis, Rn. 2.19.

150 Vgl. BGH NJW 2000, 1258; *Mayen*, Bankrechts-HdB, § 47 Rn. 7; zu den Anfechtungsrisiken der Bank bei der Ausführung von Überweisungen s. *Ganter* NZI 2010, 835 ff.

von Überweisungsaufträgen bevollmächtigter Dritter.[151] Der Girovertrag ist Geschäftsbesorgungsvertrag mit Dienstleistungscharakter.[152] Er erlischt mit der Eröffnung des Insolvenzverfahrens.[153] Die bis dahin begründeten Ansprüche der Bank werden einfache Insolvenzforderungen. Ansprüche der Bank aus Aufwendungen, die sie **nach Eröffnung des Insolvenzverfahrens** für den Schuldner bzw. für die Masse tätigt, führen zu Ansprüchen gegen die Masse nur unter den Voraussetzungen des § 115 Abs. 2 und 3. Liegt ein solcher Ausnahmefall nicht vor, so kommt nur ein Bereicherungsanspruch gegen die Masse in Betracht (§ 55 Abs. 1 Nr. 3). Ein **Wahlrecht** des Insolvenzverwalters gem. § 103 auf Erfüllung des Girovertrags besteht nicht; §§ 115 Abs. 1, 116 Satz 1 haben Vorrang vor § 103[154] (→ § 115 Rn. 13 f.). Will er die Geschäftsverbindung mit der Bank fortsetzen, so muss er einen neuen Vertrag mit ihr abschließen.[155] Die hieraus folgenden Ansprüche der Bank sind Masseverbindlichkeiten (§ 55 Abs. 1 Nr. 1). Die Bank ist grundsätzlich weder berechtigt noch verpflichtet, nach Eröffnung des Insolvenzverfahrens eingehende Zahlungen für den Schuldner entgegenzunehmen.[156] Eine generelle **nachvertragliche Pflicht** der Bank, Belange der Masse wahrzunehmen, besteht über den Fall der Notgeschäftsführung (§ 115 Abs. 2) hinaus nicht. Die Bank ist aber im Einzelfall befugt, noch eingehende Überweisungsbeträge für den Schuldner entgegenzunehmen;[157] diese fallen dann in die Masse (§ 35) und sind auf dem bisherigen Konto zu verbuchen[158] und an den Insolvenzverwalter herauszugeben.[159] Eine **Verrechnung eingehender Zahlungen** mit einem Schuldsaldo auf dem Konto des Schuldners auf Grund der Kontokorrentabrede kann nach Eröffnung des Insolvenzverfahrens nicht mehr erfolgen (→ Rn. 36 und Rn. 39).[160] Eine Aufrechnung ist nur zulässig, wenn die Bank vor der Eröffnung des Insolvenzverfahrens Deckung erlangt hat; andernfalls scheitert eine Aufrechnung an § 96 Nr. 1[161] (→ dazu § 96 Rn. 15 sowie § 82 Rn. 20). Zur Frage, ob die Bank durch Entgegennahme von Überweisungen in der Krise oder Insolvenz des Zahlungsempfängers Pflichten, insbesondere **Warnpflichten** gegenüber dem Überweisenden verletzt, → § 82 Rn. 19.

37a Nicht von der Unwirksamkeitsanordnung der §§ 115 Abs. 1, 116 Abs. 1 Satz 1 erfasst wird ein **Pfändungsschutzkonto** („P-Konto") nach § 850k ZPO, weil das auf diesem befindliche Guthaben gem. § 36 Abs. 1 Satz 2 nicht zur Insolvenzmasse gehört[162] (zur Notwendigkeit des Massebezugs

---

151 Vgl. BGH NJW 2000, 1258, 1259.

152 BGH WM 1979, 417, 418; BGH 1985, 1098, 1099; BGH 1991, 317, 318; BGH NJW-RR 1996, 882; MüKoBGB/*Heermann* § 675 Rn. 87; *Kilger/K. Schmidt* KO § 23 Anm. 1b; LSZ/*Zeuner* § 116 Rn. 15; *Einsele* JZ 2000, 19; *Fischer* ZInsO 2003, 101; aA (dienst- und werkvertragliche Elemente) Jaeger/*Jacoby* §§ 115, 116 Rn. 114.

153 BGHZ 58, 108, 111 = NJW 1972, 633; BGHZ 70, 86, 93 = NJW 1978, 538; BGHZ 74, 253, 254 = NJW 1979, 1658; BGHZ 170, 121 = NJW 2007, 914, 915; BGH NJW 1991, 1286, 1287; BB 1995, 695; NJW 2015, 677; 2019, 1451; *Obermüller,* Bankpraxis, Rn. 3.20; Nerlich/Römermann/*Kießner* § 116 Rn. 7, 17; Uhlenbruck/*Sinz* §§ 115, 116 Rn. 16; Jaeger/*Jacoby* §§ 115, 116 Rn. 115.

154 KPB/*Tintelnot* §§ 115, 116 Rn. 10; Uhlenbruck/*Berscheid*[12] §§ 115, 116 Rn. 12; Uhlenbruck/*Sinz* §§ 115, 116 Rn. 26; *Peschke,* Insolvenz des Girokontoinhabers, S. 34 ff.; *Tinnefeld,* Auf- und Verrechnungsmöglichkeit, S. 114; aA HKInsO/*Marotzke* § 115 Rn. 6 ff.

155 *Hess*[2] §§ 115, 116 Rn. 37; Braun/*Kroth* § 116 Rn. 11; Uhlenbruck/*Sinz* §§ 115, 116 Rn. 18.

156 BGHZ 170, 121 Rn. 12 = NJW 2007, 914; *Mayen,* Bankrechts-HdB, § 47 Rn. 36.

157 BGHZ 170, 121 = NJW 2007, 914; BGH NJW 1995, 1483; OLG Karlsruhe WM 2011, 1363; *Gehrlein* ZInsO 2010, 1857; BankenKommInsO/*Ellers* § 116 Rn. 26; *Obermüller,* Bankpraxis, Rn. 3.70, 3.85; *Mayen,* Bankrechts-HdB, § 47 Rn. 36; Jaeger/*Jacoby* §§ 115, 116 Rn. 116; *Hess*[2] § 82 Rn. 42 ff.; *Canaris,* Bankvertragsrecht, Teil 1, Rn. 495; KPB/*Tintelnot* §§ 115, 116 Rn. 20; Graf-Schlicker/*Pöhlmann* § 116 Rn. 14; LSZ/*Zeuner* § 116 Rn. 16; KPB/*Lüke* § 82 Rn. 14; Nerlich/Römermann/*Kießner* § 116 Rn. 17; Uhlenbruck/*Sinz* §§ 115, 116 Rn. 18; aA *v. Sethe* BKR 2008, 16, 19 ff.

158 *Mayen,* Bankrechts-HdB, § 47 Rn. 36; and. *Schimansky,* Bankrechts-HdB[3], § 47 Rn. 36.

159 BGHZ 170, 121 = NJW 2007, 914; BGH NJW 1995, 1483. Verbucht die Bank die eingegangene Zahlung nicht auf dem früheren Konto des Schuldners, sondern auf eigenen Treuhand-Abwicklungskonten, kann der Überweisende den Betrag von der Empfängerbank zurückverlangen, ein Herausgabeanspruch des Schuldners besteht nicht; s. hierzu OLG Karlsruhe WM 2011, 1363 ff.; *Meder/Flick* WuB I D 1 Überweisungsverkehr 1.12.

160 BGH NZI 2008, 551 Rn. 12 = WM 2008, 1442; *Mayen,* Bankrechts-HdB, § 47 Rn. 36.

161 BGHZ 74, 253, 255 = NJW 1979, 1658; NZI 2008, 551; Jaeger/*Jacoby* §§ 115, 116 Rn. 116.

162 AG Verden ZVI 2013, 196 f.; *Bitter* ZIP 2011, 149, 158; *Büchel* ZInsO 2010, 20, 26; *Casse* ZInsO 2012, 1402, 1403 ff.; *Günther* ZInsO 2013, 859, 860 f.; *Jaquemoth/Zimmermann* ZVI 2010, 113, 116; AGR/*Flöther/Wehner* § 116 Rn. 7; Jaeger/*Jacoby* §§ 115, 116 Rn. 138, 150; K. Schmidt/*Ringstmeier* § 116 Rn. 28; iE ebenso, allerdings mit dem Sinn und Zweck des § 850k ZPO argumentierend LG Verden NZI 2014, 36 f.; AG Nienburg NZI 2013, 652 f.; AG München VuR 2015, 68 f.; Uhlenbruck/*Sinz* §§ 115, 116 Rn. 24b; HambKommInsO/*Ahrendt* § 116 Rn. 9; s. ferner *Sudergat* ZVI 2003, 169, 171; aA *du Carrois* ZInsO 2010, 2276, 2279 f.; *Knees* ZInsO 2011, 511, 512. Zu geplanten Änderungen des Rechts des P-Kontos *Busch* ZVI 2019, 127 ff.

→ Rn. 5, → § 115 Rn. 9). Gem. § 850k Abs. 7 ZPO kann der Kontoinhaber die **Umwandlung in ein P-Konto** jederzeit und auch noch nach der Pfändung des Kontos verlangen. Die Umwandlung entfaltet gem. § 850k Abs. 1 Satz 4 ZPO Rückwirkung, wenn sie vor Ablauf von vier Wochen seit der Zustellung des Überweisungsbeschlusses an den Drittschuldner erfolgt. Um dem Schuldner einen rückwirkenden Schutz zu ermöglichen, darf die Bank gem. § 835 Abs. 3 ZPO ein gepfändetes Guthaben erst nach Ablauf von vier Wochen an den Vollstreckungsgläubiger bzw. den Insolvenzverwalter auskehren.[163] Ein über den pfändungsfreien Betrag hinausgehendes Kontoguthaben ist an die Masse abzuführen.[164]

Vor Inkrafttreten der durch das **Überweisungsgesetz** eingeführten Bestimmungen der §§ 676a bis 676g BGB aF haben **Überweisungsaufträge,** die der spätere Schuldner vor Eröffnung des Insolvenzverfahrens erteilt hat, die im Zeitpunkt der Verfahrenseröffnung aber von der Bank noch nicht ausgeführt waren, ihre Wirksamkeit verloren.[165] Die Weisung wurde dabei als eine **einseitige Weisung** im Rahmen des Girovertrags angesehen,[166] die auszuführen die Bank auf Grund des Girovertrags verpflichtet war.[167] Ein selbstständiger rechtlicher Bestand unabhängig vom Fortbestehen des Girovertrags kam der Weisung demzufolge nicht zu. Dem Insolvenzverwalter gegenüber war die Bank grundsätzlich nur verpflichtet, dessen Weisungen auszuführen, wenn er einen neuen Girovertrag mit der Bank abgeschlossen hatte. Dies konnte auch konkludent durch beiderseitige Fortsetzung der Geschäftsverbindung geschehen.[168] Etwas anderes galt nur, wenn mit dem Aufschub Gefahr verbunden war, bis der Insolvenzverwalter anderweitig Fürsorge treffen konnte (§ 115 Abs. 2 Satz 1).[169] Wegen dieser Einschränkung kommt der nachwirkenden Verpflichtung der Bank aus einem Girovertrag praktisch nur geringe Bedeutung zu.[170] Demgegenüber vollzog sich die Überweisung nach dem Inkrafttreten der durch das **Überweisungsgesetz** eingeführten Bestimmungen der §§ 676a bis 676g BGB aF auf der Grundlage eines **Überweisungsvertrags** (§ 676a BGB aF), der durch den Auftrag des Kunden und die Annahme durch das Kreditinstitut zustande kommt. Hatte das Kreditinstitut den Überweisungsauftrag des Kunden vor Eröffnung des Insolvenzverfahrens angenommen, was auch konkludent durch Bearbeitung des Überweisungsauftrags geschehen konnte, so blieb dieser gem. § 116 Satz 3 bestehen (→ Rn. 51). Hatte das Kreditinstitut den Überweisungsauftrag des Kunden dagegen im Zeitpunkt der Eröffnung des Insolvenzverfahrens noch nicht angenommen, so war § 116 Satz 3 nicht anwendbar; ein Überweisungsvertrag konnte nicht mehr zustande kommen, da der Vertragsantrag des Kunden mit dem Übergang der Verwaltungs- und Verfügungsbefugnis auf den Verwalter seine Wirksamkeit verlor. 38

Durch die europäische **Zahlungsdiensterichtlinie,**[171] die durch Art. 1 Nr. 47 VerbrKrRL-UG vom 29.7.2009[172] umgesetzt wurde, ist das Recht des Zahlungsverkehrs in den §§ 675c bis 676c BGB neu geregelt worden.[173] Sie finden auf sämtliche Geschäftsbesorgungsverträge Anwendung, die die Erbringung von Zahlungsdiensten zum Gegenstand haben (§ 675c Abs. 1 BGB). Zahlungsdienste sind die in § 1 Abs. 2 ZAG genannten Geschäfte. Erfasst sind alle Geschäfte zur Ausführung von Zahlungsvorgängen. Die gesetzliche Neuregelung orientiert sich an den Verfahrensschritten des Zahlungsvorgangs („horizontaler Ansatz"). Die Verfahrensabschnitte werden dabei für alle Zahlungsinstrumente geregelt.[174] Der auf der Grundlage eines **Zahlungsdiensterahmenvertrags** (Girovertrag) erteilte Überweisungsauftrag ist ein Zahlungsauftrag iSd § 675f Abs. 4 Satz 2 BGB. In Abkehr zu § 676a BGB aF ist die Überweisung nicht mehr als Vertrag, sondern – wie vor Inkrafttreten des 38a

[163] S. zum Ganzen Jaeger/*Jacoby* §§ 115, 116 Rn. 138 ff.

[164] Jaeger/*Jacoby* §§ 115, 116 Rn. 142 mwN.

[165] Sog. Erlöschenstheorie; *Obermüller,* Bankpraxis, Rn. 3.22; *Kilger/K. Schmidt* KO § 8 Anm. 1c; *Hess*² §§ 115, 116 Rn. 66; aA die sog. Bestandstheorie; *Kuhn/Uhlenbruck* KO § 8 Rn. 9b; *Jaeger/Henckel* KO § 8 Rn. 27 ff.

[166] S. dazu nur *Obermüller* ZInsO 1999, 690 mwN.

[167] BGH NJW 1991, 2210, 2211; *Schimansky,* Bankrechts-HdB³, § 49 Rn. 2.

[168] BGH ZIP 1991, 155; KPB/*Tintelnot* §§ 115, 116 Rn. 20; *Schimansky,* Bankrechts-HdB³, § 49 Rn. 2.

[169] *Obermüller,* Bankpraxis, Rn. 3.40.

[170] Vgl. das Beispiel von *Obermüller,* Bankpraxis, Rn. 3.40: Die Bank weiß, dass sich der Vertragspartner des Schuldners bei nicht rechtzeitigem Zahlungseingang von einem für den Schuldner äußerst vorteilhaften Vertrag lösen kann.

[171] RL 2007/64/EG vom 13.11.2007.

[172] BGBl. I S. 2355.

[173] S. zur Neuregelung eingehend *Meckel* jurisPR-BKR 11/2009 Anm. 1; *Meckel* jurisPR-BKR 12/2009 Anm. 1; *Meckel* jurisPR-BKR 1/2010 Anm. 1; *Meckel* jurisPR-BKR 2/2010 Anm. 1; s. ferner *Derleder* NJW 2009, 3195 ff.; *Franck/Massari* WM 2009, 1117 ff.; *Grundmann* WM 2009, 1109 ff.; *Kulke* VuR 2009, 12 ff.; *Nobbe* WM 2011, 961 ff.; *Obermüller* ZInsO 2010, 8 ff.; *Reymann* DStR 2011, 1959 ff.; *Rösler/Werner* BKR 2009, 1 ff.; *Rühl* DStR 2009, 2256 ff.

[174] *Reymann* DStR 2011, 1959; BeckOK-BGB/*Schmalenbach* § 675c Rn. 12.

Überweisungsgesetzes – als **Weisung** iSd § 665 BGB ausgestaltet (→ Rn. 38).[175] Hieran hat sich durch das **Gesetz zur Umsetzung der Zweiten Zahlungsdienstrichtlinie** vom 17.7.2017[176] nichts geändert.[177] Die Überweisung bildet den wichtigsten Anwendungsfall sog. Push-Zahlungen.[178] Der Überweisungsauftrag wird mit Zugang bei dem Zahlungsdienstleister (Bank) wirksam (§ 675n Abs. 1 Satz 1 BGB). Wird das Verfahren nach dem Zugang eröffnet, bleibt der Überweisungsauftrag gem. § 116 Satz 3 wirksam. **Nach Eröffnung des Verfahrens** kann der Insolvenzschuldner der Bank keinen Überweisungsauftrag in Bezug auf zur Masse gehörende Konten mehr erteilen (→ dazu § 81 Rn. 12b, § 82 Rn. 21; zum sog. P-Konto → Rn. 37a).

38b Führt die Bank die Überweisung trotz Fehlen eines wirksamen Überweisungsauftrags in unverschuldeter Unkenntnis von der Verfahrenseröffnung durch, so erwirbt sie gegen die Masse einen Aufwendungsersatzanspruch als Insolvenzforderung[179] (§ 115 Abs. 3). Weist das Konto einen **Aktivsaldo** zugunsten der Masse aus, so beurteilt sich die Frage, ob und inwieweit die Bank ihren Ersatzanspruch damit verrechnen kann, nach § 82 (→ dazu § 82 Rn. 19). Ist die Verrechnung mit einem Aktivsaldo der Masse wegen § 82 ausgeschlossen oder liegt ein **Debetsaldo** zulasten der Masse vor, so stellt sich die Frage, ob die Bank einen Ausgleichsanspruch gegen den Überweisungsempfänger hat; → dazu § 82 Rn. 21, 22.

39 **3. Kontokorrent.** Der Kontokorrentvertrag umfasst den Geschäftsvertrag, der die Grundlage der kontokorrentrechtlichen Verpflichtungen beider Parteien bildet, und die Kontokorrentabrede, die die Einbeziehung der beiderseitigen Ansprüche und Leistungen und deren Verrechnung betrifft.[180] Der Geschäftsvertrag ist die schuldrechtliche Basis des Kontokorrents; Grundlage des Bankkontokorrents ist der Girovertag.[181] Danach erlischt der Geschäftsvertrag zusammen mit dem Girovertrag gem. §§ 116 Satz 1, 115 Satz 1 mit der Eröffnung des Insolvenzverfahrens. Dies trifft im Ergebnis auch dann zu, wenn der Geschäftsvertrag vom Girovertrag rechtlich unterschieden wird.[182] Das Erlöschen des Girovertrags zieht die Unwirksamkeit des Geschäftsvertrags und des Kontokorrentvertrags wegen des engen funktionalen Zusammenhangs dieser Vereinbarungen nach sich (§ 139 BGB analog).[183] Die sich aus der Kontokorrentabrede ergebenden Verpflichtungen erlöschen demgemäß mit der Eröffnung des Insolvenzverfahrens.[184] Die in der Kontokorrentabrede enthaltene **antizipierte Verrechnung** der in das Kontokorrent einzustellenden beiderseitigen Forderungen verliert ihre Wirksamkeit mit der Eröffnung des Insolvenzverfahrens, weil einer Verrechnung nach diesem Zeitpunkt § 91 Abs. 1 entgegensteht.[185] Mit der Eröffnung des Verfahrens entsteht eine kausale Saldoforderung.[186] Diese kann im Hinblick auf § 91 Abs. 1 nicht wirksam im Voraus abgetreten werden.[187]

---

175 *Grundmann* WM 2009, 1109, 1114; BankenKommInsO/*Ellers* § 116 Rn. 23; BeckOK-BGB/*Schmalenbach* § 675f Rn. 33.

176 BGBl. I, 2446.

177 Im Gegensatz zu sog. Pull-Zahlungen werden sog. Push-Zahlungen nicht von dem Zahlungsempfänger, sondern von dem Zahler ausgelöst; s. hierzu BeckOK-BGB/*Schmalenbach* § 675f Rn. 28, 30; Jaeger/*Jacoby* §§ 115, 116 Rn. 143.

178 Im Gegensatz zu sog. Pull-Zahlungen werden sog. Push-Zahlungen nicht von dem Zahlungsempfänger, sondern von dem Zahler ausgelöst; s. hierzu BeckOK-BGB/*Schmalenbach* § 675f Rn. 28, 30; Jaeger/*Jacoby* §§ 115, 116 Rn. 143.

179 *Hess*[2] §§ 115, 116 Rn. 68; Jaeger/*Jacoby* §§ 115, 116 Rn. 151; *Prütting/Nobbe,* Insolvenzrecht, S. 105; KPB/*Tintelnot* §§ 115, 116 Rn. 24; LSZ/*Zeuner* § 116 Rn. 21.

180 MüKoBGB/*Habersack* § 781 Rn. 9; GK-HGB/*Canaris* § 355 Rn. 9.

181 MüKoHGB/*Langenbucher* § 355 Rn. 7 f.; LSZ/*Zeuner* § 116 Rn. 27.

182 GK-HGB/*Canaris* § 355 Rn. 10; *Canaris,* Handelsrecht, § 25 Rn. 4; *Peschke,* Insolvenz des Girokontoinhabers, S. 34 ff., 39; *Tinnefeld,* Auf- und Verrechnungsmöglichkeit, S. 27 ff.; Uhlenbruck/*Sinz* §§ 115, 116 Rn. 16.

183 *Peschke,* Insolvenz des Girokontoinhabers, S. 39 ff., 42; *Tinnefeld,* Auf- und Verrechnungsmöglichkeit, S. 127 ff.

184 BGHZ 181, 361 = NJW 2009, 2677; BGHZ 157, 350, 357; BGHZ 74, 253 = NJW 1979, 1658; BGH NJW 1991, 1266; *Mayen,* Bankrechts-HdB, § 47 Rn. 34, 36; LSZ/*Zeuner* § 116 Rn. 15; Nerlich/Römermann/*Kießner* § 116 Rn. 18; Jaeger/*Jacoby* §§ 115, 116 Rn. 121; KPB/*Tintelnot* §§ 115, 116 Rn. 21; *Hess*[2] §§ 115, 116 Rn. 33; Uhlenbruck/*Berscheid*[12] §§ 115, 116 Rn. 17 f.; aA HKInsO/*Marotzke* § 116 Rn. 5 (obligatorische Wirkungen bleiben bestehen).

185 *Canaris,* Bankvertragsrecht, Teil 1, Rn. 495; *Kilger/K. Schmidt* KO § 23 Anm. 1b; *Prütting/Nobbe,* Insolvenzrecht, S. 105; HKInsO/*Marotzke* § 116 Rn. 5; BankenKommInsO/*Ellers* § 116 Rn. 15; Jaeger/*Jacoby* §§ 115, 116 Rn. 121.

186 KPB/*Tintelnot* §§ 115, 116 Rn. 22; *Mayen,* Bankrechts-HdB, § 47 Rn. 105; *Kuhn/Uhlenbruck* KO § 23 Rn. 15; *Kilger/K. Schmidt* KO § 23 Anm. 1b; LSZ/*Zeuner* § 116 Rn. 23.

187 BGHZ 181, 361 = NJW 2009, 2677; anders noch BGHZ 70, 86, 94 f. = NJW 1978, 538.

4. Lastschriftverfahren. In der Insolvenz des Lastschriftgläubigers endet der Girovertrag nach 40
§ 116 und zudem die zunächst erfolgte Inkassovereinbarung der ersten Inkassostelle;[188] näher zum Lastschriftverfahren → § 82 Rn. 23 ff. In der Insolvenz des Lastschriftschuldners erlischt die von ihm erteilte **Ermächtigung zur Belastung** seines Kontos mit der Eröffnung des Insolvenzverfahrens (§§ 80 Abs. 1, 91 Abs. 1). Die Belastung ist deshalb materiellrechtlich unwirksam; die Belastungsbuchung muss rückgängig gemacht werden,[189] sofern sich die Bank nicht auf den Schutz gem. § 115 Abs. 3 berufen kann. Ist die Lastschrift eingelöst und dem Gläubiger gutgebracht worden, so findet der Bereicherungsausgleich zwischen diesem und der Bank statt; der Schuldner ist davon nicht betroffen.[190] Zur Frage des Widerrufs einer Lastschrift durch den Insolvenzverwalter → § 82 Rn. 25 ff.

5. Akkreditiv. Der Vertrag zwischen der **Akkreditivbank** und dem Auftraggeber stellt ein 41
Geschäftsbesorgungsverhältnis dar, das der Vorschrift des § 116 unterfällt.[191] Durch den Akkreditivauftraggeber wird die Bank beauftragt, an den Verkäufer den Kaufpreis zu zahlen. Die Eröffnung des Akkreditivs erfolgt durch die Abgabe eines Zahlungsversprechens seitens der Bank. Dadurch erlangt der Verkäufer einen eigenständigen, von den Einwendungen und Einreden des Warengeschäftes unabhängigen Zahlungsanspruch gegen die Akkreditivbank. Ein solcher Akkreditivauftrag erlischt unter den Voraussetzungen des § 116 Satz 1. Die Akkreditivbank darf das Akkreditiv nicht mehr eröffnen und muss einen Vorschuss zurückzahlen.[192] Ist das Akkreditiv vor der Eröffnung des Insolvenzverfahrens bereits eröffnet worden, so ist die Bank beim **widerruflichen Akkreditiv** berechtigt, dieses zu widerrufen, und dazu auch verpflichtet.[193] Der Auftrag zur Erteilung eines **unwiderruflichen Akkreditivs** erlischt mit der Insolvenz des Kunden gem. § 116, wenn es zu diesem Zeitpunkt noch nicht eröffnet ist; andernfalls ist § 116 nicht anwendbar.[194] Auf die Verpflichtung der Akkreditivbank gegenüber dem Begünstigten hat die Insolvenz des Auftraggebers keinen Einfluss. Bei debitorischem Konto des Auftraggebers erwirbt die Bank gegen diesen einen Anspruch auf Aufwendungsersatz als Insolvenzforderung.[195]

6. Kreditgeschäft. Im Rahmen der Kreditgeschäfte ist zwischen der effektiven Kreditgewäh- 42
rung – etwa durch die Stellung von Zahlungskrediten – und der Kreditleihe – durch Stellung eines Haftungskredits – zu unterscheiden.[196] Neben dem Gelddarlehen werden vor allem Akzeptkredite (vgl. § 1 Abs. 1 Satz 2 Nr. 2 KWG) durch die Banken gewährt. Einen Begriff des „Kreditgeschäfts" im Sinne eines einheitlichen Vertragstyps gibt es nicht. Beim **Zahlungskredit** besteht zumeist ein Darlehensvertrag iSd § 488 Abs. 1 BGB. Beim **Haftungskredit** (insbesondere Akzeptkredit) können dagegen auch Elemente der Geschäftsbesorgung durch die Bank für den Kunden hinzutreten, so dass es sich um einen Geschäftsbesorgungsvertrag handelt.[197] Eine Vereinbarung, durch die sich eine Bank im Innenverhältnis zu Kunden verpflichtet, auf Verlangen des Kunden durch einen **Avalkredit** Garantien, Bürgschaften oder andere Gewährleistungen zu übernehmen, ist als Geschäftsbesorgungsvertrag einzuordnen.[198]

7. Effektengeschäft. Hierbei erwirbt und veräußert die Bank Wertpapiere für andere (vgl. § 1 43
Abs. 1 Satz 2 Nr. 4 KWG). In aller Regel wird es sich dabei um ein **Kommissionsgeschäft** iSd

---

188 LSZ/*Zeuner* § 116 Rn. 31; FKInsO/*B. Wegener* § 116 Rn. 55.

189 BGH ZIP 1980, 425, 427; LSZ/*Zeuner* § 116 Rn. 31.

190 *Canaris,* Bankvertragsrecht, Rn. 660; LSZ/*Zeuner* § 116 Rn. 25; *Kuhn/Uhlenbruck* KO § 23 Rn. 19; FKInsO/*B. Wegener* § 116 Rn. 55; aA *Jaeger/Henckel* KO § 8 Rn. 33.

191 KPB/*Tintelnot* §§ 115, 116 Rn. 27; K. Schmidt/*Ringstmeier* § 116 Rn. 12; Jaeger/*Jacoby* §§ 115, 116 Rn. 159; BankenKommInsO/*Ellers* § 116 Rn. 37; *Obermüller,* Bankpraxis, Rn. 4.11; LSZ/*Zeuner* § 116 Rn. 34; Uhlenbruck/*Sinz* §§ 115, 116 Rn. 25e. S. dazu w. RGZ 106, 26, 27; BGH WM 1958, 1542, 1543; Staudinger/*Martinek/Omlor* BGB § 675 Rn. B 53; MüKoBGB/*Heermann* § 675 Rn. 86.

192 *Obermüller,* Bankpraxis, Rn. 4.33.

193 *Obermüller,* Bankpraxis, Rn. 4.39; Jaeger/*Jacoby* §§ 115, 116 Rn. 160; K. Schmidt/*Ringstmeier* § 116 Rn. 12.

194 KPB/*Tintelnot* §§ 115, 116 Rn. 27; *Obermüller,* Bankpraxis, Rn. 4.41; aA *Kuhn/Uhlenbruck* KO § 23 Rn. 14c; Jaeger/*Jacoby* §§ 115, 116 Rn. 160; K. Schmidt/*Ringstmeier* § 116 Rn. 12.

195 *Kuhn/Uhlenbruck* KO § 23 Rn. 14c; *Obermüller,* Bankpraxis, Rn. 4.45; *Häsemeyer,* Insolvenzrecht, Rn. 20. 82.

196 MüKoBGB/*Heermann* § 675 Rn. 79; Staudinger/*Martinek/Omlor* BGB § 675 Rn. B 45.

197 OLG Köln ZIP 1999, 308, 309 f.; *Kirchhof* WM 1996, Sonderbeilage 2/28, 1, 12; BankenKommInsO/*Ellers* § 116 Rn. 43.

198 BGHZ 168, 276 = NZI 2006, 637; BGHZ 95, 375, 380 = NJW 1986, 310; BGH NZI 2012, 82; BGH ZInsO 2010, 2391 ff.; KG ZIP 2010, 2411 ff.; OLG Frankfurt a.M. Urt. v. 8.7.2009 – 23 U 185/08; OLG München NZI 2009, 250 f.; LG München I ZInsO 2009, 667 ff.; Andres/Leithaus/*Andres* § 116 Rn. 3; Jaeger/*Jacoby* §§ 115, 116 Rn. 163; BankenKommInsO/*Ellers* § 116 Rn. 35 f.; MüKoBGB/*Schürnbrand* § 491 Rn. 59; *Proske* ZIP 2006, 1035; Uhlenbruck/*Sinz* §§ 115, 116 Rn. 25d.

§§ 383 ff. HGB handeln. Subsidiär sind ferner die §§ 675, 611 ff. BGB anwendbar. Die Geschäftsbesorgung der Bank liegt in der Dienstleistung zur Herbeiführung eines Kaufvertrags.[199] Einkaufs- wie Verkaufskommission fallen unter den Anwendungsbereich des § 116, der Kommissionsvertrag erlischt demgemäß mit Eröffnung des Insolvenzverfahrens nach § 116 Satz 1.[200] Die Bank darf den Verkauf nicht mehr durchführen; war bei der Einkaufskommission die Ausführung schon erfolgt, so erlangt sie wegen ihrer Aufwendungen zwar nur einfache Insolvenzforderungen, ist aber durch das Pfandrecht gem. § 397 HGB dinglich gesichert.[201]

44 **8. Depotgeschäft.** Beim sog. Depotgeschäft verwaltet und verwahrt die Bank Wertpapiere für andere (vgl. § 1 Abs. 1 Satz 2 Nr. 5 KWG). Das DepG ist beim verschlossenen Depot nicht anwendbar; es handelt sich hierbei um einen **Verwahrungsvertrag** iSd §§ 688 ff. BGB. Beim offenen Depot liegt dagegen ein aus Verwahrung und Geschäftsbesorgung gemischter Vertrag vor.[202] Kennzeichnend ist in diesem Zusammenhang auch die erforderliche Verwahrung der Papiere, welche die Geschäftsbesorgung der Bank darstellt. Zwar betrifft dies nur die Verwaltungspflichten,[203] jedoch lässt sich der Depotvertrag nur einheitlich verstehen und unterliegt daher im Ganzen der Regelung des § 116.[204]

45 **9. Scheck, Wechsel, Anweisung.** Im Rahmen von Diskontgeschäften kauft die Bank Wechsel und Schecks an (vgl. § 1 Abs. 1 Satz 2 Nr. 3 KWG). Der Preis, den die Bank an den Einreicher zahlt, besteht aus der Wechselsumme abzüglich des Diskonts, bestehend aus dem Zwischenzins für die Zeit bis zum Fälligkeitstag und der Diskontspesen.[205] Die Einordnung des **Diskontgeschäfts** ist umstritten. Die herrschende Meinung[206] qualifiziert es als Kauf oder kaufähnliches Geschäft, während es nach einer im Vordringen befindlichen Auffassung als Darlehen angesehen wird.[207] Ein Geschäftsbesorgungsvertrag liegt jedenfalls dann vor, wenn die Bank den Wechsel für Rechnung des Kunden akzeptiert und der Kunde den Wechsel sodann bei einer anderen Bank zum Diskont einreicht oder der Kunde die Wechsel an seine Gläubiger sicherungs- oder erfüllungshalber weitergibt.[208] Akzeptiert und diskontiert die Bank dagegen einen vom Kunden auf sich selbst gezogenen Wechsel, liegt ein Darlehen vor, weil der Kunde bei seiner Bank über die Summe verfügen kann.[209] Beim **Inkassowechsel** erlischt der zwischen dem Wechselnehmer und der Bank geschlossene Geschäftsbesorgungsvertrag nach § 116.[210]

46 Die **Anweisung** als abstrakte, doppelte Ermächtigung des Angewiesenen im Deckungsverhältnis und als Legitimation des Anweisungsempfängers fällt als solche nicht unter §§ 115, 116.[211] Im Deckungsverhältnis zwischen Anweisendem und Angewiesenem wird jedoch in der Regel ein Geschäftsbesorgungsvertrag bestehen. Dieser erlischt nach § 116 mit der Eröffnung des Verfahrens, so dass der Angewiesene die Anweisung nicht mehr anzunehmen braucht.[212]

47 Für den **Scheckvertrag,** der als Bestandteil des Girovertrags beim einfachen Scheck der Begebung durch den Bankkunden und der Einlösung durch die bezogene Bank zugrunde liegt, gilt § 116 ebenfalls, auch wenn der Scheck wegen der Abstraktheit wirksam bleibt.[213]

---

[199] MüKoBGB/*Heermann* § 675 Rn. 81; Staudinger/*Martinek/Omlor* BGB § 675 Rn. B 47.

[200] *Obermüller,* Bankpraxis, Rn. 8.56, 8.122; BankenKommInsO/*Ellers* § 116 Rn. 41 f.; Uhlenbruck/*Sinz* §§ 115, 116 Rn. 25g; Jaeger/*Jacoby* §§ 115, 116 Rn. 165; krit. Zur Einkaufskommission KPB/*Tintelnot* §§ 115, 116 Rn. 6.

[201] Näher dazu *Obermüller,* Bankpraxis, Rn. 8.123.

[202] OLG Hamm BB 1999, 1676; Staudinger/*Martinek/Omlor* BGB § 675 Rn. B 48.

[203] Einschränkend daher *Jaeger/Henckel* KO § 17 Rn. 22.

[204] *Hess*[2] §§ 115, 116 Rn. 61; K. Schmidt/*Ringstmeier* § 116 Rn. 18; BankenKommInsO/*Ellers* § 116 Rn. 39; *Obermüller,* Bankpraxis, Rn. 2.127; Jaeger/*Jacoby* §§ 115, 116 Rn. 167; FKInsO/*B. Wegener* § 116 Rn. 51; Uhlenbruck/*Sinz* §§ 115, 116 Rn. 25f; HambKommInsO/*Ahrendt* § 116 Rn. 16; LSZ/*Zeuner* § 116 Rn. 44; diff. *Jaeger/Henckel* KO § 17 Rn. 22.

[205] MüKoBGB/*Heermann* § 675 Rn. 80.

[206] RGZ 112, 46, 48; RGZ 142, 23, 26; BGHZ 19, 282, 292 = NJW 1956, 586; BGH WM 1963, 507; 1972, 72; 1972, 582; offen gelassen in BGHZ 59, 197, 200 f. = NJW 1972, 1084; OLG Hamm WM 1990, 1155, 1156; *Baumbach/Hopt* HGB, BankGesch, Kap. 4, Rn. J/2; K. Schmidt/*Ringstmeier* § 116 Rn. 19; *Peters,* Bankrechts-HdB, § 65 Rn. 3; Soergel/*Huber* BGB vor § 433 Rn. 291; Staudinger/*Hopt/Mülbert*[12] BGB Vorbem. Zu §§ 607 ff. Rn. 655.

[207] Baumbach/Hefermehl/*Casper* WG Art. 11 Rn. 31 (and. noch die Voraufl.); MüKoBGB/*Berger* vor § 488 Rn. 15; *Canaris,* Bankvertragsrecht, Rn. 1531 ff.; *Bülow* WG Art. 11 Rn. 25; *v. Caemmerer* NJW 1955, 41.

[208] Vgl. BGHZ 19, 282, 291 = NJW 1956, 586; Staudinger/*Martinek/Omlor* BGB § 675 Rn. B 46; K. Schmidt/*Ringstmeier* § 116 Rn. 19.

[209] MüKoBGB/*Heermann* § 675 Rn. 79.

[210] LSZ/*Zeuner* § 116 Rn. 33; *Obermüller,* Bankpraxis, Rn. 3.370.

[211] LSZ/*Zeuner* § 116 Rn. 32; *Jaeger/Henckel* KO § 23 Rn. 65; *Kuhn/Uhlenbruck* KO § 23 Rn. 13; Uhlenbruck/*Sinz* §§ 115, 116 Rn. 35.

[212] LSZ/*Zeuner* § 116 Rn. 32.

[213] LSZ/*Zeuner* § 116 Rn. 33; *Jaeger/Henckel* KO § 8 Rn. 42; *Obermüller,* Bankpraxis, Rn. 3.206.

III. Rechtsfolgen

1. Vertragsbeendigung. Mit der Eröffnung des Insolvenzverfahrens erlöschen Geschäftsbesorgungsverträge (§ 116 Satz 1 iVm § 115 Abs. 1).[214] Das Erlöschen bewirkt, dass eine **weitere Tätigkeit des Geschäftsbesorgers** und eine Vergütung hierfür nicht geschuldet werden. Das Vertragsverhältnis erlischt endgültig; der Insolvenzverwalter kann nicht gem. § 103 Abs. 1 den Vertrag erfüllen und Erfüllung vom anderen Teil verlangen; § 103 wird durch §§ 115, 116 verdrängt.[215] Der Ansicht, wonach nur die Geschäftsbesorgungsbefugnis des Vertragspartners erlischt, das Vertragsverhältnis selbst von § 116 Satz 1 aber nicht erfasst wird, sondern der Bestimmung des § 103 Abs. 1 unterfällt,[216] kann nicht gefolgt werden. Eine **Geschäftsbesorgungsbefugnis,** die von dem ihr zugrundeliegenden Vertragsverhältnis verselbstständigt ist und demgemäß erlöschen kann, während das vertragliche Geschäftsbesorgungsverhältnis fortbesteht, ist aus rechtssystematischen Gründen nicht möglich, weil diese Geschäftsbesorgungsbefugnis nichts anderes ist als der Inbegriff der aus dem Vertragsverhältnis resultierenden Rechte und Pflichten des Geschäftsbesorgers.[217] Eine Differenzierung der Rechtsfolgen der Insolvenzeröffnung nach Geschäftsbesorgungsverhältnis und daraus resultierender Geschäftsbesorgungsbefugnis und Geschäftsbesorgungspflicht lässt sich der gesetzlichen Regelung nicht entnehmen; vielmehr ergibt sich aus der Verweisung des § 116 Satz 1 auf § 115, dass der Geschäftsbesorgungsvertrag ohne Einschränkung ebenso erlischt wie das vertragliche Auftragsverhältnis. Im Kern geht der Streit um die Frage, ob der Insolvenzverwalter einseitig das Recht haben soll, vom anderen Teil **Fortsetzung des Vertragsverhältnisses** zu verlangen. Eine dahingehende Option, die sich aus § 103 Abs. 1 ergeben würde, ist aber durch § 116 Satz 1 für Geschäftsbesorgungsverträge gerade ausgeschlossen worden. 48

Ein unabweisbares praktisches Bedürfnis, dem Insolvenzverwalter eine **einseitige Option** zur Fortsetzung des Geschäftsbesorgungsverhältnisses zuzubilligen, ist nicht ersichtlich.[218] Dem Insolvenzverwalter steht es frei, das bisherige Vertragsverhältnis durch Vereinbarung mit dem bisherigen Vertragspartner fortzusetzen oder ein entsprechendes Vertragsverhältnis mit einem anderen Vertragspartner neu abzuschließen, wenn dies im Interesse der Masse geboten ist. Soweit es sich um marktgängige Geschäftsbesorgungsleistungen handelt, wird die Auswechslung des Vertragspartners ohne weiteres möglich sein. Stehen besondere Umstände einem solchen Wechsel entgegen, so kann der bisherige Vertragspartner aus **nachwirkender Treuepflicht** gehalten sein, das Vertragsverhältnis zu angemessenen Konditionen fortzusetzen.[219] Diese Treuepflicht kann aber nicht dazu führen, dass die gesetzliche Regelung der §§ 115–117 leerläuft. Vielmehr enden Geschäftsbesorgungsverträge gem. § 116 mit der Verfahrenseröffnung, ohne dass dem Verwalter ein Wahlrecht zusteht. Der Umstand, dass mit dem Abschluss neuer Geschäftsbesorgungsverträge durch den Insolvenzverwalter der Masse Kosten entstehen, ist zwingende Folge dieser gesetzlichen Bestimmung. Es steht dem Verwalter frei, mit dem bisherigen Geschäftsbesorger eine Fortsetzung des Geschäftsbesorgungsvertrags unter Anrechnung der von diesem bereits erbrachten Leistungen auf seine Gesamtvergütung zu vereinbaren. Soweit die Ansicht vertreten wird, die Bestimmungen §§ 116, 117 seien teleologisch zu reduzieren, um **Doppelvergütungen** bei einer erneuten Beauftragung des bisherigen Geschäftsbesorgers zu verhindern, wie sie die gebührenrechtliche Folge bei der Erteilung eines neuen Mandats an den bisherigen Rechtsanwalt zur Fortsetzung des von diesem schon vor Eröffnung des Insolvenzverfahrens betreuten Rechtsstreits sind,[220] kann dem nicht zugestimmt werden. Das Problem von Doppelvergütungen kann sich auch in anderen Bereichen ergeben. Solche Kostenbelastungen können nicht zu einer generellen Einschränkung der §§ 116, 117 führen. Es ist vielmehr im Einzelfall 49

---

214 BGHZ 109, 260 (zu § 23 Abs. 2 KO) = NJW 1990, 510; BGH NZI 2006, 637 ff.; *Hess*² §§ 115, 116 Rn. 14; KPB/*Tintelnot* §§ 115, 116 Rn. 9; FKInsO/*B. Wegener* § 116 Rn. 27; Nerlich/Römermann/*Kießner* § 116 Rn. 26; *Häsemeyer,* Insolvenzrecht, Rn. 20.72; *Kuhn/Uhlenbruck* KO § 23 Rn. 5; *Kilger/K. Schmidt* KO § 23 Anm. 5; *Jaeger/Henckel* KO § 23 Rn. 34.

215 BGH NZI 2006, 637 ff.; DZWiR 2007, 170 (zu § 9 GesO); OLG Frankfurt a.M. ZIP 2005, 1245; KPB/*Tintelnot* §§ 115, 116 Rn. 10; Nerlich/Römermann/*Kießner* § 116 Rn. 26; LSZ/*Zeuner* § 115 Rn. 2; HKInsO/*Marotzke* § 115 Rn. 4.

216 HKInsO/*Marotzke* § 115 Rn. 4; *Marotzke* FS Henckel, S. 579, 585 ff.

217 → § 115 Rn. 14.

218 Die Möglichkeit einer „enormen Kostenersparnis", die *Marotzke* als praktisches Argument für ein Wahlrecht des Insolvenzverwalters anführt, wird nicht näher belegt, sondern nur beispielsweise auf die Behandlung von Vorschüssen und auf die Fortführung von Girokonten bezogen, HKInsO/*Marotzke* § 115 Rn. 6; *Marotzke,* in Insolvenzrecht im Umbruch, S. 183, 194; zum Problem der Doppelvergütung bei Rechtsanwaltsmandaten s. *Paulus* NJW 2010, 1633 ff. sowie nachfolgend im Text.

219 Vgl. dazu den der Entscheidung BGH ZIP 1988, 1474 zugrundeliegenden Sachverhalt; HambKommInsO/*Ahrendt* § 115 Rn. 6.

220 Dazu eingehend *Paulus* NJW 2010, 1633 ff.

unter Berücksichtigung der jeweils einschlägigen gebührenrechtlichen Bestimmungen zu prüfen, ob solche Doppelvergütungen vermieden werden können.[221] Kommt es nicht zu einer einvernehmlichen Fortsetzung des bisherigen Vertragsverhältnisses, so ist dieses nach den allgemeinen Regeln des materiellen Rechts abzuwickeln.[222] Der Geschäftsbesorger ist nach Vertragsbeendigung verpflichtet, alles, was er zur Ausführung der Geschäftsbesorgung erhalten und aus der Geschäftsbesorgung erlangt hat, herauszugeben (§ 667 BGB).[223] Dazu gehören insbesondere **Vorschüsse,** die er erhalten, vor Eröffnung des Insolvenzverfahrens aber nicht mehr bestimmungsgemäß eingesetzt hat.[224] Die **Herausgabepflicht des Geschäftsbesorgers** umfasst auch Unterlagen, die er zur Ausführung des Auftrags erhalten oder erlangt oder im Rahmen der Vertragserfüllung erstellt hat wie zB Handakten des Rechtsanwalts nach Maßgabe des § 50 BRAO.[225] Nicht erfasst von der Herausgabepflicht werden Unterlagen, die das vom Geschäftsbesorger geschuldete **Arbeitsergebnis** darstellen.[226] Will der Insolvenzverwalter dieses Arbeitsergebnis für die Masse sichern, so muss er mit dem Geschäftsbesorger eine neue Vereinbarung treffen. Deren Verweigerung seitens des bisherigen Vertragspartners kann treuwidrig sein, wenn andernfalls die Vorleistungen des Schuldners wertlos würden. Auch für den bisherigen Vertragspartner besteht aber ein Anreiz, auf ein Angebot des Verwalters einzugehen, weil er andernfalls seinen Vergütungsanspruch verliert, der ohne eine solche Vereinbarung für die Zeit ab Eröffnung des Insolvenzverfahrens entfällt.

50 **2. Ansprüche des Geschäftsbesorgers.** Mit seinen bis zur Eröffnung des Insolvenzverfahrens entstandenen Ansprüchen aus dem Geschäftsbesorgungsvertrag ist der Geschäftsbesorger **Insolvenzgläubiger.** Welche Ansprüche dem Geschäftsbesorger und dem Schuldner auf Grund der Vertragsbeendigung zustehen, richtet sich nach den Vorschriften des Bürgerlichen Rechts (§§ 662 ff. BGB).[227] In Betracht kommen neben Ansprüchen auf **Vergütung** (§§ 611 Abs. 2, 631 Abs. 1 BGB) bzw. Aufwendungsersatz (§ 670 BGB) auch **Auskunfts- und Herausgabeansprüche** (§§ 666 BGB, 384, 406 HGB).[228] Ansprüche wegen einer Geschäftsbesorgung nach Eröffnung des Insolvenzverfahrens kommen in Betracht aus berechtigter Geschäftsführung ohne Auftrag (§ 683 BGB),[229] im Übrigen aus Bereicherungsrecht (§§ 683, 812 BGB). Mit Ansprüchen aus Geschäftsführung ohne Auftrag ist der Geschäftsbesorger Insolvenzgläubiger, während Ansprüche aus einer ungerechtfertigten Bereicherung der Masse Masseverbindlichkeiten sind (§ 55 Abs. 1 Nr. 3). Etwas anderes gilt, wenn ein Fall der Notgeschäftsführung vorliegt (§ 115 Abs. 2; → dazu Rn. 53 f.).

51 **3. Fortbestand von Zahlungsaufträgen, Aufträgen zwischen Zahlungsdienstleistern und Übertragungsaufträgen (Satz 3).** Die Vorschrift des Satz 3 ist in Umsetzung der Zahlungsdienstrichtlinie (→ Rn. 38a) geändert worden. Sie erfasst nunmehr Zahlungsaufträge (§ 675f Abs. 3 Satz 2 BGB), Aufträge zwischen Zahlungsdienstleistern oder zwischengeschalteten Stellen und Aufträge zur Übertragung von Wertpapieren. Die Regelung dient der Sicherung eines funktionierenden Zahlungsverkehrs (→ Rn. 3).[230]

52 Die Überweisungspflicht des Kreditinstituts ergibt sich aus der einseitigen Weisung des Kunden **(„Zahlungsauftrag")** im Rahmen des Zahlungsdiensterahmenvertrags (→ Rn. 38a). Der Girover-

---

[221] So ist im Falle der sich aus einem neuen Rechtsanwaltsmandat an den bisherigen Prozessvertreter ergebenden Doppelvergütung eine analoge Anwendung des § 15 Abs. 5 RVG in Betracht zu ziehen; s. dazu *Paulus* NJW 2010, 1633, 1634 f.

[222] BGH NZI 2006, 637, 638.

[223] BGHZ 109, 260, 264 = NJW 1990, 510; vgl. auch BGH ZIP 1988, 1474; OLG Hamm ZIP 1987, 1330 (Vorinstanz), dazu LG Essen ZIP 1996, 1878; *Marotzke* EWiR § 49 KO 1/87, 1121; Palandt/*Sprau* BGB § 667 Rn. 8; MüKoBGB/*Seiler*[6] § 667 Rn. 20; KPB/*Tintelnot* §§ 115, 116 Rn. 9.

[224] BGH NJW 1991, 1884; MüKoBGB/*Seiler*[6] § 669 Rn. 8; Palandt/*Sprau* BGB § 669 Rn. 3; Andres/Leithaus/*Andres* § 116 Rn. 3.

[225] BGHZ 109, 260 = NJW 1990, 510 (zur Rechtslage vor der Neuordnung des Berufsrechts 1994); *Hess*[2] §§ 115, 116 Rn. 19; KPB/*Tintelnot* §§ 115, 116 Rn. 18; BKInsO/*Goetsch* § 116 Rn. 16; LSZ/*Zeuner* § 116 Rn. 14; Graf-Schlicker/*Pöhlmann* § 116 Rn. 13. Für andere rechts- und wirtschaftsberatende Berufe gilt dies entsprechend, LG Düsseldorf ZIP 1997, 1657; MüKoBGB/*Seiler*[6] § 667 Rn. 16; Andres/Leithaus/*Andres* § 116 Rn. 5.

[226] BGH ZIP 1988, 1474 (Hauptabschlussübersicht und Umbuchungslisten des Steuerberaters). Nach hM soll dem Geschäftsbesorger wegen seiner offenen Vergütungsansprüche ein Zurückbehaltungsrecht am Arbeitsergebnis zustehen; s. hierzu Braun/*Kroth* § 116 Rn. 9; Graf-Schlicker/*Pöhlmann* § 116 Rn. 17; HambKommInsO/*Ahrendt* § 116 Rn. 1; Beck/Depré/*Ringstmeier* § 23 Rn. 22; Nerlich/Römermann/*Kießner* § 116 Rn. 23; s. zum Streitstand auch BankenKommInsO/*Ellers* § 116 Rn. 7 mwN.

[227] FKInsO/*B. Wegener* § 116 Rn. 29.

[228] FKInsO/*B. Wegener* § 116 Rn. 30.

[229] Nerlich/Römermann/*Kießner* § 116 Rn. 29.

[230] Andres/Leithaus/*Andres* § 116 Rn. 1; Jaeger/*Jacoby* §§ 115, 116 Rn. 144; Uhlenbruck/*Sinz* §§ 115, 116 Rn. 1.

trag erlischt mit Eröffnung des Insolvenzverfahrens (§ 116 Satz 1; → Rn. 37). Daran hat § 116 Satz 3 nichts geändert.[231] Der Bank steht für die Zahlungsausführung nach Verfahrenseröffnung ein Anspruch auf Aufwendungsersatz als Massegläubigerin zu.[232] Eine analoge Anwendung des § 116 Satz 3 auf den Fall, dass der Zahlungsauftrag dem Kreditinstitut erst nach der Eröffnung des Verfahrens zugeht (vgl. § 675n Abs. 1 Satz 1 BGB), scheidet angesichts des klaren Wortlauts der Norm aus. Dies entspricht auch der Vorstellung des Gesetzgebers zu § 116 Satz 3 aF, wie sich aus der Begründung des Gesetzentwurfs ergibt. Dort wird ausdrücklich ausgeführt, nach Eröffnung des Insolvenzverfahrens könne die Masse durch einen Vertrag nicht mehr belastet werden, dem Schutz desjenigen, der in Unkenntnis der Verfahrenseröffnung handele, werde jedoch durch die Anwendung des § 116 iVm § 115 ausreichend Rechnung getragen.[233] Führt das Kreditinstitut einen erst nach der Verfahrenseröffnung zugegangenen Überweisungsauftrag in Unkenntnis der Eröffnung des Insolvenzverfahrens aus, so erwirbt es gem. § 115 Abs. 3 Satz 2 nur eine Insolvenzforderung (→ Rn. 38b). Volle Befriedigung erlangt das Kreditinstitut auch dann nicht, wenn das Konto ein Guthaben der Masse ausweist; zur Anwendbarkeit des § 82 in solchen Fällen → § 82 Rn. 19.

IV. Notgeschäftsbesorgung (Satz 2 iVm § 115 Abs. 2)

1. Fortbestand bei Gefahr im Verzug. Wenn mit dem Aufschub **Gefahr** verbunden ist, ist die Besorgung des übertragenen Geschäfts fortzusetzen; das Vertragsverhältnis gilt dann in entsprechender Anwendung des § 115 Abs. 2 Satz 2 als fortbestehend. Die Leistungspflichten sowie die aus dem Vertragsverhältnis resultierenden Neben- und Schutzpflichten bestehen in diesem Fall fort; → § 115 Rn. 16. Das Vertragsverhältnis gilt als fortbestehend nur, bis der Insolvenzverwalter selbst **Fürsorge** treffen kann. Eine Notgeschäftsbesorgung wird deshalb ebenso wie die Notgeschäftsführung gem. § 115 Abs. 2 Satz 1 in der Praxis nur ausnahmsweise in Betracht kommen und sich auf sehr kurze Zeiträume beschränken. **53**

2. Rechtsfolgen. Mit den Ersatzansprüchen ist der Geschäftsbesorger Massegläubiger, §§ 116 Satz 1, 115 Abs. 2 Satz 3. Dies gilt nur für Ansprüche aus der Zeit der Notgeschäftsführung; hinsichtlich der zuvor begründeten Ansprüche ist der Geschäftsbesorger Insolvenzgläubiger (→ Rn. 50). Ersatzansprüche kommen nach Maßgabe einer vertraglichen Vereinbarung in Betracht, im Übrigen aus § 670 BGB, dies aber nur, wenn gesonderte Ersatzansprüche nicht durch den vertraglich vereinbarten Vergütungsanspruch ausgeschlossen werden. Grundsätzlich ist davon auszugehen, dass die **vereinbarte Vergütung** auch die Aufwendungen des Geschäftsbesorgers abdeckt und ein gesonderter Ersatzanspruch daneben nicht in Betracht kommt.[234] Dies gilt auch für die Abdeckung der **tätigkeitsspezifischen Risiken.**[235] Auch hinsichtlich der Vergütungsansprüche des Geschäftsbesorgers gilt das Vertragsverhältnis als fortbestehend (§§ 116 Satz 1, 115 Abs. 2 Satz 2). Auch mit diesen Ansprüchen ist der Geschäftsbesorger Massegläubiger (§§ 116 Satz 2, 115 Abs. 2 Satz 2). **54**

V. Fortgeltung bei unverschuldeter Unkenntnis (Satz 2 iVm § 115 Abs. 3)

1. Voraussetzungen. Das Geschäftsbesorgungsverhältnis gilt zugunsten des Geschäftsbesorgers als fortbestehend, solange er die Eröffnung ohne Verschulden nicht kennt (§§ 116 Satz 1, 115 Abs. 3 Satz 1). **55**

2. Rechtsfolgen. Hinsichtlich seiner bei Eröffnung des Insolvenzverfahrens noch nicht erfüllten Vergütungsansprüche ist der Geschäftsbesorger Insolvenzgläubiger (§ 115 Abs. 3 Satz 2). Im Übrigen ist eine Haftung des Geschäftsbesorgers wegen unberechtigter Geschäftsführung ohne Auftrag ausgeschlossen. **56**

§ 117 Erlöschen von Vollmachten

(1) Eine vom Schuldner erteilte Vollmacht, die sich auf das zur Insolvenzmasse gehörende Vermögen bezieht, erlischt durch die Eröffnung des Insolvenzverfahrens.

(2) Soweit ein Auftrag oder ein Geschäftsbesorgungsvertrag nach § 115 Abs. 2 fortbesteht, gilt auch die Vollmacht als fortbestehend.

---

231 *Obermüller* ZInsO 1999, 690, 695; Nerlich/Römermann/*Kießner* § 116 Rn. 14; Uhlenbruck/*Sinz* §§ 115, 116 Rn. 4.

232 Jaeger/*Jacoby* §§ 115, 116 Rn. 145.

233 BR-Drs. 456/99 v. 13.8.1999 (Nr. I 3 b); *Obermüller* ZInsO 1999, 690, 696; *Nerlich*/Römermann/*Kießner* § 116 Rn. 15b.

234 MüKoBGB/*Seiler*[6] § 670 Rn. 17 mwN.

235 Hierzu und zu alternativen Abgrenzungen *Blaschczok* FS Gitter, S. 105 ff.

(3) Solange der Bevollmächtigte die Eröffnung des Verfahrens ohne Verschulden nicht kennt, haftet er nicht nach § 179 des Bürgerlichen Gesetzbuchs.

Schrifttum: *Becker,* Regelung für das Spannungsverhältnis von Testamentsvollstreckung und General- bzw. Vorsorgevollmacht, ZEV 2018, 692 ff.; *Freiherr von Proff,* Schicksal von Vollmachten einer GbR in der Insolvenz eines Gesellschafters – der Beschluss des OLG München vom 22.5.2017 und seine Folgen für die Praxis, ZInsO 2017, 2007 ff.; *Fuchs,* Zur Disponibilität gesetzlicher Widerrufsrechte im Privatrecht unter besonderer Berücksichtigung der Widerrufsrechte nach §§ 7 VerbrKrG, 168 S. 2 und 130 Abs. 1 S. 2 BGB, AcP 196 (1996), 313 ff.; *Heidland,* Die Vollmacht der Architekten, Ingenieure und Sonderfachleute in der Insolvenz des Bauherrn, BauR 2009, 159 ff.; *Kesseler,* Anmerkung zu OLG München, Beschl. v. 22.5.2017 – 34 Wx 87/17, EWiR 2017, 567 f.; *Lautner,* Anmerkung zu OLG München Beschl. v. 22.5.2017 – 34 Wx 87/17, MittBayNot 2018, 591 f.; *Marotzke,* Der Einfluss des Insolvenzverfahrens auf Auftrags- und Geschäftsbesorgungsverhältnisse. Kritische Gedanken zu § 23 KO (§§ 115 ff. InsO), in: FS Henckel, S. 579 ff.; *Marotzke,* Anmerkung zu BGH, Urt. v. 10.11.1999 – VIII ZR 78/98, EWiR 2000, 405 f.; *Mitsching,* Die Stellung des vorläufigen Insolvenzverwalters im Gerichtsverfahren des Schuldners, ZInsO 2015, 1906 ff.; *Perlebach-Kölbel,* Haftungsfalle bei anwaltlicher Vertretung im Insolvenzfall, FuR 2013, 197 ff.; *Runkel,* Anmerkung zu BGH, Urt. v. 14.5.1998 – IX ZR 256/96, EWiR 1998, 757 f.; *Schilken,* Die Vollmacht in der Insolvenz, KTS 2007, 1 ff.; *K. Schmidt,* Die Prokura in Liquidation und Konkurs der Handelsgesellschaften, BB 1989, 229 ff.; *Weber,* Von Vertretungsketten und Geburtsvollmachten: Die Vertretung der Gesellschaft bürgerlichen Rechts im Grundstücksverkehr, MittBayNot 2019, 11 ff.; *Wissmann,* Anmerkung zu BGH, Urt. v. 11.10.1988 – X ZB 16/88, EWiR 1988, 1227 f.

Übersicht

I. Normzweck

1 Die Vorschrift des § 117 ergänzt die vorangehenden Vorschriften über das Erlöschen von Aufträgen und Geschäftsbesorgungsverträgen und dient wie diese dem **Schutz der Handlungskompetenzen des Insolvenzverwalters,** da auch durch den Fortbestand von Vollmachten die Verwaltungs- und Verfügungsbefugnis des Insolvenzverwalters beeinträchtigt werden kann.[1] Der Vorschrift des § 117 kommt nur eine klarstellende Funktion zu, soweit die Vollmacht zur Durchführung eines Auftrags oder eines Geschäftsbesorgungsvertrags erteilt worden ist, da sich deren Erlöschen in diesem Fall bereits aus §§ 116 InsO, 168 Satz 1 BGB ergibt (→ dazu Rn. 4). Eine eigenständige Bedeutung hat sie jedoch in Bezug auf Vollmachten auf der Grundlage eines Dienstverhältnisses, da ein solches durch die Eröffnung des Insolvenzverfahrens nicht beendet wird (§ 108 Abs. 1 Satz 1). Weiter hat die Vorschrift eigenständige Bedeutung für die sog. isolierte oder abstrakte Vollmacht, bei denen das zugrundeliegende Rechtsverhältnis unwirksam ist oder ganz fehlt; im Interesse einer klaren Rechtslage sollen auch derartige Vollmachten im Zeitpunkt der Eröffnung des Insolvenzverfahrens grundsätzlich erlöschen.[2] Ferner kommt § 117 ein eigener Regelungsgehalt für den Fall der Eigenverwaltung zu.[3]

[1] Begründung zu § 135 RegE; BT-Drs. 12/2443, S. 151/152.

[2] BT-Drs. 12/2443, S. 151/152; HKInsO/*Marotzke* § 117 Rn. 4; LSZ/*Zeuner* § 117 Rn. 1; Braun/*Kroth* § 117 Rn. 1; Jaeger/*Jacoby* § 117 Rn. 2; FKInsO/*B. Wegener* § 117 Rn. 1; Andres/Leithaus/*Andres* § 117 Rn. 1; *Hess*[2] § 117 Rn. 1; Nerlich/Römermann/*Kießner* § 117 Rn. 4, 8.

[3] Andres/Leithaus/*Andres* § 117 Rn. 1; Nerlich/Römermann/*Kießner* § 117 Rn. 4; K. Schmidt/*Ringstmeier* § 117 Rn. 1; KPB/*Tintelnot* § 117 Rn. 1; LSZ/*Zeuner* § 117 Rn. 1; BKInsO/*Goetsch* § 117 Rn. 3 (unter Hinweis auf die fortbestehende Verwaltungs- und Verfügungsbefugnis); einschränkend HKInsO/*Marotzke* § 117 Rn. 2 (Bedeutung nur im Hinblick auf eine mögliche Haftung gem. § 179 BGB).

II. Entstehungsgeschichte

1. Bisherige Rechtslage. Die Vorschrift des § 117 hat in der bisherigen Konkurs- und Vergleichsordnung kein Vorbild. Nach bisherigem Recht ergab sich das Erlöschen von Vollmachten im Konkurs des Vollmachtgebers aus § 23 KO iVm § 168 Satz 1 BGB, sofern die Vollmacht ihren Grund in einem Auftrags- oder Geschäftsbesorgungsverhältnis hat. Andere Vollmachten sind durch die Konkurseröffnung nicht erloschen; der Konkursverwalter war hier darauf verwiesen, sie zu widerrufen.[4] 2

2. Gesetzgebungsverfahren. Die Vorschrift war im Gesetzgebungsverfahren in den Grundzügen nicht umstritten. Auch der Kommissionsentwurf sah das Erlöschen von Vollmachten vor.[5] Prokura und Handlungsvollmacht sollten jedoch nicht erlöschen, sondern nur ruhen, um sie im Falle der Sanierung nicht neu erteilen zu müssen.[6] Diese Einschränkung ist jedoch weder vom Referentenentwurf (vgl. § 125 RefE) noch vom Regierungsentwurf übernommen worden (vgl. § 135 RegE). Diese Fassung ist sodann inhaltlich unverändert Gesetz geworden worden. 3

III. Einzelerläuterungen

1. Allgemeines. Die Vorschrift des § 117 ordnet das Erlöschen einer vom Schuldner erteilten Vollmacht durch Eröffnung des Insolvenzverfahrens an. Auf Vollmachten, die von einem verfügungs- und verpflichtungsbefugten vorläufigen Insolvenzverwalter (§ 22 Abs. 1 Satz 1) im Eröffnungsverfahren erteilt worden sind, findet § 117 keine Anwendung.[7] Dies gilt auch im Falle des „starken" vorläufigen Insolvenzverwalters; der Bevollmächtigte kann jedoch nicht über das Vermögen des Schuldners verfügen, sofern ein allgemeines Verwaltungs- und Verfügungsverbot erlassen worden ist.[8] Fraglich ist zunächst, ob der Vorschrift des § 117 rechtsgestaltende oder nur klarstellende Bedeutung zukommt. Zum Teil wird die Ansicht vertreten, das Erlöschen der Vollmacht ergebe sich schon aus dem **Übergang der Verfügungsmacht** über das zur Insolvenzmasse gehörende Vermögen des Schuldners auf den Insolvenzverwalter (§ 80). Aus dieser Ansicht folgt, dass § 117 Abs. 1 keinerlei eigenständige Regelung enthält, sondern nur der Klarstellung der aus § 80 folgenden Rechtslage dient. Nach anderer Ansicht führt die Eröffnung des Insolvenzverfahrens insoweit gem. § 168 Satz 1 BGB zum Erlöschen der Vollmacht, als das Grundverhältnis durch die Verfahrenseröffnung erlischt.[9] Danach hat die Vorschrift des § 117 Abs. 1 **eigenständige Bedeutung** für die Fälle, in denen das Grundverhältnis über die Verfahrenseröffnung hinaus fortbesteht, sowie für Vollmachten, die unabhängig von einem Grundverhältnis erteilt worden sind (isolierte Vollmacht, → dazu Rn. 8). 4

Der Übergang der Verfügungsbefugnis über das Vermögen des Schuldners auf den Insolvenzverwalter führt **nicht zum Erlöschen** der vom Schuldner zuvor erteilten Vollmachten.[10] Die Vollmacht bewirkt, dass rechtsgeschäftliche Erklärungen, die der Vertreter namens des Vertretenen abgibt, diesem wie eigene Erklärungen zugerechnet werden (§ 164 Abs. 1 Satz 1 BGB). Soweit der Vertretene die Verwaltungs- und Verfügungsbefugnis über sein Vermögen verloren hat, kann auch die ihm zugerechnete Erklärung seines Vertreters keine wirksame Verpflichtung oder Verfügung begründen.[11] Rechtsgeschäftliche Erklärungen des Vertreters sind gegenüber der Insolvenzmasse ebenso unwirksam wie entsprechende Rechtsgeschäfte des Schuldners selbst. Demzufolge könnte der Bevollmächtigte die Verwaltungs- und Verfügungsbefugnis des Verwalters rechtswirksam auch bei fortbestehender Vollmacht nicht beeinträchtigen.[12] Der Wegfall der Verwaltungs- und Verfügungsbefugnis des Schuldners ändert für sich gesehen jedoch nichts am Bestand einer vor Verfahrenseröffnung 5

---

4 *Kilger/K. Schmidt* KO § 23 Anm. 8.

5 Erster Bericht Leitsatz 1.2.10 Abs. 2 Satz 3.

6 Erster Bericht Leitsatz 1.2.10 Abs. 2 Satz 4 und Begründung hierzu.

7 Vgl. hierzu HKInsO/*Marotzke* § 117 Rn. 12; Uhlenbruck/*Sinz* § 117 Rn. 12, 20; Andres/Leithaus/*Andres* § 117 Rn. 4.

8 Uhlenbruck/*Sinz* § 117 Rn. 20.

9 *Kuhn/Uhlenbruck* KO § 23 Rn. 7; HambKommInsO/*Ahrendt* § 117 Rn. 1; Uhlenbruck/*Sinz* § 117 Rn. 1; FKInsO/*B. Wegener* § 117 Rn. 1; AGR/*Flöther/Wehner* § 117 Rn. 1; *Hess*[2] § 117 Rn. 1; Nerlich/Römermann/*Kießner* § 117 Rn. 3 f.; MüKoBGB/*Schramm*[6] § 168 Rn. 14; Soergel/*Leptien* BGB § 168 Rn. 8; Staudinger/*Schilken* BGB § 168 Rn. 25; s. w. BGH ZIP 1988, 1584 = EWiR 1988, 1227 (*Wissmann*); BGH ZIP 1998, 1113 = EWiR 1998, 757 (*Runkel*); Larenz/*Wolf*, BGB AT, § 47 Rn. 75.

10 AA mit eingehender Begründung *Schilken* KTS 2007, 1, 3 ff.; ebenso *K. Schmidt* BB 1989, 229, 234; *Häsemeyer*, Insolvenzrecht, Rn. 20.69, 20.78; *Flume*, Das Rechtsgeschäft, § 51 Rn. 7; KPB/*Tintelnot* § 117 Rn. 1; BKInsO/*Goetsch* § 117 Rn. 1 f.; LSZ/*Zeuner* § 117 Rn. 2; *Jaeger/Henckel* KO § 23 Rn. 48.

11 HKInsO/*Marotzke* § 117 Rn. 1; *Marotzke* FS Henckel, S. 579, 583 f.; *Jaeger/Henckel* KO § 23 Rn. 1.

12 HKInsO/*Marotzke* § 117 Rn. 1.

von ihm erteilten Vollmacht. Diese besteht grundsätzlich **unabhängig** von Veränderungen in der Sphäre des Vollmachtgebers fort.[13] Aus einem Fortbestand der vom Schuldner vor Verfahrenseröffnung erteilten Vollmachten können sich jedoch **Irritationen im rechtsgeschäftlichen Verkehr** ergeben, die faktisch die Tätigkeit des Insolvenzverwalters beeinträchtigen. Diese Quelle möglicher Störungen wird durch § 117 Abs. 1 beseitigt.[14] Insofern kommt der Vorschrift eine eigenständige Bedeutung zu. Dies gilt auch insoweit, als sich das Erlöschen der Vollmacht aus dem Erlöschen des ihrer Erteilung zugrunde liegenden Rechtsverhältnisses ergibt (§ 168 Satz 1 BGB). Im Rechtsverkehr ist nicht ohne weiteres ersichtlich, welches das der Erteilung der Vollmacht zugrunde liegende Rechtsverhältnis ist und ob dieses durch die Eröffnung des Insolvenzverfahrens beendet worden ist oder ob es fortbesteht. Aus der Sicht des Rechtsverkehrs kann es schwierig sein zu beurteilen, ob eine Vollmacht im Zusammenhang mit einem Dienstverhältnis des Schuldners erteilt worden ist und deshalb gem. § 108 Abs. 1 Satz 1 iVm § 168 Satz 1 BGB fortbestehen müsste, oder ob die Vollmacht auf einem Dienstvertrag beruht, der eine Geschäftsbesorgung zum Gegenstand hat, mit der Folge, dass sie ohne weiteres erlischt (§§ 116 Abs. 1 Satz 1, 115 Abs. 1 iVm § 168 Satz 1 BGB).[15] Die Vorschrift des § 117 Abs. 1 beseitigt diese Störungsquelle, indem **generell das Erlöschen von Vollmachten** angeordnet wird.

6 **2. Anwendungsbereich.** Erfasst werden Vollmachten, die der Schuldner erteilt hat und die sich auf das zur Insolvenzmasse gehörende Vermögen beziehen. Die Wirksamkeit von nach der Eröffnung des Insolvenzverfahrens durch den Schuldner erteilter Vollmachten richtet sich allein nach den §§ 80 Abs. 1, 81 Abs. 1 InsO (→ § 80 Rn. 11).

a) Massebezug. § 117 Abs. 1 erfasst nur Vollmachten, die sich auf das zur Insolvenzmasse gehörende Vermögen beziehen. Grundsätzlich unterfallen aber **alle Vollmachten** des Schuldners, die sich auf Vermögensangelegenheiten beziehen, der Vorschrift des § 117, da das Insolvenzverfahren das gesamte Vermögen des Schuldners einschließlich des Neuerwerbs erfasst (§ 35).[16] Ausgenommen sind unpfändbare Gegenstände nach Maßgabe des § 36 Abs. 2 sowie Sachen, die zum Hausrat gehören, gem. § 36 Abs. 3. Insoweit behält der Schuldner die Verwaltungs- und Verfügungsbefugnis und kann dementsprechend auch wirksam Vollmachten für diesen Bereich erteilen; bereits erteilte Vollmachten bleiben insoweit von der Eröffnung des Insolvenzverfahrens unberührt. Eine über die insolvenzfreien Bereiche hinausgreifende Vollmacht erlischt nicht in vollem Umfang, sondern nur hinsichtlich der insolvenzrelevanten Rechtsgeschäfte, wenn der Schuldner sie auch in diesem beschränkten Umfang erteilt hätte (§ 139 BGB).[17] Gleiches gilt für Vollmachten, die sich auf **andere als Vermögensangelegenheiten** beziehen, soweit in derartigen Angelegenheiten eine Stellvertretung zulässig ist, so etwa bei der Durchführung eines Ehescheidungsverfahrens, nicht dagegen für den Abschluss von Vereinbarungen über einen Versorgungsausgleich oder Unterhaltszahlungen.[18] Eine Stellvertretung ist ausgeschlossen bei Angelegenheiten höchstpersönlicher Natur, insbesondere in familien- und erbrechtlichen Angelegenheiten.[19] Ebenso bleibt eine Vollmacht bestehen, die der Schuldner einem Rechtsanwalt vor Eröffnung des Insolvenzverfahrens zur Vertretung im Insolvenzverfahren erteilt hat und durch die nicht die Insolvenzmasse betroffen ist, wie etwa im Rahmen von Rechtsbehelfen, die dem Schuldner im Insolvenzverfahren persönlich zustehen (→ Rn. 8). Eine Vollmacht des besonderen Vertreters in der Hauptversammlung der AG gem. § 147 Abs. 3 Satz 1 AktG erlischt mit der Verfahrenseröffnung über das Vermögen der AG nicht, sondern ruht, solange die Rechte nicht ausgeübt werden können (→ Rn. 10). **Aktienrechtliche Beschlussmängelklagen** betreffen nur dann die Insolvenzmasse, wenn durch den angefochtenen Beschluss Ansprüche

---

13 Nachträglich eintretende Geschäftsunfähigkeit oder Tod des Vollmachtgebers führen grundsätzlich nicht zum Erlöschen der Vollmacht, MüKoBGB/*Schramm*[6] § 168 Rn. 12, 17; Palandt/*Ellenberger* BGB § 168 Rn. 4; Staudinger/*Schilken* BGB § 168 Rn. 26; *Schilken* KTS 2007, 1, 4 gegen diese Konsequenzen auch bei Wegfall der Verwaltungs- und Verfügungsbefugnis gem. § 80 InsO.

14 Insofern zumindest ungenau die Begründung zu § 135 RegE, BT-Drs. 12/2443, S. 151; aA Jaeger/*Jacoby* § 117 Rn. 6.

15 So auch *Schilken* KTS 2007, 1, 5.

16 KPB/*Tintelnot* § 117 Rn. 7; *Hess*[2] § 117 Rn. 5; Braun/*Kroth* § 117 Rn. 3; Andres/Leithaus/*Andres* § 117 Rn. 3; *Schilken* KTS 2007, 1, 6; s. zu den Vollmachten in der Insolvenz des Bauherrn *Heidland* BauR 2009, 159 ff.

17 *Schilken* KTS 2007, 1, 7 mwN.

18 BKInsO/*Goetsch* § 117 Rn. 5; Uhlenbruck/*Sinz* § 117 Rn. 12; FKInsO/*B. Wegener* § 117 Rn. 2; Nerlich/Römermann/*Kießner* § 117 Rn. 7; LSZ/*Zeuner* § 117 Rn. 5.

19 So insbes. bei der Eheschließung (§ 1311 BGB), der Testamentserrichtung (§ 2064 BGB) und dem Abschluss eines Erbvertrags (§ 2274 BGB); s. hierzu näher MüKoBGB/*Schramm*[6] Vor § 164 Rn. 69; Staudinger/*Schilken* BGB Vor §§ 164 ff. Rn. 40; Palandt/*Ellenberger* BGB Einf. vor § 164 Rn. 4.

der Masse begründet werden oder Verbindlichkeiten wegfallen.[20] Kommt es mangels Massebezug nicht zur Unterbrechung des Rechtsstreits nach § 240 ZPO, bleibt auch die Prozessvollmacht bestehen.[21]

b) Vollmacht. Erfasst werden **alle Arten** von Vollmachten ohne Rücksicht auf ihren Umfang und auf das ihrer Erteilung zugrundeliegende Rechtsverhältnis. Demgemäß erlischt eine Generalvollmacht ebenso wie eine Gattungs- oder Spezialvollmacht. Gleiches gilt für die handelsrechtlichen Sonderformen der Vollmacht **(Prokura, Handlungsvollmacht).** Dies kann angesichts des eindeutigen Wortlauts der Vorschrift und des ausdrücklichen Hinweises in der Begründung des RegE nicht mehr zweifelhaft sein.[22] Die während des Gesetzgebungsverfahrens erwogene Sonderregelung, wonach eine vom Schuldner erteilte Prokura oder Handlungsvollmacht während der Dauer des Insolvenzverfahrens nur ruhen, nach dessen Beendigung aber wiederaufleben sollte,[23] ist nicht Gesetz geworden (→ Rn. 3). Der Insolvenzverwalter ist aber nicht gehindert, **Prokura und Handlungsvollmacht neu zu erteilen,** wenn dies aus Gründen der Betriebsfortführung angezeigt ist.[24] Das Erlöschen der Prokura ist weder vom Insolvenzverwalter anzumelden noch von Amts wegen in das Handelsregister einzutragen; für den Rechtsverkehr ist das Erlöschen der Prokura mit der Eintragung der Auflösung der Gesellschaft ausreichend dokumentiert.[25] Die Eröffnung des Insolvenzverfahrens führt auch zum **Erlöschen unwiderruflicher Vollmachten.**[26] Die Erteilung unwiderruflicher Vollmachten ist nicht zulässig bei Generalvollmachten[27] und wird im Übrigen nur als zulässig erachtet, wenn sich dies aus dem Rechtsverhältnis rechtfertigt, dessen Durchführung die Vollmacht dient; dient die Vollmacht ausschließlich dem Interesse des Vollmachtgebers, so kann sie nicht unwiderruflich erteilt werden.[28] Auch eine im Interesse des Vertreters unwiderruflich erteilte Vollmacht ändert jedoch nichts daran, dass der Vertreter nach Eröffnung des Insolvenzverfahrens über das Vermögen des Vertretenen in dessen Namen ebenso wenig Verfügungen treffen kann wie dieser selbst. Ein Grund, derartigen Vollmachten insolvenzrechtlich einen Sonderstatus einzuräumen, besteht davon abgesehen nicht, weil auch Ansprüche des Vertreters gegen den Vertretenen keinen insolvenzrechtlichen Sonderstatus haben, sondern den allgemeinen Kategorien unterfallen. Dementsprechend erlischt auch eine im **Eigeninteresse des Vertreters** erteilte Vollmacht, sofern sie sich auf die Insolvenzmasse bezieht.[29] 7

Soweit der Erteilung der Vollmacht ein **Rechtsverhältnis zugrunde liegt,** erlischt sie schon nach allgemeinem Recht, wenn die Eröffnung des Insolvenzverfahrens zur Beendigung dieses Rechtsverhältnisses führt (§ 168 BGB). Dies richtet sich nach den Bestimmungen der §§ 113, 115, 116. Unmittelbar von § 117 erfasst wird die sog. **isolierte Vollmacht,**[30] die ohne Bezug zu einem zugrundeliegenden Rechtsverhältnis erteilt wird.[31] Auch eine vom Schuldner vor Verfahrenseröffnung erteilte **Prozessvollmacht** unterliegt der Vorschrift des § 117 Abs. 1, § 86 ZPO findet keine 8

---

[20] BGHZ 190, 291 = NZI 2011, 809.

[21] So iE zutr. OLG Frankfurt Urt. v. 19.5.2015 – 5 U 177/14, wenn auch mit unnötig komplizierter Begründung.

[22] BT-Drs. 12/2443, S. 151 f.; LG Halle NZI 2004, 631, 632; LG Leipzig ZInsO 2007, 279 mAnm *Kellner*; FKInsO/*B. Wegener* § 107 Rn. 2; KPB/*Tintelnot* § 117 Rn. 14; BankenKommInsO/*Ellers* § 117 Rn. 2; BKInsO/*Goetsch* § 117 Rn. 6; HKInsO/*Marotzke* § 117 Rn. 5; Braun/*Kroth* § 117 Rn. 4; Andres/Leithaus/*Andres* § 117 Rn. 5; Uhlenbruck/*Sinz* § 117 Rn. 3; *Hess*[2] § 117 Rn. 14; Nerlich/Römermann/*Kießner* § 117 Rn. 10; LSZ/*Zeuner* § 117 Rn. 3; ebenso zum bisherigen Recht *Jaeger/Henckel* KO § 23 Rn. 49; *Kilger/K. Schmidt* KO § 23 Anm. 8; and. zum früheren Recht *Kuhn/Uhlenbruck* KO § 23 Rn. 7b.

[23] Erster Bericht Leitsatz 1.2.10 Abs. 2 Satz 4.

[24] So die hM; grundlegend *K. Schmidt* BB 1989, 229; ebenso *Jaeger/Henckel* KO § 23 Rn. 49; zust. Braun/*Kroth* § 117 Rn. 8; Nerlich/Römermann/*Kießner* § 117 Rn. 11; Uhlenbruck/*Sinz* § 117 Rn. 14; FKInsO/*B. Wegener* § 117 Rn. 11; Andres/Leithaus/*Andres* § 117 Rn. 5; HKInsO/*Marotzke* § 117 Rn. 5; KPB/*Tintelnot* § 117 Rn. 5; LSZ/*Zeuner* § 117 Rn. 4; *Hess*[2] § 117 Rn. 14 ff.; *Schilken* KTS 2007, 1, 9.

[25] LG Halle NZI 2004, 631, 632; Andres/Leithaus/*Andres* § 117 Rn. 5; HKInsO/*Marotzke* § 117 Rn. 5.

[26] KPB/*Tintelnot* § 117 Rn. 13; FKInsO/*B. Wegener* § 117 Rn. 2; Uhlenbruck/*Sinz* § 117 Rn. 3; LSZ/*Zeuner* § 117 Rn. 2; *Hess*[2] § 117 Rn. 6; Nerlich/Römermann/*Kießner* § 117 Rn. 7, 12; Andres/Leithaus/*Andres* § 117 Rn. 9; *Jaeger/Henckel* KO § 23 Rn. 48; *Kilger/K. Schmidt* KO § 23 Anm. 8; *Schilken* KTS 2007, 1, 8.

[27] Palandt/*Ellenberger* BGB § 168 Rn. 6; Staudinger/*Schilken* BGB § 168 Rn. 9.

[28] BGH NJW 1988, 2603; NJW-RR 1991, 439, 441; WM 1985, 646; s. w. BGHZ 3, 354, 358 = NJW 1952, 178; *Fuchs* AcP 196 (1996), 313, 363; MüKoBGB/*Schramm*[6] § 168 Rn. 32; Staudinger/*Schilken* BGB § 168 Rn. 8; Palandt/*Ellenberger* BGB § 168 Rn. 6. Zum Erlöschen einer General- bzw. Vorsorgevollmacht bei der Nachlassverwaltung s. *Becker* ZEV 2018, 692 ff.

[29] KPB/*Tintelnot* § 117 Rn. 16; and. MüKoBGB/*Schramm*[6] § 168 Rn. 16; K. Schmidt/*Ringstmeier* § 117 Rn. 3.

[30] BGH NJW 1988, 2603; BGHZ 110, 363, 367 = NJW 1990, 1721; Palandt/*Ellenberger* BGB § 168 Rn. 6.

[31] BT-Drs. 12/2443, S. 151 f.; Uhlenbruck/*Sinz* § 117 Rn. 3; KPB/*Tintelnot* § 117 Rn. 16; *Hess*[2] § 117 Rn. 11; LSZ/*Zeuner* § 117 Rn. 2; Andres/Leithaus/*Andres* § 117 Rn. 5; BKInsO/*Goetsch* § 117 Rn. 6; HKInsO/*Marotzke* § 117 Rn. 4; Nerlich/Römermann/*Kießner* § 117 Rn. 8.

Anwendung.[32] Mit der Eröffnung des Insolvenzverfahrens erlischt grundsätzlich eine vom Schuldner vorinsolvenzlich bzw. im Eröffnungsverfahren erteilte Prozessvollmacht und der zugrundeliegende Geschäftsbesorgungsvertrag (→ § 116 Rn. 6 ff.). Grundsätzlich ist das Mandat damit beendet; der frühere Prozessbevollmächtige scheidet aus dem Verfahren aus.[33] Zur Problematik der Doppelvergütung bei Erteilung eines neuen Mandats → § 116 Rn. 49. Ohne erneute Erteilung einer Vollmacht durch den Insolvenzverwalter eingelegte Rechtsmittel sind unzulässig.[34] Die vor Insolvenzeröffnung vom Schuldner erteilte Prozessvollmacht zur Vertretung im Insolvenzverfahren erlischt jedoch nicht durch den Eröffnungsbeschluss gem. § 117, sondern bleibt wirksam, soweit es um die Wahrnehmung der dem Schuldner nach Insolvenzeröffnung verbleibenden Rechte geht, insbesondere seiner verfahrensmäßigen Rechte.[35] Im Falle der Unterbrechung des Rechtsstreits durch die Eröffnung des Insolvenzverfahrens gem. § 240 ZPO obliegt die Aufnahme des Verfahrens dem Insolvenzverwalter. Der frühere Prozessbevollmächtigte des Schuldners ist weder Zustellungsbevollmächtigter des Verwalters noch des Schuldners.[36] Die Prozessvollmacht besteht jedoch in Bezug auf die Einlegung von Rechtsmitteln fort, wenn der unterbrochene Rechtsstreit sachlich nicht weiterbetrieben wird, sondern nur eine gegen § 240 ZPO verstoßende richterliche Entscheidung beseitigt werden soll.[37] Dem Normzweck des § 117, eine Beeinträchtigung der Verwaltungs- und Verfügungsbefugnis des Verwalters zu unterbinden, steht in einem solchen Fall der Fortbestand der vom Schuldner vor Eröffnung des Insolvenzverfahrens erteilten Prozessvollmacht nicht entgegen, weil ein Interesse des Insolvenzverwalters, einen gesetzwidrigen Zustand aufrechtzuerhalten, nicht schutzwürdig ist.[38] Wegen der Unterbrechung des Verfahrens besteht im Allgemeinen kein Anlass für eilbedürftige Maßnahmen. Auch eine Ermächtigung zur **gewillkürten Prozessstandschaft** erlischt.[39] Wegen der Nähe einer solchen Ermächtigung zur Erteilung einer Vollmacht, insbesondere der entsprechenden Anwendung des § 168 BGB,[40] gilt § 117 analog.[41] Ferner erlischt die einem **Notar** zur Stellung von Anträgen an das Grundbuchamt erteilte Vollmacht, sofern sie sich auf die Insolvenzmasse bezieht.[42] Die von einem **Gesellschafter einer GbR** in seiner Funktion als Vertretungsorgan erteilte Notarvollmacht zur Vertretung der Gesellschaft erlischt ebenfalls gem. § 117 Abs. 1 mit der Eröffnung des Insolvenzverfahrens über das Vermögen des Gesellschafters. Die Vollmacht bezieht sich zwar nicht unmittelbar auf den Gesellschaftsanteil des insolventen Gesellschafters, sondern auf einen vom Insolvenzbeschlag nicht erfassten Gegenstand des Gesellschaftsvermögens. In die Insolvenzmasse fällt jedoch der Gesellschaftsanteil des insolventen Gesellschafters (→ § 80 Rn. 115a). Im Hinblick hierauf

[32] BGH NJW-RR 1989, 183 f.; NJW 1998, 2364, 2365; ZIP 1999, 75, 76; NZI 2003, 491 (zur GesO); BAG NJW 2006, 461; OLG Karlsruhe NZI 2005, 39 f.; OLG Brandenburg NZI 2001, 255 f.; OLG Köln NJW-RR 2003, 264, 266; LAG Hamm NZA-RR 2006, 601; Uhlenbruck/*Sinz* § 117 Rn. 4; HambKommInsO/*Ahrendt* § 117 Rn. 3, 6; BankenKommInsO/*Ellers* § 117 Rn. 3; KPB/*Tintelnot* § 117 Rn. 17; FKInsO/*B. Wegener* § 117 Rn. 3; *Hess*[2] § 117 Rn. 7; K. Schmidt/*Ringstmeier* § 117 Rn. 11; HKInsO/*Marotzke* § 117 Rn. 5; Braun/*Kroth* § 117 Rn. 4; LSZ/*Zeuner* § 117 Rn. 5; Graf-Schlicker/*Pöhlmann* § 117 Rn. 4; *Jaeger/Henckel* KO § 23 Rn. 50; Zöller/*Althammer* ZPO § 86 Rn. 6; *Schilken* KTS 2007, 1, 10 f.; aA noch Baumbach/Lauterbach/Albers/*Hartmann* ZPO § 86 Rn. 12 unter Berufung auf BFH DB 1978, 776, woraus sich das Ergebnis aber nicht herleiten lässt; vgl. auch *Wissmann* EWiR 1988, 1227 f.

[33] Zu den Haftungsrisiken für den Rechtsbeistand vgl. *Perlebach-Kölbel* FuR 2013, 197 ff.; zur Kostentragungspflicht eines Vertreters ohne Vertretungsmacht → Rn. 19.

[34] OLG Karlsruhe NZI 2005, 39 f.; die Kosten des unzulässigen Berufungsverfahrens sind dem vollmachtlosen Vertreter aufzuerlegen, → Rn. 19.

[35] BGH NZI 2009, 169 Rn. 14, 16; ZIP 2011, 1014; BGHZ 155, 87 = NZI 2003, 491; NJW 1998, 2364; OLG Dresden ZIP 2002, 2000; OLG Hamm Urt. v. 12.1.2017 – 5 U 21/16; OVG Koblenz NZI 2012, 1026 ff.; ebenso HKInsO/*Marotzke* § 117 Rn. 5; Braun/*Kroth* § 117 Rn. 3; Andres/Leithaus/*Andres* § 117 Rn. 3; HambKommInsO/*Ahrendt* § 117 Rn. 6; Uhlenbruck/*Sinz* § 117 Rn. 8; KPB/*Tintelnot* § 117 Rn. 7; *Hess*[2] § 117 Rn. 9; *Schilken* KTS 2007, 1, 11.

[36] KPB/*Tintelnot* § 107 Rn. 18.

[37] BAG DZWiR 2009, 19 Rn. 14; NZA 2008, 1204; OVG Koblenz Urt. v. 5.9.2012 – 1A 10423/12 – juris; OLG Hamm MDR 2011, 888; OLG Hamm Urt. v. 12.1.2017 – 5 U 21/16 – juris Rn. 13; Uhlenbruck/*Sinz* § 117 Rn. 7; zweifelnd dagegen K. Schmidt/*Ringstmeier* § 117 Rn. 11.

[38] BAG DZWiR 2009, 19, 16; LSG Berlin-Brandenburg ZInsO 2010, 439 Rn. 4; FG Hamburg ZInsO 2011, 1985 Rn. 23.

[39] BGH NJW 2000, 738, 739 (zu § 23 KO); HKInsO/*Marotzke* § 117 Rn. 5; Andres/Leithaus/*Andres* § 117 Rn. 5; Uhlenbruck/*Sinz* § 117 Rn. 6; LSZ/*Zeuner* § 117 Rn. 5.

[40] Vgl. hierzu BGH NJW 2000, 738, 739 mwN; ZInsO 2016, 1852 f.

[41] Vgl. BGH NJW 2000, 738, 739 (zu § 23 KO); aA KPB/*Tintelnot* § 117 Rn. 22, der auf §§ 80, 81 abstellt; ebenso *Marotzke* EWiR 2000, 405, 406; von einer lediglich „hilfsweisen" Analogie spricht HKInsO/*Marotzke* § 117 Rn. 9.

[42] BayObLG NZI 2004, 499, 500; HKInsO/*Marotzke* § 117 Rn. 5; HambKommInsO/*Ahrendt* § 117 Rn. 3; *Schilken* KTS 2007, 1, 16; *Freiherr von Proff* ZInsO 2017, 2007, 2010; K. Schmidt/*Ringstmeier* § 117 Rn. 11.

bezieht sich die notarielle Vollzugsvollmacht auf eine Vermögensangelegenheit des insolventen Gesellschafters.[43]

9 Eine vom Vertreter des Schuldners erteilte **Untervollmacht** wird ebenfalls von der Vorschrift des § 117 Abs. 1 erfasst, weil auch der Unterbevollmächtigte als Vertreter des Schuldners handelt und seine Erklärungen diesem zugerechnet werden.[44]

10 **c) Ausnahmen.** Nicht erfasst von § 117 wird eine **gesetzliche oder organschaftliche Vertretungsmacht.**[45] Die Beendigung der Vertretungsmacht richtet sich hier nach den besonderen, für das gesetzliche oder organschaftliche Vertretungsverhältnis geltenden Vorschriften. Die Eröffnung des Insolvenzverfahrens über eine **rechtsfähige Gesellschaft** beendet die Rechtsstellung der Organmitglieder als solcher nicht; diese verbleiben vielmehr in ihren Ämtern;[46] sie verlieren aber ihre Geschäftsführungs- und Vertretungsbefugnisse in Bezug auf die Insolvenzmasse.[47] Im Falle der insolvenzbedingten Auflösung der Gesellschaft sind die Organmitglieder nicht Abwickler bzw. Liquidatoren (§§ 264 Abs. 1, 265 Abs. 1 AktG; 66 Abs. 1 GmbHG).[48] Der Übergang der Verwaltungs- und Verfügungsbefugnis auf den Insolvenzverwalter lässt aber die übrigen Kompetenzen der Gesellschaft und der Organmitglieder unberührt, insbesondere in Bezug auf die Rechte und Pflichten der Gesellschaft als Schuldner im Insolvenzverfahren.[49] Gleiches gilt für die Vertretungsmacht eines **besonderen Vertreters,** der gem. § 147 Abs. 3 Satz 1 AktG zur **Geltendmachung von Ersatzansprüchen** der Gesellschaft gegen Gründer (§§ 46 bis 48 AktG) oder gegen Mitglieder des Vorstands oder des Aufsichtsrats (§§ 93, 116 AktG) sowie gegen weitere Personen (§ 117 AktG). Die Geltendmachung solcher Ersatzansprüche steht dem Insolvenzverwalter zu; gleichwohl erlischt die Vertretungsmacht des besonderen Vertreters nicht, sondern ruht für die Dauer des Insolvenzverfahrens.[50]

11 **d) Einziehungs- und Verfügungsermächtigungen.** Keine Vollmacht stellen Einziehungsermächtigungen sowie Verfügungsermächtigungen dar. Die **Einziehungsermächtigung** bewirkt eine Aufspaltung der Gläubigerstellung dahingehend, dass der Ermächtigte dem Schuldner gegenüber die Rechte des Gläubigers behält, also zur Geltendmachung der Forderung im eigenen Namen berechtigt ist bzw. bleibt, ihm aber eine Verfügungsbefugnis über die Forderung im Übrigen nicht zusteht.[51] Die Einziehungsermächtigung ist keine verselbstständigte Rechtsposition des Ermächtigten, sondern eine vom Forderungsinhaber abgeleitete Rechtsmacht und verliert deshalb ihre Wirkung, wenn dieser die Verfügungsmacht über die Forderung verliert. Die **Verfügungsermächtigung** stellt die Einwilligung des Rechtsinhabers in die Verfügung eines Nichtberechtigten dar (§§ 182, 185 BGB). Der **Verlust der Verfügungsmacht** des Schuldners auf Grund der Eröffnung des Insolvenzverfahrens (§ 80) bewirkt, dass auch seine Einwilligung in Verfügungen anderer wie auch die von ihm erteilte Ermächtigung, ihm zustehende Forderungen einzuziehen, unmittelbar ihre Wirkung verlieren, sofern davon noch kein Gebrauch gemacht worden ist.[52] Weder eine Einziehungs- oder Verfügungsermächtigung noch deren Beendigung fallen in den Anwendungsbereich des § 117; vielmehr werden diese mit der Verfahrenseröffnung unwirksam (§ 80 Abs. 1).[53]

12 **3. Rechtsfolge: Erlöschen der Vollmacht.** Die vom Schuldner erteilten Vollmachten, die sich auf das zur Insolvenzmasse gehörende Vermögen beziehen, erlöschen mit der Eröffnung des

---

[43] OLG München NZI 2017, 612 Rn. 30 ff.; OLG München Beschl. v. 9.7.2018 – 34 Wx 223/17; HKInsO/*Marotzke* § 117 Rn. 5; aA *Freiherr von Proff* ZInsO 2017, 2007, 2008 ff.; *Kesseler* EWiR 2017, 567, 568; *Lautner* MittBayNot 2018, 591 f.; *Weber* MittBayNot 2019, 11 ff.

[44] FKInsO/*B. Wegener* § 117 Rn. 10; Andres/Leithaus/*Andres* § 117 Rn. 5; BankenKommInsO/*Ellers* § 117 Rn. 2; K. Schmidt/*Ringstmeier* § 117 Rn. 12; *Hess*[2] § 117 Rn. 5; Uhlenbruck/*Sinz* § 117 Rn. 9; HambKommInsO/*Ahrendt* § 117 Rn. 3; Palandt/*Ellenberger* BGB § 167 Rn. 12; Larenz/*Wolf*, BGB AT, § 47 Rn. 43; MüKoBGB/*Schramm*[6] § 167 Rn. 71; Staudinger/*Schilken* BGB § 167 Rn. 61; *Schilken* KTS 2007, 1, 8; and. BGHZ 32, 250, 253 = NJW 1960, 1565, wonach der Unterbevollmächtigte auch Vertreter des Vertreters sein kann; dag. *Schilken* KTS 2007, 1, 8.

[45] FKInsO/*B. Wegener* § 117 Rn. 4; LSZ/*Zeuner* § 117 Rn. 2; Andres/Leithaus/*Andres* § 117 Rn. 2; BankenKommInsO/*Ellers* § 117 Rn. 5.

[46] *Häsemeyer,* Insolvenzrecht, Rn. 30.30, 30.51.

[47] *Häsemeyer,* Insolvenzrecht, Rn. 30.29; FKInsO/*B. Wegener* § 117 Rn. 4.

[48] FKInsO/*B. Wegener* § 117 Rn. 4.

[49] Näher dazu *Häsemeyer,* Insolvenzrecht, Rn. 30.29, sowie → § 80 Rn. 111 ff.

[50] BGH ZIP 1981, 178; *Hess*[2] § 117 Rn. 13; Uhlenbruck/*Sinz* § 117 Rn. 13; FKInsO/*B. Wegener* § 117 Rn. 2.

[51] Palandt/*Grüneberg* BGB § 398 Rn. 29; ähnlich auch Staudinger/*Busche* BGB Einl. zu §§ 398 ff. Rn. 118 f.; MüKoBGB/*Schramm*[6] § 185 Rn. 39.

[52] *Häsemeyer,* Insolvenzrecht, Rn. 20.69; KPB/*Tintelnot* § 117 Rn. 22.

[53] KPB/*Tintelnot* § 117 Rn. 22; Andres/Leithaus/*Andres* § 117 Rn. 2; HambKommInsO/*Ahrendt* § 117 Rn. 5; Uhlenbruck/*Sinz* § 117 Rn. 10; *Schilken* KTS 2007, 1, 15; and. HKInsO/*Marotzke* § 117 Rn. 8 (analoge Anwendung des § 117); in diese Richtung auch K. Schmidt/*Ringstmeier* § 117 Rn. 6.

Insolvenzverfahrens, unabhängig davon, ob das zugrundeliegende Schuldverhältnis fortbesteht.[54] Maßgeblich ist der **Zeitpunkt des Eröffnungsbeschlusses** (§ 27 Abs. 3). Die Rechtsfolge des § 117 Abs. 1 tritt nicht ein, wenn ein vorläufiger Insolvenzverwalter gem. §§ 22 Abs. 1 Satz 1 bestellt wird → Rn. 4.[55] Dieser kann jedoch, sofern dem Schuldner ein allgemeines Verfügungsverbot auferlegt wird und damit die Verwaltungs- und Verfügungsbefugnis auf den vorläufigen Insolvenzverwalter übergeht, die zuvor vom Schuldner erteilte Vollmacht widerrufen.[56] Ferner bleibt es bei den allgemeinen Rechtswirkungen der §§ 81, 82 gem. § 24 Abs. 1, so dass etwa die Einlegung einer Berufung nach Anordnung eines allgemeinen Verfügungsverbots unwirksam ist.[57]

13 **a) Umfang.** Die Vollmacht erlischt so wie sie bestanden hat; für eine Beschränkung dieser Rechtsfolge dergestalt, dass die Vollmacht mit Wirkung gegenüber der Masse erlischt, dem Schuldner persönlich gegenüber aber bestehen bleibt, ist schon angesichts des **klaren Wortlauts der Vorschrift** kein Raum.[58] Eine relative Fortgeltung der Vollmacht im Verhältnis zum Schuldner wäre ein inhaltsleeres Konstrukt, das weder dem Schuldner noch dem Vertreter reale Handlungsmöglichkeiten eröffnet und nur dazu dienen könnte, dem Vertreter eine Haftung als falsus procurator zu ersparen.[59] Der Schutz des Vertreters ist indessen nach Maßgabe des § 117 Abs. 3 gewährleistet (→ Rn. 18). Die Vollmacht **erlischt endgültig;** sie lebt nach Abschluss des Verfahrens oder nach einer Freigabe nicht wieder auf.[60]

14 **b) Eigenverwaltung.** Das Erlöschen der Vollmacht tritt mit der Eröffnung des Insolvenzverfahrens auch dann ein, wenn das Insolvenzgericht die **Eigenverwaltung des Schuldners** anordnet, ohne Rücksicht darauf, ob dies im Eröffnungsbeschluss (§ 270 Abs. 1 Satz 1) oder durch nachträgliche Anordnung erfolgt (§ 271 Satz 1).[61] Dies ergibt sich daraus, dass die Anordnung der Eigenverwaltung nicht die Wirkungen der Insolvenz beseitigt, sondern dass dadurch die an sich dem Insolvenzverwalter zustehende Verwaltungs- und Verfügungsbefugnis **treuhänderisch** unter der Aufsicht eines Sachwalters dem Schuldner zugewiesen werden.[62] Die dem Schuldner kraft der Eigenverwaltung zugewiesenen Kompetenzen unterliegen nicht völlig seiner Eigenverantwortung, sondern auch der Überwachung durch den Sachwalter (§ 274 Abs. 2) und teilweise der Mitwirkung des Sachwalters (§§ 275, 277). Die Eröffnung des Insolvenzverfahrens stellt demgemäß auch bei Anordnung der Eigenverwaltung eine Zäsur dar. Dem entspricht es, dass § 117 das Erlöschen der vor Verfahrenseröffnung vom Schuldner erteilten Vollmachten statuiert, ohne danach zu differenzieren, ob im konkreten Verfahren der Regelfall der Verwaltungs- und Verfügungsbefugnis des Verwalters eintritt oder ob Eigenverwaltung des Schuldners angeordnet wird. Dem Schuldner steht es aber frei, kraft seiner Eigenverwaltung Vollmachten auch in Bezug auf das zur Insolvenzmasse gehörende Vermögen zu erteilen.[63]

15 **c) Ermächtigungen.** Eine vom Schuldner erteilte **Einziehungs- oder Verfügungsermächtigung** erlischt mit der Eröffnung des Insolvenzverfahrens, ohne dass es des Rückgriffs auf § 117 Abs. 1 bedarf (→ Rn. 11).

16 **4. Fortgeltung der Vollmacht (Abs. 2).** Im Rahmen einer berechtigten Notgeschäftsführung (§ 115 Abs. 2 Satz 1 und Satz 2) gilt auch die Vollmacht als fortbestehend. Die Erfüllung des Auftrags

---

54 FKInsO/*B. Wegener* § 117 Rn. 7.

55 BFH Beschl. v. 24.6.2003 – I B 30/03; FG Hamburg ZInsO 2011, 1985; OLG Bamberg InVo 2006, 184 f.; FKInsO/*B. Wegener* § 117 Rn. 4a; Uhlenbruck/*Sinz* § 117 Rn. 16; HKInsO/*Marotzke* § 117 Rn. 11; K. Schmidt/*Ringstmeier* § 117 Rn. 9; HambKommInsO/*Ahrendt* § 117 Rn. 7; FKInsO/*B. Wegener* § 117 Rn. 6; aA *Mitsching* ZInsO 2015, 1906 ff.

56 FKInsO/*B. Wegener* § 117 Rn. 4a, 5; *Hess*[2] § 117 Rn. 5; Nerlich/Römermann/*Kießner* § 117 Rn. 12a; Andres/Leithaus/*Andres* § 117 Rn. 5; ebenso K. Schmidt/*Ringstmeier* § 117 Rn. 9 (allerdings nur klarstellend).

57 OLG Bamberg InVo 2006, 184 f.; auf die §§ 22 Abs. 1 Satz 1, 24 InsO, § 240 ZPO abstellend dagegen HKInsO/*Marotzke* § 117 Rn. 11; K. Schmidt/*Ringstmeier* § 117 Rn. 9.

58 HKInsO/*Marotzke* § 117 Rn. 1, der aber rechtspolitische Zweifel an dieser Regelung hat.

59 Hierauf stellt HKInsO/*Marotzke* § 117 Rn. 1 ab.

60 OLG Karlsruhe NZI 2005, 39 (für eine Prozessvollmacht); OLG München Beschl. v. 9.7.2018 – 34 Wx 223/17; OLG München NZI 2017, 612 Rn. 36; HKInsO/*Marotzke* § 117 Rn. 5; FKInsO/*B. Wegener* § 117 Rn. 5; Andres/Leithaus/*Andres* § 117 Rn. 5; HambKommInsO/*Ahrendt* § 117 Rn. 6.

61 HKInsO/*Marotzke* § 117 Rn. 2; Nerlich/Römermann/*Kießner* § 117 Rn. 12b; FKInsO/*B. Wegener* § 107 Rn. 5; K. Schmidt/*Ringstmeier* § 117 Rn. 10.

62 HKInsO/*Marotzke* § 117 Rn. 2; *Marotzke,* Gegenseitige Verträge, Rn. 5.90; *Häsemeyer,* Insolvenzrecht, Rn. 8.13 ff.; *Bork,* Insolvenzrecht, Rn. 405 führt aus, dass der Schuldner seine Verfügungsbefugnis behalte, verweist aber ausdrücklich darauf, dass sich an die Eigenverwaltung eine Aufteilung der Insolvenzverwalterkompetenzen auf Schuldner und Sachwalter knüpfe, Rn. 406.

63 Uhlenbruck/*Sinz* § 117 Rn. 11.

bzw. die Vornahme der Geschäftsbesorgung liegt hier im Interesse der Masse und muss deshalb auch der Masse gegenüber wirksam erfolgen können.[64] Die Vertretung der Masse durch den Notgeschäftsführer begründet deshalb in gleicher Weise **Masseverbindlichkeiten** wie entsprechende Maßnahmen des Insolvenzverwalters selbst. Die Gegenansicht, wonach die Rechtshandlungen des Vertreters die Masse ohne Genehmigung durch den Insolvenzverwalter nicht binden,[65] trägt dem Umstand nicht Rechnung, dass die Notgeschäftsführung dem Interesse der Masse dient und daher einer Maßnahme des Insolvenzverwalters, nicht des Schuldners entspricht. Zudem führt sie zu dem wenig sachgerechten Ergebnis, dass die **Risiken der Notgeschäftsführung** insofern auf die Vertragspartner verlagert werden, als diese danach nur einen bereicherungsrechtlichen Rückgewähranspruch gegen die Masse erwerben, soweit sie ihre Leistung an die Masse erbracht haben (§ 81 Abs. 1 Satz 3).[66] Der nunmehr durch § 117 Abs. 2 gesetzlich statuierten Fortgeltung der Vollmacht im Rahmen einer **berechtigten Notgeschäftsführung** liegt erkennbar die Wertung zugrunde, dass diese Geschäfte von der Wirkung der Insolvenzeröffnung nicht erfasst werden sollen.[67] Ebenso wie der Notgeschäftsführer mit seinen Ansprüchen aus der berechtigten Fortsetzung seiner Tätigkeit Massegläubiger ist (§§ 115 Abs. 1 Satz 3, 116 Abs. 2), müssen demgemäß auch die Vertragspartner aus Maßnahmen der Notgeschäftsführung Massegläubiger sein.

Ein weitergehender Schutz der Geschäftsgegner zu Lasten der Masse ist dagegen ausgeschlossen. **17** Die gesetzlichen Bestimmungen über die **Rechtsscheinhaftung** des Vertretenen gem. §§ 170 bis 173 BGB sowie die Grundsätze zur Anscheins- und Duldungsvollmacht sind in Bezug auf die Masse nicht anwendbar, sondern werden durch die Bestimmungen der Insolvenzordnung verdrängt.[68] Ferner findet die Regelung des Abs. 2 keine Anwendung auf Vollmachten, die ohne einen rechtlichen Grund bestehen (sog. isolierte Vollmacht) oder auf einem anderen Grundverhältnis beruhen, das durch die Verfahrenseröffnung unberührt bleibt, insbesondere einem Dienstverhältnis.[69]

5. Schutz des vollmachtlosen Vertreters (Abs. 3). Maßnahmen des Geschäftsführers, die **18** nicht der Gefahrabwehr dienen, erfolgen ohne rechtlichen Grund und begründen Ansprüche des Geschäftsführers nur nach den Regeln der Geschäftsführung ohne Auftrag, setzen den Geschäftsführer aber auch einer entsprechenden Haftung aus (→ § 115 Rn. 17). Die Fortgeltung des Auftrags- bzw. Geschäftsbesorgungsverhältnisses zugunsten des Geschäftsführers, der die Eröffnung des Insolvenzverfahrens und damit das Erlöschen dieses Rechtsverhältnis ohne Verschulden nicht kennt (§§ 115 Abs. 3, 116 Abs. 2), findet ihre Entsprechung in der Vorschrift des § 117 Abs. 3. Der Geschäftsführer handelt außerhalb des Bereichs der Notgeschäftsführung als **vollmachtloser Vertreter.** Das Vertretergeschäft wirkt hier weder gegen die Masse noch gegen den Schuldner persönlich, sofern nicht der Insolvenzverwalter das Geschäft genehmigt (§ 177 Abs. 1 BGB).[70] Dies gilt auch dann, wenn der Vertreter gutgläubig vom Fortbestand seiner Vollmacht ausgeht. In diesem Fall unterliegt er aber nach der Vorschrift des Abs. 3 nicht der Haftung als falsus procurator gem. § 179 BGB. Danach ist nicht nur die Haftung des Vertreters auf das Erfüllungsinteresse (§ 179 Abs. 1) ausgeschlossen, sondern die **gesamte Haftung nach § 179 BGB,** also auch die Haftung auf das Vertrauensinteresse gem. § 179 Abs. 2 BGB. § 117 Abs. 3 findet auch Anwendung, wenn das Insolvenzverfahren zum Zeitpunkt der Vollmachtserteilung ohne Kenntnis des Vertreters bereits eröffnet war.[71]

Hat der Vertreter die Eröffnung des Insolvenzverfahrens **schuldhaft nicht gekannt,** so greift **19** der Haftungsausschluss gem. Abs. 3 nicht ein. Eine Haftung des Vertreters als falsus procurator auf das **Erfüllungsinteresse** (§ 179 Abs. 1) kommt jedoch auch dann nicht in Betracht. Auch ohne

---

[64] *Häsemeyer,* Insolvenzrecht, Rn. 20.78; KPB/*Tintelnot* § 117 Rn. 23; FKInsO/*B. Wegener* § 117 Rn. 6; BKInsO/*Goetsch* § 117 Rn. 7, 10; Braun/*Kroth* § 117 Rn. 9; Uhlenbruck/*Sinz* § 117 Rn. 17; Andres/Leithaus/*Andres* § 117 Rn. 6; MüKoBGB/*Schramm*[6] § 168 Rn. 14; HambKommInsO/*Ahrendt* § 107 Rn. 9; *Schilken* KTS 2007, 1, 15. In der Tendenz ebenso, aber zweifelnd HKInsO/*Marotzke* § 117 Rn. 6; krit. *Marotzke* FS Henckel, S. 579, 589. Zur Fortgeltung einer Vollmacht im Rahmen eines Patentnichtigkeitsklageverfahrens s. BPatG GRUR 2014, 1029 ff.

[65] HKInsO/*Marotzke* § 117 Rn. 1; *Kilger/K. Schmidt* KO § 23 Anm. 9; *Kuhn/Uhlenbruck* KO § 23 Rn. 9, 11; Staudinger/*Martinek*/*Omlor* BGB § 662 BGB Rn. 18.

[66] KPB/*Tintelnot* § 117 Rn. 23.

[67] KPB/*Tintelnot* § 117 Rn. 23; so letztlich auch HKInsO/*Marotzke* § 117 Rn. 6.

[68] FKInsO/*B. Wegener* § 117 Rn. 8; *Jaeger/Henckel* KO § 23 Rn. 55; Andres/Leithaus/*Andres* § 117 Rn. 5, 7; Nerlich/Römermann/*Kießner* § 117 Rn. 16; LSZ/*Zeuner* § 117 Rn. 8; *Schilken* KTS 2007, 1, 11; Uhlenbruck/*Sinz* § 117 Rn. 15; K. Schmidt/*Ringstmeier* § 117 Rn. 20.

[69] Braun/*Kroth* § 117 Rn. 5; Andres/Leithaus/*Andres* § 117 Rn. 6; aA HKInsO/*Marotzke* § 117 Rn. 6.

[70] KPB/*Tintelnot* § 117 Rn. 24; Braun/*Kroth* § 117 Rn. 6; Uhlenbruck/*Sinz* § 117 Rn. 18; K. Schmidt/*Ringstmeier* § 117 Rn. 14; MüKoBGB/*Schramm*[6] § 168 Rn. 14; eine Fortgeltung der Vollmacht im Verhältnis zum Schuldner de lege ferenda befürwortend HKInsO/*Marotzke* § 117 Rn. 1.

[71] OLG München NZI 2009, 555.

Erlöschen der Vollmacht hätte der Geschäftsgegner keinen Anspruch mit Wirkung gegen die Masse erwerben können, da der Vertretene mit Eröffnung des Insolvenzverfahrens die Verwaltungs- und Verfügungsbefugnis über sein Vermögen verloren hat.[72] Aus dem gleichen Grund kommt aber auch eine Haftung des Vertreters auf den **Vertrauensschaden** (§ 179 Abs. 2 BGB) nicht in Betracht, weil auch insoweit der Schaden des Geschäftsgegners nicht kausal darauf beruht, dass er auf die Vertretungsmacht des Vertreters vertraut hat, sondern vielmehr darauf, dass der Schuldner auf Grund der Eröffnung des Insolvenzverfahrens keine rechtsgeschäftlichen Verpflichtungen mit Bezug auf die Masse mehr eingehen konnte.[73] Unabhängig hiervon können dem vollmachtlosen Vertreter die Kosten eines mangels ordnungsgemäßer Vollmacht unzulässigen Rechtsmittels auferlegt werden,[74] denn diese Haftung beruht nicht auf Gründen des enttäuschten Vertrauens auf das Vorliegen einer Vertretungsmacht, sondern findet ihre Grundlage in dem sog. **Veranlasserprinzip.**[75] Dem Prozessbevollmächtigten können daher die Kosten dann auferlegt werden, wenn er den Mangel der Vollmacht kannte, was bei einem Rechtsanwalt stets der Fall ist, wenn er Kenntnis von der Verfahrenseröffnung hatte.[76]

20 Die der Bestimmung des § 117 Abs. 3 zugrunde liegenden Wertungen müssen über das Regelinsolvenzverfahren hinaus auch für das **Verfahren mit Eigenverwaltung des Schuldners** gelten.[77] Zwar beruht hier die Unwirksamkeit des Vertretergeschäfts nicht auf der mangelnden Verwaltungs- und Verfügungsbefugnis des Schuldners, sondern auf der mangelnden Vertretungsmacht des Vertreters. Die Anordnung der Eigenverwaltung des Schuldners ist aber kein Vertrauenstatbestand, der zugunsten der Geschäftsgegner wirkt.

21 Auch eine **Haftung des Vertreters aus culpa in contrahendo** (jetzt § 311 Abs. 2 BGB) ist ausgeschlossen;[78] ein solcher Rückgriff verbietet sich deshalb, weil die Haftung aus culpa in contrahendo ebenso wie die Haftung aus § 179 BGB darauf beruht, dass der Vertreter ohne Vertretungsmacht das Vertrauen des Geschäftsgegners, der Vertrag werde mit dem Vertretenen zustande kommen, veranlasst und enttäuscht hat.[79] Die Vorschrift des § 179 BGB ist insofern lex specialis und schließt einen Rückgriff auf die allgemeinen Grundsätze der Vertrauenshaftung aus, soweit es um die Haftung wegen fehlender Vertretungsmacht geht.[80] Eine Eigenhaftung des vollmachtlosen Vertreters auf das negative Interesse kommt daher nur gemäß § 311 Abs. 3 BGB unter besonderen Voraussetzungen in Betracht (unmittelbares wirtschaftliches Eigeninteresse, Inanspruchnahme besonderen Vertrauens).[81]

§ 118 Auflösung von Gesellschaften

[1]Wird eine Gesellschaft ohne Rechtspersönlichkeit oder eine Kommanditgesellschaft auf Aktien durch die Eröffnung des Insolvenzverfahrens über das Vermögen eines Gesellschafters aufgelöst, so ist der geschäftsführende Gesellschafter mit den Ansprüchen, die ihm aus der einstweiligen Fortführung eilbedürftiger Geschäfte zustehen, Massegläubiger. [2]Mit den Ansprüchen aus der Fortführung der Geschäfte während der Zeit, in der er die Eröffnung des Insolvenzverfahrens ohne sein Verschulden nicht kannte, ist er Insolvenzgläubiger; § 84 Abs. 1 bleibt unberührt.

---

72 FKInsO/*B. Wegener* § 117 Rn. 10; KPB/*Tintelnot* § 117 Rn. 26; Braun/*Kroth* § 117 Rn. 6; BKInsO/*Goetsch* § 117 Rn. 13; Andres/Leithaus/*Andres* § 117 Rn. 7; LSZ/*Zeuner* § 117 Rn. 7; *Schilken* KTS 2007, 1, 18; ebenso *Häsemeyer*, Insolvenzrecht, Rn. 20.71 für das Regelinsolvenzverfahren; aA HKInsO/*Marotzke* § 117 Rn. 7, der davon ausgeht, dass bei Nichtvorliegen der subjektiven Voraussetzungen des § 117 Abs. 3 eine Haftung gem. § 179 BGB grundsätzlich in Betracht kommt; ebenso OLG Bamberg InVo 2006, 184 ff.

73 KPB/*Tintelnot* § 117 Rn. 26; *Schilken* KTS 2007, 1, 17; aA (Haftung auf das negative Interesse) FKInsO/*B. Wegener* § 117 Rn. 10; Nerlich/Römermann/*Kießner* § 117 Rn. 18; Uhlenbruck/*Sinz* § 117 Rn. 18.

74 OLG Karlsruhe NZI 2005, 39 f.; LAG Baden-Württemberg Beschl. v. 31.3.2005 – 13 Sa 4/05; K. Schmidt/*Ringstmeier* § 117 Rn. 18; entsprechend zur Kostentragungspflicht bei Rücknahme einer Klage FG Dessau-Roßlau Beschl. v. 22.9.2014 – 3 K 640/12.

75 Vgl. hierzu BGHZ 121, 397 = NJW 1993, 1865 mwN; BAG NJW 2006, 461, 463 f.; OLG Bamberg InVo 2006, 184 ff.

76 OLG Karlsruhe NZI 2005, 39 f.

77 *Häsemeyer*, Insolvenzrecht, Rn. 20.71; KPB/*Tintelnot* § 177 Rn. 27; Andres/Leithaus/*Andres* § 117 Rn. 8.

78 And. KPB/*Tintelnot* § 117 Rn. 10; LSZ/*Zeuner* § 117 Rn. 7; Andres/Leithaus/*Andres* § 117 Rn. 8.

79 BGHZ 39, 45, 51 = NJW 1963, 759; BGHZ 73, 266, 269 = NJW 1979, 1161; Palandt/*Ellenberger* BGB § 179 Rn. 1.

80 Soergel/*Leptien* BGB § 179 Rn. 12; aA *Schilken* KTS 2007, 1, 18.

81 Hierzu OLG Hamm NJW 1994, 666 f.; Palandt/*Ellenberger* BGB § 179 Rn. 8.

Übersicht

I. Normzweck

1 Die Norm bezweckt die Regelung des insolvenzrechtlichen Status von Forderungen, die dem geschäftsführenden Gesellschafter einer durch die Insolvenz eines anderen Gesellschafters aufgelösten Gesellschaft gegen diesen Gesellschafter aus Maßnahmen der Geschäftsführung zustehen.[1] Dabei wird differenziert zwischen Geschäftsführungsmaßnahmen, die durch die dem Geschäftsführer zustehende **Notgeschäftsführungskompetenz** gedeckt sind, und Maßnahmen der Geschäftsführung, zu deren Vornahme er zwar nicht mehr befugt war, hinsichtlich derer den bisherigen Geschäftsführer aber **kein Verschulden** trifft. Im erstgenannten Fall ist der Geschäftsführer Massegläubiger, im zweiten Fall Insolvenzgläubiger. Der Geschäftsführer einer aufgelösten Gesellschaft befindet sich insoweit in einer ähnlichen Situation wie derjenige, der infolge eines Auftrags oder eines Geschäftsbesorgungsvertrags nach der Eröffnung des Insolvenzverfahrens über das Vermögen seines Vertragspartners noch Leistungen für diesen erbringt (§§ 115, 116). Die Vorschrift des § 118 bezweckt einen abgestuften **Schutz des geschäftsführenden Gesellschafters** in der Insolvenz eines Gesellschafters.[2]

II. Entstehungsgeschichte

2 Die Vorschrift entspricht der bisherigen Regelung des § 28 KO, die ausdrücklich allerdings nur die Gesellschaft bürgerlichen Rechts genannt hat, nach allgemeiner Meinung aber auch für die offene Handelsgesellschaft, die Kommanditgesellschaft und die Kommanditgesellschaft auf Aktien galt.[3] Dem schon bisher anerkannten Anwendungsbereich dieser Regelung trägt die neue Vorschrift nun ausdrücklich Rechnung. Die Vorschrift des § 118 entspricht inhaltlich unverändert den §§ 126 RefE und 136 RegE.[4] Das **Handelsrechtsreformgesetz** vom 22.6.1998[5] hat jedoch den Anwendungsbereich der Vorschrift des § 118 stark eingeengt, weil bei Personenhandelsgesellschaften die Eröffnung des Insolvenzverfahrens über das Vermögen eines Gesellschafters grundsätzlich nicht mehr zur Auflösung der Gesellschaft führt; → Rn. 6.

III. Einzelerläuterungen

3 **1. Anwendungsbereich.** Die Vorschrift erfasst nur Gesellschaften, die durch die Eröffnung des Insolvenzverfahrens über das Vermögen eines Gesellschafters aufgelöst werden. Dies kommt nur in Betracht für **Personengesellschaften sowie für die KGaA.**[6] Keine Anwendung findet die Vorschrift auf Gesellschaften, bei denen eine Auflösung wegen der Insolvenz eines Gesellschafters stets ausgeschlossen ist (AG, GmbH, eGen). Auch auf den **nichtrechtsfähigen Verein** ist die

1 Andres/Leithaus/*Andres* § 118 Rn. 1; Uhlenbruck/*Hirte* § 118 Rn. 1; K. Schmidt/*Ringstmeier* § 118 Rn. 1.

2 Jaeger/*Jacoby* § 118 Rn. 3.

3 *Kuhn/Uhlenbruck* KO § 28 Rn. 5; *Kilger/K. Schmidt* KO § 28 Anm. 3; Begründung zu § 136 RegE, BT-Drs. 12/2443, S. 152.

4 BT-Drs. 12/2443, S. 152.

5 Gesetz zur Neuregelung des Kaufmanns- und Firmenrechts und zur Änderung handels- und gesellschaftsrechtlicher Vorschriften, BGBl. I, 1474; s. hierzu auch Uhlenbruck/*Berscheid*[12] § 118 Rn. 6; Nerlich/Römermann/*Kießner* § 118 Rn. 3; KPB/*Tintelnot* § 118 Rn. 2, 6 mwN.

6 S. dazu die Übersicht bei BKInsO/*Goetsch* § 118 Rn. 3.

Vorschrift nicht anzuwenden, da dieser durch die Insolvenz eines Mitglieds nicht aufgelöst wird.[7] § 728 Abs. 2 BGB findet auf den rechtsfähigen Verein keine Anwendung, da dieser den juristischen Personen gleichgestellt ist (§ 11 Abs. 1 Satz 2).[8] Keine Anwendung findet § 118 ferner auf die Auflösung einer Gemeinschaft i. S. der §§ 741 ff. BGB.[9] Der Anwendungsbereich des § 118 beschränkt sich praktisch im Wesentlichen auf die BGB-Gesellschaft (→ dazu Rn. 6 f.).[10]

4 **2. Auflösung der Gesellschaft.** Die Bestimmung des § 118 setzt voraus, dass eine der in dieser Vorschrift genannten Gesellschaften durch die Eröffnung des Insolvenzverfahrens über das Vermögen eines Gesellschafters aufgelöst worden ist. Ob die Insolvenz eines Gesellschafters zur Auflösung der Gesellschaft führt, richtet sich nach den einschlägigen gesellschaftsrechtlichen Bestimmungen.[11]

5 **a) GbR und Wohnungseigentümergemeinschaft.** Die **Gesellschaft bürgerlichen Rechts** wird durch die Eröffnung des Insolvenzverfahrens über das Vermögen eines Gesellschafters aufgelöst (§ 728 BGB). Dies dient dem Zweck, den Gläubigern des Gesellschafters den Zugriff auf den Vermögenswert des Gesellschaftsanteils zu eröffnen. Die Auflösung der Gesellschaft ist jedoch **nicht zwingend;** vielmehr kann der Gesellschaftsvertrag bestimmen, dass die Gesellschaft solchenfalls unter den übrigen Gesellschaftern fortbestehen soll (§ 736 Abs. 1 BGB). Der von der Insolvenz betroffene Gesellschafter scheidet dann aus der Gesellschaft aus. Der ihm daraus erwachsende Abfindungsanspruch (§ 738 BGB) fällt in die Insolvenzmasse. Nicht zulässig wäre dagegen eine Vereinbarung, wonach die Gesellschaft trotz der Insolvenz eines Gesellschafters mit diesem fortgesetzt wird; § 736 Abs. 1 BGB ist zwingendes Recht.[12] Eine Fortführung mit dem insolventen Gesellschafter würde die Realisierung des Vermögenswerts des Gesellschaftsanteils zugunsten seiner Gläubiger verhindern.[13] Eine Fortsetzung der Gesellschaft mit dem Insolvenzschuldner als Gesellschafter ist nur möglich, wenn der Insolvenzverwalter den Gesellschaftsanteil freigibt.[14] Die **stille Gesellschaft** wird durch die Insolvenz eines Gesellschafters aufgelöst (§ 728 BGB).[15] Die **Wohnungseigentümergemeinschaft** ist rechtsfähig (§ 10 Abs. 6 Satz 1, Abs. 7 Satz 1 WEG; → § 11 Rn. 63b) und damit hinsichtlich des gemeinschaftlichen Verwaltungsvermögens an sich auch insolvenzfähig. Ein Insolvenzverfahren über das Verwaltungsvermögen der Gemeinschaft findet jedoch nicht statt (§ 11 Abs. 3 WEG).

6 **b) oHG und KG.** Für die **offene Handelsgesellschaft** und für die **Kommanditgesellschaft** galt bis zum Inkrafttreten des Handelsrechtsreformgesetzes vom 22.6.1998[16] die Auflösung der Gesellschaft im Falle der Eröffnung des Konkursverfahrens über das Vermögen eines Gesellschafters als gesetzliche Regel, freilich vorbehaltlich einer vertraglichen Fortsetzungsvereinbarung. Aufgrund der Neufassung des § 131 HGB führt die Eröffnung des Insolvenzverfahrens über das Vermögen eines Gesellschafters nunmehr zum **Ausscheiden des Gesellschafters** (§ 131 Abs. 3 Nr. 2 HGB). Entsprechendes gilt für die Kommanditgesellschaft (§ 161 Abs. 2 HGB). Wird das Insolvenzverfahren über das Vermögen des Erben eines Gesellschafters eröffnet, so tritt die gleiche Rechtsfolge ein. Die Gesellschaft wird mit den übrigen Gesellschaftern fortgesetzt; der Gesellschafter-Erbe scheidet aus der Gesellschaft aus.[17] Durch den Gesellschaftsvertrag kann bestimmt werden, dass die Gesellschaft im Falle der Insolvenz eines Gesellschafters aufgelöst wird (§ 131 Abs. 1 Nr. 2 HGB). Verbleibt nach dem Ausscheiden des insolventen Gesellschafters nur noch eine Person, tritt eine Vollbeendigung der Gesellschaft ein. Der verbleibende Gesellschafter wird Gesamtrechtsnachfolger der Gesellschaft.[18]

---

7 Staudinger/*Weick* BGB § 54 Rn. 83; Uhlenbruck/*Hirte* § 118 Rn. 4; FKInsO/*B. Wegener* § 118 Rn. 2; BKInsO/*Goetsch* § 118 Rn. 4; *Jaeger/Henckel* KO § 28 Rn. 9; *Kilger/K. Schmidt* KO § 28 Anm. 3; HKInsO/*Marotzke,* § 118 Rn. 4; LSZ/*Zeuner* § 118 Rn. 2; *Hess*[2] § 118 Rn. 12; HambKommInsO/*Ahrendt* § 118 Rn. 2; K. Schmidt/*Ringstmeier* § 118 Rn. 5; AGR/*Flöther/Wehner* § 118 Rn. 4.

8 HKInsO/*Marotzke* § 118 Rn. 4.

9 Uhlenbruck/*Hirte* § 118 Rn. 3; FKInsO/*B. Wegener* § 118 Rn. 2; *Hess*[2] § 118 Rn. 14; K. Schmidt/*Ringstmeier* § 118 Rn. 5.

10 HambKommInsO/*Ahrendt* § 118 Rn. 2; K. Schmidt/*Ringstmeier* § 118 Rn. 2.

11 Jaeger/*Jacoby* § 118 Rn. 5; HambKommInsO/*Ahrendt* § 118 Rn. 2.

12 Heymann/*Emmerich* HGB § 131 Rn. 23a (zu oHG/KG); *Hess*[2] § 118 Rn. 3; FKInsO/*B. Wegener* § 118 Rn. 8 (unter Hinweis auf § 119); Uhlenbruck/*Hirte* § 118 Rn. 7.

13 *Jaeger/Henckel* KO § 28 Rn. 1; FKInsO/*B. Wegener* § 118 Rn. 8.

14 Jaeger/*Jacoby* § 118 Rn. 7.

15 *K. Schmidt,* Gesellschaftsrecht, § 6 Rn. 2 V 1 a; HKInsO/*Marotzke* § 118 Rn. 3 (and. für die mehrgliedrige Stille Gesellschaft mit Fortbestehensklausel in Rn. 6); Uhlenbruck/*Hirte* § 118 Rn. 2; Braun/*Kroth* § 118 Rn. 4; LSZ/*Zeuner* § 118 Rn. 2; zur Irrelevanz des § 118 für die stille Gesellschaft KPB/*Tintelnot* § 118 Rn. 9.

16 BGBl. 1998 I S. 1474.

17 MüKoHGB/*K. Schmidt* § 131 Rn. 73; and. BGHZ 91, 132 = NJW 1984, 2104; BGHZ 108, 187 = NJW 1989, 3152.

18 Jaeger/*Jacoby* § 118 Rn. 8 mwN.

c) PartG, KGaA, Partenreederei und EWIV. Für die **Partnerschaftsgesellschaft** gilt § 131 HGB entsprechend (§ 9 Abs. 1 PartGG); die Insolvenz eines Partners führt mangels abweichender Vereinbarung zu seinem Ausscheiden, nicht zur Auflösung der Partnerschaft. Die **Kommanditgesellschaft auf Aktien** kann durch die Insolvenz eines Kommanditaktionärs nicht aufgelöst werden (§ 289 Abs. 3 Satz 1 AktG). Der Kommanditaktionär scheidet nicht aus der Gesellschaft aus; er bleibt Gesellschafter, wobei seine Aktien Teil der Insolvenzmasse sind, über die der Insolvenzverwalter zu entscheiden hat.[19] Für die Insolvenz eines Komplementärs gelten die Vorschriften über die KG (§ 289 Abs. 1 AktG).[20] Bei einer **Partenreederei** führt die Insolvenz eines Mitreeders gem. § 505 Abs. 2 Alt. 2 HGB nicht zur Auflösung. Der Mitreeder scheidet aus. Diese Regelung ist aber dispositiv.[21] Eine **EWIV** bleibt ebenfalls vorbehaltlich abweichender vertraglicher Vereinbarungen bestehen.[22] 7

d) Fortsetzung. Ist die Gesellschaft durch die Eröffnung des Insolvenzverfahrens über das Vermögen eines Gesellschafters aufgelöst, so steht es den Gesellschaftern frei, die aufgelöste Gesellschaft wieder **in eine werbende Gesellschaft** umzuwandeln, auch wenn der Gesellschaftsvertrag keine Fortsetzungsklausel enthält.[23] In diesem Fall entfällt die Anwendung des § 118 mit Wirkung ex nunc.[24] Die Rückumwandlung bzw. Fortsetzung der Gesellschaft setzt in diesem Fall jedoch Einstimmigkeit voraus und bedarf der Zustimmung des Insolvenzverwalters des von der Insolvenz betroffenen Gesellschafters.[25] Eine Fortsetzung der Gesellschaft durch Beschluss der übrigen Gesellschafter ohne Mitwirkung des Insolvenzverwalters ist zulässig, auch wenn der Gesellschaftsvertrag eine dahingehende Mehrheitsentscheidung nicht vorsieht, sofern der durch Insolvenz ausgeschiedene Gesellschafter zum vollen Wert abgefunden wird.[26] 8

3. Geschäftsführungsbefugnis nach Auflösung der Gesellschaft. Die Bestimmung des § 118 regelt nicht die Frage, ob und in welchem Umfang die Geschäftsführungsbefugnis der Gesellschafter fortbesteht; dies ergibt sich vielmehr aus den Bestimmungen des Gesellschaftsrechts. 9

a) Gesellschafter. Für die **Gesellschaft bürgerlichen Rechts** gilt, dass mit der Auflösung der Gesellschaft die einem Gesellschafter nach dem Gesellschaftsvertrag zustehende Geschäftsführungsbefugnis erlischt; stattdessen steht die Geschäftsführungsbefugnis nunmehr allen Gesellschaftern gemeinsam zu (§ 730 Abs. 2 Satz 2 BGB). Der Gesellschaftsvertrag kann jedoch bestimmen, dass die einem Gesellschafter übertragene Geschäftsführungsbefugnis auch für die Abwicklung nach der Auflösung der Gesellschaft bestehen bleibt.[27] Wegen der durch die Auflösung der Gesellschaft veränderten Interessenlage der Gesellschafter kann im Zweifel aber nicht angenommen werden, dass die für die werbende Gesellschaft vorgenommene Zuweisung der Geschäftsführungsbefugnis ohne weiteres auch für das Stadium der Abwicklung gelten soll.[28] Im Falle der **Auflösung der OHG und der KG** erfolgt die Liquidation durch sämtliche Gesellschafter, sofern sie nicht durch Beschluss oder Vertrag einzelnen Gesellschaftern oder anderen Personen übertragen ist (§ 146 Abs. 1 HGB). Für die **Partnerschaftsgesellschaft** gilt dies entsprechend (§ 10 Abs. 1 PartGG).

b) Umfang. Der Umfang der Geschäftsführungsbefugnis nach Auflösung der Gesellschaft bestimmt sich nach dem, was zur Abwicklung der Gesellschaft erforderlich und geboten ist (§§ 730 ff. BGB, 149 HGB). Geschäftsführer im Abwicklungsstadium der Gesellschaft dürfen neue Geschäfte nur eingehen, soweit dies im Rahmen der Abwicklung der Gesellschaft erforderlich ist.[29] 10

c) Notgeschäftsführung. Von den Fällen des durch vertragliche Vereinbarung oder durch Beschluss aller Gesellschafter geregelten Fortbestands der Geschäftsführungsbefugnis des bisherigen geschäftsführenden Gesellschafters abgesehen, besteht die auf Miterben übertragene Geschäftsfüh- 11

---

19 Jaeger/*Jacoby* § 118 Rn. 11 mwN.
20 S. im Übrigen zu den Folgen der Insolvenz eines Komplementärs Jaeger/*Jacoby* § 118 Rn. 12.
21 Jaeger/*Jacoby* § 118 Rn. 10.
22 Jaeger/*Jacoby* § 118 Rn. 10 mwN; K. Schmidt/*Ringstmeier* § 118 Rn. 7.
23 Heymann/*Emmerich*, HGB, § 131 Rn. 32; MüKoBGB/*Schäfer* § 728 Rn. 43; Nerlich/Römermann/*Kießner* § 118 Rn. 11b; Uhlenbruck/*Hirte* § 118 Rn. 7.
24 K. Schmidt/*Ringstmeier* § 118 Rn. 8.
25 MüKoBGB/*Schäfer* vor § 723 Rn. 11; § 728 Rn. 15; Staudinger/*Habermeier* BGB vor § 723 Rn. 9 ff.; FKInsO/*B. Wegener* § 118 Rn. 9; *Hess*² § 118 Rn. 4.
26 MüKoBGB/*Schäfer* vor § 723 Rn. 11.
27 MüKoBGB/*Schäfer* § 730 Rn. 47; Palandt/*Sprau* § 730 Rn. 3; Nerlich/Römermann/*Kießner* § 118 Rn. 11d; Jaeger/*Jacoby* § 118 Rn. 13.
28 RGZ 100, 165; OLG Köln WM 1995, 1881; MüKoBGB/*Schäfer* § 730 Rn. 40.
29 MüKoBGB/*Schäfer* § 730 Rn. 8, 44; GK-HGB/*Ensthaler* § 149 Rn. 3; Röhricht/v. Westphalen/*v. Gerkan* HGB § 149 Rn. 4; HKHGB/*Stuhlfelner* § 149 Rn. 1.

rungsbefugnis als **Notgeschäftsführungsbefugnis** fort (§§ 728 Abs. 2 Satz 1, 727 Abs. 2 Satz 2 BGB), ebenso wie die entsprechende Tätigkeitspflicht dieser Gesellschafter.[30] Dies ist in zeitlicher Hinsicht beschränkt auf die **Übergangsphase,** die erforderlich ist für die organisatorische Umstellung auf die Abwicklung der Gesellschaft;[31] in gegenständlicher Hinsicht ist sie beschränkt auf **Maßnahmen der Gefahrabwehr** im Interesse des Gesellschaftsvermögens.[32] Die Gesellschaft gilt insoweit als fortbestehend (§§ 728 Abs. 2 Satz 2, 727 Abs. 2 Satz 2, 3 BGB). Hiervon zu unterscheiden ist die Fortgeltung der Geschäftsführungsbefugnis **zu Gunsten des Geschäftsführers,** der die Auflösung nicht kannte oder kennen musste (§ 729 BGB). Die nach dieser Vorschrift fortgeltende Geschäftsführungsbefugnis gilt im bisherigen Umfang als fortbestehend, hängt aber allein davon ab, ob der Geschäftsführer die Eröffnung des Insolvenzverfahrens kannte oder kennen musste.[33]

12 Diese Grundsätze müssen auch für die offene Handelsgesellschaft sowie für die Kommanditgesellschaft gelten, sofern diese durch die Insolvenz eines Gesellschafters **ausnahmsweise aufgelöst** werden. Auch hier kann eine Übergangszeit erforderlich sein, bis die Organisation der Gesellschaft auf die Liquidation umgestellt ist und die Liquidatoren bestellt sind bzw. ihre Tätigkeit aufnehmen können. Zwar sind die Vorschriften der §§ 136, 137 HGB durch das Handelsrechtsreformgesetz aufgehoben worden,[34] weil sie insoweit obsolet geworden sind, als die in der Person eines Gesellschafters liegenden Gründe wie Tod, Insolvenz seines Vermögens, Kündigung durch den Gesellschafter oder einen Gläubiger nach der gesetzlichen Regelung des § 131 HGB nF nicht mehr zur Auflösung der Gesellschaft führen. Der Gesellschaftsvertrag kann aber die Auflösung der Gesellschaft für diese Fälle vorsehen (→ Rn. 6). Kommt es zur Auflösung der Gesellschaft, so ergibt sich im Interesse der Gesellschaft wie auch im Interesse des Geschäftsführers die Notwendigkeit, die Fortgeltung der Geschäftsführungsbefugnis entsprechend den allgemeinen gesellschaftsrechtlichen Grundsätzen für eine Übergangszeit bzw. zu Gunsten des gutgläubigen Geschäftsführers anzuerkennen.[35]

13 **4. Ansprüche des Geschäftsführers aus Maßnahmen der Geschäftsführung.** Welche Ansprüche hieraus in Betracht kommen und inwieweit sich derartige Ansprüche gegen einen Gesellschafter richten, bestimmt sich nach Gesellschaftsrecht, nicht nach Insolvenzrecht. Der Wortlaut der Bestimmung des § 118 wie zuvor schon des § 28 KO ist insoweit missverständlich.

a) Aufwendungsersatz. Ansprüche des geschäftsführenden Gesellschafters aus der Geschäftsführung auf Aufwendungsersatz richten sich grundsätzlich gegen die Gesellschaft (§ 110 HGB, §§ 713, 670 BGB). Gleiches gilt für **Vergütungsansprüche** des Geschäftsführers. Solche kommen auf Grund des Gesellschaftsverhältnisses nur in Betracht, wenn der bisherige Geschäftsführer oder ein anderer Gesellschafter mit der Abwicklung der Gesellschaft betraut wird. Fällt die Geschäftsführung allen Gesellschaftern gemeinschaftlich zu, so kommen für diese nur Ansprüche auf Aufwendungsersatz, in der Regel nicht aber Vergütungsansprüche in Betracht.[36] Eine Vergütung kann mit dem Geschäftsführer bzw. Liquidator im Rahmen des **Gesellschaftsvertrags** oder durch besonderen **Dienstvertrag** vereinbart werden. Eine dahingehende Vereinbarung nach Auflösung der Gesellschaft bedarf der Zustimmung des Insolvenzverwalters des insolventen Gesellschafters. Ansprüche des Geschäftsführers aus einem **Dienstvertrag** sind **Gesellschaftsverbindlichkeiten.**

14 **b) Gesellschafterhaftung.** Gegen die einzelnen Gesellschafter einschließlich des von der Insolvenz betroffenen Gesellschafters kommen Ansprüche des Geschäftsführers aus dem Gesellschaftsvertrag grundsätzlich nicht in Betracht. Ansprüche aus dem Gesellschaftsverhältnis richten sich nur **gegen die Gesellschaft;** eine persönliche Haftung der Gesellschafter besteht insoweit grundsätzlich nicht, auch nicht während der Liquidation.[37] Eine Nachschusspflicht der Gesellschafter zur Deckung eines Fehlbetrags, der sich bei der Schlussabrechnung ergibt (§ 735 BGB), begründet einen Anspruch der Gesellschaft, nicht des einzelnen Gesellschafters.[38] Eine anteilige **Inan-**

---

30 MüKoBGB/*Schäfer* § 727 Rn. 9; Jaeger/*Jacoby* § 118 Rn. 13.
31 MüKoBGB/*Schäfer* § 727 Rn. 9 f.; FKInsO/*B. Wegener* § 118 Rn. 7.
32 MüKoBGB/*Schäfer* § 728 Rn. 39; Andres/Leithaus/*Andres* § 118 Rn. 4; HKInsO/*Marotzke* § 118 Rn. 7; Nerlich/Römermann/*Kießner* § 118 Rn. 11 f.; auf § 115 Abs. 2 abstellend BankenKommInsO/*Ellers* § 118 Rn. 7.
33 MüKoBGB/*Schäfer* § 729 Rn. 9; Andres/Leithaus/*Andres* § 118 Rn. 7.
34 Art. 3 Nr. 30 HRefG.
35 HKInsO/*Marotzke* § 118 Rn. 10; Andres/Leithaus/*Andres* § 118 Rn. 6.
36 BGHZ 17, 301= NJW 1955, 1227; Heymann/*Sonnennschein/Weitemeyer* HGB § 146 Rn. 15; Heymann/*Emmerich* HGB § 110 Rn. 20; MüKoHGB/*K. Schmidt* § 146 Rn. 9; *Hopt* HGB § 149 Rn. 1; Staub/*Habersack* HGB § 149 Rn. 5.
37 BGHZ 37, 299 = NJW 1962, 1863; NJW 1980, 339; NJW-RR 1989, 866; Heymann/*Emmerich* HGB § 110 Rn. 14; *K. Schmidt,* Gesellschaftsrecht, § 47 II 4 d; HambKommInsO/*Ahrendt* § 118 Rn. 4.
38 MüKoBGB/*Schäfer* § 735 Rn. 5; Nerlich/Römermann/*Kießner* § 117 Rn. 12; BKInsO/*Goetsch* § 118 Rn. 9; K. Schmidt/*Ringstmeier* § 118 Rn. 11.

spruchnahme eines Gesellschafters kommt nur ausnahmsweise in Betracht, wenn schon vor der Schlussabrechnung feststeht, dass der ersatzberechtigte Gesellschafter einen Ausgleich verlangen kann.[39] Steht dem Geschäftsführer eine Vergütung auf Grund eines Dienstvertrags zu, so haften dafür die Gesellschafter persönlich, da es sich dabei nicht um Sozialansprüche handelt.[40] Aufgrund der gesellschaftsvertraglichen **Treuepflicht** ist ein Gesellschafter aber gehalten, solche Ansprüche zunächst gegen die Gesellschaft geltend zu machen.[41] Kann Befriedigung aus dem Gesellschaftsvermögen nicht erlangt werden, so haften die einzelnen Gesellschafter entsprechend ihrem Verlustanteil (pro rata).[42]

c) Ansprüche aus der Geschäftsführung. Erfasst werden von § 118 nur Ansprüche eines geschäftsführenden Gesellschafters, die aus der Fortführung der Geschäftsführung nach Auflösung der Gesellschaft stammen. Andere Forderungen des Geschäftsführers gegen den insolventen Gesellschafter fallen nicht unter diese Vorschrift, sondern richten sich nach den allgemeinen Bestimmungen.[43] Dies gilt auch für Ansprüche des Geschäftsführers aus der Geschäftsführung vor Auflösung der Gesellschaft. Diese sind Insolvenzforderungen.[44] 15

5. Rechtsfolgen. Hinsichtlich der Ansprüche, die dem geschäftsführenden Gesellschafter aus der **einstweiligen Fortführung eilbedürftiger Geschäfte** nach Auflösung der Gesellschaft gegen den von der Insolvenz betroffenen Gesellschafter zustehen (→ Rn. 14), ist er diesem gegenüber **Massegläubiger** (Satz 1). Dies ergibt sich nicht ohne weiteres schon aus § 55 Abs. 1 Nr. 2,[45] weil die Ansprüche des Geschäftsführers gegen den Gesellschafter-Schuldner nicht auf einem gegenseitigen Vertrag mit dem Schuldner, sondern auf der organschaftlichen Kompetenz des Geschäftsführers und der persönlichen Haftung des Schuldners für Verbindlichkeiten der Gesellschaft beruhen[46] (→ Rn. 14). Der tragende Grund für die gesetzliche Einordnung der Ansprüche aus Notgeschäftsführung als Masseverbindlichkeiten gem. § 118 Satz 1 entspricht aber dem des § 55 Abs. 1 Nr. 2; die einstweilige Fortführung der Geschäfte liegt auch im **Interesse der Insolvenzmasse** des betroffenen Gesellschafters.[47] 16

Ansprüche des Geschäftsführers, die sich aus der Fortführung nicht eilbedürftiger Geschäfte nach Eröffnung des Insolvenzverfahrens ergeben, können in der Insolvenz eines Gesellschafters nur als **Insolvenzforderungen** geltend gemacht werden,[48] wenn sie nicht auf eilbedürftigen Maßnahmen der Geschäftsführung beruhen und wenn der Geschäftsführer die Eröffnung des Insolvenzverfahrens ohne Verschulden nicht kannte (§ 118 Satz 2). Der Schutz des Geschäftsführers, der ohne Verschulden die Eröffnung des Insolvenzverfahrens über das Vermögen eines Gesellschafters und die daraus sich ergebende Auflösung der Gesellschaft nicht kennt, wird dadurch im Ergebnis stark eingeschränkt (→ aber Rn. 18). Auf die Frage, ob die vom Geschäftsführer in Unkenntnis der Auflösung der Gesellschaft vorgenommenen Maßnahmen der Insolvenzmasse des Gesellschafters zugutekommen, kommt es insoweit nicht an. Die Geschäftsführungsbefugnis eines Gesellschafters gilt zu seinen Gunsten als fortbestehend, solange er die Eröffnung des Insolvenzverfahrens nicht kennt oder kennen muss.[49] 17

6. Absonderungsrechte (Satz 2, Hs. 2). Die anderen Gesellschafter können von dem von der Insolvenz betroffenen Gesellschafter **abgesonderte Befriedigung für ihre Ansprüche** aus dem Rechtsverhältnis verlangen (§ 84 Abs. 1). § 84 Abs. 1 Satz 2 gibt den Gesellschaftern bzw. den Beteiligten an einer anderen Gemeinschaft ein Absonderungsrecht am Gesellschafts- bzw. Gemeinschaftsanteil des Schuldners für Ansprüche aus dem Rechtsverhältnis. Dies gilt für Ansprüche, die 18

---

39 *Baumbach/Hopt* HGB § 110 Rn. 5; Staub/*Ulmer* HGB § 110 Rn. 31 (Vorwegnahme der Schlussabrechnung); Röhricht/v. Westphalen/*v. Gerkan* HGB § 110 Rn. 5; GK-HGB/*Ensthaler* § 110 Rn. 4; Uhlenbruck/*Hirte* § 118 Rn. 8; K. Schmidt/*Ringstmeier* § 118 Rn. 11.

40 §§ 128, 161 HGB; zur persönlichen Haftung der Gesellschafter für Gesellschaftsverbindlichkeiten bei der BGB-Gesellschaft BGH NJW 1999, 3483; HKHGB/*Stuhlfelner* § 114 Rn. 13.

41 BGH NJW 1980, 339; *K. Schmidt,* Gesellschaftsrecht, § 49 V 2; Heymann/*Emmerich* HGB § 110 Rn. 15; *Baumbach/Hopt* HGB § 128 Rn. 27; Schlegelberger/*Martens* HGB § 110 Rn. 9; Jaeger/*Jacoby* § 118 Rn. 17.

42 Heymann/*Emmerich* HGB § 110 Rn. 15; Staub/*Ulmer* HGB § 110 Rn. 31; HambKommInsO/*Ahrendt* § 118 Rn. 4; KPB/*Tintelnot* § 118 Rn. 13; Jaeger/*Jacoby* § 118 Rn. 17; K. Schmidt/*Ringstmeier* § 118 Rn. 12; aA Andres/Leithaus/*Andres* § 118 Rn. 5 (Anspruch in der gesamten Höhe gegen die Masse).

43 FKInsO/*B. Wegener* § 118 Rn. 6.

44 Uhlenbruck/*Hirte* § 118 Rn. 9; FKInsO/*B. Wegener* § 118 Rn. 6.

45 So aber *Hess*[2] § 118 Rn. 11; *Kilger/K. Schmidt* KO § 28 Anm. 1; LSZ/*Zeuner* § 118 Rn. 4.

46 FKInsO/*B. Wegener* § 118 Rn. 5.

47 HKInsO/*Marotzke* § 118 Rn. 7; Uhlenbruck/*Hirte* § 118 Rn. 8; K. Schmidt/*Ringstmeier* § 118 Rn. 1; HambKommInsO/*Ahrendt* § 118 Rn. 5; krit. Jaeger/*Jacoby* § 118 Rn. 3.

48 Nerlich/Römermann/*Kießner* § 118 Rn. 14; *Hess*[2] § 118 Rn. 11; Jaeger/*Jacoby* § 118 Rn. 19.

49 HKInsO/*Marotzke* § 118 Rn. 9.

aus dem **Gesellschafts- bzw. Gemeinschaftsverhältnis** stammen; dazu gehören der Anspruch auf das Auseinandersetzungsguthaben, Ausgleichs- und Aufwendungsersatzansprüche sowie im Falle des Geschäftsführers der Anspruch auf die vereinbarte oder eine angemessene Vergütung sowie auf Erstattung von Aufwendungen.[50] Ein Absonderungsrecht des Geschäftsführers wird jedoch nur relevant, soweit der in die Insolvenz geratene Gesellschafter für derartige Ansprüche persönlich haftet, was aber nur in engen Grenzen in Betracht kommt (→ dazu Rn. 14). Im Übrigen hängt der Umfang des Absonderungsrechts davon ab, inwieweit der Geschäftsführer hinsichtlich seiner Forderungen Massegläubiger oder Insolvenzgläubiger ist.

§ 119 Unwirksamkeit abweichender Vereinbarungen

Vereinbarungen, durch die im voraus die Anwendung der §§ 103 bis 118 ausgeschlossen oder beschränkt wird, sind unwirksam.

Schrifttum (vgl. im Übrigen die Literaturhinweise bei § 103): *Adam,* § 119 InsO und die Lösungsklauseln für den Fall der Insolvenz, DZWiR 2005, 1; *Baldringer,* Vertragliche Lösungsklauseln im Spannungsfeld zwischen Insolvenz- und Baurecht, NZBau 2005, 183; *Baldringer,* Sonderkündigungsrechte auf den Insolvenzfall in der Warenkreditversicherung, ZInsO 2004, 1117; *Becker,* Insolvenzabhängige Vertragsbeendigungsklauseln in der neueren Rechtsprechung des BGH, ZInsO 2018, 1881, *Berger,* Insolvenzbedingte Lösungsklauseln: Welcher Gestaltungsspielraum verbleibt nach BGHZ 195, 348?, ZInsO 2011, 2111; *Blank/Möller,* Das Wahlrecht des Insolvenzverwalters in der Warenkreditversicherung: § 103 InsO im Spannungsfeld zwischen vertraglicher und „gesetzlicher" Lösungsklausel, ZInsO 2003, 437; *Bopp,* Der Bauvertrag in der Insolvenz, (Diss. Marburg), 2009; *Bosch,* Differenz- und Finanztermingeschäfte nach der Insolvenzordnung, Kölner Schrift, 2. Aufl. (2000), S. 1009, 1030 ff. (nicht mehr in 3. Aufl.); *Bruns,* Das Wahlrecht des Insolvenzverwalters und vertragliche Lösungsrechte, ZZP 110 (1997), 305; *Foerste,* Lösungsklauseln bei Insolvenz im Lichte der BGH-Entscheidung v. 15.11.2012, ZInsO 2015, 691; *Fritsche,* Die insolvenzbedingte Kündigung durch den Auftraggeber nach § 8 Nr. 2 VOB/B, DZWiR 2007, 466; *Fritsche/Kilian,* Die Kontrolle der insolvenzbedingten Kündigung nach § 8 Nr. 2 VOB/B am Maßstab des allgemeinen Zivil- und des Insolvenzanfechtungsrechts, DZWiR2008, 45; *Gerhard,* Insolvenzrecht und Bürgerliches Gesetzbuch, AcP 200 (2000), 426, 437 ff.; *Huber,* Das Grundsatzurteil des Baurechtssenats des BGH zur Wirksamkeit des Kündigungsrechts nach § 8 II Nr. 1 Fall 2 iVm § 8 II Nr. 2 VOB/B, NZI 2016, 525; *Huber,* Divergenzen zwischen dem IX. und dem VII. Zivilsenat des Bundesgerichtshofs zur Lösungsklausel, ZInsO 2016, 2130; *Hoffmann,* Vertragsbindung kraft Insolvenz?, KTS 2018, 343; *Huber,* Unwirksamkeit insolvenzbedingter Lösungsklauseln – Vertragspraxis, was nun? ZIP 2013, 493; *Huber,* Die Abwicklung gegenseitiger Verträge nach der Insolvenzordnung, NZI 1998, 97, 99; *Huber,* Grundstrukturen der Abwicklung eines Bauvertrags in der Insolvenz, NZBau 2005, 177, 181 ff.; *Huber/Riewe,* Erwerb eines Nutzungsrechts durch Kündigung in der Insolvenz des Lizenzgebers – oder: Ein Fall zum Anfang vom Ende des Wahlrechts samt Diskussion um die insolvenzrechtliche Wirksamkeit einer Lösungsklausel?, ZInsO 2006, 290; *Koenen,* Die Kündigung wegen und in der Insolvenz – § 8 Abs. 2 VOB/B ist unwirksam, BauR 2011, 352; *Jacoby,* Lösungsklauseln in der Insolvenz, ZIP 2014, 649; *Lenger/Schmitz,* Insolvenzrechtliche Lösungsklauseln in AGB- quo vadis?, NZI 2015, 396; *Mossler,* Rücktrittsrecht vor Fälligkeit bei insolvenzbedingten Zweifeln an der Leistungsfähigkeit des Schuldners (§ 323 Abs. 4 BGB), ZIP 2002, 1831; *Nunner-Krautgasser,* Das neue österreichische Insolvenzverfahren nach dem Insolvenzrechtsänderungsgesetz 2010 – ein Überblick, ZInsO 1011, 117; *Nunner-Krautgasser/Pateter,* Die Neuregelungen über Verträge im österreichischen Insolvenzrecht, ZInsO 2011, 2068; *Obermüller,* Kündigungsmöglichkeiten und -schranken bei notleidenden Unternehmenskrediten im Bankgeschäft, ZInsO 2018, 1769; *Obermüller,*Lösungsklauseln im Bankgeschäft, ZInsO 2013, 476; *Obermüller,* Insolvenzrechtliche Aspekte von Kreditderivaten, in: Gedächtnisschrift für Bosch, 2006, S. 157, 165; *Pape,* Ablehnung und Erfüllung schwebender Rechtsgeschäfte durch den Insolvenzverwalter, Kölner Schrift, 2. Aufl. (2000), S. 531, 569 ff. (nicht mehr in 3. Aufl.); *Paulus,* Verbindungslinien zwischen Insolvenzrecht und Privatautonomie in: Festschrift für Uhlenbruck, 2000, S. 33, 44 ff.; *Piepenbrock,* Insolvenzbedingte Lösungsklauseln aus deutscher und internationaler Sicht, ZIP 2018, 1; *Prütting,* Vertragsbeendigung durch Insolvenz, Festschrift für Gerhardt, 2004, S. 759 ff.; *Reul,* Lösungsklauseln in notariellen Übergabeverträgen, DNotZ 2007, 649; *Reul,* Erneut: Insolvenzbedingte Lösungsklauseln auf dem Prüfstand, DNotZ 2008, 824; *Reul/Heckscheu/Wienberg,* Insolvenzrecht in der Gestaltungspraxis, 2. Aufl. 2018; *Scheef/Uyani-Wietz,* Zur Zulässigkeit insolvenzabhängiger Lösungsklauseln im Bauvertragsrecht, ZIP 2016, 250; *Schwörer,* Lösungsklauseln für den Insolvenzfall, 2000; *Tintelnot,* Vereinbarungen für den Konkursausfall, 1991; *Tintelnot,* Die gegenseitigen Verträge im neuen Insolvenzverfahren, ZIP 1995, 616, 622 f.; *Treffer,* Insolvenzbedingte Lösungsklauseln – Zulässigkeit nach § 119 InsO, MDR 2000, 1178; *Wagner,* Insolvenzbedingte Lösungsklauseln: Ausübungskontrolle statt Invalidierung! in: Festschrift für Prütting, 2018, S. 804; *Walker,* Zur Zulässigkeit von Insolvenzklauseln in den Satzungen der Sportverbände, KTS 2003, 169; *v. Wilmowsky,* Lösungsklauseln für den Insolvenzfall-Wirksamkeit, Anfechtbarkeit, Reform, ZIP 2007, 553; *Wöllner,* Die Wirksamkeit vertraglicher Lösungsklauseln in der Insolvenz (Diss. Freiburg), 2009; *Wortberg,* Lösungsklauseln und Insolvenz, 2003; *Wortberg.,* Lösungsklauseln und Insolvenz, ZInsO 2003, 1032.

---

50 *Hess*[2] § 84 Rn. 26; Graf-Schlicker/*Pöhlmann* § 118 Rn. 10; Nerlich/Römermann/*Kießner* § 118 Rn. 14.

Übersicht

A. Normzweck

I. Ausgangspunkt

1 Um die Bedeutung der Vorschrift zu erfassen, muss man zunächst den Regelungszusammenhang der vorangegangenen Bestimmungen betrachten, deren Ausschluss oder Beschränkung im Voraus den Vertragsparteien verboten wird. Nach der Grund- und Auffangnorm des § 103 kann der Insolvenzverwalter „wählen" (→ § 103 Rn. 148), ob er einen bei Insolvenzeröffnung von noch keiner Seite vollständig erfüllten gegenseitigen Vertrag anstelle des Schuldners erfüllt und Erfüllung vom anderen Teil verlangt, oder, ob es bei dem durch die Insolvenzeröffnung eingetretenen Zustand der Nichterfüllung mit seinen Folgen verbleiben soll; ergänzt wird die Vorschrift durch § 105 bei Verträgen über teilbare Leistungen. Sonderbestimmungen enthalten §§ 104 ff., die selbst den Anwendungsbereich des § 103 beschränken oder ausschließen (→ § 103 Rn. 97 ff.). So belässt es § 104 für bestimmte Fix- und Finanztermingeschäfte endgültig beim Zustand der Nichterfüllung und schließen § 106 für durch Vormerkung gesicherte Ansprüche sowie § 107 Abs. 1 in der Insolvenz des Vorbehaltsverkäufers eine Erfüllungsablehnung durch den Insolvenzverwalter aus; demgegenüber ordnet § 108 den Fortbestand von Dienstverhältnissen und bestimmten Miet-, Pacht- sowie ähnlichen Schuldverhältnissen mit Wirkung für und gegen die Masse an, während umgekehrt nach §§ 115 bis 117 Aufträge, Geschäftsbesorgungsverträge und Vollmachten des Schuldners mit Insolvenzeröffnung erlöschen.

II. Sinn und Zweck der Norm

2 Es ist Sinn und Zweck des § 119, die Abwicklung gegenseitiger Verträge nach Eröffnung des Insolvenzverfahrens über das Vermögen einer Partei nach dieser Gesetzessystematik sicherzustellen. Die Vorschrift ordnet deshalb die Unwirksamkeit abweichender Vereinbarungen der Vertragspartner an, durch die im Voraus die Anwendung der §§ 103 bis 118 ausgeschlossen oder beschränkt wird. Sie will so verhindern, dass ein von §§ 103 ff. erfasster Vertrag im Insolvenzverfahren auf andere als die gesetzlich geregelte Weise abzuwickeln ist. Ob § 119 Vereinbarungen der Parteien zur Auflösung des Vertrages für den Insolvenzfall einer Partei (sog. **Lösungsklausel;** → Rn. 18) verbietet, ist seit jeher streitig und auch derzeit nach der hier vertretenen Auffassung nicht endgültig geklärt – mit Ausnahme der vom IX. und VII. Zivilsenat des BGH behandelten Vertragstypen. Denn der IX. Zivilsenat hat inzwischen für einen Vertrag über die fortlaufende Lieferung von Waren oder Energie entschieden, dass dort eine insolvenzbedingte (vertragliche) Lösungsklausel unwirksam ist (→ Rn. 28 ff.), während der VII Zivilsenat für Bauverträge den gegenteiligen Standpunkt eingenommen hat (→ Rn. 39 ff.). In welchem Umfang das auch für andere gegenseitigen Verträge gilt, erscheint aber offen (→ Rn. 44), sofern nicht gerade Sondervorschriften ohnehin etwas anderes anordnen (Einzelheiten → Rn. 57 ff., insbesondere 61, 67, 69, 70 ff.).

B. Entstehungsgeschichte

I. Frühere Regelungen

3 **1. Konkurs- und Gesamtvollstreckungsverfahren.** Eine dem § 119 entsprechende Vorschrift gab es in KO und GesO nicht. Ihr entsprach aber die hM zum Konkursrecht, woran der

Gesetzgeber der InsO angeknüpft hat.[1] Danach waren solche Vereinbarungen zwischen den Vertragspartnern mit § 17 KO unvereinbar und daher unwirksam, durch die im Konkursverfahren das Wahlrecht des Verwalters eingeschränkt oder ausgeschlossen, diesem insbesondere eine Erfüllung aufgenötigt oder ein Verlangen danach abgeschnitten wurde;[2] ob auch Abreden zur Auflösung des Vertrages infolge der Eröffnung des Konkursverfahrens über das Vermögen einer Partei unwirksam waren, wurde im Schrifttum zunehmend streitig diskutiert, in der höchstrichterlichen Rechtsprechung aber verneint oder wegen deren Anfechtbarkeit offen gelassen (→ Rn. 23 ff.). Sondervorschriften gegenüber § 17 KO enthielten die §§ 18 bis 26 KO; soweit Letztere als zwingend angesehen wurden, deckte sich das im Wesentlichen mit der bisherigen Rechtslage nach InsO.[3]

2. Vergleichsverfahren. Im Vergleichsverfahren zur Abwendung des Konkurses (§ 1 VerglO) fanden sich einzelne Regelungen zur Abwicklung gegenseitiger Verträge in §§ 50 bis 53 VerglO. Gemäß § 50 VerglO konnte der Schuldner – nach vorgängiger Ermächtigung des Vergleichsgerichtes – die Erfüllung oder die Weitererfüllung eines gegenseitigen Vertrages ablehnen, wenn zur Zeit der Eröffnung des Vergleichsverfahrens noch keine Vertragspartei den Vertrag vollständig erfüllt hatte; § 51 VerglO enthielt eine Sonderbestimmung für Miet-, Pacht- und Dienstverträge, während § 52 VerglO den Schadensersatzanspruch des Vertragspartners wegen Nichterfüllung regelte. Zu diesen Vorschriften bestimmte § 53 VerglO, dass sich die Vertragsteile auf eine Abrede, durch die im Voraus die Anwendung der §§ 50 bis 52 ausgeschlossen oder beschränkt wurde, nicht berufen konnten. Darunter fiel nach hM[4] aber weder eine Vereinbarung der Vertragspartner, wonach das Gegenseitigkeitsschuldverhältnis mit Eröffnung des Vergleichsverfahrens sein Ende fand, noch eine vertragliche Abrede, die dem Gläubiger für den Fall der Eröffnung eine Lösungsmöglichkeit einräumte. 4

II. Gesetzgebungsverfahren zur InsO

1. Kommission für Insolvenzrecht. Nach deren Vorschlägen sollte das Gericht im eröffneten Insolvenzverfahren erst nach einer Prüfungsphase (Vorverfahren) entscheiden, ob dieses als Reorganisationsverfahren mit dem Ziel der Erhaltung des Unternehmens oder als Liquidationsverfahren mit dem Ziel alsbaldiger Verwertung fortzusetzen sei.[5] Im Reorganisationsverfahren sah LS 2.4.1.1 die Fortgeltung beiderseits nicht vollständig erfüllter Verträge und das Recht des Insolvenzverwalters zur Erfüllungsablehnung vor; für die Dauerschuldverhältnisse sprach LS 2.4.1.4 zusätzlich aus, dass diese durch die Einleitung des Reorganisationsverfahrens nicht aufgelöst, jedoch vom Insolvenzverwalter gekündigt werden können. 5

Für vereinbarte Vertragskündigung oder -auflösung bestimmte LS 2.4.1.11 sodann: 6
Vereinbarungen, die ein außerordentliches Kündigungsrecht wegen des Insolvenzfalls einräumen, oder Vereinbarungen, die wegen des Insolvenzfalls die Auflösung des Vertrages bewirken, sind unwirksam.

In der Begründung[6] wurde hierzu ausgeführt: 7
Vereinbarungen über die Kündigung oder Auflösung eines Vertrags für den Insolvenzfall widersprechen dem in den Leitsätzen 2.4.1.1 und 2.4.1.4 enthaltenen Grundsatz, daß im Reorganisationsverfahren die bestehenden Verträge aufrechtzuerhalten sind. Falls jene Vereinbarungen wirksam wären, könnte eine Reorganisation allein daran scheitern, dass dem Unternehmen vertraglich gesicherte Positionen entzogen werden, die zu seiner Fortführung erforderlich sind. Deshalb sollen Abreden, die für den Insolvenzfall eine Beendigung des Vertragsverhältnisses ermöglichen, nicht wirksam sein. Damit wird auch das Kündigungsrecht ausgeschlossen, daß § 8 Nr. 2 Teil B VOB dem Auftraggeber (Bauherrn) für den Fall einer Insolvenz des Auftragnehmers einräumt.
Dem Vertragspartner des Schuldners kann ein Festhalten am Vertrag dann zugemutet werden, wenn der Insolvenzverwalter bereit und in der Lage ist, den Vertrag ordnungsgemäß innerhalb der vertraglich vereinbarten Fristen zu erfüllen. Soweit dies nicht der Fall ist, bietet das allgemeine Vertragsrecht dem Auftraggeber ausreichende Möglichkeiten, gemäß § 326 BGB oder wegen positiver Forderungsverletzung alsbald vom Vertrag zurückzutreten. Solche nach allgemeinem Vertragsrecht gewährleistete Rücktrittsrechte sollen nicht ausgeschlossen werden.
Bei einem Gesetzentwurf wird für das Liquidationsverfahren eine entsprechende Regelung vorzusehen sein.
Eine Minderheit ist der Ansicht, daß vor allem im Bau- und Anlagengeschäft ein unabweisbares Bedürfnis bestünde, an dem Kündigungsrecht festzuhalten, daß § 8 Nr. 2 Teil B VOB dem Bauherrn für den Fall einer Insolvenz des Auftragnehmers einräume. Möglich bleiben müssten vor Eröffnung des Insolvenzverfahrens getrof-

---

1 Begründung RegE in § 137 (jetzt: § 119), Abdruck → Rn. 10 (Abs. 1).
2 *Jaeger/Henckel* KO § 17 Rn. 213.
3 Einzelheiten *Jaeger/Henckel* KO § 18 Rn. 27; § 20 Rn. 9; § 21 Rn. 44, § 22 Rn. 21; § 23 Rn. 3; § 26 Rn. 3.
4 *Bley/Mohrbutter* § 53 VerglO Anm. 4a; *Kilger/K. Schmidt* § 53 VerglO Anm. 2.
5 Erster Bericht (1985), Einleitung S. 15.
6 Erster Bericht S. 226, 227.

fene Absprachen, die dem Vertragspartner des Schuldners ein Rücktrittsrecht gäben, wenn über das Vermögen des Schuldners ein Insolvenzverfahren eröffnet werde.

8 **2. Diskussionsentwurf des Bundesministeriums der Justiz (DE).** Für abweichende Vereinbarungen zu den Vorschriften über die Erfüllung der Rechtsgeschäfte (§§ 111 ff. DE; jetzt §§ 103 ff.) bestimmte § 127 DE:

Vereinbarungen, durch die im Voraus die Anwendung der §§ 111 bis 126 ausgeschlossen oder beschränkt wird, sind unwirksam.

Vereinbarungen, die für den Fall des Eintritts einer Insolvenz die Auflösung eines Vertrages vorsehen oder dem anderen Teil das Recht geben, sich einseitig vom Vertrag zu lösen, sind unwirksam.

Da sich die Begründung hierfür im Wesentlichen mit der zu § 137 RegE deckt, wird von einer Wiedergabe abgesehen.[7]

9 **3. Regierungsentwurf (RegE).** Für abweichende Vereinbarungen zu den Vorschriften über die Erfüllung der Rechtsgeschäfte (§§ 117 ff. RegE; jetzt §§ 103 ff.) bestimmte § 137 RegE:

Vereinbarungen, durch die im Voraus die Anwendung der §§ 117 bis 136 ausgeschlossen oder beschränkt wird, sind unwirksam.

Vereinbarungen, die für den Fall der Eröffnung des Insolvenzverfahrens die Auflösung eines gegenseitigen Vertrages vorsehen oder der anderen Partei das Recht geben, sich einseitig vom Vertrag zu lösen, sind unwirksam.

Ist in einem gegenseitigen Vertrag vereinbart, dass bei einer Verschlechterung der Vermögensverhältnisse einer Vertragspartei die andere das Recht hat, sich einseitig vom Vertrag zu lösen, so kann dieses Recht nach der Eröffnung des Insolvenzverfahrens nicht mehr ausgeübt werden.

Die Wirksamkeit von Vereinbarungen, die an den Verzog oder an andere Vertragsverletzungen anknüpfen, wird durch die Absätze 1 und 2 nicht berührt.

10 In der Begründung[8] wurde dazu ausgeführt:

Die Vorschriften über das Wahlrecht des Insolvenzverwalters bei gegenseitigen Verträgen, über die Kündigungsrechte bei Dauerschuldverhältnissen und über das Schicksal von Aufträgen und ähnlichen Rechtsverhältnissen im Insolvenzverfahren sind zwingendes Recht. Absatz 1 stellt klar, daß sie nicht durch eine abweichende Vereinbarung außer Kraft gesetzt werden können. Dies ist auch für die Konkursordnung – ohne gesetzliche Regelung – anerkannt und für die entsprechenden Vorschriften der Vergleichsordnung ausdrücklich in § 53 niedergelegt.

Durch Absatz 2 wird der Gefahr vorgebeugt, dass die genannten Regelungen mittelbar außer Kraft gesetzt werden: Wenn wirksam vereinbart werden könnte, dass ein gegenseitiger Vertrag im Falle der Eröffnung des Insolvenzverfahrens kraft Gesetzes aufgelöst wird oder von einer Partei durch einseitige Erklärung aufgelöst werden kann, wäre dem Wahlrecht des Verwalters die Grundlage entzogen (Satz 1). Aus dem gleichen Grunde darf es nicht zulässig sein, ein vertragliches Rücktritts- oder Kündigungsrecht, das an eine Verschlechterung der Vermögensverhältnisse des Schuldners anknüpft, noch nach der Eröffnung des Insolvenzverfahrens auszuüben (Satz 2). Der Begriff der „Verschlechterung der Vermögensverhältnisse" ist dabei weit auszulegen; Satz 2 soll beispielsweise auch Vereinbarungen erfassen, die ein Vertragsaufhebungsrecht bei Eintritt der Zahlungsunfähigkeit oder der Überschuldung oder im Falle eines Antrags auf Eröffnung eines Insolvenzverfahrens vorsehen.

Gesellschaftsverträge sind keine „gegenseitigen Verträge" im Sinne der Vorschrift. Wenn für eine Gesellschaft des bürgerlichen Rechts oder für eine offene Handelsgesellschaft vereinbart wird, daß sie durch die Eröffnung des Insolvenzverfahrens über das Vermögen eines Gesellschafters aufgelöst werden soll, so wird lediglich die gesetzliche Regelung wiedergegeben (vgl. § 728 Satz 1 BGB und § 131 Nr. 5 HGB, die im Rahmen des Einführungsgesetzes zur Insolvenzordnung redaktionell an die Ersetzung des Konkursverfahrens durch das Insolvenzverfahren angepasst werden sollen). Aber auch Bestimmungen in Gesellschaftsverträgen über das Ausscheiden von Gesellschaftern im Insolvenzfall bleiben unberührt.

Die andere Vertragspartei wird durch die Regelung des Absatzes 2 keinem unzumutbaren Risiko ausgesetzt. Solange das Insolvenzverfahren noch nicht eröffnet ist, kann sie von einer entsprechenden Vertragsaufhebungsklausel Gebrauch machen. Nach der Eröffnung kann sie den Insolvenzverwalter durch einfache Aufforderung dazu zwingen, unverzüglich sein Wahlrecht nach § 117 des Entwurfs auszuüben. Wenn der Verwalter die Erfüllung wählt, hat er im Rahmen des § 72 des Entwurfs persönlich dafür einzustehen, dass der Vertrag aus der Insolvenzmasse voll erfüllt wird.

Darüber hinaus ist zu berücksichtigen, daß die Vereinbarung einer Vertragsauflösung oder eines Vertragsaufhebungsrechts für den Fall des Verzugs oder einer anderen Vertragsverletzung des Schuldners von der neuen Vorschrift nicht berührt wird. Dies wird durch Absatz 3 hervorgehoben. Ein vertragliches Rücktrittsrecht oder Kündigungsrecht, das den Verzug des Schuldners zur Voraussetzung hat, kann also auch nach der Eröffnung

---

7 Vgl. dazu Diskussionsentwurf Bundesministerium der Justiz, Gesetz zur Reform des Insolvenzrechts, 1988, Teil B 101 ff.

8 BT-Drs. 12/2443, S. 152 f.

des Insolvenzverfahrens ausgeübt werden, wenn seine Voraussetzungen gegeben sind. Insoweit enthält nur § 126 des Entwurfs für Miet- und Pachtverhältnisse eine Einschränkung.
Die neue Vorschrift berührt auch nicht die Wirksamkeit der Bestimmung des § 8 Nr. 2 der Verdingungsordnung für Bauleistungen, Teil B, die in der Fassung von 1979 folgenden Wortlaut hat:
„(1) Der Auftraggeber kann den Vertrag kündigen, wenn der Auftragnehmer seine Zahlungen einstellt, das Vergleichsverfahren beantragt oder in Konkurs gerät.
(2) Die ausgeführten Leistungen sind nach § 6 Nr. 5 abzurechnen. Der Auftraggeber kann Schadenersatz wegen Nichterfüllung des Restes verlangen."
Wie der Bundesgerichtshof klargestellt hat (BGHZ 96, 34 zur insoweit gleichlautenden Fassung von 1973), liegt die Bedeutung dieser Bestimmung nicht in der Festlegung eines Kündigungsrechts des Auftraggebers für den Insolvenzfall; denn schon nach § 649 BGB kann der Besteller den Werkvertrag jederzeit kündigen. § 8 Nr. 2 VOB/B hat vielmehr den Zweck, die Rechtsfolgen einer Kündigung des Auftraggebers im Insolvenzfall abweichend von der Gesetzeslage zu regeln, insbesondere dem Auftraggeber in diesem Fall einen Anspruch auf Schadensersatz wegen Nichterfüllung einzuräumen. Die Frage, ob diese Regelung der Rechtsfolgen einer Kündigung wirksam ist, wird durch die neue Vorschrift der Insolvenzordnung nicht entschieden; die Beantwortung dieser Frage kann weiter der Rechtsprechung überlassen bleiben.
Entsprechendes gilt für § 9 Nr. 1 der Verdingungsordnung für Leistungen, Teil B, soweit diese bei Werkverträgen zugrunde gelegt wird.

4. Beschlussempfehlung und Bericht des Rechtsausschusses. Der Rechtausschuss des Bundestages hat Absatz 2 und Absatz 3 des § 137 RegE aus folgenden Gründen gestrichen:[9] 11
Absatz 2 des Regierungsentwurfs ist vom Ausschuss gestrichen worden. Die dort erfassten vertraglichen Vereinbarungen über die Auflösung eines gegenseitigen Vertrages im Falle der Eröffnung eines Insolvenzverfahrens oder der Verschlechterung der Vermögensverhältnisse einer Vertragspartei sollen durch die Insolvenzordnung nicht in ihrer Wirksamkeit eingeschränkt werden. Daß derartige Vereinbarungen mittelbar das Wahlrecht des Insolvenzverwalters einschränken, ist kein ausreichender Grund für einen schwerwiegenden Eingriff in die Vertragsfreiheit. Die Änderung wird dem in der Anhörung des Rechtsauschusses am 28. April 1993 nachdrücklich vertretenen Anliegen der Wirtschaftsverbände gerecht, die auf die sanierungsfeindliche Wirkung der Vorschrift des Regierungsentwurfs hingewiesen haben: Die Unwirksamkeit von Auflösungsklauseln für den Fall der Insolvenz erhöht die Insolvenzgefahr für Unternehmen, die in der kritischen Phase Sanierungsversuche unternehmen; denn potentielle Vertragspartner werden das Risiko der Bindung an den Vertragspartner im Falle der drohenden Insolvenz nicht eingehen. Auch im internationalen Geschäftsverkehr wird Wert darauf gelegt, daß bei Insolvenz des Vertragspartners die Vertragsauflösung möglich bleibt.
Mit der Streichung des Absatzes 2 wird auch Absatz 3 entbehrlich. Die Wirksamkeit von Vereinbarungen, die an den Verzug oder an andere Vertragsverletzungen anknüpfen, ergibt sich auch ohne eine ausdrückliche Regelung.

5. Beschluss des Bundestages. Der Bundestag hat die Vorschrift sodann in der vom Rechtsausschuss vorgeschlagenen Fassung beschlossen. Nur Absatz 1 des § 137 RegE wurde folglich Gesetz; ihm entspricht inhaltlich § 119. Die streitige Frage, welche Schlussfolgerungen daraus zu ziehen sind, hat der IX. Zivilsenat des BGH inzwischen – ob überzeugend, sei dahingestellt – beantwortet (→ Rn. 44). 12

C. Einzelerläuterungen

I. Grundsätze

1. Vereinbarungen im Voraus. Da § 119 von „im Voraus" getroffenen Vereinbarungen spricht, werden nur Vereinbarungen zwischen den Vertragspartnern vor Eröffnung des Insolvenzverfahrens über das Vermögen einer Partei erfasst. **Nicht** unter die Vorschrift fällt deshalb eine Vereinbarung zwischen dem solventen Vertragspartner und dem Insolvenzverwalter im Insolvenzverfahren über das Vermögen der anderen Vertragspartei;[10] entsprechendes gilt für Abreden zwischen zwei Insolvenzverwaltern in der Insolvenz beider Vertragspartner (→ § 103 Rn. 210). Wegen der damit verbundenen Abweichung von der gesetzlich vorgegebenen Abwicklung wird einer solchen Rechtshandlung in aller Regel besondere Bedeutung im Sinn des § 160 Abs. 1 zukommen, also die Zustimmung des Gläubigerausschusses (bzw. der Gläubigerversammlung, § 160 Abs. 1 Satz 2) erforderlich sein; auch wenn diese nicht Wirksamkeitsvoraussetzung ist, sollte sie der Insolvenzverwalter im Hinblick auf seine Haftung nach § 60 stets einholen. 13

9 BT-Drs. 12/7302, S. 170.
10 HKInsO/*Marotzke* § 103 Rn. 172; → § 119 Rn. 1.

14 Der **Begriff der Vereinbarung** ist weit auszulegen, wie aus dem Wortlaut des § 119 folgt, der schon jede Beschränkung der §§ 103 bis 118 erfasst. Als Grundsatz gilt mithin: Die Rechte des Insolvenzverwalters nach §§ 103 bis 118 können zu seinem Nachteil und damit zum Nachteil der Masse weder gänzlich ausgeschlossen noch eingeschränkt werden; Zweck ist es, die Abwicklung der von diesen Vorschriften erfassten Rechtsgeschäfte nach der Gesetzessystematik sicherzustellen (→ Rn. 1, 2). Verboten ist folglich schon jede Beschränkung, welche die Rechtsausübung durch den Insolvenzverwalter an andere – insbesondere zusätzliche – Voraussetzungen knüpft oder andere Rechtsfolgen eintreten lässt, als in §§ 103 bis 118 bestimmt. Wegen der Einzelheiten wird auf die folgenden Erörterungen zu Lösungsklauseln (→ Rn. 18 ff.) und sonstige von den einzelnen Bestimmungen der §§ 103 ff. abweichende Vereinbarungen (→ Rn. 59 ff.) verwiesen.

15 **2. Rechtsfolge.** Nach § 119 sind Vereinbarungen, durch die im Voraus die Anwendungen der §§ 103 bis 118 ausgeschlossen oder beschränkt wird, „unwirksam". Es handelt sich um eine absolute Unwirksamkeit, die im Prozess für und gegen die Masse wegen Ansprüche aus der Abwicklung der von den genannten Bestimmungen erfassten Rechtsgeschäfte von Amts wegen zu berücksichtigen ist. Nach der neuen Rechtsprechung des BGH gilt das auch für eine insolvenzbedingte Lösungsklausel jedenfalls bei einem Vertrag über die fortlaufende Lieferung von Waren oder Energie (→ Rn. 28 ff.).

16 **3. Unabdingbarkeit des § 119.** Wie aus dem Normzweck der Vorschrift (→ Rn. 1, 2) folgt, hat § 119 selbst zwingenden Charakter; er kann folglich durch Vereinbarungen zwischen den Vertragspartnern weder ganz noch zum Teil abbedungen werden[11] (→ Rn. 77).

17 **4. Unanwendbarkeit auf Gesellschaftsverträge.** Nach hM fallen Gesellschaftsverträge über Personengesellschaften nicht unter § 103 (→ § 103 Rn. 114); auch der Gesetzgeber ist davon ausgegangen, dass es sich bei ihnen nicht um gegenseitige Verträge im Sinne dieser Vorschrift handelt (→ Rn. 10 – Abs. 3). Die Bestimmungen des bürgerlichen Rechts über die Auflösung von Gesellschaften bei Eröffnung des Insolvenzverfahrens über deren Vermögen oder das Ausscheiden von Gesellschaftern im Insolvenzfall (→ § 103 Rn. 115 ff.) bleiben mithin unberührt; die im Folgenden zu erörternde Problematik von Lösungsklauseln stellt sich insoweit also nicht (zu einer eng an die gesetzliche Regelung angelehnte Auflösungsklausel bei einem Bau-ARGE-Vertrag → Rn. 26). Jedoch erfasst § 119 die in § 118 getroffene Regelung zur Qualität der Ansprüche des geschäftsführenden Gesellschafters bestimmter Gesellschaften (→ Rn. 75).

II. Ausgangspunkte zur Lösungsklausel[12]

18 **1. Begriff und Zweck einer Lösungsklausel.** Unter einer Lösungsklausel versteht man **begrifflich** eine Vereinbarung der Vertragspartner zur Auflösung des Vertrages, wobei in aller Regel ein einseitiges Gestaltungsrecht, nämlich ein Kündigungs- oder Rücktrittsrecht, eingeräumt oder – seltener – schon das Rechtsgeschäft selbst auflösend bedingt (§ 158 Abs. 2 BGB) abgeschlossen wird; auf die konkrete rechtstechnische Ausgestaltung kommt es letztlich aber nicht an. Bei der Beurteilung einer Lösungsklausel sind drei Problemstellungen auseinander zu halten, nämlich

- die materiell-rechtliche (AGB-rechtliche) Wirksamkeit (→ Rn. 46 ff.),
- die an § 119 zu messende – im Folgenden zu erörternde – insolvenzrechtliche Wirksamkeit und
- die Frage der Anfechtbarkeit nach §§ 129 ff. (→ Rn. 53 ff.).

Wichtig für die Beurteilung der insolvenzrechtlichen Wirksamkeit nach § 119 ist der **Anknüpfungszeitpunkt.** Insoweit muss man unterscheiden zwischen **insolvenzunabhängigen** Lösungsklauseln für den Fall des Verzuges/sonstiger Vertragsverletzungen oder der Vermögensverschlechterung (→ Rn. 19 ff.) und **insolvenzabhängigen** (insolvenzbedingten) Lösungsklauseln für den Fall, der Zahlungseinstellung, des Insolvenzantrages (→ Rn. 22) oder der Insolvenzeröffnung (Rn. 23 ff.); oft wird in entsprechenden individualvertraglichen oder durch AGB begründeten Vereinbarungen auch an mehrere Ereignisse alternativ angeknüpft (→ Rn. 20, 23, 25). **Nicht** hierher gehören die Vorschriften des bürgerlichen Rechts über die Auflösung von Gesellschaften oder das Ausscheiden von Gesellschaftern im Insolvenzfall (→ Rn. 17) und sonstige gesetzliche Lösungsrechte (Beispiele Rn. 19 aE), weil es insoweit an einer Vereinbarung fehlt; Entsprechendes gilt für vertragliche, aber an gesetzliche „eng angelehnte" Lösungsrechte (→ Rn. 38).

Zweck einer Lösungsklausel ist es, die im Insolvenzfall zwangsläufig eintretende Ungewissheit über den Bestand eines vom Schuldner und vom anderen Teil nicht oder nicht vollständig

[11] Ebenso Uhlenbruck/*Sinz* § 119 Rn. 1.

[12] Vgl. dazu neuerdings die ausführliche Untersuchung zur Vertragsbindung kraft Insolvenz, nämlich zur Frage, wie mit der Bindungswirkung des Vertragspartners bei Lösungsklauseln umzugehen ist, die sich ausdrücklich (auch) auf die Insolvenz des Schuldners beziehen, von *Hoffmann* KTS 2018, 343, 356 ff.

erfüllten gegenseitigen Vertrages von vorneherein auszuschließen. Denn ab Stellung eines Insolvenzantrags gegen den Vertragspartner ist ungewiss, ob das Insolvenzverfahren überhaupt eröffnet und ob dann der Insolvenzverwalter die Erfüllung des Vertrages verlangen oder es bei der mit Verfahrenseröffnung eingetretenen Nichtdurchsetzbarkeit der wechselseitigen Erfüllungsansprüche belassen wird (→ § 103 Rn. 148); etwas anderes gilt nur, wenn eine Sondervorschrift das Schicksal des Rechtsgeschäfts anderweit regelt (→ § 103 Rn. 98 ff.). Hinzu kommt, dass einerseits selbst einem starken vorläufigen Verwalter kein Wahlrecht zusteht (→ § 103 Rn. 150) und es andererseits auch für ein Erfüllungsverlangen des bestellten Insolvenzverwalters grundsätzlich keine zeitliche Grenze gibt (→ § 103 Rn. 158, 170 ff.). Dieser Befund lässt es nachvollziehbar erscheinen, dass Vertragspartner als Folge der Vertragsfreiheit bei Abschluss von Rechtsgeschäften deren Dauer und Beendigungstatbestände regeln und insoweit auch eine Auflösungsklausel für den Insolvenzfall sowie bestimmte, zeitlich davor liegende Ereignisse vereinbaren (wollen). Ihr Zweck liegt darin, die beschriebene Ungewissheit erst gar nicht eintreten zu lassen, um so Rechtsklarheit zu schaffen.

2. (Insolvenzunabhängige) Lösungsklausel für den Fall des Verzuges/sonstiger Vertragsverletzungen oder der Vermögensverschlechterung. a) Grundsätzliche Wirksamkeit (nach wie vor gültige Rechtslage). Eine an solche Ereignisse anknüpfende und deshalb so genannte **insolvenzunabhängige Vereinbarung** (Gegensatz → Rn. 22 ff.) ist **grundsätzlich wirksam**[13] (Ausnahmen → Rn. 21; zur Anfechtbarkeit → Rn. 53 ff.), § 119 mangels Insolvenzeröffnung oder deren Vorwirkung (→ Rn. 29 aE.) schon von vornherein nicht berührt (→ Rn. 22). Für Verzug und andere Vertragsverletzungen hatte das § 137 Abs. 3 RegE ausdrücklich ausgesprochen (→ Rn. 9), bevor diese Bestimmung als entbehrlich gestrichen wurde (→ Rn. 10 – letzter Absatz). Entsprechendes gilt für die Vermögensverschlechterung, wozu § 137 Abs. 2 Satz 2 RegE bestimmte, dass ein solches Lösungsrecht (nur) nach Eröffnung des Insolvenzverfahrens nicht mehr ausgeübt werden kann. Solche insolvenzunabhängige Lösungsklauseln widersprechen auch nicht den Wertungen des BGB, wie aus dem Rücktrittsrecht nach § 323 I BGB und vor allem auch aus § 323 IV BGB sowie aus §§ 313, 314 BGB folgt; gegenüber gesetzlichen Lösungsrechten gilt § 119 ohnehin nicht (→ Rn. 18).[14] Daran hat sich auch durch die neue Rechtsprechung des IX. Zivilsenats des BGH zu Verträgen über die fortlaufende Lieferung von Waren oder Energie (→ Rn. 28 ff.) nichts geändert.[15] Probleme zur Inhaltskontrolle von Formularverträgen oder zur Anfechtbarkeit stellen sich in aller Regel nur für eine insolvenzabhängige Lösungsklausel (→ Rn. 47 ff.). 19

Als **Beispiel** für eine solche insolvenzunabhängige Lösungsklausel sei auf **Nr. 19 Abs. 3 AGB-Banken** verwiesen, der eine fristlose Kündigung aus wichtigem Grund zulässt, insbesondere dann, wenn eine wesentliche Verschlechterung der Vermögenslage des Kunden eintritt oder einzutreten droht und dadurch die Erfüllung von Verbindlichkeiten gegenüber der Bank gefährdet ist; dagegen bestehen nach wie vor keine Bedenken (→ Rn. 37a).[16] Ähnlich formuliert **Nr. 26 AGB-Sparkassen,** der außerdem auch auf Zahlungseinstellung (→ Rn. 22) abstellt; danach kann unter anderem fristlos gekündigt werden, wenn eine wesentliche Verschlechterung oder eine erhebliche Gefährdung der Vermögensverhältnisse des Kunden eintritt, insbesondere wenn der Kunde die Zahlungen einstellt oder erklärt, sie einstellen zu wollen, oder von dem Kunden angenommene Wechsel zu Protest gehen. Die Anknüpfung bei der Zahlungseinstellung ist inzwischen aber sehr problematisch geworden (→ Rn. 37b). 20

b) Ausnahme Kündigungssperre des § 112. Etwas anderes gilt wegen dieser Bestimmung in der Insolvenz des Mieters oder Pächters für die Zeit nach Stellung eines Insolvenzantrages; die Vorschrift ist entsprechend anwendbar auf ähnliche Nutzungsverhältnisse (→ § 112 Rn. 3 ff.). Sie verbietet ab dem Antrag auf Eröffnung des Insolvenzverfahrens in **Nr. 1** eine Kündigung wegen eines vor diesem Zeitpunkt eingetretenen Zahlungsverzuges des Schuldners und in **Nr. 2** eine Kündigung wegen dessen Vermögensverschlechterung. Zwar erfasst § 112 nach seinem Wortlaut nur Kündigungen (kraft Gesetzes oder vertraglicher Vereinbarung), die Bestimmung gilt nach ihrem Normzweck aber für jedes Gestaltungsrecht, also auch für ein Rücktritts- oder sonstiges Lösungsrecht (→ § 112 Rn. 15). In diesem Umfang sind abweichende Vereinbarungen gemäß § 119 unwirksam (→ Rn. 72). 21

---

13 So jetzt auch BGH NZI 2013, 178 Rn. 9 = ZIP 2013, 274 = ZInsO 2013, 292. HM auch in der Literatur, vgl. nur: HKInsO/*Marotzke* § 119 Rn. 2, 6 f.; Uhlenbruck/*Sinz* § 119 Rn. 12; *Treffer* MDR 2000, 1178 f.; *Paulus,* FS Uhlenbruck, S. 33, 46 ff.; zust. für Verzug auch *Schwörer* Rn. 488 (aA zur Vermögensverschlechterung Rn. 411 ff.).

14 AA für § 323 IV BGB *Mossler* ZIP 2002, 1831, 1835. Wie hier auch HKInsO/*Marotzke* § 119 Rn. 2.

15 BGHZ 195, 348 (Rn. 9) = NZI 2013, 178 = ZIP 2013, 274 = ZInsO 2013, 292.

16 So auch *Obermüller* ZInsO 2013, 476, 477 f.

22 **3. Bisherige Rechtslage zur (insolvenzabhängigen) Lösungsklausel für den Fall der Zahlungseinstellung oder eines Insolvenzantrages (einschließlich § 8 Abs. 2 Nr. 1 VOB/B).** Dazu lautet der **Grundsatz** unverändert: Bei einer Klausel, die an solche Ereignisse anknüpft, handelt sich um eine sogenannte **insolvenzabhängige** (oder insolvenzbedingte) **Vereinbarung** (Gegensatz = insolvenz**un**abhängig, → Rn. 19), und zwar jetzt insolvenz**ab**hängig, weil sie an einen materiellen (Zahlungseinstellung, § 17) bzw. formellen (Insolvenzantrag, §§ 13 ff.) Eröffnungsgrund abstellt. Auch eine solche Vereinbarung ist – außerhalb des Anwendungsbereiches des § 112 (→ Rn. 21) – bislang grundsätzlich mit folgender Argumentation für wirksam angesehen worden (Anfechtbarkeit → Rn. 53 ff.): Sie verstoße nicht gegen § 119, was – unabhängig vom Streit zur Wirksamkeit einer an die Insolvenzeröffnung geknüpften Lösungsklausel (→ Rn. 23 ff.) – schon daraus folge, dass diese Vorschrift ein eröffnetes Insolvenzverfahren voraussetze;[17] denn nur dort kommt es – abgesehen von § 112 – zur „Anwendung der §§ 103 bis 118", die § 119 sicherstellen will (→ Rn. 2). Demgegenüber hat der **IX. Zivilsenat des BGH** im **Grundsatzurteil v. 15.11.2012** bei einem Vertag über die fortlaufende Lieferung von Waren oder Energie eine in das Eröffnungsverfahren „Vorwirkung" des § 119 angenommen, was die Rechtslage jedenfalls für diesen Vertragstyp grundlegend ändert (→ Rn. 29).

Die Auswirkungen dieses Grundsatzurteils auf das **Bauvertragsrecht** waren zunächst sehr zweifelhaft, was in der Vorauflage (2013) ausführlich problematisiert wurde (→ Rn. 22 ff., 37e, 39 ff.). Die Problematik ist aber seit dem **Grundsatzurteil des VII. Zivilsenats des BGH v. 7.4.2016** (Baurechtssenat) behoben (→ Rn. 39 ff.), welches das **Kündigungsrecht des Auftraggebers** nach **§ 8 Abs. 2 Nr. 1 VOB/B 2009 (=** wie später VOB **2012/2018)** für wirksam erachtet hat. Die genannten VOB-Regeln entsprechen wörtlich der Fassung in 2006 – in Abweichung zur früheren Fassung in VOB/B 2000 und 2002,[18] wozu die hier maßgebliche Formulierung kursiv gesetzt ist:

„Der Auftraggeber kann den Vertrag kündigen, wenn der Auftragnehmer seine Zahlungen einstellt, von ihm *oder zulässigerweise vom Auftraggeber oder einem anderen Gläubiger das Insolvenzverfahren (§§ 14 und 15 InsO) beziehungsweise ein vergleichbares gesetzliches Verfahren beantragt ist,* ein solches Verfahren eröffnet wird oder dessen Eröffnung mangels Masse abgelehnt wird."

Anders als früher berechtigen also auch der Insolvenzantrag des Auftraggebers und der eines anderen Gläubigers zur Kündigung. Insoweit war – unabhängig vom Problem wegen § 119 – sehr zweifelhaft, ob das einer Inhaltskontrolle standhalten würde (in der Vorauflage 2013 verneint, dort → Rn. 51 ff.); auch diese Problemlage ist aber durch das Grundsatzurteil des VII. Zivilsenats gelöst worden (→ Rn. 38 ff.).

23 **4. Bisherige Rechtslage zur Lösungsklausel für den Fall der Insolvenzeröffnung. a) Wichtige frühere Rechtsprechungsfälle samt Bewertung. aa) Kündigungsrecht des Auftraggebers nach § 8 Abs. 2 Nr. 1 VOB/B.** Die Problemlage dazu war vor dem soeben kurz angesprochenen Grundsatzurteil des VII. Zivilsenats des BGH sehr kompliziert und streitig. Diesen Streitsand muss man trotz der Klärung durch den Baurechtssenat kennen, um die praktischen Auswirkungen zutreffend umsetzen zu können:

(1) Schon im Geltungsbereich des **§ 17 KO** (jetzt: § 103) war gegen das Kündigungsrecht des Auftraggebers nach § 8 Abs. 2 VOB/B in der damals geltenden Fassung (Abdruck → Rn. 10 aE) bei Konkurs des Auftragnehmers eingewendet worden,[19] die Vorschrift verstoße gegen ein aus § 17 KO abzuleitendes Verbot und sei deshalb nichtig; ein derartiges Kündigungsrecht vereitele nämlich das dem Konkursverwalter zwingend zustehende Wahlrecht nach § 17 KO und widerspreche dem Grundsatz, alle Gläubiger im Konkurs gleich zu behandeln. Der für das Baurecht zuständig *VII. ZS des BGH* hat demgegenüber § 8 Abs. 2 VOB/B für wirksam gehalten.[20] Dabei wurde – soweit hier von Interesse – vor allem damit argumentiert, dem Auftraggeber stehe bis zur Fertigstellung des

---

[17] HM., vgl. nur HKInsO/*Marotzke* § 119 Rn. 2; *Obermüller,* GS Bosch, S. 157, 165. AA *Schwörer* Rn. 411 ff.: Geltung schon im Eröffnungsverfahren. Das ist abzulehnen, denn dann hätte es § 112 nicht bedurft; außerdem wäre unverständlich, warum der Gesetzgeber in § 119 nicht ebenfalls (in Übereinstimmung mit der Formulierung in § 112) auf die Zeit „nach dem Antrag auf Eröffnung des Insolvenzverfahrens" abgestellt haben sollte, wenn er eine solche Reichweite der Bestimmung gewollt hätte.

[18] § 8 Nr. 2 Abs. 1 VOB/B lautete in den Fassungen 2000 und 2002: „ Der Auftraggeber kann den Vertrag kündigen, wenn der Auftragnehmer seine Zahlungen einstellt oder das Insolvenzverfahren oder ein vergleichbares gesetzliches Verfahren beantragt oder ein solches Verfahren eröffnet wird oder dessen Eröffnung mangels Masse abgelehnt wird." Zur Fassung in VOB/B 1979 vgl. o. → Rn. 10 aE.

[19] *Rosenberger* BauR 1975, 233; LG Aachen BauR 1979, 150; *Böhle-Stamschräder/Kilger* KO, 14. Aufl., § 17 Anm. 8; *Jaeger/Henckel* KO § 17 Rn. 214; *Kuhn/Uhlenbruck* KO § 17 Rn. 4.

[20] BGHZ 96, 34, 36 = NJW 1986, 255 = ZIP 1985, 1509. Die Entscheidung entsprach damit der hM im baurechtlichen Schrifttum (vgl. die Nachweise im Urteil), wurde aber von der konkursrechtlichen Literatur überwiegend abgelehnt: *Kilger* EWiR § 17 KO 1/86, 87; *Henckel* JZ 1986, 297.

Werkes ohnehin ein gesetzliches Kündigungsrecht gem. § 649 BGB zu. Diese Begründung hat der RegE zur InsO ausdrücklich gebilligt (→ Rn. 10 aE).

(2) Im Anschluss daran hat die wohl hM auch das Kündigungsrecht nach § 8 Abs 2 Nr. 1 VOB/B in der Fassung 2006/2009/2012 (Wortlaut → Rn. 22) wegen Eröffnung des Insolvenzverfahrens über das Vermögen des Auftragnehmers insolvenzrechtlich für **wirksam** angesehen, also einen Verstoß gegen **§ 119** verneint (sehr streitig);[21] eine weitere Entscheidung des Baurechtssenats erging anschließend (bis zur neuen Entscheidung 2016) nicht, die Rechtsprechung der OLG war sehr unterschiedlich.[22] Mit der früheren Grundsatzentscheidung des VII. Zivilsenats befasste sich der IX. Zivilsenat in seinem Grundsatzurteil v. 15.11.2012 (→ Rn. 28 ff.) allerdings nicht; ob es übersehen wurde oder warum eine Anfrage beim VII Senat unterblieb, ist unbekannt.[23]

(3) Allerdings mehrten sich die Stimmen, die § 8 Abs. 2 insgesamt für unwirksam hielten: Abgesehen von der Vereinbarkeit des Kündigungsrecht nach Absatz 1 der Vorschrift mit § 119 – der jeweilige Standpunkt dazu blieb nicht selten offen – sei jedenfalls der dort – im Gegensatz zur Rechtslage nach § 649 BGB – normierte Schadensersatzanspruch (→ Rn. 51) und damit § 8 Nr. 2 insgesamt unwirksam.[24] Kündigungsrechts und Wirksamkeit der Rechtsfolge (Schadensersatzanspruch?) miteinander zu vermengen, war aber nicht angebracht, jetzt ist auch dieses Problem wegen der Grundsatzentscheidung des VII. Zivilsenats erledigt (→ Rn. 39 ff.).

(4) Von alledem zu unterscheiden war die Frage, wie ein Bauvertrag nach § 103 abzuwickeln ist, wenn der Auftraggeber wegen der Insolvenzeröffnung über das Vermögen des Auftragnehmers kündigt, sofern das insolvenzrechtlich zulässig sein sollte. Solange diese Rechtslage höchstrichterlich noch nicht geklärt war, empfahl sich für einen Gläubiger(Auftraggeber), wie folgt vorzugehen:[25]

– Macht der Auftraggeber von seinem Lösungsrecht nicht unverzüglich Gebrauch, kann der Insolvenzverwalter einer späteren Erklärung den Einwand des Rechtsmissbrauchs entgegenhalten; denn er durfte sich dann darauf verlassen, er werde sein Wahlrecht nach § 103 ausüben können (→ Rn. 42).
– Fordert der Auftraggeber den Insolvenzverwalter zur Erklärung nach § 103 Abs. 2 Satz 2 auf, so liegt darin ein Verzicht auf die ausbedungenen Lösungsklausel(→ Rn. 42).
– Naheliegend ist die Annahme, das Lösungsrecht sei bis zum Ablauf der Überlegungsfirst des Insolvenzverwalters über das Wahlrecht – meist bis zum Berichtstermin (§§ 156, 157) – suspendiert.
– Hat der Insolvenzverwalter bereits Erfüllung nach § 103 Abs. 1 verlangt, so kann der Auftraggeber – auch wenn er von der Insolvenzeröffnung keine Kenntnis hatte – vom Kündigungsrecht ohnehin keinen Gebrauch mehr machen.

bb) Breitbandverteilanlage-Fall. Eine weitere – noch zur entsprechenden Problemlage in 24
der **KO** ergangene – Entscheidung stammt von dem für das Insolvenzrecht zuständigen *IX. ZS des BGH.* In diesem sogenannten *Breitbandverteilanlage-Fall*[26] hatte die beklagte Stadt es der späteren Gemeinschuldnerin gestattet, öffentliche Verkehrsflächen unterirdisch zum Errichten und Betreiben einer Breitbandverteilanlage für Ton- und Fernseh-Rundfunkversorgung zu nutzen, während die Gemeinschuldnerin sich verpflichtete, die Anlage binnen 3 Jahren ab Vertragsschluss fertigzustellen und interessierten Einwohnern des Vertragsgebietes Kabelanschlüsse anzubieten. Es handelte sich mithin um einen gegenseitigen Vertrag im Sinne des § 17 KO. Vereinbart war hierzu ein außerordentliches Kündigungsrecht aus wichtigem Grund, wobei es zu Letzterem – soweit hier von Interesse – unter Nr. 3.3 der Vertragsurkunde hieß: „Ein wichtiger Grund liegt insbesondere vor, wenn … über das Vermögen der Firma ein Konkursverfahren eröffnet wird oder sie selbst ein Vergleichsverfahren beantragt …“.

Während das Berufungsgericht eine Anfechtbarkeit (unter anderem) nach § 31 KO verneinte, bejahte das der IX. ZS und führte zum Merkmal der objektiven Gläubigerbenachteiligung (das Tatbestandsvoraussetzung jeder Anfechtungsnorm ist, § 129 Abs. 1), aus:

„Allerdings entfiele eine Benachteiligung, wenn Nr. 3.3 … des Vertrages aus anderen Gründen rechtsunwirksam wäre. Das ist jedoch nach geltendem Recht (anders § 137 Abs. 2 Satz 1 Entwurf einer Insolvenzordnung, …) nicht der Fall.“.

---

21 Wie her vgl. zB: Uhlenbruck/*Sinz,* § 119 Rn. 15; *Fritsche* DZWiR 2007, 446 ff. (insbes. 454); *Graf/Wunsch* ZIP 2002, 2117, 2118; *Thode* ZfIR 2000, 165, 181. HM wohl auch im baurechtlichen Schrifttum, vgl. nur: Ingenstau/Korbion/*Schmitz* VOB/B § 8 Nr. 2 Rn. 10; *Matthies* BauR 2012, 1005, 1008.

22 Ein Verstoß gegen § 119 wird verneint zB. von OLG Karlsruhe NJW 2012, 3106, 3108 (dazu vgl. auch *Damann/Lehmkuhl* NJW 2012, 3069) und OLG Schleswig NJW 2012, 1967 (mit Nachweisen auch zu gegensätzlichen Entscheidungen). Treffliche Problemübersicht *Koenen* BauR 2011, 352 ff.

23 Näher *Huber* ZInsO 2016, 2130, 2132.

24 Dezidiert für Unwirksamkeit vor allem *Koenen* BauR 20111, 352 ff.; *Baldringer* NZBau 2005, 183, 189.

25 Näher Messerschmidt/Voit/*Huber* Privates Baurecht, 3. Aufl. 2018, Syst. Teil R Rn. 33.

26 BGHZ 124, 76 = NJW 1994, 449 = ZIP 1994, 40.

Soweit im Schrifttum zum Teil versucht wird, diese Aussagen zur Wirksamkeit einer Lösungsklausel für den Insolvenzfall (nach KO) als eine Art „obiter dictum“ erscheinen zu lassen,[27] ist dem entgegenzutreten. Die Frage war entscheidungserheblich und gehört damit zum tragenden Teil der Urteilsgründe. Die beklagte Stadt hatte nämlich gemäß der weiteren Vertragsbedingung Nr. 3.1.2 nur dann Eigentum an der Breitbandverteilanlage entschädigungslos erworben, wenn das für den Fall der Eröffnung des Insolvenzverfahrens über das Vermögen des Vertragspartners ausbedungene außerordentliche Kündigungsrecht wirksam war; ansonsten musste die Stadt, falls sie am Vertrag nicht mehr festhalten wollte, gemäß Vereinbarung Nr. 3.1.3 eine angemessene am Verkehrswert der Anlage orientierte Entschädigung zahlen. Wäre die Lösungsklausel Nr. 3.3 aus insolvenzrechtlichen Gründen unwirksam gewesen, hätte sich der Anspruch des Konkursverwalters unmittelbar aus Vertrag (Vertragsbedingung Nr. 3.1.3) ergeben, wäre also gerade umgekehrt die gegen die Vertragsbedingung Nr. 3.1.2 gerichtete Konkursanfechtung – auf Grund der die Klage Erfolg hatte – nicht entscheidungserheblich geworden.

25 **cc) Kündigungsrecht des Versicherers nach § 14 Abs. 1 aF VVG.** Nach dieser Vorschrift[28] konnte sich der Versicherer ein Kündigungsrecht in der Insolvenz des Versicherungsnehmers ausbedingen (§ 103 → Rn. 118), worin der für das Versicherungsrecht zuständige IV. ZS des BGH keinen Verstoß gegen § 119 InsO sah;[29] die zuletzt genannte Bestimmung gilt freilich für gesetzliche Lösungsrechte ohnehin nicht (→ Rn. 18 aE). Gleichwohl hatte die Entscheidung im hier erörterten Zusammenhang große Bedeutung. Denn die Versicherer hatten von der in § 14 I aF VVG eingeräumten Befugnis Gebrauch gemacht und ein entsprechendes Kündigungsrecht in den Allgemeinen Bedingungen für die Warenkreditversicherung (§ 15 AVB 1999) – die auf Grund üblicher Einbeziehung jeweils Vertragsbestandteil werden und nach wie vor gültig sind – geregelt; auch diese im Voraus getroffene Vereinbarung hat der Senat für unbedenklich erklärt. Dass § 14 Abs. 1 VVG inzwischen durch die Neuregelung des VVG aufgehoben wurde (s. § 103 Rn. 117) ist im hier erörterten Zusammenhang an sich nicht von Bedeutung; deshalb befriedigt auch der schlichte Hinweis in der neuen Entscheidung auf die Streichung der Vorschrift nicht.[30]

26 **dd) Andere Entscheidungen des BGH.** In den weiteren Entscheidungen brauchte sich der Senat meist nicht endgültig oder grundsätzlich zum Problem der Wirksamkeit/Unwirksamkeit einer Lösungsklausel mit Blick auf **§ 119** zu äußern. Alle im Folgenden genannten Entscheidungen stammen übrigens von dem für das Insolvenzrecht zuständigen IX. Zivilsenat – bis auf die im letzten Spiegelstrich zitierte, die der V. Zivilsenat getroffen hat:

- In dem einen Urteil[31] ging es um die **Rückabwicklung eines finanzierten Grundstücksgeschäfts in der Insolvenz des Käufers,** der seinen Anspruch auf Rückzahlung des vorgeleisteten Kaufpreises schon in der Notarurkunde bedingt für den Fall der Nichterfüllung an seine Bank abgetreten hatte; das Gericht hielt diese Vereinbarung für insolvenzfest und sah darin auch keinen Verstoß gegen § 119 InsO, was für sich genommen zutrifft, wenngleich natürlich Ergebnis war, dass dem Insolvenzverwalter gerade deshalb keine Handlungsalternative für eine Wahlrechtsausübung blieb.[32]
- Eine andere Entscheidung behandelt den **Erwerb eines Nutzungsrechts durch Kündigung in der Insolvenz des Lizenzgebers:**[33] Die spätere Insolvenzschuldnerin (Lizenzgeberin) hatte Software für die (später vom Insolvenzverwalter verklagte) Lizenznehmerin entwickelt, wobei schon im zugrunde liegenden Vertrag ein außerordentliches Kündigungsrecht aus wichtigem Grund und für diesen Fall aufschiebend bedingt ein Weiternutzungsrecht vereinbart worden war; als der Insolvenzverwalter die Erfüllung des Vertrages ablehnte, ersichtlich um das Nutzungsrecht zum Vorteil der Masse wieder an sich ziehen zu können, kündigte die Beklagte aus wichtigem Grund (Nichterfüllungswahl) und bekam Recht. Der BGH hielt auch diese Vereinbarung für insolvenzfest und sah darin keine Lösungsklausel, weshalb das Problem erneut offen bleiben

[27] *Berger* ZIP 1994, 173, 179 ff.; dagegen zu Recht *Bosch,* Kölner Schrift, S. 1009 ff. (Rn. 94).

[28] Die Vorschrift ist – freilich aus ganz anderen als den hier problematisierten Gründen – in der Neufassung des VVG (mit Wirkung ab 1.1.2008 – Übergangsrecht: Art. 1 EG VVG) nicht mehr enthalten.

[29] BGHZ NZI 2004, 144 = ZIP 2004, 176 = ZInsO 2004, 86; dazu abl. *Blank* ZInsO 2004, 795; *Blank* zu seinem gegenteiligen Standpunkt zuvor schon ZInsO 2003, 437. Dem Urteil zustimmend *Baldringer* ZInsO 2004, 1117 (erstaunlicherweise trotz seines gegenteiligen Standpunkts zu § 8 Abs. 2 VOB/B, s. o. Rn. 23).

[30] BGH NZI 2013, 178 Rn. 16 = ZIP 2013, 274 = ZInsO 2013, 292.

[31] BGHZ 155, 87, 95 = NJW 2003, 2774 = ZIP 2003, 1208 = NZI 2003, 491 mAnm *Huber,* zur Bedeutung des Urteils für das hier diskutierte Problem instruktiv *Koenen* BauR 2005, 202, 206 f.

[32] Näher dazu *Huber* NZI 2003, 494 ff.

[33] BGH NJW 2006, 915 = NZI 2006, 229 = ZIP 2006, 87 = ZInsO 2006, 35; ausführliche Urteilsanalysen *Huber/Riewe* ZInsO 2006, 290 und *Berger* NZI 2006, 380.

konnte. Wie oben gilt hier: Tatsächlich und rechtlich wirkte die Vereinbarung wie eine Lösungsklausel und schnitt dem Insolvenzverwalter das Wahlrecht ab.

- Eine weitere Entscheidung betrifft die insbesondere für einen **Bau-ARGE-Vertrag typische Vereinbarung zum Ausscheiden eines Mitglieds bei Eröffnung des Insolvenzverfahrens** über sein Vermögen und die Fortsetzung der Gesellschaft unter den übrigen:[34] Die spätere Insolvenzschuldnerin („Philipp Holzmann AG“) hatte im Eröffnungsverfahren auf Abruf der übrigen Gesellschafter Leistungen an die ARGE erbracht, die nach Insolvenzeröffnung aber nicht bezahlt, sondern entsprechend der Vereinbarung im Gesellschaftsvertrag in der Auseinandersetzungsbilanz verrechnet wurden. Der BGH hat auch diese vertragliche Lösungsklausel (wegen der engen Anlehnung an die gesetzliche, vgl. §§ 736, 738 BGB; → Rn. 17, 18) für unbedenklich gehalten und außerdem die Anfechtbarkeit der Verrechnung (§ 96 Abs. 1 Nr. 3) verneint.[35]
- Gefestigt erscheint die Rechtsprechung des IX. Zivilsenats zur Wirksamkeit von insolvenzabhängigen Lösungsklauseln in **notariellen Übergabeverträgen oder beim Erbaurecht.**[36] So wurde beispielsweise die schenkweise Überlassung eines Grundstücks nicht beanstandet, bei der zugleich ein durch Vormerkung gesicherter Rückübertragungsanspruch für den Fall des Vermögensverfalls oder der Insolvenz des Begünstigten vereinbart worden war, wobei sogar eine Anfechtbarkeit verneint wurde.[37] In einer anderen Entscheidung ging es um die nachträgliche Vereinbarung eines Heimfallrechts bei einem Erbaurecht, verbunden mit einem entschädigungslosen Rückübereignungsanspruchs des Erbaurechtsausgebers bei Insolvenzeröffnung über das Vermögen des Erbauberechtigten, was der Senat als wirksam, insbesondere also nicht als sittenwidrig (§ 138 BGB), wenn auch als nach § 133 anfechtbar angesehen hat.[38]
- Auch hat der V. Zivilsenat die bei einer **Grundstücksübertragung im Wege der vorweggenommenen Erbfolge** getroffene Vereinbarung, das Grundstück sei im Falle der Eröffnung des Konkursverfahrens zurück zu übertragen, für wirksam und die Erstreckung (auch „Aufladung“ genannt) einer schon bestehenden Vormerkung (zur Sicherung eines durch Rücktritt bedingten Rückauflassungsanspruchs) durch Bewilligung eines weiteren Rücktrittsgrundes zugelassen.[39] Dabei hat sich das Revisionsgericht ohne nähere Problematisierung mit der bloßen Behauptung der insolvenzrechtlichen Wirksamkeit begnügt.

b) Bisheriger Streitstand im Schrifttum. Auf die Wiedergabe des früheren Meinungsstreits 27
zur Grundsatzfrage, ob § 119 einer insolvenz**ab**hängigen Lösungsklausel entgegensteht oder nicht (Vorauflage 2013 am selben Ort), wird hier verzichtet. Da nämlich für zwei ganz bestimmte Vertragstypen zwei höchstrichterliche, freilich gegensätzliche Entscheidungen vorliegen (einerseits → Rn. 28 ff. und andererseits → Rn. 39 ff.), geht es künftig „nur“ mehr darum, wie man die richtige Lösung für einen davon **nicht** erfassten, also einen noch nicht, höchstrichterlich entschiedenen weiteren Vertragstyp findet (→ Rn. 44).

III. Neue Rechtsprechung zur Unwirksamkeit insolvenzabhängiger (insolvenzbedingter) Lösungsklauseln und praktische Konsequenzen

**1. Urteil des IX. Zivilsenats des BGH vom 15.11.2012 zu Verträgen über die fortlau- 28
fende Lieferung von Waren oder Energie.**[40] **a) Sachverhalt.** Die Klägerin hatte mit der Schuldnerin einen Vertrag über die Lieferung von elektrischer Energie geschlossen, der bestimmte: „Der Vertrag endet auch ohne Kündigung automatisch, wenn der Kunde einen Insolvenzantrag stellt oder aufgrund eines Gläubigerantrags das vorläufige Insolvenzverfahren eingeleitet oder eröffnet wird.“ Nachdem der Beklagte zum vorläufigen Insolvenzverwalter über das Vermögen der Schuldnerin bestellt worden war, korrespondierten die Parteien über den Fortbestand des Rechtsverhältnisses.

---

34 BGHZ 170, 206 = ZIP 2007, 383 = ZInsO 2007, 213 = NZI 2007, 222 mAnm *Huber.* Ausführlich zur Abwicklung *C. Schmitz* Rn. 1115 ff.

35 Zu Letzterem abl. *Huber* NZI 2007, 222 Insgesamt abl *Ries* BGH-Report 2007, 320; abl. schon zur Vorinstanz *C. Schmitz* EWiR 2006, 371.

36 Ausf. dargestellt und kommentiert von *Reul* DNotZ 2008, 824; zum Teil zuvor schon *Reul* DNotZ 2007, 649.

37 BGH NZI 2008, 428 = NJW-RR 2008, 1274.

38 BGH NJW 2007, 2325; die Rechtsprechung wurde bestätigt in BGH NZI 2008, 267.

39 BGH NJW 2008, 578.

40 BGHZ 195, 348 = NZI 2013, 178 = ZIP 2013, 274 = ZInsO 2013, 292. Urteilsanmerkungen: Zust. *Marotzke* EWiR 2013, 153; krit. *Römermann* NJW 2013, 1162 und auch *Eckhoff.* NZI 2013, 180. Ausführliche Urteilsbesprechungen zu den Auswirkungen auf die Vertragspraxis *Huber* ZIP 2013, 493; *Foerste* ZInsO 2015, 601; zu denen speziell auf das Bankgeschäft *Obermüller* ZInsO 2013, 476 ff. *Jakoby* ZIP 2014, 649 (657) hält den vom BGH beschrittenen Weg über § 119 für nicht überzeugend und sucht die Lösung über Anfechtbarkeit.

Der Beklagte unterzeichnete schließlich einen neuen Vertrag zu höheren Preisen, teilte aber im Begleitschreiben mit, ihn nur unter dem Vorbehalt der Prüfung der Rechtslage anzunehmen. Im Prozess verlangte nun die Klägerin Bezahlung der Stromlieferungen über die nach den alten Vertragsbedingungen schon geleisteten Zahlungen hinaus, worauf sich der Beklagte auf die Unwirksamkeit der Lösungsklausel berief. Die Klage war in den Tatsacheninstanzen erfolgreich; auf Revision hob der BGH diese Urteile aber auf, entschied durch und wies die Klage ab.

29 **b) Entscheidungsaussage (Leitsatz) und Entscheidungsgründe.** Der Leitsatz des Gerichts lautet: „Lösungsklauseln in Verträgen über die fortlaufende Lieferung von Waren oder Energie, die an den Insolvenzantrag oder die Insolvenzeröffnung anknüpfen, sind unwirksam." In den Entscheidungsgründen qualifiziert der Senat die vorstehend wiedergegebene Klausel als insolvenzabhängig und rekapituliert dann den Streitstand unter Wiedergabe der wesentlichen – freilich nicht aller (→ Rn. 34 ff., 44) – Argumente der gegensätzlichen Meinung, bevor der Tenor wie folgt näher gerechtfertigt wird; dazu werden aus Vereinfachungsgründen zur Vermeidung vieler Fußnoten die genauen Fundstellen in den Entscheidungsgründe jeweils mit der Bezeichnung *(Urt. Rz. …)* angegeben, um Verwechslungen mit Binnenverweisungen innerhalb der Kommentierung (→ Rn.) zu vermeiden. Die zentralen Argumente finden sich

gleich einleitend, wo es heißt, die vereinbarte Lösungsklausel für den Insolvenzfall erweise sich als unwirksam, „weil sie im voraus das Wahlrecht des Insolvenzverwalters nach § 103 InsO ausschließt" (*Urt. Rz. 8*),

in der Aussage, Zweck des Erfüllungswahlrechts sei der Schutz der Masse, der aber vereitelt werde, wenn sich der Vertragspartner „von einem für die Masse günstigen Vertrag lösen und damit das Wahlrecht des Insolvenzverwalters nach § 103 InsO unterlaufen kann" (*Urt. Rz. 13),*

bei den Erörterungen zur mietvertraglichen Kündigungssperre nach § 112 InsO, deren Existenz nicht dafür spreche, „dass der Vorschrift des § 119 InsO ein Ausnahmecharakter zukommt" (*Urt. Rz. 15*), und schließlich

in der Feststellung, dass § 119 InsO „eine Vorwirkung jedenfalls ab dem Zeitpunkt zuerkannt werden muss, in dem wegen eines zulässigen Insolvenzantrags mit der Eröffnung eines Insolvenzverfahrens ernsthaft zu rechnen ist" *(Urt. Rz. 19*).

30 **c) Einordnung des Urteils in den bisherigen Diskussionsstand.** Die Überzeugungskraft der aufgezählten, allerdings nicht neuen Argumente weiter anzuzweifeln wäre zwar theoretisch-wissenschaftlich nach wie vor reizvoll sein, macht aber hier in einem auf die praktischen Bedürfnisse ausgerichteten Kommentar für den konkret entschiedenen Einzelfall wenig Sinn („roma locuta, causa finita"). Eine ganz andere Frage ist es, ob das Urteil über den konkreten Einzelfall hinaus auch für andere oder gar alle gegenseitige Verträge im Sinn des § 103 gelten soll, was sogleich näher zu erörtern sein wird (→ Rn. 33 ff.). Im Übrigen ist hier nur zu bemerken:

Etwas dunkel erscheint die Beschränkung der Vorwirkung auf „jedenfalls ab …" in der zuletzt zitierten Passage. Welcher Zeitpunkt käme noch in Betracht? Die Anknüpfung bei „Vermögensverschlechterung" scheidet aus, weil der Senat selbst auf den Beginn des Eröffnungsverfahrens abstellt (Urt. *Rz. 21*); relevant werden kann diese Frage aber bei dem später noch anzusprechenden Problem der vom Schuldner nur angekündigten Zahlungseinstellung ohne zugleich einen eigenen Insolvenzantrag anzubringen (→ Rn. 37a).

Warum das Urteil außerdem über den zur Entscheidung gestellten Sachverhalt – fortlaufende Lieferung von elektrischer *Energie* – auch auf die fortlaufende Lieferung von *Waren* ausgedehnt wurde, teilen die Entscheidungsgründen nicht mit; ein Bedürfnis dafür lässt sich aus praktischer Sicht nicht ohne weiteres erkennen, weil in solchen Fällen eine insolvenzfeste Sicherheit bestehen wird (Kaufvertrag unter erweitertem verlängertem Eigentumsvorbehalt[41]). Dass die zuerst genannte Variante jede Form von Energie, nicht nur elektrische, meint, versteht sich demgegenüber von selbst.

Um fortlaufende Lieferung von Waren geht es bei Sukzessivlieferungsvertrag und Wiederkehrschuldverhältnis.[42] Dabei muss man freilich stets die Sondervorschrift des § 104 zum Fixgeschäft im Sinn der § 323 Abs. 2 Nr. 2 BGB, § 376 HGB mit „genau" oder „fest" usw bestimmter Leistungszeit beachten;[43] dort gibt es als Folge der kraft Gesetzes eintretenden Nichterfüllung ohnehin keinen Anwendungsbereich für eine Lösungsklausel (→ Rn. 59; → § 103 Rn. 98).

31 **d) Lösung des konkreten Falles mit gleichem Ergebnis, aber anderer Begründung: Insolvenzzweckwidrigkeit.** Richtig ist, dass es einem Vertragspartner nicht erlaubt sein kann, sich

41 Vgl. nur BGHZ 189, 1 = NJW 2011, 1506,.

42 Näher *Huber* ZIP 2013, 493, 495.

43 Näher zu den von § 104 Abs. 2 Satz 2 erfassten Finanzleistungen *Obermüller* ZInsO 2013, 476, 479 ff.

von einem für die Masse günstigen Vertrag unter Berufung auf eine Vereinbarung für den Insolvenzfall des anderen Teils zu lösen, um auf diese Weise das Wahlrecht des Insolvenzverwalters unterlaufen ***und*** so für ihn günstigere Preise durchsetzen zu können. Denn der Zweck einer insolvenzbedingten Lösungsklausel besteht nur darin, die ab Insolvenzantrag bis zu einem Erfüllungsverlangen des Insolvenzverwalters (oder bis zum Zeitpunkt des § 103 Abs. 2 Satz 2) eintretende Ungewissheit über das weitere Schicksal des gegenseitigen Vertrages von vornherein auszuschließen und Klarheit über den Bestand des Rechtsgeschäfts zu den vereinbarten Bedingungen (!) schon im Vorfeld und in der Insolvenz des anderen Vertragspartners zu schaffen (→ Rn. 18).

Der vom Senat gewählte Lösungsweg über die Unwirksamkeit nach § 119 war indessen unnötig. **31a** Der beschriebene Zweck wurde nämlich hier in sein Gegenteil verkehrt, was die Vereinbarung der Lösungsklausel schon wegen **Insolvenzzweckwidrigkeit**[44] nichtig machte. Das war hier so evident, dass die Nichtigkeit ohne weiteres auch den neu abgeschlossenen Bezugsvertrag mit den vom Energieversorgungsunternehmen „erzwungenen", günstigeren Preisen erfasste; der Insolvenzverwalter hätte deshalb im Prozess gegen das Zahlungsverlangen nur die Bereicherungseinrede nach § 821 BGB erheben zu brauchen. Dabei macht es keinen Unterschied, ob im Zeitpunkt des Neuabschlusses ein schwacher[45] oder ein starker vorläufiger Insolvenzverwalter bestellt war, was sich aus dem im Urteil mitgeteilten Sachverhalt nicht entnehmen lässt. Bei der hier vertretenen Lösung hätte dann entsprechend klassischer Begründungstechnik die Frage der Unwirksamkeit einer insolvenzbedingten Lösungsklausel nach § 119 weiter – wie in der Vergangenheit so häufig – offen bleiben können.

Bei alldem kommt es nicht mehr darauf an, dass der vom vorläufigen Insolvenzverwalter unter **31b** Druck abgeschlossene (neue) Bezugsvertrag nach § 132 oder nach § 133 (→ Rn. 53 ff.) anfechtbar war,[46] und zwar mit demselben Ergebnis, das der Senat nur über die Annahme einer Unwirksamkeit nach § 119 herstellen zu können glaubte (→ Rn. 53 aE). Und nur der Vollständigkeit halber soll bemerkt werden, dass die Verwendung der insolvenzabhängigen Lösungsklausel zum Zweck der Verbesserung der Vertragsbedingungen zugunsten des Gläubigers für die Praxis untypisch ist, vielmehr verhält es sich meist genau umgekehrt wie zB. bei der bauvertraglichen Lösungsklausel des § 8 Nr. 2 Abs. 1 VOB/B (→ Rn. 37e); deshalb hätte der Leitsatz wenigsten eine entsprechende Einschränkung enthalten müssen (beispielsweise: Lösungsklauseln sind unwirksam, *„wenn eine Verbesserung der ursprünglich vereinbarten Bezugsbedingungen zugunsten des Gläubigers herbeigeführt werden soll oder in der weiteren Folge eintritt*).

e) Praktische Konsequenzen für den konkreten Vertragstyp. Dafür ist **un**maßgeblich, ob **32** man dem Urteil zu § 119 aus wissenschaftlicher Sicht zustimmt oder dem hier vertretenen Standpunkts zur Insolvenzzweckwidrigkeit folgt. An den Konsequenzen für die Praxis besteht kein Zweifel. Es gilt:

- Für den *Gläubiger* scheidet ein Vorgehen wie im entschiedenen Fall aus, weshalb ab sofort von einer entsprechenden Lösungsklausel kein Gebrauch (mehr) gemacht werden darf. Folge ist seine Weiterbelieferungspflicht zu den bisherigen Bedingungen in dem – wegen des Insolvenzantrags zwangsläufig bestehenden – Bewusstsein, im Regelfall (Bestellung eines schwachen vorläufigen Insolvenzverwalters) als einfacher Insolvenzgläubiger nur die Quote zu erhalten.[47] Denn die volle Gegenleistung kann er nur nach einem Erfüllungsverlangen des Insolvenzverwalters im eröffneten Verfahren und auch erst ab diesem Zeitpunkt fordern. Für den *Insolvenzverwalter* ist das zweifellos massegünstig. Benötigt er nach Erfüllungswahl bei der anschließenden programmgemäßen Vertragsabwicklung (gemeint: Leistung gegen volle Gegenleistung, vgl. § 320 BGB) keine weiteren Lieferungen mehr, muss er nach den im Vertrag vereinbarten Regeln kündigen. Gibt es – was gerade im Energiesektor vorkommen kann – günstigere Bezugsmöglichkeiten, kommt eine Kündigung schon im Eröffnungsverfahren durch einen starken vorläufigen Verwalter bzw. durch den Schuldner mit Zustimmung des schwachen (mitbestimmenden) vorläufigen Verwalters in Betracht. Ergibt sich eine solche Lieferquelle erst nach Verfahrenseröffnung aber vor einem Erfüllungsverlangen, bedarf es keiner Kündigung, vielmehr lehnt der Insolvenzverwalter die Erfüllung ab.

---

44 Zur Insolvenzzweckwidrigkeit vgl. ausf. schon *Ganter*, FS Gerhardt, 2004, S. 247 ff. Vgl. insbes. auch BGH ZIP 2013, 531 Rn. 8, 9 = ZInsO 2013, 441 = NZI 2013, 347; BGH ZIP 2008, 884 Rn. 5. Der hier vertretenen Insolvenzzweckwidrigkeit offenbar zustimmend *Berger* ZInsO 2016, 2111, 2113. Eine weitere Ansicht kommt zwar ebenfalls zu einem „Unwirksamkeitsverdikt", hält die Figur der Insolvenzzweckwidrigkeit auf die Handlungsbefugnis des Insolvenzverwalters jedoch nicht für anwendbar, *Hoffmann* KTS 2018, 343, 266.

45 Vom IX. ZS neuerdings „mitbestimmender" genannt, BGH NJW 2011, 2960 Rn. 49 = ZIP 2011, 1419.

46 Vgl. dazu auch *Huber* ZIP 2013, 493, 495 f.

47 Richtig in seiner Urteilsanmerkung *Ekhoff* NZI 2013, 181. AA *Hoffmann* KTS 2018, 343, 353 (Gläubiger darf sich gleichwohl auf § 321 BGB berufen).

33 **2. Reichweite des Urteils über den konkreten Einzelfall hinaus auch auf andere gegenseitige Verträge im Sinn des § 103? a) Problemstellung.** Die Frage lautete unmittelbar nach Urteilserlass: Handelt es sich „nur" um eine Einzelfallentscheidung mit insoweit zweifellos grundsätzlicher Bedeutung – aber eben ohne insolvenzrechtlich endgültige Antwort über den konkreten Vertragstyp hinaus? Oder wollte der Senat gerade eine solche generelle Wirkung für alle gegenseitigen Verträge im Sinn des § 103 herstellen und damit die Diskussion zur Zulässigkeit/Unzulässigkeit insolvenzabhängiger Lösungsklauseln nach § 119 schlicht beenden? Die Antworten darauf waren in der Literatur zweigeteilt:

- Für Letzteres sprach auf den ersten Blick, dass fast alle wesentlichen, bislang streitigen Argumente abgehandelt wurden, obgleich das zur sachgerechten Entscheidung des Einzelfalles an sich nicht zwingend geboten war. Eine Auseinandersetzung mit dem Prinzip der Vertragsfreiheit fehlte freilich (→ Rn. 34 ff.). Dennoch wurde das Ende der insolvenzabhängigen Lösungsklausel propagiert,[48] obgleich unklar blieb, welche Konsequenzen eine solche (negative) „Generallösung" auf andere praxistypische, im Urteil nicht angesprochene Vertragsgestaltungen mit insolvenzabhängigen Lösungsklauseln hätte (→ Rn. 37 ff.).
- Eine andere Richtung hielt an der Wirksamkeit des bauvertraglichen Kündigungsrechts fest, leugnete also ein „Ende der insolvenzbedingten Lösungsklausel",[49] wie vor allem auch hier schon in der Vorauflage 2013 (am selben Ort → Rn. 39 ff.) vertreten.
- Die Diskussion entspannte sich, nachdem der Vorsitzende des IX. Zivilsenats geäußert hatte, dass der Senat eine Klausel, „die das sonst gegebene Erfüllungswahlrecht nach § 103 InsO beeinträchtigt, … nicht generell an § 119 InsO scheitern lassen will."[50]
- Die endgültige Klarheit zum Problem (Einzellfall oder generell) brachte dann der VII. Zivilsenat (in seinem gleich näher vorzustellenden Grundsatzurteil), der wegen der gegenteiligen „Einzelfall" – Entscheidung des IX. Zivilsenats (zu Recht) keinen Fall für eine Divergenzvorlage (§ 132 Abs. 3 S. 1 GVG) sah.[51]

34 **b) Kollision mit dem Prinzip der Vertragsfreiheit?** Der IX. Zivilsenat befasste sich erstaunlicherweise nicht mit dem unsere Rechtsordnung beherrschenden Prinzip der Vertragsfreiheit, übrigens anders als beispielsweise der XI. Zivilsenat (Bankensenat), der im gleich noch zu erörternden Sachzusammenhang (→ Rn. 37a) ex pressis verbis mit dem „vom Grundsatz der Privatautonomie beherrschten bürgerlichen Recht" argumentiert. Dieses Prinzip erlaubt es den Partnern eben auch, eine Vereinbarung über Dauer und Beendigungstatbestände ihres Rechtsgeschäfts zu treffen. Schon deshalb leuchtet nicht ein, was bei Begründung der vertraglichen Beziehungen – jedenfalls in unbedenklicher Zeit – der Abrede entgegenstehen sollte, die Geschäftsbeziehung im Falle der Insolvenz eines Partners aufkündigen zu können oder enden zu lassen.[52] Voraussetzung ist nur, dass eine solche Vereinbarung dem schon beschriebenen schützenswerten Zweck dient, die mit Insolvenzeröffnung zwangsläufig eintretende Zeit der Ungewissheit über das weitere Schicksal des Vertrages von vorneherein auszuschließen (→ Rn. 18). Umgekehrt kann sich eine Partei für den Fall der insolvenzbedingten Vertragsbeendigung kraft Lösungsklausel nicht mehr Rechte einräumen lassen, als ihr bei Beendigung kraft gesetzlich Rücktrittsrechts zustünden, andernfalls käme eine Vorsatzanfechtung nach § 133 in Betracht. Das ist gesicherte Rechtslage seit dem sogenannten Breitbandverteilanlage-Fall (→ Rn. 24).

35 Die Argumentation mit dem Prinzip der Vertragsfreiheit ist freilich nicht neu, sondern schon im Gesetzgebungsverfahren der InsO diskutiert worden. Der Rechtsausschuss des Bundestages hatte seinerzeit die Streichung von § 137 Abs. 2 RegE, der ein Verbot insolvenzbedingter Lösungsklauseln vorsah (→ Rn. 9), vorgeschlagen und das damit begründet, dass ein generelles (!) Verbot einer an die Insolvenzeröffnung geknüpften Lösungsklausel einen schwerwiegenden Eingriff in die Vertragsfreiheit beinhalten würde, für den es keinen ausreichenden Grund gebe.[53] Der IX. Zivilsenat sagt nun zur Entstehungsgeschichte: „Die vom Rechtsausschuss des Bundestags befürwortete Zulässigkeit vertraglicher Lösungsklauseln … hat im Gesetzeswortlaut keinen Ausdruck gefunden und widerspricht den Zielsetzungen des § 103" (*Urt. Rz. 13*). Selbst wenn man die Aussage im ersten Teil („keinen Ausdruck gefunden") hinnimmt, der im zweiten Teil ist zu widersprechen! Denn dass das unsere Rechtsordnung beherrschende Prinzip der Vertragsfreiheit

---

48 Vor allem von *Schmitz* BauR 2013, 769, 772; *B. Wegener* ZInsO 2013, 1105; *v. Kiedrowski* BauR 2013, 1325.

49 Vor allem *Eckhoff* NZI 2013, 178; *Schmidt* NJW-Spezial 2013, 492; *Wellensiek/Scharfenberg* DZWiR 2013, 317; *Huber* NZI 2014, 49.

50 *Kayser* ZIP 2013, 1353, 1361 f.

51 Näher *Huber* ZInsO 2016, 2130, 2132.

52 Im Ergebnis wie hier *Hoffmann* KTS 2018, 343, 379 f.

53 BT-Drs. 12/7302, S. 170.

„den Zielsetzungen des § 103 … widerspricht", wird schwerlich zu vertreten sein. Den Standpunkt des IX. Zivilsenats zu § 137 RegE-InsO hat übrigens auch der VII. Senat nicht geteilt und sich zutreffend mit dem Prinzip der Vertragsfreiheit befasst, wie gleich noch gezeigt wird (→ Rn. 40).

Allerdings muss man einräumen, dass der konkrete Einzelfall für Erörterungen dazu keine Veranlassung gab. Denn selbstverständlich erlaubt es dieses Prinzip einer Vertragspartei nicht, sich nur sie begünstigende Vorteile unter Ausnutzung der Insolvenz des anderen Teils zum Nachteil aller Insolvenzgläubiger – also unter Verstoß gegen den Grundsatz der par condicio creditorum – zu verschaffen. Gerade deshalb lag beim entschiedenen Sachverhalt die Annahme der Insolvenzzweckwidrigkeit so nahe. Ganz anders verhält es sich freilich, wollte das Urteil eine generelle Wirkung auf alle gegenseitigen Verträge im Sinne des § 103 beanspruchen. Denn dem würde möglicherweise – was für jeden Einzelfall erst zu prüfen wäre – das Prinzip der Vertragsfreiheit entgegenstehen, weshalb eine Auseinandersetzung damit unabdingbar gewesen wäre bzw. in solchen Fällen künftig zu erfolgen hätte (→ Rn. 43). 36

c) Zweifelhafte (?) Rechtslage bei bislang für unbedenklich gehaltenen Vertragsgestaltungen mit einer insolvenzabhängigen oder im Ergebnis ebenso wirkenden Klausel. aa) Ausgangspunkte. Mit solchen Fallgestaltungen befasst sich das Grundsatzurteil nicht, weshalb unklar erscheint ob sie wirklich bedacht wurden. Allerdings wird man davon ausgehen müssen, soweit es sich um eigene Rechtsprechungsfälle des IX. Zivilsenats handelt, wenngleich ein wenigstens kurzer Hinweis auf (fehlende?) Auswirkungen der jetzt getroffenen Entscheidung hilfreich gewesen wäre. Soweit sie (möglicherweise?) die Rechtsprechung anderer Zivilsenate des BGH berührt, hätte man das aber erwarten dürfen. Beides sprach von Anfang an deshalb eher für eine (bloße) Einzelfallentscheidung. Es geht hauptsächlich um folgende Fallgruppen: 37

bb) AGB-Banken zur Kreditkündigung. Insoweit muss man unterscheiden: Nach Nr. 19 Abs. 3 AGB-Banken besteht ein fristloses Kündigungsrecht, „wenn eine wesentliche Verschlechterung der Vermögenslage des Kunden eintritt oder einzutreten droht und dadurch die Erfüllung von Verbindlichkeiten gegenüber der Bank gefährdet ist;" das ist als insolvenzunabhängige Lösungsklausel nach wie vor wirksam (→ Rn. 20). 37a

Soweit dieses Recht darüber hinaus aber auch besteht, „wenn der Kunde die Zahlungen einstellt oder erklärt, sie einstellen zu wollen" (Nr. 26 AGB-Sparkassen), handelt es sich wegen der Verknüpfung mit der Zahlungseinstellung um eine insolvenzabhängige Lösungsklausel, deren Bestand nun fraglich ist,[54] weil sie an die Eröffnungsgründe der Zahlungsunfähigkeit/drohende Zahlungsunfähigkeit (§§ 17, 18 InsO) anknüpft. Wenn demgegenüber bereits geltend gemacht wird, es liege keine insolvenzabhängige Regelung vor, weil eine ordentliche Kündigung jederzeit auch ohne besondere Gründe möglich sei,[55] erscheint das schon deshalb nicht überzeugend; weil es gerade um ein außerordentliches Lösungsrecht ohne Kündigungsfirst geht. Wenig dürfte auch helfen, dass sich die zitierte Klausel den Fall eines Insolvenzantrags nicht ausdrücklich erwähnt. Denn wenn der Kunde selbst erklärt, die Zahlungen einstellen zu wollen, wird im Ergebnis wie nach einem schon gestellten Eigenantrag zu verfahren sein; das wäre folglich gerade ein Fall, in dem die Öffnungsklausel „jedenfalls ab dem Zeitpunkt … eines Insolvenzantrags …" (worauf gerade der IX. ZS abgestellt hat → 30 aE.) eingreifen und die Vorwirkung herstellen könnte. Offen ist, wie sich dazu der Bankensenat stellen würde, der zum formularvertraglichen Kündigungsrecht der Banken allerdings (kurz nach dem Urteil des IX. ZS) entschieden hat. dass eine ordentliche Kündigung nach Nr. 19 Abs. 1 ABG-Banken eine Interessenabwägung (zwischen denen der Bank und des Kunden) nicht voraussetzt.[56]

Kreditinstitute sollten gleichwohl erwägen, ob auf eine Lösungsklausel für den Fall der Zahlungseinstellung des Kunden bzw. seiner Erklärung, die Zahlungen einstellen zu wollen, verzichtet werden kann. Das setzt freilich voraus, dass einer Kündigung nach dieser Variante keine nennenswerte praktische Bedeutung über die sonst ohnehin (vgl. Nr. 19 Abs. 3 AGB-Banken) abgedeckten Fälle zukommt. Soweit die bankrechtliche Praxis von der zitierten Lösungsklausel erst nach Erlass eines Verfügungsverbots (§ 21 Abs. 2 Satz 1 Nr. 2) Gebrauch macht, scheidet das künftig aus, weil dem die „Vorwirkung" des § 119 entgegen steht; denn dann liegt – worauf das neue Urteil des IX. Zivilsenats abstellt – gerade ein „zulässiger Insolvenzantrag" vor und ist „mit der Eröffnung des Insolvenzverfahrens ernsthaft zu rechnen" (*Urt. Rz. 19).* **Nicht** hierher gehören vertraglich vereinbarte Lösungsklauseln für Geschäfte über Finanzleistungen, weil sie lediglich die Sondervorschrift des § 104 Abs. 2 37b

[54] Keine Bedenken hat allerdings *Obermüller* ZInsO 2013, 476 ff.; *Obermüller* ZInsO 2018, 1769, 1773.
[55] So *Obermüller* ZInsO 2013, 476, 478; bekräftigt in ZInsO 2018, 1769, 1773.
[56] BGH NJW 2013, 1519 Rn. 27.

vorwegnehmen,[57] also mit dem insolvenzabhängigen Lösungsrecht kraft Gesetzes überein stimmen, das von § 119 nicht erfasst wird (→ Rn. 18).

37c **cc) Insolvenzbedingte Lösungsklauseln in der notariellen Praxis.** Es handelt sich dort um ein Alltagsproblem vor allem bei Überlassungsverträgen, die regelmäßig eine Lösungsklausel für den Fall der Insolvenz des Erwerbers beinhalten; meist geht es um ein Rücktrittsrecht oder eine auflösende Bedingung jeweils mit der zwangsläufigen Folge von Rückübertragungs/Rückforderungsansprüchen, die durch Vormerkung gesichert werden. Deshalb verwundert nicht, dass es dazu reichhaltig Literatur gibt,[58] wohl aber, dass sich das neue Urteil dazu nicht verhält. Das gilt um so mehr, als die hM im notariellen Schrifttum aus vielen höchstrichterlichen Entscheidungen (→ Rn. 26) eine „gefestigte Rechtsprechung zur Zulässigkeit insolvenzbedingter Lösungsklauseln" ableitet, weshalb „alleiniger Maßstab für ihre rechtliche Beurteilung die Frage der Anfechtbarkeit wegen vorsätzlicher Gläubigerbenachteiligung nach § 133 Abs. 1 InsO" sei.[59]

37d Soweit dieser Befund auf Entscheidungen des IX. Zivilsenats gestützt ist, wird der Rechtsanwender auf eine Äußerung dazu bei nächster Gelegenheit hoffen dürfen, betroffen sein können aber auch die für Sachen- und Erbrecht zuständigen Senate. Die praktischen Konsequenzen sind wegen der – jedenfalls nach dem hier vertretenen Standpunkt – bestehenden Unklarheiten über die Reichweite des Urteils nicht abschätzbar, weshalb nichts anderes übrig bleiben wird, als die bisherige Beurkundungspraxis beizubehalten und abzuwarten. Geboten ist dann aber eine Belehrung über die möglicherweise neu aufgetretenen Risiken zum Bestand des Rechtsgeschäfts in der Insolvenz des Erwerbers. In einer neueren Entscheidung ließ der IX. Zivilsenat übrigens das in einem Grundstückskaufvertrag zu Gunsten des Verkäufers vertraglich vereinbarte **Rücktrittsrecht für den Insolvenzfall** im Ergebnis unbeanstandet;[60] es verstoße deshalb nicht gegen § 119, weil es in der konkreten Konstellation an einem Wahlrecht nach § 103 fehle und das Rücktrittsrecht außerdem durch Vormerkung gem. § 106 Abs. 1 S. 1 gesichert gewesen sei.

37e **dd) Lösungsklausel bei Bauverträgen (§ 8 Abs. 2 Nr. 1 VOB/B).** Diese Problemlage hat sich für den IX. Zivilsenat seit dem (gleich vorzustellenden) Grundsatzurteil des VII. Zivilsenats, dem baurechtlichen Spezialsenat erledigt.

38 **d) Wirksamkeit von insolvenzabhängigen, an entsprechende gesetzlich Regelungen „eng angelehnten" vertraglichen Lösungsklauseln.** *Gesetzliche* Lösungsrechte fallen – schon mangels Vereinbarung – nicht unter § 119, wie der IX. Zivilsenat ausdrücklich feststellt (*Urt. Rz. 13);* Hauptbeispiel ist die Regelung in § 736 BGB zum Ausscheiden eines Gesellschafters einer Gesellschaft bürgerlichen Rechts bei Insolvenzeröffnung über sein Vermögen mit der Folge der Fortsetzung der Gesellschaft unter den übrigen Gesellschaftern. Wirksam ist aber auch eine *vertraglich vereinbarte, insolvenz**abhängige** Lösungsklausel,* sofern sie sich an eine entsprechende gesetzliche Regelung „eng anlehnt". Dazu gehören insbesondere:

- Bei Aufträgen, Geschäftsbesorgungsverträgen und Vollmachten ordnen §§ 115, 116, 117 InsO das Erlöschen an; abweichende Vereinbarungen sind nach § 119 InsO unwirksam. Wirksam sind aber insolvenzabhängige Lösungsklauseln auch im Rahmen von massebezogenen Auftrags- und Geschäftsbesorgungsverhältnissen sowie Vollmachten mit den Schuldnern in der Rolle des Geschäftsherrn und Vollmachtgebers, weil diese für die andere Vertragspartei schon nach den Regelungen des bürgerlichen Rechts jederzeit frei lösbar sind (§§ 671 Abs. 1, 675, 662 S. 2 BGB). Diese Rechtslage war schon immer nach jeder Auffassung zum Problem der Wirksamkeit von Lösungsklauseln unzweifelhaft (→ Rn. 76), woran sich nichts geändert hat. Einschlägig können auch besondere Bestimmungen des bürgerlichen Rechts werden, die – über die Regelungen der InsO hinaus – Vorschriften über die Wirkungen der Eröffnung sowie über die Erfüllung und den Bestand von Rechtsverhältnissen enthalten (→ § 103 Rn. 108 ff.); sofern sich dazu eine Vertragsklausel „eng anlehnt", greift der eingangs aufgestellt Satz ebenfalls ein. Eine sehr praxiswichtige Fallgruppe betrifft die ARGE-Verträge (hauptsächlich Bau-ARGE-Verträge), in denen typischerweise das Ausscheiden eines Mitglieds bei Eröffnung des Insolvenzverfahrens über ihr Vermögen und die Fortsetzung der Gesellschaft unter den Übrigen vereinbart wird. So war es

57 *Obermüller* ZInsO 2013, 476, 479 ff.; *Obermüller* ZInsO 2018, 1769, 1774.

58 Vgl. nur jeweils mit zahlreichen weiteren Schrifttumsnachweisen *Reul/Heckschen/Wienberg,* Insolvenzrecht in der Gestaltungspraxis, 2. Aufl. 2018, S. 78 ff. (dieselben übrigens schon im Vorgängerwerk, Insolvenzrecht in der Kautelarpraxis, 2006, S. 65 ff.); *Krauß,* Überlassungsverträge in der Praxis, 2. Aufl. 2010, Rn. 1668 ff.; *Reul* DNotZ 2008, 824 (im Anschluss an *Reul* DNotZ 2007, 645); *Kesseler* ZNotP 2007, 303.

59 *Suppliet* NotBZ 2008, 267. Ebenso gestützt auf ausführliche Urteilsanalysen zu Lösungsklauseln in Übergabeverträgen *Reul/Heckschen/Wienberg,* S. 79 ff. (insbes. Rn. 13, 143 ff.).

60 BGH NZI 2018, 22 = ZIP 2017, 2267.

beispielsweise im sogenannten „Philipp-Holzmann-AG"-Fall (→ Rn. 26); diese Entscheidung hat auch künftig Bestand.

3. Urteil des VII. Zivilsenats des BGH vom 7.4.2016 zu einem VOB-Bauvertrag.[61] 39
a) Ansatz und Sachverhalt. Das **Grundsatzurteil** des Baurechtssenats ist zu **§ 8 Abs. 2 Nr. 1 Fall 2 iVm § 8 Abs. 2 Nr. 2 VOB 2009** ergangen, gilt aber auch für die **VOB 2012 u. 2018,** weil diese Fassungen genauso lauten.

Zum **Sachverhalt** genügt es zu wissen: *Die Klägerin (Auftraggeberin, Bauherrin) hatte mit einer Generalunternehmerin (Auftragnehmerin) einen Bauvertrag nach VOB/B zwecks Errichtung eines Geschäftshauses geschlossen, in dem sich diese zur Stellung einer Vertragserfüllungsbürgschaft zu 10% der Auftragssumme verpflichtete, welche dann die spätere Beklagte übernahm. Nach Eigen-Insolvenzantrag der Generalunternehmerin kündigte die Klägerin den Bauvertrag, beauftragte ein Drittunternehmen und nahm sodann die Beklagte wegen der Fertigstellungsmehrkosten als Bürgin in Anspruch. Folglich kam es sowohl auf die Wirksamkeit der Kündigung wie auf den Bestand des Schadensersatzanspruchs und damit zugleich der Bürgschaft an.*

b) Entscheidungsaussagen. *Die Leitsätze der Entscheidung lauten;* 40

- Die in einem Bauvertrag einbezogenen Regelungen des § 8 Abs. 2 Nr. 1 Fall 2 iVm § 8 Abs. 2 Nr. 2 VOB/B (2009) sind nicht gem. § 134 BGB wegen Verstoßes gegen §§ 103, 119 InsO unwirksam.
- Die von einem Auftraggeber in einem Bauvertrag gestellten Regelungen des § 8 Abs. 2 Nr. 1 Fall 2 iVm 8 Abs. 2 Nr. 2 VOB/B (2009) sind nicht gem. § 307 Abs. 1, 2 BGB wegen unangemessener Benachteiligung des Auftragnehmers unwirksam.
- Eine Vereinbarung, nach der die Auftragnehmerin zur Stellung einer Vertragserfüllungsbürgschaft i.H.v. 10% der Auftragssumme verpflichtet ist, weicht nicht vom gesetzlichen Leitbild des § 632a Abs. 3 Satz 1 BGB ab.

Die wichtigsten **Einzelheiten** dazu enthalten die folgenden Erläuterungen.

c) Wirksamkeit der Kündigung nach § 8 Abs. 2 Nr. 1 Fall 2. Dazu entscheidet der Senat, *dass die Regelung* ***nicht*** *gemäß § 134* ***BGB*** *wegen Verstoßes gegen §§ 103, 119 InsO unwirksam ist. Tragend und aus praktischer Sicht am wichtigsten ist die dort vorgenommene Interessenabwägung zwischen Bauherrn und (später insolventem) Bauunternehmen,*[62] *also die trefflich gelungene Beachtung und Verwirklichung des Prinzips der Privatautonomie, wozu der IX.ZS. in seinem Grundsatzurteil (→ Rn. 34, 35) – vom dortigen Standpunkt aus an sich folgerichtig – nichts gesagt hatte.*[63] 41

d) Komplettierung zu den anderen Fallgruppen bei § 8 Abs. 2 Nr. 1. Nachdem die Entscheidung zu § 8 Abs. 2 Nr. 1 **Fall 2** VOB/B und dort zudem nur die Variante „Insolvenzantrag des Auftragnehmers" betroffen hat, ist für die Kündigung nach **anderen Fallgruppen** zu beachten: 42

- Das Urteil gilt entsprechend für **Fall 1** (Variante Zahlungseinstellung durch Auftragnehmer) und für **Fall 2 (**Variante Eigeninsolvenzantrag des Auftragnehmers), weil bei beiden Varianten die Interessenabwägung nicht anders ausfallen wird (können).
- Offen erscheint die Rechtslage für **Fall 2** (Variante zulässiger Insolvenzantrag vom Auftraggeber oder einem anderen Gläubiger) wegen der schon geäußerten Bedenken(→ Rn. 22). Nur im zuerst genannten Fall, also bei Insolvenzantrag des Bauherrn als Auftraggeber[64] wird sich das Ergebnis des Grundsatzurteils übertragen lassen, für den anderen Fall (Insolvenzantrag eines anderen Gläubigers) ist das abzulehnen.
- Für **Fall 3** (Insolvenzeröffnung) ist die Rechtslage sehr kompliziert. Nach der neuen Dogmatik zur Abwicklung gegenseitiger Verträge (§ 103 → Rn. 18) stellt sich das Problem zur Wirksamkeit einer Lösungsklausel deshalb nicht, weil jedes Rücktritts- oder Kündigungsrecht wegen des Vorrangs des mit Insolvenzeröffnung automatisch (gleichzeitig) eingreifenden Wahlrechts ohnehin

---

[61] BGHZ 210, 1 = NJW 2016, 1945 = ZIP 2016, 981 = ZInsO 2016, 1062. Ausf. zum Urteil und zust. zB: *Huber* NZI 2016, 425; *Wager* in FS Prütting (2018), S. 805; *Seef/Uyawi-Wietz* ZIP 2016, 250. Urteilsanmerkungen zB *Schmidt* ZInsO 2016,2464 (abl.); *Seef* MDR 2016 797 (zusti.); *Schwenker* NJW 2016, 3068 (zurückhaltend).

[62] BGHZ 210, 1 Rn. 24 ff., 32 ff.

[63] Freilich kam es darauf im Erg. für dortige Fallentscheidung nicht an; näher dazu und zu den anderen, wichtigsten argumentativen Unterscheide in den Entscheidungsbegründungen der Senate *Huber* ZInsO 2016, 2130, 2132 f.

[64] Achtung: Gemeint ist dabei jetzt (wie im Fall) der Bauherr als Auftraggeber des später insolventen Generalunternehmers, Im Verhältnis Generalunternehmer und Subunternehmer ist aber auch Ersterer Auftraggeber. weshalb bei einem zwischen beiden (wie regelmäßig) bestehenden VOB-Bauvertag das Kündigungsrecht (auch) diesem gegenüber dem später insolventen Subunternehmer zustehen würde. werdenden oder gewordenen Subunternehmer besteht im Dreiecksverhältnis zwischen Bauherr, Generalunternehmer und Nachunternehmer besteht aber auch.

suspendiert ist, und zwar so lange, wie die dem Insolvenzverwalter kraft Gesetzes zustehende Überlegungszeit andauert. Diese Konsequenz dürfte auch unabhängig davon nach dem Grundsatz „selber schuld" allgemein einleuchten, weil es der Vertragspartner eben versäumt hat, von seinem Lösungsrecht rechtzeitig (nach Kenntnis von Zahlungseinstellung bzw. Insolvenzantrag) Gebrauch zu machen. Noch klarer wäre es, wenn er den Insolvenzverwalter zur Erklärung gem. § 103 Abs. 2 S. 2 aufgefordert hätte, weil damit ein Kündigungsrecht verwirkt wäre (→ Rn. 23 a.E.). Unabhängig von alledem ist im Fall des Falles (Vertragspartner kündigt erst nach Insolvenzeröffnung) das Lösungsrecht nach Fall wegen Verstoßes gegen § 119 als unwirksam anzusehen, weil dann der gegenseitige Vertrag auf andere als die gesetzlich vorgesehene Weise abgewickelt werden soll (→ Rn. 57); in einem solchen Fall hilft folglich auch das besprochene Grundsatzurteil des VII. ZS. nichts mehr, weil dort diese Variante nicht behandelt ist.

– **Fall 4** (Ablehnung der Eröffnung mangels Masse, vgl. § 26 InsO) dürfte nur theoretisch sein; denn das würde eine sehr eindeutige Sachlage zur Feststellung der Masseunzulänglichkeit und folglich eine so kurze Zeitspanne zum vorangegangenen Insolvenzantrag voraussetzten, dass der Vertragspartner auf das zuletzt genannte Ereignis nach seinem Bekanntwerden überhaupt nicht reagieren konnte.

43 **e) Wirksamkeit des Schadensersatzanspruchs nach § 8 Abs. 2 Nr. 2.** Die zentralen Konsequenzen aus dem Grundsatzurteil des VII. Zivilsenats sind dazu:

- Der Senat hat entschieden, das die Regelung **nicht** gem. § 307 Abs. 1, 2 BGB wegen unangemessener Benachteiligung des Auftragnehmers unwirksam ist, weil sie nicht von den wesentlichen Grundgedanken des geltenden Rechts abweicht.[65] Die knappen Erörterungen dazu sind bemerkenswert, weil die Wirksamkeit der Vorschrift vor allem in der baurechtlichen Literatur zunehmend bezweifelt worden war, nachdem der frühere§ 649 S. 2 (jetzt § 648 S. 2) BGB gerade umgekehrt einen Vergütungsanspruch des Unternehmers (Auftragnehmers) normiert.[66] Im Gegensatz dazu betont das Gericht, dass nach seiner Rechtsprechung dieser Vergütungsanspruch bei Pflichtverletzungen des Auftragnehmers entfällt, die das Vertragsverhältnis nachhaltig stören oder die Erreichung des Vertragszwecks gefährden, weshalb dann der Auftraggeber zur außerordentlichen Kündigung (ohne Folge einer solchen Zahlungspflicht) berechtigt ist.[67]
- Nicht verwechseln darf man diese Frage mit dem Problem des Kündigungsrechts nach § 649 S.**1** (jetzt § 648 S.**1**) BGB (→ Rn. 45). wozu der IX. Zivilsenat – freilich vor dem neuen Bauvertragsrecht (vor dem neuen § 648a BGB, → Rn. 45).
- Wegen der damit bestehenden Hauptschuld war an der Wirksamkeit der Bank-Bürgschaft nicht (mehr) zu zweifeln (vgl. §§ 765 Abs. 1, 767 Abs. 1 S. 1 BGB), weshalb (nur noch) über deren **Umfang** zu entscheiden war. Dazu hält der *Senat* die Vereinbarung für unbedenklich, wonach die Generalunternehmerin zur Stellung einer **Vertragserfüllungsbürgschaft** i.H.v. 10 % der Auftragssumme verpflichtet war, weil das **nicht** vom gesetzlichen Leitbild des § 632a Abs. 3 S. 1 BGB abweicht (LS 3); aus dieser Bestimmung (so heißt es im Urteil wörtlich[68]) „kann aber nicht entnommen werden, dass eine Vertragserfüllungssicherheit, die von einem Verbraucher – und mithin erst recht von einem Unternehmer – verlangt wird, nicht mehr als 5 % betragen darf."

44 **f) Praktische Konsequenzen.** Insoweit sind drei Problemlagen auseinander zu halten:

(1) Geklärte Ausgangspunkte. Eine **höchstrichterliche Klärung** der Rechtslage zur Wirksamkeit bzw. Unwirksamkeit einer insolvenz**ab**hängigen Lösungsklausel gibt es damit bislang nur in **zwei,** allerdings gegensätzliche (!) Richtungen, nämlich

- vom IX. Zivilsenat für Verträge über die fortlaufende Lieferung von Waren oder Energie (→ Unwirksamkeit), und
- vom VII. Zivilsenat für einen VOB-Bauvertrag(→ Wirksamkeit).

Hinzu kommt die **gesetzliche Klärung** der Rechtslage für einen BGB-Bauvertrag nach dem neuen § 648a BGB (→ Rn. 45).

(2) Ausblicke. Für alle **anderen Typen gegenseitiger Verträge** ist das Problem beim BGH noch offen, insbesondere fehlen (noch) Entscheidungen vom Grundstücks- und Erbrechtssenat. Sollte sich die Frage zur Wirksamkeit bzw. Unwirksamkeit einer insolvenz**ab**hängigen Lösungsklausel dort entscheidungserheblich stellen, wird es vor allem darauf ankommen:

---

65 BGHZ 210, 1 (Rn. 45 ff.).
66 Krit. auch *Huber* NZI 2014, 49, 52 (mwN) und Vorauflage hier.
67 BGHZ 210, 1 (Rn. 52).
68 BGHZ 210, 1 (Rn. 70).

- Wie positioniert sich der jeweilige Senat zur **Vertragsfreiheit (Privatautonomie)** und damit zu einer umfassenden Interessenabwägung?[69] Mit anderen Worten: Besteht ein anerkennenswertes Interesse an einer Vertragsbeendigung aufgrund Lösungsklausel oder nicht?[70]
- In diese Prüfung sollten auch eventuelle Nachteile einer Unwirksamkeitslösung für Sanierungsversuche außerhalb eines (eventuellen) Insolvenzverfahrens bedacht werden, zumal die mögliche Sanierungsfeindlichkeit im Gesetzgebungsverfahren zur InsO ausführlich (mit der Folge der Streichung von RegE § 137 Abs. 2) problematisiert worden ist (→ Rn. 10, 11). Ein angeschlagenes Unternehmen wird nämlich in aller Regel seine wirtschaftlich angespannte Lage dem Geschäftspartner gegenüber zwangsläufig aufdecken müssen (beispielsweise um Stundungen oder Stillhalteabkommen zu erreichen), jedenfalls aber nicht geheim halten können und meist auch nicht verbergen wollen, um das für die Geschäftsanbahnung und -abwicklung notwendige gegenseitige Vertrauen nicht zu gefährden. Ein generelles Verbot von insolvenzabhängigen Lösungsklauseln für den Insolvenzfall könnte in solchen Situationen die Insolvenzgefahr gerade erhöhen.
- Letzteres gilt gerade auch im europäischen und internationalen Geschäftsverkehr.[71] Denn dort wird Wert darauf gelegt, dass bei Insolvenz des Vertragspartners die Vertragsauflösung möglich bleibt,[72] worauf schon der Rechtsausschuss des Bundestages im Gesetzgebungsverfahren hingewiesen hatte (→ Rn. 11). Auch neuerdings wird wieder verstärkt eine Harmonisierung der Regelungen zur Wirksamkeit bzw. zur Anwendbarkeit insolvenzbedingter Lösungsklauseln aus historischen, rechtsvergleichenden und kollisionsrechtlichen Aspekten gefordert, weil die Unterschiede das Funktionieren des Binnenmarktes beeinträchtigen können.[73]
- **Österreich** hat bei der Neufassung des Insolvenzverfahrens nach dem Insolvenzrechtsänderungsgesetz (IRÄG) 2010[74] freilich einen anderen Weg eingeschlagen. Dort sieht – im Rahmen des österreichischen „Schutzschild"-Modells – § 25a öIO[75] eine zeitlich begrenzte Vertragsauflösungssperre bei Unternehmensfortführung (!) vor, die § 25b öIO[76] durch ein Vertragsauflösungsverbot für den Fall der Insolvenzeröffnung ergänzt.[77] Allerdings hat der österreichische Oberste Gerichtshof schon entschieden, dass die Einschränkung des Kündigungsrechts **nicht** gilt, wenn die Auflösung des Vertrages zur Abwendung schwerer persönlicher oder wirtschaftlicher Nachteile unerlässlich ist, ebenso wie bei Ansprüchen auf Auszahlung von Krediten und bei Arbeitsverträgen.[78] Wie sich das alles in der Praxis auswirken wird, bleibt abzuwarten; streitig ist in der österreichischen

---

69 So schon *Huber* ZInsO 2016, 2130, 2132.

70 Bekanntlich bejaht vom VII. ZS des BGH, verneint von *Becker* ZInsO 2018, 1881, 1889, aber nur für den Einzelfall, in dem eine ungestörte Vertragsabwicklung gefährdet ist. Das Erfordernis einer Einzelfall-Prüfung entspricht damit im Ergebnis auch dem hier vertretenen Standpunkt!.

71 Ausführlich zu insolvenzbedingten Lösungsklausel aus (deutscher und) internationaler Sicht *Piepenbrock* ZIP 2018, 1, 5.

72 *Treffer* MDR 2000, 1178f. Näher zum Problem *Piepenbrock* ZIP 2018, 1.

73 Näher *Piepenbrock* ZIP 2018, 1, 8. Vgl. auch *Hoffmann* KTS 2018, 343, 367.

74 Vgl. öBGBl I 2010, Nr. 29; Überblick zur neuen österreichischen Insolvenzordnung (öIO) im deutschen Schrifttum von *Nunner-Krautgasser* ZInsO 2011, 117 und im österreichischen vgl. zB. *Konecny* Das Verfahrensgebäude der Insolvenzordnung, in Konecny (Hrsg.), IRÄG 2010, ZIK (Zeitschrift für Insolvenzrecht und Kreditschutz) Spezial, Wien 2010, S. 1ff.

75 Die Überschrift der Bestimmung heißt: „Auflösung von Verträgen durch Vertragspartner des Schuldners"; § 25a öIO lautet:
„(1) Wenn die Vertragsauflösung die Fortführung des Unternehmens gefährden könnte, können Vertragspartner des Schuldners mit dem Schuldner geschlossene Verträge bis zum Ablauf von sechs Monaten nach Eröffnung des Insolvenzverfahrens nur aus wichtigem Grund auflösen. Nicht als wichtiger Grund gilt
1. eine Verschlechterung der wirtschaftlichen Situation des Schuldners und
2. Verzug des Schuldners mit der Erfüllung von vor Eröffnung des Insolvenzverfahrens fällig gewordenen Forderungen.
(2) Die Beschränkungen des Abs. 1 gelten nicht,
1. wenn die Auflösung des Vertrags zur Abwendung schwerer persönlicher oder wirtschaftlicher Nachteile des Vertragspartners unerlässlich ist,
2. bei Ansprüchen auf Auszahlung von Krediten und
3. bei Arbeitsverträgen."

76 Die Überschrift der Bestimmung heißt: „Unwirksame Vereinbarungen"; § 25b öIO lautet:
„(1) Auf Vereinbarungen, wodurch die Anwendung der §§ 21 bis 25a im Verhältnis zwischen Gläubiger und Schuldner im voraus ausgeschlossen oder beschränkt wird, können sich die Vertragsteile nicht berufen.
(2) Die Vereinbarung eines Rücktrittsrechts oder der Vertragsauflösung für den Fall der Eröffnung eines Insolvenzverfahrens ist unzulässig, außer bei Verträgen nach § 20 Abs. 4.".

77 Näher zu beiden Bestimmungen *Nunner-Krautgasser/Patater* ZInsO 2011, 2068; vgl. auch *Widhalm-Budak* sowie *Konecny/Nunner-Krautgasser* in ZIK Spezial aaO, S. 23ff. sowie S. 39ff.

78 Mit Hinweis auf OGH (21.11.2013, 1 Ob 157/13i) bei *Piepenbrock* ZIP 2018, 1, 6; vgl. auch bei *Hoffmann* KTS 2018, 343, 367.

Literatur offenbar auch das Verhältnis der zitierten Bestimmungen zum Wahlrecht des Insolvenzverwalters (§ 21 öIO),[79] insbesondere zu nachteiligen Auswirkungen für den Vertragspartner während der Schwebezeit bis zu einer Wahlrechtsausübung. Aufschlussreich ist insoweit aber immerhin die Feststellung, dass vertragliche Rücktrittsrechte und Auflösungsklauseln, die nicht an die formelle Insolvenzeröffnung, sondern an eine wesentliche wirtschaftliche Verschlechterung anknüpfen, nicht berührt werden, und dass solche (zulässige!) „Verschlechterungsklauseln" ein wesentliches Umgehungspotential mit sich bringen;[80] gemeint sind damit nach dem hier verwendeten Sprachgebrauch vor allem insolvenzunabhängige Lösungsklauseln (→ Rn. 19 ff.). Damit dürfte sich als nachteilige Folge genau das verwirklichen, wovor gerade vorstehend gewarnt wurde.

(3) Weitere Problemlagen.

- Eine ganz andere Frage ist es, ob eine **Insolvenzanfechtung** gegen eine Lösungsklausel in Betracht kommen kann (dazu → Rn. 46 ff.).
- Davon ist wiederum die Frage der **Anfechtbarkeit** im Zusammenhang mit der **Kündigung des Auftraggebers** zu unterscheiden.[81] Insoweit kommt eine Deckungsanfechtung nach §§ 130, 131 in Betracht, wenn sie dem Auftraggeber (Insolvenzgläubiger) Sicherung oder Befriedigung ermöglicht hat; bei einer Aufrechnung durch ihn kann deren Unzulässigkeit nach § 96 Abs. 1 Nr. 3 (wegen anfechtbarer Herstellung der Aufrechnungslage) geltend gemacht werden.[82] Eine Anfechtbarkeit nach § 133 scheidet demgegenüber von vornherein aus, weil es an einer Rechtshandlung des Schuldners fehlt; nur bei §§ 130, 131 InsO kommt es im Unterschied dazu nicht darauf an, wer die Rechtshandlung vorgenommen hat.

45 **4. Rechtslage beim BGB-Bauvertrag (§ 648a).** Ist zwischen den Parteien **nicht** die Geltung der VOB/B vereinbart, richtet sich die Rechtslage nach BGB, und zwar früher gem. §§ 631 ff. BGB (Werk-Bau-Vertrag), seit 1.1.2018 für die zu diesem Zeitpunkt geschlossenen Bauverträge nach dem neuen Bauvertragsrecht[83] gem. §§ 650a BGB; ob das wirklich den „Anfang vom Ende der VOB/B" bedeutet,[84] bleibt abzuwarten. Für die weitere Prüfung gilt:

- Für beide Fälle (BGB-Bauvertrag nach bisherigem und BGB-Bauvertrag nach neuem Recht) gibt es jetzt ein **Kündigungsrecht aus wichtigem Grund nach § 648a BGB.**[85] Unter den Begriff „wichtiger Grund" fällt ausweislich der amtlichen Begründung ausdrücklich auch die Insolvenz des Unternehmers (Auftragnehmers).[86] Außerdem bestimmt § 648a Abs. 6 BGB zur Berechtigung, Schadensersatz zu verlangen, dass dieses Recht durch die Kündigung **nicht** ausgeschlossen wird. Der Gesetzgeber hat damit im Ergebnis die Entscheidung des VII. Zivilsenats des BGH (→ Rn. 39 ff.) in vollem Umfang gebilligt bzw. bestätigt.
- **Praktische Konsequenz** für das hier erörterte Problem der Wirksamkeit/Unwirksamkeit einer insolvenz**ab**hängigen Lösungsklausel ist: Alle Erörterungen zum VOB-Bauvertrag gelten für einen BGB-Bauvertrag entsprechend!
- Nicht verwechseln darf man diese Frage mit dem Problem des Kündigungsrechts nach § 649 S.**1** (jetzt § 648 S.**1**) BGB, wozu der IX. Zivilsenat – **vor** (!) Inkrafttreten des neuen Bauvertragsrechts am 1.1.2018 (also vor dem neuen § 648a BGB!) – allerdings (im Urteil v. 14.9.2017) noch meinte, die Eröffnung des Insolvenzverfahrens über das Vermögen des Unternehmers stelle für sich genommen keinen wichtigen Grund für die Kündigung eines Werklieferungsvertrages dar;[87] das lässt sich aber nach Inkrafttreten von § 648a BGB (zum 1.1.2018) nicht mehr aufrecht erhalten.

IV. Inhaltskontrolle und Anfechtbarkeit bei insolvenzabhängigen, aber wirksamen (nicht wegen § 119 unwirksamen) Lösungsklauseln

46 **1. Inhaltskontrolle von Formularverträgen. a) Ausgangspunkt.** Für die Inhaltskontrolle einer durch Einbeziehung von AGB in den gegenseitigen Vertrag vereinbarten insolvenz**ab**hängigen Lösungsklausel (→ Rn. 22 ff.) muss man unterscheiden:[88]

---

[79] Die Problemlage wird als „besonders heikel" bezeichnet von *Nunner-Krautgasser/Pateter* ZInsO 2011, 2069, 2074.

[80] *Nunner-Krautgasser/Pateter* ZInsO 2011, 2069, 2073.

[81] Näher dazu *Fritsche/Kilian* DZWiR 2008, 45 (51 ff.).

[82] Ausf. dazu *Huber* ZInsO 2009, 566.

[83] Gesetz zur Reform des Bauvertragsrechts, zur Änderung der kaufrechtlichen Mängelhaftung, zur Stärkung des … (usw.) v. 28.4.2017, BGBl. I, S. 969, in Kraft getreten am 1.1.2018.

[84] So *Koenen* BauR 2018, 1033.

[85] Vgl. § 650a Abs. 1 S. 2 (…„ergänzend"…).

[86] BR-Drucks. 123/16, S. 57 ff.

[87] BGH NJW 2017, 3362 = ZIP 2017, 1919 = ZInsO 2017, 2159.

[88] Ausblick auf das Schicksal insolvenzrechtlicher Lösungsklausel in AGB (… „quo vadis"?) schon bei *Lenger/Schmitz* NZI 2015, 306.

- Das Problem stellt sich **nicht,** soweit eine solche Klausel nach der neuen Rechtsprechung des IX: Zivilsenats des BGH zu einem Vertrag über die fortlaufende Lieferung von Waren oder Energie ohnehin wegen § 119 unwirksam (→ Rn. 28–30) oder nach dem hier vertretenen Standpunkt wegen Insolvenzzweckwidrigkeit nichtig (→ Rn. 31 ff.) ist.
- Das Problem stellt sich umgekehrt auch **nicht** bei einem VOB-Bauvertrag wegen der neuen Rechtsprechung des VII. Zivilsenats des BGH zur Wirksamkeit einer solchen Klausel (→ Rn. 39 ff.); entsprechendes gilt für einem BGB-Bauvertrag wegen des neuen § 648a BGB (s. o. Rn. 45, 47).
- Das Problem ist aber **entscheidungserheblich** zum einen bei einer nach jeder Auffassung wirksamen insolvenz**ab**hängigen, weil an entsprechende gesetzliche Regelungen „eng angelehnten" Vertragsklausel (→ Rn. 38) und andererseits, soweit bei anderen gegenseitigen Vertragstypen mit dem hier vertretenen Standpunkt nach Gesamtabwägung insbesondere unter Berücksichtigung des unsere Rechtsordnung beherrschenden Prinzips der Vertragsautonomie (weiterhin) von einer Wirksamkeit auszugehen ist (→ Rn. 39–44). Für die zuletzt genannte Variante kommt es darauf nur dann **nicht** an, wenn das Problem offen bleiben kann (→ Rn. 42).

b) Formularmäßige Lösungsklausel bei BGB-Bauvertrag. Bei einem Bauvertrag nach **§ 650a BGB** oder einem Verbraucherbauvertrag nach **§ 650h BGB** (also ohne Vereinbarung von VOB/B) stellt sich das Problem seit Inkrafttreten der Reform des Bauvertragsrechts **nicht** mehr, weil es dort ohnehin ein Kündigungsrecht aus wichtigem Grund gem. § 648a BGB gibt, das auch das insolvenzbedingte Lösungsrecht umfasst. Zum alten Recht wird auf die 3. Auflage (2013) am selben Ort verwiesen. 47

c) VOB-Bauvertrag. Insoweit hat sich die Problemlage seit dem Grundsatzurteil des VII. Zivilsenats des BGH (→ Rn. 39 ff.) weitgehend erledigt, weil das Kündigungsrecht des § 8 Abs. 2 Nr. 1 iVm § 8 Abs. 2 Nr. 2 VOB/B **nicht** gegen § 307 Abs. 1, 2 BGB verstößt und der Schadensersatzanspruch nach § 8 Abs. 2 Nr. 2 Bestand hat (→ Rn. 43). 48

d) Zusammenfassung: Abwicklungsvorschläge für die Praxis bei einer Lösungsklausel. Auch nach (bzw. trotz) der Klärung durch den VII. Zivilsenat (Baurechtssenat) ist zu beachten: 49

- Macht der Auftraggeber nach Insolvenzeröffnung von seinem Lösungsrecht nicht unverzüglich Gebrauch, kann der Insolvenzverwalter einer späteren Erklärung den Einwand des Rechtsmissbrauches entgegenhalten; denn dann konnte er (bzw. ein vorläufiger Insolvenzverwalter) sich darauf verlassen, er werde über das Wahlrecht nach § 103 entscheiden können.
- Ab Eröffnung des Insolvenzverfahrens über das Vermögen des Auftragnehmers ist ohnehin jedes Lösungsrecht (durch Rücktritt oder Kündigung) suspendiert.[89]
- Fordert der Auftraggeber – trotz der ausbedungenen Lösungsklausel – den Insolvenzverwalter zur Erklärung gem. § 103 Abs. 2 S. 2 auf, so liegt darin ein konkludenter Verzicht auf die Rechte aus der Lösungsklausel. Denn dann legt er das „Schicksal des Vertrags" in die Hände des Insolvenzverwalters".

2. Insolvenzanfechtung bei insolvenzabhängiger (aber wirksamer, nicht wegen § 119 unwirksamer) Lösungsklausel. a) Ausgangspunkt. Dazu muss man wissen, dass der Lösungsweg über eine Insolvenzanfechtung nach der Entscheidung des IX. Zivilsenats (→ Rn. 28 ff.) und vor der Entscheidung des VII. Zivilsenats (→ Rn. 39 ff.) verschiedentlich in der Literatur favorisiert wurde;[90] dabei wird ein Verstoß gegen § 119 verneint und § 8 Abs. 2 Nr. 1 VOB/B für wirksam, aber das Lösungsrecht nach dieser Vorschrift für (eventuell) anfechtbar abgesehen. Nach dem Grundsatzurteil des VII. Zivilsenats hat sich das jedenfalls für den Regelfall erledigt; denn dort hat das Gericht die Einrede der Anfechtbarkeit nicht durchgreifen lassen, weil die Einbeziehung des § 8 Abs. 2 Nr. 2 S. 2 VOB/B in nicht anfechtbarer Weise im Sinne der §§ 129 ff. InsO erfolgt ist;[91] auch eine Unausgewogenheit des Bauvertrages (es handelte sich um eine ganz praxistypische Gestaltung) sei nicht ersichtlich.[92] Abgesehen davon kann aber eine Anfechtbarkeit in Betracht kommen, vor allem in anderen, höchstrichterlich noch nicht entschiedenen gegenseitigen Vertragstypen mit einer insolvenz**ab**hängigen Lösungsklausel (→ Rn. 44 (2)). Deshalb sind im Folgenden vorsorglich die möglicherweise einschlägigen Anfechtungstatbestände erörtert. 50

b) Anfechtungsrechtliche Weichenstellung. Insoweit muss man als erstes die Weichenstellung zwischen bisherigem (und für Alt-Fälle weiter geltendem) Recht und dem neuen Anfechtungs- 51

---

89 Näher zur vergleichbaren Problemlage beim Rücktritt des Vorbehaltsverkäufers in der Insolvenz des Vorbehaltskäufers vgl. *Huber* FS Musielak 2004, S. 268, 282 ff. (Nachdruck NZI 2004, 57, 61 ff.).
90 Vor allem von *Jakoby* ZIP 2014, 649.
91 BGHZ 210, 1 Rn. 61 ff.
92 BGHZ 210, 1 Rn. 67.

recht 2017[93] beachten. Maßgeblich ist als **Stichtag** das Datum des Inkrafttretens des Gesetzes, nämlich der 5.4.2017. wozu gilt: In den vor diesem Zeitpunkt eröffneten Insolvenzverfahren sind die bisherigen Vorschriften (mit einer hier nicht interessierenden Ausnahme[94]) weiter anzuwenden, während das neue Recht für am 5.4.2017 oder später eröffnete Verfahren gilt (vgl. Art. 103j EGInsO).

52 **c) Gläubigerbenachteiligung iSd § 129.** Dazu muss man auseinander halten:

- Nichts geändert hat sich am **Grundsatz,** wonach jede Insolvenzanfechtung gemäß § 129 voraussetzt, dass die anzufechtende, einheitliche Rechtshandlung **als Ganzes,** also in ihrer Gesamtheit die Insolvenzgläubiger benachteiligt; die Anfechtung richtet sich folglich nicht gegen die insolvenz**ab**hängige Lösungsklausel selbst, sondern gegen den gesamten Vertrag. Hierfür gilt nach den vom BGH im sogenannten Breitbandverteilanlage-Fall (→ Rn. 24) entwickelten Grundsätzen:[95] Der Anfechtbarkeit des Vertrages steht nicht entgegen, dass dieser allgemein in sich ausgewogen ist und gleichwertige Gegenleistungen vorsieht, vielmehr genügt es, wenn er gerade für den Fall der Insolvenz eines Vertragspartners für diesen nicht unerhebliche nachteilige Ausnahmen festschreibt, die auch bei einer Gesamtbetrachtung aller Umstände zur Erreichung des Vertragszwecks nicht vorrangig geboten sind.
- Im Ergebnis tritt dann die **Wirkung einer Teilanfechtung** ein, wenn die anfechtbare Handlung das Schuldnervermögen nur im begrenzten Maße geschmälert hat und das Rechtsgeschäft insoweit teilbar ist. Letzteres darf nicht rein zahlenmäßig oder auf den Leistungsgegenstand bezogen verstanden werden; teilbar in diesem Sinne ist auch ein allgemein ausgewogener Vertrag, der lediglich und gezielt für den Fall der Insolvenz den späteren Insolvenzschuldner einseitig und unangemessen benachteiligt. Der Rückgewähranspruch auf Grund Insolvenzanfechtung (§ 143 Abs. 1) geht dann dahin, dass allein die benachteiligende Klausel entfällt; demgegenüber kann sich der Vertragspartner nicht darauf berufen, er hätte den Vertrag ohne die Klausel nicht geschlossen, jedenfalls dann nicht, wenn der Vertrag in Vollzug gesetzt worden ist. **Rechtsfolge** ist mithin die Fortsetzung des Vertrags zu den ursprünglichen Bedingungen und damit genau das Ergebnis, das der IX. Zivilsenat im entschiedenen Einzelfall (Vertrag über die fortlaufende Lieferung von Waren oder Energie; → Rn. 28 ff.) nur über den Ausspruch zur Unwirksamkeit der insolvenzbedingten Lösungsklausel gem. § 119 herstellen zu können glaubte (→ Rn. 31b).

53 **d) Besonderen Insolvenzanfechtung (§§ 130–132).** Da die Anfechtungsreform 2017 diese Vorschriften **nicht** berührt hat, gelten sie unverändert fort, wozu im hier erörterten Zusammenhang gilt:

- Soll sich eine Anfechtung **gegen die Vereinbarung der Lösungsklausel selbst** (den Vertrag mit Lösungsklausel) richten, kommt eine Anfechtbarkeit in aller Regel schon deshalb nicht in Betracht, weil dieses Rechtsgeschäft zeitlich vor der Krise (drei Monate vor Insolvenzantrag oder danach bis Verfahrenseröffnung) vorgenommen worden sein und deshalb außerhalb der Anfechtungsfristen dieser Tatbestände liegen wird. Und für eine Anfechtung als unmittelbar nachteilige Rechtshandlung (§ 132) fehlt es außerdem an der Unmittelbarkeit der Gläubigerbenachteiligung wie bei § 133 Abs. 2 bzw. jetzt Abs. 4 (→ Rn. 54).
- Anders ist es, wenn sich die Insolvenzanfechtung gegen das **Gebrauchmachen** von der Lösungsklausel, also insbesondere **gegen die Kündigung durch den Auftraggeber** richtet.[96] Insoweit kommt eine Deckungsanfechtung nach §§ 130, 131 in Betracht, sofern dem Auftraggeber (Insolvenzgläubiger) die Kündigung eine Sicherung oder Befriedigung ermöglicht hat; bei einer Aufrechnung durch ihn kann deren Unzulässigkeit nach § 96 Abs. 1 Nr. 3 (wegen anfechtbarer Herstellung der Aufrechnungslage) geltend gemacht werden.[97] Denn erst durch das Ziehen der Lösungsklausel wird sie „werthaltig".[98] Eine Anfechtbarkeit nach § 133 scheidet demgegenüber von vornherein aus, weil es (beim Gebrauchmachen) an einer Rechtshandlung des Schuldners fehlt; bei §§ 130, 131 InsO kommt es im Unterschied dazu nicht darauf an, wer die Rechtshandlung (hier: Kündigung, Werthaltigmachen) vorgenommen hat.

---

93 Gesetz zur Verbesserung der Rechtssicherheit bei Anfechtungen nach der Insolvenzordnung und dem Anfechtungsgesetz v. 29.3.2017, BGBl. I. S. 654 (das AnfG bleibt hier außer Betracht), in Kraft getreten am 5.4.2017.

94 Sie betrifft die Verzinsung eines auf Geldzahlung gerichteten Rückgewähranspruchs gem. § 143 Abs. 1 S. 3.

95 BGHZ 124, 76, 80 ff. = NJW 1994, 449.

96 Näher dazu *Fritsche/Kilian* DZWiR 2008, 45, 51 ff.

97 Ausf. dazu *Huber* ZInsO 2009, 566.

98 Zum maßgeblichen Zeitpunkt beim Werthaltigmachen vgl. BGH ZIP 2013, 588 Rz. 11 ff. = NZI 2013, 344 = ZInsO 2013, 497.

- Ein nicht im zugrunde liegenden Vertrag, also **nachträglich vereinbartes Lösungsrecht** bevorzugt den anderen Teil einseitig, weil er eine Verbesserung seiner Rechtsstellung erhält, auf die er keinen Anspruch hatte. Das ist begrifflich inkongruent und damit neben bzw. über § 131 hinaus unter den erleichterten Voraussetzungen (Beweisanzeichenregel) nach § 133 anfechtbar.

e) Vorsatzanfechtung nach § 133 Abs. 2 aF, jetzt Abs. 4. Eine Anfechtung nach diesen beiden, inhaltlich völlig deckungsgleichen Vorschriften (Anwendungsbereich → Rn. 51) scheidet in aller Regel von vornherein aus. Sie setzen nämlich unmittelbare Gläubigerbenachteiligung voraus, also dass durch die Rechtshandlung selbst ohne Hinzutreten anderer, außerhalb liegender Umstände das Vermögen des späteren Insolvenzschuldners geschmälert wird. Folglich führt der Abschluss des Rechtsgeschäftes nur dann unmittelbar zu einer Gläubigerbenachteiligung, wenn der gesamte rechtsgeschäftliche Vorgang die Zugriffsmöglichkeiten der Gläubiger verschlechtert hat; daran fehlt es in den hier zu beurteilenden Sachverhalten, bei denen der Vertrag allgemein in sich ausgewogen ist und gleichwertige Gegenleistungen vorsieht (→ Rn. 53). 54

f) Vorsatzanfechtung nach anderen Tatbestandsvarianten. In Betracht kommt deshalb nur eine Vorsatzanfechtung nach den **anderen** Tatbestandsvarianten; die Rechtslage dazu ist wegen der Anfechtungsreform 2017 und der Weichenstellung zwischen bisherigem und neuem Recht (→ Rn. 51) sehr kompliziert. Es ist wie folgt zu unterscheiden: 55

- Beim **Prüfungsansatz** muss man erkennen, dass es in beiden Alternativen (altes/neues Recht) stets um begrifflich kongruente Deckungshandlungen geht.
- Für **Alt-Fälle** kommt dann eine **Anfechtung nach § 133 Abs. 1** in Betracht. Voraussetzungen sind in objektiver Hinsicht der Abschluss des Vertrages innerhalb von 10 Jahren vor Eröffnungsantrag (oder nach Eröffnungsantrag) und eine mittelbare Gläubigerbenachteiligung. In subjektiver Hinsicht verlangt der Tatbestand wenigstens bedingten Vorsatz der Gläubigerbenachteiligung und die Kenntnis des anderen Teils davon.
- Der Schluss auf diese beiden Merkmale ist zwar **nicht** mehr bei Inkongruenz der Deckung (dafür gilt Absatz 2.3, → Rn. 56). wohl aber dann gerechtfertigt, wenn die insolvenz**ab**hängige Vereinbarung dem späteren Insolvenzschuldner Vermögensnachteile auferlegt, die über die gesetzlichen Folgen hinausgehen und auch bei einer Gesamtbetrachtung aller Umstände zur Erreichung des Vertragszwecks nicht vorrangig geboten sind;[99] sie lagen in dem schon erwähnten Breitbandverteilanlage-Fall in dem mit der Ausübung des Lösungsrechtes verknüpften entschädigungslosen Eigentumsübergang der Anlage auf den Anfechtungsgegner. Allerdings kann trotz der Herbeiführung der objektiven Gläubigerbenachteiligung ein darauf bezogener mindestens bedingter Vorsatz fehlen, wenn die Beteiligten im maßgeblichen Zeitpunkt (→ Rn. 54) keine ernsthaften Zweifel an der Liquidität des (späteren Insolvenz-)Schuldners hatten noch haben mussten, was anzunehmen, je größer der zeitliche Abstand zwischen der Vereinbarung einer Lösungsklausel und dem Eintritt der Krise ist; das bleibt im Anfechtungsprozess indessen unberücksichtigt, wenn solche Umstände der Anfechtungsgegner nicht in substantiierter Form behauptet.
- Bei der Beurteilung der objektiven Gläubigerbenachteiligung ist darüber hinaus zu fragen, ob der Auftraggeber (Bauherr) die Rechtsfolgen der Lösungsklausel nicht auch nach BGB hätte herbeiführen können. Dies gilt insbesondere auch für § 8 Nr. 2 Abs. 2 Satz 2 VOB/B, oder wenn nach BGB ein Anspruch auf Schadensersatz bestehen würde, der auf Pflichtverletzungen des Auftragnehmers gegründet werden könnte (§§ 280 Abs. 1, 280 Abs. 2, 286 BGB; § 281 iVm § 325 BGB; § 314 Abs. 4 BGB).

g) Vorsatzanfechtung nach neuem Recht, § 133 Abs. 2, 3. Als erstes ist für das neue Anfechtungsrecht (→ Rn. 53) zu beachten, dass **§ 133 Abs. 2** für alle Deckungshandlungen (also sowohl begrifflich kongruente wie begrifflich inkongruente) die Anfechtungsfrist (von 10 auf) 4 Jahre verkürzt und dass **§ 133 Abs. 3 S. 1** ausschließlich bei der tatsächlich schon eingetretenen Zahlungsunfähigkeit angeknüpft. Zum anderen kommt zu dem soeben (→ Rn. 55) beschriebenen Problem die Kollision zwischen dem neuen Gesetzesrecht und der neuesten Rechtsprechung des BGH hinzu, wozu gilt: 56

- Eine Vorsatzanfechtung bei (oder besser gesagt) trotz Kongruenz der Deckung hat der Gesetzgeber des Anfechtungsrechts 2017 durch die sog. Negativ-Vermutung des **§ 133 Abs. 3 S. 2** erheblich erschweren, wenn nicht unmöglich machen wollen; wegen der Einzelheiten muss auf die Kommentierung der zitierten Vorschriften verwiesen werden.
- Hinzu kommt außerdem, dass der IX. Zivilsenat zeitnah mit dem Inkrafttreten des genannten Gesetzes **andere Lösungswege** zur Begrenzung der Vorsatzanfechtung bei Kongruenz der Deckung im Falle des § 133 Abs. 1 gefunden hat.[100]

---

99 BGHZ 124, 76, 80 ff. = NJW 1994, 449.

100 Näher dazu *Huber* ZIP 2018, 519. Vgl. außerdem *Pape* ZInsO 2018, 206, 300 f.; *Kayser* ZIP 2018, 1153.

- **Konsequenz** ist: Eine Vorsatzanfechtung wird – von der gerade (→ Rn. 55) beschriebenen Ausnahme (Breitbandverteilanlage-Fall) abgesehen – in der Praxis nicht mehr in Betracht kommen, und zwar weder nach den gesetzlichen Vorgaben, noch nach der neuesten, höchstrichterlichen Rechtsprechung.[101]

V. Einzelerläuterungen zur Unwirksamkeit abweichender Vereinbarungen für die Zeit nach Insolvenzeröffnung

57 **1. Beeinträchtigung von § 103. Unwirksam** sind gemäß § 119 im Voraus getroffene Vereinbarungen (→ Rn. 13–17), denen zufolge ein unter § 103 fallender gegenseitiger Vertrag (→ § 103 Rn. 55 ff.) nach Insolvenzeröffnung auf andere als die gesetzlich geregelte Weise abzuwickeln ist. Unwirksam ist insbesondere eine Vereinbarung, welche

- den Begriff der **vollständigen Erfüllung** nicht mit dem Eintritt des Leistungserfolges, sondern der Vornahme einer Leistungshandlung (→ § 103 Rn. 122, 123) verbindet,
- dem Insolvenzverwalter die Ausübung des Wahlrechts erst nach Scheitern von **Verhandlungen mit dem Vertragspartner** über die Fortsetzung/Abwicklung des Vertrages erlaubt,[102]
- die dem Insolvenzverwalter zustehende angemessene **Überlegungszeit** nach Aufforderung des anderen Teils (§ 103 Abs. 2 Satz 2) auf eine konkret bestimmte Frist verkürzt,
- in Abänderung der Rechtsfolge des § 103 Abs. 2 Satz 3 das Schweigen des Insolvenzverwalters als Erfüllungsverlangen qualifiziert,
- die Berichtigung der Nichterfüllungsforderung des anderen Teils (§ 103 Abs. 2 Satz 1) als **Masseverbindlichkeit** bestimmt,[103]
- eine **Vertragsstrafe** für den Fall vorsieht, dass der Vertragspartner im späteren Insolvenzverfahren über das Vermögen des die Strafe versprechenden Schuldners nur die Quote erhält,[104] und zwar nicht nur dann, wenn der als Strafe vereinbarte Betrag den tatsächlichen Schaden übersteigt[105] (Begründung wie bei Schadenspauschalierung),
- dem anderen Teil anstelle der konkreten oder abstrakten Berechnung seiner Nichterfüllungsforderung (→ § 103 Rn. 184 ff.) eine **Schadenspauschalierung** erlaubt, weil dann der Insolvenzverwalter darlegen und beweisen müsste, dass die Nichterfüllungsforderung tatsächlich geringer ist als die Schadenspauschale, zu seinen Lasten also die Darlegungs- und Beweislast umgekehrt würde.[106]

58 Das Problem zur insolvenzrechtlichen **Wirksamkeit** von **Lösungsklauseln** wurde soeben ausführlich erörtert (→ Rn. 18 ff., 28 ff., 39 ff.). Zulässig sind **dingliche Sicherungen** für die Nichterfüllungsforderung des anderen Teils (§ 103 Abs. 2 Satz 1);[107] denn die InsO erkennt Absonderungsrechte grundsätzlich an, wie §§ 50, 108 Abs. 1 Satz 2 zeigen.

59 **2. Beeinträchtigung von § 104. Unwirksam** sind gemäß § 119 im Voraus getroffene Vereinbarungen (→ Rn. 13–17), denen zufolge ein unter § 104 fallendes Fix- oder Finanzleistungsgeschäft nicht bereits mit der Eröffnung des Insolvenzverfahrens kraft Gesetzes beendet und in ein Differenzgeschäft aufgelöst wird; § 104 lässt sich treffend auch als „gesetzliche Lösungsklausel" kennzeichnen.[108] Unwirksam ist insbesondere eine Vereinbarung, welche

- die **Fortsetzung des Geschäftes** über die Insolvenzeröffnung hinaus vorsieht,[109]
- andere **Stichtage** als die des § 104 Abs. 3 für maßgeblich erklärt,
- die **Nichterfüllungsforderung** als Masseverbindlichkeit bestimmt oder für sie eine andere Berechnungsmethode als die des § 104 Abs. 3 zugrunde legt (→ Rn. 57).
- (Teil-)Unwirksamkeit besteht auch bei Nettingvereinbarungen in Widerspruch zu § 104, wenn also Parteien von (dem deutschen Recht unterliegenden) Aktiengesellschaften für den Fall der

---

101 *Huber* ZIP 2018, 519, 520, 521.

102 *Jaeger/Henckel* KO § 17 Rn. 214.

103 HKInsO/*Marotzke* § 103 Rn. 165; KPB/*Tintelnot* § 119 Rn. 10. Vgl. auch KG ZInsO 2004, 979, 980.

104 *Eckert* ZIP 1996, 897, 1000; *Tintelnot* S. 196 ff.; 201. AA die wohl hM zur KO im Anschluss an RGZ 49, 189, 192; 115, 271, 273.

105 So aber *Jaeger/Henckel* KO § 17 Rn. 206; im Erg. wohl ebenso KPB/*Tintelnot* § 119 Rn. 13.

106 Wie hier HKInsO/*Marotzke* § 103 Rn. 165. AA KPB/*Tintelnot* § 119 Rn. 12 (verboten nur, falls dem Verwalter der Gegenbeweis abgeschnitten wird).

107 AllgM vgl. nur HKInsO/*Marotzke* § 103 Rn. 170; zu Doppeltreuhandkonstellationen *Bork* NZI 1999, 337, 340 f.

108 *Schwörer* Rn. 531. Zu Kündigungsmöglichkeiten und -schranken bei notleidenden Unternehmen nach neuem Anfechtungsgesetz 2017 näher *Obermüller* ZInsO 2018, 1769.

109 AllgM. HKInsO/*Marotzke* § 104 Rn. 16. AA *Schwörer* Rn. 551, wonach es dem Insolvenzverwalter erlaubt sein soll, bei Nachweis der Leistungsfähigkeit der Masse sofort nach Verfahrenseröffnung Erfüllung zu verlangen; dagegen mit Recht HKInsO/*Marotzke* § 104 Rn. 17.

Insolvenz einer Partei eine Abrechungsvereinbarung treffen, die dem zwingenden § 104 widersprechen.[110]

Wirksam sind vertragliche Vereinbarungen, welche den Eintritt der in § 104 angeordneten Rechtsfolgen bereits auf den Zeitpunkt der Zahlungseinstellung oder des Eröffnungsantrages vorverlagern.[111] Fällt ein Fix- oder Finanzleistungsgeschäft nicht unter § 104, gilt § 103 mit den zur Unwirksamkeit abweichender Vereinbarungen schon angestellten Erörterungen (→ Rn. 57). Das gilt allerdings nur bei einem Vertrag für fortlaufende Lieferung von Waren oder Energie (→ Rn. 28 ff.). Für solche Rechtsgeschäfte kann eine Lösungsklausel dagegen nach dem hier vertretenen Standpunkt gleichwohl (→ Rn. 33 ff., 37b aE) wirksam schon deshalb vereinbart werden, weil es den Parteien im Rahmen der Vertragsfreiheit erst recht erlaubt sein muss, gesetzliche Wertungen – hier die „gesetzliche Lösungsklausel des § 104" – auf ihre Vertragsverhältnisse zu übernehmen.[112] Anders ist die Rechtslage (also Wirksamkeit) ohnehin bei einem VOB-Bauvertrag nach dem VII. Zivilsenats (näher → Rn. 39 ff., 44) und bei einem BGB-Bauvertrag wegen § 648a BGB (→ Rn. 45). 60

3. Beeinträchtigung des § 105. Unwirksam sind gemäß § 119 im Voraus getroffene Vereinbarungen (→ Rn. 13–17), denen zufolge ein unter § 105 fallender Vertrag über teilbare Leistungen bei Erfüllungsverlangen des Insolvenzverwalters auf andere als die gesetzlich geregelte Weise abzuwickeln ist. Unwirksamkeit ist insbesondere eine Vereinbarung, welche 61

- den **Begriff der Teilbarkeit** anders bestimmt als die am Normzweck des § 105 S. 1 ausgerichtete Auslegung (→ § 105 → Rn. 6 ff.; 37),
- den Vertragspartner mit seinem der – vor Insolvenzeröffnung erbrachten – Teilleistung entsprechenden Betrag seines Anspruchs auf die Gegenleistung zum **Massegläubiger** aufwertet, wenn der Insolvenzverwalter Erfüllung wegen der noch ausstehenden Leistung verlangt,
- die entgegen § 105 S. 2 auch nur teilweise **Rückgabe** der vor Insolvenzeröffnung in das Vermögen des Schuldners übergegangenen Teilleistung vorsieht oder eine auflösend bedingte Übertragung für den Fall der Verfahrenseröffnung enthält (→ § 105 Rn. 40).

Zum Problem der **Wirksamkeit** von Lösungsklauseln wird auf die früheren Erörterungen verwiesen (→ Rn. 18 ff.). Unberührt bleibt insbesondere ein individual-vertraglich oder durch AGB vereinbartes Kündigungsrecht bei Zahlungsverzug, was sich vor allem bei Energielieferungsverträgen hinsichtlich des an sich vom Gesetzgeber gewünschten Fortbestandes der Sonderkonditionen nachteilig für die Masse auswirken kann.[113] 62

4. Beeinträchtigung des § 106. Im Voraus getroffene Vereinbarungen (→ Rn. 13–17), welche die Anwendung des § 106 ausschließen oder beschränken, sind in der Praxis kaum vorstellbar. Denn die Vorschrift schützt den Erwerber, zu dessen Gunsten sie die Ablehnung der Erfüllung des durch die Vormerkung gesicherten Anspruchs durch den Insolvenzverwalter ausschließt. Die Verwirklichung dieses Zwecks gewährleistet die gängige notarielle Vertragspraxis.[114] 63

Der Meinungsstreit um die Wirksamkeit von **Lösungsklauseln** für den Insolvenzfall (→ Rn. 18 ff., insbes. 28) wirkt sich hier nicht aus. Macht der durch eine Vormerkung gesicherte Vertragspartner von einem ihm eingeräumten Lösungsrecht Gebrauch, entfällt der zugrunde liegende Anspruch und mit ihm wegen ihrer akzessorischen Natur (vgl. § 883 Abs. 1 Satz 2 BGB) die Vormerkung, folglich auch der Schutz des § 106. Hiergegen hat auch die Gegenauffassung, nach der Lösungsklauseln für den Insolvenzfall unwirksam sein sollen, im Ergebnis nichts einzuwenden;[115] sie muss freilich von ihrem Standpunkt eine Ausnahme machen und eine § 106 abbedingende Vereinbarung zulassen. 64

5. Beeinträchtigung des § 107. a) Insolvenz des Vorbehaltsverkäufers (§ 107 Abs. 1). Im Voraus getroffene Vereinbarungen (→ Rn. 13–17), welche die Anwendung des § 107 Abs. 1 ausschließen oder beschränken, sind in der Praxis **kaum vorstellbar.** Denn die Vorschrift schützt den vertragstreuen Vorbehaltskäufer, zu dessen Gunsten sie die Ablehnung der Erfüllung des Kaufvertrages unter Eigentumsvorbehalt durch den Insolvenzverwalter ausschließt, also der Sache nach den Fortbestand des Vertrages zwecks programmgemäßer Durchführung anordnet. An einer solchen 65

---

110 BGH NJW 2016, 2358 (Rn. 55 ff., 84) = ZIP 2016, 1226 = ZInsO 2016, 1299.

111 *Schwörer* Rn. 559 ff., 567.

112 Vgl. auch *Obermüller,* GS Bosch, S. 157, 165; vermutlich noch weitergehend jetzt *Obermüller* ZInsO 2013, 476 ff. Ausführlich zu Kündigungsmöglichkeiten und -schranken bei notleidenden Unternehmenskrediten *Obermüller* ZInsO 2018, 1769, 1763 f.

113 Näher Gottwald/*Huber,* InsO-HdB, § 36 Rn. 6 ff., insbes. 10; vgl. auch HKInsO/*Marotzke* § 105 Rn. 6.

114 Dazu Reul/Heckschen/Wienberg, S. 57 ff.

115 *Schwörer* Rn. 225; auch eine teleologische Reduktion wird von den Vertretern der Gegenauffassung erwogen, daran zweifelnd HKInsO/*Marotzke* § 106 Rn. 38.

Abwicklung des Rechtsgeschäftes, das dem Käufer mit Bedingungseintritt das Eigentum am Kaufgegenstand verschafft, hat dieser aber gerade Interesse.

66 Auch hier wirkt sich der Meinungsstreit zur Wirksamkeit von **Lösungsklauseln** für den Insolvenzfall nicht aus. Macht der Vorbehaltskäufer von einem ihm – aus welchen Gründen auch immer – für den Fall der Insolvenz des Vorbehaltsverkäufers eingeräumten Lösungsrecht Gebrauch, verzichtet er selbst auf den Schutz des § 107 Abs. 1 (→ Rn. 42). Auch nach der Gegenauffassung ist folglich eine solche Vereinbarung unbedenklich;[116] die Problemlage entspricht der bei § 106 (→ Rn. 64).

67 **b) Insolvenz des Vorbehaltskäufers (§ 107 Abs. 2).** Die Vorschrift bestimmt für die Insolvenz des Vorbehaltskäufers, der den Besitz an der Sache erlangt hat, als Sonderregel gegenüber dem sonst einschlägigen § 103 Abs. 2 Satz 2, dass der vom Vertragspartner zur Wahlrechtsausübung aufgeforderte Insolvenzverwalter seine Erklärung „erst unverzüglich nach dem Berichtstermin abzugeben" braucht, sofern nicht die Ausnahme eines § 107 Abs. 2 Satz 2 eingreift. Die objektiv angemessene Überlegungszeit beginnt also nicht mit Zugang der Aufforderung des anderen Teils, sondern mit Schluss des Berichtstermins, weshalb vor dem zuletzt genannten Zeitpunkt kraft Gesetzes ein schuldhaftes Zögern des Insolvenzverwalters ausscheidet (§ 103 → Rn. 174). **Unwirksam** ist gemäß § 119 eine im Voraus getroffene Vereinbarung (→ Rn. 13–17), welche diese Regelung ausschließt oder beschränkt.

68 **6. Beeinträchtigung von § 108.** Die Vorschrift ordnet in **Absatz 1** den Fortbestand bestimmter Dauerschuldverhältnisse mit Wirkung für die Insolvenzmasse an und bestimmt in **Absatz 3,** dass der andere Teil Ansprüche für die Zeit vor Eröffnung des Insolvenzverfahrens nur als Insolvenzgläubiger geltend machen kann. **Unwirksam** sind gemäß § 119 im Voraus getroffene Vereinbarungen (→ Rn. 13–17), die diesen gesetzlichen Regelungen zuwider laufen. Unwirksam ist insbesondere eine Vereinbarung, welche

- ein von § 108 Abs. 1 erfasstes Dauerschuldverhältnis aus dem **Anwendungsbereich der Vorschrift** herausnimmt,
- die Berichtigung von Rückständen aus der Zeit vor Insolvenzeröffnung als **Masseverbindlichkeit** bestimmt,
- eine **Vertragsstrafe** für den Fall vorsieht, dass der Vertragspartner im späteren Insolvenzverfahren des die Strafe versprechenden Schuldners auf seine Rückstände nur die Quote erhält (→ Rn. 57).

69 Für Lösungsklauseln (im Bereich des § 108) gilt: **Unwirksam ist eine Lösungsklausel für den Fall der Insolvenzeröffnung** (→ Rn. 23 ff.), weil sie der Gesetzgeber gerade durch eine ausdrückliche Bestimmung verboten hat (→ Rn. 2); denn die automatische Beendigung des Vertragsverhältnisses wäre das kontradiktorische Gegenteil des in § 108 Abs. 1 angeordneten Fortbestehens.[117] Auch hier wirkt sich also – wie oben → Rn. 64, 66, freilich sozusagen umgekehrt gewendet – der zu Lösungsklauseln geführt Meinungsstreit nicht aus; über die Unwirksamkeit einer solchen Vereinbarung besteht Einigkeit. Ergänzt wird § 108 Abs. 1 durch die sogenannte **Kündigungssperre des § 112,** die darüber hinaus für bestimmte Fälle eine an die Stellung des Insolvenzantrages geknüpfte **Lösungsklausel verbietet** (→ Rn. 21; → Rn. 75); **außerhalb des Anwendungsbereiches des § 112** ist jedoch eine Lösungsklausel für den Fall des Verzugs/sonstiger Vertragsverletzungen oder der Vermögensverschlechterung (→ Rn. 20) **wirksam.** Darüber besteht nach wie vor Einigkeit. Allerdings wurde bislang darüber hinaus angenommen, § 112 verbiete als Spezialvorschrift ein Lösungsrecht (nur) für bestimmte gegenseitige Vertragstypen, weshalb ein entsprechendes Verbot nicht zugleich auch aus der allgemeinen Vorschrift des § 119 hergeleitet werden könne (so auch hier 2. Aufl. aaO → Rn. 31), ist dem der IX. Zivilsenat in seinem Urteil zu einem Vertrag über die fortlaufende Lieferung von Waren oder Energie entgegen getreten (→ Rn. 29); wegen möglicher weiterer Konsequenzen aus diesem Urteil bzw. dem des VII. Zivilsenats, auch für andere Typen von gegenseitigen Verträgen wird auf die früheren Erörterungen verwiesen (→ Rn. 33 ff.,39 ff., 44).

In der Insolvenz des Darlehensgebers ordnet **Absatz 2** unter den dort genannten Voraussetzungen den Fortbestand des Vertrags an. Wegen des zwingenden Charakters wäre beispielsweise eine Vereinbarung unwirksam, nach der das Rechtsverhältnis bei Verfahrenseröffnung automatisch enden soll. Wegen Einzelheit wird auf die Kommentierung der Vorschrift verwiesen (→ § 108 Rn. 201 ff.).

70 **7. Beeinträchtigung von § 109. Unwirksam** sind gemäß § 119 im Voraus getroffene Vereinbarungen (→ Rn. 13–17), durch die das Sonderkündigungsrecht des Insolvenzverwalters gemäß

[116] *Schwörer* Rn. 226; auch hier wird von der Gegenrichtung eine teleologische Reduktion erwogen. HKInsO/*Marotzke* (§ 107 Rn. 43) nennt die von ihm vertretene (und aus § 119 hergeleitete) Unwirksamkeitsfolge in diesem Fall „überraschend".

[117] So treffend HKInsO/*Marotzke* § 108 Rn. 71.

§ 109 Abs. 1 und sein Rücktrittsrecht nach § 109 Abs. 2 ausgeschlossen oder beschränkt werden; auch insoweit besteht – wie bei § 108 Abs. 1 (→ Rn. 69) – eine ausdrückliche gesetzliche Sonderbestimmung, die **Lösungsklauseln** ausschließt.[118] Wegen der weiteren Einzelheiten zur Unwirksamkeit abweichender Vereinbarungen der Vertragsparteien wird auf die Erläuterungen bei § 109 (→ Rn. 76 ff.) verwiesen.

8. Beeinträchtigung von §§ 110, 111. **Unwirksam** sind im Voraus getroffene Vereinbarungen (→ Rn. 13–17), welche die Anwendung der §§ 110, 111 ausschließen oder beschränken; wegen der Einzelheiten s. dort die Kommentierungen. 71

9. Beeinträchtigung von § 112. Schon aus dem Normzweck der Vorschrift folgt ihr zwingender Charakter; die **Unwirksamkeit** von im Voraus getroffenen Vereinbarungen (→ Rn. 13–17), welche die Anwendung des § 112 ausschließen, folgt außerdem aus § 119.[119] Wegen der Einzelheiten wird auf die Erläuterungen zu § 112 verwiesen (→ Rn. 45, 46). 72

10. Beeinträchtigung von §§ 113, 114. Gemäß § 119 sind im Voraus getroffene Vereinbarungen (→ Rn. 13–17), die die Anwendung der §§ 113, 114 ausschließen oder beschränken, **unwirksam.** Dies gilt für dienstvertragliche und kollektiv-vertragliche Abänderungen in gleicher Weise.[120] Wegen der weiteren Einzelheiten wird auf die Erläuterungen zu §§ 113, 114 verwiesen (insbes. → § 113 Rn. 14, 15). 73

11. Beeinträchtigungen von §§ 115, 116, 117. **Unwirksam** sind im Voraus getroffene Vereinbarungen (→ Rn. 13–17), durch die die Anwendung der §§ 115–117 ausgeschlossen oder beschränkt wird.[121] Der Fortbestand von Aufträgen, Geschäftsbesorgungsverträgen und Vollmachten über die Insolvenzeröffnung hinaus kann demzufolge nicht verabredet werden; treffen die Parteien Vereinbarungen, wonach ein Geschäftsbesorgungsvertrag oder ein Auftragsverhältnis über diesen Zeitpunkt hinaus fortbestehen soll, sind diese unwirksam.[122] Denn die Verwaltungs- und Verfügungsbefugnis obliegt gemäß § 80 alleine dem Insolvenzverwalter, der bei seiner Pflichterfüllung nicht durch Dritte beeinträchtigt werden soll. Er ist aber nicht gehindert, einen Auftrag, einen Geschäftsbesorgungsvertrag oder eine Vollmacht neu zu erteilen bzw. zu begründen.[123] Höchstrichterlich noch nicht geklärt ist aber, ob insolvenz**ab**hängige Lösungsklauseln in **Vertriebsverträgen** in der Insolvenz des Absatzmittlers weiter Bestand haben können, weil sie sich eng an eine gesetzliche Lösungsmöglichkeit (§ 89a HGB) anlehnen.[124] 74

Wirksam sind demgegenüber insolvenzabhängige Lösungsklauseln (→ Rn. 18 ff.) auch im Rahmen von massebezogenen Auftrags- und Geschäftsbesorgungsverhältnissen sowie Vollmachten mit den Schuldnern in der Rolle des Geschäftsherrn und Vollmachtgebers, weil diese für die andere Vertragspartei schon nach den Regelungen des bürgerlichen Rechtes jederzeit frei lösbar sind (§§ 671 Abs. 1, 675, 168 Satz 2 BGB) und zudem gemäß §§ 115–117 mit der Verfahrenseröffnung automatisch erlöschen.[125] Diese Rechtslage ist nach jeder Auffassung zur Problematik der Wirksamkeit von Lösungsklauseln unzweifelhaft (→ Rn. 28). 75

12. Beeinträchtigung von § 118. Die Vorschrift betrifft nicht die Auflösung oder Fortführung von Gesellschaften bei Eröffnung des Insolvenzverfahrens über deren Vermögen oder das Ausscheiden von Gesellschaftern im Insolvenzfalle; die Problematik von **Lösungsklauseln** für den Insolvenzfall stellt sich folglich nicht (→ Rn. 17). **Unwirksam** sind allerdings im Voraus getroffene Vereinbarungen (→ Rn. 13–17), welche die in § 118 enthaltenen Bestimmungen zur Qualität der Ansprüche des geschäftsführenden Gesellschafters bestimmte Gesellschaften ausschließen oder beschränken; unwirksam ist insbesondere eine Vereinbarung (zu weiteren Einzelheiten s. die Erläuterungen zu § 118), dass die in § 118 Satz 2 genannten Ansprüche nicht als Insolvenzforderungen, sondern als Masseverbindlichkeiten erfüllt werden müssen. 76

13. Beeinträchtigungen von § 119. Die Vorschrift ist nach ihrem Normzweck selbst in ihrem Anwendungsbereich (→ Rn. 13 ff.) unabdingbar. 77

---

118 BGH NZI 2014, 25 (Rn. 12) = ZIP 2014, 23 = ZInsO 2013, 32 (kein Neugläubigerschaden des Vermieters infolge Insolvenzverschleppung bei Überlassung des Mietobjekts vor Insolvenzreife).
119 BGH NZI 2014, 25 (Rn. 12) = ZIP 2014, 23 = ZInsO 2013, 32,.
120 KPB/*Moll* § 113 Rn. 181.
121 BGH ZIP 2017, 91 (Rn. 30) = ZInsO 2017, 84.
122 BGH ZIP 2017, 91 (Rn. 30) = ZInsO 2017, 84.
123 Nicht notwendig ist deshalb auch eine Konstruktion „analog § 103" (so Vorschlag HKInsO/*Marotzke* § 115 Rn. 3).
124 So *P. Meyer/Knaub* ZVertriebsR 2013, 276, 277.
125 *Schwörer* Rn. 238.

§ 120 Kündigung von Betriebsvereinbarungen

(1) [1]Sind in Betriebsvereinbarungen Leistungen vorgesehen, welche die Insolvenzmasse belasten, so sollen Insolvenzverwalter und Betriebsrat über eine einvernehmliche Herabsetzung der Leistungen beraten. [2]Diese Betriebsvereinbarungen können auch dann mit einer Frist von drei Monaten gekündigt werden, wenn eine längere Frist vereinbart ist.

(2) Unberührt bleibt das Recht, eine Betriebsvereinbarung aus wichtigem Grund ohne Einhaltung einer Kündigungsfrist zu kündigen.

Schrifttum: *Beck,* Der Sanierungstarifvertrag, 2016; *Belling/Hartmann,* Die Tarifbindung in der Insolvenz, NZA 1998, 57; *Blomeyer/Rolfs/Otto,* Betriebsrentengesetz – Gesetz zur Verbesserung der betrieblichen Altersversorgung, 7. Aufl. 2018 (zitiert: BRO/*Bearbeiter*); *Creutzfeldt,* Die konkludente Vereinbarung einer „Betriebsvereinbarungsoffenheit" von Arbeitsverträgen, NZA 2018, 1111; *Däubler/Kittner/Klebe/Wedde,* Betriebsverfassungsgesetz, 16. Aufl. 2018 (zitiert: DKKW/*Bearbeiter*); *Dornbusch/Fischermeier/Löwisch,* Kommentar zum gesamten Arbeitsrecht, 9. Aufl. 2019 (zitiert: AR/*Bearbeiter*); *Fitting/Engels/Schmidt/Trebinger/Linsenmaier,* Betriebsverfassungsgesetz, 29. Aufl. 2018; *Giesen,* Die Betriebsverfassung nach dem neuen Insolvenzrecht, ZIP 1998, 142; *Hamberger,* Der Betriebsrat im Insolvenzverfahren, 2010; *Henssler/Willemsen/Kalb,* Arbeitsrecht Kommentar, 8. Aufl. 2018 (zitiert: HWK/*Bearbeiter*); *Lakies,* Zu den seit 1.10.1996 geltenden arbeitsrechtlichen Vorschriften der Insolvenzordnung, RdA 1997, 145; *Löwisch,* Die Anpassung der Arbeitsentgelte an die Insolvenzsituation de lege lata und de lege ferenda, ZGR 1984, 272; *ders.,* Tariföffnung bei Unternehmens- und Arbeitsplatzgefährdung, NJW 1997, 905; *Löwisch/Kaiser,* Kommentar zum Betriebsverfassungsgesetz, 6. Aufl. 2010; *Löwisch/Rieble,* Tarifvertragsgesetz, 4. Aufl. 2017; *Lohkemper,* Die Bedeutung des neuen Insolvenzrechts für das Arbeitsrecht, KTS 1996, 1; *Mückl/Krings,* Effektive Beendigung der Tarifbindung in der Insolvenz, BB 2012, 769; *dies.,* Betriebsvereinbarungen und Insolvenzanfechtung, ZIP 2015, 1714; *Oetker,* Die Kündigung von Tarifverträgen, RdA 1995, 82; *Oetker/Friese,* Massebelastende Betriebsvereinbarungen in der Insolvenz (§ 120 InsO), DZWIR 2000, 397; *Otto,* Die Kündigung des Tarifvertrages aus wirtschaftlichen Gründen, FS Kissel, 1994, S. 787; *Richardi,* Betriebsverfassungsgesetz, 16. Aufl. 2018; *Rieble,* Der Fall Holzmann und seine Lehren, NZA 2000, 225; *Rieble/Kolbe,* Konzernmitbestimmung in der Insolvenz, KTS 2009, 281; *Schwerdtner,* Die Kürzung oder Einstellung betrieblicher Versorgungsleistungen wegen wirtschaftlicher Notlage des Arbeitgebers, FS Uhlenbruck, 2000, S. 799; *Schulz,* Entgeltkürzung im Insolvenzfall durch Betriebsvereinbarung, 2002; *Warrikoff,* Die Stellung der Arbeitnehmer nach der neuen Insolvenzordnung, BB 1994, 2338; *Wiedemann,* Tarifvertragsgesetz, 8. Aufl. 2019; *Wiese/Kreutz/Oetker/Raab/Weber/Franzen/Gutzeit/Jacobs,* Gemeinschaftskommentar zum Betriebsverfassungsgesetz, 11. Aufl., Band 2, 2018; *Zwanziger,* Kommentar zum Arbeitsrecht der Insolvenzordnung, 5. Aufl. 2015.

Übersicht

I. Normzweck

1 Die Vorschrift dient der **Entlastung der Insolvenzmasse von Personalkosten.** Die aus Betriebsvereinbarungen, insbesondere dort festgelegten Sozialleistungen, aber auch aus anderen Regelungen resultierenden Kosten haben ihre Grundlage im wirtschaftlich gesunden Unternehmen. Im insolventen Unternehmen sind sie nicht mehr gerechtfertigt.[1] Deshalb erhält der Insolvenzverwalter das Recht, sich im Interesse der Insolvenzmasse vorzeitig aus diesen Belastungen zu lösen.

[1] Begr. zu § 138 RegE, BT-Drs. 12/2443, 153.

Das dem Insolvenzverwalter zugebilligte **vorzeitige Kündigungsrecht** besteht unabhängig davon, ob das Unternehmen oder der betreffende Betrieb fortgeführt, veräußert oder stillgelegt wird.[2] Auch im letzteren Fall ist im Interesse der gleichmäßigen Befriedigung der Gläubiger die Verringerung der Personalkostenlast gerechtfertigt. 2

Soweit der Insolvenzverwalter im Zuge des Insolvenzverfahrens **Betriebe oder Betriebsteile veräußert,** erfüllt § 120 auch die Funktion, die betrieblichen Regelungen schon vorab den Bedürfnissen des potentiellen Erwerbers anzupassen.[3] Begrenzt wird damit zugleich die normative oder individualrechtliche Fortgeltung der Betriebsvereinbarung nach erfolgter Veräußerung gem. § 613a Abs. 1 BGB (→ § 128 Rn. 24 ff.). Freiwillige und damit nicht gem. § 77 Abs. 6 BetrVG nachwirkende Betriebsvereinbarungen gelten dann auch beim Betriebserwerber nach Ablauf der Kündigungsfrist überhaupt nicht mehr, nachwirkende können durch eine neue Regelung ersetzt werden.[4] 3

II. Anwendungsbereich

1. Belastende Betriebsvereinbarungen. § 120 bezieht sich auf Betriebsvereinbarungen im Sinne des Betriebsverfassungsgesetzes. Erfasst werden sowohl Betriebsvereinbarungen zur Regelung mitbestimmungspflichtiger Angelegenheiten, insbesondere nach § 87 BetrVG, als auch freiwillige Betriebsvereinbarungen iSd § 88 BetrVG. Auch in Form von Betriebsvereinbarungen festgelegte Auswahlrichtlinien nach § 95 BetrVG und Sozialpläne mit Dauerregelungen iSd §§ 112, 112a BetrVG gehören hierher. Für Sozialpläne ist insbesondere die Widerrufsregelung des § 124 zu beachten (→ § 124 Rn. 7 ff.). 4

Die Vorschrift erfasst auch Betriebsvereinbarungen über Systeme der **betrieblichen Altersversorgung.**[5] Insoweit sind indessen auch die §§ 7 ff. BetrAVG zu beachten, die Versorgungsansprüche und bereits unverfallbar gewordene Versorgungsanwartschaften auf dem Weg über den Pensionssicherungsverein gegen die Insolvenz sichern. Auch sind hinsichtlich der auf der Betriebsvereinbarung beruhenden Anwartschaften die Grundsätze der Verhältnismäßigkeit und des Vertrauensschutzes zu beachten (→ Rn. 36 ff.). 5

Betriebsvereinbarungen enthalten idR **Normen** für die Arbeitsverhältnisse. Erforderlich ist das aber nicht. Vielmehr können sich Betriebsvereinbarungen auch auf **schuldrechtliche Verpflichtungen** des Arbeitgebers gegenüber dem Betriebsrat beschränken.[6] 6

Ob es sich bei der Betriebsvereinbarung um eine solche für einen Betrieb oder um eine solche für das ganze Unternehmen **(Gesamtbetriebsvereinbarung)** handelt, spielt keine Rolle.[7] Nach § 58 Abs. 1 iVm § 54 Abs. 1 BetrVG im Unterordnungskonzern mögliche **Konzernbetriebsvereinbarungen** fallen bei Insolvenz des herrschenden Unternehmens im Vertragskonzern gänzlich und bei Insolvenz des beherrschten Unternehmens sowohl im Vertragskonzern als auch bei faktischen Konzernverhältnissen für dieses weg,[8] weil in diesen Fällen das Konzernverhältnis sowohl mit der Insolvenz des herrschenden als auch mit der Insolvenz des beherrschten Unternehmens (für dieses) endet.[9] Damit endet im erstgenannten Fall das Amt des Konzernbetriebsrats, während im Fall der Insolvenz nur einer von mehreren Untergesellschaften die von deren Gesamtbetriebsrat entsandten Mitglieder mit sofortiger Wirkung aus dem Konzernbetriebsrat ausscheiden und dieser für das betreffende Unternehmen nicht mehr zuständig ist.[10] Daran hat das Gesetz zur Erleichterung der Bewältigung von Konzerninsolvenzen v. 13.4.2017[11] nichts geändert.[12] In Angelegenheiten der erzwingbaren Mitbestimmung kommt es in den genannten Fällen zur Nachwirkung der Konzernbetriebsvereinbarung nach § 77 Abs. 6 BetrVG.[13] Nach der **Gegenauffassung** soll hingegen parallel 7

---

[2] Begr. zu § 138 RegE, BT-Drs. 12/2443, 153.

[3] Begr. zu § 138 RegE, BT-Drs. 12/2443, 153.

[4] RGRK/*Ascheid* BGB § 613a Rn. 209.

[5] Nerlich/Römermann/*Hamacher* § 120 Rn. 25a; HKInsO/*Linck* § 120 Rn. 5; KPB/*Moll* § 120 Rn. 16a.

[6] ErfK/*Kania* BetrVG § 77 Rn. 10 f.; Richardi BetrVG/*Richardi* § 77 Rn. 63 ff., 66; aA *Fitting* BetrVG § 77 Rn. 50; GKBetrVG/*Kreutz* § 77 Rn. 209 ff.

[7] K. Schmidt/*Ahrens* § 120 Rn. 6; Jaeger/*Giesen* § 120 Rn. 6; KPB/*Moll* § 120 Rn. 12 f.; Uhlenbruck/*Zobel* § 120 Rn. 4.

[8] Vgl. *Oetker/Friese* DZWIR 2000, 397 (402); *Rieble/Kolbe* KTS 2009, 281 (302 f.); Rattunde/Smid/Zeuner/*Aghamiri* § 120 Rn. 5.

[9] Flöther/*Pleister/Theusinger,* Konzerninsolvenzrecht, § 4 Rn. 474 ff., 492 ff. mwN (str.).

[10] *Hamberger* S. 109 f.; Flöther/*Annuß,* Konzerninsolvenzrecht, § 4 Rn. 578; allg. dazu auch *Windbichler,* Arbeitsrecht im Konzern, 1989, 364 f.

[11] BGBl. 2017 I 866.

[12] Vgl. Flöther/*Pleister/Theusinger,* Konzerninsolvenzrecht, § 4 Rn. 485.

[13] *Rieble/Kolbe* KTS 2009, 281 (303); aA *Oetker/Friese* DZWIR 2000, 397 (402 f.).

zur Rechtsprechung über die normative Fortgeltung von Gesamtbetriebsvereinbarungen beim Betriebsübergang[14] die Konzernbetriebsvereinbarung im insolventen Unternehmen als Einzel- oder Gesamtbetriebsvereinbarung fortgelten.[15] Folgt man dem, muss sie jedenfalls unter den Voraussetzungen des Abs. 1 S. 2 gekündigt werden können.[16] Ebenso kommt § 120 bei der Insolvenz der Obergesellschaft im faktischen Konzern zur Anwendung.[17]

8 Die Regelung setzt Betriebsvereinbarungen voraus, die Leistungen vorsehen, **welche die Insolvenzmasse belasten.** Maßgebend ist entsprechend dem Normzweck, ob aus der Betriebsvereinbarung Leistungsverpflichtungen des Arbeitgebers resultieren, die von der Insolvenzmasse zu tragen sind. Dies trifft ohne weiteres auf freiwillige Betriebsvereinbarungen zu, die den Arbeitgeber zur Erbringung von Sozialleistungen wie Gratifikationen, Urlaubsgelder, Jubiläumszuwendungen, Ausbildungsbeihilfen, zusätzlichen Leistungen für Gesundheitsschutz und Unfallverhütung oder zur Dotierung von Sozialeinrichtungen verpflichten.[18]

9 Zu Kostenbelastungen führende Leistungsverpflichtungen ergeben sich auch aus betrieblichen Regelungen des eigentlichen Arbeitsentgelts, und zwar nicht nur dann, wenn ausnahmsweise auf Grund einer tariflichen Zulassung die Entgelthöhe durch Betriebsvereinbarung geregelt ist, sondern auch, soweit es um die **Ausgestaltung der Entgeltsysteme,** insbesondere um Prämien und Akkordregelungen geht (§ 87 Abs. 1 Nr. 10 und 11 BetrVG). Die Regelung von Prämiensätzen und Vorgabezeiten ist konstitutiver Faktor der Zahlungspflicht. Dass deren Höhe durch die Leistung des Arbeitnehmers beeinflusst wird, ändert nichts daran, dass mit der Änderung der betreffenden Betriebsvereinbarung eine Herabsetzung der Lohnzahlungsleistungen erreicht werden kann. Dafür, dass das Entgelt im engeren Sinne aus dem Anwendungsbereich der Regelung ausgenommen werden sollte, besteht kein Anhalt.[19]

10 Auch soweit Betriebsvereinbarungen in anderen mitbestimmungspflichtigen Angelegenheiten die Entgeltzahlungspflicht beeinflussen, unterfallen sie der Vorschrift. Führt eine **Arbeitszeitregelung** über die Lage der Arbeitszeit und über Pausen zum Anfall von Überstundenvergütungen oder Schichtzuschlägen, muss sie nach § 120 gekündigt werden können.[20]

11 § 120 verlangt **nicht,** dass die Betriebsvereinbarung **Leistungen an die Arbeitnehmer** vorsieht.[21] Es genügt, dass es sich um Leistungen in ihrem Interesse handelt. Auch Leistungen für **Sozialeinrichtungen,** aus denen den Arbeitnehmern kein individueller Rechtsanspruch erwächst, zB auf Errichtung einer Kantine, gehören hierher.[22] Ebenso erfasst werden **Leistungen an den Betriebsrat.** Hat sich der Arbeitgeber verpflichtet, dem Betriebsrat über die sich aus § 40 BetrVG ergebenden Verpflichtungen hinaus einen Fonds in bestimmter Höhe für seine Geschäftsbedürfnisse zur Verfügung zu stellen, oder hat er dem Betriebsrat mehr bezahlte Freistellungen eingeräumt, als die §§ 37, 38 BetrVG verlangen, handelt es sich um die Insolvenzmasse belastende Leistungen, die der Reduktionsmöglichkeit unterliegen müssen.[23]

12 Der Anwendungsbereich des § 120 ist erst dort verlassen, wo die Betriebsvereinbarung nicht zu Leistungen führt, die durch ihre Veränderung herabgesetzt werden können. **Organisatorische Regelungen,** Regelungen über Überwachungseinrichtungen sowie Verhaltens- und Ordnungsvorschriften belasten das Unternehmen zwar regelmäßig mit Kosten. Da sie aber nicht zu materiellen

---

14 Vgl. BAG NZA-RR 2017, 413 Rn. 14 ff.; BAG NZA 2016, 310 Rn. 19; BAG NZA 2003, 670 = ZIP 2003, 1059.

15 *Wernicke/Schneider* BB 2018, 948 (952 f.); *Hamberger* S. 107 (114 ff.); Flöther/*Annuß,* Konzerninsolvenzrecht, § 4 Rn. 579; *Zwanziger* Einf. Rn. 144c, § 120 Rn. 2.

16 Jaeger/*Giesen* § 120 Rn. 6; HKInsO/*Linck* § 120 Rn. 2; KPB/*Moll* § 120 Rn. 12 f.; Uhlenbruck/*Zobel* § 120 Rn. 4; einschränkend *Hamberger* S. 98 ff. (106 f.), der für den Vertragskonzern davon ausgeht, dass das Konzernverhältnis in der Insolvenz der Obergesellschaft bestehen bleibt und es in diesem Fall einer vorherigen Kündigung des Unternehmensvertrags durch den Insolvenzverwalter bedarf, bevor die Konzernbetriebsvereinbarung nach Abs. 1 S. 2 gekündigt werden kann.

17 Vgl. *Hamberger* S. 110; nach *Rieble/Kolbe* KTS 2009, 281 (293, 302 f.) kommt es auch in diesem Fall zur Nachwirkung der Betriebsvereinbarung, ohne dass es einer Kündigung bedarf.

18 K. Schmidt/*Ahrens* § 120 Rn. 13; Nerlich/Römermann/*Hamacher* § 120 Rn. 25 f.; HKInsO/*Linck* § 120 Rn. 4.

19 Wie hier *Warrikoff* BB 1994, 2338 (2339); HWK/*Annuß* InsO § 120 Rn. 4; HKInsO/*Linck* § 120 Rn. 4; KPB/*Moll* § 120 Rn. 18; aA Nerlich/Römermann/*Hamacher* § 120 Rn. 25; *Zwanziger* § 120 Rn. 2 ff.

20 Rattunde/Smid/Zeuner/*Aghamiri* § 120 Rn. 6; Nerlich/Römermann/*Hamacher* § 120 Rn. 26; HKInsO/*Linck* § 120 Rn. 4; KPB/*Moll* § 120 Rn. 19a; aA *Oetker/Friese* DZWIR 2000, 397 (399); FKInsO/*Eisenbeis* § 120 Rn. 10; *Fitting* BetrVG § 77 Rn. 154.

21 So aber KPB/*Moll* § 120 Rn. 19c.

22 *Hamberger* S. 340; Rattunde/Smid/Zeuner/*Aghamiri* § 120 Rn. 6; K. Schmidt/*Ahrens* § 120 Rn. 13; Jaeger/*Giesen* § 120 Rn. 21; HKInsO/*Linck* § 120 Rn. 4.

23 Zustimmend BeckOK ArbR/*Plössner* InsO § 120 Rn. 3; auch Nerlich/Römermann/*Hamacher* § 120 Rn. 25b zu Vereinbarungen über einen Fonds; aA K. Schmidt/*Ahrens* § 120 Rn. 15.

Leistungen an die Arbeitnehmer, den Betriebsrat oder die Belegschaft führen, können sie § 120 nicht mehr untergeordnet werden.[24]

13 **2. Andere Kollektivvereinbarungen.** Die Vorschrift beschränkt sich auf Betriebsvereinbarungen und schafft damit **kein besonderes Kündigungsrecht für arbeitsvertragliche Einheitsregelungen,** selbst wenn diese auf einer Regelungsabrede mit dem Betriebsrat beruhen. Insoweit bleiben nur die allgemeinen Lösungsmöglichkeiten, insbesondere der Widerruf und die Änderungskündigung (→ Rn. 59 ff., → Rn. 64 ff.). Auch für Tarifverträge gilt das besondere Kündigungsrecht der Vorschrift nicht. Insoweit bleiben allerdings die allgemeinen Lösungsmöglichkeiten bestehen (→ Rn. 47 ff.).

14 Nach § 28 Abs. 2 SprAuG können Arbeitgeber und Sprecherausschuss für Arbeitsverhältnisse **Richtlinien** vereinbaren, in denen den **leitenden Angestellten** mit unmittelbarer und zwingender Wirkung Rechte eingeräumt werden. Auf solche Richtlinien kann § 120 nicht angewandt werden, weil die Bestimmungen der §§ 120 ff. nach Wortlaut und Systematik allein auf die Betriebsverfassung bezogen sind[25] (→ § 123 Rn. 7 ff.). Allerdings sind die Richtlinien nach § 28 Abs. 2 S. 4 SprAuG regelmäßig ohnehin mit einer Frist von drei Monaten kündbar. Auch kann eine Kündigung aus wichtigem Grund in Betracht kommen.

15 § 120 gilt **nicht für Dienstvereinbarungen** im Rahmen des Personalvertretungsrechts. Zwar können bei insolvenzfähigen juristischen Personen des öffentlichen Rechts (→ § 12 Rn. 8 ff.) Sachverhalte auftreten, die ein gleiches Bedürfnis nach vorzeitiger Kündigung von Dienstvereinbarungen auslösen. Gleichwohl ist eine Analogie schon deshalb nicht möglich, weil das Personalvertretungsrecht hinsichtlich der der Aufsicht der Länder unterstehenden juristischen Personen des öffentlichen Rechts in die **Gesetzgebungskompetenz der Länder** fällt.[26]

16 § 120 bezieht sich nicht auf Vereinbarungen, die ein Unternehmen mit dem bei ihm bestehenden **Europäischen Betriebsrat** getroffen hat.[27] Richtigerweise sind solche Vereinbarungen aber ohnehin unwirksam, weil die RL 2009/38/EG über die Einsetzung eines europäischen Betriebsrats oder die Schaffung eines Verfahrens zur Unterrichtung und Anhörung der Arbeitnehmer in gemeinschaftsweit operierenden Unternehmen und Unternehmensgruppen sowie das umsetzende EBRG dem Europäischen Betriebsrat keine entsprechende Kompetenz verliehen haben.[28]

III. Änderung von Betriebsvereinbarungen

17 **1. Einvernehmliche Änderung.** Insolvenzverwalter und Betriebsrat steht es frei, geltende Betriebsvereinbarungen abzuändern oder durch andere Betriebsvereinbarungen abzulösen. Die neue Regelung tritt dann zu dem von ihnen bestimmten Zeitpunkt an die Stelle der bisherigen.[29]

18 Solche **ändernden und ablösenden Betriebsvereinbarungen** müssen Diskriminierungen iSd § 75 Abs. 1 BetrVG vermeiden und die Gebote des Vertrauensschutzes beachten (→ Rn. 36 ff.). Außerdem unterliegen sie wie jede Betriebsvereinbarung einer auf den konkreten Einzelfall bezogenen arbeitsgerichtlichen **Inhaltskontrolle** nach § 75 Abs. 1 BetrVG.[30] Kontrolliert wird, ob die ändernde oder ablösende Betriebsvereinbarung die Arbeitnehmer im Verhältnis zueinander billig behandelt. Etwa kann geprüft werden, ob die Schlechter- oder Besserstellung bestimmter Arbeitnehmergruppen bei der Herabsetzung einer Sozialleistung angemessen ist[31] oder ob bei dem Entzug von Leistungen durch eine spätere Betriebsvereinbarung der Vertrauensschutzgedanke beachtet ist.[32] Eine AGB-Kontrolle findet hingegen nicht statt (§ 310 Abs. 4 S. 1 BGB).[33]

19 Möglich ist auch eine **einvernehmliche ersatzlose Aufhebung** von Betriebsvereinbarungen. In diesem Fall tritt der vor Abschluss der Betriebsvereinbarung bestehende Rechtszustand wieder ein (→ Rn. 35).

---

[24] Zutr. *Hamberger* S. 341; Nerlich/Römermann/*Hamacher* § 120 Rn. 25b f.; HKInsO/*Linck* § 120 Rn. 4; KPB/*Moll* § 120 Rn. 19b.

[25] Nerlich/Römermann/*Hamacher* § 120 Rn. 23c; KPB/*Moll* § 120 Rn. 16b; aA Jaeger/*Giesen* § 120 Rn. 18; HKInsO/*Linck* § 120 Rn. 2; *Zwanziger* § 120 Rn. 2.

[26] Im Ergebnis auch KPB/*Moll* § 120 Rn. 16b; zweifelnd HWK/*Annuß* InsO § 120 Rn. 3; aA Jaeger/*Giesen* § 120 Rn. 19.

[27] Jaeger/*Giesen* § 120 Rn. 7; zu solchen Abmachungen in der Praxis DKKW/*Däubler* EBRG Vorbem. Rn. 28.

[28] AA DKKW/*Däubler* EBRG Vorbem. Rn. 29.

[29] BAG NZA-RR 2015, 229 Rn. 18; BAG NZA 2008, 709 Rn. 19; BAG NZA 1990, 813 = ZIP 1990, 1147.

[30] BAG NZA 2011, 989 Rn. 20; BAG NZA 2006, 563 Rn. 27.

[31] BAG NZA 2010, 1018 Rn. 20 f. = ZIP 2011, 537 (für Sozialplanleistungen); BAG AP BetrVG 1972 § 112 Nr. 21 = ZIP 1984, 1000.

[32] BAG NZA 2015, 1198 Rn. 20 = ZIP 2015, 941; BAG NZA 2001, 900; BAG NZA 1997, 533 = ZIP 1997, 428.

[33] Zur Inhaltskontrolle im Einzelnen Löwisch/Kaiser/*Kaiser* BetrVG § 77 Rn. 145 ff.; GKBetrVG/*Kreutz* § 77 Rn. 342 ff.; Richardi BetrVG/*Richardi* § 77 Rn. 131 ff.

20 Abändernde, ablösende und aufhebende Betriebsvereinbarungen bedürfen, wie die Betriebsvereinbarung selbst, der besonderen **Schriftform** des § 77 Abs. 2 S. 1 BetrVG.[34]

21 Um das Zustandekommen solcher Betriebsvereinbarungen zu fördern, sieht Abs. 1 S. 1 entsprechende **Beratungen** zwischen Insolvenzverwalter und Betriebsrat vor. Dabei handelt es sich um eine Sollvorschrift, die, anders als etwa die Beratungspflicht über Betriebsänderungen nach § 111 BetrVG, nicht durch besondere Sanktionen abgesichert ist. Die vorherige Beratung ist auch nicht Wirksamkeitsvoraussetzung einer vorzeitigen Kündigung nach Abs. 1 S. 2.[35] Zur fristlosen außerordentlichen Kündigung → Rn. 40 ff.

22 **2. Vorzeitige Kündigung. a) Voraussetzungen.** Das in Abs. 1 S. 2 geregelte vorzeitige Kündigungsrecht bezieht sich nur auf Betriebsvereinbarungen, die die Insolvenzmasse belastende Leistungen vorsehen (→ Rn. 8 ff.) und nicht ohnehin, wie das der Regel des § 77 Abs. 5 BetrVG entspricht, mit einer Dreimonatsfrist gekündigt werden können. Ob der Betrieb fortgeführt, stillgelegt oder veräußert wird, spielt nach dem Normzweck keine Rolle.[36]

23 Abs. 1 S. 2 ist so formuliert, dass das Recht zur vorzeitigen Kündigung nicht nur dem Insolvenzverwalter, sondern **auch dem Betriebsrat** zusteht. Dieser kann an der Kündigung ein Interesse haben, wenn er einer selektiven Kündigung von Betriebsvereinbarungen durch den Insolvenzverwalter entgegenwirken will, etwa wenn er in dieser eine unangemessene Lastenverteilung erblickt. Die Kündigung durch den Betriebsrat setzt zu ihrer Wirksamkeit einen Beschluss gem. § 33 BetrVG voraus.

24 Wie alle Dauerrechtsbeziehungen können auch Betriebsvereinbarungen nur dann teilgekündigt werden, wenn dies in der Betriebsvereinbarung selbst vorgesehen oder dieser durch Auslegung zu entnehmen ist. Eine **Teilkündigung** kommt nach Auffassung des Bundesarbeitsgerichts aber ohne weiteres in Betracht, wenn die Betriebsvereinbarung mehrere selbständige Regelungskomplexe enthält, die ebenso in eigenständigen Betriebsvereinbarungen hätten geregelt werden können.[37] Ist eine Teilkündigung möglich, beschränkt sich das vorzeitige Kündigungsrecht des Abs. 1 S. 2 auf diejenigen Teile, welche die Insolvenzmasse belastende Leistungen (→ Rn. 8 ff.) enthalten.[38] Die anderen Teile können nach den allgemeinen Regeln gekündigt werden. Für untrennbare Regelungen mit nur teilweise die Masse belastenden Regelungen gilt hingegen, dass die als Einheit getroffene Vereinbarung nur als Ganze stehen und fallen kann. Das vorzeitige Kündigungsrecht erfasst dann die gesamte Betriebsvereinbarung.[39]

25 Abs. 1 S. 2 garantiert Insolvenzverwalter und Betriebsrat das Recht zur Kündigung mit einer **Höchstfrist von drei Monaten.** Eine sich aus der Betriebsvereinbarung ergebende längere Frist braucht der Kündigende nicht einzuhalten, andererseits bleibt eine kürzere Frist maßgeblich.

26 Das vorzeitige Kündigungsrecht des Abs. 1 S. 2 greift unabhängig davon, ob die Betriebsvereinbarung **schon vor Eröffnung des Verfahrens** vom Arbeitgeber oder vor oder nach Verfahrenseröffnung vom Betriebsrat mit einer längeren Frist **gekündigt** worden ist. Abs. 1 S. 2 will nicht anders als bei der Kündigung von Arbeitsverhältnissen (→ § 113 Rn. 24) das vorzeitige Kündigungsrecht auch für solche Fälle garantieren.[40]

27 Sinngemäß ist das Kündigungsrecht auch auf den Fall zu erstrecken, dass eine **Betriebsvereinbarung auf bestimmte Zeit** oder unter Ausschluss des Rechts zur ordentlichen Kündigung abgeschlossen worden ist. Das Bedürfnis, im Interesse der Senkung der Personalkosten in der Betriebsvereinbarung vorgesehene Leistungen herabzusetzen, besteht in solchen Fällen in gleicher Weise wie bei kündbaren Betriebsvereinbarungen. Dass die Fälle, anders als in § 113 S. 1, nicht ausdrücklich genannt sind, kann deshalb nicht ausschlaggebend sein.[41]

---

[34] Einzelheiten bei Löwisch/Kaiser/*Kaiser* BetrVG § 77 Rn. 75 ff.; ErfK/*Kania* BetrVG § 77 Rn. 19, 91 f.; Richardi BetrVG/*Richardi* § 77 Rn. 35 ff.

[35] *Giesen* ZIP 1998, 142; *Oetker/Friese* DZWIR 2000, 397 (404); Nerlich/Römermann/*Hamacher* § 120 Rn. 28, 32; GKBetrVG/*Kreutz* § 77 Rn. 409; HKInsO/*Linck* § 120 Rn. 6; KPB/*Moll* § 120 Rn. 22, 31 f.; BeckOK ArbR/*Plössner* InsO § 120 Rn. 8; aA *Zwanziger* § 120 Rn. 8.

[36] K. Schmidt/*Ahrens* § 120 Rn. 18; KPB/*Moll* § 120 Rn. 25; Uhlenbruck/*Zobel* § 120 Rn. 14.

[37] BAG NZA 2008, 422 Rn. 26 ff.

[38] *Oetker/Friese* DZWIR 2000, 397 (405); FKInsO/*Eisenbeis* § 120 Rn. 11 f.; Jaeger/*Giesen* § 120 Rn. 23; HKInsO/*Linck* § 120 Rn. 8; KPB/*Moll* § 120 Rn. 36a; *Zwanziger* § 120 Rn. 7.

[39] HambKommInsO/*Ahrendt* § 120 Rn. 6; FKInsO/*Eisenbeis* § 120 Rn. 12; Jaeger/*Giesen* § 120 Rn. 24; KPB/*Moll* § 120 Rn. 36a; AR/*Rieble/Kolbe* BetrVG § 77 Rn. 19.

[40] K. Schmidt/*Ahrens* § 120 Rn. 18; Andres/Leithaus/*Andres* § 120 Rn. 6b; Jaeger/*Giesen* § 120 Rn. 30; KPB/*Moll* § 120 Rn. 30a.

[41] Ganz hM, *Lakies* RdA 1997, 145 (147); *Oetker/Friese* DZWIR 2000, 397 (405); *Schrader* NZA 1997, 70 (71); Rattunde/Smid/Zeuner/*Aghamiri* § 120 Rn. 9; Jaeger/*Giesen* § 120 Rn. 29; Nerlich/Römermann/*Hamacher* § 120 Rn. 37; HKInsO/*Linck* § 120 Rn. 7; KPB/*Moll* § 120 Rn. 27; *Zwanziger* § 120 Rn. 6; aA *Lohkemper* KTS 1996, 1 (40); *Müller* NZA 1998, 1315 (1317 f.); *Fitting* BetrVG § 77 Rn. 156.

Die Kündigung von Betriebsvereinbarungen ist gesetzlich **nicht an das Vorliegen von Gründen gebunden.** Dies gilt auch für das Recht zur vorzeitigen Kündigung nach Abs. 1 S. 2. Hat die Betriebsvereinbarung selbst die Kündigung an das Vorliegen eines Grundes, zB an ein Sachverständigengutachten über die wirtschaftliche Lage des Unternehmens gebunden, hindert das das freie Kündigungsrecht nach Abs. 1 S. 2 nicht. Die Vorschrift will die Anpassung der Personalkosten an die Insolvenzsituation in jedem Fall ermöglichen.[42] **28**

Für die **Berechnung der Kündigungsfrist** gelten nach §§ 186 ff. BGB die Regelungen der §§ 187 Abs. 1, 188 Abs. 2 und 3 BGB. Kündigt der Insolvenzverwalter eine Betriebsvereinbarung etwa am 15. November, endet deren Wirkung mit Ablauf des 15. Februar des Folgejahres. Kündigt er am 30. November, endet die Wirkung am 28. bzw. 29. Februar (§ 188 Abs. 3 BGB). **29**

§ 120 wird in § 119 nicht erwähnt. Gleichwohl enthält die Vorschrift **zwingendes Recht** und kann weder durch Betriebsvereinbarung noch durch Tarifvertrag ausgeschlossen werden.[43] Dies ergibt sich aus ihrem Zweck, die Insolvenzmasse jedenfalls im Interesse der gleichmäßigen Befriedigung der Gläubiger von Personalkosten zu entlasten. **30**

b) Rechtsfolgen. Mit dem Ablauf der Kündigungsfrist endet die Betriebsvereinbarung. Die in ihr enthaltenen Regelungen entfalten für die Zukunft keine Wirkung mehr. Uneingeschränkt gilt dies allerdings nur für rein schuldrechtliche Betriebsvereinbarungen und für freiwillige normative Betriebsvereinbarungen. Betriebsvereinbarungen **in mitbestimmungspflichtigen Angelegenheiten** wirken nach § 77 Abs. 6 BetrVG nach, bis sie durch eine andere Abmachung ersetzt werden, es sei denn, dass die Betriebsparteien die Nachwirkung bereits in der Betriebsvereinbarung ausgeschlossen haben.[44] Eine solche andere Abmachung kann sowohl in einer neuen Betriebsvereinbarung als auch in einer arbeitsvertraglichen Regelung bestehen;[45] letztere kann auch durch eine Änderungskündigung herbeigeführt werden. Im Einzelnen gilt: **31**

Rein schuldrechtliche Verpflichtungen des Arbeitgebers aus der gekündigten Betriebsvereinbarung, zB auf Leistung finanzieller Mittel für die Betriebsratsarbeit oder auf zusätzliche Freistellungen (→ Rn. 11), entfallen mit Ablauf der Kündigungsfrist. Gleiches gilt für ausschließlich freiwillige normative Regelungen, etwa auf Leistung eines einmaligen Jubiläumsgeldes. Betriebsvereinbarungen, die allein mitbestimmungspflichtige Angelegenheiten betreffen, zB solche in Fragen der Lohngestaltung oder der Arbeitszeit, unterfallen hingegen der Nachwirkung des § 77 Abs. 6 BetrVG.[46] **32**

Häufig enthalten Betriebsvereinbarungen **sowohl freiwillige als auch mitbestimmungspflichtige Regelungen.** Das gilt insbesondere für über- und außertarifliche Entgelte und Sozialleistungen aller Art, bei denen das „Ob" der Leistungserbringung freiwillig, das „Wie" nach § 87 Abs. 1 Nr. 8 oder 10 BetrVG aber mitbestimmungspflichtig ist. Hier ist zu unterscheiden: Beabsichtigt der Insolvenzverwalter die in der Betriebsvereinbarung geregelte Leistung vollständig entfallen zu lassen, scheidet auch die Nachwirkung aus, weil sich keine mitbestimmungspflichtigen Verteilungsfragen mehr stellen,[47] wobei das Bundesarbeitsgericht für den Ausschluss der Nachwirkung inzwischen verlangt, dass der Insolvenzverwalter gegenüber dem Betriebsrat oder den begünstigten Arbeitnehmern erklärt, dass er für den ursprünglichen Leistungszweck keine Mittel mehr zur Verfügung stellt.[48] Dass die freiwillige Leistung möglicherweise später wieder aufgenommen wird, reicht nicht aus, um die Nachwirkung zu begründen.[49] Soll hingegen die Leistung nur herabgesetzt werden, kann der Verwalter die Herabsetzung vornehmen, muss dabei aber den nachwirkenden Teil der Betriebsvereinbarung über die Verteilung bei der Herabsetzung beachten.[50] **33**

Es kommt vor, dass die Betriebsparteien einer **freiwilligen Betriebsvereinbarung** selbst Nachwirkung beilegen. Dies ist nach der Rechtsprechung des Bundesarbeitsgerichts mit der Maßgabe wirksam, dass nach Ablauf der Betriebsvereinbarung die Einigungsstelle zur Entscheidung darüber angerufen werden kann, ob die nachwirkende Regelung auf Dauer fortgeführt werden soll.[51] Gegen- **34**

---

42 *Hamberger* S. 344 f.; KPB/*Moll* § 120 Rn. 28; Uhlenbruck/*Zobel* § 120 Rn. 14.

43 Andres/Leithaus/*Andres* § 120 Rn. 16; Nerlich/Römermann/*Hamacher* § 120 Rn. 3; KPB/*Moll* § 120 Rn. 54.

44 BAG NZA 2004, 336; *Fitting* BetrVG § 77 Rn. 156, 180; HKInsO/*Linck* § 120 Rn. 11.

45 *Fitting* BetrVG § 77 Rn. 183 ff.; GKBetrVG/*Kreutz* § 77 Rn. 444, 476.

46 *Fitting* BetrVG § 77 Rn. 156; HKInsO/*Linck* § 120 Rn. 11.

47 St. Rspr., BAG NZA 2014, 1040 Rn. 20; BAG NZA 2011, 598 Rn. 20; BAG NZA 1994, 572; BAG NZA 1989, 765; KPB/*Moll* § 120 Rn. 39.

48 BAG NZA 2011, 598 Rn. 23 ff., 26.

49 GKBetrVG/*Kreutz* § 77 Rn. 455.

50 BAG NZA 2011, 598 Rn. 21; BAG NZA 2008, 1426 Rn. 17 = ZIP 2009, 88; ErfK/*Kania* BetrVG § 77 Rn. 112; GKBetrVG/*Kreutz* § 77 Rn. 460; zur Nachwirkung teilmitbestimmter Betriebsvereinbarungen im Einzelnen *Fitting* BetrVG § 77 Rn. 190 ff.

51 BAG NZA 2009, 1341 Rn. 52; BAG NZA 1998, 1348.

über einer Kündigung in der Insolvenz kann eine solche **vereinbarte Nachwirkung** keinen Bestand haben. § 120 hat gerade den Zweck, die Insolvenzmasse von aus Betriebsvereinbarungen resultierenden Personalkosten auf dem Wege der vorzeitigen Kündigung zu entlasten. Mit diesem Zweck ist eine über das gesetzliche Maß hinausreichende Nachwirkung mit der Folge einer Anrufung und Ermessensentscheidung der Einigungsstelle nicht zu vereinbaren.[52]

35 Hat die gekündigte Betriebsvereinbarung eine **arbeitsvertragliche Vereinbarung abgelöst,** weil sie günstiger als jene war, lebt mit dem Wegfall der Betriebsvereinbarung die frühere arbeitsvertragliche Vereinbarung wieder auf. Denn es muss angenommen werden, dass eine solche Betriebsvereinbarung die arbeitsvertragliche Vereinbarung nur für die Dauer ihrer Wirkung verdrängen wollte.[53] Diese bloß **zurückdrängende Wirkung** einer eine arbeitsvertragliche Regelung ablösenden günstigeren Betriebsvereinbarung muss auch gelten, soweit diese in einer Einheitsregelung über Sozialleistungen besteht.[54] Hat etwa ein Arbeitnehmer zunächst einen vertraglichen Anspruch auf ein Weihnachtsgeld von 300 Euro und später durch eine Betriebsvereinbarung einen solchen auf ein Weihnachtsgeld von 600 Euro eingeräumt erhalten, muss er nach Kündigung der Betriebsvereinbarung wieder den Anspruch auf das Weihnachtsgeld von 300 Euro haben. Insofern ist der Insolvenzverwalter für eine Änderung auf den individualvertraglichen Weg verwiesen (→ Rn. 58 ff.).

36 **c) Schutz wohlerworbener Rechte.** Soweit die gekündigte Betriebsvereinbarung für die Arbeitnehmer Anwartschaften begründet hat, fallen diese infolge der Kündigung nicht ohne weiteres weg. Vielmehr ist nach den Grundsätzen der **Verhältnismäßigkeit und des Vertrauensschutzes** zu entscheiden, inwieweit sie bestehen bleiben.[55]

37 Von Bedeutung ist dies insbesondere für **Anwartschaften auf betriebliche Altersversorgung.** Zwar sind Versorgungsansprüche und unverfallbare Versorgungsanwartschaften gem. §§ 7 ff. BetrAVG über den Pensionssicherungsverein insolvenzgeschützt (→ Vor §§ 113–128 Rn. 32 f.). Dieser Schutz gilt aber nicht für noch nicht unverfallbar gewordene Anwartschaften. Unabhängig davon ist ein Eingriff durch Kündigung der Betriebsvereinbarung zwar grundsätzlich möglich, muss aber die Prinzipien des Vertrauensschutzes und der Verhältnismäßigkeit und damit die vom Bundesarbeitsgericht entwickelte Stufenlehre beachten, nach der der bereits erdiente und nach den Grundsätzen des § 2 BetrAVG errechnete Teilbetrag nur in seltenen Ausnahmefällen gekürzt werden darf, Zuwächse, die sich aus variablen Berechnungsfaktoren ergeben, nur aus triftigen Gründen geschmälert werden können, soweit sie zeitanteilig erdient sind, und für Eingriffe in Zuwachsraten, die noch nicht erdient sind, schon sachlich-proportionale Gründe ausreichend sind.[56] Die Insolvenz wird dabei regelmäßig das Abschneiden eines weiteren Erwerbs von Anwartschaften rechtfertigen, nicht aber den Eingriff in bis zur Insolvenzeröffnung erdiente Anwartschaften. Vielmehr ist insoweit eine Abwägung vorzunehmen.

38 Soweit der Eingriff unzulässig ist, sind die bis zur Insolvenzeröffnung erworbenen Anwartschaften reine **Insolvenzforderungen,** die zur Tabelle angemeldet werden müssen (s. für den Pensionssicherungsverein → Vor §§ 113–128 Rn. 32, für den Arbeitnehmer → § 128 Rn. 20). Dies gilt auch im Falle der Betriebsveräußerung. Tritt ein Erwerber in die Versorgungsanwartschaften von Arbeitnehmern ein, hat er wegen der teleologischen Reduktion des § 613a BGB nur noch für die nach Verfahrenseröffnung erdienten Anwartschaften einzustehen (→ § 128 Rn. 19 ff.). Daran ändert sich nichts, wenn das Insolvenzverfahren mangels einer die Kosten des Verfahrens deckenden Masse nach § 207 später eingestellt wird.[57] Sind Arbeitnehmer vor dem Betriebsübergang aus dem Arbeitsverhältnis ausgeschieden oder haben sie dem Betriebsübergang nach § 613a Abs. 6 BGB widersprochen (→ § 128 Rn. 14 ff.), hat für nach Verfahrenseröffnung erdiente Anwartschaften die Masse einzustehen. Dieser Teil der Anwartschaft kann gem. § 3 Abs. 4 BetrAVG ohne Zustimmung des Arbeitneh-

---

[52] Zutr. *Oetker/Friese* DZWIR 2000, 397 (407); Jaeger/*Giesen* § 120 Rn. 32; HKInsO/*Linck* § 120 Rn. 12; KPB/*Moll* § 120 Rn. 41 ff.; Uhlenbruck/*Zobel* § 120 Rn. 18; aA *Zwanziger* § 120 Rn. 10.

[53] BAG NZA 2016, 1475 Rn. 60, 65; BAG NZA 2011, 928 Rn. 54; BAG NZA 2001, 49 = ZIP 2000, 2216; BAG NZA 1990, 351.

[54] BAG NZA 2000, 322 = ZIP 2000, 421 mit der Einschränkung, dass dies nicht für ablösende Betriebsvereinbarungen aus der Zeit bis zum Bekanntwerden des Urteils des BAG v. 12.8.1982 (AP BetrVG 1972 § 77 Nr. 4 = NJW 1983, 68) gilt, mit der das BAG die ablösende Wirkung von Betriebsvereinbarungen von der reinen Zeitkollision auf den kollektiven Günstigkeitsvergleich umgestellt hat.

[55] BAG NZA-RR 2011, 541 Rn. 64; BAG NZA 2000, 498 = ZIP 2000, 850; BAG NZA 1993, 234 = ZIP 1992, 1165.

[56] St. Rspr., BAG NZA 2015, 1198 Rn. 21 = ZIP 2015, 941; BAG NZA-RR 2012, 433 Rn. 25; BAG NZA-RR 2007, 595 Rn. 48; im Einzelnen BRO/*Rolfs* BetrAVG Anh. zu § 1 Rn. 615 ff.

[57] Vgl. BAG NZA 1993, 20 = ZIP 1992, 1247 (noch zum Konkurs); BRO/*Rolfs* BetrAVG Anh. zu § 1 Rn. 332.

mers abgefunden werden, wenn die Betriebstätigkeit vollständig eingestellt und das Unternehmen liquidiert wird.[58]

39 Dass in aus einer gekündigten Betriebsvereinbarung fließende Anwartschaften nur unter Berücksichtigung der **Grundsätze des Vertrauensschutzes und der Verhältnismäßigkeit** eingegriffen werden kann (→ Rn. 36 f.), gilt allgemein. Ist etwa eine Betriebsvereinbarung über Sonderzuwendungen zum Jahresschluss schon vor dem Ende des Bezugszeitraums wirksam gekündigt worden,[59] können diese durch die Kündigung nicht ohne weiteres für das laufende Jahr entzogen werden. Vielmehr ist zu berücksichtigen, inwieweit sie im Laufe des Jahres – anteilig – erdient worden sind. Insoweit kommt es darauf an, ob die Arbeitnehmer bereits ein schützenswertes Vertrauen auf den Erhalt der Sonderzuwendung entwickelt haben, ob sie mit einer Verschlechterung rechnen mussten und wie gewichtig die Gründe für die Verschlechterung sind.[60] Dementsprechend kommt eine Herabsetzung oder vollständige Streichung in Betracht, wenn dies angesichts der Lage des insolventen Unternehmens und auch unter Berücksichtigung anderer Möglichkeiten der Personalkostenentlastung unausweichlich ist. Hingegen ist ein auf Grund einer Betriebsvereinbarung erreichter Status der ordentlichen Unkündbarkeit von Arbeitnehmern schon nach § 113 unbeachtlich (→ § 113 Rn. 16 f.).

40 **3. Außerordentliche Kündigung.** Nach Abs. 2 bleibt das Recht, eine Betriebsvereinbarung ohne Einhaltung einer Frist **aus wichtigem Grund** zu kündigen, unberührt. Eine solche Kündigung ist in der Insolvenz zulässig, wenn das Festhalten an der Betriebsvereinbarung unter Berücksichtigung aller Umstände und unter Abwägung des Interesses an der Entlastung der Insolvenzmasse auf der einen Seite und der Belegschaft und der von der Regelung betroffenen Arbeitnehmer auf der anderen Seite unzumutbar ist.[61] Vor Ausspruch einer Kündigung aus wichtigem Grund muss die Möglichkeit einer einvernehmlichen Regelung ausgeschöpft worden sein.[62] Denn der die außerordentliche Kündigung von Dauerrechtsverhältnissen prägende ultima-ratio-Grundsatz verlangt, dass vor dieser die Möglichkeiten einvernehmlicher Anpassung ausgeschöpft werden.[63]

41 Bei der erforderlichen **Abwägung ist in Rechnung zu stellen,** dass eine ordentliche Kündigung mit der Dreimonatsfrist des Abs. 1 stets möglich ist (→ Rn. 25 ff.). Es geht deshalb nur um die Fälle, in denen schon ein Festhalten an einer Betriebsvereinbarung für diesen Zeitraum zu einer unzumutbaren Belastung der Insolvenzmasse führt. Zu denken ist an einzelne Gruppen von Arbeitnehmern besonders begünstigende Betriebsvereinbarungen, deren Aufrechterhaltung die Masse soweit auszehren würde, dass die Einstellung des Verfahrens nach § 207 droht oder dass nicht einmal die nach § 123 zulässigen Sozialplanleistungen erbracht werden können.

42 Nach der Rechtsprechung des Bundesarbeitsgerichts **wirken Betriebsvereinbarungen** in mitbestimmungspflichtigen Angelegenheiten **auch im Falle einer außerordentlichen Kündigung nach.**[64] Daran ändert sich auch in der Insolvenz grundsätzlich nichts.[65] Den Betriebspartnern bleibt nur die Möglichkeit, eine Neuregelung zu initiieren und notwendigenfalls über die Einigungsstelle durchzusetzen.[66] Der Insolvenzverwalter kann auch den Weg einer individualvertraglichen Abänderung, ggf. mittels Änderungskündigung, beschreiten.

43 **4. Änderung durch Tarifvertrag.** Tarifverträge gehen Betriebsvereinbarungen im Rang vor, wie sich aus § 87 Abs. 1 und § 77 Abs. 3 BetrVG ergibt. Deshalb können schon bestehende Betriebsvereinbarungen, gleichgültig ob sie voll wirksam sind oder nur noch nachwirken, mit Wirkung ex nunc durch Tarifvertrag abgelöst werden.[67] Ein solcher **ablösender Sanierungstarifvertrag** kommt

---

58 BAG NZA 2010, 568 Rn. 14 = ZIP 2010, 897; BRO/*Rolfs* BetrAVG § 3 Rn. 91 ff.

59 Vgl. BAG NZA 2008, 709.

60 *Fitting* BetrVG § 77 Rn. 194a; vgl. auch BAG NZA 2003, 393.

61 Vgl. allgemein zur außerordentlichen Kündigung von Betriebsvereinbarungen BAG NZA 1993, 31; *Fitting* BetrVG § 77 Rn. 151; GKBetrVG/*Kreutz* § 77 Rn. 413.

62 Jaeger/*Giesen* § 120 Rn. 26; Nerlich/Römermann/*Hamacher* § 120 Rn. 47; HKInsO/*Linck* § 120 Rn. 6; KPB/*Moll* § 120 Rn. 48; *Zwanziger* § 120 Rn. 13.

63 Vgl. BAG NZA 2001, 788 = ZIP 2001, 980 und BAG NZA 1997, 830 für die außerordentliche Kündigung von Tarifverträgen.

64 BAG NZA 1995, 314 = ZIP 1995, 1037 für den Sozialplan; DKKW/*Berg* BetrVG § 77 Rn. 116; Löwisch/Kaiser/*Kaiser* BetrVG § 77 Rn. 64; aA *Fitting* BetrVG § 77 Rn. 179; ErfK/*Kania* BetrVG § 77 Rn. 102; GKBetrVG/*Kreutz* § 77 Rn. 447.

65 Andres/Leithaus/*Andres* § 120 Rn. 12; *Zwanziger* § 120 Rn. 14; aA RFJK/*Regh* § 9 Rn. 43 für solche Regelungen, derentwegen die Betriebsvereinbarung gekündigt wurde.

66 Nerlich/Römermann/*Hamacher* § 120 Rn. 48.

67 BAG NZA 2017, 522 Rn. 16; BAG NZA 2003, 1097; BAG NZA 1986, 790; *Fitting* BetrVG § 77 Rn. 99; GKBetrVG/*Kreutz* § 77 Rn. 151; Richardi BetrVG/*Richardi* § 77 Rn. 297; Wiedemann/*Wank* TVG § 4 Rn. 644.

sowohl in Form eines unternehmensbezogenen Verbandstarifvertrages als auch in Form eines Haustarifvertrages in Betracht[68] (→ Rn. 47 ff., → Vor §§ 113–128 Rn. 12 f.).

44 Der ablösende Tarifvertrag bringt die Regelungen der abgelösten Betriebsvereinbarung nicht nur gegenüber den organisierten, sondern **auch gegenüber den nicht organisierten Arbeitnehmern** in Wegfall. Soweit die Regelung Betriebsnormen betrifft, die, wie in Fragen der Arbeitszeit im Betrieb, von Natur aus nur einheitlich gelten können, folgt das schon aus § 3 Abs. 2 TVG. Es gilt nach § 77 Abs. 3 BetrVG aber auch sonst, etwa für Sozialleistungen. Nicht durch Tarifvertrag abgelöst werden können aber Sozialpläne (arg. § 112 Abs. 1 S. 4 BetrVG). Insoweit ist der Insolvenzverwalter auf § 124 oder, wenn der Sozialplan Dauerregelungen enthält, auf dessen Kündigung verwiesen (→ § 123 Rn. 55, → § 124 Rn. 7 ff.).

45 Soweit der Tarifvertrag eine Betriebsvereinbarung ablöst, die ihrerseits arbeitsvertragliche Regelungen abgelöst hatte, lebt entsprechend dem oben Gesagten (→ Rn. 35) die **arbeitsvertragliche Regelung** wieder auf. Gegenüber dem Tarifvertrag bleibt eine arbeitsvertragliche Regelung nach dem Günstigkeitsprinzip bestehen (§ 4 Abs. 3 TVG).

46 **5. Rechtsschutz.** Streitigkeiten über die Kündigung von Betriebsvereinbarungen nach § 120 zwischen Insolvenzverwalter und Betriebsrat gehören in das arbeitsgerichtliche Beschlussverfahren nach § 2a Abs. 1 ArbGG. Soweit ein Arbeitnehmer Rechte aus einer gekündigten Betriebsvereinbarung geltend macht, ist das Urteilsverfahren nach § 2 Abs. 1 Nr. 3 lit. a) ArbGG maßgeblich.

IV. Änderung von Tarifverträgen und arbeitsvertraglichen Regelungen

47 **1. Tarifverträge. a) Einvernehmliche Änderung.** Die Bindung an einen vom Schuldner geschlossenen Haustarifvertrag sowie die Bindung an einen Verbandstarifvertrag bleiben mit Insolvenzeröffnung grds. bestehen (→ Vor §§ 113–128 Rn. 12 f.). Die Rechtsnormen eines Tarifvertrags können aber jederzeit durch einen neuen Tarifvertrag ersetzt werden, sog. Ablösungsprinzip.[69] Die wirksame Ablösung eines Tarifvertrags durch eine Neuregelung setzt voraus, dass die aufeinanderfolgenden Tarifregelungen von denselben Tarifvertragsparteien vereinbart werden.[70] Dementsprechend können tarifvertraglich festgelegte Arbeitsbedingungen durch einen neuen, **den bisherigen Tarifvertrag ablösenden Tarifvertrag** an die Insolvenzsituation angepasst werden. Ein solcher ablösender Tarifvertrag unterliegt weder dem Günstigkeitsprinzip noch einer Billigkeitskontrolle. Er muss lediglich dem Gebot des Vertrauensschutzes genügen, das vor allem der Rückwirkung eine Grenze zieht. Insbesondere darf in bereits erdiente Rechte nur unter engen Voraussetzungen eingegriffen werden.[71]

48 Müssen die tariflichen Arbeitsbedingungen kurzfristig geändert werden, um die Personalkostenlast tragfähig zu machen, bietet es sich für den Insolvenzverwalter an, einen sog. **Sanierungstarifvertrag** zu schließen. In diesem werden üblicherweise krisenorientierte tarifliche Sonderregelungen für eine bestimmte Dauer in Abweichung vom bisherigen Tarifvertrag getroffen.[72] Zu den materiellen Konzessionen der Belegschaft gehören typischerweise Arbeitszeiterhöhungen ohne Lohnausgleich, direkte Lohnsenkungen, insbesondere durch die Streichung von Sonderzahlungen, und Regelungen zur Arbeitszeitflexibilisierung.[73] Im Gegenzug wird meist eine Beschäftigungssicherung durch einen besonderen Kündigungsschutz für die Laufzeit des Tarifvertrages zugesagt.[74] Ob § 113 solche Kündigungserschwerungen in einem vom Insolvenzverwalter abgeschlossenen Sanierungstarifvertrag durchbricht, ist durch Auslegung zu ermitteln. Im Grundsatz kann in diesem Fall die Vorschrift abbedungen werden, weil nach § 119 lediglich Vereinbarungen, durch die im Voraus – also vor Insolvenzeröffnung (→ § 119 Rn. 13 ff., 73) – die Anwendung der §§ 103 bis 118 ausgeschlossen oder beschränkt wird, unwirksam sind. Das spricht dafür, die Frage einer gleichwohl bestehenden Kündbarkeit der Arbeitsverhältnisse und deren Folgen für den (vergeblichen) Sanierungsbeitrag der Arbeitnehmer im Sanierungstarifvertrag klar zu regeln. Hat hingegen noch der Schuldner den Sanierungstarifvertrag geschlossen, kann der Insolvenzverwalter trotz dort geregelter Kündigungserschwerungen die Arbeitsverhältnisse nach Maßgabe des § 113 kündigen (→ § 113 Rn. 15 ff., 18).

---

68 *Löwisch* ZGR 1984, 272 (280 f.).

69 St. Rspr., BAG NZA 2011, 1358 Rn. 17; BAG EzA TVG § 4 Ablösungsprinzip Nr. 2 = NZA 2002, 815 (Ls.); *Löwisch/Rieble* TVG § 1 Rn. 1569 ff.

70 BAG NZA 2015, 950 Rn. 28.

71 Vgl. im Einzelnen *Löwisch/Rieble* TVG § 1 Rn. 1000 ff.

72 *Beck* S. 20 ff.

73 Jaeger/*Giesen* Vor § 113 Rn. 149; s. im Übrigen auch die Auswertung einer Vielzahl von Sanierungstarifverträgen bei *Beck* S. 33 ff.

74 *Beck* S. 38 ff.

Ein Sanierungstarifvertrag kann in erster Linie in Form eines **Haustarifvertrages** geschlossen werden. Waren die Arbeitsbedingungen in dem insolvent gewordenen Unternehmen schon bisher in einem Haustarifvertrag geregelt, birgt dessen Ablösung durch einen neuen Haustarifvertrag keine Probleme. Aber auch wenn das Unternehmen einem Arbeitgeberverband angehört und der Bindung an einen Verbandstarifvertrag unterliegt, kann ein Haustarifvertrag geschlossen werden. Denn die Zugehörigkeit zu einem Arbeitgeberverband ändert nichts an der nach § 2 Abs. 1 TVG bestehenden Tariffähigkeit als einzelner Arbeitgeber.[75] Schließt nun der Insolvenzverwalter mit derselben Gewerkschaft, die Partei des Verbandstarifvertrags ist, einen Haustarifvertrag, kommt es zu einer **Tarifkonkurrenz,** die nach dem Grundsatz der Spezialität aufzulösen ist. Hierbei setzt sich der Haustarifvertrag als der sachnähere Tarifvertrag gegenüber dem Verbandstarifvertrag durch. Das gilt auch dann, wenn der Haustarifvertrag Regelungen des Verbandstarifvertrags zulasten der Arbeitnehmer verdrängt, wie das beim Sanierungstarifvertrag typischerweise geschieht.[76] 49

Möglich ist auch der Abschluss eines **lediglich für das insolvente Unternehmen** geltenden **Verbandstarifvertrages,** der, wenn er mit derselben Gewerkschaft abgeschlossen wird, den bisherigen Verbandstarifvertrag in seiner Geltung für das Unternehmen **verdrängt,** da er gegenüber dem Flächenverbandstarifvertrag als spezieller anzusehen ist.[77] Die tarifliche Neuregelung kann auch in der Vereinbarung einer für das insolvente Unternehmen geltenden Öffnungsklausel gegenüber Betriebsvereinbarung oder Arbeitsvertrag bestehen.[78] Die Vereinbarung einer Anrechnungsklausel, nach der auf das tarifliche Entgelt übertarifliche Entgelte angerechnet werden können, ist aber nicht möglich, weil sie entgegen dem Günstigkeitsprinzip des § 4 Abs. 3 TVG tarifliche Höchstarbeitsbedingungen setzen würde.[79] 50

Die Tarifmacht zum Abschluss eines solchen Sanierungstarifvertrages ist als solche unverzichtbar. Allerdings kann der zu verdrängende Tarifvertrag Folgen an einen solchen Sanierungstarifvertrag knüpfen. So bestimmt etwa **§ 16 des Bundesrahmentarifvertrages für das Baugewerbe** (BRTV) v. 28.9.2018, dass sich die Tarifvertragsparteien verpflichten, mit anderen Organisationen und einzelnen Arbeitgebern keine Tarifverträge zu vereinbaren, die von diesem Tarifvertrag inhaltlich abweichen, und dass im Falle eines dieser Verpflichtung widersprechenden Abschlusses die andere Tarifvertragspartei verlangen kann, dass die abweichenden Bestimmungen ganz oder teilweise Inhalt dieses Tarifvertrags werden.[80] Zudem kann der Abschluss eines Haustarifvertrages gegen die Mitgliedschaftspflichten des Unternehmens gegenüber dem Arbeitgeberverband verstoßen und damit zu mitgliedschaftlichen Sanktionen führen.[81] 51

Da der Tarifvertrag gem. §§ 3 Abs. 1, 4 Abs. 1 TVG grundsätzlich nur bei beiderseitiger Tarifgebundenheit der Arbeitsvertragsparteien im Arbeitsverhältnis gilt, wird in tarifgebundenen Unternehmen meist in den Arbeitsverträgen **auf die einschlägigen Tarifverträge Bezug genommen,** zumal der Arbeitgeber von der Gewerkschaftsmitgliedschaft seiner Arbeitnehmer regelmäßig keine Kenntnis hat. Das führt zwar nicht zu einer tarifrechtlichen Geltung, hat aber zur Konsequenz, dass der Tarifvertrag schuldrechtlich gilt. Inhalt der Arbeitsverträge wird der Inhalt der in Bezug genommenen Tarifverträge.[82] Weit verbreitet sind sog. **kleine dynamische Bezugnahmeklauseln,** mit denen die einschlägigen Verbandstarifverträge in ihrer jeweiligen Fassung in Bezug genommen werden. Die Bezugnahme ist dann dynamisch. Änderungen des in Bezug genommenen Tarifvertrags werden im Arbeitsvertrag automatisch nachvollzogen. Bei Zweifeln ist die Verweisung dynamisch zu verstehen.[83] Wird im Wege einer sog. **großen dynamischen Bezugnahmeklausel** auf die im Betrieb des Arbeitgebers jeweils geltenden Tarifverträge verwiesen, vollzieht die Bezugnahme auch einen etwaigen Tarifwechsel mit (sog. Tarifwechselklausel).[84] 52

---

75 BAG NZA-RR 2012, 308 Rn. 21; BAG NZA 2003, 734; BAG NZA 1997, 613; ErfK/*Franzen* TVG § 2 Rn. 21; *Löwisch/Rieble* TVG § 2 Rn. 467 ff.; Wiedemann/*Oetker* TVG § 2 Rn. 208, 235.

76 BAG NZA 2009, 98 Rn. 12 (für die Regelung eines Sanierungsarbeitszeitkontos); BAG NZA 2001, 1085 (für eine Vergütungsabsenkung durch Haustarifvertrag); BAG NZA 2001, 788 = ZIP 2001, 980 (für den Ausschluss von Teilen eines 13. Monatseinkommens); zur Tarifkonkurrenz im Einzelnen ErfK/*Franzen* TVG § 4a Rn. 29 ff., 32; *Löwisch/Rieble* TVG § 4a Rn. 336 ff., 340.

77 BAG NZA-RR 2012, 308 Rn. 21, 41 f.; ErfK/*Franzen* TVG § 4a Rn. 32; aA *Löwisch/Rieble* TVG § 1 Rn. 1373 f. und § 4a Rn. 341, die dies als einen Fall der (Teil-)Ablösung ansehen.

78 *Löwisch* ZGR 1984, 272 (274).

79 BAG NZA-RR 2010, 305 Rn. 49; BAG NZA 1986, 790; BAG AP TVG § 4 Effektivklausel Nr. 8 = MDR 1972, 83; im Einzelnen *Löwisch/Rieble* TVG § 1 Rn. 2163 ff.

80 Krit. *Rieble* NZA 2000, 225 (230), der die Bestimmung für unwirksam hält.

81 Dazu *Löwisch/Rieble* TVG § 1 Rn. 638 ff., 643 ff.; Wiedemann/*Oetker* § 2 TVG Rn. 210 ff., 340.

82 BAG NZA 2016, 373 Rn. 14 = ZIP 2016, 336; BAG NZA 2005, 349; *Löwisch/Rieble* TVG § 3 Rn. 575 ff., 583 ff.; Wiedemann/*Oetker* TVG § 3 Rn. 328.

83 St. Rspr., statt vieler BAG NZA 2018, 363 Rn. 20 ff. = ZIP 2018, 397; BAG NZA 2002, 634 = ZIP 2002, 999.

84 Im Einzelnen *Löwisch/Rieble* TVG § 3 Rn. 591 ff., 608 ff. mN.

53 Das Bundesarbeitsgericht hat **dynamische Bezugnahmeklauseln,** wenn sie von tarifgebundenen Arbeitgebern vereinbart worden waren, früher dahin ausgelegt, dass die Teilnahme der Bezug nehmenden Arbeitsverhältnisse an der Tarifentwicklung dann endet, wenn die Tarifbindung auf Arbeitgeberseite entfällt (sog. Gleichstellungsklausel).[85] Nach einer Änderung dieser Rechtsprechung gilt dies für ab dem 1. Januar 2002 abgeschlossene Arbeitsverträge nur noch dann, wenn dies in der Klausel hinreichend deutlich zum Ausdruck kommt. Fehlt es daran, wird nach der geänderten Rechtsprechung der Arbeitgeber über die Bezugnahmeklausel schuldrechtlich auch dann an künftige Fassungen des Tarifvertrags gebunden, obwohl, etwa durch seinen Verbandsaustritt, seine tarifrechtliche Bindung an den Tarifvertrag längst geendet hat, sog. unbedingte zeitdynamische Verweisung[86] (zur Bezugnahme beim Betriebsübergang → § 128 Rn. 27 f.).

53a Wird ein **Sanierungstarifvertrag** geschlossen, steht die Frage im Raum, ob eine kleine dynamische Bezugnahmeklausel dem Flächenverbandstarifvertrag gleichwohl zum Durchbruch verhilft, indem der günstigere Arbeitsvertrag mit seiner dynamischen Bezugnahme auf den jeweiligen Flächenverbandstarifvertrag die meist ungünstigeren Regelungen des Sanierungstarifvertrags überlagert. Das ist durch eine **Auslegung der arbeitsvertraglichen Klausel** zu ermitteln. Danach ist ein mit derselben Gewerkschaft geschlossener Sanierungstarifvertrag jedenfalls dann umfasst, wenn die Verweisungsklausel eindeutig als Gleichstellungsabrede (→ Rn. 53) zu verstehen ist.[87] Auch sonst hat das Bundesarbeitsgericht durch eine weite Auslegung der arbeitsvertraglichen Bezugnahmeregelungen einem von derselben Gewerkschaft mit dem Insolvenzverwalter abgeschlossenen Sanierungstarifvertrag schuldrechtlich zum Anwendungsvorrang verholfen, obwohl im entschiedenen Fall eine (echte) Tarifwechselklausel nicht vorlag.[88] Nehmen die Arbeitsvertragsparteien individualvertraglich auf die „jeweils geltenden Tarifverträge einer bestimmten Branche" Bezug, soll es sich hingegen regelmäßig um eine zeitdynamische Bezugnahme auf die entsprechenden Flächentarifverträge handeln, von der Haustarifverträge eines einzelnen Arbeitgebers nicht erfasst werden.[89] Anders soll es sich wiederum verhalten, wenn der Sanierungstarifvertrag in Form eines unternehmensbezogenen Verbandstarifvertrags geschlossen worden ist; dieser ist von einer solchen Bezugnahme umfasst.[90] Eine Kollision zwischen den kraft beiderseitiger Tarifgebundenheit für das Arbeitsverhältnis der Parteien normativ geltenden und den aufgrund arbeitsvertraglicher Bezugnahme anwendbaren Tarifvorschriften ist nach der Rechtsprechung nach dem Günstigkeitsprinzip gem. § 4 Abs. 3 TVG im Wege des Sachgruppenvergleichs zu lösen.[91]

54 **b) Kündigung aus wichtigem Grund.** Als Dauerschuldverhältnisse können auch Tarifverträge nach § 314 BGB aus wichtigem Grund außerordentlich gekündigt werden, wenn das Festhalten an ihnen unter Abwägung der Interessen beider Vertragsteile dem Kündigenden **schlechterdings nicht zugemutet werden kann.**[92] Die Insolvenzsituation als solche begründet nicht automatisch die Unzumutbarkeit. Notwendig ist vielmehr, dass das Festhalten an den tariflichen Arbeitsbedingungen den Fortbestand des Unternehmens und den Verlust der dort bestehenden Arbeitsplätze herbeizuführen droht, denn die Bindung an den Tarifvertrag wird dann funktionswidrig und damit unverhältnismäßig.[93] Auf der anderen Seite scheidet eine Kündigung aus wichtigem Grund aus, wenn feststeht, dass das Unternehmen liquidiert werden muss.[94]

55 Dem Recht zur außerordentlichen Kündigung ist der **ultima-ratio-Grundsatz** immanent. Deshalb muss der Kündigung aus wichtigem Grund der Versuch vorangehen, mit der anderen Tarifvertragspartei Einvernehmen über eine Änderung des Tarifvertrages zu erreichen, welche die Unzumutbarkeit beseitigt.[95] Dazu gehört das Angebot von Verhandlungen und die Darlegung, welche Veränderungen notwendig sind, um die Unzumutbarkeit zu beseitigen.

---

[85] BAG NZA 2006, 744 Rn. 17; BAG NZA 2003, 1207 = ZIP 2003, 1906; BAG NZA 2002, 634 = ZIP 2002, 999.

[86] BAG NZA-RR 2010, 530 Rn. 24; BAG NZA 2007, 965 Rn. 26 ff.; angekündigt von BAG NZA 2006, 607 Rn. 19 ff.

[87] Vgl. BAG NZA 2006, 744 Rn. 14 ff., 22.

[88] BAG NZA 2010, 41 Rn. 33 ff., 42 ff. = ZIP 2009, 2461, wo das Gericht von einer „begrenzten Tarifwechselklausel" spricht.

[89] BAG NZA 2018, 1486 Rn. 23 = ZIP 2018, 2335.

[90] BAG NZA 2007, 634 Rn. 14 ff.; offengelassen allerdings von BAG NZA 2018, 1486 Rn. 23 = ZIP 2018, 2335; krit. zur Problematik im Ganzen *Löwisch/Rieble* TVG § 3 Rn. 591 ff., 615 ff.

[91] BAG NZA 2018, 1486 Rn. 30 f. = ZIP 2018, 2335; BAG NZA 2015, 1274 Rn. 27 ff. mwN.

[92] BAG NZA 1998, 1008; BAG NZA 1997, 830; im Einzelnen *Löwisch/Rieble* TVG § 1 Rn. 1603 ff., 1618 ff.

[93] *Löwisch* NJW 1997, 905 (906 ff.); im Ergebnis ebenso *Belling/Hartmann* NZA 1998, 57 (64 ff.); einschränkend Wiedemann/*Wank* TVG § 4 Rn. 28 ff., 58 ff., der Unvorhersehbarkeit der Situation verlangt.

[94] *Löwisch/Rieble* TVG § 1 Rn. 1625.

[95] BAG NZA 2001, 788 = ZIP 2001, 980; BAG NZA 1997, 1234; BAG NZA 1997, 830; *Löwisch/Rieble* TVG § 1 Rn. 1615.

Ein durch außerordentliche Kündigung beendeter Tarifvertrag **wirkt gem. § 4 Abs. 5 TVG nach.** Ließe man die Tarifkündigung auf den Arbeitsvertrag durchschlagen, ginge das am Zweck des § 4 Abs. 5 TVG vorbei, nach Ende des Tarifvertrages eine dispositive Überbrückungsregelung bereitzuhalten. Zudem würde es dem Umstand nicht gerecht, dass die arbeitsvertraglichen Beziehungen individuell verschieden sein können, so dass in einem Falle die eine, im anderen Falle eine andere und in einem dritten Fall überhaupt keine Änderung des Arbeitsvertrages gerechtfertigt sein kann.[96] Regelmäßig wird die danach notwendige Änderung der Arbeitsverträge einverständlich herbeigeführt werden können. Wo das nicht der Fall ist, muss sie im Wege der betriebsbedingten Änderungskündigung (→ Rn. 64 ff.) durchgesetzt werden. Diese greift in der Regel durch, weil nach der Rechtsprechung des Bundesarbeitsgerichts eine drohende Stilllegung oder Reduzierung der Belegschaft solche Änderungskündigungen trägt.[97] 56

Das Recht zur außerordentlichen Kündigung hilft dem von einem unzumutbaren Tarifvertrag betroffenen Unternehmen unmittelbar nur im Falle des Haustarifs. **Im Falle des Verbandstarifs** steht das Kündigungsrecht dem Arbeitgeberverband als Partei des Tarifvertrages zu. Für das betroffene Verbandsmitglied scheint es nur die Möglichkeit zu geben, aus dem Mitgliedschaftsverhältnis einen Anspruch gegen den Verband geltend zu machen, seinerseits den Tarifvertrag zu kündigen. Das ist ineffektiv. Man muss daher im Fall unzumutbarer Tarifbindung den betroffenen Mitgliedsunternehmen das Recht einräumen, die **Verbandsmitgliedschaft aus wichtigem Grund fristlos zu kündigen** und damit in Restriktion des § 3 Abs. 3 TVG die Folge verbinden, dass der Tarifvertrag für die Arbeitsverhältnisse nur noch entsprechend § 4 Abs. 5 TVG nachwirkt.[98] Das gilt dann auch für eine außerordentliche Kündigung der Verbandsmitgliedschaft durch den Insolvenzverwalter (→ Vor §§ 113–128 Rn. 13a). 57

2. Arbeitsvertrag. a) Einvernehmliche Änderung. Der unproblematischste Weg, um einzelvertraglich festgelegte Entgelte und sonstige Arbeitgeberleistungen der Insolvenzsituation anzupassen, ist die vertragliche Vereinbarung zwischen Arbeitgeber und Arbeitnehmer. Erfolgt diese Vereinbarung allerdings in einer **vertraglichen Einheitsregelung,** so ist, soweit eine mitbestimmungspflichtige Angelegenheit iSd § 87 Abs. 1 BetrVG betroffen ist, zu deren Grundlinien die Zustimmung des Betriebsrats in Form der sog. Regelungsabrede erforderlich.[99] Praktisch bedeutsam ist dies vor allem beim Mitbestimmungsrecht zur Lohngestaltung (§ 87 Abs. 1 Nr. 10 BetrVG) und den arbeitszeitbezogenen Mitbestimmungsrechten (§ 87 Abs. 1 Nr. 2 und 3 BetrVG).[100] Auch müssen die getroffenen Regelungen der Inhaltskontrolle nach den §§ 307 ff. BGB standhalten. 58

b) Widerruf. Soweit sich der Arbeitgeber das Recht zum Widerruf zugesagter Leistungen vorbehalten hat, kann der Insolvenzverwalter durch dessen Ausübung eine von ihm für notwendig erachtete Änderung der Arbeitsbedingungen herbeiführen. Das setzt voraus, dass der **Widerruf wirksam vereinbart** ist, insbesondere der AGB-Kontrolle nach § 308 Nr. 4 BGB standhält. Ob die Vereinbarung für den Arbeitnehmer **zumutbar** ist, richtet sich nach Art und Höhe der Leistung, die widerrufen werden soll, nach der Höhe des verbleibenden Verdienstes und der Stellung des Arbeitnehmers im Unternehmen.[101] Nach der Rechtsprechung des Bundesarbeitsgerichts ist der vereinbarte Vorbehalt des Widerrufs von Entgeltbestandteilen regelmäßig wirksam, wenn der widerrufliche Anteil des Entgelts, sofern er im Gegenseitigkeitsverhältnis steht, unter 25 Prozent der Gesamtvergütung liegt und der Tariflohn nicht unterschritten wird. Bei Leistungen, die nicht unmittelbare Gegenleistung für die Arbeitsleistung sind, erhöht sich der widerrufliche Anteil auf bis zu 30 Prozent der Gesamtvergütung. Auch müssen die Widerrufsgründe in allgemeiner Form – zumindest der Richtung nach – festgelegt sein.[102] Der Arbeitgeber ist dann bis zur Grenze der Willkür frei, die Voraussetzungen des Anspruchs festzulegen und dementsprechend den Widerruf auch zu 59

---

96 Offengelassen von BAG NZA 1997, 830; wie hier *Buchner* NZA 1993, 289 (299); ErfK/*Franzen* TVG § 4 Rn. 56; *Rieble* Anm. BAG EzA TVG § 1 Fristlose Kündigung Nr. 2; *Löwisch/Rieble* TVG § 4 Rn. 782 ff.; aA *Oetker* RdA 1995, 82 (95); *Otto* FS Kissel, 1994, 787 (794); Nerlich/Römermann/*Hamacher* Vor § 113 Rn. 43.

97 BAG NZA 2002, 750 zur Beendigung der Nachwirkung durch Änderungskündigung; s. allg. BAG NZA 2013, 1409 Rn. 31; BAG NZA 2010, 333 Rn. 25.

98 *Löwisch/Rieble* TVG § 3 Rn. 154 ff., 297 ff.

99 Für den Fall der Ausübung eines Widerrufsvorbehalts BAG AP BetrVG 1972 § 87 Lohngestaltung Nr. 4 = ZIP 1981, 413.

100 Näher dazu *Fitting* BetrVG § 87 Rn. 599 ff., 605; Löwisch/Kaiser/*Kaiser* BetrVG § 87 Rn. 29 ff.; ErfK/*Kania* BetrVG § 87 Rn. 136; AR/*Rieble/Kolbe* BetrVG § 87 Rn. 13 ff.

101 BAG NZA 2017, 931 Rn. 18 = ZIP 2017, 1488; BAG NZA 2017, 777 Rn. 23.

102 BAG NZA 2017, 777 Rn. 19 ff., 25; BAG NZA 2007, 87 Rn. 19 ff.; BAG NZA 2005, 465 = ZIP 2005, 633; s. auch BAG NZA 2012, 616 Rn. 16 ff. für den Widerruf der Möglichkeit zur privaten Nutzung eines Dienstwagens.

erklären.[103] Allerdings dürfen wesentliche Elemente des Arbeitsvertrags, etwa der Charakter des Arbeitsverhältnisses als Vollzeit- oder Teilzeitarbeitsverhältnis, einer einseitigen Änderung nicht unterstellt werden.

60 Wird das **Widerrufsrecht ausgeübt,** muss der geltend gemachte Grund tatsächlich vorliegen.[104] Außerdem muss sich der Insolvenzverwalter bei der Ausübung des Widerrufs **im Rahmen billigen Ermessens** halten (§ 315 Abs. 1 BGB).[105] Die Maßstäbe des billigen Ermessens sind nicht notwendig die der sozialen Rechtfertigung iSd Kündigungsschutzgesetzes. Der Widerruf entspricht billigem Ermessen, wenn die wesentlichen Umstände abgewogen und die beiderseitigen Interessen angemessen berücksichtigt worden sind. Wurde im Arbeitsvertrag das Recht zum Widerruf zugesagter Leistungen für den Fall einer wirtschaftlichen Notlage rechtswirksam vereinbart, stellt die Notwendigkeit, einer **Insolvenzsituation** Rechnung zu tragen, regelmäßig einen Grund zum Widerruf dar. So kann auch der Einstieg eines Investors, mit dessen Hilfe eine wirtschaftliche Notlage abgewendet werden soll und der sein finanzielles Engagement von der Ausübung des Widerrufsvorbehalts abhängig gemacht hat, den Widerruf der Leistungen rechtfertigen.[106]

61 Auch bei einer durch Ausübung eines Widerrufsvorbehalts vorgenommenen Anpassung gilt, dass zuvor eine **Einigung mit dem Betriebsrat** oder deren Ersetzung durch die Einigungsstelle vorliegen muss, soweit der Bereich der mitbestimmungspflichtigen Angelegenheiten iSd § 87 Abs. 1 BetrVG betroffen ist.[107]

62 **c) Anrechnung übertariflicher Leistungen auf Tariflohnerhöhungen.** Bleiben die Arbeitsverhältnisse im Insolvenzfall tarifgebunden (→ Vor §§ 113–128 Rn. 12 f.), kann der Insolvenzverwalter auf eintretende Tariflohnerhöhungen übertarifliche Leistungen anrechnen, auch wenn der Arbeitsvertrag keinen ausdrücklichen Anrechnungsvorbehalt enthält. Das gilt nur dann nicht, wenn dem Arbeitnehmer die übertarifliche Leistung anrechnungsfest als selbständiger Entgeltbestandteil neben dem eigentlichen Tarifentgelt zugesagt worden ist. Ein solcher (konkludenter) Anrechnungsvorbehalt fällt nicht unter § 308 Nr. 4 BGB.[108] Auch steht das Transparenzgebot des § 307 Abs. 1 S. 2 BGB nicht entgegen.[109]

63 Die Anrechnung der Tariflohnerhöhung unterliegt der **Mitbestimmung des Betriebsrats** nach § 87 Abs. 1 Nr. 10 BetrVG, wenn sich durch sie die Verteilungsgrundsätze ändern und dem Insolvenzverwalter ein Spielraum für eine anderweitige Anrechnung verbleibt.[110] Wird die Tariflohnerhöhung im Rahmen des rechtlich und tatsächlich Möglichen vollständig und gleichmäßig auf das übertarifliche Entgelt angerechnet, ist die Anrechnung auch bei einer Änderung der Verteilungsgrundsätze mitbestimmungsfrei.[111]

64 **d) Änderungskündigung.** Soweit eine einvernehmliche Änderung nicht zustande kommt und dem Insolvenzverwalter auch kein Widerrufsrecht oder die Möglichkeit zur Anrechnung zur Seite steht, kann er eine Änderung der Arbeitsverträge nur durch Änderungskündigung herbeiführen. Bei ihr ist er, soweit keine außerordentliche Änderungskündigung in Betracht kommt, an die nach § 113 S. 2 modifizierten Kündigungsfristen gebunden (→ § 113 Rn. 25 ff.). Eine etwaige ordentliche Unkündbarkeit steht nach § 113 S. 1 einer solchen Änderungskündigung nicht entgegen (→ § 113 Rn. 16 ff.).

65 Im Geltungsbereich des Kündigungsschutzgesetzes muss die mit der Änderungskündigung angesonnene Änderung der Arbeitsbedingungen **sozial gerechtfertigt** sein (§ 2 S. 1 KSchG). Verfahrensmäßig kann der Insolvenzverwalter dabei den Weg der §§ 125 ff. beschreiten (→ § 125 Rn. 110 ff., → § 126 Rn. 7). Die soziale Rechtfertigung setzt ein organisatorisches Konzept voraus.[112] Auch

---

[103] BAG NZA 2017, 931 Rn. 20 = ZIP 2017, 1488; BAG NZA 2017, 777 Rn. 25; BAG NZA 2005, 465 = ZIP 2005, 633; im Einzelnen MHdB ArbR/*Krause* § 63 Rn. 14 ff.; ErfK/*Preis* BGB §§ 305–310 Rn. 57 ff.

[104] Vgl. BAG NZA 2017, 931 Rn. 25 f. = ZIP 2017, 1488; ErfK/*Preis* BGB §§ 305–310 Rn. 62.

[105] BAG NZA 2017, 931 Rn. 28 ff. = ZIP 2017, 1488; BAG NZA 2005, 465 = ZIP 2005, 633; ErfK/*Preis* BGB §§ 305–310 Rn. 62.

[106] Vgl. BAG NZA 2017, 931 Rn. 3, 31 = ZIP 2017, 1488.

[107] BAG NZA 2017, 931 Rn. 38 = ZIP 2017, 1488; BAG NZA 1986, 517 = ZIP 1986, 595; *Fitting* BetrVG § 87 Rn. 449 ff., 470 ff.; ErfK/*Kania* BetrVG § 87 Rn. 113 ff.

[108] BAG NZA 2006, 746; AR/*Löwisch* BGB § 308 Rn. 9.

[109] BAG NZA 2009, 49 Rn. 18, 23 ff.; BAG NZA 2006, 688 Rn. 15; krit. *Preis/Lindemann* NZA 2006, 632 (637); im Einzelnen AR/*Kamanabrou* BGB § 611a Rn. 191 ff., 197 f.; MHdB ArbR/*Krause* § 60 Rn. 60.

[110] Grundlegend BAG (GrS) NZA 1992, 749 = ZIP 1992, 1095; statt vieler auch BAG NZA 2018, 957 Rn. 18; Löwisch/Kaiser/*Kaiser* BetrVG § 87 Rn. 233 ff.

[111] BAG NZA 2018, 957 Rn. 18, 23; BAG NZA 2006, 1170 Rn. 20; *Fitting* BetrVG § 87 Rn. 478; ErfK/*Kania* BetrVG § 87 Rn. 115; Richardi BetrVG/*Richardi* § 87 Rn. 818 ff.

[112] BAG NZA 2006, 92; BAG NZA 1997, 1047; APS/*Künzl* KSchG § 2 Rn. 247 f.; ErfK/*Oetker* KSchG § 2 Rn. 47.

muss die Änderung von den betroffenen Arbeitnehmern billigerweise hinzunehmen sein.[113] Schließlich muss der Insolvenzverwalter auch das Gebot der Auswahl nach sozialen Gesichtspunkten beachten. Es gelten insoweit im Prinzip die gleichen Grundsätze wie bei der Beendigungskündigung.

Die **Herabsetzung von Entgelten** durch Änderungskündigung ist nach der Rechtsprechung des Bundesarbeitsgerichts nur gerechtfertigt, wenn sonst erforderlich werdende Beendigungskündigungen vermieden werden. Danach kommt sie nur in Betracht, wenn bei einer Aufrechterhaltung der bisherigen Personalkostenstruktur weitere, betrieblich nicht mehr auffangbare Verluste entstehen, die absehbar zu einer Reduzierung der Belegschaft oder sogar zu einer Schließung des Betriebs führen. Erforderlich ist ein **umfassender Sanierungsplan,** der alle gegenüber der beabsichtigten Änderungskündigung milderen Mittel ausschöpft.[114] Darzulegen sind die Finanzlage des Betriebs, der Anteil der Personalkosten sowie die Auswirkungen der erstrebten Kostensenkungen für den Betrieb und die Arbeitnehmer. Auch muss dargelegt werden, warum andere Maßnahmen nicht in Betracht kommen.[115] Insoweit müssen nach dem ultima-ratio-Grundsatz alle milderen Mittel ausgeschöpft werden. Solche milderen Mittel sind neben der Absenkung widerruflicher Leistungen auch mögliche Rationalisierungsmaßnahmen und sonstige Einsparungen. Liegen die genannten Voraussetzungen vor, hält sich eine prozentual gleichmäßige Verringerung der Entgelte regelmäßig im Rahmen der Billigkeit, vereinzelt kann aber auch eine Differenzierung geboten sein.[116] Eine **Sozialauswahl** ist nur dann durchzuführen, wenn von der Herabsetzung lediglich ein Teil der vergleichbaren Arbeitnehmer betroffen ist.[117] 66

Auch bei der Änderungskündigung ist ein entsprechendes **Mitbestimmungsrecht des Betriebsrats** zu beachten (→ Rn. 58, 61). Das Unterbleiben der Mitbestimmung ändert aber nichts an der Wirksamkeit der Änderungskündigung. Diese kann lediglich solange nicht durchgesetzt werden, als nicht die Mitbestimmung – nachträglich – erfolgt ist.[118] 67

e) Kollektivvertragliche Änderung. Sind Sozialleistungen oder eine betriebliche Altersversorgung den Arbeitnehmern auf individualrechtlichem Wege zugesagt worden, etwa mittels einer Gesamtzusage oder arbeitsvertraglichen Einheitsregelung, ist eine **Ablösung durch Betriebsvereinbarung** an sich nicht ohne weiteres möglich. Denn die Betriebsparteien sind nicht befugt, in individualvertragliche Ansprüche und Rechte der Arbeitnehmer einzugreifen. Zur Abänderung ist regelmäßig eine Änderungskündigung erforderlich (→ Rn. 64 ff.), sofern nicht der Arbeitnehmer zustimmt oder der Arbeitgeber sich im Arbeitsvertrag – mit Blick auf bestimmte Sozialleistungen – das Recht zu deren Widerruf wirksam vorbehalten hat (→ Rn. 58 ff.). 68

Eine **Ablösung** individualvertraglicher Rechte durch Betriebsvereinbarung ist nach der Rechtsprechung des Bundesarbeitsgerichts aber in **zwei Konstellationen** möglich: Zum einen hat das Bundesarbeitsgericht für miteinander in einem Bezugssystem stehende Leistungen, wie das insbesondere auf Sozialleistungen zutrifft, einen sog. kollektiven Günstigkeitsvergleich entwickelt.[119] Danach muss ein einzelner Arbeitnehmer eine für ihn nachteilige Regelung in einer Betriebsvereinbarung hinnehmen, sofern für die Gesamtheit der betroffenen Arbeitnehmer die Regelung in der Betriebsvereinbarung nicht ungünstiger ist als die in der arbeitsvertraglichen Einheitsregelung getroffene. Soll der Umfang der Leistungen, wie das in einer Insolvenzsituation typisch ist, insgesamt gesenkt werden, ist dieser Weg nicht praktikabel. Zum anderen ist eine Ablösung durch Betriebsvereinbarung möglich, wenn die arbeitsvertragliche Regelung selbst eine – wenn auch nur stillschweigende – Ermächtigung zur Änderung durch Betriebsvereinbarung enthält, sie also betriebsvereinbarungsoffen ausgestaltet ist.[120] 69

Die Anforderungen, unter denen eine solche **Betriebsvereinbarungsoffenheit des Arbeitsvertrags** angenommen werden kann, handhabt das Bundesarbeitsgericht zunehmend großzügig. So soll es genügen, wenn der Arbeitsvertrag auf geltende und künftige Betriebsvereinbarungen Bezug 70

---

[113] BAG EzA KSchG § 2 Nr. 101 Rn. 11 = BeckRS 2017, 118085; BAG NZA 2009, 957 Rn. 14; BAG NZA 1999, 471 = ZIP 1999, 979; BAG NZA 1992, 120.

[114] BAG NZA 2018, 440 Rn. 41; BAG NZA 2013, 1409 Rn. 31; BAG NZA 2010, 333 Rn. 25.

[115] BAG NZA 2013, 1409 Rn. 31; BAG NZA 2010, 333 Rn. 25; BAG NZA 2008, 1182 Rn. 20; s. im Einzelnen APS/*Künzl* KSchG § 2 Rn. 257b ff.; ErfK/*Oetker* KSchG § 2 Rn. 60 ff.; LSSW/*Wertheimer* KSchG § 2 Rn. 80 ff.

[116] LSSW/*Wertheimer* KSchG § 2 Rn. 84, 100.

[117] HWK/*Molkenbur* KSchG § 2 Rn. 83; LSSW/*Wertheimer* KSchG § 2 Rn. 100.

[118] BAG NZA 2010, 1235 Rn. 13 f., 25 für eine mittels Änderungskündigung durchzusetzende Versetzung; BAG NZA 1998, 1225 = ZIP 1998, 2017 für die Abänderung einer auf vertraglicher Einheitsregelung beruhenden Auslösung.

[119] BAG (GrS) NZA 1987, 168 = ZIP 1987, 251; dazu auch BAG NZA 2001, 49 = ZIP 2000, 2216.

[120] BAG (GrS) NZA 1987, 168 = ZIP 1987, 251; im Einzelnen Löwisch/Kaiser/*Kaiser* BetrVG § 77 Rn. 49; ErfK/*Kania* BetrVG § 77 Rn. 79 ff.; GKBetrVG/*Kreutz* § 77 Rn. 298 ff.

nimmt.[121] Zudem hat der Erste Senat des Bundesarbeitsgerichts in einem obiter dictum eine Betriebsvereinbarungsoffenheit angenommen, wenn der **Vertragsgegenstand in AGB** enthalten ist und einen kollektiven Bezug hat.[122] Hingegen kann die konkludente Vereinbarung der Betriebsvereinbarungsoffenheit des Arbeitsvertrages nach der Rechtsprechung des Vierten Senats des Bundesarbeitsgerichts nicht angenommen werden, wenn in dem vom Arbeitgeber vorformulierten Arbeitsvertrag auf einen oder mehrere Tarifverträge Bezug genommen wird. Da in diesem Fall die Arbeitsvertragsparteien den Inhalt ihres Arbeitsverhältnisses ausdrücklich den Vereinbarungen bestimmter Tarifvertragsparteien anvertraut hätten, könne die arbeitsvertragliche Bezugnahmeklausel nicht durch Betriebsvereinbarung abgelöst werden.[123] Schließlich geht der für das Betriebsrentenrecht zuständige Dritte Senat des Bundesarbeitsgerichts neuerdings davon aus, dass der Arbeitgeber mit einer **Gesamtzusage über ein betriebliches Ruhegeld** im Regelfall nur eine Versorgung nach den jeweils bei ihm geltenden Versorgungsregeln zusagt. Da die Geltung der Zusage auf einen längeren unbestimmten Zeitraum ausgelegt sei, sei ihr Inhalt für die Begünstigten erkennbar von vornherein einem möglichen künftigen Änderungsbedarf ausgesetzt.[124] Unter Beachtung des Grundsatzes des Vertrauensschutzes (→ Rn. 36 ff.) wird so eine Umstrukturierung der Gesamtzusage durch Betriebsvereinbarung ermöglicht.

71 Eine **tarifvertragliche Verschlechterung** von Arbeitsentgelt und sonstigen Arbeitgeberleistungen scheitert von vornherein am Günstigkeitsprinzip des § 4 Abs. 3 TVG.[125] Anderes gilt nur dann, wenn der Arbeitsvertrag gezielt tarifoffen ausgestaltet ist.[126]

§ 121 Betriebsänderungen und Vermittlungsverfahren

Im Insolvenzverfahren über das Vermögen des Unternehmers gilt § 112 Abs. 2 Satz 1 des Betriebsverfassungsgesetzes mit der Maßgabe, daß dem Verfahren vor der Einigungsstelle nur dann ein Vermittlungsversuch vorangeht, wenn der Insolvenzverwalter und der Betriebsrat gemeinsam um eine solche Vermittlung ersuchen.

§ 122 Gerichtliche Zustimmung zur Durchführung einer Betriebsänderung

(1) [1]Ist eine Betriebsänderung geplant und kommt zwischen Insolvenzverwalter und Betriebsrat der Interessenausgleich nach § 112 des Betriebsverfassungsgesetzes nicht innerhalb von drei Wochen nach Verhandlungsbeginn oder schriftlicher Aufforderung zur Aufnahme von Verhandlungen zustande, obwohl der Verwalter den Betriebsrat rechtzeitig und umfassend unterrichtet hat, so kann der Verwalter die Zustimmung des Arbeitsgerichts dazu beantragen, daß die Betriebsänderung durchgeführt wird, ohne daß das Verfahren nach § 112 Abs. 2 des Betriebsverfassungsgesetzes vorangegangen ist. [2]§ 113 Abs. 3 des Betriebsverfassungsgesetzes ist insoweit nicht anzuwenden. [3]Unberührt bleibt das Recht des Verwalters, einen Interessenausgleich nach § 125 zustande zu bringen oder einen Feststellungsantrag nach § 126 zu stellen.

(2) [1]Das Gericht erteilt die Zustimmung, wenn die wirtschaftliche Lage des Unternehmens auch unter Berücksichtigung der sozialen Belange der Arbeitnehmer erfordert, daß die Betriebsänderung ohne vorheriges Verfahren nach § 112 Abs. 2 des Betriebsverfassungsgesetzes durchgeführt wird. [2]Die Vorschriften des Arbeitsgerichtsgesetzes über das Beschlußverfahren gelten entsprechend; Beteiligte sind der Insolvenzverwalter und der Betriebsrat. [3]Der Antrag ist nach Maßgabe des § 61a Abs. 3 bis 6 des Arbeitsgerichtsgesetzes vorrangig zu erledigen.

(3) [1]Gegen den Beschluß des Gerichts findet die Beschwerde an das Landesarbeitsgericht nicht statt. [2]Die Rechtsbeschwerde an das Bundesarbeitsgericht findet statt, wenn sie in dem Beschluß des Arbeitsgerichts zugelassen wird; § 72 Abs. 2 und 3 des Arbeitsgerichts-

[121] BAG NZA-RR 2007, 595 Rn. 44 ff.; BAG NZA 1988, 617; ErfK/*Kania* BetrVG § 77 Rn. 81; enger *Rieble/Schul* RdA 2006, 339 (340), die einen ausdrücklichen Hinweis verlangen, dass arbeitsvertragliche Regelungen durch Betriebsvereinbarung auch „verschlechternd" abgeändert werden können.

[122] BAG NZA 2013, 916 Rn. 58 ff. = ZIP 2013, 1542 für die Einführung einer Altersgrenze; zu Recht krit. der Vierte Senat BAG NZA 2018, 1273 Rn. 51 ff.; *Creutzfeldt* NZA 2018, 1111 (1112 ff.); *Preis/Ulber* NZA 2014, 6 ff.

[123] BAG NZA 2018, 1273 Rn. 36 ff., 57 f.

[124] BAG NZA 2016, 961 Rn. 48; BAG NZA-RR 2015, 371 Rn. 32.

[125] BAG NZA 1987, 168 = ZIP 1987, 251; *Löwisch/Rieble* TVG § 4 Rn. 547 ff.; Wiedemann/*Wank* TVG § 4 Rn. 733.

[126] Näher dazu *Löwisch/Rieble* TVG § 4 Rn. 550 ff.

gesetzes gilt entsprechend. [3]Die Rechtsbeschwerde ist innerhalb eines Monats nach Zustellung der in vollständiger Form abgefaßten Entscheidung des Arbeitsgerichts beim Bundesarbeitsgericht einzulegen und zu begründen.

Schrifttum: *Annuß,* Die Betriebsänderung in der Insolvenz, NZI 1999, 344; *Caspers,* Personalabbau und Betriebsänderung im Insolvenzverfahren, 1998; *Däubler/Kittner/Klebe/Wedde,* Betriebsverfassungsgesetz, 16. Aufl. 2018 (zitiert: DKKW/*Bearbeiter*); *Dornbusch/Fischermeier/Löwisch,* Kommentar zum gesamten Arbeitsrecht, 9. Aufl. 2019 (zitiert: AR/*Bearbeiter*); *Fitting/Engels/Schmidt/Trebinger/Linsenmaier,* Betriebsverfassungsgesetz, 29. Aufl. 2018; *Germelmann/Matthes/Prütting,* Arbeitsgerichtsgesetz, 9. Aufl. 2017 (zitiert: GMP/*Bearbeiter*); *Giesen,* Die Betriebsverfassung nach dem neuen Insolvenzrecht, ZIP 1998, 142; *Grunsky/Moll,* Arbeitsrecht und Insolvenz, 1997; *Grunsky/Waas/Benecke/Greiner,* Arbeitsgerichtsgesetz, 8. Aufl. 2014 (zitiert: GWBG/*Bearbeiter*); *Hamberger,* Der Betriebsrat im Insolvenzverfahren, 2010; *Krause,* Rechtskrafterstreckung im kollektiven Arbeitsrecht, 1996; *Kreuzer/Rößner,* Die Betriebsänderung in der Insolvenz und die Darstellung der „wirtschaftlichen Lage des Unternehmens" nach § 122 InsO, NZI 2012, 699; *Lakies,* Zu den seit 1.10.1996 geltenden arbeitsrechtlichen Vorschriften der Insolvenzordnung, RdA 1997, 145; *Löwisch,* Probleme des Interessenausgleichs, RdA 1989, 216; *ders.,* Neugestaltung des Interessenausgleichs durch das Arbeitsrechtliche Beschäftigungsförderungsgesetz, RdA 1997, 80; *Löwisch/Kaiser,* Betriebsverfassungsgesetz, 6. Aufl. 2010; *Lohkemper,* Die Bedeutung des neuen Insolvenzrechts für das Arbeitsrecht, KTS 1996, 1; *Oetker/Friese,* Der Interessenausgleich in der Insolvenz (I), DZWIR 2001, 133; *Otto,* Entscheidungsharmonie, Verfahrensökonomie und rechtliches Gehör bei Streitigkeiten mit kollektivem Bezug, RdA 1989, 247; *Richardi,* Betriebsverfassungsgesetz, 16. Aufl. 2018; *Röger,* Das zuständige Betriebsratsgremium beim Personalabbau in der Insolvenz, ZIP 2018, 2045; *Rummel,* Der Interessenausgleich im Konkurs, DB 1997, 774; *Schmädicke/Fackler,* Die gerichtliche Zustimmung zur Durchführung einer Betriebsänderung gem. § 122 InsO, NZA 2012, 1199; *Schrader,* Übergangsregelungen zum Konkursrecht, NZA 1997, 70; *Schrader/Straube,* Insolvenzarbeitsrecht, 2008; *Schwab/Weth,* Arbeitsgerichtsgesetz Kommentar, 5. Aufl. 2018; *Warrikoff,* Die Stellung der Arbeitnehmer nach der neuen Insolvenzordnung, BB 1994, 2338; *Wiese/Kreutz/Oetker/Raab/Weber/Franzen/Gutzeit/Jacobs,* Gemeinschaftskommentar zum Betriebsverfassungsgesetz, 11. Aufl., Band 2, 2018; *Willemsen/Tiesler,* Interessenausgleich und Sozialplan in der Insolvenz, 1995; *Zwanziger,* Kommentar zum Arbeitsrecht der Insolvenzordnung, 5. Aufl. 2015.

Übersicht

I. Normzweck der Vorschriften

Das Betriebsverfassungsgesetz sieht in seinen §§ 111 bis 113 für **Betriebsänderungen,** insbesondere für einen Personalabbau, ein kompliziertes Verfahren vor, das je nach dem Verhalten der Beteiligten und den bestehenden Konflikten sehr langwierig sein kann. Da § 113 Abs. 3 BetrVG zugleich die Durchführung von Betriebsänderungen vor Verfahrensabschluss mit der Sanktion individueller Nachteilsausgleichsansprüche der Arbeitnehmer belegt, kann aus dem Verfahren eine erhebliche finanzielle Belastung des Unternehmens resultieren. Diese Belastung sucht die Insolvenzordnung für die Insolvenzmasse durch die in den §§ 121, 122 vorgesehenen **Verfahrensbeschleunigungen** zu begrenzen: § 121 ermöglicht dem Insolvenzverwalter, den in § 112 Abs. 2 BetrVG vorgesehenen Vermittlungsversuch beim Vorstand der Bundesagentur für Arbeit zu vermeiden. Nach § 122 kann der Insolvenzverwalter nach drei Wochen vergeblicher Verhandlungen die Zustimmung des Arbeitsgerichts zur Durchführung der Betriebsänderung ohne Rücksicht auf den Stand der Interessenausgleichsverhandlungen beantragen. 1

2 **Dem Insolvenzverwalter steht es frei,** ob er von den ihm nach den §§ 121, 122 gegebenen Befugnissen Gebrauch macht oder nicht. Auf den Zustimmungsantrag zu verzichten und längere Interessenausgleichsverhandlungen in Kauf zu nehmen, kann insbesondere dann zweckmäßig sein, wenn Aussicht besteht, die Zustimmung des Betriebsrats zu einer Namensliste der zu kündigenden Arbeitnehmer gem. § 125 zu erreichen oder den Betriebsrat sonst in Sanierungsmaßnahmen einzubinden. Auch die parallele Weiterführung des Interessenausgleichsverfahrens neben einem Antragsverfahren nach § 122 kann im Interesse des Insolvenzverwalters liegen.

3 Die §§ 121, 122 haben nur theoretisch an Bedeutung gewonnen, nachdem das Korrekturgesetz v. 19.12.1998 die durch das arbeitsrechtliche Beschäftigungsförderungsgesetz v. 25.9.1996 eingeführte **allgemeine Beschleunigung** des Betriebsänderungsverfahrens wieder **beseitigt** hat (→ Vor § 113–128 Rn. 9). In der Praxis wird von dem gerichtlichen Verfahren nach § 122 nur selten Gebrauch gemacht.[1]

II. Das betriebsverfassungsrechtliche Verfahren bei Betriebsänderungen

4 **1. Geltungsbereich der §§ 111 ff. BetrVG.** Nach den §§ 111 ff. BetrVG unterliegt der Insolvenzverwalter dem Mitbestimmungsrecht des Betriebsrats, wenn er in Betrieben eines **Unternehmens** mit **mehr als 20 Arbeitnehmern** Betriebsänderungen vornehmen will. Indem das BetrVG idF v. 23.7.2001 (BGBl. 2001 I 1852) in § 111 S. 1 nicht mehr auf den Betrieb, sondern auf das Unternehmen abstellt, will es sicherstellen, dass der mit dem Schwellenwert von 20 wahlberechtigten Arbeitnehmern bezweckte Schutz kleinerer Unternehmen auch tatsächlich nur diesen zugutekommt.[2] Erreicht werden damit vor allem Handelsunternehmen mit mehreren kleinen Filialen.[3]

5 Haben mehrere Unternehmen einen **gemeinsamen Betrieb** gebildet, in dem sie die Arbeitgeberfunktionen im Bereich der sozialen und personellen Angelegenheiten einheitlich wahrnehmen, ist nach dem Wechsel vom Betrieb zum Unternehmen in § 111 S. 1 BetrVG (→ Rn. 4) nicht mehr auf die Gesamtzahl aller im gemeinsamen Betrieb beschäftigten Arbeitnehmer abzustellen. Vielmehr ist maßgebend, ob das Unternehmen, über dessen Vermögen das Insolvenzverfahren eröffnet worden ist, seinerseits mehr als 20 Arbeitnehmer beschäftigt. Das Bundesarbeitsgericht wendet zwar den seit der Gesetzesänderung v. 23.7.2001 ebenfalls auf die Größe des Unternehmens abstellenden § 99 Abs. 1 S. 1 BetrVG auf den Gemeinschaftsbetrieb analog an.[4] Maßgebend für diese die Mitwirkung und Mitbestimmung vornehmlich bei Einstellungen und Versetzungen betreffende Analogie ist nach den Entscheidungsgründen aber der Umstand, dass es an der „räumlich bedingten engen persönlichen Zusammenarbeit zwischen Arbeitgeber und Arbeitnehmern (…) in gleichem Maße auch dann (fehlt), wenn zwar das einzelne Unternehmen nicht mehr als zwanzig Arbeitnehmer beschäftigt, diese aber in einer organisatorischen Einheit tätig sind, in der sie zusammen mit den Arbeitnehmern eines anderen Unternehmens eine Belegschaft von insgesamt mehr als zwanzig Mitarbeitern bilden." Im Rahmen der §§ 111 ff. BetrVG geht es hingegen darum, ab welcher Größe ein Unternehmen im Falle von Betriebsänderungen dem komplizierten Interessenausgleichsverfahren unterstellt und der finanziellen Belastung durch einen Sozialplan ausgesetzt werden soll. Diese Frage lässt sich nur für jedes Unternehmen selbst beantworten. Dass es mit anderen Unternehmen in einem Gemeinschaftsbetrieb zusammenwirkt, ändert an seiner Stellung im ausdrücklich auf den „Unternehmer" abstellenden Interessenausgleichsverfahren des § 112 Abs. 1 bis 3 BetrVG und seiner finanziellen Belastung durch einen Sozialplan nichts. Dementsprechend ist Adressat des Beteiligungsverfahrens nach §§ 111, 112 BetrVG von vornherein der „Unternehmer" und nicht wie in § 99 BetrVG der „Arbeitgeber".[5]

6 Für die **Ermittlung der Zahl** der in der Regel wahlberechtigten Arbeitnehmer im Sinne des § 111 S. 1 BetrVG ist auf die **Personalstärke** abzustellen, die für das Unternehmen im Allgemeinen kennzeichnend ist. Werden Arbeitnehmer nicht ständig, sondern lediglich zeitweilig beschäftigt, kommt es für die Frage der **regelmäßigen Beschäftigung** darauf an, ob die Arbeitnehmer während des größten Teils eines Jahres, dh länger als sechs Monate, beschäftigt werden.[6] Eine Ausnahme gilt

---

1 *Röger* ZIP 2018, 2045 (2049); Röger/*Hützen* § 5 Rn. 99; seit dem Jahr 2006 weist die Datenbank juris zwei Entscheidungen nach, wobei in beiden Fällen die Anträge unzulässig waren (letzter Abruf am 18.3.2019).

2 Vgl. RegE – Betriebsverfassungsreformgesetz, BT-Drs. 14/5741, 51.

3 S. im Einzelnen Löwisch/Kaiser/*Löwisch* BetrVG § 111 Rn. 1 ff.

4 BAG NZA 2005, 420.

5 Im Ergebnis wie hier Richardi BetrVG/*Annuß* § 111 Rn. 26; ErfK/*Kania* BetrVG § 111 Rn. 5; Löwisch/Kaiser/*Löwisch* BetrVG § 111 Rn. 4 f.; AR/*Rieble/Kolbe* BetrVG § 111 Rn. 4; differenzierend (Anwendbarkeit der Vorschriften über den Interessenausgleich, keine Anwendbarkeit der Vorschriften über den Sozialplan) *Fitting* BetrVG § 111 Rn. 20 ff., 23; auch LAG Düsseldorf BeckRS 2014, 72926; aA LAG Berlin NZA-RR 2003, 477; DKKW/*Däubler* BetrVG § 111 Rn. 33; GKBetrVG/*Oetker* § 111 Rn. 16 f.

6 BAG NZA 2012, 221 Rn. 21 = ZIP 2012, 540; BAG AP BetrVG 1972 § 111 Nr. 58 = ZIP 2005, 500.

lediglich für reine Kampagnebetriebe.[7] Nach § 14 Abs. 2 S. 4 AÜG sind bei der Berechnung des Schwellenwerts auch die im Unternehmen eingesetzten **Leiharbeitnehmer** zu berücksichtigen. Da § 111 S. 1 BetrVG von „in der Regel (…) wahlberechtigten Arbeitnehmern" spricht, müssen die Leiharbeitnehmer ebenfalls zu den in der Regel Beschäftigten zählen und ist außerdem § 7 S. 2 BetrVG zu beachten, wonach Leiharbeitnehmer im Entleiherbetrieb nur dann wahlberechtigt sind, wenn sie länger als drei Monate im Betrieb eingesetzt werden.[8] Für die Berechnung des Schwellenwerts ist derjenige Zeitpunkt maßgebend, zu dem der Entschluss über eine Betriebsänderung gefasst wird.[9]

Was **Betriebsänderungen** sind, ist in § 111 S. 3 BetrVG näher geregelt, wobei im Vordergrund die Einschränkung und Stilllegung des ganzen Betriebes oder von wesentlichen Betriebsteilen steht. **Betriebsstilllegung** bedeutet die ernstliche und endgültige Aufgabe der Betriebs- und Produktionsgemeinschaft für einen seiner Dauer nach unbestimmten, wirtschaftlich nicht unerheblichen Zeitraum.[10] Notwendig ist, dass der Insolvenzverwalter die Stilllegungsabsicht unmissverständlich kundgibt, die Betriebstätigkeit vollständig einstellt, allen Arbeitnehmern kündigt und die Betriebsmittel, über die er verfügen kann, veräußert.[11] Der Insolvenzverwalter **beginnt** mit der Betriebsstilllegung, sobald er unumkehrbare Maßnahmen zur Auflösung der betrieblichen Organisation ergreift, was jedenfalls dann der Fall ist, wenn er die bestehenden Arbeitsverhältnisse zum Zwecke der Betriebsstilllegung kündigt (s. auch noch → Rn. 11a).[12] Eine davorliegende Einstellung der betrieblichen Tätigkeit aufgrund des behördlichen Widerrufs einer Konzession löst als solche die Betriebsstilllegung noch nicht aus.[13] 7

Unter § 111 S. 3 Nr. 1 BetrVG fallen nicht nur Betriebsstilllegungen, sondern auch **Einschränkungen des** ganzen **Betriebs** oder von wesentlichen Betriebsteilen. Ob diese durch eine teilweise Außerbetriebnahme von Betriebsanlagen oder durch eine Herabsetzung der Zahl der regelmäßig beschäftigten Arbeitnehmer erfolgen, ist gleichgültig. Allerdings muss ein **Personalabbau** einen bestimmten Umfang erreichen, um als Betriebseinschränkung gewertet werden zu können. Die Rechtsprechung orientiert sich dafür an den Zahlen und Prozentangaben, von denen § 17 KSchG die Voraussetzungen der Massenentlassung abhängig macht. Danach müssen in Betrieben mit 21 bis 59 Arbeitnehmern mehr als fünf, in Betrieben mit 60 bis 499 Arbeitnehmern zehn Prozent oder mehr als 25 Arbeitnehmer und in Betrieben mit mindestens 500 Arbeitnehmern mindestens 30 Arbeitnehmer zur Entlassung anstehen. Allerdings müssen mindestens fünf Prozent der Belegschaft betroffen sein.[14] Auch kommt es auf den in § 17 Abs. 1 S. 1 KSchG genannten Zeitraum von 30 Kalendertagen insoweit nicht an.[15] Maßgeblich sind die Skalenwerte im Betrieb, nicht im Unternehmen.[16] In kleineren Betrieben mit bis zu 20 Arbeitnehmern eines Unternehmens mit mehr als 20 Arbeitnehmern genügt in entsprechender Anwendung des § 112a Abs. 1 Nr. 1 BetrVG die Entlassung von mindestens sechs Arbeitnehmern.[17] Maßgebend sind entsprechend dem Schutzzweck der §§ 111 ff. BetrVG nur **betriebsbedingte Kündigungen;** verhaltens- oder personenbedingte Kündigungen bleiben außer Betracht, ebenso Beendigungen von Arbeitsverhältnissen wegen Fristablaufs und das Ausscheiden von Arbeitnehmern wegen Erreichens der Altersgrenze. **Aufhebungsverträge,** die zum Zweck des Personalabbaus geschlossen werden, sind mitzuzählen (Argument aus § 112a Abs. 1 S. 2 BetrVG), ebenso vom Arbeitgeber veranlasste Eigenkündigungen.[18] 8

---

7 BAG AP BetrVG 1972 § 111 Nr. 58 = ZIP 2005, 500.

8 *Löwisch/Wegmann* BB 2017, 373 (374 f.); *Fitting* BetrVG § 111 Rn. 25; GKBetrVG/*Oetker* § 111 Rn. 28; s. zur Rechtlage vor Inkrafttreten des § 14 Abs. 2 S. 4 AÜG bereits BAG NZA 2012, 221 Rn. 14 ff., 20 f. = ZIP 2012, 540; aA ErfK/*Kania* BetrVG § 111 Rn. 5, demzufolge mit der Neuregelung des § 14 Abs. 2 S. 4 AÜG auf die Berücksichtigung der dreimonatigen Einsatzzeit im Betrieb verzichtet worden sei.

9 BAG AP BetrVG 1972 § 111 Nr. 58 = ZIP 2005, 500.

10 BAG NZA 2015, 1147 Rn. 22 = ZIP 2015, 1406; BAG NZA 2006, 1122 Rn. 17 = NZI 2007, 126 = ZIP 2006, 1510.

11 BAG NZA 1987, 523 = ZIP 1987, 1005.

12 BAG NZA 2017, 1618 Rn. 38 = ZIP 2017, 2221; BAG NZA 2015, 1147 Rn. 22 = ZIP 2015, 1406; BAG NZA 2006, 1122 Rn. 17 = NZI 2007, 126 = ZIP 2006, 1510.

13 BAG NZA 2018, 464 Rn. 23 = NZI 2018, 278 = ZIP 2018, 848.

14 BAG NZA 2014, 46 Rn. 20 = ZIP 2013, 2476; BAG NZA 2013, 86 Rn. 17 = ZIP 2013, 234; BAG NZA 2007, 1307 Rn. 16; BAG NZA 2006, 932 Rn. 18 = ZIP 2006, 1460; BAG NJW 1984, 1781.

15 BAG AP BetrVG 1972 § 112 Namensliste Nr. 1 = NZA 2006, 64 (Ls.); BAG AP BetrVG 1972 § 111 Nr. 3 = SAE 1980, 85.

16 BAG NZA 2013, 333 Rn. 19.

17 BAG NZA 2011, 466 Rn. 19 = ZIP 2011, 730; *Fitting* BetrVG § 111 Rn. 48; Löwisch/Kaiser/*Löwisch* BetrVG § 111 Rn. 28.

18 BAG NZA 1989, 31 = ZIP 1988, 1417; ErfK/*Kania* BetrVG § 111 Rn. 11; Löwisch/Kaiser/*Löwisch* BetrVG § 111 Rn. 29 f.

9 Dass der **Betriebsrat** zwar erst nach der Eröffnung des Insolvenzverfahrens, aber noch vor Beginn der Durchführung der Betriebsänderung **gewählt wird,** hindert die Anwendung der §§ 111 ff. BetrVG nicht; der Insolvenzverwalter ist in einem solchen Fall zum Versuch eines Interessenausgleichs verpflichtet.[19] Enden, wie das in kleineren Betrieben vorkommen kann, die Arbeitsverhältnisse aller Betriebsrats- und Ersatzmitglieder vor dem Interessenausgleichsverfahren, behält der Betriebsrat für dessen Durchführung ein **Restmandat** (§ 21b BetrVG).[20] Dieses kann das Ende der Wahlperiode und das Ende des Arbeitsverhältnisses deutlich überdauern; § 24 Nr. 3 BetrVG findet im Restmandat keine Anwendung.[21]

10 Dass § 111 S. 1 BetrVG von Betriebsänderungen spricht, die **wesentliche Nachteile für die Belegschaft** oder erhebliche Teile der Belegschaft zur Folge haben können, hat keine eigenständige Bedeutung. Das Bundesarbeitsgericht geht davon aus, dass § 111 S. 3 BetrVG für die dort genannten Betriebsänderungen das Entstehen solcher Nachteile fingiert und erst bei der Aufstellung des Sozialplans zu prüfen ist, ob sie tatsächlich entstehen.[22]

11 **2. Informations- und Beratungspflicht.** § 111 S. 1 BetrVG verpflichtet den Unternehmer, den Betriebsrat über geplante Betriebsänderungen **rechtzeitig und umfassend zu unterrichten** und diese mit ihm zu beraten. Unternehmer ist der Rechtsträger des Betriebs, auch wenn es sich um eine (abhängige) Konzerngesellschaft handelt.[23] Nach § 111 S. 2 BetrVG kann der Betriebsrat einen Berater zuziehen, dessen Honoraranspruch, sofern die Hinzuziehung notwendig und die Kostenlast verhältnismäßig ist, zu den Kosten der Betriebsratstätigkeit iSd § 40 Abs. 1 BetrVG zählt.[24] Die Verpflichtung des § 111 S. 1 BetrVG trifft auch den Insolvenzverwalter.[25]

11a Das das Unterrichtungs- und Beratungsrecht auslösende **Planungsstadium** ist erreicht, wenn Vorüberlegungen für Betriebsänderungen so konkretisiert werden, dass man sie als Vorgaben ansehen kann, nach denen der Insolvenzverwalter – vorbehaltlich der Beratungen mit dem Betriebsrat – verfahren will. Erforderlich ist eine hinreichend bestimmte, in Einzelheiten nach Art und Umfang bereits absehbare Maßnahme, deren Durchführung der Insolvenzverwalter anstrebt, deren Gestaltung der Betriebsrat aber noch gezielt beeinflussen können soll.[26] Hat der Verwalter den grundsätzlichen Entschluss zu einer Betriebsänderung gefasst, muss er den Betriebsrat deshalb zu einem so frühen Zeitpunkt unterrichten, dass sowohl die in § 111 S. 1 BetrVG vorgesehene Beratung als auch die Verhandlungen über Interessenausgleich und Sozialplan ohne Zeitdruck durchgeführt werden können. Eine Unterrichtung, nachdem bereits mit der Betriebsänderung begonnen worden ist, kommt zu spät. Der Insolvenzverwalter **beginnt mit der Betriebsänderung,** wenn er Arbeitsverhältnisse kündigt (→ Rn. 7), und zwar auch solche leitender Angestellter, obwohl für diese das BetrVG nicht gilt.[27] Gleiches gilt, wenn der Insolvenzverwalter die Arbeitnehmer unwiderruflich von der Arbeitsleistung freistellt.[28] Hingegen liegt weder in der Einstellung der Produktion oder einer sonstigen betrieblichen Tätigkeit noch in der widerruflichen Freistellung der Arbeitnehmer für sich gesehen schon der Beginn der Betriebsänderung.[29] Auch stellen die Massenentlassungsanzeige nach § 17 KSchG und die Anhörung des Betriebsrats zu den Kündigungen nach § 102 BetrVG lediglich vorbereitende Maßnahmen und noch nicht den Beginn der Betriebsänderung dar.[30]

12 Wenn § 111 S. 1 BetrVG von einer **„geplanten" Betriebsänderung** spricht, bedeutet das nicht, dass stets eine unabhängige Entscheidung des Unternehmers bzw. des Insolvenzverwalters der Betriebsänderung zugrunde liegen muss. Auch eine auf rechtliche oder wirtschaftliche Zwänge, auf

[19] BAG NZA 2004, 220 = NZI 2004, 161 = ZIP 2004, 235.

[20] Näher Löwisch/Kaiser/*Löwisch* BetrVG § 21b Rn. 3 ff.; Richardi BetrVG/*Thüsing* § 21b Rn. 2 ff.

[21] BAG NZA 2010, 1025 Rn. 20 ff.

[22] BAG NZA 2011, 466 Rn. 13 = ZIP 2011, 730; BAG NZA 1987, 671 = ZIP 1987, 1068; BAG NJW 1983, 1870 = ZIP 1983, 210.

[23] BAG NZA 2015, 1147 Rn. 16 = ZIP 2015, 1406.

[24] AR/*Rieble/Kolbe* BetrVG § 111 Rn. 22; zur Abgrenzung der Beratung von der anwaltlichen Vertretung des Betriebsrats im Zusammenhang mit einer geplanten Betriebsänderung BAG NZA 2017, 514 Rn. 11 ff.; zur insolvenzrechtlichen Einordnung BAG NZA 2010, 461 Rn. 16 ff. = ZIP 2010, 588; zur Haftung der Betriebsratsmitglieder BGHZ 195, 174 Rn. 13 = NZA 2012, 1382 = ZIP 2012, 2362; zu den Betriebsratskosten in der Insolvenz *Caspers* in Heinrich, Mit Schwung aus der Krise?!, Symposion Insolvenz- und Arbeitsrecht, 2010, 49 (60 ff.).

[25] BAG (GrS) AP BetrVG 1972 § 112 Nr. 6 = NJW 1979, 774.

[26] BAG NZA 2017, 1618 Rn. 28 = ZIP 2017, 2221.

[27] BAG NZA 2003, 1087 = NZI 2003, 619 = ZIP 2003, 1850.

[28] LAG Berlin-Brandenburg ZIP 2012, 1429 = BeckRS 2012, 68672.

[29] BAG NZA 2017, 1618 Rn. 42 = ZIP 2017, 2221; BAG NZA 2015, 1147 Rn. 26 = ZIP 2015, 1406; BAG NZA 2006, 1122 Rn. 20 f. = NZI 2007, 126 = ZIP 2006, 1510; BAG NZA 2006, 736 Rn. 34 f. = ZIP 2006, 1312.

[30] BAG NZA 2015, 1147 Rn. 25 = ZIP 2015, 1406.

Unternehmenskrisen, den Entzug einer Konzession oder die Eröffnung eines Insolvenzverfahrens zurückzuführende Betriebsänderung löst die Beteiligungsrechte des Betriebsrats aus.[31] Diese entfallen folglich nicht, wenn die Betriebsänderung zwangsläufig die Folge eines Insolvenzverfahrens ist und möglicherweise nicht auf einem Entschluss des Insolvenzverwalters beruht, etwa weil die Gläubigerversammlung die Unternehmensstilllegung beschlossen hat. Denn die Beschlüsse der Gläubigerorgane bedürfen der Umsetzung durch den Insolvenzverwalter und unterliegen dessen Vollzugskompetenz. Auch kann über die Modalitäten einer insolvenzbedingten Betriebsstilllegung immer noch sinnvoll verhandelt werden.[32]

Den Informations- und Beratungsanspruch kann der Betriebsrat im arbeitsgerichtlichen Beschlussverfahren, notwendigenfalls auch im Wege der **einstweiligen Verfügung** durchsetzen.[33] Außerdem stellt die Verletzung der Informationspflicht nach § 121 Abs. 1 BetrVG eine Ordnungswidrigkeit dar. 13

Soweit ein Personalabbau den Umfang einer **Massenentlassung** erreicht, sind auch die Informations- und Beratungspflichten des § 17 Abs. 2 KSchG zu beachten (dazu → § 125 Rn. 62 ff.). Diese können mit der Information und Beratung nach § 111 S. 1 BetrVG verknüpft werden. Allerdings muss der Betriebsrat klar erkennen können, dass die stattfindenden Beratungen (auch) der Erfüllung der Konsultationspflicht aus § 17 Abs. 2 KSchG dienen sollen.[34] 14

3. Interessenausgleichsverfahren. § 112 BetrVG sucht den sozialen Schutz der Arbeitnehmer bei Betriebsänderungen auf doppelte Weise zu verwirklichen: Durch die Einbeziehung der Entscheidung über die Betriebsänderung in ein formalisiertes Mitberatungsverfahren (Interessenausgleich) und durch die Einräumung eines Mitbestimmungsrechts für den Ausgleich der sozialen Folgen von Betriebsänderungen (Sozialplan). **Interessenausgleich und Sozialplan** sind dabei nicht isoliert zu sehen, vielmehr sollen sie bei der Lösung der bei einer Betriebsänderung anstehenden Fragen nach Möglichkeit ineinander greifen: Soweit es aus wirtschaftlichen Gründen vertretbar erscheint, soll die Betriebsänderung so vorgenommen werden, dass die Interessen der Arbeitnehmer möglichst wenig beeinträchtigt werden. Soweit eine solche Beeinträchtigung unvermeidlich ist, sollen ihre Folgen ausgeglichen werden. 15

Gegenstand des Interessenausgleichs ist die geplante Betriebsänderung selbst. Insolvenzverwalter und Betriebsrat sollen in dem in § 112 Abs. 2 und 3 BetrVG vorgesehenen Verfahren beraten, ob die geplante Betriebsänderung tatsächlich durchgeführt werden muss und wie das gegebenenfalls zu geschehen hat. Dabei ist insbesondere zu erörtern, welche Arbeitnehmer die Auswirkungen der Betriebsänderung hinnehmen müssen und welche Modifizierungen möglich sind, um den Interessen der betroffenen Arbeitnehmer Rechnung zu tragen. Dementsprechend kann im Interessenausgleich einerseits festgelegt werden, welche Arbeitnehmer zu entlassen oder zu versetzen sind (zur Bedeutung einer entsprechenden Namensliste für den Kündigungsschutzprozess → § 125 Rn. 67 ff.). Andererseits kann der Plan des Insolvenzverwalters modifiziert, zB bestimmt werden, dass die Betriebsänderung zeitlich hinauszuschieben oder in ihrem Umfang zu beschränken ist oder dass eine andere als die geplante Maßnahme (zB Wechsel der Produktion statt Stilllegung) vorgenommen wird. 16

Kommt ein Interessenausgleich zustande, ist dieser nach § 112 Abs. 1 S. 1 BetrVG **schriftlich niederzulegen** und von Betriebsrat und Unternehmer zu unterzeichnen. Das braucht nicht in einer besonderen Urkunde zu geschehen. Es genügt, wenn sich aus einer schriftlichen Vereinbarung zwischen Insolvenzverwalter und Betriebsrat ergibt, dass sie sich über die Betriebsänderung einig sind. So kann ein Sozialplan mittelbar auch die Einigung darüber enthalten, dass eine Betriebsänderung stattfinden und wie diese aussehen soll.[35] Dass der Betriebsrat die Zustimmung zur Betriebsänderung beschlossen und möglicherweise auch protokolliert hat, genügt dagegen nicht.[36] 17

Wie sich aus § 113 Abs. 1 und 2 BetrVG ergibt, **hindert der Interessenausgleich den Insolvenzverwalter nicht,** die von ihm geplante Betriebsänderung so durchzuführen, wie er das ursprünglich beabsichtigt hatte. Er kann auf die Einhaltung des Interessenausgleichs vom Betriebsrat 18

---

31 BAG NZA 2018, 464 Rn. 25 = NZI 2018, 278 = ZIP 2018, 848; BAG NZA 2004, 93 = NZI 2004, 99 = ZIP 2003, 2216; vgl. auch BAG (GrS) AP BetrVG 1972 § 112 Nr. 6 = NJW 1979, 774 für den Konkurs; Löwisch/Kaiser/*Löwisch* BetrVG § 111 Rn. 23.

32 S. ausführlich *Willemsen,* Arbeitnehmerschutz bei Betriebsänderungen im Konkurs, 1980, 58 ff. (88 ff.); *Caspers* Rn. 366.

33 LAG Berlin-Brandenburg BeckRS 2014, 66466; *Löwisch* RdA 1989, 216 (219); Löwisch/Kaiser/*Löwisch* BetrVG § 111 Rn. 56.

34 BAG NZA 2015, 881 Rn. 17 = ZIP 2015, 1307; BAG NZA 2013, 32 Rn. 47 = ZIP 2012, 2412; BAG NZA 2012, 817 Rn. 34 = ZIP 2012, 1193.

35 BAG NZA 1995, 89 = ZIP 1994, 1466.

36 Vgl. BAG NZA 2005, 237 = ZIP 2005, 272.

nicht in Anspruch genommen werden.[37] Besteht allerdings kein zwingender Grund für die Abweichung, ist der Verwalter gem. § 113 Abs. 1 BetrVG zur Zahlung von Abfindungen bzw. zum Ausgleich der entstandenen Nachteile an die betroffenen Arbeitnehmer verpflichtet (→ Rn. 21).

19 Kommt ein Interessenausgleich nicht zustande, kann der **Vorstand der Bundesagentur für Arbeit um Vermittlung** ersucht (§ 112 Abs. 2 S. 1 BetrVG) oder die Einigungsstelle angerufen werden (§ 112 Abs. 2 S. 2 und 3, Abs. 3 BetrVG). Gelingt auch dabei keine Einigung, endet das Interessenausgleichsverfahren. Eine verbindliche Entscheidung der Einigungsstelle ist hier – anders als beim Sozialplan (→ § 123 Rn. 22 ff.) – nicht vorgesehen.

20 Das Interessenausgleichsverfahren ist **unabhängig von dem in § 122 vorgesehenen arbeitsgerichtlichen Zustimmungsverfahren.** Es ist auch nach einem entsprechenden Antrag weiterzuführen, wenn Verwalter oder Betriebsrat das wünschen. Insbesondere kann auch danach noch die Einigungsstelle angerufen werden; die Weiterführung des Verfahrens kann durchaus im Interesse des Insolvenzverwalters liegen (→ Rn. 2). Wird in den Verhandlungen eine Einigung erzielt, erledigt sich ein noch nicht beendetes Zustimmungsverfahren (→ Rn. 51).

21 **4. Nachteilsausgleich.** Weicht der **Insolvenzverwalter** von einem vereinbarten Interessenausgleich ab, ohne dafür einen zwingenden Grund zu haben, muss er wirtschaftliche Nachteile, die Arbeitnehmer infolge der Abweichung erleiden, ausgleichen: Nach § 113 Abs. 1 BetrVG haben Arbeitnehmer, die infolge der Abweichung entlassen werden, Anspruch auf eine **Abfindung,** die gemäß dem entsprechend anwendbaren § 10 KSchG bis zu 18 Monatsverdienste erreichen kann. Bei der Festsetzung der Höhe der Abfindung ist nach Auffassung des Bundesarbeitsgerichts die Insolvenzsituation ohne Bedeutung,[38] während neben dem Lebensalter und der Betriebszugehörigkeit jeweils auch die Arbeitsmarktchancen des Nachteilsausgleichsberechtigten und das Ausmaß des betriebsverfassungswidrigen Verhaltens des Insolvenzverwalters zu berücksichtigten sind.[39] Erleiden Arbeitnehmer **andere Nachteile,** werden sie etwa versetzt, sind daraus entstehende Nachteile, zB erhöhte Fahrtkosten, bis zu einem Zeitraum von zwölf Monaten zu ersetzen (§ 113 Abs. 2 BetrVG). Ansprüche erhalten nur solche Arbeitnehmer, deren Arbeitsverhältnis von der Betriebsänderung unmittelbar nachteilig betroffen ist.[40] Bei diesen Ansprüchen handelt es sich um Masseverbindlichkeiten im Sinne von § 55.[41]

22 Ansprüche auf Nachteilsausgleich erwerben infolge einer Betriebsänderung entlassene oder sonst benachteiligte Arbeitnehmer nach § 113 Abs. 3 BetrVG auch dann, wenn der Insolvenzverwalter die Betriebsänderung durchführt, ohne über sie zuvor einen **Interessenausgleich mit dem Betriebsrat versucht** zu haben. Entscheidend ist, ob der Insolvenzverwalter mit der Durchführung der Betriebsänderung begonnen hat (dazu → Rn. 11a). Aus § 122 ergibt sich insoweit, dass der Verwalter, wenn er Nachteilsausgleichsansprüche vermeiden will, mit dem Beginn der Betriebsänderung zuwarten muss und dass er in der Regel auch den Ausgang eines von ihm nach dieser Vorschrift eingeleiteten Zustimmungsverfahrens abwarten muss, da erst die rechtskräftige Zustimmung des Arbeitsgerichts ihn im Falle einer Durchführung der Betriebsänderung ohne zureichenden Versuch eines Interessenausgleichs von der Sanktion des Nachteilsausgleichs entbindet (→ Rn. 59 f.).

23 Ob der **Insolvenzverwalter,** der den Antrag auf Zustimmung des Arbeitsgerichts **nach § 122 nicht gestellt** hat oder mit diesem unterlegen ist, den Interessenausgleich nur dann zureichend versucht hat, wenn er seinerseits die Einigungsstelle eingeschaltet hat, ist zweifelhaft. Das **Bundesarbeitsgericht** legt § 113 Abs. 3 BetrVG dahin aus, dass der Unternehmer bzw. Insolvenzverwalter, wenn er den Anspruch auf Nachteilsausgleich vermeiden will, nicht nur mit dem Betriebsrat verhandeln muss, sondern im Falle des Nichtzustandekommens einer Einigung auch noch die Einigungsstelle anzurufen hat. Erst das Fehlschlagen der Schlichtungsversuche der Einigungsstelle soll dann den Weg freigeben zur Durchführung der Betriebsänderung ohne Nachteilsausgleichsansprüche.[42] Dem ist zu widersprechen. Die Auffassung des Bundesarbeitsgerichts blendet aus, dass das Interessen-

---

[37] BAG NZA 1992, 41 = ZIP 1992, 950.

[38] BAG NZA 2018, 464 Rn. 40 = NZI 2018, 278 = ZIP 2018, 848; BAG NZA 2004, 93 = NZI 2004, 99 = ZIP 2003, 2216; für eine Berücksichtigung der Interessen anderer Gläubiger LAG Niedersachsen LAGE InsO § 122 Nr. 1 = ZInsO 2004, 572 = BeckRS 2004, 40921.

[39] BAG NZA 2018, 464 Rn. 35 = NZI 2018, 278 = ZIP 2018, 848; BAG NZA 2012, 221 Rn. 24 = ZIP 2012, 540.

[40] BAG EzA BetrVG 2001 § 113 Nr. 9 Rn. 18 ff. = NZA 2013, 1232 (Ls.) = BeckRS 2013, 68947.

[41] Gottwald/*Bertram,* InsO-HdB, § 107 Rn. 80 ff., 82; *Lakies* NZA 2001, 521 (525); für die Rechtslage nach der Konkursordnung BAG NZA 1986, 100 = ZIP 1986, 45.

[42] BAG NZA 2018, 464 Rn. 30 f. = NZI 2018, 278 = ZIP 2018, 848; BAG NZA 2005, 237 = ZIP 2005, 272; BAG NZA 2002, 992 = ZIP 2002, 817; s. auch BAG AP BetrVG 1972 § 113 Nr. 55 Rn. 12 ff. = NZA 2012, 640 (Ls.), wonach ein förmlicher Beschluss der Einigungsstelle über das Scheitern der Interessenausgleichsverhandlungen nicht erforderlich ist; krit. zur Rechtsprechung *Löwisch* RdA 1989, 216 (218).

ausgleichsverfahren vom Betriebsrat in die Länge gezogen und so als Druckmittel benutzt werden kann, um den Rahmen für Sozialplanleistungen (→ § 123 Rn. 59 ff.) in jedem Fall auszuschöpfen.[43] Es muss genügen, dass eine **angemessene Frist** verstreicht, in der es beim Betriebsrat liegt, ob er die Einigungsstelle anruft oder nicht. Auch nach Auffassung des Bundesarbeitsgerichts ist ein Interessenausgleich „versucht", wenn ein Interessenausgleich abgeschlossen wird, dessen Wirksamkeit von der aufschiebenden Bedingung der Kreditgewährung durch eine Bank abhängt.[44]

Das Bundesarbeitsgericht hält das Interessenausgleichsverfahren auch dann für geboten, wenn sich das Unternehmen in einer **gänzlich ausweglosen Situation** befindet, so dass es zur Stilllegung des Betriebs keine sinnvolle Alternative gibt. Es verweist den Insolvenzverwalter für diese Fälle auf das Zustimmungsverfahren nach § 122 (→ Rn. 31 ff.).[45] Hat freilich der Betriebsrat seine Tätigkeit ganz eingestellt oder kommt der Betriebsratsvorsitzende trotz eines vorliegenden Betriebsratsbeschlusses dem Verlangen nach schriftlicher Niederlegung des Interessenausgleichs nicht nach, entfällt die Verpflichtung des Insolvenzverwalters, die Einigungsstelle anzurufen.[46] 24

Der Nachteilsausgleich nach § 113 Abs. 3 BetrVG setzt nur voraus, dass die Betriebsänderung für die Entlassung oder den sonstigen Nachteil der Arbeitnehmer **kausal** geworden ist. Ob diese Nachteile auch entstanden wären, wenn der Insolvenzverwalter einen Interessenausgleich rechtzeitig versucht hätte, spielt angesichts der Sanktionsfunktion der Vorschrift keine Rolle. Es genügt, dass durch den Interessenausgleich die Entlassungen oder die Nachteile möglicherweise vermieden worden wären.[47] 25

Unter den Voraussetzungen des § 113 Abs. 3 BetrVG erhalten die Arbeitnehmer, die entlassen werden, einen **Anspruch auf Abfindung** entsprechend den für § 113 Abs. 1 BetrVG geltenden Grundsätzen (→ Rn. 21). Auch bei diesen Ansprüchen handelt es sich, weil sie auf ein Verhalten des Insolvenzverwalters zurückgehen, um Masseverbindlichkeiten nach § 55 Abs. 1 Nr. 1.[48] Hat dagegen noch der Unternehmer die Kündigungen ausgesprochen, sind daraus folgende Ansprüche entlassener Arbeitnehmer auf Nachteilsausgleich im nach Zugang der Kündigungen eröffneten Insolvenzverfahren auch dann einfache Insolvenzforderungen, wenn die Kündigungen in Absprache mit einem vorläufigen Insolvenzverwalter und mit dessen Zustimmung erfolgten.[49] 26

Wird **nachträglich noch ein Sozialplan** aufgestellt, sind die Nachteilsausgleichsabfindungen nach § 113 Abs. 3 BetrVG auf die **Sozialplanforderungen anzurechnen,** soweit mit ihnen die mit der Entlassung verbundenen wirtschaftlichen Nachteile abgegolten werden sollen[50] und umgekehrt.[51] Art. 2 der Massenentlassungsrichtlinie (RL 98/59/EG) steht dem nicht entgegen. Nach der Rechtsprechung des Bundesarbeitsgerichts hat eine Verletzung der Pflicht, im Fall einer Massenentlassung den Betriebsrat zu konsultieren, die Unwirksamkeit der Kündigung zur Folge (→ § 125 Rn. 58, 62), so dass eine weitere Sanktionierung im Sinn einer Entschädigungszahlung unionsrechtlich nicht geboten ist.[52] Da der Nachteilsausgleich allerdings nicht nur die mit der Betriebsänderung verbundenen Nachteile der Arbeitnehmer ausgleichen, sondern auch die betriebsverfassungswidrige Durchführung der Betriebsänderung sanktionieren soll, kann der Nachteilsausgleich höher sein als die Sozialplanabfindung; der überschießende Teil bleibt dem entlassenen Arbeitnehmer als Masseforderung erhalten.[53] 27

---

43 Röger/*Hützen* § 5 Rn. 95; vgl. auch *Blanke/Rose* RdA 2001, 92 (101), die geradezu von der „Zeitkarte im Blatt des Betriebsrats" sprechen.

44 BAG NZA 2006, 162 Rn. 37 = ZIP 2006, 199.

45 BAG NZA 2004, 93 = NZI 2004, 99 = ZIP 2003, 2216; vgl. auch den Fall BAG NZA 2018, 464 Rn. 23 = NZI 2018, 278 = ZIP 2018, 848.

46 BAG NZA 2005, 237 = ZIP 2005, 272.

47 BAG NZA 1989, 894 = ZIP 1989, 1205.

48 BAG NZA 2018, 464 Rn. 17 = NZI 2018, 278 = ZIP 2018, 848; BAG NZA 2004, 93 = NZI 2004, 99 = ZIP 2003, 2216; Gottwald/*Bertram,* InsO-HdB, § 107 Rn. 89; Uhlenbruck/*Sinz* § 55 Rn. 80.

49 BAG AP BetrVG 1972 § 113 Nr. 40 = ZIP 2003, 1260; BAG NZA 2003, 665 = NZI 2003, 271 = ZIP 2003, 311.

50 BAG (GrS) AP BetrVG 1972 § 112 Nr. 6 = NJW 1979, 774; BAG NZA 2019, 719 Rn. 10 ff. = ZIP 2019, 833.

51 BAG NZA 2007, 1296 Rn. 39; BAG NZA 2002, 992 = ZIP 2002, 817; BAG NZA 1989, 894 = ZIP 1989, 1205; krit. DKKW/*Däubler* BetrVG §§ 112, 112a Rn. 122 ff.; ErfK/*Kania* BetrVG § 113 Rn. 2.

52 BAG NZA 2019, 719 Rn. 18 ff. = ZIP 2019, 833; vgl. auch BAG NZA 2007, 1296 Rn. 38 ff., wonach eine Verrechnung jedenfalls dann möglich war, wenn der Betriebsrat vor Durchführung der Betriebsänderung ausreichend iSd Art. 2 RL 98/59/EG konsultiert worden war; Richardi BetrVG/*Annuß* § 112 Rn. 203 f.; s. aber auch GKBetrVG/*Oetker* § 113 Rn. 107 ff., wonach eine vollständige Anrechnung des Nachteilsausgleichs auf eine Sozialplanabfindung wegen des Sanktionscharakters des Nachteilsausgleichs ausscheiden soll.

53 Vgl. BAG NZA 1989, 894 = ZIP 1989, 1205.

28 Führt der Insolvenzverwalter die Betriebsänderung durch, ohne einen Interessenausgleich versucht zu haben, so treffen ihn **nur die Nachteilsausgleichsansprüche** des § 113 Abs. 3 BetrVG. Ein – durch **einstweilige Verfügung** zu sichernder – Anspruch des Betriebsrats **auf Unterlassung** der Betriebsänderung bis zur Durchführung des Interessenausgleichsverfahrens besteht nicht, auch nicht innerhalb der Dreiwochenfrist des § 122 Abs. 1 S. 1,[54] denn das würde der in § 113 Abs. 1 BetrVG allgemein zum Ausdruck kommenden Wertung zuwiderlaufen, dass ein Unternehmer und damit auch der Insolvenzverwalter letztlich allein entscheidet, ob er eine Betriebsänderung vornehmen will.[55] Auch dem Europäischen Betriebsrat steht ein Anspruch auf Unterlassung einer Maßnahme wegen Verletzung einer Informationspflicht nach § 30 EBRG nicht zu, da es an einer entsprechenden Rechtsgrundlage fehlt.[56] Lediglich der Anspruch auf Information nach § 111 BetrVG, der zugleich bußgeldbewehrt ist (§ 121 BetrVG), kann vom Betriebsrat im Wege der einstweiligen Verfügung durchgesetzt werden (→ Rn. 13).

III. Entbehrlichkeit des Vermittlungsverfahrens (§ 121)

29 Nach § 121 gilt § 112 Abs. 2 S. 1 BetrVG im Insolvenzverfahren mit der Maßgabe, dass dem Verfahren vor der Einigungsstelle nur dann ein Vermittlungsversuch des Vorstands der Bundesagentur für Arbeit vorangeht, wenn der **Insolvenzverwalter und der Betriebsrat gemeinsam** darum ersuchen. Die Vorschrift modifiziert § 112 Abs. 2 BetrVG dahin, dass der mit Zeitaufwand verbundene Vermittlungsversuch dann nicht stattfindet, wenn eine Seite dies nicht will.[57] Auf der anderen Seite kann die Einschaltung der Bundesagentur für Arbeit dann zweckmäßig sein, wenn Zuschüsse der Bundesagentur für Arbeit zu Transfermaßnahmen in Rede stehen (dazu → § 123 Rn. 31 ff.).

30 Unberührt von § 121 bleibt die Vorschrift des § 112 Abs. 2 S. 3 BetrVG, nach der **im Einigungsstellenverfahren** ein Mitglied des Vorstands der Bundesagentur oder ein vom Vorstand der Bundesagentur für Arbeit benannter Bediensteter der Bundesagentur für Arbeit auf Ersuchen des Vorsitzenden der Einigungsstelle an der Verhandlung teilnimmt.

IV. Arbeitsgerichtliche Zustimmung zur Durchführung einer Betriebsänderung (§ 122)

31 **1. Antragsvoraussetzungen. a) Rechtzeitige und umfassende Unterrichtung.** Der Antrag auf arbeitsgerichtliche Zustimmung setzt voraus, dass der Insolvenzverwalter den Betriebsrat rechtzeitig und umfassend über die geplante Betriebsänderung unterrichtet hat. **Rechtzeitig** ist die Unterrichtung nur, wenn sie vor Durchführung der Betriebsänderung, also insbesondere vor dem Ausspruch von Kündigungen, der tatsächlichen Stilllegung der Betriebsanlagen oder der Veräußerung der Produktionsmittel, etwa von Maschinen, erfolgt. Auf der anderen Seite braucht der Insolvenzverwalter den Betriebsrat nicht schon im Stadium bloßer Vorüberlegungen zu unterrichten. Eine Betriebsänderung ist erst geplant, wenn sie der Verwalter vorbehaltlich des Ergebnisses der Beratungen mit dem Betriebsrat und des Interessenausgleichsverfahrens durchführen will (→ Rn. 11 f.).[58]

32 **Umfassend** ist die Unterrichtung nur dann, wenn die dem Betriebsrat mitgeteilten Umstände den Umfang und die zu erwartenden Auswirkungen der geplanten Maßnahme sowie die Gründe für deren Zweckmäßigkeit erkennen lassen.[59] Dem Betriebsrat müssen auf sein Verlangen gem. § 80 Abs. 2 S. 2 BetrVG die entsprechenden Unterlagen und gem. § 80 Abs. 2 S. 4 BetrVG sachkundige

---

[54] *Giesen* ZIP 1998, 142 (146); aA Uhlenbruck/*Zobel* § 122 Rn. 98 ff.

[55] Unter den Landesarbeitsgerichten ist die Frage umstritten: Für einen Unterlassungsanspruch LAG Berlin NZA 1996, 1284; LAG Frankfurt BB 1985, 659 = ZIP 1985, 367; LAG Hamburg NZA-RR 1997, 296 = ZIP 1997, 2205; LAG Hamm NZA-RR 2015, 247; LAG Hamm NZA-RR 2004, 80; LAG München BB 2010, 896 = BeckRS 2009, 74014; LAG Schleswig-Holstein DB 2011, 714 = BeckRS 2011, 68509; LAG Thüringen LAGE BetrVG 1972 § 111 Nr. 17 = BeckRS 2000, 16188; offen gelassen LAG Niedersachsen ZIP 1997, 1201; gegen einen Unterlassungsanspruch LAG Baden-Württemberg DB 1986, 805; LAG Berlin-Brandenburg BeckRS 2014, 66466; LAG Düsseldorf NZA-RR 1997, 297; LAG Köln NZA-RR 2005, 199 = ZIP 2004, 2155; LAG München NZA-RR 2004, 536; LAG Rheinland-Pfalz BeckRS 2017, 140037 Rn. 22 ff.; LAG Rheinland-Pfalz NZA-RR 2015, 197; LAG Rheinland-Pfalz LAGE BetrVG 1972 § 111 Nr. 10 = NZA 1989, 863 (Ls.); ausführliche Übersicht bei GKBetrVG/*Oetker* §§ 111 Rn. 278 ff.

[56] LAG Köln ZIP 2011, 2121 = BeckRS 2011, 76804; LAG Baden-Württemberg NZA-RR 2016, 358 Rn. 34 ff. = ZIP 2016, 590 (nrkr, anhängig beim BAG unter 1 ABR 9/16).

[57] *Warrikoff* BB 1994, 2338 (2340).

[58] BAG NZA 1989, 929 im Anschluss an BAG NZA 1984, 329; explizit zu § 122 vgl. ArbG Berlin DZWIR 1999, 242 = ZInsO 1999, 51 = BeckRS 1998, 30888904.

[59] BAG NJW 1972, 2328; Uhlenbruck/*Zobel* § 122 Rn. 68.

Arbeitnehmer als Auskunftspersonen zur Verfügung gestellt werden.[60] Erst wenn das geschehen ist, können die Beratungen beginnen und löst eine schriftliche Aufforderung zur Beratung den Lauf der Dreiwochenfrist (→ Rn. 34 ff.) aus. Allerdings kann der Betriebsrat den Fristbeginn nicht dadurch hinauszögern, dass er Unterlagen oder Auskunftspersonen erst verspätet verlangt. Aus dem Grundsatz der vertrauensvollen Zusammenarbeit (§ 2 BetrVG) ergibt sich, dass er dies unverzüglich im Anschluss an die Unterrichtung durch den Insolvenzverwalter tun muss. Zweckmäßigerweise wird der Verwalter den Betriebsrat von vornherein unter Beifügung der in Betracht kommenden Unterlagen unterrichten und die Unterrichtung auch sonst gründlich und vollständig vorbereiten.[61] Die Information kann mündlich erfolgen, jedoch ist eine schriftliche Information zu empfehlen.

b) Verhandlungsbereitschaft. § 122 Abs. 1 will nichts daran ändern, dass Insolvenzverwalter 33
und Betriebsrat auf der Grundlage der erfolgten Unterrichtung in erster Linie selbst einen Interessenausgleich finden sollen. Das setzt Verhandlungsbereitschaft beider Seiten voraus. Fehlt sie auf Seiten des Verwalters, sei es, dass er Verhandlungen überhaupt ablehnt oder nur zu Scheinverhandlungen bereit ist, steht ihm deshalb die vom Gesetz erst in zweiter Linie vorgesehene Befugnis, die Zustimmung des Arbeitsgerichts zur Durchführung der Betriebsänderung zu beantragen, nicht zu.[62]

c) Dreiwochenfrist. Vom Beginn der Verhandlungen über den Interessenausgleich ab läuft 34
gem. § 122 Abs. 1 S. 1 eine Dreiwochenfrist, nach deren Ablauf der Verwalter die Zustimmung des Arbeitsgerichts zur Durchführung der Betriebsänderung beantragen kann. Statt des Beginns der Verhandlungen genügt auch die schriftliche Aufforderung des Insolvenzverwalters an den Betriebsrat, die Beratungen aufzunehmen. Voraussetzung ist, dass der Insolvenzverwalter den Betriebsrat rechtzeitig und umfassend nach Maßgabe des § 111 S. 1 BetrVG (→ Rn. 31 f.) unterrichtet hat.[63] Wann sie mit den Beratungen beginnen, entscheiden Arbeitgeber und Betriebsrat. Sie können das unmittelbar im Anschluss an die Unterrichtung, aber auch in einem späteren Termin tun. Insbesondere braucht sich der Betriebsrat nicht darauf einzulassen, Unterrichtung und Beratung in einem Zuge durchzuführen.

Die **Aufforderung zur Aufnahme von Verhandlungen** muss **schriftlich** erfolgen. Termin- 35
vorschläge muss sie nicht enthalten, auch wenn dies in der jeweiligen Situation empfehlenswert sein kann.[64] Die Aufforderung kann mit der Unterrichtung verbunden werden. Die Frist beginnt aber auch dann erst zu laufen, wenn der Betriebsrat vollständig unterrichtet ist.[65] Die schriftliche Aufforderung muss dem Betriebsrat im Sinne des § 130 BGB zugehen. Erst vom Zeitpunkt des Zugangs ab läuft die Frist.

Die Dreiwochenfrist beginnt nur zu laufen, wenn der **zuständige Betriebsrat** (→ § 125 36
Rn. 71) unterrichtet worden ist und mit ihm die Beratungen aufgenommen worden sind oder er schriftlich zur Beratung aufgefordert worden ist. Bei **Zweifeln über den zuständigen Verhandlungspartner** genügt es allerdings, dass der Insolvenzverwalter in geeigneter Weise versucht, den richtigen Partner für Unterrichtung und Beratung zu finden. Er muss die in Betracht kommenden Arbeitnehmervertretungen zur Klärung der Zuständigkeitsfrage auffordern und dann mit der ihm benannten verhandeln. Einigen sich die Arbeitnehmervertretungen in vertretbarer Zeit nicht, ist die von ihm getroffene Entscheidung über den zuständigen Verhandlungspartner maßgebend, sofern sie unter Berücksichtigung der Entscheidungssituation nachvollziehbar erscheint.[66] Zweckmäßigerweise wird der Verwalter bei solchen Zuständigkeitszweifeln alle in Betracht kommenden Arbeitnehmervertretungen im Sinne des eben Gesagten vollständig unterrichten und schriftlich zu Beratungen auffordern und zugleich bitten, die Zuständigkeitsfrage zu klären. Da er dann jedenfalls auch die zuständige Arbeitnehmervertretung unterrichtet und zu Beratungen aufgefordert hat, kann er so die Dreiwochenfrist in Lauf setzen.[67]

---

60 BAG NZA 1989, 929; Richardi BetrVG/*Annuß* BetrVG § 111 Rn. 150 f.; *Fitting* BetrVG § 111 Rn. 111 ff.; Löwisch/Kaiser/*Löwisch* BetrVG § 111 Rn. 44; GKBetrVG/*Oetker* § 111 Rn. 199 f.; zu den sachkundigen Arbeitnehmern im Einzelnen Löwisch/Kaiser/*Kaiser* BetrVG § 80 Rn. 44 ff.; ErfK/*Kania* BetrVG § 80 Rn. 30a; Richardi BetrVG/*Thüsing* § 80 Rn. 97 ff.; GKBetrVG/*Weber* § 80 Rn. 131 ff.

61 *Röder/Baeck* BB 1996, Beilage 17, 23; *Löwisch* RdA 1997, 80 (83).

62 Vgl. die Begr. des Rechtsausschusses zu § 140 RegE, BT-Drs. 12/7302, 170 f.; *Annuß* NZI 1999, 344 (346); *Oetker/Friese* DZWIR 2001, 133 (136); *Schmädicke/Fackler* NZA 2012, 1199 (1200); *Schrader* NZA 1997, 70 (72); HKInsO/*Linck* § 122 Rn. 12; KPB/*Moll* § 122 Rn. 30.

63 ArbG Zwickau BeckRS 2008, 58149; BeckOK InsO/*Gossak* § 122 Rn. 10; Uhlenbruck/*Zobel* § 122 Rn. 67; *Zwanziger* § 122 Rn. 21 ff.

64 Jaeger/*Giesen* § 122 Rn. 10; Nerlich/Römermann/*Hamacher* § 122 Rn. 20; KPB/*Moll* § 122 Rn. 30; aA *Löwisch* RdA 1997, 80 (83).

65 ArbG Gelsenkirchen dbr 2006, Nr. 10, 39 (Ls.).

66 BAG NZA 1996, 1107 = ZIP 1996, 1391; Löwisch/Kaiser/*Löwisch* BetrVG § 111 Rn. 16.

67 *Löwisch* RdA 1997, 80 (83); KPB/*Moll* § 122 Rn. 18; RFJK/*Regh* § 10 Rn. 62; Uhlenbruck/*Zobel* § 122 Rn. 66.

37 Die Dreiwochenfrist endet gem. § 188 Abs. 2 BGB mit dem Ablauf desjenigen Tages der dritten Woche, welcher dem Tag entspricht, an dem die Beratung begonnen hat oder die schriftliche Aufforderung zur Beratung dem Betriebsrat zugegangen ist. Ist der letzte Tag der Frist ein Sonntag, Feiertag oder Sonnabend, tritt an seine Stelle der nächste Werktag (§ 193 BGB).

38 **2. Zustimmungskriterien.** Nach § 122 Abs. 2 S. 1 erteilt das Gericht die Zustimmung, wenn die wirtschaftliche Lage des Unternehmens auch unter Berücksichtigung der sozialen Belange der Arbeitnehmer erfordert, dass die Betriebsänderung ohne vorheriges Verfahren nach § 112 Abs. 2 BetrVG durchgeführt wird. Mit der Formulierung „auch unter Berücksichtigung der sozialen Belange der Arbeitnehmer" wird deutlich, dass der Gesetzgeber zunächst dem Kriterium der **wirtschaftlichen Lage des Unternehmens entscheidendes Gewicht** beimisst und nur dann, wenn die wirtschaftliche Lage an sich diese Beschleunigung fordert, noch abzuwägen ist, ob die sozialen Belange der Arbeitnehmer die Durchführung eines Einigungsstellenverfahrens entgegen den Gesichtspunkten der Wirtschaftlichkeit erfordern.[68] Wenn schon die „wirtschaftliche Lage des Unternehmens" die Zustimmung nicht rechtfertigt, kommt es auf die „sozialen Belange der Arbeitnehmer" nicht mehr an.[69]

39 Die **Prüfung** der genannten Zustimmungskriterien ist deshalb **in zwei Schritten** vorzunehmen: Zuerst ist zu fragen, ob die wirtschaftliche Lage des Unternehmens erfordert, dass die Betriebsänderung durchgeführt wird, ohne dass ein Einigungsstellenverfahren vorangegangen ist. Ist das der Fall, ist zu fragen, ob die Berücksichtigung sozialer Belange der Arbeitnehmer die Durchführung eines Einigungsstellenverfahrens dennoch gebietet.[70] Das Arbeitsgericht trifft dabei keine Ermessensentscheidung; die Rechtslage in § 122 Abs. 2 ist zwingend formuliert. Dem Gericht kommt aber auf der Tatbestandsseite ein Beurteilungsspielraum zu.

40 **a) Wirtschaftliche Lage des Unternehmens.** Der Begriff der wirtschaftlichen Lage des Unternehmens hat sich in der Unternehmensinsolvenz **an den Interessen der Gläubiger zu orientieren,** da mit Eröffnung des Insolvenzverfahrens das gesamte der Vollstreckung unterworfene Schuldnervermögen, zu dem auch das Unternehmen zählt, den Gläubigern haftungsrechtlich zugewiesen wird. Dabei ist zu berücksichtigen, dass Gegenstand der Entscheidung des Arbeitsgerichts nur die **Eilbedürftigkeit der Betriebsänderung** und die Frage ist, ob diese durchgeführt werden soll, ohne dass das Verfahren nach § 112 Abs. 2 BetrVG ausgeschöpft ist, nicht aber die Frage, ob die geplante Betriebsänderung sinnvoll und wirtschaftlich zweckmäßig ist.[71]

41 Unter dem Begriff wirtschaftliche Lage des Unternehmens sind deshalb die **Nachteile für die Insolvenzmasse** zu verstehen, welche aus den mit der Durchführung des Einigungsstellenverfahrens und der damit verbundenen späteren Durchführung der Betriebsänderung verbundenen Kosten resultieren.[72] Es geht um die Frage, inwieweit eine Massebelastung mit diesen Verzögerungskosten den Gläubigern zumutbar ist, welchen Quotenausfall sie erleiden und inwieweit auf die Insolvenzabwicklung Einfluss genommen wird. Es bedarf einer Prognose, welche künftigen Massebelastungen entstehen, wenn auf einem Einigungsstellenverfahren über den Interessenausgleich bestanden wird und deshalb die Durchführung der Betriebsänderung später erfolgt. Es muss bestimmt werden, welche Kosten durch einen Aufschub der Betriebsänderung anfallen werden und wie deren Relation zur Masse ist.[73]

42 **Nicht maßgebend** kann sein, ob als Ergebnis des Insolvenzverfahrens eine **Sanierung oder der Erhalt von Arbeitsplätzen** angestrebt wird. Denn wenn der Verwalter eine Betriebsänderung bereits vor dem Berichtstermin durchführen will, steht zum Zeitpunkt des Antrags nach § 122 die Verwertungsart noch nicht fest, so dass sich eine Differenzierung nach der Art der angestrebten Insolvenzabwicklung verbietet. Auch dann, wenn die Gläubiger sich für die Einstellung sämtlicher unternehmerischer Tätigkeit und die sofortige Zerschlagung des Unternehmens mit abschließender Liquidation des Unternehmensträgers entscheiden und der Verwalter alle Betriebe stillzulegen beabsichtigt, ist diese Entscheidung in der „wirtschaftlichen Lage des Unternehmens" begründet, da der

---

[68] Vgl. auch die Begr. zu § 140 RegE, BT-Drs. 12/2443, 154.

[69] *Caspers* Rn. 400; KPB/*Moll* § 122 Rn. 37.

[70] ArbG Lingen ZIP 1999, 1892 = BeckRS 1999, 30824730; *Caspers* Rn. 401; HambKommInsO/*Ahrendt* § 122 Rn. 9; HKInsO/*Linck* § 122 Rn. 14 f.; KPB/*Moll* § 122 Rn. 38; *Zwanziger* § 122 Rn. 27 ff.

[71] ArbG Lingen ZIP 1999, 1892 = BeckRS 1999, 30824730; *Caspers* Rn. 402; HKInsO/*Linck* § 122 Rn. 13; KPB/*Moll* § 122 Rn. 40; Uhlenbruck/*Zobel* § 122 Rn. 71; *Zwanziger* § 122 Rn. 27; aA *Hamberger* S. 222 ff., der die Betriebsänderung auch inhaltlich „zu einem gewissen Grad" überprüft sehen möchte.

[72] *Oetker/Friese* DZWIR 2001, 133 (137); *Caspers* Rn. 405; Jaeger/*Giesen* § 122 Rn. 22; HKInsO/*Linck* § 122 Rn. 14; KPB/*Moll* § 122 Rn. 42; Uhlenbruck/*Zobel* § 122 Rn. 72; vgl. auch *Giesen* ZIP 1998, 142 (144); aA *Annuß* NZI 1999, 344 (347), der nur im Falle einer geplanten Liquidation auf die Gläubigerinteressen abstellen möchte; ebenso *Hamberger* S. 219 ff.

[73] ArbG Lingen ZIP 1999, 1892 = BeckRS 1999, 30824730; *Caspers* Rn. 405.

Unternehmenszweck dann von einem wirtschaftlich-werbenden in einen wirtschaftlich-abwickelnden umschlägt.[74] Insoweit orientiert er sich wiederum allein an den Gläubigerinteressen. Auf den Fortbestand des Unternehmens oder die Sicherung von Arbeitsplätzen kann es mithin nicht ankommen.[75]

Insgesamt gilt: Die Arbeitsgerichte müssen sich auf die **Massenachteile** beschränken. Bestehen konkrete Anhaltspunkte dafür, dass die Insolvenzmasse relativ nicht nur unerheblich belastet wird, dass beispielsweise die Verzögerung eine Betriebsveräußerung gefährdet oder eine wirtschaftlich sinnvolle Insolvenzbewältigung verhindert, dass die Gefahr einer Masseunzulänglichkeit oder einer Einstellung des Verfahrens mangels kostendeckender Masse besteht oder dass mögliche Sanierungen negativ beeinflusst werden, so ist das Bedürfnis nach Durchführung der Betriebsänderung, ohne dass das Verfahren nach § 112 Abs. 2 BetrVG vorangegangen ist, in der „wirtschaftlichen Lage des Unternehmens" begründet. 43

b) Soziale Belange der Arbeitnehmer. Ergibt eine Prüfung der Kostenbelastung, die mit einer späteren Durchführung der Betriebsänderung entsteht, dass deren Nachteile für die Insolvenzmasse eine Durchführung der Betriebsänderung ohne vorheriges Verfahren nach § 112 Abs. 2 BetrVG erfordern, kann das Arbeitsgericht die Zustimmung dennoch verweigern, wenn eine Berücksichtigung sozialer Belange der Arbeitnehmer die Durchführung etwa eines Einigungsstellenverfahrens gebietet. Das kann richtigerweise nur dann der Fall sein, wenn im Einzelfall noch die Aussicht besteht, durch Vermittlung der Einigungsstelle im Interessenausgleichsverfahren sozialverträglichere Lösungen zu finden. Allein durch die Verzögerung der Betriebsänderung, also zB durch das Hinausschieben von Kündigungen, werden soziale Belange noch nicht gewahrt.[76] Auch geht es, wie die Formulierung zeigt, nicht um den Schutz von Mitwirkungsrechten des Betriebsrats.[77] Schließlich ist zu beachten, dass eine mit dem Aufschub verbundene **Massereduzierung** sich **auch zum Nachteil der Arbeitnehmer** auswirkt, weil deren Sozialplanforderungen bei einer kleineren Masse in aller Regel geringer ausfallen werden. Der Sozialplan mit seiner Überbrückungsfunktion ist aber das tauglichere Mittel, soziale Belange der Arbeitnehmer zu wahren. 44

Dem Merkmal „soziale Belange der Arbeitnehmer" kommt damit letztlich nur die Funktion zu, einem Missbrauch durch den Insolvenzverwalter vorzubeugen.[78] 45

3. Arbeitsgerichtliches Beschlussverfahren. a) Verfahren. Nach § 122 Abs. 2 S. 2 Hs. 1 gelten im Zustimmungsverfahren die Vorschriften des Arbeitsgerichtsgesetzes über das Beschlussverfahren entsprechend. Am Verfahren beteiligt sind nach § 122 Abs. 2 S. 2 Hs. 2 der Insolvenzverwalter und der Betriebsrat, nicht aber die betroffenen Arbeitnehmer.[79] Soweit der Gesamtbetriebsrat für das Interessenausgleichsverfahren zuständig ist (→ § 125 Rn. 71), ist dieser im Verfahren nach § 122 zu beteiligen.[80] Die örtliche Zuständigkeit richtet sich nach § 82 ArbGG. Zuständig ist folglich das Arbeitsgericht, in dessen Bezirk der Betrieb liegt.[81] Ist das Interessenausgleichsverfahren mit dem Gesamtbetriebsrat durchzuführen, ist das Arbeitsgericht zuständig, in dessen Bezirk das Unternehmen seinen Sitz hat.[82] 46

Nach § 83 Abs. 1 S. 1 ArbGG erforscht das Arbeitsgericht im Beschlussverfahren grundsätzlich den Sachverhalt von Amts wegen. Es gilt der **Untersuchungsgrundsatz** – freilich nicht uneingeschränkt.[83] Denn nach § 83 Abs. 1 S. 2 ArbGG haben die am Verfahren Beteiligten bei der Aufklärung des Sachverhalts mitzuwirken. Sie müssen wenigstens so viel vortragen, dass das Gericht Anlass hat, weitere Aufklärungen vorzunehmen.[84] Insbesondere ist davon auszugehen, dass jedenfalls der Antragsteller, ggf. nach einem Hinweis durch das Gericht, diejenigen Tatsachen vortragen muss, aus denen er sein Begehren herleitet.[85] Übertragen auf das Verfahren nach § 122 bedeutet das, dass der 47

74 Vgl. *Willemsen/Tiesler* Rn. 143.
75 *Caspers* Rn. 402 ff.; Jaeger/*Giesen* § 122 Rn. 23; KPB/*Moll* § 122 Rn. 42.
76 ArbG Lingen ZIP 1999, 1892 = BeckRS 1999, 30824730; *Caspers* Rn. 414; Jaeger/*Giesen* § 122 Rn. 25; HKInsO/*Linck* § 122 Rn. 15; KPB/*Moll* § 122 Rn. 47; Uhlenbruck/*Zobel* § 122 Rn. 73; *Hamberger* S. 222, nach dem die sozialen Belange nur dann vom Gericht als Kriterium heranzuziehen sind, wenn der Betriebsrat diese qualifiziert geltend macht.
77 *Caspers* Rn. 414.
78 Vgl. Begr. zu § 140 RegE, BT-Drs. 12/2443, 154; krit. *Zwanziger* § 122 Rn. 30.
79 HKInsO/*Linck* § 122 Rn. 18; Graf-Schlicker/*Pöhlmann/Kubusch* § 122 Rn. 16.
80 Jaeger/*Giesen* § 122 Rn. 16; Nerlich/Römermann/*Hamacher* § 122 Rn. 50; RFJK/*Regh* § 10 Rn. 91.
81 ArbG Bautzen ZIP 2006, 732 (Ls.) = BeckRS 2006, 40172.
82 K. Schmidt/*Ahrens* § 122 Rn. 26; Jaeger/*Giesen* § 122 Rn. 17; Uhlenbruck/*Zobel* § 122 Rn. 81.
83 Vgl. GWBG/*Greiner* ArbGG § 83 Rn. 4.
84 GWBG/*Greiner* ArbGG § 83 Rn. 12.
85 BAG AP ArbGG 1953 § 83 Nr. 6 = DB 1975, 2451; GMP/*Spinner* ArbGG § 83 Rn. 86; Schwab/Weth/*Weth* ArbGG § 83 Rn. 14.

Insolvenzverwalter die Antragsvoraussetzungen darlegen und nötigenfalls auch beweisen muss. Es unterliegt im Einzelnen seiner Behauptung, dass die Nachteile für die Insolvenzmasse (→ Rn. 40 ff.) die sofortige Durchführung der Betriebsänderung erfordern. Soweit nötig ist der Verwalter auch als Partei zu vernehmen.[86]

48 Gem. § 122 Abs. 2 S. 3 ist der **Antrag** nach Maßgabe des § 61a Abs. 3 bis 6 ArbGG **vorrangig zu erledigen.** Das bedeutet, dass das Beschlussverfahren nach § 122 ebenso vorrangig zu erledigen ist wie ein Kündigungsschutzprozess nach erfolgloser Güteverhandlung. Möglich sind Fristsetzungen für das Vorbringen der Beteiligten, die allerdings mindestens zwei Wochen betragen müssen. Mit verspätetem Vortrag sind die Beteiligten präkludiert, wenn eine entsprechende Belehrung gem. § 61a Abs. 6 ArbGG erfolgt ist und nach der freien Überzeugung des Gerichts die Zulassung des Vorbringens die Erledigung des Rechtsstreits verzögert oder wenn der betreffende Beteiligte die Verspätung nicht genügend entschuldigt;[87] die Vorschrift geht insoweit über § 83 Abs. 1a S. 2 ArbGG hinaus, der die Zurückweisung in das Ermessen des Gerichts stellt.

49 Nach § 84 ArbGG entscheidet das Arbeitsgericht über den Zustimmungsantrag des Insolvenzverwalters durch Beschluss. Die **Zustimmung des Arbeitsgerichts** kann auch dahingehend erteilt werden, dass nur ein Teil der beabsichtigten Betriebsänderung sanktionslos durchgeführt werden kann, ohne dass ein Einigungsstellenverfahren vorangegangen ist, und dass hinsichtlich des anderen Teils die Zustimmung verweigert wird. So kann zB bei einer beabsichtigten Betriebsstilllegung entsprechend einer Kostenrechnung für die verschiedenen Betriebsabteilungen die Zustimmung zur Stilllegung einer bestimmten Abteilung – zB einer Produktionsabteilung – erteilt, zur Stilllegung einer anderen Abteilung – zB einer Serviceabteilung – hingegen verweigert werden.[88] Das hindert den Verwalter jedoch nicht, unter Inkaufnahme des Nachteilsausgleichs auch die andere Abteilung stillzulegen (→ Rn. 28).

50 Dass das **Arbeitsgericht den Antrag** des Verwalters ganz oder teilweise **ablehnt,** bedeutet nur, dass ihm die begehrte Zustimmung zur sofortigen Durchführung der Betriebsänderung versagt wird, nicht aber, dass diese überhaupt unzulässig ist. Es steht lediglich fest, dass es bei dem regulären Interessenausgleichsverfahren nach dem Betriebsverfassungsgesetz bleibt und bei einer Durchführung der Betriebsänderung ohne zureichenden Versuch eines Interessenausgleichs im Sinne des § 113 Abs. 3 BetrVG (→ Rn. 22 ff.) Nachteilsausgleich zu zahlen ist.

51 **Kommt es während des Verfahrens** mit oder ohne Einschaltung der Einigungsstelle **zu einem Interessenausgleich,** erledigt sich der Antrag des Verwalters. Er kann diesen nach § 81 Abs. 2 ArbGG zurücknehmen mit der Folge, dass der Vorsitzende das Verfahren einstellt.[89] Möglich ist auch eine übereinstimmende Erledigungserklärung, die nach § 83a Abs. 2 ArbGG ebenfalls zur Einstellung des Verfahrens führt.[90] Beginnt der Insolvenzverwalter noch vor einer Entscheidung des Arbeitsgerichts im Verfahren nach § 122 damit, die Betriebsänderung durchzuführen, so dass Ansprüche der betroffenen Arbeitnehmer auf Nachteilsausgleich nach § 113 Abs. 3 BetrVG entstehen, entfällt das Rechtschutzinteresse.[91]

51a Gem. § 2 Abs. 2 GKG werden **Kosten** (Gebühren und Auslagen) des Gerichts nicht erhoben. Die Kosten des Betriebsrats übernimmt entsprechend der materiellen Freistellungspflicht des § 40 Abs. 1 BetrVG die Insolvenzmasse als Masseverbindlichkeit, etwa wenn sich der Betriebsrat durch einen Rechtsanwalt vertreten lässt.[92]

52 **b) Rechtsmittel und Rechtskraft.** Nach § 122 Abs. 3 S. 1 findet gegen den Beschluss des Arbeitsgerichts die Beschwerde an das Landesarbeitsgericht nicht statt. Eine Rechtsbeschwerde an das Bundesarbeitsgericht findet nur statt, wenn sie in dem Beschluss des Arbeitsgerichts zugelassen wird, wobei § 72 Abs. 2 und 3 ArbGG entsprechende Anwendung findet (§ 122 Abs. 3 S. 2). Das bedeutet, dass das Arbeitsgericht die **Rechtsbeschwerde** nur dann zulassen darf, wenn die Rechtssache grundsätzliche Bedeutung hat oder die Entscheidung von einer obergerichtlichen Entscheidung abweicht und auf dieser Abweichung beruht oder ein absoluter Revisionsgrund oder eine entscheidungserhebliche Verletzung des Anspruchs auf rechtliches Gehör geltend gemacht wird und vorliegt. Nach § 122 Abs. 3 S. 3 ist die Rechtsbeschwerde innerhalb eines Monats nach Zustellung der in

---

86 *Caspers* Rn. 417 iVm Rn. 257.

87 Vgl. GWBG/*Benecke* ArbGG § 61a Rn. 22, § 56 Rn. 14 ff.; Schwab/Weth/*Korinth* ArbGG § 61a Rn. 11, § 56 Rn. 19 ff.; GMP/*Schleusener* ArbGG § 61a Rn. 19 f., § 56 Rn. 24 ff.

88 *Löwisch* RdA 1997, 80 (86); *Oetker/Friese* DZWIR 2001, 133 (138); K. Schmidt/*Ahrens* § 122 Rn. 37; Jaeger/*Giesen* § 122 Rn. 15; HKInsO/*Linck* § 122 Rn. 18.

89 *Caspers* Rn. 267; *Grunsky/Moll* Rn. 382 f.; Jaeger/*Giesen* § 122 Rn. 26.

90 Jaeger/*Giesen* § 122 Rn. 26; HKInsO/*Linck* § 122 Rn. 18.

91 ArbG Berlin NZI 2018, 222; Nerlich/Römermann/*Hamacher* § 122 Rn. 42.

92 *Müller* NZA 1998, 1315 (1319); Nerlich/Römermann/*Hamacher* § 122 Rn. 66; HKInsO/*Linck* § 122 Rn. 18.

vollständiger Form abgefassten Entscheidung des Arbeitsgerichts beim Bundesarbeitsgericht einzulegen und **auch zu begründen.**

Die zugelassene Rechtsbeschwerde ist **das einzige Rechtsmittel.** Insbesondere scheidet eine Nichtzulassungsbeschwerde an das Bundesarbeitsgericht aus. Die Vorschriften der §§ 92a und 72a ArbGG über die Nichtzulassungsbeschwerde nimmt § 122 Abs. 3 mit Bedacht nicht in Bezug.[93] 53

Lässt das Arbeitsgericht die Rechtsbeschwerde zu, tritt Rechtskraft der Entscheidung erst mit Ablauf der Rechtsbeschwerdefrist von einem Monat (dazu → Rn. 52) oder bei rechtzeitiger Einlegung der Rechtsbeschwerde mit der sie zurückweisenden Entscheidung des Bundesarbeitsgerichts ein. **Lässt das Arbeitsgericht die Rechtsbeschwerde nicht zu,** wird der Beschluss mit seiner Verkündung (§ 84 S. 3 iVm § 60 ArbGG) rechtskräftig.[94] 54

c) Einstweilige Verfügung. Der Antrag nach § 122 kann vom Insolvenzverwalter auch im Wege der einstweiligen Verfügung verfolgt werden. Dass dies grundsätzlich möglich ist, ergibt sich daraus, dass § 122 Abs. 2 S. 2 auf das Beschlussverfahren und damit auch auf § 85 Abs. 2 ArbGG verweist.[95] Der Weg über die einstweilige Verfügung bietet sich an, wenn nach der rechtzeitigen und umfassenden Unterrichtung des Betriebsrats und dem Ablauf der Dreiwochenfrist selbst die Durchführung des regulären Verfahrens nach § 122 zu lange dauern würde, also insbesondere dann, wenn die Betriebsänderung zwingend sofort durchgeführt werden muss. 55

Allerdings darf nicht verkannt werden, dass eine im Wege der einstweiligen Verfügung erfolgende Zustimmung die **Entscheidung in der Hauptsache vorweg nimmt,** weil sie die Rechtslage gestaltet und den Verwalter befugt, die Betriebsänderung ohne die mögliche Sanktion des Nachteilsausgleichs sofort durchzuführen. Deshalb darf eine solche einstweilige Verfügung nur in besonderen **Ausnahmesituationen** ergehen, wenn anderenfalls schwere Nachteile für die Masse drohen.[96] 56

Ein solcher Fall wäre beispielsweise gegeben, wenn der Insolvenzverwalter glaubhaft macht, dass ohne sofortige Durchführung der Betriebsänderung, also selbst bei einem Aufschub bis zu einer Entscheidung im regulären Verfahren, eine **Einstellung des Insolvenzverfahrens** nach § 207 Abs. 1 droht, weil die Insolvenzmasse andernfalls soweit aufgezehrt wird, dass eine die Kosten des Verfahrens deckende Masse nicht mehr vorhanden ist. Würde man hier eine einstweilige Verfügung verweigern, würden die Rechte der Insolvenzgläubiger unvertretbar beeinträchtigt. Dabei muss die Sachlage zum Zeitpunkt der Entscheidung maßgebend sein. Das Gericht hat eine streng an den materiellen Voraussetzungen des § 122 orientierte Schlüssigkeitsprüfung vorzunehmen.[97] 57

Ergeht eine **zustimmende Verfügung,** ist diese unumkehrbar. Schadensersatzansprüche nach § 945 ZPO können wegen § 85 Abs. 2 S. 2 Hs. 2 ArbGG nicht entstehen. Seinem Sinn nach steht § 85 Abs. 2 S. 2 Hs. 2 ArbGG auch einem nachträglichen Nachteilsausgleichsanspruch für den Fall, dass die einstweilige Verfügung in der Hauptsache keinen Bestand hat, entgegen.[98] 58

4. Wirkung der Zustimmung. Soweit das Arbeitsgericht die Zustimmung zur Betriebsänderung gibt, kann der Verwalter die Betriebsänderung durchführen, ohne dass das nach § 112 Abs. 2 BetrVG mögliche Einigungsstellenverfahren eingeleitet oder durchgeführt werden muss (§ 122 Abs. 1 S. 1). Diese Wirkung tritt erst ein, wenn der Beschluss des Arbeitsgerichts **rechtskräftig** ist (dazu → Rn. 54). 59

---

93 BAG AP ArbGG 1979 § 72a Divergenz Nr. 44 = BB 2001, 2535; s. zuvor *Warrikoff* BB 1994, 2338 (2340); *Lohkemper* KTS 1996, 1, 19 (20); *Schrader* NZA 1997, 70 (73); Nerlich/Römermann/*Hamacher* § 122 Rn. 69; Schwab/Weth/*Ulrich* ArbGG § 72a Rn. 4.

94 BAG AP ArbGG 1979 § 72a Divergenz Nr. 44 = BB 2001, 2535; ebenso *Oetker/Friese* DZWIR 2001, 133 (139); *Rummel* DB 1997, 774 (775); *Schmädicke/Fackler* NZA 2012, 1199 (1203); *Caspers* Rn. 264; *Grunsky/Moll* Rn. 318; Nerlich/Römermann/*Hamacher* § 122 Rn. 75; KPB/*Moll* § 122 Rn. 54; *Schrader/Straube* III Rn. 45.

95 Rechtsausschuss zu § 140 RegE, BT-Drs. 12/7302, 171.

96 *Annuß* NZI 1999, 344 (347); *Oetker/Friese* DZWIR 2001, 133 (139); K. Schmidt/*Ahrens* § 122 Rn. 36; *Caspers* Rn. 421 ff.; FKInsO/*Eisenbeis* § 122 Rn. 33; *Grunsky/Moll* Rn. 313 f.; Nerlich/Römermann/*Hamacher* § 122 Rn. 79 f.; HKInsO/*Linck* § 122 Rn. 20; KPB/*Moll* § 122 Rn. 62; *Zwanziger* § 122 Rn. 65; für Fälle der Massearmut in Erwägung gezogen auch von BAG NZA 2018, 464 Rn. 31 = NZI 2018, 278 = ZIP 2018, 848; weitergehend Uhlenbruck/*Zobel* § 122 Rn. 90 ff.; ganz ablehnend *Lakies* RdA 1997, 145 (153); *Arend,* Der Personalabbau nach der Insolvenzordnung, 1998, 85; DKKW/*Däubler* BetrVG Anh. zu §§ 111–113, InsO § 122 Rn. 14; vermittelnd Jaeger/*Giesen* § 122 Rn. 33 ff., 39 ff., demzufolge der Insolvenzverwalter, um den strengen Anforderungen wegen Vorwegnahme der Hauptsache auszuweichen, auch eine einstweilige Verfügung unter Ausschluss der Rechtsfolgen nach Abs. 1 S. 2 beantragen kann.

97 Vgl. grundsätzlich für den Parallelfall der Leistungsverfügung Stein/Jonas/*Grunsky* Vor § 935 ZPO Rn. 36.

98 *Caspers* Rn. 424; Nerlich/Römermann/*Hamacher* § 122 Rn. 79; aA RFJK/*Regh* § 10 Rn. 108; *Zwanziger* § 122 Rn. 68.

60 Ergeht die Zustimmung des Arbeitsgerichts, so ergibt sich aus § 122 Abs. 1 S. 2, dass § 113 Abs. 3 BetrVG insoweit nicht anzuwenden ist. Damit sind die Arbeitnehmer hinsichtlich individueller Abfindungsansprüche auf Nachteilsausgleich präjudiziert, obwohl sie nicht am Beschlussverfahren beteiligt waren. Ihre fehlende Beteiligung ist bei § 122 nur konsequent, weil unmittelbar nur die Beteiligungsrechte des Betriebsrats betroffen sind.[99] Anders als beim Feststellungsverfahren nach § 126 (→ § 127 Rn. 5 f.) folgt hier die **subjektive Rechtskrafterstreckung** des Beschlusses für einen späteren Individualprozess des Arbeitnehmers, mit dem dieser Nachteilsausgleich geltend macht, aus der materiellen Abhängigkeit des individuellen Abfindungsanspruchs von betriebsverfassungsrechtlichen Mitwirkungsrechten des Betriebsrats:[100] „Die spezifische Abhängigkeit ergibt sich daraus, dass der Nachteilsausgleich lediglich eine akzessorische Sanktion für die Mißachtung der Beteiligungsrechte darstellt."[101]

61 **5. Verhältnis zu §§ 125, 126.** § 122 Abs. 1 S. 3 bestimmt, dass das Recht des Verwalters unberührt bleibt, einen Interessenausgleich nach § 125 zustande zu bringen. Damit wird deutlich, dass der besondere **Interessenausgleich nach § 125 Abs. 1,** in dem die zu kündigenden Arbeitnehmer namentlich bezeichnet werden, nicht unbedingt auch eine Einigung über die zugrundeliegende geplante Betriebsänderung gem. § 112 Abs. 1 BetrVG enthält. Zwar kann beides zusammen vereinbart werden. Es kann aber auch vorkommen, dass nur ein Interessenausgleich nach § 125 Abs. 1 geschlossen wird.[102] Dann muss der Verwalter zusätzlich entweder die Zustimmung des Arbeitsgerichts nach § 122 einholen oder den Ausgang des Verfahrens nach § 112 Abs. 2 BetrVG (dazu → Rn. 15 ff.) abwarten, bevor er die Betriebsänderung sanktionslos durchführen kann.[103]

62 Ebenso bleibt das Recht des Verwalters unberührt, einen **Feststellungsantrag nach § 126** zu stellen. Dies ist schon insoweit selbstverständlich, als im Zustimmungsverfahren nach § 122 nicht über die soziale Rechtfertigung betriebsbedingter Kündigungen entschieden wird. Umgekehrt geht es im Feststellungsverfahren nach § 126 nicht um Mitwirkungsrechte des Betriebsrats. Es wird dort nicht entschieden, ob die Betriebsänderung durchgeführt bzw. die Kündigungen sanktionslos ausgesprochen werden können, ohne dass ein Einigungsstellenverfahren vorangegangen ist. Deshalb sind beide Anträge jeweils für sich zu verfolgen. Jedoch ist es möglich, zugleich mit dem Antrag nach § 126 den Antrag nach § 122 zu stellen.[104]

§ 123 Umfang des Sozialplans

(1) In einem Sozialplan, der nach der Eröffnung des Insolvenzverfahrens aufgestellt wird, kann für den Ausgleich oder die Milderung der wirtschaftlichen Nachteile, die den Arbeitnehmern infolge der geplanten Betriebsänderung entstehen, ein Gesamtbetrag von bis zu zweieinhalb Monatsverdiensten (§ 10 Abs. 3 des Kündigungsschutzgesetzes) der von einer Entlassung betroffenen Arbeitnehmer vorgesehen werden.

(2) [1]Die Verbindlichkeiten aus einem solchen Sozialplan sind Masseverbindlichkeiten. [2]Jedoch darf, wenn nicht ein Insolvenzplan zustande kommt, für die Berichtigung von Sozialplanforderungen nicht mehr als ein Drittel der Masse verwendet werden, die ohne einen Sozialplan für die Verteilung an die Insolvenzgläubiger zur Verfügung stünde. [3]Übersteigt der Gesamtbetrag aller Sozialplanforderungen diese Grenze, so sind die einzelnen Forderungen anteilig zu kürzen.

(3) [1]Sooft hinreichende Barmittel in der Masse vorhanden sind, soll der Insolvenzverwalter mit Zustimmung des Insolvenzgerichts Abschlagszahlungen auf die Sozialplanforderungen leisten. [2]Eine Zwangsvollstreckung in die Masse wegen einer Sozialplanforderung ist unzulässig.

Schrifttum: *Ahrens,* Sozialpläne im Insolvenzverfahren, ZInsO 2003, 581; *Annuß,* Die Betriebsänderung in der Insolvenz, NZI 1999, 344; *Bachner/Schindele,* Beschäftigungssicherung durch Interessenausgleich und Sozialplan, NZA 1999, 130; *Bauer/Krieger/Günther,* Allgemeines Gleichbehandlungsgesetz und Entgelttransparenzgesetz,

[99] Zutr. *Otto* RdA 1989, 247 (254).
[100] Vgl. analog den Fall BAG NZA 1988, 287 = ZIP 1988, 388, wonach der rechtskräftige Beschluss zwischen einem Arbeitgeber und dem Betriebsrat über die Frage, ob eine bestimmte unternehmerische Maßnahme eine Betriebsänderung darstellt, die Arbeitnehmer hinsichtlich ihrer Ansprüche auf Nachteilsausgleich präjudiziert; dazu ausführlich *Krause* S. 451 ff., 455 f.
[101] *Otto* RdA 1989, 247 (254).
[102] Eingehend *Grunsky/Moll* Rn. 352; *Schrader* NZA 1997, 70 (73).
[103] *Caspers* Rn. 427; *Oetker/Friese* DZWIR 2001, 177 (180); aA KPB/*Moll* § 122 Rn. 64.
[104] *Schmädicke/Fackler* NZA 2012, 1199 (1204); *Schrader* NZA 1997, 70 (76); KPB/*Moll* § 122 Rn. 65.

5. Aufl. 2018; *Boemke/Tietze,* Insolvenzarbeitsrecht und Sozialplan, DB 1999, 1389; *Caspers,* Personalabbau und Betriebsänderung im Insolvenzverfahren, 1998; *Däubler/Kittner/Klebe/Wedde,* Betriebsverfassungsgesetz, 16. Aufl. 2018 (zitiert: DKKW/*Bearbeiter*); *Fitting/Engels/Schmidt/Trebinger/Linsenmaier,* Betriebsverfassungsgesetz, 29. Aufl. 2018; *Häsemeyer,* Die Systemwidrigkeit der insolvenzrechtlichen Sozialplanregelung (§§ 123, 124 InsO) und ihre Folgen, ZIP 2003, 229; *Hess,* Zulässigkeit, Inhalt und Erstreikbarkeit betriebsnaher Tarifsozialpläne in der Insolvenz, FS Kreutz, 2010, S. 125; *von Hoyningen-Huene,* Die wirtschaftliche Vertretbarkeit von Sozialplänen, RdA 1986, 102; *Kohnen/Römer,* Obergrenzen für Sozialpläne in der Insolvenz, ZInsO 2010, 1206; *Löwisch,* Betriebsrat und Arbeitnehmer in einem künftigen Sanierungsverfahren, ZIP 1981, 1288; *ders.,* Der Arbeitnehmer im künftigen Insolvenzrecht, ZGR 1986, 219; *ders.,* „Der vorsorgliche Sozialplan" – eine zweifelhafte Rechtsfigur, FS Dieterich, 1999, S. 345; *ders.,* Haftungsdurchgriff und Berechnungsdurchgriff bei Sozialplänen, ZIP 2015, 209; *Löwisch/Kaiser,* Betriebsverfassungsgesetz, 6. Aufl. 2010; *Lohkemper,* Die Bedeutung des neuen Insolvenzrechts für das Arbeitsrecht, KTS 1996, 1; *Niering,* Sozialplanansprüche als Stolperstein im Insolvenzplan, NZI 2010, 285; *Oetker,* Sozialplandotierung in konzernabhängigen Unternehmen durch die Einigungsstelle im Schnittfeld von Arbeits- und Gesellschaftsrecht, FS Rolf Wank, 2014, S. 383; *Oetker/Friese,* Der Sozialplan in der Insolvenz, DZWIR 2001, 265; *Pott,* Verjährung von Sozialplanansprüchen in der Insolvenz, NZI 2015, 539; *Richardi,* Betriebsverfassungsgesetz, 16. Aufl. 2018; *Ries/Zobel,* Der Sozialplan in der Insolvenz, Kölner Schrift zur Insolvenzordnung, 3. Aufl. 2009, S. 1140; *Roden,* Nochmals: Wie „absolut" ist die Grenze des § 123 I InsO?, NZA 2009, 659; *Röder/Baeck,* Sozialplan- und Ausgleichsansprüche im Konkurs- und Vergleichsverfahren, DStR 1995, 260; *Röger,* Das zuständige Betriebsratsgremium beim Personalabbau in der Insolvenz, ZIP 2018, 2045; *S. Schmidt,* Der insolvenzrechtliche Sozialplanbegriff, 2016; *T. Schmidt,* Der Abfindungstarifvertrag im Insolvenzverfahren, ZInsO 2008, 247; *Schwarzburg,* Wie „absolut" ist die Grenze des § 123 I InsO? – Die Anwendbarkeit des § 123 I InsO in (faktischen) Konzernsituationen, NZA 2009, 176; *Schweibert,* Berechnungsdurchgriff im Konzern zum Zweck der Sozialplanfinanzierung – Schimäre oder reale Chance? NZA 2016, 321; *Sessig/Fischer,* Sozialplan und Sozialplanforderungen im Insolvenzverfahren, ZInsO 2010, 561; *Warrikoff,* Die Stellung der Arbeitnehmer nach der neuen Insolvenzordnung, BB 1994, 2338; *Wiese/Kreutz/Oetker/Raab/Weber/Franzen/Gutzeit/Jacobs,* Gemeinschaftskommentar zum Betriebsverfassungsgesetz, 11. Aufl., Band 2, 2018; *Willemsen,* Sinn und Grenzen des gesetzlichen Sozialplans, RdA 2013, 166; *Willemsen/Tiesler,* Interessenausgleich und Sozialplan in der Insolvenz, 1995; *Zwanziger,* Kommentar zum Arbeitsrecht der Insolvenzordnung, 5. Aufl. 2015.

Übersicht

I. Allgemeines

1. Entwicklung. Die Frage, ob auch in der Unternehmensinsolvenz Sozialpläne aufzustellen sind, ist nach Inkrafttreten der §§ 111 ff. BetrVG 1972 umstritten gewesen. Sie ist dann vom Bundesarbeitsgericht positiv beantwortet worden.[1] In diesem Zusammenhang hatte sich der **Große Senat** dafür ausgesprochen, Forderungen aus nach- und vorkonkurslichen Sozialplänen als **bevorrechtigte Konkursforderungen** im Rang vor § 61 Abs. 1 Nr. 1 KO einzuordnen. Diese Einordnung kraft Richterrechts wurde vom Bundesverfassungsgericht wegen Verstoßes gegen Art. 20 Abs. 3 GG für verfassungswidrig erklärt.[2] Eine Regelungslücke bestehe nicht. Dementsprechend entschied später 1

1 BAG AP BetrVG 1972 § 113 Nr. 1 = NJW 1975, 182; BAG (GrS) AP BetrVG 1972 § 112 Nr. 6 = NJW 1979, 774.

2 BVerfGE 65, 182 = AP BetrVG 1972 § 112 Nr. 22 = NJW 1984, 475.

das Bundesarbeitsgericht, dass Sozialplanforderungen lediglich als nicht bevorrechtigte Konkursforderungen nach § 61 Abs. 1 Nr. 6 KO angesehen werden konnten.[3]

2 Auf diese Entwicklung hat der Gesetzgeber mit dem **Gesetz über den Sozialplan im Konkurs- und Vergleichsverfahren** v. 20.2.1985 reagiert. Dieses hatte einerseits die Forderungen aus Sozialplänen, gleichgültig ob diese nach Konkurseröffnung oder innerhalb von drei Monaten vor Stellung des Konkursantrags aufgestellt worden waren, als bevorrechtigte Konkursforderungen nach § 61 Abs. 1 Nr. 1 KO eingeordnet. Andererseits hatte es diese Bevorrechtigung begrenzt: Nach §§ 2, 3 des Gesetzes durfte nur ein Gesamtbetrag bis zu zweieinhalb Monatsverdiensten der von einer Entlassung betroffenen Arbeitnehmer vorgesehen werden. Nach § 4 S. 2 durfte für die Berichtigung dieser Forderungen nicht mehr als ein Drittel der Konkursmasse verwendet werden.

3 Die **§§ 123, 124** haben mit Wirkung v. 1.1.1999 dieses Gesetz abgelöst. Inhaltlich sind die Regelungen in einigen Punkten modifiziert worden. Insbesondere gelten Forderungen der Arbeitnehmer aus nach Verfahrenseröffnung aufgestellten Sozialplänen (Insolvenzsozialpläne) **nunmehr als Masseforderungen,** weshalb ihre Anmeldung und Feststellung zur Tabelle entfällt. Sozialpläne, die vor der Eröffnung des Insolvenzverfahrens, jedoch nicht früher als drei Monate vor dem Eröffnungsantrag aufgestellt worden sind, können sowohl vom Insolvenzverwalter als auch vom Betriebsrat widerrufen und die betroffenen Arbeitnehmer bei der Aufstellung eines Sozialplans im Insolvenzverfahren berücksichtigt werden.

4 Die in § 143 RegE weiter vorgesehene Befugnis von Insolvenzverwalter und Betriebsrat, in einem **„Rahmensozialplan"** festzulegen, dass Forderungen aus Sozialplänen, die innerhalb von vier Jahren nach der Beendigung des Insolvenzverfahrens aufgestellt werden, bestimmte Höchstgrenzen nicht übersteigen dürfen, ist nicht Gesetz geworden.

5 **2. Normzweck.** § 123 dient ebenso wie die übrigen Vorschriften des Insolvenzarbeitsrechts dem **Ausgleich der Interessen** der Arbeitnehmer des Insolvenzunternehmens mit denen der Insolvenzgläubiger. Einerseits wird anerkannt, dass auch in der Insolvenz im Falle von Betriebsänderungen Sozialpläne aufgestellt werden können, um die Nachteile der betroffenen Arbeitnehmer auszugleichen, und dass dem Betriebsrat dafür ein Mitbestimmungsrecht zukommt. Zudem werden die Forderungen aus solchen Sozialplänen als Masseverbindlichkeiten eingestuft.

6 Andererseits wird der **Gesamtumfang dieser Forderungen** im Interesse der übrigen Insolvenzgläubiger **in doppelter Weise begrenzt:** Für den Insolvenzsozialplan darf nur ein Gesamtbetrag von bis zu zweieinhalb Monatsverdiensten der von einer Entlassung betroffenen Arbeitnehmer vorgesehen werden (absolute Obergrenze → Rn. 59 ff.). Zugleich darf nicht mehr als ein Drittel der Teilungsmasse für die Berichtigung der Sozialplanforderungen verwendet werden (relative Obergrenze → Rn. 65 ff.).

7 **3. Anwendungsbereich.** Mit Sozialplänen meint § 123 nur solche, die im Rahmen des für Betriebsänderungen in den §§ 111 ff. BetrVG vorgesehenen Verfahrens aufgestellt werden. Dies folgt einerseits aus dem systematischen Zusammenhang mit den der Vorschrift vorhergehenden §§ 121, 122 und andererseits aus dem Normzweck: Anlass zur Beschneidung der Gläubigerinteressen zugunsten von Sozialplanforderungen besteht nur, soweit auch außerhalb des Insolvenzverfahrens ein Sozialplan hätte aufgestellt werden müssen. Im Einzelnen gilt Folgendes:

8 § 123 findet nur in Unternehmen mit **in der Regel mehr als 20 wahlberechtigten Arbeitnehmern** Anwendung (→ §§ 121, 122 Rn. 4 ff.). Dass es möglich ist, auch in Unternehmen mit bis zu 20 Arbeitnehmern auf der Grundlage von § 88 BetrVG freiwillig Sozialpläne zu vereinbaren, kann nicht zur Anwendung von § 123 führen.[4] Zu gleichwohl vereinbarten Sozialplänen → Rn. 11.

9 Dass eine Betriebsänderung dem **Sozialplanprivileg des § 112a BetrVG** unterfällt, hindert die Anwendung des § 123 nicht. Die Vorschrift schließt in den von ihr erfassten Fällen des zahlenmäßig beschränkten reinen Personalabbaus und der Betriebsänderungen in neu gegründeten Unternehmen nur die Anwendung von § 112 Abs. 4 und 5 BetrVG aus, so dass ein Sozialplan nicht über die Einigungsstelle erzwungen werden kann. Die **Möglichkeit eines vereinbarten Sozialplans** im Verfahren nach § 112 Abs. 1 bis 3 BetrVG lässt er unberührt. Dass § 123 einen solchen Sozialplan nicht miterfassen will, ergibt sich aus dem Wortlaut nicht. Auf der anderen Seite spricht der auch in der Insolvenz gegebene Zusammenhang des Sozialplans mit dem Interessenausgleich dafür, die Vorschrift auf solche Sozialpläne zu erstrecken.[5] Das ergibt sich insbesondere aus der Überlegung, dass die Möglichkeit, Kündigungen in einem Interessenausgleich durch eine Namensliste der zu

---

3 BAG NZA 1984, 191 = ZIP 1984, 983.

4 K. Schmidt/*Ahrens* § 123 Rn. 10; Nerlich/Römermann/*Hamacher* § 123 Rn. 4a; HKInsO/*Linck* § 123 Rn. 4; aA Jaeger/*Giesen* § 123 Rn. 11; KPB/*Moll* §§ 123, 124 Rn. 42 f.

5 Im Ergebnis ebenso Jaeger/*Giesen* § 123 Rn. 9 ff.; KPB/*Moll* §§ 123, 124 Rn. 40 ff.; aA HKInsO/*Linck* § 123 Rn. 4.

kündigenden Arbeitnehmer zu regeln (§ 125), in den Fällen des § 112a BetrVG vielfach leerlaufen müsste, weil sich der Betriebsrat einem solchen Interessenausgleich verweigerte, wenn im Gegenzug nicht ein Sozialplan nach § 123 vereinbart würde.

§ 32 Abs. 2 iVm § 28 SprAuG ermöglicht die Vereinbarung von **Sozialplänen zwischen Arbeitgeber und Sprecherausschuss für leitende Angestellte.**[6] § 123 kann auf solche Sozialpläne nicht angewandt werden. Die Vorschriften der §§ 120 ff. sind eindeutig nur auf die Betriebsverfassung bezogen. Auch eine analoge Anwendung scheidet aus,[7] weil dem Gesetzgeber die Existenz der Sprecherausschussverfassung und die sich daraus ergebenden Probleme für das Insolvenzverfahren bekannt waren[8] und er gleichwohl keine entsprechende Regelung getroffen, sondern sich darauf beschränkt hat, eine beratende Mitwirkung des Sprecherausschusses bei der Aufstellung eines Insolvenzplans vorzusehen (§ 218 Abs. 3). 10

Dass § 123 auf Sozialpläne in Betrieben von Unternehmen mit bis zu 20 Arbeitnehmern und auf Sozialpläne für leitende Angestellte nicht anwendbar ist, heißt nicht, dass der Insolvenzverwalter solche Sozialpläne nicht vereinbaren könnte. Er rückt als solcher in die Stellung des Arbeitgebers ein (→ Vor §§ 113–128 Rn. 10 f.) und hat dessen Befugnisse, zu denen **der Abschluss freiwilliger Betriebsvereinbarungen** nach § 88 BetrVG und von Richtlinien nach § 28 SprAuG gehört. Allerdings kann sich der Insolvenzverwalter für den Abschluss solcher freiwilliger Sozialpläne nicht auf § 123 berufen, sondern muss uneingeschränkt seiner Verpflichtung als Sachwalter der Gläubigerinteressen gerecht werden, wenn er eine Haftung nach § 60 vermeiden will.[9] Praktisch bedeutet das, dass er solche Sozialpläne nur abschließen darf, **wenn dies der Masse zugutekommt.** In Betracht kommt etwa, dass der Insolvenzverwalter auf diese Weise den kurzfristigen Übergang von Arbeitnehmern oder leitenden Angestellten in Qualifizierungsmaßnahmen erreicht, die gleichzeitig durch Zuschüsse der Bundesagentur für Arbeit zu Transfermaßnahmen (→ Rn. 32 ff.) gefördert werden. Soweit ausnahmsweise solche Sozialpläne vom Insolvenzverwalter abgeschlossen werden, sind die aus ihnen resultierenden Forderungen Masseverbindlichkeiten nach § 55 Abs. 1 Nr. 1. 11

§ 123 gilt nur für **nach Eröffnung des Insolvenzverfahrens** zwischen Insolvenzverwalter und Betriebsrat vereinbarte oder von der Einigungsstelle aufgestellte Sozialpläne. Das Schicksal vor Verfahrenseröffnung aufgestellter Sozialpläne richtet sich nach § 124. Maßgeblicher Zeitpunkt ist die Angabe im Eröffnungsbeschluss des Insolvenzgerichts nach § 27 Abs. 2 Nr. 3 und hilfsweise die Mittagsstunde des Tages, an dem der Beschluss erlassen worden ist (§ 27 Abs. 3).[10] 12

§ 123 muss man dabei auch noch den Fall zuordnen, dass eine **Betriebsänderung vor Insolvenzeröffnung** vom Schuldner eingeleitet worden ist, die **Aufstellung des Sozialplans bei Insolvenzeröffnung aber noch aussteht,** sei es, dass Schuldner und Betriebsrat die Aufstellung des Sozialplans zurückgestellt haben, sei es, dass das Verfahren sich hinzieht oder dass sich ein aufgestellter Sozialplan als unwirksam erweist. Dass Abs. 1 von der „geplanten Betriebsänderung" spricht, kann kein Hinderungsgrund sein. Entscheidend ist, dass es nach Insolvenzeröffnung zur Aufstellung eines die Masse mit Masseverbindlichkeiten belastenden Sozialplans kommt.[11] Allerdings wird man dabei der Wertung des § 124 entnehmen müssen, dass das in § 123 vorgegebene Volumen des Sozialplans nur ausgeschöpft werden darf, wenn die Betriebsänderung nicht früher als drei Monate vor Stellung des Insolvenzantrags durchgeführt worden ist. Sozialpläne für Betriebsänderungen, die länger zurückliegen, dürfen nur Leistungen in Höhe der voraussichtlichen Insolvenzquote vorsehen. Sie dürfen nicht anders behandelt werden als solche, die in dieser Zeit unter Mitwirkung des Schuldners aufgestellt worden sind und nur als Insolvenzforderung am Verfahren teilnehmen. Andernfalls würde der durch § 112 Abs. 5 BetrVG gezogene Rahmen billigen Ermessens, der in der Insolvenz die Berücksichtigung der Interessen der Insolvenzgläubiger verlangt,[12] gesprengt. 13

---

[6] Vgl. dazu BAG NZA 2009, 970 Rn. 22 ff. = ZIP 2009, 1244; *Hromadka/Sieg,* Sprecherausschussgesetz, 4. Aufl. 2018, § 32 Rn. 84 ff.; *Löwisch,* Taschenkommentar zum Sprecherausschussgesetz, 2. Aufl. 1994, § 32 Rn. 63 ff.

[7] K. Schmidt/*Ahrens* § 123 Rn. 10; Nerlich/Römermann/*Hamacher* § 123 Rn. 4b; HKInsO/*Linck* § 123 Rn. 4; aA *Oetker/Friese* DZWIR 2001, 265 (267); Jaeger/*Giesen* § 123 Rn. 14; KPB/*Moll* §§ 123, 124 Rn. 50.

[8] *Löwisch* ZGR 1986, 219 (245 f.).

[9] *Annuß* NZI 1999, 344 (350); HKInsO/*Linck* § 123 Rn. 4; aA Jaeger/*Giesen* § 123 Rn. 9 ff. und KPB/*Moll* §§ 123, 124 Rn. 40 ff., die generell freiwillige Sozialpläne in § 123 einbeziehen wollen.

[10] K. Schmidt/*Ahrens* § 123 Rn. 8; FKInsO/*Eisenbeis* § 123 Rn. 10; Jaeger/*Giesen* § 123 Rn. 7; KPB/*Moll* §§ 123, 124 Rn. 28.

[11] LAG Hamm ZIP 2010, 2315 = BeckRS 2010, 72019; *Oetker/Friese* DZWIR 2001, 265 (268); K. Schmidt/*Ahrens* § 123 Rn. 8; Jaeger/*Giesen* § 123 Rn. 6; *Zwanziger* § 123 Rn. 11.

[12] Dazu BAG (GrS) AP BetrVG 1972 § 112 Nr. 6 = NJW 1979, 774; Löwisch/Kaiser/*Löwisch* BetrVG § 112 Rn. 101.

14 Auf der anderen Seite können sog. **„vorsorgliche Sozialpläne"**, die der Schuldner freiwillig für künftige Betriebsänderungen vereinbart hat, die Aufstellung eines Sozialplans für eine vom Insolvenzverwalter nach Eröffnung vorgenommene Betriebsänderung nicht präjudizieren. Die solchen vorsorglichen Sozialplänen vom Bundesarbeitsgericht zuerkannte Wirkung eines „Verbrauchs" des Mitbestimmungsrechts über den Sozialplan nach § 112 BetrVG[13] kann jedenfalls gegenüber § 123 nicht gelten, weil er den vom Gesetz vorgesehenen Ausgleich von Gläubiger- und Arbeitnehmerinteressen in der Insolvenz verfehlt. Zudem besteht die Möglichkeit, den vorsorglichen Sozialplan durch einen neuen Sozialplan abzulösen (→ Rn. 56). Dass ein mit dem Gesamtbetriebsrat vereinbarter vorsorglicher Sozialplan den Abschluss eines Sozialplans aus Anlass einer konkreten Betriebsänderung auf betrieblicher Ebene nicht hindert, anerkennt auch das Bundesarbeitsgericht, sofern der örtliche Betriebsrat für diesen Sozialplan zuständig ist[14] (zur Zuständigkeit → Rn. 20).

15 Von vornherein keinen Sozialplan im Sinne des § 123 stellt eine **Abrede** dar, die der Insolvenzverwalter **in Betrieben ohne Betriebsrat** mit den Arbeitnehmern trifft.[15] Allerdings kann in einem solchen „arbeitsvertraglichen Sozialplan" eine einzelvertragliche Zusage gegenüber dem einzelnen Arbeitnehmer liegen, welche, da sie aus einer Rechtshandlung des Insolvenzverwalters resultiert, eine Masseverbindlichkeit begründet. Auf sie ist § 123 nicht anzuwenden. Zur Anwendung von § 124 auf solche „arbeitsvertraglichen Sozialpläne" → § 124 Rn. 22 ff.

16 § 75 Abs. 3 Nr. 13 BPersVG sieht ein **Mitbestimmungsrecht des Personalrats für die Aufstellung von Sozialplänen** zum Ausgleich oder zur Milderung von wirtschaftlichen Nachteilen vor, die den Beschäftigten infolge von Rationalisierungsmaßnahmen entstehen. Ähnliche Regelungen enthalten die Landespersonalvertretungsgesetze. Soweit öffentlich-rechtliche Arbeitgeber der Insolvenzordnung unterfallen (→ § 12 Rn. 8 ff.) und es im Zusammenhang mit der Insolvenz zu Rationalisierungsmaßnahmen und in deren Gefolge zu Entlassungen kommt, sind die §§ 123, 124 entsprechend anzuwenden. Da auch ein solcher Sozialplan auf dem Weg über die Einigungsstelle erzwungen werden kann, ist es angemessen, die in § 123 vorgesehenen Obergrenzen gelten zu lassen und andererseits die Sozialplanforderungen als Masseverbindlichkeiten einzustufen.[16]

17 § 123 gilt seinem Regelungszusammenhang nach nicht für nach Insolvenzeröffnung mit Wirkung für das insolvente Unternehmen in einem **Haustarifvertrag oder unternehmensbezogenen Verbandstarifvertrag** vereinbarte Sozialplanleistungen. Indessen ist eine analoge Anwendung geboten: Dass Sozialplantarifverträge im Wege des Arbeitskampfs durchgesetzt werden,[17] stellt eine neuere Entwicklung dar, an die der Gesetzgeber der InsO nicht gedacht hat. Der mit § 123 Abs. 2 S. 2 bezweckte Ausgleich der Interessen der Arbeitnehmer des insolventen Unternehmens mit denen der Insolvenzgläubiger (→ Rn. 5 f.) steht bei einem notfalls durch Arbeitskampf erzwungenen Tarifvertrag aber genauso in Frage wie bei einem notfalls über die Einigungsstelle erzwingbaren Sozialplan. Dass tarifliche Sozialpläne mehr als ein Drittel der Insolvenzmasse sollen in Anspruch nehmen können, ist nicht gerechtfertigt. Vielmehr ist es geboten, die im Zuge der Insolvenz von Entlassungen betroffenen Arbeitnehmer in Bezug auf notwendig werdende Kürzungen von Sozialplanleistungen entsprechend § 123 Abs. 2 S. 3 gleich zu behandeln.[18]

II. Der Sozialplan nach dem BetrVG in der Insolvenz

18 **1. Rechtsgrundlagen.** Rechtsgrundlage für den Sozialplan ist nach § 112 Abs. 1 S. 2 BetrVG in erster Linie die Einigung zwischen Insolvenzverwalter und Betriebsrat. In zweiter Linie kann Rechtsgrundlage nach § 112 Abs. 4 BetrVG der Spruch der betriebsverfassungsrechtlichen Einigungsstelle sein.

19 Für die **Anwendbarkeit der §§ 123, 124** spielt es keine Rolle, auf welcher dieser beiden Rechtsgrundlagen ein Sozialplan aufgestellt worden ist. Das Bedürfnis, einerseits Masseverbindlichkeiten entstehen zu lassen und andererseits das Volumen des Sozialplans im Interesse der anderen Gläubiger zu begrenzen, besteht in gleicher Weise bei frei vereinbarten Sozialplänen wie bei solchen, die von der Einigungsstelle aufgestellt worden sind.[19]

---

13 BAG NZA 1998, 216 = ZIP 1998, 1412 = EzA BetrVG § 112 Nr. 96; krit. zu dieser Rechtsprechung *Löwisch* FS Dieterich, 1999, 345 ff.; *ders.*, Anm. EzA BetrVG § 112 Nr. 96.

14 Für einen freiwilligen Sozialplan BAG NZA 2012, 1240 Rn. 23 = ZIP 2012, 2122.

15 BAG NZA 2000, 662 = NZI 2000, 337 = ZIP 2000, 846; *Oetker/Friese* DZWIR 2001, 265 (266); Nerlich/Römermann/*Hamacher* § 123 Rn. 4b.

16 Im Ergebnis auch Jaeger/*Giesen* § 123 Rn. 13.

17 Zur Rechtmäßigkeit solcher Arbeitskämpfe BAG NZA 2007, 987 Rn. 22, 75 ff. = ZIP 2007, 1768.

18 Jaeger/*Giesen* § 123 Rn. 15 f.; HKInsO/*Linck* § 123 Rn. 4; KPB/*Moll* §§ 123, 124 Rn. 44 ff.; *Löwisch/Rieble*, Tarifvertragsgesetz, 4. Aufl. 2017, § 1 Rn. 487; *Hess* FS Kreutz, 2010, 125 (132); für eine direkte Anwendung des § 123 *S. Schmidt* S. 149 ff. (183 ff., 319 ff.); aA *T. Schmidt* ZInsO 2008, 247 (250 ff.); *Kaiser* in Heinrich, Krisen im Aufschwung, Symposion Insolvenz- und Arbeitsrecht, 2008, S. 65 (80); *Zwanziger* § 123 Rn. 61.

19 KPB/*Moll* §§ 123, 124 Rn. 23 ff.

2. Verfahren. Ein **frei vereinbarter Sozialplan** wird nach § 112 Abs. 1 S. 2 BetrVG im Wege 20
einer schriftlich niederzulegenden und von Insolvenzverwalter und Betriebsrat zu unterzeichnenden Einigung aufgestellt. Dabei folgt aus der **Zuständigkeit** des Gesamtbetriebsrats für einen Interessenausgleich (→ § 125 Rn. 71) nicht notwendig die Zuständigkeit für den Abschluss eines Sozialplans. Der Gesamtbetriebsrat ist für den Sozialplan nur dann zuständig, wenn die Regelung des Ausgleichs oder der Milderung der durch die Betriebsänderung entstehenden Nachteile zwingend unternehmenseinheitlich oder betriebsübergreifend erfolgen muss. Die Voraussetzungen des § 50 Abs. 1 BetrVG sind insoweit gesondert zu prüfen. Fehlt es daran, ist der örtliche Betriebsrat für den Sozialplan zuständig.[20]

Für die **Schriftform** gelten die allgemeinen Vorschriften über die Betriebsvereinbarung. Insbe- 21
sondere ist ein Sozialplan von Insolvenzverwalter und Betriebsrat auf einer Urkunde zu unterzeichnen.[21] Besteht der Sozialplan aus einem Haupttext und Anlagen, genügt die Unterzeichnung des Haupttextes, wenn die Anlage fest an ihn angeheftet ist.[22] Bezugnahmen auf eine andere schriftliche Regelung, etwa einen „Pilotsozialplan", welchen der Insolvenzverwalter schon für einen anderen Betrieb des Unternehmens abgeschlossen hat, sind möglich.[23] Dynamische Verweisungen sind hingegen nicht möglich, da sich die Betriebspartner damit ihrer Normsetzungsbefugnis entäußern würden.[24] Eine unwirksame dynamische Blankettverweisung ist dann so zu lesen, als wäre der Inhalt der in Bezug genommenen Regelung statisch vereinbart worden.[25]

Für die **Aufstellung des Sozialplans durch die Einigungsstelle** gilt das in § 76 BetrVG 22
vorgesehene Verfahren. Nach § 76 Abs. 2 S. 1 BetrVG besteht die Einigungsstelle aus einer gleichen Anzahl von Beisitzern, die von Insolvenzverwalter und Betriebsrat bestellt werden, und einem unparteiischen Vorsitzenden, auf den sich beide Seiten einigen müssen. Die vom Verwalter benannten Beisitzer müssen nicht Insolvenzgläubiger sein.[26] Kommt eine Einigung über den Vorsitzenden nicht zustande, bestellt das Arbeitsgericht den Vorsitzenden, § 76 Abs. 2 S. 2 BetrVG. Eine **Spruchzuständigkeit** der Einigungsstelle besteht nur, wenn es um den Ausgleich oder die Milderung der wirtschaftlichen Nachteile aus einer konkret geplanten Betriebsänderung iSv § 111 BetrVG geht. Rahmen- oder Dauersozialpläne für künftige, noch nicht geplante Betriebsänderungen können nur freiwillig geschlossen werden.[27]

Für den **ordnungsgemäßen Ablauf des Verfahrens** vor der Einigungsstelle hat der Vorsit- 23
zende zu sorgen. Insbesondere hat er die Mitglieder rechtzeitig zu laden und ihnen etwaige Beschlussentwürfe mitzuteilen. Die Einigungsstelle hat unverzüglich tätig zu werden (§ 76 Abs. 3 S. 1 BetrVG). Sie fasst ihre Beschlüsse nach mündlicher Beratung mit Stimmenmehrheit (§ 76 Abs. 3 S. 2 BetrVG). Bei der **Beschlussfassung** hat sich der Vorsitzende zunächst der Stimme zu enthalten. Kommt eine Stimmenmehrheit nicht zustande, nimmt er nach weiterer Beratung an der erneuten Beschlussfassung teil. An Anträge der Beteiligten ist die Einigungsstelle nicht gebunden. Sie kann auch eine andere als die vorgeschlagene Lösung treffen, etwa statt Abfindungen Transferleistungen vorsehen (→ Rn. 31 ff.). Die Beschlüsse sind schriftlich niederzulegen, vom Vorsitzenden zu unterschreiben und Verwalter und Betriebsrat zuzuleiten. Die **Kosten der Einigungsstelle** trägt die Insolvenzmasse (vgl. § 76a Abs. 1 BetrVG). Hat die Einigungsstelle ihre Tätigkeit noch vor der Insolvenzeröffnung aufgenommen und nach der Eröffnung fortgesetzt, sind die Honorarforderungen des Vorsitzenden und der Beisitzer nur insoweit Masseverbindlichkeit, als die Tätigkeit nach der Eröffnung des Insolvenzverfahrens erbracht wurde.[28]

---

[20] BAG NZA 2007, 1245 Rn. 27 f. = ZIP 2006, 1596; BAG AP BetrVG 1972 § 50 Nr. 26 = ZIP 2003, 1514; BAG NZA 2002, 688 = ZIP 2002, 1498; *Fitting* BetrVG § 50 Rn. 60; GKBetrVG/*Oetker* §§ 112, 112a Rn. 220 f.; aA Richardi BetrVG/*Annuß* § 50 Rn. 37a; auch *Röger* ZIP 2018, 2045 (2050), der wegen der in § 123 geregelten Obergrenzen (→ Rn. 59 ff., 65 ff.) für den Sozialplan in der Insolvenz immer von einer originären Zuständigkeit des Gesamtbetriebsrats ausgeht.

[21] Vgl. BAG AP GG Art. 9 Arbeitskampf Nr. 60; *Fitting* BetrVG § 77 Rn. 21 ff.; Löwisch/Kaiser/*Kaiser* BetrVG § 77 Rn. 75; ErfK/*Kania* BetrVG § 77 Rn. 19; Richardi BetrVG/*Richardi* § 77 Rn. 39.

[22] Vgl. BAG NZA 1987, 449.

[23] Für die Bezugnahme auf eine Konzernbetriebsvereinbarung und eine Zusatzvereinbarung in einem Sozialplan BAG NZA 2007, 339 Rn. 17 = ZIP 2007, 197; Löwisch/Kaiser/*Kaiser* BetrVG § 77 Rn. 78.

[24] BAG NZA 2007, 1066 Rn. 34; vgl. auch BAG NZA 2015, 943 Rn. 28; *Rieble/Schul* RdA 2006, 339 (341); ErfK/*Kania* BetrVG § 77 Rn. 21; Richardi BetrVG/*Richardi* § 77 Rn. 37.

[25] BAG NZA 2007, 1066 Rn. 36.

[26] BAG NZA 1986, 800 = ZIP 1986, 1202; HWK/*Annuß* InsO §§ 123, 124 Rn. 1; HKInsO/*Linck* § 123 Rn. 7; KPB/*Moll* §§ 123, 124 Rn. 27.

[27] BAG NZA 2016, 894 Rn. 12 = ZIP 2016, 1458.

[28] *Caspers* in Heinrich, Mit Schwung aus der Krise?!, Symposion Insolvenz- und Arbeitsrecht, 2010, S. 49 (68 f.); *Hamberger* S. 168 f.; aA BAG AP BetrVG 1972 § 76 Nr. 7 = BB 1979, 1143; offengelassen von BAG NZA 2010, 461 Rn. 24 = ZIP 2010, 588.

24 Nach § 76 Abs. 5 S. 4 BetrVG kann der **Spruch der Einigungsstelle** vom Verwalter oder Betriebsrat binnen einer **Frist von zwei Wochen** vom Tage der Zuleitung des Beschlusses an gerechnet beim Arbeitsgericht mit der Begründung **angefochten werden,** die sich aus § 112 Abs. 5 BetrVG ergebenen Grenzen des Ermessens (dazu → Rn. 36 ff.) seien überschritten. Kommt das Arbeitsgericht zu dem Ergebnis, dass die Grenzen des Ermessens überschritten sind, stellt es die Unwirksamkeit des Einigungsstellenspruchs und damit des Sozialplans fest, mit der Folge, dass über den Sozialplan erneut zu verhandeln ist. Eine direkte Zurückverweisung an die Einigungsstelle erfolgt nicht.

25 § 76 Abs. 5 S. 4 BetrVG gilt nur, soweit die **Überschreitung der Grenzen des Ermessens** geltend gemacht wird. Andere Rechtsunwirksamkeitsgründe können unabhängig von der Zweiwochenfrist jederzeit geltend gemacht werden. Das gilt insbesondere für Verstöße gegen den Gleichbehandlungsgrundsatz (→ Rn. 43 ff.).

26 Wegen ihrer Auswirkungen auf die Masse handelt es sich bei der Aufstellung des Sozialplans regelmäßig um eine Rechtshandlung, die für das Insolvenzverfahren von besonderer Bedeutung ist. Der Verwalter hat daher, wenn er einen Sozialplan vereinbaren will, gem. § 160 Abs. 1 die **Zustimmung des Gläubigerausschusses,** und wo ein solcher nicht besteht, die der Gläubigerversammlung einzuholen.[29] Ein Verstoß gegen § 160 hindert aber die Wirksamkeit des Sozialplans nicht (§ 164). Anders als der Insolvenzverwalter unterliegt die **Entscheidung der Einigungsstelle** nicht der Aufsicht des Gläubigerausschusses und bedarf deshalb dessen Zustimmung nicht.[30] Auch eine Pflicht der Einigungsstelle, einen Vertreter des Gläubigerausschusses zur wirtschaftlichen Vertretbarkeit des Sozialplans anzuhören,[31] besteht nicht. Die Einigungsstelle ist nach § 76 BetrVG in der Gestaltung ihres Verfahrens frei.[32] Dem Gläubigerausschuss steht auch nicht das Recht zu, die Entscheidung der Einigungsstelle über den Sozialplan beim Arbeitsgericht anzufechten. Die Anfechtung steht allein im pflichtgemäßen Ermessen des Insolvenzverwalters.

27 **3. Inhalt. a) Gegenstand.** Gegenstand des Sozialplans ist, wie es § 112 Abs. 1 S. 2 BetrVG formuliert, der Ausgleich oder die Milderung der wirtschaftlichen Nachteile, die den Arbeitnehmern infolge der geplanten Betriebsänderung entstehen. Als **wirtschaftlicher Nachteil** ist in **erster Linie der Verlust des Arbeitsplatzes** anzusehen. Aber es kommen auch andere wirtschaftliche Nachteile, etwa höhere Fahrtkosten infolge einer Betriebsverlegung oder schlechtere Bezahlung infolge einer Versetzung und vor allem Kosten einer vom Arbeitnehmer unternommenen Qualifizierung für eine neue Tätigkeit in Betracht. Der in der Literatur vertretenen Auffassung, aus Abs. 1 ergebe sich, dass § 123 auf Sozialpläne, die **andere wirtschaftliche Nachteile** als Entlassungen ausgleichen sollen, nicht anwendbar sei,[33] kann nicht gefolgt werden. Abs. 1 übernimmt die Definition des Gegenstandes des Sozialplans wortgleich aus § 112 Abs. 1 S. 2 BetrVG. Das muss dahin verstanden werden, dass in die Regelung alle nach § 112 Abs. 1 S. 2 BetrVG möglichen Gegenstände eines Sozialplans einbezogen werden sollen. Auf die Entlassungen nimmt die Vorschrift nur Bezug, um das Gesamtvolumen des Sozialplans absolut zu begrenzen (→ Rn. 59 ff., 63). Dass nur auf Grund der Betriebsänderung entlassene Arbeitnehmer Leistungen erhalten sollen, ist damit nicht gesagt.[34] Entscheidend ist, dass die Gegenmeinung dazu führen müsste, dass Sozialpläne über die Einigungsstelle erzwungen werden könnten, die, weil sie dem Insolvenzverwalter zuzurechnen wären, zu Masseverbindlichkeiten führten, die nicht den Grenzen des § 123 unterlägen. Vermeiden ließe sich das nur, wenn man annähme, dass insoweit die Erzwingbarkeit eines Sozialplans in der Insolvenz ausgeschlossen ist. Dafür aber gibt es weder in § 123 noch sonst im Gesetz einen Anhalt.

28 Gegenstand des Sozialplans kann nur der Ausgleich von Nachteilen von Personen sein, die dem **persönlichen Geltungsbereich** des Betriebsverfassungsgesetzes unterfallen. Dazu gehören neben den Arbeitnehmern (→ Vor §§ 113–128 Rn. 15 ff.) auch die Auszubildenden und die in der Hauptsache für den Betrieb arbeitenden Heimarbeiter (§ 5 Abs. 1 BetrVG), nicht aber die Leiharbeitnehmer (arg. § 7 S. 2 BetrVG). Ausgenommen sind die in § 5 Abs. 2 BetrVG genannten Personen, insbeson-

---

29 BAG (GrS) AP BetrVG 1972 § 112 Nr. 6 = NJW 1979, 774; HWK/*Annuß* InsO §§ 123, 124 Rn. 1; Nerlich/Römermann/*Hamacher* Vor § 121 Rn. 67 und § 123 Rn. 7; HKInsO/*Linck* § 123 Rn. 6.

30 BAG (GrS) AP BetrVG 1972 § 112 Nr. 6 = NJW 1979, 774; *Annuß* NZI 1999, 344 (348); K. Schmidt/*Ahrens* § 123 Rn. 7; Jaeger/*Giesen* § 123 Rn. 33; HKInsO/*Linck* § 123 Rn. 7.

31 So *Annuß* NZI 1999, 344 (348).

32 *Oetker/Friese* DZWIR 2001, 265 (268 f.).

33 *Boemke/Tietze* DB 1999, 1389 (1392); KPB/*Moll* §§ 123, 124 Rn. 31 ff.; Graf-Schlicker/*Pöhlmann/Kubusch* § 123 Rn. 8.

34 *Annuß* NZI 1999, 344 (349); *Caspers* Rn. 435 iVm Rn. 35 f.; Jaeger/*Giesen* § 123 Rn. 22 ff., 27; Nerlich/Römermann/*Hamacher* § 123 Rn. 13; HKInsO/*Linck* § 123 Rn. 5; GKBetrVG/*Oetker* §§ 112, 112a Rn. 401; für eine analoge Anwendung des § 123 K. Schmidt/*Ahrens* § 123 Rn. 9; *Fitting* BetrVG §§ 112, 112a Rn. 308; *Ries/Zobel* S. 1140 Rn. 28 f.; Uhlenbruck/*Zobel* §§ 123, 124 Rn. 22.

dere Ehegatten, Verwandte und Verschwägerte ersten Grades sowie nach § 5 Abs. 3 BetrVG die leitenden Angestellten.[35] Für letztere kann aber mit dem Sprecherausschuss ein Sozialplan in Form einer Richtlinie nach § 32 Abs. 2 iVm § 28 SprAuG vereinbart werden, auf den § 123 allerdings keine Anwendung findet (→ Rn. 10).

b) Leistungen. Als Sozialplanleistungen kommen einmal **Abfindungen** entlassener Arbeitnehmer für den Verlust des Arbeitsplatzes in Betracht. Gängige Praxis ist, diese nach generellen Merkmalen wie Alter, Dauer der Betriebszugehörigkeit und Familienstand zu pauschalieren. Da der Sozialplan, wie sich aus den Maßstäben des § 112 Abs. 5 Nr. 1 und 2 BetrVG für die Einigungsstelle ergibt, in der Regel den Gegebenheiten des Einzelfalls Rechnung tragen und die Aussichten der betroffenen Arbeitnehmer auf dem Arbeitsmarkt berücksichtigen soll, sind darüber hinausgehende **Differenzierungen** angezeigt: Etwa können Abfindungen für Arbeitnehmer, die kurz vor dem Rentenalter stehen, niedriger ausfallen, was nach § 10 S. 3 Nr. 6 AGG zulässig ist (→ Rn. 44 f.). Auch kommt bei der Möglichkeit vorzeitiger Inanspruchnahme der Altersrente die ganze oder teilweise Übernahme der zur Abwendung einer Rentenminderung gem. § 187a SGB VI erforderlichen Beiträge in Betracht. Arbeitnehmer, die sofort einen gleichwertigen Arbeitsplatz finden, können überhaupt von Sozialplanleistungen ausgeschlossen werden. Das gilt auch für solche Arbeitnehmer, die eine ihnen angebotene, zumutbare und allein von ihrem Willensentschluss abhängige Weiterbeschäftigung im Unternehmen oder in einem anderen Konzernunternehmen ablehnen[36] oder die bei einem Betriebserwerber weiterarbeiten können, jedoch dem Übergang ihres Arbeitsverhältnisses ohne anerkennenswerte Gründe widersprechen.[37] 29

Ist die Insolvenzmasse und damit auch das für den Sozialplan nach Abs. 2 zur Verfügung stehende Volumen gering, kann es sachgerecht sein, anstatt von Abfindungen nach generellen Merkmalen einen **Härtefonds** einzurichten, aus dem lediglich die Arbeitnehmer Leistungen erhalten, die durch die Betriebsänderung besonders hart getroffen werden.[38] Als abgrenzbares Sondervermögen ist ein solcher Härtefonds eine Sozialeinrichtung im Sinne des § 87 Abs. 1 Nr. 8 BetrVG, die vom Insolvenzverwalter und Betriebsrat gemeinsam verwaltet wird.[39] 30

Anstelle von Abfindungen kann der Sozialplan auch Leistungen vorsehen, die den Arbeitnehmern den **Transfer in eine neue Beschäftigung** erleichtern, insbesondere ihrer Qualifikation dienen sollen. In Betracht kommen Kosten der beruflichen Weiterbildung, Mobilitätshilfen (Fahrtkosten, Trennungskosten, Umzugskosten), Kosten für Trainingsmaßnahmen zur Verbesserung der Eingliederungsaussichten sowie Bewerbungskosten und Reisekosten im Zusammenhang mit Fahrten zur Berufsberatung, Eignungsfeststellung und zu Vorstellungsgesprächen.[40] 31

Solche Transferleistungen sind insofern interessant, als sie im Unterschied zu Abfindungen gem. § 110 SGB III von der **Bundesagentur für Arbeit durch Zuschüsse gefördert** werden können. Nach § 110 Abs. 1 S. 1 SGB III ist das der Fall, wenn sich die Betriebsparteien im Vorfeld der Entscheidung über die Einführung von Transfermaßnahmen von der Agentur für Arbeit beraten lassen haben, die Maßnahme nicht vom Insolvenzverwalter selbst, sondern von einem Dritten durchgeführt wird, wenn die vorgesehene Maßnahme der Eingliederung der Arbeitnehmer in den Arbeitsmarkt dienen soll und die Durchführung der Maßnahme gesichert ist.[41] 32

Die Bezuschussung setzt nach § 110 Abs. 1 S. 2 SGB III voraus, dass der Insolvenzverwalter in angemessenem Umfang **Mittel zur Finanzierung der Transfermaßnahme** zur Verfügung stellt. Diese Voraussetzung ist jedenfalls dann erfüllt, wenn die Obergrenzen des § 123 ausgeschöpft sind.[42] Bei massearmen Insolvenzen muss auch ein geringerer Eigenbetrag ausreichen. Der Zuschuss ist aber stets nach § 110 Abs. 2 S. 2 SGB III begrenzt. Danach darf er nicht mehr als 50 Prozent der aufzuwendenden Maßnahmekosten übersteigen und höchstens 2.500 Euro je gefördertem Arbeit- 33

---

35 Zum Arbeitnehmerbegriff des BetrVG *Fitting* BetrVG § 5 Rn. 15 ff.; Löwisch/Kaiser/*Kaiser* BetrVG Erl. zu § 5; ErfK/*Koch* BetrVG § 5 Rn. 2 ff.; Richardi BetrVG/*Richardi* § 5 Rn. 9 ff.

36 BAG NZA 2016, 767 Rn. 24, 33.

37 BAG NZA 2008, 425 Rn. 42; BAG NZA 1998, 158 = ZIP 1997, 1385; einschränkend LAG Hamm BeckRS 2016, 68679 Rn. 30 ff. und LAG Hamm NZI 2015, 139, wonach ein vollständiger Abfindungsausschluss bei Ablehnung eines Wechsels in eine Beschäftigungs- und Qualifizierungsgesellschaft gegen den arbeitsrechtlichen Gleichbehandlungsgrundsatz verstoßen soll.

38 Zur Zulässigkeit eines solchen Härtefonds BAG NZA 1990, 441.

39 DKKW/*Däubler* BetrVG §§ 112, 112a Rn. 178 ff.; Löwisch/Kaiser/*Löwisch* BetrVG § 112 Rn. 38.

40 Löwisch/Kaiser/*Löwisch* BetrVG § 112 Rn. 41.

41 S. im Einzelnen Fachliche Weisungen Transfermaßnahmen/Transferkurzarbeitergeld v. 20.12.2018, abrufbar unter www.arbeitsagentur.de/veroeffentlichungen/gesetze-und-weisungen (letzter Abruf am 19.3.2019); ferner Gagel/*Klein,* Sozialgesetzbuch II/III, Loseblatt, SGB III § 110 Rn. 38 ff.; GKBetrVG/*Oetker* §§ 112, 112a Rn. 511 ff.

42 Vgl. *Wutzke* ZInsO 1998, 6 (8).

nehmer betragen, so dass der Restbetrag vom Insolvenzverwalter aufzubringen ist.[43] Ob dieser, um die Maßnahme durchführen zu können, höhere Leistungen als sie der Obergrenze des § 123 entsprechen, einsetzt, liegt in seinem pflichtgemäßen Ermessen. Rechtsgrundlage dafür ist § 88 BetrVG (→ Rn. 11).

34 Die Zuschussförderung setzt weiter voraus, dass **Arbeitnehmer** auf Grund von Betriebsänderungen iSd § 111 BetrVG **von Arbeitslosigkeit bedroht** sind (§ 110 Abs. 1 S. 1 iVm S. 3 SGB III). Allerdings gilt das nach § 110 Abs. 1 S. 3 SGB III unabhängig von der Unternehmensgröße, so dass in Kleinunternehmen auch der Abbau weniger Arbeitsplätze genügen kann, wenn sich dieser als wesentliche Betriebseinschränkung darstellt.[44] Auch auf die Anwendbarkeit des BetrVG im jeweiligen Betrieb kommt es nicht an, so dass zB auch die nicht unter das BetrVG fallenden Betriebe in kirchlichen Einrichtungen (§ 118 Abs. 2 BetrVG) erfasst werden, sofern sie in selbständiger Rechtsform betrieben werden. Die Regelung gilt auch für Betriebe, in denen das BetrVG nicht gilt, weil kein Betriebsrat gewählt worden ist. Lediglich der öffentliche Dienst ist ausgenommen (§ 110 Abs. 3 S. 3 SGB III). Die **Entscheidung über Zuschüsse** trifft nach § 327 Abs. 3 S. 3 SGB III die Agentur für Arbeit, in deren Bezirk der Betrieb liegt.

35 Nach § 111 SGB III haben Arbeitnehmer zur Vermeidung von Entlassungen und zur Verbesserung ihrer Vermittlungsaussichten Anspruch auf Kurzarbeitergeld zur Förderung der Eingliederung bei betrieblichen Restrukturierungen **(Transferkurzarbeitergeld).** Zu den Voraussetzungen für dessen Gewährung zählt nach § 111 Abs. 3 SGB III unter anderem, dass in einem Betrieb Personalanpassungsmaßnahmen auf Grund einer Betriebsänderung durchgeführt und die von Arbeitsausfall betroffenen Arbeitnehmer in einer betriebsorganisatorisch eigenständigen Einheit zusammengefasst werden, um Entlassungen zu vermeiden und ihre Eingliederungschancen zu verbessern. Auch ist erforderlich, dass die Organisation und Mittelausstattung der betriebsorganisatorisch eigenständigen Einheit den angestrebten Integrationserfolg erwarten lassen und ein System zur Sicherung der Qualität angewendet wird. Nach § 111 Abs. 8 SGB III ist der Anspruch jedoch ausgeschlossen, wenn die Arbeitnehmer nur vorübergehend in der betriebsorganisatorisch eigenständigen Einheit zusammengefasst werden, um anschließend einen anderen Arbeitsplatz in dem gleichen oder einem anderen Betrieb des Unternehmens oder, falls das Unternehmen einem Konzern angehört, in einem Betrieb eines anderen Konzernunternehmens des Konzerns zu besetzen.[45]

36 **c) Maßstäbe.** § 112 Abs. 5 S. 2 BetrVG gibt der Einigungsstelle für die Entscheidung über den Sozialplan **Ermessensrichtlinien** vor, die neben den in § 123 festgelegten Höchstgrenzen zu beachten sind:

37 Nach § 112 Abs. 5 S. 2 Nr. 1 BetrVG sollen Leistungen vorgesehen werden, die in der Regel den **Gegebenheiten des Einzelfalles** Rechnung tragen. Etwa ist es ermessensfehlerhaft, wenn die Einigungsstelle ohne Unterschied für alle infolge einer Betriebsänderung entlassenen Arbeitnehmer Abfindungen festsetzt, deren Höhe sich allein nach dem Monatseinkommen und der Dauer der Betriebszugehörigkeit bemisst.[46]

38 Nach § 112 Abs. 5 S. 2 Nr. 2 BetrVG hat die Einigungsstelle die **Aussichten der betroffenen Arbeitnehmer auf dem Arbeitsmarkt** zu berücksichtigen. Sie soll Arbeitnehmer von Leistungen ausschließen, die in einem zumutbaren Arbeitsverhältnis im selben Betrieb oder in einem anderen Betrieb des Unternehmens oder eines zum Konzern gehörenden Unternehmens weiterbeschäftigt werden können und die Weiterbeschäftigung ablehnen, was allerdings nur gerechtfertigt ist, wenn eine allein vom Willen des Arbeitnehmers abhängige Beschäftigungsmöglichkeit bei dem alten oder neuen Vertragsarbeitgeber tatsächlich existiert, die nicht erst gerichtlich durchgesetzt werden muss.[47] Die mögliche Weiterbeschäftigung an einem anderen Ort begründet für sich allein noch nicht die Unzumutbarkeit. Hierbei hat der Arbeitnehmer jedenfalls eine Entfernung von 100 Kilometern bei einer Fahrtdauer von regelmäßig rund einer Stunde pro Strecke hinzunehmen.[48] Auch dadurch, dass sich

---

43 Brand/*Kühl* SGB III § 110 Rn. 11; ErfK/*Rolfs* SGB III § 110 Rn. 22.

44 Brand/*Kühl* SGB III § 110 Rn. 5; Gagel/*Klein* SGB III § 110 Rn. 17, 19, demzufolge im Kleinunternehmen der Abbau von sechs Arbeitsplätzen genügt.

45 Zum Transferkurzarbeitergeld im Einzelnen Fachliche Weisungen Transfermaßnahmen/Transferkurzarbeitergeld v. 20.12.2018, abrufbar unter www.arbeitsagentur.de/veroeffentlichungen/gesetze-und-weisungen (letzter Abruf am 19.3.2019); *Bissels/Jordan/Wisskirchen* NZI 2009, 865 (867); Gagel/*Bieback* SGB III § 111 Rn. 104 ff.; GKBetrVG/*Oetker* §§ 112, 112a Rn. 554 ff.

46 BAG NZA 1995, 440 = ZIP 1995, 771; Richardi BetrVG/*Annuß* § 112 Rn. 150; Löwisch/Kaiser/*Löwisch* BetrVG § 112 Rn. 35; GKBetrVG/*Oetker* §§ 112, 112a Rn. 466.

47 BAG NZA 2016, 767 Rn. 33.

48 Vgl. für einen frei verhandelten Sozialplan BAG NZA 2008, 425 Rn. 43 ff., wo die Klägerin dem Betriebsübergang auf ein konzernangehöriges Unternehmen infolge der Verlagerung der Produktion von Braunschweig nach Magdeburg widersprochen hatte.

die Arbeitsbedingungen aufgrund eines beim Betriebserwerber gem. § 613a Abs. 1 S. 3 BGB anzuwendenden Tarifvertrags verschlechtern (→ § 128 Rn. 26), wird der Arbeitsplatz beim Betriebserwerber noch nicht unzumutbar.[49] Nach § 112 Abs. 5 S. 2 Nr. 2a BetrVG soll die Einigungsstelle auch **Fördermöglichkeiten** durch die Bundesagentur für Arbeit (→ Rn. 32 ff.) berücksichtigen.

Bei der Bemessung des Gesamtbetrags der Sozialplanleistungen ist darauf zu achten, dass der **Fortbestand des Unternehmens** oder die nach Durchführung der Betriebsänderung verbleibenden Arbeitsplätze nicht gefährdet werden (§ 112 Abs. 5 S. 2 Nr. 3 BetrVG). Dabei können es die wirtschaftlichen Verhältnisse des Unternehmens gebieten, von einer substantiellen Milderung der wirtschaftlichen Nachteile der Arbeitnehmer abzusehen.[50] In der Insolvenz ist dies für den Fall von Bedeutung, dass in einem **Insolvenzplan** die Sanierung des Unternehmens unter Fortführung des alten Unternehmensträgers vorgesehen ist (→ Rn. 74). Die Rücksichtnahme auf den Fortbestand des Unternehmens und die verbleibenden Arbeitsplätze kann dann dazu führen, dass die Finanzmasse des Sozialplans unterhalb der absoluten Höchstgrenze des Abs. 1 festzusetzen ist und dass in Einzelfällen überhaupt kein Sozialplan aufgestellt werden darf.[51] 39

Keine Bedeutung hat die wirtschaftliche Vertretbarkeit des Sozialplans für das Unternehmen dagegen **bei der Verwertung des Unternehmens mit Liquidation** des alten Unternehmensträgers. Hier kann es nicht auf die wirtschaftliche Vertretbarkeit für das Unternehmen ankommen. Im Fall der Unternehmenszerschlagung ist dies evident, gilt aber auch bei übertragender Sanierung durch Übertragung des Unternehmens im ganzen oder einzelner Betriebe,[52] die ebenfalls eine Art der Unternehmensverwertung mit anschließender Liquidation des Unternehmensträgers darstellt.[53] Denn mit der Übertragung wird die Sozialplanpflicht auf Grund vom Verwalter geplanter Betriebsänderungen vom Unternehmen getrennt. Sie richtet sich weiter gegen die Masse und nicht gegen den jetzt das Unternehmen tragenden neuen Rechtsträger.[54] 40

Bei der **Aufstellung eines frei vereinbarten Sozialplans** sind Verwalter und Betriebsrat nicht an die Ermessensrichtlinie des § 112 Abs. 5 BetrVG gebunden. Höhere als nach diesen Richtlinien erforderliche Leistungen darf der Verwalter aber nur zugestehen, soweit sich das mit der Sorgfalt eines ordentlichen und gewissenhaften Insolvenzverwalters (§ 60 Abs. 1 S. 2) vereinbaren lässt; anderenfalls droht seine Eigenhaftung nach § 60. In Betracht kommt etwa, dass der Verwalter höhere Leistungen zugesteht, weil er nur so die Vereinbarung einer Namensliste im Rahmen eines Interessenausgleichs nach § 125 erreichen kann.[55] Richtigerweise wird der Insolvenzverwalter in die Entscheidung über den Abschluss eines solchen frei vereinbarten Sozialplans gem. § 160 den Gläubigerausschuss einbeziehen, sei es, dass er ihn vor der Unterschrift konsultiert, sei es, dass er die Inkraftsetzung von der Genehmigung des Gläubigerausschusses abhängig macht. Konsultiert er den Gläubigerausschuss nicht, wird davon die Wirksamkeit des Sozialplans jedoch nicht berührt, § 164 (→ Rn. 26). 41

d) Bindung an das staatliche Recht. Der Sozialplan ist wie jede Betriebsvereinbarung an das zwingende staatliche Recht gebunden. Von Bedeutung ist dabei zunächst das **Kündigungsschutzgesetz.** Der Sozialplan darf die Zahlung von Sozialplanabfindungen nicht davon abhängig machen, dass die im Zuge der Betriebsänderung gekündigten Arbeitnehmer keine Kündigungsschutzklage erheben.[56] Der Sozialplan kann die **Fälligkeit der Sozialplanansprüche** aber auf den Zeitpunkt hinausschieben, in welchem ein vom Arbeitnehmer anhängig gemachter Kündigungsrechtsstreit rechtskräftig abgeschlossen ist.[57] Möglich ist auch, zusätzlich zum Sozialplan in einer freiwilligen Betriebsvereinbarung Leistungen für den Fall vorzusehen, dass der Arbeitnehmer von der Erhebung einer Kündigungsschutzklage absieht, um alsbald Planungssicherheit zu erlangen (sog. „Turboprämie"). Insolvenzverwalter und Betriebsrat dürfen damit aber nicht das Verbot umgehen, Sozialplanleistungen von einem solchen Verzicht abhängig zu machen.[58] 42

Nach § 2 Abs. 1 Nr. 2 iVm § 1 AGG dürfen Sozialpläne Arbeitnehmer nicht aus Gründen der Rasse oder wegen der ethnischen Herkunft, des Geschlechts, der Religion oder Weltanschauung, 43

---

49 BAG NZA 1998, 158 = ZIP 1997, 1385.

50 BAG NZA-RR 2013, 409 Rn. 16; BAG NZA 2005, 302 = ZIP 2005, 543.

51 *Caspers* Rn. 462 ff., 467; *Hamberger* S. 269; KPB/*Moll* §§ 123, 124 Rn. 68 f.

52 AA *von Hoyningen-Huene* RdA 1986, 102 (114).

53 Vgl. *Baur/Stürner,* Insolvenzrecht, Rn. 9.40; *Bork* Rn. 4, 434.

54 *Caspers* Rn. 464; Nerlich/Römermann/*Hamacher* § 123 Rn. 22; KPB/*Moll* §§ 123, 124 Rn. 69; *Willemsen/Tiesler* Rn. 142 ff.; s. allgemein auch GKBetrVG/*Oetker* §§ 112, 112a Rn. 441.

55 *Annuß* NZI 1999, 344 (348); *Caspers* Rn. 463.

56 BAG NZA 2015, 438 Rn. 39; BAG NZA 2005, 997 = ZIP 2005, 1468; BAG NZA 1984, 53 = ZIP 1984, 476.

57 BAG NZA 1986, 258.

58 BAG NZA 2015, 438 Rn. 39; BAG NZA 2010, 1304 Rn. 22 = ZIP 2010, 1969; BAG NZA 2005, 997 = ZIP 2005, 1468.

einer Behinderung, des Alters oder der sexuellen Identität benachteiligen. Unzulässig sind nach § 3 Abs. 1 und 2 AGG sowohl **unmittelbare als auch mittelbare Benachteiligungen.** Unmittelbar benachteiligt ist ein Arbeitnehmer, wenn er wegen eines dieser Merkmale geringere Leistungen aus dem Sozialplan erhalten soll als ein anderer vergleichbarer Arbeitnehmer (§ 3 Abs. 1 S. 1 AGG). Eine mittelbare Benachteiligung liegt vor, wenn eine dem Anschein nach neutrale Bestimmung des Sozialplans zu einer Benachteiligung von Trägern eines der Merkmale des § 1 AGG gegenüber anderen Arbeitnehmern führt (§ 3 Abs. 2 Hs. 1 AGG). Unmittelbare Benachteiligungen sind regelmäßig ganz unzulässig. Demgegenüber sind mittelbare Benachteiligungen nach § 3 Abs. 2 Hs. 2 AGG dann zulässig, wenn die betreffende Regel durch ein rechtmäßiges Ziel sachlich gerechtfertigt und die Mittel zur Erreichung dieses Ziels angemessen und erforderlich sind. Abgesehen vom Alter (→ Rn. 44) werden unmittelbare Benachteiligungen in Sozialplänen kaum vorkommen. Denkbar sind aber mittelbare Benachteiligungen. Etwa kann es eine mittelbare Benachteiligung von Frauen darstellen, wenn Sozialplanleistungen an die Dauer der tatsächlichen Beschäftigung angeknüpft werden, weil überwiegend bei Frauen die tatsächliche Beschäftigungsdauer wegen der Inanspruchnahme von Elternzeit geringer ist als bei Männern.[59]

44 § 10 S. 3 Nr. 6 AGG enthält eine besondere Regelung für die Differenzierung von Sozialplanleistungen wegen des Alters oder der Dauer der Betriebszugehörigkeit. Danach ist eine nach **Alter oder Betriebszugehörigkeit** gestaffelte Abfindungsregelung zulässig, wenn die wesentlich vom Alter abhängenden Chancen auf dem Arbeitsmarkt durch eine verhältnismäßig starke Betonung des Lebensalters erkennbar berücksichtigt worden sind oder Beschäftigte von den Leistungen des Sozialplans ausgeschlossen werden, die wirtschaftlich abgesichert sind, weil sie, ggf. nach dem Bezug von Arbeitslosengeld, rentenberechtigt sind. Dementsprechend kann ein Sozialplan vorsehen, dass Arbeitnehmer zusätzlich zu der sich nach der Dauer der Betriebszugehörigkeit und dem Arbeitsverdienst errechneten Grundabfindung mit dem Erreichen des 45. und des 50. Lebensjahres der Höhe nach **gestaffelte Alterszuschläge** erhalten, ohne dass jüngere Arbeitnehmer hierdurch unzulässig wegen ihres Lebensalters benachteiligt werden.[60]

44a Auf der anderen Seite ist eine Regelung zulässig, nach der **rentennahe Jahrgänge** wegen **abnehmender Schutzbedürftigkeit** eine Kürzung der Sozialplanabfindung hinnehmen müssen. Etwa ist es nach Art. 6 Abs. 1 der Gleichbehandlungs-Rahmenrichtlinie (RL 2000/78/EG) und § 10 S. 3 Nr. 6 AGG gerechtfertigt, ältere Arbeitnehmer von Sozialplanleistungen vollständig auszuschließen, die unmittelbar nach der Beendigung des Arbeitsverhältnisses oder im direkten Anschluss an den Bezug von Arbeitslosengeld **Regelaltersrente** beziehen können.[61] Die dahinterstehende Überlegung ist, dass ab diesem Zeitpunkt idR ein vernünftiges Einkommen gesichert ist, so dass es einer Überbrückung durch Sozialplanleistungen nicht bedarf.[62] Zudem können Sozialplanleistungen begrenzt werden, wenn der Arbeitnehmer **vorgezogene Altersrente** in Anspruch nehmen kann, auch wenn sich durch die vorgezogene Inanspruchnahme die Altersrente reduziert.[63] Ein vollständiger Ausschluss von Sozialplanleistungen ist in diesem Fall aber nicht möglich. Auch ist bei der Bemessung der Kürzung zu berücksichtigen, dass die Schlechterstellung nicht zu einem unverhältnismäßigen Zwang zur Frühverrentung führen darf.[64] An die Möglichkeit des Bezugs einer **vorzeitigen Altersrente für schwerbehinderte Menschen** gem. §§ 37 S. 2, 236a Abs. 1 S. 2, Abs. 2 SGB VI darf überhaupt nicht angeknüpft werden, weil darin, je nach Ausgestaltung, eine mittelbare oder unmittelbare Diskriminierung wegen einer Behinderung liegt.[65]

45 **Sonderabfindungen für schwerbehinderte Arbeitnehmer** können im Sozialplan wirksam vereinbart werden. Sie sind nach § 5 AGG gerechtfertigt, weil es sich dabei um eine angemessene Maßnahme handelt, durch die ein Nachteil wegen eines in § 1 AGG genannten Grundes ausgeglichen werden soll. Dabei kann auch, weil es sich um eine positive Maßnahme handelt, zwischen unterschiedlichen Graden der Behinderung differenziert werden. Ebenso ist es möglich, Sonderabfindungen nur für die schwerbehinderten Arbeitnehmer vorzusehen, deren Schwerbehinderteneigenschaft bei der Aufstellung des Sozialplans feststeht.[66]

---

59 Vgl. BAG NZA 2003, 1287 = ZIP 2003, 1463, das darin einen Verstoß gegen Recht und Billigkeit iSd § 75 BetrVG erblickt hat; dazu auch *Bauer/Krieger/Günther* AGG § 10 Rn. 55.

60 BAG NZA 2011, 985 Rn. 20 ff. = ZIP 2011, 1932.

61 BAG NZA 2015, 365 Rn. 17 ff. = ZIP 2015, 492; s. auch EuGH NZA 2015, 473 Rn. 32 ff. – Landin.

62 ErfK/*Kania* BetrVG §§ 112, 112a Rn. 24a; ähnlich *Bauer/Krieger/Günther* AGG § 10 Rn. 53c.

63 EuGH NZA 2012, 1435 Rn. 37 ff., 43 ff. = ZIP 2013, 136 – Odar; BAG NZA 2013, 980 Rn. 20 ff., 30; BAG NZA 2013, 921 Rn. 27 ff., 35 = ZIP 2013, 1349.

64 ErfK/*Kania* BetrVG §§ 112, 112a Rn. 24a unter Verweis auf EuGH NZA 2010, 1341 Rn. 45 ff. – Andersen.

65 EuGH NZA 2012, 1435 Rn. 59 ff. = ZIP 2013, 136 – Odar; BAG NZA 2016, 501 Rn. 21 ff. = ZIP 2016, 689; krit. *Bauer/Krieger/Günther* AGG § 10 Rn. 53c.

66 Löwisch/Kaiser/*Löwisch* BetrVG § 112 Rn. 64; vgl. auch BAG AP GG Art. 3 Nr. 124 = ZIP 1983, 1235 für die Rechtslage vor dem AGG.

Die Betriebsparteien und die Einigungsstelle sind bei der Aufstellung des Sozialplans auch an § 75 Abs. 1 BetrVG gebunden. Dieser wiederholt die Benachteiligungsverbote des AGG und geht insoweit darüber hinaus, als er auch Benachteiligungen wegen politischer oder gewerkschaftlicher Betätigung oder Einstellung untersagt. Zudem lässt sich der Vorschrift die Geltung des **allgemeinen Gleichbehandlungsgrundsatzes** für Betriebsvereinbarungen und damit auch für Sozialpläne entnehmen, der sachfremde Differenzierungen zu Lasten einzelner Arbeitnehmer oder Arbeitnehmergruppen verbietet. Im Einzelnen gilt nach der Rechtsprechung des Bundesarbeitsgerichts insoweit Folgendes: 46

Insolvenzverwalter und Betriebsrat können Arbeitnehmer, die ihr Arbeitsverhältnis aus eigenem Anlass durch eine **Eigenkündigung** oder einen **Aufhebungsvertrag** beendet haben, ganz vom Sozialplan ausnehmen[67] oder ihnen eine gegenüber den betriebsbedingt gekündigten Arbeitnehmern geringere Abfindung zusprechen.[68] Die Betriebspartner können davon ausgehen, dass die Arbeitnehmer ihr Arbeitsverhältnis nur deswegen von sich aus beenden, weil sie bereits eine neue Arbeitsstelle gefunden haben, so dass sie der Verlust ihres bisherigen Arbeitsplatzes weniger schwer trifft.[69] Dabei können **Stichtagsregelungen** getroffen werden, sofern die daran anknüpfenden Differenzierungen nach dem Zweck des Sozialplans sachlich gerechtfertigt sind.[70] Die Herausnahme der durch Eigenkündigung oder Aufhebungsvertrag ausgeschiedenen Arbeitnehmer verstößt aber dann gegen § 75 Abs. 1 S. 1 BetrVG und den arbeitsrechtlichen **Gleichbehandlungsgrundsatz,** wenn der Arbeitgeber die Kündigung oder den Vertragsschluss veranlasst hat.[71] Das ist dann nicht mehr der Fall, wenn der Insolvenzverwalter die Durchführung der im Interessenausgleich beschriebenen Betriebsänderung vollständig oder hinsichtlich des den Arbeitnehmer betreffenden Teils endgültig aufgegeben und den Arbeitnehmer hiervon in Kenntnis gesetzt hat[72] (s. auch → Rn. 60). Zulässig ist es zudem, Arbeitnehmer von Sozialplanleistungen auszuschließen, die dem Arbeitgeber vorsätzlich erhebliche Vermögensschäden zugefügt haben.[73] Auch können die Betriebsparteien den Anspruch auf eine Sozialplanabfindung im Falle einer vom Arbeitgeber veranlassten Eigenkündigung des Arbeitnehmers an die Voraussetzung knüpfen, dass dem Arbeitnehmer zuvor ein – unzumutbares – Arbeitsplatzangebot gemacht wurde.[74] Außerdem können Arbeitnehmer, die wegen des Bezugs einer **befristeten vollen Erwerbsminderungsrente nicht beschäftigt** sind, von Sozialplanleistungen ausgenommen werden, wenn mit einer Wiederherstellung der Arbeitsfähigkeit nicht zu rechnen ist.[75] 47

Auch das Verbot der Diskriminierung von Teilzeitbeschäftigten und befristet Beschäftigten nach § 4 Abs. 1 und 2 TzBfG ist zu beachten. Gleichheitswidrig ist es, **Teilzeitbeschäftigte** von den Sozialplanleistungen ganz auszunehmen oder für sie geringere Leistungen vorzusehen, als ihrer persönlichen Arbeitszeit im Verhältnis zur Arbeitszeit Vollzeitbeschäftigter entspricht.[76] 48

Soweit der Arbeitnehmer durch den Sozialplan gleichheitswidrig benachteiligt wird, kann er die **Anhebung seiner Leistung auf das angemessene Niveau** fordern, auch wenn dadurch das vorgegebene Gesamtvolumen des Sozialplans überschritten wird.[77] Die Grenze ist allerdings dann erreicht, wenn nicht nur einzelne Arbeitnehmer benachteiligt werden und die Mehrbelastung durch die Korrektur im Verhältnis zum Gesamtvolumen des Sozialplans ins Gewicht fällt.[78] Dann liegt eine Störung der Geschäftsgrundlage vor, weil sich wesentliche (Rechts-)Vorstellungen, die zur Grundlage des Vertrags geworden sind, als falsch herausstellen. Eine Erhöhung des Sozialplanvolumens um 1,7 Prozent reicht dafür aber noch nicht aus.[79] 49

Bei dem Anspruch auf Anhebung der Leistung handelt es sich um eine außerhalb der Grenzen des Abs. 1 und Abs. 2 zu begleichende **Masseverbindlichkeit,** die aus einer fehlerhaften Handlung 50

67 BAG NZA 1996, 271 = ZIP 1995, 1915; BAG NZA 1995, 489 = ZIP 1994, 1548.
68 BAG NZA 1994, 716 = ZIP 1994, 904; BAG NZA 1994, 139 = ZIP 1993, 1808.
69 BAG NZA 2009, 970 Rn. 32 = ZIP 2009, 1244; BAG NZA 1994, 716 = ZIP 1994, 904; BAG NZA 1994, 139 = ZIP 1993, 1808.
70 BAG NZA 2010, 1018 Rn. 22 = ZIP 2011, 537; BAG NZA 2008, 719 Rn. 27 = ZIP 2008, 1087.
71 BAG NZA 2009, 970 Rn. 32 = ZIP 2009, 1244; BAG NZA-RR 2008, 636 Rn. 19 f.; BAG NZA 2007, 756 Rn. 14 = ZIP 2007, 1075; BAG NZA 1995, 489 = ZIP 1994, 1548.
72 BAG AP BetrVG 1972 § 112 Nr. 171 = NZA 2005, 1264 (Ls.).
73 LAG Thüringen NZA 1996, 671 (Ls.).
74 BAG NZA 2007, 756 Rn. 15 ff. = ZIP 2007, 1075.
75 BAG NZA 2011, 1370 Rn. 19 ff. = ZIP 2011, 2268; nicht beanstandet von BVerfG (Kammer) NZA 2015, 1248 Rn. 11 = ZIP 2015, 2140; MHdB ArbR/*Oetker* § 16 Rn. 71; Uhlenbruck/*Zobel* §§ 123, 124 Rn. 29.
76 BAG AP BetrVG 1972 § 112 Nr. 204 Rn. 17 = ZIP 2009, 2356; BAG NZA 2007, 860 Rn. 15; BAG NZA 1993, 717 = ZIP 1993, 449.
77 BAG NJW 1982, 69 = ZIP 1981, 642.
78 BAG NZA 2005, 302 = ZIP 2005, 543; BAG NZA 2003, 1287 = ZIP 2003, 1463.
79 BAG NZA 2004, 559 = ZIP 2004, 578.

des Insolvenzverwalters oder der Einigungsstelle resultiert.[80] Eine mögliche Haftung des Insolvenzverwalters richtet sich nach § 60. Nach dem dort festgelegten Maßstab der Sorgfalt eines ordentlichen und gewissenhaften Insolvenzverwalters ist auch zu beurteilen, ob er gegen eine Entscheidung der Einigungsstelle Rechtsmittel beim Arbeitsgericht einlegen musste.

51 Ob der Sozialplan einen billigen Ausgleich zwischen den Interessen der Belegschaft auf der einen Seite und denen der Insolvenzgläubiger auf der anderen Seite trifft, ist nur bei Entscheidungen der Einigungsstelle im Rahmen des § 76 Abs. 5 S. 4 BetrVG zu überprüfen (→ Rn. 24 f.). Der einzelne Arbeitnehmer kann die Unbilligkeit der Gesamtausstattung des Sozialplans nicht geltend machen.[81]

52 **4. Wirkung.** Der Sozialplan hat die Wirkung einer Betriebsvereinbarung (§ 112 Abs. 1 S. 3 BetrVG). Das bedeutet gem. § 77 Abs. 4 S. 1 BetrVG, dass die Arbeitnehmer auf die im Sozialplan festgelegten Leistungen einen **unmittelbaren und zwingenden Anspruch** gegen den Verwalter erwerben, der im Rahmen der in Abs. 1 und 2 festgelegten Grenzen (→ Rn. 59 ff.) als Masseverbindlichkeit zu befriedigen ist. Die Ansprüche sind gegen Verzicht, Verwirkung und Ausschlussfristen besonders geschützt (§ 77 Abs. 4 S. 2 bis 4 BetrVG). Bei einem individualvertraglichen Verzicht auf Ansprüche aus einem Sozialplan findet das Günstigkeitsprinzip Anwendung. Der Verzicht ist zulässig, wenn zweifelsfrei feststellbar ist, dass die Abweichung vom Sozialplan objektiv die für den Arbeitnehmer günstigere Regelung ist.[82]

53 Der Sozialplan entfaltet seine Wirkung auch, wenn in einem für die Arbeitnehmer geltenden **Tarifvertrag** Leistungen, insbesondere Abfindungen für Betriebsänderungen, die zu Entlassungen führen, vorgesehen sind. Der sonst geltende Sperrvorrang des Tarifvertrages nach § 77 Abs. 3 BetrVG findet auf Sozialpläne keine Anwendung (§ 112 Abs. 1 S. 4 BetrVG). Sozialplanansprüche und derartige tarifliche Ansprüche bestehen deshalb in tarifgebundenen Arbeitsverhältnissen nebeneinander. Allerdings handelt es sich bei den tariflichen Ansprüchen nur um Insolvenzforderungen, weil sie bereits vor Eröffnung des Insolvenzverfahrens iSd § 38 begründet worden sind. Zu nach Insolvenzeröffnung abgeschlossenen Sozialplantarifverträgen → Rn. 17.

54 Die **Wirkung des Sozialplans endet** normalerweise mit Erreichung des mit ihm verfolgten Zwecks. Das ist der Fall, wenn die im Sozialplan vorgesehenen Ausgleichsleistungen an die betroffenen Arbeitnehmer gewährt worden sind.

55 Gem. § 112 Abs. 1 S. 3 iVm § 77 Abs. 5 BetrVG können Verwalter und Betriebsrat einen Sozialplan an sich kündigen. Eine **ordentliche Kündigung** setzt aber grundsätzlich voraus, dass sie eine solche Kündigungsmöglichkeit im Sozialplan vereinbart haben.[83] Nur ein Sozialplan, der **Dauerregelungen** enthält, nach denen ein bestimmter wirtschaftlicher Nachteil durch auf bestimmte oder unbestimmte Zeit laufende Leistungen ausgeglichen oder gemildert werden soll, kann auch ohne eine ausdrückliche Kündigungsvereinbarung ordentlich gekündigt werden.[84] Ohne besondere Vereinbarung ist auch die **außerordentliche Kündigung** des Sozialplans nur bei Dauerregelungen, nicht aber bei einmaligen Abfindungsansprüchen möglich, da nur bei Dauerregelungen das Festhalten am Vertrag unzumutbar werden kann.[85]

56 Verwalter und Betriebsrat können einen Sozialplan für die Zukunft jederzeit einvernehmlich **aufheben oder abändern,** insbesondere durch einen neuen Sozialplan ablösen.[86] Das gilt auch für einen freiwilligen vorsorglichen Sozialplan (→ Rn. 14) und für Rahmen- oder Dauersozialpläne.[87] Dabei dürfen der Verwalter und der Betriebsrat aber nicht zu Lasten der Arbeitnehmer in bereits entstandene Sozialplanansprüche eingreifen und müssen auch sonst die Grenzen des Vertrauensschutzes und der Verhältnismäßigkeit wahren. Ist der **Sozialplan gekündigt worden,** wirkt die Kündi-

---

80 LAG Bremen ZIP 2009, 1388 = BeckRS 2009, 66015; *Oetker/Friese* DZWIR 2001, 265 (272); DKKW/*Däubler* BetrVG Anh. zu §§ 111–113, InsO § 123 Rn. 26; aA KPB/*Moll* §§ 123, 124 Rn. 121 ff. und Nerlich/Römermann/*Hamacher* § 123 Rn. 36, die weitere Leistungen aus der Insolvenzmasse als rechtlich unmöglich ansehen.

81 BAG NZA 2003, 1287 = ZIP 2003, 1463; BAG NJW 1982, 69 = ZIP 1981, 642; *Löwisch* SAE 1985, 324 ff.

82 BAG NZA 2004, 667 = ZIP 2004, 1165.

83 BAG NZA 1995, 314 = ZIP 1995, 1037.

84 ErfK/*Kania* BetrVG §§ 112, 112a Rn. 40; Löwisch/Kaiser/*Löwisch* BetrVG § 112 Rn. 79; AR/*Rieble/Kolbe* BetrVG § 112a Rn. 30; offen gelassen von BAG NZA 1995, 314 = ZIP 1995, 1037; diff. GKBetrVG/*Oetker* §§ 112, 112a Rn. 240 f.; aA Richardi BetrVG/*Annuß* § 112 Rn. 185.

85 Richardi BetrVG/*Annuß* § 112 Rn. 186; ErfK/*Kania* BetrVG §§ 112, 112a Rn. 40; Löwisch/Kaiser/*Löwisch* BetrVG § 112 Rn. 80; GKBetrVG/*Oetker* §§ 112, 112a Rn. 243 ff.; offen gelassen von BAG NZA 1995, 314 = ZIP 1995, 1037.

86 BAG NZA 2001, 849 = ZIP 2001, 1384; BAG NZA 1995, 314 = ZIP 1995, 1037.

87 BAG NZA 2008, 719 Rn. 17 = ZIP 2008, 1087.

gung nur für die Zukunft. Handelt es sich um einen erzwingbaren Sozialplan, wirken die Sozialplanregelungen gem. § 112 Abs. 1 S. 3 iVm § 77 Abs. 6 BetrVG nach, bis sie durch eine Neuregelung ersetzt werden (zur Nachwirkung → § 120 Rn. 31 ff.). Die Wirkungen eines ablösenden Sozialplans können aber auf den Zeitpunkt zurückbezogen werden, in dem der erste Sozialplan auf Grund der Kündigung geendet hat.[88]

Der Sozialplan unterliegt auch den Grundsätzen über das Fehlen oder den **Wegfall der Geschäftsgrundlage.** Als Geschäftsgrundlage ist dabei insbesondere die Lage der Insolvenzmasse anzusehen. Stellt sich heraus, dass Verwalter und Betriebsrat oder die Einigungsstelle bei Aufstellung des Sozialplans irrige Vorstellungen über die Lage der Insolvenzmasse hatten, oder verbessert oder verschlechtert sich diese später grundlegend, muss der Sozialplan in neuen Verhandlungen zwischen Arbeitgeber und Betriebsrat und im Nichteinigungsfalle durch die Einigungsstelle an die tatsächliche Lage angepasst werden.[89] Zur Störung der Geschäftsgrundlage bei Rechtsverstößen → Rn. 49. 57

Sozialplanforderungen können in der Insolvenz im Wege der **Feststellungsklage** verfolgt werden.[90] Eine Leistungsklage ist angesichts des Vollstreckungsverbots in Abs. 3 S. 2 (→ Rn. 71) unzulässig.[91] Das gilt auch dann, wenn der Sozialplan nach Anzeige der Masseunzulänglichkeit vereinbart wird, weil § 209 Abs. 1 Nr. 2 wegen der relativen Obergrenze des Abs. 2 S. 2 und 3 (→ Rn. 65 ff.) auf Sozialplanforderungen nicht anzuwenden ist.[92] Zur Verjährung von Sozialplanforderungen → Rn. 71a ff. 58

III. Umfang des Sozialplans

1. Absolute Obergrenze. Nach Abs. 1 kann in einem Sozialplan, der nach der Eröffnung des Insolvenzverfahrens aufgestellt wird, für den Ausgleich oder die Milderung der wirtschaftlichen Nachteile, die den Arbeitnehmern infolge der geplanten Betriebsänderung entstehen, ein Gesamtbetrag von bis zu **zweieinhalb Monatsverdiensten** (§ 10 Abs. 3 KSchG) der von einer Entlassung betroffenen Arbeitnehmer vorgesehen werden. Diese Begrenzung kommt auch dann zur Anwendung, wenn in der Insolvenz eines konzernangehörigen Unternehmens die Voraussetzungen eines **Bemessungsdurchgriffs** auf ein anderes Konzernunternehmen vorliegen.[93] Das Erfordernis des Ausgleichs mit den Interessen der Insolvenzgläubiger besteht auch hier. Eine etwaige Konzernhaftung wegen existenzvernichtenden Eingriffs nach § 826 BGB ist in der Insolvenz des konzernangehörigen Unternehmens vom Insolvenzverwalter geltend zu machen, was im Fall einer Realisierung der Masse und damit den Gläubigern insgesamt zu Gute kommt.[94] Eine Massemehrung wirkt sich dabei auch auf den gem. Abs. 2 S. 2 zur Berichtigung von Sozialplanforderungen zur Verfügung stehenden Teil der Masse (→ Rn. 65 ff.) positiv aus. Für eine konzernrechtliche „Doppelhaftung“ besteht kein Anlass.[95] 59

Von einer **Entlassung** betroffen sind diejenigen Arbeitnehmer, die ihren Arbeitsplatz infolge der Betriebsänderung verlieren. Verhaltens- oder personenbedingte Kündigungen sind ebenso wenig hinzuzurechnen wie die Beendigung von Arbeitsverhältnissen wegen Fristablaufs oder wegen Erreichens der Altersgrenze. Auch Eigenkündigungen der Arbeitnehmer und Aufhebungsverträge sind grundsätzlich nicht mitzurechnen. Anders ist es nur, wenn der Verwalter die Eigenkündigungen und Aufhebungsverträge veranlasst hat.[96] Eine Veranlassung in diesem Sinne liegt nur dann vor, wenn der Verwalter die Arbeitnehmer im Hinblick auf die Betriebsänderung bestimmt hat, selbst zu kündigen oder einen Aufhebungsvertrag zu schließen, um eine sonst notwendig werdende Kündigung zu vermeiden. Das ist in der Regel anzunehmen, wenn der Insolvenzverwalter dem Arbeitnehmer mitgeteilt hat, er habe für ihn nach der Durchführung der Betriebsänderung keine Weiterbe- 60

---

88 BAG NZA 1995, 314 = ZIP 1995, 1037.

89 Vgl. BAG NJW 1982, 69 = ZIP 1981, 642 für den Konkurs; s. allg. auch BAG NZA 1995, 314 = ZIP 1995, 1037; Richardi BetrVG/*Annuß* § 112 Rn. 187 f.; *Fitting* BetrVG §§ 112, 112a Rn. 219 ff.; ErfK/*Kania* BetrVG §§ 112, 112a Rn. 41 f.

90 BAG NZA 2006, 220 Rn. 14 = ZIP 2006, 489; Jaeger/*Giesen* § 123 Rn. 66; HKInsO/*Linck* § 123 Rn. 27.

91 Vgl. für das Vollstreckungsverbot des § 210 BAG NZA 2002, 975 = NZI 2003, 273 = ZIP 2002, 628; BGHZ 154, 358 (360) = NZI 2003, 369 = ZIP 2003, 914.

92 BAG NZA 2010, 413 Rn. 10 ff. = NZI 2010, 317 = ZIP 2010, 546.

93 *Löwisch* ZIP 2015, 209 (212); *Oetker* FS Wank, 2014, 383 (391 f.); *Schwarzburg* NZA 2009, 176 ff.; *Schweibert* NZA 2016, 321 (325); Nerlich/Römermann/*Hamacher* § 123 Rn. 12a; HKInsO/*Linck* § 123 Rn. 11; aA *Roden* NZA 2009, 659 f.

94 *Schwarzburg* NZA 2009, 176 (179); *Schweibert* NZA 2016, 321 (325); Jaeger/*Giesen* § 123 Rn. 48; Nerlich/Römermann/*Hamacher* § 123 Rn. 12a.

95 Jaeger/*Giesen* § 123 Rn. 48.

96 *Annuß* NZI 1999, 344 (349); K. Schmidt/*Ahrens* § 123 Rn. 13 f.; FKInsO/*Eisenbeis* § 123 Rn. 11; HKInsO/*Linck* § 123 Rn. 14; *Ries/Zobel* S. 1140 Rn. 46; Uhlenbruck/*Zobel* §§ 123, 124 Rn. 20.

schäftigungsmöglichkeit mehr.[97] Ein bloßer Hinweis auf die unsichere Lage des Unternehmens oder der Rat, sich eine neue Stelle zu suchen, genügt dagegen nicht[98] (s. auch → Rn. 47). Die früher entlassenen Arbeitnehmer, für die ein Sozialplan gem. § 124 widerrufen ist, sind bei der Erreichung der Gesamtzahl der entlassenen Arbeitnehmer mitzurechnen (Argument aus § 124 Abs. 3).

61 Als **Monatsverdienst** gilt nach § 10 Abs. 3 KSchG das, was dem Arbeitnehmer bei der für ihn maßgeblichen regelmäßigen Arbeitszeit an Geld- und Sachbezügen zusteht. Maßgebend ist entsprechend dem Gesetzeswortlaut der Monat, in dem das Arbeitsverhältnis endet und nicht der Zeitpunkt, in dem der Sozialplan aufgestellt wird.[99] Mit Geld- und Sachbezügen sind **alle Bestandteile des Arbeitsentgelts** gemeint, die der Arbeitnehmer in dem entsprechenden Monat erhält oder erhielte, wenn das Arbeitsverhältnis nicht enden würde. Deshalb sind neben dem eigentlichen Bruttolohn oder Gehalt auch Zulagen, der Wert von Naturalleistungen, Tantiemen sowie 13. und 14. Monatsgehälter einzubeziehen. Auch Gratifikationen und zusätzliche Urlaubsgelder sind zu berücksichtigen.[100] Dass derartige Leistungen an einem bestimmten Termin oder aus einem bestimmten Anlass bezahlt werden, ändert nichts daran, dass sie im weiteren Sinne Entgelt für vom Arbeitnehmer erbrachte Arbeitsleistung sind und deshalb zu seinen Bezügen gehören. Allerdings müssen für längere Zeiträume berechnete Leistungen auf den Gesamtzeitraum umgelegt werden, so dass auf den betreffenden Monat nur ein entsprechender Bruchteil, idR ein Zwölftel, entfällt.[101] Das gilt unabhängig davon, ob die Auszahlung in dem betreffenden Monat erfolgt oder nicht.[102] Nicht zu berücksichtigen sind Leistungen, die keinen Entgeltcharakter haben, wie etwa **Aufwandsentschädigungen** für den Einsatz des privaten Pkws für Dienstfahrten oder Spesenpauschalen.[103]

62 § 10 Abs. 3 KSchG stellt für die dem Arbeitnehmer zustehenden Geld- und Sachbezüge auf die für ihn maßgebende **regelmäßige Arbeitszeit** ab. Damit ist einmal zum Ausdruck gebracht, dass es nicht auf die betriebsübliche, sondern auf die für den betreffenden Arbeitnehmer gewöhnliche Arbeitszeit, die auch über oder unter der betriebsüblichen liegen kann, ankommt. Zum anderen wirkt sich danach eine vorübergehende Verkürzung oder Verlängerung der für den Arbeitnehmer gewöhnlichen Arbeitszeit nicht aus, auch wenn diese in den maßgeblichen Monat fällt.[104] Schließlich sind auch Verdienstminderungen, die etwa durch Krankheit oder Urlaub in dem betreffenden Monat eintreten, nicht zu berücksichtigen.[105]

63 Wie schon nach der Rechtslage nach dem Gesetz über den Sozialplan im Konkurs- und Vergleichsverfahren bedeutet die Höchstgrenze von zweieinhalb Monatsverdiensten nicht, dass die **einzelne Sozialplanforderung** höchstens zweieinhalb Monatsverdienste betragen darf.[106] Die einzelne Sozialplanleistung soll den Gegebenheiten des Einzelfalles weiterhin Rechnung tragen und **kann** deshalb **auch weit über dieser Grenze liegen.** Wie der Gesetzgeber deutlich macht, ist „stets die Situation des einzelnen Arbeitnehmers zu berücksichtigen. Bei besonderen sozialen Härten sollen höhere, in anderen Fällen geringere Beträge oder auch – wenn ein entlassener Arbeitnehmer sofort einen entsprechenden neuen Arbeitsplatz gefunden hat – gar keine Leistungen vorgesehen werden".[107] Die Regelung in Abs. 1 besagt auch nicht, dass nur auf Grund der Betriebsänderung entlassene Arbeitnehmer Sozialplanleistungen erhalten können. Um diese geht es dem Wortlaut nach nur bei der **Berechnung der absoluten Obergrenze** des Sozialplanvolumens (→ Rn. 27). Gleicht der Sozialplan auch andere wirtschaftliche Nachteile als solche aus Entlassungen aus, muss ein Betrag von bis zu zweieinhalb Monatsverdiensten der hiervon betroffenen Arbeitnehmer bei der Berechnung der absoluten Sozialplanobergrenze aber ebenfalls berücksichtigt werden, da die entsprechenden Leistungen nicht zu Lasten der entlassenen Arbeitnehmer gehen können. Da der

---

97 BAG ZIP 2003, 1414 = NJOZ 2003, 1859; BAG NZA 1993, 422 = ZIP 1993, 453.

98 Vgl. BAG NZA 2007, 825 Rn. 30 = ZIP 2007, 1129; BAG NZA 1996, 271 = ZIP 1995, 1915; BAG NZA 1995, 489 = ZIP 1994, 1548; KPB/*Moll* §§ 123, 124 Rn. 72.

99 *Kohnen/Römer* ZInsO 2010, 1206 (1207); HambKommInsO/*Ahrendt* § 123 Rn. 6; K. Schmidt/*Ahrens* § 123 Rn. 19; HKInsO/*Linck* § 123 Rn. 16; GKBetrVG/*Oetker* §§ 112, 112a Rn. 408; *Ries/Zobel* S. 1140 Rn. 47; Uhlenbruck/*Zobel* §§ 123, 124 Rn. 19; aA Nerlich/Römermann/*Hamacher* § 123 Rn. 17; diff. Jaeger/*Giesen* § 123 Rn. 43 f.; KPB/*Moll* §§ 123, 124 Rn. 62 ff.

100 *Kohnen/Römer* ZInsO 2010, 1206 (1208); *Sessig/Fischer* ZInsO 2010, 561 (562); K. Schmidt/*Ahrens* § 123 Rn. 17 f.; Gottwald/*Bertram,* InsO-HdB, § 107 Rn. 56, § 108 Rn. 149; Jaeger/*Giesen* § 123 Rn. 42; KPB/*Moll* §§ 123, 124 Rn. 60; *Zwanziger* § 123 Rn. 20.

101 Jaeger/*Giesen* § 123 Rn. 42; Braun/*Wolf* § 123 Rn. 5; *Zwanziger* § 123 Rn. 20.

102 LSSW/*Spinner* KSchG § 10 Rn. 3.

103 K. Schmidt/*Ahrens* § 123 Rn. 17; Gottwald/*Bertram,* InsO-HdB, § 107 Rn. 56; LSSW/*Spinner* KSchG § 10 Rn. 4.

104 FKInsO/*Eisenbeis* § 123 Rn. 13; Jaeger/*Giesen* § 123 Rn. 42; HKInsO/*Linck* § 123 Rn. 15.

105 K. Schmidt/*Ahrens* § 123 Rn. 16; Gottwald/*Bertram,* InsO-HdB, § 107 Rn. 55.

106 *Röder/Baeck* DStR 1995, 260 (262); *Caspers* Rn. 435.

107 Begr. zu § 141 RegE, BT-Drs. 12/2443, 154; KPB/*Moll* §§ 123, 124 Rn. 85 ff.

Gesetzgeber den Fall offenbar nicht im Blick hatte, ist eine entsprechende Anwendung des Abs. 1 geboten.[108] Dem Vorschlag, die Obergrenze in diesem Fall überhaupt nicht anzuwenden,[109] ist mit Blick auf den Normzweck und zur Vermeidung von Wertungswidersprüchen nicht zu folgen.[110]

64 Die Grenze des Abs. 1 stellt eine absolute Obergrenze für den Sozialplan dar. Ihre Überschreitung führt aber nicht, wie in der Literatur weit überwiegend angenommen, zur Nichtigkeit des Sozialplans, mit der Folge, dass neue Verhandlungen aufzunehmen wären und notfalls ein neuer Spruch der Einigungsstelle herbeigeführt werden müsste.[111] Sachgerecht ist vielmehr, bei **Überschreitung der Obergrenze** eine anteilige Kürzung der im Sozialplan vorgesehenen Leistungen vorzunehmen.[112] Der Zweck der Obergrenze ist auch bei einer solchen Lösung voll gewahrt. Sie vermeidet Rechtsunsicherheiten und komplizierte neue Verfahren sowie Rückabwicklungsfragen, wenn die Obergrenze überschreitende Leistungen bereits ausgekehrt sind. Rechtliche Bedenken gegen eine solche sinnentsprechende Auslegung bestehen nicht. § 134 BGB steht ihr nicht entgegen, weil er die Nichtigkeitsfolge nicht zwingend anordnet. Ein Gegenschluss aus Abs. 2 S. 2 muss ebenfalls nicht gezogen werden, und das von der Gegenmeinung vorgebrachte Hauptargument, Verwalter und Betriebsrat hätten andere Verteilungsmaßstäbe angewandt, wenn ihnen eine geringere oder höhere Obergrenze bewusst gewesen wäre, relativiert sich, wenn man in Rechnung stellt, dass in gravierenden Fällen eine Anpassung des Sozialplans wegen Wegfalls der Geschäftsgrundlage in Betracht kommt (→ Rn. 57). In der Praxis lässt sich dem Streit über die anteilige Kürzung im Fall der Überschreitung der absoluten Obergrenze ausweichen, indem eine entsprechende Klausel in den Sozialplan aufgenommen wird.[113]

65 **2. Relative Obergrenze.** Nach Abs. 2 S. 2 darf für die Berichtigung von Sozialplanforderungen, wenn nicht ein Insolvenzplan zustande kommt, nicht mehr als **ein Drittel der Masse** verwendet werden, die ohne einen Sozialplan für die Verteilung an die Insolvenzgläubiger zur Verfügung stünde. Abgesehen von der Ausnahme, dass ein Insolvenzplan zustande kommt (→ Rn. 72), erfasst sie alle Fälle, in denen eine Teilungsmasse gebildet wird und die Verteilung nach den Vorschriften der Insolvenzordnung stattfindet. Übersteigt der **Gesamtbetrag aller Sozialplanforderungen,** unabhängig ob sie aus einem oder mehreren Sozialplänen resultieren,[114] diese relative Grenze, so sind nach Abs. 2 S. 3 die einzelnen Forderungen anteilig zu kürzen.

66 Bei der **Berechnung der relativen Obergrenze** ist zu beachten, dass zwei Drittel der Masse für Insolvenzforderungen reserviert sind, die Sozialplanforderungen aber nach Abs. 2 S. 1 als **Masseverbindlichkeit** zu berichtigen sind. Sie gehören damit, anders als beim SozplKG, wo sie nach § 4 S. 1 vorrangige Konkursforderungen begründeten, nicht zur Teilungsmasse. Denn die Teilungsmasse (auch Aktivmasse) ist der Teil der Masse, der nach Durchführung der Absonderungen, Aufrechnungen und Freigaben und nach Berichtigung der Masseverbindlichkeiten zur Verteilung an die Insolvenzgläubiger zur Verfügung steht (→ § 35 Rn. 21). Insofern ist nach Abzug der Kosten des Insolvenzverfahrens (§ 54) und der sonstigen Masseverbindlichkeiten (§ 55), die gem. § 53 vorweg zu berichtigen sind, eine **fiktive Teilungsmasse** zu bilden, von der bis zu einem Drittel zur Berichtigung der Sozialplanforderungen verwendet werden kann. Beträgt das Finanzvolumen aller Sozialplanforderungen mehr als ein Drittel dieser fiktiven Teilungsmasse, sind die einzelnen Sozialplanforderungen im entsprechenden Verhältnis zu kürzen. Liegt das Sozialplanvolumen auf oder unterhalb dieser Grenze, können die Sozialplanforderungen zu 100 Prozent befriedigt werden. Der Rest bildet dann die zur Verteilung an die Insolvenzgläubiger zur Verfügung stehende Teilungsmasse.[115]

67 Im Ergebnis führt diese Berechnung dazu, dass das **endgültige Sozialplanvolumen** nicht mehr als die Hälfte der zur Verteilung an die Insolvenzgläubiger zur Verfügung stehenden Teilungs-

---

108 K. Schmidt/*Ahrens* § 123 Rn. 9; *Fitting* BetrVG §§ 112, 112a Rn. 308; Jaeger/*Giesen* § 123 Rn. 26 ff.; HKInsO/*Linck* § 123 Rn. 5; aA *Annuß* NZI 1999, 344 (349) und Voraufl.

109 DKKW/*Däubler* BetrVG Anh. zu §§ 111–113, InsO § 123 Rn. 23.

110 K. Schmidt/*Ahrens* § 123 Rn. 9; *Fitting* BetrVG §§ 112, 112a Rn. 308; HKInsO/*Linck* § 123 Rn. 5; GKBetrVG/*Oetker* §§ 112, 112a Rn. 401.

111 *Röder/Baeck* DStR 1995, 260 (262); *Fitting* BetrVG §§ 112, 112a Rn. 304 ff.; Nerlich/Römermann/*Hamacher* § 123 Rn. 24; HKInsO/*Linck* § 123 Rn. 18; GKBetrVG/*Oetker* §§ 112, 112a Rn. 414 ff.; *Willemsen/Tiesler* Rn. 182.

112 Zutr. Gottwald/*Bertram*, InsO-HdB, § 107 Rn. 58 f.; KPB/*Moll* §§ 123, 124 Rn. 90 ff.; für eine entsprechende Umdeutung des als nichtig angesehenen Sozialplans DKKW/*Däubler* BetrVG Anh. zu §§ 111–113, InsO § 123 Rn. 16; Jaeger/*Giesen* § 123 Rn. 61 ff.

113 Nerlich/Römermann/*Hamacher* § 123 Rn. 24; Röger/*Janko/Seidensticker* § 5 Rn. 165 f.; HKInsO/*Linck* § 123 Rn. 19; Uhlenbruck/*Zobel* §§ 123, 124 Rn. 18.

114 Vgl. Begr. zu § 141 RegE, BT-Drs. 12/2443, 154; *Boemke/Tietze* DB 1999, 1389 (1393); Jaeger/*Giesen* § 123 Rn. 51; HKInsO/*Linck* § 123 Rn. 23; KPB/*Moll* §§ 123, 124 Rn. 106; Uhlenbruck/*Zobel* §§ 123, 124 Rn. 23.

115 *Caspers* Rn. 438 ff.; HKInsO/*Linck* § 123 Rn. 23; KPB/*Moll* §§ 123, 124 Rn. 108.

masse betragen darf oder anders gewendet, dass die endgültige Teilungsmasse mindestens doppelt so groß wie die Gesamtsumme aller als Masseverbindlichkeit zu berücksichtigenden Sozialplanansprüche sein muss. Werden die einzelnen Sozialplanforderungen gekürzt, so verringern sich die Masseverbindlichkeiten. Die Teilungsmasse wird dann zugunsten der Insolvenzgläubiger größer.

IV. Rechtslage bei Masseunzulänglichkeit

68 Aus der Einordnung der Sozialplanforderungen als Masseverbindlichkeit gem. Abs. 2 S. 1 folgt nur eine formelle Besserstellung der Arbeitnehmer gegenüber den Insolvenzgläubigern. Denn die relative Begrenzung des Sozialplanvolumens zugunsten einer Teilungsmasse für die Insolvenzgläubiger bewirkt, dass die Sozialplanforderungen im **Nachrang zu den sonstigen Masseverbindlichkeiten** stehen.[116] Bei Masseunzulänglichkeit wird folglich keine Sozialplanforderung berichtigt. Denn dann reicht die Masse schon nicht zur vollständigen Vorwegberichtigung der Massekosten und sonstigen Masseverbindlichkeiten.[117] § 209 sieht für diesen Fall eine Rangordnung vor. Sozialplanforderungen können aber nicht berichtigt werden, wenn nicht mindestens die doppelte Summe an die Insolvenzgläubiger verteilt wird (→ Rn. 66 f.). Bei Masseunzulänglichkeit stehen aber hierfür keine Mittel zur Verfügung. Insoweit ziehen die Arbeitnehmer keinen Vorteil daraus, dass Sozialplanforderungen Masseverbindlichkeiten begründen. Diese können nur dann vom Insolvenzverwalter erfüllt werden, wenn das Insolvenzverfahren vollständig durchgeführt wird und die Gläubiger eine Quote erhalten. Das gilt auch dann, wenn der Sozialplan nach Anzeige der Massenunzulänglichkeit aufgestellt worden ist. § 209 Abs. 1 Nr. 2 hat wegen Abs. 2 S. 2 und 3 für Sozialplanansprüche keine Bedeutung.[118]

69 Die Einordnung der Sozialplanforderungen als Masseverbindlichkeiten ist letztlich die Konsequenz aus der **Abschaffung der vielfach kritisierten Konkursvorrechte** des § 61 Abs. 1 KO.[119] Bei den Insolvenzforderungen wird mit Ausnahme der in § 39 genannten Forderungen keine Rangordnung gebildet. Zudem müssen die Sozialplangläubiger, anders als im Konkurs, nicht an einer Quote mit gleichrangigen Gläubigern teilnehmen. Auch hat die Einordnung als Masseverbindlichkeit den praktischen Vorteil, dass eine Anmeldung und Feststellung der Sozialplanforderungen im Insolvenzverfahren entfällt.[120] Im Hinblick auf eine etwaige Verjährung hat dies allerdings Konsequenzen (→ Rn. 71a ff.).

V. Abschlagszahlungen

70 Wenn hinreichende Barmittel in der Masse vorhanden sind, soll der Insolvenzverwalter mit Zustimmung des Insolvenzgerichts Abschlagszahlungen auf die Sozialplanforderungen leisten (Abs. 3 S. 1). Da beim Abschluss des Insolvenzverfahrens die relative Obergrenze nicht überschritten sein darf, kann dies zu Schwierigkeiten führen, wenn noch nicht feststeht, ob und in welcher Höhe es eine Teilungsmasse geben wird.[121] Für eine **Überzahlung** müsste der Verwalter nach § 60 den Insolvenzgläubigern persönlich haften, wenn sich eine Rückzahlung an die Insolvenzmasse nach den §§ 812 ff. BGB nicht realisieren lässt.[122] Der Insolvenzverwalter sollte deshalb, wenn wegen Deckung der Massekosten und sonstigen Masseverbindlichkeiten eine Masseunzulänglichkeit nicht mehr eintreten kann und Geldmittel zur Verteilung zur Verfügung stehen, von diesen nur maximal ein Drittel an die Sozialplangläubiger auskehren und die doppelte Summe nach § 187 Abs. 2 an die Insolvenzgläubiger verteilen oder zugunsten dieser einbehalten, wenn der allgemeine Prüfungstermin noch nicht stattgefunden hat (vgl. § 187 Abs. 1). Dabei bedürfen die Abschlagszahlungen an die Sozialplangläubiger der **Zustimmung des Insolvenzgerichts.** Abschlagsverteilungen an die Insolvenzgläubiger bedürfen nach § 187 Abs. 3 S. 2 der Zustimmung des Gläubigerausschusses, wenn ein solcher bestellt ist.

VI. Vollstreckungsverbot

71 Nach Abs. 3 S. 2 ist eine Zwangsvollstreckung in die Masse wegen einer Sozialplanforderung unzulässig. Dieses Vollstreckungsverbot war gesetzlich anzuordnen, da das allgemeine Vollstreckungsverbot des § 89 nur für Insolvenzforderungen gilt und § 90 nur ein zeitlich begrenztes Vollstreckungs-

[116] Begr., BT-Drs. 12/2443, 98 und Begr. zu § 141 RegE, BT-Drs. 12/2443, 154.
[117] BAG NZA 2010, 413 Rn. 12 = NZI 2010, 317 = ZIP 2010, 546.
[118] BAG NZA 2010, 413 Rn. 12 = NZI 2010, 317 = ZIP 2010, 546.
[119] *Lohkemper,* KTS 1996, 1 (36); Nerlich/Römermann/*Hamacher* § 123 Rn. 37.
[120] Begr. zu § 141 RegE, BT-Drs. 12/2443, 154.
[121] Vgl. K. Schmidt/*Ahrens* § 123 Rn. 27 f.; Nerlich/Römermann/*Hamacher* § 123 Rn. 38 f.
[122] BGH NJW-RR 1990, 45 = ZIP 1989, 1407; vgl. auch OLG Karlsruhe BeckRS 2018, 13213 Rn. 34 für die Situation unter der Gesamtvollstreckungsordnung; Nerlich/Römermann/*Hamacher* § 123 Rn. 40; KPB/*Moll* §§ 123, 124 Rn. 116.

verbot für bestimmte Masseverbindlichkeiten vorsieht. Könnten die Arbeitnehmer aber wegen ihrer Sozialplanforderungen in die Masse vollstrecken, wäre die Einhaltung der relativen Obergrenze und damit die Gewährleistung einer Quote für die Insolvenzgläubiger gefährdet (zu den Konsequenzen des Vollstreckungsverbots für die Klageart → Rn. 58).

VII. Verjährung

Forderungen aus einem Sozialplan unterliegen der **regelmäßigen Verjährung** von drei Jahren gem. § 195 BGB.[123] Die Verjährungsfrist beginnt mit dem Schluss des Jahres, in dem der Anspruch entstanden ist und der Gläubiger von den den Anspruch begründenden Umständen und der Person des Schuldners Kenntnis erlangt oder ohne grobe Fahrlässigkeit erlangen müsste (§ 199 Abs. 1 BGB). Der Anspruch muss nicht nur entstanden, sondern auch **fällig sein,** um die Verjährungsfrist in Gang zu setzen.[124] Enthält der Sozialplan insoweit keine Regelung, ist das hinsichtlich der aus ihm resultierenden Forderungen regelmäßig der Zeitpunkt, zu dem der auszugleichende Nachteil eingetreten ist. Bei Abfindungsansprüchen wegen Verlust des Arbeitsplatzes ist das derjenige Zeitpunkt, zu dem das Arbeitsverhältnis endet.[125] Das gilt nach der Rechtsprechung des **Bundesarbeitsgerichts** auch dann, wenn es sich um einen **Insolvenzsozialplan** nach § 123 handelt, sofern dieser keine andere Fälligkeit bestimmt.[126] Abs. 2 S. 2 und 3 steht nicht entgegen, da es sich nur um eine Verteilungssperre handelt.[127] Legt man zudem die Rechtsprechung des Bundesgerichtshofs zur Verjährung von Altmasseverbindlichkeiten im Fall der Masseunzulänglichkeit zugrunde[128] (→ Rn. 71b), gilt Folgendes: Da es sich bei der Sozialplanforderung aus einem Insolvenzsozialplan gem. Abs. 2 S. 1 um eine Masseverbindlichkeit handelt (→ Rn. 66 ff.), kommt eine Anmeldung der Forderung zur Insolvenztabelle und damit eine Hemmung der Verjährung nach § 204 Abs. 1 Nr. 10 BGB nicht in Betracht.[129] Will der Arbeitnehmer die Verjährung seiner Sozialplanforderung durch Rechtsverfolgung hemmen, muss er sie mit einer **Feststellungsklage** geltend machen (§ 204 Abs. 1 Nr. 1 BGB).[130] Insoweit ist dann auch das Feststellungsinteresse gegeben.[131] Eine Leistungsklage ist angesichts des Vollstreckungsverbots in Abs. 3 S. 2 unzulässig (→ Rn. 58). 71a

Hat der Insolvenzverwalter die **Masseunzulänglichkeit** angezeigt, gilt nichts anderes. Denn die Anzeige der Masseunzulänglichkeit durch den Insolvenzverwalter führt nicht dazu, dass die Verjährung von Altmasseverbindlichkeiten gehemmt wird.[132] Auch wenn der Sozialplan erst nach der Anzeige der Masseunzulänglichkeit vereinbart oder durch einen Spruch der Einigungsstelle aufgestellt wird, gelangt die jeweilige Sozialplanforderung zur Entstehung[133] und wird mit der Beendigung des Arbeitsverhältnisses bzw. dem Eintritt eines anderen auszugleichenden Nachteils fällig, so dass die Verjährungsfrist gem. § 199 Abs. 1 BGB mit dem Schluss des Kalenderjahres zu laufen beginnt.[134] Will der Arbeitnehmer den Eintritt der Verjährung vermeiden, muss auch insoweit rechtzeitig Feststellungsklage erhoben werden. 71b

Im Einzelfall kann die Erhebung der Verjährungseinrede gegen eine Sozialplanforderung **gem. § 242 BGB treuwidrig** sein. Dies wird zT angenommen, wenn der Insolvenzverwalter die Sozialplanansprüche der Arbeitnehmer in seinen regelmäßigen Berichten an den Gläubigerausschuss 71c

---

123 BAG NZA 2007, 825 Rn. 42 = ZIP 2007, 1129.

124 S. allg. BGHZ 53, 222 (225) = NJW 1970, 938; BGH NJW-RR 2009, 378 Rn. 17 = ZIP 2008, 1762; Palandt/*Ellenberger* BGB § 199 Rn. 3.

125 BAG AP BetrVG 1972 § 112 Nr. 170 = BeckRS 2004, 41324.

126 BAG AP BetrVG 1972 § 112 Nr. 170 = BeckRS 2004, 41324; KPB/*Moll* §§ 123, 124 Rn. 128b; Uhlenbruck/*Zobel* §§ 123, 124 Rn. 44a; aA *Pott* NZI 2015, 539 (541 f.) und K. Schmidt/*Ahrens* § 123 Rn. 28, nach denen die Fälligkeit erst mit dem Schluss des Jahres der Schlussverteilung oder einer Nachtragsverteilung eintreten soll.

127 KPB/*Moll* §§ 123, 124 Rn. 128b.

128 BGH NZI 2018, 154 Rn. 11 ff. = ZIP 2018, 233; Uhlenbruck/*Zobel* §§ 123, 124 Rn. 44a.

129 BGH NZI 2018, 154 Rn. 21 = ZIP 2018, 233; LAG Hamburg ZIP 1988, 1270; MüKoBGB/*Grothe* § 204 Rn. 52.

130 ArbG Oberhausen BeckRS 2013, 65300; *Höflich-Bartlik/Mattes* NZI 2013, 757 (758); KPB/*Moll* §§ 123, 124 Rn. 128d; BeckOK ArbR/*Plössner* InsO § 123 Rn. 16b f.; Uhlenbruck/*Zobel* §§ 123, 124 Rn. 44a; vgl. auch BGH NZI 2018, 154 Rn. 17 = ZIP 2018, 233.

131 Das Urteil BAG NZA 2010, 413 Rn. 15 ff. = NZI 2010, 317 = ZIP 2010, 546 steht dem nicht entgegen; aA *Pott* NZI 2015, 539 (541).

132 BGH NZI 2018, 154 Rn. 11 ff. = ZIP 2018, 233.

133 KPB/*Moll* §§ 123, 124 Rn. 128d; nicht weiterführend BAG NZA 2010, 413 Rn. 12 = NZI 2010, 317 = ZIP 2010, 546 mit der Aussage, dass im Fall der Masseunzulänglichkeit keine Sozialplanansprüche bestünden; so aber auch LAG Düsseldorf NZI 2014, 183.

134 ArbG Oberhausen BeckRS 2013, 65300; KPB/*Moll* §§ 123, 124 Rn. 128d; Uhlenbruck/*Zobel* §§ 123, 124 Rn. 44a; aA LAG Düsseldorf NZI 2014, 183; LAG Düsseldorf ZIP 2014, 592.

als noch zu bedienende Masseforderungen nennt. Dies dürfe der Arbeitnehmer dahin verstehen, dass eine Klage zur Durchsetzung des Anspruchs nicht erforderlich sei,[135] was erheblichen Zweifeln unterliegt. Im Interesse der Rechtssicherheit sowie zur Vermeidung unnötiger Klagen sollten deshalb bereits im Sozialplan eindeutige Regelungen getroffen werden.[136] Zudem kann der Insolvenzverwalter, um Mehrkosten für die Insolvenzmasse durch Prozesse zu vermeiden, die Forderungen (wiederholt) anerkennen, einen **Verjährungsverzicht** erklären oder ein **Stillhalteabkommen** nach § 205 BGB treffen, das auch neben einem gesetzlichen Leistungsverweigerungsrecht möglich ist.[137]

VIII. Sozialplan im Insolvenzplanverfahren

72 **1. Begrenzung des Sozialplanumfangs.** Gem. Abs. 2 S. 2 gilt die **relative Obergrenze** nicht, wenn ein Insolvenzplan zustande kommt, ohne dass nach der im Insolvenzplan vorgesehenen Verfahrensabwicklung differenziert wird. Das ist insofern sachgerecht, als die Gläubiger über die Annahme des Insolvenzplans entscheiden und ihre Interessen selbst wahrnehmen können. Im Fall des Sanierungs- oder Fortführungsplans (→ § 217 Rn. 176 ff.) wird ohnehin von einer Verteilung abgesehen. Die Gläubiger sollen aus den von dem sanierten Unternehmen erwirtschafteten Erträgen später befriedigt werden. Die Rechtslage entspricht insoweit der nach dem SozplKG, wo sich die relative Grenze des § 4 S. 2 nur bei einer Verteilung nach den Regeln des Konkursverfahrens auswirkte, nicht aber im Vergleichsverfahren.[138] Um zu verhindern, dass der Insolvenzplan wegen Fehlens der relativen Sozialplanbegrenzung daran scheitert, dass einzelne Gläubiger durch den Insolvenzplan schlechter dastehen als ohne Insolvenzplan und deshalb dem Plan widersprechen (§§ 245 Abs. 1 Nr. 1, 251), kann im Sozialplan eine relative Obergrenze ausdrücklich vereinbart werden.[139]

73 Die **absolute Obergrenze bleibt unangetastet.**[140] Das folgt zum einen aus § 123, der den Insolvenzplan als Ausnahme in den die relative Grenze regelnden Abs. 2 S. 2 der Vorschrift aufgenommen und keinen eigenen Absatz vorgesehen hat, und entspricht auch der Absicht des Gesetzgebers, wonach „insbesondere bei der Sanierung des Schuldners gemäß einem Plan (…) lediglich die absolute Begrenzung des Sozialplanvolumens anwendbar sein (soll).“[141]

74 **2. Sozialplandotierung.** Anders als im Falle der Liquidation des Unternehmensträgers bei Stilllegung oder der Übertragung des Unternehmens oder einzelner Betriebe ist der Ermessensrichtlinie des § 112 Abs. 5 BetrVG unter dem Gesichtspunkt der wirtschaftlichen Vertretbarkeit für das Unternehmen besondere Bedeutung beizumessen, wenn in einem Insolvenzplan die Sanierung unter Fortführung des bisherigen Unternehmensträgers vorgesehen ist (→ Rn. 39 ff.). In diesem Fall hat die Einigungsstelle gem. § 112 Abs. 5 S. 2 Nr. 3 BetrVG bei der Bemessung des Gesamtbetrags der Sozialplanleistungen darauf zu achten, dass der **Fortbestand des Unternehmens** oder die nach Durchführung der Betriebsänderung verbleibenden Arbeitsplätze nicht gefährdet werden. Das bedeutet, dass das Sozialplanvolumen auch deutlich unter der von Abs. 1 vorgesehenen absoluten Höchstgrenze von zweieinhalb Monatsverdiensten der von einer Entlassung betroffenen Arbeitnehmer festzusetzen ist oder in Einzelfällen überhaupt kein Sozialplan aufgestellt werden kann, wenn dies die wirtschaftliche Lage des Unternehmens und die Sicherung der verbleibenden Arbeitsplätze trotz höherem Überbrückungsbedarf erfordern.[142]

75 Auch im Insolvenzplanverfahren richtet sich die **Dotierung der einzelnen Sozialplanforderung** stets nach den Umständen des Einzelfalls. Daher können insbesondere Arbeitnehmer von Leistungen ausgeschlossen werden, die sofort einen Anschlussarbeitsplatz erhalten. Auch bezieht sich die Höchstgrenze von zweieinhalb Monatsverdiensten nicht auf die einzelne Sozialplanforderung. Besonders betroffene Arbeitnehmer sollen höhere Leistungen, andere geringere Leistungen erhalten (→ Rn. 29 ff.).

76 **3. Sozialplan vor Annahme und Bestätigung des Insolvenzplans.** Soll die Insolvenzabwicklung auf der Grundlage eines Insolvenzplans erfolgen, welcher die Sanierung des Unternehmens

---

[135] LAG Düsseldorf NZI 2014, 183; LAG Düsseldorf ZIP 2014, 592; *Pott* NZI 2015, 539 (543); KPB/*Moll* §§ 123, 124 Rn. 128 f.; Uhlenbruck/*Zobel* §§ 123, 124 Rn. 44a.

[136] *Höflich-Bartlik/Mattes* NZI 2013, 757 (758); KPB/*Moll* §§ 123, 124 Rn. 128g; Uhlenbruck/*Zobel* §§ 123, 124 Rn. 44a.

[137] Vgl. BGH NZI 2018, 154 Rn. 17, 23 ff. = ZIP 2018, 233.

[138] Begr. zu § 141 RegE, BT-Drs. 12/2443, 154.

[139] *Niering* NZI 2010, 285 (288); *Kohnen/Römer* ZInsO 2010, 1206 (1210); HKInsO/*Linck* § 123 Rn. 10.

[140] *Niering* NZI 2010, 285 (286); *Oetker/Friese* DZWIR 2001, 265 (271); Jaeger/*Giesen* § 123 Rn. 53; Nerlich/Römermann/*Hamacher* § 123 Rn. 29; HKInsO/*Linck* § 123 Rn. 10; KPB/*Moll* §§ 123, 124 Rn. 88 f.; aA DKKW/*Däubler* BetrVG Anh. zu §§ 111–113, InsO § 123 Rn. 1; *Zwanziger* § 123 Rn. 4.

[141] Begr., BT-Drs. 12/2443, 98.

[142] Zum Ganzen *Caspers* Rn. 462 ff.; Jaeger/*Giesen* § 123 Rn. 54; *Hamberger* S. 266 ff. (269).

unter Fortführung des alten Unternehmensträgers vorsieht, so ist es wegen der Auswirkungen sozialplanmindernder Faktoren auf die Sozialplandotierung nicht unerheblich, wann der Sozialplan zustande kommt. Wird er aufgestellt, bevor der Fortführungsplan von den Gläubigern angenommen und vom Gericht bestätigt worden ist – was sinnvoll ist, da die Gläubiger bei ihrer Entscheidung über den Insolvenzplan von feststehenden Belastungen ausgehen können, sollten für den Fall Vorkehrungen getroffen werden, dass der vom Verwalter ausgearbeitete Insolvenzplan bei den Gläubigern „durchfällt", der Sozialplan den entlassenen Arbeitnehmern aber Abstriche bei der Sozialplandotierung im Hinblick auf den im Insolvenzplan vorgesehenen Fortbestand des Unternehmens und die Sicherung der verbleibenden Arbeitsplätze zumutet.

Zwar wird in diesem Fall in aller Regel die **Geschäftsgrundlage** des Sozialplans entfallen, wenn **77** dieser wegen der sozialplanmindernden Faktoren unter dem eigentlichen Überbrückungsbedarf und der Höchstgrenze von zweieinhalb Monatsverdiensten aller entlassenen Arbeitnehmer geblieben ist und es jetzt zur Verwertung des Unternehmens kommt. Das hat aber zur Folge, dass der Sozialplan angepasst werden muss (→ Rn. 57). Um Streitigkeiten über die Geschäftsgrundlage zu vermeiden und Klarheit zu schaffen, sollte der Sozialplan deshalb von Anfang an mit der **aufschiebenden Bedingung** verbunden werden, dass der Insolvenzplan angenommen und bestätigt wird.[143]

Kommt der Insolvenzplan nicht zustande, ist **erneut** in **Sozialplanverhandlungen** einzutreten **78** und bei deren Scheitern eine Entscheidung der Einigungsstelle herbeizuführen. Dabei ist zu berücksichtigen, dass nun auf Grund der anderen Insolvenzabwicklung regelmäßig mehr Arbeitnehmer als im Fall der Unternehmensfortführung entlassen werden müssen, weshalb sich auch die absolute Sozialplangrenze anders bemisst und auch andere oder weitergehende Betriebsänderungen erforderlich sind. Es hängt deshalb von den Umständen des Einzelfalls ab, ob zur Anpassung vereinbart werden kann, dass bei Ablehnung des Insolvenzplans die einzelnen Forderungen – unter Wahrung der absoluten Obergrenze – im Verhältnis des für die Unternehmensfortführung vorgesehenen Gesamtvolumens zum alternativ für die Verwertung ermittelten Gesamtvolumen aufgewertet werden können oder ob die Bemessungsfaktoren wegen anderer Betriebsänderungen und anderer wirtschaftlicher Nachteile im Einzelnen neu festgesetzt werden müssen.

§ 124 Sozialplan vor Verfahrenseröffnung

(1) Ein Sozialplan, der vor der Eröffnung des Insolvenzverfahrens, jedoch nicht früher als drei Monate vor dem Eröffnungsantrag aufgestellt worden ist, kann sowohl vom Insolvenzverwalter als auch vom Betriebsrat widerrufen werden.

(2) Wird der Sozialplan widerrufen, so können die Arbeitnehmer, denen Forderungen aus dem Sozialplan zustanden, bei der Aufstellung eines Sozialplans im Insolvenzverfahren berücksichtigt werden.

(3) [1]Leistungen, die ein Arbeitnehmer vor der Eröffnung des Verfahrens auf seine Forderung aus dem widerrufenen Sozialplan erhalten hat, können nicht wegen des Widerrufs zurückgefordert werden. [2]Bei der Aufstellung eines neuen Sozialplans sind derartige Leistungen an einen von einer Entlassung betroffenen Arbeitnehmer bei der Berechnung des Gesamtbetrags der Sozialplanforderungen nach § 123 Abs. 1 bis zur Höhe von zweieinhalb Monatsverdiensten abzusetzen.

Schrifttum: Siehe das bei § 123 genannte Schrifttum.

Übersicht

143 Vgl. bereits *Löwisch* ZIP 1981, 1288 (1290); auch Jaeger/*Giesen* § 123 Rn. 58.

I. Allgemeines

1 **1. Normzweck.** § 124 ergänzt § 123. Sozialpläne, die kurz vor der Eröffnung des Insolvenzverfahrens aufgestellt worden sind, sollen typischerweise bereits Nachteile ausgleichen, die mit dem Eintritt der Insolvenz in Zusammenhang stehen. Es erscheint daher angemessen, die durch solche Sozialpläne begünstigten Arbeitnehmer weitgehend den Arbeitnehmern gleichzustellen, denen Forderungen aus einem im Verfahren aufgestellten Sozialplan zustehen.[1] Zu diesem Zweck ermöglicht es § 124, Sozialpläne aus dem Zeitraum von drei Monaten vor dem Eröffnungsantrag zu widerrufen und die betroffenen Arbeitnehmer in den im Insolvenzverfahren aufzustellenden Sozialplan einzubeziehen. Damit wird einerseits erreicht, dass auch diese Arbeitnehmer Sozialplanforderungen als Masseverbindlichkeiten erwerben können. Andererseits werden auch diese Sozialplanforderungen der absoluten und der relativen Höchstgrenze des § 123 unterstellt.

2 Die Vorschrift schließt an § 3 des Gesetzes über den Sozialplan im Konkurs- und Vergleichsverfahren (SozplKG) an. Während aber dort eine relative Unwirksamkeit des Sozialplans gegenüber den Konkursgläubigern angeordnet war, soweit der Gesamtbetrag von zweieinhalb Monatsverdiensten der von einer Entlassung betroffenen Arbeitnehmer überschritten wurde, sieht Abs. 1 ein **Widerrufsrecht** vor. Mit der Konstruktion des Widerrufs eines in der kritischen Phase vor dem wirtschaftlichen Zusammenbruch zustande gekommenen Sozialplans soll ermöglicht werden, dass bei der Aufstellung eines neuen Sozialplans im Insolvenzverfahren die Leistungen an die in dem widerrufenen Sozialplan berücksichtigten Arbeitnehmer neu festgesetzt werden können.[2] § 124 ermöglicht damit ein flexibleres Vorgehen als die relative Unwirksamkeitslösung des § 3 SozplKG.

3 **2. Anwendungsbereich.** Der sachliche Anwendungsbereich des § 124 ist derselbe wie bei § 123 (→ § 123 Rn. 7 ff.). Zeitlich erfasst die Vorschrift alle Sozialpläne, die vor der Eröffnung des Insolvenzverfahrens, jedoch nicht früher als drei Monate vor dem Eröffnungsantrag aufgestellt worden sind. Das gilt auch für einen von einem vorläufigen Insolvenzverwalter (§ 22 Abs. 1 oder 2) vereinbarten Sozialplan.[3] Die Frist berechnet sich nach § 188 Abs. 2 BGB. Aufgestellt ist ein Sozialplan, wenn er von den Betriebsparteien unterzeichnet oder durch einen Spruch der Einigungsstelle ersetzt worden ist.[4]

4 Auf Sozialpläne, die **früher als drei Monate vor dem Eröffnungsantrag** aufgestellt worden sind, sind weder § 124 noch § 123 anwendbar. Vielmehr gelten die allgemeinen Regeln der Insolvenzordnung (→ Rn. 25 ff.).

5 **§ 124 entscheidet abschließend** über die Einbeziehung vor Insolvenzeröffnung aufgestellter Sozialpläne in das Insolvenzverfahren. Wenn das Bundesarbeitsgericht für den Fall eines zunächst begrenzten und dann ausgedehnten Personalabbaus angenommen hat, dass Arbeitnehmer, die auf Grund eines früheren Sozialplans geringere Abfindungen erhalten haben, aus dem arbeitsrechtlichen Gleichbehandlungsgrundsatz Anspruch auf die höhere Abfindung eines späteren, aus Anlass des weiteren Personalabbaus abgeschlossenen Sozialplans erwerben,[5] kann das für die Insolvenz auf Grund dieser gesetzgeberischen Entscheidung nicht gelten. Die Sondersituation der Insolvenz ist nach der Entscheidung des Gesetzgebers der Sachgrund für die Ungleichbehandlung.

6 Zur entsprechenden Anwendung von § 124 auf Tarifsozialpläne und Sozialpläne auf arbeitsvertraglicher Grundlage → Rn. 22 ff.

II. Widerruf

7 **1. Recht zum Widerruf.** Nach Abs. 1 können sowohl der Verwalter als auch der Betriebsrat einen im Dreimonatszeitraum vor dem Eröffnungsantrag abgeschlossenen Sozialplan widerrufen. Der Widerruf bedarf keines besonderen Grundes.[6] Insolvenzverwalter und Betriebsrat sollen entscheiden können, ob sie an dem früheren Sozialplan und damit an der Geltung der allgemeinen Regeln des Insolvenzrechts für diesen festhalten oder die betroffenen Arbeitnehmer in den im Insolvenzverfahren aufzustellenden Sozialplan einbeziehen wollen.

---

1 Vgl. die Begr. zu § 142 RegE, BT-Drs. 12/2443, 155.

2 Begr. zu § 142 RegE, BT-Drs. 12/2443, 155.

3 *Caspers* Rn. 479; Jaeger/*Giesen* § 124 Rn. 5; Nerlich/Römermann/*Hamacher* § 124 Rn. 7; HKInsO/*Linck* § 124 Rn. 1; einschränkend DKKW/*Däubler* BetrVG Anh. zu §§ 111–113, InsO § 124 Rn. 2, nach dem beim Abschluss des Sozialplans durch einen sog. starken vorläufigen Insolvenzverwalter nach § 22 Abs. 1 ein Widerrufsrecht ausscheiden soll.

4 *Fitting* BetrVG §§ 112, 112a Rn. 320; Uhlenbruck/*Zobel* §§ 123, 124 Rn. 32.

5 BAG NZA 1998, 895 = ZIP 1998, 802.

6 HambKommInsO/*Ahrendt* § 124 Rn. 3; K. Schmidt/*Ahrens* § 124 Rn. 7; Gottwald/*Bertram,* InsO-HdB, § 107 Rn. 67; HKInsO/*Linck* § 124 Rn. 3; KPB/*Moll* §§ 123, 124 Rn. 129.

Der **Insolvenzverwalter** wird regelmäßig dann widerrufen, wenn der frühere Sozialplan noch nicht voll erfüllt ist, denn er erreicht im Sinne der Interessenabwägung des § 123 mit dem Widerruf, dass die noch nicht erfüllten Sozialplanforderungen in Wegfall kommen (→ Rn. 16) und damit der Insolvenzmasse nicht mehr zur Last fallen, während die Forderungen, die die betroffenen Arbeitnehmer aus dem in der Insolvenz aufgestellten Sozialplan erhalten, nur zu Lasten des für die Sozialplanforderungen zur Verfügung stehenden Drittels der Masse gehen, die übrigen zwei für die Insolvenzgläubiger reservierten Drittel der Masse aber nicht berühren. Nicht widerrufen wird der Insolvenzverwalter, wenn die Forderungen aus dem früheren Sozialplan schon voll erfüllt sind. 8

Auch einen von einem **vorläufigen Insolvenzverwalter mit Verfügungsbefugnis (§ 22 Abs. 1)** vereinbarten Sozialplan wird der Insolvenzverwalter regelmäßig widerrufen. Dass die Forderungen aus einem solchen Sozialplan schon von sich aus nach § 55 Abs. 2 Masseforderungen sind,[7] ändert nichts daran, dass der Widerruf die Sozialplanforderungen in das für den Sozialplan reservierte Drittel der Teilungsmasse verweist und damit die für die übrigen Insolvenzgläubiger zur Verfügung stehenden zwei Drittel der Masse verschont. 9

Der **Betriebsrat** wird regelmäßig widerrufen, wenn der frühere Sozialplan, insbesondere weil eine angestrebte Sanierung nicht gefährdet werden sollte oder zusätzlich ein Tarifsozialplan abgeschlossen worden ist, gering war. Ob die Sozialplanforderungen bereits erfüllt waren, spielt dafür keine Rolle. Außerdem wird der Betriebsrat widerrufen, wenn bei einem noch nicht erfüllten Sozialplan die zu erwartende Insolvenzquote auf die Sozialplanforderungen gering ist. Von praktischer Bedeutung ist die Widerrufsmöglichkeit des Betriebsrats freilich nur im Fall des schon vollständig erfüllten früheren Sozialplans, weil, wie in → Rn. 8 dargelegt, in den übrigen Fällen auch regelmäßig der Insolvenzverwalter im Interesse der Insolvenzgläubiger widerrufen wird. 10

Das Recht zum Widerruf gilt auch, soweit der frühere Sozialplan eine **Dauerregelung** beinhaltet. Der Widerruf ist gegenüber der Kündigung des Sozialplans der speziellere Rechtsbehelf.[8] 11

2. Ausübung. Der Widerruf ist eine einseitige empfangsbedürftige Willenserklärung. Der Widerruf durch den Betriebsrat setzt einen wirksamen Betriebsratsbeschluss voraus.[9] Adressat des Widerrufs durch den Betriebsrat ist der Insolvenzverwalter. Adressat des Widerrufs des Insolvenzverwalters ist der Betriebsrat oder Gesamtbetriebsrat, der den früheren Sozialplan abgeschlossen hat, oder dessen Nachfolger. Wird der Betrieb stillgelegt, ändert das nichts an der Zuständigkeit des Betriebsrats. Dieser hat nach § 21b BetrVG ein Restmandat, und zwar auch über das Ende seiner Amtszeit hinaus (→ §§ 121, 122 Rn. 9). Dieses Restmandat gilt nicht nur für den aktiven Widerruf durch den Betriebsrat, sondern auch für den an den Betriebsrat gerichteten Widerruf durch den Insolvenzverwalter. Das erfordert der einheitliche Regelungsmechanismus des § 124. 12

Ausgeschlossen ist der Widerruf dann, wenn es zur Aufstellung eines Sozialplans in der Insolvenz nicht kommen kann, weil der Betrieb inzwischen betriebsratslos geworden ist und auch Betriebsratsmitglieder, die ein Restmandat ausüben können, nicht mehr vorhanden sind. Die durch den Widerruf herbeigeführte Vernichtung der Forderungen aus dem früheren Sozialplan (→ Rn. 16) ist nur dann gerechtfertigt, wenn an ihre Stelle Forderungen aus einem in der Insolvenz aufgestellten Sozialplan treten können. Andernfalls handelte es sich um einen unverhältnismäßigen Eingriff in die dem Schutz des Art. 14 GG unterfallenden Forderungen aus dem früheren Sozialplan. Dem Insolvenzverwalter bleibt aber die Insolvenzanfechtung nach den §§ 132, 133.[10] 13

An Voraussetzungen ist der Widerruf sonst nicht gebunden. Insbesondere ist für ihn **keine Form** vorgeschrieben und braucht auch **keine Frist** gewahrt zu werden.[11] Ist die Existenz des früheren Sozialplans bekannt, stellt es allerdings ein widersprüchliches Verhalten dar, wenn Betriebsrat oder Insolvenzverwalter den früheren Sozialplan widerrufen, nachdem sie bereits einen Sozialplan nach § 123 abgeschlossen haben; der Widerruf ist dann unbeachtlich. Das Widerrufsrecht kann verwirkt werden. Auch können Insolvenzverwalter und Betriebsrat auf das Widerrufsrecht verzichten.[12] 14

Da beiden Seiten das Widerrufsrecht zusteht, ist auch eine **einvernehmliche Aufhebung** des früheren Sozialplans möglich. Werden Arbeitnehmer, denen Forderungen aus einem früheren 15

[7] BAG NZA 2002, 1332 = NZI 2003, 45 = ZIP 2002, 2051; Gottwald/*Bertram,* InsO-HdB, § 107 Rn. 69, 72; *Caspers* Rn. 479; Nerlich/Römermann/*Hamacher* § 124 Rn. 23.

[8] K. Schmidt/*Ahrens* § 124 Rn. 4; *Caspers* Rn. 487; Nerlich/Römermann/*Hamacher* § 124 Rn. 20a; BeckOK ArbR/*Plössner* InsO § 124 Rn. 2.

[9] K. Schmidt/*Ahrens* § 124 Rn. 6; Nerlich/Römermann/*Hamacher* § 124 Rn. 9; HKInsO/*Linck* § 124 Rn. 3.

[10] Ebenso Rattunde/Smid/Zeuner/*Aghamiri* § 124 Rn. 4; Jaeger/*Giesen* § 124 Rn. 15; HKInsO/*Linck* § 124 Rn. 5.

[11] *Annuß* NZI 1999, 344 (351); K. Schmidt/*Ahrens* § 124 Rn. 7; KPB/*Moll* §§ 123, 124 Rn. 131 ff.

[12] LAG Köln NZA-RR 2003, 489 = NZI 2003, 335; HambKommInsO/*Ahrendt* § 124 Rn. 4; HKInsO/*Linck* § 124 Rn. 3; KPB/*Moll* §§ 123, 124 Rn. 132 f.

Sozialplan zustanden, in einem nach Eröffnung des Insolvenzverfahrens aufgestellten Sozialplan berücksichtigt, wird darin regelmäßig die konkludente Aufhebung des früheren Sozialplans zu sehen sein. Sind jene Arbeitnehmer in dem nach Insolvenzeröffnung aufgestellten Sozialplan nicht berücksichtigt und wird der frühere Sozialplan danach einverständlich aufgehoben, muss der Insolvenzsozialplan angepasst werden (→ Rn. 20 f.).

16 **3. Wirkung.** Wird der frühere Sozialplan widerrufen oder einvernehmlich aufgehoben, verliert er seine Wirksamkeit; die durch ihn begründeten Forderungen der Arbeitnehmer entfallen, wie der Gegenschluss aus Abs. 2 („zustanden") ergibt, rückwirkend.[13] Zwischenzeitlich erfolgte Abtretungen, Verpfändungen und Pfändungen der Forderungen werden gegenstandslos. Lediglich die Rückforderung bereits auf eine Sozialplanforderung erbrachter Leistungen ist gem. Abs. 3 S. 1 ausgeschlossen (→ Rn. 20).

17 **Unterbleibt der Widerruf,** nehmen die Sozialplanforderungen, abgesehen von dem in → Rn. 9 genannten Fall, als Insolvenzforderungen am Insolvenzverfahren teil.[14] Es besteht dann keine Höchstbegrenzung. Die Forderungen sind nach den §§ 174 ff. beim Insolvenzverwalter anzumelden. Die Gegenauffassung, nach der es sich um Masseschulden handeln soll, da auch ein Unterlassen des Verwalters nach § 55 Abs. 1 Nr. 1 eine Masseschuld begründen könne,[15] ist nicht haltbar. Ein Unterlassen des Insolvenzverwalters kann nur dann eine Masseschuld begründen, wenn eine entsprechende Amtspflicht zum Handeln bestand.[16] Das aber ist nicht der Fall. Es ist nicht Aufgabe des Verwalters, dafür zu sorgen, dass die Forderungen aus früheren Sozialplänen in den in der Insolvenz aufgestellten Sozialplan einbezogen und so zu Masseforderungen werden. Vielmehr geht seine Amtspflicht dahin, entsprechend der in § 123 Abs. 2 getroffenen Interessenabwägung zwei Drittel der Teilungsmasse den übrigen Insolvenzgläubigern ungeschmälert zu erhalten (oben → Rn. 8). Zur Wahrnehmung der Interessen der Arbeitnehmer ist allein der ebenfalls zum Widerruf berechtigte Betriebsrat berufen.[17]

III. Berücksichtigung der vom Widerruf betroffenen Arbeitnehmer im Insolvenzverfahren

18 Abs. 2 sieht vor, dass die Arbeitnehmer, denen Forderungen aus dem widerrufenen Sozialplan zustanden, bei der Aufstellung eines Sozialplans im Insolvenzverfahren berücksichtigt werden können. Regelmäßig müssen sie auch berücksichtigt werden,[18] weil der Insolvenzsozialplan **Ersatzfunktion** für den Ausfall der Forderungen aus dem früheren Sozialplan hat und weil die Einbeziehung der vom Widerruf betroffenen Arbeitnehmer beim Personalabbau zur Vermehrung der Zahl der entlassenen Arbeitnehmer und damit zur Erhöhung des Gesamtvolumens im Sinne des § 123 Abs. 1 führt[19] (→ § 123 Rn. 59).

19 Für die **Festsetzung der einzelnen Sozialplanleistungen** kommen die allgemeinen Kriterien zur Anwendung (→ § 123 Rn. 29 ff.). Die einbezogenen Arbeitnehmer können keine bessere Behandlung verlangen als die übrigen von der Betriebsänderung betroffenen Arbeitnehmer. Müssen unter Berücksichtigung der sozialplanmindernden Faktoren des § 112 Abs. 5 BetrVG ganz geringe oder überhaupt keine Leistungen vorgesehen werden, wenn ein Fortführungsplan zustande kommt und die wirtschaftliche Vertretbarkeit für das Unternehmen bzw. die Sicherung der verbleibenden Arbeitsplätze dies erfordert (→ § 123 Rn. 39), müssen dies auch die einbezogenen Arbeitnehmer hinnehmen. Gleiches gilt, wenn bei einem jetzt geringeren Sozialplanvolumen die Mittel auf besondere Notfälle konzentriert werden müssen.[20]

---

13 *Warrikoff* BB 1994, 2338 (2344); K. Schmidt/*Ahrens* § 124 Rn. 9; Andres/Leithaus/*Andres* §§ 123, 124 Rn. 16; Nerlich/Römermann/*Hamacher* § 124 Rn. 12; HKInsO/*Linck* § 124 Rn. 6; KPB/*Moll* §§ 123, 124 Rn. 136.

14 BAG NZA 2002, 1332 = NZI 2003, 45 = ZIP 2002, 2051; s. auch *Oetker/Friese* DZWIR 2001, 265 (276); Gottwald/*Bertram,* InsO-HdB, § 107 Rn. 69; *Caspers* Rn. 476; Jaeger/*Giesen* § 124 Rn. 19; Nerlich/Römermann/*Hamacher* § 124 Rn. 22; KPB/*Moll* §§ 123, 124 Rn. 147 ff.; *Ries/Zobel* S. 1140 Rn. 63; Uhlenbruck/*Zobel* §§ 123, 124 Rn. 45.

15 *Lohkemper* KTS 1996, 1 (36); *Warrikoff* BB 1994, 2338 (2344).

16 *Kilger/K. Schmidt* KO § 59 Anm. 1c; K. Schmidt/*Thole* § 55 Rn. 5.

17 *Annuß* NZI 1999, 344 (351); *Caspers* Rn. 478; KPB/*Moll* §§ 123, 124 Rn. 149 f.

18 AA Graf-Schlicker/*Pöhlmann/Kubusch* § 124 Rn. 10.

19 Im Ergebnis ebenso Jaeger/*Giesen* § 124 Rn. 17; Nerlich/Römermann/*Hamacher* § 124 Rn. 15 f.; HKInsO/*Linck* § 124 Rn. 8; KPB/*Moll* §§ 123, 124 Rn. 138.

20 Begr. zu § 142 RegE, BT-Drs. 12/2443, 155; s. auch *Caspers* Rn. 481 ff.; Nerlich/Römermann/*Hamacher* § 124 Rn. 16; KPB/*Moll* §§ 123, 124 Rn. 139, 141; *Schwerdtner,* Kölner Schrift, 2. Aufl. 2000, S. 1605 Rn. 137.

IV. Behandlung bereits erbrachter Leistungen

Nach Abs. 3 S. 1 können Leistungen, die ein Arbeitnehmer vor der Eröffnung des Insolvenzverfahrens auf seine Forderungen aus dem widerrufenen Sozialplan erhalten hat, nicht wegen des Widerrufs zurückgefordert werden. Diese Vorschrift dient dem **Vertrauensschutz** der Arbeitnehmer. Jedoch bleibt es dem Verwalter unbenommen, die Leistungen durch Insolvenzanfechtung nach den §§ 129 bis 146 zur Masse zu ziehen, soweit deren Voraussetzungen vorliegen.[21] Der Vertrauensschutz wirkt sich auf die **absolute Höchstbegrenzung** eines Insolvenzsozialplans aus: Gem. Abs. 3 S. 2 sind derartige Leistungen an einen von einer Entlassung betroffenen Arbeitnehmer von den in das Gesamtvolumen nach Abs. 1 eingehenden zweieinhalb Monatsverdiensten (zu deren Berechnung → § 123 Rn. 61 ff.) abzusetzen. 20

Aus dem **Gleichbehandlungsgebot** folgt, dass erbrachte Leistungen auch bei den individuellen Forderungen aus dem Insolvenzsozialplan berücksichtigt werden, sei es, dass die Forderungen von vornherein entsprechend niedriger festgesetzt werden, sei es, dass eine nachträgliche Verrechnung erfolgt.[22] 21

V. Tarifliche und arbeitsvertragliche Sozialpläne

Für Ansprüche aus einem in den letzten drei Monaten vor Insolvenzeröffnung abgeschlossenen Tarifsozialplan oder einem Sozialplan auf arbeitsvertraglicher Grundlage gilt § 124 seinem Wortlaut nach nicht. Indessen ist wie auch bei § 123 (→ § 123 Rn. 17) eine **analoge Anwendung** geboten:[23] Indem die Vorschrift Sozialplanforderungen, die in den letzten drei Monaten vor dem Eröffnungsantrag begründet worden sind, im Falle des Widerrufs der absoluten und relativen Höchstgrenze des § 123 unterstellt, will sie den anderen Insolvenzgläubigern einen angemessenen Anteil an der Insolvenzmasse sichern. Dieser Zweck kann nur erreicht werden, wenn nicht nur die aus einem betriebsverfassungsrechtlichen Sozialplan herrührenden Forderungen, sondern auch solche aus einem Tarifsozialplan oder aus einem Sozialplan auf arbeitsvertraglicher Grundlage der Höchstgrenze unterstellt werden. Denn andernfalls könnte der von § 124 iVm § 123 bezweckte Ausgleich der Interessen der Arbeitnehmer mit denen der Insolvenzgläubiger unterlaufen werden, wie die – teilweise unter dem Druck des Arbeitskampfes – in den vergangenen Jahren abgeschlossenen Tarifsozialpläne zeigen, die zum Teil Abfindungen von mehreren Monatsgehältern pro Beschäftigungsjahr vorsehen.[24] Dass § 124 die Zurückführung der vor Verfahrenseröffnung begründeten Sozialplanforderungen an einen Widerruf durch den Insolvenzverwalter knüpft, kann die Analogie nicht hindern. In der Sache geht es in § 124 nicht anders als in der Vorgängervorschrift des § 3 SozplKG um eine relative Unwirksamkeit des Sozialplans gegenüber den Insolvenzgläubigern; § 124 will nur ein flexibleres Vorgehen ermöglichen (→ Rn. 2). Der Insolvenzverwalter tritt deshalb mit dem Widerruf nicht an die Stelle der Vertragspartner des Tarifsozialplans oder des Sozialplans auf arbeitsvertraglicher Grundlage, sondern macht nur deren relative Unwirksamkeit geltend. 22

Das in § 124 auch dem **Betriebsrat** eingeräumte Widerrufsrecht braucht sich demgegenüber nicht auf den Tarifsozialplan und den Sozialplan auf arbeitsvertraglicher Grundlage zu erstrecken.[25] Ist nach der Eröffnung des Insolvenzverfahrens noch kein Sozialplan aufgestellt worden, kann der Betriebsrat dessen Abschluss ggf. über die Einigungsstelle erreichen und es dem Insolvenzverwalter überlassen, ob er sein Widerrufsrecht ausübt. Ist vor der Verfahrenseröffnung auch schon ein betriebsverfassungsrechtlicher Sozialplan aufgestellt worden, kann der Betriebsrat diesen widerrufen, wenn er dies für die Arbeitnehmer als vorteilhaft erachtet. 23

Empfänger des Widerrufs durch den Insolvenzverwalter ist beim Tarifsozialplan die tarifschließende Gewerkschaft, beim Sozialplan auf arbeitsvertraglicher Grundlage sind dies die einzelnen Arbeitnehmer. 24

VI. Altsozialpläne

Auf Sozialpläne, die früher als in den letzten drei Monaten vor dem Eröffnungsantrag aufgestellt worden sind, ist § 124 nicht anzuwenden. Für sie gelten die allgemeinen Grundsätze. 25

Soweit solche Sozialpläne **Abfindungen** vorsehen, haben diese den Charakter von **Insolvenzforderungen** im Sinne von § 38, und zwar auch dann, wenn sie erst nach der Eröffnung mit der 26

---

21 Vgl. Begr. zu § 142 RegE, BT-Drs. 12/2443, 155; *Oetker/Friese* DZWIR 2001, 265 (274); Nerlich/Römermann/*Hamacher* § 124 Rn. 20; *Zwanziger* § 124 Rn. 2.

22 Nerlich/Römermann/*Hamacher* § 124 Rn. 19.

23 Ebenso Jaeger/*Giesen* § 124 Rn. 8 ff.; für eine unmittelbare Anwendung *S. Schmidt* S. 237 ff.

24 Vgl. dazu auch BAG NZA 2007, 987 = ZIP 2007, 1768.

25 Weitergehend *S. Schmidt* S. 277 ff., der analog § 124 auch der Gewerkschaft ein Widerrufsrecht zugesteht.

Beendigung des Arbeitsverhältnisses entstehen.[26] Ein Widerruf nach § 124 scheidet aus. Dies kann auch nicht dadurch umgangen werden, dass Sozialpläne unter die auflösende Bedingung der Eröffnung des Insolvenzverfahrens vor Erfüllung der Sozialplanansprüche gestellt werden.[27]

27 Soweit solche Altsozialpläne **wiederkehrende Leistungen,** etwa Wegezeitvergütungen oder Fahrtkostenersatz, vorsehen, ist der Zeitraum, auf den sie sich beziehen, maßgeblich. Für die Zeit vor Eröffnung des Verfahrens handelt es sich um Insolvenzforderungen, für die Zeit nach Eröffnung um Masseforderungen nach § 55 Abs. 1 Nr. 2.[28]

28 Ein **Altsozialplan mit Dauerregelungen** kann, soweit in ihm nichts anderes bestimmt ist, gem. § 77 Abs. 5 BetrVG mit einer Frist von drei Monaten **ordentlich gekündigt** werden (→ § 123 Rn. 55). Ist eine längere Kündigungsfrist bestimmt, kann nach § 120 Abs. 1 S. 2 gleichwohl mit Dreimonatsfrist gekündigt werden (→ § 120 Rn. 4, 22 ff.).[29] Soweit es sich um einen erzwingbaren Sozialplan handelt, wirkt er gem. § 77 Abs. 6 BetrVG nach (→ § 123 Rn. 56). Er kann dann nur durch eine andere Abmachung, sei es durch eine Betriebsvereinbarung zwischen Insolvenzverwalter und Betriebsrat, sei es durch eine arbeitsvertragliche Regelung, abgelöst werden (→ § 120 Rn. 31 ff.). Ausnahmsweise kommt auch eine außerordentliche Kündigung in Betracht (→ § 120 Rn. 40 ff., → § 123 Rn. 55).

§ 125 Interessenausgleich und Kündigungsschutz

(1) [1]Ist eine Betriebsänderung (§ 111 des Betriebsverfassungsgesetzes) geplant und kommt zwischen Insolvenzverwalter und Betriebsrat ein Interessenausgleich zustande, in dem die Arbeitnehmer, denen gekündigt werden soll, namentlich bezeichnet sind, so ist § 1 des Kündigungsschutzgesetzes mit folgenden Maßgaben anzuwenden:

1. es wird vermutet, daß die Kündigung der Arbeitsverhältnisse der bezeichneten Arbeitnehmer durch dringende betriebliche Erfordernisse, die einer Weiterbeschäftigung in diesem Betrieb oder einer Weiterbeschäftigung zu unveränderten Arbeitsbedingungen entgegenstehen, bedingt ist;

2. die soziale Auswahl der Arbeitnehmer kann nur im Hinblick auf die Dauer der Betriebszugehörigkeit, das Lebensalter und die Unterhaltspflichten und auch insoweit nur auf grobe Fehlerhaftigkeit nachgeprüft werden; sie ist nicht als grob fehlerhaft anzusehen, wenn eine ausgewogene Personalstruktur erhalten oder geschaffen wird.

[2]Satz 1 gilt nicht, soweit sich die Sachlage nach Zustandekommen des Interessenausgleichs wesentlich geändert hat.

(2) Der Interessenausgleich nach Absatz 1 ersetzt die Stellungnahme des Betriebsrats nach § 17 Abs. 3 Satz 2 des Kündigungsschutzgesetzes.

Schrifttum: *Annuß/Lembke/Hangarter,* Arbeitsrechtliche Umstrukturierung in der Insolvenz, 3. Aufl. 2016; *Ascheid/Preis/Schmidt,* Kündigungsrecht, 5. Aufl. 2017 (zitiert: APS/*Bearbeiter*); *Bader/Fischermeier/Gallner/u. a.,* Gemeinschaftskommentar zum Kündigungsschutzgesetz und zu sonstigen kündigungsschutzrechtlichen Vorschriften, 12. Aufl. 2019, (zitiert: KR/*Bearbeiter*); *Berkowsky,* Das neue Insolvenz-Kündigungsrecht, NZI 1999, 129; *Boemke,* Schwerbehinderung und Namensliste in der Insolvenz, NZI 2005, 209; *Bütefisch,* Die Sozialauswahl: Praxisorientierte Darstellung der §§ 1 Abs. 3, 4 KSchG und 125 Abs. 1 Satz 1 Nr. 2 InsO, 2000; *Caspers,* Personalabbau und Betriebsänderung im Insolvenzverfahren, 1998; *Däubler/Kittner/Klebe/Wedde,* Betriebsverfassungsgesetz, 16. Aufl. 2018 (zitiert: DKKW/*Bearbeiter*); *Dornbusch/Fischermeier/Löwisch,* Kommentar zum gesamten Arbeitsrecht, 9. Aufl. 2019 (zitiert: AR/*Bearbeiter*); *Ettwig,* Die Betriebsbedingte Kündigung in der Insolvenz, 2000; *Fahrig,* Altersgruppenbildung bei der Kündigung im Rahmen der Sozialauswahl, DB 2010, 1460; *Fischermeier,* Die betriebsbedingte Kündigung nach den Änderungen durch das Arbeitsrechtliche Beschäftigungsförderungsgesetz, NZA 1997, 1089; *Fitting/Engels/Schmidt/Trebinger/Linsenmaier,* Betriebsverfassungsgesetz, 29. Aufl. 2018; *Gallner/Mestwerdt/Nägele,* Kündigungsschutzrecht – Handkommentar, 6. Aufl. 2018 (zitiert: HaKo-KSchR/*Bearbeiter*); *Gaul,* Betriebsbedingte Kündigung mit Namensliste nach § 1 Abs. 5 KSchG, BB 2004, 2686; *Germelmann/Matthes/Prütting,* Arbeitsgerichtsgesetz, 9. Aufl. 2017 (zitiert: GMP/*Bearbeiter*); *Giesen,* Das neue Kündigungsschutzrecht in der Insolvenz, ZIP 1998, 46; *Göpfert/Stark,* Neues von der Namensliste – „Schaffung" einer ausgewogenen Personalstruktur, ZIP 2015, 155; *Hamberger,* Der Betriebsrat im Insolvenzverfahren, 2010; *Heinze,*

26 BAG NZA 1999, 719 = NZI 1999, 334 = ZIP 1999, 540; s. auch BAG NZA 2006, 1282 Rn. 15 ff. = NZI 2006, 716 = ZIP 2006, 1962 für Abfindungen aus einem tariflichen Rationalisierungsschutzabkommen, wenn die Kündigung erst nach Eröffnung des Insolvenzverfahrens durch den Insolvenzverwalter erklärt wird.

27 LAG Niedersachsen ZIP 2010, 442 = BeckRS 2009, 74338; K. Schmidt/*Ahrens* § 124 Rn. 4; Jaeger/*Giesen* § 124 Rn. 24; HKInsO/*Linck* § 124 Rn. 11; aA *Zwanziger* § 124 Rn. 16.

28 *Caspers* Rn. 489.

29 *Oetker/Friese* DZWIR 2001, 265 (275); Jaeger/*Giesen* § 124 Rn. 25 ff.; HKInsO/*Linck* § 124 Rn. 11 iVm § 120 Rn. 3; Uhlenbruck/*Zobel* §§ 123, 124 Rn. 37.

Das Arbeitsrecht der Insolvenzordnung, NZA 1999, 57; *Hinkel/Pantlen,* Die Fallstricke des § 125 InsO, FS Wellensiek, 2011, S. 713; *von Hoyningen-Huene/Linck,* Kündigungsschutzgesetz, 15. Aufl. 2013; *Jaeger,* Möglichkeiten und Grenzen der Anwendung des § 1 Abs. 5 KSchG, FS zum 25-jährigen Bestehen der Arbeitsgemeinschaft Arbeitsrecht im DAV, 2006, S. 889; *Klocke,* Der Interessenausgleich mit Namensliste in der Insolvenz, DZWIR 2013, 358; *Lakies,* Zu den seit 1.10.1996 geltenden arbeitsrechtlichen Vorschriften der Insolvenzordnung, RdA 1997, 145; *Lingemann/Beck,* Auswahlrichtlinie, Namensliste, Altersgruppenbildung und Altersdiskriminierung, NZA 2009, 577; *Löwisch,* Neugestaltung des Interessenausgleichs durch das Arbeitsrechtliche Beschäftigungsförderungsgesetz, RdA 1997, 80; *Löwisch/Schlünder/Spinner/Wertheimer,* Kommentar zum Kündigungsschutzgesetz, 11. Aufl. 2018 (zitiert: LSSW/*Bearbeiter*); *Lohkemper,* Die Bedeutung des neuen Insolvenzrechts für das Arbeitsrecht, KTS 1996, 1; *Mückl/Krings,* Rettung des durch den vorläufigen Insolvenzverwalter abgeschlossenen Interessenausgleichs mit Namensliste, ZIP 2012, 106; *Oetker/Friese,* Der Interessenausgleich in der Insolvenz (II), DZWIR 2001, 177; *Pakirnus,* Kündigung in der Insolvenz: Sozialauswahl und ausgewogene Personalstruktur nach § 125 Abs. 1 Satz 1 Nr. 2 InsO?, DB 2006, 2742; *Piehler,* Rechtsfolgen einer „Teil-Namensliste" nach § 1 Abs. 5 KSchG, NZA 1998, 970; *B. Preis,* Auf dem Weg zur Kollektivierung des Kündigungsschutzes, DB 1998, 1614; *Richter/Riem,* Ganz oder gar nicht? – zu den Rechtsfolgen von Teil-Namenslisten, NZA 2011, 1254; *Röger,* Das zuständige Betriebsratsgremium beim Personalabbau in der Insolvenz, ZIP 2018, 2045; *Schiefer,* Betriebsbedingte Kündigung: „Altersdiskriminierungskündigungsschutz", Namensliste, Punkteschema, und Altersgruppenbildung, DB 2009, 733; *Schwarze/Eylert/Schrader,* Kündigungsschutzgesetz, 2011; *Stahlhacke,* Grundfragen der betriebsbedingten Kündigung, DB 1994, 1361; *Stahlhacke/Preis/Vossen,* Kündigung und Kündigungsschutz im Arbeitsverhältnis, 11. Aufl. 2015 (zitiert: SPV/*Bearbeiter*); *Wipperfürth/Hövelmann,* Arbeitsrechtliche Handlungsflexibilität im Restrukturierungsprozess, ZInsO 2015, 225; *Zeuner,* Zur kündigungsschutzrechtlichen Bedeutung des Interessenausgleichs nach § 1 Abs. 5 KSchG und §§ 125 Abs. 1 Satz 1, 128 Abs. 2 InsO, FS Zöllner, 1998, S. 1011; *Zwanziger,* Kommentar zum Arbeitsrecht der Insolvenzordnung, 5. Aufl. 2015.

Übersicht

I. Allgemeines

1. Normzweck. Die Fortführung oder Veräußerung eines Betriebes durch den Insolvenzverwalter ist häufig nur möglich, wenn der Betrieb zuvor saniert wird. Das setzt in aller Regel einen größeren Personalabbau voraus. Dieser wiederum stößt auf das Kündigungsschutzrecht. Die Erfahrung hat gezeigt, dass dessen unveränderte Anwendung in der Insolvenz wegen der langwierigen Verfahren an sich mögliche Sanierungen scheitern lässt. § 125 modifiziert deshalb ebenso wie die §§ 126, 127 die Anwendung des Kündigungsschutzgesetzes in der Insolvenz; er ermöglicht eine **Vorklärung der notwendigen Kündigungen,** welche die gekündigten Arbeitnehmer nur eingeschränkt gerichtlich überprüfen lassen können, und gibt damit dem Insolvenzverwalter weitgehende Rechtssicherheit.[1] 1

Anvertraut wird diese Vorklärung der **kollektiven Regelung zwischen Insolvenzverwalter und Betriebsrat:** Diese können im Interessenausgleich die zu kündigenden Arbeitnehmer namentlich bezeichnen, mit der Folge, dass die Betriebsbedingtheit der Kündigungen vermutet wird und die Sozialauswahl nur auf grobe Fehlerhaftigkeit überprüft werden kann.[2] 2

[1] Vgl. Begr. zu § 128 RegE, BT-Drs. 12/2443, 149.

[2] Zur kollektiv-rechtlichen Anknüpfung kündigungsschutzrechtlicher Regeln vgl. allgemein *Zeuner* FS Zöllner, 1998, 1011 ff. (insbesondere 1017); *B. Preis* DB 1998, 1614 ff.

3 Eine mit § 125 zu einem großen Teil identische Vorschrift findet sich für das **allgemeine Arbeitsrecht** in § 1 Abs. 5 KSchG. Die beiden Vorschriften sind aber nicht vollständig deckungsgleich. Für den Insolvenzfall bleibt **§ 125 die Spezialvorschrift.** Umgekehrt gilt § 125 nicht, wenn vor der Eröffnung des Insolvenzverfahrens der Schuldner mit Zustimmung des schwachen vorläufigen Insolvenzverwalters einen Interessenausgleich mit Namensliste schließt. In diesem Fall ist aber § 1 Abs. 5 KSchG anwendbar.[3] Zur analogen Anwendbarkeit der insolvenzarbeitsrechtlichen Vorschriften im Falle des vorläufigen Insolvenzverwalters mit Verwaltungs- und Verfügungsbefugnis → Vor §§ 113–128 Rn. 28 ff.

4 Ergänzt werden sowohl § 1 Abs. 5 KSchG als auch § 125 durch § 323 Abs. 2 UmwG. Danach können in einem bei einer Verschmelzung, Spaltung oder Vermögensübertragung abgeschlossenen Interessenausgleich diejenigen Arbeitnehmer namentlich bezeichnet werden, die nach der Umwandlung einem bestimmten Betrieb oder Betriebsteil zugeordnet werden. Die Zuordnung kann dann vom Arbeitsgericht nur auf grobe Fehlerhaftigkeit überprüft werden.[4]

5 **2. Anwendungsbereich.** § 125 betrifft Kündigungen auf Grund einer Betriebsänderung nach § 111 BetrVG. Er setzt damit voraus, dass einer der in § 111 S. 3 BetrVG genannten Fälle der **Betriebsänderung** vorliegt, lässt dies aber auch genügen. Insbesondere fällt unter die Vorschrift auch der Personalabbau, der die Zahlen und Prozentangaben des § 17 KSchG erreicht, sofern mindestens fünf Prozent der Belegschaft entlassen werden sollen (s. zum Begriff der Betriebsänderung im Übrigen → §§ 121, 122 Rn. 7 ff.).

6 Dass § 125 nur Kündigungen auf Grund einer Betriebsänderung nach § 111 BetrVG erfasst, bedeutet, dass die Nutzung der Vorschrift in einem **„freiwilligen" Interessenausgleich,** der für ein Unternehmen mit nicht mehr als 20 Arbeitnehmern vereinbart wird, nicht möglich ist.[5] Insoweit kommt aber ein Feststellungsverfahren nach § 126 in Betracht (→ § 126 Rn. 6).

7 § 125 setzt an sich voraus, dass in dem Betrieb, für den die Betriebsänderung geplant ist, das **Kündigungsschutzgesetz** anwendbar ist. Dies ist im Anwendungsbereich des § 111 BetrVG meist der Fall, weil der persönliche Geltungsbereich des Kündigungsschutzgesetzes gem. § 23 Abs. 1 S. 2 bis 4 KSchG schon bei mehr als zehn Arbeitnehmern im Betrieb beginnt; wird der Schutz der Kleinbetriebsklausel nicht mehr verwirklicht und hat dies eine Benachteiligung der Arbeitnehmer zur Folge, die sachlich nicht begründet ist, ist für die Anwendbarkeit des Kündigungsschutzgesetzes sogar eine betriebsübergreifende Betrachtung geboten.[6] Auch die Figur des gemeinsamen Betriebes mehrerer Unternehmen ist dem Kündigungsschutzgesetz bekannt.[7] Getrennt verlaufen die Anwendungsbereiche von § 23 KSchG und § 111 BetrVG im Hinblick auf Teilzeitbeschäftigte, Heimarbeiter und Auszubildende: Erstere werden nach § 23 Abs. 1 S. 4 KSchG nur anteilig und letztere gar nicht mitgerechnet, gelten im Rahmen des BetrVG aber voll als Arbeitnehmer.[8]

8 Das Kündigungsschutzgesetz gilt nach seinem § 1 nicht für Arbeitnehmer, deren **Arbeitsverhältnis** noch nicht **länger als sechs Monate bestanden** hat.[9] Sie können vom Insolvenzverwalter unabhängig von einem Interessenausgleich gekündigt werden, ohne dass dies einer besonderen Rechtfertigung bedarf.

9 Von vornherein nicht in den Anwendungsbereich des § 125 fallen der Ablauf befristeter Arbeitsverhältnisse sowie das Ausscheiden auf Grund von Aufhebungsverträgen.

10 Für **leitende Angestellte** gilt § 125 nicht, weil für sie kein Interessenausgleich aufgestellt werden kann. Ihre Kündigung richtet sich nach den allgemeinen Vorschriften. Das Kündigungsschutzgesetz ist mit der Maßgabe anwendbar, dass der Arbeitgeber und damit der Insolvenzverwalter in jedem Falle die Auflösung des Arbeitsverhältnisses gegen eine Abfindung erreichen kann (§ 14 Abs. 2 KSchG). Zum Umfang der Abfindung unten → Rn. 45.

11 § 125 ist auch auf Änderungskündigungen anwendbar (s. im Einzelnen unten → Rn. 110 ff.).

II. Betriebsbedingte Kündigung in der Insolvenz

12 **1. Vorgaben des Kündigungsschutzgesetzes. a) Betriebsbedingtheit.** Nach § 1 Abs. 2 S. 1 KSchG ist eine Kündigung sozial gerechtfertigt, wenn sie durch dringende betriebliche Erforder-

---

[3] BAG NZA 2012, 1029 Rn. 25 f., 30 = ZIP 2012, 1822.

[4] S. im Einzelnen die Erl. bei APS/*Steffan* UmwG § 323 Rn. 18 ff.

[5] *Hinkel/Pantlen* FS Wellensiek, 2011, 713 (714); Jaeger/*Giesen* § 125 Rn. 4; HKInsO/*Linck* § 125 Rn. 6; aA *Kappenhagen* NZA 1998, 968 ff.

[6] BVerfGE 97, 169 (185) = NZA 1998, 470 = ZIP 1998, 705; BAG AP KSchG 1969 § 23 Nr. 48 Rn. 23 ff. = ZIP 2011, 241 mwN.

[7] ErfK/*Kiel* KSchG § 23 Rn. 5; LSSW/*Löwisch* KSchG § 23 Rn. 14 ff.; APS/*Moll* KSchG § 23 Rn. 14 ff.

[8] Zur Beschäftigtenzahl iSd § 23 Abs. 1 KSchG s. im Einzelnen LSSW/*Löwisch* KSchG § 23 Rn. 24 ff.; APS/*Moll* KSchG § 23 Rn. 25 ff.

[9] S. hierzu im Einzelnen ErfK/*Oetker* KSchG § 1 Rn. 32 ff.; LSSW/*Schlünder* KSchG § 1 Rn. 45 ff.

nisse bedingt ist, die einer Weiterbeschäftigung des Arbeitnehmers in diesem Betrieb entgegenstehen. In diesem Sinne betriebsbedingt ist eine Kündigung dann, wenn sie notwendig ist, um den Personalbestand des Betriebs dem tatsächlichen Personalbedarf anzugleichen.[10] Der Insolvenzverwalter kann sich, wie jeder Arbeitgeber, von Arbeitnehmern trennen, für die er keine Beschäftigung mehr hat. Das gilt gleichermaßen bei Betriebsfortführung wie bei etappenweiser und endgültiger Betriebsstilllegung. Im letztgenannten Fall sind die Kündigungen immer betriebsbedingt.

Indem das Gesetz auf die dringenden betrieblichen Erfordernisse abstellt, bringt es zum Ausdruck, dass es genügt, wenn die Kündigung in der **betriebswirtschaftlichen Notwendigkeit** begründet ist. Ob die unternehmerischen Entscheidungen, die zur Kündigung geführt haben, notwendig waren oder notwendig sind, spielt keine Rolle. Die Arbeitsgerichte haben nicht die Aufgabe, diese unternehmerischen Entscheidungen nachzuprüfen.[11] Dementsprechend kommt es nicht darauf an, worin die Ursachen für den nach unten veränderten Personalbedarf bestehen. Sie können sowohl in den Außenbeziehungen des Unternehmens, wie etwa Mangel an Aufträgen oder Umsatzrückgang, als auch in innerbetrieblichen Gründen wie Gewinnverfall oder Unrentabilität des Betriebes liegen.[12] Beruht die Kündigung auf einer **unternehmerischen Organisationsentscheidung** des Insolvenzverwalters, also etwa einer Rationalisierung oder Betriebseinschränkung, so wird diese keiner Zweckmäßigkeitsprüfung unterzogen, es sei denn, dass sie offensichtlich unsachlich oder willkürlich ist.[13] Von einer beschlossenen und tatsächlich durchgeführten Unternehmerentscheidung wird allerdings vermutet, dass sie aus sachlichen Gründen erfolgt ist und kein Rechtsmissbrauch vorliegt.[14] Die Darlegungslast für einen Missbrauch trägt der Arbeitnehmer.[15] 13

Die Gestaltung des Anforderungsprofils der Arbeitsplätze[16] wie auch die Entscheidung über die Kapazität an Arbeitskräften und an Arbeitszeit sowie die Entscheidung darüber, wie diese Kräfte verteilt werden sollen, sind vom Bundesarbeitsgericht ebenfalls dem unternehmerischen Freiraum zugeordnet worden. Danach gehört es zur Organisation und Gestaltung des Betriebes, neben der Anschaffung von Maschinen, Gerätschaften sowie Vorrichtungen und der Gestaltung der Arbeitsabläufe auch die **Stärke der Belegschaft,** mit der das Betriebsziel erreicht werden soll, festzulegen. Dabei könne die Unternehmerentscheidung auch darin liegen, künftig auf Dauer mit weniger Personal zu arbeiten. Soweit dadurch eine **Leistungsverdichtung** eintrete, sei sie als Konzept gewollt; der rationelle Einsatz des Personals sei Sache der Unternehmerentscheidung. Ebenso sei Sache der Unternehmenspolitik die Bestimmung, ob ein umfangmäßig konkretisierter Arbeitskräftebedarf nur mit Volltags- oder teilweise auch mit Halbtagskräften abgedeckt werden solle.[17] Eine Grenze zieht das Bundesarbeitsgericht aber dort, wo andere Arbeitnehmer die Tätigkeiten in überobligatorischer Weise, etwa durch Überstunden, miterledigen müssen.[18] 14

Dass die Entscheidungen des Insolvenzverwalters über die Leitung des Unternehmens von der **Nachprüfung durch die Arbeitsgerichte** freizuhalten sind, bedeutet nicht, dass diese sich im Kündigungsschutzprozess mit bloßen Behauptungen des Verwalters zu begnügen hätten. Vielmehr haben sie voll nachzuprüfen, ob seine Entscheidungen tatsächlich zu einer Verminderung oder Veränderung des Personalbedarfs führen. Notwendig ist ein **organisatorisches Konzept** (etwa ein Stellenplan), aus dem sich die Senkung oder Veränderung des Personalbestandes ergibt und dessen Umsetzung aufgedeckt werden muss.[19] Es wird überprüft, ob die behauptete unternehmerische Entscheidung tatsächlich getroffen worden ist und zum Wegfall des Arbeitsplatzes führt oder geführt hat,[20] nicht aber, warum sie getroffen worden ist. Dementsprechend kann auch die unternehmerische Entscheidung, eine **Hierarchieebene abzubauen,** eine betriebsbedingte Kündigung rechtfertigen, wobei das Bundesarbeitsgericht in diesem Fall gesteigerte Anforderungen an die Darlegungslast stellt.[21] Der Abbau einer Hierarchieebene wie auch die bloße Leistungsverdichtung (→ Rn. 14) dürfen zudem nicht dazu führen, dass das verbleibende Personal überfordert oder benachteiligt oder 15

10 LSSW/*Schlünder* KSchG § 1 Rn. 295, 303 ff.
11 St. Rspr., BAG NZA 2016, 33 Rn. 15; BAG NZA 1998, 143; BAG NZA 1995, 566.
12 *Stahlhacke* DB 1994, 1361 (1362).
13 St. Rspr., BAG NZA 2016, 33 Rn. 15; BAG NZA 2011, 505 Rn. 13; BAG NJW 1981, 301 = ZIP 1980, 379.
14 BAG NZA 2015, 679 Rn. 15; BAG NZA 2007, 431 Rn. 31; einschränkend BAG NZA 2017, 905 Rn. 23, wenn die Kündigung lediglich auf einer Änderung des Anforderungsprofils für den Arbeitsplatz beruht.
15 BAG NZA 2008, 939 Rn. 18.
16 Vgl. BAG NZA 2017, 905 Rn. 23.
17 BAG NZA 1997, 1047; im gleichen Sinne zuvor schon BAG NZA 1997, 783.
18 BAG NZA 2009, 1023 Rn. 24; BAG NZA 1999, 1095 = ZIP 1999, 1729.
19 LSSW/*Schlünder* KSchG § 1 Rn. 305 ff., 311; ähnlich APS/*Kiel* KSchG § 1 Rn. 520 ff.
20 BAG NZA 2009, 312 Rn. 24; BAG NZA 1986, 823; *Stahlhacke* DB 1994, 1361 (1363 f.).
21 BAG NZA 2012, 1223 Rn. 23; BAG NZA 2011, 505 Rn. 15; BAG NZA 2008, 819 Rn. 16; BAG NZA 2002, 1277.

auf andere Weise überobligatorisch belastet wird, was der Insolvenzverwalter anhand einer schlüssigen Prognose darzulegen hat.[22]

16 In der Rechtspraxis wird nach außer- und innerbetrieblichen Gründen für einen reduzierten Beschäftigungsbedarf differenziert.[23] Danach liegt bei ausschließlich **außerbetrieblichen Gründen** eine organisatorische gestaltende Unternehmerentscheidung zunächst nicht vor, und es bedarf auch keiner solchen. Maßgeblich ist, ob die fehlende Beschäftigungsmöglichkeit in unmittelbarem Zusammenhang mit dem Auftrags- oder Umsatzrückgang steht, was bei Kündigungen in der Insolvenz der Insolvenzverwalter darlegen und beweisen muss.[24] Er kann die Produktionsmittel dem verringerten Auftragsvolumen anpassen. Das führt jedoch dazu, dass er betriebswirtschaftliche Daten offenlegen muss und die Gerichte für Arbeitssachen eine Plausibilitätskontrolle vornehmen.[25]

17 **Innerbetriebliche Gründe** haben auf die Beschäftigungslage unmittelbar keinen Einfluss, sondern erst dann, wenn sie zum Anlass bindender unternehmerischer Entscheidungen gemacht werden. Sie können nur dann eine Kündigung bedingen, wenn der Insolvenzverwalter die negative Ertragslage oder Wirtschaftlichkeit zum Anlass nimmt, zur Kostenersparnis oder zur Wiederherstellung der Rentabilität durch technische oder organisatorische Maßnahmen die Zahl der Arbeitsplätze zu verringern.[26] Diese Entscheidung über eine organisatorische Änderung im Betrieb ist nicht auf Zweckmäßigkeit zu kontrollieren, sondern nur in ihren tatsächlichen Auswirkungen auf die Beschäftigungsmöglichkeit darzulegen.

18 Ein dringendes betriebliches Erfordernis für eine Kündigung wird auch dann begründet, wenn der Insolvenzverwalter bisher im Betrieb durchgeführte Arbeiten als Fremdaufträge **(Outsourcing)** vergibt.[27] Die vorgesehenen Personalverminderungen oder -veränderungen müssen mit dem personellen Konzept, das dem Outsourcing Rechnung tragen soll, konsistent sein. Kündigungen, die andere Bereiche betreffen als die, deren Leistung künftig im Wege des Fremdauftrags vergeben werden, können mit dem dem Outsourcing zugrundeliegenden personellen Konzept nicht begründet werden. Auch kann beim Outsourcing das Verbot offensichtlich unsachlicher und willkürlicher Kündigungen bedeutsam werden. Offensichtlich unsachlich und willkürlich ist eine mit Outsourcing an ein Tochterunternehmen begründete betriebsbedingte Kündigung nach der Rechtsprechung des Bundesarbeitsgerichts dann, wenn sich der Insolvenzverwalter mit ihr nur die Möglichkeit verschaffen will, die Arbeit in Zukunft mit neuen, schlechter bezahlten Arbeitnehmern durchzuführen.[28] Unzulässig ist eine Kündigung auch dann, wenn die bislang von Arbeitnehmern des Betriebs ausgeführten Aufgaben an einen Dritten nicht zur selbständigen Erledigung übertragen werden, sondern nach wie vor im Betrieb vorhanden sind.[29] Eine solche **unzulässige Austauschkündigung** liegt auch dann vor, wenn die gekündigten Arbeitnehmer dauerhaft durch Leiharbeitnehmer ersetzt werden sollen,[30] während dies nicht der Fall ist, wenn der Einsatz der Leiharbeiternehmer nicht dauerhaft, sondern nur als „externe Personalreserve" zur Abdeckung eines Vertretungsbedarfs erfolgt.[31] Auch kann gekündigt werden, wenn Tätigkeiten, die bisher von Arbeitnehmern geleistet wurden, künftig (echten) freien Mitarbeitern oder Mitgliedern der Vertretungsorgane des Arbeitgebers, die keine Arbeitnehmer sind, übertragen werden.[32]

19 Maßgeblich ist die **Sachlage zum Zeitpunkt des Zugangs der Kündigung.** Es wird überprüft, ob die negative Prognose, dass das Arbeitsverhältnis nicht fortgesetzt werden kann, zum Zeitpunkt des Ausspruchs der Kündigung berechtigt war.[33] Das ist der Fall, wenn zum Zeitpunkt des Zugangs der Kündigung die betriebliche Maßnahme bereits „greifbare Formen" angenommen

---

22 BAG NZA 2014, 1069 Rn. 16 f. = ZIP 2014, 1691; BAG NZA 2013, 1003 Rn. 34 ff.; BAG NZA 2012, 1223 Rn. 23; BAG NZA 2011, 505 Rn. 15; BAG NZA 2008, 819 Rn. 16; APS/*Kiel* KSchG § 1 Rn. 521 f. mwN.

23 St. Rspr. seit BAG NJW 1979, 1902; auch BAG NZA 1990, 65 = ZIP 1989, 1605.

24 BAG NJW 1983, 1341 = ZIP 1983, 205.

25 Eingehend *Stahlhacke* DB 1994, 1361 (1362 f.).

26 BAG NJW 1983, 1341 = ZIP 1983, 205.

27 BAG NZA 2015, 679 Rn. 26 ff.: Fremdvergabe von Hausmeisterdiensten; BAG NZA 2008, 939 Rn. 14 ff.: Auslagerung der Bauleitung von Montagearbeiten; BAG EzA KSchG § 1 Betriebsbedingte Kündigung Nr. 119 = NZA 2002, 1304 (Ls.) = BeckRS 2002, 41333: Fremdvergabe von Laborarbeiten; BAG AP KSchG 1969 § 1 Betriebsbedingte Kündigung Nr. 7: Vergabe von Wartungsarbeiten an Dritte.

28 BAG NZA 2003, 549 = ZIP 2003, 733.

29 BAG NZA 2005, 761.

30 Vgl. BAG NZA 2009, 1023 Rn. 24; BAG NZA 1997, 202 = ZIP 1997, 249.

31 BAG NZA-RR 2013, 68 Rn. 28 = ZIP 2013, 184.

32 BAG NZA 2015, 101 Rn. 41 f. = ZIP 2014, 2525; BAG NZA 2008, 878 Rn. 14 ff.; BAG NZA 2003, 549 = ZIP 2003, 733.

33 BAG NZA 1991, 891 = ZIP 1991, 1374; Gottwald/*Bertram*, InsO-HdB, § 105 Rn. 86; KR/*Rachor* KSchG § 1 Rn. 588; LSSW/*Schlünder* KSchG § 1 Rn. 95 ff., 325.

hat und eine vernünftige betriebswirtschaftliche Betrachtung die Prognose rechtfertigt, dass bis zum Auslaufen der einzuhaltenden Kündigungsfrist die geplante Maßnahme durchgeführt ist und der Arbeitnehmer entbehrt werden kann.[34]

In aller Regel wird der Verwalter auch die **außerbetrieblichen Gründe zum Anlass für unternehmerische innerbetriebliche Maßnahmen** wie etwa Rationalisierungen und Umstrukturierungen nehmen, um den Umsatz- und Auftragsrückgang durch höhere Produktivität zu kompensieren. Dann liegt eine unternehmerische Entscheidung darüber vor, wie auf den Umsatzrückgang reagiert werden soll. Diese Vorgehensweise hat den Vorteil, dass nur die Reaktion mit ihren Auswirkungen auf die Beschäftigung darzulegen und zu beweisen ist, nicht aber, ob ein unmittelbarer Zusammenhang mit außerbetrieblichen Gründen besteht. Hingegen kommt es zu einer **Selbstbindung** des Verwalters, wenn er die Kündigung zunächst auf außerbetriebliche Gründe stützt und auch nur diese im Zeitpunkt der Kündigung vorlagen.[35] Dann liegt eine selbstbindende Unternehmerentscheidung vor. Hat der Verwalter sich an die äußeren Sachzwänge gebunden, kann eine organisatorische Unternehmerentscheidung nicht nachgeschoben werden, da nur Unternehmerentscheidungen tragend sein können, die zum Zeitpunkt der Kündigung vorlagen und sich in der Umsetzung befanden.[36] 20

Betriebsbedingt ist die Kündigung dann nicht, wenn der Arbeitnehmer an einem **anderen freien Arbeitsplatz weiterbeschäftigt** werden kann (ultima-ratio-Prinzip). Zu berücksichtigen sind dabei Weiterbeschäftigungsmöglichkeiten nicht nur in demselben Betrieb, sondern auch solche in einem anderen Betrieb desselben Unternehmens,[37] nicht aber in einem anderen Betrieb desselben Konzerns, es sei denn, der Arbeitnehmer kann eine konzernweite Beschäftigung aufgrund seines Arbeitsvertrags verlangen und der Insolvenzverwalter eine Versetzung auf einen freien Arbeitsplatz in einem anderen Konzernunternehmen tatsächlich durchsetzen.[38] Die Weiterbeschäftigung auf einem freien Arbeitsplatz in einem im Ausland gelegenen Betrieb des Unternehmens muss der Insolvenzverwalter in der Regel nicht anbieten, um betriebsbedingt kündigen zu können.[39] Zu berücksichtigen ist jedoch eine Weiterbeschäftigungsmöglichkeit **zu geänderten Arbeitsbedingungen.** Eine solche hat der Insolvenzverwalter dem Arbeitnehmer anzubieten, wenn der Arbeitnehmer auf einem freien Arbeitsplatz zu den geänderten (auch schlechteren) Arbeitsbedingungen weiterbeschäftigt werden kann. Das Angebot kann lediglich in Extremfällen (zB offensichtlich völlig unterwertige Beschäftigung) unterbleiben.[40] Der Insolvenzverwalter kann Angebot und Kündigung aber miteinander verbinden, indem er ohne vorherige Verhandlungen mit dem Arbeitnehmer sofort eine Änderungskündigung ausspricht.[41] Auch muss der Insolvenzverwalter dem Arbeitnehmer nicht zuvor einen freien Arbeitsplatz zu besseren Arbeitsbedingungen als den bisherigen anbieten, um wirksam kündigen zu können.[42] 21

Zur Betriebsbedingtheit einer Kündigung im Zusammenhang mit einem geplanten Betriebsübergang → § 128 Rn. 28 ff. 22

b) Sozialauswahl. Trotz Vorliegens dringender betrieblicher Erfordernisse ist eine Kündigung nach § 1 Abs. 3 S. 1 KSchG sozial ungerechtfertigt, wenn der Insolvenzverwalter bei der Auswahl der gekündigten Arbeitnehmer unter mehreren in Betracht kommenden Arbeitnehmern die sozialen Gesichtspunkte Dauer der Betriebszugehörigkeit, Lebensalter, Unterhaltspflichten und Schwerbehinderung (→ Rn. 28 ff.) nicht oder nicht ausreichend berücksichtigt hat. Um die mit der Sozialauswahl verbundene Rechtsunsicherheit für den Arbeitgeber in Grenzen zu halten, hat der Gesetzgeber die zu berücksichtigenden Kriterien auf die vier genannten Gesichtspunkte beschränkt. 23

In die Sozialauswahl sind nur Arbeitnehmer **des entsprechenden Betriebes** einzubeziehen. Nach § 1 Abs. 2 S. 1 KSchG kommt es für die Rechtfertigung der Kündigung darauf an, ob die betrieblichen Erfordernisse der Weiterbeschäftigung des Arbeitnehmers „in diesem Betrieb" entgegenstehen. Bezugspunkt ist also der Betrieb, selbst wenn sich der Arbeitgeber ein betriebsübergreifen- 24

---

[34] BAG NZA 2015, 679 Rn. 14 ff.; BAG NZA 2013, 1137 Rn. 47 = ZIP 2013, 1835; BAG NZA 1991, 891 = ZIP 1991, 1374.

[35] Vgl. BAG NZA 1990, 65 = ZIP 1989, 1605; ErfK/*Oetker* KSchG § 1 Rn. 219, 227 ff.; LSSW/*Schlünder* KSchG § 1 Rn. 309; ähnlich AR/*Kaiser* KSchG § 1 Rn. 121 f.

[36] Vgl. v. Hoyningen-Huene/Linck/*Krause* KSchG § 1 Rn. 719, 818; LSSW/*Schlünder* KSchG § 1 Rn. 315.

[37] BAG NZA-RR 2014, 325 Rn. 15; BAG NZA 2001, 535 = ZIP 2001, 388; BAG NZA 1985, 489.

[38] BAG NZA 2013, 1007 Rn. 55 ff. = NZI 2013, 151; BAG NZA 2008, 939 Rn. 22; BAG NZA 2005, 929 = ZIP 2005, 1044; zum konzerndimensionalen Kündigungsschutz im Einzelnen *Caspers* in Rieble/Junker/Giesen, Arbeitsrecht im Konzern, 2010, 15 (17 ff.).

[39] BAG NZA 2015, 1457 Rn. 17 ff.; BAG NZA 2014, 730 Rn. 28 ff.

[40] BAG NZA 2014, 730 Rn. 23; BAG NZA 2007, 431 Rn. 34.

[41] BAG NZA 2005, 1289.

[42] Vgl. BAG NZA 2008, 1180 Rn. 15.

des Versetzungsrecht vorbehalten hat.[43] Das bedeutet auf der einen Seite, dass sich die Sozialauswahl nicht auf die Arbeitnehmer des Betriebsteils, in dem Arbeitsplätze weggefallen sind, beschränken darf. Auf der anderen Seite ist die Sozialauswahl in Unternehmen mit mehreren Betrieben aber auch nicht auf das ganze Unternehmen oder etwa den ganzen Konzern, sondern nur auf den betreffenden Betrieb zu beziehen.[44]

25 In die Auswahl nach sozialen Gesichtspunkten können nur diejenigen Arbeitnehmer einbezogen werden, deren Funktion auch von dem Arbeitnehmer wahrgenommen werden kann, dessen Arbeitsplatz weggefallen ist. Gibt es keinen in diesem Sinne **vergleichbaren Arbeitnehmer,** kann eine Auswahl nach sozialen Gesichtspunkten nicht stattfinden. Ebenso entfällt eine Sozialauswahl, wenn allen Arbeitnehmern des Betriebs oder jedenfalls allen vergleichbaren Arbeitnehmern mit der für sie jeweils geltenden Kündigungsfrist **gleichzeitig gekündigt** wird,[45] wobei nach der Rechtsprechung des Bundesarbeitsgerichts eine Sozialauswahl unter den vergleichbaren Arbeitnehmern aber dann durchgeführt werden muss, wenn der Arbeitgeber zwar allen Arbeitnehmern seines Betriebs kündigt, jedoch im Zusammenwirken mit einem anderen Unternehmen nur einem Teil von ihnen zugleich die Fortsetzung des Arbeitsverhältnisses anbietet mit der Zusage, im Fall der Fortsetzung aus der Kündigung keine Rechte herzuleiten.[46] Ob der Arbeitnehmer, dessen Arbeitsplatz weggefallen ist, die **Funktion anderer Arbeitnehmer** wahrnehmen kann, richtet sich in erster Linie nach der ausgeübten Tätigkeit. Arbeitnehmer, die gleichartige Arbeitsplätze inne haben, sind ohne weiteres austauschbar. Es reicht aber auch aus, wenn der Arbeitnehmer, dessen Arbeitsplatz weggefallen ist, auf Grund seiner Fähigkeiten und betrieblichen Erfahrungen in der Lage ist, die auf einem bestehen bleibenden Arbeitsplatz geforderte Tätigkeit auszuüben.[47] Voraussetzung ist nach der Rechtsprechung immer, dass der Arbeitnehmer, dessen Arbeitsplatz weggefallen ist, ohne Änderung seines Arbeitsvertrags kraft Direktionsrechts auf den infrage kommenden fortbestehenden Arbeitsplatz umgesetzt werden kann.[48]

26 Nicht in die Sozialauswahl einzubeziehen sind Arbeitnehmer, die im hierarchischen Aufbau des Betriebes eine **niedriger zu bewertende Tätigkeit** ausüben, insbesondere einen geringer vergüteten Arbeitsplatz inne haben. Dies gilt dann, wenn gar nicht feststeht, ob der die höherwertige Tätigkeit ausübende Arbeitnehmer, dessen Kündigung ansteht, bereit wäre, die niedriger zu bewertende Tätigkeit auszuüben. Es ist aber auch dann richtig, wenn der betroffene Arbeitnehmer sein Einverständnis mit der Übernahme der niedriger zu bewertenden Tätigkeit erklärt hat. Es kann nicht der Sinn des § 1 Abs. 3 KSchG sein, einen – konsequenterweise sich dann von Stufe zu Stufe fortsetzenden – Verdrängungswettbewerb nach unten zu eröffnen.[49] Es liegt insoweit anders als bei der Weiterbeschäftigung auf einem freien Arbeitsplatz (→ Rn. 21). Ebenso werden Arbeitnehmer, die **höher bewertete Tätigkeiten** ausüben, nicht in den Vergleich einbezogen, auch wenn eine Beförderung des gekündigten Arbeitnehmers auf einen ähnlichen Arbeitsplatz möglich gewesen wäre.[50]

27 Nicht in die Sozialauswahl einbezogen werden können Arbeitnehmer, deren **ordentliche Kündigung,** etwa nach § 15 KSchG, gesetzlich **ausgeschlossen** ist.[51] Hingegen können vertragliche oder tarifvertragliche Kündigungsausschlüsse die gesetzlich angeordnete Sozialauswahl schon deshalb nicht hindern, weil die Unkündbarkeit in der Insolvenz durch § 113 S. 1 durchbrochen ist (→ § 113 Rn. 16 f.).[52]

28 In der **Dauer der Betriebszugehörigkeit** drückt sich der Wert des Arbeitsplatzes für den Arbeitnehmer aus. Maßgebend ist dabei nicht die Dauer der Zugehörigkeit zu einem bestimmten Betrieb, sondern die Zugehörigkeit zum Unternehmen, weil mit dem sozialen Gesichtspunkt der

---

[43] BAG AP KSchG 1969 § 1 Betriebsbedingte Kündigung Nr. 199 Rn. 36 = NZA 2014, 336 (Ls.); BAG NZA 2006, 590 Rn. 18 ff.; BAG NZA 2005, 1175 = ZIP 2005, 2077.

[44] BAG NZA 1987, 125 = ZIP 1986, 1410; s. aber auch BAG NZA 1995, 566: Das Erfordernis der Sozialauswahl kann nicht durch eine Verlagerung der Arbeitsplätze in einen anderen Betrieb umgangen werden; s. zur Betriebsbezogenheit der Sozialauswahl im Einzelnen ErfK/*Oetker* KSchG § 1 Rn. 318 ff.; LSSW/*Schlünder* KSchG § 1 Rn. 419 ff.

[45] BAG NZA 2005, 1351; ErfK/*Oetker* KSchG § 1 Rn. 304.

[46] BAG NZG 2016, 35 Rn. 58; BAG BeckRS 2013, 74879 Rn. 40 f.

[47] BAG NZA 2013, 333 Rn. 44; BAG NZA 2012, 1044 Rn. 41 = ZIP 2012, 1623; ErfK/*Oetker* KSchG § 1 Rn. 323; LSSW/*Schlünder* KSchG § 1 Rn. 426.

[48] BAG NZA 2013, 837 Rn. 12 = ZIP 2014, 145; BAG NZA 2006, 1350 Rn. 13; BAG NZA 1990, 226 = ZIP 1990, 1223.

[49] BAG NZA 1991, 181; LSSW/*Schlünder* KSchG § 1 Rn. 436.

[50] BAG NZA 1991, 181; AR/*Kaiser* KSchG § 1 Rn. 185; ErfK/*Oetker* KSchG § 1 Rn. 328; LSSW/*Schlünder* KSchG § 1 Rn. 436.

[51] BAG NZA 2006, 370 Rn. 17 = ZIP 2006, 918.

[52] *Caspers* Rn. 196.

„Betriebszugehörigkeit" die Treue zum Arbeitgeber bewertet werden soll.[53] War die „Betriebszugehörigkeit" unterbrochen, ist gleichwohl von der Gesamtdauer auszugehen, sofern die einzelnen Beschäftigungszeiten in einem inneren Zusammenhang stehen.[54]

Weiter ist das **Lebensalter des Arbeitnehmers** zu berücksichtigen. Die mit einem Arbeitsplatzwechsel verbundenen Folgen, insbesondere die Einstellung auf die neue Arbeit und ein etwaiger Wohnungswechsel, sind von einem jüngeren Arbeitnehmer leichter zu tragen als von einem älteren. Allerdings ist zu berücksichtigen, dass die Gleichbehandlungsrahmenrichtlinie 2000/78/EG nicht nur die Benachteiligung wegen des fortgeschrittenen Alters, sondern auch die Benachteiligung jüngerer Menschen ausschließen will. Der Gesichtspunkt Lebensalter in § 1 Abs. 3 S. 1 KSchG muss deshalb richtlinienkonform dahin ausgelegt werden, dass die Besonderheiten des Einzelfalls und die individuellen Unterschiede zwischen den vergleichbaren, unterschiedlich alten Arbeitnehmern die Bevorzugung des oder der älteren Arbeitnehmer relativieren können.[55] Nach der Rechtsprechung des Bundesarbeitsgerichts ist die mit der Bevorzugung älterer Arbeitnehmer verbundene Benachteiligung jüngerer Arbeitnehmer indessen gem. Art. 6 Abs. 1 der RL 2000/78/EG sowie § 10 S. 1 und 2 AGG gerechtfertigt. Mit der Absicht, ältere Arbeitnehmer, die wegen ihres Alters typischerweise schlechtere Chancen auf dem Arbeitsmarkt hätten,[56] besser zu schützen, verfolge der Gesetzgeber ein legitimes Ziel. Das Gesetz lege für die unterschiedliche Behandlung objektive und angemessene Kriterien fest, indem es das Lebensalter als eines von vier gleichgewichtig zu berücksichtigenden Merkmalen der sozialen Auswahl vorschreibe.[57] Dementsprechend sind auch nach der Rechtsprechung diejenigen **Arbeitnehmer, die Regelaltersrente beziehen können,** hinsichtlich des Kriteriums „Lebensalter" im Rahmen der Sozialauswahl als deutlich weniger schutzbedürftig anzusehen als solche Arbeitnehmer, die noch keinen Anspruch auf Altersrente haben, da Ersteren dauerhaft ein Ersatzeinkommen für das zukünftig entfallende Arbeitseinkommen zur Verfügung steht.[58] 29

Relevant sind weiter die **Unterhaltspflichten des Arbeitnehmers.** Mit diesem Gesichtspunkt wird der Tatsache Rechnung getragen, dass derjenige, der nur für sich selbst zu sorgen hat, den Verlust des Arbeitsplatzes eher verkraften kann als derjenige, der auch Unterhalt für Familienangehörige leisten muss. Der Begriff der Unterhaltspflichten ist dabei rechtstechnisch im Sinne der gesetzlichen Unterhaltsverpflichtungen des Familienrechts (§§ 1360 ff., 1569 ff., 1601 ff. BGB) zu verstehen. Die Unterhaltspflichten sind so maßgebend, wie sie bei Zugang der Kündigung bestanden haben.[59] Dabei kann der Insolvenzverwalter die nach § 39e EStG mitgeteilten Daten zugrundelegen, sofern keine Anhaltspunkte dafür bestehen, dass die Angaben nicht zutreffen.[60] 30

Zu berücksichtigen ist schließlich die **Schwerbehinderung** iSd § 2 Abs. 2 SGB IX, also eine Behinderung mit einem Grad von wenigstens 50. Ob die Schwerbehinderung nach § 152 SGB IX festgestellt ist, spielt dabei keine Rolle. Berücksichtigen muss der Insolvenzverwalter die Schwerbehinderung aber nur, wenn sie ihm bekannt ist. Hat der Arbeitgeber oder der Insolvenzverwalter den Arbeitnehmer nach einer bestehenden Schwerbehinderung gefragt und der Arbeitnehmer eine solche wahrheitswidrig verneint, verhält sich der Arbeitnehmer rechtsmissbräuchlich, wenn er sich in einem späteren Kündigungsschutzprozess auf eine fehlerhafte Sozialauswahl wegen seiner bestehenden Schwerbehinderung beruft.[61] Eine nach Ausspruch der Kündigung mitgeteilte Schwerbehinderung muss bei der Beurteilung der Angemessenheit der Sozialauswahl außer Betracht bleiben.[62] Ob eine solche nachträgliche Mitteilung zur Unwirksamkeit der Kündigung 31

---

[53] BAG NZA 2012, 1044 Rn. 58 = ZIP 2012, 1623; BAG NZA 2005, 1175 = ZIP 2005, 2077; BAG EzA KSchG § 1 Soziale Auswahl Nr. 51 = BeckRS 2003, 40907; ErfK/*Oetker* KSchG § 1 Rn. 331.

[54] ErfK/*Oetker* KSchG § 1 Rn. 331 iVm Rn. 35 ff.; LSSW/*Schlünder* KSchG § 1 Rn. 447 ff., 450.

[55] *Löwisch* BB 2006, 2582.

[56] Krit. dazu *Kaiser/Dahm* NZA 2010, 473 (477), wonach kein signifikanter Zusammenhang zwischen Lebensalter und Langzeitarbeitslosigkeit besteht.

[57] BAG NZA 2012, 1044 Rn. 48 ff., 53 ff. = ZIP 2012, 1623; BAG NZA 2009, 1023 Rn. 39; BAG NZA 2009, 361 Rn. 44 = ZIP 2009, 1339; s. im Einzelnen AR/*Kaiser* KSchG § 1 Rn. 204 ff.; ErfK/*Oetker* KSchG § 1 Rn. 332 f.; LSSW/*Schlünder* KSchG § 1 Rn. 451 f.

[58] BAG NZA 2017, 902 Rn. 14 ff. = ZIP 2017, 1922.

[59] Vgl. im Einzelnen AR/*Kaiser* KSchG § 1 Rn. 207 ff., 211; v. Hoyningen-Huene/Linck/*Krause* KSchG § 1 Rn. 979; ErfK/*Oetker* KSchG § 1 Rn. 333 f.; LSSW/*Schlünder* KSchG § 1 Rn. 453 f.

[60] BAG NZA 2012, 1090 Rn. 49 f. = NZI 2012, 814 = ZIP 2012, 1927 (zur ehemaligen Lohnsteuerkarte); ErfK/*Oetker* KSchG § 1 Rn. 333; KR/*Rachor* KSchG § 1 Rn. 746; LSSW/*Schlünder* KSchG § 1 Rn. 466; aA AR/*Kaiser* KSchG § 1 Rn. 213 und v. Hoyningen-Huene/Linck/*Krause* KSchG § 1 Rn. 986, die von einer Obliegenheit des Arbeitgebers ausgehen, sich zeitnah vor Ausspruch der Kündigungen nach den Unterhaltspflichten zu erkundigen.

[61] BAG NZA 2012, 555 Rn. 10 = ZIP 2012, 1572.

[62] KR/*Rachor* KSchG § 1 Rn. 746 f.; LSSW/*Schlünder* KSchG § 1 Rn. 466.

wegen Fehlens der Zustimmung des Integrationsamts führt, richtet sich nach § 173 Abs. 3 SGB IX.[63]

32 Nach § 151 Abs. 1 SGB IX gelten die Vorschriften des Schwerbehindertenrechts dieses Gesetzbuchs auch für behinderte Menschen, die schwerbehinderten Menschen gleichgestellt sind. Dem Sinn der Aufnahme der Schwerbehinderung in die bei der Sozialauswahl zu beachtenden Gesichtspunkte entspricht es, auch eine der **Schwerbehinderung gleichgestellte Behinderung** zu berücksichtigen. Denn die Gleichstellung erfolgt nach § 2 Abs. 3 SGB IX gerade im Hinblick auf die Schwierigkeit des behinderten Menschen, einen Arbeitsplatz zu erlangen oder zu behalten.[64] Allerdings setzt die Berücksichtigung voraus, dass die Gleichstellung auf Grund einer Feststellung nach § 152 SGB IX tatsächlich erfolgt ist. Denn vorher steht nicht fest, ob der behinderte Mensch tatsächlich als Schwerbehinderter zu behandeln ist oder nicht. Dementsprechend würde der Insolvenzverwalter der Gefahr ausgesetzt, sich zwischen zwei Stühle zu setzen: Berücksichtigt er die Behinderung und erfolgt die Gleichstellung nicht, könnten Arbeitnehmer, zu deren Lasten die Berücksichtigung gegangen ist, ihrerseits die Fehlerhaftigkeit der Sozialauswahl rügen. Aus diesem Grund kann die Fiktion des § 151 Abs. 2 S. 2 SGB IX, nach der die Gleichstellung mit dem Tag des Eingangs des Antrags wirksam wird, nicht Platz greifen. Ein Verstoß gegen das Diskriminierungsverbot des Art. 2 Abs. 2 lit. a) der Gleichbehandlungsrahmenrichtlinie (RL 2000/78/EG) liegt darin nicht, weil die Regelung immer noch eine angemessene Vorkehrung zum Schutz der behinderten Menschen iSd Art. 5 S. 1 der Richtlinie darstellt.[65]

33 Das Gesetz verlangt vom Insolvenzverwalter nur die **ausreichende Berücksichtigung** sozialer Gesichtspunkte. Er muss diese nicht vollkommen richtig, gleichsam ideal, gewürdigt haben, sondern es genügt, wenn er dies in ausreichendem Maß getan hat. Damit steht ihm ein Bewertungsspielraum zu, den die Gerichte für Arbeitssachen zu respektieren haben.[66] Der Verwalter hält sich in diesem Bewertungsspielraum, wenn er die im Gesetz genannten sozialen Gesichtspunkte Dauer der Betriebszugehörigkeit, Lebensalter, Unterhaltspflichten und Schwerbehinderung berücksichtigt und vertretbar gewichtet. Nur deutlich schutzwürdigere Arbeitnehmer können sich mit Erfolg auf einen Auswahlfehler berufen.[67]

34 Nach § 1 Abs. 3 S. 2 KSchG sind in die soziale Auswahl Arbeitnehmer nicht einzubeziehen, deren Weiterbeschäftigung, insbesondere wegen ihrer Kenntnisse, Fähigkeiten und Leistungen oder zur Sicherung einer ausgewogenen Personalstruktur des Betriebs, im **berechtigten betrieblichen Interesse** liegt. Was den ersten Punkt anbelangt, ist vor allem an das Bedürfnis zu denken, Arbeitnehmer mit besonderen Kenntnissen weiterzubeschäftigen, etwa weil allein sie selten anfallende Spezialarbeiten durchführen können.[68] Durchbrochen werden kann die Auswahl nach sozialen Gesichtspunkten aber auch zur Sicherung einer ausgewogenen **Personalstruktur** des Betriebs. Der Insolvenzverwalter darf zwar nicht systematisch nur die in ihrer Leistung schwächer beurteilten Arbeitnehmer kündigen, aber er muss diese auch nicht – wenn dies die Rangfolge der sozialen Schutzbedürftigkeit so ergibt – alle behalten. Vielmehr kann er darauf sehen, dass eine in etwa gleiche **Leistungsstruktur** erhalten bleibt. Orientierungspunkte für diese Entscheidung sind vor allem die Leistungsbeurteilungen, die auch in der privaten Wirtschaft über die Arbeitnehmer häufig erstellt werden (s. zur Personalstruktur auch → Rn. 96 ff.).

35 § 1 Abs. 3 S. 2 KSchG eröffnet dem Insolvenzverwalter auch die Möglichkeit, die bisherige **Altersstruktur** der Belegschaft zu erhalten. Zu diesem Zweck kann er **Altersgruppen** bilden, innerhalb derer dann proportional zur Zahl der insgesamt auszusprechenden Kündigungen jeweils die Sozialauswahl durchzuführen ist.[69] Erforderlich ist dabei allerdings, dass die Altersgruppen innerhalb der Gruppe der vergleichbaren Arbeitnehmer nach sachlichen Kriterien gebildet werden, die prozentuale Verteilung der Belegschaft auf die Altersgruppe festgestellt und die Gesamtzahl der auszusprechenden Kündigungen diesem Proporz entsprechend auf die einzelnen Altersgruppen verteilt wird.[70] Eine solche Vorgehensweise stellt zwar eine unterschiedliche Behandlung wegen des Alters iSv § 1 AGG dar. Ein Verstoß gegen das Verbot der Altersdiskriminierung (→ Rn. 29) liegt darin aber grundsätzlich nicht, vielmehr wird der allgemein mit dem Lebensalter als Sozialauswahlkri-

---

63 Vgl. im Einzelnen ErfK/*Rolfs* SGB IX § 173 Rn. 5 ff.; APS/*Vossen* SGB IX § 90 Rn. 10 ff.

64 AA *Kleinebrink* ArbRB 2004, 112.

65 *Löwisch* BB 2004, 154 (155); AR/*Kaiser* KSchG § 1 Rn. 227 f.

66 BAG NZA 1985, 423 = ZIP 1985, 953; ausführlich dazu *Rieble* NJW 1991, 65.

67 BAG NZA 2015, 426 Rn. 11; BAG NZA 2012, 1040 Rn. 19.

68 BAG NZA-RR 2007, 460 Rn. 31 f.; KR/*Rachor* KSchG § 1 Rn. 684 f.; LSSW/*Schlünder* KSchG § 1 Rn. 471.

69 St. Rspr., vgl. etwa BAG NZA 2013, 86 Rn. 26 ff., 31 = ZIP 2013, 234; BAG NZA 2007, 139 Rn. 55 ff.; BAG NZA 2005, 877 = ZIP 2005, 1803; BAG NZA 2001, 601.

70 BAG NZA 2015, 1122 Rn. 15.

terium verbundenen Benachteiligung jüngerer Arbeitnehmer mit einer solchen Vorgehensweise entgegengewirkt.[71] Das Bundesarbeitsgericht anerkennt, dass die Erhaltung der bisherigen Altersstruktur ein legitimes Ziel darstellt und im Hinblick darauf eine Sozialauswahl innerhalb von Altersgruppen verhältnismäßig ist, weil sie der Interessenlage sowohl der jüngeren als auch der älteren Arbeitnehmer hinreichend gerecht wird. Die Bildung von Altersgruppen kann deshalb im Einzelfall nach § 10 S. 1 und 2 AGG gerechtfertigt sein.[72]

Ein berechtigtes Interesse an der Beibehaltung der bisherigen **Altersstruktur** soll nach Auffassung des Bundesarbeitsgerichts regelmäßig dann ohne weiteres angenommen werden können, wenn die Altersgruppenbildung im Zuge einer **Massenentlassung** iSv § 17 Abs. 1 KSchG (dazu unten → Rn. 57 ff.) erfolgt. Zumindest dann, wenn die Anzahl der Entlassungen innerhalb einer Gruppe vergleichbarer Arbeitnehmer im Verhältnis zur Anzahl aller Arbeitnehmer des Betriebs die Schwellenwerte des § 17 KSchG erreicht, soll eine (widerlegbare) **Vermutung** zugunsten des Arbeitgebers bzw. Insolvenzverwalters eingreifen, dass berechtigte betriebliche Interessen an der Beibehaltung der Altersstruktur vorliegen, da bei einer Massenkündigung die Erhaltung einer auch altersmäßig ausgewogenen Personalstruktur gefährdet sei.[73] Bei einem Personalabbau unterhalb der Schwelle einer Massenentlassung ist es nach Auffassung des Bundesarbeitsgerichts indessen erforderlich, dass das berechtigte Interesse an der Beibehaltung der bisherigen Altersstruktur im Prozess **hinreichend dargelegt** wird. Die Bildung von Altersgruppen sei diskriminierungsrechtlich nicht etwa geboten, das Lebensalter könne auch linear berücksichtigt werden.[74] Deshalb muss dargelegt werden, welche konkreten Nachteile sich ergeben hätten, wenn die Sozialauswahl allein nach Maßgabe von § 1 Abs. 3 S. 1 KSchG vorgenommen worden wäre.[75] 36

Bezieht der Insolvenzverwalter **zu Unrecht einen Arbeitnehmer nicht in die Sozialauswahl** ein, weil er ihn fälschlicherweise nicht für vergleichbar hält, ihn hinsichtlich der sozialen Schutzbedürftigkeit unrichtig einordnet oder weil er das berechtigte betriebliche Interesse falsch bewertet, führt das nicht zur Unwirksamkeit der gesamten Sozialauswahl. Vielmehr können sich nur diejenigen Arbeitnehmer auf die fehlerhafte Sozialauswahl berufen, die bei korrekter Sozialauswahl nicht zur Kündigung angestanden hätten.[76] 37

c) Verfahren. Die Rechtsunwirksamkeit einer Kündigung muss der Arbeitnehmer nach § 4 KSchG innerhalb einer Frist von drei Wochen durch Klage beim Arbeitsgericht geltend machen. Versäumt der Arbeitnehmer diese Frist, kann er sich auf die Rechtsunwirksamkeit der Kündigung nicht mehr berufen. Die Kündigung gilt dann, wie § 7 KSchG ausdrücklich klarstellt, als von Anfang an rechtswirksam (→ § 113 Rn. 62 ff.). Für das Verfahren vor dem Arbeitsgericht gelten die Vorschriften des ArbGG über das Urteilsverfahren. Nach § 61a ArbGG sind Kündigungssachen vorrangig zu erledigen.[77] 38

Nach § 1 Abs. 2 S. 4 KSchG hat der Insolvenzverwalter die Tatsachen zu beweisen, die die Kündigung bedingen. Da die Darlegungslast grundsätzlich der **Beweislast** folgt,[78] bedeutet das für die betriebsbedingte Kündigung, dass der Verwalter den Wegfall des Arbeitsplatzes bzw. der Beschäftigungsmöglichkeit darlegen und beweisen muss. Für das Gericht muss insbesondere auf Grund eines entsprechenden Tatsachenvortrags erkennbar sein, ob und weshalb durch innerbetriebliche Maßnahmen oder infolge außerbetrieblicher Ursachen das Bedürfnis für die Weiterbeschäftigung eines oder mehrerer Arbeitnehmer entfallen ist.[79] Auch das **Fehlen einer anderweitigen Weiterbeschäftigungsmöglichkeit** gehört an sich zur Darlegungs- und Beweislast des Insolvenzverwalters. Bestreitet der Arbeitnehmer aber lediglich, dass sein Arbeitsplatz weggefallen ist, dann genügt der Arbeitgeber seiner Darlegungspflicht mit dem Vortrag, wegen der betrieblichen Notwendigkeit sei eine Weiterbeschäftigung des Arbeitnehmers nicht möglich. Wenn jedoch der Arbeitnehmer über 39

---

71 BAG NZA 2012, 1044 Rn. 48 = ZIP 2012, 1623; BAG NZA 2009, 1023 Rn. 45; BAG NZA 2009, 361 Rn. 59 = ZIP 2009, 1339.

72 BAG NZA 2009, 361 Rn. 50 ff. = ZIP 2009, 1339.

73 BAG NZA 2015, 1122 Rn. 14; BAG NZA 2014, 46 Rn. 54 ff. = ZIP 2013, 2476; BAG NZA 2012, 1040 Rn. 30 f.; BAG NZA 2010, 1059 Rn. 24 = ZIP 2010, 2114; BAG NZA 2009, 361 Rn. 54 = ZIP 2009, 1339; vgl. auch BAG NZA 2013, 86 Rn. 29.

74 BAG NZA 2010, 1059 Rn. 17 = ZIP 2010, 2114; BAG NZA 2010, 457 Rn. 27 = ZIP 2010, 1309.

75 BAG NZA 2010, 1059 Rn. 23 = ZIP 2010, 2114; BAG NZA 2005, 877 = ZIP 2005, 1803.

76 Grundlegend BAG NZA 2007, 549 Rn. 15 ff.; für ein kollektives Punkteschema auch BAG NZA 2010, 457 Rn. 32 = ZIP 2010, 1309; s. im Einzelnen APS/*Kiel* KSchG § 1 Rn. 700 ff.; KR/*Rachor* KSchG § 1 Rn. 711.

77 Vgl. GWBG/*Benecke* ArbGG § 61a Rn. 11 ff.; GMP/*Schleusener* ArbGG § 61a Rn. 8 ff.

78 Allgemein zur Behauptungslast Rosenberg/Schwab/*Gottwald,* Zivilprozessrecht, 18. Aufl. 2018, § 116 Rn. 37 ff.; MüKoZPO/*Prütting* § 286 Rn. 134 ff.; Stein/Jonas/*Thole* ZPO § 286 Rn. 98, 101.

79 BAG NZA 1986, 155; ErfK/*Oetker* KSchG § 1 Rn. 259 ff.; KR/*Rachor* KSchG § 1 Rn. 591 ff.

das Bestreiten hinaus darlegt, wie er sich eine anderweitige Beschäftigung vorstellt, muss der Insolvenzverwalter unter Darlegung von Einzelheiten erläutern, aus welchen Gründen die Umsetzung auf einen entsprechenden freien Arbeitsplatz nicht möglich gewesen ist.[80] Einen konkreten freien Arbeitsplatz muss der Arbeitnehmer in der Regel nicht nennen.[81]

40 Nach § 1 Abs. 3 S. 3 KSchG trifft den Arbeitnehmer die **Beweislast für die fehlerhafte Sozialauswahl.** Er muss vortragen, welche Arbeitnehmer an seiner Stelle hätten gekündigt werden können und warum diese weniger schutzbedürftig sind als er. Allerdings kommt ihm insoweit die Mitteilungspflicht des Arbeitgebers nach § 1 Abs. 3 S. 1 Hs. 2 KSchG zu Hilfe. Der Vorschrift ist zu entnehmen, dass der Arbeitnehmer seiner Darlegungslast zunächst genügt, wenn er den Insolvenzverwalter auffordert, seine Gründe für die Sozialauswahl mitzuteilen. Erst wenn der Verwalter diesem Verlangen nachgekommen ist, trifft den Arbeitnehmer wieder die volle Darlegungs- und Beweislast und hat er dementsprechend vorzutragen, welche vom Verwalter in die Auswahl einbezogenen Arbeitnehmer weniger schutzbedürftig sein sollen oder welche weiteren vom Verwalter nicht benannten Arbeitnehmer bei der Sozialauswahl zusätzlich zu berücksichtigen sind.[82] Für das die Weiterbeschäftigung bestimmter Arbeitnehmer nach § 1 Abs. 3 S. 2 KSchG begründende berechtigte betriebliche Interesse ist der Insolvenzverwalter von vornherein darlegungs- und beweisbelastet.[83]

41 **Unterliegt der Arbeitnehmer** mit der Kündigungsschutzklage, so steht damit fest, dass das Arbeitsverhältnis durch die Kündigung aufgelöst ist. Streitgegenstand der Kündigungsschutzklage ist, wie sich aus § 4 S. 1 KSchG ergibt, nicht nur die Sozialwidrigkeit der Kündigung, sondern die Auflösung des Arbeitsverhältnisses durch die angegriffene Kündigung überhaupt. Daraus folgt, dass der Arbeitnehmer nun auch andere Unwirksamkeitsgründe für die Kündigung nicht mehr vorbringen kann.

42 **Obsiegt der Arbeitnehmer** mit seiner Kündigungsschutzklage, steht fest, dass das Arbeitsverhältnis durch die angegriffene Kündigung nicht aufgelöst ist. Es ist grundsätzlich mit den bisherigen Rechten und Pflichten fortzusetzen. Auch für die Zeit bis zum Urteil behält der Arbeitnehmer seine **Ansprüche.** Selbst wenn er in dieser Zeit nicht beschäftigt wurde, kann er nach § 615 S. 1 BGB Zahlung seines Arbeitsentgelts verlangen, ohne zur Nachleistung verpflichtet zu sein. Nach § 11 KSchG, der insoweit an die Stelle des § 615 S. 2 BGB tritt, muss er sich allerdings anrechnen lassen, was er durch anderweitige Arbeit verdient hat bzw. was er hätte verdienen können, wenn er es nicht böswillig unterlassen hätte, eine ihm zumutbare Arbeit anzunehmen, und was er an öffentlichrechtlichen Leistungen infolge Arbeitslosigkeit erhalten hat.[84] Diese Beträge hat der Arbeitgeber der Bundesagentur für Arbeit zu erstatten (§ 115 Abs. 1 SGB X, § 11 Nr. 3 KSchG). Anders als nach § 615 S. 2 BGB braucht sich der Arbeitnehmer ersparte Aufwendungen, zB für Fahrtkosten, nicht anrechnen zu lassen. Auch bei den Ansprüchen nach § 615 S. 1 BGB handelt es sich um Masseverbindlichkeiten nach § 55 Abs. 1 Nr. 2.[85] Gleiches gilt für die Erstattungsansprüche der Bundesagentur für Arbeit (→ § 55 Rn. 171, 176 f.).[86]

43 § 9 KSchG räumt unter bestimmten Voraussetzungen dem Arbeitnehmer wie dem Insolvenzverwalter das Recht ein, das durch die sozialwidrige Kündigung nicht beendete Arbeitsverhältnis durch eine Entscheidung des Arbeitsgerichts **gegen Abfindung auflösen** zu lassen. Voraussetzung ist jeweils die Unzumutbarkeit der Fortsetzung des Arbeitsverhältnisses, wobei die Anforderungen, die gem. § 9 Abs. 1 S. 2 KSchG an die Unzumutbarkeit der Fortsetzung auf Seiten des Insolvenzverwalters zu stellen sind (keine den Betriebszwecken dienliche weitere Zusammenarbeit zu erwarten), höher liegen. Unzumutbar ist die Fortsetzung des Arbeitsverhältnisses in erster Linie dann, wenn das notwendige Vertrauen zwischen Arbeitnehmer und Insolvenzverwalter durch die Umstände der Kündigung oder das Verhalten von Arbeitnehmer oder Verwalter nach der Kündigung nachhaltig gestört ist.[87] **Wirtschaftliche Erwägungen** können die Unzumutbarkeit regelmäßig nicht begrün-

80 BAG NZA-RR 2014, 325 Rn. 19; BAG NZA 2013, 1137 Rn. 55 = ZIP 2013, 1835; BAG NZA 1994, 653 = ZIP 1994, 966; ErfK/*Oetker* KSchG § 1 Rn. 264 und APS/*Vossen* KSchG § 1 Rn. 111 f. mwN.

81 BAG NZA 2013, 277 Rn. 28 = ZIP 2013, 330.

82 BAG NZG 2016, 35 Rn. 62; BAG NZA-RR 2014, 185 Rn. 52 = ZIP 2014, 536; BAG NZA 2007, 387 Rn. 48 = ZIP 2007, 595; BAG NJW 1984, 78; vgl. auch BAG NZA 2007, 504 Rn. 33, wonach eine Überprüfung der Sozialauswahl von Amts wegen ausscheidet; APS/*Kiel* KSchG § 1 Rn. 703 ff.; v. Hoyningen-Huene/Linck/*Krause* KSchG § 1 Rn. 1013 ff.

83 BAG NZA 2010, 1059 Rn. 14 = ZIP 2010, 2114; BAG NZA 1986, 64 = ZIP 1985, 1410; APS/*Kiel* KSchG § 1 Rn. 703; v. Hoyningen-Huene/Linck/*Krause* KSchG § 1 Rn. 1014.

84 Im Einzelnen APS/*Biebl* KSchG § 11 Rn. 17 ff.; MüKoBGB/*Hergenröder* KSchG § 11 Rn. 14 ff.; ErfK/*Kiel* KSchG § 11 Rn. 4 ff.; Staudinger/*Richardi/Fischinger* (2016) § 615 Rn. 148 ff.; LSSW/*Spinner* KSchG § 11 Rn. 8 ff.

85 Nerlich/Römermann/*Andres* § 55 Rn. 101; *Caspers* Rn. 82.

86 KPB/*Pape/Schaltke* § 55 Rn. 167.

87 Zu den einzelnen Unzumutbarkeitsgründen APS/*Biebl* KSchG § 9 Rn. 39 ff.; ErfK/*Kiel* KSchG § 9 Rn. 7 ff., 12 ff.; KR/*Spilger* KSchG § 9 Rn. 45 ff., 66 ff.

den. Weder kann sich der Arbeitnehmer darauf berufen, dass wegen der schlechten wirtschaftlichen Situation des Betriebes weitere betriebsbedingte Kündigungen wahrscheinlich sind; er muss sich insoweit wie alle anderen Arbeitnehmer mit dem Schutz begnügen, den ihm die §§ 111 ff. BetrVG (mit den Einschränkungen der §§ 121 ff.) gewähren.[88] Auf der anderen Seite kann auch der Verwalter wirtschaftliche Schwierigkeiten nicht geltend machen, denn das liefe darauf hinaus, ihm wegen der vorausgegangenen Kündigung eine Auflösung des Arbeitsverhältnisses aus betrieblichen Gründen unter leichteren Voraussetzungen zu ermöglichen, als sie § 1 KSchG vorsieht.

Kommt es zur Auflösung des Arbeitsverhältnisses, hat diese nach § 9 Abs. 2 KSchG zu dem **Zeitpunkt** zu erfolgen, zu dem das Arbeitsverhältnis bei sozial gerechtfertigter Kündigung geendet hätte. Das ist regelmäßig das Ende der ordentlichen Kündigungsfrist oder, soweit die ordentliche Kündigungsfrist länger ist, die Dreimonatsfrist des § 113 Abs. 1 S. 2 (→ § 113 Rn. 25 ff.). 44

Mit der Auflösung ist nach § 9 Abs. 1 KSchG **die Festsetzung einer angemessenen Abfindung** verbunden. § 10 Abs. 1 KSchG sieht für die Abfindung einen Betrag von bis zu zwölf Monatsverdiensten vor. Diese Höchstgrenze erhöht sich nach § 10 Abs. 2 S. 1 KSchG auf 15 Monatsverdienste, wenn der Arbeitnehmer bereits das 50. Lebensjahr vollendet und das Arbeitsverhältnis mindestens 15 Jahre bestanden hat, und auf 18 Monatsverdienste, wenn der Arbeitnehmer das 55. Lebensjahr vollendet und das Arbeitsverhältnis mindestens 20 Jahre bestanden hat. Die **schlechte wirtschaftliche Lage des insolventen Unternehmens** ist insoweit als ein die Abfindung mindernder Faktor zu berücksichtigen, als die Abfindung nicht zur Gefährdung einer Sanierung und damit zur Gefährdung weiterer Arbeitsplätze führen darf.[89] 45

Eine Auflösung des Arbeitsverhältnisses kann auch durch einen gerichtlichen oder außergerichtlichen **Abfindungsvergleich** erfolgen. Für den Arbeitnehmer kann dies attraktiv sein, weil er die Gefahr vermeidet, im Falle seines Unterliegens im Kündigungsschutzprozess leer auszugehen. Auf der anderen Seite entgeht der Verwalter dem Risiko der Festsetzung einer noch höheren Abfindung durch ein Urteil nach § 9 KSchG, zu dem dann auch noch der Annahmeverzugslohn für die Dauer der Kündigungsfrist tritt (→ Rn. 42). 46

Einen weiteren Weg, zu einer einvernehmlichen Auflösung des Arbeitsverhältnisses gegen Abfindung zu gelangen, bietet **§ 1a KSchG.** Danach kann der Arbeitgeber in der Kündigungserklärung darauf hinweisen, dass die Kündigung auf betriebliche Erfordernisse gestützt wird und der Arbeitnehmer bei Verstreichenlassen der Klagefrist eine Abfindung in Höhe von 0,5 Monatsverdiensten für jedes Jahr des Bestehens des Arbeitsverhältnisses beanspruchen kann. Lässt der Arbeitnehmer in einem solchen Fall auf einen entsprechenden Hinweis des Insolvenzverwalters die Klagefrist tatsächlich verstreichen, ist das Arbeitsverhältnis nach § 7 KSchG aufgelöst; der Arbeitnehmer hat den Anspruch auf die Abfindung.[90] 47

Sowohl nach § 9 KSchG vom Arbeitsgericht wegen einer vom Insolvenzverwalter ausgesprochenen Kündigung festgesetzte Abfindungen als auch solche, die in einem nach Verfahrenseröffnung vereinbarten Vergleich festgelegt worden sind oder aus § 1a KSchG wegen eines vom Insolvenzverwalter mit der Kündigung verbundenen Abfindungsangebots resultieren, sind Masseverbindlichkeiten nach § 55 Abs. 1 Nr. 1 (→ § 55 Rn. 189 f.).[91] 48

2. Kollektivrechtliche Ergänzungen. a) Auswahlrichtlinien. § 95 BetrVG ermöglicht die Aufstellung von Richtlinien über die Sozialauswahl in einer Vereinbarung zwischen Arbeitgeber bzw. Insolvenzverwalter und Betriebsrat. Nach § 1 Abs. 4 KSchG führt ein in einer Richtlinie nach § 95 BetrVG enthaltenes Schema, das festlegt, wie die sozialen Gesichtspunkte des § 1 Abs. 3 S. 1 KSchG im Verhältnis zueinander zu bewerten sind, dazu, dass die Bewertung nur auf grobe Fehlerhaftigkeit, also darauf überprüft werden kann, ob die Gewichtung jede Ausgewogenheit vermissen lässt. Das ist der Fall, wenn einzelne Sozialdaten überhaupt nicht, eindeutig unzureichend oder mit eindeutig überhöhter Bedeutung berücksichtigt wurden.[92] Verwalter und Betriebsrat haben es damit 49

---

[88] Vgl. LSSW/*Spinner* KSchG § 9 Rn. 41.

[89] LSSW/*Spinner* KSchG § 10 Rn. 19; vgl. allgemein auch v. Hoyningen-Huene/Linck/*Linck* KSchG § 10 Rn. 23; KR/*Spilger* KSchG § 10 Rn. 66 f.

[90] Zu den Einzelheiten MüKoBGB/*Hergenröder* KSchG § 1a Rn. 9 ff.; APS/*Hesse* KSchG § 1a Rn. 5 ff.; v. Hoyningen-Huene/Linck/*Krause* KSchG § 1a Rn. 2 ff.

[91] Nerlich/Römermann/*Andres* § 55 Rn. 113; Gottwald/*Bertram*, InsO-HdB, § 107 Rn. 37 ff.; Uhlenbruck/*Sinz* § 55 Rn. 79; ebenso BAG NZA 2019, 567 Rn. 12 ff., 21 f. = NZI 2019, 385 = ZIP 2019, 777 zu einem vom Insolvenzverwalter gestellten Auflösungsantrag nach § 9 KSchG im Fall einer noch vom Schuldner erklärten Kündigung.

[92] Begr., BT-Drs. 13/4612, 9; zum Verständnis des Begriffs der groben Fehlerhaftigkeit in diesem Sinne BAG NZA 2010, 1059 Rn. 13 = ZIP 2010, 2114; s. für die Namensliste des § 1 Abs. 5 KSchG auch BAG NZA 2015, 1122 Rn. 26 ff.; BAG NZA 2009, 1023 Rn. 32; BAG NZA 1999, 866 = ZIP 1999, 2111; im Einzelnen APS/*Kiel* KSchG § 1 Rn. 696 ff.

vor allem in der Hand festzulegen, welche Rolle die Dauer der Betriebszugehörigkeit, das Lebensalter, Unterhaltspflichten und Schwerbehinderungen angesichts der konkreten Situation im betreffenden Betrieb spielen sollen. Der vom Gesetzgeber weit gefasste Bewertungsspielraum lässt es durchaus zu, das Schwergewicht nicht auf die Dauer der Betriebszugehörigkeit, sondern auf die Unterhaltspflichten der betroffenen Arbeitnehmer zu legen, solange nur alle vier Gesichtspunkte überhaupt und das Alter und die Betriebszugehörigkeit nicht nur in der Weise in die Abwägung einbezogen werden, dass sie nur noch in extremen Ausnahmefällen eine entscheidende Rolle spielen können.[93]

50 Die **Beschränkung der Nachprüfbarkeit** auf grobe Fehlerhaftigkeit hat meist zur Konsequenz, dass sich die Nachprüfung der konkreten Auswahlentscheidung im Kündigungsschutzprozess darauf reduziert, ob das von Verwalter und Betriebsrat vorgegebene Bewertungsschema eingehalten ist. Unabhängig davon unterliegen allerdings die Auswahlrichtlinien als solche der **Rechtskontrolle.** Insbesondere müssen sie die Grundsätze des § 75 BetrVG und des § 4 Abs. 1 TzBfG einhalten. Eine Auswahlrichtlinie, die die Teilzeitbeschäftigung als einen nachteilig zu berücksichtigenden sozialen Gesichtspunkt einordnet, ist unwirksam.

51 § 1 Abs. 4 KSchG erstreckt die Beschränkung der Kontrolle von Bewertungsschemen auf grobe Fehlerhaftigkeit auch auf **Richtlinien, die in einem Tarifvertrag** enthalten sind.[94] Der Insolvenzverwalter hat also die Möglichkeit, die Sozialauswahl in einem Haustarifvertrag mit der zuständigen Gewerkschaft zu regeln. Solche Regelungen können auch Bestandteil eines Sanierungstarifvertrages sein. § 1 Abs. 4 KSchG erfasst auch Richtlinien nach den Personalvertretungsgesetzen, etwa eine solche nach § 76 Abs. 2 Nr. 8 BPersVG.

52 **b) Anhörung des Betriebsrats und der Schwerbehindertenvertretung.** Gem. § 102 BetrVG hat der Insolvenzverwalter den Betriebsrat vor jeder beabsichtigten Kündigung zu unterrichten. Von dieser Informationspflicht entbindet ihn das Zustandekommen eines Interessenausgleichs nach § 125 nicht (s. auch → Rn. 109). Die **Unterrichtung** kann allerdings mit den Verhandlungen über den Interessenausgleich verbunden werden, wobei die Verbindung schon bei der Einleitung des Beteiligungsverfahrens klarzustellen und ggf. im Wortlaut des Interessenausgleichs zum Ausdruck zu bringen ist.[95] Eine solche Verbindung ändert aber nichts daran, dass die Unterrichtung wie die Anhörung des Betriebsrats zu jeder Kündigung den von der Rechtsprechung zu § 102 BetrVG entwickelten Vorgaben entsprechen muss.[96] Dem Wegfall des Beschäftigungsbedürfnisses und der Sozialauswahl zugrunde liegende Tatsachen, die dem Betriebsrat bereits aus den Verhandlungen zum Abschluss eines Interessenausgleichs bekannt sind, muss der Insolvenzverwalter im Anhörungsverfahren allerdings nicht erneut mitteilen.[97]

53 Gem. § 102 Abs. 1 S. 2 BetrVG gehört zur Unterrichtung **die Mitteilung der Kündigungsgründe.** Die Kündigungsgründe müssen vom Verwalter so detailliert dargelegt werden, dass sich der Betriebsrat ein Bild über ihre Stichhaltigkeit machen und beurteilen kann, ob es sinnvoll ist, Bedenken zu erheben oder Widerspruch gegen die Kündigung einzulegen. Dementsprechend muss der Verwalter im Einzelnen darlegen, inwiefern der Arbeitsplatz des zu kündigenden Arbeitnehmers weggefallen ist. Dem Betriebsrat müssen auch die Gesichtspunkte für die vom Arbeitgeber beabsichtigte soziale Auswahl (Alter, Dauer der Betriebszugehörigkeit, Familienstand und Zahl der Kinder, Schwerbehinderung) mitgeteilt werden, und zwar auch hinsichtlich der Arbeitnehmer, denen nicht gekündigt werden soll.[98]

54 Von der geplanten Kündigung ist der **Betriebsratsvorsitzende** oder im Falle seiner Verhinderung dessen Stellvertreter zu unterrichten (§ 26 Abs. 2 S. 2 BetrVG). Die Unterrichtung eines anderen Betriebsratsmitglieds genügt nur, wenn dieses vom Betriebsrat oder dessen Vorsitzendem zur Entgegennahme der Mitteilung ermächtigt ist.[99]

---

93 Vgl. dazu BAG NZA 2007, 504 Rn. 28 f.; s. auch BAG NZA 2000, 531 = ZIP 2000, 676 für die Namensliste nach § 1 Abs. 5 KSchG.

94 Zu solchen tarifvertraglichen Auswahlrichtlinien *Löwisch* DB 1998, 877 (882); *Schaub* NZA 1987, 217 (223); *Weller* RdA 1986, 222 (229).

95 BAG NZA 2012, 1090 Rn. 63 = NZI 2012, 814 = ZIP 2012, 1927; BAG NZA 1999, 1101 = ZIP 1999, 1610.

96 BAG AP InsO § 125 Nr. 4 Rn. 67 = ZIP 2007, 2136; BAG NZA 2006, 162 Rn. 38 = ZIP 2006, 199; vgl. für den Interessenausgleich nach § 1 Abs. 5 KSchG auch schon BAG NZA 1999, 1039 = ZIP 1999, 1647; BAG NZA 1999, 1101 = ZIP 1999, 1610; aA *Hinkel/Pantlen* FS Wellensiek, 2011, 713 (721), wonach die Anhörung nach § 102 Abs. 1 BetrVG im Fall der Namensliste nicht erforderlich sein soll.

97 BAG NZA 2012, 1090 Rn. 63 = NZI 2012, 814 = ZIP 2012, 1927; BAG NZA 2010, 457 Rn. 37 = ZIP 2010, 1309.

98 BAG NZA 1999, 1101 = ZIP 1999, 1610; BAG NJW 1979, 1672; zum Inhalt der Unterrichtung im Einzelnen *Fitting* BetrVG § 102 Rn. 21 ff.; APS/*Koch* BetrVG § 102 Rn. 86 ff.; Richardi BetrVG/*Thüsing* § 102 Rn. 52 ff.

99 BAG NZA 2006, 990 Rn. 25.

Ist der Betriebsrat vom Insolvenzverwalter von einer geplanten ordentlichen Kündigung ordnungsgemäß unterrichtet worden, so kann der Betriebsrat diesem gem. § 102 Abs. 2 S. 1 BetrVG **innerhalb einer Woche** schriftlich und unter Angabe von Gründen Bedenken gegen die Kündigung mitteilen. Äußert sich der Betriebsrat innerhalb der Anhörungsfrist nicht, so ist das Anhörungsverfahren beendet; der Insolvenzverwalter kann die Kündigung wirksam aussprechen. Äußert sich der Betriebsrat, so hat der Verwalter diese Erklärung und gegebenenfalls nähere mündliche Erläuterungen zur Kenntnis zu nehmen. Eine Beratung mit dem Betriebsrat verlangt das Gesetz nicht. Vielmehr ist das Anhörungsverfahren mit dem Eingang der Äußerung des Betriebsrats beendet und kann der Insolvenzverwalter nach der Kenntnisnahme die Kündigung aussprechen. Den **Ablauf der Anhörungsfrist** braucht er nicht mehr abzuwarten, wenn er von einer abschließenden, das Anhörungsverfahren beendenden Stellungnahme des Betriebsrats ausgehen darf.[100] Nach einem Urteil des Bundesarbeitsgerichts soll er dies aber nur dürfen, wenn besondere Anhaltspunkte hierfür vorliegen. Der Arbeitgeber müsse der Äußerung des Betriebsrats unzweifelhaft entnehmen können, dass es sich um eine **abschließende Stellungnahme** handele. Besondere Anhaltspunkte für eine abschließende Stellungnahme lägen regelmäßig vor, wenn der Betriebsrat dem Arbeitgeber mitteile, er stimme der beabsichtigten Kündigung ausdrücklich und vorbehaltlos zu, oder erkläre, von einer Äußerung zur Kündigungsabsicht abzusehen.[101] Diese enge Auffassung ist abzulehnen. Das Bundesarbeitsgericht vertauscht hier Regel und Ausnahme. Nach dem Empfängerhorizont kann bei schriftlichen oder auch elektronischen Äußerungen im Rechtsverkehr typischerweise davon ausgegangen werden, dass diese ernst gemeint und abschließend sind. Die Vorbehaltslosigkeit und Ausdrücklichkeit ergibt sich aus der Äußerung selbst und braucht nicht eigens erklärt zu werden, vielmehr liegt es an demjenigen, der noch Vorbehalte hat, diese zu äußern. Deshalb liegt es genau umgekehrt: Von einer nicht abschließenden, das Anhörungsverfahren noch nicht beendenden Stellungnahme des Betriebsrats ist nur dann auszugehen, wenn besondere Anhaltspunkte für deren Vorläufigkeit sprechen. 55

Eine Kündigung, die ohne die Anhörung des Betriebsrats erfolgt oder nach einer fehlerhaften Anhörung ausgesprochen worden ist, ist nach § 102 Abs. 1 S. 3 BetrVG **unwirksam.** Die Unwirksamkeit muss der Arbeitnehmer innerhalb der Klagefrist des § 4 KSchG geltend machen (→ § 113 Rn. 42). 56

Nach § 178 Abs. 2 S. 1 SGB IX hat der Insolvenzverwalter die **Schwerbehindertenvertretung** in allen Angelegenheiten, die einen einzelnen oder die schwerbehinderten Menschen als Gruppe berühren, unverzüglich und umfassend zu unterrichten und vor einer Entscheidung **anzuhören;** er hat ihr die getroffene Entscheidung unverzüglich mitzuteilen. Die Regelung gilt auch für Kündigungen. Insoweit sieht § 178 Abs. 2 S. 3 SGB IX ausdrücklich vor, dass die **Kündigung eines schwerbehinderten Menschen,** die der Arbeitgeber ohne die in § 178 Abs. 2 S. 1 SGB IX vorgesehene Beteiligung der Schwerbehindertenvertretung ausspricht, unwirksam ist.[102] Das Bundesarbeitsgericht interpretiert § 178 Abs. 2 SGB IX dahingehend, dass sich der erforderliche Inhalt der Anhörung und die Frist für eine Stellungnahme der Schwerbehindertenvertretung nach den für die Anhörung des Betriebsrats nach § 102 BetrVG geltenden Grundsätzen richten (→ Rn. 52 ff.). Auch ist nach der Rechtsprechung die Kündigung des schwerbehinderten Menschen nicht allein deshalb unwirksam, weil der Arbeitgeber die Schwerbehindertenvertretung entgegen § 178 Abs. 2 S. 1 SGB IX nicht unverzüglich über seine Kündigungsabsicht unterrichtet und ihr das Festhalten an seinem Kündigungsentschluss nicht unverzüglich mitgeteilt hat. Es genügt, wenn der Insolvenzverwalter zunächst gem. §§ 168 ff. SGB IX die Zustimmung des Integrationsamts zur Kündigung des schwerbehinderten Menschen einholt (→ Rn. 65 f.) und erst danach gem. § 102 BetrVG den Betriebsrat zur Kündigung anhört und nach § 178 Abs. 2 SGB IX die Schwerbehindertenvertretung beteiligt.[103] 56a

c) Massenentlassungsanzeige. Auch im Insolvenzverfahren besteht die Pflicht zur Anzeige von Massenentlassungen an die Agentur für Arbeit. Nach § 17 Abs. 1 KSchG hat der Verwalter der Agentur für Arbeit Anzeige zu erstatten, bevor er in Betrieben mit in der Regel mehr als 20 und weniger als 60 Arbeitnehmern mehr als fünf Arbeitnehmer, in Betrieben mit in der Regel mindestens 60 und weniger als 500 Arbeitnehmern 10 vom Hundert der im Betrieb regelmäßig beschäftigten Arbeitnehmer oder aber mehr als 25 Arbeitnehmer, in Betrieben mit in der Regel mindestens 500 57

---

[100] BAG NZA 2015, 476 Rn. 13.

[101] BAG NZA 2016, 1140 Rn. 24 ff.

[102] Im Einzelnen ErfK/*Rolfs* SGB IX § 178 Rn. 8 ff.

[103] BAG NZA 2019, 305 Rn. 15 ff., 19; aA *Bayreuther* NZA 2017, 87 (90), *Klein* NJW 2017, 852 (854) und NPWJ/*Pahlen* SGB IX § 178 Rn. 11d, wonach die Anhörung des Schwerbehindertenvertretung vor dem Antrag beim Integrationsamt erfolgen muss.

Arbeitnehmern mindestens 30 Arbeitnehmer innerhalb von 30 Kalendertagen entlässt.[104] § 17 KSchG setzt die RL 98/59/EG v. 20.7.1998 zur Angleichung der Rechtsvorschriften über Massenentlassungen um. Als Betrieb iSd § 17 KSchG wird gemeinhin der betriebsverfassungsrechtliche **Betriebsbegriff** der §§ 1, 4 BetrVG verstanden,[105] wobei der EuGH in seiner jüngeren Rechtsprechung einem unionsrechtlichen Betriebsbegriff folgt, bei dem er an eine objektiv und örtlich bestimmte Einheit anknüpft und bei dem es auf das Vorliegen einer einheitlichen Leitung in mitbestimmungspflichtigen Angelegenheiten nicht ankommt.[106] Das kann im Einzelfall zu einer Abweichung vom BetrVG führen, was dann eine unionsrechtliche Auslegung des § 17 KSchG erforderlich macht.[107] Zudem legt der EuGH der RL 98/59/EG den unionsrechtlichen **Arbeitnehmerbegriff** zugrunde, demzufolge Arbeitnehmer eine Person ist, die „während einer bestimmten Zeit für eine andere nach deren Weisung Leistungen erbringt, für die sie als Gegenleistung eine Vergütung erhält."[108] Der EuGH hat ua entschieden, dass auch GmbH-Fremdgeschäftsführer Arbeitnehmer iSd Massenentlassungsrechts sind. Insoweit soll das Bestehen eines Unterordnungsverhältnisses maßgeblich sein.[109] Da § 17 Abs. 5 Nr. 1 KSchG Mitglieder des Organs einer juristischen Person aus dem Anwendungsbereich des § 17 KSchG ausdrücklich ausnimmt, ist der deutsche Gesetzgeber gefordert, eine unionsrechtskonforme Rechtslage zu schaffen.[110] Für die in § 17 Abs. 5 Nr. 3 KSchG genannten leitenden Angestellten stellt sich das gleiche Problem.[111]

58 Weiter hat der EuGH der RL 98/59/EG entnommen, dass der **Begriff der Entlassung** als Ausspruch der **Kündigung** und nicht, wie in Deutschland jahrzehntelang angenommen, als die mit ihr beabsichtigte tatsächliche Beendigung des Arbeitsverhältnisses zu verstehen ist.[112] Dem hat sich das Bundesarbeitsgericht angeschlossen.[113] Dementsprechend muss der Insolvenzverwalter nunmehr vor Ausspruch der Kündigungen die Massenentlassungsanzeige erstatten. Wird die Anzeige erst nachträglich oder fehlerhaft erstattet, weil zB die Anforderungen des § 17 Abs. 3 S. 2 und 3 KSchG (→ Rn. 64) nicht beachtet sind, sind die Kündigungen nach der Rechtsprechung des Bundesarbeitsgerichts gem. § 134 BGB nichtig.[114] Besteht der Fehler allerdings darin, dass die nach § 17 Abs. 3 S. 4 KSchG zu nennende Zahl der zu entlassenden Arbeitnehmer zu niedrig angegeben wird, können sich nur solche Arbeitnehmer auf den Fehler berufen, die von der Massenentlassungsanzeige nicht erfasst sind.[115] § 17 KSchG gilt auch im Fall von **Änderungskündigungen.**[116] Hat bereits der Schuldner eine Massenentlassungsanzeige erstattet und gekündigt und kündigt der Insolvenzverwalter erneut (→ § 113 Rn. 24), ist nach der Rechtsprechung des Bundesarbeitsgerichts unter den Voraussetzungen des § 17 Abs. 1 KSchG eine neue Massenentlassungsanzeige erforderlich, da die zuvor von § 17 KSchG eröffnete Kündigungsmöglichkeit mit der Erklärung der Kündigung durch den Schuldner verbraucht worden sei.[117]

59 Nach § 17 Abs. 1 S. 2 KSchG stehen Entlassungen **andere Beendigungen** des Arbeitsverhältnisses gleich, die vom Arbeitgeber veranlasst werden. Konsequenterweise muss auch insoweit nicht der Vollzug der Beendigung des Arbeitsverhältnisses, sondern der Tatbestand maßgebend sein, welcher die Beendigung herbeiführt: Art. 1 Abs. 1 lit. b) S. 2 der RL 98/59/EG stellt dem vom EuGH

---

104 S. zu dieser 30-Tages-Frist in Fällen einer Kündigung mit behördlicher Zustimmung nach § 18 Abs. 1 S. 4 BEEG oder § 17 Abs. 2 MuSchG allerdings BVerfG (3. Kammer des Ersten Senats) NZA 2016, 939 Rn. 25 = ZIP 2016, 1793; BAG NZA 2017, 577 Rn. 28 f. = ZIP 2017, 692; ErfK/*Kiel* KSchG § 17 Rn. 17a; KR/*Weigand* KSchG § 17 Rn. 80; LSSW/*Wertheimer* KSchG § 17 Rn. 43a.

105 BAG NZA 2013, 669 Rn. 84; ErfK/*Kiel* KSchG § 17 Rn. 9; LSSW/*Wertheimer* KSchG § 17 Rn. 9.

106 EuGH NZA 2015, 731 Rn. 26 ff. – Lyttle; EuGH NZA 2015, 669 Rn. 44 ff. – Rabal Cañas; EuGH NZA 2015, 601 Rn. 47 ff. = ZIP 2015, 1041 – USDAW.

107 Vgl. BAG NZA 2017, 577 Rn. 21 = ZIP 2017, 692 (wo sich der unionsrechtliche Betriebsbegriff gegenüber demjenigen des BetrVG allerdings nicht auswirkte); zu den Konsequenzen der EuGH-Rechtsprechung ausführlich EuArbR/*Spelge* RL 98/59/EG Art. 1 Rn. 57 ff.; s. auch ErfK/*Kiel* KSchG § 17 Rn. 9 ff.; LSSW/*Wertheimer* KSchG § 17 Rn. 22.

108 EuGH NZA 2015, 861 Rn. 34 = ZIP 2015, 1555 – Balkaya.

109 EuGH NZA 2015, 861 Rn. 35 ff. = ZIP 2015, 1555 – Balkaya.

110 *Lunk/Hildebrand* NZA 2016, 129 (131 f.); s. auch ErfK/*Kiel* KSchG § 17 Rn. 7, der allerdings auch eine teleologische Reduktion des § 17 Abs. 5 KSchG für möglich hält.

111 Im Einzelnen EuArbR/*Spelge* RL 98/59/EG Art. 1 Rn. 49 ff.

112 EuGH NZA 2005, 213 Rn. 31 ff., 39 = ZIP 2005, 230 – Junk.

113 BAG NZA 2010, 1057 Rn. 18 = ZIP 2010, 1566; BAG NZA 2007, 25 Rn. 15 ff. = ZIP 2006, 2396; BAG NZA 2007, 266 Rn. 15 = ZIP 2006, 2329; BAG NZA 2006, 971 Rn. 22 ff. = ZIP 2006, 1644.

114 BAG NZA 2017, 175 Rn. 21 = ZIP 2017, 193; BAG NZI 2013, 447 Rn. 75; BAG NZA 2013, 845 Rn. 37 ff. = ZIP 2013, 742.

115 BAG NZA 2012, 1029 Rn. 50 = ZIP 2012, 1822.

116 BAG NZA 2014, 1069 Rn. 32 ff., 39 ff. = ZIP 2014, 1691.

117 BAG NZA 2016, 490 Rn. 28 f. = ZIP 2016, 633; BAG NZA 2010, 1057 Rn. 14 ff. = ZIP 2010, 1566; ErfK/*Kiel* KSchG § 17 Rn. 17; MHdB ArbR/*Krumbiegel* § 122 Rn. 5.

als Kündigungserklärung verstandenen Begriff der Entlassung Beendigungen des Arbeitsverhältnisses gleich, die auf Veranlassung des Arbeitgebers aus einem oder mehreren Gründen, die nicht in der Person des Arbeitnehmers liegen, erfolgen. Deshalb sind auch Arbeitnehmer mitzuzählen, die **auf Veranlassung des Arbeitgebers** im Wege der Eigenkündigung aus dem Arbeitsverhältnis ausgeschieden und damit einer sonst erforderlichen Arbeitgeberkündigung zuvorgekommen sind.[118] Auch muss der Insolvenzverwalter, ehe er eine die Schwelle des § 17 Abs. 1 S. 1 KSchG übersteigende Zahl von Aufhebungsverträgen abschließt, die Anzeige erstatten.[119] Das gilt nach dem eindeutigen Wortlaut der Vorschrift auch dann, wenn mit der vom Insolvenzverwalter veranlassten Aufhebung des Arbeitsverhältnisses ein Wechsel in eine **Transfergesellschaft** (→ § 128 Rn. 34 f.) verbunden ist.[120] Dafür spricht auch, dass nach der Rechtsprechung des EuGH nunmehr erhebliche Änderungen wesentlicher Teile des Vertragsinhalts den Tatbestand der Entlassung erfüllen können, wenn sie vom Arbeitgeber einseitig vorgenommen werden.[121] Auch wenn diese Rechtsprechung die vorliegende Konstellation nicht unmittelbar erfasst, ist doch mit dem Wechsel in die Transfergesellschaft typischerweise eine erhebliche Abweichung von den früheren Arbeitsbedingungen verbunden, die auf den vom Insolvenzverwalter initiierten Aufhebungsvertrag samt Wechsel in die Transfergesellschaft zurückzuführen ist.

Hat der Insolvenzverwalter eine **rechtswirksame Anzeige erstattet,** können Kündigungen 60
vor Ablauf eines Monats nach Eingang der Anzeige bei der Agentur für Arbeit nur mit deren Zustimmung wirksam werden (§ 18 Abs. 1 KSchG). Diese **Sperrfrist** hindert nicht den Ausspruch der Kündigungen unmittelbar nach der Erstattung der Massenentlassungsanzeige. Auch kommt es durch die Sperrfrist nicht zu einer Verlängerung der einschlägigen Kündigungsfristen. Vielmehr werden von ihr nur solche Kündigungen erfasst, deren Kündigungsfrist kürzer als die Sperrfrist ist.[122] Eine Verlängerung der Sperrfrist auf längstens zwei Monate durch die Agentur für Arbeit nach § 18 Abs. 2 KSchG kommt in der Insolvenz regelmäßig nicht in Betracht. Das Ermessen ist insoweit eingeschränkt, als eine Schmälerung der Masse durch Festsetzung der Sperre über die Kündigungsfrist hinaus unzulässig ist. Das ginge sonst einseitig zu Lasten der Insolvenzgläubiger.[123]

Nach § 18 Abs. 4 KSchG bedarf es unter den Voraussetzungen des § 17 Abs. 1 KSchG einer 61
erneuten Anzeige, wenn die Entlassungen nicht innerhalb von 90 Tagen nach dem Zeitpunkt, zu dem sie nach § 18 Abs. 1 und 2 KSchG zulässig sind, durchgeführt werden (sog. **Freifrist**). Auch hier ist Entlassung nunmehr als Ausspruch der Kündigung zu verstehen. Der Insolvenzverwalter muss nach Ablauf der Freifrist dann eine erneute Anzeige erstatten, wenn er von der Möglichkeit des Ausspruchs der Kündigung bis dahin keinen Gebrauch gemacht hat und wiederum die Voraussetzungen einer Massenentlassung nach § 17 Abs. 1 KSchG gegeben sind.[124]

Der Anzeige an die Agentur für Arbeit ist gem. § 17 Abs. 2 KSchG ein **betriebsinternes** 62
Beteiligungsverfahren vorgeschaltet. Nach S. 1 dieser Bestimmung hat der Insolvenzverwalter, wenn er beabsichtigt, anzeigepflichtige Entlassungen vorzunehmen, dem Betriebsrat rechtzeitig die zweckdienlichen Auskünfte zu erteilen und ihn schriftlich insbesondere über die in den Nummern 1 bis 6 genannten Kriterien zu unterrichten. Soll der Personalabbau auf der Grundlage eines unternehmenseinheitlichen Konzepts durchgeführt werden und sind mehrere Betriebe davon betroffen, ist das Konsultationsverfahren mit dem Gesamtbetriebsrat durchzuführen[125] (s. auch → Rn. 71). Entgegen dem Wortlaut des § 17 Abs. 2 S. 2 KSchG kann nach Auffassung des Bundesarbeitsgerichts auch die Textform das Formerfordernis wahren.[126] Wird das Konsultationsverfahren nicht oder nicht ordnungsgemäß durchgeführt, sind die Kündigungen nach der Rechtsprechung des Bundesarbeitsgerichts nach § 134 BGB nichtig, da in diesem Fall der Arbeitgeber die Massenentlassung grundsätzlich

118 BAG NZA 2012, 1029 Rn. 47 ff. = ZIP 2012, 1822.

119 BAG AP BGB § 613a Nr. 464 Rn. 40 ff. = BeckRS 2015, 70521; *Löwisch* GPR 2005, 150 (151).

120 Zutr. LAG Baden-Württemberg NZA-RR 2014, 192 = ZIP 2014, 937; *Niklas/Koehler* NZA 2010, 913 (914); ErfK/*Kiel* KSchG § 17 Rn. 14; KR/*Weigand* KSchG § 17 Rn. 61; diff. EuArbR/*Spelge* RL 98/59/EG Art. 1 Rn. 39; aA LSSW/*Wertheimer* KSchG § 17 Rn. 35; offen gelassen von BAG NZA 2012, 1029 Rn. 43 f. = ZIP 2012, 1822, wonach aber jedenfalls diejenigen Arbeitnehmer bei der Berechnung des Schwellenwerts mitzählen, bei denen im Zeitpunkt der Massenentlassungsanzeige noch nicht feststeht, dass sie in eine Transfergesellschaft wechseln werden; s. allgemein auch BAG AP BGB § 613a Nr. 464 Rn. 50 = BeckRS 2015, 70521.

121 EuGH NZA 2017, 1323 Rn. 25 – Socha; EuGH NZA 2015, 1441 Rn. 55 = ZIP 2015, 2292 – Rivera.

122 BAG NZA 2009, 1013 Rn. 23 ff. = ZIP 2009, 487.

123 *Jaeger/Henckel* KO § 22 Rn. 35.

124 BAG NZA 2016, 1202 Rn. 27 = ZIP 2016, 2037; BAG NZA 2010, 944 Rn. 26 ff., 33 = ZIP 2010, 1461.

125 BAG AP KSchG 1969 Nr. 44 Rn. 44 = BeckRS 2013, 68180.

126 BAG NZA 2017, 175 Rn. 41 ff. = ZIP 2017, 193; offen gelassen von BAG NZA 2016, 1198 Rn. 27 = ZIP 2016, 1885; BAG NZA 2013, 32 Rn. 55 ff. = ZIP 2012, 2412.

nicht wirksam anzeigen und daher das Arbeitsverhältnis nicht wirksam kündigen konnte[127] (vgl. auch → Rn. 58). Fehlen die nach § 17 Abs. 2 S. 1 Nr. 2 und 3 KSchG erforderlichen Angaben über die betroffenen Berufsgruppen, kommt eine Heilung dieses Verfahrensfehlers durch eine abschließende Stellungnahme des Betriebsrats in Betracht, wenn wegen einer Betriebsstilllegung die Entlassung aller Arbeitnehmer beabsichtigt ist und der Betriebsrat hierüber ordnungsgemäß unterrichtet wurde. Der Stellungnahme muss zu entnehmen sein, dass der Betriebsrat seinen Beratungsanspruch nach § 17 Abs. 2 S. 2 KSchG als erfüllt ansieht.[128]

63 Nach § 17 Abs. 2 S. 2 KSchG haben Insolvenzverwalter und Betriebsrat insbesondere die Möglichkeiten zu beraten, Entlassungen zu vermeiden oder einzuschränken und ihre Folgen zu mildern. Auch insoweit ist der Begriff der Entlassung nunmehr als Kündigung zu lesen.[129] **Information und Beratung** müssen durchgeführt sein, ehe die Kündigungen ausgesprochen werden. Soweit ein Interessenausgleich mit Namensliste (→ Rn. 67 f.) abgeschlossen wird, ist damit nach der ausdrücklichen Vorschrift des § 125 Abs. 2 auch die Konsultation durchgeführt (→ Rn. 109). Unabhängig davon genügt auch sonst das Interessenausgleichs- und Sozialplanverfahren nach § 112 Abs. 1 BetrVG (→ §§ 121, 122 Rn. 11 ff., 15 ff.) der Information und Beratung, sofern dem Betriebsrat die von § 17 Abs. 2 KSchG geforderten Informationen gegeben werden und dieser klar erkennen kann, dass die stattfindenden Beratungen (auch) der Erfüllung der Konsultationspflicht aus § 17 Abs. 2 KSchG dienen sollen.[130] Indessen fordern Art. 2 der RL 98/59/EG sowie § 17 Abs. 2 KSchG nicht, dass im Rahmen der Konsultation des Betriebsrats die Verhandlungen zum Interessenausgleich und Sozialplan abgeschlossen oder vor der Einigungsstelle gescheitert sind. Art. 2 der Massenentlassungsrichtlinie und § 17 Abs. 2 KSchG fordern nur Information und Beratung, nicht aber eine Einigung vor Durchführung der Massenentlassung[131] oder die Durchführung eines im nationalen Recht an anderer Stelle vorgesehenen Schlichtungsverfahrens.[132] Mehr als eine ernsthafte Verhandlung mit dem Ziel der Verständigung verlangen die Vorschriften nicht. Vorausgesetzt ist nur, dass Auskunft und Konsultation hinreichend ausführlich sind, so dass die Arbeitnehmervertreter in die Lage versetzt werden, konstruktive Vorschläge zu unterbreiten (Art. 2 Abs. 3 RL 98/59/EG).[133]

64 § 17 Abs. 3 S. 1 KSchG sieht vor, dass der Arbeitgeber **gleichzeitig** der Agentur für Arbeit eine **Abschrift der Mitteilung an den Betriebsrat zuzuleiten** hat; sie muss zumindest die in den Nummern 1 bis 5 des § 17 Abs. 2 KSchG vorgesehenen Angaben enthalten. Mit gleichzeitig ist gemeint: Gleichzeitig mit der Unterrichtung des Betriebsrats und nicht erst gleichzeitig mit der Massenentlassungsanzeige.[134] Davon zu unterscheiden ist die **Stellungnahme des Betriebsrats** zu den Kündigungen, die der Insolvenzverwalter gem. § 17 Abs. 3 S. 2 KSchG der Massenentlassungsanzeige gegenüber der Agentur für Arbeit beifügen muss. Dabei stellt nicht jede Äußerung des Betriebsrats eine Stellungnahme dar, vielmehr muss sich der Betriebsrat in einer Weise äußern, die erkennen lässt, dass er seine Beteiligungsrechte als gewahrt ansieht und dass es sich um eine abschließende Erklärung zu den vom Arbeitgeber beabsichtigten Kündigungen handelt; die eindeutige Mitteilung, keine Stellung nehmen zu wollen, reicht aus.[135] Die Stellungnahme des Betriebsrats kann dabei auch in einen Interessenausgleich integriert sein; eines eigenständigen Dokuments bedarf es dazu nicht.[136] Liegt die Stellungnahme nicht vor oder genügt diese nicht den gesetzlichen Anforderungen, so ist nach § 17 Abs. 3 S. 3 KSchG die Anzeige wirksam, wenn der Insolvenzverwalter glaubhaft macht, dass er den Betriebsrat mindestens zwei Wochen vor Erstattung der Anzeige unterrichtet hat und er den Stand der Beratungen darlegt. Fehlt es an diesen Voraussetzungen, ist die Kündigung des Arbeitsverhältnisses unwirksam (→ Rn. 58). Fehler, die dem Insolvenzverwalter bei der Erstattung der Massenentlassungsanzeige unterlaufen, können durch einen Verwaltungsakt der Arbeitsverwaltung nach § 18 Abs. 1 oder 2 KSchG nicht geheilt werden.[137]

65 **3. Gesetzliche Kündigungsbeschränkungen.** Arbeitnehmer, deren Arbeitsverhältnis einem gesetzlichen Sonderkündigungsschutz unterliegt, können auch im Insolvenzverfahren nur unter

127 BAG NZA 2013, 966 Rn. 19 ff. = ZIP 2013, 1589.
128 BAG NZA 2016, 1198 Rn. 31 ff. = ZIP 2016, 1885.
129 EuGH NZA 2005, 213 Rn. 42 ff. = ZIP 2005, 230 – Junk.
130 BAG NZA 2015, 881 Rn. 17 = ZIP 2015, 1307; BAG NZA 2013, 32 Rn. 47 = ZIP 2012, 2412.
131 BAG NZA 2017, 175 Rn. 50 = ZIP 2017, 193; BAG NZA 2008, 753 Rn. 48; insoweit nicht beanstandet von BVerfG (3. Kammer des Ersten Senats) NZA 2010, 439 Rn. 36 = ZIP 2010, 642.
132 *Giesen* SAE 2006, 135 (136 f.); *Klumpp* NZA 2006, 703 (705 f.).
133 *Giesen* SAE 2006, 135 (137).
134 KR/*Weigand* KSchG § 17 Rn. 93; LSSW/*Wertheimer* KSchG § 17 Rn. 46; aA BAG NZA 2009, 1267 Rn. 60 = ZIP 2010, 246.
135 BAG NZA 2015, 881 Rn. 38 = ZIP 2015, 1307; BAG NZA 2012, 1029 Rn. 53 = ZIP 2012, 1822.
136 BAG NZA 2012, 1058 Rn. 17 ff. = ZIP 2012, 1259.
137 BAG NZA 2013, 845 Rn. 30 = ZIP 2013, 742; BAG NZA 2013, 32 Rn. 25 ff. = ZIP 2012, 2412; BAG NZA 2012, 1029 Rn. 70 ff. = ZIP 2012, 1822.

Beachtung dieses Kündigungsschutzes ordentlich gekündigt werden.[138] Insbesondere der Sonderkündigungsschutz für Schwangere und Mütter (§ 17 MuSchG), für Arbeitnehmer in Elternzeit (§ 18 BEEG) und in Pflegezeit (§ 5 PflegeZG) und für Schwerbehinderte (§ 168 SGB IX) ist grundsätzlich auch in der Insolvenz zu beachten (→ § 113 Rn. 19). Jedoch ist bei einer im Verlauf des Insolvenzverfahrens erfolgenden **Betriebsstilllegung** die behördliche Zulassung der Kündigung nach § 17 Abs. 2 MuSchG, § 18 Abs. 1 S. 4 BEEG und § 5 Abs. 2 PflegeZG regelmäßig zu erteilen.[139] Die zuständige Behörde darf die Zulässigkeitserklärung nicht mit der Begründung verweigern, es liege ein Betriebsübergang vor; die Zulässigkeitserklärung ist in einem solchem Fall vorsorglich zu erteilen.[140] Hat die zuständige Behörde die Kündigung für zulässig erklärt, kann der Insolvenzverwalter mit der Frist des § 113 S. 2 (→ § 113 Rn. 19, 25 ff.) kündigen, auch wenn damit sozialversicherungsrechtliche Nachteile, etwa das Ende der beitragsfreien Mitgliedschaft in der gesetzlichen Krankenversicherung, verbunden sind.[141]

Zur Kündigung des Arbeitsverhältnisses eines **schwerbehinderten Menschen** hat das Integrationsamt seine Zustimmung zu erteilen, wenn der Betrieb nicht nur vorübergehend stillgelegt wird und vom Zugang der Kündigung die Vergütung für mindestens drei Monate fortgezahlt wird (§ 172 Abs. 1 S. 1 SGB IX).[142] Unabhängig davon soll das Integrationsamt nach § 172 Abs. 3 SGB IX die Zustimmung dann erteilen, wenn der Schwerbehinderte im Interessenausgleich nach Abs. 1 namentlich als einer der zu entlassenden Arbeitnehmer bezeichnet ist, die Schwerbehindertenvertretung beim Zustandekommen des Interessenausgleichs beteiligt worden ist, der Anteil der zu entlassenden Schwerbehinderten nicht größer ist als der Anteil der zu entlassenden Arbeitnehmer und die Beschäftigungsquote nach § 154 SGB IX auch nach den Entlassungen erfüllt bleibt.[143] Erteilt das Integrationsamt die Zustimmung, kann der Insolvenzverwalter die Kündigung nur innerhalb eines Monats nach Zustellung der Zustimmung erklären (§ 171 Abs. 3 SGB IX). Von vornherein keiner Zustimmung bedarf es in den Fällen des § 173 SGB IX (Arbeitnehmer in der Wartezeit, ältere Arbeitnehmer, witterungsbedingte Entlassungen und fehlender Nachweis der Schwerbehinderung).[144] Nach § 178 Abs. 2 S. 3 SGB IX ist die Schwerbehindertenvertretung vor der Kündigung des schwerbehinderten Menschen anzuhören (→ Rn. 56a). 66

III. Kündigungsbenennung im Interessenausgleich

1. Voraussetzungen. a) Interessenausgleich. Ein **Interessenausgleich** über Kündigungen setzt eine Betriebsänderung iSd § 111 BetrVG voraus. Außerhalb des Anwendungsbereichs des § 111 BetrVG scheidet ein solcher Interessenausgleich von vornherein aus (→ Rn. 5 f.). Innerhalb des Anwendungsbereichs muss einer der Fälle des § 111 S. 3 BetrVG gegeben sein (→ §§ 121, 122 Rn. 7 f.). Deshalb gilt § 125 nicht für Fälle, in denen keine Betriebsänderung, sondern in Wahrheit ein Betriebs(teil-)übergang stattfindet.[145] Auch können betriebsändernde Maßnahmen, die die Schwelle zur Betriebsänderung iS dieser Vorschrift nicht erreichen, nicht Grundlage eines Interessenausgleichs nach § 125 sein. Das gilt insbesondere für einen bloßen Personalabbau, der die Zahlen und Prozentangaben des § 17 Abs. 1 KSchG nicht erfüllt oder nicht mindestens fünf Prozent der Belegschaft betrifft.[146] Insoweit ist der Insolvenzverwalter auf das allgemeine Kündigungsschutzrecht oder auf das Feststellungsverfahren nach § 126 verwiesen (→ § 126 Rn. 6). 67

Wenn Abs. 1 S. 1 davon spricht, dass eine Betriebsänderung **„geplant"** sein muss, ist damit nicht gemeint, dass nur auf Planungen des Insolvenzverwalters zurückgehende Betriebsänderungen erfasst werden sollen. Es genügt, dass sich eine Betriebsänderung noch insofern im Planungsstadium befindet, als sie noch nicht endgültig durchgeführt ist. Dementsprechend kann der Insolvenzverwalter auch für **eine schon vom Schuldner geplante** oder begonnene Betriebsänderung einen Interessen- 68

138 Ausführlich dazu Gottwald/*Bertram,* InsO-HdB § 105 Rn. 106 ff.

139 BVerwGE 135, 67 Rn. 17 = NJW 2010, 2074; BVerwGE 54, 276 (280 ff.) = AP MuSchG 1968 § 9 Nr. 5 = BeckRS 1977, 30441061; *Buchner/Becker,* Mutterschutzgesetz und Bundeselterngeld- und Elternzeitgesetz, 8. Aufl. 2008, MuSchG § 9 Rn. 230, BEEG § 18 Rn. 25; Gottwald/*Bertram,* InsO-HdB, § 105 Rn. 119 f.; ErfK/*Gallner* BEEG § 18 Rn. 11 f., PflegeZG § 5 Rn. 4; ErfK/*Schlachter* MuSchG § 17 Rn. 13 ff.

140 BAG NZA 2013, 1007 Rn. 25 = NZI 2013, 151.

141 BAG NZA 2014, 897 Rn. 9 ff. = NZI 2014, 467 = ZIP 2014, 1685 (für die Zulässigkeitserklärung nach § 18 Abs. 1 S. 4 BEEG).

142 Im Einzelnen KR/*Gallner* SGB IX §§ 168 bis 173 Rn. 98 ff.; NPWJ/*Neumann* SGB IX § 172 Rn. 7 ff.

143 Zur Sondervorschrift des § 172 Abs. 3 SGB IX (früher: § 89 Abs. 3 SGB IX und § 19 Abs. 3 SchwbG) und ihrem Verhältnis zu § 172 Abs. 1 SGB IX (früher: § 89 Abs. 1 SGB IX und § 19 Abs. 1 SchwbG) *Caspers* Rn. 334 ff.

144 S. im Einzelnen NPWJ/*Neumann* SGB IX Erl. zu § 173; ErfK/*Rolfs* SGB IX Erl. zu § 173.

145 BAG NZA-RR 2012, 570 Rn. 43.

146 BAG AP BetrVG 1972 § 112 Namensliste Nr. 1 = NZA 2006, 64 (Ls.).

ausgleich nach § 125 abschließen. Dass der Insolvenzverwalter für die geplante Betriebsänderung gem. § 122 die gerichtliche Zustimmung erhalten und mit der Durchführung begonnen hat, hindert die Möglichkeit eines Interessenausgleichs nach § 125 nicht (vgl. § 122 Abs. 1 S. 3). Auch wenn bereits ein allgemeiner Interessenausgleich nach § 112 BetrVG zustande gekommen ist, kann noch ein Interessenausgleich nach § 125 abgeschlossen werden.

69 Sind **bereits Kündigungen ausgesprochen** worden, kann ein Interessenausgleich noch geschlossen werden. Allerdings können die besonderen Rechtsfolgen des § 125 nicht für die schon erfolgten, sondern nur für **erneute Kündigungen** eintreten[147] (zur Möglichkeit der Nachkündigung → § 113 Rn. 24). Wenn die Vorschrift von den Arbeitnehmern spricht, „denen gekündigt werden soll", bringt sie damit zum Ausdruck, dass Insolvenzverwalter und Betriebsrat einen Ausgleich versuchen sollen, bevor die Würfel über die Kündigungen gefallen sind.[148]

70 Das **Verfahren für den Interessenausgleich** richtet sich nach § 112 BetrVG. Allerdings wird die Bundesagentur für Arbeit nur dann tätig, wenn Insolvenzverwalter und Betriebsrat sie gemeinsam einschalten (§ 121). S. im Einzelnen zum Verfahren → §§ 121, 122 Rn. 15 ff. und 29 f.

71 Der Interessenausgleich muss mit dem **zuständigen Betriebsrat** abgeschlossen werden. Plant der Insolvenzverwalter eine Maßnahme, die sich auf alle oder mehrere Betriebe auswirkt, etwa die Verlegung eines Betriebes und dessen Zusammenlegung mit einem anderen Betrieb des Unternehmens, so ist nach § 50 Abs. 1 S. 1 BetrVG der **Gesamtbetriebsrat** zuständig und ist deshalb ein mit dem Betriebsrat des zu verlegenden Betriebes abgeschlossener Interessenausgleich unwirksam.[149] Auch ist der Gesamtbetriebsrat für den Interessenausgleich nach § 125 originär zuständig, wenn ein **geplanter Personalabbau** auf der Grundlage eines unternehmenseinheitlichen Konzepts durchgeführt werden soll und mehrere Betriebe von der Betriebsänderung betroffen sind, so dass das Verteilungsproblem nur betriebsübergreifend und einheitlich und damit auf der Ebene des Gesamtbetriebsrats gelöst werden kann.[150] Eine betriebsübergreifende Regelung muss allerdings zwingend notwendig sein, um die Zuständigkeit des Gesamtbetriebsrats zu begründen.[151] Der wirtschaftliche Zwang zur Sanierung des Unternehmens begründet für sich allein noch nicht die Zuständigkeit des Gesamtbetriebsrats.[152] Bei Zweifeln über die Zuständigkeit schließt der Insolvenzverwalter zweckmäßigerweise den Interessenausgleich mit allen in Betracht kommenden Arbeitnehmervertretungen ab[153] (→ §§ 121, 122 Rn. 36).

72 **b) Kündigungen auf Grund einer Betriebsänderung.** § 125 betrifft nur die durch eine geplante Betriebsänderung ausgelösten **betriebsbedingten Kündigungen.** Verhaltens- und personenbedingte, insbesondere krankheitsbedingte Kündigungen können in einem Interessenausgleich nach § 125 nicht geregelt werden.[154] Ihre Zulässigkeit richtet sich, soweit es um ordentliche Kündigungen geht, nach dem Kündigungsschutzgesetz, soweit es um außerordentliche Kündigungen geht, nach § 626 BGB. Für das Kündigungsschutzverfahren gelten uneingeschränkt die Vorschriften des Kündigungsschutzgesetzes, im Falle der außerordentlichen Kündigung über § 13 Abs. 1 KSchG.

73 Es kann vorkommen, dass in der Person eines Arbeitnehmers sowohl ein personen- oder verhaltensbedingter Kündigungsgrund besteht, der Arbeitnehmer andererseits aber auch betriebsbedingt gekündigt werden kann, weil er von der Betriebsänderung betroffen ist. Dem Insolvenzverwalter steht dann die Entscheidung offen, ob er bei einem solchen **Mischtatbestand** personen- oder verhaltensbedingt kündigt oder den Weg der im Interessenausgleich gemeinsam mit dem Betriebsrat vorentschiedenen betriebsbedingten Kündigung geht. Letzteres kann aus seiner Sicht deshalb zweckmäßig sein, weil er Rechtssicherheit in der Frage der Begründetheit der Kündigung gewinnt. Höhere

---

147 *Hamberger* S. 242; Nerlich/Römermann/*Hamacher* § 125 Rn. 24; Uhlenbruck/*Zobel* § 125 Rn. 11.

148 *Löwisch* RdA 1997, 80 (81).

149 BAG NZA 2002, 688 = ZIP 2002, 1498; BAG NZA 1996, 1107 = ZIP 1996, 1391.

150 BAG NZA 2013, 797 Rn. 47 = NZI 2012, 1011 = ZIP 2012, 2312.

151 BAG NZA 2013, 32 Rn. 35 ff. = ZIP 2012, 2412 (explizit zur Zuständigkeit des Gesamtbetriebsrats für einen Interessenausgleich mit Namensliste nach § 125); s. auch BAG NZA 2013, 333 Rn. 21 ff.; BAG NZA 2011, 1108 Rn. 24 = NZI 2011, 719 = ZIP 2011, 1786; BAG NZA 2010, 1352 Rn. 24; Richardi BetrVG/*Annuß* § 50 Rn. 37 ff.; *Fitting* BetrVG § 50 Rn. 59; aA *Röger* ZIP 2018, 2045 (2051), der aus einer von ihm angenommenen generellen originären Zuständigkeit des Gesamtbetriebsrats für den Insolvenzsozialplan nach § 123 ableitet, dass der Gesamtbetriebsrat stets auch für einen Interessenausgleich in der Insolvenz originär zuständig sein müsse.

152 BAG NZA 2002, 988 = ZIP 2002, 1265.

153 Zur Zulässigkeit dieser Vorgehensweise BAG NZA 2013, 797 Rn. 48 = NZI 2012, 1011 = ZIP 2012, 2312.

154 K. Schmidt/*Ahrens* § 125 Rn. 5; HKInsO/*Linck* § 125 Rn. 12; Uhlenbruck/*Zobel* § 125 Rn. 31.

Sozialplankosten fallen für die Masse dann nicht an, wenn die relative Obergrenze des § 123 Abs. 2 S. 1 ohnehin erreicht wird (→ § 123 Rn. 65 ff.).

c) Namentliche Benennung. § 125 verlangt, dass die zu kündigenden Arbeitnehmer im Interessenausgleich namentlich genannt werden. Das Gesetz will so gewährleisten, dass sich Insolvenzverwalter und Betriebsrat genaue Rechenschaft darüber ablegen, welche Kündigungen tatsächlich betriebsbedingt sind und welche Arbeitnehmer als vergleichbar für eine Sozialauswahl in Betracht kommen, welche soziale Rangfolge zwischen ihnen besteht und wer aus der Sozialauswahl auszuscheiden hat, weil für seine Beschäftigung ein betriebliches Bedürfnis besteht.[155] 74

Namentliche Bezeichnung heißt, dass die zu kündigenden Arbeitnehmer regelmäßig mit **Vor- und Nachnamen** aufgeführt werden. Gibt es mehrere Träger desselben Namens, muss ein Zusatz erfolgen, der die **Individualisierung** ermöglicht. Die Angabe der Personalnummern im Stellenplan oder lediglich die Bezeichnung der Abteilung, in der die zu kündigenden Arbeitnehmer beschäftigt sind, genügt dem Erfordernis der namentlichen Bezeichnung deshalb nicht.[156] Auch wenn der ganze Betrieb stillgelegt wird, reicht die bloße Angabe, dass alle Arbeitnehmer des Betriebes entlassen werden sollen, nicht aus. Es handelt sich auch dann nicht um eine bloße Förmelei,[157] vielmehr wird durch die namentliche Bezeichnung Klarheit darüber geschaffen, dass nach Auffassung von Insolvenzverwalter und Betriebsrat für keinen der bezeichneten Arbeitnehmer eine anderweitige Weiterbeschäftigung mit Abwicklungsarbeiten oder in einem anderen Betrieb des Unternehmens in Betracht kommt. 75

Eine **„Negativliste"** der Arbeitnehmer, denen nicht gekündigt werden soll, reicht ebenfalls nicht aus.[158] Sie genügt weder dem Wortlaut der Vorschrift noch dem Schriftformerfordernis, dem die Namensliste als Teil des Interessenausgleichs unterliegt. Zudem wird eine Negativliste auch dem Zweck, Rechenschaft über die Entscheidung von Insolvenzverwalter und Betriebsrat abzulegen, nicht gerecht. 76

Die Namensliste muss **in einem Interessenausgleich** zwischen Insolvenzverwalter und Betriebsrat enthalten sein. Die Aufnahme in einen Sozialplan genügt nicht. Allerdings ist die Bezeichnung „Sozialplan" oder „Interessenausgleich" nicht maßgeblich. Es kommt nur darauf an, dass sich Insolvenzverwalter und Betriebsrat über die Namensliste verständigt und diese Einigung schriftlich niedergelegt haben. Praktisch scheidet lediglich der auf einem verbindlichen Spruch der Einigungsstelle beruhende Sozialplan aus.[159] 77

Zur Wahrung der **Schriftform** ist nach § 126 Abs. 1 BGB die eigenhändige Unterschrift des Insolvenzverwalters und des Betriebsratsvorsitzenden als gesetzlichem Vertreter des Betriebsrats (§ 26 Abs. 2 S. 1 BetrVG) erforderlich. Ist die Namensliste in der Urkunde über den Interessenausgleich selbst enthalten, genügt die Unterschrift unter diesen. Ist eine in einer besonderen Urkunde auf den Interessenausgleich Bezug nehmende Namensliste ihrerseits unterschrieben, genügt das, wenn auch der Interessenausgleich auf die Namensliste Bezug nimmt (wechselseitige Inbezugnahme).[160] Unabhängig davon reicht es aus, wenn eine solche besondere Urkunde als Anlage mit der Urkunde über den Interessenausgleich noch vor deren Unterzeichnung **fest verbunden,** etwa ihr angeheftet ist.[161] Wird zunächst nur ein Interessenausgleich ohne Namensliste vereinbart, kommen die Rechtsfolgen des § 125 nach Auffassung des Bundesarbeitsgerichts nur dann zur Anwendung, wenn der Interessenausgleich zeitnah durch die Namensliste ergänzt wird. Insoweit verneint das Bundesarbeitsgericht aber die Annahme einer starren Frist und hat einen Zeitraum von sechs Wochen noch als zeitnah erachtet.[162] 78

Andere Angaben als die Namen der zu kündigenden Arbeitnehmer braucht der Interessenausgleich nicht zu enthalten. Insbesondere ist es nicht notwendig, die Kündigungsfristen, die dringenden 79

---

155 *Löwisch* RdA 1997, 80 (81).

156 *Caspers* Rn. 167; FKInsO/*Eisenbeis* § 125 Rn. 5; Jaeger/*Giesen* § 125 Rn. 8; Nerlich/Römermann/*Hamacher* § 125 Rn. 25a; HKInsO/*Linck* § 125 Rn. 14.

157 So aber KPB/*Moll* § 125 Rn. 26; aA auch *Oetker/Friese* DZWIR 2001, 177 (179); wie hier HambKommInsO/*Ahrendt* § 125 Rn. 7; K. Schmidt/*Ahrens* § 125 Rn. 16; Uhlenbruck/*Zobel* § 125 Rn. 24.

158 *Oetker/Friese* DZWIR 2001, 177 (179); HKKSchG/*Dorndorf*, 4. Aufl. 2001, § 1 Anh. 3 Rn. 1164; Jaeger/*Giesen* § 125 Rn. 8; Nerlich/Römermann/*Hamacher* § 125 Rn. 25a; HKInsO/*Linck* § 125 Rn. 14; KPB/*Moll* § 125 Rn. 25; Graf-Schlicker/*Pöhlmann/Kubusch* § 125 Rn. 11; KR/*Weigand/Spelge* InsO § 125 Rn. 14; Uhlenbruck/*Zobel* § 125 Rn. 24; aA ArbG Essen DB 1998, 925 (Ls.) = BeckRS 1997, 30825168.

159 *Ascheid* RdA 1997, 333 (342 f.); Uhlenbruck/*Zobel* § 125 Rn. 28.

160 BAG NZA 2013, 86 Rn. 20 = ZIP 2013, 234; BAG NZA 2011, 114 Rn. 17; BAG EzA KSchG § 1 Interessenausgleich Nr. 10 = BeckRS 2002, 41380.

161 BAG AP InsO § 125 Nr. 4 Rn. 40 = ZIP 2007, 2136; BAG NZA 2007, 266 Rn. 33 ff. = ZIP 2006, 2329; BAG NZA 1998, 1110 = ZIP 1998, 1885.

162 BAG NZA 2013, 86 Rn. 20 f. = ZIP 2013, 234; BAG NZA 2009, 1151 Rn. 25.

betrieblichen Erfordernisse oder die für die Sozialauswahl maßgebenden Erwägungen zu nennen. Diese Angaben gehören in das von § 125 unberührt bleibende Anhörungsverfahren nach § 102 BetrVG (→ Rn. 52 ff.).

80 Der Ausgleich der Interessen der Arbeitnehmer mit denen der übrigen Insolvenzgläubiger kann darin bestehen, dass die notwendigen **Kündigungen nur in Etappen** vorgenommen werden. Werden in einem solchen Fall die Termine der etappenweisen Kündigungen **im Interessenausgleich festgelegt,** treten auch insoweit die Rechtsfolgen des § 125 ein. Insbesondere reduziert sich die nach der Rechtsprechung notwendige Nachprüfung der Sozialauswahl zwischen den früher und später zu Kündigenden[163] auf grobe Fehlerhaftigkeit.[164] Allerdings lösen Kündigungen zu früheren als den im Interessenausgleich festgelegten Kündigungsterminen, wenn sie ohne zwingenden Grund erfolgen, Nachteilsausgleichsansprüche nach § 113 Abs. 1 BetrVG aus (→ §§ 121, 122 Rn. 18, 21). Werden Kündigungen in Etappen vorgenommen, **ohne dass die Kündigungstermine im Interessenausgleich festgelegt sind,** unterliegt die Auswahl der früher Gekündigten gegenüber den später zu Kündigenden voll der Nachprüfung nach § 1 Abs. 3 KSchG.

81 Der Interessenausgleich kann auch, ohne bestimmte Kündigungstermine vorzugeben, die **Rangfolge nach sozialen Kriterien** festlegen, in der Kündigungen erfolgen sollen.[165] Das ist insbesondere von Bedeutung, wenn nachträglich weniger Kündigungen erforderlich werden (→ Rn. 105 f.). Auch in diesem Fall kommen dem Insolvenzverwalter, wenn er sich an die Rangfolge hält, die Rechtsfolgen des § 125 zugute. Durchbricht er die Rangfolge ohne zwingenden Grund, greift wiederum § 113 Abs. 1 BetrVG ein.

82 § 125 verlangt nicht, dass Insolvenzverwalter und Betriebsrat im Interessenausgleich alle infolge der Betriebsänderung zu kündigenden Arbeitnehmer benennen. Vielmehr können sie, wenn sie sich nur auf die Kündigung bestimmter Arbeitnehmer oder Arbeitnehmergruppen verständigen können oder wollen, sich mit einer **„Teil-Namensliste"** auf diese beschränken. Etwa kann es sinnvoll sein, bei einem allgemeinen Personalabbau eine Namensliste nur für eine Betriebsabteilung aufzustellen oder umgekehrt, weil eine Betriebsabteilung ganz stillgelegt werden soll, für den Betrieb im Übrigen aufzustellen (dazu noch → Rn. 94). Die Interessen der betroffenen Arbeitnehmer sind auch bei einer solchen „Teil-Namensliste" gewahrt.[166]

83 Das **Bundesarbeitsgericht** hat offen gelassen, ob **Teil-Namenslisten** wirksam sind,[167] in einer neueren Entscheidung jedoch ausdrücklich **Bedenken geäußert.** Regelmäßig werde nur aus einer die unternehmerische Entscheidung insgesamt erfassenden Liste deutlich, wie sich die dem Interessenausgleich zugrundeliegende Betriebsänderung aus Sicht der Betriebsparteien auf die konkrete Beschäftigungsmöglichkeit der Arbeitnehmer im Betrieb insgesamt auswirke, welche Arbeitnehmer unter Beachtung sozialer Auswahlgesichtspunkte gekündigt werden müssten (und welche nicht) und ob die Betriebspartner bei der sozialen Auswahl ein von ihnen zugrunde gelegtes System eingehalten hätten.[168] Diese Bedenken **schlagen nicht durch.** Diejenigen Arbeitnehmer, die nicht benannt sind, genießen uneingeschränkten Kündigungsschutz. Auch die im Interessenausgleich benannten Arbeitnehmer stehen bei einer Teil-Namensliste nicht schlechter da als bei der Aufnahme in eine umfassende Namensliste. In dem einen wie in dem anderen Fall haben sich Insolvenzverwalter und Betriebsrat über die Notwendigkeit ihrer Kündigung auseinandergesetzt. Von vornherein keine Bedenken bestehen gegen „Teil-Namenslisten", die davon herrühren, dass sich die Betriebspartner über einen etappenweisen Personalabbau verständigen und dementsprechend für jede Etappe einen besonderen Interessenausgleich mit Namensliste abschließen.[169]

---

163 BAG NZA 1994, 653 = ZIP 1994, 966; BAG NJW 1983, 1341.

164 LSSW/*Schlünder* KSchG § 1 Rn. 511.

165 *Giesen* ZIP 1998, 46 (49); *Heinze* NZA 1999, 57 (60); *Ettwig* S. 86; Nerlich/Römermann/*Hamacher* § 125 Rn. 26.

166 *Piehler* NZA 1998, 970 ff.; *Jaeger* FS zum 25-jährigen Bestehen der Arbeitsgemeinschaft Arbeitsrecht im DAV, 2006, 889 (897); *Richter/Riem* NZA 2011, 1254 (1257 f.); Nerlich/Römermann/*Hamacher* § 125 Rn. 16; KPB/*Moll* § 125 Rn. 36b; aA *Hinkel/Pantlen* FS Wellensiek, 2011, 713 (718); HKInsO/*Linck* § 125 Rn. 17; Uhlenbruck/*Zobel* § 125 Rn. 12a; s. auch DKKW/*Däubler* BetrVG Anh. zu §§ 111–113, InsO § 125 Rn. 8, der nur die Beschränkung des Interessenausgleichs auf einen Teil der geplanten Betriebsänderung für möglich hält.

167 BAG AP BetrVG 1972 § 112 Namensliste Nr. 1 = BeckRS 2004, 40629.

168 BAG NZA 2009, 1151 Rn. 35; eine Teil-Namenliste für möglich hält LAG Niedersachsen ZIP 2015, 243 = BeckRS 2015, 65066, wenn der durch die Namensliste erfasste Bereich so deutlich abgrenzbar von dem nicht erfassten Bereich ist, dass die Sozialauswahl nicht beeinflusst werden kann und der durch die Namensliste erfasste Bereich darüber hinaus wesentlich größer ist; ebenso LAG Niedersachsen BeckRS 2015, 70050.

169 BAG NZA 2016, 1072 Rn. 33 = ZIP 2016, 1743; BAG NZA 2013, 86 Rn. 22 = ZIP 2013, 234; BAG AP BetrVG 1972 § 112 Namensliste Nr. 1 = BeckRS 2004, 40629.

Um die Rechtsfolgen des § 125 auszulösen, muss die Namensliste im **Zeitpunkt des Zugangs** einer ausgesprochenen Kündigung vorgelegen haben.[170] 84

2. Rechtsfolgen. a) Vermutung der Betriebsbedingtheit. Wird Arbeitnehmern, die ordnungsgemäß im Interessenausgleich für die Kündigung benannt worden sind, tatsächlich gekündigt, so wird nach Abs. 1 S. 1 Nr. 1 vermutet, dass die Kündigung durch dringende betriebliche Erfordernisse im Sinne von § 1 Abs. 2 KSchG bedingt ist. Die **Beweislastregel** des § 1 Abs. 2 S. 4 KSchG wird damit hinsichtlich der betriebsbedingten Kündigung umgekehrt: Nicht der Insolvenzverwalter muss beweisen, dass der Arbeitsplatz, auf dem der Arbeitnehmer bislang beschäftigt war, durch die Betriebsänderung weggefallen ist, sondern der Arbeitnehmer muss beweisen, dass sein Arbeitsplatz trotz der Betriebsänderung noch vorhanden ist. Es handelt sich um eine echte Vermutung, die gem. § 292 S. 1 ZPO nur durch den vollen Beweis des Gegenteils widerlegt werden kann.[171] 85

Die Vermutungswirkung des Abs. 1 S. 1 Nr. 1 erstreckt sich auch auf die aus dem sog. Ultima-ratio-Grundsatz folgende anderweitige **Weiterbeschäftigungsmöglichkeit im Betrieb oder Unternehmen** (oben → Rn. 21).[172] Es ist also am Arbeitnehmer, zu beweisen, dass ein anderer Arbeitsplatz im Betrieb oder Unternehmen frei ist und dass er dort, ggf. nach einer Vertragsänderung, mit der er einverstanden ist, weiterbeschäftigt werden kann. 86

Die Vermutung betrifft auch die **Darlegungslast.** Eine Trennung der Darlegungslast von der Beweislastregel würde dem Sinn der Vermutung widersprechen. Sie soll gerade bewirken, dass der Insolvenzverwalter die Betriebsbedingtheit der Kündigung nicht mehr in ihren Einzelheiten darzulegen braucht. Dementsprechend muss der Arbeitnehmer darlegen, wieso der Arbeitsplatz trotz der Betriebsänderung noch vorhanden ist und wo er sonst im Betrieb oder Unternehmen weiterbeschäftigt werden kann.[173] Erforderlich ist substantiierter Tatsachenvortrag des Arbeitnehmers, der den gesetzlich vermuteten Umstand nicht nur in Zweifel zieht, sondern ausschließt.[174] Dabei hilft das Bundesarbeitsgericht dem Arbeitnehmer allerdings mit einer aus § 138 ZPO abgeleiteten Mitwirkungspflicht des Arbeitgebers entsprechend dem Grundsatz der sekundären Behauptungslast. Trägt der Arbeitnehmer schlüssig Tatsachen gegen die Betriebsbedingtheit der Kündigung vor, hat der Verwalter durch substantiierten Vortrag das Vorbringen des Arbeitnehmers zu bestreiten (§ 138 ZPO).[175] Eine vollständige Darlegungslast trifft den Insolvenzverwalter hingegen nicht. 87

Die Beweislastumkehr begegnet keinen grundlegenden verfassungsrechtlichen Bedenken und verstößt nicht gegen die verfassungsrechtlich verbürgte **Rechtsschutzgewährleistung.**[176] Der Gefahr, dass sich Insolvenzverwalter und Betriebsrat bei der Errichtung der namentlichen Entlassungsliste nicht am Kündigungsschutzrecht, also an betrieblichen Erfordernissen orientieren, sondern sich von sachfremden Erwägungen leiten lassen, lässt sich begegnen: Ein **kollusives Zusammenwirken von Verwalter und Betriebsrat** führt gem. § 138 BGB zur Sittenwidrigkeit und Nichtigkeit des Interessenausgleichs.[177] Der Arbeitnehmer kann im Kündigungsschutzprozess alle Tatsachen vorbringen, die die Vermutungsbasis, nämlich den Interessenausgleich, angreifen und zu Fall bringen.[178] Auch wenn die Tatsachen für ein kollusives Zusammenwirken zwischen Insolvenzverwalter und Betriebsrat erst nach Ablauf der Dreiwochenklagefrist bekannt werden, ist der Arbeitnehmer nicht schutzlos, sondern kann nach § 826 iVm § 249 S. 1 BGB Wiederbegründung des Arbeitsverhältnisses verlangen (→ § 113 Rn. 43).[179] Zum Rechtsmissbrauch im Falle der Sozialauswahl s. → Rn. 100 ff. 88

---

170 BAG NZA 1998, 1110 = ZIP 1998, 1885; Nerlich/Römermann/*Hamacher* § 125 Rn. 24.

171 BAG NZA 2013, 559 Rn. 25 ff.; BAG NZA 2012, 1044 Rn. 17 = ZIP 2012, 1623; BAG NZA 1998, 933 = ZIP 1998, 1809; Uhlenbruck/*Zobel* § 125 Rn. 32a ff.

172 BAG NZA 2013, 797 Rn. 52 ff. = NZI 2012, 1011 = ZIP 2012, 2312; BAG NZA 1998, 933 = ZIP 1998, 1809; *Caspers* Rn. 171; Jaeger/*Giesen* § 125 Rn. 16; MHdB ArbR/*Krumbiegel* § 122 Rn. 30; HKInsO/*Linck* § 125 Rn. 20; Uhlenbruck/*Zobel* § 125 Rn. 32.

173 BAG NZA 1998, 933 = ZIP 1998, 1809; *Caspers* Rn. 172 f.; Nerlich/Römermann/*Hamacher* § 125 Rn. 36.

174 BAG NZA 2013, 559 Rn. 26; BAG NZA 2010, 457 Rn. 17 = ZIP 2010, 1309; BAG AP InsO § 125 Nr. 4 Rn. 58 = ZIP 2007, 2136; BAG AP BetrVG 1972 § 112 Namensliste Nr. 1 = BeckRS 2004, 40629.

175 Für die Namensliste nach § 1 Abs. 5 KSchG vgl. BAG NZA 2013, 559 Rn. 28 ff., 47 ff.; BAG AP KSchG 1969 § 1 Namensliste Nr. 18 Rn. 38 = BB 2009, 1758; BAG NZA 2008, 633 Rn. 38; allgemein zur sekundären Behauptungslast MüKoZPO/*Fritsche* § 138 Rn. 21 ff.

176 Ähnlich ErfK/*Gallner* InsO § 125 Rn. 1; HKInsO/*Linck* § 125 Rn. 19.

177 *Zeuner* FS Zöllner, 1998, 1011 (1019).

178 Insoweit führt die Vermutung zu einer Verschiebung des Beweisthemas im Kündigungsschutzprozess, vgl. dazu MüKoZPO/*Prütting* § 292 Rn. 20; Stein/Jonas/*Thole* ZPO § 292 Rn. 5 ff.

179 Ausführlich *Caspers* Rn. 174 ff.; auch *Zwanziger* § 125 Rn. 43.

89 Die **Vermutung betrifft nicht** das Vorliegen einer Betriebsänderung, den Interessenausgleich und die namentliche Benennung des gekündigten Arbeitnehmers. Diese Ausgangstatsachen für die Vermutung muss der Insolvenzverwalter darlegen und im Bestreitensfalle beweisen.[180]

90 **b) Beschränkte Nachprüfung der Sozialauswahl.** Abs. 1 S. 1 Nr. 2 bestimmt, dass die soziale Auswahl der Arbeitnehmer nur im Hinblick auf die Dauer der Betriebszugehörigkeit, das Lebensalter und die Unterhaltspflichten und auch insoweit nur auf grobe Fehlerhaftigkeit nachgeprüft werden kann. Der Beurteilungsspielraum des Insolvenzverwalters bei der Sozialauswahl (→ Rn. 33) wird zugunsten einer von Insolvenzverwalter und Betriebsrat vereinbarten betrieblichen Gesamtlösung erweitert. Der Gesetzgeber sieht es als gerechtfertigt an, in betrieblicher Übereinkunft gefundene Lösungen im individuellen Kündigungsschutzprozess nur noch in Ausnahmefällen in Frage stellen zu lassen.[181] Sowohl die Sachnähe als auch das divergierende Interesse von Betriebsrat und Insolvenzverwalter als Sachwalter jeweils fremder Interessen rechtfertigen die Erwartung, dass ein **ausgewogenes Verhandlungsergebnis** im Interessenausgleich erzielt wird.[182]

91 Indem die Vorschrift die Nachprüfung der Sozialauswahl auf die Dauer der Betriebszugehörigkeit (→ Rn. 28), das Lebensalter (→ Rn. 29) und die Unterhaltspflichten (→ Rn. 30) beschränkt, ermöglicht sie Insolvenzverwalter und Betriebsrat, sich bei der Sozialauswahl mit diesen Gesichtspunkten zu begnügen. Dass auf diese Weise, anders als in § 1 Abs. 3 S. 1 KSchG, Insolvenzverwalter und Betriebsrat nicht verpflichtet sind, auch die **Schwerbehinderung** von Arbeitnehmern zu berücksichtigen, verstößt weder gegen die Gleichbehandlungsrahmenrichtlinie 2000/78/EG noch gegen Art. 3 Abs. 3 S. 2 GG.[183] Art. 2 Abs. 2 lit. a) iVm Art. 1 der Richtlinie verbietet nur eine weniger günstige Behandlung behinderter Arbeitnehmer. Eine solche liegt aber nicht vor, wenn die schwerbehinderten Arbeitnehmer bei der Sozialauswahl wie alle anderen Arbeitnehmer behandelt werden. Der Verpflichtung, angemessene Vorkehrungen für Menschen mit Behinderungen zu treffen, ist der Gesetzgeber mit den §§ 168 ff. SGB IX nachgekommen (zu deren Geltung → § 113 Rn. 19). Art. 3 Abs. 3 S. 2 GG verbietet ebenfalls nur Benachteiligungen wegen einer Behinderung, steht also der Gleichbehandlung schwerbehinderter Arbeitnehmer mit anderen Arbeitnehmern nicht im Wege. Selbst wenn man aber Art. 3 Abs. 3 S. 2 GG iVm Art. 20 GG eine „Ausstrahlungswirkung" in das Arbeitsrecht hinein zumisst,[184] kann diese nicht dazu führen, vom Gesetzgeber die konkrete Maßnahme zu verlangen, den Gesichtspunkt der Schwerbehinderung auch für die Sozialauswahl in einem Interessenausgleich in der Insolvenz vorzuschreiben. Vielmehr hätte der Gesetzgeber einer aus einer solchen Ausstrahlungswirkung abzuleitenden Mindestschutzpflicht mit den §§ 168 ff. SGB IX, welche in § 172 Abs. 3 SGB IX das Insolvenzverfahren besonders regeln (→ Rn. 66), vollauf genügt.[185]

92 Der durch Abs. 1 S. 1 Nr. 2 erweiterte Beurteilungsspielraum ist nicht so weit gezogen, dass Insolvenzverwalter und Betriebsrat die zu berücksichtigenden sozialen Kriterien noch weiter reduzieren können. So ist es unausgewogen, die Unterhaltspflichten oder das Lebensalter völlig unberücksichtigt zu lassen und allein nach der Dauer der Betriebszugehörigkeit zu entscheiden. **Jeder der drei Gesichtspunkte ist unverzichtbar,** also stets und immer zu berücksichtigen. Allein die unterschiedliche Bewertung kann von den Betriebspartnern, beispielsweise durch ein Punkteschema, vorgenommen werden.

93 Die Beschränkung der Nachprüfbarkeit auf die Einhaltung der drei Kriterien Dauer der Betriebszugehörigkeit, Lebensalter und Unterhaltspflichten wirft die Frage auf, ob Insolvenzverwalter und Betriebsrat in die Auswahl der für Kündigungen benannten Arbeitnehmer auch **andere soziale Gesichtspunkte** einfließen lassen dürfen. Liegen zwei Arbeitnehmer bei der Dauer der Betriebszugehörigkeit, dem Lebensalter und den Unterhaltspflichten so eng beieinander, dass die Auswahl nicht eindeutig vorgegeben ist, hat einer von ihnen aber wegen eines unverschuldeten Betriebsunfalls oder einer Schwerbehinderung schlechtere Chancen auf dem Arbeitsmarkt, spricht nichts dagegen, auch diese Gesichtspunkte zu berücksichtigen und einen anderen Arbeitnehmer in

---

180 Vgl. BAG NZA 2008, 1060 Rn. 21; BAG NZA 1998, 933 = ZIP 1998, 1809; *Caspers* Rn. 173; Nerlich/Römermann/*Hamacher* § 125 Rn. 35a; KPB/*Moll* § 125 Rn. 45.

181 Begr. zu § 128 RegE, BT-Drs. 12/2443, 149.

182 *Lohkemper* KTS 1996, 1 (21); *Hinkel/Pantlen* FS Wellensiek, 2011, 713 (719).

183 Bedenken bei *Zwanziger* § 125 Rn. 136.

184 ErfK/*Schmidt* GG Art. 3 Rn. 78 f.

185 Im Ergebnis wie hier *Boemke* NZI 2005, 209 (212); ErfK/*Gallner* InsO § 125 Rn. 12; MHdB ArbR/*Krumbiegel* § 122 Rn. 34; HK/*Linck* § 125 Rn. 29; vgl. auch BAG NZA-RR 2014, 185 Rn. 22 = ZIP 2014, 536; BAG NZA 2012, 1029 Rn. 35 = ZIP 2012, 1822; aA Jaeger/*Giesen* § 125 Rn. 18 f. und Uhlenbruck/*Zobel* § 125 Rn. 62, nach denen die Schwerbehinderung auch bei § 125 als Sozialauswahlkriterium zu berücksichtigen ist.

die Namensliste aufzunehmen.[186] Das gilt aber nur für Einzelfälle und ermöglicht keine allgemeine Berücksichtigung anderer Gesichtspunkte.[187] Insoweit hat das **Bundesarbeitsgericht** für das Zusammentreffen einer Auswahlrichtlinie mit einer Namensliste entschieden, dass über die in § 1 Abs. 3 S. 1 KSchG genannten Gesichtspunkte (zu denen auch die Schwerbehinderung und die Gleichstellung von Arbeitnehmern mit schwerbehinderten Menschen zählen [→ Rn. 31 f.]) hinaus zusätzliche Faktoren nicht berücksichtigt werden dürfen. Sonst werde der gemilderte Prüfungsmaßstab der groben Fehlerhaftigkeit nicht ausgelöst. Allenfalls komme eine Ergänzung in der Gewichtung der Grunddaten aus § 1 Abs. 3 S. 1 KSchG in Betracht, wenn sich die ergänzenden Faktoren unmittelbar auf die Grunddaten bezögen.[188]

Zur Sozialauswahl gehört die Feststellung, welche der für Kündigungen in Betracht kommenden Arbeitnehmer miteinander **vergleichbar** sind (→ Rn. 24 ff.). Auch diese Feststellung wird mit der Benennung für die Kündigung getroffen und unterliegt deshalb nur der eingeschränkten Nachprüfung nach Abs. 1 S. 1 Nr. 2.[189] Praktisch haben Insolvenzverwalter und Betriebsrat so einen stark erweiterten Beurteilungsspielraum über die Vergleichbarkeit nach Funktion und ausgeübter Tätigkeit. Insbesondere können sie entgegen der neueren Auffassung des Bundesarbeitsgerichts die Sozialauswahl auf **Betriebsabteilungen** und Betriebsgruppen eingrenzen, wenn der Austausch zwischen verschiedenen Abteilungen auch nur relativ kurze Einarbeitungszeiten verursacht. Denn mit dem Sanierungszweck ist es nicht zu vereinbaren, wenn die Einarbeitung in eine zwar gleichwertige, aber andersartige Tätigkeit einer anderen Abteilung auch nur geringe betriebliche Ablaufschwierigkeiten verursacht.[190] 94

Mit der Benennung der zu kündigenden Arbeitnehmer treffen Insolvenzverwalter und Betriebsrat auch die Entscheidung, dass andere an sich für die Kündigung in Betracht kommende Arbeitnehmer aus **berechtigten betrieblichen Interessen** weiter zu beschäftigen sind (§ 1 Abs. 3 S. 2 KSchG, oben → Rn. 34 ff.). Konsequenterweise unterliegt deshalb auch diese Entscheidung nur der beschränkten Nachprüfbarkeit. Abs. 1 S. 1 Nr. 2 Hs. 2 sagt ausdrücklich, dass die Sozialauswahl nicht als fehlerhaft anzusehen ist, „wenn eine ausgewogene Personalstruktur erhalten oder geschaffen wird“, und bezieht damit gerade ein wesentliches betriebliches Interesse in die Beschränkung der Überprüfbarkeit ein.[191] 95

Als berechtigtes betriebliches Interesse nennt die Vorschrift ausdrücklich die Erhaltung und Schaffung einer ausgewogenen **Personalstruktur.** Gemeint ist in erster Linie eine ausgewogene **Altersstruktur.** Insolvenzverwalter und Betriebsrat können bei der Benennung der zu kündigenden Arbeitnehmer einmal dafür sorgen, dass die Belegschaft nach Durchführung der Kündigungen dieselbe Altersstruktur aufweist wie bisher. Zu diesem Zweck können **Altersgruppen** gebildet werden, aus denen dann jeweils derselbe Prozentsatz von Arbeitnehmern für die Kündigung benannt wird. Die Auswahl nach sozialen Gesichtspunkten beschränkt sich dann auf die Angehörigen der jeweiligen Altersgruppe (im Einzelnen oben → Rn. 35 f.). Sowohl die Bildung der Altersgruppen als auch die Auswahl nach den drei sozialen Gesichtspunkten innerhalb der jeweiligen Altersgruppen sind gem. Abs. 1 S. 1 Nr. 2 nur am Maßstab der groben Fehlerhaftigkeit zur überprüfen.[192] Unsystematische Altersgruppen mit wechselnden oder willkürlichen Zeitsprüngen führen zur groben Fehlerhaftigkeit.[193] 96

Leidet, wie das in Fällen der Insolvenz häufig vorkommt, der Betrieb an einer **Überalterung der Belegschaft,** können die zu kündigenden Arbeitnehmer so ausgewählt werden, dass am Ende 97

---

186 *Oetker/Friese* DZWIR 2001, 177 (182); *Bütefisch* S. 450 f.; *Caspers* Rn. 182; KPB/*Moll* § 125 Rn. 58.

187 ErfK/*Gallner* InsO § 125 Rn. 12.

188 BAG NZA 2014, 46 Rn. 35 = ZIP 2013, 2476.

189 BAG NZA-RR 2014, 185 Rn. 22 = ZIP 2014, 536; BAG NZA 2014, 46 Rn. 26 = ZIP 2013, 2476; BAG NZA 2013, 94 Rn. 21 f. = NZI 2013, 52 = ZIP 2013, 284; BAG NZA 2008, 1060 Rn. 16; BAG NZA 1998, 933 = ZIP 1998, 1809; *Neef* NZA 1997, 65 (69); *Caspers* Rn. 186 ff.; HKInsO/*Linck* § 125 Rn. 28; krit. SPV/*Preis* Rn. 1171.

190 AA BAG NZA-RR 2014, 185 Rn. 43 ff., 47 = ZIP 2014, 536; s. aber noch BAG NZA 2006, 661 Rn. 33 ff. = ZIP 2006, 774; vgl. auch schon BAG NZA 2004, 432 = NZI 2004, 338 = ZIP 2004, 1271; die Entscheidung des BAG vom 28.10.2004 (NZA 2005, 285 = ZIP 2005, 412) steht schon deshalb nicht entgegen, weil sie keine Insolvenzkündigung betraf.

191 BAG NZA 2006, 661 Rn. 26 f. = ZIP 2006, 774 und BAG NZA 2004, 432 = NZI 2004, 338 = ZIP 2004, 1271: Prüfungsmaßstab der groben Fehlerhaftigkeit bezieht sich auf die gesamte Sozialauswahl; *Löwisch* RdA 1997, 80 (81 f.); im Ergebnis auch *Fischermeier* NZA 1997, 1089 (1099); *Giesen* ZIP 1998, 46 (49); *Ettwig* S. 97 ff.; HKInsO/*Linck* § 125 Rn. 28; KPB/*Moll* § 125 Rn. 79 ff.; Nerlich/Römermann/*Hamacher* § 125 Rn. 54; Uhlenbruck/*Zobel* § 125 Rn. 54.

192 Vgl. BAG NZA 2009, 1023 Rn. 32 für eine Namensliste nach § 1 Abs. 5 KSchG.

193 BAG NZA 2012, 1090 Rn. 30 = NZI 2012, 814 = ZIP 2012, 1927; LAG Hamm NZA-RR 2004, 132 = ZIP 2004, 1863; HKInsO/*Linck* § 125 Rn. 33; KPB/*Moll* § 125 Rn. 71.

eine Altersstruktur steht, die derjenigen in Betrieben vergleichbarer Art entspricht. In die Kündigungen können dann überproportional viele Arbeitnehmer höherer Altersgruppen einbezogen werden. Anders als § 1 Abs. 3 S. 2 KSchG bezieht Abs. 1 nicht nur die Erhaltung, sondern auch die **Schaffung** einer ausgewogenen Altersstruktur in seine Regelung ein.[194] Dem **Verbot der Altersdiskriminierung** iSd Art. 21 EU-GRCh und der RL 2000/78/EG hält diese Regelung grundsätzlich stand, weil sie iSd Art. 6 Abs. 1 der Richtlinie durch ein legitimes Ziel, nämlich die Sanierung des Unternehmens und damit den Erhalt von Arbeitsplätzen gerechtfertigt ist.[195]

97a Die Schwierigkeit für den Insolvenzverwalter bei der praktischen Anwendung dieser Möglichkeit zur **Verbesserung der Altersstruktur** liegt in der ihn treffenden **Darlegungs- und Beweislast** in einem späteren Kündigungsschutzprozess: Das Bundesarbeitsgericht verlangt, dass das Arbeitsgericht gem. § 10 AGG die Angemessenheit und Erforderlichkeit der Altersgruppenbildung im Einzelfall prüft. Dazu muss dargelegt werden, welche konkrete Altersstruktur Insolvenzverwalter und Betriebsrat schaffen wollten und warum die vorgenommene Altersgruppenbildung mit einer überproportionalen Belastung der höheren Altersgruppen erforderlich war.[196] Zwar bestehe ein Beurteilungs- und Gestaltungsspielraum und könne auch die Altersstruktur vergleichbarer Unternehmen eine Rolle spielen. Jedoch müsse dies in einem **Sanierungskonzept** dargelegt werden. Der bloße Vergleich mit einem „Musterbetrieb" der Branche stelle für sich genommen keine tragfähige Begründung dar. Auch der pauschale Wunsch, das Durchschnittsalter der Beschäftigten zu reduzieren und die Belegschaft zu verjüngen, sei für sich genommen kein legitimes Ziel, das die Benachteiligung älterer Arbeitnehmer rechtfertigen könne.[197] Gleichzeitig anerkennt das Bundesarbeitsgericht, dass wegen des praktischen Bedürfnisses nach einer zügigen Entscheidung bei der Aufstellung der Namensliste die Anforderungen an das zu erstellende Sanierungskonzept nicht überspannt werden dürfen. Insoweit können zB die Kostenstruktur des Unternehmens und auch die Ergebnisse der Verhandlungen mit potentiellen Investoren als Gründe für eine Verbesserung der Altersstruktur Berücksichtigung finden.[198]

98 Die Personalstruktur erschöpft sich nicht in der Altersstruktur. Vielmehr gehört zu ihr auch die **Leistungsstruktur** der Belegschaft. Neben der **Ausbildung und Qualifikation,** was die Bildung von Qualifikationsgruppen ermöglicht,[199] dürfen die Betriebsparteien auch die Funktionsfähigkeit eingespielter Teams berücksichtigen,[200] ebenso können **Fehlzeiten** und bestimmte Verhaltensweisen (Pflichtverletzungen) eine Rolle spielen.[201] Dementsprechend dürfen Insolvenzverwalter und Betriebsrat zwar nicht systematisch die in ihrer Leistung schwächer beurteilten Arbeitnehmer für die Kündigung benennen. Aber sie müssen diese auch nicht – wenn dies die Rangfolge der sozialen Schutzbedürftigkeit so ergibt – alle aussparen. Vielmehr können sie darauf sehen, dass eine ausgewogene Leistungsstruktur erhalten und geschaffen wird. Notwendig bleibt aber eine Abwägung im Einzelfall: Es muss gefragt werden, ob das betriebliche Interesse an der Herausnahme eines oder mehrerer Leistungsträger zum Zwecke der Sanierung das Interesse der infolge der Herausnahme zu kündigenden sozial schutzbedürftigeren Arbeitnehmer an ihrem Arbeitsplatz überwiegt.[202]

99 Als **grob fehlerhaft** ist eine Auswahlentscheidung anzusehen, wenn sie an einem evidenten, „ins Auge springenden" Fehler leidet und der Interessenausgleich **jede Ausgewogenheit vermissen** lässt.[203] Davon wird man einmal sprechen müssen, wenn ein oder zwei der bei der Sozialauswahl zu beachtenden sozialen Gesichtspunkte überhaupt nicht bewertet sind, etwa nur auf die Dauer der Betriebszugehörigkeit abgestellt worden ist.[204] Grob fehlerhaft ist es weiter, wenn dem Ziel einer optimalen Personalstruktur alle sozialen Gesichtspunkte untergeordnet werden. Auch dass an sich

---

194 *Hamberger* S. 248; KPB/*Moll* § 125 Rn. 67; Uhlenbruck/*Zobel* § 125 Rn. 76.

195 BAG NZA-RR 2014, 185 Rn. 24 ff. = ZIP 2014, 536; *Göpfert/Stark* ZIP 2015, 155 (157 f.); ErfK/*Gallner* InsO § 125 Rn. 15b.

196 BAG NZA-RR 2014, 185 Rn. 30 ff. = ZIP 2014, 536.

197 BAG NZA-RR 2014, 185 Rn. 34, 39 = ZIP 2014, 536: im entschiedenen Fall lag das Durchschnittsalter der Belegschaft in dem Betrieb vor dem Personalabbau bei 51 Lebensjahren und damit nur wenig über dem Durchschnittsalter in einem Erwerbsleben, das das BAG bei rund 47,5 Lebensjahren verortet hat.

198 BAG NZA-RR 2014, 185 Rn. 40; ebenso *Göpfert/Stark* ZIP 2015, 155 (158); KPB/*Moll* § 125 Rn. 71c.

199 BAG NZA-RR 2014, 185 Rn. 49 = ZIP 2014, 536; BAG NZA 2004, 432 = ZIP 2004, 1271.

200 BAG NZA-RR 2014, 185 Rn. 49 = ZIP 2014, 536.

201 LAG Sachsen ZInsO 2018, 826 = BeckRS 2017, 133768; einschränkend jetzt KR/*Weigand/Spelge* InsO § 125 Rn. 35.

202 Vgl. BAG NZA 2003, 42.

203 BAG NZA-RR 2014, 185 Rn. 22 = ZIP 2014, 536; BAG NZA 2014, 46 Rn. 26 = ZIP 2013, 2476; BAG NZA 2010, 1352 Rn. 19; BAG NZA 2004, 432 = NZI 2004, 338 = ZIP 2004, 1271; BAG NZA 1999, 866 = ZIP 1999, 2111; Nerlich/Römermann/*Hamacher* § 125 Rn. 47; AR/*Kaiser* KSchG § 1 Rn. 235 mwN.

204 Vgl. BAG NZA 2006, 661 Rn. 30 = ZIP 2006, 774; *Caspers* Rn. 185; ErfK/*Gallner* InsO § 125 Rn. 12.

vergleichbare Arbeitnehmer für die Sozialauswahl gar nicht in Betracht gezogen worden sind, etwa weil man an sie nicht gedacht hat, muss als grob fehlerhaft angesehen werden, weil es zu einer Abwägung gar nicht kommt.[205] Allerdings kann sich auf diesen Fehler nur ein Arbeitnehmer berufen, der ohne ihn nicht gekündigt worden wäre.[206]

Als Institut der Betriebsverfassung unterliegt der Interessenausgleich wie eine Betriebsvereinbarung dem **Benachteiligungsverbot** des § 7 Abs. 1 und 2 AGG und den Rechtsgrundsätzen des § 75 BetrVG. Machen Insolvenzverwalter und Betriebsrat eines der Merkmale des § 1 AGG oder auch eine politische oder gewerkschaftliche Betätigung oder Einstellung zum Kriterium für die Aufnahme in die Namensliste, ist diese nichtig.[207] Eine auf der Grundlage einer nichtigen Namenslistenregelung ausgesprochene Kündigung unterliegt der normalen Kontrolle auf ihre Betriebsbedingtheit nach § 1 Abs. 2 KSchG und ihre Richtigkeit im Hinblick auf die Sozialauswahl nach § 1 Abs. 3 KSchG. Eine Ausnahme besteht nur hinsichtlich der Altersstruktur iSd in → Rn. 96 ff. Gesagten. Nach Auffassung des Bundesarbeitsgerichts soll ein Verstoß gegen das Verbot der **Diskriminierung wegen des Alters** nur zur groben Fehlerhaftigkeit der Sozialauswahl führen, nicht aber die Unwirksamkeit der Namensliste insgesamt und damit den Wegfall der Vermutungswirkung nach Abs. 1 S. 1 Nr. 1 zur Folge haben, da sich die Entscheidung der Betriebsparteien über die Anzahl der Kündigungen von der Auswahlentscheidung trennen lasse.[208] **100**

Die Vermutung des Abs. 1 S. 1 Nr. 1 erstreckt sich nicht auf die Sozialauswahl.[209] Es bleibt bei den von der Rechtsprechung entwickelten Grundsätzen der **abgestuften Darlegungs- und Beweislast** (oben → Rn. 40), die allerdings auf den besonderen Maßstab der groben Fehlerhaftigkeit Rücksicht nehmen müssen. Ist der Arbeitnehmer nicht in der Lage, zur sozialen Auswahl substantiiert Stellung zu nehmen, kann er vom Insolvenzverwalter nach § 1 Abs. 3 S. 1 Hs. 2 KSchG verlangen, die Gründe für die soziale Auswahl anzugeben und auch die Namen derjenigen Arbeitnehmer zu benennen, die nach Ansicht von Verwalter und Betriebsrat in die Sozialauswahl einzubeziehen waren. Insoweit geht die Darlegungslast auf den Insolvenzverwalter über. Auch daran ändert Abs. 1 S. 1 Nr. 1 nichts.[210] Zur Vermutung eines berechtigten betrieblichen Interesses an der Beibehaltung der Altersstruktur im Fall der Massenentlassung oben → Rn. 36. **101**

Soweit es um die Unwirksamkeit des Interessenausgleichs wegen Verstoßes gegen ein Benachteiligungsverbot aus dem AGG geht, kommt dem Arbeitnehmer, der sich darauf beruft, die Beweislastvorschrift des § 22 AGG zugute. Danach genügt es, dass er **Indizien beweist,** die eine Benachteiligung wegen eines Diskriminierungsmerkmals vermuten lassen. Den Insolvenzverwalter trifft dann die Beweislast dafür, dass kein Verstoß gegen ein Benachteiligungsverbot vorliegt.[211] **102**

3. Wesentliche Änderung der Sachlage. Nach Abs. 1 S. 2 gelten die Vermutung der Betriebsbedingtheit der Kündigung der im Interessenausgleich benannten Arbeitnehmer und die Beschränkung der Nachprüfung der Sozialauswahl auf grobe Fehlerhaftigkeit insoweit nicht, als sich „die Sachlage nach Zustandekommen des Interessenausgleichs wesentlich geändert hat". **Wesentlich** ist eine Änderung dann, wenn im Kündigungszeitpunkt von einem Wegfall der Geschäftsgrundlage auszugehen ist.[212] Zu fragen ist, ob Insolvenzverwalter und Betriebsrat, hätten sie bei Abschluss des Interessenausgleichs die Änderung vorausgesehen, zu keiner, zu einer eingeschränkteren oder zu einer anderen Namensliste gekommen wären, diese also nicht oder nicht mit diesem Inhalt geschlossen hätten. Das ist etwa der Fall, wenn nach Abschluss des Interessenausgleichs gar keine oder eine andere als die geplante Betriebsänderung durchgeführt wird.[213] **103**

Dass die Namensliste nicht nur in Bezug auf einen oder wenige Arbeitnehmer, sondern in Bezug auf eine **„erhebliche Anzahl"** von Arbeitnehmern anders ausgefallen wäre,[214] wie das auch **104**

---

205 *Löwisch* RdA 1997, 80 (82); *Caspers* Rn. 194.

206 BAG NZA 2010, 457 Rn. 32 = ZIP 2010, 1309; BAG NZA 2007, 549 Rn. 15 ff.

207 AR/*Kaiser* KSchG § 1 Rn. 236.

208 BAG NZA 2010, 1352 Rn. 14 und BAG NZA 2009, 361 Rn. 21 = ZIP 2009, 1339 für die Namensliste nach § 1 Abs. 5 KSchG; zustimmend KPB/*Moll* § 125 Rn. 79 ff.

209 BAG NZA 1999, 702; *Warrikoff* BB 1994, 2338 (2342); *Zeuner* FS Zöllner, 1998, 1011 (1023); *Caspers* Rn. 205; KPB/*Moll* § 125 Rn. 87.

210 BAG NZA 2007, 387 Rn. 48 = ZIP 2007, 595; BAG NZA 1999, 702.

211 AR/*Kaiser* KSchG § 1 Rn. 243.

212 BAG NZA 2014, 46 Rn. 24 = ZIP 2013, 2476; BAG NZA-RR 2013, 68 Rn. 38 = ZIP 2013, 184; BAG AP BetrVG 1972 § 112 Namensliste Nr. 1 = BeckRS 2004, 40629; BAG ZIP 2001, 1825 = BeckRS 2001, 41069.

213 BAG NZA 2009, 1023 Rn. 20; BAG AP BetrVG 1972 § 112 Namensliste Nr. 1 = BeckRS 2004, 40629.

214 *Fischer* ArbuR 1998, 261 (267); ErfK/*Gallner* InsO § 125 Rn. 18; Nerlich/Römermann/*Hamacher* § 125 Rn. 62 f.; KPB/*Moll* § 125 Rn. 90; LSSW/*Schlünder* KSchG § 1 Rn. 525; Uhlenbruck/*Zobel* § 125 Rn. 40.

das Bundesarbeitsgericht annimmt,[215] kann angesichts ihrer Einwirkung auf das einzelne Arbeitsverhältnis nicht verlangt werden. Eine wesentliche Änderung ist auch dann zu bejahen, wenn der Insolvenzverwalter nur wenigen der namentlich benannten Arbeitnehmer nicht kündigt.[216] So ist eine wesentliche Änderung der Sachlage gegeben, wenn sich die **Zahl der notwendigen Kündigungen** dadurch **vermindert,** dass nicht im Interessenausgleich benannte Arbeitnehmer von sich aus ausscheiden oder vom Insolvenzverwalter verhaltens- oder personenbedingt gekündigt werden.[217]

105 Als wesentliche Änderung der Sachlage kommt auch in Betracht, dass sich im Zeitraum zwischen der Benennung der zu Kündigenden im Interessenausgleich und dem Ausspruch der Kündigungen **die sozialen Gesichtspunkte wesentlich ändern,** etwa bei bestimmten Arbeitnehmern neue Unterhaltspflichten hinzukommen, das Interesse an der Weiterbeschäftigung bestimmter nicht benannter Arbeitnehmer entfällt oder sich der Kreis der vergleichbaren Arbeitnehmer durch Neueinstellungen erweitert. Auch diese Änderungen müssen grundsätzlich berücksichtigt werden.[218] Bei einer einfachen Namensliste ist eine solche Änderung dann wesentlich, wenn sie zur Herausnahme des betreffenden Arbeitnehmers geführt hätte. Legt die Namensliste gleichzeitig eine **Rangfolge** fest (→ Rn. 81), ist Wesentlichkeit anzunehmen, wenn Insolvenzverwalter und Betriebsrat die Rangfolge geändert hätten und der Arbeitnehmer auf Grund dieser Rangänderung von einer Kündigung nicht getroffen worden wäre. Bei der Beurteilung der Frage, ob der Arbeitnehmer nicht zur Kündigung angestanden hätte, ist allerdings zu berücksichtigen, dass § 125 geringfügige Änderungen in Kauf nimmt, indem er Insolvenzverwalter und Betriebsrat vorgreifend den Abschluss eines Interessenausgleichs erlaubt.[219]

106 Die Vermutung der Betriebsbedingtheit der Kündigungen und die auf grobe Fehlerhaftigkeit beschränkte Nachprüfbarkeit der Sozialauswahl entfallen nur, **soweit** sich die Sachlage wesentlich geändert hat. Das ist insbesondere für Fälle des Personalabbaus von Bedeutung. Muss dieser nach wie vor zu einem Teil durchgeführt werden, **bleibt es hinsichtlich dieses Teils bei der Anwendung des S. 1,** sofern dies sinnvoll möglich ist. Lässt sich dem Interessenausgleich eine Rangfolge der für die Kündigung benannten Arbeitnehmer nach sozialen Gesichtspunkten entnehmen (→ Rn. 81) und folgt der Insolvenzverwalter bei den tatsächlich ausgesprochenen Kündigungen dieser Rangfolge, indem er die sozial weniger Schutzbedürftigen kündigt, bleibt es für diese bei der Vermutung und der beschränkten Nachprüfbarkeit der Sozialauswahl.[220] Auch können die Betriebspartner Vorsorge treffen, indem sie vereinbaren, dass beim unvorhergesehenen Ausscheiden anderer Arbeitnehmer der Arbeitnehmer von der Namensliste genommen wird, der innerhalb der vergleichbaren Arbeitnehmer (und zugehörigen Altersgruppe) die höchste Bewertung hat.[221]

107 Änderungen der Sachlage, **nachdem Kündigungen ausgesprochen worden sind,** finden keine Berücksichtigung. Es gilt der allgemeine Grundsatz, dass für die Beurteilung der Frage, ob eine Kündigung sozial gerechtfertigt ist, die Sachlage zum Zeitpunkt des Zugangs der Kündigung maßgebend ist.[222] Ein **Wiedereinstellungsanspruch** kommt entsprechend den hierzu vom Bundesarbeitsgericht allgemein entwickelten Grundsätzen dann in Betracht, wenn die Änderung der Sachlage vor Ablauf der Kündigungsfrist, nicht aber, wenn sie danach eingetreten ist.[223] Im nicht vom Kündigungsschutzgesetz erfassten Kleinbetrieb ist diese Rechtsprechung nicht anwendbar.[224] Zur Rechtslage im Falle des Betriebsübergangs → § 128 Rn. 32.

108 Die **Darlegungs- und Beweislast** für eine wesentliche Änderung der Sachlage trifft im Kündigungsschutzprozess den Arbeitnehmer.[225]

109 **4. Ersetzung der Stellungnahme des Betriebsrats bei Massenentlassungen.** Abs. 2 bestimmt, dass der Interessenausgleich nach Abs. 1 die Stellungnahme des Betriebsrats nach § 17

---

215 BAG NZA-RR 2013, 68 Rn. 38 = ZIP 2013, 184; BAG NZA 2012, 1029 Rn. 32 = ZIP 2012, 1822; BAG NZA 2009, 1023 Rn. 20; BAG AP KSchG 1969 § 1 Namensliste Nr. 18 Rn. 49 = BB 2009, 1758.

216 AR/*Kaiser* KSchG § 1 Rn. 246.

217 Vgl. *Heinze* NZA 1999, 57 (60); DKKW/*Däubler* BetrVG Anh. zu §§ 111–113, InsO § 125 Rn. 30; Jaeger/*Giesen* § 125 Rn. 35; *Zwanziger* § 125 Rn. 85; aA BAG NZA 2009, 1023 Rn. 20 f.

218 *Giesen* ZfA 1997, 145 (178 f.); *Löwisch* RdA 1997, 80 (82).

219 AR/*Kaiser* KSchG § 1 Rn. 246.

220 BAG AP BetrVG 1972 § 112 Namensliste Nr. 1 = BeckRS 2004, 40629; *Löwisch* RdA 1997, 80 (82).

221 BAG NZA 2009, 1023 Rn. 21.

222 BAG NZA 2009, 1023 Rn. 20; BAG AP BetrVG 1972 § 112 Namensliste Nr. 1 = BeckRS 2004, 40629.

223 BAG AP BGB § 311a Nr. 1 Rn. 71 = BeckRS 2007, 41120; BAG NZA 2000, 1097 = ZIP 2000, 1781; BAG NZA 1998, 701; BAG NZA 1997, 757; ausführlich APS/*Kiel* KSchG § 1 Rn. 741 ff.; Nerlich/Römermann/*Hamacher* § 125 Rn. 67 f.; grundsätzlich dagegen *D. Kaiser* ZfA 2000, 205 ff.

224 BAG NZA 2018, 436 Rn. 17 f. = ZIP 2018, 994.

225 BAG AP BetrVG 1972 § 112 Namensliste Nr. 1 = BeckRS 2004, 40629; *Lakies* RdA 1997, 145 (151); Andres/Leithaus/*Andres* § 125 Rn. 18; Eylert/Schwarze/Schrader/*Eylert* KSchG § 1 Rn. 552; Nerlich/Römermann/*Hamacher* § 125 Rn. 66; KPB/*Moll* § 125 Rn. 93.

Abs. 3 S. 2 KSchG (→ Rn. 64) ersetzt. Da aus einem Interessenausgleich mit Kündigungsbenennung hervorgeht, wie sich der Betriebsrat zu den Entlassungen stellt, erfüllt der Interessenausgleich die Funktion der Stellungnahme, so dass es genügt, wenn er der Agentur für Arbeit zur Kenntnis gebracht wird. Es reicht also, wenn der Insolvenzverwalter nach § 17 Abs. 1 KSchG schriftlich der Agentur für Arbeit Anzeige von der Massenentlassung vor Ausspruch der Kündigungen (→ Rn. 57 ff.) erstattet und eine Ausfertigung des Interessenausgleichs nach § 125 beifügt. Dabei ist nach der Rechtsprechung für die Ersetzung nicht erforderlich, dass der Interessenausgleich bereits der gesetzlichen Schriftform des § 112 Abs. 1 S. 1 BetrVG genügt. Es reicht aus, wenn sich die Betriebsparteien geeinigt haben und der Anzeige ein allein vom Betriebsrat unterzeichneter Interessenausgleich mit Namensliste beigefügt wird, weil der Betriebsrat seine Meinung zu der anstehenden Massenentlassung damit abschließend dokumentiert und zum Ausdruck gebracht hat, dass er das Konsultationsverfahren als abgeschlossen ansieht.[226] Abs. 2 gilt allerdings **nur für den Interessenausgleich mit Namensliste;** die Beifügung eines durch Spruch der Einigungsstelle zustande gekommenen Sozialplans kann die von § 17 Abs. 3 S. 2 KSchG geforderte Stellungnahme des Betriebsrats nicht ersetzen.[227] Hat der Insolvenzverwalter den Interessenausgleich mit dem im Einzelfall zuständigen Gesamtbetriebsrat geschlossen (→ Rn. 71), ersetzt dieser Interessenausgleich die Stellungnahme des örtlichen Betriebsrats nach § 17 Abs. 3 S. 2 KSchG.[228] Die Pflicht zur Anhörung des Betriebsrats nach § 102 BetrVG bleibt unberührt (→ Rn. 52 ff.).

5. Änderungskündigung. Abs. 1 ist auch auf Änderungskündigungen durch den Insolvenzverwalter anwendbar.[229] Das ergibt sich aus dem Wortlaut und geht auf einen Vorschlag des mitberatenden Ausschusses für Arbeit und Sozialordnung zurück. Allerdings wurde die Änderungskündigung nur in Abs. 1 S. 1 Nr. 1 aufgenommen, der die Beweislastumkehr hinsichtlich der Betriebsbedingtheit der veränderten Arbeitsbedingungen regelt, und nicht auch in den die Kontrolle der Sozialauswahl einschränkenden Abs. 1 S. 1 Nr. 2. Dabei handelt es sich aber um ein Redaktionsversehen: Aus der Gesetzesbegründung geht hervor, dass der Gesetzgeber „Abs. 1 Satz 1 (…) auf den Fall der Änderungskündigung erstreckt".[230] Auch bei der Änderungskündigung bestehe ein Bedürfnis, im Interesse der Verfahrensvereinfachung und Verfahrensbeschleunigung die Kündigungen in einem Interessenausgleich zusammengefasst zu regeln und dadurch erreichen zu können, dass die Rechtmäßigkeit der Kündigungen in dem späteren Individualkündigungsschutzverfahren nur eingeschränkt überprüft werden könne. Dieses Ziel kann nur erreicht werden, wenn sich die **gesamten Rechtsfolgen** der Vorschrift auf die Änderungskündigung erstrecken.[231] 110

Als durch die geplante Betriebsänderung bedingt kommen zunächst Änderungskündigungen in Betracht, mit denen die **vertraglich festgelegten Arbeitsaufgaben** an eine grundlegende Änderung der Betriebsorganisation (§ 111 S. 3 Nr. 4 BetrVG) oder an die Einführung grundlegend neuer Arbeitsmethoden und Fertigungsverfahren (§ 111 S. 3 Nr. 5 BetrVG) angepasst werden sollen. Möglich sind auch Kündigungen zur **Veränderung der Arbeitszeit,** etwa die Herabsetzung der regelmäßigen Arbeitszeit, um auf diese Weise eine Betriebseinschränkung durchführen zu können[232] oder eine bisher zu hoch angesetzte Arbeitszeit zu senken.[233] Denkbar ist auch die Erhöhung der täglichen Arbeitszeit, wenn sonst zur Leistung der Mehrarbeit eine weitere Arbeitskraft eingestellt werden müsste.[234] Das Kündigungsverbot des § 11 TzBfG (→ § 113 Rn. 42) steht solchen Kündigungen nicht entgegen, weil diese betriebsbedingt sind und damit aus anderen Gründen im Sinne des § 11 S. 2 TzBfG erfolgen. 111

Auch eine zur Abwendung des Personalabbaus vereinbarte **Entgeltherabsetzung** kann auf diese Weise durchgesetzt werden. Denn auch die zu diesem Zweck erfolgenden Änderungskündigungen haben ihren Grund in der vom Arbeitgeber an sich beabsichtigten Betriebsänderung, nämlich dem Personalabbau, und führen diesen tatsächlich herbei, wenn und soweit sich die Arbeitnehmer auf die Änderung nicht (auch nicht unter Vorbehalt) einlassen. Ein Widerspruch zu der Rechtsprechung des Bundesarbeitsgerichts, nach der eine Änderungskündigung zum Zweck der Entgeltherab- 112

---

226 BAG NZA 2012, 817 Rn. 45 = ZIP 2012, 1139.

227 BAG AP KSchG 1969 § 17 Nr. 43 Rn. 60 = NZI 2013, 447; BAG AP KSchG 1969 § 17 Nr. 44 Rn. 57 = BeckRS 2013, 68180.

228 BAG NZA 2013, 32 Rn. 32 ff. = ZIP 2012, 2412; BAG NZA 2011, 1108 Rn. 18 ff. = NZI 2011, 719 = ZIP 2011, 1786.

229 *Giesen* ZIP 1998, 46 (50); *Zeuner* FS Zöllner, 1998, 1011 (1012 f.); ErfK/*Gallner* InsO § 125 Rn. 1; für die Namensliste nach § 1 Abs. 5 KSchG BAG NZA 2008, 103 Rn. 41.

230 Begr. zu § 143a Fassung Rechtsausschuss, BT-Drs. 12/7302, 172.

231 KPB/*Moll* § 125 Rn. 30; MHdB ArbR/*Rennpferdt* § 119 Rn. 69.

232 BAG NZA 1997, 1047.

233 BAG AP KSchG 1969 § 1 Betriebsbedingte Kündigung Nr. 1 = BB 1975, 1305 (Ls.).

234 LAG Berlin DB 1982, 334 = LSK 1982, 230090 (Ls.).

setzung nur in Betracht kommt, wenn es sonst zur Beendigungskündigung käme (→ § 120 Rn. 66), besteht nicht, denn die im Interessenausgleich vorgesehenen Änderungskündigungen dienen in einem solchen Fall gerade der Abwendung des Personalabbaus.[235]

113 Abs. 1 S. 1 Nr. 1 enthebt den Insolvenzverwalter auch bei der Änderungskündigung der **Last, darzulegen und zu beweisen,** dass die den Arbeitnehmern angesonnene Änderung der Arbeitsbedingungen dringend erforderlich ist. Muss er sonst sein organisatorisches Konzept erläutern und die Tatsachen vortragen, aus denen sich ergibt, dass die Arbeitnehmer die Änderungen billigerweise hinnehmen müssen (→ § 120 Rn. 65), liegt nunmehr der Gegenbeweis beim klagenden Arbeitnehmer. Er muss darlegen und beweisen, dass seiner im Interessenausgleich vorgesehenen Kündigung kein solches Konzept zugrunde liegt oder dass die Änderungen ihm nicht zumutbar sind. Auch die Möglichkeit einer anderweitigen Weiterbeschäftigung, welche die Änderungskündigung überflüssig macht, hat er darzutun. Das **Bundesarbeitsgericht** steht dazu allerdings auf dem Standpunkt, dass eine ausreichende Rechtfertigung der Vermutung auch hinsichtlich des Änderungsangebots nur dann angenommen werden kann, wenn die Betriebsparteien einzelne vorgesehene Änderungen in den Interessenausgleich mit aufgenommen haben, weil dann davon auszugehen sei, dass der Betriebsrat die Änderung mitbeurteilt habe. Danach soll, wenn der Interessenausgleich keinerlei inhaltliche Vorgaben zu den vorgesehenen Änderungen des Arbeitsvertrags enthält, die Verschiebung der Darlegungs- und Beweislast zu Lasten des Arbeitnehmers „kaum gerechtfertigt" sein.[236]

114 Was eine **Änderungskündigung zur Herabsetzung der Entgelte** anbelangt (allg. → § 120 Rn. 66), hat die Vermutung zur Folge, dass der Insolvenzverwalter weder den notwendigen Sanierungsplan noch die vorherige Ausschöpfung milderer Mittel noch auch die Billigkeit der Herabsetzung darzutun hat. Vielmehr ist es Sache des Arbeitnehmers, darzulegen und zu beweisen, dass eine dieser Voraussetzungen nicht gegeben ist.

115 Für das Gebot der **Sozialauswahl** und deren beschränkte Nachprüfbarkeit nach Abs. 1 S. 1 Nr. 2 gelten im Prinzip die gleichen Grundsätze wie bei der Beendigungskündigung (→ Rn. 90 ff.). Soweit es um die **Herabsetzung von Entgelten und Sozialleistungen** geht, hält sich eine prozentual gleichmäßige Verringerung innerhalb der durch Abs. 1 S. 1 Nr. 2 gezogenen Grenzen. Auf der anderen Seite kann sich aber auch eine überproportionale Herabsetzung, etwa eine Herabsetzung in wirtschaftlich guten Zeiten besonders gestiegener Gehälter, in diesem Rahmen halten.

§ 126 Beschlußverfahren zum Kündigungsschutz

(1) [1]Hat der Betrieb keinen Betriebsrat oder kommt aus anderen Gründen innerhalb von drei Wochen nach Verhandlungsbeginn oder schriftlicher Aufforderung zur Aufnahme von Verhandlungen ein Interessenausgleich nach § 125 Abs. 1 nicht zustande, obwohl der Verwalter den Betriebsrat rechtzeitig und umfassend unterrichtet hat, so kann der Insolvenzverwalter beim Arbeitsgericht beantragen festzustellen, daß die Kündigung der Arbeitsverhältnisse bestimmter, im Antrag bezeichneter Arbeitnehmer durch dringende betriebliche Erfordernisse bedingt und sozial gerechtfertigt ist. [2]Die soziale Auswahl der Arbeitnehmer kann nur im Hinblick auf die Dauer der Betriebszugehörigkeit, das Lebensalter und die Unterhaltspflichten nachgeprüft werden.

(2) [1]Die Vorschriften des Arbeitsgerichtsgesetzes über das Beschlußverfahren gelten entsprechend; Beteiligte sind der Insolvenzverwalter, der Betriebsrat und die bezeichneten Arbeitnehmer, soweit sie nicht mit der Beendigung der Arbeitsverhältnisse oder mit den geänderten Arbeitsbedingungen einverstanden sind. [2]§ 122 Abs. 2 Satz 3, Abs. 3 gilt entsprechend.

(3) [1]Für die Kosten, die den Beteiligten im Verfahren des ersten Rechtszugs entstehen, gilt § 12a Abs. 1 Satz 1 und 2 des Arbeitsgerichtsgesetzes entsprechend. [2]Im Verfahren vor dem Bundesarbeitsgericht gelten die Vorschriften der Zivilprozeßordnung über die Erstattung der Kosten des Rechtsstreits entsprechend.

Schrifttum: *Ascheid/Preis/Schmidt,* Kündigungsrecht, 5. Aufl. 2017 (zitiert: APS/*Bearbeiter*); *Bader/Fischermeier/Gallner/u. a.,* Gemeinschaftskommentar zum Kündigungsschutzgesetz und zu sonstigen kündigungsschutzrechtlichen Vorschriften, 12. Aufl. 2019 (zitiert: KR/*Bearbeiter*); *Becker,* Das Beschlussverfahren zum Kündigungsschutz de lege lata und de lege ferenda, 2006; *Caspers,* Personalabbau und Betriebsänderung im Insolvenzverfahren, 1998; *Dornbusch/Fischermeier/Löwisch,* Kommentar zum gesamten Arbeitsrecht, 9. Aufl. 2019 (zitiert: AR/*Bearbeiter*);

235 *Löwisch/Caspers* GS Heinze, 2005, 565 (568 f.).

236 BAG NZA 2008, 103 Rn. 26 für einen Interessenausgleich nach § 1 Abs. 5 KSchG; ebenso KPB/*Moll* § 125 Rn. 31 mwN.

Friese, Das kollektive Kündigungsschutzverfahren in der Insolvenz nach § 126 InsO, ZInsO 2001, 350; *Germelmann/Matthes/Prütting,* Arbeitsgerichtsgesetz, 9. Aufl. 2017 (zitiert: GMP/*Bearbeiter*); *Giesen,* Das neue Kündigungsschutzrecht in der Insolvenz, ZIP 1998, 46; *Grunsky,* Probleme des Beschlußverfahrens nach § 126 InsO, FS Lüke, 1997, S. 191; *Grunsky/Moll,* Arbeitsrecht und Insolvenz, 1997; *Grunsky/Waas/Benecke/Greiner,* Arbeitsgerichtsgesetz, 8. Aufl. 2014 (zitiert: GWBG/*Bearbeiter*); *Heinze,* Das Arbeitsrecht der Insolvenzordnung, NZA 1999, 57; *Henssler/Willemsen/Kalb,* Arbeitsrecht Kommentar, 8. Aufl. 2018 (zitiert: HWK/*Bearbeiter*); *Lakies,* Zu den seit 1.10.1996 geltenden arbeitsrechtlichen Vorschriften der Insolvenzordnung, RdA 1997, 145; *ders.,* Insolvenz und Betriebsänderungen, BB 1999, 206; *ders.,* Das Beschlussverfahren zum Kündigungsschutz nach § 126 InsO, NZI 2000, 345; *Löwisch,* Neugestaltung des Interessenausgleichs durch das Arbeitsrechtliche Beschäftigungsförderungsgesetz, RdA 1997, 80; *Lohkemper,* Die Bedeutung des neuen Insolvenzrechts für das Arbeitsrecht, KTS 1996, 1; *Müller-Limbach,* Arbeitsgerichtliche Überprüfung betriebsbedingter Kündigungen durch den Insolvenzverwalter (§§ 126–128 InsO), 2001; *Rieble,* Das insolvenzarbeitsrechtliche Beschlussverfahren nach § 126 InsO, NZA 2007, 1393; *Warrikoff,* Die Stellung der Arbeitnehmer nach der neuen Insolvenzordnung, BB 1994, 2338; *Zeuner,* Interessenausgleich, Beschlußverfahren zum Kündigungsschutz, Sozialplan und Insolvenzausfallgeld, in Leipold, Insolvenzrecht, S. 261; *Zwanziger,* Kommentar zum Arbeitsrecht der Insolvenzordnung, 5. Aufl. 2015.

Übersicht

I. Allgemeines

1. Normzweck. § 126 ergänzt § 125. Kann ein Interessenausgleich mit namentlicher Bezeich- 1
nung der zu kündigenden Arbeitnehmer nicht geschlossen werden, weil der Betrieb keinen Betriebsrat hat, oder kommt ein Interessenausgleich in Betrieben mit Betriebsrat nicht innerhalb einer Frist von drei Wochen zustande, kann der Insolvenzverwalter eine gerichtliche Initiative ergreifen. Er kann einseitig die zu kündigenden Arbeitnehmer benennen und beim Arbeitsgericht die Feststellung beantragen, dass deren Kündigung betriebsbedingt und sozial gerechtfertigt ist, wobei die Sozialauswahl nur im Hinblick auf die Dauer der Betriebszugehörigkeit, das Lebensalter und die Unterhaltspflichten nachgeprüft werden kann. Das Gesetz will dem Insolvenzverwalter so die Möglichkeit geben, notwendig werdende Kündigungsverfahren zu bündeln, zu vereinfachen und zu beschleunigen.[1]

Die **Effektivität der Regelung** wird vielfach in Zweifel gezogen. Das Verfahren wird als zu 2
aufwendig und langwierig kritisiert. Auch müsse damit gerechnet werden, dass es wegen Veränderungen der Sachlage doch zu zahlreichen individuellen Kündigungsschutzprozessen komme.[2] Daran ist richtig, dass sich der Insolvenzverwalter genau überlegen muss, ob der Weg über § 126 im konkreten Fall Erfolg verspricht. Insbesondere wird er zweckmäßigerweise meist zunächst kündigen und abwarten, welche Arbeitnehmer überhaupt Kündigungsschutzklage erheben (zu diesem Weg → Rn. 8). Dann aber kann das Verfahren durchaus von Vorteil sein, weil sich die Nachprüfung der Sozialauswahl auf die Gesichtspunkte Dauer der Betriebszugehörigkeit, Lebensalter und Unterhaltspflichten beschränkt. Dass nach Abs. 1 S. 2 die Schwerbehinderung nicht zu den Gesichtspunkten gehört, auf die sich die Nachprüfung der Sozialauswahl erstreckt, verstößt weder gegen die Gleichbehandlungsrahmenrichtlinie noch gegen Art. 3 Abs. 3 S. 2 GG; die insoweit für § 125 Abs. 1 S. 1 Nr. 2 maßgebenden Überlegungen gelten auch hier (→ § 125 Rn. 91). Auch unterschiedliche Urteile und Vergleichsvorschläge verschiedener Kammern des zuständigen Arbeitsgerichts können durch das Verfahren des § 126 vermieden werden. Gleichwohl wird in der Praxis von ihm kaum Gebrauch gemacht.[3]

---

1 Vgl. Begr. zu § 129 RegE, BT-Drs.12/2443, 149.
2 *Grunsky* FS Lüke, 1997, 191 (196 ff.); *Heinze* NZA 1999, 57 (61).
3 Die letzte in der Datenbank juris nachgewiesene Entscheidung stammt aus dem Jahr 2005 (letzter Abruf am 18.3.2019).

3 **2. Anwendungsbereich.** § 126 betrifft ausschließlich betriebsbedingte ordentliche Kündigungen, nicht aber verhaltens- oder personenbedingte ordentliche Kündigungen sowie Kündigungen aus wichtigem Grund. Für sog. Mischtatbestände gilt das in → § 125 Rn. 73 Gesagte sinngemäß.

4 Der Anwendungsbereich der **zweiten in Abs. 1 S. 1 genannten Alternative** ist eindeutig. Ein Interessenausgleich nach § 125 Abs. 1 kann nur in Betrieben eines Unternehmens mit in der Regel mehr als 20 wahlberechtigten Arbeitnehmern vereinbart werden und setzt die Planung einer Betriebsänderung im Sinne des § 111 S. 3 BetrVG voraus (→ § 125 Rn. 5 f.). Das Verfahren nach § 126 hat insoweit **Komplementärfunktion** zum nicht zum Erfolg führenden Interessenausgleich mit namentlicher Bezeichnung der zu kündigenden Arbeitnehmer.

5 Die **erste Alternative des Abs. 1 S. 1** erfasst sicher den Fall, dass es sich zwar um einen Betrieb eines Unternehmens mit mehr als 20 wahlberechtigten Arbeitnehmern handelt und auch eine Betriebsänderung im Sinne des § 111 S. 3 BetrVG geplant wird, dass aber der Betrieb keinen Betriebsrat hat und auch keine Zuständigkeit des Gesamtbetriebsrats nach § 50 Abs. 1 S. 1 Hs. 2 BetrVG besteht (dazu → § 125 Rn. 71). Die erste Alternative ist auch einschlägig, wenn ein Betriebsrat erst gewählt wird, nachdem der Insolvenzverwalter die Betriebsänderung ins Werk gesetzt hat. Denn dann kann ein Interessenausgleich nicht zustande kommen, weil dem neu gewählten Betriebsrat die Beteiligungsrechte nach den §§ 111, 112 BetrVG nicht zustehen.[4] Dass der Betriebsrat zwar erst nach der Eröffnung des Insolvenzverfahrens, aber noch vor Beginn der Durchführung der Betriebsänderung gewählt wird, hindert hingegen nicht die Anwendung der zweiten Alternative des Abs. 1 S. 1; der Insolvenzverwalter ist in einem solchen Fall zum Versuch eines Interessenausgleichs verpflichtet.[5] Enden, wie das in kleineren Betrieben vorkommen kann, die Arbeitsverhältnisse aller Betriebsrats- und Ersatzmitglieder vor dem Interessenausgleichsverfahren, behält der Betriebsrat für dessen Durchführung ein Restmandat, § 21b BetrVG (→ §§ 121, 122 Rn. 9). In diesem Fall ist ebenfalls die zweite Alternative des Abs. 1 S. 1 anzuwenden und kann das Verfahren nach § 126 nur beschritten werden, wenn ein Interessenausgleich nach § 125 scheitert.

6 Die erste Alternative des Abs. 1 S. 1 ist auch dann anzuwenden, wenn ein Interessenausgleich deshalb nicht möglich ist, weil das **Unternehmen nicht mehr als 20 wahlberechtigte Arbeitnehmer** beschäftigt oder weil der Personalabbau die Schwelle der Betriebsänderung (→ §§ 121, 122 Rn. 8) nicht überschreitet. Denn eine Anwendung des § 126 nur im Fall der Voraussetzungen des § 111 BetrVG wäre kontraproduktiv. Verschaffte man dem Insolvenzverwalter die Erleichterung des § 126 nicht, wenn er einen unter der Schwelle der Betriebsänderung bleibenden Personalabbau plant, legte man ihm nahe, sein Sanierungskonzept umzustellen und mehr Arbeitnehmer zu entlassen, um das Feststellungsverfahren einleiten zu können. Auch die Konzeption des § 128 wäre konterkariert. Würde man die Voraussetzungen des § 111 S. 1 und 3 BetrVG auch bei § 126 verlangen, hätte dies zur Folge, dass alle Unternehmen, die mehr als zehn (dann greift der allgemeine Kündigungsschutz) und nicht mehr als 20 Arbeitnehmer beschäftigen, nicht über die §§ 125 bis 128 übertragend saniert werden könnten. Es bliebe bei der insoweit unmodifizierten Anwendung des § 613a BGB.[6] Das Bedürfnis nach Sanierung und insbesondere übertragender Sanierung als der häufigsten Sanierungsform ist aber in der Insolvenz kleiner und mittelständischer Unternehmen, die weniger als 21 Arbeitnehmer beschäftigen, genauso vorhanden wie in Großbetrieben. Die Vorschrift muss deshalb auf **alle betriebsbedingten Kündigungen** angewandt werden.[7]

7 Wie sich aus Abs. 2 S. 1 Hs. 2 ergibt, werden auch **Änderungskündigungen** erfasst.[8] Dazu muss der Insolvenzverwalter das Änderungsangebot in den Feststellungsantrag aufnehmen.[9] Damit ist es möglich, die soziale Rechtfertigung von Änderungskündigungen einheitlich und mit Präjudizwirkung für spätere individuelle Kündigungsschutzprozesse feststellen zu lassen, wenn zur Entlastung der Insolvenzmasse auf arbeitsvertraglicher Grundlage (Individualabrede, betriebliche Übung, arbeitsvertragliche Gesamtzusage, arbeitsvertragliche Einheitsregelung) zugesagte Leistungen abgebaut wer-

---

[4] BAG NZA 1993, 420 = ZIP 1993, 289; AR/*Rieble/Kolbe* BetrVG § 111 Rn. 7.

[5] BAG NZA 2004, 220 = NZI 2004, 161 = ZIP 2004, 235.

[6] Also lediglich die teleologische Reduktion hinsichtlich der Haftung für Altverbindlichkeiten würde eingreifen, vgl. § 128 Rn. 19 ff.

[7] S. ausführlich *Caspers* Rn. 230 ff.; auch HambKommInsO/*Ahrendt* § 126 Rn. 6; ErfK/*Gallner* InsO § 126 Rn. 1; Jaeger/*Giesen* § 126 Rn. 13 ff.; *Lakies* RdA 1997, 145 (151); *Löwisch* RdA 1997, 80 (85); *Müller-Limbach* S. 38 ff.; *Rieble* NZA 2007, 1393 (1395 f.); *Schrader* NZA 1997, 70 (76); KR/*Weigand* InsO § 126 Rn. 3; aA DKKW/*Däubler* BetrVG Anh. zu §§ 111–113, InsO § 126 Rn. 7; Nerlich/Römermann/*Hamacher* § 126 Rn. 8 f.; APS/*Künzl* InsO § 126 Rn. 34a; HKInsO/*Linck* § 126 Rn. 5; KPB/*Moll* § 126 Rn. 11 f.; Uhlenbruck/*Zobel* §§ 126, 127 Rn. 8; offen gelassen von BAG NZA 2000, 1180 = NZI 2000, 495 = ZIP 2000, 1588.

[8] Nerlich/Römermann/*Hamacher* § 126 Rn. 3; MHdB ArbR/*Krumbiegel* § 122 Rn. 53; HKInsO/*Linck* § 126 Rn. 7; KPB/*Moll* § 126 Rn. 21 mwN.

[9] *Rieble* NZA 2007, 1393 (1398); HWK/*Annuß* InsO § 126 Rn. 3; KPB/*Moll* § 126 Rn. 21.

den müssen (→ § 120 Rn. 64 ff.). Auch für diesen Zweck kann es keine Rolle spielen, wie viele Arbeitnehmer der Betrieb beschäftigt und ob den Änderungskündigungen auch eine Betriebsänderung zugrunde liegt.[10]

Das Feststellungsverfahren gilt für geplante, aber **auch für bereits erfolgte Kündigungen,** wie sich aus § 127 Abs. 2 ergibt.[11] Denn im letzteren Fall sieht diese Bestimmung vor, dass die Verhandlung über eine Kündigungsschutzklage bis zur rechtskräftigen Entscheidung im Verfahren nach § 126 auf Antrag des Insolvenzverwalters ausgesetzt wird. Die Erhebung der Kündigungsschutzklage setzt aber voraus, dass die Kündigung bereits ausgesprochen worden ist. Der Verwalter kann also erst kündigen und abwarten, welche Arbeitnehmer innerhalb von drei Wochen nach Zugang der Kündigung Kündigungsschutzklage erheben. Danach kann er den Antrag nach § 126 stellen und auf diese Arbeitnehmer beschränken, da hinsichtlich der anderen die Kündigung als von Anfang an wirksam gilt (§ 7 KSchG).[12] Der Verwalter kann mit dieser Vorgehensweise eine widerspruchsfreie Entscheidung der verschiedenen Kündigungsschutzverfahren erreichen.[13] 8

Dass sich nur **einer oder wenige Arbeitnehmer** gegen ihre Kündigung mit der Kündigungsschutzklage wehren, ändert an der Anwendbarkeit von § 126 nichts. Der Auffassung des LAG München, in einem solchen Fall werde die ratio legis des § 126 verfehlt, kann nicht beigepflichtet werden. Der mit der Vorschrift verbundene Zweck der Verfahrensbeschleunigung steht auch in Frage, wenn nur ein Arbeitnehmer einen Kündigungsschutzprozess anstrengt.[14] Durch das Beschlussverfahren des § 126 wird dann erreicht, dass die Entscheidung über die Berechtigung der Kündigung regelmäßig abschließend durch das Arbeitsgericht erfolgt (→ Rn. 41 f.). Zudem kann nur so die Beschränkung der Nachprüfung der Sozialauswahl auf die Dauer der Betriebszugehörigkeit, das Lebensalter und die Unterhaltspflichten erreicht werden. 9

Zum Verhältnis des Verfahrens nach § 126 zum Beschlussverfahren über die Durchführung einer Betriebsänderung nach § 122 s. → §§ 121, 122 Rn. 62. 10

II. Voraussetzungen und Wirkungen des Feststellungsverfahrens

1. Voraussetzungen. In seiner **2. Alternative** setzt Abs. 1 S. 1 voraus, dass der Verwalter den Betriebsrat rechtzeitig und umfassend über die geplante Betriebsänderung unterrichtet hat und nicht innerhalb von drei Wochen nach Verhandlungsbeginn oder schriftlicher Aufforderung zur Aufnahme von Verhandlungen ein Interessenausgleich nach § 125 Abs. 1 zustande gekommen ist. Für die Anforderungen an die Unterrichtung gilt das in → §§ 121, 122 Rn. 31 f. Gesagte, für die Dreiwochenfrist das in → §§ 121, 122 Rn. 34 ff. Gesagte entsprechend. Das Verfahren nach § 126 scheidet dann aus, wenn der Verwalter seinerseits zu **Verhandlungen über den Interessenausgleich** nicht bereit ist. Die vom Gesetz gewollte Subsidiarität des gerichtlichen Verfahrens gegenüber der betrieblichen Einigung verbietet in einem solchen Fall auch die Anwendung des Feststellungsverfahrens (vgl. → §§ 121, 122 Rn. 33). Ist ein Interessenausgleich nach § 125 zustande gekommen, kann der Verwalter später gleichwohl ein Beschlussverfahren nach § 126 einleiten, wenn wegen einer weiteren Betriebsänderung ein Interessenausgleich nicht zustande kommt.[15] 11

Im Fall der **1. Alternative** entfällt die in → Rn. 11 genannte Voraussetzung, weil ein Interessenausgleich gar nicht geschlossen werden kann. Der Verwalter kann das Verfahren alsbald einleiten, und zwar auch, ohne vorher mit den einzelnen Arbeitnehmern zu verhandeln.[16] Soweit in dem Betrieb ein Betriebsrat besteht (zu diesem Fall → Rn. 6), trifft den Insolvenzverwalter unabhängig davon die Informationspflicht nach § 80 Abs. 2 BetrVG, so dass der Betriebsrat etwa auf die Einhaltung von Auswahlrichtlinien iSd § 95 BetrVG hinwirken kann. Unberührt bleibt auch das Anhörungsrecht nach § 102 BetrVG (→ Rn. 30). 12

Der Antrag des Verwalters muss sich auf die **Feststellung der Betriebsbedingtheit und sozialen Rechtfertigung** der Kündigung bestimmter Arbeitnehmer richten. Ob die Kündigungen bereits erfolgt oder erst beabsichtigt sind, spielt keine Rolle (→ Rn. 8). Die zu kündigenden oder gekündigten Arbeitnehmer müssen im Antrag mit Vor- und Nachnamen bezeichnet werden, so dass ihre Identität eindeutig ist. Da sie nach Abs. 2 Beteiligte des Beschlussverfahrens sind, werden 13

---

10 *Caspers* Rn. 241, 244.

11 BAG NZA 2000, 1180 = NZI 2000, 495 = ZIP 2000, 1588.

12 S. auch die Begr. zu § 130 RegE, BT-Drs. 12/2443, 150.

13 Zustimmend Rattunde/Smid/Zeuner/*Aghamiri* § 126 Rn. 9, § 127 Rn. 1; FKInsO/*Eisenbeis* § 126 Rn. 2; Nerlich/Römermann/*Hamacher* § 126 Rn. 26; KKInsO/*Hess* § 127 Rn. 6; KPB/*Moll* § 126 Rn. 22; *Müller-Limbach* S. 71 f.

14 AA LAG München ZInsO 2003, 339 = BeckRS 2003, 30463990; FKInsO/*Eisenbeis* § 126 Rn. 1; HKInsO/*Linck* § 126 Rn. 6; *Rieble* NZA 2007, 1393 (1394); *Zwanziger* § 126 Rn. 5; wie hier KPB/*Moll* § 126 Rn. 5.

15 BAG NZA 2001, 170 = NZI 2000, 498.

16 BAG NZA 2000, 1180 = NZI 2000, 495 = ZIP 2000, 1588.

zweckmäßigerweise auch ihre Anschriften gleich angegeben, so dass sie vom Arbeitsgericht ohne Verzögerung geladen werden können.

14 Auch wenn es nicht zu einem Interessenausgleich kommt oder dieser gar nicht möglich ist, kommt es vor, dass die Kündigungen nur **in Etappen** notwendig werden. In einem solchen Fall kann der Insolvenzverwalter seinen Antrag auf die Feststellung richten, dass die von ihm vorgesehenen etappenweisen Kündigungen sozial gerechtfertigt sind. Das Arbeitsgericht hat dann zu entscheiden, ob die Kündigungen zu den **jeweils vorgesehenen Terminen** betriebsbedingt und auch hinsichtlich der Sozialauswahl im Verhältnis zu den überhaupt nicht und zu den später zu kündigenden Arbeitnehmern sozial gerechtfertigt sind. Der Insolvenzverwalter kann aber auch für jede Etappe ein eigenes Feststellungsverfahren beantragen, weil die Kündigungen, anders als im Fall des § 125, nicht durch einen Interessenausgleich verklammert sind.

15 In der Literatur wird die Auffassung vertreten, der Insolvenzverwalter könne einen **„gestaffelten Antrag"** stellen, in dem er die Reihenfolge der zu kündigenden Arbeitnehmer nach ihrer sozialen Schutzbedürftigkeit festlegt. Mit einem solchen gestaffelten Antrag könne erreicht werden, dass das Gericht verbindlich über die Reihenfolge der Kündigungen entscheide. So werde vermieden, dass eine nachträgliche Verminderung der Zahl der zu kündigenden Arbeitnehmer den Beschluss entwerte, weil jeder gekündigte Arbeitnehmer sich auf eine Durchbrechung der Bindungswirkung (dazu → § 127 Rn. 13 ff.) durch § 127 Abs. 1 S. 2 berufen könne.[17]

16 Dieser am Modell des Interessenausgleichs nach § 125 orientierten Auffassung kann nicht gefolgt werden. Gegenstand des Verfahrens nach § 126 ist die Feststellung, dass die **Kündigung** bestimmter im Antrag bezeichneter Arbeitnehmer sozial gerechtfertigt ist, nicht aber die soziale Rangfolge zwischen den zu kündigenden Arbeitnehmern. Diese ist für sich **kein Rechtsverhältnis** und kann deshalb auch nicht Gegenstand eines Feststellungsverfahrens sein. Die Entscheidung über die Rangfolge der Kündigungen würde das Arbeitsgericht dazu zwingen, die sozialen Gesichtspunkte jedes einzelnen einer möglicherweise großen Anzahl von Arbeitnehmern zu bewerten und ins Verhältnis zu jedem der anderen zu kündigenden Arbeitnehmer zu setzen.[18]

17 Es ist auch nicht richtig, dass der arbeitsgerichtliche Beschluss ohne bindende Entscheidung über die Rangfolge wertlos ist, wenn sich herausstellt, dass **weniger Kündigungen ausgesprochen** werden müssen, als in dem Beschluss für zulässig erklärt worden sind. Kündigt nämlich in einem solchen Fall der Insolvenzverwalter die Arbeitnehmer, die er für sozial am wenigstens schutzbedürftig hält, müssen diese im Kündigungsschutzprozess geltend machen, dass sie doch zu den schutzbedürftigsten gehören und sich deshalb in ihrer Person die Sachlage im Sinne des § 127 Abs. 1 S. 2 wesentlich geändert hat. Das werden nur wenige mit Aussicht auf Erfolg tun können. Davon abgesehen sticht der Einwand der Gegenauffassung von vornherein nicht, wenn der Verwalter das Verfahren nach § 126 erst einleitet, nachdem er die Kündigungen ausgesprochen hat: Veränderungen der Verhältnisse nach Zugang der Kündigung sind grundsätzlich unbeachtlich (→ § 125 Rn. 107).

18 Auch § 126 verlangt nicht, dass der Insolvenzverwalter für alle betriebsbedingt zu kündigenden Arbeitnehmer den Feststellungsantrag stellt. Vielmehr kann er sich **auf bestimmte Arbeitnehmer und Arbeitnehmergruppen beschränken.**[19] Das Arbeitsgericht hat dann für diese die Betriebsbedingtheit und die Sozialauswahl im Verhältnis zu allen anderen vergleichbaren Arbeitnehmern zu beurteilen.

19 Für den Fall, dass die primär gegenüber anderen Arbeitnehmern vorgesehenen Kündigungen vom Arbeitsgericht als sozial nicht gerechtfertigt angesehen werden, ist ein **Hilfsantrag** auf Feststellung, dass dann die Kündigung eines oder mehrerer anderer Arbeitnehmer sozial gerechtfertigt ist, möglich.[20]

20 **2. Wirkungen.** Das Arbeitsgericht entscheidet auf den Antrag des Insolvenzverwalters über die soziale Rechtfertigung der beabsichtigten oder schon ausgesprochenen Kündigungen der vom Insolvenzverwalter bezeichneten Arbeitnehmer. Die Entscheidung betrifft die einzelnen Kündigungen. Dementsprechend ist es möglich, dass dem Antrag für einen **Teil der Kündigungen** stattgegeben und dass er hinsichtlich eines Teils der Kündigungen abgewiesen wird (→ Rn. 40).

21 Wird das **Beschlussverfahren vor Ausspruch der Kündigungen** durchgeführt, ist maßgeblicher Beurteilungszeitpunkt für die soziale Rechtfertigung, wie sich aus § 127 Abs. 1 S. 2 ergibt, der Schluss der letzten mündlichen Verhandlung. Als solcher ist im Beschlussverfahren der Schluss der

[17] *Grunsky* FS Lüke, 1997, 191 (199 ff.); *Giesen* ZIP 1998, 46 (52); *Heinze* NZA 1999, 57 (60 f.); FKInsO/*Eisenbeis* § 126 Rn. 8; ErfK/*Gallner* InsO § 126 Rn. 3; HKInsO/*Linck* § 126 Rn. 11.

[18] Im Ergebnis wie hier KPB/*Moll* § 126 Rn. 38; *Rieble* NZA 2007, 1393 (1399); *Zwanziger* § 126 Rn. 30.

[19] ErfK/*Gallner* InsO § 126 Rn. 3; aus dem Blickwinkel der Beteiligten auch BAG NZA 2000, 1180 = NZI 2000, 495 = ZIP 2000, 1588.

[20] *Grunsky* FS Lüke, 1997, 191 (197 f.); *Giesen* ZIP 1998, 46 (52); Nerlich/Römermann/*Hamacher* § 126 Rn. 34; HKInsO/*Linck* § 126 Rn. 11; KPB/*Moll* § 126 Rn. 23; Leipold/*Zeuner*, Insolvenzrecht, 261 (266).

mündlichen Anhörung zu verstehen. Wird gem. § 83 Abs. 4 S. 3 ArbGG im Einverständnis der Beteiligten ohne mündliche Verhandlung entschieden, tritt der Verkündungstermin (§ 84 S. 3 iVm § 60 ArbGG) an die Stelle.[21]

Soweit die **Kündigungen vor Abschluss des Beschlussverfahrens** erfolgen (→ Rn. 8), ist maßgeblicher Beurteilungszeitpunkt der Zeitpunkt des Zugangs der Kündigung. Denn die Bindungswirkung des Beschlusses für das Kündigungsschutzverfahren gebietet in diesem Fall einen einheitlichen Beurteilungszeitpunkt für beide Verfahren.[22] 22

Im Rahmen der Entscheidung ist zunächst zu prüfen, ob die einzelnen Kündigungen durch dringende betriebliche Erfordernisse bedingt sind. Anders als bei § 125 besteht **keine Vermutung für die Betriebsbedingtheit.** Vielmehr gelten die allgemeinen Grundsätze über die Verteilung der Darlegungs- und Beweislast bei der betriebsbedingten Kündigung (→ § 125 Rn. 39). Zu den Auswirkungen des im Beschlussverfahren geltenden Amtsermittlungsgrundsatzes s.u. → Rn. 35 f. 23

Das Gericht hat sodann die **soziale Auswahl** der von den Kündigungen betroffenen Arbeitnehmer zu überprüfen. Dabei besteht gegenüber den allgemeinen Grundsätzen insofern eine Einschränkung, als lediglich die Dauer der Betriebszugehörigkeit, das Lebensalter und die Unterhaltspflichten relevant sind (vgl. auch → Rn. 2). Keine Besonderheit besteht hinsichtlich der Vergleichbarkeit der für die Sozialauswahl in Betracht kommenden Arbeitnehmer (→ § 125 Rn. 25) und hinsichtlich des berechtigten betrieblichen Interesses, welches die Sozialauswahl durchbricht (→ § 125 Rn. 34 ff.). Auch dieses ist im Verfahren nach § 126 zu überprüfen, da dessen Gegenstand die soziale Rechtfertigung der betriebsbedingten Kündigung insgesamt ist.[23] 24

Abs. 1 S. 2 beschränkt den Maßstab für die Nachprüfung der Sozialauswahl nicht wie § 125 Abs. 1 S. 1 Nr. 2 auf grobe Fehlerhaftigkeit. Maßgebend ist vielmehr, ob die drei genannten Gesichtspunkte im Sinne des § 1 Abs. 3 S. 1 KSchG **ausreichend** berücksichtigt sind (→ § 125 Rn. 33). 25

Zur Darlegungs- und Beweislast für die Fehlerhaftigkeit der Sozialauswahl → § 125 Rn. 40, zum Amtsermittlungsgrundsatz s.u. → Rn. 35 f. 26

Nach § 127 Abs. 1 entfaltet die rechtskräftige Entscheidung über die soziale Rechtfertigung einer Kündigung im Verfahren nach § 126 in einem vom Arbeitnehmer angestrengten Kündigungsschutzprozess Bindungswirkung (→ § 127 Rn. 7 ff.). 27

III. Verfahrensablauf

1. Beschlussverfahren. Nach Abs. 2 S. 1 gelten im Feststellungsverfahren die Vorschriften des Arbeitsgerichtsgesetzes über das Beschlussverfahren entsprechend. Bei diesem handelt es sich an sich um ein arbeitsgerichtliches Verfahren zur Regelung kollektiver Streitigkeiten. Um solche geht es bei § 126 nicht, selbst dann nicht, wenn ein Interessenausgleich nach § 125 Abs. 1 nicht zustande gekommen ist und der Betriebsrat im Feststellungsverfahren Beteiligter ist. Denn es ist nicht Aufgabe des Gerichts, Insolvenzverwalter und Betriebsrat noch zu einem Interessenausgleich nach § 125 zu bewegen, sondern die Aufgabe besteht allein darin, über die Rechtmäßigkeit der Kündigungen zu entscheiden. Insoweit ist die Wahl des Beschlussverfahrens als Verfahrensart nicht systemgerecht. Es handelt sich um eine Spezialität des Insolvenzrechts mit einer Reihe von der Konzeption des Beschlussverfahrens abweichenden Besonderheiten. Zur örtlichen Zuständigkeit → §§ 121, 122 Rn. 46. 28

2. Beteiligte. Abs. 2 S. 1 Hs. 2 bestimmt, dass neben dem Insolvenzverwalter auch der **Betriebsrat** Beteiligter des Beschlussverfahrens ist. Dies zielt auf die 2. Alternative des Abs. 1 S. 1, wonach ein Interessenausgleich nach § 125 an sich möglich gewesen wäre, aber nicht zustande kam. Der Betriebsrat ist aber auch dann zu beteiligen, wenn § 126 über den Wortlaut hinaus entsprechende Anwendung findet, weil zwar ein Betriebsrat existiert, die Voraussetzungen des § 111 BetrVG aber nicht vorliegen, so dass kein Fall des Abs. 1 S. 1 Alt. 2 iVm § 125 gegeben ist (→ Rn. 6). Insoweit ist die Beteiligung des Betriebsrats im Zusammenhang mit der Bindungswirkung nach § 127 Abs. 1 zu sehen. Sie ermöglicht den Eintritt der Bindung auch dann, wenn der Betriebsrat der Kündigung nach § 102 Abs. 3 BetrVG widerspricht. Diese Funktion erfordert eine Beteiligung des Betriebsrats auch in jenem Fall.[24] 29

---

21 *Zwanziger* § 127 Rn. 4.

22 *Caspers* Rn. 279 f.; *Fischermeier* NZA 1997, 1089 (1099); *Friese* ZInsO 2001, 350 (353); K. Schmidt/*Ahrens* § 126 Rn. 27; Nerlich/Römermann/*Hamacher* § 127 Rn. 11 f.; HKInsO/*Linck* § 126 Rn. 17; aA *Zwanziger* § 126 Rn. 52.

23 FKInsO/*Eisenbeis* § 126 Rn. 10; ErfK/*Gallner* InsO § 126 Rn. 5; Nerlich/Römermann/*Hamacher* § 126 Rn. 40; MHdB ArbR/*Krumbiegel* § 122 Rn. 54; KPB/*Moll* § 126 Rn. 30; aA *Lakies* BB 1999, 206 (209).

24 Ähnlich *Rieble* NZA 2007, 1393 (1396 f.); anders noch *Caspers* Rn. 249.

30 Das Anhörungsrecht des Betriebsrats bei Kündigungen nach **§ 102 Abs. 1 und 2 BetrVG** besteht unabhängig von seiner Beteiligung im Beschlussverfahren. Das gilt nicht nur, wenn das Verfahren erst eingeleitet wird, nachdem die Kündigungen schon ausgesprochen sind, sondern auch, wenn die Kündigungen erst nach Abschluss des Verfahrens erfolgen. Zweckmäßigerweise unterrichtet der Insolvenzverwalter im letzteren Fall den Betriebsrat parallel zum Verfahren nach § 126.

31 Nach Abs. 2 S. 1 Hs. 2 sind auch die für die Kündigung bezeichneten **Arbeitnehmer Beteiligte,** soweit sie nicht mit der Beendigung des Arbeitsverhältnisses oder – im Falle einer Änderungskündigung – mit den geänderten Arbeitsbedingungen einverstanden sind. Auch die Beteiligung der betroffenen Arbeitnehmer und die Ausnahme im Fall des Einverständnisses sind im Zusammenhang mit der Bindungswirkung des § 127 Abs. 1 zu sehen: Einerseits kann die Bindungswirkung gegenüber den Parteien eines späteren Individualkündigungsschutzprozesses nur eintreten, wenn diese zuvor am Beschlussverfahren formell beteiligt waren (→ § 127 Rn. 5 f.).[25] Andererseits kann die Beteiligung nur entbehrlich sein, wenn das Einverständnis zur Beendigung des Arbeitsverhältnisses so bestandsfest ist, dass die Wirksamkeit einer späteren oder aber auch vorherigen Kündigung in einem Kündigungsschutzprozess unter dem Gesichtspunkt der Sozialwidrigkeit nicht mehr in Frage gestellt werden kann.

32 Haben sich die Arbeitnehmer nach Ausspruch der Kündigung bereits **gegenüber dem Verwalter** mit der Kündigung ihrer Arbeitsverhältnisse **einverstanden** erklärt, liegt darin regelmäßig ein **Klageverzicht.**[26] Dann ist eine Kündigungsschutzklage als unbegründet abzuweisen. Der Arbeitnehmer kann sich nicht mehr gegen die Kündigung wehren; diese gilt gem. § 7 Hs. 1 KSchG als von Anfang an wirksam. Dann bedarf es auch keiner rechtskräftigen Feststellung nach § 126 und keiner Bindung nach § 127 Abs. 1 S. 1, folglich auch keiner Bezeichnung im Antrag. Die Arbeitnehmer unterliegen insoweit zwar mangels formeller Beteiligung nicht der Rechtskraft und Bindung des Feststellungsbeschlusses.[27] Der Klageverzicht nimmt ihnen aber die Möglichkeit, erfolgreich Kündigungsschutzklage zu erheben. An den Wegfall von dessen Geschäftsgrundlage sind die gleichen Anforderungen zu stellen wie an die zeitlichen Grenzen der Rechtskraft des Beschlusses nach § 127 Abs. 1 S. 2 (dazu → § 127 Rn. 13 ff.). Vor Ausspruch der Kündigung kommt nur ein **Aufhebungsvertrag** mit dem Insolvenzverwalter in Betracht, weil ein Vorausverzicht auf den Kündigungsschutz unwirksam ist.[28]

33 Die im Antrag genannten Arbeitnehmer muss das Gericht im Beschlussverfahren formell beteiligen. Da sie im Verfahren frei über ihren Kündigungsschutz disponieren können, können sie auch **gegenüber dem Arbeitsgericht** erklären, dass sie mit der Kündigung einverstanden sind. Als Prozesshandlung setzt diese Erklärung eine vorherige formelle Beteiligung voraus. Es handelt sich um ein **Anerkenntnis** nach § 307 ZPO, der auch im Beschlussverfahren Anwendung findet.[29] Rechtskraft und Bindung des Beschlusses treten dann gegenüber dem anerkennenden Arbeitnehmer ein. Schließlich kann das Einverständnis des Arbeitnehmers auch in einem **Vergleich** mit dem Insolvenzverwalter erteilt werden.[30] Die bloße Untätigkeit im Beschlussverfahren bedeutet kein Einverständnis iSv Abs. 2 S. 1.[31]

34 Hat der Insolvenzverwalter Arbeitnehmer **in einem Hilfsantrag bezeichnet** (oben → Rn. 19), sind diese von Anfang an beteiligt und nicht erst wenn feststeht, dass der Hauptantrag ganz oder teilweise abgewiesen wird. Diese Arbeitnehmer müssen nämlich die Möglichkeit haben, den Hauptantrag des Insolvenzverwalters zu unterstützen, um die sie selbst treffende Kündigungsgefahr abzuwenden.[32]

35 **3. Sachverhaltsaufklärung.** Nach § 83 Abs. 1 ArbGG gilt im Beschlussverfahren der Untersuchungsgrundsatz mit der Maßgabe, dass die am Verfahren Beteiligten bei der Aufklärung des Sachverhalts **mitzuwirken** haben (s. näher → §§ 121, 122 Rn. 47). Übertragen auf das Verfahren nach § 126 bedeutet das, dass der Insolvenzverwalter die Antragsvoraussetzungen darlegen und beweisen

---

25 *Grunsky* FS Lüke, 1997, 191 (195 f.).

26 *Caspers* Rn. 251; FKInsO/*Eisenbeis* § 126 Rn. 7; KPB/*Moll* § 126 Rn. 48; allgemein zu den Anforderungen an einen wirksamen Klageverzicht ErfK/*Kiel* KSchG § 4 Rn. 28; zur Unwirksamkeit eines formularmäßigen Klageverzichts nach § 307 Abs. 1 S. 1 BGB s. auch BAG NZA 2016, 351 Rn. 12 ff.; BAG NZA 2015, 350 Rn. 18 ff.; BAG NZA 2008, 219 Rn. 29 ff.

27 *Caspers* Rn. 251; ErfK/*Gallner* InsO § 127 Rn. 2; Nerlich/Römermann/*Hamacher* § 126 Rn. 21, § 127 Rn. 6.

28 *Rieble* NZA 2007, 1393 (1397); aA *Müller-Limbach* S. 55 ff.

29 GMP/*Spinner* ArbGG § 84 Rn. 6; speziell zu § 126 *Grunsky* FS Lüke, 1997, 191 (199).

30 *Grunsky* FS Lüke, 1997, 191 (199).

31 BAG NZA 2001, 170 = NZI 2000, 498; *Rieble* NZA 2007, 1393 (1397).

32 Eingehend *Grunsky* FS Lüke, 1997, 191 (198); Nerlich/Römermann/*Hamacher* § 126 Rn. 34; KPB/*Moll* § 126 Rn. 49; Uhlenbruck/*Zobel* §§ 126, 127 Rn. 31.

muss. Es unterliegt im Einzelnen seiner Behauptung und wenn erforderlich auch seinem Beweis, dass **dringende betriebliche Erfordernisse** die Kündigungen bedingen.[33] Wie das Arbeitsgericht den Sachverhalt aufklärt, ist aber letztlich seine Sache. Gem. § 83 Abs. 2 ArbGG kann es dafür Urkunden einsehen, Auskünfte einholen sowie Zeugen, Sachverständige und Beteiligte vernehmen. Insbesondere kommt auch eine amtswegige Vernehmung des Insolvenzverwalters als Beteiligtem in Betracht.[34]

36 Hinsichtlich der **Sozialauswahl** bleibt es ebenfalls bei der abgestuften Darlegungs- und Beweislast, wie sie von der Rechtsprechung entwickelt wurde (→ § 125 Rn. 40). Der Verwalter braucht zunächst nicht von sich aus zur sozialen Auswahl Stellung zu nehmen.[35] Kommt der Verwalter nach einem Bestreiten der Richtigkeit der Sozialauswahl durch die Arbeitnehmer und der Aufforderung zur Mitteilung der Gründe für die Auswahlentscheidung seiner Darlegungspflicht gem. § 1 Abs. 3 S. 1 KSchG nach und lassen sich dennoch die Umstände nicht aufklären, nach denen die Sozialauswahl fehlerhaft sein soll, geht dies entsprechend der Beweislast des § 1 Abs. 3 S. 3 KSchG zu Lasten der jeweiligen Arbeitnehmer.[36]

37 **4. Vorrangige Verfahrenserledigung.** Nach Abs. 2 S. 2 iVm § 122 Abs. 2 S. 3 ist der Antrag nach Maßgabe des § 61a Abs. 3 bis 6 ArbGG vorrangig zu erledigen. Möglich sind **Fristsetzungen** für das Vorbringen der Beteiligten, die allerdings mindestens zwei Wochen betragen müssen. Mit verspätetem Vortrag sind die Beteiligten präkludiert, wenn nach der freien Überzeugung des Gerichts dessen Zulassung die Erledigung des Rechtsstreits verzögert oder wenn der betreffende Beteiligte die Verspätung nicht genügend entschuldigt (→ §§ 121, 122 Rn. 48).

38 Die Verweisung auf § 61a ArbGG bestätigt, dass es auch im Beschlussverfahren nach § 126 wesentlich auf das **Vorbringen der Beteiligten** ankommt und dass die allgemeinen Beweislastgrundsätze Anwendung finden müssen. Der Untersuchungsgrundsatz ist durch die Anwendung des § 61a Abs. 3 bis 6 ArbGG noch weiter zurückgedrängt als sonst im arbeitsgerichtlichen Beschlussverfahren.[37]

39 **5. Feststellungsbeschluss und Rechtsmittel.** Nach § 84 ArbGG entscheidet das Arbeitsgericht über den vom Verwalter gestellten Feststellungsantrag durch Beschluss. Ihm ist entweder stattzugeben oder er ist als unzulässig oder unbegründet abzuweisen. **Soweit das Arbeitsgericht dem Antrag stattgibt,** stellt es nach Abs. 1 S. 1 fest, dass die Kündigung der betreffenden Arbeitnehmer durch dringende betriebliche Erfordernisse bedingt und sozial gerechtfertigt ist. Dass nicht nur die soziale Rechtfertigung, sondern auch die Betriebsbedingtheit festgestellt wird, hat seinen guten Sinn, denn es wird damit für die Bindungswirkung des § 127 Abs. 1 S. 1 klargestellt, dass entsprechend dem eingeschränkten Anwendungsbereich des § 126 (→ Rn. 3) über andere Gründe der sozialen Rechtfertigung nicht entschieden ist. Gegen eine verhaltens- oder personenbedingte Kündigung kann sich der Arbeitnehmer wehren, ohne dass die Bindungswirkung eingreift.

40 Dem Antrag kann **teilweise** hinsichtlich der Kündigungen einiger Arbeitnehmer **stattgegeben** und er kann im Übrigen hinsichtlich anderer Arbeitnehmer abgewiesen werden.[38] Über den Antrag kann das Arbeitsgericht aber nicht hinausgehen, insbesondere kann es nicht die Kündigung von Arbeitnehmern, die im Antrag nicht aufgeführt sind, für sozial gerechtfertigt erklären, wenn es sie für sozial weniger schutzbedürftig hält.

41 Abs. 2 S. 2 verweist auch auf **§ 122 Abs. 3.** Danach findet nach S. 1 der Vorschrift gegen den Beschluss des Arbeitsgerichts die Beschwerde an das Landesarbeitsgericht nicht statt. Eine **Rechtsbeschwerde** an das Bundesarbeitsgericht findet nur statt, wenn sie in dem Beschluss des Arbeitsgerichts zugelassen wird. Eine Nichtzulassungsbeschwerde an das Bundesarbeitsgericht scheidet aus (s. im Einzelnen → §§ 121, 122 Rn. 52 ff.).

42 Konsequenz dieser Rechtsmittelkonzeption ist, dass der Beschluss des Arbeitsgerichts **im Regelfall sofort rechtskräftig** wird[39] (→ §§ 121, 122 Rn. 54). Eine Zulassung der Rechtsbeschwerde an das Bundesarbeitsgericht wird nur selten vorkommen, da angesichts einer ausgeprägten obergerichtlichen Rechtsprechung zur betriebsbedingten Kündigung Rechtsfragen von grundsätzlicher

---

33 HambKommInsO/*Ahrendt* § 126 Rn. 13; FKInsO/*Eisenbeis* § 126 Rn. 9; ErfK/*Gallner* InsO § 126 Rn. 4; Jaeger/*Giesen* § 126 Rn. 25; HKInsO/*Linck* § 126 Rn. 13.

34 S. näher *Caspers* Rn. 257.

35 *Lohkemper* KTS 1996, 1 (13).

36 FKInsO/*Eisenbeis* § 126 Rn. 9; HKInsO/*Linck* § 126 Rn. 13.

37 FKInsO/*Eisenbeis* § 126 Rn. 9.

38 *Friese* ZInsO 2001, 350 (353); *Grunsky* FS Lüke, 1997, 191 (197); *Lakies* RdA 1997, 145 (152); *Caspers* Rn. 261; ErfK/*Gallner* InsO § 126 Rn. 5.

39 Vgl. Begr. zu § 129 RegE, BT-Drs. 12/2443, 149 f.; *Lohkemper* KTS 1996, 1 (19 f.); *Müller-Limbach* S. 116; *Schrader* NZA 1997, 70 (73); *Warrikoff* BB 1994, 2338 (2343).

Bedeutung kaum berührt werden.[40] Die **Gewährleistung effektiven Rechtschutzes** wird dadurch nicht verletzt. Denn diese gewährt in Zivilstreitigkeiten lediglich, dass die Gerichte angerufen werden können, nicht aber, dass ein bestimmter Instanzenzug beschritten werden kann.[41]

42a Die Rechtsbeschwerde **wirkt zu Gunsten derjenigen, die sie eingelegt,** nicht aber zu Gunsten derjenigen, die keine Rechtsbeschwerde eingelegt haben. Jeder der beteiligten beschwerten Arbeitnehmer kann im Fall ihrer Zulassung selbständig Rechtsbeschwerde einlegen. Unterbleibt dies, erlangt der Beschluss des Arbeitsgerichts insoweit Rechtskraft.[42]

43 **6. Kosten.** Gem. Abs. 3 S. 1 gilt § 12a Abs. 1 S. 1 und 2 ArbGG hinsichtlich der Kosten, die den Beteiligten im Verfahren des ersten Rechtszugs entstehen, entsprechend. Danach bestehen **keine Kostenerstattungsansprüche** der Beteiligten. Jedoch ändert das nichts an der materiellen Freistellungspflicht für die **Kosten des Betriebsrats** gem. § 40 Abs. 1 BetrVG zu Lasten der Insolvenzmasse, wenn der Betriebsrat im Feststellungsverfahren Beteiligter ist.[43] Sollte es zu einer Rechtsbeschwerde vor dem Bundesarbeitsgericht kommen, werden die außergerichtlichen Kosten erstattet (Abs. 3 S. 2).

44 Wie sich aus § 2 Abs. 2 GKG ergibt, werden in dem Verfahren nach § 126 Gerichtskosten nicht erhoben.

45 **7. Vorzeitige Beendigung des Verfahrens.** Einigen sich in der 2. Alternative des Abs. 1 S. 1 Insolvenzverwalter und Betriebsrat noch während des Beschlussverfahrens auf einen Interessenausgleich nach § 125 Abs. 1, kann der **Antrag** gem. § 81 Abs. 2 ArbGG jederzeit vom Insolvenzverwalter **zurückgenommen** werden, ohne dass es auf die Zustimmung der übrigen Beteiligten ankommt.[44] Wird der Antrag zurückgenommen, ist das Verfahren durch Beschluss einzustellen. Insoweit geht es nicht um eine Erledigung des Verfahrens nach § 83a Abs. 2 und 3 ArbGG. Dies ist nicht problematisch, da Kosten nicht erhoben und den Beteiligten auch nicht erstattet werden und die Arbeitnehmer die Rechtmäßigkeit der Kündigungen im Kündigungsschutzprozess – nunmehr am Maßstab des § 125 Abs. 1, soweit die Kündigungen erst nach Vereinbarung des Interessenausgleichs ausgesprochen worden sind (→ § 125 Rn. 84) – überprüfen lassen können. Dabei gilt der Grundsatz, dass immer die Sachlage zum Zeitpunkt des Zugangs der jeweils angegriffenen Kündigung im Kündigungsschutzprozess maßgeblich ist (→ § 125 Rn. 19, 107).

46 Die Bestimmung des § 83a ArbGG zur **Erledigung des Beschlussverfahrens** nach § 126 gilt nur im Rechtsbeschwerdeverfahren, wobei die Rechtsprechung des Bundesarbeitsgerichts über eine einseitige Erledigung im Beschlussverfahren zu beachten ist. Danach hat das Gericht, wenn der Antragsteller das Verfahren für erledigt erklärt und Beteiligte der Erledigung widersprechen, nur zu prüfen, ob das erledigende Ereignis eingetreten ist. Ist das der Fall, ist das Verfahren nach § 83a Abs. 2 ArbGG einzustellen. Darauf, ob der Antrag ursprünglich zulässig und begründet war, kommt es nicht an.[45]

§ 127 Klage des Arbeitnehmers

(1) [1]Kündigt der Insolvenzverwalter einem Arbeitnehmer, der in dem Antrag nach § 126 Abs. 1 bezeichnet ist, und erhebt der Arbeitnehmer Klage auf Feststellung, daß das Arbeitsverhältnis durch die Kündigung nicht aufgelöst oder die Änderung der Arbeitsbedingungen sozial ungerechtfertigt ist, so ist die rechtskräftige Entscheidung im Verfahren nach § 126 für die Parteien bindend. [2]Dies gilt nicht, soweit sich die Sachlage nach dem Schluß der letzten mündlichen Verhandlung wesentlich geändert hat.

(2) Hat der Arbeitnehmer schon vor der Rechtskraft der Entscheidung im Verfahren nach § 126 Klage erhoben, so ist die Verhandlung über die Klage auf Antrag des Verwalters bis zu diesem Zeitpunkt auszusetzen.

Schrifttum: Siehe das bei § 126 genannte Schrifttum; ferner: *Krause,* Rechtskrafterstreckung im kollektiven Arbeitsrecht, 1996; *Otto,* Entscheidungsharmonie, Verfahrensökonomie und rechtliches Gehör bei Streitigkeiten

[40] *Warrikoff* BB 1994, 2338 (2340).
[41] Zur verfassungsrechtlichen Unbedenklichkeit dieser Rechtsmittelkonzeption vgl. *Grunsky* FS Lüke, 1997, 191 (195); *Lakies* RdA 1997, 145 (154).
[42] BAG NZA 2000, 1180 = NZI 2000, 495 = ZIP 2000, 1588; K. Schmidt/*Ahrens* § 126 Rn. 30; HKInsO/*Linck* § 126 Rn. 20.
[43] *Caspers* Rn. 265; FKInsO/*Eisenbeis* § 126 Rn. 15; HKInsO/*Linck* § 126 Rn. 19; KPB/*Moll* § 126 Rn. 52.
[44] GMP/*Spinner* ArbGG § 81 Rn. 68; *Grunsky/Moll* Rn. 382 f.
[45] BAG NZA 2011, 362 Rn. 8; BAG NZA 1993, 1052; BAG NZA 1990, 822; GWBG/*Greiner* ArbGG § 83a Rn. 13; GMP/*Spinner* ArbGG § 83a Rn. 21 ff.

mit kollektivem Bezug, RdA 1989, 247; *Prütting,* Prozessuale Koordinierung von kollektivem und Individualarbeitsrecht, RdA 1991, 257; *ders.*, Arbeitsgerichtliches Beschlußverfahren in der Insolvenz, FS Uhlenbruck, 2000, S. 769; *Schaub,* Arbeitsrecht in der Insolvenz, DB 1999, 217.

Übersicht

I. Normzweck und Anwendungsbereich

Abs. 1 S. 1 ordnet an, dass die rechtskräftige Entscheidung im Verfahren nach § 126 die Parteien in einem späteren Kündigungsschutzprozess bindet. Die Vorschrift soll **divergierende Entscheidungen verhindern.** Das auf rasche Klärung angelegte Feststellungsverfahren nach § 126 hätte keinen Sinn, wenn die Entscheidung des Arbeitsgerichts über die soziale Rechtfertigung der Kündigung in einem späteren Kündigungsschutzprozess wieder in Frage gestellt werden könnte. 1

Der **Anwendungsbereich** des § 127 deckt sich mit dem des § 126 (→ § 126 Rn. 3 ff.). 2

II. Voraussetzungen der Bindungswirkung

1. Rechtskräftige Entscheidung. Die Bindungswirkung setzt eine rechtskräftige Entscheidung über die soziale Rechtfertigung der Kündigung oder Änderungskündigung voraus, die vom Arbeitnehmer im Kündigungsschutzprozess angegriffen wird. Der Arbeitnehmer muss in dem Antrag des Verwalters für das Verfahren nach § 126 bezeichnet gewesen sein. Die Entscheidung muss die Feststellung enthalten, dass seine Kündigung durch dringende betriebliche Erfordernisse bedingt und sozial gerechtfertigt ist (→ § 126 Rn. 39). 3

Die Entscheidung muss **rechtskräftig** sein. Lässt das Arbeitsgericht die Rechtsbeschwerde zu, tritt Rechtskraft erst mit Ablauf der Rechtsbeschwerdefrist von einem Monat oder bei rechtzeitiger Einlegung der Rechtsbeschwerde mit der Entscheidung des Bundesarbeitsgerichts ein. Lässt das Arbeitsgericht die Rechtsbeschwerde nicht zu, wird der Beschluss mit seiner Verkündung rechtskräftig (→ §§ 121, 122 Rn. 54). 4

2. Beteiligung des betroffenen Arbeitnehmers am Verfahren. Die im Antrag bezeichneten zu kündigenden oder gekündigten Arbeitnehmer müssen im Beschlussverfahren formell beteiligt und gehört werden, um die Bindungswirkung des § 127 Abs. 1 herbeizuführen. Da die Bindungswirkung der Rechtskraft folgt, muss sich die Rechtskraft des Beschlusses auf die einzelnen Arbeitnehmer beziehen (subjektive Rechtskraft). 5

Die **Wirkungen der materiellen Rechtskraft** knüpfen grundsätzlich an die formelle Beteiligung im Beschlussverfahren an.[1] Zwar wird in kollektiven Streitigkeiten zwischen Arbeitgeber und Betriebsrat eine Rechtskrafterstreckung auch ohne Beteiligung der Arbeitnehmer auf alle betroffenen Arbeitnehmer angenommen.[2] Um eine kollektive Streitigkeit handelt es sich hier aber nicht. Dass die soziale Auswahl den Kündigungen einen kollektiven Bezug verleiht,[3] ändert nichts daran, dass der Kündigungsschutz insgesamt seinen individualrechtlichen Charakter behält. Es liegt keine Rechtsmacht des Betriebsrats über den Kündigungsschutz der Arbeitnehmer vor. Selbst der Interessenausgleich nach § 125 geht weiterhin von der individualrechtlichen Konzeption des Kündigungsschutzes aus und verschiebt allein die Beweislast und den Prüfungsmaßstab des Gerichts. Wo aber keine Rechtsmacht des Betriebsrats und keine materielle Abhängigkeit der Rechtsposition von einem Tätigwerden des Betriebsrats besteht, kann sich die Rechtskraft eines gegenüber dem Betriebsrat ergangenen Beschlusses auch nicht auf die nicht beteiligten Arbeitnehmer kraft Repräsentation 6

1 BAG AP ArbGG 1979 § 80 Nr. 2 = NJW 1981, 2271 (Ls.); vgl. auch BAG AP ZPO § 322 Nr. 14 = NJW 1984, 1710; *Otto* RdA 1989, 247 (250); *Prütting* RdA 1991, 257 (260); Stein/Jonas/*Leipold,* Zivilprozessordnung, Band 4/1, 21. Aufl. 1998, § 322 ZPO Rn. 325; ausführlich zur Rechtskraft im Verfahren nach § 126 *Prütting* FS Uhlenbruck, 2000, 769 (775 ff.).

2 Ausführlich *Otto* RdA 1989, 247 ff.; *Prütting* RdA 1991, 257 ff.

3 *Otto* RdA 1989, 247 (249); vgl. auch *Krause* S. 221.

erstrecken. Dem einzelnen Arbeitnehmer muss es unbenommen bleiben, seine betriebsverfassungsfesten Rechte selbst wahrzunehmen.[4]

III. Inhalt der Bindung

7 **1. Bei Stattgabe des Antrags.** Die rechtskräftige Feststellung, dass die Kündigung eines Arbeitnehmers betriebsbedingt und sozial gerechtfertigt ist, bindet Arbeitnehmer und Insolvenzverwalter in einem nachfolgenden Kündigungsschutzprozess. Die Kündigungsschutzklage oder Änderungsschutzklage wird zwar nicht unzulässig. Sie ist aber unbegründet, soweit der Arbeitnehmer sich auf Sozialwidrigkeit wegen fehlender Betriebsbedingtheit beruft und dabei Tatsachen geltend macht, die er bereits im Beschlussverfahren vergeblich vorgebracht hat oder nicht vorgebracht hat, obwohl sie bereits vorgelegen haben.[5] Nur eine nachträgliche wesentliche Änderung der Sachlage lässt die Bindungswirkung entfallen (→ Rn. 13 ff.).

8 Die Bindungswirkung gilt auch, wenn der Arbeitnehmer zwar nicht Kündigungsschutzklage erhebt, aber im Rahmen einer anderen Klage, insbesondere einer **Lohnzahlungsklage,** für die Zeit nach Ablauf der Kündigungsfrist geltend macht, dass die ihm gegenüber ausgesprochene Kündigung sozialwidrig ist. Um das Wirksamwerden der Kündigung nach § 7 KSchG zu vermeiden, muss der Arbeitnehmer sich im Prozess über die Leistungsklage gem. § 6 KSchG auf die Sozialwidrigkeit berufen (→ § 113 Rn. 79 ff.). Damit aber dringt er nicht durch, weil die Betriebsbedingtheit und soziale Rechtfertigung wegen der Bindungswirkung feststeht.

9 Die Bindungswirkung beschränkt sich auf die **Betriebsbedingtheit und soziale Rechtfertigung** der Kündigung. Dass diese aus anderen Gründen, zB wegen fehlender Schriftform oder Nichtanhörung des Betriebsrats oder wegen eines bestehenden Sonderkündigungsschutzes, unwirksam ist, kann der Arbeitnehmer weiterhin geltend machen.[6] Zur Feststellung, dass die Kündigung nicht wegen des Betriebsübergangs iSd § 613a Abs. 4 S. 1 BGB erfolgt ist, → § 128 Rn. 44 ff.

10 **2. Bei Abweisung des Antrags.** Die Bindungswirkung gilt auch **zugunsten der Arbeitnehmer,** wenn der Antrag des Insolvenzverwalters nach § 126 im Beschlussverfahren in der Sache abgewiesen wurde. Denn ein Antrag auf positive Feststellung enthält bei Abweisung zugleich die Feststellung des genauen Gegenteils,[7] also hier die Feststellung, dass die Kündigungen nicht durch dringende betriebliche Erfordernisse bedingt und sozial gerechtfertigt sind. Soweit gegen die Bindungswirkung auch eines abweisenden Beschlusses eingewandt wird, sie widerspreche dem Ziel des Gesetzes, dem Insolvenzverwalter Kündigungen zu erleichtern,[8] überzeugt das nicht. Der Insolvenzverwalter hat es in der Hand, das Verfahren nach § 126 einzuleiten und auch vor einer Entscheidung wieder zu beenden (→ § 126 Rn. 45 f.). Führt er es durch, muss er auch das Risiko des Unterliegens tragen.[9] Zum Entfallen der Bindungswirkung bei einer wesentlichen Änderung der Sachlage → Rn. 13 ff.

11 Die Bindungswirkung einer Abweisung des Antrags hat zur Folge, dass der Insolvenzverwalter, wenn er eine Kündigung ausspricht oder an einer ausgesprochenen Kündigung festhält, gegenüber der Kündigungsschutzklage des Arbeitnehmers nicht einwenden kann, die Kündigung sei doch betriebsbedingt und deshalb sozial gerechtfertigt. Er kann sich nur auf **andere Kündigungsgründe** stützen, insbesondere darauf, dass die Kündigung nicht nur betriebsbedingt, sondern auch verhaltens- oder personenbedingt sei[10] (zu sog. Mischtatbeständen → § 125 Rn. 73).

12 Die Bindungswirkung steht der **Anwendbarkeit des § 7 KSchG** nicht entgegen. Erhebt der Arbeitnehmer nach Zugang der Kündigung nicht innerhalb der Dreiwochenfrist des § 4 S. 1 KSchG Kündigungsschutzklage (→ § 113 Rn. 40 ff.) und wird diese auch nicht nach § 5 KSchG nachträglich zugelassen (→ § 113 Rn. 69 ff.), gilt die Kündigung ohne Rücksicht auf ihre soziale Rechtfertigung

4 Allgemein *Rieble* Anm. BAG EzA BetrVG 1972 § 112 Nr. 59 (unter III); ausführlich *Caspers* Rn. 269 ff.; im Ergebnis ebenso FKInsO/*Eisenbeis* § 127 Rn. 3; Nerlich/Römermann/*Hamacher* § 126 Rn. 19 ff., § 127 Rn. 6; KPB/*Moll* § 127 Rn. 20.

5 Vgl. BAG AP BetrVG 1972 § 103 Nr. 3 = NJW 1975, 1752 (Ls.) zum parallel gelagerten Fall des § 103 Abs. 2 BetrVG.

6 *Caspers* Rn. 269; ErfK/*Gallner* InsO § 126 Rn. 6; Jaeger/*Giesen* § 127 Rn. 6; Nerlich/Römermann/*Hamacher* § 127 Rn. 3; KPB/*Moll* § 127 Rn. 15; KR/*Weigand* InsO § 127 Rn. 1.

7 Stein/Jonas/*Althammer* ZPO § 322 Rn. 105, 186; Stein/Jonas/*H. Roth* ZPO § 256 Rn. 121; MüKoZPO/*Gottwald* § 322 Rn. 181, 183.

8 *Grunsky* FS Lüke, 1997, 191 (195); KPB/*Moll* § 126 Rn. 36, § 127 Rn. 22; Braun/*Wolf* § 127 Rn. 11.

9 *Friese* ZInsO 2001, 350 (355); *Lakies* BB 1999, 206 (209); HambKommInsO/*Ahrendt* § 127 Rn. 2; K. Schmidt/*Ahrens* § 127 Rn. 8; *Caspers* Rn. 270; ErfK/*Gallner* InsO § 127 Rn. 2; Jaeger/*Giesen* § 127 Rn. 11; Nerlich/Römermann/*Hamacher* § 127 Rn. 4; HKInsO/*Linck* § 127 Rn. 4; Uhlenbruck/*Zobel* §§ 126, 127 Rn. 42; im Ergebnis auch *Prütting* FS Uhlenbruck, 2000, 769 (777 f.).

10 K. Schmidt/*Ahrens* § 127 Rn. 10; ErfK/*Gallner* InsO § 127 Rn. 1; Jaeger/*Giesen* § 127 Rn. 11.

als von Anfang an rechtswirksam. Ein vom Arbeitnehmer gegenüber einer Änderungskündigung erklärter Vorbehalt nach § 2 KSchG erlischt. Das gilt auch dann, wenn der Insolvenzverwalter nach Einleitung, aber noch vor Abschluss des Verfahrens nach § 126 die Kündigung ausspricht und es der Arbeitnehmer versäumt, innerhalb der Dreiwochenfrist Kündigungsschutzklage zu erheben.[11]

3. Wesentliche Änderung der Sachlage. Nach Abs. 1 S. 2 gilt die Bindungswirkung nicht, soweit sich die Sachlage nach dem Schluss der letzten mündlichen Verhandlung wesentlich geändert hat. Das ist der Fall, wenn das Gericht in Bezug auf den Arbeitnehmer, für dessen Kündigungsschutzprozess die Bindungswirkung in Rede steht, anders entschieden hätte, hätte die andere Sachlage zum Zeitpunkt der letzten mündlichen Verhandlung vorgelegen. Die Auffassung, eine Änderung des Kündigungssachverhalts sei nur wesentlich, wenn eine größere Anzahl von Arbeitnehmern betroffen ist,[12] geht daran vorbei, dass die Bindungswirkung auf den jeweiligen Kündigungsschutzprozess bezogen ist.[13] 13

Aus der Sicht des Arbeitnehmers, der Kündigungsschutzklage erhebt, liegt eine solche Änderung einmal vor, wenn sich der Personalbedarf in quantitativer oder qualitativer Hinsicht so geändert hat, dass seine betriebsbedingte Beendigungskündigung oder Änderungskündigung in dem vom Insolvenzverwalter vorgesehenen Ausmaß nicht mehr erforderlich ist. Zum anderen kommt in Betracht, dass seine Kündigung nicht mehr notwendig ist, weil andere Arbeitnehmer ausscheiden. Schließlich gehört der Fall hierher, dass sich im Zeitraum zwischen der letzten mündlichen Verhandlung und dem Zugang der Kündigung die sozialen Gesichtspunkte wesentlich ändern (→ § 125 Rn. 103 ff.). 14

Aus der Sicht des Insolvenzverwalters liegt eine wesentliche Änderung vor, wenn sich die betrieblichen Verhältnisse so verschlechtern, dass davon auszugehen ist, dass das Arbeitsgericht, hätte die Verschlechterung schon zum Zeitpunkt der letzten mündlichen Verhandlung vorgelegen, die Kündigung für betriebsbedingt erklärt hätte. Eine solche Änderung der betrieblichen Verhältnisse kann auch auf eine **neue unternehmerische Entscheidung** des Insolvenzverwalters zurückzuführen sein, etwa die, den Betrieb nicht, wie ursprünglich beabsichtigt, eingeschränkt weiterzuführen, sondern ganz stillzulegen. Auch die Kriterien für die Sozialauswahl können sich in seinem Sinne ändern, etwa wenn bei einem Arbeitnehmer Unterhaltspflichten wegfallen. 15

Abs. 1 S. 2 gilt dann nicht, wenn sich das Feststellungsverfahren auf **bereits ausgesprochene Kündigungen** bezieht. Hinsichtlich dieser ist für die soziale Rechtfertigung allein der Zeitpunkt des Zugangs der Kündigung maßgeblich. Kommt es nach Ausspruch der Kündigung, aber vor Ablauf der Kündigungsfrist zu einer wesentlichen Änderung der Sachlage, kann dem Arbeitnehmer aber ein Wiedereinstellungsanspruch zustehen (→ § 125 Rn. 107).[14] 16

IV. Aussetzung des Kündigungsschutzverfahrens

Kündigt der Insolvenzverwalter schon vor der Rechtskraft der Entscheidung im Verfahren nach § 126 und erheben die Arbeitnehmer, insbesondere um die Dreiwochenklagfrist zu wahren (→ § 113 Rn. 40 ff.), Kündigungsschutzklage oder Änderungsschutzklage, sind diese Verfahren gem. Abs. 2 **auf Antrag des Insolvenzverwalters** bis zum Zeitpunkt der Rechtskraft der Entscheidung im Verfahren nach § 126 auszusetzen. Dies gilt entgegen der Auffassung des LAG München[15] auch dann, wenn der Richter des Kündigungsschutzprozesses Zweifel an der Zulässigkeit des Beschlussverfahrens hat. Über diese Frage muss im Beschlussverfahren selbst entschieden werden. 17

Ob er den Aussetzungsantrag stellt, entscheidet der Insolvenzverwalter **nach pflichtgemäßem Ermessen.**[16] Es kann durchaus zweckmäßig sein, in eindeutigen Fällen die Kündigungsschutzprozesse weiterlaufen zu lassen und zu einer baldigen Entscheidung zu gelangen, um das Risiko der Verpflichtung zur Zahlung von Annahmeverzugslohn nach § 615 BGB zu begrenzen. Wird eine solche Kündigungsschutzklage rechtskräftig abgewiesen, entfällt hinsichtlich des betreffenden Arbeitnehmers das Rechtschutzbedürfnis für den Antrag nach § 126. Dieser wird vom Verwalter zweckmäßigerweise zurückgenommen. Wurde der Kündigungsschutzklage durch rechtskräftiges Urteil bereits stattgegeben, entfällt insoweit ebenfalls das Rechtsschutzbedürfnis für den Antrag nach § 126. Ein 18

---

11 *Rieble* NZA 2007, 1393 (1394); KPB/*Moll* § 127 Rn. 12.

12 K. Schmidt/*Ahrens* § 127 Rn. 11; ErfK/*Gallner* InsO § 127 Rn. 6; Uhlenbruck/*Zobel* §§ 126, 127 Rn. 46.

13 Im Ergebnis ähnlich HWK/*Annuß* InsO § 127 Rn. 3; aA KPB/*Moll* § 127 Rn. 34; wohl auch Nerlich/Römermann/*Hamacher* § 127 Rn. 8 f.

14 *Caspers* Rn. 279 f.

15 LAG München ZInsO 2003, 339 = BeckRS 2003, 30463990.

16 *Giesen* ZIP 1998, 46 (54); KPB/*Moll* § 127 Rn. 36; Graf-Schlicker/*Pöhlmann/Kubusch* § 127 Rn. 14; aA *Schrader* NZA 1997, 70 (77) und *Warrikoff* BB 1994, 2338 (2343), denen zufolge der Verwalter den Antrag stellen muss.

Vorrang eines späteren stattgebenden Beschlusses nach § 126 gegenüber einem schon rechtskräftigen Urteil, mit dem einer Kündigungsschutzklage stattgegeben wurde, lässt sich dem Gesetz nicht entnehmen.[17] Der Beschluss entfaltet gegenüber einem bereits rechtskräftig abgeschlossenen Kündigungsschutzprozess keine Wirkung.[18] Folglich kommt in diesem Fall auch eine Restitutionsklage entsprechend § 580 Nr. 6 ZPO nicht in Betracht.[19]

19 Unabhängig vom Antrag des Insolvenzverwalters **kann das Gericht** des Kündigungsschutzprozesses diesen **nach § 148 ZPO aussetzen.**[20] Es muss aber bei einer solchen Entscheidung einerseits das Beschleunigungsgebot des § 61a ArbGG und andererseits den Willen des Gesetzgebers berücksichtigen, mit dem Verfahren nach § 126 eine Möglichkeit zur schnelleren Klärung der Berechtigung von Kündigungen in der Insolvenz zu schaffen, ohne das gleichzeitige Beschreiten des Wegs von Kündigung und Kündigungsschutzklage auszuschließen, wie das noch der RegE vorsah, nachdem der Lauf der Klagefrist von drei Wochen erst beginnen sollte, wenn das Beschlussverfahren rechtskräftig entschieden war.[21] Praktisch kommt eine Aussetzung nach § 148 ZPO deshalb nur in Betracht, wenn ein so rascher Abschluss des Verfahrens nach § 126 zu erwarten ist, dass sich die Entscheidung des Kündigungsschutzprozesses nicht verzögert.

20 Gegen die Entscheidung, durch die die Aussetzung des Verfahrens angeordnet oder abgelehnt wird, findet die **sofortige Beschwerde** statt (§ 46 Abs. 2 ArbGG iVm §§ 495, 252 ZPO).

21 Erledigt sich das Verfahren nach § 126, insbesondere weil der Insolvenzverwalter den Antrag im Verfahren nach § 126 zurücknimmt, **endet die Aussetzung.**[22] Der Kündigungsschutzprozess ist vom Arbeitsgericht gem. § 61a ArbGG beschleunigt fortzusetzen.

§ 128 Betriebsveräußerung

(1) [1]Die Anwendung der §§ 125 bis 127 wird nicht dadurch ausgeschlossen, daß die Betriebsänderung, die dem Interessenausgleich oder dem Feststellungsantrag zugrundeliegt, erst nach einer Betriebsveräußerung durchgeführt werden soll. [2]An dem Verfahren nach § 126 ist der Erwerber des Betriebs beteiligt.

(2) Im Falle eines Betriebsübergangs erstreckt sich die Vermutung nach § 125 Abs. 1 Satz 1 Nr. 1 oder die gerichtliche Feststellung nach § 126 Abs. 1 Satz 1 auch darauf, daß die Kündigung der Arbeitsverhältnisse nicht wegen des Betriebsübergangs erfolgt.

Schrifttum: Siehe das in §§ 125 bis 127 genannte Schrifttum; ferner: *Adam,* Die Regelung des § 613a BGB in der Insolvenz – Plädoyer für eine Novellierung, FS Wellensiek, 2011, S. 701; *Annuß,* Der Betriebsübergang in der Insolvenz – § 613a BGB als Sanierungshindernis?, ZInsO 2001, 49; *Bergwitz,* Betriebsübergang und Insolvenz nach der neuen EG-Richtlinie zur Änderung der Betriebsübergangsrichtlinie, DB 1999, 2005; *Bissels/Jordan/Wisskirchen,* Sozialverträglicher Personalabbau durch den Einsatz von Transfergesellschaften, NZI 2009, 865; *Bothe,* Europäisches Arbeitsrecht bei einem Betriebsübergang in der Insolvenz, ZIP 2017, 2441; *Danko/Cramer,* Arbeitsrechtliche Aspekte einer Betriebsveräußerung in der Insolvenz, BB-Special 4/2004, 9; *Eich,* Erwerberhaftung für Ansprüche aus einem Altersteilzeitarbeitsverhältnis im Blockmodell bei Betriebsübergang in der Insolvenz?, FS Hromadka, 2008, S. 53; *Franzen,* Die Richtlinie 98/50/EG zur Änderung der Betriebsübergangsrichtlinie 77/187/EWG und ihre Auswirkungen auf das deutsche Arbeitsrecht, RdA 1999, 361; *Hanau,* Perversion und Prävention bei § 613a BGB, ZIP 1998, 1817; *Heinze,* Der Betriebsübergang in der Insolvenz, FS Uhlenbruck, 2000, S. 751; *Henckel,* Die Betriebsveräußerung im Konkurs, ZIP 1980, 2; *Hornung,* Das BQG-Modell als Teil der übertragenden Sanierung, FS Wellensiek, 2011, S. 723; *Keller-Stoltenhoff,* Die rechtstatsächlichen Auswirkungen des § 613a BGB im Konkurs, 1986; *Kempter,* Der Betriebsübergang in der Insolvenz, NZI 1999, 93; *Koblitz,* Betriebsübergang in der Insolvenz, 2008; *Laux,* Betriebsveräußerungen im Konkurs, 1992; *Leister,* Arbeitsrechtliche Gestaltungsmöglichkeiten für einen Unternehmenskauf aus der Insolvenz, ZInsO 2009, 1944; *Lembke,* Besonderheiten beim Betriebsübergang in der Insolvenz, BB 2007, 1333; *Lindemann,* Fallstricke bei der Einbindung von Transfergesellschaften in der Insolvenz, ZInsO 2012, 605; *ders.,* Haftung des Betriebserwerbers beim Betriebsübergang in der Insolvenz, ZInsO 2010, 792; *Lohkemper,* Zur Haftung des Erwerbers beim Betriebsübergang im Insolvenzeröffnungsverfahren, ZIP 1999, 1251; *Loritz,* Aktuelle Probleme des Betriebsübergangs nach § 613a

---

17 AA *Zwanziger* § 127 Rn. 11.

18 *Friese* ZInsO 2001, 350 (355); *Rieble* NZA 2007, 1393 (1394); Jaeger/*Giesen* § 127 Rn. 12.

19 K. Schmidt/*Ahrens* § 127 Rn. 14; Nerlich/Römermann/*Hamacher* § 127 Rn. 14; KPB/*Moll* § 127 Rn. 26; aA HambKommInsO/*Ahrendt* § 127 Rn. 6; ErfK/*Gallner* InsO § 127 Rn. 5; HKInsO/*Linck* § 127 Rn. 11; *Zwanziger* § 127 Rn. 11.

20 K. Schmidt/*Ahrens* § 127 Rn. 14; Jaeger/*Giesen* § 127 Rn. 14; Nerlich/Römermann/*Hamacher* § 127 Rn. 15; HKInsO/*Linck* § 127 Rn. 10; Braun/*Wolf* § 127 Rn. 12; *Zwanziger* § 127 Rn. 8; zweifelnd KPB/*Moll* § 127 Rn. 37; aA Graf-Schlicker/*Pöhlmann/Kubusch* § 127 Rn. 16.

21 Vgl. Begr. zu § 143c Fassung Rechtsausschuss, BT-Drs. 12/7302, 173; dazu *Schaub* DB 1999, 217 (222).

22 Vgl. MüKoZPO/*Fritsche* § 148 Rn. 17; Thomas/Putzo/*Seiler* ZPO § 148 Rn. 14.

BGB, RdA 1987, 65; *C. Meyer,* Personalanpassung des Betriebsveräußerers auf Grund eines Erwerberkonzeptes, NZA 2003, 244; *Moll,* Betriebsübergang in der Insolvenz, KTS 2002, 635; *Morshäuser/Falkner,* Unternehmenskauf aus der Insolvenz, NZG 2010, 881; *Mückl,* Der Betriebsübergang nach § 613a BGB in der Insolvenz – jetzt erst recht ein Sanierungshindernis?, ZIP 2012, 2373; *Pils,* Umgehung von § 613a BGB durch Einsatz einer Transfergesellschaft, NZA 2013, 125; *Plössner,* Der (Teil-)Betriebsübergang im Insolvenzverfahren nach der neueren nationalen wie gemeinschaftsrechtlichen Rechtsprechung, NZI 2003, 401; *Schmädicke,* Sozialauswahl bei der Veräußererkündigung nach Erwerberkonzept, NZA 2014, 515; *Schumacher,* Das englische Insolvenzarbeitsrecht, 2001; *Staufenbiel,* Transfergesellschaften im Insolvenzverfahren, ZInsO 2010, 497; *Staufenbiel/Brill,* Der Betriebsübergang nach § 613a BGB im Insolvenzverfahren, ZInsO 2015, 173; *Steffan,* Neues vom EuGH zum Betriebsübergang: Was folgt aus „Scattolon"?, NZA 2012, 473; *Tretow,* Die Betriebsveräußerung in der Insolvenz, ZInsO 2000, 309; *Wellensiek,* Probleme bei der Betriebsveräußerung aus der Insolvenz, NZI 2005, 603; *Willemsen,* Aufhebungsverträge bei Betriebsübergang – ein „Erfurter Roulette"? NZA 2013, 242; *Zobel,* Der Betriebsübergang und die Transfergesellschaft, ZInsO 2006, 576.

Übersicht

I. Allgemeines

1. Normzweck. Zur Praxis der Insolvenzabwicklung gehört die **übertragende Sanierung,** bei der das Unternehmen oder ein Betrieb oder Betriebsteil aus der Insolvenzmasse auf einen anderen Unternehmensträger übertragen wird. Die übertragende Sanierung stößt auf die Bestimmung des § 613a BGB, die den Übergang aller Arbeitsverhältnisse auf den Erwerber von Betrieben oder Betriebsteilen anordnet. Die Rechtsprechung des Bundesarbeitsgerichts hat § 613a BGB auch in der Insolvenz für grundsätzlich anwendbar erklärt.[1] Obwohl die Insolvenzpraxis vielfach darauf hingewiesen hat, dass die Anwendung des § 613a BGB ein gravierendes Hindernis für übertragende Sanierungen darstellt,[2] hat der Gesetzgeber der Insolvenzordnung im Prinzip an ihr festgehalten. Er hat lediglich mit § 128 eine **vermittelnde Lösung** gesucht, die zu einer modifizierten Anwendung des § 613a BGB im Insolvenzverfahren führt und die praktischen Schwierigkeiten, die mit der Vorschrift verbunden sind, überwinden oder zumindest verringern soll.[3] 1

§ 613a BGB setzt die **Betriebsübergangsrichtlinie der EG** (RL 2001/23/EG v. 12.3.2001; früher RL 77/187/EWG v. 14.2.1977) um. Diese erfasst, wie in der Änderungsrichtlinie v. 29.6.1998 (RL 98/50/EG) klargestellt worden war, zu einem wesentlichen Teil nicht den Betriebsübergang in der Insolvenz. So gelten, sofern der jeweilige Mitgliedstaat nichts anderes vorsieht, nach **Art. 5 Abs. 1 der Betriebsübergangsrichtlinie** deren Art. 3 (Rechte und Pflichten bei Betriebsübergang) sowie Art. 4 (Verbot der Kündigung) nicht für Übergänge von Unternehmen, Betrieben oder Unternehmens- bzw. Betriebsteilen, bei denen gegen den Veräußerer unter der Aufsicht einer zuständigen öffentlichen Stelle (worunter auch ein von einer zuständigen Behörde ermächtigter 2

---

1 Grundlegend BAG AP BGB § 613a Nr. 18 = ZIP 1980, 117 zum Konkursverfahren; BAG NZA 1990, 188 = ZIP 1989, 1422 zum konkursabwendenden Vergleichsverfahren.

2 Vgl. *Gravenbrucher Kreis* ZIP 1993, 625 (626); *Kilger* KTS 1989, 495 (510); *Stürner* ZZP 94 (1981) 263 (282 f.); *Drukarczyk,* Unternehmen und Insolvenz, 1987, 380 ff. aus betriebswirtschaftlicher Sicht; *Keller-Stoltenhoff* S. 64 ff.; *Laux* S. 87 ff.; *Wellensiek* NZI 2005, 603 (606); zuletzt *Adam* FS Wellensiek, 2011, 701 (703 f.); *Hornung* FS Wellensiek, 2011, 723 (724); Beck/Depré/*Beck* Insolvenz § 1 Rn. 16.

3 Begr. zu § 131 RegE, BT-Drs. 12/2443, 150.

Insolvenzverwalter verstanden werden kann) ein Konkursverfahren oder ein entsprechendes Verfahren mit dem **Ziel der Auflösung des Vermögens** des Veräußerers eröffnet wurde. Dem deutschen Gesetzgeber, der von dieser Bereichsausnahme keinen Gebrauch gemacht hat und die Bestimmungen auch in der Insolvenz umsetzt (→ Rn. 1), stünde es also frei, von der gesetzlichen Überleitung der Arbeitsverhältnisse auf den Betriebserwerber sowie dem besonderen Bestandsschutz bei Betriebsübergängen in Insolvenzverfahren, die auf eine Verwertung des Schuldnervermögens gerichtet sind, abzusehen,[4] während solche Verfahren, die auf eine Fortführung der Geschäftstätigkeit des Unternehmens zielen, nach der Rechtsprechung des EuGH der Bereichsausnahme nicht unterfallen.[5]

2a Nach einem neuen Urteil des EuGH soll das Ziel einer **Fortführung der Geschäftstätigkeit** bereits anzunehmen sein, wenn das betreffende Verfahren „auf die Erhaltung der Funktionsfähigkeit des Unternehmens oder der bestandsfähigen Unternehmenseinheiten gerichtet ist".[6] Diese Aussage trägt zur **Rechtsunsicherheit** bei. So sollte es den Mitgliedstaaten durch die Bereichsausnahme ermöglicht werden, den Erwerber bei einem Betriebsübergang im Zuge eines insolvenzrechtlichen Liquidationsverfahrens von dem gesetzlichen Eintritt in die bestehenden Arbeitsverhältnisse freizustellen, um die Betriebsübernahme zu befördern und so die Zerschlagung des Unternehmens oder jedenfalls seiner überlebensfähigen Einheiten sowie einen damit verbundenen Totalverlust der Arbeitsplätze zu vermeiden.[7] Das entspricht dem Modell der übertragenden Sanierung in der Insolvenz (→ Rn. 1), bei der es sich um eine Verwertung des schuldnerischen Unternehmens im Rahmen eines Liquidationsverfahrens handelt.[8] Ob die Bereichsausnahme für übertragende Sanierungen noch allgemein gilt, ist nach dem Urteil des EuGH indessen fraglich.[9] Verneint man sie, stellt sich die Frage, ob dem Art. 5 Abs. 1 der Betriebsübergangsrichtlinie überhaupt ein sinnvoller Anwendungsbereich verbleibt.[10]

2b Unabhängig davon, ob das Insolvenzverfahren zur Auflösung des Vermögens eingeleitet wurde oder auf die Fortführung der Geschäftstätigkeit des Unternehmens zielt, können die Mitgliedstaaten gem. **Art. 5 Abs. 2 lit. a) der Betriebsübergangsrichtlinie** vorsehen, dass ungeachtet des Art. 3 Abs. 1 der Richtlinie die vor dem Übergang bzw. vor der Eröffnung des Insolvenzverfahrens fälligen **Verbindlichkeiten des Veräußerers** aufgrund von Arbeitsverträgen oder Arbeitsverhältnissen nicht auf den Erwerber übergehen, sofern dieses Verfahren nach dem Recht des betreffenden Mitgliedstaats einen Schutz gewährt, der dem durch die Insolvenzschutzrichtlinie 80/987/EWG (heute RL 2008/94 EG) vorgesehenen Schutz zumindest gleichwertig ist. Dies wird vom Bundesarbeitsgericht im Wege einer teleologischen Reduktion des § 613a Abs. 1 BGB umgesetzt (→ Rn. 19 ff.). Dem geforderten Insolvenzschutz wird mit dem Insolvenzgeld (§§ 165 ff. SGB III) sowie der Einstandspflicht des Pensionssicherungsvereins für Betriebsrentenansprüche und -anwartschaften (§§ 7 ff. BetrAVG) Rechnung getragen[11] (→ Vor §§ 113–128 Rn. 32 ff.; s. aber auch unten → Rn. 20a). Schließlich lässt Art. 5 Abs. 2 lit b) der Betriebsübergangsrichtlinie zu, dass die Arbeitsbedingungen der Arbeitnehmer durch Vereinbarung des Erwerbers und des Insolvenzverwalters auf der einen Seite und des Betriebsrats auf der anderen Seite geändert werden, soweit dies mit dem geltenden innerstaatlichen Recht vereinbar ist. Damit sind die Kündigungserleichterungen, die § 128 iVm § 125 vorsieht, gerade auch im Hinblick auf Änderungskündigungen unionsrechtlich abgesichert.[12]

3 § 128 betrifft § 613a BGB insoweit, als dieser **Bestandsschutz** gewährt: Die in den §§ 125 bis 127 vorgesehene Erleichterung von Kündigungen durch den Insolvenzverwalter wird auf den Fall

---

4 Zur Reichweite der Bereichsausnahme *Bergwitz* DB 1999, 2005 (2006 ff.); *Bothe* ZIP 2017, 2441 (2442 ff., 2449 f.); *Franzen* RdA 1999, 361 (367 ff.); *von Medem* ZESAR 2018, 132 ff.; *Schumacher* S. 138 ff. (147 ff.); Preis/Sagan/*Grau/Hartmann*, Europäisches Arbeitsrecht, § 15 Rn. 15.158 ff.; EnzEuR/*Krause* Bd. 7 § 7 Rn. 97; EuArbR/*Winter* RL 2001/23/EG Art. 5 Rn. 2 f.

5 EuGH NZA 2017, 843 Rn. 47 = ZIP 2017, 1289 – Federatie Nederlandse Vakvereniging; vor der Aufnahme der Bereichsausnahme in die Betriebsübergangsrichtlinie bereits EuGH NZA 1996, 305 Rn. 21, 25 – Spano; EuGH NZA 1993, 137 Rn. 32 = ZIP 1993, 936 – d'Urso; vgl. auch EuGH ZIP 1985, 824 = BeckRS 2004, 71563 Rn. 23, 28 – Abels.

6 EuGH NZA 2017, 843 Rn. 48 = ZIP 2017, 1289 – Federatie Nederlandse Vakvereniging (zum niederländischen Pre-Pack-Verfahren).

7 EuGH ZIP 1985, 824 = BeckRS 2004, 71563 Rn. 21 ff. – Abels.

8 *Baur/Stürner*, Insolvenzrecht, Rn. 9.40 („liquidierende Sanierung"); *Bork* Rn. 4, 158 ff., 434 („sanierende Liquidation").

9 Zu Recht krit. *von Medem* ZESAR 2018, 132 (134 ff.); großzügigere Interpretation des EuGH-Urteils im Hinblick auf übertragende Sanierungen im Regelinsolvenzverfahren dagegen bei *Bothe* ZIP 2017, 2441 (2449 f.), nach dem aber eine konkrete Betrachtung des jeweiligen Verfahrens im Einzelfall ebenfalls zur Nichtanwendung der Bereichsausnahme führen kann, was den nationalen Gesetzgebern wenig hilft.

10 *Von Medem* ZESAR 2018, 132 (135).

11 *Bergwitz* DB 1999, 2005 (2008); KPB/*Moll* § 128 Rn. 4.

12 *Franzen* RdA 1999, 361 (368).

der Betriebsveräußerung durch den Insolvenzverwalter erstreckt (Abs. 1), das Verbot der Kündigung von Arbeitsverhältnissen wegen Betriebsübergangs verfahrensrechtlich zurückgedrängt (Abs. 2). § 128 betrifft hingegen nicht den Übergang der Rechte und Pflichten aus dem Arbeitsverhältnis auf den Betriebserwerber. Insoweit hat es der Gesetzgeber bei den vom Bundesarbeitsgericht entwickelten Grundsätzen belassen, nach welchen die Haftung des Betriebserwerbers für bereits vor Insolvenzeröffnung entstandene Ansprüche der Arbeitnehmer eingeschränkt wird (→ Rn. 19 ff.).

2. Anwendungsbereich. § 128 setzt voraus, dass ein Interessenausgleich nach § 125 zustande kommt oder die soziale Rechtfertigung der Kündigungen gesammelt im Beschlussverfahren nach § 126 festgestellt wird. Erfasst wird der gesamte **Anwendungsbereich der §§ 125 und 126.** Insbesondere erfasst § 128 alle Feststellungsverfahren nach § 126, also auch diejenigen, denen keine Betriebsänderung im Sinne des § 111 S. 3 BetrVG, sondern lediglich betriebsbedingte Kündigungen zugrunde liegen (→ § 126 Rn. 6). Dass Abs. 1 den Begriff der Betriebsänderung verwendet, steht nicht entgegen. Er ist im Hinblick auf die gerichtliche Feststellung und deren Bindungswirkung allgemeiner im Sinne von „betrieblicher Maßnahme" zu verstehen.[13] 4

Auch § 128 gilt nicht nur für die Beendigungskündigung, sondern auch für die **Änderungskündigung.** 5

II. Übergang der Arbeitsverhältnisse auf den Betriebsnachfolger in der Insolvenz

1. Anwendungsvoraussetzungen des § 613a BGB. a) Rechtsgeschäftlicher Betriebsübergang. § 613a Abs. 1 BGB setzt den Übergang des Betriebs voraus. Notwendig ist der Übergang der betreffenden wirtschaftlichen Einheit unter Wahrung ihrer Identität. Der Begriff **wirtschaftliche Einheit** bezieht sich auf eine organisatorische Gesamtheit von Personen und Sachen zur auf Dauer angelegten Ausübung einer wirtschaftlichen Tätigkeit mit eigenem Zweck.[14] Bei der Prüfung, ob eine solche Einheit übergegangen ist, müssen sämtliche den betreffenden Vorgang kennzeichnenden Tatsachen berücksichtigt werden. Dazu gehören als **Teilaspekte der Gesamtwürdigung** namentlich die Art des betreffenden Unternehmens oder Betriebs, der etwaige Übergang der materiellen Betriebsmittel wie Gebäude oder bewegliche Güter, der Wert der immateriellen Aktiva im Zeitpunkt des Übergangs, die etwaige Übernahme der Hauptbelegschaft, der etwaige Übergang der Kundschaft sowie der Grad der Ähnlichkeit zwischen den vor und nach dem Übergang verrichteten Tätigkeiten und die Dauer einer eventuellen Unterbrechung dieser Tätigkeiten.[15] Die Identität der Einheit kann sich auch aus anderen Merkmalen wie ihrem Personal, ihren Führungskräften, ihrer Arbeitsorganisation, ihren Betriebsmethoden und gegebenenfalls den ihr zur Verfügung stehenden Betriebsmitteln ergeben.[16] Erforderlich ist weiter, dass die für den Betrieb der wirtschaftlichen Einheit verantwortliche natürliche oder juristische Person, die in dieser Eigenschaft die Arbeitgeberverpflichtungen gegenüber den Beschäftigten eingeht, wechselt.[17] 6

Den für das Vorliegen eines Übergangs maßgeblichen **Kriterien** kommt je nach der ausgeübten Tätigkeit und je nach den Produktions- und Betriebsmethoden **unterschiedliches Gewicht** zu. In Branchen, in denen es im Wesentlichen auf die menschliche Arbeitskraft ankommt, also insbesondere in **betriebsmittelarmen Dienstleistungsbetrieben,** kann auch eine Gesamtheit von Arbeitnehmern, die durch eine gemeinsame Tätigkeit dauerhaft verbunden ist, eine wirtschaftliche Einheit darstellen. Die Wahrung der Identität der wirtschaftlichen Einheit ist in diesem Fall anzunehmen, wenn der neue Betriebsinhaber nicht nur die betreffende Tätigkeit weiterführt, sondern auch einen nach **Zahl und Sachkunde wesentlichen Teil des Personals** übernimmt.[18] Hingegen stellt die bloße Fortführung der Tätigkeit durch einen anderen Auftragnehmer (Funktionsnachfolge) ebenso wenig einen Betriebsübergang dar wie die reine Auftragsnachfolge.[19] In **betriebsmittelgeprägten Betrieben** kann ein Betriebsübergang auch ohne Übernahme von Personal vorliegen.[20] Hier kommt dem Übergang der Nutzungsmöglichkeit der Betriebsmittel im Rahmen der erforderlichen Gesamt- 7

[13] *Caspers* Rn. 301; Jaeger/*Giesen* § 128 Rn. 11; aA KPB/*Moll* § 128 Rn. 88.

[14] St. Rspr., vgl. statt aller BAG NZA 2018, 933 Rn. 49 = ZIP 2018, 1651; BAG NZA 2017, 981 Rn. 21 = ZIP 2017, 1434 mwN.

[15] EuGH NZA 2018, 1053 Rn. 30 – Ángel Somoza Hermo; EuGH NZA 2017, 1379 Rn. 26 = ZIP 2017, 2421 – Securitas; BAG NZA-RR 2017, 123 Rn. 27; BAG NZA 2015, 167 Rn. 17.

[16] St. Rspr., vgl. statt aller BAG NZA 2012, 1161 Rn. 24; BAG NZA 2011, 197 Rn. 29.

[17] BAG NZA 2018, 933 Rn. 52 = ZIP 2018, 1651; BAG NZA-RR 2017, 123 Rn. 25.

[18] EuGH NZA 2011, 1077 Rn. 49, 62 = ZIP 2012, 1366 – Scattolon; BAG NZA-RR 2017, 123 Rn. 28; BAG NZA 2014, 1335 Rn. 22 = ZIP 2014, 1750.

[19] EuGH NZA 1997, 433 Rn. 15 f. = ZIP 1997, 516 – Ayse Süzen; BAG NZA 2014, 1335 Rn. 23 = ZIP 2014, 1750.

[20] St. Rspr., zusammengefasst von BAG NZA 2012, 1161 Rn. 25; BAG NZA 2006, 1101 Rn. 20 = ZIP 2006, 1917; s. auch EuGH NZA 2003, 1385 Rn. 35 f. = ZIP 2003, 2315 – Carlito Abler.

abwägung entscheidendes Gewicht zu. Der Betriebsmittelübernehmer muss diese tatsächlich nutzen, während der bisherige Betriebsinhaber deren Nutzung einstellen muss.[21]

8 Übernimmt ein **Personaldienstleistungsunternehmen** einen nach Zahl und Sachkunde wesentlichen Teil der Arbeitnehmer eines insolventen Unternehmens, um diese wiederum einem anderen Unternehmen zu überlassen, das die Produktion des insolventen Unternehmens mit den zuvor von diesem verwendeten Maschinen und sonstigen Produktionsmitteln fortführt, findet mangels identitätswahrender Übertragung einer wirtschaftlichen Einheit ein Betriebsübergang auf das die Mehrzahl der Arbeitnehmer übernehmende Personaldienstleistungsunternehmen nicht statt. Denn bei **Produktionsbetrieben** kann der Betriebszweck ohne sächliche Betriebsmittel nicht erreicht werden. Zudem stellt die Personaldienstleistung einen anderen Betriebszweck dar.[22] Der Betrieb geht vielmehr auf dasjenige Unternehmen über, bei dem die Produktion mit den ursprünglichen Maschinen und sonstigen Produktionsmitteln fortgeführt wird.[23] Hingegen soll nach Auffassung des Bundesarbeitsgerichts bei der Ausgliederung von Reinigungskräften nach derselben Konstruktion ein Betriebsübergang auf den das Personal übernehmenden Dienstleister vorliegen, wenn dieser nicht am freien Markt tätig wird, sondern die Arbeitskräfte an den bisherigen Arbeitgeber oder dessen Tochterunternehmen zurück verleiht und diese dort die gleiche Tätigkeit wie bisher ausüben.[24]

9 Die genannten Voraussetzungen eines Betriebsübergangs gelten auch im Fall einer **Auftragsneuvergabe,** und zwar auch dann, wenn die Betriebsmittel vom Auftraggeber gestellt werden. Dass der neue Auftragnehmer sie „eigenwirtschaftlich" nutzt, wie das die frühere Rechtsprechung des Bundesarbeitsgerichts gefordert hat,[25] ist nicht notwendig.[26] Zwar stellt der bloße Verlust eines Auftrags an einen Mitbewerber für sich noch keinen Betriebsübergang dar.[27] Ein solcher liegt jedoch dann vor, wenn der neue Auftragnehmer Geräte und Anlagen des Auftraggebers für die Erbringung des Auftrags weiternutzt und diese dafür identitätsprägend sind.[28] Es kommt dann darauf an, ob „bei wertender Betrachtungsweise ihr Einsatz den eigentlichen Kern des zur Wertschöpfung erforderlichen Funktionszusammenhangs ausmacht".[29] Eine Änderung des Konzepts kann allerdings der Kontinuität der wirtschaftlichen Einheit entgegenstehen.[30]

10 Nach § 613a Abs. 1 BGB genügt auch der Übergang eines **Betriebsteils.** Von einem solchen ist auszugehen, wenn es sich bei den übertragenen sächlichen und immateriellen Betriebsmitteln um eine organisatorische Untergliederung des Betriebs handelt, mit der innerhalb des betrieblichen Gesamtzwecks ein Teilzweck verfolgt wird. Dass es sich um einen für den Gesamtbetrieb wesentlichen Betriebsteil handelt, ist nicht erforderlich; eine untergeordnete Hilfsfunktion genügt.[31] Auch bei Übertragung des Betriebsteils müssen sowohl der Teilzweck als auch die wesentlichen Betriebsmittel, mit denen er verfolgt wird, übergehen und die Identität der wirtschaftlichen Einheit gewahrt bleiben. Dass der Betriebsteil in den Betrieb des Erwerbers vollständig eingegliedert wird, steht dem Betriebsübergang nicht entgegen.[32] Es genügt, dass der Betriebserwerber die funktionelle Verknüpfung zwischen den übertragenen Produktionsfaktoren beibehält, so dass er mit diesen derselben oder einer gleichartigen wirtschaftlichen Tätigkeit nachgehen kann.[33]

---

21 BAG NZA 2013, 961 Rn. 21 = ZIP 2013, 1186.

22 BAG NZA 2011, 197 Rn. 36.

23 *Gaul/Ludwig* DB 2011, 298 (301 ff.).

24 BAG NZA 2009, 144 Rn. 31 ff.

25 BAG NZA 1998, 532 = ZIP 1998, 663.

26 EuGH NZA 2006, 29 Rn. 39 ff. = ZIP 2006, 95 – Güney-Görres; BAG NZA 2012, 1161 Rn. 25; BAG NZA 2006, 1101 Rn. 20 = ZIP 2006, 1917; BAG NZA 2006, 1105 Rn. 20 f.

27 EuGH NZA 1997, 433 Rn. 16 = ZIP 1997, 516 – Ayse Süzen; BAG NZA-RR 2013, 179 Rn. 40; BAG NZA 2009, 1412 Rn. 27.

28 Vgl. EuGH NZA 2018, 1053 Rn. 27 ff. – Ángel Somoza Hermo; EuGH NZA 2017, 1379 Rn. 33 = ZIP 2017, 2421 – Securitas; BAG AP BGB § 613a Nr. 461 Rn. 18 ff. = BeckRS 2015, 70739; BAG AP BGB § 613a Nr. 441 Rn. 30 ff. = BeckRS 2013, 72336.

29 BAG AP BGB § 613a Nr. 444 Rn. 42 = BeckRS 2014, 65161 für einen Hafenumschlag- und Stauereibetrieb; BAG NZA 2006, 1101 Rn. 20 = ZIP 2006, 1917 für die Personen- und Handgepäckkontrolle an einem Flughafen.

30 BAG NZA 2010, 499 Rn. 20 = ZIP 2010, 694.

31 BAG NZA 2008, 825 Rn. 20 = ZIP 2008, 2132 für die Übertragung eines Hotels; BAG NZA 2006, 1105 Rn. 13 für die Bereederung von Forschungsschiffen; BAG NZA 1994, 686 = ZIP 1994, 1041 für die Rindfleischzerlegung in einem Schlachthof.

32 EuGH NZA 2009, 251 Rn. 42 ff. = ZIP 2009, 433 – Klarenberg.

33 BAG NZA 2015, 167 Rn. 20; BAG NZA 2014, 1335 Rn. 26 = ZIP 2014, 1750 (zu den Voraussetzungen eines Betriebsteilübergangs im öffentlichen Dienst); BAG NZA 2011, 1231 Rn. 16, 26; aA noch BAG NZA 2008, 1314 Rn. 42 ff. mwN, wonach mit der Eingliederung die wirtschaftliche Einheit als solche aufgelöst wurde und ihre Identität verlor.

11 Die Übertragung des Betriebs oder Betriebsteils muss **durch Rechtsgeschäft** erfolgen. Dabei kommt neben dem Verkauf des Betriebs durch den Insolvenzverwalter an einen Dritten auch die Übertragung an eine eigens gegründete Auffanggesellschaft in Betracht.[34] Eine rechtsgeschäftliche Übertragung des Betriebs stellt auch die **Betriebsverpachtung** dar,[35] ebenso die Neuverpachtung, wenn der Betrieb vom neuen Pächter fortgeführt wird, ohne dass er zuvor an den Verpächter rückübertragen wurde. Der Betriebsübergang vollzieht sich dann vom bisherigen Pächter auf den neuen Pächter; einer unmittelbaren Vertragsbeziehung zwischen beiden bedarf es nicht.[36] Die Rückgabe eines vom Schuldner gepachteten Betriebes durch den Insolvenzverwalter an den Verpächter stellt dann einen Betriebsübergang dar, wenn der Verpächter den Betrieb tatsächlich selbst weiterführt; die bloße Möglichkeit dazu genügt nicht.[37] Ist der Schuldner der Verpächter und endet der Pachtvertrag, liegt ein Betriebsübergang auf den Insolvenzverwalter vor, wenn er den Betrieb tatsächlich weiterführt.[38] Auch in den Fällen, in denen die **Neuvergabe eines Auftrags** (→ Rn. 9) zu einem Betriebsübergang führt, findet dieser vom bisherigen auf den neuen Auftragnehmer statt, obwohl zwischen diesen beiden eine rechtsgeschäftliche Beziehung nicht besteht.[39]

12 Das Bundesarbeitsgericht hat das Merkmal „durch Rechtsgeschäft" bislang so interpretiert, dass jedenfalls solche Fälle von § 613a BGB nicht erfasst werden, in denen die Übertragung im Wege der Gesamtrechtsnachfolge oder **auf der Grundlage eines Hoheitsakts** und ohne Zwischenschaltung eines Rechtsgeschäfts erfolgt.[40] Letzteres ist durch eine neuere Entscheidung des EuGH in Zweifel gezogen worden. Danach schließt der Umstand, dass der Übergang auf einseitigen Entscheidungen staatlicher Stellen und nicht auf einer Willensübereinstimmung beruht, die Anwendung der Richtlinie 2001/23/EG nicht aus.[41] Dies ist allerdings dahingehend präzisiert worden, dass es sich um eine wirtschaftliche Tätigkeit handeln muss; bloße Tätigkeiten in Ausübung hoheitlicher Befugnisse werden von der Richtlinie 2001/23/EG und von § 613a BGB nicht erfasst.[42]

13 **b) Bestehen des Arbeitsverhältnisses im Zeitpunkt des Betriebsübergangs.** Auf den Erwerber gehen diejenigen Arbeitsverhältnisse über, die zum Zeitpunkt des Betriebsübergangs bestehen. Zum Zeitpunkt des Betriebsübergangs bereits ausgeschiedene Arbeitnehmer müssen ihre Rechte in der Insolvenz geltend machen. Maßgeblich ist der Zeitpunkt der **Übernahme** des Betriebs, also der Zeitpunkt, zu dem der Betriebserwerber die wirtschaftliche Einheit tatsächlich übernimmt und fortführt,[43] nicht hingegen schon der Zeitpunkt des Abschlusses des Übernahmevertrags.[44] Der bisherige Betriebsinhaber muss seine wirtschaftliche Betätigung in dem Betrieb einstellen, der Übernehmer muss die Geschäftstätigkeit tatsächlich weiterführen oder wieder aufnehmen.[45] Erfolgt die Übernahme der Betriebsmittel in mehreren Schritten, ist der Betriebsübergang jedenfalls in dem Zeitpunkt erfolgt, in dem die wesentlichen, zur Fortführung des Betriebs erforderlichen Betriebsmittel übergegangen sind und die Entscheidung über den Betriebsübergang nicht mehr rückgängig gemacht werden kann.[46]

14 **c) Widerspruchsrecht des Arbeitnehmers.** Nach § 613a Abs. 6 S. 1 BGB kann der Arbeitnehmer dem Übergang des Arbeitsverhältnisses auf den Betriebsnachfolger widersprechen und damit den Fortbestand des Arbeitsverhältnisses mit dem bisherigen Arbeitgeber erreichen. Der Wider-

---

[34] BAG NZA 1986, 93 = ZIP 1985, 1523; BAG NZA 1985, 393 = ZIP 1985, 561; krit. *Loritz* RdA 1987, 65 (75 f.).

[35] BAG NZA 1987, 523 = ZIP 1987, 1005.

[36] BAG NZA 2015, 97 Rn. 18 ff., 23 (im entschiedenen Fall wurde ein Betriebsübergang verneint); BAG NZA 2009, 29 Rn. 47.

[37] Vgl. BAG NZA 1999, 704 = ZIP 1999, 1318 = SAE 2001, 10 mit zust. Anm. *D. Kaiser.*

[38] Vgl. BAG NZA 2012, 267 Rn. 27 ff. = ZIP 2011, 2215 für die Kündigung eines Pachtvertrags durch einen Zwangsverwalter.

[39] Vgl. EuGH NZA 2018, 1053 Rn. 27 – Ángel Somoza Hermo; EuGH NZA 2017, 1379 Rn. 23 = ZIP 2017, 2421 – Securitas; BAG NZA 2006, 1101 Rn. 29 = ZIP 2006, 1917.

[40] BAG NZA 2012, 267 Rn. 27 = ZIP 2011, 2215; BAG NZA 2006, 723 Rn. 29 = ZIP 2006, 1268.

[41] EuGH NZA 2011, 1077 Rn. 63 ff. = ZIP 2012, 1366 – Scattolon (für die Übernahme des bei einer Behörde beschäftigten Personals durch eine andere Behörde aufgrund Ministerialdekrets); dazu *Steffan* NZA 2012, 473 (474).

[42] EuGH NZA 2017, 1175 Rn. 34 – Piscarreta Ricardo; BAG NZA 2014, 1335 Rn. 24 = ZIP 2014, 1750; BAG NZA 2014, 1095 Rn. 17 = ZIP 2014, 1992; APS/*Steffan* BGB § 613a Rn. 18.

[43] BAG NZA 2008, 825 Rn. 28 = ZIP 2008, 2132; BAG NZA 2006, 668 Rn. 24; BAG NZA 2003, 318 = NZI 2003, 222 = ZIP 2003, 222.

[44] BAG NZA 1997, 94 = ZIP 1996, 1914.

[45] BAG NZA 2013, 961 Rn. 21.

[46] BAG NZA 2006, 668 Rn. 24; s. im Einzelnen MüKoBGB/*Müller-Glöge* § 613a Rn. 56 ff., 59; APS/*Steffan* BGB § 613a Rn. 66.

spruch kann gegenüber dem Insolvenzverwalter oder gegenüber dem neuen Inhaber erklärt werden (§ 613a Abs. 6 S. 2 BGB). In der Insolvenz kann der Widerspruch für den Arbeitnehmer bei der Übertragung lediglich eines Betriebsteils von Interesse sein, wenn er damit rechnen kann, seine Weiterbeschäftigung zu erreichen. Im Fall einer Kündigung durch den Insolvenzverwalter nimmt der Widerspruch ihm dabei nicht das Recht, sich auf die Möglichkeit einer Weiterbeschäftigung an einem anderen freien Arbeitsplatz und auf eine fehlerhafte **Sozialauswahl** zu berufen.[47] Zu berücksichtigen, dass der Arbeitnehmer seine bisherige Arbeitsmöglichkeit aus freien Stücken aufgegeben hat[48] oder dass der Arbeitsplatz auch beim Erwerber dauerhaft sicher erscheint,[49] lässt sich mit der Beschränkung der Sozialauswahl auf die vier ausdrücklich genannten Gesichtspunkte Dauer der Betriebszugehörigkeit, Lebensalter, Unterhaltspflichten und Schwerbehinderung nicht vereinbaren.[50] Ein Widerspruch, lediglich um sich für den Lauf der Kündigungsfrist den **Annahmeverzugslohn,** der nach Verfahrenseröffnung Masseverbindlichkeit wäre, zu sichern, führt aber regelmäßig nicht zum Ziel, denn es liegt dann ein böswilliges Unterlassen anderweitigen Erwerbs vor, welches über die Anrechnung nach § 615 S. 2 BGB den Anspruch auf den Annahmeverzugslohn ausschließt.[51]

15 Widersprochen werden muss nach § 613a Abs. 6 S. 1 BGB schriftlich und innerhalb eines Monats, nachdem dem Arbeitnehmer die in § 613a Abs. 5 BGB vorgeschriebene **Unterrichtung** über den Betriebsübergang zugegangen ist. Diese Information muss in **Textform** erfolgen und sich auf den Zeitpunkt oder den geplanten Zeitpunkt des Übergangs, den Grund für den Übergang, die rechtlichen, wirtschaftlichen und sozialen Folgen des Übergangs für die Arbeitnehmer und die hinsichtlich der Arbeitnehmer in Aussicht genommenen Maßnahmen erstrecken (§ 613a Abs. 5 Nr. 1 bis 4 BGB). Zu der Unterrichtung über die Folgen des Übergangs zählt auch die Unterrichtung über die Folgen eines Widerspruchs, wie zB über beabsichtigte Kündigungen seitens des Veräußerers, etwaige Ansprüche aus einem bei diesem bestehenden Sozialplan[52] oder das Eingreifen des Sozialplanprivilegs des § 112a Abs. 2 S. 1 BetrVG.[53]

16 Die **Frist** zur Erklärung eines Widerspruchs gegen den Übergang eines Arbeitsverhältnisses gem. § 613a Abs. 6 BGB wird nur durch eine **ordnungsgemäße Unterrichtung** ausgelöst. Eine unterbliebene oder fehlerhafte Unterrichtung führt nicht zum Fristbeginn.[54] Allerdings ist eine fehlerhafte Unterrichtung über Rechtsfragen im Rahmen des § 613a Abs. 5 BGB dann nicht unwirksam, wenn der Unterrichtungspflichtige die Rechtslage gewissenhaft geprüft und einen vertretbaren Rechtsstandpunkt eingenommen hat.[55] Erfolgt die Unterrichtung erst nach dem Betriebsübergang, ist ein Widerspruch noch möglich. Die Widerspruchsfrist beginnt dann erst mit der Unterrichtung. Bestand der Fehler der Unterrichtung darin, dass über das Eingreifen des Sozialplanprivilegs des § 112a Abs. 2 S. 1 BetrVG nicht informiert wurde, beginnt die Widerspruchsfrist spätestens mit dem Ablauf des vierjährigen Privilegierungszeitraums.[56] Wird der Widerspruch nach dem Betriebsübergang erklärt, wirkt er nach der Rechtsprechung des Bundesarbeitsgerichts auf den Zeitpunkt des Betriebsübergangs zurück.[57]

17 Das **Widerspruchsrecht geht unter,** wenn der Arbeitnehmer vor oder nach dem Betriebsübergang der Übertragung seines Arbeitsverhältnisses ausdrücklich oder stillschweigend zustimmt. Auch kann das Widerspruchsrecht gem. § 242 BGB **verwirkt werden.** Das Umstandsmoment für eine solche Verwirkung ist nach der Rechtsprechung des Bundesarbeitsgerichts erfüllt, wenn der Arbeitnehmer anderweitig über sein Arbeitsverhältnis disponiert hat. Das kann der Fall sein, wenn der Arbeitnehmer eine vom Betriebserwerber ausgesprochene **Kündigung nicht angreift,** was

---

[47] BAG NZA 2008, 33 Rn. 50 = ZIP 2007, 2433; BAG NZA 2005, 1302 = ZIP 2005, 1978.

[48] BAG BeckRS 2000, 30783390.

[49] BAG NZA 1999, 870 = ZIP 1999, 1537.

[50] BAG NZA 2008, 33 Rn. 51 ff. = ZIP 2007, 2433; LSSW/*Schlünder* KSchG § 1 Rn. 446; krit. ErfK/*Oetker* KSchG § 1 Rn. 317.

[51] Vgl. BAG NZA 1998, 750 = ZIP 1998, 1080; Staudinger/*Annuß* (2016) § 613a Rn. 313; MüKoBGB/*Müller-Glöge* § 613a Rn. 123.

[52] BAG NZA 2006, 1273 Rn. 26 = ZIP 2006, 2143.

[53] BAG NZA 2017, 783 Rn. 35 ff. = ZIP 2017, 1129; zum Inhalt der Unterrichtung im Einzelnen Staudinger/*Annuß* (2016) § 613a Rn. 266 ff.; AR/*Bayreuther* BGB § 613a Rn. 128 ff.; MüKoBGB/*Müller-Glöge* § 613a Rn. 106 ff.; ErfK/*Preis* BGB § 613a Rn. 85 ff.

[54] St. Rspr., etwa BAG NZA 2018, 168 Rn. 12, 29 = ZIP 2018, 193; BAG NZA 2017, 783 Rn. 34 = ZIP 2017, 1129; BAG NZA 2010, 89 Rn. 18 = ZIP 2010, 46; BAG NZA 2006, 1268 Rn. 17 = ZIP 2006, 2050.

[55] BAG NZA 2006, 1273 Rn. 23 = ZIP 2006, 2143.

[56] BAG NZA 2017, 783 Rn. 37 ff. = ZIP 2017, 1129.

[57] BAG NZA 2009, 1095 Rn. 22 = ZIP 2009, 1779; BAG NZA 2006, 1268 Rn. 41 = ZIP 2006, 2050; krit. zur Rückwirkung *Rieble* NZA 2004, 1 ff. und *Löwisch* FS Birk, 2008, 541 (542 ff.).

aber nicht zwingend mittels einer Kündigungsschutzklage erfolgen muss.[58] In dem Abschluss eines dreiseitigen Vertrages, in dem der Arbeitnehmer mit dem neuen Arbeitgeber und einer Beschäftigungs- und Qualifizierungsgesellschaft die Aufhebung des Arbeitsverhältnisses bei ersterem bei gleichzeitiger Begründung eines Beschäftigungsverhältnisses mit letzterer vereinbart, ist ebenfalls eine **Disposition über das Arbeitsverhältnis** zu erblicken.[59] Gleiches gilt, wenn der Arbeitnehmer mit dem Erwerber im Rahmen eines Vergleichs vereinbart, dass zwischen ihnen ein Arbeitsverhältnis nicht bestanden habe, und dafür mit dem Erwerber eine Zahlung verabredet.[60] Schließlich führt die **widerspruchslose Weiterarbeit** des Arbeitnehmers bei dem neuen Betriebsinhaber **für einen Zeitraum von sieben Jahren** nach der neueren Rechtsprechung des Bundesarbeitsgerichts regelmäßig dann zu einer Verwirkung des Widerspruchsrechts, wenn die Unterrichtung zwar nicht ordnungsgemäß erfolgt ist, jedoch bestimmte grundlegende Informationen einschließlich der Belehrung über das Widerspruchsrecht enthalten hat.[61] Eine allgemeingültige Frist für das Zeitmoment existiert im Übrigen nicht. Vielmehr kommt es auf die Umstände des Einzelfalls an.[62]

2. Rechtsfolgen. a) Eintritt des Betriebserwerbers in die Arbeitsverhältnisse. Der Erwerber tritt nach § 613a Abs. 1 S. 1 BGB in alle Rechte und Pflichten aus den im Zeitpunkt des Übergangs bestehenden Arbeitsverhältnissen ein. Er hat alle Haupt- und Nebenforderungen der Arbeitnehmer aus dem Arbeitsverhältnis zu erfüllen. Umgekehrt sind diese zur Erfüllung aller Haupt- und Nebenleistungen verpflichtet. Auch die Dauer der Betriebszugehörigkeit beim Betriebsveräußerer muss der Erwerber gegen sich gelten lassen.[63] Etwa muss er bei der Berechnung eines von der Dauer der Betriebszugehörigkeit abhängenden Zusatzurlaubs die Jahre der Betriebszugehörigkeit beim Veräußerer mitzählen. Liegt lediglich ein Teilbetriebsübergang vor, gehen nur diejenigen Arbeitsverhältnisse auf den Betriebserwerber über, die dem übertragenen Betriebsteil angehören. Maßgeblich ist, wer in den entsprechenden Betriebsteil tatsächlich eingegliedert ist.[64] 18

In der **Insolvenz** erfasst der Übergang der Verpflichtungen aus dem Arbeitsverhältnis auf den Betriebserwerber, anders als sonst, nicht die zum Zeitpunkt der Eröffnung des Insolvenzverfahrens **bereits entstandenen Ansprüche.** Insoweit gibt die Rechtsprechung des Bundesarbeitsgerichts den Verteilungsgrundsätzen des Insolvenzverfahrens Vorrang, um zu verhindern, dass mittelbar die Quoten der Gläubiger durch entsprechende Abschläge beim Kaufpreis für die Betriebsübernahme und eine daraus resultierende geringere Masse reduziert werden.[65] Als entstanden sind dabei die Arbeitnehmerforderungen anzusehen, die **zur Zeit der Verfahrenseröffnung** bereits durch eine entsprechende Arbeitsleistung **„erdient"** waren. Der Erwerber haftet also weder für rückständige Lohnansprüche noch für Abfindungsansprüche aus einem vor Insolvenzeröffnung abgeschlossenen Sozialplan.[66] Für Gewinnbeteiligungen, Weihnachtsgratifikationen und ähnliche Leistungen sowie für den Urlaubsanspruch haftet er insoweit, als diese (anteilig) auf die Zeit nach der Insolvenzeröffnung entfallen.[67] 19

Besonders wichtig ist diese Einschränkung der Haftung für die Ansprüche der Arbeitnehmer auf eine **betriebliche Altersversorgung.** Der Betriebserwerber tritt zwar in die Versorgungsanwartschaften der übernommenen Belegschaft ein. Er schuldet aber nur den Teil der Versorgungsleistung, den der Arbeitnehmer nach Insolvenzeröffnung erdient hat; insoweit ist eine **zeitanteilige Berechnung** vorzunehmen.[68] Dass der Erwerber für den Teil der künftigen Betriebsrente, der auf der vor der Eröffnung des Insolvenzverfahrens erbrachten Betriebszugehörigkeit der übernommenen Arbeitnehmer beruht, nicht haftet, lässt die Arbeitnehmer allerdings nicht schutzlos. Nach §§ 7 ff. 20

---

[58] BAG AP BGB § 613a Nr. 395 Rn. 21 f. = BeckRS 2011, 70756 mN.

[59] BAG AP BGB § 613a Unterrichtung Nr. 14 Rn. 34 ff. = BeckRS 2010, 71906; zur Verwirkung des Widerspruchsrechts im Einzelnen Staudinger/*Annuß* (2016) § 613a Rn. 301 ff.; AR/*Bayreuther* BGB § 613a Rn. 146 ff.; MüKoBGB/*Müller-Glöge* § 613a Rn. 121; ErfK/*Preis* BGB § 613a Rn. 101 ff.

[60] BAG NZA 2014, 774 Rn. 32.

[61] BAG NZA 2018, 168 Rn. 24, 30 = ZIP 2018, 193.

[62] BAG NZA 2010, 393 Rn. 34; MüKoBGB/*Müller-Glöge* § 613a Rn. 121.

[63] BAG NZA 2013, 1197 Rn. 27 = ZIP 2013, 2230; BAG NJW 1984, 1254 = ZIP 1984, 99.

[64] BAG NZA-RR 2014, 175 Rn. 34 ff.; BAG NZA 2013, 1007 Rn. 43 = NZI 2013, 151; im Einzelnen MüKoBGB/*Müller-Glöge* § 613a Rn. 86 ff.; APS/*Steffan* BGB § 613a Rn. 88.

[65] St. Rspr., BAG NZA 2010, 461 Rn. 16 f. = ZIP 2010, 588; BAG NZA 2005, 408 = ZIP 2005, 457; BAG AP BetrAVG § 1 Betriebsveräußerung Nr. 4 = ZIP 1986, 1001; BAG NJW 1980, 1124 = ZIP 1980, 117; ausführlich MüKoBGB/*Müller-Glöge* § 613a Rn. 176 ff.

[66] Vgl. BAG NZA 2002, 1034 = NZI 2002, 568 = ZIP 2002, 1543 zum Sozialplan im Konkurs; im Überblick *Staufenbiel/Brill* ZInsO 2015, 173 (174 ff.).

[67] Vgl. BAG NZA 2004, 654 = NZI 2005, 120 = ZIP 2004, 1011.

[68] BAG NZA-RR 2006, 373 = ZIP 2005, 1706; BAG NZA 1993, 20 = ZIP 1992, 1247; LAG Rheinland-Pfalz NZI 2017, 159 = ZIP 2017, 741 (nrkr.); zusammenfassend BAG BeckRS 2018, 34982 Rn. 18 ff. = ZIP 2018, 2179.

BetrAVG tritt für die bis zum Insolvenzfall erdienten unverfallbaren Anwartschaften die Insolvenzsicherung über den Pensionssicherungsverein ein (vgl. → Vor §§ 113–128 Rn. 32 f.), wobei es wegen der in § 7 Abs. 2 BetrAVG vorgesehenen Begrenzungen von dessen Einstandspflicht allerdings dazu kommen kann, dass für Teile der Anwartschaft gegenüber dem Arbeitnehmer allein die Insolvenzmasse einzustehen hat.[69] Auch haftet der Pensionssicherungsverein nach § 7 Abs. 2 BetrAVG nicht, wenn die Anwartschaft bei Eröffnung des Insolvenzverfahrens noch nicht unverfallbar ist. Soweit nicht der gesamte Betriebsrentenanspruch vom Pensionssicherungsverein und vom Betriebserwerber zu erfüllen ist, können die Arbeitnehmer den Differenzbetrag als aufschiebend bedingte Forderung zur Insolvenztabelle anmelden.[70] Gleiches gilt für den Wert einer bei Insolvenzeröffnung noch nicht unverfallbaren Anwartschaft.[71]

20a Ob diese mit Blick auf die widerstreitenden Interessen sowie das Gelingen von Betriebsveräußerungen in der Insolvenz und das damit verbundene Fortbestehen von Arbeitsverhältnissen im Grundsatz sinnvolle und ausgewogene Aufteilung der Haftung für die Versorgungsanwartschaften mit dem **Unionsrecht vereinbar** ist, **steht zur Überprüfung an.** So hat das Bundesarbeitsgericht dem EuGH mit Blick auf Art. 3 Abs. 4 lit. b) und Art. 5 Abs. 2 lit. a) der Betriebsübergangsrichtlinie (RL 2001/23/EG) sowie Art. 8 der Richtlinie über den Schutz der Arbeitnehmer bei Zahlungsunfähigkeit des Arbeitgebers (RL 2008/94 EG) eine Vielzahl von Fragen vorgelegt.[72] Im Kern geht es darum, ob der Betriebserwerber für Anwartschaften, die auf Beschäftigungszeiten vor der Eröffnung des Insolvenzverfahrens beruhen, entgegen dem bisherigen Verständnis teilweise einzustehen hat, wenn der Arbeitnehmer wegen der genannten Begrenzung der Einstandspflicht des Pensionssicherungsvereins eine nicht unerhebliche („offensichtlich unverhältnismäßige") Einbuße an seiner Betriebsrente erleidet, oder – was näher liegt – ob gegebenenfalls ein weitergehender Schutz durch den Pensionssicherungsverein, möglicherweise sogar im Wege einer unmittelbaren Wirkung von Art. 8 RL 2008/94/EG, hergestellt werden muss.[73]

20b Für nach Insolvenzeröffnung erdiente Anwartschaften von Arbeitnehmern, die **vom Betriebsübergang nicht erfasst** werden oder diesem widersprochen haben, hat die Insolvenzmasse einzustehen. Diese Anwartschaften können unter den Voraussetzungen des § 3 Abs. 4 BetrAVG vom Insolvenzverwalter abgefunden werden[74] (→ § 120 Rn. 38).

20c Befindet sich der Arbeitnehmer in der **Altersteilzeit im Blockmodell,** haftet der Betriebserwerber bei einem Betriebsübergang in der Insolvenz nur für den Teil des Arbeitsentgelts, der „spiegelbildlich" für die Vorleistung geschuldet wird, die der Arbeitnehmer in einer noch nach der Insolvenzeröffnung liegenden Arbeitsphase erbringt.[75] Maßgeblich ist, wann die Arbeitsleistung erbracht wurde, die den Ansprüchen zugrunde liegt. Befindet sich der Arbeitnehmer zum Zeitpunkt der Insolvenzeröffnung bereits in der **Freistellungsphase,** geht zwar das Arbeitsverhältnis auf den Betriebserwerber über; dieser haftet aber für die noch nicht erfüllten Entgeltansprüche nicht. Bei diesen handelt es sich nach § 108 Abs. 2 um Insolvenzforderungen, die gem. § 41 mit Insolvenzeröffnung als fällig gelten und zur Insolvenztabelle anzumelden sind.[76] Nach Maßgabe des § 8a AltersteilzeitG besteht allerdings eine Insolvenzsicherungspflicht, wenn Altersteilzeit mit dem Aufbau eines Wertguthabens vereinbart wird (→ Vor §§ 113–128 Rn. 40 f.).

21 Die Rechtsprechung des Bundesarbeitsgerichts schließt die Haftung des Betriebserwerbers nur für vor Verfahrenseröffnung entstandene Ansprüche der Arbeitnehmer aus. Das hat zur Folge, dass der Erwerber für Ansprüche der Arbeitnehmer haftet, die in der **Zeit zwischen Verfahrenseröffnung und Betriebsübergang** entstehen und als Masseverbindlichkeit gem. § 55 Abs. 1 Nr. 2 zu

---

69 Vgl. LAG Düsseldorf NZA-RR 2017, 549 Rn. 49 ff., 57 = NZI 2017, 980 (nrkr.); LAG Rheinland-Pfalz NZI 2017, 159 = ZIP 2017, 741 (nrkr.).

70 BAG BeckRS 2018, 34982 Rn. 23 ff., 37 = ZIP 2018, 2179.

71 BAG AP Richtlinie 2001/23/EG Nr. 19 Rn. 22 ff., 35 = BeckRS 2018, 26879.

72 BAG BeckRS 2018, 34982 = ZIP 2018, 2179 (EuGH Rs. C-675/18); BAG AP Richtlinie 2001/23/EG Nr. 19 = BeckRS 2018, 26879 (EuGH Rs. C-674/18).

73 BAG BeckRS 2018, 34982 Rn. 42 ff., 50 ff., 56 f. = ZIP 2018, 2179 und BAG AP Richtlinie 2001/23/EG Nr. 19 Rn. 39 ff., 46 ff., 55 f. = BeckRS 2018, 26879 unter Verweis auf den Vorlagebeschluss BAG NZA 2018, 1142 Rn. 23 f., 29 ff. = NZI 2018, 454 und EuGH NZA 2019, 97 Rn. 50 – Grenville Hampshire; zur Frage eines ausreichenden Mindestschutzniveaus iSv Art. 8 RL 2008/94/EG auch EuGH NZA 2016, 1558 Rn. 33 ff. = NZI 2017, 45 = ZIP 2017, 98 – Webb-Sämann.

74 BAG NZA 2010, 568 Rn. 17 = ZIP 2010, 897.

75 BAG NZA 2009, 432 Rn. 24 = ZIP 2009, 682; BAG NZA 2008, 705 Rn. 52 = ZIP 2008, 1133; BAG AP ATG § 3 Nr. 19 Rn. 21 ff. = BB 2007, 1281; BAG NZA 2005, 408 = ZIP 2005, 457; LAG Hessen NZA-RR 2015, 624 Rn. 5.

76 BAG NZA 2009, 432 Rn. 16 ff., 20 ff. = ZIP 2009, 682; BAG NZA 2005, 527; KPB/*Moll* § 128 Rn. 23; FKInsO/*Mues* Anh. zu § 113 Rn. 334 ff.

berichtigen sind.[77] Die Haftung der Insolvenzmasse wird insoweit zur Mithaftung nach § 613a Abs. 2 BGB. Die Auffassung des Bundesarbeitsgerichts ist indessen abzulehnen. Sie führt in Fällen der Masseunzulänglichkeit zu einem Verstoß gegen das aus § 209 für den jeweiligen Rang folgende Gebot der gleichmäßigen Befriedigung der Massegläubiger (→ § 209 Rn. 13): Der Betriebserwerber, der für die Masseforderungen der Arbeitnehmer einzutreten hat, wird den Preis für den Betriebserwerb entsprechend mindern. Die Folge ist, dass der in die Masse fließende Erlös für die Befriedigung der anderen an sich gleichrangigen Massegläubiger nicht mehr ausreicht, während die Arbeitnehmer durch den Erwerber voll befriedigt werden.[78] Nach Maßgabe des Art. 5 Abs. 2 lit. a) der Richtlinie 2001/23/EG wäre eine solche weitergehende Haftungsreduktion, die Ansprüche aus der Zeit zwischen der Eröffnung des Insolvenzverfahrens und dem Betriebsübergang erfasst, möglich.[79]

Ausgeschlossen werden muss die Haftung des Betriebserwerbers jedenfalls für Forderungen aus **vom Insolvenzverwalter abgeschlossenen Sozialplänen.** Würden die Arbeitnehmer insoweit durch den Erwerber voll befriedigt, während die Masse um den Gesamtbetrag dieser Forderungen gemindert würde, widerspräche das dem Prinzip des § 123 Abs. 2 S. 2, nach dem für die Sozialplanforderungen nicht mehr als ein Drittel der Masse verwendet werden darf, die ohne einen Sozialplan zur Verteilung an die Insolvenzgläubiger zur Verfügung stünde (→ § 123 Rn. 65 ff.). Die Situation ist der Sache nach keine andere, als sie unter der Geltung der KO und des § 4 SozPlKG bestand, für die das Bundesarbeitsgericht die Haftung des Betriebserwerbers ausgeschlossen hat.[80] 22

Die Haftungsbeschränkung gilt nach ständiger Rechtsprechung nur, wenn der **Betriebsübergang nach Verfahrenseröffnung** stattgefunden hat. Wird der Betrieb vor Verfahrenseröffnung auf einen Erwerber übertragen, kommen die Rechtsfolgen des § 613a BGB insoweit uneingeschränkt zur Anwendung.[81] 23

b) Fortgeltung von Kollektivnormen. Ist der Erwerber kraft Tarif- oder Betriebsverfassungsrechts an dieselben Tarifverträge und Betriebsvereinbarungen gebunden wie der Veräußerer, bleibt es bei deren normativer Wirkung. Dies ist beim Tarifvertrag der Fall, wenn Schuldner und Erwerber demselben tarifschließenden Arbeitgeberverband angehören. Auf die Betriebsvereinbarung trifft das bei der Veräußerung des gesamten Betriebs ohne weiteres zu, weil dann die Identität erhalten bleibt.[82] Auch im Fall der **Betriebsteilveräußerung** gelten nach der Rechtsprechung des Bundesarbeitsgerichts im ursprünglichen Betrieb bestehende Betriebsvereinbarungen normativ weiter, wenn der übernommene Betriebsteil vom Erwerber als selbständiger Betrieb weitergeführt wird.[83] Schließlich soll es nach Auffassung des Bundesarbeitsgerichts zu einer Fortgeltung des Inhalts einer **Gesamtbetriebsvereinbarung** als Einzelbetriebsvereinbarung kommen, wenn ein Betrieb unter Wahrung seiner Identität von einem Unternehmen mit mehreren Betrieben übernommen wird und die in der Gesamtbetriebsvereinbarung geregelten Rechte und Pflichten beim Übernehmer nicht normativ geregelt sind, es sei denn, der Inhalt der Gesamtbetriebsvereinbarung setzt die Zugehörigkeit zu dem bisherigen Unternehmen zwingend voraus.[84] 24

Fehlt es auf Seiten des Erwerbers an einer normativen Bindung an die beim Betriebsveräußerer geltenden Tarifverträge und Betriebsvereinbarungen, ist die **Auffangregelung** des § 613a Abs. 1 S. 2 bis 4 BGB zu beachten. Soweit Arbeitnehmerforderungen auf Rechtsnormen eines zur Zeit des Betriebsübergangs geltenden Tarifvertrags oder auf Betriebsvereinbarungen beruhen, die beim Erwerber nicht kraft eigener Bindung normativ gelten, gelten sie im Verhältnis zwischen Arbeitneh- 25

[77] So für das Recht der Konkursordnung BAG NZA 1996, 432 = ZIP 1996, 239; BAG NZA 1987, 460 = ZIP 1987, 454; für das Recht der InsO BAG NZA 2008, 705 Rn. 52 = ZIP 2008, 1133; BAG NZA 2004, 654 = NZI 2005, 120 = ZIP 2004, 1011; BAG NZA 2004, 651 = NZI 2005, 118; vgl. auch BAG NZA-RR 2006, 373 = ZIP 2005, 1706, wo allerdings offengelassen wird, ob etwas Anderes gilt, wenn Masseunzulänglichkeit vorliegt.

[78] Im Ergebnis wie hier *Henckel* ZIP 1980, 173; *Hanau,* Gutachten E zum 54. DJT, E 72; *Willemsen* Anm. zu BAG AP BGB § 613a Nr. 56; KPB/*Moll* § 128 Rn. 9.

[79] EuGH NZA 2015, 287 Rn. 49 ff., 59 = BeckRS 2015, 80229 = ZIP 2015, 652 – Gimnasio Deportivo San Andrés.

[80] BAG NZA 2002, 1034 = NZI 2002, 568 = ZIP 2002, 1543; auch *Lindemann* ZInsO 2010, 792 (797); DKKW/*Däubler* BetrVG Anh. zu §§ 111–113, InsO § 128 Rn. 10; *Zwanziger* Einführung Rn. 180; im Ergebnis auch *Hess* Anm. zu BAG AP SozplKonkG § 2 Nr. 1.

[81] St. Rspr., vgl. BAG NZA 2003, 318 = NZI 2003, 222 = ZIP 2003, 222; BAG NZA 1997, 94 = ZIP 1996, 1914; BAG NZA 1993, 643 = ZIP 1993, 1013; krit. *Lohkemper* ZIP 1999, 1251 (1253 ff.), der die Erwerberhaftung auch bei Betriebsveräußerungen im Eröffnungsverfahren begrenzen will.

[82] BAG AP BGB § 613a Unterrichtung Nr. 15 Rn. 43 = BeckRS 2012, 66397; BAG NZA 1995, 222 = ZIP 1995, 235; APS/*Steffan* BGB § 613a Rn. 114; MHdB ArbR/*Wank* § 142 Rn. 193 ff.

[83] BAG NZA 2003, 670 = ZIP 2003, 1059; im Einzelnen APS/*Steffan* BGB § 613a Rn. 114a.

[84] BAG NZA-RR 2017, 413 Rn. 14 ff.; BAG NZA 2015, 1331 Rn. 45 ff. = ZIP 2015, 1748; BAG NZA 2003, 670 = ZIP 2003, 1059.

mer und Erwerber gem. § 613a Abs. 1 S. 2 BGB mit ihrem zum Zeitpunkt des Betriebsübergangs bestehenden Inhalt als **Inhalt des Arbeitsverhältnisses** fort. Sie können vor Ablauf eines Jahres nach dem Zeitpunkt des Übergangs nicht zum Nachteil des Arbeitnehmers geändert werden (§ 613a Abs. 1 S. 2 BGB). Danach ist eine Änderung durch Vertrag oder mit Hilfe einer Änderungskündigung grundsätzlich möglich.

26 Die einseitig zwingende Wirkung für ein Jahr nach Betriebsübergang gilt nach § 613a Abs. 1 S. 3 BGB dann nicht, wenn die Arbeitsverträge bei dem Betriebserwerber durch **Rechtsnormen eines anderen Tarifvertrags oder durch eine andere Betriebsvereinbarung** geregelt werden. Das setzt im Falle des Tarifvertrags die kongruente Tarifgebundenheit von Arbeitgeber und Arbeitnehmer voraus.[85] Dies gilt auch dann, wenn der Tarifvertrag oder die Betriebsvereinbarung erst nach dem Betriebsübergang abgeschlossen wird.[86] Hier kann auch zuungunsten der Arbeitnehmer vom bisherigen Inhalt des Arbeitsverhältnisses abgewichen werden.[87] Spätere Änderungen des ursprünglichen Tarifvertrags haben keinen Einfluss mehr auf den Inhalt der übergegangenen Arbeitsverhältnisse[88] (s. aber noch die folgenden Randnummern).

27 § 613a Abs. 1 S. 2 bis 4 BGB gilt nur für Arbeitsverhältnisse, bei denen Arbeitgeber und Arbeitnehmer gem. § 3 Abs. 1 TVG tarifgebunden sind. Ist in den Arbeitsverträgen **auf Tarifverträge Bezug genommen,** gilt deren Inhalt nach § 613a Abs. 1 S. 1 BGB im Arbeitsverhältnis mit dem Erwerber fort. Während nach der früheren Rechtsprechung des Bundesarbeitsgerichts zur sog. Gleichstellungsabrede auch **im Fall einer dynamischen Bezugnahme** der Tarifvertrag beim Erwerber nur statisch wirkte, weil mit der Bezugnahme lediglich die nicht-tarifgebundenen Arbeitnehmer den tarifgebundenen gleichgestellt werden sollten, steht das Bundesarbeitsgericht nun schon seit längerem auf dem Standpunkt, solche Bezugnahmen wirkten auch nach dem Betriebsübergang weiterhin dynamisch, sofern sie nicht schon vor dem 1. Januar 2002 vereinbart worden sind[89] (s. allg. → § 120 Rn. 53). Das hat zur Konsequenz, dass die übergegangenen Arbeitsverhältnisse von späteren Änderungen des in Bezug genommenen Tarifvertrags erfasst werden, obwohl der Betriebserwerber an diesen nicht gebunden ist. Indessen ist es nach der Rechtsprechung des EuGH mit **Art. 3 der Betriebsübergangsrichtlinie** (RL 2001/23/EG) nicht zu vereinbaren, dass Klauseln, die dynamisch auf nach dem Zeitpunkt des Übergangs verhandelte und abgeschlossene Kollektivverträge verweisen, gegenüber dem Erwerber durchsetzbar sind, wenn dieser nicht die Möglichkeit hat, an den Verhandlungen über diese nach dem Übergang abgeschlossenen Kollektivverträge teilzunehmen.[90] Zur Begründung verweist der EuGH auf Art. 16 GRCh, der die Unternehmerfreiheit schützt, was die Vertragsfreiheit umfasst. Dem Erwerber müsse es möglich sein, seine Interessen wirksam geltend zu machen und die die Entwicklung der Arbeitsbedingungen seiner Arbeitnehmer bestimmenden Faktoren mit Blick auf seine künftige wirtschaftliche Tätigkeit auszuhandeln.[91] Schon einige Jahre zuvor hatte der EuGH zur Weitergeltung von Kollektivnormen beim Betriebserwerber mit Blick auf die negative Vereinigungsfreiheit geurteilt, dass dessen Interesse nicht unberücksichtigt bleiben dürfe, die für die Fortsetzung seiner Tätigkeit erforderlichen Anpassungen vorzunehmen.[92]

27a Auf Vorlage des Bundesarbeitsgerichts[93] hat der **EuGH** diesen **Standpunkt aufrechterhalten,** jedoch weiter entschieden, dass Art. 3 der RL 2001/23/EG sowie Art. 16 GRCh der dynamischen Fortgeltung einer Bezugnahmeklausel beim Betriebserwerber nicht entgegenstehen, sofern das nationale Recht sowohl einvernehmliche als auch einseitige Möglichkeiten für den Erwerber vorsieht, die zum Zeitpunkt des Übergangs bestehenden Arbeitsbedingungen nach dem Übergang anzupassen.[94]

---

85 BAG NZA 2005, 1362 = ZIP 2005, 1889; vgl. auch BAG NZA 2010, 238 Rn. 29 = NZI 2010, 353 = ZIP 2010, 344.

86 BAG NZA 1986, 687 = ZIP 1986, 933; MüKoBGB/*Müller-Glöge* § 613a Rn. 141; APS/*Steffan* BGB § 613a Rn. 138.

87 LAG Baden-Württemberg ZIP 2017, 1176 = BeckRS 2017, 105137 Rn. 132 (Revision unter 1 AZR 154/17); unklar insoweit allerdings EuGH NZA 2011, 1077 Rn. 76 ff. = ZIP 2012, 1366 – Scattolon, wonach jedenfalls Beschäftigungszeiten des Arbeitnehmers beim Veräußerer auch beim Erwerber gelten müssen; hierzu *Steffan* NZA 2012, 473 (475 f.); *Winter* RdA 2013, 36 (38 f.); AR/*Bayreuther* BGB § 613a Rn. 64; s. auch *Mückl* ZIP 2012, 2373 (2375 ff.), der insoweit für eine gespaltene Auslegung des § 613a BGB in der Insolvenz eintritt.

88 BAG NZA-RR 2014, 80 Rn. 16 = ZIP 2013, 2171; BAG NZA 2010, 41 Rn. 83 = ZIP 2009, 2461; BAG NZA 2002, 513 = ZIP 2002, 721; BAG NZA 1995, 740 = ZIP 1995, 673.

89 BAG NZA-RR 2010, 530 Rn. 16 ff., 39 ff.; BAG NZA 2010, 513 Rn. 12 ff. = ZIP 2010, 748; angekündigt von BAG NZA 2006, 607 Rn. 19 ff.

90 EuGH NZA 2013, 835 Rn. 37 = ZIP 2013, 1686 – Alemo-Herron.

91 EuGH NZA 2013, 835 Rn. 31 ff., 34 = ZIP 2013, 1686 – Alemo-Herron.

92 EuGH NZA 2006, 376 Rn. 31 ff. = ZIP 2006, 723 – Werhof.

93 BAG NZA 2016, 373 = ZIP 2016, 336.

94 EuGH NZA 2017, 571 Rn. 20 ff., 24 f. = ZIP 2017, 937 – Asklepios Kliniken.

Insoweit hatte das Bundesarbeitsgericht in seinem Vorlagebeschluss darauf hingewiesen, dass es nach dem deutschen Arbeitsrecht nicht um eine normative Wirkung der in Bezug genommenen Tarifverträge gehe und die Möglichkeit einer Anpassung der Bezugnahmeklausel bestehe, die entweder einvernehmlich zwischen Betriebserwerber und Arbeitnehmer im Wege eines **Änderungsvertrags** vorgenommen oder vom Betriebserwerber mittels einer **Änderungskündigung** unter Wahrung der gesetzlichen Voraussetzungen des § 2 KSchG durchgesetzt werden könne.[95] Das Bundesarbeitsgericht hat deshalb im Anschluss an das Urteil des EuGH an seiner Rechtsprechung festgehalten und entschieden, dass eine zwischen dem Betriebsveräußerer und dem Arbeitnehmer einzelvertraglich vereinbarte Klausel, die dynamisch auf einen Tarifvertrag verweist, ihre Dynamik im Arbeitsverhältnis mit dem Betriebserwerber nicht allein aufgrund des Betriebsübergangs verliert.[96] In Konsequenz der Rechtsprechung des EuGH werden die Gerichte für Arbeitssachen indessen § 2 iVm § 1 KSchG so auszulegen haben, dass eine betriebsbedingte Änderungskündigung zum Zwecke der Beseitigung der dynamischen Bezugnahmeklausel und Anpassung der Arbeitsbedingungen für den Betriebserwerber effektiv möglich und handhabbar ist.[97]

28 **3. Beendigung der Arbeitsverhältnisse. a) Kündigung.** Um eine Umgehung des mit dem Übergang des Arbeitsverhältnisses auf den Betriebserwerber verbundenen Schutzes der Arbeitnehmer zu verhindern, verbietet § 613a Abs. 4 S. 1 BGB Veräußerer wie Erwerber die Kündigung der Arbeitsverhältnisse wegen des Übergangs des Betriebs oder Betriebsteils. § 613a Abs. 4 BGB enthält ein **eigenständiges Kündigungsverbot** und nicht lediglich eine Konkretisierung der Sozialwidrigkeit im Sinne des § 1 Abs. 1 KSchG.[98] Der Schutz des § 613a Abs. 4 BGB greift damit auch für Arbeitnehmer, die die Wartezeit nicht erfüllt haben oder Betrieben mit weniger als elf Arbeitnehmern angehören.

29 Eine Kündigung „wegen" des Betriebsüberganges liegt nur vor, wenn dieser **tragender Grund** für die Kündigung ist. Daran fehlt es von vornherein, wenn die Kündigung erfolgt, bevor ein Betriebsübergang überhaupt erwogen wird.[99] Aber auch wenn der Betriebsübergang schon in Rede steht, kann das Arbeitsverhältnis **aus anderen Gründen** als dem Betriebsübergang als solchem gekündigt werden (§ 613a Abs. 4 S. 2 BGB). So ist der Insolvenzverwalter nicht gehindert, auch im Zusammenhang mit der Veräußerung des Betriebs nach einem eigenen Sanierungskonzept Rationalisierungen zur Verbesserung des Betriebs durchzuführen und zu diesem Zweck betriebsbedingte Kündigungen auszusprechen. Dabei kann sein Konzept auch ausschließlich dazu dienen, den Betrieb verkaufsfähig zu machen.[100]

30 Der Insolvenzverwalter kann die Kündigung nicht mit dem bloßen Umstand der Betriebsveräußerung oder der Überlegung begründen, dass der Erwerber freie Hand bei der Besetzung von Arbeitsplätzen haben müsse. Die bloße Forderung des Erwerbers, die Belegschaft vor dem Betriebsübergang zu verkleinern, genügt nicht, um die Kündigung zu rechtfertigen.[101] Liegt aber ein verbindliches Konzept oder ein **Sanierungsplan des Erwerbers** vor, dessen Durchführung im Zeitpunkt des Zugangs der Kündigungserklärung bereits greifbare Formen angenommen hat, verstößt eine darauf gestützte Kündigung des Insolvenzverwalters nicht gegen § 613a Abs. 4 BGB, weil die Vorschrift keine „künstliche Verlängerung" des Arbeitsverhältnisses bei einer vorhersehbar fehlenden Beschäftigungsmöglichkeit für den Arbeitnehmer beim Erwerber bezweckt.[102]

31 Der **Erwerber kann kündigen,** wenn sein Arbeitskräftebedarf nicht so groß ist, dass er sowohl die bisherigen wie die hinzugekommenen Arbeitnehmer weiterbeschäftigen kann. Er muss nur bei einer betriebsbedingten Kündigung, insbesondere bei der Sozialauswahl, übernommene und bisherige Arbeitnehmer nach den gleichen Kriterien behandeln.[103]

32 Ist einem Arbeitnehmer wegen einer **beabsichtigten Betriebsstilllegung** betriebsbedingt gekündigt worden, weil sich die Stilllegung im Kündigungszeitpunkt konkret und greifbar abzeichnete und noch nicht oder nicht mehr über eine Betriebsveräußerung verhandelt wurde, ist die

---

95 BAG NZA 2016, 373 Rn. 14 f., 29, 45 = ZIP 2016, 336.

96 BAG NZA 2018, 255 Rn. 41 ff. = ZIP 2018, 341; vgl. auch BAG NZA 2018, 363 Rn. 24 ff. = ZIP 2018, 397.

97 Zweifelhaft dazu die Ausführungen in BAG NZA 2018, 255 Rn. 52 ff. = ZIP 2018, 341; BAG NZA 2018, 363 Rn. 35 ff. = ZIP 2018, 397.

98 BAG NZA 1985, 593 = ZIP 1985, 1088; im Einzelnen APS/*Steffan* BGB § 613a Rn. 172.

99 BAG NZA 1989, 265 = ZIP 1989, 326.

100 BAG NZA 2007, 387 Rn. 33 = ZIP 2007, 595; BAG NZA 1997, 148 = ZIP 1996, 2028; LAG Mecklenburg-Vorpommern NZA-RR 2013, 238.

101 BAG NZA 2007, 387 Rn. 30 = ZIP 2007, 595; BAG NZA 2003, 1027 = NZI 2003, 674 = ZIP 2003, 1671.

102 BAG NZA 2003, 1027 = NZI 2003, 674 = ZIP 2003, 1671.

103 MHdB ArbR/*Wank* § 143 Rn. 21.

Kündigung nach § 1 KSchG sozial gerechtfertigt und damit wirksam, auch wenn es nach Zugang der Kündigung doch noch zu einem Betriebsübergang kommt. Das gilt bei einer geplanten und bereits eingeleiteten Betriebsstilllegung auch dann, wenn sich der Verwalter eine Betriebsveräußerung vorbehält, die dann später noch gelingt.[104] Eine Kündigung wegen des Betriebsübergangs liegt nicht vor (§ 613a Abs. 4 S. 2 BGB). Nach der Rechtsprechung des Achten Senats des Bundesarbeitsgerichts hätte der Arbeitnehmer allerdings einen **Anspruch auf Einstellung gegen den Betriebserwerber,** soweit bei diesem eine Weiterbeschäftigungsmöglichkeit besteht[105] (allgemein zum Wiedereinstellungsanspruch → § 125 Rn. 107). Diesen Anspruch lässt das Bundesarbeitsgericht aber jedenfalls dann nicht gelten, wenn der Betriebsübergang erst nach Ablauf der Kündigungsfrist **im Zuge eines Insolvenzverfahrens** über das Vermögen des Veräußerers erfolgt, weil solche Wiedereinstellungsansprüche die Gefahr des Scheiterns übertragender Sanierungen mit sich bringen.[106]

33 **b) Aufhebungsvertrag.** Insolvenzverwalter und Arbeitnehmer ist es unbenommen, das Arbeitsverhältnis durch einen Aufhebungsvertrag zu beenden (→ § 113 Rn. 38). Wegen Umgehung des § 613a Abs. 4 S. 1 BGB ist ein Aufhebungsvertrag nach der Rechtsprechung des Bundesarbeitsgerichts allerdings gem. § 134 BGB nichtig, wenn er nicht auf das **endgültige Ausscheiden** des Arbeitnehmers gerichtet ist, sondern das Arbeitsverhältnis beim Betriebserwerber auf der Grundlage eines neuen Arbeitsvertrags zu verschlechterten Arbeitsbedingungen fortgeführt werden soll.[107]

34 Ein Aufhebungsvertrag, der den Wechsel des Arbeitnehmers in eine **Transfergesellschaft** (Beschäftigungs- und Qualifizierungsgesellschaft) ermöglicht, häufig in Form eines dreiseitigen Vertrags, an dem die Transfergesellschaft beteiligt ist, ist grundsätzlich wirksam. Da mit der Weiterqualifizierung von Arbeitnehmern in der Transfergesellschaft regelmäßig ein anderer Betriebszweck verfolgt wird, löst der Wechsel auch eines nach Zahl und Sachkunde wesentlichen Teils der Belegschaft zu einer Transfergesellschaft einen Betriebsübergang auf diese nicht aus; Betriebsmittel werden ohnehin von der Transfergesellschaft nicht übernommen.[108]

35 Auch bei einem Wechsel in eine Transfergesellschaft muss der Aufhebungsvertrag auf das tatsächliche Ausscheiden des Arbeitnehmers gerichtet sein[109] (zum Erfordernis einer Massenentlassungsanzeige, wenn eine hinreichende Zahl von Arbeitnehmern wechselt → § 125 Rn. 59). Wird die **Transfergesellschaft nur zwischengeschaltet** und dem Arbeitnehmer ein neues Arbeitsverhältnis bei dem Betriebserwerber bereits verbindlich in Aussicht gestellt, ist der Aufhebungsvertrag wegen Umgehung des § 613a Abs. 4 S. 1 BGB nichtig. Das Arbeitsverhältnis geht nach § 613a BGB mit den bestehenden Rechten und Pflichten auf den Betriebserwerber über.[110] Das ist auch dann der Fall, wenn dem Arbeitnehmer im Zusammenhang mit dem Wechsel in die Transfergesellschaft mehrere, für die Gegenseite noch nicht bindende Vertragsangebote für befristete und unbefristete Arbeitsverhältnisse beim Betriebserwerber vorgelegt werden, die einen Beginn des neuen Arbeitsverhältnisses beim Betriebserwerber kurz nach dem Ausscheiden aus dem alten Arbeitsverhältnis vorsehen. Wird eines der mehreren vom Arbeitnehmer unterzeichneten Vertragsangebote vom Betriebserwerber angenommen, liegt darin eine Umgehung des § 613a Abs. 4 S. 1 BGB, weil die Transfergesellschaft dann ersichtlich nur zum Schein zwischengeschaltet ist.[111] Der Aufhebungsvertrag ist unwirksam. Ist dagegen ein neues Arbeitsverhältnis beim Betriebserwerber tatsächlich ungewiss, ist der Aufhebungsvertrag wirksam.[112]

---

104 St. Rspr., BAG AP InsO § 125 Nr. 4 Rn. 55 = ZIP 2007, 2136; BAG NZA 2006, 720 Rn. 24; BAG NZA 1997, 251 = ZIP 1997, 122.

105 BAG NZA-RR 2013, 179 Rn. 37; BAG NZA 2009, 29 Rn. 58 ff.; BAG NZA 2008, 357 Rn. 22 ff.; BAG NZA 1998, 251 = ZIP 1998, 167.

106 BAG NZA-RR 2012, 465 Rn. 56; BAG NZA 2005, 405; BAG AP BGB § 613a Nr. 264 = ZIP 2004, 1610; BAG NZA 1999, 422 = ZIP 1999, 320; vgl. auch *Annuß* ZInsO 2001, 49 (58 f.); *Lembke* BB 2007, 1333 (1337); Jaeger/*Giesen* Vor § 113 Rn. 133 f.; KPB/*Moll* § 128 Rn. 81; gegen jeden Wiedereinstellungsanspruch in der Insolvenz *Hanau* ZIP 1998, 1817 (1820).

107 BAG NZA 2013, 203 Rn. 34 f. = NZI 2013, 313; BAG NZA 2007, 866 Rn. 23 = ZIP 2007, 643; BAG NZA 1988, 198 = ZIP 1988, 120; vgl. auch BAG NZA 2009, 1091 Rn. 27, 29 = ZIP 2009, 1733 für einen Erlassvertrag; krit. hierzu *Koblitz* S. 172 ff. (177).

108 *Heinze* FS Uhlenbruck, 2000, 751 (765); *Hornung* FS Wellensiek, 2011, 723 (734); *Staufenbiel* ZInsO 2010, 497 (498 f.); KPB/*Moll* § 128 Rn. 54.

109 BAG NZA 2007, 866 Rn. 23 = ZIP 2007, 643.

110 BAG NZA 2007, 866 Rn. 23 ff. = ZIP 2007, 643; BAG NZA 2006, 145 Rn. 22 ff. = ZIP 2006, 148.

111 BAG NZA 2012, 152 Rn. 31 ff. = ZIP 2011, 2426; BAG NZA 2013, 203 Rn. 34 ff. = NZI 2013, 313 (Zwischenschaltung der Transfergesellschaft für 30 Minuten); krit. zu dieser Rechtsprechung *Pils* NZA 2013, 125 (128 f.).

112 BAG NZA 2006, 145 Rn. 28 = ZIP 2006, 148; *Hornung* FS Wellensiek, 2011, 723 (735 f.); *Staufenbiel* ZInsO 2010, 497 (499); *Willemsen* NZA 2013, 242 (244 ff.).

III. Anwendbarkeit der §§ 125 bis 127

1. Interessenausgleich und Feststellungsantrag vor Betriebsübergang. Nach Abs. 1 S. 1 wird die Anwendung der §§ 125 bis 127 nicht dadurch ausgeschlossen, dass die Betriebsänderung, die dem Interessenausgleich oder dem Feststellungsantrag zugrunde liegt, erst nach einer Betriebsveräußerung durchgeführt werden soll. Gemessen an der Rechtsprechung des Bundesarbeitsgerichts, nach der die Kündigung des Betriebsveräußerers auf Grund eines verbindlichen Konzepts oder eines **Sanierungsplans des Erwerbers** nicht gegen § 613a Abs. 4 BGB verstößt (→ Rn. 30), hat dies insoweit nur klarstellende Bedeutung. Insbesondere kommt es für die Wirksamkeit einer betriebsbedingten Kündigung durch den Insolvenzverwalter nicht darauf an, ob auch er das Konzept hätte umsetzen können.[113] 36

Abs. 1 ist weiter so zu verstehen, dass die Rechtsfolgen des § 125 Abs. 1 bzw. die Feststellung und Bindung nach den §§ 126, 127 auch dann nicht ausgeschlossen sind, wenn unmittelbar nach der Vereinbarung des Interessenausgleichs durch Verwalter und Betriebsrat oder der gerichtlichen Feststellung durch das Arbeitsgericht der Betriebsübergang erfolgt und erst nach dem Betriebsübergang **der Erwerber die Kündigungen ausspricht.** Zwar wird dies für die Mehrzahl der Kündigungen praktisch selten vorkommen, weil bereits der Verwalter zum frühestmöglichen Zeitpunkt kündigen wird, um die Kündigungsfristen in Gang zu setzen. Liegt aber beispielsweise den Kündigungen eine Betriebsänderung nach § 111 BetrVG, etwa ein betriebseinschränkender Personalabbau, zugrunde und wurde die soziale Rechtfertigung der Kündigungen nach § 126 festgestellt, aber nicht die Zustimmung nach § 122 zur Durchführung der Betriebsänderung erteilt, so dass bei sofortigem Ausspruch der Kündigungen Ansprüche auf Nachteilsausgleich entstünden, kann der Betriebsübergang vorab erfolgen und den Arbeitnehmern erst später vom Erwerber gekündigt werden, mit der Folge, dass die Bindungswirkung des § 127 Abs. 1 gilt. Dass die Kündigungen erst vom Erwerber ausgesprochen werden sollen, ist im Feststellungsverfahren entsprechend darzulegen. Außerdem ist darzutun, dass die Kündigungen durch dringende betriebliche Erfordernisse bedingt und sozial gerechtfertigt sind.[114] 37

Es kann auch sinnvoll sein, einzelne **Arbeitnehmer, die vom Betriebserwerber nur übergangsweise benötigt werden,** bereits vor der Übertragung in den Interessenausgleich nach § 125 Abs. 1 einzubeziehen und erst einige Zeit nach dem Betriebsübergang zu kündigen. Freilich muss in diesem Fall auch der Betriebsübergang Inhalt des Interessenausgleichs sein, da sich andernfalls mit ihm die Sachlage im Sinne des § 125 Abs. 1 S. 2 wesentlich änderte, mit der Konsequenz, dass die Rechtsfolgen des § 125 Abs. 1 S. 1 Nr. 1 und 2 nicht gelten würden (→ § 125 Rn. 103 ff.). Das Gleiche gilt hinsichtlich der zeitlichen Grenzen der Rechtskraft des Feststellungsbeschlusses nach den §§ 126, 127 Abs. 1 S. 2 (→ § 127 Rn. 13 ff.). 38

Die Wirkungen der §§ 125 bis 127 greifen zwar unabhängig davon, ob der Insolvenzverwalter vor dem Betriebsübergang oder der Erwerber nach dem Betriebsübergang kündigt. Allerdings muss noch **vor dem Betriebsübergang** der Interessenausgleich nach § 125 Abs. 1 vom Verwalter mit dem Betriebsrat vereinbart bzw. das Feststellungsverfahren vom Verwalter beantragt werden. Diese Instrumente stehen dem Erwerber nicht zur Verfügung.[115] Allerdings kann der Erwerber seinerseits einen Interessenausgleich mit Namensliste nach § 1 Abs. 5 KSchG schließen. Auf einen **Zustimmungsbescheid des Integrationsamts** zur Kündigung eines schwerbehinderten Arbeitnehmers (→ § 113 Rn. 19; → § 125 Rn. 65 f.), der auf Antrag des Insolvenzverwalters nur diesem nach dem Betriebsübergang zugestellt worden ist, kann sich der kündigende Betriebserwerber, wenn er am Zustimmungsverfahren nicht beteiligt wurde, nach der Rechtsprechung des Bundesarbeitsgerichts nicht berufen.[116] 39

2. Beteiligung des Erwerbers im Feststellungsverfahren. Nach Abs. 1 S. 2 ist am Feststellungsverfahren des § 126 der Erwerber des Betriebes beteiligt. Erwerber des Betriebes ist in erster Linie derjenige, mit dem der Insolvenzverwalter einen Übernahmevertrag geschlossen hat. Wird das Feststellungsverfahren vom Insolvenzverwalter im Hinblick auf eine in Aussicht genommene Betriebsveräußerung eingeleitet, ist an dem Verfahren nach § 126 auch der potentielle Betriebserwerber beteiligt. Ob der Übernahmevertrag bereits abgeschlossen ist oder die Verhandlungen noch laufen, spielt dabei keine Rolle. Auch im letzteren Falle treffen den Erwerber die Folgen der Entscheidung nach § 126.[117] 40

---

113 BAG NZA 2003, 1027 = NZI 2003, 674 = ZIP 2003, 1671.

114 *Caspers* Rn. 303; Nerlich/Römermann/*Hamacher* § 128 Rn. 71.

115 *Friese* ZInsO 2001, 350 (357); HambKommInsO/*Ahrendt* § 128 Rn. 2, *Caspers* Rn. 304; Jaeger/*Giesen* § 128 Rn. 5 und 7; HKInsO/*Linck* § 128 Rn. 2.

116 BAG NZA 2013, 505 Rn. 19 ff. = NZI 2013, 407 = ZIP 2013, 537.

117 *Caspers* Rn. 305; KPB/*Moll* § 128 Rn. 96; einschränkend *Lakies* RdA 1997, 145 (155); Nerlich/Römermann/*Hamacher* § 128 Rn. 72.

41 **3. Erweiterung der Vermutungs- und Feststellungswirkung. a) Die Vermutung nach § 125 Abs. 1 S. 1 Nr. 1.** Vereinbaren Insolvenzverwalter und Betriebsrat einen Interessenausgleich, in dem die zu kündigenden Arbeitnehmer namentlich bezeichnet sind, so erstreckt sich im Falle eines Betriebsüberganges gem. Abs. 2 die Vermutung des § 125 Abs. 1 S. 1 Nr. 1 auch darauf, dass die Kündigung der Arbeitsverhältnisse nicht wegen des Betriebsübergangs erfolgt, sondern Insolvenzverwalter oder Erwerber aus anderen Gründen, nämlich aus dringenden betrieblichen Erfordernissen (→ § 125 Rn. 85 ff.) gekündigt haben.

42 An sich trifft den Arbeitnehmer schon unabhängig von dieser insolvenzrechtlichen Regelung die Darlegungs- und Beweislast dafür, dass die Kündigung „wegen des Betriebsübergangs" erklärt worden ist, wenn er sich auf die Unwirksamkeit der Kündigung nach § 613a Abs. 4 S. 1 BGB stützt.[118] Im Geltungsbereich des Kündigungsschutzgesetzes trifft den Arbeitgeber bzw. den Insolvenzverwalter indessen die Beweislast des § 1 Abs. 2 S. 4 KSchG. Bei einem Betriebsübergang muss er beweisen, dass eine Kündigung aus anderen Gründen im Sinne des § 613a Abs. 4 S. 2 BGB vorliegt.[119] Gelingt dem Insolvenzverwalter der Beweis nicht, ist die Kündigung sozialwidrig und der Kündigungsschutzklage des Arbeitnehmers stattzugeben, ohne dass es der Feststellung bedarf, die Kündigung beruhe tragend auf dem Betriebsübergang. Insoweit hat § 128 Abs. 2 im Anwendungsbereich des Interessenausgleichs nach § 125 Abs. 1 **lediglich klarstellende Funktion.** Denn wenn die Vermutung des § 125 Abs. 1 S. 1 Nr. 1 gilt, dass die Kündigung durch dringende betriebliche Erfordernisse bedingt ist, erstreckt sie sich zugleich darauf, dass die Kündigung des Arbeitsverhältnisses aus anderen Gründen im Sinne des § 613a Abs. 4 S. 2 BGB erfolgt. Einer Ausdehnung der Vermutung über Abs. 2 dahingehend, dass die Kündigung nicht wegen des Betriebsübergangs erfolgt (§ 613a Abs. 4 S. 1 BGB), bedarf es dann nicht.[120] Kann der Arbeitnehmer hingegen widerlegen, dass die Kündigung betriebsbedingt ist, etwa weil der Insolvenzverwalter zum Zeitpunkt ihres Ausspruchs Verhandlungen über eine Betriebsveräußerung führte, so dass bei Zugang der Kündigung tatsächlich keine Stilllegungsabsicht vorlag (→ Rn. 32), ist der Kündigungsschutzklage wegen fehlender sozialer Rechtfertigung der Kündigung stattzugeben, wenn der Insolvenzverwalter keinen anderen Kündigungsgrund darlegen und beweisen kann. Auf § 613a Abs. 4 BGB und § 128 kommt es dann nicht mehr an.[121]

43 Eine **eigenständige Funktion** kommt Abs. 2 dann zu, wenn ein Arbeitnehmer sich allein auf den Unwirksamkeitsgrund des § 613a Abs. 4 S. 1 BGB beruft, weil er beispielsweise die Wartezeit des § 1 Abs. 1 KSchG noch nicht erfüllt hat. Wie sich der Wertung des Abs. 2 entnehmen lässt, ist es nicht ausgeschlossen, dass auch diese Arbeitnehmer im Interessenausgleich nach § 125 Abs. 1 namentlich bezeichnet werden – beispielsweise, wenn dem Interessenausgleich ein einheitliches Sanierungskonzept zugrunde liegt. Dann gilt nach Abs. 2 iVm § 125 Abs. 1 S. 1 Nr. 1 die Vermutung, dass die Kündigung nicht wegen des Betriebsübergangs erfolgt.[122] Zwar trifft den Arbeitnehmer diesbezüglich ohnehin die Darlegungs- und Beweislast. Jedoch wird ihm allgemein mit Beweiserleichterungen auf Grund von Indizien (Anscheinsbeweis) geholfen.[123] Mit Abs. 2 iVm § 292 S. 1 ZPO ist hingegen angeordnet, dass der Arbeitnehmer die Vermutung zu widerlegen hat, dass die Kündigung seines Arbeitsverhältnisses nicht wegen des Betriebsübergangs erfolgt ist. Hierfür können richtigerweise keine Beweiserleichterungen eingreifen.[124] Solche können nur für andere Kündigungsverbote gelten. Etwa gilt § 22 AGG bei einer gegen ein Benachteiligungsverbot verstoßenden Kündigung (→ § 125 Rn. 102).

44 **b) Die Feststellung nach § 126 Abs. 1 S. 1.** Gem. Abs. 2 erstreckt sich die gerichtliche Feststellung nach § 126 Abs. 1 S. 1 auch darauf, dass die Kündigung der Arbeitsverhältnisse nicht wegen des Betriebsübergangs erfolgt. Die Feststellung kann nicht widerlegt werden, sondern bindet gem. § 127 Abs. 1 S. 1 in einem Kündigungsschutzverfahren.

45 Wie schon beim Interessenausgleich nach § 125 Abs. 1 hängt die Bedeutung des Abs. 2 für das Feststellungsverfahren nach § 126 Abs. 1 S. 1 davon ab, ob zugleich das **Kündigungsschutzgesetz**

---

118 BAG NZA 2008, 753 Rn. 22 = ZIP 2008, 1499; BAG NZA 1986, 522 = ZIP 1986, 795.

119 Vgl. BAG NZA 1986, 522 = ZIP 1986, 795.

120 *Oetker/Friese* DZWIR 2001, 177 (185); *Caspers* Rn. 306 ff.; *Giesen* ZIP 1998, 46 (50 f.); Jaeger/*Giesen* § 128 Rn. 14; aA wohl Nerlich/Römermann/*Hamacher* § 128 Rn. 75 f.

121 Vgl. BAG AP InsO § 125 Nr. 4 Rn. 58 ff., 65 = ZIP 2007, 2136; BAG NZA 2006, 720 Rn. 27; nicht überzeugend Uhlenbruck/*Zobel* § 128 Rn. 26 f., der iS einer „doppelten Vermutung" davon ausgeht, der Arbeitnehmer müsse zusätzlich auch noch die Vermutung des § 128 Abs. 2 entkräften; ähnlich Graf-Schlicker/*Pöhlmann/Kubusch* § 128 Rn. 8; KPB/*Moll* § 128 Rn. 100 mwN.

122 *Caspers* Rn. 310; KPB/*Moll* § 128 Rn. 104 ff.; aA Jaeger/*Giesen* § 128 Rn. 15.

123 MHdB ArbR/*Wank* § 143 Rn. 24 ff., 32; siehe zur Frage des Anscheinsbeweises auch *Lohkemper* KTS 1996, 1 (30).

124 *Caspers* Rn. 310; Nerlich/Römermann/*Hamacher* § 128 Rn. 76.

auf das jeweilige Arbeitsverhältnis Anwendung findet. Ist dies der Fall, hat Abs. 2 nur klarstellende Funktion. Denn die Feststellung, dass eine Kündigung sozial gerechtfertigt ist, umfasst zugleich, dass eine Kündigung aus anderen Gründen iSd § 613a Abs. 4 S. 2 BGB vorliegt. Die Feststellung und Bindung folgt dann direkt aus den §§ 126 Abs. 1, 127 Abs. 1 S. 1, ohne dass es auf Abs. 2 ankommt. Eine Unwirksamkeit der Kündigung wegen Betriebsüberganges nach § 613a Abs. 4 S. 1 BGB scheidet dann schon wegen S. 2 dieser Bestimmung aus.[125]

Abs. 2 hat aber **eigenständige Funktion,** wenn die **Arbeitsverhältnisse nicht dem Kündigungsschutzgesetz** unterliegen, sei es, weil das Kündigungsschutzgesetz nach § 23 Abs. 1 KSchG nicht gilt, da es sich um einen Kleinbetrieb handelt, sei es, weil bestimmte Arbeitnehmer die Wartezeit des § 1 Abs. 1 KSchG noch nicht erfüllt haben. Als eigenständiges Kündigungsverbot erfasst § 613a Abs. 4 S. 1 BGB auch diese Arbeitsverhältnisse (→ Rn. 28). Nach seinem Wortlaut findet § 126 Abs. 1 S. 1 isoliert auf diese Arbeitsverhältnisse keine Anwendung, vielmehr setzt diese Vorschrift die Geltung des Kündigungsschutzgesetzes voraus, da es allein um die soziale Rechtfertigung der Kündigungen aus betriebsbedingten Gründen geht. Damit Abs. 2 bezogen auf die Feststellung nach § 126 Abs. 1 S. 1 einen eigenständigen Sinn bekommt, muss man die Bestimmung jedoch so in § 126 Abs. 1 hineinlesen, dass der Insolvenzverwalter hinsichtlich der Arbeitnehmer, die nicht dem Kündigungsschutzgesetz unterliegen, die Feststellung beantragen kann, dass die Kündigung nicht wegen des Betriebsübergangs erfolgt.[126] Die positive Beweislast trifft den Arbeitnehmer (vgl. → Rn. 42), denn trotz des Untersuchungsgrundsatzes finden auch im Beschlussverfahren die Beweislastgrundsätze Anwendung (→ § 126 Rn. 35). 46

Wird dem Feststellungsantrag des Insolvenzverwalters stattgegeben, gilt die **Bindungswirkung** des § 127 Abs. 1 S. 1 in einem Kündigungsschutzverfahren, mit dem der Arbeitnehmer die Feststellung begehrt, dass das Arbeitsverhältnis nicht aufgelöst ist. Der Arbeitnehmer ist dann in der Frage des Betriebsübergangs als Beweggrund der Kündigung präjudiziert. 47

Wird umgekehrt der **Antrag des Verwalters in der Sache abgewiesen,** ist das genaue Gegenteil festgestellt (→ § 127 Rn. 10). Ein Kündigungsschutzverfahren ist dann zugunsten des Arbeitnehmers präjudiziert. Hierin liegt ein besonderes Risiko für den Verwalter, wenn er das Feststellungsverfahren vor Ausspruch der Kündigungen einleitet, ohne zu wissen, welche Arbeitnehmer Kündigungsschutzklage erheben werden (→ § 126 Rn. 8).[127] 48

[125] *Caspers* Rn. 312; Jaeger/*Giesen* § 128 Rn. 16.

[126] *Caspers* Rn. 313; zustimmend KPB/*Moll* § 128 Rn. 107; aA Jaeger/*Giesen* § 128 Rn. 17.

[127] Zu den einzelnen Fallgruppen hinsichtlich der zeitlichen Koordinierung von Kündigung, Feststellungsverfahren und Betriebsübergang je nach Zeitpunkt der Kündigung vgl. ausführlich *Caspers* Rn. 316 ff.

Dritter Abschnitt. Insolvenzanfechtung

Vorbemerkungen vor §§ 129 bis 147

Schrifttum: *Allgayer,* Rechtsfolgen und Wirkungen der Gläubigeranfechtung, 2000; *Arts,* Die subjektiven Voraussetzungen der Insolvenzanfechtung, Diss. Heidelberg 2016; *Bartels,* Insolvenzanfechtung und Leistungen Dritter, Diss. Bielefeld 2015; *Beisel/Klumpp,* Der Unternehmenskauf, 7. Aufl., 2015; *Beissenhirtz,* Die Insolvenzanfechtung in Deutschland und England, 2003; *Bindseil,* Die Absichtsanfechtung außerhalb und innerhalb des Konkurses im Verhältnis zu den §§ 138 Abs. 1, 823, 826 BGB, Diss. Heidelberg 1965; *Blank,* Insolvenzanfechtung gegenüber Arbeitnehmern, Diss. Saarbrücken 2016; *Blomeyer,* Zivilprozeßrecht Vollstreckungsverfahren, 1975; *Bork,* Handbuch des Insolvenzanfechtungsrechts, 2006; *Bork/Gehrlein,* Aktuelle Probleme der Insolvenzanfechtung, 14. Aufl., RWS-Skript 82, 2017; *Bredemeyer,* Die Insolvenzanfechtung im systematischen Kontext zivilrechtlicher Rückgewährhaftung, Diss. Dresden 2010; *Bruski,* Die Voraussetzungen der Konkursanfechtung, Diss. Bonn 1990; *von Campe,* Insolvenzanfechtung in Deutschland und Frankreich, 1995; *Cosack,* Das Anfechtungsrecht der Gläubiger eines zahlungsunfähigen Schuldners innerhalb und außerhalb des Konkurses nach deutschem Reichsrecht, 1884; *Crome,* System des Bürgerlichen Rechts, Band 1, 1900; *Dauernheim,* Das Anfechtungsrecht in der Insolvenz, 1999; *Diem,* Die Voraussetzungen der Gläubigeranfechtung nach schweizerischem und deutschen Recht, 1987; *Doebert,* Die Insolvenzanfechtung von Lohnzahlungen, Diss. Hamburg 2015; *Eckardt,* Die Anfechtungsklage wegen Gläubigerbenachteiligung, 1994; *Eckert,* Probleme der Bestimmung des für die Insolvenzanfechtung relevanten Zeitpunkts nach § 140 InsO, 2003; *Eichberger,* Die besondere Konkursanfechtung, Diss. Regensburg 1990; *H. Emmerich,* Die Sanierung, 1930; *Emmrich,* Das Firmenrecht im Konkurs, 1992; *Fuchs,* Der Sozialplan nach dem Betriebsverfassungsgesetz 1972, 1977; *Freudenberg,* Zwangsvollstreckung in Persönlichkeitsrechte, Diss. Dresden 2005; *Galperin/Löwisch,* Kommentar zum Betriebsverfassungsgesetz, 6. Aufl., 1982; *Gehrlein,* Unternehmensinsolvenz in der Rechtsprechung des BGH, 2. Aufl., 2016; *Gerhardt,* Die systematische Einordnung der Gläubigeranfechtung, 1969; *Germann,* Die Anfechtung von Unterlassungen nach dem Anfechtungsgesetz und der Konkursordnung, Diss. Würzburg 1968; *Gernhuber/Coester-Waltjen,* Lehrbuch des Familienrechts, 6. Aufl., 2010; *Glunz,* Vertragliche Regelungen des Abfindungsanspruchs bei der Offenen Handelsgesellschaft in den Fällen des Ausscheidens unter Lebenden, Diss. Münster 1963; *Godbersen,* Das Verhältnis der §§ 138 Abs. 1, 826 BGB zu den Vorschriften über die Gläubigeranfechtung innerhalb und außerhalb des Konkurses, besonders im Hinblick auf die Behandlung der Sicherungsübertragungen, Diss. Göttingen 1968; *Goldschmidt,* Zivilprozeßrecht, 2. Aufl., 1932; *Grunsky,* Das Arbeitsverhältnis im Konkurs- und Vergleichsverfahren, RWS-Skript 86, 3. Aufl., 1994; *Grunwald,* Sittenwidrigkeit, Rechtswidrigkeit und dolus malus, Diss. Göttingen 1974; *Güther,* Die Insolvenzanfechtung der Deckung von Altverbindlichkeiten, 2006; *Hallermann,* Die Risiken einer Insolvenzanfechtung für den Käufer eines Unternehmens, 2007; *Hannich,* Die Pfändungsbeschränkung des § 852 ZPO, Diss. Bielefeld 1998; *Hassold,* Zur Leistung im Dreipersonenverhältnis, 1981; *Heckelmann,* Abfindungsklauseln in Gesellschaftsverträgen, 1973; *Heile,* Die Anweisung im Konkurs des Anweisenden, 1976; *Heim,* Schenkungsanfechtung bei Auszahlungen im verdeckten Schneeballsystem, 2011; *Hellmann,* Lehrbuch des deutschen Konkursrechts, 1907; *Hellwig,* Verträge auf Leistung an Dritte, 1899; *Hellwig,* System des deutschen Zivilprozeßrechts, 1. Teil, 1912; *Hiebert,* Der Lastschriftwiderspruch im Insolvenzverfahren, 2010; *Holzapfel,* Ehegattenschenkungen und Gläubigerschutz, 1979; *Huber,* Anfechtungsgesetz, 11. Aufl., München 2016; *Huth,* Kreditsicherungsrecht im Lichte der neuen Insolvenzordnung, 2000; *Jaeger,* Gläubigeranfechtung, 2. Aufl., 1938; *Jaeger,* Lehrbuch des Deutschen Konkursrechts, 8. Aufl., 1932; *Kamlah,* Die Anfechtung in der Insolvenz von Unternehmen, dargestellt am deutschen und englischen Recht, 1995; *Kaven,* Das Recht des Sozialplans, 1977; *Kayser,* Höchstrichterliche Rechtsprechung zum Insolvenzrecht, 6. Aufl., 2012; *Kipp/Coing,* Erbrecht, 14. Bearbeitung, 1990; *Köhler,* Lastschriftverfahren in der Insolvenz des Schuldners, 2010; *Knospe,* Die Insolvenzanfechtung von Sozialversicherungsbeiträgen im Spannungsfeld zwischen öffentlichem und Privatrecht, Diss. Regensburg 2014; *König,* Die Anfechtung nach der Konkursordnung, 4. Aufl., 2009; *Koss,* Zur Wirkung der Anfechtung nach der Insolvenzrechtsreform, 2001; *Koziol,* Grundlagen und Streitfragen der Gläubigeranfechtung, 1991; *Krauthausen,* Die Insolvenzanfechtung von Lohn- und Gehaltszahlungen, Diss. Mainz 2016; *Kuder,* Die Zahlstelle in der Insolvenz des Lastschriftschuldners im Einzugsermächtigungsverfahren, 2006; *Lange,* Voraussetzungen und Wirkungen der Konkursanfechtung, Diss. Bonn 1973; *Mauer,* Der Anfechtungsprozess, 2000; *Menkhaus,* Kreditsicherung beim Dokumenteninkasso, 1984; *Mesch,* Die Rechtsnatur der Gläubigeranfechtung innerhalb und außerhalb des Konkurses, 1993; *Mitlehner,* Mobiliarsicherheiten im Insolvenzverfahren, 4. Aufl., 2016; *Ohl,* Der Sozialplan, 1977; *Prölss/Martin,* Versicherungsvertragsgesetz, 30. Aufl., 2018; *Raschke,* Funktion und Abgrenzung des Bargeschäftstatbestandes in § 142 InsO, Diss. Hamburg 1999; *Rebmann,* Die Anfechtung von Zwangsvollstreckungsmaßnahmen nach § 131 InsO und die Vollstreckungssperren (u. a. § 88 InsO), Diss. Tübingen 2003; *Reutershan,* Die Insolvenz des Lastschriftschuldners im Einzugsermächtigungsverfahren, 2011; *Rutkowsky,* Rechtsnatur und Wirkungsweise der Gläubigeranfechtung, Diss. Bonn 1969; *Schäfer,* Insolvenzanfechtung anhand von Rechtsprechungsbeispielen, 4. Aufl., 2013; *Schlosser,* Sittenwidrigkeit der Sicherungsübereignung infolge Schuldnerknebelung und Gläubigergefährdung, Diss. Köln 1959; *Schlüter,* Die konkursrechtliche Behandlung der Sozialplanansprüche und der Ausgleichsansprüche nach § 113 BetrVG, 1977; *Schulte,* Zum Anwendungsverständnis der Absichtsanfechtung, Diss. Frankfurt a. M. 1984; *Seetzen,* Der Verzicht im Immaterialgüterrecht, 1969; *Stengel,* Energielieferungsverträge in der Kundeninsolvenz, 2010; *Thole,* Gläubigerschutz durch Insolvenzrecht, 2010; *Tipke/Kruse,* Abgabenordnung, Kommentar, Stand 2018; *Ulrich,* Vertragsgestaltung im Hinblick auf die drohende Insolvenzanfechtung, 2009; *Wagner,* Insolvenzordnung, 1998; *Westermann,* Interessenkollisionen und ihre richterliche Wertung bei den Sicherungsrechten an Fahrnis und Forderungen, Schriftenreihe der Juristischen Studiengesellschaft Karlsruhe, Heft 11, 1954; *Wichmann,* Der Arbeitnehmer, Lehrling und Pensionär im Konkurs- und Vergleichsverfahren des Arbeitgebers, 1965; *Wiringer-Seiler,* Das Anfechtungsrecht im Konkurs, 1988; *Wischemeyer,* Die Insolvenzanfechtung der Rückführung debitorischer Konten durch Einstellung von Gutschriften in der Krise, Diss. Berlin 2001; *Zeuner,* Die Anfechtung in der Insolvenz, 2. Aufl., 2007.

Übersicht

I. Aufgabe und Bedeutung der Insolvenzanfechtung

Der Grundsatz gleichmäßiger Gläubigerbefriedigung gilt unmittelbar erst im Insolvenzverfahren. Dann sind gegen ihn verstoßende Maßnahmen des Schuldners oder einzelner Gläubiger nach Maßgabe der §§ 80 bis 82, 89, 91 sowie 96 Abs. 1 Nr. 1 und 2 unwirksam. Dieser dinglich wirkende Schutz der Insolvenzmasse kann gemäß § 21 weitgehend auf die Zeit ab Stellung des Eröffnungsantrags vorverlegt werden. 1

Vieljährige Erfahrungen haben jedoch gezeigt, dass bereits lange vor Stellung eines Insolvenzantrags einzelne Gläubiger, die enge Beziehungen zum Schuldner unterhalten oder über dessen wirtschaftliche Verhältnisse besonders gut unterrichtet sind oder ihre Interessen außergewöhnlich hart durchsetzen, wegen ihrer Forderungen noch voll oder wenigstens in erheblichem Maße befriedigt werden, während die meisten Gläubiger nach der späteren Insolvenz nahezu leer ausgehen. Eine solche Besserstellung Einzelner soll vermieden werden, soweit sie nicht nach den gesamten Umständen als gerechtfertigt empfunden wird. Deshalb begründen die §§ 129 ff. die Möglichkeit, unter bestimmten Voraussetzungen Verringerungen des Schuldnervermögens rückgängig zu machen, die 2 vor Eröffnung des Insolvenzverfahrens erfolgt sind. Der Bestand des allen Gläubigern haftenden Schuldnervermögens soll durch die Anfechtung möglichst wieder hergestellt werden;[1] auch sollen Verbindlichkeiten, die der Schuldner in demselben Zeitraum in missbilligenswerter Weise eingegangen ist, die den Gläubigern zur Verfügung stehende Insolvenzmasse nicht schmälern. Deren Schutz wird also in abgeschwächter Form zeitlich vorverlegt.[2]

3 Die Anfechtung soll zugleich ein wichtiges Mittel sein, um die Insolvenzmasse wieder anzureichern und damit den Verfahrenszweck insgesamt zu fördern.[3]

4 Die Grenzen der Anfechtungsmöglichkeit iE hat der Gesetzgeber auf Grund einer Abwägung der berechtigten Interessen sämtlicher Beteiligten gezogen, wobei einschränkend der Gedanke der Rechtssicherheit und der Schutz des Vertrauens eines gutgläubigen Leistungsempfängers in die formal noch bestehende Privatautonomie des Schuldners und damit in die Rechtsbeständigkeit des Erwerbs berücksichtigt sind.[4] Andernfalls würde die Kreditversorgung der Wirtschaft gefährdet.[5] Die Anfechtungstatbestände sind wegen ihres Zwecks nicht abdingbar; nur über die Rechtsfolgen sind Vereinbarungen mit dem Anfechtenden zulässig → § 129 Rn. 196.

II. Rechtstatsachen

5 Nach einer im Jahr 1975 durchgeführten rechtssoziologischen Untersuchung wurde während der Geltung der Konkursordnung von der Anfechtungsmöglichkeit verhältnismäßig selten Gebrauch gemacht. Statistisch wurde nur in jedem vierten bis fünften Konkurs eine Anfechtungsklage erhoben.[6] Von 69 Prozessen wurden lediglich neun erfolgreich durch Urteil und 18 durch Vergleich beendet. Als Gründe für die Zurückhaltung der Verwalter wurden vor allem genannt: Beweisschwierigkeiten (57%), fehlende finanzielle Mittel (38%) und zu kurze Fristen (3%).[7]

6 Diesen Hinderungsgründen sollte durch die neu gestaltete Insolvenzanfechtung → Rn. 8 und die erleichterte Möglichkeit, Insolvenzverwaltern Prozesskostenhilfe zu bewilligen,[8] entgegengewirkt werden. Praktisch bedeutsam wird die Anfechtungsmöglichkeit zudem als Druckmittel in vorprozessualen Verhandlungen des Insolvenzverwalters mit potentiellen Anfechtungsgegnern.

III. Entwicklung des Rechts der Insolvenzanfechtung

7 Die §§ 29 bis 42 KO sahen eine Konkursanfechtung vor, deren Systematik und Regelungsgehalt im Kern bereits der jetzigen Insolvenzanfechtung entsprach.[9] Eine Kurzfassung mit weitgehend vergleichbarem Inhalt wurde auch in § 10 GesO aufgenommen, während es in Verfahren nach der Vergleichsordnung keine Anfechtung gab, solange nicht Anschlusskonkurs eröffnet wurde. Im Rahmen des neuen, einheitlichen Insolvenzverfahrens konnte und sollte diese Einschränkung nicht mehr aufrechterhalten werden.[10] Das erscheint insoweit sachgerecht, als das jetzige Verfahren – insbesondere durch einen Insolvenzplan – mit der Sanierung des Schuldners selbst enden kann: Sogar in diesem Fall kommt das durch die Anfechtung zurückgeholte (frühere) Schuldnervermögen bestimmungsgemäß der Gläubigergesamtheit in Form eines höheren Erlöses zugute, während die Anfechtungsschuldner nur ihre unberechtigte Besserstellung verlieren.[11]

8 Zudem wurde die Konkursanfechtung zuletzt als zu wenig wirksam empfunden.[12] Der Gesetzgeber hat deshalb verschiedene Einzelregelungen verschärft, vor allem durch Verlängerung von Anfechtungsfristen, daneben durch Einschränkung subjektiver Voraussetzungen und Einführung von

---

1 RegE S. 156; vgl. BGHZ 58, 240 (242 f.) = NJW 1972, 870 (871); → Rn. 31.

2 Vgl. BGHZ 59, 230 (232) = NJW 1972, 2084; BGHZ 174, 228 (238) = NJW 2008, 655 ff.; *Canaris* FS 100 Jahre KO, 1997, 78 f.; *Häsemeyer* Rn. 21.02 ff.

3 RegE S. 82 (85); BGHZ 15, 333 (337) = NJW 1955, 259 (260); Gottwald/*Huber* InsO-HdB § 46 Rn. 3.

4 RegE S. 82; KPB/*Bork* Vor § 129 Rn. 2.

5 Vgl. 1. KommBer. S. 400.

6 *Gessner/Rhode/Strate/Ziegert* S. 38.

7 *Gessner/Rhode/Strate/Ziegert* S. 215.

8 Vgl. BGHZ 119, 372 (376 f.) = NJW 1993, 135 (136 f.); BGH NJW 1991, 40 (41); BGH NJW 1994, 3170 (3171); OLG Naumburg ZIP 1994, 383 (384); OLG Hamm ZIP 1995, 758 f.; OLG München ZIP 1996, 512 f. mwN; OLG Stuttgart ZIP 1996, 1670 f. mwN; OLG Düsseldorf InVo 1997, 17 mwN; OLG Frankfurt ZIP 1997, 1660 f.; einschränkend BGHZ 138, 188 (190 ff.).

9 Zur Entstehungsgeschichte der Normen auch über die Konkursanfechtung vgl. *Gerhardt* Gläubigeranfechtung S. 94 ff.

10 RegE S. 74, 82, 156.

11 *Biehl* KTS 1999, 313 f.; *v. Campe* S. 21 f.; *Koss* S. 147 ff.; kritisch KPB/*Bork* Vor § 129 Rn. 39.

12 1. KommBer. S. 21 ff., 399 f.; *Gerhardt* ZIP 1985, 582 ff.; *Uhlenbruck* BB 1984, 1949 (1956 f.).

Beweiserleichterungen.[13] Hierin lag ein Schwerpunkt der gesamten Insolvenzrechtsreform[14] sowie ein Ausgleich für den – durch Art. 33 Nr. 16 EGInsO verwirklichten – Wegfall der Haftung des Vermögensübernehmers gemäß § 419 BGB aF.[15]

Der Gesetzgeber hat aber nicht etwa nur einseitig das Ziel verfolgt, das Anfechtungsrecht zu verschärfen, sondern insgesamt einen angemessenen Ausgleich zwischen den Interessen der Insolvenzgläubiger und der Drittbeteiligten angestrebt. Bei einzelnen Anfechtungsvoraussetzungen (§ 140 Abs. 2 und 3) und -folgen (§ 143 Abs. 1 Satz 2) wurde eine als zu streng empfundene frühere Auslegung gesetzlich abgemildert. Vorschläge des BR, die auf eine noch wirksamere Ausgestaltung des Anfechtungsrechts in zwei Einzelpunkten abzielten,[16] wurden nicht aufgegriffen. Im Gegenteil, der BTag hat die im RegE vorgesehene Einschränkung subjektiver Voraussetzungen lediglich teilw. verwirklicht.[17] 9

Der Umstand, wonach die Insolvenzanfechtung nur eine punktuell verbesserte Fassung der früheren Konkursanfechtung sein soll, rechtfertigt es, Rspr. und Rechtslehre zu den unverändert gebliebenen Grundlagen und Teilbereichen des Anfechtungsrechts weiter zu berücksichtigen. 10

Im Gesetz über die Verkürzung des Restschuldbefreiungsverfahrens und zur Stärkung der Gläubigerrechte[18] wurde in dem neu eingeführten § 300a Abs. 1 Satz 2 klargestellt, dass Anfechtungsansprüche trotz vorzeitig erteilter Restschuldbefreiung im weiter laufenden Verfahren durch den Insolvenzverwalter zu Gunsten der Gläubiger durchgesetzt und eingezogen werden können, da es sich insofern nicht um einen dem Schuldner künftig verbleibenden Neuerwerb handelt. 10a

Im Ergebnis einer seit Herbst 2013 intensiv geführten Diskussion über existenzbedrohende Risiken langer Anfechtungszeiträume für kleinere Unternehmen, Dauergläubiger und Arbeitnehmer sowie der Behauptung, wonach ein ausufernder Anwendungsbereich der insolvenzrechtlichen Vorsatzanfechtung die Unternehmenspraxis lähme,[19] wurde unter dem 16.3.2015 ein RefE[20] und am 29.9.2015 der RegE[21] eines Reformgesetzes vorgelegt.[22] Der RefE sah zum einen die Modifikation der Vorsatzanfechtung nach § 133 Abs. 1 durch Einführung des Kriteriums der „Unangemessenheit" einer Benachteiligung vor, welche durch Fallgruppen konkretisiert wurde. Zum anderen sollten Rechtshandlungen im Rahmen des § 131 anfechtungsfrei werden, soweit der Gläubiger die Sicherung oder Befriedigung durch Zwangsvollstreckung auf der Grundlage eines in einem gerichtlichen Verfahren erlangten vollstreckbaren Titels erwirkt hat. Der RegE verzichtete zwar auf das Merkmal der „Unangemessenheit", enthielt jedoch die Beschränkung auf Titel aus gerichtlichen Verfahren nicht mehr, was zu einer Privilegierung der „Selbsttitulierer" geführt hätte. Das vom BTag am 16.2.2017 beschlossene **Gesetz zur Verbesserung der Rechtssicherheit bei Anfechtungen nach der Insolvenzordnung und nach dem Anfechtungsgesetz**[23] verzichtet nach Kritik aus vielen Richtungen hierauf, begrenzt allerdings die Vorsatzanfechtung bei kongruenten Sicherungen oder Befriedigungen auf vier Jahre (§ 133 Abs. 2), knüpft für kongruente Deckungen nicht mehr an die drohende, sondern an die eingetretene Zahlungsunfähigkeit an (§ 133 Abs. 3 Satz 1) und nimmt Ratenzahlungsvereinbarungen oder sonstige Zahlungserleichterungen als Vermutungsgrundlage aus (§ 133 Abs. 3 Satz 2). Der bisherige § 133 Abs. 2 wird § 133 Abs. 4. Bargeschäfte sind künftig nur noch anfechtbar, soweit beim Anfechtungsgegner zusätzlich Kenntnis von einem unlauteren Handeln des Schuldners bestand (§ 142 Abs. 1); die Unmittelbarkeit des Leistungsaustauschs wird in § 142 Abs. 2 Satz 1 unter Einbeziehung der Art der ausgetauschten Leistungen und unter Berücksichtigung der Gepflogenheiten des Geschäftsverkehrs legaldefiniert und innerhalb von Arbeitsverhältnissen auf drei Monate verlängert (§ 142 Abs. 2 Satz 2). Zudem wird die Gewährung des Arbeitsentgeltes durch einen Dritten der Gewährung durch den Schuldner gleichgestellt, sofern für den Arbeitnehmer die Leistung des Dritten nicht erkennbar war (§ 142 Abs. 2 Satz 3). Der anfechtungsrechtliche Rückgewähranspruch in Geld ist schließlich erst nach Vorliegen der Verzugsvoraussetzungen zu verzinsen und darüber hinausgehende Ansprüche auf Herausgabe von Nutzungen sind ausgeschlossen (§ 143 Abs. 1 Satz 3).[24] 10b

13 RegE S. 156 f.
14 RegE S. 82.
15 RegE S. 82, 157.
16 BR-Stellungnahme Nr. 24 und 25 S. 253 f.
17 Vgl. §§ 130 Abs. 2, 131 Abs. 2 Satz 1, 137 Abs. 2 Satz 2.
18 BGBl. 2013 I 2379.
19 Positionspapier von BDI und ZDH zur Reform des Anfechtungsrechts vom 14.10.2013, ZInsO 2013, 2312.
20 ZIP Beil. 12/2015, 1 (3).
21 BT-Drs. 18/7054, 16; abgedr. in ZInsO 2015, 2073 (2081).
22 Vgl. ausführlich zu den Reformbemühungen *Berner* ZInsO 2015, 2457 ff.
23 BGBl. 2017 I 654, am 5.4.2017 in Kraft getreten.
24 Umfassend *Thole* ZIP 2017, 401 ff.

IV. Rechtsnatur der Insolvenzanfechtung

11 Die Rechtsnatur der Anfechtung innerhalb wie außerhalb eines Insolvenzverfahrens – also auch gemäß dem Anfechtungsgesetz – ist seit über einem Jahrhundert umstritten.

12 **1. Darstellung der unterschiedlichen Ansichten.** Die unterschiedlichen Ansichten, die hierzu während der Geltung der §§ 29 ff. KO entwickelt worden sind, können in drei Hauptgruppen eingeteilt werden.[25]

13 **a) Dinglichkeitstheorien.** Diese gehen davon aus, dass das der Anfechtung unterliegende Vollzugsgeschäft fehlerhaft, also der Erwerb des Anfechtungsgegners dinglich unwirksam sei. Hinsichtlich der Voraussetzungen iE sind zwei Untergruppen von Theorien zu unterscheiden:

14 Nach einer Auffassung löst erst die Anfechtungs**erklärung** Rechtswirkungen aus. Sie hat rückwirkend rechtsgestaltende Kraft, vergleichbar derjenigen gemäß § 142 Abs. 1 BGB.[26]

15 Die zweite Gruppe von Meinungen geht von einer bereits mit der Vornahme der benachteiligenden Rechtshandlung unmittelbar kraft Gesetzes eintretenden Unwirksamkeit aus. Das anfechtbar weggegebene Vermögen steht danach dem Vollstreckungszugriff des Verwalters – für die Insolvenzgläubiger – offen; dessen Vorgehen schafft nur die prozessualen Voraussetzungen für die Vollstreckungserweiterung zugunsten der Insolvenzgläubiger.[27]

16 Neuerdings wird offengelassen, ob die Anfechtungserklärung rechtsgestaltende Kraft habe. Gemäß dieser Ansicht tritt jedenfalls nach erfolgter Anfechtung – die durch außerprozessuale Erklärung analog § 143 BGB möglich sei[28] – Unwirksamkeit für und gegen jedermann ein, allerdings nur in dem Umfang, der durch das Befriedigungsinteresse der Gläubiger geboten ist.[29]

17 **b) Schuldrechtliche Theorie.** Danach begründet die Verwirklichung eines Anfechtungstatbestandes einen rein obligatorisch wirkenden Anspruch gegen den Anfechtungsgegner auf Rückgewähr des Empfangenen in das Vermögen des Schuldners.[30] Der Anspruch ist Bestandteil eines eigenständig geregelten gesetzlichen Schuldverhältnisses[31] und entsteht ohne weiteres bereits mit der Verwirklichung eines Anfechtungstatbestandes sowie der Eröffnung des Insolvenzverfahrens.[32] Teilw. werden die Grundlagen bereicherungsrechtlich eingeordnet.[33]

17a Jener Theorie ist früher auch der BGH in ständiger Rspr. gefolgt.[34] Jedoch können einzelne Entscheidungen aus den letzten Jahren – insbesondere zur Wirkung der Anfechtung in der Insolvenz des Anfechtungsgegners → Rn. 23 – damit nur schwer in Einklang gebracht werden;[35] diese Ergebnisse entsprechen denjenigen der haftungsrechtlichen Theorien.

---

[25] Ausführliche Übersichten bei *Gerhardt* Gläubigeranfechtung S. 1 ff.; Nerlich/Römermann/*Nerlich* InsO § 129 Rn. 6 ff.; *Rutkowsky* S. 18 ff.

[26] *Hellwig* ZZP 26 (1899), 474 (478); *Hellwig* DJZ 1905, 249 ff.; *Hellmann* S. 347 (353); zu § 10 GesO auch *Zeuner* Gesamtvollstreckungsordnung der fünf neuen Bundesländer, 1992, 191 ff.; dagegen BGH ZIP 2000, 932 (933).

[27] *Geib* AcP 113 (1915), 335 (362 f.); *Goldschmidt* S. 328; *Lippmann* IherJb 36 (1896), 145 (147 ff.); *Lenhart* ZZP 38 (1909), 165 (167 ff.); *Schulin* LZ 1922, 601 ff.

[28] *Marotzke* KTS 1987, 569 (585).

[29] Trotz der letztgenannten Einschränkung geht die Unwirksamkeit hiernach über eine bloß haftungsrechtliche iS der Auffassungen → Rn. 18 hinaus, vgl. *Marotzke* KTS 1987, 569 (595 f.).

[30] BGHZ 22, 128 (134) = NJW 1957, 137 (138); BGH NJW 1962, 1200 (1201 f.); BGH WM 1970, 756; BGHZ 59, 353 (356) = NJW 1973, 100 (101); BFHE 92, 293 (295); OLG Posen OLGR 25, 327 (328); AGR/*Gehrlein* § 129 Rn. 4; *Baur/Stürner* Insolvenzrecht/II Rn. 18.12, 18.19; FKInsO/*Dauernheim* § 129 Rn. 9; *Jaeger* KuT 1929, 147; *Jauernig/Berger* ZwangsVollstrR § 51 Rn. 10; *Mesch* S. 102 f.; *Serick* Bd. III § 32 I 3 S. 142; für die Insolvenzanfechtung – im Gegensatz zur Einzelgläubigeranfechtung – auch *Lent* ZZP 70 (1957), 401 (422); *Rutkowsky* S. 144; *Hess* FS Fuchs, 1996, 79 (94); *Koss* S. 161 ff.; wohl auch *Haas/Müller* ZIP 2003, 49 (51 f.); modifizierend *Sieber* S. 228 ff.

[31] BGHZ 101, 286 (288) = NJW 1987, 2821 (2822); *de Boor/Erkel* § 32 I 5 S. 198; *Cosack* S. 24; *Jaeger* Lehrbuch S. 152 f.; dagegen *Allgayer* Rn. 514.

[32] BGHZ 15, 333 (337) = NJW 1955, 259 (260); BGHZ 101, 286 (288) = NJW 1987, 2821 (2822); RGZ 58, 44 (47); RG LZ 1907, 837 (839); RGZ 133, 46 (48); Gottwald/*Huber*, InsO-HdB, § 52 Rn. 2. Nach *Bötticher* FS Dölle, 1963, 41 (50), schafft erst der Urteilsausspruch gestaltend den Anfechtungsanspruch.

[33] *v. Caemmerer* FS Rabel, 1954, 333 (367 f.).

[34] BGHZ 15, 333 (337) = NJW 1955, 259 (260); BGHZ 59, 353 (356) = NJW 1973, 100 (101); BGHZ 101, 286 (288) = NJW 1987, 2821 (2822); BGH NJW 1990, 990 (992); zum AnfG BGHZ 130, 314 (327 f.) = NJW 1995, 2846 (2849).

[35] BGHZ 156, 350 (358 ff.) = NJW 2004, 214 (216); BGHZ 155, 199 (202 ff.) = NJW 2003, 3345 (3346 f.); offengelassen von BGH NZI 2017, 712 (713) = ZIP 2017, 1336 (1338); ferner der Hinweis auf eine „haftungsrechtliche Unwirksamkeit" in BGH ZIP 1996, 1475 (1476); missverständlich BGH NJW-RR 2007, 121 f.

c) Haftungsrechtliche Theorien. Diese sind zuletzt entwickelt worden. Sie gehen davon aus, dass das Anfechtungsrecht – nur – die Minderung der Haftungssumme beim Schuldner ausgleichen soll und deshalb allein haftungsrechtlich sowie zugunsten der Gläubiger zur Unwirksamkeit anfechtbarer Rechtshandlungen führt; dagegen soll die angestrebte Änderung der Rechtszuständigkeit und Vermögenszuordnung uneingeschränkt wirksam bleiben. Die haftungsrechtliche Unwirksamkeit besteht danach ohne weiteres und bedarf keines schuldrechtlichen Anspruchs auf Wiederbegründung der früheren Haftungsmasse.[36] 18

Teilw. wird die so verstandene haftungsrechtliche Unwirksamkeit bereicherungsrechtlich als Ausdruck einer Eingriffskondiktion[37] oder einer Folgenbeseitigungspflicht[38] aufgefasst. Andere nehmen für die Schenkungsanfechtung eine nur eingeschränkt „dingliche" Wirkung an.[39] 19

2. Praktische Bedeutung. Der Theorienstreit wirkt sich vor allem auf die Art der Begründung allgemein als richtig hingenommener Ergebnisse aus. Jedoch wird auch die Lösung insbesondere folgender praktischer Probleme davon beeinflusst:[40] 20

a) Akzessorische Sicherheiten für eine anfechtbar erlassene Schuld. Nach den Dinglichkeitslehren und den haftungsrechtlichen Theorien bestehen die Sicherheiten zugunsten des Anfechtenden grundsätzlich fort,[41] während sie nach der schuldrechtlichen Theorie neu zu begründen sind,[42] notfalls an späterer Rangstelle. Letzteres ist jedenfalls im Ergebnis nicht richtig, soweit nicht Publizitätserfordernisse bestehen oder Dritte eigene Rechte unanfechtbar erlangt haben.[43] 21

b) Sicherung des Anfechtungsanspruchs. Umstritten ist sie insbesondere bei anfechtbaren Grundstücksveräußerungen: Da nach den Dinglichkeitslehren die Veräußerung unwirksam ist, kommt folgerichtig ein Widerspruch gemäß § 899 BGB in Betracht.[44] Demgegenüber gewähren schuld- und haftungsrechtliche Theorien für den Insolvenzfall – nur insoweit übereinstimmend – die Vormerkung zur Sicherung des Rückgewähranspruchs.[45] Dies trifft zu → § 143 Rn. 31 → § 146 Rn. 44. 22

c) Anfechtungsrecht in der Insolvenz des Anfechtungsgegners. In ihr und ebenso gegenüber Vollstreckungsmaßnahmen seiner Eigengläubiger in den anfechtbar erlangten Gegenstand sind die Rechtsfolgen umstritten: Nach den schuldrechtlichen Theorien besteht lediglich ein obligatorischer Verschaffungsanspruch, der eine bloße Insolvenzforderung begründet[46] und folgerichtig kein Drittwiderspruchsrecht zu stützen vermag.[47] Dagegen gewähren die Dinglichkeits- und haftungsrechtliche Theorien dem anfechtenden Insolvenzverwalter – nur insoweit meist übereinstimmend – ein Aussonderungsrecht in der Insolvenz des Anfechtungsgegners und die Drittwiderspruchsklage gemäß § 771 ZPO gegenüber Einzelvollstreckungen bei diesem.[48] Letzteres erscheint zutr. → Rn. 39 → § 143 Rn. 20a → § 145 Rn. 21 → § 145 Rn. 30. 23

---

36 *Biehl* KTS 1999, 313 (317 ff.); *Blomeyer* Vollstreckungsverfahren § 29 V 5 S. 102 f.; *Henckel* JuS 1985, 836 (842); *Koziol* S. 45 ff.; *G. Paulus* AcP 155 (1956), 277 (300 ff., 323 ff.); *K. Schmidt* JuS 1970, 545 (548), *ders.* JZ 1987, 889 (890); Uhlenbruck/*Borries/Hirte* § 129 Rn. 7 ff.; *Wacke* ZZP 83 (1970), 418 (422 ff.).

37 *Gerhardt* Gläubigeranfechtung S. 177 ff., 284 f.

38 *Raebel* FS Ganter, 2010, 339 ff.

39 *Costede/Kaehler* ZZP 84 (1971), 395 (412 ff.).

40 Vgl. den Überblick bei *Gerhardt* Gläubigeranfechtung S. 17 ff.; *Allgayer* Rn. 266 ff., 363 ff., 449 ff.

41 Vgl. auf der Grundlage der Dinglichkeitslehre *Hellwig* ZZP 26 (1899), 474 (476 ff.); für die haftungsrechtlichen Theorien *G. Paulus* AcP 155 (1956), 309; *Gerhardt* Gläubigeranfechtung S. 20 ff., 328.

42 Vgl. *Cosack* S. 255; *Jaeger/Lent* KO § 37 Rn. 13.

43 → Rn. 33 f. → Rn. 39; → § 143 Rn. 47; aA AGR/*Gehrlein* § 129 Rn. 4, wonach dem § 767 BGB die Anfechtungseinrede entgegenstehen soll.

44 *Crome* S. 355; *Voß* IherJb 51 (1907), 413 (460).

45 Vgl. auf der Grundlage der schuldrechtlichen Theorie *Jauernig/Berger* ZwangsVollstrR § 51 Rn. 21; für die haftungsrechtlichen Theorien *G. Paulus* AcP 155 (1956), 277 (335); AGR/*Gehrlein* § 129 Rn. 4; *Gerhardt* Gläubigeranfechtung S. 28 ff., 332.

46 RGZ 13, 5 (6); für § 7 (jetzt § 11) AnfG aF auch BGHZ 71, 296 (302) = NJW 1978, 1525 (1526).

47 BGH NJW 1990, 990 (992); *Baur/Stürner* Insolvenzrecht/II Rn. 20.19; *Jaeger* LZ 1908, 611 f.; *Oertmann* ZZP 33 (1904), 1 (3); *Rutkowsky* S. 171; aM RGZ 30, 394 (397); RGZ 40, 371 (372); RG JW 1895, 202 Nr. 15; RG LZ 1908, 609 ff.; RG JW 1910, 114 Nr. 18; *Haas/Müller* ZIP 2003, 49 (52 ff.).

48 Offengelassen von BGH NZI 2017, 712 (713) = ZIP 2017, 1336 (1338); vgl. auf der Grundlage der Dinglichkeitslehren *Hellmann* S. 365, 377; *Hellwig* Verträge S. 381; für die haftungsrechtlichen Theorien *Blomeyer* Vollstreckungsverfahren § 29 VI 4 S. 104 f.; *Gerhardt* Gläubigeranfechtung S. 34 ff., 334 ff.; *Henckel* JuS 1985, 836 (842); *G. Paulus* AcP 155 (1956), 277 (336 ff.) und FS Nipperdey, 1965, Bd. I, 909 (931, 936); *K. Schmidt* JZ 1990, 622 f.; zweifelnd aber *Eckardt* KTS 2005, 15 (31 ff.); für die schuldrechtliche Theorie *Jauernig/Berger* ZwangsVollstrR § 51 Rn. 12.

24 **d) Prozessuale Auswirkungen der Anfechtungsklage.** Nach den Dinglichkeitslehren begründet die Anfechtungsklage die Streitbefangenheit des zurück zu gewährenden Gegenstandes iSd §§ 265, 325 Abs. 1 ZPO.[49] Der schuldrechtlichen Theorie zufolge kann eine solche Wirkung nicht eintreten, weil nur ein obligatorisch wirkender Verschaffungsanspruch eingeklagt wird.[50] Aber auch Vertreter der haftungsrechtlichen Theorien lehnen die Streitbefangenheit ab, weil die haftungsrechtliche Unwirksamkeit lediglich Vorfrage für den Rückgewähranspruch sei.[51] Dieses Ergebnis trifft zu → § 146 Rn. 42.

25 **e) Schuldner einer anfechtbar abgetretenen Forderung.** Hat deren Drittschuldner sie an den neuen Gläubiger erfüllt, ist umstritten, ob dieser als Rechtsnachfolger des Abtretenden (Insolvenzschuldners) iSv § 145 Abs. 2 gegenüber dem anfechtenden Verwalter haftet. Anhänger der Dinglichkeitslehren nehmen eine Einzelrechtsnachfolge an, weil eine erfolgreiche Anfechtung im Verhältnis zum Neugläubiger rückwirkend dessen Empfangsberechtigung auch mit Wirkung gegenüber dem Leistenden vernichte.[52] Die Vertreter der schuldrechtlichen Theorie verneinen eine Rechtsnachfolge, weil diese durch einen bloß obligatorisch wirkenden Rückgewähranspruch nicht hergestellt werden könne.[53] Befürworter der haftungsrechtlichen Theorien kommen zu unterschiedlichen Ergebnissen, je nachdem, ob sie vorrangig der anfechtungsrechtlichen Haftung eine pfandrechtsähnliche Wirkung beimessen[54] oder stärker das Surrogationsprinzip als Voraussetzung einer Rechtsnachfolge betonen.[55] Eine Rechtsnachfolge sollte in derartigen Fällen abgelehnt werden.[56]

26 **3. Stellungnahme. a) Keine allgemeinen dinglichen Wirkungen der Anfechtung.** In der Insolvenzordnung fehlen sämtliche Formulierungen, aus denen zuvor eine dingliche Wirkung der Anfechtung abgeleitet wurde. Die Dinglichkeitslehren stützen sich vor allem auf die Fassung des früheren § 29 KO, wonach Rechtshandlungen „als den Konkursgläubigern gegenüber unwirksam" angefochten werden konnten. Auf diese Worte hat der Gesetzgeber in § 129 bewusst verzichtet, um nicht das Missverständnis einer relativen Unwirksamkeit entstehen zu lassen.[57] Dieser Wille des Gesetzgebers ist, wie ein Vergleich mit der Fassung der §§ 81 Abs. 1 Satz 1, 88 und 91 Abs. 1 zeigt, im Gesetz zum Ausdruck gekommen und daher verbindlich.

27 Mit einer automatisch eintretenden Unwirksamkeit → Rn. 15 wäre auch die amtliche Begründung zu § 88 nicht vereinbar; hiernach liegt ein Unterschied der Rückschlagsperre zur Insolvenzanfechtung gerade darin, dass für diese „eine Unwirksamkeit ipso iure … nicht vorgesehen" ist.[58] Gegen die Theorie, wonach das Anfechtungsbegehren nur die prozessuale Voraussetzung für eine erweiterte Zwangsvollstreckung aus Titeln der Insolvenzgläubiger unmittelbar gegen den Schuldner schaffe → Rn. 15, spricht ferner die Ausgestaltung des Anfechtungsrechts als materieller Anspruch gegen den Anfechtungsgegner in den §§ 143 und 146.[59]

28 Die Verwendung des Begriffs „Anfechtung" ist mehrdeutig. Einer Gleichstellung mit der Anfechtung nach §§ 142 f. BGB → Rn. 14 → Rn. 16 steht entgegen, dass § 146 als Folge der Anfechtung nur einen – der Verjährung unterliegenden – „Anfechtungsanspruch" gewährt.

29 Die Dinglichkeitslehren sind ferner nicht mit § 141 zu vereinbaren. Die dort genannten Vollstreckungstitel und Maßnahmen der Zwangsvollstreckung sind allgemein nicht allein deswegen ohne weiteres unwirksam, weil sie zu Zwecken erwirkt wurden, die rechtlich nicht als schutzwürdig gelten; zur Beseitigung bedarf es nach der prozessualen Systematik eines besonderen Ausspruchs der dafür speziell zuständigen Gerichte. Entsprechendes gilt für anfechtbare Rechtshandlungen in Erkenntnisverfahren, wie zB Anerkenntnisse oder bewusste Fristversäumnisse.[60]

30 Vor allem missachten die Dinglichkeitslehren die Gebote der Rechtssicherheit und des Vertrauensschutzes, wenn sie einen nach den Vorschriften des BGB einwandfreien Rechtserwerb ohne weiteres gegenüber jedermann für unwirksam erklären. Das könnte sich in vielfältiger Weise auch auf entferntere Rechtsbeziehungen zu nur mittelbar beteiligten Dritten auswirken und wäre durch

---

49 *Hellwig* Zivilprozessrecht § 129 II 3b S. 366.

50 *Oertmann* ZZP 33 (1904), 1 (6); *Wieczorek* § 265 Anm. B Ib 1; für § 7 (jetzt § 11) AnfG aF auch RGZ 103, 113 (121); OLG Stettin OLGRspr 4 (1902), 177 f.

51 Jaeger/*Henckel* § 143 Rn. 178; *Kilger/K. Schmidt* § 40 KO Anm. 9.

52 *Marotzke* KTS 1987, 569 (575 ff.); vgl. *Hellwig* Recht und Wirtschaft 1912, 84 (85).

53 *Jaeger* LZ 1914, 1065 (1075 f.); für § 11 (jetzt § 15) Abs. 2 AnfG auch BGHZ 100, 36 (40) = NJW 1987, 1703 (1704 f.); RGZ 61, 150 (152); RGZ 81, 41 (46).

54 Jaeger/*Henckel* § 143 Rn. 34; vgl. auch *Henckel* EWiR 1987, 427.

55 *Gerhardt* JR 1987, 415 (416).

56 → Rn. 39 → § 143 Rn. 36a → § 145 Rn. 18.

57 RegE S. 157 zu § 144.

58 RegE S. 137 zu § 99.

59 Vgl. auch *Gerhardt* Gläubigeranfechtung S. 154 f.

60 *Gerhardt* Gläubigeranfechtung S. 126 f.

den Schutzzweck der Insolvenzanfechtung weder geboten noch gerechtfertigt. Diese Theorien sind jedenfalls mit der Anfechtung nach der Insolvenzordnung nicht zu vereinbaren.

b) Haftungsrechtliche Ableitung. Im Ansatz überzeugt die Erklärung der Insolvenzanfechtung als ein haftungsrechtliches Instrument. Sie verwirklicht den Grundsatz, wonach das Vermögen des Schuldners für seine Pflichten haften soll. Sie begründet deshalb in der Person des Anfechtungsgegners eine Haftung für fremde Schuld, nämlich für die des Insolvenzschuldners, dessen Vermögen verkürzt wurde → Rn. 2. Die Haftung wird durch die Rückgewährpflicht nach § 143 Abs. 1 Satz 1 verwirklicht.[61] 31

Aus diesem Regelungsziel lassen sich aber keine Rückschlüsse auf eine einheitliche Rechtsnatur der Anfechtung ziehen, weil der Gesetzgeber die Haftung mit verschiedenen Mitteln durchsetzt.[62] 32

Insbesondere ginge es zu weit, eine potentiell gegen jedermann bestehende Unwirksamkeit anfechtbarer Rechtshandlungen – sei es auch nur für Zwecke des Insolvenzverfahrens – anzunehmen. Der Gesetzeswortlaut bietet keinen Anhaltspunkt für eine dingliche, pfandrechtsähnliche „Verhaftung" des Schuldnervermögens zugunsten der Insolvenzgläubiger, obwohl der Theorienstreit dem Gesetzgeber bekannt war.[63] Die Belastung einer in ihrem Bestand wechselnden Vermögensgesamtheit mit einer pfandrechtsähnlichen Haftung – vergleichbar den §§ 1120 ff. BGB –, die nicht in einem öffentlichen Register publiziert wird, ist dem deutschen Recht fremd.[64] Auch wären zur Rechtsklarheit und wegen des gebotenen Verkehrsschutzes für eine derartige allgemeine Wirkung gegenüber Dritten deutlichere Anhaltspunkte nötig → Rn. 30. Ferner fehlt für eine Gleichstellung des Empfängers der anfechtbaren Leistung mit einem Treuhänder[65] die Grundlage: Jener nimmt in aller Regel auch im Innenverhältnis bestimmungsgemäß allein eigene Interessen wahr; das widerspricht einer Treuhänderstellung. Im Ergebnis führte eine solche Ansicht – wie die Dinglichkeitslehren → Rn. 29 – dazu, den Interessen der Insolvenzmasse pauschal und unabhängig von den Voraussetzungen des § 145 Vorrang vor den Interessen auch solcher Dritter einzuräumen, die nach der allgemeinen Güterzuordnung (dinglich) berechtigt sind.[66] 33

Dagegen kann im Verhältnis zum Anfechtungsgegner selbst der haftungsrechtliche Ursprung der Anfechtung zu einer unmittelbaren Gestaltungswirkung führen. Das gilt insbesondere für die Rückgewähr im Fall einer anfechtbaren Schuldbegründung[67] oder für die rechtstechnische Begründung der Anfechtungseinrede nach § 146 Abs. 2 → Rn. 38. 34

c) Schuldrechtliche Ausgestaltung. Diese wird durch die Insolvenzordnung verstärkt. § 143 Abs. 1 Satz 1 bezeichnet – wie bereits § 37 Abs. 1 Satz 1 KO als wichtige Stütze der schuldrechtlichen Theorie – eine Rückgewährpflicht als vorrangige Rechtsfolge einer erfolgreichen Anfechtung. Der Umfang der Rückgewähr ist in § 143 Abs. 1 Satz 2 erstmals durch Verweisung auf § 819 Abs. 1 und § 818 Abs. 4 BGB festgelegt; eine umfassende Anwendung des Bereicherungsrechts ist andererseits nach wie vor nicht vorgesehen. Nach § 146 Abs. 1 und 2 verjährt „der Anfechtungsanspruch" gemäß den Vorschriften über die Verjährung zivilrechtlicher Forderungen; diese Verjährung ersetzt die frühere, spezielle Ausschlussfrist des § 41 Abs. 1 KO. 35

Jedoch schreibt § 96 Abs. 1 Nr. 3 der Anfechtbarkeit auch unmittelbar rechtsgestaltende Wirkungen zu, indem die Aufrechnung kraft Gesetzes erstmals ohne weiteres für unzulässig erklärt wird, soweit die Möglichkeit hierzu durch eine anfechtbare Handlung erlangt wurde. Ferner kann sich der Rückgewähranspruch nach § 143 Abs. 1 Satz 1 in der Insolvenz des Anfechtungsgegners sowie bei gegen ihn gerichteten Einzelzwangsvollstreckungen gegen den Zugriff der übrigen Gläubiger durchsetzen → Rn. 23 → Rn. 39. 36

d) Rechtsinstitut eigener Art. Das Anfechtungsrecht ist insgesamt gesetzlich zu eigenartig und vielschichtig ausgestaltet, als dass es uneingeschränkt von einer der dargestellten Theorien allein erfasst werden könnte.[68] Versuche, eine allgemeine Rechtsnatur der insolvenzrechtlichen Anfechtung aus den Einzelregelungen herauszuschälen und daraus allgemein weitere Folgen begrifflich abzulei- 37

---

61 *Reischl* Rn. 575.

62 Vgl. AGR/*Gehrlein* § 129 Rn. 4; KPB/*Bork* Vor § 129 Rn. 9; *Lent* ZZP 70 (1957), 401 (422); einschränkend auch *Allgayer* Rn. 730 f.; *Häsemeyer* Rn. 21.15; *Pollak* GrünhutsZ 40 (1914), 636 (639).

63 RegE S. 157 zu § 144; → Rn. 26.

64 *Eckardt* S. 46 ff.; *Gaul/Schilken/Becker-Eberhard* ZVR § 35 Rn. 19, 24; *Wacke* ZZP 83 (1970), 418 (426 ff.).

65 So *G. Paulus* AcP 155 (1956), 277 (332 f.).

66 Vgl. *Allgayer* Rn. 520 f.; *Baur/Stürner* Insolvenzrecht/II Rn. 18.19; zu einer Abtretung ablehnend auch BGH ZInsO 2006, 1217 (1218 f.); ergänzend → § 129 Rn. 196a.

67 *G. Paulus* AcP 155 (1956), 277 (333 f.); → § 143 Rn. 54.

68 Ebenso *Gaul/Schilken/Becker-Eberhard* ZVR § 35 Rn. 24 ff.; für das österreichische Recht *König* Rn. 2/8; vgl. auch HKInsO/*Thole* § 129 Rn. 89; *Allgayer* Rn. 734; *Sieber* S. 229 f. spricht vom „schuldrechtlichen Anspruch mit Besonderheiten".

ten, sind entweder mit der Gesetzesfassung nicht vollständig vereinbar oder führen nicht immer zu ausgewogenen und angemessenen Ergebnissen. Stattdessen sind auftretende Rechtsfragen, soweit ausdrückliche gesetzliche Regelungen fehlen, jeweils einzeln aus Systematik und Zweck des Anfechtungsrechts → Rn. 1 ff. heraus wertend zu beantworten.[69] Hierbei kann nicht allein aus dem Umstand, dass das Anfechtungsrecht als Ganzes tendenziell verschärft werden sollte, eine Verschärfung auch für jede Einzelheit abgeleitet werden → Rn. 9.

38 Die Haftung des Schuldnervermögens auf Grund Insolvenzanfechtung verwirklicht sich hauptsächlich in den Rechtsfolgen des § 143. Diese sind, wie diejenige des § 96 Abs. 1 Nr. 3, hinsichtlich sämtlicher Anfechtungsgründe einheitlich; lediglich für gutgläubige Empfänger unentgeltlicher Leistungen sieht § 143 Abs. 2 Satz 1 eine Begünstigung vor.[70] Eine grundsätzliche Trennung zwischen den verschiedenen Anfechtungsgründen rechtfertigt das nicht. In den meisten Fällen – nicht nur für die Folge des Wertersatzes – ist ein schuldrechtlicher Anspruch iSd § 194 Abs. 1 BGB das Mittel der Rückgewähr. Das gesetzliche Rechtsverhältnis eigener Art lässt aber, über § 96 Abs. 1 Nr. 3 hinaus, vor allem im Verhältnis zum unmittelbaren Leistungsempfänger auch andere Formen der Rückgewähr zu → Rn. 34. Insbesondere kann sie – je nach den objektiven Umständen und der Verwertungsentscheidung des Verwalters – gegebenenfalls zu leisten sein durch Verzicht des Erwerbers auf Rechte aus einer Zwangsvollstreckung, durch seine Duldung von Verwertungsmaßnahmen des Verwalters oder durch das Einverständnis mit anderen, zweckmäßig und zumutbar erscheinenden Mitteln des allgemeinen Vermögensrechts.[71] Als „Anfechtungsanspruch" iSd § 146 ist danach jedes konkrete Begehren zu verstehen, mit dem auf Grund einer Insolvenzanfechtung günstige Folgen für die Masse verwirklicht werden sollen. Er entsteht mit der Verwirklichung eines Anfechtungstatbestandes und der Insolvenzeröffnung unabhängig von einer Handlung des Verwalters → § 129 Rn. 186; die Verjährungsfrist begrenzt nur nach allgemeinen Regeln den Zeitraum, während dessen der „Anspruch" gegen den Willen des anderen Teils durchgesetzt werden kann.

39 Im Verhältnis zu Dritten kann das berechtigte Anliegen, die Anfechtung wirksamer zu gestalten, systemkonform durch eine weite Auslegung der Begriffe „Rechtsnachfolger" iSv § 145 Abs. 2 → § 145 Rn. 7 → § 145 Rn. 17 sowie „unentgeltlich" gemäß § 134 Abs. 1 und § 145 Abs. 2 Nr. 3 → § 134 Rn. 17 ff. → § 134 Rn. 21 → § 134 Rn. 40 ff. → § 145 Rn. 29 f. verwirklicht werden. Andererseits ist Dritten gegenüber zugleich die dem § 145 Abs. 2 zugrundeliegende gesetzliche Wertung zu beachten. Danach sollen Rechtsnachfolger des Empfängers der anfechtbaren Leistung den Insolvenzgläubigern nur haften, sofern auch in ihrer eigenen Person jeweils ein besonderer, dies rechtfertigender Umstand vorliegt.[72] Diese Interessenabwägung erscheint verallgemeinerungsfähig.[73] Sie schließt eine „dingliche" Wirkung der Anfechtung gegen Dritte außerhalb der – weit auszulegenden – Voraussetzungen der Rechtsnachfolge aus.[74]

V. Abgrenzung und Konkurrenzen

40 **1. Anfechtung nach BGB.** Die Insolvenzanfechtung unterscheidet sich grundlegend von der Anfechtung nach §§ 119 ff., 2078 f. BGB.[75] Diese ist ein Gestaltungsrecht. Dessen Ausübung vernichtet einseitig eine – nicht dem wirklichen Willen des Erklärenden entsprechende – Willenserklärung von Anfang an (§ 142 Abs. 1 BGB). Die insolvenzrechtliche Anfechtung ist dagegen ein Rechtsinstitut eigener Art, wodurch früheres Schuldnervermögen wieder der Masse zugeführt werden soll. Sie

---

[69] Ebenso BGHZ 155, 199 (203) = NJW 2003, 3345 (3346); BGHZ 156, 350 (359) = NJW 2004, 214 (216); HKInsO/*Thole* § 129 Rn. 85 aE; krit. *Gerhardt* ZIP 2004, 1675 (1677 f.).

[70] Damit ist der Versuch von *Costede/Kaehler* ZZP 84 (1971), 395 (412 ff.) nicht vereinbar, allgemein zwischen der Rechtsnatur der Schenkungsanfechtung einerseits und derjenigen der sonstigen Anfechtungsgründe andererseits zu unterscheiden. Auch *Bredemeyer* S. 128 ff. will zum „Schutz des redlichen Rückgewährschuldners" im Ergebnis § 143 InsO zugunsten allgemeiner zivilrechtlicher Vorschriften außer Kraft setzen.

[71] Vgl. *Häsemeyer* Rn. 21.13; *Kilger/K. Schmidt* § 29 KO Anm. 2a, 3. Stünden bspw. der Insolvenzmasse aus positiver Vertragsverletzung Schadensersatzansprüche zu, wenn nicht der Insolvenzschuldner eine abweichende Vereinbarung mit dem Schadensersatzpflichtigen abgeschlossen hätte, so kann der Insolvenzverwalter auf Grund einer erfolgreichen Anfechtung dieser Vereinbarung sogleich den Schadensersatz fordern; demgegenüber darf sich der Verpflichtete gemäß § 143 nicht auf die Vereinbarung berufen → § 143 Rn. 46 ff.

[72] → § 145 Rn. 1 → § 145 Rn. 24; Gottwald/*Huber*, InsO-HdB, § 51 Rn. 68 ff.; *Mesch* S. 118 ff.; aM *Allgayer* Rn. 531 f.

[73] Jaeger/*Henckel* § 143 Rn. 87 ff.; *G. Paulus* AcP 155 (1956), 277 (337 ff.); *K. Schmidt* JZ 1987, 889 (891 f.).

[74] Ebenso BGH ZInsO 2006, 1217 (1218 f.) zu einer Abtretung.

[75] → § 129 Rn. 134 f.; näher BGH ZInsO 2010, 2399; RG LZ 1907, 837 (838); OLG Schleswig ZIP 1987, 1331 (1332); *Baur/Stürner* Insolvenzrecht/II Rn. 18.8; HKInsO/*Thole* § 129 Rn. 85; *Jaeger* KuT 1929, 147; Nerlich/Römermann/*Nerlich* InsO § 129 Rn. 11.

lässt das zugrundeliegende Rechtsgeschäft in seinem Bestand unberührt[76] und bewirkt nur, dass daraus keine Rechte zum Nachteil der Masse verwirklicht werden können – insbesondere gemäß § 96 Abs. 1 Nr. 3 oder § 146 Abs. 2 – oder dass nach Maßgabe des § 143 zurückgewährt werden muss. Dem entspricht die jeweilige Art der Ausübung des Anfechtungsrechts. Entsprechendes gilt im Verhältnis zur gesellschaftsrechtlichen Anfechtbarkeit nach § 246 AktG.[77]

Der Verwalter ist nicht auf die insolvenzrechtliche Anfechtung beschränkt, sondern kann wahlweise gemäß § 80 Abs. 1 auch ein dem Schuldner nach dem BGB etwa zustehendes Anfechtungsrecht ausüben.[78] 41

2. Anfechtungsgesetz. Mit der Anfechtung nach dem Anfechtungsgesetz ist die Insolvenzanfechtung eng verwandt. Beide haben das Ziel, die gesetzliche Haftungsordnung zu verwirklichen. Die Insolvenzanfechtung dient aber der Gesamtheit der Gläubiger und ihrer Gleichbehandlung, während das Anfechtungsgesetz jedem einzelnen Gläubiger nützen soll.[79] Deshalb geht nach Eröffnung eines Insolvenzverfahrens die Insolvenzanfechtung nach Maßgabe der §§ 16 bis 18 AnfG der Einzelgläubigeranfechtung vor → § 129 Rn. 201 ff. Ferner können wegen des unterschiedlichen Zwecks die vor Insolvenzeröffnung entstandenen Anfechtungsansprüche einzelner Gläubiger nicht uneingeschränkt dem Insolvenzanfechtungsrecht gleichgesetzt werden.[80] 42

Die Anfechtungsvoraussetzungen der §§ 133 bis 135, 145 und 322 sind mit denen der §§ 3 bis 6 sowie 15 Abs. 1 und 2 AnfG identisch. Soweit die Anfechtungsvoraussetzungen und -folgen gleich sind, können die Ergebnisse von Rspr. und Rechtslehre zum Anfechtungsgesetz auch auf die Insolvenzanfechtung übertragen werden und umgekehrt.[81] Daher wurden mit Gesetz zur Verbesserung der Rechtssicherheit bei Anfechtungen nach der Insolvenzordnung und nach dem Anfechtungsgesetz[82] in §§ 3, 11 AnfG die gleichen Änderungen wie in §§ 133, 143 umgesetzt → Rn. 10b. So wird die Vorsatzanfechtung bei kongruenten Sicherungen oder Befriedigungen ebenfalls auf vier Jahre begrenzt (§ 3 Abs. 2 AnfG), für kongruente Deckungen wird nicht mehr an die drohende, sondern die eingetretene Zahlungsunfähigkeit angeknüpft (§ 3 Abs. 3 Satz 1 AnfG) und Ratenzahlungsvereinbarungen oder sonstige Zahlungserleichterungen werden als Vermutungsgrundlage ausgenommen (§ 3 Abs. 3 Satz 2 AnfG). Der bisherige § 3 Abs. 2 AnfG wird § 3 Abs. 4 AnfG. Der anfechtungsrechtliche Rückgewähranspruch in Geld ist schließlich ebenfalls erst nach Vorliegen der Verzugsvoraussetzungen zu verzinsen und darüber hinausgehende Ansprüche auf Herausgabe von Nutzungen sind ausgeschlossen (§ 11 Abs. 1 Satz 3 AnfG). Der Anwendungsbereich der §§ 130 bis 132 geht jedoch über den des Anfechtungsgesetzes hinaus, weil diese Anfechtungsgründe gezielt an einen Antrag auf Eröffnung des Insolvenzverfahrens anknüpfen. Auch die nach § 143 möglichen Rechtsfolgen sind wegen des gemeinschaftlichen Interesses sämtlicher Gläubiger umfassender als die des § 11 AnfG. Wird das Insolvenzverfahren über das Vermögen des Schuldners eröffnet, geht die Insolvenzanfechtung nach Maßgabe der §§ 16 bis 18 AnfG vor → § 129 Rn. 201 ff. 43

3. Anfechtung von AGB-Klauseln. Soweit vorformulierte Vereinbarungen anfechtbar sein könnten, bleiben die §§ 305 bis 310 BGB uneingeschränkt anwendbar, weil die Verwendung allgemeiner Geschäftsbedingungen ein Umstand von selbstständiger Bedeutung ist.[83] Im Rahmen einer Inhaltskontrolle gemäß § 307 BGB kann auch eine gerade für den Insolvenzfall vorgesehene Benachteiligung berücksichtigt werden. Lösungsklauseln für den Insolvenzfall → Rn. 48 können an § 308 Nr. 3 BGB scheitern. Gegebenenfalls ist auf der Grundlage des § 306 BGB zu prüfen, ob eine objektive Gläubigerbenachteiligung als Voraussetzung der Insolvenzanfechtung → § 129 Rn. 100 ff. bestehen bleibt. 44

4. § 134 BGB. Die §§ 129 ff. sind keine Verbotsgesetze iSd § 134 BGB.[84] Diese Norm ordnet Nichtigkeit nur für den Fall an, dass sich nichts anderes aus dem Gesetz ergibt. Die §§ 143 f. legen aber für den Regelfall weniger einschneidende Rechtsfolgen einer Insolvenzanfechtung fest und 45

---

76 → Rn. 26 → Rn. 29 f. → Rn. 33 → § 143 Rn. 3 → § 143 Rn. 24 → § 143 Rn. 26.

77 Vgl. KPB/*Bork* Vor § 129 Rn. 14; Uhlenbruck/*Borries/Hirte* § 129 Rn. 54.

78 Vgl. *Baumann* § 11 III 1a S. 136; *Baur/Stürner* Insolvenzrecht/II Rn. 18.9; Gottwald/*Huber*, InsO-HdB, § 46 Rn. 8; Jaeger/*Henckel* § 129 Rn. 265; Uhlenbruck/*Borries/Hirte* § 129 Rn. 50; wegen der Auswirkungen einer solchen Anfechtung auf die für jede Insolvenzanfechtung vorauszusetzende Gläubigerbenachteiligung → § 129 Rn. 134 f.

79 Nerlich/Römermann/*Nerlich* InsO § 129 Rn. 15.

80 BGH NJW 1995, 2783 (2784); dazu kritisch *Henckel* JZ 1996, 531 (532).

81 AGR/*Gehrlein* § 129 Rn. 6.

82 BGBl. 2017 I 654, in Kraft getreten am 5.4.2017.

83 KPB/*Bork* Vor § 129 Rn. 20.

84 AGR/*Gehrlein* § 129 Rn. 11.

setzen diese auf selbstständige Weise durch. Daher ist ein Rechtsgeschäft regelmäßig nicht allein deswegen nichtig, weil ein Anfechtungstatbestand erfüllt ist.[85] Überschneidungen können jedoch insbesondere mit folgenden möglichen Verbotsgesetzen auftreten:

46 **a) StGB-Normen.** § 134 BGB greift auch dann nicht ein, soweit die anfechtbare Handlung des Schuldners zugleich den Tatbestand der Gläubigerbegünstigung iSd § 283c StGB erfüllt.[86] Diese Norm richtet sich einseitig gegen den Schuldner; die Mitwirkungshandlung des Gläubigers geht nicht über diejenige nach § 131 Abs. 1 Nr. 2 hinaus. Aus gleichartigen Gründen kann § 283 Abs. 1 Nr. 1 StGB keine Nichtigkeit von Rechtsgeschäften begründen, durch die Vermögensbestandteile des Schuldners an einen Dritten „beiseite geschafft" werden. Denn dessen Teilnahme verwirklicht regelmäßig allenfalls den Tatbestand des § 133 Abs. 1. Dasselbe gilt für Verstöße gegen § 288 StGB, falls der Schuldner erst später insolvent wird.[87]

47 Verwirklicht die anfechtbare Handlung daneben andere Straftatbestände – zB gemäß §§ 246, 266 oder 267 StGB –, so kann § 134 BGB nach allgemeinen Regeln anwendbar sein.

48 **b) § 119.** Als anfechtbare Handlung kommt ua die Vereinbarung einer Klausel in Betracht, die dem Schuldner gerade für den Insolvenzfall Vermögensnachteile auferlegt → § 133 Rn. 28 f. Solche Vereinbarungen können tatsächlich oder rechtlich zugleich das Wahlrecht des Insolvenzverwalters nach §§ 103 ff. beeinträchtigen. Die Anwendung dieser Bestimmungen ist gemäß § 119 nicht im Voraus wirksam auszuschließen oder zu beschränken. Soweit diese Norm eingreift, kann eine objektive Gläubigerbenachteiligung als Anfechtungsvoraussetzung fehlen.[88] Fraglich ist aber die Anwendbarkeit des § 119 insbesondere auf Vereinbarungen, die eine Vertragsauflösung oder -umgestaltung bereits im unmittelbaren Vorfeld einer Insolvenz oder als direkte Folge der Verfahrenseröffnung selbst ermöglichen, also formal ein Wahlrecht des Verwalters gar nicht erst entstehen lassen → § 119 Rn. 19 f. Außerhalb des Anwendungsbereichs jener Bestimmung bleibt jedenfalls die Insolvenzanfechtung nach allgemeinen Regeln möglich, soweit ein Gläubiger sich für den Fall der Insolvenz unangemessene Vermögensvorteile sichert.

49 Vor Inkrafttreten des § 119 ist teilw. eine Anwendung des § 134 BGB auf die Begründung von Sicherungsrechten unter der aufschiebenden Bedingung eines Insolvenzeintritts befürwortet worden, weil diese Norm allgemein das Gebot zur Gleichbehandlung sämtlicher Gläubiger im Insolvenzfall schütze.[89] Das geht für den Regelfall zu weit.[90] Das Gleichbehandlungsgebot wird für die Zeit vor Insolvenzeröffnung speziell und normalerweise abschließend durch die §§ 88, 129 ff. sowie für die Zeit danach durch die §§ 80 ff., 89 ff. verwirklicht → Rn. 1 f. Gläubigerbenachteiligende Vereinbarungen der bezeichneten Art können nach §§ 130, 132 oder § 133 Abs. 1 bis 3 anfechtbar sein.[91] Eine allgemeine Nichtigkeit iSd § 134 BGB ist damit nicht vereinbar. Wenn besonders erschwerende Umstände hinzutreten, kommt zusätzlich eine Anwendung – nur – des § 138 Abs. 1 BGB in Betracht → Rn. 54.

50 **5. § 138 BGB.** Im Verhältnis zu § 138 Abs. 1 BGB[92] sind die §§ 129 ff., soweit sie reichen, die spezielleren Normen. Da sie andere, meist weniger einschneidende Rechtsfolgen vorsehen, kann

---

85 BGH NJW-RR 1987, 1401; BGH ZIP 1997, 1180 (1181); BGH ZInsO 2006, 1217 (1218); RGZ 69, 143 (146); RG KuT 1940, 40 (41); BFHE 92, 293 (295); KPB/*Bork* Vor § 129 Rn. 18; MüKoBGB/*Armbrüster* § 134 Rn. 3; Nerlich/Römermann/*Nerlich* InsO § 129 Rn. 12; RGRK/*Krüger-Nieland/Zöller* BGB § 134 Rn. 39; Soergel/*Hefermehl* BGB § 134 Rn. 88; Uhlenbruck/*Borries/Hirte* § 129 Rn. 39; zum AnfG auch BGH WM 1958, 168 (171); BGH WM 1958, 1278 f.; BGH WM 1968, 1057 f.; BGH NJW 1973, 513; BGH NJW 1993, 2041 f.; BGH NJW-RR 2005, 1361 (1362).

86 Erman/*Arnold* BGB § 134 Rn. 68; Jaeger/*Henckel* § 129 Rn. 251; zu § 241 KO auch BGH WM 1963, 526 (527); RGZ 56, 229 (230); *Rutkowsky* S. 17 f.; *Bindseil* S. 74 f.; Soergel/*Hefermehl* BGB § 134 Rn. 87; das übersah RGZ 74, 224 (226).

87 Vgl. RG LZ 1917, 257 (258); ergänzend → Rn. 87; zum Verhältnis des § 288 StGB zum AnfG auch BGH NJW 1993, 2041 f.; BGH ZIP 1996, 1475; BGH JW 2000, 1259 (1263). Dieses Konkurrenzverhältnis wurde nicht erkannt von BGH NJW-RR 1991, 467; OLG Schleswig SchlHA 1957, 96 f.

88 KPB/*Bork* Vor § 129 Rn. 19; → § 129 Rn. 134.

89 RGSt 63, 78 (79); *Weber* in Anm. AP § 29 KO Nr. 1 unter 2b; *Kuhn/Uhlenbruck* § 43 Rn. 8c, 37 aE; *Kilger/K. Schmidt* § 43 KO Anm. 11a; nur hypothetisch und ohne rechtliche Einordnung RGZ 92, 105 (109); offengelassen in RGZ 133, 234 (242 f.); ergänzend → § 133 Rn. 28.

90 Jaeger/*Henckel* § 140 Rn. 51; *Höfer/Kemper* DB 1979, 2371 (2373 f.); *Gerhardt* FS Lüke, 1997, 121 (126 f.); offengelassen von BAG AP § 30 KO Nr. 4; anders noch BGH Urt. v. 10.3.1981 – 1 StR 539/80; LKStGB/*Tiedemann* § 283c Rn. 16, 23.

91 → Rn. 77 → § 133 Rn. 28 → § 140 Rn. 52; BGH NJW 1993, 1640 (1641); BGH NJW 1994, 449 (450 f.).

92 § 138 Abs. 2 BGB wird wegen seiner besonderen Voraussetzungen durch die Anfechtungsregeln nicht berührt.

ein Rechtgeschäft nicht allein deshalb wegen Sittenwidrigkeit nichtig sein, weil es einen Anfechtungstatbestand erfüllt[93] oder nicht einmal voll erfüllt.[94]

Zwar wird teilw. angenommen, die Verwirklichung insbesondere des Tatbestands der Absichtsanfechtung nach § 133 stelle regelmäßig zugleich eine sittenwidrige Handlung dar.[95] Einigkeit besteht jedoch darin, dass dies für sich nicht mehr als die Rechtsfolgen der Anfechtbarkeit auslöst.[96] Bedeutung hat der Meinungsstreit deshalb bisher allein für eine Anwendung des § 817 BGB gewonnen.[97] Richtigerweise ist davon auszugehen, dass das Unwerturteil der Sittenwidrigkeit für ein seinem Inhalt nach an sich erlaubtes Rechtsgeschäft eine umfassende Würdigung seines Gesamtcharakters voraussetzt.[98] Danach mag zwar eine absichtliche Gläubigerbenachteiligung in Einzelfällen als sittenwidrig erscheinen. Eine allgemeine Regel lässt sich hieraus allerdings nicht aufstellen, weil zum einen für eine Anfechtung nach § 133 sogar bedingter Vorsatz ausreicht. Zum anderen können Vermögenszuwendungen, bei denen die Gläubigerbenachteiligung nur billigend in Kauf genommen wird, auf Grund der weiteren Umstände – insbesondere der verfolgten, anerkennenswerten Beweggründe – im Einzelfall als nicht sittenwidrig erscheinen.[99] Einer darauf gestützten Anfechtung steht § 817 Satz 2 BGB nicht entgegen.[100] 51

Für die Abgrenzung zwischen Anfechtbarkeit und Nichtigkeit gilt iE: 52

a) Rechtsgeschäfte. § 138 BGB betrifft nur „Rechtsgeschäfte". Demgegenüber ist der Umfang der nach § 129 anfechtbaren „Rechtshandlungen" weiter → § 129 Rn. 21 ff. Deshalb sind insbesondere anfechtbare Unterlassungen des Schuldners, Besitzübertragungen oder Vollstreckungsmaßnahmen von Gläubigern nicht an § 138 BGB zu messen. 53

b) Erschwerende Umstände. Ein Rechtsgeschäft, das seiner Struktur nach unter einen Anfechtungstatbestand fallen kann, ist gemäß § 138 Abs. 1 BGB nur nichtig, sofern – über den Tatbestand der Anfechtungsnorm hinaus – zusätzliche Umstände von hinreichendem Gewicht vorliegen, die das Rechtsgeschäft insgesamt als sittenwidrig erscheinen lassen.[101] Derartige Umstände sind für eine Sittenwidrigkeit auch nötig, wenn der Anfechtungstatbestand iE nicht einmal voll erfüllt, zB der Benachteiligungsvorsatz des Schuldners oder die Kenntnis des Anfechtungsgegners davon (§ 133 Abs. 1 bis 3) nicht festzustellen ist. Die den Anfechtungsnormen und ihrer Sperrwirkung zugrunde liegende Wertung des Gesetzgebers darf nicht dadurch unterlaufen werden, dass ein weniger gewichtiger Fall vergleichbar schwere oder sogar einschneidendere Rechtsfolgen auslöst.[102] Anders verhält es sich, soweit das zu beurteilende Rechtsgeschäft wenigstens eine wesentliche Anfechtungsvoraussetzung begrifflich nicht erfüllen kann,[103] zB weil es unpfändbares Vermögen betrifft → § 129 Rn. 84. 54

---

93 BGH WM 1963, 526 (527); BGH WM 1965, 84 (86); BGHZ 56, 339 (355); BGH NJW-RR 1987, 1401; BGH NJW 1993, 1640 (1641); RGZ 56, 229 (230); RGZ 69, 143 (146 f.); RG JW 1912, 854 Nr. 5; RG KuT 1940, 40 (41); BAG AP § 30 KO Nr. 4; BAG NZI 2007, 58 (61); BFHE 92, 293 (295); LAG Berlin ZInsO 2005, 1063 (1064); AGR/*Gehrlein* § 129 Rn. 12; *Barkhausen* NJW 1955, 1272; *Bindseil* S. 54 ff.; *Godbersen* S. 8, 15; Nerlich/Römermann/*Nerlich* InsO § 129 Rn. 12; *Schulte* S. 73 f.; Uhlenbruck/*Borries/Hirte* § 129 Rn. 40.

94 RG LZ 1917, 257 (258); vgl. auch BGH JZ 1971, 24 (25); *Armbrüster* FS Canaris, 2007, 23 (41 f.); *Glunz* S. 200 f.

95 RG JW 1914, 834 f.; *Brandt* DR 1940, 542; *Glunz* S. 199; *Serick* Bd. III § 32 II 2 S. 152; aM RGZ 56, 229 (230 f.); RG DR 1940, 541; *Bindseil* S. 48 f.

96 Vgl. BGH WM 1968, 1057 f.; BGHZ 60, 102 (104) = NJW 1973, 465 f.; BGH NJW-RR 2002, 1359 (1361 f.); RGZ 69, 143 (146 f.); RG JW 1912, 854 Nr. 5; RG LZ 1928, 1324 (1325); *Armbrüster* FS Canaris, 2007, 23 (28 ff.); KPB/*Bork* Vor § 129 Rn. 18.

97 Vgl. RG JW 1912, 854 Nr. 5; RG JW 1914, 834 (835); RG DR 1940, 541.

98 BGHZ 10, 228 (232) = NJW 1953, 1665; BGH NJW 1980, 445 (446); BGH NJW 1982, 1455; BGHZ 86, 82 (88) = NJW 1983, 1851 (1852); BGH NJW 1991, 353 (354); MüKoBGB/*Armbrüster* § 138 Rn. 30; Palandt/*Ellenberger* BGB § 138 Rn. 8; ergänzend → Rn. 55.

99 Vgl. BGH NJW 1994, 449 (451); RGZ 74, 224 (226); *Bindseil* S. 46 f.

100 OLG Celle ZInsO 2003, 803 (804); ergänzend → § 134 Rn. 45 → § 143 Rn. 10.

101 BGH WM 1968, 1057 f.; BGHZ 138, 291 (299 f.) = NJW 1998, 2592 (2594 f.); BGH WM 2002, 1186 (1187); BGH NJW 2018, 2412 (Ls.) = ZIP 2018, 1455 (1456 f.); RG WarnR 1929 Nr. 164; OLG Naumburg ZIP 2006, 716 (717); AGR/*Gehrlein* § 129 Rn. 12; HKInsO/*Thole* § 129 Rn. 28; *Kilger/K. Schmidt* § 29 KO Anm. 6; MüKoBGB/*Armbrüster* § 138 Rn. 6; RGRK/*Krüger-Nieland/Zöller* BGB § 138 Rn. 163; Soergel/*Hefermehl* BGB § 138 Rn. 67; zum AnfG auch BGH WM 1966, 584 (585); BGH NJW 1973, 513; BGH NJW-RR 1990, 142 (143 f.); BGH NJW 1990, 1356 (1357); BGH NJW 1993, 2041; BGH NJW-RR 2005, 1361 (1362); ergänzend → Rn. 50.

102 *Armbrüster* FS Canaris, 2007, 23 (41 f.); aM *Serick* Bd. III § 32 II 2 S. 153 f.

103 Vgl. BGH NJW 1993, 2041 (2042); RGZ 155, 327 (330) jeweils zum AnfG.

55 Ob zusätzliche Umstände die Sittenwidrigkeit begründen, ist jeweils auf Grund einer Gesamtabwägung – auch im Vergleich mit der Normalgestaltung einer anfechtbaren Handlung – zu beurteilen.[104] Dabei sind die eine Anfechtbarkeit begründenden Elemente, insbesondere ein Benachteiligungsvorsatz, mit zu berücksichtigen;[105] die Spezialität des Anfechtungsrechts geht nicht so weit, dass etwa Sittenwidrigkeit ausschließlich aus anfechtungsfremden Anhaltspunkten abgeleitet werden dürfte.[106] Unzuverlässig wäre eine Abgrenzung allein auf Grund einer – im Kern stets subjektiven – Bewertung der Anstößigkeit der inneren Einstellung der Beteiligten,[107] weil Anfechtbarkeit und Sittenwidrigkeit aus jeweils verschiedenen und nicht ohne weiteres vergleichbaren Umständen folgen können.

56 Nach allgemeinen Grundsätzen können insbesondere folgende Umstände – jeweils allein oder in Verbindung miteinander – den Ausschlag für Nichtigkeit geben:

a) Dass die verfolgten **Ziele** besonders sozialschädlich sind;
b) dass die eingesetzten **Mittel** besonders sozialschädlich sind;
c) dass der im Einzelfall in zurechenbarer Weise angerichtete **Schaden** außergewöhnlich breit angelegt oder hoch ist;
d) dass in **weitere** geschützte **Rechtsgüter** eingegriffen wird.

57 **aa) Besonders verwerfliche Ziele.** Diese können insbesondere vorliegen, sofern es dem Schuldner ausnahmsweise nicht in erster Linie darum geht, Vermögen für sich oder Nahestehende zu sichern, sondern vorrangig bestimmte Gläubiger zu schädigen. Dies wurde bspw. bei einem Schuldner angenommen, der jegliche Unterhaltsansprüche eines nahen Angehörigen vereiteln wollte, indem er planmäßig seine Erwerbstätigkeit aufgab und sein ganzes greifbares Vermögen einem mit der Sachlage vertrauten Dritten übertrug.[108] Nichtigkeit liegt auch vor, soweit ein Schuldner zur Schädigung seiner Gläubiger auf ein Patent verzichtet, weil er mit dieser Rechtszerstörung niemandem nutzen kann.[109]

58 Besonders verwerflich idS ist hingegen nicht bereits der normale Eigennutz von Schuldnern oder Gläubigern, dessen Auswirkungen gerade durch die Anfechtbarkeit beseitigt werden sollen;[110] das gilt selbst dann, wenn der Gläubiger erkennt, dass der wirtschaftliche Zusammenbruch des Schuldners – zum möglichen Schaden Dritter – unvermeidlich ist, falls der Gläubiger die ihm von Rechts wegen gebührende Leistung erhält.[111] Auch der Umstand, dass der benachteiligte Gläubiger ein naher Familienangehöriger des Schuldners ist, reicht allein nicht aus.[112] Ferner genügt es nicht bereits, dass sich zwar der Schuldner vorrangig von der Absicht leiten lässt, einen bestimmten Gläubiger zu schädigen, der Leistungsempfänger dies aber nicht erkennt;[113] dessen grobe Fahrlässigkeit schadet allein insoweit noch nicht, falls er seinerseits die Leistung zu beanspruchen hatte → Rn. 62.

59 **bb) Eingesetzte Mittel.** Verhältnismäßig am häufigsten sind die angewendeten Mittel verwerflich. Als solche kommen vor allem Täuschung oder planmäßiges Zusammenwirken mit Helfern in Betracht.[114]

---

104 Vgl. BGH WM 1958, 590 (591 f.); BGH WM 1958, 845 (846); BGH WM 1958, 1082 (1084); RGZ 143, 48 (52); RG KuT 1934, 178; ergänzend → Rn. 51.

105 Vgl. RGZ 170, 328 (332); OLG Celle LZ 1917, 290 f.

106 *Armbrüster* FS Canaris, 2007, 23 (31 f.); aM *Bindseil* S. 72 f., 83.

107 Ebenso *Bindseil* S. 82.

108 So jeweils zu § 826 BGB BGH LM § 826 [Ge] BGB Nr. 2; BGH LM § 826 [Gd] BGB Nr. 29; BGH WM 1964, 613 f.; BGH WM 1970, 404 f.; BGH ZInsO 2000, 497 (498); RGZ 74, 224 (229 f.); RGZ 155, 327 (329 f.); KG JW 1925, 1889 Nr. 2; KG JW 1931, 2578 f.; RGRK/*Steffen* BGB § 826 Rn. 60; krit. *Armbrüster* FS Canaris, 2007, 23 (33 f.). Die erforderliche Gesamtabwägung kann allerdings auch in derartigen Fällen zum Ergebnis führen, dass zusätzliche entlastende Umstände die Sittenwidrigkeit ausschließen, etwa wenn das übertragene Vermögen kaum noch Zugriffsmöglichkeiten bot, während mit dem wirtschaftlichen Neubeginn in der Person des Empfängers zugleich Altschulden getilgt werden sollten: BGH WM 1958, 168 (171); RG DR 1939, 1081 (1082 f.).

109 Vgl. Jaeger/*Henckel* § 129 Rn. 26; → § 129 Rn. 17.

110 So jeweils zu § 826 BGB BGH NJW 1988, 700 (703); RGRK/*Steffen* BGB Vor § 823 Rn. 45; vgl. auch BGH NJW 1955, 586; *Koller* JZ 1985, 1013 (1020).

111 BGH WM 1956, 1517; BGH NJW 1957, 587 (588); BGH WM 1959, 115 (116 f.); BGH WM 1959, 1419 (1420); *M. Obermüller* ZIP 1981, 352; vgl. auch BGH WM 1956, 597 f.; BGH WM 1958, 249 (251 f.); BGH NJW 1970, 657 (658); BGHZ 56, 339 (356); *Serick* Bd. III § 31 IV 1 S. 127 f.; ergänzend → Rn. 63 → Rn. 65.

112 BGH WM 1958, 1278 (1279).

113 AM *Rutkowsky* S. 15.

114 BGH NZM 2005, 433 f.; RG KuT 1934, 179 f.; Erman/*Wilhelmi* BGB § 826 Rn. 35; RGRK/*Steffen* BGB § 826 Rn. 104; Soergel/*Hönn* BGB § 826 Rn. 124 ff.

Eine sittenwidrige (einseitige) **Täuschung** ist insbesondere beim Kreditbetrug → Rn. 72 gegeben, aber auch dann, wenn bspw. ein Treuhandverhältnis ausschließlich zu Täuschungszwecken begründet wird.[115] **60**

Das **Zusammenwirken mit Dritten** ist sittenwidrig, sofern diese in bewusster und gewollter Abstimmung mit dem Schuldner Gegenstände seines Vermögens dem Vollstreckungszugriff von Gläubigern zu dem Zweck entziehen, sie wirtschaftlich dem Schuldner zu erhalten.[116] Dazu dienen vor allem Scheingeschäfte[117] oder die einvernehmliche Vortäuschung eines anderen Rechtsgrundes für die zur Gläubigerbenachteiligung ernsthaft gewollte treuhänderische Vermögensübertragung.[118] **61**

Sittenwidrige Mittel können auch von **Gläubigern** eingesetzt werden. Dies kommt bspw. in Betracht, wenn sich ein Gläubiger eine Aufrechnungslage erschleicht, indem er in Kenntnis der Zahlungsschwierigkeiten des Schuldners eine Verbindlichkeit diesem gegenüber eingeht, die im Innenverhältnis offensichtlich einem anderen Gläubiger gegenüber zu erfüllen ist, etwa indem bewusst eine unter Eigentumsvorbehalt stehende Sache gekauft wird.[119] Ein sittenwidriges Mittel setzt ein Gläubiger ferner ein, welcher – wie bei der vereinbarten Globalabtretung ohne Rücksicht auf branchenübliche verlängerte Eigentumsvorbehalte → Rn. 71 – den Schuldner planmäßig zum Vertragsbruch gegenüber Dritten verleitet,[120] oder welcher den Schuldner veranlasst, trotz Vorliegens eines Eröffnungsgrundes keinen Eröffnungsantrag zu stellen, damit die Frist für Anfechtungen insbesondere nach §§ 130 bis 132 verstreicht.[121] Das Zusammenwirken mehrerer gegen einen Dritten kann aus diesem Grund aber nur dann sittenwidrig sein, sofern alle Handelnden die Umstände kennen, welche das Unwerturteil begründen.[122] **62**

Dagegen sind folgende Umstände auf Seiten Dritter jeweils für sich allein im Allgemeinen nicht bedeutsam genug, um eine Nichtigkeit nach § 138 Abs. 1 BGB zu begründen: Dass der Erwerber der gesetzliche Vertreter des Schuldners ist und die Übertragung nicht offenlegte;[123] dass ein Gläubiger keinen Anspruch auf die ihm eingeräumten Sicherheiten hat, diese also inkongruent iSv § 131 sind,[124] oder dass er sie sich erst nachträglich gewähren lässt → Rn. 76; dass er mit einem normalen Umsatzgeschäft vorrangige Befriedigung durch Verrechnung erstrebt;[125] dass der durch die anfechtbare Handlung begünstigte Teil den Gläubigerbenachteiligungsvorsatz des Schuldners (§ 133) kennt;[126] dass der die Erfüllung oder Sicherung einer eigenen Forderung erstrebende Gläubiger seinerseits die vom Schuldner gewollte Benachteiligung anderer Gläubiger billigend in Kauf nimmt[127] oder den Schuldner zur anfechtbaren Handlung sogar anstiftet bzw. ihm dazu Beihilfe leistet.[128] Für die Abgrenzung der Mitwirkungshandlungen des Leistungsempfängers ist also wesentlich, ob er eigene schutzwürdige Interessen verfolgt oder vorrangig die Rechte Dritter vereiteln helfen will.[129] Ferner begründet der Umstand, dass statt des Schuldners ein Treuhänder einen Vermö- **63**

---

115 RG Gruchot 54 (1910), 162 (167) zu § 826 BGB; OLG Kiel SeuffA 70 (1915) Nr. 34.

116 BGH NJW 1972, 719 (721); BGHZ 130, 314 (331) = NJW 1995, 2846 (2850); BGH NJW 1996, 2231 (2232); BGH NJW 2000, 1259 (1263); BGH ZInsO 2005, 371 (372); RG WarnR 1920 Nr. 103, 132 f.; RG HRR 1928 Nr. 907; HKInsO/*Thole* § 129 Rn. 28, 95; RGRK/*Krüger-Nieland/Zöller* BGB § 138 Rn. 163; zu § 826 BGB auch BGH LM § 393 BGB Nr. 1; BGH WM 1964, 613 f.; BGH WM 1974, 99 (100 f.); OLG Celle LZ 1917, 290 (291); MüKoBGB/*Wagner* § 826 Rn. 148; RGRK/*Steffen* BGB § 826 Rn. 60, 89; Soergel/*Hönn* BGB § 826 Rn. 142; zur Abgrenzung gegenüber dem nur anfechtbaren Erwerb durch mittelbare Zuwendung → Rn. 63 aE.

117 Vgl. BGH NJW 1988, 902 (903); RG JW 1904, 499 (501); RG Recht 1906 Nr. 1080; OLG Kiel SeuffA 70 (1915) Nr. 34; *Ewald* AcP 120 (1922), 251 (254 f.).

118 Vgl. RG JW 1904, 499 (501); RG LZ 1908, 862 (863 f.); RG JW 1911, 650 (651); RGRK/*Steffen* BGB Vor § 823 Rn. 45.

119 BGH NJW 1957, 587 (588); BGH NJW 1965, 249 (250 f.); RG HRR 1935 Nr. 1587; RGRK/*Steffen* BGB § 826 Rn. 62.

120 Vgl. BGHZ 12, 308 (317 f.); BGHZ 32, 357 (360); BGH WM 1962, 906 (908); BGH NJW 1968, 1516 (1518); BGH NJW 1981, 2184 (2185); BGH NJW 1992, 2152 (2153); BGH NJW 1994, 128 (129); Erman/*Wilhelmi* BGB § 826 Rn. 28; *Esser* JZ 1968, 1156; MüKoBGB/*Wagner* § 826 Rn. 72; RGRK/*Steffen* BGB § 826 Rn. 60, 104.

121 BGHZ 162, 143 (156) = NJW 2005, 1121 (1124).

122 BGH BB 1952, 702; BGH WM 1968, 195 f.; RGZ 114, 338 (341); RGZ 160, 52 (58 f.).

123 Anders noch RG JW 1911, 650 (651 f.) zu § 826 BGB, die heutige Wirtschaftsordnung ist jedoch mit publizitätslosen Rechtsübertragungen besser vertraut → Rn. 68 ff.

124 RGRK/*Steffen* BGB Vor § 823 Rn. 45.

125 RGRK/*Steffen* BGB § 826 Rn. 62, 94.

126 BGHZ 56, 339 (355); BAG AP § 30 KO Nr. 4; BFHE 92, 293 (295); *Baur/Stürner* Insolvenzrecht/II Rn. 18.15; aM *Ortlieb* ArchBürgR 30 (1907), 32 (36).

127 Vgl. RG WarnR 1910 Nr. 20; ergänzend → Rn. 58 → Rn. 65.

128 Vgl. BGH WM 1956, 1517; BGH WM 1958, 249 (252); RGZ 56, 229 (230).

129 BGH WM 1966, 620 (621); vgl. auch RGZ 88, 361 (366) und zu § 826 BGB RG DR 1939, 1081 (1082 f.); OLG Rostock ZIP 2007, 1073 (1074).

gensgegenstand in mittelbarer Zuwendung → § 129 Rn. 68 erwirbt, nicht ohne weiteres eine Nichtigkeit;[130] entscheidend sind in diesem Fall die Beweggründe der Beteiligten.

64 **cc) Angerichteter Schaden.** Dieser kann zB über die normale Gläubigerbenachteiligung hinausgehen, wenn der Gläubiger als unterhaltsberechtigter Angehöriger des Schuldners durch die Vermögensverschiebung in tiefste existenzielle Not gestürzt wird.[131] Sittenwidrigkeit setzt allerdings in derartigen Fällen voraus, dass der Schuldner sich über diese Erkenntnis mindestens leichtfertig hinwegsetzt.[132]

65 Nichtigkeit wird aber nicht bereits dadurch ausgelöst, dass die übertragenen Rechtsgüter nahezu das gesamte Vermögen des Schuldners ausmachen;[133] dieser Umstand kann nur die Insolvenzreife des Schuldners anzeigen und deshalb Anlass zu besonderer Sorgfalt bieten.[134] Daran, dass der Einsatz des letzten Vermögens nicht ohne weiteres sittenwidrig ist, muss trotz Wegfalls des § 419 BGB aF festgehalten werden, weil sonst der mit dessen Aufhebung verfolgte Zweck vereitelt würde. Ein weitergehender Schaden tritt auch nicht ein, wenn ein Schuldner, in dessen Person ein Insolvenzgrund vorliegt, eine Rechtshandlung vornimmt, durch die andere Gläubiger leer ausgehen, sofern der Empfänger die Erfüllung oder Sicherung einer eigenen Forderung erstrebt; dann schadet sogar dessen Kenntnis der Insolvenzreife nicht.[135] Ebenso wenig ist es im Regelfall nichtig, wenn eine Sicherungsübertragung auch Produkte aus einem speziellen Erzeugungsvorgang erfasst, den ein anderer Gläubiger finanziert hat, ohne eine wirksame Sicherung zu begründen,[136] oder wenn ein Gläubiger einen notleidend gewordenen Kredit kündigt, obwohl dies erkennbar zur Insolvenz des Schuldners führt.[137]

66 **dd) Eingriff in weitere geschützte Rechtsgüter.** Ein solcher wurde angenommen bei einer Zuwendung, die nicht nur Unterhaltsansprüche der geschiedenen Ehefrau vereiteln, sondern zugleich die Erwerberin iW für geschlechtliche Hingabe belohnen sollte;[138] ferner beim bewussten Verstoß beider Vertragspartner mit einer gemäß § 133 anfechtbaren Darleheneinräumung gegen ein vom Bundesaufsichtsamt für das Kreditwesen nach § 46 Abs. 1 KWG angeordnetes Kreditgewährungsverbot.[139]

67 Dagegen beeinträchtigt die Tatsache, dass die im Einzelfall benachteiligten Gläubiger unterhaltsberechtigte nahe Familienangehörige des Schuldners sind, für sich noch nicht weitere Rechtsgüter.[140] Auch der Umstand, dass der Schuldner einer Insolvenzantragspflicht – zB gemäß § 15a Abs. 1 – unterliegt und dennoch an einen Gläubiger, der das Vorliegen des Eröffnungsgrundes kennt, auf dessen Verlangen Zahlungen leistet, wird von den Anfechtungsbestimmungen und den die Antragspflicht regelnde Norm abschließend erfasst.

68 **c) Publizitätslose Mobiliarsicherheiten.** Dieselben Abgrenzungskriterien → Rn. 54 ff. gelten für die anfechtbare Bestellung publizitätsloser Mobiliarsicherheiten.[141] Die früher teilw. vertretene Ansicht, der Gesetzgeber des Anfechtungsrechts habe die Entwicklung derartiger Sicherheiten

---

130 RG LZ 1910, 162 (164); vgl. auch RGZ 160, 52 (56 f.); Erman/*Schmidt-Räntsch* BGB § 138 Rn. 159.

131 Vgl. RG SeuffA 75 (1920) Nr. 86 aE.

132 Vgl. BGHZ 10, 228 (233) = NJW 1953, 1665 (1666); BGHZ 20, 43 (52) = NJW 1956, 706 (707); BGH WM 1966, 495 (496); BGH NJW 1990, 567 (568); Erman/*Schmidt-Räntsch* BGB § 138 Rn. 59 f.; Palandt/*Ellenberger* BGB § 138 Rn. 8; RGRK/*Krüger-Nieland/Zöller* BGB § 138 Rn. 31.

133 BGH WM 1958, 895 (896); BGH NJW-RR 1990, 142 (144); BGHZ 138, 291 (300) = NJW 1998, 2592 (2594 f.); BGH NJW 1984, 728; BGH NJW-RR 1987, 1401; *Flessa* NJW 1953, 84 (85); Staudinger/*Oechsler* BGB § 826 Rn. 338; ergänzend → Rn. 76.

134 BGHZ 20, 43 (52) = NJW 1956, 706 (707); BGH NJW 1955, 1272 (1273); BGH NJW 1956, 417 (418); *Johannsen* in LM § 138 BGB [Cb] Nr. 5; vgl. auch BGH NJW 1959, 1533 (1535); RG LZ 1931, 694 Nr. 4.

135 BGHZ 19, 12 (16) = NJW 1956, 337; BGH WM 1956, 283 (284); BGH WM 1964, 673; BGH WM 1965, 475; vgl. auch BGH NJW-RR 1987, 1401; BGH NJW 1988, 700 (703); BGH NJW-RR 1990, 142 (144); ergänzend → Rn. 58 → Rn. 63.

136 BGH WM 1960, 1223 f.; vgl. auch BGH WM 1956, 1517.

137 BGH WM 1956, 527 (529 f.); BGH WM 1956, 597 f.; vgl. auch BGHZ 90, 381 (399) = NJW 1984, 1893 (1900).

138 BGH NJW 1973, 513 f.

139 BGH NJW 1990, 1356 (1357).

140 BGH WM 1958, 1278 (1279); BGH WM 1968, 1057 (1058); BGH NJW 1973, 513; RG SeuffA 75 (1920) Nr. 86; RGRK/*Krüger-Nieland/Zöller* BGB § 138 Rn. 163 aE.

141 Vgl. RGRK/*Pikart* BGB § 930 Rn. 89, 94. *Godbersen* S. 143 f. will dies nur für § 826 BGB, nicht für § 138 BGB gelten lassen. Jedoch lässt sich die Gläubigerschädigung rechtlich nicht vom zugrunde liegenden Rechtsgeschäft trennen; zudem genügt es nicht, mit Hilfe des § 826 BGB nur jeweils einzelne schädigende Auswirkungen zu beseitigen, statt die Ursache der Gläubigerschädigung einheitlich zu vernichten; vgl. auch *Serick* Bd. III § 31 I 2 S. 103 f.

nicht vorausgesehen,[142] trifft jedenfalls für den Gesetzgeber der Insolvenzordnung nicht zu.[143] Andererseits besteht kein Anhaltspunkt dafür, dass das Ergebnis der bisherigen Rechtsentwicklung insoweit hätte geändert werden sollen. Diese ist deshalb mit dem neuen Anfechtungsrecht in Übereinstimmung zu bringen. Zur Abgrenzung eignet sich nicht der Versuch,[144] allgemein das Anfechtungsrecht auszuscheiden, wenn der Leistungsempfänger bestimmenden Einfluss auf die Vermögensübertragung nimmt. Denn das Anfechtungsrecht verfolgt nicht allein den Zweck, „Schiebungen" im Interesse des Schuldners selbst zu verhindern → Rn. 2 f. Hat insbesondere der Leistungsempfänger (Sicherungsnehmer) nicht nur Kenntnis vom Benachteiligungsvorsatz des Schuldners (Sicherungsgebers), sondern hat er diesen Vorsatz sogar hervorgerufen, dann ändert sich am anfechtbaren Verhalten des Schuldners nichts;[145] jedoch kann die Mitwirkung des Sicherungsnehmers einen besonderen Umstand darstellen, der im Einzelfall die Voraussetzungen des § 138 Abs. 1 BGB erfüllt → Rn. 61 f.

Im Vergleich mit dem Normalfall einer anfechtbaren Handlung schafft die Bestellung publizitätsloser Sicherheiten regelmäßig eine erhöhte abstrakte Gefährdung → Rn. 56 unter c → Rn. 64 für eine Vielzahl gegenwärtiger und künftiger Gläubiger,[146] die zwar wegen ihrer heutigen Verkehrsüblichkeit für sich allein noch keine Nichtigkeit begründet,[147] aber bei der Gesamtabwägung mit ins Gewicht fällt.[148] Bewirkt die Sicherheitenbestellung, dass der Schuldner seine wirtschaftliche Selbstständigkeit gegenüber dem Gläubiger verliert, so ist das stets ein besonderer Umstand, der den Sachverhalt aus allen Anfechtungstatbeständen heraushebt; das gilt auch dann, falls durch eine solche **„Knebelung"** zugleich andere Gläubiger getäuscht werden.[149] 69

Schwierig ist die Abgrenzung daher nur, sofern die Sicherheitenbestellung ausschließlich andere mögliche Gläubiger gefährdet, also denselben Personenkreis, der durch das Anfechtungsrecht geschützt wird. 70

aa) Globalabtretung. Bei dieser verleitet der Abtretungsempfänger, der auf einen branchenüblichen verlängerten Eigentumsvorbehalt keine Rücksicht nimmt, den Abtretenden zum Vertragsbruch gegenüber seinen Lieferanten.[150] Das ist ein unlauteres Mittel, das allgemein zur Sittenwidrigkeit führen kann → Rn. 62. 71

bb) Kreditbetrug. Dieser setzt insbesondere eine vorsätzliche Täuschung des späteren Geldgebers über die Kreditwürdigkeit des Schuldners und zusätzlich die Absicht voraus, diesem hierdurch einen Kredit zu verschaffen.[151] Diese Zielrichtung stellt stets einen besonderen Umstand im Vergleich mit den Anfechtungsnormen dar → Rn. 60. 72

cc) Übersicherung. Diese führt in einem Individualvertrag gemäß § 138 Abs. 1 BGB – erst – zur Nichtigkeit, soweit sie entweder eine Knebelung des Schuldners bewirkt[152] oder von diesem lediglich aus einer Notlage heraus gewährt wird;[153] dabei kann allerdings nach allgemeinen Grundsätzen[154] in einem besonders groben Missverhältnis zwischen dem Umfang der Sicherung und der 73

---

142 *Flume* AcP 154 (1955), 560 (563 f.); *Heckelmann* Abfindungsklauseln S. 122 f.; *Serick* Bd. III § 32 II 2 S. 155; wohl auch *v. Caemmerer* JZ 1956, 97; *Godbersen* S. 5, 26, 129.

143 Vgl. im Gegenteil Art. 33 Nr. 17 EGInsO.

144 *Schlosser* S. 36; vgl. auch *Johannsen* LM § 138 [Bb] BGB und Nr. 5.

145 Ebenso *Godbersen* S. 23; auch *Grunwald* S. 182 sieht in dieser Unterscheidung „kaum Abgrenzungswert"; anders aber *ders.* S. 184.

146 Vgl. zu diesem Gesichtspunkt *Berges* BB 1954, 886 (888); *Godbersen* S. 20; *G. Paulus* JZ 1951, 687; *Roth-Stielow* NJW 1956, 1584 f.

147 RGZ 132, 183 (187); RGZ 133, 234 (237 f.); RGZ 136, 100 (105 f.).

148 Vgl. RG JW 1917, 217 (218 f.); RG LZ 1931, 694 Nr. 4; *Flessa* NJW 1953, 84 (86); *Koller* JZ 1985, 1013 (1021); RGRK/*Steffen* BGB § 826 Rn. 94; aM *Westermann* Interessenkollisionen S. 36 f.

149 Vgl. dazu BGH NJW 1955, 1272 (1273 f.); BGH WM 1955, 1580 (1581); BGH NJW 1956, 417; BGH WM 1958, 590 (592); BGH WM 1962, 1220 (1222); BGH NJW 1977, 2261 f.; BGH ZIP 1985, 921 (927); RG JW 1911, 650 (651); RGZ 143, 48 (52); *H. Lange* NJW 1950, 565 (568); *Meyer/Cording* JZ 1953, 665 (667); *M. Obermüller* ZIP 1981, 352 f.; *Serick* Bd. III § 31 II 1 S. 106 f.; → Rn. 73.

150 BGHZ 30, 149 (153) = NJW 1959, 1533 (1536); BGH WM 1969, 1072 (1074); BGH WM 1970, 900 (902); BGHZ 55, 34 (36) = NJW 1971, 372 (373); BGH NJW 1995, 1668 (1669); RG HRR 1935 Nr. 1587; *Flume* NJW 1959, 913 (918 f.).

151 RGZ 136, 247 (254); Erman/*Wilhelmi* BGB § 826 Rn. 31 f.; RGRK/*Steffen* BGB § 826 Rn. 97; Soergel/*Hefermehl* BGB § 138 Rn. 170; von Soergel/*Hönn* BGB § 826 Rn. 144 und *Mertens* ZHR 143 (1979), 174 (186) als „Kredittäuschung" bezeichnet; vgl. auch RG JW 1911, 650 (651).

152 Vgl. BGHZ 26, 178 (182 f.) = NJW 1958, 417 f.; BGHZ 26, 185 (190 f.) = NJW 1958, 457 (458); BGH WM 1971, 441 f.; BGHZ 79, 16 (18) = NJW 1981, 816 (817); BGHZ 94, 105 (113) = NJW 1985, 1836 (1837); BGH NJW 1991, 353 (354 f.); *Serick* Bd. III § 30 VII 2b S. 79 f.; → Rn. 69 aE.

153 Vgl. BGH WM 1966, 13 (15); *Ganter* ZIP 1994, 257 (259).

154 Vgl. BGH WM 1966, 832 (835); BGH NJW 1979, 758; RGZ 150, 1 (6); BAG NJW 1985, 2661 (2662); Palandt/*Ellenberger* BGB § 138 Rn. 34a.

gesicherten Forderung zugleich eine auf Ausbeutung gerichtete, verwerfliche Gesinnung des Sicherungsnehmers zum Ausdruck kommen.[155] Das sind im Verhältnis zum Anfechtungsrecht jeweils besondere Umstände. Darüber hinaus kann eine Übersicherung zu einer Gläubigergefährdung beitragen → Rn. 74.[156]

74 **dd) Gläubigergefährdung, Insolvenzverschleppung.** Bei der Gläubigergefährdung[157] und der Insolvenzverschleppung[158] waren im Kern stets zwei Umstände für die Annahme einer Sittenwidrigkeit entscheidend:[159] Zum einen die Größe der konkreten Gefahr für andere Gläubiger und zum anderen das Verhalten des Sicherungsnehmers ihr gegenüber. Die speziellere Insolvenzverschleppung setzt die erkennbare Insolvenzreife des Schuldners sowie auf Seiten des Gläubigers voraus, dass er den – zur Sanierung unzureichenden – zu sichernden Kredit nur gewährt, um den Zusammenbruch hinauszuschieben, weil er sich hiervon Vorteile verspricht.[160] Für die allgemeinere Gläubigergefährdung ist ebenfalls die erkennbare Wahrscheinlichkeit der baldigen Insolvenz des Schuldners und damit die Gefahr der Schädigung anderer Gläubiger maßgeblich: Je größer sie ist, desto gründlicher muss der Gläubiger, der sich eine neue Sicherheit versprechen und bestellen lässt, der Gefahr entgegenwirken, dass infolgedessen andere Gläubiger wegen Irrtums über die Kreditfähigkeit des Schuldners geschädigt werden.[161] Rechtfertigender Beweggrund ist demgegenüber letztlich nur die hinreichend berechtigt erscheinende Erwartung des Gläubigers, durch die Gewährung gerade des zu sichernden Kredits eine allgemeine Besserung der wirtschaftlichen Verhältnisse des Schuldners zu bewirken.[162]

75 Sowohl die Größe der konkreten Gefahr für Drittgläubiger als auch die vom Kreditgeber verfolgten Zwecke können besondere Umstände sein, die über den normalen Anfechtungstatbestand hinausgehen → Rn. 62 → Rn. 64. Vor allem das Ausmaß der konkreten Gefährdung für breite Gläubigerkreise hebt die Fallgruppen vom Normaltatbestand einer anfechtbaren Handlung ab,[163] für den bereits die Benachteiligung späterer Insolvenzgläubiger im Allgemeinen ausreicht, ohne dass diese im Zeitpunkt der anfechtbaren Rechtshandlung bereits vorhanden gewesen sein müssten.[164] In subjektiver Hinsicht braucht der Leistungsempfänger nach §§ 130 bis 132 hinsichtlich eines tatsächlichen Schadenseintritts nicht einmal fahrlässig zu handeln. Zwar setzt § 133 Abs. 1 die Kenntnis eines Benachteiligungs**vorsatzes** des Schuldners voraus, während der Vorwurf der Sittenwidrigkeit uU bereits bei leichtfertigem Verhalten erhoben werden kann; dieser Vorwurf muss sich aber auf die Insolvenzgefahr und die Möglichkeit ihrer Beseitigung beziehen, also auf eine wesentlich breitere objektive Grundlage. Die von Rspr. und Rechtslehre entwickelten tatbestandsmäßigen Anforderungen an die Nichtigkeitsfolge sind deshalb in Teilbereichen wie in ihrer Kumulation stets höher als die Mindestvoraussetzungen irgendeines Anfechtungstatbestandes. Beide rechtlichen Möglichkeiten sind miteinander vereinbar.[165]

76 **ee) Nachträgliche Besicherung.** Dagegen stellt die Tatsache, dass eine Sicherheit erst nachträglich gewährt wurde, für sich allein keinen über § 131 hinausgehenden Umstand dar.[166] Nichtigkeit nach § 138 Abs. 1 BGB kann deshalb nur in Betracht kommen, soweit wegen des Umfangs der

---

155 BGH NJW 1991, 353 (354 f.).

156 Vgl. BGH WM 1965, 1248 (1249 f.); BGH NJW 1991, 353 (355).

157 BGHZ 10, 228 (229 ff.) = NJW 1953, 1665; RGZ 136, 247 (254); von RGZ 143, 48 (51 f.) und *Canaris* Bankvertragsrecht Rn. 130 auch „Kredittäuschung" genannt; zur Abgrenzung vgl. RGRK/*Steffen* BGB § 826 Rn. 36; Soergel/*Hönn* BGB § 826 Rn. 147.

158 Bisher Konkursverschleppung: RGZ 136, 247 (253).

159 Ebenso *Godbersen* S. 55.

160 BGH WM 1961, 1103 (1106); BGH NJW 1970, 657 (658); BGHZ 75, 96 (114 f.) = NJW 1979, 1823 (1828); BGHZ 90, 381 (399) = NJW 1984, 1893 (1900); BGH NJW 1986, 837 (838 ff.); BGHZ 108, 134 (142 f.) = NJW 1989, 3277 (3278 f.); BGH NJW 1995, 1668 (1669); Palandt/*Sprau* BGB § 826 Rn. 44; Soergel/*Hefermehl* BGB § 138 Rn. 169.

161 Vgl. BGHZ 138, 291 (300) = NJW 1998, 2592 (2595); BGH WM 1958, 895 (896); BGH WM 1961, 1126 (1127); BGH WM 1964, 671 (672); BGH NJW 1984, 728 f.; BGH NJW 1995, 1668; RGZ 136, 293 (296); *Koller* JZ 1985, 1018 (1023).

162 Vgl. BGHZ 10, 228 (234) = NJW 1953, 1665 (1666); BGH NJW 1955, 1272 (1274); BGH WM 1958, 845 (846); BGH WM 1965, 918 (919); RGRK/*Steffen* BGB § 826 Rn. 100; *Serick* Bd. III § 30 VI 3 S. 70 f.

163 Ebenso *G. Paulus* JZ 1951, 687; vgl. auch Erman/*Wilhelmi* BGB § 826 Rn. 34; *Godbersen* S. 55.

164 → § 129 Rn. 104 → § 129 Rn. 120 → § 133 Rn. 16.

165 BGH NJW 1995, 1668; dies berücksichtigen *Westermann* Interessenkollisionen S. 26 f., 33 f. und *Barkhausen* NJW 1955, 1272 nicht hinreichend.

166 Ebenso im Ergebnis BGH WM 1964, 671 (672 f.); *Canaris* Bankvertragsrecht Rn. 132; *Serick* Bd. III § 30 III 4 S. 34 f.; *M. Obermüller* ZIP 1981, 352, der aber dem Umstand zu Unrecht auch keinerlei Indizwirkung für eine Sittenwidrigkeit zuerkennen möchte; anders noch BGH NJW 1955, 1272 (1273) und nach einem Vergleich BGH WM 1970, 900 (901).

späteren Sicherung die Grenze zur Knebelung oder Gläubigergefährdung überschritten wird.[167] Dann vergrößert die nachträgliche Sicherheitenbestellung den Schaden für andere Gläubiger;[168] ferner mag sie im Einzelfall anzeigen, dass der Gläubiger die Insolvenzreife des Schuldners und damit die drohende Schädigung Dritter erkannt hat.[169] Auch dass das letzte pfändbare Vermögen des Schuldners als Sicherheit genommen wird, begründet noch keine Sittenwidrigkeit, sofern die wirtschaftliche Krise als vorübergehend anzusehen ist.[170]

d) Sicherungsrechte für den Insolvenzfall. Die Bestellung von Sicherungsrechten allein für den Insolvenzfall ist – entgegen einer teilw. vertretenen Ansicht – nicht ohne weiteres nach § 138 Abs. 1 BGB nichtig.[171] Die für den Insolvenzfall aufgeschobene Sicherung belastet die Gläubiger objektiv nicht stärker als die sofort wirksame. Allerdings kann es für außenstehende Gläubiger schwerer zu überblicken sein, wenn eine publizitätslose Sicherheit nicht mit sofortiger, sondern mit einer erst bei der Insolvenz eintretenden Wirkung eingeräumt wird. Vor allem belastet die in solcher Weise aufgeschobene Sicherheit nicht den Schuldner selbst während der Zeit einer eigenen Geschäftsführung, sondern erst seine Insolvenzgläubiger im Fall seines wirtschaftlichen Zusammenbruchs. Auch insoweit genügen dem Gläubigerschutzgedanken jedoch regelmäßig die Anfechtungsnormen, insbesondere § 133.[172] Im Einzelfall kann die ernst gemeinte, insolvenzbedingte Sicherheitenbestellung gemäß den dargestellten Grundsätzen unwirksam sein, soweit sie wegen ihres Umfangs andere Gläubiger zu einem Irrtum über die Kreditfähigkeit des Schuldners verleiten kann → Rn. 74 f. oder sofern bspw. nur vorgetäuschte Forderungen abstrakt gesichert werden sollen → Rn. 61. 77

e) Gesellschaftsrechtliche Abfindungsklauseln. Es gibt zwar keinen allgemeinen Vorrang des Gesellschafts- vor dem Anfechtungsrecht.[173] Jedoch ist speziell bei gesellschaftsrechtlichen Klauseln über das Ausscheiden und die Abfindung eines insolventen Gesellschafters mit einem nicht vollwertigen Entgelt zu unterscheiden: 78

Allgemein geltende, rechtswirksame Begrenzungen des Abfindungsguthabens müssen die Gläubiger der Gesellschafter hinnehmen.[174] Das gilt auch in anfechtungsrechtlicher Hinsicht → § 129 Rn. 133 → § 134 Rn. 39. 79

Benachteiligt andererseits die allgemein getroffene Regelung bereits die freiwillig zum Ausscheiden bereiten Gesellschafter in unbilliger Weise, so kommt Nichtigkeit wegen unzulässiger Beschränkung des Kündigungs- oder Übertragungsrechts gemäß § 723 Abs. 3 BGB, § 133 Abs. 3 HGB, § 15 GmbHG iVm § 134 BGB[175] oder wegen sittenwidriger Knebelung nach § 138 Abs. 1 BGB[176] in Betracht. 80

Bleiben jedoch die Gesellschafter selbst von unzulässigen Einbußen praktisch ausgenommen und trifft die Klausel allein Außenstehende – insbesondere Gläubiger –, so folgt daraus die Zielsetzung, gerade Dritte zu schädigen.[177] Dem soll das in §§ 725, 728 BGB iVm §§ 736, 738 Abs. 1 Satz 2 BGB, § 131 Abs. 1 Nr. 3, Abs. 2 Nr. 1, Abs. 3 Nr. 2 und 4 HGB, § 15 GmbHG, § 241 Nr. 3 AktG verankerte spezielle Gläubigerschutzprinzip entgegenwirken.[178] Ein dagegen verstoßendes 81

---

167 Vgl. BGH NJW 1956, 585; *Johannsen* LM § 138 [Cb] BGB Nr. 5.

168 Vgl. hierzu *Koller* JZ 1985, 1013 (1023).

169 Vgl. *Flessa* NJW 1953, 84 (86); *Godbersen* S. 71; *Stiller* ZInsO 2005, 423 (427 f.); *Westermann,* Interessenkollisionen S. 32, 38 f.; *Wortberg* ZInsO 2003, 1032 (1035 ff.); ferner LAG Berlin ZInsO 2005, 1063 (1064); aM *Flume* NJW 1950, 841 (845); *Häsemeyer* Rn. 10.23; *C. Paulus* EWiR 1993, 389 (390).

170 OLG Hamm ZInsO 1999, 574 (576); → Rn. 65.

171 BGH NJW 1993, 1640 (1641); BGH NJW 1994, 449 (450 f.); BAG AP § 30 KO Nr. 4 mAnm *Uhlenbruck*; *Huhn/Beyer* ZIP 2003, 1965 (1966); offengelassen in BGHZ 26, 185 (193) = NJW 1958, 457 (458); aM RGZ 138, 89 (93 f.) für eine bloß schuldrechtliche Verpflichtung zur Sicherungsabtretung im Insolvenzfall und beiläufig RGZ 142, 139 (141); *Weber* AP § 29 KO Nr. 1; *Häsemeyer* Rn. 10.23 – alle ohne Abgrenzung gegenüber der Konkursanfechtung. *C. Paulus* EWiR 1993, 389 (390) berücksichtigt nicht, dass jede normale Kreditsicherung zwar auch, aber nicht ausschließlich für den Insolvenzfall vereinbart wird.

172 → Rn. 48 f. → § 129 Rn. 130 → § 133 Rn. 28 → § 140 Rn. 52.

173 Vgl. *Haas* ZIP 2008, 1373 (1375); Uhlenbruck/*Borries/Hirte* § 129 Rn. 52; ergänzend → § 129 Rn. 18 → Rn. 132 f.

174 Vgl. BGHZ 65, 22 (24 f.) = NJW 1975, 1835 (1836); OLG Frankfurt BB 1978, 170 f.; OLG Hamburg ZIP 1982, 1327 f.; OLG Celle WM 1986, 161 (162); Baumbach/Hueck/*Fastrich* GmbHG § 34 Rn. 30; MüKoHGB/*K. Schmidt* § 131 Rn. 160; *Rittstieg* DB 1985, 2285 (2287 f.); aM *Engel* NJW 1986, 345 (347).

175 Vgl. BGH NJW 1985, 192 (193); *Engel* NJW 1986, 345 (347); *Ulmer* NJW 1979, 81 (82 f.).

176 Vgl. BGH NJW 1989, 2685 (2686); BGHZ 116, 359 (368) = NJW 1992, 892 (894); *Knöchlein* DNotZ 1960, 452 (455); MüKoHGB/*K. Schmidt* § 131 Rn. 158, 160; *Ulmer* FS Quack, 1991, 477 (486 ff.).

177 BGHZ 65, 22 (26) = NJW 1975, 1835 (1836); RGRK/*Krüger-Nieland/Zöller* BGB § 138 Rn. 134.

178 BGHZ 32, 151 (155 f.) = NJW 1960, 1053 f.; *Armbrüster* FS Canaris, 2007, 23 (38 ff.); Baumbach/Hueck/*Fastrich* GmbHG § 34 Rn. 30; *Bischoff* GmbHR 1984, 61 (63); *Ulmer* NJW 1979, 81 (83), *ders.* FS Quack, 1991, 477 (487 f.).

Rechtsgeschäft ist auch dann nichtig, wenn die Minderung der Abfindung bereits vereinbart wird, ehe im Einzelfall die Insolvenz eines Gesellschafters abzusehen ist.[179] Es ist der Missbrauch der regelmäßig auf lange Dauer – verglichen mit den Fristen der §§ 130 bis 136 – angelegten gesellschaftsrechtlichen Gestaltungsmöglichkeiten, der solche generellen Klauseln aus dem insbesondere durch § 133 typisierten Verhalten heraushebt.[180] Das gemeinsame Zusammenwirken mehrerer Gesellschafter – sämtlich potentielle Schuldner – zur Verhinderung des Gläubigerzugriffs stellt einen besonderen Umstand dar, der zur Sittenwidrigkeit der vertraglichen Abrede führt → Rn. 61.

82 **6. Anfechtbarkeit nichtiger Rechtsgeschäfte.** Eine Konkurrenz im umgekehrten Sinne tritt bei der Frage auf, ob ein nichtiges Rechtsgeschäft angefochten werden kann. Dies hängt davon ab, ob trotz Nichtigkeit eine objektive Gläubigerbenachteiligung eintritt → § 129 Rn. 134. Grundsätzlich können neben Anfechtungs- auch Bereicherungsansprüche bestehen → Rn. 86.

83 **7. Anfechtbarkeit von Sozialplänen.** Eine Sonderregelung stellt § 124 für Sozialpläne auf, die vor Eröffnung des Insolvenzverfahrens, jedoch nicht früher als drei Monate vor dem Eröffnungsantrag geschlossen worden sind. Soweit das Widerrufsrecht des Insolvenzverwalters nach § 124 Abs. 1 reicht, mag zwar auch die Anfechtung zulässig sein,[181] doch ist der Widerruf jedenfalls einfacher. Dagegen bleiben die Anfechtungsregeln anwendbar auf noch ältere Sozialpläne sowie hinsichtlich von Leistungen, die ein Arbeitnehmer auf jeden vor Verfahrenseröffnung geschlossenen Sozialplan erhalten hat; insbesondere schließt § 124 Abs. 3 Satz 2 nicht eine Rückforderung solcher Leistungen aufgrund Insolvenzanfechtung aus.[182]

84 **8. Familien- und erbrechtliche Sonderregelungen.** Einige Rechtshandlungen, die möglicherweise anfechtbare unentgeltliche Drittbegünstigungen darstellen könnten, sind in Vorschriften des BGB gesondert geregelt. Ihnen ist gemeinsam, daß nur einzelne bestimmte Gläubiger geschädigt werden: In **§§ 1375 Abs. 2 Nr. 1** und **3, 1390 Abs. 1 BGB** der andere Ehegatte, in **§ 2287 BGB** der Vertragserbe, in **§§ 2325, 2329 BGB** der Pflichtteilsberechtigte. Da hier die Rechtsfolgen einer solchen Handlung abschließend festgelegt sind, kommt daneben eine Insolvenzanfechtung – zugunsten der Allgemeinheit von Gläubigern – nicht gegenüber dem Leistungsempfänger in Betracht. Allenfalls kann die Rechtsbeständigkeit der Leistung nach allgemeinen Regeln geprüft werden.[183]

85 **9. Insolvenzrechtliche Vollstreckungsbeschränkungen.** Keine Sonderregelung stellen die §§ 88, 110 Abs. 2 Satz 2 dar. Diese Einschränkungen vor Insolvenzeröffnung ausgebrachter Vollstreckungsmaßnahmen sollen nur das Anfechtungsrecht ergänzen.[184] Soweit ihre Wirkung reicht, kann allerdings eine Gläubigerbenachteiligung als Anfechtungsvoraussetzung entfallen.[185]

86 **10. Konkurrenz von Rückgewähransprüchen.** Rückgewähransprüche gemäß § 143 können in Konkurrenz zu anderen Forderungen treten, sind also nicht subsidiär. Sie stehen selbstständig neben Bereicherungsansprüchen aus §§ 812 ff. BGB[186] oder vertraglichen Forderungen,[187] die der Insolvenzmasse aus Anlass des anzufechtenden Vorgangs ebenfalls zustehen mögen. Solche Ansprüche schließen auch nicht von vornherein eine Gläubigerbenachteiligung als Anfechtungsvoraussetzung aus → § 129 Rn. 100 → 129 Rn. 134. Umgekehrt kann die (hypothetische) Anfechtbarkeit einer Leistung des Schuldners, falls dieser sie erbracht hätte, einen erstattungsfähigen Schaden des Gläubi-

---

179 BGHZ 144, 365 (366 f.) = NJW 2000, 2819 (2820); RGZ 142, 373 (376 f.); *Gehrlein* ZIP 1996, 1157 (1159); MüKoHGB/*K. Schmidt* § 131 Rn. 160; dagegen für Anfechtbarkeit *Glunz* S. 195 f., 198 ff.; *Heckelmann* Abfindungsklauseln S. 116, 120; *ders.* ZZP 92 (1979), 28 (49 f.); *Möhring* FS Barz, 1974, 49 (64 f.).

180 *Fleck* LM § 34 GmbHG Nr. 6; Staudinger/*Sack/Fischinger* BGB § 138 Rn. 617. Dagegen erscheint die Möglichkeit, dass der schuldende Gesellschafter nicht selbst an der Gesellschaftsgründung mitgewirkt hat, sondern seinen Anteil erst später erworben haben kann, im Hinblick auf § 145 in diesem Zusammenhang nicht als unterscheidungskräftig.

181 Uhlenbruck/*Borries/Hirte* § 129 Rn. 418; dagegen betrifft die amtliche Begründung zu § 142 RegE nur die Rückforderung bereits ausgezahlter Sozialplanleistungen.

182 Ebenso RegE S. 155 zu § 142; HKInsO/*Thole* § 129 Rn. 23; KPB/*Bork* Vor § 129 Rn. 22.

183 *Heckelmann* Abfindungsklauseln S. 118 f.; KPB/*Bork* Vor § 129 Rn. 23; MüKoHGB/*Schmidt* § 131 Rn. 161; *K. Schmidt* FamRZ 1974, 518 (521).

184 RegE S. 137 zu § 96.

185 KPB/*Bork* Vor § 129 Rn. 21; ergänzend → § 129 Rn. 134.

186 BGHZ 41, 98 (103) = NJW 1964, 1319 (1320); BGHZ 141, 96 (105 f.) = NJW 1999, 1549 (1551 f.); BGH NJW-RR 2001, 1552; BGH NJW 2017, 3516 (3517); *Baur/Stürner* Insolvenzrecht/II Rn. 18.15; *Heim* S. 263 f.; KPB/*Bork* Vor § 129 Rn. 24; ergänzend → § 143 Rn. 10.

187 Vgl. zu gesellschaftsrechtlichen Bestimmungen auch OLG Frankfurt NZI 2006, 241 (242 f.); *Haas* ZIP 2006, 1373 (1382).

gers ausschließen, welcher aus dem tatsächlichen – pflichtwidrigen – Unterlassen der Leistung hergeleitet wird.[188] Für das Verhältnis zu Forderungen aus unerlaubter Handlung gilt:

a) § 823 Abs. 2 BGB. Die §§ 129 ff. sind keine Schutzgesetze iSd § 823 Abs. 2 BGB, sondern bestimmen ihre Rechtsfolgen selbst.[189] Dagegen kann § 823 Abs. 2 BGB gemäß allgemeinen Regeln eingreifen, sofern eine anfechtbare Rechtshandlung zugleich ein anderes Schutzgesetz verletzt.[190] Insbesondere ist die strafbewehrte Vorschrift über die Pflicht zur Stellung eines Insolvenzantrags (§ 15a Abs. 4 und 5) ein derartiges Schutzgesetz.[191] Jedoch ist bei § 283 Abs. 1 Nr. 1 StGB als Schutzgesetz zu beachten, dass die Erfüllung dieses Tatbestands zugleich eine anfechtbare Handlung darstellen kann. Da § 133 hieran für den Leistungsempfänger – als Gehilfen (§ 27 StGB) des Schuldners – andere, regelmäßig weniger einschneidende Rechtsfolgen knüpft, setzt ein Schadensersatzanspruch gegen den Leistungsempfänger zusätzliche, erschwerende Umstände voraus.[192] Andererseits berührt § 143 regelmäßig nicht Schadensersatzansprüche gegen den Schuldner selbst.[193] 87

b) § 823 Abs. 1 BGB. In absolut geschützte Rechtsgüter iSv § 823 Abs. 1 BGB wird eine anfechtbare Handlung – sei es auch unter dem Gesichtspunkt der Beteiligung nach § 830 – nur selten eingreifen. Unter solchen besonderen Umständen ist gemäß § 823 Abs. 1 BGB Schadensersatz als Rechtsfolge ebenfalls möglich.[194] In Betracht kommt dies bspw., wenn aufgrund einer anfechtbar erworbenen Rechtsposition eine Drittwiderspruchsklage gemäß § 771 ZPO erhoben und damit in das Pfändungspfandrecht des Gläubigers eingegriffen wird.[195] 88

c) § 826 BGB. In dieser Hinsicht ist zu unterscheiden: 89

aa) Betreffend Schuldner. Gegen diesen selbst richten sich die Folgen der Anfechtung regelmäßig nicht. Soweit er in dieser Eigenschaft handelt, kann er nach allgemeinen Regeln gemäß § 826 BGB haften. Soweit er dagegen als Rechtsnachfolger iSv § 145 in Anspruch genommen wird, gelten dieselben, nachfolgend dargestellten Konkurrenzen wie gegen andere Leistungsempfänger.[196] Gesellschafter einer schuldenden GmbH können ebenfalls nach § 826 BGB haften, wenn sie planmäßig deren Vermögen auf andere Rechtsträger verlagern.[197] 90

bb) Betreffend Anfechtungsgegner. Dieser löst nicht allein dadurch eine Ersatzpflicht nach § 826 BGB aus, dass er in anfechtbarer Weise eine Leistung empfängt[198] oder nicht einmal einen Anfechtungstatbestand voll verwirklicht.[199] Da das Gesetz an eine anfechtbare Handlung andere, regelmäßig weniger einschneidende Rechtsfolgen knüpft, setzt ein Schadensersatzanspruch wegen vorsätzlicher sittenwidriger Schädigung weitergehende Umstände voraus.[200] Die Abgrenzung iE richtet sich nach denselben Grundsätzen wie gegenüber der Sittenwidrigkeit gemäß § 138 Abs. 1 91

---

188 Vgl. BGH NJW 2001, 967 (969); BGH NJW 2005, 2546 (2548); BFH ZIP 2007, 1604 f. und 1659 f.; OLG Düsseldorf ZInsO 2002, 674 (675 f.); *Nacke* DB 2006, 1182 (1184 f.); *Stahlschmidt/Laws* GmbHR 2006, 410 (414).

189 RGZ 74, 224 (226); KPB/*Bork* Vor § 129 Rn. 25.

190 *Bindseil* S. 95 ff.; vgl. KPB/*Bork* Vor § 129 Rn. 25.

191 BGHZ 162, 143 (156) = NJW 2005, 1121 (1124).

192 Vgl. BGH NJW 1993, 2041 f.; RGRK/*Steffen* BGB Vor § 823 Rn. 45; das verkennt *Ewald* AcP 120 (1922), 251 (258 f.); ergänzend → Rn. 46.

193 BGHZ 130, 314 (330) = NJW 1995, 2846 (2850); ergänzend → Rn. 90.

194 Vgl. BGHZ 74, 9 (13 f.) = NJW 1979, 1351 f.; BGHZ 95, 10 (16) = NJW 1985, 1959 (1961); *Bindseil* S. 92 ff.; KPB/*Bork* Vor § 129 Rn. 25.

195 Vgl. RG LZ 1908, 862 (864) zum AnfG.

196 BGHZ 130, 314 (330 f.) = NJW 1995, 2846 (2850); ergänzend → Rn. 91.

197 BGHZ 151, 181 (183 ff.) = NJW 2002, 3024 (3024); BGH NJW 2005, 145 (146).

198 BGH WM 1958, 1278 (1279); Uhlenbruck/*Borries/Hirte* § 129 Rn. 36.

199 RG LZ 1912, 83 Nr. 6 aE; RG LZ 1917, 257 (258); RGZ 155, 327 (330); *Godbersen* S. 13 f.; *Grunwald* S. 185, aber unklar S. 183 f.

200 BGH LM § 826 [Ge] BGB Nr. 2; BGH LM § 393 BGB Nr. 1; BGH WM 1966, 584 (585); BGH WM 1970, 404; BGHZ 56, 339 (355); BGH NJW 1972, 719 (721); BGH WM 1974, 99 (100 f.); BGHZ 130, 314 (330 f.) = NJW 1995, 2846 (2849 f.); BGH NJW 1996, 1283; BGH NJW 1996, 2231 (2232); BGH NJW 2000, 1259 (1263); BGH NJW 2000, 3138 (3139); BGH NJW 2018, 2412 (Ls.) = ZIP 2018, 1455 (1456 f.); BGH NJW 2018, 2404 (2408) = NZI 2018, 721 (725 f.); *Baur/Stürner* Insolvenzrecht/II Rn. 18.17; Erman/*Wilhelmi* BGB § 826 Rn. 26; KPB/*Bork* Vor § 129 Rn. 25; MüKoBGB/*Wagner* § 826 Rn. 145; RGRK/*Steffen* BGB Vor § 823 Rn. 45, § 826 Rn. 9, 89; im Ergebnis auch Staudinger/*Oechsler* BGB § 826 Rn. 134, 336; zweifelnd *Eckardt* EWiR 2001, 1 (2); für freie Anspruchskonkurrenz *Bindseil* S. 84 ff., 104; *Ortlieb* ArchBürgR 30 (1907), 32 (35 ff.); zu § 3 AnfG anscheinend auch RG Gruchot 52 (1908), 1012 (1016).

BGB → Rn. 54 ff.,[201] weil die Maßstäbe der Sittenwidrigkeit für sich in beiden Normen gleich sind.[202] Zusätzlich zur Sittenwidrigkeit der Handlung setzt § 826 BGB stets eine vorsätzliche Schadenszufügung voraus. Umgekehrt erfüllt nicht jede vorsätzliche und sittenwidrige Gläubigerschädigung zugleich einen Anfechtungstatbestand.[203]

92 Ein danach möglicher Schadensersatzanspruch aus § 826 BGB steht regelmäßig allein dem einzelnen **geschädigten** (Dritt-)Gläubiger zu.[204] Nur ausnahmsweise ist der Insolvenzverwalter gemäß § 92 für die Masse einziehungsbefugt, wenn und soweit ein Gesamtschaden herbeigeführt wurde. Dann kann es zu einer freien Konkurrenz zwischen dem Anfechtungs- und einem Schadensersatzanspruch aus § 826 BGB kommen.[205] Dieser beschränkt sich nicht auf Rückgewähr übertragener Vermögensgegenstände, sondern ist auf Ersatz des vollen negativen Interesses gerichtet (§ 249 BGB).[206] Die Erfüllung des einen Anspruchs führt, soweit sich Inhalt und Höhe der Forderungen decken, zugleich zum Erlöschen der anderen Ansprüche.[207]

VI. Übersicht über den Gesetzesabschnitt „Insolvenzanfechtung"

93 **1. Gliederung des Abschnitts.** Die §§ 130 bis 136 enthalten die eigentlichen Anfechtungstatbestände. Die §§ 129, 137 bis 142 und 147 behandeln gemeinsame weitere oder spezielle Anfechtungsvoraussetzungen. Die §§ 143 bis 146 regeln die Rechtsfolgen einer berechtigten Anfechtung.

94 **2. Konkurrenz der einzelnen Anfechtungstatbestände.** Die Anfechtungsgründe der §§ 130 bis 136 stehen selbstständig nebeneinander. Sie schließen sich grundsätzlich nicht gegenseitig aus, sondern können gleichzeitig erfüllt sein. Andererseits bedeutet die Verneinung der Voraussetzungen eines Anfechtungsgrundes in einem konkreten Fall nicht bereits, dass damit die anderen Anfechtungsgründe ebenfalls nicht anzuwenden wären.[208] Das gilt im Ansatz auch im Verhältnis der §§ 130 und 131 zu § 134, soweit einem Insolvenzgläubiger ohne Gegenleistung eine Sicherung oder Befriedigung verschafft wurde: § 134 ist dann nicht kraft Gesetzes ausgeschlossen, sondern es kann allenfalls an der Unentgeltlichkeit fehlen.[209] Jedoch können sich § 132 einerseits und § 130 sowie § 131 andererseits gegenseitig ausschließen, weil § 132 das Verpflichtungsgeschäft betrifft, dagegen die §§ 130 und 131 selbstständig das Erfüllungsgeschäft erfassen → § 132 Rn. 5. Andererseits schließt weder § 131 noch § 135 den § 130 aus; vielmehr dient § 130 als Auffangtatbestand, falls die Inkongruenz einer Deckungshandlung bzw. die eigenkapitalersetzende Funktion der gesicherten oder erfüllten Forderung nicht zu beweisen ist.[210] § 133 kann neben allen anderen Anfechtungsnormen anwendbar sein.[211]

95 In zeitlicher Hinsicht wirken die einzelnen Anfechtungstatbestände unterschiedlich weit zurück. Der Zeitraum vor Stellung des Insolvenzantrages, der erfasst werden kann, ist wie folgt gestaffelt:

Rückwirkung bis	**Anfechtungstatbestand**	
10 Jahre	§ 133 Abs. 1	Vorsätzliche Gläubigerbenachteiligung
	§ 135 Abs. 1 Nr. 1	Besicherung von Gesellschafterdarlehen
4 Jahre	§ 133 Abs. 2	Vorsätzliche Gläubigerbenachteiligung durch eine Sicherung oder Befriedigung
	§ 134 Abs. 1	Unentgeltliche Leistung

201 Vgl. BGH WM 1958, 249 (250). Daran ändert es nichts, dass die Auswirkungen gegenüber den am Rechtsgeschäft Beteiligten (§ 138 BGB) uU anders zu bewerten sein können als diejenigen gegenüber Drittgeschädigten im Fall des § 826 BGB, vgl. BGH NJW 1970, 657 (658).

202 *Serick* Bd. III § 31 I 1 S. 101.

203 *Bindseil* S. 84 ff., 102 ff.; *Serick* Bd. III § 32 II 1 S. 151. Der Unrechtsgehalt eines Verstoßes gegen § 826 BGB darf aber nicht weniger schwer wiegen als der einer anfechtbaren Handlung: BGH NJW 1984, 1893 (1900).

204 RG JW 1931, 515 (518); vgl. aber RGZ 97, 107 (108 f.); BGH LM § 826 [Ge] BGB Nr. 9; BGH NJW 1986, 1174 (1175); *Canaris* Bankvertragsrecht Rn. 138a; KPB/*Bork* Vor § 129 Rn. 25; RGRK/*Steffen* BGB § 826 Rn. 93; *Serick* Bd. III § 32 II 4 S. 157.

205 OLG Brandenburg ZIP 1999, 1012 (1013); OLG Brandenburg WM 2001, 626 (628).

206 BGH LM § 826 [Ge] BGB Nr. 2; BGHZ 130, 314 (330) = NJW 1995, 2846 (2849); RG JW 1904, 499 (500 f.); RGZ 143, 48 (53 f.); OLG München Recht 1916 Nr. 2094; OLG Celle LZ 1917, 290 (291); *Ewald* AcP 120 (1922), 251 (253 f.); RGRK/*Steffen* BGB § 826 Rn. 100a; aM OLG Kiel SeuffA 70 (1915) Nr. 34 S. 54.

207 *Ortlieb* ArchBürgR 30 (1907), 32 (38 ff.).

208 BGHZ 58, 240 (241) = NJW 1972, 870 (871); Jaeger/*Henckel* § 129 Rn. 250; KPB/*Bork* Vor § 129 Rn. 13; Uhlenbruck/*Borries/Hirte* § 129 Rn. 14.

209 → § 134 Rn. 3 → § 134 Rn. 24 ff.; offengelassen von BGHZ 112, 136 (139) = NJW 1990, 2626 f.; aM BGHZ 58, 240 (245) = NJW 1972, 870 (871 f.); RG SeuffA 38 (1883) Nr. 296 S. 383 f.; *Bähr* JR 1972, 469; Gottwald/*Huber*, InsO-HdB, § 46 Rn. 6; Uhlenbruck/*Borries/Hirte* § 129 Rn. 15.

210 → § 130 Rn. 5 f.

211 Vgl. BGHZ 58, 240 (245) = NJW 1972, 870 (872); zu einem möglichen Vorrang der Leistungsanfechtung in Dreiecksverhältnissen → § 129 Rn. 49 ff.

Rückwirkung bis	**Anfechtungstatbestand**	
2 Jahre	§ 133 Abs. 4	Vorsätzliche Gläubigerbenachteiligung zugunsten Nahestehender
1 Jahr	§ 135 Abs. 1 Nr. 2	Befriedigung von Gesellschafterdarlehen
3 Monate	§ 130 Abs. 1 Nr. 1	Kongruente Deckung bei Zahlungsunfähigkeit
	§ 131 Abs. 1 Nr. 2 und 3, Abs. 2	Inkongruente Deckung
	§ 132 Abs. 1 Nr. 1	Unmittelbar benachteiligende Rechtshandlungen
1 Monat	§ 131 Abs. 1 Nr. 1	Inkongruente Deckung ohne Zahlungsunfähigkeit
Eröffnungsantrag	§ 130 Abs. 1 Nr. 2	Kongruente Deckung
	§ 132 Abs. 1 Nr. 2	Unmittelbar benachteiligende Rechtshandlungen

VII. Anfechtbare Rechtshandlungen im Rahmen notarieller Amtsgeschäfte

Anfechtbare Grundstücksübertragungen oder gesellschaftsrechtliche Maßnahmen werden oft 96 vor Notaren abgewickelt. Nur gelegentlich werden diese allerdings die gläubigerbenachteiligenden Bezüge erkennen können. Dann gilt:

Der Notar ist nicht allgemein verpflichtet, seine Mitwirkung an einem anfechtbaren Rechtsge- 97 schäft zu versagen; denn die Anfechtbarkeit führt nicht zu dessen Nichtigkeit → Rn. 30 → Rn. 33 aE. Allenfalls im Zusammenhang mit einem Benachteiligungsvorsatz (§ 133) kann der Schuldner sittenwidrig handeln → Rn. 51. Unerlaubte oder unredliche Zwecke iSv § 14 Abs. 2 BNotO, § 4 BeurkG verfolgt der Schuldner nur unter den erschwerenden Umständen, die zur Anwendung des § 138 BGB oder § 826 BGB führen → Rn. 54 ff. → Rn. 91 sowie in denjenigen Fällen, in denen die anfechtbare Handlung zugleich einen Straftatbestand – insbesondere nach § 283 StGB oder § 283c StGB – verwirklicht.[212] Der Notar muss jedoch von dieser Zielrichtung überzeugt sein; bloße Zweifel verpflichten ihn nicht zur Ablehnung der Beurkundung.[213] Dasselbe gilt für den Vollzug beurkundeter Rechtsgeschäfte gemäß § 53 BeurkG.[214]

Der beurkundende Notar hat nach ganz überwiegender Auffassung gemäß § 17 Abs. 1 BeurkG 98 regelmäßig über die Rechtsfolgen jeder erkennbaren Anfechtbarkeit zu belehren.[215] Gegen diesen rechtlichen Ansatz bestehen insoweit Bedenken, als die Anfechtbarkeit gemäß §§ 129 ff. nicht den rechtlichen Bestand des zu beurkundenden Geschäfts vernichtet → Rn. 30 → Rn. 33 → Rn. 38 f.; zudem dürfte eine generelle Belehrungspflicht zu weit gehen. Jedoch gefährdet die Anfechtung den wirtschaftlichen Erfolg des Rechtsgeschäfts, so dass eine erweiterte Belehrungspflicht nach § 14 Abs. 1 Satz 2 BNotO bestehen kann. Eine solche Warnpflicht setzt zwar voraus, dass sich die Beteiligten der Gefahr einer Anfechtbarkeit nicht bewusst sind. Dies liegt aber mindestens für den Anwendungsbereich der §§ 130 bis 132 und §§ 134 bis 136 nicht fern. Sogar § 133 lässt für Beteiligte eines Rechtsgeschäfts die Kenntnis von Tatsachen ausreichen → § 133 Rn. 15. Der gebotene Schutz rechtlich unerfahrener Urkundsbeteiligter kann deshalb in Einzelfällen eine Warnpflicht des Notars gebieten.[216] Denn die in § 143 niedergelegte Rückgewährpflicht kann die Rechtsfolgen des zu beurkundenden Geschäfts vereiteln.

VIII. Anfechtung in besonderen Insolvenzverfahren

1. Eigenverwaltung und Verbraucherinsolvenzverfahren. In der Eigenverwaltung des 99 Schuldners übt gemäß § 280 der Sachwalter – entsprechend dem Insolvenzverwalter nach § 129 Abs. 1 – das Anfechtungsrecht aus.

In Verbraucherinsolvenzverfahren, deren Eröffnung vor dem 1.7.2014 beantragt wurde (Art. 103h EGInsO), sind gemäß § 313 Abs. 2 die Insolvenzgläubiger – nicht der Treuhänder – zur

---

212 Vgl. *Ganter* DNotZ 2004, 421 (423).

213 *Heckschen* Kölner Schrift S. 1825 (1829); *Röll* DNotZ 1976, 453 (457 ff.); *Uhlenbruck* MittRhNotK 1994, 305 (307, 309 f.).

214 RG DNotZ 1933, 180 f.; KG KGJ 1938 A 8, 9 f.; *Goost* MittRhNotK 1965, 39 (47); *Heckschen* Kölner Schrift S. 1833; *Röll* DNotZ 1976, 453 (459 ff.); *Uhlenbruck* MittRhNotK 1994, 305 (310).

215 RG DNotZ 1933, 799; *Goost* MittRhNotK 1965, 39 (47); *Heckschen* Kölner Schrift S. 1829; *Röll* DNotZ 1976, 453 (458 ff.); *Uhlenbruck* MittRhNotK 1994, 305 (310); zu § 145 differenzierend *Schillig* MittBayNot 2002, 347 (352); aM *Schippel/Bracker/Kanzleiter* BNotO § 14 Rn. 13 aE.

216 Vgl. *Arndt/Lerch/Sandkühler* BNotO § 14 Rn. 94; aM *Ganter* DNotZ 2004, 421 (424 f.).

Anfechtung berechtigt; die Anfechtungsvoraussetzungen sind aber die der §§ 129 bis 147, also nicht die Regeln über die Einzelgläubigeranfechtung gemäß Anfechtungsgesetz.[217] Nach § 313 Abs. 2 Satz 1 kann die Gläubigerversammlung in diesen Altverfahren den Treuhänder oder einen bestimmten Gläubiger mit der Anfechtung beauftragen. § 313 ist mit dem Gesetz zur Verkürzung des Restschuldbefreiungsverfahrens und zur Stärkung der Gläubigerrechte[218] ersatzlos weggefallen, so dass in den ab 1.7.2014 beantragten Verbraucherinsolvenzverfahren keine Besonderheiten mehr für die Anfechtungsbefugnis des Insolvenzverwalters bestehen.

100 **2. Nachlassinsolvenzverfahren.** Die Nachlassinsolvenz wird als Sonderverfahren über den Nachlass abgewickelt. Insolvenzschuldner im anfechtungsrechtlichen Sinne ist der Erblasser mit Bezug auf Vorgänge bis zum Erbfall. Jedoch können auch spätere Verhaltensweisen der Erben oder ihnen gegenüber bis zur Insolvenzeröffnung anfechtungsrechtlich bedeutsam werden.[219] Insbesondere können gemäß § 322 Rechtshandlungen der Erben angefochten werden, soweit diese die zurzeit des Erbfalls bestehende Rechtslage durch die Erfüllung bestimmter nachrangiger Verbindlichkeiten aus dem Nachlass verändert haben. Rechtshandlungen eines Nachlasspflegers (§ 1960 Abs. 2 BGB), Nachlassverwalters (§ 1981 BGB) oder Testamentsvollstreckers (§§ 2197 ff. BGB) können in gleicher Weise wie solche des Erben anfechtbar sein.[220] Eine Gläubigerbenachteiligung als Anfechtungsvoraussetzung → § 129 Rn. 85 tritt jedoch nach § 328 Abs. 1 nicht ein, soweit im Einzelfall nur noch nachrangige Verbindlichkeiten iSd § 327 Abs. 1 zu erfüllen sind.

101 Entsprechendes gilt gemäß § 332 Abs. 1 für die Insolvenz des Gesamtguts einer fortgesetzten Gütergemeinschaft. Dagegen entscheidet im Insolvenzverfahren über das gemeinschaftlich verwaltete Gesamtgut einer Gütergemeinschaft (§§ 333, 334) das Verhalten der verwaltenden und regelmäßig beide noch lebenden Ehegatten.[221]

102 **3. Rechtshandlungen einer erloschenen Personengesellschaft.** Hat eine Personenhandelsgesellschaft anfechtbare Handlungen vorgenommen und ist sie danach in eine Kapitalgesellschaft durch Übernahme sämtlicher Gesellschaftsanteile aufgegangen, so ist über das Vermögen der – erloschenen – Personenhandelsgesellschaft kein Insolvenzverfahren mit der Möglichkeit zur Anfechtung gemäß §§ 129 ff. mehr zulässig.[222] Wird jedoch die übernehmende Kapitalgesellschaft insolvent, so kann der Verwalter im Insolvenzverfahren über deren Vermögen auch die Rechtshandlungen der früheren Personenhandelsgesellschaft anfechten, sofern noch nicht befriedigte Gläubiger von ihr vorhanden sind. Vermögenswerte, die auf solche Weise zur Masse der Kapitalgesellschaft gelangen, sollen nicht für deren Gläubiger im Allgemeinen verwendet werden, sondern eine Sondermasse zugunsten der Gläubiger der Personenhandelsgesellschaft bilden.[223] Das trifft wegen der Aussonderungskraft des Anfechtungsanspruchs → § 143 Rn. 20a im Ergebnis jedenfalls zu, solange das anfechtbar Erlangte noch in Natur oder als Surrogat (§ 48) im Vermögen der Kapitalgesellschaft vorhanden ist. Der Wegfall der früher umwandlungsrechtlich gebotenen halbjährigen getrennten Verwaltung berührt diese anfechtungsrechtliche Haftung nicht.[224] Für bloße Wertersatzansprüche sollten dagegen „alte" und „neue" Insolvenzgläubiger gleich behandelt werden. Entsprechendes muss nicht nur für die Verschmelzung von Gesellschaften, sondern auch dann gelten, sofern ein Einzelkaufmann das Vermögen einer Personenhandelsgesellschaft mit Aktiva und Passiva übernimmt und diese Gesellschaft infolgedessen nicht mehr – als insolvenzfähig (§ 11 Abs. 2 Nr. 1) – fortbesteht. Scheidet der einzige Komplementär einer KG aus, so bleibt ein Sonderinsolvenzverfahren über das Vermögen auch eines einzigen Kommanditisten möglich, welches auf dasjenige Vermögen der KG beschränkt ist, das im Wege der Gesamtrechtsnachfolge auf den Kommanditisten übergegangen ist.[225] Allein in diesem Verfahren sind Anfechtungsansprüche wegen Benachteiligung der Gesellschaftsgläubiger geltend zu machen.

---

[217] RegE S. 228 zu § 353, auf den der Bericht des BTages in seiner Begründung zu § 357j S. 193 verweist; vgl. BGH NJW-RR 2010, 631 (633); MüKoAnfG/*Kirchhof* § 17 Rn. 17 ff.

[218] BGBl. 2013 I 2379.

[219] BGH NJW 1969, 1349 f.; RG LZ 1912, 461 Nr. 33; Gottwald/*Döbereiner,* InsO-HdB, § 114 Rn. 37; KPB/*Bork* Vor § 129 Rn. 29.

[220] LG Stuttgart ZIP 1998, 77 (78); Gottwald/*Döbereiner* InsO-HdB, § 114 Rn. 38; *Häsemeyer* Rn. 33.29a; Jaeger/*Henckel* § 129 Rn. 301; Uhlenbruck/*Lüer/Weidmüller* § 322 Rn. 3; → § 129 Rn. 42 → § 322 Rn. 4.

[221] Vgl. *Schuler* NJW 1958, 1609 (1613).

[222] Abgrenzend → § 145 Rn. 14.

[223] BGHZ 71, 296 (298 ff.) = NJW 1978, 1525 (1526 f.); HKInsO/*Thole* § 129 Rn. 34; vgl. Jaeger/*Henckel* § 129 Rn. 33; KPB/*Brinkmann* § 145 Rn. 51; *Schmitz-Beuting* KTS 1957, 35 (42); aM *Petersen* NZG 2001, 836 (837 f.); ergänzend → § 129 Rn. 41.

[224] AM Uhlenbruck/*Hirte/Borries* § 145 Rn. 7.

[225] LG Dresden ZIP 2005, 956; AG Hamburg ZInsO 2005, 837; *Bork/Jacoby* ZGR 2005, 611 (643 f.); *Gundlach/Schmidt/Schirrmeister* DZWiR 2004, 451; *K. Schmidt* GmbHR 2002, 1209 f.

Hat dagegen ein Einzelkaufmann sein Geschäft, in dessen Betrieb er anfechtbare Handlungen vorgenommen hatte, an eine Personenhandelsgesellschaft übertragen, so bleibt der frühere Einzelkaufmann als natürliche Person weiter insolvenzfähig (§ 11 Abs. 1 Satz 1) und es kann die Anfechtung gemäß §§ 129 ff. in einem Insolvenzverfahren über sein eigenes Vermögen erfolgen. Deshalb ist für eine Anfechtung seiner Handlungen im Insolvenzverfahren über das Vermögen der übernehmenden Gesellschaft kein Raum.[226] 103

4. Insolvenz von Kreditinstituten. Gegen Kreditinstitute kann nach § 46b Abs. 1 Satz 4 KWG nur die Bundesanstalt für Finanzdienstleistungsaufsicht den Eröffnungsantrag wirksam stellen. Dennoch ist für die Insolvenzanfechtung nicht dieser Antrag maßgeblich, soweit die §§ 130 bis 136 Fristen mit dem Eröffnungsantrag beginnen lassen. Vielmehr verlegt § 46c KWG den Fristbeginn vor auf den Erlass von Maßnahmen gemäß § 46 Abs. 1 KWG durch die Bundesanstalt, also den Erlass eines Veräußerungs-, Zahlungs- oder Zahlungsannahmeverbots oder die Schließung des Kreditinstituts. Grund hierfür ist das Vollstreckungsverbot, das § 46 Abs. 2 Satz 5 KWG an derartige Anordnungen knüpft; die Vorverlegung des Fristbeginns soll verhindern, dass durch ein solches behördlich verfügtes Moratorium Anfechtungsfristen verstrichen sind, wenn später gleichwohl das Insolvenzverfahren eröffnet werden muss → § 139 Rn. 3. 104

Gegenüber Versicherungsunternehmen bestehen nach § 314 VAG keine unmittelbar ins Vollstreckungsrecht hineinreichende Befugnisse des Bundesaufsichtsamts für das Versicherungswesen, so dass auch eine entsprechende Fristenregelung entfällt. Maßgebend bleibt hier der – nur vom Aufsichtsamt zu stellende (§ 312 Abs. 1 Satz 1 VAG) – Eröffnungsantrag. 105

§ 46 Abs. 2 Satz 2 KWG gestattet es dem Kreditinstitut, sogar nach Erlass eines Veräußerungs- und Zahlungsverbots gemäß Abs. 1 Satz 2 Nr. 4 Abwicklungsgeschäfte vorzunehmen, soweit die Sicherungseinrichtung eines Verbandes der Kreditinstitute die erforderlichen Mittel zur Verfügung stellt oder zusagt. Derartige Geschäfte dienen der Einlagensicherung. Sie begründen keine objektive Gläubigerbenachteiligung und berechtigen deshalb im Fall eines späteren Insolvenzverfahrens nicht zur Anfechtung.[227] 106

IX. Insolvenzanfechtung mit Auslandsbezug

§ 339 geht davon aus, dass sich die Insolvenzanfechtung weltweit grundsätzlich nach dem Recht des Staates der Insolvenzeröffnung richtet. Für Formen, Fristen und Rechtsfolgen der Anfechtung gilt das uneingeschränkt. Die **materiellen** Anfechtungsvoraussetzungen sind jedoch zum Schutz des Rechtsverkehrs in Deutschland verschärft; die Anfechtung ist ausgeschlossen, soweit der Anfechtungsgegner nachweist, dass für die Rechtshandlung das Recht eines anderen Staates maßgebend und sie nach diesem Recht in keiner Weise angreifbar ist. Eine ähnliche Regelung sieht Art. 7 Abs. 2 Satz 2 Buchst. m iVm Art. 16 EuInsVO für die beteiligten europäischen Staaten vor.[228] 107

X. Übergangsregelungen

Gemäß Art. 103 EGInsO gilt das frühere Recht einheitlich für Insolvenzverfahren, die bis einschließlich 31.12.1998 beantragt wurden. Für sämtliche danach beantragten Verfahren ist allgemein das Recht der Insolvenzordnung auch auf solche Rechte und Rechtsverhältnisse anzuwenden, die vorher begründet wurden (Art. 104 EGInsO). Speziell für die Insolvenzanfechtung schützt jedoch **Art. 106 EGInsO** das Vertrauen in weniger strenges früheres Recht: Für Rechtshandlungen, die vor dem 1.1.1999 vorgenommen wurden und nach altem Recht nicht oder nur in geringerem Umfange anfechtbar waren, bleibt dieses insoweit maßgeblich. Dies gilt insbesondere hinsichtlich der Begriffsbestimmung der „Zahlungsunfähigkeit" in §§ 130 bis 132 iVm § 17 Abs. 2 im Vergleich mit der früher maßgeblichen Definition der „Zahlungseinstellung", ferner für sämtliche materiellen Fristen und Beweislastregeln,[229] nicht aber für die bloße Ausübungsfrist des § 146 Abs. 1.[230] Nach § 10 Abs. 1 Nr. 4 GesO musste dem Anfechtungsgegner – auch bei inkongruenten Deckungen – die Zahlungseinstellung mindestens „bekannt sein"; dies war eine zusätzliche, erschwerende Voraussetzung im Vergleich mit § 131 Abs. 1 Nr. 1 und 2.[231] Dagegen war die Vorsatzanfechtung gemäß 108

---

226 BGH WM 1955, 1195 (1197) mAnm *Bötticher* MDR 1956, 88 f.; HKInsO/*Thole* § 129 Rn. 33.

227 Jaeger/*Henckel* § 129 Rn. 84; *Knapp* NJW 1976, 873 (877); Uhlenbruck/*Borries/Hirte* § 129 Rn. 79.

228 Zu Zuständigkeitsfragen → § 146 Rn. 31.

229 Für eine Vorwirkung des § 140 Abs. 2 zu Unrecht *Zeuner* Anfechtung Rn. 8.

230 *Hirte* ZInsO 2001, 784 (786); *Kreft* ZInsO 1999, 370 f.; *Spliedt* NZI 2001, 127 (128 f.); aM *Johlke/Schröder* EWiR 1999, 511 (512).

231 Vgl. BGH NJW 2004, 1444 (1446).

§ 10 Abs. 1 Nr. 1 GesO nicht milder als § 133 Abs. 1 Satz 1;[232] jedoch fehlte die Vermutung des § 133 Abs. 1 Satz 2 sowohl in § 31 Nr. 1 KO als auch in § 10 Abs. 1 Nr. 1 GesO.[233] Die Reformvorschriften des Gesetzes zur Verbesserung der Rechtssicherheit bei Anfechtungen nach der Insolvenzordnung und nach dem Anfechtungsgesetz[234] gelten für Insolvenzverfahren, die ab dem 5.4.2017 eröffnet worden sind, mit Ausnahme der Vorschrift des § 143 Abs. 1 Satz 3, die auch bereits für Ansprüche aus Altverfahren für die Zeit ab dem 5.4.2017 Wirkung entfaltet (Art. 103j Abs. 2 EGInsO) → § 143 Rn. 133.

§ 129 Grundsatz

(1) Rechtshandlungen, die vor der Eröffnung des Insolvenzverfahrens vorgenommen worden sind und die Insolvenzgläubiger benachteiligen, kann der Insolvenzverwalter nach Maßgabe der §§ 130 bis 146 anfechten.

(2) Eine Unterlassung steht einer Rechtshandlung gleich.

Übersicht

232 OLG Stuttgart ZInsO 2004, 752 (753).
233 Vgl. *Münch* FS Gerhardt, 2004, 621 (624).
234 BGBl. 2017 I 654.

I. Normzweck

1 § 129 regelt vorab **allgemeine Fragen,** die für jeden der folgenden Anfechtungstatbestände wesentlich sind.[1] Er enthält einheitliche Grundlagen der Insolvenzanfechtung und dient zugleich dazu, diese von anderen Mitteln zur Anreicherung der Insolvenzmasse abzugrenzen.

II. Entstehungsgeschichte

2 § 129 Abs. 1 entspricht inhaltlich dem früheren § 29 KO, bezieht aber hinsichtlich des Anfechtungsrechts des Verwalters § 36 KO mit ein. § 10 Abs. 1 GesO enthielt eine gleichartige Regelung, die – entgegen dem teilw. zu eng gefassten Wortlaut – nicht nur Rechtshandlungen des Schuldners erfasste.[2]

3 Abs. 2 kodifiziert die einhellige Auffassung, die sich seit langem in Rspr.[3] und Schrifttum[4] zur Anfechtbarkeit von Unterlassungen gebildet hatte.

4 Der jetzige Inhalt der Vorschrift war – in teilw. erweiterter Form – schon in Leitsatz 5.1 des 1. KommBer. sowie in § 134 DE und RefE vorgesehen. Der entsprechende § 144 RegE wurde im Gesetzgebungsverfahren inhaltlich nicht geändert, sondern lediglich redaktionell angepasst.

III. Inhalt der Regelung im Allgemeinen

5 Nach § 129 besteht ein Anfechtungsrecht nur, wenn die tatbestandsmäßigen Voraussetzungen der **Rechtshandlung** → Rn. 6 ff., der **Gläubigerbenachteiligung** → Rn. 76 ff. und des **Zurechnungszusammenhangs** zwischen beiden → Rn. 169 ff. vorliegen. Zusätzlich muss mindestens **einer der speziellen Anfechtungstatbestände** (§§ 130 bis 136) erfüllt sein. Ferner sieht § 129 die alleinige Anfechtungsbefugnis des Insolvenzverwalters bzw. Sachwalters vor → Rn. 186 ff.

IV. Rechtshandlung

6 **Allgemeine Voraussetzung** jeder Insolvenzanfechtung ist das Vorliegen einer Rechtshandlung, auch wenn rechtstechnisch nicht diese selbst, sondern die von ihr ausgelöste Wirkung „angefochten" wird.[5] Zweck dieses Tatbestandsmerkmals ist es, zufällige Vermögensveränderungen aus der Anfechtung auszuklammern sowie die persönliche Verantwortlichkeit für eine bewusste Minderung der späteren Insolvenzmasse genauer erfassen zu helfen → Rn. 34 ff. → Rn. 49 ff. → Rn. 53. Die Rechtshandlung muss zudem regelmäßig vor Verfahrenseröffnung vorgenommen worden sein → Rn. 74 f.

7 **1. Begriff der Rechtshandlung.** Unter diesem speziellen anfechtungsrechtlichen Begriff ist **jede bewusste Willensbetätigung** zu verstehen, die eine rechtliche Wirkung auslöst,[6] gleichgültig ob diese selbst gewollt ist oder nicht.[7] Rein tatsächlich wirkende Maßnahmen bleiben außer Betracht,

---

1 Zum Verhältnis dieser Tatbestände zueinander → Vor § 129 Rn. 94 f.

2 BGH NJW-RR 2005, 695 (696); BGH NJW 2002, 1574 (1576); BGH NJW-RR 2002, 261; BGHZ 143, 332 (333 ff.) = NJW 2000, 1117 ff.; BGH NJW-RR 2000, 1297 f.

3 RGZ 6, 367 (369); RG JW 1914, 106 (107) zu § 3 AnfG.

4 *Jaeger/Henckel* KO § 29 Rn. 5; *Haarmeyer/Wutzke/Förster* GesO § 10 Rn. 12.

5 BGH NZI 2009, 644 (645); BGHZ 147, 233 (236) = NJW 2001, 1940 (1941); BGH NZI 1999, 152 (153); BGH NJW 1995, 1668 (1670 f.); OLG Hamm WM 2003, 2115 (2116); *Allgayer* Rn. 240; *Eckardt* FS Gerhardt, 2004, 145 (166 f.); HKInsO/*Thole* § 129 Rn. 7; *Smid/Zeuner* InsO § 129 Rn. 41; zum AnfG auch MüKoAnfG/*Kirchhof* § 1 Rn. 4.

6 BGH NZI 2014, 321 (322); RGZ 59, 53 (57); AGR/*Gehrlein* § 129 Rn. 23; BeckOKInsO/*Raupach* § 129 Rn. 19; *Eckert* S. 37 ff.; HKInsO/*Thole* § 129 Rn. 12; *Smid/Zeuner* InsO § 129 Rn. 40; Uhlenbruck/*Borries/Hirte* § 129 Rn. 86; *Ulmer* ZIP 1984, 1163 (1169).

7 BGH NZI 2009, 644 (645); BGH NJW 2004, 1660 f.; OLG Karlsruhe ZInsO 2004, 1036 (1037); FKInsO/*Dauernheim* § 129 Rn. 21; KPB/*Ehricke* § 129 Rn. 36; MüKoAnfG/*Kirchhof* § 1 Rn. 5.

so zB Buchungen über getätigte Bareinzahlungen des Schuldners selbst,[8] zu stornierende Buchungen → Rn. 78b → Rn. 108a ff. sowie die Wertstellung im bankmäßigen Lastschriftverfahren[9] oder regelmäßig das Einreichen von Lastschriften durch den Kunden bei der Inkassostelle.[10] Der Begriff „Rechtshandlung" ist bewusst weit gefasst,[11] damit grundsätzlich alle Arten benachteiligender Maßnahmen Gegenstand einer Anfechtung sein können. Als Ausgleich dafür sind die einzelnen Anfechtungstatbestände, von denen einer zusätzlich erfüllt sein muss → Rn. 5, verhältnismäßig eng und genau umschrieben.[12] Das Brauen von Bier stellt eine solche Rechtshandlung dar, weil es mit dem Beginn des Herstellungsvorgangs die Sachhaftung für die Biersteuer zum Entstehen bringt.[13] Maßnahmen, die dem Schuldner von Rechts wegen unwiderstehlich aufgezwungen werden, sind zwar nicht seine eigenen Rechtshandlungen,[14] doch können sie auf Rechtshandlungen des den Druck ausübenden Teils beruhen, so dass diese Unterscheidung vor allem für die Urheberschaft der Handlung bedeutsam wird → Rn. 34 ff. → § 133 Rn. 7 ff.; außerdem ist sie für die Rechtserheblichkeit von Unterlassungen wesentlich → Rn. 23 ff.

8 Wegen des Zwecks der Insolvenzanfechtung → Vor § 129 Rn. 2 ff. ist der Begriff „Rechtshandlung" aufgrund einer Betrachtungweise auszulegen, welche die zu beurteilenden Vorgänge vollständig und wirtschaftlich zutreffend erfasst.[15] Nicht nötig ist, dass durch die Rechtshandlung der Vermögenswert endgültig aus dem Schuldnervermögen ausscheidet; es genügen **zeitlich beschränkte Vermögensopfer,** zB die Bestellung von Sicherheiten. Der Begriff der Rechtshandlung setzt auf Seiten des Anfechtungsgegners auch nicht einen entsprechenden Rechtserwerb voraus; dieser ist vielmehr erst für die zusätzliche Frage erheblich, ob der Anfechtungsgegner etwas zurückzugewähren hat (§ 143). Deshalb kann bspw. die Eigentumsaufgabe anfechtbar sein.[16] Der Begriff der Rechtshandlung ist nicht identisch mit dem bereicherungsrechtlichen Begriff der Leistung; erfüllt der spätere Insolvenzschuldner eine Verbindlichkeit seines Gläubigers durch Zahlung an einen Dritten, liegt darin auch diesem gegenüber eine Rechtshandlung des Insolvenzschuldners.[17]

9 Im Hinblick auf die weitere Anfechtungsvoraussetzung der Gläubigerbenachteiligung → Rn. 76 ff. kommen praktisch nur **vermögensbezogene Handlungen** in Betracht,[18] also zB nicht der Erbverzicht, das Nichtausüben der Arbeitskraft → Rn. 88 ff. oder das Unterlassen, einen Eröffnungsantrag zu stellen → Rn. 28. Eigenständige begriffliche Voraussetzung einer „Rechtshandlung" ist das allerdings nicht.

10 Allein § 132 Abs. 1 und 2 begrenzen die Anfechtbarkeit auf **„Rechtsgeschäfte"** → § 132 Rn. 6 und § 133 Abs. 4 auf **„Verträge"** → Rn. 11 ff. → § 133 Rn. 40 f. Dagegen engt der Begriff der unentgeltlichen „Leistung" in § 134 nicht die möglichen verursachenden Rechtshandlungen ein, sondern stellt lediglich klar, dass zusätzlich die Aufgabe eines Vermögensguts erforderlich ist.

11 **a) Handlungen im Sinne des Absatzes 1. aa) Willenserklärungen.** Rechtshandlungen sind der Abschluss ein- oder zweiseitig **verpflichtender Rechtsgeschäfte,**[19] wie zB Miet-,[20] Transport-,[21]

---

8 BGHZ 74, 129 (131 f.) = NJW 1979, 1461 (1462 f.); OLG Hamm ZIP 1982, 722 (724); *Bork* Zahlungsverkehr Rn. 370; *Peschke* S. 201 f.; anders verhält es sich bei konstitutiven Buchungen und deklaratorischen Schuldanerkenntnissen im engeren Sinn → Rn. 12; dazu gehört auch die Verbuchung von Einzahlungen Dritter, vgl. *Bork* Zahlungsverkehr Rn. 365.

9 BGHZ 70, 177 (181) = NJW 1978, 758 f.; vgl. *Canaris* ZIP 1980, 516 f. sowie für einen bankinternen Sperrvermerk BGH NJW-RR 1986, 848 (849); LG Aachen WM 1990, 1042 (1043) für die Stornierung nicht eingelöster Lastschriften.

10 BGHZ 70, 177 (181) = NJW 1978, 758 f.; anderes gilt, soweit die Bank mit dem Einreichen der Lastschrift gemäß Nr. 15 Abs. 2 AGB-Banken/Nr. 25 Abs. 2 AGB-Sparkassen die zugrunde liegende Forderung erwirbt; vgl. *Bork* Zahlungsverkehr Rn. 313.

11 Vgl. BT-Drs. S. 157 zu § 144; BGH WM 1975, 1182 (1184); *Germann* S. 32 f.; *Jaeger/Henckel* KO § 29 Rn. 4; Nerlich/Römermann/*Nerlich* § 129 Rn. 34; ergänzend → § 130 Rn. 13 f. und rechtsvergleichend *Bruski* S. 25 ff.

12 *Baur/Stürner* Rn. 18.2; Gottwald/*Huber* § 46 Rn. 15.

13 BGH NZI 2009, 644 (645); dazu *Schmittmann* ZInsO 2009, 1949.

14 BGHZ 162, 143 (154 f.) = NJW 2005, 1121 (1122 ff.).

15 BGH WM 1955, 407 (409); BGHZ 41, 298 (300); BGH WM 1971, 908 (909); BGHZ 72, 39 (41 f.) = NJW 1978, 1921 (1922); iE → Rn. 101 → § 143 Rn. 37.

16 Zu eng *Jaeger/Henckel* KO § 29 Rn. 16, die anscheinend nur eine Anfechtung wegen Unentgeltlichkeit (§ 134) zulassen wollen; die Dereliktion kann aber auch gezielt als Mittel zur Vermögensverschiebung (§ 133) eingesetzt werden, vgl. *C. Paulus* ZIP 1996, 2141 (2147); ergänzend → Rn. 16.

17 Vgl. BGH NJW-RR 2004, 983 f.; zur Abgrenzung gegenüber unentgeltlichen Leistungen → § 134 Rn. 5 ff.

18 Vgl. *Baur/Stürner* Rn. 18.22, 18.42.

19 AGR/*Gehrlein* § 129 Rn. 26.

20 Vgl. *Jaeger/Henckel* KO § 29 Rn. 43 f.

21 Vgl. BGHZ 150, 326 (329 f.) = NJW-RR 2002, 1417 (1418).

Darlehens-[22] oder Gesellschaftsverträge,[23] der Kaufvertrag über ein Unternehmen[24] oder Gesellschaftsanteile, der Sicherheiten-Poolvertrag,[25] ein Vergleich iSv § 779 BGB,[26] Güterrechtsverträge[27] – im Gegensatz zum Eintritt eines bestimmten Güterstandes kraft Gesetzes –, ferner Vereinbarungen über den Versorgungs- oder Zugewinnausgleich,[28] unbenannte Zuwendungen zwischen Eheleuten[29] sowie das Eingehen einer Treuhänderstellung,[30] die Bezeichnung als Begünstigter aus einem Versicherungsvertrag → Rn. 52, aber auch die Ausübung eines einseitigen Optionsrechts auf Vertragsschluss oder -verlängerung,[31] das Geltendmachen eines Heimfallanspruchs gemäß § 2 Nr. 4 ErbbRVO,[32] die Einräumung eines Bezugsrechts[33] und eine Mithaftungs- oder Bürgschaftsübernahme durch den Schuldner.[34] Stellt der spätere Insolvenzschuldner für eine eigene Schuld einen Bürgen oder Garanten, enthält die wenigstens konkludent zugrunde liegende Sicherungsvereinbarung mit dem Gläubiger auch diesem gegenüber eine Rechtshandlung des Schuldners.[35] Erfasst wird jede einzelne – benachteiligende → Rn. 130 → § 143 Rn. 31 – Bestimmung eines Rechtsgeschäfts.

Als Rechtshandlungen können die **Begründung eines abstrakten Schuldanerkenntnisses** 12 oder einer konstitutiv wirkenden Gutschrift im Bankverkehr,[36] aber auch deklaratorische Schuldanerkenntnisse – soweit dadurch Verteidigungsmöglichkeiten ausgeschlossen werden[37] – sowie der Überweisungsauftrag an ein Kreditinstitut verbunden mit dessen Ausführung[38] anfechtbar sein. In Betracht kommen ferner die zugunsten eines Gläubigers erteilte Weisung des Schuldners an seine Bank zur Abbuchung von dessen Girokonto im Abbuchungsauftragsverfahren[39] sowie das Vervollständigen eines Blankowechsels durch den Gläubiger.[40] Die Aufnahme eines Darlehens einerseits und dessen Auszahlung an einen Dritten andererseits sind auch dann zwei getrennte Rechtshandlungen, wenn sie in unmittelbarem zeitlichen Zusammenhang erfolgen.[41]

Rechtshandlung ist ferner das **Eingehen von Arbeitsverträgen**[42] und ergänzenden Vereinba- 13 rungen – zB Ruhegeldzusagen[43] – oder Änderungsverträgen wie bspw. Lohnerhöhungen[44] oder Vereinbarungen der Unkündbarkeit.[45] Die Wahl einer (ungünstigen) Steuerklasse kann eine Rechtshandlung gegenüber dem begünstigten Ehegatten darstellen.[46] Der **Abschluss von Sozialplänen** kann angefochten werden,[47] insbesondere soweit sie nicht unter die Sonderregelung der §§ 123, 124 fallen → Vor § 129 Rn. 83, also vor der Dreimonatsfrist des § 124 Abs. 1 abgeschlossen wurden;[48]

---

22 Vgl. BGH NJW 1989, 1037 f.; *Jaeger/Henckel* KO § 29 Rn. 45.

23 Vgl. RGZ 142, 373 (377); *Jaeger/Henckel* KO § 29 Rn. 55; ferner → Vor § 129 Rn. 78 ff.; zur selbständigen Anfechtung der Einlagen → Rn. 94.

24 Vgl. *Jaeger/Henckel* KO § 29 Rn. 57; zur selbständigen Anfechtung des Erfüllungsgeschäfts → Rn. 14 → Rn. 94.

25 BGHZ 138, 291 (306) = NJW 1998, 2592 (2597 f.); BGH NJW-RR 1993, 235 (236); BGH NJW 1984, 803 f.; OLG Köln ZIP 1994, 1461 (1462); *Smid* NZI 2000, 505 (512 f.).

26 OLG Düsseldorf ZInsO 2002, 674 (675); *Gerhardt* KTS 2004, 195 ff.; BGH NJW-RR 2004, 1534 (1535) zu § 1 AnfG; zur Gläubigerbenachteiligung → Rn. 114.

27 BGH NZI 2010, 738 (739); BGHZ 57, 123 (124) = NJW 1972, 48 zu § 3 AnfG; *Jaeger/Henckel* KO § 29 Rn. 46 ff.

28 *Jaeger/Henckel* KO § 29 Rn. 50.

29 Vgl. *Morhard* NJW 1987, 1734 (1736 f.).

30 BGHZ 124, 298 (300) = NJW 1994, 726 (727); BGH NJW 1993, 2041 (2042) jeweils zu § 3 AnfG; *Bork* NZI 1999, 337 (343); Uhlenbruck/*Borries/Hirte* § 129 Rn. 101, 282 ff.; ergänzend → Rn. 139 ff.

31 Vgl. BGH WM 1975, 1182 (1184) zu § 3 AnfG.

32 Vgl. OLG Naumburg ZIP 2006, 716 (718); ergänzend → Rn. 130 f.

33 BGH NJW-RR 2016, 171 (172) = NZI 2016, 35.

34 Vgl. BGH NJW-RR 2005, 1283; *Kirchhof* FS Fuchs, 1996, 97 (99).

35 BGH NJW-RR 2005, 1283; BGH NJW 1999, 3046 (3047); *Mundt* NZBau 2003, 527 (528); *C. Paulus* ZBB 1990, 200 (206).

36 Vgl. BGHZ 70, 177 (181 f.) = NJW 1978, 758 (759).

37 Zu dieser Rechtswirkung vgl. BGH NJW 1983, 1903 (1904); BGHZ 66, 250 (253 f.) = NJW 1976, 1259 (1260); BGH NJW 1970, 321; MüKoBGB/*Habersack* § 781 Rn. 5, 20; Palandt/*Sprau* BGB § 781 Rn. 4.

38 Vgl. BGH NJW-RR 1986, 848 (850).

39 → Rn. 50 und zur Einzugsermächtigung → Rn. 14.

40 Zur Unerheblichkeit rein deklaratorisch wirkender Buchungen → Rn. 7, zu Verrechnungen → Rn. 15.

41 Vgl. BGH NJW 2002, 1574 (1575 f.).

42 *Grunsky* Arbeitsverhältnis S. 10; *Jaeger/Henckel* KO § 29 Rn. 31 f.; *Schaub* ZIP 1993, 969.

43 *Kuhn/Uhlenbruck* KO § 22 Rn. 7, § 29 Rn. 7.

44 Vgl. *Lohkemper* KTS 1996, 1 (30 f.); *Jaeger/Henckel* KO § 29 Rn. 32; *Wichmann* S. 106 ff.

45 *Grunsky* Arbeitsverhältnis S. 11.

46 Vgl. *Ernst* ZVI 2003, 107 (108 f.); → Rn. 92.

47 LAG Hamm ZIP 1982, 615 (617); *Schils* KTS 1976, 267 (278 f.).

48 *v. Campe* S. 192 f.; HambKommInsO/*Rogge/Leptien* § 129 Rn. 6; HKInsO/*Thole* § 129 Rn. 23; KPB/*Ehricke* § 129 Rn. 45; *Lohkemper* KTS 1996, 1 (31 f.); Uhlenbruck/*Borries/Hirte* § 129 Rn. 418.

obwohl sie nur einfache Insolvenzforderungen begründen, kann die dadurch bedingte Vermehrung der Passivmasse die Gläubiger benachteiligen. Eine anfechtbare Rechtshandlung kann auch vorliegen, sofern der Sozialplan durch den Spruch der Einigungsstelle nach §§ 112 Abs. 4, 76 Abs. 5 BetrVG zustande gekommen ist.[49] Denn dieser ersetzt nur die Willenserklärungen der konkret Beteiligten, dient aber gemäß § 76 Abs. 5 Satz 3 BetrVG jedenfalls vor einem Insolvenzverfahren nicht der Gleichbehandlung sämtlicher Gläubiger;[50] zudem lässt § 141 erkennen, dass nicht einmal hoheitliche Einwirkungen die Anfechtbarkeit ausschließen → Rn. 35. Davon zu unterscheiden ist die Frage, ob für einen solchen Sozialplan ein Gläubigerbenachteiligungsvorsatz des Schuldners festgestellt werden kann → § 133 Rn. 18 → § 133 Rn. 32. Ohne Sonderregelungen anfechtbar kann weiter der freiwillige Abschluss einer sozialplanähnlichen Betriebsvereinbarung (iSv § 88 BetrVG) sein, die nicht gemäß § 111 BetrVG vorgeschrieben ist.[51]

14 Rechtshandlungen sind auch **verfügende Rechtsgeschäfte:**[52] zB das Erbringen wie die Entgegennahme[53] von Erfüllungshandlungen einschließlich Steuerzahlungen,[54] Überweisungen,[55] Rückzahlungen aus einem Cash-Pool[56] oder Erfüllung von Vermächtnissen (vgl. § 322), das Aufladen einer Geldkarte,[57] die Genehmigung einer Lastschrift im Einzugsermächtigungsverfahren,[58] Lieferung geschuldeter Ware[59] oder Erbringung von Werkleistungen,[60] die Gestellung von Arbeitskräften und Geräten,[61] Leistungen auf einen nicht unter die §§ 123, 124 fallenden Sozialplan → Rn. 13 oder über die darin aufgestellten Grenzen hinaus.[62] Entstehen durch Lieferungen des Schuldners an Dritte Umsatzsteuerforderungen des Finanzamts, so ist auch dies eine Folge der Rechtshandlung „Lieferung";[63] dasselbe gilt, wenn durch den Abschluss eines Transportvertrags weitere Ansprüche des Frachtführers mit besichert werden.[64] War die vom Schuldner getilgte Verbindlichkeit durch Sicherheiten Dritter verstärkt, können diese durch die Erfüllungshandlung frei werden; auch eine solche Wirkung wird der Rechtshandlung zugerechnet → Rn. 170. Insbesondere wenn der Schuldner in seiner wirtschaftlichen Krise ausgewählte Verbindlichkeiten tilgt, so dass seine Angehörigen aus ihrer Mithaft gegenüber dem Gläubiger entlassen werden oder eine bessere Rechtsposition erhalten, kann diese Wirkung ebenfalls anfechtbar sein.[65] Die Zahlung durch einen Drittschuldner ist gegenüber der vorangegangenen Pfändung und Überweisung eine selbständige Rechtshandlung.[66]

---

49 FKInsO/*Dauernheim* § 129 Rn. 15; *Jaeger/Henckel* KO § 29 Rn. 39; *Kaven* S. 150 f.; *Ohl* S. 186; *Richardi* Sozialplan und Konkurs, 1975, S. 72; *Schlüter* S. 83 f.; grundsätzlich auch *Galperin/Löwisch* § 112 Rn. 74; für Anfechtbarkeit unterlassener Rechtsbehelfe Uhlenbruck/*Borries/Hirte* § 129 Rn. 418; aM *Fuchs* Sozialplan S. 54; *Willemsen* ZIP 1982, 649 (651 f.); einschränkend auch *Eichberger* S. 93; *Hanau* ZfA 1974, 89 (114); ergänzend vgl. *Lohkemper* KTS 1996, 1 (32).

50 Vgl. BAGE 31, 176 (191) = NJW 1979, 774 (776); BAG NJW 1987, 92 (93) nimmt Abweichendes erst für die im Insolvenzverfahren selbst aufzustellenden Sozialpläne an.

51 LAG München ZIP 1987, 589 (590); *Balz* EWiR 1987, 501 (502).

52 AGR/*Gehrlein* § 129 Rn. 27.

53 Dazu gehört auch die Annahme von Kundenzahlungen durch die Bank des Schuldners, insbesondere wenn diese die sich hieraus ergebenden Gutschriften mit einem Schuldsaldo verrechnet; vgl. BGH NJW 2004, 2163 f.; BGH NJW-RR 2005, 695 f.; BGHZ 150, 122 (125 f.) = NJW 2002, 1722 f.; LG Cottbus NZI 2003, 207 (208); dies wurde von KG ZInsO 2004, 1259 (1260) verkannt.

54 Vgl. BGH NJW 1994, 2893 (2894); OLG Braunschweig MDR 1950, 356 f.; OLG Köln NJW-RR 1992, 1382 (1383); OLG Köln NJW-RR 1993, 928, bestätigt von BGH ZIP 1993, 448; OLG Stuttgart ZIP 1996, 1621 (1622). Daran ändert es nichts, wenn der Insolvenzschuldner zahlt, um einer persönlichen Haftung oder Bestrafung zu entgehen: *Plagemann* EWiR 1997, 793 zu OLG Dresden für entrichtete Beiträge an einen Sozialversicherungsträger.

55 BGH NJW 2017, 3516 (3517) = NZI 2017, 854 (855).

56 Vgl. *Thomas* ZInsO 2007, 77 (78).

57 Vgl. *Bork* Zahlungsverkehr Rn. 399.

58 OLG Düsseldorf ZIP 1991, 330 (331); OLG Karlsruhe ZIP 2007, 286 (287 f.); zum Abbuchungsauftrag → Rn. 12.

59 Vgl. BGH ZIP 1981, 1229 (1230 f.); RGZ 27, 130 (133 f.); *Gerhardt* Gedächtnisschrift für Knobbe-Keuk, 1997, 169 (179 f.).

60 Vgl. BGHZ 129, 336 (344) = NJW 1995, 1966 (1968); BGHZ 147, 28 (35) = NJW 2001, 3704 (3706); BGH NJW-RR 2002, 262 (263); *Kreft* in Berger u. a., 3. Leipziger Insolvenzrechtstag, 2002, 7 (10 f.); Schmitz ZInsO 2004, 1051 (1053 f.); *Beiner/Luppe* NZI 2005, 15 (21 f.); → Rn. 56a → Rn. 104a → Rn. 148a → Rn. 168a.

61 Vgl. OLG Hamm ZIP 1982, 722; OLG Frankfurt ZIP 2005, 2325 f.

62 *Balz* DB 1985, 689 (692).

63 Vgl. *Bork* ZInsO 2003, 686 (688); *Onusseit* ZInsO 2005, 638 (641 f.); BFH ZIP 2005, 628 erörtert dies nicht.

64 Vgl. BGHZ 150, 326 (329 f.) = NJW-RR 2002, 1417 (1418); BGH NJW-RR 2005, 916 f.

65 Vgl. BGH NJW 1995, 2783 (2784); RG JW 1909, 280 Nr. 19; → Rn. 72 → Rn. 142.

66 BGH NZI 2000, 310 f.

Als Rechtshandlungen anfechtbar können ferner der **Erlassvertrag** (§ 397 BGB), der Verzicht auf ein Benennungsrecht[67] oder auf Nacherfüllungsansprüche gemäß § 635 BGB,[68] die Zustimmung zur Aufhebung einer Patronatserklärung,[69] die Genehmigung einer befreienden Schuldübernahme[70] oder Erfüllungssurrogate wie Leistungen an Erfüllungs statt (§ 364 Abs. 1 BGB) sein. Die Ausübung eines Kündigungs- oder Pfandrechts[71] oder Zurückbehaltungsrechts, **Aufrechnung**[72] oder **Verrechnung**[73] sind ebenfalls Rechtshandlungen im anfechtungsrechtlichen Sinn. Jedoch enthält § 96 Abs. 1 Nr. 3 eine Sonderregelung für alle Fälle, in denen bereits die Aufrechnungslage für Gläubiger irgendwie[74] in anfechtbarer Weise herbeigeführt wurde;[75] dann tritt eine Tilgungswirkung für Zwecke des Insolvenzverfahrens[76] von vornherein nicht ein. Selbständig bedeutsam bleibt nur die Aufrechnungserklärung des Schuldners, wenn allein dieser, nicht aber der Gläubiger zur Aufrechnung befugt war.[77] Wendet man § 96 Abs. 1 Nr. 3 nach seiner zwingenden Rechtsnatur auch auf Verrechnungen im Rahmen einer laufenden Vertragsbeziehung an,[78] bleibt für eine konstitutive Anfechtung der Verrechnungsabrede kaum Raum → Rn. 148 f.[79] 15

Übereignungen – auch Sicherungsübereignungen[80] – von Sachen, Bestellung oder Übertragung von Anwartschaftsrechten wie beim Erwerb unter Eigentumsvorbehalt,[81] **Belastung von Sachen**[82] einschließlich der Einbeziehung von Allgemeinen Geschäftsbedingungen, die ein Pfandrecht eines Vertragsteils (insbesondere eines Kreditinstituts) vorsehen,[83] Aufhebung von Grundpfandrechten (§§ 876, 1183 BGB), die schuldrechtliche Vereinbarung des Sicherungszwecks einer Grundschuld,[84] der **Verzicht auf dingliche Rechte**[85] oder auf ein Wechselakzept[86] können ebenso 16

---

67 BGH WM 1975, 1182 (1184).

68 Vgl. BGH NJW-RR 2004, 1534 zu § 1 AnfG.

69 OLG München ZIP 2004, 2102 (2105).

70 OLG Nürnberg KTS 1967, 170 (171).

71 BGH NJW 2004, 1660 f.; vgl. BGH NJW-RR 2004, 1190 (1191). Dagegen benachteiligt das bloße Geltendmachen eines bereits bestehenden und verwertungsreifen Pfandrechts die Insolvenzgläubiger nicht mehr zusätzlich: BGH ZIP 1996, 2080 (2081); → Rn. 16 aE.

72 Vgl. BGHZ 86, 349 (353 f.) = NJW 1983, 1120 (1121 f.); BGH NJW 1991, 2144 (2146); OLG Hamm ZIP 1988, 253 (254 f.); ergänzend → Rn. 148 f.

73 Vgl. zu dieser Folge einer entsprechenden Vereinbarung BGHZ 86, 190 (193) = NJW 1983, 887 f.; BGHZ 87, 246 (250) = NJW 1983, 2501 (2502); BGH NJW-RR 1989, 1010; BGHZ 118, 171 (174 ff.) = NJW 1992, 1960 (1961); BGHZ 129, 336 (343 f.) = NJW 1995, 1966 (1968); KG KTS 1983, 447 (448); OLG Hamburg ZIP 1988, 927 (929); OLG Köln NZI 2005, 112 (113); OLG Celle NZI 2005, 334 (335); LG Köln KTS 1958, 94 (95). Dagegen liegt keine „Verrechnung" vor, wenn auf einem Gesellschaftskonto die Einlagen der Gesellschafter nur deklaratorisch gegengerechnet werden (vgl. OLG Hamm ZIP 1982, 722 (723 f.)) oder soweit eine Saldierung kraft Gesetzes – zB gemäß § 16 Abs. 2 UStG – eintritt (vgl. *Bork* ZInsO 2003, 686 (691)).

74 Die Vorschrift gilt für alle Anfechtungstatbestände, nicht nur für § 130; vgl. BGH NZI 2011, 684 (685); OLG Dresden DZWiR 2001, 470 (471 f.); → § 96 Rn. 30 mwN auch zur Gegenansicht; ergänzend → Rn. 67.

75 BGHZ 145, 245 (254) = NJW 2001, 367 (369); BGHZ 147, 233 (236 ff.) = NZI 2001, 357 ff.; BGH NJW-RR 2002, 262 (263); BGH NJW-RR 2004, 846 f.; BGH NZI 2004, 445 f.; BGH NJW-RR 2005, 125 (126); OLG Rostock ZIP 2003, 1903 (1905 f.); OLG Karlsruhe ZInsO 2004, 1036 f.; OLG Köln WM 2002, 354 (355 f.); *v. Campe* S. 107 ff.; *Gerhardt* FS Zeuner, 1994, 366; *Wischemeyer* S. 7 ff.; ergänzend → § 143 Rn. 75 ff. → § 146 Rn. 56.

76 Vgl. *Kreft* WuB VI A. § 96 InsO 3.05.

77 Insbesondere weil die Gegenforderung des Gläubigers noch nicht fällig, einredebehaftet bzw. unklagbar war oder für ihn ein Aufrechnungsverbot bestand; vgl. *v. Olshausen* KTS 2001, 45 (47 f.); HKInsO/*Thole* § 129 Rn. 22.

78 So zutr. OLG Dresden DZWiR 2001, 470 (471); OLG Hamm DZWiR 2005, 218; OLG Frankfurt ZIP 2005, 2325 f.; *Bork* Zahlungsverkehr Rn. 127; vgl. auch BGHZ 169, 158 (161) = NJW 2007, 78 (79); aM *Peschke* S. 185 f.

79 Zur gesetzlich angeordneten Verrechnung der Umsatzsteuerschuld mit den abziehbaren Vorsteuerbeträgen gemäß § 16 Abs. 2 Satz 1 UStG vgl. *Bork* ZInsO 2003, 686 (691); *Onusseit* FS Gerhardt 2004, 725 (740 ff.).

80 Vgl. BGH NJW-RR 1993, 238 (239); Nerlich/Römermann/*Nerlich* § 129 Rn. 38.

81 *Jaeger/Henckel* KO § 29 Rn. 18; vgl. RGZ 67, 425 (430); RG Gruchot 54 (1910), 1164 (1166).

82 BGHZ 86, 340 (346) = NJW 1983, 1123 (1125) und LG Stuttgart DZWiR 2002, 79 (80) für die Bestellung eines Pfandrechts; BGHZ 118, 171 (178) = NJW 1992, 1960 (1961); BGH ZIP 1997, 423 (424); OLG Brandenburg OLG-NL 2006, 105; LG Potsdam DZWiR 1999, 40 für die Bestellung eines Grundpfandrechts; ergänzend → Rn. 15.

83 BGH ZIP 1996, 2080 (2081 f.).

84 LG Potsdam ZIP 1997, 1383 mAnm *Pape* EWiR 1997, 795.

85 ZB nach §§ 1168 Abs. 1, 1177 Abs. 1 BGB.

86 *Kuhn/Uhlenbruck* § 29 Rn. 29.

anfechtbar sein wie der Erlass eines bereits entstandenen Pflichtteilsanspruchs.[87] Dasselbe gilt für die **Abtretung von Rechten**[88] – einschließlich der Vorausabtretung künftiger Forderungen[89] oder der Abtretung an einen Treuhänder zu Sanierungszwecken[90] – und für die Erteilung einer Einziehungsermächtigung gemäß § 185 Abs. 1 BGB oder für die Einwilligung des Schuldners in eine bestimmte Verwertung seines Sicherungsguts durch den Gläubiger.[91] Das trifft grundsätzlich auch zu, wenn der Schuldner über erst künftig entstehende Rechte verfügt → Rn. 79 ff. oder eine **Vormerkung für einen künftigen Auflassungsanspruch** bestellt.[92] Überträgt der Schuldner einen Gegenstand, damit der Empfänger ihn sogleich an einen Dritten weiterübertragen soll, handelt es sich bei beiden Übertragungen grundsätzlich um selbständige Rechtshandlungen → Rn. 48. Die Ausübung eines Pfandrechts hat als Handlung Rechtswirkungen nur, sofern sie konstitutiv wirkt, zB in dem Fall, dass die zu sichernde Forderung noch nicht fällig ist.[93] Dagegen ist das bloße (deklaratorische) Geltendmachen eines bereits bestehenden und verwertungsreifen Pfandrechts keine rechtlich benachteiligende Handlung; maßgebend ist vielmehr bereits die Begründung des Pfandrechts selbst.[94]

17 Dagegen ist der mit Gläubigerbenachteiligungsvorsatz erklärte **Verzicht auf gewerbliche Schutzrechte** gemäß § 138 Abs. 1 BGB nichtig.[95] Nach Anfechtungsregeln könnte insoweit zwar ein Gläubigerschutz gegenüber solchen Dritten erreicht werden, denen aufgrund des Verzichts gezielt die Gelegenheit zugewendet wird, zeitlich vor Anderen tatsächliche Nutzungsvorteile zu ziehen.[96] Die Substanz des Schutzrechts kann aber nur beim verzichtenden Inhaber erfasst werden; und dafür erscheint eine bloße haftungsrechtliche Unwirksamkeit des Verzichts → Vor § 129 Rn. 31 als eine zu wenig tragfähige Grundlage. Der fehlende Rechtserwerb Dritter unterscheidet diesen Verzicht von der Dereliktion → Rn. 8 aE.

18 Anfechtbar kann die **Einbringung der Stammeinlage** in eine Kapitalgesellschaft sein.[97] Die gegenteilige Auffassung, die derartige Leistungen wegen des Kapitalerhaltungsgrundsatzes (§ 30 GmbHG, § 57 Abs. 1 Satz 1 AktG) – jedenfalls gegenüber einer in Vollzug gesetzten Gesellschaft – von der Anfechtung ausnehmen will,[98] begünstigt einseitig die Gesellschaftsgläubiger gegenüber anderen und verletzt den Grundsatz der Gleichbehandlung aller Gläubiger in der Insolvenz. Die Insolvenzordnung bietet keine Grundlage für einen solchen Nachrang der Gläubiger eines Gesellschafters, der sein Vermögen bereits in einer nach allgemeinen Regeln anfechtbaren Weise eingebracht hatte. Stattdessen kann die Gesellschaft wegen der aufgrund erfolgreicher Anfechtung fehlenden Stammeinlage nach §§ 21 ff. GmbHG, §§ 64 ff. AktG vorgehen.[99]

19 Als anfechtbare Rechtshandlungen kommen weiter die **Beschlüsse eines Gesellschaftsorgans,**[100] die **Auflösung einer Gesellschaft oder Gemeinschaft**[101] oder das Ausscheiden daraus,[102] die Betriebsaufspaltung,[103] die **Unternehmensübertragung,**[104] auch in Fällen außer-

---

87 *Jaeger/Henckel* KO § 29 Rn. 59 aE.

88 Vgl. BGH WM 1987, 986 (987) und RGZ 37, 103 (105 f.) zu § 3 AnfG. Insoweit schränkt auch § 1124 Abs. 2 BGB nicht die Anfechtung ein: RG Gruchot 57 (1913), 1005 (1006 f.). Das Abtretungsangebot des Schuldners bleibt auch dann seine eigene Rechtshandlung, wenn es unter der Bedingung seiner Insolvenz erklärt wird, wie im Fall BGH NJW 1993, 1640 (1641); dies berücksichtigt *C. Paulus* ZIP 1996, 2141 (2142) und EWiR 1993, 389 nicht hinreichend; zur Abtretungsanzeige → Rn. 21.

89 Vgl. BGHZ 30, 238 (240) = NJW 1959, 1539 f.; BGHZ 64, 312 (313) = NJW 1975, 1226 (1227); BGH ZIP 1997, 513 (514).

90 Vgl. BGH ZIP 1996, 1475; OLG Hamm InVo 1996, 264 f.

91 BGH NJW 1997, 1063 (1065).

92 Vgl. BGHZ 149, 1 (9) = NJW 2002, 213 (217); *Fritsche* DZWiR 2002, 92 (95); ergänzend → § 140 Rn. 46.

93 Vgl. BGH NJW 2004, 1660 f.; BGH NJW-RR 2004, 1190 (1191); LG Köln ZVI 2002, 72 (73 f.).

94 BGH ZIP 1996, 2080 (2081); zur pfandrechtsbegründenden Besitzergreifung → Rn. 22.

95 → Vor § 129 Rn. 57; OLG Düsseldorf GRUR 1953, 165 f. mAnm *Tetzner* JZ 1952, 752; *Jaeger/Henckel* KO § 29 Rn. 17; aM *Seetzen* S. 130 ff.

96 Vgl. *Allgayer* Rn. 607.

97 RGZ 74, 16 (17 f.); RG LZ 1915, 300 (301); *Jaeger/Henckel* KO § 29 Rn. 56; *Allgayer* Rn. 571; *Bork* FS Uhlenbruck, 2000, 279 (281 f.); Uhlenbruck/*Borries/Hirte* § 129 Rn. 381; *Haas* ZIP 2006, 1373 (1375); zum AnfG BGHZ 128, 184 (193 f.) = NJW 1995, 659 (662); RGZ 24, 14 (21 f.).

98 Hachenburg/*Ulmer* § 2 Rn. 134 f.

99 Zu einer durch die Einbringung verursachten Gläubigerbenachteiligung → Rn. 132.

100 RGZ 76, 244 (249); OLG Hamburg MDR 1951, 497 f.; *Jaeger/Henckel* KO § 29 Rn. 4; *Haas* ZIP 2006, 1373 (1375).

101 Jaeger/*Henckel* § 129 Rn. 66; zum Vorliegen einer Gläubigerbenachteiligung in diesen Fällen → Rn. 133.

102 BGHZ 86, 349 (354) = NJW 1983, 1120 (1121 f.); Uhlenbruck/*Borries/Hirte* § 129 Rn. 388, § 143 Rn. 222.

103 *Jaeger/Henckel* KO § 29 Rn. 58; *C. Paulus* ZGR 2002, 320 (331).

104 *K. Schmidt* BB 1988, 5; Uhlenbruck/*Borries/Hirte* § 129 Rn. 391 ff., § 143 Rn. 225.

gerichtlicher übertragender Sanierung,[105] oder die Sitzverlegung[106] sowie die Einziehung eines Geschäftsanteils bzw. die Zustimmung dazu[107] in Betracht, soweit sie eine Gläubigerbenachteiligung im Rechtssinn verursachen → Rn. 133. Für die **Rückgewähr von Gesellschafterleistungen** gelten teilw. Sondervorschriften → Rn. 74 → Rn. 133b (§§ 135, 136, 143 Abs. 3). Die Aufhebung eines zuvor vereinbarten Rangrücktritts[108] kann ebenso eine anfechtbare Rechtshandlung darstellen wie Absprachen innerhalb eines Konzerns, bspw. über die unentgeltliche Vornahme von Dienstleistungen, die Belieferung zu Vorzugspreisen oder die Mitteilung von Know-how.[109]

Auch **Parteiprozesshandlungen** können anfechtbar sein: zB Klageverzicht (§ 306 ZPO) oder -anerkenntnis (§ 307 ZPO),[110] die Rücknahme einer Klage (§ 269 ZPO), eines Insolvenzantrages[111] oder eines Rechtsmittels (§ 515 ZPO),[112] Geständnisse iSv § 288 ZPO, ferner die Aufnahme einer vollstreckbaren Urkunde (§ 794 Abs. 1 Nr. 5 ZPO),[113] das Erwirken eines Vollstreckungstitels,[114] der Antrag auf Eintragung im Grundbuch[115] oder auf Einleitung der Zwangsvollstreckung sowie sonstige Parteihandlungen in Zwangsvollstreckungsverfahren[116] und im Arrestvollzug[117] einschließlich der Pfändungsverfügung des Finanzamts.[118] Insbesondere kann die **Abgabe des Meistgebots** in der Zwangsversteigerung als Rechtshandlung anzusehen sein.[119] In allen Fällen prozessualer Rechtshandlungen steht bereits wegen § 141 die mögliche Rechtskraft einer ergangenen Gerichtsentscheidung nicht der Anfechtung entgegen.[120] Die **Pfändung und Überweisung** einer Forderung einerseits sowie die **Zahlung durch den Drittschuldner** andererseits sind selbständige Rechtshandlungen.[121] Die Zustimmung des Finanzamts zu einer Steueranmeldung mit der Feststellungswirkung des § 168 Satz 2 AO ist eine Rechtshandlung.[122] 20

bb) Rechtsgeschäftsähnliche Handlungen. Auch sie können anfechtbar sein,[123] also solche, die kraft Gesetzes – unabhängig von einem darauf gerichteten rechtsgeschäftlichen Willen – **Rechtswirkungen** hervorbringen: zB die Mahnung nach § 286 Abs. 1 BGB oder Fristsetzung mit Ablehnungsandrohung gemäß § 326 Abs. 1 BGB,[124] Mängelrügen (§§ 377, 378 HGB)[125] oder die Abtretungsanzeige, soweit sie nach § 409 BGB einen Rechtsschein begründen kann.[126] Gleiches gilt für die Aufgabe oder Änderung einer handelsrechtlichen Firma[127] oder für eine – nach § 34 Abs. 2 GmbHG nötige – Zustimmung eines Gesellschafters zur Einziehung seines Gesellschaftsanteils.[128] 21

---

105 Jaeger/*Henckel* § 129 Rn. 71; Uhlenbruck/*Borries/Hirte* § 129 Rn. 392.
106 *C. Paulus* ZIP 1996, 2141 (2146).
107 RGZ 142, 373 (377); vgl. *Glunz* S. 203.
108 Vgl. dazu *K. Schmidt* ZIP 1999, 1241 (1247); *Habersack* ZGR 2000, 384 (406); zur Gläubigerbenachteiligung → Rn. 103.
109 *C. Paulus* ZIP 1996, 2141 (2146); vgl. auch *Lutter* FS Werner, 1984, 484 f.
110 Gottwald/*Huber* § 46 Rn. 19.
111 HambKommInsO/*Rogge/Leptien* § 129 Rn. 11.
112 Jaeger/*Henckel* § 129 Rn. 28.
113 RGZ 47, 223 (225 f.); RGZ 126, 304 (307); *Kilger/K. Schmidt* KO § 29 Anm. 8d.
114 Vgl. OLG Stuttgart WM 1994, 1495 (1497).
115 Vgl. RG JW 1894, 316 Nr. 14 zum AnfG.
116 RGZ 68, 150 (151).
117 BGH WM 1969, 374 (375 f.); RGZ 2, 374 (377 f.); RGZ 10, 33 (35); *Kilger/K. Schmidt* KO § 29 Anm. 9.
118 Vgl. BGHZ 114, 315 (321 f.) = NJW 1991, 2147 (2149); BGHZ 128, 196 (197 f.) = NJW 1995, 1090 f.; BGH NJW 2000, 1118 f.; BGH NJW 2005, 1121.
119 Es wird allerdings meist nicht zu einer Gläubigerbenachteiligung führen → Rn. 147 aE; BGH NJW-RR 1986, 1115 (1116 f.); *Jaeger/Henckel* KO § 31 Rn. 2.
120 RG Gruchot 50 (1906), 1122 (1125); *Jaeger/Henckel* KO § 29 Rn. 20; vgl. auch BayObLG SeuffA 42 (1887) Nr. 115, S. 167.
121 BGH NZI 2000, 310 f.; OLG Hamm ZInsO 2002, 132 f.
122 LG Kiel ZVI 2002, 419 (420).
123 Vgl. BGH WM 1975, 1182 (1184); Uhlenbruck/*Borries/Hirte* § 129 Rn. 109.
124 AGR/*Gehrlein* § 129 Rn. 28; *Baur/Stürner* Rn. 18.24.
125 Gottwald/*Huber* § 46 Rn. 19.
126 *Jaeger/Henckel* KO § 29 Rn. 4; Nerlich/Römermann/*Nerlich* § 129 Rn. 39; vgl. RG JW 1902, 444 Nr. 7; gemäß § 46 Abs. 2 AO und § 14 Abs. 4 ALB 94 wirkt die Anzeige rechtsbegründend, vgl. OLG Nürnberg DZWiR 1999, 37 (38), sonst aber nur deklaratorisch.
127 OLG Düsseldorf ZIP 1989, 457 (458); KPB/*Ehricke* § 129 Rn. 41; *Uhlenbruck* GmbHR 1987 R 41 f.; *Jaeger/Henckel* KO § 29 Rn. 105.
128 RGZ 142, 373 (377); Uhlenbruck/*Borries/Hirte* § 129 Rn. 111.

22 **cc) Realakte.** Anfechtbar können endlich Realakte im weitesten Sinn sein, mithin gewollte reine **Tathandlungen,** die rechtserheblich sind, bei denen es aber nicht darauf ankommt, ob gerade der konkret eingetretene Rechtserfolg gewollt ist.[129] Deshalb kann die Herbeiführung eines Bedingungseintritts (§ 158 BGB)[130] unterhalb der Schwelle des § 162 BGB ebenso angefochten werden wie die **Besitzergreifung** (§ 854 Abs. 1 BGB) oder -übertragung,[131] die Einbringung oder Aushändigung einer Sache, die zu einem Nutzungsrecht,[132] einem Vermieter-[133] oder Unternehmerpfandrecht (§§ 562, 647 BGB) oder einem Frachtführerpfandrecht (§ 441 HGB)[134] führt, die Verlegung des Sitzes einer Gesellschaft[135] sowie die **Verwendung auf fremde Sachen** oder auf den Anteil eines Miteigentümers[136] oder der **Eigentumserwerb kraft Vermischung oder Verarbeitung** (§§ 948, 950 BGB) einschließlich einer Verarbeitungsklausel, etwa beim verlängerten Eigentumsvorbehalt.[137] Die gläubigerbenachteiligende Wirkung, die mit der Herstellung einer Aufrechnungslage eintritt, kann selbständig angefochten werden.[138] Deshalb stellt das **Brauen von Bier** im Hinblick auf die zeitgleich entstehende Biersteuer ebenso eine Rechtshandlung dar[139] wie Handlungen des Schuldners oder Dritter, die zum Entstehen einer **Umsatzsteuerschuld** führen.[140] Für den Eigentumserwerb aufgrund **Verbindung** (§§ 946, 947 BGB) gilt nichts anderes:[141] Es genügt, dass die Verbindung im Einzelfall von einem Menschen (mit) vorgenommen wird; dann ist es nach dem Gesetzeszweck unerheblich, ob theoretisch auch Naturereignisse gelegentlich einen gleichen Erfolg bewirken könnten. Die Nachricht an einen Gläubiger von der bevorstehenden Zwangsvollstreckung durch andere verbunden mit der Aufforderung, diesen zuvorzukommen, oder das Verheimlichen von Pfandgegenständen vor anderen Gläubigern, um jene für den Zugriff des Begünstigten zurückzuhalten, sind Rechtshandlungen,[142] ebenso die Einstellung eines Gewerbebetriebs durch den Schuldner, damit eine ihm nahestehende Person den Betrieb faktisch fortsetzen kann.[143]

23 **b) Unterlassungen.** Abs. 2 stellt klar, dass Unterlassungen allgemein den Rechtshandlungen gleichstehen. Eine Einschränkung gilt lediglich im Rahmen des § 132 Abs. 1 sowie des § 133 Abs. 4, soweit dort das Zustandekommen eines Rechtsgeschäfts oder eines Vertrages vorausgesetzt wird; dazu kann ein Unterlassen nur ausnahmsweise beitragen → Rn. 26. Zu Besonderheiten bei der Rückgewähr nach erfolgreicher Anfechtung von Unterlassungen → § 143 Rn. 80.

24 Erforderlich ist, dass die Unterlassung auf einer **Willensbetätigung** beruht, also bewusst und gewollt erfolgt.[144] Bloße Unachtsamkeit oder Vergesslichkeit genügt nicht, weil die Anfechtbarkeit nicht Sanktion für Fahrlässigkeit sein soll.[145] Nötig ist das Bewusstsein, dass die Untätigkeit irgendwelche Rechtsfolgen auslöst;[146] unschädlich ist, wenn es auf einem Rechtsirrtum beruht.[147] Die Unterlassung muss nicht etwa einer speziellen Handlungspflicht zuwiderlaufen; denn es entscheidet nicht eine Rechtswidrigkeit des Tuns für sich, sondern der – mit herbeigeführte – gläubigerbenach-

---

129 AGR/*Gehrlein* § 129 Rn. 32.

130 *Baur/Stürner* Rn. 18.24.

131 Vgl. RG JW 1911, 67 Nr. 75; OLG Düsseldorf ZInsO 2006, 154 (161 f.); zur Frage einer hierdurch bewirkten Gläubigerbenachteiligung → Rn. 136 ff.

132 Vgl. OLG Frankfurt NZI 2006, 241 (242); ergänzend → Rn. 168a.

133 *Ehricke* FS Gerhardt, 2004, 191 (201 f.).

134 Vgl. BGH NJW-RR 2005, 916 (917).

135 Uhlenbruck/*Borries/Hirte* § 129 Rn. 390.

136 Vgl. BGH NJW 1980, 1580 f.; ergänzend → Rn. 14.

137 *Serick* Bd. V § 63 II 2a S. 419 f.; Uhlenbruck/*Borries/Hirte* § 129 Rn. 111, 117; HambKommInsO/*Rogge/Leptien* § 129 Rn. 10; *Elz* ZInsO 2000, 478 (482).

138 BGHZ 147, 233 (236) = NZI 2001, 357 (358) noch zur KO; BGH NZI 2009, 644 (645); BGH NZI 2010, 17; BGH NZI 2011, 684 (687).

139 BGH NZI 2009, 644 (645).

140 BGH NZI 2010, 17 (18).

141 Ebenso *Jaeger/Henckel* KO § 29 Rn. 4; *Henckel* Kölner Schrift S. 803, 820 Rn. 19; KPB/*Ehricke* § 129 Rn. 41; *Kirchhof* FS Uhlenbruck, 2000, 269 (275 f.); aM *Baur/Stürner* Rn. 18.24; FKInsO/*Dauernheim* § 129 Rn. 33.

142 BGH WM 1965, 14 (15); RGZ 47, 223 (225).

143 Vgl. BGH WM 1962, 1316 f. zu § 3 AnfG; → Rn. 66 aE.

144 BGHZ 162, 143 (154 f.) = NJW 2005, 1121 (1124); BGH ZIP 1996, 2080 (2081); BGH NZI 2011, 249 (250); RG JW 1914, 106 (107); *v. Campe* S. 25; *Eckert* S. 41 f.; HKInsO/*Thole* § 129 Rn. 29; *Jaeger/Henckel* KO § 29 Rn. 5; KPB/*Ehricke* § 129 Rn. 52; Nerlich/Römermann/*Nerlich* § 129 Rn. 37; Uhlenbruck/*Borries/Hirte* § 129 Rn. 119.

145 *Germann* S. 34; KPB/*Ehricke* § 129 Rn. 52.

146 BGHZ 165, 343 (348) = NJW 2006, 908 (910) zu § 1 Abs. 2 AnfG; *Fischer* ZGR 2006, 403 (415); Jaeger/*Henckel* § 129 Rn. 12.

147 Vgl. *Germann* S. 60.

teiligende Erfolg.[148] Ferner ist nicht ein einvernehmliches Zusammenwirken mit dem Begünstigten vorauszusetzen, nicht einmal zwangsläufig insoweit, als eine Rechtshandlung des Schuldners selbst gefordert wird.[149] Im Einzelnen kommen als anfechtbare Unterlassung insbesondere in Betracht:

aa) Unterlassungen auf dem Gebiet des materiellen Rechts. Auf materiell-rechtlichem Gebiet kann anfechtbar sein, wenn aus einer Situation, die naheliegender Weise materiellrechtliche Ansprüche auslöst, bewusst keine Konsequenzen gezogen werden,[150] zB das Unterlassen, eine Nachforderung gemäß § 16 Nr. 3 Abs. 2 VOB/B zu verweigern[151] oder eine Anfechtung – insbesondere nach §§ 119, 121 BGB – zu erklären,[152] Sachmängel zu rügen (§ 377 HGB), Einwendungen gegen Lastschriften innerhalb der Frist der Nr. 7 Abs. 3 AGB-Banken zu erheben,[153] die Verjährungseinrede zu erheben (§ 214 Abs. 1 BGB),[154] die Verjährung zu hemmen (§§ 203 ff. BGB) oder neu beginnen zu lassen (§ 212 Abs. 1 Nr. 2 BGB), die Ersitzung (§ 941 BGB) oder eine Ausschlussfrist zu unterbrechen[155] oder einen Wechselprotest (Art. 44 WG) zu erheben.[156] Das Belassen einer Sicherung, nachdem der gesicherte Gesellschafterkredit erkennbar kapitalersetzend geworden ist,[157] die Unterlassung einer Gesellschaft, einen Freistellungs-/Erstattungsanspruch nach den Rechtsprechungsregeln zum Kapitalersatzrecht gegen ihre Gesellschafter geltend zu machen,[158] sowie das Schweigen gemäß § 362 Abs. 1 HGB oder auf ein kaufmännisches Bestätigungsschreiben können anfechtbar sein. Die bewusste Nichterfüllung einer fälligen Forderung des Insolvenzschuldners durch dessen Schuldner – zB um eine Aufrechnungslage herbeizuführen – ist eine Rechtshandlung, doch werden insoweit die subjektiven Anfechtungsvoraussetzungen nur schwer zu beweisen sein: Die Nichtzahlung allein aus Geldmangel oder die Zahlungseinstellung[159] genügt nicht. Dementsprechend stellt auch das Unterlassen der Errichtung eines neuen Kontos, um Zahlungen hierauf leiten zu lassen, kein Unterlassen gemäß § 129 Abs. 2 dar, sofern der Schuldner nicht bewusst hiervon abgesehen hat.[160] 25

Die bloße **Unterlassung eines erst angetragenen Erwerbs** führt allerdings nicht zu einer Gläubigerbenachteiligung im Rechtssinn und ist deshalb nicht anfechtbar.[161] Daran hat die Einbeziehung auch künftigen Vermögenserwerbs in die Insolvenzmasse durch § 35 nichts geändert. Diese Vorschrift erfasst Vermögen, das der Schuldner erst nach Insolvenzeröffnung erlangt; dann darf bspw. an seiner Stelle der Insolvenzverwalter über die Annahme eines noch wirksamen Vertragsantrags entscheiden. Verhindert der Schuldner vorher durch aktives Tun einen solchen Vermögensanfall, so kann das nach allgemeinen Regeln anfechtbar sein → Rn. 81. Bleibt der Schuldner jedoch gegenüber einem Schenkungsangebot untätig mit der Folge, dass der Antrag gemäß § 146 BGB bereits vor Insolvenzeröffnung erlischt, so benachteiligt das die Gläubiger nicht im Rechtssinn, weil sie vorher noch keine geschützte Position hinsichtlich der bloßen Erwerbsmöglichkeit des Schuldners hatten. Überlässt der Schuldner einen Vermögensgegenstand, dem im Geschäftsverkehr ein Wert zukommt und der deshalb idR nur gegen Entgelt übertragen wird, einem Dritten, liegt in dem Verzicht auf ein üblicherweise zu erwartendes Nutzungsentgelt keine Unterlassung gemäß Abs. 2, da die Weggabe des Gegenstandes bereits eine Rechtshandlung darstellt, deren gläubigerbenachteiligende Wirkungen auch in dem Verlust der zu erwartenden Gegenleistung liegen können 26

---

148 *Baur/Stürner* Rn. 18.23; HambKommInsO/*Rogge/Leptien* § 129 Rn. 15; Uhlenbruck/*Borries/Hirte* § 129 Rn. 129.

149 Insoweit irreführend RGZ 69, 163 (164 f.); RG WarnR 1935 Nr. 137. Dort war richtigerweise ein kollusives Zusammenwirken oder eine objektiv ungerechtfertigte Begünstigung des Leistungsempfängers nur als Indiz für den tatsächlichen Nachweis eines bewussten Stillhaltens des Schuldners sowie seines erkennbaren Benachteiligungsvorsatzes bedeutsam.

150 BGHZ 165, 343 ff. = NJW 2006, 908 (909 f.) zu § 1 Abs. 2 AnfG; AGR/*Gehrlein* § 129 Rn. 35; *Fischer* ZGR 2006, 403 (416).

151 Vgl. *Heidland* Rn. 524 ff.

152 *Jaeger/Henckel* KO § 29 Rn. 10; Uhlenbruck/*Borries/Hirte* § 129 Rn. 123; krit. *C. Paulus* FS Uhlenbruck, 2000, 33 (43).

153 LG Köln NZI 2007, 469 (471); *Kuder* S. 85; *Spliedt* ZIP 2005, 1260 (1266).

154 Nerlich/Römermann/*Nerlich* § 129 Rn. 37.

155 BGH WM 1975, 1182 (1184); FKInsO/*Dauernheim* § 134 Rn. 8.

156 *Kilger/K. Schmidt* KO § 29 Anm. 8c.

157 Vgl. OLG Hamburg NJW-RR 1988, 46 (49); *Bork* FS Uhlenbruck, 2000, 279 (283 ff.).

158 BGHZ 165, 343 (346 ff.) = NJW 2006, 908 (909 f.); vgl. *Haas* ZIP 2006, 1373 (1376); *Koziol* S. 96 ff.

159 Vgl. Uhlenbruck/*Borries/Hirte* § 129 Rn. 65.

160 BGH NJW-RR 2014, 562 (563 f.) = NZI 2014, 218 (219) = NZM 2014, 516 (517 f.).

161 *Gerhardt* ZZP 99 (1986), 407 (415 f.); *Germann* S. 128 f.; *Jaeger/Henckel* KO § 29 Rn. 15, § 32 Rn. 32; KPB/*Ehricke* § 129 Rn. 53.

→ Rn. 136.[162] Das deutsche Anfechtungsrecht lässt nicht allgemein für die bestmögliche Vermehrung des Schuldnervermögens haften,[163] sondern nur bei Verminderung der für die Gläubiger bereits greifbaren Vermögensrechte.

27 **bb) Unterlassungen auf dem Gebiet des Prozessrechts.** Als anfechtbare Unterlassungen auf prozessualem Gebiet kommen in Betracht: das bewusste Unterlassen von Angriffs- oder Verteidigungsmitteln oder die bewusste Versäumung eines Termins (§§ 330, 331, 333, 345 ZPO), das Nichterheben prozessualer Einreden (zB nach §§ 110, 269 Abs. 4, 1027a ZPO) oder Nichtstellen eines Beweisantrags, das bewusste Nichtbeachten von Fristen mit der Folge einer Zurückweisung des Vorbringens als verspätet (§§ 296, 527 bis 529 ZPO) oder das Nichteinlegen eines nicht von vornherein aussichtslosen Rechtsbehelfs.[164] Auch in diesem Zusammenhang ist zu beachten, dass die Rechtskraft einer Entscheidung gemäß § 141 nicht die Anfechtung hindert.

27a Danach kann es auch die Qualität einer Rechtshandlung haben, wenn der Schuldner die **Durchsuchung der Wohn- oder Geschäftsräume** hinnimmt, ohne auf einer richterlichen Durchsuchungsanordnung zu bestehen.[165] Deren Erfordernis kann sich bspw. aus § 758a ZPO oder aus § 287 Abs. 4 Satz 1 AO ergeben.

28 Alle **prozessualen Unterlassungen** bewirken regelmäßig eine (mittelbare) Gläubigerbenachteiligung nur iVm zusätzlichem positivem Tun, meist eines Dritten – insbesondere im Wege einer Zwangsvollstreckung –, und werden im Ergebnis erst danach anfechtbar. Die praktische Bedeutung einer Anfechtbarkeit der vorangegangenen Unterlassung insbesondere des Schuldners liegt darin, dass hierdurch das aktive Vorgehen des Dritten als eigene Rechtshandlung des Schuldners gewertet werden kann, wo ein Anfechtungstatbestand dies voraussetzt → Rn. 36.[166] Das – sei es auch pflichtwidrige – Unterlassen des Schuldners, einen Eröffnungsantrag zu stellen, fällt nicht unter Absatz 2, weil es nur den Lauf der Anfechtungsfristen im Allgemeinen hinausschiebt.[167] Eine dadurch möglicherweise bewirkte Beeinträchtigung von Anfechtungsmöglichkeiten reicht nicht als Gläubigerbenachteiligung iSv Abs. 1 aus.[168]

29 **c) Gläubigerbenachteiligung bei gleichzustellenden Unterlassungen.** Im Hinblick auf das weitere Erfordernis, wonach die Unterlassung – wie jede Rechtshandlung – eine Gläubigerbenachteiligung verursacht haben muss → Rn. 100 → Rn. 169 ff., werden praktisch fast nur Unterlassungen des Schuldners selbst als anfechtbar in Betracht kommen. Das bloße Unterlassen eines Gläubigers oder sonstigen Dritten wird selten die Gläubiger im Rechtssinn benachteiligen.[169]

30 **d) Rechtswirksamkeit der angefochtenen Handlung.** Die Rechtswirksamkeit des Vorgangs ist nicht begriffsnotwendige Voraussetzung für eine – anfechtbare – Rechtshandlung.[170] Vielmehr kann bereits ihre **tatsächliche Ausführung** Besitz- oder Rechtsverhältnisse ändern und deshalb rechtliche Wirkungen auslösen → Rn. 7. Auch kann zB ein Besitzwechsel gemäß § 932, 1006 BGB oder § 808 Abs. 1 ZPO, eine Grundbucheintragung nach §§ 892, 893, 1138 BGB[171] oder eine Abtretungsurkunde gemäß §§ 409, 1140, 1154, 1185 BGB[172] einen Rechtsschein begründen, aufgrund dessen die Insolvenzmasse Nachteile erleidet. Ein fehlerhaft erwirkter Vollstreckungstitel – etwa der Prozessvergleich eines Minderjährigen – oder eine fehlerhafte prozessuale oder Vollstreckungsmaßnahme kann Grundlage für Rechtsänderungen sein.

---

162 BGH ZInsO 2018, 1841 (1842 f.) = WM 2018, 1560 (1561 f.) = ZIP 2018, 1601 (1602 f.).

163 AM anscheinend *Windel* KTS 1995, 367 (386 ff.); weitergehend für das österreichische Recht *König* Rn. 3/12 ff., 3/17 ff., 15/6 f.

164 BGH NZI 2011, 249 (250); BGHZ 143, 332 (334) = NJW 2000, 1117; RGZ 69, 163 (165); RG JW 1914, 106 (107); RG JW 1917, 478 (479 aE); BayObLG SeuffA 42 (1887) Nr. 115, S. 166; OLG Darmstadt SeuffA 40 (1885) Nr. 171; AGR/*Gehrlein* § 129 Rn. 36; Jaeger/*Henckel* § 129 Rn. 20, § 133 Rn. 5; Nerlich/Römermann/*Nerlich* § 129 Rn. 34; Uhlenbruck/*Borries/Hirte* § 129 Rn. 127; zur Ursächlichkeit solcher Unterlassungen → Rn. 170a.

165 BGH NZI 2011, 249 (250).

166 Vgl. BGH NZI 2011, 249 f.

167 Vgl. *Schäfer* S. 32.

168 BGHZ 162, 143 (155 f.) = NJW 2005, 1121 (1124); HKInsO/*Thole* § 129 Rn. 29; *Bork* ZIP 2004, 1684 (1686); *Schoppmeyer* NZI 2005, 185 (193 f.); aM *Rendels* ZIP 2004, 1289 (1294 f.); ergänzend → Rn. 76 → Rn. 170.

169 Vgl. *Germann* S. 66 ff.; iE auch *v. Campe* S. 30; → Rn. 25 aE.

170 AGR/*Gehrlein* § 129 Rn. 29; KPB/*Ehricke* § 129 Rn. 51; Uhlenbruck/*Borries/Hirte* § 129 Rn. 116 ff.; vgl. auch § 339 2. Halbs.; aM *Kamlah* S. 110 f.

171 Vgl. RGZ 50, 120 (123); RG JW 1911, 595 f.

172 Vgl. RG JW 1914, 304 (305); KG JW 1932, 663 Nr. 2.

Rechtshandlungen Geschäftsunfähiger kommen ebenfalls in Betracht. Die Geschäftsfähigkeit des Handelnden (§§ 104 ff. BGB) ist nicht Voraussetzung einer Rechtshandlung.[173] Nach deren Zweck muss es genügen, wenn das Gesetz an den Regelfall der konkreten Willensbetätigung eine Rechtwirkung knüpft. Die Frage, ob im Einzelfall Hindernisse entgegenstehen, kann komplexe Auswirkungen haben, die zuverlässiger im Zusammenhang mit dem Vorliegen einer Gläubigerbenachteiligung → Rn. 134 f. erfasst werden. Die Gegenmeinung[174] verknüpft zu Unrecht den Begriff der Rechtshandlung mit dem Eintritt einer Gläubigerbenachteiligung und würde die Anfechtung in Fällen zweifelhafter Rechtswirksamkeit unnötig erschweren. Die Betätigung eines natürlichen Willens reicht also nicht nur bei Realakten,[175] sondern auch bei Willenserklärungen aus, sofern sie irgendeine rechtliche Wirkung auslöst → § 140 Rn. 5. 31

Entsprechendes gilt für **Scheingeschäfte** iSv § 117 BGB,[176] die etwa zur Irreführung von Gläubigern oder zum Anlocken weiterer Kunden vorgenommen werden;[177] uU kann das verdeckte Geschäft (§ 117 Abs. 2 BGB) ebenfalls anfechtbar sein.[178] Rechtsgeschäfte, die wegen Sittenwidrigkeit (§ 138 BGB)[179] oder aus anderen Gründen (zB wegen § 112 BetrVG)[180] nichtig sind, können ebenso anfechtbare Rechtshandlungen sein wie ein wegen Rückschlagsperre (§ 88) unwirksamer Erwerb.[181] Ferner können schwebend unwirksame Rechtshandlungen bereits anfechtbar sein.[182] Bei der Anfechtung einer an sich unwirksamen Rechtshandlung ist aber stets zu prüfen, ob trotz der Unwirksamkeit eine objektive Gläubigerbenachteiligung eingetreten ist → Rn. 134 f. 32

e) Maßgeblicher Zeitpunkt. Den Zeitpunkt, in dem Rechtshandlungen als vorgenommen gelten, regelt § 140 näher. 33

2. Urheber der Rechtshandlung. Unerheblich ist – anders als nach § 1 Abs. 1 AnfG – grundsätzlich, wer die (anzufechtende) Rechtshandlung vorgenommen hat.[183] 34

a) Rechtshandlungen Dritter. Außer dem Schuldner kommen auch Dritte, vor allem Gläubiger oder Leistungsempfänger, als anfechtbar Handelnde in Betracht.[184] Als **mittelbare Zuwendungen** sind solche Rechtshandlungen anfechtbar, bei denen eine unmittelbare Leistung an den Empfänger, die ohne weiteres anfechtbar wäre, durch Einschaltung eines Leistungsmittlers umgangen wird.[185] Hierzu gehören insbesondere die Fälle, in denen der Schuldner einen Drittschuldner anweist, die von diesem geschuldete Leistung nicht ihm, sondern einem Gläubiger des Schuldners, dem späteren Anfechtungsgegner, zu erbringen.[186] Anfechtbar können ferner Rechtshandlungen sein, die ohne Beteiligung des Schuldners oder sogar gegen seinen Willen (vgl. § 141) vorgenommen wurden: insbesondere eine Auf- oder Verrechnung → Rn. 15, der Forderungseinzug im Lastschriftverkehr,[187] gerichtliche Vermögensauseinandersetzungen,[188] durch Entscheidung einer Spruchstelle zustande gekommene Sozialpläne → Rn. 13, ausnahmsweise Handlungen eines Rechtsvorgängers in der Insolvenz seines Gesamtrechtsnachfolgers,[189] Vollstreckungsakte oder bereits das vorangegangene Erwirken des Vollstreckungstitels → Rn. 20, ferner die Hinterlegung 35

---

173 Vgl. BGH NJW 1979, 102 (103); Nerlich/Römermann/*Nerlich* § 129 Rn. 51; Uhlenbruck/*Borries/Hirte* § 129 Rn. 117; zum Beginn der Anfechtungsfrist in derartigen Fällen → § 140 Rn. 8.

174 Nerlich/Römermann/*Nerlich* § 129 Rn. 51.

175 So *Jaeger/Henckel* KO § 29 Rn. 4.

176 RG LZ 1914, 586 (587); AGR/*Gehrlein* § 129 Rn. 29; Gottwald/*Huber* § 46 Rn. 24; Hess InsO § 129 Rn. 63; Uhlenbruck/*Borries/Hirte* § 129 Rn. 46 ff., 175.

177 Vgl. BGHZ 113, 98 (101 ff.) = NJW 1991, 560 (561 f.); BGH WM 1991, 331 (332 f.).

178 Uhlenbruck/*Borries/Hirte* § 129 Rn. 46 aE.

179 Vgl. KG JW 1932, 663 Nr. 2; Uhlenbruck/*Borries/Hirte* § 129 Rn. 39 ff.

180 LAG Hamm ZIP 1982, 615 (619).

181 OLG Stuttgart WM 1994, 1495 (1498); LG Aachen MDR 1952, 368 jeweils zu §§ 104, 28 VerglO; ergänzend → Vor § 129 Rn. 85.

182 Vgl. BGH, WM 1958, 1417 (1419); zum Zeitpunkt der Vornahme in derartigen Fällen → § 140 Rn. 8.

183 Zu Unterlassungen → Rn. 29, zu den möglichen Rückgewährpflichtigen → § 143 Rn. 8 ff.

184 BGH WM 1969, 374 (375 f.); RGZ 2, 374 (375 f.); RG WarnR 1930 Nr. 126, S. 251; OLG Köln WM 2002, 354 (356); HKInsO/*Thole* § 129 Rn. 30; KPB/*Ehricke* § 129 Rn. 55; Nerlich/Römermann/*Nerlich* § 129 Rn. 41; vgl. BGHZ 70, 177 (181) = NJW 1978, 758; BGHZ 86, 190 (193) = NJW 1983, 887 (888); BGH WM 1957, 1099 (1100); BGHZ 143, 332 (333 ff.) = NJW 2000, 1117 (1118).

185 AGR/*Gehrlein* § 129 Rn. 54 ff.; FKInsO/*Dauernheim* § 129 Rn. 40.

186 BGH NJW 2016, 1738 (1739) = NZI 2016, 307 (308) mAnm *Leithaus* = ZIP 2016, 478 (479 f.); BGHZ 174, 228 (236) = NJW 2008, 655 (656).

187 OLG Düsseldorf ZIP 1991, 330 (331).

188 RegE zu § 144, S. 157.

189 Uhlenbruck/*Borries/Hirte* § 129 Rn. 132; HKInsO/*Thole* § 129 Rn. 33 f.; → Vor § 129 Rn. 102.

des gepfändeten Betrages durch den Drittschuldner.[190] Drittschuldner des Insolvenzschuldners können ebenfalls dessen Gläubiger benachteiligen, indem sie die ihnen obliegende Leistung – schuldbefreiend → Rn. 101 – an einen Einzelnen dieser Gläubiger statt an dessen Gesamtheit erbringen. Das kommt zB für die Leistung einer Kommanditeinlage durch Zahlung an einen Gläubiger der KG in Betracht.[191]

36 **b) Rechtshandlungen des Schuldners.** Einzelne Anfechtungstatbestände beschränken die Anfechtbarkeit allerdings auf Rechtshandlungen des Schuldners: §§ 132 Abs. 1 und 2, 133 Abs. 1 und 4, 134 Abs. 1.[192] In § 133 Abs. 4 wird zusätzlich die Mitwirkung ihm nahestehender Personen vorausgesetzt.

37 **c) Rechtshandlungen des Organs oder des Vertreters.** Rechtshandlungen eines Organs iSd §§ 31, 89 BGB oder eines gesetzlichen Vertreters (zB nach §§ 1629 Abs. 1, 1793 Satz 1, 1902, 1915, 1960 Abs. 2, 1981 BGB) bzw. rechtsgeschäftlichen Vertreters (§ 164 BGB) werden durchweg der vertretenen Person als eigene Handlung zugerechnet.[193] Das gilt auch für Rechtshandlungen postmortal Bevollmächtigter[194] oder des zuständigen Sachbearbeiters einer Behörde bzw. eines Kreditinstituts.[195] Überschreiten derartige Vertreter ihre Vertretungsmacht in einer dem Schuldner nicht zurechenbaren Weise, so ist dieser nicht Handelnder → Rn. 38. Umgekehrt liegt auch keine Rechtshandlung des Schuldners vor, soweit er nur als direkter Stellvertreter im Namen eines Dritten handelt.[196]

38 **aa) Vollmachtloser Vertreter.** Rechtshandlungen eines vollmachtlosen Vertreters (§§ 177 Abs. 1, 180 Satz 2 und 3 BGB) oder Verfügungen eines Nichtberechtigten (§ 185 BGB) werden dem „Vertretenen“ bzw. Berechtigten regelmäßig erst nach dessen Genehmigung zugerechnet;[197] die Rückwirkung des § 184 BGB gilt insoweit nicht.[198] Der Umstand allein, dass der vollmachtlose Vertreter aus Mitteln des späteren Insolvenzschuldners leistet, macht die Leistung noch nicht zu einer solchen des Schuldners;[199] das Rechtsverhältnis ist ggf. nach allgemeinen zivilrechtlichen Regeln abzuwickeln. Soweit jedoch Rechtshandlungen vollmachtloser Vertreter das haftende Schuldnervermögen verringern, können sie nach allgemeinen Regeln anfechtbar sein.[200]

39 **bb) Juristische Person.** Für juristische Personen handeln grundsätzlich deren **satzungsmäßige Vertreter.** Nur soweit die benachteiligende Rechtshandlung einer – später insolvent werdenden – juristischen Person ausnahmsweise bereits in der Satzung selbst begründet ist, handeln die Gesellschafter oder Vorgesellschafter.[201] Weisen die Gesellschafter einer GmbH deren Fremdgeschäftsführer zu einer Rechtshandlung an, wird dessen Ausführung der Gesellschaft zugerechnet.[202]

40 **cc) Schuldner als Mitberechtigter.** Als anfechtbar kommen ua Verfügungen des Schuldners zusammen mit einem Mitberechtigten in Betracht.[203] In einem **Gemeinschaftsverhältnis** ist zu unterscheiden, ob der Schuldner über seinen eigenen Anteil oder über das Ganze verfügt. Leistungen der Teilhaber einer (Bau-)Arbeitsgemeinschaft an den Auftraggeber sind im Außenverhältnis durchweg Rechtshandlungen der Arbeitsgemeinschaft; die Beiträge der einzelnen Gesellschafter sind auch anfechtungsrechtlich zwischen diesen auszugleichen.[204] Verfügt der **Schuldner als Teilhaber einer Gesamthand** mit, so richtet sich die Anfechtung zwar nur gegen dessen Mitwirkungshandlung,

---

190 BAG ZIP 1998, 33 (36).
191 HKInsO/*Thole* § 129 Rn. 40; *Jaeger/Henckel* KO § 29 Rn. 176 f.; zur Gläubigerbenachteiligung → Rn. 104.
192 Zur Abgrenzung → § 133 Rn. 7 ff.
193 *Jaeger/Henckel* KO § 29 Rn. 21; Nerlich/Römermann/*Nerlich* § 129 Rn. 48 f.; Uhlenbruck/*Borries/Hirte* § 129 Rn. 133.
194 Vgl. OLG Köln ZIP 1988, 1203 f.
195 Vgl. BGH NJW 1984, 1953 f.
196 Vgl. BGH WM 1985, 364 (365); zur Zurechnung der Kenntnis in Vertretungsfällen → § 130 Rn. 41 ff.
197 Jaeger/*Henckel* § 129 Rn. 30; Uhlenbruck/*Borries/Hirte* § 129 Rn. 134.
198 BGH NJW 1979, 102 (103); RGZ 88, 216 (217).
199 BGH WM 1955, 1195 (1197); Jaeger/*Henckel* § 129 Rn. 30; → Rn. 35.
200 Vgl. BGH NJW-RR 2001, 1552 f.
201 *C. Paulus* ZIP 1996, 2141 (2147 f.).
202 Vgl. BGH ZIP 2004, 957 (960); *Haas* ZIP 2006, 1373 (1376).
203 BGH NJW 1978, 1921 (1922 f.); BGHZ 116, 222 (224 f.) = NJW 1992, 830 (831); BGH NJW 1992, 834 (835); *Jaeger/Henckel* KO § 29 Rn. 22.
204 Vgl. BGH NJW 1983, 1123 (1124).

erfasst aber die gesamte Verfügung, soweit diese nicht ohne die anfechtbare Handlung des Schuldners wirken konnte.[205]

41 Bei **Rechtshandlungen von Personengesellschaften** handeln diese durch ihre Vertretungsberechtigten, nicht ihre Gesellschafter als solche;[206] hiervon ist auch auszugehen, soweit ein Vertretungsberechtigter mit sich selbst als Gesellschafter kontrahiert.[207] Das gilt unabhängig von der Streitfrage, ob in der Insolvenz einer solchen Gesellschaft diese selbst die Schuldnerstellung wahrnimmt[208] oder ob die Gesellschafter persönlich die Schuldner sind.[209] Denn die Rechtshandlung steuert die Zuordnung der – regelmäßig vor Verfahrenseröffnung eintretenden – Vermögensminderung entweder zum gesellschaftlich gebundenen Sondervermögen oder zum Privatvermögen der Gesellschafter; diese Wirkung tritt unabhängig von der späteren Schuldnerrolle nach Insolvenzeröffnung über das Gesellschaftsvermögen ein. Bringt allerdings ein **Einzelkaufmann** sein Geschäft in eine Kommanditgesellschaft ein, deren persönlich haftender Gesellschafter er wird, und bezahlt diese Schulden des Kaufmanns, die bereits vor ihrer Errichtung entstanden waren, zulasten von dessen Privatkonto, handelt es sich um dessen persönliche Leistung → Rn. 50; eine aus § 28 HGB folgende bloße Mithaftung der Kommanditgesellschaft ändert hieran nichts.[210] Selbst die Rückführung eines Kontokorrentkredits beruht auf einer Rechtshandlung des Schuldners, weil etwaige Zahlungen nur nach Maßgabe der zwischen ihm und seinem Kreditinstitut getroffenen Kontokorrentabrede Tilgungswirkung entfalten.[211]

42 **dd) Verwalter fremden Vermögens.** Selbständige Verwalter fremden Vermögens – wie **Testamentsvollstrecker** (§ 2205 BGB)[212] oder **Nachlassverwalter** (§ 1985 BGB)[213] – handeln anfechtungsrechtlich für dieses.[214] Rechtshandlungen des **Insolvenzverwalters** selbst sind sogar im Falle späterer Masselosigkeit oder -unzulänglichkeit nicht anfechtbar → § 130 Rn. 20 → § 147 Rn. 19. Eine Anfechtbarkeit sah § 320 Abs. 2 RegE nicht einmal als Folge der vorgeschlagenen gerichtlichen Feststellung der Masseunzulänglichkeit vor; eine weitergehende Wirkung war auch nicht mit der durch § 234b Abs. 3 Bericht BTag (jetzt: § 208 Abs. 3) vorgenommenen Vereinfachung der Regelung beabsichtigt. Dasselbe gilt für Handlungen des selbstverwaltenden Schuldners auch nach einer Aufhebung der Eigenverwaltung gemäß § 272.[215]

43 Wegen der Anfechtbarkeit von Rechtshandlungen **vorläufiger Insolvenzverwalter** gemäß §§ 21, 22 ist zu unterscheiden:

44 Ist dem Schuldner ein **allgemeines Verfügungsverbot** nach § 21 Abs. 2 Nr. 2 auferlegt worden, so geht auf ihn gemäß § 22 Abs. 1 Satz 1 die Verwaltungs- und Verfügungsbefugnis betreffend das Schuldnervermögen über. Hinsichtlich der Handlungsbefugnis entspricht seine Stellung weitgehend derjenigen des endgültigen Insolvenzverwalters. Wie dieser handelt der „starke" vorläufige Insolvenzverwalter im eigenen Namen als Organ der Insolvenzmasse. Rechtshandlungen dieses Verwalters sollten daher jedenfalls insoweit nicht anfechtbar sein, als er gemäß § 55 Abs. 2 Masseverbindlichkeiten begründet,[216] besichert[217] oder tilgt. Denn damit schafft er im Rechtsverkehr stets berechtigtes Vertrauen. Das gilt auch für werkvertragliche Leistungen an Auftraggeber → Rn. 46a. Faktisch bleiben aber die Handlungsmöglichkeiten jedes vorläufigen Insolvenzverwalters insoweit hinter denjenigen des endgültigen zurück, als er seine Tätigkeit kurzfristig beginnt und oft schnelle Entscheidungen treffen muss, ohne alle in Betracht kommenden Handlungsalternativen erfassen oder ausnutzen zu können. Hierdurch ist er für Druck- oder Überrumpelungsversuche genauso anfällig wie jeder andere vorläufige Insolvenzverwalter. Dies rechtfertigt es, die Erfüllung oder Besicherung bloßer Insolvenzforderungen aus der künftigen Insolvenzmasse auch durch den vollberechtigten vorläufigen Verwalter nach denselben

205 BGHZ 116, 222 (225) = NJW 1992, 830 (831); *Allgayer* Rn. 567; HKInsO/*Thole* § 129 Rn. 31 aE.
206 *K. Schmidt* ZGR 1986, 176 (186); vgl. KG ZIP 1983, 593 (594 f.).
207 OLG Dresden OLGR 35, 257 (258 f.).
208 So *Kilger/K. Schmidt* KO § 209 Anm. 2c und 3c.
209 BGHZ 34, 293 (297) = NJW 1961, 1022 f.; *Baur/Stürner* Rn. 33.6.
210 BGH ZIP 1982, 76 f.
211 BGH NJW 2014, 1737 f. = NZI 2014, 321 (322); zur Anfechtung nach Verschmelzung mehrerer Gesellschaften → Vor § 129 Rn. 102.
212 Uhlenbruck/*Borries/Hirte* § 129 Rn. 135.
213 *Jaeger/Henckel* KO § 29 Rn. 21.
214 *Haegele* KTS 1969, 158 (161); Hess InsO § 129 Rn. 41; Gottwald/*Huber* § 46 Rn. 31; Nerlich/Römermann/*Nerlich* § 129 Rn. 50; → Vor § 129 Rn. 100.
215 *C. Paulus* in Berger u. a., Erster Leipziger Insolvenzrechtstag, 2000, 89 (93).
216 AGR/*Gehrlein* § 129 Rn. 61; *Binder* KTS 2006, 1 (23 f.); *Bork* Einführung Rn. 208; Braun/*de Bra* InsO § 129 Rn. 22; *Foerste* Rn. 291; *Güther* S. 173 f.; Hess InsO § 129 Rn. 48; HKInsO/*Thole* § 129 Rn. 36; Jaeger/*Gerhardt* § 22 Rn. 226; Jaeger/*Henckel* § 55 Rn. 90; KPB/*Ehricke* § 129 Rn. 60; *Marotzke* Gegenseitige Verträge Rn. 14.82 f.; *Smid/Zeuner* InsO § 129 Rn. 24; aM FKInsO/*Dauernheim* § 129 Rn. 38.
217 So zu § 106 VerglO *Serick* Bd. III § 36 II 2 S. 373.

Grundsätzen → Rn. 46 ff. für anfechtbar zu halten wie die gleichen Handlungen des „schwachen" vorläufigen Verwalters.[218] Als Alternative käme in Betracht, der tatsächlich schwächeren Lage vorläufiger Insolvenzverwalter einen Anhaltspunkt für evidente Insolvenzzweckwidrigkeit und damit für Nichtigkeit ihm aufgezwungener Handlungen zu entnehmen.[219]

44a Sofern im Schutzschirmverfahren vom Gericht angeordnet wurde, dass der Schuldner Masseverbindlichkeiten begründet (§ 270b Abs. 3), findet auf den hiernach allgemein ermächtigten Schuldner ebenfalls § 55 Abs. 2 Anwendung mit der Folge, dass keine Anfechtung im Antragsverfahren beglichener Arbeitnehmerbeiträge zur Sozialversicherung möglich ist.[220] Außerhalb des Schutzschirmverfahrens (hier § 270a) begründet der Schuldner nur insoweit Masseverbindlichkeiten, als er hierzu vom Insolvenzgericht ermächtigt worden ist.[221] Auch führt die Bezahlung von Steuerforderungen im Eigenverwaltungsantragsverfahren mangels Regelungslücke nicht zur analogen Anwendung des § 55 Abs. 4.[222]

45 Wurden andererseits dem vorläufigen Insolvenzverwalter **keinerlei Verwaltungs- oder Verfügungsbefugnisse** übertragen, kann der gleichwohl bestellte Verwalter durchweg nicht an Stelle des Schuldners rechtlich handeln, sondern allenfalls durch persönliche Einwirkung auf ihn. Die Rechtshandlungen werden regelmäßig weiterhin im Namen des Schuldners vorgenommen und sind als solche nach Insolvenzeröffnung anfechtbar.[223] Darauf, ob die angefochtene Maßnahme zu einer Betriebsfortführung nötig war, kommt es nicht an.[224] Unanfechtbarkeit kann grundsätzlich nur unter den Voraussetzungen eines Bargeschäfts (§ 142)[225] oder insoweit vorliegen, als mit der Rechtshandlung ein schutzwürdiger Vertrauenstatbestand (§ 242 BGB) beim anderen Teil begründet worden ist. Davon wird bei einem sonst machtlosen vorläufigen Insolvenzverwalter nur auszugehen sein, wenn das Insolvenzgericht ihn im Einzelfall ermächtigt hat, Masseverbindlichkeiten entsprechend § 55 Abs. 2 zu begründen:[226] Eine solche gerichtliche Anordnung – welche das Vertrauen des Rechtsverkehrs in die Tätigkeit des vorläufigen Verwalters stärken und ihn kreditfähig machen soll – wäre sinnlos, wenn die Masseverbindlichkeiten im Wege der Anfechtung wieder beseitigt werden könnten.[227]

46 Eine Zwischenstellung nimmt der **mitbestimmende vorläufige Insolvenzverwalter** ein, wenn nämlich das Insolvenzgericht einen Zustimmungsvorbehalt iSv § 21 Abs. 2 Satz 1 Nr. 2 2. Hs. erlassen hat. Er beschränkt allein Verfügungen des Schuldners, nicht aber den Abschluss schuldrechtlicher Verträge; insoweit wird § 132 nicht eingeschränkt.[228] Wären dagegen Verfügungen des Schuldners – insbesondere nach Maßgabe der §§ 130, 131 – trotz Zustimmung des vorläufigen Verwalters uneingeschränkt anfechtbar, so wäre diese praktisch wertlos. Entgegen dem Gesetzeszweck, Rechtssicherheit mit Bezug auf eine als zweckmäßig erachtete Masseminderung zu schaffen, könnte sich kein Leistungsempfänger auf die Insolvenzbeständigkeit dieser Handlung verlassen. Ein solcher Vertrauensverlust müsste zugleich die für eine Unternehmensfortführung nötige[229] Handlungsfähigkeit des Verwalters beeinträchtigen. Das ist unabhängig davon zu vermeiden, ob der endgültige Insolvenzverwalter dieselbe Person ist wie der handelnde vorläufige Verwalter, weil das Vertrauen des Rechtsverkehrs typischerweise an die Funktion jedes vorläufigen Verwalters anknüpft.[230] Dementsprechend schränkt die Rspr. die – grundsätzlich bejahte – Anfechtbarkeit von Rechtshandlungen auch eines solchen vorläufigen Insolvenzverwalters **nach Maßgabe schutzwürdigen Vertrauens** wie folgt ein:

---

218 BGH NJW 2014, 1737 (1738) = NZI 2014, 321 (322 f.); OLG Dresden ZInsO 2005, 1221 f.; AG Bielefeld DZWiR 2005, 167 f.; AG Hamburg-St. Georg DZWiR 2005, 392 f.; *Binder* KTS 2006, 1 (15 ff.); *Güther* S. 173 ff.; HambKommInsO/*Rogge/Leptien* § 129 Rn. 21; *Kirchhof* ZInsO 2000, 297 (298 f.); *Röpke/Rothe* NZI 2004, 430 (432); aM *Bork* Insolvenzrecht Rn. 208; Jaeger/*Gerhardt* § 22 Rn. 228 f.; wohl auch Uhlenbruck/*Borries/Hirte* § 129 Rn. 140; Gottwald/*Huber* § 46 Rn. 32; Nerlich/Römermann/*Nerlich* § 129 Rn. 47; *Marotzke* Gegenseitige Verträge Rn. 14.87 f., der aber eine Anfechtung nach § 133 nicht ausschließen möchte.

219 Vgl. hierzu BGHZ 118, 374 (379 f.) = NJW 1992, 2483 (2484); BGHZ 150, 353 (360 ff.) = NJW 2002, 2783 (2785 f.); *Ganter* FS Gerhardt, 2004, 237 (248 ff.); HKInsO/*Thole* § 129 Rn. 37; krit. *Binder* KTS 2006, 1 (36); ergänzend → Rn. 217 mwN.

220 BGHZ 210, 372 (374 ff.) = NJW 2016, 2572 (2573 ff.) = NZI 2016, 779 (780 ff.).

221 BGH NJW 2019, 224 (225 f.) = NZI 2019, 236 (237 f.).

222 BGH NJW 2019, 224 (226 f.) = NZI 2019, 236 (238 f.).

223 AGR/*Gehrlein* § 129 Rn. 59; HKInsO/*Thole* § 129 Rn. 35; *Smid/Zeuner* InsO § 129 Rn. 24; Nerlich/Römermann/*Nerlich* § 129 Rn. 44 ff.

224 BGHZ 118, 374 (381 f.) = NJW 1992, 2483 (2484) zum Sequester nach § 106 KO; Hess InsO § 129 Rn. 47.

225 Vgl. dazu BGHZ 151, 374 (381 f.) = NJW 2002, 3326 (3330); LG Bad Kreuznach NZI 2006, 45 f.; *Kirchhof* ZInsO 2000, 297 (299 f.).

226 Vgl. dazu BGHZ 151, 353 (366 f.) = NJW 2002, 3326 (3329 f.).

227 *Binder* KTS 2006, 1 (23); HKInsO/*Thole* § 129 Rn. 36 f.; *Marotzke* Gegenseitige Verträge Rn. 14.87; *A. Schmidt/Roth* ZInsO 2006, 177 (180); Uhlenbruck/*Borries/Hirte* § 129 Rn. 140.

228 Vgl. BGHZ 154, 190 (194 ff.) = NJW 2003, 1865 (1866).

229 Vgl. zu diesem Gesichtspunkt *Binder* KTS 2006, 1 (28 ff.).

230 BGHZ 161, 315 (321) = NJW 2005, 1118 (1120); Gottwald/*Huber* § 46 Rn. 32; vgl. Andres/Leithaus/*Leithaus* InsO § 129 Rn. 6.

Stimmt der mit Zustimmungsvorbehalt ausgestattete vorläufige Insolvenzverwalter einer Erfüllungshandlung des Schuldners zu, die nicht im Zusammenhang mit einem neuen Vertragsschluss steht, so ist der Leistungsempfänger in aller Regel nicht schutzwürdig, die Handlung also anfechtbar. Unerheblich ist insoweit, ob die getilgte Verbindlichkeit vor dem Insolvenzantrag vertraglich oder gesetzlich begründet wurde.[231] Dasselbe sollte gelten, soweit insbesondere durch werkvertragliche Leistungen aus der künftigen Insolvenzmasse an einen Vertragspartner für diesen eine Aufrechnungslage geschaffen wird[232] oder Sicherungsrechte sonstiger Insolvenzgläubiger aufgefüllt werden;[233] für solche weitergehenden Folgen besteht kein Vertrauensschutz. Dies trifft erst recht für Zahlungen zu, mit denen nur die Forderung des Insolvenzantragstellers erfüllt werden soll.[234] **46a**

Hingegen begründet der vorläufige Verwalter einen schutzwürdigen Vertrauenstatbestand regelmäßig, wenn er Leistungen des Schuldners auf Verträge vorbehaltlos zustimmt, die dieser mit einem Gläubiger nach Anordnung von Sicherungsmaßnahmen geschlossen hat und in denen Erfüllungszusagen auch für Altverbindlichkeiten gegeben wurden, welche im Zusammenhang mit neuen Leistungen des Gläubigers an ein Unternehmen des Schuldners stehen.[235] **46b**

Mit der Anfechtung der **Erfüllung von Altverbindlichkeiten** handelt der Insolvenzverwalter trotz der in Rn. 46b aufgeführten Verknüpfung dann nicht treuwidrig, wenn der begünstigte Gläubiger nur aufgrund seiner wirtschaftlichen Machtstellung die Zustimmung des vorläufigen Verwalters durchsetzen konnte, obwohl dieser zunächst seinen Widerstand erklärt hatte. Bringt der vorläufige Verwalter vor Erteilung seiner Zustimmung deutlich zum Ausdruck, dass er den vom Gläubiger erstrebten oder vertraglich begründeten Sondervorteil nicht für gerechtfertigt hält, zerstört er jedes schutzwürdige Vertrauen, falls dem Verwalter zur Aufrechterhaltung eines Geschäftsbetriebs des Schuldners letztlich keine andere Wahl blieb als dem Begehren des Gläubigers nachzugeben.[236] Bloße Erschwernisse in der Betriebsfortführung (zB ein notwendig werdender Lieferantenwechsel) reichen hierfür allerdings nicht aus.[237] Die Darlegungs- und Beweislast für diese Tatsachen obliegt dem anfechtenden Insolvenzverwalter.[238] Ein dem vorläufigen Insolvenzverwalter möglicherweise abverlangter Verzicht auf eine spätere Anfechtung wäre ohnehin unwirksam → Rn. 193. **46c**

Das **Wertverhältnis** zwischen einer Leistung des Gläubigers in die Insolvenzmasse einerseits und deren Gegenleistung andererseits kann für einen Vertrauensschutz gegenüber Anfechtungen → Rn. 46b ebenfalls bedeutsam sein. Jedenfalls soweit der Wert der Leistung des Gläubigers weitaus geringer ist als der Nominalwert seiner befriedigten Altforderungen ist sein etwaiges Vertrauen in die Insolvenzbeständigkeit der Erfüllung nicht schutzwürdig.[239] Eine Verdoppelung des Marktpreises für die Leistung des Gläubigers sollte stets zuviel sein.[240] **46d**

ee) Mitwirkung einer Behörde. Rechtshandlungen unter uneigennütziger Mitwirkung einer Behörde gelten als solche des Veranlassers; anfechtungsrechtlich ist dessen Mitwirkungshandlung maßgeblich (zu deren Beendigung → § 140 Rn. 8). Das trifft insbesondere für Grundbucheintragungen,[241] devisenrechtliche Genehmigungen,[242] Vollstreckungsakte durch neutrale Vollstreckungsorgane, wie den Gerichtsvollzieher, sowie für den Zuschlagsbeschluss des Versteigerungsgerichts nach §§ 87 ff. ZVG[243] zu. Dagegen werden Vollstreckungshandlungen verwaltungseigener Vollziehungsbe- **47**

[231] BGHZ 161, 315 (322) = NJW 2005, 1118 (1120); vgl. BAG NJW 2005, 1389 f.; OLG Celle NZI 2005, 158 f.; OLG Karlsruhe ZIP 2007, 286 (290); AG Hamburg ZInsO 2004, 102 (103 f.); Andres/Leithaus/*Leithaus* InsO § 129 Rn. 6.

[232] Vgl. dazu BGHZ 147, 28 (35) = NJW 2001, 3704 (3706); BGH NJW-RR 2002, 262 (263).

[233] OLG Dresden ZIP 2005, 2167 f.

[234] AG Hamburg ZInsO 2004, 102 (103 f.).

[235] BGHZ 185, 283 (286 f.) = NJW 2006, 1134 (1135); aM *Güther* S. 170 f.

[236] BGHZ 165, 283 (287 f.) = NJW 2006, 1134 (1135); OLG Stuttgart ZIP 2002, 1900 (1902); OLG Celle ZIP 2003, 412 (413 f.); zu § 30 KO auch BGHZ 97, 87 (92 f.) = NJW 1986, 1496 (1497 f.).

[237] BGH NZI 2013, 298 (300) = ZIP 2018, 528 (530).

[238] BGHZ 165, 283 (288) = NJW 2006, 1134 (1135); iE auch Kesseler ZInsO 2006, 530 (532).

[239] Vgl. BGHZ 165, 283 (288 f.) = NJW 2006, 1134 (1135); ferner BGHZ 154, 190 (194 f.) = NJW 2003, 1865 (1866); weitergehend *Spliedt* ZInsO 2007, 405 (412 ff.); für eine Lösung allein über Insolvenzzweckwidrigkeit *Ganter* FS Gerhardt, 2004, 237 (248 ff.).

[240] Vgl. zum entsprechenden Richtwert für Wucher BGH NJW-RR 1989, 1067 (1068); BGH NJW 1990, 1595 (1596); BGHZ 128, 255 (266 f.) = NJW 1995, 1019 (1020 f.).

[241] RGZ 9, 66 (70); OLG Stuttgart WM 1994, 1495 (1497); *Baur/Stürner* Rn. 18.28; Jaeger/*Henckel* § 129 Rn. 35; Uhlenbruck/*Borries/Hirte* § 129 Rn. 133. Entgegen *Wacke* ZZP 82 (1969), 377 (405 f.) ist dies von der Frage nach dem Zeitpunkt der Vornahme einer eintragungsbedürftigen Rechtshandlung zu trennen und wird gerade dann bedeutsam, wenn nach § 140 Abs. 2 erst die Eintragung maßgeblich ist.

[242] Vgl. BGH WM 1958, 1417 (1418 f.).

[243] → Rn. 20 und BGH NJW-RR 1986, 1115 (1116 f.); dies berücksichtigt *Rebmann* S. 18 f., 31 nicht. Andererseits heilt ein späterer Erwerb durch Zwangsversteigerung nicht denjenigen durch eine frühere anfechtbare Handlung: BGHZ 159, 397 (400 f.) = NJW 2004, 2900 f. zu § 1 AnfG.

amter, vor allem der Finanzämter, der veranlassenden Behörde in vollem Umfang – auch hinsichtlich des eingetretenen Erfolges – zugerechnet;[244] insoweit handelt die Behörde in eigener Angelegenheit. Dasselbe gilt, soweit die Finanzbehörde einer Steueranmeldung gemäß § 168 Satz 2 AO zustimmt und hierdurch eine Aufrechnungslage herbeiführt.[245] Die Staatsanwaltschaft handelt bei Maßnahmen im Rahmen der Rückgewinnungshilfe nach §§ 111g ff. StPO als uneigennützige Behörde; denn die Ausübung ihres Ermessens ist durch § 111k StPO iVm Nr. 75 RiStBV zugunsten der Geschädigten hoheitlich geregelt.[246] Die notarielle Beurkundungstätigkeit ist zwar uneigennützig; stellt ein Notar aber für Beteiligte Eintragungsanträge oder ergreift er sonstige betreuende Maßnahmen für sie, ist er insoweit wie ihr Stellvertreter zu behandeln.[247]

48 **ff) Mittelbare Stellvertretung.** Erbringt der (spätere) Insolvenzschuldner eine Leistung an einen Dritten unter Einschaltung eines im eigenen Namen handelnden mittelbaren Stellvertreters, der hierfür rechtlich eigenes Vermögen einsetzt, so liegen grundsätzlich zwei getrennte Rechtshandlungen vor:[248] zum einen der Auftrag des Schuldners an den mittelbaren Stellvertreter und zum anderen dessen Leistung an den Dritten; diese kann – vorbehaltlich der Grundsätze über mittelbare Zuwendungen → Rn. 68 ff. – nicht in der Insolvenz des Auftraggebers angefochten werden. Entsteht dem mittelbaren Stellvertreter aufgrund seiner Leistung an den Dritten ein Ausgleichsanspruch gegen den Schuldner, kann uU diese Vermehrung der Schuldenmasse anfechtbar sein.[249] Der erforderliche Schutz des Anfechtungsgegners gebietet es aber, dass für ihn wenigstens objektiv erkennbar sein muss, von wem er eine Zuwendung erhält; erst dann hat er sich auf eine Haftung für dessen Vermögen einzurichten. Entsprechende Grundsätze gelten für die Einschaltung von Treuhändern in einen Zuwendungsvorgang → Rn. 139 ff.; deren rechtlich selbständige Stellung darf nicht ohne weiteres mit derjenigen bloßer Hilfspersonen gleichgestellt werden, deren Verhalten vom Schuldner gesteuert wird.[250] Zieht eine zentrale sozialversicherungsrechtliche Einzugsstelle Beiträge auch für andere Sozialversicherungsträger ein, kommt es nicht entscheidend darauf an, ob die Einzugsstelle, wie gemäß § 28h Abs. 1 SGB IV, selbst Inhaberin der einzuziehenden Forderung wird[251] oder nur zur Einziehung ermächtigt ist;[252] denn im Außenverhältnis wirkt die Einzugsstelle in beiden Fällen allein als vollstreckende Gläubigerin, die nur im Innenverhältnis das Erlangte in ein einheitliches Verrechnungssystem einstellt.[253]

49 Ausnahmsweise gibt es einen direkten anfechtungsrechtlichen „Durchgriff" vom Insolvenzschuldner auf den Dritten (Leistungsempfänger), wenn eine – im eigenen Namen handelnde – **Zwischenperson** mit einer einheitlichen Handlung zugleich unmittelbar sowohl die Minderung des den Insolvenzgläubigern haftenden Vermögens als auch die Zuwendung an den Dritten bewirkt. Ist für letzteren wenigstens erkennbar, dass er wirtschaftlich eine Leistung des Auftraggebers (späteren Insolvenzschuldners) – also nicht der Zwischenperson – erhält, kommt eine Anfechtung der ausgeführten Leistung durch dessen Insolvenzverwalter unmittelbar (nur) gegen den Dritten in Betracht.[254] Das entspricht inhaltlich den Voraussetzungen, unter denen auch bereicherungsrechtlich in **Dreipersonenverhältnissen** die funktional gewollten Zuwendungen durchweg als Leistungen gewertet werden.[255] Damit wird zur Rechtsklarheit der richtige Begünstigte einer einheitlichen Handlung

---

244 Vgl. BGHZ 128, 196 (197 f.) = NJW 1995, 1090 f.; zu den für eine Kenntnis wesentlichen Personen → § 130 Rn. 51.

245 LG Kiel ZVI 2002, 419 f.

246 Vgl. hierzu OLG Hamm NJW-RR 2000, 286 (287 f.); OLG Köln ZIP 2004, 2013 (2015); LG Neubrandenburg ZInsO 2000, 676; *Breuer* KTS 1995, 1 (13 ff.); *Moldenhauer/Mommsen* wistra 2001, 456 (458); *Hees* ZIP 2004, 298 (299); *Malitz* NStZ 2003, 61 (66 f.).

247 Bei derartigen Tätigkeiten gelten Notare auch als Erfüllungsgehilfen des Auftraggebers: BGHZ 62, 119 (121 ff.) = NJW 1974, 692 f.; BGH NJW 1984, 1748 (1749); BGH NJW 1993, 648 (652); BGH NJW 1993, 3061 (3064).

248 → Rn. 16 aE und BGH ZIP 2000, 1550 (1551).

249 Zur Anfechtung gegenüber der Mittelsperson vgl. BGHZ 174, 228 (242) = NZI 2008, 163 (166); *Kayser* FS Ganter, 2010, 221, (227 ff.); *Wazlawik* NZI 2010, 881 (885).

250 Insoweit zu verallgemeinernd OLG Köln NZI 2003, 99; abgrenzend → Rn. 49 → Rn. 68 ff.; demgegenüber betrifft BGHZ 124, 298 (301 ff.) = NJW 1994, 726 f. allein den Umfang der Rückgewährpflicht des Treuhänders entsprechend § 143.

251 So der Fall in OLG Hamburg ZIP 2001, 708; OLG Koblenz ZInsO 2005, 324 (328).

252 So gemäß § 34 Abs. 2 VTV.

253 Vgl. BGH NJW 2004, 2163 f.; BGH NJW-RR 2005, 695 f.; OLG Stuttgart NZI 2000, 179; *Noll* ZInsO 2004, 492 f.; aM KG NZI 2002, 660 f.; zur Bestimmung der Gläubigerbenachteiligung in derartigen Fällen → Rn. 148.

254 BGH NZI 2009, 384; zweifelnd *Bork* FS Kirchhof, 2003, 57 (67 f.).

255 Vgl. mit unterschiedlichen Begründungen BGHZ 87, 246 (249 f.) = NJW 1983, 2501; BGHZ 89, 376 (378 f.) = NJW 1984, 1348 (1349); BGHZ 122, 46 (50 ff.) = NJW 1993, 1578 (1579 f.).

festgelegt → Rn. 6. Die grundsätzlich mögliche Anfechtbarkeit der Leistung gegenüber dem Dritten schließt eine denkbare Anfechtung nach § 132 gegenüber der Zwischenperson – soweit sie zugleich eine eigene Leistungspflicht gegenüber dem späteren Insolvenzschuldner erfüllt haben mag – aus.[256] Der Anfechtende hat dann nicht die Wahl zwischen mehreren möglichen Anfechtungsgegnern. Folgerichtig ist auch die Ermächtigung des späteren Insolvenzschuldners an die Zwischenperson, an den Dritten zu leisten, nur bis zur Ausführung der Leistung anfechtbar;[257] auf das allgemeine Konkurrenzverhältnis zwischen Deckungsanfechtung und § 132 → § 132 Rn. 5 kommt es insoweit nicht entscheidend an, weil die Zwischenperson nicht als Insolvenzgläubigerin, sondern im Gegenteil als Schuldnerin des späteren Insolvenzschuldners leistet. Ebenso ist die Frage unerheblich, ob die Zwischenperson die Leistung aus einem Guthaben des Insolvenzschuldners erbracht oder diesem mit ihr einen Kredit gewährt hat → Rn. 144: In beiden Fällen wird ein (Rückzahlungs- oder Kreditgewährungs-)Anspruch des Insolvenzschuldners erfüllt. In einer Insolvenz der Zwischenperson hat sich die Anfechtung allein gegen den Auftraggeber zu richten. Beauftragt der spätere Insolvenzschuldner seine Bank, eine Bürgschaft zugunsten eines Gläubigers des Schuldners zu übernehmen, liegt darin auch eine sichernde Leistung des Schuldners an seinen Gläubiger → Rn. 108b aE.

Das Vorgenannte gilt allerdings nicht, soweit die Vermögensübertragung unmittelbar auch darüber hinausgehende, eigene **Rechte oder Pflichten der Zwischenperson** – zB als (Mit-)Schuldner oder Sicherungsnehmer – berührt,[258] diese also nicht allein als **„Zahlungs- und Verrechnungsstelle“** eingeschaltet ist. Deshalb liegt eine direkte Zuwendung im zuvor für unanfechtbar gehaltenen Sinn nicht vor, wenn der spätere Insolvenzschuldner einer ihm nahestehenden Person schenk- oder darlehensweise Geld auf ihr im Soll stehendes Konto überweist, soweit dadurch zugleich die Darlehensforderung der Empfängerbank gegen die Kontoinhaberin getilgt wird; gegenüber dieser Bank kann nur unter den Voraussetzungen der echten mittelbaren Zuwendung → Rn. 53 → Rn. 68 ff. angefochten werden.[259] Entsprechendes muss für die **Zahlung von Umsatzsteuer** an das Finanzamt durch den Leistungsempfänger als Steuerschuldner (§§ 13a, 13b UStG)[260] sowie für die **Abführung der Gesamtsozialversicherungsbeiträge** durch den persönlich schuldenden Arbeitgeber (§ 28e Abs. 1 Satz 1 SGB IV)[261] gelten. Dasselbe trifft für die Entrichtung der **Bauabzugssteuer** (§ 48 EStG)[262] und für die **Abführung der Lohnsteuer** (§§ 38, 41a EStG)[263] zu, für die der Arbeitgeber nach § 42d Abs. 3 EStG mit haftet.[264] In gleicher Weise haftet gemäß § 13c UStG der Sicherungsnehmer von Ansprüchen auf die Gegenleistung für steuerpflichtige Umsätze,[265] so dass in sämtlichen vorgenannten Fällen nicht der Zahlungspflichtige, sondern der hoheitliche Zahlungsempfänger als Gegner der Deckungsanfechtung in Betracht kommt. Die Rolle als reine „Zahlungs- und Verrechnungsstelle“ verlässt derjenige, der sich an einer vorsätzlichen Gläubigerbenachteiligung in einer Weise beteiligt, dass er ein zahlungslenkendes Verhalten entwickelt, welches zu einer selektiven Befriedigung eines Teils der Insolvenzgläubiger führt; deshalb bleibt bei **abgestimmtem Zahlungsverhalten** eine Anfechtung aus § 133 auch gegen die Zwischenperson möglich.[266] Hier sind vielfältige Gestaltungen denkbar, etwa wenn der Steuerberater Mittel des Schuldners mit dessen Absprache an einzelne Gläubiger weiterleitet,[267] der Versicherungsmakler unter Inanspruchnahme eigenen Handlungsspielraums zeitversetzt vom Insolvenzschuldner erhaltene Gelder an den Versicherer weiterleitet,[268] die Bank jenseits ihrer Stellung als Zahlungsdienstleister (§ 675o Abs. 2 BGB) Zahlungsaufträge selektiv an Dritte ausführt oder Beträge auf ein bei derselben Bank geführtes Darlehenskonto überweist.[269] Bei Ungewissheit über die Rechtsgrundlage des Handelns der Zwischenperson kann die Verjährung gegen den anderen möglichen Anfechtungsgegner durch Streitverkündung unterbrochen werden → § 146 Rn. 25 aE. 49a

Die im Auftrag und für Rechnung des Schuldners vorgenommene **Überweisung seines Kreditinstituts** an einen Dritten gilt gemäß den Ausführungen in Rn. 49 anfechtungsrechtlich 50

---

[256] Ebenso iE BGH NJW 1999, 3636 f. = BGHZ 142, 284 (288).
[257] *W. Lüke* ZIP 2001, 1 (6 f.); ergänzend → Rn. 56 aE.
[258] Vgl. RGZ 117, 86 (88).
[259] Vgl. Rostock ZIP 2007, 1073; unklar BGH NJW 1998, 2592 (2599).
[260] Vgl. *Kroth* NZI 2004, 345 (348 ff.).
[261] Vgl. BGHZ 149, 100 (105 ff.) = NJW 2002, 512 f.; BGH NJW 2002, 2568 f.; BGH NJW-RR 2003, 1632 f.
[262] Vgl. BFH ZInsO 2003, 76 (78); *Kroth* NZI 2004, 345 (348).
[263] Vgl. *Kroth* NZI 2004, 345 (349 ff.).
[264] Vgl. BGHZ 157, 350 (358 ff.) = NJW 2004, 1444 (1446 f.).
[265] Vgl. *Kroth* NZI 2004, 345 (349 ff.).
[266] BGH NJW 2012, 1959 (1961 f.) = NZI 2012, 453 (455).
[267] BGH NZI 2018, 114 (116); BGH NJW 2012, 1959 (1961 f.) = NZI 2012, 453 (455).
[268] BGH NZI 2013, 583 (585) = ZIP 2013, 1127 (1128 f.).
[269] BGH NZI 2013, 249 (251).

ebenso als eigene Leistung des Schuldners[270] wie die aufgrund seines Auftrags erfolgte Abbuchung von seinem Konto durch den Gläubiger,[271] oder seine mittels **Kreditkarte** verfügte Zahlung.[272] Dasselbe trifft für andere **Anweisungsfälle** zu, insbesondere wenn der persönlich haftende Gesellschafter einer Kommanditgesellschaft diese anweist, Leistungen an eine eingeweihte Person – als Gläubiger – zu erbringen und hierfür zugleich sein Gesellschafterkonto mit Privatentnahmen zu belasten,[273] oder wenn der (spätere) Insolvenzschuldner seinen (Dritt-)Schuldner anweist, die Schuld gegenüber einem Gläubiger des Insolvenzschuldners zu erfüllen.[274] Bezahlt bspw. der Schuldner den Kaufpreis, während der Dritte den Kaufgegenstand vom Verkäufer geliefert erhält, so hat der Schuldner den von ihm gekauften (§ 433 Abs. 1 BGB) Gegenstand selbst iSv § 143 Abs. 1 Satz 1 an den Dritten „weggegeben". Zahlt ein Werkbesteller gemäß § 16 Nr. 6 VOB/B den einem Werkunternehmer geschuldeten Werklohn befreiend an Subunternehmer des – insolventen – Werkunternehmers, hat sich die Anfechtung gegen die Subunternehmer – als Gläubiger – zu richten.[275] Die **Annahme einer einheitlichen Rechtshandlung** des Schuldners bewährt sich zugleich in der Insolvenz des Angewiesenen:[276] Wird er nach Ausführung der Anweisung selbst insolvent, kommen in dessen Verfahren Ansprüche aus dem Deckungsverhältnis gegen den Anweisenden in Betracht. Versagen diese, etwa bei Unentgeltlichkeit der Leistung, kann sich die Anfechtung gegen den Leistungsempfänger richten, für den der Angewiesene bewusst seinen Vermögenswert weggegeben hat → § 134 Rn. 31 f. Ob die **Anweisung auf eine Schuld** der Zwischenperson oder **auf einen von ihm einzuräumenden Kredit** erfolgt, ist für die Frage der Rechtshandlung unerheblich, sondern erst für den Eintritt einer Gläubigerbenachteiligung bedeutsam → Rn. 144. Hat der Angewiesene mit der Leistung dem Anweisenden Kredit gewährt und wird der Anweisende ebenfalls insolvent, so tragen die Gläubiger des Angewiesenen das allgemeine Risiko jedes Kreditgebers. Dann scheidet eine Anfechtung gegenüber dem Leistungsempfänger aus, der aus seiner Sicht eine Leistung des Anweisenden erhält.

51 Entsprechendes gilt im umgekehrten Fall, sofern der Gläubiger den späteren Insolvenzschuldner anweist, eine ihm – dem Gläubiger – gebührende Leistung nicht an ihn persönlich, sondern an eine **Zwischenperson** zu erbringen. Dann erwächst dem Gläubiger mit dem Eingang der Leistung bei der Zwischenperson, insbesondere einer Zahlstelle, ein Erstattungsanspruch oder er tilgt auf diese Weise eine eigene Schuld gegenüber seinem Gläubiger.[277]

52 Eine **einheitliche Rechtshandlung** ist ferner anzunehmen, wenn der Schuldner durch **Abschluss eines Vertrages zugunsten Dritter** (§ 328 Abs. 1 BGB) dem Anfechtungsgegner ein Forderungsrecht gegen den Versprechenden zuwendet; das gilt auch für die Erfüllungshandlung. Der Insolvenzverwalter des Versprechensempfängers (Schuldners) kann deshalb gegebenenfalls gegenüber dem Dritten (Leistungsempfänger) anfechten, derjenige des Versprechenden stattdessen gegenüber dem Versprechensempfänger.[278] Das gilt uneingeschränkt auch dann, wenn – innerhalb eines von der Anfechtung erfassten Zeitraums – dem Dritten das **Bezugsrecht aus einem Lebensversicherungsvertrag** (§ 330 BGB) eingeräumt[279] oder übertragen[280] wird. Die früher herrschende Mei-

---

270 BGH ZIP 1980, 21 (22); BGH ZIP 1982, 76 (77); OLG Braunschweig OLGRspr 32 (1916), 373; *Bork* Zahlungsverkehr Rn. 132, 138, 142; *Jaeger/Henckel* KO § 30 Rn. 146 ff., 153 ff.; KPB/*Schoppmeyer* § 130 Rn. 54; vgl. auch BGH WM 1955, 407 (410); RGZ 81, 144 (145 f.).

271 Vgl. BGH NZI 2003, 253 (254 f.); *Bork* Zahlungsverkehr Rn. 270; *Kuder* S. 89 ff.

272 Vgl. *Obermüller* FS Gerhardt, 2004, 683 (689 f.).

273 BGH ZIP 1982, 76 (77); OLG Hamburg KTS 1985, 556 f.

274 BGHZ 38, 44 (46) = NJW 1962, 2297 (2298); BAG KTS 1985, 57; RGZ 43, 83 (84 f.); RGZ 46, 101 (103); RGZ 48, 148 (149 f.); RGZ 59, 195 (196 f.); RGZ 69, 44 (47 f.); RG JW 1899, 540 Nr. 27; RG JW 1900, 624 Nr. 9; RG Gruchot 46 (1902), 394 (397 f.); RG Recht 1906 Nr. 1531; RG WarnR 1908 Nr. 346; RG LZ 1909, 693 f.; RG LZ 1910, 866 f.; RG LZ 1914, 1043 Nr. 19; OLG Breslau LZ 1915, 548 Nr. 33.

275 BGH ZInsO 2002, 766 f.; OLG Dresden ZIP 1999, 2161 (2162 f.); zur Abgrenzung → Rn. 134, zur Inkongruenz → § 131 Rn. 35.

276 Die gegenteilige Meinung von *Hassold* S. 214 f. berücksichtigt nicht, dass bei der Anfechtung der Nachteil für die Insolvenzgläubiger nicht genau dem Vorteil für die Leistungsempfänger entsprechen muss → Rn. 102.

277 Vgl. BGH NJW 1995, 1093; KPB/*Schoppmeyer* § 130 Rn. 54; zur Entgegennahme mit anschließendem Cash-Pool *Wittig* NZI 2005, 606 (609).

278 *Hassold* S. 267 f.; *Jaeger/Henckel* KO § 30 Rn. 172 f.

279 BGHZ 156, 350 (355 f.) = NJW 2004, 214 (215); *v. Campe* S. 219 f.; *Elfring* NJW 2004, 483 f.; *Hassold* S. 308 ff.; *Heilmann* VersR 1972, 997 (1001) und KTS 1972, 14 (18 f.); *Jaeger/Henckel* KO § 32 Rn. 41; KPB/*Bork* § 134 Rn. 69 ff.; *Kayser* FS Kreft, 2004, 341 (349 ff.); *Mauer* Rn. 228; *Müller-Feldhammer* NZI 2001, 343 (349 f.); Prölss/Martin/*Schneider* VVG § 159 Rn. 39 ff.; *G. und D. Reinicke* NJW 1956, 1053 (1054 f.); *Thiel* ZIP 2002, 1232 (1235 f.); *Westhelle/Micksch* ZIP 2003, 2054 (2057 f.); *Hasse* VersR 2005, 15 (30 ff.) und 1176 (1184 f.) will dies nicht für die unwiderrufliche – im Gegensatz zur widerruflichen – anfängliche Begünstigung gelten lassen; ergänzend → § 134 Rn. 15 f.

280 BGH NJW-RR 2016, 171 (172 f.) = NZI 2016, 35 (36 f.).

nung erkannte dies nur für diejenigen Fälle an, in denen der Dritte erst nachträglich – unwiderruflich – bezugsberechtigt wird.[281] Die formale Begründung, wenn der Dritte von Anfang an unwiderruflich bedacht werde, erhalte er das Bezugsrecht nicht aus dem Vermögen des Versprechensempfängers (Insolvenzschuldners), sondern originär in eigener Person, trifft jedenfalls anfechtungsrechtlich nicht zu: Allein der Lebensversicherungsvertrag zwischen Versprechendem und Versprechensempfänger begründet dessen eigenes Forderungsrecht; nur als Empfänger bestimmt er eine andere Person, gleichgültig ob widerruflich oder nicht. Für eine Anfechtung genügt dieser rechtliche und wirtschaftliche Zusammenhang → Rn. 8 → Rn. 49 und abgrenzend → Rn. 72. Die weitere Erwägung, die Versorgung des Begünstigten solle geschützt werden,[282] rechtfertigt es nicht, den Grundsatz der **Gleichberechtigung aller Gläubiger** in der Insolvenz zu durchbrechen: Die Insolvenzordnung hat alle Vorrechte abgeschafft. Nach ihr genießt der Versorgungszweck keinen Schutz über § 100 und die Pfändungsgrenzen (§§ 850b, 850c, 850f. ZPO) hinaus. Das den Gläubigern haftende Vermögen ist nach dem Zweck des Anfechtungsrechts → Vor § 129 Rn. 2f. gegenüber solchen Sondervorteilen Einzelner zu schützen. Lediglich wenn das Bezugsrecht selbst bereits in nicht (mehr) anfechtbarer Form oder Zeit begründet wurde, beschränkt sich die Zuwendung auf die Wertsteigerung durch einzelne spätere Prämienzahlungen.[283] Die nachträgliche Änderung einer widerruflichen Bezugsberechtigung ist allerdings in zwei selbständig zu betrachtende Rechtshandlungen (Aufhebung der bisherigen und die Einräumung des neuen Bezugsrechts) aufzuteilen.[284] Bei einer **Direktversicherung** leistet sie der Arbeitgeber an seinen versicherten Arbeitnehmer, nicht an den Versicherer.[285] Insoweit handelt es sich um selbständige Erfüllungshandlungen → Rn. 55 → Rn. 57ff., deren Anfechtbarkeit – wie § 130 verdeutlicht – nicht davon abhängt, ob der schuldrechtliche Anspruch originär oder derivativ begründet wurde.[286]

Die in Rn. 49 bis 52 genannten Fälle sind in der Vergangenheit des Öfteren als mittelbare 53
Zuwendungen oder **Umgehungsgeschäfte** für anfechtbar gehalten worden. Dessen bedarf es jedoch nicht, wenn die Einheitlichkeit der Vermögenszuwendung vom Schuldner an den Dritten nach der Verkehrsauffassung durch diesselbe Rechtshandlung der Mittelsperson objektiv gewahrt bleibt. Ein Umgehungsgeschäft setzt demgegenüber einen hierauf gerichteten Willen voraus und beschränkt die Anfechtbarkeit damit im Ergebnis typischerweise auf die Fälle des § 133 oder § 134. Das ist nicht gerechtfertigt.[287] Liegt eine einheitliche Rechtshandlung im dargestellten Sinn vor, so ist dem gebotenen Schutz des Anfechtungsgegners genügt, wenn er sie als solche aufgrund der Verkehrsauffassung wenigstens erkennen kann.[288] Unter diesen Voraussetzungen kommen sämtliche Anfechtungstatbestände in Betracht. Der Begriff der „mittelbaren Zuwendung" sollte stattdessen denjenigen Anfechtungsfällen vorbehalten bleiben, in denen auch nach natürlicher Auffassung mehrere Rechtshandlungen vorliegen und ein Durchgriff auf den Leistungsempfänger nur noch wegen einer gezielten Zuwendung möglich ist → Rn. 68ff.

gg) Treuhandverhältnis. Im Rahmen von Treuhandverhältnissen (zB Inkassozession, Einzie- 53a
hungsermächtigung) ist der **Treugeber** (Inkassozedent, Gläubiger) richtiger Adressat der Anfechtung, sofern ihm die vom Treuhänder (Inkassozessionar, Ermächtigten) erhaltenen Beträge weitergeleitet wurden.[289]

d) Zustimmung eines Dritten. Die ausstehende Zustimmung eines Dritten beseitigt die 54
Rechtshandlung des Schuldners auch dann nicht, wenn sie zur Rechtswirksamkeit erforderlich ist.[290] Die Anfechtbarkeit setzt in Fällen **schwebender Unwirksamkeit** allerdings voraus, dass eine Gläubigerbenachteiligung eingetreten ist → Rn. 32 → Rn. 134f.

3. Selbständige Prüfung jeder Rechtshandlung. Grundsätzlich ist **jede Rechtshandlung** 55
selbständig auf ihre Ursächlichkeit für gläubigerbenachteiligende Folgen → Rn. 169ff. zu überprü-

281 RGZ 62, 46 (47f.); RGZ 66, 158 (159f.); RGZ 153, 220 (227f.); RG JW 1906, 383 Nr. 10; OLG München ZIP 1991, 1505; FKInsO/*Dauernheim* § 134 Rn. 27; *Lange* S. 137f.; *Holzapfel* S. 27; Nerlich/Römermann/*Nerlich* § 134 Rn. 33; RGRK/*Ballhaus* § 330 Rn. 6f.

282 Vgl. etwa Soergel/*Hadding* § 330 Rn. 17.

283 Vgl. hierzu BGH NJW 1998, 312 (315); Nerlich/Römermann/*Nerlich* § 134 Rn. 32; *Hasse* VersR 2005, 1176 (1186ff.); zu den Rechtsfolgen → § 143 Rn. 40.

284 BGH NJW-RR 2016, 171 (172) = NZI 2016, 35 (36).

285 Dies berücksichtigt OLG Karlsruhe ZIP 2007, 286 (287ff.) nicht.

286 Dies berücksichtigen *Westhelle/Micksch* ZIP 2003, 2054 (2059) nicht.

287 Ebenso *Jaeger/Henckel* KO § 30 Rn. 150f.

288 Zu weit gehend *Jaeger/Henckel* KO § 30 Rn. 151, der sogar von dieser Voraussetzung absehen will.

289 BGH NJW-RR 2016, 367 (368) = NZI 2016, 82 (83); BGH NJW 2014, 1963 (1964f.) = NZI 2014, 650ff.; OLG Frankfurt NZI 2018, 753 (754f.).

290 Vgl. BGH NJW 1966, 730 (731) zu § 3 AnfG; *Jaeger/Henckel* KO § 29 Rn. 21.

fen[291] und gegebenenfalls in deren Anfechtung einzubeziehen. Das gilt auch, wenn mehrere Rechtshandlungen gleichzeitig vorgenommen[292] oder in einer Urkunde zusammengefasst wurden[293] oder aufgrund eines Rahmenvertrages durchgeführt werden[294] oder sich wirtschaftlich ergänzen.[295] Die Übertragung von Grundeigentum und die damit verbundene Abtretung von Ansprüchen auf Rückgewähr nicht mehr valutierender Grundschulden sind selbständige Rechtshandlungen.[296] Abzustellen ist darauf, welche Rechtshandlung jeweils die Gläubigerbenachteiligung verursacht haben soll, deren Beseitigung die Anfechtung gegen den bestimmten Empfänger → § 143 Rn. 8 bezweckt. So kann die auf einer Zwangsvollstreckung beruhende Vermögensminderung sowohl auf dem Vollstreckungsantrag des Gläubigers als auch auf einer Mitwirkung des Schuldners bei der Schaffung des Vollstreckungstitels – zB gemäß §§ 307, 330, 331 oder 794 Abs. 1 Nr. 5 ZPO – beruhen; andererseits erfasst die Anfechtung einer Übertragung von Gesellschaftsanteilen nicht zugleich den Übergang einzelner, bestimmter Gegenstände des Gesellschaftsvermögens. Die Zahlung aus einem Bankguthaben kann darauf beruhen, dass die Bank zuvor durch eine Kontosperre andere Auszahlungen verhindert hatte.[297] Stellt sich die Ursächlichkeit einer anderen Rechtshandlung erst nachträglich heraus, so kann eine bereits erhobene Anfechtungsklage gegen denselben Beklagten auch noch nach Ablauf der Frist des § 146 Abs. 1 darauf gestützt werden, sofern die Handlung zu dem in der Klage festgelegten, umfassenden Lebenssachverhalt gehört → § 146 Rn. 19.

56 Grundlage der Anfechtung braucht nicht nur eine einzige **Handlung im natürlichen Sinn** zu sein. Oft erwächst der Rückgewähranspruch aus mehreren Handlungen oder Unterlassungen des Schuldners und/oder des Leistungsempfängers, teilw. auch unter Einschaltung Dritter → Rn. 35 → Rn. 47. Übertragungen ein und desselben Vermögensguts mit dinglicher Wirkung, die rechtlich in mehreren Einzelakten verwirklicht werden, stellen insgesamt stets eine einzige Rechtshandlung im anfechtungsrechtlichen Sinn dar; der Zeitpunkt ihrer Vornahme ergibt sich jeweils aus § 140 → § 140 Rn. 5 ff. Insbesondere gilt dies für die Übereignung oder Pfandbestellung durch Einigung und Übergabe (§§ 929 Satz 1, 1205 BGB) oder Einigung und Eintragung (§§ 873 Abs. 1, 925 Abs. 1, 1115 BGB), für den Erlass eines Pfändungsbeschlusses mit Zustellung an den Drittschuldner (§ 829 Abs. 3 ZPO) – gegebenenfalls auch erst mit dem nachträglichen Entstehen der gepfändeten Forderung – sowie für die Verfügung eines Nichtberechtigten mit Genehmigung des Berechtigten (§ 185 Abs. 2 BGB). Wegen des Gebots, den wirtschaftlichen Vorgang vollständig und richtig zu erfassen → Rn. 8, darf eine **einheitlich angelegte Vermögenszuwendung** nicht sinnentstellend in verschiedene Einzelteile zerlegt werden → Rn. 50 ff. Deshalb sind im Hinblick auf § 364 Abs. 2 BGB die Anweisung und die Leistung des Angewiesenen nur eine einzige Erfüllungshandlung im anfechtungsrechtlichen Sinn.[298] Dagegen sind die Pfändung und Überweisung einer Forderung sowie deren anschließende Erfüllung zwei verschiedene Rechtshandlungen.[299]

56a Ein und dieselbe Rechtshandlung kann aber auch unmittelbar **mehrere Rechtsfolgen** auslösen. Deren Anfechtbarkeit ist dann jeweils gesondert zu prüfen, zB wenn die Lieferung des Schuldners an einen Abnehmer – außer der privatrechtlichen Schuldtilgung – gemäß §§ 1, 16 UStG zugleich eine Umsatzsteuerschuld entstehen lässt → Rn. 14 → Rn. 171, oder wenn durch Abschluss eines Frachtvertrages das Frachtführerpfandrecht auch auf ältere Forderungen mit erstreckt wird → § 131 Rn. 24 (§ 441 Abs. 1 HGB) oder durch die zur Vereinigung eines Grundpfandrechts mit dem Eigentum nach § 1179a BGB führenden Rechtshandlungen auch ein Löschungsanspruch eines nachrangigen Grundpfandgläubigers entsteht.[300] Entsprechendes gilt, wenn der Schuldner vertragsgemäß Werkleistungen an einen Auftraggeber erbringt und dadurch seine Werklohnforderung wirtschaftlich werthaltiger macht, diese aber an einen Gläubiger abgetreten ist → Rn. 104 → Rn. 168a.[301]

---

291 BGHZ 174, 228 (234) = NJW 2008, 655 (656); ferner BGH NJW 1987, 1812 (1813); BGH NJW-RR 2000, 1215; BGH NJW 2002, 1574 (1575 f.); Nerlich/Römermann/*Nerlich* § 129 Rn. 54; MüKoAnfG/*Kirchhof* § 1 Rn. 49.

292 BGHZ 174, 228 (234) = NJW 2008, 655 (656); vgl. RG LZ 1908, 608 (609) für mehrere Abtretungen.

293 Vgl. RG WarnR 1917, Nr. 225, S. 350 f.; Nerlich/Römermann/*Nerlich* § 129 Rn. 54.

294 Vgl. zu Swap-Geschäften *Obermüller* FS Merz, 1992, 423 (428).

295 BGHZ 174, 228 (234) = NJW 2008, 655 (656); BGH WM 2006, 1731 (1733); BGH NJW-RR 2005, 1641 f.; BGH NZI 2004, 82 f.; BGH NZI 2002, 255 f.

296 BGH WM 2007, 1377 (1381) zum AnfG gegen BGH WM 1985, 427.

297 Vgl. BGH NZI 2004, 248 f.

298 BGH NJW 1974, 1336; ergänzend → Rn. 49 → § 140 Rn. 11.

299 BGH NZI 2000, 310 f.; BAG NZA 2019, 203 (204) = ZIP 2019, 279 (280) = BeckRS 2018, 34157.

300 Dies wurde von OLG Köln ZIP 2005, 1038 (1040 f.) nicht geprüft; ergänzend → Rn. 69.

301 Zur gleichzeitigen Herstellung einer Aufrechnungslage durch die letzte daran anknüpfende Rechtshandlung → Rn. 148 → § 143 Rn. 100 ff.

a) Grund- und Erfüllungsgeschäft. Wegen des **Abstraktionsprinzips** ist die Anfechtbarkeit von Grund- und Erfüllungsgeschäften regelmäßig gesondert zu beurteilen.[302] Wird allein das **Grundgeschäft** erfolgreich angefochten, verliert es seine rechtfertigende Wirkung und es erfolgt die Rückabwicklung der daraus erbrachten Leistungen zu Gunsten der Insolvenzmasse nach allgemeinen Vorschriften, insbesondere gemäß §§ 812 ff. BGB.[303] Ist – was praktisch viel häufiger vorkommt → Rn. 59 – lediglich das **Erfüllungsgeschäft** angefochten, bleibt die Masse gemäß § 144 Abs. 1 aus dem Kausalverhältnis im Wege einer Insolvenzforderung belastet. Nur wenn beide Geschäfte erfolgreich angefochten sind, ist der Leistungsgegenstand selbst nach Maßgabe des § 144 zurückzugewähren. 57

Soweit im Rahmen des § 29 KO überwiegend Verpflichtungs- und Erfüllungsgeschäfte als Einheit betrachtet wurden,[304] beruhte dies auf einer – nicht zwingenden – Gleichsetzung von Rechtshandlung einerseits und Eintritt des gläubigerbenachteiligenden Enderfolges andererseits. Diese ist angesichts der Sonderregelung in § 140 Abs. 2 und 3 nicht mehr aufrechtzuerhalten. Die §§ 130 bis 132 gehen von einer getrennten Betrachtung der Deckungs- und Verpflichtungsgeschäfte aus, ohne dass § 140 dafür einen einheitlichen Vornahmezeitpunkt vorsähe. 58

aa) Grundsatz der getrennten Prüfung. Deshalb ist, wenn nur noch das zeitlich spätere (meist das Erfüllungs-)Geschäft in eine laufende Anfechtungsfrist fällt, bei der Prüfung seiner Anfechtbarkeit das jeweils frühere (meist das Verpflichtungs-)Geschäft als unanfechtbar der Beurteilung zugrunde zu legen. 59

Das bedeutet aber nicht etwa, dass Erfüllungshandlungen stets unabhängig von dem zugrundeliegenden Verpflichtungsgeschäft zu beurteilen wären. Im Gegenteil bestehen in den Fällen der **Vorsatz- und Schenkungsanfechtung** (§§ 133, 134) inhaltliche Anfechtungsvoraussetzungen, die durchweg nur unter Bezugnahme auf das Verpflichtungsgeschäft bewertet werden und im Ergebnis bewirken können, dass ein hinsichtlich des Verpflichtungsgeschäfts verwirklichter Anfechtungstatbestand auch die Erfüllung selbständig anfechtbar macht. Deshalb bleiben Ergebnisse, zu denen die frühere abweichende Meinung gelangte, für die Insolvenzanfechtung im Allgemeinen weiterhin richtig: 60

Für die **Anfechtbarkeit unentgeltlicher Leistungen** nach § 134 stellt die Erfüllung einer Rechtspflicht ausnahmsweise kein „Entgelt“ dar, wenn diese Rechtspflicht selbst wieder auf Unentgeltlichkeit beruht → § 133 Rn. 41 → § 134 Rn. 19 → § 134 Rn. 24. Die Unanfechtbarkeit des Verpflichtungsgeschäfts schafft dann für sich noch kein „Entgelt“.[305] Denn nach § 39 Abs. 1 Nr. 4 sind Forderungen auf eine unentgeltliche Leistung des Schuldners in der Insolvenz stets nachrangig, ohne dass dies von einer selbständigen Anfechtbarkeit der Forderung abhinge. Diese Wertung, wonach Ansprüche aufgrund Freigebigkeit des Schuldners im Falle seiner Vermögensunzulänglichkeit zurückzutreten haben, setzt sich auch bei der Anfechtung ihrer Erfüllung durch: Gewährt der Empfänger das Erlangte zurück, so lebt seine Forderung gemäß § 144 Abs. 1 als nachrangige wieder auf. Daran ändert es nichts, soweit der Schenkungsanspruch bereits vor der kritischen Zeit und damit unanfechtbar durch eine Vormerkung gesichert war: § 106 Abs. 1 verhindert zwar die Vernichtung einer solchen Forderung nach Maßgabe der §§ 103 ff., verstärkt ihre Wirkung aber nicht über die allgemeinen insolvenzrechtlichen Grenzen – insbesondere des § 39 Abs. 1 Nr. 4 – hinaus. Die Gegenmeinung[306] wäre eine Einladung an Schuldner, ihre Immobilien rechtzeitig durch vormerkungsgesicherte Schenkungsversprechen zugunsten Nahestehender zu erhalten, die intern erst im Insolvenzfalle des Schuldners davon Gebrauch machen dürfen. Soweit die Verknüpfung von Schenkungsversprechen und deren Erfüllung in der Vergangenheit häufig damit begründet worden ist, eine unentgeltliche Zuwendung sei erst mit der Erfüllung abgeschlossen,[307] bedarf es einer solchen Erweiterung des Begriffs der Rechtshandlung nicht. 61

---

302 BGH ZInsO 2007, 658 (660); RGZ 27, 130 (132); *Baur/Stürner* Rn. 18.25 f.; *Ganter* FS Gerhardt, 2004, 237 (257); Gottwald/*Huber* § 46 Rn. 42; HKInsO/*Thole* § 129 Rn. 18; *Jaeger/Henckel* KO § 29 Rn. 72 ff., § 30 Rn. 110, 114; Uhlenbruck/*Borries/Hirte* § 129 Rn. 103; aM Nerlich/Römermann/*Nerlich* § 129 Rn. 52.

303 *Baur/Stürner* Rn. 18.25; *Jaeger/Henckel* KO § 29 Rn. 73, § 37 Rn. 91; aM *Allgayer* Rn. 706 ff.; FKInsO/*Dauernheim* § 129 Rn. 42; für den Anfechtungsgegner kommt als Anspruchsgrundlage § 144 Abs. 2 in Betracht.

304 BGHZ 41, 298 (300); BGH NJW 1979, 102 (103); RGZ 116, 134 (136); SchlHOLG SchlHA 1963, 122 f.; *Jaeger* KuT 1929, 147; *Kuhn/Uhlenbruck* KO § 29 Rn. 8; ergänzend → Rn. 61.

305 *Jaeger/Henckel* KO § 32 Rn. 29, 51; iE auch BGH NJW-RR 1988, 841; vgl. ferner *Baur/Stürner* Rn. 18.26 aE; das übersehen OLG Bremen ZIP 1987, 1067 f. und *v. Campe* S. 29 f.; ergänzend → § 134 Rn. 24 → § 140 Rn. 46.

306 *Gerhardt* ZIP 1988, 749 (751); *Baur/Stürner* Rn. 19.7 aE.

307 BGH WM 1955, 407 (411); BGH WM 1972, 363 (364); BGH NJW-RR 1988, 841 f.; BGHZ 141, 96 (103) = NJW 1999, 1549 (1551); BFHE 125, 500 (506); BFHE 133, 501 (506); RG ZZP 60 (1936/1937), 426 (427 f.).

62 In den Fällen der **Anfechtung wegen vorsätzlicher Benachteiligung** (§ 133) wirkt sich derselbe auf Benachteiligung gerichtete Vorsatz, der zum Verpflichtungsgeschäft geführt hat, oft noch bei dessen Erfüllung aus.[308] Da die Gläubigerbenachteiligung nicht der Beweggrund für die – anfechtbare – Rechtshandlung zu sein braucht, schließt das Bestreben, eine für sich unanfechtbare Verpflichtung zu erfüllen, nicht den Benachteiligungsvorsatz aus → § 133 Rn. 33. Die rein tatsächliche Vermutung, dass kongruente Deckungen keinen Benachteiligungsvorsatz ausdrücken, ist bereits erschüttert, wenn feststeht oder gemäß § 133 Abs. 4 von Rechts wegen zu vermuten ist, dass der Schuldner die Verpflichtung mit Benachteiligungsvorsatz begründet hat; denn dann wird dessen Fortdauer vermutet.[309] Das liegt bei unentgeltlichen Verfügungen eines Schuldners, dessen Insolvenz droht, nahe. Erst recht gilt das in denjenigen Fällen, in denen die Vermögensverschiebung von vornherein als Teil eines einheitlichen Planes beabsichtigt war.[310]

63 Soweit endlich bei der **Deckungsanfechtung** die rechtlich getrennte Behandlung von Verpflichtungs- und Erfüllungsgeschäften dazu führen kann, dass auf letztere § 130 statt § 131 anzuwenden ist, ist das jedenfalls nach der Änderung auch der für die kongruente Deckung geltenden Anfechtungsfristen → § 130 Rn. 2 → § 130 Rn. 24 hinzunehmen. Die erfolgreiche Anfechtung aus diesem Tatbestand führt dann zu dem sachgerechten Ergebnis, dass der schuldrechtliche Anspruch des Anfechtungsgegners gemäß § 144 Abs. 1 wieder auflebt und nach den allgemeinen insolvenzrechtlichen Regeln zu behandeln ist.[311]

64 **bb) Gemeinsame Anfechtung.** Auch wenn Verpflichtungs- und Erfüllungsgeschäft getrennt angefochten werden dürfen, ist es für die Insolvenzmasse im Hinblick auf die Erfüllung der Anfechtungsvoraussetzungen durchweg günstiger, wenn beide Rechtshandlungen zusammen angefochten werden. Im Zweifel wird eine Klage jedenfalls dann iS einer einheitlichen Anfechtung auszulegen sein, wenn der schuldrechtliche Vertrag und dessen Erfüllung äußerlich eine Einheit darstellen[312] oder in einem einheitlichen Streitgegenstand erfasst werden können.

65 **b) Anfechtung von Gesamtvorgängen.** Gelegentlich werden Vermögensverschiebungen derart in mehrere rechtlich selbständige Einzelakte zerlegt, dass erst der Gesamtvorgang die Insolvenzgläubiger wirtschaftlich benachteiligt. Soweit eine solche Abwicklung auf einem vorgefassten Plan beruht, ist es zulässig und geboten, den Gesamtvorgang im Hinblick auf das beabsichtigte Ergebnis unter wirtschaftlichen Gesichtspunkten als einheitliche Rechtshandlung zu erfassen.[313] Klammer ist der **zielgerichtete Wille** des Schuldners. Ein tatsächlicher Anhaltspunkt dafür ist es, wenn verständige Beteiligte, die keine Vermögensverschiebung beabsichtigen, den Vorgang als rechtlich einheitlichen gestalten würden.

66 **aa) Übertragung in Stufen.** ZB bereitete ein Schuldner die **Übertragung seines Grundstücks** auf eine Angehörige in der Weise vor, dass er zunächst sich selbst eine wertausschöpfende **Eigentümer-Briefgrundschuld** bestellte. Anschließend übertrug er diese – außerhalb des Grundbuchs und damit für Gläubiger unerkennbar – auf die Angehörige. Die **Eigentumsübertragung** erfolgte schließlich zwar in der kritischen Zeit, aber unter Hinweis auf fehlende Gläubigerbenachteiligung aufgrund der früheren wertausschöpfenden Belastung.[314] Beruhte das auf einem einheitlichen Plan, so wird durch eine einzige fortgesetzte Rechtshandlung das Eigentum an einem unbelasteten Grundstück übertragen; die gesamte Zuwendung ist erst mit dem Eigentumserwerb abgeschlossen. Entsprechendes gilt, wenn Grundeigentum in der Weise planmäßig übertragen wird, dass der spätere Insolvenzschuldner mit dem zu Begünstigenden zum gemeinsamen Halten des Grundstücks eine **BGB-Gesellschaft** eingeht und dann aus dieser ausscheidet (§ 738 Abs. 1 Satz 1 BGB).[315] Ein Zusammenwirken zwischen einem überschuldeten Schuldner und einem Gläubiger ist auch in der

---

308 HKInsO/*Thole* § 129 Rn. 18.

309 So im Ergebnis RGZ 116, 134 (138); vgl. ferner RG LZ 1914, 1912 (1913); im Ansatz entscheidet RGZ 27, 130 (136) gleich, jedoch wird die beweisrechtliche Bedeutung der kongruenten Deckung überbewertet.

310 Vgl. RG Gruchot 50 (1906), 1122 (1124 f.); → Rn. 65 ff.

311 Gelegentlich ist auch im Zusammenhang mit § 30 Nr. 1 Fall 1 und § 31 Nr. 2 KO – entsprechend § 132 und § 133 Abs. 4 – darauf abgestellt worden, dass erst ein Gesamtvorgang die anfechtbare Rechtshandlung ergebe; BGH WM 1955, 404 (405 f.); RGZ 110, 134 (137). Damit wurde im konkreten Zusammenhang aber nur die jeweils erforderliche unmittelbare Gläubigerbenachteiligung bestimmt. Die Begründung betraf deshalb nicht den Begriff der Rechtshandlung an sich, sondern deren Ursächlichkeit für einen vorausgesetzten bestimmten Erfolg und damit für die Anfechtbarkeit insgesamt.

312 *Hess* InsO § 129 Rn. 9.

313 BGH WM 1955, 407 (409 f.); BGH NJW 1992, 834 (835); RG bei *Bolze* 11 (1891) Nr. 163; RG LZ 1909, 557 (558 f.); zum maßgeblichen Zeitpunkt → § 140 Rn. 21.

314 → Rn. 109; vgl. auch RG JW 1906, 234 f.

315 Vgl. *Holzapfel* S. 36 ff.

Weise möglich, dass dieser das verbliebene Aktivvermögen des Schuldners unter Anrechnung zu einem angemessenen Preis auf seine Forderungen übernimmt und den anderen Gläubigern kein nennenswertes haftendes Vermögen überlässt; wird eine solche Übertragung planmäßig in mehreren Schritten durchgeführt, kann sie ebenfalls als Einheit anfechtbar sein.[316] Ebenso verhält es sich, wenn der Schuldner seinen nicht freiberuflichen → Rn. 93 **Gewerbebetrieb** einstellt, damit sein Angehöriger ihn, wie beabsichtigt, faktisch fortsetzen kann.[317]

Ein weiterer Anwendungsfall kann das **Herbeiführen einer Aufrechnungslage** iSv § 96 Abs. 1 Nr. 3 durch den Gläubiger im Hinblick auf eine drohende oder eingetretene Insolvenz seines Schuldners sein.[318] Allerdings ist bei einem Einvernehmen mit dem Schuldner vorrangig zu prüfen, ob nicht in Wahrheit eine Leistung an Erfüllungs statt gewollt ist → § 143 Rn. 76. 67

bb) Mittelbare Zuwendung. Häufiger sind mittelbare Zuwendungen, bei denen der Schuldner Vermögensbestandteile mit Hilfe einer **Mittelsperson** an den gewünschten Empfänger verschiebt, ohne mit diesem äußerlich in unmittelbare Rechtsbeziehung zu treten.[319] Die Mittelsperson handelt im eigenen Namen, aber auf Weisung und Kosten des Schuldners, bspw. wie ein **mittelbarer Stellvertreter** → Rn. 48, ohne dass Auftragserteilung und -ausführung in einer einzigen Handlung zusammenfielen → Rn. 49 ff. Wirtschaftlich wird auf diese Weise das Vermögen des Schuldners zugunsten des Dritterwerbers gemindert. Ist das von Anfang an gewollt, so ist das gesamte Rechtsverhältnis anfechtungsrechtlich dergestalt anzusehen, als ob nur der Dritte unmittelbar vom Schuldner erworben hätte,[320] wenn dieser für den Dritten wenigstens als wirtschaftlich leistende Person erkennbar ist → Rn. 49.[321] Es handelt sich um einen Erwerb unmittelbar vom Schuldner selbst, nicht erst um eine Rechtsnachfolge iSv § 145.[322] 68

Typische Anwendungsfälle dafür sind über § 850h Abs. 1 ZPO hinaus: Die Wahl einer ungünstigeren Steuerklasse durch einen Ehegatten zugunsten des anderen.[323] Der Schuldner überträgt den Vermögensgegenstand unter Zwischenerwerb durch einen Treuhänder[324] mit zeitlicher Verzögerung auf den von Anfang an beabsichtigten Empfänger. Der Schuldner hebt einen ihm wirtschaftlich günstigen Vertrag einvernehmlich auf und veranlasst seinen Vertragspartner, einen neuen Vertrag zu gleichartigen Bedingungen alsbald mit seiner Ehefrau abzuschließen.[325] Der Schuldner weist seinen Käufer an, auf ein bestimmtes, im Soll geführtes Bankkonto zu zahlen, um durch die Rückführung (nur) dieser einzelnen Schuld die Mithaftung einer ihm nahestehenden Person zum Erlöschen zu bringen.[326] Der Arbeitgeber zahlt die Arbeitnehmeranteile zur Gesamtsozialversicherung vor dem Hintergrund der Neuregelung des § 28e Abs. 1 Satz 2 SGB IV an die Einzugsstellen.[327] Der Schuldner führt den geringen Rest einer grundpfandrechtlich gesicherten Forderung zurück, um dadurch den Löschungsanspruch (§ 1179a BGB) eines nahen Angehörigen auszulösen, für den die nächstrangige Grundschuld eingetragen ist → Rn. 56a. Die Muttergesellschaft begleicht Mietverbindlichkeiten des späteren Insolvenzschuldners im Rahmen eines Cash Pools.[328] 69

---

316 Vgl. *Lutter* FS Werner, 1984, 488 ff.

317 Vgl. BGH WM 1962, 1316; BGH ZIP 1996, 637 f.; zur möglichen Sittenwidrigkeit → Vor § 129 Rn. 57 → Vor § 129 Rn. 61.

318 BGH WM 1971, 908 (909); BGHZ 86, 349 (353 f.) = NJW 1983, 1120 (1121 f.); vgl. auch BGHZ 87, 246 (250) = NJW 1983, 2501 (2502); BGH NJW-RR 1989, 1010; RG JW 1906, 234 f.; HKInsO/*Thole* § 129 Rn. 22; *Jaeger* KuT 1929, 147 f.; ergänzend → Rn. 15 → § 130 Rn. 9 f. → § 131 Rn. 7 → § 131 Rn. 16 → § 140 Rn. 21.

319 BGH NJW 2016, 1738 (1739) = NZI 2016, 307 (308) mAnm *Leithaus* = ZIP 2016, 478 (479 f.); BGH NZI 2008, 733 (734); BGHZ 174, 228 (236) = NJW 2008, 655 (657); BGHZ 78, 318 (326 ff.) = NJW 1981, 522 (525); BGH NJW 1980, 1795; BGHZ 38, 44 (46) = NJW 1962, 2297 f.; BFHE 138, 10 (13 f.) = ZIP 1983, 727 (729); RG JW 1905, 57 f.; RGZ 133, 290 (291 f.); OLG Celle KTS 1963, 50 (52); *Jaeger/Henckel* KO § 32 Rn. 27; Uhlenbruck/*Borries/Hirte* § 129 Rn. 265 f.

320 BGH NZI 2018, 699 = ZIP 2018, 1505; BGHZ 142, 284 (287) = NJW 1999, 3636 f.; BGH NJW 1998, 2592 (2599); BGHZ 138, 291; BGH NJW 1996, 2231 (2233); RG WarnR 1908 Nr. 346, S. 255; vgl. auch BGH NJW 1985, 1560; BGH NJW 1998, 2592 (2599); FKInsO/*Dauernheim* § 129 Rn. 40; Uhlenbruck/*Borries/Hirte* § 143 Rn. 77.

321 OLG Stuttgart NZI 2018, 749 (750).

322 BGH NJW 2002, 1342 f.; RG WarnR 1908 Nr. 346, S. 254; Gottwald/*Huber* § 51 Rn. 59, 61; *Kayser* FS Ganter, 2010, 221 (223); *Schillig* MittBayNot 2002, 347 (348); Uhlenbruck/*Borries/Hirte* § 145 Rn. 22; zu § 11 AnfG auch BGH NJW 1980, 1795; RG LZ 1910, 866 (867); *Jaeger* Gläubigeranfechtung § 11 Rn. 8, 15.

323 Vgl. *Ernst* ZVI 2003, 107 (109).

324 BGH NJW 1995, 1093; BGH NJW 1980, 1795; RGZ 69, 44 (48 f.).

325 BGH NJW 1992, 834 (835); vgl. auch KG HRR 1937 Nr. 1421.

326 Diese Fallgestaltung wurde von OLG Schleswig DZWiR 2005, 258 (259) nicht geprüft.

327 BGH NZI 2009, 886 (887 f.); Braun/*de Bra* § 129 Rn. 34.

328 OLG Stuttgart NZI 2018, 749 (750).

70 Für die Zusammenfassung sind die Beweggründe der Mittelsperson grundsätzlich unerheblich; sie kann gutgläubig sein.[329] Unterstützt sie allerdings bewusst einen in Schädigungsabsicht handelnden Schuldner, kann der gesamte Vorgang gemäß § 138 Abs. 1 BGB nichtig sein → Vor § 129 Rn. 61. Erlangt die Mittelsperson selbst Vorteile aus dem Geschäft, kann es insoweit auch ihr gegenüber anfechtbar sein.[330]

71 Wegen der zusätzlich vorauszusetzenden **Gläubigerbenachteiligung** kommt eine mittelbare Zuwendung allerdings nur in Betracht, wenn der Schuldner eine Rechtsposition aus seinem Vermögen aufgibt, die selbst Grundlage der Anfechtung sein könnte.[331] Stand ihm vor der Transaktion weder ein schuldrechtlicher Anspruch noch auch nur eine rechtlich abgesicherte Option auf die Leistung zu, so liegt keine Zuwendung vor.[332] Die erstmalige Begründung eines Vermögensrechts in der Person des Mittelsmannes anstelle des Schuldners selbst ist nicht anfechtbar → Rn. 82. Jedoch genügt es zur Anfechtbarkeit bereits, wenn nur der Gegenwert für den Erwerb aus dem Vermögen des Schuldners stammt.[333]

72 Ferner muss **der Vorsatz** mindestens **des Schuldners** darauf gerichtet sein, den Vermögenswert im Endergebnis gerade dem Dritten zuzuwenden → Rn. 68; dass dies nur als weitere Folge eines anderen Geschäfts zufällig mit eintritt, genügt nicht für die Zusammenfassung. An jener Voraussetzung fehlt es zB oft, wenn ein Schuldner eine eigene Verbindlichkeit tilgt und hierdurch zugleich Mitverpflichtete aus ihrer Haftung befreit; dann muss ein entsprechender Zuwendungsvorsatz des Schuldners bezüglich des Begünstigten im Einzelfall festgestellt werden.[334] Der nötige Vorsatz fehlt regelmäßig, wenn der spätere Insolvenzschuldner ein ihm gehöriges Handelsgeschäft in der Weise auf einen Erwerber überträgt, dass dieser den bisherigen Gläubigern gemäß § 25 Abs. 1 HGB haftet: Die Gläubiger des früheren Inhabers werden hierdurch im Allgemeinen auch dann nicht mittelbar Empfänger einer anfechtbaren Leistung des Insolvenzschuldners, wenn die Schuldübernahme zugleich im Innenverhältnis unter Anrechnung auf den vom Erwerber zu zahlenden Kaufpreis vereinbart war.[335] Eine Anfechtung kann dann nur nach allgemeinen Regeln gegenüber dem Erwerber in Betracht kommen. Zu prüfen ist zudem, ob die konkret vereinbarte Gegenleistung den Erwerb des Geschäfts ausgleicht. Aus Sicht der vom Erwerber befriedigten Gläubiger hingegen hat er (auch) eine eigene Schuld diesen gegenüber getilgt, so dass durchweg er und nicht der Insolvenzschuldner als Leistender erscheint. Gegenüber den Geschäftsgläubigern rechtfertigt sich eine Anfechtung auch nicht allein wegen ihrer faktischen Besserstellung im Vergleich mit den Privatgläubigern, die keinen zusätzlichen Schuldner erhalten; der Gleichbehandlungsgrundsatz rechtfertigt nicht selbständig eine Ausweitung der Anfechtungsnormen. Die Gegenmeinung[336] würde zudem die Sanierung wirtschaftlich noch lebensfähiger Teile des Schuldnervermögens wesentlich erschweren, wenn die Gläubiger mit einem Haftungsdurchgriff rechnen müssten.

73 **In zeitlicher Hinsicht** muss lediglich die Beteiligung des Insolvenzschuldners vor Verfahrenseröffnung vorgenommen sein.[337] Diejenige der rechtlich selbständigen Mittelsperson kann auch später liegen;[338] denn ihr gegenüber versagt der Schutz der §§ 80 bis 82 und § 89.

74 **4. Vornahme vor Verfahrenseröffnung.** § 129 Abs. 1 stellt grundsätzlich auf Rechtshandlungen ab, die **vor Eröffnung des Insolvenzverfahrens** vorgenommen wurden,[339] sei es auch in einem früheren Insolvenzverfahren.[340] Gegenüber späteren Maßnahmen schützen regelmäßig die §§ 80 bis 82, 89, 91 sowie § 96 Abs. 1 Nr. 1, 2 und 4 die Insolvenzmasse. Eine Ausnahme gilt allein im Rahmen des § 147 sowie in den Fällen des § 143 Abs. 3 bei der **Verwertung von Gesellschaftssicherheiten** durch den Insolvenzverwalter über das Vermögen der Gesellschaft, die mittelbar zu

329 Vgl. BGH NJW 1980, 1795; RG LZ 1909, 557 (559); FKInsO/*Dauernheim* § 129 Rn. 40.

330 FKInsO/*Dauernheim* § 129 Rn. 40; Uhlenbruck/*Borries/Hirte* § 129 Rn. 302 ff.; vgl. auch RGZ 117, 86 (88); im Fall RG JW 1899, 227 (228) war die vom Mittelsmann erlangte Befreiung von eigener Bürgenschuld nicht Streitgegenstand.

331 BGHZ 72, 39 (42) = NJW 1978, 1921 (1922).

332 BGH WM 1955, 407 (409 f.); → § 143 Rn. 39.

333 BGH NJW 1992, 834 (835); BGH WM 1955, 407 (409); im Ergebnis auch BGHZ 72, 39 (44 f.) = NJW 1978, 1921 (1922) unter Annahme eines Wertersatzanspruchs; RGZ 133, 290 (292); OLG Celle KTS 1963, 50 (53); OLG Düsseldorf ZInsO 2002, 769 (770); Uhlenbruck/*Borries/Hirte* § 129 Rn. 268.; aM OLG Darmstadt LZ 1918, 230 f. mAnm *Langenbach.*

334 → Rn. 14 aE; zu Unrecht allgemein verneinend *Jaeger/Weber* KO §§ 209, 210 Rn. 24.

335 BGHZ 38, 44 (46 f.) = NJW 1962, 2297 f.; Uhlenbruck/*Borries/Hirte* § 129 Rn. 404; mit abweichender Begründung auch *Kuhn* WM 1964, 998 (1003).

336 *Berges* KTS 1961, 65 (66 f.).

337 Uhlenbruck/*Borries/Hirte* § 129 Rn. 89 f.

338 *Berges* KTS 1961, 65 (69); → § 140 Rn. 22.

339 Vgl. BGHZ 141, 96 (107) = NZI 1999, 188 (190); *Bork* Einführung Rn. 209.

340 Vgl. RG Gruchot 49 (1905), 123 (126).

Gunsten des Gesellschafters als Drittsicherheitengeber gehen.[341] Ist allerdings in zeitlicher Hinsicht unklar, ob die insolvenzrechtlichen Verfügungsbeschränkungen eingreifen, wird man alternativ auch auf die Anfechtungsnormen zurückgreifen können.[342]

Mit der „Eröffnung des Insolvenzverfahrens" ist das **Wirksamwerden des Eröffnungsbeschlusses** nach § 27 gemeint. Ist dieser rechtskräftig, schaden ihm anhaftende Fehler nur, falls sie seine Nichtigkeit bewirken.[343] In den von der Anfechtung erfassten Zeitraum fallen auch das Eröffnungs- und Schuldenbereinigungsplanverfahren (§§ 305 bis 310), nicht aber der Zeitraum eines vom Bundesamt für Finanzdienstleistungsaufsicht gemäß § 46a Abs. 1 Nr. 4 KWG aF angeordneten Moratoriums → Vor § 129 Rn. 104 → § 139 Rn. 3. Auf der anderen Seite wird der Zeitpunkt der „Vornahme" der Rechtshandlung durch § 140 bestimmt. Bei zu einer Einheit zusammengefassten Vermögensverschiebungen → Rn. 68 ff. entscheidet der letzte vom Insolvenzschuldner vorgenommene Akt → Rn. 73. 75

V. Gläubigerbenachteiligung

Jede Rechtshandlung ist nach § 129 Abs. 1 nur anfechtbar, wenn sie die Insolvenzgläubiger benachteiligt. Die Anfechtung soll der Insolvenzmasse nicht Vorteile verschaffen, die ihr ohne die Rechtshandlung auch nicht zugestanden hätten.[344] Als Benachteiligung genügt und ist erforderlich der objektiv nachteilige Erfolg[345] ohne Rücksicht auf einen ihn erstrebenden Vorsatz; dieser ist lediglich bei § 133 zusätzliche Anfechtungsvoraussetzung. Ferner ist eine Bereicherung des Anfechtungsgegners als Anfechtungsvoraussetzung nicht nötig;[346] ihr Fehlen kann nur den Umfang der Rückgewährpflicht einschränken → § 143 Rn. 37 → § 143 Rn. 136 ff. Jedoch muss der Nachteil gerade in der Beeinträchtigung des den Gläubigern im Zeitpunkt der Verfahrenseröffnung → Rn. 74 f. haftenden Schuldnervermögens bestehen; die allgemeine Verkürzung denkbarer Anfechtungsansprüche der späteren Insolvenzmasse → Rn. 191 durch ein verspätetes Stellen des Eröffnungsantrags genügt nicht.[347] 76

1. Verkürzung des Schuldnervermögens. Den Insolvenzgläubigern haftet allein das **Vermögen des Schuldners** spätestens im Zeitpunkt des § 140. Eine Gläubigerbenachteiligung liegt vor, wenn entweder die Schuldenmasse vermehrt oder die Aktivmasse verkürzt und dadurch der Gläubigerzugriff auf das Schuldnervermögen vereitelt, erschwert, gefährdet oder verzögert wird.[348] Es müssen mit anderen Worten die Befriedigungsmöglichkeiten der Insolvenzgläubiger ohne die angefochtene Rechtshandlung bei wirtschaftlicher Betrachtungsweise günstiger gewesen sein.[349] Hieran fehlt es bereits, wenn nach dem zugrunde liegenden Tarifvertrag der Schuldner als Arbeitgeber einen Erstattungsanspruch gegen die Sozialkasse nur dann hat, sofern sein Beitragskonto im Zeitpunkt der Geltendmachung des Anspruchs ausgeglichen ist.[350] Die **Beeinträchtigung anderer Gegenstände** als die im Vermögen des Schuldners berechtigt nicht zur Insolvenzanfechtung,[351] bspw. soweit der Schuldner nur als Bevollmächtigter eines Dritten handelt → Rn. 37. Eine Zahlung 77

---

341 BGH NJW 2012, 156 (158 ff.) = NZI 2012, 19 (20 ff.).

342 Vgl. *Häsemeyer* Insolvenzrecht Rn. 21.31a; → Rn. 134 f.; zur Unanfechtbarkeit von Rechtshandlungen des Insolvenzverwalters betreffend Massevermögen im Falle späterer Masseunzulänglichkeit → § 147 Rn. 9, zur Unanfechtbarkeit von Maßnahmen des eigenverwaltenden Schuldners (§§ 270 ff.) → Rn. 42.

343 BGH NJW-RR 2003, 697 f.; BAG ZIP 2018, 32 (33 f.).

344 BGH WM 1971, 908 (909); BGHZ 86, 349 (355) = NJW 1983, 1120 (1122); BGH NJW 1983, 1123 (1124); BGHZ 97, 87 (96) = NJW 1986, 1496 (1498); *Baur/Stürner* Rn. 18.3; FKInsO/*Dauernheim* § 129 Rn. 45; Uhlenbruck/*Borries/Hirte* § 129 Rn. 169.

345 RG SeuffBl. 72 (1907), 478 (479); *Jaeger/Henckel* KO § 29 Rn. 63.

346 RG JW 1911, 107 (108); *Diem* S. 88.

347 BGHZ 162, 143 (154 f.) = NJW 2005, 1121 (1124). Die in diesem Urteil angenommene Voraussetzung, „dass eine andere Person durch die Rechtshandlung eine Vermögenszuwendung erhalten hat", geht aber zu weit → Rn. 6 → Rn. 102; ergänzend → Rn. 28.

348 BGH NZI 2019, 392 f. = WM 2019, 548 = ZInsO 2019, 691; BGH DStR 2019, 522 (523) = WM 2019, 213 = BeckRS 2018, 35959; BGH ZInsO 2018, 1841 (1842 f.) = WM 2018, 1560 (1561 f.) = ZIP 2018, 1601 (1602 f.); BGH NJW-RR 2016, 171 (172) = NZI 2016, 35 (36); BGHZ 182, 317 (322) = NJW 2009, 3362 (3363); BGHZ 174, 314 (320) = NJW 2008, 1067 (1068); BGH NZI 2008, 733 (734); BGHZ 165, 343 (350) = NJW 2006, 908 (910); BAG NZA 2019, 203 (205) = ZIP 2019, 279 (280) = BeckRS 2018, 34157; AGR/*Gehrlein* § 129 Rn. 63; Braun/*de Bra* § 129 Rn. 25; Jaeger/*Henckel* § 129 Rn. 77.

349 BGHZ 174, 228 (234) = NJW 2008, 655 (656); BGHZ 182, 317 (322) = NJW 2009, 3362 (3363); BGH NZI 2019, 392 f. = WM 2019, 548 = ZInsO 2019, 691; *Thole* Gläubigerschutz S. 325.

350 BGH BeckRS 2018, 9383 = WM 2018, 1063 = ZIP 2018, 1188.

351 BGH NJW 1980, 1964; BGH NJW-RR 2004, 1493 (1494); vgl. auch BGH NJW-RR 1986, 536 (538) und § 143 Abs. 1 Satz 1: „… aus dem Vermögen des Schuldners veräußert …"; Ausnahme: früheres Schuldnervermögen nach § 145.

aus dem privaten Vermögen eines persönlich haftenden Gesellschafters mag zwar dessen Gläubiger benachteiligen; in der Insolvenz allein seiner OHG oder KG ist sie hingegen nicht anfechtbar,[352] sogar wenn der Gesellschafter damit seinerseits zahlungsunfähig wird.[353] Das gilt insbesondere für Leistungen von Geschäftsführern,[354] Bürgen[355] oder Mithaftenden aus eigenem Vermögen auf Verbindlichkeiten des Schuldners. Aus eigenem Vermögen leistet aber nicht, wer eine Verbindlichkeit gegenüber dem Schuldner weisungsgemäß durch Leistung an einen Dritten tilgt; denn dadurch wird Aktivvermögen des Schuldners verringert → Rn. 49 ff. → § 131 Rn. 35. Stand dem Schuldner an einem weggegebenen fremden Gegenstand zugleich ein eigenes Recht zu – bspw. ein Anwartschaftsrecht beim Kauf unter Eigentumsvorbehalt (§ 107 Abs. 2) –, kann dessen Aufgabe die Insolvenzgläubiger benachteiligen → Rn. 108 → § 143 Rn. 38.[356]

78 **a) Vermögen des Insolvenzschuldners.** Eine erfolgreiche Anfechtung setzt voraus, dass ihr Gegenstand ohne die Rechtshandlung gerade zum haftenden Vermögen des Insolvenzschuldners gehört, also dem Zugriff seiner Insolvenzgläubiger offen gestanden hätte;[357] die Herkunft – zB aus einer Straftat – ist dabei unerheblich.[358] Rechtshandlungen, die ausschließlich schuldnerfremdes Vermögen betreffen, wirken sich nicht auf die Insolvenzmasse und damit auf die Befriedigungsmöglichkeit der Insolvenzgläubiger nachteilig aus → Rn. 77. Leistet ein vom Schuldner angewiesener Dritter an einen Gläubiger des Schuldners, ist zwischen einer **Anweisung auf Schuld** und einer **Anweisung auf Kredit** zu unterscheiden. Im ersten Fall führt die Zahlung durch den Angewiesenen zu einer Gläubigerbenachteiligung, weil der Schuldner mit der Zahlung seine Forderung gegen den Angewiesenen durch Erfüllung (§§ 362 Abs. 2, 185 BGB) verliert. Liegt dagegen eine Anweisung auf Kredit vor, scheidet eine Gläubigerbenachteiligung grundsätzlich aus, weil es durch die Zahlung lediglich zu einem Gläubigerwechsel in der Person des Angewiesenen kommt.[359] Die Belastung der Masse mit dessen Rückgriffanspruch wird durch die Befreiung von der Schuld des Zahlungsempfängers ausgeglichen.[360] Etwas anderes gilt nur dann, sofern der Kredit für den Schuldner belastender ist als die mit seiner Hilfe getilgte Schuld, etwa weil er nur gegen Sicherheit gewährt wurde. Dann kommt in diesem Umfang eine Gläubigerbenachteiligung durch Vermehrung der Schuldenmasse → Rn. 100 in Betracht.[361]

78a Wird fremdes Vermögen zur Tilgung von Verbindlichkeiten des Schuldners eingesetzt, bleibt eine Gläubigerbenachteiligung nur ausgeschlossen, wenn die Leistung ohne **Durchgang durch das Schuldnervermögen** unmittelbar vom Dritten an den Gläubiger fließt; stellt dagegen der Dritte dem Schuldner selbst Geld – etwa durch Übergabe von Bargeld oder eines Schecks oder durch Einzahlung auf ein eigenes Konto des Schuldners – zur Verteilung an seine Gläubiger zur Verfügung, so haften auch diese Mittel der Gläubigergesamtheit.[362] Entscheidend ist insoweit, ob die Zahlungsmittel objektiv zunächst dem Schuldner übertragen oder sofort an ihm vorbeigeleitet worden sind, sei es auch durch die Einschaltung eines Treuhänders.[363] Gleiches gilt, sofern ein Grundstück direkt vom Verkäufer auf einen Dritten ohne Durchgang beim Schuldner mit diesem eigens hierfür zur Verfügung gestellten Treuhandmitteln aufgelassen wird.[364] Auf einen Zuwendungswillen des Dritten kommt es dafür allenfalls indiziell an,[365] auf den Zuwendungsgrund – zB Schenkung oder Darlehen – allein im Hinblick auf etwaige Ausgleichspflichten des Schuldners. Gesellschafterdarlehen werden im Allgemeinen der Gesellschaft (Schuldnerin) gewährt, auch wenn die Valuta direkt an den Gläubiger ausgezahlt wird.[366] Ferner wirken solche Leistungen Dritter gläubigerbenachteiligend, die unmittelbar (auch) das Schuldnervermögen schmälern, insbesondere unter Besicherung daraus → Rn. 150 ff. oder bei Anweisungen auf Kosten des Schuldners → Rn. 49 ff. Hat der Schuldner einen Gegenstand

---

352 Vgl. BGH NJW-RR 2003, 1632 f.; ergänzend → Rn. 133a.
353 OLG Schleswig WM 1968, 137 (139).
354 BGH NJW-RR 2003, 1632 (1634); BGH NJW-RR 2004, 1493 (1494); LG Hamburg DZWiR 2006, 43.
355 Vgl. OLG Köln ZInsO 2002, 444 (445).
356 Zur Voraussetzung eines unmittelbaren Betroffenseins des Schuldnervermögens → Rn. 170a.
357 Vgl. BGHZ 72, 39 (42 f.) = NJW 1978, 1921 (1922); BGH NJW-RR 2004, 1453 (1454 f.).
358 BGH NJW 2018, 396 (398) = NZI 2018, 34 (36); OLG Hamm NZI 2006, 532 f.; → Rn. 104.
359 AGR/*Gehrlein* § 129 Rn. 116.
360 BGH ZIP 2012, 1468 (1469 f.); BGH NZI 2009, 56; RGZ 48, 148 (151 f.); RGZ 81, 144 (145 f.); OLG Hamm NZI 2018, 72; Jaeger/*Henckel* § 129 Rn. 81, § 130 Rn. 59; AGR/*Gehrlein* § 129 Rn. 113; *Ganter* FS Görk, 2010, 169 (176); ders. NZI 2011, 475 (476); Uhlenbruck/*Borries/Hirte* § 129 Rn. 273 ff.
361 BGH NZI 2009, 56.
362 BGHZ 155, 75 (81 f.) = NJW 2003, 3347 (3348 f.); BGH NJW-RR 2003, 1632 (1634); BGHZ 174, 228 (235) = NJW 2008, 655 (656 f.); BGH NZI 2011, 400 (401); OLG Schleswig ZInsO 2004, 1297 f.; LG Berlin ZIP 2006, 862 (863); LG Stuttgart ZInsO 2006, 382 (383); *Foerste* Rn. 295; ergänzend → Rn. 108 ff.
363 Vgl. BGH NJW-RR 2004, 1493 f.; BGH NZI 2011, 400 (401).
364 BGH NJW-RR 2016, 744 f. = NZI 2016, 362 f. = ZIP 2016, 630 f.
365 Zu weit gehend *Bischoff* ZInsO 2004, 1296 (1297 ff.).
366 Vgl. LG Cottbus NZI 2003, 207 (208 f.); ergänzend → Rn. 108.

in der dem Verkäufer bekannten Absicht erworben, jenen sofort an einen Dritten weiter zu veräußern, bewirkt die anschließende Übertragung aus dem Schuldnervermögen dennoch regelmäßig eine Gläubigerbenachteiligung.[367] Stellen Angehörige oder Gesellschafter der Schuldnerin aus eigenem Vermögen Sicherheiten für einzelne Insolvenzgläubiger, so benachteiligt die Sicherheitenbestellung als solche – im Gegensatz zu möglichen Ausgleichsansprüchen aus diesem Anlass – nicht die Gläubigergesamtheit; dasselbe gilt, wenn die Sicherungsgeber die Sicherheit aus eigenem Vermögen ablösen.[368] Erwirbt der Schuldner einen dinglich belasteten Gegenstand, werden seine Gläubiger nicht allein dadurch benachteiligt, dass zuvor die Belastung auf Kosten des Veräußerers anfechtbar bestellt worden war; allenfalls der Erwerbsakt selbst kann dann die Gläubiger des Erwerbers benachteiligen.

Gegenstände im Herrschaftsbereich des Schuldners sind nur dann schuldnerfremd, wenn sie ausgesondert (§ 47) werden dürften.[369] Gleiches gilt, sofern der Schuldner ein Grundstück erwirbt, das vom Zeitpunkt des Erwerbs an für jeden Fall des Gläubigerzugriffs mit einem durch eine Vormerkung gesicherten Rückübertragungsanspruch zugunsten des Verkäufers belastet ist, da eine Anspruchssicherung durch Vormerkung ähnliche Wirkungen wie die Aussonderungskraft besitzt.[370] **Absonderungsrechte** (§§ 49 ff.) scheiden dagegen den Gegenstand anfechtungsrechtlich nicht ohne weiteres aus dem Schuldnervermögen aus,[371] sondern sind nur insoweit bedeutsam, als sie den wirtschaftlichen Wert des Gegenstands voll ausschöpfen → Rn. 108 → Rn. 152 f. Noch nicht zum Schuldnervermögen gehört die Gutschrift auf seinem Konto, solange ihr ein Stornorecht (Nr. 8 Abs. 1 AGB Banken/Sparkassen) oder eine Bereicherungseinrede der kontoführenden Bank gemäß § 821 BGB entgegensteht.[372] Dem Insolvenzschuldner muss am weggegebenen Gegenstand eine rechtlich geschützte Position wirklich zugestanden haben. Die Anfechtung dient nicht dazu, nur die Prüfung des Insolvenzverwalters vorzubereiten, ob er den Gegenstand in der Masse behalten darf.[373] 78b

Entrichtet ein Arbeitgeber **Prämien für die Direktversicherung** eines Arbeitnehmers aufgrund einer **Gehaltsumwandlung,** so begründet dies allein keine treuhänderische Berechtigung des Arbeitnehmers an den eingezahlten Beträgen.[374] Die vom Arbeitgeber einbehaltene Lohnsteuer der Arbeitnehmer[375] und der von ihm einbehaltene Anteil der Sozialversicherungsbeiträge[376] gehören nach zivilrechtlichen Regeln zu seinem haftenden Vermögen, solange sie mit diesem vermischt sind. Darauf hat die Richtlinie 80/987/EWG über die Insolvenzsicherung rückständiger Löhne für Arbeitnehmer bereits deshalb keinen Einfluss, weil sie nicht regelt, wie die zu diesem Zweck nötigen finanziellen Mittel aufzubringen sind.[377] Anderes kann allenfalls gelten, soweit die abzuführenden Beträge in einer Weise vom allgemeinen Vermögen des Arbeitgebers getrennt verwaltet werden, welche die Voraussetzungen einer treuhänderischen Verwahrung – sei es für die Arbeitnehmer, das Finanzamt oder die Sozialversicherungsträger – erfüllt → Rn. 139 f. Dafür reicht es nicht aus, dass 78c

---

[367] Vgl. BGH NJW-RR 2001, 1552 f. für eine Bundesliga-Lizenz im Sport; zum AnfG BGH NJW-RR 2001, 44 f. betreffend eine Sache.

[368] Vgl. BGH NJW-RR 2004, 1493 (1494 f.).

[369] BAGE 20, 11 (15 f.) = NJW 1967, 2425; vgl. auch BGH WM 1985, 364 (365); BGH NJW-RR 2002, 775 (776); FKInsO/*Dauernheim* § 129 Rn. 77; Uhlenbruck/*Borries/Hirte* § 129 Rn. 180.

[370] BGH NZI 2018, 22 (23).

[371] Vgl. BGH ZIP 1996, 842 (843); BGHZ 147, 233 (239) = NZI 2001, 357 (358); BGH NZI 2005, 323 (324); BGH NZI 2005, 622 f.

[372] BGH NJW 1995, 1484 (1485); BGH ZIP 2003, 2021 (2022); zum Scheckstorno OLG Koblenz ZInsO 2002, 1036 f.; ergänzend → Rn. 7 und zur Unerheblichkeit der Stornierung von Belastungsbuchungen → Rn. 108a.

[373] BGH NJW 1992, 624 (627).

[374] BGH NJW 2002, 3253 (3254); BAG ZIP 1996, 965 (968); OLG Karlsruhe ZIP 2007, 286 (289 f.); *Kayser* Rechtsprechung S. 59 ff.; krit. *Schäfer* NZI 2008, 151 (152 f.).

[375] BGH ZIP 1993, 1885 (1886) zu OLG Köln NJW-RR 1993, 928 (929); BGHZ 157, 350 (358 f.) = NJW 2004, 1444 (1446 f.); BGH WM 2004, 1587 (1588); OLG Schleswig ZInsO 2003, 129 (130); OLG Schleswig ZInsO 2003, 187 f.; HambKommInsO/*Rogge/Leptien* § 129 Rn. 57; *Kayser* ZIP 2007, 49 (52); aM *Sauer* ZInsO 2006, 1200 (1201 f.), der eine „steuergesetzliche Treuhandschaft" konstruiert.

[376] BGH ZInsO 1998, 141 f. zu OLG Dresden ZIP 1997, 1036 (1038); BGHZ 149, 100 (104 ff.) = NJW 2002, 512 f.; BGH ZIP 2002, 228 (229); BGH NJW 2002, 2568; BGH NJW-RR 2003, 1632 f.; BGH NJW 2005, 2546 (2548); BGH NJW 2006, 1348 (1349); OLG Hamburg ZIP 2001, 708 (710); OLG Hamburg ZIP 2002, 1360 (1362 f.); OLG Hamburg OLG-Report 2002, 373 (374 ff.); OLG Frankfurt ZIP 2002, 1852 (1855 f.); OLG Stuttgart ZInsO 2004, 752 (753 ff.); OLG Stuttgart ZIP 2005, 1837 (1840); *Flöther/Bräuer* DZWiR 2005, 441 (442); *Gundlach/Frenzel/Schmidt* DZWiR 2002, 89 (90 f.); Uhlenbruck/*Borries/Hirte* § 129 Rn. 421; aM OLG Dresden ZIP 2003, 360 (363 f.); *Brückl/Kersten* NZI 2004, 422 (423 f.).

[377] BGH ZIP 2005, 2217 f. zu OLG Koblenz ZInsO 2005, 324 (325 ff.); OLG Koblenz ZInsO 2005, 1111 (1112); vgl. auch EuGH, Urt. v. 25.1.2007, Rs C-278/05.

die Beträge auf einem gesonderten Konto verbucht werden.[378] Vielmehr müsste auch für pfändende Gläubiger offenkundig sein, dass der Arbeitgeber über die auf einem solchen Habenkonto angesammelten Geldmittel nur durch Auszahlung an die zuständigen Finanzämter und/oder Sozialversicherungsträger verfügen darf.[379] Derartige Vermögenstrennungen kommen praktisch kaum vor. Sie entfallen von vornherein, wenn der diesbezügliche Zahlungsverkehr des Arbeitgebers über debitorisch geführte Bankkonten abgewickelt wird.

78d Der Gesetzgeber hat versucht, mit Hilfe von § 28e Abs. 1 Satz 2 SGB IV die Abführung der **Arbeitnehmeranteile zur Gesamtsozialversicherung** von der Anfechtung auszunehmen. Der Versuch ist gescheitert, weil nach dem Wortlaut der Neuregelung, wonach die Zahlung des vom Beschäftigten zu tragenden Teils des Gesamtsozialversicherungsbeitrags als aus dem Vermögen des Beschäftigten erbracht gilt, eine **mittelbare Zuwendung** des schuldnerischen Arbeitgebers an die Einzugsstelle vorliegt, die unberührt von der Fiktion angefochten werden kann.[380]

79 **b) Künftiges Vermögen des Insolvenzschuldners.** Die Vorschrift des § 35 erweitert den Bereich einer möglichen Gläubigerbenachteiligung, indem sie auch solches Vermögen der Masse zuweist, das der Schuldner erst während des eröffneten Verfahrens erlangt. Im Einzelnen ist zu unterscheiden:

80 Hatte der Schuldner vor Verfahrenseröffnung bereits eine **gesicherte Rechtsposition,** so benachteiligt deren Aufgabe – wie bereits unter Geltung des § 1 Abs. 1 KO – die Gläubiger.[381] Gesichert sind insbesondere **Anwartschaften**[382] und bedingte (§ 158 BGB) oder betagte (§ 163 BGB) Ansprüche[383] ebenso wie das Recht des Schuldners, einen Gegenstand nutzen zu dürfen.[384] Ist in einem **Mietvertrag** vereinbart, dass dem Mieter bei vorzeitigem Vertragsende unter bestimmten Voraussetzungen ein Aufwendungsersatzanspruch zustehen soll, so begründet das bereits einen bedingten Anspruch; verzichtet der Mieter später hierauf, kann dies seine Gläubiger benachteiligen.[385] Ein **Wechselakzept** – auch ein Blankoakzept – zugunsten des Insolvenzschuldners ist ebenso bereits ein gegenwärtiger Vermögenswert wie die **Bezugsberechtigung aus einer Lebensversicherung** → Rn. 52.[386] Hingegen bewirkt die Erteilung einer Vollmacht durch den Schuldner allein noch keine Gläubigerbenachteiligung.

81 § 35 führt nur insoweit über die bisherige Rechtslage hinaus, als der Insolvenzverwalter nach Verfahrenseröffnung anstelle des Schuldners über einen Vermögenserwerb zugunsten der Insolvenzmasse wirksam entscheiden kann, bspw. bei einem echten Vertrag zugunsten des Schuldners (§§ 328 Abs. 1, 333 BGB). Das ist eine rechtlich geschützte Stellung der Insolvenzmasse. Hat zB der Schuldner künftig anfallende Zinseinkünfte im Voraus abgetreten[387] oder etwa den künftigen Erlös aus einem günstigen, fortdauernden Werkvertrag, kann die Abtretung das Erwerbsrecht des Insolvenzverwalters beeinträchtigen und damit die Insolvenzgläubiger benachteiligen.[388] Verhindert der Schuldner vor Insolvenzeröffnung durch aktives Tun[389] einen Vermögensanfall, den sonst nach dem Eröffnungsbeschluss der Verwalter noch erzielen könnte, kann die Rechtshandlung des Schuldners nach

[378] Vgl. *Gundlach/Frenzel/Schmidt* DZWiR 2002, 89 (91 f.); entgegen deren Verständnis lässt auch BGHZ 149, 100 (104 f.) = NJW 2002, 512 f. diese konkret für nötig gehaltene Voraussetzung allein nicht ausreichen.

[379] Vgl. OLG Frankfurt ZIP 2002, 1852 (1856 f.); OLG Hamburg OLGReport 2002, 373 (377 f.); *Gundlach/Frenzel/Schmidt* DZWiR 2002, 89 (91 f.).

[380] BGHZ 183, 86 (90 ff.) = NJW 2010, 870 (871 f.) mAnm *Gundlach/Frenzel*; BGH ZIP 2010, 2209; BGH NZI 2011, 456 (457); *Knospe* S. 154 f.: *Leithaus/Krings* NZI 2008, 393 (397); *Stapper/Jacobi* WM 2009, 1493 (1496); → Rn. 68 f.; zweifelnd Uhlenbruck/*Borries/Hirte* § 129 Rn. 421.

[381] BGH NJW 2012, 229 (231).

[382] BGHZ 128, 184 (187 f.) = NJW 1995, 659 (660).

[383] Vgl. BGH WM 1975, 1182 (1184); RGZ 67, 425 (430); RG Gruchot 54 (1910), 1164 (1166). Bei der Abtretung künftiger (befristeter) Forderungen sind dagegen Rechtshandlung und Gläubigerbenachteiligung erst mit dem Entstehen der künftigen Forderung abgeschlossen → § 140 Rn. 14. Entsteht sie nicht vor der Verfahrenseröffnung, hindern bereits die §§ 80, 91 den späteren Erwerb durch Dritte: BGH NJW 2012, 229 f.

[384] Vgl. BGH NJW 1989, 1037 f.; RG JW 1899, 540 Nr. 29; RGZ 80, 1 (7 f.).

[385] Die gegenteilige Begründung von BGH NJW-RR 1990, 142 (144) trifft nicht zu: Die vorzeitige Vertragsauflösung ist nur die Bedingung für das Erstarken des Anspruchs. Anderenfalls hätten es die Mietparteien in der Hand, nachträglich Aufwendungen des Mieters auf Kosten seiner Gläubiger dem Vermieter zuzuwenden. Im entschiedenen Fall dürfte es aber an der weiteren Voraussetzung gefehlt haben, wonach die Vertragsbeendigung nicht vom Mieter zu vertreten war.

[386] BGH NJW-RR 2016, 171 (172 f.) = NZI 2016, 35 (36 f.).

[387] Vgl. OLG Frankfurt NZI 2007, 413 (414 f.).

[388] Das gegenteilige zu § 3 AnfG ergangene Urteil RG JW 1905, 442 Nr. 27 ist jedenfalls zu § 36 InsO überholt; ergänzend → Rn. 92.

[389] Weiter gehend für das österreichische Recht *König* Rn. 3/12 ff., 15/6 f.; zum Unterlassen → Rn. 26.

allgemeinen Regeln anfechtbar sein. Das gilt insbesondere, wenn der Schuldner in der Krise ein günstiges Vertragsangebot ausschlägt, etwa um die Erwerbsmöglichkeit einem Angehörigen zuzuspielen;[390] hätte ohne das Eingreifen des Schuldners der Verwalter das Angebot noch wirksam annehmen können, kommt eine Gläubigerbenachteiligung in Betracht. Aus der Fassung des § 143 Abs. 1 Satz 1 („… aus dem Vermögen des Schuldners veräußert …") ergeben sich dagegen keine Bedenken, weil in jenem Fall bereits eine sichere Erwerbsmöglichkeit des Angebotsempfängers (§§ 145 ff. BGB) zum gegenwärtigen Schuldnervermögen gehört und gemäß § 35 in die Insolvenzmasse fällt. Dem steht § 517 BGB bereits deshalb nicht entgegen, weil diese Vorschrift allenfalls die Unentgeltlichkeit eines solchen Erwerbs ausschließt. Allerdings ist gegebenenfalls durch Auslegung nach § 133 BGB zu ermitteln, ob das Angebot – zB einer Schenkung – möglicherweise für den Fall der Insolvenz des Empfängers nicht gelten soll.[391] Anfechtbar kann danach bspw. auch der Verzicht auf den vorbehaltenen Widerruf eines Schenkungsversprechens sein, für den § 517 BGB ebenso wenig gilt[392] wie die §§ 528, 530 BGB. Eine **bloße Untätigkeit des Schuldners** genügt dagegen in diesem Zusammenhang nicht → Rn. 26, insbesondere wenn ein an ihn gerichtetes Vertragsangebot allein infolge Fristablaufs erlischt, ohne dass der Insolvenzverwalter es rechtzeitig hätte annehmen können.

Hatte der Schuldner hingegen nur eine **rechtlich ungesicherte Erwerbsaussicht,** so beeinträchtigt deren Verlust seine Gläubiger nicht. Deshalb kommt zB keine Anfechtung in Betracht, wenn Eltern bei einer vorweggenommenen Erbauseinandersetzung unter Lebenden einem insolvent gewordenen Kind als einzigem nur ein unpfändbares Wohnrecht einräumen.[393] 82

Die Verhinderung eines Erwerbs, der noch von der Ausübung eines Persönlichkeitsrechts des Schuldners abhängt, wirkt nach wie vor nicht gläubigerbenachteiligend → Rn. 88 ff. 83

c) Unpfändbares Vermögen. Unpfändbares Vermögen wird nicht erfasst. Wegen § 36 ist die **Verfügung über unpfändbare Sachen**[394] **und Rechte** regelmäßig nicht anfechtbar.[395] Massebestandteil ist der Anspruch auf Entschädigung wegen Strafhaft,[396] nicht jedoch derjenige wegen Verstoßes gegen die EMRK auf Opferentschädigung.[397] Der Verzicht des Schuldners auf ein dingliches Wohnungsrecht, das an Dritte nicht einmal zur Ausübung erlassen werden darf (§§ 1093, 1092 Abs. 1 Satz 2 BGB),[398] ist nicht anfechtbar;[399] dagegen fiele ein hierfür etwa erlangtes Entgelt in die Insolvenzmasse,[400] so dass dessen Verschiebung anfechtbar wäre. Die Pfändbarkeit richtet sich allein nach den gesetzlichen Bestimmungen. **Barvermögen des Schuldners** ist – von Guthaben auf dem Pfändungschutzkonto gemäß § 850k ZPO[401] und dem unpfändbaren Geldbetrag gemäß § 811 Abs. 1 Nr. 8 ZPO einmal abgesehen[402] – grundsätzlich ohne Rücksicht darauf pfändbar, ob es aus unpfändbaren Einkünften gebildet worden ist.[403] Auch ein vertraglich vorbehaltenes, nicht höchstpersönliches Recht zum Schenkungswiderruf gegenüber einem Ehegatten kann in die Insolvenzmasse fallen,[404] ebenso ein vertraglicher Darlehensanspruch mit Zweckbestimmung.[405] Ist das Recht zur Teilnahme mit Mannschaften am sportlichen Wettbewerb von Rechts wegen übertragbar und werden für die Übertragung üblicherweise Geldbeträge gezahlt, so ist es grundsätzlich pfändbar und unterliegt dem Insolvenzbeschlag.[406] Wird ein zZ der Vornahme der Rechtshandlung unpfändbares Recht später beschlagfähig, können die Gläubiger mittelbar benachteiligt sein;[407] eine Aus- 84

[390] *Kohler* S. 218; aM Uhlenbruck/*Borries/Hirte* § 129 Rn. 197; HambKommInsO/*Rogge/Leptien* § 129 Rn. 5b; *Koziol* S. 95 ff. für das österreichische Recht; differenzierend HKInsO/*Thole* § 129 Rn. 27.
[391] Dazu näher *Jaeger/Henckel* KO § 7 Rn. 36; → Vor § 129 Rn. 48 f. und *Windel* KTS 1995, 367 (404 f.); zu pauschal Nerlich/Römermann/*Nerlich* § 129 Rn. 104.
[392] MüKoBGB/*Koch* § 517 Rn. 5. Die Entscheidung des OLG Hamm (mitgeteilt bei *App* EWiR 1995, 947 f.) trifft jedenfalls für die Insolvenzanfechtung nicht zu.
[393] BGH WM 1966, 584 (585) verneint die Sittenwidrigkeit einer solchen Absprache.
[394] ZB nach §§ 811, 811c, 812 ZPO; vgl. OLG Braunschweig MDR 1953, 741.
[395] Insbesondere nach §§ 850 bis 850i, §§ 851, 857 ZPO.
[396] BGH NZI 2011, 979.
[397] BGHZ 189, 65 = NJW 2011, 2296 (2298 f.).
[398] Vgl. § 857 Abs. 3 ZPO und dazu BGH NJW 1962, 2392 f. sowie BGH ZIP 2006, 2321 (2322).
[399] BGHZ 130, 314 (318) = NJW 1995, 2846 (2847); vgl. auch BGH NJW 1963, 2319; BGH NZI 2002, 175 f. zum AnfG.
[400] Vgl. *Baur/Stürner* Rn. 18.41.
[401] BGHZ 162, 349 (353) = NJW 2005, 1863 (1864); BGHZ 186, 242 (249) = NJW 2010, 3517 (3519).
[402] BGH NJW-RR 2016, 873 (875) = NZI 2016, 584 (585).
[403] AG Kiel ZInsO 2004, 519 (520).
[404] Nicht zutr. OLG Hamm, mitgeteilt von *App* EWiR 1995, 947 f.
[405] BGH NZI 2011, 400 (401); BGH ZIP 2001, 1248 f.
[406] BGH NZI 2001, 360 f.; Jaeger/*Henckel* § 35 Rn. 63.
[407] Uhlenbruck/*Borries/Hirte* § 129 Rn. 187; ergänzend → Rn. 125.

nahme mag aus Gründen der Rechtsklarheit für solche Sachen gelten, deren Unpfändbarkeit gemäß § 811 ZPO von den jeweiligen persönlichen Verhältnissen des Schuldners abhängt.[408] Vorschriften über berufliche Verschwiegenheitspflichten – zB für Ärzte, Rechtsanwälte oder Steuerberater – verhindern nicht den Insolvenzbeschlag.[409]

84a Pfändbar ist insbesondere der Anspruch des Bankkunden gegen sein Kreditinstitut auf **Auszahlung eines zugesagten Darlehens**[410] oder eines zugesagten Dispositionskredits, soweit der Kunde diesen in Anspruch nimmt.[411] Gleich gestellt werden die Fälle, in denen die Zahlung unter Inanspruchnahme einer geduldeten Überziehung außerhalb der Kreditlinie erfolgt.[412] Schöpft der Schuldner neue Gelder aus einer lediglich **geduldeten Kontoüberziehung** und fließen sie infolge einer Rechtshandlung einem Gläubiger direkt zu, so liegt darin eine der Anfechtung unterfallende mittelbare Zuwendung, ohne dass es darauf ankommt, ob bereits zuvor aus der Einräumung eines Überziehungskredits für die künftige Masse ein pfändbarer Anspruch gegen die Bank entstanden war. Anders als in den Fällen der **freiwilligen Drittleistung**[413] findet bei einer Überweisung aus einer lediglich geduldeten Kontoüberziehung oder bei Zahlung mittels eines darauf bezogenen Schecks eine Vermögensverschiebung aus der Sphäre des Schuldners in diejenige des Gläubigers statt.[414] Mit dieser Rspr. hat der BGH seine zwischenzeitlich vertretene gegenteilige Auffassung[415] wieder aufgegeben.[416] Es handelt sich um einen Sonderfall, der den anfechtungsrechtlichen Gleichlauf bei Leistungen über ein debitorisch geführtes Konto des Schuldners sicherstellt, ohne den vom Gesetzgeber vorausgesetzten und allgemein anerkannten grundsätzlichen Gleichklang von Pfändbarkeit, Insolvenzbeschlag und Anfechtbarkeit in Frage zu stellen.[417] Damit hat sich der BGH zugleich gegen den Weg ausgesprochen, unter Aufgabe seiner bisherigen Rspr.[418] auch bei einer nur geduldeten Kontoüberziehung infolge der Anweisung und des darin zugleich liegenden Abrufs des Kunden einen pfändbaren Anspruch zu sehen, der wie ein abgerufener Dispositionskredit der Gläubigeranfechtung und der Insolvenzanfechtung unterliegt.[419] Der BGH hat schließlich nicht den Vorschlag aufgegriffen, zwischen dem verwertbaren Schuldnervermögen und dem schuldnerfremden Bereich eine Zwischensphäre anzuerkennen, in die ua Zahlungen bei nur geduldeter Kontoüberziehung fielen → Rn. 108c.[420]

84b Eine interne Vereinbarung über eine bestimmte **Zweckbindung des Kredits** ändert an dessen Pfändbarkeit regelmäßig nichts. Insoweit steht § 851 Abs. 1 ZPO jedenfalls dem Insolvenzbeschlag (vgl. § 80 Abs. 2) nicht entgegen, sofern die Zweckbestimmung nicht zu einer treuhänderischen Bindung des Anspruchs geführt hat.[421] Liegt hingegen eine **treuhänderische Bindung** vor, ist weiter zu prüfen, ob sie gerade dem Zuwendungsempfänger eine insolvenzfeste Sicherung verschaffen wollte. Diente die Treuhandbindung anderen Zwecken, etwa denen des Schuldners, kann die objektive Gläubigerbenachteiligung nicht verneint werden.[422]

84c Pfändbar ist auch die einem Milcherzeuger zustehende Auslieferungs-Referenzmenge („Milchquote") gemäß der Milchabgabenverordnung.[423]

85 Erlangt der Schuldner einen Pflichtteils- oder Pflichtteilsergänzungsanspruch, so ist dieser bedingt pfändbar für den Fall, dass er durch Vertrag anerkannt oder rechtshängig wird (§ 852 Abs. 1 ZPO). Tritt der Schuldner in seiner wirtschaftlichen Krise den Anspruch – bspw. an einen Angehöri-

---

408 Enger *Jaeger/Henckel* KO § 29 Rn. 61; Uhlenbruck/*Borries/Hirte* § 129 Rn. 187 aE.

409 BGHZ 141, 173 (175 ff.) = NJW 1999, 1544 (1546); BGH NJW-RR 2004, 54 f.; → § 35 Rn. 385 f. → § 35 Rn. 438 → § 50 Rn. 74.

410 Vgl. BGH JR 1978, 419 (420).

411 BGHZ 147, 193 (195 ff.) = NJW 2001, 1937 (1938 f.); vgl. BGH NZI 2002, 255 f.; BGHZ 154, 350 (355 f.) = NJW 2004, 1444 (1445); BGH ZIP 2004, 669 (670).

412 BGHZ 182, 317 = NZI 2009, 764; zu der Ausnahme krit. HKInsO/*Thole* § 129 Rn. 54.

413 Klargestellt durch BGH ZIP 2012, 1468 (1469); zum Problemkreis vgl. *Henkel* ZInsO 2012, 774 ff.

414 *Ganter* FS Görk, 2010, 169 (176).

415 BGHZ 170, 276 = NZI 2008, 225; hierzu krit. *Häsemeyer* KTS 2007, 423; *Marotzke* ZInsO 2007, 897; *Ringstmeier/Homann* ZInsO 2009, 607.

416 Krit. *Achsnick/Opp* NZI 2010, 633; *Kreft* FS Ganter, 2010, 247 (249 ff.); zustimmend *Bork* EWiR 2009, 651; *Ganter* FS Görk, 2010, 169 (174 f.); *Raebel* FS Ganter, 2010, 339 (343 ff.).

417 AM *Kreft* FS Ganter, 2010, 247 (253 ff.).

418 BGHZ 150, 350 (355 f.).

419 Hierfür spricht sich *Kreft* FS Ganter, 2010, 247 (255 f.) aus.

420 So aber *Bitter* FS K. Schmidt, 2009, 123 (127), der es für die objektive Gläubigerbenachteiligung generell ausreichen lassen will, dass Bestandteile einer „potentiellen Insolvenzmasse" weggegeben werden.

421 BGH NJW-RR 2001, 1490 f.; BGH NZI 2011, 400 (401); FKInsO/*Dauernheim* § 129 Rn. 56; *Gerhardt* EWiR 2001, 1007 (1008); *v. Olshausen* LM GesO Nr. 68 Bl. 4; ergänzend → Rn. 108b.

422 BGH NZI 2011, 400 (401).

423 BGH NJW-RR 2007, 1219; zu Einschränkungen → Rn. 108.

gen – ab, so wird die Bedingung ausgelöst. Infolgedessen werden zugleich die Gläubiger in anfechtbarer Weise benachteiligt.[424]

Nach denselben Grundsätzen haften den Gläubigern Rechte des Schuldners auf Rückforderung einer Schenkung wegen Verarmung (§ 528 BGB; § 852 Abs. 2 ZPO)[425] sowie der Zugewinnausgleichsanspruch eines Ehegatten (§ 1378 BGB; § 852 Abs. 2 ZPO).[426] 86

Beschränkte persönliche Dienstbarkeiten sind nach § 1092 Abs. 1 BGB iVm § 857 Abs. 3 ZPO nur pfändbar, sofern ihre Ausübung durch Dritte gestattet ist, dann aber auch ohne Eintragung dieser Ausübungsgestattung im Grundbuch.[427] Bedarf – wie nach § 5 Abs. 1 iVm § 8 ErbbRVO – nicht bereits die Pfändung, sondern erst die Verwertung der Zustimmung eines Dritten, so kann eine mit dieser Zustimmung vorgenommene Übertragung anfechtbar sein; ob der Dritte zusätzlich einen schuldrechtlichen Heimfallanspruch gemäß §§ 2 Nr. 4, 3 ErbbRVO gehabt hätte, hindert die Anfechtung ebenfalls nicht.[428] 87

d) Persönlichkeitsrechte. Nicht anfechtbar sind Rechtshandlungen betreffend reine Persönlichkeitsrechte des Schuldners.[429] Soweit allerdings einzelne Persönlichkeitsrechte durch Verdinglichung vermögenswerte Bestandteile aufweisen, haften diese den Gläubigern,[430] so dass sie auch Gegenstand der Anfechtung sein können. Anfechtbare Rechtshandlungen müssen stets einen unmittelbaren Vermögensbezug haben.[431] 88

aa) Familien- und Erbrecht. Änderungen im Personenstand des Schuldners sind selbst dann nicht anfechtbar, wenn sie mittelbar wirtschaftliche Belastungen bewirken, zB die Eheschließung oder Annahme an Kindes statt mit dadurch begründeten Unterhaltspflichten.[432] Dagegen können **selbständige Unterhaltsvereinbarungen** des Schuldners anfechtbar sein, weil sie vorwiegend vermögensentäußernden Charakter haben. Die Umwandlung des Güterstandes selbst – etwa die Vereinbarung von Gütertrennung statt Zugewinngemeinschaft – ist nicht anfechtbar, sondern Ausfluss persönlicher Selbstbestimmung; dagegen kann die nachfolgende Auseinandersetzung der Zugewinngemeinschaft eine anfechtbare Rechtshandlung sein.[433] Der (nur) vertraglich vorbehaltene **Widerruf einer Schenkung** an den Ehegatten betrifft kein höchstpersönliches Recht:[434] Regeln Eheleute ihre wirtschaftlichen Beziehungen allgemeinvertraglich, so wird diese Rechtsgestaltung nicht durch Persönlichkeitsrechte geschützt. Aus demselben Grund kann die Übertragung einer auf Wegfall der Geschäftsgrundlage gestützten Ausgleichsforderung zwischen (geschiedenen) Eheleuten[435] anfechtbar sein. Unanfechtbar sind dagegen der Verzicht auf das Widerrufsrecht nach § 530 BGB[436] und der Wechsel des Wohnsitzes einer natürlichen Person. 89

Nicht anfechtbar ist die **Ausschlagung einer Erbschaft** (§§ 1942, 1953 BGB)[437] oder eines Vermächtnisses (§§ 2176, 2180 BGB)[438] durch den Schuldner: § 83 Abs. 1 Satz 1 zeigt, dass diese Entscheidung weiterhin allein dem persönlichen Bereich des Schuldners zugerechnet werden soll. Dasselbe muss für den **Erbverzicht** nach § 2346 BGB[439] und für das **Unterlassen der Geltendma-** 90

---

424 Vgl. BGHZ 123, 183 (185 f.) = NJW 1993, 2876 (2877); nach Inkrafttreten des § 35 käme im entschiedenen Fall die Insolvenz- statt der Einzelgläubigeranfechtung zum Zuge; vgl. ferner *Bartels* KTS 2003, 41 (45 f.); *Hannich* S. 161 ff., 168 ff.; *Jaeger/Henckel* KO § 9 Rn. 16.

425 Vgl. BGHZ 169, 320 (327 f.) = NJW 2007, 60 (62 f.); *Hannich* S. 161 ff., 168 ff.; HKInsO/*Thole* § 129 Rn. 73. Dagegen bleibt das Widerrufsrecht nach § 530 BGB höchstpersönlich (vgl. dessen Abs. 2): Die Ausübung des Widerrufs als Sanktion für persönlichen Undank betrifft die Gläubiger nicht, im Gegensatz zu einer durch frühere Schenkung mit herbeigeführten Verarmung und Insolvenz des Schuldners.

426 *Hannich* S. 161 ff.; *Jaeger/Henckel* KO § 29 Rn. 50.

427 BGH ZInsO 2006, 1324 (1325 f.); zum Nießbrauch vgl. § 1059 Satz 2 BGB.

428 Vgl. BGH NJW 1966, 730 (731).

429 AGR/*Gehrlein* § 129 Rn. 97.

430 *Freudenberg* S. 153 ff.

431 *Jaeger/Henckel* KO § 29 Rn. 102; vgl. BGH WM 1964, 505 (506 f.).

432 *Baur/Stürner* Rn. 18.42; Gottwald/*Huber* § 46 Rn. 47; *Kilger/K. Schmidt* KO § 29 Anm. 14; Uhlenbruck/*Borries/Hirte* § 129 Rn. 411.

433 Vgl. BGHZ 57, 123 (126 f.) = NJW 1972, 48 f.; OLG Zweibrücken OLGZ 1965, 304 (306 ff.); *Krause* JuS 1990, 877 (881).

434 Nicht zutr. OLG Hamm, mitgeteilt von *App* EWiR 1995, 947 f.

435 Vgl. dazu BGHZ 68, 299 (304 f.) = NJW 1977, 1234 (1235 f.); BGH NJW 1982, 2236 f.; BGH WM 1982, 697 (698).

436 Uhlenbruck/*Borries/Hirte* § 129 Rn. 409; zur Abgrenzung → Rn. 84 → Rn. 86.

437 RGZ 54, 289 (291 f.); RGZ 84, 342 (347;) *Jaeger/Henckel* KO § 9 Rn. 9, § 29 Rn. 59; Uhlenbruck/*Borries/Hirte* § 129 Rn. 408; *Kipp/Coing* § 87 V S. 487 f.; MüKoBGB/*Leipold* § 1942 Rn. 14; aM *Bartels* KTS 2003, 41 (48 ff.).

438 Gottwald/*Huber* § 46 Rn. 47; aM *Bartels* KTS 2003, 41 (48 ff.).

439 Vgl. BGH NZI 2011, 329 (330); *Jaeger/Henckel* KO § 9 Rn. 11; Uhlenbruck/*Borries/Hirte* § 129 Rn. 408.

chung eines Pflichtteilsanspruchs[440] oder eines sonstigen höchstpersönlichen Erwerbs gelten: bspw. für den Verzicht eines bäuerlichen Nutznießungsrechts gemäß § 14 HöfeO,[441] die Ablehnung der fortgesetzten Gütergemeinschaft (§ 1484 Abs. 1 BGB, § 83 Abs. 1 Satz 2 InsO) oder den Verzicht auf eine höchstpersönliche Wirtschaftskonzession.[442] Umgekehrt benachteiligt das Unterlassen, eine überschuldete Erbschaft oder eines Vermächtnisses auszuschlagen, im Allgemeinen nicht die Insolvenzgläubiger,[443] der Verwalter kann die Insolvenzmasse dagegen gemäß §§ 1975 ff., 2187 ff. BGB schützen, solange der Erbe nicht bereits unbeschränkt haftete (§ 2013 BGB).

91 **bb) Arbeitskraft des Schuldners.** Die Arbeitskraft des Schuldners selbst unterliegt im Hinblick auf § 888 Abs. 2 ZPO nicht dem Insolvenzbeschlag; die Gläubiger haben keinen Anspruch auf ihre Ausnutzung.[444] Daran hat die Obliegenheit des Schuldners nach § 295 Abs. 1 Nr. 1, sich um Einkünfte zu bemühen, nichts geändert: Als Sanktion für ein Zuwiderhandeln verliert er allenfalls die Restschuldbefreiung (§ 296). Deshalb ist zB die Aufgabe einer gut bezahlten Stellung durch den Schuldner ebenso wenig anfechtbar[445] wie die Nichtaufnahme einer zumutbaren entgeltlichen Arbeit.[446] Arbeitet der Schuldner im Betrieb eines ihm Nahestehenden unentgeltlich in einer Weise mit, die üblicherweise vergütet zu werden pflegt, kann der Insolvenzverwalter zwar nicht eine unterlassene Vergütungsvereinbarung, wohl aber die tatsächlich erbrachte unentgeltliche Dienstleistung[447] anfechten. Stellt der spätere Insolvenzschuldner die Arbeitskraft eines bei ihm angestellten Arbeitnehmers einem Dritten zur Verfügung, können die Insolvenzgläubiger sogar dann benachteiligt sein, wenn der Schuldner selbst keine Verwendung mehr für die Dienste hat.[448] Anfechtbar ist auch die **Wertschöpfung,** die der schuldnerische Unternehmer durch den Einsatz von Arbeitnehmern an den zur Sicherheit abgetretenen Forderungen erzielt.[449]

92 Nimmt der Schuldner eine Arbeit gegen Entgelt an, fällt sein gegenwärtiges und künftiges Arbeitseinkommen in die Insolvenzmasse (§§ 35, 89 Abs. 2); die wirksame **Verfügung über das pfändbare Entgelt** kann anfechtbar sein.[450] Das Entgelt für eine tatsächlich ausgeübte Erwerbstätigkeit des Schuldners ist ein Vermögensgut (vgl. §§ 850 ff. ZPO). Das gilt auch bei der Vereinbarung eines unangemessen niedrigen Entgelts; dann erfasst der Insolvenzbeschlag nach Maßgabe des § 36 Abs. 1 Satz 2 iVm § 850h Abs. 2 ZPO die angemessene Vergütung.[451] Andererseits sind Zahlungen aus dem unpfändbaren Einkommen nicht gläubigerbenachteiligend.[452] Der Umstand, dass sowohl Arbeitgeber als auch Arbeitnehmer ihr Vertragsverhältnis unanfechtbar beenden könnten, schließt – solange es besteht und erfüllt wird – eine Gläubigerbenachteiligung durch Abtretung pfändbarer Lohnansprüche nicht aus. Diese entstehen gemäß § 140 Abs. 1 mit der jeweils zu vergütenden Arbeitsleistung des Schuldners; damit ist eine Vorausverfügung als anfechtbare Rechtshandlung abgeschlossen und die Gläubigerbenachteiligung tritt ein.[453] Die Wirkung der Vorausabtretung hängt zwar vom tatsächlichen Einsatz des Schuldners in der Folgezeit ab; erbringt er ihn aber, darf die Gläubigerbenachteiligung nicht mit der hypothetischen Erwägung verneint werden, dass sich der Schuldner unanfechtbar anders hätte verhalten können → Rn. 181 ff. Deshalb begründet die Abtretung künftiger Lohnforderungen auch insoweit eine Gläubigerbenachtei-

---

440 BGH NJW 1997, 2384 f.; BGH NZI 2010, 563 (564); BGH NZI 2011, 329 (330); aber → Rn. 85.

441 BGH WM 1964, 505 (507); *Jaeger/Henckel* KO § 29 Rn. 16.

442 RG LZ 1912, 661 Nr. 30; OLG Celle DJZ 1908, 1352; *Jaeger/Henckel* KO § 29 Rn. 107; vgl. auch BGH WM 1964, 114 (116); OVG Lüneburg NZI 2007, 300; VG Gießen ZIP 2005, 2074 (2075); ergänzend → § 35 Rn. 511 ff.

443 Vgl. *Jaeger/Henckel* KO § 9 Rn. 10, § 29 Rn. 59.

444 BGH WM 1964, 114 (116); BGH NZI 2008, 539 (540) mAnm *Dahl/Schmitz*; RGZ 69, 59 (63); Jaeger/*Henckel* § 129 Rn. 47, 149; Nerlich/Römermann/*Nerlich* § 129 Rn. 92; Uhlenbruck/*Borries/Hirte* § 129 Rn. 419.

445 RGZ 70, 226 (230); *Gerhardt* FS Gaul, 1997, 139 (141); Nerlich/Römermann/*Nerlich* § 129 Rn. 92.

446 Gottwald/*Huber* § 46 Rn. 47.

447 → § 134 Rn. 14; zur Vereinbarung einer zu niedrigen Vergütung → Rn. 92.

448 BGH NZI 2004, 253 f.; AGR/*Gehrlein* § 129 Rn. 88.

449 BGH NZI 2008, 539 (540) mAnm *Dahl/Schmitz*; HambKommInsO/*Rogge/Leptien* § 129 Rn. 41c, § 130 Rn. 40.

450 Vgl. Jaeger/*Henckel* § 129 Rn. 47; *Baur/Stürner* Rn. 18.42; Gottwald/*Huber* § 46 Rn. 59; *Mauer* Rn. 44.

451 Uhlenbruck/*Borries/Hirte* § 129 Rn. 419; *Jaeger/Henckel* KO § 1 Rn. 72.

452 AG Kassel NZI 2018, 161 = ZInsO 2018, 397.

453 Insoweit übereinstimmend RG LZ 1913, 862 (863 f.) und *Jaeger* LZ 1914, 1065 (1077). Hiervon zu unterscheiden ist der Fall von RG JW 1913, 885 (886 f.), sofern der „Abtretungsempfänger" den ganzen Vertrag des Schuldners mit dessen Auftraggeber einvernehmlich „übernimmt"; hier kommt die Anfechtung einer mittelbaren Zuwendung → Rn. 68 ff. nur in Betracht, sofern der Schuldner persönlich die Arbeitsleitung gleichwohl so erbringt wie zunächst vereinbart.

ligung, als der Schuldner später ein Arbeitsverhältnis eingeht und seinerseits erfüllt: Sie liegt nicht im Vertragsschluss oder der Arbeitsleistung selbst, sondern in der dadurch ausgelösten Abtretungswirkung. Diese führt die masseschädigende Wirkung herbei.[454] Die Wahl einer günstigen Steuerklasse – III statt IV – zugunsten des Ehegatten des Schuldners kann ebenfalls gläubigerbenachteiligend wirken.[455]

Nicht anfechtbar ist die bloße **Aufgabe einer freiberuflichen** – bspw. anwaltlichen oder ärztlichen – **Praxis,** weil diese auf der persönlichen Arbeitskraft des Schuldners beruht.[456] Hingegen kann eine nach allgemeinen Regeln wirksame[457] Veräußerung der Praxis anfechtbar sein.[458] Diese fiele in die Insolvenzmasse, sofern sie bei Verfahrenseröffnung noch vorhanden wäre.[459] Vergütet werden bei der Veräußerung zwar außer Sachwerten (Praxiseinrichtung) vor allem Mandanten- oder Patientenstamm sowie „good will". Diese wurden durch den Einsatz des Schuldners (Freiberuflers) in der Vergangenheit geschaffen und sind nicht mehr sein höchstpersönliches Gut, sondern das Entgelt dafür haftet seinen Gläubigern. Auf die Frage, inwieweit der Verwalter selbst die Praxis hätte verwerten können, sofern sie bei Verfahrenseröffnung noch im Vermögen des Schuldners gewesen wäre,[460] kommt es nicht an. Der Schuldner hat die ihm zustehende Entscheidungsfreiheit durch die Veräußerung tatsächlich ausgeübt; dass andere Verhaltensweisen denkbar gewesen wären, ist unerheblich → Rn. 181 ff. Die Gläubiger können insbesondere durch eine unentgeltliche Übertragung oder eine Veräußerung zu einem zu geringen Preis oder durch die Zahlung eines vollwertigen Entgelts an einen Dritten[461] benachteiligt werden; hierdurch versucht der Schuldner sich selbst den Gegenwert seines früheren Einsatzes zu erhalten, ihn aber seinen Gläubigern zu entziehen. Soweit die Rückgewähr in Natur (§ 143 Abs. 1 Satz 1) wegen der erforderlichen Zustimmung der beteiligten Freiberufler und Mandanten/Patienten unmöglich ist, muss der Wert der Zuwendung ersetzt werden. 93

Erst recht bestehen unter dem Gesichtspunkt eines höchstpersönlichen Guts keine Bedenken gegen eine Anfechtung der **Veräußerung eines kaufmännischen Unternehmens** des Insolvenzschuldners: Es lebt nicht zwangsläufig von dessen persönlicher Arbeitskraft. Entsprechendes gilt für die Kündigung einer gesellschaftsrechtlichen Beteiligung des Schuldners.[462] Nur die Beendigung einer persönlichen geschäftsführenden Tätigkeit durch den Schuldner und zB sein Einsatz für ein anderes Unternehmen wirken für sich nicht gläubigerbenachteiligend.[463] Anfechtbar ist die Veräußerung des Unternehmens[464] als Ganzes, nicht allein der übertragenen einzelnen Bestandteile. Es umfasst zwar nicht lediglich pfändbare Gegenstände, sondern zugleich rein tatsächliche Werte, die gemäß §§ 803 ff. ZPO nicht einer Einzelzwangsvollstreckung unterliegen. Deren Übertragung benachteiligt die Insolvenzgläubiger jedoch, weil sie trotz § 36 Abs. 1 zur Insolvenzmasse gehören: §§ 1 Satz 1, 22 Abs. 1 Satz 2 Nr. 2, 36 Abs. 2,[465] 156 Abs. 1 Satz 2, 157 Satz 1, 158, 160 Abs. 2 Nr. 1, 162, 163, 229 und 230 setzen das voraus. Der **sachenrechtliche Bestimmtheitsgrundsatz** steht selbständig nicht einer Anfechtung entgegen:[466] Er gilt nicht für das zugrunde liegende Verpflichtungsgeschäft. Ist dieses und gegebenenfalls dessen Erfüllung (§ 362 BGB) anfechtbar, so werden 94

---

[454] Ebenso *Jaeger/Henckel* KO § 29 Rn. 31; *Balz* EWiR 1987, 209 f.; wohl auch Gottwald/*Huber* § 46 Rn. 59; wegen hypothetischer Kausalitätsprüfung überholt sind BGH NJW 1987, 1268 (1269) und BGH WM 1987, 191 (192).

[455] Vgl. BGH NZI 2006, 114 f.; HambKommInsO/*Rogge/Leptien* § 129 Rn. 45; ferner *Mork/Heß* ZInsO 2007, 314 ff.

[456] Vgl. RGZ 70, 226 (230); HambKommInsO/*Rogge/Leptien* § 129 Rn. 49.

[457] BGH BB 1958, 496 f.; BGH NJW 1973, 98 (100); BGH WM 1988, 1566 (1567); BGH NJW 1989, 763; BFH ZIP 1994, 1283 (1284); im Hinblick auf Datenschutzvorschriften einschränkend BGHZ 116, 268 (277) = NJW 1992, 737 (740); BGH NJW 1995, 2026 f.; BGH NJW 1996, 773 (774).

[458] *Jaeger/Henckel* KO § 29 Rn. 106; Uhlenbruck/*Borries/Hirte* § 129 Rn. 394; für den Gesellschaftsanteil an einer ärztlichen Gemeinschaftspraxis (Kassenvertragsarztsitz) auch AG Hamburg ZInsO 2006, 1232; Nerlich/Römermann/*Nerlich* § 129 Rn. 94.

[459] → § 35 Rn. 507 ff.; vgl. BFH ZIP 1994, 1283 (1284 f.); *Gerhardt* FS Gaul, 1997, 139 (145); Jaeger/*Henckel* § 35 Rn. 14; *Kluth* NJW 2002, 186 ff.; *Riering* S. 48 f.; *Schick* NJW 1990, 2359 (2360); aM FG Düsseldorf ZIP 1992, 635 f. mAnm *Grub* EWiR 1992, 581 (582).

[460] Vgl. hierzu *Gerhardt* FS Gaul, 1997, 139 (145); Jaeger/*Henckel* § 35 Rn. 14; *Kluth* NJW 2002, 186 ff.

[461] RG LZ 1914, 491 (492 f.) ist überholt.

[462] Zur Gläubigerbenachteiligung in derartigen Fällen → Rn. 133.

[463] Vgl. BGH WM 1964, 114 (116) und ergänzend BGH WM 1970, 404 f.

[464] *Baur/Stürner* Rn. 18.42; *Häsemeyer* Insolvenzrecht Rn. 21.21; Uhlenbruck/*Borries/Hirte* § 129 Rn. 391; vgl. auch RGZ 134, 91 (98 f.); OLG Dresden LZ 1910, 332 (334); Jaeger/*Henckel* § 35 Rn. 11.

[465] Vgl. OLG Saarbrücken ZIP 2001, 164 (165).

[466] So auch *Gerhardt* FS Gaul, 1997, 139 (144 f.); FKInsO/*Dauernheim* § 129 Rn. 30; Nerlich/Römermann/*Nerlich* § 129 Rn. 95; mit abweichender Begründung *K. Schmidt* BB 1988, 5 (6 f.); aM *Weimar* MDR 1964, 566 (567) und für die Einzelgläubigeranfechtung BGH WM 1964, 114 (115); RGZ 70, 226 (231 f.).

sachenrechtliche Vorschriften erst für die Art der Rückgewähr gemäß § 143 bedeutsam;[467] notfalls ist Wertersatz zu leisten → § 143 Rn. 62.[468]

95 Aufgrund der Einbindung in das kaufmännische Unternehmen kann auch die selbständige **Aufgabe der Firma** (§ 23 HGB), unter der es betrieben wird, die Gläubiger benachteiligen, sofern das Unternehmen selbst in die Insolvenzmasse fällt.[469] Auf die Streitfrage, ob der Insolvenzverwalter für eine Veräußerung insbesondere eines Einzelhandelsunternehmens oder einer Personenhandelsgesellschaft nebst Firma die Zustimmung des Namensträgers benötigt,[470] kommt es insoweit nicht entscheidend an. Denn die Gläubiger können bereits durch die Erschwerung benachteiligt werden, die der Wegfall der bisherigen Firma für die Fortführung des Unternehmens[471] bedeutet → § 143 Rn. 60.

96 **Geschäftliche Marken** unterliegen nach § 29 Abs. 3 MarkenG dem Insolvenzbeschlag, so dass ihre vorherige Aufgabe oder Veräußerung zu einer Gläubigerbenachteiligung iSd Anfechtungsrechts führt.[472]

97 **cc) Gewerbliche Schutzrechte.** Das Recht auf das Patent (§ 6 PatG), der Anspruch auf Erteilung des Patents (§ 7 PatG) sowie das Recht aus dem Patent (§ 9 PatG) sind gemäß § 15 Abs. 1 Satz 2 PatG übertragbar und daher pfändbar (§ 851 Abs. 1 ZPO). Das Recht an einem eingetragenen Design (§ 30 Abs. 1 Nr. 2 DesignG), das durch die Anmeldung begründete Recht (§ 32 DesignG) und das Recht an einem offenbarten Muster vor der Anmeldung (§ 5 DesignG) können gepfändet werden. Gleiches gilt für Gebrauchsmuster (§ 22 Abs. 1 Satz 2 GebrMG). Schließlich gehören durch Eintragung, Benutzung oder notorische Bekanntheit (§§ 4, 29 Abs. 1 Nr. 2 MarkenG) sowie durch Anmeldung begründete Rechte (§ 31 MarkenG) einer Marke zum Insolvenzbeschlag. Verfügungen hierüber können deshalb anfechtbar sein.[473] Bei einfachen Lizenzen gehören die durch sie begründeten schuldrechtlichen Ansprüche ebenfalls zum insolvenzrechtlich geschützten Vermögen.[474] Ein in Gläubigerbenachteiligungsvorsatz erklärter Verzicht auf ein gewerbliches Schutzrecht ist allerdings nichtig → Rn. 17, so dass eine Anfechtung entfällt.

98 **Urheberrechte** sind gemäß § 113 UrhG allein wegen ihres Nutzungswertes pfändbar. Da die Pfändung zudem der Einwilligung des Urhebers bedarf, ist sogar die Einräumung oder Veränderung eines Nutzungsrechts durch ihn nur mit jener Einwilligung, also praktisch kaum je anfechtbar.[475] Rechtshandlungen der Inhaber von Nutzungsrechten iSd § 31 UrhG können dagegen in der Insolvenz des Inhabers wie solche über Lizenzen → Rn. 97 gläubigerbenachteiligend wirken.[476] Zwar bedürfte gemäß § 34 Abs. 1 Satz 1 UrhG auch die Zwangsverwertung des Nutzungsrechts regelmäßig der Zustimmung des Urhebers, doch wird gerade in der Insolvenz oft die Ausnahme des § 34 Abs. 3 UrhG – die Gesamtveräußerung des Unternehmens durch den Insolvenzverwalter – in Betracht kommen.[477] Im Übrigen wäre die Verweigerung der Zustimmung bei Treuwidrigkeit unbeachtlich (§ 34 Abs. 1 Satz 2 UrhG).[478]

99 Das **Zustimmungserfordernis** → Rn. 98 gilt gemäß §§ 69a, 69c UrhG ebenfalls für Verfügungen des Urhebers oder Ausübungsberechtigten (§ 69b UrhG) bezüglich **Computersoftware.** Folgt man allerdings der Ansicht, wonach Computerprogramme wie gewerbliche Schutzrechte pfändbar sind, weil sie regelmäßig in Verwertungsabsicht entwickelt werden,[479] könnten die Insol-

[467] Vgl. BGH WM 1962, 1316 f.; BGH NJW 1968, 392 (393); *Gerhardt* FS Gaul, 1997, 139 (148 f.); vgl. Jaeger/*Henckel* § 35 Rn. 10.

[468] Zum Eintritt einer Gläubigerbenachteiligung, soweit die Übernahme der Verbindlichkeiten einen Teil des Kaufpreises darstellt → Rn. 110 → Rn. 128.

[469] OLG Düsseldorf ZIP 1989, 457 (458); *Emmrich* S. 58 ff.; *Uhlenbruck* GmbHR 1987, 41 f.; Nerlich/Römermann/*Nerlich* § 129 Rn. 96; Uhlenbruck/*Borries/Hirte* § 129 Rn. 395; *Jaeger/Henckel* KO § 29 Rn. 105; → § 35 Rn. 486 ff.; vgl. auch BGHZ 85, 221 (222 f.) = NJW 1983, 755 f.; für Nichtigkeit *Schultze* DZWiR 2005, 56 (59); aM RG Gruchot 38 (1894), 1184 f.

[470] Bejahend BGHZ 32, 103 (105 ff.) = NJW 1960, 1008 f.; BGHZ 109, 364 (366 f.) = NJW 1990, 1605 (1606 f.); Jaeger/*Henckel* § 35 Rn. 23; *Emmrich* S. 84 ff., 97 ff.; *Wertenbruch* ZIP 2002, 1931 (1935 f.); einschränkend *Uhlenbruck* ZIP 2000, 401 (402 f.); verneinend *Barnert* KTS 2003, 523 (538 ff.); *Freudenberg* S. 55 ff.; *Steinbeck* NZG 1999, 133 (138).

[471] Vgl. hierzu BGH NJW-RR 1989, 1263; *Emmrich* S. 30 ff.

[472] → § 35 Rn. 367 ff.; *Bergmann* FS *Kreft*, 2004, 207 (208 ff.); Jaeger/*Henckel* § 35 Rn. 37.

[473] Vgl. BGH ZIP 1996, 184 (185); OLG Düsseldorf ZIP 1986, 185 (189).

[474] Vgl. RGZ 134, 91 (95 ff.); Jaeger/*Henckel* § 35 Rn. 62; weiter gehend *Wallner* NZI 2002, 70 (76 ff.).

[475] Vgl. Jaeger/*Henckel* § 35 Rn. 43 f.; *Schwab* KTS 1999, 49 (50 f.); *Stickelbrock* WM 2004, 549 (552 ff.).

[476] Vgl. RG JW 1937, 3243; HambKommInsO/*Rogge/Leptien* § 129 Rn. 54.

[477] Vgl. *Stickelbrock* WM 2004, 549 (555 f.).

[478] Vgl. dazu BGH NJW-RR 2005, 1403 (1405).

[479] *Breidenbach* CR 1989, 971 (972 ff.); *Gesper* CR 1989, 8 (11); Jaeger/*Henckel* § 35 Rn. 51; *C. Paulus* CR 1987, 651 (655 f.) und ZIP 1996, 1 (4); *Roy/Palm* NJW 1995, 690 (692).

venzgläubiger durch eine Verfügung des Erfinders auch anfechtungsrechtlich benachteiligt werden. Jedenfalls muss diese Erwägung für Rechtshandlungen des bloßen Vertriebsberechtigten gelten: Sogar ohne besondere Regelungen in § 69c UrhG ist wenigstens die Einschränkung des § 34 Abs. 1 Satz 2 UrhG entsprechend anzuwenden, wonach die treuwidrige Verweigerung der Zustimmung durch den Rechtsinhaber unbeachtlich ist.[480] Die Ausnahme für Unternehmensveräußerungen im Ganzen (§ 34 Abs. 3 UrhG) ist ebenfalls zu beachten. Hingegen kommen in der Insolvenz des bloßen Softwareanwenders, der die Programme selbst nicht veräußern darf, allein Einwirkungen auf sein Nutzungsrecht als anfechtbar in Betracht, solange nicht das Verbreitungsrecht des Urhebers iSv § 17 Abs. 2 UrhG erschöpft ist. Bei der **„Internetdomain“** fallen sämtliche schuldrechtlichen Ansprüche, die dem Inhaber der Domain gegen die Vergabestelle zustehen, in die Insolvenzmasse.[481]

2. Beeinträchtigung des Gläubigerzugriffs. Anfechtbar sind Rechtshandlungen nur, soweit sie den Zugriff der Gläubiger auf das Schuldnervermögen → Rn. 77 ff. beeinträchtigen.[482] Dies kann zutreffen, wenn entweder die in der Insolvenz zu befriedigenden Verbindlichkeiten des Schuldners vermehrt wurden[483] oder sein Aktivvermögen verringert wurde.[484] Eine Benachteiligung durch Vermehrung der Passivmasse liegt vor, sofern in Folge einer Kündigung im Insolvenzverfahren nicht nur die nach § 41 Abs. 2 abgezinste, sondern die volle Darlehensrückzahlungsforderung eines Gläubigers zu berücksichtigen ist und die dadurch erhöhte Schuldenmasse zu einer geringeren Befriedigungsquote der übrigen Insolvenzgläubiger führt.[485] Eine Benachteiligung durch Verkürzung der Aktivmasse muss gerade aus der Veräußerung, Auf- oder Weggabe von Werten des massezugehörigen Schuldnervermögens folgen.[486] Im Ergebnis muss die Aussicht ungesicherter Insolvenzgläubiger auf Befriedigung verringert sein → Rn. 77. Demgegenüber setzt die Anfechtbarkeit dem Grunde nach nicht voraus, dass die angefochtene Rechtshandlung den Leistungsempfänger bereichert hat; dies kann allenfalls den Umfang einer Rückgewährpflicht nach §§ 143, 144 beeinflussen. 100

Bei dieser Prüfung ist von der jeweils tatbestandsmäßigen Rechtshandlung auszugehen: ZB kommt es für die Anfechtung nach §§ 130, 131 allein auf die Folgen der Deckungshandlung an, während eine etwaige Gegenleistung – von § 142 einmal abgesehen – nur für § 132 und § 144 bedeutsam wird → Rn. 127. Die in Frage stehende Vermögensverschiebung ist in ihrer **wirtschaftlichen Bedeutung** – nicht nur formalrechtlich – zu erfassen.[487] Die Benachteiligung kann bereits 101

---

480 *Roy/Palm* NJW 1995, 690 (693).

481 BGH NZI 2006, 524 (525); vgl. ferner BGH WM 2005, 1849 ff.; *Empting* ZInsO 2006, 229 f.

482 BGH ZIP 1981, 1229 (1230 f.); BGHZ 105, 168 (187) = NJW 1988, 3143 (3148); BGH NJW 1989, 1037; BGHZ 174, 228 (234) = NJW 2008, 655 (656); BGHZ 182, 317 (322) = NJW 2009, 3362 (3363); *Baur/Stürner* Rn. 18.36.

483 BGH NJW 1992, 624 (627); BGH NJW 2002, 1574 (1575); BGH NJW-RR 2006, 1134 (1135 f.); RGZ 27, 130 (132 f.); RGZ 36, 161 (166 f.); *Baur/Stürner* Rn. 18.37; FKInsO/*Dauernheim* § 129 Rn. 45; Gottwald/*Huber* § 46 Rn. 51; *Häsemeyer* Insolvenzrecht Rn. 21.23; HKInsO/*Thole* § 129 Rn. 44; Jaeger/*Henckel* § 129 Rn. 77; Nerlich/Römermann/*Nerlich* § 129 Rn. 63; Uhlenbruck/*Borries/Hirte* § 129 Rn. 172; zur Rücknahme einer Forderungsanmeldung → Rn. 179a.

484 BGH NJW 1992, 2485 (2486); BGHZ 124, 76 (78 f.) = NJW 1994, 449 (450); BGH WM 2006, 1018 (1019); BGH ZInsO 2007, 596 (597); BGH ZInsO 2007, 658 (659); OLG Stuttgart ZInsO 2005, 942 (944); OLG Naumburg ZIP 2006, 716 (718); FKInsO/*Dauernheim* § 129 Rn. 45; Gottwald/*Huber* § 46 Rn. 51; *Häsemeyer* Insolvenzrecht Rn. 21.20, 21.23; HKInsO/*Thole* § 129 Rn. 44; Jaeger/*Henckel* § 129 Rn. 77; Nerlich/Römermann/*Nerlich* § 129 Rn. 63; Uhlenbruck/*Borries/Hirte* § 129 Rn. 172; vgl. auch BGH NJW-RR 1986, 848; BGH NJW-RR 1989, 1080; BGH NJW 1991, 2144 (2146); RGZ 81, 144 (145 f.); RG JW 1914, 255 (256); LAG Hamm ZIP 1982, 615 (618).

485 BGH NJW-RR 2017, 617 (618 f.) = NZI 2017, 352 (353).

486 BGH NJW-RR 1986, 536 (538); zur Begrenzung auf das unmittelbar betroffene Vermögen → Rn. 170a.

487 Vgl. BGH WM 1955, 404 (405); BGH WM 1955, 407 (409); BGH WM 1960, 381 (382); BGH ZIP 1981, 1229 (1230 f.); BGH ZIP 1985, 816 (817 f.); BGH NJW-RR 1989, 1010; BGHZ 128, 184 (187) = NJW 1995, 450; BGH NZI 2006, 700 (701); OLG München ZInsO 2004, 1040 (1044); Andres/Leithaus/*Leithaus* InsO § 129 Rn. 8; *Baur/Stürner* Rn. 18.38; Gottwald/*Huber* § 46 Rn. 51; *Jauernig* § 51 V 2 S. 245; Nerlich/Römermann/*Nerlich* § 129 Rn. 63; *Smid* NZI 2000, 505 (513); *Thole* Gläubigerschutz S. 328; Uhlenbruck/*Borries/Hirte* § 129 Rn. 162; *Zeuner* Anfechtung Rn. 46. Dies bedeutet entgegen *Häsemeyer* Insolvenzrecht Rn. 21.19 keinen „Verzicht auf juristische Begründungen“, sondern das Gebot, eine Vermögensverschiebung einheitlich von ihrem wirtschaftlichen Endergebnis her zu erfassen und nicht bei juristischen Zwischenschritten stehen zu bleiben. Anderenfalls könnten entweder rechtlich selbständige, wirtschaftlich ausgleichende Gegenleistungen übersehen oder umgekehrt könnte das benachteiligende Ziel verschleiert werden; *Jaeger/Henckel* KO § 29 Rn. 2; → Rn. 8 → § 143 Rn. 37.

in einer nicht unbedeutenden **Erschwerung**[488] oder **Verzögerung**[489] der Gläubigerbefriedigung liegen, bspw. in einer Besitzübertragung → Rn. 136, einer materiell-rechtlich unrichtigen Grundbucheintragung,[490] in der Umqualifizierung eines Gesellschafterdarlehens in haftendes Eigenkapital[491] oder darin, dass der Schuldner Vermögen in einem ersten Schritt auf ein Konto unter Mitberechtigung des Empfängers[492] oder zur Verschleierung auf einen Treuhänder überträgt.[493] Es steht einer Anfechtung nicht schlechthin entgegen, sofern das Vermögen des Schuldners aufgrund der Rechtshandlung in einer Handelsbilanz noch nicht als vermindert erscheint.[494] Eine Beeinträchtigung liegt zB vor, falls der Schuldner eine ihm gehörige Sache langfristig an einen Dritten vermietet[495] oder eine ihm zustehende Forderung gegen einen Dritten durch Übernahme eines schwer verwertbaren Warenlagers zum Erlöschen bringt.[496]

101a Die **Verlagerung von Schuldnervermögen aus dem Inland** an einen ausländischen Sitz des Schuldners benachteiligt dessen Gläubiger nur, soweit sie dort nicht unter vergleichbaren Voraussetzungen darauf zugreifen können.[497] Das **Auswechseln eines Insolvenzgläubigers** gegen einen anderen, gleichrangigen benachteiligt die Gläubigergesamtheit nicht, zB wenn der spätere Insolvenzschuldner einen Dritten veranlasst, aus eigenen Mitteln einen Gläubiger des Schuldners wegen einer jedenfalls nicht schlechter gesicherten Forderung zu befriedigen.[498] Das gilt aber nicht ohne weiteres für den umgekehrten Fall, nämlich den Austausch eines Schuldners des Insolvenzschuldners gegen einen anderen, weil dessen Bonität und die Einredefreiheit seiner Verpflichtung zusätzlich zu berücksichtigen sind.[499] Eine Benachteiligung tritt auch beim **Gläubigertausch** ein, soweit nur der neue Gläubiger – zB ein Bürge – wegen seiner Forderung gesichert ist.[500]

101b Zwar liegt keine Gläubigerbenachteiligung vor, soweit ein zweifelsfrei zahlungsfähiger (Dritt-)Schuldner des Insolvenzschuldners die geschuldete Leistung trotz eines allgemeinen Verfügungsverbots an eine nicht (mehr) berechtigte Person erbringt und hierdurch offenkundig nicht von seiner Leistungspflicht gegenüber der Insolvenzmasse befreit wird;[501] in diesem Fall wird das haftende Schuldnervermögen von vornherein nicht verringert. Jedoch verhält es sich anders, sofern ein Vermögensgegenstand aus dem Schuldnervermögen ausgeschieden wurde und stattdessen nur zusätzliche Ausgleichsmöglichkeiten in Betracht kommen, die aktiv gegen dritte Personen verfolgt werden müssten. Deshalb schließt der Umstand, dass der Schuldner – oder sein Insolvenzverwalter – möglicherweise aus einem weiteren Rechtsgrund vom dinglich berechtigten Leistungsempfänger Rückgewähr beanspruchen darf, zB aus § 667 BGB oder § 812 BGB, nicht für sich eine Gläubigerbenachteiligung aus: Zu vergleichen ist die infolge der Rechtshandlung eingetretene Vermögenslage des Schuldners mit der sich ohne die Handlung ergebenden. Hierbei steht ein schuldrechtlicher Anspruch nicht ohne weiteres → Rn. 101 und in vollem Umfang dem Vermögensgegenstand selbst gleich → Rn. 134 f. Je nach den Umständen des Einzelfalles kann ein solcher Anspruch weniger zur Gläubigerbefriedigung taugen;[502] zudem wird der Insolvenzverwalter darüber sowie über die Solvenz des Verpflichteten innerhalb der Anfechtungsfrist nicht stets Klarheit erlangen können. Der Rückgewähranspruch aus § 143 steht in freier Anspruchskonkurrenz mit anderen möglichen

---

488 BGH NJW 1989, 1037; zum AnfG auch BGH WM 1959, 888 (890); BGHZ 78, 318 (328) = NJW 1981, 522 (524); BGH WM 1990, 1981 (1983); BGHZ 165, 343 (350) = NJW 2006, 908 (910); RG bei *Bolze* Bd. 13 (1892) Nr. 198; RG LZ 1913, 488 (489); OLG Düsseldorf ZIP 1991, 330 (333); einschränkend *Jaeger/Henckel* KO § 29 Rn. 65.

489 RegE S. 157 zu § 144; BGH NJW 1989, 1037; *Baur/Stürner* Rn. 18.37; FKInsO/*Dauernheim* § 129 Rn. 45; *Häsemeyer* Insolvenzrecht Rn. 21.21; Uhlenbruck/*Borries/Hirte* § 129 Rn. 242; zum AnfG auch BGH WM 1964, 505 (506 f.); BGH ZIP 1990, 1420 (1422).

490 Vgl. BGH NJW 1996, 3147 (3148).

491 *Bork* FS Uhlenbruck, 2000, 279 (285 f.).

492 Vgl. LG Berlin ZIP 2006, 862 (864).

493 BGH NJW 2017, 3516 (3517) = NZI 2017, 854 (855); → Rn. 140.

494 Gläubiger können benachteiligt sein, ohne dass der Insolvenzschuldner persönlich bilanziell eine Vermögensminderung erleidet: vgl. RG Gruchot 27 (1883), 157 (159); RG bei *Bolze* Bd. 2 (1886) Nr. 573.

495 BGH NJW 1989, 1037.

496 BGH WM 1959, 888 (890) zu § 3 AnfG; zur Bildung von Sicherheitenpools → Rn. 162.

497 *König* Rn. 5/2; aM *Trunk* Internationales Insolvenzrecht S. 252.

498 BGH NJW 2002, 1578 (1579); RGZ 48, 148 (150 f.); OLG Hamm ZIP 1988, 588 (589); OLG Dresden ZInsO 1999, 239 Ls.; *C. Schmitz* EWiR 2005, 771 (772) für Bürgschaften; ergänzend → Rn. 108c → Rn. 144 → Rn. 154 → Rn. 157.

499 Vgl. BGH ZInsO 2007, 658 (659); *Heile* S. 81.

500 BGH NJW 1999, 3046 (3047); OLG Hamburg ZInsO 2006, 877 (878); *Schäfer* S. 149 ff.; → Rn. 144.

501 BGH WM 1999, 1581 (1582); BGH NJW 2006, 908 f.; *Zeuner* NZI 2007, 369 (370).

502 BGHZ 165, 343 (349 ff.) = NJW 2006, 1525 (1526) nimmt zu § 1 AnfG eine Schlechterstellung von Gesellschaftsgläubigern an, wenn die schuldende Gesellschaft ins Ausland verlegt und dort still liquidiert wird; deren mögliche Ansprüche gegen Gesellschafter schließen dann eine Benachteiligung nicht aus.

Forderungen des Schuldners, die sich aus demselben Sachverhalt ergeben könnten,[503] ist also nicht subsidiär. Die Wirkungen insbesondere des § 143 Abs. 1 – ggf. iVm § 96 Abs. 1 Nr. 1 – und des § 145 Abs. 2 gehen über diejenigen gewöhnlicher schuldrechtlicher Ansprüche hinaus. Klagen können vorsorglich auf sämtliche, möglicherweise in Betracht kommenden Anspruchsgrundlagen gestützt werden → Rn. 134 f. Allgemein schließen auch Forderungen gegen Dritte nicht die Gläubigerbenachteiligung aus;[504] dies gilt insbesondere für mögliche Ansprüche des Schuldners gegen seine Haftpflichtversicherung[505] oder gegen die eigenen Gesellschafter oder Geschäftsführer einer insolventen Gesellschaft. Soweit die Insolvenzmasse durch Zahlungen an eine Gläubigerbank tatsächlich verkürzt wird, kann dieser Nachteil nur durch eine Bereicherungsklage wieder ausgeglichen werden. Behält die Leistung hingegen Bestand, begünstigt sie zugleich einen Dritten, dessen Schulden gegenüber der Bank erloschen sind; anderenfalls hätte dieser nichts erlangt. Sofern der Insolvenzverwalter im Wege der Anfechtung die Rückgewähr der Schuldbefreiung vom Dritten verlangt, kann er allenfalls Erfolg haben, wenn er die Zahlung an die Bank genehmigt. Dazu ist er befugt, ohne die Anfechtungsmöglichkeit einzubüßen → Rn. 171 → Rn. 192. Die Wahl, welcher Weg für die Insolvenzmasse im Einzelfall günstiger ist, sollte dem Insolvenzverwalter nicht durch eine vorrangige Abstufung innerhalb der in Betracht kommenden Gläubigerbenachteiligung genommen werden.[506] Erst wenn die Insolvenzmasse in vollem Umfang anfechtungsrechtliche Rückgewähr erlangt, steht dies einem kumulativen Geltendmachen des weiteren Anspruchs entsprechend § 422 Abs. 1 BGB entgegen.[507]

Die **Beeinträchtigung** ist gemäß § 129 Abs. 1 nur **Voraussetzung der Anfechtung,** 102
bestimmt aber nicht zugleich deren Umfang. Benachteiligende Rechtshandlungen sind grundsätzlich insgesamt anfechtbar, auch wenn sie die Gläubiger nur in geringerem Maße benachteiligen: § 129 gestattet die Anfechtung nicht etwa nur, „soweit" eine Benachteiligung eintritt.[508] Stattdessen führt § 144 den Ausgleich herbei: Soweit die Gegenleistung in ihrem nicht beeinträchtigenden Teil in der Masse wenigstens wertmäßig noch vorhanden ist, erhält der Anfechtungsgegner sie zurück; iÜ wird er auf eine Insolvenzforderung verwiesen. Erhält bspw. ein Gläubiger eine Sicherheit, die vereinbarungsgemäß eine neu zu begründende Forderung angemessen sichert, zugleich aber auch als Sicherheit für eine bereits bestehende Verbindlichkeit dienen soll, ohne dass zuvor ein Anspruch hierauf bestand, so benachteiligt nur die letztgenannte Erweiterung die Insolvenzgläubiger unmittelbar; gleichwohl kann die Sicherheitenbestellung im Ganzen der Anfechtung unterliegen,[509] wodurch allerdings der schuldrechtliche Anspruch auf Sicherung für den neuen Kredit wieder auflebt. Zwar kann nach diesen Maßstäben ein Vertrag nur insgesamt angefochten werden, jedoch hat die Anfechtung des Vertrages als Ganzes nur die Wirkungen einer **Teilanfechtung,** sofern die anfechtbare Handlung das Schuldnervermögen nur in begrenztem Umfang geschälert hat und das Rechtsgeschäft insoweit teilbar ist.[510]

a) Befriedigungsmöglichkeiten der Insolvenzgläubiger. Maßgeblich sind die Befriedi- 103
gungsmöglichkeiten der (nicht voll gesicherten) **Insolvenzgläubiger.**[511] Es reicht die Benachteiligung eines einzigen Insolvenzgläubigers.[512] Massegläubiger (§ 53) sind dagegen nicht auf die Anfechtung angewiesen → Rn. 105a.[513] Die durch einen Kreditrahmen iSv § 264 Begünstigten sind in einem weiteren Insolvenzverfahren trotz ihres Vorrangs gemäß §§ 265 f. nur Insolvenzgläubiger. Das gilt gemäß §§ 49 ff., 74 Abs. 1 Satz 2, 190 auch für **Absonderungsberechtigte,** soweit nicht gerade ihr Sicherungsrecht betroffen ist oder dieses voll ausreicht → Rn. 78b. Nach der Insolvenzordnung

---

503 → Rn. 192 → Vor § 129 Rn. 86; BGH NJW 1996, 3147 (3148); LG Stuttgart ZIP 1998, 77 (78); *Heidland* Rn. 511; aM anscheinend *Henckel* ZIP 2004, 1669 (1673 f.).

504 HambKommInsO/*Rogge/Leptien* § 129 Rn. 67; ergänzend → Rn. 175 f.

505 OLG Hamm WM 2003, 2115 (2117); ergänzend → Rn. 108a.

506 BGHZ 141, 96 (105 f.) = NJW 1999, 1549 (1551 f.); krit. auch *Hirte/Groß* WuB VI B. § 30 Nr. 2 KO 1.02; *Eckardt* EWiR 1999, 801 (802).

507 Nur insoweit zutr. OLG Hamm ZIP 2004, 1427, das § 242 BGB anwendet; vgl. auch OLG Bamberg OLGReport 2003, 126; *Henkel* ZInsO 2005, 578 (579 f.); ergänzend → Rn. 179 → Rn. 192 → Rn. 216 → § 143 Rn. 25 → § 144 Rn. 3 → § 144 Rn. 9.

508 HambKommInsO/*Rogge/Leptien* § 129 Rn. 70; *Kirchhof* FS Uhlenbruck, 2000, 269 (278); KPB/*Ehricke* § 129 Rn. 85; *C. Paulus* ZBB 1990, 200 (203).

509 Vgl. RGZ 114, 206 (210 f.); *Serick* Bd. III § 35 IV 3b S. 329 f. Die Aufteilung einer solchen einheitlichen Vereinbarung in selbständige Sicherungsabreden sowohl für den bestehenden als auch für einen neuen Kredit wird entgegen RG JW 1937, 3241 Nr. 38 nur unter besonderen Umständen gewollt sein, vgl. OLG Hamburg ZIP 1984, 1373 (1375 f.); ergänzend → Rn. 151.

510 BGH NZI 2018, 22 (25); AGR/*Gehrlein* § 129 Rn. 16; *Schäfer* S. 31.

511 BGH NJW-RR 2004, 1493 (1494); OLG Stuttgart ZInsO 2005, 942 (944).

512 BGH NZI 2019, 392 f. = WM 2019, 548 = ZInsO 2019, 691.

513 AGR/*Gehrlein* § 129 Rn. 75.

genügt als Gläubigerbenachteiligung sogar die Beeinträchtigung der **nachrangigen Insolvenzgläubiger** gemäß § 39,[514] an die bei vorhandener Masse ebenfalls zu verteilen ist. Unerheblich ist hierbei, ob dem Schuldner bereits Restschuldbefreiung erteilt worden ist und es sich daher bereits um unvollkommene Verbindlichkeiten handelt (§ 300a Abs. 1 Satz 2). Wer dagegen erst nach Verfahrenseröffnung Gläubiger des Schuldners geworden ist, nimmt nach § 38 nicht am Verfahren teil und verringert deswegen nicht die Befriedigungsaussichten.

104 Abzustellen ist auf eine Benachteiligung der Insolvenzgläubiger in ihrer Gesamtheit.[515] Ob sie als solche im Zeitpunkt der anfechtbaren Rechtshandlung bereits vorhanden waren, ist für den objektiven Tatbestand unerheblich.[516] Der Vorteil nur für einzelne von ihnen schließt die Benachteiligung im anfechtungsrechtlichen Sinn nicht aus. Insbesondere sind die Insolvenzgläubiger im Allgemeinen benachteiligt, wenn einer von ihnen wegen einer an sich berechtigten Insolvenzforderung volle Befriedigung oder eine Sicherheit erhält, während den anderen lediglich eine entsprechend geringere Quote verbleibt.[517] Das Opfer eines Vermögensdelikts hat nicht allein deswegen ein Recht auf bevorzugte Befriedigung aus dem Vermögen des insolvent werdenden Täters.[518] Die Gläubiger werden auch insgesamt benachteiligt, soweit der Schuldner vertragsgemäß Leistungen an einen Auftraggeber erbringt, der dadurch wirtschaftlich werthaltiger werdende Vergütungsanspruch aber an einen einzelnen Gläubiger abgetreten ist[519] oder dem Auftraggeber eine Aufrechnungslage für eine Insolvenzforderung schafft.[520] Die Gläubiger einer insolventen Kommanditgesellschaft werden benachteiligt, wenn einer von ihnen dergestalt befriedigt wird, dass hierdurch der Anspruch aus § 171 HGB auf Zahlung der Haftsumme gegen einen Kommanditisten erlischt.[521] Entsprechendes gilt zB in der Insolvenz einer Aktiengesellschaft, soweit einer ihrer Gläubiger auf Kosten eines der in §§ 93 Abs. 5, 117 Abs. 5 und 309 Abs. 4 AktG genannten Ersatzansprüche Befriedigung erlangt.[522] Dagegen benachteiligt die Verkürzung einer Zahlungsfrist die Insolvenzgläubiger nicht, soweit § 41 eingreift.

105 Der **Vor- oder Nachteil für den Insolvenzschuldner persönlich**[523] oder für andere als Insolvenzgläubiger[524] – insbesondere für **Aussonderungsberechtigte** oder **Massegläubiger**[525] – hindert oder begründet nicht die Anfechtbarkeit. Veräußert der Schuldner bspw. eine von ihm nur geliehene Sache rechtwirksam an einen Dritten, so benachteiligen allenfalls die hierdurch entgangene Nutzungsmöglichkeit (§ 598 BGB) und eine durch die Veräußerung ausgelöste Schadensersatzpflicht die Insolvenzgläubiger; wegen des Eigentums muss der geschädigte Verleiher seine Rechte als Aussonderungsberechtigter geltend machen → Rn. 78.[526] Dasselbe gilt grundsätzlich, soweit ein Gläubiger eine vom Insolvenzschuldner nur geleaste Sache pfändet; die Insolvenzgläubiger werden in diesem Fall lediglich benachteiligt, sofern die Pfändung entweder ein günstiges Optionsrecht des Schuldners vereitelt oder Ersatzansprüche gegen die Masse auslöst.[527]

---

514 Vgl. RegE S. 157 zu § 145; OLG München ZIP 2002, 1210 (1212 f.); AGR/*Gehrlein* § 129 Rn. 75; FKInsO/*Dauernheim* § 129 Rn. 46; Gottwald/*Huber* § 46 Rn. 66; *Henckel* Kölner Schrift S. 651 Rn. 10, 12; HKInsO/*Thole* § 129 Rn. 45; KPB/*Ehricke* § 129 Rn. 65; Nerlich/Römermann/*Nerlich* § 129 Rn. 88; *Smid/Zeuner* § 129 Rn. 52; *O'Sullivan* EWiR 2002, 529 (530); Uhlenbruck/*Borries/Hirte* § 129 Rn. 166.

515 RegE S. 157 zu § 144; BGH WM 1962, 1316 (1317); BGH ZIP 1981, 1229 (1231); BGHZ 86, 349 (354 f.) = NJW 1983, 1120 (1122); BGH NJW 1983, 1123 (1124); BGH NJW-RR 1989, 1010; LAG Düsseldorf KTS 1988, 163 (167); *Baur/Stürner* Rn. 18.38; *Jaeger/Henckel* KO § 29 Rn. 83, 101; Uhlenbruck/*Borries/Hirte* § 129 Rn. 163.

516 BGH NZI 2009, 768; OLG Stuttgart ZInsO 2004, 752 (753); OLG Dresden ZInsO 2007, 497 f.; ergänzend → Rn. 120.

517 BGHZ 87, 246 (250) = NJW 1983, 2501 (2502); BGH NJW 1991, 2144 (2146); RG Gruchot 27 (1883), 157 (159); RG JW 1914, 255 (256); RG LZ 1916, 63 Nr. 21; OLG Stuttgart ZInsO 2004, 752 (753); LG Dresden ZIP 2001, 1428 (1429); BGH NJW 2000, 211 (213); *Thomas* ZInsO 2007, 77 (78) für einen Cash-Pool.

518 BGHZ 149, 100 (106 f.) = NJW 2002, 512 (514) BGH NJW-RR 2003, 1632 f.; vgl. OLG Hamm NZI 2006, 532 (533); ergänzend → § 131 Rn. 19.

519 Vgl. OLG Dresden ZIP 2005, 2167 (2169); *Gerhardt* Gedächtnisschrift für Knobbe-Keuk, 1997, 169 (180); *Kirchhof* FS Uhlenbruck, 2000, 269 (277); *Beiner/Luppe* NZI 2005, 15 (20 f.); ergänzend → Rn. 14 → Rn. 22 → Rn. 56a → Rn. 148a.

520 Vgl. BGHZ 147, 28 (35) = NJW 2001, 3704 (3706); BGH NJW-RR 2002, 262 (263).

521 *Häsemeyer* ZHR 149 (1985), 42 (57); *Jaeger/Henckel* KO § 29 Rn. 176; Schlegelberger/*K. Schmidt* §§ 171, 172 Rn. 106; ergänzend → Rn. 35.

522 *Jaeger/Henckel* KO § 29 Rn. 177; ergänzend → Rn. 116 → Rn. 123.

523 Vgl. RG Gruchot 27 (1883), 157 (159).

524 Vgl. *Jaeger/Henckel* KO § 29 Rn. 100; *Baur/Stürner* Rn. 18.38.

525 ZB für den Nachlasspfleger in der Nachlassinsolvenz nach § 324 Abs. 1 Nr. 4: BGH FamRZ 2006, 411.

526 Vgl. BGH NJW-RR 1986, 536 (538); BAGE 20, 11 (15) = NJW 1967, 2425; OLG Hamm ZIP 1988, 588 (589 f.); *Baur/Stürner* Rn. 18.43.

527 BGH NJW 1992, 624 (627).

Die Besicherung[528] oder Bezahlung von Masseschulden gemäß §§ 53 bis 55 benachteiligt die Insolvenzgläubiger nicht,[529] weil diese stets erst nach den Massegläubigern berücksichtigt werden. Unabhängig davon ist im Fall der **Masseunzulänglichkeit** (§§ 208 f.) eine Anfechtung möglich,[530] denn das Verfahren nach § 208 Abs. 3 dient mittelbar den Interessen sämtlicher Gläubiger; die vorrangige Befriedigung der Massegläubiger ist allenfalls als Vorstufe zur angestrebten Berücksichtigung auch der Insolvenzgläubiger gedacht. Diese bleiben wegen eines völligen Ausfalls erst recht benachteiligt.[531] Anders liegt es im Fall **mangelnder Kostendeckung und durch die Anfechtung nicht zu beseitigender Kostenunterdeckung** gemäß § 207.[532] Nach Eintritt der Massekostenarmut ist der Insolvenzverwalter nicht mehr verpflichtet, Anfechtungsansprüche noch durchzusetzen. Trotz andauernder Verwaltungs- und Verfügungsbefugnis bis zum Einstellungsbeschluss darf er den Anfechtungsprozess weder beginnen noch in die nächste Instanz treiben. Ein Rechtsstreit stellt keine naheliegende und risikoarme Verwertungsmaßnahme dar, die in dieser Lage des Verfahrens noch durchgeführt werden könnte.[533] Leistungen des Schuldners auf einen vor Verfahrenseröffnung aufgestellten Sozialplan wären zwar insoweit nicht anfechtbar, wie sie auch auf der Grundlage des § 123 zu erbringen sind. Dies stellt sich aber nach § 123 Abs. 2 Satz 2 (vgl. auch Abs. 3 Satz 2) erst heraus, wenn feststeht, wieviel Masse zur Verteilung an die Insolvenzgläubiger verfügbar ist. Solange hiernach Zweifel bleiben, sind die vom Arbeitnehmer empfangenen Leistungen – gegebenenfalls vorläufig – an die Masse zurückzuzahlen.[534] 105a

Aufgrund besonderer Vorschriften können **bestimmte Arten des Schuldnervermögens für einzelne Gläubigergruppen zweckbestimmt** sein. Ausgleichsleistungen nach § 6 Abs. 1 Satz 2 und Abs. 4 VermG konnten nur von werbend am Markt tätigen Unternehmen beansprucht werden, nicht jedoch von Insolvenzschuldnern und ihren Gläubigern; diese wurden deshalb durch einen Verlust solcher Forderungen nicht benachteiligt.[535] Anders verhält es sich mit **Baugeld** iSd Gesetzes über die Sicherung von Bauforderungen.[536] Nach dessen § 1 Abs. 1 ist der Empfänger von Baugeld verpflichtet, dieses allein zur Befriedigung der an der Bauherstellung Beteiligten zu verwenden; dazu ist auch noch dessen Insolvenzverwalter in der Lage. Daher ist die **Zweckbindung der finanziellen Mittel,** die als Baugeld in das Vermögen des Schuldners gelangt sind, nicht insolvenzfest.[537] Dazu wäre eine dingliche Berechtigung Dritter oder eine treuhänderische Trennung vom allgemeinen Schuldnervermögen → Rn. 78a f. nötig. Entsprechendes gilt für **tarifvertragliche Zweckbindungen** von Beitragsansprüchen der Sozialkassen gegenüber den Erstattungsansprüchen des Schuldners über die Gegenseitigkeit des § 387 BGB hinaus.[538] 106

b) Ausreichende Masse. Die **Gläubiger werden dann nicht benachteiligt,** soweit die **Insolvenzmasse** (ausnahmsweise) trotz der Rechtshandlung im Zeitpunkt des Anfechtungsprozesses noch zur Befriedigung sämtlicher Gläubiger – sogar der nachrangigen → Rn. 103 – **ausreicht.**[539] 107

---

528 Vgl. BGH WM 2005, 319 (322) zur KO.

529 BGH NJW-RR 1998, 1057 (1060) zur KO; *Häsemeyer* KTS 1982, 507 (541 f.); Jaeger/*Henckel* § 130 Rn. 33; ergänzend → Rn. 45 f.

530 BGH NZI 2008, 297 (298).

531 BGH ZIP 2001, 1641 (1643 f.); FamRZ 2006, 411; OLG Hamburg ZIP 2002, 1360 (1361 f.); OLG Brandenburg ZIP 2002, 1698 (1699); Uhlenbruck/*Borries/Hirte* § 129 Rn. 167; Gottwald/*Huber* § 46 Rn. 66; *Ahrendt/Struck* ZInsO 2000, 264 (266); *Pape* ZIP 2001, 901 (903 f.); *Kreft* in Berger u. a., 3. Leipziger Insolvenzrechtstag, 2002, 7 (16); *Biehl/Bograkos* DZWiR 2002, 139 (140 ff.); *Gundlach/Frenzel/Schmidt* NZI 2004, 184 (186 f.); *Kröpelin* Rn. 430 ff.; HambKommInsO/*Rogge/Leptien* § 129 Rn. 39, § 143 Rn. 123; vgl. *A. Schmidt* NZI 2000, 442 (443); zum österreichischen Recht *König* Rn. 5/3; *Koziol* S. 37; aM OLG Dresden NZI 2001, 259 (260); *Dinstühler* ZIP 1998, 1697 (1705 f.); *Häsemeyer* KTS 2002, 603 (611); krit. auch *Brückl/Kersten* NZI 2004, 422 (424).

532 BGH NJW-RR 2009, 1346 f.; HambKommInsO/*Rogge/Leptien* § 143 Rn. 123.

533 BGH NJW-RR 2009, 1346; zur Unanfechtbarkeit von Altmasseverbindlichkeiten → § 147 Rn. 9.

534 So für die frühere Problematik der nach § 61 KO bevorrechtigten Konkursgläubiger BGHZ 114, 315 (322 f.) = NJW 1991, 2147 (2149); BGH NJW 1992, 2485 (2486); BGH NJW 1994, 2893 (2894); BGH NZI 1999, 268 (269); ergänzend → Rn. 107. Unerheblich ist dagegen, ob der Betriebsrat einen entsprechenden Sozialplan vor einem Insolvenzverfahren hätte erzwingen können (aM *Schlüter* S. 84); über die objektive Gläubigerbenachteiligung entscheidet vielmehr nur, ob gleiche Leistungen in der Insolvenz geschuldet wären → Rn. 13 → Rn. 110 → Rn. 122.

535 BGH BeckRS 2005, 00004; vgl. BVerwGE 95, 1 (6 f.); BVerwG ZOV 2003, 125 (127 f.).

536 Vom 1.6.1909, RGBl. I 449.

537 OLG Hamm ZIP 2007, 240 (241 f.); *Gleichenstein* EWiR 2002, 717 (718); *Heidland* Rn. 437; *Schmitz* Bauinsolvenz Rn. 501 ff.; aM LG Dresden ZIP 2002, 91 (92 f.) über § 242 BGB.

538 BGH NJW-RR 2005, 695 (696).

539 BGH NJW-RR 1986, 991; BGHZ 105, 168 (187) = NJW 1988, 3143 (3148); RGZ 162, 292 (293 f.); OLG Hamm ZIP 1992, 1755 f.; OLG Düsseldorf ZIP 1991, 330 (333); OLG München ZIP 2002, 1210 (1212); OLG Hamburg ZIP 2019, 185 (186); *Baur/Stürner* Rn. 18.37; Braun/*de Bra* § 129 Rn. 30; FKInsO/*Dauernheim* § 129 Rn. 48; Jaeger/*Henckel* § 129 Rn. 85.

Jedoch spricht eine tatsächliche Vermutung gegen eine solche Möglichkeit, weil Zahlungsunfähigkeit oder Überschuldung bereits Eröffnungsvoraussetzungen sind (§§ 16 bis 19); der Anfechtungsgegner muss deshalb die voraussichtliche Vermögensunzulänglichkeit der Masse entkräften.[540] Das trifft regelmäßig auch zu, wenn das Verfahren aufgrund erst drohender Zahlungsunfähigkeit (§ 18) eröffnet worden ist:[541] Eine solche Maßnahme setzt Zahlungsunfähigkeit für die konkret absehbare Zukunft als überwiegend wahrscheinlich voraus und der vorausberechnete Zeitraum dürfte bis zur Entscheidung über die Anfechtungsklage durchweg abgelaufen sein. Bei der Prüfung der Vermögensunzulänglichkeit bleiben ausstehende Forderungen des Insolvenzschuldners, deren Durchsetzung jedoch nicht gewiss ist, außer Betracht.[542] Umgekehrt sind bestrittene Gläubigerforderungen gemäß § 178 Abs. 1 Satz 1, deren Feststellung noch möglich ist, zu berücksichtigen.[543] Das gilt auch, soweit nur die Bestellung einer Sicherheit gemäß § 135 Abs. 1 Nr. 1 angefochten wird;[544] denn über das Schicksal der gesicherten Gläubigerforderung selbst wird in diesem Anfechtungsprozess nicht zwangsläufig mitentschieden. Gehen der Sicherheit allerdings nach dem vereinbarten Rang sämtliche Insolvenzforderungen vor, ist sie nicht gläubigerbenachteiligend,[545] sofern die nach §§ 165 ff. vorgesehenen Verwertungsrechte der Insolvenzmasse nicht verkürzt werden. Unerheblich ist in diesem Zusammenhang die Insolvenzquote, die dem Anfechtungsgegner im Hinblick auf Gegenansprüche gemäß § 144 Abs. 2 Satz 2 bei Verfahrensende zugeteilt werden könnte: Jedenfalls nachdem die bevorrechtigten Konkursforderungen des § 61 Nr. 1 bis 5 KO abgeschafft worden sind,[546] ist zuerst das anfechtbar Weggegebene zurückzugewähren, ehe die Insolvenzquote für die einzelnen Gläubiger zu ermitteln ist.[547] Hat der Schuldner (auch) im Ausland Vermögen, so ist darauf abzustellen, ob es – sei es über ein weiteres ausländisches Insolvenzverfahren – zur Verteilung an alle Insolvenzgläubiger zur Verfügung steht.

108 **c) Wirtschaftlich neutrale Vorgänge.** Nicht anfechtbar sind Vorgänge, die für die Insolvenzmasse wirtschaftlich neutral sind. Tilgt zB die Bank ein ausgereichtes Darlehen durch **Umbuchung** von einem Kontokorrentkonto desselben Schuldners, werden dessen Gläubiger nur benachteiligt, wenn die getilgte Forderung nicht schlechter gesichert[548] oder für den Schuldner kostengünstiger war oder die Darlehensmittel seinem Abruf leichter offen standen. Auch tritt eine Benachteiligung nicht ein durch Rechtshandlungen über Gegenstände, die **für die Insolvenzmasse wirtschaftlich wertlos** sind,[549] zB die Verleihung einer für den Schuldner nicht gebrauchsfähigen Sache,[550] die Übertragung von Anteilen an einer vermögenslosen Gesellschaft oder von einer rechtlich nicht durchsetzbaren Forderung sowie die **Aufgabe einer bloßen Scheinposition** ohne Besitz → Rn. 134 ff. oder ohne Gutglaubensschutz infolge Registereintragung. Die Übertragung einer „Milchquote“ auf den Verpächter bei Aufhebung eines landwirtschaftlichen Pachtvertrages benachteiligt die Insolvenzgläubiger des Pächters nicht, soweit dies die gesetzliche Folge einer Kündigung durch den Pächter und/oder einer Rückgewähr des ganzen Betriebes ist.[551] Grundsätzlich ist jedoch von der Werthaltigkeit eines weggegebenen Vermögensguts auszugehen, wenn ihm im Geschäftsverkehr üblicherweise ein Wert zukommt und es deshalb regelmäßig nur gegen Entgelt übertragen wird, insbesondere bei der Überlassung von Arbeitskräften.[552] Wird ein dem Schuldner zustehender

---

540 BGH NJW 1994, 2893 (2894); BGH ZIP 1997, 853 (854 f.); BGH ZIP 2001, 1641 (1644); BGH ZInsO 2002, 276 (277); OLG Hamburg GmbHR 1988, 141 (147); OLG Stuttgart ZIP 2005, 1837 (1838); HKInsO/*Thole* § 129 Rn. 82; Jaeger/*Henckel* § 129 Rn. 233; Uhlenbruck/*Borries/Hirte* § 129 Rn. 260; speziell für die Verfahrenseröffnung wegen Überschuldung RGZ 162, 292 (293 f.); Nerlich/Römermann/*Nerlich* § 129 Rn. 107; für Verfahrenseröffnung wegen Zahlungsunfähigkeit BGH NJW-RR 1986, 991; BGH NJW-RR 1993, 235 (236 f.); KG ZInsO 2002, 974 (976); OLG Naumburg WM 2006, 1677 (1678).

541 AM HKInsO/*Thole* § 129 Rn. 82; Uhlenbruck/*Borries/Hirte* § 129 Rn. 260.

542 BGH NJW 1992, 2485 (2486); vgl. OLG Düsseldorf ZIP 1991, 330 (333).

543 BGHZ 105, 168 (187 f.) = NJW 1988, 3143 (3148); OLG München ZIP 2002, 1210 (1212 f.); nach OLG Hamburg ZIP 2019, 185 (186) sind diejenigen bestrittenen Forderungen nicht mehr zu berücksichtigen, bei denen eine Feststellung aus rechtlichen Gründen nicht mehr in Betracht kommt.

544 AM *Jaeger/Henckel* KO § 32a Rn. 84.

545 BGH NZI 2006, 232 (233).

546 Vgl. hierzu BGHZ 114, 315 (323) = NJW 1991, 2147; BGH ZIP 2001, 1641 (1644).

547 BGH NJW 1992, 2485 (2486); BGH NZI 1999, 268 (269); OLG Brandenburg ZIP 1999, 1015 (1016); OLG Dresden bei *Plagemann* EWiR 1997, 793 f.; KG ZInsO 2002, 974 (975 f.); ergänzend → Rn. 110 aE → § 144 Rn. 20.

548 OLG Naumburg WM 2006, 1677 (1678).

549 BGH ZIP 1981, 1229 (1230 f.); BGH NJW-RR 2004, 696 (697); LAG Düsseldorf KTS 1988, 163 (167); Gottwald/*Huber* § 46 Rn. 64; HKInsO/*Thole* § 129 Rn. 68; Uhlenbruck/*Borries/Hirte* § 129 Rn. 199.

550 OLG Stuttgart NJW-RR 1987, 570; OLG Hamm ZIP 1982, 722; *Jaeger/Henckel* KO § 29 Rn. 43.

551 BGH ZInsO 2006, 1265 (1266 f.).

552 BGH NZI 2004, 253 f.; HKInsO/*Thole* § 129 Rn. 51, 70.

Erbanteil übertragen, benachteiligt das die Gläubiger nicht, falls der Nachlass überschuldet war.[553] Bei einer **unklagbaren Verbindlichkeit** beeinträchtigt nicht bereits deren Begründung, sondern erst die Erfüllung die Gläubiger. Ist die Übertragung von Vermögensgütern des Schuldners rechtsunwirksam, so benachteiligt sie die Insolvenzgläubiger im Allgemeinen zwar nicht.[554] Eine etwaige Wertlosigkeit ist in dem nach § 140 maßgeblichen Zeitpunkt festzustellen; dagegen ist ein möglicher Aufwendungsersatzanspruch des Anfechtungsgegners wegen späterer Verwendungen nur aufgrund eines Zurückbehaltungsrechts zu beachten.[555]

aa) Bankmäßige Buchungen. Bankmäßige Gutschriften, die irrtümlich oder nur unter Vorbehalt erteilt sind – zB für einzuziehende Schecks – und nach den AGB-Banken/AGB-Sparkassen ohne weiteres rückgängig gemacht werden dürfen, stellen rechtlich noch keinen Vermögenswert des Bankkunden dar; ihre Stornierung benachteiligt deshalb für sich dessen Insolvenzgläubiger nicht → Rn. 7 → Rn. 78b. Entsprechendes gilt, soweit eine **nicht genehmigte Lastschrift** storniert und dadurch ein ausgewiesener Sollsaldo verringert wird; darin liegt keine anfechtbare Verrechnung, sondern nur eine deklaratorische Berichtigung des Kontostandes.[556] Zahlt der spätere Insolvenzschuldner Geld auf ein als Guthaben geführtes Bankkonto ein, so benachteiligt diese Einzahlung wegen der mutmaßlichen Solvenz der Bank regelmäßig nicht allein,[557] sondern nur die Herstellung einer Aufrechnungslage oder eine spätere Verfügung über das Guthaben die Insolvenzgläubiger. Die **Stornierung einer Belastungsbuchung** auf einem debitorischen Konto des Schuldners kann dessen Insolvenzgläubiger allenfalls unter besonderen Umständen belasten,[558] etwa wenn die Forderung der Bank besser gesichert ist als diejenige, deren beabsichtigte Tilgung storniert wurde. 108a

Überweist der Schuldner einen Geldbetrag von einem im Soll geführten Bankkonto an einen Gläubiger, so tritt im Verhältnis zur Bank keine Gläubigerbenachteiligung dadurch ein, dass deren Forderung im selben Umfang steigt wie diejenige des befriedigten Gläubigers erlischt.[559] Anders ist das im Verhältnis zu diesem Gläubiger (das kann auch die Bank selbst bei internen Verrechnungen oder Umbuchungen sein): Der Anspruch des Schuldners gegen seine Bank auf **Auszahlung der Kreditmittel** (§ 488 Abs. 1 Satz 1 BGB) ist ein pfändbarer → Rn. 84a **Aktivposten** seines Vermögens; dessen Aufgabe zwecks Tilgung einer bloßen Insolvenzforderung benachteiligt die Gläubigergesamtheit.[560] Ob das Darlehen nach interner Vereinbarung einem bestimmten Zweck dienen soll, ist regelmäßig unerheblich;[561] anders wäre dies bei einer insolvenzfesten unmittelbaren Berechtigung Dritter im Außenverhältnis oder wenigstens einer treuhänderischen Bindung des Anspruchs außerhalb des Schuldnervermögens → Rn. 139 ff. oder wenn die Bank selbst im Fall anderer Mittelverwendung ein Leistungsverweigerungsrecht hätte.[562] Die bloße **Verbürgung durch Dritte** genügt nicht für eine insolvenzfeste Zweckbindung.[563] Danach ist es bedeutungslos, ob die Bedingungen der Kreditaufnahme ungünstiger waren als diejenigen der getilgten Forderung oder ob der Schuldner die eingesetzten Kreditmittel günstiger hätte verwenden können → Rn. 176. Auch ein Einwand des Leistungsempfängers, ohne die Schuldtilgung ihm gegenüber wäre der Kredit anderweitig verbraucht worden, beträfe nur eine **unerhebliche hypothetische Reserveursache** → Rn. 181 ff. 108b

Ferner ist es unerheblich, ob der Schuldner die vereinbarte **Kreditlinie bereits ausgeschöpft** hatte, falls die Bank ihm durch Ausführung der Überweisung tatsächlich doch weiteren Kredit 108c

---

553 BGH NJW-RR 1992, 733 (735) zum AnfG.
554 Zur möglichen Anfechtbarkeit nichtiger Rechtshandlungen → Rn. 30 → Rn. 32 → Rn. 134 f.
555 → § 143 Rn. 90 ff.; anders öOGH (ö)JBl 1987, 46 ff.
556 BGH NZI 2003, 33; *Kuder* S. 171; aM *Spliedt* ZIP 2005, 1260 (1266 f.); ergänzend → Rn. 7 → Rn. 100 → Rn. 147.
557 RGZ 45, 110 (113 f.).
558 Nur iE zutr. OLG Koblenz ZInsO 2002, 1036 f.
559 RGZ 48, 148 (150 f.); *Bork*, Zahlungsverkehr Rn. 131 f.; Uhlenbruck/*Borries/Hirte* § 129 Rn. 223 f., 273 f.; aM *Wischemeyer* S. 82 f., der zu Unrecht auch im Verhältnis des Kunden zu seiner Bank dessen Forderung als selbständigen Aktivposten, jedoch deren Ansprüche trotz der Kontokorrentbindung als bloße Insolvenzforderungen werten will; ergänzend → Rn. 144.
560 BGH NJW 2002, 1574 (1575 f.); OLG Hamburg OLGReport 2002, 373 (376); OLG Hamburg ZIP 2002, 1360 (1363 f.); OLG Hamburg ZIP 2006, 44; OLG Koblenz ZInsO 2006, 946 (947); OLG Karlsruhe ZIP 2007, 286 (288); LG Hamburg ZIP 2001, 711 (714 f.); AG Kempen ZIP 2006, 2088 (2089); vgl. *Kulzer/Müller* ZInsO 2002, 313 (316 f.); aM *Peschke* S. 264 f., der zu Unrecht § 115 auf den Darlehensanspruch anwenden will; unklar OLG Köln ZIP 2004, 2152 (2153).
561 BGH NZI 2001, 539 f.; *Gerhardt* EWiR 2001, 1007 f.; *v. Olshausen* LM GesO Nr. 68 Bl. 3; vgl. BGH NJW 2002, 1574 (1575 f.); OLG Stuttgart ZInsO 2005, 942 (945).
562 Vgl. dazu *Spliedt* NZI 2001, 524 (525); das prüft AG Kempen ZIP 2006, 2088 (2089) nicht.
563 Vgl. BGH NZI 2001, 539 (540).

gewährt.[564] Denn hierdurch kommt regelmäßig – zeitlich unmittelbar vor dem maßgeblichen Zugang der Überweisung (§ 140 Abs. 1) – konkludent ein auf diesen Einzelfall bezogener Kreditvertrag des Schuldners mit seiner Bank zustande;[565] in der Praxis ist es sogar banküblich, Kontoüberziehungen im Umfang von etwa 10% zu dulden.[566] Ob die Bank vom Schuldner die sofortige Rückführung der Überziehung verlangen kann, betrifft allein die Fälligkeit des neuen Kredits im Innenverhältnis und damit die (In-)Kongruenz einer Tilgung → § 131 Rn. 40 ff. Soweit nach dem BGH[567] eine Deckung mangels Gläubigerbenachteiligung nicht angefochten werden könne, wenn ein Gläubiger mit Mitteln befriedigt wird, die der Schuldner aus einer lediglich geduldeten Kontoüberziehung schöpft, ist er hiervon wieder abgerückt.[568] Daher erbringt die Schuldnerin als Teil einer Unternehmensgruppe, deren Gesellschaften die Bank eine gemeinschaftliche Kreditlinie eingeräumt hatte, eine gläubigerbenachteiligende Zahlung, selbst wenn diese aus einer geduldeten Überziehung ihres Kontos resultiert und mit der Zahlung die Verbindlichkeit einer verbundenen Gesellschaft getilgt wird.[569]

108d **bb) Sicherheitentausch.** Nicht benachteiligend wirkt der bloße **Austausch gleichwertiger Sicherheiten,**[570] der Tausch völlig gleichwertiger Gegenstände oder die Ablösung eines vollwertigen Pfandrechts, solange der Pfandgegenstand beim Schuldner verbleibt oder die Zahlung auf ein insolvenzbeständiges Pfändungspfandrecht (§ 804 ZPO) erfolgt.[571] Ein nicht früher als drei Monate vor dem Eröffnungsantrag oder danach wirksam gewordenes Pfandrecht begründet allerdings in der Insolvenz kein anfechtungsfestes Absonderungsrecht nach § 50 Abs. 1, wenn der Schuldner zZ der Rechtshandlung (§ 140) zahlungsunfähig war. Ist das Pfandrecht hingegen vorher entstanden und auch aus sonstigen Gründen nicht anfechtbar, kann die anschließende Befriedigung durch Zahlung mangels Gläubigerbenachteiligung nicht mehr angefochten werden.[572] An einer Benachteiligung fehlt es ferner bei der Übertragung einer Eigentumsanwartschaft an einer Sache, deren Wert nicht höher ist als der noch offene Kaufpreis,[573] bei der Verfügung des Schuldners über einen Gegenstand, den er bereits vorher durch verlängerten Eigentumsvorbehalt wirksam und insolvenzfest veräußert hatte,[574] bei der Begründung eines AGB-Pfandrechts am Kontokorrentauszahlungsanspruch gemäß § 675t Abs. 1 Satz 1 BGB, soweit die zuvor eingegangenen Gutschriften auf der Bezahlung solcher Forderungen beruhen, die der Bank anfechtungsfest zur Sicherheit abgetreten worden waren,[575] oder beim Austausch einer gesicherten Forderung gegen eine nicht höhere andere sowie bei dem Ersetzen eines rechtswirksamen Sicherungsvertrags durch einen anderen mit – für den Schuldner – nicht nachteiligeren Bedingungen.[576] Dagegen kann der Austausch einer „harten" Patronatserklärung gegen eine „weichere" benachteiligend wirken.[577] Ist eine Forderung des Insolvenzschuldners rechtlich (noch) nicht durchsetzbar – zB mangels Fälligkeit (§§ 271, 641 BGB) oder wegen Gegenrechten nach §§ 320, 273 BGB –, so benachteiligt es die Insolvenzgläubiger nicht, wenn die Dritt-

---

564 BGHZ 182, 317 (321 f.) = NJW 2009, 3362 (3363); OLG Hamburg ZIP 2002, 1360 (1363); OLG Hamburg OLGReport 2002, 373 (376); OLG Hamburg ZInsO 2005, 937; OLG Stuttgart ZIP 2005, 1837 (1839 f.); *Blank* ZInsO 2004, 983 f.; Braun/*de Bra* § 129 Rn. 35; HambKommInsO/*Rogge/Leptien* § 129 Rn. 59; *Henkel* ZInsO 2005, 468 (469 ff.); *Stiller* ZInsO 2005, 72 (74 f.); *Vendolsky* ZIP 2005, 786 (788 f.); aM OLG Köln ZInsO 2004, 624 (625); LG Hamburg ZIP 2004, 2197; LG Ellwangen ZInsO 2004, 1371 (1372); *Geiger* ZInsO 2004, 1188.

565 *Bitter* WM 2001, 889 (890); *Jungmann* ZInsO 1999, 64 (72); *Spliedt* EWiR 2005, 479 (480); *Stiller* ZInsO 2005, 72 (73).

566 Vgl. OLG Köln WM 1999, 1003 (1004).

567 BGHZ 170, 276 (279 f.) = NJW 2007, 1357 (1358 f.) gegen OLG Stuttgart ZIP 2005, 1837 (1839 f.); vgl. auch BGH ZInsO 2007, 323 (324).

568 Vgl. BGHZ 182, 317 (321 f.) = NJW 2009, 3362 (3363).

569 BGH NJW-RR 2016, 570 (571) = NZI 2016, 398 (399) = ZIP 2016, 581 (582).

570 BGHZ 64, 312 (315 f.) = NJW 1975, 1226 f.; BGHZ 147, 233 (239) = NJW 2001, 1940 (1942); BGHZ 182, 264 (270) = NJW 2010, 444 (445); BGH NZI 2008, 539 (540); RG WarnR 1917 Nr. 225 S. 351; RG HRR 1933 Nr. 335; *Baur/Stürner* Rn. 18.41; FKInsO/*Dauernheim* § 129 Rn. 75; *Serick* ZIP 1982, 507 (509 f.); ergänzend → Rn. 150.

571 Vgl. BGH NJW 1992, 624 (626); BGH NJW-RR 2000, 1215; BGHZ 157, 350 (357) = NJW 2004, 1444 (1445); BGHZ 162, 143 (156) = NJW 2005, 1121 (1124); BGH NJW-RR 2006, 1134 (1135); BGH NJW-RR 2007, 982; ergänzend → Rn. 124 → Rn. 142a → Rn. 150.

572 BGHZ 182, 264 (266) = NJW 2010, 444; BGH ZIP 2008, 1488 (1489); BGH ZIP 2007, 35 (36); BGHZ 162, 143 (156) = NJW 2005, 1121 (1124) mAnm *Eckardt* EWiR 2005, 607; BGHZ 157, 350 (353) = NJW 2004, 1444 (1445); BGH NJW-RR 2000, 1215 mAnm *Huber* EWiR 2000, 687.

573 *Jaeger/Henckel* KO § 29 Rn. 132 f.; ergänzend → Rn. 77.

574 BGH NJW-RR 2000, 1154 (1156).

575 BGH NJW-RR 2017, 366 (367 f.) = NZI 2017, 349 (350 f.) = ZIP 2017, 533 (534).

576 Vgl. BGH NZI 2008, 539 (540); LG München I WM 1995, 41 (42).

577 OLG München ZInsO 2004, 1040 (1043 f.).

schuldner den zur Herstellung der Durchsetzbarkeit nötigen Teil der Forderung an einen Treuhänder zahlen, der mit dem Betrag seinerseits die rechtlichen Hinderungsgründe ausräumen soll,[578] oder der Insolvenzschuldner einen Teil seiner einredebehafteten Forderung an den die betreffende Leistung erbringenden Subunternehmer erfüllungshalber oder an Erfüllungs statt abtritt.[579] Nicht benachteiligend wirkt im Hinblick auf §§ 1123 ff. BGB eine Verfügung des Insolvenzschuldners über die Miet- oder Pachtzinsen seines Grundstücks zugunsten der Grundpfandgläubiger, soweit die Einkünfte aus dem Grundstück nicht die grundpfandrechtlich gesicherten Forderungen übersteigen.[580]

cc) Wertausschöpfende Belastung. Ferner wirkt die Veräußerung von bereits **wertausschöpfend belasteten Gegenständen** regelmäßig[581] nicht gläubigerbenachteiligend,[582] weil sie im Insolvenzfall allein zur abgesonderten Befriedigung der gesicherten Gläubiger gedient hätten und für die Insolvenzgläubiger im Allgemeinen → Rn. 103 f. nichts übrig geblieben wäre. Das gilt auch für die Erfüllung persönlicher Verbindlichkeiten des Schuldners, die in voller Höhe durch öffentliche Lasten gemäß § 10 Abs. 1 Nr. 3 ZVG werthaltig gesichert sind.[583] Allerdings mag die befreiende Veräußerung eines voll belasteten Gegenstands an einen Erwerber, der nicht Inhaber des belastenden Rechts ist, in der Insolvenz in Einzelfällen auf andere Weise die Gläubiger benachteiligen, indem die Schuldenlast → Rn. 100 um die sodann nicht mehr gesicherte Forderung des früheren Inhabers des belastenden Rechts steigt; dies bedarf jedoch jeweils besonderer Prüfung.[584] Wurden mehrere Gegenstände, von denen nur einzelne wertausschöpfend belastet waren, in einem einheitlichen Vertrag veräußert, beschränkt sich die Anfechtungsfolge auf die nicht vollständig belasteten Gegenstände.[585] Bestellt der Schuldner an seinem Grundstück einen **Nießbrauch** und überträgt er danach das Grundstück auf eine nahestehende Person, so ist die hierdurch verursachte Gläubigerbenachteiligung unabhängig von der Belastung mit dem Nießbrauch zu bewerten, sofern dieser selbst auch (noch) anfechtbar ist;[586] die Rechtsgeschäfte sind dann getrennt zu beurteilen.[587] 109

Der Umstand, dass der Insolvenzmasse durch eine Verwertungshandlung des Gläubigers die **Verwertungskostenbeiträge** nach § 171 Abs. 2 entgehen, benachteiligt die Insolvenzgläubiger nicht ohne weiteres;[588] denn diese Beiträge sollen nur einen **tatsächlichen Kostenaufwand** der Insolvenzmasse ausgleichen, den ihr die Verwertung durch den Gläubiger ersparen kann. Dieselbe Erwägung hat der BGH[589] ohne diesbezügliche Begründung auch auf die **Feststellungskostenpauschalen** nach § 171 Abs. 1 sowie § 10 Abs. 1 Nr. 1a ZVG angewendet, obwohl dieser Beitrag der Insolvenzmasse ohne Rücksicht auf die tatsächlich entstehenden Kosten gebühren soll,[590] also auch dann, wenn der Gläubiger nach Insolvenzeröffnung selbst verwertet.[591] Die Rechtsbeständigkeit und Insolvenzfestigkeit des (sogar getilgten) Sicherungsrechts hat der Insolvenzverwalter nach Verfahrenseröffnung regelmäßig im Hinblick auf mögliche Rückgewähransprüche zu prüfen.[592] Die Benachtei- 109a

---

578 BGH NJW-RR 2002, 775 (776 f.).

579 OLG Schleswig BeckRS 2014, 15586.

580 RGZ 64, 339 (343); vgl. auch RG Gruchot 51 (1907), 1107 (1110); RG WarnR 1917 Nr. 18; Jaeger/*Henckel* § 129 Rn. 86.

581 Vgl. aber OLG Hamburg NZI 2001, 424 (425); Uhlenbruck/*Borries/Hirte* § 129 Rn. 374 wegen eines Lästigkeitswertes sowie Uhlenbruck/*Borries/Hirte* § 129 Rn. 201 f. zu weiteren Ausnahmen.

582 BGH NJW-RR 1986, 536 (538); BGH NJW 1992, 624 (626); BGH NJW 1995, 1668 (1670); BGH NJW-RR 2000, 1215; BGH NJW-RR 2004, 1493 (1494); RG JW 1906, 722 Nr. 22; RGZ 126, 304 (308); AGR/*Gehrlein* § 129 Rn. 119 f.; *Baur/Stürner* Rn. 18.41 mit Fn. 140; HKInsO/*Thole* § 129 Rn. 74; *Schäfer* S. 148 f.; zum AnfG auch BGHZ 90, 207 (212) = NJW 1984, 1968 (1969); BGH 104, 355 (357) = NJW 1988, 3265; BFHE 133, 501 (505) = BB 1981, 1941; ergänzend → Rn. 175.

583 Vgl. BGH ZIP 1985, 816 (817 f.).

584 Ebenso *Baur/Stürner* Rn. 18.41 Fn. 140 gegen *Steines* KTS 1986, 21 (23).

585 RGZ 21, 95 (99 f.); RG JW 1898, 51 (52); *Jaeger/Henckel* KO § 31 Rn. 7; vgl. BGH NJW 1996, 3147 (3149).

586 OLG Stuttgart NZI 2002, 495 (496); vgl. BGH NJW 1996, 3147 (3149).

587 Wegen weiterer Einzelheiten → Rn. 152 ff.; zur Beweislast → Rn. 228.

588 BGH NJW-RR 2004, 340 (341); BGH NZI 2004, 620 (621); BGH NZI 2004, 82 f.; OLG Frankfurt ZIP 2002, 2140 (2141); AGR/*Gehrlein* § 129 Rn. 105; FKInsO/*Dauernheim* § 129 Rn. 67.

589 BGH NZI 2005, 165 (166 f.); ohne Unterscheidung auch OLG Düsseldorf NZI 2006, 702 (703 ff.); *Eckardt* ZIP 1999, 1734 (1739 f.); HKInsO/*Thole* § 129 Rn. 79; Uhlenbruck/*Borries/Hirte* § 132 Rn. 3; *Zenker* WuB VI A. § 129 InsO Rn. 2.05; dagegen hatte in dem von OLG Frankfurt ZIP 2002, 2140 (2141) entschiedenen Fall der Absonderungsberechtigte die Feststellungskosten freiwillig erstattet.

590 BGH NJW 2002, 3475 (3477).

591 BGHZ 154, 72 (76 ff.) = NJW 2003, 2240 (2241); BGH NJW-RR 2004, 340 (341); BGH ZInsO 2006, 1320 (1321).

592 BGH NJW-RR 2004, 340 (341); *Gundlach/Frenzel/Schmidt* NZI 2002, 20 (21); *Henckel* Kölner Schrift S. 813, 819.

ligung durch eine frühere Rechtshandlung des Gläubigers kann deshalb darin liegen, dass dem Insolvenzverwalter der Kostenbeitrag für die gebotene Prüfung entgeht. Zwar sehen die §§ 170, 171 keine Feststellungskostenbeiträge für rechtmäßige Verwertungshandlungen von Gläubigern oder rechtswidrige Verwertungsmaßnahmen vorläufiger Insolvenzverwalter vor der Verfahrenseröffnung vor;[593] dementsprechend liegt auch im Verlust derartiger Beiträge allein keine Gläubigerbenachteiligung gemäß § 129 Abs. 1.[594] Anders sollte es sich jedoch verhalten, soweit ein Gläubiger durch zusätzliches rechtswidriges und/oder potentiell anfechtbares Vorgehen vor der Insolvenzeröffnung die eigene Verwertung überhaupt erst möglich macht und dadurch das Entstehen der Kostenbeiträge als bereits gegenständlich angelegtes künftiges[595] Massevermögen verhindert.[596] Da die Ausübung eines insolvenzbeständigen Verwertungsrechts regelmäßig nicht selbständig anfechtbar ist → Rn. 150, kann sich die Frage einer Gläubigerbenachteiligung durch Wegfall eines Kostenbeitrags im Allgemeinen nur nach weitergehenden Eingriffen des Absonderungsberechtigten stellen, insbesondere wenn er in Kenntnis der wirtschaftlichen Krise den Schuldner veranlasst, Sicherungsgut herauszugeben → Rn. 137. Die Frage, ob der Sicherungsnehmer die Herausgabe verlangen durfte, ist nur für deren Kongruenz bedeutsam → § 131 Rn. 43; dagegen bleibt die mittelbare Gläubigerbenachteiligung auch bei Erfüllung eines fälligen Anspruchs bestehen. Die Insolvenzordnung will ein Auseinanderreißen des Schuldnervermögens vor Verfahrenseröffnung durch einen Zugriff von Absonderungsberechtigten gezielt verhindern.[597] Dieses Ziel lässt sich nicht allein durch **Schadensersatzansprüche**[598] erreichen, wenn der Sicherungsnehmer mit dem Schuldner zusammenwirkt; vielmehr liegt darin auch eine **Gläubigerbenachteiligung** iSv § 129 Abs. 1. Ein solches Vorgehen kann überdies entgegen § 172 Abs. 2 Satz 3 eine zusätzliche Belastung der Insolvenzmasse mit Umsatzsteuer und diese eine Gläubigerbenachteiligung begründen.[599]

110 **dd) Aussonderungsrechte; Masseverbindlichkeiten.** An einer Benachteiligung fehlt es, sofern Ansprüche befriedigt werden, die der Verwalter im eröffneten Verfahren genauso hätte erfüllen müssen;[600] das kann aber nur **Aussonderungsrechte oder Masseverbindlichkeiten** betreffen → Rn. 78b, solange nicht sämtliche Insolvenzgläubiger iSv § 38 befriedigt sind. Wird ein Eröffnungsantrag mangels Masse gemäß § 26 rechtskräftig abgewiesen und bezahlt der Schuldner die Vergütung des vorläufigen Insolvenzverwalters (§ 22 Abs. 1 Satz 2 Nr. 3, Abs. 2), so benachteiligt dies die Insolvenzgläubiger in einem anschließend beantragten und eröffneten Insolvenzverfahren über das Vermögen desselben Schuldners;[601] denn sogar ungetilgte Masseschulden aus einem früheren Insolvenzverfahren wären in einem neuen Verfahren allenfalls als Insolvenzforderungen zu begleichen. Schließt der spätere Insolvenzschuldner einen Sanierungsvergleich ab und zahlt er die vereinbarten Quoten aus, so werden – wenn danach ein Insolvenzverfahren eröffnet wird – die Insolvenzgläubiger durch die Vermögensminderung grundsätzlich in vollem Umfang benachteiligt; ein Einwand der begünstigten Gläubiger, dass sie einen Betrag von gleicher Höhe auch als Insolvenzquote erhalten hätten, ist im Anfechtungsprozess bedeutungslos → Rn. 107.

110a **ee) Befreiende Schuldübernahme.** Nicht benachteiligend wirkt es, wenn ein Dritter zwar das Vermögen des Schuldners, aber damit zugleich dessen sämtliche Verbindlichkeiten befreiend (§§ 414 f. BGB) übernimmt.[602] Der bloße **Schuldbeitritt** des Übernehmers oder gar eine **Erfüllungsübernahme** im Innenverhältnis schließt eine Gläubigerbenachteiligung dagegen nicht ohne weiteres aus; denn damit treten die Gläubiger des Übernehmers in Konkurrenz mit denen des Insolvenzschuldners, ohne dass andererseits die Wertbeständigkeit des übernommenen Vermögens in der Person des Übernehmers gewährleistet wäre.[603] Das gilt zB für die dingliche Mithaft des Käufers bei einem Grundstückskauf vom Insolvenzschuldner → Rn. 128 aber auch, soweit eine

---

593 BGHZ 154, 72 (80 f.) = NJW 2003, 2240 (2242) zugleich zu möglichen Ausnahmen bei rechtmäßigem Verhalten vorläufiger Insolvenzverwalter.

594 Nur insoweit zutr. *Beiner/Luppe* NZI 2005, 15 (18 f.); *Peschke* S. 218 f.; aM *Janca* ZInsO 2003, 449 (450 f.).

595 → Rn. 81 f.

596 *Henckel* Kölner Schrift S. 813, 819; *Gundlach/Schmidt* NZI 2004, 83 (84 f.); *Gundlach/Schirrmeister* NZI 2004, 620 (621); *Zeuner* NZI 2007, 369; aM pauschal BGH NZI 2005, 165 f., allerdings iE zutr. für Fälle rechtmäßigen Forderungseinzugs; OLG Düsseldorf ZInsO 2006, 154 (157 f.); ergänzend → Rn. 136 f.

597 RegE S. 79, S. 116 zu § 25, S. 148 zu § 126, S. 178 zu § 191.

598 Vgl. dazu BGH NJW-RR 2004, 340 (341).

599 BGH ZInsO 2007, 605 (607); → Rn. 137.

600 BGH WM 1962, 1316 (1317 f.); BGHZ 114, 315 (322) = NJW 1991, 2147 (2149); *Kilger/K. Schmidt* KO § 29 Anm. 13; → Rn. 142.

601 BGH NZI 2012, 135 (136); AG Dresden ZInsO 2004, 1268 (1269); ergänzend → Rn. 163a.

602 RGZ 51, 64 (65 f.).

603 HambKommInsO/*Rogge/Leptien* § 129 Rn. 65.

Mithaftung des Schuldners gemäß § 25 HGB eingreift.[604] Die Gläubiger des Insolvenzschuldners wären allenfalls dann nicht schlechter gestellt, wenn die Zahlungsfähigkeit des Übernehmers dem Wert des übernommenen Vermögens dauerhaft wenigstens entspräche und sämtliche künftigen Insolvenzgläubiger ebenfalls forderungsberechtigt wären;[605] derartiges wird allerdings praktisch kaum je vereinbart. **Zuwendungen aus dem Gesellschaftsvermögen** einer OHG an einen Gesellschafter oder aus dem ehelichen Gesamtgut in das Vorbehaltsgut eines Ehegatten werden durch die jeweilige persönliche Haftung des Begünstigten in der Insolvenz der Gesellschaft oder des Gesamtguts wegen der Konkurrenz mit den Eigengläubigern des Begünstigten nicht ausgeglichen.[606]

3. Arten der Gläubigerbenachteiligung. Die Insolvenzordnung unterscheidet zwischen unmittelbarer und mittelbarer Gläubigerbenachteiligung. 111

a) Unmittelbare Gläubigerbenachteiligung. Lediglich § 132 Abs. 1 und § 133 Abs. 4 setzen eine unmittelbare Gläubigerbenachteiligung voraus. Nur unter dieser engeren Voraussetzung gelten die dort ausgeführten Rechtshandlungen als hinreichend verdächtig für eine teilw. verschärfte Anfechtbarkeit. Das Erfordernis der Unmittelbarkeit bezweckt allein, denjenigen Nachteil als unerheblich auszuschließen, der durch einen späteren **Verlust oder die Entwertung der Gegenleistung** beim Insolvenzschuldner eintritt; dagegen gelten die übrigen Voraussetzungen der Gläubigerbenachteiligung unverändert auch hierfür.[607] 112

aa) Begriff. „Unmittelbar" ist eine Benachteiligung, die – ohne Hinzukommen späterer Umstände – bereits mit der Vornahme der angefochtenen Rechtshandlung selbst eintritt.[608] Maßgeblicher Zeitpunkt ist also durchweg derjenige der Vollendung der Rechtshandlung (§ 140).[609] Hat jedoch der Insolvenzschuldner bereits zuvor eine ausgleichende Gegenleistung erhalten, so ist deren spätere Verschlechterung in seinem Herrschaftsbereich wegen des Zwecks dieses Anfechtungsmerkmals → Rn. 112 unerheblich.[610] Nicht nötig ist es andererseits, dass der Schuldner im maßgeblichen Zeitpunkt bereits weitere Gläubiger hatte → Rn. 120. 113

bb) Unmittelbare Benachteiligung. Eine unmittelbare Gläubigerbenachteiligung tritt stets bei **einseitigen Vermögensopfern** des Insolvenzschuldners ein, insbesondere bei dessen Leistungen ohne ausgleichende Gegenleistung des Empfängers[611] oder wenn der Schuldner jemanden für Leistungen vergütet, die dieser unentgeltlich zu erbringen hatte,[612] ferner bei der Gewährung einer nicht geschuldeten Kreditsicherheit oder die Tilgung eines Gesellschafterdarlehens.[613] Die Bestellung einer Grundschuld, die nicht nur ein neu ausgereichtes Darlehen, sondern auch zuvor begründete Kreditverbindlichkeiten absichern soll, benachteiligt unmittelbar und einheitlich wegen der erstmaligen Einbeziehung der ungesicherten Verbindlichkeiten. Gleiches gilt, soweit der Schuldner einen Grundpfandgläubiger veranlasst, sich für bisher ungesicherte Forderungen eines anderen Insolvenzgläubigers zu verbürgen und der Rückgriffanspruch des Bürgen gegen den Schuldner durch das (werthaltige) Grundpfandrecht mit besichert wird.[614] Dagegen benachteiligt der **Abschluss eines Vergleichs** die Insolvenzgläubiger nur dann unmittelbar, wenn das Nachgeben des Schuldners auch unter Berücksichtigung sämtlicher für ihn bestehenden Risiken objektiv nicht gerechtfertigt ist.[615] Bei **Leistungen im Dreiecksverhältnis** kommt es für das Vorliegen einer unmittelbaren Gläubigerbenachteiligung darauf an, ob im selben Zusammenhang eine ausgleichende Gegenleistung ins Schuldnervermögen zurückgelangt. Sichert der spätere Insolvenzschuldner eine fremde Verbindlichkeit, so ist der **Befreiungsanspruch** gegen den Begünstigten regelmäßig weniger sicher und deshalb kein voll ausgleichender Gegenwert.[616] Auch die den Schuldner treffenden Avalzinsen für eine von ihm übernommene Bürgschaft belasten sein haftendes Vermögen unmittelbar, wenn kein Ausgleich

604 Vgl. RG LZ 1913, 488 (489); ferner *C. Paulus* ZIP 1996, 2141 (2147 f.) für Verlustausgleichspflichten im Konzern.
605 Vgl. zu § 419 BGB aF *Jaeger/Henckel* KO § 29 Rn. 219.
606 *Jaeger/Weber* KO §§ 209, 210 Rn. 24, § 236a–c Rn. 25.
607 Vgl. Jaeger/*Henckel* § 129 Rn. 91.
608 BGH ZIP 1997, 853 (854); FKInsO/*Dauernheim* § 129 Rn. 73; Gottwald/*Huber* § 46 Rn. 68; *Thole* Gläubigerschutz S. 325.
609 BGHZ 129, 236 (242 f.) = ZIP 1995, 1021 (1023); RG Recht 1923 Nr. 230;Uhlenbruck/*Borries/Hirte* § 129 Rn. 235, 254; iE → Rn. 118.
610 BGH WM 1955, 404 (406); RGZ 116, 134 (137); *Jaeger/Henckel* KO § 29 Rn. 71.
611 LG Dresden ZIP 1999, 1364.
612 Vgl. BGH NJW 1995, 1093 f.
613 OLG Koblenz ZInsO 2006, 946 (947 f.).
614 BGH NJW 1999, 3046 (3047).
615 Vgl. BGH NZI 2007, 101 (102) zu § 134; BGH NJW-RR 2004, 1534 (1535 f.) zum AnfG.
616 *Kamlah* S. 41.

sichergestellt ist.[617] Das **Eingehen einer abstrakten Verbindlichkeit** – insbesondere einer Wechselschuld – des späteren Insolvenzschuldners begründet nicht ohne weiteres eine Gläubigerbenachteiligung; entscheidend ist vielmehr, ob dem Schuldner nach dem Grundgeschäft ein ausreichender Gegenwert zusteht.[618]

115 Unmittelbar benachteiligend sind bspw. **Veräußerungen unter Wert** durch den Insolvenzschuldner[619] oder das Gewähren eines langfristigen Darlehens zu geringeren als marktübliche Zinsen.[620] Gleichwertig ist es auch nicht, sofern eine Maschine im realisierbaren Wert von 15.340 EUR als Sicherheit für einen zusätzlichen Kredit von lediglich 4.090 EUR übereignet wird,[621] oder wenn ein Sicherungsgeber dem Sicherungsnehmer gestattet, das Sicherungsgut unter Wert zu veräußern,[622] oder wenn der Schuldner auf durchsetzbare werkvertragliche Nacherfüllungsansprüche im Wert von 56.600 EUR gegen Zahlung von 12.800 EUR verzichtet.[623] Die Ersetzung einer „harten" Patronatserklärung durch eine weniger weitreichende benachteiligt die Gläubiger der auszustattenden Tochtergesellschaft ebenso unmittelbar[624] wie die Einbringung eines Grundstücks in eine GmbH die Gläubiger des einbringenden Gesellschafters benachteiligt, weil der Gesellschaftsanteil schwerer verwertbar ist → Rn. 129 → § 132 Rn. 11 ff. → § 133 Rn. 44 → § 142 Rn. 17.[625]

116 An einem **ausgleichenden Gegenwert fehlt es ferner,** wenn die dem Schuldner gewährte Gegenleistung nicht wenigstens potentiell allen Insolvenzgläubigern, sondern bestimmungsgemäß nur einzelnen von ihnen zugutekommen soll. Verkauft und überträgt der spätere Insolvenzschuldner einen Gegenstand in der Weise, dass der Kaufpreis lediglich an bestimmte Gläubiger des Schuldners fließen soll, so benachteiligt das die Insolvenzgläubiger im Allgemeinen unmittelbar.[626] Eine unmittelbare Gläubigerbenachteiligung tritt auch ein, soweit ein Käufer den Kaufpreis für eine an sich gleichwertige Gegenleistung des Insolvenzschuldners (Verkäufers) an einen Dritten (Kreditinstitut) entrichten soll, um dessen Forderung gegen den Insolvenzschuldner zu tilgen, für welche der Käufer wiederum gebürgt hatte;[627] denn auf diese Weise bringt der Insolvenzschuldner aus eigenen Mitteln gezielt die Bürgschaft des Käufers zum Erlöschen. Entsprechendes gilt, falls eine Gesellschaft unter Ausnutzung eines Überziehungskredits eine kapitalersetzende Leistung ihres Gesellschafters zurückzahlt, weil dessen Forderung im Gegensatz zum Anspruch des überweisenden Kreditinstituts nicht rechtsbeständig ist.[628] Auch wenn ein Gesellschafter für seine (schuldende) Gesellschaft eine Prozessbürgschaft zugunsten ihres Prozessgegners abgibt, werden die Insolvenzgläubiger im Allgemeinen dadurch benachteiligt, dass die Gesellschaft ihrem Gesellschafter Sicherheiten für den Bürgschaftsfall bestellt.[629] Die Bezahlung des Schuldners für ein ihm persönlich bestelltes unpfändbares dingliches Wohnrecht benachteiligt die Insolvenzgläubiger unmittelbar,[630] weil es für diese nicht zu verwerten ist. Das Einverständnis des Schuldners als Sicherungsgeber mit einer ungünstigen Verwertung des Sicherungsguts durch den Sicherungsnehmer benachteiligt die Insolvenzgläubiger unmittelbar, wenn andernfalls ein höherer Erlös erzielt worden wäre.[631]

116a Gewährt der Schuldner eine nur **nach Art oder Zeit inkongruente Deckung** (§ 131 Abs. 1), so hängt der Eintritt einer Gläubigerbenachteiligung davon ab, ob die Gegenleistung wenigstens im Ergebnis den Gläubigern gleichwertige Befriedigungsmöglichkeiten bietet → Rn. 118. Ein durch **Zwangsvollstreckungsmaßnahmen** in der Frist des § 131 begründetes Pfandrecht benachteiligt die übrigen Insolvenzgläubiger unmittelbar, weil die §§ 803 ff. ZPO kein Recht mehr auf Befriedigung mit staatlichen Zwangsmitteln in der wirtschaftlichen Krise des Schuldners verleihen.[632] Erfasst

617 Ohne diese Einschränkung und deshalb zu weit gehend *Mundt* NZBau 2003, 527 (528).

618 Vgl. BGHZ 162, 125 (137 f.) = ZInsO 2006, 322, 326; vgl. Uhlenbruck/*Borries/Hirte* § 129 Rn. 351; ergänzend → Rn. 145 → Rn. 229.

619 RG LZ 1908, 787 Nr. 4; Jaeger/*Henckel* § 129 Rn. 92; ergänzend → § 132 Rn. 12 ff. → § 133 Rn. 44.

620 BGH NJW 1989, 1037.

621 BGH WM 1964, 1166 f. zu § 3 AnfG; zur Begrenzung zulässiger Risikozuschläge → § 142 Rn. 13.

622 BGH NJW 1997, 1063 (1065); *Foerste* Rn. 295.

623 BGH NJW-RR 2004, 1534 (1535 f.) zum AnfG.

624 Vgl. OLG München ZInsO 2004, 1040 (1043 f.).

625 *Foerste* Rn. 295; BGHZ 128, 184 (189) = NJW 1995, 659 (660) zum AnfG.

626 BGH WM 1955, 404 (405); RG JW 1894, 546 Nr. 4; RG LZ 1915, 637 f.; RGZ 53, 234 (236); LG Hamburg ZIP 1991, 1507 (1509 f.); *Hallermann* S. 50; Jaeger/*Henckel* § 129 Rn. 94; Uhlenbruck/*Borries/Hirte* § 129 Rn. 291. Dass der Insolvenzschuldner die Gegenleistung nur von sich aus einseitig verwendet, begründet jedoch keine unmittelbare Gläubigerbenachteiligung → Rn. 118 aE.

627 BGH NJW 1995, 2783 (2784); vgl. auch RG Recht 1911 Nr. 2751; RG JW 1914, 255 (256).

628 BGH NJW 1990, 2687 (2688).

629 BGH NJW-RR 1990, 230 (232).

630 BGHZ 130, 314 (318) = NJW 1995, 2846 (2847).

631 BGH NJW 1997, 1063 (1065).

632 Vgl. BGHZ 136, 309 (313 f.) = NJW 1997, 3445 (3446).

die Pfändung allerdings nur schuldnerfremde Gegenstände, so benachteiligt sie die Insolvenzgläubiger des Schuldners im Allgemeinen nicht → Rn. 77 f. → Rn. 105 → Rn. 161.

cc) Keine unmittelbare Benachteiligung. Eine unmittelbare Gläubigerbenachteiligung fehlt, wenn für eine Leistung des Insolvenzschuldners eine Gegenleistung in sein Vermögen gelangt, die den Insolvenzgläubigern im Allgemeinen → Rn. 103 f. eine **gleichwertige Befriedigungsmöglichkeit** bietet, insbesondere beim Austausch gleichwertiger Leistungen,[633] zB beim Verkauf von Forderungen des Schuldners zum Marktwert beim Factoring → Rn. 157. Erhält der Schuldner als Ausgleich etwas, das zwar keine Gegenleistung darstellt, sich aber in anderer Weise als zumindest gleichwertiger Vorteil erweist, kommt es darauf an, ob sich der Vorteil unmittelbar in einer – das Vermögensopfer wenigstens ausgleichenden – Mehrung des Schuldnervermögens niederschlägt.[634] Der Umstand, dass zB an die Stelle einer veräußerten Sache eine (vollwertige) Kaufpreisforderung tritt, stellt für sich allein noch keine unmittelbare – im Gegensatz zu einer möglichen mittelbaren → Rn. 122 – Gläubigerbenachteiligung dar.[635] Auch fachgerechte Dienstleistungen können die angemessene Vergütung ausgleichen → Rn. 163 ff. Für die Bestimmung einer Benachteiligung ist das Wertverhältnis zwischen Leistung und Gegenleistung nicht nach den subjektiven Vorstellungen der Beteiligten, sondern – dem Zweck dieser Anfechtungsvoraussetzung entsprechend – allein nach objektiven wirtschaftlichen Gegebenheiten zu bestimmen.[636] Eine geringfügige Stundung der Gegenleistung beeinträchtigt die Gleichwertigkeit noch nicht.[637] Bei der Übertragung von Computerprogrammen ist deren kurze Entwertungszeit im Preis zu berücksichtigen.[638] 117

Die **Tilgung eigener vollwertiger Verbindlichkeiten** des Schuldners benachteiligt dessen Gläubiger ebenso wenig unmittelbar[639] wie die Bestellung einer dem Umfang nach angemessenen Sicherheit gegen Ausreichung eines neuen Kredits → Rn. 123a → Rn. 151 → § 142 Rn. 21 oder die Ablösung einer vollwertigen, selbst insolvenzbeständigen Sicherheit.[640] Verrechnet eine Bank Zahlungseingänge für ihren Kunden mit einem Schuldsaldo auf dessen Konto, lässt sie aber gleichzeitig weitere Verfügungen des Kunden hierüber zu, so benachteiligt der Gesamtvorgang dessen Gläubiger in diesem Umfang im Verhältnis zur Bank nicht unmittelbar.[641] Dasselbe trifft für eine vorübergehende Kreditrückführung durch Einzahlungen des Schuldners selbst – zB um Zinsen zu sparen – zu, soweit der Schuldner über den revolvierend gestalteten Kredit später wieder verfügt. Zahlt der Schuldner ein Darlehen vor Fälligkeit zurück, so sind die anderen Gläubiger unmittelbar nur in Höhe eines Zwischenzinses benachteiligt;[642] eine mittelbare Benachteiligung wegen der Darlehenssumme selbst kommt nur in Betracht, soweit das Darlehen bei Fälligkeit – zB im Hinblick auf § 21 Abs. 2 Nr. 2 – nicht mehr rechtswirksam zu erfüllen[643] oder aus Rechtsgründen – zB gemäß § 135 Abs. 1 Nr. 2 – nicht vollwertig gewesen wäre → Rn. 143. Die Insolvenzgläubiger werden hingegen unmittelbar benachteiligt, soweit der Schuldner eine Verbindlichkeit bezahlt, die er durch eine Einwendung oder Einrede hätte abwehren können.[644] Liegt eine vollwertige Gegenleistung vor, so tritt eine unmittelbare – im Gegensatz zur mittelbaren → Rn. 121 ff. – Gläubigerbenachteiligung auch dann nicht ein, soweit die Gegenleistung entwertet[645] oder sofort verbraucht wird,[646] oder wenn der Gegner vorgeleistet hat und seine Leistung bereits verbraucht war, ehe die Leistung des Schuldners aus seinem Vermögen geleistet wurde.[647] 118

dd) Abgrenzungen. Missverständlich ist es, in diesem Zusammenhang von Bargeschäften (§ 142) zu sprechen. Zwar entfällt bei einem **Bargeschäft** stets jede unmittelbare Gläubigerbenachteiligung, weil definitionsgemäß eine gleichwertige Gegenleistung ins Schuldnervermögen gelangen 119

---

633 BGH WM 1955, 404 (405); BGHZ 128, 184 (187) = NJW 1995, 659 (660); BGHZ 129, 236 (240 f.) = ZIP 1995 (1021 f.); BGH ZIP 1997, 853 (854); BGH NJW 1999, 643 (644); RGZ 116, 134 (136 f.).

634 BGHZ 154, 190 (195 f.) = NZI 2003, 315 (316).

635 BGH WM 1955, 404 (405); RGZ 27, 98 (99 f.); RGZ 29, 77 (79); RG JW 1900, 716 Nr. 31; *Jaeger/Henckel* KO § 29 Rn. 55.

636 *Baur/Stürner* Rn. 18.50; *Jauernig* § 51 V 2.

637 Vgl. RG Gruchot 48 (1904), 112 (115).

638 LG Bonn CR 1995, 403 (404 f.).

639 BGHZ 129, 236 (240 f.) = ZIP 1995, 1021 (1022); BGH ZIP 2002, 404 (405).

640 BGH NJW 1992, 624 (626); BGH NZI 2000, 310 f.; RGZ 90, 69 (73); RGZ 126, 304 (308); RG JW 1902, 273 Nr. 17; OLG Düsseldorf WM 1997, 913 (918); Jaeger/*Henckel* § 129 Rn. 103; näher → Rn. 142.

641 *Peschke* S. 234 ff.; vgl. BGHZ 150, 122 (131 ff.) = NJW 2002, 1722 (1723 f.); ergänzend → § 142 Rn. 18.

642 BGH ZIP 1997, 853 (854).

643 BGH NJW-RR 2005, 1575 (1576).

644 BGHZ 129, 236 (247 f.) = ZIP 1995, 1021 (1025 ff.).

645 Vgl. *Jaeger/Henckel* KO § 30 Rn. 104.

646 RGZ 27, 98 (99 f.); RGZ 29, 77 (79); RGZ 116, 134 (136 f.).

647 BGH WM 1955, 404 (406); RGZ 116, 134 (137 f.).

muss. Umgekehrt ist das Bargeschäft aber lediglich einer von mehreren Anwendungsfällen für das Fehlen einer unmittelbaren Gläubigerbenachteiligung; diese kann auch entfallen, soweit – etwa aus zeitlichen Gründen – kein Bargeschäft vorliegt. Selbständige Bedeutung erlangt der Begriff des Bargeschäfts zudem nur im Rahmen des § 130, der an sich eine mittelbare Gläubigerbenachteiligung ausreichen lässt → § 130 Rn. 23. Die Grundsätze des Bargeschäfts sollen gerade dort eine Anfechtung ausschließen, wo an sich eine (mittelbare) Gläubigerbenachteiligung nach allgemeinen Regeln gegeben wäre, nämlich bei einer kongruenten Befriedigung oder Sicherung einzelner Gläubiger.[648]

120 Das Vorliegen einer unmittelbaren Gläubigerbenachteiligung ist isoliert **bezogen auf die jeweilige Rechtshandlung** zu prüfen, die angefochten werden soll. Hingegen ist die Beurteilung nicht mit der weiteren Frage zu verwechseln, ob zZ der Handlung bereits Gläubiger vorhanden waren, die möglicherweise später ausfallen konnten. Die im Rechtsgeschäft selbst angelegte potentielle Masseverkürzung genügt als objektive Anfechtungsvoraussetzung, soweit das Schuldnervermögen jetzt unzulänglich → Rn. 107 ist; dieser Nachteil muss sich nicht bereits von Anfang an verwirklicht haben.[649] Deshalb kann eine unmittelbare Benachteiligung selbst dann gegeben sein, wenn der Insolvenzschuldner Vermögensgegenstände ohne Gegenleistung zu einer Zeit weggegeben hat, als er an sich noch über ausreichende Mittel verfügte, um seine sämtlichen damaligen Gläubiger zu befriedigen.[650] Die Vermögenshaftung ist nicht nach Zeitabschnitten auf Gläubiger begrenzt; von vornherein einseitige Vermögensopfer des Schuldners werden auch nicht durch den Zweck der Einschränkung auf eine unmittelbare Benachteiligung → Rn. 112 erfasst. Stattdessen wird in einem solchen Fall im Allgemeinen lediglich ein Gläubigerbenachteiligungsvorsatz fehlen → § 133 Rn. 44.

121 **b) Mittelbare Gläubigerbenachteiligung.** Für sämtliche anderen Anfechtungstatbestände als die §§ 132 und 133 Abs. 4 → Rn. 112 reicht der Eintritt einer bloß mittelbaren Gläubigerbenachteiligung aus.[651] Sie ist regelmäßig verwirklicht, wenn eine unmittelbare Benachteiligung → Rn. 113 ff. vorliegt,[652] kann aber **auch unter erweiterten Voraussetzungen** gegeben sein: Es genügt, wenn zwar die Rechtshandlung allein noch keinen (unmittelbaren) Nachteil für Gläubiger bewirkte, aber die Grundlage für einen weiteren, gläubigerschädigenden Ablauf schuf. Nicht nötig ist, dass die hinzutretende weitere Ursache ihrerseits wieder durch die angefochtene Rechtshandlung verursacht wurde.[653] Jedoch muss sie unmittelbar auf das haftende Schuldnervermögen iS einer Minderung der Aktiva oder Vermehrung der Passiva → Rn. 100 ff. einwirken. Eine allgemeine Einschränkung der wirtschaftlichen Bewegungsfreiheit des – sei es auch vorläufigen – Insolvenzverwalters genügt nicht, insbesondere sofern er wegen Erschöpfung des Schuldnervermögens keine neuen Kredite aufzunehmen vermag.[654]

122 **Beispiele für eine (nur) mittelbare Gläubigerbenachteiligung** iSv § 129 sind: die Veräußerung eines Gegenstands des Schuldners zu einem angemessenen Preis, wenn der Erlös nicht mehr für die Gläubigerbefriedigung zur Verfügung steht,[655] etwa weil der Schuldner das Entgelt verbirgt oder ins Ausland verschiebt, um es dem Gläubigerzugriff zu entziehen;[656] ferner wenn der Schuldner das Entgelt für den Unterhalt seiner Familie[657] oder zur Befriedigung anderer Gläubiger[658] verbraucht hat. Die Insolvenzgläubiger werden mittelbar benachteiligt, soweit der Schuldner einen eigenen Gegenstand zwar zu einem günstigen Preis veräußert, der Erlös aber uneinbringlich ist,[659] bspw. bei Zahlungsunfähigkeit des Erwerbers, oder wenn der Schuldner einen Kredit zu angemessenen Bedingungen für eine geschäftliche Transaktion aufnimmt, bei der er sein Geld verliert.[660] Eine mittelbare Benachteiligung tritt ferner ein, wenn der Schuldner Wertpapiere zwar zum Zeitwert veräußert, deren Wert später aber ansteigt,[661] oder wenn der Schuldner seinerseits für einen angemes-

---

648 HKInsO/*Thole* § 129 Rn. 64 f.; dazu → Rn. 122.

649 HambKommInsO/*Rogge/Leptien* § 129 Rn. 73; ergänzend → Rn. 104 → § 134 Rn. 43.

650 → § 133 Rn. 44; aM RG Recht 1923 Nr. 230; Uhlenbruck/*Borries/Hirte* § 129 Rn. 165, 257; *Diem* S. 70 ff., der zu Unrecht eine Überschuldung des Schuldners bereits im Zeitpunkt der Rechtshandlung zur Voraussetzung jeder Anfechtung erheben will und damit den Anfechtungszweck → Vor § 129 Rn. 2 ff. verkennt.

651 RegE S. 157 zu § 144; BGH WM 1960, 381 (382); RGZ 33, 120 (122 f.); RG LZ 1916, 63; RG LZ 1925, 870; *Jaeger/Henckel* KO § 29 Rn. 64.

652 Zur nachträglichen Beseitigung einer solchen Benachteiligung als einzig möglicher Ausnahme → Rn. 178.

653 BGH NJW 2000, 1259 (1261); FKInsO/*Dauernheim* § 129 Rn. 76; ergänzend → Rn. 169.

654 AM Mundt NZBau 2003, 527 (528).

655 BGH NJW-RR 1988, 827 (828) zu § 3 AnfG.

656 RegE S. 157 zu § 144.

657 *Baur/Stürner* Rn. 18.37.

658 Vgl. Jaeger/*Henckel* § 129 Rn. 118; vgl. RG JW 1919, 244; OLG Hamburg ZIP 1984, 1373 (1377).

659 Vgl. RGZ 10, 5 (8) zu § 3 AnfG.

660 OLG Hamburg ZIP 1984, 1373 (1377).

661 *Jaeger/Henckel* KO § 29 Rn. 99.

senen Preis einen Gegenstand erworben hat, der danach bei ihm zerstört oder entwertet wird.[662] Leistungen auf einen erzwingbaren Sozialplan benachteiligen die Insolvenzgläubiger mittelbar, soweit sie nicht in der Insolvenz ebenfalls zu erbringen gewesen wären → Rn. 110; § 112 BetrVG rechtfertigt derartige Leistungen in der Insolvenz nur im Umfang der §§ 123 f.[663] Eine mittelbare – im Gegensatz zur unmittelbaren → Rn. 117 – Benachteiligung kann ferner **durch die angemessene Vergütung für Sanierungsbemühungen** eintreten, selbst wenn sie letztlich die Insolvenz nicht abgewendet haben.[664] Das Aufladen einer Geldkarte benachteiligt, soweit das dadurch geschaffene Guthaben verbraucht ist.

Die **Tilgung einer eigenen Verbindlichkeit** des Insolvenzschuldners benachteiligt dessen 123
übrige Gläubiger im Insolvenzfall regelmäßig, weil für diese nur eine entsprechend geringere Quote übrig bleibt.[665] Dass die Forderung des befriedigten Gläubigers erlischt, schließt die mittelbare Benachteiligung der anderen ebenso wenig aus → Rn. 142 wie im Ansatz der Umstand, dass der Insolvenzschuldner die Erfüllungsleistung unter Ausnutzung eines Kreditlimits von einem debitorisch geführten Bankkonto vorgenommen haben mag. Die (mittelbare) Gläubigerbenachteiligung kann bereits darin liegen, dass die auf Kosten der Insolvenzmasse als Kredit gewährten Mittel zur Tilgung einer bloßen Insolvenzforderung verwendet wurden → Rn. 108b. Zur mittelbaren Gläubigerbenachteiligung durch **Wertschöpfung aus dem Schuldnervermögen** → Rn. 168a.

Gleiches gilt für die – an sich geschuldete – (nachträgliche) **Bestellung einer Sicherheit** 123a
für einzelne Insolvenzgläubiger, soweit das als Gegenleistung ausgereichte Darlehen mittlerweile verbraucht ist.[666] Droht ein Energieversorgungsunternehmen eine Stromsperre an, falls der Schuldner nicht Entgeltrückstände ausgleicht, so ist die weitere, für sich genommen voll entgeltliche Belieferung mit Strom kein ausgleichendes Entgelt für die Tilgung der Rückstände; der Berechnung des Nachteils sind die vertraglich vereinbarten, besonders günstigen Tarife – nicht fiktiv höhere Normaltarife – zugrunde zu legen, solange der Vertrag nicht aufgelöst ist.[667] Der Umstand, dass ein Gläubiger (Finanzamt) nicht die Schließung des Schuldnerunternehmens wegen der Schulden betreibt, ist keine ausgleichende Gegenleistung für die Begleichung fälliger Steuerschulden → Rn. 181 ff.

Allerdings wirken Befriedigung oder Sicherung dann nicht benachteiligend, soweit der Empfän- 124
ger hierfür auf **werthaltige Sicherungsrechte in gleichem Umfang verzichtet,**[668] die daraufhin selbst in die Insolvenzmasse gelangen. Deshalb benachteiligt nicht die Erfüllung einer vollständig grundpfandrechtlich aus Schuldnervermögen gesicherten Forderung oder die Vorausabtretung künftiger Forderungen im Wege des verlängerten Eigentumsvorbehalts, wenn und soweit sie sich auf die gerade mit der Vorbehaltsware erlangte Forderung beschränkt.[669] Auch die **Herstellung einer Aufrechnungslage** durch Verkauf eines Gegenstands an einen Gläubiger benachteiligt nicht, wenn dieser daran bereits vorher insolvenzbeständig so gesichert war, dass der Verkehrswert voll ausgeschöpft wird.[670] Eine Schiedsvereinbarung verursacht im Allgemeinen keine Gläubigerbenachteiligung.[671]

Maßgeblicher Zeitpunkt für die Beurteilung, ob eine mittelbare Gläubigerbenachteiligung 125
eingetreten ist, ist derjenige der **letzten mündlichen Verhandlung in der Tatsacheninstanz,** in der die Einführung neuer Tatsachen noch zulässig ist.[672] Das gilt auch dann, sofern der Anfechtungsgegner eine zunächst angemessene Gegenleistung erbracht hat, deren Wert aber erst nach der Verfahrenseröffnung wesentlich gesunken ist. **Wertsteigerungen einer Sicherheit,** die infolge Wegfalls

---

662 Vgl. Gottwald/*Huber* § 46 Rn. 69.
663 Das übersieht *Willemsen* ZIP 1982, 649 (650 f.).
664 BGH BeckRS 2018, 19548 = NZI 2018, 840 (841) = ZIP 2018, 1794 (1795); BGH NJW 1998, 1561 (1564); → Rn. 163 ff.
665 Vgl. BGH ZInsO 2007, 816 (819); demgegenüber verwechselt BFH NV 1999, 745 (746 f.) die unmittelbare mit der mittelbaren Gläubigerbenachteiligung; → Rn. 104.
666 BGH WM 1997, 436 (438); ergänzend → Rn. 151.
667 BGHZ 97, 87 (96) = NJW 1986, 1496 (1498); vgl. auch BGH LM KO § 30 Nr. 1.
668 BGH WM 1960, 381 (382); RG LZ 1916, 63; RG WarnR 1917 Nr. 225 S. 350 f.; RG LZ 1925, 870; ergänzend → Rn. 108c → Rn. 142a.
669 BGHZ 64, 312 (313 f.) = NJW 1975, 1226 (1227 f.).
670 BGH NZI 2004, 620 f.; ergänzend → Rn. 150.
671 Vgl. *Kück* ZInsO 2006, 11 (13 f.); zur Erbringung der vertraglich geschuldeten Gegenleistung durch den Anfechtungsgegner → Rn. 122 → § 142 Rn. 4 ff. → § 144 Rn. 13 ff.
672 BGH NJW-RR 1993, 235 (236); OLG Köln ZInsO 2004, 624 (625 f.); *Baur/Stürner* Rn. 18.51; Uhlenbruck/*Borries/Hirte* § 129 Rn. 256; zum AnfG auch BGH WM 1963, 269; BGH WM 1965, 917 (918); BGH ZIP 1990, 1420 (1423); BGH NJW 1996, 3341 (3342); BGH NJW 1999, 1395 (1396); BGH ZInsO 2007, 101 (102); BGH WM 2007, 1377 (1379); RG Recht 1928 Nr. 148.

vorrangiger Sicherungsrechte bis zur Verhandlung eintreten, sind ebenfalls zu berücksichtigen.[673] Aus Gründen der Rechtsklarheit ist daher an einem einheitlichen Beurteilungszeitpunkt festzuhalten. War die Entwicklung vorauszusehen, erscheint dieses Ergebnis auch sachgerecht; andernfalls wird ohnehin kaum ein Benachteiligungsvorsatz des Schuldners noch gar eine entsprechende Kenntnis des Anfechtungsgegners festzustellen sein. Vom Anfechtungsgegner selbst nach dessen Erwerb verursachte Wertminderungen bleiben jedoch außer Betracht → § 143 Rn. 52 → § 143 Rn. 104 → § 143 Rn. 118. Hingegen mag man den gesetzlichen Wertungen der §§ 80 bis 82 sowie § 91 entnehmen, dass Einwirkungen des Schuldners auf die Gegenleistung nach Insolvenzeröffnung mit anderen Mitteln zu begegnen ist als mit der Anfechtung, sie mithin nicht mehr dem Anfechtungsgegner zur Last fallen sollen.[674] Dasselbe gilt für schädliche Einwirkungen des Insolvenzverwalters;[675] dagegen schützt § 60. Eine Gläubigerbenachteiligung, die allein in einer Vermehrung ungesicherter Verbindlichkeiten liegt, ist auszuschließen, soweit sich der Gläubiger endgültig nicht am Insolvenzverfahren beteiligt;[676] gleichwohl genügt eine Rücknahme der Forderungsanmeldung für eine solche Feststellung nur, wenn die Anmeldung nicht wiederholt werden kann.

126 Unerheblich sind **hypothetische Verhaltensweisen** des Gläubigers oder Schuldners für den Fall, dass dieser die Leistung nicht erbracht hätte → Rn. 181 ff.

127 **4. Fallgruppen der Gläubigerbenachteiligung. a) Verträge mit komplexen Gegenleistungen für Zuwendungen des Insolvenzschuldners.** Die Beurteilung, ob der Schuldner für seine Rechtshandlung eine **ausgleichende Gegenleistung** erhält → Rn. 113 f., bereitet nicht selten Schwierigkeiten. Entrichtet eine GmbH die Prämien für eine Direktversicherung ihres Geschäftsführers nach Zahlungsunfähigkeit weiter, auf welche dieser nach seinem Anstellungsvertrag Anspruch hat, so benachteiligt dies trotz der als Gegenleistung erhaltenen Dienste die Gläubiger der Gesellschaft.[677] Die vereinbarte Übernahme der dinglichen Belastungen einer Sache durch deren Erwerber mindert zwar den Wert der von ihm erhaltenen Zuwendung im Umfang der tatsächlichen Valutierung der Lasten, ist aber kein Entgelt für die Übertragung.[678] Übernimmt ein Käufer in Anrechnung auf den Kaufpreis eine Reallast, deren Berechtigter danach vor Ablauf der erwarteten Laufzeit stirbt, benachteiligt der Verkauf die Insolvenzgläubiger des Verkäufers zwar nicht unmittelbar wohl aber mittelbar.[679] Überträgt ein Schuldner ein eigenes Grundstück und behält er sich selbst daran einen Nießbrauch vor, so mindert das unmittelbar den Wert der Zuwendung,[680] weil der Nießbrauch auch für die Insolvenzgläubiger verwertbar ist. Behält sich der Schuldner dagegen ein unpfändbares Wohnrecht vor, gleicht dieses die Vermögenszuwendung nicht einmal teilw. aus.[681] Lässt der Schuldner den Nießbrauch zugunsten eines Nahestehenden bestellen, benachteiligt das die Insolvenzgläubiger unmittelbar, weil ein solches „Entgelt" für sie weniger leicht oder rasch verwertbar ist.[682] Überträgt er das Grundstück an seine Ehefrau und bestellt er unmittelbar zuvor seinen Kindern einen Nießbrauch daran, sind beide Rechtsgeschäfte anfechtungsrechtlich getrennt zu beurteilen.[683] Ist der Kaufpreis nicht an den Schuldner als Verkäufer, sondern an einzelne seiner Gläubiger zu zahlen, werden die Insolvenzgläubiger im Allgemeinen benachteiligt → Rn. 104 f. → Rn. 116. Gleiches gilt, wenn statt einer Zahlung eine – sogar befreiende – Schuldübernahme durch den Käufer gegenüber bestimmten Gläubigern vereinbart wird.[684] Umgekehrt führt die durch eine Rücktrittklausel ausgelöste Verpflichtung des Schuldners, die erworbene Sache zurückgewähren zu müssen, zu keinen gläubigerbenachteiligenden Wirkungen, sofern das Rücktrittsrecht von vornherein Bestandteil des gegenseitigen Vertrages ist, der Schuldner Rechte an der Sache ausschließlich aufgrund dieses Vertrages erworben hat, die Rücktrittsklausel den Berechtigten in die Lage versetzt, einen Zugriff der Gläubiger auf die Sache jederzeit abwehren zu können und die Rücktrittklausel freie Verfügungen des Schuldners zugunsten einzelner Gläubiger

---

673 BGH NJW-RR 1993, 235 (237); *Jaeger/Henckel* KO § 29 Rn. 99.

674 *Jaeger/Henckel* KO § 29 Rn. 99.

675 Vgl. *König* Rn. 5/23.

676 OLG Köln ZInsO 2004, 624 (625 f.).

677 BGH NJW 1998, 312 (315); BGH NZI 2012, 246; aM OLG Brandenburg NZI 2002, 439 (440 f.).

678 BGHZ 121, 179 (187) = NJW 1993, 663 (665); vgl. auch BGH NJW 1989, 2122.

679 BGH WM 1987, 881 (882); *Mauer* Rn. 45.

680 BGH ZIP 1990, 1420 (1423).

681 Vgl. BGH NJW-RR 1986, 991 f.; BGH NJW 1999, 643 (644); BGHZ 130, 314 (318) = NJW 1995, 2846 (2847); BFHE 133, 501 (505) = BB 1981, 1941; *Mauer* Rn. 50; ferner zu Altenteilsverträgen RGZ 51, 64 (65 f.); RG bei *Bolze* Bd. 13 (1892) Nr. 198; RG LZ 1913, 488 f.

682 BGH ZIP 1990, 1420 (1423); ergänzend → Rn. 101.

683 Vgl. BGH NJW 1996, 3147 (3149); OLG Stuttgart NZI 2002, 495 (496); ergänzend → Rn. 55 f.

684 Vgl. RGZ 46, 101 (103 f.); zu weiteren Einschränkungen bei einem bloßen Schuldbeitritt oder einer Erfüllungsübernahme → Rn. 110.

ausschließt.[685] Allerdings liegt eine gläubigerbenachteiligende Rechtshandlung vor, sofern das Rücktrittsrecht und seine Absicherung für den Insolvenzfall erst nachträglich vereinbart werden.[686]

Lässt sich der Insolvenzschuldner einen **Rückauflassungsanspruch** für den Fall einräumen und vormerken, dass der Erwerber das Grundstück anderweitig veräußert, ist ein solcher Anspruch für die Insolvenzgläubiger zwar rechtlich, aber regelmäßig aus wirtschaftlichen Gründen nicht verwertbar; es schließt deshalb eine unmittelbare Gläubigerbenachteiligung nicht aus.[687] 128

Bringt der spätere Insolvenzschuldner ein **Grundstück als Stammeinlage** in eine GmbH ein, so benachteiligt das die Gläubiger unmittelbar, weil der Gesellschaftsanteil schwerer zu verwerten ist als ein Grundstück → Rn. 115. War dieses mit einem Bankkredit erworben worden, so benachteiligt die vereinbarte Bestellung einer sichernden Grundschuld zugunsten der Bank die Insolvenzgläubiger unmittelbar, sofern die Grundschuld erst nachträglich bestellt wurde, die Bank also nicht dafür gesorgt hatte, dass der Erwerb des Schuldners von vornherein nur Zug um Zug durch ein entsprechendes Sicherungsrecht eingeschränkt war; anderes kann im Verhältnis zur GmbH gelten, die aufgrund einer Vereinbarung mit dem Gesellschafter (Insolvenzschuldner) Zug um Zug gegen die Einbringung des Grundstücks die Grundschuld bewilligt.[688] Eine Verzögerung bei der Bestellung des Sicherungsrechts würde der Bank allerdings dann meist nicht schaden, soweit die Voraussetzungen des Bargeschäfts gewahrt blieben → § 142 Rn. 18 → § 142 Rn. 21. 129

Werden die vom Schuldner an den Gläubiger zur Sicherung abgetretenen Forderungen von dem Drittschuldner aufgrund eines mit dem Schuldner geschlossenen Vergleichs bezahlt, in dem diese Forderungen nicht mit dem vollen Wert berücksichtigt worden sind, der Schuldner aber zusätzliche Leistungen an den Drittschuldner der abgetretenen Forderung übernommen hat, bewirkt dies auch im Verhältnis zum Zessionar eine Gläubigerbenachteiligung.[689] 129a

b) Nachteilige Vertragsklauseln auf den Insolvenzfall. Grundsätzlich können Rechtshandlungen nur einheitlich angefochten werden → § 143 Rn. 30, ein Vertragsschluss also ganz oder gar nicht.[690] Jedoch werden des Öfteren an sich ausgewogene Verträge abgeschlossen, die nur für den Fall, dass ein Vertragsteil insolvent wird, diesem einseitig Vermögensopfer auferlegen. Auch soweit die vereinbarte Beendigung eines Vertrages gerade für den Insolvenzfall wirksam ist,[691] gilt das nicht ohne weiteres für darüber hinausgehende Vermögenseinbußen zulasten der Insolvenzgläubiger im Allgemeinen. Solche speziell durch den Insolvenzfall bedingte Klauseln gefährden die Gläubiger keinesfalls weniger als sofort wirksam werdende:[692] Erstens sind sie für die anderen Gläubiger noch weniger zu erkennen als bspw. „stille" Sicherheiten, die mindestens sofortige Überwachungsrechte des Gläubigers auslösen und gegebenenfalls von Anfang an dem sachenrechtlichen Publizitätsgebot unterliegen. Vor allem empfinden die Vertragschließenden selbst derartige Absprachen als nicht sonderlich belastend, weil diese erst eingreifen, wenn die wirtschaftliche Existenzgrundlage des Betroffenen ohnehin vernichtet ist, die Folgen also fast ausschließlich dessen andere Gläubiger treffen. Eine solche Vertragsgestaltung zu Lasten Dritter kann im Einzelfall gegen § 134 BGB oder § 138 Abs. 1 BGB verstoßen → Vor § 129 Rn. 49 → Vor § 129 Rn. 77, doch sind zuweilen die Voraussetzungen der Gesetz- oder Sittenwidrigkeit noch nicht erfüllt, so dass Raum für eine Prüfung der Anfechtbarkeit bleibt. Die Abgrenzung im Hinblick auf eine mögliche Gläubigerbenachteiligung hat danach zu erfolgen, ob ohne die Klausel gleich nachteilige Folgen eingetreten wären,[693] oder ob der Vertragspartner des Schuldners in dessen Insolvenz wenigstens kraft Gesetzes dieselbe Rechtsfolge wie vereinbart hätte herbeiführen dürfen, insbesondere wegen Leistungsverzugs (§ 323 BGB); unter diesen Voraussetzungen sind die Insolvenzgläubiger nicht im Rechtssinn benachteiligt. Dasselbe gilt, soweit ein Vertrag ohnehin mit Insolvenzeröffnung nach §§ 103 ff. umgestaltet wird oder in Wegfall gerät und die vereinbarten Folgen im Ergebnis nicht über diejenigen des § 103 Abs. 2 Satz 1 hinausgehen. Ist jedoch die Gläubigerbenachteiligung für den Insolvenzfall weder gesetzlich 130

---

[685] BGH NZI 2018, 22 (23).
[686] BGH NZI 2018, 22 (24).
[687] Vgl. BGHZ 130, 314 (321 f.) = NJW 1995, 2846 (2847 f.).
[688] BGHZ 128, 184 (189 f.) = NJW 1995, 659 (661); ergänzend → Rn. 132.
[689] BGH NZI 2008, 302 (303).
[690] BGH NZI 2007, 462 (465); BGH NZI 2008, 428 (429).
[691] → § 119 Rn. 19 ff.; für eine Anfechtung masseverkürzender Wirkungen nach § 133 *Hess* InsO § 129 Rn. 69; *Wortberg* S. 153 ff. Soweit *Adam* DZWiR 1, 3 und WM 2005, 1583, 1584 sie mangels „Gläubigerbereicherung" ausschließen will, ist dieses Kriterium bedeutungslos.
[692] Vgl. zur insolvenzbedingten Sicherheitenbestellung BGH NJW 1993, 1640 (1641). Dies berücksichtigen *Häsemeyer* ZIP 1994, 418, 419 und *C. Paulus* ZIP 1996, 2141, 2142 nicht. Mit der Auflösung verpflichtender Verträge, die an §§ 103 ff. zu messen wäre, ist der endgültige, insolvenzbedingte Verlust von Schuldnervermögen nicht zu vergleichen.
[693] Vgl. BGH NZI 2000, 308 (310).

gerechtfertigt noch bei einer Gesamtbetrachtung sämtlicher Umstände zum Erreichen des Vertragszwecks vorrangig geboten, so ist die Regelung nicht als untrennbarer Vertragsbestandteil zu behandeln, sondern ihre Einbeziehung in den Vertrag selbständig anzufechten.[694] Da die Insolvenzeröffnung dann von vornherein eine Vertragsbedingung ist, benachteiligt das Rechtsgeschäft die Insolvenzgläubiger sogar unmittelbar.

131 Danach könnte insbesondere die Einbeziehung des § 8 Nr. 2 Abs. 2 Satz 2 VOB/B in den Bauvertrag eine Gläubigerbenachteiligung iSv § 129 bewirken. Diese Bestimmung sieht einen Schadensersatzanspruch des Auftraggebers allein aus dem Grund vor, dass er selbst den Vertrag wegen Insolvenz des Auftragnehmers kündigt. Wegen des vorauszusetzenden Vertrauensverhältnisses mag das einseitige Kündigungsrecht des Auftraggebers unter jener Voraussetzung noch hinzunehmen sein → § 119 Rn. 23 ff. Ohnehin wird dieser meist einen Grund haben, dem Insolvenzschuldner den Auftrag gemäß § 8 Nr. 3 VOB/B zu entziehen; dann haben auch die Insolvenzgläubiger die Nachteile hinzunehmen. Hat sich jedoch der Auftragnehmer bis zur Eröffnung des Insolvenzverfahrens über sein Vermögen vertragstreu verhalten und bietet der Insolvenzverwalter die Vertragserfüllung an, ohne dass seine Leistungsunfähigkeit konkret festzustellen ist, erscheint eine Besserstellung des Auftraggebers sogar im Vergleich mit der normalen Kündigungsmöglichkeit nach § 8 Nr. 1 Abs. 2 VOB/B allein wegen der Insolvenz nicht gerechtfertigt. Der Auftraggeber ist anders als bspw. Mitgesellschafter → Rn. 133 nicht schutzwürdiger als sonstige Vertragspartner des Insolvenzschuldners, die im Vertrauen auf dessen Leistungsfähigkeit wirtschaftlich disponiert haben und insoweit bisher tatsächlich noch nicht enttäuscht wurden. Dem Auftraggeber ist deshalb entsprechend der gesetzlichen Regelung (§ 648 BGB) die Abwägung zuzumuten, ob ihm der Vertrauensverlust eine Kündigung gemäß § 8 Nr. 1 VOB/B wert ist. Den Schadensersatzanspruch aus § 8 Nr. 2 Abs. 2 Satz 2 VOB/B hingegen kann der Verwalter dann wenigstens mit der Anfechtungseinrede abwehren, wenn er als Insolvenzforderung geltend gemacht wird. Entsprechendes gilt für Klauseln in Erbbaurechtsverträgen, die vorsehen, dass der Erbbauberechtigte allein wegen Zahlungsunfähigkeit eine Vergütung für das Erbbaurecht (§ 32 Abs. 1 ErbbauRG) verlieren soll.[695]

132 **c) Gesellschaftsrechtliche Benachteiligungen im Insolvenzfall.** Die Leistung der **Gesellschaftseinlage** oder **Einzahlung des Stammkapitals** aus dem freien Vermögen des Schuldner-Gesellschafters kann dessen Gläubiger benachteiligen, weil sie den Gesellschaftsanteil weniger leicht zu verwerten vermögen → Rn. 18 → Rn. 129.[696]

133 Die **Auflösung einer Gesellschaft** oder das **Ausscheiden eines Gesellschafters** daraus kann zwar auf einer anfechtbaren Handlung beruhen → Rn. 19 → Rn. 94. Eine Gläubigerbenachteiligung liegt aber nicht in dem Gewinn, der dem Schuldner-Gesellschafter infolge seines Ausscheidens entgeht; denn dieser entsteht im Ergebnis untrennbar auch aus den Beiträgen der übrigen Gesellschafter. Allenfalls die Folgen einer Auseinandersetzung können die Insolvenzgläubiger benachteiligen, soweit sie zu deren Ungunsten von der gesetzlichen Regelung abweichen.[697] Gesellschaftsverträge sehen häufig vor, dass die Gesellschaft ungeachtet des Ausscheidens fortbestehen und der gesetzliche Abfindungsanspruch ausscheidender Gesellschafter im Interesse ihrer wirtschaftlichen Überlebensfähigkeit nicht nach dessen wirklichem Wert, sondern nach einem geringeren Wert bemessen werden soll. Solche allgemeinen Einschränkungen der Rechte ausscheidender Gesellschafter begründen ebenfalls keine Benachteiligung speziell der Insolvenzgläubiger iSv § 129, denn der Gesellschaftsanteil entsteht von vornherein nur mit dieser Begrenzung. Der Gläubiger kann nicht mehr verlangen, als dem Schuldner-Gesellschafter selbst von Rechts wegen zusteht.[698] Des Öfteren unterscheiden die Abfindungsklauseln nach dem Grund des Ausscheidens, wobei Gesellschafter, denen gegenüber ein wichtiger Grund zum Ausschluss vorliegt, schlechter gestellt werden; als ein solcher wichtiger Grund wird ua die Insolvenz eines Gesellschafters behandelt.[699] Dies erscheint insolvenzrechtlich vertretbar, weil und soweit die Gesellschaft auf einer Mitwirkung ihrer Gesellschafter zur gemeinsamen Errei-

---

694 BGHZ 124, 76 (80 f.) = NJW 1994, 449 (451); BGH NZI 2007, 462 (465); BGH NZI 2008, 428 (429); *v. Wilmowsky* ZIP 2007, 553 (556 ff.); *Wortberg* S. 186 ff.; wohl auch *C. Paulus* FS Uhlenbruck, 2000, 33 (45 ff.); ergänzend → § 119 Rn. 53 ff.

695 Zum Heimfallanspruch wegen Insolvenz vgl. einerseits OLG Karlsruhe NJW-RR 2002, 413 f., andererseits BGH ZInsO 2007, 600 (601).

696 AM *Lwowski/Wunderlich* NZI 2008, 129 (130).

697 BGH ZIP 1981, 1229 (1231); *Jaeger/Henckel* KO § 29 Rn. 54; Uhlenbruck/*Borries/Hirte* § 129 Rn. 388.; die gesetzlichen Auseinandersetzungsregeln als Folge des Ausscheidens eines Gesellschafters haben dessen Gläubiger hinzunehmen; vgl. BGHZ 86, 349 (355) = NJW 1983, 1120 (1122); BGHZ 170, 206 (215) = NJW 2007, 1067 (1070) mAnm *Wölfing-Hamm*.

698 BGH WM 1959, 719 (721); *Jaeger/Weber* KO § 212 Anm. 6; → Vor § 129 Rn. 79.

699 BGHZ 65, 22 (28 f.) = NJW 1975, 1835 (1837); OLG Frankfurt BB 1978, 170 f.; *Gehrlein* ZIP 1996, 1157 (1158 f.).

chung des Gesellschaftszwecks aufbaut und diese durch den Vermögensverfall sogar nur eines einzelnen Gesellschafters gefährdet wird: bspw. durch den Verlust an Ansehen und Kreditwürdigkeit oder durch das Eindringen Fremder, nämlich der Gläubiger des insolventen Gesellschafters. Dies verdeutlichen § 728 Abs. 2 BGB und § 131 Abs. 3 Satz 1 Nr. 2 HGB, welche die Insolvenzeröffnung gegen einen Gesellschafter ohne weiteres als Auflösungs- oder Ausscheidensgrund behandeln. Wird hingegen iW allein der insolvente Gesellschafter schlechter gestellt, benachteiligt eine derartige Regelung seine Gläubiger, möglicherweise wäre sie sogar gemäß § 138 Abs. 1 BGB nichtig → Vor § 129 Rn. 80. Das dürfte insbesondere für die unentgeltliche Einziehung eines werthaltigen Gesellschaftsanteils zutreffen.[700] Soll ein Gesellschaftsanteil mit dem Tod des Gesellschafters nicht dessen Erben zufallen, sondern gemäß § 331 BGB auf einen Dritten übergehen, so wird den Erben noch keine rechtlich geschützte Vermögensposition entzogen.[701] Auf eine Anfechtung solcher Klauseln wird es deshalb in der Praxis kaum ankommen.[702] Auch **Umwandlungsmaßnahmen** können Gegenstand einer Insolvenzanfechtung sein.[703] Ein genereller Vorrang der Vorschriften des UmwG existiert nicht, jedoch kann möglicherweise eine Gläubigerbenachteiligung im Einzelfall ausgeschlossen sein. Eine Anfechtung von Spaltungsvorgängen in der Insolvenz des übertragenden Rechtsträgers erscheint denkbar, soweit dessen Gläubiger durch den Verlust von Vermögenswerten benachteiligt werden.[704] Allerdings kann an einer Benachteiligung gezweifelt werden, da § 133 UmwG eine gesamtschuldnerische Haftung des übernehmenden Rechtsträgers vorsieht.[705]

Dagegen benachteiligt die **Rückzahlung einer Gesellschaftseinlage** auch dann die Insolvenzgläubiger, sofern der begünstigte Gesellschafter durch arglistige Täuschung zur Beteiligung bewogen worden war;[706] ein solcher Rechtsgrund der Rückgewährforderung begründet keine Besserstellung gegenüber anderen Insolvenzgläubigern → § 131 Rn. 19. Stundet ein Mitgesellschafter einer offenen Handelsgesellschaft beim Ausscheiden daraus seinen Abfindungsanspruch gegen den verbliebenen Gesellschafter gegen Sicherungsübertragung von Gesellschaftsvermögen, so benachteiligt diese Entziehung haftenden Vermögens die Insolvenzgläubiger des – als Einzelkaufmann – verbliebenen Gesellschafters.[707] Auch die Anteilsübertragung kann benachteiligend wirken.[708] **133a**

Eine **Betriebsaufspaltung** benachteiligt die Gläubiger des ursprünglich einheitlichen Unternehmens, soweit ihnen hierdurch haftendes Vermögen entzogen wird.[709] Verbürgt sich ein Gesellschafter für Schulden seiner Gesellschaft gegenüber deren Gläubigern und zahlt er auf seine **Bürgenschuld,** so benachteiligt dies die Gesellschaftsgläubiger insoweit nicht, als seine Rückgriffrechte unter § 39 Abs. 1 Nr. 5 fallen; kein anfechtungsrechtlich erhebliches Kriterium ist es in diesem Zusammenhang, ob der Gesellschafter stattdessen die zur Schuldtilgung verwendeten Mittel seiner Gesellschaft zu deren freier Verfügung hätte überlassen müssen.[710] Tilgt im umgekehrten Fall die Gesellschaft ein von ihrem Gesellschafter besichertes Darlehen gegenüber dem Darlehensgeber, liegt die Gläubigerbenachteiligung bei der Anfechtung der Befreiung des Gesellschafters von seiner Sicherung in dem Abfluss der Mittel aus dem Gesellschaftsvermögen, weil der Gesellschafter im Verhältnis zur Gesellschaft zur vorrangigen Befriedigung der von ihm besicherten Verbindlichkeit verpflichtet ist.[711] Jedoch tritt eine Benachteiligung im Umfang des Rückgriffanspruchs (zB nach § 774 BGB) ein, soweit eine Tochtergesellschaft auf eine eigene Bürgenschuld gegenüber Gläubigern der Konzernmutter leistet. Andererseits begründet eine bürgschaftsbedingte Minderung des Werts der Gesellschaftsanteile an der Tochtergesellschaft nicht zugleich eine eigenständige Benachteiligung der Muttergesellschaft iSv § 129 Abs. 1.[712] Die Ersetzung einer „harten" **Patronatserklärung** der Muttergesellschaft durch eine weniger weit reichende benachteiligt die Gläubiger der auszustattenden Tochtergesellschaft.[713] **133b**

---

700 Vgl. hierzu RGZ 142, 373 (377).
701 RGZ 80, 175 (177 f.); → Rn. 82.
702 Zu vertraglichen Regelungen, wonach ein Gesellschafter mit Stellung eines Insolvenzantrags aus der Gesellschaft ausscheidet, aber den Mitgesellschaftern weitere Lieferungen und/oder Leistungen erbringen muss → Rn. 168a.
703 HKInsO/*Thole* § 133 Rn. 11; *Lwowski/Wunderlich* NZI 2008, 595 (596 ff.); *Thole* Gesellschaftsrechtliche Maßnahmen in der Insolvenz Rn. 475 ff.
704 HKInsO/*Thole* § 133 Rn. 11.
705 HKInsO/*Thole* § 133 Rn. 11.
706 OLG Hamm ZIP 1999, 1530 (1533).
707 RG JW 1919, 34 (35).
708 Uhlenbruck/*Borries/Hirte* § 129 Rn. 393.
709 Vgl. *C. Paulus* ZGR 2002, 319 (331.); ergänzend → Rn. 166.
710 → Rn. 170; anders LG Cottbus NZI 2003, 207 (209), das zu Unrecht Maßstäbe des Eigenkapitalersatzes ins allgemeine Anfechtungsrecht überträgt.
711 BGH NJW 2017, 2915 f. = NZI 2017, 760 (761).
712 → Rn. 170b; aM *Hirte* ZInsO 2004, 1161 (1165).
713 OLG München ZInsO 2004, 1040 (1043 f.).

133c Im Unterschied zur **Kapitalerhöhung**[714] kann bei einer **Kapitalherabsetzung** die Benachteiligung der Gläubiger der Gesellschaft regelmäßig darin erblickt werden, dass in deren Folge Vermögen an die Gesellschafter ausgeschüttet wird, denn das ausgezahlte Kapital steht dann nicht mehr für die Befriedigung der Gläubiger zur Verfügung.[715] Verzichtet die Gesellschaft in Folge der Kapitalherabsetzung auf noch nicht geleistete Einlagen, scheidet die Forderung der Gesellschaft auf Leistung der Einlage als Teil der Insolvenzmasse und damit als Haftungsgegenstand aus.[716] Schließlich kann eine mittelbare Benachteiligung der Gesellschaftergläubiger auch darin liegen, dass nach der Kapitalherabsetzung mehr Gewinne ausgeschüttet werden, und zwar selbst dann, sofern diese zur Vermeidung eines Insolvenzantrags durchgeführt worden war.

134 **d) Unwirksame Rechtshandlungen.** Zum Begriff der Rechtshandlung gehört nicht deren Wirksamkeit → Rn. 30 ff. Allerdings benachteiligt eine Rechtshandlung des Schuldners, die – insbesondere wegen Nichtigkeit – im Einzelfall keine Rechtswirkungen auslöst, im Allgemeinen die Gläubiger nicht.[717] Zahlt der Schuldner des späteren Insolvenzschuldners an einen Dritten, ohne hierdurch von seiner Leistungspflicht gegenüber der Insolvenzmasse frei zu werden, benachteiligt das regelmäßig nicht die Insolvenzgläubiger, so dass nicht gegenüber dem Zahlungsempfänger angefochten werden kann,[718] solange der Zahlende selbst solvent bleibt. Wird eine Zwangsvollstreckungsmaßnahme gegen den Schuldner von § 88 oder § 21 Abs. 2 Satz 1 Nr. 3 erfasst, benachteiligt sie regelmäßig nicht zusätzlich iSv § 129 Abs. 1. Gleiches gilt für Verwertungshandlungen, die unwirksam sind, weil sie gegen Anordnungen nach § 21 Abs. 2 Satz 1 Nr. 5 verstoßen. Unwirksame Rechtshandlungen können aber uU eine formale Rechtstellung, insbesondere eine Grundbucheintragung, schaffen, die den Zugriff des Insolvenzverwalters behindert; eine solche Erschwerung der Vollstreckungsmöglichkeit genügt bereits als Gläubigerbenachteiligung.[719] Im Übrigen sind in der Lebenswirklichkeit die tatsächlichen Voraussetzungen und sogar die rechtlichen Wertungen für eine Unwirksamkeitsfolge oft nicht eindeutig. Die Anordnung eines Verwertungsstopps etwa kann unwirksam sein, weil er nicht hinreichend konkret gefasst ist. **Nichtigkeitsgründe** können sich daher mit den Voraussetzungen anderer **Vernichtbarkeitsgründe** überschneiden. Die Anfechtung gemäß §§ 129 ff. begründet zwar keine Nichtigkeit;[720] dennoch können sich ihre Rechtsfolgen weitgehend mit denjenigen decken, die zur Rückabwicklung eines nichtigen Rechtsgeschäfts – zB gemäß § 812 BGB – eingreifen. Gegenüber Klagemöglichkeiten aus dem materiellen Recht ist die Anfechtung nicht subsidiär → Vor § 129 Rn. 86 ff. Zudem ist der Eintritt einer Gläubigerbenachteiligung auch Voraussetzung einer Anfechtung gegen den Rechtsnachfolger, der seinerseits das unwirksam Weggegebene zivilrechtlich wirksam erworben haben mag → § 145 Rn. 24.

135 **Nichtigkeits- und Anfechtungsgründe** folgen zudem meist aus demselben Lebenssachverhalt iSd prozessualen Streitgegenstandslehre. Im Wege der **alternativen Klagebegründung** steht es dem Anfechtenden dann frei, seine Rückgewährklage entweder auf die eine oder die andere Anspruchsgrundlage zu stützen.[721] Müsste hierzu ausnahmsweise auf verschiedene Streitgegenstände zurückgegriffen werden, käme eine **alternative Klagehäufung** iSv § 260 ZPO in Betracht. Aufwand und Risiko einer Beweisaufnahme über Nichtigkeitsgründe sind entbehrlich, soweit dieselbe Rechtsfolge aus einer Anfechtung hergeleitet werden kann: Eine wahlweise Feststellung ist möglich. Aus diesem prozessualen Grund ist es gerechtfertigt, dass die Praxis die „Anfechtung nichtiger Rechtshandlungen“[722] oder von Scheingeschäften[723] oder nach §§ 119, 123 BGB anfechtbarer Willenserklärungen[724] zulässt. Nur soweit der Anfechtungskläger (Insolvenzverwalter)

714 Vgl. hierzu ausführlich *Lwowski/Wunderlich* NZI 2008, 129 ff.

715 *Lwowski/Wunderlich* NZI 2008, 595.

716 *Lwowski/Wunderlich* NZI 2008, 595.

717 *v. Campe* S. 27; Jaeger/*Henckel* § 129 Rn. 267; → Rn. 108.

718 BGH NJW 1999, 2969 (2970); zur Abgrenzung → Rn. 50.

719 BGH NZI 2001, 360; BGHZ 141, 96 (105 f.) = NJW 1999, 1549 (1551 f.); BGH NJW 1996, 3147 (3148); → Rn. 101; RGZ 50, 121 (123 f.); RG JW 1911, 595 f.; KG JW 1932, 663 Nr. 2; OLG Celle KuT 1938, 92; HKInsO/*Thole* § 129 Rn. 28; einschränkend Jaeger/*Henckel* § 129 Rn. 267 ff.

720 → Vor § 129 Rn. 26 ff. → Vor § 129 Rn. 39.

721 Ähnlich *Baur/Stürner* Rn. 18.15; *Diem* S. 53 ff.; *Häsemeyer* Rn. 21.33 ff.; HambKommInsO/*Rogge/Leptien* § 129 Rn. 14; HKInsO/*Thole* § 129 Rn. 28; Jaeger/*Henckel* § 129 Rn. 269 ff.; Uhlenbruck/*Borries/Hirte* § 129 Rn. 135; für das österreichische Recht *König* Rn. 17/116.

722 BGHZ 118, 374 (380) = NJW 1992, 2483 (2484); BAG NZI 2007, 58 (61); RG WarnR 1920 Nr. 206, 260; KG JW 1932, 663 Nr. 2; LAG Hamm ZIP 1982, 615 (619); Uhlenbruck/*Borries/Hirte* § 129 Rn. 45 f.; für den Fall einer Unwirksamkeit wegen Vollmachtüberschreitung auch BGH NZI 2001, 360; LAG München ZIP 1987, 589 (590); vgl. ferner BGH NJW 1979, 102 (103); im Ergebnis zustimmend Jaeger/*Henckel* § 129 Rn. 269 ff. Die prozessualen Zusammenhänge berücksichtigt *v. Campe* S. 27 nicht.

723 BGH NJW 1996, 3147 (3148); RG JW 1906, 234 f.; RG JW 1914, 304 (305).

724 KG JW 1932, 663 Nr. 2.

aus einer von mehreren möglichen Klagebegründungen – praktisch stets dem Nichtigkeitsgrund – einen weitergehenden Anspruch herleitet, sind dessen Voraussetzungen aufzuklären; das weniger weitgehende Rechtsschutzziel kann dabei im Wege eines Hilfsantrags verfolgt werden. Gegen **mehrere mögliche Anfechtungsgegner** empfiehlt sich zur Verjährungsunterbrechung die Streitverkündung → § 146 Rn. 25. Soweit **Zwangsvollstreckungsmaßnahmen** eines Gläubigers gemäß § 88 unwirksam sind, wird es allerdings derart zweifelsfrei sein, dass daneben eine Anfechtung nicht nötig ist; nur ausnahmsweise werden die Löschungsvoraussetzungen gegenüber dem Grundbuchamt noch durch ein Anfechtungsurteil nachgewiesen werden müssen.[725] Gleiches gilt für eine nach § 110 Satz 1 unwirksam werdende Vorausverfügung über Mietzinsansprüche des Schuldners. Ist eine Aufrechnung gemäß § 96 Abs. 1 Nr. 3 unwirksam, geht in diesem Umfang eine Prüfung der Anfechtbarkeit darin auf.[726]

e) Besitzübertragungen. Bereits die **Aufgabe des** – nicht fehlerhaften (§ 858 Abs. 2 BGB) – **Besitzes** an einer Sache durch den Schuldner kann dessen Insolvenzgläubiger benachteiligen.[727] Das trifft einmal zu, wenn dem neuen Besitzer zugleich ein Recht zum Besitz, etwa als Mieter, eingeräumt wird; dann ist (auch) dieser Rechtsvorgang anzufechten.[728] Darüber hinaus kann die Insolvenzmasse durch die Erwerbsmöglichkeit beeinträchtigt werden, die mit dem Besitz verbunden ist, bspw. gemäß §§ 937, 943, 973 ff. BGB. Die an den Besitz anknüpfende Eigentumsvermutung (§ 1006 BGB) kann ebenfalls für die Insolvenzgläubiger nachteilig sein.[729] Der Besitz ist auch ohne ein zugrundeliegendes Recht ein Vermögensgut. Gläubiger des neuen Besitzers können dahinein vollstrecken (§ 808 Abs. 1 ZPO). Zwar mag dem Insolvenzverwalter häufig zugleich ein anderer Rechtsbehelf, insbesondere eine Herausgabeklage aus materiellem Recht, offen stehen, wenn der Dritte kein Recht zum Besitz hat. Das Merkmal der Gläubigerbenachteiligung ist aber nicht dahin zu verstehen, dass die Anfechtung gegenüber allen anderen Mitteln der Rechtsverfolgung subsidiär wäre.[730] Der Nachweis der anderen Anspruchsvoraussetzungen kann im Einzelfall schwieriger sein als derjenige der Anfechtungsvoraussetzungen. Dann hat der Verwalter aufgrund der tatsächlich vorhandenen Nachteile die Wahl, wie er seine Klage begründet; auch eine alternative Begründung ist zulässig → Rn. 135. Ferner kann die Rechtsfolge des Wertersatzes nach § 143 Abs. 1 Satz 2 für die Gläubiger im Einzelfall günstiger sein als die Folgen einer Nichterfüllung des materiell-rechtlichen Anspruchs. Soll allerdings allein die mit der Besitzüberlassung verbundene **Nutzungsmöglichkeit** angefochten werden, setzt dies voraus, dass die Sache im selben Zeitraum auch zugunsten der späteren Insolvenzmasse nutzbar gewesen wäre.[731] Der mit dem Gebrauch einer Sache verbundene wirtschaftliche Wert kann hierbei durch eine hypothetische Eigen- oder Fremdnutzung zu erzielen sein. Hieran fehlt es allerdings, wenn einerseits eine Fremdnutzung – etwa aufgrund mangelnder behördlicher Genehmigungsfähigkeit – rechtlich gar nicht möglich und andererseits eine Eigennutzung für den Insolvenzschuldner mangels Verwendungsmöglichkeit ohne wirtschaftlichen Wert gewesen wäre → § 143 Rn. 87.[732] Nach diesen Maßstäben handelt es sich ebenfalls um eine gläubigerbenachteiligende Rechtshandlung, wenn der Schuldner einem Dritten einen Geldbetrag darlehensweise auf Zeit überlässt und hierdurch sein Aktivvermögen um den wirtschaftlichen Wert der Nutzungsvorteile verkürzt wird.[733] Die Übertragung der **vertraglichen Stellung** des Schuldners **aus einem Haupt- und Untermietverhältnis** benachteiligt dessen Gläubiger, weil ein Zugriff auf die aus dem Schuldnervermögen ausgeschiedene Untermietzinsforderung unmöglich wurde.[734] 136

Besondere Bedeutung gewinnt der **Besitz an Sicherungsgut** durch § 166 Abs. 1. Danach darf der Insolvenzverwalter bewegliches Sicherungsgut verwerten, das sich in seinem Besitz befindet. Wird das vor Verfahrenseröffnung verhindert, indem der Schuldner den Besitz an einen Dritten überträgt oder dieser sich den Besitz verschafft, kann das anfechtbar sein, falls die Gläubiger bei 137

---

[725] Vgl. früher OLG Stuttgart ZIP 1994, 722 (724); nunmehr aber BGH NJW 2000, 2427 f.; BayObLG NZI 2000, 427.
[726] Vgl. *Jaeger/Henckel* KO § 30 Rn. 290.
[727] RG JW 1911, 67; zur Besitzverlagerung als Rechtshandlung → Rn. 22 → Rn. 30.
[728] *Jaeger/Henckel* KO § 29 Rn. 109; vgl. RG LZ 1909, 63 Nr. 28.
[729] Vgl. OLG Kiel OLGRspr. 15 (1907), 234 f.
[730] → Rn. 101; in diesem Punkt anscheinend aM *Jaeger/Henckel* KO § 29 Rn. 108; Nerlich/Römermann/*Nerlich* § 129 Rn. 102.
[731] BGH ZInsO 2018, 1841 (1842 f.) = WM 2018, 1560 (1561 f.) = ZIP 2018, 1601 (1602 f.).
[732] BGH ZInsO 2018, 1841 (1842 f.) = WM 2018, 1560 (1561 f.) = ZIP 2018, 1601 (1602 f.), wobei für beide alternativen Nutzungsmöglichkeiten der Insolvenzverwalter darlegungs- und beweisbelastet ist.
[733] BGH NZI 2019, 333 (334) = DStR 2019, 522 (523) = WM 2019, 213 f. = BeckRS 2018, 35959.
[734] BGH NJW-RR 2018, 626 (628) = NZI 2018, 491 (492) = ZIP 2018, 792 (793).

einer (einheitlichen) Verwertung durch den Insolvenzverwalter bessergestellt wären.[735] Der weite Begriff der Rechtshandlung → Rn. 22 → § 132 Rn. 21 erfasst solche Besitzverlagerungen ebenso wie der Benachteiligungsbegriff.[736] Insbesondere kann die Insolvenzmasse hinsichtlich der **entgangenen Feststellungskosten** (§ 171 Abs. 1) benachteiligt sein;[737] ein entsprechender Nachweis im Einzelfall wird nicht durch die §§ 170, 171 ausgeschlossen.[738] Zudem kann eine **Belastung mit Umsatzsteuer** benachteiligend wirken.[739]

138 **Verpfändet** der Schuldner eine Wertsache, die ihm ein Dritter (nur) zu diesem Zweck unentgeltlich zur Verfügung gestellt hatte, benachteiligt das die Insolvenzgläubiger nicht, weil der Dritte die Sache andernfalls hätte aussondern können → Rn. 105 → Rn. 150. Auf die Frage, ob der Schuldner im eigenen (§ 185 BGB) oder fremden Namen (§ 164 BGB) verpfändete, kommt es nicht an; eine unwirksame Verpfändung würde die Gläubiger ebenfalls nicht benachteiligen.

139 **f) Treuhandverhältnisse.** Zu den Voraussetzungen für eine **Insolvenzfestigkeit von Treuhandabreden** → § 47 Rn. 354 ff. Als Treuhänder ist haftungsrechtlich auch der „Strohmann" zu behandeln, obwohl dessen fremdnützige Stellung nach außen verborgen bleiben soll.[740]

139a Bei der **uneigennützigen (Verwaltungs-)Treuhand** werden in der Insolvenz des Treuhänders dessen Gläubiger nicht durch Verfügungen über das Treugut benachteiligt, weil es haftungsrechtlich ohnehin nicht im Vermögen des Treuhänders steht:[741] Der Treugeber hätte das Treugut aussondern können → Rn. 105 → § 47 Rn. 359 → § 47 Rn. 369. Dementsprechend werden die Insolvenzgläubiger nicht benachteiligt, sofern der Schuldner als Versicherungsnehmer einer **Versicherung für fremde Rechnung** (§§ 43 ff. VVG) die Entschädigung vor Insolvenzeröffnung an den Versicherten „abtritt".[742] Allerdings ist die rechtliche Tragweite der treuhänderischen Bindung zu beachten: Hat der Schuldner eine Sache, die ihm zu uneigennütziger Treuhand übereignet worden war, im eigenen Namen veräußert, so fällt der Erlös nicht ohne weiteres unter die Treuhandabrede; eine dingliche Surrogation findet nicht statt. Die Auszahlung des Erlöses an den Treugeber kann deshalb anfechtbar sein,[743] sofern der Schuldner nicht vorher ein Treuhandverhältnis auch hinsichtlich des Erlöses gesondert „offenkundig" gemacht hatte.[744] Nach denselben Grundsätzen kann die **Auszahlung des Kaufpreises** durch den Kommissionär **an den Kommittenten** die Gläubiger des Kommissionärs benachteiligen, wenn man § 392 Abs. 2 HGB auf die Kaufpreisforderung beschränkt, also nicht auf den erbrachten Kaufpreis anwendet.[745]

140 In der **Insolvenz des Treugebers** kann bereits die Begründung des Treuhandverhältnisses unmittelbar benachteiligend wirken, weil dadurch ein Zugriffshindernis für die Insolvenzgläubiger entsteht.[746] Das gilt trotz § 115 auch in der Insolvenz, weil diese Vorschrift nicht dingliche Berechtigungen beseitigt, die oft mit der Verwaltungsbefugnis[747] verbunden sind; der Insolvenzverwalter ist auch nicht vorrangig auf alternative Anspruchsmöglichkeiten angewiesen.[748] Treuhandverhältnisse

---

[735] *Henckel* Kölner Schrift S. 818 f.; HKInsO/*Thole* § 129 Rn. 78; aM *Obermüller* DZWiR 2000, 10 (11 f.); ergänzend → Rn. 153.

[736] BGH NJW-RR 2004, 1493 (1494); ebenso *Bork* FS Gaul, 1997, 71 (76); HKInsO/*Thole* § 129 Rn. 44 f.; *Smid* WM 1999, 1141 (1153); Uhlenbruck/*Borries/Hirte* § 129 Rn. 201 f.; ergänzend → Rn. 109a.

[737] Nicht jedoch durch die Entziehung der Verwertungskostenpauschale, BGH NZI 2005, 165 (166); → Rn. 109a.

[738] *Henckel* Kölner Schrift S. 818 f.; HKInsO/*Thole* § 129 Rn. 79; aM *Eckardt* ZIP 1999, 1734 (1739 f.); *Hess* InsO § 129 Rn. 133; *Obermüller* DZWiR 2000, 10 (11 f.); ergänzend → § 143 Rn. 117.

[739] BGH ZInsO 2007, 605 (607); → Rn. 109a.

[740] Vgl. *Gerhardt* FS Lüke, 1997, 121 (126).

[741] BGH WM 1969, 475 f.; BGH NJW-RR 1993, 301; BGH NJW-RR 2004, 1493 (1494 f.); RGZ 45, 80 (82 ff.); RGZ 79, 121 (122); RGZ 91, 12 (14); *Jaeger/Henckel* KO § 29 Rn. 140; *Hirschberger* S. 42 f.; zur Treuhänderstellung von Refinanzierungsunternehmen mit Bezug auf Vermögensgegenstände, die in ein Refinanzierungsregister eingetragen sind, vgl. § 22j Abs. 1 KWG.

[742] RG WarnR 1940 Nr. 112, 242; *Jaeger/Henckel* KO § 29 Rn. 143; vgl. auch BGHZ 10, 376 (384) = NJW 1953, 1825 (1826).

[743] RGZ 94, 305 (307) mAnm *Jaeger* JW 1919, 107; vgl. auch RGZ 84, 214 (217), *Serick* Bd. II § 19 II 2 S. 81 f., Bd. III § 34 IV 5b S. 334 f.; Nerlich/Römermann/*Nerlich* § 129 Rn. 98; ähnlich auch Uhlenbruck/*Borries/Hirte* § 129 Rn. 284.

[744] Vgl. hierzu *Jaeger/Henckel* KO § 29 Rn. 142.

[745] Vgl. hierzu BGH NJW 1974, 456 (457); BGHZ 79, 89 (94) = NJW 1981, 918 (919).

[746] Vgl. BGH NJW 1993, 2041 (2042); BGHZ 124, 298 (301 f.) = NJW 1994, 726 (727) im Anschluss an BGHZ 11, 37 (43) = NJW 1954, 190; BGH WM 1979, 776 (777); OLG Düsseldorf ZInsO 2002, 769 (770); *Kirchhof* FS Kreft, 2004, 359 (363 ff.); für einen Durchgriff gegen „Strohmänner" ohne weitere Voraussetzungen *Gerhardt* FS Lüke, 1997, 121 (129 ff.).

[747] Vgl. hierzu *Gerhardt/Kreft* Rn. 51.

[748] → Rn. 101b; aM *Hirschberger* S. 82.

werden nicht selten dazu benutzt, Vermögen des Schuldners zu verschleiern oder die Anfechtungsfristen der §§ 130 bis 132 zu unterlaufen. Unabhängig von der Auflösung des Treuhandverhältnissees ab Insolvenzeröffnung benötigt der Verwalter einen Herausgabetitel gegen den Treuhänder; und bis zur Durchsetzung bleibt der Treuhänder zumindest faktisch in der Lage, über das Treugut – nach §§ 932 ff. BGB uU rechtswirksam – zu verfügen → Rn. 136. Nicht erst die **Verfügung des Treuhänders,**[749] sondern bereits die **Rechtshandlung des Schuldners,** die jene ermöglichte, begründet die Benachteiligung;[750] nur hinsichtlich eines Wertersatzanspruchs kommen Einschränkungen in Betracht.[751] Erst recht können die Insolvenzgläubiger benachteiligt werden, wenn der Treuhänder das Treugut zugleich für weitere Treugeber hält;[752] diesen gegenüber ist die Anfechtbarkeit nach allgemeinen Regeln zu prüfen.[753] Für eine Sanierungstreuhand gilt grundsätzlich nichts Abweichendes → Rn. 167. Der Anspruch des Schuldners aus einem Darlehensvertrag mit der Zweckbindung, den Kreditbetrag einem bestimmten Gläubiger zuzuwenden, gehört zur Insolvenzmasse. Das gilt selbst dann, wenn der Kredit nicht unmittelbar an den Begünstigten ausgezahlt wird, sondern die Valuta zunächst auf das **Fremdgeldkonto** eines von dem Schuldner und dem Darlehensgeber gemeinsam beauftragten Treuhänders überwiesen und von dort an den Begünstigten weitergeleitet wird.[754] Eine Benachteiligung scheidet hingegen aus, sofern ein Treuhänder bestellt wird, um eine von der Schuldnerin geschuldete Werkleistung zu erbringen und jenem eine vom Besteller geschuldete gleichwertige Vergütung gezahlt wird, die ohne die Vollendung des Werks rechtlich nicht durchsetzbar wäre.[755] Die Anfechtung einer objektiv sachgerechten, vor den Fristen der §§ 130 bis 132 bestellten Treuhandschaft wird häufig an fehlendem Benachteiligungsvorsatz scheitern → § 133 Rn. 33 ff.

Die Gläubigerbenachteiligung im Rahmen **eigennütziger Treuhandschaften** betrifft iW die Kreditsicherheiten → Rn. 150 ff.[756] Die „treuhänderische" Berechtigung des Poolführers in einem **Sicherheiten-Pool** hat regelmäßig noch keine benachteiligende Wirkung → Rn. 162. 141

g) Erfüllung von Verbindlichkeiten des Insolvenzschuldners. aa) Kongruente Erfüllung. Erfüllt der spätere Insolvenzschuldner eine Verbindlichkeit genauso, wie er sie schuldet, kann das die Gläubiger – vorbehaltlich des § 142 – zwar mittelbar, nicht aber unmittelbar benachteiligen. Leistet der Schuldner dagegen mehr oder früher als geschuldet, kommt im Umfang der Abweichung auch eine unmittelbare Benachteiligung in Betracht → Rn. 118 → Rn. 123. Maßgeblich ist der Wert des Geleisteten. Daher werden die Gläubiger (allenfalls) mittelbar benachteiligt, soweit der Schuldner einer Geldschuld erfüllungshalber – oder an Erfüllungs statt – Waren gleichen Wertes liefert.[757] Eine Gläubigerbenachteiligung entfällt nicht deshalb, weil der Gläubiger aufgrund der Zahlung davon absieht, den Betrieb des Schuldners zum Stillstand zu bringen, obwohl er dazu rechtlich in der Lage gewesen wäre → Rn. 181. Für die **Erfüllung einer Geldstrafe oder Geldbuße** iSv § 39 Abs. 1 Nr. 3 gelten keine Besonderheiten; der Umstand, dass sie von einer Restschuldbefreiung ausgenommen ist (§ 302 Nr. 2), soll den Schuldner lediglich persönlich treffen, privilegiert derartige Forderungen jedoch nicht haftungsrechtlich gegenüber dessen Insolvenzgläubigern.[758] 142

Andererseits scheidet sogar eine mittelbare Benachteiligung aus, soweit der befriedigte Gläubiger **im Umfang der Zahlung insolvenzbeständig** am Schuldnervermögen **gesichert** war und nach der Zahlung der Wert des Sicherungsguts in gleichem Umfang wirtschaftlich dem Vermögen des Schuldners zufließt → Rn. 108d → Rn. 150, zB bei seiner Zahlung auf eine von ihm unter Eigentumsvorbehalt gekaufte Sache,[759] bei Ablösung einer insolvenzfesten Sicherheit durch Zahlung eines dem (Sicherungs-)Wert entsprechenden Betrages[760] oder sofern Drittschuldner auf Forderungen, die der Insolvenzschuldner vorher an ein Kreditinstitut – sei es auch still – abgetreten hatte, an dieses Institut zahlen; denn in diesem Fall erfasst dessen Pfandrecht gemäß Nr. 14 AGB-Banken/Nr. 21 142a

[749] *Jaeger/Henckel* KO § 29 Rn. 145; → Rn. 52 → Rn. 68.
[750] BGH NJW 2017, 3516 (3517) = NZI 2017, 854 (855); BGH NJW 2012, 1959 (1960); → Rn. 101.
[751] BGH NJW 2012, 1959 (1962 f.); → § 143 Rn. 107; zur Frage einer Unentgeltlichkeit → § 134 Rn. 13.
[752] BGH WM 1962, 1316 (1317); *Bork* NZI 1999, 337 (343); *Jaeger/Henckel* KO § 29 Rn. 144.
[753] Vgl. *Kirchhof* FS Kreft, 2004, 359 (366 ff.).
[754] BGH NZI 2011, 400 (401).
[755] BGH NJW-RR 2002, 775 (776 f.).
[756] Zu Doppeltreuhandschaften vgl. *Bork* NZI 2000, 468 (469); → § 47 Rn. 386 ff.
[757] Vgl. BGH ZIP 1985, 1008 (1009) zu § 3 AnfG.
[758] BGH NJW-RR 2014, 1266 = NZI 2014, 863 und BGH NZI 2011, 189 (Geldstrafe); BGH NJW 2008, 2506 (Geldauflage nach § 153a StPO); zu Bewährungsauflagen vgl. *Ahrens* NZI 2001, 456 ff.; *Brömmekamp* ZIP 2001, 951 ff.
[759] BGH WM 1960, 381 (382); *Jaeger/Henckel* KO § 29 Rn. 139; *Serick* Bd. I § 13 II 5 S. 352.
[760] Vgl. BGHZ 182, 264 (266); BGH NJW 1992, 624 (626); BGH NJW-RR 2005, 784.

AGB-Sparkassen nahtlos den Erlös.[761] Das gilt allerdings nicht ohne weiteres → Rn. 155, wenn der Drittschuldner befreiend an den Insolvenzschuldner selbst zahlt[762] oder wenn der Abtretungsempfänger sein Sicherungsrecht nicht auch auf den bei ihm eingehenden Erlös erweitert hat; denn dann erlischt mit dem Zahlungseingang auch die sicherungshalber abgetretene Forderung durch Erfüllung (§ 362 BGB) ersatzlos.[763] Die Gläubiger sind nicht benachteiligt, sofern der Schuldner aufgrund seiner Leistung eine vertraglich vereinbarte, gleichwertige Gegenleistung erhält, die der andere Teil sonst hätte verweigern dürfen.[764]

142b Erfüllt der spätere Insolvenzschuldner dagegen eine **Verbindlichkeit, für die ein Dritter eine Sicherheit** bestellt hatte, so kann in der Auslösung dieser Sicherheit ebenso eine anfechtbare Zuwendung an den Dritten liegen,[765] wie wenn eine vom Schuldner auch für die Rückgriffforderung eines Dritten bestellte Sicherheit verwertet wird.[766] Darüber hinaus benachteiligt die Rückzahlung die Insolvenzgläubiger des Leistenden selbst mittelbar, weil dieser keinen voll ausgleichenden Gegenwert erhält.[767]

143 Nicht erheblich ist in diesem Zusammenhang, ob eine schuldende Kapitalgesellschaft einen Anspruch getilgt hat, der wegen ihrer zwischenzeitlich eingetretenen Überschuldung nicht mehr vollwertig war.[768] Diese aus dem Gesellschaftsrecht stammende Frage[769] wird anfechtungsrechtlich durch das Merkmal der **„mittelbaren" Gläubigerbenachteiligung** aufgefangen → Rn. 123: Die Überschuldung ist eine Vorstufe hin zur Eröffnung des Insolvenzverfahrens; der gerade dadurch ausgelösten Schlechterstellung der Insolvenzgläubiger trägt das Anfechtungsrecht insoweit Rechnung, als es für die meisten Anfechtungstatbestände eine bloß mittelbare Gläubigerbenachteiligung ausreichen lässt. Diese speziellere Regelung verteilt die Risiken im Insolvenzverfahren abschließend. Sie würde unterlaufen, soweit man daneben allein wegen einer Überschuldung eine allgemeine Umkehr der Beweislast insbesondere für das Vorliegen einer Gläubigerbenachteiligung annähme. Die **Beweislast** dafür liegt vielmehr – von einzelnen Beweiserleichterungen einmal abgesehen → Rn. 229 – beim Anfechtenden. Gesellschaftsrechtliche Besonderheiten berücksichtigt das Anfechtungsrecht allein im Rahmen der §§ 135 f.

144 **bb) Anweisungsfälle.** Erfüllt der Schuldner unter Einschaltung einer rechtlich selbständigen, aber weisungsgebundenen **Zwischenperson,** die mittelbar auf seine Rechnung handelt – insbesondere durch ein Kreditinstitut –, so gilt dies als Leistung des Schuldners selbst → Rn. 50. In diesem Fall benachteiligt noch nicht die einseitige Zahlungsanweisung (§§ 665, 783 BGB) des Schuldners seine Gläubiger, solange sie frei widerruflich ist; anderes kann allerdings bei Überweisungen auf ein Treuhandkonto gelten, soweit der Herausgabeanspruch des Schuldners kein gleichwertiges Surrogat für die abgeflossenen Zahlungsmittel darstellt.[770] Ist die Gleichwertigkeit gegeben, kann erst die Ausführung der Weisung zugunsten des Empfängers gläubigerbenachteiligend wirken. Insoweit ist zwischen der Anweisung auf Schuld und derjenigen auf Kredit zu unterscheiden.[771] Die Anweisung auf Schuld, insbesondere die Überweisung durch das Kreditinstitut von einem Guthaben des Schuldners, wirkt in dessen Insolvenz gläubigerbenachteiligend wie eine Barzahlung;[772] die Anfechtung hat sich gegen den Überweisungsbegünstigten – nicht gegen das Kreditinstitut – zu richten → Rn. 49 ff. Der von § 16 Abs. 6 VOB/B eröffneten Befugnis des Auftraggebers, Zahlungen an

---

761 BGHZ 64, 312 (314 f.) = NJW 1975, 1226 (1227); BGH NJW 1983, 2147 (2149) unter Aufhebung von OLG Hamm ZIP 1982, 1343 (1344); BGH ZIP 1985, 1126 (1127); BGHZ 123, 320 (327) = NJW 1993, 3267 (3268); BGH WM 1997, 1774; BGH NJW-RR 2000, 712 (713); BGH NJW 2003, 360 (362); OLG Koblenz ZIP 1984, 1378 (1379 f.); LG Berlin ZIP 2007, 346; *Bork*, Zahlungsverkehr Rn. 222; *Canaris* Bankvertragsrecht Rn. 499 aE; *Peschke* S. 217 ff.; *Peters/Lwowski* WM 1999, 258 (264 f.); für Zahlungen aus einem Akkreditiv auch BGH WM 1997, 1774 zu OLG Hamburg WM 1997, 1773 f.; aM *Wischemeyer* S. 44 ff.; ergänzend → Rn. 148a → Rn. 150 → Rn. 156.

762 Vgl. OLG Stuttgart ZIP 1980, 860 (861).

763 Insoweit zutr. *Jaeger/Henckel* KO § 30 Rn. 272; *Spliedt* DZWiR 2001, 27 (28 f.).

764 Vgl. BGH WM 1979, 776 (778) zu § 3 AnfG; *Jaeger/Henckel* KO § 29 Rn. 92; ergänzend → § 142 Rn. 18 ff.

765 RG Recht 1911 Nr. 2751; ergänzend → Rn. 116.

766 RGZ 117, 86 (88).

767 Vgl. *Obermüller* WM 1994, 1829 (1834); *Gaiser* DZWiR 1999, 446 (447); *Huth* S. 82.

768 AM anscheinend *Soehring* WuB VI G. § 10 GesO 5.97 unter 5.; offengelassen von BGH ZIP 1997, 853 (854).

769 Vgl. BGHZ 90, 370 (373 f.) = NJW 1984, 1891 f.; BGHZ 125, 141 (145 f.) = NJW 1994, 1477 (1478).

770 BGH NJW 2012, 1959 (1960) = NZI 2012, 453 (454); RG Gruchot 58 (1914), 1110 (1112); *Bork* Zahlungsverkehr Rn. 268; *Canaris* Bankvertragsrecht Rn. 354 f.; *Heile* S. 79 f.; *Jaeger/Henckel* KO § 30 Rn. 142, 161. Dagegen bindet der Überweisungsvertrag (§ 676a BGB) von seinem Zustandekommen an, die bloße Kündigungsmöglichkeit nach § 676a Abs. 4 BGB ändert daran nichts.

771 *Ganter* NZI 2011, 475 f. zu BGH NZI 2011, 400; OLG Hamm NZI 2018, 72; krit. *Lütke* NZI 2011, 702.

772 RGZ 48, 148 (149 f.); *Jaeger/Henckel* KO § 30 Rn. 148; → Rn. 142.

Gläubiger des Auftragnehmers zu leisten, liegt eine entsprechende vertragliche Anweisung des Auftragnehmers zugrunde; die Anfechtung in dessen Insolvenz richtet sich allein gegen die begünstigten Gläubiger.[773] Bei der Anweisung auf Kredit wird dagegen nur der Leistungsempfänger als Insolvenzgläubiger ausgewechselt durch den Angewiesenen – insbesondere das Kreditinstitut – als neuen Kreditgeber. Das benachteiligt die Insolvenzgläubiger im Verhältnis zum Angewiesenen grundsätzlich nicht,[774] es sei denn, der neue Kredit wird ausnahmsweise zu ungünstigeren Bedingungen gewährt als der alte,[775] insbesondere erstmals gegen Sicherheiten. Auch in diesem Fall ist regelmäßig gegenüber dem Überweisungsbegünstigten anzufechten, es sei denn, das Kreditinstitut hätte die Sicherheit erst nachträglich erlangt.[776] Für einen Zahlungsdienstevertrag (§ 675f BGB) sowie die Ausführung eines Zahlungsauftrags (§ 675n BGB) gilt Entsprechendes.

Für die **Ausstellung und Begebung eines Schecks oder Wechsels** treffen die für die Anweisung dargestellten Regeln → Rn. 144 mit folgenden Besonderheiten zu: Bereits die **Ausstellung** eines solchen Wertpapiers verpflichtet den späteren Insolvenzschuldner gemäß Art. 9 WG bzw. Art. 12 ScheckG gegenüber dem Nehmer und kann die Insolvenzgläubiger benachteiligen, soweit sich jene Verpflichtung im Einzelfall entscheidend auswirkt. Entsprechendes gilt für eine mit der abstrakten Verbindlichkeit uU verbundene Beweislastumkehr (§ 812 Abs. 2 BGB), für die Zinsen und Kosten im Fall des Rückgriffs[777] oder für eine gegenüber Dritterwerbern möglicherweise eintretende Haftungsverschärfung (Art. 16, 17 WG; Art. 21, 22 SchG).[778] Spätestens durch die Einlösung eines Schecks oder Wechsels des Schuldners werden dessen Insolvenzgläubiger benachteiligt.[779] Im Fall eines **angenommenen Wechsels** oder eines **garantierten Schecks** tritt ein Vermögensverlust wirtschaftlich bereits mit der Begebung ein, so dass die spätere Einlösung des Wertpapiers die Gläubiger nicht mehr zusätzlich benachteiligen soll.[780] 145

In der **Insolvenz des Angewiesenen** (Kreditinstituts) werden dessen Gläubiger durch die Auszahlung von einem Guthaben eines Gläubigers regelmäßig mittelbar, durch die Auszahlung auf Kredit aber nur insoweit benachteiligt, als die dafür entstehende Darlehensforderung gegen den Anweisenden schlechter durchzusetzen ist.[781] Nimmt der spätere Insolvenzschuldner einen Wechsel auf Kredit an, so werden seine Gläubiger durch die darin liegende Kreditgewährung an den Aussteller benachteiligt; erfolgt die Annahme auf Schuld, so kann allenfalls die wechselmäßige Haftungsverschärfung → Rn. 144 (Art. 28 WG) gläubigerbenachteiligend wirken.[782] 146

cc) Erfüllungshandlungen des Gläubigers. Benachteiligend kann es wirken, soweit ein **Insolvenzgläubiger selbst die Befriedigungshandlung** vornimmt. Ist insbesondere der Gläubiger ermächtigt, die zu seinen Gunsten fälligen Rechnungsbeträge mittels Lastschriften vom Konto des Insolvenzschuldners bei dessen Kreditinstitut abzurufen, so ist dies wie eine Leistung des Schuldners selbst zu werten:[783] Er bedient sich hierzu seines abbuchenden Kreditinstituts → Rn. 49 ff., während das Handeln der abrufenden Bank des Gläubigers diesem zuzurechnen ist. Eine Benachteiligung nicht des Schuldners, sondern allein seiner Bank als Zahlstelle kommt nur in Betracht, sofern die Einlösung zwar ihr gegenüber wirksam, der Insolvenzmasse gegenüber jedoch unwirksam ist, insbesondere weil die Bank die Lastschriften nicht rechtzeitig zurückgegeben hatte, einer Weiterbelastung des Schuldners aber bereits ein Veräußerungsverbot (§§ 24, 81, 82)[784] oder ein Widerruf entgegenstand. Ersteigert ein Gläubiger ein Grundstück des späteren Insolvenzschuldners, so benach- 147

---

773 Nur insoweit zutr. LG Dresden ZIP 1997, 2052 (2053); BGH NJW 1999, 2969 (2970) verneinte eine wirksame Zahlung; vgl. *Hess* EWiR 1998, 133 f.

774 Vgl. BGH NJW 2016, 2115 (2117 f.) = NZI 2016, 262 (264 f.), wonach auch eine nachträgliche Umwandlung des mit der Zahlung entstehenden Regressanspruchs in ein Darlehen nichts ändert.

775 RGZ 48, 148 (150 f.); RGZ 81, 144 (145 f.); RG Gruchot 58 (1914), 1110 (1113); *Jaeger/Henckel* KO § 30 Rn. 164; *Peschke* S. 260 ff.; → Rn. 108b.

776 RG Gruchot 58 (1914), 1110 (1113); anderenfalls wird für das Kreditinstitut regelmäßig eine unanfechtbare Bardeckung vorliegen, vgl. BGHZ 70, 177 (184 f.) = NJW 1978, 758 (759).

777 Vgl. BGHZ 166, 125 (137 f.) = NZI 2006, 287 (290).

778 *Heile* S. 86, 114 f.; *Jaeger/Henckel* KO § 30 Rn. 143, 154 f. Daraus lässt sich aber nicht allgemein eine Anfechtbarkeit abstrakter Schuldverpflichtungen ableiten → Rn. 229.

779 OLG Dresden ZIP 2007, 737 (738); *Bork* Zahlungsverkehr Rn. 424, 427; *Canaris* Bankvertragsrecht Rn. 819; ergänzend → § 131 Rn. 11 → § 140 Rn. 9a → § 140 Rn. 11a.

780 *Canaris* Bankvertragsrecht Rn. 819; *Jaeger/Henckel* KO § 30 Rn. 157 f., 166; iE auch BGH NJW 1974, 1336.

781 *Jaeger/Henckel* KO § 30 Rn. 169.

782 *Jaeger/Henckel* KO § 30 Rn. 170.

783 Vgl. OLG Düsseldorf ZIP 1991, 330 (332); *Bork* Zahlungsverkehr Rn. 276; *Canaris* Bankvertragsrecht Rn. 664; *Jaeger/Henckel* KO § 30 Rn. 148; → Rn. 108a.

784 Diese Fallgestaltung lag BGH NJW 1980, 1964 zugrunde, vgl. *Canaris* ZIP 1980, 516 (517 f.); ergänzend → Rn. 108a.

teiligt die **Abgabe des Meistgebots** regelmäßig nicht die Insolvenzgläubiger;[785] im Einzelfall ist dies allerdings im Hinblick auf §§ 74a Abs. 4, 85a Abs. 2 Satz 2 ZVG zu überprüfen.

148 Bei einer **Auf- oder Verrechnung des Gläubigers**[786] ist gemäß § 96 Abs. 1 Nr. 3 nicht die Aufrechnungserklärung als solche anfechtbar, weil die hierdurch verursachte Rechtsgestaltung nicht selbständig die Insolvenzgläubiger benachteiligt, sofern die zugrundeliegende Aufrechnungslage materiell- und insolvenzrechtlich wirksam ist;[787] anderenfalls wäre die Aufrechnungserklärung unwirksam und könnte deswegen nicht die Insolvenzmasse verringern. Aufgrund der §§ 389, 390 BGB tritt eine als Gläubigerbenachteiligung ausreichende Sicherung zugunsten des Aufrechnungsbefugten (Gläubigers) bereits mit der **Herstellung einer** nach §§ 94, 95 **insolvenzfesten Aufrechnungslage** ein; dadurch ermöglicht der Gläubiger die volle Befriedigung seiner Gegenforderung auf Kosten der Insolvenzmasse, während ihm sonst nur eine Insolvenzforderung zugestanden hätte.[788] Die Aufrechnungserklärung vollendet lediglich die Erfüllungswirkung; sie benachteiligt auch dann nicht selbständig die Insolvenzgläubiger, soweit eine besondere Verrechnungsstelle eingeschaltet ist.[789] Die Insolvenzbeständigkeit der Aufrechnung wird zwar im Rahmen des § 96 Abs. 1 Nr. 3 geprüft, doch setzt diese Vorschrift wiederum die Verwirklichung eines Anfechtungstatbestandes,[790] also auch eine Gläubigerbenachteiligung voraus. Benachteiligend wirken einerseits jeder Forderungserwerb – von Fällen der Gesamtrechtsnachfolge ohne Zutun des Erwerbers einmal abgesehen – und jede Forderungsbegründung gegen den Schuldner, wenn ihm der Erwerber seinerseits verpflichtet ist. Umgekehrt benachteiligt auch jede Verpflichtung die Insolvenzgläubiger, welche einer von ihnen, der bereits forderungsberechtigt ist, gegenüber dem Schuldner eingeht oder in die dieser Gläubiger gegenüber dem Schuldner eintritt → § 130 Rn. 9. Verkauft zB der spätere Insolvenzschuldner einem solventen Gläubiger Gegenstände zu einem angemessenen Preis mit der Folge, dass der Gläubiger mit einer eigenen (Insolvenz-)Forderung gegen die neu entstehende Kaufpreisschuld aufrechnen kann, benachteiligt nur diese Aufrechnungslage die Insolvenzgläubiger; die Kaufpreisforderung des Schuldners erlischt deswegen nicht.[791] Daran ändert es nichts, dass der Anfechtungsgegner in dem Übernahmevertrag umfangreiche, andersartige Gegenleistungen verspricht.[792] Anders wäre es, sofern statt eines Kaufs eine echte Leistung an Erfüllungs statt vereinbart würde;[793] diese wäre nach den Maßstäben der – inkongruenten – Erfüllungshandlung zu prüfen → Rn. 142 f. → § 131 Rn. 32. Verkauft der Schuldner Sachen, an denen der kaufende Gläubiger bereits **insolvenzbeständiges Sicherungseigentum** hat, benachteiligt die so zugunsten des Gläubigers hergestellte Aufrechnungslage nicht die Gläubigergesamtheit,[794] es sei denn, dass die zuvor gesicherte Forderung den Wert der gekauften Sache nicht voll ausschöpft. Ferner bleibt die Benachteiligung bestehen, sofern der Sicherungseigentümer die Sache nicht selbst erwirbt, sondern sie nur zur Veräußerung an einen bestimmten Dritten – mit anderen Gegenforderungen – freigibt.[795] Benachteiligend wirkt auch die Aufrechnungslage, die dadurch entsteht, dass der Schuldner durch eigene Werkleistungen oder Nutzungsüberlassungen eine Forderung gegen einen Auftraggeber werthaltiger macht, dem seinerseits Insolvenzforderungen gegen den Schuldner zustehen.[796] Das gilt aber mit Blick auf § 84 nicht, sofern der Schuldner unter den Voraussetzungen des § 130 oder § 131 – insbesondere nach dem Eröffnungsantrag – dem Partner einer noch nicht aufgelösten **Bau-Arbeitsgemeinschaft** Leistungen erbringt, die der Mitgesellschafter in einer Auseinandersetzungsbilanz mit eigenen Insolvenzforderungen verrechnet.[797] Die bloße Abnahme eines vertragsgerechten Werks durch den Auftraggeber

---

785 Vgl. BGH NJW-RR 1986, 1115 (1116 f.).

786 Zur Aufrechnung durch den Schuldner → Rn. 15.

787 RGZ 26, 81 (84); RG JW 1895, 82 (83); OLG Stuttgart WM 1957, 529 (530); *Jaeger/Henckel* KO § 30 Rn. 284; Uhlenbruck/*Borries/Hirte* § 129 Rn. 59; vgl. auch BGH WM 1971, 908 (909); BGHZ 129, 336 (344) = NJW 1995, 1966 (1968); ergänzend → Rn. 15.

788 BGHZ 89, 189 (195) = NJW 1984, 1557 (1558); BGH ZIP 1995, 2207 (2210); BGH NZI 2004, 376 f. zur KO; OLG Dresden DZWiR 2001, 470 (471); OLG Hamm ZInsO 2006, 45; *Wischemeyer* S. 23; ergänzend → Rn. 15 und → § 130 Rn. 9.

789 Vgl. BGH NJW-RR 2005, 695 f.

790 Vgl. BGHZ 159, 388 (393) = NJW 2004, 3118 (3119).

791 BGHZ 147, 233 (236 ff.) = NJW 2001, 1940 (1941 f.); BGH NJW-RR 2002, 262 f.; BGH NZI 2004, 82 f.; zur GesO BGH NZI 2004, 376 f.; für den Abschluss eines Werkvertrags OLG Hamm WM 2003, 2115 (2116 f.).

792 BGH NJW-RR 2005, 1641 f.

793 Vgl. BGH NJW 1999, 359 (360); BGH NZI 2004, 445 f.; *Eckardt* EWiR 2004, 977 (978).

794 BGH NZI 2004, 620 (621 f.); vgl. auch BGH NJW-RR 1986, 536 (538 f.) und für ein AGB-Pfandrecht BGH NJW-RR 2007, 982; ergänzend → Rn. 150 ff.

795 Vgl. BGH NZI 2004, 82 f.

796 BGHZ 145, 245 (253 f.) = NJW 2001, 367 (369); BGHZ 147, 28 (35) = NJW 2001, 3704 (3706); BGH NJW-RR 2002, 262 (263 f.); *Heidland* Rn. 983a; ergänzend → Rn. 14 → Rn. 56a → Rn. 168a.

797 BGHZ 170, 206 (211 ff.) = NJW 2007, 1067 (1069); OLG Frankfurt ZInsO 2006, 105 (107).

ist für sich keine wertsteigernde Rechtshandlung.[798] Ermächtigt der Schuldner einen Insolvenzgläubiger, Sachen des Schuldners zu verkaufen und den Erlös über das Konto des Gläubigers einzuziehen, benachteiligt die so entstehende Aufrechnungslage die Gläubigergesamtheit.[799] Die Verrechnung der Beitragsansprüche von Sozialkassen des Baugewerbes mit den Leistungsansprüchen eines Bauarbeitgebers benachteiligt insoweit nicht dessen Insolvenzgläubiger, als bereits die leistungspflichtige Sozialkasse vor Herstellung der Aufrechnungslage mit ihren Anteilen am Gesamtbeitrag gegen die Leistungsansprüche hätte aufrechnen können.[800] Unabhängig von § 96 Abs. 1 Nr. 3 kann der Abschluss des die Aufrechnung ermöglichenden Geschäftes selbst angefochten werden, sofern es selbständig die Voraussetzungen dafür erfüllt, insbesondere also aus sich heraus die Insolvenzgläubiger benachteiligt.[801]

Eine **benachteiligende Aufrechnungslage** kann auch entstehen, wenn Drittschuldner auf Rechnung des Insolvenzschuldners an einen seiner Insolvenzgläubiger leisten, insbesondere durch Einzahlungen auf ein debitorisch geführtes Konto des Schuldners bei einem Kreditinstitut.[802] Verrechnet dieses die Kreditforderungen mit den Zahlungseingängen, die auf dem Schuldnerkonto eingehen, so sind die Insolvenzgläubiger in dem Umfang benachteiligt, wie die Verrechnung nach bürgerlichem Recht zur Erfüllung führt,[803] es sei denn, der Schuldner hatte bereits vorher seine Ansprüche gegen die Zahlenden insolvenzbeständig an das Kreditinstitut abgetreten → Rn. 142a → Rn. 150 → Rn. 156 oder diesem stehen daran andere Sicherungsrechte zu.[804] Versucht ein Gläubiger im **Lastschriftverfahren** eine Abbuchung von einem kreditorisch geführten Konto des Schuldners und scheitert dies am Widerspruch des Schuldners oder Insolvenzverwalters, weil keine wirksame Einziehungsermächtigung vorlag, so benachteiligt dieser Vorgang nicht selbständig die Insolvenzgläubiger; rechnet die Bank des Schuldners später gegen das verbliebene Guthaben auf, sind die Voraussetzungen für eine Anfechtung der Tilgung (allein) aufgrund der vor dem Abbuchungsversuch begründeten Umstände zu prüfen. Lag hingegen eine Lastschriftermächtigung vor, so gestaltet ein wirksamer Widerspruch die Rechtslage neu; nutzt die Bank dies für ihre Aufrechnung aus, kann das die Insolvenzgläubiger benachteiligen.[805] Benachteiligend wirken ferner Vereinbarungen mit dem Schuldner, denen zufolge Gläubiger unter erleichterten Voraussetzungen – im Vergleich mit § 387 BGB – auf- oder verrechnen dürfen;[806] soweit dagegen der Gläubiger bereits nach §§ 387 ff. BGB zur Aufrechnung befugt ist, benachteiligt eine gesonderte Verrechnungsabrede für sich allein nicht die Insolvenzgläubiger.[807] Rechnet ein Gläubiger gemäß § 407 Abs. 1 BGB wirksam gegen eine Forderung auf, die der Insolvenzschuldner insolvenzbeständig an einen Dritten abgetreten hatte, so benachteiligt das die Insolvenzgläubiger nicht; denn einen Nachteil hat nur der Abtretungsempfänger.[808] Keine anfechtbare Aufrechnung des Kreditinstituts liegt vor, soweit es seinem Kunden (dem späteren Insolvenzschuldner) gestattet, selbst wieder zeitnah über Eingänge zu verfügen.[809] 148a

Die Herstellung einer Aufrechnungslage schafft regelmäßig nur eine **mittelbare Gläubigerbenachteiligung,** weil die Aufrechnung als ein generell zulässiges Erfüllungssurrogat zu einer ausgleichenden Schuldtilgung auf Seiten des Schuldners führt; erst die Eröffnung des Insolvenzverfahrens über sein Vermögen bewirkt insoweit die Benachteiligung, indem der Aufrechnungsbefugte mehr als die allgemeine Insolvenzquote erhält.[810] Allerdings begründet bereits vorher die Aufrechnungslage eine Sicherung für den Gläubiger.[811] Es ginge aber zu weit, allein hieraus in jedem Fall bereits eine unmittelbare Gläubigerbenachteiligung abzuleiten, weil dann auch jeder normale, auf Verrechnung aufbauende Geschäftsverkehr erfasst würde. Ob die Herstellung der Aufrechnungslage eine **unmit-** 149

798 BGH NJW-RR 2001, 1337 f.
799 OLG Dresden DZWiR 2001, 470 (471).
800 BGH NJW-RR 2005, 695 f.
801 BGHZ 147, 233 (235) = NJW 2001, 1940 (1941); BGH NZI 2004, 376 f.
802 *Häsemeyer* Kölner Schrift S. 645, 656 f.
803 Vgl. BGH NJW-RR 1989, 1010; ferner BGHZ 58, 108 (113) = NJW 1972, 633 (634).
804 Vgl. OLG Dresden ZInsO 2007, 45 (46). Das kommt insbesondere beim Wechsel-, Scheck- und sonstigen Dokumenteninkasso der Banken in Betracht, sofern diese zuvor gemäß Nr. 14 ihrer AGB ein insolvenzbeständiges Pfandrecht an den einzuziehenden Dokumenten erworben hatten: BGHZ 118, 171 (178) = NJW 1992, 1960 (1961); *Menkhaus* S. 207; andererseits OLG Hamm ZIP 2001, 1683 (1687 f.).
805 *Canaris* Bankvertragsrecht Rn. 661a.
806 *Jaeger/Henckel* KO § 30 Rn. 289; vgl. § 94 2. Var.
807 BGH WM 1971, 908 (909).
808 OLG Hamm ZIP 1988, 588 (589); *Jaeger/Henckel* KO § 30 Rn. 279 aE; vgl. auch BGH NJW-RR 1986, 536 (538); → Rn. 104.
809 BGHZ 70, 177 (184 f.) = NJW 1978, 758 (759); *Canaris* Bankvertragsrecht Rn. 653; *Obermüller* FS Fuchs, 1996, 161 f.; einschränkend *v. Usslar* BB 1980, 916 (919); → Rn. 144 → § 142 Rn. 30.
810 *Jaeger/Lent* KO § 53 Rn. 27; *Skrotzki* KTS 1961, 6 (7).
811 Insoweit zutr. *Jaeger/Henckel* KO § 30 Rn. 279; → Rn. 148 → § 130 Rn. 9.

telbar benachteiligende Gläubigersicherung schafft, ist vielmehr aus der Natur der sie begründenden Rechtshandlung heraus zu beurteilen: Nur soweit diese für sich zu einer unmittelbaren Gläubigerbenachteiligung führt, wirkt sich das zugleich auf die Aufrechnungslage aus. Dementsprechend kann eine unmittelbare Gläubigerbenachteiligung in den Fällen der mittelbaren Vermögensverschiebung → Rn. 67 angenommen werden, in denen wenigstens der Aufrechnungsberechtigte von vornherein die Aufrechnungslage im Hinblick auf die drohende Insolvenz herbeiführen will, diese Benachteiligung also Teil seines Gesamtvorsatzes ist.[812]

150 **h) Kreditsicherheiten. aa) Allgemeines. Allgemeines zur Gläubigerbenachteiligung.** Grundsätzlich verkürzen Sicherheiten, die der Schuldner aus seinem eigenen Vermögen → Rn. 77 → Rn. 105 leistet, die Zugriffsmöglichkeiten der anderen Insolvenzgläubiger darauf, so dass diese benachteiligt werden. Das gilt ausnahmsweise nicht, soweit der Vorgang für die Insolvenzmasse wirtschaftlich neutral ist, zB weil er unpfändbare → Rn. 84 oder wertlose Gegenstände betrifft oder einen bloßen **Austausch gleichwertiger Sicherheiten** darstellt → Rn. 108d. Dieser setzt allerdings voraus, dass das ausgetauschte Sicherungsrecht selbst wirksam, insolvenzbeständig und nicht seinerseits anfechtbar war;[813] die Sicherung durch ein wirksames Ersatzaus- oder -absonderungsrecht iSv § 48 genügt.[814] Nach diesen Grundsätzen ist auch zu beurteilen, ob eine **Globalzession** der Insolvenzanfechtung unterliegt.[815] Die Insolvenzgläubiger werden nicht dadurch benachteiligt, dass der spätere Insolvenzschuldner einen Gegenstand, den er bereits wirksam und unanfechtbar sicherungshalber einem Gläubiger übertragen hatte, diesem erneut zur Sicherung desselben Anspruchs überträgt;[816] eine Gläubigerbenachteiligung kommt jedoch in Betracht, sofern das Sicherungsgut nunmehr weiter gehende Forderungen sichern soll.[817] Verwertet der Gläubiger ein eigenes, insolvenzbeständiges Sicherungsrecht ordnungsgemäß, so benachteiligt das nicht die Insolvenzgläubiger.[818] Jedoch bezieht sich die wirksame Bestellung einer Sicherheit nicht ohne weiteres auf Ersatzstücke: Hatte zB der spätere Insolvenzschuldner Forderungen sicherungshalber an einen Gläubiger abgetreten und tilgen die Drittschuldner ihre Verbindlichkeit vor Offenlegung der Abtretung auf ein Bankkonto des Schuldners, dient der Anspruch des Schuldners gegen seine Bank nicht als Sicherheit für den Abtretungsempfänger.[819] **Gibt der Gläubiger eine Sicherheit frei,** ehe eine neue rechtswirksam begründet ist, benachteiligt deren Bestellung die Insolvenzgläubiger auch dann, wenn ein Austausch schuldrechtlich vereinbart war.[820] Da jede Rechtshandlung selbständig auf Anfechtbarkeit geprüft werden muss → Rn. 55, ist auch die Benachteiligung durch jedes einzelne Sicherungsrecht individuell zu beurteilen; ein pauschales „Sicherheiten-Kontokorrent", bei dem nur der Gesamtbestand zu Beginn und am Ende eines Zeitraums zu vergleichen wäre, ist anfechtungsrechtlich bedeutungslos.[821]

150a Veräußert der spätere Insolvenzschuldner **Sicherungsgut,** das ihm ein eigener Schuldner als Sicherungsgeber übertragen hatte, im eigenen Namen, können die Insolvenzgläubiger nur durch entsprechende Ersatzansprüche des Sicherungsgebers benachteiligt werden. Zahlt der Insolvenzschuldner dagegen dem Sicherungsgeber den Erlös aus, der die gesicherte Forderung übersteigt, benachteiligt dies die Insolvenzgläubiger; denn der Erlös fiel in das Eigentum des Sicherungsnehmers (Insolvenzschuldners), ohne regelmäßig noch treuhänderisch gebunden zu sein.[822] Veräußert ein Schuldner eine bereits sicherungshalber übereignete Sache, deren Wert durch die gesicherte Forderung voll ausgeschöpft ist, an den Sicherungsnehmer, benachteiligt dies die Insolvenzgläubiger nicht.[823] Veräußert er sie an einen Dritten, so muss der geschädigte Sicherungsgläubiger als Absonderungsberechtigter eigene Rechte geltend machen; eine Anfechtungsmöglichkeit ent-

---

812 So BGH WM 1971, 908 (909); OLG Hamm NZI 2001, 432 (433 f.); zur Kongruenz von Aufrechnungslagen → § 131 Rn. 16 ff. → § 131 Rn. 43a f.

813 BGHZ 189, 1 = NJW 2011, 1506 (1507); BGH NZI 2011, 855, dazu *Primozic/Schwab* NZI 2011, 927; vgl. auch BGHZ 174, 297 (300) = NJW 2008, 430 (431); BGH NJW 1995, 1668 (1670); BGH NJW 1991, 2144 (2146); RG LZ 1914, 1044 f.; HambKommInsO/*Rogge/Leptien* § 129 Rn. 87; *Jaeger/Henckel* KO § 29 Rn. 61.

814 Vgl. BGH NJW-RR 1986, 536 (538 f.).

815 BGHZ 174, 297 (300) = NJW 2008, 430 (431); dies verkennt *Leithaus* NZI 2007, 546 (549).

816 BGH NZI 2000, 364 f.; BGH NJW 2000, 3777 (3778); dasselbe gilt für die (erneute) Verpfändung eines bereits pfandrechtsbehafteten Gegenstands: BGH NJW-RR 2004, 1493 (1494 f.).

817 Vgl. BGH NZI 2008, 304 (305) zu § 91 Abs. 1.

818 Vgl. RGZ 126, 304 (308).

819 BGH NJW-RR 1989, 1010; vgl. OLG Stuttgart ZIP 1980, 860 (861); ergänzend → Rn. 158.

820 BGH NZI 2007, 452 (453) mAnm *Bernsau*; BGH ZIP 2012, 636 (637) zu § 1 Abs. 1 AnfG.

821 BGH ZIP 2012, 636 (637); aM *Molitor* ZInsO 2006, 23 (25).

822 *Serick* Bd. III § 35 IV 5b S. 334 f.

823 BGH NZI 2004, 620 (621 f.); vgl. für ein AGB-Pfandrecht BGH NJW-RR 2007, 982.

fällt.[824] Jedoch kann die **Umwandlung eines Ab- in ein Aussonderungsrecht,** etwa des bloßen Sicherungseigentums in Volleigentum, wegen dessen stärkerer Wirkungen die Insolvenzgläubiger benachteiligen.[825]

Der Umstand, dass die **Sicherheit genauso bestellt wird, wie sie geschuldet** war, kann zwar eine unmittelbare → Rn. 117, nicht aber stets eine mittelbare Gläubigerbenachteiligung ausschließen → Rn. 122 → Rn. 123a; ist allerdings eine vom Umfang her angemessene → Rn. 115 Sicherheit vereinbarungsgemäß in unmittelbarem zeitlichem Zusammenhang mit einer Kreditgewährung bestellt worden, so kommt die Anfechtung einer solchen Bardeckung (§ 142)[826] allenfalls noch nach § 133 Abs. 1 in Betracht. Eine unmittelbare Gläubigerbenachteiligung scheidet nur aus, sofern sich der Sicherungsanspruch gerade (auch) auf die konkret bestellte Sicherheit bezog.[827] Eine erst nach der Auszahlung vereinbarte Sicherheit ist, von bloßen Austauschfällen → Rn. 108 → Rn. 150 abgesehen, keine ausgleichende Gegenleistung für den Kredit mehr, sondern benachteiligt die Insolvenzgläubiger unmittelbar. Werden Sicherheiten nicht lediglich für neu begründete, sondern zugleich für bestehende Verbindlichkeiten des Schuldners bestellt, kann die Sicherheitenbestellung insgesamt der Anfechtung unterliegen → Rn. 102 aE. Der Umstand allein, wonach der Insolvenzschuldner eine Rückdeckungsversicherung für Versorgungsansprüche eines Beschäftigten abgeschlossen hatte, verschafft diesem noch kein Recht auf die Versicherung selbst;[828] dagegen kann die Verpfändung die Versicherungsforderung einer Anfechtung entziehen.[829] 151

bb) Absonderungsrechte im Allgemeinen. Absonderungsrechte lösen das Sicherungsgut nicht der Substanz nach aus dem Vermögen des Sicherungsgebers. Dieser bleibt Inhaber des Sicherungsguts, das in seiner Insolvenz trotz der Belastung noch einen selbständigen, im Kern geschützten Vermögenswert darstellt.[830] Deshalb kann auch die **Veräußerung sicherungsübereigneter Gegenstände** mit Zustimmung des Sicherungsnehmers an einen Dritten die Insolvenzgläubiger des Sicherungsgebers benachteiligen.[831] Gibt der Schuldner Sachen, an denen sich der Lieferant das Eigentum vorbehalten hat, an einen Insolvenzgläubiger heraus, damit dieser sie verkauft und den Erlös auf ein eigenes Konto einzieht, benachteiligt die dadurch für den Gläubiger entstehende Aufrechnungslage, unabhängig von einem hypothetischen Ersatzabsonderungsrecht des Eigentümers an einem sonst beim Schuldner eingehenden Erlös, die Gläubigergesamtheit bereits durch den Wegfall des Gegenwerts für die verbleibende Verbindlichkeit aus dem Ankauf.[832] 152

Die **Veräußerung wertausschöpfend belasteter Gegenstände** des Schuldners benachteiligt dessen Insolvenzgläubiger nicht → Rn. 78b → Rn. 109, sofern nicht über die Wertgrenze hinaus eingetragene Grundpfandrechte einen eigenen „Lästigkeitswert" haben.[833] Die bloße obligatorische Verpflichtung des Schuldners zur Rückführung der Belastungen ändert daran nichts, stattdessen kann diese Rückführung selbständig anfechtbar sein.[834] Füllt die gesicherte Forderung den Wert einer abstrakten, zur Absonderung berechtigenden Sicherheit (zB einer Grundschuld) nicht voll aus, so werden die Insolvenzgläubiger durch die Übertragung des belasteten Gegenstands (zB des Grundstücks) benachteiligt,[835] es sei denn, der schuldrechtliche Anspruch auf Rückgewähr des nicht valutierten Teils des Sicherungsrechts verbleibt ausnahmsweise beim Schuldner. Maßgeblich für die Berechnung der Belastung ist regelmäßig nicht der Nennwert der den Gegenstand belastenden abstrakten Sicherungsrechte, sondern die Höhe, bis zu der sie noch Forderungen 152a

---

[824] Vgl. BGH NJW-RR 1986, 536 (538); OLG Hamm ZIP 1988, 588 (589 f.); *Baur/Stürner* Rn. 18.43; Gottwald/*Huber* § 46 Rn. 64.

[825] Vgl. BGH NJW 1980, 226; zur Sicherheitenbestellung allein für den Insolvenzfall → Rn. 130 f., zur Treuhänderstellung von Refinanzierungsunternehmen mit Bezug auf Vermögensgegenstände, die in ein Refinanzierungsregister eingetragen sind, vgl. § 22j Abs. 1 KWG.

[826] OLG Karlsruhe ZIP 2018, 2032 (2033).

[827] Vgl. BGHZ 33, 389 (393 f.) = NJW 1961, 408 (409); BGH WM 1969, 968 f.; BGH WM 1998, 248 (249).

[828] Vgl. BAG DB 1978, 1843 (1844) mAnm *Uhlenbruck* AP § 30 KO Nr. 4; aM *Heissmann* BB 1966, 664 (665).

[829] Vgl. BGH NJW 1998, 312 (315); *Kayser* Rechtsprechung S. 43.

[830] BGHZ 147, 233 (239) = NJW 2001, 1940 (1941 f.); BGH NJW 2003, 360 (362); BGH NJW-RR 2005, 1636 f.; BGH NJW-RR 2006, 1062 (1063); BGH ZInsO 2007, 605 (606); *Kreft* FS Horn, 2006, 761 (771).

[831] BGH NZI 2004, 82 f.; HKInsO/*Thole* 129 Rn. 77; für einen verlängerten Eigentumsvorbehalt OLG Dresden DZWiR 2001, 470 (471).

[832] Dies prüfte OLG Dresden DZWiR 2001, 470 (471) nicht.

[833] Vgl. OLG Hamburg NZI 2001, 424 (425 f.); HambKommInsO/*Rogge/Leptien* § 129 Rn. 41b; Uhlenbruck/*Borries/Hirte* § 129 Rn. 374.

[834] BGH NJW 2008, 292 (295) zum AnfG.

[835] Vgl. zu § 3 AnfG BGH ZIP 1985, 372 (374 f.); → Rn. 158.

sichern.[836] Zu berücksichtigen sind nur insolvenzbeständige Sicherungsrechte, die insbesondere selbst nicht durch Anfechtung beseitigt werden können.[837] Im Einzelnen ist der **Verkehrswert des übertragenen Gegenstands** zum jeweils maßgeblichen Zeitpunkt → Rn. 125 dem **Betrag der gesicherten Forderung** gegenüberzustellen.[838] Dieser sind die mitgesicherten fälligen Zinsen bis zum Stichtag hinzuzurechnen.[839] Fallen vorrangige Belastungen bis zur letzten mündlichen Verhandlung fort, ist dies zugunsten des Anfechtenden (Insolvenzverwalters) zu berücksichtigen, soweit eine mittelbare Gläubigerbenachteiligung ausreicht.[840] Besteht die Belastung zB in einer Reallast, die eine Rentenverpflichtung sichert, so ist diese im Ansatz für die mutmaßliche Lebensdauer des Berechtigten im Zeitpunkt der anfechtbaren Übertragung zu kapitalisieren; stirbt der Berechtigte aber bis zur letzten mündlichen Verhandlung des Anfechtungsprozesses, so kann der vorzeitige Wegfall der Belastung eine mittelbare Gläubigerbenachteiligung → Rn. 121 f. herbeiführen.[841]

152b Als **Grundstückswert** ist anders als für § 1 AnfG[842] nicht allein der in der Zwangsversteigerung erzielbare Wert zu berücksichtigen; denn der Insolvenzverwalter darf auch freihändig veräußern.[843] Die Ausübung dieses Rechts kann bereits durch die Buchberechtigung des Erwerbers eines anfechtbaren Grundstücksrechts beeinträchtigt werden → Rn. 101. Der maßgebliche Grundstückswert ist im Streitfall durch ein **Sachverständigengutachten** zu ermitteln.[844] Eine Benachteiligung kann zB vorliegen, wenn ein Grundstück mit einem Verkehrswert von 197 000 EUR für 189 000 EUR veräußert wird.[845] Für die Anfechtung reicht es aus, wenn eine Verwertung des vom Schuldner übertragenen Gegenstands nicht als aussichtslos erscheint. Steigt dessen Wert, so ist dies grundsätzlich zugunsten des Anfechtenden (Insolvenzverwalters) zu berücksichtigen, wenn eine mittelbare Gläubigerbenachteiligung ausreicht; dem Anfechtungsgegner kann ein Aufwendungsersatzanspruch → § 143 Rn. 90 ff. zustehen, soweit er den Wert des anfechtbar erworbenen Gegenstands unter Einsatz eigener Mittel erhöht hat.[846] Werden Sicherungsrechte an mehreren Sachen des Schuldners bestellt, ist grundsätzlich nicht auf den Gesamtwert, sondern auf den Wert der einzelnen Sachen und ihrer Belastung abzustellen.[847] Übernimmt der Käufer eines Grundstücks nicht nur die darauf ruhenden dinglichen Lasten, sondern verpflichtet er sich, zusätzlich einen Teil des Kaufpreises bar zu zahlen, so benachteiligt eine Übertragung dieses Entgeltanspruchs unabhängig von der Valutierung der Lasten in jedem Fall die Insolvenzgläubiger.[848]

153 Der **Sicherungswert bei Absonderungsrechten** ist unter Beachtung der §§ 170 ff. zu bestimmen. Die der Masse hiernach gebührenden Unkostenbeiträge sind nicht auf den Anfechtungsanspruch anzurechnen, sondern gelten nur einen gesonderten Verwaltungsaufwand ab. Da sie andererseits den Reinerlös für den gesicherten Gläubiger verringern, wird der realisierbare Wert des Gegenstands seltener ausreichen, um die Forderungen des Gläubigers zu befriedigen; entsprechend seltener führt eine Weggabe des Sicherungsgegenstands durch den Schuldner zu einer Gläubigerbenachteiligung.[849]

---

836 BGH NJW 1984, 2890 (2891); BGH ZIP 1985, 372 (374); BGHZ 113, 393 (395) = NJW 1991, 1610; BGH NJW 1999, 1395 (1396 f.); Gottwald/*Huber* § 46 Rn. 60; zur Reallast auch BGH WM 1987, 881 (882). Dagegen ist ausnahmsweise auf die Nominalbeträge abzustellen, soweit der Schuldner den Anspruch auf Rückgewähr des nicht valutierten Teils des Sicherungsrechts an eine weitere Person abgetreten hat, vgl. BGH NJW 1996, 3341 (3342); eine solche Übertragung wäre selbständig anzufechten; zur Beweislast → Rn. 228.

837 Vgl. BGH NJW 1996, 3147 (3149).

838 Vgl. BGH NJW-RR 1993, 235 (237); BGH NJW 1996, 3147 (3149); BGH JW 2008, 292 (293 f.); zur Zulässigkeit von Risikozuschlägen bei beweglichem Sicherungsgut → § 142 Rn. 18 ff.

839 Vgl. LG Mainz ZInsO 2003, 94 (95).

840 BGH NJW 1996, 3147 (3149); → Rn. 125.

841 BGH WM 1987, 881 (882).

842 Vgl. hierzu BGH NJW-RR 2006, 552 f.

843 BGH NZI 2016, 773 (774); anders im Fall des § 133 Abs. 4 bei unmittelbarer Gläubigerbenachteiligung, da insoweit keine Verwertungsbefugnis eines Insolvenzverwalters besteht, so dass es auf den in der Zwangsversteigerung zu erwartenden Erlös ankommt → § 133 Rn. 44.

844 Vgl. BGH NJW 1993, 1796 (1797).

845 OLG Celle ZInsO 2000, 171 Ls.

846 BGH NJW 1996, 3341 (3342) zum AnfG; BGH ZInsO 2007, 101 (103) berücksichtigt eine vom Anfechtungsgegner bewirkte Verringerung der Belastung systemwidrig bereits bei Bemessung der Gläubigerbenachteiligung. Dagegen will *Blomeyer* KTS 1976, 81 (86) dem Anfechtenden nur Wertersatz gewähren.

847 So für Grundstücke BGH NJW 1996, 3147 (3149); RGZ 21, 95 (100); RG JW 1898, 51 (52); *Jaeger/Henckel* KO § 31 Rn. 7.

848 Vgl. BGH WM 1979, 776 (777) zu § 3 AnfG.

849 Vgl. *Elz* ZInsO 2000, 478 (482) zur denkbaren Benachteiligung bei Verarbeitungsklauseln gemäß § 950 BGB.

154 Die **Abtretung nicht valutierender Grundschulden** benachteiligt die Insolvenzgläubiger.[850] Diese können auch dadurch benachteiligt werden, dass der Schuldner eine nicht voll valutierende Sicherheit mit anderen zu sichernden Forderungen auffüllt[851] oder den Sicherungszweck einer wirtschaftlich nicht (voll) ausgenutzten abstrakten Sicherheit – insbesondere einer Grundschuld – zugunsten einer neuen Verbindlichkeit erweitert.[852] Erwirbt ein Kreditgeber, dem der Schuldner Sicherheiten bestellt hat, die Forderungen anderer, die nunmehr gesichert werden, ist dies gläubigerbenachteiligend.[853] Gläubigerbenachteiligend wirkt eine Sicherheit ungesicherter Gläubiger, sofern sie der Schuldner für eine eigene Bürgenschuld oder für die von ihm verbürgte Hauptschuld bestellt,[854] oder die zusätzliche Verbindlichkeiten sichert, so dass sich der Schuldner nachträglich für diese verbürgt.[855] Anfechtbar ist auch das Werthaltigmachen einer Sicherheit.[856] Wird eine unanfechtbar bestellte Sicherheit – zB eine abgetretene Werklohnforderung – durch weitere Leistungen des Schuldners insolvenznah werthaltiger gemacht – zB durch Fertigstellung des Werkes –, so benachteiligen die dafür aufgewendeten Herstellungskosten durch die entsprechende Verringerung der Aktivmasse die Insolvenzgläubiger im Allgemeinen → Rn. 168a.

155 **cc) Eigentumsvorbehalt; Sicherungseigentum.** Insbesondere können **Rechtshandlungen betreffend Eigentumsvorbehalt und Sicherungseigentum** nach den dargestellten Regeln → Rn. 108d → Rn. 152 ff. gläubigerbenachteiligend wirken. Hatte der Schuldner eine eigene Sache bereits sicherungshalber übereignet, so kann er sein verbliebenes Anwartschaftsrecht oder seinen schuldrechtlichen Anspruch auf Rückübereignung nach Wegfall des Sicherungszwecks (nämlich der Befriedigung des ersten Sicherungsnehmers) im Voraus an einen neuen Kreditgeber übertragen; die spätere unmittelbare Übereignung vom ersten an den zweiten Sicherungsnehmer benachteiligt dann die Insolvenzgläubiger des Schuldners nicht selbständig.[857] Überträgt jedoch der erste Sicherungsnehmer zunächst die Sache dinglich wirksam an den Schuldner zurück, so scheidet ein bloß schuldrechtlicher Verschaffungsanspruch des zweiten Sicherungsnehmers gegen den Schuldner die Sache anfechtungsrechtlich noch nicht aus dessen Vermögen aus; die Weiterübereignung vom Schuldner an den zweiten Sicherungsnehmer kann dann die Insolvenzgläubiger benachteiligen. Übersendet ein Kunde des späteren Insolvenzschuldners diesem zur Erfüllung einer Forderung, die ohne Offenlegung an einen Gläubiger abgetreten worden war, einen Scheck, so werden die Insolvenzgläubiger regelmäßig benachteiligt, wenn der Insolvenzschuldner den Scheck an den Gläubiger/Abtretungsempfänger weiter überträgt; denn dessen Sicherungsrecht erstreckt sich ohne eine antizipierte Übertragung auch des eingehenden Erlöses nicht auf den Scheck.[858] Anders verhält es sich, wenn auch die Übereignung von Wertpapieren, die als Erlös eingehen, an den Gläubiger im Voraus vereinbart war.[859] Dasselbe dürfte zutreffen, sofern der Schuldner die von ihm zuvor abgetretene Forderung erkennbar im Namen des Abtretungsempfängers einzieht. War der Schuldner (lediglich) schuldrechtlich verpflichtet, den Gegenwert eines bei ihm eingehenden Erlöses an den Sicherungsnehmer abzuführen, kommt für diesen nach Maßgabe des § 48 eine Ersatzabsonderung in Betracht, wenn der Schuldner den Gegenwert auf ein eigenes Konto bei einer (anderen) Bank einzahlt.[860] Veräußert der Schuldner sicherungshalber übereignete Ware rechtmäßig an Abnehmer und geht die hierdurch entstehende Kaufpreisforderung im Wege der Vorausabtretung auf den (früheren) Sicherungseigentümer über, so entfällt eine Gläubigerbenachteiligung, sofern dessen gesicherte Ansprüche nicht niedriger sind als der Wert des Sicherungsguts.[861] Beim **verlängerten Eigentumsvorbehalt** unterliegt die Vorausabtretung künftiger Forderungen insoweit keiner Anfechtung, als sie sich auf den mit der Vorbehaltsware erlangten Teil der Forderung beschränkt;[862]

---

850 BGH NJW 1999, 1395 (1397).

851 BGH WM 1975, 947 (948); BGH NZI 2008, 304 f.; *Häsemeyer* Insolvenzrecht Rn. 21.24.

852 LG Potsdam ZIP 1997, 1383 (1384); ergänzend → § 130 Rn. 8 → § 131 Rn. 7 → § 131 Rn. 25 → § 133 Rn. 11.

853 Vgl. BGHZ 59, 230 (233 f.) = NJW 1972, 2084 f.; RGZ 81, 144 (145 f.); allerdings dürften entsprechende formularmäßige Vereinbarungen zugunsten des Kreditgebers heute regelmäßig bereits an § 307 BGB scheitern, vgl. auch BGH NJW 1975, 122 f.

854 Vgl. RGZ 152, 321 (323).

855 BGH NJW 1999, 3046 (3047).

856 BGHZ 174, 297 (309) = NJW 2008, 430 (434); BGHZ 189, 1 ff. = NJW 2011, 1506 (1509); OLG Karlsruhe ZIP 2018, 2032 (2035).

857 OLG Hamburg ZIP 1981, 1353 (1355).

858 OLG Stuttgart ZIP 1980, 860 (861).

859 OLG Stuttgart ZIP 2001, 2183 (2184 f.).

860 Vgl. BGH NZI 2006, 700 (701).

861 BGHZ 189, 1 ff. = NJW 2011, 1506 (1507); BGH NJW-RR 1986, 536 (538); Jaeger/*Henckel* § 131 Rn. 35; Uhlenbruck/*Borries/Hirte* § 129 Rn. 213.

862 BGHZ 64, 312 (313 f.) = NJW 1975, 1226 (1227); BGH ZIP 2000, 932 (933 f.); *Serick* Bd. V § 62 V 2 S. 373 f. und § 62 V 3b S. 379 f.; → Rn. 108.

hat sie jedoch einen größeren Umfang, so benachteiligt die Abtretung die Gläubiger. Dies gilt insbesondere hinsichtlich der vom Schuldner **aufgeschlagenen Marge.** Insoweit liegt mit dem Eigentumsvorbehalt noch keine Sicherung vor; sie wird erst mit dem Entstehen der abgetretenen Forderung begründet. Hierdurch werden die Gläubiger objektiv benachteiligt.[863]

156 **dd) Forderungsabtretung; Factoring.** Die **Forderungsabtretung** wirkt nach deutschem Recht[864] bereits vor ihrer Offenlegung regelmäßig[865] sofort mit dem Entstehen der abgetretenen Forderung. Deshalb benachteiligt die **Offenlegung einer zunächst „stillen" Abtretung** meist nicht selbständig die Insolvenzgläubiger, sofern damit nicht eine verfrühte Verwertung der Sicherheit → § 131 Rn. 42 aE eingeleitet wird. Jedoch erlischt das Sicherungsrecht zugleich mit der abgetretenen Forderung selbst, insbesondere durch Erfüllung (§ 362 BGB). Bezahlt der Drittschuldner die abgetretene Forderung durch Überweisung auf ein Konto des späteren Insolvenzschuldners bei einem anderen als dem gesicherten Kreditinstitut, geht dessen Sicherheit unter.[866] Daran ändert es nichts, sofern die Bank, welche die Zahlung erlangt, im schuldrechtlichen Innenverhältnis zugleich „treuhänderisch" für die Gläubigerbank handelt.[867] Zahlen dagegen die Drittschuldner auf ein Konto des Insolvenzschuldners bei dem gesicherten Kreditinstitut selbst, so erstreckt sich dessen **Pfandrecht nach Nr. 14 AGB-Banken/Nr. 21 AGB-Sparkassen** sogleich auch auf den Zahlungseingang; verrechnet es den Eingang mit einem Schuldsaldo des Insolvenzschuldners, so benachteiligt das die Insolvenzgläubiger nicht, sofern die Abtretung selbst rechtswirksam und unanfechtbar war → Rn. 142a → Rn. 148a → Rn. 150. Hierdurch kann insbesondere beim **Dokumenten-Inkassogeschäft** der Banken auf der Grundlage des Nr. 15 Abs. 2 AGB-Banken der maßgebliche Zeitpunkt für die Insolvenzanfechtung auf denjenigen der Abtretung vorverlegt werden.[868] Tritt ein Schuldner sowohl einen Kaufpreisanspruch als auch seinen Anspruch aus dem dafür vom Käufer gestellten **Akkreditiv** rechtswirksam ab, werden die Insolvenzgläubiger nicht dadurch benachteiligt, dass der Käufer den Kaufpreis an den Abtretungsempfänger zahlt.[869] Die Einzahlung eines Geldbetrages auf ein Sperrkonto mit der Maßgabe, dass eine Verfügung lediglich mit Zustimmung eines „Sicherungsnehmers" getroffen werden darf, stellt hingegen nicht ohne weiteres ein insolvenzbeständiges Sicherungsrecht (Abtretung oder Verpfändung) an der Forderung auf das Kontoguthaben dar; erhält der zustimmungsberechtigte „Sicherungsnehmer" später das Guthaben ausbezahlt, so kann das die Gläubiger des Kontoinhabers benachteiligen.[870]

157 Das **echte Factoring** oder die **Forfaitierung von Forderungen** benachteiligt die Insolvenzgläubiger des Anschlusskunden bzw. Forfaitisten nicht unmittelbar, wenn der Schuldner im Austausch für die von ihm an die Bank abgetretenen Forderungen den angemessenen Gegenwert erhält.[871] Dasselbe gilt für die Veräußerung verbriefter Bankforderungen zur Refinanzierung (ABS).[872] Dagegen stellt das **unechte Factoring,** bei dem das Risiko der Zahlungsunfähigkeit der Drittschuldner (Delkredererisiko) beim Anschlusskunden verbleibt, wirtschaftlich nur eine Form der Kreditsicherung dar: In der Insolvenz des Anschlusskunden greifen die Grundsätze über die Sicherungsabtretung ein.[873] Das gilt auch, soweit wenigstens ein Teil der Gegenleistung des Factors – insbesondere über ein Sperrkonto – dieses Risiko mit absichert.[874] Die Insolvenzgläubiger im Allgemeinen werden sogar unmittelbar benachteiligt, wenn einer von ihnen im Rahmen einer Umschuldungsaktion von

---

863 BGHZ 189, 1 ff. = NJW 2011, 1506 (1507); BGH NJW-RR 2000, 1154 (1156).

864 Viele ausländische Rechtsordnungen setzen dagegen für ein Wirksamwerden der Abtretung die Anzeige an den Drittschuldner voraus. Ist ein solches ausländisches Recht materiell maßgeblich, so ist auch die insolvenzrechtliche Benachteiligung auf dieser Grundlage zu bestimmen.

865 Ausnahmsweise ist zB nach § 46 AO für die Abtretung von Ansprüchen gegen Finanzbehörden die Anzeige an diese Behörden und nach § 14 Abs. 4 ALB 1994 für die Abtretung von Lebensversicherungsansprüchen die Anzeige an den Versicherer Wirksamkeitsvoraussetzung.

866 BGH BeckRS 2004, 02225; BGH NZI 2005, 622 f.; BGH NZI 2006, 700 (701).

867 Vgl. BGH NJW-RR 2005, 1636 f. mAnm *Leithaus* NZI 2005, 592 (593); *Kreft* FS Horn, 2006, 761 (772).

868 BGHZ 95, 149 (151 f.) = NJW 1985, 2649 f.; *Bork* Zahlungsverkehr Rn. 322, 464, 468; *Canaris* Bankvertragsrecht Rn. 1081; einschränkend *Wischemeyer* S. 55 ff.

869 BGH WM 1997, 1774 unter Bestätigung von OLG Hamburg WM 1997, 1773 f.

870 BGH NJW-RR 1986, 848 (849); vgl. auch BGH NZI 1999, 191 (192); zur möglichen Gläubigerbenachteiligung bei der Abführung von Umsatzsteuer durch den gemäß § 13c UStG mithaftenden Abtretungsempfänger → Rn. 49a; vgl. hierzu auch *Kroth* NZI 2004, 345 (351 ff.); *Molitor* ZInsO 2006, 804 ff.

871 BGHZ 69, 254 (257 f.) = NJW 1977, 2207 (2208); BGHZ 100, 353 (358) = NJW 1987, 1878 (1879); ergänzend → § 142 Rn. 36.

872 Vgl. *Obermüller* FS *Kreft*, 2004, 427 (435).

873 BGHZ 58, 364 (366 f.) = NJW 1972, 1715 f.; BGHZ 82, 50 (61) = NJW 1982, 164 (165 f.); *Schimansky/Bunte/Lwowski* § 102 Rn. 48; *Serick* Bd. IV § 52 II 2b S. 544 ff.; aM *Häcker* Abgesonderte Befriedigung aus Rechten, 2001, Rn. 112 ff.

874 *Eichberger* S. 40 f.; vgl. auch *Heidland* KTS 1970, 165 (174).

dem eingeschalteten Kreditinstitut des späteren Insolvenzschuldners volle Befriedigung auf eine ungesicherte Forderung erhält, während der hierdurch entstehende Darlehensanspruch des Kreditinstituts gegen den Insolvenzschuldner gesichert ist.[875]

ee) Grundpfandrechte. Die dargestellten Regeln → Rn. 109 → Rn. 152 ff. gelten insbesondere für die Frage, ob ein übertragenes Grundstück wertausschöpfend mit **Grundpfandrechten** belastet war. Günstige Verwertungsmöglichkeiten durch eine Zwangsverwaltung sind zu berücksichtigen,[876] während eine **Zwangssicherungshypothek** als ein bloßes Sicherungsmittel die Verwertungsaussichten nicht selbständig steigert.[877] Gehörte dem Schuldner lediglich ein ideeller Bruchteil des Grundstücks, über den er verfügt hat, so kann gleichwohl wegen der Möglichkeit, gemäß §§ 180 ff. ZVG vorzugehen, der bei einer Versteigerung des ganzen Grundstücks erzielbare höhere Erlös in der Weise maßgeblich sein, dass nur der erzielbare Überschuss auf jeden Eigentümer rechnerisch zu verteilen ist.[878] Verfügungen des Schuldners über **Miet- oder Pachtzinsansprüche** aus seinem Grundstück zugunsten von Grundpfandgläubigern benachteiligen die Insolvenzgläubiger im Hinblick auf § 1123 Abs. 1 BGB bis zur zeitlichen Grenze des § 110 nur, soweit die Einkünfte aus dem Grundstück die Hypothekenforderungen übersteigen.[879] Denn der **Hypothekenhaftungsverband** erstreckt sich bereits vom Entstehen des Grundpfandrechts an auch zugunsten seines Gläubigers aufschiebend bedingt (§ 140 Abs. 3) auf die künftig entstehenden Mieten.[880] Bestellt der Schuldner unter Ausnutzung eines Rangvorbehalts einem Gläubiger ein Grundpfandrecht, so werden die Insolvenzgläubiger auch insoweit benachteiligt, als die Verwertung des Grundstücks ohne Ausnutzung des Rangvorbehalts der Insolvenzmasse einen höheren Erlös erbracht hätte.[881] Verfügt der Schuldner über eine Eigentümergrundschuld an einem eigenen Grundstück, benachteiligt dies die Insolvenzgläubiger nicht, soweit die Grundschuld zuvor bereits – rechtswirksam und insolvenzfest – an Dritte weiter übertragen worden war.[882] 158

Gelegentlich nutzt der Schuldner den **nicht mehr valutierten Teil einer Briefgrundschuld** in der Weise zur erneuten Kreditbeschaffung aus, dass er ihn sich von einem anderen Kreditgeber wieder beleihen lässt, aber der Grundschuldbrief beim ursprünglichen Kreditgeber verbleibt; dieser hält den Brief hiernach für den erstrangigen Teil der Grundschuld im eigenen Interesse und für den nachrangigen Teil als Treuhänder für den zweiten Kreditgeber. Eine solche **dreiseitige Abrede** vermag sofort auch ein Sicherungsrecht des zweiten Kreditgebers zu begründen.[883] Eine unmittelbare Gläubigerbenachteiligung tritt daher nicht ein, sofern Zug um Zug gegen Begründung der Treuhandabrede der zweite Kredit ausgereicht wird; das gilt selbst dann, sofern später der erste Sicherungsnehmer befriedigt wird und er die Grundschuld mit dinglicher Wirkung auf den zweiten Kreditgeber überträgt.[884] Die Treuhandabrede selbst ist ebenfalls insolvenzbeständig → Rn. 139 f. Bestellen Miteigentümer, die in einer Bruchteilsgemeinschaft verbunden sind, eine Eigentümer-Gesamtgrundschuld an ihrem Grundstück, so erwirbt jeder von ihnen eine vermögensmäßige Beteiligung auch am Bruchteil des anderen; dadurch können die Insolvenzgläubiger jedes Miteigentümers jedenfalls dann benachteiligt werden, soweit die Gesamtgrundschuld an einen Fremdgläubiger abgetreten wird.[885] 159

ff) Kreditrückzahlung. Die nicht vorzeitige Kreditrückzahlung zur Ablösung einer zuvor vom Schuldner geleisteten Sicherheit benachteiligt die Gläubiger nie unmittelbar → Rn. 142; sie kann allerdings zu einer mittelbaren Benachteiligung führen, soweit die Sicherheit nicht vollwertig oder 160

---

875 Vgl. RGZ 81, 144 (145 f.).

876 BGH NJW 1996, 3341 (3342); RGZ 64, 339 (340); LG Lüneburg BB 1979, 1633; *Huber* AnfG § 1 Rn. 40; vgl. auch RG SeuffBl Bd. 72 (1907), 478 (479); ergänzend → Rn. 152b.

877 BGH NJW 1996, 3341 (3342 f.).

878 Vgl. RG LZ 1915, 637 (638); *Mauer* Rn. 46 f., 49 und zu § 3 AnfG BGHZ 90, 207 (214 f.) = NJW 1984, 1968 (1970); BGH ZIP 1985, 372 (374).

879 BGH ZInsO 2006, 1321 (1322); KG KGBl. 1914, 11 (12); LG Leipzig LZ 1912, 959 Nr. 4 zu § 3 AnfG; *Jaeger/Henckel* KO § 29 Rn. 62; *Bräuer* ZInsO 2006, 742 (749 f.); aM KG KGBl 1914, 12; *Hawelka* ZHR 2006, 258 f.; *Wazlawik* NZI 2007, 320 (321 f.) Das gilt auch, soweit der Schuldner einem Dritten ein Nießbrauchsrecht bestellt: RG LZ 1915, 1528 f.; zu § 3 AnfG auch RG LZ 1914, 1378 (1379); RG LZ 1915, 1529; RG LZ 1916, 1027 (1028); RG WarnR 1917 Nr. 18; RG JW 1918, 176 Nr. 13; differenzierend Uhlenbruck/*Borries/Hirte* § 129 Rn. 375, die auf die Enthaftungsmöglichkeit gemäß § 1124 BGB hinweisen.

880 → § 140 Rn. 9b; aM BGHZ 182, 264 (271 f.) = NJW 2010, 444 (446) im Anschluss an *Mitlehner* ZIP 2007, 804 (805 f.).

881 Vgl. BGHZ 12, 238 (240); RG JW 1928, 1345 (1346); *Jaeger/Henckel* KO § 31 Rn. 7.

882 RG WarnR 1931 Nr. 151, 300; → Rn. 78.

883 Vgl. OLG Stuttgart ZIP 1988, 1379 (1380 f.); *Clemente* Rn. 297 ff.; *Stürner* KTS 2004, 259 (264 ff.).

884 Vgl. BGH, Beschl. v. 20.3.1997 – IX ZR 179/96; BGH, Beschl. v. 10.7.1997 – IX ZR 313/96.

885 BGH NJW 1996, 2231 (2233).

von einem Dritten gestellt worden war.[886] Ist hiernach die Schuldtilgung anfechtbar, kann der Gläubiger die von ihm zuvor als erledigt aufgegebene Sicherheit nur nach Maßgabe des § 144 Abs. 1 zurückfordern. An jeder Gläubigerbenachteiligung fehlt es, sofern der Insolvenzschuldner als Sicherungsnehmer nach Befriedigung seiner Ansprüche das Sicherungsgut dem Sicherungsgeber zurückgibt; denn jener hätte es kraft seines dinglichen oder mindestens schuldrechtlichen Herausgabeanspruchs aussondern dürfen.[887] Dasselbe gilt aber nach der Neugestaltung der insolvenzrechtlichen Wirkungen von Absonderungsrechten (§§ 166 ff.) nicht mehr ohne weiteres für den umgekehrten Fall, in dem der Insolvenzschuldner als Sicherungsgeber nach Eintritt des Sicherungsfalls eine bewegliche Sicherheit an den Sicherungsnehmer herausgibt, dem in einem Insolvenzverfahren lediglich ein Absonderungsrecht zugestanden hätte → Rn. 137. Allerdings kann eine Anfechtung nur auf die Grundsätze der kongruenten Erfüllung → § 130 Rn. 6 → § 133 Rn. 33 gestützt werden, sofern der Gläubiger wegen Eintritts der Pfandreife einen Herausgabeanspruch hatte.

161 **gg) Pfändungsmaßnahmen.** Die **Pfändung – einschließlich der Anschlusspfändung**[888] – eines Insolvenzgläubigers in das Vermögen des Schuldners benachteiligt die anderen Gläubiger grundsätzlich unmittelbar, weil ihnen haftendes Vermögen entzogen wird;[889] nach Eintritt der wirtschaftlichen Krise des Schuldners wird die Einzelzwangsvollstreckung durch das insolvenzrechtliche Gleichbehandlungsgebot verdrängt.[890] An einer Gläubigerbenachteiligung fehlt es hingegen, wenn ein **Gläubiger ihm selbst gehörende Gegenstände** beim Schuldner pfändet.[891] Stand dem Gläubiger zuvor lediglich ein Absonderungsrecht an den Gegenständen zu, fehlt eine Benachteiligung nur wegen und bis zur Höhe der dadurch gesicherten Forderung.[892] Pfändet der Gläubiger wegen einer anderen als der gesicherten Forderung, so benachteiligt das die Gläubiger trotzdem nicht, soweit die durch das Absonderungsrecht an sich gesicherte Forderung den Wert des Sicherungsguts mindestens erschöpft[893] und nicht anderweitig gesichert ist; anderenfalls könnte durch die Pfändung die ungesicherte Forderung zusätzlich unter das Sicherungsrecht gestellt werden. Die Auszahlung auf eine rechtswirksam und insolvenzfest gepfändete Forderung benachteiligt die Insolvenzgläubiger ebenfalls nicht (mehr).[894] Verfügt der Schuldner nach Aussetzung der Vollziehung einer Pfändungs- und Einziehungsverfügung über die gepfändete Forderung, werden die Insolvenzgläubiger hierdurch benachteiligt.[895]

162 **hh) Verwertung von Sicherheiten.** Die **Zustimmung des Sicherungsgebers** zu einer vom Sicherungsnehmer beabsichtigten Verwertung einer Sicherheit befreit diesen von weiteren Bemühungen um eine günstigere Verwertung. Stimmt der spätere Insolvenzschuldner in solcher Weise zu, kann er damit die Insolvenzgläubiger benachteiligen, wenn anderenfalls ein besserer Erlös erzielt worden wäre.[896] Schließen mehrere Gläubiger miteinander einen Vertrag über die Zusammenfassung ihrer Sicherheiten (**Poolvertrag**), benachteiligt das die Insolvenzgläubiger nicht, soweit die beteiligten Gläubiger insgesamt nicht mehr Rechte erhalten, als ihnen einzeln ohnehin bereits zustehen.[897] Eine hiermit verbundene Beweiserleichterung bei der Durchsetzung der Rechte der beteiligten Gläubiger[898] ist keine Gläubigerbenachteiligung iSv § 129.[899] Denn der Schuldner hat kein Recht darauf, dass sich seine Gläubiger nicht untereinander in allgemein zulässiger Weise organisieren. Nur soweit der Schuldner einer Erweiterung des Sicherungszwecks bestehender Sicher-

---

886 RG LZ 1911, 944 (945 f.); *Obermüller* WM 1994, 1829 (1834); → Rn. 124.

887 *Serick* Bd. III § 35 IV 5a S. 332 f.; → Rn. 108.

888 *Rebmann* S. 82.

889 RG JW 1917, 478 (479); vgl. auch BGH NJW 1985, 200 f.; BGH WM 1991, 150 f.; BGH NJW 1991, 980; BGH NJW 1995, 1090 (1092); → Rn. 116.

890 → § 131 Rn. 26.

891 BGH NJW 1995, 1668 (1670).

892 BGH NJW 1992, 624 (626); BGH NJW 1995, 1668 (1670).

893 RG WarnR 1917 Nr. 179.

894 BGH NJW-RR 2000, 1215 f.; BGH NJW-RR 2004, 1047 (1048); LG Paderborn ZInsO 2002, 247 Ls. mAnm *Krumm* EWiR 2002, 527 (528), der die Prüfung vermisst, ob das Pfandrecht aufgrund § 88 unwirksam geworden war.

895 BGH NZI 2009, 105 f.; → Rn. 108d f. → Rn. 152 → § 131 Rn. 26 ff. → § 140 Rn. 17.

896 Vgl. BGH NJW 1997, 1093 (1095); → Rn. 137.

897 Vgl. BGH ZIP 1982, 543 (544).

898 Vgl. dazu BGH NJW 1989, 895 (896); BGH NJW-RR 1993, 235 (236); *Schimansky/Bunte/Lwowski* § 97 Rn. 50. Anders wäre es nur, sofern Sicherungsrechte der einzelnen Teilhaber mangels ausreichender Bestimmbarkeit gar nicht entstanden wären, sondern erstmals die gemeinsame Abrede sämtlicher Gläubiger mit dem Schuldner eine Bestimmbarkeit ermöglichte, vgl. *Lwowski* Kreditsicherung Rn. 206.

899 *Riggert* NZI 2000, 525 (527); *Smid* WuB VI B. § 30 Nr. 2 KO 1.93, aM jedoch *ders.* NZI 2000, 505 (513).

heiten zustimmt[900] oder der Vertrag auch Vermögensstücke des Schuldners einbezieht, die bisher nicht als Sicherheit dienten,[901] können die übrigen Gläubiger – vorbehaltlich des § 142 – benachteiligt werden. Tritt ein weiterer Gläubiger einem Poolvertrag bei, begründet die (schuldrechtliche) Zusage des Poolführers, die Sicherheit treuhänderisch auch für den Beitretenden zu halten, kein Absonderungsrecht.[902] Ob dies anders zu beurteilen ist, sofern der Sicherungszweck nicht ausgedehnt, sondern nur – in einer die Insolvenzgläubiger nicht zusätzlich benachteiligenden Weise – anders zwischen den Poolmitgliedern aufgeteilt wird, bleibt offen.[903]

i) Sanierungsmaßnahmen. aa) Vergütungsansprüche. Wären Vereinbarungen des Schuldners über die **Vergütung außergerichtlicher Sanierungsbemühungen** vor Eröffnung eines Insolvenzverfahrens allein deswegen nach § 132 Abs. 1 anfechtbar, weil die Bemühungen letztlich scheitern, würden sogar sachgerechte Versuche meist unterbleiben, weil jeder Beteiligte damit rechnen müsste, ein empfangenes Entgelt im Fall des Misserfolges gemäß § 143 Abs. 1 zurückgewähren zu müssen. Andererseits rechtfertigt nicht bereits jedes Bestreben des Schuldners, seine Insolvenz zu vermeiden, die Interessen seiner späteren Insolvenzgläubiger zurückzusetzen; offensichtlich aussichtslose oder gar vorgetäuschte Versuche sind nicht zu begünstigen. **Angemessene Aufwendungen für Sanierungsbemühungen** zugunsten des Schuldners benachteiligen die Gläubiger im Allgemeinen nur unter folgenden Voraussetzungen nicht unmittelbar:[904] 163

Objektiv muss ein **in sich schlüssiges Sanierungskonzept** zugrunde liegen oder erarbeitet werden, das von den erkannten und erkennbaren tatsächlichen Gegebenheiten ausgeht und **nicht offensichtlich undurchführbar ist** (iSv § 231 Abs. 1 Nr. 2 oder Nr. 3); dieses Konzept muss durch die angefochtene Aufwendung wenigstens **in seinen Anfängen bereits in die Tat umgesetzt** worden sein,[905] wozu die Ausarbeitung von einem fachkundigen Berater ausreicht → § 133 Rn. 37 f. Sowohl für die Erkennbarkeit der Ausgangslage als auch für die Prognose der Durchführbarkeit des Konzepts ist auf die Beurteilung eines unvoreingenommenen, branchenkundigen Fachmanns abzustellen, dem die vorgeschriebenen oder üblichen Buchhaltungsunterlagen zeitnah vorliegen. Daher ist an die Maßstäbe anzuknüpfen, die als Kriterien für die Sittenwidrigkeit eines Sanierungskredits entwickelt worden sind.[906] Der Fachberater darf nicht von ergebnisbezogenen Weisungen abhängen, kann aber gegebenenfalls einem Kreditgeber angehören und für diesen die Sanierungsaussichten prüfen.[907] Die Prüfung muss unter Berücksichtigung der verfügbaren Zeit die wirtschaftliche Lage des Schuldners im Rahmen seiner Wirtschaftsbranche analysieren und die Krisenursachen sowie die Vermögens-, Ertrags- und Finanzlage erfassen. Das gilt grundsätzlich auch für den Versuch der Sanierung eines kleineren Unternehmens, weil dabei ebenfalls Gläubiger in für sie beträchtlichem Umfang geschädigt werden können; lediglich das Ausmaß der Prüfung kann dem Umfang des Unternehmens angepasst werden.[908] Subjektiv müssen der Schuldner und der Leistungsempfänger den **Sanierungserfolg ernsthaft** dergestalt **anstreben,** dass das Schuldnerunternehmen auf der Grundlage der gegenwärtigen Erkenntnisse dauerhaft saniert wird.[909] 163a

Unter diesen Voraussetzungen entfällt eine unmittelbare Gläubigerbenachteiligung, weil ein Nachteil nicht unmittelbar durch den in sich ausgewogenen Vertragsschluss, sondern erst durch das Scheitern der Sanierungsbemühungen eintreten könnte → § 132 Rn. 14. Die **Erfüllung des Vergütungsanspruchs** kann allerdings die Insolvenzgläubiger nach allgemeinen Maßstäben → Rn. 121 mittelbar benachteiligen.[910] Anfechtungsfest wird sie unter den Voraussetzungen des **Bargeschäfts** → § 133 Rn. 37b f. → § 142 Rn. 39;[911] darüber hinaus wird es bei einer kongruenten Erfüllung regelmäßig an einem Gläubigerbenachteiligungsvorsatz iSv § 133 fehlen → § 133 163b

---

900 Vgl. BGH NJW-RR 1993, 235 (237); BGH NJW-RR 1993, 238 (240); → § 131 Rn. 21.

901 Vgl. BGHZ 138, 291 (304 ff.) = NJW 1998, 2592 (2597 f.); OLG Hamburg ZIP 1984, 1373 (1375); *Kreft* FS Horn, 2006, 761 (769 f.); *Smid* WuP VI B. § 30 Nr. 2 KO 1.93; *Schimansky/Bunte/Lwowski* § 97 Rn. 54 f. Eine „Öffnungsklausel" könnte die Benachteiligung allenfalls dann ausschließen, wenn sie auch gegenüber allen bis dahin nicht gesicherten Insolvenzgläubigern gelten würde.

902 BGH NZI 2005, 622 f.; vgl. dazu *Leithaus* NZI 2005, 592 (593).

903 Vgl. *Stürner* KTS 2004, 259 (270 ff.); → Rn. 139 f. → Rn. 159.

904 Vgl. BGH NJW-RR 1993, 238 (241); BGH NJW 1998, 1561 (1563 f.); zu § 133 Abs. 1 ferner BGH NZI 2012, 142 (143); *Hirte/Fontaine* ZInsO 2017, 1817 (1819 f.).

905 *Hirte/Fontaine* ZInsO 2017, 1817 (1819 f.) zu den Definitionen der einzelnen Merkmale.

906 BGHZ 10, 228 (234) = NJW 1953, 1665; BGH NJW 1955, 1272 (1273 f.); BGH NJW 1956, 417 (418); BGH NJW 1956, 585 f.; *Wiringer-Seiler* S. 159 f.

907 Vgl. BGH NJW 1998, 1561 (1564); *Barkhausen* NJW 1953, 1665.

908 BGH NJW 1998, 1561 (1564).

909 BGH NZI 2016, 636 (639) = NZG 2016, 1034 (1037).

910 BGH NJW 1998, 1561 (1563 f.); *Jaeger/Henckel* KO § 30 Rn. 116; dies verkennt OLG Köln NZI 2001, 252 (253).

911 *Hirte/Fontaine* ZInsO 2017, 1817 (1819 f.).

Rn. 33.[912] Entsprechendes gilt, sofern ein Insolvenzantrag gemäß § 26 mangels Masse rechtskräftig abgewiesen wurde und der Schuldner die Vergütung des vorläufigen Insolvenzverwalters (§ 22 Abs. 1 Satz 2 Nr. 3, Abs. 2) bezahlt hat, alsbald jedoch ein neuerliches Insolvenzverfahren über das Vermögen desselben Schuldners eröffnet wird.[913]

164 Dementsprechend ist unter der Geltung der Vergleichsordnung die angemessene Vergütung von Rechtsanwälten oder Steuerberatern für den – nicht aussichtslosen[914] – gerichtlichen Vergleichsantrag der Anfechtung im späteren Anschlusskonkurs entzogen worden.[915] Gleiches ist für Bemühungen um eine außergerichtliche Schuldenregulierung (§ 305 Abs. 1 Nr. 1) oder den Entwurf eines Insolvenzplanes anzunehmen, den der Schuldner vor der Eröffnung des Insolvenzverfahrens einreicht und zeitnah vergütet, bzw. wenn er für die Vergütung bei Fälligkeit eine Sicherheit bestellt.[916] Ist die Vergütung – oder die Sicherheit dafür – unangemessen hoch, so ist bei Teilbarkeit der Vergütung nur der nicht angemessene Teil zur Insolvenzmasse zurückzugewähren.[917] Ist danach die Aufteilung einer Rechtsanwaltsvergütung nötig, so braucht hierfür kein Gutachten der Rechtsanwaltskammer gemäß § 3a Abs. 2 RVG eingeholt zu werden.[918] Die Vorbereitung eines Planes, der gemäß § 231 Abs. 1 von vornherein zurückzuweisen ist, oder ein Konzeptpapier für einen künftigen Plan, der allenfalls erst die Zustimmung der Gläubiger finden kann,[919] werden allerdings nicht den Anforderungen an einen fachgerechten Sanierungsversuch → Rn. 163 genügen.

165 Entsprechendes kann für die **Vergütung eines Treuhänders** zutreffen, der das Schuldnervermögen außergerichtlich liquidieren und an die Gläubiger verteilen soll, falls seine Einschaltung den Gläubigern Vorteile im Vergleich zu einer Verwertung durch den Schuldner selbst versprach.[920] Eine treuhänderische Übertragung des Schuldnervermögens auf den Sanierer kann im Einzelfall zugleich als Sicherung seiner Vergütungsansprüche gewollt sein.[921] Nach denselben Grundsätzen ist die Anfechtbarkeit der an das Bundesaufsichtsamt für das Kreditwesen nach § 51 Abs. 3 KWG gezahlten Kosten für Prüfungs- und Schutzmaßnahmen zu beurteilen.[922]

165a Von der **Vereinbarung eines angemessenen Honorars** (§ 132 Abs. 1) ist aber dessen **Erfüllung in der kritischen Zeit** des § 130 zu unterscheiden. Die für die Anfechtung nach dieser Bestimmung ausreichende mittelbare Gläubigerbenachteiligung tritt im Insolvenzfall bereits deswegen ein, weil die Insolvenzmasse um das Honorar verkürzt ist.[923] Die Anfechtung der Erfüllung oder Besicherung des Vergütungsanspruchs lässt sich dann oft nur unter den Voraussetzungen des Bargeschäfts → § 142 Rn. 39 vermeiden. Dagegen wird eine kongruente Honorarzahlung vor der Dreimonatsfrist der §§ 130 ff. häufig nicht mehr anfechtbar sein, weil die subjektiven Voraussetzungen des § 133 Abs. 1 nur schwer festzustellen sind, wenn die vereinbarte Vergütung nicht überhöht ist → § 133 Rn. 37.

166 **bb) Übertragende Sanierung.** Wird das Vermögen des Schuldners ohne vollen Wertersatz im Wege der übertragenden Sanierung **auf einen anderen zur Betriebsfortführung übertragen,** so werden die Altgläubiger durch diesen Entzug der Haftungsmasse selbst durchweg unmittelbar benachteiligt, wenn es hierbei nicht zu einer befreienden Schuldübernahme kommt → Rn. 110. Die bloße Schuldmitübernahme oder gesetzliche Mithaftung ist keine ausgleichende Gegenleistung,[924] und zwar auch nicht iS eines Bargeschäfts → § 142 Rn. 9. Vielmehr hat insoweit die Anfechtung nach dem Wegfall des § 419 BGB eine erhöhte Bedeutung gewonnen. Dementsprechend benachteiligt auch eine **Betriebsaufspaltung** oder **-ausgliederung** regelmäßig die Gläubiger, soweit der bisherige Rechtsträger damit rechtlich Vermögen aufgibt und keine Gegenleistung in Höhe des Verkehrswerts der Aktivposten erhält → Rn. 133b. Eine nicht nur kurzfristige Vermietung der Betriebsanlagen an eine Auffanggesellschaft wirkt aufgrund der hiermit verbundenen Verzögerung einer Verwertung gläubigerbenachteiligend.[925]

---

912 BGH NZI 2012, 142 f.; *Hirte/Fontaine* ZInsO 2017, 1817 (1819 f.).
913 BGH NZI 2012, 135 (137) = ZIP 2012, 333 (334); AG Dresden ZInsO 2004, 1268 (1269 f.).
914 Vgl. LG Saarbrücken NJW-RR 1996, 1274.
915 BGH NJW-RR 1988, 571 (572); BGHZ 77, 250 (253) = NJW 1980, 1962 (1963); BGHZ 28, 344 (347 f.) = NJW 1959, 147 f.
916 Vgl. *Kirchhof* ZInsO 2005, 340 (342, 345).
917 BGHZ 77, 250 (255 f.) = NJW 1980, 1962 (1963 f.); vgl. auch BGH NJW 1995, 1093 (1094 f.); ergänzend → § 143 Rn. 31.
918 BGHZ 77, 250 (254) = NJW 1980, 1962 (1963) zu § 12 BRAGO.
919 BGH NZI 2008, 173 (175) = ZIP 2008, 232 (234).
920 Vgl. RGZ 162, 292 (296 f.); für den Rechtsberater des Liquidators auch OLG Hamm NJW 1998, 1871 f.; aM noch RGZ 136, 152 (156 f.).
921 RGZ 136, 152 (160); *Jaeger/Henckel* KO § 30 Rn. 116; *Kilger/K. Schmidt* KO § 30 Anm. 8.
922 Zu weitgehend KG NZI 2000, 537 f.
923 BGH NJW 2002, 3252 f.; *Kirchhof* ZInsO 2005, 340 (343 f.); ergänzend → Rn. 123.
924 Vgl. *Beisel/Klumpp* Unternehmenskauf, 5. Kap. Rn. 24 f.; ergänzend → Rn. 110.
925 *Spengler* KTS 1955, 25 f.; → Rn. 101.

167 Nach denselben Grundsätzen kann es anfechtbar sein, wenn ein Schuldner im Rahmen eines **außergerichtlichen Vergleichs** sein haftendes Vermögen auf einen Treuhänder überträgt, der es an sämtliche am Vergleich beteiligte Gläubiger verteilen soll.[926] Das gilt selbst dann, sofern der Treuhänder die Gesamtheit aller Insolvenzgläubiger in gleicher Weise wie innerhalb eines Verfahrens berücksichtigen soll → Rn. 110, weil er anderenfalls einen gerichtlich bestellten Insolvenzverwalter von der Erfüllung seiner Aufgaben hinsichtlich des noch vorhandenen Vermögens ausschließen könnte. Die Auffassung, allein bereits die Übertragung des Schuldnervermögens auf einen Sanierungstreuhänder schließe objektiv jede Gläubigerbenachteiligung aus,[927] ist abzulehnen: Von Rechts wegen darf kein Gläubiger gezwungen werden, sich an einem außergerichtlichen Vergleich zu beteiligen,[928] einem von ihm nicht mitbestimmten „Treuhänder" zu vertrauen und dafür von einem staatlichen Insolvenzverfahren Abstand zu nehmen. Rechtliche Wirkungen zu Lasten Nichtbeteiligter äußert eine solche Treuhand nicht. Auch setzt der Begriff der objektiven Gläubigerbenachteiligung keine „ordnungswidrige Verhaltensweise" des Schuldners voraus → Rn. 140.

168 **cc) Sanierungskredite.** Die **Besicherung von Sanierungskrediten** unterliegt weitestgehend den allgemeinen Regeln über die Gläubigerbenachteiligung durch Kreditsicherheiten → Rn. 150 ff. Allein eine **unmittelbare Gläubigerbenachteiligung** entfällt, soweit im Rahmen eines Sanierungsversuchs für einen Kredit eine angemessene Sicherheit bestellt wird.[929] Das gilt regelmäßig auch, sofern der Kreditnehmer zu dieser Zeit bereits überschuldet ist, weil unabhängig davon die Leistung des Kreditgebers vollwertig ist.[930] Der Darlehensgeber schuldet nach § 488 Abs. 1 Satz 1 BGB nur die Kapitalüberlassung, während der Sanierungserfolg typischerweise allein in die Verantwortung des Kreditnehmers fällt; anders wäre es nur, soweit der Darlehensgeber seinerseits die Mittelverwendung vorschreibt. Zum Schutz der Interessen Dritter → Vor § 129 Rn. 74 ff. → § 132 Rn. 15 → § 133 Rn. 37 genügt die **mittelbare Gläubigerbenachteiligung,** die mit dem Verlust der Darlehensmittel eintritt. Dagegen werden die Insolvenzgläubiger sogar unmittelbar benachteiligt, sofern sich die Sicherheit nicht allein auf die ausgereichten Kredite beschränkt, sondern auch Altkredite mit einbezieht.[931] Beim Scheitern der Sanierungsbemühungen tritt bei nachfolgender Insolvenz in jedem Fall eine mittelbare Gläubigerbenachteiligung ein, soweit die gewährten Kreditmittel bei Insolvenzeröffnung – wie meist – nicht mehr in der Masse sind.[932] Erfolgte die Besicherung nicht im Wege eines **Bargeschäfts** → § 133 Rn. 37b → § 142 Rn. 21, kann das Sanierungsbestreben lediglich die subjektiven Voraussetzungen des § 133 entfallen lassen → § 133 Rn. 37 f.[933]

168a **j) Wertschöpfungen aus dem Schuldnervermögen.** Häufig führen vorläufige Insolvenzverwalter im Rahmen der Unternehmensfortführung Aufträge für den Schuldner aus, sei es als Lieferungen, Gebrauchsüberlassungen, Dienst- oder Werkleistungen. Ist die dem Schuldner dafür gebührende Gegenleistung an Sicherungsnehmer abgetreten, so vermehren die Leistungen aus der Insolvenzmasse wirtschaftlich bis zur Grenze der gesicherten Forderung vorrangig das Vermögen des Sicherungsnehmers. Gleiches gilt, soweit dem Empfänger der vertraglichen Leistung selbst eine Insolvenzforderung gegen den Schuldner zusteht; dann wird wirtschaftlich die für den Vertragspartner bestehende Aufrechnungslage aufgefüllt → Rn. 148 (§ 96 Abs. 1 Nr. 3). In jenen Fällen liegt eine **mittelbare Gläubigerbenachteiligung** iSv § 129 Abs. 1 darin, dass mit dem vollwertigen wirtschaftlichen Aufwand aus dem Schuldnervermögen unmittelbar nur eine minderwertige Insolvenzforderung des anderen Teils besichert oder getilgt wird.[934] Die Benachteiligung bemisst sich nach den Aufwendun-

---

926 RG JW 1911, 107 (108); vgl. auch BGH ZIP 1996, 1475; RGZ 39, 89 (91 f.); OLG Hamm ZIP 1996, 1140 (1141); OLG Koblenz KTS 1963, 65 (66) zu § 3 AnfG. In derartigen Fällen mag nur der Vorsatz zur Gläubigerbenachteiligung zweifelhaft sein, vgl. RG Gruchot 49 (1905), 1115 (1118); RG LZ 1913, 158 ff.; OLG Celle JW 1933, 1146.

927 OLG Dresden JW 1927, 1391; OLG Celle NJW 1976, 1983; *Emmerich* S. 115 ff.; *Jaeger/Henckel* KO § 31 Rn. 7; *Merkel* JW 1930, 1342 (1343 f.); Nerlich/Römermann/*Nerlich* § 129 Rn. 87.

928 BGHZ 116, 319 (321 f.) = NJW 1992, 967 (968); vgl. auch BGHZ 122, 297 (301) = NJW 1993, 1851 (1852).

929 Vgl. RG KuT 1929, 40; *Jaeger/Henckel* KO § 30 Rn. 117.

930 Uhlenbruck/*Borries/Hirte* § 129 Rn. 247; aM *Huth* S. 63; *Jaeger/Henckel* KO § 30 Rn. 117; *Obermüller* WM 1994, 1869 (1870 f.); *C. Paulus* BB 2001, 425 (426 ff.).

931 Vgl. BGH NJW-RR 1993, 238 (240); BGH NJW-RR 1993, 235 (237).

932 BGH NJW 1998, 1561 (1563).

933 → § 133 Rn. 37 f.; vgl. KPB/*Bork* § 133 Rn. 58 f.

934 BGHZ 174, 297 (309) = NJW 2008, 430 (434) zur Deckungsanfechtung; BGH NJW 2011, 2791 (2792) zur Vorsatzanfechtung; OLG Dresden ZIP 2005, 2167 f. zur Wertsteigerung von Sicherungsrechten und → § 131 Rn. 22; *Gerhardt* Gedächtnisschrift für Knobbe-Keuk, 1997, 169 (179 f.); zu Aufrechnungslagen BGHZ 129, 336 (344) = NJW 1995, 1966 (1968) und → Rn. 148a; ergänzend zur Rechtshandlung → Rn. 14 → 56a, zur Anfechtbarkeit von Rechtshandlungen vorläufiger Insolvenzverwalter → Rn. 43 ff., zur Verrechnung innerhalb nicht aufgelöster Gesellschaften → Rn. 148.

gen aus dem Schuldnervermögen, die ohne die Leistung vermieden worden wären;[935] diese begrenzen andererseits nicht den Umfang der Anfechtung.[936] Dieselben Regeln gelten bereits, wenn der Schuldner selbst – insbesondere in der Zeit seiner wirtschaftlichen Krise – derartige Leistungen erbracht hat, doch werden dann die weiteren Anfechtungsvoraussetzungen nach §§ 130, 131 oder § 133 schwerer festzustellen sein. Erbringt der spätere Insolvenzschuldner Leistungen als Gesellschafter einer Bau-Arge, sind diese nicht selbständig anfechtbar, sondern in die Auseinandersetzungsbilanz eingebunden;[937] anders ist dies, soweit der Schuldner nach seinem Ausscheiden aus der Bau-Arge dieser weiterhin Geräte und/oder Personal gegen Vergütung zu überlassen hat.[938] Die Übertragung eines angearbeiteten Auftrags auf einen Dritten, der den vollen Werklohn erhält, kann anfechtbar sein.[939]

VI. Zurechnungszusammenhang

169 **1. Ursächlichkeit. a) Notwendiger ursächlicher Zusammenhang.** Die Anfechtung ist nur möglich, soweit die Rechtshandlung die Gläubigerbenachteiligung herbeigeführt hat. Vorausgesetzt wird ein **ursächlicher Zusammenhang** im natürlichen Sinn: Wird die Rechtshandlung hinweggedacht, so müsste ein entäußertes Vermögensobjekt noch uneingeschränkt den Insolvenzgläubigern haften,[940] oder diese müssten mit einer geringeren Schuldsumme belastet sein. Da es nicht um einen Schadensersatzanspruch geht → § 143 Rn. 15, der sich uU auf entfernte Folgen einer Handlung erstrecken kann, bedarf es für die Anfechtbarkeit **nicht der Einschränkung durch die Adäquanztheorie.**[941] Die Anfechtungstatbestände grenzen vielmehr mit eigenen Mitteln zu weitgehende Folgen von der Haftung aus → Rn. 178 f. Soweit der Anfechtungsgegner statt des ursprünglich empfangenen Gegenstands Wertersatz leisten soll, schränkt nunmehr § 143 Abs. 1 Satz 2 oder Abs. 2 selbständig die Haftung für eine Unmöglichkeit der Herausgabe ein.[942]

170 Zu berücksichtigen sind grundsätzlich **sämtliche realen Umstände,** die – ausgelöst durch die anzufechtende Handlung oder Unterlassung – im weiteren Verlauf die Gläubigerbefriedigung verkürzen.[943] Die Kontosperre einer Bank kann ursächlich für das Anwachsen eines Guthabens sein, gegen das anschließend eine Forderung der Bank aufgerechnet wird, wenn anderenfalls der Schuldner vorher über das Kontoguthaben anderweitig verfügt hätte.[944] Tilgt der Schuldner in der Krise ausgewählte eigene Verbindlichkeiten zugunsten eines Dritten, so dass seine Angehörigen aus ihrer Mithaft entlassen werden oder eine bessere Rechtsposition erhalten, so ist diese Folge ebenfalls durch die Erfüllungshandlung mit verursacht.[945] **Rein hypothetische Erwägungen** können dagegen den Ursachenzusammenhang nicht herstellen.[946] Hat insbesondere eine Rechtshandlung real die Insolvenzgläubiger nicht beeinträchtigt, so reicht für eine Anfechtung nicht die Erwägung aus, dass sich der Schuldner ohne die Handlung anders, nämlich in einem den Gläubigern günstigeren Sinn verhalten hätte.[947]

170a Auf einer **Unterlassung** kann eine Gläubigerbenachteiligung nur beruhen, soweit ohne sie die Benachteiligung im Rechtssinn → Rn. 76 ff. nicht eingetreten oder vor Insolvenzeröffnung rückgängig gemacht worden wäre.[948] Das Unterlassen eines Rechtsbehelfs → Rn. 27 kann also nur dann einen anfechtbaren Erfolg verursachen, sofern der Rechtsbehelf hätte Erfolg haben müssen.

170b In Betracht kommen allein Umstände, die **unmittelbar auf das Vermögen des Schuldners** selbst einwirken. Erleidet dagegen ein späterer Insolvenzschuldner durch eine gegenüber einem

[935] Vgl. LG Aachen ZInsO 2007, 109 (110).
[936] *Kirchhof* FS Uhlenbruck, 2000, 269 (278); ergänzend → § 143 Rn. 127.
[937] BGHZ 170, 206 (211 ff.) = NJW 2007, 1067 (1068 f.); ergänzend → Rn. 148.
[938] BGHZ 145, 245 (253 f.) = NJW 2001, 367 (369); *Spliedt* DZWiR 2000, 418 (425).
[939] BGH NZI 2007, 403 (404).
[940] Vgl. BGH NJW-RR 1989, 1010; RGZ 33, 120 (122 f.); FKInsO/*Dauernheim* § 129 Rn. 70; Jaeger/*Henckel* § 129 Rn. 127; zu § 3 AnfG auch RGZ 10, 5 (9).
[941] BGHZ 143, 246 (253) = NJW 2000, 1259 (1261) zu § 3 AnfG; *Foerste* Rn. 294; *Jaeger/Henckel* KO § 29 Rn. 86 f.; *König* Rn. 5/24; AGR/*Gehrlein* § 129 Rn. 124; Uhlenbruck/*Borries/Hirte* § 129 Rn. 229; aM *Baur/Stürner* Rn. 18.48; *Hess* InsO § 129 Rn. 154.
[942] Jaeger/*Henckel* § 129 Rn. 127; ergänzend → Rn. 180 → § 143 Rn. 135 f. → § 143 Rn. 136.
[943] Jaeger/*Henckel* § 129 Rn. 129.
[944] Vgl. BGH NJW-RR 2004, 1191; BGH NZI 2004, 314 f.
[945] Vgl. BGH NJW 1995, 2783 (2784); RG JW 1909, 280 Nr. 19; RG LZ 1911, 944 (945 f.); → Rn. 14 → 56a.
[946] BGH NZI 2007, 404 (406); FKInsO/*Dauernheim* § 129 Rn. 70; ausführlich zu hypothetischen Rechtshandlungen Jaeger/*Henckel* § 129 Rn. 129 ff.
[947] Insoweit zutr. OLG Hamm ZIP 1988, 588 (589).
[948] Vgl. BGHZ 162, 143 (154 f.) = NJW 2005, 1121 (1124), wo allerdings ungenau auch auf einen Zugewinn des Gläubigers abgestellt wird.

anderen begangene anfechtbare Rechtshandlung nur mittelbar ebenfalls Vermögensnachteile, begründet dies kein Anfechtungsrecht. Der lediglich mittelbar Benachteiligte kann also keine Anfechtungsansprüche neben demjenigen erheben, dessen Vermögen unmittelbar verkürzt worden ist. Insbesondere ist ein (später insolvent werdender) Gesellschafter nicht dadurch iSv § 129 Abs. 1 benachteiligt, dass wegen einer gegen seine – gemäß § 11 selbst insolvenzfähige – Gesellschaft begangenen anfechtbaren Handlung der Wert seines Gesellschaftsanteils vermindert wird; ob dies schadensersatzrechtlich anders zu beurteilen wäre, ist unerheblich. Das gilt auch im Konzern einer insolvent werdenden Muttergesellschaft im Verhältnis zu deren Tochtergesellschaft.[949] Ob letztere ebenfalls insolvent wird, ist bedeutungslos; ihr Vermögen haftet anfechtungsrechtlich nur ihren eigenen Gläubigern, sei es nach §§ 129 ff. oder nach den Vorschriften des Anfechtungsgesetzes.

b) Mehrere Ursachen. Umgekehrt muss die anzufechtende Rechtshandlung **nicht die einzige Ursache** für eine mittelbare Gläubigerbenachteiligung gewesen sein. Tritt der gläubigerschädigende Erfolg erst dadurch ein, dass noch andere Einflüsse mitwirken, so schließt das den erforderlichen Ursachenzusammenhang nur insoweit aus, als der Normzweck des jeweiligen Anfechtungstatbestandes dies gebietet. So setzen die §§ 132 bis 134 Rechtshandlungen gerade des Schuldners voraus, die sich entweder in bestimmter Weise auswirken (§ 132 Abs. 2) oder eine unentgeltliche „Leistung“ darstellen (§ 134) oder vom Gläubigerbenachteiligungsvorsatz des Schuldners umfasst sein müssen (§ 133). Alle zusammen mit der Rechtshandlung mitwirkenden Faktoren, die sich noch unter diese Voraussetzungen einordnen lassen, sind dem Anfechtungsgegner ebenso zuzurechnen wie das Handeln weisungsgemäß tätig werdender Zwischenpersonen → Rn. 49. Zuzurechnen ist auch eine Vermögenszuwendung, die erst dadurch endgültig wird, dass der Insolvenzverwalter die Leistung des Schuldners an einen Dritten genehmigt → Rn. 101b. Entsprechendes gilt für zusätzliche Folgen, die kraft Gesetzes an eine Rechtshandlung anknüpfen, zB für das Entstehen einer Umsatzsteuerforderung, eines Löschungsanspruchs gemäß § 1179a BGB oder für die Ausweitung des Sicherungszwecks eines Pfandrechts → Rn. 56a. 171

Insbesondere in den Fällen der §§ 130, 131, 135 und 136 genügt in objektiver Hinsicht der Eintritt eines bestimmten umrissenen Erfolgs. **Jede** hierbei **mitwirkende Handlung** kann selbständig anfechtbar sein. Hat bspw. ein Beförderungsunternehmen eine für einen anderen bestimmte Leistung des Schuldners eigenmächtig oder irrtümlich an einen seiner Insolvenzgläubiger ausgeliefert und diesem hierdurch eine rechtswirksame Sicherung oder Befriedigung verschafft, so kann darin eine selbständige anfechtbare Handlung liegen, weil nach den genannten Vorschriften allein die persönlichen Umstände oder Kenntnisse des objektiv begünstigten Gläubigers die Anfechtbarkeit begrenzen, während die Einstellung der handelnden Person unerheblich ist. 172

Hat der Schuldner über ein **Anwartschaftsrecht** verfügt, für das dem Insolvenzverwalter ohne die Verfügung ein Wahlrecht gemäß §§ 103 ff. zugestanden hätte, so bleibt die jeweils massegünstigste Entscheidung des Verwalters ursächlich durch die Rechtshandlung bedingt. Die Gegenmeinung[950] verkennt den Zweck der Anfechtung, die Insolvenzmasse anzureichern → Vor § 129 Rn. 3. 173

c) Gegenläufige Umstände. Reale, gegenläufig wirkende Umstände können den Eintritt einer Gläubigerbenachteiligung im Rechtssinn von vornherein verhindern.[951] Wird bspw. der vom Schuldner mit Gläubigerbenachteiligungsvorsatz weggegebene Gegenstand wegen seiner Herkunft oder Beschaffenheit auf dem Weg zum beabsichtigten Empfänger hoheitlich beschlagnahmt, benachteiligt diese Zwangsmaßnahme, nicht jedoch die vereitelte Besitzübertragung die Insolvenzgläubiger; anfechtbar kann dann nur noch eine Rechtstellung sein, die dem Empfänger unabhängig vom Besitz eingeräumt wurde und die mögliche Ansprüche der Insolvenzmasse gegen den Staat zu beeinträchtigen geeignet ist. Wird die Willenserklärung auf Abschluss eines gegenseitigen schuldrechtlichen Vertrages angefochten, kann die gläubigerbenachteiligende Rechtsfolge nicht allein der Leistungspflicht des Schuldners entnommen werden, die sich aus dem durch die Willenserklärung zustande gekommenen Vertrag ergibt, während die Pflicht zur Erbringung der Gegenleistung des Anfechtungsgegners unberücksichtigt bleibt.[952] Ebenso entfällt eine Gläubigerbenachteiligung gerade durch eine Grundstücksübertragung insoweit, als es dem Schuldner gelingt, das Grundstück vor der Umschreibung im Grundbuch auf den Anfechtungsgegner rechtswirksam mit Grundschulden zugunsten eines Dritten zu belasten; diese Belastung stellt dann eine selbständig anfechtbare Rechtshandlung dar. Anders verhält es sich, wenn die Belastung nur aufgrund einer Duldung des – insbesondere im Grundbuch bereits vorgemerkten (§ 883 Abs. 2 und 3 BGB) – künftigen Eigentümers 174

[949] AM *Hirte* ZInsO 2004, 1161 (1165).
[950] OLG Hamm ZIP 1988, 588 (589), im Ergebnis traf diese Entscheidung jedoch zu, weil das Anwartschaftsrecht für die Insolvenzgläubiger objektiv keinen Wert hatte → Rn. 175; FKInsO/*Dauernheim* § 129 Rn. 78.
[951] BGH ZIP 2012, 1183 (1185).
[952] BGH ZIP 2012, 1183 (1185).

diesem gegenüber wirken kann;[953] dann kann die Anfechtung auch auf dessen Zustimmung erstreckt werden.[954]

174a Eine durch **wirksame Aufrechnung** allein des Schuldners verursachte Gläubigerbenachteiligung wird real beseitigt, wenn vor Insolvenzeröffnung auch für den Gläubiger eine insolvenzfeste Aufrechnungslage entsteht.[955] Wird ein **Kontokorrentkredit** bis zu einer vereinbarten Obergrenze in der Weise revolvierend ausgenutzt, dass jeweils Rückführungen erneute Inanspruchnahmen ermöglichen, können die einzelnen Rückführungen in ihrer Summe nicht über die Kreditobergrenze hinaus angefochten werden. Denn diese hätte von Rechts wegen regelmäßig jede weitergehende Inanspruchnahme des Kredits verhindert. Gleiches gilt für kontokorrentähnliche Staffelkredite.[956] Deshalb entfällt auch ohne Vorliegen eines Bargeschäftes → § 142 Rn. 19 ff. eine Benachteiligung durch einzelne Kreditrückführungen insoweit, als ohne sie Kreditmittel, welche der Schuldner danach tatsächlich noch erhalten hat, ihm nicht mehr zugeflossen wären.[957]

175 **2. Keine Vorteilsausgleichung.** Der Eintritt einer Gläubigerbenachteiligung ist **isoliert mit Bezug auf die konkret angefochtene Minderung des Aktivvermögens oder die Vermehrung der Passiva** des Schuldners → Rn. 100 zu beurteilen. Dabei sind lediglich solche Folgen zu berücksichtigen, die an die anzufechtende Rechtshandlung selbst anknüpfen.[958] Hierzu gehören insbesondere sämtliche Umstände, die unmittelbar den Wert eines vom Schuldner weggegebenen Vermögensgegenstands gerade für die Insolvenzgläubiger bilden. Indem bspw. angenommen wird, dass die Verfügung über einen bereits wertausschöpfend belasteten Gegenstand des Schuldners nicht dessen Insolvenzgläubiger benachteiligt → Rn. 109 → Rn. 150 ff., trägt dies zugleich der Erwägung Rechnung, dass dann, sofern der jeweilige Leistungsempfänger den Gegenstand nicht erhalten hätte, der Absonderungsberechtigte ihn mit an Sicherheit grenzender Wahrscheinlichkeit doch den Insolvenzgläubigern entzogen hätte.[959] Ist ein Betrieb des Schuldners nur mit Zustimmung eines Lieferanten günstig zu verwerten und macht dieser seine Einwilligung davon abhängig, dass ihm der Schuldner ausstehende Schulden begleicht, so benachteiligt diese Schuldtilgung die anderen Insolvenzgläubiger nicht, wenn der Betrieb ohne die „erkaufte" Einwilligung weniger wert gewesen wäre als der tatsächlich erzielten Kaufpreis abzüglich der Tilgungsleistung.[960] Werden durch eine Zahlung aufgrund eines mit dem Gläubiger vereinbarten Teilverzichts über den Zahlbetrag hinausgehende Verbindlichkeiten getilgt, entfällt eine Gläubigerbenachteiligung, soweit der in der Zahlung liegende Vermögensverlust durch den damit verbundenen Verzicht auf weitere Forderungen voll ausgeglichen wird.[961]

176 Hingegen bleiben **entferntere Ereignisse** regelmäßig selbst dann außer Betracht, soweit sie adäquat kausal verursacht worden sind.[962] Insbesondere greifen die schadensersatzrechtlichen Grundsätze des Vorteilsausgleichs[963] nicht ein.[964] Die §§ 143, 144 regeln selbständig und abschließend, inwieweit mögliche ausgleichende Vorteile zu berücksichtigen sind. Danach entfällt bspw. nicht eine Gläubigerbenachteiligung als Folge der Bezahlung von Schulden für Stromlieferungen aus dem Grund, dass sonst die berechtigte Einstellung der Stromversorgung zu einem **Produktionsausfall** geführt hätte.[965] Die fortgesetzte Nutzung der vom Schuldner gemieteten Räume gleicht nicht

---

953 So der Fall BGHZ 128, 184 (189 f.) = NJW 1995, 659 (661).

954 Zum nachträglichen Wegfall einer einmal eingetretenen Benachteiligung → Rn. 178 ff.; zur Unerheblichkeit bloß hypothetischer Umstände → Rn. 181 ff.

955 Vgl. *v. Olshausen* KTS 2001, 45 (51 ff.); ergänzend → § 131 Rn. 45.

956 BGH NZI 2013, 483 (484 f.) = ZIP 2013, 734 (735 f.).

957 *Obermüller* Insolvenzrecht Rn. 3.141 ff., der jedoch auf die Verrechnung im Kontokorrent abstellen will; → § 131 Rn. 16 → § 131 Rn. 44a.

958 BGH NJW-RR 2005, 1641 (1642 f.); BGH NJW-RR 2006, 1555 (1557); BGH ZIP 2009, 1674 (1675 f.); BGH ZIP 2012, 1183 (1185); ergänzend → Rn. 108 ff. → Rn. 170b.

959 Vgl. hierzu BGH NJW-RR 1986, 536 (538 f.); RGZ 64, 339 (342); OLG Karlsruhe BadRpr 1913, 117 Nr. 45; Jaeger/*Henckel* § 129 Rn. 137.

960 BGH WM 1960, 377 (379); zur gesetzlich gebundenen, unentgeltlich zu erteilenden Einwilligung → Rn. 182.

961 BGH NJW 2016, 2115 ff. = NZI 2016, 262 ff.

962 BGH BB 1952, 868 f.

963 Vgl. hierzu MüKoBGB/*Oetker* § 249 Rn. 228 ff.; Palandt/*Grüneberg* BGB Vor § 249 Rn. 67 ff.

964 BGH WM 1962, 1316 (1317); BGH NJW 1970, 44 (46); BGH ZIP 2009, 1674 (1675 f.); BGH ZIP 2012, 1183 (1185); RGZ 100, 87 (90); RG LZ 1918, 772 Nr. 22; AGR/*Gehrlein* § 129 Rn. 64; Jaeger/*Henckel* § 143 Rn. 164; *Baur/Stürner* Rn. 18.44; *C. Paulus* BB 2001, 425, 426 f.; aM *Güther* S. 118 ff. mit Bezug auf Vorteile für eine Betriebsfortführung.

965 BGH BB 1952, 868 f.; BGHZ 97, 87 (95 f.) = NJW 1986, 1496 (1498) unter Bestätigung von OLG Schleswig ZIP 1985, 820 (822); zur Gläubigerbenachteiligung in derartigen Fällen → Rn. 123.

die Pfändung des Vermieters wegen älterer Mietforderungen aus.[966] Dass ein Unternehmer gegen zusätzliche Zahlungen auf ausstehende Forderungen oder gegen die Bewilligung einer Sicherheit dafür die ihm übertragenen Arbeiten gegen volles Entgelt weiterführt, gleicht den Verlust des haftenden Vermögens für die Insolvenzgläubiger des Auftraggebers nicht aus.[967] Ebenso wenig gleicht der **Vorteil einer Vertragsabwicklung** die Benachteiligung der Insolvenzgläubiger durch eine unveranlasst nachteilige Vertragsklausel speziell für den Insolvenzfall aus.[968] Mögliche **Rückgriffansprüche der Insolvenzmasse** gegen einen Versicherer schließen die Gläubigerbenachteiligung nicht aus; die Anfechtungsmöglichkeit mag innerhalb des Versicherungsverhältnisses berücksichtigt werden.[969] Die Tilgung von Steuerschulden benachteiligt die Insolvenzgläubiger im Allgemeinen, obwohl anderenfalls das Gewerbe des Schuldners möglicherweise noch vor der tatsächlichen Eröffnung des Insolvenzverfahrens hätte geschlossen werden müssen:[970] Die Insolvenzordnung bezweckt gerade eine möglichst frühe Insolvenzeröffnung, sofern ein Schuldner zahlungsunfähig wird. Nur im Rahmen des Wertersatzanspruchs gemäß § 143 Abs. 1 Satz 2 kann eine Vorteilsausgleichung in eng begrenztem Maße in Betracht kommen → Rn. 183 → § 143 Rn. 112.

3. Beseitigung eines real verwirklichten Ursachenzusammenhangs. Die Gläubigerbenachteiligung muss **im maßgeblichen Zeitpunkt** vorliegen, also bei der unmittelbaren Benachteiligung bereits im Zeitpunkt der angefochtenen Handlung selbst → Rn. 113, bei der mittelbaren zZ der letzten Tatsachenverhandlung im Anfechtungsprozess → Rn. 125. Vor allem stellt sich hier die Frage, ob eine zuvor verwirklichte mittelbare Benachteiligung von Rechts wegen später wieder entfallen kann. 177

a) Rückgewähr durch den Anfechtungsgegner. Eine zunächst eingetretene Benachteiligung kann nachträglich dadurch wieder beseitigt werden, dass der Anfechtungsgegner den anfechtbar erhaltenen Gegenstand oder dessen vollen Wert in das Vermögen des Schuldners zurückführt.[971] Dies setzt zumindest voraus, dass die „Rückgewähr" des Anfechtungsgegners **eindeutig zu dem Zweck** erfolgt, dem Schuldner den entzogenen Vermögenswert wieder zu geben und damit die Verkürzung der Haftungsmasse ungeschehen zu machen. Es muss sich von der Zweckbestimmung her um eine **vorweggenommene Befriedigung des individuellen Rückgewähranspruchs** handeln.[972] Daran fehlt es insbesondere, wenn ein Kreditinstitut auf anfechtbare Weise die Tilgung einer ausstehenden Darlehensschuld erlangt hat und anschließend dem Schuldner erneut ein Darlehen gewährt.[973] Hierdurch wird rechtlich ein neuer Schuldgrund geschaffen, der zudem die vorangegangene Schuldtilgung allenfalls bei mindestens gleichen Bedingungen wirtschaftlich wieder ausgleichen könnte. Entsprechendes gilt, sofern sich ein Gesellschafter ein Darlehen zurückgewähren lässt, um den erlangten Betrag alsbald wieder als Kapitaleinlage an die Gesellschaft zurückzuzahlen.[974] Hierbei muss das anfechtbar Erlangte oder dessen voller Wert mit dem Zweck, die Verkürzung des Schuldnervermögens zu beseitigen, wieder in das Schuldnervermögen zurückgeführt werden. Dafür reicht es aus, dass bar ausgehändigte Geldbeträge dem Insolvenzschuldner wieder bar erstattet werden.[975] Hieran fehlt es aber, sofern ein pfändbarer Auszahlungsanspruch gegen ein Kreditinstitut in einen für die Gläubiger nur schwer ausfindig zu machenden Bargeldbetrag beim Schuldner „verschleiert umgetauscht" wird, da eine Pfändungsmöglichkeit dort allenfalls theoretisch bestand.[976] Dagegen muss es entsprechend § 422 Abs. 1 BGB als Rückgewähr ausreichen, soweit der Insolvenzmasse aus Anlass derselben Rechtshandlung Ersatzansprüche – sei es auch aus verschiedenen Rechtsgründen – gegen mehrere Personen zustehen und eine von ihnen die gesamte Benachteiligung ausgleicht;[977] zu deren Gunsten sollte § 255 BGB anwendbar sein → Rn. 101b → Rn. 192 → § 143 Rn. 25. 178

[966] OLG Frankfurt HRR 1936 Nr. 480 aE.
[967] Vgl. BGH WM 1984, 1194 (1195); BGHZ 154, 190 (196) = NZI 2003, 315 (316 f.); BGH NZI 2004, 446; ergänzend → Rn. 46b.
[968] BGH NJW 1994, 449 (451); AGR/*Gehrlein* § 129 Rn. 64.
[969] Vgl. OLG Hamm WM 2003, 2115 (2117).
[970] OLG Köln NJW-RR 1992, 1382 (1384); *Baur/Stürner* Rn. 18.44; aM OLG Braunschweig MDR 1950, 356 (357).
[971] BGH NZI 2018, 216 (217) = ZInsO 2018, 445; BGHZ 198, 77 f. = BGH NZI 2013, 804 (805) = DNotZ 2014, 146 (147); RGZ 14, 311 (312 ff.); RGZ 37, 97 (100 ff.); RGZ 69, 44 (48); Gottwald/*Huber* § 46 Rn. 70; zur Beweislast des Anfechtungsgegners → Rn. 228.
[972] BGH NZI 2019, 392 (393) = WM 2019, 548 (549) = ZInsO 2019, 691 (692); BGH NZI 2018, 216 (217) = ZInsO 2018, 445; BGH NZI 2013, 397 = ZInsO 2013, 670.
[973] OLG Düsseldorf WM 1985, 1009 (1011); aM BGH NZI 2018, 216 (218) = ZInsO 2018, 445 (446); RG JW 1905, 184 Nr. 33.
[974] OLG Naumburg ZIP 2005, 1564 (1565).
[975] BGH NZI 2018, 216 (218) = ZInsO 2018, 445 (446).
[976] BGH NZI 2015, 937 (939) = DStR 2016, 84 (86).
[977] Vgl. OLG Hamm ZIP 2004, 1427, das § 242 BGB anwenden möchte.

179 Hatte der Schuldner ein Grundstück anfechtbar übertragen, entfällt der Rückgewähranspruch nicht dadurch, dass derselbe Erwerber das Grundstück später durch **Zuschlag in der Zwangsversteigerung** ersteht.[978] Für eine Beseitigung der Gläubigerbenachteiligung reicht es auch nicht aus, sofern der Anfechtungsgegner mit dem anfechtbar erhaltenen Geld andere Gläubiger des Schuldners befriedigt hat.[979] Denn hierdurch kommt es nicht, wie erforderlich → Rn. 104 → Rn. 116, der Gesamtheit der Insolvenzgläubiger, sondern nur einzelnen von ihnen zugute. Unerheblich ist insoweit, ob die anderen Gläubiger vor oder nach Eintritt der wirtschaftlichen Krise des Schuldners befriedigt werden: Dies mag gegebenenfalls für das Vorliegen einer Rückgewährpflicht dem Grunde nach bedeutsam werden. Sind aber die objektiven und subjektiven Voraussetzungen eines Anfechtungstatbestandes verwirklicht, so ist die Kausalität für sich zu prüfen; sie ist von der Kenntnis der Krise unabhängig. Auf diese kann es dann erst wieder im Rahmen des § 143 Abs. 2 Satz 2 ankommen,[980] also zugunsten eines sonst gutgläubigen Empfängers einer unentgeltlichen Leistung (§ 134).

179a Eine **Gläubigerbenachteiligung infolge Vermehrung von Verbindlichkeiten** kann durch die **Rücknahme der Anmeldung** dieser Verbindlichkeiten zur Insolvenztabelle nur beseitigt werden, sofern auch eine wirksame Wiederholung der Anmeldung ausgeschlossen ist.[981] Eine durch eine anfechtbare **Sicherungsübertragung von Betriebsinventar** eingetretene Gläubigerbenachteiligung entfällt nicht dadurch, dass der Insolvenzverwalter den Betrieb des Schuldners samt Inventar entgeltlich an einen Erwerber veräußert. Denn diesem gegenüber haftet die Insolvenzmasse für Rechtsmängel regelmäßig nach Maßgabe der §§ 437, 435, 433 Abs. 1 Satz 2 BGB. Hat der Verwalter andererseits bei der Veräußerung auf das mögliche fremde Sicherungsrecht hingewiesen, wird durchweg ein entsprechender Teil des Kaufpreises bis zur Klärung des Anfechtungsrechts sichergestellt bleiben.[982]

180 **b) Unmöglichkeit der Herausgabe.** Soweit der Empfänger des anfechtbar weggegebenen Gegenstands diesen selbst nicht mehr herausgeben kann, ohne dass er ihn zuvor dem Schuldner zurückgewährt hätte → Rn. 178, ist die Bedeutung eines solchen Umstands allein an § 143 Abs. 1 Satz 2 oder Abs. 2 zu messen → § 143 Rn. 101 ff. → § 143 Rn. 134 ff.

181 **c) Hypothetische Ursachen.** Soweit der Empfänger tatsächlich noch über den Gegenstand selbst oder den an dessen Stelle getretenen Wert[983] verfügen kann, steht allenfalls die Berücksichtigung von **Reserveursachen**[984] in Frage, die mutmaßlich dem Insolvenzschuldner denselben Leistungsgegenstand unabhängig von der anfechtbaren Rechtshandlung ebenfalls ganz oder teilw. entzogen hätten. Derartige **hypothetische Ursachen** sind grundsätzlich nicht zu berücksichtigen.[985] Das Anfechtungsrecht regelt die Zurechnungsfrage gemäß seinem Normzweck → Vor § 129 Rn. 2 ff. selbst. Es knüpft bei Vorliegen genau umschriebener Tatumstände – auch aus Gründen der Rechtsklarheit – allein an die tatsächlich eingetretene Gläubigerbenachteiligung an. Nur gegenüber der Verpflichtung zum Wertersatz, die – bei dem Grunde nach bestehender Rückgewährpflicht – durch jede denkbare Form der Unmöglichkeit ausgelöst werden könnte, kommt ein zusätzlicher Schutz für den Anfechtungsgegner in Betracht → Rn. 183.

182 Deshalb ist es **insbesondere unerheblich,** ob der Schuldner über den fraglichen Gegenstand auch unanfechtbar hätte verfügen können[986] oder mutmaßlich noch vor Insolvenzeröffnung

---

978 BGHZ 159, 397 (400 f.) = NJW 2004, 2900 f. zu § 11 AnfG.
979 BGH WM 1962, 1316 (1317); BGH NJW 1970, 44 (46).
980 Vgl. RGZ 92, 227 (229); *Jaeger/Henckel* KO § 29 Rn. 91.
981 Zu Unrecht ohne diese Einschränkung OLG Köln ZInsO 2004, 624 f.
982 Zur Freigabe durch den Insolvenzverwalter → Rn. 184 f.
983 Vgl. hierzu BGHZ 123, 183 (191) = NJW 1993, 2876 (2878); BGH NJW 2002, 1574 (1576).
984 Vgl. hierzu BGHZ 78, 209 (214) = NJW 1981, 628 (630); MüKoBGB/*Oetker* § 249 Rn. 213 ff.; Palandt/*Grüneberg* BGB Vor § 249 Rn. 55 ff.
985 BGH DStR 2019, 522 (524) = WM 2019, 213 (214 f.) = BeckRS 2018, 35959; BGH NJW-RR 2017, 427 (429) = NZI 2017, 68 (69); BGH NJW-RR 2016, 171 (173) = NZI 2016, 35 (37); BGHZ 123, 320 (325 f.) = NJW 1993, 3267 (3268); BAG ZIP 2015, 533 (537); Jaeger/*Henckel* § 129 Rn. 131 ff.; Uhlenbruck/*Borries/Hirte* § 129 Rn. 230 f.; *Baur/Stürner* Rn. 18.45; Gottwald/*Huber* § 46 Rn. 73; *Häsemeyer* Insolvenzrecht Rn. 21.22; HKInsO/*Thole* § 129 Rn. 84; FKInsO/*Dauernheim* § 129 Rn. 70; Nerlich/Römermann/*Nerlich* § 129 Rn. 70; zu § 3 AnfG auch BGHZ 104, 355 (360) = NJW 1988, 3265 (3266); BGH NJW-RR 1992, 734 (735); BGHZ 121, 179 (187) = NJW 1993, 663 (665); BGHZ 123, 183 (190 f.) = NJW 1993, 2876 (2878); BGH NZI 2000, 468 f.; BGHZ 159, 397 (401) = NJW 2004, 2900 (2901); RG LZ 1912, 681 Nr. 9; RG KuT 1936, 89; OLG Koblenz WM 1998, 1090 (1091); *Gerhardt* ZIP 1984, 397 (398 f.); KPB/*Ehricke* § 129 Rn. 87 f.
986 BGHZ 128, 184 (192) = NJW 1995, 659 (661); BGHZ 130, 314 (321) = NJW 1995, 2846 (2847); RGZ 10, 5 (8 f.); vgl. auch RG WarnR 1935 Nr. 14, 35.

verfügt hätte, wenn er ihn nicht zuvor dem Anfechtungsgegner hätte zukommen lassen;[987] ob der begünstigte Gläubiger hätte vollstrecken können statt gegen Sicherheit Stundung zu gewähren[988] oder ob sich die Zugriffslage für die Gläubiger ohne eine dem Schuldner gegen Sicherheit gewährte Stundung auch nicht besser dargestellt hätte;[989] ob der eingetretene Erfolg auch ohne Zwischenschaltung des Schuldners hätte erreicht werden können;[990] ob andere Gläubiger unanfechtbar auf den Gegenstand zugegriffen hätten, wenn der Anfechtungsgegner ihn nicht erhalten hätte;[991] ob eine staatliche Investitionszulage nicht gewährt worden wäre, wenn zuvor nicht in anfechtbarer Weise Gehaltszahlungen geleistet worden wären; ob über das Vermögen des Schuldners früher und möglicherweise mit anderem Ergebnis das Insolvenzverfahren eröffnet worden wäre, wenn er die angefochtene Leistung nicht erbracht hätte;[992] ob der Gegenstand mutmaßlich durch einen Brand beim Schuldner vernichtet worden wäre, wenn dieser ihn nicht zuvor dem Anfechtungsgegner überlassen hätte,[993] oder ob der Leistungsgegenstand, der dem Anfechtungsgegner wenigstens wertmäßig verblieben ist, beim Schuldner ohne die Weggabe hoheitlich beschlagnahmt worden wäre; ob der Pflichtteilsberechtigte die Voraussetzungen für die Pfändbarkeit seines Pflichtteils → Rn. 85 möglicherweise nicht geschaffen hätte, wenn er ihn nicht – wie tatsächlich geschehen – in anfechtbarer Weise abgetreten hätte;[994] ob der Schuldner einen Kredit bei Kenntnis der Anfechtbarkeit nicht abgerufen hätte; ob er ohne eine angefochtene Zahlung die Kreditmittel nutzbringender verwendet hätte[995] oder ob die Kreditbedingungen der Bank nachteiliger sind als mögliche Nichterfüllungsfolgen gegenüber dem begünstigten Gläubiger;[996] ob der Gläubiger einen Vertrag mit dem Schuldner nicht abgeschlossen hätte, wenn dadurch keine Aufrechnungslage begründet worden wäre[997] oder ob er einen Vertrag ohne eine benachteiligende Klausel nicht abgeschlossen hätte;[998] ob der Schuldner eine Arbeitsstelle nicht angenommen hätte, wenn er den pfändbaren Teil seines Lohns nicht abgetreten hätte;[999] ob der Gläubiger einen neuen Kredit nicht gewährt hätte, wenn nicht auch Altforderungen mitbesichert worden wären.[1000] Ob ein Grundstückseigentümer, welcher der Veräußerung eines Erbbaurechts zustimmen muss und tatsächlich unentgeltlich zugestimmt hat, einer anderen Veräußerung als an den Anfechtungsgegner möglicherweise nicht zugestimmt hätte, ist ebenfalls unerheblich;[1001] denn die Verweigerung ist im Hinblick auf § 7 ErbbauRG gerichtlich überprüfbar. Etwas anderes könnte gelten, wenn die Zustimmung im freien, gerichtlich nicht nachprüfbaren Ermessen des Berechtigten stünde; dann könnte es an der Vermögenseigenschaft des aufgegebenen Gutes fehlen.[1002]

Ausnahmsweise können **hypothetische Umstände bei Bestimmung einer Wertersatzpflicht** im Rahmen des § 143 Abs. 1 Satz 2 zu berücksichtigen sein,[1003] weil insoweit nicht die engen Begrenzungen der einzelnen Anfechtungstatbestände eingreifen, sondern der **Zurechnungszusammenhang** selbständig gemäß dem Normzweck einzuschränken ist. Hat der Anfechtungsgegner das ihm Geleistete zu demselben Zweck verwendet, für den es auch der Insolvenzschuldner von Rechts wegen anfechtungsfrei hätte verwenden müssen, oder zu einem Zweck, der in vollem Umfang der Gesamtheit der Insolvenzgläubiger → Rn. 179 zugutegekom- 183

987 So zutr. *Gerhardt* ZIP 1984, 397 (399) gegen BGHZ 90, 207 (212) = NJW 1984, 1968 (1969); LG Düsseldorf ZIP 1981, 601 (604); *Jaeger* Gläubigeranfechtung § 1 Rn. 64.
988 BGH NJW 1997, 3175 (3176); aM *App* NJW 1985, 3001 (3003).
989 BGH NJW-RR 2006, 414 (415).
990 BGH NZI 2000, 468 (469) zu § 1 AnfG.
991 BGHZ 104, 355 (361) = NJW 1988, 3265 (3266); BGHZ 123, 320 (325 f.) = NJW 1993, 3267 (3268); OLG Braunschweig bei *Gerhardt* EWiR 1999, 125 (126); dies verkennt *Piekenbrock* NZI 2007, 384 (385).
992 BGHZ 121, 179 (187 f.) = NJW 1993, 663 (665); überholt sind RGZ 39, 89 (92 f.); OLG Dresden JW 1927, 1391; OLG Hamm NJW 1976, 1983; OLG Düsseldorf WM 1985, 1009 (1011).
993 *Gerhardt* ZIP 1984, 397 (399).
994 BGHZ 123, 183 (190 f.) = NJW 1993, 2876 (2878); vgl. auch BGH NJW-RR 1992, 734 (735); RG KuT 1936, 89.
995 Vgl. OLG Hamburg ZIP 2002, 1360 (1363 f.); OLGReport 2002, 373 (376 f.); aber → Rn. 108c.
996 BGH NJW 2002, 1574 (1576); ergänzend → Rn. 108c.
997 BGH NJW-RR 2005, 1641 (1643).
998 Vgl. OLG Naumburg ZIP 2006, 716 (718 f.).
999 RGZ 69, 59 (60 f.) ist überholt.
1000 RG JW 1935, 118 (119); vgl. auch *Kirchhof* ZInsO 2000, 297 (298 f.).
1001 BGH NJW 1966, 730 (731).
1002 → Rn. 82; zur Wertberechnung bei einer Zustimmung nur gegen eine ausgleichende Zahlung in derartigen Fällen → Rn. 175.
1003 HambKommInsO/*Rogge*/*Leptien* § 129 Rn. 112; Jaeger/*Henckel* § 129 Rn. 132 ff.; *Kamlah* S. 27; → § 143 Rn. 148.

men ist, so ist Rückgewähr durch Wertersatz ausgeschlossen. Denn dann ist den Insolvenzgläubigern jedenfalls der Wert des Geleisteten nicht verloren gegangen. Dementsprechend ist für die Abtretung von Ruhegeldansprüchen nicht mit Wirkung für die Vergangenheit Wertersatz zu leisten, soweit der Abtretungsempfänger die von ihm eingezogenen Beträge ebenfalls für den Unterhalt des Schuldners oder seine unterhaltsberechtigten Angehörigen verwendet hat;[1004] mit Wirkung für die Zukunft dagegen kann die Abtretung bezüglich des allgemein pfändbaren Teils des Ruhegeldes anfechtbar sein. Hat der Anfechtungsgegner Wertsteigerungen durch anfechtbare Verwendungen auf sein Grundstück dem Grunde nach auszugleichen, so kann die Verpflichtung entfallen, wenn das Grundstück auf Betreiben anderer Gläubiger zu einem Preis zwangsversteigert wird, der nicht einmal die auf dem Grundstück lastende Schuldenmasse deckt.[1005] Hat dagegen der Anfechtungsgegner ein vom Schuldner erhaltenes Grundstück dinglich belastet und vermag er die Belastung nicht zu beseitigen, so wird seine Ersatzpflicht allein durch § 143 Abs. 1 Satz 2 oder Abs. 2 begrenzt;[1006] auf die Frage, ob auch der Schuldner mutmaßlich eine gleiche Belastung vorgenommen hätte, kommt es nicht an, weil der Schuldner hierzu weder verpflichtet war noch eine solche Belastung der Gläubigergesamtheit zugutegekommen wäre.[1007] Der Umstand allein, wonach der Schuldner selbst eine gleichartige Belastung möglicherweise anfechtungsfrei hätte vornehmen können, genügt auch im Wertersatzrecht nicht → Rn. 182.

184 **d) Freigabe durch den Insolvenzverwalter.** Der Insolvenzverwalter darf zwar nicht das Anfechtungsrecht als solches „freigeben“, weil dies allein dem Insolvenzschuldner oder dem Anfechtungsgegner nutzen würde → Rn. 217. Gibt er aber den vom Schuldner zuvor anfechtbar entäußerten Gegenstand rechtswirksam aus der Insolvenzmasse frei, so entfällt bei wertender Betrachtungsweise das Recht zur Insolvenzanfechtung.[1008] Auf einen – gelegentlich zweifelhaften – Verzichtswillen des Verwalters gerade bezüglich des Anfechtungsrechts kommt es insoweit ebenso wenig an wie auf einen Anfechtungsvorbehalt seinerseits.[1009] Wäre nämlich seine Freigabeerklärung offensichtlich **insolvenzzweckwidrig,** dann wäre sie ohnehin nichtig. Verletzt sie dagegen nicht in solcher Weise den Insolvenzzweck, so hätte auch der anfechtbar weggegebene Gegenstand selbst nicht mehr den Insolvenzgläubigern dienen können; die Insolvenzanfechtung vermag ihnen dann sogar mit einem Vorbehalt des Verwalters kraft Gesetzes keine weitergehenden Rechte zu sichern. Nicht das Anfechtungsrecht, sondern gegebenenfalls § 60 schützt gegen **masseschädigende Freigabeerklärungen** des Insolvenzverwalters.[1010]

185 Der Insolvenzverwalter darf hingegen den **inhaltlichen Umfang einer Freigabe einschränken,** bspw. indem er bei der Freigabe eines überschuldeten Grundstücks eine anfechtbar bestellte Hypothek ausnimmt;[1011] dann verbleibt ihm insoweit das Anfechtungsrecht. Im Übrigen kommt für ihn statt einer Freigabe die **Abtretung des Anfechtungsanspruchs** in Betracht → Rn. 214 ff., wenn er das Anfechtungsrecht für die Insolvenzmasse verwerten, aber selbst darüber keinen Prozess führen will.[1012]

VII. Ausübung des Anfechtungsrechts

186 Das Anfechtungsrecht entsteht zwar **ohne weiteres mit der Vollendung eines Anfechtungstatbestands,**[1013] jedoch für die Insolvenzmasse – in Abgrenzung zur Einzelgläubigeranfechtung gemäß dem Anfechtungsgesetz – aufschiebend bedingt durch die Eröffnung des Insolvenzverfah-

---

1004 RGZ 150, 42 (44 f.).

1005 BGH NJW 1980, 1580 (1581).

1006 *Gerhardt* ZIP 1984, 397 (400).

1007 AM BGHZ 90, 207 (212) = NJW 1984, 1968 (1969) und mit anderer Begründung *Jaeger/Henckel* KO § 29 Rn. 94.

1008 RGZ 60, 107 (109) unter Bestätigung von OLG Kiel OLGRspr 10 (1905), 220; *Baur/Stürner* Rn. 18.43; HambKommInsO/*Rogge/Leptien* § 129 Rn. 114; *Jaeger/Henckel* KO § 29 Rn. 173; Uhlenbruck/*Borries/Hirte* § 129 Rn. 171. Allerdings bedeutet die Freigabe eines Grundstücks nicht zugleich diejenige aller grundpfandrechtlichen Belastungen zugunsten des Schuldners, vgl. HambKommInsO/*Rogge/Leptien* § 129 Rn. 41b; Uhlenbruck/*Borries/Hirte* § 129 Rn. 171.

1009 AM *Kilger/K. Schmidt* KO § 29 Anm. 15.

1010 Zur Frage der Anfechtungsmöglichkeit der einzelnen Gläubiger des (Insolvenz-)Schuldners nach einer Freigabeerklärung des Insolvenzverwalters → Rn. 210.

1011 Vgl. hierzu *Jaeger/Henckel* KO § 29 Rn. 173.

1012 Zur entgeltlichen Veräußerung des Anfechtungsgegenstands an einen Erwerber → Rn. 179a.

1013 RGZ 58, 44 (47); RGZ 133, 46 (48); *Kilger/K. Schmidt* KO § 29 Anm. 3; zum AnfG auch BGHZ 98, 6 (9) = NJW 1986, 2252 (2253); RGZ 44, 92 (93 f.); RGZ 77, 65 (69); dies rechtfertigt die Rückwirkung der Rechtsfolgen gemäß § 143 Abs. 1 Satz 2.

rens.[1014] Das gilt wegen der unterschiedlichen Zweckbestimmung und Gestaltung gerade der Insolvenzanfechtung auch dann, wenn vorher aufgrund desselben Sachverhaltes ein Einzelgläubiger hätte anfechten können.[1015] Die gesetzlich angeordnete Möglichkeit einer Rechtsnachfolge gemäß §§ 16 f. AnfG setzt nicht die völlige Identität beider Rechtsbehelfe voraus;[1016] eine solche besteht umso weniger, als Inhalt und Berechtigter des Anfechtungsrechts → Rn. 189 → Rn. 191 unterschiedlich sind. Eine **Aufrechnung** wird gemäß § 96 Abs. 1 Nr. 3 ebenfalls erst mit Insolvenzeröffnung gegenüber der Masse unwirksam.[1017] Tritt die benachteiligende Wirkung erst nach Verfahrenseröffnung ein – vor allem in den Fällen des § 147 –, kann das Anfechtungsrecht auch erst später entstehen. Sein Inhalt entspricht den gesetzlichen Befugnissen, die durch die §§ 143, 144 und 96 Abs. 1 Nr. 3 gewährt werden → Vor § 129 Rn. 38.

1. Inhaber des Anfechtungsrechts. Umstritten ist, wer Inhaber des Anfechtungsrechts ist. 187
Praktische Auswirkungen hat der Streit jedoch kaum.

Die überwiegende Meinung zu § 36 KO sah den **Konkursverwalter** als Inhaber des Anfech- 188
tungsanspruchs an.[1018] Damit wird ihm aber ohne zwingenden Grund materiell eine stärkere Rechtsstellung zugelegt, als er bedarf und als das Insolvenzrecht ihm allgemein zugesteht. Diese Ansicht würde bspw. Schwierigkeiten bei der Begründung der Gegenseitigkeit für eine Aufrechnung gemäß § 387 BGB gegen Masseverbindlichkeiten schaffen.

Wirtschaftlich dient das Anfechtungsrecht **den Interessen der Gläubiger,** die außerhalb des 189
Insolvenzverfahrens – gemäß § 2 AnfG – auch selbst dessen Träger sind. Deshalb wurden früher teilw. die Gläubiger auch als Inhaber des Anfechtungsrechts in der Insolvenz angesehen.[1019] Jedoch stehen diese nicht in einem rechtlichen Verbund. Zudem weisen § 129 Abs. 1 und § 280 die Ausübung des Anfechtungsrechts allein dem Insolvenzverwalter bzw. Sachwalter zu; er ist nicht Stellvertreter der Gläubiger, sondern Amtswalter. Das Anfechtungsrecht soll also im Interesse aller Verfahrensbeteiligten ausgeübt werden.

Teilw. wird die Auffassung vertreten, der **Insolvenzschuldner** sei Inhaber des Anfechtungs- 190
rechts, weil es Bestandteil der ihm zuzuordnenden Masse sei.[1020] Dem steht allerdings entgegen, dass der Schuldner selbst kraft Gesetzes nie anfechten kann. Selbst in der Eigenverwaltung darf nur der Sachwalter gemäß § 280 die Anfechtung ausüben.

Hiernach überzeugt die Erklärung, wonach das Anfechtungsrecht in der Insolvenz **im Sonder-** 191
vermögen „Insolvenzmasse" des Schuldners gebündelt und der Verfügungsbefugnis des Insolvenzverwalters unterstellt wird, um die Nutzung zum gemeinsamen Interesse aller Gläubiger sicherzustellen.[1021]

2. Ausübung durch Insolvenzverwalter. Die Anfechtung ist nur zulässig, sofern das Insol- 192
venzverfahren wirksam eröffnet wurde. Eine Abweisung mangels Masse genügt dagegen nicht.[1022] Die Eröffnung setzt einen vom Richter unterschriebenen Eröffnungsbeschluss voraus.[1023] Liegt ein (rechtskräftiger) Eröffnungsbeschluss vor, der nicht ausnahmsweise an einem zur Nichtigkeit führen-

---

[1014] BGHZ 15, 333 (337) = NJW 1955, 259 (260); BGHZ 101, 286 (288) = NJW 1987, 2821 (2822); BFHE 92, 293 (295); *Baur/Stürner* Rn. 18.13; HKInsO/*Thole* § 129 Rn. 101; Jaeger/*Henckel* § 143 Rn. 103; → § 143 Rn. 5; aM Uhlenbruck/*Borries/Hirte* § 143 Rn. 3. Soweit es in BGHZ 15, 333 (337) = NJW 1955, 259 (260); BGH ZIP 1982, 76 (78); BGHZ 101, 286 (288) = NJW 1987, 2821 (2822); BGHZ 113, 98 (105) = NJW 1991, 560 (562) heißt, der Anspruch entstehe „mit" Konkurseröffnung, ging die Tragweite des Ausspruchs für das konkrete Ergebnis nicht weiter, als dass der Konkursanfechtungsanspruch als solcher (jedenfalls) „nicht vor" der Konkurseröffnung vollständig entstehe; eine anderenfalls beabsichtigte Abweichung von den in der vorigen Fußnoten genannten Urteilen hätte offengelegt werden müssen; für das Entstehen mit Konkurseröffnung nach österreichischem Recht *König* Rn. 2/21.

[1015] BGH NJW 1995, 2783 (2784); HKInsO/*Thole* § 129 Rn. 101; *C. Paulus* WuB VI B. § 55 KO Rn. 1.96 aE; aM *Jaeger/Henckel* KO § 37 Rn. 84. Den veränderten und begrenzten Begründungsansatz berücksichtigen nicht *Gerhardt* EWiR 1995, 795 (796) und *Henckel* JZ 1996, 531 (532).

[1016] Ebenso *Huber* AnfG § 16 Rn. 8.

[1017] Zum Ausschluss einer Aufrechnung mit Insolvenzforderungen gegen den Anfechtungsanspruch → § 143 Rn. 16.

[1018] BGHZ 83, 102 (105) = NJW 1982, 1765 (1766); BGHZ 86, 190 (196) = NJW 1983, 887 (888); BGH NJW 1989, 985 (986); RGZ 31, 40 (43); OLG Schleswig ZIP 1985, 820 (821).

[1019] *Cosack* S. 231 f.; *Kohler* Lehrbuch S. 209 f.

[1020] *Jaeger/Lent* KO Vorb. IV 3 vor § 29, § 36 Rn. 5, § 37 Rn. 21.

[1021] BGH NZI 2009, 313 (314); HambKommInsO/*Rogge/Leptien* § 143 Rn. 4; HKInsO/*Thole* § 129 Rn. 104; Jaeger/*Henckel* § 143 Rn. 97; KPB/*Jacoby* § 143 Rn. 2, 4; *K. Schmidt* KTS 1984, 345 (380 f.); *Weber* KTS 1961, 49 (56).

[1022] Uhlenbruck/*Borries/Hirte* § 143 Rn. 4.

[1023] BGHZ 137, 49 (57 f.) = NJW 1998, 609 f.; Uhlenbruck/*Zipperer* § 27 Rn. 21.

den Mangel leidet, hat das Prozessgericht ihn als gültig hinzunehmen.[1024] Gemäß § 129 Abs. 1 kann grundsätzlich nur der Insolvenzverwalter das Anfechtungsrecht ausüben; ihm steht der Sachwalter nach § 280 gleich.[1025] Gemeint ist der jeweils wirksam bestellte Verwalter, also nach einem Ausscheiden des ersten dessen Nachfolger im Amt.[1026] Der Insolvenzverwalter handelt materiell-rechtlich wie prozessual **im eigenen Namen und aus eigenem Recht,** jedoch mit Wirkung für und gegen die Insolvenzmasse. Er wird insoweit in Erfüllung der ihm durch die Insolvenzordnung auferlegten gesetzlichen Verpflichtungen tätig.[1027] Er handelt dabei weisungsfrei kraft seines Amtes im eigenen Namen.[1028] Seine Entscheidung trifft er allein nach Zweckmäßigkeit für die von ihm verwaltete Insolvenzmasse. Dabei hat er in vorausschauender Sicht die mutmaßlichen Erfolgsaussichten des jeweiligen Vorgehens und die Zahlungsfähigkeit der betroffenen Gegner abzuschätzen. Insbesondere ist der Verwalter in der Insolvenz einer GmbH jedenfalls insolvenzrechtlich nicht verpflichtet, einen Anfechtungsprozess zu führen, ehe er die Haftung des Geschäftsführers gemäß § 64 GmbHG geltend macht.[1029] Entsprechendes gilt für mögliche Ansprüche der Insolvenzmasse aus dem die Anfechtung begründenden Sachverhalt gegen einen etwaigen Versicherer → Rn. 176. Eigene Rechtshandlungen kann der Insolvenzverwalter nicht anfechten → § 147 Rn. 9.[1030] Die Kosten erfolgloser Anfechtungsprozesse schuldet grundsätzlich allein die Insolvenzmasse. Bei Masselosigkeit oder -unzulänglichkeit haftet der Insolvenzverwalter persönlich nur nach Maßgabe der §§ 826, 823 Abs. 2 BGB; § 61 greift nicht ein.[1031] Zudem bestätigt der durch Gesetz zur Verkürzung des Restschuldbefreiungsverfahrens und zur Stärkung der Gläubigerrechte[1032] eingefügte § 300a Abs. 1 Satz 2, dass trotz einer bereits erteilten Restschuldbefreiung weiterhin eine Insolvenzanfechtung möglich bleibt.

193 Die Anfechtungsbefugnis steht **nicht bereits dem vorläufigen Insolvenzverwalter** gemäß § 22 zu,[1033] weil die Anfechtung zu der dem endgültigen Verwalter vorbehaltenen Verwertung des Schuldnervermögens gehört → Rn. 223; deshalb beginnt auch keine Verjährung vor der Verfahrenseröffnung (§ 146 Abs. 1). Dementsprechend wäre ein vom vorläufigen Verwalter erklärter „Verzicht" auf die Anfechtung unwirksam.[1034] Der vorläufige Verwalter bedarf des Verzichts aber auch nicht, soweit er selbst anfechtungsfrei handeln darf → Rn. 45 ff. Über die Anfechtungsbefugnis eines **ausländischen Insolvenzverwalters** entscheidet allein das Recht des Eröffnungsstaates (Art. 4 Abs. 2 Satz 2 EuInsVO, §§ 335, 343 Abs. 1); die Beschränkungen des Art. 13 EuInsVO oder § 339 gelten lediglich für die materiellen Anfechtungsvoraussetzungen.

194 **a) Bedeutung der Ausübungsbefugnis.** Erst die – nicht formbedürftige – Willensentscheidung des Insolvenzverwalters macht den Rückgewähranspruch (§ 143) durchsetzbar. Allerdings ist die Ausübung der Anfechtungsbefugnis **kein Gestaltungsrecht,**[1035] sondern bedeutet lediglich das Geltendmachen der Rechtsfolgen, die sich im jeweiligen Einzelfall aus der von selbst bestehenden Anfechtbarkeit → Rn. 186 ergeben.[1036] Es entspricht funktional dem Verlangen des Berechtigten bei einem verhaltenen Anspruch.[1037] Meist erfolgt die Anfechtung durch Einleitung eines auf die benachteiligende Rechtshandlung gestütztes, auf Rückgewähr zielendes Gerichtsverfahren.[1038] Nach der Ersetzung der früheren Ausschlussfrist des § 41 KO durch eine Verjährungsfrist (§ 146) reicht

---

1024 BGH WM 2004, 835 (837); BGHZ 138, 40 (44 f.) = NJW 1998, 1318 (1319); BAG ZInsO 2018, 127 (128 f.) = ZIP 2018, 32 ff.; ergänzend → Rn. 196 → Rn. 227.

1025 → Rn. 191.

1026 Uhlenbruck/*Borries/Hirte* § 143 Rn. 10.

1027 BGHZ 88, 331 (334) = NJW 84, 739; BGH NZI 2009, 313 (314).

1028 BGHZ 83, 102 (105) = NJW 1982, 1765 (1766); Jaeger/*Henckel* § 143 Rn. 97; vgl. auch RGZ 120, 189 (192).

1029 Ergänzend → Rn. 101b; zum Ausgleich unter mehreren Verpflichteten → § 143 Rn. 16.

1030 Zu einer denkbaren Treuwidrigkeit der Anfechtung → Rn. 46 → Rn. 46b → § 143 Rn. 31.

1031 BGHZ 161, 236 (239 ff.) = NJW 2005, 901 (902); zu § 826 BGB vgl. BGHZ 154, 269 (271 ff.) = NJW 2003, 1934 f.; aM Uhlenbruck/*Sinz* § 61 Rn. 10, 22.

1032 BGBl. I 2013 S. 2379.

1033 OLG Hamm ZInsO 2005, 217 (218); Uhlenbruck/*Borries/Hirte* § 143 Rn. 11.

1034 OLG Hamm ZInsO 2005, 217 f.; *Bork* ZIP 2006, 589 (594 ff.); für Sequester gemäß § 106 KO LG Bremen ZIP 1991, 1224 mAnm *Johlke* EWiR 1991, 1001; ergänzend → Rn. 45 f.

1035 BGHZ 135, 140 (149) = NJW 1997, 1857 (1859); *Bork* ZIP 2006, 589 (590); *Gerhardt* Gläubigeranfechtung S. 124 ff.; → Rn. 196; aM *Bode* WuB VI B § 37 KO Rn. 1.97.

1036 Vgl. *Foerste* Rn. 338. Diese Unterscheidung ist entgegen *Bork* ZIP 2006, 589 (590) als Voraussetzung für die Überlassung des Anfechtungsrechts an Dritte → Rn. 214 → Rn. 223 nötig, die sonst nicht ausübungsbefugt wären.

1037 Vgl. dazu BAG NZI 2007, 58 (60); MüKoBGB/*Krüger* § 271 Rn. 4; Palandt/*Grüneberg* BGB § 271 Rn. 1.

1038 BGHZ 135, 140 (149) = NJW 1997, 1857 (1859); *Gerhardt* JZ 1990, 243 (244). Dies kann auch durch Aufnahme eines unterbrochenen Rechtsstreits des Schuldners geschehen: OLG Rostock ZInsO 2004, 1148 (1149).

darüber hinaus als „Ausübung" jedes rechtserhebliche, auch außergerichtliche Berufen des Insolvenzverwalters auf den Rückgewähranspruch aus, also **jede erkennbare Willensäußerung,** dass der Insolvenzverwalter die Gläubigerbenachteiligung in der Insolvenz nicht hinnimmt, sondern sie zur Masseanreicherung wenigstens wertmäßig auf Kosten des Anfechtungsgegners wieder auszugleichen sucht. Davon ist die Frage zu trennen, auf welche Weise erforderlichenfalls die Verjährung gehemmt werden kann; das verlangt ein Verhalten nach Maßgabe der §§ 203 ff. BGB → § 146 Rn. 12 ff. Der Insolvenzverwalter bleibt an seine Entscheidung nicht ohne weiteres gebunden. Insbesondere darf er grundsätzlich von der Verfolgung einer zunächst geltend gemachten Anfechtung eines Vertragsschlusses später Abstand nehmen und stattdessen Vertragserfüllung fordern, solange der Anfechtungsanspruch nicht erfüllt ist → § 143 Rn. 27. Grenzen setzen insoweit § 103 Abs. 2 und § 242 BGB,[1039] insbesondere wenn das vorausgegangene Verhalten des Verwalters aus Sicht des Vertragspartners als ernsthafte und endgültige Erfüllungsverweigerung erschien und dieser sich hierauf eingerichtet hatte.

Der Verwalter übt das Anfechtungsrecht **für die Insolvenzmasse** aus.[1040] Rückgewähr gemäß 195 § 143 hat regelmäßig an diese zu erfolgen, so dass die anfechtbar weggegebenen Gegenstände mit der Rücknahme durch den Verwalter wieder Massebestandteile, also Eigentum des Insolvenzschuldners, werden → § 143 Rn. 64 f. mit der Bestimmung, einer gleichmäßigen Gläubigerbefriedigung zu dienen. Ein Klageantrag, mit dem ein Insolvenzverwalter Leistung an sich begehrt, ist regelmäßig dahin auszulegen, dass Leistung an ihn gerade in seiner Eigenschaft als Verwalter – nicht als Privatperson – verlangt wird.[1041] Im Rahmen des Insolvenzzwecks kann der Verwalter allerdings auch andere Personen als Leistungsempfänger bestimmen.[1042]

Die **Ausübungsbefugnis des Verwalters** bedeutet, dass Rechtshandlungen mit Bezug auf das 196 Anfechtungsrecht wirksam nur von ihm und gegen ihn vorgenommen werden können. Er allein kann es fristwahrend durch Klage oder im Wege der Einrede geltend machen, den Anfechtungsgegner in Verzug setzen[1043] oder sich mit ihm auf einen Wertersatzanspruch statt Rückgewähr einigen,[1044] Erfüllungsleistungen entgegennehmen, einen Vergleich über den Anfechtungsanspruch abschließen[1045] oder diesen erlassen.[1046] Dem Insolvenzverwalter steht es ferner zu, den Anfechtungsgegner vor einer gerichtlichen Geltendmachung des Hauptanspruchs auf Auskunft in Anspruch zu nehmen,[1047] allerdings reicht hierfür keine Vermutung über das Bestehen eines Anspruchs aus.[1048] Oder er kann den Rückgewähranspruch vorsorglich durch Arrest oder einstweilige Verfügung sichern lassen.[1049] Grundsätzlich sind sämtliche derartigen Maßnahmen des Insolvenzverwalters von seiner Verfügungsmacht gedeckt und für die Insolvenzmasse wirksam, solange sie nicht offensichtlich gegen den Insolvenzzweck verstoßen → Rn. 217 f. Die Wirksamkeit seiner Bestellung durch einen nicht nichtigen Beschluss des Insolvenzgerichts (§§ 27 Abs. 2 Nr. 2, 56 Abs. 1) darf nicht im Anfechtungsstreit überprüft werden; zugleich sind hier sämtliche Einwendungen gegen den Eröffnungsbeschluss unzulässig → Rn. 192 → Rn. 227. Über einen Anfechtungsanspruch kann im Rahmen eines Insolvenzplans entsprechend § 230 wirksam nur verfügt werden, sofern der Insolvenzverwalter, der als solcher nicht iSd §§ 221 ff. beteiligt ist, zustimmt.[1050]

Andere Personen, zB **Drittschuldner,** können sich nicht selbständig auf die Anfechtbarkeit 196a einer Rechtshandlung berufen, etwa darauf, dass der Gläubiger die geltend gemachte Forderung zuvor nur in anfechtbarer Weise von einem Insolvenzschuldner erworben habe.[1051] Bei hierdurch verursachter Ungewissheit über die Berechtigung des jeweiligen Anspruchstellers sind die §§ 409, 410 BGB anwendbar.

1039 *Jaeger/Henckel* KO § 37 Rn. 29.

1040 BGH NZI 2009, 313 (314).

1041 Vgl. BGH WM 1961, 387 (389); Uhlenbruck/*Borries/Hirte* § 143 Rn. 166; Gottwald/*Huber* § 51 Rn. 32; → § 146 Rn. 39.

1042 Vgl. *Jaeger/Henckel* KO § 36 Rn. 2; zur prozessualen Geltendmachung iE → § 146 Rn. 30 ff.

1043 Vgl. BGH WM 1968, 407 (409); *Eckardt* Anfechtungsklage S. 26; *Jaeger/Henckel* KO § 36 Rn. 2.

1044 Vgl. hierzu BGH NJW 1995, 2783 (2784).

1045 BGH NZI 2011, 486 (487); *Kreft* FS K. Schmidt, 2009, 965 ff.; *Jaeger/Henckel* KO § 36 Rn. 5; Uhlenbruck/*Borries/Hirte* § 143 Rn. 14; ergänzend → Rn. 210 → § 146 Rn. 38.

1046 BGH NZI 2011, 486 (487); RG JW 1885, 7 Nr. 8; Gruchot 48 (1904), 409 (415); OLG Hamburg ZIP 1988, 927 (928); *Jaeger/Henckel* KO § 36 Rn. 2; Uhlenbruck/*Borries/Hirte* § 143 Rn. 88; → Rn. 222; zur Möglichkeit der Abtretung → Rn. 214 ff.

1047 BGHZ 74, 379 (380 f.) = NJW 1979, 1832; BGH NJW 1987, 1812 (1813); AGR/*Gehrlein* § 129 Rn. 138; → § 143 Rn. 37.

1048 BGH NZI 2009, 722 = ZIP 2009, 1823.

1049 OLG Karlsruhe NZI 2017, 395 (396 f.) = ZIP 2017, 290 (291); *Baur/Stürner* Rn. 20.21; *Eckardt* Anfechtungsklage S. 27; *Jaeger/Henckel* KO § 37 Rn. 150.

1050 Für uneingeschränkte Zulässigkeit Uhlenbruck/*Borries/Hirte* § 129 Rn. 71 f.

1051 Vgl. BGH ZInsO 2006, 1217 (1218); LG Köln ZIP 1993, 638; ergänzend → Rn. 198 → Vor § 129 Rn. 33. Dies übersah OLG Frankfurt ZInsO 2003, 283 (284) mit Bezug auf eine Pfändung.

197 **b) Rechtstellung des Schuldners.** Der Schuldner ist stets von der Anfechtung ausgeschlossen.[1052] Macht der Verwalter die Anfechtung gerichtlich geltend, kann der Schuldner ihm nicht als Streithelfer beitreten, wohl aber uU dem Anfechtungsgegner.[1053] Unterlässt es der Verwalter, eine Anfechtung geltend zu machen, oder erhebt er eine offensichtlich aussichtslose Anfechtungsklage, kann der Schuldner allenfalls die **Aufsicht des Insolvenzgerichts** (§ 58) anrufen oder vom Verwalter **Schadensersatz** verlangen (§ 60). Wegen seiner persönlichen Verpflichtung, die im Fall erfolgreicher Anfechtung wiederaufleben würde → § 144 Rn. 5, kann der Schuldner aber ein rechtliches Interesse iSv § 66 Abs. 1 ZPO für eine **Nebenintervention** auf Seiten des Anfechtungsgegners haben.[1054]

198 **c) Rechtstellung der Gläubiger.** Auch die einzelnen Gläubiger können von der Verfahrenseröffnung an rechtlich nicht auf die Anfechtungsentscheidung des Insolvenzverwalters einwirken,[1055] abgesehen von der Möglichkeit, **Maßnahmen der gerichtlichen Aufsicht** anzuregen[1056] oder **Schadensersatz** zu fordern (§ 60). Im Feststellungsprozess nach Maßgabe des § 179 können weder einzelne Gläubiger noch alle zusammen ihren Widerspruch selbständig auf die Anfechtbarkeit der festzustellenden Forderung stützen.[1057] Gläubiger können allerdings dem Insolvenzverwalter in Anfechtungsprozessen als **Streithelfer** gemäß § 66 ZPO beitreten.[1058] Trotz der möglichen Rechtskrafterstreckung eines Urteils über die Insolvenzanfechtung auch gegenüber den einzelnen Gläubigern → Rn. 210 bleibt ihnen jedoch die Einflussmöglichkeit eines streitgenössischen Nebenintervenienten (§ 69 ZPO) durch § 129 verschlossen.[1059] Das gilt auch für **Absonderungsberechtigte als Streithelfer.**[1060] Im Einzelnen verschafft § 166 Abs. 1 Nr. 2 oder 3 SGB III nicht der Bundesagentur für Arbeit ein eigenes Anfechtungsrecht im eröffneten Insolvenzverfahren; sie kann darin vielmehr die Zahlung von Insolvenzausfallgeld nur versagen, sofern der Insolvenzverwalter angefochten oder die Leistung verweigert hat.[1061]

199 Der **Gläubigerausschuss** ist lediglich unter den Voraussetzungen des § 160 Abs. 1 oder Abs. 2 Nr. 3 um seine Zustimmung zu ersuchen, ehe der Verwalter über eine besonders bedeutsame Anfechtung entscheidet; die Wirksamkeit seiner Maßnahme im Außenverhältnis hängt hiervon nicht ab (§ 164). Im Übrigen haben weder der Ausschuss als solcher noch seine Mitglieder eigenständige Mitwirkungsrechte bei der Anfechtung. Mitglieder des Gläubigerausschusses können in dieser Eigenschaft auch nicht als Streithelfer gemäß § 66 ZPO in Anfechtungsprozessen auftreten.[1062]

200 **3. Verhältnis zur Einzelgläubigeranfechtung.** Soweit der Insolvenzverwalter selbst für die Insolvenzmasse Vermögen von einem Dritten anfechtbar erwirbt, unterliegt dies der Anfechtung durch die Gläubiger des Dritten gemäß § 2 AnfG.[1063] Für den **Insolvenzverwalter als Anfechtungsbeklagten** gelten grundsätzlich keine Sonderregeln.[1064]

201 Dagegen wird die **Berechtigung zur Anfechtung** durch die §§ 16 bis 18 AnfG zwischen Insolvenzverwalter und Einzelgläubigern geregelt, soweit der anfechtbar weggegebene Gegenstand ohne die anfechtbare Rechtshandlung in die Insolvenzmasse (§§ 35, 36) gefallen wäre. Lediglich für **beschlagfreies Vermögen des Schuldners** fehlt eine besondere Bestimmung: § 13 Abs. 5 AnfG aF wurde nicht übernommen, weil die Frage keine praktische Bedeutung mehr habe, nachdem § 35 auch den Neuerwerb des Schuldners in die Insolvenzmasse einbezieht.[1065] Soweit ausnahmsweise insolvenzfreies Vermögen des Schuldners entstünde und anfechtbar weggeben würde, könnte es zu einer Konkurrenz aller einzelnen (Alt- wie Neu-)Gläubiger unter Ausschluss des Insolvenzverwalters um die Anfechtung kommen.

[1052] BGHZ 83, 102 (105) = NJW 1982, 1765 (1766); ähnlich Uhlenbruck/*Borries/Hirte* § 143 Rn. 9, wobei dem Insolvenzverwalter das Recht zustehen soll, den Schuldner als Prozessstandschafter einzusetzen.

[1053] *Jaeger/Henckel* KO § 36 Rn. 9 aE.

[1054] Vgl. *König* Rn. 17/95.

[1055] Vgl. RGZ 30, 71 (74); Uhlenbruck/*Borries/Hirte* § 143 Rn. 12.

[1056] *Jaeger/Henckel* KO § 36 Rn. 3.

[1057] *Jaeger/Henckel* KO § 36 Rn. 4; ergänzend → Rn. 196a.

[1058] RG JW 1891, 273 Nr. 11; *Jaeger/Henckel* KO § 36 Rn. 8; Uhlenbruck/*Borries/Hirte* § 143 Rn. 12 aE, 177; vgl. für das österreichische Recht *König* Rn. 17/96 ff.

[1059] RG JW 1889, 203; *Jaeger/Henckel* KO § 36 Rn. 8.

[1060] RGZ 100, 87 (89); *Jaeger/Henckel* KO § 36 Rn. 13.

[1061] *Heilmann* KTS 1979, 251 (254 f.); Uhlenbruck/*Borries/Hirte* § 129 Rn. 81 f.; vgl. Gagel/*Peters-Lange* SGB III § 166 Rn. 12; *Hess* InsO Anh. C SGB III § 184 Rn. 18.

[1062] RGZ 36, 367 (368 f.); *Jaeger/Henckel* KO § 36 Rn. 8 aE.

[1063] Vgl. BGHZ 121, 179 (184 ff.) = NJW 1993, 663 (664 f.); *Huber* AnfG § 1 Rn. 56.

[1064] MüKoAnfG/*Kirchhof* § 11 Rn. 12 ff.

[1065] RegE zu Art. 1 §§ 16 bis 18 EGInsO, 2. Abs.

a) Übergang der Anfechtungsbefugnis. Mit Eröffnung des Insolvenzverfahrens (§ 27) über das Vermögen des Schuldners geht die Anfechtungsbefugnis gemäß § 16 Abs. 1 Satz 1 AnfG von anfechtenden Gläubigern auf den Insolvenzverwalter über.[1066] Hatte ein Gläubiger bereits vorher einen vollstreckbaren – sogar rechtskräftigen – Titel über einen Anfechtungsanspruch gegen den späteren Insolvenzschuldner erwirkt, so kann der **Insolvenzverwalter als Rechtsnachfolger** iSd §§ 727, 325 ZPO den Titel auf sich umschreiben lassen; dabei kann die Klausel den Besonderheiten des § 143 angepasst werden (§ 17 Abs. 2 AnfG analog).[1067] Einer neuen Anfechtungsklage des Insolvenzverwalters mit nicht weitergehendem Ziel fehlt damit das Rechtsschutzinteresse.[1068] Ist das vom Gläubiger erwirkte Urteil erst vorläufig vollstreckbar, so darf der Gläubiger daraus zwar selbst nach Insolvenzeröffnung nicht mehr vollstrecken; der Insolvenzverwalter seinerseits darf daraus Rechte allerdings nur herleiten, sofern er nicht die Aufnahme des Prozesses ablehnt.[1069] Ein in dem vom Gläubiger erwirkten Urteil enthaltener **Vorbehalt iSv § 14 AnfG** entfällt, sobald der Insolvenzverwalter den Anspruch für die Masse verfolgt.[1070] Dem Gläubiger sind stets lediglich seine Kosten vorweg aus einem vom Insolvenzverwalter beigetriebenen Erlös zu erstatten (§ 16 Abs. 1 Satz 2 AnfG); der Restbetrag dient der gleichmäßigen Befriedigung sämtlicher Insolvenzgläubiger. Ein zugunsten eines Einzelgläubigers ergangenes Urteil erwächst auch in der Weise in materielle Rechtskraft für den Insolvenzverwalter, dass diesem gegenüber der Anfechtungsgegner ebenfalls keine Einwendungen oder Einreden mehr geltend machen kann, die bereits gegenüber dem Einzelgläubiger ausgeschlossen waren.[1071] 202

Hat der **Einzelgläubiger aufgrund seines Anfechtungsanspruchs eine Sicherung oder Befriedigung erlangt,** so ist sie als kongruentes Deckungsgeschäft unter den Voraussetzungen des § 130 anfechtbar (§ 16 Abs. 2 AnfG), also insbesondere, sofern die der Einzelanfechtung zugrundeliegende Forderung zur Insolvenzforderung wird → § 130 Rn. 17 → § 131 Rn. 30. Allerdings sind auch insoweit dem Gläubiger gemäß § 16 Abs. 1 Satz 2 AnfG die Kosten des Rechtsstreits gegen den Insolvenzschuldner zu belassen. Der Anfechtungsgegner, der an den Gläubiger geleistet hat, kann nach Maßgabe der §§ 407 Abs. 1, 412 BGB von seiner Verpflichtung befreit werden.[1072] 203

Ist das **Verfahren über den Anfechtungsanspruch** des Gläubigers im Zeitpunkt der Insolvenzeröffnung **noch rechtshängig,** so wird es gemäß § 17 Abs. 1 Satz 1 AnfG unterbrochen.[1073] Das gilt allerdings nicht für die bloße Einrede der Anfechtbarkeit iSv § 9 AnfG.[1074] Anfechtungsklagen oder -widerklagen von Einzelgläubigern kann der Insolvenzverwalter in der Form des § 250 ZPO wieder aufnehmen (§ 17 Abs. 1 Satz 2 AnfG). Die Aufnahme kann für die Insolvenzmasse insbesondere günstiger sein, sofern die Anfechtung an den früheren Fristbeginn der §§ 3 Abs. 2 und 4 Satz 2, 7 AnfG (§ 133 Abs. 2 und Abs. 4 Satz 2), §§ 4 Abs. 1, 7 AnfG (§ 134 Abs. 1) oder §§ 6 Abs. 1, 6a AnfG (§ 135 Abs. 1 und Abs. 2) geknüpft ist; in diesen Fällen kommt eine rechtzeitige Anfechtung durch den Einzelgläubiger auch der Insolvenzmasse zugute.[1075] Ferner schützt eine einstweilige Verfügung oder ein Arrest, die der Einzelgläubiger gegen den Anfechtungsgegner erwirkt haben mag, im Fall der Verfahrensaufnahme die Insolvenzmasse.[1076] Von mehreren rechtshängigen Klagen verschiedener Gläubiger gegen denselben Anfechtungsgegner aufgrund desselben Anfechtungstatbestandes kann der Insolvenzverwalter nur eine aufnehmen.[1077] Hatte der Gläubiger mit der Klage neben dem Anfechtungsrecht zugleich aus einem anderen Lebenssachverhalt einen Schadensersatzanspruch verfolgt, tritt hinsichtlich dieses Anspruchs keine Unterbrechung ein;[1078] etwas anderes gilt nur für einen Gesamtschaden iSd § 92.[1079] Um einen Gesamtschaden wird es sich regelmäßig auch handeln, soweit das Anfechtungsrecht aus demselben Lebenssachverhalt folgt, auf dem zugleich die anderen Anspruchsgrundlagen beruhen; dann kann nach der Insolvenzeröffnung der Verwalter den Rückgewähranspruch unter sämtlichen rechtlichen Gesichtspunkten geltend 204

[1066] MüKoAnfG/*Kirchhof* § 16 Rn. 12 ff.
[1067] RGZ 30, 67 (71); Gottwald/*Huber* § 51 Rn. 17; *Jaeger/Henckel* KO § 36 Rn. 19; Uhlenbruck/*Borries/Hirte* § 129 Rn. 24.
[1068] *Jaeger/Henckel* KO § 36 Rn. 19 aE; *Huber* § 16 Rn. 13.
[1069] *Jaeger/Henckel* KO § 36 Rn. 19; ergänzend → Rn. 206.
[1070] RGZ 30, 67 (70 f.); *Jaeger/Henckel* KO § 36 Rn. 19.
[1071] *Jaeger/Henckel* KO § 36 Rn. 20. Jedoch wirkt die Rechtskraft nicht zu Lasten der Insolvenzmasse → Rn. 207.
[1072] *Dauernheim* S. 228; *Huber* AnfG § 16 Rn. 12.
[1073] Vgl. OLG Stuttgart NZI 2002, 495 (496 ff.).
[1074] *Huber* AnfG § 17 Rn. 3; MüKoAnfG/*Kirchhof* § 17 Rn. 6.
[1075] Vgl. *Jaeger/Henckel* KO § 36 Rn. 15.
[1076] Vgl. OLG Kassel SeuffA 65 (1910) Nr. 100; *Dauernheim* S. 230; *Huber* AnfG § 17 Rn. 14, 19.
[1077] *Huber* AnfG § 17 Rn. 15.
[1078] RGZ 143, 267 (269 f.); *Huber* AnfG § 17 Rn. 3.
[1079] BGHZ 82, 209 (216 f.) = NJW 1982, 883 (885); BGH NJW 1982, 2253 f.; *Jaeger/Henckel* KO § 36 Rn. 15; Uhlenbruck/*Borries/Hirte* § 129 Rn. 22.

machen.[1080] Eine Möglichkeit zur Aufnahme dürfte nicht bestehen, wenn eine Verwaltungsbehörde gemäß § 191 Abs. 1 Satz 2 AO einen Anfechtungsanspruch durch **Duldungsbescheid** festgesetzt hat; das Widerspruchsverfahren wird zwar mit der Insolvenzeröffnung unterbrochen,[1081] doch kann der Insolvenzverwalter nicht anstelle des Hoheitsträgers die Rechte aus einem Duldungsbescheid weiter verfolgen.

205 Der Insolvenzverwalter kann den Anfechtungsrechtsstreit auch **noch in der Revisionsinstanz aufnehmen.**[1082] Nimmt er ihn auf, so soll er sich nach einem Urteil des BGH weiter auf die Vorschriften des Anfechtungsgesetzes stützen.[1083] Diese Formulierung dürfte darauf beruhen, dass im entschiedenen Fall § 545 ZPO neuen Tatsachenvortrag in der Revisionsinstanz ausschloss. Ein Parteiwechsel und veränderte rechtliche Gesichtspunkte sind jedoch zu beachten. Da die §§ 3 bis 6a AnfG inhaltlich den §§ 133, 134, 322 und 135 entsprechen, ist jedenfalls zur Umstellung auf die geänderte Anspruchsgrundlage kein neuer Tatsachenvortrag nötig.[1084] Nach der Aufnahme kann der Insolvenzverwalter den Klageantrag gemäß § 17 Abs. 2 AnfG anpassen, um den Unterschieden zwischen §§ 11 bis 13 AnfG einerseits und §§ 143, 144 andererseits Rechnung zu tragen. Ferner kann er die Klage erweitern, insbesondere um Tatbestände der besonderen Insolvenzanfechtung einzuführen,[1085] wobei jedoch materiell-rechtlich die Verjährungsfrist des § 146 Grenzen setzt[1086] und prozessual eine etwaige Notwendigkeit sowie Möglichkeit neuen Tatsachenvortrags zu berücksichtigen sind. Im Fall der Aufnahme ist der Verwalter verfahrensrechtlich an die Prozessführung des bisherigen Klägers gebunden,[1087] nicht aber an dessen materiell-rechtliche Dispositionen.[1088] Der Gläubiger kann gemäß § 16 Abs. 1 Satz 2 AnfG vorrangig Erstattung seiner – anderweitig nicht zu ersetzenden – notwendigen Prozesskosten aus dem Erlös verlangen.[1089]

206 **Der Anfechtungsgegner** – nicht der gemäß § 2 AnfG klagende Gläubiger[1090] – kann unter den Voraussetzungen des § 17 Abs. 1 Satz 3 AnfG iVm § 239 Abs. 2 bis 4 ZPO eine Entscheidung des Insolvenzverwalters über die **Aufnahme erzwingen.** Dieser wird die Aufnahme ablehnen, soweit sie nicht zur Fristwahrung erforderlich ist und die bisherige Prozessführung durch den Gläubiger für die Insolvenzmasse ungünstig war.[1091] Lehnt der Verwalter die Aufnahme ab, so kann **jede der ursprünglichen Parteien** das Verfahren aufnehmen, allerdings nur noch mit dem Ziel, eine Entscheidung über die Prozesskosten zu erreichen (§ 17 Abs. 3 Satz 1 AnfG). Die Hauptsache ist infolge des Übergangs der Prozessführungsbefugnis auf den Insolvenzverwalter erledigt. Der Gläubiger soll sie sogar dann nicht aufnehmen können, wenn der Insolvenzverwalter den Anfechtungsanspruch wegen vermeintlicher Aussichtslosigkeit „freigibt".[1092] Anders verhält es sich, wenn der Verwalter zusammen mit der Freigabeerklärung einen – nicht wegen Insolvenzzweckwidrigkeit nichtigen – **materiell-rechtlichen Verzicht auf das Anfechtungsrecht** ausgesprochen hat,[1093] an den auch ein neuer Insolvenzverwalter gebunden bliebe. Eine Entscheidung des Verwalters, die Prozessaufnahme abzulehnen, gilt aber nicht zugleich als „Verzicht" auf den Insolvenzanfechtungsanspruch an sich.[1094] Vielmehr steht es dem Verwalter frei, die Anfechtung durch eine eigenständige Klage statt durch Aufnahme geltend zu machen (§ 17 Abs. 3 Satz 2 AnfG).

207 Ist die **Anfechtungsklage eines Gläubigers rechtskräftig abgewiesen** worden, so erwächst ein solches Urteil nicht in Rechtskraft gegenüber der Insolvenzmasse.[1095] Der Unterschied zur Rechtskrafterstreckung zugunsten der Insolvenzmasse → Rn. 202 ergibt sich aus dem Zweck der §§ 16 bis 18 AnfG, die Rechte der Gläubigergesamtheit im Verhältnis zum Einzelgläubiger zu stärken.

[1080] BGHZ 143, 249 (252) = NJW 2000, 1259 (1260).
[1081] BFH ZIP 1994, 1707 (1708 f.); *Huber* AnfG § 17 Rn. 4; für ein Außerkrafttreten des Bescheids *Jaeger/Henckel* KO § 36 Rn. 15 aE.
[1082] BGHZ 143, 249 (252) = NJW 2000, 1259 (1260); vgl. dazu *G. Paulus*, in Berger u. a., Erster Leipziger Insolvenzrechtstag, 2000, 89 (94 f.).
[1083] BGHZ 143, 249 (252 f.) = NJW 2000, 1259 (1261).
[1084] Zutr. *Henckel* FS 50 Jahre BGH, 2000, 785 (794 ff.).
[1085] Vgl. *Dauernheim* S. 229; *Huber* AnfG § 17 Rn. 9 f.
[1086] *Huber* AnfG § 17 Rn. 13.
[1087] *Jaeger/Henckel* KO § 36 Rn. 15; vgl. auch *Huber* AnfG § 17 Rn. 8.
[1088] *Jaeger/Henckel* KO § 36 Rn. 15; → Rn. 207.
[1089] *Dauernheim* S. 230; *Huber* AnfG § 16 Rn. 14; zur Anfechtung durch einen Abtretungsempfänger → Rn. 221.
[1090] OLG Koblenz ZInsO 2005, 1222 (1223).
[1091] Zur Bindungswirkung → Rn. 205.
[1092] BFH ZIP 1994, 1707 (1709); *Dauernheim* S. 227; *Huber* AnfG § 17 Rn. 16; zur „Freigabe" → Rn. 184.
[1093] Zu dessen Wirkungen → Rn. 223.
[1094] *Huber* AnfG § 17 Rn. 15; → Rn. 196 → Rn. 223.
[1095] *Jaeger/Henckel* KO § 36 Rn. 20; Nerlich/Römermann/*Nerlich* § 129 Rn. 19.

Der Insolvenzverwalter ist also nicht gehindert, aufgrund desselben Sachverhalts, der bereits dem erfolglosen Prozess des Einzelgläubigers zugrunde lag, die Insolvenzanfechtung geltend zu machen. Auch an einen Vergleich, den der Einzelgläubiger abgeschlossen haben mag, ist der Insolvenzverwalter nicht zum Nachteil der Insolvenzmasse gebunden.[1096]

b) Betroffene Gläubiger. Der **Verlust der Anfechtungsbefugnis** mit Insolvenzeröffnung bezüglich aller dem Insolvenzbeschlag unterliegenden Rechte → Rn. 201 trifft sämtliche Insolvenzgläubiger (§ 38) einschließlich der nachrangigen (iSd § 39). Massegläubiger (§ 53) werden durch § 129 ebenfalls gehindert, nach Insolvenzeröffnung Rechtshandlungen des Schuldners gemäß § 2 AnfG anzufechten, weil die Anfechtung dann gerade die Insolvenzmasse anreichern soll, die vorrangig der Befriedigung der Massegläubiger dient; ein eigenmächtiges Vorgehen eines Massegläubigers könnte dagegen ein Vollstreckungsverbot gemäß §§ 90, 210 oder die Verteilungsreihenfolge des § 209 unterlaufen. Neuen Gläubigern haftet die Insolvenzmasse einschließlich der dazu gehörigen Anfechtungsansprüche nicht; allerdings dürfte dies ihren Zugriff auf Neuvermögen, das der Schuldner anfechtbar weggegeben hat, erst ausschließen, wenn auch der Insolvenzverwalter die Weggabe anficht.[1097] § 129 beschränkt nicht die **Aussonderungsberechtigten** mit Bezug auf ihre Aussonderungsrechte; zu den Rechten, die sie gemäß § 47 Satz 2 uneingeschränkt außerhalb des Insolvenzverfahrens verfolgen können, gehört deshalb auch die Einzelgläubigeranfechtung, soweit der Schuldner über den auszusondernden Gegenstand in anfechtbarer Weise verfügt hat. 208

Für **Absonderungsberechtigte** wurde bisher ebenfalls angenommen, diese könnten selbst die Anfechtung benachteiligender Verfügungen des (Insolvenz-)Schuldners über den Absonderungsgegenstand unabhängig vom Verwalter verfolgen.[1098] Nach Einbeziehung der Absonderungsberechtigten mit ihrer gesamten gesicherten Forderung ins Insolvenzverfahren (§§ 49 ff.; → Rn. 152) ist dieser Rechtssatz jedoch einzuschränken. Es besteht nunmehr rechtlich ein Konkurrenzverhältnis zwischen Absonderungsberechtigten und der Insolvenzmasse bei der Verwertung des Absonderungsguts. Soweit die vorrangige Verwertungsbefugnis des Insolvenzverwalters (§§ 165 ff.) reicht, muss auch sein Anfechtungsrecht vorgehen, also hinsichtlich der in seinem Besitz befindlichen beweglichen Sachen und der vom Schuldner sicherungshalber abgetretenen Forderungen (§ 166). In diesem Umfang gelten die §§ 16 bis 18 AnfG, soweit eine Insolvenzanfechtung von Rechtshandlungen, die für das Absonderungsrecht nachteilig sind, überhaupt in Betracht kommen kann, also nicht, soweit der Wert des beweglichen Sicherungsguts auch ohne diese Handlungen bereits voll für andere Gläubiger ausgeschöpft war → Rn. 108d → Rn. 150 f. 209

Dem **Vorrang der Insolvenzanfechtung** entspricht es, dass derartige Sicherheiten im Insolvenzverfahren teilw. ohne weiteres außer Kraft treten (§ 88). Auch darüber hinaus obliegt es vorrangig dem Insolvenzverwalter, die Pfändung eines Gläubigers in ein bewegliches Vermögensgut des Schuldners abzuwehren, das gemäß §§ 35 f. in die Insolvenzmasse fällt. Wird eine Anfechtungsklage des Verwalters rechtskräftig als unbegründet abgewiesen, ohne dass dies nur auf einer fehlenden Benachteiligung gerade der Insolvenzgläubiger beruht, so gebietet es der Schutz des Anfechtungsgegners, dass eine solche Entscheidung auch in Rechtskraft gegenüber sämtlichen Einzelgläubigern erwächst.[1099] Dagegen muss es dem von einem Dritten auf Freigabe oder Nachrangigkeit gemäß §§ 771, 805 ZPO verklagten Absonderungsberechtigten weiterhin freistehen, sein Recht durch Erhebung der Anfechtungseinrede zu verteidigen; damit greift er noch nicht in berechtigte Belange der Insolvenzmasse ein.[1100] Eine solche selbständige Rechtsverteidigung kann dann nicht umgekehrt Rechtskraft zugunsten der Insolvenzmasse schaffen → Rn. 202. 209a

c) Beendigung des Insolvenzverfahrens. Die **Anfechtungsbefugnis des Verwalters endet** mit der Aufhebung oder Einstellung des Insolvenzverfahrens (§§ 200, 215 Abs. 2 Satz 1) nicht jedoch bereits mit Erteilung der Restschuldbefreiung (§ 300a Abs. 1 Satz 2), soweit der Verwalter das Anfechtungsrecht bis dahin nicht wirksam ausgeübt hat oder ausüben konnte.[1101] Hält man 210

1096 *Jaeger/Henckel* KO § 36 Rn. 19 aE.

1097 Uhlenbruck/*Borries/Hirte* § 129 Rn. 19.

1098 BGHZ 109, 240 (249) = NJW 1990, 716 (718); RGZ 16, 32 (36); RGZ 117, 160 (161); RG WarnR 1927 Nr. 125; RGZ 100, 87 (89); OLG Posen OLGRspr 35 (1917), 249 f.; *Huber* AnfG § 16 Rn. 6; *Jaeger/Henckel* KO § 36 Rn. 11; Uhlenbruck/*Borries/Hirte* § 129 Rn. 20.

1099 Deshalb wäre der in RGZ 16, 32 ff. entschiedene Fall heute anders zu beurteilen.

1100 Deshalb würde sich heute nichts an der Beurteilung der von RGZ 117, 160 ff. und OLG Posen OLGRspr 35 (1917), 249 ff. entschiedenen Fälle ändern, während die Urteile des OLG Köln JW 1931, 2156 f. und des OLG Posen SeuffA 67 (1912) Nr. 51 weiterhin unrichtig erscheinen.

1101 BGH NZI 2010, 99.

eine Abtretung des Anfechtungsanspruchs für zulässig → Rn. 214 ff.,[1102] so liegt darin auch eine „Ausübung" durch den Insolvenzverwalter, die das Recht den Einzelgläubigern endgültig entzieht.[1103] Hat der Verwalter sein Recht nicht in beständiger Weise ausgeübt, können die einzelnen Gläubiger nach Verfahrensende wieder ihre Anfechtungsansprüche verfolgen (§ 18 AnfG). Jedoch stehen dem Anfechtungsgegner **„Einreden"**, die er gegen den Insolvenzverwalter erlangt hatte, gemäß § 18 Abs. 1 AnfG auch gegenüber allen einzelnen Gläubigern zu. Damit sind nicht nur sämtliche materiellen Einwendungen oder Einreden – wie Erfüllung, Erlass, Stundung oder Vergleich – gemeint. Vielmehr begründet die Vorschrift auch eine **Rechtskrafterstreckung zulasten der Einzelgläubiger.** Wurde eine Anfechtungsklage des Insolvenzverwalters rechtskräftig als unbegründet abgewiesen, so kann damit zugleich auch der Anfechtungsanspruch jedes einzelnen Gläubigers aufgrund desselben Sachverhalts aberkannt sein.[1104] Gemäß allgemeinen prozessualen Regeln wird diese Rechtskraftwirkung allerdings durch die Tragweite der Entscheidung begrenzt: Wurde bspw. die Klage des Verwalters mit der Begründung abgewiesen, dass der anfechtbar weggegebene Gegenstand bereits wertausschöpfend belastet gewesen sei → Rn. 109, so wird hiervon jedenfalls der erstrangig gesicherte Gläubiger nicht betroffen. Dieselben Schranken sollten auch für die Rechte der Einzelgläubiger nach einer Freigabeerklärung durch den Insolvenzverwalter gelten → Rn. 184 → Rn. 206. Eine dem Schuldner erteilte **Restschuldbefreiung** steht jedoch einer Gläubigeranfechtung nicht entgegen.[1105] Sofern die Anfechtung Rechtshandlungen betrifft, die vor Eröffnung des Verfahrens vorgenommen wurden, gilt dies unabhängig davon, ob der Gläubiger bereits vor Verfahrenseröffnung Anfechtungsklage erhoben hatte[1106] oder diese erst nach Insolvenzverfahrensaufhebung erhebt.[1107]

211 Hatte der Insolvenzverwalter den Anfechtungsprozess eines Einzelgläubigers gemäß § 17 Abs. 1 Satz 2 AnfG aufgenommen und **endet das Insolvenzverfahren vor Abschluss des Rechtsstreits,** so kann nur der früher klagende Gläubiger ihn auf Klägerseite wieder aufnehmen (§ 18 Abs. 1 AnfG).[1108] Ein erst vom Insolvenzverwalter begonnener Anfechtungsrechtsstreit kann in der Hauptsache weder von einem Insolvenzgläubiger noch vom Insolvenzschuldner aufgenommen werden;[1109] der Prozess wird mit Insolvenzbeendigung nicht unterbrochen, sondern ist regelmäßig in der Hauptsache erledigt.[1110] Der frühere Insolvenzschuldner und der Anfechtungsgegner können den Prozess nur wegen der Kosten weiterführen.[1111] Hinsichtlich der Hauptsache kann der Verwalter auch von keiner anderen Person wirksam prozessual ermächtigt werden, einen Anfechtungsprozess nach Verfahrensende fortzuführen.[1112] Dritte vermag der Verwalter ebenfalls nicht wirksam zu ermächtigen, wenn er ihnen nicht zugleich die materielle Klagebefugnis verschafft → Rn. 214 f. Jedoch kann der Insolvenzverwalter einen Anfechtungsrechtsstreit fortsetzen oder – innerhalb der Verjährungsfrist des § 146 Abs. 1 – sogar neu beginnen, wenn das Insolvenzgericht bei der Verfahrensaufhebung gemäß § 200 den Zufluss aus der Anfechtung einer Nachtragsverteilung vorbehalten hat; in diesem Fall dauert insoweit der Insolvenzbeschlag fort.[1113]

211a Entsprechendes gestattet § 259 Abs. 3, sofern ein **Insolvenzplan** eine fortdauernde Prozessführung vorsieht; dies sollte vorsorglich in spezifizierter Form erfolgen, doch genügt notfalls auch die Formulierung „§ 259 Abs. 3 findet Anwendung" im gestaltenden Teil des Insolvenzplans.[1114] Die weitere Prozessführung ist anfechtungsrechtlich auch dann nicht ohne weiteres bedenklich, wenn der Rechtsstreit gemäß § 259 Abs. 3 Satz 2 „für Rechnung des Schuldners" geführt wird; denn der (erhoffte) Ertrag kann zuvor bereits mit in die Befriedigungsquoten für die Insolvenzgläubiger eingerechnet worden sein und ihnen deshalb mittelbar zugutekommen. Bleibt der Anfechtungsan-

---

1102 BGH NZI 2011, 486.
1103 BGH NZI 2011, 486 (488).
1104 *Dauernheim* S. 232 f.; *Jaeger/Henckel* KO § 36 Rn. 16; Gottwald/*Huber* § 51 Rn. 18.
1105 BGHZ 208, 1 (5 ff.) = NJW 2016, 246 (247 f.) = NZI 2016, 131 (132 f.).
1106 BGHZ 208, 1 (5 ff.) = NJW 2016, 246 (247 f.) = NZI 2016, 131 (132 f.).
1107 BGH NJW 2018, 2322 (2323) = NZI 2018, 488 (489) = ZIP 2018, 935 (936 f.).
1108 OLG Karlsruhe JW 1933, 1147 f.; *Dauernheim* S. 232; *Huber* AnfG § 18 Rn. 10; *Jaeger/Henckel* KO § 36 Rn. 16.
1109 BGHZ 83, 102 (105 f.) = NJW 1982, 1765 (1766); RGZ 7, 35 (36); RGZ 31, 40 (43); *Jaeger/Henckel* KO § 36 Rn. 16; Uhlenbruck/*Borries/Hirte* § 129 Rn. 26.
1110 RGZ 7, 35 (36); RGZ 52, 330 (333 f.); RGZ 58, 414 (416 f.).
1111 RGZ 31, 40 (42); RGZ 52, 330 (333 f.); RGZ 58, 414 (418); *Jaeger/Henckel* KO § 36 Rn. 18.
1112 RGZ 135, 347 (350).
1113 BGH NJW 1973, 1198 (1199); BGHZ 83, 102 (103) = NJW 1982, 1765 f.; BGH NZI 2010, 99 f.; RGZ 28, 68 (69 f.); RG JW 1936, 2927 (2928 f.); RGZ 31, 40 (42); *Baur/Stürner* Rn. 20.2; Gottwald/*Huber* § 51 Rn. 10; HKInsO/*Thole* § 129 Rn. 107; *Jaeger/Henckel* KO § 36 Rn. 17; *Uhlenbruck* ZIP 1993, 241 (246).
1114 BGH NJW-RR 2006, 491 (492 ff.); OLG Jena NZI 2002, 435; LG Wuppertal ZInsO 2002, 337 (338); Uhlenbruck/*Borries/Hirte* § 129 Rn. 72.

spruch auf solche Weise insolvenzbefangen, fehlt jedem Einzelgläubiger für ein eigenes Anfechtungsverfahren die Prozessführungsbefugnis. Soweit hierfür unter der Geltung des § 41 KO die Rechtshängigkeit des Konkursanfechtungsprozesses vorausgesetzt wurde, ist diese Einschränkung dadurch entfallen, dass das Anfechtungsrecht nach § 129 auch außergerichtlich „ausgeübt" werden kann → Rn. 194. Eine gemäß § 203 angeordnete Nachtragsverteilung kann ein neues Anfechtungsrecht des Verwalters begründen.[1115]

Hatte der Insolvenzverwalter **gegen einen Anfechtungsgegner bereits einen Titel erlangt,** 212
ohne dass dieser bis zur Verfahrensbeendigung verbraucht wäre, so kommt nicht ohne weiteres eine Rechtsnachfolge in den titulierten Anspruch in Betracht: Weder ein einzelner Gläubiger noch der Insolvenzschuldner → Rn. 190 sind Rechtsnachfolger iSd §§ 727, 325 ZPO in den Anfechtungsanspruch. Eine Rechtskrafterstreckung zugunsten der Einzelgläubiger sieht auch die Insolvenzordnung nicht vor. Jedoch wird man wenigstens für derartige Fälle dem Insolvenzverwalter eine Verwertung der Forderung durch Abtretung gestatten müssen → Rn. 214.

Wird erst nach Aufhebung des Insolvenzverfahrens ein früher anfechtbar weggegebener Vermö- 213
gensgegenstand des Schuldners festgestellt, kommt insoweit eine **Nachtragsverteilung** gemäß § 203 Abs. 1 Nr. 3 in Betracht. Diese muss ausdrücklich angeordnet werden und wirkt nur für die Zukunft. Der Verwalter ist dann für den Anfechtungsanspruch (wieder) verfügungsbefugt → Rn. 211 aE. Hatte inzwischen ein Gläubiger einen Anfechtungsprozess eingeleitet, gilt insoweit abermals § 17 AnfG.[1116]

4. Abtretbarkeit des Anfechtungsanspruchs. Nach einer im Anwendungsbereich der KO 214
entwickelten Meinung war der aufgrund einer Konkursanfechtung entstehende Rückgewähranspruch gemäß § 37 Abs. 1 KO nicht abtretbar.[1117] Diese Auffassung ist nicht mehr haltbar, nachdem ihn § 146 als ein gewöhnliches, der Verjährung unterliegendes Forderungsrecht (§ 194 Abs. 1 BGB) ausgestaltet hat.[1118] Grundsätzlich können gemäß § 398 BGB sämtliche Forderungen abgetreten werden. Das trifft auch für den „Anfechtungsanspruch" (§ 143) zu.[1119] Dieser ist nicht – wie derjenige des anfechtenden Einzelgläubigers (§§ 2, 11 AnfG) – akzessorisch mit einer bestimmten, zu vollstreckenden Hauptforderung iSv § 401 BGB verknüpft. § 399 1. Var. BGB steht einer Abtretung nicht entgegen,[1120] weil der Leistungsgegenstand auch in anderer Form der Insolvenzmasse zugutekommen kann → Rn. 216 ff. Die Geltendmachung des Rückgewähranspruchs ist von der Ausübung der Anfechtungsbefugnis zu trennen. Die gemäß § 129 weiterhin erforderliche Ausübung durch den Insolvenzverwalter[1121] erschöpft sich in diesem Fall in seiner Entscheidung, den Rückgewähranspruch zu dessen Durchsetzung abzutreten.

Bereits seit längerem wurde angenommen, dass der Verwalter einen anderen **wirksam ermäch-** 215
tigen kann, das Anfechtungsrecht im Wege gewillkürter Prozessstandschaft mit dem Ziel der Leistung an die Masse auszuüben.[1122] Ferner wurde dem Verwalter die Befugnis zuerkannt, einen anderen Leistungsempfänger als die Insolvenzmasse zu bezeichnen.[1123] Schließlich sollte das Abtretungsverbot nach einer Meinung[1124] nicht für den Wertersatzanspruch (§ 143 Abs. 1 Satz 2 bzw. Abs. 2) gelten. Aber auch der Inhalt des vorrangigen Rückgewähranspruchs (§ 143 Abs. 1 Satz 1) ändert sich nicht, wenn er nicht gegenüber der Insolvenzmasse, sondern weisungsgemäß an einen Dritten zu erfüllen ist.[1125] Das Gebot der Rückgewähr „zur Insolvenzmasse" unterliegt in seiner rechtlichen Ausgestaltung ebenfalls der Disposition des Insolvenzverwalters → Rn. 196. Im Interesse der Insolvenzgläubiger ist es nur wertmäßig absolut zu schützen. Aufgrund des Zwecks des Insolvenzverfahrens, die Masse anzureichern, hat der Verwalter auch das Anfechtungsrecht bestmöglich auszu-

---

1115 *Dauernheim* S. 233 f.; *Huber* AnfG § 18 Rn. 11.

1116 Zum maßgeblichen Zeitpunkt der Antragstellung und Verfahrenseröffnung in derartigen Fällen → § 139 Rn. 5 → § 146 Rn. 8.

1117 BGHZ 83, 102 (105) = NJW 1982, 1765 (1766); RGZ 30, 71 (73 f.); RG JW 1909, 657 (658); *Baur/Stürner* Rn. 20.2.; aM *Braun* ZIP 1983, 786 ff.; *Eckardt* KTS 1993, 585 (608); einschränkend auch *Hanisch* IPRax 1993, 195 (198) im Anschluss an *Schweizer* BG ZIP 1982, 596 (597).

1118 HKInsO/*Thole* § 129 Rn. 113; KPB/*Jacoby* § 143 Rn. 8; *Kreft* ZInsO 1999, 370 (372 f.); Nerlich/Römermann/*Nerlich* § 129 Rn. 31; Uhlenbruck/*Borries/Hirte* § 143 Rn. 88; *Wagner* ZIP 1999, 689 (700); aM FKInsO/*Dauernheim* § 129 Rn. 90; *Zeuner* Anfechtung Rn. 313.

1119 BGH NZI 2011, 486 (487); BGH NJW 2018, 2494 f. auch für den Anspruch aus § 64 GmbHG.

1120 *Allgayer* Rn. 719 f.

1121 → Rn. 194 auch dazu, dass damit entgegen dem Verständnis von *Bork* ZIP 2006, 589 (590) keine Verfügungsbefugnis verbunden ist.

1122 BGHZ 35, 180 (183 f.) = NJW 1961, 1528 f.; BGHZ 100, 217 (218) = NJW 1987, 2018; Gottwald/*Huber* § 51 Rn. 5; *Kilger/K. Schmidt* KO § 36 Anm. 2; aM *F. Weber* JZ 1963, 223 (225).

1123 *Jaeger/Henckel* KO § 36 Rn. 2.

1124 *Jaeger/Henckel* KO § 37 Rn. 83.

1125 BGH NZI 2011, 486 (487).

nutzen. Vermag er ein besseres Ergebnis für die Insolvenzmasse zu erzielen als durch das Verlangen auf Rückgewähr des anfechtbar Weggegebenen selbst, wird das noch vom Zweck und Inhalt des Anfechtungsrechts gedeckt.[1126]

216 **a) Zweck der Abtretbarkeit.** Auch wenn die praktische Durchsetzung des Anfechtungsrechts inzwischen erleichtert worden ist → Vor § 129 Rn. 6, kann eine Abtretung je nach den Umständen die Insolvenzabwicklung wesentlich beschleunigen und verbilligen. Zum einen mag ein Abtretungsempfänger bereit sein, das Risiko einer Prozessführung auf sich zu nehmen, falls dem Insolvenzverwalter Prozesskostenhilfe versagt bleibt.[1127] Vor allem wenn als wesentlicher Vermögensgegenstand nur noch ein Anfechtungsanspruch in der Masse ist, dessen Durchsetzung aber lange dauern wird, kann es für sämtliche Insolvenzgläubiger günstiger sein, wenn der Verwalter den Anspruch durch **Verkauf zu einem angemessenen Preis** – insbesondere nach Art des Factorings – verwertet und alsbald das Insolvenzverfahren abschließt → Rn. 221. Das gilt erst recht, sofern der Insolvenzverwalter bereits einen Titel gegen den Anfechtungsgegner erwirkt hat, ein Vollstreckungsversuch aber erfolglos geblieben ist. Dann muss ihm sinnvollerweise ein Verkauf der titulierten Forderung zu einem realistischen Restwert → Rn. 217 möglich sein; die Alternative, eine Nachtragsverteilung bis zu einer möglichen Besserung der Vermögensverhältnisse des Drittschuldners vorzubehalten, wäre unpraktisch. Ferner erleichtert eine Abtretung den Innenausgleich zwischen mehreren Rückgewährpflichtigen, insbesondere wenn sie aus unterschiedlichen Rechtsgründen haften → § 143 Rn. 25.

217 **b) Gegenleistung.** Allerdings wäre eine Abtretung ohne eine als ausgleichend beabsichtigte Gegenleistung offensichtlich **insolvenzzweckwidrig** und deshalb nichtig.[1128] Vermag der Verwalter jedoch – insbesondere in Form eines angemessenen Anteils am Einziehungserlös oder durch einen Verkauf des Anfechtungsanspruchs – eine ausgleichende Gegenleistung zu erzielen, so gelangt dieser Erlös anstelle des Anfechtungsanspruchs als haftendes Vermögen in die Insolvenzmasse. Eine Gegenleistung in voller Höhe des Nennwerts ist in keinem Fall vorauszusetzen.[1129] Zum einen dürfen die mutmaßlichen Kosten einer etwaigen Rechtsverfolgung durch den Insolvenzverwalter selbst abgerechnet werden. Darüber hinaus kann die Übernahme des Prozessrisikos durch den Abtretungsempfänger – wie bei jedem Prozessvergleich[1130] – einen angemessenen Teil der Gegenleistung darstellen: Ginge der Anfechtungsprozess letztlich verloren, hätte die Insolvenzmasse gar keinen Nutzen hiervon.

218 Die **angemessenen Abschläge vom Nennwert** des Anfechtungsanspruchs sind schwer abzuschätzen.[1131] Eine Unwirksamkeit der Abtretung im Außenverhältnis kann aus Gründen des Verkehrsschutzes allerdings erst angenommen werden, soweit die Unangemessenheit der Gegenleistung selbst für den Abtretungsempfänger offenkundig war, wenn also auch aus dessen Sicht der Anfechtungsanspruch im Ergebnis „verschenkt" wurde.[1132] Im **Innenverhältnis** hat der Verwalter dagegen im Rahmen des § 60 sämtlichen Beteiligten für eine Angemessenheit der Gegenleistung einzustehen; er mag deshalb gut daran tun, vor einer Abtretung wenigstens eine Entscheidung des Gläubigerausschusses gemäß § 160 Abs. 1 einzuholen. Gelangt die Gegenleistung nicht zugleich Zug um Zug gegen die Abtretung in die Insolvenzmasse – also insbesondere, wenn diese nur am Verwertungserlös beteiligt werden soll –, sind zudem die Rechte der Masse durch dinglich wirkende Teil-Vorausrückabtretungen des Rückgewähranspruchs zu sichern, um sie dem Zugriff etwaiger Gläubiger des Abtretungsempfängers zu entziehen.

219 **c) Schutz weiterer Beteiligter.** Die aus § 144 folgenden **Rechte des Anfechtungsgegners** werden durch eine Abtretung des Rückgewähranspruchs nicht gefährdet.[1133] Soweit der Anfechtungsgegner Einwendungen gegen den Anfechtungsanspruch selbst hat, bleiben sie ihm gemäß §§ 404, 406 BGB erhalten; die Insolvenzmasse muss dem Abtretungsempfänger dafür möglicherweise gemäß § 435 BGB Gewähr leisten. Soweit andererseits aufgrund vollzogener Anfechtung Rechte

---

[1126] BGH NZI 2011, 486 (487).

[1127] Rechtsvergleichend *Beissenhirtz* S. 63 f.

[1128] BGH NZI 2011, 486 (487); vgl. hierzu allgemein BGH WM 1955, 312; BGH NJW 1971, 701 (702 f.); BGH NJW 1983, 2018 (2019); BGH NJW 1994, 323 (326); BGH ZIP 1996, 1307 (1308); BGHZ 150, 353 (360 ff.) = NJW 2002, 2783 (2785 f.); BVerwG NJW 1984, 2427; *Bork* ZIP 2006, 589 (591 ff.); *Jaeger/Henckel* KO § 6 Rn. 150, 153, 157; ergänzend → Rn. 196 → Rn. 222; zur unzulässigen „Freigabe" → Rn. 184.

[1129] So aber anscheinend RGZ 30, 71 (76).

[1130] Einen Prozessvergleich darf der Insolvenzverwalter trotz des in § 779 Abs. 1 BGB vorausgesetzten Nachgebens abschließen, vgl. RGZ 29, 80 (82); *Lent* KTS 1957, 27 (28 f.); ergänzend → Rn. 196.

[1131] Vgl. näher *Braun* ZIP 1985, 786 (789 f.).

[1132] RGZ 29, 80 (82); RGZ 53, 190 (193); RGZ 57, 195 (198 f.); RG JW 1886, 196 Nr. 15.

[1133] BGH NZI 2011, 486 (487).

des Anfechtungsgegners gegen die Insolvenzmasse aufleben, geschieht das unabhängig von der Person des Anfechtungsklägers; der Insolvenzverwalter wird dem notfalls durch Hinterlegung (§ 198) Rechnung zu tragen haben.[1134]

Über das **Anfechtungsrecht der einzelnen Gläubiger** darf der Insolvenzverwalter im Rahmen des § 18 Abs. 1 AnfG im Interesse der Gläubigergesamtheit disponieren → Rn. 210. Ob dies durch einen eigenen Anfechtungsprozess des Verwalters geschieht oder durch Abtretung des Rückgewähranspruchs, ist für die Rechtstellung der Einzelgläubiger unerheblich.[1135] 220

d) Rechtstellung des Abtretungsempfängers. Der **Abtretungsempfänger** kann einen Rückgewähranspruch in derselben Weise geltend machen wie der Insolvenzverwalter → Rn. 194 → Rn. 196. Einen bereits anhängigen Anfechtungsprozess kann er nach § 17 Abs. 1 und 2 AnfG aufnehmen.[1136] Die **erforderliche Gläubigerbenachteiligung** → Rn. 100 ff. entfällt nicht durch die Abtretung, weil der Bestand der hierfür erlangten Gegenleistung → Rn. 217 weiterhin davon abhängt. Die Verjährungsfrist des § 146 ist unverändert – also grundsätzlich ab Insolvenzeröffnung – zu berechnen.[1137] Auch ist die Rechtstellung des Abtretungsempfängers in derselben Weise wie diejenige des Insolvenzverwalters → Rn. 210 ff. an die Dauer des Insolvenzverfahrens zu knüpfen. Erfolgt aber die Abtretung als Ausübung des Anfechtungsrechts vor Aufhebung des Insolvenzverfahrens, so kann die Fortdauer der Rechtstellung des Abtretungsempfängers über das Verfahrensende hinaus im Allgemeinen jedenfalls über § 203 sichergestellt werden.[1138] Die **Gegenleistung** wird der Abtretungsempfänger endgültig erst schulden, wenn der Anfechtungsprozess abgeschlossen ist. Solange darf dann auch ein vom Abtretungsempfänger etwa gezahlter „Vorschuss" nicht abschließend verteilt werden, sondern ist für eine Nachtragsverteilung zurückzubehalten.[1139] Für eine bloße Anfechtungseinrede iSv § 146 Abs. 2 wird eine solche Fallgestaltung jedoch nur selten in Betracht kommen → § 146 Rn. 45. 221

5. Erlöschen des Anfechtungsrechts. Der Rückgewähranspruch (§ 143) erlischt mit Erfüllung (§§ 362 ff. BGB) und gemäß den Erfüllungssurrogaten (§§ 372 ff. BGB) einschließlich eines Erlassvertrages (§ 397 BGB). Darüber hinaus kommen spezielle Erlöschensgründe für das Anfechtungsrecht in Betracht. 222

Der Insolvenzverwalter kann auf die Ausübung seiner Anfechtungsbefugnis „verzichten".[1140] Regelmäßig ist hierzu ein **Erlassvertrag** (§ 397 Abs. 1 BGB) mit dem Anfechtungsgegner nötig. Soweit die Anfechtung ausnahmsweise unmittelbar rechtsgestaltende Wirkung hat,[1141] kann nur eine erneute Vornahme des Rechtsgeschäfts durch den Insolvenzverwalter Außenwirkungen gegenüber der Insolvenzmasse haben. An die Annahme eines solchen „Verzichts" sind nach den allgemeinen vertraglichen Auslegungsregeln strenge Anforderungen zu stellen.[1142] Er kann zwar durch schlüssiges Verhalten erklärt werden, ist aber jedenfalls nicht anzunehmen, solange der Verwalter die anfechtbare Handlung nicht kennt.[1143] Deshalb liegt kein „Verzicht" darin, dass der Verwalter den Anspruch des Insolvenzschuldners gegen dessen Bank auf Ausführung eines vor Verfahrenseröffnung erteilten Zahlungsauftrags an den begünstigten Gläubiger abtritt, solange der Verwalter die Verrechnung des Kontoguthabens durch die Bank nicht kennt.[1144] Lehnt der Verwalter die Aufnahme eines von einem Einzelgläubiger eingeleiteten Anfechtungsprozesses ab, so liegt darin allein noch kein „Verzicht" → Rn. 206. Dasselbe gilt für das Erfüllungsverlangen eines Verwalters gemäß § 103 → Rn. 194. Hat dagegen ein Gläubiger einer angemeldeten Forderung unter Hinweis auf deren anfechtbare Begründung widersprochen, kann das Nichtbestreiten des Insolvenzverwalters in Kenntnis dieses Umstands im Einzelfall einen „Verzicht" auf das Anfechtungsrecht ausdrücken.[1145] Die **„Freigabe" des Anfechtungsanspruchs** durch den Insolvenzverwalter kann als Aufhebungsangebot (§ 151 BGB) auszulegen sein.[1146] Ein wirksamer „Verzicht" verhindert nach Beendigung des Insolvenzverfahrens auch jede Einzelgläubigeranfechtung → Rn. 210. Eine entsprechende Willenserklärung des 223

[1134] RGZ 30, 71 (75 f.) berücksichtigt diese Möglichkeiten nicht.
[1135] BGH NZI 2011, 486 (488).
[1136] → Rn. 205.
[1137] Vgl. *Eckardt* Anfechtungsklage S. 128 f.
[1138] Uhlenbruck/*Wegener* § 200 Rn. 25; → Rn. 210 ff.
[1139] Vgl. *Braun* ZIP 1985, 786 (788).
[1140] → Rn. 196; zum Unterschied zwischen Anfechtungsbefugnis und Rückgewähranspruch → Rn. 214.
[1141] → Vor § 129 Rn. 38. Diese Fallgestaltung berücksichtigt *Bork* ZIP 2006, 589 (590) nicht.
[1142] BGH NJW 1990, 2626 (2627).
[1143] OLG Hamburg ZIP 1988, 927 (928 f.); *Jaeger/Henckel* KO § 36 Rn. 5.
[1144] OLG Hamburg ZIP 1988, 927 (928 f.).
[1145] *Jaeger/Henckel* KO § 36 Rn. 5.
[1146] Vgl. den von BFH ZIP 1994, 1707 (1709 f.) entschiedenen Fall; zu den Wirkungen → Rn. 206.

Verwalters ist gemäß allgemeinen Regeln (insbesondere §§ 119, 123 BGB) anfechtbar[1147] und kann wegen eines offenkundigen Verstoßes gegen den Insolvenzzweck gemäß § 138 BGB nichtig sein → Rn. 217. Dem vorläufigen Insolvenzverwalter (§ 22) steht ein Recht zum „Verzicht" noch nicht zu → Rn. 193.

224 Das Anfechtungsrecht erlischt durch **rechtskräftige Aberkennung.** Deshalb führt das Nichtbestreiten einer anfechtbar erworbenen Insolvenzforderung im Prüfungstermin (§ 176) gemäß § 178 Abs. 1 und 3 zur Unanfechtbarkeit der zur Tabelle festgestellten Forderung,[1148] wenn auch kein Insolvenzgläubiger ihr widersprochen hat.

225 Endlich erlischt das Anfechtungsrecht durch die **Beendigung des Insolvenzverfahrens,**[1149] sofern der Verwalter nicht zuvor seine Anfechtungsbefugnis rechtsbeständig ausgeübt hat. Ein anhängiger Anfechtungsprozess erledigt sich deshalb mit der Verfahrensbeendigung in der Hauptsache, soweit nicht das Ergebnis des Prozesses ausdrücklich vorbehalten wurde → Rn. 211.[1150] Dagegen führt der **Ablauf der Anfechtungsfrist** nach § 146 nicht mehr zum Erlöschen des Anfechtungsanspruchs, sondern ergibt nur eine Verjährungseinrede iSv § 214 Abs. 1 BGB. Auch die Erteilung der Restschuldbefreiung lässt die Insolvenzanfechtung zunächst einmal unberührt (§ 300a Abs. 1 Satz 2).

226 **6. Beweislast.** Der **Anfechtende** (Insolvenzverwalter) trägt die Darlegungs- und Beweislast für die allgemeinen Anfechtungsvoraussetzungen des § 129, und zwar auch insoweit, als sie nach § 96 Abs. 1 Nr. 3 eine Aufrechnung ausschließen soll.[1151] Daran ändert es nichts, falls der Insolvenzschuldner etwa keine brauchbaren Aufzeichnungen geführt hat.[1152] Die Beweislast für den Einwand, der Anfechtende handele rechtsmissbräuchlich iSv § 242 BGB, liegt dagegen beim Anfechtungsgegner.[1153]

227 Insbesondere hat der Anfechtende die Rechtstellung des das Anfechtungsrecht ausübenden Insolvenzverwalters zu beweisen. Solange jedoch der Eröffnungsbeschluss des Insolvenzgerichts oder die Verwalterbestellung nicht nichtig oder aufgehoben ist, kann dem klagenden Verwalter im Anfechtungsprozess nicht entgegengehalten werden, das Insolvenzverfahren sei unzulässig und er deshalb zur Klageerhebung nicht befugt.[1154] Das gilt zugleich für jeden Rechtsnachfolger des Verwalters. Ferner hat der Anfechtende das Vorliegen einer **Rechtshandlung** zu beweisen,[1155] bei Unterlassungen also auch das Bewusstsein des Handelnden, ein mögliches Handeln zu unterlassen. Jedoch besteht zB ein erhebliches Beweisanzeichen für das bewusste Unterlassen, Ausgleichsansprüche gegen Gesellschafter durchzusetzen, wenn Gesellschaftsanteile an einen Erwerber veräußert werden, der eine faktische Liquidation durchführen soll, ohne etwa noch bestehende Forderungen zu realisieren und Gläubiger zu befriedigen.[1156]

228 Weiter hat der Anfechtende das **Vorliegen einer Gläubigerbenachteiligung**[1157] einschließlich der besonderen Voraussetzungen ihrer Unmittelbarkeit[1158] zu beweisen, soweit diese erforderlich ist. Dazu gehört es, dass die Leistung aus dem Vermögen des Schuldners statt eines Dritten erfolgt ist.[1159] Hängt die Gläubigerbenachteiligung davon ab, ob der übertragene Gegenstand **wertausschöpfend mit Grundpfandrechten belastet** war → Rn. 109 → Rn. 152a, genügt im Allgemeinen zunächst die Behauptung des Anfechtenden, diese Rechte seien nicht werthaltig gewesen. Den Anfechtungsgegner, der sich auf eine wertausschöpfende Belastung des ihm übertragenen Gegenstands beruft, trifft die **sekundäre Darlegungslast,** in welcher Höhe Belastungen im Zeitpunkt seines Erwerbs bestanden und valutierten.[1160] Erst wenn solche Angaben nicht widerlegt werden,

1147 *Jaeger/Henckel* KO § 36 Rn. 5.

1148 BGHZ 113, 381 (382 f.) = NJW 1991, 1615; *Jaeger/Henckel* KO § 26 Rn. 5.

1149 BGHZ 83, 102 (105) = NJW 1982, 1765; RGZ 31, 40 (43); RGZ 135, 347 (350); *Baur/Stürner* Rn. 20.2; Gottwald/*Huber* § 51 Rn. 10; HKInsO/*Thole* § 129 Rn. 107; *Jaeger/Henckel* KO § 36 Rn. 6; Nerlich/Römermann/*Nerlich* § 129 Rn. 28; → Rn. 211; Beendigung idS ist die Aufhebung (§ 200) oder Einstellung (§ 215 Abs. 2 Satz 1).

1150 BGH NZI 2010, 99 (100); zur Möglichkeit vorheriger Abtretung → Rn. 214 ff.

1151 Vgl. BGHZ 135, 30 (36 f.) zu § 55 Nr. 3 KO und zur GesO; AGR/*Gehrlein* § 129 Rn. 121.

1152 BGH NJW 1978, 1632; *Heitsch* ZInsO 2011, 1533 (1534).

1153 BGH NJW 2000, 1259 (1261).

1154 RGZ 129, 390 (391 f.); RGZ 136, 97 (99 f.); BAG ZIP 2018, 32 (33 f.); → Rn. 192 → Rn. 196.

1155 *Jaeger/Henckel* KO § 29 Rn. 178.

1156 BGHZ 165, 343 (348 f.) = NJW 2006, 908 (910) zu § 1 AnfG.

1157 BGHZ 77, 250 (254 f.) = NJW 1980, 1962 (1963); BGH NJW-RR 1986, 991; BGH NJW 2000, 3777 (3778); BGH NZI 2005, 622 f.; LG Ellwangen ZInsO 2004, 1371 (1372 f.); *Baur/Stürner* Rn. 18.35 aE; *Jaeger/Henckel* KO § 29 Rn. 178 f.; Nerlich/Römermann/*Nerlich* § 129 Rn. 107; zu § 3 AnfG BGH NJW-RR 1988, 827 (828); BGH WM 1999, 226 (228).

1158 RGZ 39, 89 (93 f.); Uhlenbruck/*Borries/Hirte* § 129 Rn. 259.

1159 BGH NJW-RR 2004, 1493 (1494).

1160 BGH NJW-RR 2006, 552 (553); BGH NZI 2008, 547 (549); KG ZInsO 2005, 656, jeweils zu § 1 AnfG.

bleibt der Anfechtende beweisfällig.[1161] Wendet der Insolvenzverwalter gegen die Verteidigung des Anfechtungsgegners mit einem anfechtungsfest entstandenen Absonderungsrecht ein, die Wertschöpfung, die zur Werthaltigkeit des Absonderungsrecht geführt habe, sei erst in der „kritischen" Zeit erfolgt, muss er diesen Einwand beweisen. Dies muss allerdings nicht innerhalb der Anfechtungsfrist des § 146 Abs. 1 geschehen.[1162]

Ferner gehört der **Zurechnungszusammenhang** zur Beweislast des Anfechtenden. Ihr wird nicht bereits damit genügt, dass der Verwalter die Übertragung eines zum beschlagfähigen Vermögen des Insolvenzschuldners gehörigen Gegenstands beweist.[1163] Vielmehr muss er für eine mittelbare Benachteiligung grundsätzlich auch das Fehlen einer voll ausgleichenden Gegenleistung behaupten. Dann obliegt es dem Anfechtungsgegner, diese negative Voraussetzung substantiiert zu bestreiten, indem er iE angibt, welche insolvenzbeständige Gegenleistung er wann und in welcher Weise erbracht haben will. Erst wenn solche Angaben letztlich nicht zu widerlegen sind, gereicht das dem klagenden Insolvenzverwalter zum Nachteil. Dieser muss erforderlichenfalls auch nachweisen, dass eine erbrachte Gegenleistung in der Insolvenz nicht mehr vorhanden oder vollwertig ist.[1164] Er hat jedoch seiner Beweislast genügt, wenn feststeht, dass der Anfechtungsgegner einen Gegenstand aus dem Schuldnervermögen ohne voll ausgleichende Gegenleistung erlangt hat,[1165] bzw. – wo mittelbare Gläubigerbenachteiligung ausreicht – dass sie nicht mehr vorhanden ist.[1166] Dann muss der Anfechtungsgegner iE solche Tatsachen beweisen, die ihm zum Erwerb des umstrittenen Gegenstands bereits durch einen früheren Rechtsvorgang oder zu einem vorrangigen Sicherungsrecht verholfen haben sollen.[1167] Ein derartiger Beweis ist nicht bereits erbracht, sofern allgemein die Vereinbarung eines verlängerten Eigentumsvorbehalts erwiesen ist; vielmehr muss dieser sich nachweislich gerade auf den anfechtbar weggegebenen Gegenstand erstrecken.[1168] Hatte der Anfechtungsgegner für eine vereinbarungsgemäß unentgeltlich zu erbringende Leistung eine Vergütung erhalten, so hat er zu beweisen, dass er mehr geleistet hat als vereinbart war.[1169] 228a

Im Hinblick auf eine Gläubigerbenachteiligung bestehen für den Insolvenzverwalter verschiedene **Beweiserleichterungen:** Die Insolvenzeröffnung begründet die tatsächliche Vermutung der Masseunzulänglichkeit → Rn. 107. Für den Nachweis einer Leistung aus dem Schuldnervermögen genügt zB regelmäßig die Vorlage der Quittung eines Vollziehungsbeamten, welche den Schuldner als Zahlenden vermerkt. In den Fällen der Deckungsanfechtung (§§ 130, 131) ergibt sich eine mittelbare Gläubigerbenachteiligung regelmäßig bereits aus der Sicherung oder Befriedigung, die der Anfechtungsgegner gerade in der kritischen Zeit erhalten hat und die damit den anderen Insolvenzgläubigern entzogen wurde. Jedoch kehrt sich die Beweislast nicht allein deswegen um, weil eine Kapitalgesellschaft eine Verbindlichkeit erst zu einer Zeit tilgte, als diese wegen Überschuldung der Gesellschaft bereits nicht mehr vollwertig war → Rn. 143. Im Fall des § 134 Abs. 1 folgt die Gläubigerbenachteiligung aus der Unentgeltlichkeit der Leistung. Richtet sich die Anfechtung gegen den Ehegatten des Insolvenzschuldners, greift die Vermutung des § 1362 BGB auch zugunsten des Insolvenzverwalters ein.[1170] Sie gilt aber nicht gegen einen nicht ehelichen Lebenspartner.[1171] Den Anfechtungsgegner trifft die Beweislast, soweit er behauptet, die zunächst eingetretene Gläubigerbenachteiligung wieder beseitigt zu haben,[1172] insbesondere indem er über eine vertraglich vereinbarte Gegenleistung hinaus Leistungen zugunsten der Insolvenzmasse erbracht habe.[1173] Dagegen wird eine Beweiserleichterung nicht bereits allein durch den Umstand geschaffen, dass der Insolvenzschuldner eine abstrakte Verbindlichkeit eingegangen ist; einen typischen Geschehensablauf dahin, dass abstrakte Verbindlichkeiten – insbesondere Wechsel – ohne ein ausgleichendes Kausalgeschäft begründet werden, gibt es nicht.[1174] 229

[1161] BGH NJW 1999, 1395 (1397); BGH WM 1965, 917 f.; *Mauer* Rn. 48. Das wurde von BGH NJW-RR 1988, 827 (828) verkannt.
[1162] BGH NZI 2008, 547 (549).
[1163] *Jaeger/Henckel* KO § 29 Rn. 178.
[1164] *Jaeger/Henckel* KO § 29 Rn. 179.
[1165] BGH WM 1962, 1316 (1318); BGH NJW 1992, 2485 (2486).
[1166] BGH WM 1988, 799 (801); HKInsO/*Thole* § 129 Rn. 63.
[1167] BGHZ 114, 315 (322 f.) = NJW 1991, 2147; BGH NJW 1992, 624 (626 f.); BGH NJW 1992, 2485 (2486); BGH NJW-RR 2006, 1134 (1136); *Jaeger/Henckel* KO § 29 Rn. 180 f.
[1168] *Kirchhof* in Bork/Kübler, Insolvenzrecht 2000, 2001, 55, 57 f. gegen BGH NJW 2000, 3777 (3778).
[1169] BGH NJW 1995, 1093 (1095).
[1170] BGH NJW 1955, 20; RGZ 120, 107 (109 f.); *Gernhuber/Coester-Waltjen* § 22 Rn. 15; *Jaeger/Henckel* KO § 29 Rn. 179; MüKoBGB/*Weber-Monecke* § 1362 Rn. 20.
[1171] BGHZ 170, 187 (191) = NJW 2007, 992 (993 f.).
[1172] BGH NZI 2018, 216 (218) = ZIP 2018, 385 (387).
[1173] BGH WM 1962, 1316 (1318); *Jaeger/Henckel* KO § 29 Rn. 180; → Rn. 178.
[1174] *Jaeger/Henckel* KO § 29 Rn. 178; Uhlenbruck/*Borries/Hirte* § 129 Rn. 262; aM RGZ 26, 74 (76); RGZ 58, 141 (145); → Rn. 114.

§ 130 Kongruente Deckung

(1) [1]Anfechtbar ist eine Rechtshandlung, die einem Insolvenzgläubiger eine Sicherung oder Befriedigung gewährt oder ermöglicht hat,

1. wenn sie in den letzten drei Monaten vor dem Antrag auf Eröffnung des Insolvenzverfahrens vorgenommen worden ist, wenn zur Zeit der Handlung der Schuldner zahlungsunfähig war und wenn der Gläubiger zu dieser Zeit die Zahlungsunfähigkeit kannte oder

2. wenn sie nach dem Eröffnungsantrag vorgenommen worden ist und wenn der Gläubiger zur Zeit der Handlung die Zahlungsunfähigkeit oder den Eröffnungsantrag kannte.

[2]Dies gilt nicht, soweit die Rechtshandlung auf einer Sicherungsvereinbarung beruht, die die Verpflichtung enthält, eine Finanzsicherheit, eine andere oder eine zusätzliche Finanzsicherheit im Sinne des § 1 Abs. 17 des Kreditwesengesetzes zu bestellen, um das in der Sicherungsvereinbarung festgelegte Verhältnis zwischen dem Wert der gesicherten Verbindlichkeiten und dem Wert der geleisteten Sicherheiten wiederherzustellen (Margensicherheit).

(2) Der Kenntnis der Zahlungsunfähigkeit oder des Eröffnungsantrags steht die Kenntnis von Umständen gleich, die zwingend auf die Zahlungsunfähigkeit oder den Eröffnungsantrag schließen lassen.

(3) Gegenüber einer Person, die dem Schuldner zur Zeit der Handlung nahestand (§ 138), wird vermutet, daß sie die Zahlungsunfähigkeit oder den Eröffnungsantrag kannte.

Schrifttum: *Müller-Freienfels,* Die Vertretung beim Rechtsgeschäft, 1955; *Schilken,* Wissenszurechnung im Zivilrecht, 1983.

Übersicht

I. Normzweck

1 Die Vorschrift erklärt wie die §§ 131, 132 als die weiteren Tatbestände der „besonderen Insolvenzanfechtung“ bestimmte Handlungen für anfechtbar, die während der **wirtschaftlichen Krise**

des Schuldners vorgenommen worden sind. Sie soll damit den Grundsatz der Gleichbehandlung sämtlicher Gläubiger bereits für den Zeitpunkt des Eintritts derjenigen Vermögensverschlechterung durchsetzen, welche die Insolvenz zur Folge hat,[1] soweit die Interessen der einzelnen begünstigten Partner nicht Vorrang verdienen.[2] Insbesondere § 130 erfasst die Gewährung von Befriedigungen oder Sicherungen an Gläubiger, denen diese an sich gebühren. Für diese Fallgestaltung entscheidet bei der gebotenen Abwägung der beiderseitigen Interessen, ob der begünstigte Gläubiger die Krise des Schuldners kannte bzw. nur infolge „Rechtsblindheit" nicht kannte.

II. Entstehungsgeschichte

Die Norm ist aus § 30 Nr. 1 2. Fall KO und § 10 Abs. 1 Nr. 4 GesO weiterentwickelt worden. 2
Während § 33 KO die Anfechtbarkeit wegen Kenntnis der Zahlungseinstellung auf sechs Monate vor der **Eröffnung** des Konkursverfahrens begrenzte, bestimmt § 130 **Abs. 1 Satz 1** diese zeitliche Grenze auf drei Monate vor dem **Eröffnungsantrag.** Die inhaltliche Erweiterung des § 130 auf Rechtshandlungen, welche die Sicherung oder Befriedigung erst „ermöglicht" haben, wurde aufgrund des Ls. 5.2.1 des 1. KommBer. neu eingeführt. Die Einschränkung des **Satz 2** setzt die Richtlinie 2002/47/EG des Europäischen Parlaments und des Rates v. 6.6.2002 über Finanzsicherheiten[3] um.

Während § 30 Nr. 1 KO die Kenntnis des Anfechtungsgegners von einer Zahlungseinstellung 3
oder dem Eröffnungsantrag voraussetzte, ließ § 10 Abs. 1 Nr. 4 GesO bereits genügen, dass jene Umstände dem Anfechtungsgegner „den Umständen nach bekannt sein" mussten. Ls. 5.2.1 des 1. KommBer. schlug vor, für die Anfechtbarkeit auf Kenntnis oder „grob fahrlässige Unkenntnis" von Zahlungsunfähigkeit oder Eröffnungsantrag abzustellen. § 145 Abs. 1 RegE übernahm dies, außer für Rechte an Grundstücken. Die jetzige Fassung des **Abs. 2** stammt vom BT[4] und gilt einheitlich für jeden Rechtserwerb.

Die Vermutung des **Abs. 3** wurde aufgrund von Ls. 5.2.6 Abs. 1 des 1. KommBer. neu einge- 4
führt und im Gesetzgebungsverfahren nur redaktionell angepasst.

Im Zuge der Reform der Insolvenzanfechtung aufgrund des Gesetzes zur Verbesserung der 4a
Rechtssicherheit bei Anfechtungen nach der Insolvenzordnung und nach dem Anfechtungsgesetz vom 29.3.2017[5] wurde die Vorschrift des § 130 nicht geändert.

III. Anwendungsbereich

1. Allgemein. Die Vorschrift knüpft an die Voraussetzungen des § 129 an, die zusätzlich erfüllt 5
sein müssen → § 129 Rn. 1 → § 129 Rn. 5. Sie **verlängert den Grundsatz der Gläubigergleichbehandlung** in den Bereich vor der Insolvenzeröffnung, weil und soweit materielle Insolvenz in Form der Zahlungsunfähigkeit bereits vorgelegen hat. In bewusster gesetzgeberischer Bewertung des Interessenkonflikts beschränkt § 130 Abs. 1 die Anfechtungsmöglichkeiten in zeitlicher und in subjektiver Hinsicht: Kongruente Deckungen sind nur anfechtbar, soweit der Gläubiger von der Zahlungsunfähigkeit wusste und die Deckung höchstens drei Monate vor dem maßgeblichen Insolvenzantrag bewirkt wurde.[6] § 130 kann mit allen anderen Anfechtungstatbeständen außer § 132 frei konkurrieren. Reine Überweisungs-, Zahlungs- oder Verrechnungsverträge, durch die Insolvenzgläubiger unmittelbar eine Deckung erhalten, fallen unter § 130 oder § 131, nicht jedoch unter § 132, weil derartige Rechtsgeschäfte nur die Deckung vorbereiten → § 129 Rn. 50. Im Übrigen kann die Begründung eines Schuldverhältnisses allenfalls unter § 132 fallen → § 132 Rn. 5; dasselbe trifft für die Ausübung eines Gestaltungsrechts zu, die einen später zu erfüllenden Anspruch überhaupt erst auslöst. Im Verhältnis zu § 131 und § 135 ist § 130 Auffangtatbestand, soweit die Inkongruenz der Deckungshandlung bzw. die Einordnung der gesicherten oder erfüllten Forderung als Gesellschafterdarlehen nicht festzustellen ist.[7]

---

1 BGHZ 58, 240 (242 f.) = NJW 1972, 870 (871); BGHZ 59, 230 (232) = NJW 1972, 2084; BGH WM 1963, 748 (749); *Baur/Stürner* Rn. 19, 20 f.; Gottwald/*Huber* § 47 Rn. 1; *Häsemeyer* KTS 1982, 507 (526 f.); *Henckel* ZIP 1982, 391 (394 f.); *Kamlah* S. 229 f.; *Schoppmeyer* NZI 2005, 185 (186 f.); *Thole* Gläubigerschutz S. 356 ff.

2 *Jaeger/Henckel* KO § 30 Rn. 1 f., 190.

3 AblEG Nr. L 168, S. 43.

4 Empfehlung seines Rechtsausschusses, BT-Drs. 12/7302, 54 f.

5 BGBl. I S. 654, in Kraft getreten am 4.4.2017.

6 Vgl. *Schoppmeyer* ZIP 2009, 600 (603 f.).

7 HambKommInsO/*Rogge/Leptien* § 130 Rn. 54; zum Verhältnis zwischen § 130 und § 131 *Fischer* FS Kirchhof, 2003, 73 (76 f.); HK/*Thole* § 130 Rn. 12; KPB/*Schoppmeyer* § 130 Rn. 2, 6; vgl. auch *Baur/Stürner* Rn. 19.31; *Jaeger/Henckel* KO § 30 Rn. 6, 9, 184; ergänzend → Rn. 6 → Vor § 129 Rn. 94.

5a **2. Einschränkung des Abs. 1 Satz 2.** Die Vorschrift nimmt unter bestimmten Voraussetzungen die Bestellung von Finanzsicherheiten von der Anfechtung nach § 130 aus.

5b **a) Finanzsicherheiten.** Die Norm betrifft nur Finanzsicherheiten. Darunter sind nach § 1 Abs. 17 KWG iW Barguthaben, Wertpapiere, Geldmarktinstrumente oder sonstige Schuldscheindarlehen zu verstehen, die als Sicherheit in Form eines beschränkt dinglichen Sicherungsrechts oder der Vollrechtsübertragung bestellt werden.[8] Nicht dazu gehören insbesondere das Sicherungseigentum[9] und die Globalzession[10] von Lieferantenforderungen.

5c Finanzsicherheiten im maßgeblichen Sinn können auch **nur zwischen Sicherungsnehmern und -gebern** iSd Art. 1 Abs. 2a) bis e) der **Finanzsicherheitenrichtlinie**[11] vereinbart werden.[12] Dazu zählen vor allem öffentlich-rechtliche Körperschaften, Zentralbanken, beaufsichtigte Finanzinstitute einschließlich Versicherungsunternehmen, zentrale Verrechnungs- und Clearingstellen aber auch andere juristische Personen, Einzelkaufleute oder Personengesellschaften, welche mit einer der vorgenannten Einheiten in bestimmten Vertragsbeziehungen stehen. Diese Personen brauchen zwar nicht dem Finanzsektor anzugehören, doch muss dann die von ihnen begebene Sicherheit für Verbindlichkeiten aufgrund von Verträgen über Finanzinstrumente bestellt sein.[13] Hierunter sind bestimmte Termingeschäfte (§ 1 Abs. 17 Satz 3 KWG) und – nach § 1 Abs. 11 KWG – Wertpapiere, Geldmarktinstrumente, Devisen und Rechnungseinheiten sowie Derivate zu verstehen, nicht aber gewöhnliche Darlehen von Kreditinstituten an ihre Kunden.[14] Nichtkaufleute werden nicht erfasst.[15] Diese Eingrenzung im **persönlichen Anwendungsbereich** für Sicherungsgeber bewirkt, dass die Norm außerhalb des Finanzsektors allenfalls beschränkte praktische Bedeutung erlangen kann.

---

8 Vgl. *Kollmann* WM 2004, 1012 (1014 ff.); *Obermüller/Hartenfels* BKR 2004, 440 (442 f.).

9 *Flöther/Bräuer* DZWiR 2004, 89 (91); *Obermüller* ZIP 2003, 2336 (2338 f.).

10 *Flöther/Bräuer* DZWiR 2004, 89 (93); *Kieper* ZInsO 2003, 1109 (1117); *Obermüller* ZInsO 2004, 187 (189 f.).

11 → Rn. 2. Diese Bestimmungen lauten:

a) öffentlich-rechtliche Körperschaften, mit Ausnahme von Unternehmen, die mit einer öffentlichen Garantie ausgestattet sind, sofern sie nicht durch die Buchstaben b) bis e) erfasst werden, einschließlich
   i) der öffentlichen Stellen der Mitgliedstaaten, die für die Verwaltung der Schulden der öffentlichen Hand zuständig sind oder daran mitwirken, und
   ii) der öffentlichen Stellen der Mitgliedstaaten, die berechtigt sind, Konten für Kunden zu führen,

b) Zentralbanken, die Europäische Zentralbank, die Bank für Internationalen Zahlungsausgleich, multilaterale Entwicklungsbanken im Sinne von Artikel 1 Nummer 19 der Richtlinie 2000/12/EG des Europäischen Parlaments und des Rates vom 20. März 2000 über die Aufnahme und Ausübung der Tätigkeit der Kreditinstitute, der Internationale Währungsfonds und die Europäische Investitionsbank,

c) beaufsichtigte Finanzinstitute, einschließlich der
   i) Kreditinstitute im Sinne von Artikel 1 Nummer 1 der Richtlinie 2000/12/EG einschließlich der in Artikel 2 Absatz 3 der Richtlinie 2000/12/EG bezeichneten Institute,
   ii) Wertpapierfirmen im Sinne von Artikel 1 Nummer 2 der Richtlinie 93/22/EWG des Rates vom 10. Mai 1993 über Wertpapierdienstleistungen,
   iii) Finanzinstitute im Sinne von Artikel 1 Nummer 5 der Richtlinie 2000/12/EG,
   iv) Versicherungsunternehmen im Sinne von Artikel 1 Buchstabe a) der Richtlinie 92/49/EWG des Rates vom 18. Juni 1992 zur Koordinierung der Rechts- und Verwaltungsvorschriften für die Direktversicherung (mit Ausnahme der Lebensversicherung) und Lebensversicherungsunternehmen im Sinne von Artikel 1 Buchstabe a) der Richtlinie 92/96/EWG des Rates vom 10. November 1992 zur Koordinierung der Rechts- und Verwaltungsvorschriften für die Direktversicherung (Lebensversicherung),
   v) Organismen für gemeinsame Anlagen in Wertpapieren (OGAW) im Sinne von Artikel 1 Absatz 2 der Richtlinie 85/611/EWG des Rates vom 20. Dezember 1985 zur Koordinierung der Rechts- und Verwaltungsvorschriften betreffend bestimmte Organismen für gemeinsame Anlagen in Wertpapieren (OGAW),
   vi) Verwaltungsgesellschaften im Sinne von Artikel 1a Absatz 2 der Richtlinie 85/611/EWG,

d) zentrale Vertragsparteien, Verrechnungsstellen und Clearingstellen im Sinne von Artikel 2 Buchstabe c) bzw. Buchstabe e) der Richtlinie 98/26/EG und vergleichbare Einrichtungen, die einer Aufsicht nach dem Recht eines Mitgliedstaats unterliegen und für Terminkontrakt-, Options- und Derivatemärkte fungieren, soweit sie nicht bereits von der genannten Richtlinie erfasst werden, sowie juristische Personen, die als Treuhänder oder Vertreter für eine oder mehrere Personen tätig sind, insbesondere für Anleihegläubiger oder Inhaber sonstiger verbriefter Forderungen oder für eine Einrichtung im Sinne der Buchstaben a) bis d),

e) andere als natürliche Personen sowie Einzelkaufleute und Personengesellschaften, sofern die andere Vertragspartei eine Einrichtung im Sinne der Buchstaben a) bis d) ist.

12 Vgl. näher *Obermüller/Hartenfels* BKR 2004, 440 ff.

13 Vgl. *Obermüller/Hartenfels* BKR 2004, 440 (441 f.).

14 AGR/*Gehrlein* § 130 Rn. 32; *Flöther/Bräuer* DZWiR 2004, 89 (91 f.).

15 AGR/*Gehrlein* § 130 Rn. 32; Braun/*de Bra* § 130 Rn. 45; HambKommInsO/*Rogge/Leptien* § 130 Rn. 52.

b) Nachbesicherung. Inhaltlich schränkt § 130 Abs. 1 Satz 2 die Ausnahme weiter ein. Vorausgesetzt wird die für sich insolvenzfeste Vereinbarung einer oder mehrerer Finanzsicherheit(en) als **Basissicherheit.** Für deren – erstmalige – Bestellung bei Abschluss des jeweiligen Finanzgeschäfts gilt die Privilegierung des Abs. 1 Satz 2 nicht. Jene kann also unter den allgemeinen Voraussetzungen der §§ 130 ff. angefochten werden; damit würde auch dem für sich gemäß § 130 Abs. 1 Satz 2 privilegierten Sicherungsgeschäft die Grundlage entfallen.[16] 5d

Abs. 1 Satz 2 privilegiert nur eine vereinbarte **Nachbesicherung** iSd Art. 8 der Finanzsicherheitenrichtlinie.[17] Als Voraussetzung dafür muss die zugrunde liegende Sicherungsvereinbarung ein beständiges Verhältnis zwischen dem Wert der gesicherten Verbindlichkeiten und dem Wert der geleisteten Basissicherheit → Rn. 5d verbindlich festlegen. Fällt danach der Marktpreis der Sicherheit oder wächst der Wert der zu sichernden Forderung an, so entsteht eine ungedeckte Sicherungslücke. Wird (nur) diese Marge vereinbarungsgemäß durch die Bestellung weiterer Finanzsicherheiten → Rn. 5b gedeckt, soll diese „Margensicherheit" nicht allein wegen der zeitlichen Nähe zu einer späteren Insolvenz ihres Sicherungsgebers anfechtbar sein. Die wenigstens erkennbare Festlegung des Wertverhältnisses in der Sicherheitenvereinbarung ist deshalb eine notwendige Voraussetzung für den Ausschluss der Anfechtbarkeit.[18] Andererseits ist es unerheblich, ob die Nachbesicherung durch Ersetzung der bisherigen Basissicherheit mit einer anderen Finanzsicherheit erfolgt oder ob zusätzliche Sicherheiten bestellt werden; ein solcher Vorgang kann sich bei späteren Wertverschiebungen auch wiederholen. 5e

c) Eingeschränkte Rechtsfolge. Als Rechtsfolge schließt Abs. 1 Satz 2 die Anfechtung gemäß § 130 allgemein aus, während insbesondere diejenige nach § 133 uneingeschränkt möglich bleibt.[19] Fraglich ist die Anfechtbarkeit gemäß § 131, insbesondere wenn die Art der zu bestellenden Margensicherheit nicht rechtzeitig vor der wirtschaftlichen Krise des Sicherungsgebers festgelegt war und deshalb die Besicherung nach allgemeinen Maßstäben der Art nach inkongruent ist → § 131 Rn. 20 → § 131 Rn. 36 ff. Eine **richtlinienkonforme Auslegung** des Art. 8 Abs. 1 und 2 der Finanzsicherheitenrichtlinie dürfte zum Ergebnis führen, dass unter den Voraussetzungen des § 130 Abs. 1 Satz 2 jedenfalls auch § 131 Abs. 1 Nr. 1 nicht die Finanzsysteme destabilisieren soll. Denn die Richtlinie soll verhindern, dass Finanzsicherheiten allein deshalb rückgängig gemacht werden, weil sie innerhalb eines bestimmten Zeitraums vor der Insolvenzeröffnung bestellt wurden.[20] Aufgrund dieser Erwägung wird man auch § 131 Abs. 1 Nr. 2 ausschließen müssen, weil sich die darin zusätzlich nur vorausgesetzte Zahlungsunfähigkeit des Schuldners/Sicherungsgebers ebenfalls rein objektiv auf die Insolvenznähe bezieht. Fraglich ist dies jedoch im Hinblick auf § 131 Abs. 1 Nr. 3, der zusätzlich die Kenntnis (hier: des Sicherungsnehmers) von der Krise voraussetzt. 5f

IV. Gemeinsame Anfechtungsvoraussetzungen nach Abs. 1 Satz 1

1. Sicherung oder Befriedigung. Nach § 130 kann nur das Verschaffen einer Sicherung oder Befriedigung, mithin eine **Deckungshandlung** anfechtbar sein. Bardeckungen iSv § 142 scheiden aus. Dass der zur Sicherung oder Befriedigung bestimmte Gegenstand rechtswirksam übertragen wird, ist nicht begriffliche Voraussetzung → § 129 Rn. 30 ff.; die entsprechende Zweckbestimmung der Deckungshandlung genügt. Jedoch kann bei einer unwirksamen Übertragung der Eintritt einer objektiven Gläubigerbenachteiligung fraglich sein → § 129 Rn. 134 ff. Dem Wortlaut nach wird **jede Deckung** erfasst;[21] die Unterscheidung zwischen ihrer Kongruenz oder Inkongruenz hat rechtliche Bedeutung allein für die Anwendbarkeit des § 131. Da diese Norm die Anfechtung erleichtert, wird die Praxis allerdings auf § 130 lediglich die Anfechtung – wenigstens möglicherweise – **kongruenter Deckungen** stützen.[22] Mehr als diesen praktischen Anwendungsbereich drückt auch die amtliche Überschrift zu § 130 nicht aus; insbesondere soll damit nicht erkennbar die rechtliche Tragweite der Norm eingeschränkt werden.[23] Derartiges lässt sich ferner nicht der amtlichen Begründung zu Abs. 1 Satz 2 entnehmen → Rn. 5; diese spricht 6

---

16 HKInsO/*Thole* § 130 Rn. 50; *Obermüller* ZInsO 2004, 187 (188); weiter gehend *Flöther/Bräuer* DZWiR 2004, 89 (93).

17 Stellungnahme der BReg. in BT-Drs. 15/1583, 32 zu Nr. 3; Braun/*de Bra* § 130 Rn. 44; HKInsO/*Thole* § 130 Rn. 50; *Kollmann* WM 2004, 1012 (1022); *Obermüller* ZInsO 2004, 187 (189).

18 HKInsO/*Thole* § 130 Rn. 50.

19 *Sabel* ZIP 2003, 781 (787); *Obermüller* ZInsO 2004, 187 (189 f.).

20 Vgl. Stellungnahme der BReg. in BT-Drs. 15/1583, 26 zu Nr. 3; *Obermüller* ZInsO 2004, 187 (188).

21 *Foerste* Rn. 304.

22 Zur Abgrenzung → § 131 Rn. 8 ff.

23 Ebenso *Foerste* Rn. 304; aM *Zeuner* Anfechtung Rn. 89 aE.

sich nur für eine korrespondierende Auslegung des § 131 aus. Entsprechendes gilt für § 135, der die Anfechtung sehr erleichtert, falls die Deckung für ein Gesellschafterdarlehen gewährt wurde → Rn. 5.

7 **a) Befriedigung.** Befriedigung ist die **Erfüllung eines Anspruchs** (iSv § 194 Abs. 1 BGB) mit der Folge seines Erlöschens. Der Eintritt einer schuldtilgenden Wirkung ist allerdings nicht notwendige Voraussetzung, insbesondere soweit auf eine vermeintliche Schuld geleistet wird → Rn. 6 → § 131 Rn. 6 f. und hierdurch die Insolvenzgläubiger objektiv benachteiligt werden. Der Begriff der „Befriedigung" erfasst auch Leistungen an Erfüllungs statt (§ 364 Abs. 1 BGB), die schuldtilgende Hinterlegung (§§ 372 ff. BGB) und den abstrakten Erlassvertrag (§ 397 Abs. 1 BGB), während ein hierfür schuldrechtlich vereinbarter Erlassgrund – zB Schenkung – unter § 132 Abs. 1 fallen kann → § 129 Rn. 57 ff. Eine Erfüllungshandlung liegt nicht vor, wenn der Schuldner im Voraus auf das Entstehen eigener Ansprüche verzichtet[24] oder wenn ein Verpflichtungsgeschäft übereinstimmend aufgehoben wird;[25] derartige Vereinbarungen können allenfalls unter §§ 132 bis 134 fallen. Bei der Aufrechnung ist nicht auf die Aufrechnungserklärung → § 129 Rn. 15 → § 129 Rn. 148a, sondern bereits auf die **Begründung der Aufrechnungslage** abzustellen → Rn. 9 f. Deshalb kann jede einzelne – sei es auch zeitweilige – Rückführung eines revolvierend auszunutzenden Kontokorrentkredits im Hinblick auf § 140 Abs. 3 bereits vor einer periodischen Saldierung eine anfechtbare Rechtshandlung darstellen.[26] Die **Annahme einer Leistung erfüllungshalber** (§ 364 Abs. 2 BGB) bewirkt für sich allenfalls eine Sicherung → Rn. 8; Befriedigung tritt erst mit dem Eingang der erfüllungshalber vereinbarten Leistung ein.[27] Eine Erfüllungshandlung des Schuldners selbst liegt vor, sofern er einen Kundenscheck, den er zum Ausgleich einer eigenen Forderung von seinem Drittschuldner – als Aussteller des Schecks – erhalten hat, an einen Gläubiger weiterreicht, dem die Forderung still abgetreten worden war; eine Scheckübertragung unmittelbar vom Drittschuldner an den Abtretungsempfänger scheidet dann aus.[28] Für die Einlösung von Wechseln oder Schecks gelten die Besonderheiten des § 137.

8 **b) Sicherung.** Sicherung ist eine Rechtsposition, die geeignet ist, die Durchsetzung des Anspruchs, für den sie eingeräumt ist und der fortbesteht, zu erleichtern.[29] Unter diesen, weit zu verstehenden Begriff fallen **sämtliche Arten von Sicherheiten,** gleichgültig, ob gesetzlich oder vertraglich begründet, also zB neben Pfand- und Zurückbehaltungsrechten, Sicherungseigentum oder der Vorausabtretung von Forderungen[30] auch treuhänderische oder Personalsicherheiten, soweit diese die Insolvenzgläubiger benachteiligen,[31] ferner mittelbar zugewendete Sicherheiten wie die Bürgschaft auf erstes Anfordern[32] sowie die Hinterlegung zum Zweck der Sicherheitsleistung.[33] Die **Vormerkung** iSv §§ 883 ff. BGB ist ebenfalls ein Sicherungsmittel idS, auch wenn sie sachenrechtlich die geschuldeten dinglichen Rechtswirkungen teilw. vorwegnimmt: Bei der Zuordnung zu den anfechtungsrechtlichen Wirkungen entscheidet, dass sie einem bloß schuldrechtlichen Verschaffungsanspruch eine quasi-dingliche Sicherung verleiht, die nicht nur gegen Verfügungen des Schuldners, sondern auch gegen Zwangszugriffe anderer Gläubiger schützt.[34] Als Sicherung wird ferner die durch **Zwangsmaßnahmen von Gläubigern** – insbesondere Pfändungen – erlangte Rechtsstellung erfasst.[35] Behält sich dagegen ein Lieferant sein Eigentum gegenüber dem Schuldner vor, stammt diese Sicherung noch nicht aus dessen Vermögen; anders ist es jedoch, sofern der Schuldner zuvor ein eigenes Anwartschaftsrecht überträgt → § 129 Rn. 77 f.

9 Auch die Herstellung einer **Aufrechnungslage** (§ 96 Abs. 1 Nr. 3) begründet bereits eine Sicherung idS, ebenso wie diejenige einer gesellschaftsrechtlichen[36] oder kontokorrentmäßigen Ver-

---

24 BGH NJW 1997, 1063 (1065).

25 Vgl. RG WarnR 1931 Nr. 92, S. 186 aE; *Lange* S. 161; → § 131 Rn. 34.

26 → Rn. 9; *Bork* FS Fischer, 2008, 37 (39); ergänzend → § 129 Rn. 174a.

27 Zur Erfüllungshandlung in Dreiecksbeziehungen → § 129 Rn. 48 ff.; zum Eintritt der erforderlichen Gläubigerbenachteiligung → § 129 Rn. 142 ff.

28 OLG Stuttgart ZIP 1980, 860 (861); zum Eintritt der Gläubigerbenachteiligung → § 129 Rn. 150.

29 Vgl. *Baur/Stürner* Rn. 19.35; HKInsO/*Thole* § 131 Rn. 19.

30 Vgl. BGHZ 30, 238 (239) = NJW 1959, 1539.

31 Zu der durch die üblichen Sicherungsmittel ausgelösten Gläubigerbenachteiligung → § 129 Rn. 150 ff. → § 129 Rn. 161.

32 BGH NJW 1999, 3046 (3047); entsprechendes gilt für die Bankgarantie oder den Standby Letter of Credit, vgl. *C. Paulus* ZBB 1990, 200 (205 f.).

33 *Lange* S. 169.

34 Ebenso *Häsemeyer* Rn. 21.59; HambKommInsO/*Rogge/Leptien* § 130 Rn. 7; KPB/*Schoppmeyer* § 130 Rn. 23; aM BGHZ 34, 254 (256 ff.) = NJW 1961, 456 (457) aufgrund rein begrifflicher Ableitung; *Baur/Stürner* Rn. 19.35; für eine Zwangsvormerkung auch RGZ 68, 150 (151).

35 Zu ihrer Inkongruenz → § 131 Rn. 26 ff.

36 Vgl. BGHZ 86, 349 (352 f.) = NJW 1983, 1120 (1121); Jaeger/*Henckel* § 130 Rn. 91.

rechnungslage;[37] zur ermöglichten Befriedigung kann erst die Aufrechnungserklärung führen. Der Begriff der Sicherung hängt nicht davon ab, auf welche Weise die Aufrechnungslage herbeigeführt wurde → § 129 Rn. 67 → § 129 Rn. 148a ff., zB durch Erlangung einer Gegenforderung des Insolvenzgläubigers gegen den Schuldner[38] oder durch Begründung einer Verbindlichkeit ihm gegenüber,[39] durch einen Vorschuss des Schuldners[40] oder durch Überweisung eines Dritten auf das debitorisch geführte Bankkonto des Schuldners,[41] durch bankmäßige Einziehung eines Akkreditivbetrages zugunsten des Schuldners[42] oder durch Gutschrift zu seinen Gunsten im Lastschriftverfahren gegenüber einem seiner Drittschuldner.[43] Die aufgrund eines fristgerechten **Widerspruchs gegen eine Abbuchung** vom Konto des Schuldners entstehende Gutschrift kann ebenfalls eine Verrechnungslage begründen, insbesondere nach einem Widerruf des Schuldners.[44] Lag allerdings keine wirksame Lastschriftermächtigung vor, so ist die Rechtslage unabhängig von der stornierten Lastschrift zu beurteilen.[45] Ferner schafft der Abschluss eines Aufrechnungsvertrages oder einer Verrechnungsabrede eine Sicherung; er fällt deshalb unmittelbar unter die Deckungsanfechtung, nicht unter § 132 Abs. 1.[46] Er benachteiligt die Insolvenzgläubiger allerdings nur, soweit er die Aufrechnung unter erleichterten Bedingungen als denen der §§ 387 ff. BGB oder des § 95 Abs. 2 zulässt. Soweit eine Bank Geldbeträge, die bei ihr auf einem Girokonto des Schuldners eingehen, nicht dazu ausnutzt, um eigene Forderungen gegen den Schuldner zu tilgen, sondern ihm nach der Gutschrift die Weiterüberweisung gestattet, kann eine Anfechtung nach den Grundsätzen des Bargeschäfts entfallen.[47]

Die **Aufrechnungslage** entsteht **beim Scheckinkasso** erst in dem Zeitpunkt, in dem die Inkassobank buchmäßige Deckung für den Scheck erlangt.[48] Die anschließende Gutschrift hat regelmäßig nur deklaratorische Bedeutung.[49] Verwendet eine Bank Geldbeträge, die bei ihr mit anderer Zweckbestimmung eingegangen sind, um einen Schuldsaldo des Schuldners zu verringern, so entsteht die Aufrechnungslage erst zu dieser Zeit, bei einem Kontokorrent also mit dessen Abschluss.[50] Hat die Bank – insbesondere aufgrund ihrer Allgemeinen Geschäftsbedingungen – mit Einreichung eines Schecks oder eines Lastschriftauftrags zugleich die zugrundeliegende Forderung erworben, so hat sie bereits damit eine entsprechende Sicherung erlangt; maßgebender Zeitpunkt ist insoweit derjenige der Abtretung.[51] Bei einem gegenseitig verpflichtenden Vertrag entsteht die Aufrechnungslage bereits mit Vertragsschluss.[52] 10

2. Rechtshandlung. Die dem Gläubiger gewährte Deckung muss durch eine Rechtshandlung bewirkt sein. Dieser Begriff ist **im umfassenden Sinn** des § 129 zu verstehen → § 129 Rn. 7 ff. Anfechtbar können danach auch **Rechtshandlungen Dritter** sein, die gegen den Willen des Schuldners vorgenommen werden → § 129 Rn. 35, sowie Zuwendungen des Schuldners unter Einschaltung eines Dritten → § 129 Rn. 49 ff. → § 129 Rn. 68 ff.[53] 11

---

[37] Vgl. BGHZ 87, 246 (250) = NJW 1986, 2501 (2502); BGH NJW-RR 2005, 695 f.; BGH NJW-RR 2017, 366 (367) = NZI 2017, 349 (350); RG WarnR 1930, Nr. 126, S. 250 f.; OLG Dresden ZInsO 2007, 45; LG Köln KTS 1958, 94 (95); *Bork* Zahlungsverkehr Rn. 127; *ders.* FS Fischer, 2008, 37 (39); *Canaris* Bankvertragsrecht Rn. 499; *Dampf* KTS 1998, 145 (154 ff.); Jaeger/*Henckel* § 129 Rn. 86; KPB/*Schoppmeyer* § 130 Rn. 27; → § 129 Rn. 15 → § 129 Rn. 67.

[38] BGH WM 1971, 908 (909); *Jaeger/Henckel* KO § 30 Rn. 279.

[39] BGHZ 86, 349 (354) = NJW 1983, 1120 (1121); → 129 Rn. 148 → § 131 Rn. 7.

[40] BGHZ 86, 190 (194) = NJW 1983, 887 (888).

[41] Vgl. BGHZ 58, 108 (110 ff.) = NJW 1972, 633 (634); RG WarnR 1930, Nr. 126, S. 250 f.; LG Köln KTS 1958, 94 f.; *Peschke* S. 186 f.

[42] *Canaris* Bankvertragsrecht Rn. 1081.

[43] *Jaeger/Henckel* KO § 30 Rn. 272.

[44] BGH NZI 2010, 981 (982) mAnm *Hadding* WuB I D 2 – 2.11; *Wagner* NZI 2008, 401.

[45] BGHZ 63, 87 (93) = NJW 1974, 2285 (2286); *Jaeger/Henckel* KO § 30 Rn. 272. Das gilt erst recht für eine bloße Stornierung mangels Deckung: LG Aachen WM 1990, 1042 (1043); ergänzend → § 129 Rn. 108a.

[46] BGH NJW 1999, 3636 f.; krit. *Lüke* ZIP 2001, 1 (5 f.).

[47] → § 142 Rn. 19 f.; dasselbe gilt nach Einzahlungen des Schuldners auf sein eigenes Bankkonto zur Ermöglichung der Weiterüberweisung; zu der durch eine Aufrechnungslage herbeigeführten Gläubigerbenachteiligung → § 129 Rn. 148a ff.

[48] BGHZ 118, 171 (176 f.) = NJW 1992, 1960 (1961).

[49] *Jaeger/Henckel* KO § 30 Rn. 275; ergänzend → § 140 Rn. 11a.

[50] BGHZ 74, 129 (133) = NJW 1979, 1461 (1462); offengelassen von BGH NJW 2017, 366 (367) = NZI 2017, 349 (350).

[51] BGHZ 118, 171 (178) = NJW 1992, 1960 (1961); *Canaris* Bankvertragsrecht Rn. 653; *Jaeger/Henckel* KO § 30 Rn. 275.

[52] BGHZ 129, 336 (344) = NJW 1995, 1996 (1998).

[53] Zur Frage, inwieweit Rechtshandlungen, die mit Zustimmung eines vorläufigen Insolvenzverwalters vorgenommen wurden, anfechtbar sind → § 129 Rn. 43 ff.

12 **a) Gewähren einer Deckung.** In Betracht kommen einerseits Rechtshandlungen, die eine Deckung, also eine Sicherung oder Befriedigung → Rn. 6, gewähren: **Erfüllungsleistungen** aller Art einschließlich Werkleistungen oder die Übertragung einer Kaufsache,[54] Rückführungen eines Kontokorrentkredits, selbst wenn dieser später wieder in Anspruch genommen wird → Rn. 7 → Rn. 9, **Abtretungen** in den Deckungsbereich einer Sicherung hinein,[55] der **Einbau** einer beweglichen Sache in ein Grundstück mit der Wirkung des § 946 BGB, das Einbringen einer Sache durch den später insolvent werdenden Mieter, welches das Vermieterpfandrecht nach § 559 BGB auslöst, oder eine **Leistung gegen Aufrechnung** statt Zahlung → § 129 Rn. 67. Der Zeitpunkt, in dem die Deckung „gewährt" ist, ergibt sich aus § 140 → § 140 Rn. 11 → § 140 Rn. 21.

13 **b) Ermöglichen einer Deckung.** § 130 lässt bereits Rechtshandlungen ausreichen, die eine Deckung → Rn. 6 nur ermöglicht haben. Diese Regelung bezieht sich auf **vorbereitende Verhaltensweisen,** die zwar selbst dem Gläubiger noch keine Sicherung oder Befriedigung gewähren, diesen aber in die Lage versetzen, sich eine solche zu verschaffen. Er muss sie – oder wenigstens eine Anwartschaft darauf – aber letztlich auch erlangt haben; anderenfalls würden die übrigen Insolvenzgläubiger nicht benachteiligt. Nicht erforderlich ist es, dass der Anfechtungsgegner tatsächlich nachfolgend eine Befriedigung erlangt.[56] Tritt eine solche Benachteiligung ein, so genügt jede mitwirkende Handlung.[57] Dagegen ist es begrifflich nicht Voraussetzung des Ermöglichens, dass die Rechtshandlung den künftigen Insolvenzgläubiger der Deckung „zwingend" dergestalt näher bringt, dass er sich das daran noch Fehlende selbst verschaffen kann.[58] Ebenso wenig ist ein erfolgsgerichteter Wille des Handelnden begriffliche Voraussetzung;[59] dieses Merkmal ist insbesondere den §§ 130, 131 fremd und käme nur für § 133 in Betracht → § 129 Rn. 7. Vielmehr wird die nötige Begrenzung der Anfechtbarkeit jeweils durch die zusätzlichen Tatbestandsmerkmale der §§ 130, 131 gewährleistet. Insbesondere ist jede Mitwirkungshandlung bei der **Herstellung einer Aufrechnungslage,** die vor der Erklärung der Aufrechnung ein Sicherungselement aufweist,[60] zu berücksichtigen, nicht erst die letzte, welche die Aufrechnungsvoraussetzungen vervollständigt → § 129 Rn. 148 ff.[61]

13a Hierher gehört auch die **Anfechtung des Werthaltigmachens** von zur Sicherheit abgetretenen Forderungen, insbesondere bei der **Globalzession.** Die durch eine Wertschöpfung mit Mitteln der künftigen Masse geschaffene Aufrechnungslage ist selbständig anfechtbar.[62] Die Wertschöpfung kann in der Herstellung eines Werkes, der Übergabe der Kaufsache oder der Erbringung von Dienstleistungen bestehen, zusammengefasst in sämtlichen vom Schuldner veranlassten Maßnahmen, welche die Fälligkeit der Vergütung herbeiführen oder die Einrede nach § 320 BGB ausräumen.[63] Erfasst wird auch die Wertschöpfung durch dem Auftraggeber (Drittschuldner) geschuldete und erbrachte Arbeitsleistung.[64] Gleiches gilt für die Anfechtung der Wertschöpfung durch die vom Schuldner aufgeschlagenen Margen beim Weiterverkauf der unter **verlängertem und erweitertem Eigentumsvorbehalt** vom späteren Anfechtungsgegner bezogenen Waren.[65]

13b Anfechtbar kann aktives Tun, können aber auch **bewusste Unterlassungen** des Schuldners iSv § 129 Abs. 2 → § 129 Rn. 23 ff. sein gleichgültig, ob sie sich materiell- oder verfahrensrechtlich auswirken.[66] Insbesondere kann die Anweisung des Schuldners an einen Drittschuldner, dessen Schuld durch Überweisung auf ein bestimmtes Konto zu tilgen, ebenso eine anfechtbare Rechtshandlung sein wie das anschließende freiwillige Stehenlassen des eingezahlten Betrages auf dem Konto, wenn dadurch zugunsten der kontoführenden Bank letztlich eine Auf- oder Verrechnungslage → Rn. 9 f. geschaffen wird.[67] Eine „Ermöglichen" liegt ferner vor, sofern der Schuldner Wertpapiere bei einer Bank einlagert und dadurch ihr Pfandrecht nach Nr. 14 AGB-Banken auslöst. Bei

---

54 BGHZ 89, 189 (193 f.) = NJW 1984, 1557 (1558); BGHZ 129, 336 (344) = NJW 1995, 1966 (1968).
55 BGHZ 59, 230 (234 f.) = NJW 1972, 2084.
56 BGH NJW-RR 2017, 617 (618) = NZI 2017, 352 (353) = NZG 2017, 550 (551) = ZIP 2017, 489 (490).
57 BGH NZI 2004, 248 (249); ergänzend → § 129 Rn. 55 f. → § 129 Rn. 171.
58 AM *Peschke* S. 176 f.
59 KPB/*Schoppmeyer* § 130 Rn. 38; vgl. aber Uhlenbruck/*Borries/Hirte* § 129 Rn. 100.
60 *Thole* Gläubigerschutz S. 378.
61 Zum maßgeblichen Zeitpunkt → § 140 Rn. 11b.
62 BGHZ 174, 297 (309 f.) = NJW 2008, 430 (434); BGH NZI 2008, 539 (540); BGH NJW-RR 2015, 1182 (1183) = NZI 2015, 765 (766); KPB/*Schoppmeyer* § 130 Rn. 40.
63 BGH NJW-RR 2015, 1182 (1183) = NZI 2015, 765 (766).
64 BGH NZI 2008, 539 (540 f.).
65 BGHZ 189, 1 (8) = NJW 2011, 1506 (1508).
66 BGH NZI 2011, 249 (250).
67 BGH NZI 2012, 453 (455 f.).

einem mehraktigen Erwerbsvorgang – zB Einigung und Übergabe (§ 929 Satz 1 BGB), Angebot und Annahme zu einem Erlassvertrag (§ 397 Abs. 1 BGB) oder eine zielstrebige Zuwendung an einen Dritten über eine Mittelsperson → § 129 Rn. 68 ff. – „ermöglicht" bereits der erste Akt die Deckung.[68] Erbringt ein Werkunternehmer Leistungen, obwohl seine Werklohnforderung im Voraus an Gläubiger abgetreten ist, ermöglichen seine Leistungen deren Sicherung mit, indem sie die abgetretene Forderung werthaltiger machen.[69] Einzahlungen des Versicherungsnehmers auf eine Direktversicherung ermöglichen einen höheren Anspruch gegen die Versicherung.[70] Das bloße Unterlassen einer Kündigung ist keine „ermöglichende" Rechtshandlung des Schuldners, solange er die Kündigung nicht bewusst in Betracht gezogen hat.[71] Als ermöglichende Prozesshandlung des Schuldners kommt insbesondere sein Anerkenntnis in einem Zivilprozess (§ 307 ZPO)[72] oder gemäß § 794 Abs. 1 Nr. 5 ZPO ebenso in Betracht wie seine Entscheidung, gegen einen Vollstreckungsbescheid oder eine Vorpfändung keinen Einspruch oder keine Erinnerung einzulegen;[73] erwirbt der Gläubiger in der Folgezeit aufgrund des Titels ein Pfändungspfandrecht oder gar die Erfüllung seiner Forderung, kann als anfechtbare Rechtshandlung das Verhalten des Schuldners selbständig erfasst werden.

Auch eine **Handlung des Gläubigers** kann seine Sicherung ermöglichen, etwa sein Eintragungsantrag beim Grundbuchamt, die von ihm bewirkte Vorpfändung,[74] das Erwirken eines Titels, aus dem später vollstreckt wird, oder eine Darlehenskündigung mit der Folge einer vorzeitigen Fälligkeit des Rückzahlungsanspruchs und dessen nicht abgezinste Berücksichtigung in der Insolvenztabelle.[75] In materiell-rechtlicher Hinsicht kommt ein Ermöglichen durch den Gläubiger zB in Betracht, soweit er sich den Besitz an Sicherungsgut verschafft[76] oder eine eigene fällige Verbindlichkeit bewusst nicht erfüllt, um eine Aufrechnungslage für künftige Gegenansprüche gegen den Schuldner zu verschaffen,[77] oder wenn ein Gesellschafter einer Bau-Arge Personal, Geräte oder Baumaterial seines insolvent gewordenen Partners weiter auf der Baustelle einsetzt.[78] **14**

Da die **Fristen** der §§ 130 bis 132 vom Eröffnungsantrag zurückgerechnet werden → Rn. 24, wird meist die Anfechtung des letzten, gewährenden Aktes leichter sein als diejenige der Vorbereitungshandlung; jener wird eher in die kritische Zeit fallen als die erst vorbereitende Maßnahme.[79] Jedoch kann das „Ermöglichen" auch die einzige anfechtbare Rechtshandlung sein → Rn. 13 oder dazu führen, dass der Gläubiger eine kongruente statt einer nur inkongruenten Deckung erlangt. Daran ist neben den Fällen des **Sicherheitentauschs** insbesondere zu denken, sofern Gläubiger oder Schuldner in der kritischen Zeit ein diesem gewährtes Darlehen kündigen und hierdurch zB ein bis dahin nicht berechtigtes Pfandrecht kongruent wird. Gleiches gilt, wenn Gläubiger oder Schuldner zB den Eintritt einer Bedingung iSv § 158 BGB auslösen oder die Anfechtung (§§ 119, 123 BGB) eines Verpflichtungsgeschäfts unterlassen, so dass die vom Gläubiger erlangte Deckung kongruent wird. Bei der **Anfechtung des Werthaltigmachens** einer global zedierten Forderung kann die zur Sicherheit dienende Forderung noch außerhalb der kritischen Zeit entstanden sein, das nachfolgende Werthaltigmachen jedoch in die kritische Zeit fallen. Dies hat zur Folge, dass die Anfechtung der Sicherheit insgesamt nach § 130 zu beurteilen ist.[80] **15**

3. Insolvenzgläubiger. Die Rechtshandlung → Rn. 11 ff. muss die Deckung → Rn. 6 ff. gerade eines **Insolvenzgläubigers** bewirkt haben. Durch diese Einschränkung sollen zum einen solche Leistungsempfänger von der Deckungsanfechtung ausgenommen werden, die in der Insolvenz kraft Gesetzes von vornherein bessergestellt sind → Rn. 20 als die – durch die Anfechtung zu begünstigenden – Insolvenzgläubiger. Zum anderen ermöglicht es der Begriff „Insolvenzgläubiger", die Deckungsanfechtung von der Anfechtung nach § 132 abzugrenzen → Rn. 21. Erfüllungsleistungen an den Schuldner selbst können nicht unter die §§ 130, 131 fallen. **16**

---

68 KPB/*Schoppmeyer* § 130 Rn. 38.
69 BGH ZIP 2001, 1380 (1382); BGH NJW-RR 2015, 1182 (1183) = NZI 2015, 765 (766); *Kirchhof* FS Uhlenbruck, 2000, 269 (277); ergänzend → § 129 Rn. 168a.
70 Dies berücksichtigen *Westhelle/Micksch* ZIP 2003, 2054 (2057 f.) nicht; ergänzend → § 129 Rn. 52 → § 134 Rn. 15 f.
71 Vgl. BGH ZIP 1996, 2080 (2081); ergänzend → § 129 Rn. 24 → § 131 Rn. 41.
72 Vgl. dazu *Henckel* Kölner Schrift S. 813, 822.
73 AGR/*Gehrlein* § 130 Rn. 4; ergänzend → § 133 Rn. 9b.
74 BGHZ 167, 11 (13) = NJW 2006, 1870 (1871).
75 BGH NJW-RR 2017, 617 (618) = NZI 2017, 352 (353) = NZG 2017, 550 (551) = ZIP 2017, 489 (490).
76 *Gundlach/Frenzel/Schmidt* NZI 2002, 22; ergänzend → § 129 Rn. 22 → § 129 Rn. 109a → § 129 Rn. 136 f.
77 Vgl. *Paulus/Schröder* WM 1999, 253 (256); zur Kongruenz einer solchen Aufrechnungslage → § 131 Rn. 40.
78 OLG Frankfurt ZInsO 2006, 105 (107).
79 Vgl. *Kirchhof* FS Uhlenbruck, 2000, 269 (271 f.).
80 BGH NZI 2008, 539 (540 f.); BGH NJW-RR 2015, 1182 (1183) = NZI 2015, 765 (766).

17 **a) Mögliche Insolvenzgläubiger.** Insolvenzgläubiger ist danach jeder, der ohne die erlangte Deckung in dem anschließenden Insolvenzverfahren **keine bessere Stellung in Bezug auf die befriedigte oder gesicherte Forderung gehabt hätte als gemäß § 38.**[81] Denn dann ist dessen Erfüllung oder Sicherung geeignet, die Befriedigungsaussichten der anderen Insolvenzgläubiger über das kraft Gesetzes vorgegebene Maß hinaus zu schmälern. Unerheblich ist es deshalb, ob der Berechtigte bereits Insolvenzgläubiger war, als er eine Sicherheit erlangte; entscheidend ist, inwieweit er die Sicherheit im Verfahren zur Verstärkung einer bloßen Insolvenzforderung einsetzt.[82] In Betracht kommen neben den normalen **auch die nachrangigen Insolvenzgläubiger** iSv § 39.[83] Ob der Gläubiger im Einzelfall am Insolvenzverfahren teilnimmt, ist unerheblich,[84] ebenso der Rechtsgrund, auf dem seine Forderung beruht: Insolvenzgläubiger können daher zB die **Inhaber öffentlich-rechtlicher Ansprüche** – etwa gerichtet auf Steuern, Gebühren oder Abgaben – sein.[85]

17a Insolvenzgläubiger ist auch der **vorläufige Insolvenzverwalter** mit seinem Vergütungsanspruch aus einem vorausgegangenen Eröffnungsverfahren, das nicht zur Verfahrenseröffnung geführt hat.[86] Das gilt auch im Fall einer einheitlichen materiellen Insolvenz, wenn also bereits in dem früheren Eröffnungsverfahren ein Eröffnungsgrund vorlag und dieses Verfahren lediglich mangels eines zulässigen Gläubigerantrags oder mangels Masse (§ 26) nicht zur Eröffnung gelangte.[87]

17b Im Fall der **Aufrechnung durch einen Insolvenzgläubiger** (§ 96 Abs. 1 Nr. 3) kommt es nicht entscheidend darauf an, ob die Hauptforderung des Insolvenzschuldners vor oder nach der Gegenforderung entstanden ist.[88] Tilgt der Schuldner eine Verbindlichkeit, für die ein anderer eine Sicherheit bestellt hatte, so erfüllt er damit regelmäßig zugleich den **Befreiungsanspruch des Sicherungsgebers** (vgl. § 44); dann ist auch dieser in Höhe des Wertes seiner Sicherheit Insolvenzgläubiger iSd § 130.[89]

17c Bei **Leistungsmittlern** ist zwischen schlichten Hilfspersonen, die in dem einen oder anderen Lager stehen, und den übrigen Anweisungsempfängern zu unterscheiden. Findet bei wertender Betrachtungsweise kein Zwischenerwerb statt, ist der Leistungsmittler nicht Empfänger des anfechtbar weggegebenen Gegenstandes und kann bereits deshalb nicht Gegner einer Deckungsanfechtung sein.[90] Hat der Schuldner dagegen eine Zwischenperson eingeschaltet, die für ihn im Wege einer einheitlichen Handlung eine Zuwendung an einen Dritten bewirkt und damit zugleich unmittelbar das den Insolvenzgläubigern haftende Vermögen vermindert, kann diese grundsätzlich Gegner einer Vorsatzanfechtung sein.[91] **Insolvenzgläubiger** ist in einem solchen Fall aber allein der Dritte als Empfänger, wenn es sich für diesen erkennbar um eine Leistung des Schuldners handelt.[92] Ein Geldinstitut, das einen **Zahlungsauftrag** des späteren Insolvenzschuldners ausführt, ist insoweit nicht dessen Insolvenzgläubiger.[93]

17d Die Stellung als Insolvenzgläubiger ist auf die jeweils betroffene konkrete Forderung zu beziehen: Der **Kreditgeber des Insolvenzschuldners** ist nicht dessen Insolvenzgläubiger, soweit ihm die eigene Pflicht zur bestmöglichen Verwertung von Sicherungsgut erlassen wird.[94]

---

81 Vgl. BGHZ 89, 189 (194) = NJW 1984, 1557 (1558); BGH NJW-RR 2006, 1134; BGH NZI 2012, 135.

82 AM *Kuder* S. 174 f. für Pfandrechte, die vor einem Lastschriftwiderruf entstehen.

83 Jaeger/*Henckel* § 130 Rn. 18; KPB/*Schoppmeyer* § 130 Rn. 45; Nerlich/Römermann/*Nerlich* InsO § 130 Rn. 45; *Wagner* § 130 Rn. 2; → § 129 Rn. 103. Jedenfalls überholt ist OLG München KTS 1979, 327 f. Gegenüber Forderungen aus Gesellschafterdarlehen (§ 39 Abs. 1 Nr. 5) kommt zusätzlich § 135 als Anfechtungsgrundlage in Betracht.

84 BGH NJW-RR 2006, 1718; BGH NZI 2008, 733 (734); *Häsemeyer* KTS 1982, 507 (532); *Jaeger/Henckel* KO § 30 Rn. 124; KPB/*Schoppmeyer* § 130 Rn. 49.

85 BGH ZIP 1994, 1194 (1195); *Jaeger/Henckel* KO § 30 Rn. 296; KPB/*Schoppmeyer* § 130 Rn. 46.

86 BGH NZI 2012, 135 mAnm *Graeber* NZI 2012, 129.

87 BGH NZI 2012, 135 (136); → Rn. 20.

88 OLG Köln NZI 2001, 474 (475); *Bork* ZInsO 2003, 686 (687); *v. Olshausen* ZIP 2003, 893; ergänzend → § 96 Rn. 27 f. → § 131 Rn. 7; zum Fehlen eines Rechtsgrundes für die Deckungshandlung → § 131 Rn. 6 f.

89 RG LZ 1911, 944 (946); *Jaeger/Henckel* KO § 30 Rn. 124.

90 Vgl. *Kayser* FS Ganter, 2010, 221 (231); ergänzend → § 133 Rn. 10 → § 133 Rn. 21a.

91 BGH NJW 2012, 1959 f. = NZI 2012, 453.

92 BGH NJW 2012, 1959 = NZI 2012, 453; BGH NJW 2017, 3516 ff. = NZI 2017, 854 ff.; BGH NZI 2018, 114 ff. = ZIP 2017, 2370 ff. = ZInsO 2017, 2546 ff.; zu § 30 Nr. 1 KO BGHZ 142, 284 (287) = NJW 1999, 3636; *Schäfer* ZInsO 2014, 1965 (1981); *Thole* ZIP 2013, 2081 (2087 f.); ergänzend → § 133 Rn. 21a.

93 BGH NJW 2012, 1959 = NZI 2012, 453; RG LZ 1914, 1043; → § 129 Rn. 50.

94 Vgl. BGH NJW 1997, 1063 (1065).

Aufgrund der Regelungen der §§ 52 Satz 1, 77 Abs. 3 Nr. 2, 223 sind die Inhaber von **Absonderungs- oder Ersatzabsonderungsrechten** wegen ihrer gesamten persönlichen Forderung gegen den Schuldner, nicht nur wegen ihres Ausfalls, Insolvenzgläubiger.[95] Deshalb betreffen Rechtshandlungen, welche die durch das Absonderungsrecht gesicherte Forderung verringern, deren Berechtigte iZw in ihrer Eigenschaft als Insolvenzgläubiger.[96] Abweichendes gilt nur für solche Rechtshandlungen, die sich erkennbar allein auf das Sicherungsrecht – unabhängig vom Bestand der zugrunde liegenden Forderung – beziehen, zB die Ablösung einer Grundschuld (§§ 1142, 1150, 1192 Abs. 1 BGB) oder die Verwertung bzw. den Ankauf des Sicherungsguts.[97] Soweit sich der Absonderungsberechtigte in der kritischen Zeit den **Besitz an beweglichem Sicherungsgut** des Schuldners verschafft, handelt er im Hinblick auf seine gesicherte Forderung gegen den Schuldner ebenfalls als Insolvenzgläubiger.[98] Nur soweit er **ausschließlich als Inhaber des Absonderungsrechts** betroffen wird, ist er nicht Insolvenzgläubiger.[99] Dies gilt nicht nur, sofern der absonderungsberechtigte Gläubiger den gezahlten Betrag auch durch Verwertung des Absonderungsguts hätte erzielen können;[100] ebenso wenig ist es anfechtbar, wenn der Masse durch die (teilw.) Befriedigung des absonderungsberechtigten Gläubigers die Verwertungs- und/oder Feststellungspauschale (§§ 170, 171) entgeht.[101] Daher sind nach dem Wegfall von Vorzugsrechten bei der insolvenzmäßigen Verteilung auch die Pfandbriefgläubiger einer Pfandbriefbank sowie Baugläubiger als Insolvenzgläubiger einzustufen; § 30 PfandBG bzw. § 1 Abs. 1 BauFordSiG stellen deren Forderungen nicht allgemein besser, sondern begründen allenfalls → § 129 Rn. 106 einen bevorrechtigten Zugriff auf besondere Haftungsmassen, der insoweit eine Gläubigerbenachteiligung ausschließen kann. Insolvenzgläubiger ohne besondere Vorrechte ist auch, wer durch eine vorsätzliche unerlaubte Handlung des Schuldners geschädigt wurde[102] oder seinerseits einen Anfechtungsanspruch gemäß §§ 1 ff. AnfG gegen diesen durchgesetzt hat.[103] 18

Stellt der Schuldner eine **Sicherheit für die Verbindlichkeit eines Dritten** oder tilgt er diese (§ 267 Abs. 1 BGB), so ist zu unterscheiden: Ist der Insolvenzschuldner selbst ebenfalls Schuldner des Gläubigers – zB aufgrund einer Bürgschaft oder nach § 44 Abs. 1 Satz 1 AO –, so ist dieser auch Insolvenzgläubiger.[104] Der Dritte kann zusätzlich Insolvenzgläubiger sein, sofern ihm der Insolvenzschuldner zur Bestellung der Sicherheit oder zur Tilgung verpflichtet war.[105] Haftet ein Dritter für eine Verbindlichkeit des Schuldners mit und ist dieser dem Dritten im Innenverhältnis zur Tilgung verpflichtet, so ist bei einer späteren Tilgung durch den Schuldner der Dritte wegen seines Befreiungsanspruchs ebenfalls Insolvenzgläubiger;[106] insbesondere der Ausgleichsanspruch aus § 426 Abs. 1 BGB entsteht bereits mit der Begründung eines Gesamtschuldverhältnisses. Nur soweit der Schuldner die Leistung gewährt hat, ohne hierzu vorher verpflichtet gewesen zu sein, entfällt die Deckungsanfechtung;[107] stattdessen sind die §§ 132 bis 134 als Anfechtungsgrundlagen in Betracht zu ziehen → § 132 Rn. 5 → § 134 Rn. 31 ff. 19

---

95 AGR/*Gehrlein* § 130 Rn. 6.

96 BGH ZInsO 2007, 605 (607); RGZ 155, 95 (99 ff.); OLG Frankfurt MDR 1968, 675, das allerdings zu Unrecht eine Gläubigerbenachteiligung annahm; *Eichberger* S. 117; anders für die Auslösung oder Verwertung des Absonderungsrechts RGZ 90, 69 (71 f.); RGZ 126, 304 (307).

97 Vgl. Uhlenbruck/*Borries/Hirte* § 130 Rn. 31.

98 1. KommBer. Ls. 5.5; BGH ZInsO 2007, 605 (607); *Gundlach/Frenzel/Schmidt* NZI 2002, 20 (22); HambKommInsO/*Rogge/Leptien* § 130 Rn. 4; HKInsO/*Thole* § 130 Rn. 10; KPB/*Schoppmeyer* § 130 Rn. 56; Nerlich/Römermann/*Nerlich* InsO § 130 Rn. 44; wohl auch *Bork* FS Gaul, 1997, 71 (76); zu eng *Henckel* Kölner Schrift S. 813 (819 f.); *C. Paulus* WM 2000, 2225 (2227); *Eckardt* ZIP 1999, 1734 (1740 f.); *Zenker* WuB VI A. § 129 Rn. 2.05; ergänzend → § 129 Rn. 109a → § 129 Rn. 136 f. → § 132 Rn. 21 → § 132 Rn. 23.

99 BGH NZI 2006, 403; HambKommInsO/*Rogge/Leptien* § 130 Rn. 4; HKInsO/*Thole* § 130 Rn. 10.

100 BGH NZI 2004, 492 (494) mAnm *Bruckhoff*; BGH NZI 2006, 403 (404); HKInsO/*Thole* § 129 Rn. 74 ff.; KPB/*Schoppmeyer* § 130 Rn. 57.

101 BGH NZI 2004, 137 (138) mAnm *Leithaus*; KPB/*Schoppmeyer* § 130 Rn. 57; aM *Gundlach/Frenzel/Schmidt* NZI 2004, 305 (307); *Henckel* Kölner Schrift S. 813 (819 f.); → § 129 Rn. 109a.

102 BGH WM 1959, 470 (471).

103 Vgl. MüKoAnfG/*Kirchhof* Einf. Rn. 26; → § 129 Rn. 203 → § 131 Rn. 30; zur Aussonderung → Rn. 20.

104 BGH NZI 2008, 733 (734); BGH NJW 2012, 1585 (1586) = NZI 2012, 177 (178); RGZ 152, 321 (322 f.); iE auch *Jaeger/Henckel* KO § 30 Rn. 125. Entgegen seiner Auffassung ist es jedoch nicht ohne weiteres erheblich, ob die Insolvenzmasse als Ausgleich einen werthaltigen Rückgriff- oder Freistellungsanspruch gegen den Hauptschuldner hat → § 129 Rn. 101.

105 OLG Köln ZInsO 2006, 1329; *Jaeger/Henckel* KO § 130 Rn. 18.

106 BGH NJW-RR 2006, 1718 gegen OLG Schleswig DZWiR 2005, 258 (259); *Jaeger/Henckel* KO § 130 Rn. 18; KPB/*Schoppmeyer* § 130 Rn. 51a.

107 BGH NJW-RR 2004, 983 f.; BGH NJW 2005, 1867 f.; HambKommInsO/*Rogge/Leptien* § 130 Rn. 3; *Henckel* ZIP 2004, 1671 f.; KPB/*Schoppmeyer* § 130 Rn. 51a.

19a Diese Grundsätze gelten auch für Leistungen des Haftungsschuldners in den Fällen einer **umsatzsteuerrechtlichen Organschaft.** Zieht das Finanzamt bei Bestehen einer umsatzsteuerlichen Organschaft (§ 2 Abs. 2 Nr. 2 UStG) der Steuerschuld des Organträgers entsprechende Beträge vom Konto der Organgesellschaft ein, so macht es damit den steuerrechtlichen Haftungsanspruch aus § 73 Satz 1 AO gegen die Organgesellschaft geltend. Gerät diese in Insolvenz, hat das Finanzamt die Zahlung als deren Insolvenzgläubiger erlangt.[108] Dabei kommt es nicht darauf an, ob im Zeitpunkt des Einforderns der Zahlung (etwa im Lastschriftverfahren) die Haftung der Organgesellschaft bereits begründet war oder ob ein Haftungsbescheid noch nicht hätte ergehen dürfen.[109] Erbringt ein Schuldner einer noch nicht durchsetzbaren Haftungsverbindlichkeit eine Zahlung, so ist ebenso wie bei einer durchsetzbaren davon auszugehen, dass er dadurch seine eigene Haftungsverbindlichkeit und nicht (nur) die ihr zu Grunde liegende Steuerschuld des Dritten (Organträgers) tilgen will.[110]

20 **b) Aussonderungsberechtigte und Massegläubiger.** Insolvenzgläubiger ist nicht der durch eine Bewährungsauflage nur mittelbar Begünstigte,[111] der **Aussonderungsberechtigte** (§ 47)[112] oder **Ersatzaussonderungsberechtigte** (§ 48),[113] ebenso wenig der **Massegläubiger** (§§ 54, 55):[114] Dessen Schutz dient die Insolvenzanfechtung nicht einmal im Fall der Masselosigkeit oder Masseunzulänglichkeit (§§ 207, 208);[115] die Abwicklungsmaßnahmen des Verwalters können sogar in diesen Fällen nicht mit Handlungen des Schuldners vor der Verfahrenseröffnung gleichgestellt werden.[116] Vereinnahmt der vorläufige Insolvenzverwalter in einem nicht zur Eröffnung gelangten Verfahren die Vergütung, sind seine Vergütungsansprüche in einem später eröffneten Verfahren keine Massekosten; das gilt auch im Fall der einheitlichen Insolvenz.[117] Wer als Gläubiger eines gegenseitig verpflichtenden Vertrages (§ 103) vor der Verfahrenseröffnung teilw. Deckung erhalten hat, kann im Hinblick auf die Folgenregelung der §§ 105, 108 Abs. 2 unabhängig davon Insolvenzgläubiger sein, ob der Insolvenzverwalter wegen eines abtrennbaren Rests Erfüllung wählt.[118] Nimmt der **nach § 270b Abs. 3 im Schutzschirmverfahren** ermächtigte Insolvenzschuldner die Arbeitsleistung in Anspruch, werden im Hinblick auf den Bruttolohnanspruch des Arbeitnehmers Masseverbindlichkeiten begründet. Eine Rückstufung zur Insolvenzforderung gemäß § 55 Abs. 3 findet mit Verfahrenseröffnung allerdings nur statt, soweit die Entgeltforderung noch nicht beglichen wurde. Sofern die Arbeitnehmeranteile zur Sozialversicherung vor Verfahrenseröffnung zur Vermeidung einer strafrechtlichen Verantwortung erfüllt worden sind, mangelt es für eine Anfechtung nach Eröffnung an der Qualität einer Insolvenzforderung.[119] Etwas anderes gilt allenfalls dann, soweit der Schuldner im Antragsverfahren nach § 270b den Erlass von Einzelermächtigungen erlangt hat, die sich nicht auf die Abführung von Sozialversicherungsbeiträgen erstrecken.[120]

21 **c) Zeitpunkt der Insolvenzgläubigerstellung.** Ist der Leistungsempfänger bei Zahlung auf eine nicht bestehende Forderung als Insolvenzgläubiger anzusehen, der dann allerdings ein inkongruente Deckung erhalten hat, gilt dies gleichermaßen für die Befriedigung einer einredebehafteten Forderung. Allerdings muss der **anspruchsbegründende Tatbestand** vor Verfahrenseröffnung bereits abgeschlossen sein, mag sich eine Forderung des Gläubigers daraus auch erst nach Beginn des Insolvenzverfahrens ergeben. Nur die schuldrechtliche Grundlage des Anspruchs muss bereits vor der Eröffnung des Insolvenzverfahrens entstanden sein.[121] Unschädlich ist es deshalb, wenn die Forderung im Zeitpunkt der Deckungshandlung – zB wegen der Akzessorietät – noch

---

108 BGH NJW 2012, 1585 (1586) = NZI 2012, 177 (178 f.) mAnm *Kruth.*

109 BGH NJW 2012, 1585 f.; aM BFH DStR 2009, 2670.

110 BGH NJW 2012, 1585 (1587) = NZI 2012, 177 (179).

111 *Brömmekamp* ZIP 2001, 951; → § 129 Rn. 142 aE → § 134 Rn. 7.

112 RG JW 1896, 4 f. und OLG Hamburg OLGR 32, 374, die jedoch zu Unrecht auch die Lastenfreistellung für unanfechtbar hielten; AGR/*Gehrlein* § 130 Rn. 7; Jaeger/*Henckel* § 130 Rn. 20; zur Absonderung → Rn. 18.

113 AGR/*Gehrlein* § 130 Rn. 7; FKInsO/*Dauernheim* § 130 Rn. 9.

114 AGR/*Gehrlein* § 130 Rn. 7; FKInsO/*Dauernheim* § 130 Rn. 11; Jaeger/*Henckel* § 130 Rn. 32 ff.

115 → § 129 Rn. 105a.

116 → § 129 Rn. 45 → § 147 Rn. 9; dem Schutz der Massegläubiger dient vor allem § 61.

117 BGH NZI 2012, 135 f.; → Rn. 17a.

118 BGHZ 89, 189 (194) = NJW 1984, 1557 (1558); BGH WM 1984, 265 f.; *Eichberger* S. 117 f.; *Jaeger/Henckel* KO § 30 Rn. 136. Eine bloße Vorauszahlung des Schuldners/Auftraggebers auf eine insgesamt noch ausstehende Leistung des Auftragnehmers ist aber keine verselbständigte Teilleistung idS; nur iE zutr. *Heidland* Rn. 700.

119 BGH NZI 2016, 779 (780 f.) = NZG 2016, 1274 (1275 f.).

120 BGH, Beschl. v. 21.6.2018 – IX ZR 193/16.

121 BGHZ 72, 263 (265 f.); BGH NZI 2011, 953; BGH NJW 2012, 1585 (1586) = NZI 2012, 177 (178).

nicht durchsetzbar oder nichtig war.[122] Eine **bedingte Forderung** genügt;[123] deshalb ist ein Kreditgeber auch in der Insolvenz des Bürgen bereits Insolvenzgläubiger bezogen auf die Kreditbürgschaft.[124] Wird dagegen die erfüllte oder gesicherte Forderung erst zugleich mit der Leistungshingabe oder sogar später begründet, handelt es sich regelmäßig um einen Anwendungsfall des § 132.[125] Wird zB ein Arbeitsverhältnis gegen sofortige Zahlung eines überhöhten Entgelts aufgehoben, so entsteht dieser Zahlungsanspruch erst durch die Aufhebungsvereinbarung; der Arbeitnehmer ist deshalb insofern kein Insolvenzgläubiger.[126] Tilgt der Schuldner, ohne hierzu gegenüber irgendjemandem verpflichtet zu sein, die **Schuld eines Dritten,** so entfällt die Deckungsanfechtung → Rn. 19 → § 132 Rn. 8. Beim Dokumenteninkasso ist die mit der Einziehung beauftragte Bank Insolvenzgläubigerin, wenn der spätere Insolvenzschuldner die Dokumente im Rahmen eines im Soll geführten Kontokorrentkontos hereingegeben hatte; dagegen ist sie es nicht, soweit sie dem Schuldner Zug um Zug gegen Einreichung der Dokumente einen zusätzlichen Kredit als „Vorschuss" gewährt.[127] Im **Überweisungsverkehr** ist die Bank, die einen Überweisungsauftrag des späteren Insolvenzschuldners ausführt, nicht wegen des daraus erst folgenden Aufwendungsersatzanspruchs dessen Insolvenzgläubigerin.[128] Der Angewiesene ist auch nicht Insolvenzgläubiger des Leistungsempfängers;[129] stattdessen kommt es auf dessen Verhältnis zum Anweisenden an.[130] Unerheblich ist, ob die Forderung eines Insolvenzgläubigers erst nach Eintritt der Zahlungsunfähigkeit des Schuldners entsteht.[131] Der **Sanierungstreuhänder,** der Vermögen des Schuldners zwecks Verteilung an dessen Gläubiger übernimmt, wird damit allein nicht selbst zu dessen Insolvenzgläubiger.[132]

Die Eigenschaft als Insolvenzgläubiger sollte nicht mit dem Vorliegen eines **Bargeschäfts** verknüpft werden: Für dieses gilt die Sonderregelung des § 142, die auch dann eingreifen kann, sofern die Deckungshandlung geringfügig nach Begründung der Insolvenzforderung stattfindet.[133] 22

4. Objektive Gläubigerbenachteiligung. Mittelbare Gläubigerbenachteiligung → § 129 Rn. 121 ff. genügt als Folge einer Rechtshandlung.[134] Sie tritt regelmäßig bei **Erfüllungshandlungen** aus dem Schuldnervermögen einschließlich der Erfüllungssurrogate – vor allem bei Auf- oder Verrechnungen – ein, weil diese für andere Insolvenzgläubiger weniger Haftungsmasse übrig lassen. Dasselbe gilt bei der **Erlangung von Sicherheiten** aus dem Schuldnervermögen. Die mittelbare Benachteiligung fehlt dagegen beim bloßen **Sicherheitentausch** → § 129 Rn. 108 ff. → § 129 Rn. 150 oder bei Befriedigungen, durch die gleichwertige, insolvenzfeste Sicherheiten zugunsten der Insolvenzgläubiger frei werden → § 129 Rn. 142a. Vor allem wirkt sich im Rahmen des § 130 die Unanfechtbarkeit von Bargeschäften (§ 142) aus. 23

V. Besondere Anfechtungsvoraussetzungen des Abs. 1 Satz 1 Nr. 1

1. Zeitpunkt der Vornahme. Verdächtig wird die kongruente Deckung durch den Zeitpunkt ihrer Vornahme (§ 140). **Nr. 1** erfasst sämtliche Handlungen, die bis zu **drei Monate** (einschließlich) **vor Stellung des Eröffnungsantrags** (§ 13) vorgenommen wurden. Die Regelung eröffnet den übrigen, nicht begünstigten Gläubigern mittelbar zugleich die Möglichkeit, den Gleichbehandlungsgrundsatz zu verwirklichen, sobald sie von einer solchen bevorzugten Deckung erfahren, indem sie innerhalb von drei Monaten seit deren Vornahme die Eröffnung eines Insolvenzverfahrens beantragen. 24

---

[122] HambKommInsO/*Rogge/Leptien* § 130 Rn. 5; → § 131 Rn. 6 f.
[123] RGZ 152, 321 (322); iE auch *Jaeger/Henckel* KO § 30 Rn. 125 aE.
[124] *Kirchhof* FS Fuchs, 1996, 97 (105).
[125] BGH WM 1955, 404 (406); RGZ 29, 77 (78); RGZ 136, 154 (158); RG JW 1890, 192 Nr. 6; RG LZ 1910, 476 (477); *Jaeger/Henckel* KO 30 Rn. 123; KPB/*Schoppmeyer* § 130 Rn. 58 ff.; ergänzend → § 132 Rn. 5 → § 132 Rn. 8.
[126] *Gerhardt* EWiR 1989, 609 (610) gegen OLG Düsseldorf ZIP 1989, 1073 (1074).
[127] AM *Menkhaus* S. 97.
[128] BGH NJW 2012, 1959 = NZI 2012, 453; Jaeger/*Henckel* § 130 Rn. 40; KPB/*Schoppmeyer* § 130 Rn. 55a.
[129] FKInsO/*Dauernheim* § 131 Rn. 15; KPB/*Schoppmeyer* § 130 Rn. 54 f.
[130] Ergänzend → § 129 Rn. 50 → § 129 Rn. 144 → § 134 Rn. 31 ff.
[131] BGH WM 1955, 404 (406); KPB/*Schoppmeyer* § 130 Rn. 45.
[132] BGH NJW 2012, 1959 = NZI 2012, 453; RG LZ 1911, 854 (855); → Rn. 17c; ergänzend → § 131 Rn. 7 → § 133 Rn. 10 → § 133 Rn. 21a.
[133] → § 142 Rn. 26 ff.; *Eichberger* S. 116; *Raschke* S. 81 ff.
[134] BGH NJW 1992, 2485 (2486); BGH ZInsO 2007, 816 (819); BGH NJW-RR 2017, 617 (618) = NZI 2017, 352 (353); AGR/*Gehrlein* § 130 Rn. 1; FKInsO/*Dauernheim* § 130 Rn. 4; HKInsO/*Thole* § 130 Rn. 9; KPB/*Schoppmeyer* § 130 Rn. 10; Nerlich/Römermann/*Nerlich* InsO § 130 Rn. 61.

25 Maßgeblich ist einerseits – nach näherer Bestimmung des § 139 Abs. 2 – der **Eingang des frühesten zulässigen und begründeten Eröffnungsantrags** beim Insolvenzgericht.[135] Unerheblich ist, auf welchen Antrag der Eröffnungsbeschluss gestützt wird und wie lange es bis zur Insolvenzeröffnung dauert.[136] Voraussetzung ist allerdings, dass das Insolvenzverfahren tatsächlich eröffnet wird;[137] kommt es nicht dazu, bleibt nur die Einzelgläubigeranfechtung gemäß §§ 3 bis 6 AnfG. Unzulässige, unbegründete, für erledigt erklärte oder zurückgenommene Anträge bleiben nach näherer Maßgabe des § 139 Abs. 2 außer Betracht → § 139 Rn. 9a.[138]

26 Die **Dreimonatsfrist** ist aufgrund des § 139 Abs. 1 zu berechnen. Anfechtbar ist die Rechtshandlung nach Nr. 1 nur, soweit sie innerhalb dieser Frist vorgenommen worden ist; nach näherer Maßgabe des § 140 genügt es dafür regelmäßig, wenn der letzte, vollendende Akt in die Frist fällt. Es handelt sich um eine zum Klagegrund gehörende Frist, nicht um eine Verjährungsfrist, so dass die §§ 193, 202 ff. BGB nicht gelten.[139]

27 **2. Zahlungsunfähigkeit.** Die Deckungshandlung ist nach **Nr. 1** nur anfechtbar, sofern der Schuldner im Zeitpunkt ihrer Vornahme → Rn. 24 – und damit spätestens innerhalb der drei Monate vor Stellung des Insolvenzantrags[140] – zahlungsunfähig war. Es schadet nicht, wenn die Zahlungsunfähigkeit bereits länger andauerte. Andererseits kann bereits diejenige Handlung anfechtbar sein, welche die Zahlungsunfähigkeit erst begründet;[141] dann mag allerdings die Kenntnis des Anfechtungsgegners hiervon → Rn. 31 ff. oft fraglich sein. Bei **Auslandsinsolvenzen** greift insoweit § 356 Abs. 3 nicht ein; diese Norm erleichtert bereits ihrem Wortlaut nach nur die „Eröffnung" eines inländischen Zweitverfahrens, ermöglicht es dagegen nicht, einen bestimmten Zeitpunkt vor der Eröffnung als denjenigen der Zahlungsunfähigkeit festzulegen. Für die Anfechtbarkeit muss vielmehr die Zahlungsunfähigkeit auch dann festgestellt werden, wenn im Ausland deswegen ein Insolvenzverfahren eröffnet wurde; dieser Umstand ist aber als ein mögliches Indiz mit zu berücksichtigen.[142]

28 **a) Zahlungsunfähigkeit.** Zahlungsunfähigkeit ist iSv § 17 Abs. 2 zu verstehen.[143] Sie setzt eine durch die Rspr. näher ausgeformte **Liquiditätslücke** voraus. Diese liegt vor, wenn der Schuldner für einen Zeitraum von mehr als drei Wochen außerstande ist, wenigstens über 90% seiner fälligen Gesamtverbindlichkeiten zu tilgen; eine Zahlungsunfähigkeit kann dann nur ausscheiden, sofern ausnahmsweise mit an Sicherheit grenzender Wahrscheinlichkeit zu erwarten ist, dass die Liquiditätslücke demnächst (fast) vollständig wieder beseitigt wird und den Gläubigern ein Zuwarten nach den besonderen Umständen des Einzelfalles zuzumuten ist. Beträgt andererseits eine innerhalb von drei Wochen zu beseitigende Liquiditätslücke des Schuldners weniger als 10%, so ist regelmäßig von Zahlungsfähigkeit auszugehen, falls nicht bereits abzusehen ist, dass die Lücke demnächst mehr als 10% erreichen wird.[144] Dies kann zB anzunehmen sein, wenn ein vom Schuldner betriebenes Unternehmen über 15 Monate hinweg einen Rückstand in Höhe von ein bis zwei Monatsraten mit Sozialversicherungsbeiträgen von beträchtlicher Höhe nicht auszugleichen vermag. Ohne Bedeutung ist, **aus welchen Quellen** die Einnahmen des Schuldners stammen. Es kommt nicht darauf an, ob sich der Schuldner die Zahlungsmittel auf redliche oder unredliche Weise beschafft hat. Deshalb sind **anfechtbar erworbene Zahlungsmittel** in eine Prüfung einzubeziehen.[145] Von der Nichtzahlung einer iSd § 271 Abs. 1 BGB fälligen Forderung darf nicht schematisch auf die Zahlungsunfähigkeit geschlossen werden. Nur dies ist gemeint, sofern in Übereinstimmung mit dem Verständnis der Konkursordnung an dem Erfordernis des „ernsthaften Einforderns" festgehalten wird.[146] Im **Anfechtungsprozess** ist die Zahlungsunfähig-

135 BGHZ 162, 143 (146 f.) = NJW 2005, 1121 f.; HambKommInsO/*Rogge/Leptien* § 130 Rn. 14; HKInsO/*Thole* § 130 Rn. 31 unter Hinweis auf § 139.

136 BGH NJW-RR 2000, 779 Nr. 40; HKInsO/*Thole* § 130 Rn. 31; *Huber* EWiR 2000, 491 (492).

137 RGZ 36, 73; RGZ 88, 237; *Zeuner* Anfechtung Rn. 102.

138 Zu Besonderheiten in der Insolvenz von Kreditinstituten → § 139 Rn. 3.

139 RGZ 17, 70 (71); RGZ 139, 111; KPB/*Schoppmeyer* § 130 Rn. 153; Nerlich/Römermann/*Nerlich* InsO § 130 Rn. 66.

140 Zum Eintritt der Zahlungsunfähigkeit erst nach dem Eröffnungsantrag → Rn. 58 ff.

141 BGH WM 1955, 1468 (1470 f.); BGH NJW 1998, 607 (608); BGH NJW 1999, 645 (646).

142 BGH NJW 1992, 624 f.; *Jaeger/Henckel* KO § 30 Rn. 16; weitergehend FKInsO/*Dauernheim* § 130 Rn. 55.

143 BGH NJW-RR 2006, 1422 (1423); BGH NZI 2011, 589 (590).

144 BGHZ 163, 134 (137 ff.) = NJW 2005, 3062 (3063 ff.); BGH NZI 2007, 36 (38); BGH NZI 2007, 517 (519); BGH NJW 2018, 1089 (1091 ff.) = NZI 2018, 204 (206 ff.); HambKommInsO/*Schröder* § 17 Rn. 18; HKInsO/*Rüntz/Laroche* § 17 Rn. 20; HKInsO/*Thole* § 130 Rn. 20; zur Ermittlung der Deckungslücke → § 17 Rn. 7 ff.

145 BGHZ 181, 127 (139) = NJW 2009, 2600 (2601 f.); Jaeger/*Müller* § 17 Rn. 17.

146 BGHZ 181, 127 (140) = NJW 2009, 2600 (2602); BGH NJW 2018, 1089 (1094) = NZI 2018, 204 (207 f.); AGR/*Gehrlein* § 130 Rn. 7.

keit im Allgemeinen rückblickend festzustellen.[147] Einzelne – sogar beträchtliche – Zahlungen, die der Schuldner noch leistet, schließen seine Zahlungsunfähigkeit nicht aus,[148] es sei denn, sie würden mehr als 90% seiner gesamten fälligen Zahlungspflichten tilgen. Außenstände und Anlagevermögen des Schuldners können nur berücksichtigt werden, wenn sie innerhalb von drei Wochen ab Eintritt einer Zahlungsstockung in liquide Mittel umgewandelt werden können.[149] Die Berechtigung und Fälligkeit der als berücksichtigungsfähig schlüssig vorgetragenen Verbindlichkeiten brauchen im Anfechtungsprozess nur aufgeklärt zu werden, soweit sie streitig[150] und für die maßgebliche Höhe der Liquiditätslücke erheblich sind. Bei der Ermittlung der Deckungslücke sind auch diejenigen Verbindlichkeiten zu berücksichtigen, die innerhalb der maßgeblichen drei Wochen fällig werden.[151]

Eine Liquiditätsbilanz ist im Anfechtungsprozess jedoch entbehrlich, sofern eine **Zahlungseinstellung** (§ 17 Abs. 2 Satz 2) die gesetzliche Vermutung der Zahlungsunfähigkeit begründet.[152] Sie gilt auch im Rahmen des Insolvenzanfechtungsrechts.[153] Zahlungseinstellung ist dasjenige nach außen hervortretende Verhalten des Schuldners, in dem sich typischerweise ausdrückt, dass er nicht in der Lage ist, seine fälligen Zahlungspflichten zu erfüllen.[154] Für die beteiligten Verkehrskreise muss sich mindestens der Eindruck aufdrängen, der Schuldner sei außerstande, seinen fälligen Zahlungspflichten zu genügen.[155] Die tatsächliche Nichtzahlung eines erheblichen Teils der fälligen Verbindlichkeiten, für den die 10%-Grenze nicht gilt,[156] reicht für eine Zahlungseinstellung selbst dann aus, wenn die tatsächlich noch geleisteten Zahlungen beträchtlich sind, im Verhältnis zu den fälligen Gesamtschulden aber nicht den wesentlichen Teil ausmachen.[157] Die **Nichtzahlung einer einzelnen fälligen Verbindlichkeit** kann eine Zahlungseinstellung begründen, wenn die Forderung von insgesamt nicht unbeträchtlicher Höhe ist;[158] auch in diesem Fall bedarf es keiner Feststellung der genauen Höhe der gegen den Schuldner bestehenden Verbindlichkeiten oder gar einer Unterdeckung von 10%.[159] Zeigt der Schuldner ein nach außen hervortretendes Verhalten, in dem sich typischerweise ausdrückt, dass er nicht in der Lage ist, seine fälligen Zahlungspflichten zu erfüllen, liegt auch dann Zahlungseinstellung vor, soweit er tatsächlich nur zahlungsunwillig ist.[160] Im Anfechtungsprozess ist aufgrund der feststehenden Indizien eine **Gesamtabwägung** vorzunehmen.[161] Allerdings kann sich der Insolvenzverwalter nach der Wertung des § 133 Abs. 3 Satz 2 zum Nachweis einer Zahlungseinstellung nicht mehr allein getroffener Zahlungsvereinbarungen oder gewährter sonstiger Zahlungserleichterungen bedienen, die für sich genommen allerdings nach der bisherigen Rspr. ohnehin nicht ausreichend waren.[162] Die aus der ggf. festzustellenden Zahlungseinstellung folgende **Vermutung der Zahlungsunfähigkeit** kann vom Anfechtungsgegner dadurch widerlegt werden, dass die Liquiditäts- 28a

[147] Vgl. BGH ZInsO 2006, 1210 (1211).
[148] BGH NJW 1982, 1952 (1954); BGH NJW 1985, 1785 f.; BGH ZIP 1997, 423 (425); BGH NJW 1998, 607 (608); BGH ZIP 1998, 2008 (2009); BGH NJW-RR 2000, 1297 (1298); BGH NJW-RR 2001, 1204; BGH NJW-RR 2003, 1632 f.; BGH ZInsO 2006, 1210 (1211); RG LZ 1908, 703 (704); RG JW 1927, 386 Nr. 17; HambKommInsO/*Schröder* § 17 Rn. 28.
[149] Vgl. BGH NJW 1999, 645 (646) zu § 10 GesO noch mit einer Monatsfrist nach früherem Recht; BGHZ 173, 286 (296) = NZI 2007, 579 (581); BGH NJW 2018, 1089 (1091 f.) = NZI 2018, 204 (206 f.).
[150] BGH NJW-RR 2001, 1204 f.
[151] BGH NJW 2018, 1089 (1091 ff.) = NZI 2018, 204 (206 ff.); *Bork* ZIP 2008, 1749 (1751 ff.).
[152] BGHZ 149, 178 (184 f.) = NJW 2002, 515 (516 f.); BGH NZI 2007, 36; BGH NZI 2011, 589 (590); BGH NJW 2018, 396 (397) = NZI 2018, 34 (35); BGH NJW 2018, 1089 (1093 ff.) = NZI 2018, 204 (207 f.).
[153] BGHZ 149, 178 (184) = NJW 2002, 515 (516 f.); BGHZ 180, 63 (66); BGH BeckRS 2018, 32036 = ZInsO 2019, 192.
[154] BGHZ 149, 178 (184 f.) = NJW 2002, 515 (517); BGH NZI 2011, 589 (590); BGH NJW 2018, 396 (397) = NZI 2018, 34 (35).
[155] BGH NJW-RR 2007, 1419 (1421); BGH NZI 2011, 589 (590).
[156] BGH NZI 2011, 589 (591).
[157] BGH NJW-RR 2007, 1419 (1421); BGH NZI 2011, 589 (590); BGH NJW 2018, 396 (397) = NZI 2018, 34 (35); BGH BeckRS 2018, 32036 = ZInsO 2019, 192.
[158] BGHZ 149, 178 (185) = NJW 2002, 515 (517); BGH NZI 2011, 589 (590); BGH NJW 2018, 396 (397) = NZI 2018, 34 (35); BGH BeckRS 2018, 32036 = ZInsO 2019, 192.
[159] BGH NZI 2011, 589 (591).
[160] BGH NJW 2018, 396 (397) = NZI 2018, 34 (35).
[161] BGH NZI 2011, 589 (591); BGH NJW-RR 2015, 612 (613) = NZI 2015, 369 (370); BGH NJW-RR 2015, 612 (613 f.) = NZI 2015, 369 (370); BGH NJW-RR 2016, 430 (431) = NZI 2016, 222 (223).
[162] BGH NZI 2017, 850 (851) = NJW-Spezial 2017, 629; BGH NJW 2015, 1959 = NZI 2015, 470; AGR/*Gehrlein* § 133 Rn. 54; *Berner* ZInsO 2015, 2457 (2468 f.); *Huber* ZIP 2018, 519 (522); *Kindler/Bitzer* NZI 2017, 369 (374); *Pape* ZInsO 2018, 296 (301); ergänzend → § 133 Rn. 24b.

bilanz im maßgeblichen Zeitraum für den Schuldner eine Deckungslücke von weniger als 10% ausweist.[163]

28b Eine **einmal eingetretene Zahlungseinstellung** kann nur dadurch wieder beseitigt werden, dass der Schuldner seine Zahlungen im Allgemeinen wieder aufnimmt.[164] Allenfalls ein nicht wesentlicher Teil der fälligen Forderungen darf unerfüllt bleiben. Dazu reicht es keinesfalls aus, dass der Rückstand deutlich, zB etwa um die Hälfte, reduziert wird.[165] Auch die 10%-Grenze, die nur dem zunächst zahlungsfähigen Schuldner zu Gute kommt, gilt hier nicht. Die Zahlungsfähigkeit muss nachhaltig wiedererlangt werden. Dass ist selbst dann nicht der Fall, wenn am Tag der später angefochtenen Leistung zwar keine fälligen Verbindlichkeiten mehr bestehen, sich aber bereits abzeichnet, dass der Schuldner etwa bei Fälligwerden der nächsten Mietrate oder am nächsten Steuertermin erneut mehr als nur marginal in Rückstand geraten wird. Die **Beweislast für den Wegfall der Zahlungsunfähigkeit** trifft denjenigen, der sich hierauf beruft → Rn. 64.[166]

28c Die erst **drohende Zahlungsunfähigkeit** nach § 18 ist bereits vom Wortlaut des § 130 Abs. 1 Satz 1 Nr. 1 her nicht gemeint;[167] der Gesetzgeber hat die Anfechtbarkeit zeitlich nicht so weit vorverlegen wollen, um so weniger, als die Gläubiger durch eine für sie von außen kaum zu erkennende, nur drohende Zahlungsunfähigkeit nicht gewarnt werden. **Überschuldung** (§ 19) steht der Zahlungsunfähigkeit in diesem Zusammenhang aus Gründen der Rechtsklarheit ebenfalls nicht gleich,[168] und zwar auch dort nicht, wo sie Eröffnungsgrund ist und sogar eine Pflicht zur Antragstellung begründet. Da sie meist vor der Zahlungsunfähigkeit eintritt, würde ein Abstellen auf die Überschuldung die Deckungsanfechtung weiter vorverlegen als vom Gesetzgeber bestimmt.

28d Über die Anfechtbarkeit in **Gesellschaftsinsolvenzen** (§ 11 Abs. 1, Abs. 2 Nr. 1) entscheidet allein die Zahlungsunfähigkeit des insolvenzbefangenen **Sondervermögens,** zB des Gesamthandsvermögens einer OHG, nicht ihrer Gesellschafter persönlich.[169] Hat dagegen eine Einzelperson die Gesellschaft mit Aktiven und Passiven übernommen und fortgeführt, ist lediglich das Zahlungsverhalten des jetzigen Inhabers maßgebend.[170] In der **Nachlassinsolvenz** (§ 11 Abs. 2 Nr. 2) ist auf die Nichterfüllung der Nachlassverbindlichkeiten abzustellen, insbesondere – aber nicht nur – durch den Erblasser.[171] Die **Insolvenz eines gemeinschaftlich verwalteten ehelichen Gesamtguts** hängt von der Zahlungsunfähigkeit beider Eheleute ab.[172] Ein Sekundärinsolvenzverfahren über Inlandsvermögen eines ausländischen Schuldners gemäß § 356 betrifft jedoch nicht nur ein Sondervermögen idS; entscheidend ist deshalb das gesamte Zahlungsverhalten des ausländischen Schuldners.[173]

29 Anders als für die Verfahrenseröffnung (§§ 16, 27) genügt es für die Anfechtbarkeit nicht, wenn Zahlungsunfähigkeit erst bis zum Zeitpunkt der abschließenden Entscheidung im Anfechtungsprozess eintritt; sie muss vielmehr bereits **im Zeitpunkt der angefochtenen Rechtshandlung** bestanden haben.

29a Ferner setzt die Anfechtung nach § 130 – ebenso wie die nach 132 – voraus, dass eine Zahlungsunfähigkeit des Schuldners dem Anfechtungsgegner bekannt war oder sich ihm wenigstens aufdrängte → Rn. 34 ff. Das wird in den weitaus meisten Fällen nur anzunehmen sein, sofern die Zahlungsunfähigkeit nach außen hervorgetreten ist, also **Zahlungseinstellung** iSv § 17 Abs. 2 Satz 2 vorliegt

163 BGH NZI 2011, 589 (591).

164 BGHZ 149, 100 (109) = NJW 2002, 512 (514); BGHZ 149, 178 (188) = NJW 2002, 515 (517); BGH NZI 2007, 36 (37); BGH NJW-RR 2016, 1018 (1020) = NZI 2016, 739 (740) = NZG 2016, 1231 (1233); BGH NJW 2018, 1089 (1093) = NZI 2018, 204 (207); aM *Ahrens* ZIP 2017, 58 (60), wonach bereits der nachträgliche Ausgleich der ursprünglich vorhandenen Liquiditätsunterdeckung ausreichend soll.

165 BGHZ 149, 100 (109) = NJW 2002, 512 (514).

166 BGHZ 149, 100 (109) = NJW 2002, 512 (514); BGH NZI 2007, 36 (37); BGH NJW-RR 2016, 1018 (1020) = NZI 2016, 739 (740) = NZG 2016, 1231 (1233).

167 1. KommBer. S. 111 zu Ls. 1.2.5; ebenso OLG Köln NZI 2005, 112 (114); HKInsO/*Thole* § 130 Rn. 23; *Jaeger/Henckel* § 130 Rn. 110; KPB/*Schoppmeyer* InsO § 130 Rn. 92.

168 RGZ 25, 34 (38 f.); RG JW 1885, 92 f.; RG LZ 1912, 461 Nr. 33; BayObLG SeuffBl. 65 [1903], 192 (194); OLG Köln NZI 2005, 112 (114); HKInsO/*Thole* § 130 Rn. 23; Jaeger/*Henckel* § 130 Rn. 111; KPB/*Schoppmeyer* § 130 Rn. 92.

169 RG LZ 1916, 308 Nr. 24; Jaeger/*Henckel* § 130 Rn. 114; vgl. RG WarnR 1933 Nr. 30.

170 RG JW 1897, 307 Nr. 20; OLG Dresden LZ 1915, 268 f.; *Jaeger/Henckel* KO § 30 Rn. 43; → Vor § 129 Rn. 102.

171 Jaeger/*Henckel* § 130 Rn. 114.

172 Jaeger/*Henckel* § 130 Rn. 114; *Schuler* NJW 1958, 1609 (1613).

173 Vgl. näher BGH NJW 1992, 624; RG WarnR 1915 Nr. 63 S. 87; ergänzend → Rn. 27.

→ Rn. 28a.[174] Kennt der Gläubiger die Zahlungseinstellung, ist auch seine Kenntnis von der Zahlungsunfähigkeit anzunehmen.[175] Im Einzelnen wird zu den Voraussetzungen der Zahlungseinstellung auf die Kommentierung zu § 17 verwiesen.[176]

Die streitige Zahlungseinstellung (§ 17 Abs. 2 Satz 2) kann im Prozess idR nur durch **Indizien** bewiesen werden. Eine eigene Erklärung des Schuldners, fällige Verbindlichkeiten nicht begleichen zu können,[177] oder sein außergerichtlicher Schuldenbereinigungsplan iSv § 305 Abs. 1 Nr. 1, aus dem ein Zahlungsunvermögen folgt, reicht zB ebenso aus wie sein auf Zahlungsunfähigkeit gestützter Insolvenzeröffnungsantrag nach dessen Abweisung gemäß § 26. Es genügt, wenn die Zahlungseinstellung nur gegenüber dem Anfechtungsgegner zum Ausdruck gekommen ist.[178] Richtet sich die Anfechtung gegen die Besicherung einer Forderung, die der Gläubiger zuvor eingefordert hatte, muss auch diese mit in die Beurteilung einbezogen werden, ob der Schuldner vor der Besicherung seine Zahlungen eingestellt hatte.[179] Eine einmal eingetretene Zahlungseinstellung wirkt fort. Sie kann nur dadurch wieder beseitigt werden, dass der Schuldner seine Zahlungen im erforderlichen Maße wieder aufnimmt → Rn. 28b;[180] dies hat der Anfechtungsgegner zu beweisen, der sich auf den nachträglichen Wegfall beruft.[181] 29b

b) Ursachenzusammenhang. Maßgeblich ist nur diejenige Zahlungsunfähigkeit, die auch noch bei der späteren Insolvenzeröffnung vorlag;[182] ob der Eröffnungsbeschluss tatsächlich darauf gestützt wurde, ist hingegen unerheblich. Der nötige Ursachenzusammenhang zwischen Zahlungsunfähigkeit und dem Insolvenzverfahren folgt aus dem Sinn und Zweck der Norm, wonach die Gläubigergleichbehandlung dadurch erreicht werden soll, dass die Wirkungen des Insolvenzverfahrens auf den Zeitpunkt der materiellen Insolvenz (Zahlungsunfähigkeit) vorverlagert werden.[183] Er fehlt, sofern die Zahlungsunfähigkeit zwischen der Deckungshandlung des Schuldners und der Verfahrenseröffnung beseitigt wurde;[184] dann ist allein auf eine etwa später neu eintretende Zahlungsunfähigkeit abzustellen, die schließlich bis zur Verfahrenseröffnung angedauert hat.[185] Wird die Insolvenzeröffnung gemäß § 26 abgelehnt oder ein eröffnetes Verfahren nach § 207 eingestellt, dann aber erneut ein Insolvenzverfahren eröffnet, bleibt die ursprüngliche Zahlungsunfähigkeit des Schuldners maßgeblich, wenn sie nicht zwischenzeitlich behoben wurde (einheitliche Insolvenz).[186] Bei nur kurzfristigen zwischenzeitlichen Zahlungen des Schuldners wird es sich meist lediglich um den vergeblichen und deshalb rechtlich bedeutungslosen Versuch handeln, die Zahlungsfähigkeit wieder herzustellen.[187] 30

3. Kenntnis des Gläubigers von der Zahlungsunfähigkeit. Aus Gründen des Verkehrsschutzes wird der Gläubiger grundsätzlich der Anfechtung nach Nr. 1 erst ausgesetzt, soweit er die 31

---

[174] BGH NJW-RR 2001, 1204 f.; BGHZ 149, 178 (184) = NJW 2002, 515 (517); BGH NJW-RR 2003, 697 (698 f.); BGH NJW 2004, 1444 (1445 f.); BGH ZInsO 2006, 1210 (1211); BGH ZIP 2007, 1507 (1510); vgl. HKInsO/*Thole* § 130 Rn. 19.

[175] BGHZ 180, 63 (66) = NJW 2009, 1202 (1203); BGH NJW-RR 2016, 430 (432) = NZI 2016, 222 (224).

[176] → § 17 Rn. 27 ff.; vgl. ferner BGH NJW 2004, 1444 (1445 f.); BGH ZInsO 2006, 1210 (1211); BGH ZInsO 2007, 816 (818); zu § 30 KO BGH NJW-RR 2001, 1204 f.; BGH NJW-RR 2002, 1419 (1421); zu § 10 GesO BGHZ 149, 100 (108) = NJW 2002, 512 (513); BGH NJW-RR 2002, 261 f.; BGH NZI 2005, 329 (330); HKInsO/*Rüntz/Laroche* § 17 Rn. 25 ff.

[177] BGH ZInsO 2006, 1210 (1211); *Hölzle* ZIP 2007, 613 (618).

[178] BGH WM 1955, 1468 (1471); BGH NJW 1995, 2103 (2104); BGH NJW 1997, 1063 (1065); BGH ZIP 1996, 2080 (2082); BGH ZIP 2001, 524 (525); RG JW 1901, 653 Nr. 10; *Jaeger/Henckel* KO § 30 Rn. 17.

[179] BGH NJW 1998, 607 (608); BGH NJW-RR 2002, 261 (262 f.); HambKommInsO/*Rogge/Leptien* § 130 Rn. 12; zur Bedeutung von Teilzahlungen → Rn. 28.

[180] BGH ZInsO 2007, 819 (821); BFH ZInsO 2005, 1105.

[181] BGHZ 149, 178 (188) = NJW 2002, 515 (517); BGH ZIP 2006, 2222 (2224); BGH NJW-RR 2007, 1419 (1421); BGH NJW 2008, 2190 (2192); BGH NJW 2016, 1168 (1170) = NZI 2016, 266 (268); BGH NJW-RR 2016, 745 (746) = NZI 2016, 454 (456); HambKommInsO/*Rogge/Leptien* § 130 Rn. 56.

[182] RGZ 69, 254 (257); RGZ 100, 62 (65); *Ahrens* ZIP 2017, 58 ff.; HKInsO/*Thole* § 130 Rn. 29; Nerlich/Römermann/*Nerlich* InsO § 130 Rn. 22; aM BGH NZI 2017, 28 (30), wonach eine durchgängige Zahlungsunfähigkeit des Schuldners nicht mehr vorausgesetzt wird, so dass dessen Zahlungen die den späteren Insolvenzgläubigern haftende Masse auch dann verkürzen, wenn der Schuldner zunächst noch oder später vorübergehend wieder zahlungsfähig war.

[183] *Ahrens* ZIP 2017, 58 (59).

[184] *Ahrens* ZIP 2017, 58 ff.; HKInsO/*Rüntz/Laroche* § 17 Rn. 44.

[185] RGZ 129, 390 (393); RG LZ 1908, 388 (389); RG WarnR 1931 Nr. 151 S. 301 f.; *Jaeger/Henckel* KO § 30 Rn. 32; aM BGH NZI 2017, 28 (30).

[186] BGH NJW-RR 2007, 1419 (1421); dazu *Kayser* Rechtsprechung S. 15; OLG München BayJMBl 1953, 119; OLG Schleswig ZInsO 2006, 1224 (1227); *Jaeger/Henckel* KO § 30 Rn. 31.

[187] Vgl. BGH NJW-RR 2007, 1419 (1421 f.); RGZ 114, 206 (209); RGZ 132, 281 (283 f.); RG JW 1916, 1118 Nr. 8 mAnm *Jaeger.*

Zahlungsunfähigkeit des Schuldners → Rn. 27 f. erkennt.[188] Kennt der Gläubiger die Zahlungseinstellung → Rn. 29 f., ist gemäß § 17 Abs. 2 Satz 2 regelmäßig auch seine Kenntnis von der Zahlungsunfähigkeit anzunehmen.[189] Die Kenntnis der Zahlungsunfähigkeit des Schuldners schadet dem Gläubiger auch dann, wenn er irrig annimmt, die Leistung von einer anderen Person empfangen zu haben; ein solcher Irrtum begründet keine Schutzwürdigkeit gegenüber den Insolvenzgläubigern des tatsächlich Leistenden. Hat der Gläubiger die Zahlungsunfähigkeit einmal erkannt, hilft es ihm nichts, wenn er ohne wesentliche neue Tatsachen irrtümlich annimmt, sie sei nachträglich wieder behoben worden.[190] Auch der gute Glaube an die Richtigkeit der Eintragung des Schuldners im Grundbuch (§§ 892, 893 BGB) steht der Anfechtbarkeit nicht entgegen, weil diese sich auf andere Bezugspunkte stützt.[191]

32 Die erforderliche Kenntnis muss der begünstigte Gläubiger **im Zeitpunkt der Vornahme** der Rechtshandlung (§ 140) haben, also spätestens bei Eintritt ihrer Rechtswirkungen.[192] Eine **zuvor gegebene Kenntnis** des Anfechtungsgegners ist unschädlich, falls er im Zeitpunkt der Rechtshandlung nicht mehr „bösgläubig" ist.[193] Jedoch muss die Schlussfolgerung des Anfechtungsgegners, wonach die Zahlungsunfähigkeit des Schuldners zwischenzeitlich behoben sei, von einer **ihm nachträglich bekannt gewordenen Veränderung der Tatsachengrundlage und nicht von einem bloßen „Gesinnungswandel"** getragen sein.[194] Hat sich die Sachlage bereits objektiv nicht verändert, kommt ein Wegfall der Kenntnis von vornherein nicht in Betracht.[195] Hierfür reicht nicht der Abschluss einer Ratenzahlungsvereinbarung aus,[196] selbst wenn die Zahlungseinstellung maßgeblich aus der Nichtbedienung der betreffenden Verbindlichkeit abgeleitet wurde.[197] In Fällen, in denen es um den Wegfall der Kenntnis von der eingetretenen Zahlungsunfähigkeit durch den Abschluss einer Ratenzahlungsvereinbarung geht, besteht kein Anlass, die Gegenvermutung des § 133 Abs. 3 Satz 2 (analog) anzuwenden.[198] Diese ist keinesfalls weitergehend als Vermutung für eine Wiederherstellung der Zahlungsfähigkeit zu verstehen, weil dies die Aufnahme der Zahlungen im Allgemeinen erfordert.[199] Aber auch der Fortfall allein von Umständen, die die unwiderlegliche Vermutung nach Abs. 2 begründen, bewirkt nicht zwingend den Verlust der Kenntnis.[200] Dies kann nur das Ergebnis einer tatrichterlichen Prüfung sein. Hierfür reichen „Sanierungsbemühungen" des Schuldners nicht aus, sofern sie aus Sicht des Anfechtungsgegners keine Änderung der Tatsachengrundlage bewirkt haben, weil sie nicht in ein tragfähiges Sanierungskonzept eingemündet sind.[201] Wird dem Anfechtungsgegner vor der Zahlung vom Schuldner mitgeteilt, er habe seinen Insolvenzantrag zurückgenommen, und ist damit das alleinige Anknüpfungsmerkmal des Abs. 2 entfallen, liegt auch keine Kenntnis mehr vor.[202] Eine der Deckungshandlung erst **nachfolgende Kenntnis** schadet ihm ebenfalls nicht.[203] Insbesondere im Fall einer Auf- oder Verrechnung kommt es also auf die Kenntnis bei Entstehung der Aufrechnungslage an.[204]

---

188 Zur Erweiterung bei Kennenmüssen gemäß Abs. 2 → Rn. 34 ff.; zur Beweislastumkehr gegenüber nahestehenden Personen → Rn. 66 f.

189 BGHZ 180, 63 (66) = NJW 2009, 1202 (1203); BGH NJW-RR 2016, 1018 (1019) = NZI 2016, 739 (740) = NZG 2016, 1231 (1232).

190 BGH NZI 2008, 366 (367); RG JW 1916, 1118; OLG Colmar OLGR 15, 230; *Jaeger* LZ 1914, 741 f., 1344 f. mwN; *Jaeger/Henckel* KO § 30 Rn. 32, 50 jeweils aE.

191 *Kuhn/Uhlenbruck* § 30 Rn. 29c; vgl. § 147 Satz 1.

192 BGH WM 1958, 1417 (1419); BGH WM 1961, 1371; BGHZ 41, 17 (19) = NJW 1964, 1277; BGH NJW 1984, 1953 f.; BGH ZIP 1995, 630 (634 f.); BGH ZIP 1997, 423 (426); BGH NJW-RR 2001, 1204 (1205); BGH NZI 2008, 366 (367); LG Braunschweig ZIP 1996, 35 (36); HKInsO/*Thole* § 130 Rn. 33; *Jaeger/Henckel* KO § 30 Rn. 74 f.; Uhlenbruck/*Borries/Hirte* § 130 Rn. 60.

193 BGH NZI 2008, 366 (367); BGH NZI 2011, 536 (537).

194 BGH NZI 2008, 366 (367); BGH NZI 2011, 536 (537); BGH NJW 2016, 1171 (1172 f.) = NZI 2016, 134 (135 f.); AGR/*Gehrlein* § 130 Rn. 27; *Pape* ZInsO 2018, 296 (302).

195 AGR/*Gehrlein* § 130 Rn. 27.

196 BGH NJW 2013, 940 (942) = NZI 2013, 140 (142).

197 BGH NJW-RR 2016, 745 (747) = NZI 2016, 454 (456).

198 *Thole* ZIP 2017, 401 (406) für § 133 Abs. 1 und Abs. 3 Satz 1.

199 *Bork* ZIP 2014, 1905 (1907); HKInsO/*Thole* § 133 Rn. 44; *Kayser* NJW 2014, 422 (428); *Thole* ZIP 2017, 401 (405 f.); → § 133 Rn. 24d.

200 BGH NZI 2008, 366 (367); BGH NZI 2011, 536 (537).

201 BGH NJW 2016, 1171 (1173) = NZI 2016, 134 (136); AGR/*Gehrlein* § 130 Rn. 27 aE; ergänzend → § 133 Rn. 37.

202 BGH NZI 2008, 366 (367).

203 BGH NZI 2008, 366 (367); HKInsO/*Thole* § 130 Rn. 33; Uhlenbruck/*Borries/Hirte* § 130 Rn. 60.

204 FG Münster ZIP 1991, 1155 (1156); *Canaris* FS 100 Jahre KO, 73 (80); *Jaeger/Henckel* KO § 30 Rn. 89 f.; KPB/*Schoppmeyer* InsO § 130 Rn. 107; Uhlenbruck/*Borries/Hirte* § 140 Rn. 56; zum maßgeblichen Zeitpunkt bei Zurechnung der Kenntnis des Vertretenen gemäß § 166 Abs. 2 Satz 1 BGB → Rn. 45.

a) Kenntnis. Kenntnis bedeutet **für sicher gehaltenes Wissen.**[205] Der Gläubiger kennt die Zahlungsunfähigkeit oder die Zahlungseinstellung → Rn. 31 als komplexe Rechtsbegriffe nur, soweit er die Liquidität oder das Zahlungsverhalten des Schuldners wenigstens laienhaft so wertet. Die Kenntnis einzelner Tatsachen, die für eine Zahlungsunfähigkeit oder Zahlungseinstellung sprechen, kann deshalb nicht genügen, sofern sie nur die ungewisse Möglichkeit einer Zahlungsunfähigkeit befürchten lassen. Der zwingende Schluss aus den Indiztatsachen auf die Zahlungsunfähigkeit kann vielmehr nur gezogen werden, sofern sich ein redlich Denkender, der vom Gedanken auf den eigenen Vorteil nicht beeinflusst ist, angesichts der ihm bekannten Tatsachen der Einsicht nicht verschließen kann, der Schuldner sei zahlungsunfähig → Rn. 34.[206] Für eine Kenntnis reicht es aus, wenn der Gläubiger aus den ihm bekannten Tatsachen und dem Verhalten des Schuldners bei natürlicher Betrachtungsweise selbst den zutreffenden Schluss zieht, dass jener wesentliche Teile seiner ernsthaft eingeforderten Verbindlichkeiten im Zeitraum der nächsten drei Wochen nicht wird tilgen können.[207] Eine genaue Kenntnis der rechtlichen Zusammenhänge oder gar der Anfechtbarkeit als Rechtsfolge wird nicht vorausgesetzt.[208] Andererseits genügt weder, dass der Gläubiger in allgemeiner Form den Vermögensverfall des Schuldners kennt[209] und Bedenken gegen dessen weitere Kreditwürdigkeit hat,[210] noch dass er eine Zahlungsstockung des Schuldners[211] und sogar dessen drohende Zahlungsunfähigkeit positiv kennt.[212] 33

b) Kenntnis der Umstände. Nach **Abs. 2** steht der Kenntnis der Zahlungsunfähigkeit selbst die Kenntnis solcher Umstände gleich, die zwingend auf die Zahlungsunfähigkeit schließen lassen. Die Regelung bildet eine unwiderlegliche **Rechtsvermutung.**[213] Sie setzt voraus, dass der begünstigte Gläubiger die **tatsächlichen Umstände** – gleichgültig aus welchen Quellen – **positiv kennt,** aus denen die Zahlungsunfähigkeit objektiv folgt.[214] Deren – sogar grob fahrlässige – Unkenntnis schadet ihm nicht; nach den Tatsachen braucht er sich nicht zu erkundigen.[215] Insoweit unterscheidet sich die Rechtslage von der des § 10 Abs. 1 Nr. 4 GesO, wonach es ausreichte, dass die Zahlungsunfähigkeit dem Gläubiger den Umständen nach bekannt sein musste. Diese Formulierung deutete auf grobe Fahrlässigkeit hin.[216] Die Norm sieht nur von der weiteren Voraussetzungen des Abs. 1 ab, dass der Leistungsempfänger den Schluss von den tatsächlichen Voraussetzungen auf die Folge „Zahlungsunfähigkeit" selbst zieht → Rn. 33. Stattdessen schadet ihm insoweit eine **zweifelsfreie Fehlbewertung** → Rn. 36. Entscheidend ist nach dem Wortlaut die Eindeutigkeit der Rechtslage. Auf einen individuellen Schuldvorwurf stellt der Begriff „zwingend" dagegen nicht ab. 34

aa) Kenntnis der Tatsachen oder Indiztatsachen. Für eine Anwendung des Abs. 2 muss der Anfechtungsgegner folglich insbesondere die in § 17 Abs. 2 Satz 1 genannten – teilw. selbst wieder komplexen – **Tatsachen** kennen. Er muss also wissen, dass der Schuldner von seinen als fällig eingeforderten Geldschulden einen nicht unwesentlichen Teil (regelmäßig 10%) derzeit nicht 35

---

205 Sogenanntes „positives Wissen": BGHZ 180, 63 (67) = NJW 2009, 1202 (1203); AGR/*Gehrlein* § 130 Rn. 19; HKInsO/*Thole* § 130 Rn. 33.

206 BGH KTS 1964, 166 (169); BGHZ 180, 63 (67) = NJW 2009, 1202 (1203); RGZ 23, 112 (114 f.); RG JW 1908, 459; RG WarnR 1912 Nr. 50; RG KuT 1935, 87.

207 BGH NZI 2007, 36 (38); BGH NJW-RR 2016, 1018 (1019) = NZI 2016, 739 (740) = NZG 2016, 1231 (1232); FKInsO/*Dauernheim* § 130 Rn. 46; HKInsO/*Thole* § 130 Rn. 34; Jaeger/*Henckel* § 130 Rn. 121; *C. Paulus* WM 2000, 2225 (2227 f.) im Anschluss an BGH NJW 1995, 2103 (2104) zur einmonatigen Zahlungsfrist des § 30 KO.

208 BGH NZI 2007, 36 (38); RG WarnR 1910 Nr. 395; OLG Frankfurt ZIP 2003, 1055 (1056); HKInsO/*Thole* § 130 Rn. 34; *Jaeger/Henckel* KO § 30 Rn. 50; KPB/*Schoppmeyer* § 130 Rn. 112.

209 RG JW 1895, 505 f.; RG Gruchot 49 [1905], 1087 (1088); RG HRR 1928 Nr. 179; RAG KuT 1929, 26; OLG Karlsruhe WM 1956, 1033 (1035); *Jaeger/Henckel* KO § 30 Rn. 50; aM OLG Frankfurt OLGR 10, 219.

210 RG JW 1896, 34 Nr. 22; *Jaeger/Henckel* KO § 30 Rn. 50.

211 AG Wetzlar WM 1986, 1532 (1533); *Jaeger/Henckel* KO § 30 Rn. 50. Es genügt aber, wenn der Gläubiger weiß, dass sein Vorgehen eine bisher beim Schuldner bestehende Zahlungsstockung in eine Zahlungseinstellung verwandeln wird: RG Recht 1913, Nr. 413.

212 RG LZ 1910, 476 (477); RG LZ 1910, 862 (864); vgl. auch RGZ 95, 152 (153 f.); *Jaeger/Henckel* KO § 30 Rn. 50; ergänzend → Rn. 35 → Rn. 38a.

213 AGR/*Gehrlein* § 130 Rn. 26; *Tolani* ZIP 2018, 1997 (1999).

214 BGHZ 149, 178 (185 ff.) = NJW 2002, 515 (517); BGH NJW-RR 2003, 697 (699); OLG Frankfurt ZInsO 2003, 381; Gottwald/*Huber* § 47 Rn. 30; HambKommInsO/*Rogge/Leptien* § 130 Rn. 17; zu § 10 Abs. 1 Nr. 4 GesO BGH NJW 1998, 607 (608); BGH ZIP 1998, 2008 (2011).

215 BGHZ 180, 63 (71) = NJW 2009, 1202 (1204 f.); zu § 10 Abs. 1 Nr. 4 GesO weitergehend BGH NJW-RR 2001, 1699 f.; *Tolani* ZIP 2018, 1997 (1999). Eine Erkundigung kann dem Empfänger nur hinsichtlich der rechtlichen Bewertung obliegen → Rn. 36.

216 BGHZ 180, 63 (71) = NJW 2009, 1202 (1204 f.).

erfüllen kann und auch keine konkrete Aussicht hat, hierfür ausreichende und verwendbare Geldmittel in den nächsten drei Wochen zu erlangen.[217] Hierbei wird häufig zwischen außenstehenden Gläubigern und Gläubigern mit einem Gesamtüberblick über die Liquiditäts- oder Zahlungslage des Schuldners zu unterscheiden sein. Den erforderlichen Gesamtüberblick haben vor allem **institutionelle Gläubiger** (Sozialkassen, Finanzämter, Hausbanken) und **Gläubiger mit Insiderkenntnissen,** etwa Beschäftigte des Schuldners, die in der Finanzbuchhaltung eingesetzt sind oder Leitungsaufgaben im kaufmännischen Bereich wahrnehmen,[218] selbständige Berater des Schuldners, welche dessen Buchhaltung führen[219] oder mit letztlich erfolglosen Sanierungsbemühungen oder der Vorbereitung eines Restschuldbefreiungsverfahrens für ihn beauftragt sind; sie können dann eine erfolgreiche Anfechtung von Honorarzahlungen im zeitlichen Rahmen des § 130 nur unter den Voraussetzungen des Bargeschäfts (§ 142) bzw. der bargeschäftsähnlichen Lage vermeiden.[220] Auch das einzige oder hauptsächliche Kreditinstitut des Schuldners wird oft einen ausreichenden Überblick haben.[221] Dagegen erhalten **außenstehende Gläubiger** nur selten einen solchen Überblick über die wirtschaftlichen Verhältnisse des Schuldners.[222] Da jedoch Zahlungsunfähigkeit nur gegenüber einem einzigen Gläubiger zum Ausdruck zu kommen braucht → Rn. 29b, genügt es im vorliegenden Zusammenhang, wenn der (Groß-)Gläubiger vor oder bei dem Empfang der angefochtenen Leistung seine unstreitigen Ansprüche vergeblich eingefordert hat sowie weiß, dass diese verhältnismäßig hoch sind, und wenn der Gläubiger keine greifbare Grundlage für eine Erwartung sieht, dass der Schuldner genügend flüssige Geldmittel erhalten wird, um die Forderung spätestens drei Wochen nach Fälligkeit erfüllen zu können.[223] In letztgenannter Hinsicht wird es vor allem darauf ankommen, ob der Schuldner selbst einen rechtzeitigen Liquiditätszufluss in bestimmter und einleuchtender Weise ankündigt.[224] Finanzbehörden erlangen entsprechende Kenntnisse nicht selten nach Liquiditätsprüfungen.[225]

35a Ersatzweise reicht es für die Anfechtung aus, wenn der Leistungsempfänger **Indiztatsachen** von solcher Beweiskraft kennt, dass sich daraus eine Zahlungseinstellung → Rn. 29a eindeutig ergibt. Die Umstände müssen konkret sein und ein eindeutiges Urteil über die **Liquiditätsgesamtlage** des Schuldners ermöglichen.[226] Hierfür kann ein einziger Anhaltspunkt von hinreichendem Aussagewert genügen,[227] zB die Erklärung des Schuldners mit deren nicht übersehbarem Bekenntnis, zahlungsunfähig zu sein,[228] oder die Erklärung des mit der außergerichtlichen Schuldenbereinigung beauftragten Rechtsanwalts des Schuldners, dieser sei „nach überschlägiger Auswertung der vorhandenen Informationen" zahlungsunfähig.[229] Hängt die Zahlungsunfähigkeit von der Begründetheit einer einzigen hohen, aber bestrittenen Forderung ab, entscheidet der Zeitpunkt, in welchem der Anfechtungsgegner von ihrer Berechtigung in einem nicht ernsthaft zweifelhaftem Maß – insbesondere, aber nicht nur durch einen bestandskräftigen Titel – erfährt.

36 **bb) Schluss auf die Zahlungsunfähigkeit.** Kennt der Anfechtungsgegner Tatsachen der in Rn. 35 genannten Art, so darf er sich der Einsicht nicht verschließen, der Schuldner sei zahlungsunfähig.[230] Mischen sich in die Vorstellungen des Gläubigers – mit Recht oder irrtümlich – Tatsachen, die bei einer Gesamtbetrachtung den Schluss auf die Zahlungsunfähigkeit des Schuldners nicht zwingend nahelegen, fehlt dem Gläubiger hingegen die entsprechende Kenntnis. Bewertet er schließlich das ihm vollständig bekannte Tatsachenbild, deren Vorliegen ein durchschnittlich geschäftserfahrener, unvoreingenommener Gläubiger objektiv als Zahlungsunfähigkeit eingeordnet hätte, falsch, kann er sich nicht darauf berufen, dass er diesen Schluss nicht gezogen habe.[231] Nach diesem

217 OLG Frankfurt ZIP 2003, 1055 (1056).

218 Vgl. BGHZ 180, 63 (68 f.) = NJW 2009, 1202 (1204); BAG NJW 2016, 183 (185) = NZI 2016, 83 (86) = NZA 2016, 44 (47); → Rn. 39a.

219 Vgl. KG ZInsO 2006, 833 (837); LG Essen NZI 2007, 178 (179).

220 Vgl. BGHZ 28, 344 (348); BGH NJW 2001, 517 (519); BGH NJW 2002, 3252 f.; BGH ZInsO 2006, 712 (713 f.); *Biernat* ZVI 2004, 276 f.; *Kirchhof* ZInsO 2005, 340 (343 ff.); ergänzend → § 129 Rn. 163 ff. → § 133 Rn. 37b f. → § 142 Rn. 25 → § 142 Rn. 31 f.

221 Vgl. BGH NJW 1995, 2103 (2104); BGH NJW 2001, 1650 (1651 f.); AG Kempen ZIP 2006, 2088 (2089).

222 Vgl. BGHZ 180, 63 (68 f.) = NJW 2009, 1202 (1204).

223 Vgl. BGH NJW 1998, 607 (608); BGH ZIP 1998, 477 (479); BGH NJW-RR 2018, 432 (434) = NZI 2018, 264 (265 f.).

224 Vgl. LG Kiel ZInsO 2004, 281 (282).

225 Vgl. dazu *Maus* ZInsO 2004, 837 (838 f.).

226 BGHZ 180, 63 (69) = NJW 2009, 1202 (1204).

227 HKInsO/*Rüntz/Laroche* § 17 Rn. 45; *Hölzle* ZIP 2006, 101 (104).

228 BGH NJW-RR 2016, 1018 (1020) = NZI 2016, 739 (740) = NZG 2016, 1231 (1233).

229 KG NZI 2007, 247.

230 BGHZ 180, 63 (68) = NJW 2009, 1202 (1203).

231 BGHZ 180, 63 (68) = NJW 2009, 1202 (1203); BGH NJW-RR 2016, 1018 (1019) = NZI 2016, 739 (740) = NZG 2016, 1231 (1232); FKInsO/*Dauernheim* § 130 Rn. 39; HKInsO/*Thole* § 130 Rn. 34.

objektiven Maßstab ist der jeweilige Leistungsempfänger so zu behandeln, als hätte er die Zahlungsunfähigkeit selbst gekannt. Denn ihm wäre dann notfalls die gezielte Einholung von Rechtsrat geboten und zumutbar gewesen.

cc) Einzelfälle. Auf dieser Grundlage wird die Feststellung der subjektiven Anfechtungsvoraussetzungen insbesondere in folgenden **Fallgruppen** allgemein erleichtert, in denen die Rechtsprechung bisher aufgrund einer Abwägung in jedem Einzelfall die Kenntnis der Zahlungseinstellung angenommen hat: Der Schuldner erklärt u. a. dem Anfechtungsgegner – sei es auch in einem Vergleichsangebot –, dass er wesentliche fällige Schulden nicht alsbald zu tilgen vermag[232] oder nach der Gesetzeslage einen Insolvenzantrag stellen muss, falls ihm kein Zahlungsaufschub gewährt werde;[233] eine Zahlungsunfähigkeit wäre allenfalls dann ausgeräumt, sofern daraufhin ein Vergleich mit allen wesentlichen Gläubigern fristgerecht zustande kommt oder die Erklärung nicht als Reaktion sondern mit dem Ziel abgefasst wird, die Forderung ratierlich zu befriedigen.[234] Entsprechendes gilt, sofern der Schuldner dem Gläubiger eines verhältnismäßig hohen Anspruchs auf dessen Zahlungsaufforderung erwidert, er könne nicht zahlen, dafür aber die **Abtretung seiner Kundenforderungen** anbietet,[235] um Stundung[236] oder Ratenzahlung unter dem Druck von Zwangsvollstreckungsmaßnahmen und nicht eingehaltener Zahlungszusagen bittet[237] oder einen – nicht den üblichen Gepflogenheiten des Geschäftsverkehrs entsprechenden – Vorschlag unterbreitet, Teilzahlungen zu erbringen, nachdem die Forderung nach Fälligkeit über mehrere Monate erfolglos durch einen Rechtsanwalt angemahnt und anschließend tituliert worden ist.[238] Lässt sich der Gläubiger dahin ein, er habe die Ankündigung des Schuldners nicht ernst genommen, so kennt er gleichwohl die Tatsache der Erklärung, die für sich geeignet ist, eine Zahlungseinstellung auszudrücken; die Eindeutigkeit dieser Schlussfolgerung wird aus Rechtsgründen nur dann zu erschüttern sein, soweit der Gläubiger tatsächliche Anhaltspunkte für objektiv berechtigte Zweifel daran angibt. Aus Presseberichten, die keine amtliche Verlautbarung enthalten, kann der Gläubiger Umstände entnehmen, die zwingend auf eine Zahlungsunfähigkeit des Schuldners hinweisen.[239] 37

Weitere Beispielsfälle für die Anwendung des Abs. 2 sind: Der Anfechtungsgegner verschafft sich Deckung für fällige, eingeforderte Ansprüche von beträchtlicher Höhe, nachdem er erfahren hat, dass der Schuldner **wegen Vermögensdelikten verhaftet** worden ist und sein Geschäft deshalb nicht fortführen kann.[240] Ein Gläubiger vereinnahmt aufgrund einer vom Schuldner erteilten Vollmacht wegen dessen Zahlungsrückständen wissentlich dessen gesamtes Bankguthaben.[241] Die **Hausbank des Schuldners,** die sich über dessen wirtschaftliche Verhältnisse anhand der Buchhaltungsunterlagen laufend informiert hatte, stellt alle ihm gewährten Kredite zur sofortigen Rückzahlung fällig, weil sie ihn für nicht mehr kreditfähig hält und nicht an eine Besserung glaubt; anschließend verrechnet sie Zahlungseingänge mit dem Sollsaldo, der den größten Teil der Verbindlichkeiten des Schuldners ausmacht.[242] Sperrt die Bank dagegen nur den Kredit, ohne ihn zur Rückzahlung fällig zu stellen, kommt es darauf an, ob sie erkennt, dass der Schuldner infolge der Kreditsperre erhebliche Verbindlichkeiten → Rn. 28 gegenüber anderen Gläubigern in absehbarer Zeit nicht mehr zu erfüllen vermag.[243] Es kann auch genügen, wenn **mehrere Pfändungen von beträchtlicher Höhe** in das Konto des Schuldners bei seiner Hausbank erfolglos bleiben, diese aber noch einzelne Zahlungen erhält.[244] Auch das **monatelange völlige Schweigen** des Schuldners trotz eines intensiven Zahlungsverlangens des Gläubigers, so dass mit einer alsbaldigen Geltendmachung gerichtlicher Schritte zu rechnen ist, sowie schließlich die Hinnahme einer 38

---

232 BGH ZIP 1984, 809 (812); BGH NJW 2003, 3560 (3561); BGH NZI 2005, 329 f.; BGH NJW-RR 2016, 1018 (1020) = NZI 2016, 739 (741) = NZG 2016, 1231 (1233); RG LZ 1914, 1042 f.; OLG Dresden InVo 2002, 366 f.; OLG Rostock ZIP 2003, 1451 f.; LG Leipzig InVo 2003, 65 f.

233 BGH NJW 2014, 1963 (1966) = NZI 2014, 650 (653).

234 BGH NJW-RR 2016, 1140 (1141 f.) = NZI 2016, 837 (839).

235 Vgl. BGH NJW 1998, 607 (608 f.).

236 BGH NJW-RR 2002, 261 (262) = NZI 2002, 34 f.; BGH NZI 2007, 36 (37).

237 BGH NJW-RR 2016, 430 (432) = NZI 2016, 222 (223).

238 BGH NJW 2016, 1168 (1169 f.) = NZI 2016, 266 (267 f.); BGH NJW-RR 2016, 939 (941) = NZI 2016, 736 (738); BGH NJW-RR 2018, 432 (434) = NZI 2018, 264 (266).

239 BGH ZIP 2001, 1641 (1642 f.) zu § 10 Abs. 1 Nr. 4 GesO; einschränkend BGHZ 180, 63 (70 f.) = NJW 2009, 1202 (1204) zu § 130.

240 BGH WM 1991, 150 (151).

241 BGH NJW-RR 1986, 848 (849 f.).

242 BGH NJW 1995, 2103 (2104); BGH NJW 2001, 1650 (1651 f.); KPB/*Schoppmeyer* § 130 Rn. 118.

243 Vgl. BGH NJW-RR 2000, 1297 (1298); abgrenzend → Rn. 39.

244 Vgl. KG ZInsO 2004, 394 (395 f.).

weitere Kosten auslösenden Titulierung kann den Schluss des Gläubigers auf schwerwiegende Liquiditätsprobleme des Schuldners rechtfertigen.[245]

38a Aufschlussreich sind ferner mehrfach **nicht eingelöste Schecks**[246] oder nicht eingehaltene Zahlungsversprechen des Schuldners.[247] Lässt ein geschäftlich tätiger Schuldner monatelang einen Rückstand von erheblicher Höhe → Rn. 28 mit **betriebsnotwendigen fortlaufenden Verbindlichkeiten** – insbesondere Steuern und Sozialabgaben, aber auch Löhne und Mieten – auflaufen, zahlt er danach unregelmäßig einzelne Raten, ohne jedoch die Gesamtschuld verringern zu können, so deuten diese Tatsachen auf eine Zahlungsunfähigkeit hin.[248] Haben im fraglichen Zeitpunkt fällige Verbindlichkeiten bestanden, die bis zur Verfahrenseröffnung nicht mehr beglichen worden sind, ist regelmäßig von Zahlungseinstellung auszugehen,[249] genauso wie eine dauerhaft schleppende Zahlungsweise, die sich seit Aufnahme der Geschäftsbeziehung im Verhältnis zur Anfechtungsgegnerin ausgeprägt hat.[250] Die Erfahrung, wonach **Teilzahlungen** allein nicht die fortdauernde Zahlungsunfähigkeit beseitigen → Rn. 29a, besteht erst recht, wenn solche Zahlungen nur unter dem **Druck der Einzelvollstreckung,** eines Insolvenzantrags oder einer **Strafanzeige** nach § 266a StGB erfolgen; denn unter solchen Umständen muss sich dem Gläubiger redlicherweise die Erkenntnis aufdrängen, dass der Schuldner lediglich letzte verfügbare Zahlungsmittel an die ihn am meisten bedrängenden Gläubiger abführt, ohne die anderen in gleicher Weise berücksichtigen zu können.[251] Beantragt danach ein anderer, nicht begünstigter Gläubiger erfolgreich die Insolvenzeröffnung wegen derselben, fortdauernden Zahlungsunfähigkeit, kann die Kenntnis davon dem ersten Gläubiger im Allgemeinen gemäß Abs. 2 zugerechnet werden.[252] Hierfür ist es regelmäßig unerheblich, ob dieser selbst von der Zahlungsunfähigkeit des Schuldners überzeugt war oder sie in einem früheren Eröffnungsantrag nur vorgeschoben hatte; denn es genügt die Kenntnis der eindeutigen Tatsachen.[253] Ebenso ist es unerheblich, ob eine Finanzbehörde als Gläubigerin trotz Kenntnis aller Tatsachen die Stundungsvoraussetzungen des § 258 AO bejaht.[254]

39 Dagegen dürften folgende Umstände **allein regelmäßig nicht** als Zurechnungsgrundlage ausreichen: Eine **bloße Stundungsbitte** des Schuldners begründet mit kurzfristigen Engpässen[255] oder dessen Bitte um Abschluss einer **Ratenzahlungsvereinbarung,** wenn sich diese im Rahmen der Gepflogenheiten des Geschäftsverkehrs hält, insbesondere nicht mit der Erklärung des Schuldners verbunden ist, seine fälligen Verbindlichkeiten (anders) nicht begleichen zu können.[256] Gleiches gilt mit Blick auf § 133 Abs. 3 Satz 2 für getroffene Zahlungsvereinbarungen oder gewährte sonstige Zahlungserleichterungen. Auch reichen nicht eine **Kenntnis der Überschuldung** des Schuldners, weil diese nicht alsbald zur Zahlungsunfähigkeit führen muss, ein Rückstand mit – sei es auch erheblichen – Versicherungsbeiträgen[257] oder die Bezahlung einer nicht auffallend hohen Verbindlichkeit erst nach mehreren Mahnungen.[258] Die Hausbank des Schuldners lässt keine Belastungsbuchungen auf dessen Girokonto mehr zu,[259] oder sie kündigt die gewährten

---

245 BGH NJW 2016, 1168 (1169) = NZI 2016, 266 (267); BGH NJW-RR 2018, 432 (433) = NZI 2018, 264 (265).

246 Vgl. BGH ZIP 2002, 228 f.

247 OLG Frankfurt InVo 2003, 63 f.; vgl. auch OLG Hamm NZI 2002, 161 f.

248 Vgl. BGH NJW-RR 2002, 261 f.; BGHZ 149, 178 (179) = NJW 2002, 515 (517); BGH NJW-RR 2003, 1632 (1633 f.); BGH NJW 2003, 3560 (3562); BFH NZI 2006, 53 f.; BFH DStR 2006, 560; OLG Frankfurt InVo 2003, 63 f.; OLG Rostock ZInsO 2006, 1109 (1111); LAG Düsseldorf KTS 1988, 163 (166); *Frotscher* BB 2006, 351 (352 f.); HambKommInsO/*Rogge/Leptien* § 130 Rn. 21.

249 BGH NZI 2007, 36 (38) mAnm *Gundlach/Frenzel*; BGH NZI 2011, 589 (590); BGH NJW-RR 2015, 612 (613) = NZI 2015, 369 (370); BGH NJW 2015, 2113 (2115) = NZI 2015, 717 (718).

250 BGH NJW-RR 2016, 939 (941) = NZI 2016, 736 (738).

251 BGH NJW 2015, 2113 (2115) = NZI 2015, 717 (718).

252 BGH NJW 2000, 211 (212 f.); BGHZ 149, 100 (111) = NJW 2002, 512 (513 f.); BGHZ 149, 178 (185 ff.) = NJW 2002, 515 (517 f.); BGH NJW-RR 2003, 697 (698 f.); OLG Hamm ZIP 1996, 469 f.; OLG Dresden ZIP 1997, 1036 f., dazu BGH ZInsO 1998, 141 f.; OLG Frankfurt NZI 2002, 491 (493); OLG Celle ZInsO 2002, 981 (983); *Foerste* Rn. 307; zur möglichen Inkongruenz → § 131 Rn. 26 ff.

253 Vgl. BGH NJW-RR 2003, 1633 f.; OLG Frankfurt ZIP 2002, 1852 (1854 f.); ferner *König* Rn. 11/26; aM *Brückl/Kersten* NZI 2004, 422 (426 f.).

254 BGH NJW 2003, 3560 (3562).

255 BGH NJW-RR 2016, 1140 (1141 f.) = NZI 2016, 837 (839); RG JW 1910, 622 (623); RG LZ 1927, 535 (536).

256 BGH NJW 2015, 1959 = NZI 2015, 470 = NZG 2015, 762.

257 OLG Schleswig DZWiR 2002, 914 (915).

258 BGH NZI 2015, 768 (769) = ZIP 2015, 1549 (1550); OLG Frankfurt ZIP 2003, 1055 (1056) mAnm *Huber* EWiR 2003, 937 (938); OLG Dresden InVo 2003, 145 (146); OLG Düsseldorf NZI 2003, 439 (440); LG Hamburg NZI 2003, 441.

259 BGH NJW 1998, 1318 (1320); BGH ZInsO 2002, 200; anders jedoch bei Hinzutreten weiterer indizieller Umstände: BGH NZI 2000, 363; zur Abgrenzung → Rn. 38.

Kredite, ohne deren Rückzahlung zu verlangen.[260] Wird die Kündigung auf eine **wesentliche Verschlechterung der Vermögenslage** des Schuldners gestützt (Nr. 19 Abs. 3 AGB-Banken/ Nr. 26 Abs. 2 AGB-Sparkassen), hängt es von den Umständen des Einzelfalls ab, ob die angenommene Verschlechterung iVm der Kündigung bereits zwingend auf eine Zahlungsunfähigkeit des Schuldners schließen lässt. Auch soweit § 18 Abs. 1 Satz 1 KWG Kreditinstituten vorschreibt, sich vor der Ausreichung von Krediten in Höhe von mehr als 750.000 EUR die wirtschaftlichen Verhältnisse des Kreditnehmers offenlegen zu lassen, ist daraus nicht ohne weiteres zu schließen, das Kreditinstitut habe die wirklichen (schlechten) wirtschaftlichen Verhältnisse tatsächlich gekannt;[261] denn erstens lässt sich der Eintritt einer Zahlungsunfähigkeit oft eine Zeit lang verzögern und verschleiern, und zweitens werden sogar vorgeschriebene Prüfungen erfahrungsgemäß mit unterschiedlicher Intensität durchgeführt. Ob die **Insolvenz einer Konzernmuttergesellschaft** die sofortige Zahlungsunfähigkeit jeder rechtlich selbständigen Tochtergesellschaft zur Folge hat, lässt sich ebenfalls nicht allgemein bejahen.[262]

In den Fällen der **Lohnanfechtung**[263] wird es je nach Stellung des Arbeitnehmers im Unternehmen häufig an der erforderlichen Kenntnis der **Liquiditätsgesamtlage** und damit an der Kenntnis von einer Zahlungsunfähigkeit fehlen. Kommen die Löhne pünktlich, gibt es für die Arbeitnehmer ohnehin wenig Anhaltspunkte für die Zahlungsunfähigkeit ihres Arbeitgebers.[264] Weiß ein Arbeitnehmer, dem der Arbeitgeber in der Krise noch Zahlungen auf rückständige Lohnforderungen erbringt, dass der Arbeitgeber außerdem noch anderen Arbeitnehmern Lohn schuldig ist, rechtfertigt allein diese Kenntnis nicht den Schluss auf die Zahlungsunfähigkeit oder Zahlungseinstellung des Arbeitgebers.[265] Eine **Beobachtungs- oder Erkundigungspflicht** trifft den Arbeitnehmer als nicht institutionellen Gläubiger, mag er über das Ausmaß der Krisensituation aus objektiver Sicht auch iZw sein, im Anwendungsbereich dieser Vorschrift nicht.[266] Steht der Arbeitnehmer in der **Informationshierachie** hingegen nicht auf unterster Ebene, kann sich seine Kenntnis aus der Höhe und der Dauer der Lohnausfälle sowie dem Umfang der nach der angefochtenen Zahlung jeweils verbleibenden Rückstände ergeben.[267] Gleiches gilt, soweit der Arbeitnehmer **Insiderkenntnisse** besitzt, etwa weil er in der Finanzbuchhaltung des Unternehmens eingesetzt oder Leitungsaufgaben im kaufmännischen Bereich wahrzunehmen hat.[268] Nach Auffassung des BAG[269] resultiert jedoch aus dem Grundrecht auf Gewährung eines menschenwürdigen Existenzminimums bei **Arbeitsentgeltzahlungen,** die durch eine kongruente Deckung erfolgten, eine **Anfechtungssperre** in Höhe des auf den Vergütungszeitraum **entfallenden Existenzminimums** → § 133 Rn. 36a. 39a

c) Kenntnis gerade des Insolvenzgläubigers. Die Kenntnis im maßgeblichen Zeitpunkt → Rn. 32 muss grundsätzlich derjenige Gläubiger haben, der die Deckung erlangt; sie muss sich entweder auf die Zahlungsunfähigkeit des Schuldners selbst → Rn. 33 oder mindestens auf diejenigen Tatsachen beziehen, aus denen diese zwingend folgt → Rn. 35. 40

aa) Stellvertretung. Hat sich der begünstigte Gläubiger an der Deckungshandlung durch einen rechtsgeschäftlichen **Vertreter** beteiligt, steht gemäß § 166 Abs. 1 BGB dessen Kenntnis grundsätzlich derjenigen des Gläubigers gleich.[270] Die Zurechnung bezieht sich im Fall des § 130 Abs. 2 allein 41

---

[260] BGHZ 118, 171 (175 f.) = NJW 1992, 1960 f.; zur Rückführung in mehreren Zeitabschnitten vgl. *Obermüller* ZInsO 2005, 198.

[261] AM *C. Paulus* WM 2000, 2225 (2228).

[262] Vgl. BGH NJW 1998, 1318 (1320).

[263] Vgl. hierzu HKInsO/*Thole* § 130 Rn. 40.

[264] *Bork* ZIP 2007, 2337 (2338).

[265] BGHZ 180, 63 (68 f.) = NJW 2009, 1202 (1203 f.) mAnm *Bork* EWiR 2009, 275 (276); AGR/*Gehrlein* § 130 Rn. 22; *Laws* ZInsO 2009, 1465 (1471); *Pieper* ZInsO 2009, 1425 (1437); *Ries/Doebert* ZInsO 2009, 2367; krit. *Huber* NJW 2009, 1928 (1932); *Sander* ZInsO 2009, 702 (707); *Wegener* NZI 2009, 225 (226).

[266] BGHZ 180, 63 (71) = NJW 2009, 1202 (1204 f.) = NZI 2009, 228 (229); BGH NZI 2009, 892 (894); AGR/*Gehrlein* § 130 Rn. 22.

[267] BGH NZI 2009, 892 (894); *Gehrlein* FS Ganter, 2010, 169 (177); zu den maßgeblichen Indizien vgl. auch *Huber* FS Ganter, 2010, 203 (211 ff.); *Ries/Doebert* ZInsO 2009, 2367 (2370).

[268] BGHZ 180, 63 (71 f.) = NJW 2009, 1202 (1204 f.) = NZI 2009, 228 (229); → Rn. 35.

[269] BAG NZI 2014, 372 (374) = NZA 2014, 1266 (1268) = ZIP 2014, 628 (630 ff.); BAG NZI 2014, 867 (869); BAG NZA 2015, 1259 (1262) = ZIP 2015, 533 (537); BAG ZIP 2018, 32 (33) mAnm *Freudenberg* EWiR 2018, 183.

[270] BGHZ 41, 17 (21) = NJW 1964, 1277 (1278); BGH NJW 1984, 1953 (1954); BGH NJW 1991, 980 (981); BGH NJW 1995, 2103 (2105); BGH NJW 2014, 1963 (1966) = NZI 2014, 650 (653); RGZ 72, 133; RGZ 80, 1 (5); RG JW 1902, 444 Nr. 7; AGR/*Gehrlein* § 130 Rn. 23; HKInsO/*Thole* § 130 Rn. 41; Jaeger/*Henckel* § 130 Rn. 135; KPB/*Schoppmeyer* § 130 Rn. 135.

auf die Kenntnis der Tatsachen; die Wertung, ob diese zwingend auf die Zahlungsunfähigkeit schließen lassen, erfolgt dagegen rein objektiv aufgrund allgemeiner Erfahrungswerte und Rechtskenntnisse. Stellvertreter idS sind auch der mit der bloßen Vermittlung von Geschäften betraute **Handelsvertreter,**[271] der **Poolführer** für die übrigen Mitglieder eines Sicherheitenpools, der **Betriebsrat** für die einzelnen Arbeitnehmer beim Abschluss einer Betriebsvereinbarung[272] – nicht bei der Auszahlung einzelner Leistungen daraus[273] –, der zur Ausfüllung eines Blanketts (Blankowechsels) ermächtigte Empfänger[274] oder das **Inkassounternehmen.**[275] Im Fall einer mittelbaren Zuwendung ist das Wissen der **Mittelsperson** jedem zuzurechnen, zu dessen Gunsten sie bei dem Rechtsgeschäft weisungsgebunden handelt.[276] § 166 BGB ist entsprechend anzuwenden auf die nichtrechtsgeschäftliche Stellvertretung, insbesondere bei Prozesshandlungen.[277] Deshalb schadet dem Gläubiger die Kenntnis seines Verfahrensbevollmächtigten, der für ihn beim Schuldner pfänden lässt.[278] Ist das Mandat einer Anwaltssozietät erteilt, schadet nur die **Kenntnis des Rechtsanwalts,** der die Sache bearbeitet hat,[279] gegebenenfalls auch die eines Unterbevollmächtigten[280] und eines mit der Sache befasst gewesenen Vertreters. Dagegen ist die **Kenntnis anderer Sozietätsmitglieder** dem Mandanten nicht ohne weiteres zuzurechnen,[281] weil jene typischerweise ihre Sozien nicht über die Zahlungsunfähigkeit von Personen zu unterrichten haben, gegen die in anderen Aufgabenbereichen Prozesse geführt werden. Ebenso wenig wird die Kenntnis des anwaltlichen Vertreters, die dieser allein aus der Vertretung anderer Auftraggeber erlangt hat,[282] oder diejenige eines für die Zwangsvollstreckung nicht bevollmächtigten Kanzleiangestellten des Anwalts dem Gläubiger zugerechnet.[283] Etwas anderes gilt jedoch, sofern der Rechtsanwalt seine Kenntnisse nicht aus diesen anderen Mandaten bezogen hat, sondern aus **allgemein zugänglichen Quellen.** Hat der Anwalt die fraglichen Kenntnisse sogar auf seiner Internetseite oder gegenüber einer Zeitung öffentlich bekanntgegeben, kann der Mandant einer Wissenszurechnung ebenfalls nicht mehr durch Hinweis auf die anwaltliche Schweigepflicht entgegentreten.[284]

42 Die Kenntnis eines **vollmachtlosen Vertreters** wird dem Gläubiger nicht ohne weiteres zugerechnet,[285] sondern nur, sofern er dessen Handlung genehmigt (§ 177 Abs. 1 BGB).[286] Dem Genehmigenden schadet außerdem jede Kenntnis, die er seinerseits bis zum Zeitpunkt seiner Genehmigung erlangt, weil erst diese das Ausscheiden des zugewendeten Gegenstands aus dem Vermögen des Insolvenzschuldners bewirkt.[287]

43 Gemäß § 166 Abs. 1 BGB wird auch die Kenntnis des allgemeinen gesetzlichen Vertreters einer nicht (voll) geschäftsfähigen natürlichen Person zugerechnet.[288] Im Fall der **Gesamtvertretung** genügt im Hinblick auf § 26 Abs. 2 Satz 1 BGB, §§ 125 Abs. 2 Satz 3, 150 Abs. 2 Satz 2 HGB, § 35 Abs. 2 Satz 2 GmbHG, § 78 Abs. 2 Satz 2 AktG, § 25 Abs. 1 Satz 3 GenG und § 170 Abs. 3 ZPO

---

271 Vgl. BGH WM 1957, 981 (983 f.); BGHZ 102, 194 (195 ff.) = NJW 1988, 973 (974); RG SeuffA 83 [1929], Nr. 153; OLG Frankfurt OLGZ 1976, 224 (225 f.); *Schilken* Wissenszurechnung S. 228.

272 *Richardi* Sozialplan und Konkurs, 1975, 73.

273 *Richardi* Sozialplan und Konkurs, 1975, 74.

274 BGHZ 22, 128 (133) = NJW 1957, 137 f.; BGH WM 1972, 994 f.

275 BGH NJW 2014, 1963 (1966) = NZI 2014, 650 (653).

276 KPB/*Schoppmeyer* § 130 Rn. 139.

277 RG LZ 1910, 161 Nr. 8; OLG Hamm OLGR 30, 350; HambKommInsO/*Rogge/Leptien* § 130 Rn. 29; *Jaeger/Henckel* KO § 30 Rn. 59; *Schilken* Wissenszurechnung S. 203, 207 f.

278 BGH NJW 1991, 980 (981); RGZ 7, 36 (37 f.); RG JW 1902, 444 Nr. 7; RG JW 1916, 317 (318); FKInsO/*Dauernheim* § 130 Rn. 63; KPB/*Schoppmeyer* § 130 Rn. 132; *Schilken* Wissenszurechnung S. 207 f.

279 BGH NJW-RR 2015, 567 (568) = NZI 2015, 222 (223); OLG Celle ZIP 1981, 467 (468); AGR/*Gehrlein* § 130 Rn. 25; Uhlenbruck/*Borries/Hirte* § 130 Rn. 99.

280 *Jaeger/Henckel* KO § 30 Rn. 59; KPB/*Schoppmeyer* § 130 Rn. 135.

281 *Jaeger/Henckel* KO § 30 Rn. 59; Nerlich/Römermann/*Nerlich* InsO § 130 Rn. 74; aM OLG Dresden OLGR 9, 125 (126).

282 BGH NJW-RR 2015, 567 (568) = NZI 2015, 222 (223); OLG Köln ZIP 2004, 919 (921); AGR/*Gehrlein* § 130 Rn. 25.

283 RG LZ 1912, 236 (237); zur Zurechnung der Kenntnis des auftraggebenden Gläubigers selbst → Rn. 45.

284 BGH NJW 2013, 611 (614) = NZI 2013, 133 (135); BGH NZI 2013, 253 (256) = NZG 2013, 629 (632); BGH NJW-RR 2015, 567 (568) = NZI 2015, 222 (223); AGR/*Gehrlein* § 130 Rn. 25.

285 Vgl. RG WarnR 1913 Nr. 86.

286 BGHZ 78, 318 (331 f.) = NJW 1981, 522 (525); BGH ZIP 1990, 1420 (1423); BGH NJW 1992, 899 (900); RGZ 128, 116 (120); HKInsO/*Thole* § 130 Rn. 41.

287 RGZ 68, 374 (377 f.); FKInsO/*Dauernheim* § 130 Rn. 64; *Jaeger/Henckel* KO § 30 Rn. 73; *Schilken* Wissenszurechnung S. 78 f.

288 BGHZ 38, 65 (66 f.) = NJW 1962, 2251; FKInsO/*Dauernheim* § 130 Rn. 64; KPB/*Schoppmeyer* § 130 Rn. 137. Nach RGZ 116, 134 (138 f.) soll das nicht gelten, sofern der gesetzliche Vertreter nur genehmigend tätig wird. Dann greifen aber die Grundsätze der Wissenszurechnung ein → Rn. 47.

die Kenntnis eines der Gesamtvertreter,[289] insbesondere diejenige eines Mitvormunds im Regelfall des § 1797 Abs. 1 BGB.[290] Unerheblich ist deshalb, ob auch ein etwa zusätzlich bestellter Ergänzungspfleger diese Kenntnis hat.[291]

44 Die Kenntnis des Vertreters ist dem vertretenen Insolvenzgläubiger auch dann zuzurechnen, wenn der **Vertreter zugleich für den anderen Teil** – den Schuldner – gehandelt hat.[292] Hat der Schuldner eine Sicherung oder Befriedigung im eigenen Namen und zugleich im Wege rechtswirksamen Selbstkontrahierens (§ 181 BGB) als Vertreter des begünstigten Gläubigers erbracht, so ist diesem die meist umfassende Kenntnis des Schuldners nach § 166 Abs. 1 BGB zuzurechnen.[293] Hat umgekehrt der begünstigte Gläubiger ein Deckungsgeschäft zugleich im eigenen Namen und als Vertreter des Schuldners rechtswirksam abgeschlossen, entscheidet grundsätzlich allein das Wissen des Gläubigers.[294]

45 Nicht selten schiebt der begünstigte Gläubiger, der selbst die Zahlungsunfähigkeit des Schuldners kennt, unwissende Vertreter vor, um das Rechtsgeschäft als unverdächtig erscheinen zu lassen. Soweit der **rechtsgeschäftliche Vertreter auf Weisung** handelt, schadet dem Gläubiger gemäß § 166 Abs. 2 Satz 1 BGB auch seine eigene Kenntnis. Hierzu genügt es, dass sich seine Vollmacht auf ein bestimmtes Rechtsgeschäft bezieht,[295] im Fall des § 130 also auf den Erwerb gerade vom Schuldner[296] in der kritischen Zeit; auch ein Auftrag zur Zwangsvollstreckung reicht aus.[297] Nicht nötig ist, dass der Gläubiger auf die nähere Ausgestaltung des Geschäfts Einfluss nahm.[298] Dem Vertretenen kann seine gesamte eigene Kenntnis bis zu dem Zeitpunkt zugerechnet werden, in dem er noch auf die Vornahme der Rechtshandlung maßgeblich hätte Einfluss nehmen können.[299] § 166 Abs. 2 Satz 1 BGB kann grundsätzlich auch auf den gesetzlichen Vertreter entsprechend anwendbar sein.[300]

46 **bb) Kenntnis des Repräsentanten.** Da es für die Kenntnis iSv § 130 allein auf die Wissenszurechnung, nicht auf die rechtsgeschäftlichen Wirkungen ankommt, bildet § 166 keine abschließende Schranke. Unter Verallgemeinerung des dieser Norm zugrunde liegenden Rechtsgedankens muss allgemein jeder, der am Rechtsverkehr unter Einsatz weisungsgebundener Hilfspersonen teilnimmt, sicherstellen, dass die diesen im Rahmen ihrer Aufgabe zugehenden, rechtserheblichen Informationen vom Entscheidungsträger zur Kenntnis genommen werden können. Er muss es deshalb so einrichten, dass seine **Repräsentanten,** die dazu berufen sind, im Rechtsverkehr bestimmte Aufgaben in eigener Verantwortung zu erledigen und die dabei angefallenen Informationen zur Kenntnis zu nehmen, die erkennbar erheblichen Informationen tatsächlich an den oder die Entscheidungsträger weiterleiten.[301] Die unterlassene Weitergabe des maßgeblichen Wissens stellt dann eine **Verlet-**

---

289 BGHZ 20, 149 (153) = NJW 1956, 869; BGH NJW 1988, 1199 (1200); BAG DB 1985, 237 f.; RGZ 53, 227 (230); RGZ 78, 347 (353 f.); RGZ 134, 33 (36); RG JW 1911, 1012 (1013); RG JW 1914, 399 (401); RG JW 1927, 1675 (1676); RG JW 1935, 2044 Nr. 9; Jaeger/*Henckel* § 130 Rn. 124; KPB/*Schoppmeyer* § 130 Rn. 135; Uhlenbruck/*Borries/Hirte* § 130 Rn. 90; MüKoBGB/*Schubert* § 166 Rn. 16.

290 Jaeger/*Henckel* § 130 Rn. 124.

291 BGHZ 38, 65 (66 f.) = NJW 1962, 2251 f.; zum gesetzlichen Vertreter als Wissensvertreter → Rn. 47, zu Amtswaltern → Rn. 51.

292 BGH NJW 2000, 1404 (1405); AGR/*Gehrlein* § 130 Rn. 25; KPB/*Schoppmeyer* § 130 Rn. 138.

293 BGHZ 94, 232 (237) = NJW 1985, 2407 (2408); BGH ZIP 1990, 1420 (1423); RG LZ 1911, 948 f.; RG LZ 1918, 925 f.; AGR/*Gehrlein* § 130 Rn. 25; HambKommInsO/*Rogge/Leptien* § 130 Rn. 29; *Jaeger/Henckel* KO § 30 Rn. 64; KPB/*Schoppmeyer* § 130 Rn. 138.

294 BGHZ 22, 128 (134 f.) = NJW 1957, 137 (138); *Jaeger/Henckel* KO § 30 Rn. 66.

295 BGHZ 50, 364 (368) = NJW 1969, 37 (38 f.); BAG NJW 1997, 1940 (1941); RGZ 161, 153 (161 f.); RG SeuffA 82 [1928], Nr. 41; MüKoBGB/*Schubert* § 166 Rn. 106; *Müller-Freienfels* S. 397 ff.; *Schilken* Wissenszurechnung S. 61 ff.; weiter gehend *Beuthien* NJW 1999, 3585 ff.

296 Vgl. BGH NZI 2004, 376 (377 f.); OLG Colmar LZ 1912, 865 Nr. 4; *Jaeger* LZ 1912, 205 (207); *Jaeger/Henckel* KO § 30 Rn. 67.

297 OLG Hamm OLGR 30, 351 f.; FKInsO/*Dauernheim* § 130 Rn. 63; *Schilken* Wissenszurechnung S. 208; ergänzend → § 131 Rn. 55.

298 BGHZ 38, 65 (68) = NJW 1962, 2251; RG JW 1916, 317 (318 f.); HambKommInsO/*Rogge/Leptien* § 130 Rn. 30.

299 Vgl. BGHZ 50, 364 (368) = NJW 1969, 37 (38 f.); *Jaeger/Henckel* KO § 30 Rn. 68; Soergel/*Leptien* BGB § 166 Rn. 31; zum maßgeblichen Zeitpunkt im Übrigen → Rn. 32.

300 LG Braunschweig JW 1934, 2799 mAnm *Oertmann*; *Jaeger/Henckel* KO § 30 Rn. 69; *Müller-Freienfels* S. 395 f.; einschränkend MüKoBGB/*Schubert* § 166 Rn. 103; Staudinger/*Schilken* BGB § 166 Rn. 31; zur Wissenszurechnung → Rn. 47.

301 Vgl. BGHZ 109, 327 (330 ff.) = NJW 1990, 975 (976); BGHZ 117, 104 (106 f.) = NJW 1992, 1099 (1100); BGHZ 132, 30 (35 ff.) = NJW 1996, 1339 (1340); BGHZ 135, 202 (205 ff.) = NJW 1997, 1917 f.; *Bohrer* DNotZ 1991, 124 (129 f.); FKInsO/*Dauernheim* § 130 Rn. 68; *Grunewald* FS Beusch, 1993, 304 ff.; *Medicus,* Karlsruher Forum S. 10 ff.; Palandt/*Ellenberger* BGB § 166 Rn. 6; *Taupitz* Karlsruher Forum S. 25 ff.; *Taupitz* JZ 1996, 734 (735); krit. *Koller* JZ 1998, 75 (77 ff.).

zung jener Organisationspflicht dar. Ist nach den Umständen des Einzelfalls ein Informationsaustausch zwischen Wissensvertreter und Entscheidungsträger möglich und geboten, so ist diesem das Wissen des Repräsentanten auch dann zuzurechnen, sofern dieser an der Handlung, für die das Wissen erheblich ist, selbst nicht mitgewirkt hat.[302]

47 Dementsprechend ist das **Wissen eines Beschäftigten des Schuldners,** der zugleich dessen Geschäftsführung als Vertrauensmann des Gläubigers überwacht, diesem zuzurechnen.[303] Dasselbe trifft für die **Kenntnis der Ehefrau** zu, die mit der Abwicklung sämtlicher Geldgeschäfte des Ehemannes beauftragt ist und Kontovollmacht hat, soweit sie ein Darlehensgeschäft ohne Vollmacht für ihn abschließt.[304] Während § 166 BGB für **Boten** nicht gilt,[305] kann die ihnen zugehende Mitteilung insoweit ihrem Geschäftsherrn zugerechnet werden, als sie nach ihrem sonstigen Aufgabenbereich seine Wissensvertreter sind.[306] Entsprechendes kann für **Besitzdiener** gelten.[307] Schließt der Schuldner in seiner wirtschaftlichen Krise mit seinem minderjährigen Kind einen Vertrag und genehmigt er diesen anschließend kraft seiner elterlichen Vertretungsbefugnis, so dass das Rechtsgeschäft wirksam wird, ist die Kenntnis des Elternteils als Wissensvertreter seinem Kind zuzurechnen.[308] Lässt der Schuldner stattdessen sein Kind bei Vertragsschluss durch einen arglosen Ergänzungspfleger vertreten, gilt dasselbe;[309] denn die Eltern haben diesen aufgrund der umfassenden elterlichen Beistands- und Rücksichtnahmepflicht (§ 1618a BGB) über die wirtschaftliche Krise aufzuklären, weil sie offenkundig für die Rechtsbeständigkeit des Geschäftes Bedeutung haben kann. Sogar wenn der Schuldner mit seinem minderjährigen Kind ein Rechtsgeschäft vornimmt, das gemäß § 107 BGB sofort wirksam wird, weil es davon lediglich einen rechtlichen Vorteil erlangt, hat der Schuldner als Wissensvertreter des Kindes zu gelten, solange er dessen gesetzlicher Vertreter ist.[310] Allerdings kann eine Zurechnung von Kenntnissen eines gesetzlichen Vertreters aus Gründen des Minderjährigenschutzes jedenfalls dann nicht erfolgen, sofern der gesetzliche Vertreter seine Befugnisse im Verhältnis zum minderjährigen Vertretenen missbraucht.[311]

48 Dagegen ist der vom Schuldner selbst zur Schuldenregulierung bestellte **Treuhänder,** mit dem er einen Vertrag zugunsten der Gläubiger (§ 328 BGB) schließt, nicht deren Wissensvertreter, weil er sie bei dem Geschäft nicht repräsentiert.[312] Dem **Mieter** ist aus gleichem Grund nicht die Kenntnis des Vermieters von Wohnraum zuzurechnen, der nach Eintritt seiner Zahlungsunfähigkeit die vom Mieter zuvor gezahlte Mietkaution entsprechend der Verpflichtung des § 551 Abs. 3 Satz 1 BGB anlegt.[313] Der **Steuerberater** des Gläubigers darf diesen bereits im Hinblick auf seine Verschwiegenheitspflicht nach § 57 Abs. 1 StBerG nicht davor warnen, dass der Schuldner – ebenfalls Mandant des Steuerberaters – insolvent zu werden droht.[314]

---

302 Vgl. BGHZ 33, 389 (397) = NJW 1961, 408 (410); BGH WM 1964, 94 (97); BGH NJW 1999, 284 (286); BGHZ 190, 201 (206 f.) = NJW 2011, 2791 (2792); *Jaeger/Henckel* KO § 30 Rn. 52 ff., 57; MüKoBGB/*Schubert* § 166 Rn. 54; *Richardi* AcP 169 [1969], 385 (397 ff.); *Schultz* NJW 1990, 477 (480 f.).

303 BGHZ 41, 17 (20 f.) = NJW 1964, 1277 (1278); BGH WM 1969, 1079 (1081); Jaeger/*Henckel* § 130 Rn. 130; dagegen zu einseitig die Informationserweiterung schützend *Koller* JZ 1998, 75 (82).

304 Vgl. Jaeger/*Henckel* § 130 Rn. 133; zu § 819 BGB auch BGHZ 83, 293 (295 ff.) = NJW 1982, 1585 (1586); aM *Häsemeyer* JuS 1984, 176 (179 f.).

305 Soergel/*Leptien* BGB § 166 Rn. 10; Staudinger/*Schilken* BGB § 166 Rn. 4a.

306 *Jaeger/Henckel* KO § 30 Rn. 62, 63 aE; Staudinger/*Schilken* BGB § 166 Rn. 39.

307 Vgl. BGHZ 32, 53 (56 ff.) = NJW 1960, 860 f.; RG SeuffA 79 [1925], Nr. 186; HambKommInsO/*Rogge/Leptien* § 130 Rn. 32; *Raiser* JZ 1961, 26 f.; Uhlenbruck/*Borries/Hirte* § 130 Rn. 104.

308 *Jaeger/Henckel* KO § 30 Rn. 71; *Tintelnot* JZ 1987, 795 (799). RGZ 116, 134 (138 f.) ließ die Kenntnis der fast volljährigen Begünstigten für die Anfechtung genügen, doch wäre das bereits über § 166 Abs. 2 Satz 1 BGB zu erreichen gewesen → Rn. 45.

309 BGHZ 38, 65 (67 ff.) = NJW 1962, 2251 f.; LG Braunschweig JW 1934, 2799 mAnm *Oertmann*; *Jaeger/Henckel* KO § 30 Rn. 71; *Müller-Freienfels* S. 396; aM *G. Paulus* FS Michaelis, 1972, 225; *Schilken* Wissenszurechnung S. 229 ff.

310 OLG Celle NJW 1978, 2159 Nr. 13 Ls.; *Jaeger/Henckel* KO § 30 Rn. 71; *Müller-Freienfels* S. 396; *Tintelnot* JZ 1987, 795 (798 ff.); aM BGHZ 94, 232 (239 f.) = NJW 1985, 2407 (2408 f.). Mit dem Urteil des BGH vom 12. Juli 1967 – VIII ZR 70/65 hat die Frage nichts zu tun, weil in dem dort entschiedenen Fall die beschenkte Tochter – soweit festgestellt – volljährig war.

311 BGH NJW 2017, 3516 (3517) = NZI 2017, 854 (855).

312 BGHZ 55, 307 (310 ff.) = NJW 1971, 1702 (1703 f.); *Jaeger/Henckel* KO § 30 Rn. 57; Uhlenbruck/*Borries/Hirte* § 130 Rn. 87.

313 *Derleder* ZIP 1988, 415 (419 f.); *ders.* NJW 1988, 2988 (2989); *Jaeger/Henckel* KO § 30 Rn. 57; *Zeuner* Anfechtung Rn. 117; zweifelnd *Eckert* EWiR 1989, 179 (180).

314 *Jaeger/Henckel* KO § 30 Rn. 57; FKInsO/*Dauernheim* § 130 Rn. 69; zu Amtswaltern → Rn. 51.

cc) Juristische Personen und Personengesellschaften. Einer juristischen Person als Gläubigerin ist die **Kenntnis ihres handelnden Vertreters** stets zuzurechnen,[315] diejenige der **übrigen Mitglieder ihres Vertretungsorgans** aber nur, soweit es sich um typischerweise aktenmäßig festzuhaltendes Wissen handelt;[316] das gilt insbesondere bei Vorgängen, die für die juristische Person inhaltlich bedeutsam sind, weil diesbezügliches Wissen an das zuständige Organmitglied weiterzuleiten ist. Diese Pflicht greift allerdings nicht ein, soweit das Organmitglied als Privatperson mit der juristischen Person ein Rechtsgeschäft schließt[317] und von deren Vertretung gemäß § 181 BGB ausgeschlossen ist. Die **Kenntnis eines Aktionärs** reicht nicht für die Anfechtung gegenüber der AG, diejenige eines Genossen nicht für die Anfechtung gegenüber der eG aus.[318] Bei einer GmbH ist das **Wissen des Allein- oder beherrschenden Gesellschafters** im Hinblick auf § 166 Abs. 2 Satz 1 BGB jedenfalls dann zugleich Wissen der GmbH, sofern er die angefochtene Rechtshandlung vor ihrer Ausführung kennt.[319] Unterhalb der organschaftlichen Ebene ist der Gesellschaft die Kenntnis zuzurechnen, die **weiter bestellte Vertreter** – insbesondere zB ein Filialleiter[320] oder ein Prokurist – erlangen. Dasselbe gilt für die Kenntnis eines Kassierers[321] oder des zuständigen Kreditsachbearbeiters[322] oder desjenigen, der mit dem Forderungseinzug betraut ist.[323] Der gebotene Umfang der Erinnerungs- und Nachforschungspflicht hängt von der Bedeutung des jeweiligen Geschäftsvorfalls ab; für bedeutsame Vorgänge ist dasjenige Wissen als vorhanden anzusehen, das bei sachgerechter Organisation dokumentiert und verfügbar ist.[324] 49

Für die Kenntnis einer **Personengesellschaft** kommt es auf die Kenntnis ihrer geschäftsführenden Gesellschafter an.[325] Zudem genügt jedenfalls in Fällen der Gesamtvertretung die Kenntnis eines der mehreren Vertreter, die nur gemeinschaftlich handeln dürfen → Rn. 43. Sind mehrere einzelvertretungsbefugte Gesellschafter vorhanden, so ist der Gesellschaft das Wissen eines anderen als des konkret handelnden, vertretungsbefugten Gesellschafters jedenfalls unter den Voraussetzungen der Wissenszurechnung → Rn. 46 f. anzulasten.[326] Das **Wissen nicht vertretungsberechtigter Gesellschafter** als solcher ist dagegen ohne jene Voraussetzung nicht zuzurechnen.[327] Eine **Erbengemeinschaft** muss sich im Hinblick auf § 2038 BGB die Kenntnis jedes der Miterben zurechnen lassen.[328] Der **staatlichen Verwaltung** ist die Kenntnis der zuständigen Behördenleiter und die der jeweiligen Sachbearbeiter nach den Grundsätzen der Wissenszurechnung anzulasten.[329] Jede Zurechnung wirkt aber grundsätzlich nur zu Lasten der juristischen Person oder der nicht rechtsfähigen Organisation selbst, hingegen nicht zu Lasten ihrer Organe oder Mitglieder persönlich.[330] 50

---

315 BGH NJW 1999, 1395 (1398); BGH NJW-RR 2014, 235 (237) = NZI 2014, 259 (261); OLG Düsseldorf ZIP 1991, 330 (333).

316 BGHZ 132, 30 (35 ff.) = NJW 1996, 1339 (1341); BGH NJW 2001, 359 (360); MüKoBGB/*Schubert* § 166 Rn. 9; Staudinger/*Schilken* BGB § 166 Rn. 32; für eine uneingeschränkte Zurechnung noch BGHZ 20, 149 (153) = NJW 1956, 849; BGH NJW-RR 1986, 848 (849); BGH NJW-RR 1990, 1330 (1332); HambKommInsO/*Rogge/Leptien* § 130 Rn. 33; Jaeger/*Henckel* § 130 Rn. 125, aber einschränkend Rn. 129 f.; Uhlenbruck/*Borries/Hirte* § 130 Rn. 88; ergänzend → Rn. 43.

317 RG WarnR 1911 Nr. 390.

318 RG HRR 1938 Nr. 411.

319 Vgl. BGHZ 78, 318 (331) = NJW 1981, 522 (525); BGH NJW 1990, 1915; BGH NZI 2004, 376 (377 f.); RGZ 81, 433 (436); *Altmeppen* BB 1999, 749 (753); *Fridgen* ZInsO 2004, 1341 f.; *Hachenburg/Mertens* Anh. § 13 Rn. 70; *Müller-Freienfels* S. 416; *Schilken* Wissenszurechnung S. 147; ergänzend → Rn. 45.

320 BGH NJW 1984, 1953 (1954); BGH NJW 1989, 2879 (2880 f.); BGH NJW 1989, 2881 (2882); vgl. RG WarnR 1935 Nr. 14 S. 36; HKInsO/*Thole* § 130 Rn. 41.

321 BGH NJW 1984, 1953 (1954); HKInsO/*Thole* § 130 Rn. 41; *Jaeger/Henckel* KO § 30 Rn. 54; *Schultz* NJW 1990, 477 (480).

322 BGH NJW 1995, 2103 (2105); vgl. BGH NJW 1974, 458 (459); OLG Hamburg WM 1972, 324 (325 f.); OLG Bamberg WM 2007, 389 (391); *Bork* Zahlungsverkehr Rn. 432 iVm Rn. 173.

323 OLG Hamm ZInsO 2006, 45 (46).

324 BGHZ 135, 202 (206 f.) = NJW 1997, 1917 f.; BGH NZI 2006, 175 (176).

325 BGH NJW-RR 2014, 235 (237) = NZI 2014, 259 (261).

326 Vgl. BGH NJW 1999, 284 (286); RG JW 1900, 624 f.; HambKommInsO/*Rogge/Leptien* § 130 Rn. 34; MüKoBGB/*Schubert* § 166 Rn. 15; *Schilken* Wissenszurechnung S. 106 ff., 118 f.; *Staub/Habersack* § 125 Rn. 24.

327 Vgl. RG LZ 1915, 290 f.; *Staub/Habersack* § 125 Rn. 26; Uhlenbruck/*Borries/Hirte* § 130 Rn. 90.

328 *Jaeger/Henckel* KO § 30 Rn. 51; *Schilken* Wissenszurechnung S. 112.

329 Vgl. BGHZ 109, 327 (330 f.) = NJW 1990, 975 (976); BGHZ 117, 104 (107 f.) = NJW 1992, 1099 (1100); BGH NJW 1994, 1150 (1151); BGH NJW 2007, 834; RGZ 59, 400 (408); Staudinger/*Schilken* § 166 Rn. 40; ergänzend → Rn. 51.

330 BGH NJW 2001, 359 (360).

51 dd) **Amtswalter.** Der **Gerichtsvollzieher,** der für den Gläubiger einen Vollstreckungsauftrag ausführt, ist weder dessen Stellvertreter noch Wissensvertreter,[331] sondern Organ der staatlichen Rechtspflege: Sein Wissen oder Nichtwissen wird keinem Beteiligten zugerechnet. Das gilt auch, sofern er vor Beginn einer Vollstreckungshandlung freiwillige Zahlungen des Schuldners entgegennimmt,[332] und ebenso für den **Vollziehungsbeamten** einer öffentlich-rechtlichen Vollstreckungsstelle;[333] denn dieser darf weder von sich aus von der Vollstreckung absehen, noch ist er allgemein beauftragt, Informationen über den Schuldner zu sammeln und weiterzuleiten. Dagegen ist im Hinblick auf § 249 Abs. 2 AO die Kenntnis des **Leiters oder Sachbearbeiters der zuständigen Vollstreckungsstelle** (§§ 249 f. AO) dem Steuergläubiger (§ 252 AO) zuzurechnen.[334] Holt eine Behörde von anderen Behörden **desselben Landes** Informationen ein, um eine Schuld des Landes im Wege der Aufrechnung tilgen zu können, und unterbleibt die vollständige Mitteilung aller bekannten Umstände zur Zahlungsunfähigkeit des Schuldners, kann sich die handelnde Körperschaft auf die Unkenntnis solcher Umstände nicht berufen.[335] Die Kenntnis des mit der Vollstreckung beauftragten **Hauptzollamts** wird dem Gläubiger analog § 166 Abs. 1 BGB genauso zugerechnet[336] wie der Einzugsstelle die Kenntnisse des Sachbearbeiters des Hauptzollamts, dessen sich die Stelle bei der Vollstreckung ihrer Bescheide bedient.[337] Der **Notar** kann bei Vollzugs-, nicht aber bei neutralen Beurkundungsgeschäften als Vertreter des Gläubigers gelten → § 129 Rn. 47. Wird der Gläubiger selbst insolvent, so kommt es für die Zeit nach der Eröffnung des Insolvenzverfahrens über sein Vermögen allein auf die **Kenntnis des Insolvenzverwalters** an;[338] auf die persönliche Kenntnis des Gläubigers, der zugleich Insolvenzschuldner ist, oder seiner Vertreter ist dagegen nur abzustellen, soweit sie vor Verfahrenseröffnung erlangt oder an den Verwalter tatsächlich weitergegeben wurde.[339] Entsprechend muss sich eine Erbengemeinschaft das Wissen zurechnen lassen, das ihr **Testamentsvollstrecker** im Rahmen seiner Verwaltungsaufgaben erworben hat.[340]

VI. Besondere Anfechtungsvoraussetzungen des Abs. 1 Satz 1 Nr. 2

52 **1. Zeitpunkt der Vornahme.** Abs. 1 **Nr. 2** erfasst nur Rechtshandlungen, die **nach dem Eröffnungsantrag** und bis zur Verfahrenseröffnung → § 129 Rn. 74 f. vorgenommen wurden.[341] Fallen beide Ereignisse auf denselben Tag, ist die genaue Uhrzeit zu vergleichen. Bei Unaufklärbarkeit ist eine Alternativfeststellung zwischen Nr. 1 und Nr. 2 zulässig. Auf Rechtshandlungen, die nach dem Eröffnungsantrag vorgenommen wurden, können sich zusätzlich Sicherungsmaßnahmen gemäß § 21 auswirken.[342]

53 **2. Kenntnis des Eröffnungsantrags.** Die Rechtshandlung iSv Rn. 52 ist nur anfechtbar, wenn zusätzlich eine von zwei Varianten erfüllt ist. Die erste davon ist, dass der begünstigte Gläubiger im Zeitpunkt der Vornahme der Rechtshandlung → Rn. 32 den **Eröffnungsantrag** kennt. Für diesen Fall ist es unerheblich, ob der Schuldner zahlungsunfähig war oder ist; Nr. 2 kann also zeitlich bereits vor Nr. 1 eingreifen. Der Wortlaut der Nr. 2 fordert Zahlungsunfähigkeit nicht für alle Fälle. Die Entstehungsgeschichte[343] und der Gesetzeszweck sprechen für diese Auslegung: Maßgeblich für

331 RGZ 90, 193 (194 f.); RGZ 95, 152 (154); RG JW 1912, 306 (307); RG JW 1914, 863 f.; OLG Hamburg LZ 1917, 292 Nr. 9; AGR/*Gehrlein* § 130 Rn. 24 aE; Jaeger/*Henckel* § 130 Rn. 139; KPB/*Schoppmeyer* § 130 Rn. 142; Nerlich/Römermann/*Nerlich* InsO § 130 Rn. 77; *Schilken* Wissenszurechnung S. 197; *Schmid* ZIP 1985, 202 f.; Uhlenbruck/*Borries/Hirte* § 130 Rn. 101.

332 *Fahland* ZZP 92 [1979], 432 (447); Jaeger/*Henckel* § 130 Rn. 140; *Schilken* Wissenszurechnung S. 195 ff.

333 OLG München NJW-RR 1993, 106 f.; LG Oldenburg MDR 1951, 683; *Schilken* Wissenszurechnung S. 200 f.; Uhlenbruck/*Borries/Hirte* § 130 Rn. 102; *Zeuner* Anfechtung Rn. 117; aM Jaeger/*Henckel* § 130 Rn. 139.

334 Vgl. OLG München NJW-RR 1993, 106 (107); FKInsO/*Dauernheim* § 130 Rn. 66; HambKommInsO/*Rogge/Leptien* § 130 Rn. 38; Uhlenbruck/*Borries/Hirte* § 130 Rn. 95.

335 BGHZ 190, 201 = NJW 2011, 2791 (2792 f.).

336 BGH NJW 2015, 2113 (2115) = NZI 2015, 717 (719); AGR/*Gehrlein* § 130 Rn. 24 aE.

337 BGH NZI 2013, 398 = ZIP 2013, 685.

338 RG WarnR 1914 Nr. 271; FKInsO/*Dauernheim* § 30 Rn. 65; Jaeger/*Henckel* § 130 Rn. 137; *K. Schmidt* KTS 1984, 345 (392).

339 FKInsO/*Dauernheim* § 130 Rn. 65; Jaeger/*Henckel* § 130 Rn. 137; *Schilken* Wissenszurechnung S. 188.

340 LG Stuttgart ZIP 1998, 77 (78); *Schilken* Wissenszurechnung S. 187; zur Zurechnung auch der Kenntnis eines bösgläubigen Erben entsprechend § 166 Abs. 2 BGB vgl. *Schilken* Wissenszurechnung S. 189 f.

341 Zum maßgeblichen Eröffnungsantrag → Rn. 25, zum Zeitpunkt der Vornahme der Rechtshandlung → § 140 Rn. 5 ff.

342 Zur Anfechtung von Rechtshandlungen vorläufiger Insolvenzverwalter → § 129 Rn. 43 ff.

343 Bereits die Regelung in § 30 Nr. 1 KO wurde einhellig idS ausgelegt: RGZ 36, 73 f.; *Jaeger/Henckel* KO § 30 Rn. 47; *Kuhn/Uhlenbruck* § 30 Rn. 17. Das wurde von der Kommission für Insolvenzrecht übernommen (1. KommBer. S. 403, 405) und führte zur Gestaltung des § 130.

die Anfechtbarkeit ist die Warnfunktion, die von einem Eröffnungsantrag für andere Gläubiger ausgeht.[344] Dafür ist der Rechtsgrund, auf den der Antrag gestützt ist, unerheblich. Wer in Kenntnis eines Eröffnungsantrags eine Befriedigung oder Sicherung vom Schuldner erlangt, muss mit dem Vorrang des Gleichbehandlungsgrundsatzes in einem anschließend eröffneten Insolvenzverfahren rechnen. Deshalb genügen auch Eröffnungsanträge, die auf drohende Zahlungsunfähigkeit oder Überschuldung gestützt sind.[345]

a) Kenntnis. Kenntnis ist das für sicher gehaltene Wissen des Gläubigers, dass ein Eröffnungsantrag gestellt, mithin eine als Eröffnungsantrag iSv § 13 zu wertende Erklärung beim Insolvenzgericht eingegangen ist. Das Wissen, dass ein Antragsberechtigter zZ der Rechtshandlung einen Eröffnungsantrag zum Gericht bringt, genügt noch nicht.[346] War nur **ein Antrag** gestellt, kommt es allein darauf an, dass dieser Antrag später zur Eröffnung des Insolvenzverfahrens geführt hat; ob er bereits im Zeitpunkt der Antragstellung und der Rechtshandlung zulässig und begründet war, ist bedeutungslos.[347] Sind **mehrere Eröffnungsanträge** gestellt, so reicht entsprechend § 139 Abs. 2 die Kenntnis eines einzigen – gegebenenfalls des frühesten – aus, der letztlich die Eröffnungsvoraussetzungen erfüllt, selbst wenn die Verfahrenseröffnung auf einen anderen Antrag gestützt wird.[348] Andererseits wird nicht vorausgesetzt, dass der Gläubiger auch die Zulässigkeit und Begründetheit des Antrags kennt; diese sind vielmehr rein objektive Voraussetzungen für dessen Berücksichtigung. Deshalb ist es belanglos, ob der Gläubiger den Antrag nicht ernst genommen oder für unbegründet gehalten hat; unerheblich ist es auch, wie lange das Eröffnungsverfahren dauerte.[349] Die – objektiv unbegründete – Annahme, der Antrag sei inzwischen erledigt, hilft dem Gläubiger regelmäßig nicht.[350] 54

Diese Regelung hat zur Folge, dass **Zahlungen,** die der Schuldner nach einem Eröffnungsantrag **an einen antragstellenden Gläubiger** leistet, ohne weiteres anfechtbar sind, wenn das Verfahren später – sei es auch aufgrund eines anderen Antrags – eröffnet wird und der Antrag des begünstigten Gläubigers nicht zurückgenommen oder zurückgewiesen oder für erledigt erklärt wird oder sich sonst als ungerechtfertigt erweist.[351] Dies gilt grundsätzlich auch für Zahlungen vorläufiger Insolvenzverwalter auf bloße Insolvenzforderungen; Einschränkungen gibt es nur bei echten Treuhandverhältnissen[352] sowie unter dem Gesichtspunkt des Vertrauensschutzes → § 129 Rn. 44 ff.[353] 55

b) Kenntnis von den Umständen. Nach **Abs. 2** steht der Kenntnis des Eröffnungsantrags die Kenntnis solcher Umstände gleich, die zwingend auf einen derartigen Antrag schließen lassen. Die Norm ist dahin zu verstehen, dass der Gläubiger die tatsächlichen Umstände kennen muss, dass aber für die weitere Voraussetzung, ob aus ihnen das Vorliegen eines Eröffnungsantrags folgt, eine zweifelsfreie Fehlbewertung die Kenntnis nicht hindert.[354] Wer insbesondere weiß, dass das Insolvenzgericht eine **Sicherungsmaßnahme** iSv § 21 erlassen hat, hat zwingend damit zu rechnen, dass dies nicht ohne Vorliegen eines Eröffnungsantrags geschehen ist.[355] Jedoch muss die Sicherungsmaßnahme dem Gläubiger tatsächlich bekannt sein. Entsprechendes gilt, soweit ein vorläufiger Insolvenzverwalter bestellt wurde.[356] Die bloße **Zustellungswirkung des § 9 Abs. 3** ersetzt – wie bei § 82[357] – die Kenntnis nicht,[358] sondern kann allenfalls als Indiz Rückschlüsse darauf zulassen. Ferner 56

---

344 AGR/*Gehrlein* § 130 Rn. 28.

345 AGR/*Gehrlein* § 130 Rn. 28; *Breutigam/Tanz* ZIP 1998, 717 (719 f.); FKInsO/*Dauernheim* § 130 Rn. 56; KPB/*Schoppmeyer* § 130 Rn. 100; Nerlich/Römermann/*Nerlich* InsO § 130 Rn. 26; *Zeuner* Anfechtung Rn. 103 gegen Rn. 89, 114; rechtspolitisch krit. *Gerhardt* FS Brandner, 1996, 617.

346 *Jaeger/Henckel* KO § 30 Rn. 50.

347 HKInsO/*Thole* § 130 Rn. 42.

348 HKInsO/*Thole* § 130 Rn. 43; KPB/*Schoppmeyer* § 130 Rn. 101; wohl auch FKInsO/*Dauernheim* § 130 Rn. 56; diese Folge geht möglicherweise über § 30 KO hinaus, vgl. RGZ 88, 237 f.; Uhlenbruck/*Hirte/Borries* § 139 Rn. 10 f.; andererseits bereits dafür erweiternd *Jaeger/Henckel* KO § 30 Rn. 47; *Kilger/K. Schmidt* § 30 KO Anm. 7a, 10; ergänzend → Rn. 25.

349 *Jaeger/Henckel* KO § 30 Rn. 47.

350 Vgl. OLG Stuttgart KTS 1957, 15 (16).

351 Vgl. OLG Dresden ZIP 1997, 1428; FKInsO/*Dauernheim* § 130 Rn. 56; KPB/*Schoppmeyer* § 130 Rn. 103; ergänzend → Rn. 24.

352 → § 129 Rn. 139 f.; abgrenzend *Kirchhof* FS Kreft, 2004, 359 (360).

353 Zur Beweislastumkehr gegenüber nahestehenden Personen → Rn. 66 f.

354 Näher zum Indizienprozess nach § 130 Abs. 2 InsO: *Huber* FS Ganter, 2010, 203 ff.

355 Vgl. *Jaeger/Henckel* KO § 30 Rn. 50.

356 AGR/*Gehrlein* § 130 Rn. 30.

357 Vgl. BGH NJW 2010, 1806 (1807) = NZI 2010, 480 (481).

358 BGH NZI 2011, 17 (18); BGH NZI 2011, 18 (20); OLG Schleswig DZWiR 2002, 514 (515); aM LG Itzehoe ZInsO 2003, 809 (810); *Wagner* NZI 2008, 401 (403).

dürfte es allein noch nicht ausreichen, sofern der Insolvenzschuldner oder ein Gläubiger die Stellung eines Insolvenzantrags nur als bevorstehend angekündigt hat.[359]

57 **c) Kenntnis gerade des Insolvenzgläubigers.** Die erforderliche Kenntnis → Rn. 54 → Rn. 56 muss gerade der Gläubiger haben, der die Deckung erlangt. Das Wissen anderer Personen ist ihm unter denselben Voraussetzungen wie bei der Kenntnis einer Zahlungsunfähigkeit zuzurechnen → Rn. 40 ff. Für die Frage, ob jemand als **Wissensvertreter des Gläubigers** → Rn. 46 ff. anzusehen ist, kommt es entscheidend darauf an, ob er speziell auch auf das Vorliegen von Insolvenzanträgen gegen Schuldner zu achten hat.

58 **3. Kenntnis der Zahlungsunfähigkeit.** Anstelle der Kenntnis vom Eröffnungsantrag → Rn. 53 schadet dem Gläubiger gleichermaßen die **Kenntnis von der Zahlungsunfähigkeit** des Schuldners. Es handelt sich um eine selbständige, nicht von Nr. 1 abgeleitete Anfechtungsvoraussetzung.[360]

59 Die Anfechtung setzt einmal voraus, dass der Schuldner im Zeitpunkt der Vornahme der Rechtshandlung → Rn. 11 **objektiv zahlungsunfähig** war → Rn. 28 ff. Ob die Zahlungsunfähigkeit bereits vor dem Eröffnungsantrag bestand oder erst danach – jedoch bis zur Rechtshandlung – eintrat, ist unerheblich.[361]

60 Wegen der **Kenntnis der Zahlungsunfähigkeit** wird auf die Ausführungen Rn. 31 bis 51 verwiesen. Auch hier gilt insbesondere die Erleichterung des Abs. 2 und die Beweislastumkehr des Abs. 3 → Rn. 67.

VII. Beweislast

61 **1. Regelfall.** Regelmäßig muss der Insolvenzverwalter sämtliche objektiven und subjektiven Voraussetzungen der Deckungsanfechtung beweisen.[362]

62 Dazu gehört insbesondere das **Vorliegen einer Rechtshandlung,** die einem Insolvenzgläubiger eine Sicherung oder Befriedigung gewährt oder ermöglicht hat.[363] Macht der Anfechtungsgegner jedoch geltend, er habe die Sicherung oder Befriedigung nicht durch den angefochtenen, sondern durch einen früheren Vertrag (zur Sicherheit) übereignet erhalten, trifft ihn hierfür die Beweislast.[364]

63 Von der Beweislast des Insolvenzverwalters umfasst sind ferner die **Vornahme der Rechtshandlung in der kritischen Zeit** vor (Abs. 1 Satz 1 Nr. 1) oder nach (Abs. 1 Satz 1 Nr. 2) dem Eröffnungsantrag[365] und eine dadurch bewirkte, mindestens mittelbare Gläubigerbenachteiligung.[366] Diese tritt aber regelmäßig ein, wenn der Schuldner in der kritischen Zeit einem Insolvenzgläubiger eine Deckung gewährt.[367]

64 Im Fall des Abs. 1 Satz 1 **Nr. 1** hat der Insolvenzverwalter zu beweisen, dass der Schuldner bei Vornahme der Deckungshandlung **zahlungsunfähig** war.[368] An diesen Nachweis dürfen keine zu hohen Anforderungen gestellt werden.[369] Insbesondere ist nicht ohne weiteres eine vollständige Aufzählung der fälligen Verbindlichkeiten des Schuldners nötig;[370] es genügt, dass der Zahlungsrückstand nicht als unwesentlich erscheint → Rn. 28. Auch braucht die Fälligkeit oder Rechtsbeständigkeit der gegen den Schuldner erhobenen Forderungen nur im Bestreitensfalle näher substantiiert zu werden.[371] Eine spätere Wiederaufnahme der Zahlungen hat der Anfechtungsgegner zu beweisen → Rn. 28b, die Vermutungswirkung einer Zahlungseinstellung → Rn. 28a hat er zu widerlegen. Hat der Schuldner seine Zahlungseinstellung nicht tatsächlich durch Aufnahme weiterer Kredite abgewendet, braucht der anfechtende Insolvenzverwalter jedenfalls solange nicht die Möglichkeit

---

359 FKInsO/*Dauernheim* § 130 Rn. 56; *C. Paulus* WM 2000, 2225 (2227); aM HKInsO/*Thole* § 130 Rn. 44 und *Foerste* Rn. 307 für den Fall, dass der Antrag gestellt wird und der Gläubiger sich nicht danach erkundigt.

360 Jaeger/*Henckel* § 130 Rn. 116.

361 Vgl. HKInsO/*Thole* § 130 Rn. 42.

362 RegE S. 158 zu § 145; *Baur/Stürner* Rn. 19.32; HambKommInsO/*Rogge/Leptien* § 130 Rn. 55 ff.; Jaeger/*Henckel* § 130 Rn. 153 f.; KPB/*Schoppmeyer* § 130 Rn. 156 ff.

363 Vgl. *Jaeger/Henckel* KO § 30 Rn. 261 und zur Stellung als Insolvenzgläubiger RG WarnR 1930 Nr. 185; Uhlenbruck/*Borries/Hirte* § 130 Rn. 105.

364 BGH WM 1957, 1097 (1098); RG KuT 1934, 116 (117); *Jaeger/Henckel* KO § 30 Rn. 260; KPB/*Schoppmeyer* § 130 Rn. 158.

365 Vgl. OLG Bamberg LZ 1908, 874; Uhlenbruck/*Borries/Hirte* § 130 Rn. 105.

366 Uhlenbruck/*Borries/Hirte* § 130 Rn. 105; → § 129 Rn. 228 f.

367 *Jaeger/Henckel* KO § 29 Rn. 179; → § 129 Rn. 123.

368 Vgl. BGH WM 1975, 6.

369 Vgl. BGH ZIP 1998, 2008 (2010); RG LZ 1913, 486 (488).

370 RG LZ 1913, 486 (488); FKInsO/*Dauernheim* § 130 Rn. 72; HambKommInsO/*Rogge/Leptien* § 130 Rn. 55a.

371 Vgl. OLG Köln NZI 2005, 112 (115); *Hölzle* ZIP 2006, 101 (103 f.).

einer weiteren Kreditaufnahme auszuräumen, wie nicht bestimmte tatsächliche Anhaltspunkte für die Bereitschaft und die objektive Aussicht des Schuldners feststehen, kurzfristig → Rn. 28 einen Kredit in der zur Abwendung der Zahlungseinstellung ausreichenden Höhe zu erhalten.[372]

Für die Anfechtung nach **Nr. 2** ist die **Zahlungsunfähigkeit** nur zu beweisen, falls der Gläubiger den Eröffnungsantrag nicht kannte. Der Zeitpunkt der objektiven Zahlungsunfähigkeit muss feststehen, ehe die Kenntnis des Gläubigers hiervon festgestellt werden kann. Die früher vorherrschende Auffassung, wonach das Vorliegen einer Zahlungseinstellung eine reine Tatfrage sei, ist im Anwendungsbereich der InsO (vgl. § 17 Abs. 2) überholt.[373] **64a**

Schließlich hat der Insolvenzverwalter zu beweisen, dass der Gläubiger bei Vornahme der Rechtshandlung den Eröffnungsantrag (Abs. 1 Satz 1 Nr. 2) oder die Zahlungsunfähigkeit (Abs. 1 Satz 1 Nr. 1 oder 2) kannte.[374] Dazu ist auch die Behauptung einer nur vermuteten Tatsache zulässig, wenn greifbare Anhaltspunkte dafür bestehen;[375] denn über die Kenntnis des anderen Teils kann der Insolvenzverwalter regelmäßig kein eigenes unmittelbares Wissen haben. Der Beweis kann ua durch Antrag auf Parteivernehmung des Anfechtungsgegners (§§ 445 ff. ZPO) geführt werden. In jedem Fall genügt im Hinblick auf Abs. 2 der Beweis, dass der Gläubiger diejenigen tatsächlichen Umstände kannte, aus denen sich aus Rechtsgründen die Zahlungsunfähigkeit ergibt. Dies wird nach einer Zahlungseinstellung gegenüber diesem Gläubiger → Rn. 29a regelmäßig zutreffen. **65**

2. Anfechtung gegenüber Nahestehenden (Abs. 3). Nur in Bezug auf die **subjektive Voraussetzung** → Rn. 65 verlagert Abs. 3 die Beweislast auf solche begünstigten Gläubiger, die dem Schuldner iSv § 138 nahestehen. Das beruht auf der Erwägung, dass derartige Personen regelmäßig besondere Möglichkeiten haben, sich über die wirtschaftlichen Verhältnisse des Schuldners zu unterrichten.[376] Die Beziehung des Gläubigers zum Schuldner iSv § 138 muss in dem Zeitpunkt bestanden haben, in dem die angefochtene Handlung gemäß § 140 vorgenommen wurde.[377] **66**

Während der Insolvenzverwalter die objektiven Voraussetzungen → Rn. 62 ff. auch gegenüber nahestehenden Personen voll zu beweisen hat, wird diesen gegenüber vermutet, dass sie die Zahlungsunfähigkeit oder den Eröffnungsantrag kannten. Abs. 3 bewirkt insoweit eine **gesetzliche Beweislastumkehr,** nicht nur eine tatsächliche Vermutung.[378] Die nahestehende Person hat deshalb ihre Unkenntnis voll zu beweisen. Dies kann ihr nur durch den Nachweis gelingen, dass sie auch die tatsächlichen Umstände nicht kannte, welche die Kenntnis zwingend ergeben. Denn kannte sie diese und vermag sie (ausnahmsweise) zu beweisen, dass sie gleichwohl den rechtlichen Schluss auf Zahlungsunfähigkeit oder einen Eröffnungsantrag nicht gezogen hat, so greift nach allgemeinen Regeln Abs. 2 ein. Es gibt keinen Anhaltspunkt dafür, dass diese Norm gegenüber Nahestehenden nicht anwendbar sein sollte,[379] der Insolvenzverwalter also seinerseits ihnen auch nur die Tatsachenkenntnis nachweisen müsste. Vielmehr ist gerade deren Wahrscheinlichkeit der Grund für die Umkehr der Beweislast → Rn. 66. **67**

§ 131 Inkongruente Deckung

(1) Anfechtbar ist eine Rechtshandlung, die einem Insolvenzgläubiger eine Sicherung oder Befriedigung gewährt oder ermöglicht hat, die er nicht oder nicht in der Art oder nicht zu der Zeit zu beanspruchen hatte,

1. wenn die Handlung im letzten Monat vor dem Antrag auf Eröffnung des Insolvenzverfahrens oder nach diesem Antrag vorgenommen worden ist,

---

[372] BGH NJW 1998, 607 (608 f.).

[373] *Kirchhof* Kölner Schrift S. 285, 292.

[374] Vgl. BGHZ 89, 189 (196) = NJW 1984, 1557 (1559); BGH NJW-RR 2004, 1563 (1565); OLG Stuttgart ZInsO 2004, 156 (158); Nerlich/Römermann/*Nerlich* InsO § 130 Rn. 78; Uhlenbruck/*Borries/Hirte* § 130 Rn. 108.

[375] Vgl. BGH NJW-RR 2002, 1419 (1420 f.); *Huber* FS Gerhardt, 2004, 379 ff.

[376] RegE S. 158 zu § 145; Nerlich/Römermann/*Nerlich* InsO § 130 Rn. 80; *Tolani* ZIP 2018, 1997 (1999).

[377] Vgl. RegE S. 158 zu § 145.

[378] RegE S. 158 zu § 145; AGR/*Gehrlein* § 130 Rn. 31; HKInsO/*Thole* § 130 Rn. 45 f.; Nerlich/Römermann/*Nerlich* InsO § 130 Rn. 79.

[379] Soweit RegE S. 158 zur damaligen Fassung des § 145 die Ansicht vertrat, Absatz 3 gelte nicht gegenüber einer Beurteilung der groben Fahrlässigkeit, ist dem durch die geänderte Fassung des § 130 Abs. 2 die Grundlage entzogen, vgl. ebenso Braun/*de Bra* § 130 Rn. 48; HambKommInsO/*Rogge/Leptien* § 130 Rn. 60 f.; HKInsO/*Thole* § 130 Rn. 48; KPB/*Schoppmeyer* § 130 Rn. 162; aM Nerlich/Römermann/*Nerlich* InsO § 130 Rn. 80; Uhlenbruck/*Borries/Hirte* § 130 Rn. 112. Denn gerade zu den im jetzigen Absatz 2 genannten Tatsachen hat der Nahestehende erleichterten Zugang, während der rechtliche Bewertungsmaßstab im Hinblick auf eine grobe Fahrlässigkeit für sämtliche Teilnehmer am Rechtsverkehr gleich ist, vgl. auch *v. Campe* S. 143.

2. wenn die Handlung innerhalb des zweiten oder dritten Monats vor dem Eröffnungsantrag vorgenommen worden ist und der Schuldner zur Zeit der Handlung zahlungsunfähig war oder

3. wenn die Handlung innerhalb des zweiten oder dritten Monats vor dem Eröffnungsantrag vorgenommen worden ist und dem Gläubiger zur Zeit der Handlung bekannt war, daß sie die Insolvenzgläubiger benachteiligte.

(2) [1]Für die Anwendung des Absatzes 1 Nr. 3 steht der Kenntnis der Benachteiligung der Insolvenzgläubiger die Kenntnis von Umständen gleich, die zwingend auf die Benachteiligung schließen lassen. [2]Gegenüber einer Person, die dem Schuldner zur Zeit der Handlung nahestand (§ 138), wird vermutet, daß sie die Benachteiligung der Insolvenzgläubiger kannte.

Schrifttum: *Honsdorf,* Zur Aufrechnung im Konkurs, Diss. Freiburg 1982; *Hüper,* Zwangsvollstreckung als inkongruente Deckung, Diss. Göttingen 1983; *Pfefferle,* Konkursanfechtung und Rückschlagsperre, Diss. Heidelberg 1982; *Rebmann,* Die Anfechtung von Zwangsvollstreckungsmaßnahmen nach § 131 InsO und die Vollstreckungssperre (u. a. § 88 InsO), Diss. Tübingen 2003.

Übersicht

I. Normzweck

1 Die Vorschrift dient demselben Zweck wie § 130,[1] erleichtert aber im Vergleich damit die Anfechtung, weil ein Insolvenzgläubiger, der sich eine ihm nicht gebührende Sicherung oder Befriedigung gewähren lässt, weniger schutzwürdig erscheint: Eine solche Inkongruenz zwischen Verpflichtung und Deckung steht wertungsmäßig der Schenkung (vgl. § 134) nahe.[2] Zudem weckt der Gläubiger, der eine ihm so nicht zustehende Deckung entgegennimmt, den Verdacht, dass er die wirtschaftliche Krise des Schuldners kennt oder voraussieht.[3] Der Schuldner, der eine inkongruente Deckung gewährt, kann sogar nach näherer Maßgabe des § 283c StGB, der allerdings eine absichtliche oder wissentliche Begünstigung voraussetzt, strafbar werden.

II. Entstehungsgeschichte

2 Die Norm ist aus § 30 Nr. 2 KO weiter entwickelt worden, während § 10 Abs. 1 Nr. 4 GesO nicht ausdrücklich zwischen inkongruenten und anderen Deckungshandlungen unterschied. § 30 Nr. 2 iVm § 33 KO begrenzte die Anfechtbarkeit wegen (vermuteter) Kenntnis der Zahlungseinstellung auf zehn Tage vor deren objektivem Eintritt oder dem Eröffnungsantrag, längstens auf sechs

1 → § 130 Rn. 1.
2 *Baur/Stürner* Rn. 19.34; *Henckel* ZIP 1982, 391 (396).
3 Vgl. BGHZ 150, 326 (330) = NJW-RR 2002, 1417 (1418); BGH ZIP 2010, 1188.

Monate vor dem Eröffnungsbeschluss. Demgegenüber legt § 131 diese zeitliche Grenze auf längstens drei Monate vor dem Eröffnungsantrag fest, untergliedert diese Frist aber weiter: Die Anfechtung wird zusätzlich erleichtert, wenn die Deckungshandlung innerhalb des letzten Monats vor dem Eröffnungsantrag vorgenommen wurde (Abs. 1 Nr. 1).

Während § 30 Nr. 2 KO – nur – die Beweislast hinsichtlich der subjektiven Anfechtungsvoraussetzungen, im Vergleich mit der Anfechtung kongruenter Deckungen, umkehrte, sieht § 131 Abs. 1 Nr. 1 und 2 völlig von subjektiven Anfechtungsvoraussetzungen ab. Dies entspricht Ls. 5.2.2 Abs. 1 Nr. 1 und 2 des 1. KommBer. und § 146 Abs. 1 Nr. 1 und 2 RegE und bewirkt eine qualifizierte **Vorverlagerung des Gläubigergleichbehandlungsgrundsatzes.**[4] § 131 Abs. 1 Nr. 3 ersetzt dagegen die objektive Voraussetzung der Zahlungsunfähigkeit in Nr. 2 alternativ durch eine subjektive: die Kenntnis von einer benachteiligenden Wirkung der Deckungshandlung. Während insoweit nach Ls. 5.2.2 Abs. 1 Nr. 3 des 1. KommBer. und § 146 Abs. 1 Nr. 3 RegE dem Gläubiger bereits eine grob fahrlässige Unkenntnis schaden sollte, stammt die jetzige Fassung der Nr. 3 vom BT,[5] der in Ergänzung dazu auch den Abs. 2 Satz 1 neu eingeführt hat. Die **Vermutung gegenüber Nahestehenden** in Abs. 2 Satz 2 ist aus dem zweiten Halbsatz des § 146 Abs. 1 Nr. 3 RegE übernommen und inhaltlich der Neufassung der Nr. 3 angepasst worden. 3

Aufgrund einer Diskussion über existenzbedrohende Risiken langer Anfechtungszeiträume sowie eine angeblich ausufernde Judikatur der Vorsatzanfechtung[6] wurde unter dem 16.3.2015 ein RefE[7] eines Reformgesetzes vorgelegt.[8] Dieser sah ua vor, dass Rechtshandlungen innerhalb des § 131 anfechtungsfrei werden, soweit der Gläubiger die Sicherung oder Befriedigung durch Zwangsvollstreckung auf der Grundlage eines in einem gerichtlichen Verfahren erlangten vollstreckbaren Titels erwirkt hat. Der RegE[9] vom 29.9.2015 enthielt keine Beschränkung mehr auf Titel aus gerichtlichen Verfahren, was zu einer Privilegierung der „Selbsttitulierer" geführt hätte. Das vom BTag am 16.2.2017 beschlossene Gesetz zur Verbesserung der Rechtssicherheit bei Anfechtungen nach der Insolvenzordnung und nach dem Anfechtungsgesetz[10] verzichtet nach Kritik aus vielen Richtungen hierauf gänzlich, so dass § 131 unverändert geblieben ist. 3a

III. Anwendungsbereich

Die Vorschrift knüpft an die Voraussetzungen des § 129 an, die zusätzlich erfüllt sein müssen → § 129 Rn. 1 → § 129 Rn. 5. § 131 kann mit sämtlichen anderen Anfechtungstatbeständen außer § 132 frei konkurrieren; im Vergleich mit § 130 erleichtert die Norm – wenn Inkongruenz als erschwerender Umstand vorliegt – die Anfechtung → Rn. 8 → § 130 Rn. 5 f. War eine geleistete Deckung nicht geschuldet → Rn. 14 ff., wird § 131 nicht durch § 134 verdrängt → Vor § 129 Rn. 94. Die Inkongruenz einer Deckung hat darüber hinaus Bedeutung als Beweisanzeichen im Rahmen der Vorsatzanfechtung → § 133 Rn. 29 ff. 4

IV. Gemeinsame Anfechtungsvoraussetzungen nach Abs. 1

1. Sicherung oder Befriedigung eines Insolvenzgläubigers durch eine Rechtshandlung. Nach § 131 kann nur eine Rechtshandlung anfechtbar sein, die einem Insolvenzgläubiger eine Sicherung oder Befriedigung, also eine **Deckung** gewährt oder ermöglicht hat. Diese Begriffe sind in demselben Sinn zu verstehen wie nach § 130 → § 130 Rn. 6 ff. Inkongruente Deckungen können keine anfechtungsfreien Bargeschäfte sein → § 142 Rn. 11 f. und grundsätzlich keine bargeschäftsähnliche Lagen im Rahmen der Vorsatzanfechtung begründen → § 133 Rn. 37 b f. 5

Insolvenzgläubiger iSv § 131 ist jeder, der diese Eigenschaft ohne die erlangte Deckung hätte, der also seinen Vermögensanspruch nur als Insolvenzforderung verfolgen könnte.[11] Das trifft auch für denjenigen zu, der eine Deckung ohne einen objektiv wirksamen Rechtsgrund erlangt.[12] Der Begriff dient der **Abgrenzung gegenüber Massegläubigern und Aussonderungsberechtigten** 6

---

4 KPB/*Schoppmeyer* § 131 Rn. 3.

5 Bericht BTag S. 173 zu § 146.

6 Positionspapier von BDI und ZDH zur Reform des Anfechtungsrechts vom 14.10.2013, ZInsO 2013, 2312.

7 ZIP Beil. 12/2015, 1 (3).

8 Vgl. ausführlich zu den Reformbemühungen *Berner* ZInsO 2015, 2457 ff.

9 BT-Drs. 18/7054, 16; abgedr. in ZInsO 2015, 2073 (2081).

10 BGBl. 2017 I 654, am 5.4.2017 in Kraft getreten.

11 BGHZ 89, 189 (194) = NJW 1984, 1757 (1758); BGH WM 1984, 265; OLG Köln ZInsO 2006, 1329 f.; ergänzend → § 130 Rn. 16 ff.

12 BGH NJW 2012, 1585 f. = NZI 2012, 177 (178); *Breutigam/Blersch/Goetsch* § 131 Rn. 2; *Jaeger/Henckel* KO § 30 Rn. 204; KPB/*Schoppmeyer* § 131 Rn. 22 ff.; aM *Eichberger* S. 133 f.; *Hess* InsO § 131 Rn. 39; ergänzend → Rn. 14 → § 130 Rn. 21 sowie zur möglichen Gläubigerbenachteiligung → § 129 Rn. 101 → § 129 Rn. 134 ff.

einerseits sowie gegenüber § 132 andererseits → § 130 Rn. 16. Er soll bei zweckorientierter Auslegung aber nicht diejenigen von der Deckungsanfechtung – und damit von der besonderen Insolvenzanfechtung insgesamt – ausnehmen, die innerhalb der wirtschaftlichen Krise des Schuldners Leistungen aufgrund eines nichtigen Rechtsgrundes erlangen;[13] § 131 ist insoweit nicht subsidiär gegenüber §§ 812 ff. BGB.[14] Hierfür spricht der Umstand, dass § 131 seinem Wortlaut nach gerade auch Deckungen erfasst, die der Begünstigte (überhaupt) „nicht … zu beanspruchen hatte". Dies auf Fälle zu beschränken, in denen einem Anspruch Einwendungen oder Einreden entgegenstehen, ist nicht durch den Wortlaut geboten und verstößt gegen den Sinn der Anfechtung nach § 131: Diese soll nicht nur die minder schweren Fälle – zB Leistung trotz Einrede, vor Fälligkeit oder erfüllungshalber – der Gläubigergleichbehandlung unterwerfen, sondern erst recht die nachteiligeren Fälle einer Leistung ohne jeden rechtsgültigen Anspruch. Daher ist aufgrund der Rechtsnatur des vermeintlich getilgten oder gesicherten Anspruchs unter Einbeziehung der dazu vorgetragenen Umstände zu prüfen, ob der Leistungsempfänger objektiv[15] eine andere Stellung als die eines Insolvenzgläubigers hätte. Liegt danach eine **verdeckte Schenkung** vor, greift § 134 ein → § 134 Rn. 41a. Die Inhaber anderer angeblicher Forderungen sind anfechtungsrechtlich jedenfalls nicht besser zu stellen als diejenigen von Forderungen, die wenigstens zur Teilnahme am Insolvenzverfahren berechtigen. Die Entstehungsgeschichte der §§ 130, 131 bietet keinen Anhaltspunkt dafür, dass der Gesetzgeber insoweit hinter dem zu § 30 KO entwickelten Stand der Rspr. hätte zurückbleiben wollen.

7 **Insolvenzgläubiger** ist hiernach insbesondere, wer zunächst eine **Leistung ohne Rechtsgrund** erhielt, wenn dieser nachträglich und in der kritischen Zeit des § 131 geschaffen wird,[16] oder derjenige, dem eine nicht anmeldbare (einklagbare) Forderung zusteht → Rn. 14a. Insolvenzgläubiger ist im Hinblick auf § 77 Abs. 3 Nr. 1, § 191 auch der **Inhaber aufschiebend bedingter Forderungen** → Rn. 15, ferner der Schuldner des späteren Insolvenzschuldners, der zur Herstellung einer Aufrechnungslage eine Gegenforderung erwirbt und hierdurch – erstmals – selbst zum Insolvenzgläubiger wird.[17] Diese Fallgestaltung war früher in § 55 Nr. 3 KO speziell geregelt.[18] Mit der Neuregelung des § 96 Abs. 1 Nr. 3 InsO, der allgemein auf eine „anfechtbare Rechtshandlung" abstellt, sollte der aufgezeigte Fall nicht aus der besonderen Insolvenzanfechtung herausgenommen werden.[19] Zur Einordnung als Insolvenzgläubiger genügt jedenfalls nach § 52 Satz 1 → § 130 Rn. 18 die **Stellung eines Sicherungsnehmers,** der sich vom späteren Insolvenzschuldner vorbeugend eine nicht akzessorische Sicherheit – zB eine Grundschuld – auch für künftige Forderungen hat gewähren lassen und erst in der kritischen Zeit des § 131 einen persönlichen Anspruch gegen den Insolvenzschuldner begründet oder erwirbt und jenen damit unter die Sicherheit stellt.[20] Dass das Sicherungsrecht vorher einredebehaftet ist, schließt die Gläubigerstellung allgemein nicht aus → § 130 Rn. 21. Dagegen ist derjenige Dritte nicht Insolvenzgläubiger, dem der Insolvenzschuldner eine Sicherheit bestellt, ohne jenem gegenüber verpflichtet zu sein → § 130 Rn. 19.

8 **2. Inkongruenz.** Der Grund für die erleichterte Anfechtung nach § 131 liegt darin, dass der Gläubiger die Deckung nicht so zu beanspruchen hatte, wie er sie erlangt hat. § 131 nennt **drei mögliche Fälle der Abweichung:** Dass die Leistung dem Gläubiger entweder gar nicht → Rn. 13 ff. oder nicht in der Art → Rn. 31 ff. oder nicht zu der Zeit → Rn. 40 ff. zustand.

9 **a) Allgemeines.** Entscheidend ist das **Abweichen der konkreten Deckungshandlung vom Inhalt des Schuldverhältnisses,** das zwischen Insolvenzgläubiger und Schuldner besteht; ein Gläubigerwechsel allein genügt nicht.[21] Deshalb ist zunächst die geschuldete Leistung rechtlich genau zu bestimmen.[22] Sind zB mehrere Forderungen zu unterschiedlichen Zwecken abgetreten worden, sind

---

13 BGH NJW 2012, 1585 = NZI 2012, 177 (178).

14 BGHZ 141, 96 (105 f.) = NJW 1999, 1549 (1551 f.); KPB/*Schoppmeyer* § 131 Rn. 26; → Vor § 129 Rn. 86 ff. → § 129 Rn. 108 → § 129 Rn. 134 f.

15 Für eine Einordnung nach den subjektiven Vorstellungen der Beteiligten *Flatau* JW 1912, 660 (661 f.); dagegen → Rn. 9.

16 KPB/*Schoppmeyer* § 131 Rn. 22; Uhlenbruck/*Borries/Hirte* § 131 Rn. 5.

17 OLG Köln NZI 2001, 474 (475); *Bork* Rn. 266; *Gerhardt* FS Brandner, 1996, 605 (613); *Häsemeyer* Kölner Schrift S. 645 (648); *C. Paulus* ZIP 1997, 569 (576); *Zeuner* Anfechtung Rn. 132; ergänzend → § 96 Rn. 27 → § 130 Rn. 17.

18 Vgl. *Honsdorf* S. 73 ff., 88 ff.

19 RegE S. 141 zu § 108 Nr. 3.

20 Vgl. BGHZ 59, 230 (234 f.) = NJW 1972, 2084 (2085); BGH WM 1975, 947 (948); *Menkhaus* S. 97; aM *Jaeger/Henckel* KO § 30 Rn. 226 bis 228, welche die Problematik allein auf der Grundlage des § 132 (früher: § 30 Nr. 1 1. Fall KO) lösen wollen. Dem liegt jedoch eine zu enge Auslegung des Begriffs „Insolvenzgläubiger" zugrunde; ergänzend → Rn. 25.

21 BGH NJW-RR 2004, 1130 (1131).

22 BGH NJW 1990, 2687 (2688); KPB/*Schoppmeyer* § 131 Rn. 31.

diese getrennt zu prüfen.[23] Die Verpflichtung kann aus einem Rechtsgeschäft oder einer unmittelbaren gesetzlichen Anordnung → Rn. 23 folgen. Bei einem Vertrag ist maßgeblich, was die Beteiligten tatsächlich vereinbart haben und nicht, was sie hätten vereinbaren können.[24] Dies und die Übereinstimmung der Deckung mit dem Schuldinhalt sind **objektiv** zu beurteilen; abweichende subjektive Vorstellungen der Beteiligten sind wegen des Normzwecks unerheblich.[25] Daher kann eine Deckung inkongruent sein, obwohl die Beteiligten irrtümlich annehmen, sie entspreche ihrer Vereinbarung, und sie kann kongruent sein, wenn die Beteiligten meinten, sie sei so nicht geschuldet.[26] Unerheblich sind die Gründe, die zu einer Abweichung von der Leistungspflicht geführt haben,[27] und ebenso, ob die erbrachte Leitung denselben wirtschaftlichen Wert hat wie im Zeitpunkt der Vereinbarung.[28] Inkongruenz darf nicht mit der Begründung bejaht werden, dass der Gläubiger mehr erhalten hat, als er aufgrund der Vermögensverhältnisse des Schuldners erwarten durfte, während andere Gläubiger nur Teilzahlungen erhalten haben.[29]

aa) Zeitpunkt. Maßgeblicher Zeitpunkt für das Vorliegen einer Inkongruenz ist derjenige, in dem die Rechtshandlung vorgenommen, also nach § 140 regelmäßig, in welchem sie vollendet wurde.[30] War die Deckung, gemessen an der ursprünglichen Vereinbarung, inkongruent, kann eine **abändernde Absprache** die Kongruenz nicht mehr innerhalb der Monatsfrist des Abs. 1 Nr. 1 herstellen[31] und innerhalb der Dreimonatsfrist des Abs. 1 Nr. 2 und 3 nur, sofern der Schuldner bei der Nachtragsvereinbarung weder zahlungsunfähig war noch der Gläubiger die benachteiligende Wirkung kannte;[32] entscheidend ist hiernach, ob die **Kongruenzvereinbarung ihrerseits anfechtbar** ist.[33] Derartige Absprachen innerhalb dieser Fristen sind allerdings nicht nur unter den engeren Voraussetzungen des § 132 anfechtbar, sondern betreffen unmittelbar die Einordnung der Deckungshandlung und unterliegen deshalb auch den Grundsätzen der Deckungsanfechtung.[34] Vor Beginn der Dreimonatsfrist kann der Schuldgrund zwar nachträglich der Leistung mit der Wirkung angepasst werden, dass für die Folgezeit eine kongruente Deckung vorliegt;[35] die abändernde Vereinbarung selbst kann aber unter den Voraussetzungen des § 133 anfechtbar sein, wobei die zuvor bestehende Inkongruenz auf einen Benachteiligungsvorsatz hinweist.[36] Das Erbringen der inkongruenten Leistung allein enthält regelmäßig nicht einmal eine Abänderung des Schuldgrundes; dazu wäre gemäß §§ 133, 157 BGB wenigstens nötig, dass die Beteiligten die Inkongruenz erkannt haben und die abweichende Leistung fortan als die geschuldete behandeln wollten. Eine Kongruenzvereinbarung erfordert regelmäßig eine dreiseitige Abrede,[37] wonach zB die Entgeltansprüche nicht vom Vertragsarbeitgeber sondern 10

---

[23] Vgl. RG LZ 1908, 608 (609).

[24] BGH NJW-RR 1998, 1057 (1061); KPB/*Schoppmeyer* § 131 Rn. 32.

[25] OLG Stuttgart NZI 2018, 749 (752).

[26] *Eichberger* S. 132; Jaeger/*Henckel* § 130 Rn. 7; KPB/*Schoppmeyer* § 130 Rn. 33; aM *Flatau* JW 1912, 660 (661 f.). Jedoch kann ein Benachteiligungsvorsatz iSv § 133 vorliegen; zur Voraussetzung, wonach die zu erfüllende Verpflichtung inhaltlich hinreichend bestimmt sein muss → Rn. 20 → Rn. 39.

[27] KPB/*Schoppmeyer* § 130 Rn. 33.

[28] Zu zwischenzeitlichen Zins- oder Kursschwankungen vgl. *Obermüller* FS Merz, 1992, 423 (427).

[29] FKInsO/*Dauernheim* § 131 Rn. 4; *Jaeger/Henckel* KO § 30 Rn. 207; Uhlenbruck/*Borries/Hirte* § 131 Rn. 4.

[30] BGH WM 1959, 470 (471); BGH NJW-RR 2002, 1419 f.; BGHZ 159, 388 (393 f.) = NJW 2004, 3118 (3119); BGH NJW-RR 2005, 1575; HKInsO/*Thole* § 131 Rn. 6 *Jaeger/Henckel* KO § 30 Rn. 199; KPB/*Schoppmeyer* § 131 Rn. 35; Uhlenbruck/*Borries/Hirte* § 131 Rn. 3; zur KO BGHZ 138, 40 (46 f.) = NJW 1998, 1318 (1319); BGH NJW 1998, 1561 (1563).

[31] BGH NJW-RR 2015, 302 (305) = NZI 2015, 183 (185); BGH NJW 2016, 1012 (1013) = NZI 2016, 311 (312); BAG NZI 2014, 276 (278) = NZA 2014, 255 (256 f.).

[32] BGH NZI 2013, 888 (889 f.) = ZIP 2013, 2323 (2324 f.); BAG NZI 2014, 276 (278) = NZA 2014, 255 (256 f.); LG Dresden ZInsO 2006, 998 (999); *Eckardt* ZIP 1999, 1417 (1418); FKInsO/*Dauernheim* § 131 Rn. 5; HKInsO/*Thole* § 131 Rn. 9; Jaeger/*Henckel* § 131 Rn. 4; KPB/*Schoppmeyer* § 131 Rn. 36; Nerlich/Römermann/*Nerlich* InsO § 131 Rn. 49a; vgl. zu § 30 Nr. 2 KO auch BGHZ 59, 230 (235) = NJW 1972, 2084 (2085); BGH NJW 1998, 1561 (1563).

[33] BGH NZI 2013, 888 (889 f.) = ZIP 2013, 2323 (2324 f.); BGH NJW 2014, 2956 (2958) = NZI 2014, 762 (764); BGH NJW-RR 2015, 302 (305) = NZI 2015, 183 (185); BGH NJW 2016, 1012 (1013) = NZI 2016, 311 (312); OLG Stuttgart NZI 2018, 749 (751); AGR/*Gehrlein* § 131 Rn. 14; ergänzend → Rn. 35b.

[34] BGH NZI 2013, 888 (889 f.) = ZIP 2013, 2323 (2324 f.); BGH NJW 2014, 2956 (2958) = NZI 2014, 762 (764); BGH NJW-RR 2015, 302 (305) = NZI 2015, 183 (185); BGH NJW 2016, 1012 (1013) = NZI 2016, 311 (312).

[35] Vgl. BGHZ 166, 125 (137) = ZInsO 2006, 322 (325 f.).

[36] BGHZ 123, 320 (325 f.) = NJW 1993, 3267 (3268); BAG NZI 2014, 276 (278) = NZA 2014, 255 (256 f.); OLG Stuttgart ZInsO 2004, 156 (157).

[37] BGH NJW 2014, 2956 (2958) = NZI 2014, 762 (764) = DNotZ 2014, 906 (909 f.); BAG NZI 2014, 276 (278) = ZIP 2014, 233 (234) = NZA 2014, 255 (256 f.); OLG Stuttgart NZI 2018, 749 (751) = ZIP 2018, 1700 (1701); → Rn. 35b.

einem anderen Unternehmen zu erfüllen sind.[38] Begnügt sich jedoch ein Gläubiger mit einer Drittzahlung aufgrund einer vorweggenommenen Zahlungsanweisung an den Dritten, ohne dass für ihn ein eigenes Forderungsrecht gegen den Dritten geschaffen wird, bedarf es lediglich des Abschlusses einer (zweiseitigen) Kongruenzvereinbarung zwischen ihm und dem Schuldner.[39] Allerdings kann die Kongruenzvereinbarung innerhalb oder außerhalb der Dreimonatsfrist der Anfechtung entzogen sein, sofern sie **vor einem Leistungsaustausch zustande kommt** und hierdurch ein Baraustausch (Bargeschäft nach § 142 Abs. 1 und Abs. 2 Satz 1 oder bargeschäftsähnliche Lage) ermöglicht wird → § 133 Rn. 37b f. → § 142 Rn. 11.[40] Die nachträgliche Kongruenzvereinbarung unterfällt regelmäßig auch nicht der Anfechtung nach § 132, weil sie infolge der damit verbundenen Leistungserbringung durch den späteren Anfechtungsgegner die Forderung des Schuldners gegen seinen Vertragspartner erst werthaltig machte und deshalb die Gläubiger nicht unmittelbar benachteiligte.[41] Die Zeit „vor einem Leistungsaustausch" endet nicht bereits mit der Leistungshandlung sondern erst mit der Herbeiführung des ersten Leistungserfolges (zB nicht bereits die Anlieferung der Baumaterialien auf die Baustelle sondern erst deren Einbau) durch einen der Vertragspartner.[42] Hat der Anfechtungsgegner jedoch die seiner Entgeltforderung zugrunde liegenden Werkleistungen bereits erbracht, scheidet eine nachträgliche kongruenzbegründende Bardeckung aus.[43]

11 **bb) Mehr als nur geringfügige Abweichung.** Die Kongruenz zwischen Anspruch und Deckungsleistung ist im Interesse der Gleichbehandlung sämtlicher Insolvenzgläubiger nach strengen Maßstäben zu beurteilen.[44] Nur geringfügige Abweichungen zwischen Anspruch und Deckung schaden nicht.[45] Dabei ist auf die Verkehrssitte (§§ 157, 242 BGB) und Handelsbräuche (§ 346 HGB) Rücksicht zu nehmen.[46] Deshalb ist die verkehrsübliche bargeldlose Überweisung eines Geldbetrages jedenfalls auf ein bekannt gegebenes Konto kongruent,[47] ebenso die Einziehung im Lastschriftverfahren aufgrund einer Ermächtigung des Schuldners und die kontomäßige Gutschrift auf einen Barscheck.[48] Dasselbe mag für die Begebung eines Schecks statt einer vereinbarten Überweisung[49] sowie für die auf Anweisung des Schuldners erfolgende Direktzahlung eines Finanziers an einen Gläubiger auf dessen Leistungen für das zu finanzierende Projekt des Schuldners zutreffen.[50] Ob die Bezahlung mit gezogenem Wechsel statt in bar heute noch verkehrsüblich ist, ist zweifelhaft;[51] die Einlösung eines begebenen Wertpapiers ist aber für sich kongruent → § 129 Rn. 145. Ist Wechselprolongation vereinbart, können statt Wechsel auch einfache Anweisungen genommen werden.[52] Eine mangelhafte (§§ 434, 435 BGB) oder genehmigungsfähig abweichende (§ 378 HGB) Leistung ist ebenfalls nicht inkongruent, im Gegensatz zur Lieferung einer anderen als der geschuldeten Sache. Dass die an Erfüllungs statt angenommene, andersartige Leistung hinter dem Wert der Forderung zurückbleibt, schließt die Anwendung des § 131 nicht aus.[53] Die Leistung an einem anderen Ort als dem Erfüllungsort begründet nicht ohne weiteres die Inkongruenz.[54] Eine Zahlung durch inländische Banküberweisung

---

38 BAG NZI 2014, 276 (278) = ZIP 2014, 233 (234) = NZA 2014, 255 (256 f.).

39 BGH NJW 2016, 1012 (1014) = NZI 2016, 311 (313); OLG Karlsruhe BeckRS 2017, 146806; OLG Düsseldorf NZI 2018, 979 (980).

40 BGH NJW 2014, 2956 (2958) = NZI 2014, 762 (764); BGH NJW-RR 2015, 302 (305) = NZI 2015, 183 (185); BGH NJW 2016, 1012 (1013) = NZI 2016, 311 (312); BAG BeckRS 2015, 65286 = NZA 2015, 1259 (1260 ff.) = ZIP 2015, 533 (534 f.); BAG NJW 2016, 183 (184 f.) = NZI 2016, 83 (85); AGR/*Gehrlein* § 131 Rn. 14.

41 BGH NJW 2014, 2956 (2958) = NZI 2014, 762 (764); BGH NJW 2016, 1012 (1013) = NZI 2016, 311 (312).

42 BGH NJW 2016, 1012 (1014) = NZI 2016, 311 (313); AGR/*Gehrlein* § 131 Rn. 14.

43 BGH NJW-RR 2015, 302 (305) = NZI 2015, 183 (185); *Gehrlein* S. 244.

44 BGHZ 33, 389 (393) = NJW 1961, 408 (409); BGH LM KO § 30 Nr. 1; OLG Stuttgart NZI 2018, 749 (751); *Baur/Stürner* Rn. 19.34.

45 RG LZ 1910, 474 (475); OLG Stuttgart NZI 2018, 749 (751); AGR/*Gehrlein* § 131 Rn. 5; HKInsO/*Thole* § 130 Rn. 18, 27; KPB/*Schoppmeyer* § 131 Rn. 40.

46 AGR/*Gehrlein* § 131 Rn. 5.

47 *Bork* Zahlungsverkehr Rn. 139; *Jaeger/Henckel* KO § 30 Rn. 209, 211; KPB/*Schoppmeyer* § 131 Rn. 41; *König* Rn. 10/59; ergänzend → Rn. 35.

48 BGH NJW-RR 2003, 842 (844); *Bork* Zahlungsverkehr Rn. 273; Uhlenbruck/*Borries/Hirte* § 131 Rn. 6. Entgegen dessen Auffassung dürfte dagegen die Barauszahlung auf einen Verrechnungsscheck nicht mehr kongruent sein; ergänzend → Rn. 18 → Rn. 35.

49 Vgl. BGHZ 166, 125 (139) = ZInsO 2006, 322 (326).

50 Vgl. BGH ZInsO 2007, 816 (817); OLG Düsseldorf WM 1985, 1042 (1043); abgrenzend zu Leistungen durch sonstige Dritte → Rn. 35.

51 KPB/*Hirte* § 131 Rn. 9; zum eigenen Wechsel → Rn. 35.

52 RG LZ 1910, 474 (475).

53 *Jaeger/Henckel* KO § 30 Rn. 207.

54 *Jaeger/Henckel* KO § 30 Rn. 209; Uhlenbruck/*Borries/Hirte* § 131 Rn. 45.

war im Hinblick auf die Bearbeitungsfrist des § 676a Abs. 2 Nr. 2 BGB aF (drei Bankgeschäftstage) erst dann in inkongruenter Weise verfrüht, wenn sie länger als fünf Bankgeschäftstage vor Fälligkeit einging.[55] Diese Frist dürfte im Hinblick auf die durch § 675s BGB verkürzte Ausführungsfrist für Zahlungsvorgänge (entsprechend) um zwei Tage zu verkürzen sein. Zahlt der Schuldner vor Fälligkeit unter Ausnutzung einer befristet eingeräumten Möglichkeit zum Skontoabzug, ist die hierdurch bewirkte Deckung nicht inkongruent.[56] Werden in einem Globalabtretungsvertrag nur die Deckungs- oder Freigabegrenzen der geänderten Rspr. angepasst, wird die Sicherung nicht allein dadurch inkongruent.[57] Wird dagegen der Sicherungszweck nachträglich auch auf künftige Ansprüche des Gläubigers erstreckt, ist dies inkongruent.[58] Eine einheitliche Rechtshandlung kann nur insgesamt kongruent sein; ist sie wenigstens teilw. inkongruent, so ist sie es in vollem Umfang → Rn. 21 → Rn. 42. Allerdings kann sich das Ausmaß der Inkongruenz auf deren Bedeutung als Beweisanzeichen für Benachteiligungsvorsatz und die Kenntnis hiervon auswirken → § 133 Rn. 29 → § 133 Rn. 38b.

Ermöglicht das zugrunde liegende Schuldverhältnis **mehrere verschiedenartige Leistungen,** 12
so ist maßgeblich, was der Schuldner zu leisten verpflichtet ist und der Gläubiger deshalb als Erfüllung annehmen muss → Rn. 32. Bei der **Wahlschuld** ist jede der vom Schuldner zu erbringenden Leistungen kongruent, gleichgültig, wer die Wahl vorzunehmen hat.[59] Stand dem Schuldner eine **Ersetzungsbefugnis** zu, so ist jede Leistung kongruent, durch die sich der Schuldner von seiner Pflicht befreien darf.[60] Denn die möglichen Leistungen sind jeweils von vornherein individualisiert. Dagegen ist die erst nachträglich und in der Zeit der Krise vereinbarte Ersetzungsbefugnis inkongruent.[61] Kongruent ist die vor der kritischen Zeit getroffene Vereinbarung des Schuldners mit seiner Bank, seine Verpflichtungen durch die Hereingabe von Lastschriftaufträgen zu erfüllen.[62] Eine **Teilleistung** ist trotz § 266 BGB kongruent, weil der Gläubiger sie zu fordern hat und annehmen darf.[63] Wird die Teilleistung jedoch vorzeitig erbracht, ist sie inkongruent, auch wenn sie auf einer **Vergleichsvereinbarung** beruht, sofern diese ihrerseits anfechtbar ist.[64] Keine Sonderstellung für Sozialversicherungsträger begründet § 76 Abs. 1 SGB IV.[65]

b) Nicht zu beanspruchende Deckung. Die Deckung ist nicht zu beanspruchen, sofern der 13
Gläubiger gar keinen Anspruch gegen den Schuldner auf dessen Leistung hat → Rn. 6 f., der Anspruch nicht durchsetzbar ist oder dessen Durchsetzung ein Einwand oder eine Einrede[66] entgegensteht. Leistet der Schuldner hingegen auf eine fremde Schuld an einen Dritten, ist dies nicht gegenüber dem Empfänger anfechtbar, weil er nicht Insolvenzgläubiger ist → § 130 Rn. 19.

aa) Befriedigung. Inkongruent ist insbesondere die Bezahlung von Leistungen, die unentgelt- 14
lich zu erbringen waren,[67] ebenso die Leistung an einen Gläubiger, der sein Recht aus einem formungültigen Vertrag herleitet; hieran ändert der Umstand nichts, dass als weitere Folge der Erfüllung der Formmangel, zB nach §§ 311b Abs. 1 Satz 2, 766 Satz 3 BGB, § 15 Abs. 4 Satz 2 GmbHG, geheilt werden mag.[68] Daher bleibt die Tilgung einer anwaltlichen Honorarforderung, die ohne Honorarvereinbarung in Textform (§ 126b BGB) den gesetzlichen Gebührenrahmen übersteigt, in diesem Umfang trotz § 3a Abs. 2 Satz 1 RVG inkongruent.[69] Arbeitnehmer haben zwar

---

55 BGH NJW-RR 2005, 1575 f.; OLG Koblenz ZInsO 2001, 967 (968).

56 BGH ZIP 2010, 1188.

57 OLG München WM 1997, 312 (316).

58 Vgl. BGH NJW 1998, 1561 (1563); *Kreft* FS Horn, 2006, 261 (273).

59 RGZ 71, 89 (91); AGR/*Gehrlein* § 131 Rn. 5; *Eichberger* S. 136; *Jaeger/Henckel* KO § 30 Rn. 213.

60 BGHZ 70, 177 (183 f.) = NJW 1978, 758 (759); BGH BeckRS 2006, 01327; RGZ 71, 89 (91); AGR/*Gehrlein* § 131 Rn. 5, 13; FKInsO/*Dauernheim* § 131 Rn. 18; *Jaeger/Henckel* KO § 30 Rn. 213; Uhlenbruck/*Borries/Hirte* § 131 Rn. 48.

61 BGH NJW-RR 2006, 414 (415).

62 Vgl. BGHZ 70, 177 (183 f.) = NJW 1978, 758 (759); *Jaeger/Henckel* KO § 30 Rn. 213.

63 Vgl. RG WarnR 1933 Nr. 18 S. 32; AGR/*Gehrlein* § 131 Rn. 5.

64 BGHZ 166, 125 (137) = NZI 2006, 287 (290) mAnm *Huber*; BGH NZI 2012, 142.

65 BGH NZI 2006, 159 (160). Die Norm bestimmt, dass Einnahmen der Sozialversicherungsträger rechtzeitig und vollständig zu erheben sind.

66 Andres/Leithaus/*Leithaus* § 131 Rn. 4; zum nur vorübergehenden Leistungsverweigerungsrecht → Rn. 40.

67 Vgl. BGH NJW 1995, 1093 (1094); KPB/*Schoppmeyer* § 131 Rn. 52; Uhlenbruck/*Borries/Hirte* § 131 Rn. 45; daneben bleibt § 134 zu prüfen → Rn. 4.

68 RG JW 1895, 44 Nr. 17; AGR/*Gehrlein* § 131 Rn. 6; *Baur/Stürner* Rn. 19.36; *Eichberger* S. 134; FKInsO/*Dauernheim* § 131 Rn. 8; HKInsO/*Thole* § 131 Rn. 7; Jaeger/*Henckel* § 131 Rn. 8; *Jaeger/Henckel* KO § 30 Rn. 204; KPB/*Schoppmeyer* § 131 Rn. 49; Nerlich/Römermann/*Nerlich* InsO § 131 Rn. 16; aM *Häsemeyer* Insolvenzrecht Rn. 21.57; ergänzend → Rn. 7.

69 LG Wuppertal ZInsO 2002, 337 (338 f.); aM *Gerhardt* EWiR 2002, 1055 f., der ausschließlich § 134 anwenden will; hiergegen → Rn. 4.

nicht kraft Gesetzes einen Anspruch auf eine Lebensversicherung mit unwiderruflichem Bezugsrecht, doch kann er – nicht nur im Fall der Entgeltumwandlung – vor der wirtschaftlichen Krise des Arbeitgebers vereinbart werden; ein solches Recht ist dann nicht nach § 131, sondern allenfalls nach § 133 oder § 134 anfechtbar.[70] Wird jedoch das Bezugsrecht erst nachträglich und innerhalb der Dreimonatsfrist des § 131 eingeräumt, ist es inkongruent, soweit dem Arbeitnehmer noch keine unverfallbare Anwartschaft gemäß § 1b BetrAVG zustand.[71]

14a Nichts zu beanspruchen iSd Abs. 1 hat auch der Gläubiger einer verjährten Forderung oder einer nicht einklagbaren Verbindlichkeit, zB nach §§ 656, 762 BGB, §§ 254 Abs. 3, 301 Abs. 3.[72] Denn in der Insolvenz werden nur klagbare Ansprüche berücksichtigt. Der Gläubiger, dessen Forderung eine **Einwendung** – zB der Sittenwidrigkeit (§ 138 BGB) oder Anfechtbarkeit (§§ 119, 123 BGB) – entgegensteht, hat die Leistung nicht zu verlangen.[73] Das gilt auch für die Nachforderung eines Auftragnehmers, welcher die Einrede einer vorangegangenen Schlussrechnung gemäß § 16 Nr. 3 Abs. 2 VOB/B entgegensteht.[74] § 131 ist nicht subsidiär gegenüber anderen möglichen Anspruchsgrundlagen, zB nach § 812 BGB oder § 823 Abs. 2 BGB, auf Rückgewähr der erbrachten Leistung → § 129 Rn. 101b → § 129 Rn. 134 f. Ist die Leistung des Schuldners als Bestätigung eines anfechtbaren Geschäfts iSv § 144 BGB zu werten, so ist diese innerhalb der kritischen Zeit → Rn. 10 ebenfalls als inkongruent anfechtbar.[75] Wird das eine Kongruenz begründende Kausalgeschäft erfolgreich angefochten, gilt die darauf erbrachte Leistung ohne weiteres als inkongruent.[76] Das trifft jedenfalls zu, soweit der Schuldner zur materiell-rechtlichen Anfechtung des Vertrages berechtigt ist.[77] Allerdings berührt eine erst nach der angefochtenen Rechtshandlung erklärte materiell-rechtliche Anfechtung des Vertrages durch den Gläubiger nicht das im Zeitpunkt der Rechtshandlung rechtlich und tatsächlich bestehende Recht des Gläubigers, die entsprechende Leistung zu fordern; eine materiell-rechtliche Anfechtbarkeit für den Gläubiger führt daher nicht zur Inkongruenz.[78] Verzichtet der Schuldner im Rahmen eines Vergleichs (§ 779 BGB) in einem Umfang auf eigene Rechte, welcher über das nach der Rechtslage und den bestehenden Ungewissheiten gerechtfertigte Maß objektiv hinausgeht, kann dies inkongruent sein;[79] dagegen sollte ein ausgewogenes gegenseitiges Nachgeben wie eine vereinbarte Verrechnung behandelt werden, so dass auf die zugrunde liegenden Ansprüche („Aufrechnungslage") abzustellen ist.[80] Kongruent ist das Geldwechseln oder das Aufladen einer Geldkarte des Schuldners bei seiner Bank, durch das er sich unmittelbar die gleichwertige Befugnis zur Verfügung über Vermögen des anderen Teils verschafft.[81] Sogar die Bezahlung einer überhöhten, aber rechtswirksam und insolvenzfest vereinbarten Schuld ist kongruent; eine Anfechtung kann sich allerdings nach § 132 gegen die Vereinbarung der überhöhten Leistung richten → § 132 Rn. 11 f.[82]

15 Der Inhaber einer erst aufschiebend **bedingten Forderung** (§ 158 Abs. 1 BGB) hat vor Eintritt der Bedingung noch nichts zu beanspruchen.[83] Tritt die Bedingung nachträglich – sogar nach Insolvenzeröffnung (vgl. § 77 Abs. 3 Nr. 1) – ein, kann die Deckung kongruent werden. Andererseits ist eine unter auflösender Bedingung (§ 158 Abs. 2 BGB) vereinbarte Leistung, wie § 42 zeigt, zunächst auch in der Insolvenz zu beanspruchen, also kongruent; tritt diese Bedingung später ein, so kann die Leistung jedenfalls als rechtsgrundlos erbracht (§ 812 Abs. 1 BGB) zurückgefordert werden.[84] Fällt auf Lieferungen des Schuldners an Abnehmer – oder umgekehrt – in der kritischen

---

[70] AM *Westhelle/Micksch* ZIP 2003, 2054 (2059).

[71] Vgl. BAG ZIP 2004, 229 (230).

[72] 1. KommBer S. 410 zu Ls. 5.2.3; AGR/*Gehrlein* § 131 Rn. 6; *Baur/Stürner* Rn. 19.36; FKInsO/*Dauernheim* § 131 Rn. 8; HKInsO/*Thole* § 131 Rn. 7; KPB/*Schoppmeyer* § 131 Rn. 49; Nerlich/Römermann/*Nerlich* InsO § 131 Rn. 16; Uhlenbruck/*Borries/Hirte* § 131 Rn. 5; aM *Eichberger* S. 134; *Hess* InsO § 131 Rn. 39; *Zeuner* Anfechtung Rn. 129; für eine Anwendung des § 134 *Häsemeyer* Rn. 21.57; ergänzend → Rn. 7.

[73] HKInsO/*Thole* § 131 Rn. 7; KPB/*Schoppmeyer* § 131 Rn. 51; *Jaeger/Henckel* KO § 30 Rn. 204; *Mauer* Rn. 142; Nerlich/Römermann/*Nerlich* InsO § 131 Rn. 16; Uhlenbruck/*Borries/Hirte* § 131 Rn. 5; *Zeuner* Anfechtung Rn. 130.

[74] *Heidland* Rn. 524 f.

[75] AGR/*Gehrlein* § 131 Rn. 7; FKInsO/*Dauernheim* § 131 Rn. 7; zum Verstreichenlassen einer Anfechtungsfrist → § 129 Rn. 25.

[76] BGH NJW 1995, 1668 (1671); KPB/*Schoppmeyer* § 131 Rn. 51.

[77] BGH NJW 2019, 1446 (1447) = WM 2019, 592 (593) = ZInsO 2019, 723 f.

[78] BGH NJW 2019, 1446 (1447 f.) = WM 2019, 592 (593 f.) = ZInsO 2019, 723 (724 f.).

[79] Vgl. BGH NJW-RR 2004, 1534 (1535) zu § 3 AnfG; ferner OLG Dresden ZInsO 2001, 910 (911).

[80] Vgl. *Gerhardt* KTS 2004, 195 (201 f.).

[81] *Bork* Zahlungsverkehr Rn. 400.

[82] *Gerhardt* EWiR 1989, 609 (610); dagegen wurde in dem vom OLG Düsseldorf ZIP 1989, 1073 (1074) entschiedenen Fall die Schuld selbst erst wenige Tage vor dem Eröffnungsantrag anfechtbar begründet.

[83] AGR/*Gehrlein* § 131 Rn. 6; HKInsO/*Thole* § 131 Rn. 15; *Jaeger/Henckel* KO § 30 Rn. 204; KPB/*Schoppmeyer* § 131 Rn. 50; ergänzend → Rn. 7 → Rn. 40.

[84] AGR/*Gehrlein* § 131 Rn. 6; *Jaeger/Henckel* KO § 30 Rn. 204.

Zeit Umsatzsteuer an, soll den §§ 1, 16 UStG zu entnehmen sein, dass die Steuerforderung des Fiskus originär und kongruent entsteht, obwohl dieser vorher keinen Anspruch auf Abschluss des steuerpflichtigen Geschäfts hatte.[85] Entsprechendes müsste folgerichtig für die Belastung des Leistungsempfängers mit der Abzugssteuer gemäß § 13b UStG gelten.[86] Gleiches gilt für Leistungen, deren Rechtsgrund der bürgerlich-rechtlichen Anfechtung unterliegt vor deren Erklärung.[87]

bb) Aufrechnung. Die Aufrechnung ist zwar nach §§ 387 ff. BGB ein Erfüllungssurrogat, doch steht anfechtungsrechtlich ihre Sicherungswirkung im Vordergrund, weil durchweg nicht die Aufrechnungserklärung angefochten, sondern gemäß § 96 Abs. 1 Nr. 3 auf die **Herstellung der** – regelmäßig bereits früher eintretenden – **Aufrechnungslage** abgestellt wird.[88] Dies ist dann zugleich der maßgebliche Zeitpunkt für die Beurteilung der Kongruenz der Aufrechnungslage.[89] Ist sie durch Banküberweisung, Scheckbegebung oder Bareinzahlung auf einem Konto des Insolvenzschuldners entstanden, entscheidet der Zeitpunkt, in dem die Bank **buchmäßige Deckung** erlangt hat.[90] Entsprechendes gilt grundsätzlich für **bankmäßige Verrechnungen.**[91] Zwar liegt ihnen ein Vertrag über die Saldierung zugrunde, doch deckt diese allein nicht die endgültige Rückführung eines eingeräumten Kredits,[92] sondern lediglich das Offenhalten des Kreditlimits für weitere Verfügungen des Kunden → Rn. 44 aE → § 142 Rn. 19. 16

Wird der Gläubiger, der vom Insolvenzschuldner eine Zahlung zu fordern hat, durch pflichtgemäßes Verhalten seinerseits Schuldner einer Gegenforderung des späteren Insolvenzschuldners, so ist die Aufrechnungslage dem Grunde nach kongruent hergestellt. Dies trifft zB zu, sofern die Aufrechnungslage durch eine entgeltliche Nutzung von Gegenständen entsteht, welche der Anfechtungsgegner bereits vor der kritischen Zeit zu beanspruchen hatte.[93] Anders verhält es sich, wenn der Gläubiger die Verpflichtung – insbesondere durch Abschluss eines Vertrages – **erst innerhalb der kritischen Zeit** → Rn. 10 begründet → § 129 Rn. 67 → § 129 Rn. 149. Hat zB ein späterer Insolvenzgläubiger seinem Schuldner in den Fristen des § 131 einen Werkleistungsauftrag erteilt oder von ihm einen Gegenstand gekauft und damit für seine Insolvenzforderung eine Aufrechnungslage geschaffen, dann ist diese Deckung inkongruent.[94] Ebenso liegt es, sofern sich ein Schuldner des späteren Insolvenzschuldners in der Zeit ab dessen wirtschaftlicher Krise eine gegen diesen gerichtete Insolvenzforderung von deren Inhaber abtreten lässt, um mit ihr gegen die eigene Verbindlichkeit aufzurechnen.[95] Nicht entscheidend ist, ob der Gläubiger zum Abschluss des Gegengeschäfts berechtigt ist, sondern ob er den Abschluss konkret zu beanspruchen hatte;[96] eine allgemeine Verpflichtung des Schuldners, in einem bestimmten Zeitraum beim Gläubiger Einkäufe mit einem bestimmten Gesamtwert zu tätigen, genügt nicht ohne weiteres.[97] Nur wenn der Aufrechnende einen Anspruch **gerade auf den Abschluss der Vereinbarung** hatte, welche die Aufrechnungslage entstehen ließ, ist deren Herstellung kongruent.[98] Beim **Credit Default Swap** hat der Sicherungsgeber keinen Anspruch gegen den insolvent werdenden Referenzschuldner auf Erwerb der gegen diesen gerichteten Forderungen; ein 17

---

[85] So wohl BFH ZIP 2005, 628 (629 f.); aM *Bork* ZInsO 2003, 684 (689); *Onusseit* ZInsO 2005, 638 (642); ergänzend → Rn. 24.

[86] BGHZ 179, 137 (142) = NJW 2009, 363 (364); BGH NZI 2010, 17; Uhlenbruck/*Borries/Hirte* § 129 Rn. 421 aE.

[87] BGH NJW 2019, 1446 (1447 f.) = WM 2019, 592 (593 f.) = ZInsO 2019, 723 (724 f.).

[88] → § 129 Rn. 148 → § 130 Rn. 9 f.

[89] BGH NZI 2006, 345 (346); *Jaeger/Henckel* KO § 30 Rn. 275.

[90] Vgl. BGHZ 74, 129 (132) = NJW 1979, 1461 (1462); BGHZ 118, 171 (176 f.) = NJW 1992, 1960 (1961); *Canaris* FS KO, 1977, 73 (80); *Jaeger/Henckel* KO § 30 Rn. 275; aM *Menkhaus* S. 183 ff., 206, der bereits den Zeitpunkt der Einlösung von Inkassodokumenten durch die Schuldnerbank für maßgeblich hält; *v. Usslar* BB 1980, 916 (917 f.), der auf die Erteilung der Deckungszusage gegenüber der Empfangsbank oder die Erteilung der Gutschrift abstellen möchte.

[91] AM *Lange* S. 160 f.

[92] AM *Eichberger* S. 126.

[93] Vgl. BGHZ 145, 245 (253 ff.) = NJW 2001, 367 (369).

[94] BGHZ 147, 233 (238) = NJW 2001, 1940 (1942); BGH ZIP 2003, 2370 (2371); BGH NZI 2004, 82 f.; BGH NZI 2004, 376 (377); BGHZ 159, 388 (393 f.) = NJW 2004, 3118 (3119 f.); für anwaltlichen Forderungseinzug BGH NJW 2007, 2640 (2643); OLG Dresden DZWiR 2001, 470 (471); OLG Rostock ZIP 2003, 1903 (1904); OLG Hamm WM 2003, 2115 (2116); OLG Hamm ZInsO 2006, 45 f.; *Foerste* Rn. 308; HKInsO/*Thole* § 131 Rn. 11; *Jaeger/Henckel* KO § 30 Rn. 274; *Peschke* S. 179 ff.; aM *Bork* FS Ishikawa, 2001, 31 (43) für jeden Fall späteren originären Forderungserwerbs des Aufrechnenden.

[95] Vgl. OLG Köln NZI 2001, 474 (475); *Bork* FS Ishikawa, 2001, 31 (43).

[96] BGHZ 147, 233 (240) = NJW 2001, 1940 (1942); BGH NJW-RR 2006, 1062 (1063); BGH NJW 2007, 2640 (2643) = NZI 2007, 515 (517).

[97] BGH NZI 2006, 345 (346) mAnm *Gundlach/Schmidt.*

[98] BGH NJW-RR 2006, 1062 (1063).

solcher Erwerb im Wege des physical settlement ist, unabhängig vom Verhältnis zum Sicherungsnehmer, inkongruent.[99] Sogar wenn die Gegenseitigkeit vertragsgerecht hergestellt worden ist, ist stets zusätzlich zu prüfen, ob die Aufrechnung „zur rechten Zeit" erfolgte → Rn. 43 ff.

18 Besonderheiten bestehen beim **Bankkontokorrent.** Zahlen Kunden des Insolvenzschuldners auf dessen Weisung auf ein Konto ein, das er bei einem Geldinstitut unterhält, darf dieses dem Grunde nach gegen seine Verpflichtung zur Herausgabe der erlangten Beträge (§ 667 BGB) mit eigenen fälligen → Rn. 44 Kreditforderungen gegen den Insolvenzschuldner aufrechnen. Zwar hat die Bank keinen eigenen Anspruch auf diesen Zahlungseingang, doch ist diese Form der bargeldlosen Überweisung unter Einbeziehung des Geldinstitutes verkehrsüblich, also auch für dieses nicht ohne weiteres inkongruent.[100] Hält die Bank die Kreditlinie offen, ist grundsätzlich nur die **Rückführung des Darlehens** im maßgeblichen Anfechtungszeitraum anfechtbar.[101] Allerdings gilt das nur solange und soweit, wie die Bank im Rahmen des vertraglich eingeräumten Kreditrahmens handelt und die Annahme der Leistung nicht der Deckung eigener Forderungen dient, sondern der Erfüllung von Vertragspflichten des Schuldners gegenüber sachlich betroffenen Auftraggebern.[102] Die Herstellung der Aufrechnungslage, die zur Rückführung des Kredites führt, kann als kongruent oder als inkongruent einzustufen sein.[103] Davon hängt es ab, ob in Bezug auf die Rückführung § 130 oder § 131 zur Anwendung gelangt. Die Rückführung richtet sich nach Kongruenzgrundsätzen, sofern die Bank bei Herstellung der Aufrechnungslage einen fälligen und durchsetzbaren Anspruch auf Rückzahlung des Kredites hatte. Das ist zum einen der Fall, wenn und soweit der vereinbarte Kreditrahmen überzogen und die Kreditlinie nicht stillschweigend erweitert wurde, zum anderen nach Kreditkündigung. Hält sich der Schuldner dagegen innerhalb des vereinbarten Kreditlimits und ist der Kredit auch nicht gekündigt worden, besteht kein fälliger und durchsetzbarer Rückzahlungsanspruch; die Rückführung ist dann inkongruent. Entsprechendes gilt, sofern der Kunde seiner Bank **Aufträge zum Lastschrifteinzug** erteilt, für die Deckung, die sie dadurch erlangt,[104] oder wenn Drittschuldner des späteren Insolvenzschuldners auf dessen ihnen bekannt gegebenes Bankkonto bar einzahlen.[105] Reicht der Schuldner selbst seinem Kreditinstitut einen **Scheck zur Einziehung** über sein Konto ein, so ist die Verrechnung mit dem darauf bestehenden Schuldsaldo nicht wegen dieser Art des Geldeingangs inkongruent.[106] Erfolgt die Gutschrift auf einem anderen, nicht debitorischen Konto des Insolvenzschuldners, darf das Geldinstitut zwar die beiden Konten nicht kontokorrentmäßig verrechnen. Die Kongruenz der gemäß § 387 BGB entstehenden Aufrechnungslage scheitert allerdings nicht allein an der unterschiedlichen Verbuchung; maßgeblich ist insoweit, ob das Geldinstitut zur Annahme der Kundenzahlung aufgrund seines Geschäftsbesorgungsvertrages mit dem Insolvenzschuldner verpflichtet war.[107] Dagegen wäre die **Aufrechnungslage in inkongruenter Weise** hergestellt, wenn das Geldinstitut ohne hinreichende vertragliche Grundlage die Kunden veranlasst hätte, an sich zu zahlen. Zahlt der spätere Insolvenzschuldner bei seinem Kreditinstitut Bargeld ein, damit dieses gleichzeitig erteilte Überweisungsaufträge ausführt, und unterlässt dieses die Ausführung, so wäre eine Verrechnung des eingegangenen, zweckbestimmten Geldbetrags mit einem Sollsaldo auf dem Konto des Schuldners inkongruent.[108] Eine deklaratorisch wirkende Stornobuchung iSv Nr. 8 Abs. 1 AGB-Banken/Nr. 8 Abs. 1 AGB-Sparkassen ist bereits mangels Gläubigerbenachteiligung nicht anfechtbar;[109] anders verhält es sich mit Berichtigungsbuchungen gemäß Nr. 8 Abs. 2

---

99 *Obermüller* Gedächtnisschrift für Bosch, 2006, 157 (162).

100 → Rn. 11; aM *Bork* Zahlungsverkehr Rn. 216; *ders.* FS Kirchhof, 2003, 57 (62 f., 67 ff.); *Peschke* S. 188 ff. *Zeuner* Anfechtung Rn. 130.

101 BGHZ 150, 122 (129) = NJW 2002, 1722 (1724); BGH NZI 2008, 184; BGH ZInsO 2011, 87.

102 BGH NZI 2005, 630.

103 Vgl. *Bork* FS Fischer, 2008, 37 (40).

104 → Rn. 11; aM *Bork* Zahlungsverkehr Rn. 317 ff.

105 → Rn. 11; aM *Bork* Zahlungsverkehr Rn. 366.

106 BGHZ 166, 125 (139) = NJW 2006, 1800 (1803); HKInsO/*Thole* § 131 Rn. 10; Jaeger/*Henckel* § 131 Rn. 215; aM *Bork* Zahlungsverkehr Rn. 467. Die zeitliche Inkongruenz → Rn. 40 ff. bleibt dagegen möglich.

107 *Canaris* FS KO, 1977, 73 (81); aM *Jaeger/Henckel* KO § 30 Rn. 274; *C. Paulus* ZIP 1997, 569 (577). Dagegen verkehrt LG Köln ZIP 1995, 1609 (1610) das Regel- und Ausnahmeverhältnis, sofern es nur darauf abstellt, ob die Aufrechnung vertraglich ausgeschlossen war; ob der Zahlungseingang seinerseits anfechtbar war, ist ebenfalls belanglos.

108 BGHZ 74, 129 (132 f.) = NJW 1979, 1461 (1462); *Jaeger/Henckel* KO § 30 Rn. 275; Nerlich/Römermann/*Nerlich* InsO § 131 Rn. 28. Dasselbe gilt für die absprachewidrige Umbuchung eines Zahlungseingangs von einem zweckgebundenen Sonderkonto auf ein debitorisch geführtes allgemeines Konto des Schuldners: BGH NJW 1984, 1893 (1897 f.).

109 Vgl. LG Aachen WM 1990, 1042 (1043) mAnm *Obermüller* WuB VI B. § 30 Nr. 2 KO 2.90; *Hess* InsO § 131 Rn. 65; ergänzend → § 129 Rn. 7.

AGB-Banken/Nr. 8 Abs. 2 AGB-Sparkassen nach einem Rechnungsabschluss, deren Bestand von der (stillschweigenden) Genehmigung des Kunden abhängt.[110] Kommt hiernach eine Anfechtung grundsätzlich in Betracht, ist in einem nächsten Schritt zu prüfen, ob die Bank **am Zahlungseingang anfechtungsfest gesichert** war, insbesondere ob das stets inkongruente AGB-Pfandrecht, das die Bank am Zahlungseingang erworben hatte,[111] an die Stelle einer globalzedierten Forderung getreten war, welche die Bank anfechtungsfest erworben hatte → Rn. 19 → § 129 Rn. 108d.[112]

cc) Sicherung. Eine Sicherung kann der Insolvenzgläubiger **durch Vertrag oder kraft Gesetzes** → Rn. 23 zu beanspruchen haben. Die Forderung auf die Hauptleistung allein gibt aber dem Gläubiger durchweg noch kein Recht auf eine Sicherung: Erfüllung und Sicherung einer Forderung sind inhaltlich verschieden.[113] Auch wer durch eine **vorsätzliche unerlaubte Handlung** des Schuldners geschädigt wurde, hat deswegen noch keinen Anspruch auf Sicherung,[114] soweit diese nicht im Einzelfall gerade als Naturalrestitution iSv § 249 Abs. 1 BGB geschuldet wird. Auch **Strafvorschriften** gewähren dem Geschädigten im Insolvenzverfahren des Täters keinen Anspruch auf Sicherung.[115] Ein anfechtungsfreier Anspruch auf die Sicherung kann ua durch einen **Vertrag zugunsten Dritter** (§ 328 BGB) geschaffen werden.[116] Wurde der Anspruch auf Sicherung im gleichen Vertrag eingeräumt, durch den der gesicherte Anspruch selbst entstand, kommt eine Anfechtung allenfalls nach §§ 132 f. in Betracht.[117] Das gilt auch, sofern die Sicherung vereinbarungsgemäß überhöht ist.[118] Ist ursprünglich nur eine Tilgung vereinbart, so ist eine **nachträgliche Besicherungsabrede** auch dann inkongruent, wenn gleichzeitig Ratenzahlung gewährt wird.[119] Dagegen ist die nachträgliche Besicherung kongruent, soweit gleichzeitig ein neuer Kredit eingeräumt wird[120] oder der Sicherungsnehmer weiter vertragliche Leistungen an die spätere Insolvenzschuldnerin erbringt, die er ohne Besicherung – zB wegen Zahlungsverzugs der Schuldnerin – hätte verweigern können.[121] Schließt ein Werkunternehmer gleichzeitig einen Vertrag, durch den er die von ihm übernommenen Arbeiten an eine Subunternehmerin überträgt, sowie einen weiteren Vertrag, durch den er seine Ansprüche gegen den (Haupt-)Auftraggeber an die Subunternehmerin sicherungshalber abtritt, so ist diese Besicherung kongruent; das gilt selbst dann, wenn die abgetretene Forderung geringfügig höher ist als die zu sichernde Auftragssumme.[122] 19

Wird der **Anspruch auf Sicherung** dagegen **nachträglich und in den Fristen des § 131** begründet, kann die Sicherheit unter den Voraussetzungen dieser Norm anfechtbar sein.[123] Dasselbe gilt, wenn sich ein Gläubiger vom späteren Insolvenzschuldner in dessen Krise eine Sicherheit für eine (bisher ungesicherte) Forderung eines anderen Insolvenzgläubigers gewähren lässt, die dieser gleichzeitig an den Sicherungsnehmer abtritt,[124] oder soweit in eine bestehende Sicherungsvereinbarung später ein **zusätzlicher Sicherungsgeber** – zB durch einen Poolvertrag – eingebunden wird 19a

---

110 BGHZ 87, 246 (248 ff.) = NJW 1983, 2501 (2502).

111 BGHZ 174, 297 (301 f.) = NJW 2008, 430 (431).

112 BGHZ 174, 297 (300) = NJW 2008, 430 (431); BGHZ 189, 1 (8) = NJW 2011, 1506 (1507); BGH NJW-RR 2017, 366 (367 f.) = NZI 2017, 349 (350 f.) = ZIP 2017, 533 (534).

113 BGH WM 1968, 683 (684); BGH NJW 1983, 1679 (1680); BGH WM 1985, 923 (925); BGH NJW-RR 1999, 272 (274); BGH NJW 2000, 957 (958); BGH NJW-RR 2006, 1281 (1282); RGZ 10, 33 (36); RGZ 17, 26 (29); BayObLG SeuffA 60 [1905] Nr. 203; HKInsO/*Thole* § 131 Rn. 20; *Jaeger/Henckel* KO § 30 Rn. 218; KPB/*Schoppmeyer* § 130 Rn. 92; Uhlenbruck/*Borries/Hirte* § 131 Rn. 12.

114 BGH WM 1959, 470 f.; BGH NZI 2010, 439 (440); OLG Hamm NZI 2006, 532 (533); LG Köln ZIP 2006, 1059 (1060); FKInsO/*Dauernheim* § 131 Rn. 23; Uhlenbruck/*Borries/Hirte* § 131 Rn. 13; ergänzend → § 129 Rn. 104.

115 BGHZ 149, 100 (106 f.) = NJW 2002, 512 (513); BGH NJW-RR 2008, 68 (69); BGH NZI 2010, 439 (440).

116 Vgl. RG WarnR 1929 Nr. 164 S. 304; HKInsO/*Thole* § 131 Rn. 12; *Jaeger/Henckel* KO § 30 Rn. 219.

117 Vgl. BGH WM 1955, 404 (406); BGH NJW 1965, 84 (87); BGH NJW 1998, 1561 (1563); OLG Dresden ZInsO 2004, 747 f.; HKInsO/*Thole* § 131 Rn. 20; *Jaeger/Henckel* KO § 30 Rn. 218; *Serick* Bd. III § 35 IV 3b S. 327 f.

118 Vgl. BGH NJW 2001, 2545 (2547 f.); BGH NJW-RR 2001, 1337 (1338).

119 BGH BeckRS 2002, 9774.

120 BGH NJW 1998, 2592 (2597); AGR/*Gehrlein* § 131 Rn. 36.

121 BGH NJW-RR 1998, 1057 (1062).

122 BGH NJW-RR 2001, 1337 (1338); ergänzend zu nachträglichen kongruenzbegründenden Vereinbarungen vor dem Leistungsaustausch → Rn. 10.

123 BGHZ 59, 230 (235 f.) = NJW 1972, 2084 (2085); BGH NJW-RR 1993, 235 (238); BGH NJW-RR 1998, 1057 (1060 f.); BGH NJW-RR 2004, 1130, 1131; BGH NJW-RR 2006, 414, 415; RGZ 114, 206 (209 f.); OLG Dresden ZInsO 2004, 746 (747 f.); LG Cottbus NZI 2003, 207 (208); *Kirchhof* ZInsO 2005, 340 (345); *Kreft* FS Horn, 2006, 761 (773).

124 BGH NJW-RR 2004, 1130 (1131).

und erstmals aus seinem Vermögen Sicherheiten stellt, ehe er insolvent wird.[125] Daran ändert es nichts, wenn der Drittsicherungsgeber in einen Konzern eingebunden ist und infolge einer früheren vertraglichen Festlegung des Mutterkonzerns „keine Entscheidungsfreiheit hat"; da es keine Konzerninsolvenz gibt, ist auch das Vermögen jeder einzelnen Konzerngesellschaft jeweils getrennt zu beurteilen.[126] Grundsätzlich ohne Bedeutung für § 131 ist es, ob die Sicherung entgeltlich oder unentgeltlich eingeräumt wurde; auch die entgeltliche Sicherheitenbestellung ist inkongruent, soweit sie von der vertraglichen Regelung abweicht.[127] Sanierungsbemühungen allein ändern daran nichts → § 129 Rn. 168. Die Vereinbarung, einen Kredit gegen Gewährung einer (neuen) Sicherheit „stehenzulassen", begründet jedenfalls dann keine Kongruenz, sofern ihn der Gläubiger voraussichtlich ohnedies nicht im Umfang der verabredeten Sicherung hätte zurückerlangen können.[128] Eine typische inkongruente Sicherheit liegt hiernach vor, wenn der zahlungsunfähige Schuldner einen ihn bedrängenden Gläubiger durch die Gewährung der Sicherheit hinzuhalten versucht.[129] Hat ein Arbeitnehmer eine vertragliche Forderung auf künftige Zahlung einer Versorgungsrente, so begründet das allein noch keinen Anspruch auf Abtretung eines zur Rückdeckung abgeschlossenen Lebensversicherungsvertrages; diese ist inkongruent.[130] Die Inkongruenz einer Besicherung wirkt gemäß § 398 Satz 2 BGB gegenüber dem Erwerber der besicherten Forderung fort.[131]

20 Ein Anspruch auf Sicherheitenbestellung kann die Kongruenz nur begründen, soweit er im maßgeblichen Zeitpunkt → Rn. 10 **hinreichend bestimmt** war;[132] dies gilt hinsichtlich des zu sichernden Anspruchs, des Sicherungsmittels → Rn. 39 f. und der Zeit der Absicherung → Rn. 43. Eine schuldrechtliche Sicherungsvereinbarung muss soweit konkretisiert sein, dass daraus auf Bestellung individueller Sicherheiten geklagt werden könnte,[133] andererseits aber nicht bereits so weit wie eine dingliche Einigung selbst.[134] Ist eine Vereinbarung idS zu unbestimmt, ist erst die spätere einvernehmliche Auswahl eines individuellen Sicherungsobjekts durch die Beteiligten geeignet, die Kongruenz herzustellen; sie kann insbesondere dann unanfechtbar sein, wenn sie vor der kritischen Zeit vorgenommen wurde.[135] An diesen Maßstäben ändert Art. 8 Abs. 3 der EU-Finanzsicherheitenrichtlinie nichts.[136]

20a Die übliche **Globalzession**[137] und die Forderungsabtretung im Rahmen eines **verlängerten und erweiterten Eigentumsvorbehalts eines revolvierenden Warenlagers**[138] stellen danach kongruente Sicherheiten dar. Bei der Globalabtretung sind die künftig entstehenden Forderungen, für die deshalb § 140 Abs. 3 nicht gilt, allerdings noch nicht konkret bestimmt, so dass dem Sicherungsnehmer noch kein Anspruch auf bereits individualisierte Sicherungsgegenstände verschafft werden kann.[139] Beide Vertragspartner gehen jedoch davon aus, der Kreditnehmer werde den Geschäftsbetrieb entsprechend fortsetzen und daher ständig neue Ansprüche gegen Kunden erwerben. Seinen Zweck kann der Vertrag nur erfüllen, wenn die im gewöhnlichen Geschäftsbetrieb durch Erfüllung zum Erlöschen gebrachten Forderungen durch die Einbeziehung neu entstehender Forderungen ausgeglichen werden. Die Begründung künftiger Forderungen wird deshalb nach Sinn und Zweck des Vertrages dem freien Belieben des Schuldners entzogen.[140] Beim verlängerten Eigentumsvorbehalt gilt das umso mehr. Die Geschäftsbeziehung zwischen dem Gläubiger und dem Schuldner beruht gerade auf der laufenden Weiterveräußerung der Ware des Gläubigers. Der Schuldner bleibt einzugsberechtigt, um die eingezo-

---

125 BGHZ 138, 291 (308) = NJW 1998, 2592 (2598).

126 Dies berücksichtigte BGHZ 138, 291 (310 f.) = NJW 1998, 2592 (2599) nicht. Zu einer weiteren Einschränkung dieses Urteils vgl. BGH NZI 2006, 399 (400).

127 *Jaeger/Henckel* KO § 30 Rn. 219.

128 Vgl. BGH NJW 1998, 1561 (1563); BGH ZIP 1999, 76 (78).

129 Vgl. BGH NJW 2000, 957 (958); HKInsO/*Thole* § 131 Rn. 20.

130 *Fr. Weber* in Anm. AP § 29 KO Nr. 1 Bl. 8 R.

131 BGH NJW-RR 2004, 1130 (1131).

132 BGHZ 137, 267 (283) = ZIP 1998, 257 (262 f.); BGHZ 174, 297 (303 f.) = NJW 2008, 430 (432); ergänzend → Rn. 39.

133 BGH WM 1968, 683 (684 f.); BGHZ 59, 230 (235 f.) = NJW 1972, 2084 (2085); BGH NJW-RR 1993, 238 (240); KPB/*Schoppmeyer* § 131 Rn. 90 f.

134 BGH NJW 1998, 1561 (1562); FKInsO/*Dauernheim* § 131 Rn. 24; HKInsO/*Thole* § 131 Rn. 21.

135 BGHZ 138, 267 (291) = NJW 1998, 2592 (2597).

136 → § 130 Rn. 5 f.; aM anscheinend die Begründung der BReg. zu Art. 1 Nr. 5 des Gesetzentwurfs zur Umsetzung dieser Richtlinie, BT-Drs. 15/1853 S. 16 zu Nr. 5.

137 BGHZ 174, 297 (303 f.) = NJW 2008, 430 (432); BGHZ 189, 1 (10) = NJW 2011, 1506 (1508); BGH NJW-RR 2015, 1182 (1183) = NZI 2015, 765 (766); *Eßbauer* ZInsO 2008, 598; *Furche* WM 2007, 1305; *Kammel/Staps* NZI 2008, 143; *Kuder* ZIP 2008, 289; *Pasaroudakis* ZInsO 2009, 1039; *Piekenbrock* WM 2007, 141 (145 f.); krit. *Jacoby* ZIP 2008, 385; *Mitlehner* ZIP 2008, 189.

138 BGHZ 189, 1 (10) = NJW 2011, 1506 (1508).

139 *Kuder* ZInsO 2006, 1065 (1067).

140 BGHZ 174, 297 (304) = NJW 2008, 430 (432).

genen Forderungen für die Fortsetzung des Geschäftsbetriebs und die Befriedigung des Gläubigers verwenden zu können.[141] Wird die zeitlich **nachfolgende Wertschöpfung** angefochten, bestimmt sich die Anfechtung ebenfalls nach § 130 und nicht nach § 131.[142]

Soll die in der kritischen Zeit bestellte Sicherheit sowohl einen als Bardeckung neu gewährten Kredit als auch eine bereits vorher entstandene Forderung des Sicherungsnehmers sichern, ohne dass festgelegt wird, welcher Teil der Sicherheit sich auf den Alt- und welcher sich auf den Neukredit bezieht, so kann die Sicherung im Ganzen als inkongruent anfechtbar sein.[143] Das kommt insbesondere bei der **Bildung eines Sicherheitenpools** in Betracht.[144] Eine Teilanfechtung ist nur möglich, soweit sich das Sicherungsgeschäft in selbständige Teile zerlegen lässt → § 143 Rn. 48 f. Dazu muss vor dem maßgeblichen Zeitpunkt → Rn. 10 erkennbar festgelegt sein, in welchem Umfang die Sicherheit für die alte bzw. die neue Forderung dienen soll. Wegen der strengen anfechtungsrechtlichen Maßstäbe → Rn. 11 kann lediglich ein eindeutiger Aufteilungsmaßstab die Kongruenz begründen. Der Umstand, dass der Sicherungsnehmer später (zunächst) nur neu besicherte Ansprüche einklagt, genügt jedenfalls nicht, weil die Aufteilung nicht allein von seinem Willen abhängt.[145] Entsprechendes gilt, soweit ein Steuerberater seine weitere Tätigkeit von der Sicherung nicht nur seiner künftigen Ansprüche, sondern auch bereits aufgelaufener Rückstände abhängig macht,[146] oder wenn ein vorläufiger Insolvenzverwalter ohne begleitendes Verfügungsverbot neben den von ihm begründeten Verbindlichkeiten auch Altschulden sichert → § 129 Rn. 46. 21

Wurde ein **verlängerter Eigentumsvorbehalt an einem bestimmten Gegenstand** von Anfang an vereinbart, so ist die Sicherung, die dadurch mit der Begründung der voraus abgetretenen Forderung entsteht, kongruent.[147] Entsprechendes gilt für die Befugnis, Sachen im Sicherungseigentum des Gläubigers gegen Abtretung der Forderung auf den Erlös und/oder gegen unverzügliche Einräumung vergleichbarer Ersatzsicherheiten zu veräußern.[148] Wurde allerdings zunächst nur ein einfaches Sicherungsrecht bestellt und dessen Verlängerung durch Vorausabtretung der Forderung aus dem Weiterkauf erst nachträglich vereinbart, benachteiligt dies nicht nur die Insolvenzgläubiger, sondern die Vereinbarung ist auch inkongruent, sofern sie innerhalb der kritischen Zeit → Rn. 10 getroffen wird.[149] Hatte der Gläubiger die Sicherheit gegen die bloße Verpflichtung des späteren Insolvenzschuldners aufgegeben, eine Ersatzsicherheit zu bestellen, so ist deren Gewährung innerhalb der kritischen Zeit im ganzen anfechtbar, und zwar nach § 130, falls die Vereinbarung hinreichend bestimmt und bereits vor dieser Zeit getroffen worden war,[150] und gemäß § 131, falls auch die abändernde Vereinbarung in diese Zeit fällt; die Gläubigerbenachteiligung liegt darin, dass der Gläubiger nach Aufgabe seiner ursprünglichen Sicherheit und bis zur Abtretung nur noch einen bloßen schuldrechtlichen Anspruch, aber kein insolvenzfestes dingliches Recht mehr hatte. Entsprechendes gilt für die **Verarbeitungsklausel** im Zusammenhang mit einem verlängerten Eigentumsvorbehalt: Das infolge dieser Klausel geschaffene, höherwertige Eigentum (§ 950 BGB) des Vorbehaltsverkäufers am Produkt der Verarbeitung ist je nachdem, ob die Klausel vor oder innerhalb der kritischen Zeit vereinbart wurde, kongruent oder inkongruent.[151] Eine Gläubigerbenachteiligung bewirkt sie aber stets nur in dem Umfang, wie der Wert der neu geschaffenen Sache denjenigen des bis dahin unter Eigentumsvorbehalt stehenden, verarbeiteten Materials übersteigt. Ist zB ein 22

---

[141] BGHZ 189, 1 (11) = NJW 2011, 1506 (1508).

[142] BGHZ 189, 1 (12) = NJW 2011, 1506 (1509); BGH NJW-RR 2015, 1182 (1183) = NZI 2015, 765 (766); *Pasaroudakis* ZInsO 2009, 1039 (1044); krit. *Molitor* ZInsO 2011, 800.

[143] BGH NJW-RR 1993, 238 (240); BGH NJW 1998, 609 (612); BGHZ 138, 291 (308) = NJW 1998, 2592 (2598); BGH NZI 2005, 329 (330 f.); BGH NZI 2012, 81; RGZ 114, 206 (210 f.); RG WarnR 1919 Nr. 111; RG JW 1927, 383 (385); RG JW 1935, 118 (119); OLG Hamburg ZIP 1984, 1373 (1375 f.); OLG Jena ZInsO 1999, 534 (535); OLG Bremen ZInsO 2003, 1012 Ls.; AGR/*Gehrlein* § 131 Rn. 35; FKInsO/*Dauernheim* § 131 Rn. 27; *Hess* InsO § 131 Rn. 141; *Jaeger/Henckel* KO § 30 Rn. 218; *Kreft* FS Horn, 2006, 761 (764 f.); *Mauer* Rn. 147; Nerlich/Römermann/*Nerlich* InsO § 131 Rn. 48; Uhlenbruck/*Borries/Hirte* § 131 Rn. 27.

[144] BGH NJW-RR 1993, 235 (236); BGHZ 138, 291 (308) = NJW 1998, 2592 (2597 f.); OLG Köln ZIP 1994, 1461 (1462); HKInsO/*Thole* § 131 Rn. 20; *Obermüller* Insolvenzrecht Rn. 167; → Rn. 11 aE → § 129 Rn. 162.

[145] Dies wurde von BGH NJW-RR 2001, 1337 (1338) nicht beachtet.

[146] Vgl. OLG Nürnberg DZWiR 1999, 37 f.

[147] BGH NJW 2011, 1506 (1508) = NZI 2011, 366 (369); *Jaeger/Henckel*, KO § 30 Rn. 221; *Serick* Bd. V § 62 V 3 S. 372; ergänzend zu einer möglichen objektiven Gläubigerbenachteiligung → § 129 Rn. 150 → § 129 Rn. 155.

[148] *Kirchhof* ZInsO 2004, 465 (469 f.).

[149] RG JW 1935, 118 f.; *Jaeger/Henckel* KO § 30 Rn. 221.

[150] OLG Kassel OLGR 10, 219 f.; *Jaeger/Henckel* KO § 30 Rn. 221.

[151] FKInsO/*Dauernheim* § 131 Rn. 28; *Jaeger/Henckel* KO § 30 Rn. 222; KPB/*Schoppmeyer* § 131 Rn. 85.

Werklohnanspruch sicherungshalber im Voraus abgetreten und erbringt der Werkunternehmer anschließend die geschuldete Werkleistung, so ist das zwar im Verhältnis zum Werkbesteller eine kongruente Erfüllung seines Anspruchs aus § 631 Abs. 1 BGB;[152] der Abtretungsempfänger hat allerdings nach den (bisherigen) Sicherungsverträgen regelmäßig keinen Anspruch auf Erbringung der Werkleistung, so dass ihm gegenüber die dadurch verwirklichte Valutierung der abgetretenen Werklohnforderung (§§ 320, 641 BGB) inkongruent ist.[153]

23 Ein **gesetzlicher Anspruch** auf Sicherung ergibt sich insbesondere aus § 650e BGB: Bestellt der Bauherr (und spätere Insolvenzschuldner) entsprechend dieser Bestimmung dem Unternehmer eine **Bauunternehmersicherungshypothek,** so ist diese kongruent.[154] Weitere gesetzliche Ansprüche auf eine Sicherheit begründen zB §§ 775 Abs. 2 iVm Abs. 1, 1039 Abs. 1 Satz 2, 1051, 1067 Abs. 2 und 2128 BGB. Dagegen verschaffte § 648a BGB aF für bis zum 1.1.2009 geschlossene Werkverträge selbst keinen Anspruch auf die Sicherheitsleistung, sondern **lediglich ein Verweigerungsrecht** hinsichtlich der vom Unternehmer zu erbringenden Vorleistungen und ein Kündigungsrecht gemäß § 643 BGB,[155] solange die geforderte Sicherheit nicht geleistet wurde. Da dies eine weitere Willensentschließung des Bestellers voraussetzt, begründete erst seine diesbezügliche Einigung mit dem Unternehmer die Kongruenz.[156] Auch § 222 Satz 2 AO gewährt dem Finanzamt noch nicht unmittelbar einen Anspruch auf eine Sicherheitsleistung: Soweit danach eine Stundung idR nur gegen Sicherheitsleistung bewilligt werden soll, hat die Behörde zunächst allein die Befugnis, ohne eine solche die Stundung abzulehnen. Erst die Verpflichtung des Steuerschuldners und die Annahme durch die Finanzbehörde begründen den Anspruch auf die Sicherheitsleistung; fällt wenigstens der letzte Teil einer solchen Absprache in die kritische Zeit des § 131 → Rn. 10, ist die Sicherheitsleistung inkongruent.[157] Das gilt erst recht, soweit die Einstellung oder Beschränkung der Vollstreckung gemäß § 258 AO oder die Aussetzung der Vollziehung nach § 361 Abs. 2 und 3 AO (§ 69 Abs. 2 und 3 FGO) von einer Sicherheitsleistung abhängig gemacht wird. Die Regelung des § 490 Abs. 1 Satz 1 BGB, wonach vor einer außerordentlichen Kündigung eines Darlehens auch die Werthaltigkeit gestellter Sicherheiten zu berücksichtigen ist, gibt kein Recht auf solche Sicherheiten; vielmehr sind umgekehrt nicht insolvenzfeste Sicherheiten weniger werthaltig.[158]

24 Auf die **kraft Gesetzes** entstehenden **Pfandrechte** besteht zwar vorher kein schuldrechtlicher Anspruch. Vielmehr knüpft zB § 562 BGB das Entstehen des Pfandrechts mit dinglicher Wirkung an das Einbringen der Sachen des Mieters und § 647 BGB das Werkunternehmerpfandrecht an die Besitzübergabe im Rahmen des Werkvertrags. Damit entsteht zugleich der vertragliche Schuldgrund für das Behaltendürfen. § 647 BGB beschränkt den Umfang des Pfandrechts auf die Ansprüche aus dem bestehenden Werkvertrag, § 50 Abs. 2 Satz 1 diejenigen des Vermieterpfandrechts auf die Ansprüche für das letzte Jahr vor der Eröffnung des Insolvenzverfahrens. Dies umfasst den in § 131 behandelten Zeitraum. Danach bleibt nur der Schluss, dass **gesetzliche Pfandrechte regelmäßig in kongruenter Weise** entstehen.[159] Lässt sich im Einzelfall feststellen, dass der Schuldner in verdächtiger Weise Wertsachen in einen Mietraum verbracht hat, kommt eine Anfechtung gemäß § 133 in Betracht. Entsprechendes gilt für das gesetzliche Pfandrecht des Kommissionärs nach § 397 HGB, aber auch für die Zurückbehaltungsrechte iSv § 51 Nr. 2 und 3.[160] Das **Frachtführerpfandrecht** gemäß § 441 HGB sichert in kongruenter Weise auch unbestrittene Altforderungen aus früheren Transportgeschäften, wenn der später insolvent werdende Absender innerhalb der Fristen des § 131 dem Frachtführer unter Überlassung des Transportguts einen neuen Frachtauftrag erteilt;[161] in diesem Umfang soll sich die Kongruenz sogar regelwidrig auf die als Surrogat abgetretene Werklohnforderung des Auftraggebers erstrecken.[162]

---

[152] Vgl. BGHZ 147, 28 (35) = NJW 2001, 3704 (3706).

[153] *Beiner/Luppe* NZI 2005, 15 (21 f.); *Kirchhof* FS Uhlenbruck, 2000, 269 (277).

[154] AGR/*Gehrlein* § 131 Rn. 29; *Jaeger/Henckel* KO § 30 Rn. 223; KPB/*Schoppmeyer* § 131 Rn. 109; Uhlenbruck/*Borries/Hirte* § 130 Rn. 41.

[155] Vgl. BGHZ 146, 24 (27 ff.) = NJW 2001, 222 (223); MüKoBGB/*Busche* § 648a Rn. 14 ff. auch zur Neufassung.

[156] BGH NZI 2005, 329 (331); BGH NZI 2007, 456 (457); LG Dresden ZIP 2001, 1428 (1429); HKInsO/*Thole* § 131 Rn. 20 f.; *Mundt* NZBau 2003, 527 (529); aM *Heidland* Rn. 420, 527 f.; auch *Schmitz* Bauinsolvenz Rn. 477 f. für die Zeit, ehe der Unternehmer seine Leistung voll erbracht hat.

[157] BGH NJW-RR 2006, 414 (415 f.); *Jaeger/Henckel* KO § 30 Rn. 223; Uhlenbruck/*Borries/Hirte* § 131 Rn. 40; aM *App* NJW 1985, 3001 (3003).

[158] Offengelassen von BGH NZI 2005, 622 (623 f.).

[159] So zu § 441 HGB BGHZ 150, 326 (330) = NJW-RR 2002, 1417 (1418 f.).

[160] *Jaeger/Henckel* KO § 30 Rn. 224; KPB/*Schoppmeyer* § 131 Rn. 111 f.; Uhlenbruck/*Borries/Hirte* § 130 Rn. 43 für das kaufmännische Zurückbehaltungsrecht nach § 369 Abs. 1 HGB.

[161] BGHZ 150, 326 (329 ff.) = NJW-RR 2002, 1417 (1418).

[162] BGH NZI 2005, 389 (390 f.); krit. *Leithaus* NZI 2005, 532 (534); fraglich ist stattdessen die Gläubigerbenachteiligung → § 129 Rn. 108d.

Hat der Insolvenzschuldner vor der kritischen Zeit eine nicht akzessorische Sicherheit, zB eine **Grundschuld,** bestellt und mit dem Sicherungsnehmer vereinbart, dass die Sicherheit für sämtliche Forderungen haften soll, die der Sicherungsnehmer gegen den Schuldner – auch später durch Abtretung von Dritten – erwirbt, so ist diese Sicherung mit Bezug auf solche Forderungen inkongruent, die der Sicherungsnehmer erst in der kritischen Zeit des § 131 → Rn. 10 durch Abtretung von Dritten erwirbt.[163] Die Anfechtung kann sich auch unmittelbar gegen den Bestand oder Umfang der Sicherheit richten; denn der Absonderungsberechtigte ist regelmäßig ebenfalls Insolvenzgläubiger → Rn. 7 → § 130 Rn. 18. Gleiches gilt, sofern sich ein Gläubiger nachträglich und in der Zeit der Krise eine **Bürgschaft oder Bankgarantie** (standby letter of credit) stellen lässt, für welche die Bank Sicherheiten aus dem Vermögen des Schuldners hat; erlangt der Gläubiger aufgrund dessen von der Bank Zahlungen, kann deren Rückgewähr nach § 131 durchgesetzt werden,[164] weil sich die verschiedenen Anfechtungsmöglichkeiten gegenseitig nicht ausschließen. Dagegen ist das **Nachrücken weiterer bestehender Forderungen** des Sicherungsnehmers in frei werdende Grundschulden kongruent, wenn es bereits vor der kritischen Zeit in hinreichend bestimmter Form vereinbart war.[165] Inkongruent ist die von einem Bürgen gestellte Sicherheit für die von ihm verbürgte Hauptschuld.[166] 25

dd) Zwangsvollstreckung. Der Schuldner, der über fällige Schulden vollstreckbare Urkunden iSv § 794 Abs. 1 Nr. 5 ZPO aufnehmen lässt, handelt kongruent.[167] Dasselbe gilt für den Gläubiger, der über seine Forderung einen Vollstreckungstitel erwirkt → Rn. 26c. Dagegen hat der Gläubiger eines Zahlungsanspruchs während der Krise des Schuldners iSv § 131 nicht dessen Durchsetzung mit staatlichen Zwangsmitteln gegenüber den anderen Insolvenzgläubigern zu beanspruchen;[168] solche **Deckungen im Wege der Zwangsvollstreckung** sind vielmehr unterschiedslos für sämtliche Gläubiger inkongruent.[169] Denn § 131 ersetzt während der letzten drei Monate vor dem Eröffnungsantrag den Grundsatz des Vorrangs des schnelleren Gläubigers (Prioritätsprinzip), der in der Einzelzwangsvollstreckung nach § 804 Abs. 2 ZPO gilt, durch den Grundsatz der Gleichbehandlung sämtlicher Gläubiger → Rn. 1; dieser soll gerade nicht vom Staat mit seinen Zwangsmitteln eingeschränkt werden.[170] 26

Gegen diese Auslegung des § 131 bestehen **keine verfassungsmäßigen Bedenken.** Sie verstößt weder gegen den Gleichbehandlungsgrundsatz (Art. 3 Abs. 1 GG) noch gegen das Gewaltenteilungsprinzip (Art. 20 Abs. 3 GG).[171] Der Gesetzgeber der Insolvenzordnung hat die seit 1883 ständig verfolgte Rspr. und fast einhellige Lehre über die Inkongruenz von Vollstreckungsmaßnahmen[172] gekannt und erkennbar gebilligt: Ls. 5.2.2 Abs. 1 des Ersten Berichts der Kommission für Insolvenz- 26a

---

163 BGHZ 59, 230 (233) = NJW 1972, 2084 f.; BGH WM 1975, 947 (948); BGH NJW 1975, 122 f.; BGH NJW 1981, 1600; BGH NJW 1983, 1735 f.; HKInsO/*Thole* § 131 Rn. 20; KPB/*Schoppmeyer* § 131 Rn. 106; Nerlich/Römermann/*Nerlich* InsO § 131 Rn. 41; Uhlenbruck/*Borries/Hirte* § 131 Rn. 29.

164 BGH NZI 1999, 268 (269); *C. Paulus* ZBB 1990, 200 (206); → § 129 Rn. 154 → § 130 Rn. 8 → § 133 Rn. 11.

165 *Wiringer-Seiler* S. 149.

166 RGZ 152, 321 (323); FKInsO/*Dauernheim* § 131 Rn. 29.

167 RG JW 1900, 651 Nr. 11.

168 BGHZ 162, 143 (149) = NJW 2005, 1121 (1122); BGH NZI 2008, 297 (298); BGHZ 182, 264 (266) = NJW 2010, 444; BAG NZA 2019, 203 (205) = ZIP 2019, 279 (280) = BeckRS 2018, 34157.

169 BGHZ 136, 309 (313 f.) = NJW 1997, 3445 (3446); BGH NZI 2000, 310 (311); BGH NJW 2003, 2171; BGH WM 2004, 669 (670); BGH NJW-RR 2004, 1047 (1049); BGHZ 157, 350 (353) = NJW 2004, 1444 f.; BGHZ 167, 11 (14 f.) = BGH NJW 2006, 1870 (1871); BGH ZIP 2007, 240 (242); BGH NZI 2008, 297 (298); OLG Schleswig ZIP 2003, 727 f.; OLG Oldenburg ZInsO 2005, 328 f.; OLG Hamm NZI 2006, 532 (533); AGR/*Gehrlein* § 131 Rn. 15; FKInsO/*Dauernheim* § 131 Rn. 36; *Gerhardt* FS Kreft, 2004, 267 (276); Gottwald/*Huber* § 47 Rn. 45 ff.; HKInsO/*Thole* § 131 Rn. 12; Jaeger/*Henckel* § 131 Rn. 49 ff.; KPB/*Schoppmeyer* § 131 Rn. 120 ff.; Nerlich/Römermann/*Nerlich* InsO § 131 Rn. 43; *Smid* DZWiR 2005, 414 (415); *Thole* DZWiR 2006, 191 (193); *Zeuner* Anfechtung Rn. 76 ff.; aM *App* DZWiR 2003, 302 (303); *Baur/Stürner* Rn. 19.37 f.; *Foerste* Rn. 309, 314; *Lind* S. 136 f.; *Marotzke* ZInsO 2006, 7 (8 f.); *C. Paulus/Allgayer* ZInsO 2001, 241 ff. Dies war mit abweichender Begründung bereits zu § 30 Nr. 2 KO hM, vgl. BGH WM 1959, 891 (892); BGH NJW 1985, 1785 (1786).

170 BGH NZI 2008, 297 (298 f.).

171 LG Hagen ZInsO 2005, 49; LG Köln ZInsO 2006, 839; *Jacobi* KTS 2006, 239 (254 f.); *Doebert* S. 198 f.; zweifelnd *Marotzke* ZInsO 2006, 190 ff.

172 BGH WM 1959, 891 (892); BGH NJW 1985, 1785 (1786); BGH NJW 1995, 1090 (1092); BGH NJW 1995, 1668 (1670); BGHZ 135, 140 (148) = NJW 1997, 1857 (1859); BAG NZA 2019, 203 (205) = ZIP 2019, 279 (280) = BeckRS 2018, 34157; RGZ 10, 33 (36 ff.); RGZ 32, 65 (67 ff.); RG JW 1893, 78 Nr. 16; BayObLG SeuffA 60 (1905) Nr. 203; OLG Dresden LZ 1909, 494 (495); OLG Frankfurt HRR 1936 Nr. 480; LAG Düsseldorf KTS 1988, 163, 166 f.; LG Stuttgart ZIP 1992, 1161 (1163); *Kilger/K. Schmidt* § 30 KO Anm. 20; *Kuhn/Uhlenbruck* § 30 Rn. 47b.

recht schlug eine dem jetzigen § 131 Abs. 1 im Kern entsprechende Regelung vor. In der Begründung dazu hieß es ua, „dass Sicherungen und Befriedigungen, die sich ein Gläubiger in kritischer Zeit durch eine Zwangsvollstreckung … verschafft hat, als inkongruenter Erwerb … angefochten werden können."[173] Abs. 2 des Ls. 5.2.2 sah zusätzlich die Befugnis des Insolvenzgerichts vor, Sicherungen aufzuheben, die ein Insolvenzgläubiger bis zu einem Monat vor dem Eröffnungsantrag durch Zwangsvollstreckung erlangt hat. Dieser Vorschlag ist in verschärfter Form in § 88 übernommen worden. In der Begründung hierzu verweist die BReg. ausdrücklich auf die Ergänzung dieser Vorschrift durch die Anfechtungsnorm des § 146 des Entwurfs „inkongruente Deckung".[174] Damit wurde gerade die Inkongruenz der Vollstreckungsmaßnahme innerhalb der kritischen Zeit bestätigt.[175] Ferner schränkt § 321 die Wirkung von Zwangsvollstreckungsmaßnahmen in der Insolvenz gezielt ein; demgegenüber besagt § 141 nichts über mögliche Anfechtungsgründe. Die Rspr. seit 1997 ist über die frühere, teilw. uneinheitliche Rspr. nur insoweit hinausgegangen, als bei einer inkongruenten Sicherung durch das Pfändungspfandrecht → Rn. 27 auch die Befriedigung durch Auskehr des Erlöses inkongruent bleibt.[176] Andererseits wurde die Anfechtbarkeit in der Weise erheblich eingeschränkt, dass die Inkongruenz auf die Dreimonatsfrist des § 131 beschränkt bleibt.[177] Beides entspricht der Begründung im Ersten Kommissionsbericht. Der Gesetzgeber war ferner ohne Verstoß gegen Art. 3 Abs. 1 GG befugt, den Vorrang des zeitlich früheren Gläubigers (§ 804 Abs. 3 ZPO) ohne subjektive Voraussetzungen begrenzt einzuschränken, sofern das Vermögen eines Schuldners nicht mehr ausreicht, um alle seine Gläubiger zu befriedigen, also wenn ein Eröffnungsgrund iSv § 17 vorliegt oder konkret droht (§ 18). Die stärkere Einschränkung für diejenigen Gläubiger, die Befriedigung durch Zwangsvollstreckung – im Gegensatz zu freiwilliger Zahlung (§ 130) – finden, ist sachlich gerechtfertigt, weil gerade der Zahlungsrückstand des Schuldners, welcher den Gläubiger zur Einleitung von Vollstreckungsmaßnahmen veranlasst, den Verdacht weckt, dass der Schuldner insolvenzreif ist, also nicht mehr sämtliche Gläubiger zu befriedigen vermag. Der Erfahrung, wonach viele Schuldner in solcher Lage geneigt sind, bestimmte, ihnen näher stehende Gläubiger bevorzugt zu bedienen, hat der Gesetzgeber mit § 130 Abs. 3 und § 131 Abs. 2 Satz 2 in typisierender Weise ausreichend Rechnung getragen. Im Gesetz zur Verbesserung der Rechtssicherheit bei Anfechtungen nach der Insolvenzordnung und nach dem Anfechtungsgesetz[178] wurde letztlich auf eine Aufweichung dieses Grundsatzes verzichtet → Rn. 3a.

26b Für **Anschlusspfändungen** (§ 826 ZPO)[179] und die **Zwangsvollstreckung aus hoheitlichen Titeln**[180] gelten dieselben Regeln. Inkongruent ist ferner die durch einen **Arrestvollzug** erlangte Sicherung;[181] zeitlich ist hierbei erst auf die Eintragung, nicht bereits auf den Eintragungsantrag abzustellen.[182] Ausnahmsweise kongruent ist dagegen kraft ausdrücklicher gesetzlicher Anordnung die Sicherung oder Befriedigung, die der Inhaber eines Anfechtungsanspruchs iSv § 16 Abs. 2 AnfG erlangt → Rn. 30.[183]

---

173 1. KommBer S. 408.

174 RegE S. 137 zu § 99; vgl. auch *Grothe* KTS 2001, 205 (211 f.).

175 Abgelehnt wurde nur die noch weiter gehende Regelung des § 7 Abs. 3 Satz 2 GesO über ein automatisches, unbefristetes Außerkrafttreten aller bei Insolvenzeröffnung nicht abgeschlossener Vollstreckungsmaßnahmen.

176 BGHZ 136, 309 (311 f.) = NJW 1997, 3445 (3446); BGH WM 2003, 59 (60); BGH WM 2003, 896 (897); BGH WM 2004, 835 (837); RG JW 1889, 109; RGZ 23, 112 (113 f.); RGZ 40, 89 (91); LG Stralsund ZIP 2001, 2058 f.; *Branz/Hefermehl* BB 1992, 1506 (1509); *v. Campe* S. 112 ff.; *Hess* InsO § 131 Rn. 105; *Hüper* S. 92 f.; *Jaeger/Henckel* KO § 30 Rn. 242; *Münzberg* JZ 1998, 608 (609); Nerlich/Römermann/*Nerlich* InsO § 131 Rn. 44; *Rebmann* S. 74 ff.; krit. Uhlenbruck/*Borries/Hirte* § 131 Rn. 62; aM RG SeuffA 39 [1884] Nr. 177; *Mauer* Rn. 148.

177 BGHZ 155, 75 (82 f.) = NJW 2003, 3347 (3348); BGH NJW 2003, 3560 f.; BGHZ 157, 242 (255 f.) = NJW 2004, 1385 (1388); BGH WM 2004, 1587 f.; BGH NJW-RR 2004, 342 (343); BGH NZI 2005, 34 (36); BGH BeckRS 2005, 04574; wohl auch OLG Frankfurt ZInsO 2006, 943 (944 f.); *Bork* ZIP 2004, 1684 (1689 f.); *Kreft* DStR 2005, 1192 (1195 f.); *ders.* DStR 2005, 1232 (1233 f.); *Schoppmeyer* NZI 2005, 185 (190 f.); aM *Flöther/Bräuer* ZInsO 2005, 1244 (1245 f.); *Homann* EWiR 2004, 865 (866); *Huber* ZInsO 2003, 1025 (1030).

178 BGBl. 2017 I 654, am 5.4.2017 in Kraft getreten.

179 *Rebmann* S. 82; zum maßgeblichen Zeitpunkt → Rn. 27.

180 BGH NJW 2002, 1574 (1576).

181 BGH WM 1975, 6; BGH NJW 1985, 200 f.; BGH NJW 1991, 980; BGH NJW 1992, 624 (626); BGH WM 1996, 1750 f.; RGZ 2, 374 (377 f.); RGZ 2, 395 (397 f.); RGZ 6, 367 (368 f.); RGZ 17, 26 (29); RGZ 25, 34 (40); RGZ 55, 321 (322 f.); RGZ 78, 331 (334); BayObLG NJW-RR 1996, 1017 (1018); OLG München WM 1996, 1747 (1749), *Hüper* S. 86 ff.; *Rebmann* S. 70 ff., 101.

182 → Rn. 27 → § 140 Rn. 24; OLG Hamm NZI 2006, 331 (334); aM *Grothe* KTS 2001, 205 (226 f.).

183 Die Pfändung eigener Sachen des Gläubigers begründet dagegen keine Gläubigerbenachteiligung → § 129 Rn. 161.

Die Inkongruenz erstreckt sich auch auf – innerhalb der Fristen des § 131 – geleistete Zahlungen oder Ablösungsvereinbarungen[184] zur Abwendung einer angedrohten **unmittelbar bevorstehenden Einzelzwangsvollstreckung.**[185] Der Erste Bericht der Kommission für Insolvenzrecht[186] hatte dies nur für freiwillige Zahlungen vorgeschlagen, die nach der die Vollstreckung einleitenden Aufforderung des Gerichtsvollziehers erfolgen. Diese Begrenzung entspricht im Zeitalter des bargeldlosen Zahlungsverkehrs nicht mehr der inzwischen – insbesondere von hoheitlichen Gläubigern – entwickelten Praxis, Zahlungen durch vorherige Androhung unterschiedlicher Vollstreckungsmaßnahmen zu erzwingen und dies mit der erklärten Erwägung zu rechtfertigen, dass ohne solchen Druck Zahlungen nicht mehr zu erlangen seien.[187] Gerade die Erwartung, dass der Schuldner nicht sämtliche Gläubiger befriedigen könne, begründet die Inkongruenz des Vollstreckungsdrucks innerhalb der Fristen des § 131 im Wettlauf der Gläubiger. Das **Erwirken eines Vollstreckungstitels** allein genügt als Druckausübung jedoch nicht, weil daraus im Allgemeinen nicht sofort vollstreckt werden kann und eine solche Maßnahme zudem noch keinen Hinweis auf ein Zahlungsunvermögen – im Gegensatz zu bloß fehlendem Zahlungswillen – des Schuldners gestattet.[188] Anders verhält es sich, sofern dieser nach erfolgter Zustellung eine Prozessbürgschaft zur Abwendung der Zwangsvollstreckung stellt.[189] Der Druck besteht auch dann nicht, soweit der Schuldner **nach Zustellung eines Vollstreckungsbescheids** die titulierte Forderung erfüllt, ohne dass der Gläubiger die Zwangsvollstreckung zuvor eingeleitet oder angedroht hat.[190] Ein solcher Druck beginnt, wenn der Schuldner zZ seiner Leistung damit rechnen muss, dass ohne sie der Gläubiger nach dem kurz bevorstehenden Ablauf einer letzten Zahlungsfrist mit der zulässigen Zwangsvollstreckung beginnt. Dies ist aufgrund des Verhaltens des Gläubigers nach dem unvoreingenommenen Verständnis eines durchschnittlichen Empfängers objektiv zu beurteilen.[191] Eine in Tagen bemessene Frist ist keine zwingende Voraussetzung einer Inkongruenz.[192] Der Druck kann auch einige Zeit lang fortdauern, zB wenn der Schuldner nach der Aufforderung eines Vollziehungsbeamten Ratenzahlungen zusagt und einhält;[193] liegt die Vollstreckungsandrohung aber ein Jahr oder länger vor der angefochtenen Zahlung, kann regelmäßig nicht mehr von einer Nachwirkung ausgegangen werden.[194] Die angedrohte Zwangsvollstreckung muss sich gerade gegen den späteren Insolvenzschuldner selbst richten. Die Androhung der Verwertung einer Drittsicherheit – sei es auch durch Zwangsvollstreckung gegen den Sicherungsgeber (vgl. § 794 Abs. 1 Nr. 5 ZPO) – genügt selbst dann nicht,[195] wenn dieser dem Schuldner persönlich nahe steht; denn gerade die Einbeziehung fremden haftenden Vermögens berührt nicht die Zugriffsmöglichkeiten von Gläubigern auf das Aktivvermögen des Schuldners. **26c**

Auch außerhalb der Fristen des § 131 sind Leistungen inkongruent, die der Schuldner zur Ausräumung eines bereits gegen ihn **gestellten Insolvenzantrags**[196] oder **zur Abwendung eines** **26d**

---

184 BGH ZInsO 2007, 658 (660).

185 BGHZ 136, 309 (312) = NJW 1997, 3445 (3446); BGH ZIP 2002, 228 (229); BGH ZIP 2003, 131 f.; BGH NJW-RR 2003, 1201 (1202); BGH ZInsO 2005, 942 (944); BGH NZI 2006, 159 f.; BGH ZInsO 2007, 269 f.; BGH NZI 2008, 297 (299); BGH NZI 2011, 140; OLG Jena ZIP 2000, 1734 (1735) mAnm *Eckardt* EWiR 2001, 83 (84); OLG Stuttgart ZIP 2002, 2264 (2268); OLG Brandenburg ZIP 2002, 1698 (1699 f.); OLG München ZIP 2002, 1542 (1543); OLG Koblenz ZInsO 2005, 324 f.; *Branz/Hefermehl* BB 1992, 1506 (1509); FKInsO/*Dauernheim* § 131 Rn. 37; Uhlenbruck/*Borries/Hirte* § 131 Rn. 63; differenzierend *Hüper* S. 164 ff., 169 ff.; *Jaeger/Henckel* KO § 30 Rn. 248 f.; *Münzberg* JZ 1998, 308 (310); anders noch BGH WM 1969, 374 (376); RG JW 1891, 250 Nr. 13; OLG Celle ZIP 1981, 467; aM *App* EWiR 1997, 179 (180); *Bork* ZIP 2004, 1684 (1690); *v. Campe* S. 112; *Gerhardt* FS Kreft, 2004, 167 (176 f.); Nerlich/Römermann/*Nerlich* InsO § 131 Rn. 45; *Tappmeier* EWiR 2000, 93 (94); wohl auch *Holzer* EWiR 2000, 91 (92); krit. *Grothe* EWiR 2002, 297 (298). Die ebenfalls entgegen stehende Entscheidung BAG ZIP 1998, 33 (35) beruht noch auf der früheren Rspr. des BGH und ist durch die Regelungen der InsO überholt.

186 S. 408 zu Ls. 5.2.2.

187 Vgl. BGH NJW-RR 2003, 1632 (1634).

188 BGH ZInsO 2007, 99 f.; OLG Düsseldorf NZI 2003, 439 f.

189 BGH NJW-RR 2005, 1283; LG München I ZVI 2004, 41 (43); aM *Rebmann* S. 143.

190 BGH NJW 2007, 848 f. = NZI 2007, 161 (162) mAnm *Huber.*

191 BGH NJW-RR 2003, 1201 (1202); BGH NZI 2011, 140.

192 BGH NZI 2011, 140 f.

193 OLG Karlsruhe ZIP 2002, 1591 (1592).

194 Vgl. BGHZ 157, 242 (248) = NJW 2004, 1385 (1386); OLG Rostock ZInsO 2006, 1109 (1110); zu Zahlungen aufgrund einer Vorpfändung → Rn. 28.

195 Gegenüber dem Drittsicherungsgeber gelten die allgemeinen Grundsätze über die (In-)Kongruenz von Sicherheitenverwertungen → Rn. 42.

196 BGH NJW-RR 2013, 161 = NZI 2012, 963; OLG Schleswig ZInsO 2004, 100 (101) gegen LG Kiel ZInsO 2002, 1042 (1043); OLG Koblenz ZInsO 2005, 324 f.; *Pape* EWiR 2004, 607 (608); differenzierend je nach Antragszweck *Bork* ZIP 2004, 1684 (1690 f.); aM *Brückl/Kersten* NZI 2004, 422 (425). Das gilt auch, sofern der Antrag daraufhin zurückgenommen wird: OLG Frankfurt ZIP 2002, 1582 (1583).

solchen Antrags erbringt, den der Gläubiger zur Durchsetzung seiner Forderung angedroht hat.[197] Denn eine auf Einleitung einer Gesamtvollstreckung gerichtete Maßnahme ist erst recht kein zulässiges Mittel zur Durchsetzung von Forderungen einzelner Gläubiger. Auf die Absichten des so vorgehenden Gläubigers kommt es im Einzelfall nicht an. Eine die **Inkongruenz begründende Drucksituation** ist jedenfalls dann anzunehmen, soweit die mit einer Mahnung verbundenen Hinweise auf ein mögliches Insolvenzverfahren gezielt als Mittel der Durchsetzung eines persönlichen Anspruchs erscheinen[198] und sich nicht in Unverbindlichkeiten erschöpfen.[199] Eine die Inkongruenz begründende Drohung mit einem Insolvenzantrag liegt selbst dann noch vor, sofern die Möglichkeit eines solchen Vorgehens im Mahnschreiben nur „zwischen den Zeilen" deutlich gemacht, aber dem Schuldner das damit verbundene Risiko klar vor Augen geführt wird.[200] Der für eine Inkongruenz erforderliche **zeitliche Zusammenhang** zwischen der Drohung mit einem Insolvenzantrag und der Leistung des Schuldners endet je nach den Umständen nicht bereits mit dem Ablauf der vom Gläubiger zugleich mit der Androhung gesetzten Zahlungsfrist, sofern die Drohung nach der gesetzten Frist noch fortwirkt;[201] der Leistungsdruck kann über mehrere Monate fortbestehen, sofern der Gläubiger vom Schuldner fortlaufend Zahlungen verlangt, ohne von der Drohung abzurücken.[202] Im Verhältnis zu Drittbeteiligten begründet ein (angedrohter) Insolvenzantrag gegen den Schuldner aber keine Inkongruenz → Rn. 26c aE.

26e Maßnahmen außerhalb geregelter zivilgerichtlicher Verfahren – insbesondere **Strafanzeigen** oder nötigende **vorprozessuale Inkassomethoden** – sollten nach den allgemeinen gesetzlichen Normen beurteilt werden.[203] Zwar kann eine Zahlung ausnahmsweise inkongruent sein, sofern diese nach Ablehnung eines Gesuchs des Schuldners um Zahlungsaufschub und Aufforderung zur sofortigen Überweisung unter dem Druck einer unmittelbar bevorstehenden Vollstreckung einer Ersatzfreiheitsstrafe (§ 43 StGB) erfolgt.[204] Entscheidend für die Einstufung als inkongruente Maßnahme ist aber weniger die Willensfreiheit des Schuldners als der Bezug zur Ausübung des staatlichen Vollstreckungsmonopols in der wirtschaftlichen Krise des Schuldners → Rn. 26 ff. Insbesondere begründet die Drohung mit der – sei es auch vertragswidrigen – Zurückbehaltung einer für die Betriebsfortführung nötigen Leistung für sich ebenso wenig die Inkongruenz einer dadurch ausgelösten Zahlung des Schuldners[205] wie diejenige mit der Niederlegung des anwaltlichen Mandats für den Fall der unterlassenen Bezahlung von Honoraren.[206] Solche Maßnahmen aus dem allgemeinen Wirtschaftsleben haben keinen Bezug zum Normzweck des § 131 sondern werden durch das allgemeine Vertragsrecht oder das Recht der unerlaubten Handlungen hinreichend geregelt. Erst recht löst ein gemäß Nr. 13 Abs. 2 AGB-Banken/Nr. 22 Abs. 1 AGB-Sparkassen vertragsgerechtes Verlangen eines Kreditinstituts auf Nachbesicherung, verbunden mit der Ankündigung der Vertragsbeendigung für den Fall der Nichterfüllung, keinen die Inkongruenz begründenden Druck aus.[207] Unterbreitet der Schuldner seinen Gläubigern einen Vergleichsvorschlag unter Hinweis auf seine Zahlungsunfähigkeit, fallen **Teilzahlungen** an zustimmende Gläubiger nicht unter § 131,[208] sondern allenfalls unter § 130 → § 130 Rn. 38a f.

27 Der **maßgebende Zeitpunkt** für die Beurteilung der Kongruenzfrage ist derjenige, in dem der Gläubiger die Sicherung – gegebenenfalls als Vorstufe zur Befriedigung – erlangt → § 140 Rn. 17; nur wenn dieser vor der Dreimonatsfrist des § 131 liegt, ist die Sicherung (§§ 49, 50 Abs. 1) kongruent.[209] Dem Gläubiger schadet es deshalb nicht, soweit allein die Verwertungshandlung noch

---

197 BGH NJW 1999, 3046 (3047); BGHZ 157, 242 (245 ff.) = NJW 2004, 1385 (1386); BGH BeckRS 2009, 18904 = ZIP 2009, 1434; OLG Hamm OLGReport 2004, 30 f.; OLG Koblenz ZInsO 2005, 1111 f.; *Homann* EWiR 2004, 265 (266); *Huber* ZInsO 2005, 628 (629); aM *Gerhardt* FS Kreft, 2004, 267 (274 f.). Ohne eine solche Androhung kann die vom Schuldner trotz Kenntnis seiner drohenden Insolvenz freiwillig geleistete Schuldtilgung nur von § 130 oder § 133 Abs. 1 Satz 2, Abs. 3 erfasst werden.

198 BGHZ 157, 242 (248) = NJW 2004, 1385 (1386).

199 BGH NJW-RR 2013, 949 (950) = NZI 2013, 492 (493).

200 BGH NJW-RR 2013, 949 (950) = NZI 2013, 492 (493).

201 BGH NJW-RR 2013, 949 (950) = NZI 2013, 492 (493).

202 BGHZ 157, 242 (247 ff.) = NJW 2004, 1385 (1386).

203 OLG Düsseldorf NZI 2003, 439 f.; *Kirchhof* ZInsO 2004, 1168 (1171); aM *Flöther/Bräuer* DZWiR 2005, 441 (443 f.); *Homann* EWiR 2003, 1925 (1926); BGH NJW 2005, 1118 f. beurteilte die Drohung mit einer Strafanzeige nur nach § 130.

204 BGH NZI 2011, 189 (190) = ZIP 2010, 2358 f.

205 OLG Köln NZI 2007, 176 (177 f.); *Kreft* DStR 2005, 1332 (1333); aM OLG Rostock ZInsO 2004, 454 f.; zweifelnd *Brauns* BauR 2003, 301 (304).

206 AM *Lindemann* EWiR 2003, 1153 (1154).

207 *Obermüller* ZInsO 2005, 198 (199); → Rn. 39.

208 AM *Janca* ZInsO 2003, 209 (210 f.).

209 RGZ 17, 26 (27 f.); *Hess* InsO § 131 Rn. 44; *Jaeger/Henckel* KO § 30 Rn. 241.

in die kritische Zeit fällt;[210] dies entspricht der Regelung des § 88. Umgekehrt nutzt es ihm nichts, sofern nur der Vollstreckungstitel früher erwirkt wurde. Bei der **Pfändung erst künftig entstehender Forderungen** kommt es auf den Zeitpunkt ihres jeweiligen Entstehens an.[211] Bei einer **Anschlusspfändung** → Rn. 26b ist darauf abzustellen, wann diese ausgebracht wurde: Sie ist gegebenenfalls gesondert anzufechten. Die Anfechtung allein der Erstpfändung beseitigt die Anschlusspfändung nicht, weil diese nach erstmaliger Vollstreckungswirkung vom weiteren Schicksal der Erstpfändung unabhängig fortbesteht.[212] Zahlt der Schuldner zur Abwendung der Zwangsvollstreckung, entscheidet der Zeitpunkt dieser Zahlung.

Vorpfändung (§ 845 ZPO) **und Hauptpfändung** sind Teile einer einzigen mehraktigen Rechtshandlung. Die Anfechtung der Vorpfändung allein genügt nicht, soweit sie eine – auch im Hinblick auf §§ 88, 89 – wirksame Hauptpfändung unberührt ließe;[213] dann könnte nur der gerade durch das vorläufige Zahlungsverbot begründete Vorrang beseitigt werden. Demgegenüber bewirkt die erfolgreiche Anfechtung der Hauptpfändung gemäß § 845 Abs. 2 ZPO zugleich die Unwirksamkeit der Vorpfändung. Das gilt sogar, sofern die Vorpfändung bereits vor den nach § 131 kritischen Zeiten für sich rechtwirksam ausgebracht wurde → § 140 Rn. 18, aber die Hauptpfändung erst innerhalb der Fristen des § 131 nachfolgt; dann richtet sich die Anfechtung insgesamt nach § 131 InsO.[214] Die Vorpfändung „ermöglicht" die Befriedigung, welche die Hauptpfändung endgültig „gewähren" soll.[215] Letztere ist keine rechtsgeschäftliche Bedingung iSv § 140 Abs. 3, sondern nur rechtliche Voraussetzung für die Beständigkeit der (öffentlich-rechtlichen) Sicherung.[216] Danach begründet die **Vorpfändung** allein im Gegensatz zur Hauptpfändung (§ 50 Abs. 1) noch **kein vollwertiges Pfändungspfandrecht** mit den in § 804 ZPO bestimmten Wirkungen und mithin kein insolvenzgeschütztes Sicherungsrecht.[217] 28

Die Erwägung, wonach Zwangsvollstreckungen in den letzten drei Monaten vor einem erfolgversprechenden Eröffnungsantrag nicht die Gläubigergleichbehandlung stören sollen, ist nicht auf die Vollstreckung aus Zahlungstiteln beschränkt. Inkongruent sind deshalb auch **Maßnahmen zur Durchsetzung anderer (nicht auf Zahlung lautender) Titel.** Auch Vormerkungen zur Sicherung des Anspruchs auf Einräumung einer Bauunternehmersicherungshypothek (§ 650e BGB) fallen unter die Rückschlagsperre des § 88, sofern sie in Vollziehung einer einstweiligen Verfügung eingetragen worden sind.[218] Gerade dieses Zwangsmittel wird typischerweise gegen zahlungsschwache Auftraggeber eingesetzt. Die gleichen Wurzeln von § 131 und § 88 → Rn. 26a sprechen dafür, diese Wertung auf sämtliche Arten von Zwangsvollstreckungen zu übertragen. Daher verschafft auch die Vollstreckung wegen eines Sachleistungsanspruchs – zB gemäß § 433 Abs. 1 BGB, §§ 887 ff. ZPO – dessen Gläubiger eine inkongruente Deckung.[219] Die Sicherung eines solchen Anspruchs durch Vormerkung, die gemäß § 885 Abs. 1 BGB aufgrund einstweiliger Verfügung eingetragen wird, ist folglich inkongruent.[220] 29

Hat der Gläubiger bereits vor der Insolvenzeröffnung über das Vermögen des Hauptschuldners **nach dem Anfechtungsgesetz** eine Sicherung oder Befriedigung erlangt, verweist § 16 Abs. 2 AnfG auf § 130. Diese Vorschrift ist nur „entsprechend" anwendbar, weil die für anfecht- 30

---

210 BGH NZI 2000, 310.

211 BGHZ 157, 350 (353 ff.) = NJW 2004, 1444 f.; BGH NJW-RR 2004, 1047 (1049); BGH ZInsO 2004, 385 (386); BGH NJW 2010, 444 (445) = NZI 2010, 58 (59 f.); AGR/*Gehrlein* § 131 Rn. 17; aM LG Paderborn bei *Krumm* EWiR 2002, 527 f.; ergänzend → § 140 Rn. 14 f.

212 *Hüper* S. 96, 191 f.; *Jaeger/Henckel* KO § 30 Rn. 247; Zöller/*Herget* ZPO § 826 Rn. 3.

213 *Hüper* S. 102; *Jaeger/Henckel* § 30 Rn. 244; *Kirchberger* LZ 1908, 765.

214 BGHZ 167, 11 (17) = BGH NJW 2006, 1870 (1871 f.); BGH BeckRS 2006, 14320; OLG Naumburg LZ 1913, 324 (325 f.); LG München I ZIP 2006, 199 Ls.; FKInsO/*Dauernheim* § 131 Rn. 36, § 140 Rn. 4; *Hüper* S. 106 ff.; *Jaeger/Henckel* KO § 30 Rn. 245 f.; *Kirchberger* JW 1915, 491 (492 f.); *Rebmann* S. 94 ff.; Zöller/*Herget* ZPO § 845 Rn. 5; wohl auch *Vogels* DJ 1936, 1168; aM RGZ 17, 328 (331 f.); RGZ 83, 332 (335 f.); RG WarnR 1933 Nr. 30; *Baur/Stürner* Rn. 19.30; *Kilger/K. Schmidt* § 30 KO Anm. 14; Zöller/*Herget* ZPO § 845 Rn. 5. Das gilt auch, sofern die Monatsfrist des § 845 Abs. 2 ZPO gewahrt blieb.

215 BGHZ 167, 11 (17) = BGH NJW 2006, 1870 (1872).

216 BGHZ 167, 11 (15 f.) = BGH NJW 2006, 1870 (1872); → § 140 Rn. 50; aM *Grothe* KTS 2001, 205 (226).

217 BGHZ 167, 11 (18) = BGH NJW 2006, 1870 (1872).

218 BayObLG NZI 2000, 427; FKInsO/*Wimmer-Amend* § 88 Rn. 17; zu § 7 Abs. 3 GesO bereits BGH NJW 1999, 3122 (3123 f.); BGH NJW 2000, 2427 f.; aM *Grothe* KTS 2001, 205 (221 f.).

219 *Häsemeyer* Rn. 21.60; *Hüper* S. 122 ff.; *Pfefferle* S. 61 ff.; aM FKInsO/*Dauernheim* § 131 Rn. 36; *Jaeger/Henckel* KO § 30 Rn. 250.

220 Vgl. BGH WM 1984, 264 (265); OLG Stuttgart ZIP 1994, 722 (723 f.); *Hüper* S. 125 f.; *Pfefferle* S. 89 f.; *Rebmann* S. 106 f.; offengelassen von HKInsO/*Thole* § 131 Rn. 25; aM BGHZ 34, 254 (256 ff.) = NJW 1961, 456 f.; *Jaeger/Henckel* KO § 30 Rn. 253 ff.; *Jauernig* § 51 IV 3 S. 231; *Mauer* Rn. 149; Nerlich/Römermann/*Nerlich* InsO § 131 Rn. 38, 47.

bar erklärte Deckung nicht unmittelbar aus dem Vermögen des (Insolvenz-)Schuldners stammt und der Anfechtungsgläubiger insoweit auch nicht dessen Rechtsnachfolger iSv § 15 Abs. 2 AnfG ist.[221] Die auf diesem Weg erlangte Deckung gilt mithin als kongruent.[222] Den gegen die Vorgängernorm des § 13 Abs. 3 AnfG aF erhobenen Bedenken[223] hat der Gesetzgeber damit ohne Begründung nicht entsprochen. Die Vorschrift des § 16 Abs. 2 AnfG ist als Begünstigung derjenigen Gläubiger zu verstehen, welche die Mühe einer Einzelanfechtung gegen Dritte auf sich genommen und vor der Eröffnung des Insolvenzverfahrens über das Vermögen des Hauptschuldners damit Erfolg gehabt haben;[224] regelmäßig wird ihre Forderung nur eine Insolvenzforderung iSv §§ 38, 39 sein.

31 **c) Nicht in der Art zu beanspruchende Deckung.** Eine Deckung ist nicht in der Art zu beanspruchen, wenn dem Gläubiger zwar eine Befriedigung oder Sicherung zusteht, aber in einer Art, welche die Insolvenzgläubiger weniger benachteiligt als die konkret gewährte. Wegen des Normzwecks ist der Maßstab hierfür, ob eine Abweichung als geringfügig unschädlich ist → Rn. 11, die Gleichwertigkeit im Hinblick auf die Gläubigerbefriedigung;[225] die genaue rechtliche Einordnung ist dagegen nicht ausschlaggebend. Der Umstand allein, dass sich der Liquidator einer Gesellschaft die ihm **gebührende Vergütung** selbst aus der Gesellschaftskasse entnimmt,[226] macht die Erfüllung nicht inkongruent. Gleiches dürfte für die vom **vorläufigen Insolvenzverwalter** nach Aufhebung der Sicherungsmaßnahmen entnommene Vergütung gelten, die das Insolvenzgericht vor Inkrafttreten des § 26a und ohne eine Kostengrundentscheidung zu treffen, festgesetzt hatte.[227]

32 **aa) Nicht in der Art zu beanspruchende Befriedigung.** Inkongruent ist die Gewährung einer anderen als der geschuldeten Leistung **an Erfüllungs statt** (§ 364 Abs. 1 BGB) oder **erfüllungshalber** (§ 364 Abs. 2 BGB),[228] insbesondere die Übertragung von Vermögensgegenständen des Schuldners zur Abgeltung einer ihm geleisteten Arbeit,[229] die Begleichung einer Geldschuld durch Übertragung oder Hinterlegung von Gegenständen[230] oder die Übernahme einer Verbindlichkeit des Insolvenzschuldners als Ausgleich für dessen vollwertige Gegenleistung an den Übernehmer in der Zeit der Krise.[231] Dagegen ist die Hinterlegung der geschuldeten Leistung selbst als echtes Erfüllungssurrogat (§§ 372 ff. BGB) kongruent.[232] Dasselbe gilt, soweit bereits bei Vertragsschluss wahlweise Erfüllungsmöglichkeiten für den Schuldner vereinbart wurden, insbesondere nach Art der Wahlschuld (§§ 262 ff. BGB) oder der Ersetzungsbefugnis → Rn. 12.

33 Die **Abtretung einer Forderung** gegen einen Drittschuldner anstelle einer geschuldeten Geldzahlung ist inkongruent;[233] daran ändert es nichts, wenn der Gläubiger hierfür Stundung gewährt.[234] Wer die Abtretung einer Forderung nur als Sicherheit verlangen kann, hat damit noch keinen Anspruch auf Abtretung zwecks Befriedigung seiner Geldforderung.[235] War dagegen die Forderung angekauft, also ein Entgelt für ihre Abtretung zu bezahlen, ist diese kongruent; neben der Erfüllung (§ 130) kann der Kaufvertrag selbst gemäß §§ 132 bis 134 anfechtbar sein, soweit die vereinbarte Gegenleistung nicht dem Wert der abgetretenen Forderung entspricht.[236]

---

221 MüKoAnfG/*Kirchhof* § 16 Rn. 20.
222 Vgl. hierzu MüKoAnfG/*Kirchhof* § 16 Rn. 25; ergänzend → § 129 Rn. 203.
223 *Jaeger/Henckel* KO § 30 Rn. 259, § 36 Rn. 21.
224 → § 129 Rn. 203 → § 145 Rn. 21; ferner *Hüper* S. 57 f.
225 *Jaeger/Henckel* KO § 30 Rn. 229.
226 Vgl. LG München I ZIP 1995, 764 f.
227 Vgl. BGH NZI 2012, 135 (136), dort offengelassen.
228 BGH WM 1968, 683 (684); BGHZ 123, 320 (324) = NJW 1993, 3267 (3268); BGH NJW-RR 1999, 272 (274); BGH NZI 2005, 329 (331); BGH NJW 2014, 1239 (1240 f.) = NZI 2014, 266 (268); *Jaeger/Henckel* KO § 30 Rn. 205; KPB/*Schoppmeyer* § 131 Rn. 55.
229 BGH WM 1962, 1369 (1371).
230 BGH WM 1961, 387 (388); BGH ZIP 1999, 33 (36); LG Mönchengladbach WM 1992, 752 (753); KPB/*Schoppmeyer* § 131 Rn. 55.
231 RGZ 46, 101 (103 f.); KPB/*Schoppmeyer* § 131 Rn. 57.
232 *Jaeger/Henckel* KO § 30 Rn. 205.
233 BGH WM 1968, 683 (684); BGH NJW 2014, 1239 (1240 f.) = NZI 2014, 266 (268); RG LZ 1908, 71 (72); RG LZ 1908, 608 (609); RG LZ 1915, 638 (639); RG WarnR 1940 Nr. 112; OLG Karlsruhe BadRpr 1907, 113 f.; OLG Schleswig ZIP 1982, 82 f.; OLG Zweibrücken WM 1985, 295 (296); OLG Frankfurt ZIP 1997, 598 (599); OLG Brandenburg ZIP 1998, 1367 (1368); LG Stuttgart ZIP 1992, 1161 (1163 f.); Uhlenbruck/*Borries/Hirte* § 131 Rn. 45.
234 BGH WM 2005, 2193; ergänzend → Rn. 23.
235 BGH NJW-RR 1999, 272 (274); RG LZ 1914, 867 (868); *Jaeger/Henckel* KO § 30 Rn. 206.
236 RG LZ 1908, 608 (609); ergänzend → § 132 Rn. 7.

Inkongruent ist es, sofern der spätere Insolvenzschuldner, statt einen Kaufpreis zu bezahlen, an den Verkäufer **die Kaufsache zurückgibt,** die zuvor bereits in sein Eigentum gelangt war.[237] Erfolgt die Rückgabe jedoch aufgrund eines vor der kritischen Zeit → Rn. 10 vereinbarten oder gesetzlichen Rücktrittsrechts nach Erklärung des Rücktritts, ist sie eine kongruente Deckung, weil der Verkäufer in diesem Fall die Rückgabe nach den §§ 323 f., 346 ff. BGB zu beanspruchen hatte.[238] 34

Die verkehrsübliche Zahlung durch **Banküberweisung,** statt in bar, ist kongruent → Rn. 11, ebenso die Zahlung mittels eines – sogar vordatierten[239] – **Eigenschecks.**[240] Die Hingabe eines **Kundenschecks** ist dagegen grundsätzlich eine inkongruente Deckung, weil sie dem begünstigten Gläubiger zusätzlich gemäß Art. 12 ScheckG einen Anspruch gegen den Scheckaussteller verschafft;[241] kongruent kann sie allenfalls sein, sofern diese Zahlungsweise bereits vorher unanfechtbar vereinbart war.[242] Der **eigene Wechsel** ist kein verkehrsübliches Zahlungsmittel, seine Hingabe ist deshalb inkongruent;[243] er benachteiligt die Insolvenzgläubiger allerdings nur, soweit sich die Verstärkung der zugrundeliegenden Kausalforderung durch die zusätzliche, wechselmäßige Verpflichtung auswirkt → § 129 Rn. 114 aE → § 129 Rn. 145. Die Hingabe eines **Kundenwechsels** anstelle einer Barzahlung ist regelmäßig inkongruent, weil der Gläubiger einer Zahlungsforderung keinen Anspruch auf eine solche Verstärkung hat.[244] Hatte sich allerdings die Bank des späteren Insolvenzschuldners verpflichtet, Kundenwechsel in Zahlung zu nehmen, so hatte der Schuldner ihr gegenüber eine Ersetzungsbefugnis → Rn. 32 aE, welche die Kongruenz begründet.[245] Die **Einziehung durch Lastschrift** ohne entsprechende Ermächtigung des Schuldners ist inkongruent.[246] 35

Die **Direktzahlung,** also die Zahlung eines (Dritt-)Schuldners des Insolvenzschuldners an dessen Gläubiger, bewirkt regelmäßig eine inkongruente Deckung, sofern nicht ein eigenes Forderungsrecht für diesen bereits vorher unanfechtbar begründet war;[247] die Abtretung der Forderung außerhalb der Fristen des § 131 kann insoweit nach § 133 Abs. 1 bis 3 anfechtbar sein, da die inkongruente Deckung idR ein Beweisanzeichen für den Benachteiligungsvorsatz des Schuldners und für die Kenntnis des Gläubigers von diesem Vorsatz ist, wenn die Wirkungen der Rechtshandlung zu einem Zeitpunkt eintreten, als zumindest aus der Sicht des Empfängers der Leistung Anlass bestand, an der Liquidität des Schuldners zu zweifeln.[248] Dementsprechend gewährt in der **Bauinsolvenz** die Direktzahlung eines Auftraggebers des Insolvenzschuldners gemäß § 16 Nr. 6 VOB/B an dessen Gläubiger diesem eine inkongruente Befriedigung, weil er die Leistung eines Dritten nicht zu fordern hatte.[249] Gleiches gilt für **Mietzahlungen,** die der Endmieter auf Weisung des (insolvenzreifen) Zwischenmieters (Schuldners) entgegen der vertraglichen Vereinbarung[250] oder die Muttergesellschaft für die Schuldnerin im Rahmen eines Cash Pools[251] an den Vermieter 35a

---

[237] RGZ 31, 134 (136 f.); *Jaeger/Henckel* KO § 30 Rn. 208; KPB/*Schoppmeyer* § 131 Rn. 56; Nerlich/Römermann/*Nerlich* InsO § 131 Rn. 21.

[238] RG WarnR 1931 Nr. 92; *Jaeger/Henckel* KO § 30 Rn. 208; *Lange* S. 161; Uhlenbruck/*Borries/Hirte* § 131 Rn. 45; ergänzend → Rn. 41a → § 130 Rn. 7.

[239] OLG Dresden ZInsO 2004, 746 (747).

[240] BGH BeckRS 2004, 10517; BGHZ 166, 125 (138) = ZInsO 2006, 322 (326); BGH ZInsO 2006, 1210 (1211); RG LZ 1918, 770 f.; OLG Düsseldorf WM 1985, 1042 (1043); OLG Frankfurt OLGReport 2000, 50 (52); *Bork* Zahlungsverkehr Rn. 416; KPB/*Schoppmeyer* § 131 Rn. 61.

[241] BGHZ 123, 320 (324 f.) = NJW 1993, 3267 (3268); BGHZ 181, 132 (136) = NJW 2009, 2600 (2601); BGHSt 16, 279 f. = NJW 1962, 117; OLG Stuttgart ZIP 1996, 1621 (1622); OLG Düsseldorf NJW-RR 1990, 576; OLG Brandenburg bei *Gerhardt* EWiR 1999, 125 f.; *König* Rn. 10/58; *Lange* S. 159 f.

[242] BGHZ 181, 132 (136) = NJW 2009, 2600 (2601); OLG Stuttgart ZInsO 2004, 156 (157); ergänzend → Rn. 10.

[243] FKInsO/*Dauernheim* § 131 Rn. 19; *Jaeger/Henckel* KO § 30 Rn. 211; KPB/*Schoppmeyer* § 131 Rn. 57; aM RG GA 39 [1891], 230 f.; Nerlich/Römermann/*Nerlich* InsO § 131 Rn. 20.

[244] RG Gruchot 26 [1882], 1188 f.; RG JW 1927, 1106; OLG Celle NJW 1958, 1144 (1145); *Jaeger/Henckel* KO § 30 Rn. 212; KPB/*Schoppmeyer* § 131 Rn. 57; *Lange* S. 159 f.

[245] RGZ 71, 89 (90 f.); *Jaeger/Henckel* KO § 30 Rn. 212.

[246] *Kuder* S. 93.

[247] Vgl. BGH NJW-RR 2003, 842, (844); BGH NZI 2006, 159 f.; BGH ZInsO 2007, 662, (663); BGH NZI 2009, 55; BGH NZI 2011, 141, (143); BGH NJW 2014, 1239 (1240 f.) = NZI 2014, 266 (268); HKInsO/*Thole* § 131 Rn. 9; *Huber* FS Fischer, 2008, 255 (258); zur GesO BGH NJW-RR 1999, 272 (274).

[248] BGH NJW 2014, 1239 (1240) = NZI 2014, 266 (268); → 133 Rn. 29 ff.

[249] BGH ZInsO 2002, 766 f.; BGH NJW 2014, 2956 (2958) = NZI 2014, 762 (763); BGH NJW 2016, 1012 (1013) = NZI 2016, 311 (312); OLG Dresden ZIP 1999, 2161 (2165); OLG Köln ZInsO 2006, 656 (657); *Dähne* BauR 1976, 29 (33); HKInsO/*Thole* § 131 Rn. 9; *Schmitz* ZIP 1998, 1421 (1430); aM LG Dresden ZIP 1997, 2052 (2053); *Brauns* BauR 2003, 301 (309 f.).

[250] BGH NJW-RR 2011, 630 (631) = NZI 2011, 141 (143).

[251] OLG Stuttgart NZI 2018, 749 (751).

leistet. Inkongruent ist auch die nicht von vornherein vereinbarte **Direktzahlung eines privaten Krankenversicherers** an den Arzt des Gläubigers[252] sowie die Gestaltung, wonach ein vom Schuldner erzielter Verkaufserlös zum Ausgleich einer nicht durch den Verkauf selbst ausgelösten Abgabenschuld unmittelbar an den hoheitlichen Gläubiger gezahlt wird.[253] Anders dürfte es sich dagegen verhalten, soweit der Leistungsempfänger kraft Gesetzes zur Zahlung von Umsatzsteuer für den Leistenden verpflichtet ist → Rn. 15.

35b Weist der **Arbeitgeber** (Schuldner) einen Dritten (zB eine Schwestergesellschaft) an, den geschuldeten Lohn an den Arbeitnehmer (Gläubiger) zu zahlen, liegt im Regelfall eine inkongruente Deckung vor, selbst wenn Arbeitgeber und Dritter einen **Gemeinschaftsbetrieb** unterhalten.[254] Gleiches gilt, sofern der Schuldner als Arbeitgeber den Lohn über das Konto eines Dritten, der die hierfür erforderlichen Mittel zuvor vom Schuldner zur Verfügung gestellt bekommen hatte, an den Arbeitnehmer zahlt.[255] Anders mag es zu beurteilen sein, sofern eine (konkludente) **dreiseitige Abrede** zwischen Schuldner, Dritten und Arbeitnehmer über das abweichende Zahlungsprocedere ausgemacht werden kann → Rn. 10.[256] Künftig unterwirft **§ 142 Abs. 2 Satz 3** bestimmte Drittleistungen bei Arbeitnehmerlöhnen kraft gesetzlicher Fiktion sogar dem Bargeschäftsprivileg. Die Gewährung des Arbeitsentgeltes durch einen Dritten gemäß § 267 BGB wird der Gewährung durch den Schuldner gleichgestellt, sofern für den Arbeitnehmer nicht erkennbar war, dass ein Dritter die Leistung bewirkt. Eine derartige Praxis ist heute in Familien- oder konzernverbundenen Unternehmen häufig anzutreffen. In diesen Fällen fehlt regelmäßig (mangels Erkennbarkeit) eine dreiseitige Abrede, so dass ohne die (nicht verallgemeinerungsfähige) Ausnahmeregelung des § 142 Abs. 2 Satz 3 eine die Anfechtung eröffnende inkongruente Deckung vorläge → § 142 Rn. 11.[257]

36 **bb) Nicht in der Art zu beanspruchende Sicherung.** Ist der Schuldner zur Bestellung einer bestimmten Sicherheit verpflichtet, ist deren Leistung kongruent. Dasselbe gilt bei unwesentlichen Abweichungen, zB wenn der spätere Insolvenzschuldner zur Verpfändung einer Sache verpflichtet war und der Gläubiger diese nunmehr pfändet,[258] oder wenn der Schuldner eine Hypothek zu bestellen hatte und der Gläubiger eine Zwangshypothek in gleicher Höhe an demselben Grundstück in keiner besseren Rangstelle eintragen lässt. Es soll sogar als gleich vereinbart gelten, soweit der Absender von Frachtgut mit dem Frachtführer vereinbart, dessen Pfandrecht (§ 440 HGB) durch die Abtretung der Werklohnforderung gegen den Auftraggeber abzulösen → Rn. 24 aE.

37 Leistet der Schuldner eine **andere Sicherheit als geschuldet,** ist die Inkongruenz danach zu beurteilen, ob die Abweichung geringfügig ist und die Gläubiger nicht stärker beeinträchtigt → Rn. 11 → Rn. 31. Die Bestellung eines Grundpfandrechts an einem anderen Grundstück als dem zuvor vereinbarten ist inkongruent.[259] Dagegen ist die Bestellung einer Grundschuld statt einer versprochenen Hypothek im Allgemeinen kongruent, weil sie die übrigen Insolvenzgläubiger nur ausnahmsweise schlechter stellen kann.[260] Entsprechendes gilt, sofern der Schuldner anstelle eines versprochenen Pfandrechts an einem Gegenstand dem Gläubiger ein treuhänderisches Vollrecht (Sicherungseigentum oder -abtretung) daran bestellt,[261] das ebenfalls „nur" ein Absonderungsrecht in der Insolvenz begründet. Verspricht der Schuldner einem Gläubiger die hypothekarische Sicherstellung an einem bestimmten Grundstück, das später zwangsversteigert wird, so kann die Verpfändung oder Sicherungsabtretung eines entsprechenden Anteils des Schuldners am Versteigerungserlös ein kongruenter Ersatz sein.[262] Hat der spätere Insolvenzschuldner die Abtretung sämtlicher Forderungen gegen seine (Dritt-)Schuldner mit den Anfangsbuchstaben A bis K versprochen, kann es im Einzelfall gleichwertig sein, stattdessen die (Dritt-)Schuldner mit den Anfangsbuchstaben L bis Z zu erfassen → § 142 Rn. 11. Die Verbürgung eines Dritten – auch eines Gesellschafters – auf Veranlassung des späteren Schuldners zugunsten eines seiner Gläubiger ist inkongruent,[263] sofern sie nicht

[252] OLG Karlsruhe ZInsO 2004, 1367 f.
[253] OLG Rostock ZInsO 2004, 933 (934).
[254] BAG NZI 2014, 276 (278) = NZA 2014, 255 (256 f.).
[255] BAG BeckRS 2015, 65286 = NZA 2015, 1259 (1260 ff.) = ZIP 2015, 533 (534 f.).
[256] BAG NZI 2014, 276 (278) = NZA 2014, 255 (256 f.); BAG BeckRS 2015, 65286 = NZA 2015, 1259 (1260) = ZIP 2015, 533 (534); BAG NJW 2016, 183 (184 f.) = NZI 2016, 83 (85); OLG Stuttgart NZI 2018, 749 (751).
[257] *Dahl/Schmitz* NJW 2017, 1505 (1510 f.); *Pape* ZInsO 2018, 296 (305); *Thole* ZIP 2017, 401 (408).
[258] *Jaeger/Henckel* KO § 30 Rn. 229.
[259] BGH NJW 1999, 645 f.
[260] RG WarnR 1933 Nr. 18; *Jaeger/Henckel* KO § 30 Rn. 229; aM OLG Stuttgart Recht 1908 Nr. 1439.
[261] RG JW 1909, 734 (735); Nerlich/Römermann/*Nerlich* InsO § 131 Rn. 49; *Serick* Bd. III § 35 IV 3a S. 324 f.
[262] RG KuT 1931, 106.
[263] BGH BeckRS 2004, 10517; zur möglichen Gläubigerbenachteiligung: BGH NJW 1999, 3046 (3047); → § 129 Rn. 104 → § 129 Rn. 116.

rechtzeitig vorher vereinbart worden war. Auch die Mithaftung eines Gesellschafters für eine Schuld „seiner" GmbH hat der Gläubiger nicht vor einer entsprechenden Vereinbarung mit jenem zu verlangen; wird diese erst innerhalb der „kritischen" Zeit getroffen, ist die Besicherung inkongruent.

Unerheblich ist, ob die ersatzweise gestellte, erheblich abweichende Sicherheit für den Gläubiger eine **Sicherung geringerer Art darstellt,** weil die Vermutung nahe liegt, dass der Schuldner andere Sicherheiten nicht mehr anbieten konnte. Übereignet zB ein Schuldner, der Wertpapiere zu hinterlegen hatte, stattdessen eigene Waren sicherheitshalber, so ist dies inkongruent.[264] **38**

Da die **Vereinbarung,** welche die Kongruenz begründen soll, **hinreichend bestimmt** sein muss → Rn. 20, genügen nicht Absprachen, die es dem Ermessen eines Beteiligten oder dem Zufall überlassen, welche konkrete Sicherheit erfasst wird. Zwar begründet Nr. 13 AGB-Banken/Nr. 22 AGB-Sparkassen einen Anspruch des Kreditinstituts auf Bestellung oder Verstärkung von Sicherheiten (**Nachbesicherungsanspruch**). Diese Regelungen legen das Sicherungsgut jedoch nicht in der erforderlichen Weise im Voraus fest und begründen deshalb keine Kongruenz.[265] Dasselbe gilt, sofern dem Kunden letztlich nur noch ein einziges werthaltiges Objekt übrig bleibt, das als Sicherheit tauglich wäre.[266] Entsprechendes trifft für Allgemeine Verkaufs- und Lieferbedingungen zu, die dem Lieferanten allgemein einen Anspruch auf „Sicherheiten" einräumen.[267] Dagegen ist die Fälligkeit der gesicherten Forderung selbst unerheblich, weil das Entstehen des Pfandrechts nicht von seiner Verwertungsreife abhängt.[268] **39**

Entsprechendes gilt für das **AGB-Pfandrecht** der Banken. Nach Nr. 14 Abs. 1 und 2 AGB-Banken/Nr. 21 Abs. 1 AGB-Sparkassen sind sich Kunde und Bank über das Entstehen eines Pfandrechts der Bank an Sachen des Kunden in deren Besitz sowie an Forderungen des Kunden gegen sie einig. Sogar wenn damit zugleich ein schuldrechtlicher Anspruch der Bank auf derartige Pfandrechte entsteht,[269] wird er erst in dem Zeitpunkt auf einen bestimmten Pfandgegenstand konkretisiert, in dem die Sache in den Besitz der Bank gelangt oder die Forderung entsteht.[270] Dies gilt auch für die Bestimmungen eines **Sicherheiten-Poolvertrages,** wonach der Schuldner auch seine künftigen Forderungen jedem am Pool beteiligten Gläubiger für dessen Ansprüche mit verpfändet oder dass die am Pool beteiligten Gläubiger ihre eigenen Sicherheiten jeweils treuhänderisch für die anderen verwalten.[271] Derartige Absprachen sind dann selbst wieder nach den dargelegten Regeln → Rn. 10 zusammen mit der Sicherheit selbst anfechtbar. Dementsprechend ist insbesondere das Sicherungseigentum an Kundenschecks oder Wechseln meist inkongruent, welches das Geldinstitut gemäß Nr. 15 Abs. 1 AGB-Banken/Nr. 25 Abs. 1 Satz 1 AGB-Sparkassen durch die Einreichung innerhalb der Fristen des § 131 erlangt.[272] Dasselbe gilt für die Sicherungsabtretung der dem Wertpapier zugrunde liegenden Forderung nach Nr. 15 Abs. 2 AGB-Banken/Nr. 25 Abs. 1 Satz 2 AGB-Sparkassen.[273] Die Inkongruenz würde auch durch eine nachträgliche Verwertung des Pfandrechts nicht beseitigt. Jedoch lösen Banken für ihre eigenen Kunden Schecks im Allgemeinen aufgrund des Geschäftsbesorgungsvertrages, nicht aber zur Verwertung eines eigenen Pfandrechts ein; dieser Einzug kann im weiteren Verlauf zu einer kongruenten Aufrechnungslage führen, während die früher begründete pfandmäßige Sicherung inkongruent bleibt.[274] Auch die Vereinbarung eines Kreditinstituts mit dem **39a**

---

264 BGH LM § 30 KO Nr. 1; FKInsO/*Dauernheim* § 131 Rn. 31; *Jaeger/Henckel* KO § 30 Rn. 229; *Serick* Bd. III § 35 IV 3a S. 324.

265 BGHZ 33, 389 (393 f.) = NJW 1961, 408 (409); BGHZ 150, 122 (126) = NJW 2002, 1722 (1723); BGH NJW 2007, 2324 f. = NZI 2007, 337 (338); BGHZ 174, 297 (302) = NJW 2008, 430 (431); *Eichberger* S. 125 f.; Jaeger/*Henckel* § 131 Rn. 32; KPB/*Schoppmeyer* § 131 Rn. 93; Nerlich/Römermann/*Nerlich* InsO § 131 Rn. 39; aM *Scholz* NJW 1961, 2006 f.

266 BGH NJW 1999, 645 (646); LG Dresden ZIP 2001, 1428 (1429); *Eckardt* DZWiR 1999, 206 (207); Uhlenbruck/*Borries/Hirte* § 131 Rn. 30. Anders mag es sein, soweit von vornherein nur ein einziges Sicherungsgut einvernehmlich für tauglich erachtet wurde.

267 OLG Dresden ZInsO 2004, 746 (748).

268 AM *Feuerborn* ZIP 2002, 290 (293 ff.).

269 AM OLG Celle NJW 1958, 1144 (1145); *Bork* FS Kirchhof, 2003, 57 (71).

270 BGHZ 59, 230 (235) = NJW 1972, 2084; BGHZ 150, 122 (126) = NJW 2002, 1722 f.; BGHZ 174, 297 (301 f.) = NJW 2008, 430 (431); AGR/*Gehrlein* § 131 Rn. 37 f.; *Bork* FS Kirchhof, 2003, 57 (71); *Stiller* ZInsO 2002, 651 (652 f.); aM *Wischemeyer* S. 32 ff.

271 BGH NZI 2005, 622 (623).

272 Vgl. BGHZ 118, 171 (178) = NJW 1992, 1960 (1961); OLG Köln ZIP 1995, 1684 (1687); OLG Brandenburg ZInsO 2004, 504 (506); AGR/*Gehrlein* § 131 Rn. 38; *Canaris* FS KO, 1977, 73 (86); FKInsO/*Dauernheim* § 131 Rn. 24; aM *Eckardt* ZIP 1999, 1416 (1419 f.); *Huth* S. 65, die nur auf die Vereinbarung über die Einbeziehung der AGB abstellen wollen.

273 BGH WM 2007, 897 f.; *Bork* Zahlungsverkehr Rn. 313.

274 *Canaris* FS KO, 1977, 73 (86 f.); *Jaeger/Henckel* KO § 30 Rn. 212; weitergehend AG Wetzlar WM 1986, 1532; dagegen sieht BGH NJW 1985, 2649 (2650) im Einzug der Forderung eine Pfandverwertung.

Insolvenzschuldner, dieser solle sein Konto laufend zurückführen, gibt dem Institut noch keinen Anspruch auf Kundenschecks, die für den Schuldner bestimmt sind.[275]

39b Nicht hinreichend bestimmt und deshalb inkongruent sind eine **allgemeine Gleichstellungsverpflichtung** in einer Negativklausel,[276] der Nachbesicherungsanspruch aus einer allgemeinen Positiverklärung[277] oder aus Financial Covenants[278] sowie eine Absprache, wonach das „gesamte Grundvermögen" des Schuldners dem Gläubiger haften solle.[279] Dagegen kann ein **Mantelzessionsvertrag** aus sich heraus individuell bestimmt genug ausgestaltet werden; dann hat die später aufgrund dessen erstellte Zessionsliste allenfalls deklaratorische Bedeutung, benachteiligt mithin die Gläubiger nicht mehr selbständig.[280] Ausreichend bestimmt ist zB die Übereignung des „gesamten Maschinenparks (gemietete Maschinen ausgenommen)", sofern sich die gemeinten – im Zeitpunkt des Vertragsschlusses vorhandenen – Sachen durch eine hinreichende räumliche Konkretisierung individualisieren lassen.[281] Die **tarifvertragliche Verpflichtung** eines Arbeitgebers, Ansprüche der Arbeitnehmer aus Altersteilzeitarbeitsverhältnissen zu sichern, begründet noch keinen Anspruch des einzelnen Arbeitnehmers auf eine bestimmte Sicherheit; wird diese erst in der Krise des Arbeitgebers ausgewählt, ist sie inkongruent.[282]

39c Die Vereinbarung einer umfassenden **Vorausabtretung** (Globalzession sowie Abtretung im Rahmen eines verlängerten und erweiterten Eigentumsvorbehalts) sämtlicher Forderungen des Schuldners ist im vorauszusetzenden Maß → Rn. 39 bestimmt; sie ist deshalb ein kongruentes Sicherungsmittel.[283] Gleiches gilt für das nachfolgende **Werthaltigmachen** einzelner Forderungen;[284] ein anfechtungsfreies Bargeschäft (§ 142 Abs. 1 und Abs. 2 Satz 1) scheidet jedoch insoweit aus.[285]

40 **d) Nicht zu der Zeit zu beanspruchende Deckung.** Eine Deckung ist nicht zu der Zeit zu beanspruchen, sofern der Gläubiger sie früher erhält als geschuldet, also wenn der Anspruch darauf im Zeitpunkt der Erfüllung entweder noch nicht fällig oder befristet war.[286] Die Fälligkeit vertraglicher Zahlungspflichten ist gegebenenfalls auch unter Berücksichtigung vereinbarter oder gemäß § 632a BGB geschuldeter Abschlagszahlungen zu bestimmen.[287] Dass der Schuldner die Leistung iZw vor der Fälligkeit bewirken darf (§ 271 Abs. 2 2. Var. BGB), begründet noch nicht deren Kongruenz; entscheidend ist, ob der Gläubiger sie zZ ihrer Bewirkung zu beanspruchen hatte.[288] Gerade das Recht des Gläubigers, die Leistung zu fordern, unterscheidet kongruente von inkongruenten Rechtshandlungen.[289] Die **Satzungsregelung eines Sozialversicherers,** dass Beiträge „am letzten Tag des Monats, für den sie gelten, fällig und bis spätestens 15. des Folgemonats zu zahlen" sind, begründet Fälligkeit erst zum späteren Zeitpunkt.[290] § 52 SGB I, wonach der für eine Geldleistung zuständige Leistungsträger Ansprüche eines anderen Leistungsträgers mit dessen Ermächtigung verrechnen darf, begründet eine Aufrechnungslage – und damit Kongruenz – nicht vor dem Zeitpunkt einer auf den Einzelfall bezogenen Ermächtigung,[291] jedoch bei inhaltlich unbe-

---

275 OLG Hamm ZIP 1992, 1565 (1566).

276 Vgl. hierzu Jaeger/*Henckel* § 131 Rn. 33; aM *Merkel* Die Negativklausel S. 158.

277 *Kirchhof* ZInsO 2004, 465 (469); *Obermüller* Rn. 6.103.

278 *Hess* InsO § 131 Rn. 140; *Wittig* WM 1996, 1381 (1386 f.).

279 *Hess* InsO § 131 Rn. 142.

280 *Kirchhof* ZInsO 2004, 465 (469); KPB/*Schoppmeyer* § 131 Rn. 98; *Obermüller* Rn. 6.137; zur Globalzession → Rn. 39c.

281 BGH NJW 1998, 1561 (1562 f.).

282 LG Stuttgart DZWiR 2002, 79 (80 f.) mAnm *Bichlmeier.*

283 BGHZ 174, 297 (300 ff.) = NJW 2008, 430 (431 ff.); BGH NJW-RR 2015, 1182 (1183) = NZI 2015, 765 (766); ergänzend → Rn. 20a.

284 BGHZ 174, 297 (309) = NJW 2008, 430 (434); BGH NJW-RR 2015, 1182 (1183) = NZI 2015, 765 (766).

285 BGHZ 174, 297 (311 ff.) = NJW 2008, 430 (434 f.).

286 OLG Saarbrücken ZInsO 2003, 233 (234); *König* Rn. 10/60; zu bedingten Ansprüchen → Rn. 15, zu geringfügig verfrühten Leistungen → Rn. 11.

287 BGH NJW 1990, 2687 (2688); BGH NJW-RR 2002, 1419 (1420).

288 BGHZ 181, 132 (137) = NJW 2009, 2600 (2601); RG JW 1898, 52 Nr. 24; *Eichberger* S. 138 f.; FKInsO/*Dauernheim* § 131 Rn. 21; KPB/*Schoppmeyer* § 131 Rn. 63; *Lwowski* FS Uhlenbruck, 2000, 299 (304 f.); *Mauer* Rn. 145; Nerlich/Römermann/*Nerlich* InsO § 131 Rn. 33; *Thomas* ZInsO 2007, 77 (78); Uhlenbruck/*Borries/Hirte* § 131 Rn. 8. Bietet der Schuldner die Leistung nur in anfechtbarer Weise an, gerät der Gläubiger durch deren Ablehnung nicht in Annahmeverzug (§ 294 BGB).

289 BGH NJW 1999, 3780 (3781); BGHZ 181, 132 (138) = NJW 2009, 2600 (2601).

290 BGH NJW 1998, 1306 f.; BGH NJW-RR 2005, 1575; HKInsO/*Thole* § 131 Rn. 15; iE auch *Muthorst* KTS 2006, 65; aM LG Hamburg ZIP 2003, 544 (545); vgl. zur Fälligkeit von SV-Beiträgen ergänzend § 23 Abs. 1 Satz 2 SGB IV.

291 *Wenzel* ZInsO 2006, 169 (175).

stimmter allgemeiner Ermächtigung erst mit der Verrechnungserklärung.[292] Steht dem Schuldner ein vorübergehendes **Leistungsverweigerungsrecht** – zB nach § 273 Abs. 1 BGB – zu, so ist seine gleichwohl erbrachte Leistung inkongruent.[293] Soll ein **Pfandrecht** – wie gemäß Nr. 21 Abs. 3 Satz 3 AGB-Sparkassen – nur künftige Ansprüche sichern, ist eine frühere Ausübung inkongruent.[294]

Gewährt dagegen der Schuldner die **Leistung erst später als geschuldet,** so bleibt dies kongruent, weil die Insolvenzgläubiger typischerweise durch diese Abweichung nicht schlechter gestellt werden.[295] Der Umstand allein, wonach der Liquidator einer Gesellschaft die ihm bereits gebührende Vergütung erst entnimmt, nachdem er den Insolvenzantrag für die Gesellschaft gestellt hat, macht die Erfüllung nicht inkongruent;[296] die Anfechtung ist vielmehr gemäß § 130 Abs. 1 Nr. 2 ohne weiteres begründet. Die **Anordnung eines** im Eröffnungsverfahren bestellten **vorläufigen Insolvenzverwalters,** ohne seine Genehmigung dürften keine Leistungen mehr erbracht werden, vermag nicht in bestehende schuldrechtliche Leistungspflichten einzugreifen, begründet also nicht für sich die Inkongruenz der anordnungswidrig erbrachten Leistungen an die Gläubiger fälliger Forderungen.[297] Auch **gerichtliche Anordnungen** iSv § 21 Abs. 2 Satz 1 Nr. 2 beeinträchtigen Verfügungsgeschäfte kraft Gesetzes und aus sich heraus, beeinflussen allerdings nicht die Frage der anfechtungsrechtlichen Kongruenz.[298] **40a**

Ist eine **Leistung vor Fälligkeit** erbracht worden, diese aber noch vor der Insolvenzeröffnung eingetreten, so bleibt die Leistung selbst zwar inkongruent; eine eintretende Gläubigerbenachteiligung beruht aber regelmäßig nicht mehr auf der Vorzeitigkeit der Leistung.[299] Allerdings bleibt der **Zurechnungszusammenhang** gewahrt, sofern noch vor Eintritt der Fälligkeit Sicherungsmaßnahmen gemäß § 21 eine rechtlich wirksame Erfüllungshandlung verhindert hätten.[300] **41**

Führt erst eine **Kündigung** die Fälligkeit herbei, so kann auch diese eine anfechtbare Rechtshandlung darstellen, welche die Deckung für die Zeit danach vertragsgemäß, also kongruent macht.[301] Fällig wird der Anspruch durch eine **Kündigung des Gläubigers** aber nur, wenn ein rechtswirksamer Kündigungsgrund vorliegt. Ist das der Fall, kann der Ausspruch einer Kündigung durch einen Insolvenzgläubiger sogar dann zu einer kongruenten Deckung führen, wenn die Kündigung in die von § 131 erfasste kritische Zeit fällt:[302] Gerade der Kündigungsgrund verschafft im anfechtungsrechtlichen Sinn den Anspruch auf Fälligstellung der Leistung. § 131 mutet dem Gläubiger nicht zu, dass er ihm von Rechts wegen zustehende Gestaltungsrechte nicht ausüben darf. Inkongruent könnte zwar die **Herbeiführung des Kündigungsgrundes** selbst sein. Das wäre der Fall, sofern er sich nicht bereits aus dem Gesetz oder Vertrag ergibt, sondern erst innerhalb der kritischen Zeit oder in sonstiger Weise anfechtbar vereinbart wird.[303] Folgt der Kündigungsgrund hingegen aus einer Nichterfüllung von Pflichten des Schuldners gegenüber dem betroffenen Gläubiger, insbesondere einem Zahlungsverzug, so ist dieses Verhalten nur die – entsprechend § 140 Abs. 3 bedeutungslose – Bedingung, welche das insolvenzbeständige Kündigungsrecht auslöst.[304] Kongruent ist daher – in den Grenzen des § 119 – regelmäßig die durch Kündigung nach Nr. 19 AGB-Banken/Nr. 26 AGB-Sparkassen herbeigeführte Fälligkeit; eine aus wichtigem Grund (Nr. 19 Abs. 3 und 4 AGB-Banken/Nr. 26 Abs. 2 AGB-Sparkassen) ausgesprochene Kündigung wird allerdings häufig eine Kenntnis der Bank iSv § 130 Abs. 2 nahe legen → § 130 Rn. 39. Entsprechendes gilt, sofern eine Stundung vorzeitig aufgehoben wird; abzustellen ist dann darauf, ob der Gläubiger ein insolvenzbeständiges Recht auf die alsbaldige Fälligstellung hatte. **41a**

Inkongruent ist dagegen regelmäßig die **vom Schuldner ausgesprochene Kündigung** oder seine Mitwirkung bei einer Vertragsaufhebung bzw. die Vereinbarung eines Kündigungsgrundes in **41b**

---

292 BGH NJW-RR 2005, 695 (696); vgl. für Konzernverrechnungsklauseln BGHZ 160, 107 (108 ff.) = NJW 2004, 3185 (3186 f.); BGH NJW 2006, 3631 (3632 f.); für entsprechende AGB-Klauseln der öffentlichen Hand OLG Köln WM 2005, 1798 (1800).

293 KPB/*Schoppmeyer* § 131 Rn. 68.

294 BGH ZIP 1999, 79 f.

295 BGH ZIP 1995, 1021 (1029); ergänzend → Rn. 41a für den Fall, dass der Leistungsverzug des Schuldners den Gläubiger zur Kündigung berechtigt. Das bloße Zuwarten des Gläubigers bedeutet noch keine Stundung: OLG Köln NZI 2001, 252 (253).

296 LG München I ZIP 1995, 764 f. unterscheidet dagegen nicht hinsichtlich der Kongruenz; zur möglichen kongruenten Zahlung an einen Sanierer nach Stellung des Insolvenzantrags: BGH NZI 2008, 173 (174).

297 *Jaeger/Henckel* KO § 30 Rn. 215.

298 Vgl. OLG Köln KTS 1971, 51 (52).

299 LG Münster NZI 2005, 563 (564); *Jaeger/Henckel* KO § 30 Rn. 201; aM *Lange* S. 146; ergänzend → Rn. 45.

300 BGH NJW-RR 2005, 1575 (1576).

301 BGH NJW-RR 2017, 617 (618) = NZI 2017, 352 (353); dies verkennt *Peschke* S. 204 f.

302 OLG Köln NZI 2001, 262 (263); *Kirchhof* FS Uhlenbruck, 2000, 269 (273 f.); KPB/*Schoppmeyer* § 131 Rn. 69; *Obermüller* ZInsO 2005, 198 (199); wohl auch *Bork* FS Kirchhof, 2003, 57 (69).

303 *Jaeger/Henckel* KO § 30 Rn. 217.

304 KPB/*Schoppmeyer* § 131 Rn. 70; *Steinhoff* ZIP 2000, 1141 (1145); → § 96 Rn. 34.

der Zeit seiner wirtschaftlichen Krise, weil er damit dem Gläubiger mehr Rechte verschafft als diesem von sich aus zustehen. Die Kündigung selbst bildet eine anfechtbare, die Befriedigung erst ermöglichende Rechtshandlung;[305] die entsprechende Befugnis des Schuldners verschafft dem Gläubiger deshalb noch kein kongruent erworbenes Recht auf deren Ausübung.[306]

42 **aa) Nicht zu der Zeit zu gewährende Befriedigung.** Eine Zahlung durch inländische Banküberweisung, die beim Gläubiger früher als fünf Bankgeschäftstage vor Fälligkeit eingeht, ist inkongruent; eine weniger **verfrühte Zahlung** kann dagegen noch dem Bemühen um pünktliche Zahlung entspringen und wird deshalb vom Rechtsverkehr als bedeutungslos angesehen.[307] Die Zahlung auf eine gestundete Forderung ist ebenso inkongruent wie die Einlösung eines Wechsels vor Fälligkeit.[308] Wird ein (fälliger) Anspruch erst aufgrund einer Berechnung – zB nach § 10 Abs. 1 Satz 1 RVG, § 9 Abs. 1 Satz 1 StBVV – einforderbar, ist eine frühere Tilgung inkongruent;[309] auch ein **Vorschuss** hierauf ist nach Beendigung der Angelegenheit nicht mehr zu verlangen, also inkongruent.[310] Ein Vorschuss auf eine noch nicht fällige oder durchsetzbare Forderung ist regelmäßig inkongruent, es sei denn, dass der Gläubiger ihn kraft Gesetzes (zB § 9 RVG, § 8 StBVV) oder sonst vereinbarungsgemäß – zB wegen Vermögensverfalls des Schuldners – fordern darf.[311] **Abschlagszahlungen** sind nur nach besonderer Vereinbarung oder gemäß § 632a Abs. 1 BGB zu beanspruchen; liegen die Voraussetzungen nicht vor, sind Zahlungen hierauf inkongruent.[312] Die Fälligkeit der Zahlung auf ein Grundpfandrecht richtet sich nach der gesicherten Hauptforderung.[313] Die partielle Tilgung eines durch eine Gesamtgrundschuld gesicherten Zwischenkredits ist in dem Umfang kongruent, wie sie entsprechend § 3 Abs. 1 Nr. 3 MaBV vereinbarungsgemäß aufgrund von Kaufpreiszahlungen der Erwerber erfolgt; diese spezielle Norm geht dem allgemeinen Grundsatz vor, wonach auch eine nur teilw. inkongruente Leistung insgesamt als inkongruent gilt → Rn. 11 aE. Die **Bezahlung vereinbarter monatlicher Tilgungsraten** und fälliger Darlehenszinsen ist kongruent.[314] Hat der Gläubiger einen fälligen Anspruch auf Sicherheitenbestellung, während die zu sichernde Forderung noch nicht fällig ist, ist deren sofortige Erfüllung inkongruent. Ob ein **Freistellungsanspruch** gegen einen Gesamtschuldner fällig ist, richtet sich vorrangig nach etwaigen vertraglichen Absprachen; insbesondere lässt sich §§ 257 Satz 2, 738 Abs. 1 Satz 3, 775 Abs. 2 BGB keine allgemeine Regel für eine sofortige Fälligkeit entnehmen.[315] Steht einem Arbeitnehmer ein **vertraglicher Versorgungsanspruch** (erst) für den Fall seines Ausscheidens zu, so ist eine Übertragung von Versicherungsansprüchen auf ihn bereits während der Dauer seines Arbeitsverhältnisses vorzeitig, also inkongruent.[316] Hieran ändert es nichts, sofern die Abtretung zu dem Zweck erfolgt ist, den Arbeitnehmer im Unternehmen des Insolvenzschuldners zu halten, weil dadurch kein Anspruch auf die Abtretung geschaffen wird.[317] Eine **Aufrechnung durch den späteren Insolvenzschuldner,** die für den Gläubiger – insbesondere im Hinblick auf §§ 387 letzter Hs., 390, 393 oder 394 BGB – nicht wirksam gewesen wäre, ist inkongruent.[318] Eine verfrühte Zahlung unterliegt als Ganzes – nicht etwa nur hinsichtlich eines Zwischenzinses – der Anfechtung.[319] Das gilt jedenfalls dann,

---

305 BGHZ 181, 132 (137) = NJW 2009, 2600 (2601).

306 BGHZ 181, 132 (137) = NJW 2009, 2600 (2601); FKInsO/*Dauernheim* § 131 Rn. 5; *Jaeger/Henckel* KO § 30 Rn. 217; *Kirchhof* FS Uhlenbruck, 2000, 269 (273); KPB/*Schoppmeyer*§ 131 Rn. 70; Uhlenbruck/*Borries/Hirte* § 131 Rn. 9.

307 BGH NJW-RR 2005, 1575 (1576); Andres/Leithaus/*Leithaus* § 131 Rn. 6; iE auch *Muthorst* KTS 2006, 65 (66); ergänzend → Rn. 11.

308 OLG Celle ZInsO 2001, 1160.

309 OLG Frankfurt OLGReport 2000, 50 (52 f.).

310 BGHZ 167, 190 (197 f.) = BGH NJW 2006, 2701 (2703).

311 Vgl. BGHZ 86, 190 (193 f.) = NJW 1983, 887 (888); BGHZ 167, 190 (198) = BGH NJW 2006, 2701 (2703); *Hess* InsO § 131 Rn. 172; krit. *C. Paulus* WuB VI A. § 133 InsO Rn. 1.06.

312 BGH NJW-RR 2002, 1419 (1420); *Schmitz* Bauinsolvenz Rn. 493 f.

313 RG LZ 1910, 474 (475 f.).

314 BGH NJW 1999, 3780 (3781).

315 BGH NJW-RR 2006, 1718 f.

316 BAGE 20, 11 (22) = NJW 1967, 2425 (2427); LG Dresden ZInsO 2006, 998 (999).

317 *Jaeger/Henckel* KO § 30 Rn. 216; *Fr. Weber* AP § 29 KO Nr. 1 Bl. 9 Rs. mAnm zu BAGE 20, 11 (22) = NJW 1967, 2425 (2427).

318 *V. Olshausen* KTS 2001, 45 (48 f.); zur Ursächlichkeit → Rn. 45, zur Kündigung durch den Schuldner → Rn. 41b.

319 *Jaeger/Henckel* KO § 30 Rn. 217; zu der hierdurch verursachten (mittelbaren) Gläubigerbenachteiligung → Rn. 45; dagegen betrifft BGH ZIP 1997, 853 (854) allein die Verursachung einer unmittelbaren Gläubigerbenachteiligung. Die Frage wird von BGH NJW-RR 2005, 1575 (1576) für den Fall der mittelbaren Gläubigerbenachteiligung offengelassen; ergänzend → Rn. 11 aE.

soweit der Schuldner im Zeitpunkt der Fälligkeit wegen einer zwischenzeitlich ergangenen Sicherungsanordnung nicht mehr die Möglichkeit gehabt hätte, frei über sein Vermögen zu verfügen.[320]

Übt ein Sicherungsnehmer sein Sicherungsrecht – zB durch eine Kontosperre – vor Fälligkeit (zB nach § 1281 Satz 2 1. Hs. BGB) aus, darf dies nur zur **Sicherstellung** führen;[321] eine **Befriedigung** – insbesondere durch Verrechnung – wäre verfrüht, also inkongruent.[322] Verursacht eine als verfrüht inkongruente Sicherstellung eine Befriedigung, so ist diese wiederum insoweit inkongruent, als sie ohne die Ausübung des Sicherungsrechts nicht eingetreten wäre.[323] Entsprechendes gilt für die vorzeitige Abholung einer als Sicherheit dienenden Sache beim Schuldner → § 129 Rn. 137. Allerdings kann eine Bank von ihrem Pfandrecht an den Forderungen eines Kunden aus einem Kontoguthaben auch bereits vor Pfandreife Gebrauch machen, wenn ein entsprechendes Sicherungsbedürfnis besteht, indem sie zur Sicherung einer späteren Verwertung das Konto des Kunden sperrt; das wäre kongruent. Lässt die Bank es danach jedoch zu, dass der Kunde über sein Kontoguthaben wenigstens teilw. wieder verfügt, gibt sie insoweit ihr Pfandrecht frei; erhöht sich anschließend in den Fristen des § 131 durch Gutschriften der Kontostand, ist das in entsprechender Höhe neu entstehende Pfandrecht inkongruent.[324] 42a

bb) Nicht zu der Zeit zu gewährende Sicherungen. Der **Inhaber einer Grundschuld** hat die durch sie gewährte Sicherung erst zu beanspruchen, wenn ihr eine schuldrechtliche Forderung zugrunde liegt; erwirbt er sie erst in der Zeit der Krise des Schuldners, ist die Valutierung der Grundschuld inkongruent.[325] Auch hinsichtlich der Fälligkeit muss ein Anspruch auf Sicherung hinreichend bestimmt sein → Rn. 20.[326] 43

Insbesondere bei **Herstellung der** sichernden → § 130 Rn. 9 **Aufrechnungslage** entscheidet oft, wann der aufrechnungsbefugte Gläubiger hierauf einen Anspruch hatte. Dies ist im Hinblick auf § 387 BGB regelmäßig derjenige Zeitpunkt, in dem die Gegenforderung, mit welcher der Insolvenzgläubiger aufrechnet, voll wirksam und fällig und die Hauptforderung des Insolvenzschuldners wenigstens erfüllbar ist. **Abweichende Vereinbarungen,** welche die beiderseitige Auf- oder Verrechenbarkeit allgemein – also nicht nur für den Krisenfall – rechtswirksam bereits für einen früheren Zeitpunkt vorsehen, sind grundsätzlich auch in der Insolvenz eines Vertragsteils gültig. Eine Kongruenz können sie jedoch nur bewirken, sofern sie vor der von § 131 erfassten Zeit → Rn. 10 abgeschlossen wurden. Ist das der Fall, so ist die darauf gestützte Aufrechnung nicht allein deswegen inkongruent, weil die Voraussetzungen des § 387 BGB noch nicht vorlagen. Denn Kongruenz kann nicht nur durch gesetzliche, sondern auch durch vertraglich geregelte Ansprüche herbeigeführt werden. Die Gegenmeinung[327] unterläuft § 94. Erfüllt ein Schuldner des späteren Insolvenzschuldners eine diesem gegenüber bestehende Verpflichtung nicht, um gegen eine erst später fällig werdende Verbindlichkeit des Insolvenzschuldners aufrechnen zu können, hat er diese Aufrechnungslage in inkongruenter Weise ermöglicht;[328] sie benachteiligt die Insolvenzgläubiger weitergehend als eine verspätete Zahlung des Insolvenzschuldners selbst → Rn. 40a. Gleiches gilt, sofern der Geschäftsführer mit seinen Entgeltansprüchen gegen in der Krise begründete Haftungsverbindlichkeiten aus § 64 GmbHG gegenüber der Gesellschaft (Schuldnerin) aufrechnen möchte.[329] 43a

Dieselben Regeln gelten für die **bankmäßige Verrechnung,** insbesondere mit Zahlungseingängen. Einen Anspruch auf eine solche Sicherung hat der Gläubiger, also meist das Kreditinstitut, sobald ihm ein fälliger Anspruch auf Ausgleich des Saldos zusteht.[330] Insoweit liegen verschiedene Möglichkeiten nahe: Hat die Bank einen Anspruch aufgrund eines Kredits mit fester Laufzeit, kommt es auf den Ablauf der vereinbarten Zeit an, solange nicht eine fristlose Kündigung berechtigt ist und früher ausgesprochen wird → Rn. 41a. Das gilt insbesondere für den Ratenkredit.[331] Dagegen ist eine Verrechnung vor Ablauf der Kündigungsfrist inkongruent. Ist der Kredit nicht befristet, endet er nach §§ 489, 490 BGB erst aufgrund einer **Kündigung** und gegebenenfalls 44

---

[320] BGH NJW-RR 2005, 1575 (1576).
[321] AGR/*Gehrlein* § 131 Rn. 36.
[322] BGH NZI 2006, 700 (701); *Bork* FS Kirchhof, 2003, 57 (71).
[323] BGH NJW-RR 2004, 1190 (1191); ergänzend → Rn. 45.
[324] BGH NZI 2004, 314 (315).
[325] BGH WM 1975, 947 (948).
[326] Zur verfrühten Verwertung einer Sicherheit → Rn. 42a.
[327] *Häsemeyer* Kölner Schrift S. 645 (658).
[328] *C. Paulus/Schröder* WM 1999, 253 (256).
[329] BGH NJW 2014, 624 (625) = NZI 2014, 114 (115).
[330] BGH NJW-RR 1989, 1010 (1011); BGH NJW 1998, 1318 (1320); *Canaris* Bankvertragsrecht Rn. 499; *Jaeger/Henckel* KO § 30 Rn. 274.
[331] *Canaris* FS KO, 1977, 73 (81); Nerlich/Römermann/*Nerlich* InsO § 131 Rn. 27.

nach Ablauf der Kündigungsfrist.[332] Das Fehlen einer festen Laufzeit führt allein noch nicht zur jederzeitigen Fälligkeit;[333] sogar die nach Nr. 19 Abs. 2 und 3 AGB-Banken/Nr. 26 Abs. 2 AGB-Sparkassen mögliche fristlose Kündigung ist an die dort jeweils genannten besonderen Voraussetzungen gebunden und führt die Fälligkeit nicht vor ihrem Ausspruch herbei. Gleiches trifft zu, wenn ein zunächst befristeter Kredit nach Fristablauf durch wenigstens konkludente Vereinbarung fortgesetzt wird.[334] Die **bloße Sperre des Kontos** für weitere Belastungen ist noch keine Kündigung eines bereits ausgereichten Kredits,[335] ebenso wenig die bankinterne Umbuchung auf ein anderes Konto.[336] Die Erklärung der Aufrechnung enthält für sich nicht ohne weiteres auch den Ausspruch der Kündigung.

44a Diese Grundsätze sind auf den unbefristet gewährten **Kontokorrentkredit** anwendbar, also typischerweise **bis zu der eingeräumten Obergrenze;** auch jener endet erst aufgrund einer Kündigung. Eine Rückführung vor Ablauf der Kündigungsfrist ist inkongruent. Hat die Bank die Kündigung des Kredits ausgesprochen, so bedeutet ihre Ankündigung, noch einzelne Kontoüberziehungen zu dulden, allein noch nicht die Rücknahme der Kündigung.[337] Der Umstand, dass das Geldinstitut vertraglich verpflichtet ist, die Zahlungen der Drittschuldner anzunehmen, rechtfertigt nicht die Verrechnung zu Tilgungszwecken.[338] Kongruenz tritt jedoch (nur)[339] in dem Umfang ein, wie die Bank dem Kunden den Kredit vertragsgemäß zur Verfügung stellt.[340] Überzieht der Kunde (der spätere Insolvenzschuldner) die Obergrenze des Kredits, hängt die sofortige Rückzahlbarkeit vom Verhalten der Bank ab: Vereinbart sie mit dem Kunden wenigstens stillschweigend die Überziehung, liegt darin eine weitergehende Kreditgewährung, die erst wieder gekündigt werden muss.[341] Dass die Bank nicht sofort auf der Rückführung der Überziehung besteht, bedeutet für sich allein allerdings noch keine rechtsgeschäftliche Bindung; nötig sind vielmehr zusätzliche Anhaltspunkte.[342] Bei **nicht genehmigten Überziehungen** hat die Bank einen täglich fälligen Anspruch auf Rückführung.[343] Genauso liegt es, sofern nur ein Girokonto ohne gleichzeitige Einräumung eines Überziehungskredits geführt wird; hier stellt jeder Schuldsaldo eine zunächst ungenehmigte Überziehung dar.[344] In diesen Fällen ist die Verrechnung kongruent. Dasselbe gilt, soweit eine Verrechnung durchgeführt wird, um dem Kunden zu ermöglichen, den Kredit im vereinbarten Rahmen unmittelbar wieder in Anspruch nehmen zu können → Rn. 16 → § 142 Rn. 19 → § 142 Rn. 30.

45 **3. Gläubigerbenachteiligung.** Eine **mittelbare Gläubigerbenachteiligung** → § 129 Rn. 121 ff. genügt;[345] sie braucht durch eine inkongruente – insbesondere ermöglichende – Maßnahme auch nur mit verursacht worden zu sein.[346] Sie tritt bei inkongruenten Erfüllungshandlungen aus dem Schuldnervermögen fast immer ein, weil diese Art der Erfüllung zu Ungunsten der Insolvenzgläubiger von dem materiell an sich gerechtfertigten Maß der Vermögensminderung auf der Schuldnerseite abweicht. Allerdings gibt es seltene Ausnahmefälle, in denen die **Gläubigerbenach-**

---

332 BGHZ 138, 40 (47 f.) = NJW 1998, 1318 (1320); *Dampf* KTS 1998, 145 (158 f.).

333 BGH NJW 1999, 3780 (3781); OLG Hamm ZIP 2001, 1683 (1685); *de Bra* NZI 1999, 249 (250, 254); aM *Peters/Lwowski* WM 1999, 258 (264).

334 OLG Düsseldorf ZIP 2004, 1008 (1009 f.).

335 Vgl. BGHZ 118, 171 (175 f.) = NJW 1992, 1960 f.; BGH NJW 2003, 360 (361).

336 LG Köln ZVI 2002, 72 (73) auch für den Fall, dass der Schuldner zustimmt.

337 BGH NJW 2001, 1650 (1651).

338 BGH NJW 1999, 3780 (3781); BGHZ 150, 122 (127 f.) = NJW 2002, 1722 (1723 f.); BGH NJW 2003, 361 (362); BGH NZI 2004, 491 f.; OLG Köln NZI 2005, 112 (113 f.); OLG Celle ZInsO 2005, 377 (378).

339 OLG Schleswig ZInsO 2006, 1224 (1226).

340 BGHZ 150, 122 (127 ff.) = NJW 2002, 1722 (1723); BGH NJW 2003, 360 (362); BGH NZI 2004, 491 f.; BGH BeckRS 2006, 05336; wohl auch *König* Rn. 10/63; aM OLG Rostock WM 2007, 980 (981); *Bork* FS Kirchhof, 2003, 57 (67 f.); *Peschke* S. 190 ff.

341 BGH NJW 1998, 1318 (1320); AGR/*Gehrlein* § 131 Rn. 25; *Schimansky/Bunte/Lwowski* § 75 Rn. 25 ff.; dies berücksichtigt *Canaris* FS KO, 1977, 73 (81) nicht.

342 BGH ZIP 2003, 1435 (1437); OLG Köln ZInsO 2004, 43 (44 f.); OLG Köln ZInsO 2004, 624 (625).

343 BGHZ 138, 40 (47) = NJW 1998, 1318 (1320); BGH NJW 1999, 3780 (3781); BGH NZI 2004, 491 f.; OLG Rostock ZIP 2003, 1805 (1808); AGR/*Gehrlein* § 131 Rn. 25; Nerlich/Römermann/*Nerlich* InsO § 131 Rn. 25; *Streit/Jordan* DZWiR 2004, 441 (445).

344 LG Bochum ZIP 2001, 87 (88); AGR/*Gehrlein* § 131 Rn. 25; *Gerth* BB 1978, 689 (690); *Heublein* ZIP 2000, 161 (166); *v. Usslar* BB 1980, 916 (918).

345 *Baur/Stürner* Nr. 19.42; HKInsO/*Thole* § 131 Rn. 6; *Jaeger/Henckel* KO § 30 Rn. 122; Uhlenbruck/*Borries/Hirte* § 131 Rn. 2; zu § 30 Nr. 2 KO BGHZ 147, 233 (238) = NZI 2001, 357 (358); LAG Düsseldorf KTS 1988, 163 (167).

346 BGH NZI 2004, 248 (249).

teiligung wertungsmäßig **nicht auf der Inkongruenz der Leistung beruht.**[347] Dies kommt insbesondere in Betracht, wenn nur zeitliche Abweichungen die Inkongruenz begründen: Ist eine Leistung zwar vor Fälligkeit erbracht worden, die Fälligkeit aber noch vor der Insolvenzeröffnung unanfechtbar eingetreten, kann eine Anfechtung regelmäßig allein auf § 130 gestützt werden,[348] wobei allerdings gerade die Inkongruenz der verfrühten Leistung auf eine Kenntnis von der Zahlungsunfähigkeit hinweisen kann → Rn. 63. Zudem ist ein durch vorzeitige Tilgung eingetretener **Nutzungsvorteil inkongruent.** Dagegen bleibt der Zurechnungszusammenhang zur Inkongruenz sogar mit Bezug auf die Hauptschuld bestehen, falls vor Eintritt der Fälligkeit Sicherungsmaßnahmen gemäß § 21 erlassen worden sind, die eine insolvenzfeste Leistung verhindert hätten.[349] Die Insolvenzgläubiger werden nicht benachteiligt, soweit ein Kreditinstitut Zahlungen von Kunden des späteren Insolvenzschuldners verrechnet, deren Verbindlichkeiten dem Institut bereits als Sicherheit dienten → § 129 Rn. 142a.

V. Besondere Anfechtungsvoraussetzungen des Abs. 1 Nr. 1

Die Anfechtung hängt gemäß **Nr. 1** zusätzlich nur davon ab, dass die Deckungshandlung **bis zu einem Monat** (einschließlich) vor Stellung des Eröffnungsantrags oder danach bis zur Verfahrenseröffnung → § 129 Rn. 74 f. vorgenommen worden ist.[350] Ob der Schuldner zu dieser Zeit bereits zahlungsunfähig war, ist unerheblich. Die Vorschrift verallgemeinert die Wirkungen der Rückschlagsperre des § 88 → Rn. 26 ff. → Rn. 29. Ist Gegenstand der Anfechtung im Anwendungsbereich des § 96 Abs. 1 Nr. 3 die **inkongruente Rückführung eines Kredits** durch Verrechnungen im Kontokorrent, kommt es allein auf den nach Nr. 1 maßgeblichen Handlungszeitraum – den letzten Monat vor Antragstellung und ggf. die Zeit danach – an. Eine vorangegangene Rechtshandlung oder Gläubigerbenachteiligung ist für diesen Anfechtungstatbestand ohne Bedeutung.[351] 46

VI. Besondere Anfechtungsvoraussetzungen des Abs. 1 Nr. 2

1. Zeitpunkt der Vornahme. Nr. 2 erschwert im Vergleich mit Nr. 1 die Anfechtung solcher Deckungshandlungen, die innerhalb des **zweiten oder dritten Monats** vor dem Eröffnungsantrag vorgenommen worden sind. Diese Voraussetzung ist entsprechend § 130 → § 130 Rn. 24 ff. zu bestimmen, wobei hier der letzte Monat vor dem Eröffnungsantrag im Hinblick auf Nr. 1 außer Betracht bleibt. Die Frage der Inkongruenz von **Verrechnungen im debitorischen Bankenkontokorrent** kann im Anwendungsbereich des § 96 Abs. 1 Nr. 3 innerhalb des zweiten oder dritten Monats vor der Insolvenzantragstellung für den gesamten Anfechtungszeitraum nur einheitlich beantwortet werden. Wird das Kontokorrent nicht vorher gekündigt, läuft der Anfechtungszeitraum bis zur Eröffnung des Insolvenzverfahrens.[352] Dies hat zur Folge, dass bei einer wechselnden Inanspruchnahme des Kredits innerhalb des Anfechtungszeitraums weder der höchste zwischenzeitliche Sollstand[353] noch der niedrigste erreichte Zwischenstand[354] die Höhe der anfechtungsrechtlich relevanten Kreditrückführung beeinflussen kann. 47

2. Zahlungsunfähigkeit. Die Anfechtung gemäß Nr. 2 setzt zusätzlich voraus, dass der Schuldner bei Vornahme der Deckungshandlung objektiv zahlungsunfähig war → § 130 Rn. 27 ff. Ob der Gläubiger das wusste, ist hier unerheblich.[355] 48

VII. Besondere Anfechtungsvoraussetzungen des Abs. 1 Nr. 3

Nach der amtlichen Begründung der BReg. stellt **Nr. 3** „einen auf inkongruente Deckung bezogenen Sonderfall der Anfechtung wegen vorsätzlicher Benachteiligung" (§ 133) dar.[356] Da die 49

---

347 Zu dieser Voraussetzung → § 129 Rn. 169 ff.

348 OLG Koblenz ZInsO 2001, 967 (968); *Jaeger/Henckel* KO § 30 Rn. 201; *König* Rn. 10/60; *v. Olshausen* KTS 2001, 45 (51 ff.); ergänzend → Rn. 41.

349 BGH NJW-RR 2005, 1575 (1576); HKInsO/*Thole* § 131 Rn. 18 aE; *Muthorst* KTS 2006, 65 (67 f.); ergänzend → Rn. 41 → Rn. 42a.

350 Zur Vornahme der Handlung einerseits vgl. § 140, zur Berechnung der Monatsfrist andererseits → § 130 Rn. 25 f. → § 130 Rn. 52.

351 BGH NZI 2011, 675 mAnm *Leithaus*.

352 BGH NZI 2011, 675 mAnm *Leithaus*.

353 BGH NZI 2008, 184 (185); BGH NZI 2011, 675 (676).

354 BGH NZI 2011, 675 (676).

355 AGR/*Gehrlein* § 143 Rn. 43; HKInsO/*Thole* § 131 Rn. 30 aE.

356 RegE S. 159 zu § 146 Abs. 1 Nr. 3; ebenso *Beissenhirtz* S. 115; *Holzer* WiB 1997, 729 (735); *Huth* S. 70; *Obermüller/Hess* InsO Rn. 333; *Zeuner* Anfechtung Rn. 126; wohl auch *Schoppmeyer* NZI 2005, 185 (194).

Norm aber einen Benachteiligungsvorsatz des Schuldners nebst entsprechender Kenntnis des Gläubigers unwiderleglich vermutet, bringt diese Vorstellung für die Rechtsanwendung keine zusätzliche Klarheit. Sachgerechter erscheint das Verständnis, wonach auch diese Norm die Gläubigergleichbehandlung in der Zeit der wirtschaftlichen Krise des Schuldners verwirklichen helfen soll.[357] Rechtliche Folgen sind aus der Einordnung nicht abzuleiten. Insbesondere bieten weder Wortlaut noch Systematik oder Zweck der Vorschrift einen Anhaltspunkt dafür, dass nur Rechtshandlungen des Schuldners anfechtbar sein sollen:[358] Auch der Gläubiger, der sich in Kenntnis der wenigstens drohenden Krise eine inkongruente Deckung verschafft, ist nicht schutzwürdig → Rn. 27 ff.; sein Verhalten liegt nur wenig unter demjenigen, bei welchem nach § 130 Abs. 1 Nr. 1 sogar kongruente Deckungen anfechtbar sind → § 133 Rn. 30.

50 **1. Zeitpunkt der Vornahme.** In zeitlicher Hinsicht entspricht Nr. 3 der Nr. 2. Erfasst werden also Deckungshandlungen innerhalb des **zweiten oder dritten Monats** vor dem Eröffnungsantrag → Rn. 47.

51 **2. Benachteiligung der Insolvenzgläubiger.** Nr. 3 enthält als zusätzliches erschwerendes Merkmal anstelle der Zahlungsunfähigkeit in Nr. 2 die Kenntnis des Begünstigten von der benachteiligenden Wirkung der Deckungshandlung. In objektiver Hinsicht wird damit allein die durch die Handlung verursachte → § 129 Rn. 169 ff. **mittelbare Gläubigerbenachteiligung** des § 129 Abs. 1 → § 129 Rn. 121 ff. vorausgesetzt.[359] Auf eine Begünstigungsabsicht des Schuldners kommt es – anders als noch nach § 30 Nr. 2 KO – nicht mehr an.

52 **3. Kenntnis des Gläubigers von der Benachteiligung.** Der Anfechtungsgegner muss die durch die Deckungshandlung verursachte Benachteiligung → Rn. 51 im Zeitpunkt der Vornahme der Rechtshandlung → § 130 Rn. 32 kennen.

53 **a) Kenntnis.** Kenntnis bedeutet insoweit das **für sicher gehaltene Wissen,**[360] dass die fragliche Deckungshandlung die Befriedigungsaussichten der anderen Insolvenzgläubiger mit verschlechtert. Der begünstigte Gläubiger muss mithin die Vorstellung haben, dass die Handlung das zur Gläubigerbefriedigung verfügbare Vermögen des Schuldners schmälert und dieses voraussichtlich nicht mehr ausreichen wird, um sämtliche Insolvenzgläubiger zu befriedigen.[361] Andererseits fehlt die Kenntnis, sofern der Gläubiger sicher davon überzeugt war, dass das Vermögen des Schuldners zur vollen Befriedigung sämtlicher Gläubiger ausreichen oder dass er die dafür erforderlichen Mittel in absehbarer Zeit erhalten werde.[362]

54 **b) Kenntnis der Umstände (Abs. 2 Satz 1).** Nach Abs. 2 Satz 1 steht der Kenntnis der Benachteiligung selbst die Kenntnis solcher Umstände gleich, die zwingend auf die Benachteiligung schließen lassen. Der Gläubiger muss also die **tatsächlichen Umstände** in dem in Rn. 53 genannten Sinn kennen.[363] Da der Anfechtungsgegner die Tatsachen, welche die Inkongruenz begründen, durchweg kennt und inkongruente Deckungshandlungen fast immer das haftende Vermögen des Schuldners schmälern → Rn. 45, geht es hier vor allem um die **Kenntnis der kritischen wirtschaftlichen Lage** des Schuldners. Dafür ist nicht die Kenntnis einer Zahlungsunfähigkeit iSv § 17 nötig; denn auch § 131 Abs. 1 Nr. 3 soll die Anfechtung im Vergleich mit § 130 Abs. 1 Nr. 1 erleichtern. Die Kenntnis einer drohenden Zahlungsunfähigkeit iSv § 18 reicht stets aus,[364] doch muss sich die Kenntnis hier nicht einmal auf die gesetzlichen Voraussetzungen dieser Norm beziehen, insbesondere nicht darauf, dass die zu berücksichtigenden Verbindlichkeiten bereits dem Grunde nach bestehen. Vielmehr genügt es, wenn der Gläubiger aufgrund der ihm bekannt gewordenen Tatsachen die Liquiditäts- und Vermögenslage des Schuldners als so unzulänglich einschätzt, dass

357 BGHZ 162, 143 (148 f.) = NJW 2005, 1121 (1122); *Henckel* Kölner Schrift S. 830 f.; aM KPB/*Schoppmeyer* § 131 Rn. 146; *Lind* (Vor § 133) S. 57 f.; Nerlich/Römermann/*Nerlich* InsO § 131 Rn. 61. Bereits der Einführung des § 30 Nr. 2 KO lag die Vorstellung des Gesetzgebers zugrunde, es handele sich hierbei um einen Sonderfall der Absichtsanfechtung, vgl. *Hahn* Die gesamten Materialien zu den Reichsjustizgesetzen Bd. IV S. 133 f.; diese Sicht hat sich mit Recht ebenfalls nicht durchgesetzt → § 130 Rn. 1.

358 AGR/*Gehrlein* § 131 Rn. 44; Braun/*de Bra* § 131 Rn. 34; aM Nerlich/Römermann/*Nerlich* InsO § 131 Rn. 64; für reine Zwangsvollstreckungsmaßnahmen auch *Schoppmeyer* NZI 2005, 187 (194).

359 RegE S. 159 zu § 146 Abs. 1 Nr. 3; AGR/*Gehrlein* § 131 Rn. 44.

360 Zu diesem Maßstab → § 130 Rn. 33.

361 BGHZ 157, 242 (250) = NJW 2004, 1385 (1386 f.); BGH NJW-RR 2004, 1563 (1565).

362 AGR/*Gehrlein* § 131 Rn. 44; HKInsO/*Thole* § 131 Rn. 31; zur Begünstigungsabsicht nach § 30 Nr. 2 KO BGHZ 128, 196 (203) = NJW 1995, 1090 (1092); BGH ZInsO 2005, 373 (374 f.).

363 BGHZ 157, 242 (250 f.) = NJW 2004, 1385 (1387); HKInsO/*Thole* § 131 Rn. 32; ergänzend → § 130 Rn. 34 ff.

364 AGR/*Gehrlein* § 131 Rn. 45; sie genügt sogar den strengeren Anforderungen des § 133 Abs. 1 Satz 2.

dieser in absehbarer Zeit voraussichtlich nicht mehr in der Lage sein wird, alle seine Zahlungspflichten zu erfüllen, und dass dann andere Gläubiger wenigstens teilw. leer ausgehen.[365] Ob der Schuldner iSv § 19 überschuldet ist, hat hierfür zwar keine unmittelbare Bedeutung, kann allerdings Rückschlüsse auf eine drohende Zahlungsunfähigkeit zulassen.[366] Dasselbe kann zutreffen, sofern sich ein Gläubiger nahezu das gesamte Vermögen des Schuldners hat übertragen lassen und diesem kaum Mittel verbleiben, um seine übrigen Gläubiger zu befriedigen.[367] Ferner kennt ein Gläubiger von Ansprüchen auf fortlaufende Zahlungen im Allgemeinen Umstände, die zwingend auf die Benachteiligung schließen lassen, soweit er über Monate hinweg nur unvollständige Leistungen erhalten und sich mehrfach veranlasst gesehen hat, mit Nachdruck Insolvenzanträge anzudrohen.[368]

Kennt der Gläubiger die in Rn. 54 bezeichneten Tatsachen, folgt daraus regelmäßig zugleich zwingend der **Schluss auf die Benachteiligung.** Denn wer weiß, dass der Schuldner mit überwiegender Wahrscheinlichkeit demnächst nicht mehr alle seine Gläubiger wird befriedigen können, und gleichwohl dabei mitwirkt, das haftende Vermögen weiter zu verkürzen, muss zweifelsfrei mit deren vertiefter Benachteiligung rechnen. Die Kenntnis der Inkongruenz allein genügt aber nicht → Rn. 63. 55

c) Kenntnis gerade des Gläubigers. Die Kenntnis muss gerade derjenige Gläubiger haben, der die Deckung erhält.[369] Erteilt insbesondere der Gläubiger seinem Rechtsanwalt den Auftrag, umfassend gegen den Schuldner vorzugehen, so schadet ihm gemäß § 166 BGB sowohl seine eigene Kenntnis der bezeichneten Umstände als auch die seines anwaltlichen Vertreters → § 130 Rn. 41 ff. 56

VIII. Beweislast

1. Regelfall. Regelmäßig muss **der Insolvenzverwalter** sämtliche objektiven und subjektiven Anfechtungsvoraussetzungen des § 131 beweisen.[370] 57

So hat er das **Vorliegen einer Deckungshandlung** gegenüber einem Insolvenzgläubiger in der „kritischen" Zeit → § 130 Rn. 62 f. zu beweisen. 58

Gleiches gilt für die **Inkongruenz der Deckungshandlung.**[371] Allerdings genügt es, soweit die Behauptung des Insolvenzgläubigers, auf welche dieser seinen Deckungsanspruch stützt, widerlegt wird.[372] 59

Beweisen muss der Insolvenzverwalter zudem die durch die Deckungshandlung bewirkte, mindestens **mittelbare Gläubigerbenachteiligung** → § 130 Rn. 63, die allerdings durch inkongruente Deckungen fast immer verursacht sein wird → Rn. 45. 60

Endlich hat der Insolvenzverwalter im Fall des **Abs. 1 Nr. 2** die **Zahlungsunfähigkeit** des Schuldners zZ der Handlung zu beweisen.[373] 61

---

365 BGHZ 157, 242 (250) = NJW 2004, 1385 (1386 f.); AGR/*Gehrlein* § 131 Rn. 45; *Hess* InsO § 131 Rn. 218; HKInsO/*Thole* § 131 Rn. 32; *Henckel* Kölner Schrift S. 660. Derselbe Maßstab galt bereits zum Fehlen der Gläubigerbegünstigungsabsicht und deren Kenntnis gemäß § 30 Nr. 2 KO: BGH WM 1959, 470 (471 f.); BGH WM 1960, 377 (381); BGH WM 1961, 1371 (1372) = NJW 1962, 202 Ls.; BGH WM 1969, 968 f.; BGH WM 1977, 539 f. = NJW 1977, 1884 Ls.; BGHZ 128, 196 (202 f.) = NJW 1995, 1090 (1092); BGHZ 135, 140 (148 f.) = NJW 1997, 1857 (1859); BGH NJW 1997, 3175 f.; BGH NJW 1997, 3445 (3446); LG Bonn ZIP 1997, 82 (83). Ebenso zur Gläubigerbenachteiligungsabsicht und deren Kenntnis gemäß § 31 KO: BGH WM 1962, 1369 (1371); BGH NJW 1990, 2626 (2627); BGH NJW 1998, 1561 (1564); BGH NJW 1998, 2592 (2598); BGH ZIP 1999, 406 (408); zu Sanierungsversuchen → § 133 Rn. 37 f. → § 133 Rn. 38b.

366 AGR/*Gehrlein* § 131 Rn. 45; vgl. insbesondere zu den Verhältnissen innerhalb eines Konzerns BGHZ 138, 291 (307) = NJW 1998, 2592 (2598); *Hölzle* ZIP 2006, 101 (106 f.); ergänzend → § 133 Rn. 24.

367 *Jauernig* § 52 IV 2c S. 250.

368 BGHZ 157, 242 (249 ff.) = NJW 2004, 1385 (1387 f.); AGR/*Gehrlein* § 131 Rn. 45; *Viertelhausen* InVo 2004, 345 (349); zu Beweiserleichterungen → Rn. 63 f.

369 Wegen der Zurechnung der Kenntnis anderer Personen → § 130 Rn. 41 ff.

370 HKInsO/*Thole* § 131 Rn. 33; KPB/*Schoppmeyer* § 131 Rn. 156.

371 BGH WM 1969, 888 (890); RG bei *Jaeger* LZ 1908, 876; RG JW 1936, 2406 Nr. 22 Ls.; OLG Hamburg ZIP 1984, 1373 (1375); *Baur/Stürner* Rn. 19.34; *Hess* InsO § 131 Rn. 223; *Jaeger/Henckel* KO § 30 Rn. 261 ff.; Uhlenbruck/*Borries/Hirte* § 131 Rn. 21.

372 BGHZ 123, 320 (330) = NJW 1993, 3267 (3269); RG LZ 1911, 856 f.; OLG Stuttgart ZInsO 2004, 156 (157); FKInsO/*Dauernheim* § 131 Rn. 42; *Jaeger/Henckel* KO § 30 Rn. 261.

373 RegE S. 159 zu § 146; BGH NJW-RR 2004, 1563 (1565); OLG Köln NZI 2005, 112 (114 f.); RG bei *Jaeger* LZ 1908, 876; OLG Bamberg LZ 1908, 874; KG JW 1929, 598; HKInsO/*Thole* § 131 Rn. 30; *Jaeger/Henckel* KO § 30 Rn. 262, 265; Nerlich/Römermann/*Nerlich* InsO § 131 Rn. 71; Uhlenbruck/*Borries/Hirte* § 131 Rn. 21.

62 **2. Erleichterungen zu Abs. 1 Nr. 3.** Grundsätzlich muss der Insolvenzverwalter im Rahmen des Abs. 1 Nr. 3 beweisen, dass der Gläubiger bei Vornahme der Rechtshandlung die dadurch bewirkte Gläubigerbenachteiligung kannte.[374] Insoweit genügt allerdings im Hinblick auf Abs. 2 Satz 1 der Nachweis, dass der Gläubiger die wirtschaftliche Krise und Vermögensunzulänglichkeit des Schuldners kannte.[375] Für die Kenntnis des Gläubigers wird es vor allem auf Anzeichen für eine wenigstens drohende Zahlungseinstellung des Schuldners (§ 17 Abs. 2 Satz 2) ankommen, sofern er nicht ausnahmsweise weitergehenden Einblick in die Liquiditätslage und/oder Vermögensverhältnisse des Schuldners hatte.[376]

63 **a) Inkongruenz.** Da die Inkongruenz der Deckung bereits **tatbestandsmäßige Voraussetzung** für die durch Abs. 1 Nr. 3 erleichterte Anfechtung ist, kann sie nicht zugleich als regelmäßige und selbständige, zusätzliche Beweiserleichterung innerhalb dieser Norm dienen.[377] Das ändert jedoch nichts an der über ein Jahrhundert hinweg vielfältig und beständig belegten **tatsächlichen Lebenserfahrung,** dass Gläubiger eine andere als die ihnen gebührende Leistung oft nur deswegen fordern oder annehmen, weil sie Sorge haben, dass sie die an sich geschuldete Leistung wegen eines befürchteten Vermögensverfalls des Schuldners nicht mehr erhalten würden.[378] Die Rspr. hat deshalb der Inkongruenz bereits eine Indizwirkung im Hinblick auf eine Kenntnis der späteren Zahlungsunfähigkeit entnommen.[379] Dieser Erfahrungswert ist bei jeder lebensnahen Beweiswürdigung gemäß § 286 ZPO mit zu berücksichtigen, sofern der Gläubiger wusste, dass sich der Schuldner in einer finanziell beengten Lage befand;[380] diese Voraussetzung hat ggf. der Insolvenzverwalter zu beweisen.[381] Das **Beweisanzeichen** greift insbesondere dann ein, wenn der Gläubiger Sicherheiten anstelle der ihm gebührenden Erfüllung annimmt oder von dieser fühlbare anderweitige wirtschaftliche Abstriche vorläufig hinnimmt, oder wenn ein Gläubiger von Ansprüchen auf fortlaufende Zahlungen monatelang vielfältige Beitreibungsmaßnahmen gegen den Schuldner entfaltet hat und gleichwohl die Forderungen nicht geringer werden.[382] An eine **Entkräftung des Indizes** sind strenge Anforderungen zu stellen. Der Gläubiger, der den Erfahrungssatz allein mit der Behauptung erschüttern möchte, er habe die Deckung für kongruent gehalten, muss hierzu eine auf den Anlass und die begleitenden Umstände hin nachprüfbare Sachdarstellung geben, die Rückschlüsse auf seine Vorstellung zulassen.[383]

64 **b) Nahestehende Personen (Abs. 2 Satz 2).** Nur in Bezug auf die Kenntnis der Benachteiligung → Rn. 52 ff. verlagert Abs. 2 Satz 2 die Beweislast auf solche begünstigten Gläubiger, die dem Schuldner im Zeitpunkt der Vornahme der Rechtshandlung nahestehen → § 130 Rn. 66. Die nahestehende Person hat ihre Unkenntnis voll zu beweisen. Dazu ist ua der Nachweis nötig, dass sie **nicht einmal die tatsächlichen Umstände** kannte, welche die Kenntnis zwingend ergeben. Denn kannte sie diese und vermag sie (ausnahmsweise) zu beweisen, dass sie gleichwohl den rechtlichen Schluss auf die Gläubigerbenachteiligung nicht gezogen hat, greift nach allgemeinen Regeln Abs. 2 Satz 1 ein → Rn. 54.[384] Es gibt keinen Anhaltspunkt dafür, dass diese Norm gegenüber Nahestehenden nicht anwendbar sein sollte.[385]

---

[374] AGR/*Gehrlein* § 131 Rn. 45; Nerlich/Römermann/*Nerlich* InsO § 131 Rn. 73; Uhlenbruck/*Borries/Hirte* § 131 Rn. 21; ergänzend → § 130 Rn. 65.

[375] BGH NJW-RR 2004, 1563 (1565); ergänzend → Rn. 54 f.

[376] HKInsO/*Thole* § 131 Rn. 33 f.; ergänzend → § 130 Rn. 35.

[377] BGHZ 157, 242 (250) = NJW 2004, 1385 (1387); AGR/*Gehrlein* § 131 Rn. 45; Gottwald/*Huber* § 47 Rn. 63; HKInsO/*Thole* § 131 Rn. 34.

[378] RGZ 45, 23 (28 f.); RG LZ 1911, 864 ff.; RG LZ 1913, 486 (487); RG WarnR 1919 Nr. 111; RG WarnR 1927 Nr. 102 S. 178; BGH WM 1959, 1007 (1008); BGH NJW 1984, 1893 (1899); BGHZ 123, 320 (326) = NJW 1993, 3267 (3268); BGH NJW 1995, 2348 (2350); BGH ZIP 1997, 423 (426 f.); BGH ZIP 1997, 513 (515); BGH ZIP 1997, 853 (855); BGH NJW 1997, 3175 (3176); BGH NJW 1998, 609 (612); BGH NJW 1998, 2592 (2598); BGH ZIP 1998, 2008 (2011); BAGE 20, 11 (22) = NJW 1967, 2425 (2427); OLG Hamburg SeuffA 72 [1917] Nr. 110; LAG Düsseldorf KTS 1988, 163 (167 f.).

[379] BGH ZIP 1998, 2008 (2011); BGH ZIP 1999, 76 (77); OLG Dresden ZInsO 1999, 110; *Mankowski* WuB VI G. § 10 GesO 1.99.

[380] AGR/*Gehrlein* § 131 Rn. 45.

[381] BGHZ 157, 242 (250) = NJW 2004, 1385 (1388); HKInsO/*Thole* § 131 Rn. 33 f.; iE auch KPB/*Schoppmeyer* § 131 Rn. 156 f.; ergänzend → Rn. 54.

[382] BGHZ 157, 242 (250) = NJW 2004, 1385 (1387 f.); ergänzend → Rn. 54.

[383] So zu § 3 Abs. 1 Nr. 1 AnfG aF BGH WM 1968, 683 (684).

[384] AGR/*Gehrlein* § 131 Rn. 46.

[385] OLG Rostock ZIP 2003, 1903 (1905); HKInsO/*Thole* § 131 Rn. 35; *Jaeger/Henckel* § 131 Rn. 80; KPB/*Schoppmeyer* § 131 Rn. 160; wohl auch Uhlenbruck/*Borries/Hirte* § 131 Rn. 23; aM Nerlich/Römermann/*Nerlich* InsO § 131 Rn. 74.

§ 132 Unmittelbar nachteilige Rechtshandlungen

(1) Anfechtbar ist ein Rechtsgeschäft des Schuldners, das die Insolvenzgläubiger unmittelbar benachteiligt,

1. **wenn es in den letzten drei Monaten vor dem Antrag auf Eröffnung des Insolvenzverfahrens vorgenommen worden ist, wenn zur Zeit des Rechtsgeschäfts der Schuldner zahlungsunfähig war und wenn der andere Teil zu dieser Zeit die Zahlungsunfähigkeit kannte oder**
2. **wenn es nach dem Eröffnungsantrag vorgenommen worden ist und wenn der andere Teil zur Zeit des Rechtsgeschäfts die Zahlungsunfähigkeit oder den Eröffnungsantrag kannte.**

(2) Einem Rechtsgeschäft, das die Insolvenzgläubiger unmittelbar benachteiligt, steht eine andere Rechtshandlung des Schuldners gleich, durch die der Schuldner ein Recht verliert oder nicht mehr geltend machen kann oder durch die ein vermögensrechtlicher Anspruch gegen ihn erhalten oder durchsetzbar wird.

(3) § 130 Abs. 2 und 3 gilt entsprechend.

Übersicht

I. Normzweck

1 Die Vorschrift dient ebenso wie § 130 der Gläubigergleichbehandlung → § 130 Rn. 1.[1] Während jene Norm die Gewährung von Befriedigungen oder Sicherungen auf bereits bestehende Verbindlichkeiten des Schuldners erfasst, richtet sich § 132 Abs. 1 vor allem bereits gegen das Begründen von Verbindlichkeiten zugunsten Einzelner in der wirtschaftlichen Krise des Schuldners, für die ihm kein ausgleichender Gegenwert zufließen soll („Verschleuderungsgeschäfte"). Typisch dafür sind **Notverkäufe** seiner Vermögensgüter weit unter Wert, mit denen er fehlende Liquidität zu gewinnen versucht. Jedoch erfasst Abs. 1 weitergehend **unmittelbar nachteilige Rechtsgeschäfte aller Art,** an denen der Schuldner beteiligt ist und die nicht unter die Deckungsanfechtung der §§ 130, 131 fallen. Abs. 2 dehnt diesen Gedanken auf sonstige, nicht rechtsgeschäftliche Handlungen des Schuldners mit vergleichbarer Wirkung aus. In allen diesen Fällen wird der begünstigte Teil dann nicht mehr geschützt, sofern er die wirtschaftliche Krise des Schuldners kannte oder nur infolge von „Rechtsblindheit" nicht kannte. Dagegen soll nicht ein gläubigerschädigendes Verhalten des Schuldners selbst geahndet werden.[2]

II. Entstehungsgeschichte

2 **Abs. 1** ist aus § 30 Nr. 1 erster Fall KO und § 10 Abs. 1 Nr. 4 GesO weiterentwickelt worden, wobei die **zeitliche Grenze** des § 33 KO – sechs Monate vor dem Eröffnungsbeschluss – durch die

[1] AM HKInsO/*Thole* § 132 Rn. 2; *Thole* Gläubigerschutz S. 423 ff.

[2] AM *Kamlah* S. 36, 42, 233 f., 243; HKInsO/*Thole* § 132 Rn. 2; *Thole* Gläubigerschutz S. 430 sieht in § 132 einen „Mosaikstein" der schuldnerbezogenen Anfechtungstatbestände.

Dreimonatsfrist vor dem Eröffnungsantrag ersetzt wurde. Nach Ls. 5.2.5 Abs. 1 und 2 des 1. KommBer. und § 147 Abs. 1 RegE hatte dem Anfechtungsgegner bereits eine grob fahrlässige Unkenntnis der wirtschaftlichen Krise des Schuldners schaden sollen; demgegenüber stammt die jetzige Fassung des Abs. 1 iVm Abs. 3 vom BT.[3]

3 **Abs. 2** ist gegenüber dem bisherigen Recht neu. Vorgeschlagen wurde die Norm durch Ls. 5.2.5. Abs. 3 des 1. KommBer. Insoweit wurde der dies iW übernehmende § 147 Abs. 2 RegE im Gesetzgebungsverfahren nicht geändert.

4 Die in **Abs. 3** enthaltene Verweisung auf § 130 Abs. 3 ist ebenfalls neu. Sie entspricht Ls. 5.2.6 Abs. 1 des 1. KommBer., wurde von § 147 Abs. 3 RegE übernommen und im Gesetzgebungsverfahren nur redaktionell angepasst.

III. Anwendungsbereich

5 § 132 kann grundsätzlich mit anderen Anfechtungsnormen **frei konkurrieren.** Jedoch ist er inhaltlich durch die spezielleren §§ 130, 131 ausgeschlossen, soweit die Erfüllung oder Sicherung von Verbindlichkeiten des Schuldners gegenüber Insolvenzgläubigern → § 130 Rn. 21 angefochten wird.[4] Ein und dieselbe Deckungshandlung dieser Art → § 130 Rn. 5 ff. kann deshalb nicht unter § 132 neben § 130 oder § 131 fallen. Wird aber eine in der kritischen Zeit des § 132 begründete oder verstärkte Verbindlichkeit später, jedoch noch vor der Verfahrenseröffnung erfüllt, liegen zwei getrennte Rechtshandlungen vor, die jeweils selbständig – die schuldrechtliche Verbindlichkeit nach § 132, die Deckungshandlung nach § 130 oder § 131 – anfechtbar sein können;[5] dies gilt insbesondere, wenn bereits die Verbindlichkeit selbst die Insolvenzgläubiger unmittelbar benachteiligte. Dann scheidet stets ein Bargeschäft iSv § 142 aus → § 142 Rn. 13 ff. Wird einer Person, die nicht Insolvenzgläubiger ist,[6] eine Sicherung oder Befriedigung gewährt, kann allenfalls § 133 oder § 134 eingreifen.[7] Vereinbart der spätere Insolvenzschuldner mit einem Drittschuldner, dieser solle die Verbindlichkeit an bestimmte Insolvenzgläubiger erfüllen, so verdrängt die Deckungsanfechtung gegen diese (§§ 130, 131) diejenige der bloßen Verrechnungsvereinbarung nach § 132.[8]

IV. Anfechtbarkeit von Rechtsgeschäften (Abs. 1)

6 **1. Rechtsgeschäfte.** Der **Begriff des Rechtsgeschäfts** ist grundsätzlich iSd BGB zu verstehen. Er bezeichnet also den aus einer oder mehreren privaten Willenserklärungen, ggf. iVm mit anderen Tatsachen, bestehenden Tatbestand, an den die Rechtsordnung den Eintritt des in der Willenserklärung bezeichneten rechtlichen Erfolgs knüpft.[9] Soweit **Schweigen** rechtsgeschäftlich wirkt, genügt es auch hier. Andere Handlungen können allenfalls unter Abs. 2 fallen.

7 **a) Verträge.** Vor allem werden Verträge erfasst, insbesondere **schuldrechtlich verpflichtende Verträge.** Abs. 1 kann eingreifen, sofern der Schuldner Gegenstände zu einem überhöhten Preis ankauft[10] oder zu einem für sich angemessenen Preis, aber mit der zusätzlichen Verpflichtung, Altschulden zu tilgen, deren Erfüllung rechtlich nicht (mehr) erzwungen werden könnte,[11] oder wenn der Schuldner ein Darlehen zu niedrigeren Zinsen vergibt als verkehrsüblich,[12] eine Bürgschaft übernimmt oder eine Wechselverbindlichkeit eingeht.[13] Auch auf nachteilige Vertragsänderungen, Vergleiche (§ 779 BGB), Betriebsvereinbarungen gemäß § 88 BetrVG[14] oder güterrechtliche Ausei-

---

3 BT-Drs. 12/7302, 173 Nr. 85.

4 BGHZ 142, 284 (286 f.) = NJW 1999, 3636; BGHZ 28, 344 (346) = NJW 1959, 147; *Häsemeyer* Rn. 21.67; HKInsO/*Thole* § 133 Rn. 6; *Huber* ZInsO 2008, 929 (931); *Huber* ZInsO 2010, 977; *Jaeger/Henckel* KO § 29 Rn. 198, § 30 Rn. 10; Nerlich/Römermann/*Nerlich* § 132 Rn. 47; vgl. RegE S. 159 zu § 147; offengelassen in RGZ 90, 69 (72); → Vor § 129 Rn. 94.

5 *Eckardt* ZInsO 2004, 888 (895).

6 Zur Abgrenzung → § 130 Rn. 16 ff. → § 131 Rn. 6 f.

7 *Henckel* ZIP 2004, 1671 (1673 f.); Uhlenbruck/*Borries/Hirte* § 132 Rn. 4a; im Ergebnis ebenso *Thole* Gläubigerschutz S. 432 f.; ergänzend → Rn. 8.

8 BGH NJW 1999, 3636 f.; *Lüke* ZIP 2001, 1 (3); zu Abs. 2 → Rn. 20.

9 Zu dieser Definition vgl. Erman/*Müller* BGB Einleitung vor § 104 Rn. 2.

10 *Jaeger/Henckel* KO § 30 Rn. 106.

11 BGHZ 154, 190 (194 f.) = NJW 2003, 1865 f.; Gottwald/*Huber* § 47 Rn. 67 für die Vereinbarung im Insolvenzantragsverfahren, zusätzlich eine Insolvenzforderung zu tilgen; offengelassen von BGHZ 161, 315 (319) = NJW 2005, 1118 (1119) und BGHZ 165, 283 (289) = NJW 2006, 1134 (1136); demgegenüber berücksichtigen *Gundlach/Schirrmeister* EWiR 2003, 293 f. nicht die sich aus einer solchen rechtlichen Verknüpfung ergebende überhöhte Gegenleistung.

12 BGH NJW 1989, 1037.

13 Gottwald/*Huber* § 47 Rn. 68.

14 LAG München ZIP 1987, 589 (590) zu § 30 Nr. 1 erster Fall KO; Uhlenbruck/*Borries/Hirte* § 132 Rn. 2.

nandersetzungsverträge[15] kann § 132 anwendbar sein, ebenso auf Verträge mit nachteiligen Klauseln gerade für den Insolvenzfall.[16] Für den **Abschluss von Sozialplänen**[17] innerhalb der Dreimonatsfrist des § 132 greift nunmehr als erleichternde Sonderregel § 124 Abs. 3 ein; die darauf erbrachten Zahlungen können aufgrund der §§ 130, 133 anfechtbar sein.[18]

Auch **verfügende Verträge** können unter § 132 fallen, soweit sie nicht einem Insolvenzgläubi- 8
ger eine Sicherung oder Befriedigung gewähren und damit von § 130 oder § 131 erfasst werden → Rn. 5, zB die Abtretung einer Forderung des Schuldners an einen Dritten als Treuhänder → § 129 Rn. 140 zwecks Verteilung des Erlöses nur unter einzelnen, bestimmten Gläubigern.[19] Für eine Anfechtung nach § 132 kommen zB ein Erlassvertrag gemäß § 397 Abs. 1 BGB und die langfristige Vermögensbindung in dritter Hand in Betracht, wenn die Rechtsposition des Dritten erst durch den Vertrag begründet wird. Dasselbe gilt für die Bestellung überhöhter → Rn. 12 Sicherheiten gegen gleichzeitige Kreditgewährung → § 130 Rn. 21.[20]

b) Einseitige Rechtsgeschäfte. Durch die Formulierung, wonach das Rechtsgeschäft „vorge- 9
nommen" – statt, wie nach § 30 Nr. 1, erster Fall KO, „eingegangen" – sein muss, wollte der Gesetzgeber klarstellen, dass auch einseitige Rechtsgeschäfte des Schuldners nach § 132 Abs. 1 anfechtbar sein können.[21] Das gilt insbesondere für die **Ausübung von Gestaltungsrechten,** zB die Kündigung eines für den Schuldner günstigen Vertrages ohne ausgleichende Gegenleistung,[22] für einen einseitig wirksamen Verzicht oder das Einverständnis mit einer bestimmten gläubigerschädigenden Verwertungsart.[23] Auch **Prozesserklärungen** werden erfasst, wie das Anerkenntnis (§ 307 ZPO) einer nicht bestehenden Forderung durch den Schuldner in einem Rechtsstreit, **nicht jedoch Zwangsvollstreckungen** gegen den Schuldner.[24] Auf die Anfechtung kann eine Klage gemäß § 179 Abs. 2 gestützt, aber gegebenenfalls auch ein Anspruch des begünstigten Gläubigers nach § 146 abgewehrt werden → § 143 Rn. 81 → § 146 Rn. 45 ff. Jedoch scheiden **Aufrechnungserklärungen** aus, weil insoweit § 96 Abs. 1 Nr. 3 eine Sonderregelung bereits für die Herstellung der Aufrechnungslage enthält → § 129 Rn. 15. Für eine entsprechende Anwendung des Abs. 1 auf bloß **rechtsgeschäftsähnliche Handlungen,** wie zB die Mahnung nach § 284 Abs. 1 Satz 1 BGB, auf **Realakte** oder **Unterlassungen** besteht kein Bedürfnis, weil insoweit Abs. 2 als Auffangtatbestand eingreifen kann.

c) Rechtsgeschäft des Schuldners. Das Rechtsgeschäft muss auf der einen Seite vom Schuld- 10
ner vorgenommen worden sein. Er muss also entweder Vertragspartner des Begünstigten sein, oder im Fall eines einseitigen Rechtsgeschäfts muss der Schuldner es vorgenommen haben. Stellvertretung ist beiderseits möglich.[25]

2. Unmittelbare Gläubigerbenachteiligung. a) Vorliegen der Benachteiligung. Durch 11
das Rechtsgeschäft müssen die Insolvenzgläubiger **unmittelbar benachteiligt** worden sein.[26] Das Schuldnervermögen muss also bereits im Zeitpunkt der Vornahme des Rechtsgeschäfts (iSv § 140) verkürzt worden sein. Steht dem Schuldner nur eine teilw. ausgleichende Gegenleistung zu, so benachteiligt das einheitliche Rechtsgeschäft dessen Gläubiger insgesamt unmittelbar; es kann nicht in einen voll unentgeltlichen und einen nicht benachteiligenden Teil aufgespalten werden → Rn. 29 → § 129 Rn. 115 → § 142 Rn. 17 → § 142 Rn. 37. Gelangt dagegen eine **gleichwertige Gegenleistung** in das Vermögen des späteren Insolvenzschuldners, ist § 132 nicht erfüllt, sofern die Gegenleistung **später** in der Insolvenzmasse nicht mehr vorhanden ist; das Verwendungsrisiko bleibt daher beim Schuldner.[27] Über die durch § 142 gewährte Unanfechtbarkeit von Bargeschäften hinaus fehlt es an einer unmittelbaren Gläubigerbenachteiligung auch, wenn die gleichwertige Gegenleistung

---

15 Nerlich/Römermann/*Nerlich* § 132 Rn. 7.

16 BGH NZI 2000, 308 (310); → § 129 Rn. 130 f.

17 Nerlich/Römermann/*Nerlich* § 132 Rn. 8; zu deren Anfechtbarkeit für länger zurückliegende Zeiträume → § 129 Rn. 13 → § 133 Rn. 32.

18 RegE S. 155 zu § 142.

19 RG JW 1911, 107 (108); Uhlenbruck/*Borries/Hirte* § 132 Rn. 7.

20 Zu Erfüllungsleistungen, die dem Schuldner gebühren und auf dessen Weisung an Dritte erbracht werden → Rn. 5 aE → § 129 Rn. 49 ff.

21 RegE S. 159 zu § 147; HKInsO/*Thole* § 132 Rn. 1; anders früher RGZ 90, 69 (72); *Jaeger/Henckel* KO § 30 Rn. 103.

22 RegE S. 159 zu § 147.

23 Vgl. BGH NJW 1997, 1063 (1065), wo hierüber sogar ein Vertrag zustande kam.

24 Uhlenbruck/*Borries/Hirte* § 132 Rn. 5a; *Rebmann* S. 32 f.

25 *Baur/Stürner* Rn. 19.23; → § 129 Rn. 37 ff.

26 Zu diesem Begriff iE → § 129 Rn. 112 ff.

27 *Häsemeyer* Rn. 21.69.

aufgrund des Rechtsgeschäfts in einem nicht so engen zeitlichen Zusammenhang → § 142 Rn. 26 ff. ins Schuldnervermögen fließt.[28]

12 Ob eine unmittelbare Benachteiligung vorliegt, ist ausschließlich mit Bezug auf das **Wertverhältnis zwischen den konkret ausgetauschten Leistungen** zu beurteilen. Erhält der leistende Schuldner etwas, das zwar keine Gegenleistung ist, sich aber in anderer Weise als Vorteil für ihn erweist, kommt es darauf an, ob sich dieser Vorteil unmittelbar und gegenständlich in einer – seine Leistung mindestens ausgleichenden – Mehrung des Schuldnervermögens niederschlägt. Das ist nicht der Fall, sofern der andere Teil vertraglich die Erbringung einer Leistung zu einem angemessenen Preis nur verspricht, wenn zusätzlich Altforderungen von nicht unbedeutender Höhe getilgt werden, die wegen der Krise des Schuldners bereits nicht mehr voll werthaltig sind.[29] Eine unmittelbare Benachteiligung tritt insbesondere ein, soweit der Schuldner eine **Sache unter ihrem Marktwert verkauft;**[30] hierfür genügt es noch nicht allein, wenn Waren marktüblich als „Sonderangebot" verbilligt verkauft werden.[31] Anders liegt es allerdings, wenn der Sonderpreis wegen Geschäftsaufgabe gewährt wird.[32] Erfasst werden weiter zB eine Vermietung von Sachen des Schuldners gegen eine **nicht marktgerechte Miete,** die nicht nur kurzfristige Verleihung (§ 598 BGB) einer auch für die Insolvenzgläubiger gebrauchsfähigen Sache, **Schenkungen, Darlehensaufnahmen zu überhöhtem Zinssatz,** die Vereinbarung einer sicheren, verzinslichen Grundschuld von 307.000 EUR für ein Darlehen von nur 220.000 EUR[33] und **Verträge zugunsten Dritter.**[34] Fällt ein vom Schuldner geschlossener, gegenseitiger Vertrag unter § 103, weil beide Partner vor Insolvenzeröffnung noch nicht voll erfüllt haben, kann eine zwar vertragsgerechte, aber wirtschaftlich überhöhte Insolvenzforderung des anderen Teils auf Ersatz des Differenzschadens die Insolvenzgläubiger weiterhin benachteiligen; wählt der Verwalter allerdings die Erfüllung des Vertrages, entfällt eine Anfechtung, weil sie ein unzulässiger Widerruf der Erfüllungswahl wäre.[35]

13 Kaufverträge, die an sich einen angemessenen Kaufpreis vorsehen, aber dem Käufer die **Möglichkeit zur Aufrechnung** mit einer Insolvenzforderung verschaffen, können zwar hierdurch die Insolvenzgläubiger benachteiligen, doch wird diese Benachteiligung nicht bereits unmittelbar durch den Vertragsschluss, sondern erst mittelbar durch die Insolvenzeröffnung verursacht; anfechtbar kann hier gemäß § 130 oder § 131 die durch die Aufrechnungslage geschaffene Sicherung sein.[36] Die **Begründung einer nicht einklagbaren Verbindlichkeit,** zB einer Spiel- oder Wettschuld, benachteiligt die Insolvenzgläubiger noch nicht; stattdessen kann deren Erfüllung unter § 131 fallen.[37] **Risikoverträge,** wie Versicherungs- oder Leibrentenverträge, benachteiligen die Insolvenzgläubiger, wenn der Umfang der Leistungspflichten nicht bereits festgelegt ist, nur dann unmittelbar, sofern die Ungleichheit der beiderseitigen Leistungen zu Lasten des Schuldners bereits bei Vertragsschluss vorliegt.[38] Der **Abschluss von Schiedsgerichtsvereinbarungen** benachteiligt in der Insolvenz eines der Vertragspartner im Allgemeinen nicht dessen Insolvenzgläubiger unmittelbar.[39] Die **nachträgliche Kongruenzvereinbarung** unterfällt regelmäßig auch nicht der Anfechtung nach § 132, weil sie infolge der damit verbundenen Leistungserbringung durch den späteren Anfechtungsgegner die Entgeltforderung des Schuldners gegen seinen Vertragspartner erst werthaltig macht und deshalb die Gläubiger nicht unmittelbar benachteiligt → § 131 Rn. 10.[40]

14 **Vergütungsansprüche für Dienstleistungen** oder Geschäftsbesorgungen, die dem Schuldner erbracht wurden, benachteiligen dessen Insolvenzgläubiger nicht allein deswegen unmittelbar, weil die Bemühung die Verfahrenseröffnung letztlich nicht abwenden konnte; dies wäre allenfalls eine mittelbare Gläubigerbenachteiligung. Der Dienstleister schuldet durchweg nicht den Eintritt eines bestimmten Erfolges, sondern nur die versprochenen Bemühungen. Deren objektiver Wert für die Insolvenzmasse und damit die Frage einer unmittelbaren Benachteiligung hängt davon ab, ob die

---

28 BGH NJW 2016, 1012 (1013) = NZI 2016, 311 (312).
29 BGHZ 154, 190 (195 ff.) = NJW 2003, 1865 (1866 f.).
30 RG LZ 1908, 787 f.; KPB/*Schoppmeyer* § 132 Rn. 30; Uhlenbruck/*Borries/Hirte* § 132 Rn. 2; → Rn. 7 ff.
31 Jaeger/*Henckel* § 132 Rn. 13; KPB/*Schoppmeyer* § 132 Rn. 30.
32 Jaeger/*Henckel* § 132 Rn. 13; KPB/*Schoppmeyer* § 132 Rn. 30.
33 Vgl. LG Potsdam DZWiR 1999, 40 (41).
34 Vgl. BGH WM 1955, 404 (405 f.) = NJW 1955, 709; RGZ 53, 234 (235 f.); zur Gewährung eines unentgeltlichen Darlehens → § 133 Rn. 41.
35 → § 143 Rn. 45.
36 *Jaeger/Henckel* KO § 30 Rn. 109 in Weiterführung von BGHZ 89, 189 (194 ff.) = NJW 1984, 1557 (1558); ergänzend → § 129 Rn. 148.
37 *Jaeger/Henckel* KO § 30 Rn. 105; dagegen für Anfechtbarkeit des Verpflichtungsgeschäftes KPB/*Schoppmeyer* § 132 Rn. 35.
38 *v. Campe* S. 193; KPB/*Schoppmeyer* § 132 Rn. 14; zu Vergleichen iSv § 779 BGB → § 134 Rn. 40a.
39 *Kück* ZInsO 2006, 11 (13 f.).
40 BGH NJW 2016, 1012 (1013) = NZI 2016, 311 (312).

Leistungen des an sich geeigneten Geschäftsbesorgers einer fachgerechten, zweckmäßigen Sacherledigung gerade mit Bezug auf die konkreten Verhältnisse des späteren Insolvenzschuldners (Auftraggebers) dienten.[41] Insbesondere benachteiligt die **fachmännische Beratung des Schuldners bei der Vorbereitung eines Insolvenzantrags** – möglicherweise verbunden mit der Vorlage eines Insolvenzplanes – die Gläubiger nicht ohne weiteres unmittelbar.[42] Die Honorarvereinbarung kann die Gläubiger dagegen wertmäßig unmittelbar benachteiligen, sofern die zu vergütenden Dienste objektiv keinen gleichwertigen Nutzen bringen konnten. Dies kommt zB bei **Sanierungsversuchen** in Betracht, die von vornherein erkennbar aussichtslos waren.[43] Darüber hinaus kann eine Anfechtung gemäß § 132 eingreifen, soweit das vereinbarte Honorar selbst unangemessen hoch war.[44] Die Angemessenheit von Bemühungen eines Rechtsanwalts ist nicht allein nach den Gebührentatbeständen des RVG zu messen, sondern bei besonderen Schwierigkeiten kann auch ein höheres **vereinbartes Honorar** (§ 3a RVG) angemessen sein;[45] ein vereinbartes überhöhtes, aber teilbares Honorar soll im Wege der Anfechtung auf das angemessene Maß zurückgeführt werden können.[46] Sogar wenn die vereinbarte Vergütung angemessen und deshalb nicht gemäß § 132 anfechtbar ist, kann die spätere Bezahlung von § 130 erfasst werden, soweit nicht § 142 eingreift oder sich der Dienstleistende vor der wirtschaftlichen Krise eine anfechtungsfeste Sicherheit hat bestellen lassen.[47]

Auf andere als Dienstleistungen können die zuvor genannten Grundsätze nicht übertragen werden. Insoweit entscheidet allein die objektive Ausgewogenheit von Leistung und Gegenleistung. Insbesondere beurteilt sich die Frage, ob **Sanierungskredite** die Insolvenzgläubiger iSv § 132 Abs. 1 unmittelbar benachteiligen, allein nach der inhaltlichen Angemessenheit der vereinbarten Kreditbedingungen, wobei das erhöhte Risiko angemessen berücksichtigt werden mag. Die Kreditgewährung selbst ist wertungsfrei. Die Bestellung von Sicherheiten für einen solchen Kredit kann gemäß §§ 130, 131 angefochten werden, sofern nicht § 142 eingreift.[48] Die bloße Sanierungserwartung sämtlicher Beteiligten bei der Kreditaufnahme schränkt die Anfechtbarkeit nur iRd § 133 ein → § 129 Rn. 168 → § 133 Rn. 37 f. Demgemäß kommt es für die §§ 130 bis 132 regelmäßig nicht darauf an, ob bereits bei Vertragsschluss die Kreditaufnahme als aussichtslos erkennbar war.[49] Insbesondere ist dem Versuch, mit einem zu marktüblichen Bedingungen gewährten Kredit die gebotene Eröffnung eines Insolvenzverfahrens über das Vermögen des Darlehensnehmers zu verschleppen, nicht mit § 132 zu begegnen. 15

b) Zurechnungszusammenhang. Die Vornahme des Rechtsgeschäfts muss die unmittelbare Gläubigerbenachteiligung **verursacht** haben.[50] 16

3. Zeitliche und subjektive Ansetzungsvoraussetzungen. Die weiteren Anfechtungsvoraussetzungen in zeitlicher und subjektiver Hinsicht entsprechen denen des § 130. Auf die subjektive Einstellung des Schuldners kommt es durchweg nicht an. Im Übrigen ist zu unterscheiden: 17

a) Vornahme vor dem Eröffnungsantrag. Die Anfechtbarkeit von Rechtsgeschäften, die bis zu drei Monaten vor dem Eröffnungsantrag vorgenommen wurden, hängt zusätzlich davon ab, ob der Schuldner im Zeitpunkt der Vornahme objektiv zahlungsunfähig war und der begünstigte Teil dies wusste.[51] Nach § 132 Abs. 3 iVm § 130 Abs. 2 steht der Kenntnis der Zahlungsunfähigkeit die Kenntnis solcher Umstände gleich, die zwingend auf die Zahlungsunfähigkeit schließen lassen → § 130 Rn. 34 ff. Die zur unmittelbaren Gläubigerbenachteiligung führende Unausgewogenheit des Rechtsgeschäfts → Rn. 11 ff. braucht der Anfechtungsgegner nicht zu kennen. 18

---

41 RGZ 162, 292 (296 f.); *Jaeger/Henckel* KO § 30 Rn. 116; KPB/*Schoppmeyer* § 132 Rn. 33.

42 BGHZ 28, 344 (347 f.) = NJW 1959, 147; BGHZ 77, 250 (253) = NJW 1980, 1962 (1963); BGH NJW-RR 1988, 571 f.; *Kuhn* WM 1959, 98 (101 f.); KPB/*Schoppmeyer* § 132 Rn. 34; → § 129 Rn. 164 f.

43 BGHZ 28, 344 (348) = NJW 1959, 147; BGHZ 77, 250 (253 ff.) = NJW 1980, 1962 (1963); BGH NJW-RR 1988, 571 (572); *Biernat* ZVI 2004, 276; *Jaeger/Henckel* KO § 30 Rn. 116; → § 129 Rn. 163.

44 *Grote u. a.* ZInsO 2005, 362; *Kirchhof* ZInsO 2005, 340 (341 f.); KPB/*Schoppmeyer* § 132 Rn. 33.

45 BGHZ 77, 250 (253 ff.) = NJW 1980, 1962 (1963); *Jaeger/Henckel* KO § 30 Rn. 116.

46 BGHZ 77, 250 (255 f.) = NJW 1980, 1962 (1963 f.); → § 129 Rn. 164.

47 *Jaeger/Henckel* KO § 30 Rn. 116.

48 → § 129 Rn. 168 → § 131 Rn. 19.

49 KPB/*Schoppmeyer* § 132 Rn. 31; aM *v. Campe* S. 194; Nerlich/Römermann/*Nerlich* § 132 Rn. 17; im Anschluss an *Canaris* FS KO S. 84 f.; differenzierend Braun/*de Bra* § 132 Rn. 8; HambKommInsO/*Rogge/Leptien* § 132 Rn. 11, die bei sinnlosen Sanierungen aus ex-ante-Sicht Abs. 1 bejahen.

50 Zum Zurechnungszusammenhang → § 129 Rn. 169 ff.

51 Zum Zeitpunkt der Vornahme des Rechtsgeschäfts s. § 140, zur Berechnung der Dreimonatsfrist s. § 139 → § 130 Rn. 25 f., zum Vorliegen von Zahlungsunfähigkeit → § 130 Rn. 27 ff., zur nötigen Kenntnis des Gläubigers → § 130 Rn. 31 ff.; zur Wissenszurechnung bei Stellvertretung → § 130 Rn. 41 ff.

19 **b) Vornahme nach dem Eröffnungsantrag.** Die Anfechtbarkeit von Rechtsgeschäften, die nach dem Eröffnungsantrag vorgenommen worden sind → § 140 → § 130 Rn. 25 → § 130 Rn. 52, hängt alternativ davon ab, ob der begünstigte Teil den Eröffnungsantrag im Zeitpunkt der Vornahme kannte → § 130 Rn. 53 ff., oder anderenfalls, ob der Schuldner in diesem Zeitpunkt objektiv zahlungsunfähig war → § 130 Rn. 27 ff. → § 130 Rn. 58 f. und der Begünstigte das wusste → § 130 Rn. 31 ff. → § 130 Rn. 60.[52] Nach § 132 Abs. 3 iVm § 130 Abs. 2 steht der Kenntnis des Eröffnungsantrags oder der Zahlungsunfähigkeit die Kenntnis solcher Umstände gleich, die zwingend auf den Eröffnungsantrag → § 130 Rn. 56 oder die Zahlungsunfähigkeit → § 130 Rn. 34 ff. schließen lassen.[53]

V. Anfechtbarkeit anderer Rechtshandlungen (Abs. 2)

20 Abs. 2 **hat kein Vorbild in den Vorgängerregelungen.** Er ist ein **Auffangtatbestand** für bestimmte Rechtshandlungen, die für die Insolvenzgläubiger nachteilig sind, ohne Rechtsgeschäfte iSv Abs. 1 darzustellen. Solche Rechtshandlungen sollen insoweit, als sie nicht unentgeltlich (§ 134) sind, unter erleichterten Voraussetzungen als denen des § 133 angefochten werden können, sofern sie innerhalb der wirtschaftlichen Krise des Schuldners erfolgen. Damit sollen vor allem Regelungslücken bezüglich der **Anfechtung von Unterlassungen** geschlossen werden.[54] Wegen der gebotenen Abgrenzung zur Deckungsanfechtung iSd §§ 130, 131 scheiden auch in diesem Zusammenhang → Rn. 5 solche Handlungen aus, die Insolvenzgläubigern eine Sicherung oder Befriedigung gewähren oder ermöglichen. Trotz der begrenzten Verweisung auf Abs. 1 stellt Abs. 2 eine eigenständige Anfechtungsnorm mit besonderen Voraussetzungen dar.[55]

21 **1. Rechtshandlungen des Schuldners.** Abs. 2 erfasst sämtliche Rechtshandlungen iSd § 129 → § 129 Rn. 6 ff., soweit sie nicht als Rechtsgeschäfte unter Abs. 1 fallen → Rn. 6 ff. Insbesondere kommen **Unterlassungen** gemäß § 129 Abs. 2 in Betracht. Da allerdings unentgeltliche Rechtshandlungen dieser Art gemäß § 134 einfacher anzufechten sind → § 134 Rn. 9 f., ist die Anfechtung nach Abs. 2 nur für entgeltliche Rechtshandlungen sinnvoll.[56] Die **Rechtshandlungen** müssen **vom Schuldner selbst** oder einem Stellvertreter → § 129 Rn. 37 ff. vorgenommen worden sein; Rechtshandlungen Dritter – insbesondere reine Zwangsvollstreckungen → § 133 Rn. 9 ff. – werden nicht erfasst. Deshalb betrifft § 132 Abs. 2 sowohl die Herausgabe von Sicherungsgut iSv § 166 Abs. 1 durch den Schuldner an einen Absonderungsberechtigten als auch das bewusste Dulden der Wegnahme durch den Sicherungsnehmer,[57] nicht aber dessen unbemerkte Besitzergreifung;[58] hiergegen hilft allenfalls § 861 Abs. 1 BGB.

22 **2. Nachteilige Folgen für Schuldnervermögen.** Die Rechtshandlung → Rn. 21 muss **alternativ eine von zwei nachteiligen Folgen** für das Vermögen des Schuldners haben, das später dem Insolvenzbeschlag unterlegen hätte: Sie muss entweder die Aktivmasse verringern oder die Schuldenmasse vermehren. Die Aufzählung in Abs. 2 ist als abschließend anzusehen, um einer uferlosen Ausweitung des Anfechtungsrechts vorzubeugen. Insbesondere lassen die während des Gesetzgebungsverfahrens erstellten Anwendungsbeispiele erkennen, dass lediglich an einer Auslösung der tatbestandlich festgelegten nachteiligen **Folgen unmittelbar durch die Rechtshandlung des Schuldners selbst** gedacht worden war, nicht aber daran, dass diese erst im weiteren Verlauf durch das Eingreifen zusätzlicher Personen die genau umrissenen Folgen auslöst. Deshalb bewirkt der Zahlungsverzug eines Mieters allein noch keinen Rechtsverlust seinerseits über die §§ 286 bis 288 BGB hinaus; erst durch eine darauf gestützte, berechtigte fristlose Kündigung (§ 543 BGB) verliert er sein Nutzungsrecht. Die Folgen einer solchen Kündigung sind nicht durch Anfechtung gemäß § 132 Abs. 2 zu beseitigen.[59] Andernfalls würde der Vermieter, dem sich die Zahlungsunfähigkeit seines Mieters wenigstens aufdrängt (vgl. hierzu Abs. 3 iVm § 130 Abs. 2), bis zum Ablauf der Verjährungsfrist des § 146 Abs. 1 im Hinblick auf § 536 Abs. 3 BGB in die Ungewissheit versetzt, ob er die Mietsache weiter vermieten kann, während der Insolvenzverwalter sich ebenso lange gegen

[52] Zur Wissenszurechnung bei Stellvertretung → § 130 Rn. 41 ff.

[53] Wegen einer Beweislastumkehr bei Nahestehenden → Rn. 32.

[54] RegE S. 159 zu § 147; AGR/*Gehrlein* § 132 Rn. 4.

[55] Ebenso *Häsemeyer* Rn. 21.72; *Henckel* Kölner Schrift S. 813 (833); *Thole* Gläubigerschutz S. 428; Uhlenbruck/*Borries/Hirte* § 132 Rn. 12.

[56] AGR/*Gehrlein* § 133 Rn. 4.

[57] *Gundlach/Frenzel/Schmidt* NZI 2002, 20 (22 f.); KPB/*Schoppmeyer* § 132 Rn. 44 f. aE; aM *Henckel* Kölner Schrift S. 813 (820); ergänzend → Rn. 23; zur Gläubigerbenachteiligung → § 129 Rn. 109a → § 129 Rn. 137.

[58] *Eckardt* ZIP 1999, 1734 (1742).

[59] *Henckel* Kölner Schrift S. 813 (833 f.).

eine Anfechtung und damit gegen eine Nachzahlung des Mietzinses entscheiden könnte. Eine solche Rechtsfolge ginge weit über § 112 wie auch über das „Gewähren" einer Sicherung oder Befriedigung durch Nichtzahlung → § 130 Rn. 12 → § 131 Rn. 41 hinaus. Daher kann, wenn ein Gläubiger aufgrund einer Rechtshandlung des Schuldners berechtigterweise ein Gestaltungsrecht ausübt, diese entferntere Rechtsfolge nicht aufgrund des § 132 Abs. 2 beseitigt werden. Dagegen ist es unschädlich, wenn die Verwirklichung einer der tatbestandlichen Folgen → Rn. 23 f. im Einzelfall nicht bereits von sich aus sondern erst durch weitere Umstände mittelbar zu einer Gläubigerbenachteiligung führt → Rn. 27.

a) Verringerung der Aktivmasse. Abs. 2 kann anwendbar sein, soweit die Rechtshandlung dazu führt, dass der **Schuldner ein Recht verliert.** Dies kommt insbesondere in Betracht, wenn er einen Protest nach Wechselrecht mit der Folge des Regressverlusts unterlässt,[60] oder wenn er von der Unterbrechung einer Ersitzung absieht und infolgedessen das Eigentum verliert.[61] Ferner kann das Verhalten eines Schuldners erfasst werden, mit dem er eine Bedingung iSv § 158 BGB und hierdurch den Wegfall eines ihm zustehenden Vermögensrechts auslöst.[62] Unterlässt der werkvertragliche Auftragnehmer einen Vorbehalt gegen die Schlusszahlung des Auftraggebers, kann jener dadurch Nachforderungen nach Maßgabe des § 16 Nr. 3 Abs. 2–6 VOB/B verlieren. Ein „Recht" idS ist auch der Besitz als gemäß §§ 857 ff. BGB geschützte Vermögensposition des Schuldners.[63] 23

Statt eines materiellen Rechtsverlusts genügt es, dass ein **Recht des Schuldners nicht mehr geltend gemacht** werden kann. Insoweit kommt in Betracht, dass der Schuldner in einem aussichtsreichen Aktivprozess gegen eine ihm ungünstige, sachlich unberechtigte Entscheidung nicht den möglichen Rechtsbehelf einlegt und infolgedessen sein Recht als aberkannt gilt, oder wenn der Schuldner es unterlässt, die Verjährung eines eigenen Anspruchs zu unterbrechen, so dass sein (Dritt-)Schuldner gemäß § 214 Abs. 1 BGB die Leistung verweigern darf.[64] Die Rechtskraft einer Gerichtsentscheidung hindert die Anfechtung gemäß § 141 nicht. 24

b) Vermehrung der Schuldenmasse. Die Rechtshandlung kann auch anfechtbar sein, soweit sie die **Schuldenmasse zu Lasten der Insolvenzgläubiger vermehrt,** indem sie einen vermögensrechtlichen Anspruch gegen den Schuldner erhält. Dies kommt insbesondere in Betracht, sofern es der Schuldner unterlässt, eine ihm ungünstige Willenserklärung rechtzeitig gemäß §§ 119, 123 BGB anzufechten,[65] einen ungünstigen Vertrag zu kündigen oder eine auflösende Bedingung herbeizuführen, ferner dann, wenn ein Auftraggeber auf die Einrede der Schlusszahlung gemäß § 16 Nr. 3 Abs. 2–6 VOB/B verzichtet.[66] 25

Statt eines materiellen Anspruchserhalts reicht es aus, wenn infolge der Rechtshandlung ein **vermögensrechtlicher Anspruch** gegen den Schuldner **durchsetzbar wird.** Davon ist zB auszugehen, wenn es der Schuldner in einem Passivprozess unterlässt, eine an sich begründete Verjährungseinrede zu erheben,[67] oder wenn er gegenüber einem Vollstreckungsbescheid untätig bleibt und hierdurch die Verschaffung eines Titels über einen nicht bestehenden Anspruch gegen sich ermöglicht.[68] 26

3. Gläubigerbenachteiligung. Abs. 2 setzt nicht zusätzlich eine **unmittelbare** Gläubigerbenachteiligung voraus.[69] Dies ergibt der Wortlaut, der die „andere Rechtshandlung" in vollem Umfang dem „Rechtsgeschäft (iSv Abs. 1), das die Insolvenzgläubiger unmittelbar benachteiligt", gleichstellt. Das entspricht dem erklärten Willen des Gesetzgebers[70] und der Entwicklung des Abs. 2 aus Ls. 5.2.5 Abs. 3 des 1. KommBer.[71] Vor allem gehört eine spezifizierte Form der Beeinträchtigung des Schuldnervermögens bereits zum Tatbestand des Abs. 2 → Rn. 22 ff., so dass hieraus eine unmittelbare Gläubigerbenachteiligung regelmäßig zwangsläufig folgt. Danach ergibt die amtliche 27

---

60 AGR/*Gehrlein* § 133 Rn. 4.
61 RegE S. 160 zu § 147; AGR/*Gehrlein* § 133 Rn. 4.
62 KPB/*Schoppmeyer* § 132 Rn. 47; zur Schaffung eines Kündigungsgrundes durch den Schuldner → Rn. 22.
63 AM *Zenker* WuB VI A. § 129 InsO Rn. 2.05; ergänzend → Rn. 21.
64 RegE S. 160 zu § 147; AGR/*Gehrlein* § 133 Rn. 4.
65 RegE S. 160 zu § 147.
66 *Heidland* Rn. 525a.
67 RegE S. 160 zu § 147.
68 KPB/*Schoppmeyer* § 132 Rn. 48; vgl. § 141.
69 *Andres/Leithaus* § 132 Rn. 9; FKInsO/*Dauernheim* § 132 Rn. 9; *Foerste* Rn. 317; Gottwald/*Huber* § 47 Rn. 74; *Henckel* Kölner Schrift S. 813 (833); HKInsO/*Thole* § 132 Rn. 10; *Bartels* S. 269; Nerlich/Römermann/*Nerlich* § 132 Rn. 37; Uhlenbruck/*Borries/Hirte* § 132 Rn. 14; aM *Eckardt* ZIP 1999, 1734 (1742).
70 RegE S. 159 zu § 147.
71 1. KommBer. S. 412 zu Ls. 5.2.5 Abs. 3.

Gesetzesüberschrift zu § 132 keine zuverlässigen gegenteiligen Rückschlüsse.[72] Eine durch die Rechtshandlung verursachte mittelbare Gläubigerbenachteiligung iSv § 129 Abs. 1 ist zwar vorauszusetzen, folgt aber ebenfalls regelmäßig aus den speziellen tatbestandsmäßigen Voraussetzungen. Insbesondere gilt dies für die Überlassung des Besitzes an Absonderungsgut → § 129 Rn. 137.

28 **4. Zeitliche und subjektive Anfechtungsvoraussetzung.** Die weiteren Anfechtungsvoraussetzungen in zeitlicher und subjektiver Hinsicht entsprechen denen des Abs. 1 → Rn. 17 ff.

VI. Haftungsumfang

29 Die Anfechtung nach § 132 kann ggf. einen Widerspruch des Insolvenzverwalters gegen die Anmeldung einer vertraglichen Gläubigerforderung zur Insolvenztabelle (§ 178 Abs. 1) stützen.[73] Im Fall einer erfolgreichen Anfechtung gemäß § 132 hat der Anfechtungsgegner die empfangene Leistung insgesamt herauszugeben, während er seine Gegenleistung nur nach Maßgabe des § 144 geltend machen kann.[74] Die §§ 143 f. gestatten keine Ausnahme für einzelne Anfechtungstatbestände. Für § 132 wäre eine automatische Saldierung auf die bloße Leistungsdifferenz auch nicht gerechtfertigt, weil die vorausgesetzte Kenntnis der wirtschaftlichen Krise des Schuldners hinreichend vor unausgewogenen Rechtshandlungen mit diesem warnt.[75]

VII. Beweislast

30 Regelmäßig hat der **anfechtende Insolvenzverwalter** sämtliche objektiven und subjektiven Anfechtungsvoraussetzungen zu beweisen. Im Fall des Abs. 1 gehören dazu insbesondere das Vorliegen eines Rechtsgeschäfts unter Beteiligung des Schuldners und die hierdurch verursachte unmittelbare Gläubigerbenachteiligung;[76] im Fall des Abs. 2 hat der Anfechtende das Vorliegen einer Rechtshandlung des Schuldners mit einer der in Rn. 23 bis 26 alternativ bezeichneten nachteiligen Folgen für das Schuldnervermögen zu beweisen.

31 Sowohl nach Abs. 1 als auch nach Abs. 2 hat der Verwalter sowohl die Vornahme der angefochtenen Rechtshandlung innerhalb der „kritischen" Zeit → Rn. 18 f. als auch – soweit danach erforderlich – die Zahlungsunfähigkeit des Schuldners zur gleichen Zeit zu beweisen.[77] Ferner obliegt ihm regelmäßig die Beweislast für eine Kenntnis des Anfechtungsgegners von der Zahlungsunfähigkeit des Schuldners bzw. vom Eröffnungsantrag oder wenigstens der sie zwingend ergebenden tatsächlichen Umstände → § 130 Rn. 65.

32 Nur in Bezug auf die **Kenntnis des Anfechtungsgegners** → Rn. 30 verlagert Abs. 3 iVm § 130 Abs. 3 die Beweislast auf solche begünstigte Gläubiger, die dem Schuldner iSv § 138 nahestehen.[78]

§ 133 Vorsätzliche Benachteiligung

(1) [1]Anfechtbar ist eine Rechtshandlung, die der Schuldner in den letzten zehn Jahren vor dem Antrag auf Eröffnung des Insolvenzverfahrens oder nach diesem Antrag mit dem Vorsatz, seine Gläubiger zu benachteiligen, vorgenommen hat, wenn der andere Teil zur Zeit der Handlung den Vorsatz des Schuldners kannte. [2]Diese Kenntnis wird vermutet, wenn der andere Teil wußte, daß die Zahlungsunfähigkeit des Schuldners drohte und daß die Handlung die Gläubiger benachteiligte.

(2) Hat die Rechtshandlung dem anderen Teil eine Sicherung oder Befriedigung gewährt oder ermöglicht, beträgt der Zeitraum nach Absatz 1 Satz 1 vier Jahre.

(3) [1]Hat die Rechtshandlung dem anderen Teil eine Sicherung oder Befriedigung gewährt oder ermöglicht, welche dieser in der Art und zu der Zeit beanspruchen konnte, tritt an die Stelle der drohenden Zahlungsunfähigkeit des Schuldners nach Absatz 1 Satz 2 die eingetretene. [2]Hatte der andere Teil mit dem Schuldner eine Zahlungsvereinbarung getroffen oder diesem in sonstiger Weise eine Zahlungserleichterung gewährt, wird vermutet, dass er zur Zeit der Handlung die Zahlungsunfähigkeit des Schuldners nicht kannte.

---

[72] AM KPB/*Schoppmeyer* § 132 Rn. 9.
[73] Vgl. HKInsO/*Thole* § 132 Rn. 6.
[74] *Eckardt* ZInsO 2004, 888 (894); ergänzend → Rn. 11.
[75] AM *Häsemeyer* Rn. 21.71.
[76] Vgl. hierzu BGHZ 77, 250 (254 f.) = NJW 1980, 1962 (1963); Nerlich/Römermann/*Nerlich* § 132 Rn. 44; Uhlenbruck/*Borries/Hirte* § 132 Rn. 17; → § 146 Rn. 45 ff.
[77] *Eichberger* S. 108; → § 130 Rn. 64.
[78] → 130 Rn. 66 f.

(4) [1]Anfechtbar ist ein vom Schuldner mit einer nahestehenden Person (§ 138) geschlossener entgeltlicher Vertrag, durch den die Insolvenzgläubiger unmittelbar benachteiligt werden. [2]Die Anfechtung ist ausgeschlossen, wenn der Vertrag früher als zwei Jahre vor dem Eröffnungsantrag geschlossen worden ist oder wenn dem anderen Teil zur Zeit des Vertragsschlusses ein Vorsatz des Schuldners, die Gläubiger zu benachteiligen, nicht bekannt war.

Schrifttum: *Jacoby* Zur Bedeutung des § 133 InsO im System der Insolvenzanfechtungsgründe, KTS 2009, 3 ff.; *Lind* Zur Auslegung von § 133 InsO, insbesondere im System der Anfechtungstatbestände, 2006; *Thole* Die Vorsatzanfechtung als Instrument des Gläubigerschutzes, KTS 2007, 293 ff.

Übersicht

I. Normzweck

Ein Rechtserwerb, der auf einer vorsätzlichen Gläubigerbenachteiligung durch den Schuldner beruht, verdient gegenüber dem Interesse der Gläubiger an einer Anreicherung des haftenden Schuldnervermögens dann keinen Schutz, wenn der Geschäftsgegner den Vorsatz kannte (Abs. 1 bis 3). Im Hinblick auf diesen Gesetzeszweck wirkt es sich verschärfend aus, wenn der Schuldner in verdachtserregender zeitlicher Nähe zu seiner Vermögensunzulänglichkeit unmittelbar gläubigerbenachteiligende Verträge mit nahestehenden Personen schließt (Abs. 4). Diese können die wirtschaftlichen Schwierigkeiten des späteren Insolvenzschuldners leichter erkennen und seine Pläne besser durchschauen; ferner ist ihre persönliche und/oder wirtschaftliche Verbundenheit mit dem Schuldner ein Anreiz, sie zu Lasten anderer Gläubiger zu begünstigen. 1

Abs. 1 bis 4 knüpfen zwar nicht objektiv, aber über die subjektiven Voraussetzungen → Rn. 12 ff. → Rn. 19 ff. an die **erkannte Vermögensunzulänglichkeit** des Schuldners an; tritt sie ein, soll die bewusste Besserstellung einzelner Beteiligter keinen Bestand haben, weil sonst die Befriedigungsaussichten der anderen Gläubiger in sozial unangemessener Weise gezielt verschlechtert würden. Anders als die §§ 130 bis 132 steht § 133 nicht in unmittelbarem Zusammenhang mit der materiellen Insolvenz, sondern missbilligt **bestimmte Verhaltensweisen** des Schuldners.[1] Die Vorschrift ist Ausdruck des Gedankens, dass ein Schuldner nicht berechtigt ist, vorsätzlich einzelne Gläubiger gegenüber anderen zu bevorzugen, soweit die ihnen gegenüber bestehenden Verpflichtungen gleichrangig sind. Sie schützt also die Interessen der Gläubiger daran, dass der Schuldner ihre prinzipiell gleichen Befriedigungschancen nicht beeinträchtigt.[2] Zentraler Anknüpfungspunkt der 1a

[1] BGHZ 162, 143 (150 f.) = NJW 2005, 1121 (1122 f.); *Jacobi* S. 19; *Kirchhof* FS Ganter, 2010, 237 (245); *Schoppmeyer* ZIP 2009, 600 (602 f.); *Thole* S. 300; *ders.* ZIP 2013, 2081 (2083).

[2] BGH NZI 2017, 718 (719) = ZIP 2017, 1379 (1380).

gesetzlichen Regelung ist der in einer Rechtshandlung zum Ausdruck kommende Wille des Schuldners, den Anfechtungsgegner zum Nachteil anderer Gläubiger zu bevorzugen → Rn. 13 ff.; nur der Leistungsempfänger, der diesen Vorsatz des Schuldners kennt, ist rückgewährpflichtig → 19 ff. Jedoch dient § 133 nicht der rückwirkenden Verwirklichung der Gläubigergleichbehandlung,[3] da auch Dritte Anfechtungsgegner sein können, die niemals Insolvenzgläubiger waren und es niemals werden sollten.[4] Die Gläubigergleichbehandlung ist lediglich Folge der Vorsatzanfechtung.[5]

1b § 133 entspricht inhaltlich weitgehend § 3 (iVm § 2) AnfG, der im Zuge der Anfechtungsreform → Rn. 4 inhaltsgleich geändert wurde und denselben Normzweck verwirklichen soll.[6] Gerichtsentscheidungen zu § 3 AnfG können demzufolge sinngemäß auf § 133 übertragen werden.[7] Die Vorschriften stellen keine Deliktstatbestände dar[8] und sollen nicht allgemein zu einer besonders ausgeprägten Redlichkeit im Geschäftsverkehr anhalten.

II. Entstehungsgeschichte

2 Der Anfechtungstatbestand wegen vorsätzlicher Gläubigerbenachteiligung ist römisch-rechtlichen Ursprungs[9] und international weit verbreitet. **Abs. 1** entspricht iW § 31 Nr. 1 KO und § 10 Abs. 1 Nr. 1 GesO. Die Ersetzung der früheren Voraussetzung einer „absichtlichen" durch eine „vorsätzliche" Benachteiligung bedeutet keine inhaltliche Änderung gegenüber der erweiternden Auslegung des Begriffs der Absicht durch die frühere Rspr. und Lehre.[10] Die Verkürzung der zuvor in § 41 Abs. 1 Satz 3 KO vorgesehenen 30 jährigen Anfechtungsfrist auf zehn Jahre (Abs. 1 Satz 1) entspricht der Tendenz zur Verkürzung von Verjährungsfristen;[11] zudem sind für einen Zeitraum von mehr als zehn Jahren vor dem Eröffnungsantrag die Anfechtungsvoraussetzungen ohnehin praktisch kaum noch nachweisbar. Die Beweiserleichterung des Satzes 2 ist im Verhältnis zur KO neu.

3 Im Zuge der Reform der Insolvenzanfechtung aufgrund des **Gesetzes zur Verbesserung der Rechtssicherheit bei Anfechtungen nach der Insolvenzordnung und nach dem Anfechtungsgesetz** vom 29.3.2017[12] wurde die Vorschrift des § 133 mit Wirkung vom 5.4.2017 (Art. 103j EGInsO) partiell geändert.[13] Hiernach wurde ein **Abs. 2 neu** eingefügt, der die Frist bei Deckungsanfechtungen auf vier Jahre verkürzt. Zudem wurde ein **weiterer Abs. 3** eingepflegt, der für kongruente Deckungen zum einen nicht an die drohende, sondern die eingetretene Zahlungsunfähigkeit anknüpft und zum anderen Ratenzahlungsvereinbarungen oder sonstige Zahlungserleichterungen als Vermutungsgrundlage ausnimmt. Der bisherige Abs. 2 wurde Abs. 4.

4 **Abs. 4** erleichtert die Anfechtung im Vergleich zur Vorgängernorm des § 31 Nr. 2 KO in mehrfacher Hinsicht: Der **Kreis der beweisbelasteten Personen** – bisher nur „Ehegatten" oder „Verwandte" – ist durch eine Verweisung auf § 138 erheblich ausgeweitet worden; in § 10 Abs. 1 Nr. 2 GesO war dies allerdings bereits in gleicher Weise vorgesehen. Die in der letztgenannten Vorschrift ebenso wie in § 31 Nr. 2 KO vorgesehene Jahresfrist für die verschärfte Anfechtung wurde verdoppelt. Während früher die Beweislast nur für die Kenntnis des Benachteiligungsvorsatzes des Schuldners umgekehrt wurde, gilt dies nun auch für den Zeitpunkt des Vertragsschlusses (Abs. 2 Satz 2 1. Var.). Andererseits konnten nach § 10 Abs. 1 Nr. 2 GesO sämtliche entgeltlichen „Leistungen" des Schuldners angefochten werden; § 133 Abs. 4 begrenzt die Anfechtbarkeit – wie § 31 Nr. 2 KO – auf „Verträge". Wegen der weiten Auslegung dieses Begriffs → Rn. 40 bedeutet dies aber keine wesentliche Einschränkung. Einem Antrag des Bundesrates, die Beweislastumkehr nach Abs. 1 Satz 2 auch auf den Benachteiligungsvorsatz des Schuldners zu erstrecken, wurde nicht entsprochen.[14]

---

[3] BGH NZI 2017, 718 (719) = ZIP 2017, 1379 (1380).
[4] *Schoppmeyer* WM 2018, 353 (354).
[5] *Schoppmeyer* WM 2018, 353 (354).
[6] MüKoAnfG/*Kirchhof* § 3 Rn. 1.
[7] → Vor § 129 Rn. 43; FKInsO/*Dauernheim* § 133 Rn. 1; *Jaeger/Henckel* KO § 31 Rn. 1; MüKoAnfG/*Kirchhof* § 3 Rn. 1; Uhlenbruck/*Borries/Hirte* § 133 Rn. 7.
[8] BGH NZI 1999, 152 (153); FKInsO/*Dauernheim* § 133 Rn. 6; *Jaeger/Henckel* KO § 31 Rn. 1, 6, 18; KPB/*Bork* § 133 Rn. 2, 4; *Schoppmeyer* NZI 2005, 185 (188); Uhlenbruck/*Borries/Hirte* § 133 Rn. 2; aM RGZ 74, 224 (226); RGZ 84, 242 (253); ergänzend → Rn. 13a → § 146 Rn. 32.
[9] *Baur/Stürner* Rn. 18.4; *Gerhardt* Gläubigeranfechtung S. 46 ff.; *Schulte* S. 24 ff.
[10] RegE S. 160 zu § 148; HKInsO/*Thole* § 133 Rn. 1; *Zeuner* Anfechtung Rn. 176; ergänzend → Rn. 13; zum früheren Rechtszustand vgl. BGH ZIP 1999, 406 (408); BGH NJW 1991, 2144 (2145); BGH ZIP 1981, 1229 (1231); BGH WM 1960, 546 (547); RG JW 1937, 2214 f.; *Baur/Stürner* Rn. 19.13; *Jaeger/Henckel* KO § 31 Rn. 9.
[11] *Henckel* Kölner Schrift, 813 (835); *Zeuner* Anfechtung Rn. 175.
[12] BGBl. 2017 I 654.
[13] *Pape* ZInsO 2018, 296 (297) instruktiv zum Reformablauf.
[14] BT-Drs. 12/2443, 254 und 265 f., jeweils zu Nr. 25.

III. Anwendungsbereich

Alle Absätze sind im Rahmen ihrer jeweiligen tatbestandsmäßigen Voraussetzungen uneingeschränkt auf **sämtliche Rechtshandlungen** des Schuldners anzuwenden, Abs. 1 bis 3 auch gegenüber Bargeschäften.[15] Abs. 1 bis 3 können jedoch nicht eingreifen, sofern ein Insolvenzgläubiger vor Insolvenzeröffnung aufgrund Einzelanfechtung eine Deckung erlangt. § 16 Abs. 2 AnfG steht dem bereits grundsätzlich entgegen.[16] Im Übrigen könnte § 133 regelmäßig schon deshalb nicht eingreifen, weil die Deckung nicht durch eine Rechtshandlung des Hauptschuldners, sondern durch einen Zugriff des Insolvenzgläubigers, des jetzigen Anfechtungsgegners gewährt wurde.[17] Abs. 1 bis 3 sind im Verhältnis zu Abs. 4 Auffangtatbestand, soweit die erleichterten Anfechtungsvoraussetzungen des 4. Absatzes im Einzelfall nicht vollständig festgestellt werden können → Rn. 39. Entsprechendes gilt für Abs. 4 im Verhältnis zu § 134, soweit die hierin vorausgesetzte Unentgeltlichkeit nicht festzustellen ist → Rn. 41.[18] 5

IV. Anfechtungsvoraussetzungen nach Abs. 1 bis 3

1. Rechtshandlung des Schuldners. a) Rechtshandlung. § 133 erfasst sämtliche Rechtshandlungen iSv § 129 einschließlich Unterlassungen → § 129 Rn. 7 ff. Ob sie gerade einem Insolvenzgläubiger zugutekommen, ist anders als nach §§ 130, 131 im Abs. 1, nicht aber in den Abs. 2 und 3 → Rn. 10 → Rn. 24a f. unerheblich → Rn. 21 f.[19] Bargeschäfte sind nicht ausgenommen, doch wird hierbei oft der erforderliche Benachteiligungsvorsatz fehlen → Rn. 33a → Rn. 37b. 6

b) Schuldnerhandlung. Die Rechtshandlung muss vom Schuldner vorgenommen worden sein.[20] Das Handeln von Stellvertretern oder angewiesenen Zwischenpersonen[21] ist ihm gemäß allgemeinen Grundsätzen → § 129 Rn. 37 ff. ebenso zuzurechnen wie die Mithilfe Dritter, die der Schuldner mit dem Ziel einer mittelbaren Zuwendung einschaltet → § 129 Rn. 68 ff. Ob sonstige Umstände das Handeln des Schuldners unterstützen, ist unerheblich; es genügt, dass dessen Handeln oder zielgerichtetes Unterlassen (§ 129 Abs. 2) die Gläubigerbenachteiligung mit herbeiführt.[22] 7

Rechtshandlungen Dritter sind grundsätzlich nicht nach § 133 anfechtbar → Rn. 9 ff. ZB fehlt ein Schuldnerhandeln, sofern ein vorläufiger Insolvenzverwalter seine Vergütung festsetzen lässt und sie danach dem Vermögen des kostenpflichtigen Schuldners entnimmt.[23] Jedoch ist stets zu prüfen, ob zum Erfolg des Dritthandelns möglicherweise **auch eigene Rechtshandlungen des Schuldners** beigetragen haben;[24] dann kann die Vermögensverlagerung insgesamt anfechtbar sein. Insbesondere kommen sämtliche „ermöglichenden" Verhaltensweisen des Schuldners in Betracht → § 130 Rn. 13 ff. ZB liegt eine Handlung des Schuldners selbst vor, wenn er einem Gläubiger – etwa durch Angabe einer Zahlstelle – zur Herstellung einer Aufrechnungslage verhilft,[25] im bargeldlosen Zahlungsverkehr eine Überweisung veranlasst,[26] Kreditmittel abruft,[27] einen Gläubiger zu der von diesem veranlassten Abbuchung im Lastschriftverfahren ermächtigt,[28] eine Sicherheit bestellt, ohne die er einen Kredit des Sicherungsnehmers nicht erhalten hätte,[29] oder durch Annahme der Erfüllungsleistung eines Drittschuldners die Erfüllungswirkung mit herbeiführt.[30] Entsprechendes gilt, sofern der Schuldner einen Dritten veranlasst, sich gegenüber einem Gläubiger des Schuldners zu verbürgen,[31] oder einen eigenen Drittschuldner anweist, dessen Leistung an einen Insolvenzgläu- 8

---

15 → Rn. 37b → § 142 Rn. 37 f.

16 *Dauernheim* S. 231; *Jaeger* Gläubigeranfechtung, 1938, § 13 Rn. 13; MüKoAnfG/*Kirchhof* § 16 Rn. 20.

17 MüKoAnfG/*Kirchhof* § 16 Rn. 20.

18 Zum Verhältnis der Anfechtung gemäß § 133 zu den §§ 138, 826 BGB → Vor § 129 Rn. 50 ff. → Vor § 129 Rn. 87 ff.

19 BGH NZI 2012, 453.

20 BGH NZI 2011, 249; BGHZ 162, 143 (147 ff.) = NJW 2005, 1121 ff.

21 BAG KTS 1985, 57; *Jaeger/Henckel* KO § 31 Rn. 5; KPB/*Bork* § 133 Rn. 6.

22 → § 129 Rn. 169 ff.; zu einer etwa erforderlichen Zustimmung Dritter → § 129 Rn. 54; zu anfechtbaren Gesamtvorgängen → § 129 Rn. 65 ff. → § 140 Rn. 21.

23 LG Dresden ZInsO 2007, 221 f.

24 BGH NZI 2011, 249; *Thole* S. 300.

25 BGH NZI 2004, 445 f.; OLG Hamm ZInsO 2005, 267 (268); *Bork* Zahlungsverkehr Rn. 210; *Peschke* S. 183 f., 208 f.

26 BGH ZIP 2012, 1422 (1423); BGH ZIP 2011, 1324 (1325).

27 BGH ZIP 2011, 1324 (1325).

28 BGH NZI 2003, 253 (257); *Bork* Zahlungsverkehr Rn. 315; → § 129 Rn. 147.

29 OLG Dresden ZInsO 2007, 497 f.

30 HambKommInsO/*Rogge/Leptien* § 133 Rn. 4; *Jaeger/Henckel* KO § 31 Rn. 6; *Lind* S. 74 f.

31 BGH NJW 1999, 3046 (3047).

biger zu erbringen.[32] Dagegen ist die bloße Weiterführung eines debitorischen Kontos keine ausreichende Mitwirkungshandlung des Insolvenzschuldners.[33] Rechtshandlungen des Schuldners oder vorläufigen Insolvenzverwalters im Eröffnungsverfahren werden leichter von § 130 Abs. 1 Nr. 2 oder § 131 Abs. 1 Nr. 1 erfasst → § 129 Rn. 44 ff.

9 **Zwangsvollstreckungsmaßnahmen** von Gläubigern unterliegen regelmäßig nicht der Anfechtung gemäß § 133.[34] Hat der Schuldner nur noch die Wahl, die geforderte Zahlung sofort zu leisten oder die Vollstreckung zu dulden, ist also jede Möglichkeit seines selbstbestimmten Handelns ausgeschaltet, fehlt es an einer Rechtshandlung des Schuldners iSv § 133 Abs. 1.[35] Das bewusste Unterlassen des Schuldners, rechtzeitig ein Insolvenzverfahren zu beantragen, genügt als mitwirkende Handlung nicht.[36] Der Zugriff des Gläubigers auf Vermögensgegenstände des Schuldners im Wege der **Sachpfändung** fällt daher nicht unter Abs. 1 bis 3. Werden **Ansprüche des Schuldners,** insbesondere Geldforderungen gegen sein Kreditinstitut, **gepfändet,** so wird die Zahlung daraus regelmäßig erzwungen sein, also für § 133 nicht ausreichen.[37] Hiervon sind Fälle zu unterscheiden, in denen der Schuldner nach fruchtloser Zwangsvollstreckung mit dem Vollstreckungsorgan eine **Ratenzahlungsvereinbarung** herbeiführt (zB gemäß § 802b ZPO, § 258 AO, § 42 StGB, § 459a StPO) und in diesem Rahmen Teilzahlungen erbringt.[38] Gleiches gilt für Zahlungen auf Bußgeldverbindlichkeiten zur Abwendung einer Vollziehung der angeordneten Erzwingungshaft (§ 96 OWiG) an die Gerichtskasse.[39]

9a Die Wirkung des Vollstreckungsbeschlages kann nach § 133 nur angefochten werden, soweit sie (auch) auf einer selbstbestimmten mitwirkenden Handlung des Schuldners beruht → § 129 Rn. 56 → § 143 Rn. 82. Leistungen des Schuldners **zur Abwendung der Zwangsvollstreckung** gemäß §§ 808 ff. ZPO können nur dann außer Betracht bleiben, wenn er **Bargeld** oder andere pfändbare körperliche Sachen aus seinem Gewahrsam (§ 809 ZPO) übergibt, auf die ein Vollstreckungsbeamter sonst von sich aus ohne rechtliche oder tatsächliche Hindernisse hätte zugreifen können.[40] Leistet der Schuldner dagegen zur Abwendung einer nur allgemein angekündigten Zwangsvollstreckung, indem er eine **Banküberweisung** tätigt[41] oder dem Vollstreckungsorgan einen auf sein Konto gezogenen **Scheck** aushändigt,[42] wirkt sich regelmäßig eine eigenverantwortliche Handlung des Schuldners aus, die zur Anwendung des § 133 Abs. 1 führt; denn die typischerweise angedrohte Vollstreckung nach §§ 808 ff. ZPO erfasst gerade nicht das Bankkonto des Schuldners.[43] Ehe der Gläubiger auf ein Bankguthaben des Schuldners, sogar wenn es ihm bekannt ist, nach Maßgabe der §§ 828 ff., 845 ZPO zugreifen könnte, stünde dem Schuldner die anderweitige Verfügung darüber frei; das gilt erst recht, sofern das Bankkonto des Schuldners im Soll geführt wird. Leistet der Schuldner weitere Zahlungen, nachdem sich der Vollstreckungsbeamte entfernt hat – sei es auch aufgrund einer diesem erteilten Ratenzahlungszusage –, handelt er selbstbestimmt.[44] Stellt der Pfändungsgläubiger nach **Erlass eines Pfändungs- und Überweisungsbeschlusses** (§§ 829, 835 ZPO) die Verfügungsmacht des Schuldners über sein Geschäftskonto durch eine Erklärung gegenüber dem Drittschuldner zeitweise wieder her, beruht eine nachfolgende Überweisung des Schuldners auf dessen Rechtshandlung.[45] Allerdings fällt

---

[32] BGH NJW-RR 2018, 947 (948) = NZI 2018, 562 f.

[33] *Bork* Zahlungsverkehr Rn. 210.

[34] BGH NZI 2006, 159 (162); BGHZ 167, 11 (14) = NJW 2006, 1870 (1871); BGHZ 162, 143 (147 f.) = NJW 2005, 1121 f.; OLG Stuttgart ZIP 2002, 2264 (2266); Gottwald/*Huber* § 48 Rn. 5; *Rebmann* S. 22 ff.; Uhlenbruck/*Borries/Hirte* § 133 Rn. 14; aM *Brinkmann/Luttmann* ZInsO 2007, 565 ff.; *Kreft* KTS 2004, 205 (216 ff.); *Kübler* FS Greiner, 2005, 159 (160 f.); krit. *Marotzke* ZZP 105 (1992), 451 f.

[35] BGH NZI 2009, 312.

[36] BGHZ 162, 143 (154 f.) = NJW 2005, 1121 (1124); OLG Frankfurt ZInsO 2005, 1110 f.; *Bork* ZIP 2004, 1684 (1685 f.); *Lind* S. 64 ff.; *Schoppmeyer* NZI 2005, 185 (190 ff.); aM *Rendels* ZIP 2004, 1289 (1293 f.).

[37] Vgl. BGHZ 162, 143 (154) = NJW 2005, 1121 (1124); BGH NZI 2006, 159 (162) konnte im Einzelfall offenlassen, ob der Schuldner über die Beträge „noch anders hätte verfügen können".

[38] BGH NZI 2010, 184 (185).

[39] OLG Köln NZI 2018, 37 (38) = ZIP 2018, 794 (795).

[40] Entscheidungen, die vor BGHZ 162, 143 ff. = NJW 2005, 1121 ergangen sind, unterscheiden in dieser Hinsicht nicht immer genau; auch die Barzahlung an den Gerichtsvollzieher kann willensgesteuert sein, vgl. BGH NZI 2010, 184 (185).

[41] BGH NZI 2010, 184 (185); BGHZ 162, 143 (150 f.) = NJW 2005, 1121 (1123); BGH NZI 2004, 87 f.; BGHZ 155, 75 (79 f.) = NJW 2003, 3347 (3348); BGH NJW 2003, 3560 f.; OLG Frankfurt ZInsO 2006, 943 (944 f.); OLG Brandenburg ZInsO 2007, 40.

[42] BGH ZIP 2012, 1422 (1423); BGH NZI 2009, 312; *Bork* ZIP 2004, 1684; BGH NJW 2002, 2568 f. zu § 31 KO; diese Frage wäre anders zu beurteilen, wenn der Vollstreckungsbeamte dafür von einer Pfändung vorhandenen Bargeldes in gleicher Höhe absieht.

[43] Dies verkennt OLG Frankfurt ZInsO 2005, 1110 (1111).

[44] LG Kleve ZIP 2006, 1544.

[45] BGH NZI 2008, 180 (181).

nicht jede aus Anlass einer Zwangsvollstreckung erfolgte Vermögensverlagerung, zu der eine (selbstbestimmte) Rechtshandlung des Schuldners beigetragen hat, unter § 133 Abs. 1. Diese muss bei wertender Betrachtung zumindest auch als eigene, willensgeleitete Entscheidung des Schuldners anzusehen sein, so dass dessen Beitrag **ein der Vollstreckungstätigkeit des Gläubigers zumindest vergleichbares Gewicht** erreicht.[46] Daran fehlt es, sofern der Schuldner die Vollstreckung hinnimmt und sich nicht anders verhält, als er dies ohne die Vollstreckungsmaßnahme getan hätte, insbesondere seinen Geschäftsbetrieb in der bisher ausgeübten Weise fortsetzt.[47] Eine eigene, willensgeleitete Entscheidung des Schuldners liegt allerdings vor, sofern er zuvor einen Kredit aufgenommen und die Geldmittel auf das gepfändete Konto hat überweisen lassen.[48]

Mitwirkende Rechtshandlungen des Schuldners können ferner vorliegen, wenn er einen **Erfolg versprechenden Rechtsbehelf** gegen das unberechtigte Erwirken eines Vollstreckungsbescheids oder Versäumnisurteils oder gegen eine rechtswidrige Zwangsvollstreckungsmaßnahme (vgl. § 141) **bewusst unterlässt**[49] oder wenn er das Vorgehen des Vollstreckungsgläubigers aktiv fördert.[50] Letzteres kommt insbesondere in Betracht, sofern der Schuldner bei der Erwirkung des gegen ihn gerichteten Titels – zB durch Anerkenntnis, Säumnis, Abschluss eines Prozessvergleichs oder einer Vollstreckungsunterwerfung (§ 794 Abs. 1 Nr. 5 ZPO) – bewusst Hilfe geleistet hat,[51] ferner dann, soweit der Schuldner den Gläubiger auffordert, einem drohenden Zugriff anderer Gläubiger zuvor zu kommen,[52] oder für einen einzelnen Gläubiger bis dahin verborgenes Zugriffsgut offenlegt.[53] Werden von vornherein aussichtslose Rechtsbehelfe nicht ergriffen, kann dies eine Vermögensverlagerung zu Gunsten des vollstreckenden Gläubigers nicht gefördert haben, so dass eine Gleichstellung mit einer Rechtshandlung ausscheidet.[54] Das Unterlassen der Errichtung eines neuen Kontos reicht nicht für ein gleichgestelltes Unterlassen iSv § 129 Abs. 2 mangels eines bewussten und gewollten Handelns aus.[55] **9b**

Eine Mitwirkung des Schuldners kann auch angenommen werden, wenn er **bewusst in die Durchsuchung seiner Wohnung oder seiner Geschäftsräume einwilligt,** sofern ein sonst für die Durchsuchung erforderlicher richterlicher Beschluss (§ 758a Abs. 1 und 2 ZPO; § 287 Abs. 4 Satz 1 AO) nicht vorliegt.[56] Zahlt der Schuldner an das ohne richterliche Durchsuchungsanordnung erschienene Vollstreckungsorgan zur Abwendung dieser Vollstreckung, kann die selbstbestimmte Rechtshandlung unter denselben Voraussetzungen vorliegen, wenn ein zwangsweiser Zugriff auf die Zahlungsmittel des Schuldners nur an der fehlenden Durchsuchungsanordnung gescheitert wäre. Hierfür muss aber feststehen, dass dem Schuldner bewusst war, einen sofortigen Vollstreckungszugriff durch seinen Widerspruch verhindern zu können.[57] **9c**

Zahlungen nach Androhung oder Stellung eines Insolvenzantrags sind stets eigenverantwortlich, weil der Schuldner ein solches Verfahren dulden kann.[58] Eine Abgrenzung zu Abwendungshandlungen, bei denen der Schuldner keinen Entscheidungsspielraum mehr hat → Rn. 9, ist bei wertender Betrachtung berechtigt, weil ihm die Möglichkeit verbleibt, die Zahlungen zu vermeiden, indem er entweder die vorhandenen Vermögenswerte gleichmäßig unter sämtlichen Gläubigern verteilt oder er selbst einen Insolvenzantrag stellt. Er ist also nicht gezwungen, auf den Druck eines **9d**

---

46 BGH NJW-RR 2017, 1395 (1396) = NZI 2017, 926 (927); BGH NZI 2017, 715 (716 f.) = NJW-Spezial 2017, 565 = ZIP 2017, 1281 (1282 f.); *Gehrlein* ZInsO 2018, 2557; aM BGH NZI 2014, 72 f. = ZIP 2014, 35 (36), wonach Titulierenlassen, Duldung der Kontovollstreckung und Überweisung vom gepfändeten Konto Rechtshandlungen gemäß Abs. 1 darstellen; AGR/*Gehrlein* § 133 Rn. 6 aE; *Huber* ZIP 2018, 519 (521).

47 BGH NZI 2017, 715 (716 f.) = NJW-Spezial 2017, 565 = ZIP 2017, 1281 (1282 f.); OLG Düsseldorf ZIP 2017, 1338 f.

48 OLG Düsseldorf NZI 2019, 127 = ZIP 2019, 483.

49 BGH NZI 2011, 249 (250); HKInsO/*Thole* § 133 Rn. 8, 10; *Jaeger/Henckel* KO § 29 Rn. 12, § 31 Rn. 2; *Lind* S. 72; BGH WM 1965, 14 (15 f.); RGZ 69, 163 (165) zu § 3 Abs. 1 Nr. 1 AnfG aF; vgl. auch FKInsO/*Dauernheim* § 133 Rn. 7 ff.

50 RG LZ 1908, 388 (389); *Gehrlein* ZInsO 2018, 2557 (2558); *Lind* S. 73 f.

51 BGH NJW 2000, 1259 (1262); RG Gruchot 50 [1906], 1140 (1144 f.); RG JW 1906, 179 f. zu § 3 Abs. 1 Nr. 1 AnfG; KPB/*Bork* § 133 Rn. 11; *Lind* S. 69 f.; FKInsO/*Dauernheim* § 133 Rn. 9; *Gehrlein* ZInsO 2018, 2557 (2558); Nerlich/Römermann/*Nerlich* InsO § 133 Rn. 8; Uhlenbruck/*Borries/Hirte* § 133 Rn. 14.

52 RGZ 47, 223 (225) zu § 3 Abs. 1 Nr. 1 AnfG; KPB/*Bork* § 133 Rn. 11; Uhlenbruck/*Borries/Hirte* § 133 Rn. 14 f.

53 OLG Naumburg LZ 1913, 324 (326 f.); HKInsO/*Thole* § 133 Rn. 10; BGH WM 1964, 14 (15) zu § 3 AnfG.

54 BGH NJW-RR 2014, 562 (563 f.) = NZI 2014, 218 (219 f.) = NZM 2014, 516 (517 f.).

55 BGH NJW-RR 2014, 562 (564) = NZI 2014, 218 (219) = NZM 2014, 516 (517).

56 BGH NZI 2011, 249 (250); LG Aachen ZIP 2007, 593 ff.

57 BGH NZI 2011, 249 (250).

58 Vgl. BGHZ 157, 242 (253 f.) = NJW 2004, 1385 (1387 f.); KPB/*Bork* § 133 Rn. 7.

Gläubigers gerade mit dessen vollständiger Befriedigung zu reagieren und damit dessen Zwangsmaßnahmen zu Lasten der übrigen Gläubiger abzuwenden.[59]

10 **2. Zeitpunkt der Vornahme.** Die Rechtshandlung muss nach Abs. 1 in den letzten **zehn Jahren** vor dem Eröffnungsantrag oder nach diesem Antrag bis zur Verfahrenseröffnung → § 129 Rn. 74 f. vorgenommen worden sein. Bei noch länger zurückliegenden Handlungen erscheint eine gezielte Benachteiligung von Insolvenzgläubigern nahezu ausgeschlossen.[60] Aufgrund des Gesetzes zur Verbesserung der Rechtssicherheit bei Anfechtungen nach der Insolvenzordnung und nach dem Anfechtungsgesetz vom 29.3.2017[61] wurde gemäß Abs. 2 für Rechtshandlungen, die dem anderen Teil eine **Sicherung oder Befriedigung gewähren oder ermöglichen,** der zehnjährige Zeitraum zwischen anfechtbarer Rechtshandlung und Stellung des Eröffnungsantrages auf **vier Jahre verkürzt.** Damit soll das Risiko einer Anfechtung in dem in der Praxis bedeutsamen Bereich der Deckungshandlungen → Rn. 29 f. → Rn. 33 ff. kalkulierbarer werden.[62] Auswertungen der BGH-Rspr. legen allerdings nahe, dass die Neuregelung das Anfechtungsvolumen nicht signifikant beeinflussen wird.[63] Bereits nach vier Jahren scheint ein Zusammenhang zwischen Rechtshandlung und der später eintretenden materiellen Insolvenz ausgeschlossen, so dass die Zeitgrenze auf einer fehlenden Kausalität beruht.[64] Jedoch können inkongruente Deckungen → § 131 Rn. 8 ff. ebenfalls nur noch innerhalb der Vierjahresfrist vor Antragstellung angefochten werden.[65] Der Wortlaut des Abs. 2 spricht anders als die §§ 130 f. nicht von einer Sicherung oder Befriedigung eines Insolvenzgläubigers, sondern von dem „anderen Teil". Diese Formulierung wurde dem Abs. 1 entlehnt.[66] Deckungen können aber begrifflich nur Insolvenzgläubiger erhalten. Aus dem systematischen Zusammenspiel mit den §§ 130 f. und dem Zweck des Reformgesetzes ist daher zu schließen, dass die Verkürzung auf vier Jahre vor Antragstellung nur **für Deckungen von Insolvenzgläubigern** gilt.[67] Für Vermögensverschiebungen sowie Bankrotthandlungen verbleibt es bei der Zehnjahresfrist, sofern die Begründung der Verbindlichkeit und deren Deckung zusammenfallen. Besteht zwischen beiden eine zeitliche Diskrepanz, ist für die Deckung wiederum Abs. 2 eröffnet.[68] Daher kann der Schuldgrund nach Abs. 1 innerhalb der zehnjährigen Frist anfechtbar sein, während die dann entstehende inkongruente Deckung außerhalb des Zeitraums des Abs. 2 für sich genommen nicht anfechtbar ist.[69] Diese schematische Unterscheidung erscheint bei Schuldnern, die strategisch betrügerisch vorgehen und Vermögensverschiebungen im Gewand vertraglicher Vereinbarungen zu verschleiern suchen, nicht interessengerecht.[70] Wirkt hiernach eine Unlauterkeit in der Deckungshandlung fort, ist daran zu denken, dass auch für sie die zehnjährige Frist gilt.[71] Dasselbe ist denkbar, sofern die Begründung des Schuldverhältnisses und dessen Deckung zeitlich zusammenfallen.[72] Alternativ ist nach Anfechtung des Schuldgrundes generell an eine Rückabwicklung nach bereicherungsrechtlichen Vorschriften (§§ 812 ff. BGB) zur Überwindung der verkürzten Anfechtungsfrist zu denken, wobei die dreijährige Verjährung des Anfechtungsanspruchs (§ 199 Abs. 1 BGB) erst mit erfolgreicher Anfechtung des Verpflichtungsgeschäfts beginnt.[73] Schließlich verbleibt es im Fall der Vorsatzanfechtung gegenüber dem Leistungsmittler → Rn. 21b → § 130 Rn. 17c

[59] KPB/*Bork* § 133 Rn. 8; *Stiller* ZInsO 2002, 793 (794 f.); zum Vorsatz → Rn. 33 ff.

[60] Ebenso *C. Paulus/Schröder* WM 1999, 253 (255); zur Bestimmung des maßgeblichen Insolvenzantrages gemäß § 139 → § 130 Rn. 25; zur Vornahme der Rechtshandlung (§ 140) innerhalb der Anfechtungsfrist → § 130 Rn. 26 → § 130 Rn. 52.

[61] BGBl. 2017 I 654, in Kraft getreten am 5.4.2017.

[62] BT-Drs. 18/7054, 16; AGR/*Gehrlein* § 133 Rn. 51; *Taras* NJW-Spezial 2017, 405.

[63] *Bork* ZIP 2014, 797 (809); *Dahl/Linnenbrink/Schmitz* NZI 2015, 441 (444); *Dahl/Schmitz* NJW 2017, 1505 (1506); *Hacker* NZI 2017, 148 (149); *Jungclaus/Keller* NZI 2015, 297 (299); *Kayser* ZIP 2018, 1153 (1158); *Pape* ZInsO 2018, 296 (299).

[64] *Kayser* ZIP 2018, 1153 (1158); *Schoppmeyer* WM 2018, 301 ff.

[65] Krit. hierzu *Dahl/Schmitz* NJW 2017, 1505 (1506); *Ganter* NZI 2019, 481 (482); *Taras* NJW-Spezial 2017, 405; *Thole* ZIP 2017, 401 (403), der Abgrenzungsprobleme und Wertungswidersprüche der Neuregelung ausmachen will, weil eine inkongruente Deckung nur innerhalb von vier Jahren angefochten werden kann, während die Anfechtung des kongruenzbegründenden Schuldgrundes 10 Jahre rückwirkend möglich ist; vgl. auch *Hacker* NZI 2017, 148 (149), der Abs. 2 bei rechtsgrundlosen Leistungen einschränkend auslegen möchte, wobei jedoch in diesen Fällen bereits keine inkongruente Deckung mangels Verbindlichkeit vorliegt.

[66] *Thole* ZIP 2017, 401 (403).

[67] HKInsO/*Thole*, § 133 Rn. 13; *Kayser* ZIP 2018, 1153 (1158); *Thole* ZIP 2017, 401 (403).

[68] HKInsO/*Thole*, § 133 Rn. 13.

[69] HKInsO/*Thole*, § 133 Rn. 14.

[70] *Kayser* ZIP 2018, 1153 (1158).

[71] *Kayser* ZIP 2018, 1153 (1158); *Zivkovic* ZVI 2017, 369 (371 f.); weitergehend *Ganter* NZI 2019, 481 (482), der inkongruente Vermögensverschiebungen generell unter die zehnjährige Suspektfrist fallen lassen möchte.

[72] *Kindler/Bitzer* NZI 2017, 369 (373), wobei sodann das „zeitliche Zusammenfallen" definiert werden muss.

[73] *Dahl/Schmitz* NJW 2017, 1505 (1506); *Thole* ZIP 2017, 401 (403).

mangels Deckungshandlung bei der zehnjährigen Frist, während eine Vorsatzanfechtung in Form mittelbarer Zuwendung → § 129 Rn. 68 ff. gegen den empfangenden Gläubiger der vom Leistungsmittler weitergereichten Mittel nur noch innerhalb der Vierjahresfrist möglich ist.

3. Gläubigerbenachteiligung. Eine **mittelbare** Gläubigerbenachteiligung genügt.[74] Deshalb kann auch die Veräußerung eines Vermögensobjekts des Schuldners gegen ein angemessenes Entgelt anfechtbar sein, wenn dieses später dem Zugriff der Insolvenzgläubiger entzogen ist.[75] Bestellt der Schuldner aus eigenem Vermögen einem seiner Gläubiger eine Sicherheit, verringert dies die den übrigen Insolvenzgläubigern haftende Masse, benachteiligt sie also; das kann auch zutreffen, sofern der Schuldner einen auf solche Weise gesicherten Dritten veranlasst, sich für eine bis dahin ungesicherte Verbindlichkeit des Schuldners zu verbürgen.[76] Eine Benachteiligung muss objektiv eingetreten sein; die darauf gerichtete Absicht allein reicht nicht aus, wenn sie nicht diesen Erfolg hat.[77] Andererseits muss sich die tatsächlich eingetretene Benachteiligung nicht mit der vom Vorsatz umfassten decken → Rn. 16. Eine mittelbare Gläubigerbenachteiligung setzt keine durchgängige Zahlungsunfähigkeit voraus, so dass Zahlungen des Schuldners auch dann masseverkürzend sind, wenn der Schuldner zunächst noch oder später vorübergehend wieder zahlungsfähig war.[78] 11

4. Benachteiligungsvorsatz. Der Schuldner muss die Rechtshandlung → Rn. 6 ff. mit dem Vorsatz vorgenommen haben, seine Gläubiger im Allgemeinen zu benachteiligen; hier liegt neben der Kenntnis des anderen Teils hiervon der Schwerpunkt der Prüfung des § 133.[79] Insoweit hat die Reform nichts geändert.[80] Dabei sind zwei Ebenen zu unterscheiden. Zunächst geht es um die materiell-rechtlichen Anforderungen, die an den Vorsatz zu stellen sind → Rn. 13 ff. Davon zu unterscheiden ist die im Anfechtungsprozess meist entscheidende Frage, welche prozessrechtlichen Maßstäbe an den Nachweis dieses Vorsatzes anzulegen sind → Rn. 27 ff.[81] Handeln für den Schuldner mehrere Personen gemeinschaftlich, genügt es, wenn eine von ihnen dabei jenen Vorsatz hat; insoweit gelten die Regeln über die Kenntnis auf Gläubigerseite → § 130 Rn. 43 → § 130 Rn. 50 sinngemäß. Dem Schuldner ist auch der Vorsatz eines für ihn handelnden Stellvertreters gemäß § 166 Abs. 1 BGB zuzurechnen → Rn. 7 → Rn. 18. 12

a) Anforderungen an den Vorsatz des Schuldners. Der Schuldner handelt nach der von der höchstrichterlichen Rspr. ständig verwendeten Formel mit Benachteiligungsvorsatz, wenn er die Benachteiligung der Gläubiger als Erfolg seiner Rechtshandlung will oder als mutmaßliche Folge erkennt und billigt.[82] Vorsatz ist danach, wie in § 276 Abs. 1 Satz 1 BGB, das **Wissen und Wollen des missbilligten Erfolges.** Hierfür muss jedoch die Benachteiligung der Gläubiger nicht Zweck oder Beweggrund des Schuldnerhandelns sein.[83] Erforderlich und ausreichend ist für § 133 also das Bewusstsein des Schuldners, durch seine Handlung Gläubiger im Allgemeinen zu benachteiligen, und sein Handeln mit dem Willen, dieses Ziel (mit) zu erreichen. Es genügt, dass der Schuldner die Benachteiligung seiner Gläubiger im wirtschaftlichen Sinn will; der rechtlichen Zusammenhänge braucht er sich nicht bewusst zu sein.[84] Der Schuldner muss also entweder wissen, dass er neben dem Anfechtungsgegner nicht sämtliche Gläubiger in angemessener Zeit befriedigen kann, oder sich diese Folge zumindest als möglich vorstellen, aber in Kauf genommen haben, ohne sich durch die Vorstellung dieser Möglichkeit von seinem Handeln abhalten zu lassen.[85] 13

Wer zB eine **Kapitalgesellschaft** ohne ordnungsmäßige Liquidation beseitigt, um so sämtliche Verbindlichkeiten zu „erledigen", handelt mit Benachteiligungsvorsatz.[86] Dagegen kann die „Entzie- 13a

[74] BGH NZI 2005, 692 (693); BGH NJW-RR 2004, 1130 (1131); OLG Stuttgart ZIP 2002, 2264 (2266); OLG Stuttgart ZInsO 2006, 274 (276); *Bork* ZIP 2004, 1684 (1687); HKInsO/*Thole* § 133 Rn. 8; *Jaeger/Henckel* KO § 31 Rn. 7; Nerlich/Römermann/*Nerlich* InsO § 133 Rn. 14; zu diesem Begriff iE → § 129 Rn. 76 ff. → § 129 Rn. 121 ff.

[75] Nerlich/Römermann/*Nerlich* InsO § 133 Rn. 19; *Jaeger/Henckel* KO § 31 Rn. 8.

[76] BGH NJW 1999, 3046 (3047); RGZ 81, 144 (145 f.); *Jaeger/Henckel* KO § 30 Rn. 164; → § 129 Rn. 154 → § 131 Rn. 25.

[77] *Jaeger/Henckel* KO § 31 Rn. 7; Nerlich/Römermann/*Nerlich* InsO § 133 Rn. 15; Uhlenbruck/*Borries/Hirte* § 133 Rn. 32.

[78] BGH NZI 2017, 28 (39) = ZInsO 2016, 2393 f.

[79] Vgl. RGZ 162, 292 (297); Uhlenbruck/*Borries/Hirte* § 133 Rn. 34 ff.

[80] HKInsO/*Thole* § 133 Rn. 15.

[81] *Thole* S. 301.

[82] BGHZ 180, 98 (102) = NJW 2009, 1601 (1602).

[83] BGH NJW-RR 2014, 1266 (1267 f.) = NZI 2014, 863 (864 f.).

[84] BGH WM 1959, 1007 (1009).

[85] BGH NJW 2018, 396 (397) = NZI 2018, 34 (35); BGHZ 180, 98 (102) = NJW 2009, 1601 (1602); BGH NZI 2007, 512; *Buchalik/Hiebert* ZInsO 2015, 538 (539).

[86] BGHZ 165, 343 (352) = NJW 2006, 908 (910) zu § 3 AnfG.

hung" von Haftungsmasse durch die Stellung von Sicherheiten für sich den Vorsatz nicht begründen. Andernfalls wären Sicherungsgeschäfte durchweg 10 Jahre lang anfechtbar, wenn der Erhalt eines Kredites unter Einsatz des gesamten Vermögens des Kreditnehmers besichert wird und der Kreditgeber dies erkennt. Die Finanzierung etwa von Unternehmensgründungen würde unkalkulierbar, weil damit gerechnet werden müsste, dass die Sicherheitenbestellung nach Jahr und Tag anfechtbar ist, selbst wenn die Krise weitab von der im Beispielsfall in der Gründungsphase geleisteten Anschubfinanzierung eintritt.[87] Ferner reicht es aus, dass der Schuldner iSd bedingten Vorsatzes eine Gläubigerbenachteiligung wenigstens als notwendige (Neben-)Folge billigend in Kauf nimmt.[88] Das gilt auch für **kongruente Deckungsgeschäfte;**[89] bei diesen ist nur die Feststellung eines solchen Vorsatzes wesentlich schwerer → Rn. 33 ff. Nicht nötig ist, dass die Gläubigerbenachteiligung der Beweggrund oder vorrangige Zweck des Schuldnerhandelns war: Meist wird der Schuldner in der fraglichen Weise tätig, um sich selbst oder ihm nahestehende Personen zu begünstigen. Erkennt er hierbei, dass der erstrebte Vorteil auf Kosten von (anderen) Gläubigern geht, und nimmt er dies billigend in Kauf, handelt er vorsätzlich.[90] Dies gilt auch, sofern der Schuldner einzelne Gläubiger deswegen bevorzugt bedient, weil sie – etwa durch Zwangsvollstreckungsmaßnahmen oder Insolvenzanträge – seine wirtschaftliche Existenz besonders gefährden[91] sowie ihm Strafanzeigen[92] oder die Vollstreckung einer Ersatzfreiheitstrafe androhen.[93] Der Benachteiligungsvorsatz wird weiterhin nicht dadurch ausgeschlossen, dass es dem Schuldner allein darauf angekommen sein mag, mit Erfüllung der Auflage einer Verurteilung zu einer Freiheitsstrafe ohne Bewährung zu entgehen.[94] Andererseits kann die Benachteiligung der Gläubiger auch ohne korrespondierende Begünstigung einzelner von ihnen gewollt sein. War zB Vermögen eines Straftäters gemäß §§ 111b ff. StPO beschlagnahmt worden und tritt er es danach in dem Bewusstsein, dass sein sonstiges Vermögen nicht zur Gläubigerbefriedigung ausreicht, an (nur) einzelne Insolvenzgläubiger ab, so wird sein Benachteiligungsvorsatz gegenüber den anderen nicht dadurch ausgeschlossen, dass er wegen (partieller) Schadenswiedergutmachung eine geringere Strafe erwartet.[95]

13b Die zur **Benachteiligungsabsicht gemäß § 31 KO** früher verwendete Formulierung, diese Absicht müsse eine „unlautere" („fraudulöse", „dolose" oder „betrügerische") sein,[96] stammt aus einer Zeit, als der Tatbestand der „Absichtsanfechtung" noch als unerlaubte Handlung verstanden wurde.[97] Die Umschreibungen wurden nie als einschränkendes Tatbestandsmerkmal sondern nur als ein Anhaltspunkt unter mehreren zur Abgrenzung insbesondere bei kongruenten Deckungsgeschäften verwendet.[98] Daher sind die Umstände, welche für die Stärke oder Schwäche eines

---

87 BGHZ 180, 98 (103) = NJW 2009, 1601 (1602).

88 BGH ZInsO 2007, 819 (820 f.); BGH 2006, 2701 (2702); BGH NJW 2003, 3560 (3561); Andres/Leithaus/*Leithaus* § 133 Rn. 4; HKInsO/*Thole* § 133 Rn. 16; Jaeger/*Henckel* § 133 Rn. 24; *Thole* Gläubigerschutz S. 491; BGH NZI 2004, 376 (378); BGH NJW-RR 1998, 1057 (1061); BGH ZIP 1991, 807 (808 f.); BGHZ 124, 76 (81 f.) = NJW 1994, 449 (451); BAGE 20, 11 (20 f.) = NJW 1967, 2425 (2426 f.) zu § 31 KO; BGHZ 131, 189 (195) = NJW 1996, 461 (462) zu § 10 Abs. 1 Nr. 1 GesO; BGH NJW-RR 2006, 552 (553); BGHZ 130, 314 (319) = NJW 1995, 2846 (2847) zu § 3 Abs. 1 Nr. 1 AnfG.

89 BGH NZI 2006, 159 (161); BGH NJW 2003, 3560 (3561); BGHZ 155, 75 (84) = NJW 2003, 3347 (3349); OLG Celle ZInsO 2002, 979 (982); *Bork* ZIP 2004, 1684 (1687); KPB/*Bork* § 133 Rn. 25; Nerlich/Römermann/*Nerlich* InsO § 133 Rn. 23; *Sander* ZIP 2003, 613 (614); *Stiller* ZInsO 2003, 595 (597); *König* Rn. 7/10; aM *Brückl/Kersten* NZI 2004, 422 (428 f.); *Foerste* NZI 2006, 6 ff.; zur „Benachteiligungsabsicht" nach § 31 KO *Jaeger/Henckel* KO § 31 Rn. 10 f.

90 BGH NZI 2005, 690 (692); HKInsO/*Thole* § 133 Rn. 16; Nerlich/Römermann/*Nerlich* InsO § 133 Rn. 21; *Jaeger/Henckel* KO § 31 Rn. 9; BGH NJW 1991, 2144 (2145) zu § 31 KO; BGH ZIP 1997, 423 (426) zu § 10 Abs. 1 Nr. 1 GesO; BGH WM 1975, 1182 (1184); ZIP 1985, 1008 (1009) zu § 3 Abs. 1 Nr. 1 AnfG aF; ergänzend → Rn. 15.

91 BGH NZI 2006, 159 (161); BGH NZI 2005, 692 (693); BGH NJW-RR 2004, 342 (343); BGHZ 155, 75 (83 f.) = NJW 2003, 3347 (3349); BGH NJW 2003, 3560 f.; OLG Dresden ZIP 2003, 1052 (1053); OLG Hamburg ZInsO 2005, 891; *Bork* ZIP 2004, 1684 (1688); aM *Foerste* NZI 2006, 6 (8).

92 Vgl. OLG Brandenburg ZIP 1999, 1015 (1017); Uhlenbruck/*Borries/Hirte* § 133 Rn. 89, 105.

93 BGH NJW-RR 2014, 1266 (1267 f.) = NZI 2014, 863 (864 f.).

94 BGH NJW 2018, 396 (398) = NZI 2018, 34 (39).

95 LG Köln ZIP 2006, 1059 (1061).

96 BGHZ 121, 179 (185) = NJW 1993, 663 (664); BGH NJW 1991, 2144 (2145); BGHZ 12, 232 (238) = NJW 1954, 673 (674); RGZ 57, 161 (163); RG JW 1906, 390 f.; BAGE 20, 11 (21) = NJW 1967, 2425 (2427); *Jaeger/Henckel* KO § 31 Rn. 11; *Lorenz* KTS 1961, 147 (150); *Plander* BB 1972, 1480 (1483 f.); BGH WM 1965, 14 (16) zu § 3 Abs. 1 Nr. 1 AnfG aF.

97 Vgl. RGZ 84, 242 (253); RGZ 48, 401 (402 f.) zu § 3 Nr. 1 und 2 AnfG aF; näher hierzu *Kirchhof* FS Fischer, 2008, 285 ff.

98 Zutr. *Bork* ZIP 2004, 1684 (1691); *Jaeger/Henckel* KO § 31 Rn. 11 f.

Erwerbs durch Gläubiger maßgeblich sind, weiterhin zu berücksichtigen → Rn. 33 ff.[99] Dagegen bedarf es nicht zusätzlich eines Unwerturteils, insbesondere als „unlauter".[100] Würde man demgegenüber eine weitergehend abgestimmte Verhaltensweise von Gläubiger und Schuldner voraussetzen, so würde bereits die Grenze zum Verbotsgesetz iSv § 134 BGB und zur Sittenwidrigkeit erreicht oder gar überschritten → Vor § 129 Rn. 45 ff. → Vor § 129 Rn. 54 ff. Insbesondere verwirklicht die einseitige wissentliche Gläubigerbegünstigung durch eine inkongruente Deckung bei erkannter Zahlungsunfähigkeit – im späteren Insolvenzfall (§ 283 Abs. 6 StGB) – bereits den Straftatbestand des § 283c Abs. 1 StGB. Als gesetzliche Einschränkung über den allgemeinen Vorsatzbegriff des § 133 hinaus würde das unbestimmte Merkmal der „Unlauterkeit" die Anfechtung nach dieser Norm zu sehr in die Nähe der Sittenwidrigkeit rücken und Abgrenzungsschwierigkeiten gegenüber §§ 134, 138, 826 BGB verursachen → Vor § 129 Rn. 46 → Vor § 129 Rn. 60 f. → Vor § 129 Rn. 91. Ferner veranlasst ein solches Unwerturteil erfahrungsgemäß allein wegen der damit verbundenen Ansehensminderung angesehene Anfechtungsgegner zur sachlich unbegründeten Ablehnung von Anfechtungsbegehren. Zu dem in § 133 verwendeten Vorsatzbegriff gehört eine solche Einschränkung nicht.[101] Dahingehende Bestrebungen im RefE zur Anfechtungsreform, der noch die Einfügung eines Merkmals der „unangemessenen Benachteiligung" vorgesehen hatte, haben sich nicht durchgesetzt.[102]

Die **bloß fahrlässige Unkenntnis** der gläubigerbenachteiligenden Folge begründet keine Anfechtbarkeit. Das Bewusstsein drohender oder gar bereits vorhandener Zahlungsunfähigkeit oder Vermögensunzulänglichkeit des Schuldners genügt zwar für sich genommen nicht. Es bedingt aber **erfahrungsgemäß die weitergehende Erkenntnis,** dass eine zusätzliche Verminderung des Schuldnervermögens die Gläubiger benachteiligt; deshalb ist es ein wesentliches Indiz für das Bewusstsein einer Gläubigerbenachteiligung.[103] Hat der Schuldner das entscheidende Bewusstsein, seine Handlung benachteilige möglicherweise die Gläubiger, so ist grundsätzlich zu unterscheiden, ob er den Nichteintritt der Benachteiligung erwartet und wünscht – dann handelt er allenfalls in bewusster Fahrlässigkeit, die für § 133 nicht ausreicht[104] –, oder ob er mit dem Eintritt der Benachteiligung rechnet und sie in Kauf nimmt, ohne sich dadurch von seinem Handeln abhalten zu lassen. Im letzteren Fall handelt er regelmäßig mit Benachteiligungsvorsatz.[105] Will der Schuldner im Einzelfall – wie insbesondere bei kongruenten Deckungsgeschäften – mit seiner Handlung eine Rechtspflicht erfüllen, wird er eine dadurch mitbewirkte Benachteiligung anderer Gläubiger oft nicht billigen → Rn. 33 ff. 14

Hat der Schuldner die gläubigerschädigende Wirkung seiner Rechtshandlung erkannt und billigend in Kauf genommen, kann sein Benachteiligungsvorsatz nur ausnahmsweise ausgeschlossen sein, nämlich wenn er aufgrund **konkreter Vorstellungen** davon überzeugt war, in absehbarer Zeit sämtliche Gläubiger befriedigen zu können, wenn also aus seiner Sicht seine Insolvenz so gut wie ausgeschlossen war;[106] das gilt auch bei inkongruenten Deckungen.[107] Schuldner idS ist auch der später insolvent werdende Bürge, der sich für einen Hauptschuldner verbürgt und aufgrund dessen 15

---

[99] Eigenständige Bedeutung gewinnt das Element der „Unlauterbarkeit" allerdings bei der Anfechtung gegenüber dem Leistungsmittler, insbesondere einer Bank, vgl. hierzu BGH NJW 2012, 1959 (1962) = NZI 2012, 453 (455 f.); weitergehend will *Bork* FS Fischer, 2008, 37 (46 f.) die Haftung des Leistungsmittlers abschließend dem Deliktsrecht entnehmen.

[100] Vgl. MüKoAnfG/*Kirchhof* § 3 Rn. 25 mwN auch zu § 133; *Schoppmeyer* NZI 2005, 185 (187 f.).

[101] BGH NZI 2005, 692 (693); BGH NJW 2003, 3560 (3561); OLG Dresden ZIP 2003, 1052 (1053); OLG Hamm DZWiR 2005, 218; Andres/Leithaus/*Leithaus* § 133 Rn. 4; *Kirchhof* FS Fischer, 2008, 285 (294 f.); *Sander* ZIP 2003, 613 (614); aM OLG Stuttgart ZIP 2002, 2264 (2268); *Foerste* NZI 2006, 6 (8 ff.); *Jacoby* KTS 2005, 371 (401); *Lind* S. 112 ff.; ferner de lege ferenda *Huber* ZInsO 2005, 786 (789).

[102] *Thole* ZIP 2017, 401 (402).

[103] BGHZ 155, 75 (83 f.) = NJW 2003, 3347 (3349 f.); BGH NJW-RR 2004, 342 (343); BGH NZI 2005, 692 (693); BGHZ 162, 143 (153) = NJW 2005, 1121 (1122 f.); vgl. *Lind* S. 85 f.; MüKoAnfG/*Kirchhof* § 3 Rn. 23 f.; ergänzend → Rn. 24 ff.

[104] BGH WM 1969, 374 (376); BGH WM 1960, 546 (547); RGZ 162, 292 (297); RG JW 1905, 442 f. zu § 3 Abs. 1 Nr. 1 AnfG aF; *Jaeger/Henckel* KO § 31 Rn. 10; Nerlich/Römermann/*Nerlich* InsO § 133 Rn. 21.

[105] BGH NJW-RR 1993, 238 (241); BGH NJW 1991, 2144 (2145); BGH WM 1960, 546 (547); RG LZ 1914, 1043 (1044); KPB/*Bork* § 133 Rn. 24; *Lind* S. 83 f.; Uhlenbruck/*Borries/Hirte* § 133 Rn. 39; ergänzend → Rn. 13.

[106] BGH NZI 2004, 376 (378); BGH NZI 2003, 253 (258); BGH WM 1999, 1218 (1219); BGH NJW 1998, 1561 (1564); BGH WM 1962, 1369 (1371); BGH WM 1959, 1007 (1009); HKInsO/*Thole* § 133 Rn. 21; Nerlich/Römermann/*Nerlich* InsO § 133 Rn. 40; BGHZ 128, 196 (202) = NJW 1995, 1090 (1092); BGH NJW 1997, 3175 f.; OLG München ZIP 2001, 1924 (1928) zu § 30 Nr. 2 KO.

[107] Vgl. BGH NZI 2005, 678; BGH NJW-RR 2004, 1130 (1132); BGHZ 138, 291 (308) = NJW 1998, 2592 (2598); BGH ZIP 1997, 513 (515); BGH NJW 1990, 2626 (2627); ergänzend → Rn. 29.

an den Gläubiger geleistet hat.[108] Für die Befriedigungsaussichten kann es von Bedeutung sein, welche anderen Gläubiger noch vorhanden, wie hoch ihre Forderungen sind und wann diese fällig waren.[109] Danach kann dem Schuldner das Bewusstsein der Benachteiligung fehlen, wenn er zB sein Unternehmen in der festen Überzeugung und mit dem Willen veräußert, aus dem Erlös sämtliche Gläubiger befriedigen zu können.[110] Dagegen schließt die Hoffnung allein, durch Steigerung des Geschäftsumsatzes in den nächsten Jahren höhere Gewinne erzielen und dadurch die Insolvenz vermeiden zu können, einen Benachteiligungsvorsatz ebenso wenig aus[111] wie der Umstand, dass der Schuldner zZ der Rechtshandlung noch weiteres pfändbares Vermögen hatte.[112] Auch die Überzeugung des Schuldners, seine Aktiva übersteigen die Passiva, hindert seinen Benachteiligungsvorsatz von Rechts wegen nicht, weil ein solcher Vermögensvergleich nicht ohne weiteres auf eine ausreichende Verteilungsmasse schließen lässt.[113] Vielmehr kommt es lediglich auf solche Vermögenswerte an, die in absehbarer Zeit in Zahlungsmittel umzuwandeln sind.[114] Unterstützungszusagen Dritter können ebenfalls nur erheblich sein, wenn sie ausreichend hoch, rechtlich gesichert[115] und alsbald zu verwirklichen sind.[116]

16 Der Benachteiligungsvorsatz muss sich gerade auf Gläubiger – nicht auf andere Personen, zB Erben als solche – beziehen.[117] Unerheblich ist es dagegen, ob der Vorsatz sich gegen sämtliche oder nur einzelne, gegen bestimmte oder unbestimmte, gegen bereits vorhandene oder nur mögliche künftige Gläubiger richtet.[118] Deshalb ist die Anfechtung gemäß § 133 mit Bezug auf künftige Gläubiger selbst dann möglich, wenn der Schuldner zZ der anfechtbaren Handlung noch gar keine Gläubiger hatte[119] oder er zunächst noch oder später vorübergehend wieder zahlungsfähig war.[120] Dass einzelne Gläubiger nicht benachteiligt werden, etwa weil sie anderweitig gesichert sind oder noch befriedigt werden, ist für eine Anfechtung unerheblich.[121] Nicht notwendig ist es ferner, dass der Schuldner exakt diejenige Benachteiligung gewollt hat, die letztlich eingetreten ist.[122] Sein Gläubigerbenachteiligungsvorsatz muss sich gerade nicht auf die später tatsächlich eingetretene Benachteiligung bezogen haben.[123] Allenfalls nicht vorhersehbare Folgen können als ungewollt außer Betracht bleiben.[124]

17 **b) Maßgeblicher Zeitpunkt.** Maßgeblicher **Zeitpunkt** für das Vorliegen des Vorsatzes ist derjenige der **Vornahme der Rechtshandlung** iSv § 140.[125] Einem ursprünglich gutgläubig handelnden Schuldner kann daher eine Kenntnis mit einem hieran anknüpfenden Wollen schaden, die er bis zu diesem Zeitpunkt erlangt, also spätestens bis zum Eintritt der Wirkungen der Rechtshandlung; bei der Vorausabtretung einer künftigen Forderung ist dies der Zeitpunkt, in dem die abgetre-

---

108 BGH NZI 2005, 678 zu § 3 AnfG.

109 Uhlenbruck/*Borries/Hirte* § 133 Rn. 98; ergänzend → Rn. 16.

110 HambKommInsO/*Rogge/Leptien* § 133 Rn. 16; *Jaeger/Henckel* KO § 31 Rn. 12; Nerlich/Römermann/*Nerlich* InsO § 133 Rn. 30.

111 BGH NJW 1995, 1093 (1094); BGH WM 1960, 546 (547); RGZ 10, 5 (10); Uhlenbruck/*Borries/Hirte* § 133 Rn. 98.

112 RG JW 1900, 651 Nr. 10.

113 BGH WM 1961, 387 (388).

114 Vgl. BGH NJW 1999, 645 (646).

115 Vgl. RG LZ 1916, 63 (64).

116 Vgl. BGH NZI 2011, 536 (537 f.) zur konzernexternen (dh nur gegenüber der Gläubigerin erteilten) Patronatserklärung.

117 *Jaeger/Henckel* KO § 31 Rn. 16.

118 OLG Dresden ZInsO 2007, 497 f.; Jaeger/*Henckel* § 133 Rn. 45; ergänzend → Rn. 16.

119 BGH NZI 2009, 768 f.; BGH WM 1955, 407 (412); RG ZZP 60 [1936/37], 426 (428); HambKommInsO/*Rogge/Leptien* § 133 Rn. 13; HKInsO/*Thole* § 133 Rn. 16; Jaeger/*Henckel* § 133 Rn. 45; Nerlich/Römermann/*Nerlich* InsO § 133 Rn. 37; Uhlenbruck/*Borries/Hirte* § 133 Rn. 44; einschränkend RGZ 15, 62 (64); RG JW 1904, 152 f.; aM OLG Jena LZ 1910, 93 (94).

120 BGH NZI 2017, 28 (39) = ZInsO 2016, 2393 f.

121 Jaeger/*Henckel* § 133 Rn. 45.

122 BGH NZI 2008, 233 (235); *v. Campe* S. 237; HKInsO/*Thole* § 133 Rn. 16; *Jaeger/Henckel* KO § 31 Rn. 8, 10.

123 BGH NJW 2014, 231 (232) = ZIP 2013, 2113 (2114).

124 Vgl. *Lind* S. 87 f.

125 BGH NJW-RR 2004, 1130 (1131 f.); HKInsO/*Thole* § 133 Rn. 16; Jaeger/*Henckel* § 133 Rn. 46; MüKo-AnfG/*Kirchhof* § 3 Rn. 43; Nerlich/Römermann/*Nerlich* InsO § 133 Rn. 34; Uhlenbruck/*Borries/Hirte* § 133 Rn. 35; BGH NJW-RR 1993, 235 (237); RG JW 1906, 179 (180); RG LZ 1915, 637 (638); RG LZ 1925, 870 Nr. 17 zu § 31 KO; BGH WM 1999, 406 f.; BGH WM 1997, 423 (426); BGH ZIP 1996, 83 (86 f.) zu § 10 Abs. 1 Nr. 1 GesO; aM *Lind* S. 91, der auf die letzte Ausführungshandlung des Schuldners abstellen will, damit aber die erfolgsorientierte Systematik des Anfechtungsrechts (→ § 129 Rn. 6) verlässt.

tene Forderung entsteht oder werthaltig wird.[126] Umgekehrt kann ein Vorsatz entfallen, soweit eine anfängliche Kenntnis des Schuldners von der Gläubigerbenachteiligung bis zum Vornahmezeitpunkt durch eine nachträglich bekannt gewordene Veränderung der Tatsachengrundlage ernsthaft erschüttert und die Schlussfolgerung nicht von einem bloßen „Gesinnungswandel" getragen wird → Rn. 26a → § 130 Rn. 32.[127] Wegen der durchweg schlechter werdenden Vermögenslage von Insolvenzschuldnern wird sich eine solche Gestaltung praktisch nur bei Sanierungsversuchen stellen. Der Fortbestand des Vorsatzes ist zu vermuten.[128] Änderungen nach dem Vornahmezeitpunkt bleiben auch dann außer Betracht, wenn sie von Rechts wegen Rückwirkung haben.[129]

18 **c) Zurechnung fremden Vorsatzes.** Grundsätzlich muss gerade der Schuldner mit Benachteiligungsvorsatz handeln → Rn. 12. Wird für ihn ein Stellvertreter oder eine Hilfsperson bei der Rechtshandlung tätig, so kann dessen Wissen und Wollen ihm unter den Voraussetzungen des § 166 Abs. 1 BGB einschließlich derjenigen der Wissenszurechnung zugerechnet werden.[130] Ist eine GmbH Schuldnerin, so ist ihr der Vorsatz ihres Geschäftsführers,[131] aber auch derjenige ihres Alleingesellschafters zuzurechnen, der den Geschäftsführer zur angefochtenen Rechtshandlung angewiesen hat.[132] Bei der Anfechtung eines Sozialplans kann dem begünstigten Arbeitnehmer die Kenntnis des auch für ihn handelnden Betriebsrats zugerechnet werden.[133] Im Allgemeinen jedoch wird der Schuldner seine eigene schlechtere Vermögenslage und die infolgedessen drohende Gläubigerbenachteiligung besser überblicken als ein Vertreter. Unter den Voraussetzungen des § 166 Abs. 2 BGB → § 130 Rn. 45 → § 130 Rn. 49 f. bleibt trotz des Vertreterhandelns der Benachteiligungsvorsatz des Schuldners selbst maßgeblich.[134] Dass lediglich der Anfechtungsgegner die Gläubigerbenachteiligung wollte, reicht für § 133 nicht aus → Rn. 19.

19 **5. Kenntnis vom Benachteiligungsvorsatz. a) Kenntnis.** Der Benachteiligungsvorsatz des Schuldners muss dem anderen Teil im Zeitpunkt der Vornahme der Rechtshandlung (§ 140) bekannt gewesen sein. Der Anfechtungsgegner muss also wissen, dass der Schuldner weitere Gläubiger hat oder haben wird → Rn. 16 und seine Handlung für gläubigerbenachteiligend hält und eine solche Folge auch wenigstens billigend in Kauf nimmt.[135] Darin liegt die Gewährung individuellen Vertrauensschutzes.[136] Die Kenntnis des Anfechtungsgegners ist mit Ausnahme des Abs. 3 Satz 1 **spiegelbildlich** in gleicher Weise zu beurteilen und zu ermitteln, wie der Benachteiligungsvorsatz des Schuldners selbst → Rn. 26.[137] Es genügt nicht, dass allein der Anfechtungsgegner die Benachteiligung von Gläubigern beabsichtigte, wenn der Schuldner selbst diese nicht wollte.[138] Umgekehrt ist es nicht nötig, dass der Anfechtungsgegner bei der Verwirklichung des maßgeblichen Erfolgs mitgewirkt oder auch nur seinerseits den Erfolg angestrebt hätte.[139]

19a **Grob fahrlässige Unkenntnis** steht der Kenntnis nicht gleich.[140] Allerdings darf sich ein Gläubiger der positiven Kenntnis nicht verschließen. Vor allem institutionelle Gläubiger, die wie das Finanzamt oder die Sozialkasse im Allgemeininteresse oder im Interesse der Versichertengemeinschaft

---

126 BGH ZIP 1997, 513 (516); BGH NJW 1991, 2144 (2145); BGHZ 64, 312 (313) = NJW 1975, 1226 (1227); BGHZ 30, 238 (240) = NJW 1959, 1539; Uhlenbruck/*Borries/Hirte* § 140 Rn. 20; vgl. RegE S. 166 zu § 159.

127 BGH NZI 2018, 114 (116) = ZIP 2017, 2370 (2371) = ZInsO 2017, 2546 (2547); BGH NJW-RR 2013, 161 (162) = NZI 2012, 963 (964); BGH NZI 2011, 536 (537); BGH NZI 2008, 366 (367).

128 BGH NZI 2008, 366 (368) zu § 130 Abs. 1 Nr. 1.

129 RG WarnR 1931 Nr. 91, 184.

130 BGH NJW-RR 2015, 567 (568) = NZI 2015, 222 (223); BGH NJW 2013, 611 (614) = NZI 2013, 133 (135); BGH NZI 2013, 253 (256) = NZG 2013, 629 (632); BGH ZIP 1995, 1021 (1028); BGH WM 1985, 295; BGHZ 22, 128 (134 f.) = NJW 1957, 137 (138) zu § 31 KO; OLG Koblenz ZInsO 2006, 946 (949); HKInsO/*Thole* § 133 Rn. 17; *Jaeger/Henckel* KO § 31 Rn. 15; → § 130 Rn. 41 ff. → § 130 Rn. 46 ff., wobei die dortigen Ausführungen für den Schuldner statt für den Gläubiger entsprechend geltend.

131 Vgl. LG Berlin ZInsO 2006, 722 (723); *Haas* ZIP 2006, 1373 (1376).

132 BGH NZI 2004, 376 (378); HambKommInsO/*Rogge/Leptien* § 133 Rn. 10.

133 *Willemsen* ZIP 1982, 649; → § 129 Rn. 13.

134 Vgl. RG JW 1932, 165 f.; Nerlich/Römermann/*Nerlich* InsO § 133 Rn. 33.

135 Vgl. BGH NJW 2003, 3560 (3561); HKInsO/*Thole* § 133 Rn. 35; MüKoAnfG/*Kirchhof* § 3 Rn. 28.

136 *Schoppmeyer* WM 2018, 353 (357).

137 BGH NJW 2014, 465 (466) = NZI 2014, 66 (67); HKInsO/*Thole* § 133 Rn. 35.

138 BGHZ 190, 201 ff. = NJW 2011, 2791 (2793); BGH WM 1957, 902 (904); RG LZ 1914, 1895 Nr. 11; Jaeger/*Henckel* § 133 Rn. 47; Uhlenbruck/*Borries/Hirte* § 133 Rn. 55.

139 BGHZ 190, 201 ff. = NJW 2011, 2791 (2793); BGHZ 124, 76 (83) = NJW 1994, 449 (452) zu § 31 KO; Nerlich/Römermann/*Nerlich* InsO § 133 Rn. 38.

140 BGHZ 190, 201 = NJW 2011, 2791 (2793); Jaeger/*Henckel* § 133 Rn. 47; Nerlich/Römermann/*Nerlich* InsO § 133 Rn. 39; Uhlenbruck/*Borries/Hirte* § 133 Rn. 51.

die Entwicklung eines krisenbehafteten Unternehmens zu verfolgen haben,[141] kann bei Vorliegen besonderer Umstände eine **Beobachtungs- und Erkundigungspflicht** treffen. Die objektive Verletzung dieser Pflicht kann zur Folge haben, dass sich der Gläubiger auf die Unkenntnis nicht berufen darf.[142] Wer am Vorsatz des Schuldners nicht ausgeräumte Zweifel hegt, kennt ihn dagegen nicht. Unnötig ist andererseits, dass der Anfechtungsgegner gerade die besondere Art und Weise kannte, in welcher der Schuldner die Benachteiligung herbeiführen wollte; vielmehr genügt es, dass jener im Allgemeinen vom Gläubigerbenachteiligungsvorsatz des Schuldners gewusst hat.[143] Insbesondere ist nicht erforderlich, dass der Anfechtungsgegner sämtliche Umstände, aus denen sich der Benachteiligungsvorsatz des Schuldners ergibt, iE kennt. So muss ihm die Rechtshandlung (zB der genaue Hergang eines Zahlungsflusses), welche die Gläubigerbenachteiligung ausgelöst hat, **nicht in allen Einzelheiten bekannt** sein.[144] Kennt der Anfechtungsgegner die Umstände, aus denen ein Benachteiligungsvorsatz des Schuldners folgt, so wird seine Kenntnis dieses Vorsatzes nicht bereits durch die bloße Hoffnung ausgeschlossen, die Insolvenz könne vermieden werden; dafür wäre vielmehr die Überzeugung des Anfechtungsgegners nötig, dass sämtliche Insolvenzgläubiger in absehbarer Zeit befriedigt werden.[145]

20 **b) Zeitpunkt der Kenntnis.** Der andere Teil muss die nötige Kenntnis zZ der Handlung gehabt haben, also im **Zeitpunkt ihrer Vornahme** iSv § 140.[146] Dieser Zeitpunkt ist mit demjenigen identisch, in dem auch der Benachteiligungsvorsatz selbst vorliegen muss → Rn. 17.

21 **c) Kenntnis des „anderen Teils".** Der „andere Teil", dessen Kenntnis vorausgesetzt wird, ist derjenige, der den zum Nachteil der Gläubiger aufgeopferten und nach § 143 zurückzugewährenden Wert erhalten hat.[147] Im Fall eines Vertragsschlusses ist dies der Vertragspartner des Schuldners, nach einer angefochtenen Dereliktion der Aneignende, bei anfechtbarer Löschung einer Grundstücksbelastung regelmäßig der Grundeigentümer, im Fall einer nachteiligen Prozesshandlung der Prozessgegner. Es muss sich im Rahmen des Abs. 1 im Gegensatz zu Abs. 2 nicht um einen Insolvenzgläubiger handeln.[148] Hat der „andere Teil" durch **Stellvertreter oder Hilfspersonen** gehandelt, kann deren Kenntnis dem Anfechtungsgegner nach den Grundsätzen des § 166 BGB zugerechnet werden;[149] dasselbe trifft zu, wenn der **Alleingesellschafter einer GmbH** deren Geschäftsführer zu einer Mitwirkung anweist.[150]

21a Ist Anfechtungsgegner eine Behörde oder eine juristische Person des öffentlichen Rechts, kommt es wie auch in anderen Zusammenhängen im Ausgangspunkt auf das Wissen des jeweils zuständigen Bediensteten der zuständigen Behörde an.[151] Eine organisationsbedingte Wissensaufspaltung darf sich allerdings nicht zu Lasten des Geschäftspartners auswirken. Es ist deshalb eine Wissenszurechnung vorzunehmen, die jedoch grundsätzlich nicht über die nach außen auftretende Organisationseinheit, also das Amt oder die Behörde, hinausgeht.[152] Andernfalls würde in unzulässiger Weise

---

141 BGHZ 190, 201 f. = NJW 2011, 2791 (2792); BGHZ 180, 63 (71) = NJW 2009, 1202 (1204).

142 BGHZ 190, 201 f. = NJW 2011, 2791 (2793).

143 RG JW 1902, 24 (25); Jaeger/*Henckel* § 133 Rn. 47; *Jaeger/Henckel* KO § 31 Rn. 18; Nerlich/Römermann/*Nerlich* InsO § 133 Rn. 39.

144 BGH NZI 2018, 34 (36) = NJW 2018, 396 (398); BGH NJW 2014, 231 (232) = ZIP 2013, 2113 (2114); *Gehrlein* ZInsO 2018, 2557 (2558).

145 Nerlich/Römermann/*Nerlich* InsO § 133 Rn. 40 im Anschluss an BGH NJW 1997, 3175 f.; vgl. RG JW 1927, 386 (387); ergänzend → Rn. 15.

146 BGH NZI 1999, 152 (153); BGH ZIP 1997, 423 (427); BGH NJW-RR 1993, 235 (237) zu § 31 KO und § 10 Abs. 1 Nr. 1 GesO; ferner OLG Frankfurt KTS 1986, 355 (358) zu § 3 Abs. 1 AnfG aF; nur insoweit zutr. OLG München ZInsO 2007, 219 (220); Jaeger/*Henckel* § 133 Rn. 50; KPB/*Bork* § 133 Rn. 61; wohl auch *Lind* S. 93; Nerlich/Römermann/*Nerlich* InsO § 133 Rn. 42.

147 Jaeger/*Henckel* § 133 Rn. 48.

148 BGH NJW 2012, 1959 (1961); BGHZ 162, 143 (154 f.) = NJW 2005, 1121 (1124); Uhlenbruck/*Borries/Hirte* § 133 Rn. 49.

149 OLG Brandenburg ZInsO 2007, 40 (41); OLG Hamm ZInsO 2006, 45 (46); BGHZ 38, 65 (66 f.) = NJW 1962, 2251 f. zu § 3 AnfG aF; HKInsO/*Thole* § 133 Rn. 35 aE; Jaeger/*Henckel* § 133 Rn. 49; Nerlich/Römermann/*Nerlich* InsO § 133 Rn. 41; Uhlenbruck/*Borries/Hirte* § 133 Rn. 56; vgl. MüKoAnfG/*Kirchhof* § 3 Rn. 31 ff.; vgl. OLG Karlsruhe ZIP 1980, 260 (262) zur entsprechenden Anwendung des § 166 Abs. 2 BGB.

150 Vgl. BGH NZI 2004, 376 (378); ergänzend → § 130 Rn. 41 ff. insbesondere auch für den Fall des Selbstkontrahierens.

151 BGHZ 190, 201 f. = NJW 2011, 2791 (2792); BGH NJW 2011, 1799 (1800); BGH NJW 2007, 834 (835); vgl. auch BGHZ 134, 343 (346) = NJW 1997, 1584 (1585); BFH DStR 2011, 521; BFH NVwZ 1986, 597; BSG NZS 2009, 329.

152 BGHZ 190, 201 f. = NJW 2011, 2791 (2792); vgl. auch BGHZ 132, 30 (36); BGHZ 117, 104 (108); MüKoAnfG/*Kirchhof* § 3 Rn. 36 ff. ausführlich zur Wissenszurechnung.

in die gesetzlichen Zuständigkeitsregelungen eingegriffen werden. Nutzt allerdings eine Behörde bei ihrer Tätigkeit in Zusammenarbeit mit anderen Behörden gezielt deren Wissen zum Vorteil des gemeinsamen Rechtsträgers bei der Abwicklung eines Vertrages aus, um zB die fällige Werklohnforderung des Schuldners gegen den Rechtsträger (Land) nicht durch Zahlung erfüllen zu müssen, sondern durch Aufrechnung mit rückständigen Steuerforderungen zum Erlöschen zu bringen, wird eine faktische neue Organisationseinheit gebildet. Innerhalb dieser Einheit muss auch behördenübergreifend sichergestellt werden, dass alle rechtserheblichen Informationen unverzüglich an die entscheidenden Personen weitergeleitet und von diesen zur Kenntnis genommen werden.[153] Dazu gehören die zunächst nur dem zuständigen Bediensteten des Betriebsfinanzamts bekannten Umstände, aus denen sich der Gläubigerbenachteiligungsvorsatz des Schuldners ergibt. Schließlich sind Kenntnisse (zB andere Vollstreckungsvorgänge) des mit der Vollstreckung beauftragten Hauptzollamts **analog § 166 Abs. 1 BGB der ersuchenden Behörde zuzurechnen** (§ 5 Abs. 1 VwVG iVm § 252 AO).[154]

Wird ein Anfechtungsgegner als Zahlstelle des Insolvenzschuldners tätig, ist er an dem Zahlungsvorgang nur in der technischen Funktion eines **Leistungsmittlers** beteiligt, ohne einen eigenen Vorteil zu erlangen. Sofern sich die Mitwirkung des Anfechtungsgegners nicht in der Erledigung von Zahlungsvorgängen erschöpft, sondern er über die allgemein geschuldeten Aufgaben einer Zahlstelle hinaus im Eigen- oder Fremdinteresse aktiv an einer vorsätzlichen Gläubigerbenachteiligung des Schuldners mitwirkt, kann hieraus iVm einer Kenntnis von der Zahlungsunfähigkeit auf eine Kenntnis des Benachteiligungsvorsatzes geschlossen werden.[155] In diesem Fall erkennt der Leistungsmittler den Benachteiligungsvorsatz des Schuldners, sofern er bei Ausführung von Zahlungsaufträgen nicht nur über dessen Zahlungsunfähigkeit unterrichtet, sondern im Zuge der **Verfolgung von Sonderinteressen in eine vom Insolvenzschuldner angestrebte Gläubigerbenachteiligung eingebunden ist.**[156] In dieser Weise verhält es sich, wenn der Leistungsmittler in Kenntnis der Zahlungsunfähigkeit dem Schuldner sein Konto zwecks Fortführung des Zahlungsverkehrs zur Verfügung stellt und damit hinnimmt, an gläubigerbenachteiligenden Handlungen des Schuldners mitzuwirken. Gleiches gilt, wenn der Leistungsmittler in Absprache mit dem Schuldner oder aus eigener Entscheidung lediglich bestimmte Gläubiger befriedigt.[157] Sofern der Leistungsmittler beschränkt geschäftsfähig ist, kann eine Zurechnung von Kenntnissen des gesetzlichen Vertreters aus Gründen des Minderjährigenschutzes jedenfalls dann nicht erfolgen, sofern der gesetzliche Vertreter seine Befugnisse zweckentfremdet.[158] 21b

6. Beweisfragen. a) Beweislast. Die **Darlegungs- und Beweislast** für sämtliche Anfechtungsvoraussetzungen der Abs. 1 bis 3 trägt der Insolvenzverwalter: Für die Rechtshandlung des Schuldners innerhalb der Zehn- bzw. Vierjahresfrist, für die objektive Gläubigerbenachteiligung, den Benachteiligungsvorsatz des Schuldners sowie die Kenntnis des Anfechtungsgegners hiervon.[159] Der Schuldner kann als Zeuge aussagen,[160] der Anfechtungsgegner als Partei nach §§ 445 ff. ZPO vernommen werden. Das **Beweismaß** bestimmt sich nach § 286 ZPO. Der Tatrichter hat sich seine Überzeugung auf dieser Grundlage im Wege freier Beweiswürdigung zu bilden und hierbei sämtliche maßgebliche Umstände des Einzelfalls auf der Grundlage des Gesamtergebnisses der Verhandlung und einer etwaigen Beweisaufnahme zu prüfen.[161] Die subjektiven Tatbestandsmerkmale, bei denen 22

[153] BGHZ 190, 201 f. = NJW 2011, 2791 (2792).

[154] BGH NJW 2015, 2113 (2115) = NZI 2015, 717 (719).

[155] BGH NZI 2018, 114 (116) = ZIP 2017, 2370 (2371) = ZInsO 2017, 2546 (2547); BGH NJW 2017, 3516 (3517) = NZI 2017, 854 (855); BGH NJW 2012, 1959 (1960); *Gehrlein* S. 267 f.; *Schäfer* ZInsO 2014, 1965 (1981); *Thole* ZIP 2013, 2081 (2087 f.).

[156] BGH NZI 2018, 114 (116) = ZIP 2017, 2370 (2371) = ZInsO 2017, 2546 (2547); BGH NZI 2013, 583 (585); BGH NZI 2013, 249 (251); *Gehrlein* ZInsO 2018, 2557 (2563); *Schäfer* ZInsO 2014, 1965 (1981); *Thole* ZIP 2013, 2081 (2088).

[157] BGH NZI 2018, 114 (116) = ZIP 2017, 2370 (2371) = ZInsO 2017, 2546 (2547); BGH NZI 2013, 583 (585); zur Anfechtungsfrist → Rn. 10 aE; ergänzend → 130 Rn. 17c.

[158] BGH NJW 2017, 3516 (3517) = NZI 2017, 854 (855).

[159] RegE S. 160 zu § 148; OLG Stuttgart ZInsO 2004, 156 (157); HKInsO/*Thole* § 133 Rn. 18, 36; *Jaeger/Henckel* KO § 31 Rn. 23; Nerlich/Römermann/*Nerlich* InsO § 133 Rn. 47; Uhlenbruck/*Borries/Hirte* § 133 Rn. 59.

[160] RGZ 29, 29 ff.; *Jaeger/Henckel* KO § 31 Rn. 23; Nerlich/Römermann/*Nerlich* InsO § 133 Rn. 50; bei der Würdigung seiner Aussage ist allerdings eine ihm möglicherweise drohende Strafverfolgung gemäß §§ 283 ff. StGB zu berücksichtigen.

[161] BGH NJW-RR 2015, 612 (613 f.) = NZI 2015, 369 (370); BGH NZI 2009, 847 (848); BGH NZI 2009, 768 (769) mAnm *Huber*; BGH NJW-RR 2008, 434 (436) = NZI 2007, 718 (720) mAnm *Huber*; BGH ZInsO 2007, 819 (821); BGHZ 131, 189 (195 f.) = NJW 1996, 461 (462 f.); BGHZ 124, 76 (82) = NJW 1994, 449 (452); *Buchalik/Hiebert* ZInsO 2015, 538 (539 ff.); HKInsO/*Thole* § 133 Rn. 18; KPB/*Bork* § 133 Rn. 26; Nerlich/Römermann/*Nerlich* InsO § 133 Rn. 22.

es sich um innere, dem Beweis nur eingeschränkt zugängliche Tatsachen handelt, können regelmäßig nur mittelbar aus objektiven Tatsachen hergeleitet werden, so dass sich eine schematische Betrachtung verbietet.[162] Die mehr oder weniger gewichtigen Beweisanzeichen sind nicht iS einer von der anderen Seite zu widerlegenden Vermutung anzuwenden, sondern in eine vom Tatrichter vorzunehmende **Gesamtwürdigung** einzubeziehen.[163] Ist der Schuldner eine Verpflichtung mit Benachteiligungsvorsatz eingegangen, wird dessen Fortdauer bei der Erfüllung allerdings vermutet.[164]

23 **b) Allgemeine Grundsätze.** Hängt der Erfolg einer auf Abs. 1 bis 3 gestützten Anfechtungsklage wie häufig davon ab, ob ein Benachteiligungsvorsatz des Schuldners und eine Kenntnis des anderen Teils festgestellt werden können,[165] darf sich der Tatrichter nicht allein mit der Erforschung der objektiven Lage begnügen, sondern muss das Wissen und Wollen der konkret Handelnden zu ergründen suchen.[166] Grundlage dafür ist die Feststellung, welche objektiv maßgeblichen Tatsachen sie im entscheidenden Zeitpunkt kannten. Allerdings ist insbesondere für den Vorsatz des Schuldners allein dessen **persönliche Auffassung** über die wirtschaftliche Lage zZ der Vornahme der angefochtenen Rechtshandlung erheblich;[167] diese Vorstellungen dürfen nicht zu stark objektiviert werden.[168] Der Vorsatz kann deshalb nicht lediglich aufgrund der Ermittlung einer objektiven Gläubigerbenachteiligung[169] oder der privaten Verwendung eines bilanziell ausgewiesenen Gewinns trotz fehlenden Eigenkapitals[170] festgestellt werden. Jedoch sind die maßgeblichen inneren Tatsachen oft nur mittelbar aus objektiven Anhaltspunkten zu erschließen. Zur Feststellung des Benachteiligungsvorsatzes genügt insbesondere regelmäßig das Bewusstsein des Schuldners von der hohen Wahrscheinlichkeit dieses Erfolgs.[171] Auch kann der Tatrichter aus dem Bewusstsein und der Vorstellung des Schuldners, dass die Gläubigerbenachteiligung die nahezu zwangsläufige Folge seines Handelns ist, im Einzelfall auf dessen darauf gerichteten Willen schließen.[172] Anders verhält es sich, wenn bestimmte Gründe dagegen sprechen, dass der Schuldner die Benachteiligung gebilligt hat → Rn. 33 ff. Liegt der Eintritt einer objektiven Gläubigerbenachteiligung eher fern, spricht dies gegen einen hierauf gerichteten Vorsatz;[173] dies dürfte oft bei **geringwertigen Gelegenheitsgeschenken** iSv § 134 Abs. 2 zutreffen. Dass die **Rechtshandlung in besonderer Eile** – vor allem im zeitlichen Zusammenhang mit einer sich abzeichnenden wirtschaftlichen Krise des Schuldners – vorgenommen wurde, kann Rückschlüsse auf eine erkannte und gewollte Gläubigerbenachteiligung zulassen.[174] Vorsatz kann im Einzelfall auch vorliegen, wenn der Schuldner eine benachteiligende Vertragsklausel nur **auf Drängen des Gläubigers** hingenommen hat,[175] zB **auf Drohung** mit einer Strafanzeige oder einem Insolvenzantrag;[176] das gilt sogar, wenn der Schuldner einen von der Einigungsstelle festgesetzten überhöhten Sozialplan freiwillig erfüllt, weil dieser keine weitergehenden Wirkungen als ein rechtskräftiges Urteil (vgl. § 141) haben kann.[177] Jedoch bedarf es auch in derartigen Fällen einer Gesamtwürdigung dergestalt, ob der Schuldner die damit verbundene Benachteiligung der anderen Insolvenzgläubiger gebilligt hat.[178] Dagegen schließt der Umstand, dass der Schuldner eine Erbschaft hätte ausschlagen können, nicht seinen Benachteiligungsvorsatz aus, wenn er sie stattdessen annimmt und seinen Miterbenanteil unter Wert an seinen Ehepartner überträgt.[179] Oft hängt der Nachweis wesentlich auch von möglichen **Beweiserleichterungen** ab → Rn. 24 ff.

---

162 *Arts* S. 145.
163 BGH NJW-RR 2015, 612 (613 f.) = NZI 2015, 369 (370); BGH NZI 2009, 847 (848).
164 BGH NZI 2008, 366 (368) zu § 130 Abs. 1 Nr. 1; → Rn. 17 → § 129 Rn. 62.
165 *Jacobi* S. 20 ff.; *Schoppmeyer* ZIP 2009, 600 (605 ff.).
166 HKInsO/*Thole* § 133 Rn. 22, 32, 38 jeweils aE; MüKoAnfG/*Kirchhof* § 3 Rn. 46.
167 HKInsO/*Thole* § 133 Rn. 22; ergänzend → Rn. 37 f.
168 Vgl. BGH NJW 1998, 1561 (1564 f.); MüKoAnfG/*Kirchhof* § 3 Rn. 46.
169 BGH WM 1985, 295.
170 BGH WM 1960, 546 (547 f.); MüKoAnfG/*Kirchhof* § 3 Rn. 46.
171 RG SeuffA 44 [1889] Nr. 182; RGZ 11, 173 (175).
172 BGH ZIP 1997, 423 (426); BGH WM 1969, 374 (376); BGH WM 1961, 387 (388 f.); BGH WM 1960, 546 (547); RG JW 1937, 2214 f.; RG LZ 1911, 864; RG JW 1906, 179 f. zu § 3 Abs. 1 Nr. 1 AnfG aF; OLG Karlsruhe ZIP 1980, 260 (262); HKInsO/*Thole* § 133 Rn. 20; *Plander* BB 1972, 1480 (1482).
173 Vgl. OLG Karlsruhe KTS 1969, 252 (254 f.).
174 Vgl. RG WarnR 1915, Nr. 64; RG LZ 1908, 785 (786).
175 BGHZ 124, 76 (82 f.) = NJW 1994, 449 (452); BGH NJW 1986, 1047 (1050); vgl. auch RG bei *Bolze* 11 [1891], Nr. 170 aE; RG LZ 1911, 865 (866); RG JW 1906, 179 f.; RG Gruchot 51 [1907], 396 (398 f.); RG WarnR 1927 Nr. 102 zu § 3 Abs. 1 Nr. 1 AnfG aF; für eine Anwendung des § 138 Abs. 1 BGB in Knebelungsfällen *Godbersen* S. 116.
176 Vgl. BGH WM 1999, 1218 (1219); OLG Brandenburg ZIP 1999, 1015 (1017).
177 So im Ergebnis auch *Willemsen* ZIP 1982, 649 (652).
178 Vgl. BGH NZI 2009, 847 (848); RGZ 57, 161 (163).
179 BGH NJW-RR 1992, 733 (735).

c) Kenntnis der (drohenden) Zahlungsunfähigkeit (Abs. 1 Satz 2 und Abs. 3 Satz 1). aa) Voraussetzungen der Vermutung. Abs. 1 Satz 2 setzt voraus, dass der andere Teil im maßgeblichen Zeitpunkt → Rn. 20 eine **drohende Zahlungsunfähigkeit** des Schuldners iSv § 18 Abs. 2[180] kannte → Rn. 38a und zusätzlich wusste, dass die Rechtshandlung die Gläubiger wenigstens mittelbar → Rn. 11 benachteiligte. Eine Kenntnis bereits eingetretener Zahlungsunfähigkeit oder -einstellung (§ 17) genügt erst recht.[181] Ob das Organ einer juristischen Person den deswegen gebotenen Eröffnungsantrag stellt, ist unerheblich.[182] Den Zeitraum vor einem Eröffnungsantrag, innerhalb dessen die Kenntnis erlangt sein darf, begrenzt Satz 2 zwar nicht; jedoch werden eine drohende Zahlungsunfähigkeit und erst recht eine Kenntnis des Gläubigerbenachteiligung meist umso schwerer festzustellen sein, je länger die Zeit von der anzufechtenden Rechtshandlung (§ 140) bis zum maßgeblichen Eröffnungsantrag (§ 139) dauert. 24

Der im Rahmen der Anfechtungsreform **neu eingefügte Abs. 3 Satz 1** knüpft für die Kenntnis vom Benachteiligungsvorsatz des Schuldners in Fällen **kongruenter Deckungshandlungen** → § 130 Rn. 6 ff. nur noch an die Kenntnis von der **eingetretenen** und nicht der bloß drohenden **Zahlungsunfähigkeit** an.[183] Die gesetzliche Vermutung einer Kenntnis vom Benachteiligungsvorsatz nach Abs. 1 Satz 2 wird abgeschwächt und greift erst ein, sofern der Anfechtungsgegner zZ der Handlung die Zahlungsunfähigkeit des Schuldners kannte.[184] Damit soll dem Umstand Rechnung getragen werden, dass bei Gewährung einer kongruenten Deckung eine geschuldete Leistung erbracht wird und der Schuldner vor Eintritt der Insolvenz frei entscheiden kann, welche Forderungen er erfüllt.[185] Abs. 3 Satz 1 verstärkt die Gewährung individuellen Vertrauensschutzes als Legitimation der Vorsatzanfechtung → Rn. 19.[186] Dem Empfänger einer inkongruenten Leistung → § 131 Rn. 8 ff. schadet aber weiterhin bereits die Kenntnis von einer drohenden Zahlungsunfähigkeit.[187] Daher wird die Abgrenzung zwischen kongruenten und inkongruenten Leistungen auch an dieser Stelle an praktischer Bedeutung gewinnen → Rn. 10.[188] Der Gesetzgeber verspricht sich von dieser beweisrechtlichen Verschärfung, dass die Zahl der Anfechtungsversuche von Insolvenzverwaltern, welche häufig in außergerichtlichen Vergleichen enden, stark zurückgehen.[189] 24a

Abs. 3 Satz 2 enthält eine **widerlegliche Gegenvermutung**[190] bezogen auf die Tatsachenbasis,[191] wonach der Anfechtungsgegner (Insolvenzgläubiger) die Zahlungsunfähigkeit des Schuldners zZ der Handlung nicht kannte, sofern er mit ihm eine **Zahlungsvereinbarung** getroffen oder ihm in sonstiger Weise eine **Zahlungserleichterung** gewährt hat. Hiermit sind Modifikationen bereits geltender Zahlungsmodalitäten gemeint, die im Ansatz geeignet sein müssen, die Zahlungsunfähigkeit abzuwenden oder zu beseitigen.[192] Diese neue Tatsachenvermutung entschärft mittelbar die Rechtsvermutung des § 133 Abs. 1 Satz 2, indem trotz erkannter Zahlungsunfähigkeit – und damit eines bestehenden Benachteiligungsvorsatzes[193] – keine Kenntnis vom Benachteiligungsvorsatz vermutet wird.[194] Um sich auf die Vermutung des Abs. 3 Satz 1 berufen zu können, muss der Insolvenzverwalter allerdings sowieso die Kenntnis von der eingetretenen Zahlungsunfähigkeit als Vermutungsgrundlage anhand von Indizien 24b

180 Vgl. hierzu RegE S. 160 zu § 148.

181 BGH NZI 2006, 159 (162); BGH NZI 2005, 692 (693); BGHZ 155, 75 (86) = NJW 2003, 3347 (3350); *Lind* S. 96.

182 OLG Stuttgart ZIP 2004, 129 (132); zum maßgeblichen Zeitpunkt für die Kenntnis → Rn. 20, zur Zurechnung des Wissens von Vertretern → Rn. 21.

183 AGR/*Gehrlein* § 133 Rn. 52; *Dahl/Schmitz* NJW 2017, 1505 (1506); *Huber* ZIP 2018, 519 (521); *Kayser* ZIP 2018, 1153 (1158).

184 LG Aachen BeckRS 2018, 18199 = ZInsO 2018, 2413; *Hirte* ZInsO 2017, 427 (428 f.); *Hirte/Fontaine* ZInsO 2017, 1817 (1823); *Tolani* ZIP 2018, 1997 (2002).

185 BT-Drs. 18/7054, 13; *Brinkmann* NZG 2015, 697 (699); *Dahl/Schmitz* NJW 2017, 1505 (1506); *Hacker* NZI 2017, 148 (149); *Hirte* ZInsO 2017, 427 (428 f.); *Hirte/Fontaine* ZInsO 2017, 1817 (1823); *Tolani* ZIP 2018, 1997 (2002).

186 *Schoppmeyer* WM 2018, 353 (357).

187 *Pape* ZInsO 2018, 296 (300).

188 *Thole* ZIP 2017, 401 (404) will auch hier nach Anfechtung des Schuldgrundes zur Inkongruenz kommen → Rn. 10 und im Übrigen stärker normzweckorientierter als bisher zwischen Kongruenz und Inkongruenz abgrenzen.

189 *Hirte* ZInsO 2017, 427 (428 f.).

190 *Ganter* NZI 2019, 481 (484); *Kayser* ZIP 2018, 1153 (1159); *Taras* NJW-Spezial 2017, 405; *Thole* ZIP 2017, 401 (405); aM *Brinkmann/Jacoby/Thole* ZIP 2015, 2001; HKInsO/*Thole* § 133 Rn. 44, die von gesetzlicher Fiktion, und *Berner* ZInsO 2015, 2457 (2468 f.), der von „kontraintuitiver" Fiktion spricht, weil die Zahlungserleichterung sowie die Bitte darum stets Liquiditätsprobleme des Schuldners offenbare.

191 *Ganter* NZI 2019, 481 (484); *Kayser* ZIP 2018, 1153 (1159).

192 *Thole* ZIP 2017, 401 (406).

193 *Gehrlein* ZInsO 2018, 2557 (2565).

194 *Gehrlein* ZInsO 2018, 2557 (2265); *Kayser* ZIP 2018, 1153 (1159).

beweisen.[195] Hierfür kann er sich jedoch nicht mehr allein getroffener Zahlungsvereinbarungen oder gewährter sonstiger Zahlungserleichterungen bedienen, die für sich genommen nach der Rspr. zum alten Recht ohnehin nicht ausreichend sind.[196] Daher hat die widerlegliche Gegenvermutung praktisch keine eigenständige Bedeutung.[197] Überdies vermutet sie etwas, was der Lebenspraxis überwiegend widerspricht.[198] Gewollt ist eigentlich eine Privilegierung von (Raten-)Zahlungsvereinbarungen.[199] Abs. 3 Satz 2 ist nicht einschlägig, soweit die Zahlungserleichterung **Ausdruck einer Illiquidität** ist, etwa wenn die Bitte um Ratenzahlung mit einer eigenen Erklärung über die Zahlungsunfähigkeit verbunden wird und damit nicht den Gepflogenheiten des Geschäftsverkehrs entspricht.[200] Auch fallen nicht eingehaltene[201] sowie unter dem Druck der Zwangsvollstreckung (vgl. § 802b Abs. 2 ZPO) oder nicht eingehaltener Zahlungszusagen abgeschlossene Zahlungsvereinbarungen[202] nicht unter Abs. 3 Satz 2. Zusammengefasst können Umstände, die über die Ratenzahlung als solche hinausgehen, weiterhin uneingeschränkt als Indizien herangezogen werden.[203] Die Ausnahme des Satzes 2 gilt gesetzessystematisch **nur für kongruente Deckungen von Geldverbindlichkeiten.**[204] Schuldete der Schuldner Sachleistungen und wird deren Fälligkeit hinausgezögert oder werden inkongruente Gelddeckungen prolongiert, ist Abs. 3 Satz 2 nicht eröffnet.[205] Allerdings bleiben Konstellationen, in denen die Geltung von Abs. 3 Satz 2 bislang ungeklärt ist: In welchem zeitlichen Verhältnis müssen Ratenzahlungsvereinbarung und anschließende Zahlung(en) stehen? Was gilt bei Folgevereinbarungen? Welche Mindestanforderungen sind an eine Zahlungserleichterung zu stellen?[206]

24c Eine wenigstens drohende Zahlungsunfähigkeit werden diejenigen Gläubiger, die einen **Gesamtüberblick über die Liquiditäts- oder Zahlungslage** des Schuldners haben, also **Personen mit „Insiderwissen"**, oft kennen,[207] die etwa den Schuldner während seiner wirtschaftlichen Krise oder bei einer vorgerichtlichen Schuldenregulierung beraten haben → § 130 Rn. 35, ferner „Firmenbestatter", die ein gescheitertes Unternehmen ohne ordnungsmäßige Liquidation möglichst unauffällig „beseitigen" sollen,[208] aber auch vorläufige Insolvenzverwalter nach Abweisung eines Eröffnungsantrags gemäß § 26 im Fall späterer Eröffnung.[209] Außenstehende, auch Arbeitnehmer des Schuldners, die weder in der Finanzbuchhaltung des Unternehmens eingesetzt sind noch Leitungsaufgaben im kaufmännischen Bereich wahrzunehmen haben, haben eine solche Kenntnis regelmäßig nicht.[210] Diese kann aber im Hinblick auf die gesetzliche Vermutung des § 17 Abs. 2 Satz 2 daraus folgen, dass die Verbindlichkeiten des Schuldners gegenüber einem Gläubiger über einen längeren Zeitraum hinweg trotz intensiver Beitreibungsversuche ständig in beträchtlichem Umfang nicht ausgeglichen werden und wenn der Gläubiger weiß, dass es noch **weitere Gläubiger mit ungedeckten Ansprüchen**

---

195 AGR/*Gehrlein* § 133 Rn. 54; *Berner* ZInsO 2015, 2457 (2468 f.); *Dahl/Schmitz* NJW 2017, 1505 (1506); HKInsO/*Thole* § 133 Rn. 44; *Kayser* ZIP 2018, 1153 (1159) spricht deshalb von einer konstruktiven Fehlleistung; *Kindler/Bitzer* NZI 2017, 369 (374); *K. Schmidt* ZIP 2015, 2104 (2105).

196 BGH NZI 2017, 850 (851) = NJW-Spezial 2017, 629; BGH NJW 2015, 1959 = NZI 2015, 470; AGR/*Gehrlein* § 133 Rn. 54; *Arts* S. 170 f.; *Berner* ZInsO 2015, 2457 (2468 f.); *Ganter* NZI 2019, 481 (484); *Gehrlein* ZInsO 2018, 2557 (2565); *Hacker* NZI 2017, 148 (149); *Huber* ZIP 2018, 519 (522); *Kindler/Bitzer* NZI 2017, 369 (374); *Pape* ZInsO 2018, 296 (301).

197 HKInsO/*Thole* § 133 Rn. 44; *Hacker* NZI 2017, 148 (149); *Kindler/Bitzer* NZI 2017, 369 (374); nach *Thole* ZIP 2017, 401 (405) wird ein „Nullum" vermutet.

198 AGR/*Gehrlein* § 133 Rn. 54; *Arts* S. 169; *Bork* ZIP 2014, 1905 (1907); *Dahl/Schmitz* NJW 2017, 1505 (1506); HKInsO/*Thole* § 133 Rn. 44; *Taras* NJW-Spezial 2017, 405.

199 BT-Drs. 18/7054, 16; *Thole* ZIP 2017, 401 (405).

200 AGR/*Gehrlein* § 133 Rn. 54; *Arts* S. 169 f.; HKInsO/*Thole* § 133 Rn. 45; *Ganter* NZI 2019, 481 (485); *Gehrlein* ZInsO 2018, 2557 (2565); *Huber* ZIP 2018, 519 (522); *Kindler/Bitzer* NZI 2017, 369 (374); *Möhlenkamp* DStR 2017, 987 (989); im Ergebnis auch *Pape* ZInsO 2018, 296 (300 f.) und Pape DB 2015, 1207 (1212); enger *Hölzle* ZIP 2015, 663 (669), der unter Abs. 3 Satz 2 nur den geschäftlichen Gepflogenheiten entsprechende Zahlungserleichterungen mit einer Dauer von höchstens drei Wochen fallen lassen möchte. Ähnlich *Jacobi/Böhme* ZInsO 2015, 721 (723), die als Abgrenzungskriterien für Zahlungserleichterungen, die den geschäftlichen Gepflogenheiten nicht entsprechen, die Kosten für den Gläubiger und deren Dauer verwenden wollen.

201 AGR/*Gehrlein* § 133 Rn. 54.

202 BGH NJW-RR 2016, 430 (432) = NZI 2016, 222 (223); weitergehend verlangt *Ganter* NZI 2019, 481 (485 f.) eine generelle Eignung die Zahlungserleichterung zur Abwendung oder Beseitigung der Zahlungsunfähigkeit.

203 BT-Drs. 18/7054, 17; AGR/*Gehrlein* § 133 Rn. 54; *Thole* ZIP 2017, 401 (405).

204 LG Aachen BeckRS 2018, 18199 = ZInsO 2018, 2413; *Ganter* NZI 2019, 481 (485).

205 HKInsO/*Thole* § 133 Rn. 45.

206 *Kayser* ZIP 2018, 1153 (1160); *Kindler/Bitzer* NZI 2017, 369 (374).

207 BGHZ 180, 63 (68 f.) = NJW 2009, 1202 (1204).

208 Vgl. LG Berlin ZIP 2006, 862 (863 f.).

209 BGH NZI 2012, 135 (136); AG Dresden ZInsO 2004, 1268 (1269 f.).

210 BGHZ 180, 63 (68 f.) = NJW 2009, 1202 (1204); *Bork* ZIP 2007, 2337 (2338); *Huber* ZInsO 2003, 1025 (1027); aM *Zwanziger* BB 2007, 42 (45).

gibt.[211] Dieser Umstand ist allerdings kein taugliches Indiz, um die Kenntnis des Gläubigers von der Zahlungsunfähigkeit oder Zahlungseinstellung an sich zu beweisen. Er betrifft allein die sich daran anschließende Frage, ob die feststehende Kenntnis von (drohender) Zahlungsunfähigkeit die im Rahmen des § 133 Abs. 1 Satz 2 zusätzlich geforderte Kenntnis von der Gläubigerbenachteiligung indiziert → Rn. 24 f.[212] Bei unternehmerisch tätigen Schuldnern wird hiervon in aller Regel auszugehen sein.[213] Ferner können Gläubiger die erforderliche Kenntnis haben, die zuvor einen auf Zahlungsunfähigkeit gestützten Insolvenzantrag gegen den Schuldner gestellt, ihn aber nach Empfang von (Teil-)Zahlungen für erledigt erklärt oder zurückgenommen haben.[214] Auch eigene Erklärungen des Schuldners, fällige Verbindlichkeiten nicht begleichen zu können, deuten auf eine Zahlungseinstellung und die erforderliche Kenntnis hin.[215] Ein erstmaliger Zahlungsrückstand, mag er auch erheblich sein, kann dagegen regelmäßig nicht genügen.[216] Gleiches gilt bei einer erfolgreichen Durchsetzung einer unbestrittenen Forderung, wenn der Gläubiger außer dieser Forderung und den von ihm zur zwangsweisen Durchsetzung unternommenen erfolgreichen Schritten keine weitere Kenntnis von konkreten Tatsachen über die Zahlungsunfähigkeit und Vermögenslage des Schuldners besitzt.[217] Schweigt jedoch der Schuldner einer erheblichen Forderung während eines monatelangen Zeitraums auf Rechnungen und Mahnungen und bietet er erst nach Einschaltung eines Inkassounternehmens und Erwirken eines Mahnbescheides in dem auf seinen Widerspruch eingeleiteten streitigen Verfahren die ratenweise Zahlung an, hat der Gläubiger eine Zahlungseinstellung erkannt.[218] Die um drei bis vier Wochen verspätete Tilgung strafbewährter Sozialversicherungsbeiträge über einen Gesamtzeitraum von 10 Monaten reicht jedoch nicht aus.[219] Erst eine Verzögerung von zwei bis drei Monaten über einen Zeitraum von 11 Monaten verbunden mit bloßen Teilzahlungen auf Vollstreckungsdruck von unterschiedlichen Konten rechtfertigt eine Kenntnis.[220] Zahlungen aus einer geduldeten Kontoüberziehung unter Vollstreckungsdruck auf Steuerforderungen verbunden mit einer Kenntnis des Steuergläubigers von der Weigerung der Hausbank, einer Ausweitung des ausgeschöpften Kreditlimits zuzustimmen, können gleichermaßen eine Kenntnis von einer (drohenden) Zahlungsunfähigkeit begründen. Die Erklärung des Schuldners gegenüber seinem Gläubiger, eine fällige Verbindlichkeit nicht in einem Zug erbringen und nur Raten zahlen zu können, genügt für sich genommen (auch vor dem Hintergrund des Abs. 3 Satz 2) ebenso wenig[221] wie eine Bitte des Schuldners um Abschluss einer Ratenzahlungsvereinbarung, die sich im Rahmen der Gepflogenheiten des Geschäftsverkehrs hält.[222] Diesen entspricht sie allerdings nicht mehr, soweit sie nach mehrmaligen fruchtlosen Mahnungen und nicht eingehaltenen Zahlungszusagen gegenüber einem vom Gläubiger mit dem Forderungseinzug betrauten Inkassounternehmen geäußert[223] oder vom Schuldner mit der Erklärung verbunden wird, seine fälligen Verbindlichkeiten (anders) nicht begleichen zu können.[224] Zeigt der Schuldner ein nach außen hervortretendes Verhalten, in dem sich typischerweise ausdrückt, dass er nicht in der Lage ist, seine fälligen Zahlungspflichten zu erfüllen, liegt auch dann Zahlungseinstellung vor, soweit er tatsächlich nur zahlungsunwillig ist.[225]

Die Kenntnis der drohenden Zahlungsunfähigkeit hat der anfechtende **Insolvenzverwalter zu beweisen.**[226] Ihm wird bei kongruenten Deckungen gemäß Abs. 3 Satz 1 die Nachweisführung aufgrund der Anknüpfung an die eingetretene Zahlungsunfähigkeit erschwert.[227] Die prozessuale Vermutung des § 133 Abs. 3 Satz 1 iVm § 133 Abs. 1 Satz 2 enthält jedoch keine Sperrwirkung, so dass die Kenntnis vom Benachteiligungsvorsatz auch auf anderem Wege – jedoch nicht als widerlegli- **24d**

211 BGH NJW-RR 2015, 612 (615) = NZI 2015, 369 (372); BGH NZI 2009, 892 (894); BGH NZI 2009, 768 (769); BGH NZI 2007, 512 (514); BGH NZI 2005, 692 (693); BGH NZI 2005, 690 (692); BGH NJW-RR 2004, 342 (343); BGHZ 155, 75 (85 f.) = NJW 2003, 3347 (3349 f.); *Viertelhausen* InVo 2004, 345(350 f.); ergänzend → § 130 Rn. 38a.

212 BGH NZI 2017, 718 (719 f.) = ZIP 2017, 1379 (1380 f.).

213 BGH NJW-RR 2015, 612 (614 f.) = NZI 2015, 369 (372); *Ganter* WM 2009, 1441 (1445).

214 Vgl. BGHZ 149, 100 (111 f.) = NJW 2002, 512 (514 f.); BGHZ 149, 178 (185 ff.) = NJW 2002, 515 (517 f.); ergänzend → § 130 Rn. 38a; zum möglichen Entlastungsbeweis → Rn. 25 → Rn. 33 f.

215 BGH NJW-RR 2015, 612 (614) = NZI 2015, 369 (371).

216 OLG Frankfurt ZInsO 2005, 548 (549 f.).

217 BGH NZI 2017, 718 (719 f.) = ZIP 2017, 1379 (1380 f.).

218 BGH NJW 2016, 1168 (1169 f.) = NZI 2016, 266 (267 f.).

219 BGH NJW-RR 2014, 310 (311) = NZI 2014, 23 (24).

220 BGH NJW 2015, 2113 (2115) = NZI 2015, 717 (718).

221 BGH NJW-RR 2016, 1140 (1142) = NZI 2016, 837 (839).

222 BGH NJW 2017, 1959 = NZI 2015, 470.

223 BGH NJW-RR 2015, 1525 = NZI 2015, 941.

224 BGH NJW 2017, 1959 = NZI 2015, 470.

225 BGH NJW 2018, 396 (397) = NZI 2018, 34 (35).

226 BGH NJW 2003, 3560 (3561); HKInsO/*Thole* § 133 Rn. 22.

227 *Kayser* ZIP 2018, 1153 (1158); *Arts* S. 142.

che Vermutung – aus den Gesamtumständen einschließlich einer drohenden Zahlungsunfähigkeit oder aus sonstigen liquiditätsbezogenen Umständen zur vollen richterlichen Überzeugung begründet werden könnte.[228] Entsprechend §§ 130 Abs. 2, 132 Abs. 3 besteht eine widerlegliche Vermutung für die Kenntnis der (drohenden) Zahlungsunfähigkeit im Rechtssinn, wenn der Gläubiger Umstände kennt, die zwingend auf eine solche hindeuten.[229] Zudem ist innerhalb des Abs. 3 Satz 1 auch die Vorschrift des § 17 Abs. 2 Satz 2 anwendbar, wonach bei einer Kenntnis von der Zahlungseinstellung auf die Kenntnis von der eingetretenen Zahlungsunfähigkeit geschlossen werden kann.[230] Gleiches gilt für die von Abs. 3 Satz 2 erfassten Ratenzahlungen, wenn also zur Widerlegung einer Vermutung der Nichtkenntnis die Kenntnis von einer Zahlungseinstellung angeführt wird.[231] Streng genommen ist es nicht ausgeschlossen, eine Kenntnis vom Benachteiligungsvorsatz anhand einer Ratenzahlungsvereinbarung und die dahingehende Bitte als Indiz ohne die Vermutung des § 133 Abs. 3 Satz 1 iVm Abs. 1 Satz 2 nachzuweisen, obgleich dies selten gelingen dürfte.[232] Jedoch kann sich der Anfechtungsgegner weiterhin damit entlasten, dass er nicht den Schluss aus den ihm bekannten Tatsachen auf eine (drohende) Zahlungsunfähigkeit gezogen hat.

24e Die **Kenntnis der Überschuldung** iSv § 19 genügt zwar für sich nicht, legt aber als deren Folge praktisch oft zugleich die Kenntnis der drohenden Zahlungsunfähigkeit nahe.[233]

24f Die **Gläubigerbenachteiligung kennt,** wer weiß, dass werthaltiges Schuldnervermögen, welches dem Insolvenzbeschlag unterliegen würde, vermindert oder dass die in einem Insolvenzverfahren zu berichtigende Schuldenmasse vermehrt wird, sowie dass das (verbleibende) Schuldnervermögen nicht ausreicht, um sämtliche Verbindlichkeiten zu befriedigen.[234] Der Kenntnis von der (drohenden) Zahlungsunfähigkeit steht auch im Rahmen des § 133 Abs. 1 Satz 2 und Abs. 3 Satz 1 die Kenntnis von Umständen gleich, die zwingend auf eine (drohende) Zahlungsunfähigkeit hinweisen (vgl. §§ 130 Abs. 2, 131 Abs. 2 Satz 1);[235] denn dass dann jeder Abfluss werthaltigen Vermögens die Befriedigungsaussichten der übrigen Gläubiger im Insolvenzfall weiter beeinträchtigt, liegt auf der Hand. Dies gilt im Ansatz auch für kongruente Deckungsgeschäfte, weil die vorab voll befriedigte Schuldnerverbindlichkeit in einem Insolvenzverfahren nur noch mit der Verteilungsquote berücksichtigt worden wäre → Rn. 25. Entscheidende Voraussetzung für eine Anwendung des Abs. 1 Satz 2 und Abs. 3 Satz 1 ist also vor allem die Kenntnis der (drohenden) Zahlungsunfähigkeit. Dieses Ergebnis greift nicht in das Wertesystem der §§ 130 f. ein.[236] Es muss zumindest hinzukommen, dass der Anfechtungsgegner weiß, es mit einem **unternehmerisch tätigen Schuldner** zu tun zu haben, bei dem das Entstehen von Verbindlichkeiten, die er nicht in demselben Maße befriedigen kann, unvermeidlich ist → Rn. 24c.[237] War der Schuldner selbst nicht unternehmerisch oder gewerblich tätig, ist für eine Kenntnis von der eingetretenen Gläubigerbenachteiligung erforderlich, dass der Anfechtungsgegner von weiteren Gläubigern des Schuldners oder davon wusste, dass beim Schuldner zukünftig andere Verbindlichkeiten entstehen werden, die dieser nicht im selben Maß bedienen kann.[238]

25 **bb) Folgen der Vermutung.** Als Rechtsfolge bewirken Abs. 1 Satz 2 und Abs. 3 Satz 1 eine **Beweislastumkehr hinsichtlich der Kenntnis** vom Benachteiligungsvorsatz → Rn. 19 ff. → Rn. 38a.[239] Dem anderen Teil steht der **Gegenbeweis** offen (§ 292 ZPO).[240] Dieser hat sich auf

---

[228] *Berner* ZInsO 2015, 2457 (2468); HKInsO/*Thole* § 133 Rn. 39; *Möhlenkamp* DStR 2017, 987 (989); *Thole* ZIP 2017, 401 (404).

[229] BGH NZI 2009, 847 (848); BGH NZI 2009, 768; BGH NZI 2005, 692 (693); BGH NZI 2005, 690 (692); BGH NJW 2003, 3560 (3562); OLG Celle ZInsO 2002, 979 (983); Andres/Leithaus/*Leithaus* § 133 Rn. 4; HambKommInsO/*Rogge/Leptien* § 133 Rn. 28; HKInsO/*Thole* § 133 Rn. 22; *Kindler/Bitzer* NZI 2017, 369 (374); *Kübler* FS Greiner, 2005, 159 (166 f.); *Lind* S. 97 f.

[230] *Kindler/Bitzer* NZI 2017, 369 (374); *Thole* ZIP 2017, 401 (405).

[231] *Thole* ZIP 2017, 401 (405).

[232] *Thole* ZIP 2017, 401 (405).

[233] Vgl. BGH NZI 2005, 692 (693); *Arts* S. 140; *Hutz* S. 58 f.; *C. Paulus/Schröder* WM 1999, 253 (256); ergänzend → § 131 Rn. 54.

[234] Vgl. BGH ZInsO 2007, 819 (822); OLG Celle ZInsO 2002, 979 (982); HambKommInsO/*Rogge/Leptien* § 133 Rn. 27; zu den objektiven Merkmalen der Gläubigerbenachteiligung, auf die sich der Vorsatz beziehen muss → § 129 Rn. 77 ff.

[235] BGH NZI 2009, 768 (769); BGH NZI 2009, 168 (169); BGH NZI 2007, 512 (514) mAnm *Huber*; BGH NZI 2005, 692 (693); BGH NZI 2005, 690 (692); BGH NJW 2003, 3560 (3562); OLG Dresden ZIP 2003, 1052 (1054); HKInsO/*Thole* § 133 Rn. 22; *Kayser* ZIP 2018, 1153 (1158); *C. Paulus/Schröder* WM 1999, 253 (255).

[236] *Fischer* NZI 2008, 588 (594); *Ganter* WM 2009, 1441 (1445 f.); *Kayser* Rechtsprechung S. 340; aM *Schönfelder* WuB VI A. § 133 InsO 1.09.

[237] BGH NJW-RR 2015, 612 (614 f.) = NZI 2015, 369 (372); *Ganter* WM 2009, 1441 (1445).

[238] BGH NZI 2018, 34 (36).

[239] *Arts* S. 141 f.

[240] HKInsO/*Thole* § 133 Rn. 38.

die Vermutungsfolge zu beziehen, also die Kenntnis des Anfechtungsgegners vom Benachteiligungsvorsatz des Schuldners im Zeitpunkt der Vornahme der angefochtenen Rechtshandlung. Der Anfechtungsgegner muss darlegen und beweisen, dass entweder der Schuldner nicht mit Benachteiligungsvorsatz handelte oder dass er – der Anfechtungsgegner – nichts vom Benachteiligungsvorsatz des Schuldners wusste.[241] Auf nicht belegte Vertröstungen des Schuldners über seine „Leistungsfähigkeit" darf sich ein Gläubiger nicht verlassen.[242] Im Übrigen sind die in Rn. 27 ff. genannten **Beweisanzeichen** zu beachten. Insbesondere sollte bei kongruenten Deckungsgeschäften der Gegenbeweis erleichtert sein, falls nicht im Einzelfall ein Schädigungs- oder Begünstigungsmotiv des Schuldners → Rn. 13 nach den ermittelten Umständen naheliegt.

Nach dem Wortlaut des Abs. 1 Satz 2 und der Vorstellung der BReg.[243] soll sich jedoch die Beweislast nicht zugleich für den **Benachteiligungsvorsatz des Schuldners** → Rn. 12 ff. umkehren. Vielmehr soll es „der gerichtlichen Praxis überlassen bleiben", einen Benachteiligungsvorsatz des Schuldners festzustellen. Hierbei wurde jedoch übersehen, dass die Kenntnis des anderen Teils nur durch solche Tatsachen angezeigt werden kann, die zugleich auf die zu kennende Tatsache selbst (den Gläubigerbenachteiligungsvorsatz des Schuldners) hinweisen. Dementsprechend sind die Anknüpfungstatsachen für die gesetzliche Vermutung auch von solcher Art, dass sie gemäß allgemeiner Lebenserfahrung deutlich sowohl auf einen Benachteiligungsvorsatz des Schuldners als auch auf eine Kenntnis des Anfechtungsgegners hiervon hindeuten. Weiß der Schuldner, dass seine Zahlungsunfähigkeit droht, so muss ihm klar sein, dass er in Kürze nicht mehr alle seine Gläubiger wird befriedigen können. Befriedigt er gleichwohl einzelne von ihnen, muss sich ihm **nahezu zwangsläufig** die Erkenntnis aufdrängen, dass infolge dieser Handlung andere Gläubiger benachteiligt werden. Deshalb begründet der Nachweis, dass der Schuldner seine eigene drohende Zahlungsunfähigkeit und die Gläubigerbenachteiligung kannte, zugleich eine – ebenfalls widerlegliche – Vermutung für seinen Benachteiligungsvorsatz.[244] Schlagwortartig lässt sich formulieren: Da für den anderen Teil die Kenntnis vom Gläubigerbenachteiligungsvorsatz des Schuldners vermutet wird, wenn er wusste, dass dessen Zahlungsunfähigkeit drohte, können für den Schuldner selbst keine strengeren Anforderungen gelten.[245] Jedoch hat die Einfügung des Abs. 3 Satz 1 eine Aufweichung des **Grundsatzes der Spiegelbildlichkeit** in kongruenten Deckungsfällen bewirkt. Die Vorschrift bezieht sich mit ihrer Anknüpfung an die eingetretene Zahlungsunfähigkeit nur auf die Vermutung hinsichtlich der Kenntnis des Anfechtungsgegners, so dass der Schuldner gleichwohl mit Benachteiligungsvorsatz handelt, soweit er Kenntnis von einer „nur" drohenden Zahlungsunfähigkeit besitzt → Rn. 19.[246] Aufgrund der Bedeutung des Benachteiligungsvorsatzes als zentrales Merkmal des § 133 Abs. 1 bis 3 wird vereinzelt für eine Beibehaltung der spiegelbildlichen Betrachtung im Hinblick auf die Kenntnis des Anfechtungsgegners und die Kenntnis des Schuldners im Wege eines Erst-Recht-Schlusses plädiert, so dass ein Benachteiligungsvorsatz bei kongruenten Deckungen erst bei Kenntnis von einer eingetretenen Zahlungsunfähigkeit anzunehmen wäre.[247] Diese Diskussion wird allerdings geringe praktische Bedeutung besitzen, weil in der Mehrzahl der Fälle in der Praxis die Anknüpfungstatsachen für eine eingetretene Zahlungsunfähigkeit die Vermutungsgrundlage bilden. 26

Kennt der Gläubiger die **einmal eingetretene Zahlungsunfähigkeit** des Schuldners und ist aufgrund der Umstände zu vermuten, dass dessen Benachteiligungsvorsatz dem Gläubiger bekannt ist, so obliegt es diesem, darzulegen und zu beweisen, dass er später gleichwohl davon ausgehen durfte, der Schuldner habe seine Zahlungen wieder aufgenommen.[248] Dessen Schlussfolgerung, 26a

241 BGH NZI 2007, 512 mAnm *Huber*.

242 BGH NJW 1997, 3175 f. zur Begünstigungsabsicht gemäß § 30 Nr. 2 KO; OLG Celle ZInsO 2002, 979 (982).

243 BT-Drs. 12/2443, 265 f. zu Nr. 25 der Stellungnahme der BReg.

244 BGH NZI 2010, 439 (441); BGHZ 174, 314 (321) = NJW 2008, 1067 (1069); BGHZ 167, 190 (194) = NJW 2006, 2701 (2702); BGH NJW-RR 2004, 342 (343); BGH NJW 2003, 3560 (3562); *Bork* ZIP 2004, 1684 (1691 f.); HambKommInsO/*Rogge*/*Leptien* § 133 Rn. 30; *Lind* S. 198 f.; *Stiller* ZInsO 2003, 595 (596); zweifelnd Uhlenbruck/*Borries*/*Hirte* § 133 Rn. 61 ff.

245 BGH NZI 2010, 439 (441).

246 *Dahl*/*Schmitz* NJW 2017, 1505 (1507); *Ganter* WM 2015, 2117 (2119); *Kayser* ZIP 2018, 1153 (1159); zum Nachweis einer Kenntnis des Anfechtungsgegners vom Benachteiligungsvorsatz in diesem Fall ohne die Vermutung des § 133 Abs. 3 Satz 1 iVm Abs. 1 Satz 2 → Rn. 24d.

247 *Ganter* NZI 2019, 481 (483); *Hirte*/*Fontaine* ZInsO 2017, 1817 (1823); *Tolani* ZIP 2018, 1997 (2002); *dies.* JZ 2018, 652 (657).

248 BGH NJW-RR 2017, 1395 (1397) = NZI 2017, 926 (928); BGH NJW-RR 2017, 107 (110) = NZI 2017, 64 (66) = NZG 2017, 310 (312 f.); BGH NZI 2017, 28 (30) = ZInsO 2016, 2393 (2394 f.); BGH NJW-RR 2016, 745 (747) = NZI 2016, 454 (456); BGH NJW 2016, 1171 (1172 f.) = NZI 2016, 134 (135 f.); BGHZ 149, 178 (188) = NJW 2002, 515 (517); BGHZ 149, 100 (108 f.) = NJW 2002, 512 (514); AGR/*Gehrlein* § 133 Rn. 41.

wonach die Zahlungsunfähigkeit des Schuldners zwischenzeitlich behoben ist, muss von einer ihm nachträglich bekannt gewordenen **Veränderung der Tatsachengrundlage** und **nicht von einem bloßen „Gesinnungswandel"** getragen sein.[249] Hierfür reicht nicht der Abschluss einer Ratenzahlungsvereinbarung aus,[250] selbst wenn die Zahlungseinstellung maßgeblich aus der Nichtbedienung der betreffenden Verbindlichkeit abgeleitet wurde.[251] In Fällen, in denen es um den Wegfall der Kenntnis von der eingetretenen Zahlungsunfähigkeit durch den Abschluss einer Ratenzahlungsvereinbarung geht, besteht nach der Reform kein Anlass, insoweit die Gegenvermutung des Abs. 3 Satz 2 anzuwenden.[252] Diese ist keinesfalls weitergehend als Vermutung für eine Wiederherstellung der Zahlungsfähigkeit zu verstehen, weil dies die Aufnahme der Zahlungen im Allgemeinen erfordert.[253] Die Kenntnis kann jedoch entfallen, sofern der Schuldner dem späteren Anfechtungsgegner unter Vorlage entsprechender Quittungen glaubhaft erklärt, er sei der letzte Gläubiger mit fälligen Forderungen, die nunmehr bedient würden,[254] wenn der Gläubiger spätere Zahlungen auf der Grundlage eines schlüssigen Sanierungskonzepts erlangt hat → Rn. 37 f.[255] oder wenn die Leistungen des Schuldners innerhalb einer bargeschäftsähnlichen Lage ausgetauscht wurden → Rn. 37b f.[256]

27 **d) Tatsächliche Beweisanzeichen für Benachteiligungsvorsatz.** Unterhalb einer Beweislastumkehr haben sich im Laufe einer hundertjährigen Praxis mit dem entsprechenden § 31 Nr. 1 KO **Beweisanzeichen und Erfahrungssätze** herausgebildet, die eine mehr oder minder starke Überzeugungskraft im Hinblick auf einen Benachteiligungsvorsatz haben können.[257] Für die Kenntnis des Anfechtungsgegners gilt das ebenso.[258] Diese Erfahrungswerte sind im Anwendungsbereich der Insolvenzordnung bei der vorzunehmenden **Gesamtwürdigung** gemäß § 286 ZPO auch weiterhin mit zu berücksichtigen;[259] an diesen rein prozessualen Regeln hat die Einführung der Beweislastregelung in § 133 Abs. 1 Satz 2 nichts geändert.[260] Allerdings ist zu beachten, dass solche Tatsachen nur mehr oder weniger gewichtige Beweisanzeichen darstellen, die nicht schematisch iS einer vom anderen Teil zu widerlegenden Vermutung angewandt werden dürfen.[261] So kann es auf einen Benachteiligungsvorsatz hindeuten, sofern der Schuldner sein Grundstück überträgt, sich aber gleichzeitig einen Rückauflassungsanspruch vormerken lässt; wird dieser nicht nachvollziehbar begründet, liegt die Vermutung nahe, dass das Grundstück beim Erwerber nur vor den Gläubigern des Schuldners sichergestellt werden soll.[262] Indizielle Bedeutung kann ferner ein Näheverhältnis iSv § 138 zwischen Schuldner und Begünstigtem auch ohne Vorliegen einer unmittelbaren Gläubigerbenachteiligung, die zur vollen Beweislastumkehr gemäß Abs. 4 führen würde → Rn. 39, haben.[263]

28 **aa) Nachteilige Vereinbarungen für den Insolvenzfall.** Wird eine Sicherheit aus dem Schuldnervermögen **unter der aufschiebenden Bedingung des Eintritts der Insolvenz** bestellt → Vor § 129 Rn. 77 → § 129 Rn. 130 f., haben die Vertragsschließenden sogleich den unbedingten Willen, bei Eintritt dieses künftigen Ereignisses das Schuldnervermögen durch die Herausnahme der Sicherheit weiter zu schmälern. Indem sie auf die Insolvenz des Schuldners für diese Schmälerung abstellen, müssen sie nach aller Lebenserfahrung von vornherein damit rechnen, dass gerade in diesem Fall das Schuldnervermögen nicht mehr für sämtliche Insolvenzgläubiger ausreichen wird.[264] Für diese weitere Beeinträchtigung ist die bis dahin ungesicherte Forderung des Gläubigers kein

---

249 BGH NJW 2016, 1171 (1172 f.) = NZI 2016, 134 (135 f.); AGR/*Gehrlein* § 133 Rn. 41; *Pape* ZInsO 2018, 296 (302).

250 BGH NJW 2013, 940 (942) = NZI 2013, 140 (142).

251 BGH NJW-RR 2016, 745 (747) = NZI 2016, 454 (456).

252 *Thole* ZIP 2017, 401 (406).

253 *Bork* ZIP 2014, 1905 (1907); *Ganter* NZI 2019, 481 (485 f.); HKInsO/*Thole* § 133 Rn. 44; *Kayser* NJW 2014, 422 (428); *Thole* ZIP 2017, 401 (405 f.); aM offenbar *Dahl/Schmitz* NJW 2017, 1505 (1506); *Taras* NJW-Spezial 2017, 405, der mit einer gewährten Stundung bereits die Zahlungsfähigkeit wieder hergestellt sieht, so dass kein Benachteiligungsvorsatz mehr vorliege.

254 BGH NZI 2009, 168 (169).

255 BGH NJW-RR 2016, 1518 (1519 ff.) = NZI 2016, 636 (637 ff.).

256 BGH NJW 2016, 1171 (1173) = NZI 2016, 134 (136).

257 Vgl. hierzu *Huber* ZInsO 2012, 53 ff.

258 BGH NZI 2009, 847 (848); BGH NZI 2007, 512 (513) mAnm *Huber.*

259 *Frind* ZInsO 2014, 1985 (1988); HKInsO/*Thole* § 133 Rn. 18; *Kayser* NJW 2014, 422 (427).

260 BGH NZI 2007, 512 (513); aM *Berner* ZInsO 2015, 2457 (2469); *Brinkmann/Jacoby/Thole* ZIP 2015, 2001, die eine vorzunehmende Gesamtwürdigung durch die von ihnen so verstandene gesetzliche Fiktion gestört sehen; Uhlenbruck/*Borries/Hirte* § 133 Rn. 60, 69.

261 BGH NZI 2009, 847 (848).

262 HambKommInsO/*Rogge/Leptien* § 133 Rn. 40; *Mauer* Rn. 194.

263 BGH NJW-RR 2017, 682 (684) = NZI 2017, 358 (360); BGH NJW 2013, 694 (695) = NZI 2013, 39 f.

264 *Gehrlein* S. 265.

Ausgleich. Somit ist der Eintritt einer objektiven Gläubigerbenachteiligung die nahezu zwangsläufige Folge ihrer Vereinbarung. Für eine Hoffnung, die Benachteiligung gleichwohl zu vermeiden, bleibt praktisch so gut wie kein Raum. Damit nimmt ein Schuldner, der sein Vermögen gezielt für den Fall seiner Insolvenz verringert, mit sehr hoher Wahrscheinlichkeit die hierdurch bewirkte Gläubigerbenachteiligung bewusst in Kauf;[265] und dem anderen Teil, der davon den Nutzen hat, drängt sich diese Folgerung aufgrund der ihm in gleicher Weise bekannten Umständen zwingend auf. So kann die Vereinbarung eines unentgeltlichen Rücktrittsrechts in einem notariellen Kaufvertrag und daher der Ausschluss einer Rückzahlung des Kaufpreises und Ersatz von Verwendungen ein deutliches Indiz für einen Benachteiligungsvorsatz begründen.[266] Zudem kommt es hier entscheidend auf den Zeitpunkt des Bedingungseintritts – also der Insolvenz – dafür an, ob der Schuldner den Benachteiligungsvorsatz hatte und der andere Teil das wusste → Rn. 17 → Rn. 20; § 140 Abs. 3 steht nicht entgegen, weil der Insolvenzfall keine zulässige Bedingung iS dieser Norm ist.[267] In diesem späten Zeitpunkt könnte praktisch allenfalls noch an der Kenntnis des anderen Teils gezweifelt werden. Deshalb begründet eine solche Vereinbarung einen **Anscheinsbeweis** sowohl für einen Gläubigerbenachteiligungsvorsatz des Schuldners als auch für eine entsprechende Kenntnis des anderen Teils.[268] Dagegen sind diese Grundsätze nicht auf sofort wirksam werdende Sicherheiten zu übertragen; der Umstand allein, dass alle Sicherheiten insbesondere vor einer Insolvenz des Sicherungsgebers schützen sollen, genügt nicht zur Konkretisierung eines Vorsatzes und der entsprechenden Kenntnis.[269] Ob die Beteiligten eine gleichartige Sicherung auch mit sofortiger Wirkung hätten vereinbaren können, ist unerheblich.

Reine **insolvenzbezogene Lösungsklauseln** für einen Vertrag begründen insgesamt keine Gläubigerbenachteiligung iSv § 129 Abs. 1 → § 129 Rn. 130 f. Dagegen drückt die Vereinbarung von Vertragsklauseln, welche sonstige Nachteile für das Schuldnervermögen – über die Vertragsauflösung hinaus – erst im Insolvenzfall eintreten lassen, auch bereits den gegenwärtigen Willen der Vertragsschließenden aus, das Schuldnervermögen unter dieser Voraussetzung zu schmälern.[270] Insbesondere trifft dies für **arbeitsvertragliche Vereinbarungen** zu, die den Wegfall einer zuvor vereinbarten Lohnkürzung bei Stellung eines Insolvenzantrags gegen den Arbeitgeber ohne Gegenleistung vorsehen.[271] Jedoch soll der Vorsatz allein für den Zeitpunkt des Vertragsschlusses → Rn. 17 zu bestimmen sein, soweit eine Vertragsklausel ua die Entscheidung des Insolvenzverwalters, nicht die Vertragserfüllung zu wählen (§ 103 InsO), als wichtigen Kündigungsgrund ausreichen lässt;[272] dies ist mit den sonst üblichen Kriterien nicht zu vereinbaren. 28a

bb) Inkongruente Deckungsgeschäfte. Nach ständiger, bereits zu § 31 KO, § 10 Abs. 1 Nr. 1 GesO sowie § 3 Abs. 1 Nr. 1 und 2 AnfG aF entwickelter Rspr. bedeutet es ein regelmäßig **starkes Beweisanzeichen** sowohl für einen Benachteiligungsvorsatz des Schuldners als auch für dessen Kenntnis durch den anderen Teil → Rn. 38, soweit diesem durch die Rechtshandlung eine **inkongruente Deckung** → § 131 Rn. 8 ff. gewährt wurde.[273] Das begründet zwar keine Umkehr der 29

---

265 *Gehrlein* S. 265; HKInsO/*Thole* § 133 Rn. 26.

266 BGH NZI 2018, 22 (25).

267 *Jaeger/Henckel* KO § 30 Rn. 93; *Obermüller* Gedächtnisschrift für Bosch, 2006, 157 (171); zweifelnd *C. Paulus* ZIP 1996, 2 (7); → § 140 Rn. 52; aM *Huhn/Bayer* ZIP 2003, 1965 (1970 f.).

268 BGH ZInsO 2007, 600 (602); BGH NJW-RR 1998, 1057 (1060); BGH NJW 1997, 52 (53); BGH NJW 1993, 1640 (1641); BAG AP Nr. 4 zu § 30 KO; HambKommInsO/*Rogge/Leptien* § 133 Rn. 39; *Huth* S. 59; *v. Wilmowsky* ZIP 2007, 553 (561 f.); *Thomas* ZInsO 2007, 77 (79) für eine insolvenzbedingte Fälligkeit; differenzierend *Lind* S. 152 ff.; aM OLG Koblenz ZInsO 2003, 951 f.; für die Abtretung werkvertraglicher Gewährleistungsansprüche *Kesseler* RNotZ 2004, 176 (198 f.); rechtspolitisch krit. *Häsemeyer* ZIP 1994, 418 (419).

269 BGH NJW 2014, 467 (469) = NZI 2014, 68 (69 f.); BGH NJW 1998, 312 (315).

270 BGH NZI 2018, 22 (26); BGHZ 124, 76 (82 f.) = NJW 1994, 449 (452); OLG Naumburg ZIP 2006, 716 (718); *Wortberg* ZInsO 2003, 1032 (1036 f.); für automatische Unwirksamkeit *Adam* DZWiR 2005, 1 (5 f.).

271 Vgl. BAG NZI 2007, 58 (62); LAG Berlin ZInsO 2005, 1063 (1064); *Stiller* ZInsO 2005, 425 (427 f.).

272 BGH NZI 2006, 229 (231).

273 BGH NZI 2010, 439 (440); BGH NZI 2006, 159 (161); BGH NZI 2004, 445 (446 f.); BGH NZI 2004, 376 (378); BGHZ 157, 242 (248 f.) = NJW 2004, 1385 (1387 f.); BGH NJW-RR 2004, 1130 (1132); BGH NJW-RR 2002, 478 (480); BGH NJW 1999, 3046 (3047); BGH NJW 1999, 1395 (1397); BGH NJW 1999, 641 (643); BGHZ 138, 291 (308) = NJW 1998, 2592 (2598); BGH NJW-RR 1998, 1057 (1061); BGH NJW 1997, 3175 (3176); BGH ZIP 1997, 423 (426); BGH NJW 1995, 2348 (2350); BGH NJW 1995, 1093 (1094); BGHZ 123, 320 (326) = NJW 1993, 3267 (3268); BGH NJW-RR 1993, 1379 (1381); BGH NJW 1990, 2687 (2688); BGH ZIP 1985, 1008 (1010); BGH NJW 1984, 1893 (1899); BGH WM 1968, 683 f.; RG Recht 1928 Nr. 147; RG LZ 1913, 486 (487); RG JW 1911, 193 (194); RG Gruchot 51 [1907], 396 (398); OLG Brandenburg ZIP 1999, 1005 (1006 f.); OLG Jena ZInsO 1999, 534 (535); OLG Koblenz WM 1998, 1090 (1091); OLG Koblenz WM 1997, 1682 (1684); OLG Dresden WiB 1997, 647 (648); KG KTS 1983, 453 (455); OLG Celle ZIP 1982, 158 (159 f.); Andres/Leithaus/*Leithaus* § 133 Rn. 4; *Bork* Zahlungsverkehr Rn. 375; HKInsO/*Thole* § 133 Rn. 30; Jaeger/*Henckel* § 133 Rn. 33; *Thole* Gläubigerschutz S. 498 f.

Beweislast,[274] kann aber bereits für den Nachweis ausreichen, soweit das Anzeichen nicht durch andere, vom Anfechtungsgegner zu beweisende Umstände entkräftet wird.[275] Denn Schuldner sind regelmäßig nicht bereit, anderes oder mehr oder früher zu leisten, als sie schulden. Tun sie dies gleichwohl zugunsten eines ihrer Gläubiger, liegt der Verdacht nahe, dieser solle zum Nachteil der übrigen Gläubiger begünstigt werden, sofern die Wirkungen der Rechtshandlung zu einem Zeitpunkt eintreten, **als Anlass bestand, an der Liquidität des Schuldners zu zweifeln.**[276] Überträgt der Schuldner zB einen pfändbaren Gegenstand unentgeltlich auf einen anderen, deutet dies auf einen Benachteiligungsvorsatz hin.[277] Dieser ist regelmäßig zu bejahen, wenn der Schuldner die Schädigung anderer Gläubiger als notwendige Folge der einem bestimmten Gläubiger gewährten inkongruenten Deckung vorausgesehen hat.[278] Das gilt auch dann, soweit der Schuldner nur auf Drängen des Gläubigers[279] oder unter dem Druck insbesondere eines Insolvenzantrags leistete.[280] Anders kann es sich allenfalls verhalten, soweit der Schuldner in der Überzeugung handelte, alle seine Gläubiger in absehbarer Zeit befriedigen zu können → Rn. 15 oder zumindest aus der Sicht des Empfängers der Leistung keine liquiditätsbedingten Zweifel bestanden.[281] Eine bloß vorübergehende und teilw. „Konsolidierung der Finanzen" des Schuldners räumt dessen wirtschaftliche Krise allerdings nicht aus.[282] Diese allgemeinen Grundsätze sind nicht an die Fristen des § 131 gebunden → Rn. 30 f. und gelten auch für eine inkongruente Nachbesicherung bereits bestehender Darlehensverbindlichkeiten.[283]

30 Diese Erfahrungssätze gelten für § 133 Abs. 1 Satz 1 fort.[284] Zwar lässt § 131 Abs. 1 Nr. 3 die Anfechtung inkongruenter Deckungshandlungen bis zum dritten Monat vor einem Eröffnungsantrag nur noch von dem Nachweis abhängen, dass der Gläubiger deren benachteiligende Wirkung kannte. Das wird eine zusätzliche Beweiserleichterung für diesen begrenzten Zeitraum meist entbehrlich machen → § 131 Rn. 63. Keinesfalls hindert diese Neuregelung jedoch daran, das **schwächere Beweisanzeichen der (bloßen) Inkongruenz** für Zeiträume anzuwenden, die länger als drei Monate vor einem Eröffnungsantrag liegen. Eine besorgnisauslösende wirtschaftliche Krise des Schuldners → Rn. 29 kann bereits erheblich früher als drei Monate vor dem Eröffnungsantrag eintreten; sogar gebotene Insolvenzanträge werden oft wesentlich länger verschleppt. Insoweit stellt § 131 Abs. 1 Nr. 3 keine abschließende Sonderregel dar. Die Gegenmeinung[285] nimmt zu Unrecht an, dass es sich um eine Anwendung materiellen Insolvenzrechts handele; stattdessen geht um den allgemeinen **Grundsatz der freien Beweiswürdigung** (§ 286 ZPO),[286] den auch der Gesetzgeber der Insolvenzordnung nicht eingeschränkt hat. Zudem ist das an die inkongruente Bevorzugung Einzelner anknüpfende Beweisanzeichen dem jeweiligen Einzelfall anzupassen.

31 Ferner macht die **Vermutungsregel des § 133 Abs. 1 Satz 2** nicht die mit der Inkongruenz verbundene Beweiserleichterung überflüssig; diese greift gemäß § 286 ZPO unabhängig von der Beweislastverteilung ein.[287] Jene Vorschrift knüpft an die (subjektive) Kenntnis der drohenden Zahlungsunfähigkeit und der Gläubigerbenachteiligung – also an besonders schwer wiegende Verdachts-

---

274 BGH BeckRS 2005, 00083.

275 BGH NJW-RR 2004, 1534 f. zu § 3 AnfG.

276 BGH NJW 2014, 467 (469) = NZI 2014, 68 (69 f.); BGH NZI 2010, 439 (440); BGH ZIP 1998, 2008 (2011); BGH ZIP 1997, 513 (515); *Gehrlein* ZInsO 2018, 2557 (2564); HKInsO/*Thole* § 133 Rn. 32; *Kayser* NJW 2014, 422 (425 f.).

277 Vgl. RG JW 1911, 67 Nr. 75.

278 BGH WM 1961, 671 (672); BGH WM 1961, 387 (388 f.); BGH WM 1959, 1007 (1008); BAGE 20, 11 (21 f.) = NJW 1967, 2425 (2427); RG LZ 1911, 864 (865); RG JW 1915, 282 Nr. 8; RG LZ 1915, 638 f.; OLG Düsseldorf WM 1988, 1861 f.; ergänzend → Rn. 23.

279 BGH NJW 1986, 1047 (1050); RG JW 1906, 179 f.

280 BGH NZI 2006, 159 (161); BGHZ 157, 242 (246 f.) = NJW 2004, 1385 (1386).

281 BGH NJW 2014, 467 (469) = NZI 2014, 68 (69 f.); BGH NZI 2010, 439 (440); BGHZ 157, 242 (251) = NJW 2004, 1385 (1388); BGH NJW-RR 2004, 1130 (1132); BGH NZI 2004, 376 (378); HKInsO/*Thole* § 133 Rn. 32.

282 BGH NZI 2006, 159 (161).

283 Zweifelnd *Leithaus* NZI 2005, 592 (594).

284 Ebenso BGH NZI 2010, 439 (440); BGHZ 157, 242 (251 f.) = NJW 2004, 1385 (1388); *Bork* ZIP 2004, 1684 (1688); *v. Campe* S. 239; *Fischer* FS Kirchhof, 2003, 73 (83 f.); FKInsO/*Dauernheim* § 133 Rn. 42 ff., 70; *Häsemeyer* Rn. 21.83; HambKommInsO/*Rogge/Leptien* § 133 Rn. 33; HKInsO/*Thole* § 133 Rn. 30 ff.; *Huber* FS Kirchhof, 2003, 247 (251 ff.); Nerlich/Römermann/*Nerlich* InsO § 133 Rn. 25 f.

285 *Henckel* Kölner Schrift S. 836 ff.; *ders.* FS 50 Jahre BGH, 2000, 785 (790); *C. Paulus* ZInsO 1999, 242 (249); *C. Paulus/Schröder* WM 1999, 253 (255).

286 Vgl. RGZ 51, 76 (77); RGZ 45, 24 (25 f.); RG Gruchot 54 [1910], 623 (627 f.); RG JW 1906, 179; RG JW 1902, 593 Nr. 18; RG JW 1902, 590 Nr. 13.

287 BGH NZI 2010, 439 (440); BGHZ 157, 242 (255) = NJW 2004, 1385 (1388); *Häsemeyer* Rn. 21.83; HKInsO/*Thole* § 133 Rn. 32 aE; aM *Henckel* Kölner Schrift, 813 (838 f.).

momente – die gesetzliche Vermutung, dass auch der Benachteiligungsvorsatz erkannt ist → Rn. 25; diese Vermutung muss vom anderen Teil ggf. voll widerlegt werden. Demgegenüber folgt das Beweisanzeichen der Inkongruenz unmittelbar aus der (objektiven) Art der Rechtshandlung, die zugunsten Einzelner vom Pflichtenplan abweicht. Es kann, je nach den weiteren Umständen, ein unterschiedliches Gewicht haben → Rn. 31a und verändert nicht die Beweislast, die beim Insolvenzverwalter verbleibt. Stattdessen kann der Tatrichter diesen Beweis in Einzelfällen bereits allein aufgrund des nicht entkräfteten Beweisanzeichens oder gemeinsam mit anderen Umständen als geführt ansehen oder umgekehrt die Beweiskraft je nach den Gesamtumständen für unzureichend halten. Insbesondere kann der Schluss von der Gewährung einer inkongruenten Deckung auf einen wenigstens bedingten Benachteiligungsvorsatz bereits ausgeschlossen sein, sofern weitere Umstände auf einen anderen, **anfechtungsrechtlich unbedenklichen Willen** hinweisen und das Bewusstsein der Benachteiligung anderer Gläubiger infolgedessen zurücktritt.[288]

Aus **ordnungsgemäßen Maßnahmen der Einzelzwangsvollstreckung** kann sich außerhalb **31a**
des Dreimonatszeitraums vor der Antragstellung keine Inkongruenz ergeben.[289] Leistungen, die der Schuldner außerhalb der „kritischen Zeit" zur Ausräumung eines bereits gegen ihn **gestellten Insolvenzantrags**[290] oder **zur Abwendung eines ihm vom Gläubiger angedrohten Insolvenzantrags**[291] erbringt, sind indes zeitlich unbegrenzt – also nicht nur während der Dreimonatsfrist des § 131 – inkongruent. Denn eine auf Einleitung einer Gesamtvollstreckung gerichtete Maßnahme ist kein zulässiges Mittel zur Durchsetzung von Forderungen einzelner Gläubiger.[292] Eine die Inkongruenz begründende Drucksituation ist jedenfalls dann anzunehmen, wenn der mit einer Mahnung verbundene Hinweis auf ein mögliches Insolvenzverfahren im maßgeblichen Zeitpunkt (§ 140) gezielt als Mittel der Durchsetzung eines persönlichen Anspruchs erscheint. Die bloße Mitteilung eines Zahlungsrückstandes genügt hierzu nicht. Der **für eine Inkongruenz nötige zeitliche Zusammenhang** zwischen der Drohung mit einem Insolvenzantrag und der Leistung des Schuldners endet je nach den Umständen nicht bereits mit dem Ablauf der vom Gläubiger mit der Androhung gesetzten Zahlungsfrist; vielmehr kann der Leistungsdruck über mehrere Monate fortbestehen, wenn der Gläubiger vom Schuldner fortlaufend Zahlungen verlangt, ohne von der Drohung abzurücken.[293] Entscheidend ist, ob im Zeitpunkt der Rechtshandlung aus objektivierter Sicht die Wirkungen der Drohung noch angedauert haben.[294] Eine hierdurch begründete **Inkongruenz kann** allerdings **entfallen,** wenn der Gläubiger zeitnah zu den empfangenen Zahlungen auch Maßnahmen der Einzelzwangsvollstreckung, zB eine Kassenpfändung, angedroht hat und die von dem angekündigten Insolvenzantrag ausgehende Drucksituation durch den von der unmittelbar bevorstehenden Einzelzwangsvollstreckung ausgehenden Druck überlagert wird.[295] In einem solchen Fall ist allerdings zu bedenken, dass eine zur Abwendung einer Zwangsvollstreckung erbrachte Leistung unabhängig von ihrer Einordnung als kongruent oder inkongruent häufig in einer beiderseits bekannten, kritischen Lage erbracht sein wird, so dass eine Anfechtbarkeit nach Abs. 1 bereits deshalb naheliegt.[296]

Die **Bedeutung der Inkongruenz als Beweisanzeichen** hängt von deren Art und Ausmaß **31b**
ab:[297] Je geringer das Ausmaß der Inkongruenz im Einzelfall ist, desto mehr tritt ihre Bedeutung als Beweisanzeichen zurück; als solches ist sie bereits entkräftet, sofern Umstände feststehen, die den Benachteiligungsvorsatz ernsthaft in Frage stellen.[298] Dazu reicht es aber nicht bereits aus, dass die inkongruente Deckung als Erfüllung einer für besonders vordringlich gehaltenen sozialen Anstandspflicht, die noch keine kollidierende Rechtspflicht darstellt → Rn. 35, gewährt wurde.[299] Ferner verliert die Inkongruenz als Indiz an Beweiskraft, je länger die angefochtene Rechtshandlung vor

---

288 HKInsO/*Thole* § 133 Rn. 32 f.; Nerlich/Römermann/*Nerlich* InsO § 133 Rn. 30; ergänzend → Rn. 35 ff.

289 BGHZ 157, 242 (255 f.) = NJW 2004, 1385 (1387 f.); BGH NZI 2003, 533 (534 f.).

290 BGH NZI 2006, 159 (161) mAnm *Huber*; Jaeger/*Henckel* § 131 Rn. 63.

291 BGH ZInsO 2009, 1394 f.; BGHZ 157, 242 (255) = NJW 2004, 1385 (1387 f.); aM *Gerhardt* FS Kreft, 2004, 267 (274 f.); *Thole* ZIP 2013, 2081 (2087).

292 BGHZ 157, 242 (246 ff.) = NJW 2004, 1385 (1386); *Kayser* NJW 2014, 422 (425).

293 BGHZ 157, 242 (248 f.) = NJW 2004, 1385 (1386).

294 BGH NJW-RR 2013, 949 (950) = NZI 2013, 492 (493) zu § 131 Abs. 1 Nr. 2; *Kayser* NJW 2014, 422 (425).

295 BGHZ 157, 242 (255 f.) = NJW 2004, 1385 (1388).

296 BGHZ 157, 242 (256) = NJW 2004, 1385 (1388); BGH NZI 2003, 533 (535) mAnm *Huber.*

297 BGH NZI 2005, 329 (330); BGH NJW 1998, 1561 (1563); BGH ZIP 1997, 853 (855); BGHZ 137, 267 (283); BGH WM 1969, 374 (375).

298 BGH NZI 2012, 142 (143); BGH NJW-RR 1993, 238 (240); BGH WM 1969, 374 (375); HKInsO/*Thole* § 133 Rn. 32; Nerlich/Römermann/*Nerlich* InsO § 133 Rn. 26.

299 *Jaeger/Henckel* KO § 31 Rn. 14; *Fr. Weber* AP § 29 KO Nr. 1 mAnm zu BAGE 20, 11 (21) = NJW 1967, 2425 (2427).

dem Eröffnungsantrag liegt.[300] Dauert ein Erwerbsvorgang bis zu dem nach § 140 maßgeblichen Zeitpunkt länger und beseitigen die Beteiligten währenddessen eine anfänglich bestehende Inkongruenz durch Begründung eines entsprechenden Anspruchs des anderen Teils, so wird die Feststellung eines Benachteiligungsvorsatzes zwar nicht mehr für die Folgezeit erleichtert;[301] ist dieser Vorsatz aber bereits für die vorangegangene Zeit ab Beginn der Rechtshandlung nachzuweisen, wird die Fortdauer vermutet → Rn. 17 → Rn. 22 → § 131 Rn. 10.[302]

32 **cc) Unmittelbare Gläubigerbenachteiligung.** Ein Beweisanzeichen geringerer Wirkung liegt vor, sofern die angefochtene Rechtshandlung eine unmittelbare Gläubigerbenachteiligung bewirkt. Hieraus allein ist im Allgemeinen noch kein darauf gerichteter Vorsatz des Schuldners zu folgern.[303] Dies zeigen § 132, der für eine Anfechtbarkeit trotz unmittelbarer Gläubigerbenachteiligung zusätzlich eine Kenntnis vor allem der Zahlungsunfähigkeit voraussetzt, und § 133 Abs. 4, der eine Umkehr der Beweislast bei unmittelbarer Benachteiligung nur gegenüber nahestehenden Personen vorsieht. Jedoch kann eine **Sicherungsübertragung,** die wertmäßig über eine Krediterhöhung hinausgeht, gemeinsam mit weiteren Umständen auf einen Benachteiligungsvorsatz hinweisen.[304] Auch **unentgeltliche Zuwendungen**[305] oder **Verschleuderungsverträge**[306] können Beweisanzeichen darstellen: Wenn ein Schuldner Gegenstände aus seinem Vermögen offensichtlich **unter Wert veräußert,** kann dies unabhängig von der Dreimonatsfrist des § 131 sowohl auf seinen Benachteiligungsvorsatz als auch auf eine Kenntnis des anderen Teils hinweisen.[307] Entsprechendes gilt für **Sozialpläne,** die vor der Frist des § 124 Abs. 1 abgeschlossen wurden und zweifelsfrei überhöhte Leistungen festsetzen,[308] für eindeutig unangemessen hohe Versorgungszusagen[309] oder wenn eine GmbH Beratungsleistungen bezahlt, die ihrem Geschäftsführer erbracht wurden.[310] Gewichtige Unsicherheiten bei der Bewertung von Leistung oder Gegenleistung können andererseits einen Vorsatz ausschließen. Schließlich mangelt es an einer unmittelbaren Gläubigerbenachteiligung, wenn der mit einem Gläubiger vorgenommene **Leistungsaustausch bargeschäftsähnlichen Charakter** besitzt und zur Fortführung des Unternehmens des Schuldners notwendig ist → Rn. 37b f.[311]

33 **dd) Kongruente Deckungsgeschäfte.** Hat der Schuldner eine **kongruente Deckung** iSv § 130 → Rn. 6 ff. geleistet, ist sein **Benachteiligungsvorsatz nicht von vornherein ausgeschlossen,** weil er gleichwohl die Benachteiligung der anderen unberücksichtigt gebliebenen Insolvenzgläubiger erkennen und wollen kann. Hierzu genügt zB der Nachweis, dass der Schuldner die später erfüllte Verpflichtung mit Benachteiligungsvorsatz begründet hat; dann wird dessen Fortdauer vermutet.[312] Im Übrigen gilt der **gewöhnliche Vorsatzbegriff** → Rn. 13; es reicht also auch bei kongruenter Deckung aus, dass sich der Schuldner eine Benachteiligung der anderen Gläubiger nur als möglich vorgestellt, sie aber billigend in Kauf genommen hat, ohne sich durch die Vorstellung dieser Möglichkeit von seinem Handeln abhalten zu lassen.[313] Bei dieser Feststellung ist allerdings der Pflichtenkollision Rechnung zu tragen, in welcher der Schuldner handelt. An den Nachweis seines Benachteiligungsvorsatzes sind daher **erhöhte Anforderungen** zu stellen;[314] denn im Fall einer kongruenten Deckung erschöpft sich sein Wille meist darin, seinen Verbindlichkeiten gerecht

---

300 Vgl. BGHZ 157, 242 (254) = NJW 2004, 1385 (1388), wo jedoch systemwidrig auf die Insolvenzeröffnung abgestellt wird; ferner Uhlenbruck/*Borries/Hirte* § 133 Rn. 105.

301 BGH ZIP 1997, 423 (426).

302 Zur irrtümlichen Annahme der Kongruenz → Rn. 36.

303 HKInsO/*Thole* § 133 Rn. 24; K. Schmidt/*Ganter/Weinland* § 133 Rn. 63.

304 BGH NJW 1998, 1561 (1563); BGH NJW-RR 1998, 1057 (1061); vgl. auch RG JW 1919, 244 Nr. 12; HKInsO/*Thole* § 133 Rn. 24.

305 Vgl. BGH NJW 1995, 1093 (1094); RG WarnR 1931 Nr. 173; RG JW 1911, 67 Nr. 75.

306 Vgl. RG JW 1902, 24 (25); OLG Köln bei *Gerhardt* EWiR 2001, 775.

307 BGH NZI 2005, 329 (331); BGH NJW-RR 2002, 478 (480) zu § 3 AnfG; *Häsemeyer* Rn. 21.82; HKInsO/*Thole* § 133 Rn. 24; aM *Henckel* Kölner Schrift S. 838.

308 Vgl. *Jaeger/Henckel* KO § 29 Rn. 37; *Schils* KTS 1976, 267 (279 f.) und zur Anfechtung von Sozialplänen im Allgemeinen LAG Hamm ZIP 1982, 615 (617); LAG München ZIP 1987, 589 (590).

309 Vgl. *Beinert/Hennerkes/Binz/Rauser* DB 1980, 2323 (2325).

310 Vgl. LG Berlin ZIP 2006, 862 (863 f.).

311 *Kayser* NJW 2014, 422 (427).

312 Vgl. RGZ 27, 130 (135 f.).

313 BGH NJW 2018, 396 (397) = NZI 2018, 34 (35); BGH NJW-RR 2015, 612 (613) = NZI 2015, 369 (370); BGH NZI 2005, 329 (331); BGHZ 155, 75 (84) = NJW 2003, 3347 (3349); *Sander* ZIP 2004, 613 (614 f.); K. Schmidt/*Ganter/Weinland* § 133 Rn. 59.

314 BGH NZI 2008, 231 (232); BGH NZI 2007, 512 (513) mAnm *Huber*; BGH NJW 2003, 3560 (3561); KG ZInsO 2006, 833 (834 f.); RG LZ 1916, 65 Nr. 22; BFH NV 1999, 745 (747); HKInsO/*Thole* § 133 Rn. 26; *Huber* ZIP 2018, 519 (520).

zu werden, ohne die Benachteiligung Anderer in den Blick zu nehmen. Eine Rechtspflicht zu einer nur noch anteilsmäßigen Befriedigung sämtlicher Gläubiger trifft ihn außerhalb der Fristen der §§ 130 bis 132 aber nicht.[315]

Die Prüfung, ob der Schuldner bei einer kongruenten Deckungshandlung die Gläubigerbenach- 33a teiligung wenigstens „billigend" in Kauf genommen hat, wird regelmäßig von der Feststellung abhängen, dass es ihm **weniger auf die Erfüllung seiner Vertragspflichten** als vielmehr auf die Schädigung der anderen Gläubiger durch Beseitigung von Zugriffsobjekten[316] oder – viel naheliegender – auf die Begünstigung des Leistungsempfängers ankam.[317] Ein solcher überwiegender Beweggrund gehört zwar nicht zum Vorsatzbegriff → Rn. 13, ist aber ein tatsächlicher Anhaltspunkt bei der Würdigung im Rahmen des § 286 ZPO.[318] Auf ihn kann auch ein Gegenbeweis im Fall des Abs. 1 Satz 2 und Abs. 3 Satz 1 gestützt werden,[319] der jedoch mit zunehmender Nähe der angefochtenen Leistung zum Eröffnungsantrag erschwert wird.[320] Die gleiche Willensrichtung wird beim bargeschäftlichen Leistungsaustausch bedeutsam → Rn. 37b.

Veräußert der Schuldner Gegenstände seines Vermögens zu angemessenem Preis, kann sein 34 Benachteiligungsvorsatz zB festgestellt werden, wenn er den Veräußerungserlös nachweislich seinen Gläubigern entziehen will. Das bloße Bewusstsein, dass ein Zugriff der Gläubiger auf den objektiv gleichwertigen Veräußerungserlös schwerer ist als auf den ursprünglichen Gegenstand, reicht jedoch regelmäßig nicht aus, um einen Benachteiligungswillen aufzuzeigen.[321] Lässt der spätere Insolvenzschuldner Überweisungen seiner Drittschuldner auf sein debitorisch geführtes Bankkonto zu, deutet dies wegen der Üblichkeit des bargeldlosen Zahlungsverkehrs nicht auf seinen Benachteiligungsvorsatz hin.[322] Die ebenfalls übliche Vereinbarung in einem Grundstückskaufvertrag, wonach der Kaufpreis auf das Geschäftskonto des Verkäufers zu zahlen sei, ist für sich ebenfalls unverdächtig, auch wenn dadurch zugunsten der Bank eine Verrechnungsmöglichkeit geschaffen wird.[323] Vorsatz und Kennenmüssen können aber zB darin zum Ausdruck kommen, dass der Schuldner in seiner Krise auf Veranlassung der einen Bank auf seinen Rechnungsvordrucken andere Bankverbindungen weglässt. Die vertragsgemäße Androhung einer Kreditkündigung oder einer Sicherheitenverwertung durch ein Kreditinstitut (§ 490 Abs. 1 BGB, Nr. 19 AGB-Banken/Nr. 26 AGB-Sparkassen) und das Geltendmachen eines Nachbesicherungsanspruchs (Nr. 13 AGB-Banken/Nr. 22 AGB-Sparkassen) sind übliche Mittel zur kongruenten Durchsetzung bestehender Rechte; sie deuten nicht ohne weiteres auf eine vorsätzliche Begünstigung des Kreditinstituts durch den Schuldner hin, der diesem Verlangen entspricht.[324] Ist die unwiderrufliche Alterssicherung eines Geschäftsführers bereits im Anstellungsvertrag und vor der Krise der später insolvent werdenden Gesellschaft vereinbart, so ist der entsprechende Abschluss einer Direktversicherung unverdächtig;[325] anders verhält es sich, wenn die Unwiderruflichkeit erst nachträglich begründet wird.[326]

Ein weiterer **Beweggrund für den Benachteiligungsvorsatz** kann der Wille sein, vorrangig 34a den Anfechtungsgegner auf Kosten anderer Insolvenzgläubiger zu begünstigen.[327] Entscheidend hierfür ist, ob der Schuldner die kongruente Deckungshandlung **in Kenntnis seiner Zahlungsfähigkeit** vornimmt.[328] Ist der Schuldner im Zeitpunkt der Zahlung zahlungsunfähig und kennt er

315 BGHZ 162, 143 (150) = NJW 2005, 1121 (1122 f.); LG Kiel ZInsO 2004, 1374; HambKommInsO/*Rogge/Leptien* § 133 Rn. 34; *Kirchhof* FS Ganter, 2010, 237 (242); *König* Rn. 7/9; aM *Diem* S. 113.

316 BGH ZIP 1998, 793 (798 f.); BGH NJW 1997, 3028 (3029); BGH NJW 1994, 2893 (2895); BGH NJW 1993, 1640 (1641); BGH NJW 1991, 2144 (2145); BGH NJW 1984, 1893 (1898); RG DR 1940, 872 (874); RG JW 1938, 2841 (2842); RG JW 1938, 1536 Nr. 26; RGZ 51, 76 (78); RGZ 47, 223 (225 f.); RGZ 33, 120 (124 f.); RGZ 16, 27 (28 f.); OLG Stuttgart ZInsO 2006, 274 (276); OLG Stuttgart ZIP 2002, 2264 (2266); HKInsO/*Thole* § 133 Rn. 26; *Jaeger/Henckel* KO § 31 Rn. 11; Nerlich/Römermann/*Nerlich* InsO § 133 Rn. 30; Uhlenbruck/*Borries/Hirte* § 133 Rn. 125.

317 BGH ZIP 1996, 1475; OLG Dresden ZIP 2003, 1052 (1053); *Plander* BB 1972, 1480 (1485 f.); iE → Rn. 34a.

318 Vgl. RG LZ 1911, 947 f.; *Kirchhof* FS Ganter, 2010, 237 (241); *Arts* S. 142; diesen rein prozessualen Zusammenhang verkennt *Jacoby* KTS 2005, 371 (397 f.).

319 BGH NJW 2002, 3252 zu § 31 KO; vgl. LG Kiel ZInsO 2004, 1374 f.

320 Vgl. AG Hannover ZInsO 2002, 89 (90); AG Dresden ZInsO 2004, 1268; zu weiteren Gegengründen auch OLG München ZInsO 2005, 496 (497 f.).

321 *Jaeger/Henckel* KO § 31 Rn. 12.

322 *Bork* Zahlungsverkehr Rn. 211.

323 OLG Hamm ZInsO 2005, 267 f.

324 *Obermüller* ZInsO 2005, 198 (199 f.); aM *Rechtmann/Tetzlaff* ZInsO 2005, 196 (197 f.).

325 Vgl. OLG Brandenburg NZI 2002, 439 (440 f.).

326 Vgl. LG Görlitz ZInsO 2003, 808 (809) mAnm *Bert* EWiR 2002, 585 f.

327 BGH ZIP 1996, 1475; OLG Dresden ZIP 2003, 1052 (1053 f.); *Plander* BB 1972, 1480 (1485 f.).

328 BGH NJW 2018, 396 (397) = NZI 2018, 34 (35); BGH NZI 2011, 589 (591); BGH NZI 2010, 439 (441); BGH NZI 2008, 231 (232); BGH NZI 2007, 512 (313); *Fischer* NZI 2008, 588 (592); → § 17 Rn. 1 ff.

seine Zahlungsunfähigkeit, kann innerhalb der nach § 286 Abs. 1 ZPO vorzunehmenden umfassenden Würdigung allein dieser Umstand ausreichen, von seinem Benachteiligungsvorsatz auszugehen, ohne dass es im Hinblick auf die Kongruenz der Leistung weiterer Indizien bedarf.[329]

34b Für einen Gläubigerbenachteiligungsvorsatz des Schuldners spricht auch, dass er durch die Rechtshandlung einen über die Schuldtilgung hinausgehenden eigenen Vorteil erlangte.[330] Dies liegt zB nahe, wenn sich der Schuldner von der kongruenten Befriedigung oder Sicherung bestimmter Gläubiger Vorteile für die Zeit nach der Insolvenzeröffnung verspricht, etwa bei der Begründung einer neuen wirtschaftlichen Existenz,[331] oder wenn der Leistungsempfänger – eine juristische Person – wirtschaftlich dem Schuldner selbst gehört.[332] Dasselbe trifft insbesondere zu, wenn ein zahlungsschwacher Schuldner iW nur noch an solche Gläubiger leistet, die ihn besonders hart oder sogar existenzbedrohend bedrängen. In Betracht kommen vor allem rücksichtslose Inkassomethoden, die ernst zu nehmende Drohung mit einer Strafanzeige (zB aufgrund von § 266a StGB), die Erfüllung einer Auflage zur Vermeidung einer Verurteilung zu einer Freiheitsstrafe ohne Bewährung,[333] die Zahlung zur Vermeidung der Vollstreckung einer Ersatzfreiheitsstrafe,[334] die Pfändung sämtlicher Konten des Schuldners sowie angedrohte oder gestellte Anträge auf Abgabe der Vermögensauskunft (§§ 802c ff., 807 ZPO) oder auf Eröffnung eines Insolvenzverfahrens;[335] dies gilt verstärkt, sofern derartige Maßnahmen zeitnah wiederholt und/oder abgewechselt werden, ohne dass sich letztlich die Verbindlichkeit des Schuldners wesentlich verringert.[336] Der eigene Wille des Leistungsempfängers ist demgegenüber unerheblich; seine Kenntnis genügt → Rn. 19. Deshalb ist es nicht selbständig bedeutsam, ob der Gläubiger die Druckmittel einsetzen durfte.[337] Führt dagegen bereits die erste Vollstreckungsandrohung oder der erste Vollstreckungsversuch zum Erfolg, besteht regelmäßig kein Anhaltspunkt für eine nachhaltige Liquiditätskrise des Schuldners; erst recht deutet dann nichts auf eine gezielte Begünstigung nur dieses einen Gläubigers hin.[338] Die überfällige Bezahlung von Energieversorgungsleistungen drückt nicht bereits deswegen eine vorrangige Begünstigungsabsicht aus, weil anderenfalls die Sperre weiterer Leistungen drohte.[339]

35 In vergleichbarer Weise ist der Nachweis eines Benachteiligungsvorsatzes zu prüfen, sofern der Schuldner die **Rechtshandlung aufgrund ähnlicher, objektiver Pflichtenkollisionen** vorgenommen hat: Die Erfüllung einer Pflicht zeigt dann nicht ohne weiteres an, dass der Schuldner die dadurch erkennbar verursachte Benachteiligung der anderen Insolvenzgläubiger innerlich auch gewollt hat. Dies kommt zB in Betracht, soweit der Schuldner durch einen Notverkauf den notwendigen Unterhalt für sich und seine Familie beschaffen wollte;[340] allerdings schließt die Absicht des Schuldners, den Unterhalt der Familie zu sichern, die Anfechtung gemäß § 133 nicht schlechthin aus.[341] Am Benachteiligungswillen kann es auch fehlen, wenn der Schuldner Mietzinsforderungen abtritt, um aus den künftigen Erträgen nur die laufenden Lasten des Grundstücks zu bestreiten und dadurch dessen Zwangsversteigerung abzuwenden,[342] oder wenn er sein Grundstück veräußert, um die Pfändung künftiger Mietzinsen durch einen persönlichen Gläubiger zu verhindern und damit den Zugriff der Grundpfandgläubiger auf die ihnen haftenden Mietzinsen zu erhalten.[343] Tritt der Schuldner eine Forderung ab, um damit das für die Fortsetzung seines Betriebes notwendige neue Material zu beschaffen und den Lieferanten für die Forderungen aus dem künftigen Bezug weiteren

---

[329] BGH NJW 2016, 1168 = NZI 2016, 266; BGH NJW-RR 2016, 430 (431) = NZI 2016, 222 (224); BGH NJW-RR 2015, 612 (613) = NZI 2015, 369 (370); BGH NZI 2008, 231 (232); *Fischer* NZI 2008, 592; *Jacobi* S. 16; *Kayser* NJW 2014, 422 (427); aM *Bork* ZIP 2008, 1041 (1045).

[330] *Thole* DZWiR 2006, 191 (195) unter Hinweis auf eine entsprechende Beweisregel des englischen Rechts; *Beissenhirtz* S. 120 f.; vgl. auch *König* Rn. 10/89 zu § 30 KO.

[331] *Jaeger/Henckel* KO § 31 Rn. 11.

[332] Vgl. OLG Karlsruhe ZIP 1980, 260 (262).

[333] BGH NZI 2018, 34 (36).

[334] BGH NJW-RR 2014, 1266 (1267) = NZI 2014, 863 (864).

[335] BGH ZIP 2009, 1434; BGHZ 155, 75 (86) = BGH NJW 2003, 3347 (3349) = NZI 2003, 533 (534 f.).

[336] BGH NZI 2006, 159 (162); BGH NZI 2005, 690 (692); BGHZ 155, 75 (86) = NJW 2003, 3347 (3349 f.); BGHZ 149, 100 (111) = NJW 2002, 512 (514); OLG Brandenburg ZInsO 2007, 40 (41); OLG Stuttgart ZIP 2004, 129 (131 f.); *Kirchhof* ZInsO 2004, 1166 (1174); *Kübler* FS Greiner, 2005, 159 (168 f.); vgl. *Viertelhausen* InVo 2004, 345 (350 f.).

[337] AM *Jacoby* KTS 2005, 371 (399 f.).

[338] *Bork* ZIP 2004, 1684 (1692).

[339] OLG Köln NZI 2007, 176 (177).

[340] RG JW 1905, 442 f.; HambKommInsO/*Rogge/Leptien* § 133 Rn. 37; Nerlich/Römermann/*Nerlich* InsO § 133 Rn. 29.

[341] Vgl. BGH WM 1955, 407 (412); *Jaeger/Henckel* KO § 31 Rn. 14.

[342] RG LZ 1915, 629 Nr. 29; *Jaeger/Henckel* KO § 31 Rn. 12; Nerlich/Römermann/*Nerlich* InsO § 133 Rn. 31.

[343] RGZ 64, 339 (343 f.); *Jaeger/Henckel* KO § 31 Rn. 12.

Materials zu sichern, ihn also zur Gewährung neuer Kredite zu veranlassen, so ist der Wille des Schuldners nicht ohne weiteres auf die Benachteiligung seiner übrigen Gläubiger gerichtet;[344] ein Benachteiligungswille dürfte allerdings meist vorliegen, soweit sich der Lieferant auf diese Weise zugleich seine offen stehenden, bis dato ungesicherten Altforderungen sichern lässt → Rn. 29 ff.

Da es im vorliegenden Zusammenhang um die Feststellung eines Vorsatzes, also der inneren Einstellung des Schuldners, geht, ist bereits die ehrliche Überzeugung des Schuldners erheblich, eine kongruente Deckung zu erbringen oder in einer Pflichtenkollision zu stehen: Der Schuldner, der irrtümlich annimmt, eine wirksame Verpflichtung zu erfüllen, unterscheidet sich in seiner subjektiven Haltung nicht grundsätzlich von demjenigen, der objektiv eine kongruente Rechtshandlung vornimmt.[345] Ein Benachteiligungsvorsatz kann dementsprechend auch fehlen, soweit der Schuldner irrig glaubt, eine ihm erbrachte Leistung gleichwertig auszugleichen → Rn. 37b[346] oder ein wirksames vorrangiges Sicherungsrecht zu erfüllen.[347] Hinsichtlich einer Vermeidbarkeit des Irrtums ist zu unterscheiden: Kennt der Schuldner nicht sämtliche maßgeblichen Tatsachen, so ist sein Irrtum erheblich; zu prüfen bleibt dann allenfalls, ob die Unkenntnis nicht nur vorgetäuscht wird. Ein Irrtum allein in der rechtlichen Bewertung der bekannten Tatsachen ist dagegen im Regelfall unerheblich → Rn. 38. Keinesfalls braucht sich der Kenntnisstand der Beteiligten auch auf die Schlussfolgerung zu erstrecken, mit einer nicht geschuldeten Leistung eine inkongruente Deckung im insolvenzrechtlichen Sinn zu erbringen.[348] Daher fehlt es am Benachteiligungsvorsatz bzw. der Kenntnis, sofern Schuldner und Anfechtungsgegner annahmen, das veräußerte Grundstück sei über seinen Wert hinaus belastet.[349] 36

Nach Auffassung des BAG[350] resultiert aus dem Grundrecht auf Gewährung eines menschenwürdigen Existenzminimums bei **Arbeitsentgeltzahlungen,** die durch eine kongruente Deckung erfolgten, eine **Anfechtungssperre** in Höhe des auf den Vergütungszeitraum **entfallenden Existenzminimums,** weil in diesen Fällen der Arbeitnehmer idR keine staatliche oder über eine Umlage sämtlicher Arbeitgeber finanzierte Leistung erhalten kann, die den Teil des zurückzuzahlenden Betrages ausgleicht, der das Existenzminimum abdeckt → § 130 Rn. 39a. Zudem stehen ihm bei kongruenter Deckung keine adäquaten arbeits- und sozialrechtlichen Handlungsmöglichkeiten zur Verfügung, durch die er dem Risiko einer Insolvenzanfechtung vorbeugen könnte. Diese bislang noch nicht entscheidungserhebliche Erwägung soll zunächst als Diskussionsaufforderung an Rspr. und Rechtswissenschaft verstanden werden[351] und auf Bargeschäfte oder bargeschäftsähnliche Leistungen → Rn. 37b f. beschränkt bleiben.[352] Das herangezogene Sozialstaatsprinzip taugt allerdings nicht zu einer Korrektur von hart oder unbillig erscheinenden Einzelregelungen.[353] Muss sich ein Arbeitnehmer mangels Vorrechtes im eröffneten Verfahren ohne Rücksicht auf sein Existenzminimum mit der Quote abfinden, so leuchtet nicht recht ein, warum er anfechtbar erlangte Zahlungen unter Verweis auf selbiges behalten darf.[354] Die Sicherung des Existenzminimums ist keine Frage der Anspruchskorrektur, sondern der Vollstreckung (vgl. §§ 811, 850 ff. ZPO).[355] Schließlich besteht in Fällen des Bargeschäfts oder der bargeschäftsähnlichen Lage kein weiterer Bedarf für eine wertende Anspruchskorrektur. 36a

ee) Sanierungsbemühungen. Ein **erfolgversprechender Sanierungsversuch** kann die unmittelbare Gläubigerbenachteiligung für die zu diesem Zweck erbrachten Dienstleistungen ausschließen → § 129 Rn. 163 ff. → § 132 Rn. 14. Reicht, wie für § 133 Abs. 1 bis 3, eine bloß mittelbare Gläubigerbenachteiligung aus, kann ein ernsthaftes, wenngleich letztlich erfolgloses Sanierungsbemühen im Einzelfall – nicht generell[356] – den Gläubigerbenachteiligungsvorsatz mit Bezug 37

[344] OLG Frankfurt LZ 1909, 89 Nr. 7; OLG München WM 1972, 760 (763); *Jaeger/Henckel* KO § 31 Rn. 12.

[345] BGH ZIP 1997, 423 (427); BGH NJW 1991, 2144 (2145); BGH ZIP 1990, 1088 (1090), RGZ 69, 163 (166); RG WarnR 1931 Nr. 91; HKInsO/*Thole* § 133 Rn. 29; *Jaeger/Henckel* KO § 31 Rn. 14; andererseits BGH WM 1968, 683 (685); vgl. auch *Fischer* NZI 2008, 588 (594).

[346] Vgl. BGH NJW 1998, 1561 (1565); BGH NJW-RR 1998, 1057 (1061); HKInsO/*Thole* § 133 Rn. 29.

[347] BGH NJW-RR 1995, 766 (767 f.).

[348] *Kirchhof* in Bork/Kübler, Insolvenzrecht 2000, 2001, 55 (65 f.).

[349] OLG Nürnberg KTS 1966, 250 (252); *Jaeger/Henckel* KO § 31 Rn. 12.

[350] BAG ZIP 2018, 32 (33) mAnm *Freudenberg* EWiR 2018, 183; BAG NZA 2015, 1259 (1262) = ZIP 2015, 533 (537); BAG NZI 2014, 867 (869); BAG NZI 2014, 372 (374) = NZA 2014, 1266 (1268) = ZIP 2014, 628 (630 ff.); krit. *Krauthausen* S. 178 ff.

[351] *Fischermeier* ZInsO 2015, 1237 (1240).

[352] *Zwanziger* DB 2014, 2391 (2394).

[353] BVerfGE 69, 272 (315).

[354] BGH NJW 2014, 2579 (2583) = NZI 2014, 775 (779) = ZIP 2014, 1491 (1494); *Blank* S. 200 f.

[355] HKInsO/*Thole* § 133 Rn. 23; *Blank* S. 200 f.

[356] Vgl. BGH NZI 2012, 142 (143); BGH ZIP 1996, 1475; RG WarnR 1929 Nr. 165; RG WarnR 1919 Nr. 83, 126; RG LZ 1912, 152 Nr. 30; *Ganter* WM 2009, 1441 (1447); Uhlenbruck/*Borries/Hirte* § 133 Rn. 128 f.

auf die zu diesem Zweck erbrachten (inkongruenten) Schuldnerleistungen ausschließen.[357] In diesem Fall ist die Rechtshandlung von einem anfechtungsrechtlich unbedenklichen Willen geleitet und das Bewusstsein einer Benachteiligung anderer Gläubiger tritt in den Hintergrund.[358] Das gilt auch für das **Konzept vor einer Unternehmensgründung,** andernfalls damit gerechnet werden müsste, dass die Sicherheitenbestellung auch dann noch anfechtbar ist, wenn die Krise weitab nach der in der Gründungsphase geleisteten Anschubfinanzierung eintritt.[359] Der Vorsatz kann nach der Lebenserfahrung (§ 286 ZPO) insbesondere fehlen, wenn der Sanierungsversuch für den Schuldner zwar erkennbar mit Risiken belastet ist, die Bemühungen um eine Rettung des Unternehmens jedoch ganz im Vordergrund stehen und aufgrund konkret benennbarer Umstände eine positive Prognose nachvollziehbar und vertretbar erscheint.[360] Nicht nötig ist hierfür, dass der Schuldner bereits der sicheren Überzeugung sein durfte, der Sanierungsversuch werde gelingen.[361] Erforderlich ist allerdings ein **geschlossenes Konzept** zur Bereinigung sämtlicher Verbindlichkeiten und zur Sanierung des Geschäftsbetriebs.[362] Hierfür schadet es nicht ohne weiteres, wenn bereits ein Eröffnungsgrund iSv § 16 vorliegt;[363] selbst dann ist ein Sanierungsversuch weder allgemein zu missbilligen noch von vornherein aussichtslos. Jedoch müsste das Sanierungskonzept in diesem Fall auch dessen baldige Beseitigung in schlüssiger Weise vorsehen.[364] Wesentliche Gläubiger dürfen darin nicht ausgeschlossen sein;[365] andererseits ist es nicht erforderlich, dass sämtliche Gläubiger einbezogen werden.[366] Ein Sanierungsversuch kann auch aussichtsreich sein, sofern sich die beabsichtigten Maßnahmen nur auf einen Teil der Gläubiger erstrecken, etwa wenn umfangreiche Forderungsverzichte der hauptsächlichen Kreditgeber dem Schuldner neue Liquidität verschaffen sollen, mittels der er in die Lage versetzt wird, seine übrigen Gläubiger vollständig zu befriedigen.[367] Auch hindern unterschiedliche oder zunächst noch nicht feststehende, weil vom Einzelfall abhängende Befriedigungsquoten nicht die Ernsthaftigkeit des Sanierungsversuchs.[368] In jedem Fall ist ein **in sich schlüssiges,** auf den Einzelfall bezogenes **Sanierungskonzept** vorauszusetzen, das **in den Anfängen schon in die Tat umgesetzt** und infolgedessen auf der Seite des Schuldners zZ der Rechtshandlung **ernsthafte und begründete Aussicht auf Erfolg** in überschaubarer Zeit zu rechtfertigen geeignet ist.[369] Sowohl für die Frage der Erkennbarkeit der Ausgangslage als auch für die Prognose der Durchführbarkeit ist auf die Beurteilung eines unvoreingenommenen branchenkundigen Fachmanns

---

[357] BGH BeckRS 2018, 19548 = NZI 2018, 840 (841) = ZIP 2018, 1794; BGH NJW-RR 2016, 1518 (1519) = NZI 2016, 636 (637); BGH NJW 2014, 1963 (1966) = NZI 2014, 650 (653); BGH NJW-RR 2013, 1321 (1322) = NZI 2013, 500; BGH NZI 2012, 142 (143) mAnm *Freudenberg/Wolf* EWiR 2012, 147; *Fischer* NZI 2008, 588 (593); *Ganter* WM 2009, 1441 (1447); *Hirte/Fontaine* ZInsO 2017, 1817 (1819 f.); HKInsO/*Thole* § 133 Rn. 34; *Kayser* FS Fischer, 2008, 267 (282 f.); zur Abgrenzung dieses Rechtsinstitutes von Abs. 3 Satz 2 *Ganter* NZI 2019, 481 (486 f.).

[358] BGH NJW-RR 2016, 1518 (1519) = NZI 2016, 636 (637); BGH NJW 2014, 1963 (1966) = NZI 2014, 650 (653); BGH NJW-RR 2013, 1321 (1322) = NZI 2013, 500; BGH NZI 2012, 142 (143).

[359] BGH NJW 2009, 1601 (1602) = NZI 2009, 372 (373); *Ingelmann* ZInsO 2007, 802 (803 f.); HKInsO/Thole § 133 Rn. 34; aM OLG Dresden ZInsO 2007, 497 (498 f.).

[360] BGH ZInsO 2007, 816 (817); BGH NJW 1991, 2144 (2145); RG JW 1937, 2214 (2215); RG JW 1937, 834; RG KuT 1929, 151 f.; OLG Schleswig WM 1982, 25 (27 f.); *Fischer* NZI 2008, 588 (593); *Ganter* ZIP 2015, 1413 (1416); HKInsO/*Thole* § 133 Rn. 34; *Jaeger/Henckel* KO § 31 Rn. 12; *König* Rn. 7/12; Nerlich/Römermann/*Nerlich* InsO § 133 Rn. 27 f.

[361] BGH NJW-RR 1993, 238 (241); OLG Hamm ZInsO 1999, 574 (576); *Kayser* NJW 2014, 422 (427).

[362] BGH BeckRS 2018, 19548 = NZI 2018, 840 (841) = ZIP 2018, 1794 (1795); BGH NJW-RR 2016, 1518 (1519) = NZI 2016, 636 (637); BGH NJW-RR 2013, 1321 (1322) = NZI 2013, 500; HKInsO/*Thole* § 133 Rn. 34.

[363] Vgl. *Lind* S. 85; aM *Raschke* S. 143 f.

[364] BGH BeckRS 2018, 19548 = ZIP 2018, 1794 (1795).

[365] BGH NZI 2012, 142 (143) mAnm *Freudenberg/Wolf* EWiR 2012, 147; *Zeuner* NZI 2007, 369 (371).

[366] BGH BeckRS 2018, 19548 = NZI 2018, 840 (841) = ZIP 2018, 1794 (1795); BGH NJW-RR 2016, 1518 (1519) = NZI 2016, 636 (637); BGH NJW 2014, 1963 (1966) = NZI 2014, 650 (653); BGH NZI 2012, 142 (143).

[367] BGH NZI 2012, 142 (143) mAnm *Freudenberg/Wolf* EWiR 2012, 147; HKInsO/*Thole* § 133 Rn. 34.

[368] BGH NJW-RR 2016, 1518 (1519) = NZI 2016, 636 (637); BGH GWR 2011, 144; HKInsO/*Thole* § 133 Rn. 34.

[369] BGH BeckRS 2018, 19548 = NZI 2018, 840 (841) = ZIP 2018, 1794; BGH NJW-RR 2016, 1518 (1519) = NZI 2016, 636 (637); BGH NJW-RR 2016, 369 (371) = NZI 2016, 355 (357); BGH NZI 2012, 142 (143) mAnm *Freudenberg/Wolf* EWiR 2012, 147; BGH NJW 1998, 1561 (1563 f.); BGH NJW-RR 1995, 766 f.; BGH NJW-RR 1993, 238 (241); BGH NJW 1984, 1893 (1899), OLG Hamburg ZInsO 2005, 891 f.; OLG Dresden WiB 1997, 647 (648); *Hirte/Fontaine* ZInsO 2017, 1817 (1819 f.) zur Definition der einzelnen Merkmale; *Rümker* KTS 1981, 493 (509 ff.) zu den Anforderungen an eine Sanierungsprüfung; *Wallner/Neuenhahn* NZI 2006, 553 (556 f.); ergänzend → § 129 Rn. 163a.

abzustellen, dem die vorgeschriebenen oder üblichen Buchhaltungsunterlagen zeitnah vorliegen.[370] Erforderlich sind eine Analyse der Verluste und der Möglichkeit einer künftigen Vermeidung, die Beurteilung der Erfolgsaussichten und der künftigen Rentabilität des Unternehmens, Maßnahmen zur Vermeidung oder Beseitigung der Insolvenzreife sowie zumindest der Ausweis von Art und Höhe der Verbindlichkeiten, der Art und Zahl der Gläubiger und der erforderlichen Quote.[371] Mangels regelmäßig nicht zu erreichender Einstimmigkeit muss zumindest eine Zustimmungsquote nach Schuldenstand festgelegt werden, ggf. für unterschiedliche Arten von Gläubigergruppen, sowie die Behandlung nicht verzichtender Gläubiger.[372] Erforderlichenfalls ist die Art und Höhe des frischen Kapitals darzustellen sowie dessen Aufbringung.[373] Ein Sanierungsplan muss dagegen **nicht** den formalen **Erfordernissen** des Instituts für Wirtschaftsprüfer eV in dem **IDW Standard S 6** (IDW S 6) oder des Instituts für die Standardisierung von Unternehmenssanierungen (ISU) als Mindestanforderungen an Sanierungskonzepte (MaS) **entsprechen,**[374] was allerdings nicht eine Analyse der Prüfung der wirtschaftlichen Lage des Schuldners im Rahmen seiner Branche und die Erfassung der Krisenursachen sowie der Vermögens-, Ertrags- und Finanzlage entbehrlich macht.[375] Es bedarf auch einer dauerhaften Sanierung auf Basis eines **tragfähigen Konzepts,** so dass eine Reduzierung der Schuldenlast nicht genügt, sofern der Schuldner ständig Verluste erwirtschaftet mit der Folge, dass ein erneuter Anstieg der Verbindlichkeiten unausweichlich und der neuerliche Eintritt der Insolvenzreife absehbar ist.[376] Ein Zahlungsaufschub reicht allein nicht aus, solange nicht die Krisenursachen planmäßig beseitigt werden. Ein von vornherein erkennbar aussichtsloser Rettungsversuch entlastet die Beteiligten nicht,[377] ebenso wenig eine Beratung zwecks Umsatzsteigerung.[378] Die bloße Hoffnung des Schuldners auf eine Sanierung räumt seinen Benachteiligungsvorsatz nicht aus, sofern die hierzu erforderlichen Bemühungen über die Entwicklung von Plänen und die Erörterung von Hilfsmöglichkeiten nicht hinaus gekommen sind.[379] Überflüssig erscheint jedoch das Erfordernis, wonach das Konzept „in den Anfängen schon in die Tat umgesetzt" sein muss: Warum soll vor dem Hintergrund der Reformansätze durch das Gesetz zur Erleichterung der Sanierung von Unternehmen[380] der Berater, der mit der Ausarbeitung des später gescheiterten Sanierungsplans beauftragt und befasst war, nicht genauso hiervon profitieren wie andere Gläubiger?[381]

Der Benachteiligungsvorsatz kann sogar dann ausgeschlossen sein, wenn dem verfolgten Konzept nicht sämtliche, objektiv vorauszusetzenden → § 129 Rn. 163 Sanierungsprüfungen vorausgegangen sind, so dass zB in Verkennung längerfristiger Krisenursachen objektiv lediglich ein letztlich unzureichender **Überbrückungskredit** aufgenommen wurde. Ein Schuldner, der **ernsthaft und mit aus seiner Sicht tauglichen Mitteln die Sanierung anstrebt,** handelt subjektiv redlich; er will typischerweise den Eintritt der Gläubigerbenachteiligung gerade vermeiden, nimmt sie also durchweg nicht in Kauf. Allerdings kann eine nicht fachgerechte Einleitung eines Versuchs je nach den Umständen auch Rückschlüsse auf eine mangelnde Ernsthaftigkeit zulassen.[382] Die bloße Hoffnung, mit Hilfe neuer Kredite oder sonstiger Sanierungsmaßnahmen eine Insolvenz abwenden zu können, genügt ebenso wenig[383] wie die Investition von Geldmitteln oder die entgeltliche Beratung mit dem Ziel der Umsatzsteigerung in der Hoffnung auf eine Konsolidierung.[384] Erbringt andererseits der Schuldner 37a

---

370 BGH NJW-RR 2016, 1518 (1520) = NZI 2016, 636 (637).

371 BGH BeckRS 2018, 19548 = NZI 2018, 840 (841) = ZIP 2018, 1794; BGH NJW-RR 2016, 1518 (1520) = NZI 2016, 636 (637).

372 BGH BeckRS 2018, 19548 = NZI 2018, 840 (841) = ZIP 2018, 1794; BGH NJW-RR 2016, 1518 (1520) = NZI 2016, 636 (637).

373 BGH BeckRS 2018, 19548 = NZI 2018, 840 (841) = ZIP 2018, 1794; BGH NJW-RR 2016, 1518 (1520) = NZI 2016, 636 (637); BGH NJW-RR 2016, 369 (371) = NZI 2016, 355 (357).

374 BGH BeckRS 2018, 19548 = NZI 2018, 840 (841) = ZIP 2018, 1794; BGH NJW-RR 2016, 1518 (1519) = NZI 2016, 636 (637); HKInsO/*Thole* § 133 Rn. 34.

375 BGH NJW-RR 2016, 1518 (1520) = NZI 2016, 636 (638); *Kayser* ZIP 2018, 2189 (2198).

376 BGH NJW-RR 2016, 1518 (1520) = NZI 2016, 636 (638 f.).

377 BGH NZI 2012, 142 (143); OLG Dresden ZInsO 2007, 497 (498 f.); OLG Hamburg ZInsO 2005, 891 f.; OLG Brandenburg ZIP 2002, 1902 (1907 f.).

378 BGH NJW 1995, 1093 (1094).

379 BGH BeckRS 2018, 19548 = NZI 2018, 840 (841) = ZIP 2018, 1794; BGH NJW-RR 2016, 1518 (1519) = NZI 2016, 636 (637); BGH NJW 2014, 1963 (1966) = NZI 2014, 650 (653); BGH NZI 2012, 142 (143) mAnm *Freudenberg/Wolf* EWiR 2012, 147; *Ganter* ZIP 2015, 1413 (1416); *Kayser* NJW 2014, 422 (427).

380 BGBl. 2011 I 2582.

381 *Ganter* ZIP 2015, 1413 (1416); HKInsO/*Thole* § 133 Rn. 34; *Kayser* NJW 2014, 422 (428); *Thole* ZIP 2013, 2081 (2087).

382 BGH NJW 1998, 1561 (1564); BGH WM 1985, 295; HKInsO/*Thole* § 133 Rn. 34.

383 BGH ZIP 1999, 406 (408); BGH NJW 1984, 1893 (1899); RG LZ 1916, 63 (65); *Jaeger/Henckel* KO § 31 Rn. 14.

384 BGH NJW 1995, 1093 (1094).

noch ungewöhnlich hohe Zahlungen, kann dies ausnahmsweise gegen eine Kenntnis des Zahlungsempfängers sprechen.[385] **Sobald** ein ursprünglich verfolgter **Sanierungszweck als unerreichbar erkannt** wird, spricht er nicht mehr gegen einen Benachteiligungsvorsatz des Schuldners. Auch wenn bekannt wird, dass eine wesentliche Verschlechterung in den Vermögensverhältnissen des Schuldners außerplanmäßig eingetreten ist, welche die Sanierung als nicht mehr aussichtsreich erscheinen lässt,[386] rechtfertigt das weitere Sanierungsbemühen jedenfalls dann keine Verringerung des Schuldnervermögens mehr, sofern nicht kurzfristig ein zuverlässig erscheinender Ausgleich geschaffen wird.[387]

37b **ff) Bargeschäftsähnliche Lage.** Kennt der Schuldner seine Zahlungsunfähigkeit, kann das daraus folgende starke Beweisanzeichen für den Benachteiligungsvorsatz bei der Befriedigung eines Gläubigers entfallen, sofern der mit diesem **vorgenommene Leistungsaustausch bargeschäftsähnlichen Charakter** hat und zur Fortführung des Unternehmens des Schuldners notwendig ist.[388] In einem solchen Fall fehlt es zunächst an einer unmittelbaren Gläubigerbenachteiligung als weiteres von der Rspr. anerkanntes Beweisanzeichen für einen Benachteiligungsvorsatz → Rn. 32.[389] Darüber hinaus spricht viel dafür, dass der Schuldner seine Rechtshandlung nur wegen des im Gegenzug erhaltenen Vermögensvorteils vollzogen hat. Hierbei geht es nicht um den im Anwendungsbereich der Vorsatzanfechtung ausgeschlossenen Fall eines echten Bargeschäfts (§ 142),[390] sondern um die Frage, ob in einer bargeschäftsähnlichen Lage gleichwohl die subjektiven Tatbestandsmerkmale des § 133 Abs. 1 erfüllt sein können.[391] Bei erkannter, bereits eingetretener Zahlungsunfähigkeit[392] erscheint es naheliegend und ist im Rahmen der gebotenen Gesamtwürdigung → Rn. 27 zu berücksichtigen, dass dem Schuldner im Hinblick auf den vollzogenen gleichwertigen Leistungsaustausch eine etwa gleichwohl eingetretene mittelbare Gläubigerbenachteiligung nicht bewusst geworden ist.[393] Die Kenntnis von der Zahlungsunfähigkeit als Indiz muss dabei einzelfallbezogen auf seine Beweiskraft geprüft werden und das im Anfechtungsrecht angelegte „Stufenverhältnis" zur Deckungsanfechtung gewahrt bleiben.[394] Im Fall des bargeschäftlichen Leistungsaustauschs kann nach den Umständen des Einzelfalls die Beweisstärke des Indizes der Kenntnis der Zahlungsunfähigkeit so schwach sein, dass es den Rückschluss auf den Benachteiligungsvorsatz des Schuldners und die Kenntnis des Anfechtungsgegners hiervon nicht zulässt.[395]

37c Der Schuldner muss hierfür eine kongruente Deckung an den Gläubiger **Zug um Zug gegen eine zur Fortführung seines Unternehmens unentbehrliche Gegenleistung** erbracht haben, **die den Gläubigern im Allgemeinen nutzt.**[396] Hierfür müssen die Voraussetzungen des § 142 Abs. 1 erfüllt sein → § 142 Rn. 4 ff.[397] Daher findet die Ausnahme außerhalb von Austauschverhältnissen keine Anwendung → § 142 Rn. 5 ff.[398] Das bloße Bestreben eines Schuldners, durch die Zahlungen

---

385 BGH NZI 2005, 692 (693).

386 Vgl. zu dieser Voraussetzung für eine Kündigung von Sanierungskrediten BGH WM 2004, 2200 (2201 f.).

387 Vgl. zu Leistungen nach Scheitern einer Sanierung BGH NZI 2003, 253 (257); BGH NJW-RR 1993, 238 (241 f.); OLG Dresden ZIP 2003, 1052 (1053 f.).

388 BGH NZI 2017, 620 = NZG 2018, 72 = ZIP 2017, 1232; BGH NJW 2015, 1756 (1759) = NZI 2015, 320 (323); BGH NJW-RR 2014, 1266 (1267) = NZI 2014, 863 (865); BGH NJW 2014, 2956 (2959) = NZI 2014, 762 (765); BGH NZI 2009, 723; BGH NJW 1997, 3028 (3029); BAG NJW 2016, 183 (185) = NZI 2016, 83 (86) = NZA 2016, 44 (47); BAG NZI 2014, 372 (376 f.) = NZA 2014, 1266 (1271 ff.); AGR/*Gehrlein* § 133 Rn. 29; HKInsO/*Thole* § 133 Rn. 28; *Huber* ZIP 2018, 519 (521); *Kayser* NJW 2014, 422 (427).

389 Uhlenbruck/*Borries*/*Hirte* § 133 Rn. 142.

390 Zur Abgrenzung → § 142 Rn. 37 f.

391 *Kayser* NJW 2014, 422 (427).

392 Die neu eingefügte Vermutung des § 133 Abs. 3 Satz 1 iVm Abs. 1 Satz 2 schließt jedoch nicht aus, dass eine Kenntnis vom Benachteiligungsvorsatz aus den Gesamtumständen einschließlich einer drohenden Zahlungsunfähigkeit oder aus sonstigen liquiditätsbezogenen Umständen zur vollen richterlichen Überzeugung nachgewiesen werden könnte → Rn. 24d.

393 BGH NZI 2019, 74 = ZIP 2018, 2124; BAG NJW 2016, 183 (185) = NZI 2016, 83 (86) = NZA 2016, 44 (47); *Fischermeier* ZInsO 2015, 1237 (1240); *Kayser* NJW 2014, 422 (427); krit. zu diesem Rechtsinstitut insgesamt *Arts* S. 174 ff.

394 BAG NZI 2014, 372 (379 f.) = NZA 2014, 1266 (1271 ff.); *Doebert* S. 219.

395 BAG NZI 2014, 372 (379 f.) = NZA 2014, 1266 (1271 ff.); *Doebert* S. 219.

396 BGH NZI 2019, 74 = ZIP 2018, 2124; BGH NZI 2017, 620 = NZG 2018, 72 = ZIP 2017, 1232; BGH NJW 2015, 1756 (1759) = NZI 2015, 320 (323); BGH NJW-RR 2014, 1266 (1267) = NZI 2014, 863 (865); BGH NJW 2014, 2956 (2959) = NZI 2014, 762 (765); BGH NZI 2009, 723; BGH NJW 1997, 3028 (3029); BAG NZI 2014, 372 (376 ff.) = NZA 2014, 1266 (1271 ff.); AGR/*Gehrlein* § 133 Rn. 29; HKInsO/*Thole* § 133 Rn. 28; *Kayser* NJW 2014, 422 (427); krit. *Foerste* ZInsO 2015, 832 f.

397 AM wohl *Huber* ZIP 2018, 519 (521), der eine bargeschäftsähnliche Lage nur bei einem Leistungsaustausch außerhalb von 30 Tagen annehmen möchte, und Uhlenbruck/*Borries*/*Hirte* § 133 Rn. 143, die keine Unmittelbarkeit verlangen.

398 BGH NJW-RR 2014, 1266 (1267) = NZI 2014, 863 (864); AGR/*Gehrlein* § 133 Rn. 29.

seinen Arbeitsplatz zu erhalten, lässt mangels einer geldwerten Gegenleistung des Anfechtungsgegners bereits das Bewusstsein einer Gläubigerbenachteiligung nicht entfallen; durch eine Zahlung erstrebte mittelbare finanzielle Vorteile haben gleichfalls außer Betracht zu bleiben, weil dies mit der im Insolvenzanfechtungsrecht gebotenen Einzelsicht unvereinbar wäre.[399] An der Unmittelbarkeit → § 142 Rn. 26 ff.[400] und Gleichwertigkeit → § 142 Rn. 13 ff. des Leistungsaustauschs mangelt es zB im Fall der Bezahlung einer Lieferung nach Vereinbarung eines Kontokorrentvorbehalts.[401] Gleichwertige Leistungen werden ausgetauscht, sofern der Schuldner als Bauunternehmer ihm geliefertes Material bezahlt[402] oder er seinen Arbeitnehmern für die geleistete Arbeit das geschuldete Entgelt entrichtet.[403] Bei Beratungsleistungen muss danach differenziert werden, ob sie die Versorgung des Schuldners mit unentbehrlichen Betriebsgrundlagen zum Gegenstand haben oder nicht.[404] (Anwaltliche) Sanierungsleistungen müssen ebenfalls dem Wert des abgeflossenen Honorars entsprechen und die Möglichkeit der Gläubigerbefriedigung verbessern.[405] Werden diese Voraussetzungen erfüllt, ist es jedoch unschädlich, wenn das abgeflossene Honorar ein Entgelt für im Ergebnis gescheiterte Sanierungsbemühungen darstellt, sofern diese ernsthaft waren und nicht von vornherein aussichtslos erschienen → Rn. 37.[406] Beim Vergleichsschluss im Rahmen einer Vertragsabwicklung, etwa eines Bauvertrages, der inkongruent sein kann, weil der Vertragspartner hierauf keinen Anspruch hat, ist danach zu fragen, ob der Betrag, auf den der Schuldner verzichtet, sachlich begründet ist oder ob das Vergleichsergebnis zumindest auch von der wirtschaftlichen Schwäche des Schuldners beeinflusst wird → § 134 Rn. 40a.[407] Daher verliert die Inkongruenz eines vergleichsbedingten teilw. Forderungsverzichtes bei der Abwicklung von Bauverträgen ihre indizielle Wirkung, sofern der vom Schuldner zu erbringende Nachbesserungsaufwand ohne Vergleich in etwa dem Betrag entspricht, auf den er gegenüber dem Bauherrn verzichtet.[408] An einer **Gleichwertigkeit der erbrachten Gegenleistung fehlt es** jedoch vertragsübergreifend, sofern der Schuldner trotz Belieferung zu marktgerechten Preisen **fortlaufend unrentabel arbeitet** und deshalb bei der Fortführung seines Geschäfts mittels der durch bargeschäftsähnliche Handlungen erworbenen Gegenstände **weitere Verluste anhäuft,** die die Befriedigungsaussichten der Gläubiger weiter mindern, ohne dass auf längere Sicht Aussicht auf Ausgleich besteht; insoweit ist die vom Schuldner bezogene Leistung für die Gläubiger **ohne Nutzen.**[409] Der Schuldner wird regelmäßig seinen defizitären Geschäftsbetrieb kennen, so dass es bei seinem Benachteiligungsvorsatz verbleibt.[410] Diesen Fällen wollte der Gesetzgeber durch die Reform begegnen, indem eine Anfechtbarkeit von Bargeschäften nach § 142 Abs. 1 künftig nur noch möglich sein soll, sofern die Voraussetzungen des § 133 Abs. 1 bis 3 gegeben sind, der Schuldner **unlauter** handelte und der Anfechtungsgegner hiervon Kenntnis hatte → § 142 Rn. 37 f.[411] Die vom Bargeschäftsprivileg ausgenommene Vorsatzanfechtung wird verengt, indem § 142 Abs. 1 sie bei Bargeschäften nur noch im Fall unlauterer Handlungen zulässt,[412] wovon jedenfalls mangels besonderen Unwerts noch nicht auszugehen ist, sofern der Schuldner die Rechtshandlung in dem Bewusstsein vornimmt, nicht mehr in der Lage zu sein, sämtliche Gläubiger zu befriedigen.[413] Vielmehr muss es ihm vorrangig darauf ankommen, andere Gläubiger zu schädigen, was allerdings nur in Ausnahmekonstellationen der Fall sein wird → § 142

399 BGH NJW-RR 2014, 1266 (1267 f.) = NZI 2014, 863 (864 f.); AGR/*Gehrlein* § 133 Rn. 29; K. Schmidt/*Ganter/Weinland* § 133 Rn. 67.

400 AM Uhlenbruck/*Borries/Hirte* § 133 Rn. 143, die keinen unmittelbaren Leistungsaustausch bei einer bargeschäftsähnlichen Lage verlangen.

401 BGH NJW 2015, 1756 (1759) = NZI 2015, 320 (323); AGR/*Gehrlein* § 133 Rn. 29.

402 BGH NJW 2014, 2956 (2959) = NZI 2014, 762 (765); AGR/*Gehrlein* § 133 Rn. 29.

403 BAG NZI 2014, 372 (376 ff.) = NZA 2014, 1266 (1271 ff.), wobei für die Unmittelbarkeit aufgrund der Änderung in § 142 Abs. 2 Satz 2 und 3 die Dreimonatsfrist (auch für Drittzahlungen) gilt.

404 BGH BeckRS 2014, 11600.

405 BGH NJW 2008, 658 (661) = NZI 2008, 173 (175); *Hirte/Fontaine* ZInsO 2017, 1817 (1819 f.).

406 BGH NJW 2008, 658 (661) = NZI 2008, 173 (175); HKInsO/*Thole* § 133 Rn. 34.

407 HKInsO/*Thole* § 133 Rn. 43; *Kayser* NJW 2014, 422 (427).

408 *Kayser* NJW 2014, 422 (427).

409 BGH NZI 2019, 74 = ZIP 2018, 2124; BGH NZI 2017, 620 = NZG 2018, 72 = ZIP 2017, 1232; BGH NJW 2015, 1756 (1759) = NZI 2015, 320 (323); vgl. BGH BeckRS 2014, 11600, wo noch von „allgemein nützlicher Tätigkeit" gesprochen wird; AGR/*Gehrlein* § 133 Rn. 57, die von einem „konkreten Nutzen" sprechen.

410 BGH NZI 2019, 74 = ZIP 2018, 2124.

411 Begr. RegE BT-Drs. 18/7054, 13, 17 f.

412 *Dahl/Schmitz* NJW 2017, 1505 (1509); *Tolani* ZIP 2018, 1997 (2000 f.).

413 Begr. RegE BT-Drs. 18/7054, 19; *Gehrlein* ZInsO 2018, 2557 (2566); aM *Neuberger* ZInsO 2018, 1242 (1248); *Pape* ZInsO 2018, 296 (304); *Sämisch/Deichgräber* ZInsO 773 (775), wonach trotz gleichwertigen Leistungsaustauschs unlauteres Schuldnerhandeln vorliegt, sofern dieser die Insolvenz strafbewehrt verschleppt. Korrespondierend hierzu hat der Anfechtungsgegner die Unlauterkeit des Schuldners erkannt, wenn er Kenntnis von der Insolvenzverschleppung besitzt. jedoch sollte nach *Ganter* NZI 2018, 585 (588) der Versuchung widerstanden werden, das gesetzgeberische Ergebnis richterrechtlich in Frage zu stellen.

Rn. 38.[414] Das gesetzgeberische Unterfangen dürfte jedoch ins Leere gehen, weil in Fällen einer Verlusterwirtschaftung des Schuldners bereits die in § 142 Abs. 1 beibehaltene Gleichwertigkeit fehlt, so dass die Voraussetzungen des Bargeschäfts nicht vorliegen und die Anfechtungssperre des § 142 Abs. 1 mit der Hürde der Unlauterkeit nicht greift.[415] Unabhängig davon bleibt die Frage, wie das Merkmal „ohne Nutzen" zu definieren ist: abstrakt, generell oder konkret, vertragsbezogen, ex post oder ex ante?[416]

38 **e) Beweis einer Kenntnis des Anfechtungsgegners.** Ein **Nachweis der Kenntnis** des anderen Teils nach **Abs. 1 Satz 1** entfällt, wenn bereits ein Benachteiligungsvorsatz des Schuldners nicht festgestellt ist;[417] die bloß irrtümliche Annahme eines Vorsatzes schadet nicht. Kennt der Anfechtungsgegner dagegen die Tatsachen, aus denen der Benachteiligungsvorsatz des Schuldners zweifelsfrei folgt, so kann daraus regelmäßig die Kenntnis dieses Vorsatzes selbst entnommen werden.[418] Der Benachteiligungsvorsatz und seine Kenntnis beim Anfechtungsgegner sind auf die gläubigerbenachteiligende Rechtshandlung des Schuldners bezogen, wobei die Anforderungen an die subjektiven Voraussetzungen der Vorschrift nicht überspannt werden dürfen.[419] Da sich der Gläubigerbenachteiligungsvorsatz des Schuldners gerade nicht auf die später tatsächlich eingetretene Benachteiligung bezogen haben muss, ist es auch nicht erforderlich, dass der Anfechtungsgegner alle Umstände, aus denen sich der Benachteiligungsvorsatz ergibt, iE kennt; vielmehr reicht es aus, wenn er allgemein vom Benachteiligungsvorsatz gewusst hat.[420] Daher muss der Anfechtungsgegner auch die Rechtshandlung, welche die Gläubigerbenachteiligung ausgelöst hat, **nicht in allen Einzelheiten kennen.**[421] Regelmäßig genügt es, wenn der Schuldner **die tatsächlichen Umstände kennt,** bei deren Vorliegen der Rechtsbegriff der Inkongruenz erfüllt ist;[422] diese Vermutung kann jedoch erschüttert sein, falls die Beurteilung der Inkongruenz von der Beantwortung schwieriger Rechtsfragen abhängt und der Anfechtungsgegner rechtsirrig annahm, die ihm gewährte Deckung beanspruchen zu dürfen.[423] Dies kann zB für Werkunternehmer zutreffen, die sich eine Sicherheit gemäß § 648a BGB gewähren lassen.[424] Wer die verursachte Gläubigerbenachteiligung kennt, kann daraus auf den entsprechenden Vorsatz des Schuldners schließen, wenn nicht nach der Sachlage ein anderer Beweggrund naheliegt.[425]

38a **Abs. 1 Satz 2** iVm **Abs. 3 Satz 1** erleichtern den Nachweis: Beweist der Insolvenzverwalter, dass der Anfechtungsgegner Umstände kannte, die zwingend auf eine (drohende) Zahlungsunfähigkeit hindeuteten → Rn. 24d, so wird **widerleglich vermutet,** dass er auch die (drohende) Zahlungsunfähigkeit als solche kannte.[426] Ferner wird die Kenntnis der Gläubigerbenachteiligung vermutet → Rn. 24f. Diese Wirkungen sind allerdings nicht als eine schematisch anzuwendende Beweislastumkehr zu verstehen, die bei der Feststellung der Vermutungsvoraussetzungen eine Gesamtwürdigung entbehrlich macht und von der Gegenseite nur widerlegt werden kann. Vielmehr hat der Tatrichter die subjektiven Voraussetzungen der Vorsatzanfechtung auch insoweit gemäß § 286

---

414 *Dahl/Schmitz* NJW 2017, 1505 (1509); *Tolani* ZIP 2018, 1997 (2000f.); Uhlenbruck/*Borries/Hirte* § 133 Rn. 146b sprechen von dolus directus; aM *Thole* ZIP 2017, 401 (407), der es genügen lassen möchte, wenn das Schuldnerverhalten bei objektiv-normativer Betrachtung aus dem haftungsrechtlichen Blickwinkel die Interessen der Gläubiger in besonderer Weise zurücksetzt.

415 *Thole* ZIP 2017, 401 (408); *Dahl/Schmitz* NJW 2017, 1505 (1509); *Hirte/Fontaine* ZInsO 2017, 1817 (1824); aM AGR/*Gehrlein* § 133 Rn. 57; *Pape* ZInsO 2018, 296 (303), wonach es aufgrund der Neuregelung des § 142 Abs. 1 nicht mehr auf den Nutzen für die Gläubiger, sondern auf die bei „bloßen" Verlustgeschäften schwer zu erreichende Unlauterkeit ankommen soll.

416 Für eine abstrakte Betrachtung: *Ganter* NZI 2019, 481 (486f.); vgl. *Thole* ZIP 2017, 401 (408), der ähnliche Fragen stellt, aber im Ergebnis zur Zurückhaltung rät; vgl. auch AGR/*Gehrlein* § 133 Rn. 57, die von einem „konkreten Nutzen" sprechen; weitergehend Uhlenbruck/*Borries/Hirte* § 133 Rn. 145, die danach fragen, ob das Geschäft für die Fortführung des Betriebs wenigstens zweckdienlich ist.

417 RGZ 57, 161f.; RGZ 43, 387 (392f.); RG JW 1901, 123 Nr. 11; RG JW 1898, 480f.; aM *Diem* S. 128.

418 So BGH ZIP 1999, 1271 (1274) zur Kenntnis der Begünstigungsabsicht nach § 30 Nr. 2 KO; vgl. auch *Häsemeyer* Rn. 21.79.

419 BGH NWR-RR 2018, 947 (948) = NZI 2018, 562; BGH NJW-RR 2014, 231 (232) = ZIP 2013, 2113f.

420 BGH NWR-RR 2018, 947 (948) = NZI 2018, 562; BGH NJW-RR 2014, 231 (232) = ZIP 2013, 2113f.

421 BGH NWR-RR 2018, 947 (948) = NZI 2018, 562; BGH NJW-RR 2014, 231 (232) = ZIP 2013, 2113f.

422 BGH NZI 2006, 159 (161); BGH NZI 2004, 445 (447); BGH NJW-RR 2004, 1130 (1132); BGH NJW 2000, 957 (958); OLG Brandenburg ZInsO 2007, 40 (41); Uhlenbruck/*Borries/Hirte* § 133 Rn. 115.

423 BGH NJW 1998, 1561 (1565); BGH ZIP 1997, 423 (427); BGH ZIP 1990, 1088 (1090); HKInsO/*Thole* § 133 Rn. 43; vgl. andererseits RG Gruchot (1895), 434 (435).

424 Vgl. *Mundt* NZBau 2003, 527 (529); zur Inkongruenz → § 131 Rn. 23; BGH NZI 2005, 329 (330f.) geht von einem „schwachen Indiz" aus.

425 RG JW 1902, 24 (25).

426 BGH NZI 2005, 692 (693); BGH NZI 2005, 690 (692); BGH NJW 2003, 3560 (3562); HKInsO/*Thole* § 133 Rn. 38; ergänzend → Rn. 24.

ZPO unter Würdigung aller maßgeblichen Umstände des Einzelfalls und **unter Einbeziehung gegenläufiger Indizien** zu prüfen.[427] Die Vermutung des Abs. 1 Satz 2 iVm Abs. 3 Satz 1 greift erst ein, wenn auf der Grundlage der vorzunehmenden Gesamtwürdigung davon auszugehen ist, dass der Anfechtungsgegner die (drohende) Zahlungsunfähigkeit des Schuldners und die Benachteiligung der Gläubigergesamtheit kennt. Erst dann muss der Anfechtungsgegner zu ihrer Widerlegung konkrete Umstände darlegen und beweisen, die es naheliegend erscheinen lassen, dass ihm der Gläubigerbenachteiligungsvorsatz nicht bekannt war.[428] Dabei kann der Anfechtungsgegner entweder die vermutungsbegründenden Indizien in Zweifel ziehen bzw. gegenläufige Indizien geltend machen, um hierdurch jeweils auf das Ergebnis der Gesamtwürdigung Einfluss zu nehmen, oder er widerlegt die sich aus der Vermutungsgrundlage ergebende gesetzliche Vermutung.[429] Kann der Insolvenzverwalter dagegen eine Kenntnis des Anfechtungsgegners von einer (drohenden) Zahlungsunfähigkeit des Schuldners beweisen, ist damit zugleich die Kenntnis des Anfechtungsgegners von einer Gläubigerbenachteiligung bewiesen, soweit er bei Vornahme der Rechtshandlung (§ 140) um weitere ungedeckte Verbindlichkeiten des Schuldners wusste oder mit ihnen rechnete, wovon bei einem unternehmerisch tätigen Schuldner idR auszugehen ist → Rn. 24 f.[430] Denn wer weiß, dass der Schuldner nicht in der Lage ist oder voraussichtlich in der Lage sein wird, die bestehenden Zahlungspflichten im Zeitpunkt der Fälligkeit zu erfüllen (§ 18 Abs. 2), weiß idR auch, dass die Rechtshandlung die Gläubiger benachteiligt.[431]

Im Übrigen gelten zu dieser Kenntnis **dieselben Beweisanzeichen wie zum Benachteiligungsvorsatz** des Schuldners → Rn. 25 ff. entsprechend, weil sich die Kenntnis mit Ausnahme des Abs. 3 Satz 1 → Rn. 19 → Rn. 26 wenigstens in allgemeiner Form spiegelbildlich auf die einzelnen Elemente des Vorsatzes beziehen muss;[432] dadurch kann eine Kenntnis ggf. auch unabhängig von Abs. 1 Satz 2 bewiesen werden. Insbesondere spricht ein starkes Beweisanzeichen für sie, wenn eine **inkongruente Deckung** gewährt wurde.[433] Das in der Inkongruenz liegende Beweisanzeichen kann allerdings vom Anfechtungsgegner entkräftet sein, wenn der Anfechtungsgegner keinen Zweifel an der Liquidität des Schuldners hatte → Rn. 29 f. Wenn jener einen Vermögensgegenstand des Schuldners erkennbar unter Wert erwirbt, kann das auf seine Kenntnis des Benachteiligungsvorsatzes hindeuten. Umgekehrt bereitet der Nachweis dieser Kenntnis in den Fällen **kongruenter Deckung** erhebliche Schwierigkeiten, weil der Gläubiger lediglich das bekommen hat, was ihm zustand; dann können nur besondere Umstände des Einzelfalles dem Gericht gleichwohl die Überzeugung von einer Kenntnis verschaffen.[434] Dies liegt insbesondere bei der Vereinbarung von **atypischen Vertragsgestaltungen**[435] oder **Scheingeschäften**[436] zwischen Schuldner und dem anderen Teil sowie dann nahe, wenn beide zusammenwirken, um anderen Gläubigern Zugriffsobjekte zu entziehen.[437] Der Anfechtungsgegner, der den Schuldner für wirtschaftlich gesund oder dessen Unternehmensfortführung für erfolgversprechend hält, kennt dessen Benachteiligungsvorsatz möglicherweise nicht.[438] Er muss jedoch konkrete Umstände darlegen und beweisen, die es naheliegend erscheinen lassen, dass ihm im Hinblick auf den **Sanierungsversuch** der (hier: unterstellte) Gläubigerbenachteiligungsvorsatz des Schuldners unbekannt geblieben war.[439] Auf die Erteilung der erforderlichen Informationen muss der Gläubiger im Vorfeld einer Sanierungsvereinbarung im eigenen Interesse bestehen, er muss zumindest so viele Informationen verlangen, dass er die Frage einer möglichen Benachteiligung anderer Gläubiger nach dem Konzept des Schuldners einschätzen kann.[440] Dessen Sanierungskonzept muss der Gläubiger allerdings nicht selbst fachmännisch überprüfen oder durch Sachverständige überprüfen lassen. Er darf sich 38b

[427] BGH NZI 2010, 184 (186); BGH NZI 2009, 847 (848); BGH NZI 2009, 768 (769) mAnm *Huber*; *Gehrlein* ZInsO 2018, 2557 (2559); HKInsO/*Thole* § 133 Rn. 38 aE.
[428] BGH NZI 2007, 512 mAnm *Huber*; HKInsO/*Thole* § 133 Rn. 40.
[429] *Kayser* NJW 2014, 422 (426).
[430] BGH NJW-RR 2015, 612 (614 f.) = NZI 2015, 369 (372); BGH NZI 2010, 439 (441); BGH NZI 2009, 847 (848); BGH NZI 2009, 768 (769); HKInsO/*Thole* § 133 Rn. 36.
[431] BGH NZI 2009, 239 (240 f.); HKInsO/*Thole* § 133 Rn. 36.
[432] Vgl. BGH NJW 1998, 1561 (1564 f.); HKInsO/*Thole* § 133 Rn. 35.
[433] BGH NZI 2006, 159 (161 f.); BGH ZIP 1997, 423 (427); BGH NJW 1995, 2348 (2350); BGHZ 123, 320 (326) = NJW 1993, 3267 (3268); BGH ZIP 1985, 1008 (1011); BGH WM 1961, 387 (389); HKInsO/*Thole* § 133 Rn. 41; Nerlich/Römermann/*Nerlich* InsO § 133 Rn. 39; *Jaeger/Henckel* KO § 31 Rn. 18.
[434] RGZ 51, 76 (79 f.); KG ZInsO 2006, 833 (835 f.); *Jaeger/Henckel* KO § 31 Rn. 18.
[435] BGH NZI 2009, 239 (241); KPB/*Bork* § 133 Rn. 54.
[436] Vgl. BGH NJW 1996, 3147 (3148 ff.).
[437] BGH NJW 1969, 1719; HKInsO/*Thole* § 133 Rn. 26.
[438] BGH NJW-RR 1993, 238 (241); BGH NJW 1992, 834 (836).
[439] BGH BeckRS 2018, 19548 = NZI 2018, 840 (841) = ZIP 2018, 1794 (1795); BGH NJW-RR 2016, 1518 (1521) = NZI 2016, 636 (638 f.); *Neuberger* ZInsO 2018, 1242 (1246).
[440] BGH NJW-RR 2016, 1518 (1521) = NZI 2016, 636 (638 f.).

grundsätzlich auf schlüssige Angaben des Schuldners verlassen. Der Gläubiger ist selbst dann nicht verpflichtet, beim Schuldner Untersuchungen und Nachforschungen über die Erfolgsaussicht eines Sanierungskonzeptes anzustellen oder durch einen Fachmann anstellen zu lassen, wenn jener damit einverstanden ist, vielmehr darf er den Angaben des Schuldners oder seines beauftragten Sanierungsberaters vertrauen, solange er keine (erheblichen) Anhaltspunkte dafür hat, dass er getäuscht werden soll oder der Sanierungsplan keine Aussicht auf Erfolg hat.[441] Der Schluss von der Kenntnis der Zahlungsunfähigkeit auf die Kenntnis von der Gläubigerbenachteiligung ist schließlich auch nicht gerechtfertigt, sofern ein **bargeschäftsähnlicher Leistungsaustausch** vorliegt. Dem beweisbelasteten Gläubiger kann in diesem Fall wie dem Schuldner wegen des gleichwertigen Leistungsaustauschs die gläubigerbenachteiligende Wirkung der an ihn bewirkten Leistung nicht bewusst geworden sein,[442] es sei denn, der Anfechtungsgegner weiß, dass der Schuldner unrentabel arbeitet und bei der Fortführung seines Geschäfts Verluste erwirtschaftet. Dann weiß er auch, dass der bargeschäftliche Leistungsaustausch den übrigen Gläubigern nichts nutzt, sondern infolge der an den Anfechtungsgegner fließenden Zahlungen Nachteile bringt → Rn. 37b f.[443] Hierfür ist allerdings wieder der Insolvenzverwalter darlegungs- und beweisbelastet.[444]

V. Anfechtungsvoraussetzungen nach Abs. 4

39 Abs. 4 ist unverändert an die Stelle des Abs. 2 aF getreten. Er enthält keinen besonderen Anfechtungstatbestand, sondern eine **Erweiterung gegenüber der Grundnorm** des Abs. 1 und Abs. 3 Satz 1:[445] Seine Bedeutung liegt allein in der Umkehr der Beweislast für die in Abs. 4 vorausgesetzten, besonders verdächtigen Rechtshandlungen. Abs. 4 bleibt auch vorrangig gegenüber Abs. 1 und 3, so dass § 133 Abs. 3 Satz 1 verdrängt wird, sofern die Erfüllungshandlung zur unmittelbaren Benachteiligung führt.[446] Gleichwohl ist die Anfechtung entgeltlicher Verträge des Schuldners mit Nahestehenden, die früher als zwei Jahre vor dem Eröffnungsantrag geschlossen wurden, nach Abs. 1 möglich.[447] Gleiches gilt, wenn die zusätzlichen speziellen Voraussetzungen des Abs. 4 – entgeltlicher Vertrag und unmittelbare Gläubigerbenachteiligung – im Einzelfall nicht festzustellen sind; dann kann auf Abs. 1 zurückgegriffen werden → Rn. 5 → Rn. 27. Ferner könnten grundsätzlich auch Bargeschäfte iSv § 142 gemäß § 133 Abs. 4 angefochten werden,[448] doch bewirken sie durchweg keine unmittelbare Gläubigerbenachteiligung → Rn. 44.[449]

40 **1. Entgeltliche Verträge des Schuldners mit Nahestehenden. a) Erfasste Verträge.** Abs. 4 erfasst nur Verträge. Dieser Begriff wurde, dem Gesetzeszweck entsprechend, bereits auf der Grundlage der Vorgängernorm des § 31 Nr. 2 KO einhellig weit ausgelegt; die Entstehungsgeschichte des § 133 Abs. 2 aF, nunmehr Abs. 4, ergibt nicht, dass das geändert werden sollte.[450] Unter dessen Vertragsbegriff fallen **zweiseitige rechtsgeschäftliche Absprachen aller Art** iSv §§ 145 ff. BGB: zB schuldrechtliche Vereinbarungen wie Kauf- oder Pachtverträge,[451] Schuldanerkenntnisse,[452] dinglich wirkende Verträge wie die Übereignung von Sachen,[453] Abtretungen,[454] Erfüllungsgeschäfte,[455]

[441] BGH BeckRS 2018, 19548 = NZI 2018, 840 (841) = ZIP 2018, 1794 (1795); BGH NJW-RR 2016, 1518 (1521) = NZI 2016, 636 (638 f.).

[442] BGH NZI 2019, 74 = ZIP 2018, 2124; BGH NZI 2017, 620 (621) = NZG 2018, 72 (73) = ZIP 2017, 1232 (1233).

[443] BGH NZI 2017, 620 (621) = NZG 2018, 72 (73) = ZIP 2017, 1232 (1233).

[444] BGH NZI 2019, 74 = ZIP 2018, 2124; BGH NZI 2017, 620 (621) = NZG 2018, 72 (73) = ZIP 2017, 1232 (1233); HKInsO/*Thole* § 133 Rn. 40.

[445] BGH NZI 2010, 738 (739); *v. Campe* S. 240 f.; Jaeger/*Henckel* § 133 Rn. 55; KPB/*Bork* § 133 Rn. 74; Nerlich/Römermann/*Nerlich* InsO § 133 Rn. 61; *Thole* Gläubigerschutz S. 521; Uhlenbruck/*Borries/Hirte* § 133 Rn. 183a.

[446] *Thole* ZIP 2017, 401 (406).

[447] *Hess* InsO § 133 Rn. 211; HKInsO/*Thole* § 133 Rn. 50; Jaeger/*Henckel* § 133 Rn. 57; KPB/*Bork* § 133 Rn. 78; Uhlenbruck/*Borries/Hirte* § 133 Rn. 194.

[448] AM Gottwald/*Huber* § 48 Rn. 28.

[449] BGH NJW 2014, 2579 (2584) = NZI 2014, 775 (780).

[450] BGH NJW-RR 2017, 682 (684) = NZI 2017, 358 (360); BGH NZI 2010, 738 (739); AGR/*Gehrlein* § 133 Rn. 45; HKInsO/*Thole* § 133 Rn. 47.

[451] Vgl. RG JW 1899, 540 Nr. 29; AGR/*Gehrlein* § 133 Rn. 45.

[452] Vgl. RGZ 12, 6 (68); *Jaeger/Henckel* KO § 31 Rn. 25.

[453] RGZ 27, 130 (132 f.).

[454] OLG Celle ZInsO 1999, 474 (475).

[455] BGH NJW-RR 2017, 682 (684) = NZI 2017, 358 (360); BGH NZI 2016, 773 (774); BGH NJW 1990, 2626.

die Begründung von Sicherheiten[456] oder eines Nießbrauchs[457] sowie das Eingehen einer Wechselverbindlichkeit,[458] güterrechtliche Verträge,[459] Vermögensteilungsverträge[460] oder die Einlage in eine neu errichtete GmbH[461] sowie Ausschüttungen aus einer Gesellschaft.[462] Auch Verträge des Schuldners, die der Zustimmung eines Dritten bedürfen, werden erfasst.[463] Die teilw. geforderten **Einschränkungen bei güterrechtlichen Verträgen** sind abzulehnen, weil die Vorschrift nicht an einen bestimmten Vertragstypus anknüpft.[464] Deshalb kann die Einkleidung der Vermögensverschiebung in einen schuldrechtlichen Vertrag zwischen Eheleuten oder aber in einen die Aufhebung des Güterstandes begleitenden, auf Übertragung von Vermögensgegenständen gerichteten Ausführungsvertrag an der Anwendbarkeit des Abs. 4 und damit an einer verschärften anfechtungsrechtlichen Rückgewähr nichts ändern.[465]

Die Vorschrift erfasst auch **andere als rechtsgeschäftliche Erwerbsvorgänge,** soweit sie auf **40a** wechselseitiger Willensübereinstimmung beruhen:[466] insbesondere die Bewilligung einer vollstreckbaren Urkunde für eine bereits bestehende Forderung,[467] das Geben und Nehmen einer Leistung als Erfüllung[468] oder an Erfüllungs statt,[469] ferner das Mitwirken des Schuldners bei einem Erfüllungssurrogat wie Aufrechnung oder Hinterlegung durch den Nahestehenden.[470] Der Begriff des Vertrages in Abs. 2 unterscheidet nicht – wie die §§ 130 bis 132 – zwischen Deckungshandlungen und anderen Rechtsgeschäften. Er deckt sich mit jeder Rechtshandlung des Schuldners, die in Übereinstimmung mit dem Willen des Anfechtungsgegners vorgenommen wurde.[471] Deshalb werden auch **Rechtshandlungen Dritter** erfasst, sofern der Schuldner dabei mitgewirkt hat, insbesondere **Zwangsvollstreckungsmaßnahmen,** die der Schuldner einvernehmlich unterstützt hat.[472] Rein einseitige Maßnahmen fallen jedoch nicht unter Abs. 4.

b) Entgeltlichkeit. Entgeltlich sind Verträge, bei denen der Leistung (des Schuldners) eine **41** ausgleichende Zuwendung (der ihm nahestehenden Person) gegenübersteht und beide rechtlich voneinander abhängen.[473] Ausreichend kann jeder wirtschaftliche Vorteil des Schuldners sein, insbesondere Kreditgewährungen, Zahlungserleichterungen, Stundungen oder ein Verzicht auf Rechte aus einer Kündigung.[474] Nicht nötig ist, dass die Erlangung einer Gegenleistung der Beweggrund der Rechtshandlung des Schuldners war.[475] Entgeltlich sind insbesondere die **Erfüllung einer durch einen entgeltlichen Vertrag begründeten Verbindlichkeit**[476] oder – dem vorgelagert – die nachträgliche Besicherung einer eigenen, entgeltlich begründeten Verbindlichkeit des Schuldners,[477] während die

---

456 RGZ 29, 297 (299); RG LZ 1915, 637 f.; RG 1912, 307 f.; RG JW 1898, 223 f. für Pfandrechte; RG Gruchot 54 [1910], 623 (625 f.) für treuhänderische Eigentumsübertragung.
457 OLG Dresden SeuffA 70 [1915], Nr. 242; *Jaeger/Henckel* KO § 31 Rn. 25.
458 RGZ 26, 74 (75 ff.); RG SeuffA 45 [1890], Nr. 231.
459 BGH NZI 2010, 738 (739); OLG Zweibrücken OLGZ 1965, 304 (306 f.); Jaeger/*Henckel* § 133 Rn. 59; HKInsO/*Thole* § 133 Rn. 47; KPB/*Bork* § 133 Rn. 76.
460 RG JW 1889, 20 Nr. 13; RG JW 1888, 383 f.
461 RG LZ 1915, 300 (301); *Jaeger/Henckel* KO § 31 Rn. 25.
462 Vgl. *Haas* ZIP 2006, 1373 (1379).
463 BGH NJW-RR 2018, 626 (628) = NZI 2018, 491 (492) = ZIP 2018, 792 (793).
464 BGH NZI 2010, 738 (740) = ZIP 2010, 1702 f.
465 BGH NZI 2010, 738 (740) = ZIP 2010, 1702 f.
466 BGH NJW-RR 2018, 626 (628) = NZI 2018, 491 (492) = ZIP 2018, 792 (793); Jaeger/*Henckel* § 133 Rn. 59.
467 RGZ 9, 100 (103); Jaeger/*Henckel* § 133 Rn. 59.
468 BGHZ 129, 236 (241 ff.); BGH ZIP 1997, 853 (854); BGH NJW 1990, 2687 (2688); RGZ 51, 76 f.; OLG Celle NZI 2000, 378; HKInsO/*Thole* § 133 Rn. 47; KPB/*Bork* § 133 Rn. 76; einschränkend *Th. Wolff* KO § 31 Anm. 8a; zur Gläubigerbenachteiligung → Rn. 44.
469 RGZ 29, 297 (300); RG JW 1897, 170 (171).
470 Jaeger/*Henckel* § 133 Rn. 59.
471 Jaeger/*Henckel* § 133 Rn. 59; KPB/*Bork* § 133 Rn. 76; Uhlenbruck/*Borries/Hirte* § 133 Rn. 184.
472 RG LZ 1909, 692 f.; RG JW 1898, 52 f.; RGZ 9, 100 (101 f.); HKInsO/*Thole* § 133 Rn. 47; Jaeger/*Henckel* § 133 Rn. 59; Nerlich/Römermann/*Nerlich* InsO § 133 Rn. 57; Uhlenbruck/*Borries/Hirte* § 133 Rn. 186; ergänzend → Rn. 9.
473 OLG Rostock ZInsO 2007, 713 (715); *v. Campe* S. 241; HKInsO/*Thole* § 133 Rn. 48; Jaeger/*Henckel* § 133 Rn. 60; zur Abgrenzung → § 134 Rn. 11.
474 MüKoAnfG/*Kirchhof* § 3 Rn. 103.
475 Jaeger/*Henckel* § 133 Rn. 60.
476 BGH NJW-RR 2017, 682 (684) = NZI 2017, 358 (360); BGH ZIP 1995, 1021 (1024); BGHZ 129, 236 (244) = ZIP 1990, 459 (460); RGZ 27, 130 (134 f.); FKInsO/*Dauernheim* § 133 Rn. 90; Gottwald/*Huber* § 48 Rn. 28.
477 BGH NZI 2016, 773 (774).

Befriedigung einer unentgeltlich begründeten Verpflichtung unentgeltlich bleibt.[478] Bei einem zinslosen Darlehen ist nicht die Gewährung der Hauptsumme, sondern nur die zinsfreie Nutzungsmöglichkeit unentgeltlich.[479] In Zweifelsfällen ist eine alternative Feststellung zulässig.[480] Bargeschäfte scheiden wegen des zusätzlichen Erfordernisses der unmittelbaren Gläubigerbenachteiligung aus → Rn. 44.[481]

42 **c) Erfasste Personen.** Auf der einen Seite des Vertrages muss der Schuldner stehen, auf der anderen Seite eine dem Schuldner im Zeitpunkt des Vertragsschlusses **nahestehende Person** iSv § 138. **Stellvertretung** ist beiderseits nach Maßgabe der allgemeinen Regeln zulässig → Rn. 7.

43 **2. Zeitpunkt des Vertragsschlusses.** Der Vertrag → Rn. 40 muss innerhalb von zwei Jahren vor dem Eröffnungsantrag oder danach → Rn. 10 „geschlossen" worden sein. Der maßgebliche Eröffnungsantrag ergibt sich aus § 139. Mit dem „Abschluss" des Vertrags ist die Vornahme der jeweiligen einvernehmlichen Rechtshandlung gemeint,[482] die gemäß § 140 zu bestimmen ist.[483] Um der Gefahr **täuschender Rückdatierungen** zu begegnen, gehört die Nichteinhaltung dieser Frist zur Darlegungs- und Beweislast des Anfechtungsgegners → Rn. 46.

44 **3. Unmittelbare Gläubigerbenachteiligung.** Der Vertrag → Rn. 40 muss die Insolvenzgläubiger unmittelbar benachteiligen.[484] Dies setzt voraus, dass **ohne Hinzutreten weiterer Umstände** die Befriedigungsmöglichkeiten aus dem Schuldnervermögen bereits durch die angefochtene Rechtshandlung beeinträchtigt wurden.[485] Maßgebend für den Eintritt einer solchen Benachteiligung sind also der Inhalt des Vertrages selbst und seine Auswirkungen auf das Vermögen des Schuldners; später eingetretene Umstände bleiben unberücksichtigt. Für die Frage einer wertausschöpfenden Belastung eines Grundstücks kommt es daher mangels der zu dieser Zeit bestehenden Verwertungsbefugnis eines Insolvenzverwalters nicht auf einen in einer freihändigen Verwertung zu erzielenden Verkaufspreis, sondern auf den in einer Zwangsversteigerung zu erwartenden Erlös an.[486] Hat der Schuldner für das, was er aufgegeben hat, eine **gleichwertige Gegenleistung** erhalten, ist eine unmittelbare Benachteiligung selbst dann nicht gegeben,[487] wenn die Gegenleistung später untergeht. Eine aus mehreren Teilen bestehende Rechtsübertragung ist gemäß ihrer wirtschaftlichen Bedeutung als ein einheitliches Ganzes zu erfassen; die Gläubiger werden durch den Abschluss dann unmittelbar benachteiligt, wenn der rechtsgeschäftliche Vorgang insgesamt die Zugriffsmöglichkeit für die Gläubiger verschlechtert.[488] **Reine Erfüllungshandlungen** des Schuldners benachteiligen die Insolvenzgläubiger lediglich, wenn der erfüllte (entgeltliche) Anspruch rechtlich nicht mehr durchsetzbar war, zB bei der Rückzahlung eigenkapitalersetzender Gesellschafterdarlehen,[489] oder wenn der Schuldner keine gleichwertige Gegenleistung erhalten hat.[490] Bezieht der Schuldner Waren oder Dienstleistungen, so gefährdet die von ihm erbrachte Bezahlung die Gläubiger nur insoweit unmittelbar, als der Preis den objektiven Wert des Erlangten bereits im Zeitpunkt des Vertragsschlusses → Rn. 43 übersteigt; sinkt der Wert der vom Schuldner erlangten, vertragsmäßigen Gegenleistung erst danach, kann das allenfalls eine hier nicht ausreichende, mittelbare Gläubigerbenachteiligung bewirken.[491] Ausschüttungen aus einer Kapitalgesellschaft begründen eine unmittelbare Gläubigerbenachteiligung nur, soweit sie zur Erhaltung des Stammkapitals erforderlich wären.[492] Dagegen liegt bei **inkongruenten Deckungshandlungen** iSv § 131 die unmittelbare Benachteiligung regelmäßig bereits in der vermögensmindernden Leistung des Schuldners,[493] so zB wenn eine

[478] → § 134 Rn. 26; aM *Lind* S. 103.
[479] BGH DStR 2019, 522 (524 f.) = WM 2019, 213 (214) = BeckRS 2018, 35959; OLG Rostock ZInsO 2007, 713 (715); MüKoAnfG/*Kirchhof* § 3 Rn. 103; zur Abgrenzung von unentgeltlichen Leistungen iE → § 134 Rn. 17 ff.
[480] BGH NJW-RR 2006, 552 (553) zu § 3 Abs. 2 und § 4 AnfG; LG Dresden ZInsO 2002, 140 (141) mAnm *Flöther* DZWiR 2002, 171 (172), das jedoch zu Unrecht beide Tatbestände kumulativ anwenden will; ähnlich *Lind* S. 101 f.
[481] → § 142 Rn. 26 ff.
[482] BGHZ 128, 184 (189 f.) = NJW 1995, 659 (661).
[483] Zur Berechnung der Frist → § 130 Rn. 25 f. → § 130 Rn. 52.
[484] BGH ZIP 2012, 1183 (1185); BGH NZI 2010, 738 (739); RG Gruchot 48 (1904), 112 (115), jeweils zu § 31 Nr. 2 KO oder § 10 Abs. 1 Nr. 2 GesO; *Klühs* NZI 2010, 921 (922).
[485] BGH ZIP 2012, 1183 (1185); vgl. auch BGH NJW-RR 2009, 1567 (1568) zu § 3 Abs. 2 AnfG.
[486] BGH NZI 2016, 773 (774).
[487] → § 129 Rn. 113 ff.
[488] BGHZ 128, 184 (187) = NJW 1995, 659 (660).
[489] OLG Koblenz ZInsO 2006, 946 (948).
[490] BGH NJW-RR 2017, 682 (684) = NZI 2017, 358 (360).
[491] BGHZ 129, 236 (241 ff.) = ZIP 1995, 1021 (1022 f.).
[492] *Haas* ZIP 2006, 1373 (1379).
[493] BGH NZI 2016, 773 (774); Jaeger/*Henckel* § 133 Rn. 65.

von ihm gewährte Sicherheit neben Neu- auch Altschulden sichern soll. Auch die im Zusammenhang mit der Aufhebung einer Zugewinngemeinschaft vereinbarte **Regelung der Vermögensauseinandersetzung** und deren dinglicher Vollzug können hierunter fallen.[494] Die allein durch die vorzeitige **Rückzahlung eines Darlehens** bewirkte unmittelbare Benachteiligung bildet allerdings nur dann eine Grundlage für eine Anfechtung der Rückgewähr selbst, wenn der Kredit nicht vor Insolvenzeröffnung oder einer Verfügungsbeschränkung iSv § 21 Abs. 2 Satz 1 Nr. 2 fällig wurde.[495]

Wie Abs. 1 bis 3 setzt auch Abs. 4 nicht voraus, dass der Schuldner im Zeitpunkt des Vertragsschlusses bereits andere Gläubiger hatte.[496] **44a**

4. Benachteiligungsvorsatz und Kenntnis. Liegen die in Rn. 40 bis 42 und Rn. 44 genannten Voraussetzungen vor, so ist der anfechtungsbegründende Tatbestand erfüllt; insbesondere setzt Abs. 4 Satz 1 nicht zusätzlich einen Benachteiligungsvorsatz voraus. Wegen der Einordnung in eine insgesamt mit „Vorsätzliche Benachteiligung" überschriebene Vorschrift ist diese Regelung dahin zu verstehen, dass Abs. 4 unter den vorausgesetzten Umständen unterstellt,[497] der Schuldner habe innerhalb der Zweijahresfrist mit Gläubigerbenachteiligungsvorsatz → Rn. 13 ff. gehandelt und die nahestehende Person habe das gewusst. Abweichungen werden also deren Beweislast → Rn. 46 f. zugeordnet; das gilt sowohl für die Behauptung, der Schuldner habe nicht mit Benachteiligungsvorsatz gehandelt,[498] als auch für die angeblich fehlende Kenntnis.[499] Eine entsprechende Beweislastverteilung war bereits zu § 31 Nr. 2 KO allgemein anerkannt,[500] dessen Wortlaut in dieser Hinsicht gleich war. Ein Wille des Gesetzgebers, daran etwas zu ändern, ist nicht erkennbar. Sowohl für den Vorsatz als auch für seine Kenntnis kommt es entscheidend auf den Zeitpunkt der Vornahme (§ 140) des jeweils angefochtenen „Vertrags" an.[501] **45**

5. Beweisfragen. Der **Anfechtende** hat lediglich den Abschluss eines entgeltlichen Vertrages → Rn. 41 f. durch den Schuldner mit einer nahestehenden Person → Rn. 42 und die hierdurch verursachte unmittelbare Gläubigerbenachteiligung → Rn. 44[502] zu beweisen. Dem Anfechtungsgegner steht ggf. alternativ einer von zwei möglichen Gegenbeweisen offen:[503] Entweder wurde der Vertrag früher als zwei Jahre vor dem Eröffnungsantrag geschlossen → Rn. 43, oder der andere Teil kannte einen Gläubigerbenachteiligungsvorsatz des Schuldners nicht → Rn. 45; der letztgenannte Nachweis kann auch dadurch geführt werden, dass ein Gläubigerbenachteiligungsvorsatz des Schuldners widerlegt wird, weil ein nicht vorhandener Vorsatz auch nicht bekannt sein kann → Rn. 38. Der Beweis einer der beiden Alternativen genügt. **46**

Der **Gegenbeweis** wird meist nur aufgrund von Indizien zu führen sein. Ein Beweis durch Zeugen über bestimmte bezeichnete Tatsachen, aus denen der Richter auf die Unkenntnis schließen müsste, ist möglich. Jedoch ist hierzu die Behauptung ungeeignet, dass ein einzelner Zeuge, der die aussichtslose Vermögenslage des Schuldners kannte, den Anfechtungsgegner nicht darüber unterrichtete.[504] Wird durch die zulässige Zeugenaussage des Insolvenzschuldners der Entlastungsbeweis nicht geführt, dürfen weitere geeignete Beweisanträge nicht übergangen werden.[505] Bei der Würdigung, ob der Entlastungsbeweis geführt ist, sind die Vermutung des § 133 Abs. 1 Satz 2 iVm Abs. 3 Satz 1 sowie die allgemeinen Beweisanzeichen → Rn. 27 ff. zu berücksichtigen. Insbesondere ist eine Kenntnis des Gläubigerbenachteiligungsvorsatzes nur zu widerlegen, wenn auch feststeht, dass der Anfechtungsgegner weder eine (drohende) Zahlungsunfähigkeit des Schuldners noch Umstände kannte, die zwingend **47**

---

494 BGH NZI 2010, 738 (739); krit. hierzu *Klühs* NZI 2010, 921 (923).

495 BGH ZIP 1997, 853 (854); LG Münster NZI 2005, 563 (564); abgrenzend BGH NJW-RR 2005, 1575 (1576); zur Bestimmung der unmittelbaren Gläubigerbenachteiligung iE → § 129 Rn. 112 ff. → § 132 Rn. 11 ff.; zum erforderlichen Zurechnungszusammenhang → § 129 Rn. 169 ff.

496 RG ZZP 60 [1936/37], 426 (428); Jaeger/*Henckel* § 133 Rn. 65; → § 129 Rn. 120.

497 BGH NZI 2010, 738 (739) spricht demgegenüber, ohne dass dieser abweichenden Formulierung eine andere sachliche Bedeutung zukommt, von einer widerleglichen Vermutung.

498 BGH NZI 2010, 738 (739); BGH NJW-RR 2006, 552 (553); BGHZ 129, 236 (256) zu § 10 Abs. 1 Nr. 2 GesO; OLG Koblenz ZInsO 2004, 212 (213 f.) zu § 3 Abs. 2 AnfG; ebenso Gottwald/*Huber* § 48 Rn. 35; aM *C. Paulus* EWiR 2000, 947 (948).

499 BGH NZI 2010, 738 (739); BGHZ 129, 236 (256) zu § 10 Abs. 1 Nr. 2 GesO; BGH NJW-RR 2006, 552 (553) zu § 3 Abs. 2 AnfG; Gottwald/*Huber* § 48 Rn. 35.

500 BGHZ 58, 20 (22 f.) = NJW 1972, 495; *Jaeger/Henckel* KO § 31 Rn. 44.

501 BGH NJW 1999, 643 (644) zu § 3 Abs. 1 Nr. 2 AnfG aF; ergänzend → Rn. 19 ff.

502 BGH ZIP 1995, 1021 (1024); BGH NJW-RR 2006, 552 (553) zu § 3 Abs. 2 AnfG; Uhlenbruck/*Borries/Hirte* § 133 Rn. 195; ergänzend → § 129 Rn. 112 ff.

503 Näher zum Entlastungsbeweis MüKoAnfG/*Kirchhof* § 3 Rn. 141 ff.

504 BGH NZI 2010, 738 (740); LG Frankfurt/Main ZIP 1986, 993 (997 f.); *Jaeger/Henckel* KO § 31 Rn. 44.

505 BGH ZIP 1982, 856 (858).

auf diese hindeuteten.[506] Ferner erschwert der Empfang einer inkongruenten Deckung den Gegenbeweis des Anfechtungsgegners erheblich;[507] jener bleibt aber möglich.[508] Umgekehrt wird der Gegenbeweis bei **kongruenten Deckungsgeschäften** leichter fallen;[509] er ist aber nicht entbehrlich.[510] Auch eine feststehende Unkenntnis des Anfechtungsgegners von der Inkongruenz kann deren Wirkung als Beweisanzeichen erschüttern.[511]

§ 134 Unentgeltliche Leistung

(1) Anfechtbar ist eine unentgeltliche Leistung des Schuldners, es sei denn, sie ist früher als vier Jahre vor dem Antrag auf Eröffnung des Insolvenzverfahrens vorgenommen worden.

(2) Richtet sich die Leistung auf ein gebräuchliches Gelegenheitsgeschenk geringen Werts, so ist sie nicht anfechtbar.

Schrifttum: *Thole*, Grundfragen und aktuelle Problemstellungen der Anfechtung unentgeltlicher Leistungen, KTS 2011, 219.

Übersicht

I. Normzweck

1 Der Empfänger einer unentgeltlichen Leistung ist nach einem allgemeinen Rechtsgrundsatz[1] weniger schutzwürdig als Gläubiger, deren Forderungen entgeltliche Geschäfte zugrunde liegen. Sein Interesse an der Aufrechterhaltung der Zuwendung tritt gemäß Abs. 1 aus Billigkeitsgründen gegenüber dem Interesse der Insolvenzgläubiger im Allgemeinen auf Anreicherung der Insolvenzmasse zurück, wenn die Zuwendung in einer gewissen zeitlichen Nähe zur Insolvenz des „Schenkers" erfolgte.[2] Mindert der Schuldner sein Vermögen durch unentgeltliche Zuwendungen, ist der zukünftige Gläubigerzugriff weit stärker gefährdet, als bei entgeltlichen Austauschgeschäften. Die unentgelt-

[506] HKInsO/*Thole* § 133 Rn. 40; → Rn. 24d.
[507] Vgl. *Jaeger/Henckel* KO § 31 Rn. 45.
[508] RGZ 45, 23 (29).
[509] *Jaeger/Henckel* KO § 31 Rn. 45; die Beweislast für die Kongruenz obliegt gegebenenfalls dem Anfechtungsgegner: RGZ 26, 1 (4).
[510] Vgl. RGZ 153, 350 (352); RGZ 136, 109 (110); RGZ 125, 242 (250); RGZ 51, 76 (77 f.); RG WarnR 1932 Nr. 16; RG WarnR 1915 Nr. 64; RG LZ 1911, 947 f. zu § 3 Nr. 2 AnfG aF; OLG Schleswig SchlHA 1963, 122 (123); MüKoAnfG/*Kirchhof* § 3 Rn. 141.
[511] OLG Stettin OLGR 10, 225 (226); *Jaeger/Henckel* § 31 Rn. 45; → Rn. 31 → Rn. 38.
[1] Vgl. §§ 519, 528, 816 Abs. 1 Satz 2, 822, 988, 2287, 2325, 2329 BGB; ferner § 39 Abs. 1 Nr. 4 InsO, § 4 AnfG, § 1390 Abs. 1 BGB.
[2] AllgM vgl. RegE S. 161 zu § 149; BGHZ 58, 240 (243) = NJW 1972, 870 (871); BGHZ 41, 298 (301) = NJW 1964, 1960; OLG Karlsruhe OLG-Report 1999, 13 (14); FKInsO/*Dauernheim* § 134 Rn. 2 f.; *Gerhardt* ZIP 1991, 273 (281); HKInsO/*Thole* § 134 Rn. 2; *Holzapfel* S. 22; *Kayser* WM 2007, 1; *Jaeger/Henckel* KO § 32 Rn. 1; KPB/*Bork* § 134 Rn. 2; Nerlich/Römermann/*Nerlich* InsO § 134 Rn. 2; *Prütting* KTS 2005, 253 (254 f.); Uhlenbruck/*Borries/Hirte* § 134 Rn. 1 f.; *Zeuner* Anfechtung Rn. 207.

liche Zuwendung ist ein unmittelbarer Beitrag, der später zur Vermögensunzulänglichkeit des Schuldners führt.[3] Dies hat zwei grundsätzliche Konsequenzen: Die materielle Insolvenz hat für die Unentgeltlichkeitsanfechtung keine Bedeutung und es ist nicht zulässig, jedes unausgewogene Geschäft von vornherein als teilunentgeltliche Leistung gemäß § 134 zu begreifen und damit Fristen und Schranken des § 132 Abs. 1 auszuhöhlen.[4] Ausnahmen sieht Abs. 2 nur für allgemein übliche Geschenke vor, um den Schuldner von gebräuchlichen Gepflogenheiten nicht auszuschließen, sofern die anderen Gläubiger wegen des geringen Werts des Geschenkes nicht wesentlich belastet werden. Auf subjektive Vorwerfbarkeit stellt § 134 nicht ab.[5]

II. Entstehungsgeschichte

§ 134 entspricht inhaltlich § 32 Nr. 1 KO und iW § 10 Abs. 1 Nr. 3 1. Hs. GesO; jedoch wurde 2
die Anfechtungsfrist allgemein von einem auf vier Jahre verlängert. Dadurch wurden die früheren Sondervorschriften des § 32 Nr. 2 KO und § 10 Abs. 1 Nr. 3 2. Hs. GesO, denen zufolge unentgeltliche Leistungen zugunsten des Ehegatten bzw. nahestehender Personen zwei Jahre lang angefochten werden konnten, überflüssig. Der in den Vorentwürfen noch nicht enthaltene Abs. 2 wurde erstmals in § 149 RegE aufgenommen. Er soll die Anfechtungsfreiheit gebräuchlicher Gelegenheitsgeschenke enger begrenzen als § 30 KO (RegE S. 161 zu § 149); § 10 Abs. 1 Nr. 3 GesO enthielt eine solche Ausnahme ohnehin nicht ausdrücklich. Beide Absätze wurden im weiteren Gesetzgebungsverfahren nicht geändert. Im Zuge der Reform der Insolvenzanfechtung aufgrund des Gesetzes zur Verbesserung der Rechtssicherheit bei Anfechtungen nach der Insolvenzordnung und nach dem Anfechtungsgesetz vom 29.3.2017[6] wurde bei der Vorschrift des § 134 kein Änderungsbedarf gesehen.

III. Anwendungsbereich

§ 134 kann **mit sämtlichen Anfechtungsnormen außer § 133 Abs. 4 frei konkurrieren;** 3
nur die letztgenannte Norm setzt Entgeltlichkeit voraus → § 133 Rn. 5 → § 133 Rn. 41. Insbesondere können unentgeltliche Leistungen, die länger als vier Jahre zurückliegen, sowie gebräuchliche Gelegenheitsgeschenke unter den Voraussetzungen des § 133 Abs. 1 angefochten werden. Auch wird § 134 für die Fälle der Erfüllung oder Sicherung einer eigenen Verbindlichkeit des Schuldners selbst dann nicht durch die §§ 130, 131 systematisch ausgeschlossen, sofern die Leistung innerhalb der hiervon erfassten Drei-Monats-Frist erbracht wird → Vor § 129 Rn. 94.[7] Denn Zweck und Schutzbereich der §§ 130, 131 einerseits sowie des § 134 andererseits sind unterschiedlich.[8] Dies rechtfertigt es, dass einerseits derjenige, der vor Ausbruch der wirtschaftlichen Krise des Schuldners unentgeltlich eine Deckung erlangt hat, der Anfechtung gemäß § 134 unterliegen kann; nur deren Umfang wird dann durch § 143 Abs. 2 besonders begrenzt. Fällt die Deckung andererseits in die kritische Zeit, ohne im Einzelfall die in § 130 oder § 131 jeweils aufgestellten zusätzlichen Anforderungen zu erfüllen, kann der Gläubiger gleichwohl im Umfang seiner verbliebenen Bereicherung haften. Mit dem Interesse der Insolvenzgläubiger ist es hingegen nicht vereinbar, die ohne eigene Gegenleistung Begünstigten mit den Empfängern entgeltlicher Deckungen durchgehend gleich zu behandeln. Allgemein kann die Anfechtbarkeit unentgeltlicher Leistungen aufgrund anderer Normen, die an sich meist die Voraussetzungen enger begrenzen, für die Insolvenzmasse dann günstig sein, wenn der Anfechtungsgegner sich gegenüber § 134 auf einen **Wegfall seiner Bereicherung** (§ 143 Abs. 2) berufen könnte.[9]

In **Nachlassinsolvenzverfahren** findet § 134 auf die mit Nachlassmitteln bewirkte Erfüllung 4
von Pflichtteilsansprüchen, Vermächtnissen und Auflagen durch den Erben entsprechende Anwendung (§ 322). Entsprechendes gilt im Fall der fortgesetzten Gütergemeinschaft für das Insolvenzverfahren über das Gesamtgut (§ 332 Abs. 1).

IV. Anfechtungsvoraussetzungen nach Abs. 1

1. Leistung des Schuldners. a) Leistungsbegriff. Der Begriff der Leistung ist an die Stelle 5
des noch von § 32 KO verwendeten Wortes „Verfügungen" getreten, weil der Gesetzgeber zum Ausdruck bringen wollte, dass nicht nur rechtsgeschäftliche Verfügungen im engen materiell-rechtli-

[3] *Schoppmeyer* WM 2018, 353.
[4] *Schoppmeyer* WM 2018, 353.
[5] Motive zu dem Entwurf einer KO, S. 134 zu § 25; aM *Kamlah* S. 85.
[6] BGBl. 2017 I 654, in Kraft getreten am 5.4.2017.
[7] *v. Campe* S. 206 f.; *Jaeger/Henckel* § 134 Rn. 3 f.; offengelassen von BGHZ 112, 136 (139) = NJW 1990, 2626 f. und BGH WM 1976, 622 (624); aM BGHZ 58, 240 (244 f.) = NJW 1972, 870 (871) mAnm *Bähr* JR 1972, 469; Gottwald/*Huber* § 46 Rn. 6, § 47 Rn. 64; Uhlenbruck/*Borries/Hirte* § 134 Rn. 7; zur Entgeltlichkeit derartiger Deckungen → Rn. 26 ff.
[8] → Rn. 1; einerseits → § 130 Rn. 1 und → § 131 Rn. 1 andererseits.
[9] Zum Vorrang des § 1390 Abs. 1 BGB → Vor § 129 Rn. 84.

chen Sinn erfasst werden sollen.[10] Die möglichen „Leistungen" sind – entsprechend der bereits zu § 32 KO herrschenden Auffassung – weit zu verstehen.[11] Erforderlich ist lediglich, dass eine Rechtshandlung im umfassenden Sinn → § 129 Rn. 7 ff. dazu dient, einen Gegenstand aus dem haftenden Vermögen des Schuldners zugunsten eines anderen – sei es auch nicht mit unmittelbar dinglicher Wirkung – zu entfernen.[12] Sie muss nicht vom Begriff her rechtswirksam sein → § 129 Rn. 30 ff.; es genügt jedenfalls, dass sie den Begünstigten in die Lage versetzt, das zugewendete Vermögensgut tatsächlich zu nutzen und weiter zu übertragen.[13] Nichtige „Leistungen" werden allerdings nur ausnahmsweise die Insolvenzgläubiger benachteiligen → Rn. 43.

6 Erfasst werden einerseits **Schenkungsversprechen** iSv § 518 BGB, also die schuldrechtliche Verpflichtung zur (unentgeltlichen) Vermögensübertragung.[14] Allerdings wird das im Zeitpunkt der Insolvenzeröffnung noch nicht erfüllte Schenkungsversprechen die Insolvenzgläubiger im Hinblick auf § 39 Abs. 1 Nr. 4 nur ausnahmsweise benachteiligen. Die auf § 63 Nr. 4 KO gestützte frühere Auffassung, Schenkungsversprechen könnten nie gläubigerbenachteiligend wirken,[15] ist jedoch durch die Aufwertung von Forderungen auf unentgeltliche Leistungen des Schuldners zu wenigstens nachrangigen Insolvenzforderungen überholt;[16] als solche gehen sie **Gesellschafterdarlehen** iSv § 39 Abs. 1 Nr. 5 und den nach dieser Vorschrift gleichgestellten Forderungen vor. Deshalb können unentgeltlich übernommene Bürgschaften[17] und abstrakte Schuldanerkenntnisse des Schuldners → Rn. 30 ebenso der Anfechtung nach § 134 unterliegen wie die Übernahme einer fremden Verbindlichkeit → Rn. 31.[18] Ein echter Vergleich gemäß § 779 BGB kann allenfalls teilw. unentgeltlich sein → Rn. 40a f.

7 Leistungen iSv § 134 sind ferner **Erfüllungshandlungen** zur Tilgung unentgeltlicher Verbindlichkeiten des Schuldners einschließlich der Leistungen an Erfüllungs statt oder erfüllungshalber → Rn. 26.[19] Soweit das zugrundeliegende Verpflichtungsgeschäft nicht (mehr) anfechtbar ist, greifen dagegen die §§ 144, 39 Abs. 1 Nr. 4 ein. Die früher herrschende Auffassung, wonach das Grundgeschäft trotz Fristablaufs stets zusammen mit dem Erfüllungsgeschäft anfechtbar sei, ist nicht mehr aufrechtzuerhalten → § 129 Rn. 57 ff.[20] Insbesondere kommen **Prämienzahlungen auf selbst nicht mehr anfechtbare Versicherungsverträge** zugunsten Dritter als anfechtbare Leistungen in Betracht → Rn. 16a, ebenso die Leistung einer Bewährungsauflage → Rn. 12.[21] Die Leistung einer **Geldauflage,** zB nach § 153a StPO, wird meist nicht nach § 134 anfechtbar sein, weil es an der Unentgeltlichkeit fehlen wird → Rn. 17 ff.[22] Der Vollzug von Erfüllungshandlungen gegen den Willen des Schuldners, insbesondere die Aufrechnung mit dem Anspruch aus einem Schenkungsversprechen des Schuldners oder die Zwangsvollstreckung daraus, wird aber nur erfasst, sofern der Schuldner hierbei mitgewirkt hat → Rn. 11.

8 Im Einzelnen können **rechtsgeschäftliche Verfügungen** iSd BGB, also unmittelbare Einwirkungen auf ein subjektives Recht des Insolvenzschuldners, das zu seinem haftenden Vermögen gehört, anfechtbare „Leistungen" sein. Hierzu gehören die **Abtretung einer Forderung** – auch zum Zweck der Aufrechnung durch den Abtretungsempfänger[23] – oder die **Übertragung eines sonstigen Vermögensrechts** (zB Eigentum), ebenso die Bestellung eines beschränkten dinglichen Rechts, insbesondere eines Pfandrechts, die Einräumung eines Vorrangs für ein Recht vor einem anderen, die Übertragung von Geld im Wege einer unverzinslichen Darlehensgewährung,[24] die Übertragung der

10 RegE S. 160 f. zu § 149.

11 BGH NZI 2012, 562 (565); HKInsO/*Thole* § 134 Rn. 6.

12 BGH NJW 2018, 3018 = NZI 2018, 746 (747); BGH NZI 2012, 562 (565); BGHZ 121, 179 (182) = NJW 1993, 663 f.; Nerlich/Römermann/*v. Campe* S. 203; *Hess* InsO § 134 Rn. 9; *Nerlich* InsO § 134 Rn. 5; *Prütting* KTS 2005, 253 (255).

13 BGH ZIP 2001, 889 (890); HKInsO/*Thole* § 134 Rn. 3.

14 BGHZ 41, 298 (299); OLG Dresden LZ 1910, 243; *v. Campe* S. 203; FKInsO/*Dauernheim* § 134 Rn. 8; HKInsO/*Thole* § 134 Rn. 6; KPB/*Bork* § 134 Rn. 17; Nerlich/Römermann/*Nerlich* InsO § 134 Rn. 5; *Zeuner* Anfechtung Rn. 210.

15 *Allgayer* Rn. 704; *Kamlah* S. 24; *Kuhn/Uhlenbruck* § 32 Rn. 3a; dagegen *Henckel* Kölner Schrift S. 813 (840).

16 Zur Unentgeltlichkeit → Rn. 22.

17 RG JW 1913, 608 (609); OLG Braunschweig OLGR 27, 258 (259); *Kirchhof* FS Fuchs, 1996, 97 (102 f.); zur Grundschuldzweckerklärung LG Potsdam ZIP 1997, 1383.

18 KPB/*Bork* § 134 Rn. 17; Uhlenbruck/*Borries/Hirte* § 134 Rn. 17.

19 RG LZ 1914, 1912 (1913); OLG Jena LZ 1911, 241 f.; *Jaeger/Henckel* KO § 32 Rn. 26; *Zeuner* Anfechtung Rn. 212; zur Bestimmung der Unentgeltlichkeit von Erfüllungshandlungen → Rn. 19 f., zur Erfüllung oder Besicherung fremder Verbindlichkeiten durch den Schuldner → Rn. 31 ff.

20 AM OLG Karlsruhe ZInsO 2003, 999 (1000).

21 *Brömmekamp* ZIP 2001, 951 ff.; HambKommInsO/*Rogge/Leptien* § 134 Rn. 22; aM *Ahrens* NZI 2001, 456 ff.

22 BGH NZI 2008, 488 (489).

23 BGH ZIP 1982, 76 (78).

24 BGH NZI 2019, 333 (335) = DStR 2019, 522 (524 f.) = WM 2019, 213 (214) = BeckRS 2018, 35959; *Jaeger/Henckel* KO § 32 Rn. 26.

Rechtsstellung als Zwischenmieter[25] und die Einbringung des in einem Stiftungsgeschäft zugesicherten Vermögens in die Stiftung.[26] Eine Leistung iSv § 134 kann ferner vorliegen, wenn ein Alleineigentümer ein Grundstück an eine Kommanditgesellschaft überträgt, deren persönlich haftender Gesellschafter er selbst ist.[27] Eine (unentgeltliche) Verfügung nimmt vor, wer einen Kundenscheck bei einer Bank einzieht zwecks Einlösung zugunsten des bei ihr auf den Namen eines Dritten geführten Kontos, ohne dass dieser eine Gegenleistung erbringt;[28] das gilt auch, soweit die Zahlung bestimmungsgemäß erst mittelbar über zwischengeschaltete Rechtsträger zum Dritten gelangt,[29] zB bei der Übertragung einer Bezugsberechtigung vom Versicherungsnehmer auf den Empfänger[30] → § 129 Rn. 49 ff. → § 129 Rn. 68 ff. Die **Aufgabe eines Rechtes ohne Übertragung** ist ebenfalls eine Leistung, die gemäß § 134 anfechtbar sein kann, sofern ein anderer daraus einen Vorteil erlangt, insbesondere also der Verzicht auf ein dingliches Recht.[31] Der Beschluss einer Gesellschafterversammlung, eine Entlastung dem Aufsichtsrat, dem Vorstand oder den Geschäftsführern zu erteilen (§ 119 Abs. 1 Nr. 3 AktG, § 46 Nr. 5 GmbHG), kann ebenso eine unentgeltliche Leistung sein[32] wie ein Forderungerlass.[33] Die Aufgabe des Rechts auf Widerruf einer Schenkung (§§ 530 ff. BGB) ist nur anfechtbar, sofern der Anspruch anerkannt oder rechtshängig geworden ist.[34] Hat der Insolvenzschuldner den Eigentümer eines mit einer Sicherungsgrundschuld belasteten Grundstücks trotz Fortbestehens des Sicherungszwecks von der Grundpfandhaftung für gesicherte Forderungen freigestellt, kann dies eine nach § 134 anfechtbare Leistung sein, soweit dafür keine Gegenleistung erbracht werden soll.[35] Die Ausübung eines vertraglich eingeräumten Drittbenennungsrechts kann ebenfalls unter § 134 fallen.[36]

Auch **nicht rechtsgeschäftliche Handlungen** können Leistungen iSv § 134 darstellen, insbesondere die zum gesetzlichen Eigentumserwerb oder zur Wertsteigerung der Forderung eines anderen führende unentgeltliche Sachverbindung, -vermischung oder -verarbeitung gemäß § 946 ff. BGB.[37] Dasselbe gilt für Prozesshandlungen des Insolvenzschuldners, zB ein Anerkenntnis (§ 307 ZPO), die eine Aufopferung von haftendem Vermögen bewirken;[38] dass dieses Ergebnis erst durch ein Urteil oder eine Zwangsvollstreckung vollzogen wird, schadet nicht (§ 141). Leistung im hier fraglichen Sinn ist ferner die **Gebrauchsüberlassung,** insbesondere die Übertragung des Besitzes an einer Sache, die üblicherweise nur gegen Entgelt überlassen wird,[39] sowie die **Überlassung der Dienstleistung eigener Arbeitnehmer** an einen Dritten[40] oder eines Darlehens.[41] 9

Endlich stehen **Unterlassungen** (§ 129 Abs. 2) einer „Leistung" gleich, sofern sie die Geltendmachung eines zum haftenden Vermögen gehörenden Rechts ausschließen oder dieses Vermögen einer nicht mehr abzuwehrenden Haftung aussetzen,[42] zB eine Unterlassung, die Verjährung einer Forderung des Schuldners zu unterbrechen oder einen zulässigen Rechtsbehelf gegen einen unberechtigten Titel einzulegen.[43] Benachteiligend wirkt aber lediglich eine Unterlassung mit Vermögensbezug, also regelmäßig nicht ein noch rechtlich ungesicherter, unterlassener Erwerb → § 129 Rn. 79 ff.[44] 10

b) Leistungen des Schuldners. § 134 hält daran fest, wonach nur Leistungen des Schuldners anfechtbar sind, obwohl zu § 32 KO die Ansicht vertreten worden war, auch rein einseitige Zugriffsakte 11

---

[25] BGH NJW-RR 2018, 626 (627) = NZI 2018, 491 (492); BGH NJW-RR 2012, 1513 (1516).
[26] § 82 BGB; RGZ 5, 138 (141 ff.).
[27] BGHZ 121, 179 (182 f.) = NJW 1993, 663 f.
[28] BGH WM 1985, 364 (365).
[29] BGH ZIP 1985, 427 (428 f.).
[30] BGH NJW-RR 2016, 171 (172) = NZI 2016, 35 (36).
[31] BFHE 138, 10 (14) = ZIP 1983, 727 (729); OLG Hamburg KTS 1987, 727 (730); *Jaeger/Henckel* KO § 32 Rn. 27.
[32] RGZ 76, 244 (249).
[33] BGH ZIP 1999, 628 (630).
[34] *Jaeger/Henckel* KO § 32 Rn. 27.
[35] OLG Hamburg ZIP 1989, 777 (778 f.).
[36] BGH WM 1975, 1182 (1184).
[37] *Jaeger/Henckel* KO § 32 Rn. 31; BGHZ 71, 61 (65 f.) = NJW 1978, 1326 f.; BGH WM 1955, 407 (410 f.); NZI 2007, 403 (404); OLG Nürnberg KTS 1966, 57 (60).
[38] Nerlich/Römermann/*Nerlich* InsO § 134 Rn. 6; KPB/*Bork* § 134 Rn. 20.
[39] HambKommInsO/*Rogge/Leptien* § 134 Rn. 3; *Jaeger/Henckel* KO § 32 Rn. 28; Nerlich/Römermann/*Nerlich* InsO § 134 Rn. 6; Uhlenbruck/*Borries/Hirte* § 134 Rn. 14; zu eng OLG Stuttgart NJW-RR 1987, 570 (571).
[40] BGH NZI 2007, 403 (404); BGH NJW-RR 2004, 696 (697).
[41] BGH NZI 2019, 333 (335) DStR 2019, 522 (525) = WM 2019, 213 (214 f.) = BeckRS 2018, 35959.
[42] *Bork* FS Uhlenbruck, 2000, 279 (287 f.); *Jaeger/Henckel* KO § 124 Rn. 41, § 32 Rn. 32.
[43] Braun/*de Bra* § 134 Rn. 3; HambKommInsO/*Rogge/Leptien* § 134 Rn. 4; Uhlenbruck/*Borries/Hirte* § 134 Rn. 14.
[44] Ergänzend → Rn. 39 aE.

von Gläubigern seien erfasst.[45] Die letztgenannte Auffassung ist mit dem eindeutigen Wortlaut des § 134 nicht vereinbar.[46] Praktisch kann sich dies nur auswirken, wenn die Erfüllung einer vor mehr als vier Jahren rechtswirksam erteilten Schenkung versprochen und innerhalb des von § 134 erfassten Zeitraums, aber vor der Drei-Monats-Frist der §§ 130, 131 (oder bei Nichteinschlägigkeit dieser Normen) zwangsweise durchgesetzt wird. In diesem Fall ist die Unanfechtbarkeit angesichts der von § 134 eingeführten Fristverlängerung hinzunehmen; die zwangsweise verwirklichte Erfüllung lässt nicht etwa zugleich das frühere Schenkungsversprechen als Einheit mit in die Vierjahresfrist des § 134 fallen → Rn. 7 → § 140 Rn. 21.[47] Allerdings genügt als „Leistung" des Schuldners jede – nicht notwendigerweise freiwillige – **selbst bestimmte Mitwirkungshandlung,** insbesondere bei der Herstellung einer Aufrechnungslage → Rn. 8 oder bei der Verwirklichung von Zwangsvollstreckungsmaßnahmen → § 133 Rn. 9a f.,[48] ferner die Erteilung einer postmortalen Vollmacht, mit welcher der Bevollmächtigte Geldbeträge vom Konto des verstorbenen Schuldners abheben kann.[49] Handlungen seiner Vertreter sind dem Schuldner gemäß allgemeinen Regeln zuzurechnen → § 129 Rn. 37 ff. → § 133 Rn. 7. Bei Leistungen zu Lasten des ehelichen Gesamtguts genügt es, wenn nur einer der Eheleute sie vorgenommen hat.[50]

12 **2. Leistungsempfänger. a) Erlangter Vermögensvorteil.** Anfechtbar nach Abs. 1 kann eine Leistung des Schuldners nur sein, sofern der Anfechtungsgegner durch sie einen Vermögenswert erlangt hat. Nicht nötig ist hingegen, dass er endgültig bereichert, mithin sein Vermögen zZ der Geltendmachung des Anfechtungsanspruchs noch vermehrt ist;[51] vielmehr sind die Folgen eines Wegfalls seiner Bereicherung allein anhand § 143 Abs. 2 zu bestimmen. Dementsprechend unterliegen **echte Schenkungen unter Auflage** (§§ 525, 527 BGB) als einseitige, wenngleich zweckbeschränkte Zuwendungen im Ganzen der Rückgewähr nach Maßgabe der §§ 134, 143, auch wenn ihr Hauptzweck nicht eine Bereicherung des Empfängers selbst ist.[52] Entsprechendes gilt für Bewährungsauflagen → Rn. 7 und für **ehebedingte Zuwendungen** → Rn. 36. Zur Anfechtbarkeit genügt es, wenn nach dem Parteiwillen objektiv ein, wenngleich geringfügiger Vorteil beim Empfänger verbleiben soll;[53] jedoch wird der Umfang der Rückgewährpflicht durch § 143 Abs. 2 begrenzt → Rn. 45. Ist der Empfänger dagegen gehalten, den gesamten erlangten Vorteil weiter zu übertragen, liegt keine unentgeltliche Zuwendung an ihn vor, sondern eine uneigennützige Treuhandschaft → Rn. 13.

13 Die **Übertragung von Treugut an einen uneigennützigen Treuhänder** zum Zweck, es weisungsgemäß insgesamt weiter zu übertragen, ist dem Treuhänder gegenüber regelmäßig nicht gemäß § 134 anfechtbar, weil er nichts für sich erlangt hat → Rn. 12. Dies gilt auch dann, soweit die Treuhandvereinbarung wegen eines Vertretungsmangels unwirksam ist.[54] Da der Treugeber regelmäßig zugleich einen Rückforderungsanspruch erwirbt, ist die treuhänderische Übertragung zudem nicht als unentgeltlich zu qualifizieren.[55] Soweit er das Treugut noch in Besitz hat, ist es nach allgemeinen Normen zurück zu gewähren; auch kommt eine Anfechtung nach §§ 130 bis 133 in Betracht, wenn und soweit die Treuhänderstellung die Insolvenzgläubiger im Einzelfall benachteiligt → § 129 Rn. 139 ff. → § 133 Rn. 21b.[56] Im Übrigen kann **gegen die Empfänger angefochten** werden, an die der Treuhänder das Vermögen weiter übertragen hat → Rn. 14 ff.[57] Wird der Treuhänder zugleich für zusätzliche Auftraggeber tätig (mehrseitige Treuhand), kann § 134 gegen diese wegen der von ihnen erlangten selbständigen Rechtsposition eingreifen.[58] Anders verhält es sich, soweit der Treuhänder über sein angemessenes Entgelt hinaus selbst ohne weitere Gegenleistung einen Teil des übertragenen Vermögens behalten soll; in diesem Fall ist die Übertragung insgesamt

[45] *Jaeger/Henckel* KO § 31 Rn. 29; offengelassen von BGH NJW 2000, 1259 (1262).

[46] Ebenso HambKommInsO/*Rogge/Leptien* § 134 Rn. 6; KPB/*Bork* § 134 Rn. 34; Nerlich/Römermann/*Nerlich* InsO § 134 Rn. 36; Uhlenbruck/*Borries/Hirte* § 134 Rn. 16; aM *v. Campe* S. 204 f.; *Henckel* Kölner Schrift S. 813 (840 Rn. 55); HKInsO/*Thole* § 134 Rn. 6.

[47] AM *Zeuner* Anfechtung Rn. 210 aE.

[48] RG JW 1898, 52 f.; Nerlich/Römermann/*Nerlich* InsO § 134 Rn. 6.

[49] OLG Köln ZIP 1988, 1203 f.

[50] *Schuler* NJW 1958, 1609 (1613).

[51] RGZ 92, 227 (228); RG LZ 1913, 562 f.; OLG Nürnberg KTS 1966, 57 (60); *v. Campe* S. 206; *Jaeger/Henckel* § 134 Rn. 16; Nerlich/Römermann/*Nerlich* InsO § 134 Rn. 4; *Zeuner* Anfechtung Rn. 212.

[52] RGZ 60, 238 (240 f.); HambKommInsO/*Rogge/Leptien* § 134 Rn. 7; *Jaeger/Henckel* KO § 32 Rn. 23; Nerlich/Römermann/*Nerlich* InsO § 134 Rn. 25.

[53] RGZ 105, 305 (308); *v. Campe* S. 215 f.; *Jaeger/Henckel* KO § 32 Rn. 23; MüKoBGB/*Koch* § 525 Rn. 4.

[54] BGH NJW 2017, 3516 (3517) = NZI 2017, 854 (855 f.); BGH BeckRS 2014, 02857; OLG Celle ZIP 2006, 1878 (1880); *Jaeger/Henckel* KO § 32 Rn. 9.

[55] BGH NJW-RR 2017, 496 (500) = NZI 2017, 105 (109) = ZIP 2017, 91 (96).

[56] BGH NJW 2015, 3503 (3504) = NZI 2015, 937 (938); BGH NJW 2012, 1959 (1960 ff.).

[57] HambKommInsO/*Rogge/Leptien* § 134 Rn. 8; *Jaeger/Henckel* KO § 32 Rn. 10; KPB/*Bork* § 134 Rn. 24.

[58] *Bork* NZI 1999, 337 (343); *Jaeger/Henckel* KO § 32 Rn. 9; *Johlke* EWiR 1991, 13; KPB/*Bork* § 134 Rn. 27.

wie eine **Schenkung unter Auflage** anzufechten → Rn. 12. Entgeltlichkeit liegt allerdings vor, sofern der Auftragnehmer hierfür dem Schuldner einen ausgleichenden vermögenswerten Vorteil, etwa in Form einer Versorgungszusage, verspricht.[59] In jedem Einzelfall bedarf es daher einer sorgfältigen Prüfung, ob wirklich eine uneigennützige Treuhand begründet wurde.[60]

b) Bestimmung des Empfängers. Die Anfechtung gemäß § 134 richtet sich gegen denjenigen, der die unentgeltliche Leistung erlangt. Dies ist **nach objektiven Maßstäben** aus der Sicht des Leistungsempfängers zu beurteilen;[61] subjektive Fehlvorstellungen eines Beteiligten sind unerheblich. Insbesondere bei unentgeltlichen Leistungen durch mittelbare Zuwendung kann die Vermögensvermehrung dem Bedachten in anderer Gestalt zukommen als die Vermögensminderung beim Schuldner eintritt.[62] Der Empfänger muss jedoch erkennen, dass es sich um eine freigiebige Leistung des Schuldners handelt.[63] Bei der Übertragung eines Grundstückes unter Übernahme der dinglichen Belastung stellt die (überraschende) Ablösung der Grundschuld durch die Veräußerin nicht nur eine Erfüllung der Darlehensverbindlichkeit gegenüber der gesicherten Bank dar, sondern infolge der eintretenden Lastenfreiheit zugleich eine unentgeltliche Leistung an den Erwerber.[64] **14**

Hat der Schuldner einem Dritten vertraglich **ein eigenes Forderungsrecht verschafft** (§ 328 Abs. 1 BGB), kann sich die Anfechtung auf die Bereitstellung entweder dieses Anspruchs oder des bereits dadurch Erlangten richten.[65] Ein Vertrag zugunsten eines Dritten liegt auch vor, sofern der Insolvenzschuldner mit seinem Arbeitgeber vereinbart, dass dieser die Vergütung an einen Dritten zahlt → § 129 Rn. 79 ff.;[66] § 850h Abs. 1 ZPO schließt eine Gläubigerbenachteiligung und damit die Anfechtung jedenfalls aufgrund des § 35 nicht ohne weiteres aus.[67] **14a**

Sind an dem **Zuwendungsvorgang mehrere Personen beteiligt,** können durch eine einzige Leistung des Schuldners in einem Dreiecksverhältnis vereinbarungsgemäß mehrere Rechtsbeziehungen betroffen werden. Hiervon ist die Fallgruppe zu unterscheiden, in welcher der Schuldner an eine **Zwischenperson** leistet und jene erst den Gegenstand der Leistung in gleicher oder veränderter Form an den an sich **bedachten Empfänger** weitergibt.[68] Für die Anwendung des § 134 entscheidet aber nur, ob der Empfänger unentgeltlich erlangt oder eine ausgleichende Gegenleistung erbracht hat. Die Zwischenperson ist grundsätzlich keinem Anfechtungsanspruch ausgesetzt.[69] Hat der Empfänger keine ausgleichende Gegenleistung erbracht → Rn. 17 ff., greift § 134 gegen ihn ein, auch wenn die Zuwendung nicht unmittelbar aus dem Vermögen des Schuldners stammt. Die mittelbare Leistung steht insoweit der unmittelbaren gleich.[70] Unerheblich ist, ob der Wert des vom Dritten empfangenen Gegenstandes dem des vom Schuldner an eine Zwischenperson Geleisteten objektiv entspricht. Vielmehr entscheidet allein, ob sich die Zwischenperson verpflichtet hat, für die ihr vom Schuldner versprochene Leistung die eigene Leistung an den Dritten zu erbringen.[71] Dieser hat herauszugeben, was **er unentgeltlich erlangt hat,** mag dies objektiv mehr oder weniger wert sein als der vom Schuldner weggegebene Gegenstand.[72] **14b**

Wurde dem Dritten **kein eigenes Recht auf die Leistung** eingeräumt, sondern nur ein ermächtigender Vertrag zu seinen Gunsten geschlossen (vgl. § 328 Abs. 2 BGB), hat dieser vor der tatsächlichen Leistung noch nichts erlangt; eine Anfechtung gegen ihn ist solange nicht möglich.[73] Dies kommt **15**

---

59 BGH NJW-RR 2017, 496 (500) = NZI 2017, 105 (109) = ZIP 2017, 91 (96) = mAnm *Tintelnot* EWiR 2017, 11.

60 RGZ 92, 227 (228 f.) zum Fall der Vermögensübertragung auf die Ehefrau als „Treuhänderin"; zur Anfechtung gegenüber eigennützigen Treuhändern, insbesondere Sicherungsnehmern → Rn. 27 ff. → Rn. 33 f.

61 BGH NZI 2018, 699 = ZIP 2018, 1505.

62 BGH NZI 2018, 699 = ZIP 2018, 1505; BGH ZIP 1982, 76 (77); BGH WM 1955, 407 (409); RGZ 133, 280 (291 f.); RGZ 69, 44 (47 f.); RGZ 43, 83 (84); OLG Celle KTS 1963, 50 (52).

63 BGH NZI 2018, 699 = ZIP 2018, 1505; BGH NJW-RR 2010, 1146 (1147) = ZIP 2010, 531 (532); KPB/*Bork* § 134 Rn. 26.

64 BGH NZI 2014, 397 (398) = NJW-RR 2014, 940 (941).

65 *Jaeger/Henckel* § 134 Rn. 44; KPB/*Bork* § 134 Rn. 28; Uhlenbruck/*Borries/Hirte* § 134 Rn. 83; MüKoAnfG/*Kirchhof* § 4 Rn. 14.

66 *Baur/Stürner* Rn. 18.42 aE; *Hassold* S. 308 ff.; *Jaeger/Henckel* § 134 Rn. 44; KPB/*Bork* § 134 Rn. 28; aM RG JW 1905, 442 Nr. 27.

67 MüKoAnfG/*Kirchhof* § 4 Rn. 14; aM *Jaeger/Henckel* § 134 Rn. 44 aE, der aber in § 36 Rn. 16 zutr. auf die Erweiterung jener Norm verweist.

68 Vgl. hierzu *Kayser* FS Ganter, 2010, 221 (223 ff.).

69 *Kayser* FS Ganter, 2010, 221 (230 f.); vgl. aber BGHZ 193, 129 = BGH NJW 2012, 1959 (1960 ff.).

70 *Jaeger/Henckel* § 134 Rn. 42; Uhlenbruck/*Borries/Hirte* § 134 Rn. 58; MüKoAnfG/*Kirchhof* § 4 Rn. 15.

71 *Jaeger/Henckel* § 134 Rn. 42; KPB/*Bork* § 134 Rn. 26; MüKoAnfG/*Kirchhof* § 4 Rn. 15; Nerlich/Römermann/*Nerlich* § 134 Rn. 28.

72 Ebenso KPB/*Bork* § 134 Rn. 26; MüKoAnfG/*Kirchhof* § 4 Rn. 15.

73 *Jaeger/Henckel* § 134 Rn. 44; KPB/*Bork* § 134 Rn. 28; Nerlich/Römermann/*Nerlich* InsO § 134 Rn. 28.

insbesondere in Betracht, wenn der Insolvenzschuldner ein **Sparbuch** auf den Namen eines Dritten ausstellen ließ, es aber noch selbst in Besitz behält;[74] solange gehört das Sparbuch in die Insolvenzmasse, so dass die Gläubiger nicht benachteiligt sind.[75] Soll ein Sparbuch im Wege der **Schenkung auf den Todesfall** zugewendet werden, kommt eine Anfechtung nach § 134 in Betracht;[76] sie erfasst das Sparguthaben, soweit es noch nicht ausgezahlt worden ist. Sind Zahlungen innerhalb der von § 134 erfassten Zeitspanne erfolgt, sind diese der Masse zuzuführen; sind dagegen Auszahlungen früher erfolgt, können nur diejenigen zurückgefordert werden, die in der Zeitschranke des § 134 getätigt wurden.[77]

16 Eine **Lebensversicherung zugunsten eines Dritten** gewährt diesem das Bezugsrecht im Allgemeinen unentgeltlich.[78] Entgeltlichkeit kommt dagegen in Betracht, wenn die Versicherung als Vergütung für geleistete Dienste, auch bei nachträglicher Einräumung eines unwiderruflichen Bezugsrechtes,[79] oder als Sicherheit vereinbart wurde; ferner ist der Vertrag im Verhältnis zum Versicherer stets entgeltlich.[80] Soweit eine Versicherung dazu dient, den Anspruch eines Kreditgebers auf Kreditrückzahlung zu sichern, unterliegt sie den allgemeinen Regeln für Sicherungsgeschäfte → Rn. 27 ff. → Rn. 33 f. Richtiger Anfechtungsgegner ist ggf. der begünstigte Dritte; mehrere haften nur anteilig;[81] für **Unfallversicherungsverträge** zu Gunsten eines Dritten (§§ 178 ff. VVG)[82] und für **Rentenversicherungsverträge** gilt Entsprechendes; bei letzteren wird typischerweise der Begünstigte sofort berechtigt.[83] Bei einer **Risikolebensversicherung** sind die Erben (widerruflich) bezugsberechtigt, sofern kein anderer Berechtigter benannt ist.[84] Im Einzelnen ist zu unterscheiden:

16a Wurde diesem unentgeltlich ein **unwiderrufliches Bezugsrecht** vor dem durch § 134 Abs. 1 geschützten Zeitraum eingeräumt oder wurde ein zunächst widerrufliches Bezugsrecht vor diesem Zeitraum zu einem unwiderruflichen, kann der Insolvenzverwalter des Versicherungsnehmers vom Bezugsberechtigten im Wege der Anfechtung nicht dessen Berechtigung oder die Versicherungssumme verlangen.[85] Er kann in diesem Fall nur vorbehaltlich des § 143 Abs. 2 die innerhalb der Frist des Abs. 1 vom Insolvenzschuldner durch Prämienzahlungen bewirkte Mehrung des Versicherungsanspruchs für die Masse beanspruchen.[86] Diese drückt sich in dem Anwachsen des Kapitalertrages aus, nicht aber in der Summe der vom Schuldner im Anfechtungszeitraum gezahlten Versicherungsprämien.[87] Unerheblich ist, ob der Versicherer einen Anspruch auf die Prämien hatte, weil darin keine Gegenleistung gerade des Begünstigten liegt.[88]

16b Ist hingegen das Bezugsrecht erst in der Frist des § 134 unwiderruflich geworden, kann der Insolvenzverwalter dessen Gewährung uneingeschränkt anfechten, also auch, wenn es bereits mit Abschluss des Versicherungsvertrages begründet wurde → § 129 Rn. 52.[89] Ist ein Dritter nicht benannt oder sind allgemein die Erben als solche benannt, bleibt der Anspruch aus dem Versicherungsvertrag zunächst im Vermögen des Versicherungsnehmers und ist dort pfändbar. Die für die Anfechtung maßgebliche Rechtshandlung (§ 129 Abs. 1) ist die Begünstigungserklärung, die es dem Benannten ermöglicht, die Versicherungssumme einzufordern.[90] Ist das Bezugsrecht des Dritten noch widerruflich und der Versicherungsfall nicht eingetreten, kann es der Insolvenzverwalter wider-

---

74 Vgl. hierzu BGH NJW 1970, 1181 (1182); BGHZ 46, 198 (199) = NJW 1967, 101 f.

75 *Jaeger/Henckel* § 134 Rn. 45; KPB/*Bork* § 134 Rn. 28.

76 BGH NJW 1975, 382 (383); BGHZ 41, 95 (97) = NJW 1964, 1124 (1125); RGZ 106, 1 (2); FKInsO/*Dauernheim* § 134 Rn. 25; KPB/*Bork* § 134 Rn. 28; Uhlenbruck/*Borries/Hirte* § 134 Rn. 84.

77 *Hess* InsO § 134 Rn. 53; *Jaeger/Henckel* § 134 Rn. 45.

78 BGH NJW-RR 2016, 942 (943); BGH NJW 2013, 232 (233).

79 *Kayser* Rechtsprechung S. 74; aM LG Görlitz ZInsO 2003, 808 (809) mAnm *Bert* EWiR 2002, 585.

80 *Jaeger/Henckel* § 134 Rn. 46; KPB/*Bork* § 134 Rn. 69; Uhlenbruck/*Borries/Hirte* § 134 Rn. 86.

81 MüKoAnfG/*Kirchhof* § 4 Rn. 17.

82 *Jaeger/Henckel* § 134 Rn. 55, auch zur einschränkenden Vermutung des § 179 Abs. 1 Satz 2 VVG; MüKoAnfG/*Kirchhof* § 4 Rn. 17.

83 MüKoAnfG/*Kirchhof* § 4 Rn. 17.

84 OLG Düsseldorf NZI 2008, 501.

85 BGH NJW-RR 2016, 171 (171) = NZI 2016, 35 (36) mAnm *Leithaus*; *Jaeger/Henckel* § 134 Rn. 47, 51 f.; *Jaeger/Henckel* KO § 32 Rn. 36 f.; KPB/*Bork* § 134 Rn. 70a; Nerlich/Römermann/*Nerlich* InsO § 134 Rn. 32; *Wussow* NJW 1964, 1259 (1260).

86 BGH NZI 2013, 258 (259) mAnm *Runge*; BGH ZIP 1997, 1596 (1600); RGZ 153, 220 (228); *Elfring* NJW 2004, 483 (484); *Jaeger/Henckel* § 134 Rn. 49; *Kayser* Rechtsprechung S. 74 f.; Uhlenbruck/*Borries/Hirte* § 134 Rn. 95.

87 HKInsO/*Thole* § 134 Rn. 6; MüKoAnfG/*Kirchhof* § 4 Rn. 18 (Fn. 90).

88 Uhlenbruck/*Borries/Hirte* § 134 Rn. 95; aM RG Gruchot 49 (1905), 1088 (1091 f.).

89 BGHZ 156, 350 (355 f.) = NJW 2004, 214 (215); *Elfring* NJW 2004, 483 (484); *Hasse* VersR 2009, 733 (735); *Kayser* Rechtsprechung S. 70 f.; Uhlenbruck/*Borries/Hirte* § 134 Rn. 94.

90 MüKoAnfG/*Kirchhof* § 4 Rn. 19.

rufen (§ 80);[91] einer Anfechtung bedarf es dann nicht.[92] Für Unfallversicherungsverträge zugunsten eines Dritten (§§ 178 ff. VVG) gilt Entsprechendes.[93]

3. Unentgeltlichkeit. a) Begriff. Eine Leistung ist unentgeltlich, wenn der Erwerb des Empfängers → Rn. 12 ff. in seiner Endgültigkeit **vereinbarungsgemäß nicht von einer ausgleichenden Zuwendung abhängt** → Rn. 12 → Rn. 41 → § 39 Rn. 23.[94] Erforderlich ist also Einigkeit der Beteiligten darüber, dass der Empfänger für die Leistung des Schuldners keinen ausgleichenden Gegenwert erbringen soll;[95] dagegen ist eine Vereinbarung über die Unentgeltlichkeit als solche, etwa iSv § 516 BGB, nicht nötig.[96] Die Einigkeit kann formlos herbeigeführt werden, indem der Schuldner einseitig eine Leistung zuwendet und der Empfänger sie in dem Bewusstsein annimmt, dass von ihm keine Gegenleistung erwartet wird.[97] Umgekehrt bindet die unzutreffende Bezeichnung der tatsächlich von einer Gegenleistung abhängigen Zuwendung als „Schenkung" nicht eine Auslegung; gemäß §§ 133, 157 BGB ist vielmehr der wahre Wille zu erforschen.[98] Nimmt auch nur einer der Beteiligten in tatsächlicher Hinsicht an, dass ein objektiv ausgleichendes → Rn. 21 Entgelt zu erbringen ist, entfällt § 134. Bei sonstigen Fehlvorstellungen ist zu differenzieren: Erhält zB der Anfechtungsgegner objektiv eine unentgeltliche Leistung des Schuldners, so steht der Anfechtung nach § 134 nicht entgegen, dass der Empfänger irrtümlich annahm, die entgeltliche Leistung eines Dritten erlangt zu haben → Rn. 22 ff.; sein guter Glaube wird allein innerhalb des § 143 Abs. 2 geschützt. Gehen jedoch beide Vertragspartner beim Kauf wertloser Anteile nach den objektiven Umständen von einem Austausch-Marktgeschäft aus und sind sie in gutem Glauben von einer Werthaltigkeit des Kaufgegenstands überzeugt, scheidet eine Unentgeltlichkeit aus.[99] Eine übereinstimmende Leistungsbestimmung ist nicht mehr nachträglich abzuändern → Rn. 20. 17

Das ausgleichende Entgelt muss nicht eine Gegenleistung iSd §§ 320 ff. BGB sein → Rn. 18;[100] vielmehr genügt **jeder entsprechend werthaltige Vermögensvorteil,** den insbesondere der Schuldner durch die Rechtshandlung erlangt,[101] zB eine Stundung.[102] Unerheblich sind jedoch nicht rechtlich verknüpfte, sondern vom Insolvenzschuldner mit der Leistung nur mittelbar angestrebte wirtschaftliche Interessen oder Vorteile,[103] und erst recht das rein persönliche Bestreben, durch Großzügigkeit die Zuneigung Nahestehender zu gewinnen[104] oder eine Eheschließung zu erreichen[105] oder die eheliche Lebensgemeinschaft zu fördern.[106] Im **Zwei-Personen-Verhältnis** ist hiernach eine Leistung als unentgeltlich anzusehen, sofern ihr nach dem Inhalt des Rechtsgeschäfts keine Leistung gegenübersteht, dem Leistenden also keine Gegenleistung zukommen soll, die dem aufgegebenen Vermögens- 17a

---

[91] BGH NJW 2012, 678 = NZI 2012, 76 zum Recht des Insolvenzverwalters, die Kapitallebensversicherung zu kündigen und den Rückkaufwert zur Masse zu ziehen; Uhlenbruck/*Borries/Hirte* § 134 Rn. 91.

[92] *Armbrüster/Pilz* KTS 2004, 481 (499); *Bork* NZI 2018, 1 (3 f.); *Heilmann* KTS 1969, 40 (41); *Jaeger/Henckel* KO § 32 Rn. 43; *Robrecht* DB 1967, 453; Uhlenbruck/*Borries/Hirte* § 134 Rn. 91; vgl. RG LZ 1914, 955 f. zur Anfechtbarkeit des Verzichts auf ein Widerrufsrecht.

[93] BGH ZIP 2018, 1606 = WM 2018, 1565 = DB 2018, 1983; FKInsO/*Dauernheim* § 134 Rn. 25 aE; *Jaeger/Henckel* KO § 32 Rn. 45.

[94] BGH NJW 2019, 1446 = WM 2019, 592 = ZInsO 2019, 723; BGH NJW-RR 1993, 1379 (1381); BFHE 125, 500 (506 f.); OLG Nürnberg KTS 1966, 57 (60); AGR/*Gehrlein* § 134 Rn. 6; *Hess* InsO § 134 Rn. 11; HKInsO/*Thole* § 134 Rn. 7; *Klinck* ZIP 2017, 1589 (1591); *Bartels* S. 307 ff.; KPB/*Bork* § 134 Rn. 37 ff.; Nerlich/Römermann/*Nerlich* InsO § 134 Rn. 7; *Thole* Gläubigerschutz S. 442.

[95] *Schäfer* S. 342 f.

[96] BGH ZInsO 2018, 1841 (1844) = WM 2018, 1560 (1563) = ZIP 2018, 1601 (1604); BGH NJW-RR 1993, 1379 (1381); BGHZ 113, 393 (396) = NJW 1991, 1610 (1611); BGH WM 1991, 331 (332); BGHZ 113, 98 (103) = NJW 1991, 560 (561); BGHZ 71, 61 (69) = NJW 1978, 1326 (1327); FKInsO/*Dauernheim* § 134 Rn. 9; HKInsO/*Thole* § 134 Rn. 13.

[97] HambKommInsO/*Rogge/Leptien* § 134 Rn. 13.

[98] Vgl. OLG Karlsruhe ZInsO 2003, 999 (1001).

[99] BGH NJW-RR 2017, 427 (429) = NZI 2017, 68 (69); krit. *Klinck* ZIP 2017, 1589 (1594 f.); aM *Bork* NZI 2018, 1 (3 f.), der Irrtümer für unerheblich hält, weil der Anfechtungsgegner über § 143 Abs. 1 Satz 2 und Abs. 2 keinen besonderen Vertrauensschutz verdient.

[100] BGH ZInsO 2018, 1841 (1844 f.) = WM 2018, 1560 (1563 f.) = ZIP 2018, 1601 (1605); BGH BeckRS 2018, 4972 = ZIP 2018, 792; BGH NJW-RR 2012, 1513 (1516); BGH NZI 2010, 439; Uhlenbruck/*Borries/Hirte* § 134 Rn. 19.

[101] *v. Campe* S. 205; FKInsO/*Dauernheim* § 134 Rn. 12; RG JW 1905, 442 f. zu § 3 Nr. 3 AnfG aF.

[102] RG JW 1913, 608 (609); HambKommInsO/*Rogge/Leptien* § 134 Rn. 13.

[103] BGH NJW-RR 2006, 1136, (1137); BGH 2006, 1555 (1557).

[104] RG LZ 1910, 558 f.

[105] *Jaeger/Henckel* KO § 32 Rn. 47; aM RGZ 62, 273 ff.; RG JW 1906, 462; RG 1908, 71; RG 1913, 278; RG 1916, 588; Uhlenbruck/*Borries/Hirte* § 134 Rn. 21 aE.

[106] Zu ehebedingten Zuwendungen → Rn. 36.

wert[107] oder der eingegangenen Verpflichtung[108] entspricht. Im Zuge einer Vertragsübernahme müssen daher den erlangten Rechten die übernommenen, bislang dem Schuldner obliegenden Pflichten wertmäßig gegenübergestellt werden.[109] Fließt ihm vereinbarungsgemäß ein entsprechender Gegenwert zu, bedarf es allerdings nicht einer synallagmatischen Verknüpfung iSd §§ 320 ff. BGB.[110] Vielmehr reichen konditionale oder kausale Verknüpfungen (Zweckvereinbarung, Geschäftsgrundlage, konkludente Parteiabrede etc) aus.[111] An einem endgültigen, vom Empfänger nicht auszugleichenden, freigiebigen Vermögensverlust fehlt es, wenn dem Schuldner ein Bereicherungsanspruch aus § 812 BGB zusteht.[112] Wendet der Schuldner im **Mehr-Personen-Verhältnis** eine Leistung einem Dritten zu, um bspw. seinen Verpflichtungen gegenüber dem Schuldner des Dritten zu genügen, erweist sich diese Formel allerdings als nicht brauchbar. Denn es fehlt an einer Abrede mit dem Zuwendungsempfänger, aus der sich dessen Gegenleistung ergeben könnte.[113] Hält man in der Insolvenz des Zuwendenden mit der Rspr.[114] und der ganz überwiegend vertretenen Literaturmeinung den Empfang derartiger Drittleistungen für im Grundsatz nach Abs. 1 anfechtbar,[115] bedarf es einer die Anfechtung einschränkenden Korrektur, die sich allein aus dem **Vermögensopfergedanken** ergeben kann:[116] Bezahlt der Verfügende die gegen einen Dritten gerichtete Forderung des Zuwendungsempfängers, besteht dessen Gegenleistung regelmäßig darin, dass er mit der Leistung, die er nach § 267 Abs. 2 BGB nur bei Widerspruch seines Schuldners (des Dritten) ablehnen kann, eine werthaltige Forderung gegen diesen verliert. Darin liegt ein **Vermögensopfer,** das die Schenkungsanfechtung ausschließt. Ist hingegen die Forderung des Zuwendungsempfängers gegen den Dritten wertlos, verliert er wirtschaftlich nichts, was als Gegenleistung für eine Zuwendung angesehen werden könnte. Der Zuwendungsempfänger ist dann gegenüber den Insolvenzgläubigern des Verfügenden nicht schutzwürdig, weil er ohne die Drittleistung, auf die er keinen Anspruch hatte, seine Forderung nicht hätte durchsetzen können. In diesen Fällen ist die Tilgung einer fremden Schuld als unentgeltliche Leistung anfechtbar → Rn. 31 ff. → Rn. 33 ff.[117]

17b Eine **bleibende Bereicherung** des Empfängers ist nicht nötig → Rn. 12. Die Erfüllung einer eigenen entgeltlichen, rechtsbeständigen Schuld schließt als Gegenleistung die dadurch bewirkte Schuldbefreiung mit ein → Rn. 26. Dagegen ist die **Bezahlung einer von Rechts wegen nicht bestehenden Schuld** unentgeltlich; die irrige Annahme sogar beider Beteiligter über die Wirksamkeit der Schuld vermag kein Entgelt zu schaffen → Rn. 22,[118] und auch § 131 schließt den § 134 nicht aus → Vor § 129 Rn. 94 → § 131 Rn. 4. Eine Leistung ohne Rechtsgrund erfüllt jedoch nicht stets die Voraussetzungen einer unentgeltlichen Leistung → Rn. 22.[119] Zur Behandlung bei nur zT erfolgendem Ausgleich („gemischte Schenkung") → Rn. 41 f. Die **Erfüllung einer bloßen Anstandspflicht,** die über die Grenzen des Abs. 2 hinausgeht, stellt keinen Ausgleich im Verhältnis zu den Insolvenzgläubigern dar.[120] Die Zwangsvollstreckung in Vermögen, das materiell nicht für die Verbindlichkeiten des Titelschuldners haftet, ist gegenüber dem Berechtigten unentgeltlich, solange dieser die Folgen des Eingriffs rückgängig machen kann und die titulierte Forderung deshalb insoweit auch nicht endgültig erloschen ist → § 145 Rn. 30.[121] Maßgebend für die Ermittlung der Entgeltlichkeit ist der **Gesamtvorgang unter wirtschaftlicher Betrachtungsweise.**[122]

---

[107] BGH NJW 2019, 1446 = WM 2019, 592 ZInsO 2019, 723; BGH ZIP 2018, 1606 = WM 2018, 1565 = DB 2018, 1983; BGH NJW 2017, 2199 = NZI 2017, 669 (670); BGH NZI 2016, 359 mAnm *Bork* EWiR 2016, 209; BGHZ 174, 228 (231) = NJW 2008, 655; *Klinck* ZIP 2017, 1589 (1591); *Thole* S. 220.

[108] BGH NZI 2012, 562 (565); BGH NJW-RR 2016, 689 = NZI 2016, 80 mAnm *Seelinger.*

[109] BGH NJW-RR 2018, 626 (628) = NZI 2018, 491 (492) = ZIP 2018, 792 (793).

[110] BGH ZInsO 2018, 1841 (1844 f.) = WM 2018, 1560 (1563 f.) = ZIP 2018, 1601 (1605).

[111] BGH ZInsO 2018, 1841 (1844 f.) = WM 2018, 1560 (1563 f.) = ZIP 2018, 1601 (1605).

[112] BGH NJW 2019, 1466 = WM 2019, 592 = ZInsO 2019, 723.

[113] *Kayser* WM 2007, 1 (4).

[114] Grundlegend BGHZ 162, 276 (280) = NJW 2005, 1867 (1868); BGH NZI 2006, 524 (525); BGHZ 174, 228 (231) = NJW 2008, 655.

[115] Zum Meinungsstand vgl. *Thole* S. 226 ff.; ablehnend *Henckel* ZIP 2004, 1671 (1674); *Herrlich/Merkel* WM 2010, 2343 (2344 ff.); *Wazlawik* NZI 2010, 881 (885).

[116] *Kayser* WM 2007, 1 (4 ff.); krit. *Thole* S. 468; *ders.* KTS 2011, 219 (221 f.).

[117] BGHZ 174, 228 (231) = NJW 2008, 655; BGH NJW 2016, 1738 = NZI 2016, 307 (308) mAnm *Leithaus*; *Gehrlein* S. 272 f.

[118] BGH NJW 2014, 305 (308); BGHZ 179, 137 (140) = NJW 2009, 363 mAnm *Gerhardt* EWiR 2002, 1055.

[119] Grundlegend und zum Meinungsstand BGH NJW 2017, 2199 (2200) mAnm *Jacoby* EWiR 2017, 403.

[120] OLG Dresden LZ 1910, 243 (244); OLG Hamm ZIP 1992, 1755 (1757); FKInsO/*Dauernheim* § 134 Rn. 34; aM BFHE 138, 416 (420); *Jaeger/Henckel* KO § 32 Rn. 47.

[121] Zur eingeschränkten Anfechtbarkeit → Rn. 7 → Rn. 11.

[122] BGHZ 41, 298 (300); OLG Jena LZ 1911, 241 f. Allerdings richtet sich die Anfechtung gegen die einzelnen „Leistungen" in diesem umfassend ausgewerteten Gesamtvorgang: vgl. BGHZ 57, 123 (125) = NJW 1972, 48.

Entscheidend ist, ob die Gegenleistung im oben dargestellten Sinn **vereinbart** war → Rn. 17; bleibt eine solche später aus, stehen dem Insolvenzverwalter hiergegen ggf. die vertraglichen oder allgemeinen gesetzlichen Behelfe zu, nicht aber die Anfechtung aus Abs. 1.[123] Die Vermögenslage des Schuldners im Zeitpunkt der Leistung ist unerheblich: Eine Freigebigkeit kann anfechtbar werden, wenn der spätere Insolvenzschuldner trotz ihrer Vornahme zunächst noch über ausreichendes Vermögen verfügte und dieses erst später einbüßte → Rn. 43. Dass die Leistung des Schuldners freiwillig erfolgt, wird nicht vorausgesetzt.[124] 17c

Die **Gegenleistung kann auch an Dritte** erbracht werden → Rn. 17a; entscheidend für eine Entgeltlichkeit ist, ob der jeweilige Leistungsempfänger seinerseits eine ausgleichende, konditionale oder kausale, nicht notwendigerweise synallagmatische Gegenleistung – zB im Valutaverhältnis – zu erbringen hat → Rn. 14 → Rn. 17a → Rn. 28 ff.[125] Hat umgekehrt der Empfänger der Leistung des Insolvenzschuldners dafür keinen Vermögenswert aufzuwenden, kann die Leistung gleichwohl entgeltlich sein, wenn der Insolvenzschuldner etwas **von einem Dritten erhält** und zwischen seiner Leistung und der ausgleichenden Gegenleistung des Dritten ein ausreichender rechtlicher Zusammenhang liegt.[126] Hierfür reicht wiederum eine konditionale oder kausale, nicht zwingend synallagmatische Verknüpfung (Zweckvereinbarung, Geschäftsgrundlage, konkludente Parteiabrede, öffentlich-rechtliche Abreden etc) aus.[127] Insbesondere bei gemeinsamer Verpflichtung mehrerer gegenüber einem Gläubiger gilt: Verzichtet der spätere Insolvenzschuldner hierbei im Innenverhältnis auf den ihm von Rechts wegen zustehenden Ausgleichsanspruch, ohne dass der hierdurch Begünstigte dafür etwas aufzuwenden hat, wird der Leistende (Insolvenzschuldner) zwar mit der Zahlung von einer eigenen Schuld gegenüber dem Gläubiger frei, bewirkt damit jedoch zugleich eine unentgeltliche Zuwendung an den begünstigten Mithaftenden.[128] Verpflichten sich Eltern, ihrem Kind ein Grundstück lastenfrei zu schenken, so stellen auch die nach der Übereignung geleisteten Zins- und Tilgungszahlungen an Drittgläubiger zur Ablösung dinglicher Belastungen selbständige unentgeltliche Leistungen an das Kind dar; nur die Grundpfandgläubiger selbst erlangen die Zahlungen zum Ausgleich ihrer gesicherten Forderungen entgeltlich.[129] Im Fall der Verpflichtung zur lastenfreien Übertragung ist die spätere Ablösung des bei der Übertragung zunächst bestehen gebliebenen Grundpfandrechts als selbständige unentgeltliche Leistung an den Beschenkten anfechtbar → Rn. 14.[130] 18

Bei sämtlichen anderen Leistungen aus Verpflichtungsgeschäften → Rn. 7 ff. richtet sich die **Unentgeltlichkeit nach dem Grundgeschäft.** Aus diesem ist abzuleiten, ob die isolierte Leistung – insbesondere eine abstrakte Verfügung – von einer ausgleichenden Zuwendung abhängt und damit entgeltlich oder unentgeltlich ist.[131] Bei der Bestellung von Sicherheiten ist Grundlage regelmäßig die Sicherungsabrede (Zweckvereinbarung).[132] 19

b) Maßgeblicher Zeitpunkt. Maßgebender Zeitpunkt für eine Beurteilung der Unentgeltlichkeit ist nach allgemeinen Grundsätzen derjenige der Vornahme der jeweils angefochtenen Leistung,[133] der gemäß § 140 zu bestimmen ist. Der Zeitpunkt des **Abschlusses des Kausalgeschäfts** 20

---

123 BGH NJW 1999, 1033 f.; BGH BeckRS 2007, 11162; HambKommInsO/*Rogge/Leptien* § 134 Rn. 13; *Jaeger/Henckel* KO § 32 Rn. 7; *Klinck* ZIP 2017, 1589 (1591); Uhlenbruck/*Borries/Hirte* § 134 Rn. 22.

124 OLG Nürnberg KTS 1966, 57 (60); *Jaeger/Henckel* KO § 32 Rn. 7 aE.

125 BGH ZInsO 2018, 1841 (1844) = WM 2018, 1560 (1563) = ZIP 2018, 1601 (1604); BGH NJW-RR 2017, 496 (500) = NZI 2017, 105 (109) = ZIP 2017, 91 (96); BGH ZInsO 2007, 598 (599); BGH NJW-RR 2006, 1555 (1556); BGHZ 162, 276 (282) = NZI 2005, 323 (324); BGHZ 141, 96 (99 f.); BGHZ 121, 179 (183) = NJW 1993, 663 (664); BGH NJW 1992, 2421 (2422 f.); BGHZ 41, 298 (302) = NJW 1964, 1960 (1961); OLG Schleswig WM 1982, 25 (28); OLG Hamm ZIP 2002, 313 (314); *Gerhardt* KTS 2004, 195 (197); HambKommInsO/*Rogge/Leptien* § 134 Rn. 14; HKInsO/*Thole* § 134 Rn. 8; *Kayser* WM 2007, 1 (4 f.); *Kirchhof* FS Fuchs, 1996, 97 (99 f.).

126 BGH ZInsO 2018, 1841 (1844) = WM 2018, 1560 (1563) = ZIP 2018, 1601 (1604).

127 BGH ZInsO 2018, 1841 (1844 f.) = WM 2018, 1560 (1563 f.) = ZIP 2018, 1601 (1605).

128 BGHZ 141, 96 (101).

129 BGHZ 141, 96 (100 ff.).

130 BGH NJW-RR 2014, 940 (941) = NZI 2014, 397 (398) mAnm *Mohr.*

131 BGH ZIP 2018, 1606 (1607) = WM 2018, 1565 (1566) = DB 2018, 1983 f.; BGHZ 121, 179 (183) = NJW 1993, 663 (664); BGH NJW-RR 2014, 940 (941) = NZI 2014, 397 (398) mAnm *Mohr*; *v. Campe* S. 205; *Jaeger/Henckel* KO § 32 Rn. 3, 7; Nerlich/Römermann/*Nerlich* InsO § 134 Rn. 8; *Prütting* KTS 2005, 253 (257 f.).

132 *Jaeger/Henckel* KO § 32 Rn. 4, *Kirchhof* FS Fuchs, 1996, 97 (102).

133 BGHZ 162, 276 (281) = NZI 2005, 323 (324); BGH NJW-RR 1993, 1379 (1381); BGH NJW 1983, 1679 (1680); BGHZ 41, 17 (19) = NJW 1964, 1277 (1278); OLG Nürnberg KTS 1966, 57 (62); FKInsO/*Dauernheim* § 134 Rn. 35; KPB/*Bork* § 134 Rn. 41; Nerlich/Römermann/*Nerlich* InsO § 134 Rn. 37; Uhlenbruck/*Borries/Hirte* § 134 Rn. 36.

ist also stets maßgebend, wenn nur dieses angefochten wird → § 140 Rn. 9.[134] Werden dagegen abstrakte Verfügungsgeschäfte oder **isolierte Leistungen nicht-rechtsgeschäftlicher Art** angefochten, ist grundsätzlich auf deren Vornahme – regelmäßig also deren Vollendung (§ 140) – abzustellen: Bis zu diesem Zeitpunkt steht es den Beteiligten frei, den Leistungszweck zu bestimmen oder zu ändern. Nachträglich kann die Leistungsbestimmung nicht mehr wirksam geändert, dürfen also insbesondere zuvor unentgeltlich erbrachte Leistungen nicht mehr als entgeltliche neu bestimmt werden;[135] die Beteiligten können nur die zuvor eingetretene Gläubigerbenachteiligung gemäß allgemeinen Grundsätzen wieder beseitigen.[136] Wird allerdings ein gegenseitig verpflichtender Vertrag bis zur Leistung nicht verändert, so bleibt die darin enthaltene Bewertung von Leistung und Gegenleistung unverändert auch für das Erfüllungsgeschäft maßgebend → Rn. 19. Dementsprechend ist eine als Kaufpreis bestimmte Leistung des Schuldners unentgeltlich, wenn die Beteiligten sich bei ihrer Erbringung darüber einig waren, dass die als Gegenleistung zu liefernde Ware wertlos war; dagegen ist die Erfüllung eines Kaufvertrages nicht deshalb unentgeltlich, weil die vom Schuldner gekaufte Ware erst nach Vertragsschluss – vor oder nach der Übergabe – ihren Wert verliert.[137] Anderenfalls würde das vertraglich vereinbarte Synallagma nachträglich aufgelöst. Dieses muss auch bei einem echten entgeltlichen Vertrag zugunsten Dritter (§ 328 BGB) erhalten bleiben.[138]

21 **Ohne bindende vertragliche Preisabsprachen** kann jedoch die maßgebliche Wertrelation nicht durch bloße kausale Leistungsbestimmungen festgelegt werden. Dies gilt insbesondere bei **Leistungen im Drei-Personen-Verhältnis** außerhalb des § 328 BGB. In diesen Fällen sind Leistungen allein auf den **Zeitpunkt ihrer Erbringung** → Rn. 20 zu bewerten. Ist zu dieser Zeit die für die Leistung des Insolvenzschuldners von ihrem Empfänger als ausgleichend zu erbringende Zuwendung wertlos, so ist jene Leistung unentgeltlich. Das trifft bspw. zu, wenn der Insolvenzschuldner Verbindlichkeiten eines inzwischen zahlungsunfähig gewordenen Dritten tilgt; ob dessen Gläubiger dem Dritten dafür vorher werthaltige Leistungen erbracht hatten, ist unerheblich → Rn. 31.[139]

22 **c) Objektiver Wertvergleich.** Darüber, ob die Leistung des Schuldners bestimmungsgemäß nicht vollwertig durch einen Vorteil ausgeglichen wird und damit unentgeltlich ist → Rn. 17, entscheidet im Ansatz allein der **objektive Vergleich der ausgetauschten Werte.** Leistung und Gegenleistung müssen dabei nicht durch ein vertragliches Synallagma verknüpft sein.[140] Maßgeblich ist, ob sich Leistung und Gegenleistung in ihrem jeweils objektiv zu ermittelnden Wert entsprechen; subjektive Vorstellungen und Absichten von Schuldner und Empfänger treten demgegenüber in ihrer Bedeutung zurück → Rn. 17b → Rn. 40.[141] Wegen des gläubigerschützenden Normzwecks des § 134 können die zu § 516 BGB entwickelten subjektiven Abgrenzungsmerkmale nur eingeschränkt angewendet werden: Eindeutig irreale Vorstellungen der Beteiligten über Gegenleistungen verschaffen den Insolvenzgläubigern kein Zugriffsobjekt. Deshalb ist der **einseitige Irrtum des Empfängers** über den objektiven Wert der von ihm erbrachten Gegenleistung oder darüber, dass sich seine Gegenleistung auf die vom Schuldner erbrachte Leistung bezieht, für die Frage der Entgeltlichkeit der Schuldnerleistung ohne Bedeutung.[142] Unentgeltlichkeit liegt deshalb bei der Tilgung der wertlosen Forderung eines Dritten durch den Insolvenzschuldner auch dann vor, wenn der Dritte (Gläubiger) die Wertlosigkeit nicht kennt.[143]

---

[134] BFHE 133, 501 (507); *Jaeger/Henckel* KO § 32 Rn. 19.

[135] BFHE 149, 204 (209 f.) = NJW 1988, 3174 (3175); HambKommInsO/*Rogge/Leptien* § 134 Rn. 16; KPB/*Bork* § 134 Rn. 41; Uhlenbruck/*Borries/Hirte* § 134 Rn. 22, 37 aE.

[136] *Jaeger/Henckel* KO § 32 Rn. 7, 19.

[137] RGZ 50, 134 (136); *Jaeger/Henckel* KO § 32 Rn. 19; Uhlenbruck/*Borries/Hirte* § 134 Rn. 37.

[138] Uhlenbruck/*Borries/Hirte* § 134 Rn. 22. Darauf geht weder BGHZ 141, 96 (101) noch BGHZ 162, 276 (281 f.) = NZI 2005, 323 ein; zur nachträglichen Vergütung von Diensten → Rn. 38.

[139] BGHZ 162, 276 (281 f.) = NZI 2005, 323 (324); BGH NJW-RR 2006, 1136 (1137), BGH BeckRS 2006, 04886; OLG Koblenz ZIP 2005, 540 (541 f.), *Gundlach/Frenzel/Schmidt* InVo 2004, 485 (487 f.); aM OLG Koblenz WM 2004, 1931 (1932 f.); *Henckel* ZIP 2004, 1671 (1674).

[140] BGH NZI 2010, 439; BGH NJW-RR 2012, 1513 (1516); BGH ZIP 2018, 792; Uhlenbruck/*Borries/Hirte* § 134 Rn. 19.

[141] BGH NZI 2004, 376 (378 f.); BGH NJW 1997, 866 (867); BGH NJW-RR 1993, 1379 (1381); BGHZ 113, 98 (102 f.) = NJW 1991, 560 (561); BGHZ 113, 393 (395 ff.) = NJW 1991, 1610 (1611); BGH WM 1978, 671 (674); BFHE 133, 501 (507); LAG Hamm ZIP 1998, 920 (921 f.); *Bork* NZI 2018, 1 (3 f.); *Gerhardt* KTS 2004, 195 (198); Gottwald/*Huber* § 49 Rn. 11; HKInsO/*Thole* § 134 Rn. 14; aM OLG Koblenz NZI 2000, 84 (85); *Kamlah* S. 86 f., krit. *Holzapfel* S. 24 f.

[142] RGZ 51, 412 (416); HKInsO/*Kreft* § 134 Rn. 9; vgl. auch *Ganter* NZI 2015, 249 (257 f.), der danach differenziert, ob der Schuldner dem ahnungslosen Vertragspartner etwas Gutes tun möchte (dann Unentgeltlichkeit) oder ob er ein eigensüchtiges, über den Geschäftszweck hinausgehendes Ziel bezweckt (dann Entgeltlichkeit).

[143] BGH NJW-RR 2006, 1136 (1137); BGHZ 162, 276 (280 f.) = NZI 2005, 323 (324); Uhlenbruck/*Borries/Hirte* § 134 Rn. 68 aE.

Für einen Irrtum des leistenden Schuldners, der den angemessenen Bewertungsspielraum → Rn. 40 zweifelsfrei übersteigt, kann nichts anderes gelten.[144] Allerdings fehlt es an einer Unentgeltlichkeit, sofern **beide Teile irrtümlich** nach den objektiven Umständen von einem Austausch-Marktgeschäft ausgehen und in gutem Glauben von einer Werthaltigkeit des Kaufgegenstands überzeugt sind → Rn. 17.[145] Unentgeltlichkeit liegt allerdings vor, wenn der Schuldner **irrtümlich eine vermeintliche, in Wirklichkeit aber nicht bestehende Schuld** „erfüllt", und zwar auch dann, wenn der Leistungsempfänger irrtümlich vom Bestehen der Forderung ausgegangen ist → § 39 Rn. 27.[146] Eine hierdurch eingetretene Gläubigerbenachteiligung wird nicht dadurch ausgeschlossen, dass auch andere Rückforderungsmöglichkeiten – insbesondere nach § 812 BGB – bestehen mögen → § 129 Rn. 101b. Die Anfechtung gemäß § 134 kann mit Bereicherungsansprüchen konkurrieren, ohne dass ihr zB § 814 BGB entgegensteht → Rn. 45.[147] Ferner kann es wegen der **Objektivierung des Begriffs der Unentgeltlichkeit** nicht darauf ankommen, ob die Beteiligten die Unwirksamkeit eines Vertrages erkannten; die Abgrenzung gegenüber § 132 mit viel kürzerer Anfechtungsfrist oder gegenüber § 133 Abs. 4 hängt nicht von der subjektiven Einstellung der Beteiligten ab → § 132 Rn. 12 → § 133 Rn. 41.[148] Allerdings ist kein genereller Schluss von der Rechtsgrundlosigkeit auf die Unentgeltlichkeit anzunehmen. Nimmt der Schuldner bei einer tatsächlich nicht bestehenden Schuld irrtümlich an, zu einer entgeltlichen Leistung verpflichtet zu sein – leistet er also unbewusst auf eine Nichtschuld – liegt keine Unentgeltlichkeit vor. Es fehlt in diesem Fall aufgrund des ihm zustehenden ausgleichenden Bereicherungsanspruchs gegen den Empfänger an einem endgültigen und freigiebigen Vermögensverlust.[149] Allerdings ist die bewusste Erfüllung einer Nichtschuld unentgeltlich, sofern dem gleichzeitig bestehenden bereicherungsrechtlichen Rückforderungsanspruch § 814 BGB entgegensteht.[150] Gleiches gilt für einen Kondiktionsausschluss aufgrund Gesetzes- oder Sittenverstoßes (§ 817 Satz 2 BGB).[151]

Erst wenn feststeht, dass – objektiv betrachtet – der Schuldner oder ein Dritter überhaupt einen Gegenwert für die Leistung bestimmungsgemäß erhalten hat oder ihm eine werthaltige Leistung versprochen wurde, ist Raum für eine Prüfung, ob die Beteiligten die erbrachte oder versprochene Gegenleistung als Entgelt angesehen haben oder ob mit der Leistung des Schuldners Freigebigkeit bezweckt war → Rn. 40 f.[152] **Einseitige Vorstellungen des Schuldners** über mögliche wirtschaftliche Vorteile, die in keiner rechtlichen Abhängigkeit zu seiner Leistung stehen, zB verbesserte Verkaufsaussichten oder Verdeckung eines vorangegangenen Betruges, vermögen eine Entgeltlichkeit ebenso wenig zu begründen[153] wie die **bloße Hoffnung auf eine Gegenleistung.**[154] Vereinbart der Schuldner mit seinem Vertragspartner, dass eine von diesem verdiente Belohnung zur Hälfte an dessen Ehegatten gezahlt wird, um insoweit den Schenkungssteuerfreibetrag auszunutzen, so ist die Zahlung an den Ehegatten auch dann unentgeltlich, wenn der beabsichtigte steuerliche Erfolg aus Rechtsgründen nicht eintritt.[155] Werbegeschenke oder Bestechungsgelder sind sogar dann unentgelt- 23

---

144 AM *Ganter* NZI 2015, 249 (258 f.), der in diesem Fall Entgeltlichkeit annimmt.

145 BGH NJW-RR 2017, 427 (429) = NZI 2017, 68 (69); krit. *Klinck* ZIP 2017, 1589 (1594 f.); aM *Bork* NZI 2018, 1 (3 f.), der Irrtümer für unerheblich hält, weil der Anfechtungsgegner über § 143 Abs. 1 Satz 2 und Abs. 2 keinen besonderen Vertrauensschutz verdient.

146 BGHZ 179, 137 (140) = NJW 2009, 363; im Anschluss hieran BGH NJW 2014, 305 (308); aM aufgrund früherer, allein auf die Willensrichtung abstellender Betrachtungsweise entsprechend § 516 BGB: RG Gruchot 59 (1915), 521 (522 f.); OLG Hamm ZIP 1992, 1755 (1756 f.); OLG Koblenz NZI 2000, 84 (85); LG Köln ZInsO 2006, 165 (166); FKInsO/*Dauernheim* § 134 Rn. 11; *v. Campe* S. 208 f.; aufgrund Verweisung auf andere Anspruchsgrundlagen LG Köln ZInsO 2005, 165 (166); *Henckel* ZIP 1990, 137 (140); *Gerhardt* KTS 2004, 195 (198); *Zeuner* Anfechtung Rn. 220.

147 BGH NJW 2009, 363 (364 f.); *Gerhardt* ZIP 1991, 273 (283); Uhlenbruck/*Borries/Hirte* § 134 Rn. 47.

148 *Bork* NZI 2018, 1 (3 f.); HambKommInsO/*Rogge/Leptien* § 134 Rn. 15a aE; *Zeuner* Anfechtung Rn. 220.

149 BGH NJW 2017, 2199 (2200) mAnm *Jacoby* EWiR 2017, 403; *Bork* NZI 2018, 1 (3 f.); krit. *Klinck* ZIP 2017, 1589 (1591 ff.); BGH NJW 2017, 3516 (3517 f.); Nerlich/Römermann/*Nerlich* InsO § 134 Rn. 34; aM AGR/*Gehrlein* § 134 Rn. 6; unter Verweis auf die Anspruchskonkurrenz *Geißler* ZInsO 2015, 2349 (2353); *Ludwig* ZInsO 2016, 891 (894).

150 BGH NJW 2017, 3516 (3517 f.); BGH NJW 2017, 2199 (2200) = NZI 2017, 669 (671); *Bork* NZI 2018, 1 (3 f.); BGH NJW 2015, 1672 (1677) mAnm *Bork* EWiR 2015, 219 anknüpfend an BGH NZI 2011, 107 ff. zu einer trotz qualifizierten Rangrücktritts im Stadium der Insolvenzreife bewirkten Zahlung; *Bartels* S. 309 f.

151 *Madaus/Wilke/Knauth* ZIP 2018, 2293 (2296 ff.).

152 BGHZ 113, 98 (102) = NJW 1991, 560 (561); BGHZ 113, 393 (397) = NJW 1991, 1610 (1611); BGH WM 1978, 671 (674), BGH WM 1991, 331 (332); HKInsO/*Kreft* § 134 Rn. 9; KPB/*Bork* § 134 Rn. 44.

153 BGHZ 113, 98 (103 f.) = NJW 1991, 560 (562); BGH WM 1978, 671 (674); BGH WM 1991, 331 (333); HKInsO/*Thole* § 134 Rn. 14; Nerlich/Römermann/*Nerlich* InsO § 134 Rn. 9.

154 BGH NZI 2008, 369; OLG Celle NJW 1990, 720; HambKommInsO/*Rogge/Leptien* § 134 Rn. 19; HKInsO/*Thole* § 134 Rn. 14.

155 BGH NJW-RR 2006, 1555 (1556 f.).

lich, wenn sie letztlich zur erhofften Auftragserteilung führen. Gibt der Schuldner ein Vermögensgut weg, dem ein Wert im Geschäftsverkehr üblicherweise zukommt und das deshalb regelmäßig nur gegen Entgelt übertragen wird, so ist grundsätzlich von der Werthaltigkeit jenes Guts auszugehen; werthaltig ist danach insbesondere der **arbeitsvertragliche Anspruch des Arbeitgebers** auf die Dienste seiner Arbeitnehmer,[156] und zwar idR auch in der Freistellungsphase.[157]

24 Dementsprechend sind, außer Schenkungen iSv § 516 BGB → Rn. 6, regelmäßig unentgeltlich: Ein vom Insolvenzschuldner bewilligter **Schuldenerlass** (§ 397 BGB); die Haftentlassung aus einer Grundschuld (die Löschung einer nicht mehr valutierenden Grundschuld ist als Erfüllung einer schuldrechtlichen Verpflichtung entgeltlich → Rn. 26);[158] der Verzicht auf die grundschuldmäßige Absicherung einer fortbestehenden Forderung;[159] der Abschluss eines äußerlich entgeltlichen Geschäfts nur zum Schein, um eine Freigebigkeit zu verdecken („verschleierte Schenkung") → Rn. 41a, das **vollstreckbare Anerkenntnis** (§ 794 Abs. 1 Nr. 5 ZPO) **einer nicht bestehenden Schuld**[160] und Leistungen des Insolvenzschuldners, denen als „Gegenleistung" nur die Abtretung einer wertlosen Forderung[161] oder Lieferung einer wertlosen Sache gegenübersteht. Unentgeltlich sind ferner Spenden → Rn. 17a → § 39 Rn. 25;[162] eine steuerliche Abzugsfähigkeit ist keine Gegenleistung.[163] Auch die **Schenkung eines belasteten Gegenstands** ist unentgeltlich; nur die dadurch verursachte Gläubigerbenachteiligung ist im Umfang der Belastung eingeschränkt → § 129 Rn. 109.[164] Daher ist bei einer Grundstücksschenkung die Bewilligung eines Nießbrauchs für den Schenker kein ausgleichender Gegenwert.[165] Dagegen kann die vereinbarte **Freistellung des Veräußerers von Schulden** eine Gegenleistung darstellen. Verschenkt ein Schuldner seinen Miteigentumsanteil an einen Miteigentümer, werden oft zugleich die anteiligen Ansprüche des Schuldners auf Rückgewähr nicht mehr valutierender Grundschulden unentgeltlich zugewendet.[166] Der **Verzicht auf ein künftiges Pflichtteilsrecht** nach einem insolventen Schuldner hat durchweg für die Insolvenzgläubiger keinen Vermögenswert und stellt deshalb objektiv keine Gegenleistung dar, die die Unentgeltlichkeit ausschließen könnte.[167]

24a Ferner sind die **Auszahlung von Scheingewinnen**[168] **sowie Scheinauseinandersetzungsguthaben,**[169] die hierauf entrichteten **Abschluss- und Folgeprovisionen** an das Vertriebsunternehmen,[170] nicht aber die **Rückzahlung der vom Anleger erbrachten Einlage**[171] unentgeltlich. Ob bereits der Vertrag mit dem Anleger nach § 138 BGB sittenwidrig ist oder nur das von der Anlagegesellschaft betriebene System der Kapitalanlage („Schneeballsystem"), ist ebenso ohne Bedeutung wie die Tatsache, ob der Auszahlung ein Gewinnverwendungsbeschluss oder Jahresabschluss zugrunde liegt.[172] § 134 ist allerdings nur eröffnet, soweit nicht zugleich ein Bereicherungsanspruch gegeben ist, etwa aufgrund eines Kondiktionsausschlusses gemäß § 814 BGB oder § 817

156 BGH NJW-RR 2004, 696 (697).

157 BAG NJW 2016, 970 (972 f.) mAnm *Lindemann* EWiR 2016, 153.

158 HKInsO/*Thole* § 134 Rn. 19; KPB/*Bork* § 134 Rn. 78; BGH ZIP 1980, 21 (22); und für die Haftentlassung aus einer Grundschuld OLG Hamburg KTS 1987, 727 (730) und ZIP 1989, 777 (779).

159 OLG Hamburg KTS 1987, 727 (730).

160 BGH NZI 2010, 439.

161 RGZ 50, 134 (136); RGZ 51, 412 (416); BGHZ 113, 98 (103) = NJW 1991, 560 (561); HKInsO/*Thole* § 134 Rn. 19.

162 BGH NZI 2016, 359 mAnm *Bork* EWiR 2016, 209; OLG Celle ZIP 2009, 1531; HKInsO/*Thole* § 134 Rn. 19; *Hess* InsO § 134 Rn. 42; KPB/*Bork* § 134 Rn. 56.

163 BGH WM 1978, 671 (674); Uhlenbruck/*Borries/Hirte* § 134 Rn. 25.

164 BGHZ 121, 179 (187) = NJW 1993, 663 (665); BGH NJW 1989, 2122; BFHE 125, 500 (507); OLG Koblenz NZI 2011, 448 (450); MüKoAnfG/*Kirchhof* § 4 Rn. 32.

165 BGH ZIP 1999, 628 (630); BFHE 133, 501 (507).

166 BGH ZIP 1985, 372 (373).

167 BGHZ 113, 393 (397 f.) = NJW 1991, 1610 (1611); HKInsO/*Thole* § 134 Rn. 19; *Hess* InsO § 134 Rn. 62; KPB/*Bork* § 134 Rn. 50.

168 BGH NJW-RR 2008, 1006 (1007); BGHZ 179, 137 (140) = NJW 2009, 363; BGH NZI 2010, 605 (606); BGH ZIP 2011, 390 (391); BGH NZI 2011, 976; BGH NJW 2012, 2195; ferner zu § 32 KO BGHZ 113, 98 (101 f.) = NJW 1991, 560 (561); Uhlenbruck/*Borries/Hirte* § 134 Rn. 119; zur Anfechtung von in „Schneeballsystemen" abgeführten Scheingewinnen *Baumert* ZIP 2010, 212; *ders.* NZI 2011, 967; *Baumert/Schmitt* NZI 2012, 394; *Bitter/Heim* ZIP 2010, 1569; *dies.* ZInsO 2011, 483; *Paulus* ZInsO 2011, 315; *Thole* S. 233 ff.

169 BGH NJW 2014, 305 (307 f.) = NZI 2013, 841 (843).

170 BGH NZI 2011, 107; BGH NZI 2011, 976 (977).

171 BGH NJW 2014, 305 (306) = NZI 2014, 841 (842); BGH NJW 2012, 2195; BGH NJW 2011, 1732 (1733); BGH NZI 2010, 764 (765); AGR/*Gehrlein* § 134 Rn. 17.

172 BGH NJW 2014, 305 (307); BGH NJW 2011, 1732 (1733); *Bitter/Heim* ZIP 2010, 1569 (1570); Uhlenbruck/*Borries/Hirte* § 134 Rn. 119.

Satz 2 BGB → Rn. 22.[173] Das bewusste Betreiben eines „Schneeballsystems" mag im Wege eines Anscheinsbeweises für eine konkrete Kenntnis von der Nichtschuld der Gewinnausschüttungen und für einen beiderseitigen Gesetzesverstoß, dem sich der Schuldner zumindest leichtfertig verschlossen hat, ausreichen.[174] Gleiches gilt für Zinsentgelte für die Überlassung von (gesetzlich oder rechtsgeschäftlich) nachrangigen Darlehen in der Zeit der Insolvenzreife → Rn. 39.[175] Die **Umbuchung** von in „Schneeballsystemen" erzielten Scheingewinnen auf ein anderes Anlagekonto desselben Anlegers begründet keinen Anspruch aus Abs. 1.[176] Die im Gesellschaftsvertrag vorgesehene gewinnunabhängige Ausschüttung an einen Kommanditisten ist – selbst wenn sie nicht durch tatsächliche Gewinne gedeckt ist – entgeltlich, sofern sie eine Gegenleistung für die Pflichteinlage darstellt.[177] Objektiv unentgeltlich kann jedoch die **vorzeitige Erfüllung einer unverzinslichen Geldschuld** des Insolvenzschuldners insoweit sein, als diesem die Zinsen für das zurückgezahlte Kapital entgehen und der Gläubiger fortan die Möglichkeit erhält, das Kapital verzinslich anzulegen.[178]

Regelmäßig entgeltlich sind dagegen **Leistungen um einer verdeckten Gegenleistung** willen 25
→ Rn. 41a[179] oder ein „Besserungsschein" gegen Stundung.[180] **Notverkäufe des Schuldners** unter Wert sind entgeltlich, soweit nicht bei der Preisabsprache der Bewertungsspielraum überschritten wurde → Rn. 41 f.[181] Wird ein hoch belastetes Grundstück übertragen, kann eine ausgleichende Gegenleistung darin liegen, dass der Erwerber den Schuldner auch von der persönlichen Schuld freizustellen hat;[182] das gilt allerdings nicht, soweit der Erwerber ohnehin bereits persönlicher Schuldner war, es sei denn, er verzichtet auf einen werthaltigen Rückgriffanspruch gegen den (Insolvenz-)Schuldner.[183] Wird ein **zinsloses Darlehen** ausgereicht, kann allenfalls die zinslose Nutzung unentgeltlich sein → § 133 Rn. 41.[184] Die strafbewehrte Unterlassungsverpflichtung des Schuldners stellt ebenso wie die hierauf beruhende Zahlung eine entgeltliche Leistung dar.[185] Entspricht beim gegenseitigen Vertrag die versprochene Gegenleistung dem Wert der Leistung des Insolvenzschuldners, bleibt dessen Leistung auch dann entgeltlich, wenn die Gegenleistung ausgeblieben ist → Rn. 17c.[186] Gleiches gilt bei einem späteren Eintritt des Nachrangs eines Gesellschafterdarlehens → Rn. 39.[187]

aa) Tilgung eigener Verbindlichkeiten. Ob die **Erfüllung einer eigenen Verbindlichkeit** 26
→ Rn. 7 entgeltlich oder unentgeltlich ist, hängt von deren Rechtsgrund ab: Wurde die Verbindlichkeit des Insolvenzschuldners durch einen entgeltlichen Vertrag rechtswirksam begründet, so ist deren Erfüllung entgeltlich.[188] Das gilt **auch für Leistungen, die ihrer Art nach inkongruent sind,** zB Leistungen erfüllungshalber[189] oder an Erfüllungs statt,[190] sowie für die Erfüllung unvollkommener Verbindlichkeiten, zB gemäß §§ 762 ff. BGB,[191] und von Freistellungsverpflichtungen. Dass die entgeltlich begründete Forderung, auf die der Schuldner geleistet hat, verjährt ist, begründet

---

173 BGH NJW 2019, 1446 = WM 2019, 592 = ZInsO 2019, 723; *Madaus/Wilke/Knauth* ZIP 2018, 2293 (2296 ff.).

174 *Madaus/Wilke/Knauth* ZIP 2018, 2293 (2296 ff.).

175 BGHZ 204, 231 (239 ff.) = NJW 2015, 1672 (1677 f.) = NZI 2015, 315 (319 f.) = NZG 2015, 1121 (1125 f.).

176 BGH NJW 2012, 2195 f.

177 BGH ZInsO 2017, 1843 (1844) = NZI 2017, 802 f. mAnm *Wazlawik*; BGH NZI 2017, 713 (714) mAnm *Freitag* EWiR 2017, 503; aM LG Düsseldorf ZInsO 2017, 2061 (2062 f.).

178 *Jaeger/Henckel* KO § 32 Rn. 7; für die Darlehenssumme selbst mit Recht verneinend RG JW 1888, 103 Nr. 22; RG LZ 1914, 1913 (1914); zu Leistungen bei Versicherungen zugunsten Dritter → Rn. 16.

179 *Jaeger/Henckel* KO § 32 Rn. 7.

180 RGZ 30, 33 (36 f.).

181 *v. Campe* S. 205; HambKommInsO/*Rogge/Leptien* § 134 Rn. 17; KPB/*Bork* § 134 Rn. 40; Nerlich/Römermann/*Nerlich* InsO § 134 Rn. 35.

182 BGH NJW 1992, 834 (835); BFHE 133, 501 (507).

183 HambKommInsO/*Rogge/Leptien* § 134 Rn. 18 in Abgrenzung zu OLG Schleswig ZIP 1987, 1331 (1333).

184 BGH DStR 2019, 522 (525) = WM 2019, 213 (214 f.) = BeckRS 2018, 35959 = ZInsO 2019, 321 (324 f.).

185 BGH GRUR 2014, 1040 = NZI 2015, 653 mAnm *Kluth*.

186 Ergänzend → § 133 Rn. 41; zu Erfüllungsgeschäften → Rn. 26 → Rn. 31; zu Vergleichen → Rn. 40a.

187 BGH NJW 2017, 1235 (1237 ff.) = DNotZ 2017, 151 (154 ff.).

188 BGHZ 112, 136 (138) = NJW 1990, 2626; *v. Campe* S. 206 f.; HKInsO/*Thole* § 134 Rn. 18; Jaeger/*Henckel* § 134 Rn. 3; KPB/*Bork* § 134 Rn. 47; *Wittig* NZI 2005, 606 (607); ohne die ausdrückliche Beschränkung auf entgeltliche Schuldbegründung RGZ 27, 130 (134); RGZ 51, 76; RGZ 62, 38 (45); BGHZ 58, 240 (244 f.) = NJW 1972, 870 (871); BGH NJW 1990, 2687 (2688).

189 BGH NJW 2018, 3018 (3019) = NZI 2018, 746 (748).

190 BGH ZIP 2018, 1606 (1608) = WM 2018, 1565 (1566 f.) = DB 2018, 1983 (1984); BGH WM 1987, 986 (988).

191 BGHZ 113, 98 (101) = NJW 1991, 560 (561); BGH WM 1991, 331 (332); HKInsO/*Thole* § 134 Rn. 18; Jaeger/*Henckel* § 134 Rn. 3; aM *Häsemeyer* Rn. 21.92.

im Hinblick auf § 214 Abs. 2 BGB ebenfalls nicht die Unentgeltlichkeit der zum Zweck der Erfüllung vorgenommenen Leistung.[192] Die **Erfüllung von Ansprüchen aus gesetzlichen Schuldverhältnissen** ist stets entgeltlich → § 39 Rn. 28.[193] Dagegen ist jede **Befriedigung einer unentgeltlich begründeten Verpflichtung** des Schuldners – etwa eines Schenkungsversprechens → Rn. 6 – ebenfalls wieder unentgeltlich.[194] Daran ändert es im Hinblick auf § 39 Abs. 1 Nr. 4 nichts, wenn ein Schenkungsversprechen etwa durch eine Vormerkung gesichert ist → Rn. 24 → Rn. 27 → § 129 Rn. 61 → § 144 Rn. 9.[195] Auch die Erfüllung einer bestimmten, nur vermeintlichen Schuld ist unentgeltlich → Rn. 22 → Rn. 40. Ihr kann nicht als Entgelt eine andere Verbindlichkeit unterlegt werden, die nach beiderseitiger Vorstellung gerade nicht getilgt werden sollte → Rn. 20;[196] dieser gegenüber kommt regelmäßig auch keine Aufrechnung in Betracht, weil die Saldotheorie im Insolvenzrecht nur eingeschränkt anwendbar ist → § 143 Rn. 15.[197] Die **Leistung auf eine aufschiebend bedingte Verpflichtung** ist unentgeltlich, solange die Bedingung nicht eingetreten ist, weil die Schuld noch nicht besteht;[198] die zusätzliche Möglichkeit, diese Leistung nach § 812 Abs. 1 BGB zurückzufordern, schließt die Gläubigerbenachteiligung allgemein nicht aus → § 129 Rn. 101b. Dagegen ist die **Leistung auf eine auflösend bedingte, entgeltlich begründete Verpflichtung** entgeltlich, solange die Bedingung nicht eingetreten ist; denn bis dahin besteht die Verbindlichkeit rechtswirksam.[199] Der persönlich haftende Gesellschafter einer Kommanditgesellschaft tilgt keine eigene Schuld, wenn er ihr sein Vermögen zur Befriedigung ihrer Gläubiger überlässt; denn er haftet zwar diesen, nicht aber der Gesellschaft selbst.[200]

27 **bb) Sicherung einer eigenen Verbindlichkeit.** Auch die Sicherung einer eigenen, unentgeltlichen Verbindlichkeit ist wiederum unentgeltlich; das gilt zugleich für die Bestellung einer Vormerkung für ein Schenkungsversprechen → Rn. 26.

28 Die **Sicherung einer eigenen entgeltlich begründeten, auch künftig erst entstehenden Verbindlichkeit** des Schuldners ist stets entgeltlich.[201] Gleiches gilt für die Abtretung erfüllungshalber zur Erfüllung einer entgeltlichen Verpflichtung, weil hierdurch die gleichen Ziele verfolgt werden wie mit der Bestellung einer Sicherheit.[202] Diese Würdigung verhindert, dass Sicherungen, die in den letzten vier Jahren vor Antragstellung für eine bereits bestehende Forderung gewährt wurden, auch dann angefochten werden können, wenn die Vermögensverhältnisse des Schuldners zZ der Bestellung unverdächtig waren. Zugleich wird vermieden, dass die Gleichbehandlung der Gläubiger entgegen der Intention des Gesetzgebers über den durch §§ 130, 131 geschützten Zeitraum hinaus auf vier Jahre ausgedehnt wird.[203] Der Umstand allein, dass aus dem Vermögen des Schuldners in den letzten vier Jahren vor dem Eröffnungsantrag ein Gegenstand weggegeben worden ist, kann die Anfechtung nicht

---

192 *v. Campe* S. 205 f.; *Jaeger/Henckel* KO § 32 Rn. 7.

193 BGH NZI 2010, 439; BGH NJW-RR 2016, 698 = NZI 2016, 80; BGH NJW 2016, 2412 (2413) = NZI 2016, 359; *App* NJW 1985, 3001 (3002); HambKommInsO/*Rogge/Leptien* § 134 Rn. 22; Jaeger/*Henckel* § 134 Rn. 3.

194 BGH NJW-RR 1988, 841 f.; *Gerhardt* ZIP 1988, 749 (751); HKInsO/*Thole* § 134 Rn. 20; *Jaeger/Henckel* § 134 Rn. 3; *Prütting* KTS 2005, 253 (258); aM *Oertmann* Entgeltliche Geschäfte, 1912, S. 88 ff.

195 HKInsO/*Thole* § 134 Rn. 20; *Häsemeyer* Rn. 21.95; *Jaeger/Henckel* KO § 32 Rn. 51; Uhlenbruck/*Borries/Hirte* § 134 Rn. 42.

196 BGHZ 179, 137 (145) = NJW 2009, 363 (365); aM OLG Nürnberg NJW-RR 1991, 109 (110).

197 BGH NZI 2010, 605 (606).

198 HambKommInsO/*Rogge/Leptien* § 134 Rn. 22; aM *Jaeger/Henckel* KO § 32 Rn. 7.

199 KPB/*Bork* § 134 Rn. 48.

200 BGH NJW-RR 2000, 1154 (1156); BGHZ 121, 179 (184 f.) = NJW 1993, 663 (664); anders verhält es sich nur bei der Übertragung auf einen echten Treuhänder → Rn. 13.

201 BGH NJW 2018, 3018 (3019) = NZI 2018, 746 (748); BGH NZI 2010, 439; BGH 2004, 1563 (1564); BGHZ 137, 267 (282); BGH NJW-RR 2000, 1154 (1156); BGHZ 112, 137 (138 f.) = NJW 1990, 2626 f.; RGZ 6, 85 f.; RGZ 29, 297 (300); RG WarnR 1933 Nr. 158; OLG Düsseldorf WM 1997, 278 (282); OLG Koblenz ZInsO 203, 951 f. für einen Fall des Entgelts für weitere Belieferung; AGR/*Gehrlein* § 134 Rn. 18; *Gerhardt* FS Huber, 2006, 1231 (1242); Gottwald/*Huber* § 49 Rn. 14; HKInsO/*Kreft* § 134 Rn. 18; *Häsemeyer* Rn. 21.92; HambKommInsO/*Rogge/Leptien* § 134 Rn. 23; *Hess* InsO § 134 Rn. 26; *Huth* S. 61; Jaeger/*Henckel* § 134 Rn. 4; *Kayser* WM 2007, 1 (6 f.); KPB/*Bork* § 134 Rn. 72; *Thole* Gläubigerschutz S. 459 f.; Uhlenbruck/*Borries/Hirte* § 134 Rn. 50; *Wittig* NZI 2005, 606, (611); *Zeuner* Anfechtung Rn. 220; aM LG Köln NJW 1958, 1296 (1297); *Serick* Bd. II § 18 I 5, S. 60, Bd. III § 32 I 4, S. 148 f.; *Jaeger* Gläubigeranfechtung § 3 AnfG Rn. 52; Schimansky/Bunte/Lwowski/*Ganter* Bankrechts-Handbuch § 90 Rn. 180; Nerlich/Römermann/*Nerlich* InsO § 134 Rn. 15; *Bähr* JR 1972, 469 der stattdessen einen Vorrang der Deckungsanfechtung sieht → Rn. 3; differenzierend *Jaeger/Lent* KO § 32 Rn. 7; MüKoAnfG/*Kirchhof* § 4 Rn. 37.

202 BGH NJW 2018, 3018 (3019) = NZI 2018, 746 (748) = ZIP 2018, 1606 (1608).

203 BGH NZI 2010, 439; Jaeger/*Henckel* § 134 Rn. 4; aM *Ganter* WM 2006, 1081 (1084).

rechtfertigen. Deshalb ist auch nicht danach zu unterscheiden, ob bei einer gekündigten oder kündbaren Forderung bereits deren „Stehenlassen" ein ausgleichender Gegenwert für die Nachbesicherung ist, wenn andernfalls der Gläubiger seine Forderung hätte durchsetzen können.[204]

In jedem Fall ist die **Nachbesicherung** entgeltlich, soweit der Schuldner damit eine selbst insolvenzfeste, **eigene entgeltliche Verbindlichkeit erfüllt** → Rn. 28.[205] Solche Pflichten können aus §§ 490, 648a Abs. 1 und 5, 321 Abs. 1 Satz 2 BGB folgen und werden von Kreditinstituten üblicherweise bereits in den ursprünglichen Kreditvertrag – also vor dem maßgeblichen Zeitpunkt → Rn. 20 – als Teil der vom Darlehensnehmer geschuldeten Gegenleistung aufgenommen, insbesondere durch Nr. 19 und 13 Abs. 2 AGB-Banken/Nr. 26 und 22 Abs. 1 AGB-Sparkassen. Diese Sichtweise löst den scheinbaren Widerspruch in der hM auf, welche die Besicherung einer fremden Schuld nach allgemeinen Regeln als unentgeltlich bewertet → Rn. 33. Denn die Besicherung durch Dritte wird meist erst nachträglich vereinbart und vor allem dann bedeutsam, wenn der Schuldner selbst zur Bestellung werthaltiger Sicherheiten nicht (mehr) imstande, die „stehengelassene" Forderung gegen ihn dementsprechend wertlos ist. Ferner stimmt die Annahme, dass die Besicherung aus eigenem Schuldnervermögen die Werthaltigkeit der gegen diesen Schuldner gerichteten Forderung indiziert, systematisch mit der Rspr. überein, nach der die Tilgung einer fremden Verbindlichkeit insoweit entgeltlich ist, als deren Gläubiger dafür eine eigene vollwertige Forderung verliert, hingegen unentgeltlich, soweit die vom Dritten getilgte Forderung wertlos war → Rn. 31 f. Letzteres wird wiederum indiziert, sofern der Kreditnehmer selbst zur Tilgung oder Besicherung auf die Hilfe Dritter angewiesen war. 29

Entsprechendes gilt für das **abstrakte Anerkenntnis einer bestehenden Schuld** des Insolvenzschuldners; die Nachbesicherung der Verbindlichkeit des Schuldners aus unerlaubter Handlung ist ebenso wie die Verstärkung des Anspruches durch Schuldanerkenntnis entgeltlich → § 39 Rn. 28.[206] Das Anerkenntnis ist als entgeltliche Leistung zu bewerten, sofern die anerkannte Verbindlichkeit entgeltlicher Art ist; die nur formelle Belastung mit einer weiteren Verbindlichkeit bedeutet wirtschaftlich betrachtet keine doppelte Inanspruchnahme des Schuldners.[207] Bei einer **Nießbrauchsbestellung** überwiegt im Hinblick auf § 1030 Abs. 1 BGB die Tilgungswirkung, so dass sie entgeltlich erfolgen kann → Rn. 26.[208] Die **Ablösung einer Sachsicherheit,** die in selbst nicht mehr anfechtbarer Weise bestellt wurde, durch den Sicherungsgeber benachteiligt dessen Insolvenzgläubiger nicht → § 129 Rn. 108d.[209] 30

cc) Tilgung fremder Schuld. Eine Leistung kann entgeltlich sein, wenn für die Leistung des Schuldners vereinbarungsgemäß eine **Gegenleistung an einen Dritten** zu erbringen ist → Rn. 18 → Rn. 21. An einen „Dritten" idS leistet allerdings nicht, wer auf das Bankkonto seines Gläubigers zahlt, weil die Bank des Gläubigers vielmehr dessen Mittelsperson ist → § 129 Rn. 51. Dasselbe trifft bei einem Cash-Pool zu, in dem der gesamte Zahlungsverkehr aller Gesellschaften eines Konzerns zunächst auf den Konten der einzelnen Konzernunternehmen erfasst und erst danach konzernintern verrechnet wird.[210] Andere Anweisungsfälle und mittelbare Zuwendungen sind hingegen nicht wie Zwei-Personen-Verhältnisse zu behandeln → Rn. 31a ff.[211] 31

Die Erfüllung einer entgeltlichen Forderung des Gläubigers gegen einen Dritten durch den Insolvenzschuldner ist **im Verhältnis zum Gläubiger** entgeltlich, wenn dieser dadurch eine vollwertige eigene Forderung gegen den Dritten[212] oder weitere Schuldner[213] verloren hat → Rn. 17a; eine unentgeltliche Leistung kann der Insolvenzschuldner in diesem Fall nur im Deckungsverhältnis **dem Dritten gegenüber** erbracht haben, dessen Schuld getilgt wurde.[214] Die beim Insolvenzschuldner hierdurch eingetretene Gläubigerbenachteiligung wird sogar durch einen vollwertigen Ausgleichsanspruch – zB des Insolvenzschuldners als Bürgen gemäß § 774 BGB → Rn. 34 – gegen 31a

---

204 BGH NJW 2009, 2065 (2066); krit. *Grell/Schormaier* NZI 2009, 625 (627 f.); *Kayser* Rechtsprechung S. 358 f.

205 Nerlich/Römermann/*Nerlich* InsO § 134 Rn. 15; Uhlenbruck/*Borries/Hirte* § 134 Rn. 51; *Wittig* NZI 2005, 606 (611).

206 BGH NZI 2010, 439 (440); RGZ 162, 38 (44 f.); RGZ 62, 38 (45); RGZ 9, 100 (103); Jaeger/*Henckel* § 134 Rn. 4.

207 BGH NZI 2010, 439 (440); RGZ 62, 38 (44 f.); Jaeger/*Henckel* § 134 Rn. 4.

208 Im Ergebnis auch RG WarnR 1911 Nr. 78.

209 *Wittig* NZI 2005, 606 (610).

210 *Wittig* NZI 2005, 606 (609).

211 AM *Thole* S. 232.

212 BGH NJW 2008, 659 (660); BGH NZI 2006, 399 (400); BGHZ 162, 276 (280) = NJW 2005, 1867.

213 FG Köln ZInsO 2007, 718 (719 f.).

214 BGH NJW-RR 2004, 983 f.; BGH NJW 1994, 2893 (2895); BGH NJW 1983, 1679 f.; BGHZ 41, 298 (302) = NJW 1964, 1960; *Jaeger/Henckel* KO § 32 Rn. 8, 16; *König* Rn. 9/14; KPB/*Bork* § 134 Rn. 60; Uhlenbruck/*Borries/Hirte* § 134 Rn. 63, 66; aM RGZ 10, 86 (87 f.); zur Schenkungsanfechtung von Drittzahlungen vgl. *Thole* S. 224 ff.; *Wiester/Kranz* NZI 2012, 541.

den Dritten nicht ohne weiteres ausgeschlossen;[215] der Ausgleichsanspruch ist auch keine Gegenleistung iSd § 134.[216] War der Insolvenzschuldner dagegen dem Dritten aufgrund eines entgeltlichen Geschäfts zur Zahlung verpflichtet und erfüllte er deshalb zugleich eine eigene Verbindlichkeit → Rn. 26 gegenüber dem Dritten – zB bei der Einlösung eines Gefälligkeitswechsels durch den Aussteller im Verhältnis zum Akzeptanten oder der Tilgung einer verbürgten Hauptschuld im Verhältnis zum Bürgen –, so ist die Leistung auch im Verhältnis zu diesem entgeltlich;[217] an der Beurteilung der Entgeltlichkeit im Verhältnis zum befriedigten Gläubiger ändert sich nichts. Dies trifft im Hinblick auf §§ 161 Abs. 2, 128 Satz 1 HGB auch zu, soweit die Komplementärin einer GmbH & Co. KG deren Schuld gegenüber einem ihrer Gläubiger vor Insolvenzeröffnung über ihr Vermögen – sei es auch während des Eröffnungsverfahrens – tilgt;[218] derartige Fälle sind ggf. nach §§ 130, 131 zu beurteilen, weil mit der Drittzahlung die gesetzliche Haftungsverbindlichkeit der Komplementärin erlischt. Im Freiwerden von dieser Schuld liegt der Ausgleich, der eine Anwendung des § 134 ausschließt.[219]

31b Dagegen ist die Erfüllung **im Verhältnis zum Gläubiger unentgeltlich,** wenn dessen Forderung gegen den Dritten für sich genommen wirtschaftlich wertlos war → Rn. 17a[220] und der Gläubiger für deren Tilgung vereinbarungsgemäß auch sonst keine ausgleichende Gegenleistung, zB durch Zahlung an einen Dritten,[221] zu erbringen hat. Ist die Forderung des Zuwendungsempfängers (Gläubigers/Anfechtungsgegners) gegen den Dritten wertlos, verliert dieser wirtschaftlich nichts, was als Gegenleistung für die Zuwendung angesehen werden könnte. Der Zuwendungsempfänger ist in diesem Fall gegenüber den Insolvenzgläubigern des Schuldners nicht schutzwürdig; denn er hätte ohne dessen Leistung, auf die er keinen Anspruch hatte, seine Forderung nicht durchsetzen können.[222] Hieran ändert sich nichts, selbst wenn die Forderung des Zuwendungsempfängers aus einem Vergleich resultiert, in dem zuvor auf weitergehende Forderungen gegen den Dritten verzichtet wurde → Rn. 40a.[223] Geht mit einer Drittzahlung auf ein vorläufig vollstreckbares Urteil der Verlust des Rechts, eine geleistete Sicherheit zurückzuverlangen, einher, stellt dies kein die Entgeltlichkeit der Leistung begründendes Vermögensopfer des Gläubigers dar.[224] **Maßgeblicher Zeitpunkt** für die Beurteilung der Frage, ob idS Unentgeltlichkeit vorliegt, ist der des Rechtserwerbs des Zuwendungsempfängers in Folge der Leistung des Schuldners, also zB der Erhalt der Zahlung.[225] Ist der Schuldner des Zuwendungsempfängers zu diesem Zeitpunkt insolvenzreif (zahlungsunfähig und/oder überschuldet), ist die Drittzahlung stets unentgeltlich.[226] Die bloße Hoffnung des Zuwendungsempfängers auf eine eventuelle Quote in einem Insolvenzverfahren des Dritten lässt die untergegangene Forderung nicht als werthaltig erscheinen.[227] Allerdings vermag eine Aufrechnungslage

215 Für eine wertlose Ausgleichsforderung ausdrücklich auch BGHZ 41, 298 (301); *Hirte* ZInsO 2004, 1161 (1162); aM *Jaeger/Henckel* KO § 32 Rn. 16; *Fischer* ZInsO 2011, 1042 (1045 ff.). In den Entscheidungen BGH ZIP 1980, 21 (22) und BGH ZIP 1982, 76 f. schied die Anfechtung aus, weil der Schuldner auch eine eigene Schuld getilgt hatte → Rn. 32.

216 *v. Campe* S. 212; HambKommInsO/*Rogge/Leptien* § 134 Rn. 25, 28.

217 BGHZ 162, 276 (282) = NZI 2005, 323 (324); RGZ 50, 134 (137); *v. Campe* S. 212; *Jaeger/Henckel* KO § 32 Rn. 16; *Prütting* KTS 2005, 253 (258 f.).

218 BGH NJW-RR 2016, 689 (690) = NZG 2016, 158 (159) = NZI 2016, 80 (81) mAnm *Seeliger*; aM OLG Rostock ZInsO 2004, 555 f.

219 BGH NJW-RR 2016, 689 (690) = NZG 2016, 158 (159) = NZI 2016, 80 (81) mAnm *Seeliger*.

220 BGH ZInsO 2018, 1841 (1843 f.) = WM 2018, 1560 (1563 f.) = ZIP 2018, 1601 (1604); BGH NJW 2016, 1738 (1739); BGH NZI 2016, 80 f.; BGH NJW 2013, 3720 (3721); BGH NZI 2009, 891 f.; BGH NZI 2008, 556 f.; BGH NJW 2008, 659 (660); BGHZ 174, 228 (231) = NJW 2008, 655; BGH NJW-RR 2006, 1136 (1137); BGHZ 162, 276 (280) = NZI 2005, 323 (324); BGHZ 41, 298 (302 f.); OLG Stuttgart NZI 2002, 112 (113 f.); OLG Rostock ZInsO 2004, 555 (556); *v. Campe* S. 212 f.; AGR/*Gehrlein* § 134 Rn. 9; HKInsO/*Thole* § 134 Rn. 19; HambKommInsO/*Rogge/Lepien* § 134 Rn. 25; *Holzapfel* S. 25 f.; *Passarge* ZInsO 2005, 971 (973); Uhlenbruck/*Borries/Hirte* § 134 Rn. 66.

221 BGH NJW 2016, 1738; BGH NZI 2016, 80 f.; BGH NJW-RR 2014, 940 (941) = NZI 2014, 397 (398) mAnm *Mohr*; BGH NZI 2008, 556 (557).

222 BGH NZI 2016, 80; BGH NJW 2016, 17; BGH NJW-RR 2014, 940 (941) = NZI 2014, 397 (398) mAnm *Mohr*; BGHZ 174, 228 (231) = NJW 2008, 655; BGHZ 162, 276 (280) = NJW 2005, 1867 (1868); Uhlenbruck/*Borries/Hirte* § 134 Rn. 66.

223 BGH NJW-RR 2016, 570 (571) = NZI 2016, 398 (399) = ZIP 2016, 581 (582).

224 BGH NJW-RR 2016, 118 (119 f.) = NZI 2015, 892 (893 f.) = WM 2015, 2062 (2063); AGR/*Gehrlein* § 134 Rn. 9.

225 BGH NJW-RR 2014, 940 (941) = NZI 2014, 397 (398) mAnm *Mohr*; BGH NJW 2013, 3720 (3721); BGH NZI 2008, 556.

226 BGH NJW-RR 2016, 570 (571); BGH NJW 2013, 3720 (3721); BGH NZI 2010, 678; BGH NZI 2010, 145 (146); BGH NZI 2009, 891; BGHZ 174, 228 (240) = NJW 2008, 655 (658).

227 BGH NJW 2016, 1738; BGH NJW 2013, 3720 (3721); BGH NZI 2010, 678; BGH NZI 2009, 891; Uhlenbruck/*Borries/Hirte* § 134 Rn. 67.

zwischen Zuwendungsempfänger und Drittem die Wertlosigkeit entfallen zu lassen.[228] Unabhängig davon liegt eine ausgleichende „Gegenleistung" des Zuwendungsempfängers dann vor, sofern ihm gegenüber der Schuldner neben dem Dritten eine eigene Zahlungspflicht, zB als Bürge, übernommen hatte, die sich durch die Zahlung als werthaltig erwiesen hätte und erlöschen würde → Rn. 31a.[229] Ein bloßes eigenes wirtschaftliches Interesse des Insolvenzschuldners an der Tilgung genügt aber nicht → Rn. 33a.[230] So begründet die Vereinbarung zwischen Arbeitnehmer (Zuwendungsempfänger) und Drittem, wonach der Arbeitnehmer auch bei anderen Gesellschaften der Unternehmensgruppe eingesetzt werden kann, keine eigene Verpflichtung des Schuldners als Partnerunternehmen zur Lohnzahlung.[231] Allerdings werden Lohnzahlungen des Schuldners als Dritter auf wertlose Entgeltansprüche des Arbeitnehmers gegen seinen Arbeitgeber nach Einfügung des § 142 Abs. 2 Satz 3 aufgrund des Gesetzes zur Verbesserung der Rechtssicherheit bei Anfechtungen nach der Insolvenzordnung und nach dem Anfechtungsgesetz vom 29. März 2017[232] als Zahlungen des Arbeitgebers und somit als Bargeschäft behandelt → § 142 Rn. 12, so dass für eine Anfechtung als unentgeltliche Leistung gegen den Arbeitnehmer kein Raum mehr bleibt. **Absprachen,** wie eine Erfüllungsübernahme **im Deckungsverhältnis** zwischen dem Dritten (Schuldner der getilgten Verbindlichkeit) und dem späteren Insolvenzschuldner (Leistenden), begründen ebenfalls keine Entgeltlichkeit gegenüber dem Gläubiger.[233] Unerheblich ist, ob sich der Insolvenzschuldner mit dem Gläubiger darüber einig war, dass er diesem etwas, nämlich die Erfüllung einer wertlosen Forderung, ohne Entgelt zuwenden wollte;[234] denn der Wille des Insolvenzschuldners, der selbst keine Gegenleistung erwartet, muss sich nicht auch auf das Verhältnis des Gläubigers zum Dritten erstrecken, also auf die Unentgeltlichkeitsfolge als solche → Rn. 17. Unerheblich ist ferner, ob der Gläubiger die Wertlosigkeit seiner Forderung kannte → Rn. 22. Diese Grundsätze gelten für Leistungen an Erfüllungs statt[235] und die Übernahme einer fremden Schuld[236] entsprechend.

Im Fall der **Doppelinsolvenz** von Drittem und Zuwendendem kann der Zuwendungsempfän- 31c
ger konkurrierenden Anfechtungsansprüchen ausgesetzt sein, wenn etwa der Schuldner als Leistungsmittler einen ihm zu diesem Zweck zugewendeten, in sein Vermögen übergegangenen und somit für seine Gläubiger pfändbaren Gegenstand dem Leistungsempfänger zuwendet. In einem solchen Fall erbringt er regelmäßig eine **unentgeltliche Leistung** aus seinem haftenden Vermögen und benachteiligt dadurch (§ 129 Abs. 1) seine Gläubigergesamtheit. Dass er auf Anweisung dessen handelt, der ihm den Gegenstand zuvor zugewendet hat, und der Dritte mit seiner Anweisung den Zweck verfolgt, eigene Verbindlichkeiten gegenüber dem Leistungsempfänger zu tilgen, ist anfechtungsrechtlich unerheblich.[237] Im Verhältnis zwischen dem Dritten und dem Zuwendungsempfänger kann die Rechtshandlung als mittelbare Zuwendung des Dritten → § 129 Rn. 68 ff., insbesondere nach den Regeln der **Deckungsanfechtung** (§§ 130 f.), anfechtbar sein.[238] Greifen beide Anfechtungsansprüche durch, hat dies nicht zur Folge, dass der Zuwendungsempfänger die Beiträge doppelt zurückzuzahlen hat; die Insolvenzverwalter in beiden Verfahren sind auch weder Gesamt- noch Teilgläubiger.[239] Das Konkurrenzverhältnis ist vielmehr in der Weise aufzulösen, dass der auf eine mittelbare Zuwendung gestützten Deckungsanfechtung gegenüber der Schenkungsanfechtung des Insolvenzverwalters des Leistungsmittlers der Vorrang gebührt; dies gilt allerdings nur, soweit die Deckungsanfechtung rechtlich begründet ist und der Anspruch auch tatsächlich erfüllt wird.[240]

---

228 BGH NJW-RR 2013, 1203 (1204) = NZI 2013, 592 (593) = ZIP 2013, 1131 (1132); BGH ZIP 2010, 1402 (1403).

229 BGH ZInsO 2018, 1841 (1843 f.) = WM 2018, 1560 (1563 f.) = ZIP 2018, 1601 (1604); *Wittig* NZI 2005, 606 (609 f.).

230 BGHZ 174, 228 (232) = NJW 2008, 655 f.

231 BGH NJW 2013, 3720 (3721) = NZI 2013, 1017 (1018) = ZInsO 2013, 2265 f.; Uhlenbruck/*Borries/Hirte* § 134 Rn. 157.

232 BGBl. 2017 I 654.

233 BGHZ 174, 228 (232) = NJW 2008, 655 f.; BGH NJW-RR 2006, 1136 (1137); BGHZ 162, 276 (282) = NZI 2005, 323 (324).

234 HambKommInsO/*Rogge/Leptien* § 134 Rn. 25; aM *Jaeger/Henckel* KO § 32 Rn. 17.

235 OLG Jena LZ 1911, 241 (242).

236 *v. Campe* S. 211.

237 BGH NJW 2016, 1738 = NZI 2016, 307 (308) mAnm *Leithaus* = ZIP 2016, 478 (479 f.); BGHZ 174, 228 (234) = NJW 2008, 656.

238 BGH NJW 2016, 1738 = NZI 2016, 307 (308) mAnm *Leithaus* = ZIP 2016, 478 (479 f.); BGHZ 174, 228 (236 ff.) = NJW 2008, 657.

239 BGH NJW 2016, 1738 (1749) = NZI 2016, 307 (308 f.) mAnm *Leithaus* = ZIP 2016, 478 (479 f.); BGHZ 174, 228 (238 f.) = NJW 2008, 657.

240 BGH NJW 2016, 1738 (1739) = NZI 2016, 307 (308) mAnm *Leithaus* = ZIP 2016, 478 (479 f.); BGHZ 174, 228 (239 f.) = NJW 2008, 658.

32 Entrichtet eine GmbH die **Prämie für eine Kapitallebensversicherung** ihres bereits zahlungsunfähigen Geschäftsführers, ohne dazu verpflichtet zu sein, so erbringt der Versicherer allenfalls in Höhe des Risikoanteils für den vorzeitigen Todesfall eine eigene Gegenleistung; soweit er Kapital für den Geschäftsführer als Versicherungsnehmer ansammelt, ist die Prämienzahlung unentgeltlich.[241] Löst der Veräußerer eines Grundstücks und spätere Insolvenzschuldner eine **Hypothek** ab, die der Käufer mit der persönlichen Schuld übernehmen sollte, deren Übernahme jedoch der Gläubiger nicht genehmigt hat, so tilgt der Veräußerer eine eigene Schuld. Eine unentgeltliche Leistung an den Grundstückserwerber liegt darin regelmäßig nicht, weil der zahlende Insolvenzschuldner gemäß § 1164 BGB die Hypothek erwirbt,[242] der Erwerber also keine Freistellung erlangt. Anders verhält es sich, wenn die Hypothek ebenso wertlos ist wie die persönliche Rückgriffforderung; dann kommt eine unentgeltliche Leistung an den Grundstückserwerber in Betracht.[243] Eine Anfechtung nach Abs. 1 gegenüber dem Gläubiger scheidet dagegen in jedem Fall aus, weil der Grundstücksveräußerer eine entgeltlich begründete eigene Schuld getilgt hat → Rn. 26.[244]

33 **dd) Sicherung fremder Schuld.** Die Bestellung einer Sicherheit für eine fremde Schuld ohne rechtliche Verpflichtung des später insolvent werdenden Sicherungsgebers und ohne Gegenleistung ist gegenüber dem Gläubiger/Sicherungsnehmer **im Allgemeinen unentgeltlich;**[245] daran ändert es nichts, wenn der gesicherte Gläubiger dafür auf eine wertlose Forderung gegen seinen Drittschuldner verzichtet.[246] Denn die Verstärkung seiner Forderung gegen den Dritten durch die vom Insolvenzschuldner gestellte Sicherheit hat der Gläubiger nicht ohne weiteres zu beanspruchen. Das gilt selbst dann, sofern die Muttergesellschaft eines Konzerns einen ungesicherten Kredit aufgenommen und an ihre Tochtergesellschaft weiter gereicht hat, ihn aber nachträglich aus deren Vermögen besichern lässt, ohne dass der Kreditgeber dafür eine weitere Leistung erbringt. Auch eine Vereinbarung im Valutaverhältnis zwischen Hauptschuldner und Gläubiger begründet allein – also ohne Gegenleistung des Gläubigers – keine Entgeltlichkeit gegenüber dem Sicherungsgeber (Insolvenzschuldner).[247]

33a Dagegen ist die Sicherung einer fremden Verbindlichkeit mit Mitteln des Insolvenzschuldners im Verhältnis zum Gläubiger entgeltlich, sofern dieser und der Insolvenzschuldner die Sicherung vor oder bei Begründung der gesicherten Verbindlichkeit – selbst wieder unanfechtbar – vereinbart haben,[248] ferner dann, wenn der Gläubiger für die Sicherung dem Insolvenzschuldner einen eigenen ausgleichenden rechtlichen Vorteil, zB die Stundung oder den Teilerlass einer noch durchsetzbaren Verbindlichkeit, erbringt.[249] Das **„Stehenlassen" einer Forderung,** mag sie auch zZ der Besicherung noch durchsetzbar sein, stellt dagegen kein ausgleichendes Vermögensopfer dar → Rn. 31a.[250] Der vereinbarte Vorteil kann zB darin liegen, dass der Gläubiger einer Gesellschaft Kredit gewährt, die dem Schuldner gehört[251] oder mit ihm in einem Unternehmensverbund steht;[252] das ausgleichende Entgelt liegt bei der maßgebenden wirtschaftlichen Betrachtungsweise in der entsprechenden Zuwendung aus dem Vermögen des Gläubigers. Die früher vertretene Ansicht, es genüge ein rein

---

241 OLG Köln NZI 2004, 217 (218).
242 BGH ZIP 1980, 21 (22), KPB/*Bork* § 134 Rn. 66.
243 BGH ZIP 1980, 21 (22); *Jaeger/Henckel* KO § 32 Rn. 17.
244 Zur Zahlung durch einen später insolvent werdenden Bürgen → Rn. 34.
245 BGH NZI 2006, 524 (525) mAnm *Henkel*; AGR/*Gehrlein* § 134 Rn. 20; *Berger* ZIP 2010, 2078 (2080 f.).
246 BGH NJW 1983, 1679 (1680); RGZ 60, 259 (265); OLG Köln ZInsO 2000, 156 (157); OLG Köln ZInsO 2004, 871 (872); FKInsO/*Dauernheim* § 134 Rn. 18; HambKommInsO/*Rogge/Leptien* § 134 Rn. 25; *Hess* InsO § 134 Rn. 43; HKInsO/*Thole* § 134 Rn. 19; KPB/*Bork* § 134 Rn. 61 ff.; Nerlich/Römermann/*Nerlich* InsO § 134 Rn. 16; *Zeuner* Anfechtung Rn. 216; einschränkend *Jaeger/Henckel* KO § 32 Rn. 18; aM *Häsemeyer* Rn. 21.92.
247 LG Hamburg ZIP 1992, 1251 (1252); HambKommInsO/*Rogge/Leptien* § 134 Rn. 27; *Kayser* WM 2007, 1 (4 ff.); *Kirchhof* FS Fuchs, 1996, 97 (102).
248 BGH NJW 1992, 2421 (2422 f.); OLG Schleswig WM 1982, 25 (28); HambKommInsO/*Rogge/Leptien* § 134 Rn. 27; HKInsO/*Thole* § 134 Rn. 18; nur für das Verhältnis zum Gläubiger zutr. RGZ 153, 350 (353 f.); jedoch wurde hier die Unentgeltlichkeit gegenüber der Kreditnehmerin verkannt.
249 RGZ 60, 259 (265); OLG Braunschweig OLGR 27, 258 (259); OLG Schleswig WM 1982, 25 (28); *Kayser* WM 2007, 1 (7).
250 BGH NJW-RR 2012, 1517 (1519); BGH NJW 2009, 2065 (2066); noch offengelassen von BGH NJW-RR 2006, 1281 (1282) = NZI 2006, 524 (525); AGR/*Gehrlein* § 134 Rn. 13 aE; HKInsO/*Thole* § 134 Rn. 19; *Mitlehner* Rn. 339, 481; krit. *Grell/Schormair* NZI 2009, 625 ff.
251 OLG Brandenburg InVo 1999, 230 (231).
252 AM OLG Köln ZInsO 2000, 156 (157), das zusätzlich zur vertraglichen Vereinbarung ein eigenes wirtschaftliches Interesse des Schuldners an der Leistung voraussetzt; dies betrifft aber allenfalls die Unentgeltlichkeit zwischen Schuldner und Darlehensnehmer.

wirtschaftliches Interesse des Schuldners an der „Gegenleistung" des Gläubigers,[253] zB die Aufrechterhaltung einer Geschäftsbeziehung, hat der BGH aufgegeben.[254] Es kommt allein auf die Rechtsbeziehung im Zuwendungsverhältnis zwischen Insolvenzschuldner und Gläubiger und auch nicht auf einen ggf. werthaltigen Regressanspruch des Schuldners an → Rn. 31a.[255] Auch das wirtschaftliche Interesse am Wohlergehen konzernverbundener Unternehmen untereinander reicht hiernach nicht aus,[256] kann aber ein Indiz für die Gewährung einer Gegenleistung sein.[257] Bestellen zwei verbundene Unternehmen wechselseitig für ihre Kredite bereits bei deren Aufnahme Sicherheiten, liegt darin ein Entgelt für beide Kredite.[258] Im Übrigen gelten für das Verhältnis zwischen Insolvenzschuldner, Gläubiger und Drittschuldner die in Rn. 31 bis 31c entwickelten Grundsätze sinngemäß. Daher kann bei einer im Verhältnis zum Gläubiger entgeltlichen Sicherheitenbestellung gegenüber dem Hauptschuldner Unentgeltlichkeit vorliegen, zB wenn der spätere Insolvenzschuldner den Kredit eines Dritten (Hauptschuldners) besichert, den dieser vom Gläubiger dafür erhält.[259]

Nach den in → Rn. 33 f. dargelegten Regeln ist auch der Fall zu behandeln, dass der Insolvenz- 34
schuldner für einen Dritten die **Bürgschaft** oder Mithaftung für dessen Verbindlichkeiten übernimmt. Der hierdurch gesicherte Gläubiger hat die Verstärkung seiner Rechtstellung unentgeltlich erlangt, sofern er – insbesondere dem Hauptschuldner – keine Gegenleistung dafür erbracht hat; dafür würde es aber wiederum ausreichen, wenn er eine (noch) werthaltige Forderung gegen den Hauptschuldner nicht geltend macht. In einem derartigen Fall kann der Insolvenzverwalter für den Bürgen allenfalls gegen den Hauptschuldner gemäß § 134 anfechten.[260] Die Anfechtung ist auf Freistellung aus der Bürgenpflicht gerichtet → § 143 Rn. 78.[261] Hat der Bürge allerdings bereits vor der Insolvenzeröffnung über sein Vermögen gezahlt, gelten die Regeln über die Tilgung fremder Schulden → Rn. 31. Insbesondere kann es für die Entgeltlichkeit auf die Werthaltigkeit der nach § 774 BGB auf den Bürgen übergehenden, gesicherten Forderung gegen den Hauptschuldner ankommen. Anderenfalls erfolgt die Abwicklung allein zwischen Bürgen und Hauptschuldner. Verzichtet der Insolvenzschuldner, der zusammen mit einem Anderen gesamtschuldnerisch einem Dritten haftet, auf von Rechts wegen bestehende Ausgleichsansprüche gegen den Mitschuldner, kann diesem die anteilige Schuldbefreiung unentgeltlich zugewendet worden sein → Rn. 18.[262]

ee) Leistungen im Arbeitsverhältnis. Vertraglich vereinbarte oder aufgrund tariflicher 35
Bestimmungen geschuldete Zahlungen für geleistete Arbeit im Rahmen eines Arbeitsvertrages sind grundsätzlich entgeltlich. Gleiches gilt für gesetzlich oder tariflich geschuldete Zahlungen ohne Arbeitsleistung (zB aufgrund von Annahmeverzug, Krankheit, Feiertagen) und bei einer Freistellung, sofern hierin ein nachvollziehbares gegenseitiges Nachgeben zu erkennen ist.[263] Zuwendungen des Arbeitgebers für geleistete **Überstunden,** die nach dem Arbeitsvertrag bereits durch das Gehalt abgegolten werden, sind jedoch unentgeltlich.[264] Dasselbe gilt für **Gratifikationen,** die ausnahmsweise nur einen Dank ausdrücken sollen und über Abs. 2 hinausgehen.[265] Dagegen ist eine freiwillige, nicht überhöhte Weihnachtsgratifikation für besonderen Diensteifer an Arbeitnehmer diesen gegenüber auch dann entgeltlich, wenn sie von dem Alleingesellschafter einer Handelsgesellschaft geleistet wird, die Arbeitgeberin ist.[266] Auch **Sozialplanleistungen** sind im Regelfall nicht unentgeltlich,

---

[253] BGH NJW 1998, 2592 (2599); RG JW 1913, 608 (609); RG JW 1905, 442 Nr. 28; OLG München ZIP 2004, 2451; Nerlich/Römermann/*Nerlich* InsO § 134 Rn. 18; *Wittig* NZI 2005, 606 (612); wohl auch Andres/Leithaus/*Leithaus* InsO § 134 Rn. 7.

[254] BGH NJW-RR 2006, 1281 (1282) = NZI 2006, 524 (525).

[255] BGH NJW-RR 2006, 1136 (1137); aM *Fischer* ZInsO 2011, 1042 (1045 ff.).

[256] AM noch BGH NJW 1998, 2592 (2599); OLG Stuttgart WM 1997, 105 (108); OLG Schleswig WM 1982, 25 (28); einschränkend OLG Köln ZInsO 2000, 156 (157); FKInsO/*Dauernheim* § 134 Rn. 18.

[257] BGH NJW-RR 2006, 1281 (1282 f.).

[258] OLG Stuttgart WM 1997, 105 (108); *Wittig* NZI 2005, 606 (612); zur Ablösung einer Sachsicherheit durch den Kreditgeber → Rn. 30.

[259] BGH NJW 2009, 2065 (2066); BGH NZI 2006, 524 (525); OLG Karlsruhe OLGReport 1999, 13 (14 f.); krit. *Grell/Schormair* NZI 2009, 625 (627 f.).

[260] *Kirchhof* FS Fuchs, 1996, 97 (101 ff.).

[261] HambKommInsO/*Rogge/Leptien* § 134 Rn. 28.

[262] BGH ZIP 1980, 21 (22); HambKommInsO/*Rogge/Leptien* § 134 Rn. 26.

[263] BAG NJW 2016, 970 (972 f.) = NZA 2016, 508 (511 f.) mAnm *Lindemann* EWiR 2016, 153.

[264] LAG Hamm ZIP 1998, 920 (921 f.); HambKommInsO/*Rogge/Leptien* § 134 Rn. 29 aE; Uhlenbruck/*Borries/Hirte* § 134 Rn. 151.

[265] FKInsO/*Dauernheim* § 134 Rn. 20; *Hess* InsO § 134 Rn. 51; Uhlenbruck/*Borries/Hirte* § 134 Rn. 154.

[266] BGH NJW 1997, 866 (867); BAGE 1, 36 (39 f.); *v. Campe* S. 208; FKInsO/*Dauernheim* § 134 Rn. 20; HKInsO/*Thole* § 134 Rn. 18; Jaeger/*Henckel* § 134 Rn. 21; krit. Braun/*de Bra* § 134 Rn. 31; Uhlenbruck/*Borries/Hirte* § 134 Rn. 154; aM *Huber* EWiR 1997, 267; *Zeuner* Anfechtung Rn. 219, die jedoch nicht berücksichtigen, dass Unentgeltlichkeit nur im Verhältnis des Alleingesellschafters zur Handelsgesellschaft vorliegen kann; zur nachträglichen Gewährung einer Gratifikation → Rn. 38.

sondern erfüllen eine Fürsorgepflicht des Arbeitgebers.[267] Das einem Arbeitnehmer versprochene oder gewährte **Ruhegeld** ist keine unentgeltliche, sondern eine aufgrund des Arbeitsverhältnisses gegebene entgeltliche Zuwendung.[268] Eine nicht überhöhte **Ruhegehaltszusage** wird auch nicht dadurch unentgeltlich, dass sie im Hinblick auf die drohende Insolvenz gegeben wird, um die Gläubiger zugunsten eines Geschäftsführers zu benachteiligen;[269] in derartigen Fällen greifen nur die §§ 130 bis 133 ein. Entgeltlich ist ferner die **Abtretung eines Anspruchs des Arbeitgebers aus einer Rückdeckungsversicherung,** die er zur Erfüllung einer Ruhegehaltszusage abgeschlossen hat, soweit diese durch die Versicherung abgelöst werden soll;[270] denn mit der Direktversicherung bezweckt der Arbeitgeber eine Gegenleistung für die vom Arbeitnehmer geleisteten Dienste.[271]

36 **ff) Zuwendungen im Familienbereich.** Zuwendungen, die über den gesetzlich geschuldeten – und damit entgeltlichen → Rn. 26 – Unterhalt zwischen Familienangehörigen hinausgehen, stellen auch dann grundsätzlich unentgeltliche Leistungen dar, wenn sie als „Entgelt“ für die Führung des Haushalts oder die Kinderbetreuung durch den nicht erwerbstätigen Ehegatten bezeichnet werden.[272] Insbesondere sind regelmäßig **die „unbenannten Zuwendungen“ zwischen Ehegatten** unentgeltliche Leistungen iSv § 134 → § 39 Rn. 28.[273] Die damit verbundene Erwartung, die eheliche Lebensgemeinschaft zu fördern, begründet kein Entgelt → Rn. 17a. Die Verpflichtung zur Unterhaltsleistung schließt weder diejenige zur Verschaffung von (Mit-)Eigentum an einem Eigenheim noch zu dessen Finanzierung für den anderen Ehegatten ein.[274] Weil derartige Leistungen objektiv nicht entgeltlich sein können, ändert hieran eine entsprechende Vereinbarung der Ehegatten nichts → Rn. 21 → Rn. 40. **Arbeitet** dagegen **ein Ehegatte im Geschäft** des anderen ohne Abschluss eines Dienst- oder Arbeitsvertrages in einer Weise **mit,** die üblicherweise vergütet wird, so ist eine hierfür gewährte Vergütung grundsätzlich entgeltlich;[275] anders verhält es sich allenfalls, soweit die Mitarbeit im Einzelfall gesetzlich geschuldet ist, was sich allerdings nur in Ausnahmefällen aus der ehelichen Beistandspflicht ergeben kann.[276] Entsprechende Regeln gelten sinngemäß für nichteheliche und andere Lebensgemeinschaften mit der Besonderheit, dass in Ermangelung einer gesetzlichen Leistungspflicht allein die Absprachen der Beteiligten maßgeblich sind, soweit sie nicht gegen den besonderen Schutzzweck des § 134 verstoßen. **Verträge über die Änderung eines ehelichen Güterstandes oder den Zugewinnausgleich** sind regelmäßig entgeltlich,[277] doch kann das Vollzugsgeschäft eine unberechtigte und damit unentgeltliche Bevorzugung eines der Ehepartner enthalten.[278]

---

[267] *Jaeger/Henckel* KO § 29 Rn. 38; *Willemsen* ZIP 1982, 649.

[268] BGH NJW 2006, 3638 = NZA-RR 2006, 652; BAGE 22, 105 (110); RAG ARS 16, 281 (283); *Hess* InsO § 134 Rn. 85; Uhlenbruck/*Borries/Hirte* § 134 Rn. 152; *Zeuner* Anfechtung Rn. 219; zur nachträglichen Versorgungszusage → Rn. 38.

[269] *Jaeger/Henckel* § 134 Rn. 22; aM Uhlenbruck/*Borries/Hirte* § 134 Rn. 152; *Ganter* NZI 2013, 769 (774).

[270] BAGE 20, 11 (19 f.); *Beinert/Hennerkes/Binz/Rauser* DB 1980, 2323 (2324); FKInsO/*Dauernheim* § 134 Rn. 21; *Hess* InsO § 134 Rn. 87; Uhlenbruck/*Borries/Hirte* § 134 Rn. 152.

[271] Zur Deckungsanfechtung einer derartigen Abtretung → § 131 Rn. 19 f.; zur nachträglichen Vergütungszusage → Rn. 38; zu überhöhten Lohnzahlungen → Rn. 41.

[272] BGHZ 71, 61 (66 f.) = NJW 1978, 1326 (1327); RG LZ 1910, 558 (559); OLG Hamburg KTS 1985, 556 (557); *Beissenhirtz* S. 127; *v. Campe* S. 210; FKInsO/*Dauernheim* § 134 Rn. 22; HambKommInsO/*Rogge/Leptien* § 134 Rn. 31; *Jaeger/Henckel* KO § 32 Rn. 15; Uhlenbruck/*Borries/Hirte* § 134 Rn. 138; aM *Bosch* FamRZ 1978, 400.

[273] BGH NJW 1999, 1033; OLG München WM 2004, 1044 (1045); OLG Stuttgart NZI 2002, 495 f.; OLG Hamm ZIP 1992, 1755 (1757); OLG Celle NJW 1990, 720 f.; *Sandweg* NJW 1989, 1965 (1973 f.); FKInsO/*Dauernheim* § 134 Rn. 22; *Jaeger/Henckel* § 134 Rn. 23; Uhlenbruck/*Borries/Hirte* § 134 Rn. 138; zu § 822 BGB auch BGHZ 142, 300 (302 ff.) = NJW 2000, 134 (136); aM *Morhard* NJW 1987, 1734 (1736 f.); zur Rechtsnatur der unbenannten Zuwendung vgl. BGH NJW 2006, 2330 f.; BGHZ 142, 137 (147 ff.) = NJW 1999, 2962 (2963 f.); BGHZ 116, 167 (169 f.) = NJW 1992, 564; BGH FamRZ 1990, 600 (601); MüKoBGB/*Koch* § 516 Rn. 62 f.; Palandt/*Weidenkaff* BGB § 516 Rn. 10.

[274] BGHZ 71, 61 (67) = NJW 1978, 1326 (1327); BFHE 149, 204 (208) = NJW 1988, 3174 (3175); OLG Hamburg KTS 1985, 556 (557); OLG Hamm ZIP 1982, 1755 (1757); FKInsO/*Dauernheim* § 134 Rn. 22 aE; Jaeger/*Henckel* § 134 Rn. 23; *Mauer* Rn. 229.

[275] *v. Campe* S. 209 f.; FKInsO/*Dauernheim* § 134 Rn. 22; KPB/*Bork* § 134 Rn. 76; Uhlenbruck/*Borries/Hirte* § 134 Rn. 141.

[276] LG Düsseldorf KTS 1961, 46 (47); Jaeger/*Henckel* § 134 Rn. 23; Nerlich/Römermann/*Nerlich* InsO § 134 Rn. 35; Palandt/*Brudermüller* BGB § 1356 Rn. 7; Uhlenbruck/*Borries/Hirte* § 134 Rn. 141.

[277] BGHZ 116, 178 (180) = NJW 1992, 558; BGH FamRZ 1975, 572 (574); Uhlenbruck/*Borries/Hirte* § 134 Rn. 144; andererseits RGZ 87, 301 (303 f.).

[278] BGHZ 57, 123 (125 ff.) = NJW 1972, 48 f.; OLG Zweibrücken OLGZ 1965, 304 (308 f.); Braun/*de Bra* § 134 Rn. 33 ff.; *Schillig* MittBayNot 2002, 347 (350); Uhlenbruck/*Borries/Hirte* § 134 Rn. 144; zur Gläubigerbenachteiligung bei Güterstandsänderung → § 129 Rn. 89; ergänzend zur gemischten Schenkung → Rn. 41; zur Begünstigung durch Versicherungen → Rn. 16.

Die von einem Elternteil dem Kind gewährte, **angemessene Ausstattung** gilt zwar nach § 1624 Abs. 1 BGB nicht als unentgeltliche Leistung. Regelmäßig sind Eltern zur Ausstattung aber nicht verpflichtet. Neben dem gesetzlich geschuldeten **Ausbildungsunterhalt** (§ 1610 Abs. 2 BGB) ist eine Ausstattung selten geworden. Entschließt sich ein Elternteil oder gar ein Dritter freiwillig dazu, der alsbald insolvent wird, verdient die Besserstellung des Kindes – soweit sie über § 134 Abs. 2 hinausgeht – keinen Schutz gegenüber den Insolvenzgläubigern des Leistenden. Deshalb ist die ohne besondere Gegenleistung erbrachte **Ausstattung** anfechtungsrechtlich eine unentgeltliche Leistung → § 39 Rn. 28.[279] Dagegen ist die Vergütung für eine gesetzlich nicht geschuldete Mitarbeit eines Kindes im Betrieb des Elternteils regelmäßig entgeltlich.[280] 37

Die Vermögensübertragung im Wege einer vorweggenommenen **Erbauseinandersetzung** erfolgt regelmäßig unentgeltlich,[281] zumal hierdurch die Rechtsnachfolgeregelung des § 145 Abs. 1 unterlaufen wird. 37a

gg) Vergütung von Diensten. Wird **nachträglich** eine Vergütung für vorher unentgeltlich geleistete Dienste vereinbart und gezahlt, hängt es von den Umständen ab, ob diese spätere Zuwendung entgeltlich oder unentgeltlich ist. Im Hinblick auf das im Ansatz objektiv zu bestimmende Verhältnis von Leistung und Gegenleistung → Rn. 21 sowie auf die zur Rechtsklarheit nötige zeitliche Schranke → Rn. 20 kann die Vereinbarung der Beteiligten anfechtungsrechtlich nicht allein entscheiden. Vielmehr kann eine nachträgliche Vergütungsvereinbarung nur für solche Dienste anerkannt werden, die im Geschäftsleben von vornherein den Umständen nach zu vergüten wären (§ 612 Abs. 1 BGB). Dies kann insbesondere bei **nachträglichen Lohnerhöhungen,**[282] freiwillig gezahlten **Leistungsgratifikationen** und **Versorgungszusagen** ggf. auch gegenüber der Witwe eines verstorbenen Mitarbeiters zutreffen. Hält sich die Leistungshöhe im Rahmen des Bewertungsspielraums → Rn. 40, so entscheidet, ob der Wille der Beteiligten darauf gerichtet ist, die Zuwendung als nachträgliches Entgelt zu leisten; dies wird bei länger andauernden Dienstleistungen nahe liegen.[283] Beruht die spätere Zuwendung dagegen auf Freigebigkeit, oder soll sie nur eine Anstandspflicht oder familiäre Rücksichtnahme erfüllen, ist sie unentgeltlich[284] und lediglich unter den Voraussetzungen des Abs. 2 anfechtungsfrei. 38

Wird ein **Vorstandsvorsitzender** durch Sonderzahlungen eines Großaktionärs von einem beabsichtigten Rücktritt abgehalten, sind diese Zahlungen entgeltlich.[285] Dagegen leistet derjenige Schuldner unentgeltlich, der das **Strafverteidigerhonorar eines Mitangeklagten** bezahlt, weil er sich dadurch Vorteile für die eigene Strafverteidigung verspricht.[286] Unentgeltlich überträgt ferner ein Arbeitgeber seinen arbeitsvertraglichen Anspruch auf die Dienste von Arbeitnehmern, denen er zur Lohnfortzahlung verpflichtet bleibt, wenn er diese für einen Dritten arbeiten lässt, ohne dass hierfür ein Entgelt zu erbringen ist.[287] 38a

hh) Gesellschaftsrechtliche Zuwendungen. Die **Ausschüttung durch eine Kapitalgesellschaft** an ihre Gesellschafter ist unentgeltlich, sobald bei der Gesellschaft eine Unterbilanz aufgetreten ist, weil dann Auszahlungsansprüche aus der Mitgliedschaft nicht hergeleitet werden können → Rn. 24a.[288] Werden jedoch **gewinnunabhängige Zahlungsversprechen** (im Gegensatz zu Auszahlungen auf Scheingewinne → Rn. 24a) erfüllt, obwohl die Gesellschaft keine Gewinne erzielt hat, so ist das eine entgeltliche Leistung an den Gesellschafter, weil die garantierten Zinsen das Entgelt für die Kapitalüberlassung darstellen.[289] Weit verbreitet sind Bestimmungen in Gesellschaftsverträgen, wonach die Gesellschafter einen **Gesellschaftsanteil** – insbesondere gemäß § 34 Abs. 2 GmbHG – dann **einziehen** können, wenn der Inhaber stirbt, oder wonach der Abfindungsanspruch der Erben 39

---

[279] RG JW 1916, 588 (589); RG JW 1897, 189 f.; LG Tübingen ZInsO 2005, 781 ff. zu § 4 AnfG; *v. Campe* S. 210 f.; HambKommInsO/*Rogge/Leptien* § 134 Rn. 33; KPB/*Bork* § 134 Rn. 58; MüKoBGB/*v. Sachsen Gessaphe* § 1624 Rn. 16; Staudinger/*Hilbig-Lugani* § 1624 Rn. 25; Uhlenbruck/*Borries/Hirte* § 134 Rn. 147; aM Erman/*Döll* § 1624 Rn. 12; FKInsO/*Dauernheim* § 134 Rn. 23; *Hess* InsO § 134 Rn. 86; *Jaeger/Henckel* KO § 32 Rn. 47; *Lange* S. 134; *Schillig* MittBayNot 2002, 347 (350).

[280] BGH FamRZ 1965, 430 (431); FKInsO/*Dauernheim* § 134 Rn. 23; Uhlenbruck/*Borries/Hirte* § 134 Rn. 147.

[281] BFHE 125, 500 (507); HambKommInsO/*Rogge/Leptien* § 134 Rn. 33; Uhlenbruck/*Borries/Hirte* § 134 Rn. 148.

[282] *v. Campe* S. 208 f.

[283] *Jaeger/Henckel* KO § 32 Rn. 13; Uhlenbruck/*Borries/Hirte* § 134 Rn. 150.

[284] RGZ 125, 380 (383); RGZ 94, 322 (324); BAG AP § 242 BGB Ruhegehalt Nr. 102; *Jaeger/Henckel* KO § 32 Rn. 13.

[285] OLG Karlsruhe ZInsO 2003, 999 (1000 f.).

[286] OLG Hamm ZIP 2002, 313 (315).

[287] BGH NJW-RR 2004, 696 (697).

[288] *Haas* ZIP 2006, 1373 (1378).

[289] BGH NZI 2017, 713 (714 f.) = ZIP 2017, 1284 f.; *Kayser* ZInsO 2019, 293 (298).

ausgeschlossen oder eingeschränkt wird. Derartige Klauseln sollen unentgeltliche Zuwendungen des Geschäftsanteils oder des Abfindungsanspruchs durch den verstorbenen an die übrigen Gesellschafter darstellen.[290] Dann könnten sie, vor allem im Fall einer Nachlassinsolvenz, der Anfechtung gemäß § 134 unterliegen, soweit der Gesellschaftsvertrag innerhalb der letzten vier Jahre vor dem Eröffnungsantrag geschlossen wurde; die darin weiter enthaltene Bedingung des Todesfalls bleibt nach § 140 Abs. 3 außer Betracht. Dagegen werden Klauseln, welche die **Abfindungsansprüche** beim Ausscheiden auf den Buchwert **beschränken,** überwiegend nicht als unentgeltlich angesehen.[291] Die Begründung stellt allerdings ausschließlich auf die subjektive Willensrichtung der Gesellschafter ab. Der anfechtungsrechtlich erforderliche objektive Gegenwert → Rn. 22 könnte einerseits in der potentiellen Wertsteigerung jedes einzelnen Gesellschaftsanteils liegen, der sich alsbald aus der verbesserten Überlebensfähigkeit der Gesellschaft ergibt. Andererseits kommt die rechtlich abgesicherte Aussicht jedes beteiligten Gesellschafters in Betracht, im Überlebensfall auf vergleichbarer Weise auch gesellschaftlich gebundenes Vermögen der Mitgesellschafter erwerben zu können.[292] Das **„Stehenlassen" einer Gesellschafterforderung** mit der Folge, dass sie eigenkapitalersetzenden Charakter erhält, kann eine unentgeltliche Zuwendung durch Unterlassen → Rn. 10 sein.[293] Zinszahlungen auf eine (gesetzlich oder rechtsgeschäftlich) nachrangige Darlehensforderung im Zeitpunkt der Insolvenzreife sind ebenfalls unentgeltlich.[294] Die **Auszahlung eines Gesellschafterdarlehens** an die Gesellschaft kann aber in der Insolvenz des Gesellschafters nicht als unentgeltliche Leistung des Gesellschafters angefochten werden. Ebenso wenig kann im Falle der Doppelinsolvenz dem Nachrangeinwand des Insolvenzverwalters über das Vermögen der Gesellschaft die Einrede der Anfechtbarkeit aus § 134 Abs. 1 entgegengehalten werden.[295] Der **Verzicht auf Haftungsansprüche** gegen GmbH-Geschäftsführer unterliegt jedoch der Insolvenzanfechtung nach § 134.[296]

40 **d) Subjektive Bewertung durch die Beteiligten.** Grundsätzlich entscheidet die **objektive Sach- und Rechtslage** darüber, ob eine Gegenleistung vereinbart wurde und ob sie die Leistung des Schuldners wertmäßig ausgleicht → Rn. 22. Allerdings ist die **Willensrichtung der Beteiligten** uneingeschränkt dafür maßgeblich, ob der Empfänger für die Leistung des Schuldners überhaupt einen ausgleichenden Gegenwert erbringen soll → Rn. 17. Zum anderen sind ihre Vorstellungen bei der Beurteilung mit zu berücksichtigen, ob eine Gegenleistung den Wert der Leistung des Schuldners erreicht;[297] hinsichtlich dieser Einschätzung steht den Beteiligten ein **angemessener Bewertungsspielraum** zu,[298] der auch objektiven Unsicherheiten bei der Bewertung von Leistung und/oder Gegenleistung Rechnung zu tragen hat. Er darf sich freilich von den objektiven Verhältnissen nicht zu weit entfernen: Subjektive Bewertungen der Beteiligten können wegen des gläubigerschützenden Normzwecks nur berücksichtigt werden, soweit sie eine reale Grundlage haben. **Gemeinsame irrtümliche Wertvorstellungen** der Beteiligten, die der objektiven Sachlage nicht entsprechen, haben nur bedingt Einfluss auf eine Entgeltlichkeit oder Unentgeltlichkeit der Leistung.[299] So kann eine unentgeltlich zu erbringende Gegenleistung die darauf bezogene Leistung des Insolvenzschuldners auch dann nicht als entgeltlich erscheinen lassen, wenn sie die Beteiligten per-

---

[290] *Habersack* ZIP 1990, 625 (627); *Heckelmann* ZZP 92 (1979), 28 (42 f.).

[291] HambKommInsO/*Rogge/Leptien* § 134 Rn. 30; für eine gemischte Schenkung dagegen *Heckelmann* ZZP 92 (1979), 28 (58 f.).

[292] Zur Abgrenzung zwischen Nichtigkeit und Anfechtbarkeit derartiger Klauseln → Vor § 129 Rn. 78 ff.; zum möglichen Eintritt einer Gläubigerbenachteiligung → § 129 Rn. 133; zu Leistungen innerhalb eines Konzerns → Rn. 33a.

[293] AGR/*Gehrlein* § 134 Rn. 8; FKInsO/*Dauernheim* § 134 Rn. 31; Nerlich/Römermann/*Nerlich* InsO § 134 Rn. 35; Uhlenbruck/*Borries/Hirte* § 134 Rn. 125; zum früheren Eigenkapitalersatzrecht BGH NZI 2009, 429 (430) mAnm *Brinkmann/Luttmann* EWiR 2009, 549; BGH NJW 2015, 1672 (1677) mAnm *Bork* EWiR 2015, 219; für das neue Recht ablehnend BGH NJW 2017, 1235 (1237) = DNotZ 2017, 151 (153).

[294] BGHZ 204, 231 (239 ff.) = NJW 2015, 1672 (1677 f.) = NZI 2015, 315 (319 f.) = NZG 2015, 1121 (1125 f.).

[295] BGH NJW 2017, 1235 (1237 ff.) = DNotZ 2017, 151 (154 ff.); *Klinck* ZIP 2017, 1589 (1595 ff.); aM KPB/*Bork* § 134 Rn. 50; Uhlenbruck/*Borries/Hirte* § 134 Rn. 125.

[296] *Haas* ZInsO 2007, 464 (471 f.).

[297] BGHZ 113, 98 (102 f.) = NJW 1991, 560 (561); HKInsO/*Thole* § 134 Rn. 17.

[298] BGH NZI 2004, 376 (378); BGH NJW-RR 1998, 1057 (1061 f.); BGHZ 71, 61 (66) = NJW 1978, 1326 (1327); BGHZ 57, 123 (127) = NJW 1972, 48 (49); Andres/Leithaus/*Leithaus* InsO § 134 Rn. 4; FKInsO/*Dauernheim* § 134 Rn. 13; *Ganter* NZI 2015, 249 (258); *Hallermann* S. 74 ff.; HKInsO/*Thole* § 134 Rn. 17; HambKommInsO/*Rogge/Leptien* § 134 Rn. 17; KPB/*Bork* § 134 Rn. 40; aM *Klinck* ZIP 2017, 1589 (1594 f.).

[299] BGH NJW 2014, 305 (307 f.) = NZI 2013, 841 (843); BGHZ 179, 137 (140) = NJW 2009, 363; BGHZ 113, 393 (396 f.) = NJW 1991, 1610 (1611); HambKommInsO/*Rogge/Leptien* § 134 Rn. 17; HKInsO/*Thole* § 134 Rn. 17; Uhlenbruck/*Borries/Hirte* § 134 Rn. 32.

sönlich als Entgelt ansehen.[300] Zahlt der spätere Insolvenzschuldner Geld zurück, weil er irrig annimmt, darauf keinen Anspruch zu haben, nimmt er eine unentgeltliche Leistung vor → Rn. 22 → Rn. 26.[301] Haben die Beteiligten ihren Bewertungsspielraum überschritten, können im Einzelfall die Grundsätze über die Anfechtung teilw. unentgeltlicher Leistungen → Rn. 41 → Rn. 42 eingreifen.[302] Gehen jedoch beide Vertragspartner beim Kauf wertloser Anteile nach den objektiven Umständen von einem Austausch-Marktgeschäft aus und sind sie in gutem Glauben von einer Werthaltigkeit des Kaufgegenstandes überzeugt, scheidet eine Unentgeltlichkeit aus, da andernfalls aufgrund nachträglich besserer Erkenntnis in die Preisgestaltung eingegriffen würde.[303] Die **Motive des Schuldners** für eine unentgeltliche Zuwendung sind hierbei unerheblich → Rn. 1 aE.

Der **Erlass einer (werthaltigen) Forderung** ohne Gegenleistung ist unentgeltlich.[304] Beim **40a**
Abschluss eines Vergleichs (§ 779 BGB) hat hingegen auch die Beseitigung tatsächlicher und/oder rechtlicher Unsicherheiten objektiv einen eigenen Vermögenswert, der bei der Beurteilung des Verhältnisses von Leistung und Gegenleistung zu berücksichtigen ist.[305] In dem dadurch bedingten Nachgeben auch des Schuldners liegt eine unentgeltliche Leistung nur, sofern der Vergleichsinhalt denjenigen Bereich verlässt, der bei objektiver Beurteilung ernsthaft zweifelhaft sein kann → § 133 Rn. 37c.[306]

e) Teilweise unentgeltliche Leistung. Eine teilw. unentgeltliche Leistung unterliegt der **41**
Anfechtung, sobald die Beteiligten den ihnen zustehenden Bewertungsspielraum → Rn. 40 überschritten haben.[307] Wegen des gläubigerschützenden Zwecks des § 134 sind die zu § 516 BGB entwickelten **Grundsätze über gemischte Schenkungen**[308] im Anfechtungsrecht **nur eingeschränkt** anzuwenden. Zwar kann es darauf ankommen, ob sich die Vertragspartner des Wertunterschiedes zwischen Leistung und Gegenleistung bewusst sind und ob sie wollen, dass eine Leistung – diejenige des Insolvenzschuldners – teilw. unentgeltlich erbracht werden soll,[309] aber nur, sofern sich die Beteiligten innerhalb ihres Bewertungsspielraums halten.[310] Dann wird ein Wille zu unentgeltlicher Leistung nur schwer zu beweisen sein, zB wenn eine Grundschuld von 205.000 EUR ein Darlehen von 154.000 EUR sichert.[311] Überschreitungen des Bewertungsspielraums sind dagegen insbesondere bei übersetzten Ausgleichszahlungen an Ehegatten,[312] überhöhten Kündigungsabfindungen oder Lohnzahlungen[313] sowie Zahlungen aus Hofübergabeverträgen gegen Altenteilleistungen[314] nicht selten, wobei die Rechtsnatur von Altenteilleistungen – Auflage oder Gegenleistung – anfechtungsrechtlich unerheblich ist → Rn. 12. Ferner sind der Verkauf eines Grundstücks im Wert von 1,44 Mio. EUR für nur 358.000 EUR an die Ehefrau des Schuldners oder eine Veräußerung, sofern die Vertragsteile bewusst einen „Abschlag" auf einen als angemessen zugrunde gelegten Preis vereinbaren, ohne dass wirtschaftliche Gründe dies rechtfertigen, teilunentgeltlich.[315] Dagegen sind echte Notverkäufe unter Wert regelmäßig entgeltlich → Rn. 25.

---

300 BGH NJW-RR 1993, 1379 (1381); *Henckel* ZIP 1990, 137 (140).
301 AM OLG Koblenz NZI 2000, 84 (85).
302 BGH NJW 2017, 1035 (1036) = NZI 2017, 151 (152) = ZIP 2017, 185 (186) zu § 4 AnfG.
303 BGH NJW-RR 2017, 427 (429) = NZI 2017, 68 (69); krit. *Klinck* ZIP 2017, 1589 (1594 f.); aM *Bork* NZI 2018, 1 (3 f.), der Irrtümer für unerheblich hält, weil der Anfechtungsgegner über § 143 Abs. 1 Satz 2 und Abs. 2 keinen besonderen Vertrauensschutz verdient.
304 BGH NJW 2012, 2099 (2101) = ZIP 2012, 984 (987); *Haas* ZInsO 2007, 464 (472); KPB/*Bork* § 134 Rn. 78; Nerlich/Römermann/*Nerlich* InsO § 134 Rn. 26.
305 BGH NJW-RR 2007, 263 (264) = NZI 2007, 101 (102); *Gerhardt* KTS 2004, 195 (198 f.); KPB/*Bork* § 134 Rn. 78.
306 BGH NZI 2017, 926 (929) = ZIP 2017, 1962 (1966); BGH NJW 2012, 2099 (2102) = ZIP 2012, 984 (988); BGH NZI 2007, 101 (102); *Gundlach/Frenzel/Schmidt* DZWiR 2007, 208 (209); *Kayser* ZIP 2019, 293 (297).
307 BGH NJW-RR 1998, 1057 (1061 f.); BGH NJW-RR 1993, 1379 (1381); BAG NJW 2016, 970; LG Dresden ZInsO 2002, 140 (141); *Ganter* NZI 2015, 249 (258); HKInsO/*Thole* § 134 Rn. 17; *Kayser* ZInsO 2019, 293 (299); KPB/*Bork* § 134 Rn. 40; *Schillig* MittBayNot 2002, 347 (351); Uhlenbruck/*Borries/Hirte* § 134 Rn. 34.
308 Vgl. dazu BGH NJW 2000, 134 (135), BGH NJW-RR 1996, 754 (755); MüKoBGB/*Koch* § 516 Rn. 34 ff.; Palandt/*Weidenkaff* § 516 Rn. 13.
309 Vgl. hierzu BGH WM 1956, 703 (705); RGZ 81, 364 (365 f.); RG LZ 1910, 558 (559); RG LZ 1909, 71 Nr. 6; RG LZ 1908, 605 (606); *Ganter* NZI 2015, 249 (257); Uhlenbruck/*Borries/Hirte* § 134 Rn. 34.
310 BGH NJW 2017, 1035 (1036) = NZI 2017, 151 (152) = ZIP 2017, 185 (186) zu § 4 AnfG.
311 BGH NJW 1992, 2421 (2423).
312 BGHZ 57, 123 (128 f.) = NJW 1972, 48 (49); OLG Nürnberg KTS 1966, 57 (60 f.).
313 BAG NJOZ 2016, 544 (549) = BeckRS 2014, 73846; *Gerhardt* EWiR 1989, 609.
314 *Jaeger/Henckel* KO § 32 Rn. 23; Palandt/*Weidenkaff* BGB § 516 Rn. 13; zu Altenteilleistungen als Auflage BGH NJW 1989, 2122 (2123).
315 BGH NZI 2004, 376 (378 f.) für einen „Risiko"-Abschlag von 10%.

41a Nicht nach diesen Kriterien zu behandeln ist die **verschleierte Schenkung.** Diese begründet nur den **Anschein einer Entgeltlichkeit,** um die eigentlich gewollte Freigebigkeit zu verdecken. Sie kann uneingeschränkt gemäß § 134 anfechtbar sein, während das lediglich vorgespiegelte entgeltliche Geschäft nach § 117 Abs. 1 BGB nichtig ist → § 39 Rn. 32 ff.[316]

42 Als **Rechtsfolge der Anfechtung** einer gemischt unentgeltlich/entgeltlichen Leistung → Rn. 41 ist vorrangig der Wertüberschuss der Leistung des Insolvenzschuldners an die Insolvenzmasse zurückzuführen. Ist dessen Leistung teilbar, bleibt die Rechtsfolge der Anfechtung gemäß § 134 auf den überschießenden Teil beschränkt, der als unentgeltlicher gilt;[317] derjenige Teil, der das wertangemessene Entgelt darstellt, kann nur mit Erfolg angefochten werden, soweit zusätzlich andere Anfechtungstatbestände eingreifen → § 143 Rn. 31. Ist die höherwertige Leistung des Insolvenzschuldners unteilbar, richtet sich die Anfechtung grundsätzlich auf Rückgewähr der gesamten Leistung Zug um Zug gegen Erstattung der erbrachten Gegenleistung;[318] die Beschränkung des § 143 Abs. 2 sollte für den entgeltlichen Teil der Leistung nicht gelten.[319] Konkret bedeutet dies, dass der Anfechtungsgegner zur Duldung der Zwangsvollstreckung in den übertragenen Vermögensgegenstand verpflichtet ist.[320] Er kann allerdings, sofern er gutgläubig ist (§ 143 Abs. 2 Satz 2), die bevorzugte Befriedigung seines Anspruchs auf Rückgewähr der Gegenleistung aus dem Verwertungserlös verlangen.[321] Der Anfechtungsgegner kann zudem die Rückgewähr der erlangten Leistung durch anteiligen Wertersatz abwenden, der regelmäßig auch den Interessen der Insolvenzmasse am besten nutzt.[322] Dementsprechend ist nicht darauf abzustellen, ob der unentgeltliche oder der entgeltliche Teil überwiegt:[323] Dieses Abgrenzungsmerkmal ist lediglich für solche Rechtsfolgen bedeutsam, die – wie insbesondere die Formbedürftigkeit eines Schenkungsversprechens (§ 518 BGB) – nur einheitlich eintreten können. Dagegen soll die anfechtungsrechtliche Rückgewähr das haftende Vermögen im Umfang seiner vorangegangenen Minderung rein objektiv wieder herstellen. Die subjektive Einstellung der Beteiligten ist nur als Voraussetzung einer Anfechtbarkeit mit zu berücksichtigen → Rn. 41.

43 **4. Gläubigerbenachteiligung.** Gemäß § 129 Abs. 1 setzt auch § 134 voraus, dass die Leistung des Schuldners eine Gläubigerbenachteiligung verursacht hat. Eine **mittelbare Benachteiligung** → § 129 Rn. 121 ff. genügt.[324] Ob der Schuldner bereits im Zeitpunkt der Zuwendung Gläubiger hatte, ist unerheblich.[325] Die Benachteiligung folgt regelmäßig bereits aus der Unentgeltlichkeit, sofern die Verfügung das den Gläubigern haftende Vermögen betrifft.[326] Dies gilt auch für Geschenke, die über die Grenzen des Abs. 2 hinausgehen. Die Gläubigerbenachteiligung entfällt nicht allein deswegen, weil zugleich ein Widerruf der Schenkung nach §§ 528, 530 BGB möglich ist; ferner vermag sogar eine nichtige Schenkung oder ein Scheingeschäft in Einzelfällen eine Gläubigerbenachteiligung zu verursachen → § 129 Rn. 134 f.[327] An der Gläubigerbenachteiligung kann

---

[316] BGH NJW-RR 1993, 1379 (1381); BAG NJOZ 2016, 544 (546) = ZIP 2014, 2519 (2520); vgl. RG JW 1896, 175 Nr. 30; AGR/*Gehrlein* § 134 Rn. 19; Braun/*de Bra* § 134 Rn. 6; FKInsO/*Dauernheim* § 134 Rn. 14; HambKommInsO/*Rogge/Leptien* § 134 Rn. 21; *Jaeger/Henckel* § 134 Rn. 30; KPB/*Bork* § 134 Rn. 55; Nerlich/Römermann/*Nerlich* InsO § 134 Rn. 24; *Zeuner* Anfechtung Rn. 212.

[317] BGH NJW-RR 1998, 1057 (1061 f.); BGH NJW 1992, 2421; OLG Nürnberg KTS 1966, 57 (61); *Eckardt* ZInsO 2004, 888 (895 f.); HambKommInsO/*Rogge/Leptien* § 134 Rn. 20; KPB/*Bork* § 134 Rn. 53 f.; Uhlenbruck/*Borries/Hirte* § 134 Rn. 34; vgl.; MüKoAnfG/*Kirchhof* § 4 Rn. 64.

[318] *Eckardt* ZInsO 2004, 888 (896); HambKommInsO/*Rogge/Leptien* § 134 Rn. 20; *Jaeger/Henckel* KO § 32 Rn. 21; KPB/*Bork* § 134 Rn. 54; Nerlich/Römermann/*Nerlich* InsO § 134 Rn. 23; Uhlenbruck/*Borries/Hirte* § 134 Rn. 34; vgl. auch BGH NJW 1989, 2122; RGZ 148, 236 (240); dagegen ausnahmslos für eine Rückgewähr der Leistung in Natur RGZ 165, 223 (224 f.).

[319] *Schillig* MittBayNot 2002, 347 (354).

[320] BGH NJW 2017, 1035 (1036) = NZI 2017, 151 (152) = ZIP 2017, 185 (186) zu § 4 AnfG.

[321] BGH NJW 2017, 1035 (1036) = NZI 2017, 151 (152) = ZIP 2017, 185 (186) zu § 4 AnfG.

[322] HambKommInsO/*Rogge/Leptien* § 134 Rn. 20 aE; KPB/*Bork* § 134 Rn. 54; *König* Rn. 9/12; Nerlich/Römermann/*Nerlich* InsO § 134 Rn. 23; differenzierend Uhlenbruck/*Borries/Hirte* § 134 Rn. 34.

[323] *v. Campe* S. 214; KPB/*Bork* § 134 Rn. 54 aE; Nerlich/Römermann/Nerlich InsO § 134 Rn. 23 aE; differenzierend *Jaeger/Henckel* KO § 32 Rn. 21; aM BGHZ 57, 123 (127) = NJW 1972, 48 (49); RGZ 165, 223 (224); RG HRR 1942 Nr. 424; LG Dresden ZInsO 2002, 140 (141); *Zeuner* Anfechtung Rn. 212; differenzierend *Mauer* Rn. 218; Uhlenbruck/*Borries/Hirte* § 134 Rn. 34.

[324] BGH NJW-RR 2009, 1563 (1564); BGH WM 1956, 703 (704 f.); Nerlich/Römermann/*Nerlich* InsO § 134 Rn. 39; Uhlenbruck/*Borries/Hirte* § 134 Rn. 12; BGH NJW 1996, 3341 (3342) zu § 3 Abs. 1 Nr. 3 AnfG aF (§ 4 AnfG nF).

[325] BGH WM 1956, 703 (704 f.); HambKommInsO/*Rogge/Leptien* § 134 Rn. 35; *Holzapfel* S. 23; *Jaeger/Henckel* KO § 32 Rn. 11; Nerlich/Römermann/*Nerlich* InsO § 134 Rn. 39.

[326] HambKommInsO/*Rogge/Leptien* § 134 Rn. 35; *Jaeger/Henckel* KO § 29 Rn. 179, § 32 Rn. 5; Nerlich/Römermann/*Nerlich* InsO § 134 Rn. 39.

[327] Zur Benachteiligung durch Schenkungsversprechen → Rn. 6.

es andererseits fehlen, sofern ein wertausschöpfend belastetes Grundstück verschenkt wird → Rn. 24 → § 129 Rn. 109 → § 129 Rn. 121 → § 129 Rn. 127.[328]

5. Zeitliche Grenze. Die Anfechtbarkeit entfällt, wenn die Leistung mehr als **vier Jahre** vor dem Antrag auf Eröffnung des Insolvenzverfahrens vorgenommen worden ist.[329] Die Frist ist **für jede anfechtbare Leistung** – auch Teilzahlungen[330] – **selbständig** zu bestimmen, ebenso für die Anfechtung eines Schenkungsversprechens einerseits sowie von dessen späterem Vollzug andererseits → Rn. 7 → § 129 Rn. 57 ff. Sogar ein länger zurückliegendes, nicht erfülltes Schenkungsversprechen wirkt aber in der Insolvenz gemäß § 39 Abs. 1 Nr. 4 nur nachrangig → Rn. 26. Auch wenn eine Grundstücksschenkung vor der Vierjahresfrist vollzogen wird, kann eine darin versprochene Lastenfreistellung selbständig hineinfallen.[331] Die Beweislast dafür, dass die Leistung nicht in die Anfechtungsfrist fällt, obliegt dem Anfechtungsgegner → Rn. 50. 44

6. Haftungsumfang. Wird ein **Lotterielos** anfechtbar verschenkt, ist ein hierauf entfallender Gewinn herauszugeben.[332] Den Umfang der Haftung nach § 134 begrenzt § 143 Abs. 2 regelmäßig auf den **Wert der Bereicherung** → § 143 Rn. 134. Danach ist es insbesondere gerechtfertigt, die Rückgewähr auf denjenigen Teil der Leistung zu beschränken, der zur Tilgung aller Insolvenzforderungen nötig ist, soweit diese ausnahmsweise niedriger sind als der Wert der Zuwendung → § 129 Rn. 107;[333] dabei ist das in → Rn. 42 dargelegte Verfahren sinngemäß anzuwenden. Nach einem Urteil des BGH zur KO sollte der Rückgewähranspruch ausgeschlossen sein, sofern eine Aufrechnung des Anfechtungsgegners daran scheitert, dass einer Forderung des Insolvenzschuldners § 814 BGB entgegensteht.[334] Dieses Urteil setzte zu Unrecht die – auch für die Insolvenzmasse wirksame – Beschränkung eigener Ansprüche des Schuldners, zB gemäß §§ 814, 817 Satz 2 BGB, mit derjenigen originärer gesetzlicher Ansprüche der Insolvenzmasse gleich → Rn. 22. Der BGH hat diese Rspr. aufgegeben. Eine Einschränkung des gesetzlichen Anspruchs aus § 143 Abs. 1 rechtfertigen §§ 814, 817 Satz 2 BGB nicht → Rn. 22;[335] der Empfänger der unentgeltlichen Leistung wird nur durch § 143 Abs. 2 oder äußerstenfalls die allgemeinen Grundsätze des § 242 BGB geschützt.[336] 45

V. Ausnahme für Gelegenheitsgeschenke (Abs. 2)

1. Gebräuchliche Gelegenheitsgeschenke. Durch den Begriff der „Gelegenheitsgeschenke" wird die Anwendbarkeit des Abs. 2 auf Schenkungen iSv § 516 BGB beschränkt.[337] Die für Abs. 1 eingeführte Erweiterung auf Leistungen sämtlicher Art → Rn. 5 hat der Gesetzgeber für die einschränkende Ausnahme jedoch nicht übernommen. **Gelegenheitsgeschenke** werden einerseits zu bestimmten Anlässen erbracht, zB Weihnachten, Geburtstag, Hochzeit, Taufe, Bestehen einer Prüfung, Jubiläen, besondere Ehrungen usw. Auch **Ausstattungen** gemäß § 1624 BGB werden hiervon erfasst → Rn. 37. Andererseits sind diese Geschenke nicht an solche besonderen Anlässe gebunden. Vielmehr können auch zu beliebiger Zeit sowie unregelmäßig vorgenommene **Spenden** zur Förderung eines gemeinnützigen, mildtätigen oder kirchlichen Zwecks Gelegenheitsgeschenke darstellen.[338] Es besteht kein sachlicher Grund, **Parteispenden** hiervon auszunehmen;[339] sie sind ebenso 46

---

328 *Kirchhof* WuB VI B. § 4 AnfG 1.05.

329 Zur Fristberechnung → § 139; zum Zeitpunkt der Leistungsvornahme → Rn. 20.

330 BGH NJW-RR 2014, 940 (941) = NZI 2014, 397 (398) mAnm *Mohr*; OLG Karlsruhe ZInsO 2003, 999 (1000); AGR/*Gehrlein* § 134 Rn. 21, KPB/*Bork* § 134 Rn. 9.

331 BGH NJW-RR 2014, 940 (941) = NZI 2014, 397 (398) mAnm *Mohr*; BGH ZIP 1999, 628 (630 f.).

332 Braun/*de Bra* § 134 Rn. 16; *Hess* InsO § 134 Rn. 40; KPB/*Bork* § 134 Rn. 56; Uhlenbruck/*Borries/Hirte* § 134 Rn. 111 aE.

333 OLG Hamm ZIP 1992, 1755 (1757).

334 BGHZ 113, 98 (105 f.) = NJW 1991, 560 (562); OLG Nürnberg NJW-RR 1991, 109 (110); HambKomm-InsO/*Rogge/Leptien* § 134 Rn. 37a; *Hess* InsO § 134 Rn. 68.

335 BGH NJW 2017, 3516 (3517 f.); BGH NJW 2017, 2199 (2200) = NZI 2017, 669 (671); BGHZ 179, 137 (140 ff.) = NJW 2009, 363 (364 f.); BGH NZI 2010, 320 = ZIP 2009, 2073; *Bork* NZI 2018, 1 (3 f.); *C. Paulus* ZInsO 1999, 242 (248); Uhlenbruck/*Borries/Hirte* § 129 Rn. 32.

336 BGHZ 179, 137 (146) = NJW 2009, 363 (365); HKInsO/*Thole* § 134 Rn. 3; Uhlenbruck/*Borries/Hirte* § 129 Rn. 32.

337 BGH NJW 2016, 2412 (2414) = NZI 2016, 359 (360 f.); AGR/*Gehrlein* § 134 Rn. 24; HKInsO/*Thole* § 134 Rn. 23; KPB/*Bork* § 134 Rn. 82; aM Uhlenbruck/*Borries/Hirte* § 134 Rn. 159.

338 BGH NJW 2016, 2412 (2414) = NZI 2016, 359 (361); Braun/*de Bra* § 134 Rn. 43; Nerlich/Römermann/*Nerlich* InsO § 134 Rn. 43; Uhlenbruck/*Borries/Hirte* § 134 Rn. 159; *Zeuner* Anfechtung Rn. 221.

339 BGH NJW 2016, 2412 (2414) = NZI 2016, 359 (361); *Aden* BB 1985, 366 (369); Braun/*de Bra* § 134 Rn. 43; HKInsO/*Thole* § 134 Rn. 23; *Jaeger/Henckel* KO § 32 Rn. 46; KPB/*Bork* § 134 Rn. 82; Uhlenbruck/*Borries/Hirte* § 134 Rn. 159; aM *Hess* InsO § 134 Rn. 99; Nerlich/Römermann/*Nerlich* InsO § 134 Rn. 43.

gebräuchlich wie diejenigen zu anderen Zwecken. Spenden sind aber dann keine Gelegenheitsgeschenke mehr, sofern es sich um regel- und planmäßige, nicht anlassbezogene Zuwendungen zu allgemeinen Finanzierungszwecken handelt. Die Befugnis einer Religionsgesellschaft, gleich hohe Beträge als Kirchensteuer einzuziehen, steht einer Anfechtung nicht entgegen.[340] Legt man den Begriff weit aus, können auch Schenkungen erfasst werden, durch die einer sittlichen oder einer Anstandspflicht entsprochen wird.[341] Aufgrund der Begrenzung auf geringwertige Geschenke → Rn. 48, die überdies dem konkreten Anlass entsprechen müssen, benachteiligt dies die Insolvenzgläubiger nicht wesentlich.

47 Die **Gebräuchlichkeit** eines Gelegenheitsgeschenkes richtet sich wegen des Zwecks der Ausnahmebestimmung → Rn. 1 aE danach, ob es in denjenigen Teilen der Gesellschaft, denen der Schenkende angehört, nach Anlass, Art und Maß üblich ist.[342] Dabei sind auch seine voraussehbaren Vermögensverhältnisse im Zeitpunkt des etwaigen Schenkungsversprechens zu berücksichtigen. Zwar wollte der Gesetzgeber mit der Neufassung des Abs. 2 einer zu weiten Ausdehnung der Ausnahme entgegenwirken → Rn. 2. Dies erfolgte aber vor allem durch die Begrenzung auf den „geringen Wert" des Geschenkes → Rn. 48. Dagegen gestattet die Bezugnahme auf dessen „Gebräuchlichkeit" weiterhin eine **Berücksichtigung individueller Vermögensverhältnisse,** soweit das Geschenk nicht eindeutig aus dem üblichen Rahmen fällt.[343] Dem Schenkenden muss es möglich bleiben, den Verhältnissen seines gesellschaftlichen Umfeldes zu entsprechen; nur ein nach den Umständen übertriebener Aufwand ist nicht mehr gebräuchlich.

48 **2. Geringer Wert.** Die Beschränkung auf „geringwertige" Geschenke soll entsprechend dem Willen des Gesetzgebers → Rn. 2 vor allem eine **objektive Kontrolle des Ausnahmetatbestandes** ermöglichen. Während die persönlichen Umstände des Schenkenden mit der Voraussetzung der „Gebräuchlichkeit" berücksichtigt werden → Rn. 47, ist für die Wertbegrenzung das **Interesse der Insolvenzgläubiger** maßgebend, denen das Gelegenheitsgeschenk als Haftungsobjekt entgeht.[344] Dieses Interesse ist einerseits generell zu erfassen, andererseits zugleich auf die Größe der jeweiligen verbleibenden Haftungsmasse zu beziehen. Die allgemeine Obergrenze darf nicht zu eng bemessen werden, damit noch ein gewisser, individueller Spielraum für die „Gebräuchlichkeit" des Geschenks verbleibt.[345] Auf die Vermögensverhältnisse des Schenkers im Zeitpunkt der Schenkung kommt es dagegen in diesem Zusammenhang wegen des Zwecks der Begrenzung nicht an.[346] Da auch die Sichtweise von Kleingläubigern zu berücksichtigen ist, kann jedenfalls ein Geschenk, dessen Wert einen durchschnittlichen Netto-Monatslohn – höchstens aber 10% der späteren Insolvenzmasse – übersteigt, nicht mehr als geringwertig angesehen werden. Aus Sicht des BGH soll dagegen nur der Maßstab absoluter Obergrenzen praktikabel sein, um nicht nach den häufig schwierig festzustellenden Vermögensverhältnissen zu den verschiedenen Zeitpunkten differenzieren zu müssen.[347] Angemessen ist hiernach ein Betrag von 200 EUR für das einzelne Geschenk und eine Summe von insgesamt 500 EUR im Kalenderjahr für den einzelnen Beschenkten.[348]

48a **3. Konkurrenzen.** Abs. 2 schließt nicht die Anfechtung nach anderen Normen – insbesondere §§ 130 bis 133 – aus. Diese wird jedoch angesichts des geringen Werts kaum praktisch werden.[349]

[340] BGH NJW 2016, 2412 (2413 f.) = NZI 2016, 359 (360 f.) mAnm *Bork* EWiR 2016, 209; AGR/*Gehrlein* § 134 Rn. 24; KPB/*Bork* § 134 Rn. 82.

[341] *Jaeger/Henckel* KO § 32 Rn. 47; *Holzapfel* S. 28 f.; *Huber* AnfG § 4 Rn. 8; Nerlich/Römermann/*Nerlich* InsO § 134 Rn. 44; einschränkend auf Anstandspflichten Uhlenbruck/*Borries/Hirte* § 134 Rn. 49161; aM BGH NJW 2016, 2412 (2414) = NZI 2016, 359 (361); AGR/*Gehrlein* § 134 Rn. 24; KPB/*Bork* § 134 Rn. 82.

[342] *Aden* BB 1985, 366 (369); KPB/*Bork* § 134 Rn. 83; einschränkend Braun/*de Bra* § 134 Rn. 43; HKInsO/*Thole* § 134 Rn. 24 f.; Uhlenbruck/*Borries/Hirte* § 134 Rn. 160; dagegen für die Maßgeblichkeit einer absoluten Wertgrenze Nerlich/Römermann/*Nerlich* InsO § 134 Rn. 43.

[343] Braun/*de Bra* § 134 Rn. 43; HambKommInsO/*Rogge/Leptien* § 134 Rn. 39; Uhlenbruck/*Borries/Hirte* § 134 Rn. 160; *Zeuner* Anfechtung Rn. 221; ablehnend und für absolute Obergrenzen BGH NJW 2016, 2412 (2414 f.) = NZI 2016, 359 (361).

[344] BGH NJW 2016, 2412 (2414) = NZI 2016, 359 (361); *Häsemeyer* Rn. 21.94; *Kirchhof* in *Henckel/Kreft* Insolvenzrecht, 1999, 143 (155); MüKoAnfG/*Kirchhof* § 4 Rn. 72.

[345] Vgl. aber HambKommInsO/*Rogge/Leptien* § 134 Rn. 40.

[346] So aber KPB/*Bork* § 134 Rn. 84, auch zur Höhe einer zusätzlich unabhängig vom Gesamtvermögen anzunehmenden absoluten Obergrenze.

[347] BGH NJW 2016, 2412 (2414 f.) = NZI 2016, 359 (361 f.) mAnm *Bork* EWiR 2016, 209; AGR/*Gehrlein* § 134 Rn. 24.

[348] BGH NJW 2016, 2412 (2414 f.) = NZI 2016, 359 (361 f.) mAnm *Bork* EWiR 2016, 209; HambKommInsO/*Rogge/Leptien* § 134 Rn. 40.

[349] HambKommInsO/*Rogge/Leptien* § 134 Rn. 41.

VI. Beweisfragen

Der **Insolvenzverwalter** hat die Vornahme einer unentgeltlichen Leistung[350] sowie die Verursachung einer Gläubigerbenachteiligung[351] zu beweisen. Hängt die Unentgeltlichkeit von der Wertlosigkeit einer getilgten Forderung ab → Rn. 31b, hat der Insolvenzverwalter auch diese zu beweisen.[352] Weist allerdings eine umfassend gestaltete Urkunde über eine Veräußerung keine Gegenleistung als vereinbart aus, spricht die Vermutung der Vollständigkeit und Richtigkeit der Urkunde für Unentgeltlichkeit.[353] Soweit die Entscheidung von (sei es auch indiziellen) Umständen aus dem Bereich des Anfechtungsgegners abhängt – zB ob dieser eine Gegenleistung erbracht hat –, trifft ihn eine sekundäre Darlegungslast.[354] Richtet sich die Anfechtung gegen den Ehegatten des Insolvenzschuldners, spricht die Vermutung des § 1362 Abs. 1 BGB zugunsten des Insolvenzverwalters gegen eine Gegenleistung aus gemeinsamem Besitz.[355] Es gibt aber keine allgemeine Lebenserfahrung dergestalt, dass Eheleute, die sich Vermögen zum Schutz vor Gläubigern übertragen, hierbei eine Schenkung vornehmen oder nur eine treuhänderische Bindung → Rn. 13 vereinbaren.[356] 49

Dem **Anfechtungsgegner** obliegt der Nachweis, dass die Leistung mehr als vier Jahre vor dem Eröffnungsantrag erbracht wurde,[357] und ggf., dass die Zuwendung unter die Ausnahme des Abs. 2 fällt.[358] Wendet der Anfechtungsgegner im Drei-Personen-Verhältnis gegen die Wertlosigkeit seiner vom Schuldner getilgten Forderung gegen einen Dritten ein, er hätte trotz materieller Insolvenz des Dritten eine insolvenzfeste Befriedigung erhalten können, ist er dafür beweispflichtig.[359] Ferner trifft den Anfechtungsgegner weitgehend die Beweislast, soweit er den Einwand des Bereicherungswegfalls (§ 143 Abs. 2) erhebt → § 143 Rn. 172; jedoch wird in diesem Zusammenhang seine Gutgläubigkeit vermutet. 50

§ 135 Gesellschafterdarlehen

(1) Anfechtbar ist eine Rechtshandlung, die für die Forderung eines Gesellschafters auf Rückgewähr eines Darlehens im Sinne des § 39 Abs. 1 Nr. 5 oder für eine gleichgestellte Forderung

1. Sicherung gewährt hat, wenn die Handlung in den letzten zehn Jahren vor dem Antrag auf Eröffnung des Insolvenzverfahrens oder nach diesem Antrag vorgenommen worden ist, oder

2. Befriedigung gewährt hat, wenn die Handlung im letzten Jahr vor dem Eröffnungsantrag oder nach diesem Antrag vorgenommen worden ist.

(2) Anfechtbar ist eine Rechtshandlung, mit der eine Gesellschaft einem Dritten für eine Forderung auf Rückgewähr eines Darlehens innerhalb der in Absatz 1 Nr. 2 genannten Fristen Befriedigung gewährt hat, wenn ein Gesellschafter für die Forderung eine Sicherheit bestellt hatte oder als Bürge haftete; dies gilt sinngemäß für Leistungen auf Forderungen, die einem Darlehen wirtschaftlich entsprechen.

(3) [1]Wurde dem Schuldner von einem Gesellschafter ein Gegenstand zum Gebrauch oder zur Ausübung überlassen, so kann der Aussonderungsanspruch während der Dauer des Insolvenzverfahrens, höchstens aber für eine Zeit von einem Jahr ab der Eröffnung des Insolvenzverfahrens nicht geltend gemacht werden, wenn der Gegenstand für die Fortführung des Unternehmens des Schuldners von erheblicher Bedeutung ist. [2]Für den Gebrauch

[350] BGH NJW 1999, 1033 f.; BGH NJW 1992, 2421 (2423); RGZ 62, 38 (44); RG JW 1913, 608 (609); OLG Hamm ZIP 1992, 1755 (1756); *Hess* InsO § 143 Rn. 107; *Jaeger/Henckel* KO § 32 Rn. 52; KPB/*Bork* § 134 Rn. 85; Uhlenbruck/*Borries/Hirte* § 134 Rn. 163.

[351] Nerlich/Römermann/*Nerlich* InsO § 134 Rn. 45; Uhlenbruck/*Borries/Hirte* § 134 Rn. 163.

[352] BGH NJW-RR 2010, 1144 (1146); BGH NJW-RR 2006, 1136 (1137); Uhlenbruck/*Borries/Hirte* § 134 Rn. 164; *Wittig* NZI 2005, 606 (608).

[353] OLG Hamm ZIP 1992, 1755 (1756); KPB/*Bork* § 134 Rn. 85.

[354] BGH WM 1955, 407 (411); OLG Bamberg ZInsO 2003, 1047 (1048); ferner OLG Köln NZI 2004, 217 (218) zur Aufteilung von Versicherungsprämien.

[355] BGH NJW 1955, 20, RGZ 120, 107 (109 f.); Braun/*de Bra* § 134 Rn. 40; *Holzapfel* S. 29 f., 34; *Jaeger/Henckel* KO § 32 Rn. 52; KPB/*Bork* § 134 Rn. 85; MüKoBGB/*Weber-Monecke* § 1362 Rn. 20; Uhlenbruck/*Borries/Hirte* § 134 Rn. 165.

[356] BGH WM 1965, 664 (666 f.).

[357] RegE S. 161 zu § 149; AGR/*Gehrlein* § 134 Rn. 22; FKInsO/*Dauernheim* § 134 Rn. 37; KPB/*Bork* § 134 Rn. 86; Nerlich/Römermann/*Nerlich* InsO § 134 Rn. 45; Uhlenbruck/*Borries/Hirte* § 134 Rn. 163; *Zeuner* Anfechtung Rn. 228.

[358] HambKommInsO/*Rogge/Leptien* § 134 Rn. 43; KPB/*Bork* § 134 Rn. 86; *Zeuner* Anfechtung Rn. 208.

[359] BGH NJW-RR 2013, 1203 (1204); BGH ZIP 2010, 1402 (1403); Uhlenbruck/*Borries/Hirte* § 134 Rn. 164.

oder die Ausübung des Gegenstandes gebührt dem Gesellschafter ein Ausgleich; bei der Berechnung ist der Durchschnitt der im letzten Jahr vor Verfahrenseröffnung geleisteten Vergütung in Ansatz zu bringen, bei kürzerer Dauer der Überlassung ist der Durchschnitt während dieses Zeitraums maßgebend.

(4) § 39 Abs. 4 und 5 gilt entsprechend.

Schrifttum: *Altmeppen,* Das neue Recht der Gesellschafterdarlehen in der Praxis, NJW 2008, 3601; *ders,* Der „atypische Pfandgläubiger" – ein neuer Fall des kapitalersetzenden Darlehens?, ZIP 1993, 1677; *ders.,* Zur „finanzplanmäßigen Nutzungsüberlassung" als Kapitalersatz, ZIP 1996, 909; *ders.,* Verschlimmbesserungen im Kapitalersatzrecht, ZIP 1996, 1455; *ders.,* Änderungen der Kapitalersatz- und Insolvenzverschleppungshaftung aus „deutsch-europäischer" Sicht, NJW 2005, 1911; *ders.,* Ist das besicherte Gesellschafterdarlehen im Insolvenzverfahren der Gesellschaft subordiniert oder privilegiert? ZIP 2013, 1745; *Bäcker,* Eigenkapitalersetzende Rechtshandlungen der GmbH-Gesellschafter und Dritter, 1990; *Bangha-Szabo,* Zur Anfechtbarkeit der Rückzahlung von Gesellschafterdarlehen wegen vorsätzlicher Gläubigerbenachteiligung, ZIP 2013, 1058; *Bayer/Graff,* Das neue Eigenkapitalersatzrecht nach dem MoMiG, DStR 2006, 1654; *Berger,* Rangrücktrittsvereinbarung zwischen Zivil- und Insolvenzrecht, ZInsO 2015, 1938; *Bieder,* Bindungswirkung und Minderheitenschutz bei der Gesellschaftsfinanzierung durch Finanzplankredite, WM 2000, 2533; *ders.,* Die Auswirkungen des Sanierungsprivilegs gem. § 32a III 3 GmbHG auf das Recht der kapitalersetzenden Gesellschafterleistungen, NZI 2000, 514; *Bitter,* Die Nutzungsüberlassung in der Insolvenz nach dem MoMiG (§ 135 Abs. 3 InsO), ZIP 2010, 1; *ders,* Anfechtung von Sicherheiten für Gesellschafterdarlehen nach § 135 Abs. 1 Nr. 1 InsO, ZIP 2013, 1497; *ders,* Zur Insolvenzanfechtung für Gesellschafterdarlehen bestellter Sicherheiten auch bei deren Verwertung mehr als ein Jahr vor Stellung des Insolvenzantrags, ZIP 2013, 1583; *Blum,* Stillschweigend vereinbarte Kündbarkeit einer nur für einen bestimmten Zeitraum benötigten Patronatserklärung, NZG 2010, 1331; *Bork,* Abschaffung des Eigenkapitalersatzrechts zugunsten des Insolvenzrechts?, ZGR 2007, 250; *Bormann,* Eigennützige Sanierungsdarlehen und § 32a Abs. 3 Satz 3 GmbHG, NZI 1999, 389; *Brandes,* Die Behandlung von Nutzungsüberlassungen im Rahmen einer Betriebsaufspaltung unter Gesichtspunkten des Kapitalersatzes und der Kapitalerhaltung, ZGR 1989, 244; *Bredow/Wetzler/Thum,* Die Besicherung von privatplatzierten Schiffsfinanzierungen, ZIP 2014, 1316; *Burg/Blasche,* „Eigenkapitalersetzende" Nutzungsüberlassung nach dem MoMiG, GmbHR 2008, 1250; *Claussen,* Anwendbarkeit des § 32a GmbHG auf Altkredite an DDR-Unternehmen?, ZIP 1990, 1173; *ders.,* Zeitwende im Kapitalersatzrecht?, GmbHR 1994, 9; *ders.,* Die GmbH braucht eine Deregulierung des Kapitalersatzrechts, GmbHR 1996, 316; *Dahl/Schmitz,* Eigenkapitalersatz nach dem MoMiG aus insolvenzrechtlicher Sicht, NZG 2009, 325; *Dauner-Lieb,* Die Freistellung geringfügig beteiligter Gesellschafter von der Kapitalersatzhaftung, DStR 1998, 609; *Dörrie,* Das Sanierungsprivileg des § 32a Abs. 3 Satz 3 GmbHG, ZIP 1999, 12; *Fastrich,* Ausfallsicherheiten als eigenkapitalersetzende Leistungen, NJW 1983, 260; *ders.,* Ketzerisches zur sogenannten Finanzierungsverantwortung, FS Wolfgang Zöllner, 1998, S. 143; *Fischer/Knees,* Zum Umgang des Grundpfandrechtsgläubigers mit § 135 Abs. 3 InsO, ZInsO 2009, 745; *Fleck,* Das kapitalersetzende Bankdarlehen in der GmbH, FS Winfried Werner, 1984, S. 107; *ders.,* Der Grundsatz der Kapitalerhaltung – seine Ausweitung und seine Grenzen, FS 100 Jahre GmbH-Gesetz, 1992, S. 391; *Fleischer,* Finanzplankredite und Eigenkapitalersatz im Gesellschaftsrecht, 1995; *ders.,* Eigenkapitalersetzende Gesellschafterdarlehen und Überschuldungsstatus, ZIP 1996, 773; *Florstedt,* Zum Ordnungswert des § 136 InsO, ZInsO 2007, 914; *Freudenberg* Anfechtung der Ausschüttung von Gewinnvorträgen und freien Rücklagen, ZInsO 2014, 1545; *Früh,* Eigenkapitalersetzende Gesellschafterkredite, GmbHR 1999, 842; *Gehde,* Eigenkapitalersetzende Gesellschafterleistungen in Deutschland und den USA, 1997; *Gehrlein,* Die Behandlung von Gesellschafterdarlehen durch das MoMiG, BB 2008, 846; *ders.* Das Eigenkapitalersatzrecht im Wandel seiner gesetzlichen Kodifikationen, BB 2011, 3; *ders.,* Anfechtungsrecht in der Insolvenz – Praxiserfahrung und Reformbedarf, NZI 2014, 481; *ders.,* Verbindungslinien zwischen Eigenkapitalersatz, Insolvenzanfechtung und Deliktshaftung, NZI 2015, 577; *ders.,* Ansprüche gegen Gesellschafter bei überteuerter Nutzungsüberlassung an insolvente Gesellschaft, NZI 2016, 561; *Geist,* Konzerninnenfinanzierung – Gibt es insolvenzfeste Alternativen zum Darlehen des Gesellschafters?, ZIP 2014, 1662; *Geißler,* Rechtsfragen um die Eigenkapitalersatzfunktion des in der Krise belassenen Gesellschafterdarlehens, GmbHR 1994, 152; *v. Gerkan,* Zum Stand der Rechtsentwicklung bei den kapitalersetzenden Gesellschafterleistungen, GmbHR 1990, 384; *ders.,* Die Rechtsfolgen der eigenkapitalersetzenden Nutzungsüberlassung – Fragen und Zweifel, ZHR 158 (1994), 668; *ders.,* Zur Umqualifizierung stehengelassener Gesellschafterkredite zu Eigenkapitalersatz, GmbHR 1996, 400; *ders.,* Das Recht des Eigenkapitalersatzes in der Diskussion, ZGR 1997, 173; *ders.,* Der Entwurf des „Kapitalaufnahmeerleicherungsgesetzes" und das Recht des Eigenkapitalersatzes, GmbHR 1997, 677; *v. Gerkan/Hommelhoff,* Handbuch des Kapitalersatzrechts, 2. Aufl.2002; *Goette,* Zur Frage der Haftung auf Rückgewähr von Leistungen auf eine eigenkapitalersetzende Gesellschafterhilfe nach den Novellenregeln, DStR 2006,479; *ders.,* Die höchstrichterliche Rechtsprechung zur Behandlung eigenkapitalersetzender Leistungen im GmbH-Recht, DStR 1997, 2027; *ders.,* Einige Aspekte des Eigenkapitalersatzrechts aus richterlicher Sicht, ZHR 162 (1998), 223; *Grunewald,* Plädoyer für eine Abschaffung der Rechtsregeln für eigenkapitalersetzende Gesellschafterdarlehen, GmbHR 1997, 7; *Gruschinske,* Die Beendigung „kapitalersetzender" Nutzungsverhältnisse vor Insolvenzeröffnung nach neuem GmbH-Recht, GmbHR 2010, 179; *Gundlach/Frenzel/Strandmann,* Die Insolvenzverwaltung nach den Änderungen durch das MoMiG, NZI 2008, 647; *Habersack,* Gesellschafterdarlehen nach MoMiG: Anwendungsbereich, Tatbestand und Rechtsfolgen der Neuregelung, ZIP 2007, 2145; *Haas,* Fragen zum Adressatenkreis des Kapitalersatzrechts, DZWiR 1999, 177; *ders.,* Das neue Kapitalersatzrecht nach dem RegE-MoMiG, ZInsO 2007, 617; *ders.,* Eigenkapitalersetzende

Gesellschafterdarlehen und Feststellung der Überschuldung oder Zahlungsunfähigkeit, NZI 1999, 209; *ders.*, Der Normzweck des Eigenkapitalersatzrechts, NZI 2001, 1; *ders.*, Allgemeines Anfechtungsrecht und das Recht der subordinierten Gesellschafterdarlehen, ZIP 2017,545; *Habersack,* Der Finanzplankredit und das Recht der eigenkapitalersetzenden Gesellschafterhilfen, ZHR 161 (1997), 457; *ders.*, Die Erstreckung des Rechts der Gesellschafterdarlehen auf Dritte, insbesondere im Unternehmensverbund, ZIP 2008, 2385; *ders.*, Gesellschafterdarlehen nach MoMiG: Anwendungsbereich, Tatbestand und Rechtsfolgen der Neuregelung, ZIP 2007, 2145; *ders.*, Eigenkapitalersatz im Gesellschaftsrecht, ZHR 162 (1998), 201; *Hagemeister/Bültmann,* Konflikte von Sicherungsinstrumenten und Eigenkapitalersatz bei Projektfinanzierungen durch Banken, WM 1997, 549; *Hamann,* Aufsteigende Darlehen im Cash Pool im System des § 135 InsO – Replik auf Klinck/Gärtner, NZI 2008, 457, NZI 2008, 667; *Hermanns,* Dispositionskredite als kapitalersetzende Darlehen, BB 1994, 2363; *Hirte,* Das Kapitalersatzrecht nach Inkrafttreten der Reformgesetzgebung, ZInsO 1998, 147; *ders.*, Neuregelungen mit Bezug zum gesellschaftsrechtlichen Gläubigerschutz und im Insolvenzrecht durch das Gesetz zur Modernisierung des GmbH-Rechts und zur Bekämpfung von Missbräuchen (MoMiG), ZInsO 2008, 689; *Hölzle,* Zur Durchsetzbarkeit von Sicherheiten für Gesellschafterdarlehen in der Insolvenz, ZIP 2013, 1992; *Hommelhoff,* Eigenkapital-Ersatz im Konzern und in Beteiligungsverhältnissen, WM 1984, 1105; *Hommelhoff/Habighorst,* Staatsbank-Kredite und Eigenkapital-Ersatz, ZIP 1992, 979; *Hommelhoff/Kleindiek,* Flexible Finanzierungsinstrumente im GmbH-Recht, FS 100 Jahre GmbH-Gesetz, 1992, S. 421; *Huber/Habersack,* GmbH-Reform: Zwölf Thesen zu einer möglichen Reform des Rechts der kapitalersetzenden Gesellschafterdarlehen, BB 2006, 1; *Hüffer,* Kapitalersatz durch Gesellschafterdarlehen einer Landesbank und durch Landesbürgschaft im Konkurs der illiquiden GmbH, ZHR 153 (1989),322; *Joost,* Eigenkapitalersetzende Kommanditistenleistungen, ZGR 1987, 370; *Jungmann,* Das Zusammentreffen von Zwangsverwaltung und eigenkapitalersetzender Nutzungsüberlassung, ZIP 1999, 601; *Junker,* Das eigenkapitalersetzende Aktionärsdarlehen, ZHR 156 (1992), 394; *Kallmeyer,* Kapitalaufbringung und Kapitalerhaltung nach dem MoMiG: Änderungen für die GmbH-Beratungspraxis, DB 2007, 2755; *Karollus,* Zur geplanten Reform des Kapitalersatzrechts, ZIP 1996, 1893; *Klinck/Gärtner,* Versetzt das MoMiG dem Cash-Pooling den Todesstoß?, NZI 2008, 457; *Knobbe-Keuk,* Die Verpachtung von Anlagevermögen und § 32a GmbHG, FS Alfred Kellermann, 1991, S. 227; *Koller,* Sicherung des Eigenkapitals bei der gesetzestypischen Kommanditgesellschaft, FS Theodor Heinsius, S. 357; *Koppensteiner,* Kritik des „Eigenkapitalersatzrechts", AG 1998, 308; *Krolop,* Zur Anwendung der MoMiG-Regelungen zu Gesellschafterdarlehen auf gesellschaftsfremde Dritte. Von der Finanzierungsfolgenverantwortung des Gesellschafters zur Risikoübernahmeverantwortung des Risikokapitalgebers?, GmbHR 2009, 397; *Kuhr,* Eigenkapitalersatz bei Publikumspersonengesellschaften mit gesplitteter Einlage, 1996; *Löser,* Ankaufsverpflichtung für Sicherungsgut des Kreditgebers als Gesellschaftersicherheit iSd § 135 Abs. 2 InsO n.F., ZInsO 2010, 28; *Lutter,* Neues zum Gesellschafterdarlehen?, ZIP 1989, 477; *Maier-Reimer,* Kreditsicherung und Kapitalersatz in der GmbH, FS Heinz Rowedder, 1994, S. 245; *Marotzke,* Darlehen und sonstige Nutzungsüberlassungen im Spiegel des § 39 Abs. 1 Nr. 5 InsO – eine alte Rechtsfrage in neuem Kontext, JZ 2010, 592; *ders.*, Gesellschaftsinterne Nutzungsverhältnisse nach Abschaffung des Eigenkapitalersatzrechts, ZInsO 2008, 1281; *van Marwik,* Anfechtungsfeste Zahlungen im Cashpool-bedenkenlose Anwendung aktueller Kontokorrentrechtsprechung?, ZInsO 2015, 335; *Mülbert,* Neuordnung des Kapitalrechts, WM 2006, 1977; *Noack,* Der Regierungsentwurf des MoMiG – Die Reform des GmbH-Rechts geht in die Endrunde, DB 2007, 1395; *ders.*, Kapitalersatz bei verbundenen Unternehmen, GmbHR 1996, 153; *Obermüller,* Patronatserklärungen und kapitalersetzende Darlehen, ZIP 1982, 915; *ders.*, Änderungen des Rechts der kapitalersetzenden Darlehen durch KonTraG und KapAEG, ZInsO 1998, 51; *Oppenhoff,* Die GmbH-Reform durch das MoMiG – ein Überblick, BB 2008, 1630; *Pape,* Die Umqualifizierung stehengelassener Gesellschafterbürgschaften in Eigenkapitalersatz, ZIP 1996, 1409; *Pape/Voigt,* Einladung zur Umgehung der Kapitalersatzregeln, DB 1996, 2113; *Pentz,* Zur Anwendbarkeit der GmbH-Eigenkapitalersatzregeln auf Leistungen geringfügig beteiligter Gesellschafter, BB 1997, 1265; *ders.*, Die Änderungen und Ergänzungen der Kapitalersatzregeln im GmbH-Gesetz, GmbHR 1999, 437; *Pfeifer,* „Neuere Entwicklung im Recht des Eigenkapitalersatzes", DZWir 1997, 84; *Pichler,* Unternehmenssanierung auf Grundlage des geänderten § 32a GmbHG, WM 1999. 411; *Priester,* Eigenkapitalersetzende Landesbankkredite – Konsolidierung der Rechtsprechung und neue Aspekte, ZBB 1989, 30; *Preuß,* Die Folgen insolvenzrechtlicher „Verstrickung" von Gesellschafterdarlehen bei Abtretung des Darlehensrückzahlungsanspruchs an einen außenstehenden Dritten, ZIP 2013, 1145; *Reiner,* Der deliktische Charakter der „Finanzierungsverantwortung" des Gesellschafters: Zu den Ungereimtheiten der Lehre vom Eigenkapitalersatz, in: Verantwortung und Gestaltung, FS Karlheinz Boujong, 1996, S. 415; *Rühle,* Die Nutzungsüberlassung durch Gesellschafter in Zeiten des MoMiG, ZIP 2009, 1358; *B. Schäfer,* Eigenkapitalersatz nach „MoMiG" – was bleibt von der Finanzierungsfolgenverantwortung?, ZInsO 2010, 1311; *T. Schäfer,* Die Verwertung von Doppelsicherheiten in der Insolvenz – Chance zur Beseitigung eines gesetzgeberischen Schnitzers, NZI 2016, 11; *K. Schmidt,* Eigenkapitalersetzendes Darlehen und (Zwangs-)Vergleich, ZIP 1995, 969; *ders.*, Beginn des Zahlungsverzugs im Geschäftsverkehr, DB 2008, 1966; *ders.*, Gesellschafterbesicherte Drittkredite nach neuem Recht. Die Nachfolgeregelungen zu § 32a Abs. 2, § 32b GmbHG, BB 2008, 1966; *ders.*, Nutzungsüberlassung nach der GmbH-Reform, DB 2008, 1727; *ders.*, Zwerganteile im GmbH-Kapitalersatzrecht, ZIP 1996, 1586; *ders.*, Eigenkapitalersatz und Überschuldungsfeststellung, GmbHR 1999, 9; *ders.*, Finanzplanfinanzierung, Rangrücktritt und Eigenkapitalersatz, ZIP 1999, 1241; *ders.*, Die Rechtsfolgen der „eigenkapitalersetzenden Sicherheiten", ZIP 1999, 1821; *ders.*, Vom Eigenkapitalersatz in der Krise zur Krise des Eigenkapitalrechts ?, GmbHR 2005, 797; *ders.*, Eigenkapitalersatz oder Gesetzesrecht versus Rechtsprechungsrecht, ZIP 2006, 1925; ders., Die insolvenzrechtliche Behandlung von Gesellschafter-Nutzungsüberlassungen – Klartext vom IX: Zivilsenat, NJW 2015, 1057; *Seibert/Decker,* Die GmbH-Reform kommt!, ZIP 2008, 1208; *Spliedt,* MoMiG in der Insolvenz – ein Sanierungsversuch, ZIP 2009, 149; *Thole,* Gesellschafterbesicherte Kredite und die Anfechtung nach § 135 Abs. 2 InsO, ZIP 2015, 1609; Wälzholz, Das MoMiG kommt: Ein Überblick über die neuen Regelungen, GmbHR 2008, 841; *Weimar,* Grundfragen zum Kapitalersatzrecht der Treuhandunternehmen, BB 1992, 82; *Westermann,* Die gesetzlichen Neuregelungen im Kapitalersatzrecht, DZWiR 2000, 1; *Wiedemann,* Eigenkapital und Fremdkapital, FS Karl Beusch, 1993, S. 893; *Wiedemann/Hermanns,* Liquiditätszusagen des GmbH-Gesellschafters, ZIP 1994, 997; *Wilken,* Kapitalersetzende Nutzungsüberlassungen im internationalen Unterordnungskonzern, 1993; *Wischemeyer/Dimassi,* Insolvenzanfechtungsansprüche im zweiten Insolvenzverfahren nach Scheitern der Sanierung durch Insolvenzplan, ZIP 2017, 593.

Übersicht

I. Früherer Rechtszustand

1 **1. Eigenkapitalersatzrecht.** Der Bundesgerichtshof unterstellte sog. kapitalersetzende Gesellschafterdarlehen, also solche Darlehen, die der GmbH in der Krise gewährt oder ihr in der Krise belassen werden, im Wege höchstrichterlicher Rechtsfortbildung seit dem Jahr 1960 den Kapitalschutzregeln der §§ 30, 31 GmbHG aF Dadurch wurde das Gesellschafterdarlehen in der **Krise der Gesellschaft,** die nicht nur bei Insolvenzreife, also Zahlungsunfähigkeit oder Überschuldung, sondern auch dann gegeben ist, wenn die Gesellschaft im Zeitpunkt der Darlehensgewährung von dritter Seite keinen Kredit zu marktüblichen Bedingungen erhalten hätte,[1] wie haftendes Eigenkapital und nicht als rückzahlbares Darlehen behandelt. Daraus folgte für die Dauer der Gesellschaftskrise das Verbot, das Darlehen an den Gesellschafter zurückzuzahlen (§ 30 GmbHG aF). Gleichwohl erhaltene (verbotene) Darlehenstilgungen hatte der Gesellschafter der GmbH zu erstatten (§ 31

[1] BGHZ 76, 326, 329 ff.

GmbHG aF).[2] Der Rückgewähranspruch richtete sich auf den zur Wiederherstellung der Stammkapitalziffer erforderlich Betrag, deckte also eine Unterbilanz nebst einer Überschuldung ab.[3] War etwa eine mit einem Stammkapital von 25.000 EUR ausgestattete GmbH nach Rückzahlung eines Gesellschafterdarlehens von 50.000 EUR um 10.000 EUR überschuldet, so beschränkte sich der gegen den Gesellschafter bestehende Erstattungsanspruch auf 35.000 EUR, weil dieser Betrag zur Deckung der Stammkapitalziffer und der eingetretenen Überschuldung ausreichte.[4] Mag dieser Beispielsfall noch leicht verständlich sein, so hatte das Eigenkapitalersatzrecht infolge unermüdlicher Umgehungsversuche[5] der Beratungspraxis – etwa durch Einschaltung Dritter und Verdeckung des Darlehenscharakters von Gesellschafterhilfen – eine vielfach nur noch für Fachleute durchschaubare Komplexität erfahren.[6]

2. Novellenregeln. Im Jahre 1980 wurden mit §§ 32a, 32b GmbHG, § 32a KO – letztgenannte Vorschrift wurde nach Einführung der Insolvenzordnung im Jahre 1999 weitgehend inhaltsgleich durch § 135 Abs. 1 InsO ersetzt – die sogenannten Novellenregeln eingeführt, die nach der Vorstellung des Gesetzgebers im Falle der Gewährung von Gesellschafterdarlehen einen **umfassenden,** auch die **Rechtsprechungsregeln verdrängenden Gläubigerschutz** entfalten sollten.[7] Diese Bestimmungen waren nach ihrem eindeutigen Wortlaut ausschließlich auf die Situation einer Insolvenz zugeschnitten. Deshalb war die Rückgewähr eines Gesellschafterdarlehens trotz Eintritt der Insolvenzreife zulässig, solange noch kein Insolvenzverfahren über das Vermögen der Gesellschaft eröffnet worden war.[8] Vielmehr kam nach § 135 Abs. 1 InsO aF nur eine Anfechtung der Rückzahlung in Betracht, wenn sie binnen eines Jahres vor dem Eröffnungsantrag bewirkt worden war.[9] Die Anfechtungsfrist von einem Jahr blieb deutlich hinter der nach den Rechtsprechungsregeln aus § 31 Abs. 5 GmbHG hergeleiteten Verjährungsfrist von zunächst fünf und nach ihrer Verlängerung im Zuge der Schuldrechtsmodernisierung von zehn Jahren zurück.[10] Allerdings ergreifen §§ 32a, 32b GmbHG im Gegensatz zur Rechtsprechung auch den Teil eines anstelle notwendiger Eigenmittel gegebenen Gesellschafterdarlehens, der über den Nennbetrag des Stammkapitals hinausgeht,[11] in obigem Beispielsfall also auch den weitergehenden Betrag von 15.000 EUR. Nimmt man eine Gesamtbewertung vor, blieb das Schutzkonzept der §§ 32a, 32b GmbHG aber wesentlich hinter den Rechtsprechungsregeln zurück. 2

3. Fortgeltung der Rechtsprechungsregeln neben Novellenregeln. Zur Vermeidung von Schutzlücken hatte der Bundesgerichtshof darum die Rechtsprechungsgrundsätze über kapitalersetzende Gesellschafterdarlehen neben §§ 32a, 32b GmbHG, § 32a KO weiter für anwendbar erklärt. Mit diesen Vorschriften habe der Gesetzgeber das Ziel verfolgt, den Schutz der Gesellschaftsgläubiger zu verbessern. Mit diesem Gesetzeszweck wäre es unvereinbar, die Rechtsprechungsregeln fortan nicht mehr anzuwenden, ohne dass die neuen Vorschriften einen gleichwertigen Gläubigerschutz bieten. Denn damit würde dem Gesetzgeber zu Unrecht der Wille unterstellt, hinter dem von der Rechtsprechung schon erreichten Stand zurückzubleiben. Die weitere Anwendung dieser Rechtsprechung neben den neuen Vorschriften widerspreche daher nicht der Wertung des Gesetzes, sondern verwirkliche im Gegenteil gerade das, was der Gesetzgeber mit diesen Vorschriften erreichen wollte, indem sie auf einem anderen rechtlichen Weg Tatbestände erfasse, auf die sich die Neuregelung nicht erstrecke, deren Einbeziehung in den Gläubigerschutz aber durchaus im Sinne dieser Regelung liege.[12] 3

II. Neue Rechtslage

Diese Rechtsprechungsregeln und damit die Rechtsfigur des **eigenkapitalersetzenden Darlehens** wurden im Rahmen des am 1.11.2008 in Kraft getretenen **MoMiG** zwecks Deregulierung durch die Neufassung des § 30 Abs. 1 S. 3 GmbHG aufgegeben, wonach Satz 1 der Vorschrift nicht 4

2 BGHZ 31, 258, 268 ff.; 67, 171, 174 f.; 76, 326, 329 ff.; 81, 252, 255; 81, 311, 317; 90, 370, 376.
3 BGH NJW 1990, 1730, 1731 f.; WM 2005, 695, 696.
4 *Gehrlein/Witt*, GmbH-Recht in der Praxis 2. Aufl. 9. Kap. Rn. 85.
5 BT-Drs. 8/1397, 40; 8/3908, 74.
6 Vgl. etwa BGH NZG 2007, 29.
7 BT-Drs. 8/1347, 39.
8 Lutter/Hommelhoff/*Lutter*, GmbHG 16. Aufl. §§ 32a/b Rn. 13; *Gehrlein/Witt*, GmbH-Recht in der Praxis 2. Aufl. 9. Kap. Rn. 8.
9 Lutter/Hommelhoff/*Lutter* GmbHG 16. Aufl. §§ 32a/b Rn. 15; *Gehrlein/Witt*, GmbH-Recht in der Praxis 2. Aufl. 9. Kap. Rn. 9.
10 *Ulmer/Habersack*, ((Auflage prüfen, ab 2. Auflage Ulmer/Habersack/Löbbe)) GmbHG §§ 32a/b Rn. 23.
11 BGHZ 90, 372, 381.
12 BGHZ 90, 372, 376 ff., 380.

auf Gesellschafterdarlehen und ihnen wirtschaftlich entsprechende Rechtshandlungen anzuwenden ist.[13] Mit der Streichung der Rechtsprechungsregeln wurden die damit korrespondierenden Novellenregeln der §§ 32a, 32b GmbHG beseitigt. Das Tatbestandsmerkmal „kapitalersetzend" findet im neuen Recht keinen Platz mehr. Die Behandlung von Gesellschafterdarlehen wird folglich auf eine rein insolvenz- und anfechtungsrechtliche Basis gestellt: In der Insolvenz sind Gesellschafterdarlehen und gleichgestellte Verbindlichkeiten nach § 39 Abs. 1 Nr. 5 nachrangig; Tilgungsleistungen der Gesellschaft auf derartige Forderungen sind nunmehr auch in einer Krise unbedenklich zulässig; umgekehrt kann auch die Rückzahlung des Darlehens von der Gesellschaft nicht mehr unter Berufung auf eine Krise verweigert werden.[14] Durch die Streichung des Kapitalersatzes entstehende Schutzlücken werden durch die Neufassung des § 135 (vgl. außerhalb der Insolvenz § 6, § 6a AnfG) geschlossen. § 135 Abs. 1 Nr. 1 unterwirft eine Rechtshandlung der Anfechtung, die innerhalb der letzten zehn Jahre vor dem Eröffnungsantrag für ein Darlehen oder eine gleichgestellte Forderung des Gesellschafters **Sicherung** gewährt hat; Entsprechendes gilt nach § 135 Abs. 1 Nr. 2 für eine Rechtshandlung, durch die dem Gesellschafter im letzten Jahr vor dem Eröffnungsantrag **Befriedigung** gewährt wurde. Damit wird nicht mehr auf eine „Krise", sondern die Insolvenz der Gesellschaft abgehoben.[15] Die Anfechtungsvorschriften verfolgen damit keine eigenständigen Zwecke, sondern dienen vielmehr dazu, Umgehungen des in § 39 Abs. 1 Nr. 5 angeordneten Nachrangs zu verhindern.[16] § 135 Abs. 3 ist an die Stelle der kapitalersetzenden Nutzungsüberlassung getreten. Das neue Recht gilt für alle ab dem 1.11.2008 eröffneten Insolvenzverfahren. Erfasst werden in danach eröffneten Insolvenzverfahren auch Erstattungsansprüche, die unter Anwendung der sog. Rechtsprechungsregeln bereits vor dem 1.11.2008 entstanden sind.[17]

III. Legitimationsgrundlage des neuen Rechts

5 Über die Legitimationsgrundlage des neuen Rechts herrscht im Schrifttum keine Einigkeit. Ob der Kontroverse praktische Bedeutung zukommt, darf bezweifelt werden,[18] weil die anstehenden Rechtsfragen allein aus **Systematik** und **Funktion** des § 135 beantwortet werden sollten.[19]

6 **1. Insolvenzrechtliche Qualifizierung.** Im Rahmen einer Bewertung kann nicht außer Acht bleiben, dass das neue Gesetzeswerk als rein insolvenzrechtliches Instrumentarium im Vergleich zum Kapitalersatzrecht auf einer bedeutend schmaleren Regelungs- und Legitimationsgrundlage fußt. Die Gleichstellung eines Darlehens mit Haftkapital zeitigt notwendigerweise weitergehende Rechtsfolgen als eine nur auf die Insolvenzsituation bezogene Sonderbehandlung von Gesellschafterdarlehen. Dem **Gesetzgeber** ist es unbenommen, ob er Gesellschafterdarlehen eine gesellschaftsrechtliche oder insolvenzrechtliche Behandlung zukommen lässt. Beide Regelungsmodelle sind, wie die Vergangenheit mit dem **Nebeneinander** der **Rechtsprechungsregeln** und der **Novellenregeln** gezeigt hat, grundsätzlich möglich. Welcher Alternative der Vorrang eingeräumt wird, obliegt darum uneingeschränkt dem gesetzgeberischen Gestaltungsermessen. Freilich basieren beide Lösungsansätze auf eigenständigen Wertungsgrundlagen, die mit notwendig unterschiedlichen Rechtsfolgen korrespondieren. Gesellschaftsrechtliche Überlegungen und Rechtsfolgen können jedenfalls nicht eins zu eins auf insolvenzrechtliche Vorschriften transponiert werden; dies gilt natürlich auch umgekehrt.

7 **2. Finanzierungsfolgenverantwortung.** Die **Finanzierungsfolgenverantwortung,** die auf der von dem Gesellschafter in der Krise getroffenen Finanzierungsentscheidung beruhte und zur Umqualifizierung eines Darlehens in Eigenkapital führte, bildet entgegen teils vertretener Ansicht[20] keinen allein allgemein tauglichen Regelungsgrund der neuen Bestimmungen, weil im neuen Recht mit dem Merkmal der Krise zugleich das Kapitalersatzrecht und damit jede stammkapitalartige Bindung von Gesellschafterdarlehen entfallen ist. Gänzlich außer Betracht bleiben kann dieser Gesichtspunkt freilich nicht. Kennt das Gesetz den Begriff der **Krise** nicht mehr, gehen auch Deutungsversuche fehl, wonach innerhalb der Anfechtungsfrist von einem Jahr (§ 135 Abs. 1 Nr. 2 InsO) eine Krise unwiderlegbar zu vermuten ist.[21] Da sich das Gesetz bei der Unternehmergesell-

[13] BR-Drs. 354/07, 95; *Gehrlein* BB 2011, 3, 5; *Seibert/Decker* ZIP 2008, 1208, 1211.
[14] *Gehrlein* Rn. 61; *Kallmeyer* DB 2007, 2755, 2758; *Oppenhoff* BB 2008, 1630, 1632.
[15] *Noack* DB 2007, 1395, 1398; *Habersack* ZIP 2007, 2145; *Gehrlein* Rn. 62.
[16] *Haas* ZIP 2017, 545, 546.
[17] OLG Hamburg ZIP 2015, 840.
[18] *Gehrlein* NZI 2014, 481, 484.
[19] MüKoAnfG/*Kirchhof*, § 6 Rn. 1.
[20] *Altmeppen* NJW 2008, 3601, 3602 f.; *Pentz,* FS Hüffer, 2010 S. 747, 757 ff.; *B. Schäfer* ZInsO 2010, 1311, 1313 f.
[21] IdS *Dahl/Schmitz* NZG 2009, 325, 326.

schaft mit einem Mindestkapital von 1 EUR begnügt (§ 5a Abs. 1, § 5 Abs. 2 GmbHG),[22] kann der Geltungsgrund der Regelung ebenfalls nicht in einer materiellen Unterkapitalisierung der Gesellschaft erblickt werden.[23] Naheliegender erscheint es im Blick auf den Wortlaut des § 39 Abs. 1 Nr. 5, Abs. 4, § 135 Abs. 1 Nr. 2 InsO demgegenüber, den Schutzzweck des Regelungswerks anknüpfend an seinen auf Gesellschaften ohne natürliche Person als persönlich haftenden Gesellschafter begrenzten Geltungsbereich in der **missbräuchlichen Ausnutzung** des Prinzips der Haftungsbeschränkung zu erkennen.[24] Schließlich wird die Erklärung für die Rückstufung des Gesellschafters darin erblickt, dass er infolge seines Näheverhältnisses zur Gesellschaft gegenüber sonstigen Gläubigern zurückzustehen hat.[25]

3. Gesetzesbegründung. Zwar schweigt die Gesetzesbegründung des MoMiG zu dem Rege- 8
lungsgrund der Vorschriften über Gesellschafterdarlehen. Dass das Gesetz im Wesentlichen dem Vorbild der früheren **Novellenregelungen** folgt, kann ein Blick in die Materialien dieser Bestimmungen hilfreich sein, um den Schutzzweck dieser und damit auch der heutigen Vorschriften zu ergründen. In wünschenswerter Deutlichkeit hat der Gesetzgeber seinerzeit ausgeführt, „dass der Gesellschafter das Risiko, das mit der an sich erforderlichen Kapitalzuführung verbunden wäre, nicht durch eine Darlehensgewährung auf die Gesellschaftsgläubiger abwälzen und im Konkurs der Gesellschaft seinen Rückforderungsanspruch gleichberechtigt mit den Forderungen anderer Gesellschaftsgläubiger geltend machen" darf.[26] Der Gesellschafter soll also nicht in der Rolle eines Darlehensgläubigers an den außenstehenden Drittgläubigern vorbehaltenen Haftungsfonds der GmbH partizipieren.[27] Damit liegt der Regelung des § 39 Abs. 1 Nr. 5 ebenso wie des § 135 Abs. 1 Nr. 2 InsO der Gedanke zugrunde, eine Gleichbehandlung von Gesellschafterdarlehen und Fremdforderungen in der Gesellschaftsinsolvenz zu verhindern. Durch die Schlechterstellung der über die wirtschaftliche Lage ihres Unternehmens informierten Gesellschafter soll der das Insolvenz- und insbesondere Insolvenzanfechtungsrecht beherrschende Grundsatz der Gläubigergleichbehandlung[28] durchgesetzt werden. Der Bundesgerichtshof geht nach dem Inhalt der Gesetzesmaterialien davon aus, dass Legitimationsgrundlage auch des neuen Rechts mit der **Finanzierungsfolgenverantwortung** des Gesellschafters harmoniert.[29]

Die **Finanzierungsfolgenverantwortung** des Gesellschafters ist bei der Auslegung von § 135 Abs. 1 InsO weiterhin beachtlich. Kann eine mit geringem Stammkapital gegründete Gesellschaft überhaupt nur aufgrund ihr gewährter Gesellschafterdarlehen ihren Geschäftsbetrieb aufnehmen, besteht bei Gewährung einer Sicherung durch die Gesellschaft die Gefahr, dass ab Aufnahme der werbenden Tätigkeit bis zu einer etwaigen Insolvenz praktisch ihr gesamtes Gesellschaftsvermögen unter Ausschluss der Gläubiger dem Gesellschafter vorbehalten bleibt. Die Inanspruchnahme einer Sicherung für ein Gesellschafterdarlehen belegt, dass der Gesellschafter, der in die Rolle eines außenstehenden Dritten einzurücken sucht, die Übernahme einer Finanzierungsfolgenverantwortung ablehnt. Der bereits in der beschränkten Haftung liegende Risikoanreiz des Gesellschafters wird zusätzlich erhöht, wenn er aus dem Gesellschaftsvermögen dank einer Sicherung im Verhältnis zu den sonstigen Gläubigern auch noch vorrangig befriedigt wird. Ein gesicherter Gesellschafter, der um die Erfüllung seines Rückzahlungsanspruchs nicht fürchten muss, wird in Wahrnehmung der Geschäftsführung zur Eingehung unangemessener, wenn nicht gar unverantwortlicher, allein die ungesicherten Gläubiger treffender geschäftlicher Wagnisse neigen. Die Gewährung von Gesellschafterdarlehen, die durch das Gesellschaftsvermögen gesichert werden, ist darum mit einer ordnungsgemäßen Unternehmensfinanzierung nicht vereinbar.[30]

Die Einstufung von Gesellschafterdarlehen als nachrangig (§ 39 Abs. 1 Nr. 5 InsO) bedeutet, 9
dass der Gesellschafter erst nach Befriedigung sämtlicher Fremdgläubiger mit der Berücksichtigung seiner Forderung rechnen kann.[31] Damit misst das Gesetz dem Gesellschafter als Gläubiger seiner Gesellschaft eine geringere Schutzwürdigkeit als Drittgläubigern zu. Dies ist gerechtfertigt, weil der

---

22 Gehrlein/Ekkenga/Simon/*Schmitz,* GmbHG § 5a Rn. 10.
23 *Bitter* ZIP 2010, 1, 10.
24 *Habersack* ZIP 2008, 2385, 2387, 2388.
25 *Noack* DB 2007, 1395, 1398; in diese Richtung auch BT-Drs. 12/2443, 161 bezüglich der Anfechtung der Rückgewähr einer stillen Beteiligung; vgl. auch *Thole*, Gläubigerschutz durch Insolvenzrecht 2010 S. 388 ff., der auf den Informationsvorsprung des Gesellschafters abstellt.
26 BT-Drs. 8/1347, 39.
27 Vgl. bereits RG JW 1938, 62.
28 BGHZ 59, 230, 232; MüKoInsO/*Kirchhof* → 2. Aufl. Vor §§ 129 bis 147 Rn. 1; HambKommInsO/*Rogge*, 3. Aufl. Rn. 1 Vor §§ 129 ff.
29 BGH, NZG 2013, 469 Rn. 18.
30 BGH NJW 2019, 781 Rn. 50.
31 BT-Drs. 12/2443, 123.

Gesellschafter im Unterschied zu Drittgläubigern am Gewinn der Gesellschaft beteiligt ist.[32] Eine Finanzierung der Gesellschaft durch Gesellschafterdarlehen wird nach neuem Recht nicht von vornherein – etwa durch eine Gleichstellung mit Stammkapital – missbilligt. Gleichwohl ist die Wertung berechtigt, dass der Finanzierungsbedarf einer (Kapital-)Gesellschaft nach der Vorstellung des Gesetzgebers in erster Linie mit Hilfe gesellschaftsrechtlicher Finanzierungsformen – insbesondere einer Kapitalerhöhung (§§ 55 ff. GmbHG, §§ 209 ff. AktG) oder eines Nachschusses (§§ 26 ff. GmbHG) – bestritten werden soll. Geschieht dies, stehen die der Gesellschaft zugeführten Mittel in der Insolvenz dem unbeschränkten Zugriff der Drittgläubiger offen. Im Vergleich dazu bildet ein Gesellschafterdarlehen eine **ungewöhnliche, verdächtige Finanzierungsform.** In diesem Fall könnte der Gesellschafter seine Forderung ohne die Regelung des § 39 Abs. 1 Nr. 5 InsO wie ein normaler Gläubiger und damit auf Kosten der um die Quote des Gesellschafters benachteiligten Drittgläubiger geltend machen.

10 **4. Gesichtspunkt des Rechtsmissbrauchs.** Deswegen wandelt sich ein Gesellschafterdarlehen als zunächst nur verdächtige Finanzierungsform in der Insolvenz des Unternehmens in ein missbräuchliches Finanzierungsinstrument. Wählt der Gesellschafter eine Darlehensgewährung und verwirklicht sich eine Insolvenz, handelt es sich mit Rücksicht auf die dadurch – anders als bei einer Kapitalzufuhr in den Formen des Gesellschaftsrechts – beeinträchtigten Belange der Drittgläubiger um eine Gestaltung, welche die unwiderlegbare Vermutung eines Rechtsmissbrauchs und damit den Nachrang des § 39 Abs. 1 Nr. 5 InsO rechtfertigt.[33] Die gebotene Eigenkapitalzufuhr darf nicht durch Gesellschafterdarlehen ersetzt werden.[34] Aus dieser Erwägung ist die Regelung unabhängig davon anwendbar, ob im Einzelfall bei der Darlehensgewährung eine krisenhafte Situation bestand;[35] ausschlaggebend ist bereits ein zeitlicher Zusammenhang zwischen der aus sich heraus verdächtigen Darlehensgewährung und der sich in dem Insolvenzeintritt manifestierenden Krise. Der Zweck des § 135 Abs. 1 Nr. 2 InsO ist als Gegenstück des § 39 Abs. 1 Nr. 5 InsO darin zu erkennen, eine Umgehung des Nachrangs eines Gesellschafterdarlehens durch eine Befriedigung des Gesellschafters innerhalb eines Zeitraums von einem Jahr vor Verfahrenseröffnung zu verhindern.[36] Vor diesem Hintergrund liegt der Haftungsgrund der Vorschriften in der mit einem Gesellschafterdarlehen als verdächtiger, bei Insolvenzeintritt missbräuchlicher Finanzierungsform verbundenen Gefahr der Benachteiligung der anderen Gesellschaftsgläubiger.[37] Der daraus ableitbare anfechtungsrechtliche Regelungszweck geht dahin, infolge des gesellschaftsrechtlichen Näheverhältnisses über die finanzielle Lage ihres Betriebs regelmäßig **wohlinformierten Gesellschaftern** die Möglichkeit zu versagen, der Gesellschaft zur Verfügung gestellte Kreditmittel zu **Lasten der Gläubigergesamtheit** zu entziehen.[38]

11 Diese Einschätzung wird bestätigt, wenn man die Vorschrift des § 136 InsO in die Überlegungen einbezieht, welche die Vereinbarung über die Rückgewähr einer stillen Einlage für den Zeitraum eines Jahres vor Antragstellung anfechtbar stellt. Auch diese Bestimmung beruht auf der Gefahr des Rechtsmissbrauchs, die der historische Gesetzgeber darin erkannte, dass das Kapital des stillen Gesellschafters „bei drohendem Verlust zurückgezogen werden könne."[39] Durch § 136 InsO soll in Übereinstimmung mit der Wertung des § 135 Abs. 1 InsO einem missbräuchlichen Mittelabzug in der insolvenzrechtlichen Krise vorgebeugt werden.[40] Freilich kann § 136 InsO keine kapitalersatzrechtliche Wertungsgrundlage entnommen werden,[41] weil es dabei wie auch seinen Vorläuferbestimmungen der Sache nach um eine insolvenzrechtliche Vorschrift handelt.

12 Da der Gesellschafter – wie der Bundesgerichtshof zum Eigenkapitalersatzrecht ausgeführt hat – mit den wirtschaftlichen Verhältnissen seines Unternehmens vertraut sein muss,[42] konnte der Gesetzgeber abweichend von sonstigen Anfechtungstatbeständen darauf verzichten, die Anfechtung nach § 135 Abs. 1 InsO an bestimmte zusätzliche subjektive Voraussetzungen zu knüpfen. Dieser Gedanke liegt auch dem Anfechtungstatbestand des § 136 InsO zugrunde.[43] Fußt die Regelung auf einer insolvenzanfechtungsrechtlichen Legitimationsgrundlage, so sind im Unterschied zum umfassenden

[32] Uhlenbruck/*Hirte* § 135 Rn. 1.
[33] Uhlenbruck/*Hirte* § 39 Rn. 33.
[34] *Gehrlein* NZI 2014, 481, 484.
[35] Zweifelnd *Marotzke* JZ 2010, 592, 593.
[36] Jaeger/#, InsO § 129 Rn. 6.
[37] In diese Richtung auch *Häsemeyer*, Insolvenzrecht 4. Aufl. Rn. 30.60.
[38] BGH, NZG 2013, 469 Rn. 18.
[39] ADHGB-Protokolle = *Lutz*, Protokolle S. 109 f. zitiert nach *Florstedt* ZInsO 2007, 914.
[40] *Florstedt* ZInsO 2007, 914 f.
[41] AA *Florstedt* ZInsO 2007, 914 f.
[42] BGHZ 127, 336, 346; BGH WM 2004, 1075, 1078.
[43] BT-Drs. 12/2443, 161.

Schutz des Eigenkapitalersatzrechts gewisse Schutzlücken systembedingt hinzunehmen. Der Gesetzgeber hat die Grenzen der Anfechtung unter Abwägung der gegenläufigen Interessen der Beteiligten festzulegen.[44] Dabei bleibt notwendig stets ein anfechtungsfreier Bereich offen. Bei dieser Sachlage ist es nicht zu beanstanden, wenn der Gesetzgeber nur den Kernbereich anstößiger Rückführung von Gesellschafterdarlehen der Anfechtung unterwirft.

IV. Anfechtbarkeit von Sicherung und Befriedigung

Mangels einer Behandlung als Eigenkapital beschränkt sich die Verstrickung von Gesellschafterdarlehen auf die insolvenzrechtlichen Folgen. Das neue Recht wird durch das Zusammenwirken von § 135 Abs. 1 mit § 39 Abs. 1 Nr. 5 konstituiert. Nicht mehr ausschlaggebend ist eine Krisenfinanzierung sondern allein der Umstand einer Darlehensgewährung durch den Gesellschafter. Darum ist der Eintritt von Zahlungsunfähigkeit und Überschuldung für den Anfechtungstatbestand bedeutungslos.[45] Gesellschafterdarlehen erleiden in der Insolvenz des Unternehmens einen Rangrücktritt (§ 39 Abs. 1 Nr. 5); wurden sie innerhalb eines Jahres vor der Eröffnung erstattet, kann die Rückzahlung nach § 135 Abs. 1 Nr. 2 angefochten werden. Die Gewährung einer Gesellschaftersicherheit behandelt § 135 Abs. 1 Nr. 2 als anfechtbare Finanzierungsleistung des Gesellschafters. 13

1. Maßgebliche Rechtshandlung. Der Begriff der Rechtshandlung ist auch im Rahmen des § 135 InsO in einem umfassenden Sinne zu verstehen. Anfechtbar sind alle – auch nicht rechtsgeschäftliche – Rechtshandlungen, die eine Sicherung oder Befriedigung des Gesellschafterdarlehens bewirken. Ein bewusstes Unterlassen kann bei einer entsprechenden Willensrichtung genügen. Nicht nur Rechtshandlungen der Schuldnerin, der Gesellschaft, sondern auch dritter Personen sind anfechtbar. Dies gilt etwa für Aufrechnungserklärungen oder Zwangsvollstreckungsmaßnahmen des Gesellschafters/Gläubigers wie auch die Verwertung ihm von der Gesellschaft überlassener Sicherungen.[46] Von außenstehenden Dritten dem Gesellschafter bestellte Sicherungen sind dagegen nicht anfechtbar.[47] 14

a) Sicherung. Die Inanspruchnahme einer Sicherung belegt, dass der Gesellschafter, der in die Rolle eines außenstehenden Dritten einzurücken sucht, die **Übernahme einer Finanzierungsverantwortung** ablehnt. Der bereits in der beschränkten Haftung auf das Gesellschaftsvermögen liegende **Risikoanreiz des Gesellschafters** wird zusätzlich **erhöht,** wenn er daraus dank einer Sicherung im Verhältnis zu den sonstigen Gläubigern auch noch **vorrangig befriedigt** wird. Ein gesicherter Gesellschafter, der anders als im Falle der Gabe ungesicherter Darlehensmittel nicht um die Erfüllung seines Rückzahlungsanspruchs fürchten muss, wird in Wahrnehmung der Geschäftsführung zur Eingehung unangemessener, wenn nicht gar unverantwortlicher, allein die ungesicherten Gläubiger treffender geschäftlicher Wagnisse neigen. Die Gewährung von Gesellschafterdarlehen, die durch das Gesellschaftsvermögen gesichert werden, ist darum mit einer **ordnungsgemäßen Unternehmensfinanzierung nicht vereinbar.**[48] § 135 Abs. 1 Nr. 1 unterwirft alle dem Gesellschafter innerhalb des **Zeitraums von zehn Jahren** gewährten Sicherheiten der Anfechtung. Für die Anfechtbarkeit ist es ohne Bedeutung, wenn die Sicherung infolge ihrer Verwertung im **Zeitpunkt der Verfahrenseröffnung** nicht mehr bestand.[49] Damit werden alle Rechtspositionen umschrieben, die dem Gesellschafter als Gläubiger eines Rückgewähranspruchs von der Gesellschaft eingeräumt werden und den fortbestehenden Leistungsanspruch in seiner Durchsetzbarkeit verstärken oder erleichtern.[50] Unter einer **Sicherung** ist daher jede dem Gesellschafter für sein Darlehen oder die gleichgestellte Forderung aus Gesellschaftsmitteln gewährte Sicherheit – gleich ob Pfandrecht, Hypothek, Grundschuld, Sicherungsübereignung, Sicherungsabtretung, Kaution, Hinterlegung einer Sicherheitsleistung (§§ 232f BGB), Patronatserklärung, Zwangshypothek oder Pfändungspfandrecht – zu verstehen. Freilich kann eine Patronatserklärung durch eine vertragsgemäße Kündigung, die allerdings die Einstandspflicht für bereits entstandene Verbindlichkeiten nicht entfallen lässt,[51] für die Zukunft gekündigt werden.[52] Der Anfechtung unterliegt auch eine Sicherung, die für eine Regressforderung des Gesellschafters bestellt wurde.[53] Es werden nicht nur nachträglich bestellte Sicherungen der Anfechtung unterworfen, sondern auch anfänglich, 15

44 MüKoInsO/*Kirchhof*, → 2. Aufl. Vor §§ 129 bis 147 Rn. 3.
45 *Wischemeyer/Dimassi* ZIP 2017, 593, 599 f.
46 MüKoAnfG/*Kirchhof* § 6 Rn. 43.
47 MüKoAnfG/*Kirchhof* § 6 Rn. 43.
48 BGH NJW 2013, 3035 Rn. 19.
49 BGH NJW 2013, 3035 Rn. 9.
50 MüKoAnfG/*Kirchhof* § 6 Rn. 45.
51 *Blum* NZG 2010, 1331, 1332.
52 BGH NJW 2010, 3442.
53 BGH NJW-RR 1990, 230.

bei denen die Darlehensgewährung durch den Gesellschafter und Gewährung der Sicherung durch die Gesellschaft bargeschäftlich (§ 142 InsO verknüpft sind.[54] Die Verpflichtung des Gesellschafters, dem Kreditgeber von der Gesellschaft zur Sicherung übereignete Güter #abzuentsheungsen#, stellt in Höhe der Differenz zwischen Preis und Wert der Gegenstände eine Sicherung dar.[55] Erfasst werden auch **gesetzliche Sicherungen** wie das Vermieterpfandrecht. Anfechtbar ist also **jede** für die nachrangige Forderung erlangte **Sicherheit.**[56] Eine Anfechtung gegenüber dem für seine Forderung gesicherten Gesellschafter scheidet aus, wenn er außerhalb der Frist des § 135 Abs. 1 Nr. 2 InsO tatsächlich von der **Gesellschaft selbst befriedigt** wird und deshalb von der ihm **gewährten Sicherung keinen Gebrauch** macht. Hingegen besteht kein Grund, bei der Verwertung einer Sicherung außerhalb der zeitlichen Grenzen des § 135 Abs. 1 Nr. 2 InsO aufgrund einer vermeintlichen **Sperrwirkung** dieses Tatbestandes die Regelung des § 135 Abs. 1 Nr. 1 InsO für unanwendbar zu erklären.[57] Hat sich der Gesellschafter aus einer für seine Darlehensforderung bestellten Sicherung befriedigt, scheidet auf der Grundlage des maßgeblichen § 135 Abs. 1 Nr. 1 InsO eine Anfechtung nur aus, wenn die **Sicherung länger als zehn Jahre vor dem Eröffnungsantrag** und mithin **anfechtungsfest** bestellt wurde. Erfolgte der **Zugriff auf die Sicherung** jedoch **innerhalb der Frist** des § 135 Abs. 1 Nr. 1 InsO, ist der Wertersatzanspruch wegen Unmöglichkeit der Rückgewähr der nach § 135 Abs. 1 Nr. 1 InsO anfechtbaren Sicherung nicht durch die Jahresfrist des § 135 Abs. 1 Nr. 2 InsO begrenzt.[58]

16 **b) Befriedigung.** Anfechtbar ist gemäß § 135 Abs. 1 Nr. 2 eine innerhalb eines Jahres vor dem Eröffnungsantrag gewährte Befriedigung. Dies ist der Fall, wenn ein Gesellschafterforderung zu Lasten des Gesellschaftsvermögens unmittelbar durch Zahlung oder mit Hilfe eines Erfüllungssurrogats wie Aufrechnung, Leistung an Erfüllung statt oder Hinterlegung beglichen wird. Sämtliche Rechtshandlungen, auch ein **Vollstreckungszugriff,** die eine Forderungstilgung herbeiführen, sind anfechtbar. Es genügt jedes vermögenswirksame Handeln oder Unterlassen,[59] folglich alle Erfüllungssurrogate wie auch die Befriedigung aus einer von der Gesellschaft gestellten, **nicht insolvenzfesten Sicherheit.**[60] Einer Befriedigung steht die Verwertung einer anfechtbar, also innerhalb eines Zeitraums von zehn Jahren vor Antragstellung, erlangten Sicherheit gleich. Wird ein besichertes Gesellschafterdarlehen innerhalb eines Jahres vor Antragstellung zurückgewährt, scheitert eine Anfechtung nicht an einer fehlenden Gläubigerbenachteiligung: Denn die Sicherung ist ihrerseits anfechtbar, wenn sie binnen zehn Jahren vor Antragstellung gewährt wurde. Nach einem Verkauf der gegen die Gesellschaft gerichteten Forderung erlangt der Gesellschafter durch die Kaufpreiszahlung seitens des Erwerbers eine anfechtbare Befriedigung, wenn die Zahlung zu Lasten der Gesellschaft erfolgt.[61] **Zahlt ein Gesellschafter,** dem im letzten Jahr vor dem Eröffnungsantrag von der Gesellschaft Darlehen zurückgewährt worden sind, die **erhaltenen Beträge an die Gesellschaft zurück,** um die ursprüngliche Vermögenslage der Gesellschaft wiederherzustellen, entfällt die mit der Rückgewährung eingetretene objektive Gläubigerbenachteiligung. Erfolgt die Rückzahlung auf ein im Soll geführtes Konto einer Bank, für das der Gesellschafter eine Sicherheit bestellt hat oder als Bürge haftet, kann die Rückführung des Saldos nach § 135 Abs. 2 anfechtbar sein.[62] Räumt der Gesellschafter der Gesellschaft eine bestimmte Kreditlinie ein, ist nicht jede einzelne Zahlung, sondern nur die Rückführung der Kreditlinie als Befriedigung anfechtbar. Fehlt eine Vereinbarung über die Höhe, ist der durchschnittliche Saldo der während des anfechtbaren Jahreszeitraums geduldeten Überziehungen als Kreditlinie zu bewerten.[63] Anfechtbar ist der Betrag, in dessen Höhe die Kreditlinie bei Verfahrenseröffnung nicht ausgeschöpft ist.[64] Auch Zwangsvollstreckungsmaßnahmen können eine anfechtbare Befriedigung auslösen. Die Verrechnung von Gesellschafterdarlehen innerhalb eines **Cash-Pools** stellt eine Befriedigung im Sinne von § 135 Abs. 1 Nr. 2 und nicht lediglich eine – nach § 135 Abs. 1 Nr. 1 länger anfechtbare – Sicherung dar.[65] Gewährt ein Gesellschafter seiner Gesellschaft fortlaufend zur Vorfinan-

[54] *Hölzle* ZIP 2013, 1992, 1996 ff.; *Altmeppen*, ZIP 2013, 1745; *Gehrlein*, NZI 2015, 577, 579 f.; aA *Bitter* ZIP 2013, 1497 ff.
[55] *Löser* ZInsO 2010, 28.
[56] KPB//*Preuß* § 135 Rn. 16.
[57] *Plathner/Luttmann* ZInsO 2013, 1630; auch zum Zustandekommen dieser abzulehnenden Rechtsauffassung *Gehrlein* NZI 2014, 481, 485 f.
[58] BGH NJW 2013, 3035 Rn. 12 ff.; zustimmend *Hölzle*, ZIP 2013, 1992, 1993 ff.; ablehnend *Bitter*, ZIP 2013, 1583 ff.
[59] Uhlenbruck/*Hirte* § 135 Rn. 10.
[60] KPB/*Preuß* § 135 Rn. 17.
[61] BGH NJW-RR 2007, 391 Rn. 8 ff.
[62] BGH NJW 2013, 3031 Rn. 15.
[63] BGH NJW 1995, 457.
[64] Bork/Schäfer/*Thiessen #((bitte Auflage prüfen))* Anh. zu § 30 Rn. 60.
[65] Uhlenbruck/*Hirte* § 135 Rn. 11; *Hamann* NZI 2008, 667 ff.; aA *Klinck/Gärtner* NZI 2008, 457, 459 ff.

zierung der von ihr abzuführenden Sozialversicherungsbeiträge Kredite, die in der **Art eines Kontokorrentkredits** jeweils vor Erhalt des Nachfolgedarlehens mit öffentlichen Beihilfen **abgelöst** werden, ist die Anfechtung wie bei einem Kontokorrentkredit auf die **Verringerung des Schuldsaldos im Anfechtungszeitraum** beschränkt.[66] Dies gilt auch bei rechtsgrundlosen Hin- und Herzahlungen.[67] Maßgeblich ist der im Anfechtungszeitraum bestehende höchste Saldo.[68] Diese Grundsätze gelten nicht, wenn nach Gewährung eines Darlehen über 25.000 EUR zwei Monate später ein weiteres Darlehen über 30.000 EUR gegeben wird, beide Darlehen keinem besonderen Zweck, sondern der Deckung des allgemeinen Liquiditätsbedarfs der Schuldnerin dienen, unterschiedliche Vertragsbedingungen vereinbart sind und unterschiedliche Sicherungen bestellt werden.[69]

Auch die Befreiung von einer harten Patronatserklärung erweist sich als Befriedigung.[70] Dagegen liegt keine Befriedigung vor, wenn eine Patronatserklärung ordentlich für die Zukunft gekündigt wird.[71] Die Rückzahlung des Gesellschafterdarlehens an einen Dritten ist nicht nach § 135 Abs. 1 Nr. 2, sondern nur nach §§ 130, 131, 133 anfechtbar. In diesem Fall kommt aber ein Anspruch gegen den Gesellschafter nach § 135 Abs. 2, § 143 Abs. 3 in Betracht.[72]

Ob eine Rechtshandlung nach § 135 Abs. 1 InsO anfechtbar ist, hängt zum einen davon ab, ob der Anfechtungsgegner Gesellschafter der Schuldnerin ist. Zum anderen muss es sich um eine Forderung auf Rückgewähr eines Darlehens im Sinne des § 39 Abs. 1 Nr. 5 InsO oder eine gleichgestellte Forderung handeln. Dies gilt auch für die Rückführung einer stillen Einlage.[73] Sofern der Anfechtungsgegner unmittelbar am Haftkapital der Gesellschaft beteiligt ist, seine Beteiligung über das Kleinbeteiligungsprivileg des § 39 Abs. 5 InsO hinausgeht und kein Fall des § 39 Abs. 4 S. 2 InsO vorliegt, sind die Tatbestandsvoraussetzungen des § 135 Abs. 1 InsO in personeller Hinsicht erfüllt. In diesem Fall kommt es nicht darauf an, ob die Rechte des Anfechtungsgegners aus dem Darlehen oder der dem Darlehen gleichgestellten Forderung diesem für sich genommen eine Rechtsposition verschaffen, die der eines Gesellschafters entspricht. Dabei ist eine mittelbare Beteiligung am Haftkapital der Gesellschaft für eine Gesellschafterstellung ausreichend, wenn diese der unmittelbaren Beteiligung gleichsteht.[74] Es entspricht einhelliger Meinung, dass die von einem (mittelbaren) Alleingesellschafter zusätzlich übernommene stille Einlage als darlehensgleiche Leistung dieses Gesellschafters anzusehen ist.[75]

2. Erfordernis einer Gläubigerbenachteiligung. Für die Anfechtung nach § 135 InsO genügt eine auf der angefochtenen Rechtshandlung beruhende **mittelbare Gläubigerbenachteiligung.**[76] Insoweit gelten die allgemeinen Grundsätze: Eine Gläubigerbenachteiligung besteht, wenn durch die Verkürzung des Aktivvermögens die Befriedigungsmöglichkeit der Insolvenzgläubiger in irgendeiner Weise objektiv beeinträchtigt worden ist.[77] Die in der Erstattung des Darlehens liegende Gläubigerbenachteiligung wird geheilt, wenn der Gesellschafter vor Verfahrenseröffnung die empfangenen Gelder an die Gesellschaft zurückzahlt. Eine zunächst eingetretene Gläubigerbenachteiligung kann nachträglich dadurch wieder behoben werden, dass der Anfechtungsgegner den anfechtbar erhaltenen Gegenstand oder dessen vollen Wert in das Vermögen des Schuldners zurückführt. Die Beseitigung der Gläubigerbenachteiligung setzt voraus, dass die entsprechende Rückgewähr des Anfechtungsgegners eindeutig zu dem Zweck erfolgt, dem Schuldner den entzogenen Vermögenswert wiederzugeben und damit die Verkürzung der Haftungsmasse ungeschehen zu machen. Von der Zweckbestimmung her muss es sich um eine vorweggenommene Befriedigung des individuellen Rückgewähranspruchs handeln. Eine solche Rückführung kann etwa anzunehmen sein, wenn ein abgetretenes Recht an den Schuldner rückabgetreten oder eine erhaltene Zahlung an ihn zurückgewährt wird. Dem Anfechtungsgegner muss die Anfechtbarkeit der an ihn bewirkten Zahlung nicht bewusst gewesen sein. Vielmehr genügt es, wenn der Anfechtungsgegner dem Schuldner Vermögenswerte zukommen lässt, welche bestimmungsgemäß die angefochtene Leistung vollständig ausgleichen und dem Gläubigerzugriff offenstehen.[78] Aus dieser Erwägung entfallt im Falle der Erstattung eines 17

---

[66] BGH, ZInsO 2013, 717 Rn. 9; BGH NJW 2013, 3031 Rn. 34 ff.
[67] BGH, Urt. v. 27.6.2019 – IX ZR 167/18.
[68] BGH, Urt. v. 27.6.2019 – IX ZR 167/18.
[69] BGH NZI 2014, 309 Rn. 6; OLG München ZInsO 2014, 897, 898; vgl. *van Marwik*, ZInsO 2015, 335.
[70] OLG München ZInsO 2004, 1040.
[71] BGH NJW 2010, 3442 Rn. 22 ff.
[72] Uhlenbruck/*Hirte* § 135 Rn. 12.
[73] BGH WM 2017, 2399 Rn. 5.
[74] BGH WM 2017, 2399 Rn. 6.
[75] BGH WM 2017, 2399 Rn. 7.
[76] BGH NJW 2013, 3035 Rn. 8; Uhlenbruck/*Hirte* § 135 Rn. 10.
[77] BGHZ 105, 168, 187.
[78] BGH, Urteil vom 2. Mai 2019 – IX ZR 67/18, Rn. 14.

Gesellschafterdarlehens durch die Gesellschaft an den Gesellschafter die damit verbundene objektive Gläubigerbenachteiligung, wenn der Gesellschafter die empfangenen Zahlungen noch vor Verfahrenseröffnung an die Gesellschaft zurückzahlt. Zwar erfolgt in dieser Gestaltung die Rückzahlung noch vor Eröffnung des Verfahrens, während ein etwaiger Rückgewähranspruch erst mit der Verfahrenseröffnung entsteht. Deswegen konnte der Gesellschafter keinen gegen ihn gerichteten Rückgewähranspruch aus § 135 Abs. 1 Abs. 1 Nr. 2, § 143 Abs. 1 InsO erfüllen. Bei der gebotenen wirtschaftlichen Betrachtung ist jedoch die mit der Wiederherstellung der ursprünglichen Vermögenslage einhergehende Verhinderung der Entstehung eines Anspruchs anfechtungsrechtlich dessen Erfüllung gleichzustellen.[79]

Anders verhält es sich, wenn mit der Zahlung eine andere gegen den Gesellschafter bestehende Verbindlichkeit getilgt wird. Dagegen entfällt die Gläubigerbenachteiligung, wenn der Gesellschafter mit einer der empfangenen Darlehensrückzahlung entsprechenden Summe eine andere Verbindlichkeit begleichen will, dies aber tatsächlich nicht besteht.[80] Die in der Erstattung eines Gesellschafterdarlehens liegende Gläubigerbenachteiligung wird nicht beseitigt, indem der Gesellschafter die empfangenen Darlehensmittel zwecks Erfüllung einer von ihm übernommenen Kommanditeinlagepflicht an die Muttergesellschaft der Schuldnerin weiterleitet, welche der Schuldnerin anschließend Gelder in gleicher Höhe auf der Grundlage einer von ihr übernommenen Verlustdeckungspflicht zur Verfügung stellt.[81] Durch die Zahlung des Gesellschafters an seine Muttergesellschaft zwecks Erfüllung seiner Kommanditeinlageverpflichtung wurde die bei der Schuldnerin als Tochtergesellschaft eingetretene Gläubigerbenachteiligung nicht behoben. Adressat und Zweck der Zahlung stehen einer Beseitigung der Gläubigerbenachteiligung bei der Schuldnerin entgegen.[82] Die Gläubigerbenachteiligung wurde ebenfalls nicht beseitigt, indem die Muttergesellschaft nach der Zahlung des Gesellschafters über 100.000 € in gleicher Höhe Mittel an die Schuldnerin entrichtet hat. Die Voraussetzungen einer mittelbaren Zuwendung durch den Gesellschafter fehlen, weil die Muttergesellschaft nicht auf Weisung des Gesellschafters tätig wurde und zudem mit der Zahlung eine eigene Verbindlichkeit aus Verlustdeckungshaftung getilgt hat.[83]

Wird ein besichertes Gesellschafterdarlehen innerhalb eines Jahres vor Antragstellung zurückgewährt, scheitert eine Anfechtung (§ 135 Abs. 1 Nr. 2) nicht an einer fehlenden Gläubigerbenachteiligung: Denn die Sicherung ist ihrerseits anfechtbar, wenn sie binnen zehn Jahren vor Antragstellung gewährt wurde (§ 135 Abs. 1 Nr. 1). Eine Gläubigerbenachteiligung liegt auch vor, wenn die Insolvenzmasse zur Befriedigung der Masseverbindlichkeiten und der Insolvenzgläubiger (§ 38), aber nicht aller nachrangigen Gläubiger ausreicht. Die Rechtshandlung braucht nicht von dem Schuldner herzurühren; anfechtbar sind auch Vollstreckungsmaßnahmen des Anfechtungsgegners, wegen der in Rede stehenden Forderungen also regelmäßig solche des **Gesellschafters.** Weitere objektive oder subjektive Erfordernisse stellt das Gesetz nicht auf.

18 **3. Betroffene Forderungen. a) Gesellschafterdarlehen.** Der nach Insolvenzeintritt durch § 39 Abs. 1 Nr. 5 angeordnete Nachrang von Gesellschafterdarlehen wird im Vorfeld der Insolvenz durchgesetzt, indem Rückzahlungen der Gesellschaft auf Forderungen dieser Art gem. § 135 der Anfechtung unterliegen.[84] Gleiches gilt für Darlehen, die einem – weitergehenden – Rangrücktritt nach § 39 Abs. 2 unterliegen.[85] Insoweit hat der BGH indessen eine eigenständige Rechtsprechung entwickelt, die zur Anwendung des § 134 führt.[86] § 135 Abs. 1 unterwirft mithin die Befriedigung und Sicherung eines **Gesellschafterdarlehens** und **gleichgestellter Forderungen** iSd § 39 Abs. 1 Nr. 5 der Anfechtung. Als Gesellschafterdarlehen ist jedes Darlehen,[87] also auch ein Sachdarlehen, zinsloses Gefälligkeitsdarlehen oder partiarisches Darlehen, eines an einer Gesellschaft iSd § 39 Abs. 1 Nr. 5 beteiligten Gesellschafters oder diesem gleichgestellten Dritten anzusehen einschließlich der Zinszahlungen.[88] Zweckgebundene Darlehen, Kredithilfen der Mutter- für ihre Tochtergesellschaft werden ebenso erfasst wie von dem Gesellschafter im Wege der Abtretung erworbene Darlehensforderungen gegen die Gesellschaft. Ebenso verhält es sich, wenn der Gesellschafter durch die Besicherung die Aufnahme eines Darlehens durch die Gesellschaft ermöglicht und hierfür einen Aufwander-

---

[79] BGH, Urteil vom 2. Mai 2019 – IX ZR 67/18, Rn. 15.
[80] Vgl. BGHZ 179, 285 Rn. 9 ff. = NJW 2009, 1418.
[81] BGH, Urteil vom 2. Mai 2019 – IX ZR 67/18, Rn. 16.
[82] BGH, Urteil vom 2. Mai 2019 – IX ZR 67/18, Rn. 18 f.
[83] BGH, Urteil vom 2. Mai 2019 – IX ZR 67/18, Rn. 22 ff.
[84] *Gehrlein* BB 2008, 846, 852.
[85] *Wälzholz* GmbHR 2008, 841, 847; *Gundlach/Frenzel/Strandmann* NZI 2008, 647, 650; *Berger* ZInsO 2015, 1938, 1947.
[86] NJW 2015, 1672.
[87] *Gehrlein* BB 2011, 3, 5.
[88] OLG Düsseldorf ZInsO 2015, 400; OLG München ZInsO 2014, 897, 901.

satz erhält.[89] Löst ein Gesellschafter ein der GmbH gewährtes Darlehen ab, kann er seinen Regressanspruch gegen die Gesellschaft nur als **nachrangige Forderung** (§ 39 Abs. 1 Nr. 5 InsO) geltend machen.[90] Die binnen Jahresfrist von der Gesellschaft gewährte Befriedigung des Regressanspruchs ist anfechtbar.[91] Eine neben dem Gesellschaftsanteil übernommene stille Beteiligung wie auch ein in eine stille Beteiligung umgewandeltes Darlehen ist als Kredit zu behandeln.[92] Infolge der generalisierenden Betrachtungsweise des Gesetzes werden in der Insolvenz sämtliche Gesellschafterdarlehen ohne Rücksicht darauf, ob sich die Gesellschaft im Zeitpunkt ihrer Gewährung oder des späteren Stehenlassens in einer Krise befand, wie Eigenkapital behandelt. Nach den eindeutigen gesetzlichen Vorgaben der § 39 Abs. 1 Nr. 5, § 135 Abs. 1 und 2 InsO kommt es auf die Krise der Gesellschaft nicht mehr an. Der Gesetzgeber hat mit § 39 Abs. 1 Nr. 5 InsO bewusst auf das Merkmal der Kapitalersetzung verzichtet. Die Neuregelung verweist jedes Gesellschafterdarlehen bei Eintritt der Gesellschaftsinsolvenz in den Nachrang. Dasselbe gilt für die Neufassung von § 135 InsO. Rückzahlungen auf Gesellschafterdarlehen sind innerhalb der Jahresfrist des § 135 Abs. 1 Nr. 2 InsO nF stets anfechtbar. Die Anfechtung beschränkt sich nicht mehr auf solche Fälle, in denen zurückgezahlte Gesellschafterdarlehen eigenkapitalersetzend waren und die Befriedigung der Gesellschafter ihrer Finanzierungsfolgenverantwortung widersprach. Dieses Gesetzesverständnis ist eindeutig und – soweit ersichtlich – auch unumstritten. In Konsequenz dieser Änderung wird durch eine Verschärfung des § 135 Abs. 1 Nr. 2 InsO die Rückgewähr jedes Gesellschafterdarlehens durch die Gesellschaft binnen eines Jahres vor Insolvenzantragstellung von der Insolvenzanfechtung erfasst, ohne dass das bisherige Erfordernis einer „Gesellschaftskrise“ hinzutreten muss.[93] Weder für eine teleologische Reduktion des § 135 InsO in dem Sinne, dass dem Gesellschafter der Entlastungsbeweis ermöglicht wird, zum Zeitpunkt der Rückführung des Darlehens habe noch kein Insolvenzgrund vorgelegen, noch für eine analoge Anwendung des § 136 Abs. 2 InsO bleibt im Hinblick auf das Gesamtkonzept der neuen Regelungen Raum. Der Gesetzgeber wollte mit der Neuregelung die Rechtslage erheblich einfacher und übersichtlicher gestalten und dadurch zu einer größeren Rechtssicherheit und einfacheren Handhabbarkeit der Eigenkapitalgrundsätze gelangen. Er hat dabei unter Abwägung der Interessen sowohl der Insolvenzgläubiger als auch der Gesellschafter die Rückzahlung des Gesellschafterkredits und eines durch den Gesellschafter abgesicherten Kredits nicht mehr dem Kapitalerhaltungsrecht unterworfen, sondern dem durch feste Fristen gekennzeichneten Insolvenzanfechtungsrecht.[94] Der Nachrang greift naturgemäß nur, wenn das Darlehen auch tatsächlich ausgezahlt wurde; er ist auch zu beachten, wenn der Darlehensbetrag auf der Grundlage eines unwirksamen Vertrages gewährt wurde. Vertragliche Zinszahlungen stellen keine gleichgestellte Forderung dar, sofern sie nicht zu außerhalb jeder verkehrsüblichen Handhabung liegenden Terminen gezahlt werden.[95]

b) Gleichgestellte Forderung. Ungeachtet des Entstehungsgrundes sind einem Darlehen alle aus Austauschgeschäften von Kauf bis Miete und Pacht herrührende Forderungen gleich zu achten, 19
die der Gesellschaft rechtlich oder rein faktisch **gestundet** wurden, weil jede Stundung bei wirtschaftlicher Betrachtung eine Darlehensgewährung bewirkt.[96] Stehen gelassene Gehaltsansprüche eines Gesellschafters können darum wirtschaftlich einem Darlehen entsprechen.[97] Setzt ein Arbeitnehmer, der zugleich Gesellschafter des Unternehmens seiner Arbeitgeberin ist, erhebliche Ansprüche auf Arbeitsentgelt über einen längeren Zeitraum nicht durch, stundet er diese Forderungen.[98] Die Stundung ist eine Rechtshandlung, die einem Gesellschafterdarlehen wirtschaftlich entspricht. Wird eine Leistung bargeschäftlich abgewickelt, scheidet eine rechtliche oder rein faktische Stundung, die zur Umqualifizierung als Darlehen führt, aus.[99] Ein **Baraustausch** liegt bei länger währenden Vertragsbeziehungen in Anlehnung an § 286 Abs. 3 BGB vor, wenn Leistung und Gegenleistung binnen eines Zeitraums von 30 Tagen abgewickelt werden.[100] Eine Stundungswirkung kommt nicht in Betracht, wen eine Lohnzahlung bargeschäftlich binnen 30 Tagen nach Fälligkeit abgewickelt wurde.[101] Glei-

89 MüKoInsO/*Kirchhof* → § 6 Rn. 33.
90 BGHZ 192, 9 Rn. 9; BGH NJW 2013, 3031 Rn. 20 f.
91 BGHZ 192, 9 Rn. 9; BGH NJW 2013, 3031 Rn. 20 f.
92 MüKoInsO/*Kirchhof* → § 6 Rn. 34.
93 BGH NZI 2015, 657 Rn. 5.
94 BGH NZI 2015, 657 Rn. 7.
95 BGH, Urt. v. 27.6.2019 – IX ZR 167/18; sehr zweifelhaft, weil Zinsen nicht besser als die Hauptforderung zu behandeln sind.
96 LG Krefeld ZInsO 2014, 360, 361.
97 BGH NJW 2014, 2579 Rn. 50.
98 BAG NZI 2014, 619 Rn. 28 ff.
99 BGH NJW 2014, 2579 51; NJW 2015, 1109 Rn. 70; *Gehrlein* BB 2008, 846, 852.
100 BGH NJW 2014, 2579 Rn. 31 ff.; NJW 2015, 1109 Rn. 71; MüKoInsO/*Kirchhof* → § 6 Rn. 36.
101 BGH NJW 2014, 2579 Rn. 51.

ches gilt für innerhalb dieser Frist beglichene Mietforderungen.[102] Hingegen handelt es sich um eine gleichgestellte Forderung, wenn der Gesellschaft ein ungewöhnlich langer, über die Dreißigtagefrist des § 286 Abs. 3 BGB hinausgehender Zahlungstermin für die Begleichung einer Gesellschafterforderung gewährt wird.[103] Dies gilt auch, wenn Lohnansprüche[104] oder Ansprüche auf Urlaubsabgeltung[105] von einem Gesellschafter über Jahre stehen gelassen werden. Dem Stehenlassen kann der Gesellschafter nur entgehen, wenn er den Anspruch klageweise durchzusetzen sucht.[106] Eine ausdrückliche Stundungsabrede zwischen Gesellschafter und Gesellschaft ist entbehrlich, es genügt also vielmehr, dass der Gesellschafter von der Berechtigung, die Forderung einzuziehen, faktisch keinen Gebrauch macht. Wird die aus einem üblichen Austauschgeschäft herrührende Forderung eines Gesellschafters über einen Zeitraum von mehr als drei Monaten rechtsgeschäftlich oder faktisch zugunsten seiner Gesellschaft gestundet, handelt es sich grundsätzlich um eine darlehensgleiche Forderung.[107] Die Begleichung von Nutzungsentgelten unterliegt als gleichgestellte Forderungen mithin nur der Anfechtung, wenn sie im Anschluss an eine mindestens faktische Stundung erfolgte, nicht aber, sofern die Vergütung fristgemäß gezahlt wurde.[108] Keine Stundung dürfte vorliegen, sofern die Forderung innerhalb des für ein Bargeschäft üblichen Zeitraums getilgt wird.

Ist im Rahmen eines **cash-pools** die poolführende Konzernmutter Gesellschafterin eines Tochterunternehmens, so bildet die Glattstellung eines Soll-Saldos ein Darlehen. Die Tilgung kurzfristiger, spätestens binnen drei Wochen zurückzuzahlender **Überbrückungskredite,** die nach früherem Recht nicht als Eigenkapitalersatz behandelt wurden, unterliegt wie jede andere Darlehensrückzahlung der Anfechtung.[109] Wandelt der Gesellschafter sein Darlehen in eine Kapitalrücklage um, fällt deren Auszahlung nicht in den Tatbestand des § 135; vielmehr sind lediglich §§ 130, 133 einschlägig.[110] Wird bei einem **cash-pool** ein Habensaldo von dem Geschäftskonto der Schuldnerin abgeführt und mittels Verrechnung ein ihr gewährtes Darlehen getilgt, kommt eine Anfechtung in Betracht. Das Bargeschäftsprivileg des § 142 findet im Rahmen von § 135 – also auch für einen cash-pool oder kurzfristige Überbrückungskredite – keine Anwendung.[111] Die Billigung des Bargeschäftsprivilegs hätte zur Folge, dass die in engem zeitlichen Zusammenhang mit der Darlehensauszahlung erfolgte Besicherung privilegiert wäre, eine deutlich vor der Darlehensauszahlung bestellte Sicherheit mangels Vorliegens eines Bargeschäfts jedoch nicht. Ein sachlicher Grund für eine derartige Ungleichbehandlung ist nicht ersichtlich.[112] Zudem wird der von § 142 geforderte zeitliche Zusammenhang infolge faktisch gewährter Stundungen regelmäßig fehlen.[113] Die Vorschriften der §§ 130 ff. sind neben § 135 anwendbar. Wird eine Gesellschafterhilfe erst im **Eröffnungsverfahren** oder **nach Verfahrenseröffnung** gewährt, ist § 39 Abs. 1 Nr. 5 unanwendbar.

Nicht ausgeschüttete Gewinne einer Gesellschaft sind einer Darlehensgewährung durch den Alleingesellschafter-Geschäftsführer gleichgestellt.[114] Zeitnah festgestellte und ausgeschüttete **Gewinne** sind nicht als darlehensähnlich anzusehen.[115] Verspätete Gewinnauszahlungen an die Gesellschafter stellen nicht die Rückzahlung einer darlehensgleichen Forderung dar, wenn die Verzögerung auf einem Streit der Gesellschafter, aber keinem Liquiditätsbedarf der Gesellschaft beruht.[116] Der Anspruch des Gesellschafters einer GmbH auf Auszahlung des Gewinns entsteht erst mit der Feststellung des Jahresabschlusses durch die Gesellschafterversammlung und der Beschlussfassung über die Verwendung des ausgewiesenen Gewinns. Beschließt die Gesellschafterversammlung, den Gewinn in eine Rücklage einzustellen oder vorzutragen, gelangt eine **unentziehbare Forderung** des Gesellschafters, die faktisch gestundet und damit einer Forderung auf Rückzahlung eines Gesell-

---

102 BGH NJW 2015, 1109 Rn. 70 ff.
103 MüKoInsO/*Kirchhof* → § 6 Rn. 36.
104 BAG NZI 2014, 619 Rn. 31.
105 OLG Celle ZInsO 2013, 2557.
106 BAG NZI 2014, 619 Rn. 31; *C. Keller* NZI 2014, 624 f.
107 BGH, Urt. v. 11.7.2019 – IX ZR 210/18.
108 *Rühle* ZIP 2009, 1358, 1360; *G. Fischer,* FS Wellensiek, 2011, S. 443, 445.
109 BGH ZInsO 2013, 717 Rn. 9; BGH NJW 2013, 3031 Rn. 29; HambKommInsO/*Lüdtke* § 39 Rn. 42; großzügiger MüKoInsO/*Kirchhof* → § 6 Rn. 30.
110 HKInsO/*Kreft,* § 135 Rn. 3; gegen die Anwendung von §§ 130, 131: Uhlenbruck/*Hirte* § 135 Rn. 6.
111 BGH, NJW 2019, 781 Rn. 40 ff.; *Spliedt* ZIP 2009, 149, 151; *Haas* ZInsO 2007, 617, 624; *Haas* ZIP 2017, 545, 549; *Bredow/Wetzler/Thum,* ZIP 2014, 1316, 1321; aA OLG Karlsruhe ZInsO 2018, 2477, 2479; *Habersack* ZIP 2007, 2145, 2150; *Marotzke* ZInsO 2008, 1281, 1286; *Hirte* ZInsO 2008, 689, 694; HambKommInsO/*Schröder,* § 135 Rn. 35.
112 BGH, Urt. v. 14.2.2019 – IX ZR 149/16, Rn. 42 ff.
113 *Gehrlein* BB 2011, 3, 6 f.
114 OLG Koblenz NZI 2014, 27.
115 OLG Schleswig ZIP 2017, 622, 623.
116 LG Hamburg ZIP 2015, 1795.

schafterdarlehens wirtschaftlich entsprechen könnte, gar nicht erst zur Entstehung.[117] Allerdings könnte zu erwägen sein, dass sowohl der Gewinnvortrag als auch die Bildung einer Gewinnrücklage entsprechend einem Gesellschafterdarlehen Finanzierungscharakter hat.[118] Entnimmt ein Kommanditist Gelder aus dem Vermögen der Gesellschaft und sind die Entnahmen durch ein Guthaben auf einem Kapitalkonto gedeckt, scheidet eine Anfechtung aus, wenn das Guthaben eine Beteiligung am Eigenkapital der Gesellschaft ausweist und damit keine Forderung des Gesellschafters darstellt.[119]

Kreditrückzahlungen unterliegen gemäß § 135 Abs. 1 Nr. 2 InsO als Befriedigung einer Forderung auf Rückgewähr eines Darlehens ohne zusätzliche tatbestandliche Voraussetzungen der Anfechtung. Werden von der Gesellschaft hingegen **Nutzungsentgelte** entrichtet, greift § 135 Abs. 1 Nr. 2 InsO wegen der abweichenden Forderungsart nicht unter dem Gesichtspunkt der Rückgewähr eines Darlehens durch. Da nach dem gesetzgeberischen Konzept des MoMiG bei einer die Kreditgewährung nur das Entgelt betreffen kann und sich nicht schon in der vorausgehenden Nutzungsüberlassung selbst äußert, ist die Grundlage entfallen, die Tilgung eines Nutzungsentgelts einer Darlehensrückzahlung gleichzustellen. Ist eine Nutzungsüberlassung durch den Gesellschafter nach dem heutigen Verständnis einer Darlehensgewährung nicht wirtschaftlich vergleichbar, kann die Tilgung von Nutzungsentgelten nicht als Darlehensrückzahlung, sondern nur im Falle einer vorherigen Stundung oder eines Stehenlassens als Befriedigung einer darlehensgleichen Forderung gemäß § 135 Abs. 1 Nr. 2 InsO der Anfechtung unterworfen werden.[120] Die Auszahlung eines Gesellschafterdarlehens an die Gesellschaft kann in der Insolvenz des Gesellschafters nicht als unentgeltliche Leistung des Gesellschafters angefochten werden.[121]

Es kann dahinstehen, ob Schuldverschreibungen unmittelbar einen Anspruch auf Darlehensrückgewähr verkörpern. Jedenfalls entsprechen die aus dem verbrieften Schuldversprechen (§ 793 BGB) abzuleitenden Forderungen der Anleihegläubiger wirtschaftlich der Forderung auf Rückzahlung eines Darlehens. Eine Anleihe ist ebenso wie ein Darlehen auf die Überlassung von Fremdkapital gerichtet und hat deswegen Kreditierungswirkung. Folgerichtig fallen Forderungen aus einer Schuldverschreibung wie ein Anspruch auf Darlehensrückgewähr in den sachlichen Anwendungsbereich von § 39 Abs. 1 Nr. 5 InsO.[122]

4. Person des Darlehensgebers. a) Gesellschafter. aa) Begriff. In erster Linie gehören Gesellschafter als Inhaber einer gesellschaftsrechtlichen Beteiligung zu den Normadressaten der Regelung. Ohne Bedeutung ist, ob der Gesellschafter in die Gesellschafterliste aufgenommen ist. Bei einer GmbH & Co KG unterliegen sowohl die Gesellschafter der GmbH als auch die Kommanditisten der Bestimmung.[123] Mit Hilfe des Tatbestands der gleichgestellten Forderungen sollen nach dem Willen des Gesetzgebers die personellen und sachlichen Erweiterungen des bisherigen § 32a GmbHG von dem neuen Recht übernommen werden. In personeller Hinsicht ist darum abweichend von § 138 der Kreis der dem Gesellschafter nahestehenden Personen auf der Grundlage der Rechtsprechung zu § 32a Abs. 3 S. 1 GmbHG aF zu determinieren.[124] Zu den gleichgestellten Forderungen gehören grundsätzlich auch Darlehensforderungen von Unternehmen, die mit dem Gesellschafter **horizontal oder vertikal verbundenen** sind.[125] Auf dieser Grundlage ist etwa ein **Strohmann,** der mit ihm überlassenen Mitteln eines Gesellschafters der Gesellschaft einen Kredit gewährt, in den Normbereich einbezogen. Gleiches dürfte für **Treuhandverhältnisse** sowohl in Bezug auf den Treuhänder als auch den Treugeber, den am wirtschaftlichen Erfolg partizipierenden Nießbraucher des Geschäftsanteils,[126] stille Gesellschafter, jedenfalls wenn sie über die Beteiligung an Vermögen und Ertrag beteiligt und auch wie ein GmbH-Gesellschafter mitwirkungsbefugt sind,[127] sowie mittelbar, über eine Obergesellschaft beteiligte Gesellschafter[128] gelten. Der typische stille Gesellschafter einer GmbH & Co.KG steht wirtschaftlich einem Gläubiger eines Gesellschafterdarlehens gleich, wenn seine Rechtsposition nach dem Beteiligungsvertrag der eines Kommanditisten entspricht. Dies ist anzunehmen, wenn im Innenverhältnis das Vermögen der KG und die Einlage des stillen 20

[117] OLG Schleswig ZIP 2017, 622, 623 f.
[118] OLG Koblenz NZI 2014, 27, 28 mwN; zustimmend *Freudenberg* ZInsO 2014, 1545 sowie *Leithaus* NZI 2014, 29.
[119] OLG Schleswig ZIP 2017, 622, 624 f.; *Ick* NZI 2014, 614.
[120] BGH NJW 2015, 1109 Rn. 69; zutreffend LG Freiburg ZIP 2014, 336 ff.; *K. Schmidt* NJW 2015, 1057.
[121] BGH NZI 2017, 24.
[122] BGH NJW 2019, 781 Rn. 58 ff.
[123] MüKoAnfG/*Kirchhof* § 6 Rn. 11.
[124] *Haas* ZIP 2017, 545, 546 f.
[125] BGH, NZG 2013, 469 Rn. 14 ff.; *Geist* ZIP 2014, 1662, 1664 ff.
[126] BGH NJW-RR 2011, 1061 Rn. 4 f.
[127] BGH NJW-RR 2006, 760 Rn. 24 ff.; NJW 2012, 3443 Rn. 15.
[128] Vgl. BGH NZG 2008, 507 Rn. 9; NZI 2012, 522 Rn. 16 ff.; LG Kleve NZI 2015, 512.

Gesellschafters als gemeinschaftliches Vermögen behandelt werden, die Gewinnermittlung wie bei einem Kommanditisten stattfindet, die Mitwirkungsrechte des stillen Gesellschafters der Beschlusskompetenz eines Kommanditisten in Grundangelegenheiten nahe kommen und die Informations- und Kontrollrechte denen eines Kommanditisten nachgebildet sind.[129] Das Darlehen eines ehemaligen Gesellschafters ist als gesellschaftergleiches Darlehen zu behandeln, wenn die dem Darlehensgeber durch die Gestaltung der Verträge eingeräumte rechtliche und tatsächliche Position derjenigen eines Gesellschafters, der eine Einlage in das Unternehmen erbringt, gleichkommt. Das ist der Fall, wenn sich der Darlehensgeber der Gesellschaft gewissermaßen als „äußere Hülle" für ein Projekt bedient hat, das er wie ein eigenes finanzierte und maßgeblich gestalten konnte.[130] Gleiches gilt, wenn die Stellung des Darlehensgebers derjenigen eines atypischen stillen Gesellschafters entspricht, der sowohl am Gesellschaftsvermögen als auch an der Entscheidungsfindung der Gesellschaft beteiligt ist und Einfluss auf die Geschicke der Schuldnerin nehmen kann.[131] Ein Gesellschafterdarlehen kann bei Gewährung durch einen Nichtgesellschafter in dem Umfang gegeben sein, als ihm die erforderlichen Mittel durch einen Gesellschafter gewährt wurden.[132]

Ist ein Gesellschafter sowohl an der darlehensnehmenden als auch der darlehensgebenden Gesellschaft beteiligt, unterliegt die Darlehensgeberin der Regelung des § 39 Abs. 1 Nr. 5 nur, wenn der Gesellschafter kraft einer Mehrheitsbeteiligung herrschenden Einfluss auf die darlehensgebende Gesellschaft ausüben kann.[133] Hat er einen beherrschenden Einfluss auf die darlehensgebende Gesellschaft, genügt es, wenn er an der darlehensnehmenden Gesellschaft nur mittelbar beteiligt ist, ohne dass zu seinen Gunsten das Kleinbeteiligtenprivileg eingreift.[134] Eine von der Schuldnerin zur Sicherung eines Darlehens gewährte Forderungsabtretung ist daher anfechtbar, wenn der Gesellschafter der Schuldnerin mit 50 v.H. an der darlehensgebenden GmbH beteiligt und zugleich deren alleinvertretungsberechtigter Geschäftsführer ist.[135] Zwar verfügten zwei Brüder als Gesellschafter in einer vom BGH entschiedenen Sache einzeln nur über eine Beteiligung von genau 50 vH an der Klägerin und Darlehensgeberin. Eine getrennte Betrachtung der jeweiligen Beteiligungswerte würde jedoch dem Umstand nicht gerecht, dass sich die Brüder als Mehrheitsgesellschafter der Schuldnerin unter dem Dach der Klägerin zusammengeschlossen haben, um der Schuldnerin die benötigten Betriebsgegenstände mietweise zu überlassen. Vor diesem Hintergrund sind die Beteiligungswerte von jeweils 50 vH an der Klägerin auf 100 vH zu addieren, weil die Brüder die Klägerin kraft Bündelung ihrer Beteiligungen im gleichgerichteten Interesse übereinstimmend als Vermieterin der Schuldnerin eingesetzt haben. Das koordinierte Zusammenwirken der Gesellschafter ermöglicht die gemeinsame Zurechnung der wechselseitigen Beteiligungen. In dem hier gegebenen Fall einer **Betriebsaufspaltung** bilden das Besitz- und das Betriebsunternehmen eine wirtschaftliche Einheit, die es rechtfertigt, die Mehrheitsgesellschafter beider Unternehmen der Verantwortung des § 135 Abs. 3 InsO zu unterwerfen.[136] Ohne Bedeutung ist es, wenn für eine insolvente Konzernmutter deren Insolvenzverwalter die Leitung ausübt.[137] Im Falle einer Betriebsaufspaltung werden bei Gesellschafteridentität Kredite der Besitz-KG an die Betriebs-GmbH erfasst.[138] Im Verhältnis von Schwestergesellschaften fehlt es an der die Zurechnung begründenden Leitungsmacht.[139] Der **Inhaber eines Pfandrechts** an dem Gesellschaftsanteil ist als gesellschaftsgleicher Dritter zu betrachten, wenn er sich durch weitergehende Nebenabreden eine Position einräumen lässt, die nach ihrer konkreten Ausgestaltung im wirtschaftlichen Ergebnis der Stellung eines Gesellschafters gleich- oder doch jedenfalls nahekommt.[140] Eine Bank ist als Gesellschafterin anzusehen, wenn sie sich durch Nebenabreden eine Position einräumen lässt, die wirtschaftlich der Stellung eines Gesellschafters gleich oder nahekommt; Kriterien dafür sind Gewinnbezugs- und Entnahmerechte, Zustimmungsvorbehalte für Änderungen des Gesellschaftsvertrags oder Gewinnverwendungsbeschlüsse bzw. die Übertragung von Weisungsbefugnissen.[141] Nicht anders ist es zu behandeln, wenn ein Dritter das Darlehen für Rechnung eines Gesellschafters gewährt.

21 Darlehen **naher Familienangehöriger** von Gesellschaftern gehören hingegen nicht zu den gleichgestellten Forderungen; insoweit begründet auch § 138 keine Beweiserleichterungen. Der

[129] BGH NJW 2012, 3443 Rn. 17 ff.
[130] OLG Koblenz ZIP 2016, 1133, 1134; ZInsO 2016, 1366 f.
[131] OLG Jena ZIP 2016, 1134.
[132] LG Waldshut-Tiengen ZInsO 2016, 1869 m. zust. Anm. *Lenenbach* ZInsO 2016, 1847.
[133] BGH NZG 2008, 507 Rn. 10; NZG 2013, 469 Rn. 20 ff.
[134] BGH ZInsO 2019, 259 Rn. 13 ff.
[135] BGH NJW 2013, 3035 Rn. 24.
[136] BGH NJW 2015, 1109 Rn. 51; *K. Schmidt* NJW 2015, 1057.
[137] OLG Naumburg ZInsO 2010, 2325, 2327.
[138] MüKoAnfG/*Kirchhof* § 6 Rn. 14.
[139] BGH NJW-RR 2008, 1134 Rn. 11 ff.
[140] BGHZ 119, 191, 195.
[141] OLG Frankfurt ZInsO 2018, 2191, 2194 f.

Anwendbarkeit von § 39 Abs. 1 Nr. 5 steht zwar nicht entgegen, dass es sich bei dem Darlehensgeber nicht um einen Gesellschafter des Schuldners handelt, weil der Anwendungsbereich der durch das MoMiG aufgehobenen Vorschrift des § 32a Abs. 3 S. 1 GmbHG auch in personeller Hinsicht übernommen werden sollte. Von der Neuregelung werden daher auch Rechtshandlungen Dritter erfasst, welche der Darlehensgewährung durch einen Gesellschafter wirtschaftlich entsprechen. Eine einem Gesellschafterdarlehen wirtschaftlich entsprechende Rechtshandlung liegt nicht schon vor, weil es sich bei dem Darlehensgeber um eine nahestehende Person (§ 138 Abs. 1 Nr. 2, Abs. 2 Nr. 3) handelt. Entscheidend gegen die Anwendung des § 138 im Anwendungsbereich des § 39 Abs. 1 Nr. 5 spricht, dass die Vorschrift in der Sache auf einen anderen Regelungsbereich zugeschnitten ist. Hiervon werden Handlungen erfasst, die sich ohnehin durch eine besondere Verdächtigkeit auszeichnen (§ 131 Abs. 2, § 132 Abs. 3 iVm § 130 Abs. 3, § 133 Abs. 2) oder bei denen die in § 138 genannte Person der Insolvenz besonders nahe steht (§ 130 Abs. 3). Gewährt hingegen eine nahestehende Person der Gesellschaft ein Darlehen, ist dies für sich genommen unverdächtig.[142]

bb) Maßgeblicher Zeitpunkt. Für die Anfechtung ist nicht ausschlaggebend, ob die Gesellschafterstellung im Zeitpunkt der Gewährung der Gesellschafterhilfe bestand. Ebenso wenig ist mit Rücksicht auf Manipulationsgefahren auf den Zeitpunkt der Befreiung von der Sicherung (§ 135 Abs. 1 Nr. 1) oder der Tilgung des Darlehens (§ 135 Abs. 1 Nr. 2) abzustellen. Ausschlaggebend ist vielmehr, ob der Leistungsempfänger **innerhalb des Zeitraums der Anfechtbarkeit** nach § 135 Abs. 1 Nr. 1 und 2 bis zu der anfechtbaren Rechtshandlung die Gesellschaftereigenschaft innehatte.[143] Ein Darlehensgeber, der nach der Darlehensgewährung Anteile an der Gesellschaft erwirbt, unterliegt uneingeschränkt dem Nachrang.[144] Anders verhält es sich, wenn der Darlehensgeber den Kredit vor Erwerb der Gesellschafterstellung abgezogen hat; allerdings greift der Nachrang, wenn die Darlehenstilgung wegen des beabsichtigten Beitritts gewährt wurde.[145] Ebenfalls von der Regelung nicht betroffen ist, wer isoliert den Geschäftsanteil, aber nicht auch die Darlehensforderung erwirbt. In diesem Sinne verhält es sich, wenn ein Gesellschafter seine Beteiligung abgibt, aber seine Stellung als Darlehensgeber behält: Geschah dies innerhalb der Jahresfrist des § 135 Abs. 1 Nr. 2, bleibt er dem Nachrang verhaftet, während er bei einer früheren Veräußerung seiner Beteiligung wie ein sonstiger Darlehensgeber zu behandeln ist.[146] Für § 135 Abs. 1 Nr. 1 genügt es, wenn ein Gesellschafter zum Zeitpunkt der Insolvenzeröffnung oder danach oder zu einem beliebigen Zeitpunkt innerhalb eines Jahres vor Stellung des Insolvenzantrags in die Kreditgeberposition eingerückt ist.[147] Der für ein Gesellschafterdarlehen durch § 39 Abs. 1 Nr. 5 InsO angeordnete Nachrang kann nicht dadurch unterlaufen werden, dass der Gesellschafter als Darlehensgeber seine Beteiligung an der Gesellschaft aufgibt. Der Nachrang bleibt auf der Grundlage des in § 135 Abs. 1 Nr. 2 InsO zum Ausdruck kommenden Rechtsgedankens für ein Gesellschafterdarlehen erhalten, wenn der Gesellschafter seine Gesellschafterposition innerhalb der Jahresfrist vor Antragstellung aufgibt. Mit dem Nachrang ist folgerichtig die Anfechtbarkeit nach § 135 Abs. 1 Nr. 2 InsO verbunden.[148] Die Einstufung der Leistung als Gesellschafterdarlehen ändert sich auch nach einer Abtretung der Forderung an einen Nichtgesellschafter grds. nicht;[149] freilich ist eine analoge Anwendung des § 135 Abs. 1 Nr. 2 zugunsten solcher Zessionare zu erwägen, die ihre Forderung länger als ein Jahr vor dem Eröffnungsantrag erworben haben.[150] **Tritt der Gesellschafter** eine gegen die Gesellschaft gerichtete **Darlehensforderung** binnen eines Jahres vor Antragstellung ab und tilgt die Gesellschaft anschließend die Verbindlichkeit gegenüber dem Zessionar, unterliegt nach Verfahrenseröffnung **neben dem Zessionar** auch der **Gesellschafter der Anfechtung.**[151] Hat ein Darlehensgeber keine Gesellschafterstellung, werden ihm aber durch Nebenabreden (**financial covenants**) Einflussrechte eingeräumt, die das Gesetz nur einem maßgeblich beteiligten Gesellschafter zubilligt, so sind die Regeln über Gesellschafterdarlehen anwendbar.[152] Falls das Gesellschafterdarlehen länger als ein Jahr vor Insolvenzeröffnung erstattet wurde, kommt eine Anfechtung nach § 133 Abs. 1 in Betracht. Haftet neben der Gesellschaft 22

142 BGH NJW 2011, 1503; ebenso bereits zum früheren Kapitalersatzrecht BGH NZG 2009, 782.
143 BGH, NZG 2013, 469, Rn. 27; MüKoAnfG/*Kirchhof* § 6 Rn. 19.
144 MüKoAnfG/*Kirchhof* § 6 Rn. 20.
145 MüKoAnfG/*Kirchhof* § 6 Rn. 20.
146 BGH, NZG 2013, 469 Rn. 27; BGH NZG 2012, 194 Rn. 15 f.
147 BGH NJW 2019, 781 Rn. 63.
148 BGH NZI 2015, 657 Rn. 3.
149 BGHZ 104, 33, 43; BGH NJW 2008, 1153 Rn. 29 ff.
150 *Habersack* ZIP 2007, 2145, 2149.
151 BGH, NZG 2013, 469 Rn. 28 ff.; im Ergebnis zustimmend *Preuß* ZIP 2013, 1145 ff.; *Gehrlein* NZI 2014, 481, 484.
152 *Krolop* GmbHR 2009, 397, 400 f.

für die Verbindlichkeit ein **außenstehender Dritter,** kann dieser sich im Falle einer Inanspruchnahme durch den Gesellschafter auf den Nachrang berufen, wenn die Verbindlichkeit im Innenverhältnis von der Gesellschaft zu tragen ist.

23 **b) Privilegierungstatbestände.** Infolge der Verweisung des § 135 Abs. 4 auf § 39 Abs. 4 und 5 ist die Anfechtung ausgeschlossen, wenn der Darlehensgeber unter das Sanierungs- oder Kleinbeteiligtenprivileg fällt.

24 **aa) Sanierungsprivileg.** § 135 Abs. 4, § 39 Abs. 4 und 5 statuieren mit dem Sanierungs- und Kleinbeteiligtenprivileg zwei Ausnahmetatbestände, in denen der insolvenzrechtliche Nachrang von Gesellschafterdarlehen durchbrochen wird.

25 **(1) Erwerb einer Gesellschaftsbeteiligung.** In erster Linie zugeschnitten ist die Regelung über das **Sanierungsprivileg** auf einen von einem Neugesellschafter ab dem Stadium der drohenden Zahlungsunfähigkeit gewährten Kredit. Privilegiert ist – wenngleich dies wenig sachgerecht erscheint – jedenfalls nicht ein reiner Sanierungskredit, sondern nur eine mit einem erstmaligen Anteilserwerb verbundene Kreditgewährung. Mithin profitiert ein Altgesellschafter, der ein Sanierungsdarlehen gewährt, mangels eines Anteilserwerbs nicht von der Regelung.[153] Unschädlich ist es, wenn die Kreditgewährung nicht durch den Gesellschafter, sondern eine ihm **nahestehende dritte Person,** etwa ein Tochterunternehmen, erfolgt. Wegen der Einbeziehung gleichgestellter Dritter kann die Darlehensgewährung mit dem Erwerb eines **Pfandrechts** an einem Gesellschaftsanteil einhergehen.[154] Da das **Sanierungsprivileg** auf den Anteilserwerb und nicht die Kreditvergabe im Zeitpunkt drohender bzw. eingetretener Zahlungsunfähigkeit oder Überschuldung abstellt, werden auch Altkredite begünstigt, wenn der Kreditgeber in einer Sanierungssituation eine Beteiligung erwirbt.[155] In einer solchen Lage wird erwartet, dass der Neugesellschafter jedenfalls das Management austauscht und damit das Unternehmen auf einen besseren Weg führt. Ohne Bedeutung ist es, auf welche Weise die Beteiligung – etwa durch Anteilsabtretung von einem Gesellschafter oder im Zuge einer Kapitalerhöhung – erworben wurde.

26 Obwohl dies dem Wortlaut entspricht, dürfte die Vorschrift nicht Gesellschaftern zugutekommen, die in der Krise ihre Beteiligung geringfügig (symbolisch) aufstocken; mit mehr als 10 % beteiligten Altgesellschaftern bleibt vielmehr das Sanierungsprivileg verschlossen. Das Sanierungsprivileg dürfte allerdings einem kleinbeteiligten Gesellschafter zugutekommen, der seine Beteiligung über die 10 %-Grenze erhöht; nicht ausreichend ist dagegen ein Erwerb bis zu einer Quote von 10 %, weil der Gesellschafter dann als Kleinbeteiligter noch nicht zum Adressatenkreis der Regelung gehörte. Ausnahmsweise dürfte einem Altgesellschafter das Sanierungsprivileg zugutekommen, wenn sich mit einem weiteren Anteilserwerb eine neue Kreditgewährung verbindet.[156] Unerheblich ist es, ob die Beteiligung von einem professionellen Sanierer, einer Bank oder einem „einfachen" Gesellschafter übernommen wurde. Lässt sich ein Kreditgeber wegen der Insolvenzreife des Unternehmens durch Nebenabreden (**financial covenants**) weitgehende Mitspracherechte einräumen, kommt ihm, weil er wie ein Gesellschafter zu behandeln ist, auch das Sanierungsprivileg zustatten. Der Anteilserwerb und damit das Darlehen wird nur privilegiert, wenn er ab dem Zeitpunkt **drohender bzw. eingetretener Zahlungsunfähigkeit** oder **Überschuldung** erfolgt. Nicht ausreichend ist allein eine **Unterbilanz.**[157] Der zeitliche Korridor für Sanierungsbemühungen dürfte durch die Neuregelung, die nicht mehr an das Merkmal der Krise anknüpft, im Vergleich zum bisherigen Recht verkürzt werden, weil sich eine drohende Zahlungsunfähigkeit vielfach erst nach Eintritt der Krise abzeichnet.

27 **(2) Sanierungsgeeignetheit der Gesellschafterhilfe.** Das mit dem Anteilserwerb verbundene Darlehen muss auf der Grundlage einer ex-ante-Betrachtung nach **objektiven Maßstäben zur Sanierung geeignet** sein. Danach müssen – neben dem im Regelfall als selbstverständlich zu vermutenden Sanierungswillen – nach der pflichtgemäßen Einschätzung eines objektiven Dritten im Augenblick des Anteilserwerbs die Gesellschaft (objektiv) sanierungsfähig und die für ihre Sanierung konkret in Angriff genommenen Maßnahmen zusammen objektiv geeignet sein, die Gesellschaft in überschaubarer Zeit durchgreifend zu sanieren. Auf die lediglich subjektive Motivation des Sanierers kann es nach dem Gesetzeszweck schon deshalb nicht entscheidend ankommen, weil andernfalls die schutzwürdigen Interessen der übrigen Gesellschaftsgläubiger in ihrer Wertigkeit nur von dessen Behauptung, er verfolge Sanierungsabsichten, abhingen und deren Befriedigungschancen allein in

---

153 BAG NZI 2014, 619 Rn. 38.
154 MüKoInsO/*Kirchhof* → § 6 Rn. 28.
155 Insoweit kritisch *Bork* ZGR 2007, 250, 259.
156 MüKoInsO/*Kirchhof* → § 6 Rn. 27.
157 MüKoInsO/*Kirchhof* → § 6 Rn. 26.

seiner Hand lägen.[158] Im Falle eines koordinierten Zusammenwirkens mehrere Gesellschafter ist die Effektivität des Gesamtbeitrags, nicht der einzelnen Maßnahmen zu würdigen.[159] War die Sanierung nach diesen Maßstäben objektiv möglich, schadet es nicht, wenn sie gleichwohl gescheitert ist.[160] Die Sanierungseignung könnte hingegen in Fällen eines Anteilserwerbs durch Altkreditgeber fraglich erscheinen.

(3) Zeitraum der Privilegierung. Das Sanierungsprivileg kommt Darlehen, aber auch einem Darlehen wirtschaftlich gleichstehenden Gesellschafterhilfen zugute. Die betroffenen Darlehen werden, gleich ob es sich um ein privilegiertes Alt- oder Neudarlehen handelt, bis zum **Zeitpunkt der „nachhaltigen Sanierung"** und nicht nur – wie noch im Referentenentwurf vorgesehen – bis zur **„Beseitigung der drohenden Zahlungsunfähigkeit"** vom Nachrang verschont. Das Sanierungsprivileg schützt den Gesellschafter also nicht auf Dauer, sondern entbindet das Darlehen nur solange von dem Nachrang, bis die im Zeitpunkt des Anteilserwerbs und der Darlehensgewährung bestehende Schieflage überwunden ist.[161] Schon vorher soll das Privileg verloren gehen, wenn das Konzept endgültig gescheitert ist und der Gesellschafter sein Darlehen gleichwohl nicht abzieht.[162] Dies ist in Anlehnung an § 135 Abs. 1 Nr. 2 anzunehmen, wenn die Kreditwürdigkeit der Gesellschaft über einen Zeitraum von mindestens einem Jahr wiederhergestellt ist. Bei Eintritt einer späteren Krise erlangt das stehengelassene Darlehen nicht abermals das Sanierungsprivileg, wenn der Gesellschafter nunmehr weitere Anteile erwirbt, weil die Regelung maßgeblich beteiligten Gesellschaftern bei einem weiteren Anteilserwerb nicht zustattenkommt. 28

bb) Kleinbeteiligtenprivileg. Das **Kleinbeteiligtenprivileg** befreit Darlehensgeber von dem Nachrang, die mit bis zu 10 % an dem Haftkapital der Gesellschaft beteiligt sind und nicht zu den geschäftsführenden Gesellschaftern gehören. Folglich scheidet die Regelung bei einer Beteiligung von einem Drittel von vornherein aus.[163] Infolge der Geschäftsführung werden kleinbeteiligte Gesellschafter/Geschäftsführer oder über ein Aktienpaket verfügende Vorstände von der Privilegierung nicht erfasst. Ein gering beteiligter Gesellschafter profitiert nicht vom Kleinbeteiligtenprivileg, wenn er wie ein **faktischer Geschäftsführer** agiert; gleiches gilt für einen atypisch geschäftsführenden Kommanditisten. Es reicht aus, wenn der Geschäftsführer einer als juristische Person geführten Gesellschafterin in Personalunion die Geschäftsführung wahrnimmt.[164] Dagegen genießt das Privileg ein Gesellschafter, der nur als Prokurist oder Aufsichtsrat eingesetzt ist. 29

Maßgeblich ist allein die Kapitalbeteiligung, nicht hingegen die Stimmkraft oder die Gewinnbeteiligung.[165] Es kommt als auf das Verhältnis des Nennbetrages zum Haftkapital an. Außer Betracht bleiben auch die Möglichkeiten der Informationsbeschaffung und der Einflussnahme. Der zu mehr als 10 % beteiligte Gesellschafter kann sich nicht darauf berufen, dass die Kreditvergabe in keinem Zusammenhang mit seiner Gesellschafterstellung steht, er die Gesellschafterstellung nur treuhänderisch oder vorübergehend innehat. Bei einer **aufeinander abgestimmten Kreditvergabe durch mehrere Gesellschafter** sind die Beteiligungen zu addieren. Hingegen kommt es nur auf die Beteiligungsverhältnisse eines Mitgesellschafters als Treugeber an, der einem anderen Gesellschafter Mittel zwecks einer Kreditvergabe überlässt. Spaltet ein Gesellschafter seine Anteile unter gleichzeitiger teilweiser Übertragung an Angehörige auf unter 10 % auf, genießt er nicht das Kleinbeteiligtenprivileg.[166] Ferner ist die Beteiligung eines Mutterkonzerns und seiner Tochtergesellschaft an der darlehensnehmenden Gesellschaft zusammenzurechnen. Ebenso sind bei einer GmbH & Co KG die rechnerischen Einlageverpflichtungen gegenüber beiden Gesellschaften zu addieren.[167] 30

Die Voraussetzungen des Kleinbeteiligtenprivilegs müssen nicht nur im Zeitpunkt der Kreditgabe, sondern während der gesamten **Dauer des Darlehensverhältnisses** gegeben sein. Ein Gesellschafter kann die Vergünstigung des Kleinbeteiligtenprivilegs folglich nicht nachträglich durch Verringerung seiner Beteiligung oder Aufgabe der Geschäftsführung gewinnen. Umgekehrt verliert ein privilegierter Kreditgeber für sein Darlehen diesen Status, sofern er nachträglich seine Beteiligung erhöht oder die Geschäftsführung übernimmt. Dagegen dürfte der Nachrang ausschei- 31

---

158 BGHZ 162, 106, 112 f.
159 MüKoInsO/*Kirchhof* → § 6 Rn. 29.
160 MüKoInsO/*Kirchhof* → § 6 Rn. 29.
161 *Gehrlein* BB 2008, 846, 851.
162 MüKoInsO/*Kirchhof* → § 6 Rn. 31.
163 BAG NZI 2014, 619 Rn. 39.
164 MüKoInsO/*Kirchhof* → § 6 Rn. 24.
165 *Habersack* ZIP 2007, 2145, 2149.
166 MüKoInsO/*Kirchhof* → § 6 Rn. 23.
167 MüKoInsO/*Kirchhof* → § 6 Rn. 22.

den, wenn länger als ein Jahr vor Antragstellung die Geschäftsführung niedergelegt oder die Beteiligung auf höchstens 10 % verringert wird. Kommt das Kleinbeteiligungsprivileg einem Gesellschafter zustatten, gilt das auch für **außenstehende Dritte,** die – etwa als Unterbeteiligter, Treuhänder[168] und Treugeber, Pfandgläubiger oder Nießbraucher – einem Gesellschafter gleich behandelt werden.

32 **5. Erfasste Gesellschaften.** Die rechtliche Behandlung von Gesellschafterdarlehen wird mit Hilfe von § 135 Abs. 1V, § 39 Abs. 1V 1 **rechtsformneutral** auf alle Gesellschaften ausgedehnt, die weder eine natürliche Person noch eine Gesellschaft, bei der ein persönlich haftender Gesellschafter eine natürliche Person ist, als Gesellschafter haben.[169] Erfasst werden alle Gesellschaften, die nur mit **gegenständlich beschränkten Vermögensmassen** haften.[170] Vom Anwendungsbereich der Norm ausgenommen sind folglich lediglich Gesellschaften, wo wenigstens eine natürliche Person als persönlich haftender Gesellschafter uneingeschränkter Haftung unterworfen ist. Somit werden von dem Gesetz die Kapitalgesellschaften GmbH, UG (haftungsbeschränkt), AG, KGaA, SE und dank der insolvenzrechtlichen und nicht gesellschaftsrechtlichen Anknüpfung[171] gemäß § 3 Abs. 1 S. 3, Art. 3 Abs. 1 S. 1 EuInsVO im Inland ansässige ausländische Kapitalgesellschaften wie etwa die Limited erfasst. Entsprechendes gilt für die Genossenschaft, auch diejenige europäischen Rechts (SCE), und eine GmbH & Co KG bzw. UG (haftungsbeschränkt) & Co KG, aber auch eine OHG und selbst eine GbR ohne natürliche Person als persönlich haftenden Gesellschafter.[172] Wird eine juristische Person wie etwa die GmbH in eine KG umgewandelt, die wenigstens eine natürliche Person als persönlich haftenden Gesellschafter hat, ist § 135 nicht mehr anwendbar.[173] Der Idealverein – anderes könnte für den wirtschaftlichen Verein (§ 22 BGB) gelten[174] – fällt ebenso wie die Stiftung mangels einer Beteiligung der Gesellschafter am Haftkapital nicht unter die Regelung. Dagegen dürften der Vertragskonzern und die Vor-GmbH erfasst werden.[175] Innerhalb von Konzernen erlangt § 135 mangels Umgehungsmöglichkeiten hohe Wirksamkeit.[176]

33 **6. Anfechtungsfrist. a) Sicherung.** Wurde eine **Sicherung** gewährt, sieht § 135 Abs. 1 Nr. 1 eine Anfechtungsfrist von **zehn Jahren** vor; die Frist wird ab dem Eingang des Eröffnungsantrags bei dem Insolvenzgericht zurückgerechnet. Die Länge der Frist erklärt sich daraus, dass die Sicherung dem Gesellschafter für seine an sich nachrangige Forderung (§ 39 Abs. 1 Nr. 5) nach Verfahrenseröffnung das Recht auf abgesonderte Befriedigung verschafft. Insoweit korrespondiert die Länge der Frist mit dem zeitlich unbeschränkten Nachrang.[177] Will sich der Gesellschafter aus der Sicherheit abgesondert befriedigen, bedarf es keiner Anfechtung, weil das Absonderungsrecht infolge der Nachrangigkeit der Forderung (§ 39 Abs. 1 Nr. 5) nicht greift. Dies folgt bei akzessorischen Sicherheiten aus dem Charakter der gesicherten Forderung. Demgegenüber ist bei abstrakten Sicherheiten dem Sicherungsvertrag kraft Auslegung zu entnehmen, dass die Sicherheit nur haftet, soweit die gesicherte Forderung durchsetzbar ist.[178] Wird eine Sicherheitenbestellung angefochten, ist diese im Verhältnis zu dem Verwaltern und Gläubigern als unwirksam zu behandeln und zu deren Gunsten freizugeben.

34 **b) Befriedigung.** Wird eine **Befriedigung** angefochten, greift die Anfechtung durch, wenn die Rechtshandlung binnen **eines Jahres** vor dem Insolvenzantrag – nicht bereits vor Eintritt der tatsächlichen Insolvenzreife[179] – oder danach vorgenommen wurde (§ 135 Abs. 1 Nr. 2). Die Frist berechnet sich nach § 139, der Zeitpunkt der Vornahme ist nach § 140 zu beurteilen. Als **Rechtsfolge** einer **Befriedigung** ist der auf das Gesellschafterdarlehen gezahlte Betrag zurückzugewähren. In diesem Fall lebt die – nachrangige (§ 39 Abs. 1 Nr. InsO) – Forderung des Gesellschafters in dieser Form wieder auf (§ 144 InsO).

35 **7. Rückgriff auf § 133 Abs. 1.** Ist die Frist des § 135 Abs. 1 Nr. 2 verstrichen, kommt eine Anfechtung nach § 133 I in Betracht, weil die Kenntnis der Zahlungsunfähigkeit den Schluss auf

168 Diese Problematik nicht bedenkend *Bredow/Wetzler/Thum* ZIP 2014, 1316, 1321 f.
169 *Gehrlein* BB 2011, 3, 5.
170 MüKoAnfG/*Kirchhof* § 6 Rn. 6.
171 BGH NJW 2011, 3784 Rn. 30.
172 BGH NJW 2009, 997 Rn. 11 ff.; #14; *Hirte* WM 2008, 1429, 1433.
173 MüKoAnfG/*Kirchhof* § 6 Rn. 10.
174 MüKoAnfG/*Kirchhof* § 6 Rn. 8.
175 MüKoAnfG/*Kirchhof* § 6 Rn. 7.
176 *Geist* ZIP 2014, 1662 ff.
177 Bork/Schäfer/*Thiessen* Anh. zu § 30 Rn. 63, der rechtsdogmatisch für eine unbegrenzte Frist eintritt.
178 KPB/*Preuß* § 135 Rn. 9.
179 *Gehrlein* BB 2008, 846, 852.

den Benachteiligungsvorsatz der Gesellschaft und dessen Kenntnis bei dem Gesellschafter gestattet.[180] Gleiches gilt in Fällen einer inkongruenten Sicherung.[181] Außerdem ist eine Anwendung des § 133 zu erwägen, wenn die Gesellschaft **überschuldet** und dies dem **Gesellschafter,** dessen Darlehen befriedigt wird, **bekannt** ist. Zwar bezieht sich das Beweisanzeichen des § 133 I 2 nur auf die Kenntnis der (auch nur drohenden) Zahlungsunfähigkeit. Diese Regel ist aber – wie das Beweisanzeichen der Inkongruenz verdeutlicht – nicht abschließender Natur. Im Falle einer Überschuldung haben die Organe – bei Führungslosigkeit die Gesellschafter – spätestens binnen drei Wochen Insolvenzantrag zu stellen (§ 15a). Es kommt dann ebenso wie bei drohender Zahlungsunfähigkeit zur Gesamtbefriedigung. Ist die Antragstellung nach § 15a geboten, so benachteiligt jede Befriedigung einzelner Gläubiger und damit auch eines Gesellschafters die Gläubigergesamtheit. Dieser Befund könnte die Anwendung des § 133 I bei einer Darlehensrückzahlung in **beiderseitiger Kenntnis der Überschuldung** des Unternehmens rechtfertigen.[182]

V. Anfechtung bei Befriedigung einer von dem Gesellschafter besicherten Drittforderung

Die Regelung des § 135 Abs. 2 ist weitgehend § 135 Abs. 1 angelehnt, betrifft aber die besondere Gestaltung, dass von der Gesellschaft anstelle einer Forderung des Gesellschafters die eines Dritten erfüllt wurde, für die der Gesellschafter eine Sicherheit übernommen hat. Bestellt der Gesellschafter zugunsten eines Dritten, welcher der Gesellschaft ein Darlehen eingeräumt hat, eine Sicherung, ist dies wirtschaftlich als ein der Darlehensgewährung durch einen Gesellschafter entsprechenden Vorgang zu bewerten. Hier besteht die Gefahr, dass der Gesellschafter nach dem Zugriff des Dritten auf die jenem gewährte Sicherheit bei der Gesellschaft Regress sucht. 36

1. Gegenstand der Anfechtung: Befreiung des Gesellschafters von Besicherung. In Anlehnung an § 32b GmbHG aF werden mit Hilfe von § 135 Abs. 2 Rechtshandlungen der Anfechtung unterworfen, durch die ein **außenstehender Dritter,** der weder Gesellschafter noch einem solchen gleichzustellen ist, für seine Darlehensforderung einschließlich gleichgestellter Forderungen[183] gegen die Gesellschaft Befriedigung erlangt hat, sofern ein Gesellschafter oder ein ihm gleich zu behandelnder Dritter für die Forderung eine Sicherheit übernommen hatte. Die Tilgung einer zuvor besicherten Forderung eines **gesellschaftergleichen Dritten** wird bereits von § 135 Abs. 1 Nr. 2 der Anfechtung unterstellt.[184] Die Regelung will den Drittgläubiger dazu anhalten, in erster Linie Befriedigung aus der von dem Gesellschafter erbrachten Sicherung zu suchen. Der Dritte kann gemäß § 44a in der Insolvenz der Gesellschaft nur Befriedigung verlangen, soweit die Sicherung ausgefallen ist. Folglich muss der Dritte zunächst aus der Sicherheit gegen den Gesellschafter vorgehen, um seine Restforderung in der Insolvenz der Gesellschaft geltend machen zu können. Dies gilt ebenso, wenn neben dem Gesellschafter auch die Gesellschaft eine Sicherung gegeben hat.[185] Da die Gesellschaftersicherheit anfechtungsrechtlich wie Vermögen der Gesellschaft betrachtet wird, erlangt der Gesellschafter keine Befreiung von seiner Sicherung, wenn die Forderung durch Einsatz von sonstigem Vermögen der Gesellschaft getilgt wird. Folgerichtig wird durch § 135 Abs. 2 die **Befreiung des Gesellschafters aus der Besicherung** eines Fremddarlehens als anfechtbar behandelt. Befriedigt der Gesellschafter den von ihm gesicherten Dritten, erleidet seine Regressforderung gegen die Gesellschaft den Nachrang des § 39 Abs. 1 Nr. 5.[186] Zahlt die Gesellschaft auf die gesicherte Forderung, erfüllt sie in anfechtbarer Weise (§ 135 Abs. 2) den Freistellungsanspruch des sichernden Gesellschafters.[187] Dieser schuldet Wertersatz für die Erfüllung des Freistellungsanspruchs (§ 143 Abs. 3).[188] Hat die Gesellschaft ihrerseits den Freistellungsanspruch des Gesellschafters gesichert, folgt die Anfechtbarkeit aus § 135 Abs. 1 Nr. 1.[189] Wird die Gesellschaft von dem Gläubiger in Anspruch genommen, kann sie abweichend vom früheren Eigenkapitalersatzrecht nicht verlangen, 37

[180] *Spliedt* ZIP 2009, 149, 154; *Dahl/Schmitz* NZG 2009, 325, 327; *Bangha-Szabo* ZIP 2013, 1058; *Gehrlein* NZI 2015, 577, 578; vgl. BGH NJW 2014, 2579 Rn. 40 ff.

[181] BGH NJW 2013, 3035 Rn. 32 ff.; *Gehrlein* NZI 2015, 577, 582.

[182] *Gehrlein* BB 2011, 3, 6 f.

[183] MüKoAnfG/*Kirchhof* § 6a Rn. 5.

[184] MüKoAnfG/*Kirchhof* § 6a Rn. 6.

[185] *K. Schmidt* DB 2008, 1966, 1970; Bork/Schäfer/*Thiessen* Anh. zu § 30 Rn. 72; aA *Dahl/Schmitz* NZG 2009, 325, 328; *Spliedt* ZIP 2009, 149, 154.

[186] *K. Schmidt* DB 2008, 1966, 1968 f.; Bork/Schäfer/*Thiessen* Anh. zu § 30 Rn. 73.

[187] *Thole* ZIP 2015, 1609, 1611.

[188] *K. Schmidt* DB 2008, 1966, 1969; Bork/Schäfer/*Thiessen* Anh. zu § 30 Rn. 73.

[189] Bork/Schäfer/*Thiessen* Anh. zu § 30 Rn. 75.

dass der Gesellschafter sie vor Insolvenzeröffnung von der Forderung freistellt oder ihr den gezahlten Betrag erstattet.[190]

38 **2. Voraussetzungen der Anfechtung. a) Sicherung einer Forderung.** Als Sicherung sind neben der ausdrücklich genannten **Bürgschaft** alle **Personal- oder Sachsicherheiten** zu berücksichtigen.[191] Es werden Sicherungen des Gesellschafters einschließlich gesellschaftergleicher Dritter, die sich auf Kleinbeteiligungs- und Sanierungsprivileg berufen können, erfasst.[192] Der Gesellschafter muss als Sicherungsgeber der Gesellschaft innerhalb des letzten Jahres vor Verfahrenseröffnung angehört haben. Als gesicherte Forderung kommt nicht nur ein Darlehen, sondern auch eine einem Darlehen wirtschaftlich entsprechende Forderung in Betracht.[193] Eine Sicherung hat nicht deshalb unberücksichtigt zu bleiben, weil sie von dem Gesellschafter bestellt wurde, bevor er in die Gesellschafterstellung eingerückt ist. Die Anfechtung von Gesellschafterhilfen setzt lediglich voraus, dass ein Gesellschafter innerhalb der jeweiligen Anfechtungsfristen eine Sicherung (§ 135 Abs. 1 Nr. 1 InsO) oder eine Befriedigung (§ 135 Abs. 1 Nr. 2 InsO) für ein Darlehen oder eine Befreiung von einer für ein Gesellschafterdarlehen übernommenen Sicherung (§ 135 Abs. 2 InsO) erlangt hat. Da es im Unterschied zum Eigenkapitalersatzrecht nicht mehr auf eine innerhalb der Anfechtungsfrist getroffene Finanzierungsentscheidung ankommt, unterliegt nach einhelliger Auffassung auch ein Darlehens- oder Sicherungsgeber als Gesellschafter nach Maßgabe des § 135 InsO der Anfechtung, wenn er seine Beteiligung erst nach Gewährung der Finanzierungshilfe erworben hat.[194] Zahlungen der Gesellschaft an einen durch einen Gesellschafter gesicherten Gläubiger sind innerhalb **eines Jahres** vor Antragstellung und zwischen Antragstellung und Eröffnung anfechtbar. Bei der Bürgschaft eines Gesellschafters handelt es sich nicht um einen Verbraucherdarlehensvertrag (§ 495 BGB).[195]

39 **b) Anfechtbare Rechtshandlung.** Der Anfechtungstatbestand manifestiert sich im **Freiwerden einer Sicherheit** des Gesellschafters infolge der Zahlung der Gesellschaft an den Drittgläubiger.[196] Diese Voraussetzung ist nicht gegeben, wenn der Gesellschafter weiter aus der Sicherheit belangt werden kann.[197] Gleiches gilt, wenn der Gesellschafter nicht in Anspruch genommen werden konnte, weil der vertragliche Sicherungsfall nicht eingetreten war.[198] Als anfechtbare Rechtshandlung stellt sich darum die Maßnahme dar, durch welche die Gesellschaft dem Dritten Befriedigung für seine Forderung gewährt.[199] Die Vorschrift setzt eine **Rechtshandlung der Gesellschaft** voraus, durch die eine Sicherung des Gesellschafters frei wird. Erfasst wird jede wirtschaftlich zu Lasten der Gesellschaft gehende Befriedigung einschließlich Erfüllungssurrogaten und Zwangsvollstreckungsmaßnahmen.[200] Eine Rechtshandlung der Gesellschaft liegt in der mit ihrer Bank getroffenen **Kontokorrentabrede,** nach deren Inhalt Einzahlungen zu einer Verringerung des Kreditsaldos führen. Erbringt der Gesellschafter auf der Grundlage der Kontokorrentvereinbarung aus seinem Vermögen eine Zahlung auf das Kreditkonto, ist dies als Rechtshandlung der Gesellschaft zu bewerten, wenn der Gesellschafter mit der Zahlung einen **(künftigen) Rückgewähranspruch** aus § 135 Abs. 1 Nr. 2 InsO tilgt.[201] Nicht anders verhält es sich, wenn die Darlehensrückführung auch durch Kontoverfügungen des vorläufigen Verwalters veranlasst wurde, gleich ob er nur mitbestimmend (§ 21 Abs. 2 S. 1 Nr. 2 Fall 2 InsO) tätig oder mit voller Verwaltungs- und Verfügungsbefugnis ausgestattetet (§ 22 Abs. 1 S. 1, § 21 Abs. 2 S. 1 Nr. 2 Fall 1 InsO) ist. Auch hier vollzieht sich die Darlehensrückführung ungeachtet der von dem vorläufigen Verwalter gegenüber dem Bankinstitut abgegebenen Widerrufserklärungen auf dem Boden der von der Gesellschaft mit dem Bankinstitut geschlossenen Kontokorrentvereinbarung.[202] Rechtshandlungen des späteren Insolvenzschuldners, denen der vorläufige Verwalter zugestimmt hat, oder des vorläufigen Insolvenzverwalters, der namens und in Vollmacht des späteren Insolvenzschuldners gehandelt hat, können jedenfalls dann, wenn kein allgemeines Verfügungsverbot angeordnet war, angefochten werden. Rechtshandlungen eines mit einer allgemeinen Verwaltungs- und Verfügungsbefugnis (§ 22 Abs. 1 S. 1 InsO) ausgestatteten vorläufigen

[190] Bork/Schäfer/*Thiessen* Anh. zu § 30 Rn. 76.
[191] Vgl. die Beispiele bei MüKoAnfG/*Kirchhof* § 6a Rn. 8.
[192] MüKoAnfG/*Kirchhof* § 6a Rn. 7.
[193] MüKoAnfG/*Kirchhof* § 6a Rn. 5.
[194] BGH NJW 2014, 1737 Rn. 15; zustimmend *P. Fischer* ZInsO 2014, 2125, 2142 f.
[195] LG Hamburg ZIP 2016, 1239.
[196] *Altmeppen* NJW 2008, 3601, 3607.
[197] MüKoAnfG/*Kirchhof* § 6a Rn. 9.
[198] OLG Frankfurt ZIP 2016, 733, 734 f.
[199] *K. Schmidt* BB 2008, 1966, 1969.
[200] Uhlenbruck/*Hirte* § 135 Rn. 17.
[201] BGH NJW 2013, 3031 Rn. 15 ff.
[202] BGH NJW 2014, 1737 Rn. 9.

Verwalters sind unanfechtbar, soweit er als Organ der Insolvenzmasse Masseverbindlichkeiten (§ 55 Abs. 2 S. 1 InsO) begründet, besichert oder tilgt. Keinen aus Erwägungen des Vertrauensschutzes hergeleiteten Bedenken unterliegt dagegen die Anfechtbarkeit, wenn der mit einer allgemeinen Verfügungsbefugnis oder einer Einzelermächtigung versehene vorläufige Verwalter **Altverbindlichkeiten** der künftigen Masse erfüllt oder besichert, die nach Verfahrenseröffnung als Insolvenzforderungen (§ 38 InsO) zu bewerten wären.[203]

Um eine Leistung der Gesellschaft handelt es sich auch, wenn der Gesellschafter eine gegen ihn bestehende Darlehensforderung der GmbH durch Überweisung auf ein im Debet geführtes Gesellschaftskonto tilgt, für das er eine Bürgschaft übernommen hat, weil dadurch der von ihm besicherte Kredit der GmbH zurückgeführt wurde.[204] Ebenso verhält es sich, wenn der Gesellschafter, der für ein Konto der GmbH eine Sicherung übernommen hat, unberechtigt Forderungen der Gesellschaft eingezogen und mit den eingezogenen Beträgen das der Gesellschaft gewährte Darlehen zurückgezahlt hat, und die Bank den Gesellschafter sodann aus der Bankgarantie entlassen hat.[205] Gleiches gilt im Falle einer Doppelbesicherung durch den Gesellschafter und die Gesellschaft bei der Verwertung der Gesellschaftssicherheit.[206] Erfüllt die Gesellschaft einen Werkvertrag, für den eine Bank eine Anzahlungsbürgschaft übernommen hat, liegt darin gegenüber dem Gesellschafter, der der Bank für die Bürgschaft eine Sicherheit gestellt hat, keine Rückgewähr einer gleichgestellten Forderung. Die von der Gesellschaft erbrachten Werkleistungen sind keine zur Anfechtung nach § 135 Abs. 2 InsO führenden Leistungen auf die allein von dem Gesellschafter besicherten Ansprüche der Bank. Die Anzahlungsbürgschaften der Bank sicherten nur den bedingten Anspruch auf Rückgewähr der von dem Auftraggeber geleisteten Anzahlungen bei Scheitern der Vertragserfüllung. Der Anspruch auf Rückzahlung einer Vorleistung oder einer Abschlagszahlung ist ein aufschiebend bedingter Anspruch. Soweit die Gesellschaft die den jeweiligen Dritten geschuldeten Werke fertiggestellt hat und die Vertragserfüllung nicht gescheitert ist, sind die von den Anzahlungsbürgschaften gesicherten Forderungen nicht entstanden. Es kann dahinstehen, ob in der Werkleistung die Rückzahlung einer einem Darlehen wirtschaftlich entsprechenden Forderung des Auftraggebers gesehen werden könnte. Diese Forderung wurde von dem Gesellschafter nicht besichert.[207]

Wird eine Darlehensverbindlichkeit der GmbH, für welche die GmbH selbst und ein **Gesellschafter** Sicherheit geleistet haben, **nach Eröffnung** des Insolvenzverfahrens über das Vermögen der GmbH infolge der Verwertung der von ihr gegebenen Sicherheit getilgt und die Gesellschaftersicherheit dadurch frei, stellt sich die Frage, ob infolge der Verfahrenseröffnung noch eine anfechtbare Rechtshandlung vorliegt und der Insolvenzverwalter auf die Gesellschaftersicherheit zugreifen kann. Sie ist von den Instanzgerichten kontrovers beurteilt worden.[208] Der Fall, dass ein **doppelt gesicherter Gläubiger** nach der Eröffnung des Insolvenzverfahrens über das Vermögen der Gesellschaft durch Verwertung der Gesellschaftssicherheit befriedigt und die Gesellschaftersicherheit hierdurch frei wird, ist gesetzlich nicht geregelt. Bei wertender Betrachtung besteht kein Unterschied zwischen der Rückzahlung eines gesellschaftergesicherten Darlehens innerhalb der Fristen des § 135 Abs. 1 Nr. 2 und derjenigen nach der Eröffnung des Insolvenzverfahrens. Der gesetzlich geregelte Fall (§ 135 Abs. 1, § 143 Abs. 3) lässt ausreichen, dass Mittel der Gesellschaft aufgewandt wurden und dass die vom Gesellschafter gestellte Sicherheit hierdurch freigeworden ist. Nichts anderes gilt in dem Fall der Befriedigung des Gläubigers nach der Eröffnung des Insolvenzverfahrens. Darum ist der **Gesellschafter entsprechend § 143 Abs. 3** zur Erstattung des an den Gläubiger ausgekehrten Betrages zur Insolvenzmasse verpflichtet.[209] Die Bestellung einer Sicherheit durch die Gesellschaft wie auch der Austausch einer Gesellschaftersicherheit gegen eine Gesellschaftssicherheit ist nicht nach § 135 Abs. 2, sondern nach allgemeinen Regeln anfechtbar.[210] Der Verzicht des Gläubigers auf die Rechte aus der Sicherung innerhalb eines Jahres vor Insolvenzantragstellung oder nach Insolvenzantragstellung steht einer Inanspruchnahme des Gesellschafters als Sicherungsgeber nicht entgegen. Entscheidend ist, dass losgelöst von der Frage des Eigenkapitalersatzes die Gesellschaftersicherheit nach der gesetzgeberischen Wertung im wirtschaftlichen Ergebnis vorrangig verwertet werden muss und es dieser Wertung des Gesetzgebers widerspräche, wenn der Gesellschafter von dem

---

203 BGH NJW 2014, 1737 Rn. 10 ff.
204 BGH NZI 2005, 471.
205 OLG Frankfurt NZG 1999, 948.
206 BGH NJW 1985, 858 f.; 1988, 824, 825.
207 BGH NZI 2017, 305 Rn. 7.
208 Bejahend OLG Hamm ZInsO 2011, 1602; verneinend OLG Hamm ZInsO 2011, 820.
209 BGH NJW 2012, 156 Rn. 12 ff.; ein Tätigwerden des Gesetzgebers fordert *T. Schäfer*, NZI 2016, 11.
210 Uhlenbruck/*Hirte* § 135 Rn. 17.

Rückgriffsanspruch dadurch befreit werden könnte, dass er mit dem Gläubiger einen Erlassvertrag hinsichtlich seiner Sicherheit abschließt.[211]

40 **c) Gläubigerbenachteiligung.** Eine mittelbare Gläubigerbenachteiligung genügt. Sie ist bei der Tilgung eines Darlehens durch die Gesellschaft gegeben, weil die Gesellschaftersicherheit vorrangig gehaftet hätte. Wie sich aus § 44a ergibt, hat der gesicherte Gläubiger primär den Gesellschafter in Anspruch u nehmen. Die Tilgung der Verbindlichkeit aus Gesellschaftsmitteln benachteiligt deren Gläubiger. Tilgt eine Gesellschaft ein von ihr selbst und ihrem Gesellschafter besichertes Darlehen gegenüber dem Darlehensgeber, liegt die Gläubigerbenachteiligung bei der Anfechtung der Befreiung des Gesellschafters von seiner Sicherung in dem Abfluss der Mittel aus dem Gesellschaftsvermögen, weil der Gesellschafter im Verhältnis zur Gesellschaft zur vorrangigen Befriedigung der von ihm besicherten Verbindlichkeit verpflichtet ist. Nach Verfahrenseröffnung ordnet § 44a InsO an, dass der Darlehensgläubiger für seine noch offene Forderung in erster Linie aus der Gesellschaftersicherheit Befriedigung suchen muss. Wurde der Darlehensgläubiger vor Verfahrenseröffnung durch die Gesellschaft befriedigt, wird nach Verfahrenseröffnung der durch § 44a InsO gebotene Haftungsvorrang des Gesellschafters mit Hilfe von § 135 Abs. 2 InsO wiederhergestellt, indem die Gesellschaft von dem Gesellschafter Erstattung des an den Darlehensgläubiger gezahlten Betrages verlangen kann. Mit Rücksicht auf die vorrangige Haftung des Gesellschafters werden die Gesellschaftsgläubiger benachteiligt, wenn das durch den Gesellschafter besicherte Darlehen aus Mitteln der Gesellschaft beglichen wird.[212] Auch wenn die Gesellschaft selbst dem Darlehensgeber eine anfechtungsfeste Sicherung stellt, bleibt es bei dem Grundsatz des § 44a InsO, wonach der Gesellschafter im Verhältnis zur Gesellschaft vorrangig zur Befriedigung des Darlehensgebers verpflichtet ist.[213] Mit der Verwertung einer von der Gesellschaft gegebenen insolvenzfesten Sicherung durch den Darlehensgeber ist wie im Falle einer sonstigen Erfüllungsleistung der Gesellschaft ein Abfluss von Gesellschaftsvermögen verbunden, dessen Verlust die für § 135 Abs. 2 InsO erforderliche Gläubigerbenachteiligung darstellt.[214] Es fehlt an einer Gläubigerbenachteiligung, wenn die ausgelöste Sicherheit vor mehr als zehn Jahren bestellt wurde, weil ihre Befreiung dann nicht mehr der Anfechtung unterlag.

41 **d) Anfechtungsgegner, Rechtsfolge.** Die Anfechtung richtet sich, weil der Tatbestand in der Sicherung der Gesellschaftsverbindlichkeit durch den Gesellschafter seine innere Rechtfertigung findet, nicht gegen den Gläubiger des Anspruchs, sondern gem. § 143 Abs. 3 S. 1 gegen den **Gesellschafter als Sicherungsgeber.**[215] Dies ist nur folgerichtig, weil der Gesellschafter durch die Leistung der Gesellschaft von seiner Sicherheit befreit wurde. Der Anspruch ist nach § 143 Abs. 3 S. 2 auf die Höhe der übernommenen Bürgschaft, bei einer dinglichen Sicherung auf den Wert der bestellten Sicherheit beschränkt. Bei **Personalsicherheiten** ist der Betrag der Zahlungsverpflichtung, bei **sonstigen Sicherheiten** ihr Wert zum Zeitpunkt der Gläubigerbefriedigung anzusetzen.[216] Handelt es sich um eine Realsicherheit, kann sich der Gesellschafter von der Inanspruchnahme befreien, indem er die als Sicherheit dienenden Gegenstände der Masse zur Verfügung stellt (§ 143 Abs. 3 S. 3). Der Gesellschafter muss nicht das Vollrecht, sondern die Rechtsposition einräumen, die der frühere Sicherungsnehmer innehatte. Allerdings muss eine sofortige Verwertung zugunsten der Masse möglich sein. Einen Anspruch auf Überlassung des Sicherungsguts hat die Gesellschaft nicht. Das Verhältnis zwischen Gesellschaft und Gesellschafter bestimmt und begrenzt den Anspruch; dieser kann nicht über das hinausgehen, was der **Gesellschafter** aus der übernommenen Sicherheit geschuldet hätte. Führt die Gesellschaft das besicherte Drittdarlehen nur teilweise zurück und kann es deshalb weiterhin zur Inanspruchnahme des Gesellschafters durch den Gläubiger der Gesellschaft kommen, darf die **Summe** aus dem Anspruch gemäß § 135 Abs. 2, § 143 Abs. 3 und **der fortbestehenden Verpflichtung des Gesellschafters** aus der Sicherheit dessen ohne die teilweise Rückführung des Darlehens bestehende Verpflichtung nicht überschreiten. Ob und gegebenenfalls in welcher Höhe ein Anspruch besteht, kann im Falle einer nur teilweisen Rückführung des besicherten Drittdarlehens durch die Gesellschaft und einer der Höhe nach beschränkten Sicherheit nur beantwortet werden, wenn Feststellungen dazu getroffen sind, in welcher Höhe der Gesellschafter dem Gläubiger aus der Sicherheit weiterhin verpflichtet geblie-

---

[211] OLG Düsseldorf ZIP 2016, 833 f.; OLG Stuttgart ZIP 2012, 834 Rn. 52; *K. Schmidt*, § 135 Rn. 25; Uhlenbruck/*Hirte* § 135 Rn. 18; Bangha-Szabo NZI 2015, 514 f.; aA LG Kleve NZI 2015, 512; *Thole* ZIP 2015, 1609, 1615 f.; ebenso noch Voraufl.

[212] BGH NJW 2017, 2915 Rn. 18.

[213] BGH NJW 2017, 2915 Rn. 21.

[214] BGH NJW 2017, 2915 Rn. 22.

[215] BR-Drs. 354/07, 132.

[216] KPB/*Preuß* § 135 Rn. 26.

ben ist.[217] Der Höchstbetrag des von der Gesellschaft im letzten Jahr vor der Insolvenzeröffnung in Anspruch genommenen Kredits bildet den Ausgangspunkt für die Berechnung des gegen den Gesellschafter gerichteten Erstattungsanspruchs. Soweit dieser Betrag aus Mitteln der Schuldnerin zurückgezahlt wurde, greift der Anfechtungsanspruch aus § 143 Abs. 3 S. 1, § 135 Abs. 2 InsO gegen den Gesellschafter als Sicherungsgeber durch.[218]

VI. Beweislast

Der Insolvenzverwalter trägt die Beweislast für sämtliche Voraussetzungen des Anfechtungstatbe- 42
standes:[219] Er hat die Gewährung eines Gesellschafterdarlehens oder einer gleichgestellten Forderung sowie deren Befriedigung durch die Gesellschaft gegenüber dem Gesellschafter innerhalb der Anfechtungsfrist zu beweisen (§ 135 Abs. 1 Nr. 2). Ebenso obliegt ihm der Beweis für die Gewährung einer Sicherheit durch die Gesellschaft (§ 135 Abs. 1 Nr. 1). Ferner hat er die Befreiung des Gesellschafters von einer Sicherung durch eine Rechtshandlung der Gesellschaft nachzuweisen (§ 135 Abs. 2). Schließlich hat der Verwalter die Gläubigerbenachteiligung zu beweisen. Demgegenüber obliegt dem in Anspruch genommenen Gesellschafter der Nachweis, dass die Insolvenzmasse ungeachtet der Anfechtung die Befriedigung sämtlicher Gläubiger ermöglicht.[220] Wer sich auf den Wegfall eines zunächst gegebenen, anspruchsbegründenden Umstands beruft, ist dafür beweispflichtig.[221] Dem Anfechtungsgegner obliegt der Beweis für anspruchsvernichtende Umstände wie insbesondere das Kleinbeteiligten- und Sanierungsprivileg.[222]

VII. Anspruch der Masse auf Nutzungsüberlassung

1. Bisherige Rechtslage. Auch die schuldrechtliche **Überlassung von Grundstücken** oder 43
anderen Wirtschaftsgütern im Wege von Miete oder Pacht konnte nach bisheriger höchstrichterlicher Rechtsprechung den Charakter von Kapitalersatz gewinnen, wenn der nicht mehr lebensfähigen GmbH dadurch die Fortsetzung ihres Geschäftsbetriebs ermöglicht wird. Eigenkapitalersatzfunktion kam einer Gebrauchsüberlassung zu, sofern die Gesellschaft entweder insolvenzreif oder überlassungsunwürdig war. Überlassungsunwürdig war eine Gesellschaft, wenn sie nach ihren finanziellen Verhältnissen außerstande war, das benötigte Wirtschaftsgut anzuschaffen, und sie außerdem das laufende Entgelt für Miete oder Pacht nicht aufzubringen vermochte.[223] Als Rechtsfolge konnte der Gesellschafter nach Eintritt der Kredit- bzw. Überlassungsunwürdigkeit infolge der Umqualifizierung in Kapitalersatz das vereinbarte Nutzungsentgelt nicht mehr von der Gesellschaft verlangen. Im Zeitraum der Insolvenzreife oder der Überlassungsunwürdigkeit entrichtete Nutzungsentgelte hatte der Gesellschafter der GmbH zurückzugewähren.[224] Ferner hatte der Gesellschafter den Gegenstand nach Insolvenzeröffnung dem Insolvenzverwalter für die vereinbarte Zeitdauer oder bei Vereinbarung einer unangemessen kurzen Nutzungsfrist für einen branchenüblichen Zeitraum unentgeltlich zu belassen.[225]

2. Neuer Ansatz. Eine im Vergleich zur Behandlung von Gesellschafterdarlehen noch stärkere 44
Zäsur gegenüber dem früheren Rechtszustand hat der Gesetzgeber im Zusammenhang mit der Regelung der Nutzungsüberlassung ins Werk gesetzt. Der Regierungsentwurf zum MoMiG sah einen völligen Verzicht auf das Institut der Nutzungsüberlassung vor.[226] Erst der Rechtsausschuss hat durch § 135 Abs. 3 InsO – aus rechtssystematischer Sicht wenig überzeugend im Kontext mit dem Anfechtungsrecht[227] – dem Insolvenzverwalter in Anlehnung an § 26a ÖKO ein entgeltliches Nutzungsrecht zugebilligt.[228] Der Gesetzgeber hat in Anlehnung an ein österreichisches Vorbild die Fallgruppe der eigenkapitalersetzenden Nutzungsüberlassung eigenständig und damit abweichend von dem in der bisherigen Rechtsprechung entwickelten Modell im Rahmen des unabdingbaren § 135 Abs. Abs. 3 rechtsformneutral geregelt. Danach ist der (nicht nach § 39 Abs. 1V und V privile-

217 BGH NJW 2013, 3031 Rn. 23.
218 BGH NJW 2014, 1737 Rn. 23.
219 BGH NJW 1989, 1219, 1220.
220 BGHZ 105, 168, 187 f.
221 MüKoAnfG/*Kirchhof* § 6 Rn. 63.
222 MüKoAnfG/*Kirchhof* § 6 Rn. 63.
223 BGHZ 109, 55, 62, 63 ff.
224 BGHZ 127, 1, 7; 127, 17, 21 f.
225 BGHZ 140, 147, 149 f. mwN.
226 BT-Drs. 16/6140, 56.
227 Vgl. nur *Bitter* ZIP 2010, 1, 2 mwN.
228 BT-Drs. 16/9737, 106.

gierte) Gesellschafter, ein ihm gleichgestellter Dritter (§ 39 Abs. 1 Nr. 5)[229] wie auch ein Dritterwerber[230] des überlassenen Gegenstands im Interesse sachgerechter Sanierungsbemühungen verpflichtet, seinen Aussonderungsanspruch während der Dauer des Insolvenzverfahrens, längstens aber für eine Frist von einem Jahr ab dessen Eröffnung, nicht geltend zu machen. Mit § 135 Abs. 3 werden die Rechtsfolgen der Streichung der eigenkapitalersetzenden Nutzungsüberlassung durch die Gewährung eines zeitlich beschränkten entgeltlichen Nutzungsrechts der Masse abgemildert, das sich auf den Durchschnitt des im Jahr vor Antragstellung von der Schuldnerin an den Gesellschafter anfechtungsfrei tatsächlich Geleisteten bemisst.[231]

45 **3. Voraussetzungen des entgeltlichen Nutzungsanspruchs. a) Keine unentgeltliche Nutzungsüberlassung.** Im Unterschied zum früheren Recht kann eine unentgeltliche Nutzung nicht mehr verlangt werden.[232] Die insolvenzrechtlichen Regelungen über Verträge finden auf Nutzungsverhältnisse zwischen Gesellschaft und Gesellschafter grundsätzlich Anwendung. Soweit Miet- und Pachtverhältnisse von Räumlichkeiten betroffen sind, richtet sich ihre Fortsetzung nach §§ 108, 109, bei beweglichen Sachen nach §§ 103 ff. Wählt der Verwalter Erfüllung des Vertrages, ist der Gesellschafter zur Gebrauchsüberlassung verpflichtet. §§ 103 ff. werden also nicht durch § 135 Abs. 3 verdrängt. Ansprüche aus einem gemäß § 108 Abs. 1 S. 1 InsO nach Insolvenzeröffnung fortbestehenden Mietverhältnis sind **Masseverbindlichkeiten** (§ 55 Abs. 1 Nr. 2 Alt. 2 InsO), wenn ihre Erfüllung für die Zeit nach der Eröffnung des Insolvenzverfahrens erfolgen muss. Ansprüche für die Zeit vor Eröffnung des Insolvenzverfahrens kann der Vermieter dagegen gemäß § 108 Abs. 3 InsO nur als Insolvenzgläubiger geltend machen. Nach Verfahrenseröffnung erwachsene Mietforderungen stellen darum Masseverbindlichkeiten dar.[233]

Die Vorschrift des § 39 Abs. 1 Nr. 5 InsO belegt vor Verfahrenseröffnung erzeugte Gesellschafterforderungen unter bestimmten Voraussetzungen mit einem Nachrang. Handelt es sich um nach Verfahrenseröffnung entstandene, den Regelungen der §§ 103 ff. InsO zuzuordnende Masseverbindlichkeiten, ist § 39 Abs. 1 Nr. 5 InsO aus rechtssystematischen Erwägungen nicht einschlägig.[234] Auch nach seinem Sinn und Zweck findet § 39 Abs. 1 Nr. 5 InsO auf nach Verfahrenseröffnung zugunsten eines Gesellschafters aus einem Mietverhältnis hervorgegangene Masseverbindlichkeiten keine Anwendung. Eine von den Grundregeln der §§ 103 ff. InsO abweichenden Rechtsfolge findet in der Neuregelung des § 39 Abs. 1 Nr. 5, § 135 Abs. 3 InsO keine Entsprechung, weil diese nach ihrer Systematik nicht mehr an einen eigenkapitalersetzenden Charakter der Leistung anknüpft und die Insolvenz der Gesellschaft keine Auswirkungen auf die Eigentümerstellung des Gesellschafters hinsichtlich des überlassenen Gegenstandes hat.[235] Die Vorschrift des § 30 Abs. 1 S. 3 GmbHG ordnet in Abkehr von dem früheren Rechtszustand an, dass Gesellschafterdarlehen und Leistungen aus Rechtshandlungen, die einem Gesellschafterdarlehen wirtschaftlich entsprechen, nicht der Kapitalbindung des § 30 Abs. 1 S. 1 GmbHG unterliegen. Zugleich wurden §§ 32a, 32b GmbHG aF als Grundvorschriften des Eigenkapitalersatzrechts aufgehoben und der inhaltlich darauf bezogene § 135 Abs. 1 InsO des Tatbestandsmerkmals „kapitalersetzend" entkleidet. Diese Gesetzesänderungen verdeutlichen, dass Gesellschafterdarlehen und gleichgestellte Leistungen einschließlich einer **Nutzungsüberlassung** nicht wie haftendes Eigenkapital zu behandeln sind. Stellt eine Nutzungsüberlassung keine Kreditgewährung dar, können von § 39 Abs. 1 Nr. 5 InsO, der seinen Geltungsbereich auf einem Darlehen gleichgestellte Forderungen erstreckt, Nutzungen nicht erfasst werden. Damit kann ein Anspruch des Insolvenzverwalters auf unentgeltliche Gebrauchsüberlassung nicht aus § 39 Abs. 1 Nr. 5 InsO hergeleitet werden.[236]

§ 135 Abs. 3 greift erst, wenn mangels Anwendung der §§ 103 ff. das Nutzungsverhältnis nicht fortgesetzt wird.[237] Fehlt es an einem wirksamen Nutzungsverhältnis oder beendet der Insolvenzverwalter den Vertrag, begründet § 135 Abs. 3 ein gesetzliches Schuldverhältnis zwischen der Masse und dem Gesellschafter.[238]

---

229 Uhlenbruck/*Hirte* § 135 Rn. 21; *Gehrlein* BB 2011, 3, 9; *G. Fischer* FS Wellensiek, 2011, S. 443, 447; aA KPB/*Preuß* § 135 Rn. 33; *Spliedt* ZIP 2009, 149, 156.

230 *Rühle* ZIP 2009, 1358, 1364 f.; Bork/Schäfer/*Thiessen*, Anh. zu § 30 Rn. 79; aA Uhlenbruck/*Hirte* § 135 Rn. 21.

231 BGH NJW 2015, 1109 Rn. 53.

232 Zutreffend *Bitter* ZIP 2010, 1, 10 f.

233 BGH NJW 2015, 1109 Rn. 33; *K. Schmidt* NJW 2015, 1057.

234 BGH NJW 2015, 1109 Rn. 33; *K. Schmidt* NJW 2015, 1057.

235 BGH NJW 2015, 1109 Rn. 39; *K. Schmidt* NJW 2015, 1057.

236 BGH NJW 2015, 1109 Rn. 40; *K. Schmidt* NJW 2015, 1057.

237 KPB/*Preuß* § 135 Rn. 30; *Gundlach/Frenzel/Strandmann* NZI 2008, 647, 651; aA *Burg/Blasche* GmbHR 2008, 1250, 1253.

238 *G. Fischer*, FS Wellensiek, 2011, S. 443, 445 f.

b) Aussonderungsrecht. Die Bestimmung des § 135 Abs. 3 InsO ordnet eine **Aussonderungssperre** für von einem Gesellschafter zum Gebrauch überlassene Gegenstände an, die zur Fortführung des Unternehmens des Schuldners von erheblicher Bedeutung sind. Fehlt es an einem **Aussonderungsrecht,** ist § 135 Abs. 3 S. 2 InsO unanwendbar und das volle vertraglich vereinbarte Nutzungsentgelt geschuldet.[239] Für dieses Verständnis spricht auch der Ausnahmecharakter des § 135 Abs. 3 InsO, der eine nach Streichung des Eigenkapitalersatzrechts entstandene Schutzlücke zu schließen sucht, indem das Aussonderungsrecht des Gesellschafters im Blick auf solche Gegenstände, die für die Fortführung des Unternehmens von erheblicher Bedeutung sind, beschränkt wird.[240] Mithin setzt die Ermäßigung des Entgeltanspruchs gemäß § 135 Abs. 3 S. 2 InsO voraus, dass das vertragliche Besitzrecht der Gesellschaft beendet ist.[241] 46

Eine Aussonderungssperre scheidet aus, wenn der Überlassungsvertrag fortwirkt und der Gesellschafter gegenüber dem Insolvenzverwalter keine Aussonderung verlangen kann. Der Regelungsbereich des § 135 Abs. 3 InsO ist nicht berührt, sofern das vertragliche Nutzungsverhältnis zwischen dem Gesellschafter und der Gesellschaft nach Verfahrenseröffnung fortbesteht.[242] Dauert ein Mietverhältnis gemäß § 108 Abs. 1 S. 1 InsO über die Verfahrenseröffnung hinaus fort, kann der Gesellschafter auch nach Verfahrenseröffnung die vereinbarte vertragliche Miete als Masseverbindlichkeit beanspruchen.[243] Endet hingegen der Miet- oder Pachtvertrag, darf der Gesellschafter den ihm an dem Nutzungsrecht zustehenden Aussonderungsanspruch gemäß § 135 Abs. 3 S. 1 InsO für die Dauer von höchstens einem Jahr nicht geltend machen, wenn der Gegenstand für die Fortführung des Unternehmens des Schuldners von erheblicher Bedeutung ist.[244]

c) Schuldner des Nutzungsanspruchs. Im Unterschied zu § 39 Abs. 1 Nr. 5, § 135 Abs. 1 InsO erstreckt sich der Tatbestand des § 135 Abs. 3 InsO seinem Wortlaut nach nicht ausdrücklich auf wirtschaftlich entsprechende Rechtshandlungen.[245] Eine **Aussonderungssperre** kann in der Insolvenz einer Gesellschaft auch gegenüber einem mittelbaren Gesellschafter geltend gemacht werden. Da § 135 Abs. 4 InsO auf § 39 Abs. 4 und 5 InsO verweist und diese Vorschriften mit § 39 Abs. 1 Nr. 5 InsO korrespondieren, ist die Auslegung vorzugswürdig, dass § 39 Abs. 1 Nr. 5 InsO auch im Rahmen des § 135 Abs. 3 InsO Geltung beansprucht. Sie kann sich auf die weitere Erwägung stützen, dass die Einbeziehung gesellschaftergleicher Dritter, die dem Eigenkapitalersatzrecht zugrunde lag, von dem Gesetzgeber des MoMiG auch für das neue Recht ganz allgemein fortgeführt wurde. Ferner manifestiert sich der Wille des Gesetzgebers, mittelbare Gesellschafter der Regelung zu unterwerfen, in dem bei Einführung des § 135 Abs. 3 InsO betonten Hinweis auf die **Treuepflicht** der Gesellschafter, die auch für verbundene Unternehmen gilt. Darum kann dem Gesamtzusammenhang des § 135 Abs. 3 InsO, der einen Gleichlauf mit den Regelungen über Gesellschafterdarlehen und gleichgestellte Forderungen herzustellen sucht, entnommen werden, dass auch gesellschaftergleiche Dritte erfasst werden.[246] Tritt hingegen ein außenstehender Dritter infolge des Erwerbs eines Grundstücks von einem Gesellschafter als Vermieter in dessen Mietverhältnis mit seiner Gesellschaft ein, treffen ihn nicht die Pflichten der Vorschrift.[247]

d) Erhebliche Bedeutung des Gegenstandes. Der Nutzungsanspruch ist nur gegeben, wenn der Gegenstand für die Fortführung des Unternehmens des Schuldners – was bei betrieblich genutzten Grundstücken regelmäßig anzunehmen ist, aber auch für bewegliche Sachen, Rechte und immaterielle Gegenstände gelten kann – von **erheblicher Bedeutung** ist (vgl. § 21 Abs. 2 S. 1 Nr. 5).[248] Sie kann sich daraus ergeben, dass der Betriebsablauf ohne das Wirtschaftsgut tatsächlich oder wirtschaftlich erheblich beeinträchtigt oder gar unmöglich gemacht würde.[249] Ferner muss hinzukommen, dass das Wirtschaftsgut zu dem gleichen (infolge einer Anfechtung im Vorfeld geleisteter Zahlungen ermäßigten; vgl. nachfolgend unter 4.) Entgelt von dritter Seite nicht erlangt werden kann. Entfällt die erhebliche Bedeutung vor Ablauf eines Jahres, ist der Gegenstand an den Gesellschafter herauszugeben. Die Bestimmung ist bei einer masselosen Insolvenz wie auch einer fehlenden 47

239 BGH NJW 2015, 1109 Rn. 60; *K. Schmidt* NJW 2015, 1057.
240 BGH NJW 2015, 1109 Rn. 64; *K. Schmidt* NJW 2015, 1057.
241 BGH NJW 2015, 1109 Rn. 65; *K. Schmidt* NJW 2015, 1057.
242 BGH NJW 2015, 1109 Rn. 57; *K. Schmidt* NJW 2015, 1057.
243 BGH NJW 2015, 1109 Rn. 58; *K. Schmidt* NJW 2015, 1057.
244 BGH NJW 2015, 1109 Rn. 59; *K. Schmidt* NJW 2015, 1057.
245 BGH NJW 2015, 1109 Rn. 47; *K. Schmidt* NJW 2015, 1057.
246 BGH NJW 2015, 1109 Rn. 48; *K. Schmidt* NJW 2015, 1057.
247 BGH NJW 2006, 1800 Rn. 13 ff.
248 Vgl *Wälzholz* GmbHR 2008, 841, 848.
249 KPB/*Preuß* § 135 Rn. 37.

Unternehmensfortführung begrifflich unanwendbar. Gleiches dürfte gelten, wenn es zu einer übertragenden Sanierung kommt.[250]

48 **e) Tatsächliche Überlassung des Gegenstandes.** Die Nutzungsüberlassung kann auf **Miete, Pacht,** einem Leasing- oder Lizenzvertrag, aber auch auf unentgeltlicher Leihe oder einem **nicht rechtsgeschäftlichen Gefälligkeitsverhältnis** beruhen. Da die Vorschrift unabdingbar ist, kann sie nicht durch vertragliche Lösungsklauseln, wonach das Nutzungsverhältnis infolge der Insolvenzeröffnung endet, umgangen werden.[251] Ausreichend ist also auch eine nur tatsächliche Überlassung des Gegenstandes. Unanwendbar ist die Vorschrift hingegen, wenn die die Gesellschaft den Besitz an dem Gegenstand bereits verloren hat und darum keine Aussonderung stattfindet.[252] Die Regelung ist mangels eines Aussonderungsrechts ebenfalls nicht anwendbar, wenn das Nutzungsverhältnis auf der Grundlage von §§ 103 ff., §§ 108, 109 nach Verfahrenseröffnung fortwirkt. Auf die Regelung des § 135 Abs. 3 kann sich der Verwalter nur bei Beendigung des Nutzungsverhältnisses berufen. Der Verwalter muss nicht die Höchstnutzungsdauer von einem Jahr voll ausschöpfen, ist aber zur Vermeidung von Schadensersatzansprüchen gehalten, den Gesellschafter auf eine beabsichtigte Nutzungsbeendigung hinzuweisen, sobald sich diese abzeichnet.[253] Die Bestimmung ist mangels einer Betriebsfortführung im Falle einer masselosen Insolvenz wie auch einer Insolvenzeröffnung ohne Fortsetzung des Unternehmens unanwendbar. Wegen der gehinderten Unternehmensfortsetzung gilt gleiches[254] im Fall einer Kollision mit zugunsten außenstehender Dritter bestellter **Grundpfandrechte**[255] und im Fall einer **Doppelinsolvenz** von Gesellschaft und Gesellschafter.[256] Sofern der Zwangsverwalter des Grundstücks oder der Insolvenzverwalter des Schuldners der Gesellschaft die weitere Nutzung des Gegenstandes gestattet, muss der Verwalter vollen Mietzins zahlen. Der Gesellschafter hat der Gesellschaft wegen des Wegfalls des zu den Bedingungen des § 135 Abs. 3 auszuübenden Nutzungsrechts Schadensersatz zu leisten.[257] Die Rechtsfolgen des § 135 Abs. 3 verwirklichen sich nur, wenn sich der Verwalter im Rahmen einer formfreien **einseitigen empfangsbedürftigen Willenserklärung** gegenüber dem Gesellschafter ausdrücklich darauf beruft. Der Verwalter hat analog § 103 Abs. 2 S. 2 und 3 auf Anfrage des Gesellschafters unverzüglich zu erklären, ob der die Rechte aus § 135 Abs. 3 wahrnimmt. Allerdings muss sich der Verwalter bei Wahrnehmung des Rechts nicht bereits auf eine bestimmte Nutzungsdauer festlegen; eine Beendigung der Nutzung hat der Verwalter in Anlehnung an die Fristen der §§ 103 ff. dem Gesellschafter vorher mitzuteilen.[258]

49 **4. Anspruch des Gesellschafters auf Nutzungsentgelt. a) Vertraglicher Anspruch.** Bis Ablauf der Jahresfrist hat der Gesellschafter die Gegenstände zu den vereinbarten Konditionen, aber im Unterschied zu den bisherigen Rechtsprechungsregeln **nicht unentgeltlich** dem Betrieb zur Verfügung zu stellen. Das für die Überlassung vereinbarte Entgelt bildet einschließlich der verabredeten Zahlungsmodalitäten für die nach der Verfahrenseröffnung liegenden Zeiträume eine **Masseverbindlichkeit** (§ 55 Abs. 1 Nr. 2), während vorherige Rückstände einfache, im Fall der Stundung sogar nach § 39 Abs. 1 Nr. 5 nachrangige Forderungen darstellen.

b) Anspruch nach Vertragsablauf. Der Anspruch aus § 135 Abs. 3 ist erst nach Vertragsende gegeben, wenn grundsätzlich ein Aussonderungsanspruch eingreift. Das nach § 135 Abs. 3 geschuldete Nutzungsentgelt bemisst sich nach dem Durchschnitt des im letzten Jahr vor Stellung des Insolvenzantrages anfechtungsfrei tatsächlich Geleisteten.[259] Der Gesellschafter soll grundsätzlich dieselbe Vergütung erhalten, die ihm zuvor tatsächlich zugeflossen ist; ihm soll kein darüber hinausgehendes Sonderopfer abverlangt werden. War etwa für eine Gebrauchsüberlassung eine bestimmte Vergütung vereinbart, wurde diese jedoch nicht entrichtet, so bestimmt sich die Höhe des Ausgleichs nach dem im letzten Jahr tatsächlich vom Schuldner Geleisteten. Falls die **Nutzungsdauer** ein Jahr unterschreitet, ist der Durchschnitt der während dieses Zeitraums erbrachten Zahlungen zu berücksichtigen. Nach Sinn und Zweck der Vorschrift können nur solche Zahlungen bei der Bemes-

[250] *Gehrlein* BB 2011, 3, 9; Bork/Schäfer/*Thiessen* Anh. zu § 30 Rn. 81; großzügiger Uhlenbruck/*Hirte* § 135 Rn. 21.
[251] *Marotzke* ZInsO 2008, 1281, 1283.
[252] Bork/Schäfer/*Thiessen* Anh. zu § 30 Rn. 82.
[253] *K. Schmidt* DB 2008, 1727, 1734.
[254] *Fischer/Knees* ZInsO 2009, 745.
[255] BGHZ 140, 147, 152 ff.
[256] BGH NJW 2008, 2188 Rn. 12 ff.
[257] Uhlenbruck/*Hirte* § 135 Rn. 22; aA *Dahl/Schmitz* NZG 2009, 325, 331.
[258] *K. Schmidt* DB 2008, 1727, 1734; Uhlenbruck/*Hirte* § 135 Rn. 21.
[259] BGH NJW 2015, 1109 Rn. 53.

sung des Anspruchs angerechnet werden, die der Gesellschafter trotz der Verfahrenseröffnung behalten darf. Darum haben anfechtbare Zahlungen außer Ansatz zu bleiben, weil sie dem Gesellschafter keine dauerhaft verbleibende Befriedigung gewähren.[260] Abweichend von dem auf einem Redaktionsversehen beruhenden Wortlaut des § 135 Abs. 3 S. 2 InsO ist nicht der Zeitpunkt der Verfahrenseröffnung, sondern entsprechend den allgemeinen anfechtungsrechtlichen Grundsätzen der **Zeitpunkt der Antragstellung** als Stichtag der Jahresfrist für die Berechnung des Ausgleichsanspruchs heranzuziehen. Diese Betrachtungsweise stellt sicher, dass entsprechend dem Willen des Gesetzgebers das von etwaigen Rechtswirkungen des Eröffnungsverfahrens unbeeinflusste tatsächliche Zahlungsverhalten des Schuldners die Grundlage für die Bemessung des Anspruchs bildet. Handelt es sich – wie von § 135 Abs. 3 vorausgesetzt – um betriebsnotwendige Gegenstände, ist nach Antragstellung mit einer Anordnung nach § 21 Abs. 2 S. 1 Nr. 5 InsO zu rechnen. Ungeachtet einer solchen Anordnung wird ein nach Antragstellung eingesetzter vorläufiger Verwalter seine Zustimmung für Zahlungen an den Gesellschafter in aller Regel versagen. Da dem faktischen Zahlungsverhalten der Gesellschaft Vorrang zukommt, ist es sachgerecht, den Anspruch nach Maßgabe der vor Antragstellung geleisteten Vergütung und damit ungeachtet verfahrensbedingter Ausfälle zu bemessen.[261] Handelt es sich um eine überteuerte Vergütung, muss der Verwalter lediglich einen marktgerechten Ausglich leisten.[262]

Damit statuiert die Vorschrift ein **gesetzliches, entgeltliches Nutzungsverhältnis** für den Zeitraum nach Insolvenzeröffnung.[263] War zwar eine bestimmte Vergütung vereinbart, diese aber nicht gezahlt worden, bemisst sich die Höhe nach dem im letzten Jahr vor der Insolvenzeröffnung – bei kürzer Überlassungsdauer während dieser Zeit – im **Durchschnitt** tatsächlich Geleisteten.[264] Nachzahlungen in Erwartung der alsbaldigen Verfahrenseröffnung bleiben außer Betracht. Bei der Berechnung der durchschnittlichen Vergütung sind solche Zahlungen nicht zu berücksichtigen, die der Verwalter angefochten hat.[265] Ausnahmsweise darf der Verwalter den Gegenstand unentgeltlich nutzen, wenn kein Entgelt vereinbart, dieses im Zeitraum eines Jahres vor Eröffnung nicht bezahlt wurde oder sämtliche in diesem Zeitraum geleisteten Zahlungen der Anfechtung unterliegen.[266] Maßgeblich ist das Entgelt, das der Gesellschafter trotz der Insolvenzeröffnung behalten darf.[267] Abgesehen von § 135 Abs. 1 Nr. 2 kommt in den letzten drei Monaten vor Antragstellung auch eine Anfechtung nach § 130 in Betracht. Ernsthaft eingeforderte, aber verspätet geleistete Zahlungen können nach § 130 anfechtbar sein, wenn die Zahlung innerhalb des Drei-Monats-Zeitraums vor Antragstellung stattfand. Handelt es sich um überhöhtes Entgelt, kommt in diesem Umfang auch eine Anfechtung nach § 133 Abs. 1 und 2, § 134 in Betracht. Einer Anfechtung nach § 130 kann bei pünktlicher Zahlung der Bargeschäftseinwand (§ 142) entgegenstehen. Gleiches gilt für die Vorsatzanfechtung (§ 133 Abs. 1).[268] Von dem Gesellschafter ohne Erfolg verlangte vereinbarte Zahlungen sind nicht zu berücksichtigen.[269] Falls der Gesellschafter tatsächlich die geschuldete Vergütung nicht verlangt hat, wird ihm zugemutet, den Gegenstand der Gesellschaft auch weiter unentgeltlich zu belassen. Außerdem hat die weitere Nutzung auch dann unentgeltlich zu erfolgen, wenn es sich von vornherein um ein unentgeltliches Nutzungsverhältnis – Leihe – gehandelt hat. Wegen der Verweisung des § 135 Abs. 4 auf § 39 Abs. 3und 4 gelten zugunsten des Gesellschafters das Sanierungs- und Kleinbeteiligtenprivileg. Tritt ein außenstehender Dritter infolge des Erwerbs eines Grundstücks von einem Gesellschafter als Vermieter in dessen Mietverhältnis mit seiner Gesellschaft ein, ist er nicht verpflichtet, der Gesellschaft das Grundstück auf der Grundlage von § 135 Abs. 3 zur Nutzung zu überlassen, auch wenn der Verkäufer hierzu verpflichtet wäre.[270]

5. Rechtsfolgen für Vertragsverhältnis zwischen Gesellschafter und Gesellschaft. Auf 50
den Überlassungsvertrag zwischen dem Gesellschafter und der Gesellschaft sind grds. §§ 103 ff. anwendbar. Dabei ist zwischen Verträgen über **unbewegliche Sachen** und **sonstige Wirtschaftsgüter** zu unterscheiden: Nach § 109 Abs. 2 besteht ein Mietverhältnis über **Immobilien** fort, sofern Grundstück oder Räumlichkeiten dem Schuldner vor Verfahrenseröffnung überlassen

260 BGH NJW 2015, 1109 Rn. 55.
261 BGH NJW 2015, 1109 Rn. 56.
262 *Gehrlein* NZI 2016, 561, 563 ff.
263 *K. Schmidt* DB 2008, 1727, 1733.
264 *Gehrlein* Rn. 73; *Hirte* ZInsO 2008, 689, 693.
265 *Rühle* ZIP 2009, 1358, 1362.
266 Bork/Schäfer/*Thiessen* Anh. zu § 30 Rn. 83.
267 *G. Fischer,* FS Wellensiek, 2011, S. 443, 448.
268 BGH NZI 2017, 620.
269 *G. Fischer,* FS Wellensiek, 2011, S. 443, 448 f.
270 BGHZ 166, 125, 133.

waren. In diesem Fall kann der Insolvenzverwalter die Erfüllung nicht nach § 103 verweigern; das Nutzungsrecht des Verwalters beruht folglich auf dem Vertrag und nicht auf § 135 Abs. 3. Rückständige Nutzungsentgelte kann der Gesellschafter als Insolvenzgläubiger geltend machen (§ 108 Abs. 2); nachrangig iSv § 39 Abs. 1 Nr. 5 sind nur solche Entgeltforderungen, die der Gesellschafter darlehensgleich – faktisch gestundet – stehen gelassen hat. Die Entgeltansprüche des Vermieters bilden ab Insolvenzeröffnung Masseforderungen (§ 55 Abs. 2 Nr. 1, § 108). Allerdings ist der Verwalter berechtigt, das Nutzungsverhältnis mit einer gesetzlichen Kündigungsfrist von drei Monaten zu kündigen (§ 109 Abs. 1 S. 1). Aus der Insolvenzsituation als solcher kann ein **fristloses Kündigungsrecht** nicht hergeleitet werden.[271] Auch dem Gesellschafter als Vermieter ist ein auf die Insolvenz gestütztes außerordentliches Kündigungsrecht verwehrt (§ 112). Die an das frühere tatsächliche Entgelt angepasste Vergütungspflicht gilt vor allem dann, wenn der Insolvenzverwalter von dem **Sonderkündigungsrecht** des § 109 Gebrauch macht, aber die Weiternutzung des Vermögensgegenstandes beansprucht. Handelt es sich um **bewegliche Sachen** oder **Rechte,** hat der Verwalter nach § 103 die Erfüllungswahl. Entscheidet er sich für eine Erfüllung, gilt das Nutzungsverhältnis **einschließlich der Vergütungsvereinbarung** fort.[272] War Lehnt der Verwalter die Erfüllung ab, kann der Gesellschafter als Vermieter, Verpächter, Leasing- oder Lizenzgeber den daraus folgenden Nichterfüllungsschaden als Insolvenzforderung beanspruchen (§ 103 Abs. 2 S. 1). Selbst wenn der Verwalter Nichterfüllung wählt, kann er einer Aussonderung entgegentreten und die Rechte aus § 135 Abs. 3 erheben. Dann tritt das **gesetzliche Nutzungsverhältnis** des § 135 Abs. 3 an die Stelle des vertraglichen.

51 **6. Beendigung des Nutzungsverhältnisses vor Insolvenz.** Ungeklärt ist, wie es sich rechtlich verhält, wenn das Nutzungsrecht vor Antragstellung – etwa durch den von § 181 BGB befreiten Alleingesellschafter/Geschäftsführer – beendet wird.[273] Hier könnte man an eine Anfechtung (§§ 130, 131, 133) der auf die Nutzungsbeendigung gerichteten Rechtshandlung denken;[274] erwogen wird auch, von den Gesellschafter einem Anspruch auf Wertersatz für den Entzug auf die Dauer eines Jahres zu unterwerfen.[275] Immerhin wird man das Nutzungsrecht aus der Treupflicht herleiten können.[276] Ferner dürfte § 135 Abs. 3 zu Lasten eines (ehemaligen) Gesellschafters anzuwenden sein, der seine Geschäftsanteile innerhalb der Jahresfrist des § 135 Abs. 1 Nr. 2 veräußert hat. Hat der Gesellschafter den Nutzungsgegenstand auf einen Dritten übertragen, dürfte dieser ebenfalls den Pflichten des § 135 Abs. 3 unterliegen, falls die Veräußerung innerhalb der Jahresfrist des § 135 Abs. 1 Nr. 2 erfolgte.[277] Der Verweisung des § 135 Abs. 4 auf § 39 Abs. 4 und 5, die **Umgehungen** gerade ausschließen sollen, ist nicht zu entnehmen, dass sich der Gesellschafter seiner Verpflichtung durch Übertragung des Vermögensgegenstandes auf Angehörige entziehen kann. Wirkt der **Geschäftsführer** an der vorzeitigen Beendigung des Nutzungsverhältnisses mit, kann er sich Schadensersatzpflichtig machen.

52 **7. Nutzungsrecht bei Konkurrenz mit Drittansprüchen.** Im Eigenkapitalersatzrecht war anerkannt, dass das unentgeltliche Nutzungsrecht der Gesellschaft bzw. des Insolvenzverwalters an einem mit einem Grundpfandrecht belasteten Grundstück des Gesellschafters mit dem Beschluss über die Anordnung der Zwangsverwaltung endet.[278] Dies hat auch für das Nutzungsrecht aus § 135 Abs. 3 zu gelten, weil der Grundpfandrechtsgläubiger als außenstehender Dritter nicht verpflichtet sein kann, sich mit einem ermäßigten Entgelt zu begnügen. Allerdings steht dem Verwalter in dieser Lage ein Ausgleichsanspruch gegen den Gesellschafter zu. Im Fall einer **Doppelinsolvenz** über das Vermögen der Gesellschaft und des Gesellschafters endete die Wirkung einer eigenkapitalersetzenden Gebrauchsüberlassung nach bisheriger Rechtsprechung spätestens mit Ablauf des der Insolvenzeröffnung über das Vermögen des Schuldners nachfolgenden Kalendermonat. Der insoweit maßgebliche Gedanke, dass Gläubiger des Gesellschafters nicht den Eigenkapitalersatzregeln unterstehen, ist auch auf das neue Recht übertragbar. Da die Gesellschaft im Vergleich zum Eigenkapitalersatzrecht durch die Verpflichtung zur Zahlung einer Nutzungsvergütung ungünstiger gestellt wird, wäre es nicht einsichtig, ihr im Falle eines Zugriffs von Gesellschaftergläubigern auf ein Grundpfandrecht oder

---

271 *K. Schmidt* DB 2008, 1727, 1733.
272 *Gehrlein* BB 2011, 3, 9; aA Uhlenbruck/*Hirte* § 135 Rn. 23.
273 Vgl. *Gehrlein* BB 2011, 3, 10.
274 *Rühle* ZIP 2009, 1358, 1364; *Gruschinske* GmbHR 2010, 179, 181 f.; Bork/Schäfer/*Thiessen* Anh. zu § 30 Rn. 80; *Gehrlein* NZI 2016, 561, 565 f.
275 *K. Schmidt* DB 2008, 1727, 1733; *Gehrlein* NZI 2016, 561, 566.
276 *Gehrlein* NZI 2016, 561, 566.
277 *Rühle* ZIP 2009, 1358, 1364 f.
278 BGHZ 140, 147.

bei Eintritt der Gesellschafterinsolvenz mehr Rechte als unter dem früheren Rechtszustand zuzuerkennen.[279]

§ 136 Stille Gesellschaft

(1) [1]Anfechtbar ist eine Rechtshandlung, durch die einem stillen Gesellschafter die Einlage ganz oder teilweise zurückgewährt oder sein Anteil an dem entstandenen Verlust ganz oder teilweise erlassen wird, wenn die zugrundeliegende Vereinbarung im letzten Jahr vor dem Antrag auf Eröffnung des Insolvenzverfahrens über das Vermögen des Inhabers des Handelsgeschäfts oder nach diesem Antrag getroffen worden ist. [2]Dies gilt auch dann, wenn im Zusammenhang mit der Vereinbarung die stille Gesellschaft aufgelöst worden ist.

(2) Die Anfechtung ist ausgeschlossen, wenn ein Eröffnungsgrund erst nach der Vereinbarung eingetreten ist.

Schrifttum: *Koenigs,* Die stille Gesellschaft, 1961; *Kollhosser,* Kredite als Eigenkapitalersatz bei stillen Kapitalbeteiligungen?, WM 1985, 929; *Blaurock,* Handbuch der stillen Gesellschaft, 6. Aufl.2003; *Puchelt,* Commentar zum Allgemeinen Deutschen Handelsgesetzbuch, 1874; *K. Schmidt,* Das Vollstreckungs- und Insolvenzrecht der stillen Gesellschaft, KTS 1977, 1 und 65; *ders.,* Die Kreditfunktion der stillen Einlage, ZHR 140 (1976), 475; *Singhof/Seiler/Schlitt,* Mittelbare Gesellschaftsbeteiligungen – Stille Gesellschaft, Unterbeteiligung, Treuhand, 2004.

Übersicht

I. Normzweck

1 Die Einlage eines **stillen Gesellschafters** (§§ 230 ff. HGB) kann unter bestimmten Voraussetzungen nach den Regeln des Kapitalersatzes Teil der den Gläubigern des Unternehmensinhabers zur Verfügung stehenden Haftungsmasse sein.[1] Liegen diese Voraussetzungen nicht vor, so steht der Anspruch auf **Rückgewähr** der **Einlage,** soweit sie nicht durch den auf den stillen Gesellschafter entfallenden Verlustanteil aufgezehrt ist, nach § 236 Abs. 1 HGB im Insolvenzverfahren gleichberechtigt neben den sonstigen Insolvenzforderungen. Gegen eine vorzeitige Rückzahlung der Einlage sowie gegen den Erlass des auf den stillen Gesellschafter entfallenden **Verlustanteils** – und damit gegen eine Vorwegbefriedigung des stillen Gesellschafters – gibt § 136 dem Insolvenzverwalter neben den für alle Gläubiger geltenden Anfechtungsrechten eine erleichterte Anfechtungsmöglichkeit. Der Grund dafür liegt darin, dass der stille Gesellschafter dem Unternehmen nähersteht als andere Gläubiger,[2] wobei es nicht einmal in erster Linie auf die damit verbundenen erweiterten Informationsmöglichkeiten ankommt;[3] § 136 enthält insofern einen Anfechtungstatbestand für eine besondere Gruppe von **„Insidern“.**[4] Dieser Tatbestand ist rein objektiv ausgestaltet[5] und damit von den subjektiven Voraussetzungen der Gläubigerbenachteiligungsabsicht und der Kenntnis des Anfechtungsgegners hiervon frei. Er stellt der Sache nach

[279] *Gehrlein* BB 2011, 3, 10.
[1] → § 135 Rn. 66, 72.
[2] *Koenigs* S. 345 f.; MüKoHGB/*K. Schmidt* Anh. § 236 Rn. 3; *K. Schmidt* KTS 177, 65, 68; Ebenroth/Boujong/Joost/*Gehrlein* § 237 Rn. 1; vgl. auch Begr. zu § 151 RegE: „besondere gesellschaftsrechtliche Beziehungen“.
[3] So aber *Blaurock* Rn. 17.79.
[4] Nerlich/Römermann/*Nerlich* § 136 Rn. 2; *Smid/Zeuner* § 136 Rn. 1; *Baumbach/Hopt,* HGB, § 236 Rn. 6.
[5] Vgl. Begr. zu § 151 RegE.

eine Ausweitung der Anfechtungsmöglichkeit wegen **inkongruenter Deckung** dar (vgl. insbesondere § 131 Abs. 1 Nr. 2) und soll, wie die Ausnahmeregelung des Absatzes 2 zeigt, die Gleichbehandlung der Gläubiger im sog. **„materiellen Konkurs"** gewährleisten.[6] Die Frist, die für die der Einlagenrückgewähr oder dem Erlass der Verlustanteils zugrundeliegende Vereinbarung maßgebend ist, ist auf ein Jahr vor dem Eröffnungsantrag ausgeweitet, und der Eröffnungsgrund, der materiellrechtlich bei Abschluss der Vereinbarung vorliegen muss (Abs. 2) – neben der Zahlungsunfähigkeit genügen hier auch die Eröffnungsgründe der §§ 18 und 19 –, wird vermutet. Trotz dieser Herabsetzung der Anfechtungsvoraussetzungen spielt dieser Anfechtungstatbestand, der früher in § 237 HGB geregelt war, in der Praxis selten eine Rolle. Vielleicht liegt das an den dem stillen Gesellschafter zur Verfügung stehenden Kündigungsmöglichkeiten, die eine „Vereinbarung" im Sinne des Absatzes 1 entbehrlich machen oder die erforderliche Inkongruenz entfallen lassen.[7] Den Sondertatbestand einer erleichterten Anfechtung gegenüber dem stillen Gesellschafter gibt es nur im Insolvenzanfechtungsrecht; im Recht der Gläubigeranfechtung außerhalb des Insolvenzverfahrens findet er keine Entsprechung. § 136 kann nicht im Gesellschaftsvertrag oder durch sonstige Vereinbarung abbedungen werden[8] und gewährt lediglich einen schuldrechtlichen Rückgewähranspruch.

II. Entstehungsgeschichte

2 Eine dem § 136 in allen wesentlichen Punkten entsprechende Regelung war bereits in Art. 259 ADHGB als Teil der die stille Gesellschaft betreffenden Vorschriften des Gesellschaftsrechts enthalten. Das Handelsgesetzbuch vom 10. Mai 1897 übernahm sie – wiederum im Rahmen der gesellschaftsrechtlichen Bestimmungen über die stille Gesellschaft – inhaltlich unverändert in § 342. Aus diesem wurde im Zuge der durch das Bilanzrichtliniengesetz vom 19. Dezember 1985 eingeführten Änderungen der gleich lautende § 237 HGB. Da es sich der Sache nach schon immer um einen besonderen konkursrechtlichen Anfechtungstatbestand handelte, hat der Gesetzgeber der Insolvenzordnung die Regelung „aus rechtssystematischen Gründen"[9] mit nur geringfügig verändertem Inhalt als § 136 in die Insolvenzordnung übernommen. Die Änderung betrifft den Ausnahmetatbestand in Absatz 2.[10] § 237 HGB ist durch Art. 40 Nr. 17 EGInsO aufgehoben worden.

III. Anfechtungsvoraussetzungen

3 **1. Stille Gesellschaft. a) Begriff.** Der Anfechtungstatbestand des § 136 setzt voraus, dass der zurückgewährten Einlage oder der erlassenen Verlustbeteiligung eine stille Gesellschaft zwischen dem Insolvenzschuldner und dem Anfechtungsgegner zugrunde liegt. Dieses Gesellschaftsverhältnis braucht im Zeitpunkt der Eröffnung des Insolvenzverfahrens nicht mehr bestanden zu haben, wie sich aus Abs. 1 S. 2 ergibt.[11] Danach ist das Anfechtungsrecht auch gegeben, wenn die Gesellschaft im Zusammenhang mit der in Abs. 1 genannten Vereinbarung aufgelöst worden ist. Die stille Gesellschaft ist nach § 230 HGB eine Innengesellschaft des bürgerlichen Rechts, bei der sich der stille Gesellschafter an einem von dem anderen Gesellschafter betriebenen Handelsgewerbe beteiligt. Die eingezahlte Einlage geht in das Vermögen des Geschäftsinhabers über; dieser – und nicht die Gesellschaft – wird im Außenverhältnis aus den Unternehmensgeschäften berechtigt und verpflichtet (§ 230 Abs. 2 HGB). Geschäftsinhaber kann jede der nach § 11 Abs. 1 oder Abs. 2 Nr. 1 insolvenzverfahrensfähigen Personen oder Gesellschaften ohne Rechtspersönlichkeit sein.

4 Der Begriff des Handelsgewerbes verweist auf § 1 Abs. 1 HGB. Nach herrschender Meinung liegt deshalb eine stille Gesellschaft im Sinne der §§ 230 ff. HGB nur dann vor, wenn ein kaufmännisches Unternehmen betrieben wird.[12] Es wird jedoch angenommen, dass auf sog. **stille Gesellschaften des bürgerlichen Rechts,** bei denen der eine Gesellschafter ein nichtkaufmännisches Unternehmen (insbesondere Land- oder Forstwirtschaft) betreibt oder einen freien Beruf ausübt, die Vorschriften der §§ 230 ff. HGB zumindest teilweise entsprechend anzuwenden seien.[13] Nach anderer Ansicht handelt es sich auch in diesen Fällen von vornherein um eine stille Gesellschaft im Sinne der §§ 230 ff. HGB.[14] Dem allen ist nicht zu folgen. Die in dem Begriff des „Handelsgewerbes"

---

6 Vgl. → Rn. 24.
7 → Rn. 12.
8 Ebenroth/Boujong/Joost/*Gehrlein* § 237 Rn. 1; MüKoHGB/*K. Schmidt* Anh. § 236 Rn. 5.
9 Begr. zu § 151 RegE.
10 → Rn. 24.
11 Vgl. MüKoHGB/*K. Schmidt* Anh. § 236 Rn. 9.
12 Ebenroth/Boujong/Joost/*Gehrlein* § 230 Rn. 5; *Heymann/Horn* § 230 Rn. 4; Staub/*Zutt* § 230 Rn. 11, 35.
13 Staub/*Zutt* § 230 Rn. 11; MüKoBGB/*Ulmer* § 705 Rn. 287; *Blaurock* Rn. 8.3.
14 Schlegelberger/*K. Schmidt* § 230 Rn. 14; *Baumbach/Hopt* § 230 Rn. 1.

enthaltene Verweisung auf § 1 Abs. 1 HGB kann nicht einfach beiseitegeschoben werden. Das schließt die analoge Anwendung einzelner Bestimmungen des Rechts der stillen Gesellschaft nicht aus; dies bedarf aber für die jeweiligen Regelungsbereiche gesonderter Prüfung.[15] Das Anliegen, alle stillen Unternehmensbeteiligungen einzubeziehen, ist mit der Neukonzipierung des Kaufmannsbegriffs durch das Handelsrechtsreformgesetz vom 22. Juni 1998[16] zu einem wesentlichen Teil erfüllt worden. Infolge der Neufassung insbesondere des § 1 Abs. 2 HGB gilt als Handelsgewerbe jetzt jedes gewerbliche Unternehmen, soweit es nach Art und Umfang einen in kaufmännischer Weise eingerichteten Gewerbebetrieb erfordert. Durch diese Einschränkung hat das Unternehmen eines **Minderkaufmanns** seine Eigenschaft als Handelsgewerbe verloren, soweit solche Kleingewerbetreibenden nicht von der ihnen jetzt freigestellten Möglichkeit, sich in das Handelsregister eintragen zu lassen, Gebrauch machen.

b) Fehlerhafte Gesellschaft. Nach der Rechtsprechung des Bundesgerichtshofs sind die 5
Grundsätze über die fehlerhafte Gesellschaft auch auf die stille Gesellschaft – und zwar nicht nur auf atypische Formen, sondern auch in ihrer typischen, gesetzlichen Ausprägung – anzuwenden.[17] Ausnahmen läßt die Rechtsprechung nur zu, wenn gewichtige Interessen der Allgemeinheit oder einzelner schutzwürdiger Personen der rechtlichen Anerkennung einer fehlerhaften Gesellschaft entgegenstehen wie bei verbotenem oder sittenwidrigem Gesellschaftszweck oder bei fehlerhafter Beteiligung nicht voll geschäftsfähiger Personen.[18] Liegen solche zur Unwirksamkeit führende Gründe vor, ist § 136 nicht anwendbar.[19] Denn dann ist keine rechtliche Grundlage für die erst durch den Gesellschaftsvertrag vermittelte Nähe des stillen Gesellschafters zum Unternehmen vorhanden.[20] Ein aus sonstigen Gründen fehlerhafter – etwa wegen arglistiger Täuschung anfechtbarer[21] – Gesellschaftsvertrag wird als wirksam behandelt, bis er durch Kündigung mit Wirkung für die Zukunft beseitigt wird. Auf ihn ist deshalb § 136 an sich anwendbar.[22] Das führt aber nur dann zu der Rechtsfolge der Anfechtbarkeit, wenn das Gesellschaftsverhältnis nicht im Zusammenhang mit der Einlagenrückgewähr oder dem Erlass des Verlustanteils auf Grund der Fehlerhaftigkeit der Gesellschaft aufgelöst wird.[23] Denn anderenfalls fehlt es an der für die Anfechtbarkeit erforderlichen Inkongruenz der Leistung.[24]

c) Analoge Anwendung. Die entsprechende Anwendung des § 136 auf die stille Beteiligung 6
an einem nichtkaufmännischen Unternehmen **(„stille Gesellschaft bürgerlichen Rechts")**[25] ist abzulehnen.[26] Für eine solche Ausweitung der Anfechtungsmöglichkeit besteht jedenfalls seit der Neuordnung des Kaufmannsbegriffs durch das Handelsrechtsreformgesetz[27] angesichts der allgemeinen Anfechtungsvorschriften der §§ 130 ff.[28] und der geringen praktischen Effektivität der Sonderregelung des § 136[29] kein Bedürfnis. Ferner lässt sich die Regelung des § 136 auf **masselose Insolvenzen** nicht analog anwenden,[30] gleichgültig, ob ein Insolvenzantrag mangels ausreichender Masse abgewiesen oder ein solcher Antrag gar nicht erst gestellt wird.

---

15 → Rn. 6.

16 Gesetz zur Neuregelung des Kaufmanns- und Firmenrechts und zur Änderung anderer handels- und gesellschaftsrechtlicher Vorschriften, BGBl. I S. 1474.

17 BGHZ 55, 5, 7 ff.; BGH NZG 2005, 261, 262 mwN.

18 BGHZ 97, 243, 250; BGHZ 17, 160, 167 f.; BGH NJW 1992, 1503, 1504; NZG 2005, 261, 262; MüKoBGB/*Ulmer* § 705 Rn. 250 ff.

19 Schlegelberger/*K. Schmidt* § 342 (237 nF) Rn. 4; Ebenroth/Boujong/Joost/*Gehrlein* § 237 Rn. 2.

20 → Rn. 1.

21 Vgl. BGHZ 148, 201, 207; 63, 338, 345 f.

22 FKInsO/*Dauernheim* § 136 Rn. 5; Ebenroth/Boujong/Joost/*Gehrlein* § 237 Rn. 3; Nerlich/Römermann/*Nerlich* § 136 Rn. 4; MüKoHGB/*K. Schmidt* Anh. § 236 Rn. 9; *Smid/Zeuner* § 136 Rn. 4; Staub/*Zutt* § 237 Rn. 5; Uhlenbruck/*Hirte* Rn. 5.

23 BGHZ 55, 5 10; OLG Oldenburg NZG 1999, 896 mAnm *Michalski/Schuldenburg*; OLG Düsseldorf NZG 1999, 652 mAnm *Zeidler*; OLG Celle NZG 2000, 85, 87 m. zust. Anm. *Sosnitza*; OLG Stuttgart NZG 2000, 93, 94 f.; FKInsO/*Dauernheim* § 136 Rn. 8; HKInsO/*Thole* § 136 Rn. 5; MüKoHGB/*K. Schmidt* Anh. § 236 Rn. 19; HambKommInsO/*Schröder* Rn. 4; aA OLG Hamm ZIP 1999, 1530, 1532 f. m. abl. Anm. *Dauner-Lieb* EWiR § 237 HGB 1/99 S. 655 f.

24 Einzelheiten → Rn. 11 ff.

25 → Rn. 4.

26 HM: *Koenigs* S. 345 ff.; Staub/*Zutt* § 237 Rn. 2 mwN; *Smid/Zeuner* § 136 Rn. 3; aA *K. Schmidt* DB 1976, 1705, 1707 f.

27 → Rn. 4.

28 Vgl. MüKoBGB/*Ulmer* § 705 Rn. 242.

29 → Rn. 1, 12.

30 AA MüKoHGB/*K. Schmidt* Anh. § 236 Rn. 30; Nerlich/Römermann/*Nerlich* § 136 Rn. 18.

7 Auch eine analoge Anwendung des § 136 auf die **Unterbeteiligung** kommt nicht in Betracht.[31] Eine Anfechtung im Insolvenzverfahren über das Vermögen des Hauptgesellschafters, die der Masse im Unternehmensinsolvenzverfahren nutzbar gemacht werden könnte,[32] scheitert möglicherweise schon daran, dass das Rechtsverhältnis zwischen dem Gesellschafter und dem Unterbeteiligten vielfach gleichzeitig Treuhandcharakter hat;[33] es ist zweifelhaft, ob nicht dem Unterbeteiligten in der Insolvenz des Gesellschafters ein Aussonderungsrecht nach § 47 zusteht. Letztlich kommt es darauf nicht an, weil es aus der Sicht der Unternehmensgläubiger keiner Anfechtung in der Insolvenz des Hauptgesellschafters bedarf. Ist die Einlagerückzahlung an diesen – nach § 136 oder auf der Grundlage eines anderen Anfechtungstatbestands – anfechtbar, so kann die sich aus der Anfechtung ergebende Rechtsfolge unter den Voraussetzungen des § 145 auch den Unterbeteiligten als Rechtsnachfolger treffen. Wenn aber diese Voraussetzungen nicht vorliegen, ist es auch nicht gerechtfertigt, den Unterbeteiligten dem Anfechtungsanspruch auszusetzen.

8 Schließlich kann einer Ausdehnung der besonderen Anfechtungsmöglichkeit des § 136 auf alle Formen **langfristiger Fremdfinanzierung** von Unternehmen[34] nicht zugestimmt werden.[35] Bei einem bloßen Darlehensverhältnis fehlt die gesellschaftsrechtliche Nähe[36] des Kreditgebers zum Unternehmen.[37] Selbst die Annahme, dem Gläubiger eines langfristigen Unternehmenskredits würden typischerweise die gleichen Kontrollmöglichkeiten eingeräumt wie einem stillen Gesellschafter,[38] dürfte in diesem Zusammenhang nicht zutreffen.[39] Im Übrigen käme auch einer solchen Ausdehnung des Geltungsbereichs des § 136 in der Praxis eine so geringe Bedeutung zu,[40] dass sie sich gar nicht „lohnen" würde.

9 **2. Besondere Vereinbarung.** Das Anfechtungsrecht setzt voraus, dass die der Anfechtung unterliegende Rechtshandlung[41] auf einer Vereinbarung zwischen dem Geschäftsinhaber und dem stillen Gesellschafter beruht. Was damit gemeint ist, wird klar, wenn man sich vergegenwärtigt, dass § 136 ein Anfechtungstatbestand für einen besonderen Fall **inkongruenter Deckung** ist.[42] Nicht anfechtbar sind danach Rechtshandlungen, auf die der stille Gesellschafter ohnehin einen gesetzlichen oder vertraglichen Anspruch hat. Daraus folgt, dass eine Einlagenrückgewähr, die für diesen Zeitpunkt bereits im Gesellschaftsvertrag vorgesehen ist, nicht dem Anfechtungsrecht unterliegt. Dabei spielt es keine Rolle, ob der Gesellschaftsvertrag innerhalb oder außerhalb der Jahresfrist des § 136 Abs. 1 geschlossen worden ist.[43] Jede Rückgewähr der Einlage, deren Rechtsgrundlage schon vor der kritischen Zeit des § 136 Abs. 1 bestanden hat, ist der Anfechtung entzogen. War dem stillen Gesellschafter schon im Gesellschaftsvertrag ein Recht zur Kündigung eingeräumt, kann die Rückgewähr der Einlage selbst dann nicht angefochten werden, wenn die Kündigung in kritischer Zeit erfolgte.[44]

10 Ein Anfechtungsrecht besteht nicht, wenn die Einlage auf Grund einer von der einen oder der anderen Seite wirksam ausgesprochenen ordentlichen oder außerordentlichen **Kündigung** ohnehin zurückgezahlt werden musste.[45] Ob der andere Vertragsteil die Kündigung akzeptiert oder ihr widersprochen hat, spielt keine Rolle. Anders ist es nur, wenn das Kündigungsrecht selbst auf einer besonderen, innerhalb der Jahresfrist getroffenen Vereinbarung im Sinne des Absatzes 1 beruht.[46] Eine Kündigung zur Unzeit kann nach § 234 Abs. 1 S. 2 HGB in Verbindung mit § 723 Abs. 2 BGB zwar Schadensersatzansprüche auslösen, ist als solche aber wirksam. Vereinbarungen, die im Anschluss an eine Kündigung zur Abwicklung des Gesellschaftsverhältnisses geschlossen

---

31 *Heymann/Horn* § 237 Rn. 16; Staub/*Zutt* § 237 Rn. 2, 33; Nerlich/Römermann/*Nerlich* § 136 Rn. 18; Ebenroth/Boujong/Joost/*Gehrlein* § 237 Rn. 29; *Mock* NZI 2014, 102, 105.

32 MüKoHGB/*K. Schmidt* Anh. § 236 Rn. 31.

33 Vgl. BGH NJW 1994, 2886, 2887; Schlegelberger/*K. Schmidt* § 335 (230 nF) Rn. 186.

34 MüKoHGB/*K. Schmidt* Anh. § 236 Rn. 33; *K. Schmidt* ZHR 140 (1976), 475, 490 f.; *K. Schmidt* KTS 1977, 65, 71 f.; *K. Schmidt* ZIP 1981, 689, 697; Schlegelberger/*K. Schmidt* § 342 (237 nF) Rn. 34.

35 Ebenso OLG Hamm NZI 2000, 544, 545; OLG Dresden NZG 2000, 302 mAnm *Sosnitza.*

36 → Rn. 1.

37 *Kollhosser* WM 1985, 929, 932.

38 *K. Schmidt* ZHR 140 (1976), 475, 490.

39 *Kollhosser* WM 1985, 929, 932.

40 Zutreffend *Kollhosser* WM 1985, 929, 933.

41 → Rn. 15 ff.

42 → Rn. 1.

43 BGH WM 1971, 183, 184; RGZ 84, 434, 438.

44 OLG München ZIP 2016, 266 Rn. 16.

45 BGHZ 55, 5, 10; FKInsO/*Dauernheim* § 136 Rn. 8; HKInsO/*Thole* § 136 Rn. 7; Kübler/Prütting/*Paulus* § 136 Rn. 5, 9; Nerlich/Römermann/*Nerlich* § 136 Rn. 5; *Smid/Zeuner* § 136 Rn. 8; Uhlenbruck/*Hirte* Rn. 9; Ebenroth/Boujong/Joost/*Gehrlein* § 237 Rn. 7.

46 Staub/*Zutt* § 237 Rn. 7.

werden, sind unschädlich, soweit sie die ohnehin bestehende Rechtslage lediglich klarstellen.[47] Nur soweit der stille Gesellschafter mehr erhält, als ihm ohne die Vereinbarung zusteht, greift das Anfechtungsrecht ein.

Auch wenn eine Kündigung nicht ausgesprochen worden ist, besteht kein Anfechtungsgrund 11 nach § 136, sofern dem stillen Gesellschafter nur das gewährt wird, was er auf Grund eines – ordentlichen oder außerordentlichen – **Kündigungsrechts** hätte beanspruchen können.[48] Wenn der stille Gesellschafter, anstatt eine Kündigung auszusprechen, sich mit seinem Vertragspartner lediglich über die Rechtsfolgen seines Kündigungsrechts einigt, fehlt es an der erforderlichen Inkongruenz.[49] Anders ist es allerdings, wenn die Vertragspartner trotz Rückgewähr der Einlage das Gesellschaftsverhältnis aufrechterhalten; denn dieses Ergebnis wäre durch eine Kündigung nicht zu erreichen gewesen.

Der Umstand, dass ein **Kündigungsrecht** der Anfechtung nach § 136 entgegensteht, mag mit 12 eine Erklärung dafür sein, dass dieser Sondertatbestand der Insolvenzanfechtung in der Praxis eine so geringe Rolle spielt.[50] Der stille Gesellschafter kann ebenso wie der Gesellschafter einer BGB-Gesellschaft bei Vorliegen eines wichtigen Grundes die Gesellschaft jederzeit fristlos kündigen (§ 234 Abs. 1 S. 2 HGB in Verbindung mit § 723 Abs. 1 S. 2 BGB). Schon bei der Gesellschaft bürgerlichen Rechts wird ein solcher wichtiger Grund im finanziellen Zusammenbruch eines Gesellschafters, im Eintritt nachhaltiger Verluste, in einer hochgradigen Gefährdung der Kapitalbasis[51] sowie ganz allgemein in mangelnder Rentabilität des Unternehmens[52] gesehen. Bei der typischen stillen Gesellschaft wird wegen der vornehmlich kapitalistischen Beteiligung und der hier gegebenen geringeren Überwachungsrechte des stillen Gesellschafters der Gefährdung seiner Vermögensinteressen eine noch gesteigerte Bedeutung in der Frage beigemessen, wann ihm ein Festhalten am Vertrag nicht mehr zumutbar ist.[53] Deshalb soll der Vermögensverfall des Unternehmensinhabers den stillen Gesellschafter nicht nur zur Verweigerung der noch ausstehenden Einlage,[54] sondern in aller Regel auch zur **fristlosen Kündigung** des Gesellschaftsvertrages berechtigen.[55] Ein solches weites Verständnis des die sofortige Kündigung rechtfertigenden wichtigen Grundes enthält indessen einen Wertungswiderspruch zu Sinn und Zweck des Sonderanfechtungsrechts gegenüber dem stillen Gesellschafter. Der Gesetzgeber des Allgemeinen Deutschen Handelsgesetzbuchs ging davon aus, dass die Verschlechterung der Vermögenslage, die schließlich zum Konkurs geführt hat, für die Gesellschafter im Zweifel schon ein Jahr vor Konkurseröffnung erkennbar war; in diesem Zeitraum getroffene Vereinbarungen über die vorzeitige Rückzahlung der Einlage oder den Erlass des Verlustanteils sollten deshalb im Konkurs letztlich keinen Bestand haben.[56] Diese Erwägungen mögen, was den Zeitraum betrifft, heute nicht mehr zutreffen.[57] Sie zeigen aber jedenfalls, dass die Anfechtungsmöglichkeit der masseschmälernden Rückzahlung der Einlage „zur Unzeit“[58] entgegenwirken soll. Dieses Ziel wird nicht erreicht, wenn man es dem stillen Gesellschafter gerade zu dieser „Unzeit“ gestattet, sich wegen des sich abzeichnenden Vermögensverfalls des Unternehmensinhabers mit sofortiger Wirkung vom Vertrag zu lösen. Es ergibt sich dann vielmehr die merkwürdige rechtliche Situation, dass der stille Gesellschafter sowohl durch den Beweis, dass der „materielle Konkurs“[59] noch nicht eingetreten war (Abs. 2),[60] als auch durch den Beweis des Gegenteils, dass nämlich das Unternehmen sich bereits in Vermögensverfall befand, den Anfechtungsfolgen entgehen könnte. Der Anwendungsbereich des § 136 würde sich im Wesentlichen auf die Fälle beschränken, in denen der stille Gesellschafter weder das eine noch das andere nachweisen kann.[61] Es ist deshalb zu fragen, ob dem stillen Gesellschafter wirklich ein außerordentliches Kündigungsrecht wegen Vermögensverfalls des Unternehmensträgers

47 BGH NJW 2001, 1270, 1272; OLG München NZG 2000, 92, 93; Uhlenbruck/*Hirte* Rn. 9.
48 MüKoHGB/*K. Schmidt* Anh. § 236 Rn. 18; Staub/*Zutt* § 237 Rn. 9; nicht eindeutig BGH NJW 2001, 1270, 1272; einschränkend Kübler/Prütting/*Paulus* § 136 Rn. 4, wo auf die Grundsätze der hypothetischen Kausalität verwiesen wird.
49 → Rn. 1.
50 Vgl. → Rn. 1.
51 MüKoBGB/*Ulmer* § 723 Rn. 35.
52 RG JW 1913, 265, 266; RG JW 1927, 1350 f.
53 Staub/*Zutt* § 234 Rn. 26.
54 *K. Schmidt* KTS 1977, 1, 5.
55 Schlegelberger/*K. Schmidt* § 339 (234 nF) Rn. 39; *Heymann/Horn* § 234 Rn. 10.
56 *Koenigs* S. 319.
57 *Koenigs* S. 346 f.
58 *K. Schmidt* KTS 1977, 65, 68.
59 → Rn. 1, 24.
60 → Rn. 24.
61 Zur Beweislast → Rn. 23 f.

einzuräumen ist.[62] Er steht dem Unternehmen näher als ein sonstiger Kreditgeber,[63] und er ist in höherem Maße als ein solcher mit dem Inhaber des Unternehmens in einer Risikogemeinschaft verbunden. Hält er die finanzielle Grundlage des Unternehmens nicht mehr für ausreichend, so mag er von seinem ordentlichen Kündigungsrecht (§ 234 Abs. 1 S. 1 in Verbindung mit § 132 HGB) Gebrauch machen.

13 Der Anfechtungstatbestand ist nicht nur dann erfüllt, wenn dem stillen Gesellschafter bei fortbestehendem Vertragsverhältnis die Einlage ausgezahlt oder der Verlustanteil erlassen wird. Nach Abs. 1 S. 2 liegt eine Vereinbarung im Sinne des Satzes 1 auch dann vor, wenn sie im Zusammenhang mit der **Auflösung** der Gesellschaft getroffen wird. Die Vereinbarung kann sich auch in dem Auflösungsvertrag erschöpfen; der Anspruch auf Rückzahlung der Einlage folgt dann, soweit diese nicht durch den auf den stillen Gesellschafter entfallenden Verlustanteil aufgezehrt ist, aus dem Gesetz (§ 235 Abs. 1 HGB). Erforderlich ist, dass die Auflösung vorzeitig herbeigeführt wird, sich also der Auflösungszeitpunkt nicht bereits aus dem Gesellschaftsvertrag ergibt.[64]

14 **3. Jahresfrist.** Nach der Vorgängervorschrift des § 237 HGB musste die Vereinbarung im letzten Jahr vor der Konkurseröffnung getroffen worden sein. Der Gesetzgeber der Insolvenzordnung hat auch in diesem Zusammenhang – wie ganz allgemein im Insolvenzanfechtungsrecht – den Zeitpunkt, von dem ab die Frist berechnet wird, auf den Antrag auf Eröffnung des Insolvenzverfahrens vorverlegt. Bemerkenswert ist, dass es demnach hier abweichend von einem allgemeinen Grundsatz des Insolvenzanfechtungsrechts nicht auf den Zeitpunkt, zu dem die rechtlichen Wirkungen der angefochtenen **Rechtshandlung**[65] eingetreten sind,[66] sondern auf denjenigen der zugrundeliegenden **Vereinbarung** ankommt. Eine Einlagenrückgewähr, die außerhalb der Jahresfrist vereinbart, aber innerhalb dieses Zeitraums vollzogen worden ist, kann somit zwar nach anderen Anfechtungsvorschriften, nicht aber nach § 136 anfechtbar sein. Für die Berechnung der Frist gilt § 139.[67] Verjährungsrechtliche Vorschriften, insbesondere diejenigen über die Fristhemmung, sind nicht entsprechend anwendbar.[68] Der Zeitpunkt, zu dem die Vereinbarung getroffen worden ist, bestimmt sich gem. § 140 danach, wann ihre rechtlichen Wirkungen eingetreten sind.[69] Bei bedingten oder befristeten Abreden bleibt der Eintritt der Bedingung oder des Termins außer Betracht, § 140 Abs. 3.

15 **4. Anfechtbare Handlungen. a) Allgemeines.** Gegenstand der Anfechtung sind die **Rechtshandlungen,** mit denen die der Rückgewähr der Einlage oder des Erlasses des Verlustanteils zugrundeliegende Vereinbarung vollzogen wird.[70] Allerdings ist für die vom Antrag auf Eröffnung des Insolvenzverfahrens zurückzurechnende Jahresfrist nicht die Vollzugshandlung, sondern die ihr zugrundeliegende Vereinbarung maßgebend.[71] Ist bei Verfahrenseröffnung eine Vereinbarung im Sinne des § 136 noch nicht ausgeführt, so stellt sich die Frage einer Anfechtung nicht mehr.[72] Denn da die stille Gesellschaft durch das Insolvenzverfahren aufgelöst wird,[73] werden die Ansprüche des stillen Gesellschafters nach § 236 HGB ohnehin zu dem, was sie auch mit Hilfe des Anfechtungsrechts (wieder) werden sollen: zu Insolvenzforderungen, die gleichberechtigt mit allen anderen zu befriedigen sind.

16 **b) Rückgewähr der Einlage.** Anfechtbar ist die Rückgewähr der Einlage in ihrer vollen Höhe. Der Ansicht, die Einlage werde – entgegen dem Gesetzeswortlaut – nur erfasst, wenn und soweit sie zur Deckung des auf den stillen Gesellschafter entfallenden **Verlustanteils** benötigt werde,[74] ist nicht zu folgen.[75] Die Einlage des stillen Gesellschafters hat unabhängig von dessen

---

62 Vgl. *Puchelt* Art. 125 Anm. 4: „Verlust des Eigenkapitals ist an sich nicht hierher" (Unmöglichkeit der Zweckerreichung) „zu rechnen".

63 → Rn. 8.

64 Vgl. Uhlenbruck/*Hirte* Rn. 7.

65 → Rn. 15.

66 BGHZ 131, 189, 196; BGH NJW 1998, 1561, 1562.

67 FKInsO/*Dauernheim* § 136 Rn. 9; HKInsO/*Thole* § 136 Rn. 8; Kübler/Prütting/*Paulus* § 136 Rn. 7; aA Nerlich/Römermann/*Nerlich* § 136 Rn. 13; *Smid/Zeuner* § 136 Rn. 9: §§ 187, 188 BGB.

68 Schlegelberger/*K. Schmidt* § 342 (237 nF) Rn. 7; Staub/*Zutt* § 237 Rn. 11; *Smid/Zeuner* § 136 Rn. 9; vgl. RGZ 139, 110, 112.

69 HambKommInsO/*Schröder* Rn. 8; Uhlenbruck/*Hirte* Rn. 8.

70 MüKoHGB/*K. Schmidt* Anh. § 236 Rn. 11.

71 → Rn. 14.

72 Unklar Staub/*Zutt* § 237 Rn. 13.

73 Schlegelberger/*K. Schmidt* § 339 (234 nF) Rn. 30; Staub/*Zutt* § 234 Rn. 8.

74 Kübler/Prütting/*Paulus* § 136 Rn. 9; *Singhof/Seiler/Schlitt* Rn. 329.

75 FKInsO/*Dauernheim* § 136 Rn. 10; MüKoHGB/*K. Schmidt* Anh. § 236 Rn. 12; Staub/*Zutt* § 237 Rn. 14; *Smid/Zeuner* § 136 Rn. 15.

Verlustbeteiligung anfechtungsrechtlich eine andere Qualität als ein Fremdkredit.[76] Das Anliegen, die Anfechtbarkeit auf den Verlustanteil zu beschränken, hat sich schon im Gesetzgebungsverfahren zum Allgemeinen Deutschen Handelsgesetzbuch nicht durchsetzen können.[77]

Rückgewähr der Einlage ist jede zu diesem Zweck erbrachte Leistung an den stillen Gesellschafter, die zu einer Schmälerung der Masse führt. Es fallen deshalb nicht nur die Barauszahlung und die Geldüberweisung, sondern auch alle **Erfüllungssurrogate** darunter, insbesondere die befreiende Leistung an einen Dritten (§ 362 Abs. 2 BGB), die Leistung an Erfüllungs statt (§ 364 Abs. 1 BGB) und die Aufrechnung (§§ 387, 389 BGB).[78] Die **Umwandlung** der Einlage in ein **Darlehen** ist dagegen noch keine Rückgewähr.[79] Der Anspruch auf Rückzahlung eines Darlehens steht im eröffneten Insolvenzverfahren der Forderung des stillen Gesellschafters (§ 236 Abs. 1 HGB) nicht nach. Erst wenn das umgewandelte Darlehen noch vor Verfahrenseröffnung zurückgezahlt wird, bedeutet dies eine bei Vorliegen der sonstigen Voraussetzungen anfechtbare Masseschmälerung.[80] Gegen diese Beurteilung wird eingewandt, sie weite das Anfechtungsrecht unangemessen aus; denn sie führe auch dann zur Anfechtbarkeit, wenn die Umwandlung vor der Jahresfrist vereinbart worden sei, sofern nur das Darlehen innerhalb dieses Zeitraums zurückgezahlt worden sei.[81] Dieses Argument ist schwer verständlich. Wenn schon die Umwandlung außerhalb der Jahresfrist liegt, kann es hinsichtlich der zugrundeliegenden Vereinbarung erst recht nicht anders sein. Damit scheidet eine Anfechtbarkeit aus; die Rückzahlung des Darlehens bedarf keiner erneuten Vereinbarung, auf die es für die Anwendung des § 136 ankommen könnte. Soll freilich durch die Umwandlung auch ein schon durch Verluste verbrauchter Teil der Einlage zu einem Darlehensanspruch erstarken, dann liegt darin ein **Erlass des Verlustanteils,** der als solcher anfechtbar ist.[82] 17

Eine masseschmälernde Rückgewähr der Einlage liegt auch in der Bestellung von **Sicherheiten** (zB Pfandrecht, Sicherungsübereignung, Sicherungsabtretung) für den Rückzahlungsanspruch des stillen Gesellschafters, die diesem im Insolvenzverfahren ein Absonderungsrecht geben.[83] Die nachträgliche, nicht bereits im Gesellschaftsvertrag vorgesehene Absicherung ist somit anfechtbar, wenn sie innerhalb der Jahresfrist vor Stellung des Eröffnungsantrags vereinbart wird. 18

Die Rückgabe von Gegenständen, die der stille Gesellschafter dem Unternehmen lediglich zum Gebrauch überlassen hat, ist keine Einlagenrückgewähr. Für eine Anfechtung ist kein Raum, weil die Rückgabe die Masse nicht schmälert; denn der stille Gesellschafter hätte die Gegenstände im Insolvenzverfahren ohnehin aussondern können.[84] 19

Der **Erlass** einer noch offenen **Einlageforderung** gegen den stillen Gesellschafter fällt nicht unter § 136.[85] Das ergibt sich schon aus § 236 Abs. 2 HGB, wonach der stille Gesellschafter auch im bereits eröffneten Insolvenzverfahren die Einlage nur insoweit zur Masse einzuzahlen braucht, als sie zur Deckung seines Verlustanteils benötigt wird. Ist eine Vereinbarung über den Erlass der Einlageforderung so zu verstehen, dass auch die Verpflichtung zum Ausgleich des durch Verluste negativ gewordenen Einlagekontos des stillen Gesellschafters entfallen soll, so handelt es sich in diesem Umfang um einen nach § 136 anfechtbaren Erlass seines Anteils an dem entstandenen Verlust.[86] Die Auszahlung von **Gewinnanteilen,** die bereits auf Grund des Gesellschaftsvertrages oder nach § 231 Abs. 1 HGB geschuldet werden, fällt nur insoweit unter den besonderen Anfechtungstatbestand, als der ausgezahlte Betrag nach § 232 Abs. 2 S. 2 Hs. 2 HGB zum Ausgleich früherer Verluste hätte verwendet werden müssen.[87] Eine Auszahlung auf Grund einer erst innerhalb der Jahresfrist vereinbarten Erhöhung der Gewinnbeteiligung unterliegt jedoch dem besonderen Anfechtungsrecht nach § 136.[88] 20

---

76 Vgl. → Rn. 8.

77 Eingehend dazu *K. Schmidt* KTS 1977, 65, 71.

78 Vgl. RGZ 84, 436; *Baumbach/Hopt* § 236 Rn. 6; FKInsO/*Dauernheim* § 136 Rn. 10; Nerlich/Römermann/*Nerlich* § 136 Rn. 7; Ebenroth/Boujong/Joost/*Gehrlein* § 237 Rn. 13.

79 FKInsO/*Dauernheim* § 136 Rn. 10; Ebenroth/Boujong/Joost/*Gehrlein* § 237 Rn. 17; MüKoHGB/*K. Schmidt* Anh. § 236 Rn. 12; *Smid/Zeuner* § 136 Rn. 12.

80 MüKoHGB/*K. Schmidt* Anh. § 236 Rn. 12; *Smid/Zeuner* § 136 Rn. 12.

81 Staub/*Zutt* § 237 Rn. 16.

82 → Rn. 21; vgl. ferner *Baumbach/Hopt* § 236 Rn. 6.

83 RGZ 84, 434, 437 f.; FKInsO/*Dauernheim* § 136 Rn. 10; HKInsO/*Thole* § 136 Rn. 9; Kübler/Prütting/*Paulus* § 136 Rn. 6; *Blaurock* Rn. 17.89; MüKoHGB/*K. Schmidt* Anh. § 236 Rn. 13; Uhlenbruck/*Hirte* Rn. 6.

84 *Heymann/Horn* § 237 Rn. 7; MüKoHGB/*K. Schmidt* Anh. § 236 Rn. 14; Staub/*Zutt* § 237 Rn. 18.

85 *Heymann/Horn* § 237 Rn. 7; *Blaurock* Rn. 17.93; MüKoHGB/*K. Schmidt* Anh. § 236 Rn. 15; *K. Schmidt* KTS 1977, 65, 70; Staub/*Zutt* § 237 Rn. 21; *Smid/Zeuner* § 136 Rn. 14.

86 → Rn. 21.

87 FKInsO/*Dauernheim* § 236 Rn. 10; MüKoHGB/*K. Schmidt* Anh. § 236 Rn. 16; *Smid/Zeuner* § 136 Rn. 11.

88 FKInsO/*Dauernheim* § 136 Rn. 10; *Heymann/Horn* § 237 Rn. 8.

21 **c) Erlass des Verlustanteils.** Nach dem klaren Gesetzeswortlaut wird nur der Erlass von schon *entstandenen* **Verlustanteilen** erfasst.[89] Die Aufhebung der Beteiligung des stillen Gesellschafters an künftigen Verlusten (vgl. § 231 Abs. 2 Hs. 1 HGB) ist demnach nicht nach § 136 anfechtbar.[90] Maßgebend dafür, inwieweit es sich um bereits entstandene und inwieweit um künftige Verluste handelt, ist der Zeitpunkt des Erlasses.[91] Dass sich stattdessen das Anfechtungsrecht auf die bis zum nächsten Bilanzstichtag entstehenden Verluste erstrecken soll, falls die Beteiligten keine Zwischenbilanz auf den Tag des Erlasses aufstellen,[92] lässt sich nach der materiellen Rechtslage nicht begründen. Es handelt sich vielmehr um eine Frage des grundsätzlich vom Insolvenzverwalter zu führenden Beweises.[93] Soweit vom stillen Gesellschafter mangels hinreichenden Einblicks in die Geschäftsvorgänge keine erweiterte Darlegung verlangt werden kann und es sich wegen Fehlens einer Zwischenbilanz nicht mehr genau feststellen lässt, wie sich der im letzten Geschäftsjahr vor der Verfahrenseröffnung entstandene Verlust auf die einzelnen Zeiträume verteilt, wird man dem Insolvenzverwalter gestatten müssen, der Berechnung des in die Insolvenzmasse zurückzuzahlenden Betrages eine zeitanteilige Aufteilung des Verlustanteils zugrunde zu legen.

22 **5. Gläubigerbenachteiligung.** Wie auch sonst im Insolvenzanfechtungsrecht setzt die Anfechtung nach § 136 gemäß § 129 Abs. 1 eine Benachteiligung der Insolvenzgläubiger voraus. Da nicht schon die besondere Vereinbarung, sondern erst die zu ihrer Ausführung vorgenommenen Rechtshandlungen (Rückgewähr der Einlage; Erlass des Verlustanteils) Gegenstand der Anfechtung sind, genügt eine **mittelbare Benachteiligung.**[94] Es kommt also darauf an, ob die Insolvenzmasse bei Eröffnung des Verfahrens durch die anfechtbaren Rechtshandlungen geschmälert ist. Dabei gelten auch die von der Rechtsprechung entwickelten,[95] jetzt in § 142 gesetzlich geregelten Grundsätze des **Bargeschäfts.**[96] Die Anfechtbarkeit entfällt danach bei einem Austausch gleichwertiger Leistungen. Das bedeutet für § 136, dass eine anfechtbare Leistung des Unternehmensinhabers nicht vorliegt, wenn der stille Gesellschafter in unmittelbarem Zusammenhang damit eine in das Geschäftsvermögen fließende gleichwertige Gegenleistung erbringt.[97]

23 **6. Beweislast.** Die Beweislast für das Vorliegen der Voraussetzungen des Anfechtungsrechts trägt der Insolvenzverwalter. Dieser hat danach grundsätzlich alle Tatbestandsmerkmale[98] darzulegen und zu beweisen. Das gilt vor allem für die Vornahme einer anfechtbaren Rechtshandlungen (Rückzahlung der Einlage oder Erlass des Verlustanteils). Den Nachweis, dass die dadurch bewirkte Minderung des Geschäftsvermögens auf einer früher als im letzten Jahr getroffenen Vereinbarung beruht, soll dagegen nach verbreiteter Meinung der stille Gesellschafter führen müssen.[99] Dem kann nicht zugestimmt werden.[100] Schwierigkeiten, die sich für den Insolvenzverwalter daraus ergeben können, dass er über den Zeitpunkt einer solchen Abrede – insbesondere, wenn sie nicht schriftlich niedergelegt ist – aus eigenem Wissen keine Kenntnis hat, sind durch Anwendung der Grundsätze zu beheben, die die Rechtsprechung zu der in bestimmten Fallgestaltungen *erweiterten Darlegungslast* des an sich nicht beweisbelasteten Prozessgegners entwickelt hat. Dieser kann danach gehalten sein, die zu seinem Wahrnehmungsbereich gehörenden Verhältnisse offenzulegen, wenn die beweispflichtige Partei keinen Einblick in sie hat (sog. *sekundäre Behauptungslast*).[101] Auf dieser rechtlichen Grundlage hat der stille Gesellschafter vorzutragen, wann und unter welchen Umständen die Vereinbarung über die Einlagerückzahlung oder den Erlass des Verlustanteils getroffen worden sein soll. Sache des Insolvenzverwalters ist es dann freilich, die Darstellung des stillen Gesellschafters zu widerlegen. Das Ergebnis ist eine Frage der vom Tatrichter zu verantwortenden Beweiswürdigung. Die gleichen

---

89 FKInsO/*Dauernheim* § 136 Rn. 11; HKInsO/*Thole* § 136 Rn. 10; Nerlich/Römermann/*Nerlich* § 136 Rn. 10; *Blaurock* Rn. 17.92; MüKoHGB/*K. Schmidt* Anh. § 236 Rn. 17; *Smid/Zeuner* § 136 Rn. 16; Uhlenbruck/*Hirte* Rn. 7.

90 FKInsO/*Dauernheim* § 136 Rn. 11.

91 *Heymann/Horn* § 237 Rn. 9; HambKommInsO/*Schröder* Rn. 11; *Smid/Zeuner* § 136 Rn. 16.

92 So MüKoHGB/*K. Schmidt* Anh. § 236 Rn. 17; FKInsO/*Dauernheim* § 136 Rn. 11.

93 → Rn. 23.

94 Nerlich/Römermann/*Nerlich* § 136 Rn. 11; Uhlenbruck/*Hirte* Rn. 4.

95 Vgl. BGHZ 70, 177, 184 f.; BGHZ 123, 320, 322 f.

96 Nerlich/Römermann/*Nerlich* § 136 Rn. 11; *Singhof/Seiler/Schlitt* Rn. 328.

97 Schlegelberger/*K. Schmidt* § 342 (237 nF) Rn. 17; Staub/*Zutt* § 237 Rn. 23; *Smid/Zeuner* § 136 Rn. 17.

98 Zu Abs. 2 → Rn. 24.

99 FKInsO/*Dauernheim* § 136 Rn. 14; Nerlich/Römermann/*Nerlich* § 136 Rn. 15; MüKoHGB/*K. Schmidt* Anh. § 236 Rn. 24; *Smid/Zeuner* § 136 Rn. 19.

100 Ebenso HambKommInsO/*Schröder* Rn. 17.

101 BGHZ 126, 181, 200; BGH NJW 1990, 3151 f.; BGH NJW 1995, 2842, 2843; Zöller/*Greger* Vor § 284 Rn. 34.

Grundsätze gelten, wenn der stille Gesellschafter geltend macht, ihm habe im Zeitpunkt der Vereinbarung ein Recht zur sofortigen **Kündigung** des Vertragsverhältnisses **aus wichtigem** Grund zugestanden.[102]

IV. Ausschluss der Anfechtung (Abs. 2)

Abs. 2 schließt die Anfechtung für den Fall aus, dass ein **Eröffnungsgrund** erst nach der in Abs. 1 genannten besonderen Vereinbarung eingetreten ist. Eröffnungsgrund in diesem Sinne sind nicht nur Zahlungsunfähigkeit (§ 17) und Überschuldung (§ 19), sondern auch die nur den Schuldner zur Stellung des Insolvenzantrags berechtigende drohende Zahlungsunfähigkeit (§ 18).[103] Die auf den Eröffnungsgrund abstellende Gesetzesfassung enthält insoweit eine gewollte Abweichung von der bisherigen Formulierung „wenn der Konkurs in Umständen seinen Grund hat, die erst nach der Vereinbarung der Rückgewähr oder des Erlasses eingetreten sind" (§ 237 Abs. 2 HGB aF). Mit dieser Änderung soll der Ausnahmetatbestand „für die Praxis handhabbar" gemacht werden.[104] Das Abstellen auf den Eintritt des Eröffnungsgrundes zeigt deutlich, dass der besondere Anfechtungstatbestand für Leistungen an einen stillen Gesellschafter auf dem Grundsatz der Gleichbehandlung der Gläubiger im hier mit der Insolvenzreife beginnenden **„materiellen Konkurs"** beruht.[105] Der Sache nach besteht die Anfechtungsmöglichkeit nur, wenn im Zeitpunkt der nach Abs. 1 maßgebenden besonderen Vereinbarung das Unternehmen schon „konkursreif" war und der Antrag auf Eröffnung des Insolvenzverfahrens eigentlich hätte gestellt werden müssen. Da dieser Zeitpunkt aber für den Insolvenzverwalter unzumutbar schwer nachzuweisen ist, kehrt Absatz 2 insoweit die im Übrigen grundsätzlich beim Insolvenzverwalter liegende **Beweislast**[106] um.[107] Das Risiko, dass sich der Zeitpunkt des Eintritts der Insolvenzreife nicht genau feststellen lässt, wird für einen Zeitraum von einem Jahr vor dem Eröffnungsantrag dem stillen Gesellschafter auferlegt. Dass für die Zeit davor die besondere Anfechtungsmöglichkeit überhaupt nicht gilt, beruht auf der typisierenden Annahme, dass der Eröffnungsgrund für ein Insolvenzverfahren nicht früher als ein Jahr vor Stellung des Eröffnungsantrags eingetreten ist.[108] 24

§ 137 Wechsel- und Scheckzahlungen

(1) Wechselzahlungen des Schuldners können nicht auf Grund des § 130 vom Empfänger zurückgefordert werden, wenn nach Wechselrecht der Empfänger bei einer Verweigerung der Annahme der Zahlung den Wechselanspruch gegen andere Wechselverpflichtete verloren hätte.

(2) [1]Die gezahlte Wechselsumme ist jedoch vom letzten Rückgriffsverpflichteten oder, wenn dieser den Wechsel für Rechnung eines Dritten begeben hatte, von dem Dritten zu erstatten, wenn der letzte Rückgriffsverpflichtete oder der Dritte zu der Zeit, als er den Wechsel begab oder begeben ließ, die Zahlungsunfähigkeit des Schuldners oder den Eröffnungsantrag kannte. [2]§ 130 Abs. 2 und 3 gilt entsprechend.

(3) Die Absätze 1 und 2 gelten entsprechend für Scheckzahlungen des Schuldners.

Übersicht

102 → Rn. 11.

103 FKInsO/*Dauernheim* § 136 Rn. 13; HKInsO/*Thole* § 136 Rn. 11; Kübler/Prütting/*Paulus* § 136 Rn. 8; MüKoHGB/*K. Schmidt* Anh. § 236 Rn. 23; Nerlich/Römermann/*Nerlich* § 136 Rn. 14; *Smid/Zeuner* § 136 Rn. 18.

104 Begr. zu § 151 RegE.

105 Vgl. → Rn. 1.

106 → Rn. 23.

107 BGHZ 83, 341, 346; HKInsO/*Kreft* § 136 Rn. 11; *Baumbach/Hopt* § 236 Rn. 8; MüKoHGB/*K. Schmidt* Anh. § 236 Rn. 25; Uhlenbruck/*Hirte* Rn. 11.

108 Vgl. auch → Rn. 12.

I. Normzweck

1 Die Vorschrift soll die besondere Insolvenzanfechtung nach §§ 130, 132 an das Wechsel- und Scheckrecht anpassen. § 130 könnte zu dem für unbillig gehaltenen Ergebnis führen, dass eine Leistung des Schuldners anfechtbar ist, obwohl der Empfänger sie aus wechsel- oder scheckrechtlichen Gründen annehmen muss, wenn er nicht eigene Regressansprüche verlieren will. Unter diesen Voraussetzungen schließt **Abs. 1** die Anfechtung gegen den Empfänger aus. Stattdessen bietet **Abs. 2** eine Ersatzlösung. Gesetzgeberischer Anlass für sie war ursprünglich, einer Möglichkeit zum Missbrauch des Abs. 1 entgegenzuwirken:[1] Dazu könnte es insbesondere kommen, wenn ein Gläubiger einen in Kenntnis der Zahlungsunfähigkeit oder des Insolvenzantrags auf den Schuldner gezogenen Wechsel aufkauft und dieser sodann vom Schuldner eingelöst wird. In seiner Ausgestaltung lässt Abs. 2 aber die bloße Kenntnis der Krise – ohne weitergehende Missbrauchsabsicht[2] – dafür ausreichen, dass der letzte „Bereicherte" die Gläubigerbenachteiligung auszugleichen hat; dies stellt deshalb auch eine spezielle Ausprägung eines allgemeinen Billigkeitsgrundsatzes dar.[3] **Abs. 3** behandelt die Scheckberechtigten mit den Wechselberechtigten gleich. Die Vorschrift hat infolge der heute seltenen Verwendung von Wechsel und Scheck keine praktische Bedeutung.

II. Entstehungsgeschichte

2 Die Vorschrift entspricht § 34 KO. Abs. 2 passt dessen Regelung an den – im Vergleich mit § 30 Nr. 1 KO – neu gefassten Inhalt der §§ 130, 132 an. Im Gesetzgebungsverfahren wurde nur Abs. 2 den geänderten subjektiven Voraussetzungen in § 130 Abs. 2 und 3 angeglichen.

III. Anwendungsbereich

3 Abs. 1 und 3 schränken die Anwendbarkeit des **§ 130** auf bestimmte Wechsel- und Scheckzahlungen ein. Soweit ausnahmsweise derartige Erfüllungshandlungen nicht unter § 130, sondern unter § 132 fallen (→ § 132 Rn. 5), kann § 137 auch dafür sinngemäß eingreifen;[4] hierfür sprechen nicht nur die gemeinsame Herkunft der §§ 130 und 132 aus § 30 Nr. 1 KO, sondern auch die inhaltlich weitgehend gleichen Anfechtungsvoraussetzungen, während es andererseits keinen Grund für eine unterschiedliche Behandlung gibt. Sonstige Anfechtungstatbestände – insbesondere die §§ 131, 133 bis 136 – werden dagegen durch § 137 nicht betroffen.[5] Ergänzend → Rn. 10.

IV. Anfechtungsausschluss gemäß Abs. 1

4 **1. Zahlung auf einen Wechsel.** Begünstigt werden können nur Zahlungen des Schuldners auf einen **Wechsel** (oder Scheck, → Rn. 19). Auf andere – auch indossable – Wertpapiere, zB nach § 363 HGB, ist § 134 nicht anzuwenden, weil ihnen die Garantiefunktion fehlt.[6] Erst recht scheidet eine Anwendung auf sonstige Sicherheiten, zB Bürgschaften oder Pfandbestellungen, aus,[7] bei denen die verweigerte Zahlungsannahme nicht einmal die Möglichkeit eines Regresses (→ Rn. 7) nehmen würde. Der Schuldner muss zur Zahlung gerade aus dem Wechsel – sei es auch kraft der zugrundeliegenden schuldrechtlichen Vereinbarung – verpflichtet sein;[8] anderenfalls fiele seine Leistung als inkongruente Deckung unter § 131, nicht unter § 130. Im Falle einer ehelichen Gütergemeinschaft gilt § 137 für Wechselzahlungen jedes Ehegatten.[9]

1 Materialien zur KO von 1877, S. 140 zu § 27.
2 Ebenso HambKommInsO/*Rogge/Leptien* § 137 Rn. 1.
3 Vgl. HKInsO/*Kreft* § 137 Rn. 3; Jaeger/*Henckel* § 137 Rn. 18 aE; KPB/*Schoppmeyer* § 137 Rn. 9.
4 FKInsO/*Dauernheim* § 137 Rn. 1; KPB/*Schoppmeyer* § 137 Rn. 4.
5 HKInsO/*Kreft* § 137 Rn. 4; FKInsO/*Dauernheim* § 137 Rn. 2; vgl. BGH NJW 1974, 57; Uhlenbruck/*Hirte* § 137 Rn. 2; HambKommInsO/*Rogge* § 137 Rn. 4; *Andres/Leithaus* § 137 Rn. 3; Jaeger/*Henckel* § 137 Rn. 15; KPB/*Schoppmeyer* § 137 Rn. 4. Ergänzend → Rn. 10.
6 FKInsO/*Dauernheim* § 137 Rn. 2; HambKommInsO/*Rogge/Leptien* § 137 Rn. 2; Jaeger/*Henckel* § 137 Rn. 17; *Schoppmeyer* (Fn. 3) § 137 Rn. 5.
7 BGH NJW 1974, 57; Uhlenbruck/*Hirte* § 137 Rn. 2; *Gehrlein* WM 2009, Sonderbeilage 1, S. 53.
8 Jaeger/*Henckel* § 137 Rn. 6.
9 *Schuler* NJW 1958, 1609, 1613; *Jaeger/Weber* KO 8. Aufl. §§ 236a–c Rn. 25.

Die Bezugnahme auf § 130 ergibt, dass der **Schuldner** in seiner Eigenschaft als **Verpflichteter** eine Schuld gegenüber einem (Insolvenz-)Gläubiger *kongruent* erfüllen muss. Ferner folgt aus der Voraussetzung eines möglichen Regressverlustes (→ Rn. 7) und aus Abs. 2, dass der Schuldner den Wechsel nicht nur als selbständig Rückgriffsberechtigter – also Aussteller des gezogenen Wechsels oder Indossant – eingelöst haben darf.[10] Deshalb kommen vor allem die Fälle in Betracht, in denen der Schuldner Hauptverpflichteter, also Akzeptant eines gezogenen (Art. 28 WG) oder Aussteller eines eigenen Wechsels (Art. 78 WG) ist.[11] Erfasst wird auch eine Leistung als Ehrenzahler iSv Art. 61 WG nach Ehrenannahme (Art. 58 WG), während jeder, der ohne Annahme leistet, nur im Falle einer besonderen schuldrechtlichen Vereinbarung zahlungspflichtig sein kann.[12] Der Domiziliat (Art. 27 WG) dagegen leistet für fremde Rechnung, so dass seine Zahlung nicht ohne weiteres die eigenen Gläubiger benachteiligt.[13] 5

Erfasst wird die bare **Einlösung** des Wechsels ab Verfall[14] und vor Insolvenzeröffnung.[15] Eine Zahlung vor Fälligkeit wäre inkongruent iSv § 131 und deshalb nicht begünstigt.[16] Dasselbe gilt für Leistungen an Erfüllung statt.[17] Teilzahlungen können dagegen im Hinblick auf Art. 39 Abs. 2 WG die Anwendung des Abs. 1 rechtfertigen,[18] ebenso Zahlungsweisen, die – wie die bargeldlose Überweisung – nach der Verkehrsauffassung der Barzahlung gleichstehen,[19] und Erfüllungssurrogate, insbesondere die Aufrechnung mit einer Gegenforderung des Insolvenzschuldners gegen den Wechselinhaber ab Verfall des Wechsels.[20] Die Zwangsvollstreckung aus dem Wechsel ohne vorangegangenen Protest wird andererseits – zumal sie als inkongruent gilt – nicht begünstigt,[21] ebenso wenig die bloße Besicherung der Wechselschuld.[22] 6

2. Verlust des Rückgriffsrechts. a) Rückgriffsrecht. Für den Zahlungsempfänger müsste, ohne die Zahlung, ein Rückgriffsrecht gegen andere Wechselverpflichtete bestanden haben.[23] Dieses gibt es nicht für den Hauptschuldner des Wechsels (→ Rn. 5). Davon abgesehen kann grundsätzlich jeder Wechselgläubiger einschließlich des Vollmachtsindossatars (Art. 18 WG)[24] Rückgriff nehmen. Ein weiterer (vorrangig) wechselmäßig Verpflichteter – außer dem Insolvenzschuldner – muss auch im Einzelfall vorhanden gewesen sein.[25] Bei Zahlungen an den letzten oder einzigen Rückgriffsberechtigten greift deshalb Abs. 1 nicht ein.[26] 7

b) Verlust. Der Rückgriffsanspruch muss verlorengehen, falls der Empfänger die Annahme der Zahlung verweigert. Gem. Art. 43, 47 WG kann dies für jeden Wechselgläubiger zutreffen, weil er bei einer solchen Weigerung keinen Protest mangels Zahlung (Art. 44 WG) erheben darf, es sei denn, der Protest ist vom Aussteller oder sämtlichen (nachrangigen) Regresspflichtigen gem. Art. 46 WG erlassen.[27] Der Rechtsverlust muss sich unmittelbar aus dem Wechselrecht selbst ergeben; eine sonstige Vereinbarung genügt dazu nicht.[28] Die Zwangsvollstreckung aus dem Wechsel schließt den Protest nicht aus, kann also nicht den Abs. 1 erfüllen.[29] Der Protest mangels Annahme (Art. 44 WG) ist in diesem Zusammenhang unerheblich. 8

---

[10] Vgl. BGH ZInsO 2007, 816, 817; Jaeger/*Henckel* § 137 Rn. 6 aE.
[11] HKInsO/*Kreft* § 137 Rn. 6.
[12] FKInsO/*Dauernheim* § 137 Rn. 3; Jaeger/*Henckel* § 137 Rn. 6.
[13] Vgl. Jaeger/*Henckel* § 137 Rn. 6.
[14] Jaeger/*Henckel* § 137 Rn. 5; HKInsO/*Kreft* § 137 Rn. 5.
[15] Jaeger/*Henckel* § 137 Rn. 4.
[16] Jaeger/*Henckel* § 137 Rn. 5; *H.-G. Lange* S. 252; vgl. KPB/*Schoppmeyer* § 137 Rn. 4.
[17] *H.-G. Lange* S. 252 f.
[18] *Schoppmeyer* (Fn. 3) § 137 Rn. 4; Jaeger/*Henckel* § 137 Rn. 13; Uhlenbruck/*Hirte* § 137 Rn. 1.
[19] HKInsO/*Kreft* § 137 Rn. 5; HambKommInsO/*Rogge/Leptien* § 137 Rn. 2; Graf-Schlicker/*Huber* § 137 Rn. 2; Ergänzend → § 131 Rn. 11.
[20] HKInsO/*Kreft* § 137 Rn. 5; KPB/*Schoppmeyer* § 137 Rn. 4; FKInsO/*Dauernheim* § 137 Rn. 3; Nerlich/Römermann/*Nerlich* § 137 Rn. 2; *Leonhardt/Smid/Zeuner* InsO § 137 Rn. 6; Braun/*de Bra* § 137 Rn. 4; vgl. RGZ 58, 105, 108 f.
[21] Vgl. Rn. 8 und HambKommInsO/*Rogge* § 137 Rn. 2; Jaeger/*Henckel* § 137 Rn. 15 aE; offengelassen von RGZ 40, 40, 43.
[22] FKInsO/*Dauernheim* § 137 Rn. 3; KPB/*Schoppmeyer* § 137 Rn. 6.
[23] Vgl. HambKommInsO/*Rogge/Leptien* § 137 Rn. 3; *Andres/Leithaus* § 137 Rn. 4.
[24] Leonhardt/Smid/*Zeuner* § 137 Rn. 6. Ausnahmsweise handelt der Vollmachtsindossatar treuhänderisch für den Hauptverpflichteten, vgl. Jaeger/*Henckel* § 137 Rn. 12.
[25] Vgl. BGH NJW-RR 2007, 1429, 1431; HKInsO/*Kreft* § 137 Rn. 7; KPB/*Schoppmeyer* § 137 Rn. 6; *Leonhardt/Smid/Zeuner* § 137 Rn. 6; Jaeger/*Henckel* § 137 Rn. 11.
[26] Uhlenbruck/*Hirte* § 137 Rn. 2; HambKommInsO/*Rogge/Leptien* § 137 Rn. 3; Jaeger/*Henckel* § 137 Rn. 11; Graf-Schlicker/*Huber* § 137 Rn. 3.
[27] Vgl. FKInsO/*Dauernheim* § 137 Rn. 4; Jaeger/*Henckel* § 137 Rn. 8; KPB/*Schoppmeyer* § 137 Rn. 6.
[28] HambKommInsO/*Rogge/Leptien* § 137 Rn. 3; Jaeger/*Henckel* § 137 Rn. 7; vgl. RG LZ 1914, 1374, 1376 f.
[29] Jaeger/*Henckel* § 137 Rn. 15 aE.

9 Ein für Abs. 1 nötiger Rechtsverlust kann im Einzelfall auch dann nicht eintreten, wenn erst gezahlt wird, nachdem bereits vorher wirksam Protest erhoben wurde oder die Protestfrist (Art. 44 Abs. 3 WG) schon versäumt war.[30] § 137 steht einer Rückforderung aufgrund einer Anfechtung nach § 130 nicht entgegen, wenn der Aussteller eines auf die Schuldnerin bezogenen und von dieser akzeptierten Wechsels mangels anderer Vorleute nach Wechselrecht keinen Wechselanspruch gegen andere Wechselverpflichtete durch Verweigerung der Annahme der Wechselzahlung verlieren konnte.[31]

10 **3. Rechtsfolge.** Ist Abs. 1 erfüllt, kann die Zahlung **nicht nach § 130** – auch nicht ausnahmsweise nach § 132 (→ Rn. 3) – angefochten werden. Die Anfechtung gemäß anderen Grundlagen bleibt möglich, soweit diese erfüllt sind (→ Rn. 3). Ferner schließt Abs. 1 lediglich die Anfechtung des reinen Erfüllungsgeschäfts aus; er hindert weder die Anfechtung des Kausalgeschäfts, das der Wechselbegebung zugrunde liegt, noch der Eingehung der abstrakten Wechselschuld selbst.[32] Wird schon die Eingehung der Wechselverbindlichkeit gegenüber dem Empfänger erfolgreich angefochten, kann das zu ihrer Erfüllung Geleistete ohne Rücksicht auf § 137 zurückgefordert werden.[33]

V. Ersatzrückgewähr (Abs. 2)

11 Abs. 2 legt denjenigen fest, gegen den – anstelle des unmittelbaren Zahlungsempfängers – angefochten werden kann. Die Vorschrift gewährt einen selbständigen Anfechtungsanspruch. Ein Wahlrecht steht dem Insolvenzverwalter insoweit nicht zu.[34]

12 **1. Voraussetzung. a) Ausschluss auf Grund des Abs. 1.** Abs. 2 greift nur ein, wenn eine Anfechtung ausschließlich auf Grund des Abs. 1 ausscheidet.[35] Abs. 2 ist also weder anwendbar, wenn auf Grund anderer Vorschriften als § 130 – oder ausnahmsweise § 132 (→ Rn. 3) – gegen den unmittelbaren Leistungsempfänger angefochten werden kann, noch dann, wenn die Anfechtung gegen diesen aus anderen Gründen als den des Abs. 1, zB wegen Fristversäumung, ausgeschlossen ist.[36] Dagegen kommt es nicht auf die subjektiven Voraussetzungen in der Person des unmittelbaren Leistungsempfängers an; sie werden durch diejenigen in der Person des Anfechtungsgegners iSv Abs. 2 ersetzt.[37] Die Anfechtung nach Abs. 2 ist deshalb auch möglich, wenn der unmittelbare Zahlungsempfänger gutgläubig war.

13 **b) Anfechtungsgegner.** Richtiger Anfechtungsgegner nach Abs. 2 ist der letzte Rückgriffsschuldner aus dem Wechsel (bzw. Scheck, Abs. 3). Das ist derjenige Wechselgläubiger, der bei Protesterhebung mangels Zahlung letztlich auf den Wechsel hätte zahlen müssen und seinerseits Rückgriff nur noch gegen den Insolvenzschuldner hätte nehmen können.[38] Regelmäßig ist beim gezogenen Wechsel der Aussteller (Art. 9, 47 WG) und beim eigenen Wechsel der erste Indossant (Art. 77, 15, 47 WG) derjenige, der auf solche Weise durch die frühere Zahlung des Insolvenzschuldners von der eigenen Regresspflicht befreit wird. Der Wortlaut des Satzes 1 („geben ließ“) erfasst auch Fälle, in denen der formell letzte Regressschuldner den Wechsel für Rechnung eines Dritten – zB als Einkaufskommissionär für einen Kommittenten – weiterbegeben hat (vgl. Art. 3 Abs. 3 WG); dann richtet sich der Erstattungsanspruch gegen diesen Dritten.[39] Hat anstelle des letzten Rückgriffsschuldners ein Nichtberechtigter wirksam (Art. 16 Abs. 2 WG) über den Wechsel verfügt, kann gegen den eigentlichen Rückgriffsschuldner nur unter den Voraussetzungen der wechselmäßigen Rechtsscheinshaftung angefochten werden.[40] In Zweifelsfällen kann der Insolvenzverwalter dem

30 KPB/*Schoppmeyer* § 137 Rn. 5; Nerlich/Römermann/*Nerlich* § 137 Rn. 3; *Hess* InsO § 137 Rn. 3; *Leonhardt/Smid/Zeuner* § 137 Rn. 6 aE; HKInsO/*Kreft* § 137 Rn. 7; Uhlenbruck/*Hirte* § 137 Rn. 2; Jaeger/*Henckel* § 137 Rn. 10; vgl. RGZ 40, 40, 43; *Andres/Leithaus* § 137 Rn. 3.

31 BGH NZI 2007, 517 Rn. 21.

32 *Leonhardt/Smid/Zeuner* § 140 Rn. 3; Jaeger/*Henckel* § 137 Rn. 4, 14; Uhlenbruck/*Hirte* § 137 Rn. 2; Graf-Schlicker/*Huber* § 137 Rn. 3; KPB/*Schoppmeyer* § 137 Rn. 5.

33 HKInsO/*Kreft* § 137 Rn. 8; vgl. Jaeger/*Henckel* § 137 Rn. 14.

34 RGZ 40, 40, 42.

35 Vgl. RGZ 40, 40, 41 f.; *Leonhardt/Smid/Zeuner* § 137 Rn. 7 aE; Uhlenbruck/*Hirte* § 137 Rn. 6; HambKommInsO/*Rogge* § 137 Rn. 5.

36 Jaeger/*Henckel* § 137 Rn. 19.

37 Vgl. HambKommInsO/*Rogge/Leptien* § 137 Rn. 5; Jaeger/*Henckel* § 137 Rn. 23.

38 HKInsO/*Kreft* § 137 Rn. 9; Uhlenbruck/*Hirte* § 137 Rn. 7; HambKommInsO/*Rogge/Leptien* § 137 Rn. 6; *Andres/Leithaus* § 137 Rn. 6.

39 HKInsO/*Kreft* § 137 Rn. 10; Uhlenbruck/*Hirte* § 137 Rn. 7; HambKommInsO/*Rogge/Leptien* § 137 Rn. 8; Jaeger/*Henckel* § 137 Rn. 21; vgl. *H.-G. Lange* S. 253. Zur Beweislast → Rn. 23.

40 Jaeger/*Henckel* § 137 Rn. 18; *Nerlich/Römermann* § 137 Rn. 5; vgl. *Baumbach/Hefermehl/Casper,* Wechselgesetz, Scheckgesetz 23. Aufl., Einl. WG Rn. 30.

Dritten – oder dem regelmäßig Rückgewährpflichtigen – mit verjährungshemmender Wirkung (§ 204 Abs. 1 Nr. 6 BGB) gemäß §§ 72 bis 74 ZPO den Streit verkünden.

Ist der richtige Rückgewährpflichtige (→ Rn. 13) seinerseits zahlungsunfähig, haften nicht an seiner Stelle andere, nachrangige Regresspflichtige. Dieses Risiko trägt vielmehr die Insolvenzmasse.[41] Das gilt erst recht, wenn jener nicht die subjektiven Anfechtungsvoraussetzungen (→ Rn. 15 bis 17) erfüllt. 14

c) Kenntnis. Gegen die gem. → Rn. 13 zu bestimmende Person greift die Anfechtung nach Satz 1 nur durch, wenn der objektive Tatbestand des § 130 – ausnahmsweise des § 132, → Rn. 3 – gegenüber dem unmittelbaren Zahlungsempfänger (→ Rn. 6, 7) erfüllt war. Insbesondere muss der Insolvenzschuldner die Zahlung entweder nach Eintritt seiner Zahlungsunfähigkeit, längstens drei Monate vor dem Eröffnungsantrag, oder nach diesem Antrag geleistet haben. Ferner muss der Ersatzrückgewährpflichtige iSv → Rn. 13 die Zahlungsunfähigkeit des Schuldners oder den Eröffnungsantrag *gekannt* haben (→ § 130 Rn. 31, 33, → 53 bis 55); gemäß **Satz 2** schadet ihm auch „Rechtsblindheit" iSv § 130 Abs. 2 (→ § 130 Rn. 34 bis 39, → 56). 15

Maßgeblicher **Zeitpunkt** für die Kenntnis oder die ihr gleichzubehandelnde Unkenntnis iSv § 130 Abs. 2 ist nach Satz 1 derjenige, in dem der Anfechtungsgegner (→ Rn. 13) seinerseits den Wechsel begab oder begeben ließ.[42] Erlangt der Ersatzrückgewährpflichtige erst später – insbesondere bis zur Wechseleinlösung durch den Insolvenzschuldner – die erforderliche Kenntnis, schadet ihm das nicht; vielmehr schließt dann Abs. 1 im Ergebnis jede Anfechtung gemäß § 130 aus.[43] 16

Die Kenntnis eines *Stellvertreters* iSv § 166 Abs. 1 BGB oder Wissensvertreters (→ § 130 Rn. 41 bis 51, 56) im maßgeblichen Zeitpunkt wird dem Anfechtungsgegner zugerechnet. Insbesondere muss sich dieser (zB der Kommittent) die Kenntnis desjenigen (zB des Kommissionärs) zurechnen lassen, der den Wechsel wirksam für den Anfechtungsgegner iSv Art. 13 WG weiterbegeben hat.[44] 17

2. Anspruchsinhalt. Der Anfechtungsanspruch entspricht demjenigen gemäß § 130 und richtet sich im Umfang nach § 143. Er erfasst die – vom Insolvenzschuldner tatsächlich gezahlte – Wechselsumme mit Zinsen und Kosten und wird nicht begrenzt durch den Wert, den der Anfechtungsgegner selbst für die Begebung erhalten hat.[45] Erstattet der Anfechtungsgegner den von ihm geschuldeten Betrag, lebt gem. § 144 auch seine etwaige Forderung gegen den Insolvenzschuldners wieder auf.[46] 18

VI. Zahlung auf einen Scheck (Abs. 3)

Abs. 3 sieht umfassend die entsprechende Anwendung der Abs. 1 und 2 auf die Scheckeinlösung vor. Die Möglichkeit eines Regressverlustes (→ Rn. 5, 7) besteht nach Art. 40 ScheckG nur, wenn der **Bezogene** den Scheck bei Verfall nicht einlöst; dies kann nach Art. 3, 54 ScheckG nur ein Kreditinstitut sein und muss gem. § 137 Abs. 3 zugleich der **Insolvenzschuldner** sein.[47] Zwar ist die Annahme des Schecks ausgeschlossen (Art. 4 ScheckG), doch kann das Kreditinstitut dem Aussteller auf Grund des beiderseitigen Girovertrages zur Einlösung verpflichtet sein. Da die Insolvenz des Ausstellers somit nicht genügt, hat die Norm kaum praktische Bedeutung. 19

Auch Teilzahlungen auf den Scheck können die Anwendung des Abs. 3 wegen des Sinns der Formvorschrift rechtfertigen; § 366 BGB ändert daran im Hinblick auf Art. 34 Abs. 2 ScheckG nichts.[48] Als Zahlung auf den Scheck (→ Rn. 6) gilt auch die Verrechnung mit der dafür erteilten Gutschrift. Dies trifft nicht nur für den Verrechnungsscheck (Art. 39 Abs. 2 ScheckG), sondern auch für den Barscheck zu; nach der heutigen Verkehrsauffassung steht die mit Einverständnis des Empfängers geleistete Girozahlung auf den Scheck der Barzahlung gleich.[49] Zahlt die bezogene 20

---

[41] HKInsO/*Kreft* § 137 Rn. 3, 9; Uhlenbruck/*Hirte* § 137 Rn. 6; Braun/*de Bra* § 137 Rn. 11; Jaeger/*Henckel* § 137 Rn. 20.

[42] Uhlenbruck/*Hirte* § 137 Rn. 6; Jaeger/*Henckel* § 137 Rn. 18; *Nerlich/Römermann* § 137 Rn. 6; Graf-Schlicker/*Huber* § 137 Rn. 6. Dagegen betrifft BGH NJW-RR 2007, 1419, 1421 nicht eine Anfechtung gem. § 137, sondern nach § 130 unmittelbar gegen den Aussteller des Wechsels.

[43] Vgl. Jaeger/*Henckel* § 137 Rn. 23.

[44] Jaeger/*Henckel* § 137 Rn. 23.

[45] HambKommInsO/*Rogge/Leptien* § 137 Rn. 12; Jaeger/*Henckel* § 137 Rn. 22.

[46] Uhlenbruck/*Hirte* § 137 Rn. 6 aE; HambKommInsO/*Rogge/Leptien* § 137 Rn. 12; Jaeger/*Henckel* § 137 Rn. 24; Graf-Schlicker/*Huber* § 137 Rn. 7.

[47] Ebenso FKInsO/*Dauernheim* § 137 Rn. 7; KPB/*Schoppmeyer* § 137 Rn. 8; Uhlenbruck/*Hirte* § 137 Rn. 8; HambKommInsO/*Rogge/Leptien* § 137 Rn. 13; Jaeger/*Henckel* § 137 Rn. 25; *Bork,* Zahlungsverkehr Rn. 426.

[48] HambKommInsO/*Rogge/Leptien* § 137 Rn. 13; Jaeger/*Henckel* § 137 Rn. 27.

[49] FKInsO/*Dauernheim* § 137 Rn. 8; *Hess* InsO § 137 Rn. 8; *Leonhardt/Smid/Zeuner* InsO § 137 Rn. 8; Uhlenbruck/*Hirte* § 137 Rn. 9; Jaeger/*Henckel* § 137 Rn. 26; aM RG LZ 1914, 1374, 1376 f.

Bank auf einen Scheck, so ist dessen Inhaber oft nicht ihr eigener (Insolvenz-)Gläubiger iSv § 130, sondern nur Gläubiger des Scheckausstellers; eine Anfechtung kann dann allenfalls auf Grund des § 132 erfolgen.[50]

21 Die möglichen Rückgriffsberechtigten (→ Rn. 7, 8) sind die Indossanten iSv Art. 18 ScheckG. Die Person des jeweiligen Ersatzrückgewährpflichtigen nach Abs. 2 ist gemäß Art. 44 ScheckG zu bestimmen.

VII. Beweisfragen

22 Der anfechtende Insolvenzverwalter hat die Anfechtbarkeit der Wechsel- oder Scheckzahlung – insbesondere nach § 130 (ausnahmsweise gemäß § 132, → Rn. 3) – zu beweisen.[51] Sodann muss derjenige, der die Anfechtung hiernach ausschließen will, die Voraussetzungen des § 137 **Abs. 1** beweisen, also regelmäßig der Anfechtungsgegner. Dieser muss deshalb die Zahlung des Insolvenzschuldners auf den Wechsel oder Scheck und den ohne die Annahme entstandenen Rechtsverlust nachweisen.[52]

23 Die Voraussetzungen des **Abs. 2** – gegebenenfalls iVm Abs. 3 – hat durchweg der anfechtende Insolvenzverwalter zu beweisen. Hierzu gehört einerseits, dass die Anfechtung gegen den Leistungsempfänger gem. Abs. 1 ausgeschlossen ist.[53] Ferner stehen die Person des Anfechtungsgegners (→ Rn. 13) sowie die zeitlichen und subjektiven Anfechtungsvoraussetzungen gegen diesen (→ Rn. 15) regelmäßig zur Beweislast des Anfechtenden. Behauptet allerdings der Anfechtungsgegner, er habe im Innenverhältnis für einen Dritten gehandelt (→ Rn. 13), ohne dass dies aus dem Wechsel oder Scheck selbst zu entnehmen ist, so muss er das beweisen.[54] Ferner hat nach **Satz 2** iVm § 130 Abs. 3 der Anfechtungsgegner, der dem Insolvenzschuldner iSv § 138 nahesteht, seinerseits zu beweisen, dass er die Zahlungsunfähigkeit oder den Eröffnungsantrag nicht kannte (→ § 130 Rn. 66, 67).

§ 138 Nahe stehende Personen

(1) Ist der Schuldner eine natürliche Person, so sind nahestehende Personen:

1. der Ehegatte des Schuldners, auch wenn die Ehe erst nach der Rechtshandlung geschlossen oder im letzten Jahr vor der Handlung aufgelöst worden ist;

1a. der Lebenspartner des Schuldners, auch wenn die Lebenspartnerschaft erst nach der Rechtshandlung eingegangen oder im letzten Jahr vor der Handlung aufgelöst worden ist;

2. Verwandte des Schuldners oder des in Nummer 1 bezeichneten Ehegatten oder des in Nummer 1a bezeichneten Lebenspartners in auf- und absteigender Linie und voll- und halbbürtige Geschwister des Schuldners oder des in Nummer 1 bezeichneten Ehegatten oder des in Nummer 1a bezeichneten Lebenspartners sowie die Ehegatten oder Lebenspartner dieser Personen;

3. Personen, die in häuslicher Gemeinschaft mit dem Schuldner leben oder im letzten Jahr vor der Handlung in häuslicher Gemeinschaft mit dem Schuldner gelebt haben sowie Personen, die sich auf Grund einer dienstvertraglichen Verbindung zum Schuldner über dessen wirtschaftliche Verhältnisse unterrichten können;

4. eine juristische Person oder eine Gesellschaft ohne Rechtspersönlichkeit, wenn der Schuldner oder eine der in den Nummern 1 bis 3 genannten Personen Mitglied des Vertretungs- oder Aufsichtsorgans, persönlich haftender Gesellschafter oder zu mehr als einem Viertel an deren Kapital beteiligt ist oder auf Grund einer vergleichbaren gesellschaftsrechtlichen oder dienstvertraglichen Verbindung die Möglichkeit hat, sich über die wirtschaftlichen Verhältnisse des Schuldners zu unterrichten.

(2) Ist der Schuldner eine juristische Person oder eine Gesellschaft ohne Rechtspersönlichkeit, so sind nahestehende Personen:

1. die Mitglieder des Vertretungs- oder Aufsichtsorgans und persönlich haftende Gesellschafter des Schuldners sowie Personen, die zu mehr als einem Viertel am Kapital des Schuldners beteiligt sind;

---

50 → Rn. 3 und → § 132 Rn. 8.

51 Uhlenbruck/*Hirte* § 137 Rn. 11.

52 KPB/*Schoppmeyer* § 137 Rn. 13; Graf-Schlicker/*Huber* § 137 Rn. 8.

53 KPB/*Schoppmeyer* § 137 Rn. 14; → Rn. 12.

54 Uhlenbruck/*Hirte* § 137 Rn. 11; HambKommInsO/*Rogge/Leptien* § 137 Rn. 14; *Andres/Leithaus* § 137 Rn. 7; Jaeger/*Henckel* § 137 Rn. 21 aE.

2. eine Person oder eine Gesellschaft, die auf Grund einer vergleichbaren gesellschaftsrechtlichen oder dienstvertraglichen Verbindung zum Schuldner die Möglichkeit haben, sich über dessen wirtschaftliche Verhältnisse zu unterrichten;
3. eine Person, die zu einer der in Nummer 1 oder 2 bezeichneten Personen in einer in Absatz 1 bezeichneten persönlichen Verbindung steht; dies gilt nicht, soweit die in Nummer 1 oder 2 bezeichneten Personen kraft Gesetzes in den Angelegenheiten des Schuldners zur Verschwiegenheit verpflichtet sind.

Schrifttum: *App,* „Nahestehende Personen" im Sinne des neuen Insolvenzrechts und ihre Stellung im neuen Insolvenzrecht und Gläubigeranfechtungsrecht, FamRZ 1996, 1523; *Biehl,* Insider im Insolvenzverfahren, 2000; *ders.*, Zur Verfassungsmäßigkeit der Insiderbestimmungen zu Lasten von Ehe und Familie gemäß § 138 I InsO, FamRZ 2001, 745; *ders.*, § 138 InsO nF – Änderungsvorschläge zum DiskE des BMJ, ZInso 2003, 543; *Ehricke,* Insolvenzrechtliche Anfechtung gegen Insider – Zur Bestimmung nahe stehender Personen von GmbH und AG –, KTS 1996, 209; *Fehl,* Zur Anwendbarkeit von § 31 Ziff. 2 KO auf Geschäfte einer Kommanditgesellschaft mit einem ihrer Gesellschafter oder dessen nahen Angehörigen, ZGR 1978, 725; *Fridgen,* Die Zurechnung der Eigenschaft nahe stehende Person über § 166 BGB – Zugleich Anmerkung zu BGH, Urteil vom 1.4.2004 – IX ZR 305/00 (KG), ZInsO 2004, 548 –, ZInsO 2004, 1341; *Hirte,* Nahestehende Personen (§ 138 InsO) – Klarheit oder Rückschritt, ZInsO 1999, 429; *Killinger,* Insolvenzanfechtung gegen Insider, 1991; *Kirchhof,* Die neue Rechtsprechung des BGH in Insolvenzverfahren – insbesondere zu Anfechtungsfragen gegenüber Gesellschaftern und nahen Angehörigen iSd § 138 InsO, ZInsO 2001, 825; *Mock,* Die Vergütung des vorinsolvenzrechtlichen Sanierungsberaters, ZIP 2014, 445; *Ropohl,* Gesellschaftsrechtliche Insider nach § 138 Abs. 2 InsO, 2002; *ders.*, Bestimmung der gesellschaftsrechtlich nahe stehenden Personen nach § 138 II InsO, NZI 2006, 425.

Übersicht

I. Normzweck

Die §§ 129 ff. erleichtern in mehrfacher Hinsicht die insolvenzrechtliche Anfechtung gegenüber Personen, die dem Schuldner nahe stehen. Durch § 130 Abs. 3, § 131 Abs. 2 Satz 2, § 132 Abs. 3, § 137 Abs. 2 Satz 2 wird die *Beweislast* hinsichtlich der Kenntnis von Zahlungsunfähigkeit, Eröffnungsantrag und Gläubigerbenachteiligung zuungunsten der nahe stehenden Personen umgekehrt.[1] § 133 Abs. 2 Satz 1 begründet für sie einen besonderen Anfechtungstatbestand. Allerdings entspricht die Forderung aus der Rechtshandlung eines Dritten einem Gesellschafterdarlehen nicht schon deshalb, weil es sich bei dem Dritten um eine nahestehende Person im Sinne des § 138 InsO handelt. Gewährt **eine nahestehende Person** dem Schuldner ein ungesichertes Darlehen, begründet dies keinen ersten Anschein für eine wirtschaftliche Gleichstellung mit einem Gesellschafterdarlehen.[2] Außerhalb der Anfechtungsvorschriften enthält § 162 Abs. 1 Nr. 1 eine Sonderregelung, nach der die Betriebsveräußerung durch den Insolvenzverwalter an dem Schuldner nahe stehende Personen 1

[1] *Laumen/Vallender* NZI 2016, 609, 617.
[2] BGHZ 188, 363=NJW 2011, 1503.

unter bestimmten Voraussetzungen nur mit Zustimmung der Gläubigerversammlung zulässig ist. § 138 enthält eine Legaldefinition der dem Schuldner nahe stehenden Personen **(„Insider")**.

2 **„Nahe stehende Personen"** sind nach der Begründung zu § 153 RegE „Personen, die zurzeit der anfechtbaren Rechtshandlung aus persönlichen, gesellschaftsrechtlichen oder ähnlichen Gründen eine besondere *Informationsmöglichkeit* über die wirtschaftlichen Verhältnisse des Schuldners hatten".[3] Dieses ausschließliche Abstellen auf die gegenüber anderen Gläubigern erweiterte Informationsmöglichkeit erfasst den Grund für die Sonderbehandlung der nahe stehenden Personen nicht vollständig.[4] Er besteht, wie in der Rechtsprechung zu § 31 Nr. 2 KO mehrfach betont worden ist, darin, „dass nahe Angehörige in der Regel die wirtschaftlichen Schwierigkeiten des Schuldners kennen, daher seine Absichten leichter durchschauen und wegen ihrer *wirtschaftlichen und persönlichen Verbundenheit* eher bereit sind, zum Schaden seiner Gläubiger mit ihm Verträge zu schließen."[5] Die Neigung des Schuldners, Vermögensteile durch Übertragung auf ihm nahe stehende Personen dem Gläubigerzugriff zu entziehen, beruht oft – unabhängig davon, wie genau diese Personen seine wirtschaftliche Lage kennen – darauf, dass er wegen der engen Verbundenheit daran in irgendeiner Weise weiter partizipieren kann und die ihm nahe stehenden Personen bereit sind, ihm in seiner Lage beizustehen.[6] Diese typische Interessenlage darf dort, wo der Gesetzeswortlaut es zulässt, bei der Auslegung des § 138 trotz der in den Materialien niedergelegten engeren Motive nicht aus den Augen verloren werden.[7] § 138 enthält eine typisierende Regelung, die lediglich auf das bestehende Näheverhältnis und die dadurch begründete besondere Informationsmöglichkeit abstellt. Ob die nahe stehende Person von ihrer Informationsmöglichkeit Gebrauch gemacht hat, ist für die Anwendbarkeit des § 138 ohne Belang. Da die Vorschrift nicht an konkretes Wissen anknüpft, ist für eine Zurechnung der Eigenschaft „nahe stehende Person" über § 166 BGB kein Raum.[8]

II. Entstehungsgeschichte

3 § 31 Nr. 2 KO und § 3 Abs. 1 Nr. 2 AnfG aF enthielten jeweils einen besonderen Anfechtungstatbestand gegenüber dem Ehegatten und bestimmten Verwandten – nebst deren Ehegatten – des (Gemein-) Schuldners. In gleicher Weise bestimmte § 4 Abs. 2 VerglO die dort angesprochenen **„nahen Angehörigen"**. Die Rechtsprechung hat – zunächst in Anlehnung an § 108 Abs. 2 VerglO – über den Gesetzeswortlaut hinaus wegen der vergleichbaren Sach- und Interessenlage in gewissem Umfang auch Gesellschafter von insolvent gewordenen Personengesellschaften und Gesellschaften mbH[9] und umgekehrt im Konkurs einer natürlichen Person eine GmbH jedenfalls dann als „nahen Angehörigen" angesehen, wenn der Gemeinschuldner Geschäftsführer und Mehrheitsgesellschafter war.[10]

4 Die letztlich Gesetz gewordene Bestimmung des § 138 soll den Begriff des „nahen Angehörigen" durch denjenigen der **„nahe stehenden Personen"** ersetzen und erweitern.[11] Der Referentenentwurf (§§ 143–145) und der Regierungsentwurf (§§ 153–155) sahen dafür jeweils drei verschiedene Paragraphen vor, in denen die „persönlich nahe stehenden Personen", die „gesellschaftsrechtlich nahe stehenden Personen" und „sonstige nahe stehende Personen" aufgeführt waren. § 138 erhielt seine endgültige Fassung durch den Rechtsausschuss des Bundestages. Dieser fasste in redaktioneller Hinsicht die verschiedenen Arten von nahe stehenden Personen in einer einzigen Gesetzesvorschrift zusammen; dabei werden in den beiden Absätzen des § 138 die in Betracht kommenden Nähebeziehungen unterschiedlich je danach bestimmt, ob Schuldner eine natürliche Person (Abs. 1) oder eine juristische Person oder Personengesellschaft (Abs. 2) ist. Inhaltlich sollte erklärtermaßen durch diese Neuformulierung der Kreis der nahe stehenden Personen gegenüber dem Regierungsentwurf dadurch eingeschränkt werden, dass noch schärfer auf die jeweils bestehenden Informationsmöglichkeiten abgestellt wurde.[12] Da wegen der systematischen Trennung zwischen natürlichen Personen auf der einen und juristischen Personen und Personenverbänden auf der anderen Seite in der ursprünglichen Fassung des § 138 für die Ersteren nur familienrechtlich und nur für die Letzteren außer gesellschaftsrechtlich und in bestimmter Weise dienstvertraglich vermittelten auch persönliche Nähebeziehungen erfasst wurden, waren gesellschaftsrechtliche Beziehungen einer insolventen

[3] BT-Drs. 12/2443 S. 161 f. – Ebenso schon 1. KommBer., Begr. zu Nr. 5.2.6, und Begr. zu § 143 DE.
[4] Vgl. HKInsO/*Kreft* § 138 Rn. 4.
[5] BGHZ 96, 352, 358 = NJW 1986, 1047, 1049.
[6] *Biehl,* Insider S. 9 ff.; *Fehl* S. 728; *Killinger* S. 39; *Ehricke* S. 212.
[7] Ebenso HKInsO/*Kreft* § 138 Rn. 4; vgl. auch Nerlich/Römermann/*Nerlich* § 138 Rn. 5.
[8] AA *Fridgen* ZInsO 2004, 1341, 1342.
[9] BGHZ 58, 20, 23 f.; BGH NJW 1989, 1037, 1038; BGH NJW 1990, 2687, 2688.
[10] BGHZ 96, 352, 357 f. = NJW 1986, 1047, 1049 f.
[11] 1. KommBer., Begr. zu Nr. 5.2.6; Begr. zu § 143 RefE; Begr. zu § 153 RegE.
[12] BT-Drs. 12/7302 S. 173 f.

natürlichen Person zunächst ungeregelt geblieben. Das führte teilweise zu nicht immer leicht zu überwindenden Auslegungsschwierigkeiten und zu einer Regelungslücke. Diese ist nunmehr durch die gemäß Art. 1 Nr. 19 b) des Gesetzes zur Vereinfachung des Insolvenzverfahrens v. 13.4.2007 (BGBl. I 509) eingefügte Regelung in Abs. 1 Nr. 4 geschlossen worden. Außerdem ist der Kreis der in der Nummer 3 genannten nahe stehenden Personen um solche ergänzt worden, die sich aufgrund einer dienstvertraglichen Verbindung zum Schuldner über dessen wirtschaftliche Verhältnisse unterrichten können.[13] Die Nummer 1a des Absatzes 1 ist durch das Lebenspartnerschaftsgesetz vom 16. Februar 2001[14] eingefügt worden. § 138 Abs. 1 Nr. 2 ist durch Art. 5 Abs. 22 Nr. 2 des Gesetzes vom 15.12.2004 (BGBl. I S. 3396) mit Wirkung vom 1.1.2005 neu gefasst worden.

III. Insolvenz einer natürlichen Person (§ 138 Abs. 1)

1. Nahe Angehörige. a) Ehegatte und sonstiger Lebenspartner (§ 138 Abs. 1 Nr. 1, 1a). Voraussetzung für Nr. 1 ist eine nach den einschlägigen inländischen (§§ 1310 ff. BGB) oder ausländischen Normen (vgl. Art. 13 Abs. 1 EGBGB) wirksam geschlossene **Ehe.** Aufhebbarkeit oder Scheidung der Ehe schadet bis zur Rechtskraft des Aufhebungs- oder Scheidungsurteils (vgl. § 1313 Satz 2, § 1564 Satz 2 BGB) nicht. Wie nach früherem Recht reicht es aus, wenn die Ehe erst nach der Rechtshandlung geschlossen wird;[15] maßgebend ist wie auch sonst für die Feststellung von Tatsachen der Schluss der mündlichen Verhandlung in der Tatsacheninstanz.[16] Anders als nach § 31 Nr. 2 KO braucht die Ehe bei Vornahme der Rechtshandlung nicht mehr bestanden zu haben; sie darf aber nicht früher als ein Jahr davor aufgelöst worden sein (zum Zeitpunkt der Vornahme vgl. § 140). Mit dieser Neuregelung sollte ein Wertungswiderspruch beseitigt werden, der darin gesehen wurde, dass entsprechend allgemeiner, durch eine Entscheidung des Reichsgerichts begründeter Ansicht[17] nach altem Recht Verträge mit den Verwandten des Ehegatten auch dann anfechtbar waren, wenn die Ehe zur Zeit des Vertragsschlusses nicht mehr bestand.[18] Die – jetzt auch für die Verwandten des Ehegatten geltende – Begrenzung der erleichterten Anfechtbarkeit auf den Zeitraum eines Jahres nach Auflösung der Ehe hat der Gesetzgeber damit begründet, dass nach noch längerem Zeitablauf eine besondere Informationsmöglichkeit nicht mehr unterstellt werden könne.[19] Dies ist einer der Regelungszusammenhänge, in denen das ausschließliche Abstellen des Gesetzgebers auf die Möglichkeit der Informationserlangung[20] zu einer rechtspolitisch fragwürdigen Regelung geführt hat. Eine persönliche, zur Rettung von Schuldnervermögen vor dem Gläubigerzugriff nutzbare Verbundenheit zwischen den früheren Ehegatten kann auch über jenen Zeitraum hinaus fortbestehen.[21] Lebenspartner im Sinne der Nr. 1a sind nur solche gleichen Geschlechts (vgl. § 1 LPartG). Für den Zeitraum, in dem die Lebensgemeinschaft die Eigenschaft als nahe stehende Person begründet, gilt dieselbe Regelung wie für die Ehe. Die Lebensgemeinschaft (vgl. § 2 LPartG) wird durch Begründung der Lebenspartnerschaft in der nach § 1 Abs. 1 LPartG vorgeschriebenen Form eingegangen und durch gerichtliches Urteil aufgehoben (§ 15 Abs. 1 LPartG). Der **nichteheliche Partner** des Schuldners gehört nicht zu den nahestehenden Personen.[22] 5

b) Nahe Verwandte (§ 138 Abs. 1 Nr. 2). Der Verwandtschaftsbegriff richtet sich nach § 1589 BGB (Art. 51 EGBGB). Für die Verwandtschaft auf Grund Adoption gelten die §§ 1754, 1770 BGB. Erfasst werden nur die Verwandten der auf- und absteigenden Linie und voll- und halbbürtige Geschwister des Schuldners, seines Ehegatten oder Lebenspartners sowie die Ehegatten oder Lebenspartner dieser Personen. Für den Zeitpunkt der Begründung der Ehe oder Lebensgemeinschaft mit dem Ehegatten oder Lebenspartner, um dessen Verwandte es geht, gilt wegen der Formulierung „Verwandte … des in Nummer 1 bezeichneten Ehegatten oder des in Nummer 1a bezeichneten Lebenspartners" die Regelung nach Nummer 1 und 1a, d. h. sie braucht bei Vornahme der Rechtshandlung nicht mehr bestanden zu haben, darf aber nicht früher als ein Jahr davor aufgelöst worden sein.[23] Dagegen muss die Ehe oder Lebensgemeinschaft eines Verwandten des Schuldners, seines Ehegatten oder Lebenspartners bei der Vornahme der anfechtbaren Handlung bestanden 6

---

13 Art. 1 Nr. 19 a.
14 Gesetz zur Beendigung der Diskriminierung gleichgeschlechtlicher Gemeinschaften: Lebenspartnerschaften, BGBl. I S. 266.
15 BGH NZI 2016, 773 Rn. 11.
16 HKInsO/*Kreft* § 138 Rn. 7; Uhlenbruck/*Hirte* § 138 Rn. 3.
17 RGZ 63, 92, 93 ff.; *Jaeger/Henckel* KO § 31 Rn. 30 mwN.
18 BT-Drs. 12/2443 S. 162.
19 BT-Drs. 12/2443 S. 162.
20 Rn. 1.
21 *Jaeger/Henckel* KO § 31 Rn. 30.
22 BGH NZI 2011, 448 Rn. 3.
23 → Rn. 5.

haben; denn für ihn verweist Nr. 2 nicht auf Nr. 1 oder 1a.[24] Verwandte eines nichtheleichen Lebenspartners werden von der Regelung nicht erfasst.[25]

7 **c) In häuslicher Gemeinschaft Lebende (§ 138 Abs. 1 Nr. 3).** Die Vorschrift sollte Bedenken ausräumen, die sich auf Grund von Art. 6 Abs. 1 GG aus einer Benachteiligung von Ehegatten gegenüber **nichtehelichen Lebensgemeinschaften** ergeben können; mit ihr sollten deshalb in erster Linie die Partner solcher Lebensgemeinschaften erfasst werden.[26] Nach Einfügung der Nr. 1a in Abs. 1 durch das Lebenspartnerschaftsgesetz[27] werden gleichgeschlechtliche Lebensgemeinschaften bereits durch diese Bestimmung erfasst. Lebensgemeinschaften von Partnern verschiedenen Geschlechts fallen unter Nr. 3.[28] Im Übrigen ist bei der Auslegung des Begriffs „häusliche Gemeinschaft" der vom Gesetzgeber in den Vordergrund gestellte Zweck zu berücksichtigen, Personen zu erfassen, die sich besonders leicht über die wirtschaftliche Lage des Schuldners informieren können. Es muss sich aber um eine der Ehe oder der nichtehelichen Lebensgemeinschaft vergleichbar enge Gemeinschaft wie etwa die mit einem Pflegekind handeln.[29] Der Rahmen ist enger zu ziehen als bei § 2028 Abs. 1 BGB. Die Kriterien, nach denen sich bestimmt, ob im Sinne des § 1567 Abs. 1 BGB die häusliche Gemeinschaft zwischen Ehegatten als aufgehoben anzusehen ist, dürften für die Bestimmung des Näheverhältnisses nach Abs. 1 Nr. 3 entgegen einer verbreiteten Meinung[30] nicht geeignet sein. Entsprechend der Regelung in Abs. 1 Nr. 1 braucht die häusliche Gemeinschaft bei Vornahme der Rechtshandlung nicht mehr bestanden zu haben, sofern sie nicht früher als ein Jahr davor gelöst worden ist. Anders als nach Nr. 1 darf sie jedoch nicht erst nach Vornahme der Rechtshandlung begründet worden sein. Nach Art. 1 Nr. 19a des Gesetzes zur Vereinfachung des Insolvenzverfahrens ist der Kreis der nahe stehenden Personen nach Nummer 3 entsprechend der Regelung in Abs. 2 Nr. 2 um solche erweitert worden, die aufgrund einer dienstvertraglichen Position besondere Informationsmöglichkeiten haben.[31] Dazu gehört ein selbständig tätiger **Sanierungsberater** nur, wenn er in das Unternehmen dauerhaft eingegliedert ist und ihm alle über die wirtschaftliche Lage des Schuldners erheblichen Daten üblicherweise im normalen Geschäftsgang zufließen.[32]

8 **2. Gesellschaftsrechtliche Beziehungen. a) Allgemeines.** Da die Nähebeziehungen für natürliche Personen einerseits sowie für juristische Personen und Personengesellschaften andererseits ursprünglich streng getrennt geregelt und für die Ersteren nur wiederum natürliche Personen als nahe stehend aufgeführt waren, fehlte es zunächst an einer Norm für die Fälle, in denen eine natürliche Person als Schuldner Vermögensteile auf eine Gesellschaft überträgt, an der sie – oder eine ihr nahe stehende Person – in irgendeiner Form beteiligt ist.[33] In Literatur und Rechtsprechung war man sich seit langem im Grundsatz darüber einig, dass im Konkurs einer natürlichen Person eine Gesellschaft, an der diese beteiligt ist, in entsprechender Anwendung des § 31 Nr. 2 KO und des § 3 Abs. 1 Nr. 2 AnfG aF „naher Angehöriger" sein kann. Während das Schrifttum teilweise jede Art der Beteiligung ausreichen ließ,[34] war dies in der höchstrichterlichen Rechtsprechung bis zuletzt nur für den Fall entschieden worden, dass der Gemeinschuldner geschäftsführender **Mehrheitsgesellschafter** ist.[35]

9 In den Gesetzesmaterialien zur Insolvenzordnung vom ersten Diskussionsentwurf (Leitsatz 5.2.6 Abs. 4) bis zum Regierungsentwurf (§ 154 Abs. 1 Nr. 3) war der Fall der **beherrschenden Gesellschaftsbeteiligung** einer natürlichen Person als Schuldner andeutungsweise noch dadurch erfasst, dass unabhängig davon, ob eine natürliche Person oder eine Gesellschaft sich in der Rolle des Schuldners befand, beherrschende oder abhängige Unternehmen im Sinne des § 17 AktG als einander nahe stehende Personen eingestuft wurden.[36] In der die Regelung der Näheverhältnisse in einem einzigen Paragraphen enthaltenden Fassung des Rechtsausschusses fiel auch dieser Anknüpfungs-

---

24 HambKommInsO/*Rogge* § 138 Rn. 7; Uhlenbruck/*Hirte* § 138 Rn. 10.
25 BGH NZI 2011, 448 Rn. 3.
26 Begr. RegE BT-Drs. 12/2443 S. 162; vgl. BGH NZI 2016, 773 Rn. 11.
27 → Rn. 4 aE.
28 HKInsO/*Kreft* § 138 Rn. 10; Uhlenbruck/*Hirte* § 138 Rn. 11.
29 FKInsO/*Dauernheim* § 138 Rn. 9; *Kübler/Prütting/Paulus* § 138 Rn. 11; *Hess* § 138 Rn. 4; Nerlich/Römermann/*Nerlich* § 138 Rn. 11.
30 *App* S. 1524; FKInsO/*Dauernheim* § 138 Rn. 9; Nerlich/Römermann/*Nerlich* § 138 Rn. 11.
31 Zum Merkmal der dienstvertraglichen Verbindung Rn. 33.
32 *Thole/Schmidberger*, BB 2014, 3, 7; großzügiger *Mock* ZIP 2014, 445, 450.
33 → Rn. 4.
34 *Jaeger/Henckel* KO § 31 Rn. 35; für OHG und KG: *Kuhn/Uhlenbruck* § 31 Rn. 23; *Kilger/K. Schmidt* § 31 Anm. 13; vgl. auch *Ehricke* S. 222.
35 BGHZ 96, 352 = NJW 1986, 1047, 1049; BGHZ 128, 184, 186 = NJW 1995, 659, 660.
36 Vgl. Begr. zu § 154 RegE, BT-Drs. 12/2443 S. 162 f.

punkt fort, weil es nunmehr keine Bestimmung für gesellschaftsrechtliche Verbindungen einer natürlichen Person als Schuldner mehr gab. Bei der Außerachtlassung gesellschaftsrechtlicher Beziehungen einer natürlichen Person als Schuldner handelte es sich um ein offensichtliches Versehen des Gesetzgebers, der die insoweit bestehende Unzulänglichkeit der von ihm getroffenen Regelung nicht erkannt hatte.[37] Diese Lücke ist durch das Gesetz zur Vereinfachung des Insolvenzverfahrens geschlossen worden.

b) Struktur der Vorschrift. Nach Abs. 1 Nr. 4 wird nunmehr auch bei einer natürlichen Person als Schuldner eine juistische Person oder eine Gesellschaft ohne Rechtspersönlichkeit (→ Rn. 16) als eine ihm nahe stehende Person angesehen, wenn der Schuldner deren Organmitglied oder persönlich haftender Gesellschafter oder mit über 25% an ihr beteiligt ist oder er aufgrund einer vergleichbaren Verbindung über entsprechende Informationsmöglichkeiten verfügt. Dasselbe gilt, wenn die das Näheverhältnis begründenden Umstände nicht in der Person des Schuldners, sondern bei einer der in den Nummern 1 bis 3 genannten ihm nahe stehenden Person gegeben sind. 10

aa) Organmitgliedschaft; persönlich haftender Gesellschafter. Nach Abs. 2 Nr. 1 sind nahe stehende Personen im Verhältnis zu einer juristischen Person die Mitglieder des Vertretungs- oder Aufsichtsorgans, ohne dass diese am Kapital der Gesellschaft beteiligt zu sein brauchen.[38] Nach Abs. 1 Nr. 4 ist diese Regelung nunmehr auch in umgekehrter Hinsicht anzuwenden (→ Rn. 17). Dies ist im Hinblick auf die Möglichkeit der Unterrichtung konsequent. Eine Gesellschaft, für die der Schuldner als Organmitglied tätig ist, wird sich meistens dessen Wissen zurechnen lassen müssen, sei es, dass der Schuldner selbst am Abschluss des betreffenden Geschäfts als Vertreter der Gesellschaft beteiligt ist (§ 181 BGB), sei es, dass es zu seinem Aufgabengebiet gehört, die Gesellschaft als seinen Auftraggeber über die Kenntnis der für den Anfechtungstatbestand bedeutsamen Tatsachen zu informieren.[39] Erfasst wird weiter auch der persönlich haftende Gesellschafter (→ Rn. 19). 11

bb) Beteiligung. Für den Fall der Beteiligung am Schuldner-Unternehmen enthält Abs. 2 Nr. 1 die – unwiderlegliche – Vermutung, eine solche Beteiligung biete besondere Möglichkeiten der Information über die wirtschaftliche Lage des Unternehmens. Diese Vermutung ist nunmehr in Abs. 1 Nr. 4 auf die Informationsmöglichkeiten eines Unternehmens, an dem der *Schuldner* zu mehr als 25% beteiligt ist, übertragen worden (vgl. im Einzelnen → Rn. 21 ff.). Auf der anderen Seite ist es nicht erforderlich, dass der an dem Unternehmen beteiligte Schuldner auch dessen Geschäftsführer ist. 12

cc) Vergleichbare Verbindung. Entsprechend Abs. 2 Nr. 2 genügt nunmehr auch bei einer natürlichen Person als Schuldner eine vergleichbare gesellschaftsrechtliche oder dienstvertragliche Verbindung zur Begründung des Näheverhältnisses (→ Rn. 27 ff.). 13

dd) Beteiligung naher Angehöriger. Neu geregelt ist schließlich der Fall, dass nicht der Schuldner selbst, sondern eine ihm nahe stehende Person im Sinne des Abs. 1 Nr. 1–3 an einer Gesellschaft beteiligt ist. Das Näheverhältnis des **nahen Angehörigen** wird damit auf solche Gesellschaften erstreckt wird, die „nahe stehende Personen" wären, wenn der nahe Angehörige selbst Insolvenzschuldner wäre. Der Bundesgerichtshof hat für den Fall, dass ein naher Angehöriger des Gemeinschuldners geschäftsführender Mehrheitsgesellschafter einer GmbH ist, bereits nach altem Recht in diesem Sinn entschieden.[40] Nach neuem Recht reicht eine Beteiligung von mehr als 25%. 14

Es sollte auch ausreichen, wenn mehrere nahe Angehörige des Schuldners zusammen oder dieser zusammen mit einem oder mehreren nahen Angehörigen **(Familienverbund)** eine solche Beteiligung halten. Im Konzernrecht genügt zwar die Familienverbundenheit von Gesellschaftern als solche nicht zur Begründung eines beherrschenden Einflusses im Sinne des § 17 AktG, weil es keinen Erfahrungssatz gibt, wonach Familienangehörige stets gleichgerichtete Interessen verfolgen.[41] Im Anfechtungsrecht hängen jedoch die zu Lasten naher Angehöriger aufgestellten Vermutungen nicht vom Nachweis einer solchen gleichgerichteten Interessenverfolgung ab.[42] Insofern ist jedenfalls eine ein entsprechendes Näheverhältnis begründende vergleichbare gesellschaftsrechtliche Verbindung gegeben. 15

---

37 Vgl. Regierungsentwurf des Gesetzes zur Vereinfachung des Insolvenzverfahren, BT-Drs. 16/3227, S. 20.

38 Ablehnend aus rechtspolitischer Sicht *Ehricke* S. 217 f.

39 *Jaeger/Henckel* § 30 Rn. 54.

40 BGHZ 96, 352, 359 = NJW 1986, 1047, 1050; weitergehend *Jaeger/Henckel* KO § 31 Rn. 35; *Kuhn/Uhlenbruck* § 31 Rn. 24 f.

41 BGHZ 80, 69, 73 = NJW 1981, 1512, 1513; *Hüffer* § 17 Rn. 6 mwN.

42 → Rn. 25, 30, 32.

IV. Insolvenz einer juristischen Person oder einer Gesellschaft ohne Rechtspersönlichkeit (§ 138 Abs. 2)

16 **1. Allgemeines.** Juristische Personen sind insbesondere die Aktiengesellschaft, die Kommanditgesellschaft auf Aktien, die GmbH, die eingetragene Genossenschaft und der eingetragene Verein; der nicht rechtsfähige Verein steht im Insolvenzverfahren einer juristischen Person gleich (§ 11 Abs. 1 Satz 2). Gesellschaften ohne Rechtspersönlichkeit (§ 11 Abs. 2 Nr. 1) sind die offene Handelsgesellschaft, die Kommanditgesellschaft, die Partenreederei, die europäische wirtschaftliche Interessenvereinigung (EWIV), die – obwohl in § 11 Abs. 2 Satz 1 nicht aufgeführte – Partnerschaftsgesellschaft (vgl. § 212a KO, § 110a VerglO) sowie die Gesellschaft bürgerlichen Rechts, diese jedoch nur, wenn es sich um eine Außengesellschaft handelt; reine BGB-Innengesellschaften[43] werden ebenso wenig erfasst wie die stille Gesellschaft, die ebenfalls eine – handelsrechtliche – Innengesellschaft ist.

17 **2. Organmitglieder, persönlich haftende und qualifiziert beteiligte Gesellschafter (§ 138 Abs. 2 Nr. 1).** Abs. 2 Nr. 1 fasst die Fallgruppen von nahe stehenden Personen zusammen, die in § 154 Abs. 1 Nr. 1 und 2 des Regierungsentwurfs für juristische Personen und Gesellschaften ohne Rechtspersönlichkeit getrennt aufgeführt waren, ohne dass dadurch eine inhaltliche Änderung beabsichtigt worden ist.[44]

a) Organmitglieder und persönlich haftende Gesellschafter. Vertretungsorgane sind der **Vorstand** und bei der GmbH, aber auch bei der europäischen wirtschaftlichen Interessenvereinigung (EWIV), bei der es anders als bei der offenen Handelsgesellschaft und der Kommanditgesellschaft keine Selbstorganschaft gibt (Art. 19 Abs. 1 EGVO vom 25. Juli 1985, ABlEG 1985 Nr. L 199/1), die **Geschäftsführer.** „Stellvertretende" Vorstandsmitglieder (vgl. § 94 AktG) oder Geschäftsführer gelten als vollwertige Organmitglieder; auf sie ist deshalb Abs. 2 Nr. 1 anzuwenden.[45] Auf die Wirksamkeit der Bestellung kommt es nicht an; es reicht aus, dass die betreffende Person das Unternehmen tatsächlich wie ein Geschäftsführer leitet **(faktischer Geschäftsführer).**[46] Die persönlich haftenden Gesellschafter einer Kommanditgesellschaft auf Aktien werden vom Gesetzeswortlaut doppelt erfasst („Mitglieder des Vertretungsorgans" und „persönlich haftende Gesellschafter");[47] das Gleiche gilt für die Geschäftsführer einer EWIV, soweit sie gleichzeitig Gesellschafter sind.

18 Aufsichtsorgan ist nicht nur der – obligatorische oder fakultative – **Aufsichtsrat,** sondern auch jedes andere Aufsichtsgremium wie etwa ein **„Beirat"** oder **„Verwaltungsrat"**[48] bei einer GmbH oder einer Kommanditgesellschaft. Wenn es sich nicht um ein gesetzlich vorgesehenes Organ handelt, muss es seine Grundlage in der Satzung oder im Gesellschaftsvertrag haben. Es besteht keine tatsächliche Vermutung dafür, dass ein Aufsichtsratsmitglied der Schuldnerin die Tatsachen kennt, über die der Vorstand den Aufsichtsrat pflichtgemäß zu unterrichten hat.[49]

19 **Persönlich haftende Gesellschafter** gelten unabhängig davon, ob sie vertretungsberechtigt sind – erfasst wird also auch ein durch den Gesellschaftsvertrag von der Vertretung ausgeschlossener (§ 125 Abs. 1 HGB) Gesellschafter –, und unabhängig von der Höhe ihrer Beteiligung als der Gesellschaft nahe stehend. Zu den persönlich haftenden Gesellschaftern gehören alle Gesellschafter einer BGB-Gesellschaft und die Mitreeder einer Partenreederei.[50] **Kommanditisten** werden unter der Voraussetzung einbezogen, dass ihnen durch den Gesellschaftsvertrag Geschäftsführungsbefugnis mit Prokura eingeräumt ist[51] oder dass sie zu mehr als 25% am Gesellschaftskapital beteiligt sind.[52]

20 Bei der **GmbH** (oder AG) **& Co. KG** wird die Komplementärgesellschaft als persönlich haftende Gesellschafterin erfasst. Da diese ihre Vertretungs- und Geschäftsführungsaufgabe durch ihr Vertretungsorgan ausübt, sind auch dessen Mitglieder (Geschäftsführer, Vorstandsmitglieder) nahe stehende Personen im Verhältnis zur KG. Darüber hinaus sind auch die zu mehr als 25% am Kapital der geschäftsführenden Gesellschaft beteiligten Gesellschafter als nahe stehend anzusehen. Das alles war in § 154 Abs. 1 Nr. 2 RegE noch ausdrücklich bestimmt. Die Gesetzesfassung bringt das zwar im Wortlaut nicht mehr zum Ausdruck; mit der Neuformulierung sollte jedoch inhaltlich insoweit nichts geändert werden.[53]

---

43 S. dazu Begr. zu § 13 RegE, BT-Drs. 12/2443 S. 112.

44 Bericht BTag, BT-Drs. 12/7302 S. 174.

45 *Kübler/Prütting/Paulus* § 138 Rn. 15; *Hirte* ZInsO 1999, 429.

46 HambKommInsO/*Rogge* § 138 Rn. 10; Uhlenbruck/*Hirte* § 138 Rn. 14; so iE auch *Kübler/Prütting/Paulus* § 138 Rn. 22 unter Anwendung der Nr. 2.

47 Dazu Rn. 19.

48 HKInsO/*Kreft* § 138 Rn. 11; Uhlenbruck/*Hirte* § 138 Rn. 14.

49 BGH WM 2011, 1429 Rn. 2.

50 Zur Partenreederei vgl. Begr. zu § 154 RegE, BT-Drs. 12/2443 S 162.

51 S. Rn. 34.

52 S. Rn. 21.

53 Vgl. Beschlussempf. und Ber. d. Rechtsausschuss., BT-Drs. 12/7302 S. 174; *Hirte* ZInsO 1999, 429 f.

b) Qualifiziert beteiligte Gesellschafter. aa) Regeltatbestand. Die Einbeziehung von „Personen", die zu mehr als einem Viertel am Kapital des Schuldners beteiligt sind, zielt insbesondere auf **GmbH-Gesellschafter, Aktionäre** sowie **Kommanditisten** und Kommanditaktionäre ab. Die übrigen Gesellschafter der Personengesellschaften werden bereits als „persönlich haftende Gesellschafter"[54] erfasst. Die von einem Teil der Rechtsprechung und des Schrifttums zu § 31 Nr. 2 KO vertretene Ansicht, alle Gesellschafter einer GmbH und einer Personengesellschaft – einschließlich der Kommanditisten – seien unabhängig von der Höhe ihrer Beteiligung „nahe Angehörige" der Gesellschaft,[55] hat sich der Gesetzgeber der Insolvenzordnung nicht zu eigen gemacht, weil „bei einem nur geringen Kapitalanteil ... die besondere Informationsmöglichkeit im Sinne des Rechts der Insolvenzanfechtung nicht allgemein angenommen werden" könne.[56] Die Grenzziehung bei einer Beteiligung von 25% steht in einem bemerkenswerten Widerspruch zu der Neuregelung in § 32a Abs. 3 Satz 2 GmbHG, wonach die Befreiung geringfügig beteiligter Gesellschafter von der Kapitalersatzhaftung eine Beteiligung von nicht mehr als 10% voraussetzt.[57] Dieser Wertungswiderspruch rechtfertigt es aber nicht, entgegen dem eindeutigen Gesetzeswortlaut für das Näheverhältnis bei der gesetzestypischen GmbH im Regelfall schon eine Beteiligung von 10% ausreichen zu lassen.[58] 21

Trotz der Formulierung „eine Person oder eine Gesellschaft" in Nr. 2, aus der man schließen könnte, dass dort mit „Person" nur eine natürliche Person gemeint sei, kann dies jedenfalls für die in Nummer 1 genannten „Personen" nicht gelten. Es gibt keinen sachlichen Grund dafür, Gesellschafter, die selbst eine juristische Person oder ein Personenverband sind, gegenüber natürlichen Personen zu bevorzugen.[59] § 154 Abs. 1 Nr. 1 RegE sprach insoweit noch neutral von „Gesellschaftern". 22

Die erforderliche Beteiligung von mehr als 25% bezieht sich auf den Anteil am Grund- bzw. Stammkapital; **Gesellschafterdarlehen** oder sonstige Gesellschafterleistungen mit **Kapitalersatzcharakter** sind nicht zu berücksichtigen. Bei der Kommanditgesellschaft ist das Verhältnis der **Pflichteinlage** des **Kommanditisten** zur Summe aller Pflichteinlagen und etwaiger Einlagen der persönlich haftenden Gesellschafter maßgebend. Für die Höhe der Einlagen kommt es jeweils auf das „echte" – feste oder bewegliche – Kapitalkonto an; auf einem Sonderkonto gutgeschriebene Gewinne, die der Gesellschafter jederzeit abziehen kann, bleiben außer Betracht. Welche **Aktionäre** mehr als 25% des Grundkapitals halten, kann der Insolvenzverwalter mit Hilfe der Mitteilungspflichten nach den §§ 20 ff. AktG feststellen.[60] 23

bb) Mittelbare Beteiligung; Treuhandbeteiligung; Beteiligung von nahen Angehörigen. Nach den Gesetzgebungsmotiven ist die Möglichkeit des Gesellschafters, sich über die wirtschaftlichen Verhältnisse der Schuldners zu unterrichten, ausschlaggebend. Das Bestehen einer solchen Möglichkeit wird in typisierender Weise bei einer **Kapitalbeteiligung** von mehr als 25% unwiderleglich vermutet. Dies muss nach dem Grundgedanken der Regelung auch dann gelten, wenn eine Beteiligung von mehr als 25% durch die Zwischenschaltung einer anderen natürlichen oder juristischen Person oder einer anderen Personenvereinigung erreicht wird.[61] § 16 Abs. 4 AktG ist deshalb auch hier entsprechend anzuwenden; in § 154 Abs. 2 RegE war das noch ausdrücklich bestimmt.[62] Dem Anfechtungsgegner sind somit Anteile, die ein **Treuhänder** für ihn hält, ebenso zuzurechnen wie Anteile, die einem Unternehmen gehören, an dem er seinerseits mehrheitlich beteiligt ist.[63] 24

Eine ausdehnende Anwendung der Nummer 1 ist dann geboten, wenn mehrere nahe Angehörige **(Familienverbund)** an der Gesellschaft beteiligt sind. Das ergibt sich aus dem Zusammenhang mit der Regelung in Abs. 2 Nr. 3. Dort werden Personen, die selbst nicht beteiligt sind, zu nahe stehenden Personen der Gesellschaft erklärt, wenn sie zu einem Gesellschafter, der mehr als ein Viertel des Gesellschaftskapitals hält, im Verhältnis eines nahen Angehörigen im Sinne der Nummer 1 stehen. Diese Einbeziehung naher Angehöriger in den Kreis der gesellschaftsrechtlich nahe stehenden 25

---

54 → Rn. 19.

55 LG Frankfurt a. M. ZIP 1994, 1794, 1795; LG Aachen ZIP 1995, 1837, 1839; *Jaeger/Henckel* KO § 31 Rn. 35; *Kuhn/Uhlenbruck* § 31 Rn. 23.

56 Begr. zu § 154 RegE, BT-Drs. 12/2443 S. 162.

57 Vgl. dazu *Hirte* ZInsO 1999, 429, 430; Uhlenbruck/*Hirte* § 138 Rn. 25; *Ropohl,* Gesellschaftsrechtliche Insider, S. 47 f.

58 So aber *Hirte* ZInsO 1999, 429, 430 f.; Uhlenbruck/*Hirte* § 138 Rn. 25, 29; wie hier *Kübler/Prütting/Paulus* § 138 Rn. 19; Nerlich/Römermann/*Nerlich* § 138 Rn. 20.

59 So der Sache nach auch *Kübler/Prütting/Paulus* § 138 Rn. 18.

60 Begr. zu § 154 RegE, BT-Drs. 12/2443 S. 162.

61 Ebenso *Hirte* ZInsO 1999, 429, 432; Uhlenbruck/*Hirte* § 138 Rn. 30; HKInsO/*Kreft* § 138 Rn. 13.

62 Vgl. Begr. zu § 154 RegE, BT-Drs. 12/2443 S. 162.

63 Vgl. Rn. 12.

Personen muss auch dann gelten, wenn mehrere von ihnen zusammen die Beteiligungsquote von 25% erreichen. Dass die nahen Angehörigen nachgewiesenermaßen gleichgerichtete Interessen verfolgen, ist im Anfechtungsrecht wegen der insoweit geltenden gesetzlichen Vermutung anders als im Konzernrecht nicht erforderlich.[64]

26 Dagegen ist eine noch weitergehende Einbeziehung von Beteiligungen, die, obwohl sie hinter 25% zurückbleiben, aus anderen Gründen – zB **Stimmrechtsbindungsvereinbarungen;** satzungsmäßige Herabsetzung der **Sperrminorität** unter 25% – das Einflusspotential und damit Informationsmöglichkeiten vermitteln, die im Regelfall nur mit einer Beteiligung von mehr als 25% verbunden sind, nicht möglich.[65] Das Gesetz stellt typisierend auf eine solche Beteiligungsquote ab. Sie kann daher nicht[66] durch Einbeziehung von faktisch gleichwertigen Einfluss- und Informationsmöglichkeiten unterschritten werden. Anders ist es nur dort, wo es darum geht, Abhängigkeitslagen festzustellen.[67]

27 **3. Vergleichbare gesellschaftsrechtliche oder dienstvertragliche Verbindung (§ 138 Abs. 2 Nr. 2). a) Allgemeines.** Die Vorschrift fasst die Regelungen zusammen,[68] die im Regierungsentwurf in zwei verschiedenen Bestimmungen enthalten waren: in § 154 Abs. 1 Nr. 3 (voneinander abhängige Unternehmen) und in § 155 Nr. 1 (Tätigkeit im Unternehmen des Schuldners). Die Zusammenfassung hat in erster Linie redaktionelle Bedeutung. Während § 154 Abs. 1 Nr. 3 RegE die voneinander abhängigen Unternehmen ohne jede Einschränkung als nahe stehende Personen aufführte, stellt freilich der Gesetzestext auch insoweit – wie § 155 Nr. 1 RegE für die im Unternehmen des Schuldners tätigen Personen – auf die Möglichkeit der Unterrichtung über die wirtschaftlichen Verhältnisse des Schuldners ab. Der Rechtsausschuss sah darin eine Einschränkung, weil eine solche Unterrichtungsmöglichkeit regelmäßig nur im Verhältnis vom herrschenden zum abhängigen Unternehmen und nicht auch umgekehrt bestehen werde. Das dürfte indessen nicht zutreffen, weil auch bei einem abhängigen Unternehmen wegen der in aller Regel bestehenden Besetzung der Organe mit Vertrauensleuten der Muttergesellschaft davon auszugehen ist, dass es deren Vermögensverhältnisse kennt.[69] Die gegenteilige Annahme des Rechtsausschusses kommt im Gesetzeswortlaut nicht zu Ausdruck und ist deshalb unmaßgeblich.[70] Auch eine beherrschte Gesellschaft kann daher eine nahe stehende Person sein, wenn aufgrund der rechtlichen Verbindung für sie die Möglichkeit besteht, umfassende Informationen über die wirtschaftlichen Verhältnisse des herrschenden Unternehmens zu erhalten.[71] Eine gesetzliche Vermutung kann insoweit im Verhältnis der abhängigen zur herrschenden Gesellschaft allerdings nicht angenommen werden.[72] Die Entstehungsgeschichte schließt es dagegen aus, Abs. 2 Nr. 2 entsprechend dem weit und unbestimmt gefassten Wortlaut („vergleichbare gesellschaftsrechtliche … Verbindung") als „Auffangnorm"[73] zu verstehen[74] und in dieser Bestimmung alle Fallgestaltungen unterzubringen, in denen über die Regelung in Nr. 1 hinausgehend ein Bedürfnis für eine Erleichterung der Anfechtung bestehen könnte.[75]

28 **b) Herrschende und abhängige Unternehmen.** Nahestehende Personen sind sowohl das **herrschende Unternehmen** in der Insolvenz des abhängigen als auch das abhängige in der Insolvenz des herrschenden. Der Tatbestand der **Abhängigkeit** bestimmt sich nach § 17 AktG.[76] In der Praxis ergibt sich die Abhängigkeit aus § 17 Abs. 2 AktG. Danach wird von einem in Mehrheitsbesitz stehenden Unternehmen vermutet, dass es von dem an ihm mit Mehrheit beteiligten Unternehmen abhängig ist. Dabei gelten nach § 16 Abs. 4 AktG als Anteile, die einem Unternehmen gehören, auch solche, die einem von ihm abhängigen Unternehmen gehören oder die ein anderer (insbesondere

---

64 → Rn. 14, 30, 32.
65 BGHZ 131, 189, 193 f. = NJW 1996, 461, 462; HKInsO/*Kreft* § 138 Rn. 13; aA *Ehricke* S. 225 ff.
66 Auch nicht nach Abs. 2 Nr. 2 als „Auffangtatbestand": so *Ehricke* S. 223 f., 225 ff.; HambKommInsO/*Rogge* § 138 Rn. 14, 23; vgl. auch Uhlenbruck/*Hirte* § 138 Rn. 35.
67 S. dazu Rn. 12, 29.
68 Beschlussempf. und Ber. d. Rechtsausschuss., BT-Drs. 12/7302 S. 174.
69 FKInsO/*Dauernheim* § 138 Rn. 14; HKInsO/*Kreft* § 138 Rn. 15; Nerlich/Römermann/*Nerlich* § 138 Rn. 22; aA *Kübler/Prütting/Paulus* § 138 Rn. 22.
70 → Rn. 10.
71 BGHZ 131, 189, 194 (zu § 10 Abs. 1 Nr. 2 GesO); BGH NZI 2004, 449.
72 BGH NZI 2004, 449 f.; HKInsO/*Kreft* § 138 Rn. 15.
73 So aber *Ehricke* S. 223 ff.; FKInsO/*Dauernheim* § 138 Rn. 14; *Ropohl,* Gesellschaftsrechtliche Insider, S. 65 ff., 102 f.
74 Kritisch zu dem unklaren Wortlaut *Henckel* Kölner Schrift, S. 672 Rn. 61: „vergleichen kann man vieles".
75 Vgl. dazu *Hirte* ZInsO 1999, 429, 431 sowie → Rn. 21.
76 § 154 Abs. 1 Nr. 3 RegE.

ein **Treuhänder**) für seine Rechnung oder für Rechnung eines von ihm – dem Unternehmen – **abhängigen Unternehmens** hält (vgl. auch § 162 Abs. 2).

Über den Vermutungstatbestand des § 17 Abs. 2 AktG, der praktisch nie widerlegbar ist, hinaus besteht Abhängigkeit auch dann, wenn ein Unternehmen auf anderer gesicherter Grundlage beständig und umfassend einen **beherrschenden,** den Möglichkeiten einer Mehrheitsbeteiligung entsprechenden **Einfluss** ausüben kann.[77] Eine solche Grundlage können etwa **Stimmbindungsverträge** oder den beherrschenden Einfluss sichernde Satzungsgestaltungen bilden. **29**

Auch die – zusätzliche – Beteiligung von Personen, die zu dem nicht bereits mit Mehrheit beteiligten Unternehmen in einem Verhältnis im Sinne der Nummer 1 (Beteiligung an diesem Unternehmen mit mehr als 25%; Mitgliedschaft im Vertretungs- oder Aufsichtsorgan) stehen und/oder im Verhältnis zueinander nahe Angehörige im Sinne des Absatzes 1 sind (vgl. Abs. 2 Nr. 3), ist, wenn damit das Einflusspotential einer die Quote von 25% übersteigenden Beteiligung erreicht wird, anfechtungsrechtlich als ausreichend anzusehen, um alle Betroffenen als dem „beherrschten" Unternehmen gegenüber zu nahe stehenden Personen zu machen. Soweit es um nahe Angehörige **(Familienverbund)** geht, ist es – anders als im Konzernrecht[78] – nicht erforderlich, dass die Familie in der Vergangenheit stets als geschlossene Einheit aufgetreten ist.[79] Grundlage einer das Näheverhältnis begründenden Abhängigkeit kann auch ein **Beherrschungsvertrag** oder eine **Eingliederung** (vgl. § 18 Abs. 1 Satz AktG) sein.[80] **30**

c) Mitgesellschafter; Schwesterunternehmen. Die an einem Unternehmen beteiligten Gesellschafter **(Mitgesellschafter)** sind, wenn es sich nicht um nahe Angehörige handelt, im Verhältnis zueinander keine nahe stehenden Personen. Die bloße wirtschaftliche Interessenverknüpfung, die sich aus der gemeinsamen Inhaberschaft an einem Unternehmen ergibt, reicht ebenso wenig aus wie enge (sonstige) persönliche Beziehungen zwischen den Gesellschaftern.[81] **31**

Abhängige Unternehmen, die von demselben Unternehmen beherrscht werden **(Schwestergesellschaften),** sollen nach der Begründung zum Regierungsentwurf nicht als einander nahe stehend anzusehen sein, weil im Verhältnis von abhängigen Unternehmen zueinander nicht unterstellt werden könne, dass sie besondere Informationsmöglichkeiten hinsichtlich der wirtschaftlichen Verhältnisse des jeweils anderen Unternehmens hätten.[82] Diese Sicht ist die Folge davon, dass im Gesetzgebungsverfahren einseitig auf die bestehenden Informationsmöglichkeiten abgestellt und nicht in die Betrachtung einbezogen worden ist, dass enge Verbundenheit dazu verleiten kann, Vermögensgegenstände zur Verhinderung des Gläubigerzugriffs auf eine „nahe stehende Person" zu verlagern, weil der Schuldner daran „im Innenverhältnis" weiter partizipieren kann.[83] Gleichgültig, welche Möglichkeiten ein abhängiges Unternehmen hat, sich über die Vermögensverhältnisse eines anderen, von derselben Muttergesellschaft abhängigen Unternehmens zu unterrichten, liegt es nahe, dass das herrschende Unternehmen versuchen wird, bei Anzeichen einer Krise Vermögen von dem gefährdeten abhängigen Unternehmen auf ein anderes von ihm abhängiges Unternehmen zu übertragen, um es so vor dem Gläubigerzugriff zu bewahren.[84] Derart verlagerte Vermögensgegenstände bleiben wirtschaftlich im Vermögensbereich der Muttergesellschaft, werden aber für die Gläubiger der notleidenden Tochter unzugänglich. Es besteht deshalb ein Bedürfnis, die insolvenzrechtliche Anfechtung auch in diesen Fällen nach den für nahe stehende Personen geltenden Grundsätzen zu erleichtern. Deshalb sind in Auslegung des Verwandtenbegriffs in § 31 Nr. 2 KO zwei Gesellschaften als „verwandt" angesehen worden, deren wesentliche Gesellschafter identisch waren.[85] Als Begründung dafür bietet sich auf der Grundlage des § 138 die **Konzernvermutung** des § 18 Abs. 1 Satz 3 AktG an. Danach wird von einem abhängigen Unternehmen vermutet, dass es mit dem herrschenden Unternehmen unter dessen einheitlicher Leitung zu einem Konzern (§ 18 Abs. 1 Satz 1 AktG) zusammengefasst ist. Sind mehrere Unternehmen von demselben anderen Unternehmen abhängig, so gilt die Konzernvermutung für alle. Bildet aber jedes abhängige Unternehmen mit der Muttergesellschaft einen Konzern, so stehen alle Tochtergesellschaften unter deren einheitlicher Leitung; sie gehören damit demselben Konzern an.[86] Die Heranziehung der Konzernvermutung **32**

---

[77] BGHZ 80, 69, 73 = NJW 1981, 1512, 1513.
[78] Vgl. BGHZ 80, 69, 73 = NJW 1981, 1512, 1513.
[79] → Rn. 14, 25, 32 aE.
[80] Begr. zu § 154 RegE S. 163.
[81] BGHZ 96, 352, 359 = NJW 1986, 1047, 1050; BGH NJW 1975, 2193, 2194; tendenziell aA *Hirte* ZInsO 1999, 429, 433 f.
[82] BT-Drs. 12/2443 S. 163.
[83] → Rn. 2.
[84] *Ehricke* S. 220.
[85] BGHZ 58, 20, 25; BGHZ 129, 236, 246 mwN.
[86] Vgl. *Hüffer* § 18 Rn. 14 f.

des § 18 Abs. 1 Satz 3 AktG widerspricht nicht den in der Gesetzesbegründung enthaltenen Grundgedanken. Danach soll nämlich die Vermutung des § 18 Abs. 1 Satz 2 AktG **(Beherrschungsverträge, Eingliederungen)** anwendbar sein.[87] Es wäre widersprüchlich, die Anwendbarkeit für die Konzernvermutung des § 18 Abs. 1 Satz 3 AktG zu verneinen. Konzern bedeutet wirtschaftliche Einheit. Die Verlagerung innerhalb einer solchen Einheit steht der Vermögensübertragung auf sonstige nahe stehende Personen gleich. Vom selben Unternehmen abhängige Schwesterunternehmen stehen daher zueinander im Verhältnis von nahe stehenden Personen, es sei denn, die Konzernvermutung wird widerlegt.[88] Gleiches gilt, wenn mehrere Gesellschafter an verschiedenen Gesellschaften zusammen jeweils mit Mehrheit beteiligt sind **(Gesellschafteridentität),**[89] sofern entweder gemeinsames Handeln auf ausreichender Grundlage beständig gesichert ist[90] oder die Gesellschafter nahe Angehörige im Sinne des Absatzes 1 sind **(Familienverbund).**[91]

33 **d) Dienstvertragliche Verbindung.** Nr. 2 ist inhaltlich § 108 Abs. 2 VerglO nachgebildet. Nahestehende Personen sind danach auch solche natürlichen Personen und Gesellschaften, die auf Grund einer im Hinblick auf Nr. 1 vergleichbaren dienstvertraglichen Verbindung zum Schuldner die Möglichkeit haben, sich über dessen wirtschaftliche Verhältnisse zu unterrichten. § 155 Nr. 1 RegE stellte anstatt auf eine „vergleichbare dienstvertragliche Verbindung“ auf die „Tätigkeit im Unternehmen des Schuldners“ ab. Eine sachliche Änderung ist mit dem Gesetzestext nicht bezweckt.[92] Die dienstvertraglich vermittelte Verbindung muss mit der Stellung vergleichbar sein, die ein Mitglied des Vertretungs- oder Aufsichtsorgans im Unternehmen hat. Das bedeutet, dass es sich um eine herausgehobene Position handeln muss; sie muss mit Unterrichtungsmöglichkeiten verbunden sein, die mit denjenigen eines Organmitglieds vergleichbar sind.[93] Außerdem muss es sich um eine Stellung innerhalb des Schuldner-Unternehmens handeln.

34 Das trifft auf **leitende Angestellte** sowie auf **Prokuristen**[94] und damit auf einen mit Geschäftsführungsbefugnis und Prokura ausgestatteten **Kommanditisten**[95] zu. Gleiches muss für **Abschluss- und Sonderprüfer** sowie deren Hilfspersonen gelten (vgl. § 404 Abs. 1 Nr. 2 AktG).[96] Eine durch rein geschäftliche Beziehungen begründete Stellung, wie sie zB **Hausbanken** oder Großlieferanten haben, reicht dagegen nicht aus, sofern nicht ein von ihnen entsandter Vertreter im Schuldnerunternehmen eine Stellung im Sinne von → Rn. 33 übernimmt.[97] **Wirtschaftsberater,**[98] **Rechtsanwälte** und **Steuerberater**[99] sind keine nahe stehenden Personen.[100] Eine dienstvertragliche Verbindung im Sinne des Abs. 2 Nr. 2 ist auch ein **Betriebsführungsvertrag,** wenn der Betriebsführer ähnlich einem Geschäftsführer und ausgestattet mit den einem solchen zur Verfügung stehenden Informationsmöglichkeiten die Geschäfte des Schuldner-Unternehmens zu leiten hat.[101] Ausnahmsweise kann ein **Steuerberater** als nahestehende Person angesehen werden, wenn auf ihn die wesentliche Buchhaltung der Schuldners ausgelagert ist und ihm nach der vertraglich eingeräumten Rechtsstellung wie einem in gleicher Zuständigkeit tätigen Angestellten alle über die wirtschaftliche Lage des Auftraggebers erheblichen Daten üblicherweise im normalen Geschäftsgang zufließen. Das Buchhaltungsmandat muss den **typischen Wissensvorsprung über die wirtschaftliche Lage** des Mandanten vermitteln, den sonst nur damit befasste leitende Angestellte des Unternehmens haben.[102] Die Sonderstellung geht abgesehen von einer Vertragskündigung auch verloren, wenn zum Vornahmezeitpunkt der angefochtenen Rechtshandlung der Zufluss von Buchungsunterlagen aus dem

---

87 → Rn. 30.

88 Im Wesentl. ebenso *Ehricke* S. 220; FKInsO/*Dauernheim* § 138 Rn. 18; HKInsO/*Kreft* § 138 Rn. 16; HambKommInsO/*Rogge* § 138 Rn. 21; wohl auch *Hirte* ZInsO 1999, 429, 433; aA *Kübler/Prütting/Paulus* § 138 Rn. 22; *Hess/Weis* § 138 Rn. 55; *Smid/Zeuner* § 138 Rn. 26; Nerlich/Römermann/*Nerlich* § 138 Rn. 22.

89 BGHZ 58, 20, 25; BGHZ 129, 236, 246.

90 Vgl. BGHZ 80, 69, 73 = NJW 1981, 1512, 1513.

91 → Rn. 14, 25, 30.

92 Vgl. Bericht BTag, BT-Drs. 12/7302 S. 174.

93 Vgl. BGHZ 131, 189, 194 f. = NJW 1996, 461, 462.

94 HKInsO/*Kreft* § 138 Rn. 17; Uhlenbruck/*Hirte* § 138 Rn. 47.

95 Vgl. Rn. 19.

96 *Hirte* ZInsO 1999, 429, 434; Uhlenbruck/*Hirte* § 138 Rn. 48.

97 Begr. zu § 155 RegE, BT-Drs. 12/2443 S. 163.

98 BGH ZIP 1997, 513, 516.

99 BGH WM 1998, 304, 305.

100 FKInsO/*Dauernheim* § 138 Rn. 15; HKInsO/*Kreft* § 138 Rn. 17; *Kübler/Prütting/Paulus* § 138 Rn. 22; *Hess/Weis* § 138 Rn. 47; *Smid/Zeuner* § 138 Rn. 20; aA *Hirte* ZInsO 1999, 429, 434; Uhlenbruck/*Hirte* § 138 Rn. 48; aA AG Viersen ZInsO 2009, 1452.

101 BGHZ 129, 236, 245 f.

102 BGH DB 2012, 2801 Rn. 10 f.

betreuten Unternehmen länger als ein Vierteljahr stockte.[103] Diese Grundsätze können auf einen selbständig tätigen **Sanierungsberater** übertragen werden, der nur bei einer dauerhaften Eingliederung in das Unternehmen, durch die ihm alle über die wirtschaftliche Lage des Schuldners erheblichen Daten üblicherweise im normalen Geschäftsgang zufließen, als nahestehende Person gelten kann.[104] Von der **Entkräftung des Vermutungstatbestandes** ist die **Widerlegung der Vermutung** zu unterscheiden. Dauert das Nähe stiftende Dienstverhältnis ohne wesentliche Änderung bis zum Vornahmezeitpunkt der angefochtenen Rechtshandlung fort, obliegt dem Anfechtungsgegner der volle Beweis seiner Unkenntnis. So kann er behaupten und – wenn nötig – beweisen, dass ihm trotz seines allgemeinen Wissensvorsprungs infolge seiner Nähe zum Schuldner einzelne wesentliche Schlüsselinformationen unbekannt geblieben sind und ihm infolgedessen die in § 130 Abs. 2 InsO bezeichneten Kenntnisse fehlten.[105]

Von Abs. 2 Nr. 2 werden auch juristische Personen und sonstige Gesellschaften erfasst, die von einer Person, die zu dem Schuldner-Unternehmen in einer **dienstvertraglichen Verbindung** iS dieser Vorschrift stehen, **beherrscht** werden. Der Bestimmung des § 138 Abs. 2 Nr. 3 ist zu entnehmen, dass ein Näheverhältnis auch durch eine Person begründet werden kann, die als eine Art „Bindeglied" sowohl dem Schuldner als auch dem Anfechtungsgegner nahesteht.[106] Deshalb ist eine GmbH „nahe stehende Person", wenn ihr Alleingesellschafter[107] und Geschäftsführer[108] auf Grund eines **Betriebsführungsvertrages**[109] die Geschäfte des Schuldner-Unternehmens zu leiten hat.[110] Die Geschäftsführereigenschaft im Verhältnis zur GmbH dürfte für sich allein allerdings nicht genügen.[111] Nach dem Sinn der Regelung in Abs. 2 Nr. 2 wird man, obwohl sie nach dem Gesetzeswortlaut nur gilt, wenn Schuldner eine juristische Person oder eine Gesellschaft ohne Rechtspersönlichkeit ist, ein Näheverhältnis auch anzunehmen haben, wenn jemand in einem **Einzelunternehmen** eine entsprechende dienstvertragliche Funktion ausübt. 35

4. Ausdehnung der gesellschaftsrechtlichen Näheverhältnisse (§ 138 Abs. 2 Nr. 3). 36
a) Persönliche Verbindung. Abs. 2 Nr. 3 erstreckt in den Fällen gesellschaftsrechtlicher Verbundenheit im Sinne der Nummern 1 und 2 die Eigenschaft einer nahe stehenden Person zum einen auf die in Abs. 1 Nr. 1 bis 3 bezeichneten **nahen Angehörigen** der gesellschaftsrechtlich verbundenen Personen. Erfasst werden damit die in Abs. 1 Nr. 1–3 aufgeführten natürlichen Personen, die in einem in Abs. 1 genannten Näheverhältnis zu den Mitgliedern der Vertretungsorgane, Gesellschaftern und sonstigen mit der Schuldner-Gesellschaft gesellschaftsrechtlich oder dienstvertraglich verbundenen Personen im Sinne des Abs. 2 Nr. 1 und 2 stehen.

Die Bezugnahme in Abs. 2 Nr. 3 erfasst nach der Änderung des Abs. 1 durch das Gesetz zur Vereinfachung des Insolvenzverfahrens nunmehr zum anderen aber auch die in Abs. 1 Nr. 4 bezeichneten persönlichen Verbindungen. Nahe stehende Personen im Sinne von Abs. 2 Nr. 3 sind somit auch juristische Personen oder Gesellschaften ohne Rechtspersönlichkeit, bei denen die in Abs. 1 Nr. 4 das Näheverhältnis begründenden Umstände im Verhältnis zu einer der in Abs. 3 Nr. 1 oder 2 bezeichneten Personen gegeben sind. Ist der Schuldner eine juristische Person, steht ihm deshalb eine andere juristische Person nahe, wenn der Geschäftsführer des Schuldners zugleich Geschäftsführer des Anfechtungsgegners ist oder wenn zwischen den personenverschiedenen Geschäftsführern ein Näheverhältnis im Sinne von Abs. 1 Nr. 1 bis 3 besteht. Letzteres ist insbesondere dann der Fall, wenn es sich bei den Geschäftsführern um Eheleute handelt. Ebenso gilt eine GmbH & Co. KG gegenüber einer GmbH als nahestehende Person, wenn die Geschäftsführer der Komplementär-GmbH und der GmbH miteinander verheiratet sind.[112] 37

b) Verschwiegenheitspflicht. Eine Ausnahme macht das Gesetz für Angehörige solcher Personen, die auf Grund ihrer Stellung im Unternehmen des Schuldners kraft Gesetzes zur Verschwiegenheit verpflichtet sind. Diesen Personen darf nach Ansicht des Gesetzgebers nicht unterstellt werden, dass sie die **Verschwiegenheitspflicht** durch Weitergabe von Kenntnissen verletzt haben, 38

---

103 BGH DB 2012, 2801 Rn. 12f.; OLG Frankfurt, ZIP 2018, 488, 498f.
104 OLG Frankfurt, ZIP 2018, 488, 498f.; *Thole/Schmidberger*, BB 2014, 3, 7; großzügiger *Mock* ZIP 2014, 445, 450.
105 BGH DB 2012, 2801 Rn. 14.
106 BGHZ 129, 236, 246f.
107 BGH, Urt. v. 1.3.2018 – IX ZR 207/15.
108 OLG Brandenburg ZInsO 2015, 2123, 2126.
109 Vgl. Rn. 34.
110 BGHZ 129, 236, 238, 246f.; FKInsO/*Dauernheim* § 138 Rn. 18.
111 → Rn. 15; in der Begründung möglicherweise zu weitgehend BGHZ 129, 236, 246f.
112 BGH NZI 2017, 358 Rn. 11.

die auf ihren besonderen Informationsmöglichkeiten beruhen.[113] Nach dieser Gesetzesbegründung wird man die Anwendbarkeit der Ausnahmeregelung nach Abs. 2 Nr. 3 Halbs. 2 davon abhängig zu machen haben, dass die für die Anfechtung relevanten Informationen den Geheimhaltungsvorschriften unterlagen und die Verschwiegenheitspflichten auch tatsächlich eingehalten worden sind.[114] Gemeint sind vor allem die **Vorstands- und Aufsichtsratsmitglieder** einer Aktiengesellschaft auf Grund der gesetzlichen – strafbewehrten (§ 404 AktG) – Verschwiegenheitspflicht nach § 93 Abs. 1 Satz 2, § 116 AktG.[115] Das gleiche gilt für Geschäftsführer und Aufsichtsratsmitglieder einer GmbH (§ 85 Abs. 1 GmbHG), für **Liquidatoren** (§ 404 Abs. 1 Nr. 1 AktG, § 85 Abs. 1 GmbHG) sowie für **Prüfer** und deren Hilfspersonal (§ 404 Abs. 1 Nr. 2 AktG).[116] Eine vertraglich vereinbarte Verschwiegenheitspflicht reicht für die Anwendung der Ausnahmevorschrift nicht aus.[117] Ein Geheimhaltungsinteresse der Gesellschaft besteht grundsätzlich an Tatsachen, deren Bekanntwerden geeignet wäre, der Gesellschaft Schaden zuzufügen. Eine solche Tatsache kann die Zahlungsunfähigkeit der Gesellschaft sein. Zusätzlich ist jedoch zu fordern, dass die Verschwiegenheitspflicht nicht nur generell, sondern auch im konkreten Fall besteht. Nur dann fehlt es an der besonderen Informationsmöglichkeit des Anfechtungsgegners, die es rechtfertigt, die Anfechtung unter erleichterten Voraussetzungen zu ermöglichen. Konkret kann die Pflicht des Geschäftsführers zur Verschwiegenheit entfallen, wenn das zuständige Organ der Gesellschaft das Geheimhaltungsinteresse aufgibt. Ein solcher Fall ist regelmäßig anzunehmen, wenn der Geschäftsführer zugleich alleiniger Gesellschafter der GmbH ist. Dann ist allein sein Wille dafür maßgeblich, ob eine Tatsache der Geheimhaltung unterliegen soll. Mit der Offenbarung einer Tatsache gibt er konkludent auch ein eventuelles Geheimhaltungsinteresse auf und nimmt der Tatsache einen Geheimhaltungscharakter, so dass diese nicht mehr dem Tatbestand des § 85 GmbHG unterfällt.[118]

§ 139 Berechnung der Fristen vor dem Eröffnungsantrag

(1) [1]Die in den §§ 88, 130 bis 136 bestimmten Fristen beginnen mit dem Anfang des Tages, der durch seine Zahl dem Tag entspricht, an dem der Antrag auf Eröffnung des Insolvenzverfahrens beim Insolvenzgericht eingegangen ist. [2]Fehlt ein solcher Tag, so beginnt die Frist mit dem Anfang des folgenden Tages.

(2) [1]Sind mehrere Eröffnungsanträge gestellt worden, so ist der erste zulässige und begründete Antrag maßgeblich, auch wenn das Verfahren auf Grund eines späteren Antrags eröffnet worden ist. [2]Ein rechtskräftig abgewiesener Antrag wird nur berücksichtigt, wenn er mangels Insolvenzmasse abgewiesen worden ist.

Übersicht

I. Normzweck

1 Die Vorschrift soll Zweifel bei der Bemessung des Anfechtungszeitraums klären, der durch einen Eröffnungsantrag bestimmt wird. **§ 139 Abs. 1** regelt für alle Anfechtungstatbestände sowie für die Rückschlagsperre nach § 88 Abs. 1 und Abs. 2 bzw – bis 30.6.2014 inhaltsgleich und in Altverfahren nach Art. 103h Satz 1 EGInsO noch anwendbar – § 312 Abs. 1 Satz 3 InsO aF, wie die jeweilige Frist von Insolvenzanträgen **rückwärts** zu berechnen ist; diese Abwicklung vergangener Sachverhalte ist eine Besonderheit im Vergleich mit der Fristberechnung nach §§ 187 ff. BGB, die

[113] Begr. zu § 155 RegE, BT-Drs. 12/2443 S. 163; krit. dazu *Hirte* ZInsO 1999, 429, 434 f., der die Ausnahmeregelung auf Mitglieder des Vertretungs- und des Aufsichtsorgans nicht anwenden will.
[114] Vgl. OLG Düsseldorf ZInsO 2005, 215, 216 f.; *Biehl,* Insider S. 101; *Kirchhof* ZInsO 2001, 825, 830; Uhlenbruck/*Hirte* § 138 Rn. 51.
[115] Begr. zu § 155 RegE, BT-Drs. 12/2443 S. 163.
[116] Vgl. Rn. 34.
[117] *Kübler/Prütting/Paulus* § 138 Rn. 25; *Hirte* ZInsO 1999, 429, 435; Uhlenbruck/*Hirte* § 138 Rn. 53.
[118] BGH NZI 2017, 358 Rn. 15.

in die Zukunft gerichtet ist. **§ 139 Abs. 2** bestimmt, mit welchem von mehreren möglichen, nicht am selben Tag gestellten Anträgen die Frist beginnt; sachlich wird die Anfechtbarkeit nur – durch Satz 2 – für diejenigen Fälle vorverlagert, in denen ein früherer Insolvenzantrag mangels Insolvenzmasse abgewiesen worden war.

II. Entstehungsgeschichte

§ 139 ist mit der großen Insolvenzrechtsreform von 1994 neu geschaffen worden und gilt seit 1999 unverändert. Unter der Geltung der KO wurden die auf den Eröffnungsantrag bezogenen Fristen dagegen gemäß § 187 Abs. 1 sowie § 188 Abs. 2 und 3 BGB berechnet.[1] An diese Normen lehnt sich auch Abs. 1 inhaltlich an, doch enthält er eine eigenständige Regelung. Abs. 2 Satz 1 kodifiziert die herrschende Meinung, die sich zur Maßgeblichkeit von Insolvenzanträgen im Rahmen der Konkursanfechtung gebildet hatte;[2] Satz 2 erweitert die Anfechtbarkeit demgegenüber. Die Vorschriften waren bereits in § 156 RegE enthalten; allein dessen Abs. 1 wurde redaktionell vereinfacht. Nicht Gesetz geworden sind dagegen die Regelungen zur verbindlichen Feststellung des maßgeblichen Antrags in § 158 RegE. Danach sollte das Insolvenzgericht diese Feststellung auf Antrag des Insolvenzverwalters nach Anhörung der potentiellen Anfechtungsgegner diesen Personen gegenüber verbindlich treffen. Dasselbe sollte ggf. für den Zeitpunkt der Zahlungsunfähigkeit gelten (§ 157 RegE). Dieser Regelungsvorschlag, der an die Bestimmung der – anfechtungsrechtlich maßgeblichen (Art. L 632-1 C.com.) – Zahlungseinstellung durch das französische Insolvenzgericht[3] erinnert (vgl. Art. L 631-8 C.com.), ist auf Empfehlung des Rechtsausschusses zur Entlastung der Insolvenzgerichte aus dem Entwurf gestrichen worden.[4] 2

III. Anwendungsbereich

§ 139 Abs. 1 erleichtert die Berechnung insolvenzrechtlicher Fristen, die nach vollen Monats- oder Jahreszeiträumen bemessen sind. Dies sind die Monatsfristen nach § 88 Abs. 1 und § 131 Abs. 1 Nr. 1, die Dreimonatsfristen nach § 88 Abs. 2, § 130 Abs. 1 Nr. 1, § 131 Abs. 1 Nr. 2 und 3 sowie § 132 Abs. 1 Nr. 1, die Jahresfristen nach § 135 Nr. 2 und § 136 Abs. 1 Satz 1, die Zweijahresfrist nach § 133 Abs. 4 Satz 2, die Vierjahresfristen nach § 133 Abs. 2 und § 134 Abs. 1 sowie die Zehnjahresfristen nach § 133 Abs. 1 Satz 1 und § 135 Nr. 1. Insoweit wird die Vorschrift auch für die Voraussetzungen zur Anwendung des § 96 Abs. 1 Nr. 3 bedeutsam. Die in § 139 Abs. 1 vorgesehene Methode der Fristberechnung kann darüber hinaus bei § 138 Abs. 1 Nr. 1 und 3 angewandt werden,[5] wobei an die Stelle des Insolvenzantrags, der der potentiell anfechtbaren Handlung nachfolgt, die (vorherige) Auflösung der Ehe bzw. der Beendigung der häuslichen Gemeinschaft tritt. In der Insolvenz eines Kreditinstituts werden die Fristen, die nach §§ 130 Abs. 1, 131 Abs. 1, 132 Abs. 1, 133, 134 Abs. 1, 135 und 136 Abs. 1 vom Eröffnungsantrag an zu berechnen sind, vom Tage des Erlasses sichernder Maßnahmen iSv § 46 Abs. 1 KWG an berechnet (§ 46c Abs. 1 KWG); damit wird verhindert, dass im Falle einer späteren Insolvenzeröffnung Anfechtungsfristen ungenutzt verstreichen.[6] Wie zu bestimmen ist, ob eine Rechtshandlung in die nach § 139 berechnete Frist fällt, ergibt sich aus § 140. Dagegen gilt § 139 nicht für die Verjährungsfrist des § 146.[7] 3

§ 139 Abs. 2 gilt für § 88 Abs. 1, 2 sowie für sämtliche Anfechtungstatbestände nach §§ 130–136 (mit § 96 Abs. 1 Nr. 3), weil alle auf einen Zeitpunkt vor oder nach einem Eröffnungsantrag abstellen. Entgegen der unglücklichen Formulierung der amtlichen Überschrift regelt § 139 Abs. 2 nicht nur die Fristen **vor dem Eröffnungsantrag,** sondern auch, ob eine Rechtshandlung **nach dem Eröffnungsantrag** vorgenommen worden ist. Dementsprechend ist § 139 Abs. 2 auch maßgeblich, soweit es bei einer nach dem Eröffnungsantrag vorgenommenen Rechtshandlung nach § 130 Abs. 1 Nr. 2 auf die Kenntnis eines – von mehreren – solcher Anträge ankommt (→ § 130 Rn. 54). Der maßgebliche Antrag ist für jeden Einzelfall vom Prozessgericht selbständig zu bestimmen (→ Rn. 12). 4

---

1 *Jaeger/Henckel* KO § 30 Rn. 186, § 31 Rn. 39; *Kuhn/Uhlenbruck* KO § 30 Rn. 57, § 31 Rn. 29; § 41 Rn. 11; vgl. RGZ 26, 5 f.; RG SeuffA 47 (1892), Nr. 254.

2 Vgl. RG LZ 1911, 856 Nr. 6; *Jaeger/Henckel* KO § 30 Rn. 47, 186; *Kilger/K. Schmidt* § 30 KO Anm. 7a, 17; *Kuhn/Uhlenbruck* KO § 30 Rn. 57.

3 Zuständig ist entweder das *tribunal de commerce* oder das *tribunal de grande instance* (Art. L 631-7, 621-2 C.com.).

4 BT-Drs. 12/7302 S. 174 zu Nr. 90.

5 HKInsO/*Thole* § 139 Rn. 3; HambKommInsO/*Rogge/Leptien* § 139 Rn. 2; K. Schmidt/*Büteröwe* § 139 Rn. 3; KKInsO/*Mohr* § 139 Rn. 2; BeckOK InsO/*Schoon*[12] § 139 Rn. 2.

6 Uhlenbruck/*Hirte/Borries* § 139 Rn. 8; HKInsO/*Thole* § 129 Rn. 83; KPB/*Ehricke* § 139 Rn. 1 aE.

7 Vgl. Uhlenbruck/*Hirte/Borries* § 139 Rn. 2.

IV. Fristberechnung (Abs. 1)

5 **§ 139 Abs. 1** betrifft diejenigen Fälle, in denen nur ein einziger Eröffnungsantrag – oder mehrere an demselben Tag – bei Gericht eingegangen und das Insolvenzverfahren eröffnet ist; dann ist auf diesen Tag abzustellen. Nach Eintritt der Rechtskraft des Eröffnungsbeschlusses gilt das auch dann, wenn der Antrag eigentlich unzulässig oder unbegründet war (→ Rn. 12).[8] Das ggf. pflichtwidrige Unterlassen, einen Eröffnungsantrag zu stellen, ist anfechtungsrechtlich bedeutungslos.[9] Wie viel Zeit zwischen Eröffnungsantrag und Verfahrenseröffnung verstrichen ist, ist unerheblich.[10] Das Eingangsdatum ist deshalb auch dann maßgeblich, wenn der Antrag absprachegemäß erst wenig später bearbeitet werden soll.[11]

6 Wird ein Insolvenzverfahren aufgehoben oder eingestellt und dann ein **neues** Insolvenzverfahren gegen denselben Schuldner eröffnet, sind die Anträge, welche zu dem beendeten Verfahren geführt haben, überholt; maßgeblich sind allein die das jeweils letzte Insolvenzverfahren bewirkenden Anträge.[12] Anders verhält es sich bei der Anordnung einer **Nachtragsverteilung** iSv § 203 Abs. 1 Nr. 3, weil damit nur das frühere, zwischenzeitlich aufgehobene Verfahren fortgesetzt wird (→ § 129 Rn. 213); dafür bleiben auch die früheren Anträge bestimmend.[13]

7 Bei mehreren parallelen Insolvenzverfahren gegen **verschiedene** und insbesondere gegen **gruppenangehörige** Schuldner (§ 3a Abs. 1 Satz 1) ist der maßgebliche Antrag betreffend jeden Schuldner gesondert zu bestimmen.[14] Jedoch kann bei der Anfechtung von Zahlungen eines Gesellschafters an Gesellschaftsgläubiger zur Erfüllung von Haftungsansprüchen, die nach Insolvenzeröffnung über das Gesellschaftsvermögen von § 93 erfasst würden, eine einheitliche Fristberechnung in Betracht kommen (→ Rn. 13).

8 Ein bei einem Gericht im **Ausland** gestellter Eröffnungsantrag kann grundsätzlich nicht maßgeblich sein,[15] weil er nicht zur Eröffnung eines deutschen Insolvenzverfahrens führen kann und die Anwendung der §§ 129 ff. kollisionsrechtlich die deutsche *lex fori concursus* voraussetzt (Art. 7 Abs. 2 Satz 2 Buchst. m EuInsVO; § 339). Ist die Rechtshandlung nach der ausländischen *lex fori concursus* anfechtbar, kann den §§ 129 ff. jedoch im Rahmen des „Vetorechts“[16] nach Art. 16 EuInsVO bzw. § 339 Bedeutung zukommen. In diesem Fall bezieht sich Abs. 1 auf den im Ausland gestellten Eröffnungsantrag. Wurde im Inland nach Art. 34 ff. EuInsVO bzw. §§ 354 ff. ein Sekundärinsolvenzverfahren über das Inlandsvermögen des ausländischen Schuldners beantragt und eröffnet, bei dem §§ 129 ff. anwendbar sind (Art. 35 EuInsVO), ist dieser Antrag nach allgemeinen Grundsätzen zugrunde zu legen, soweit der Anfechtungsanspruch zur Insolvenzmasse dieses Inlandsverfahrens gehört (Art. 34 Satz 3 EuInsVO).[17]

9 Der „Fristbeginn“ bei den hier fraglichen, rückwärts zu berechnenden Anfechtungsfristen markiert das Ende der von einer Rechtshandlung ausgehenden, anfechtungsrechtlich noch zu berücksichtigenden Entwicklung. Für die im vorliegenden Zusammenhang allein zu bestimmenden Monats- oder Jahresfristen ist nach **Satz 1** der Tag des Antragseingangs entsprechend seiner Zahl um die jeweils zu erfassende Anzahl von Monaten oder Jahren zurückzuverlegen. § 187 Abs. 1 BGB gilt nicht, so dass die Frist nicht schon vom Tag vor dem Eingang, sondern erst vom Eingangstag zurückzurechnen ist.[18] Ist zB der Antrag am 31. Oktober 2018 bei Gericht eingegangen, beginnt die Dreimonatsfrist am 31. Juli 2018, die Jahresfrist am 31. Oktober 2017, jeweils um 0.00 Uhr.[19]

10 Dagegen beginnt nach **Satz 2** die Monatsfrist am 1. Oktober 2018 um 0.00 Uhr, weil der September nur 30 Tage hat. Geht der Eröffnungsantrag an einem 29. März ein, beginnt die Monatsfrist nur in Schaltjahren am 29. Februar (Satz 1) und in den übrigen Jahren am 1. März (Satz 2).

---

[8] K. Schmidt/*Büteröwe* § 139 Rn. 6 f.; KKInsO/*Mohr* § 139 Rn. 7; AGR/*Gehrlein* § 139 Rn. 3.

[9] *Schoppmeyer* NZI 2005, 185, 193 f.; *Gehrlein* WM 2009 Sonderbeilage 1, S. 57; K. Schmidt/*Büteröwe* § 139 Rn. 9; KKInsO/*Mohr* § 139 Rn. 7; AGR/*Gehrlein* § 139 Rn. 3; vgl. BGHZ 162, 143, 155 = NJW 2005, 1121, 1124; BGH NJW 2006, 1348 Tz. 6; aA *Rendels* ZIP 2004, 1289, 1294 f.

[10] K. Schmidt/*Büteröwe* § 139 Rn. 6; KKInsO/*Mohr* § 139 Rn. 9.

[11] Vgl. BGHZ 167, 190 Rn. 12 = NJW 2006, 2701; KKInsO/*Mohr* § 139 Rn. 9.

[12] Jaeger/*Henckel* § 139 Rn. 3; HambKommInsO/*Rogge/Leptien* § 139 Rn. 5; vgl. BGHZ 109, 321, 322 f. = NJW 1990, 1240, 1241.

[13] Jaeger/*Henckel* § 139 Rn. 5.

[14] Jaeger/*Henckel* § 139 Rn. 4; KPB/*Ehricke* § 139 Rn. 3; *Gehrlein* WM 2009 Sonderbeilage 1, S. 57.

[15] AA MüKoInsO/*Kirchhof* → 3. Aufl. § 139 Rn. 5c; Jaeger/*Henckel* § 139 Rn. 7; KPB/*Ehricke* § 139 Rn. 3; K. Schmidt/*Büteröwe* § 139 Rn. 8; vorsichtiger KKInsO/*Mohr* § 139 Rn. 13.

[16] Zum Begriff vgl. *Piekenbrock* IPRax 2016, 219 mwN.

[17] Vgl. LG Freiburg KTS 1964, 189 f.; Jaeger/*Henckel* § 139 Rn. 7; *Fr. Weber* KTS 1965, 95, 127, 129 ff.

[18] HambKommInsO/*Rogge/Leptien* § 139 Rn. 6; vgl. BGHZ 157, 350, 354 = NJW 2004, 1444, 1445.

[19] KPB/*Ehricke* § 139 Rn. 2; KKInsO/*Mohr* § 139 Rn. 14 (zur Uhrzeit). Zum Fristbeginn des Vortagssaldos im Kontokorrent mit Tagesanfang vgl. OLG Frankfurt ZInsO 2010, 2402, 2403; KKInsO/*Mohr* § 139 Rn. 20 f.

Wurde der Eröffnungsantrag an einem 29. Februar eingereicht, kann nur die Vierjahresfrist des § 134 ebenfalls an einem 29. Februar anfangen; alle übrigen Fristen beginnen am 1. März. Rechtshandlungen, die zu den jeweils errechneten Zeitpunkten noch nicht iSv § 140 vorgenommen waren, können in zeitlicher Hinsicht anfechtbar sein.

Bei der Berechnung gilt weder § 193 BGB noch § 222 Abs. 2 ZPO: Ob der errechnete Fristbeginn auf einen **Samstag, Sonntag** oder **Feiertag** fällt, ist also **unerheblich.**[20] Denn die hier fraglichen Anfechtungsfristen sind nicht durch bestimmte Maßnahmen wahrzunehmen, die nur an einem Wochentag vorgenommen werden könnten. Ferner wird der Ablauf der Fristen wegen ihres Befriedungs- und Ausschlusszwecks weder gehemmt (§§ 203 ff. BGB) noch neu begonnen (§§ 212 ff. BGB);[21] § 146 Abs. 1 gilt für diese Fristen nicht. Auch eine Wiedereinsetzung entsprechend §§ 233 ff. ZPO ist nicht möglich.[22] 11

V. Berechnungsbeginn (Abs. 2)

§ 139 Abs. 2 regelt, welcher von **mehreren** Anträgen den Ausgangspunkt für die – rückwärts gerichtete – Fristberechnung (Abs. 1) bildet. Während es für die Verfahrenseröffnung nach § 27 unerheblich ist, auf welchen – zulässigen und begründeten – Antrag der Eröffnungsbeschluss gestützt wird, kann die Bestimmung des frühesten derartigen Antrags (→ Rn. 14) für die Insolvenzanfechtung wesentliche Bedeutung haben. Vorausgesetzt wird, dass das **Insolvenzverfahren** tatsächlich (rechtskräftig) **eröffnet** wurde. Der dem rechtskräftigen Eröffnungsbeschluss zugrunde liegende Antrag ist im Anfechtungsprozess nicht mehr zu prüfen;[23] daher spielt es keine Rolle, ob der Antrag zunächst unzulässig und/oder unbegründet war[24] oder ihm gar im Eröffnungszeitpunkt nicht hätte entsprochen werden dürfen.[25] Diese Fragen hätten nur im Beschwerdeverfahren (§ 34 Abs. 2) geprüft werden können. Die Rechtskraft eines – nicht selbst nichtigen[26] – Eröffnungsbeschlusses heilt alle Mängel des Eröffnungsantrages; andernfalls könnte es in dem eröffneten Verfahren möglicherweise mangels Berechnungsgrundlage gar keine erfolgreiche Insolvenzanfechtung geben. Hat das Insolvenzgericht das Verfahren aufgrund mehrerer Anträge eröffnet, ist ohne Weiteres vom früher eingegangenen auszugehen.[27] Nur wenn die Anfechtungsfrist nicht schon auf der Grundlage eines erfolgreichen Antrags eingehalten ist, hat das Prozessgericht selbst etwa früher eingegangene Eröffnungsanträge zu prüfen, sei es, dass das Insolvenzgericht sie übersehen oder als noch nicht entscheidungsreif zurückgestellt oder als vermeintlich unzulässig oder unbegründet übergangen hatte. In keinem Falle kommt es darauf an, wieviel Zeit seit der Antragstellung verging, bis das Insolvenzverfahren eröffnet wurde.[28] 12

Eine Besonderheit ergibt sich, wenn Insolvenzverfahren sowohl über das Vermögen einer **Gesellschaft ohne Rechtspersönlichkeit** als auch über das ihres **persönlich haftenden Gesellschafters** eröffnet werden. Dann ist der Insolvenzverwalter über das Vermögen des Gesellschafters vorrangig anfechtungsbefugt (→ § 143 Rn. 7). Jedoch ist für die Berechnung der Anfechtungsfristen in jedem Fall der früher gestellte Insolvenzantrag maßgeblich;[29] dadurch wird verhindert, dass Eröffnungsanträge betreffend das Vermögen des Gesellschafters verzögert werden, um einer Anfechtung vorzubeugen. 13

---

[20] Nerlich/Römermann/*Nerlich* § 139 Rn. 3 aE; HambKommInsO/*Rogge/Leptien* § 139 Rn. 6; K. Schmidt/*Büteröwe* § 139 Rn. 2 (dort irrtümlich „§ 222 Abs. 2 BGB"); Uhlenbruck/*Hirte/Borries* § 139 Rn. 2; KKInsO/*Mohr* § 139 Rn. 14; BeckOK InsO/*Schoon*[12] § 139 Rn. 8; AGR/*Gehrlein* § 139 Rn. 4; vgl. RGZ 17, 328, 330 f.; RG JW 1898, 247 Nr. 9; HKInsO/*Thole* § 139 Rn. 7; Jaeger/*Henckel* § 139 Rn. 8; KPB/*Ehricke* § 139 Rn. 5.

[21] K. Schmidt/*Büteröwe* § 139 Rn. 2; Nerlich/Römermann/*Nerlich* § 139 Rn. 3 aE; Uhlenbruck/*Hirte/Borries* § 139 Rn. 2; Jaeger/*Henckel* § 139 Rn. 8; vgl. RGZ 139, 110, 111 f.

[22] Vgl. RGZ 17, 70, 71 f.; HambKommInsO/*Rogge/Leptien* § 139 Rn. 6; K. Schmidt/*Büteröwe* § 139 Rn. 2; KPB/*Ehricke* § 139 Rn. 5; KKInsO/*Mohr* § 139 Rn. 14.

[23] OLG Köln ZInsO 2011, 1949, 1950 f.; HKInsO/*Thole* § 139 Rn. 9; HambKommInsO/*Rogge/Leptien* § 139 Rn. 5; KKInsO/*Mohr* § 139 Rn. 7.

[24] Jaeger/*Henckel* § 143 Rn. 9; zu § 88 BGH ZInsO 2011, 1413 f.

[25] Vgl. BGHZ 138, 40, 42; OLG Köln NZI 2011, 812, 813; AG Hamburg ZInsO 2004, 102, 103; HKInsO/*Thole* § 139 Rn. 6 aE; Uhlenbruck/*Hirte/Borries* § 139 Rn. 4; HambKommInsO/*Rogge/Leptien* § 139 Rn. 4 f.; Jaeger/*Henckel* § 139 Rn. 3.

[26] Vgl. KKInsO/*Mohr* § 139 Rn. 7.

[27] Vgl. BAGE 161, 21 Rn. 13 = AP InsO § 131 Nr. 20; K. Schmidt/*Büteröwe* § 139 Rn. 15.

[28] Vgl. BGH NZI 2008, 184 Rn. 13; zum alten Recht vgl. entsprechend schon BGH NJW 1985, 200, 201 und RG WarnR 1929 Nr. 81 zum „Ruhen" des Antrags; ferner RGZ 88, 237 f.

[29] BGHZ 178, 171 Rn. 20 f. = NJW 2009, 225; HKInsO/*Thole* § 129 Rn. 85, § 139 Rn. 14. Zu Unrecht verallgemeinernd Graf-Schlicker/*Huber* § 139 Rn. 5.

14 **1. Berücksichtigung früherer noch anhängiger Anträge, Satz 1.** Grundsätzlich – und damit vorbehaltlich des § 139 Abs. 2 Satz 2 – kann ein früherer Antrag als der für die Eröffnung maßgebliche nur berücksichtigt werden, wenn er im Zeitpunkt der Eröffnungentscheidung noch **anhängig** war. Dass er nach der Eröffnung wegen prozessualer Überholung für erledigt erklärt wird, ist dagegen unschädlich.[30] Darüber hinaus muss der frühere Antrag im Zeitpunkt der Eröffnungsentscheidung grundsätzlich nach Maßgabe der §§ 13 bis 16 **zulässig und begründet** gewesen sein, so dass das Insolvenzverfahren (auch) aufgrund dieses Antrags hätte eröffnet werden können.[31] Nicht nötig ist, dass der Antrag schon zulässig und begründet war, als er gestellt wurde.[32] Die Zulässigkeit und Begründetheit im **Zeitpunkt** des **Eröffnungsbeschlusses** genügt,[33] weil dies allgemein der für das Insolvenzverfahren maßgebliche Zeitpunkt ist.[34] Daher steht es der Anwendung von Satz 1 nicht entgegen, wenn bei Stellung des ersten Antrags noch **kein Eröffnungsgrund** iSv § 16 vorlag, sofern ein solcher noch bis zum Eröffnungsbeschluss eintritt;[35] das Vorliegen der Zahlungsunfähigkeit wird allerdings in den §§ 130, 132 und 131 Abs. 1 Nr. 2 zur selbständigen Anfechtungsvoraussetzung erhoben (vgl. auch § 133 Abs. 1 Satz 2, Abs. 3 Satz 1, § 137 Abs. 2 Satz 1). Der Grundsatz, dass es allein auf die Sach- und Rechtslage im Zeitpunkt der Eröffnungsentscheidung ankommt, soll aber nach Auffassung des BGH – auch bei Satz 1 – dadurch eingeschränkt werden, dass „entweder eine ‚einheitliche Insolvenz' oder ein – näher zu bestimmender – zeitlicher Zusammenhang zwischen dem ersten Antrag und demjenigen Antrag" bestehen muss, der schließlich zur Eröffnung geführt hat.[36]

15 Unerheblich ist, auf welchen **Eröffnungsgrund** (§ 16) der Antrag gestützt ist, weil jeder der Eröffnungsgründe nach §§ 17 bis 19 geeignet ist, vor einer Insolvenz des Schuldners zu warnen (→ § 130 Rn. 53). Nur Anträge, die **nichtig** – insbesondere lediglich zum Schein (§ 117 Abs. 1 BGB) oder unter einer Bedingung gestellt – sind, bleiben außer Betracht.[37] Wurde der Antrag bei einem sachlich oder örtlich unzuständigen Gericht gestellt, kann er gleichwohl nach Satz 1 maßgeblich sein, wenn er bis zum Erlass des Eröffnungsbeschlusses an das zuständige Gericht verwiesen worden ist (§ 4 iVm §§ 281 Abs. 1, 495 ZPO).[38] Wegen dieser Verweisungsmöglichkeit muss dasselbe gelten, wenn er im Zeitpunkt der Eröffnung noch beim unzuständigen Gericht anhängig war. Stirbt der Schuldner während des Eröffnungsverfahrens, bleibt der gegen ihn gerichtete Antrag für das eröffnete **Nachlassinsolvenzverfahren** und darin stattfindende Anfechtungen maßgeblich.[39]

16 Umgekehrt sind solche Anträge **nicht** zu berücksichtigen, die anfangs zulässig und begründet waren, aber bis zur Entscheidung über die Eröffnung unzulässig oder unbegründet geworden sind.[40] Da die Erfüllung der Forderung eines Gläubigers nach der Antragstellung nicht mehr per se zur Unzulässigkeit des Antrags führt (§ 14 Abs. 1 Satz 2), ist bei der nachträglichen Unzulässigkeit vor

---

[30] BGH NZI 2009, 377 Rn. 11; Graf-Schlicker/*Huber* § 139 Rn. 9; K. Schmidt/*Büteröwe* § 139 Rn. 16; KKInsO/*Mohr* § 139 Rn. 38; AGR/*Gehrlein* § 139 Rn. 9.

[31] K. Schmidt/*Büteröwe* § 139 Rn. 14; BeckOK InsO/*Schoon*[12] § 139 Rn. 9; AGR/*Gehrlein* § 139 Rn. 6. Nur insoweit kann in der Nachlassinsolvenz § 316 Abs. 1 bedeutsam werden: Unklar dazu Uhlenbruck/*Borries/Hirte* § 129 Rn. 44 bzw. Uhlenbruck/*Hirte/Borries* § 139 Rn. 9.

[32] HKInsO/*Thole* § 139 Rn. 10; KKInsO/*Mohr* § 139 Rn. 29. Einschränkend Jaeger/*Henckel* § 139 Rn. 13, der zusätzlich die Zahlungsunfähigkeit des Schuldners zurzeit der Handlung voraussetzt.

[33] LG Itzehoe ZInsO 2003, 809, 810; HKInsO/*Thole* § 139 Rn. 10 aE; HambKommInsO/*Rogge* § 139 Rn. 11; KKInsO/*Mohr* § 139 Rn. 29; BeckOK InsO/*Schoon*[12] § 139 Rn. 10; vgl. RGZ 88, 237; *Smid* InVo 2002, 41, 42 f.

[34] Vgl. nur BGHZ 169, 17 Rn. 8 ff. = NJW 2006, 3553. Dies gilt auch bei der Eröffnung durch das Beschwerdegericht. So zur Rückschlagsperre nach § 28 VerglO LG Freiburg KTS 1964, 189 f.; *Fr. Weber* KTS 1965, 95, 127, 129 f.

[35] Vgl. RGZ 36, 73 f.; einschränkend Jaeger/*Henckel* § 139 Rn. 13.

[36] BGH NZI 2009, 377 Rn. 7 unter Verweis auf BGH NZI 2008, 184 Rn. 11, obwohl es dort um § 139 Abs. 2 Satz 2 ging.

[37] Vgl. RGZ 131, 197, 202; K. Schmidt/*Büteröwe* § 139 Rn. 14; *Hess* InsO § 139 Rn. 16; KKInsO/*Mohr* § 139 Rn. 39; BeckOK InsO/*Schoon*[12] § 139 Rn. 4; vgl. *Fr. Weber* KTS 1965, 95, 135.

[38] HKInsO/*Thole* § 139 Rn. 6; Jaeger/*Henckel* § 139 Rn. 3; K. Schmidt/*Büteröwe* § 139 Rn. 10; KKInsO/*Mohr* § 139 Rn. 6; RSZ/*Zeuner* § 139 Rn. 8; BeckOK InsO/*Schoon*[12] § 139 Rn. 4; AGR/*Gehrlein* § 139 Rn. 3; *Hess* InsO § 139 Rn. 4; vgl. Uhlenbruck/*Hirte/Borries* § 139 Rn. 4; Graf-Schlicker/*Huber* § 139 Rn. 2; KPB/*Ehricke* § 139 Rn. 4; vgl. FKInsO/*Dauernheim* § 139 Rn. 3; RGZ 131, 197, 202. LG Bonn NZI 2006, 110 f. stellt auf den Antragseingang bei einem örtlich unzuständigen Gericht jedenfalls dann ab, wenn das Insolvenzverfahren gerade aufgrund dieses Antrags – nach Abgabe an das zuständige Gericht – eröffnet wird.

[39] BGHZ 157, 350, 354 = NJW 2004, 1444, 1445; BGH, Urt. v. 12.2.2004 – IX ZR 146/03, juris-Rn. 9; KKInsO/*Mohr* § 139 Rn. 10.

[40] Jaeger/*Henckel* § 139 Rn. 14; HKInsO/*Thole* § 139 Rn. 12; KPB/*Ehricke* § 139 Rn. 10; KKInsO/*Mohr* § 139 Rn. 30; Graf-Schlicker/*Huber* § 139 Rn. 9.

allem an den Wegfall des rechtlichen Interesses an der Verfahrenseröffnung zu denken. Der Wegfall des Eröffnungsgrundes führt regelmäßig zur Abweisung aller Eröffnungsanträge und damit nicht zur Anwendung von § 139. Etwas Anderes kann hier nur gelten, wenn der Schuldner nach der Antragstellung seine Zahlungsunfähigkeit (§ 17) oder ggf. seine Überschuldung (§ 19) überwindet, das Verfahren aber auf einen Schuldnerantrag wegen drohender Zahlungsunfähigkeit (§ 18) eröffnet wird. Hier hätte der Gläubigerantrag nicht zur Eröffnung führen können und ist daher nach § 139 Abs. 2 Satz 1 nicht zu berücksichtigen, selbst wenn er im Eröffnungszeitraum noch anhängig war.

2. Berücksichtigung nicht mehr anhängiger Anträge, Satz 2. In **§ 139 Abs. 2 Satz 2** ist vorgesehen vor, dass ausnahmsweise auch ein im Eröffnungszeitpunkt nicht mehr anhängiger Eröffnungsantrag zu berücksichtigen ist, wenn dieser **mangels Masse abgewiesen** worden ist (§ 26 Abs. 1 Satz 1). Dabei kommt es nicht entscheidend darauf an, ob der schließlich erfolgreiche Antrag vor oder nach der Abweisung des früheren Antrags mangels Masse gestellt worden ist. Zu denken ist dabei insbesondere an die Fälle, in denen bei dem späteren Antrag die Abweisung mangels Masse nach § 26 Abs. 1 Satz 2 unterbleibt. Dies gilt zum einen, wenn der Schuldner eine natürliche Person ist, die kurz vor oder nach der Abweisung eines Gläubigerantrags mangels Masse einen Eigenantrag verbunden mit einem Antrag auf Restschuldbefreiung (§ 287 Abs. 1 Satz 1) und Verfahrenskostenstundung (§ 4a Abs. 1 Satz 1) gestellt hat. Zum anderen ist daran zu denken, dass für den späteren und letztlich erfolgreichen Antrag ein Massekostenvorschuss iSv § 26 Abs. 1 Satz 2 geleistet worden ist. 17

Schließlich erfasst Abs. 2 Satz 2 auch den Fall, dass die Insolvenzmasse bei der Entscheidung über den späteren Antrag die Verfahrenskosten gedeckt hat. Diese Fallkonstellation, in der es zu einer **Besserung der Vermögensverhältnisse** des Schuldners gekommen ist, deutet aber bereits an, dass der Wortlaut der Regelung, der keine Einschränkungen in zeitlicher oder materieller Hinsicht vorsieht, **zu weit** geraten ist. Insbesondere fehlt es an einer materialen Legitimation, die Anfechtung einer Rechtshandlung an die zeitliche Nähe zu einem mangels Insolvenzmasse abgewiesenen Insolvenzantrag zu knüpfen, wenn die materielle Insolvenz in der Zwischenzeit überwunden worden war und das Verfahren schließlich aufgrund einer neuen Insolvenz eröffnet worden ist. Es besteht daher Einigkeit, dass § 139 Abs. 2 Satz 2 nur „innerhalb **derselben** [materiellen] **Insolvenz** des Schuldners" gilt.[41] Ebensowenig sind in einem zweiten Insolvenzverfahren solche Insolvenzanträge zu berücksichtigen, die zu einer Eröffnung eines (ersten) Insolvenzverfahrens geführt haben, das mittlerweile aufgehoben oder eingestellt wurde.[42] Dagegen ist der zwischen der Abweisung und der späteren Eröffnung verflossene Zeitraum grundsätzlich nicht begrenzt.[43] 18

Ob der nach § 26 mangels Masse abgewiesene Antrag iÜ zulässig und begründet war, ist vom Prozessgericht selbst festzustellen (→ Rn. 12); dass vor einer Entscheidung nach § 26 Abs. 1 Satz 1 zu prüfen ist, ob der Antrag zulässig ist und ein Eröffnungsgrund vorliegt, steht nicht entgegen, weil diese Vorprüfung nicht an der Rechtskraft teilnimmt.[44] Praktisch besteht bei feststehender Masseunzulänglichkeit allerdings kein Zweifel am Vorliegen eines Eröffnungsgrundes (§ 16); die Zulässigkeit des Antrags bleibt jedoch zu prüfen, weil ein unzulässiger Antrag auch nicht die Insolvenzanfechtung oder die Rückschlagsperre auslösen darf.[45] 19

Abgesehen vom Sonderfall der Abweisung mangels Insolvenzmasse werden Anträge, die bei der Eröffnungsentscheidung nicht mehr anhängig sind, bei der Bestimmung des Anfechtungszeitraums nicht berücksichtigt. Daher bleiben **rechtskräftig zurückgewiesene Anträge** auch dann außer Betracht, wenn die Abweisung zu Unrecht[46] oder erst in höherer Instanz[47] erfolgte; allerdings ist zu beachten, dass eine Abweisung erst wirksam wird, wenn der Gerichtsbeschluss nach außen existent 20

---

[41] So BGH NZI 2008, 184 Rn. 11 (Hervorhebung hinzugefügt) unter Verweis auf BGH NJW 2000, 211, 212 zu § 10 Abs. 1 Nr. 4 GesO. Dort war der erste Antrag jedoch zurückgenommen worden. Vgl. ergänzend BGH NZI 2008, 363 Rn. 6; NZI 2009, 377 Rn. 7, dort aber im Kontext von § 139 Abs. 2 Satz 1 (→ Rn. 14); OLG Schleswig ZInsO 2006, 1224, 1227; Jaeger/*Henckel* § 139 Rn. 6; HKInsO/*Thole* § 139 Rn. 12; Uhlenbruck/*Hirte/Borries* § 139 Rn. 12a; AGR/*Gehrlein* § 139 Rn. 8; *Haarmeyer* ZInsO 1999, 275; K. Schmidt/*Büteröwe* § 139 Rn. 14, 19; RSZ/*Zeuner* § 139 Rn. 10; KKInsO/*Mohr* § 139 Rn. 33 f.; BeckOK InsO/*Schoon*[12] § 139 Rn. 13.

[42] KKInsO/*Mohr* § 139 Rn. 11; MüKoInsO/*Kirchhof* → 3. Aufl. § 139 Rn. 5a; BeckOK InsO/*Schoon*[12] § 139 Rn. 11.

[43] Graf-Schlicker/*Huber* § 139 Rn. 8; BeckOK InsO/*Schoon*[12] § 139 Rn. 13; vgl. BGH NZI 2008, 363 Rn. 6.

[44] Nach KKInsO/*Mohr* § 139 Rn. 32 kann sich das Prozessgericht dabei sogar ohne erneute eigene Prüfung auf den Beschluss des Insolvenzgerichts stützten.

[45] HambKommInsO/*Rogge* § 139 Rn. 12; aA Uhlenbruck/*Hirte/Borries* § 139 Rn. 13.

[46] BT-Drs. 12/2443, S. 163 zu § 156 RegE; Jaeger/*Henckel* § 139 Rn. 11; KPB/*Ehricke* § 139 Rn. 9; FKInsO/*Dauernheim* § 139 Rn. 4 aE; KKInsO/*Mohr* § 139 Rn. 31; BeckOK InsO/*Schoon*[12] § 139 Rn. 12; vgl. OLG Naumburg ZInsO 2002, 677, 679.

[47] Vgl. BGHZ 169, 17, 27 = NJW 2006, 3553, 3556; BeckOK InsO/*Schoon*[12] § 139 Rn. 12.

geworden ist.[48] Unerheblich sind auch **zurückgenommene** Anträge.[49] Dasselbe gilt schließlich auch für Anträge, die **vor** der **Verfahrenseröffnung** für **erledigt erklärt** worden sind.[50] An der Wirkungslosigkeit eines zurückgenommenen oder erledigten Antrags ändert es aus Gründen der Rechtsklarheit und im Wege des Umkehrschlusses aus § 139 Abs. 2 Satz 2 nichts, falls ein Insolvenzgrund ununterbrochen bis zu einem erneuten Eröffnungsantrag fortbestand;[51] auf die unsichere Beurteilung eines Eröffnungsgrundes im Sinne der §§ 17 ff. stellt § 139 gerade nicht selbständig ab. Die praktischen Folgen dieser gesetzgeberischen Entscheidung sind jedoch wesentlich verringert worden, seit der Gesetzgeber mit dem Haushaltsbegleitgesetz 2011[52] zum 1. Januar 2011 eine Regelung geschaffen hat, nach der ein Gläubigerantrag nicht allein durch die Erfüllung der Forderung im Eröffnungsverfahren unzulässig wird (§ 14 Abs. 1 Satz 2 InsO 2011). Diese Regelung, die ursprünglich nur Zweitanträge innerhalb von zwei Jahren betraf, gilt seit 5. April 2017 voraussetzungslos für alle Gläubigeranträge (§ 14 Abs. 1 Satz 2).[53] Damit dürfte sich die Zahl der Fälle, in denen sich ein Gläubiger vor der Eröffnungsentscheidung zur Erledigterklärung seines Eröffnungsantrags gezwungen sieht, wesentlich verringern. Missbräuchlicher Antragsrücknahme oder missbräuchlichen Erledigungserklärungen kann mit § 130 Abs. 2 (→ § 130 Rn. 38a) oder im Einzelfall mit § 242 BGB[54] begegnet werden. Unerheblich ist ebenso, ob die Rücknahme – angeblich – nur erfolgte, um einer Abweisung mangels Insolvenzmasse gemäß § 26 zuvorzukommen. Dagegen stellt die Rücknahmefiktion des § 305 Abs. 3 Satz 2 weder eine konstitutive Rücknahmeerklärung noch eine „rechtskräftige Abweisung" dar, solange die materiellen Antragsvoraussetzungen nicht entfallen sind.[55]

21 **3. Beweisfragen.** Die Beweislast dafür, dass ein früherer als der vom Insolvenzgericht zugrunde gelegte Antrag maßgeblich ist, trifft den anfechtenden Insolvenzverwalter.[56] Dagegen ist die etwaige Nichtigkeit eines Eröffnungsbeschlusses als Vorfrage für eine Unverbindlichkeit des zugrunde gelegten Eröffnungsantrags als Ausnahme vom Anfechtungsgegner zu beweisen.[57]

§ 140 Zeitpunkt der Vornahme einer Rechtshandlung

(1) Eine Rechtshandlung gilt als in dem Zeitpunkt vorgenommen, in dem ihre rechtlichen Wirkungen eintreten.

(2) [1]Ist für das Wirksamwerden eines Rechtsgeschäfts eine Eintragung im Grundbuch, im Schiffsregister, im Schiffsbauregister oder im Register für Pfandrechte an Luftfahrzeugen erforderlich, so gilt das Rechtsgeschäft als vorgenommen, sobald die übrigen Voraussetzungen für das Wirksamwerden erfüllt sind, die Willenserklärung des Schuldners für ihn bindend geworden ist und der andere Teil den Antrag auf Eintragung der Rechtsänderung gestellt hat. [2]Ist der Antrag auf Eintragung einer Vormerkung zur Sicherung des

---

[48] Vgl. RG LZ 1911, 856 Nr. 6; HKInsO/*Kirchhof* § 27 Rn. 25 mwN.

[49] Vgl. BGH NJW 2000, 211, 212 zu § 10 Abs. 1 Nr. 4 GesO; OLG Dresden ZIP 2001, 621, 623 f.; ZInsO 2001, 910, 911; OLG Hamm NZI 2001, 31, 32; LG Traunstein ZInsO 2001, 913 LS; Jaeger/*Henckel* § 139 Rn. 14; KPB/*Ehricke* § 139 Rn. 10; K. Schmidt/*Büteröwe* § 139 Rn. 17; AGR/*Gehrlein* § 139 Rn. 9; KKInsO/*Mohr* § 139 Rn. 35; BeckOK InsO/*Schoon*[12] § 139 Rn. 14; vgl. RG WarnR 1929 Nr. 81. AA HWF/*Schmittmann/Zeeck* § 139 Rn. 23; gegen sie KKInsO/*Mohr* § 139 Rn. 36.

[50] BGHZ 149, 178, 181 f. = NJW 2002, 515, 516; BGHZ 157, 350, 354 = NJW 2004, 1444, 1445; BGH NZI 2006, 159 Rn. 6; OLG Frankfurt ZIP 2002, 1852, 1853 f. mit zust. Anm. von *Gundlach/Schmidt* DZWiR 2003, 126, 127; OLG Köln NZI 2003, 555; HKInsO/*Thole* § 139 Rn. 12; K. Schmidt/*Büteröwe* § 139 Rn. 17; Uhlenbruck/*Hirte/Borries* § 139 Rn. 12a; KKInsO/*Mohr* § 139 Rn. 35; AGR/*Gehrlein* § 139 Rn. 9; FKInsO/*Dauernheim* § 139 Rn. 4; KPB/*Ehricke* § 139 Rn. 10; Jaeger/*Henckel* § 139 Rn. 14; Nerlich/Römermann/*Nerlich* § 139 Rn. 6; BeckOK InsO/*Schoon*[12] § 139 Rn. 14; *Huber* LM § 130 InsO Nr. 1/2, Bl. 6; aA *Biebinger* ZInsO 2008, 1188, 1189 ff. für den Fall „überlappender" Insolvenzanträge. AA ferner HWF/*Schmittmann/Zeeck* § 139 Rn. 24; gegen sie wiederum KKInsO/*Mohr* § 139 Rn. 36.

[51] BGH NZI 2006, 159 Tz. 6; K. Schmidt/*Büteröwe* § 139 Rn. 17; AA OLG Celle InVo 2002, 54, 55; LG Limburg InVo 2002, 59 f.; LG Magdeburg ZInsO 2002, 591, 592; HambKommInsO/*Rogge* § 139 Rn. 13; RSZ/*Zeuner* § 139 Rn. 12 bis 16; *Biehl* NJ 2002, 313, 314; *Flöther/Bräuer* DZWiR 2003, 114, 115; *Wienberg* EWiR 2001, 635, 636; differenzierend *Smid* InVo 2002, 41, 43 ff.

[52] Vgl. Art. 3 Nr. 1 HBeglG 2011 vom 9.12.2010, BGBl. I, S. 1885.

[53] Vgl. dazu BT-Drs. 18/7054, S. 16.

[54] Vgl. *G. Wagner* EWIR 2001, 385, 386; Jaeger/*Henckel* § 139 Rn. 14; HKInsO/*Thole* § 139 Rn. 12; HambKommInsO/*Rogge/Leptien* § 139 Rn. 14; zweifelnd *Biebinger* ZInsO 2008, 1188, 1193.

[55] LAG Niedersachsen ZInsO 2011, 1027, 1029 zu § 88.

[56] Jaeger/*Henckel* § 139 Rn. 12; Uhlenbruck/*Hirte/Borries* § 139 Rn. 10; KPB/*Ehricke* § 139 Rn. 9; HambKommInsO/*Rogge* § 139 Rn. 17; KKInsO/*Mohr* § 139 Rn. 41; BeckOK InsO/*Schoon*[12] § 139 Rn. 15.

[57] So auch K. Schmidt/*Büteröwe* § 139 Rn. 14; KKInsO/*Mohr* § 139 Rn. 43.

Anspruchs auf die Rechtsänderung gestellt worden, so gilt Satz 1 mit der Maßgabe, daß dieser Antrag an die Stelle des Antrags auf Eintragung der Rechtsänderung tritt.

(3) Bei einer bedingten oder befristeten Rechtshandlung bleibt der Eintritt der Bedingung oder des Termins außer Betracht.

Schrifttum: *Eckert,* Probleme der Bestimmung des für die Insolvenzanfechtung relevanten Zeitpunkts nach § 140 InsO, 2003; *Eichel,* Künftige Forderungen, 2014; *Eickel,* Probleme der Bestimmung des für die Insolvenzanfechtung relevanten Zeitpunkts nach § 140 InsO, 2003; *König,* Mietzins und Arbeitslohn – künftige oder schon dem Grunde nach angelegte Forderungen?, FS Leipold, 2009, S. 403 ff.; *Kremer/Jürgens,* Wann entsteht insolvenzrechtlich der Anspruch des Kassenarztes?, ZInsO 2016, 895 ff.; *Kuszlik,* Sicherheiten für künftige Forderungen in der Insolvenz, 2016.

Übersicht

I. Normzweck

§ 140 soll den – bei Anfechtungsfristen oft bedeutsamen – Zeitpunkt klarstellen, in dem eine 1
Rechtshandlung als vorgenommen gilt. Zugleich koordiniert die Vorschrift diesen Zeitpunkt mit anderen Regelungen der InsO, insbesondere in § 91 Abs. 2 und § 147. Die Norm dient der Rechtsklarheit. Gemeinsamer Grundgedanke aller drei Absätze ist, dass derjenige Zeitpunkt entscheidet, in dem der Anfechtungsgegner durch die Rechtshandlung eine Stellung erlangt, die im Falle der Insolvenzeröffnung – ohne die Anfechtung – beachtet werden müsste.[1] Dass insoweit nicht auf den Zeitpunkt der Handlung, sondern den Eintritt ihrer Wirkungen abgestellt wird, entspricht der Funktion der Anfechtung.[2]

II. Entstehungsgeschichte

§ 140 ist mit der großen Insolvenzrechtsreform von 1994 neu geschaffen worden und gilt seit 2
1999 unverändert. Die Vorschrift geht auf § 166 RegE zurück, der im Gesetzgebungsverfahren nicht mehr geändert worden ist. Die Konkursordnung regelte den Zeitpunkt der Vornahme nicht ausdrücklich. Ihre Vorschriften wurden von Rechtsprechung und Rechtslehre jedoch so ausgelegt, wie es dem jetzigen § 140 Abs. 1 entsprach.[3] Abweichend von § 140 Abs. 2 hatten Rechtsprechung

1 BT-Drs. 12/2443, S. 166 zu § 159 RegE.

2 Jaeger/*Henckel* § 140 Rn. 2; KPB/*Ehricke* § 140 Rn. 3; RSZ/*Zeuner* § 140 Rn. 1.

3 BGHZ 86, 340, 346 = NJW 1983, 1123, 1125; BGH ZIP 1996, 2080, 2082 = DtZ 1997, 52, 53; ZIP 1997, 513, 514 = DtZ 1997, 156; NJW 1998, 2592, 2596 f. (insoweit nicht in BGHZ 138, 291); NZI 1998, 118; *Jaeger/Henckel* KO § 30 Rn. 75; *Kilger/K. Schmidt* § 30 KO Anm. 7b.

und ein Teil des Schrifttums aber auch bei Grundstücksgeschäften auf den Zeitpunkt der Eintragung im Grundbuch abgestellt, also den Eintragungsantrag nicht ausreichen lassen.[4] Demgegenüber enthielt § 10 Abs. 3 GesO für Grundbucheintragungen bereits eine Regelung, die inhaltlich § 140 Abs. 2 entsprach. Diese Norm schränkt nunmehr – gleichzeitig mit einer Verlängerung von Anfechtungsfristen – mittelbar den Zeitraum ein, in dem ein Grundstücksgeschäft anfechtbar ist. Abs. 3 ist neu.

III. Anwendungsbereich

3 § 140 ergänzt den Begriff der Rechtshandlung iSv § 129, indem er deren Abschluss (→ § 129 Rn. 33) festlegt. Die Vorschrift gilt für alle Handlungen iSd §§ 129 ff. einschließlich der Rechtsgeschäfte nach § 132, der Verträge gemäß § 133 Abs. 4 und der Leistungen iSv § 134. Sie entscheidet damit über die Frage, ob eine Rechtshandlung vor oder nach Insolvenzeröffnung vorgenommen wurde (§§ 129 Abs. 1, 147 Abs. 1), und umschreibt in Ergänzung zu § 139 den Zeitpunkt, der innerhalb des maßgeblichen Anfechtungszeitraums und ggf. nach Eintritt der Zahlungsunfähigkeit liegen muss. Damit ist § 140 insbesondere wesentlich für die Fristen nach §§ 130 Abs. 1, 131 Abs. 1, 132 Abs. 1, 133, 134 Abs. 1, 135 und 136 Abs. 1. Ferner muss in dem durch § 140 bestimmten Zeitpunkt ein etwaiges Näheverhältnis iSv § 138 bestanden haben.[5]

4 Der durch § 140 festgelegte Zeitpunkt hat weitergehende Bedeutung, insbesondere indem in ihm der Anfechtungsgegner grundsätzlich die Zahlungsunfähigkeit des Schuldners oder den Eröffnungsantrag (§ 130 Abs. 1, 132 Abs. 1) (→ § 130 Rn. 32, 53, 59; § 132 Rn. 18, 19) oder die benachteiligende Wirkung iSv § 131 Abs. 1 Nr. 3 (→ § 131 Rn. 52) gekannt haben bzw. der Benachteiligungsvorsatz gemäß § 133 (→ § 133 Rn. 17) vorgelegen haben muss. Ferner entscheidet dieser Zeitpunkt, ob eine unmittelbare Benachteiligung iSv § 132 Abs. 1 und § 133 Abs. 2 eingetreten ist (→ § 129 Rn. 113; § 132 Rn. 11; § 133 Rn. 44)[6] und ob eine Leistung iSv § 134 Abs. 1 unentgeltlich ist (→ § 134 Rn. 20). Schließlich ist § 140 für die Verjährung in den Fällen von § 147 von entscheidender Bedeutung (→ § 147 Rn. 16).

IV. Allgemeiner Vornahmezeitpunkt (Abs. 1)

5 § 140 Abs. 1 legt als allgemeinen Grundsatz fest, dass eine Rechtshandlung in dem Zeitpunkt als vorgenommen gilt, in dem ihre rechtlichen Wirkungen eintreten; § 140 Abs. 2 und 3 bestimmen demgegenüber für bestimmte Arten von Rechtshandlungen frühere Zeitpunkte. Die rechtlichen Wirkungen einer Rechtshandlung treten ein, sobald all jene Erfordernisse vorliegen, an welche die Rechtsordnung regelmäßig die Entstehung, Aufhebung oder Änderung eines Rechtsverhältnisses knüpft; ob im Einzelfall Hinderungsgründe entgegenstehen, ist unerheblich (→ § 129 Rn. 30). Gemeint sind jeweils nur die typischerweise unmittelbar eintretenden rechtlichen Wirkungen, welche die Vermögensverkürzung beim Schuldner unvermeidlich machen. Diese Voraussetzung ist aus sich heraus zu beurteilen und nicht etwa stets dem Eintritt einer – unmittelbaren oder gar mittelbaren – Gläubigerbenachteiligung iSv § 129 gleichzusetzen; eine solche kann zusätzlich von vielfältigen sonstigen Umständen abhängen (→ § 129 Rn. 77 bis 110a), und die mittelbare Benachteiligung ist für einen anderen Zeitpunkt zu bestimmen (→ § 129 Rn. 125). Erst recht ist nicht etwa auf erwünschte, weitergehende Fernwirkungen abzustellen, zB auf die Erfüllung eines Verpflichtungsgeschäfts[7] oder gar die Erteilung eines erhofften Gegenauftrags. Ferner ändert es nichts, wenn im Einzelfall die normalen Rechtswirkungen der Handlung nicht eintreten können, weil besondere rechtliche Hindernisse entgegenstehen; die Wirksamkeit der Rechtshandlung wird nicht vorausgesetzt.[8] Wirken sich mehrere Rechtshandlungen aus, so sind diese grundsätzlich getrennt zu prüfen; entscheidend sind letztlich diejenigen, die zu einer Beeinträchtigung des Schuldnervermögens geführt haben.[9]

---

4 BGHZ 41, 17, 18 ff. = NJW 1964, 1277, 1278; BGHZ 99, 274, 286 = NJW 1987, 904, 907; BGHZ 113, 393, 394 f. = NJW 1991, 1610; BGHZ 121, 179, 188 f. = NJW 1993, 663, 665; BGH WM 1955, 407, 411; WM 1961, 1371; WM 1962, 1369, 1371; NJW 1966, 730, 731; WM 1972, 363, 364; NJW 1979, 102, 103; NJW 1983, 1543, 1544; NJW-RR 1988, 841 f.; ZIP 1997, 423, 424 = VIZ 1997, 251; NZI 2000, 468, 469; RGZ 51, 284, 286 f.; RGZ 68, 374, 375; RGZ 81, 424, 426 ff.; RGZ 116, 134, 136; *Kilger/K. Schmidt* § 32 KO Anm. 7b; *Ganter* DNotZ 1995, 517 ff.; aA *Jaeger/Henckel* KO § 30 Rn. 94 bis 99, § 31 Rn. 17, 21, 40; *Gerhardt* ZIP 1988, 749, 753 f.

5 OLG Hamm ZInsO 2008, 457; Nerlich/Römermann/*Nerlich* § 140 Rn. 6.

6 Dagegen kann die mittelbare Gläubigerbenachteiligung später eintreten (→ § 129 Rn. 125).

7 OLG Rostock ZIP 2003, 1007, 1008. Zur getrennten Prüfung von Verpflichtungs- und Erfüllungsgeschäften → § 129 Rn. 57 ff.

8 BKInsO/*Haas* § 140 Rn. 6; HambKommInsO/*Rogge/Leptien* § 140 Rn. 2.

9 BKInsO/*Haas* § 140 Rn. 6; FKInsO/*Dauernheim* § 140 Rn. 2.

1. Einaktige Rechtshandlungen. Rechtshandlungen, die in einem einzigen Akt wirken, sind mit Abschluss dieses Aktes vorgenommen. Dabei kommt es nicht darauf an, ob es sich um Rechtsgeschäfte oder Realakte handelt und ob das entsprechende Recht von einem anderen erworben wird oder nicht. Daher sind etwa die Abtretung einer Forderung (§ 398 BGB), die *brevi manu traditio* (§ 929 Satz 2 BGB), die Aufgabe des Fahrniseigentums (§ 959 BGB) und die Verbindung von Fahrnis mit einem Grundstück (§ 946 BGB)[10] einaktike Rechtshandlungen. Gestaltungserklärungen des Schuldners wirken auch dann erst mit ihrer Vornahme, dh idR mit dem Zugang der jeweiligen Erklärung (§ 130 Abs. 1 Satz 1 BGB), wenn sie – wie zB die Anfechtung (§ 142 Abs. 1 BGB) oder die Genehmigung (§ 184 Abs. 1 BGB) – nach materiellem Recht rückwirkende Kraft haben.[11] 6

2. Mehraktige Rechtshandlungen. Einheitliche Rechtshandlungen, die aus mehreren Teilakten bestehen, sind erst mit dem letzten zur Erfüllung ihres Tatbestandes erforderlichen Teilakt abgeschlossen.[12] Dies gilt insbesondere für die Übereignung einer beweglichen Sache durch Einigung und Übergabe (§ 929 Satz 1 BGB). Die Anfechtung kann deshalb begründet sein, wenn nur irgendein zur Wirksamkeit nötiger Teilakt noch in die Anfechtungsfrist fällt und die übrigen tatbestandsmäßigen Voraussetzungen – abgesehen vom Erfordernis einer mittelbaren Gläubigerbenachteiligung (→ Rn. 4 mit Fn. 6) – zu dieser Zeit vorliegen. Eine einheitliche mehraktige Rechtshandlung in diesem Sinne liegt unter anderem vor, wenn ein Werkunternehmer durch Erbringung der Werkleistung einen Vergütungsanspruch der Höhe nach **werthaltig macht** und dadurch eine Aufrechnungslage schafft (→ Rn. 15).[13] Für Grundstücksrechtsverfügungen, die grundsätzlich die Einigung und die Eintragung in das Grundbuch erfordern (§ 873 Abs. 1 BGB), enthält Abs. 2 eine Sonderregelung. 7

Hängt die Wirksamkeit einer Rechtshandlung von der – privatrechtlichen – **Zustimmung** eines Dritten ab, ist zu unterscheiden: Im Falle der vorherigen Einwilligung oder gleichzeitigen Zustimmung wird die Rechtshandlung nach den jeweils für sie geltenden Regeln wirksam. Wird sie dagegen erst nachträglich genehmigt, gilt sie – ungeachtet der Rückwirkung (§ 184 Abs. 1 BGB) – regelmäßig erst mit der Erteilung der Genehmigung als vorgenommen.[14] Das trifft insbesondere für Handlungen eines vollmachtlosen Vertreters (§ 177 Abs. 1 BGB) zu. Die **Ersetzung** einer **Zustimmung** durch das **Familiengericht** (zB nach §§ 1365 Abs. 2, 1369 Abs. 2, 1426 BGB) wirkt nach § 40 Abs. 3 FamFG mit ihrer Rechtskraft, frühestens mit der Anordnung der sofortigen Wirksamkeit und deren Bekanntgabe an den Antragsteller; ein früherer Zeitpunkt ist anfechtungsrechtlich ebenfalls nicht gerechtfertigt.[15] Eine **familiengerichtliche Genehmigung** wirkt gemäß § 1829 Abs. 1 Satz 2 BGB erst aufgrund ihrer Mitteilung durch den **Vormund.** Dies ist auch für den Anfechtungsgegner – unter anderem im Hinblick auf §§ 1829 Abs. 2, 1830 BGB – der maßgebliche Zeitpunkt,[16] denn bis dahin können die Beteiligten das Rechtsgeschäft noch abändern. Soweit auch die **Eltern** eine familiengerichtliche Genehmigung einholen müssen (§ 1643 Abs. 1 BGB), gelten diese Regelungen entsprechend (§ 1643 Abs. 3 BGB). Bedarf ein Rechtsgeschäft einer **öffentlich-rechtlichen Genehmigung,** ist entscheidend, ob die Genehmigung zurückwirken soll und das Rechtsgeschäft die Vertragspartner schon bis zur Entscheidung darüber bindet.[17] Letzteres trifft insbesondere bei einer devisenrechtlichen Genehmigung zu, so dass der Zeitpunkt des Vertragsschlusses maßgeblich bleibt.[18] 8

---

[10] Vgl. dazu BGH NZI 2008, 539 Rn. 21 f.; *Gerhardt,* GS Knobbe-Keuk (1997), S. 169, 179 f.; *Beiner/Luppe* NZI 2005, 15, 20 f.

[11] K. Schmidt/*Büteröwe* § 140 Rn. 4; KPB/*Ehricke* § 140 Rn. 6; KKInsO/*Mohr* § 140 Rn. 3; HambKomm-InsO/*Rogge* § 140 Rn. 3; AGR/*Gehrlein* § 140 Rn. 3.

[12] BT-Drs. 12/2443, S. 166 zu § 159 RegE; BGHZ 99, 274, 286 = NJW 1987, 904, 907; BGHZ 113, 393, 394 = NJW 1991, 1610; OLG Dresden ZIP 2005, 2167, 2169; HKInsO/*Thole* § 140 Rn. 4; K. Schmidt/*Büteröwe* § 140 Rn. 5; RSZ/*Zeuner* § 140 Rn. 1 aE; HambKommInsO/*Rogge/Leptien* § 140 Rn. 4; KKInsO/*Mohr* § 140 Rn. 4; AGR/*Gehrlein* § 140 Rn. 8; BeckOK InsO/*Schoon*[12] § 140 Rn. 4 (derjenige Teilakt „der die Wirksamkeit konstituiert").

[13] BGH NZI 2010, 985, Tz. 13; OLG München NZI 2009, 773, 774; *Fischer* ZIP 2004, 1679, 1683 f.; vgl. OLG Frankfurt ZInsO 2006, 105, 107; KKInsO/*Mohr* § 140 Rn. 11 f.

[14] BT-Drs. 12/2443, S. 166 zu § 159 RegE; vgl. BGH NJW 1979, 102, 103; NZI 2010, 981 Rn. 11; RGZ 88, 216, 217 f.; LG Köln ZInsO 2010, 195, 197; HKInsO/*Thole* § 140 Rn. 4 aE; Uhlenbruck/*Borries/Hirte* § 140 Rn. 9; Nerlich/Römermann/*Nerlich* § 140 Rn. 10; KKInsO/*Mohr* § 140 Rn. 5; AGR/*Gehrlein* § 140 Rn. 8; *Hess* InsO § 140 Rn. 22; Jaeger/*Henckel* § 140 Rn. 35; *Bork,* Zahlungsverkehr Rn. 275; *Christiansen* KTS 2003, 353, 360, 362 f.; *Eckert* S. 84 ff.; *Berger,* FS Ganter (2010), S. 88, 97 f.

[15] BKInsO/*Haas* § 140 Rn. 16; FKInsO/*Dauernheim* § 140 Rn. 10; HambKommInsO/*Rogge* § 140 Rn. 7; KKInsO/*Mohr* § 140 Rn. 5; vgl. § 1366 Abs. 2 Satz 1 BGB.

[16] FKInsO/*Dauernheim* § 140 Rn. 10; BKInsO/*Haas* § 140 Rn. 7; dagegen für eine Rückwirkung Jaeger/*Henckel* § 140 Rn. 37; KKInsO/*Mohr* § 140 Rn. 5.

[17] Jaeger/*Henckel* § 140 Rn. 38; *Eckert* S. 71 f.; nach KKInsO/*Mohr* § 140 Rn. 6 sollen solche Genehmigungen dagegen stets ohne Einfluss sein.

[18] BGH WM 1958, 1417, 1418 f.; Nerlich/Römermann/*Nerlich* § 140 Rn. 10; Uhlenbruck/*Borries/Hirte* § 140 Rn. 9.

9 **a) Verpflichtungsgeschäfte.** Schuldrechtliche Verpflichtungsgeschäfte kommen meist durch Angebot und Annahme zustande; maßgeblich ist daher – vorbehaltlich des § 151 BGB – der Zugang der Annahmeerklärung (§ 130 Abs. 1 Satz 1 BGB). Das gilt auch für einen Unternehmenskaufvertrag unabhängig von seiner Gestaltung als Share Deal oder Asset Deal[19] und für den gesamten Vertragsinhalt, also grundsätzlich auch für Klauseln, die die Abwicklung (erst) im Fall der Insolvenz von Vertragsteilen regeln (→ § 119 Rn. 53 ff.), und für bedingte oder befristete Verträge (§ 140 Abs. 3).[20] **Bürgschaften** des Schuldners sowie **Verträge zugunsten Dritter** wirken ebenfalls vom Abschluss des jeweiligen Vertrages an.[21] Die Bürgschaft oder Mithaftung für ein Darlehen, das erst künftig in mehreren Tranchen abgerufen werden soll, tritt allerdings nur bis zur Höhe der jeweils in Anspruch genommenen Beträge in Kraft.[22] Wird ein Vertrag zugunsten zunächst unbestimmter Dritter abgeschlossen, werden diese erst mit ihrer individuellen Festlegung berechtigt.[23]

10 Ansprüche des Schuldners aus einer **Kapitallebensversicherung** entstehen schon ab Vertragsschluss.[24] Dasselbe trifft für die – pfändbaren – Ablaufleistungen aus einem beitragsfrei gestellten Lebensversicherungsvertrag zu.[25] Bezeichnet der Versicherungsnehmer einen Dritten unwiderruflich als Bezugsberechtigten seiner Lebensversicherung, so ist damit – unabhängig von der Möglichkeit einer späteren Kündigung – regelmäßig die Zuwendung vorgenommen (vgl. § 159 Abs. 3 VVG);[26] das gilt auch, wenn diese Versicherungsleistung im Erlebensfall dem Schuldner selbst und nur im Todesfall dem Dritten zustehen soll. Ist der Begünstigte der künftige Ehegatte des Schuldners, wird die Zuwendung erst mit der Eheschließung vorgenommen. Dass ein Bezugsrecht an den Fortbestand der Ehe beim Tod des Versicherungsnehmers (Schuldners) geknüpft ist, schiebt hingegen nicht den Vornahmezeitpunkt auf.[27] Dagegen begründet die widerrufliche Bezugsberechtigung eines Dritten iSv § 159 Abs. 2 VVG vor dem Versicherungsfall noch kein insolvenzbeständiges Recht.[28] Deshalb ist der Eintritt der Unwiderruflichkeit[29] oder spätestens des Versicherungsfalls[30] maßgebend. Daran ändert es nichts, wenn eine frühere, unwiderrufliche Bestimmung zwischenzeitlich in eine widerrufliche geändert worden ist.[31]

11 **Wechselverbindlichkeiten** kommen für den jeweils Verpflichteten mit der Begebung der von ihm unterzeichneten Urkunde zustande.[32] Das gilt auch für Prolongationswechsel.[33] Wird ein Wechsel jedoch erst nach Übergabe befugtermaßen (vgl. Art. 10 WG) datiert, entscheidet im Hinblick auf Art. 1 Nr. 7, 2 Abs. 1 WG die Vervollständigung der Urkunde.[34] Für die Verpflichtung aus einem Scheck gemäß Art. 12, 18, 25 ScheckG gilt nichts anderes; der Zeitpunkt der Einlösung ist

---

19 *Hallermann,* Die Risiken einer Insolvenzanfechtung für den Käufer eines Unternehmens (2007), S. 87 f.

20 BAG NZI 2007, 58 Rn. 36.

21 FKInsO/*Dauernheim* § 140 Rn. 8; vgl. BGHZ 55, 307, 309 f. = NJW 1971, 1702 f.; BGH WM 1978, 266, 267; HambKommInsO/*Rogge* § 140 Rn. 12; KKInsO/*Mohr* § 140 Rn. 46. Auf den Zeitpunkt der Inanspruchnahme durch den Gläubiger kommt es nicht an: BGH NJW 1999, 3046, 3047.

22 So auch KKInsO/*Mohr* § 140 Rn. 46.

23 HambKommInsO/*Rogge/Leptien* § 140 Rn. 5; KKInsO/*Mohr* § 140 Rn. 8; AGR/*Gehrlein* § 140 Rn. 8; vgl. OLG Karlsruhe WM 1984, 1193, 1194 und BGH WM 1984, 1194 f.: Abschluss eines konkretisierenden Sicherungsvertrages.

24 OLG Hamm ZInsO 2009, 1104, 1106; vgl. BGH, Beschl. v. 21.10.2010 – IX ZR 84/09 Rn. 1 zur Ablaufleistung einer beitragsfrei gestellten Lebensversicherung.

25 Vgl. BGH, Beschl. v. 21.10.2010 – IX ZR 84/09 Rn. 1.

26 So auch KKInsO/*Mohr* § 140 Rn. 75.

27 BGH NJW 2013, 232 Rn. 8 ff.

28 Vgl. *Bruck/Möller/Winter* VVG, 9. Aufl. (2013) § 159 Rn. 52, 139, 143; aA *Thiel* ZIP 2002, 1232, 1235.

29 Vgl. *Kayser,* Lebensversicherung S. 71 f.; *Westhelle/Micksch* ZIP 2003, 2054, 2058; *Elfring* NJW 2004, 483, 484; *Armbrüster/Piltz* KTS 2004, 481, 497; *Hasse* VersR 2005, 1176, 1189 f.; AGR/*Gehrlein* § 140 Rn. 9; Wegen einer nachträglichen Benennung des Berechtigten vgl. *Hasse,* Lebensversicherung S. 53, 72, 86 f.

30 BGHZ 156, 350, 357 = NJW 2004, 214, 215; BGH NZI 2010, 646 Rn. 3; OLG Hamm InsbürO 2018, 42 = BeckRS 2017, 119132 Rn. 34; HKInsO/*Thole* § 140 Rn. 4, 14; AGR/*Gehrlein* § 140 Rn. 8; HambKommInsO/*Rogge/Leptien* § 140 Rn. 5; K. Schmidt/*Büteröwe* § 140 Rn. 20; *Kayser,* Lebensversicherung S. 72; *Müller-Feldhammer* NZI 2001, 343, 349; *Elfring* NJW 2004, 483, 484; *Hasse* VersR 2005, 15, 33; KPB/*Ehricke* § 140 Rn. 5; Palandt/*Grüneberg* § 331 Rn. 4; vgl. auch BGH WM 1996, 1634, 1635.

31 BGH NZI 2012, 661 Rn. 9.

32 Uhlenbruck/*Borries/Hirte* § 140 Rn. 83; Nerlich/Römermann/*Nerlich* § 140 Rn. 12; Jaeger/*Henckel* § 140 Rn. 14; iErg auch BGH NJW 1974, 1336; offen gelassen von BGHZ 170, 276, 279 = NJW 2007, 1357, 1358. Vgl. zu dem für den gutgläubigen Erwerb maßgeblichen Zeitpunkt BGHZ 54, 1, 2 f. = NJW 1970, 1366.

33 RGZ 77, 49, 51 f. leitet nur die Entgeltlichkeit der Prolongation aus dem Grundgeschäft für den ersten Wechsel ab, betrifft aber nicht den Zeitpunkt der Vornahme des Prolongationswechsels selbst.

34 OLG Celle NJW 1958, 1144 f.; dagegen für den Zeitpunkt der Weiterübertragung FKInsO/*Dauernheim* § 140 Rn. 8.

erst für die Anfechtung der Erfüllung (→ Rn. 18) maßgeblich.[35] Aus der bloßen Anweisung an ein Kreditinstitut erwächst im Hinblick auf § 790 BGB noch kein Anspruch Dritter, sondern erst mit deren Annahme[36] oder dem Bewirken der Leistung durch den Angewiesenen.[37]

Ansprüche auf künftige **Mietraten** (§ 535 Abs. 2 BGB) entstehen jeweils neu, wenn sie abschnittsweise für die festgelegten Gebrauchsüberlassungszeiträume fällig werden.[38] Denn wegen der Abhängigkeit von Leistung und Gegenleistung sowie der Möglichkeit vorzeitiger Vertragsbeendigung (§§ 568 ff. BGB, § 57a ZVG, §§ 103, 109 InsO) bleibt es bis zum Eintritt des Fälligkeitstermins ungewiss, ob der Vermieter – oder sein Rechtsnachfolger (§ 566 BGB) – die Miete von Rechts wegen wird verlangen dürfen. Die Ansprüche auf die einzelnen Mietraten sind deshalb iSv § 163 BGB befristet.[39] Da diese Vorschrift auf § 158 BGB verweist, gelten alle Mietraten im Anwendungsbereich von § 140 Abs. 3 InsO als mit Vertragsschluss **bedingt entstanden.** Davon zu trennen ist aber die Frage, auf welchen Zeitpunkt anfechtungsrechtlich bei der **Abtretung** solcher Ansprüche abzustellen ist (→ Rn. 63). Demgegenüber entstehen sämtliche **Leasingraten** für die fest vereinbarte Überlassungszeit regelmäßig schon mit Abschluss des Leasingvertrages als *betagte* Forderungen.[40] Der Grund für diese Unterscheidung liegt darin, dass der Leasinggeber anders als der gewöhnliche Vermieter das zum Gebrauch zu überlassende Leasinggut zur Befriedigung eines Investitionsbedarfs des Leasingnehmers speziell beschafft und vorfinanziert; vereinbarte Leasingraten sind also nicht nur das Entgelt für eine zeitlich begrenzte Gebrauchsüberlassung, wie beim reinen Mietvertrag, sondern vor allem für die vom Leasinggeber im Voraus erbrachte einheitliche Finanzierungsleistung.[41] Dagegen sollte eine fakultative Vertragsverlängerung über die Grundmietzeit hinaus den Regeln über normale Mietverträge unterliegen, wenn der Finanzierungszweck erfüllt ist.[42] Erst recht gilt dies für Kaufoptionen zugunsten des Mieters, die mit einem Mietvertrag verbunden sind;[43] sie sind erst mit einer Ausübung der Option iSv Abs. 1 vorgenommen. 12

Wiederkehrende Vergütungsansprüche für **Dienstleistungen** sind ebenfalls *befristet* iSv § 163 BGB. Dies gilt nicht nur, wenn die Höhe der Vergütung vom Umfang der zu erbringenden Dienste abhängt,[44] sondern sogar bei vereinbarten Festpreisen. Denn auch dann ist im Hinblick auf §§ 613 Satz 1, 616, 621 ff. BGB, § 113 InsO vor Eintritt des Fälligkeitstermins (§ 614 BGB) ungewiss, ob der Dienstverpflichtete die Vergütung von Rechts wegen wird verlangen dürfen. Der Anspruch auf Vergütung für geleistete Dienste entsteht deshalb nicht vor der Dienstleistung.[45] Honoraransprüche von Vertragsärzten gegen die **kassen(zahn)ärztliche Vereinigung** entstehen jedoch nicht schon mit der ärztlichen Tätig- 13

---

[35] BGH NZI 2007, 36 Rn. 11; NZI 2007, 517 Rn. 24; BKInsO/*Haas* § 140 Rn. 29; offengelassen von BGHZ 170, 276, 278 f. = NJW 2007, 1857 f. Rn. 10; aA FKInsO/*Dauernheim* § 140 Rn. 8. Ist das abstrakte Verpflichtungsgeschäft als solches anfechtbar, folgt daraus allein die Kongruenz seiner Erfüllung.

[36] RG LZ 1910, 474, 475; OLG Bamberg ZInsO 2004, 620, 621; vgl. entsprechend zum österreichischen Recht *König,* Die Anfechtung nach der IO, 5. Aufl. (2014) Rn. 10/66.

[37] BGH NJW-RR 1999, 272, 273.

[38] BGH ZIP 1997, 513, 514 = DtZ 1997, 156 f.; BGHZ 155, 380, 387 = NJW 2003, 2601, 2602; Jaeger/*Henckel* § 140 Rn. 9; FKInsO/*Dauernheim* § 140 Rn. 15 aE; K. Schmidt/*Büteröwe* § 140 Rn. 16; KKInsO/*Mohr* § 140 Rn. 55; BeckOK InsO/*Schoon*[12] § 140 Rn. 5; *Christiansen* KTS 2003, 373, 376; zum österreichischen Recht vgl. entsprechend *König,* Die Anfechtung nach der IO, 5. Aufl. (2014) Rn. 10/63 in Abweichung von öOGH v. 30.11.2006, 6 Ob 116/05k, SZ 2006/180 (S. 508); vgl. auch BGH ZInsO 2006, 1321, 1322; BGHZ 182, 264, 267 f. = NJW 2010, 444, 445; ferner BGH WM 1965, 628, 630; aA *Johlke/Schröder* EWiR 2000, 337, 338.

[39] BGH NZI 2005, 553; OLG Celle ZMR 1999, 382, bestätigt durch BGH, Beschl. v. 20.2.1999 – XII ZR 300/96; OLG Hamm ZIP 2006, 433, 434; *Eckert* S. 93 f.; *Ehricke* ZInsO 2008, 1058, 1059 f.; BeckOK InsO/*Schoon*[12] § 140 Rn. 5.1 f.; vgl. BGHZ 86, 382, 386 = NJW 1983, 1119, 1120; *Dobmeier* NZI 2006, 144, 146 f.

[40] BGHZ 109, 368, 372 f. = NJW 1990, 1113, 1115; BKInsO/*Haas* § 130 Rn. 22; *Streit/Jordan* DZWiR 2004, 441, 447; K. Schmidt/*Büteröwe* § 140 Rn. 16; KKInsO/*Mohr* § 140 Rn. 60; *Flöther/Bräuer* NZI 2006, 136, 138 ff.; *Ehricke* ZInsO 2008, 1058, 1061.

[41] BGHZ 111, 84, 94 f. = NJW 1990, 1785, 1787 f.; vgl. BGHZ 118, 282, 290 f. = NJW 1992, 2150, 2151.

[42] AA pauschal BGHZ 109, 368, 373 f. = NJW 1990, 1113, 1115; *Eckert* S. 75 f., ohne auf den Grund für die Privilegierung oder die Amortisationsdauer einzugehen. BGHZ 118, 282, 291 = NJW 1992, 2150, 2151 lässt offen, ob diese Raten betagt oder befristet sind, sie sollen jedoch schon „im Keime" entstanden sein.

[43] So auch BGHZ 109, 368, 374 ff. = NJW 1990, 1113, 1115; *Eckert* S. 75 f.

[44] Für anwaltliche Inkassotätigkeit vgl. KG ZIP 2006, 2001, 2002 f., das allerdings das Konkretisierungserfordernis nicht prüft.

[45] RGZ 142, 291, 295; BAGE 72, 238, 243 f. = NJW 1993, 2699, 2700; BKInsO/*Haas* § 140 Rn. 23; K. Schmidt/*Büteröwe* § 140 Rn. 17; KKInsO/*Mohr* § 140 Rn. 62; zum österrechischen Recht vgl. *König,* Die Anfechtung nach der IO, 5. Aufl. (2014) Rn. 10/64; vgl. auch BGH NZI 2008, 563 Rn. 9; aA HambKommInsO/*Ahrendt* § 114 Rn. 6; *Flöther/Bräuer* NZI 2006, 136, 143 f. Das gilt auch, wenn ein Arbeitsverhältnis neu begründet wird (→ § 129 Rn. 92).

keit;[46] vielmehr ist auf den Abschluss des jeweiligen Quartals und die entsprechende Abrechnung abzustellen.[47] Demzufolge gelten – nur – im Anwendungsbereich des § 140 Abs. 3 InsO alle Vergütungsansprüche als schon mit Vertragsschluss bedingt entstanden (→ Rn. 61). IÜ, also insbesondere für die **Abtretung** oder **Pfändung** von Vergütungsansprüchen, sind die Rechtshandlungen nach § 140 Abs. 1 erst mit der Fälligkeit der einzelnen Ansprüche vorgenommen.[48] Entsprechendes gilt für die monatlich entstehende Gewinnforderung eines Gesellschafters aus seiner Beteiligung an einer GbR.[49]

14 Dagegen entstehen alle Ansprüche auf eine **Altersrente** – auch für die künftige Lebensdauer des Berechtigten – schon mit der (erstmaligen) Vollendung des Bezugsrechts; eine Vorausabtretung wirkt deshalb bereits von ihrem Zustandekommen an.[50]

15 **Werklohnforderungen** entstehen zwar schon im Zeitpunkt des Vertragsschlusses, weil sie nicht durch das Erbringen der Werkleistung bedingt sind.[51] Jedoch wird die Werklohnforderung nur in demjenigen Umfang werthaltig, in dem die Werkleistung tatsächlich schon erbracht ist.[52] Der Zeitpunkt, in dem eine Leistung erbracht ist, ist zugleich maßgeblich für eine dadurch beim Anfechtungsgegner bewirkte Wertsteigerung.[53]

16 **b) Erfüllungshandlungen.** Erfüllungshandlungen sind mit dem jeweils letzten Übertragungsakt abgeschlossen,[54] nicht etwa schon mit Begründung der erfüllten Verpflichtung (→ § 129 Rn. 57 bis 61, § 134 Rn. 7). Sind dazu dinglich wirkende Verfügungsgeschäfte nötig, können diese aus verschiedenartigen Teilakten zusammengesetzt sein. Regelmäßig ist die Übereignung beweglicher Sachen mit Einigung und Übergabe iSv § 929 Satz 1 BGB,[55] also eine **Barzahlung** mit der Übereignung des Geldes vorgenommen.[56] Eine Bareinzahlung bei Kreditinstituten ist mit der Übergabe des Geldes an der Kasse oder bei Einzahlung über den Tag-/Nachttresor nach der Entnahme aus der Kassette mit Zuweisung des Inhalts zu dem einzahlenden Bankkunden beendet;[57] die spätere Buchung hat nur noch deklaratorische Bedeutung.[58] Bei Teilzahlungen hat jede der verschiedenen Erfüllungshandlungen einen eigenen Vollendungszeitpunkt.[59] Während Verfügungen über bewegliche Gegenstände durchweg unter Abs. 1 fallen, kann ihre Vornahme – insbesondere beim Eigentumsvorbehalt – zusätzlich an Bedingungen oder Befristungen iSv Abs. 3 geknüpft sein. Bei Verfügungen über Grundstücke und Grundstücksrechte wird oft Abs. 2 eingreifen. Die Zuwendung einer **gesellschaftsrechtlichen Beteiligung** ist mit dem Abschluss des entsprechenden Gesellschaftsvertrages vollzogen.[60]

17 Die bargeldlose **Überweisung** ist noch nicht mit der Weiterleitung durch die Schuldnerbank, sondern erst in demjenigen Zeitpunkt vorgenommen, in dem der Anspruch des Berechtigten auf die Gutschrift entsteht;[61] unerheblich ist die spätere Vollziehung zugunsten des Empfängerkon-

---

[46] So noch BGHZ 167, 363 Tz. 7 = NJW 2006, 2485.

[47] Vgl. BSGE 105, 224 Rn. 31 = ZIP 2010, 2309; BSG ZIP 2011, 1972 Rn. 17; BSGE 118, 30 Rn. 33 f. = NZI 2015, 620, dort auch zur Zuordnung von Abschlagszahlungen im Rahmen der Freigabe nach § 35 Abs. 2 InsO; OLG Hamm NZI 2017, 525 Rn. 39 ff.; *Kayser* ZIP 2015, 1083 ff.; *Kremer/Jürgens* ZInsO 2016, 895 ff.; KKInsO/*Mohr* § 140 Rn. 14.

[48] Vgl. BGHZ 167, 363, Tz. 6 f. = NJW 2006, 2485; KG ZIP 2006, 2001, 2002 f.

[49] BGH NZI 2010, 220 Rn. 18.

[50] BGH NZI 2009, 574 Rn. 24; aA LG Kleve ZInsO 2008, 755, 756.

[51] BGHZ 190, 201 Rn. 12 = NJW 2011, 2791; HKInsO/*Kayser* § 96 Rn. 57; BKInsO/*Haas* § 140 Rn. 23; KKInsO/*Mohr* § 140 Rn. 66.

[52] BGH NZI 2008, 551 Rn. 22; BGHZ 190, 201 Rn. 12 = NJW 2011, 2791; HKInsO/*Kayser* § 96 Rn. 57 f.; KKInsO/*Mohr* § 140 Rn. 13, 67; *Fischer* WM 2008, 1, 6; vgl. BGHZ 174, 297 Rn. 36 f. = NJW 2008, 430; BGH NZI 2010, 985 Rn. 13; Beschl. v. 9.6.2011 – IX ZR 183/09 Rn. 3.

[53] OLG Köln NZI 2008, 373, 376.

[54] SchlHOLG SchlHA 1963, 122 f.; KKInsO/*Mohr* § 140 Rn. 9; *Baur/Stürner,* Insolvenzrecht Rn. 18.33; ungenau BeckOK InsO/*Schoon*[12] § 140 Rn. 6 („mit der letzten Erfüllungshandlung").

[55] Uhlenbruck/*Borries/Hirte* § 140 Rn. 5, 7; KKInsO/*Mohr* § 140 Rn. 9; *Eckert* S. 45 f.; vgl. BGH NJW-RR 1998, 1561, 1562.

[56] Vgl. BAG NZI 2011, 644 Rn. 10 zu Barzahlungen an den Gerichtsvollzieher (vgl. § 815 Abs. 3 ZPO); KKInsO/*Mohr* § 140 Rn. 16; AGR/*Gehrlein* § 140 Rn. 12.

[57] *Bork,* Zahlungsverkehr Rn. 376; *Obermüller,* Insolvenzrecht Rn. 3.947; KKInsO/*Mohr* § 140 Rn. 16.

[58] HambKommInsO/*Rogge* § 140 Rn. 9; KKInsO/*Mohr* § 140 Rn. 16; *Eckert* S. 46 f.; vgl. BGHZ 74, 129, 131 f. = NJW 1979, 1461, 1462; BGH NJW 1984, 1953, 1954.

[59] OLG Karlsruhe ZInsO 2003, 999, 1000; HambKommInsO/*Rogge/Leptien* § 130 Rn. 4; KKInsO/*Mohr* § 140 Rn. 7.

[60] Vgl. BGHZ 191, 354 Rn. 21 ff. = NZG 2012, 222, 225, dort zur Einräumung einer Unterbeteiligung im Kontext von § 2301 Abs. 2 BGB; KKInsO/*Mohr* § 140 Rn. 68.

[61] BGH ZIP 1996, 2080, 2082 = DtZ 1997, 52, 53; NZI 2002, 486, 487; LG Hamburg ZInsO 2015, 451, 453; FKInsO/*Dauernheim* § 140 Rn. 8, 9; Jaeger/*Henckel* § 140 Rn. 25; KKInsO/*Mohr* § 140 Rn. 17; *Bork,* Zahlungsverkehr Rn. 141; *Canaris,* Bankvertragsrecht Rn. 819; abweichend *Burchard,* Die Insolvenzanfechtung im Dreieck (2009), S. 336 f.

tos.[62] Jener Anspruch entsteht, sobald die Empfängerbank den Betrag zur Gutschrift erhalten hat (vgl. § 675t Abs. 1 BGB), aber nur bei bargeldlosen Überweisungen innerhalb derselben Bank bereits mit der Belastungsbuchung auf dem Konto des Auftraggebers.[63] Bei **SEPA-Lastschriftverfahren**[64] ist auf der – zweifelhaften – Grundlage der BGH-Rechtsprechung stets auf den Zeitpunkt der Einlösung durch den Zahlungsdienstleister des Zahlers abzustellen,[65] auch wenn dem Zahler, wie bei der SEPA-Basislastschrift,[66] ein (befristeter) Erstattungsanspruch aus § 675x Abs. 2, 4 BGB zusteht. Das ist die notwendige Folge der Annahme des XI. Zivilsenats, der diesen Anspruch – analog § 377 Abs. 1 BGB – für unpfändbar und daher nicht für massebefangen hält, um die SEPA-Lastschriftzahlung insolvenzfest zu machen.[67] Da der Zahlungsdienstleister des Zahlers die Einlösung der Lastschrift noch nachträglich innerhalb von zwei Bankarbeitstagen – etwa mangels Deckung – stornieren kann, soll erst der Ablauf dieser Nachdispositionsfrist maßgeblich sein.[68] Davon zu trennen ist die Frage, ob das Unterlassen des Zahlers, den Erstattungsanspruch geltend zu machen, iSv § 129 Abs. 2 anfechtbar ist (→ auch § 129 Rn. 25, dort allerdings noch zur überholten Genehmigungsfiktion nach Nr. 7 Abs. 3 AGB-Banken 2002); bejaht man diese Frage, ist nach § 140 Abs. 1 der Ablauf der Ausschlussfrist nach § 675x Abs. 4 BGB maßgeblich.[69] Die dem Zahlungsempfänger mit der Einreichung erteilte Gutschrift seines Zahlungsdienstleisters bedeutet zunächst (nur) eine Kreditgewährung; sie führt nicht schon die Wirkung von § 140 Abs. 3 für die Einlösung selbst herbei.[70] Beim Einsatz einer **Kreditkarte** als Barzahlungsersatzinstrument kommt es bei der allein möglichen Anfechtung gegen das Vertragsunternehmen als Zahlungsempfänger auf den Zeitpunkt der Zahlung des Kartenunternehmens an das Vertragsunternehmen an.[71]

Wird zur Erfüllung einer Schuld eine Leistung erfüllungshalber (§ 364 Abs. 2 BGB) erbracht, **18** tritt die Wirkung des Erlöschens (§ 362 BGB) erst ein, sobald die neue Verbindlichkeit erfüllt wird. Deshalb kommt es bei der Einlösung eines **Schecks** oder **Wechsels** des Schuldners nicht schon auf die – unter Vorbehalt des Empfangs stehende – vorläufige Bankgutschrift,[72] sondern auf die Einlösung durch die bezogene Bank an.[73] Spätestens sind Einzugspapiere eingelöst, wenn der Zahlungsdienstleister des Zahlers die Belastungsbuchung nach Maßgabe seiner AGB nicht mehr rückgängig

[62] Uhlenbruck/*Borries/Hirte* § 140 Rn. 64; HambKommInsO/*Rogge/Leptien* § 140 Rn. 9; *Steinhoff* ZIP 2000, 1141, 1145 f.; vgl. auch BGH NJW 1984, 1953 f.; insoweit aA AG Osnabrück ZInsO 2001, 1021, 1022; K. Schmidt/*Büteröwe* § 140 Rn. 6; AGR/*Gehrlein* § 140 Rn. 12.

[63] BGH NJW-RR 2002, 1419, 1420; NJW 2002, 3252, 3253; HKInsO/*Thole* § 131 Rn. 10; BKInsO/*Haas* § 140 Rn. 25; KKInsO/*Mohr* § 140 Rn. 17; *Kuder,* Die Zahlstelle in der Insolvenz des Lastschriftschuldners im Einzugsermächtigungsverfahren (2006), S. 171 f. Zur Unwiderruflichkeit des Zahlungsauftrags vgl. § 675p BGB, zur Maßgeblichkeit etwaiger Nachdispositionen der Bank im elektronischen Datenverkehr vgl. BGH NJW 2005, 1771 f.

[64] Zu den früheren Einzugsermächtigungs- und Abbuchungsverfahren vgl. MüKoInsO/*Kirchhof* → 3. Aufl. § 140 Rn. 11; K. Schmidt/*Büteröwe* § 140 Rn. 7; KKInsO/*Mohr* § 140 Rn. 21 ff.

[65] Uhlenbruck/*Borries/Hirte* § 140 Rn. 77, 77a; KKInsO/*Mohr* § 140 Rn. 27; aA K. Schmidt/*Büteröwe* § 140 Rn. 8: Zahlungseingang bei der Bank des Empfängers.

[66] Bei der SEPA-Firmenlastschrift ist der Erstattungsanspruch nach Nr. 2.1.1. der einschlägigen Bedingungen ausgeschlossen.

[67] Vgl. grundlegend BGHZ 186, 269 Rn. 27 ff. = NJW 2010, 3510. Zur Kritik am Rückgriff auf § 377 BGB vgl. ausführlich *R. von Olshausen,* Die SEPA-Lastschrift: Erfüllung – Aufrechnung – Insolvenz, 2015, S. 259 ff.

[68] So OLG Düsseldorf BKR 2016, 261, 263 zu Nr. 2.4.1 Abs. 2 der früheren Bedingungen für Zahlungen mittels Lastschrift im Abbuchungsauftragsverfahren, die weitgehend der heutigen Regelung in Nr. 2.4.1 Abs. 2 der Bedingungen für Zahlungen mittels Lastschrift im SEPA-Basis- bzw. -Firmenlastschriftverfahren entspricht.

[69] Uhlenbruck/*Borries/Hirte* § 140 Rn. 77.

[70] OLG Oldenburg NZI 2007, 53, 54; BKInsO/*Haas* § 140 Rn. 26; *Peschke,* Die Insolvenz des Girokontos, 2005, S. 200 f.; vgl. HKInsO/*Thole* § 140 Rn. 14; aA *Obermüller,* Insolvenzrecht Rn. 3.717; *Canaris,* FS 100 Jahre KO (1877), S. 73, 88; *Wischemeyer,* Die Insolvenzanfechtung der Rückführung debitorischer Konten durch Einstellung von Gutschriften in der Krise, 2002, S. 17.

[71] So auch KKInsO/*Mohr* § 140 Rn. 20; vgl. ergänzend BGH NZI 2015, 32 Rn. 10 ff. zur mittelbaren Zuwendung bei Zahlung mittels Kreditkarte.

[72] BKInsO/*Haas* § 140 Rn. 30; *Obermüller* ZInsO 1998, 252, 258 f.; *Peschke,* Die Insolvenz des Girokontos, 2005, S. 200 f. Dazu, dass der Vorbehalt des Eingangs durch die Inkassobank eine aufschiebende Bedingung ausdrückt, vgl. *Wischemeyer,* Die Insolvenzanfechtung der Rückführung debitorischer Konten durch Einstellung von Gutschriften in der Krise, 2002, S. 16 f.; *Piekenbrock/Rodi/Aßfalg* WM 2018, 2281, 2283 mit Fn. 28. Zu dem schon mit der Einreichung des Schecks entstehenden Pfandrecht der Inkassobank → Rn. 15.

[73] BGH NJW 1951, 598, 599; NJW 1987, 317, 319; BGHZ 118, 171, 176 f. = NJW 1992, 1960, 1961; OLG Frankfurt OLGReport 2000, 50, 51 f.; OLG Stuttgart ZIP 2005, 1837, 1838; Jaeger/*Henckel* § 140 Rn. 28; *Nobbe* in Schimansky/Bunte/Lwowski, Bankrechts-Handbuch § 60 Rn. 181 ff., 251; *Bork,* Zahlungsverkehr Rn. 425, 463; *Canaris,* Bankvertragsrecht Rn. 819; FKInsO/*Dauernheim* § 140 Rn. 8; K. Schmidt/*Büteröwe* § 140 Rn. 10; Uhlenbruck/*Borries/Hirte* § 140 Rn. 83; KKInsO/*Mohr* § 140 Rn. 19.

machen kann. Dies ist nach Nr. 9 Abs. 2 Satz 1 AGB-Banken 2018 der Fall, wenn die Belastungsbuchung nicht am zweiten bzw. bei SEPA-Firmenlastschriften am dritten Bankarbeitstag rückgängig gemacht wird. Nr. 9 Abs. 2 Satz 1 AGB-Sparkassen 2018 stellt dagegen nach wie vor einheitlich auf den Ablauf des übernächsten Bankarbeitstags ab. Zwar kann auch die Einlösung eines Wechsels selbständig anfechtbar sein, doch stellt sie eine kongruente Deckung dar, wenn zuvor die Wechselverbindlichkeit (→ Rn. 11) unanfechtbar begründet war.[74]

19 Bei **Auf-** oder **Verrechnungen** entscheidet, wie § 96 Abs. 1 Nr. 3 InsO erkennen lässt, schon die Herstellung der Aufrechnungslage (§§ 389, 387 BGB), nicht erst die Aufrechnungserklärung.[75] Jene Norm lässt hinsichtlich der anfechtbaren Herstellung einer Aufrechnungslage die allgemeinen insolvenzrechtlichen Grundsätze unberührt.[76] Im Hinblick auf den für die Anfechtung von Aufrechnungslagen maßgeblichen Zeitpunkt ist insbesondere § 95[77] bedeutungslos, weil diese Vorschrift allein die unmittelbaren Wirkungen des Insolvenzbeschlags gegenüber aufzurechnenden Forderungen regelt. Die Herstellung der konkreten Aufrechnungslage bleibt auch maßgeblich, soweit die Aufrechenbarkeit über die gesetzlichen Voraussetzungen hinaus vertraglich erleichtert worden ist;[78] die bloß abstrakte Möglichkeit einer durch solche Vereinbarungen künftig zu bewirkenden Verminderung des Schuldnervermögens verdichtet sich erst mit jedem Eintritt einer – vereinfachten – Verrechnungslage zu einem selbständig anfechtbaren Erfüllungssurrogat.[79] Zusätzlich kann allenfalls der Abschluss der Aufrechnungsvereinbarung selbst (nach §§ 132, 133) anfechtbar sein, soweit sie nachteilig von § 387 BGB abweicht. Die Aufrechnungslage kann entweder dadurch hergestellt werden, dass ein Insolvenzgläubiger eine Verbindlichkeit gegenüber dem Schuldner begründet[80] – so insbesondere bei der Verrechnung von Kreditinstituten nach Zahlungseingängen auf einem debitorischen Schuldnerkonto[81] –, oder dadurch, dass ein Schuldner des (späteren) Schuldners eine Forderung gegen diesen erlangt. Insoweit kommt es nicht darauf an, welche der beiden Forderungen früher entstanden oder fällig geworden ist.[82] Die **Saldoforderung** aus einem Verrechnungskonto entsteht (erst) aufgrund des Saldoanerkenntnisses.[83]

20 Ohne besondere vertragliche Regelung muss die Aufrechnungslage grundsätzlich im vollen Umfang von § 387 BGB entstanden sein, ehe sie iSv Abs. 1 „vorgenommen" ist. Insbesondere muss die Forderung des Insolvenzgläubigers, der gegen einen Anspruch des Schuldners aufrechnen will, fällig[84] und die Gegenforderung erfüllbar sein.[85] Die frühere Erleichterung durch § 54 KO, der auch betagte oder bedingte Forderungen für im Konkurs aufrechenbar erklärt hat, ist in § 95 nicht übernommen worden. Die zu § 54 KO entwickelte Konstruktion „gesetzlicher Bedingungen"[86] ist damit gegenstandslos. Eine Erweiterung hinsichtlich des für die Anfechtung maßgeblichen Zeitpunkts ergibt sich nur noch aus § 140 Abs. 3 (→ Rn. 62 f.). Diese Vorschrift setzt mindestens das Bestehen eines betagten oder bedingten Anspruchs im Rechtssinne voraus.[87]

21 Eine Herausgabepflicht zB des Treuhänders oder **Beauftragten** nach § 667 BGB – sei es ein Kreditinstitut oder ein Rechtsanwalt – entsteht nicht schon mit Erteilung eines allgemeinen Auftragsrahmens,[88] etwa alle für den Auftraggeber eingehenden Zahlungen entgegenzunehmen. Vielmehr ist sie erst vollendet, sobald und soweit jeweils die Vermögenswerte eingehen.[89] Allenfalls

---

74 So im Ergebnis auch BGH WM 1974, 570, 571 f.

75 BGHZ 174, 297 Rn. 12 = NJW 2008, 430; BGH NZI 2008, 547 Rn. 10; NZI 2008, 551 Rn. 17; BGHZ 190, 201 Rn. 9 = NJW 2011, 2791; Uhlenbruck/*Borries/Hirte* § 140 Rn. 80 f.; BKInsO/*Haas* § 140 Rn. 40.

76 BGH NZI 2005, 553 f.

77 Vgl. dazu BGH NZI 2005, 164, 165 für Gegenansprüche innerhalb eines Mietverhältnisses.

78 *C. Paulus,* FG-Wiss 50 Jahre BGH, 2000, Bd. III S. 765, 779 f.

79 Dies verkennt *Eckert* S. 55 ff., 72 ff.

80 Vgl. BGHZ 145, 246, 254 f. = NJW 2001, 367, 369; OLG Hamm WM 2003, 2115, 2116; OLG Frankfurt ZInsO 2006, 105, 107; OLG Rostock NZI 2006, 107.

81 *Bork,* Zahlungsverkehr Rn. 209, 212, 463; *Obermüller,* Insolvenzrecht Rn. 3.154; *Steinhoff* ZIP 2000, 1141, 1145; *Peschke,* Die Insolvenz des Girokontos, 2005, S. 185 f.; *Wischemeyer,* Die Insolvenzanfechtung der Rückführung debitorischer Konten durch Einstellung von Gutschriften in der Krise, 2002, S. 13 ff. Die Einstellung in ein laufendes Kontokorrent bewirkt eine Verrechnung im Zeitpunkt der nächsten Saldierung (→ Rn. 68).

82 BGHZ 159, 388, 393 = NJW 2004, 3118, 3119; NJW 2007, 2640, 2641; NZI 2008, 551 Rn. 17; OLG Hamm WM 2003, 2115, 2116; *Fischer* ZIP 2004, 1679, 1682.

83 BGH NZI 2009, 888 Rn. 23.

84 BGH NZI 2010, 985 Rn. 11; KKInsO/*Mohr* § 140 Rn. 10.

85 BGH NZI 2010, 985 Rn. 23; KKInsO/*Mohr* § 140 Rn. 10; *von Olshausen* ZIP 2010, 2073, 2076.

86 Vgl. BGHZ 71, 380, 384 f. = NJW 1978, 1807, 1808 f.; BGH NJW 1990, 1301, 1302; ferner BGHZ 118, 282, 290 f. = NJW 1992, 2150, 2151: „Im Keime entstanden".

87 BGH NZI 2010, 985 Rn. 11; KKInsO/*Mohr* § 140 Rn. 12.

88 Zu undifferenziert OLG Rostock NZI 2006, 107 f.; KG ZIP 2006, 2073, 2076.

89 BGH NZI 2007, 452 Rn. 28; Andres/Leithaus/*Leithaus* § 140 Rn. 8b, KKInsO/*Mohr* § 140 Rn. 77.

mag der spätere Erfolg des Auftrags als eine Bedingung iSv § 140 Abs. 3 verstanden werden, soweit er auf eine **bestimmte Angelegenheit konkretisiert** ist – insbesondere auf die Einziehung eingereichter Schecks oder das Inkasso gegen bestimmt bezeichnete Personen; dann wäre schon der Zeitpunkt der individualisierten Auftragserteilung maßgeblich (→ Rn. 63). Dagegen geht es über § 140 Abs. 3 hinaus, allein ein Entstehen des Gegenanspruchs „im Kern" oder eine „gesetzliche Bedingung" (→ Rn. 61) für eine Vorverlegung des anfechtungsrechtlich maßgeblichen Zeitpunkts ausreichen zu lassen.[90] Zwar kann die Vergütung des Beauftragten für jeden einzelnen Auftrag nach den Grundsätzen über Bargeschäfte (→ § 142 Rn. 31, 32) verrechnet werden, aber nicht ohne weiteres auch diejenige für frühere Aufträge. Beim Dokumenteninkasso oder Lastschrifteinzug einer Bank im Auftrag des späteren Schuldners entsteht die Aufrechnungslage für die Bank in demjenigen Zeitpunkt, in welchem sie von der bezogenen Bank buchmäßige Deckung erhält.[91] Die Verrechnungslage mit einer Steuerforderung gegen einen Steuererstattungsanspruch entsteht nach § 168 Satz 2 AO erst in dem Zeitpunkt, in welchem das Finanzamt der Steueranmeldung zustimmt, die den Erstattungsanspruch begründet.[92]

c) Sonstige Verfügungsgeschäfte. Diese sind anfechtungsrechtlich insbesondere bedeutsam, soweit sie *Sicherungsrechte* begründen. Die einfache **Sicherungsübereignung** wirkt idR mit der dinglichen Einigung und der zeitgleichen Vereinbarung des Besitzkonstituts als Übergabesurrogat (§ 930 BGB); betrifft die Sicherungsübereignung allerdings erst künftig zu erwerbende Sachen, wird sie mit der Einstellung dieser Sachen in den von der Übereignung vereinbarungsgemäß erfassten räumlichen Bereich wirksam.[93] Die Vereinbarung eines Sicherungszwecks für eine abstrakte Sicherheit ist mit der (formfreien) Einigung vorgenommen.[94] Die wirksame Übertragung eines abstrakten Sicherungsrechts – insbesondere einer Grundschuld – hängt auch von dessen Valutierung ab, weil deren Fehlen eine Einrede begründet; wird das Recht an einen bis dahin ungesicherten Gläubiger abgetreten, so wird die Abtretung erst im Zeitpunkt der Valutierung vollzogen, es sei denn, die Abtretung war schon zuvor in der Sicherungszweckvereinbarung vorgesehen.[95] Derselbe Vornahmezeitpunkt gilt, wenn das Sicherungsgut (zunächst) auf einen Treuhänder übertragen wird;[96] ist diese Übertragung allerdings widerruflich, kann eine Vereitelung des Widerrufs eine weitere anfechtbare Handlung darstellen. 22

Die (Sicherungs-)**Abtretung bestehender Forderungen** kommt regelmäßig mit der Annahme des Abtretungsangebots zustande (§ 398 Satz 2 BGB);[97] dies gilt auch, wenn eine nur aufschiebend bedingte Forderung abgetreten wird.[98] Der Eintritt der Fälligkeit oder Durchsetzbarkeit der – dem Grunde nach bestehenden – abgetretenen Forderung ist unerheblich.[99] Ist die Abtretung selbst bedingt, ist § 140 Abs. 3 anwendbar. Eine Blankettabtretung wird erst wirksam, wenn der Zessionar feststeht. Im Allgemeinen ist dies derjenige Zeitpunkt, in dem die Abtretungsurkunde vervollständigt wird;[100] das ist allerdings nur bei konstitutiver Schriftform eine Rechts- und ansonsten lediglich eine beweismäßige (Erfahrungs-) Regel. Eine „Mantelzession" wird durchweg mit dem Zugang der konkretisierenden Abtretungsliste bei dem Gläubiger vorgenommen.[101] Ist zum Wirk- 23

---

90 *Christiansen* KTS 2003, 353, 368 ff.

91 Vgl. BGH NJW 2007, 2640 Rn. 13; BGHZ 118, 171, 176 f. = NJW 1992, 1960, 1961 in Abgrenzung zu BGHZ 70, 177, 181 f. = NJW 1978, 758, 759; BGH WM 1997, 1774 zu OLG Hamburg WM 1997, 1773 f.

92 LG Kiel ZVI 2002, 419 f.

93 BGH NJW 1991, 2144, 2145; vgl. BGHZ 30, 248, 252 unter III; BKInsO/*Haas* § 140 Rn. 33; HambKommInsO/*Rogge/Leptien* S 140 Rn. 13; K. Schmidt/*Büteröwe* § 140 Rn. 13; KKInsO/*Mohr* § 140 Rn. 42; AGR/*Gehrlein* § 140 Rn. 9.

94 Vgl. BGH NJW-RR 1993, 235, 237.

95 BGH NZI 2008, 304 Rn. 11 ff.; *Eckardt,* Grundpfandrechte Rn. 105.

96 Vgl. BGH NZI 2007, 452 Rn. 28; BKInsO/*Haas* § 140 Rn. 34; *Bork* NZI 1999, 337, 343 f.

97 OLG Brandenburg bei *Pape* EWiR 1996, 167, 168; RSZ/*Zeuner* § 140 Rn. 10; K. Schmidt/*Büteröwe* § 140 Rn. 14 (zur Globalzession); KKInsO/*Mohr* § 140 Rn. 29 f.; AGR/*Gehrlein* § 140 Rn. 9; *Beiner/Luppe* NZI 2005, 15, 18; *Eckert* S. 93 ff.

98 RGZ 67, 425, 430; RG Gruchot 54 (1910), 1164, 1165 f.; OLG Hamburg ZIP 1981, 1353, 1355; HambKommInsO/*Rogge/Leptien* § 140 Rn. 16; *Baur/Stürner,* Insolvenzrecht Rn. 18.33 über Fn. 102; *Beiner/Luppe* NZI 2005, 15, 18; *Dahl* EWiR 2003, 649, 650; aA FKInsO/*Dauernheim* § 140 Rn. 6.

99 Vgl. BGH NZI 2009, 574 Rn. 24 (laufende Rentenbezüge); OLG Rostock ZInsO 2004, 46, 47; OLG Celle ZInsO 2009, 1104, 1106. Dies gilt insbesondere für Forderungen auf Werklohn: HambKommInsO/*Rogge* § 140 Rn. 14 aE.

100 Vgl. BGHZ 22, 128, 134 ff. = NJW 1957, 137, 138; RGZ 63, 230, 234; MüKoBGB/*Lieder* § 1154 Rn. 11; Staudinger/*Wolfsteiner* § 1154 Rn. 43; Soergel/*Konzen* § 1154 Rn. 10; einschränkend Soergel/*Zeiss* § 398 Rn. 3 mwN.

101 FKInsO/*Dauernheim* § 140 Rn. 6; *Obermüller* NZI 2010, 201, 204; vgl. BGH WM 1957, 1099, 1100.

samwerden der Abtretung ausnahmsweise eine Anzeige an den Drittschuldner nötig – wie zB gemäß § 46 Abs. 2 AO oder § 13 Abs. 4 ALB 2017[102] –, ist die Abtretung insgesamt erst mit dem Zugang dieser Anzeige vorgenommen.[103] IÜ ist die bloße Offenlegung einer zunächst still vollzogenen Abtretung bedeutungslos, weil sie sich nicht auf deren Entstehung bezieht, sondern nur einen möglichen guten Glauben des Drittschuldners (§ 407 BGB) zerstört.[104]

24 Die **Vorausabtretung** künftiger Rechte wird erst mit deren Entstehen wirksam.[105] Dieses ist keine „Bedingung" iSv § 140 Abs. 3 (→ Rn. 61). Das trifft insbesondere beim verlängerten Eigentumsvorbehalt zu.[106] Meist entsteht die im Voraus abgetretene Forderung, sobald der spätere Schuldner den Vertrag mit einem Dritten abschließt, auf dessen Anspruchsfolgen sich die Abtretung bezieht.[107] Werden Forderungen auf künftige Mietraten abgetreten, ist die Rechtshandlung schrittweise mit Beginn des jeweiligen Nutzungszeitraums vorgenommen; darauf bezieht sich § 140 Abs. 3 nicht (→ Rn. 12).[108] Entsprechendes gilt für Forderungen auf künftigen Arbeitslohn (→ Rn. 13). Werden noch zu schaffende gewerbliche Schutzrechte im Voraus übertragen, entsteht der Anspruch erst mit der Begründung des Schutzrechts.[109] Bei der Abtretung kontokorrentgebundener Forderungen kann nicht auf die Entstehung der einzelnen Forderung abgestellt werden,[110] sondern nur auf den Schlusssaldo.[111] Bei periodischem Rechnungsabschluss wird die Saldoforderung jedoch vereinbarungsgemäß in die (weitere) laufende Rechnung eingestellt. Daher ist hier die Beendigung des Kontokorrents (vgl. § 116 InsO) maßgeblich. Zinsansprüche zu (abgetretenen) Forderungen entstehen zwar im Zweifel entsprechend § 101 Nr. 2 Halbs. 2 BGB zeitanteilig,[112] anderenfalls nach Vertrag oder Gesetz (§ 288 BGB); jedoch ist im Hinblick auf § 140 Abs. 1 frühestens der Zeitpunkt maßgeblich, in dem die Abtretung der jeweils zugrunde liegenden Hauptforderung als vorgenommen gilt.

25 Die **Verpfändung einer beweglichen Sache** ist grundsätzlich mit der dinglichen Einigung und der Übergabe der Pfandsache vorgenommen (§ 1205 Abs. 1 Satz 1 BGB).[113] Die **Verpfändung einer Forderung** setzt gemäß § 1280 BGB eine Anzeige an den Drittschuldner voraus und wird nicht vor dieser wirksam,[114] es sei denn, Pfandgläubiger und Schuldner sind – wie im Fall

---

[102] Vgl. dazu BGHZ 112, 387, 389 f. = NJW 1991, 559 f.

[103] OLG Köln NZI 2003, 555 f.; vgl. OLG Naumburg DZWiR 1999, 37, 38. Dagegen ist die Anzeige nach § 398 Satz 2 BGB nicht Wirksamkeitsbedingung: RGZ 133, 234, 241 f.; *Mitlehner,* Mobiliarsicherheiten Rn. 426.

[104] Dies verkennt LG Marburg NZI 2002, 443, 444; richtig KKInsO/*Mohr* § 140 Rn. 30.

[105] BT-Drs. 12/2443, S. 166 zu § 159 RegE; BGH WM 1959, 944; NJW 1995, 1668, 1671; NZI 2004, 623, 624; NZI 2007, 337 Rn. 17 (zu Nr. 15 Abs. 2 AGB-Banken); NZI 2009, 574 Rn. 21; NZI 2009, 888 Rn. 16; OLG Düsseldorf WM 1997, 278, 282; OLG Bremen ZInsO 2003, 1012 (LS); OLG Karlsruhe ZIP 2005, 1248; OLG Dresden ZInsO 2006, 1057, 1059; KPB/*Ehricke* § 140 Rn. 5; AGR/*Gehrlein* § 140 Rn. 9; Nerlich/Römermann/*Nerlich* § 140 Rn. 8; Uhlenbruck/*Borries/Hirte* § 140 Rn. 20, 81; Jaeger/*Henckel* § 140 Rn. 5; KKInsO/*Mohr* § 140 Rn. 34; BeckOK InsO/*Schoon*[12] § 140 Rn. 7; *Häsemeyer,* Insolvenzrecht Rn. 10.26, 21.49; *Obermüller,* Insolvenzrecht Rn. 6.354; *Stiller* ZInsO 2002, 651, 653; *Christiansen* KTS 2003, 353, 360; *Streit/Jordan* DZWiR 2004, 441, 447; *Beiner/Luppe* NZI 2005, 15, 18; *König,* Die Anfechtung nach der IO, 5. Aufl. (2014) Rn. 10/54 (zum österreichischen Recht); vgl. BGH NJW-RR 2000, 1154, 1155. Zur Vorausabtretung der Auseinandersetzungsforderung eines GmbH-Gesellschafters vgl. BGHZ 88, 205, 206 ff. = NJW 1984, 492 f., zur Übertragung künftiger Geschmacksmusterrechte BGH NJW-RR 1998, 1057, 1061.

[106] BGHZ 30, 238, 239 f. = NJW 1959, 1539 f.; BGHZ 64, 312, 313 = NJW 1975, 1226, 1227; FKInsO/*Dauernheim* § 140 Rn. 6; Jaeger/*Henckel* § 140 Rn. 7. Zur fehlenden Gläubigerbenachteiligung, wenn die Abtretung lediglich einen wirksamen Eigentumsvorbehalt ersetzt, vgl. § 129 Rn. 155.

[107] Vgl. *Streit/Jordan* DZWiR 2004, 441, 447 f.

[108] AGR/*Gehrlein* § 140 Rn. 9. Zum österreichischen Recht aA OGH ÖBA 2007, 735 ff. im Anschluss an *Koziol* ÖBA 1998, 745 ff.; abl. *König,* FS Leipold (2009), S. 403, 407 ff.

[109] BGH NJW-RR 1998, 1057, 1061 betr. ein Geschmacksmusterrecht.

[110] So aber Jaeger/*Henckel* § 140 Rn. 8.

[111] Vgl. BGH NZI 2009, 888 Rn. 23; Uhlenbruck/*Borries/Hirte* § 140 Rn. 81; vgl. OLG Frankfurt ZInsO 2008, 977, 978 f. Demgegenüber sieht BGHZ 70, 86, 94 f. = NJW 1978, 538, 540 zwar die Grundlage für die Saldoforderung „in den ... in das Kontokorrent eingestellten Einzelforderungen"; damit ist es aber nicht vereinbar, eine insolvenzbeständige Forderung schon für den Zeitpunkt eines früheren Abtretungsvertrages anzunehmen.

[112] *Mitlehner,* Mobiliarsicherheiten Rn. 503.

[113] BGHZ 86, 340, 346 = NJW 1983, 1123, 1124; BKInsO/*Haas* § 140 Rn. 35; K. Schmidt/*Büteröwe* § 140 Rn. 11; HambKommInsO/*Rogge/Leptien* § 140 Rn. 15; KKInsO/*Mohr* § 140 Rn. 43; AGR/*Gehrlein* § 140 Rn. 10; zum österreichischen Recht vgl. *König,* Die Anfechtung nach der IO, 5. Aufl. (2014) Rn. 10/74.

[114] RG JW 1902, 185 Nr. 21; HKInsO/*Thole* § 140 Rn. 4; K. Schmidt/*Büteröwe* § 140 Rn. 12; AGR/*Gehrlein* § 140 Rn. 10; Uhlenbruck/*Borries/Hirte* § 140 Rn. 14; HambKommInsO/*Rogge/Leptien* § 140 Rn. 12; KKInsO/*Mohr* § 140 Rn. 31; vgl. OLG München ZIP 2009, 330, 331.

von Nr. 14 Abs. 1 Satz 2 **AGB-Banken** bzw. Nr. 21 Abs. 1 Satz 2 **AGB-Sparkassen** – identisch. Kreditinstitute erwerben daher ein Pfandrecht am Anspruch des Kunden auf Erteilung einer Gutschrift bereits mit dem Zahlungseingang.[115] Stellt allerdings das Kreditinstitut die Forderung in ein laufendes Kontokorrent ein, ist erst der Schlusssaldo für die Vorausverfügung maßgeblich.[116] Mit der Entgegennahme eines zum Inkasso eingereichten Schecks – oder eines vergleichbaren Wertpapiers – erwirbt das Kreditinstitut daran ein Pfandrecht, soweit ihm eine Forderung gegen den Kunden zusteht (Nr. 15 Abs. 1 Satz 1 AGB-Banken; Nr. 25 Abs. 1 Satz 1 AGB-Sparkassen).[117] Gleichzeitig gehen die zugrunde liegenden Forderungen auf das Kreditinstitut über (Nr. 15 Abs. 1 Satz 2 AGB-Banken; Nr. 25 Abs. 1 Satz 2 AGB-Sparkassen). Dasselbe gilt bei der Einreichung von Lastschriften (Nr. 15 Abs. 2 AGB-Banken; Nr. 25 Abs. 2 AGB-Sparkassen). Die Verpfändung einer *künftigen* Forderung ist nicht vor deren Entstehen vorgenommen.[118] Werden künftige **Gewinnforderungen** aus der **Beteiligung** an einer **GbR** gepfändet, ist erst der Zeitpunkt des Entstehens dieser Forderungen maßgeblich.[119] Dagegen soll das Pfandrecht an einem bereits bestehenden Recht zur Sicherung einer möglichen künftigen Forderung (**§ 1204 Abs. 2 BGB**) schon mit der Erfüllung der in §§ 1205 f. BGB bzw. §§ 1274 ff. BGB genannten Voraussetzungen eintreten.[120] Diese Unterscheidung ist zweifelhaft, weil mit dem Entstehen der besicherten Forderung die Nichtvalutierungseinrede verloren geht.[121] Jedoch wirkt eine Hypothek für eine künftige Forderung im Hinblick auf § 1163 Abs. 1 Satz 1 BGB erst mit deren Entstehung zugunsten ihres Gläubigers (→ Rn. 48).

Gesetzliche Pfandrechte entstehen mit der Erfüllung des gesamten dafür jeweils vorgesehenen gesetzlichen Tatbestandes. Insbesondere wird das **Vermieterpfandrecht** zwar mit der Einbringung der Sachen des Mieters begründet (§ 562 BGB); nach § 140 Abs. 1 kann es aber erst mit dem Entstehen einer gesicherten Forderung „vorgenommen" sein.[122] Da die Mietzinsen aber mit Abschluss des Mietvertrages als befristete Forderungen iSv § 140 Abs. 3 entstehen, ist iE auf die Einbringung der Sachen abzustellen.[123] Das **kaufmännische Zurückbehaltungsrecht** entsteht mit der Erlangung der Verfügungsmacht im Sinne des § 369 HGB, jedoch nicht vor Begründung der zu sichernden Gegenforderung.[124] 26

3. Zwangsvollstreckungen. Das Erwirken eines Vollstreckungstitels hat im Hinblick auf § 141 anfechtungsrechtlich noch keine selbständige Bedeutung, sondern kann erst in einem Gesamtvorgang (→ Rn. 31) aufgrund zusätzlicher Maßnahmen – insbesondere das Vorgehen eines Vollstreckungsorgans – benachteiligend in das Schuldnervermögen eingreifen.[125] Im Bedarfsfall kann sich der Insol- 27

---

115 BGHZ 150, 122, 126 = NJW 2002, 1722 f.; BGH NZI 2004, 314, 315; NZI 2005, 622; NZI 2017, 349 Rn. 13; HKInsO/*Thole* § 140 Rn. 4; HambKommInsO/*Rogge* § 140 Rn. 13; KKInsO/*Mohr* § 140 Rn. 32; *Bork,* Zahlungsverkehr Rn. 313; vgl. *Kuder,* Die Zahlstelle in der Insolvenz des Lastschriftschuldners im Einzugsermächtigungsverfahren (2006), S. 171 f.

116 BGH NZI 2010, 443 Rn. 5; HambKommInsO/*Rogge/Leptien* § 140 Rn. 12.

117 BGHZ 118, 171, 178 = NJW 1992, 1960, 1961; OLG Köln WM 1979, 1193; *Canaris,* FS 100 Jahre KO (1977), S. 78, 85 f.; vgl. BGHZ 95, 149, 153 f. = NJW 1985, 2649, 2650.

118 BGH NJW 1995, 1668, 1671; ZIP 1996, 2080, 2082 = DtZ 1997, 52, 53; NJW 1998, 2592, 2597 (insoweit nicht in BGHZ 138, 291); ZIP 1999, 79 f.; BGHZ 182, 264 Rn. 8 ff. = NJW 2010, 444; OLG Frankfurt NZI 2007, 413, 414; HambKommInsO/*Rogge/Leptien* § 140 Rn. 12; Uhlenbruck/*Borries/Hirte* § 140 Rn. 17; KKInsO/*Mohr* § 140 Rn. 37; vgl. OLG Köln ZIP 1987, 907, 908; Staudinger/*Wiegand* § 1273 Rn. 16.

119 BGH NZI 2010, 220 Rn. 16 ff., dort in Abgrenzung zu einem Pfandrecht an dem GbR-Anteil selbst; Andres/Leithaus/*Leithaus* § 140 Rn. 7.

120 BGHZ 86, 340, 346 f. = NJW 1983, 1123, 1125; BGHZ 93, 71, 76 = NJW 1985, 863, 864; BGH ZIP 1999, 79; Nerlich/Römermann/*Nerlich* § 140 Rn. 9; AGR/*Gehrlein* § 140 Rn. 10; Uhlenbruck/*Borries/Hirte* § 140 Rn. 18; *Gehrlein* WM 2009 Sonderbeilage 1, S. 59; vgl. auch BGH NJW 1998, 2592, 2597 (insoweit nicht in BGHZ 138, 291). Wegen einer alternativen Begründung vgl. *Obermüller/Kuder,* FS Gero Fischer (2008), S. 385, 387 f.

121 Ebenso OLG Frankfurt ZIP 2007, 1670, 1671 f.; Jaeger/*Henckel* § 140 Rn. 17; *Mitlehner,* Mobiliarsicherheiten Rn. 910; *Berger* NZI 2007, 566, 568 ff.; *von Olshausen* KTS 2009, 481, 488; ausdrücklich offen gelassen in BGHZ 170, 196 Rn. 18 = NJW 2007, 1588.

122 Jaeger/*Henckel* § 140 Rn. 18; vgl. Palandt/*Weidenkaff* § 562 Rn. 5, 11 ff.

123 BGHZ 170, 196 Rn. 18 = NJW 2007, 1588; HKInsO/*Thole* § 140 Rn. 14; K. Schmidt/*Büteröwe* § 140 Rn. 15; KKInsO/*Mohr* § 140 Rn. 44; AGR/*Gehrlein* § 140 Rn. 11; *Eichel* S. 264; aA *von Olshausen* KTS 2009, 481, 489 f.; ferner Jaeger/*Henckel* § 140 Rn. 18. *Kuszlik* S. 98 ff. stellt darauf ab, wann die besicherte Forderung im Sinne von § 38 entstanden ist.

124 Jaeger/*Henckel* § 140 Rn. 24; KKInsO/*Mohr* § 140 Rn. 45.

125 Vgl. RGZ 47, 223, 225; 55, 321, 322 f.; RG Gruchot 50 (1906), 1145, 1146; WarnR 1916 Nr. 299; JW 1919, 1739 f.

venzverwalter aber auch schon gegen das Erwirken des Titels wenden.[126] Entsprechendes trifft für Vollstreckungsanträge von Gläubigern zu.[127] **Vollstreckungsmaßnahmen** sind spätestens mit Auskehrung eines Verwertungserlöses abgeschlossen.[128] Jedoch gewährt bereits ein unanfechtbar entstandenes Pfändungspfandrecht (§ 804 Abs. 1 ZPO) ein Recht auf abgesonderte Befriedigung (§ 50 Abs. 1), das eine Gläubigerbenachteiligung durch die Verwertungshandlungen ausschließt (→ § 129 Rn. 108d). Deshalb entscheidet über die Anfechtbarkeit meist schon die Vollendung der **Pfändung,** die ein Pfandrecht begründet,[129] nicht zB erst die Zahlung durch einen Drittschuldner nach §§ 829, 835 ZPO.[130] Die **Sachpfändung** ist mit der Inbesitznahme durch den Gerichtsvollzieher nach Maßgabe von §§ 808, 826 ZPO, die **Rechtspfändung** nach § 829 Abs. 3 ZPO durch Zustellung an den Drittschuldner[131] – bei dessen Fehlen an den späteren Schuldner (vgl. § 857 Abs. 2 ZPO)[132] – vorgenommen, wenn die übrigen Voraussetzungen für das Entstehen eines Pfandrechts vorliegen, anderenfalls erst mit deren Eintritt.[133] Wird ein **künftiger Anspruch gepfändet,** kommt es auf den Zeitpunkt seines Entstehens an,[134] also bei einem künftigen Kontoguthaben auf den Zeitpunkt der späteren Eingänge.[135] Die Pfändung in die **„offene Kreditlinie"** wird deshalb erst mit dem Abruf eines Kreditbetrages durch den Schuldner (Bankkunden) wirksam.[136] Die Fälligkeit der gepfändeten Forderung ist für § 140 unerheblich.[137] Bei **Grundstücken** ist maßgeblich die Eintragung einer wirksamen Zwangshypothek (§ 867 ZPO) bzw des Zwangsvollstreckungsvermerks (§ 19 ZVG) (→ Rn. 34). Wurde die Zwangsvollstreckung aufgrund einer notariellen Unterwerfungsurkunde (§ 794 Abs. 1 Nr. 5 ZPO) vorgenommen, so entsteht ein anfechtungsfestes Pfändungspfandrecht unabhängig davon, ob der zugleich beurkundete Vertrag an Wirksamkeitsmängeln leidet.[138]

28 Die **Vorpfändung** ist zwar selbständig anfechtbar und mit Zustellung der Pfändungsankündigung gemäß § 845 Abs. 2 ZPO vorgenommen. Jedoch beseitigt die erfolgreiche Anfechtung der Hauptpfändung im Hinblick auf § 845 Abs. 2 ZPO zugleich die Wirkungen der Vorpfändung für das Insolvenzverfahren (→ § 131 Rn. 28). Das Ausbleiben der Hauptpfändung ist keine (auflösende) Bedingung im Sinne des Abs. 3.[139] Der **Vermögensarrest** zur Sicherung der Wertersatzeinziehung (§ 111e StPO) wird grundsätzlich wie der zivilprozessuale dingliche Arrest vollzogen (§§ 111f StPO, 928 ff. ZPO); er verliert jedoch seit 1. Juli 2017 bei Taten mit Individualgeschädigten mit der Eröffnung des Insolvenzverfahrens über das Vermögen des Arrestschuldners seine Wirkung (§ 111i Abs. 1 StPO); Fragen der Insolvenzanfechtung stellen sich dann nicht (mehr).[140] Bei Taten (nur) zum Nachteil der Allgemeinheit wie der Steuerhinterziehung wird durch den Vermögensarrest

---

[126] Vgl. Jaeger/*Henckel* § 141 Rn. 6 a.E.; *Rebmann,* Anfechtung von Zwangsvollstreckungsmaßnahmen, 2003, S. 14 ff.; aA KKInsO/*Mohr* § 140 Rn. 48 (anfechtungsrechtliche ohne selbständige Bedeutung).

[127] Unklar RG WarnR 1916 Nr. 299. Zur Schaffung einer fingierten Aufrechnungslage durch Titulierung einer Gegenforderung vgl. RG Gruchot 50 (1906), 1122, 1123 f.

[128] So auch KKInsO/*Mohr* § 140 Rn. 48.

[129] BGHZ 157, 350, 353 = NJW 2004, 1444 f.; BGHZ 162, 143, 146 = NJW 2005, 1121 f.; RG LZ 1911, 845 f.; OLG Oldenburg ZInsO 2005, 328, 329; FKInsO/*Dauernheim* § 140 Rn. 4; Andres/Leithaus/*Leithaus* § 140 Rn. 8; Jaeger/*Henckel* § 140 Rn. 19; BKInsO/*Haas* § 140 Rn. 41 f.; *Beiner/Luppe* NZI 2005, 151, 158; zu § 88 auch BFHE 209, 34, 37 = NZI 2005, 569, 570; zur Barzahlung an Gerichtsvollzieher vgl. BAG NZI 2011, 644 Rn. 10.

[130] BGH NZI 2000, 310 f.; OLG Hamm ZInsO 2002, 132 f.; aA OLG Schleswig ZIP 2003, 727, 728.

[131] BGH WM 1959, 470, 472; OLG Hamm ZIP 2007, 240, 243; OLG Rostock NZI 2008, 686 f.; LG Braunschweig ZIP 1996, 35, 36; Uhlenbruck/*Hirte/Borries* § 140 Rn. 104; K. Schmidt/*Büteröwe* § 140 Rn. 21; KKInsO/*Mohr* § 140 Rn. 50; AGR/*Gehrlein* § 140 Rn. 4.

[132] So auch KKInsO/*Mohr* § 140 Rn. 50.

[133] Vgl. BGHZ 182, 264 Rn. 9 = NJW 2010, 444 f. zur Pfändung künftiger Mietforderungen.

[134] BGHZ 157, 350, 353 = NJW 2004, 1444 f.; BGHZ 182, 264 Rn. 10; OLG Koblenz ZInsO 2012, 1172, 1173; BFHE 209, 34, 38 = NZI 2005, 569, 570; Jaeger/*Henckel* § 140 Rn. 3, 20; K. Schmidt/*Büteröwe* § 140 Rn. 21; KKInsO/*Mohr* § 140 Rn. 51; AGR/*Gehrlein* § 140 Rn. 4; *Baur/Stürner,* Insolvenzrecht Rn. 18.33. Demgegenüber betrifft BGHZ 135, 140, 142 ff. = NJW 1997, 1857 f. nur die automatische Wirkung eines Verfügungsverbots, nicht die Anfechtbarkeit.

[135] BGH NJW 2003, 2171 f.; NZI 2004, 316, 318; OLG München ZIP 1988, 1269, 1270; aA LG Paderborn bei *Krumm* EWiR 2002, 527 f.

[136] BGHZ 157, 350, 355 f. = NJW 2004, 1444, 1445; BGH NZI 2008, 180 Rn. 14; ZIP 2011, 1324 Rn. 13; Jaeger/*Henckel* § 140 Rn. 22; HKInsO/*Thole* § 140 Rn. 3; K. Schmidt/*Büteröwe* § 140 Rn. 22; KKInsO/*Mohr* § 140 Rn. 53; AGR/*Gehrlein* § 140 Rn. 5; *Fischer* ZIP 2004, 1679, 1680.

[137] HambKommInsO/*Rogge/Leptien* § 140 Rn. 20.

[138] BGH NZI 2008, 363 Rn. 9.

[139] BGHZ 167, 11 Rn. 14 = NJW 2006, 1870; BGH, Urt. v. 9.11.2006 – IX ZR 88/05 Rn. 6; KKInsO/*Mohr* § 140 Rn. 54.

[140] Vgl. BT-Drs. 18/9525, S. 79.

jedoch ein insolvenzfestes Arrestpfandrecht begründet (§ 111h StPO), sodass die Voraussetzungen von § 88 bzw der Insolvenzanfechtung zu prüfen sind.[141]

4. Unterlassungen. Die rechtlichen Wirkungen einer **Unterlassung** treten frühestens in dem Zeitpunkt ein, in dem ihre Rechtsfolgen nicht mehr durch eine positive Handlung abgewendet werden können.[142] Erst in diesem Augenblick ist die Unterlassung „vorgenommen"; § 140 Abs. 3 gilt nicht.[143] Im Einzelnen ist zu unterscheiden: Soweit dem Unterlassen einer Erklärung ein rechtsgeschäftlicher Erklärungswert zukommt (vgl. § 362 HGB), ist deren fingierter Zugang maßgeblich; wenn dagegen schlichte Untätigkeit den (angefochtenen) Rechtsverlust bewirkt, kommt es entscheidend auf den letzten Zeitpunkt an, in dem Abwehrhandlungen den Erfolg noch hätten vermeiden können.[144] Insbesondere ist die Unterlassung, die **Verjährung** zu **hemmen,** mit Eintritt der Verjährung, die unterlassene **Anfechtung** mit Ablauf der Anfechtungsfristen nach §§ 121, 124 BGB, die Unterlassung, sich gegen einen **Vollstreckungsbescheid** zu **wehren,** mit Ablauf der Einspruchsfrist (§§ 700 Abs. 1, 339 ZPO) vorgenommen. Subjektive Anfechtungsvoraussetzungen müssen spätestens zur Zeit der Vornahme vorgelegen haben; ihre Fortdauer von einem früheren Zeitpunkt an wird vermutet.[145] 29

5. Ermöglichen einer Sicherung oder Befriedigung. Nach §§ 130 Abs. 1, 131 Abs. 1 können schon Rechtshandlungen anfechtbar sein, die dem Gläubiger eine Sicherung oder Befriedigung erst ermöglichen. Bei derartigen Handlungen ist im Hinblick auf § 140 Abs. 1 zu unterscheiden, ob die gläubigerbenachteiligenden Wirkungen unmittelbar durch die Handlung eintreten – zB durch das rechtsgeschäftliche Anerkenntnis (§ 781 BGB) eines nicht bestehenden Anspruchs –, oder ob dafür erst noch ein weiterer Rechtsakt hinzukommen muss. Im erstgenannten Fall ist die Rechtshandlung schon mit dem Verhalten des Schuldners (→ Rn. 6) oder der Annahme durch den Gläubiger (→ Rn. 9) abgeschlossen; eine Beeinträchtigung des Schuldnervermögens kann sich u. a. aus der Umkehrung der Beweislast für das Nichtbestehen des anerkannten Anspruchs ergeben. Wird dagegen das Schuldnervermögen nur verkürzt, wenn noch ein weiterer Umstand hinzutritt, stellt erst der Gesamtvorgang (→ Rn. 31) die anfechtbare Rechtshandlung dar; sie ist mit dem letzten Teilakt vorgenommen. Insbesondere wirkt ein prozessuales Anerkenntnis des Schuldners (§ 307 ZPO) nicht aus sich heraus; eine Gläubigerbeeinträchtigung tritt frühestens mit dem Antrag des Prozessgegners auf Erlass eines Anerkenntnisurteils ein.[146] 30

6. Gesamtvorgänge. Grundsätzlich ist jede Rechtshandlung gesondert auf ihre Anfechtbarkeit zu prüfen (→ § 129 Rn. 55). Gelegentlich führen aber erst mehrere selbständige, teilweise wiederum mehraktige, Rechtshandlungen in ihrer Verbundenheit zum Eingriff in das haftende Schuldnervermögen.[147] Derartige „Gesamtvorgänge" sind grundsätzlich nicht vor der letzten Rechtshandlung abgeschlossen. Dies kann insbesondere für das planmäßige Herstellen einer Aufrechnungslage durch mehrere Rechtshandlungen (→ Rn. 19; § 129 Rn. 67) sowie für das gezielte Ermöglichen einer Sicherung oder Befriedigung (→ Rn. 30) zutreffen. Der Vollstreckungsantrag eines Gläubigers greift erst in Verbindung mit der Vollstreckungsmaßnahme des zuständigen Organs in Rechte des Schuldners ein (→ Rn. 27). In allen diesen Fällen werden die mehreren, für sich selbständigen Rechtshandlungen durch den zielgerichteten Willen des Handelnden zu einem einheitlichen Gesamtvorgang verbunden. Dagegen sind Verpflichtungs- und Erfüllungsgeschäfte auch anfechtungsrechtlich grundsätzlich jeweils für sich getrennt zu behandeln (→ § 129 Rn. 57 f.); dementsprechend können sie auch zu getrennten Zeitpunkten vorgenommen sein. Insbesondere stellen Schenkungsversprechen und Erfüllung anfechtungsrechtlich keinen Gesamtvorgang dar (→ § 134 Rn. 20). 31

Dagegen ist bei **mittelbaren Zuwendungen** unter Einschaltung eines Dritten (→ § 129 Rn. 68 ff.) typischerweise das Vermögen des Schuldners bereits mit der Übertragung des Gegenstands an die Zwischenperson endgültig geschmälert. Unter dieser Voraussetzung ist die massemindernde Wirkung schon mit der entäußernden Rechtshandlung des Schuldners eingetreten und die Rechts- 32

---

[141] Vgl. BT-Drs. 18/9525, S. 78.

[142] BT-Drs. 12/2443, S. 166 zu § 159 RegE; HKInsO/*Thole* § 140 Rn. 5; K. Schmidt/*Büteröwe* § 140 Rn. 4; Uhlenbruck/*Borries/Hirte* § 129 Rn. 122 und § 140 Rn. 114; Jaeger/*Henckel* § 140 Rn. 32; AGR/*Gehrlein* § 140 Rn. 6; KKInsO/*Mohr* § 140 Rn. 81; BeckOK InsO/*Schoon*[12] § 140 Rn. 13b; zum österreichischen Recht vgl. *König,* Die Anfechtung nach der IO, 5. Aufl. (2014) Rn. 3/35.

[143] *Christiansen* KTS 2003, 353, 380; KKInsO/*Mohr* § 140 Rn. 81.

[144] KKInsO/*Mohr* § 140 Rn. 81 f.; *Hoyer* ÖJZ 1982, 376, 380 f.

[145] Weitergehend FKInsO/*Dauernheim* § 140 Rn. 5; HambKommInsO/*Rogge/Leptien* § 140 Rn. 22.

[146] AA *M. Zeuner,* Anfechtung Rn. 32, S. 29 f. Demgegenüber stellen Jaeger/*Henckel* § 140 Rn. 31; HKInsO/*Thole* § 140 Rn. 6; KKInsO/*Mohr* § 140 Rn. 83; AGR/*Gehrlein* § 140 Rn. 13 und wohl auch Uhlenbruck/*Borries/Hirte* § 140 Rn. 6 erst auf den Erlass des Anerkenntnisurteils ab.

[147] Vgl. *Baur/Stürner,* Insolvenzrecht Rn. 18.32, 18.34; *Jaeger* JW 1919, 730 in Anm. zu Nr. 18.

handlung damit vorgenommen.[148] Lediglich die Person des bestimmungsgemäßen Empfängers (Anfechtungsgegners) mag zunächst unklar erscheinen. Deren Feststellung ist aber keine selbständige Voraussetzung für die Vornahme iSv § 140 Abs. 1, sondern kann durchweg bis zum Ablauf der Anfechtungsfrist nach § 146 erfolgen. Überträgt der (spätere) Schuldner Vermögensstücke auf einen rechtlich selbständigen Treuhänder, damit dieser sie an bestimmte Empfänger weiterleitet, ist sein Vermögen schon mit der ersten Übertragung endgültig geschmälert; der vertragliche Anspruch gegen den Treuhänder gleicht dies nicht aus (→ § 129 Rn. 140). Beauftragt der (spätere) Schuldner einen Dritten, sich für ihn zu verbürgen, ist die Handlung mit dem Zustandekommen des Bürgschaftsvertrages zwischen Drittem und Gläubiger vorgenommen.[149]

V. Eintragungsbedürftige Rechtsgeschäfte (Abs. 2 Satz 1)

33 **§ 140 Abs. 2** verlegt den anfechtungsrechtlich maßgeblichen Zeitpunkt bei mehraktigen Rechtshandlungen vor, wenn Eintragungen im Grundbuch oder in einem vergleichbaren Register erforderlich sind (→ Rn. 35 bis 38). Dies trägt dem in § 873 Abs. 2 BGB, § 3 Abs. 2 SchiffsRG und § 5 Abs. 2 LuftfRG zum Ausdruck gekommenen Grundsatz Rechnung, dass der Erwerber auf die Dauer des Verfahrens bei der registerführenden Stelle nur wenig Einfluss hat, andererseits dieses Verfahren durch § 17 GBO, § 27 SchiffsregO, ggf. iVm § 86 Abs. 1 Satz 1 LuftfRG, so ausgestaltet ist, dass es die Reihenfolge der gestellten Anträge möglichst wahrt. Alle sonst für den endgültigen Rechtserwerb erforderlichen Akte müssen aber vollzogen sein, so dass allein noch die Registereintragung aussteht. Die nötige Insolvenzbeständigkeit seines Anwartschaftsrechts erlangt der Erwerber im Regelfall **(§ 140 Abs. 2 Satz 1)** – also ohne eine vorangegangene Vormerkung (§ 140 Abs. 2 Satz 2) – nach der amtlichen Begründung[150] nur, wenn der Schuldner oder ein für ihn handelnder Insolvenzverwalter den Erwerb nicht mehr rechtmäßig verhindern kann (vgl. § 878 BGB, § 3 Abs. 2 SchiffsRG, § 5 Abs. 3 LuftfRG). Damit wird auch eine Angleichung an § 91 Abs. 2 InsO erstrebt. Allerdings kommt es für § 140 Abs. 2 Satz 1 – im Gegensatz zu § 91 Abs. 2 iVm § 878 BGB – entscheidend darauf an, dass nicht allein der Schuldner den Eintragungsantrag gestellt hat (→ Rn. 49). Der Zeitpunkt der Antragstellung ist in den Registerakten festzuhalten (vgl. § 13 Abs. 1 Satz 2 GBO, § 23 Abs. 1 Satz 2 SchiffsregO, ggf. in Verbindung mit § 86 Abs. 1 Satz 1 LuftfRG). Wird eine Eintragung ohne Rechtsübergang nur zu dem Zweck vorgenommen, ein Vollstreckungshindernis zu schaffen, kann sie isoliert anfechtbar sein.[151] § 140 Abs. 2 Satz 1 ersetzt bei akzessorischen Rechten – wie der Hypothek – nicht das Fehlen einer gesicherten Forderung; ohne sie bleibt das Sicherungsrecht wirkungslos (→ Rn. 38). Erfolgt die Eintragung nach Verfahrenseröffnung, gilt § 147.

34 **1. Erfasste Erwerbsvorgänge. a) Rechtsgeschäftlicher Erwerb.** Nur im Falle eines rechtsgeschäftlichen Erwerbs kann der Vornahmezeitpunkt nach § 140 Abs. 1 Satz 1 vorverlegt werden. Die in Bezug genommenen sachenrechtlichen Vorschriften schützen weder den Erwerb kraft Gesetzes,[152] der sich, wie zB im Wege der Erbfolge, freilich ohnehin regelmäßig außerhalb des Grundbuchs vollzieht, noch denjenigen aufgrund eines staatlichen Hoheitsaktes, zB durch Eintragung einer Zwangshypothek gemäß § 867 ZPO.[153] Für eine Gleichstellung dieser Erwerbsformen mit dem rechtsgeschäftlichen Erwerb – mit der Folge einer zusätzlichen Aushöhlung des haftenden Vermögens des Schuldners zugunsten individueller Interessen – besteht gerade in dessen Insolvenz kein Grund (→ § 131 Rn. 26). Einen weitergehenden Schutz gewährt auch § 140 Abs. 2 dem Erwerber nicht

---

[148] FKInsO/*Dauernheim* § 140 Rn. 4; Uhlenbruck/*Borries/Hirte* § 140 Rn. 7 (vertiefend zu mittelbaren Zuwendungen § 129 Rn. 114, 263 ff.); HambKommInsO/*Rogge/Leptien* § 140 Rn. 19; KKInsO/*Mohr* § 140 Rn. 79; vgl. *Kuhn* KTS 1963, 65, 74 ff. und WM 1964, 998, 1004 unter B 5.

[149] BGH NZI 1999, 268; vgl. *Heidland* Rn. 541b; *Mundt* NZBau 2003, 527, 528.

[150] BT-Drs. 12/2443, S. 166 zu § 159 RegE.

[151] Vgl. *Jaeger* JW 1917, 616 in Anm. zu Nr. 5.

[152] BKInsO/*Haas* § 140 Rn. 55; KKInsO/*Mohr* § 140 Rn. 87; AGR/*Gehrlein* § 140 Rn. 15; Staudinger/*Gursky* § 873 Rn. 12; RGRK/*Augustin* § 873 Rn. 3 ff.; Soergel/*Stürner* § 873 Rn. 2; Palandt/*Herrler* § 873 Rn. 4.

[153] BGHZ 9, 250, 252 ff. = NJW 1953, 898 f.; RGZ 84, 265, 280 f.; OLG Hamburg OLGRspr. 15 (1907), 232 f.; KG HRR 1934 Nr. 167; Jaeger/*Henckel* § 140 Rn. 47; KPB/*Ehricke* § 140 Rn. 15; KKInsO/*Mohr* § 140 Rn. 87; FKInsO/*Dauernheim* § 140 Rn. 11; RSZ/*Zeuner* § 140 Rn. 14; AGR/*Gehrlein* § 140 Rn. 15; Nerlich/Römermann/*Nerlich* § 140 Rn. 18; HambKommInsO/*Rogge/Leptien* § 140 Rn. 24; K. Schmidt/*Büteröwe* § 140 Rn. 24; *Lambert-Lang/Tropf/Frenz/Raebel*, Handbuch der Grundstückspraxis, 2. Aufl. (2005), Teil 5 Rn. 243; Erman/*Lorenz* § 878 Rn. 5; Staudinger/*Gursky* § 878 Rn. 13, 14; RGRK/*Augustin* § 878 Rn. 6; HKInsO/*Thole* § 140 Rn. 8; *Henckel* Kölner Schrift, 2. Aufl. (2000), S. 813 Rn. 79; Uhlenbruck/*Borries/Hirte* § 140 Rn. 29, 104; Soergel/*Stürner* § 878 Rn. 2, 3; *Rebmann*, Anfechtung von Zwangsvollstreckungsmaßnahmen (2003), S. 99; *Eckert* S. 122; aA *Wacke* ZZP 82 (1969), 377, 380 ff.; Stein/Jonas/*Grunsky* § 932 Rn. 8; *Häsemeyer*, Insolvenzrecht Rn. 21.49.

gegenüber Anfechtungsklagen. Im Gegenteil würde eine über das Sachenrecht hinausgehende Auslegung dieser Vorschrift die bezweckte Übereinstimmung mit § 91 Abs. 2 iVm § 878 BGB (→ Rn. 33) stören. § 141 bietet ebenfalls keine Grundlage, den maßgeblichen Zeitpunkt für den Fall eines Vollstreckungserwerbs vorzuverlegen; wenn danach der Erwerb durch Zwangsvollstreckung eine anfechtbare Rechtshandlung sein kann, bedeutet das keine Gleichstellung mit einem Rechtsgeschäft. Ferner verlegt § 932 Abs. 3 ZPO nicht den Zeitpunkt der Entstehung einer Arresthypothek vor, sondern die Bedeutung der Norm erschöpft sich in der Wahrung der durch § 929 Abs. 2 und 3 ZPO gesetzten Vollzugsfrist.[154] Die Vollendung des nicht-rechtsgeschäftlichen Erwerbs bemisst sich deshalb allein nach § 140 Abs. 1 (→ Rn. 27). § 140 Abs. 2 kann demgemäß auch nicht entsprechend im Rahmen des § 88 angewendet werden.[155] Als rechtsgeschäftlich iSv § 140 Abs. 2 gilt allerdings derjenige Erwerb, der auf einer nach § 894 ZPO fingierten Willenserklärung aufbaut.[156]

b) Arten der Rechtsgeschäfte. aa) Eintragungen im Grundbuch. Die Eintragung ins Grundbuch ist Wirksamkeitsvoraussetzung für die rechtsgeschäftliche Übertragung des Grundeigentums einschließlich eines realen oder ideellen Anteils daran, für die Belastung eines Grundstücks sowie für die Übertragung und Belastung eines beschränkten dinglichen Rechts an einem Grundstück (§ 873 Abs. 1 BGB). Zu diesen Rechten zählen zB Dienstbarkeiten, Reallasten, (Buch-)Grundpfandrechte,[157] dingliche Vorkaufsrechte und der Nießbrauch, nicht aber die in § 140 Abs. 2 Satz 2 gesondert geregelte Vormerkung (→ Rn. 56 ff.). Der Widerspruch iSv § 899 BGB ist anfechtungsrechtlich kaum bedeutsam.[158] Grundstücksgleiche Rechte wie das Erbbaurecht (§ 11 ErbbauRG) und das Bergwerkseigentum (§ 9 Abs. 1 BBergG)[159] sind ebenfalls eintragungsbedürftig. 35

Hinsichtlich der soeben (→ Rn. 35) genannten Rechte können jeweils die Begründung (§ 873 BGB), Übertragung, Inhaltsänderung (§ 877 BGB), Rangänderung (§ 880 Abs. 2 BGB) oder Aufhebung (§§ 875, 876 BGB) eintragungsbedürftig sein, insbesondere die Abtretung einer durch eine Hypothek gesicherten Forderung (§§ 1154, 1153 Abs. 2 BGB), falls die Hypothek mit übergehen soll. Nicht erfasst werden bloß verfahrensrechtliche Nebenrechte wie zB die Unterwerfung unter die Zwangsvollstreckung (§§ 794 Abs. 1 Nr. 5, 799, 800, 800a ZPO).[160] Auch die Vereinbarung eines Sicherungszwecks für ein abstraktes dingliches Recht (→ Rn. 22) fällt nicht unter § 140 Abs. 2, sondern unter § 140 Abs. 1, da die Sicherungsvereinbarung nicht eintragungsfähig ist. Davon zu unterscheiden ist die umstrittene Frage, ob der Abschluss einer Sicherungsvereinbarung nach Anordnung von Sicherungsmaßnahmen (§§ 24 Abs. 1, 81) oder der Eröffnung des Insolvenzverfahrens (§§ 81, 91) vor Eintragung des entsprechenden Vermerks im Grundbuch von § 892 Abs. 1 BGB erfasst wird oder nicht.[161] 36

bb) Eintragung in sonstigen Registern. Das Gesetz über Rechte an eingetragenen **Schiffen** und Schiffsbauwerken unterstellt im Wesentlichen die Schiffshypothek (§§ 8 Abs. 2, 24 SchiffsRG) und den Nießbrauch (§§ 9 Abs. 2, 82 SchiffsRG) an eingetragenen Schiffen ähnlichen Regeln, wie sie für Rechte an Grundstücken gelten. Bei eingetragenen Binnenschiffen gilt das zusätzlich für die Eigentumsübertragung (§ 3 SchiffsRG), bei – eingetragenen Schiffsbauwerken vorrangig für die Hypothek (§§ 77, 78 SchiffsRG). Bei **Luftfahrzeugen** wird nur das besitzlose Registerpfandrecht derartigen Sonderregeln unterstellt (§§ 5 Abs. 1, 68 Abs. 2 LuftfRG). In diesen Fällen tritt das Schiffsregister oder Register für Schiffsbauwerke bzw. das Register für Pfandrechte an Luftfahrzeugen an die Stelle des Grundbuchs. Soweit derartige Sonderregeln nicht eingreifen, unterliegen Schiffe, 37

154 OLG Hamburg OLGRspr. 15 (1907), 232; BayObLG NJW 1955, 144, 145; Jaeger/*Henckel* § 140 Rn. 47; Baumbach/Lauterbach/*Hartmann* § 932 Rn. 10; Thomas/Putzo/*Seiler* § 932 Rn. 3; MüKoZPO/*Drescher* § 932 Rn. 5; aA *Gaul/Schilken/Becker-Eberhard* § 78 Rn. 22.

155 LG Bonn ZIP 2004, 1374, 1375; *Häsemeyer,* Insolvenzrecht Rn. 10.38; BKInsO/*von Olshausen* § 88 Rn. 11; zu §§ 28, 87 VerglO BayObLG NJW 1955, 144, 145; *Bley/Mohrbutter* § 28 Rn. 13; *Kilger/K. Schmidt* § 28 VerglO Anm. 4a aE; zT anders KPB/*Lüke* § 88 Rn. 17; wohl auch *Gerhardt* EWiR 2004, 861, 862.

156 Jaeger/*Eckardt* § 89 Rn. 58; HambKommInsO/*Rogge/Leptien* § 140 Rn. 24; K. Schmidt/*Büteröwe* § 140 Rn. 24; AGR/*Gehrlein* § 140 Rn. 15; RGRK/*Augustin* § 878 Rn. 7; Erman/*Lorenz* § 878 Rn. 2; Palandt/*Herrler* § 878 Rn. 4; Staudinger/*Gursky* § 878 Rn. 15; Lambert-Lang/Tropf/Frenz/*Raebel*, Handbuch der Grundstückspraxis, 2. Aufl. (2005), Teil 5 Rn. 243.

157 Vgl. BGH ZIP 1998, 513, 514 zu § 10 Abs. 3 GesO.

158 Der Widerspruch aufgrund einstweiliger Verfügung (§ 899 Abs. 2 BGB) sollte wie diese behandelt werden (→ Rn. 34). Folgerichtig ist nur der bewilligte Widerspruch unter § 140 Abs. 2 Satz 1 einzuordnen. Vgl. Soergel/*Stürner* § 878 Rn. 2; Staudinger/*Gursky* § 878 Rn. 10; Palandt/*Herrler* § 878 Rn. 4 unter aa; gegen jede Anwendung des § 878 auf den Widerspruch RGRK/*Augustin* § 878 Rn. 6.

159 Zu altrechtlichem landesrechtlichem Bergwerkseigentum vgl. BGHZ 23, 241, 244 und 246.

160 KG HRR 1931 Nr. 1705; RGRK/*Augustin* § 878 Rn. 6; Staudinger/*Gursky* § 878 Rn. 16 unter b; Palandt/*Herrler* § 878 Rn. 4 unter bb.

161 Dagegen BGHZ 218, 261 Rn. 71 ff. = NJW 2018, 2049 Rn. 71 ff.; krit. *Piekenbrock* EWiR 2018, 369, 370.

Schiffsbauwerke und Luftfahrzeuge den Vorschriften des BGB über bewegliche Sachen (vgl. § 929a BGB) und somit dem § 140 Abs. 1 InsO.

38 **c) Vollendung durch Eintragung.** Der Erwerb muss seiner Art nach gerade durch die Registereintragung vollendet werden; diese muss zudem wenigstens später auch tatsächlich erfolgen. Eine bloße Grundbuchberichtigung wegen nachgewiesener Unrichtigkeit (§ 22 GBO) genügt nicht.[162] Auch der Erwerb einer **Brief**hypothek oder -grundschuld durch Abtretung bedarf grundsätzlich **nicht** der (konstitutiven) Eintragung in das Grundbuch (§§ 1154 Abs. 1 Satz 1, 1117, 1192 Abs. 1 BGB); dieser Erwerb ist iSv § 140 Abs. 1 InsO mit der Übergabe des Grundpfandbriefs abgeschlossen (→ Rn. 25); eine nachfolgende Grundbucheintragung hat lediglich berichtigende Wirkung.[163] Anders verhält es sich nur, wenn die Grundbucheintragung die schriftliche Abtretungserklärung ersetzen soll (§§ 1154 Abs. 2, 1192 Abs. 1 BGB) oder das Grundpfandrecht selbst im Zeitpunkt einer – für sich wirksamen – Abtretung überhaupt noch nicht im Grundbuch eingetragen war.[164]

39 **2. Voraussetzungen für Wirksamwerden und Bindung.** Der Vornahmezeitpunkt wird nur dann auf den Eingang des Eintragungsantrags vorverlegt, wenn das Rechtsgeschäft – von der Eintragung abgesehen – wirksam und für den Schuldner unwiderruflich geworden ist. Fehlt es auch nur an einer dieser materiell-rechtlichen Voraussetzungen, greift § 140 Abs. 2 Satz 1 nicht ein;[165] vielmehr ist dann nach allgemeinen Regeln der Zeitpunkt maßgeblich, in dem der letzte Teilakt zum Erwerb – im Allgemeinen die Eintragung – vollzogen worden ist (§ 140 Abs. 1).[166] Zudem muss das Recht, über das verfügt werden soll, bereits bestehen. Deshalb kann eine Grundschuld an einem Erbbaurecht nicht iSv § 140 „vorgenommen" worden sein, bevor das Erbbaurecht selbst entstanden ist (ergänzend → Rn. 44, 48); allenfalls kommt eine Vorverlagerung auf denjenigen Zeitpunkt in Betracht, in dem die Voraussetzungen von § 140 Abs. 2 auch für das Erbbaurecht selbst vorliegen. Folgt die Einigung erst der Eintragung nach, ist die Einigung maßgeblich.[167]

40 **a) Willenserklärungen.** Das Rechtsgeschäft wird nur wirksam, wenn alle materiell-rechtlich nötigen Willenserklärungen in der gehörigen Form abgegeben sind.[168] Der Eintragungsantrag allein ersetzt sie nicht.[169] Insbesondere wenn das Rechtsgeschäft lediglich mit einem – zB vom Notar bestellten – vollmachtlosen Vertreter abgeschlossen wurde, kann es nicht vor der Genehmigung durch den Berechtigten wirksam werden (→ Rn. 8, 48). Eine spätere etwaige Heilung durch Eintragung wirkt nicht auf den Antragseingang zurück.[170]

41 Für die **Begründung** oder **Änderung** eines Rechts setzen §§ 873 Abs. 1 und 877 BGB die dingliche Einigung – ggf. in Form der Auflassung (§ 925 BGB) oder Abtretung der gesicherten Forderung (§§ 1153, 1154 Abs. 3 BGB) – voraus; dasselbe gilt für die **Rangänderung.**[171] Erfolgt die Eintragung, die nach dem formellen Konsensprinzip verfahrensrechtlich grundsätzlich nur die Bewilligung erfordert (§ 19 GBO) und lediglich beim Eigentumswechsel den Nachweis der Einigung (§ 20 GBO), ohne rechtlich wirksame Einigung, wird das Rechtsgeschäft erst mit der Einigung wirksam; § 879 Abs. 2 BGB gilt insoweit nicht. Einigen sich die Parteien in der Zeit zwischen dem Eingang des Eintragungsantrags und der Eintragung, ist § 140 Abs. 2 zwar nicht unmittelbar anwendbar. Er kann aber entsprechend dahin angewendet werden, dass die Rechtshandlung mit der Einigung vollzogen ist, wenn neben dem Antrag alle übrigen Voraussetzungen vorliegen. Folgt dagegen die Einigung der Eintragung nach, gilt allein § 140 Abs. 1; die Rechtshandlung ist dann erst im Zeitpunkt der Einigung vorgenommen.[172]

---

[162] K. Schmidt/*Büteröwe* § 140 Rn. 24; Soergel/*Stürner* § 878 Rn. 2. Dagegen kann auf die bewilligte Berichtigung (§ 19 GBO) § 878 BGB Anwendung finden: Staudinger/*Gursky* § 878 Rn. 10; Palandt/*Herrler* § 878 Rn. 4 unter aa.

[163] Vgl. RG JW 1906, 558 f.; WarnR 1931 Nr. 151, S. 301; Uhlenbruck/*Borries/Hirte* § 140 Rn. 34.

[164] HambKommInsO/*Rogge/Leptien* § 140 Rn. 26; vgl. RGZ 51, 284, 287; RG JW 1935, 2430 Nr. 5. Bei Buchgrundschulden bedarf die Abtretung stets der Eintragung: BGH ZIP 1998, 513, 514.

[165] Vgl. zu § 10 Abs. 3 GesO BGH ZIP 1998, 513, 514 = VIZ 1998, 338; NJW 1999, 645; NJW 2001, 2477, 2479.

[166] OLG Düsseldorf ZInsO 2015, 1164, 1166; HKInsO/*Thole* § 140 Rn. 9; HambKommInsO/*Rogge/Leptien* § 140 Rn. 27; AGR/*Gehrlein* § 140 Rn. 17; vgl. KPB/*Ehricke* § 140 Rn. 13; zu § 10 Abs. 3 GesO BGH ZIP 1997, 423, 424 f. = VIZ 1997, 251.

[167] *Jaeger* JW 1917, 616 in abl. Anm. zu OLG Hamburg.

[168] K. Schmidt/*Büteröwe* § 140 Rn. 27.

[169] Vgl. zu § 10 Abs. 3 GesO BGH ZIP 1998, 513, 514 f.

[170] HambKommInsO/*Rogge/Leptien* § 140 Rn. 27; Braun/*Riggert* § 140 Rn. 6.

[171] § 880 Abs. 2 und 3 BGB; vgl. LG Düsseldorf KTS 1961, 45, 46.

[172] Uhlenbruck/*Borries/Hirte* § 140 Rn. 30.

Für die **Aufhebung** eines Rechts tritt gemäß §§ 875 bis 877 BGB die einseitige Erklärung des Berechtigten, dass er sein Recht aufgebe, an die Stelle der Einigung. Diese Erklärung, die auch in der Form der Zustimmung abgegeben werden kann, ist mit der Abgabe gegenüber dem Begünstigten oder dem Grundbuchamt wirksam (§ 875 Abs. 1 Satz 2 BGB), aber noch nicht ausnahmslos bindend (→ Rn. 46). 42

Für die Begründung, Änderung oder Aufhebung eintragungsbedürftiger (→ Rn. 27) Rechte an **Schiffen** oder **Luftfahrzeugen** gelten die in Rn. 41 und 42 dargelegten Regeln sinngemäß. Insbesondere ist zur Übertragung der Schiffshypothek und des Registerpfandrechts an Luftfahrzeugen nach § 51 SchiffsRG bzw. § 51 LuftfRG die Übertragung der Forderung in der Form der Einigung und Eintragung erforderlich; Entsprechendes gilt nach § 55 SchiffsRG und § 55 LuftfRG für die Auswechselung der gesicherten Forderung. Die Übertragung kann mit Eingang des Eintragungsantrags iSv § 140 Abs. 2 vorgenommen sein (→ Rn. 38 ff.). 43

b) Bindung des Schuldners. Da sachenrechtliche Willenserklärungen regelmäßig zunächst einseitig frei widerruflich sind, erlangt der Anfechtungsgegner eine materiell-rechtlich geschützte Position nicht, ehe die Willenserklärung des Schuldners für ihn bindend geworden ist. Dies setzt zunächst die – erstmalige – Eintragung des betroffenen (Buch-)Rechts im Grundbuch voraus.[173] Die zusätzlichen Voraussetzungen unterscheiden sich je nach dem Inhalt der Erklärung. 44

Für die **Begründung** oder **Änderung** eines Rechts sieht § 873 Abs. 2 BGB alternativ vier verschiedene Möglichkeiten vor, die Bindung zu begründen, von denen die Abgabe der Erklärungen vor dem Grundbuchamt durch § 57 Abs. 6 BeurkG praktisch bedeutungslos geworden ist. Im Wesentlichen ist der Berechtigte – im vorliegenden Zusammenhang: der spätere Schuldner – gebunden, wenn entweder die beiderseitigen Erklärungen notariell beurkundet sind (§§ 127a, 128 BGB; §§ 8 ff. BeurkG) oder wenn die beiderseitigen Erklärungen bei dem Grundbuchamt eingereicht sind oder wenn der Berechtigte (Schuldner) **dem anderen Teil** (→ Rn. 50 bis 52) eine den §§ 28, 29 GBO entsprechende Eintragungsbewilligung ausgehändigt hat; diese muss geeignet sein, die Eintragung auf der Grundlage des § 19 GBO herbeizuführen. 45

An die **Aufgabe** eines Rechts ist der Berechtigte – dh der Schuldner – nach § 875 BGB unter zwei alternativen Möglichkeiten gebunden: Entweder wenn er die Aufgabeerklärung gegenüber dem Grundbuchamt abgibt oder dem Begünstigten (→ Rn. 50) eine Löschungsbewilligung erteilt. Darüber hinaus soll entsprechend § 873 Abs. 2 BGB die Beurkundung in einem notariellen Vertrag genügen.[174] Reicht nach §§ 876, 877 BGB die formgerechte Zustimmung aus, so ist diese mit der Erklärung gegenüber dem Grundbuchamt unwiderruflich. 46

Für das Registerpfandrecht an **Luftfahrzeugen** (§ 5 Abs. 2 LuftfRG) sowie **Schiffen** (§§ 3 Abs. 2, 8, 9 SchiffsRG) und Schiffsbauwerken (§§ 77, 78 SchiffsRG) tritt, soweit die Rechte einzutragen sind (→ Rn. 37), die Bindung entsprechend den oben dargestellten Regeln ein (→ Rn. 45 f.). 47

c) Dingliche Berechtigung. Eine materiell-rechtliche Bindung tritt – vorbehaltlich der §§ 892, 893 BGB – allenfalls ein, wenn der Verfügende im Zeitpunkt des Eintragungsantrags entweder selbst dinglich berechtigt war oder mit Einwilligung des Berechtigten (§ 185 Abs. 1 BGB) handelte.[175] Wird eine noch nicht eingetragene Eigentümer-Buchgrundschuld abgetreten, kann eine Bindung nicht vor deren Eintragung eintreten.[176] Eine Hypothek wirkt im Hinblick auf § 1163 Abs. 1 BGB nicht vor der Valutierung der zu sichernden Forderung zugunsten eines Gläubigers;[177] das gilt auch für die Sicherungsgrundschuld im Hinblick auf die ihr entgegenstehende Einrede mangelnder Valutierung.[178] Wird ein Erwerb erst durch die Genehmigung des Berechtigten wirksam (§ 185 Abs. 2 Satz 1 Var. 1 BGB) und diese erst nach dem Eintragungsantrag erteilt, entscheidet der Zeitpunkt, zu dem die Genehmigung wirksam geworden ist (§ 130 Abs. 1 BGB).[179] Entsprechendes gilt für privatrechtlich etwa erforderliche Zustimmungen Dritter, insbesondere nach §§ 876, 880 Abs. 2 und 3, 1071, 1178 Abs. 2 und 1183 BGB.[180] Sind zur materiell-rechtlichen Wirksamkeit der 48

[173] OLG Brandenburg ZInsO 2002, 929, 931.

[174] KG KGJ 49 (1917) 149, 154 f. (Abteilung A: FGG); MüKoBGB/*Kohler* § 875 Rn. 17; Palandt/*Herrler* § 875 Rn. 8.

[175] KG DNotZ 1934, 284 f.; Staudinger/*Gursky* § 878 Rn. 55; Erman/*Lorenz* § 878 Rn. 15; Palandt/*Herrler* § 878 Rn. 6. Eine Einwilligung lassen nicht ausreichen BGHZ 49, 197, 208; RGZ 135, 378, 382.

[176] OLG Brandenburg ZInsO 2002, 929, 930 f.

[177] BGHZ 86, 340, 347 = NJW 1983, 1123, 1125; *Eckert* S. 98 f.; vgl. OLG Köln WM 1979, 1342, 1343.

[178] Jaeger/*Henckel* § 140 Rn. 25; *Eckardt,* Grundpfandrechte Rn. 105; *Berger* NZI 2007, 566, 569 ff.; vgl. zur KO BGHZ 59, 230 f. = NJW 1972, 2084 f.

[179] Vgl. K. Schmidt/*Büteröwe* § 140 Rn. 27; Staudinger/*Gursky* § 878 Rn. 58 f.; MüKoBGB/*Kohler* § 878 Rn. 14; RGRK/*Augustin* § 878 Rn. 2; Soergel/*Stürner* § 878 Rn. 7a; Palandt/*Herrler* § 878 Rn. 7 f.; ferner RGZ 134, 283, 286.

[180] HambKommInsO/*Rogge* § 140 Rn. 25; vgl. MüKoBGB/*Kohler* § 878 Rn. 21; Palandt/*Herrler* § 878 Rn. 15.

beantragten Verfügung behördliche oder gerichtliche Genehmigungen nötig, müssen auch diese vor Eintritt der Verfügungsbeschränkung erteilt sein.[181]

49 **3. Eintragungsantrag des anderen Teils.** Eine gefestigte, anwartschaftsähnliche Rechtsposition iSv Abs. 2 kann der Erwerber nur haben, sobald auch er – nicht nur der Schuldner – den Eintragungsantrag gestellt hat.[182] Bei einseitigen Rechtsgeschäften, zB Aufgabeerklärungen (→ Rn. 46), ist der „andere Teil" derjenige, der unmittelbar einen rechtlichen Vorteil erlangt. Beantragt stattdessen allein der Verfügende (hier: Schuldner) die Eintragung, kann er sie bis zu deren Vollendung noch einseitig zurücknehmen,[183] so dass es beim allgemeinen Vornahmezeitpunkt nach § 140 Abs. 1 verbleibt.[184] Bei einer Gesamtgrundschuld ist der Antrag auf Eintragung hinsichtlich des letzten Grundstücks maßgebend.[185]

50 **a) Antragsteller.** Der Antrag kann für den anderen Teil durch einen Stellvertreter wirksam gestellt werden, zB durch den beurkundenden Notar, der hierbei zugleich für beide Teile handeln darf.[186] Tritt er als Vertreter ohne Vertretungsmacht für den anderen Teil auf, ist erst der Zeitpunkt der Genehmigung maßgeblich (→ Rn. 8, 48).

51 Nach herrschender Auffassung genügt es nicht, wenn der **Notar** den Antrag auf der Grundlage von § 15 Abs. 2 GBO im eigenen Namen stellt.[187] Diese Vorschrift begründet eine gesetzliche Vermutung, die den Nachweis einer Bevollmächtigung des Notars erübrigen soll.[188] Sie gilt nur für das Grundbuchverfahren, das erleichtert werden soll, und ist streng zu trennen von einem zwischen dem Notar und den Beteiligten möglicherweise bestehenden Auftragsverhältnis.[189] § 15 Abs. 2 GBO zieht Folgerungen aus einem bloß mutmaßlichen Willen aller Beteiligten, ohne dass dieser tatsächlich vorliegen oder festgestellt werden muss.[190] Die Beteiligten können danach sogar gegen ihren Willen verfahrensmäßig verpflichtet werden, wenn sie ihn dem Grundbuchamt nicht rechtzeitig mitteilen.[191] Die Vermutung nach § 15 Abs. 2 GBO gilt auch für solche Antragsberech-

---

181 OLG Hamm JMBl NW 1951, 93, 94; OLG Rostock bei *Johlke* EWiR 1996, 839 f.; Staudinger/*Gursky* § 878 Rn. 39; Palandt/*Herrler* § 878 Rn. 15; vgl. OLG Hamm JMBl NW 1948, 242, 244; aA OLG Köln NJW 1955, 80 Nr. 35 (LS); *Knöchlein* DNotZ 1959, 3, 17; MüKoMüKoBGB/*Kohler* § 878 Rn. 20; Soergel/*Stürner* § 878 Rn. 5 aE.

182 BGH NJW 2001, 2477, 2479 zu § 10 Abs. 3 GesO; BGHZ 166, 125 Rn. 23 = NJW 2006, 1800; BGH MittBayNot 2009, 61 Rn. 2 mAnm *Kesseler*; HKInsO/*Thole* § 140 Rn. 9; *Hess* InsO § 140 Rn. 45; *Gerhardt,* FS Greiner (2005), 31, 39; *Raebel* ZInsO 2002, 954 f.; aA *Eckardt,* Grundpfandrechte Rn. 101; *Kesseler* ZfIR 2006, 117 ff.; *Scherer* ZIP 2002, 341, 346.

183 OLG Düsseldorf NJW 1956, 876, 877; *Meikel/Böttcher,* GBO 11. Aufl. (2015) § 13 Rn. 90 f.; *Demharter,* GBO 31. Aufl. (2018), § 13 Rn. 36, 38; Bauer/Schaub/*Bauer,* GBO 4. Aufl. (2018), § 13 Rn. 106; *Schöner/Stöber,* Grundbuchrecht 15. Aufl. (2012), Rn. 93; vgl. BayObLGZ 1954, 141, 146; BayObLG Rpfleger 1973, 97, 98; KG Rpfleger 1972, 174; OLG Celle Rpfleger 1989, 499. Zur Form der Rücknahme vgl. § 31 GBO.

184 FKInsO/*Dauernheim* § 140 Rn. 14; Nerlich/Römermann/*Nerlich* § 140 Rn. 16; RSZ/*Zeuner* § 140 Rn. 4; HKInsO/*Thole* § 140 Rn. 9; HambKommInsO/*Rogge/Leptien* § 140 Rn. 30; *Raebel* ZInsO 2002, 954 f.; *Christiansen* KTS 2003, 353, 359; *Hallermann,* Die Risiken einer Insolvenzanfechtung für den Käufer eines Unternehmens (2007), S. 92 f.; im Ergebnis auch Jaeger/*Henckel* § 140 Rn. 45, der einen Eintragungsantrag des Schuldners für anfechtbar hält; zu § 10 Abs. 3 GesO BGH ZIP 1997, 423, 424 f. mit zust. Anm. v. *Eckardt* EWiR 1997, 1133, 1134; WM 2001, 1078, 1080 f.; aA *Bork,* Insolvenzrecht Rn. 211; *Foerste,* Insolvenzrecht Rn. 293; *Eckert* S. 120 f.; *Kesseler* RNotZ 2004, 176, 191 Fn. 110; *Scherer* ZIP 2002, 346; vgl. auch *Jauernig/Berger* § 51 Rn. 33.

185 FKInsO/*Dauernheim* § 140 Rn. 13; HambKommInsO/*Rogge/Leptien* § 140 Rn. 32; vgl. OLG München DNotZ 1966, 371, 372; OLG Düsseldorf DNotZ 1973, 613 f.; Palandt/*Herrler* § 1132 Rn. 5; *Obermüller,* Insolvenzrecht Rn. 6.329 f. Für eine einschränkende Auslegung des Gläubigerwillens jedoch Staudinger/*Wolfsteiner* § 1132 Rn. 8 im Anschluss an BGH WM 1974, 972, 973.

186 Vgl. BGHZ 166, 125 Rn. 23 = NJW 2006, 1800; Uhlenbruck/*Borries/Hirte* § 140 Rn. 32; K. Schmidt/*Büteröwe* § 140 Rn. 30; BeckOK InsO/*Schoon*[12] § 140 Rn. 20; *Gerhardt,* FS Ulrich Huber (2006), S. 1231, 1241.

187 BGH NJW 2001, 2477, 2479; MittBayNot 2009, 61 Rn. 2 mAnm *Kesseler*; HKInsO/*Thole* § 140 Rn. 10; HambKommInsO/*Rogge/Leptien* § 140 Rn. 30; K. Schmidt/*Büteröwe* § 140 Rn. 30; AGR/*Gehrlein* § 140 Rn. 18; *Gerhardt,* FS Ulrich Huber (2006), S. 1231, 1241; *Gehrlein* WM 2009 Sonderbeilage 1, S. 60; krit. KPB/*Ehricke* § 140 Rn. 14; *Holzer* WiB 1997, 729, 733.

188 Vgl. BGHZ 29, 366, 372 = NJW 1959, 883, 884; KG KGJ 22 (1901), 294, 295 f. (Abteilung A: FGG); BayObLGZ 1955, 155, 160.

189 Vgl. hierzu *Luther* DNotZ 1952, 87 f. im Anschluss an OLG Hamm DNotZ 1952, 86 f.

190 BayObLGZ 1985, 153, 157; *Schöner/Stöber,* Grundbuchrecht 15. Aufl. (2012), Rn. 174; *Meikel/Böttcher,* GBO 11. Aufl. (2015) § 15 Rn. 13; *Demharter,* GBO 31. Aufl. (2018), § 15 Rn. 3.

191 Vgl. BayObLG DNotZ 1984, 643, 644 f.; OLG Düsseldorf JBüro 1979, 884; OLG Zweibrücken Rpfleger 1984, 265 (LS); LG Landau Rpfleger 1982, 338.

tigten, deren Erklärungen gar nicht vom Notar selbst beurkundet oder beglaubigt worden sind.[192] Sie ist im Einzelfall widerlegbar.[193] Der erkennbar erklärte tatsächliche Wille jedes Antragstellers geht vor: Dieser kann die vermutete Vollmacht widerrufen (§ 31 GBO) oder den Antrag – bis zur Eintragung – zurücknehmen.[194] Eine vergleichbare Sicherheit wie der von einem Beteiligten persönlich oder mit seiner ausdrücklichen Vollmacht gestellte Antrag bietet der vom Notar nur auf der Grundlage von § 15 Abs. 2 GBO gestellte Antrag nicht. Denn der Notar kann ihn aufgrund des § 24 Abs. 3 BNotO mit Außenwirkung auch ohne Zustimmung des Antragsberechtigten rechtswirksam zurücknehmen.[195] Zwar darf weder der Schuldner noch sein Insolvenzverwalter den vom Notar zugleich für den anderen Beteiligten gestellten Antrag einseitig zurücknehmen. Dennoch kann der „andere Teil" seine Rechtsstellung auch ohne eigenes Zutun wieder verlieren, nämlich durch ein Handeln des Notars. Eine von § 140 Abs. 2 InsO geschützte Rechtsposition wird aber erst erlangt, wenn die Fortsetzung des Eintragungsverfahrens **allein** noch vom eigenen Verhalten des Begünstigten abhängt. Soweit die amtliche Begründung als Eintragungsantrag des anderen Teils auch den Antrag ausreichen lassen will, „den der Notar im Namen des anderen Teils – oder im Namen beider Beteiligten – stellt",[196] behandelt sie nicht den Unterschied zwischen dem Vertreterhandeln eines Notars gemäß allgemeinen Regeln (→ Rn. 50) und seinem Eintragungsantrag kraft eigenen Rechts, also die Möglichkeit eines Rechtsverlusts durch selbständiges Handeln eines Dritten. Solange diese Möglichkeit besteht, ist der Erwerbsinteressent nicht in dem für § 140 Abs. 2 nötigen Maße sichergestellt. Insolvenzrechtliche Grundsätze verbieten es, eine anfechtungsbeständige Rechtsposition für jemanden zu schaffen, der von sich aus nicht alles Erforderliche veranlasst hat, um ein unentziehbares Recht zu erlangen. Darüber hinaus entspricht ein nur als wahrscheinlich unterstellter Wille des Antragsberechtigten nicht dem Zweck von § 140 Abs. 2 InsO; hiernach hat der (spätere) Anfechtungsgegner selbst die Entscheidung über den – möglicherweise riskanten – Erwerbsvorgang zu übernehmen.

Der Inhalt des – beim zuständigen Grundbuchamt gestellten – Eintragungsantrags muss dem 52 dinglichen Geschäft entsprechen.[197] Wird dagegen zB bei einem umfassenden Rechtsgeschäft die Eintragung nur für einen Dritten beantragt, oder beschränkt sie sich auf andere Erwerbsvorgänge als den konkret angefochtenen, richtet sich der Vornahmezeitpunkt allein nach § 140 Abs. 1. Der gestellte Antrag muss geeignet gewesen sein, im weiteren Verlauf zur Eintragung zu führen; ist die Eintragung dagegen erst aufgrund einer Änderung des Antrags erfolgt, ist für § 140 Abs. 2 kein Raum.

b) Inhaltliche Voraussetzungen. Die Rücknahme oder endgültige Zurückweisung des 53 Antrags lassen die Bindung und damit die Wirkung des Abs. 2 Satz 1 entfallen. Eine Zurückweisung ist noch nicht endgültig, solange sie auf ein Rechtsmittel hin abgeändert werden kann; wird sie auf Beschwerde (§ 71 GBO) aufgehoben, lebt grundsätzlich die Antragswirkung wieder auf.[198] Beruht die Aufhebung allerdings auf neuem tatsächlichen Vorbringen, ist der darauf gestützte Rechtsbehelf wie ein neuer Antrag zu behandeln;[199] erst seine Einreichung kann den nach § 140 Abs. 2 maßgeblichen Zeitpunkt bestimmen.[200]

---

192 KG KGJ 21 (1901), 93, 95 f. (Abteilung A: FGG); *Schöner/Stöber,* Grundbuchrecht 15. Aufl. (2012), Rn. 182; *Bengel/Simmerding,* Grundbuch Grundstück Grenze, 5. Aufl. (2000), § 15 GBO Rn. 1, 2. Abs.; vgl. BGH NJW 2001, 2477, 2479.

193 BGHZ 29, 366, 372 = NJW 1959, 883, 884; KG KGJ 44 (1913), 170, 172 (Abteilung A: FGG); BayObLG DNotZ 1984, 643, 644; OLG Köln Rpfleger 1992, 98; *Meikel/Böttcher,* GBO 11. Aufl. (2015) § 15 Rn. 14 f.; Bauer/Schaub/*Wilke,* GBO 4. Aufl. (2018), § 15 GBO Rn. 14 ff.; *Demharter,* GBO 31. Aufl. (2018), § 15 Rn. 3.

194 BayObLG DNotZ 1984, 643, 644; BayObLGZ 1985, 153, 156; *Meikel/Böttcher,* GBO 11. Aufl. (2015) § 15 Rn. 15 f.; *Schöner/Stöber,* Grundbuchrecht 15. Aufl. (2012), Rn. 174; Bauer/Schaub/*Wilke,* GBO 4. Aufl. (2018), § 15 GBO Rn. 17.

195 K. Schmidt/*Büteröwe* § 140 Rn. 30; *Meikel/Böttcher,* GBO 11. Aufl. (2015) § 15 Rn. 39; *Schöner/Stöber,* Grundbuchrecht 15. Aufl. (2012), Rn. 174, 190; *Demharter,* GBO 31. Aufl. (2018), § 15 Rn. 17; *Bengel/Simmerding,* Grundbuch Grundstück Grenze, 5. Aufl. (2000), § 15 GBO Rn. 3; vgl. LG Oldenburg Rpfleger 1982, 172, 173.

196 BT-Drs. 12/2443, S. 166 zu § 159 RegE.

197 HambKommInsO/*Rogge/Leptien* § 140 Rn. 31; K. Schmidt/*Büteröwe* § 140 Rn. 31; Palandt/*Herrler* § 878 Rn. 14; vgl. OLG Köln KTS 1968, 245, 248 f.

198 Staudinger/*Gursky* § 878 Rn. 44; vgl. KG DNotZ 1934, 284, 285; Lambert-Lang/Tropf/Frenz/*Raebel,* Handbuch der Grundstückspraxis, 2. Aufl. (2005), Teil 5 Rn. 276.

199 HambKommInsO/*Rogge* § 140 Rn. 27; vgl. BGHZ 136, 87, 91 f. = NJW 1997, 2751 f.; KG KGJ 52 (1921), 120, 122 ff. (Abteilung A: FGG); *Stürner/Bormann* EWiR 1997, 887, 888; Staudinger/*Gursky* § 878 Rn. 45; Erman/*Lorenz* § 878 Rn. 13.

200 Lambert-Lang/Tropf/Frenz/*Raebel,* Handbuch der Grundstückspraxis, 2. Aufl. (2005), Teil 5 Rn. 275.

54 Eine Zwischenverfügung iSv § 18 GBO stellt noch keine Zurückweisung dar.[201] Dementsprechend bleibt gemäß § 140 Abs. 2 Satz 1 der Zeitpunkt der Antragstellung maßgeblich, wenn gegen den Antrag lediglich **formell-rechtliche** Bedenken – zB gemäß § 41 Abs. 1 Satz 1 GBO oder hinsichtlich eines erforderlichen Kostenvorschusses – bestehen und diese letztlich ausgeräumt werden; nur wenn aus solchen Gründen der Antrag zurückgewiesen wird, bleibt er wirkungslos. Fehlt dagegen bei Einreichung des Antrags eine **materielle** Voraussetzung für die Vorwirkung nach § 878 BGB, kann die Bindungswirkung sogar dann nicht auf die Antragstellung zurückbezogen werden, wenn der Antrag letztlich – mit Verzögerung – Erfolg hat, weil die zunächst fehlende Voraussetzung später eintritt.[202] Vielmehr ist dann auf ein noch ausstehendes Wirksamwerden der Willenserklärungen (→ Rn. 41, 48) abzustellen. Anderenfalls würden Antragsteller begünstigt, die möglichst frühzeitig bewusst unvollständige Eintragungsanträge einreichen, um folgenlos Zeit zum „Nachbessern" zu gewinnen.

55 Eine vollzogene Eintragung heilt Mängel des Antrags. Hat der Schuldner nachträglich abweichend verfügt und trägt das Grundbuchamt den zweiten Erwerber – sei es auch unter Verstoß gegen § 17 GBO – zuerst ein, so wird er Berechtigter. Der Antrag des Ersterwerbers muss zurückgewiesen werden und bleibt für § 140 Abs. 2 wirkungslos.

VI. Vormerkungen (Abs. 2 Satz 2)

56 Die Insolvenzbeständigkeit der Vormerkung wird durch § 106 angeordnet. § 140 Abs. 2 Satz 2 verlegt den anfechtungsrechtlich maßgeblichen Zeitpunkt (→ Rn. 3, 4) für den Erwerb einer Sache oder eines Rechts, zu dessen Sicherung eine wirksame Vormerkung bestellt wurde, unter bestimmten Voraussetzungen schon auf den Zeitpunkt vor, in dem deren Eintragung beantragt wird. Das entspricht der analogen Anwendbarkeit des § 878 BGB auf § 883 BGB.[203] Eine Auflassungsvormerkung erfasst auch die Rechtsfolge des Eintritts in ein Mietverhältnis, die § 566 BGB an den Eigentumswechsel knüpft.[204] Bereits die Möglichkeit der Annahme eines entsprechenden Vertragsangebots kann durch eine Auflassungsvormerkung zugunsten des Erwerbsinteressenten gesichert werden.[205] Vormerkungen können ferner Ansprüche im Zusammenhang mit eingetragenen Schiffen (§§ 10 ff. SchiffsRG) oder Schiffsbauwerken (§ 77 Satz 2 SchiffsRG) sowie mit Luftfahrzeugen (§§ 10 ff. LuftfRG) sichern. Zweck, Anwendungsbereich und Voraussetzungen des § 140 Abs. 2 Satz 2 entsprechen sinngemäß denen des ersten Satzes (→ Rn. 33 ff.). Insbesondere wird eine sicherungsfähige Forderung vorausgesetzt, dh ein bestehender, selbst insolvenzfester schuldrechtlicher Anspruch auf eine eintragungsfähige dingliche Rechtsänderung; dieser Anspruch kann bedingt oder befristet sein (§ 883 Abs. 1 Satz 2 BGB, § 10 Abs. 1 Satz 2 SchiffsRG, § 10 Abs. 1 Satz 2 LuftfRG). Über dessen insolvenzrechtliche Wirkungen hinaus kann auch die Vormerkung diesen Anspruch nicht verstärken (→ § 106 Rn. 19, 23); insbesondere bleibt ein vorgemerkter Anspruch auf ein Schenkungsversprechen in der Insolvenz gemäß § 39 Abs. 1 Nr. 4 nachrangig (→ § 129 Rn. 61; § 144 Rn. 14).

57 **1. Bewilligung der Vormerkung.** § 140 Abs. 2 Satz 2 ist grundsätzlich nur auf eine vom Schuldner (freiwillig) **bewilligte** Vormerkung anwendbar (§ 885 Abs. 1 Satz 1 Alt. 2 BGB); eine gemäß § 894 Abs. 1 ZPO fingierte Bewilligung gilt als freiwillig abgegeben (→ Rn. 34). Eine durch einstweilige Verfügung erzwungene Vormerkung (§ 885 Abs. 1 Satz 1 BGB) fällt dagegen unter § 140 Abs. 1; sie ist erst mit der Eintragung im Grundbuch vorgenommen.[206] Auch die auf § 895 ZPO beruhende Eintragung einer Vormerkung wird insolvenzrechtlich wie eine erzwungene behan-

---

[201] K. Schmidt/*Büteröwe* § 140 Rn. 31; Staudinger/*Gursky* § 878 Rn. 44; RGRK/*Augustin* § 878 Rn. 38; Soergel/*Stürner* § 878 Rn. 5; Palandt/*Herrler* § 878 Rn. 14; vgl. OLG Celle OLGRspr. 17 (1908), 352, 353; KG DNotZ 1930, 630, 632; LG Nürnberg-Fürth MittBayNot 1978, 216, 217.

[202] HambKommInsO/*Rogge* § 140 Rn. 27.

[203] Vgl. hierzu BGHZ 28, 182, 185 f. = NJW 1958, 2013, 2014; BGHZ 131, 189, 197 f. = NJW 1996, 461, 463; BGHZ 138, 179, 186 = NJW 1998, 2134, 2136; BayObLGZ 1954, 97, 100; Staudinger/*Gursky* § 878 Rn. 9, § 885 Rn. 17; MüKoBGB/*Kohler* § 878 Rn. 17; Soergel/*Stürner* § 885 Rn. 6; Palandt/*Herrler* § 885 Rn. 11.

[204] BGHZ 166, 125 Rn. 23 = NJW 2006, 1800.

[205] *Berger*, FS Kollhosser (2004) Bd. 2, S. 35, 45 f.; *Fritsche* DZWiR 2002, 92, 95 f. im Anschluss an BGHZ 149, 1, 7 ff. = NJW 2002, 213, 214 f.

[206] RGZ 68, 150, 153 f.; KG HRR 1934 Nr. 167; HambKommInsO/*Rogge*/*Leptien* § 140 Rn. 35; Soergel/*Stürner* § 878 Rn. 2; RGRK/*Augustin* § 878 Rn. 6; Jaeger/*Henckel* § 140 Rn. 47; KKInsO/*Mohr* § 140 Rn. 101; Staudinger/*Gursky* § 878 Rn. 14; Erman/*Lorenz* § 878 Rn. 9; Palandt/*Herrler* § 878 Rn. 4, § 885 Rn. 7; *Schöner/Stöber*, Grundbuchrecht 15. Aufl. (2012), Rn. 113; zu § 88 auch LG Berlin ZInsO 2001, 1066; aA MüKoBGB/*Kohler* § 878 Rn. 18; zu § 88 auch KPB/*Lüke* § 88 Rn. 17; *Grothe* KTS 2001, 205, 227.

delt.[207] Da die vormerkungsgleiche Sicherung nach § 1179a Abs. 1 Satz 3 BGB nicht ins Grundbuch eingetragen werden kann, passt § 140 Abs. 2 Satz 2 von vornherein nicht.[208]

Die (materiell-rechtliche) Bewilligung muss vom **Betroffenen,** also regelmäßig von dem **Inhaber** des dinglichen Rechts stammen, das durch die Eintragung der Vormerkung unmittelbar berührt wird.[209] Nur wenn die Bewilligung dem anderen Teil ausgehändigt oder bei dem Grundbuchamt eingereicht worden ist, ist die nach §§ 878, 873 Abs. 2 BGB ebenfalls nötige Bindungswirkung eingetreten (→ Rn. 45). 58

2. Eintragungsantrag. Die Wirkung von § 140 Abs. 2 Satz 2 tritt nur ein, wenn der **Gläubiger** den Eintragungsantrag gestellt hat.[210] Das eigenständige Ersuchen des Prozessgerichts gemäß § 941 ZPO, § 38 GBO um Eintragung genügt nicht. Verfahrensrechtliche Mängel des Antrags können nach den oben (→ Rn. 54) dargelegten Grundsätzen geheilt werden. 59

VII. Bedingte oder befristete Rechtshandlungen (Abs. 3)

Abweichend von der Grundregel in § 140 Abs. 1 verlegt **Abs. 3** den anfechtungsrechtlich maßgeblichen Zeitpunkt für den Fall bedingter oder befristeter Rechtshandlungen auf den Abschluss der rechtsbegründenden Tatumstände vor; auf den Eintritt der Bedingung oder des Termins kommt es nicht an. Das entspricht einerseits §§ 41, 42, 191, denen zufolge bedingte und befristete Forderungen im Insolvenzverfahren grundsätzlich schon vor Eintritt der Bedingung oder des Termins geltend gemacht werden können. Andererseits verstärkt die Norm den Schutz bedingter Rechtspositionen (vgl. §§ 161 Abs. 2 Satz 2, 163 BGB), insbesondere von Anwartschaften (vgl. § 107), in der Insolvenz. Für alle diese Rechtshandlungen ist der anfechtungsrechtlich maßgebliche Zeitpunkt aufgrund der allgemeinen Regeln insbesondere in § 140 Abs. 1 zu bestimmen, wobei nur der Eintritt der Bedingung oder des Termins außer Betracht bleibt. Vorausgesetzt wird, dass der Erwerber schon durch die Verwirklichung der rechtsbegründenden Tatumstände eine gesicherte **Rechtsposition** und nicht nur eine tatsächliche **Erwerbsaussicht** erlangt hat.[211] 60

Während nach § 161 BGB nur **Verfügungen** – im Gegensatz zu Verpflichtungsgeschäften (vgl. § 160 BGB) – rechtlich geschützt werden,[212] erwähnt die Amtliche Begründung zu § 140 Abs. 3 auch, „daß bedingte und befristete **Forderungen** im Insolvenzverfahren schon vor Eintritt der Bedingung oder des Termins geltend gemacht werden können."[213] Forderungen können aber nur insoweit „bedingt" sein, als sie selbst wieder durch bedingte Rechtsgeschäfte iSv § 158 BGB begründet werden;[214] iÜ können sie lediglich „befristet" sein (→ Rn. 53). Jedenfalls gilt Abs. 3 nicht für den Abschluss eines Vertrages selbst, weil ein Vertragsangebot nicht ein bedingtes Rechtsgeschäft und dessen Annahme keine Bedingung im Rechtssinne ist;[215] maßgeblich ist insoweit erst der Zeitpunkt des Vertragsschlusses durch Annahme des Angebots.[216] Ferner muss der Bestand des fraglichen Rechts selbst von dem bestimmten Ereignis abhängen; dagegen ist die Erfüllung eines vertraglichen Anspruchs – etwa die Erbringung von Werkleistungen – keine Bedingung iSv § 140 Abs. 3.[217] 61

1. Anwendungsbereich. § 140 Abs. 3 betrifft nur **Rechtsgeschäfte,** weil andere Rechtshandlungen nicht bedingt oder befristet sein können.[218] Insbesondere fallen Zwangsvollstreckungen und reine Unterlassungen nicht darunter, sondern unter § 140 Abs. 1 (→ Rn. 27, 29). Das Ausbleiben 62

---

207 Ebenso KKInsO/*Mohr* § 140 Rn. 101.

208 Zur Insolvenzfestigkeit des vormerkungsgleich gesicherten zukünftigen Löschungsanspruchs vgl. iÜ BGHZ 193, 144 Rn. 12 ff. = NJW 2012, 2274 gegen BGHZ 166, 319 Rn. 14 ff. = NJW 2006, 2408.

209 Vgl. KG DR 1940, 796; BayObLG DNotZ 1956, 206, 208; MüKoBGB/*Kohler* § 885 Rn. 18; Palandt/*Herrler* § 885 Rn. 10; zu § 8 AnfG BGH NZI 2010, 190 Rn. 9.

210 BGHZ 166, 125 Rn. 23 = NJW 2006, 1800.

211 BGHZ 156, 350, 357 = NJW 2004, 214, 215; *Fischer* ZIP 2004, 1679 f.

212 MüKoBGB/*Westermann* § 161 Rn. 10; *von Olshausen* ZIP 2010, 2073, 2076.

213 BT-Drs. 12/2443, S. 167 zu § 159 Abs. 3 RegE (Hervorhebung hinzugefügt). Gemeint sind die damit §§ 41 und 42.

214 Vgl. Jaeger/*Windel* § 95 Rn. 13.

215 Insoweit unzutreffend OLG Rostock NZI 2006, 107.

216 Bei einer Sicherung durch Vormerkung ist die Vornahme nach Abs. 2 Satz 2 zu bestimmen: Vgl. BGHZ 149, 1, 9 = NJW 2002, 213, 215.

217 OLG München ZInsO 2009, 2151, 2152 f.

218 BGHZ 167, 11 Rn. 14 = NJW 2006, 1870; BGHZ 170, 196 Rn. 18 = NJW 2007, 1588; HKInsO/*Thole* § 140 Rn. 13; Uhlenbruck/*Borries/Hirte* § 140 Rn. 43; K. Schmidt/*Büteröwe* § 140 Rn. 35; KKInsO/*Mohr* § 140 Rn. 104; *M. Zeuner,* Anfechtung Rn. 40; Jaeger/*Henckel* § 140 Rn. 50, 55; BeckOK InsO/*Schoon*[12] § 140 Rn. 26; AGR/*Gehrlein* § 140 Rn. 20; *Eckert* S. 123; *von Olshausen* KTS 2009, 481, 499; *Gehrlein* WM 2009, Sonderbeilage 1 S. 61; vgl. *Christiansen* KTS 2003, 353, 368 ff.

der Hauptpfändung ist keine (auflösende) Bedingung iSv Abs. 1 für eine Vorpfändung (→ Rn. 28; § 131 Rn. 28). Auch auf die allgemeine rechtliche Voraussetzung, dass ein abgetretenes Recht überhaupt entsteht, ist § 140 Abs. 3 nicht anzuwenden.[219] Sonstige Umstände, die zB die Fälligkeit oder Durchsetzbarkeit einer Forderung herbeiführen,[220] fallen ebenso wenig unter § 140 Abs. 3 wie die (rückwirkende) Genehmigung eines Dritten (→ Rn. 8) oder Genehmigungen des Schuldners im Lastschriftverfahren (→ § 142 Rn. 28). Ferner sind reine Rechtsfolgen, die aufgrund tatsächlicher Veränderungen eintreten, keine Bedingungen iSv § 140 Abs. 3. Deshalb entsteht der schuldrechtliche Anspruch auf Rückgewähr einer nicht akzessorischen, treuhänderisch gestellten Sicherheit erst mit Wegfall des Sicherungszwecks, nicht schon aufschiebend bedingt mit Abschluss der Sicherungsvereinbarung;[221] dazu wäre eine auflösend bedingte Bestellung der Sicherheit nötig. Der BFH wendet § 140 Abs. 3 allerdings auch auf **gesetzliche „Bedingungen“** (→ Rn. 20) wie das Entstehen eines Vorsteuervergütungsanspruchs durch Erbringung einer Leistung an.[222] Darüber hinaus hat der BFH § 140 Abs. 3 auf die von 2008 bis 2017 auszuzahlenden Körperschaftssteuerguthaben angewendet, die einheitlich am 31. Dezember 2006 mit dem Übergang vom Anrechnungs- zum Halbeinkünfteverfahren entstanden sind (§ 37 Abs. 5 Satz 1 KStG).[223]

63 § 140 Abs. 3 kann eingreifen, soweit eine Aufrechnungslage iSv § 96 Abs. 1 Nr. 3 durch Rechtsgeschäft begründet wird.[224] ISv § 140 Abs. 3 bedingt oder befristet muss aber gerade diejenige Rechtshandlung sein, die im Einzelfall angefochten wird; auf sonstige Vorfragen erstreckt sich die Privilegierung nicht. Insbesondere bei **Abtretungen** besteht eine insolvenzrechtlich geschützte Anwartschaft nur, wenn der Abtretungsvertrag (§ 398 BGB) selbst unter einer Bedingung oder einem Termin steht.[225] Dagegen erfasst § 140 Abs. 3 nicht die abgetretene Forderung selbst. Ist zB die Abtretung selbst unbedingt und unbefristet, aber die abgetretene Forderung ihrerseits bedingt oder befristet, ist die Insolvenzbeständigkeit der Abtretungswirkung nach allgemeinen Regeln und damit idR nach § 140 Abs. 1 zu beurteilen.[226] Sind sowohl der Abtretungsvertrag als auch die Entstehung der abgetretenen Forderung bedingt oder befristet, kommt es auf die Entstehung der abgetretenen Forderung an, weil der Zessionar allein wegen einer bedingten Abtretung anfechtungsrechtlich nicht besser stehen kann als bei einer unbedingten. Dies bedeutet zB: Wird der **Abschluss** eines Miet- oder Dienstvertrages selbst oder eine dadurch begründete Aufrechnungslage (→ Rn. 61) angefochten, werden alle Mietraten oder Vergütungsansprüche als im Zeitpunkt des Vertragsschlusses enststanden behandelt (§ 140 Abs. 3). Wird dagegen die **Abtretung** von Miet- oder Vergütungsforderungen angefochten, ist das Entstehen der Einzelnen abgetretenen Raten maßgeblich (§ 140 Abs. 1) (→ Rn. 23);[227] § 110 InsO ist insoweit bedeutungslos, weil er nur allgemein das automatische Außer-Kraft-Treten von Vorausverfügungen, nicht aber deren Anfechtbarkeit regelt.[228] Ob die Abtretung selbst bedingt (befristet) oder unbedingt (unbefristet) ist, hat hierauf keinen Einfluss. Dasselbe gilt für die Verpfändung derartiger Ansprüche sowie für die Pfändung[229] und die Zugehörigkeit zum Haftungsverbund nach § 1123 BGB.[230] Darin liegt kein Widerspruch zu den Grundsätzen der Entstehung des Vermieterpfandrechts (→ Rn. 26),[231] weil dort das Pfandobjekt, die eingebrachte Sache des Mieters, schon vorhanden ist und nie die besicherte Forderung aufschiebend befristet. Wird die Forderung des Schuldners aus einem **Lebensversicherungsvertrag** gepfändet, ist schon der Zeitpunkt der Pfändung jedenfalls dann maßgeblich, wenn die Forderung einen Rückkaufswert hatte.[232]

---

219 Vgl. HKInsO/*Thole* § 140 Rn. 4, 13; FKInsO/*Dauernheim* § 140 Rn. 15 aE; Nerlich/Römermann/*Nerlich* § 140 Rn. 19 aE, 20; *Hess* InsO § 140 Rn. 57.

220 *Schäfer,* Insolvenzanfechtung Rn. 265; *Fischer* ZIP 2004, 1679, 1683 f.; KKInsO/*Mohr* § 140 Rn. 104.

221 *Eckert* S. 97; aA OLG Hamburg ZIP 1981, 1953, 1954 f.; HambKommInsO/*Rogge/Leptien* § 140 Rn. 37.

222 BFHE 232, 290 Rn. 28 ff. = NZI 2011, 378.

223 BFH, Beschl. v. 16.6.2015 – VII S 35/14 (PKH) Rn. 11 f.

224 BGHZ 159, 388, 395 = NJW 2004, 3118, 3120; BGH NZI 2005, 553 f.; KKInsO/*Mohr* § 140 Rn. 106.

225 Vgl. Jaeger/*Henckel* § 140 Nr. 53; KKInsO/*Mohr* § 140 Rn. 107 (unter irrtümlichem Verweis auf § 143 Abs. 3); *Baur/Stürner,* Insolvenzrecht Rn. 18.33 aE, 18.34 (Beispiel 3); *Mitlehner,* Mobiliarsicherheiten Rn. 506.

226 *Christiansen* KTS 2003, 353, 375 f.; *von Olshausen* KTS 2009, 481, 507; vgl. BGH NJW-RR 2009, 340, 341; OLG Hamm ZIP 2006, 433, 434; Uhlenbruck/*Borries/Hirte* § 140 Rn. 45. Dies berücksichtigt *Eckert* S. 95 f. nicht.

227 OLG Hamm ZInsO 2006, 776, 777; ZInsO 2008, 708, 709; *Christiansen* KTS 2003, 353, 375 f.; *Ehricke* ZInsO 2008, 1058, 1061 ff.

228 OLG Brandenburg ZInsO 2008, 211, 212; *Mitlehner* NZI 2008, 724, 725; *König,* FS Leipold (2009), S. 403, 406 ff., dort auch mit Nachweisen zum österreichischen Recht (→ Rn. 24 in Fn. 105); aA KG NZI 2008, 440 f.

229 BGHZ 182, 264 Rn. 14 = NJW 2010, 444.

230 BGHZ 182, 264 Rn. 17 f. = NJW 2010, 444 unter Aufgabe von BGH NZI 2007, 98 Rn. 9.

231 AA MüKoInsO/*Kirchhof* → 3. Aufl. § 140 Rn. 51a.

232 BGH NJW 2012, 1510 Rn. 36.

2. Bedingte Rechtshandlungen. Erfasst werden Handlungen, bei denen das Eintreten des künftigen Ereignisses, das ihre Rechtswirkung beeinflussen soll, nach Vorstellung der Beteiligten ungewiss ist.[233] In Betracht kommen grundsätzlich alle Bedingungen iSv § 158 BGB außer Potestativbedingungen, die allein auf den Willen des späteren Schuldners gestellt sind;[234] solche verschaffen dem Erwerber noch keine gesicherte Stellung gegenüber den anderen Insolvenzgläubigern. 64

Eine **aufschiebende** Bedingung ist insbesondere die Ausführung eines zuvor vom Handelsvertreter nach §§ 87, 87a Abs. 1 Satz 1 HGB vermittelten Geschäfts.[235] Der – auch erweiterte oder verlängerte – Eigentumsvorbehalt[236] verschafft ebenso eine gesicherte Anwartschaft wie die Unwiderruflichkeit eines Bezugsrechts iSv § 166 VVG[237] oder ein Optionsrecht.[238] Sieht ein Gesellschaftsvertrag vor, dass ein Gesellschafter im Insolvenzfall ausscheidet, jedoch verpflichtet ist, den verbleibenden Gesellschaftern auf deren Anforderung Personal und Gerät zu überlassen, ist das Ausscheiden zwar eine Bedingung iSv § 140 Abs. 3 im Hinblick auf die sich ergebenden Rechte der anderen Gesellschafter sowie auf die vertragsgemäß zu erstellende Auseinandersetzungsbilanz;[239] die Anforderung von Personal oder Gerät kann aber als eine selbständige Rechtshandlung anfechtbar sein, welche erst die Aufrechnungslage herstellt.[240] Bei einer Werklohnforderung ist die Herstellung des geschuldeten Werks keine Bedingung für den Bestand der Werklohnforderung, sondern eine selbständige Erfüllungshandlung iSv § 140 Abs. 1 (→ Rn. 7).[241] Dagegen soll der Anspruch auf ein (etwaiges) Guthaben aus einer Nebenkostenvorauszahlung schon mit Abschluss des Mietvertrages – nicht erst mit Beginn eines jeden Abrechnungszeitraums – entstehen;[242] hierbei wird nicht berücksichtigt, dass der Anspruch zusätzlich von der tatsächlichen Vorauszahlung durch den Mieter und diese auch von seiner Zahlungsfähigkeit abhängt. Die unter „Eingang vorbehalten" erteilte Gutschrift der Inkassobank beim Lastschrift- oder Scheckeinzugsverfahren stellt keinen bedingten Erwerb des Erlöses, sondern nur eine Kreditgewährung dar (→ Rn. 17). Das Entstehen einer gesetzlichen Herausgabepflicht, zB nach § 667 BGB, ist nicht iSv § 140 Abs. 3 bedingt.[243] 65

Für **auflösende** Bedingungen kann § 140 Abs. 3 bedeutsam werden, wenn davon ein Rechtserwerb oder der Fortbestand eines Vermögensrechts des Schuldners abhängt. Dann kann die Vorverlagerung des maßgeblichen Zeitpunkts bewirken, dass der Rechtsverlust des Schuldners bei Bedingungseintritt nicht mehr selbständig anfechtbar ist; eine Anfechtung kann sich dann allenfalls gegen die Vereinbarung der Bedingung selbst richten. Fällt hingegen umgekehrt dem Schuldner ein zunächst fremdes Recht infolge einer auflösenden Bedingung zu, kommt es nicht zu einer Gläubigerbenachteiligung iSv § 129 Abs. 1. Anfechtbar kann dann allenfalls ein Tun oder Unterlassen sein, das den Eintritt der auflösenden Bedingung zugunsten des Schuldners verhindert.[244] 66

Die Bedingung darf **nicht** der **Eintritt** des **Insolvenzfalles** selbst sein.[245] Der Regierungsentwurf[246] nennt als Beispiele für eine Anwendbarkeit des § 140 Abs. 3 nur sachgerechte Verknüpfungen der Abtretung mit andersartigen Umständen. Dagegen würde die Anerkennung des Insolvenzfalles als Bedingung im Sinne des § 140 Abs. 3 die gezielte Vermeidung jeder Anfechtbarkeit ermöglichen: Wenn der – spätere – Schuldner und sein Vertragspartner wenig mehr als zehn Jahre vor der späteren 67

---

233 KG MDR 1998, 459; MüKoBGB/*Westermann* § 158 Rn. 8; Palandt/*Ellenberger* Einf. vor §§ 158 ff. Rn. 1; *Christiansen* KTS 2003, 353, 373 f.; KKInsO/*Mohr* § 140 Rn. 109.

234 *Christiansen* KTS 2003, 353, 363 ff.; vgl. *Berger,* FS Kollhosser (2004) Bd. 2, S. 35, 41 f.; *Spliedt* ZIP 2005, 1260, 1267; KKInsO/*Mohr* § 140 Rn. 109; BeckOK InsO/*Schoon*[12] § 140 Rn. 27.

235 BGHZ 159, 388, 394 f. = NJW 2004, 3118, 3120; *Fischer* ZIP 2004, 1679, 1683.

236 Vgl. Jaeger/*Henckel* § 140 Rn. 50; K. Schmidt/*Büteröwe* § 140 Rn. 36; KKInsO/*Mohr* § 140 Rn. 112; *Baur/Stürner,* Insolvenzrecht Rn. 18.34 (Beispiel 2), 18.35 (Fn. 102); *Christiansen* KTS 2003, 353, 363 ff.

237 *Müller-Feldhammer* NZI 2001, 343, 349; K. Schmidt/*Büteröwe* § 140 Rn. 36; KKInsO/*Mohr* § 140 Rn. 116.

238 OLG Frankfurt ZInsO 2014, 1911.

239 Vgl. BGH NZI 2000, 308, 309; BGHZ 160, 1, 3 = NZI 2004, 583, 584.

240 Vgl. BGHZ 145, 245, 254 f. = NJW 2001, 367, 369; OLG Frankfurt ZInsO 2006, 105, 106 f.

241 OLG München NZI 2009, 773, 774 f.

242 BGH NZI 2005, 164, 165; NZI 2007, 164 f.; dagegen mit Recht *von Olshausen* KTS 2009, 481, 496 ff.; *Schäfer,* Insolvenzanfechtung Rn. 176; vgl. *Gehrlein* WM 2009, Sonderbeilage 1 S. 61.

243 BGH NJW 2007, 2640 Rn. 14; KKInsO/*Mohr* § 140 Rn. 120.

244 Vgl. *Christiansen* KTS 2003, 353, 379 f.; KKInsO/*Mohr* § 140 Rn. 110.

245 BAGE 117, 1 Rn. 36 = NZI 2007, 58; OLG Frankfurt ZInsO 2006, 105, 107; *Huhn/Bayer* ZIP 2003, 1965, 1967 ff.; vgl. OLG Koblenz ZInsO 2003, 951; HKInsO/*Thole* § 140 Rn. 14; Gottwald/*Huber,* InsO-HdB § 46 Rn. 22; *Obermüller,* FS U. Bosch (2006), S. 157, 171 f.; FKInsO/*Dauernheim* § 140 Rn. 15; Jaeger/*Henckel* § 140 Rn. 51; K. Schmidt/*Büteröwe* § 140 Rn. 37; AGR/*Gehrlein* § 140 Rn. 23; KKInsO/*Mohr* § 140 Rn. 111; *Uhlenbruck* AP § 30 KO Nr. 4; *Thomas* ZInsO 2007, 77, 79; aA *Höfer/Kemper* DB 1979, 2371, 2374; wohl auch HambKommInsO/*Rogge/Leptien* § 140 Rn. 38; *von Wilmowsky* ZIP 2007, 553, 562 Fn. 31 mit Bezug auf insolvenzbedingte Lösungsklauseln (→ § 129 Rn. 130 f.).

246 BT-Drs. 12/2443, S. 167 zu § 159 RegE.

Insolvenz die Rechtsübertragung unter dieser Bedingung vereinbaren, würde sie keinen der beiden Beteiligten vor der Insolvenz belasten oder berechtigen, sondern ausschließlich die künftigen Insolvenzgläubiger. Eine solche Umgehung des Gleichbehandlungsprinzips in der Insolvenz soll § 140 Abs. 3 nicht verwirklichen. Wer dies anders beurteilt, stärkt nur die Argumente für eine Nichtigkeit solcher Rechtshandlungen (→ Vor §§ 129–147 Rn. 46, 49, 77).

68 **3. Befristete Rechtshandlungen.** § 140 Abs. 3 erfasst Zeitbestimmungen iSv § 163 BGB, also Termine, bei denen das Eintreten des künftigen Ereignisses, das die Rechtswirkung der Handlung beeinflussen soll, nach Vorstellung der Beteiligten gewiss und allenfalls dessen Zeitpunkt ungewiss ist.[247] Als anfechtbare befristete Rechtshandlung nennt die Gesetzesbegründung die Kündigung zu einem künftigen Zeitpunkt;[248] sie ist mit Zugang der Kündigungserklärung vorgenommen, weil auch diese noch als „befristete Rechtshandlung“ iSv § 140 Abs. 3 verstanden werden kann.[249] Beim Kontokorrent ist die periodische Saldierung befristet (→ Rn. 19). Eine Befristung ist ferner die Fälligkeitsvereinbarung für einen bestimmten Zeitpunkt.[250]

VIII. Darlegungs- und Beweislast

69 § 140 Abs. 1 stellt den Regelfall der Vornahme von Rechtshandlungen dar, von dem § 140 Abs. 2 und 3 Ausnahmen bilden. Der Insolvenzverwalter genügt daher regelmäßig seiner Darlegungslast, wenn er – nach näherer Maßgabe der einzelnen Anfechtungstatbestände – die Vornahme einer (anfechtbaren) Rechtshandlung vorträgt; deren Vornahmezeitpunkt ist, soweit erforderlich, nach § 140 Abs. 1 zu berechnen. Behauptet der Anfechtungsgegner, ein Sicherungsrecht schon vor diesem Zeitpunkt erlangt zu haben, muss er dies im Streitfall beweisen.[251] Auch wer sich auf einen früheren Vornahmezeitpunkt iSv § 140 Abs. 2[252] oder § 140 Abs. 3[253] beruft, hat die Voraussetzungen dieser Ausnahmeregeln darzulegen und ggf. zu beweisen.[254] Insbesondere das Stellen eines Eintragungsantrags (§ 140 Abs. 2) spielt sich außerhalb der eigenen Wahrnehmung des Schuldners oder Verwalters ab. Auch an zugrunde liegenden Vereinbarungen iSv § 140 Abs. 3 ist der Anfechtungsgegner persönlich beteiligt, nicht aber der Insolvenzverwalter. Die Voraussetzungen von § 140 Abs. 2 können meist anhand der für die Beteiligten zugänglichen Grund- oder Registerakten belegt werden. Hat der Erwerber eine Eintragungsbewilligung beim Grundbuchamt eingereicht, ist aufgrund der Lebenserfahrung zugleich davon auszugehen, dass er sie vom Berechtigten iSv § 873 Abs. 2 BGB ausgehändigt bekommen hat.

70 Waren bei Stellung des Eintragungsantrags noch nicht alle wesentlichen Eintragungsvoraussetzungen erfüllt, hat der Anfechtungsgegner auch deren Eintritt zu beweisen, wenn sich daraus ein früherer als der nach § 140 Abs. 1 maßgebliche Zeitpunkt ergeben soll (→ Rn. 41).

§ 141 Vollstreckbarer Titel

Die Anfechtung wird nicht dadurch ausgeschlossen, daß für die Rechtshandlung ein vollstreckbarer Schuldtitel erlangt oder daß die Handlung durch Zwangsvollstreckung erwirkt worden ist.

I. Normzweck

1 § 141 stellt klar, dass ein Erwerb, der unter Inanspruchnahme staatlicher Hilfsmittel erzwungen wird, wie eine freiwillig vorgenommene Rechtshandlung angefochten werden kann. Damit schließt

---

[247] Vgl. BGH NZI 2010, 985 Rn. 12; KG MDR 1998, 459 f.; MüKoBGB/*Westermann* § 163 Rn. 1; Paland/*Ellenberger* § 163 Rn. 1 f.; *Christiansen* KTS 2003, 353, 373 f.; KKInsO/*Mohr* § 140 Rn. 122.

[248] BT-Drs. 12/2443, S. 167 zu § 159 RegE; vgl. Uhlenbruck/*Borries/Hirte* § 140 Rn. 49; HKInsO/*Thole* § 140 Rn. 14 aE.; KPB/*Ehricke* § 140 Rn. 21; BeckOK InsO/*Schoon*[12] § 140 Rn. 28; aA *M. Zeuner,* Anfechtung Rn. 41.

[249] BGH NZI 2010, 985 Rn. 12; Jaeger/*Henckel* § 140 Rn. 55; K. Schmidt/*Büteröwe* § 140 Rn. 38; KKInsO/*Mohr* § 140 Rn. 123; *Eckert* S. 123; vgl. *Hess* InsO § 140 Rn. 54; aA RSZ/*Zeuner* § 140 Rn. 15.

[250] BGH NZI 2010, 985 Rn. 15.

[251] Vgl. OLG München ZIP 2009, 330, 331; KKInsO/*Mohr* § 140 Rn. 124.

[252] BGH NZI 2009, 512 Rn. 22 zu § 8 Abs. 2 AnfG; HKInsO/*Thole* § 140 Rn. 11; FKInsO/*Dauernheim* § 140 Rn. 11; *Hess* InsO § 140 Rn. 51; Uhlenbruck/*Borries/Hirte* § 140 Rn. 50; KPB/*Ehricke* § 140 Rn. 17; KKInsO/*Mohr* § 140 Rn. 124; zu § 10 Abs. 3 GesO schon BGH ZIP 1998, 513, 514; NJW 1999, 645; NJW 2001, 2477, 2479.

[253] Vgl. hierzu HambKommInsO/*Rogge* § 140 Rn. 38; BKInsO/*Haas* § 140 Rn. 90; KKInsO/*Mohr* § 140 Rn. 124; *M. Zeuner,* Anfechtung Rn. 35.

[254] Uhlenbruck/*Borries/Hirte* § 140 Rn. 50; K. Schmidt/*Büteröwe* § 140 Rn. 39; BeckOK InsO/*Schoon*[12] § 140 Rn. 30.

die Einschaltung der Staatsgewalt nicht von sich aus die Anfechtbarkeit aus. In der 2. Alternative des § 141 drückt sich zudem die Verdrängung des (einzelzwangsvollstreckungsrechtlichen) Prioritätsgrundsatzes (§ 804 Abs. 3 ZPO, § 11 Abs. 2 ZVG) durch den Grundsatz der Gleichbehandlung aller Gläubiger in der wirtschaftlichen Krise des Schuldners aus (→ § 131 Rn. 26).

II. Entstehungsgeschichte

Die Norm ist inhaltsgleich mit § 35 KO, der seinerseits auf § 104 PrKO 1855 zurückgeht, um „die Kontrahenten zu hindern, die Anfechtung einer Rechtshandlung dadurch zu erschweren, daß der Gemeinschuldner sich zur Erfüllung gerichtlich zwingen lässt und so dem anderen Theil einen verstärkten Erwerbstitel verschafft."[1] Unmittelbar beruht sie auf § 160 RegE, der im Gesetzgebungsverfahren nicht mehr geändert worden ist. Demgegenüber erklärte § 10 Abs. 1 GesO nur Rechtshandlungen „des Schuldners" für anfechtbar. 2

III. Anwendungsbereich

§ 141 trägt zur Bestimmung des Begriffs der anfechtbaren „Rechtshandlung" bei und ergänzt damit § 129 (→ § 129 Rn. 47), erweitert aber mit seiner verneinenden Fassung nicht selbständig die Anfechtungstatbestände.[2] Bei der Anwendung dieser Tatbestände hindert weder die Mitwirkung von Gerichten, Behörden oder eines Notars noch die Ausübung staatlichen Zwangs bei der Schmälerung des Schuldnervermögens von sich aus die Insolvenzanfechtung.[3] Soweit der jeweilige Tatbestand eine Rechtshandlung des Schuldners verlangt (§§ 132–134), deutet die passivische Formulierung, dass „die Handlung durch Zwangsvollstreckung erwirkt worden ist", in die Richtung, in Vollstreckungshandlungen der zuständigen Organe ebenso wie in der Erklärungsfiktion (§ 894 ZPO) – entgegen der herrschenden Meinung (→ § 129 Rn. 34 bis 36) – eine Schuldnerhandlung zu sehen.[4] 3

Die insolvenzrechtliche Anfechtung einerseits und **verfahrensrechtliche Rechtsbehelfe** andererseits schließen sich wechselseitig nicht allgemein aus. Der Insolvenzverwalter kann ggf. gegen die Erwirkung von Vollstreckungstiteln Rechtsmittel sowie gegen Vollstreckungsakte die jeweils vorgesehenen Rechtsbehelfe einlegen oder Klagen nach §§ 767, 768, 771 ZPO erheben, aber damit nicht ohne weiteres die Verjährung des Anfechtungsanspruchs (§ 146 Abs. 1) hemmen.[5] Andererseits schließen sogar Fehler in einem Vollstreckungstitel oder Verfahrensmängel bei einer Vollstreckungshandlung regelmäßig nicht die Gläubigerbenachteiligung iSv § 129 aus (→ § 129 Rn. 30, 32, 134 f.). 4

Die Norm gilt für sämtliche Anfechtungstatbestände. Richtet sich die Anfechtung gegen eine Deckungshandlung nach §§ 130 f., 135 f. oder gegen eine unentgeltliche Leistung (§ 134), wird die Anfechtung nicht dadurch ausgeschlossen, dass der Anfechtungsgegner einen Schuldtitel erlangt hat, mit dem er die fragliche Handlung erzwingen konnte.[6] Auch im Falle einer unmittelbar benachteiligenden Rechtshandlung des Schuldners iSv § 132 steht es der Anfechtung nicht entgegen, dass der Schuldner zur anzufechtenden Handlung verurteilt wurde.[7] Im Rahmen des § 135 Abs. 1 und 2 kann sich die Anfechtung zudem gegen die erwirkenden oder ausnutzenden Rechtshandlungen von Gesellschaftern richten. 5

IV. Erwirken vollstreckbarer Titel (1. Alternative)

Der Vollstreckungstitel als Akt eines (neutralen) Hoheitsträgers ist als solcher nicht nach §§ 129 ff. anfechtbar,[8] sondern nur mit den dafür jeweils vorgesehenen verfahrensrechtlichen Behelfen anzu- 6

---

1 So die Motive bei *Goltdammer,* Kommentar und vollständige Materialien zur Konkurs-Ordnung vom 8. Mai 1855, 2. Ausg. (1858), § 104 (S. 268).

2 Vgl. KPB/*Ehricke* § 141 Rn. 1; Jaeger/*Henckel* § 141 Rn. 2, 7; BKInsO/*Haas* § 141 Rn. 2; *Rebmann,* Anfechtung von Zwangsvollstreckungsmaßnahmen, 2003, S. 16.

3 Vgl. Jaeger/*Henckel* § 141 Rn. 4.

4 So *Marotzke* KTS 1987, 1, 12; *ders.* ZZP 105 (1992), 451, 452; *ders.* ZInsO 2014, 417, 431 ff.; *Kreft,* KTS 2004, 205, 219; *Piekenbrock,* Zivilrechtliche Dogmatik und Insolvenzrecht, in Lobinger/Piekenbrock/Stoffels, Zur Integrationskraft zivilrechtlicher Dogmatik (2014), S. 51, 57 ff.

5 HambKommInsO/*Rogge* § 141 Rn. 5; ergänzend vgl. Jaeger/*Henckel* § 141 Rn. 9.

6 Jaeger/*Henckel* § 141 Rn. 4.

7 Jaeger/*Henckel* § 141 Rn. 5; KPB/*Ehricke* § 141 Rn. 2.

8 Vgl. HambKommInsO/*Rogge* § 141 Rn. 4; K. Schmidt/*Büteröwe* § 141 Rn. 3; KKInsO/*Mohr* § 141 Rn. 3; Jaeger/*Henckel* § 141 Rn. 6; KPB/*Ehricke* § 141 Rn. 2; BKInsO/*Haas* § 141 Rn. 3; AGR/*Gehrlein* § 141 Rn. 2; Uhlenbruck/*Hirte/Borries* § 141 Rn. 3. Zum Zuschlagsbeschluss in der Zwangsversteigerung vgl. BGH NJW-RR 1986, 1115, 1116 f. Für eine vollstreckbare Urkunde sprach RGZ 126, 304, 307 allerdings beiläufig aus, sie sei „iVm der Vornahme von Vollstreckungshandlungen" eine anfechtbare Handlung. Für eine Anfechtbarkeit des Titels selbst *Rebmann,* Anfechtung von Zwangsvollstreckungsmaßnahmen, 2003, S. 14 ff. Entgegen *M. Zeuner,* Anfechtung Rn. 26 „ermöglicht" der Titel allein noch nicht eine Deckungshandlung iSv §§ 130 f., sondern bereitet sie allenfalls vor.

greifen. Die Anfechtung kann sich aber gegen die erwirkenden und ausnutzenden Rechtshandlungen des Insolvenzgläubigers sowie gegen etwaige fördernde Rechtshandlungen des Schuldners richten.[9] Gemäß § 141 hindert das Erwirken eines irgendwie vollstreckbaren Schuldtitels nicht die Anfechtung der dadurch (mit-) bewirkten Gläubigerbenachteiligung. Gemeint ist in diesem Zusammenhang nicht die durch eine Zwangsvollstreckung aus demselben Titel herbeigeführte Benachteiligung, weil diese selbständig von der 2. Alternative des § 141 erfasst wird (→ Rn. 9). Die 1. Alternative betrifft demgegenüber diejenigen Fälle, in denen die (titulierte) Leistung des Schuldners noch aussteht oder in denen – ohne Zwangsmaßnahmen eines Vollstreckungsorgans – auf den Titel Leistungen bewirkt wurden.[10]

7 Als Titel iSv § 141 kommen einerseits Urteile aller Gerichtszweige in Betracht; deren etwaige Rechtskraft wird nicht berührt, hat aber anfechtungsrechtlich auch keine Bedeutung.[11] Ebenso ist ihre – sei es nur vorläufige – Vollstreckbarkeit für § 141 Alt. 1 bedeutungslos. Ferner betrifft die Vorschrift u. a. sämtliche in §§ 794, 796a bis 796c ZPO genannten Vollstreckungstitel einschließlich des Zuschlagsbeschlusses im Zwangsversteigerungsverfahren (§ 93 ZVG),[12] den Auszug aus der Insolvenztabelle über eine festgesetzte Forderung (§ 201 Abs. 2),[13] Insolvenzpläne (§ 257 Abs. 1, 2),[14] für vollstreckbar erklärte Schiedssprüche (§§ 1055, 1060 ZPO),[15] Arrestbefehle und einstweilige Verfügungen (§§ 928, 935, 936, 940 ZPO),[16] Beschlüsse zur vorläufigen Kontenpfändung (vgl. § 950 ZPO), einstweilige Anordnungen (§§ 49 ff., 119, 246 ff. FamFG),[17] Notarkostenrechnungen (§ 89 GNotKG)[18] sowie vollziehbare Verwaltungsakte.[19] Schließlich ist § 141 auf Entscheidungen anderer EU-Mitgliedstaaten (einschließlich Dänemark) anwendbar, die im Inland ohne gesonderte Exequatur-Entscheidung vollstreckbar sind (Art. 39 EuGVVO).

8 Das Erwirken des Titels ist selbst nur mit Erfolg anfechtbar, soweit ihm nach materiellem Recht **keine** wirksame **Forderung zugrunde liegt.** Erkennt der Titel dagegen dem Gläubiger eine – auch der Höhe nach – unanfechtbar entstandene Forderung zu, werden die Insolvenzgläubiger allein durch die sachlich berechtigte Feststellung der Passivmasse (vgl. § 179 Abs. 2) im Allgemeinen nicht benachteiligt; anfechtbar kann dann erst die Vollziehung des Titels sein.[20] Hat dagegen der Schuldner einem anderen durch bewusstes Zusammenwirken einen Schuldtitel für eine erdichtete Forderung verschafft, kann schon dieses gläubigerbenachteiligende Übereinkommen in Verbindung mit der prozessualen Geltendmachung die anfechtbare Handlung darstellen.[21] Die Anfechtung bewirkt dann, dass der Schuldtitel nur gegenüber der Insolvenzmasse bedeutungslos wird (→ § 143 Rn. 81).

V. Erwirken durch Zwangsvollstreckung (2. Alternative)

9 Der Anfechtung von Vollstreckungsmaßnahmen – insbesondere gemäß §§ 131, 133 oder 134 – steht in keiner Weise entgegen, dass sie aufgrund eines Titels (§ 750 ZPO) ausgebracht wurden.

---

[9] K. Schmidt/*Büteröwe* § 141 Rn. 3; KKInsO/*Mohr* § 141 Rn. 3; BeckOK InsO/*Schoon*[12] § 141 Rn. 7; AGR/*Gehrlein* § 141 Rn. 2.

[10] Vg. HKInsO/*Thole* § 141 Rn. 2; KPB/*Ehricke* § 141 Rn. 2; Braun/*Riggert* § 141 Rn. 2; K. Schmidt/*Büteröwe* § 141 Rn. 2.

[11] Vgl. Jaeger/*Henckel* § 141 Rn. 10.

[12] K. Schmidt/*Büteröwe* § 141 Rn. 2; KKInsO/*Mohr* § 141 Rn. 4; BeckOK InsO/*Schoon*[12] § 141 Rn. 6; AGR/*Gehrlein* § 141 Rn. 2.

[13] Vgl. RGZ 27, 91, 92; Jaeger/*Henckel* § 141 Rn. 3; K. Schmidt/*Büteröwe* § 141 Rn. 2; KKInsO/*Mohr* § 141 Rn. 4; BeckOK InsO/*Schoon*[12] § 141 Rn. 6; AGR/*Gehrlein* § 141 Rn. 2.

[14] K. Schmidt/*Büteröwe* § 141 Rn. 2; KKInsO/*Mohr* § 141 Rn. 4; AGR/*Gehrlein* § 141 Rn. 2; BeckOK InsO/*Schoon*[12] § 141 Rn. 6.

[15] Vgl. Graf-Schlicker/*Huber* § 141 Rn. 2; KKInsO/*Mohr* § 141 Rn. 4; AGR/*Gehrlein* § 141 Rn. 2; BeckOK InsO/*Schoon*[12] § 141 Rn. 6; *Berges* KTS 1972, 1, 13.

[16] Vgl. dazu HKInsO/*Thole* § 141 Rn. 3; Uhlenbruck/*Hirte/Borries* § 141 Rn. 2; K. Schmidt/*Büteröwe* § 141 Rn. 2; KKInsO/*Mohr* § 141 Rn. 4; BeckOK InsO/*Schoon*[12] § 141 Rn. 6; AGR/*Gehrlein* § 141 Rn. 2.

[17] KKInsO/*Mohr* § 141 Rn. 4.

[18] K. Schmidt/*Büteröwe* § 141 Rn. 2; KKInsO/*Mohr* § 141 Rn. 4.

[19] Vgl. BGH NJW 1995, 1090 f. (insoweit nicht in BGHZ 128, 196); Jaeger/*Henckel* § 141 Rn. 3; Graf-Schlicker/*Huber* § 141 Rn. 2; K. Schmidt/*Büteröwe* § 141 Rn. 2; BeckOK InsO/*Schoon*[12] § 141 Rn. 6; vgl. ergänzend § 168 VwGO.

[20] Vgl. RGZ 126, 304, 307; FKInsO/*Dauernheim* § 140 Rn. 4; Uhlenbruck/*Hirte/Borries* § 141 Rn. 3; HambKommInsO/*Rogge/Leptien* § 141 Rn. 4; BKInsO/*Haas* § 141 Rn. 9; ohne Unterscheidung im Hinblick auf die Berechtigung der titulierten Forderung dagegen RSZ/*Zeuner* § 141 Rn. 5. Zum zusätzlichen Anspruch auf Unterwerfung unter die Zwangsvollstreckung vgl. RG JW 1919, 730 f. mAnm *Jaeger.*

[21] Vgl. RG JW 1906, 234 f.; FKInsO/*Dauernheim* § 140 Rn. 3; Uhlenbruck/*Hirte/Borries* § 141 Rn. 4; HambKommInsO/*Rogge/Leptien* § 141 Rn. 4; KKInsO/*Mohr* § 141 Rn. 5. Zum Vornahmezeitpunkt in derartigen Fällen → § 140 Rn. 27.

Zwangsvollstreckung iSv § 141 ist auch die Vollziehung eines **Arrests** oder einer **einstweiligen Verfügung** (§§ 928, 935, 940 ZPO).[22] Deren Vollziehung war in §§ 14 Abs. 1 und 35 KO sowie § 124 VerglO ausdrücklich der Zwangsvollstreckung gleichgesetzt. Die entsprechende Regelung in § 12 RegE ist im parlamentarischen Gesetzgebungsverfahren auf Empfehlung des Rechtsausschusses des Bundestages als selbstverständlich angesehen und daher gestrichen worden.[23] Schon die durch Arrestvollziehung bewirkte Sicherung kann die Insolvenzgläubiger benachteiligen.

§ 141 bewirkt, dass die Anfechtbarkeit von Vollstreckungsmaßnahmen gemäß allgemeinen Regeln ohne inhaltliche Bindung an den Ausspruch des Titels zu prüfen ist. Dieser kann zwar verfahrensrechtlich als Grundlage der Zwangsvollstreckung dienen, ist aber für die Prüfung ihrer Anfechtbarkeit bedeutungslos. Das durch Pfändung erlangte Pfandrecht kann auch dann anfechtbar sein, wenn die zugrundeliegende Forderung mit dem Titel selbst unanfechtbar erworben wurde (→ § 131 Rn. 26). Soweit die Vollstreckungsmaßnahme unter § 88 Abs. 1 bzw. Abs. 2 fällt, bedarf es regelmäßig keiner Anfechtung. **10**

§ 142 Bargeschäft

(1) Eine Leistung des Schuldners, für die unmittelbar eine gleichwertige Gegenleistung in sein Vermögen gelangt, ist nur anfechtbar, wenn die Voraussetzungen des § 133 Absatz 1 bis 3 gegeben sind und der andere Teil erkannt hat, dass der Schuldner unlauter handelte.

(2) [1]Der Austausch von Leistung und Gegenleistung ist unmittelbar, wenn er nach Art der ausgetauschten Leistungen und unter Berücksichtigung der Gepflogenheiten des Geschäftsverkehrs in einem engen zeitlichen Zusammenhang erfolgt. [2]Gewährt der Schuldner seinem Arbeitnehmer Arbeitsentgelt, ist ein enger zeitlicher Zusammenhang gegeben, wenn der Zeitraum zwischen Arbeitsleistung und Gewährung des Arbeitsentgelts drei Monate nicht übersteigt. [3]Der Gewährung des Arbeitsentgelts durch den Schuldner steht die Gewährung dieses Arbeitsentgelts durch einen Dritten nach § 267 des Bürgerlichen Gesetzbuchs gleich, wenn für den Arbeitnehmer nicht erkennbar war, dass ein Dritter die Leistung bewirkt hat.

In Insolvenzverfahren, die vor dem 5. April 2017 eröffnet worden sind, ist § 142 noch in der bisherigen Fassung anzuwenden (Art. 103j Abs. 1 EGInsO):

§ 142 Bargeschäft

Eine Leistung des Schuldners, für die unmittelbar eine gleichwertige Gegenleistung in sein Vermögen gelangt, ist nur anfechtbar, wenn die Voraussetzungen des § 133 Abs. 1 gegeben sind.

Schrifttum: *Blank,* Insolvenzanfechtung gegenüber Arbeitnehmern – eine rechtsdogmatische Untersuchung unter besonderer Berücksichtigung des Bargeschäftsprivilegs gem. § 142 InsO de lege lata et ferenda, 2016; *Bork,* Kontokorrentverrechnung und Bargeschäft, FS H.-P. Kirchhof, 2003, S. 57 ff.; *Bräuer,* Ausschluss der Insolvenzanfechtung bei Bargeschäften nach Maßgabe des § 142 InsO, 2006; *Foerste,* „Bargeschäftsähnliche Lage" bei Vorsatzanfechtung – nunmehr Geschichte!, ZInsO 2018, 1034; *Ganter,* Bargeschäfte (§ 142 InsO) von Dienstleistern, ZIP 2012, 2037; *ders.,* Wiederbelebung des „Mühlen-Falls"?, NZI 2018, 585; *Haas,* Fragen zur „Kapitalersetzenden" Nutzungsüberlassung nach neuem Recht, FS Ganter, 2010, S. 189 ff.; *Hiebert,* Insolvenzanfechtung: Der Begriff der Unlauterbarkeit im Sinne des § 142 InsO n. F., ZInsO 2018, 1657; *Kayser,* Konsequenzen des neuen Anfechtungsrechts für die Rechtsprechung des BGH – Viel Lärm um nichts?, ZIP 2018, 1153; *Lwowski/Wunderlich,* Neues zum Bargeschäft, FS H.-P. Kirchhof, 2003, S. 301 ff.; *dies.,* Aktuelle Probleme des insolvenzrechtlichen Bargeschäfts, WM 2004, 1511; *Neuberger,* Vorsatzanfechtung und Fortbestehensprognose: Wann wächst zusammen, was zusammen gehört, ZInsO 2018, 1242; *Obermüller,* Verrechnung von Zahlungseingängen bei offener Kreditlinie – Besonderheiten bei Mehrzahl von Kreditnehmern oder von Kreditgebern, FS H.-P. Kirchhof, 2003, S. 355 ff.; *Pape,* Anfechtungsrecht 2017 – Abschied von der Insolvenzrechtsreform in Raten, ZInsO 2018, 296; *C. Paulus,* FS Gero Fischer, 2008, S. 445 ff.; *Persch,* Die Insolvenzanfechtung von Kontokorrentverrechnungen, 2008; *Raschke,* Funktion und Abgrenzung des Bargeschäftstatbestandes in § 142 InsO, Diss. Hamburg, 1999; *Sämisch/Deichgräber,* Von der (Un-)Lauterkeit des „Weiterwirtschaftens" trotz erkannter Zahlungsunfähigkeit und Verlustträchtigkeit des eigenen Unternehmens, ZInsO 2018, 773; *J.-S. Schröder,* Die Reform des Eigenkapitalersatzrechts durch das MoMiG, 2012; *Tolani,* Insolvenzanfechtung gegenüber Dienstleistern mit besonderem Augenmerk auf die Auswirkungen des reformierten Bargeschäftsprivilegs gem. § 142 InsO, ZIP 2018, 1997

---

[22] Vgl. dazu HKInsO/*Thole* § 141 Rn. 4; Uhlenbruck/*Hirte/Borries* § 141 Rn. 5; K. Schmidt/*Büteröwe* § 141 Rn. 4; HambKommInsO/*Rogge/Leptien* § 141 Rn. 6; KKInsO/*Mohr* § 141 Rn. 10; Jaeger/*Henckel* § 141 Rn. 1, 3; KPB/*Ehricke* § 141 Rn. 3; AGR/*Gehrlein* § 141 Rn. 3; BeckOK InsO/*Schoon*[12] § 141 Rn. 9.

[23] Vgl. BT-Drs. 12/7302, S. 156 zu § 12 RefE.

Übersicht

I. Normzweck

1 Das Bargeschäftsprivileg beruhte ursprünglich auf dem Gedanken, dass der Austausch von Leistungen Zug um Zug (vgl. §§ 320, 322 BGB) gar **keinem (potentiellen) Konkursgläubiger eine Deckung** verschaffe.[1] Diesem Begründungsansatz folgt das österreichische Recht, das hier von einem Zug-um Zug-Geschäft spricht, bis heute.[2] Streng genommen trifft diese Überlegung aber nur zu, wenn Schuld- und Verfügungsgeschäft zeitlich zusammenfallen, so dass eine potentielle Konkursforderung zu keinem Zeitpunkt besteht. Schon das RG hat allerdings bei Zahlungen an einen Sanierungsberater erwogen, dass „ein Rechtsgeschäft den Charkter eines Bargeschäfts nicht verliert, wenn zwischen Vertragsschluß und Zahlung nur eine kurze Zeitspanne liegt“[3] (→ Rn. 27). Der tragende Grund für das Bargeschäftsprivileg wurde vielmehr darin gesehen, dass die **Konkursgläubiger** durch Bargeschäfte, „bei denen dem Vermögen des Gemeinschuldners ein entsprechender Gegenwert zufließt,“ **nicht benachteiligt** werden.[4]

2 Dieser Begründungsansatz darf aber nicht dahingehend missverstanden werden, dass es bei Bargeschäften schon an der **Gläubigerbenachteiligung iSv § 129 Abs. 1** fehlt.[5] Dies gilt zum einen schon deshalb, weil das Bargeschäftsprivileg auch eine Leistung des Schuldners erfassen kann, die der Leistung des anderen Teils zeitlich nachfolgt. Bei der gebotenen getrennten Betrachtung von Verpflichtungs- und Verfügungsgeschäft (→ § 129 Rn. 57) kann hier an der **(unmittelbaren) Gläubigerbeachteiligung** durch die Leistung des Schuldners kein Zweifel bestehen. Etwas anderes gilt nur, wenn die Leistung des anderen Teils, wie beim Eigentumsvorbehalt (§ 449 Abs. 1 BGB), unter der aufschiebenden Bedingung der Leistung des Schuldners steht, weil die Kaufpreiszahlung dann unmittelbar zum Eigentumserwerb und damit zu einem Aktivtausch führt, oder wenn der andere Teil, wie beim Werkunternehmerpfandrecht (§ 647 BGB), das mit der Leistung des Schuldners erlischt (§§ 1257, 1252 BGB), ohnehin vollwertig gesichert war (→ § 129 Rn. 108d). An der (unmittelbaren) Gläubigerbenachteiligung kann erst recht kein Zweifel bestehen, wenn die Leistung des anderen Teils im Zeitpunkt der Deckung durch den Schuldner in dessen Vermögen nicht mehr vorhanden ist; gleichwohl kam schon nach der Rechtsprechung des BGH zu § 30 Nr. 1 Hs. 2 KO selbst in derartigen Fällen ein Bargeschäft in Betracht.[6] Insbesondere ist mehrfach die Bestellung einer Sicherheit nach Valutierung eines Darlehens als unanfechtbares Bargeschäft angesehen worden.[7] Zum anderen kann selbst der unmittelbare Leistungsaustausch Zug um Zug die Gläubiger **mittelbar benachteiligen,** wenn die Leistung an den Schuldner schwerer realisierbar ist, später untergeht oder an Wert verliert. Daher heißt es in der Gesetzesbegründung zutreffend, die Gläubigerbenachteiligung durch die Leistung des Schuldners bleibe „außer Betracht, da sie durch die Gegenleistung wieder ausgeglichen wird.“[8] Der Grund für das Bargeschäftsprivileg liegt danach darin, „daß ein Schuldner, der sich in der Krise befindet, praktisch **vom Geschäftsverkehr ausgeschlossen** würde, wenn selbst die von ihm abgeschlossenen wert-

[1] Vgl. RGZ 100, 62, 64 zu § 30 Nr. 1 Hs. 2 KO; *Eckardt* ZIP 1999, 1417, 1421.

[2] Vgl. etwa öOGH v. 26.4.1988, 4 Ob 514/88, SZ 61/101 (S. 500, 503 f.); v. 6.6.1991, 8 Ob 545/91, SZ 64/73 (S. 389, 394) mwN. Danach ist die Anfechtung nach §§ 30 Abs. 1, 31 Abs. 1 IO ausgeschlossen.

[3] So schon RGZ 136, 152, 159. Zum österreichischen Recht vgl. entsprechend *König,* Die Anfechtung nach der IO, 5. Aufl. (2014) Rn. 10/6.

[4] So BGHZ 70, 177, 185 = NJW 1978, 758, 759; vgl. dazu etwa *K. Schmidt,* WM 1983, 490, 493.

[5] Insoweit ungenau BGH NZI 2006, 159 Rn. 16; unrichtig auch BeckOK InsO/*Schoon*[12] § 142 Rn. 2.

[6] So BGH WM 1955, 404, 406 f. = LM § 30 KO Nr. 2 = NJW 1955, 709 (LS).

[7] So BGH WM 1955, 404, 406 f. = LM § 30 KO Nr. 2 = NJW 1955, 709 (LS); NJW 1977, 718 f.

[8] So BT-Drs. 12/2443, S. 167 zu § 161 RegE.

äquivalenten Bargeschäfte der Anfechtung unterlägen."[9] Damit werden die Geschäftspartner des Schuldners unter den in § 142 näher bestimmten Voraussetzungen „in ihrem Vertrauen geschützt, die Gegenleistung des Schuldners behalten zu dürfen."[10] Der Beschränkung der Insolvenzanfechtung auf die Vorsatzanfechtung – nunmehr bei offensichtlich unlauteren Geschäften (→ Rn. 37) – beruht daher auf einer **wertenden Betrachtung des wirtschaftlichen Gesamtvorgangs.** Im Ergebnis wird damit die zeitnahe Erfüllung von Verpflichtungsgeschäften, die nicht unter § 132 Abs. 1 fallen, anfechtungsfrei gestellt.[11]

II. Entstehungsgeschichte

KO und GesO enthielten keine ausdrückliche Regelung für Bargeschäfte, doch hatten Recht- 3
sprechung und Rechtslehre deren Unanfechtbarkeit herausgearbeitet.[12] Diese Ergebnisse wurden im Leitsatz 5.2.4 des 1. KommBer. und in § 161 RegE übernommen. Im Gesetzgebungsverfahren wurde lediglich die Verweisung auf § 133 redaktionell angepasst. Da § 133 Abs. 1 in der Rechtsprechung sehr weit ausgelegt wurde, hat der Gesetzgeber bei der Reform des Anfechtungsrechts von 2017[13] auch § 142 geändert.[14] Zum einen wurde in § 142 Abs. 1 die Anfechtbarkeit nach § 133 Abs. 1–3 um die Voraussetzung der Kenntnis von der Unlauterkeit der Schuldnerhandlung ergänzt (→ Rn. 37). Zum anderen wurden in § 142 Abs. 2 die Voraussetzungen des Bargeschäfts präzisiert. In § 142 Abs. 2 Satz 1, 2 hat der Gesetzgeber lediglich die einschlägige Rechtsprechung des BGH bzw. des BAG zur Unmittelbarkeit des Leistungsaustauschs übernommen (→ Rn. 27, 32).[15] § 142 Abs. 2 Satz 3, der erst auf Empfehlung des Rechtsausschusses des Bundestages eingefügt worden ist,[16] ist vor dem Hintergrund zu sehen, dass solche Drittzahlungen als inkongruente Deckungen einzustufen sind und die Rechtsprechung im Rahmen von § 142 die kongruente Deckung verlangt (→ Rn. 11). Insbesondere bei Entgeltzahlungen durch andere Konzerngesellschaften soll der Einwand des Bargeschäfts nunmehr möglich sein.[17]

III. Voraussetzungen für ein Bargeschäft

Die Insolvenzanfechtung wird durch die Ausnahmevorschrift des § 142 nur eingeschränkt, wenn 4
deren sämtliche Tatbestandsmerkmale erfüllt sind. Sie können nicht – auch nicht als Grundlage einer entsprechenden Anwendung – durch andere ersetzt werden.[18] Unerheblich ist es, ob das Verpflichtungsgeschäft, auf das der Schuldner seine Erfüllungsleistung erbracht hat, vor dem kritischen Zeitraum iSv §§ 130 bis 132 (drei Monate vor dem Eröffnungsantrag bzw. danach) abgeschlossen wurde oder innerhalb.[19] Der BGH steht auf dem Standpunkt, dass die Vorschrift als Ausnahmevorschrift nicht erweiternd ausgelegt werden könne.[20] Diese Aussage ist so nicht richtig, weil sie auf der verbreiteten, aber irrigen Parömie *singularia non sunt extendenda* beruht.[21] Vielmehr hat sich die Auslegung auch

---

9 So BT-Drs. 12/2443, S. 167 zu § 161 RegE (Hervorhebung hinzugefügt); vgl. auch BGHZ 150, 122, 132 f. = NJW 2002, 1722, 1724 f.; BGHZ 167, 190 Rn. 30 = NJW 2006, 2701; BGH NJW 2010, 3578 Rn. 24; NZI 2017, 809 Rn. 15; zur KO vgl. noch BGHZ 123, 320, 323 ff. = NJW 1993, 3267 f.; BGH WM 1984, 1430 f.; Jaeger/*Henckel* § 130 Rn. 41; KKInsO/*Mohr* § 142 Rn. 3; Uhlenbruck/*Borries/Hirte* § 142 Rn. 2; K. Schmidt/*Ganter/Weinland* § 142 Rn. 3; KPB/*Ehricke* § 142 Rn. 1; BKInsO/*Haas* § 142 Rn. 4; BeckOK InsO/*Schoon*[12] § 142 Rn. 1; *Kayser,* FS Gero Fischer (2008), S. 267, 269 f.; ergänzend vgl. *Bräuer* S. 42 ff. Zur Beschränkung auf Geschäfte mit „neutralen Dritten" vgl. BGH NJW 2019, 1289 Rn. 53 (für BGHZ bestimmt).

10 So BGH NZI 2017, 809 Rn. 14, dort in Abgrenzung zu § 64 Satz 1 GmbHG (→ Rn. 36).

11 Vgl. Jaeger/*Henckel* § 142 Rn. 2; HKInsO/*Thole* § 129 Rn. 50; K. Schmidt/*Ganter/Weinland* § 142 Rn. 6; BKInsO/*Haas* § 142 Rn. 3.

12 Vgl. RGZ 100, 62, 64; 136, 152, 158 f.; BGH WM 1955, 404, 406 f. = LM § 30 KO Nr. 2 = NJW 1955, 709 (LS); NJW 1977, 718 f.; BGHZ 70, 177, 184 f. = NJW 1978, 758, 759; BGH NJW 1980, 1961 f.; *Jaeger* JW 1915, 1253 f.; Jaeger/*Henckel* § 30 KO Rn. 110 bis 112. Zusammenfassend vgl. *Raschke* S. 16 ff.; *Bräuer* S. 12 ff.

13 Gesetz zur Verbesserung der Rechtssicherheit bei Anfechtungen nach der Insolvenzordnung und nach dem Anfechtungsgesetz vom 29.3.2017, BGBl. I, S. 654.

14 Vgl. BT-Drs. 18/7054, S. 19 zu § 142 Abs. 1 RegE.

15 Vgl. BT-Drs. 18/7054, S. 19 zu § 142 Abs. 1 RegE.

16 Vgl. BT-Drs. 18/11199, S. 5.

17 Vgl. BT-Drs. 18/11199, S. 11.

18 BKInsO/*Haas* § 142 Rn. 9; *Kayser* ZIP 2007, 49, 50.

19 Jaeger/*Henckel* § 142 Rn. 3–5.

20 So BGH NJW 2010, 3578 Rn. 35; zust. MüKoInsO/*Kirchhof* → 3. Aufl. § 142 Rn. 3; K. Schmidt/*Ganter/Weinland* § 142 Rn. 7; KKInsO/*Mohr* § 142 Rn. 114; BeckOK InsO/*Schoon*[12] § 142 Rn. 5; AGR/*Gehrlein* § 142 Rn. 1.

21 Vgl. dazu etwa *Muscheler,* FS Kruse (2001), S. 135, 146 ff.; *M. Würdinger* AcP 206 (2006), 946, 956 ff.; *D. Schneider* JA 2008, 174 ff.; Staudinger/*Honsell* Eckpfeiler des Zivilrechts (2018), Einleitung zum BGB Rn. 63.

hier am Normzweck zu orientieren. Umstritten ist, ob § 142 auch im Rahmen von § 135 anwendbar ist.[22] Das gilt insbesondere mit Blick auf das Entgelt, das die Gesellschaft für die Überlassung von Sachen eines Gesellschafters zur Nutzung zahlt,[23] oder auf eine Sicherheit, die die Gesellschaft zur Besicherung eines Gesellschafterdarlehens stellt.[24] Maßgeblich ist dafür aber nicht das Telos von § 142, sondern von § 135. Daher ist diese Frage im Rahmen von § 135 zu erörtern (→ § 135 Rn. 19). Soweit die Arbeitsentgeltforderungen von Gesellschaftern nach den Grundsätzen des Bargeschäfts gedeckt werden (→ Rn. 32 ff.), liegt darin jedenfalls keine Befriedigung einer einem Gesellschafterdarlehen wirtschaftlich entsprechenden Forderung.[25] Das Gleiche gilt für die Gehaltszahlungen an einen Gesellschaftergeschäftsführer. Schließlich bestehen keine grundsätzlichen Bedenken dagegen, ein unanfechtbares Bargeschäft anzunehmen, wenn der Gesellschafter im Gegenzug für die Rückzahlung des Darlehens eine gleichwertige Leistung an die Gesellschaft vornimmt.[26]

5 **1. Leistungsaustausch.** § 142 Abs. 1 setzt eine Leistung des Schuldners aus seinem pfändbaren Vermögen (§§ 35 Abs. 1, 36 Abs. 1–3) und eine – ausgleichende (→ Rn. 13 ff.) – Gegenleistung des anderen Teils (Anfechtungsgegners) voraus. Verfügt der Schuldner über Vermögen, das er nur als Treuhänder hält, fehlt es schon an der objektiven Gläubigerbenachteiligung,[27] es sei denn, er verwahrt Fremdgelder – sei es auch abredewidrig – auf eigenen Konten, so dass der Treugeber nur eine Insolvenzforderung auf Auszahlung hat.[28] In Betracht kommen Leistungen mit wirtschaftlichem Wert jeder Art;[29] unentgeltliche Leistungen des Schuldners iSv § 134 können dagegen keine Bargeschäfte sein.[30] Auf Seiten des Schuldners kann ein **vorläufiger Insolvenzverwalter** gehandelt haben;[31] dieser kann umgekehrt auch wegen seiner eigenen Vergütungsansprüche Partner eines Bargeschäfts mit dem Schuldner werden (→ Rn. 25).

6 Das bloße Versprechen des anderen Teils, eine Leistung zu erbringen, stellt noch keine Gegenleistung dar.[32] Die Gegenleistung muss tatsächlich in das (Aktiv-)Vermögen des Schuldners gelangt sein.[33] Unerheblich ist dagegen, ob sie später hierin erhalten bleibt.[34] Daher kann sie auch in Dienstleistungen oder der Lieferung von Verbrauchsgütern bestehen. Auch auf die Pfändbarkeit und damit die Massezugehörigkeit des Substrats der Gegenleistung (§§ 35 Abs. 1, 36 Abs. 1–3) kommt es nicht an (→ Rn. 13). Dagegen stellt die bloße Verringerung der eigenen Verbindlichkeiten – zB die bare Tilgung einer Schuld – kein Bargeschäft dar.[35] Auch die Aufrechnung mit einem schon bestehenden Gegenanspruch gegen eine Forderung des Schuldners genügt nicht als Gegenleistung.[36] Jedoch kann ein Bargeschäft vorliegen, wenn der Anfechtungsgegner seine Gegenforderung durch wertadäquate *neue* Leistungen an den Schuldner begründet;[37] des Umwegs über eine wechselseitige Erfüllung[38] bedarf es dazu nicht. Die Rückzahlung eines zuvor empfangenen Darlehens ist keine Gegenleistung,[39] weil damit nur der Rückabwicklungsanspruch aus § 488 Abs. 1 Satz 2 BGB erfüllt wird; anderes kann gelten, wenn der Schuldner ein Darlehen zurückzahlt und ihm dafür entsprechend

---

22 Dafür jüngst OLG Karlsruhe NZI 2018, 938, 939 f.

23 Vgl. einerseits *Haas,* FS Ganter (2010), S. 189, 199 f.; *ders.* NZI 2012, 601, 602 f.; andererseits HambKomm-InsO/*Schröder* § 135 Rn. 35.

24 Gegen die Anwendung von § 142 nunmehr BGH NJW 2019, 1289 Rn. 40 ff. (für BGHZ bestimmt); abl. Bitter ZIP 2019, 737 ff.

25 So zutreffend BGHZ 202, 59 Rn. 49 ff. = NJW 2014, 2579.

26 So OLG Karlsruhe ZIP 2018, 1987 = BeckRS 2018, 23517 Rn. 21 ff.

27 BKInsO/*Haas* § 142 Rn. 10; KPB/*Ehricke* § 142 Rn. 3.

28 Vgl. dazu BGH NJW 2010, 3578 Rn. 14.

29 Vgl. BGHZ 167, 190 Rn. 32 = NJW 2006, 2701; BAGE 126, 89 Rn. 48 = NZA 2009, 105; K. Schmidt/*Ganter/Weinland* § 142 Rn. 14.

30 HambKommInsO/*Rogge/Leptien* § 142 Rn. 24; BKInsO/*Haas* § 142 Rn. 11; *Lwowski/Wunderlich,* FS H.-P. Kirchhof (2003), S. 301, 302 f.; *Heim,* Schenkungsanfechtung bei Auszahlungen im verdeckten Schneeballsystem (2011), S. 239 ff.

31 BGHZ 151, 353, 369 f. = NJW 2002, 3326, 3330; LG Bad Kreuznach NZI 2006, 45 f.; BKInsO/*Haas* § 142 Rn. 10; KPB/*Ehricke* § 142 Rn. 3; KKInsO/*Mohr* § 142 Rn. 8; *Kirchhof,* FS Kreft (2004), S. 359, 365 f.

32 BGH NJW 2008, 659 Rn. 19.

33 BGH NZI 2010, 985 Rn. 36; NJW 2010, 3578 Rn. 30; K. Schmidt/*Ganter/Weinland* § 142 Rn. 14; KKInsO/*Mohr* § 142 Rn. 14.

34 OLG Köln MDR 1962, 997, 998; KPB/*Ehricke* § 142 Rn. 3; BKInsO/*Haas* § 142 Rn. 11; Nerlich/Römermann/*Nerlich* § 142 Rn. 6; KKInsO/*Mohr* § 142 Rn. 14; vgl. BGHZ 28, 344, 347 f. = NJW 1959, 147 f.; RGZ 162, 292, 296 f.; OLG Hamburg DB 1954, 576 f.

35 K. Schmidt/*Ganter/Weinland* § 142 Rn. 14; *Bräuer* S. 86.

36 BGH NZI 2010, 985 Rn. 36; K. Schmidt/*Ganter/Weinland* § 142 Rn. 14; KKInsO/*Mohr* § 142 Rn. 14.

37 Vgl. OLG Dresden DZWiR 2001, 470, 471.

38 So *Rafiqpoor/Wilmes* NZI 2009, 91, 93 f.

39 OLG Celle ZInsO 2012, 2050, 2051; KKInsO/*Mohr* § 142 Rn. 9; BeckOK InsO/*Schoon*[12] § 142 Rn. 15.

werthaltige Sicherheiten freigegeben werden.[40] Übernimmt ein Käufer als Teil eines Kaufpreises Verbindlichkeiten des Schuldners gegenüber einem Dritten, liegt darin keine ausgleichende Zuführung von Aktiva in das Schuldnervermögen.[41] Entsprechendes gilt, wenn der Schuldner einen Teil seiner Verbindlichkeiten bei einem Insolvenzgläubiger gegen Erlass der weitergehenden Schuld tilgt.[42] Die Auswechslung eines Mieters für die künftige Nutzung eines Gegenstands durch einen anderen ist kein Leistungsaustausch iSv § 142 Abs. 1.[43]

a) Parteivereinbarung. Das Erfordernis, dass die Gegenleistung „für die" Leistung des Schuldners erbracht wird, drückt aus, dass Leistung und Gegenleistung grundsätzlich durch Parteivereinbarung miteinander verknüpft sein müssen;[44] etwas anderes kann nur bei einem Leistungsaustausch auf öffentlich-rechtlicher Grundlage wie bei Gebühren (→ Rn. 9) oder der Vergütung des vorläufigen Insolvenzverwalters (→ Rn. 25) gelten. Außer **gegenseitig verpflichtenden Verträgen** iSv §§ 320 ff. BGB kommen auch weniger enge vertragliche Absprachen in Betracht.[45] Insbesondere genügen Vereinbarungen in einem Dreiecksverhältnis, bei dem die Parteivereinbarung aus der Deckungs- und der Valutabeziehung zu entnehmen ist.[46] Als Grundlage dafür, dass eine kontokorrentmäßige Verrechnung ein Bargeschäft sein kann, reicht der **Kontokorrentvertrag** aus.[47] In einem **Auftragsverhältnis** kann auch die Zahlung des Vorschusses (§ 669 BGB) bar gedeckt sein, wenn der Auftragnehmer innerhalb eines engen zeitlichen Zusammenhangs (→ Rn. 26) seine Herausgabepflicht (§ 667 BGB) erfüllt.[48] Dasselbe gilt (selbstverständlich) – *mutatis mutandis* – für die Erfüllung des Aufwendungsersatzanspruchs (§ 670 BGB). Zugrunde zu legen sind die **real getroffenen Absprachen** der Beteiligten; ob diese durch andere Gestaltungen die Voraussetzungen eines Bargeschäfts hätten schaffen können, ist unerheblich.[49] Ein bloß ursächlicher[50] oder wirtschaftlicher Zusammenhang[51] zwischen den beiderseitigen Leistungen reicht nicht aus. Insbesondere ist ein mit geschuldeten Zahlungen verfolgtes zusätzliches Ziel des Schuldners, den Empfänger zu weiteren (entgeltlichen) Lieferungen anzuhalten, keine berücksichtigungsfähige Gegenleistung.[52] Duldet eine Bank **Kreditüberziehungen** in nicht festgelegter Höhe in der Erwartung, der Schuldner werde nicht näher bestimmte Kundenschecks auf das Konto einreichen, fehlt es an dem für § 142 Abs. 1 nötigen abgestimmten Leistungsaustausch, falls später tatsächlich Kundenschecks auf dem Konto verrechnet werden.[53] Nutzt ein Gesellschafter eine Ausschüttung aus dem Vermögen seiner Gesellschaft, um aus diesen Mitteln eine Einlage zu leisten, stehen beide Zahlungen nicht im Gegenseitigkeitsverhältnis.[54] Ferner können bloße „gesellschaftliche Gepflogenheiten" – wie zB der Austausch von Geschenken in der wirtschaftlichen Krise des Schuldners über die abschließende Sonderregel des § 134 Abs. 2 hinaus – nicht Grundlage eines Bargeschäft sein. Denkbare anderweitige 7

---

[40] BAGE 126, 89 Rn. 48 = NZA 2009, 105; K. Schmidt/*Ganter/Weinland* § 142 Rn. 16; BeckOK InsO/*Schoon*[12] § 142 Rn. 15.

[41] *Wessels* ZIP 2004, 1237, 1245.

[42] *C. Paulus* BB 2001, 425, 426 f. zieht hingegen in Betracht, ob wenigstens der getilgte Teil zwangsweise hätte durchgesetzt werden können.

[43] OLG München NZI 2012, 27, 29.

[44] BT-Drs. 12/2443, S. 167 zu § 161 RegE; BGHZ 123, 320, 328 = NJW 1993, 3267, 3268; BGH NZI 2006, 403 Rn. 29; BGH NJW 2010, 3578 Rn. 26; HKInsO/*Thole* § 142 Rn. 4; AGR/*Gehrlein* § 142 Rn. 1, 7; K. Schmidt/*Ganter/Weinland* § 142 Rn. 22; KKInsO/*Mohr* § 142 Rn. 5; BeckOK InsO/*Schoon*[12] § 142 Rn. 6.

[45] Vgl. Uhlenbruck/*Borries/Hirte* § 142 Rn. 17 ff.

[46] KG ZIP 2011, 535, 536; FKInsO/*Dauernheim/Blank* § 142 Rn. 7; vgl. BGH ZInsO 2007, 662, 663; BKInsO/*Haas* § 142 Rn. 14; Jaeger/*Henckel* § 130 Rn. 11; BeckOK InsO/*Schoon*[12] § 142 Rn. 8.

[47] BGH NJW 1999, 3264, 3266; BGHZ 150, 122, 130 f. = NJW 2002, 1722, 1724; OLG Hamm ZIP 2012, 996, 998; Uhlenbruck/*Borries/Hirte* § 142 Rn. 51; *Lwowski/Wunderlich,* FS H.-P. Kirchhof (2003), S. 301, 303; *Bräuer* S. 120 f.; iE auch KG WM 2002, 1242, 1244. Dagegen fordern *von Usslar* BB 1980, 916, 919 und *Dampf* KTS 1998, 145, 166 eine besondere Absprache über jede einzelne Gut- oder Lastschrift; so wohl auch *Raschke* S. 105 f.; *Wischemeyer,* Die Insolvenzanfechtung der Rückführung debitorischer Konten durch Einstellung von Gutschriften in der Krise (2002), S. 74 ff.; *Steinhoff* ZIP 2000, 1141, 1150 setzt eine „innere Erwartung" voraus, dass weitere Verfügungen zugelassen werden.

[48] AA OLG Düsseldorf ZIP 2017, 1528, 1529 f.

[49] Vgl. BGH NJW 2010, 3578 Rn. 27 ff.

[50] KPB/*Ehricke* § 142 Rn. 10; BKInsO/*Haas* § 142 Rn. 16; HambKommInsO/*Rogge* § 142 Rn. 3; KKInsO/*Mohr* § 142 Rn. 5.

[51] BGH NZI 2010, 985 Rn. 30; K. Schmidt/*Ganter/Weinland* § 142 Rn. 22; BeckOK InsO/*Schoon*[12] § 142 Rn. 6.

[52] BGH NJW 2010, 3578 Rn. 33.

[53] BGHZ 118, 171, 173 = NJW 1992, 1960; HKInsO/*Thole* § 142 Rn. 4; BKInsO/*Haas* § 142 Rn. 19; KKInsO/*Mohr* § 142 Rn. 10.

[54] OLG Naumburg ZIP 2005, 1564, 1565.

Leistungskompensationen, wie zB eine Aufrechterhaltung des Unternehmens des Schuldners, bleiben außer Betracht;[55] auch beim Bargeschäft gibt es keinen allgemeinen Vorteilsausgleich schadensersatzrechtlicher Art.[56] Erst recht stellt die unzulässige Selbsthilfe kein Bargeschäft dar.[57]

8 Die Absprache im Rahmen einer kreditbesichernden stillen **Globalzession,** dass der Kreditnehmer und spätere Schuldner die abgetretenen Forderungen weiter einziehen darf und dafür künftig laufend neue Forderungen abtritt, reicht nicht als Vereinbarung iSv § 142 aus, weil insoweit Leistung und ausgleichende Gegenleistung nicht hinreichend verbunden sind.[58] Dagegen sollte eine Absprache des Inhalts genügen, dass der Bankkunde weitere Kredite lediglich erhält, soweit er dafür bestimmte, demnächst erwartete Sicherheiten individuell in Aussicht stellt, zB bevorstehende bestimmte Großaufträge oder eine Liste beständiger Dauerkunden für konkrete Artikel;[59] solche engen vertraglichen Bindungen können im Rahmen von Sanierungsbemühungen sinnvoll sein.

9 Eine kraft Gesetzes entstehende Sicherheit[60] oder die Erfüllung einseitiger **gesetzlicher Pflichten**[61] kann kein Bargeschäft sein. Dies gilt namentlich für die Abführung der **Umsatzsteuer,**[62] weil der Staat dafür keine „Gegenleistungen" in dem hier vorauszusetzenden Sinne erbringt. Dass der Vertragspartner ggf. den Vorsteuerabzug geltend machen kann (§ 15 Abs. 1 Nr. 1 UStG), führt ebenfalls nicht zur Bardeckung der Abführung der Umsatzsteuer. Dagegen werden **Gebühren** für „individuell zurechenbare öffentliche Leistungen" (vgl. § 1 BGebG) erhoben, so dass in diesen Fällen eine Gegenleistung vorhanden ist und ein Bargeschäft nicht von vornherein ausscheidet.[63] Soweit ein Arbeitgeber die angemeldete **Lohnsteuer** für seinen Arbeitnehmer als Lohnsteuerschuldner (§ 38 Abs. 2 EStG) unmittelbar an das Finanzamt abführt (§ 41a Abs. 1 Nr. 2 EStG), kann zwar im Verhältnis zum Arbeitnehmer als Vertragspartner ein Bargeschäft vorliegen,[64] nicht aber gegenüber dem Fiskus, der nur einen einseitigen Haftungsanspruch gegen den Arbeitgeber erlangt (§ 42d Abs. 1 EstG).[65] Dasselbe gilt im Ergebnis, wenn ein Arbeitgeber Beiträge an Sozialversicherungsträger und insbesondere die Krankenkasse als Einzugsstelle (§ 28h Abs. 1 Satz 1 SGB IV) abführt. Zwar ist der Arbeitgeber der alleinige Schuldner des **Gesamtsozialversicherungsbeitrags** (§ 28e Abs. 1 Satz 1 SGB IV). Jedoch stellen die Leistungen an die Versicherten keine Gegenleistung iSv § 142 Abs. 1 dar. Denn eine so allgemeine Verknüpfung bewirkt keinen konkreten Zufluss haftenden Vermögens gerade an die Schuldnerin.[66] Erst recht fehlt es durchweg am erforderlichen engen zeitlichen Zusammenhang (→ Rn. 26 f.) zwischen den monatlichen Beitragszahlungen des Arbeitgebers und den Versicherungsleistungen, die an andersartige, gesetzlich vorgegebene Merkmale anknüpfen. Da der Arbeitnehmer aber einen **Anspruch auf Bruttolohn** hat,[67] erfüllt der Arbeitgeber durch den

---

[55] *Lwowski/Wunderlich,* FS H.-P. Kirchhof (2003), S. 301, 307; *Bräuer* S. 82 ff.; vgl. BGH NZI 2006, 159 Rn. 16; OLG Frankfurt HRR 1936 Nr. 480; krit. *Eckardt* ZInsO 2004, 888, 892 f.

[56] HambKommInsO/*Rogge/Leptien* § 142 Rn. 3; Braun/*Riggert* § 142 Rn. 19; BeckOK InsO/*Schoon*[12] § 142 Rn. 11; vgl. *Henckel,* FS Deutsch (1999), S. 967, 979 f.

[57] Vgl. RGZ 45, 110, 115.

[58] BGHZ 174, 297 Rn. 40 f. = NJW 2008, 430; KPB/*Ehricke* § 142 Rn. 10; K. Schmidt/*Ganter/Weinland* § 142 Rn. 26; *Kayser,* FS Gero Fischer (2008), S. 267, 275; *Psaroudakis* ZInsO 2009, 1039, 1042 Fn. 24; aA *Kuder* ZInsO 2006, 1065, 1069; *Blum* ZInsO 2007, 528, 530; *Zeller/Edelmann* BB 2007, 1461, 1463.

[59] Vgl. *Piekenbrock* WM 2007, 141, 144; *Gehrlein* WM 2007, 577, 582.

[60] *Raschke* S. 105; K. Schmidt/*Ganter/Weinland* § 142 Rn. 22; KKInsO/*Mohr* § 142 Rn. 69; *Gehrlein* WM 2011, 577, 582. Dem steht BGH NZI 2005, 389, 390 nicht entgegen, weil in dem zugrundeliegenden Fall die Sicherheit Folge einer rechtsgeschäftlichen Abrede war.

[61] BGH NZI 2005, 497, 498; NJW 2006, 1348, 1349; BKInsO/*Haas* § 142 Rn. 14; K. Schmidt/*Ganter/Weinland* § 142 Rn. 10; *Kayser* ZIP 2007, 49, 51 ff.; vgl. HambKommInsO/*Rogge/Leptien* § 142 Rn. 4.

[62] Jaeger/*Henckel* § 142 Rn. 45; KKInsO/*Mohr* § 142 Rn. 102; *Frotscher* BB 2006, 351, 355; *Nacke* DB 2006, 1182, 1183.

[63] So auch K. Schmidt/*Ganter/Weinland* § 142 Rn. 10.

[64] Vgl. BGHZ 183, 86 Rn. 14 = NJW 2010, 870, dort allerdings zum Arbeitnehmeranteil in der Sozialversicherung; HKInsO/*Thole* § 142 Rn. 4 aE.

[65] BGHZ 157, 350, 359 f. = NJW 2004, 1444, 1447; OLG Hamm ZIP 2010, 996, 998 f.; Jaeger/*Henckel* § 142 Rn. 44; HKInsO/*Thole* § 142 Rn. 4; Graf-Schlicker/*Huber* § 142 Rn. 2; K. Schmidt/*Ganter/Weinland* § 142 Rn. 25; AGR/*Gehrlein* § 142 Rn. 8; *Kayser* ZIP 2007, 49, 52 ff.; *Frotscher* BB 2006, 351, 353 ff.; *Nacke* DB 2006, 1745, 1746 f.; aA BFH/NV 1999, 1745, 1746 f.; zweifelnd BFHE 210, 410, 414 f. = NJW 2005, 3807, 3808.

[66] BGH NZI 2005, 497, 498 f.; NZI 2006, 159 Rn. 17; NJW 2006, 1348 Rn. 16; OLG Koblenz ZInsO 2005, 324, 327 f.; AG Hamburg-St. Georg DZWiR 2005, 392, 393; Jaeger/*Henckel* § 130 Rn. 105 f.; HKInsO/*Thole* § 142 Rn. 4; HambKommInsO/*Rogge/Leptien* § 142 Rn. 4; KKInsO/*Mohr* § 142 Rn. 98; BeckOK InsO/*Schoon*[12] § 142 Rn. 11.2; AGR/*Gehrlein* § 142 Rn. 8; *Bräuer* S. 153 ff.; aA LG Freiburg bei *Zeuner* NZI 2007, 369, 372; *Brückl/Kersten* NZI 2004, 422, 424. Zur Bedeutungslosigkeit von § 28e Abs. 1 Satz 2 SGB IV in dieser Hinsicht vgl. BGHZ 183, 86, 89 ff. = NJW 2010, 870 f.

[67] Vgl. statt aller BAGE 97, 150, 152 ff. = NJW 2001, 3570, 3571 (GS); BAGE 160, 6 Rn. 22 = NZA 2018, 811.

Einbehalt und die Abführung der Lohnsteuer und des Arbeitnehmeranteils am Gesamtsozialversicherungsbeitrag den Anspruch der Arbeitnehmer als Gegenleistung für die Inanspruchnahme der Arbeitskraft.[68] Aus diesem Grund hat der Bundesrat im Rahmen der **Anfechtungsrechtsreform** von 2017 vorgeschlagen, die Abführung von Teilen des Bruttolohns ausdrücklich in § 142 Abs. 2 Satz 2 zu erwähnen.[69] Dass dieser Vorschlag im weiteren Gesetzgebungsverfahren nicht mehr aufgegriffen worden ist,[70] beinhaltet keine gesetzgeberische Entscheidung gegen die Annahme eines Bargeschäfts. Für die Beurteilung dieser **Dreiecksbeziehung** (→ Rn. 14) kommt es nicht entscheidend darauf an, dass der Arbeitnehmer selbst (Lohn-)Steuerschuldner ist (§ 38 Abs. 2 EStG), während den Gesamtsozialversicherungsbeitrag nur der Arbeitgeber zu zahlen hat. Da der Arbeitnehmer seine Pflichten bereits durch die Duldung des Lohnsteuerabzugs (§ 38 Abs. 1 EStG) erfüllt und dann nicht mehr auf Zahlung in Anspruch genommen werden kann,[71] unterscheiden sich beide Fälle ohnehin nicht so sehr, wie man Prima facie meinen könnte.[72] Eine solche Fallgestaltung schied zwar in den vom BGH bisher entschiedenen Fällen der Anfechtung von (mindestens angedrohten) Vollstreckungsmaßnahmen wegen verspäteter Zahlung stets aus,[73] könnte aber im Rahmen einer nach § 69 AO vorzunehmenden hypothetischen Schadensbewertung möglicherweise unterstellt werden. Verneint man in derartigen (Ideal-)Fällen zügiger Auszahlung die Anfechtbarkeit, stellt sich auch nicht die Frage, ob andernfalls der Arbeitnehmer oder der Lohnsteuerfiskus bzw. die Krankenkasse der richtige Anfechtungsgegner wäre.[74]

Ein Bargeschäft ist ausgeschlossen, wenn der Schuldner eine Leistung erbringt, die sich **nicht auf die Gegenleistung** für die Leistung des anderen Teils **beschränkt.** Davon ist insbesondere auszugehen, wenn eine vom Schuldner gestellte Sicherheit nicht nur einen neu gewährten, sondern zugleich einen alten Kredit absichern soll,[75] oder wenn neben neu bezogenen Leistungen auch rückständige einheitlich erfüllt werden müssen.[76] 10

b) Abweichungen von der ursprünglichen Parteivereinbarung. Wesentliche **Abweichungen** von der Parteivereinbarung (→ Rn. 7) auch nur in Teilen des Leistungsaustauschs schließen dessen Behandlung als Bardeckung wegen des Normzwecks aus. Eine Abweichung liegt allerdings nicht vor, wenn im Vertrag von vornherein eine Ersetzungsbefugnis für einen Teil vereinbart war.[77] Streitig ist, ob ein Bargeschäft stets ausscheidet, wenn der Schuldner dem anderen Teil eine **inkongruente** Deckung verschafft. Der BGH bejaht diese Frage seit seiner Grundsatzentscheidung 11

---

[68] HKInsO/*Thole* § 142 Rn. 5 aE; P. Kirchhof/*Eisgruber* EStG, 17. Aufl. (2018), § 38 Rn. 18; zu allgemein bejahend BFH NV 1999, 745, 746 f.; offen gelassen von BFHE 210, 410, 414 f. = NJW 2005, 3807, 3808; aA *Kayser* ZIP 2007, 49, 52 ff.; *Nacke* DB 2006, 1182, 1183; letztlich auch *Thole* ZIP 2017, 401, 408. Die pauschal verneinenden Entscheidungen BGHZ 157, 350, 360 = NJW 2004, 1444, 1447; BGH NZI 2005, 497, 498 f. und BGH NZI 2006, 159 Rn. 17 sowie *Frotscher* BB 2006, 351, 353 ff. stellen nur darauf ab, dass die Arbeitsleistung nicht aus dem Vermögen des Hoheitsträgers stammt, nehmen aber nicht eine mögliche Dreiecksbeziehung in den Blick.

[69] Vgl. § 142 Abs. 2 Satz 2 InsO-E idF der Stellungnahme des Bundesrates, BT-Drs. 18/7054, S. 31: „Gewährt der Schuldner seinem Arbeitnehmer Arbeitsentgelt oder führt er Teile des Arbeitsentgelts aufgrund gesetzlicher Verpflichtungen an Dritte ab, ist ein enger zeitlicher Zusammenhang gegeben, wenn der Zeitraum zwischen Arbeitsleistung und Gewährung des Arbeitsentgelts oder der Abführung von Teilen an Dritte drei Monate nicht übersteigt."

[70] Vgl. die ablehnende Gegenäußerung der Bundesregierung (BT-Drs. 18/7054, S. 33), die die Interessen der öffentlich-rechtlichen Gläubiger durch den später nicht Gesetz gewordenen § 131 Abs. 1 Satz 2 RegE (→ § 131 Rn. 3a) für hinreichend gewahrt hielt. Zur Kritik an dem Vorschlag vgl. *Hirte* ZInsO 2016, 2027 ff.; *ders.* BT-Plenarprotokoll 18/218, S. 21907, 21909 (A) = ZInsO 2017, 427, 429.

[71] P. Kirchhof/*Eisgruber* EStG, 17. Aufl. (2018), § 38 Rn. 17.

[72] Für § 28e Abs. 1 Satz 1 SGB IV wie hier LG Dresden NZI 2014, 654, 655; aA für diesen Fall wegen der alleinigen Zahlungspflicht des Arbeitgebers LG Stuttgart ZIP 2001, 2014, 2015; OLG Saarbrücken NZI 2014, 804, 806.

[73] Vgl. BGH NJW 2006, 1348 Rn. 16 f.; Beschl. v. 13.4.2006 – IX ZR 36/05 Rn. 2; vgl. auch BAGE 112, 266, 270 = NJW 2005, 1389, 1390; *Kayser* ZIP 2007, 49, 51 ff.

[74] Für eine Anfechtung gegen den Hoheitsträger *Kayser* ZIP 2007, 49, 54. Dies dürfte jedenfalls deswegen zutreffen, weil der Arbeitnehmer mit der Zahlung nur hoheitliche Pflichten erfüllt, für die im Falle der Steuerzahlung gar keine messbare Gegenleistung in sein Vermögen gelangt, während der ihm für die Sozialversicherungsbeiträge gewährte persönliche Versicherungsschutz keinen Gegenwert für die Insolvenzgläubiger im Allgemeinen darstellt.

[75] HKInsO/*Thole* § 142 Rn. 7; FKInsO/*Dauernheim/Blank* § 142 Rn. 7; *Hess* InsO § 142 Rn. 20, 21; RSZ/*Zeuner* § 142 Rn. 6; vgl. BGH LM § 30 KO Nr. 1 = BB 1952, 868 f.; NJW-RR 1993, 238, 240; OLG Hamburg ZIP 1984, 1373, 1376; vgl. *Obermüller,* Insolvenzrecht Rn. 6.103 f.

[76] BGHZ 97, 87, 94 = NJW 1986, 1496, 1498; vgl. AG Magdeburg ZIP 1996, 1756, 1757.

[77] Vgl. BGHZ 70, 177, 183 f. = NJW 1978, 758, 759; RGZ 71, 89, 90 f.; KPB/*Ehricke* § 142 Rn. 9; BKInsO/*Haas* § 142 Rn. 17; KKInsO/*Mohr* § 142 Rn. 6.

zur Weiterleitung von Kundenschecks;[78] das Schrifttum ist in dieser Frage gespalten.[79] Auf der Grundlage der **BGH-Rechtsprechung** sind spätere Änderungen der Parteivereinbarung nur bis zu dem Zeitpunkt unschädlich, in dem die zeitlich erste Leistung eines Vertragsteils erbracht wird.[80] Bis zu diesem Zeitpunkt kann etwa im Rahmen einer **Kongruenzvereinbarung** unanfechtbar vereinbart werden, dass der Besteller direkt an den Subunternehmer leisten soll.[81] Die erste Leistung ist bei Werklieferungsverträgen (§ 651 BGB) noch nicht erbracht, wenn die bestellten Sachen zwar bereits angefertigt, aber noch nicht ausgeliefert worden waren und damit noch im Eigentum des Herstellers stehen.[82] In einem Dauerschuldverhältnis kann für die Zukunft eine kürzere Abrechnungsperiode vereinbart werden, um den unmittelbaren zeitlichen Zusammenhang von Leistung und Gegenleistung zu wahren.[83] Dagegen steht eine Annahme einer anderen als der geschuldeten **Leistung an Erfüllungs statt** (§ 364 Abs. 1 BGB) dem Bargeschäftsprivileg entgegen. Leisten beide Vertragsteile dagegen in anderer Reihenfolge als ursprünglich vereinbart, aber innerhalb des erforderlichen engen zeitlichen Zusammenhangs nacheinander, deutet dies auf eine stillschweigende, rechtzeitige Änderung der anfänglichen Absprache hin; dadurch allein werden die Insolvenzgläubiger nicht benachteiligt.[84] Auch eine Sanierungsvereinbarung über planmäßige Tilgungsleistungen kann wiederum Grundlage von Bargeschäften sein.[85]

12 Der BGH-Rechtsprechung kann **nicht uneingeschränkt zugestimmt** werden. Die Begründung zu § 161 RegE, der gut anderthalb Jahre vor Erlass dieser Grundsatzentscheidung vom 30.9.1993 verabschiedet worden ist,[86] geht wie selbstverständlich davon aus, „daß Bargeschäfte nicht der Anfechtung kongruenter und inkongruenter Deckungen (§§ 145, 146 des Entwurfs) [≈ §§ 130, 131] unterliegen".[87] Diese Aussage ist nur sinnvoll, wenn inkongruente Deckungen nicht per se vom Bargeschäftsprivileg ausgeschlossen sind. Der BGH erwähnt diese Passage nicht, sondern beschränkt sich auf den Hinweis, dass auch nach der Entwurfsbegründung „Leistung und Gegenleistung durch Parteivereinbarung miteinander verknüpft" sein müssen.[88] Diese Verknüpfung liegt aber auch vor, wenn der Schuldner sogar vorfällig zahlt, obwohl darin eine inkongruente Deckung iSv § 131 Abs. 1 liegt (→ § 131 Rn. 42). IÜ entspricht auch eine Zahlung nach dem vereinbarten Fälligkeitstermin nicht der Parteivereinbarung, ist aber mit der Gegenleistung durch die Parteivereinbarung verknüpft und kann, wenn der enge zeitliche Zusammenhang iSv § 142 Abs. 2 Satz 1, 2 gewahrt bleibt, als Bargeschäft privilegiert sein, weil es sich bei verspäteten Zahlungen um kongruente Deckungen handelt.[89] Vorzugswürdig erscheint daher der am Gesetzeszweck orientierte Vorschlag von *Henckel*, danach zu fragen, ob die Leistung des Schuldners **innerhalb seines normalen ordentlichen Geschäftsganges** liegt.[90] Bei der Stellung von Kreditsicherheiten stehen daher geringfügige Abweichungen vom vereinbarten Leistungsinhalt der Annahme eines Bargeschäfts nicht entgegen, zB wenn statt einer vereinbarten Abtretung

---

78 Vgl. grundlegend BGHZ 123, 320, 328 f. = NJW 1993, 3267, 3268 f.; vgl. entsprechend BGH NJW 1999, 645, 646; NZI 2004, 491 f.; NJW 2007, 2324 Rn. 22; NZI 2007, 456 Rn. 10; NZI 2010, 985 Rn. 32 ff.; OLG Koblenz ZInsO 2005, 324, 328; OLG Köln NZI 2005, 112, 114; OLG Celle NZI 2005, 334, 335; OLG Karlsruhe NZI 2008, 247, 248; aA OLG Hamm ZIP 2001, 1683, 1686 f.; OLG München WM 2002, 621, 624; LG Bochum ZIP 2001, 87, 89.

79 Dem BGH folgend MüKoInsO/*Kirchhof* → 3. Aufl. § 140 Rn. 7; HKInsO/*Thole* § 142 Rn. 8 f.; Uhlenbruck/*Borries/Hirte* § 142 Rn. 6, 12; HambKommInsO/*Rogge/Leptien* § 142 Rn. 5; K. Schmidt/*Ganter/Weinland* § 142 Rn. 9; BeckOK InsO/*Schoon*[12] § 142 Rn. 3; Gottwald/*Huber*, InsO-HdB, § 46 Rn. 78; *Mauer*, Anfechtungsprozess Rn. 121, 124; FKInsO/*Dauernheim/Blank* § 142 Rn. 2; Nerlich/Römermann/*Nerlich* § 142 Rn. 10; *Hess* InsO § 142 Rn. 4; BKInsO/*Haas* § 142 Rn. 17; KPB/*Ehricke* § 142 Rn. 12; *Uhlenbruck* WuB VI B. § 30 Nr. 1 KO 1.94; *Raschke* S. 103 f.; *Bräuer* S. 54 ff., 120, 148 f.; *Kayser* ZIP 2007, 49 f.; *Gehrlein* BB 2011, 577, 582; im konkreten Einzelfall auch Jaeger/*Henckel* § 142 Rn. 9; krit. dagegen *Peschke*, Die Insolvenz des Girokontos, 2005, S. 248 ff.; *Wischemeyer*, Die Insolvenzanfechtung der Rückführung debitorischer Konten durch Einstellung von Gutschriften in der Krise (2002), S. 60, 90 f.; *Persch* S. 87 f.; *Marotzke/Kick* JR 1995, 106, 109; *Eckardt* ZIP 1999, 1417, 1424; *Bork*, FS H.-P. Kirchhof (2003), S. 57, 67; *C. Paulus*, FS Gero Fischer (2008), S. 445, 454; *Lwowski/Wunderlich*, FS H.-P. Kirchhof (2003), S. 301, 303 ff.; *Heublein* ZIP 2000, 161, 172; *Rigol/Homann* ZIP 2002, 15 f.

80 BGHZ 123, 320, 328 f. = NJW 1993, 3267, 3268; BGH NZI 2007, 456 Rn. 14; NZI 2015, 183 Rn. 24; KKInsO/*Mohr* § 142 Rn. 13; AGR/*Gehrlein* § 142 Rn. 7.

81 So BGHZ 208, 243 Rn. 15 ff. = NJW 2016, 1012.

82 So BGH NJW 2014, 2956 Rn. 22; BGHZ 208, 243 Rn. 23 = NJW 2016, 1012.

83 Vgl. OLG Bamberg ZInsO 2017, 387, 388.

84 BKInsO/*Haas* § 142 Rn. 17.

85 Uhlenbruck/*Borries/Hirte* § 142 Rn. 38.

86 Der RegE ist als BR-Drucks. 1/92 vom 3.1.1992 dem Bundesrat zugeleitet worden.

87 BT-Drs. 12/2443, S. 167, wörtlich zitiert von BGH NJW 2019, 1289 Rn. 46 (für BGHZ bestimmt).

88 So BGHZ 123, 320, 328 = NJW 1993, 3267, 3268 f.

89 Insoweit ungenau Jaeger/*Henckel* § 142 Rn. 8, der die verspätete Zahlung für inkongruent hält.

90 So Jaeger/*Henckel* § 142 Rn. 9.

von Forderungen gegen Kunden mit den Anfangsbuchstaben A bis K diejenigen Forderungen gegen Kunden mit den Anfangsbuchstaben L bis Z abgetreten werden und der Umfang der Sicherung sich hierdurch nicht wesentlich verändert.[91] Wie sich heute aus § 142 Abs. 2 Satz 3 ergibt, können auch **Drittzahlungen,** die – bei deutscher *lex causae*[92] – eine inkongruente Deckung iSv § 131 Abs. 1 gewähren (→ § 131 Rn. 35a), vom Bargeschäftsprivileg erfasst werden. Dieser ausdrücklich nur für die Zahlung von Arbeitsentgelt getroffenen Regelung kann entnommen werden, dass auch in anderen Fällen eine Drittzahlung insbesondere durch ein verbundenes Unternehmen oder vom Besteller an den Subunternehmer[93] innerhalb des normalen ordentlichen Geschäftsganges liegen und damit bargedeckt sein kann.[94] Dagegen kann § 142 Abs. 1 auf Leistungen im Wege der **Zwangsvollstreckung** nicht angewendet werden. Das gilt auch, wenn es bei der Zwangsvollstreckung gegen den Schuldner zu einem Leistungsaustauch Zug um Zug kommt (§§ 756, 765 ZPO), weil auch darin kein normaler Geschätsvorgang liegt.[95]

2. Gleichwertigkeit. a) Allgemeines. Die beiderseitigen Leistungen müssen gleichwertig sein. 13
Nach dem Gesetzeszweck darf allerdings die dem Schuldner zufließende Leistung auch höherwertig sein.[96] Die Voraussetzung der Gleichwertigkeit bedeutet im Ergebnis das Fehlen einer unmittelbaren Gläubigerbenachteiligung mit Blick auf das schuldrechtliche Geschäft; durch den Leistungsaustausch wird das Schuldnervermögen lediglich „umgeschichtet",[97] soweit die Gegenleistung nicht in Dienstleistungen oder der Lieferung von Verbrauchsgütern liegt (→ Rn. 6). Die Gleichwertigkeit ist nach objektiven Maßstäben zu beurteilen; die bloß subjektive Vorstellung der Beteiligten von der Gleichwertigkeit genügt nicht.[98] Auch reine Liebhaberinteressen, die sich nicht in einem Marktwert ausdrücken, bleiben außer Betracht.[99] Der Wert ist möglichst entsprechend dem bei einer freihändigen Veräußerung zu erzielenden Preis festzustellen.[100] Nur geringfügige Wertschwankungen können unschädlich sein, zB Preisschwankungen im marktüblichen Rahmen.[101] Aus dem Vermögen des Schuldners können vermögenswerte Leistungen jeder Art ausgeglichen werden, zB Überlassung von Gegenständen zur Miete,[102] Werk-[103] und Dienstleistungen.[104] Die Gegenleistung muss nicht Massebestandteil geworden sein und damit der Befriedigung der Insolvenzgläubiger zur Verfügung stehen.[105] Daher erfasst § 142 Abs. 1 nach seinem Telos neben Verträgen über Dienstleistungen und Verbrauchsgütern auch den Erwerb notwendiger, aber nach § 811 Abs. 1 Nr. 1, 5 ZPO unpfändbarer Sachen wie zB Kleidung, Mobiliar oder die EDV-Anlage eines Rechtsanwalts.[106] Dagegen gehören die nach § 811 Abs. 1 Nr. 4, 9 ZPO unpfändbaren Sachen ohnehin zur Insolvenzmasse (§ 36 Abs. 2 Nr. 2). Erwirbt der Schuldner

---

91 Vgl. *Obermüller,* Insolvenzrecht Rn. 6.92.

92 Zum Direktanspruch des Subunternehmers nach Art. 1798 code civil in Belgien vgl. BGH NZI 2015, 183 Rn. 11 ff.

93 Vgl. zu einem solchen Fall BGH NZI 2007, 456 Rn. 10.

94 AA *Thole* ZIP 2017, 401, 408, der § 142 Abs. 2 Satz 3 „zwingend als Sonderregelung nur für den Arbeitnehmerlohn begreifen" möchte.

95 AA MüKoInsO/*Kirchhof* → 3. Aufl. § 140 Rn. 7.

96 BGHZ 202, 59 Rn. 13 = NJW 2014, 2579; HKInsO/*Thole* § 142 Rn. 7; Uhlenbruck/*Borries/Hirte* § 142 Rn. 23; KPB/*Ehricke* § 142 Rn. 4; BeckOK InsO/*Schoon*[12] § 142 Rn. 12; AGR/*Gehrlein* § 142 Rn. 18; *Bräuer* S. 79; *Lwowski/Wunderlich,* FS H.-P. Kirchhof (2003), S. 301, 306.

97 K. Schmidt/*Ganter/Weinland* § 142 Rn. 46; KKInsO/*Mohr* § 142 Rn. 34; BeckOK InsO/*Schoon*[12] § 142 Rn. 12. Anders anscheinend die entsprechende österreichische Einschränkung für „Zug-um-Zug-Geschäfte", die stattdessen die Anfechtbarkeit „nachteiliger Rechtsgeschäfte" offenhält. Vgl. dazu iE *König,* Die Anfechtung nach der IO, 5. Aufl. (2014) Rn. 10/8, 11/48 ff.

98 BT-Drs. 12/2443, S. 167 zu § 161 RegE; FKInsO/*Dauernheim/Blank* § 142 Rn. 6; KPB/*Ehricke* § 142 Rn. 5; Nerlich/Römermann/*Nerlich* § 142 Rn. 6; RSZ/*Zeuner* § 142 Rn. 6; Uhlenbruck/*Borries/Hirte* § 142 Rn. 23; BKInsO/*Haas* § 142 Rn. 27; KKInsO/*Mohr* § 142 Rn. 31; BeckOK InsO/*Schoon*[12] § 142 Rn. 14; AGR/*Gehrlein* § 142 Rn. 1, 18; *Bräuer* S. 78 f.

99 BKInsO/*Haas* § 142 Rn. 27.

100 Vgl. BGH NZI 2005, 389, 390; KKInsO/*Mohr* § 142 Rn. 32.

101 So auch BeckOK InsO/*Schoon*[12] § 142 Rn. 14.

102 BGHZ 166, 125 Rn. 48 = NJW 2006, 1800; OLG Stuttgart ZInsO 2006, 274, 276; BKInsO/*Haas* § 142 Rn. 12, 36; vgl. auch BGHZ 151, 353, 369 ff. = NJW 2002, 3326, 3330 und zu § 135 Abs. 1 Nr. 2 *Fischer,* FS Wellensiek (2011), S. 443, 448 f.

103 BKInsO/*Haas* § 142 Rn. 27; *Brauns* BauR 2003, 301, 303.

104 KPB/*Ehricke* § 142 Rn. 3; BKInsO/*Haas* § 144 Rn. 12; vgl. BGH NJW 2009, 659 Rn. 20; BAGE 139, 235 Rn. 14 = NZI 2011, 981; *Wroblewski* NJW 2012, 894, 895 f.; aA OLG Stuttgart ZIP 2004, 129 f.; AG Hamburg-St. Georg DZWiR 2005, 392, 393.

105 BKInsO/*Haas* § 142 Rn. 27; vgl. FKInsO/*Dauernheim/Blank* § 142 Rn. 6; HambKommInsO/*Rogge/Leptien* § 142 Rn. 16; aA K. Schmidt/*Ganter/Weinland* § 142 Rn. 14; BeckOK InsO/*Schoon*[12] § 142 Rn. 15; *Raschke* S. 96 ff., 122 ff.; *Bräuer* S. 87 ff.

106 Vgl. KPB/*Ehricke* § 142 Rn. 3; BKInsO/*Haas* § 142 Rn. 13; *Meyer* DZWiR 2003, 6, 10.

durch seine Leistung einen Zahlungsanspruch gegen einen Dritten, genügt dies – außer beim Erwerb öffentlich gehandelter Schuldverschreibungen – für sich als Gegenleistung nur, wenn ein Kreditinstitut zahlungspflichtig ist; dann stellt der Anspruch nach der Verkehrsauffassung selbst „Buchgeld" dar. Bei allen anderen Schuldnern muss die zeitnahe Tilgung der Verbindlichkeit hinzutreten.

14 Beim Vertrag zugunsten **Dritter** ist für die Gleichwertigkeit der erbrachten Gegenleistung auf den Leistungsaustausch im Dreiecksverhältnis abzustellen (→ Rn. 9). Auch sonstige „mittelbare Zuwendungen" an den Schuldner können vertraglich in ein Bargeschäft eingebunden werden: Entrichtet der Schuldner seine Leistung unmittelbar an einen Dritten, kann § 142 eingreifen, wenn der Schuldner über weitere Personen vereinbarungsgemäß zeitnah einen vollen Ausgleich erhält.[107] Dies trifft zB zu, wenn der Schuldner seine (Dritt-)Schuldnerin anweist, an seinen Lieferanten zu zahlen, der dafür dem Schuldner gleichwertiges Material liefert.[108] Dieselben Anforderungen sollten auch für Leistungen innerhalb einer **Unternehmensgruppe** gelten: „Irgendein" wirtschaftlicher Nutzen, den eine Konzerntochter durch einen von ihr mitbesicherten, der Muttergesellschaft gewährten Bankkredit erlangt, ist keine gleichwertige Gegenleistung. Da es kein einheitliches Konzerninsolvenzverfahren gibt, kann nur ein verkehrsüblicher Vermögenszufluss bei der (insolvent werdenden) Konzerntochter ein Ausgleich iSv § 142 für die von ihr gestellte Besicherung sein (→ Rn. 12).[109]

15 Maßgeblicher **Zeitpunkt** für die Beurteilung der Gleichwertigkeit ist derjenige, in dem die erste Vertragsleistung erbracht wird; spätere Änderungen des ursprünglichen Vertragsinhalts bleiben außer Betracht, es sei denn, die Geltung von Tagespreisen ist wirksam vereinbart oder entspricht der Verkehrssitte.[110] Ein voraussehbarer schneller Wertverfall ist bei der Preisbildung zum maßgeblichen Stichtag angemessen zu berücksichtigen.[111] Verschiebt sich dagegen das Wertverhältnis schon zwischen Vertragsschluss und erster Leistung nicht nur unerheblich zu Ungunsten des Schuldners, liegt wegen des Normzwecks kein Bargeschäft vor;[112] ein solches Risiko kann regelmäßig durch eine zügige Vertragsabwicklung vermieden werden.

16 An der Gleichwertigkeit fehlt es nicht schon deshalb, weil der Schuldner zB als angemessenen Kaufpreis Bargeld erhält, das er dem Zugriff seiner Insolvenzgläubiger leichter entziehen kann,[113] oder weil die Gegenleistung nach dem Stichtag unvorhersehbar an Wert verliert. Eine solche Entwicklung begründet lediglich eine mittelbare Gläubigerbenachteiligung (→ § 129 Rn. 112, 121 bis 125), die ein Bargeschäft bestimmungsgemäß (→ Rn. 2) nicht ausschließen kann.[114]

17 Die Gegenleistung muss wegen des Normzwecks den Wert der Leistung des Schuldners **voll ausgleichen.** Ein einheitliches Austauschverhältnis darf grundsätzlich nicht in ein teilweise ausgleichendes Bargeschäft und einen zugunsten des Gläubigers überschießenden anfechtbaren Teil aufgespalten werden.[115] Leistet ein Gläubiger eine von vornherein als geringerwertig einzuschätzende Gegenleistung, liegt insgesamt kein Bargeschäft vor. Eine Teilanfechtung ist nur möglich, wenn sich das Rechtsgeschäft in selbständige Teile aufspalten lässt (→ § 143 Rn. 31). Diese Voraussetzung ist gegeben, wenn eine angemessene Honorarvereinbarung formnichtig ist, so dass die Zahlung des zusätzlichen (vermeintlichen) Vertragshonorars nicht nur inkongruent (§ 131 InsO),[116] sondern auch als rechtsgrundlos kondizierbar ist (§ 812 Abs. 1 Satz 1 Alt. 1 BGB).[117]

---

107 Vgl. BGH NJW-RR 1990, 230, 232; ZIP 1990, 1420, 1422; KG ZIP 2011, 535, 536; *Raschke* S. 119 ff.; *Bräuer* S. 92 f. Dem steht BGHZ 138, 291, 301 = NJW 1998, 2592, 2595 auch für Konzernfinanzierungen nicht entgegen; diese Ausführungen betreffen allein § 138 Abs. 1 BGB.

108 Vgl. OLG Koblenz ZIP 2006, 273, 274; OLG Köln ZInsO 2006, 657.

109 Vgl. *Lwowski/Wunderlich* WM 2004, 1511, 1517 f.; *Bräuer* S. 133 ff.; aA *Obermüller,* FS H.-P. Kirchhof (2003), S. 359 f. Soweit BGH NJW 1998, 2592, 2599 (insoweit nicht in BGHZ 138, 291) schon einen solchen Vorteil als „Entgelt" angesehen hat, ist diese Auffassung überholt (→ § 134 Rn. 31a, 33a).

110 HambKommInsO/*Rogge* § 142 Rn. 13; BKInsO/*Haas* § 142 Rn. 29; KKInsO/*Mohr* § 142 Rn. 41; *Lwowski/Wunderlich,* FS H.-P. Kirchhof (2003), S. 301, 307; *Bräuer* S. 80; vgl. RGZ 100, 87, 90; HKInsO/*Thole* § 142 Rn. 4 aE; KPB/*Ehricke* § 142 Rn. 6; dagegen hält RSZ/*Zeuner* § 142 Rn. 6 den Zeitpunkt des Vertragsschlusses für maßgeblich.

111 Vgl. LG Bonn CR 1991, 403, 404.

112 *Ulrich,* Vertragsgestaltung im Hinblick auf die drohende Insolvenzanfechtung (2009), S. 134 ff.; *Obermüller* WM 1984, 325, 326 f.

113 BT-Drs. 12/2443, S. 167 zu § 161 RegE; FKInsO/*Dauernheim/Blank* § 142 Rn. 6; Nerlich/Römermann/*Nerlich* § 142 Rn. 6; Uhlenbruck/*Borries/Hirte* § 142 Rn. 24; HKInsO/*Thole* § 142 Rn. 7; BKInsO/*Haas* § 142 Rn. 30; AGR/*Gehrlein* § 142 Rn. 18; *Bräuer* S. 81.

114 So auch BeckOK InsO/*Schoon*[12] § 142 Rn. 16.

115 BKInsO/*Haas* § 142 Rn. 31; *Lwowski/Wunderlich,* FS H.-P. Kirchhof (2003), S. 301, 306 f.; *Bräuer* S. 79 f.; krit. *Eckardt* ZInsO 2004, 888, 893 f.

116 § 134 ist nach Maßgabe von BGHZ 214, 350 Rn. 9 ff. = NJW 2017, 2199 und BGH NZI 2017, 975 Rn. 5 nicht einschlägig, wenn der Mandant von der Wirksamkeit der Honorarvereinbarung ausgeht (→ § 134 Rn. 22).

117 Vgl. OLG Düsseldorf ZIP 2017, 1486, 1487.

Auch das bloße Versprechen des anderen Teils, seine Leistung (alsbald) zu erbringen, stellt keinen Ausgleich für eine Leistung des Schuldners dar.[118] Umgekehrt kann wegen der Schutzrichtung der Norm ein Bargeschäft insoweit vorliegen, als der Schuldner wenigstens einen Teil der ihm erbrachten, höherwertigen Leistung bezahlt.[119]

b) Einzelfälle. Nicht gleichwertig ist die vereinbarte Zahlung eines überhöhten Kaufpreises durch den Schuldner oder die Leistung eines Insolvenzgläubigers, der einen neuen Auftrag nur gegen zusätzliche **Bezahlung von Altschulden** ausführt.[120] Dagegen soll die Vereinbarung eines **Frachtführers** mit einer Absenderin, die offene (Alt-)Verbindlichkeiten nicht bezahlen kann, einen Transport als Ausgleich dafür auszuführen, dass das Pfandrecht des Frachtführers auf die zu realisierende Forderung gegen den Empfänger erstreckt wird, ein gleichwertiger Ausgleich auch insoweit sein, als der Wert des Frachtführerpfandrechts nicht nur für die neuen, sondern zugleich für alte Transporte dem Wert der verpfändeten Forderung entspricht; für eine Abtretung anstelle der Verpfändung soll dasselbe gelten.[121] Dies ist mit den Grundsätzen über unmittelbare Gläubigerbenachteiligung nicht zu vereinbaren. 18

Gegenüber der Befugnis des Kreditinstituts, in einem ungekündigten **Kontokorrentverhältnis** 19 **Zahlungseingänge** auf einem Konto des Schuldners zur Verringerung eines Sollsaldos zu **verrechnen,** ist es ein gleichwertiger Ausgleich, wenn der Schuldner seinerseits einen Anspruch auf weitere Kreditgewährung im Rahmen eines vereinbarten Kreditlimits hat.[122] Unerheblich hierfür ist es regelmäßig, ob die Kreditlinie ohne die Gutschriften überschritten worden wäre;[123] bei Überziehungen sind hingegen – mindestens konkludente – Absprachen nötig,[124] sei es auch eine stillschweigend auf eine gewisse Dauer geduldete Kontoüberziehung.[125] Aus welchen Gründen die kontoführende Bank einzelne Buchungen in das Kontokorrentverhältnis (vertragsgemäß) einbezogen hat, ist ohne Bedeutung.[126] In Betracht kommt insbesondere die Einlösung von Schecks,[127] Wechseln[128] oder Lastschriften.[129] Auf die Reihenfolge der Zahlungsein- und -ausgänge kommt es nicht entscheidend an.[130] Ein Bargeschäft kann auch noch vorliegen, wenn das Kreditinstitut zwar nicht alle, aber einzelne Verfügungen des Schuldners über sein im Soll geführtes Konto im Ausgleich gegen verrechnete Eingänge ausführt.[131] Unerheblich ist ferner, ob das Kreditinstitut in der Folgezeit Überweisungen – sei es auch vertragwidrig – einstellt; unabhängig hiervon kann bis zur Beendigung ein Bargeschäft vorliegen,[132] während dem Bankkunden für die Folgezeit Schadensersatzansprüche vorbehalten bleiben.

---

118 BGH NJW 2008, 659 Rn. 19; BeckOK InsO/*Schoon*[12] § 142 Rn. 13.

119 BKInsO/*Haas* § 142 Rn. 30; vgl. OLG Stuttgart ZInsO 2006, 274, 276 für Teilzahlungen auf Mietraten.

120 OLG Stuttgart ZIP 2002, 1900, 1902; vgl. BGHZ 154, 190, 195 = NZI 2003, 315, 316 f.; KKInsO/*Mohr* § 142 Rn. 35.

121 BGH NZI 2005, 389, 390 f.; HambKommInsO/*Rogge/Leptien* § 142 Rn. 28; AGR/*Gehrlein* § 142 Rn. 5; krit. *Leithaus* NZI 2005, 532, 533 f.

122 BGHZ 150, 122, 130 ff. = NJW 2002, 1722, 1724; BGH NJW 2003, 360, 362; NZI 2004, 491 f.; NZI 2008, 184 Rn. 15; OLG Rostock ZIP 2003, 1805, 1808; OLG Brandenburg WM 2006, 1911, 1912; Uhlenbruck/*Borries/Hirte* § 142 Rn. 51; BKInsO/*Haas* § 142 Rn. 33; KKInsO/*Mohr* § 142 Rn. 46; AGR/*Gehrlein* § 142 Rn. 9; *Obermüller,* Insolvenzrecht Rn. 3.174; *Bruckhoff* NJW 2002, 3304, 3305; *Kayser,* FS Gero Fischer (2008), S. 267, 275 ff.; *Th. Fischer* ZInsO 2003, 101, 104 f.; *Streit/Jordan* DZWiR 2004, 441, 444; *Bräuer* S. 116 f.; iE auch *Wischemeyer,* Die Insolvenzanfechtung der Rückführung debitorischer Konten durch Einstellung von Gutschriften in der Krise, 2002, S. 84 ff.; zur entsprechenden Rechtslage für KO und GesO ferner BGH NJW 1999, 3264, 3265 f.; NJW 2001, 1650, 1651; NZI 2003, 319 f.; OLG Brandenburg ZIP 2000, 366 f. (LS); KG ZInsO 2002, 324, 325; *de Bra* NZI 1999, 249, 252; *Steinhoff* ZIP 2000, 1141, 1148 f.

123 BGHZ 150, 122, 131 ff. = NJW 2002, 1722, 1724; *Zuleger* ZInsO 2002, 49, 52 f.; *Bräuer* S. 125 ff.; *Persch* S. 144 ff.; differenzierend *Steinhoff* ZIP 2000, 1141, 1150; aA OLG Hamm ZIP 2001, 1683, 1686 f.; LG Bochum ZIP 2001, 87, 89; *Bork,* Zahlungsverkehr Rn. 227; *Heublein* ZIP 2000, 161, 171 f.

124 Vgl. OLG Rostock ZIP 2003, 1805, 1808.

125 Vgl. KPB/*Ehricke* § 142 Rn. 18.

126 BGH NZI 2004, 491, 492; BGH, Beschl. v. 21.4.2005 – IX ZR 23/03.

127 *Bork,* Zahlungsverkehr Rn. 469; *Wischemeyer,* Die Insolvenzanfechtung der Rückführung debitorischer Konten durch Einstellung von Gutschriften in der Krise (2002), S. 87 f. Dem steht BGH 118, 171, 173 = NJW 1992, 1960 f. nicht entgegen, weil in dem entschiedenen Fall keine weiteren Verfügungen zugelassen worden waren.

128 *Obermüller,* FS Fuchs (1996), S. 157, 161 f.

129 BGHZ 70, 177, 184 f. = NJW 1978, 758, 759; *Bork,* Zahlungsverkehr Rn. 269, 323; *Canaris,* Bankvertragsrecht Rn. 653; vgl. BGH NJW 1980, 1964.

130 BGHZ 150, 122, 131 = NJW 2002, 1722, 1724; BGHZ 167, 190 Rn. 39 = NJW 2006, 2701; Beschl. v. 27.3.2008 – IX ZR 29/07 Rn. 4; zur GesO auch BGH NJW 1999, 3264, 3265 f.; NJW 2001, 1650, 1651.

131 BGH NJW 2003, 360, 362; NJW 2012, 2517 Rn. 13; *Bräuer* S. 128 f.; KKInsO/*Mohr* § 142 Rn. 47.

132 AA LG Rostock ZInsO 2006, 446, 447.

20 Jedoch entfällt ein Bargeschäft mangels Gegenleistung, soweit das Kreditinstitut im Ergebnis **eigene Forderungen zurückführt,**[133] sei es auch eine nicht genehmigte Kontoüberziehung.[134] Der BGH hat der Bank den Bargeschäftseinwand auch versagt, wenn mit dem neu bewilligten Kredit eine von ihr verbürgte Verbindlichkeit getilgt wird.[135] Die Verrechnung der Gutschrift darf nicht der letzte Akt sein, bevor das Kreditinstitut planmäßig das Konto des Schuldners schließt.[136] Allerdings sollte es unschädlich sein, wenn das Kreditinstitut nur diejenigen eigenen, fälligen Kosten- und Zinsansprüche verrechnet, die ihm speziell für die Weiterführung des fraglichen Kontos im jeweiligen Zeitraum gebühren;[137] denn auch dies ist eine unmittelbare Gegenleistung für die Kreditgewährung. Wird ein Kontokorrent allein auf Guthabenbasis geführt, kann die vom Kreditinstitut vorgenommene Verrechnung mit Zahlungsausgängen kein Bargeschäft sein, weil das Kreditinstitut – abgesehen von der Dienstleistung – keine Gegenleistung an den Kontoinhaber erbringt; dass dieser über sein eigenes Guthaben verfügen darf, genügt für § 142 nicht.[138] Andererseits wird in derartigen Fällen die Anfechtung gegenüber den Empfängern der vom Schuldner angewiesenen Zahlungen die Anfechtung gegenüber der Zahlstelle im Allgemeinen unabhängig davon ausschließen, ob diese im Einzelfall Erfolg hat (→ § 129 Rn. 50). Wird ein Kredit von mehreren, aufgrund eines einheitlichen Vertrages **gesamtschuldnerisch haftenden Kreditnehmern** aufgenommen und führt ihn der spätere Schuldner zurück, während Mitschuldner den Kredit weiter in Anspruch nehmen, sollte dies bei einheitlicher Kontoführung als Leistung der Bank auch an den Schuldner gelten; der Ausgleich für die Insolvenzmasse ist dann gegenüber dem Mitschuldner zu suchen.[139]

21 Objektiv gleichwertig kann insbesondere die Bestellung einer angemessenen **Kreditsicherheit** für ein (neues) Darlehen sein.[140] Auf der einen Seite ist der Wert der vom Schuldner gestellten Sicherheiten zu berücksichtigen. Bei beweglichen Sicherungsgegenständen ist der übliche Risikozuschlag von etwa 50 % auf den Nennwert (§ 237 Satz 1 BGB)[141] des Darlehens als angemessen hinzunehmen.[142] Die Besicherung durch eine in voller Höhe werthaltigen Grundschuld und zusätzlich durch eine Abtretung (fast) aller Außenstände kann unangemessen hoch sein.[143] Gegenüberzustellen ist der Wert der dem Schuldner für seine Zwecke effektiv zufließenden Kreditmittel; das bloße Stehenlassen einer Darlehensforderung ist keine ausgleichende Gegenleistung im Sinne des Bargeschäfts für deren nachträgliche Absicherung[144] oder gar für eine Verringerung des Schuldsaldos.[145] Zudem muss der Zugriff des Schuldners auf die Darlehensvaluta rechtlich gesichert sein.[146]

---

133 BGHZ 150, 122, 128, 130 = NJW 2002, 1722, 1724; BGH NJW 2003, 360, 361 f.; NZI 2005, 630, 631; NZI 2008, 175 Rn. 6; NJW 2012, 2517 Rn. 13 f.; OLG Düsseldorf ZIP 2004, 1008, 1009; KG ZInsO 2004, 394, 395 f.; OLG Köln NZI 2005, 112, 114; OLG Celle NZI 2005, 334, 335; LG Berlin NZI 2004, 269; *Wischemeyer,* Die Insolvenzanfechtung der Rückführung debitorischer Konten durch Einstellung von Gutschriften in der Krise, 2002, S. 95 ff.; für die Genehmigung von Lastschriften im Verhältnis zur Zahlstelle auch *Kuder,* Die Zahlstelle in der Insolvenz des Lastschriftschuldners im Einzugsermächtigungsverfahren (2006), S. 87 f.

134 KPB/*Ehricke* § 142 Rn. 18.

135 So BGH NZI 2008, 175 Rn. 9, 10; aA *Bitter/Rauch* WuB VI A. § 142 InsO 1.08, die der Bank den Nachweis eröffnen wollen, dass es den fraglichen Betrag (hypothetisch) auch zur Zahlung an Drittgläubiger zugelassen hätte.

136 BGH DZWiR 2010, 290 Rn. 2; K. Schmidt/*Ganter/Weinland* § 142 Rn. 20; AGR/*Gehrlein* § 142 Rn. 10.

137 KG ZInsO 2004, 394, 396 zu 3.; vgl. BGH NJW 1999, 3780, 3781; NZI 2004, 491, 492; zweifelnd *Bruckhoff* NJW 2004, 494, 495; aA OLG München ZIP 2002, 608, 611; *Stiller* ZInsO 2002, 651, 659; *Bräuer* S. 130 ff.

138 *Bräuer* S. 132; *Gehrlein* WM 2011, 577, 583 f.; aA OLG Rostock ZIP 2003, 1895, 1808.

139 Vgl. KG ZInsO 2011, 486, 489; K. Schmidt/*Ganter/Weinland* § 142 Rn. 20.

140 BGH WM 1955, 404, 406 f. = LM § 30 KO Nr. 2 = NJW 1955, 709 (LS); NJW 1977, 718; NJW 1998, 2592, 2599; BAGE 126, 89 Rn. 49 = NZA 2009, 105; OLG Hamburg DB 1954, 576 f.; Jaeger/*Henckel* § 142 Rn. 19; *Obermüller,* Insolvenzrecht Rn. 6.91 f.; Uhlenbruck/*Borries/Hirte* § 142 Rn. 45; AGR/*Gehrlein* § 142 Rn. 4; BeckOK InsO/*Schoon*[12] § 142 Rn. 16.2; vgl. *Eidenmüller* ZHR 171 (2007), 644, 672; aA *Raschke* S. 135 ff.

141 BGHZ 137, 212, 233 ff. = NJW 1998, 671, 676 f.; KPB/*Ehricke* § 142 Rn. 8.

142 Vgl. FKInsO/*Dauernheim/Blank* § 142 Rn. 9; HambKommInsO/*Rogge/Leptien* § 142 Rn. 27; BKInsO/*Haas* § 142 Rn. 34; KKInsO/*Mohr* § 142 Rn. 58; *Wallner/Neuenhahn* NZI 2006, 553, 558; enger *Raschke* S. 117 f.; sehr großzügig BeckOK InsO/*Schoon*[12] § 142 Rn. 16.2 („anfängliche Übersicherung kann der Gleichwertigkeit entgegenstehen").

143 OLG Brandenburg ZIP 2002, 1902, 1906 f.

144 BGHZ 174, 297 Rn. 41 = NJW 2008, 430; *Mitlehner* ZIP 2007, 1925, 1930; *Dahl/Schmitz* NZI 2008, 542; *Psadourakis* ZInsO 2009, 1039, 1042 f.; KKInsO/*Mohr* § 142 Rn. 39; aA *Molitor* ZInsO 2006, 23, 25; *Zeller/Edelmann* BB 2007, 1461, 1463.

145 Vgl. BGH, Beschl. v. 6.10.2011 – IX ZR 24/11 Rn. 3.

146 Vgl. OLG Brandenburg ZInsO 2002, 929, 931 f.

Soll eine Sicherheit zugleich alte und neue Darlehen sichern und ist sie hinsichtlich dieses Sicherungszwecks teilbar (→ § 143 Rn. 31), kommt nur mit Bezug auf die neu zu gewährenden Kredite ein Bargeschäft in Betracht. Gleichwertig ist die Rückzahlung eines Darlehens gegen Freigabe einer entsprechend werthaltigen Sicherheit aus dem Vermögen des Schuldners.[147]

22 Während der verlängerte **Eigentumsvorbehalt** meist mangels Gläubigerbenachteiligung unanfechtbar ist (→ § 129 Rn. 155), schließt die Vereinbarung einer Erweiterung in der Form, dass der Schuldner Eigentum an den erstandenen Sachen erst erwirbt, wenn er nicht nur den Kaufpreis bezahlt, sondern auch andere Ansprüche aus der Geschäftsverbindung mit dem Verkäufer tilgt, eine Bardeckung aus.[148] Gleichwertig ist das unechte ebenso wie das echte **Factoring** zu marktüblichen Bedingungen.[149] Beim echten Factoring steht es der Gleichwertigkeit nicht entgegen, dass die volle Gegenleistung für die abgetretenen Forderungen um einen Sicherungseinbehalt und eine Gebühr in geschäftsüblicher Höhe gekürzt wird.[150] Der Verkauf notleidend gewordener Kreditforderungen (*Non Performing Loans*) zu einem als marktüblich bewerteten Restpreis stellt einen Austausch gleichwertiger Leistungen iSv § 142 dar.[151]

23 Bargeschäfte iSv § 142 können sich nach der Rechtsprechung immer nur auf einzelne anfechtbare Rechtshandlungen iSv § 129 Abs. 1 beziehen (→ § 129 Rn. 55), nicht jedoch auf einen allgemeinen Bestand an Vermögenswerten.[152] Damit ist nach hM ein pauschales „Sicherheiten-Kontokorrent" in der Weise, dass nur der Gesamt*wert* von Sicherheiten verglichen wird, die ein bestimmter Gläubiger zu Beginn und am Ende des von der Anfechtung erfassten Zeitraums hält, nicht vereinbar.[153] Stattdessen kann auf den laufenden Austausch abgerufener Kredite einerseits und neu gestellter Sicherheiten andererseits innerhalb des Zeitraums der Anfechtbarkeit abgestellt werden. Diesen kann das Kreditinstitut anhand der Kontoauszüge einerseits und der geprüften Bestandslisten über abgetretene Forderungen andererseits nachweisen.

24 Die Gewährung von Darlehen ist regelmäßig für sich eine voll ausgleichende Gegenleistung für die vom Darlehensnehmer zu zahlenden Zinsen und zu stellenden Sicherheiten; ihre sinnvolle Verwendung fällt in den alleinigen Verantwortungsbereich des Darlehensnehmers.[154] Das gilt grundsätzlich auch für **Sanierungskredite.** Deshalb kommt es für die Annahme eines Bargeschäfts normalerweise nicht darauf an, ob die zur Verfügung gestellten Geldmittel für die beabsichtigte Sanierung objektiv geeignet sind (→ § 132 Rn. 15);[155] der Darlehensgeber trägt anfechtungsrechtlich nicht das Risiko des Scheiterns mit. Über die Grenzen der Insolvenzverschleppung und der Gläubigergefährdung hinaus (→ Vor §§ 129–147 Rn. 74) ist der Darlehensgeber regelmäßig nicht den anderen Insolvenzgläubigern verantwortlich; ein Sanierungsversuch ist für sich anfechtungsrechtlich nicht schlechter zu behandeln als jede neutrale Kreditgewährung. Anders mag es sich bei einem Zweckdarlehen verhalten, wenn dem Kreditnehmer die Verwendung der überlassenen Geldmittel vorgeschrieben wird und diese für die beabsichtigte Sanierung untauglich sind; dann haftet die Zweckbindung der Darlehensgewährung selbst an. Unabhängig hiervon kann eine unzureichende Sanierungsprüfung in Einzelfällen auf einen erkannten Gläubigerbenachteiligungsvorsatz und damit auf eine trotz Bargeschäfts mögliche Anfechtung gemäß § 133 Abs. 1–3 hinweisen.[156]

---

[147] *Obermüller* WM 1994, 1829, 1834; *Huth,* Kreditsicherungsrecht im Lichte der neuen Insolvenzordnung (2000), S. 80 f.; *Gaiser* DZWiR 1999, 446, 447; vgl. OLG Nürnberg BB 1953, 956; Jaeger/*Henckel* § 129 Rn. 241; KKInsO/*Mohr* § 142 Rn. 36.

[148] RSZ/*Zeuner* § 142 Rn. 8; K. Schmidt/*Ganter/Weinland* § 142 Rn. 50; KKInsO/*Mohr* § 142 Rn. 104; BeckOK InsO/*Schoon*[12] § 142 Rn. 16.5; *Bräuer* S. 149 f.

[149] HambKommInsO/*Rogge/Leptien* § 142 Rn. 32; *Raschke* S. 131 f.; *Bräuer* S. 148.

[150] FKInsO/*Dauernheim/Blank* § 142 Rn. 7; BKInsO/*Haas* § 142 Rn. 32; *Heidland* KTS 1970, 165, 174; Jaeger/*Henckel* § 142 Rn. 20; Uhlenbruck/*Borries/Hirte* § 142 Rn. 60; einschränkend *Canaris,* GroßkommHGB 3. Aufl., Bankvertragsrecht Rn. 1676.

[151] *Obermüller,* FS Kreft (2004), S. 427, 435.

[152] Vgl. insbesondere BGHZ 174, 297 Rn. 40 ff. = NJW 2009, 430 zur Globalzession.

[153] Vgl. *Runkel/Kuhlemann* ZInsO 2007, 1094, 1096; *Schmalenbach/Sester* WM 2007, 1164, 1168; *Psadourakis* ZInsO 2009, 1039, 1942 f.; aA *Molitor* ZInsO 2006, 23, 24; *Zeller/Edelmann* BB 2007, 1461, 1463; ähnlich *Piekenbrock* WM 2007, 141, 144; *Kuder* ZInsO 2006, 1065, 1069 f., die auf einen Vergleich mit der Deckungsgrenze abstellen will.

[154] Anders verhält es sich, wenn Einzahlungen nur eine Aufrechnungslage für einen bestimmten Gläubiger schaffen sollen. Vgl. RGZ 45, 110, 113 f.

[155] AA Nerlich/Römermann/*Nerlich* § 142 Rn. 7; BeckOK InsO/*Schoon*[12] § 142 Rn. 16.6; *Raschke* S. 135 ff.; *Wischemeyer,* Die Insolvenzanfechtung der Rückführung debitorischer Konten durch Einstellung von Gutschriften in der Krise, 2002, S. 100 f.; krit. auch *Stiller* ZInsO 2002, 651, 655; *Bräuer* S. 146 f. Für Berücksichtigung einer Aussichtslosigkeit des Sanierungsversuchs ferner OLG Brandenburg ZIP 2002, 43, 45; HKInsO/*Thole* § 142 Rn. 7. Dabei werden jedoch die Unterschiede zur Zweckgebundenheit von Dienstleistungen für Sanierungszwecke nicht berücksichtigt.

[156] Vgl. *C. Paulus* BB 2001, 425, 429 f.

25 Im Hinblick auf die Zweckgebundenheit der dem Schuldner erbrachten Gegenleistung unterscheidet sich die Sachlage beim Sanierungskredit von derjenigen bei Dienstleistungen eines gerade für die entsprechende Beratung beauftragten **Sanierers;** dessen Honorar stellt keine gleichwertige Gegenleistung dar, wenn seine Leistungen von vornherein erkennbar wertlos waren.[157] Dies ist nicht ohne weiteres schon dann anzunehmen, wenn ein Eröffnungsgrund iSv § 16 vorliegt;[158] vielmehr können Sanierungsversuche auch dann noch gelingen, und die Insolvenzordnung soll sie nicht behindern. Hat der Berater werthaltige Gegenleistungen erbracht und nur überhöht abgerechnet, soll die objektiv angemessene Vergütung als Bargeschäft abteilbar sein (→ § 143 Rn. 31).[159] Die Tätigkeit eines **vorläufigen Insolvenzverwalters,** für die es natürlich keine „Parteivereinbarung" geben kann, ist mit Rücksicht auf seine hoheitlich festgesetzte Vergütung (§ 63 Abs. 3) stets als werthaltig anzusehen.[160] Das Gleiche gilt für **Vergütungen** auf der Grundlage **gesetzlicher Regelungen** wie dem RVG, der StbVV, der GOÄ, der GOZ oder der HOAI, soweit der jeweilige Dienstleister seine Vergütung auf der Grundlage dieser Regelwerke korrekt berechnet hat. Die Kosten für die von der BaFin getroffene Maßnahmen (§§ 44, 46, 51 Abs. 3 KWG) können nur im zeitlichen Zusammenhang des Bargeschäfts unanfechtbar bezahlt werden (→ § 129 Rn. 165).

26 **3. Unmittelbarkeit. a) Allgemeines.** Ein Bargeschäft liegt nur vor, wenn Leistung und Gegenleistung vereinbarungsgemäß unmittelbar, dh – wie nunmehr in § 142 Abs. 2 Satz 1 ausdrücklich niedergelegt worden ist – in einem **engen zeitlichen Zusammenhang** ausgetauscht werden.[161] Eine sachliche Änderung ist mit der Einführung dieser Regelung allerdings nicht verbunden.[162] Die vom Bundesrat angeregte „klare zeitliche Festlegung" des engen zeitlichen Zusammenhangs[163] ist im Gesetzgebungsverfahren dagegen nicht erfolgt, so dass es bei den bisherigen Grundsätzen bleibt (→ Rn. 27). Jede **Kreditgewährung** durch verzögerte Abwicklung **schließt** aufgrund des Normzwecks ein **Bargeschäft aus,**[164] also auch die dem Schuldner gewährte Stundung.[165] Das gilt für Sanierungsbemühungen in gleicher Weise.[166] Schon die Stundung um eine Woche kann schaden, wenn sie darauf beruht, dass der Schuldner zum Fälligkeitszeitpunkt nicht leisten kann.[167] Wer die Verzögerung verursacht hat, ist unerheblich; insbesondere kann die Säumnis des späteren Schuldners – die oft bereits eine Folge seiner Zahlungsschwäche ist – nicht die Anfechtung zugunsten seiner Insolvenzgläubiger im Allgemeinen einschränken.[168] Nur wenn neutrale Dritte (→ § 129

[157] Vgl. BGHZ 28, 344, 348 = NJW 1959, 147 f.; BGH NJW-RR 1988, 571, 572; NJW 2001, 517, 519; NJW 2008, 659 Rn. 23 ff. zur Ausarbeitung eines Konzepts für einen Sanierungsplan; RGZ 162, 292, 296 f.; FKInsO/*Dauernheim/Blank* § 142 Rn. 8; K. Schmidt/*Ganter/Weinland* § 142 Rn. 51; Jaeger/*Henckel* § 142 Rn. 35; Uhlenbruck/*Borries/Hirte* § 142 Rn. 43; BKInsO/*Haas* § 142 Rn. 27, 35; vgl. KPB/*Ehricke* § 142 Rn. 8; KKInsO/*Mohr* § 142 Rn. 81, 88.

[158] So jetzt auch KKInsO/*Mohr* § 142 Rn. 88; aA *Raschke* S. 126 f., 132, 136 ff.

[159] Vgl. BGHZ 77, 250, 255 f. = NJW 1980, 1962, 1963 f.; BGH NJW 1995, 1093, 1095; Uhlenbruck/*Borries/Hirte* § 142 Rn. 42 aE; KPB/*Ehricke* § 142 Rn. 8; BKInsO/*Haas* § 142 Rn. 31; offen gelassen von BGH NJW 2008, 659 Rn. 26.

[160] Vgl. insoweit auch BeckOK InsO/*Schoon*[12] § 142 Rn. 11.1.

[161] BT-Drs. 12/2443, S. 167 zu § 161 RegE; BGH NZI 2010, 985 Rn. 34; BKInsO/*Haas* § 142 Rn. 20; AGR/*Gehrlein* § 142 Rn. 11; vgl. für das österreichische Recht *König,* Die Anfechtung nach der IO, 5. Aufl. (2014) Rn. 10/6. Durch die ausdrückliche gesetzliche Regelung in § 142 Abs. 2 Satz 1 überholt ist der von *Canaris,* FS 100 Jahre KO (1977), S. 82 ff. und *K. Schmidt* WM 1983, 490, 494 vorgeschlagene Verzicht auf einen engen zeitlichen Zusammenhang.

[162] Nach der Begründung zu § 142 Abs. 2 Satz 1 RegE, BT-Drs. 18/7054, S. 20 wurde nur „das bislang gesetzlich nicht näher definierte Unmittelbarkeitserfordernis im Lichte der Vorstellungen des historischen Gesetzgebers und der Rechtsprechung […] konkretisier[t]".

[163] So Nr. 6 der Stellungnahme, BT-Drs. 18/7054, S. 30. Abl. schon die Gegenäußerung der Bundesregierung, a.a.O., S. 33.

[164] BGHZ 167, 190 Rn. 33 = NJW 2006, 2701; BGH NJW 2007, 436 Rn. 15; OLG Hamm ZIP 2010, 996, 997; HKInsO/*Thole* § 142 Rn. 2, 16; KPB/*Ehricke* § 142 Rn. 13; K. Schmidt/*Ganter/Weinland* § 142 Rn. 45; Uhlenbruck/*Borries/Hirte* § 142 Rn. 27; KKInsO/*Mohr* § 142 Rn. 25; AGR/*Gehrlein* § 142 Rn. 17; BeckOK InsO/*Schoon*[12] § 142 Rn. 17; zum österreichischen Zug-um-Zug-Geschäft vgl. entsprechend öOGH v. 20.1.2004, 5 Ob 183/03b, SZ 2004/9 (S. 41, 43), dort im eherechtlichen Kontext; v. 28.4.2010, 3 Ob 8/10p, ÖBA 2010/1674 (S. 848, 849) zum Anfechtungsrecht.

[165] K. Schmidt/*Ganter/Weinland* § 142 Rn. 45; KKInsO/*Mohr* § 142 Rn. 25; RSZ/*Zeuner* § 142 Rn. 10; AGR/*Gehrlein* § 142 Rn. 17; vgl. OLG Celle ZInsO 2001, 1160.

[166] *Wischemeyer,* Die Insolvenzanfechtung der Rückführung debitorischer Konten durch Einstellung von Gutschriften in der Krise, 2002, S. 103 f.; aA OLG Köln ZIP 2001, 251, 252.

[167] BGH NZI 2003, 253, 256 f.; KPB/*Ehricke* § 142 Rn. 17; BKInsO/*Haas* § 142 Rn. 23; HambKommInsO/*Rogge* § 142 Rn. 7.

[168] Vgl. BGH NJW 2002, 3252, 3253; HKInsO/*Thole* § 142 Rn. 6; K. Schmidt/*Ganter/Weinland* § 142 Rn. 45; KPB/*Ehricke* § 142 Rn. 17; BKInsO/*Haas* § 142 Rn. 23; BeckOK InsO/*Schoon*[12] § 142 Rn. 19; aA *Lwowski/Wunderlich,* FS H.-P. Kirchhof (2003), S. 301, 310 f.

Rn. 47) notwendigerweise in den Leistungsvorgang eingeschaltet werden müssen, ist dies bei der Bemessung der nötigen Frist zu berücksichtigen.[169] So genügt es gerade auch mit Blick auf § 140 Abs. 2, wenn eine Bank einen Kredit auszahlt, nachdem der spätere Schuldner ein Grundpfandrecht bestellt und die Eintragung bewilligt hat, wenn die Bank den Eintragungsantrag zeitnah stellt; wann das Grundbuchamt die Eintragung vornimmt, ist unerheblich. Unschädlich ist auch, wenn die beiderseitigen Leistungen erst erhebliche Zeit nach dem Vertragsschluss erbracht werden sollen und inzwischen die wirtschaftliche Krise des Schuldners ausbricht,[170] sofern nur der zeitliche Zusammenhang zwischen den Leistungen selbst gewahrt bleibt. Dasselbe gilt, wenn der Schuldner nach Empfang der Gegenleistung in die wirtschaftliche Krise gerät und danach, aber zeitnah, seine eigene Leistung erbringt.[171] Die Zwangsbeitreibung einer Schuld wegen verspäteter Erfüllung kann hingegen nie zu einer „unmittelbaren" Gegenleistung führen.[172]

Unmittelbarkeit setzt **nicht** notwendigerweise einen sofortigen **Zug-um-Zug-Austausch** 27
voraus.[173] Vielmehr sind maßvoll vereinbarte Zahlungsfristen verbindlich;[174] danach kann eine gewisse, nicht zu lange Zeitspanne zwischen den beiderseitigen Leistungen unschädlich sein, sofern sie nach den Umständen des Einzelfalles noch verkehrsüblich ist.[175] Dagegen unterliegt die Dauer im Falle einer Überschreitung der vertraglich festgelegten Termine nicht der Parteidisposition.[176] Entscheidendes Abgrenzungsmerkmal ist, ob das Rechtsgeschäft unter Berücksichtigung der konkreten Erfüllungsmöglichkeiten und/oder üblichen Leistungsbräuche nach der Verkehrsauffassung noch als einheitliche Bardeckung oder schon als Kreditgeschäft beurteilt wird.[177] Daher lässt sich der Zeitraum nicht pauschal bestimmen, sondern hängt von den **geschäftlichen Gepflogenheiten** der jeweiligen Branche bei vergleichbaren Geschäften ab. Allerdings kann man § 286 Abs. 3 BGB entnehmen, dass ein längerer Zeitraum als 30 Tage nicht in Betracht kommt.[178] Das Unmittelbarkeitserfordernis kann nicht allein dadurch umgangen werden, dass Bestandteile eines unter vorläufiger Insolvenzverwaltung gemäß § 22 stehenden Vermögens auf einen Treuhänder zur Weiterleitung übertragen werden; eine solche zweckbestimmte Zuwendung an oder über Treuhänder kann vielmehr ihrerseits nur im zeitlichen Rahmen von § 142 anfechtungsfest werden.[179] Geschützt werden kann insbesondere die pünktliche Erfüllung einer dem Schuldner obliegenden Vorleistungspflicht,[180] aber auch derjenigen des Anfechtungsgegners.[181]

b) Einzelfälle. Beim **Kauf beweglicher Sachen** kann ein Zeitraum von etwa zwei Wochen 28
zwischen Lieferung, Rechnungsstellung und Scheckbegebung noch der üblichen Abwicklung eines Bargeschäfts entsprechen.[182] Ein Zeitraum von mehr als 30 Tagen ist dagegen – im Hinblick auf

---

169 Weitergehend HambKommInsO/*Rogge/Leptien* § 142 Rn. 9; KKInsO/*Mohr* § 142 Rn. 27; *Lwowski/Wunderlich,* FS H.-P. Kirchhof (2003), S. 301, 309 f.; *Bräuer* S. 70 f.

170 BeckOK InsO/*Schoon*[12] § 142 Rn. 18; vgl. Jaeger/*Henckel* § 142 Rn. 13 aE; *Bräuer* S. 61; *Wessels* ZIP 2004, 1237, 1245.

171 BGH NJW 1977, 718; WM 1984, 1430; LG Bad Kreuznach NZI 2006, 45 f.; HambKommInsO/*Rogge/Leptien* § 142 Rn. 8; *Bräuer* S. 66 ff.; vgl. Jaeger/*Henckel* § 142 Rn. 34; aA *Häsemeyer* JuS 1986, 851, 855; *Wischemeyer,* Die Insolvenzanfechtung der Rückführung debitorischer Konten durch Einstellung von Gutschriften in der Krise, 2002, S. 93 f.

172 Vgl. *Kayser* ZIP 2007, 49, 51 f.

173 K. Schmidt/*Ganter/Weinland* § 142 Rn. 27; KKInsO/*Mohr* § 142 Rn. 15; BeckOK InsO/*Schoon*[12] § 142 Rn. 20.2.

174 Vgl. *Ganter* ZIP 2012, 2038, 2040.

175 BGHZ 167, 190 Rn. 31 = NJW 2006, 2701; BGH NZI 2010, 985 Rn. 31; LG Bonn ZInsO 2001, 232, 233; HKInsO/*Thole* § 142 Rn. 5; Uhlenbruck/*Borries/Hirte* § 142 Rn. 28; KPB/*Ehricke* § 142 Rn. 15; vgl. *Bräuer* S. 62 f.; BeckOK InsO/*Schoon*[12] § 142 Rn. 17.

176 *Lwowski/Wunderlich,* FS H.-P. Kirchhof (2003), S. 301, 308.

177 Jaeger/*Henckel* § 142 Rn. 15; BKInsO/*Haas* § 142 Rn. 21; KPB/*Ehricke* § 142 Rn. 16.

178 Vgl. BGHZ 167, 190 Rn. 35 = NJW 2006, 2701; BGH NZI 2007, 517 Rn. 51.

179 Vgl. *Kirchhof,* FS Kreft (2004), S. 359, 366 ff.; andererseits HambKommInsO/*Rogge* § 142 Rn. 19; *Frind* ZInsO 2004, 470, 478.

180 BGH NZI 2010, 985 Rn. 31; OLG Stuttgart ZInsO 2006, 274, 276 zu Mietvorauszahlungen; Jaeger/*Henckel* § 142 Rn. 34; vgl. *Ulrich,* Vertragsgestaltung im Hinblick auf die drohende Insolvenzanfechtung (2009) 139 ff.; *Kayser,* FS Gero Fischer (2008), S. 267, 279.

181 BGHZ 123, 320, 329 = NJW 1993, 3267, 3269; vgl. *Obermüller* ZInsO 2009, 689, 691; einschränkend HKInsO/*Thole* § 142 Rn. 6; im Hinblick auf ein verzögertes Erbringen der Gegenleistung Uhlenbruck/*Borries/Hirte* § 142 Rn. 32.

182 BGH NJW 1980, 1961 f.; *Hess* InsO § 142 Rn. 33; Jaeger/*Henckel* § 142 Rn. 15; Uhlenbruck/*Borries/Hirte* § 142 Rn. 29; KPB/*Ehricke* § 142 Rn. 17; BKInsO/*Haas* § 142 Rn. 20; KKInsO/*Mohr* § 142 Rn. 17; BeckOK InsO/*Schoon*[12] § 142 Rn. 20.3; AGR/*Gehrlein* § 142 Rn. 12; Gottwald/*Huber,* InsO-HdB § 46 Rn. 82; *Bräuer* S. 63; vgl. zu Tauschverträgen OLG Düsseldorf ZIP 1982, 860.

§ 286 Abs. 3 BGB und § 17 Abs. 2 Satz 1 InsO – regelmäßig zu lang (→ Rn. 27).[183] Das trifft auch für die **Bezahlung von Dienstleistungen**[184] sowie Beratungs-, Transport- und Bewachungsleistungen zu.[185] Ob § 286 Abs. 3 BGB hier nicht einschlägig ist, weil für die Leistung eine Leistungszeit nach dem Kalender bestimmt ist (§ 286 Abs. 2 Nr. 1 BGB), spielt dafür keine Rolle, weil es hier darum geht, Verkehrsusancen eine normativ begründete Grenze zu setzen.[186] Allerdings galt die Tilgung durch – nicht widerrufenen – **Lastschrifteinzug** beim Schuldner im früheren **Einzugsermächtigungsverfahren** unabhängig vom Zeitpunkt der Genehmigung als „unmittelbar", wenn der Gläubiger den Einziehungsauftrag unverzüglich nach seiner Lieferung erteilt hat;[187] dadurch wurde ein solcher üblicher Einzug der Barzahlung angenähert. Dass dabei maßgeblich auf die Rückwirkung der Genehmigung abgestellt wurde (§ 184 BGB),[188] zeigt allerdings, dass dieses Ergebnis den praktischen Bedürfnissen des Rechtsverkehrs geschuldet war und nach der seinerzeit üblichen dogmatischen Rekonstruktion des Lastschriftverfahrens eher fernlag,[189] weil es im Rahmen von § 140 Abs. 1 auf die Genehmigung der Belastungsbuchung ankommen sollte.[190] Insoweit ist dasselbe Ergebnis, an dem sich durch den Übergang zum **SEPA-Lastschriftverfahren** nichts geändert hat,[191] trotz des unbedingten, aber befristeten Erstattungsanspruchs (§ 675x Abs. 2, 4 BGB) leichter zu begründen. Eine vereinbarte Bezahlung mit **Dreimonatswechsel** bedeutet dagegen eine Kreditgewährung.[192] Führt ein Händler den Auftrag zum Einkauf von Waren oder Wertpapieren aus, kann ein Bargeschäft vorliegen, wenn er in engem zeitlichem Zusammenhang mit dem Kauf den vollen Gegenwert einschließlich seiner Provision erhält.[193]

29 Bei **Kreditsicherheiten** ist ein Zeitraum von sechs Monaten zwischen Darlehensgewährung und der Abtretung einer Grundschuld zu Sicherungszwecken zu lang.[194] Entscheidend ist der Zeitraum zwischen der **Darlehensgewährung** und der **Bestellung** der Sicherheit; deren bloße Zusage genügt nicht.[195] Andererseits kann eine Bardeckung vorliegen, wenn das Kreditinstitut dem Schuldner vorab einen Kontokorrentkredit einräumt und die vereinbarten Sicherheiten erst mit einer noch verkehrsüblichen, kurzen Verzögerung bestellt werden; tritt die wirtschaftliche Krise des Schuldners währenddessen ein, schließt das nicht die Anwendung des § 142 aus.[196] Werden als Kreditsicherheiten künftige Forderungen abgetreten, liegt ein Bargeschäft nur vor, wenn die Forderungen innerhalb von etwa zwei Wochen entstehen.[197] Wird allerdings ein Betriebsmittelkredit vereinbarungsgemäß in demjenigen Verhältnis ausgeweitet, wie aus den eingehenden Kundenzahlungen anteilig ein Bardepot als Sicherheit einbehalten werden kann, liegt ein gestrecktes Bargeschäft vor; das kommt insbesondere in Betracht, wenn ein (vorläufiger) Insolvenzverwalter eine Anschubfinanzierung für ein fortzuführendes Unternehmen erhält.[198]

---

183 BGH NZI 2007, 517 Rn. 51; OLG Düsseldorf ZIP 2017, 1486, 1487 f. zum Honorar eines Steuerberaters; LG Würzburg NZI 2018, 271, 273 zum Honorar des Sanierungsberaters; HambKommInsO/*Rogge/Leptien* § 142 Rn. 10; K. Schmidt/*Ganter/Weinland* § 142 Rn. 30; AGR/*Gehrlein* § 142 Rn. 12.

184 BGHZ 167, 190 Rn. 35 = NJW 2006, 2701; *Bork* ZIP 2007, 2337, 2339; krit. K. Schmidt/*Ganter/Weinland* § 142 Rn. 32 ff.; *Ganter* ZIP 2012, 2037, 2041 f.

185 LG Bonn ZInsO 2001, 232, 234; differenzierend K. Schmidt/*Ganter/Weinland* § 142 Rn. 38.

186 Das übersieht *Blank* S. 185.

187 Vgl. BGHZ 177, 69 Rn. 46 f. = NJW 2008, 3348; BGH NZI 2008, 482 Rn. 15 f.; NZI 2009, 378 Rn. 10; BKInsO/*Haas* § 142 Rn. 26; Graf-Schlicker/*Huber* § 142 Rn. 4; *Maier* S. 266 f.; *Köhler* S. 180 f.; *Reutershan* S. 162 ff.; vgl. LG Köln NZI 2007, 469, 472; HambKommInsO/*Kuleisa* § 82 Rn. 24; *Schröder* ZInsO 2006, 1, 3 f.; aA LG Oldenburg NZI 2007, 53, 54; Jaeger/*Henckel* § 142 Rn. 16; *M. Zeuner,* Anfechtung Rn. 53, S. 51; *Hiebert* S. 132 ff.; *Welsch* DZWiR 2006, 221, 225; *Dahl* NJW-Spezial 2008, 535; *M. Wagner* NZI 2008, 721 f.; *Werres* ZInsO 2008, 1065, 1067 f.

188 So BGHZ 177, 69 Rn. 47 = NJW 2008, 3348; BGH NZI 2008, 482 Rn. 16.

189 Zur Kritik daran vgl. eingehend *Piekenbrock* KTS 2007, 179, 199 ff.

190 Vgl. nur BGH NZI 2003, 253, 254 f.; MüKoInsO/*Kirchhof* → 3. Aufl. § 140 Rn. 11.

191 BGHZ 186, 269 Rn. 34 = NJW 2010, 3510; *Obermüller/Kuder* ZIP 2010, 349, 355.

192 So auch noch Vgl. FKInsO/*Dauernheim* 8. Aufl. (2015), § 142 Rn. 8, der Fälligkeit innerhalb der üblichen Zahlungsfrist gefordert hat. Auch die spätere Diskontierung eines Wechsels ist – entgegen *Canaris,* GroßkommHGB 3. Aufl. (1988) Bankvertragsrecht Rn. 1563 – kein Bargeschäft, weil sich der Wechselnehmer den Rückgriff vorbehält, also keinen endgültigen Umsatz tätigt, sondern Kredit gewährt.

193 FKInsO/*Dauernheim/Blank* § 142 Rn. 17; vgl. Jaeger/*Henckel* § 142 Rn. 29.

194 BGH MittBayNot 2009, 61 Rn. 5; OLG Brandenburg ZIP 2002, 1902, 1906.

195 *Thole,* Gläubigerschutz S. 76; vgl. BGHZ 174, 297, 311 f. = NJW 2008, 430, 434 f.; aA *Canaris,* FS 100 Jahre KO (1977), S. 73, 83; wohl auch *Koziol,* Grundlagen und Streitfragen der Gläubigeranfechtung (1991), S. 87.

196 Vgl. BGH WM 1984, 1430 f.; Jaeger/*Henckel* § 142 Rn. 34; BKInsO/*Haas* § 142 Rn. 26.

197 Vgl. OLG Hamm ZIP 2006, 433, 434; FKInsO/*Dauernheim/Blank* § 142 Rn. 14; Jaeger/*Henckel* § 142 Rn. 21; BKInsO/*Haas* § 142 Rn. 26; *Raschke* S. 129; zu Unrecht ohne zeitliche Beschränkung LG Kassel MDR 1954, 494.

198 Vgl. *Kirchhof,* in Erster Leipziger Insolvenzrechtstag, hrsg. v. Berger u. a., 2000, S. 7, 14, 19 f.

Lässt das Kreditinstitut seinen Kunden im Rahmen eines vereinbarten Kreditlimits wieder über Zahlungseingänge verfügen, kommt es für die **Verrechnungen** (→ Rn. 20) nicht auf eine feste zeitliche Grenze, sondern auf den Gesamteindruck eines laufend wiederkehrenden Zahlungsverkehrs an. Ein Zeitraum von zwei Wochen zwischen den einzelnen Buchungen reicht in jedem Fall aus, während ein solcher von drei Monaten ebenso zu lang ist[199] wie die übliche Kontokorrentperiode.[200] Richtigerweise sollte die Obergrenze bei etwa einem Monat liegen;[201] denn der Schuldner leistet gemäß dem üblichen Turnus sowie nach Bedarf an verschiedene Dritte, nicht unmittelbar an das Kreditinstitut, so dass nicht diesem gegenüber Zahlungsfristen festzulegen sind. Abzustellen ist auf den gesamten Zeitraum, der von der Anfechtung gemäß den vorgetragenen Rechtsgrundlagen erfasst werden kann;[202] der anfechtende Insolvenzverwalter kann nicht den Anfangszeitpunkt nach seinem Ermessen wählen. Ferner ist weder auf den höchsten noch den niedrigsten Saldostand im fraglichen Zeitraum abzustellen.[203] Maßgeblich ist allein der Unterschiedsbetrag zwischen der Kreditaufnahme zu Beginn und am Ende des Anfechtungszeitraums; das gilt auch, falls der Kreditrahmen innerhalb dieser Zeit erhöht wurde.[204] Die Verrechnung darf allerdings nicht der letzte Akt vor der Schließung des Kontos sein.[205] Wird einem Konzern eine Sicherheit nur gegen Bildung eines Sicherheitenpools gewährt und tritt eine Tochtergesellschaft des Konzerns dem Pool erst drei Wochen später förmlich bei, kann sie im Einzelfall wegen ihrer Konzernzugehörigkeit doch schon vorher faktisch gebunden gewesen sein, so dass auch ihr gegenüber ein Bargeschäft vorliegt.[206] 30

Bei **Dauerschuldverhältnissen** (vgl. § 108) ist der Zeitraum zwischen Vertragsschluss und Zahlung unerheblich;[207] auch ein Abstand von drei Wochen zwischen dem Beginn der Tätigkeit und der Erfüllung oder Sicherstellung braucht ein Bargeschäft nicht auszuschließen.[208] Stattdessen kommt es auf die jeweils zeitnahe Leistung zu den vorher festgelegten Terminen an,[209] bei Arbeitslohn auf den vertraglich vereinbarten Fälligkeitstermin.[210] Bei Energie- oder Wasserlieferungen eines Versorgungsunternehmens erfolgen vertraglich vereinbarte Voraus- oder Sicherheitszahlungen innerhalb des jeweiligen Abschlagszeitraums „unmittelbar" im hier fraglichen Sinne.[211] Eine Erfüllungsleistung, die erst fast zwei Monate nach Fälligkeit der Vergütung erbracht wird, ist verspätet.[212] 31

Für die Zahlung von **Arbeitsentgelt** meint das BAG, „nach der Verkehrsanschauung [seien] Entgeltzahlungen von Arbeitgebern für Arbeitsleistungen in den letzten drei Monaten, die Arbeitnehmer im Hinblick auf den in § 183 Abs. 1 Satz 1 SGB III [heute: § 165 Abs. 1 Satz 1 SGB III] festgesetzten Insolvenzgeldzeitraum zumeist als abgesichert anzusehen pflegen, nicht nur nicht Tilgung eines Kredits, sondern noch Leistungen im engen zeitlichen Zusammenhang mit der von den Arbeitnehmern erbrachten Gegenleistung."[213] Dass diese Rechtsprechung – zu Recht – vielfach auf Ablehnung gestoßen ist[214] 32

---

[199] BGH NJW 2001, 1650, 1651; NZI 2004, 491, 492; AGR/*Gehrlein* § 142 Rn. 10, 14; aA *Wischemeyer,* Die Insolvenzanfechtung der Rückführung debitorischer Konten durch Einstellung von Gutschriften in der Krise, 2002, S. 93 f. Gegen jede zeitliche Grenze *Persch* S. 150 ff.

[200] BKInsO/*Haas* § 142 Rn. 26; K. Schmidt/*Ganter/Weinland* § 142 Rn. 44.

[201] So auch KKInsO/*Mohr* § 142 Rn. 55.

[202] BGH NJW 2001, 1650, 1652; NJW 2003, 360, 362; NZI 2008, 184 Rn. 15; vgl. OLG Koblenz NZI 2010, 649, 653 f.; *Zuleger* ZInsO 2002, 49, 52.

[203] *Obermüller,* FS H.-P. Kirchhof (2003), S. 358; *Kirchhof* ZInsO 2003, 149, 155; vgl. BGHZ 150, 122, 133 = NJW 2002, 1722, 1724 f.; aA *Rigol/Homann* ZIP 2003, 15, 16 f.

[204] OLG München ZInsO 2010, 1289, 1290 f.

[205] BGH, Beschl. v. 14.1.2010 – IX ZR 153/07 Rn. 2; KKInsO/*Mohr* § 142 Rn. 24.

[206] BGHZ 138, 291, 310 f. = NJW 1998, 2592, 2599; FKInsO/*Dauernheim/Blank* § 142 Rn. 15.

[207] Dagegen will *Raschke* S. 110 zu Unrecht allein auf den Beginn der Tätigkeit oder einer Gebrauchsgewährung abstellen; es kommt aber nicht darauf an, was hätte vereinbart werden können, sondern was der konkrete Vertrag vorsah (→ Rn. 7).

[208] BGHZ 28, 344, 347 = NJW 1959, 147; OLG Rostock ZVI 2008, 81, 82.

[209] Vgl. BGHZ 151, 353, 370 f. = NJW 2002, 3326, 3330; OLG Stuttgart ZInsO 2006, 274, 276; KKInsO/*Mohr* § 142 Rn. 94 zu Mietzahlungen; AGR/*Gehrlein* § 142 Rn. 15.

[210] *Bork* ZIP 2007, 2337, 2338 f.; *Zwanziger* BB 2007, 42, 43.

[211] *Stengel,* Energiesicherungsverträge in der Kundeninsolvenz (2010), S. 86 f.

[212] BGH NJW 2002, 3252 f.; HKInsO/*Thole* § 142 Rn. 5; vgl. BGH NZI 2007, 36 Rn. 10.

[213] So BAGE 139, 235 Rn. 17 = NZI 2011, 981.

[214] *Plathner/Sajogo* ZInsO 2012, 581, 584; *Jacobs/Doebert* ZInsO 2012, 618, 620 ff.; K. Schmidt/*Ganter/Weinland* § 142 Rn. 41; KKInsO/*Mohr* § 142 Rn. 77; AGR/*Gehrlein* § 142 Rn. 16 aE; *Ganter* ZIP 2012, 2037, 2043 f.; *Brinkmann* ZZP 125 (2012), 197, 208 f.; *Huber* ZInsO 2013, 1049 ff.; *Smid* DZWiR 2013, 89, 110 f.; *Klinck* AP § 130 InsO Nr. 2; zust. aber *Wroblewski* NJW 2012, 894 ff. Im österreichischen Recht sind die Voraussetzungen strenger. Dort darf das Entgelt nicht nach Ablauf der nächsten Abrechnungsperiode ausgezahlt werden. Vgl. öOGH v. 26.4.1988, 4 Ob 514/88, SZ 61/101 (S. 500, 503 f.); grundsätzlich gegen ein Zug-um-Zug-Geschäft bei Arbeitsverträgen wegen der Vorleistungspflicht des Arbeitnehmers *König,* Die Anfechtung nach der IO, 5. Aufl. (2014) Rn. 10/10.

und auch vom BGH nicht geteilt wurde,[215] könnte seit der Einführung von § 142 Abs. 1 Satz 2, der dieser Rechtsprechung quasi den gesetzgeberischen Segen erteilt hat,[216] nur noch in Altfällen relevant sein, in denen noch die frühere Fassung anzuwenden ist (Art. 103j Abs. 1 EGInsO). Auch wenn man annimmt, dass § 142 Abs. 2 Satz 2 nicht zugleich bindende Vorgaben für die Auslegung des anwendbaren Altrechts enthält, ist die Frage, ob in diesen Fällen dem BGH zu folgen ist, angesichts der Rechtswegzuständigkeit der Arbeitsgerichtsbarkeit, die nur bei Drittzahlungen nicht besteht (→ § 143 Rn. 154), ohne große praktische Relevanz. Allerdings wirft die Neuregelung Fragen der Abgrenzung auf, weil (auch) der Arbeitnehmerbegriff neben einem klaren Bedeutungskern einen in den Randbereichen **unscharfen Bedeutungshof** hat.[217] So gibt es durchaus Fälle wirtschaftlicher Abhängigkeit, ohne dass damit die Stellung als Arbeitnehmer verbunden ist. Zu denken ist etwa an arbeitnehmerähnliche Personen im Sinne von § 5 Abs. 1 Satz 2 ArbGG und kleine Handwerksunternehmen.[218] Gleichwohl kann § 142 Abs. 2 Satz 2 keinesfalls auf alle Fälle vergleichbarer wirtschaftlicher Abhängigkeit angewendet werden.[219] Ausgehend von der Begründung des BAG für seine Rechtsprechung und des Gesetzentwurfs[220] muss die Regelung auf Personen beschränkt sein, die im Insolvenzfall dem Grunde nach Anspruch auf Insolvenzgeld haben. Maßgeblich ist daher nicht, ob ein Arbeitsvertrag iSv § 611a BGB gegeben ist, sondern ob eine sozialversicherungsrechtliche Beschäftigung iSv § 7 Abs. 1 Satz 1 SGB IV vorliegt. Fehlt es an der Abhängigkeit der Beschäftigung, etwa weil der Beschäftigte als Gesellschafter aufgrund seiner Kapitalbeteiligung ihm nicht genehme Weisungen hinsichtlich seiner Tätigkeit abwehren kann, besteht kein Anspruch auf Insolvenzgeld,[221] so dass der tragende Topos für die Privilegierung der Zahlung von Arbeitsentgelt wegfällt. Für **GmbH-Geschätsführer,** die zugleich **Mehrheitsgesellschafter** sind, und vergleichbare Personen, die im Angestelltenverhältnis stehen, ist § 142 Abs. 2 Satz 2 daher nicht anwendbar.[222]

33 Sind bestimmte Termine nicht festgelegt, genügt nicht eine nach Ermessen eines Beteiligten – zB eines Rechtsanwalts nach Maßgabe von §§ 8 Abs. 1, 10 RVG – herbeigeführte Fälligkeit oder Einforderbarkeit seines Anspruchs. Vielmehr müssen bei länger währenden Vertragsbeziehungen die jeweiligen Leistungen und Gegenleistungen zeitlich oder gegenständlich teilbar sein und zeitnah – entweder in Teilen oder abschnittsweise – ausgetauscht werden. Hat ein Energielieferant gegen den Schuldner wegen Zahlungsrückständen eine Bezugssperre verhängt und bietet jener deren Aufhebung für den Fall an, dass der Schuldner Rückstände begleicht, liegt darin kein Bargeschäft mit Bezug auf künftige Lieferungen; denn diese muss der Schuldner weiter bezahlen, während der Lieferant in der Vergangenheit einseitig voll (und nicht nur kurzfristig) vorgeleistet hatte.[223] Liegen zwischen dem Beginn der Tätigkeit des Gläubigers und dem Erbringen der Gegenleistung des Schuldners mehr als dreißig Tage, soll im Hinblick auf § 286 Abs. 3 BGB ein Bargeschäft im Allgemeinen ausgeschlossen sein.[224] Danach müssen Rechtsanwälte – auch bei Sanierungsbemühungen – in entsprechend kurzen Abschnitten Vorschüsse einfordern.[225] Ob die Frist auch gelten soll, wenn längere Zahlungstermine – zB quartalsweise zu entrichtende Mieten oder jährliche Prämien – vertraglich vereinbart worden sind, ist nach der Rechtsprechung des BGH wohl noch offen,[226] aber iE nicht anzunehmen.[227] Dass sich der Gläubiger von einer entsprechenden vertraglichen Regelung allenfalls unter den Voraussetzungen von § 321 BGB lösen kann und diese meist nicht rechtzeitig wird feststellen können, ist nach dem Telos von § 142, den (potentiellen) Schuldner in der Krise nicht **vom Geschäftsverkehr auszuschließen** (→ Rn. 2), nicht der entscheidende Gesichtspunkt.

34 Ist ein Vertragsteil **vorleistungspflichtig,** ist es für § 142 nicht nötig, dass gerade der Schuldner vorleistet. Hinsichtlich der einzuhaltenden Fristen soll es keinen Unterschied machen, welcher

---

[215] BGHZ 202, 59 Rn. 16 ff. = NJW 2014, 2579.
[216] Vgl. BT-Drs. 18/7054, S. 20 zu § 142 Abs. 2 Satz 2 RegE.
[217] Zu dieser Metapher vgl. schon *Heck* AcP 112 (1914), 1, 46, 173.
[218] Vgl. dazu etwa BGHZ 202, 59 Rn. 27 = NJW 2014, 2579.
[219] Im Gesetzgebungsprozess aA *M. Würdinger* KTS 2015, 315, 327 f., der die Begründung des RefE wie ein „Analogiegebot" verstanden hat. Insoweit zustimmend *Blank* S. 213.
[220] BT-Drs. 18/7054, S. 20 zu § 142 Abs. 2 Satz 2 RegE.
[221] Vgl. nur BSGE 119, 216 Rn. 26 mwN.
[222] Ähnlich *Thole* ZIP 2017, 401, 409.
[223] BGHZ 97, 87, 94 f. = NJW 1986, 1496, 1498; BKInsO/*Haas* § 142 Rn. 19.
[224] BGHZ 167, 190 Rn. 36 = NJW 2006, 2701; Beschl. v. 18.9.2008 – IX ZR 134/05 Rn. 2; *Laws* ZInsO 2009, 1465, 1470. Dagegen geht *Ganter* ZIP 20120, 2037, 2040 von einem Monat zuzüglich 30 Tagen aus.
[225] BGHZ 167, 190 Rn. 36 = NJW 2006, 2701; BGH NJW 2008, 659 Rn. 20, dort zur Vorbereitung eines Insolvenzplans.
[226] BGHZ 167, 190 Rn. 36 = NJW 2006, 2701 schließt dies – allerdings ohne Bezug zum entschiedenen Einzelfall – nicht erkennbar aus.
[227] Insoweit aA noch MüKoInsO/*Kirchhof* → 3. Aufl. § 142 Rn. 19a.

Vertragsteil zu welcher Zeit vorleistet.[228] Danach muss jeder vorleistungspflichtige künftige Insolvenzgläubiger spätestens nach jeweils dreißig Tagen für Zwischenabrechnungen in Höhe der während dieses Zeitraums erbrachten Leistungen und deren zeitnahe Erfüllung sorgen, um die Voraussetzungen des Bargeschäfts einzuhalten. Alternativ kann er Vorauszahlungen in Höhe der von ihm für den nächsten Monat zu erbringenden Leistungen anfordern und durchsetzen. Wenn es dafür nicht – wie in § 9 RVG[229] – eine gesetzliche Grundlage gibt, muss der (potentielle) Gläubiger entsprechende vertragliche Abreden treffen. Erforderlich ist auch, dass der Vorschuss im Verhältnis zu den zu erwartenden Leistungen angemessen ist. Daher darf die Anforderung eines **Rechtsanwalts** nicht die wertäquivalente Vergütung für die nächsten dreißig Tage überschreiten.[230] Maßgeblich sollten hier aber die zu erwartenden Leistungen sein; dagegen würde es dem Telos von § 142 nicht gerecht, später den Vorschuss mit den tatsächlich erbrachten Leistungen zu vergleichen. Statt des Vorschusses ist auch eine Sicherheitsleistung für die ausstehenden Leistungen des (potentiellen) Schuldners gleichwertig, nicht aber die nachträgliche Absicherung der vor mehr als dreißig Tagen schon erbrachten Leistungen etwa nach §§ 647a, 650e BGB.[231] In vergleichbarer Weise kann auch der Vergütungsanspruch eines **vorläufigen Insolvenzverwalters** als Bargeschäft ausgestaltet werden, um die Anfechtung nach § 130 zu vermeiden, wenn das Verfahren zunächst nicht eröffnet wird, es aber später zu einem Insolvenzverfahren kommt.[232] Dazu muss der vorläufige Insolvenzverwalter monatlich Vorschüsse beantragen;[233] eine verzögerte Bearbeitung durch das Insolvenzgericht kann ihm dagegen nicht zugerechnet werden. **Ärzte** und **Zahnärzte** müssen ihren Privatpatienten[234] zeitnah Rechnungen über die erbrachten Leistungen stellen, auch wenn die Behandlung noch nicht abgeschlossen ist.[235] **Krankenhäuser** müssen die gesetzlich vorgesehenen Ansprüche auf Vor- und Abschlagszahlungen geltend machen (§ 8 Abs. 7 Satz 1, 2 KHEntgG).[236]

Bei **Grundstücksgeschäften** sind wegen der Verzögerungen, die mit der Eintragung der Rechtsänderung im Grundbuch verbunden sind, durchweg auch etwas längere Zeiträume unschädlich. Soweit in der Vergangenheit eine Monatsfrist als Regelfall angesehen wurde,[237] ist allerdings zu bedenken, dass diese den gesamten Zeitbedarf von der Vornahme des Rechtsgeschäfts bis zur endgültigen Eintragung im Grundbuch abdecken sollte. Da nunmehr nach § 140 Abs. 2 das Rechtsgeschäft schon mit dem Eingang des Eintragungsantrags des anderen Teils als vorgenommen gilt, kann auch für das Bargeschäft nur noch die bis zur erfolgreichen Antragstellung nötige Zeitspanne von etwa einem Monat zugrunde gelegt werden.[238] Ist der verfügende Schuldner selbst noch nicht als Berechtigter im Grundbuch eingetragen, kommen wegen des Erfordernisses der Voreintragung (§ 39 Abs. 1 GBO) ausnahmsweise längere Zeiträume in Betracht; unter der genannten Voraussetzung wurde eine Frist von zweieinhalb Monaten zwischen einer Darlehensvereinbarung und der Eintragung der sichernden Grundschuld hingenommen, nachdem der Schuldner sofort die für seine Voreintragung nötigen Maßnahmen eingeleitet und dem Darlehensgeber eine dem § 29 GBO entsprechende Eintragungsbewilligung ausgehändigt hatte.[239] Derartige Zeitspannen sind aber ebenfalls um die ab Eingang des Eintragungsantrags laufende, allein für die Bearbeitung durch das Grundbuchamt nötige Dauer zu kürzen. Wird ein Eintragungsantrag zunächst mit Recht zurückgewiesen, führt er aber später doch zur Eintragung, kann wegen des damit durchweg verbundenen Zeitverlusts ein 35

---

[228] BGHZ 167, 190 Rn. 39 = NJW 2006, 2701; BGH NZI 2007, 456 Rn. 15; HKInsO/*Thole* § 142 Rn. 6; BeckOK InsO/*Schoon*[12] § 142 Rn. 20.2; *Raschke* S. 107 f.; *Bräuer* S. 70; aA *Gerhardt,* FS Brandner (1996), S. 605, 611. Zur Kritik an der Begründung des BGH vgl. Jaeger/*Henckel* § 142 Rn. 18; *Thole,* Gläubigerschutz S. 375 f.

[229] Vgl. hierzu *Ganter* ZIP 2012, 2037, 2041.

[230] BGHZ 167, 190 Rn. 36 = NJW 2006, 2701; *Gehrlein* WM 2011, 577, 583; K. Schmidt/*Ganter/Weinland* § 142 Rn. 36; KKInsO/*Mohr* § 142 Rn. 86 f.; AGR/*Gehrlein* § 142 Rn. 16; krit. *C. Paulus* WuB VI A. § 133 InsO 1.06; ergänzend vgl. *Frege* NZI 2006, 550, 51.

[231] Vgl. *Heidland* Rn. 528; *Mundt* NZBau 2003, 527, 529 f.; insoweit aA *Brauns* BauR 2003, 301, 309.

[232] Zur Notwendigkeit einer solchen Gestaltung vgl. BGH NZI 2012, 135 Rn. 24 ff.; *Gehrlein* WM 2012, 965, 969.

[233] Vgl. *Graeber/Graeber* NZI 2012, 129, 131.

[234] Bei Kassenpatienten stellen sich keine anfechtungsrechtlichen Probleme in der Insolvenz des Patienten, soweit der Vertragsarzt von der kassen(zahn)ärztlichen Vereinigung vergütet wird.

[235] Vgl. dazu *Ganter* ZIP 2012, 2037, 2042; K. Schmidt/*Ganter/Weinland* § 142 Rn. 37.

[236] Vgl. dazu *Ganter* ZIP 2012, 2037, 2042 f.

[237] BGH WM 1955, 404, 406 f. = LM § 30 KO Nr. 2 = NJW 1955, 709 (LS); *Jaeger/Henckel* KO § 30 Rn. 112.

[238] *Raschke* S. 113; *Bräuer* S. 63 f.; vgl. HambKommInsO/*Rogge* § 142 Rn. 10; BKInsO/*Haas* § 142 Rn. 26; K. Schmidt/*Ganter/Weinland* § 142 Rn. 30; KKInsO/*Mohr* § 142 Rn. 27; BeckOK InsO/*Schoon*[12] § 142 Rn. 20.6; nicht eindeutig AGR/*Gehrlein* § 142 Rn. 13.

[239] BGH NJW 1977, 718; vgl. Uhlenbruck/*Borries/Hirte* § 142 Rn. 48. OLG Hamburg ZIP 1984, 1373, 1374 hat sogar einen Zeitraum von vier Monaten für unschädlich gehalten.

Bargeschäft äußerstenfalls angenommen werden, solange derselbe Eintragungsantrag die Voraussetzungen des § 878 Abs. 2 BGB wahrt;[240] sogar dann sollte ein Bargeschäft ausscheiden, wenn der Antragsteller nicht unerhebliche Verzögerungen im Eintragungsverfahren selbst verschuldet hat.

IV. Rechtsfolgen des Bargeschäfts

36 **1. Ausgeschlossene Anfechtungstatbestände.** Nach dem Wortlaut von § 142 Abs. 1 kann ein Bargeschäft nur (unter erschwerten Bedingungen) nach „**§ 133 Absatz 1 bis 3**" anfechtbar sein. Damit kann § 142 die Anfechtung nach § 133 Abs. 1–3 ausschließen, wenn das weitere Merkmal der Unlauterkeit fehlt. Zu den anderen Anfechtungstatbeständen sagt § 142 dagegen nichts. Das ist für **§ 134** unschädlich, weil eine unentgeltliche Leistung keine Bardeckung darstellen kann.[241] Darüber hinaus ist § 142 für **§§ 132 Abs. 1** und **133 Abs. 4** bedeutungslos, weil die Anfechtung nach diesen Bestimmungen eine unmittelbare Gläubigerbenachteiligung durch das Rechtsgeschäft bzw. den entgeltlichen Vertrag voraussetzt, bei der kein Bargeschäft iSv § 142 vorliegen kann.[242] Auch die tatbestandsmäßigen Voraussetzungen von **§ 136** werden mit einem Bargeschäft durchweg nicht vereinbar sein.[243] Richtigerweise schließt § 142 neben **§ 130** auch die Anfechtung nach **§ 131** aus, soweit die Voraussetzungen für ein Bargeschäft vorliegen (→ Rn. 11 f.).[244] Für **§ 135** ist die Frage der Anwendbarkeit von § 142 umstritten (→ Rn. 4; § 135 Rn. 19).[245] Für den Ersatzanspruch der Gesellschaft aus § 64 Satz 1 GmbHG ist § 142 ohne Bedeutung,[246] weil die Vorschrift den Geschäftspartner des Schuldners schützt und nicht den Geschäftsführer vor Ansprüchen der Schuldnergesellschaft (→ Rn. 1).

37 **2. Anfechtung nach § 133 Abs. 1–3.** Die Anfechtung nach §§ 133 Abs. 1–3 wird von § 142 nicht ausgeschlossen. Allerdings ist sie nunmehr nur noch möglich, wenn trotz Vorliegens des Bargeschäfts eine mittelbare Gläubigerbenachteiligung eingetreten ist (→ Rn. 2), der Schuldner nicht nur mit Gläubigerbenachteiligungsvorsatz, sondern „unlauter" gehandelt hat[247] und der Gläubiger sowohl den Vorsatz als auch die Unlauterkeit kannte. Damit hat der Gesetzgeber bei der Reform von 2017 (→ Rn. 3) auf ein Tatbestandsmerkmal zurückgegriffen, das früher zur Umschreibung der Absichtsanfechtung nach § 31 Nr. 1 KO verwendet worden ist,[248] aber für § 133 ohne Bedeutung ist (→ § 133 Rn. 13b).[249] Diese Reform ist vor dem Hintergrund zu sehen, dass in der Krise des (potentiellen) Schuldners, in der dieser im Rahmen von Bargeschäften noch am Rechts- und Wirtschaftsverkehr soll teilnehmen können, beide Seiten typischerweise jedenfalls die drohende Zahlungsunfähigkeit kennen. Wenn allein deshalb der Gläubigerbenachteiligungsvorsatz des Schuldners[250] und die entsprechende Kenntnis des anderen Teils vermutet werden (§ 133 Abs. 1 Satz 2), läuft § 142 praktisch leer.[251] Zwar hat der BGH dieses Spannungsverhältnis erkannt und mit der Einführung der „**bargeschäftsähnlichen Lage**"[252] (→ § 133 Rn. 37b) aufzulösen versucht. Dem Gesetzgeber hat diese Lösung aber nicht genügt, weil § 133 Abs. 1 weiter anwendbar sein sollte, „wenn der Schuldner erkennt, dass die Fortführung des Unternehmens unrentabel ist, so dass sie

---

[240] FKInsO/*Dauernheim/Blank* § 142 Rn. 12; Jaeger/*Henckel* § 142 Rn. 17 aE.

[241] BKInsO/*Haas* § 142 Rn. 37; BeckOK InsO/*Schoon*[12] § 142 Rn. 2; AGR/*Gehrlein* § 142 Rn. 3.

[242] Vgl. Andres/Leithaus/*Leithaus* § 142 Rn. 8; FKInsO/*Dauernheim/Blank* § 142 Rn. 2; KKInsO/*Mohr* § 142 Rn. 106; BeckOK InsO/*Schoon*[12] § 142 Rn. 2; *Ganter* ZIP 2012, 2037, 2038. Dies berücksichtigen Uhlenbruck/*Borries/Hirte* § 142 Rn. 5 f.; KPB/*Ehricke* § 142 Rn. 21; Nerlich/Römermann/*Nerlich* § 142 Rn. 14 und *Gerhardt,* FS Brandner (1996), S. 605, 611 nicht.

[243] BKInsO/*Haas* § 142 Rn. 37; BeckOK InsO/*Schoon*[12] § 142 Rn. 2.

[244] AA MüKoInsO/*Kirchhof* → 3. Aufl. § 142 Rn. 21; *Raschke* S. 72 ff.

[245] Überzeugend greift OLG Schleswig NZI 2013, 936, 937 auf § 142 zurück, soweit es um die Feststellung einer darlehensgleichen Stundung einer Gesellschafterforderung geht.

[246] So BGH NZI 2017, 809 Rn. 12 ff.; ebenso *Altmeppen* ZIP 2015, 949, 950 f.; *Casper* ZIP 2016, 793, 795; *Fölsing* KSI 2015, 70, 72; aA OLG Düsseldorf NZI 2016, 642, 645; *Habersack/Foerster* ZHR 178 (2014), 387, 403 ff.; *dies.* ZGR 2016, 153, 180 ff.; *Gehrlein* ZHR 181 (2017), 482, 506 ff.; Baumbach/Hueck/*Haas,* GmbHG, 21. Aufl. (2017), § 64 Rn. 71; einschränkend *H.-F. Müller* DB 2015, 723, 725.

[247] Diese Voraussetzung auf Seiten des Schuldners regelt § 142 Abs. 1 nicht unmittelbar, sondern setzt sie beim subjektiven Tatbestand des Anfechtungsgegners implizit voraus.

[248] Vgl. nur BGHZ 121, 179, 185 = NJW 1993, 663, 664.

[249] Vgl. nur BGH NJW 2003, 3560, 3561.

[250] Zur „mittelbaren" Bedeutung von § 133 Abs. 1 Satz 2 für den Schuldner vgl. nur BGHZ 167, 190 Rn. 14 = NJW 2006, 2701.

[251] Vgl. *Schoppmeyer* ZIP 2009, 600, 604.

[252] Vgl. BGHZ 202, 59 Rn. 44 = NJW 2014, 2579 unter Verweis auf *Kayser* WM 2013, 293, 298 und NJW 2014, 422, 427; BGH NZI 2019, 74 Rn. 3; OLG Celle ZInsO 2015, 2444, 2447; OLG Bamberg ZInsO 2018, 987, 990; LG Würzburg NZI 2018, 271, 272.

für die Gläubiger auch auf längere Sicht ohne Nutzen ist."[253] Da diese Interessenabwägung für die Gerichte bindend ist (Art. 20 Abs. 3 GG), kann allein aus der erkannten Unwirtschaftlichkeit der Unternehmensfortführung keinesfalls auf ein unlauteres Handeln iSv § 142 Abs. 1 geschlossen werden.[254]

Die Verweisung auf § 133 Abs. 1–3 verdeutlicht, dass auch kongruente Deckungen der Vorsatzanfechtung unterliegen können,[255] selbst wenn unmittelbar eine Gegenleistung an den Schuldner erbracht wird. Als Beispiele für **unlautere Rechtshandlungen** in der Krise, die nach §§ 142 Abs. 1, 133 Abs. 1–3 anfechtbar sind, nennt die Gesetzesbegründung etwa Ausgaben für „flüchtige Luxusgüter", das Abstoßen von Betriebsvermögen, das zur Aufrechterhaltung des Betriebs unverzichtbar ist", „wenn der Schuldner den vereinnahmten Gegenwert seinen Gläubigern entziehen will."[256] Zu denken ist auch an den Schuldner, der im Hafen seine letzte Habe, die er nicht mit aufs Schiff neben kann, versilbert und mit dem Geld nach Übersee fährt. In all diesen Fällen liegt die **(mittelbare) Gläubigerbenachteiligung** darin, dass die Gegenleistung an den (potentiellen) Schuldner für die Gläubigerbefriedigung nicht mehr zur Verfügung steht.[257] Ist dem Vertragspartner die dadurch bewirkte Gläubigerbenachteiligung positiv bekannt, bedarf er nicht mehr des Schutzes von § 142, auch wenn Preis und Leistung in einem angemessenen Verhältnis stehen. Daneben kommen für die Anwendung von § 133 Abs. 1–3 aber auch solche Fälle in Betracht, in denen sich die **(unmittelbare) Gläubigerbenachteiligung** im Abfluss des Erfüllungssubstrats aus der Insolvenzmasse erschöpft (→ Rn. 2). Zu denken ist etwa an Fälle, in denen der andere Teil bereits vorgeleistet hatte und nun innerhalb des erforderlichen engen zeitlichen Zusammenhangs iSv § 142 Abs. 2 Satz 1, 2 seine versprochene Gegenleistung erhält, so dass die Voraussetzungen von § 142 Abs. 1 grundsätzlich erfüllt sind. In diesen Fällen ist dem Merkmal der Unlauterkeit – wie schon bei § 31 Nr. 1 KO[258] – zu entnehmen, dass für den Gläubigerbenachteiligungsvorsatz des Schuldners nicht, wie sonst üblich, *dolus eventualis* genügt (→ § 133 Rn. 13),[259] sondern nunmehr (wieder) *dolus directus* erforderlich ist.[260] Diesen direkten Vorsatz muss der Gläubiger gekannt haben, um zu erkennen, „dass der Schuldner unlauter handelte" (§ 142 Abs. 1). 38

V. Darlegungs- und Beweislast

Hat der Insolvenzverwalter die Voraussetzungen des einschlägigen Anfechtungstatbestandes (§§ 130, 131, 133 Abs. 1–3) (→ Rn. 36) nachgewiesen, obliegt es dem **Anfechtungsgegner,** der die Anfechtung aufgrund des § 142 abwehren will, dessen Voraussetzungen in vollem Umfange darzutun und zu beweisen, weil es sich beim Bargeschäftsprivileg um die Einschränkung der allgemeinen Anfechtungstatbestände und namentlich von § 130 handelt.[261] Insbesondere hat der Anfechtungsgegner auch zu beweisen, dass seine Gegenleistung der Parteivereinbarung entspricht (→ Rn. 7 ff.) und in unmittelbarem Zusammenhang erbracht wurde (→ Rn. 26 ff.). 39

Liegt eine Bardeckung vor, muss der Insolvenzverwalter, der sich nunmehr auf die bei Bargeschäften vorbehaltene Anfechtung nach §§ 142 Abs. 1, 133 Abs. 1–3 beruft, die erhöhten Anforderungen darlegen und beweisen; auf § 133 Abs. 4 wird dagegen – wie bisher auf § 133 Abs. 2 InsO 40

---

[253] So BT-Drs. 18/7054, S. 19 zu § 142 Abs. 1 RegE unter Verweis auf BGH NJW 2015, 1756 Rn. 25. Zur Bedeutung der positiven Sanierungserwartung vgl. auch *Kayser,* FS Fischer (2008), S. 267, 281 f.; *Gehrlein* WM 2011, 577, 584; *Ganter* ZIP 2012, 2037, 2041. Wie *Thole* ZIP 2017, 401, 408 zutreffend hervorgehoben hat, betraf der Ausgangsfall aber nicht den Austausch gleichwertiger Leistungen.

[254] So explizit auch *Ganter* NZI 2018, 961, 968: kein „Recht zum Widerstand"; vgl. iErg schon *Ganter,* NZI 2018, 585 ff.; *Foerste* ZInsO 2018, 1034, 1036; *Hiebert* ZInsO 2018, 1657, 1660; zurückhaltend HKInsO/*Thole* § 142 Rn. 17; aA *Pape* ZInsO 2018, 296, 303 f.; *Sämisch/Deichgräber* ZInsO 2018, 773, 775; *Neuberger* ZInsO 2018, 1242, 1247 f.; *Kayser* ZIP 2018, 1153, 1157.

[255] Die Anfechtung inkongruenter Deckungen ist selbstverständlich nicht ausgeschlossen, selbst wenn man, wie hier, auch in solchen Fällen ein Bargeschäft für denkbar hält. Vgl. *Thole* ZIP 2017, 401, 407.

[256] So BT-Drs. 18/7054, S. 19 zu § 142 Abs. 1 RegE.

[257] Vgl. dazu BGHZ 123, 320, 324 = NJW 1993, 3267 f.; Nerlich/Römermann/*Nerlich* § 142 Rn. 13; HKInsO/*Thole* § 142 Rn. 12; Andres/Leithaus/*Leithaus* § 142 Rn. 7; KPB/*Ehricke* § 142 Rn. 19.

[258] Vgl. nur BGHZ 121, 179, 185 = NJW 1993, 663, 664.

[259] Vgl. dazu nur BGHZ 180, 98 Rn. 10 = NJW 2009, 1601 mwN.

[260] So auch Uhlenbruck/*Borries/Hirte* § 133 Rn. 146b; wohl auch HambKommInsO/*Rogge/Leptien* § 142 Rn. 20 a.E.

[261] BGH NJW 2003, 360, 362; NJW-RR 2006, 1134, 1136; NZI 2007, 456, 457; NZI 2010, 339, 340; Jaeger/*Henckel* § 142 Rn. 46; BKInsO/*Haas* § 142 Rn. 39; KPB/*Ehricke* § 142 Rn. 20; HKInsO/*Thole* § 142 Rn. 11; Braun/*Riggert* § 142 Rn. 21; HambKommInsO/*Rogge/Leptien* § 142 Rn. 35; BeckOK InsO/*Schoon*[12] § 142 Rn. 24; *Lwowski/Wunderlich,* FS H.-P. Kirchhof (2003), S. 301, 318; *Raschke* S. 128; *Wischemeyer,* Die Insolvenzanfechtung der Rückführung debitorischer Konten durch Einstellung von Gutschriften in der Krise, 2002, S. 109 ff.; *Bräuer* S. 99 ff.; *Kayser* ZIP 2007, 49, 50.

aF – nicht verwiesen, so dass die allgemeine Verteilung der Darlegungs- und Beweislast auch bei Bargeschäften mit nahen Angehörigen iSv § 138 zum Tragen kommt.[262] Schon bisher stand der Insolvenzverwalter, der eine Bardeckung anficht, erhöhten Beweisanforderungen gegenüber.[263] Heute muss er im Einzelnen dartun und beweisen, warum die Rechtshandlung des Schuldners unlauter war und warum der Anfechtungsgegner dies erkannt hat. Wird eine kongruente Deckung als unmittelbare Gläubigerbenachteiligung angefochten (→ Rn. 38), kann sich der Insolvenzverwalter nicht auf §§ 133 Abs. 3 Satz 1, Abs. 1 Satz 2 berufen, weil danach nur die Kenntnis vom möglicherweise bedingten Gläubigerbenachtiligungsvorsatz des Schuldners vermutet wird. Bei §§ 142 Abs. 1, 133 Abs. 1–3 muss sich die Kenntnis des Gläubigers dagegen auf den direkten Gläubigerbenachtiligungsvorsatz beziehen, in dem sich die Unlauterkeit manifestiert. Dafür streitet keine gesetzliche Vermutung.

§ 143 Rechtsfolgen

(1) [1]Was durch die anfechtbare Handlung aus dem Vermögen des Schuldners veräußert, weggegeben oder aufgegeben ist, muß zur Insolvenzmasse zurückgewährt werden. [2]Die Vorschriften über die Rechtsfolgen einer ungerechtfertigten Bereicherung, bei der dem Empfänger der Mangel des rechtlichen Grundes bekannt ist, gelten entsprechend. [3]Eine Geldschuld ist nur zu verzinsen, wenn die Voraussetzungen des Schuldnerverzugs oder des § 291 des Bürgerlichen Gesetzbuchs vorliegen; ein darüber hinausgehender Anspruch auf Herausgabe von Nutzungen eines erlangten Geldbetrags ist ausgeschlossen.

(2) [1]Der Empfänger einer unentgeltlichen Leistung hat diese nur zurückzugewähren, soweit er durch sie bereichert ist. [2]Dies gilt nicht, sobald er weiß oder den Umständen nach wissen muß, daß die unentgeltliche Leistung die Gläubiger benachteiligt.

(3) [1]Im Fall der Anfechtung nach § 135 Abs. 2 hat der Gesellschafter, der die Sicherheit bestellt hatte oder als Bürge haftete, die dem Dritten gewährte Leistung zur Insolvenzmasse zu erstatten. [2]Die Verpflichtung besteht nur bis zur Höhe des Betrags, mit dem der Gesellschafter als Bürge haftete oder der dem Wert der von ihm bestellten Sicherheit im Zeitpunkt der Rückgewähr des Darlehens oder der Leistung auf die gleichgestellte Forderung entspricht. [3]Der Gesellschafter wird von der Verpflichtung frei, wenn er die Gegenstände, die dem Gläubiger als Sicherheit gedient hatten, der Insolvenzmasse zur Verfügung stellt.

Schrifttum: *Bork,* Die anfechtbare Kontokorrentverrechnung, FS Gero Fischer, 2008, S. 37 ff.; *Drasdo,* Auskehrpflicht des Zwangsverwalters für anfechtbar erlangte Mieten, NZI 2014, 923 ff.; *Eckardt,* Haftungsrechtliche Restitution des Erlangten oder Ersatz des Interesses?, FS Gerhardt, 2004, S. 145 ff.; *Fridgen,* Die Rechtsfolgen der Insolvenzanfechtung, 2009; *Froehner,* Die funktionelle Zuständigkeit für Insolvenzanfechtungsrechtsstreite, NZI 2016, 1; *Marotzke,* Gegenseitige Verträge im neuen Insolvenzrecht, 3. Aufl., 2001; *Stratmann,* Die Zwangsvollstreckung in anfechtbar veräußerte Gegenstände und insbesondere in anfechtbar abgetretene Forderungen, Diss. Bonn, 1998.

Übersicht

[262] So auch Uhlenbruck/*Borries/Hirte* § 142 Rn. 34; BeckOK InsO/*Schoon*[12] § 142 Rn. 24.1; aA *Lwowski/Wunderlich* WM 2004, 1511, 1515.

[263] BGH NJW 1997, 3028, 3029; NZI 2009, 723 Rn. 2; Beschl. v. 24.9.2009 – IX ZR 178/07 Rn. 4; HKInsO/*Thole* § 142 Rn. 10; HambKommInsO/*Rogge/Leptien* § 142 Rn. 35; BKInsO/*Haas* § 142 Rn. 30; Gottwald/*Huber,* InsO-HdB § 46 Rn. 86; *Lwowski/Wunderlich,* FS H.-P. Kirchhof (2003), S. 301, 318; *Gehrlein* WM 2011, 577, 584.

I. Normzweck

§ 143 enthält die Zentralvorschrift für die Rechtsfolgen der Insolvenzanfechtung und verdeutlicht, dass die Verwirklichung des jeweiligen Anfechtungstatbestandes im Falle der Insolvenzeröffnung grundsätzlich einen **Anspruch** iSv § 194 BGB begründet, der folgerichtig der **Verjährung** unterworfen ist (§ 146 Abs. 1). Daraus ergibt sich jedenfalls, dass der anfechtbare Erwerb von Schuldnervermögen **nicht ipso iure unwirksam** ist und dass die Anfechtung nicht durch eine **Gestaltungserklärung** des Insolvenzverwalters geltend zu machen ist.[1] Eine Antwort auf die Frage, welche Folgen die Pfändung des anfechtbar erworbenen Gegenstandes durch Dritte oder die Eröffnung des Insolvenzverfahrens über das Vermögen des Anfechtungsgegners haben (→ Rn. 36), lässt sich allein daraus aber nicht ableiten. Neben dieser Grundaussage enthält § 143 detaillierte Regelungen zum Inhalt dieses Anspruchs. Dabei soll insbesondere seit der Reform des Anfechtungsrechts 2017[2] ein Ausgleich zwischen den Belangen der Insolvenzgläubiger einerseits und dem schutzwürdigen Interesse des Anfechtungsgegners andererseits verwirklicht werden. 1

So bringt **§ 143 Abs. 1 Satz 1** zum Ausdruck, dass alles und vorrangig in der **ursprünglichen gegenständlichen Gestalt** (in Natur) zurückzugewähren ist, was dem Schuldnervermögen durch die anfechtbare Rechtshandlung **entzogen** wurde.[3] Für den Fall, dass Rückgewähr in dieser Art 2

---

1 Vgl. in diesem Sinne zur Konkursanfechtung etwa BGHZ 101, 286, 288 = NJW 1987, 2821.

2 Gesetz zur Verbesserung der Rechtssicherheit bei Anfechtungen nach der Insolvenzordnung und nach dem Anfechtungsgesetz vom 29.3.2017, BGBl. I, S. 654.

3 BT-Drs. 12/2443, S. 167 zu § 162 RegE; BGH NZI 2005, 453; HKInsO/*Thole* § 143 Rn. 2; K. Schmidt/*Büteröwe* § 143 Rn. 1.

nicht möglich ist, hat der Anfechtungsgegner grundsätzlich Wertersatz zu leisten; dies ergibt sich aus der Verweisung auf § 818 Abs. 2 BGB in **§ 143 Abs. 1 Satz 2.** Darüber hinaus folgt schon aus der Verweisung auf § 818 Abs. 1 BGB, dass der Anfechtungsgegner auch die tatsächlich gezogenen Nutzungen herausgeben muss. Darüber hinaus folgt aus der Verweisung speziell auf §§ 819 Abs. 1, 818 Abs. 4, 292, 987 Abs. 2 BGB, dass er die seit dem Empfang des Gegenstandes schuldhaft **nicht gezogenen Nutzungen** ersetzen muss. Schließlich war eine Geldforderung nach früherem Recht ab Insolvenzeröffnung mit 5 Prozentpunkten über dem Basiszinssatz zu verzinsen (§ 291 BGB) (→ Rn. 89). Diese Rechtsfolge hat der Reformgesetzgeber nunmehr als zu weitreichend angesehen und die Zinspflicht in **§ 143 Abs. 1 Satz 3** auf den Fall des Verzugs oder des Prozesses beschränkt (→ Rn. 133).[4] **§ 143 Abs. 2** stellt den Empfänger einer **unentgeltlichen** Leistung besser, indem der Anspruch grundsätzlich entsprechend dem allgemeinen Bereicherungsrecht ausgestaltet ist; auf den Wegfall der Bereicherung kann er sich aber schon dann nicht mehr berufen, sobald er die Gläubigerbenachteiligung hätte erkennen müssen (→ Rn. 141 bis 145). **§ 143 Abs. 3** enthält eine Sonderregelung für eine (nur) auf § 135 Abs. 2 gestützte Anfechtung (→ Rn. 146 bis 151).

II. Entstehungsgeschichte

3 **§ 143 Abs. 1 Satz 1** übernimmt den Inhalt von § 37 Abs. 1 KO, während § 10 GesO die Anfechtungsfolgen nicht ausdrücklich geregelt hatte; jedoch wurden auch dafür die Vorschriften des § 37 KO entsprechend angewandt.[5] **§ 143 Abs. 1 Satz 2** ist dagegen erst im Zuge der großen Insolvenzrechtsreform von 1994 neu geschaffen worden und geht auf § 162 Abs. 1 Satz 2 RegE zurück. Nach der zu § 37 KO herrschenden Auffassung haftete der Anfechtungsgegner bei Unmöglichkeit der – in erster Linie geschuldeten – Rückgewähr grundsätzlich auch für Zufall;[6] diese Regelung sollte abgemildert werden, in dem der Schadensersatzanspruch durch den Verweis auf §§ 819 Abs. 1, 818 Abs. 4, 292, 989 BGB, verschuldensabhängig ausgestaltet wurde.[7] Die bereits in § 162 Abs. 1 RegE enthaltenen Regelungen wurden im Gesetzgebungsverfahren nicht geändert. **§ 143 Abs. 1 Satz 3** ist dagegen erst mit Wirkung zum 5. April 2017 zur Einschränkung der Zinslast des Anfechtungsgegners geschaffen worden (→ Rn. 2). Diese Neuregelung ist auch auf Altansprüche anwendbar, soweit es um den Zinsanspruch für die Zeit ab dem 5. April geht (Art. 103j Abs. 2 Satz 2 EGInsO) (→ Rn. 133). **§ 143 Abs. 2** übernimmt inhaltlich den früheren § 37 Abs. 2 KO, bürdet die Beweislast für die Bösgläubigkeit des Anfechtungsgegners aber nunmehr dem Insolvenzverwalter auf;[8] zuvor hatte der Anfechtungsgegner seine Gutgläubigkeit zu beweisen.[9] **§ 143 Abs. 3** wurde mit Wirkung vom 1. November 2008 durch Art. 9 Nr. 9 MoMiG[10] eingeführt; inhaltlich übernimmt er § 32b Satz 1–3 GmbHG 1980.[11]

III. Rechtswirkungen erfolgreicher Anfechtung im Allgemeinen

4 **1. Rückgewährverhältnis.** Anfechtbare Rechtshandlungen sind nach Maßgabe der allgemeinen zivilrechtlichen Regeln voll wirksam.[12] Soweit sie nach Maßgabe der §§ 129 ff. anfechtbar sind, besteht jedoch der Rückgewähranspruch nach § 143. Es entsteht damit ein Rechtsverhältnis eigener Art zum Anfechtungsgegner, das die Haftung des vom Schuldner weggegebenen Vermögensguts für seine Schulden verwirklichen soll. Jede selbständig anfechtbare Rechtshandlung begründet ein selbständiges Rückgewährverhältnis.[13] Die erfolgreiche Anfechtung führt nicht von sich aus zur

[4] Vgl. BT-Drs. 18/7054, S. 14 zu § 143 Abs. 1 Satz 3 RegE.

[5] *Haarmeyer/Wutzke/Förster* GesO, 4. Aufl. (1998), § 10 Rn. 111 ff.; *Hess/Binz/Wienberg* § 10 Rn. 7; *Kilger/K. Schmidt* § 10 GesO Anm. 1a; vgl. BGHZ 131, 189, 199 f. = NJW 1996, 461, 463 f.; OLG Hamburg ZIP 2001, 708, 711; OLG Dresden bei *Tappmeier* EWiR 1987, 113; OLG Brandenburg NZI 1999, 314, 315; LAG Hamm ZIP 1998, 920, 922; LG Dresden ZIP 1999, 1364; einschränkend nur *Smid/Zeuner,* GesO § 10 Rn. 15.

[6] RGZ 24, 141, 143; *Kilger/K. Schmidt* § 37 KO Anm. 8; *Kuhn/Uhlenbruck,* KO § 37 Rn. 21; *Baur/Stürner,* Insolvenzrecht Rn. 20.5, 20.8; *G. Paulus* AcP 155 (1956), 277, 318; zu § 7 AnfG aF auch BGHZ 124, 298, 301 f. = NJW 1994, 726, 727; RG LZ 1910, 866, 867; aA *Jaeger/Henckel* KO § 37 Rn. 99 ff.; *Gerhardt,* Gläubigeranfechtung S. 243 f.

[7] BT-Drs. 12/2443, S. 167 zu § 162 RegE.

[8] BT-Drs. 12/2443, S. 168 zu § 162 RegE.

[9] BGH WM 1955, 407, 412; NJW 1970, 44, 46; RGZ 92, 227, 229; *Jaeger/Henckel* KO § 37 Rn. 130; *Kilger/K. Schmidt* § 37 KO Anm. 14; *Kuhn/Uhlenbruck,* KO § 37 Rn. 38.

[10] Gesetz zur Modernisierung des GmbH-Rechts und zur Bekämpfung von Missbräuchen vom 23.10.2008, BGBl. I, S. 2026.

[11] I.d.F. von Art. 1 Nr. 12 des GmbHG-ÄndG vom 4.7.1980, BGBl. I, S. 836.

[12] Vgl. Uhlenbruck/*Borries/Hirte* § 129 Rn. 4 ff.; AGR/*Gehrlein* § 143 Rn. 2.

[13] BGH NJW 1987, 1812, 1813; vgl. BGH NJW 2008, 292 Rn. 37; BKInsO/*Haas* § 143 Rn. 4.

Nichtigkeit der angefochtenen Rechtshandlung; insbesondere gilt § 142 Abs. 1 BGB nicht (→ Vor §§ 129–147 Rn. 28).[14] Daher führt die Anfechtung einer Grundstücksübertragung nicht zur Unrichtigkeit der zu ihrer Durchführung vorgenommenen Eintragung in das Grundbuch iSv § 894 BGB (→ Rn. 49).[15] Je nach der Art der angefochtenen Rechtshandlung kann der Anfechtungsgegner allerdings in Einzelfällen ohne weiteres gehindert sein, bestimmte, anfechtbar erlangte Rechte gegenüber der Insolvenzmasse auszuüben; das gilt namentlich für die Aufrechnung (§ 96 Abs. 1 Nr. 3) oder für Ansprüche aus einem nach § 132 anfechtbaren Vertrag des Schuldners (→ Rn. 27). Hat der Schuldner in anfechtbarer Weise über (Aktiv-)Vermögen verfügt, muss die Rückgewähr aber durch einen entsprechenden dinglichen actus contrarius besonders vollzogen werden. Zu diesem Zweck ist das hauptsächliche Mittel der Haftungsverwirklichung der schuldrechtliche Anspruch aus § 143 Abs. 1 Satz 1 auf Rückgewähr des der (potentiellen) Insolvenzmasse entzogenen Vermögensguts.[16]

a) Beteiligte. aa) Berechtigte. Der Rückgewähranspruch kann im Regelinsolvenzverfahren ausschließlich vom Insolvenzverwalter geltend gemacht werden. Ist der Anfechtungsgegner aber schon vorinsolvenzlich von einem Gläubiger nach § 11 AnfG erfolgreich in Anspruch genommen worden, steht dem Insolvenzverwalter insoweit kein Anspruch aus § 143 Abs. 1 mehr zu;[17] lag dagegen nur eine Titel zugunsten des Gläubigers vor, kann der Insolvenzverwalter ihn als Rechtsnachfolger auf sich umschreiben lassen (§ 727 Abs. 1 ZPO) (→ § 129 Rn. 202).[18] Dagegen ist die Prozessführungsbefugnis der Gläubiger und des Treuhänders in Verbraucherinsolvenzverfahren (§ 313 Abs. 2 InsO aF)[19] zum 1. Juli 2014 weggefallen.[20] In der Eigenverwaltung kann nur der Sachwalter „Rechtshandlungen nach den §§ 129 bis 147 anfechten" (§ 280). Der Insolvenz- bzw. der Sachwalter bleibt auch prozessführungsbefugt, wenn ein bereits rechtshängiger Anfechtungsprozess nach der Bestätigung eines Insolvenzplans und der Aufhebung des Insolvenzverfahrens (§ 258 Abs. 1) nach Maßgabe des Plans fortgeführt werden soll (§ 259 Abs. 3 InsO). Ansonsten steht das Anfechtungsrecht (wieder) den einzelnen Gläubigern zu (§ 18 Abs. 1 AnfG). Daraus wird deutlich, dass der Schuldner selbst in keinem Fall anfechtungsbefugt sein soll. Gleichwohl muss der Anspruch aus § 143 Abs. 1 Satz 1 InsO vermögensrechtlich dem Schuldner zugerechnet werden, weil die Insolvenzmasse nach deutschem Recht[21] nicht als möglicher Rechtsträger ausgestaltet ist. Die Aussage, Inhaber des Anfechtungsrechts sei das Sondervermögen „Insolvenzmasse",[22] ist daher unpräzise. Der Anspruch ist aber nicht nur Teil der Insolvenzmasse, sondern darüber hinaus auch zweckgebunden, weil er grundsätzlich nicht dem Schuldner selbst zugutekommen darf (→ § 144 Rn. 8). Etwas anderes gilt nur, wenn ein rechtshängiger Anfechtungsprozess nach Maßgabe eines Insolvenzplans „für Rechnung des Schuldners" fortgeführt wird (§ 259 Abs. 3 Satz 2). Aus der Zweckbindung des Anspruchs folgt aber kein Abtretungsausschluss nach § 399 Alt. 1 BGB (→ § 129 Rn. 214). Auch sonstige Verfügungen über den Anspruch etwa im Rahmen eines Vergleichs sind wirksam, solange sie nicht offensichtlich dem Insolvenzzweck zuwiderlaufen (→ § 129 Rn. 196).[23] 5

Der Anspruch steht dem Insolvenzverwalter zu, dessen Schuldner den Anfechtungstatbestand verwirklicht hat. Das gilt auch in der Konzerninsolvenz, bei der nach wie vor für jeden Schuldner ein eigenes Insolvenzverfahren zu eröffnen ist. Anfechtungsbefugt ist jeweils der Insolvenzverwalter derjenigen Gesellschaft, deren Vermögen konkret verkürzt wurde, hingegen nicht ohne weiteres der Insolvenzverwalter der Konzernmutter.[24] Ausnahmsweise kommen **mehrere** Anfechtungsberechtigte aus verschiedenen Insolvenzverfahren in Betracht. Dies trifft insbesondere in Fällen **mittelbarer** 6

14 Vgl. BGH ZIP 1996, 1475, 1476; NZI 2000, 364; NZI 2007, 42 Rn. 10.

15 KG ZIP 2012, 1722, 1723; BKInsO/*Haas* § 143 Rn. 42; *Jauernig/Berger* § 51 Rn. 21; Jaeger/*Henckel* § 143 Rn. 183; *Gerhardt,* Gläubigeranfechtung S. 332.

16 BGH NZI 2007, 42 Rn. 10; NZI 2007, 452 Rn. 10; KPB/*Jacoby* § 143 Rn. 1, 11; *Bork* ZIP 2006, 589, 590.

17 Vgl. RGZ 24, 92, 98; BGH NJW-RR 1991, 178, 179; BGHZ 172, 360 Rn. 11 = NJW 2008, 376; BGH NZI 2013, 292 Rn. 15 ff.

18 Vgl. zuletzt OLG München ZIP 2017, 239, 240 f. = NZFam 2017, 824. Die üblicherweise befürwortete Anpassung des Tenors an die Rechtsfolge aus § 143 Abs. 1 erscheint jedoch zweifelhaft.

19 Zur möglichen Nachtragsverteilung nach § 203 Abs. 1 Nr. 3, wenn ein Gläubiger nach § 313 Abs. 2 Satz 1 InsO aF Anfechtungsklage erhoben hatte, vgl. BGH NZI 2010, 259 Rn. 5.

20 Vgl. Art. 1 Nr. 38 des Gesetzes zur Verkürzung des Restschuldbefreiungsverfahrens und zur Stärkung der Gläubigerrechte vom 15.7.2013, BGBl. I, S. 2379.

21 Zur Rechts- und Parteifähigkeit der Konkursmasse (*konkursbo*) in Anfechtungsprozessen nach im schwedischem Recht vgl. dagegen BGHZ 134, 116, 118 f. = NJW 1997, 657.

22 So MüKoInsO/*Kirchhof* → 3. Aufl. § 143 Rn. 4; K. Schmidt/*Büteröwe* § 143 Rn. 3.

23 Zu den umsatzsteuerrechtlichen Folgen einer solchen Vereinbarung vgl. *Kahlert* ZIP 2012, 1433 ff.

24 Vgl. *Hirte* ZInsO 2004, 1161, 1167; weitergehend *Wenner/Schuster* ZIP 2008, 1512, 1516 ff.

Zuwendung (→ Rn. 12)[25] zu, falls sowohl der Auftraggeber als auch die faktisch zuwendende Mittelsperson insolvent werden. Hat der Anfechtungsgegner die angefochtene Zuwendung nur einmal erlangt, entsteht regelmäßig keine Gesamt- oder Teilgläubigerschaft mehrerer Insolvenzverwalter; vielmehr handelt es sich um konkurrierende Anfechtungsansprüche, von denen sich im Ergebnis nur einer durchsetzen kann.[26] In derartigen Fällen geht die (Deckungs-)Anfechtung durch den Insolvenzverwalter des Auftraggebers (insbesondere nach §§ 130, 131), aus dessen Vermögen die Leistung wirtschaftlich stammt, der (Zuwendungs-)Anfechtung durch den Insolvenzverwalter des Leistungsmittlers (nach § 134) vor.[27] Bestreitet der Anfechtungsgegner die Sachbefugnis des Insolvenzverwalters des Leistungsmittlers im Hinblick auf einen möglichen konkurrierenden Anfechtungsanspruch der Insolvenzmasse des Auftraggebers, hat der Anfechtungsgegner darzulegen und zu beweisen, dass ein vorrangiger Anfechtungsanspruch besteht und erhoben worden ist,[28] dass also eine (Deckungs-)Anfechtung zugunsten des Auftraggebers durchgreift.[29] Eine entsprechende, aufschiebende Einrede muss dem Anfechtungsgegner auch zustehen, solange der vorrangig Berechtigte eine Anfechtungsklage noch in unverjährter Zeit erheben kann und eine befreiende Hinterlegung (§§ 372 ff. BGB) ausscheidet.

7 Hat ein **persönlich haftender Gesellschafter** vor Eröffnung des Insolvenzverfahrens über das Vermögen der Gesellschaft Leistungen an einen Gesellschaftsgläubiger erbracht, ist entsprechend § 93 der Insolvenzverwalter über das Vermögen der Gesellschaft anfechtungsberechtigt.[30] Jedoch steht im Falle der Doppelinsolvenz von Gesellschaft und Gesellschafter das Anfechtungsrecht dem Insolvenzverwalter über das Vermögen des in Anspruch genommenen Gesellschafters zu.[31] Der Anfechtungszeitraum ist in derartigen Fällen entsprechend § 139 Abs. 2 nach dem jeweils früheren Insolvenzantrag zu berechnen (→ § 139 Rn. 13).[32]

8 **bb) Verpflichtete.** Aus dem Rückgewährverhältnis verpflichtet und damit richtiger Anfechtungsgegner ist der **Empfänger** des anfechtbar weggegebenen Gegenstands, also jeder, zu dessen Gunsten der Erfolg der konkret angefochtenen Rechtshandlung zulasten des Schuldnervermögens eingetreten ist.[33] Das gilt auch bei öffentlich-rechtlichen Leistungen, zB Steuerzahlungen.[34] Empfänger anfechtbar entrichteter Geldstrafen oder Geldauflagen (§ 153a StPO)[35] ist der Justizfiskus, zu dessen Gunsten die Zahlung erbracht worden ist.[36] Hat der Schuldner durch selbständige Handlungen Vermögen an verschiedene Personen anfechtbar übertragen, kann sich der Insolvenzverwalter nach seiner Wahl an jeden der Empfänger halten. Ein Spediteur als Empfänger einer anfechtbar geleisteten Transportvergütung wird nicht durch eine Speditions- und Rollfuhrversicherung von der Rückzahlung freigestellt.[37] War aber eine Erfüllungsleistung des Schuldners selbst nicht anfechtbar, so ist sie es – abgesehen von § 135 Abs. 2 und § 143 Abs. 3 (→ Rn. 110 ff.) – regelmäßig auch nicht gegenüber einem Bürgen, der sich für die getilgte Schuld verbürgt hatte und nun von seiner Bürgenschuld befreit worden ist (§ 767 Abs. 1 Satz 1 BGB).[38] Leistet ein Schuldner in anfechtbarer Weise an einen vom Gläubiger mit dem Empfang der Leistung beauftragten Dritten, ist der Gläubiger selbst zur Rückgewähr verpflichtet;[39] das gilt auch, wenn sich nicht feststellen lässt, ob der Gläubiger

---

25 Nicht hierunter fallen Leistungsketten, in denen der erste Leistungsempfänger den Anfechtungsgegenstand an andere Personen weiter überträgt. Vgl. BGH NZI 2009, 381 Rn. 7 f.; BGHZ 181, 132 Rn. 33 = NJW 2009, 2600. Diese Fälle sind nach § 145 zu beurteilen (→ § 145 Rn. 32 f.).

26 HKInsO/*Thole* § 129 Rn. 85; KKInsO/*Mohr* § 143 Rn. 132.

27 BGHZ 174, 228 Rn. 33 ff. = NJW 2008, 655; BGH NZI 2009, 891 Rn. 12; HKInsO/*Thole* § 129 Rn. 85; krit. KPB/*Brinkmann* § 145 Anh. I Rn. 56 ff.; *Bork* ZIP 2008, 1041, 1048 f.; vgl. OLG Dresden ZIP 2009, 1173, 1175.

28 BGHZ 174, 228 Rn. 49 = NJW 2008, 655.

29 BGH NZI 2009, 891 Rn. 12; HKInsO/*Thole* § 129 Rn. 85.

30 BGHZ 178, 171 Rn. 12 = NJW 2009, 225; HKInsO/*Thole* § 129 Rn. 85.

31 BGHZ 178, 171 Rn. 13 ff. = NJW 2009, 225; HKInsO/*Thole* § 129 Rn. 85.

32 BGHZ 178, 171 Rn. 19 ff. = NJW 2009, 225.

33 BGHZ 216, 260 Rn. 14 = NJW 2018, 706; OLG Stuttgart NZI 2012, 324 Rn. 50 (Vorinstanz zu BGHZ 196, 220 = NJW 2013, 2282); HKInsO/*Thole* § 129 Rn. 93; Jaeger/*Henckel* § 129 Rn. 53, 287, § 143 Rn. 99 f.; vgl. BGH NJW 1974, 57, Nr. 22; BKInsO/*Haas* § 143 Rn. 17; K. Schmidt/*Büteröwe* § 143 Rn. 4; KKInsO/*Mohr* § 143 Rn. 152; BeckOK InsO/*Schoon*[12] § 143 Rn. 7; Gottwald/*Huber*, InsO-HdB, § 51 Rn. 57.

34 BGH, Beschl. v. 17.12.2009 – IX ZR 142/08 Rn. 1.

35 Zur Anfechtbarkeit vgl. BGH NZI 2008, 488 Rn. 19; NZI 2011, 189 Rn. 6 f.; NZI 2014, 863 Rn. 10.

36 BGH NZI 2011, 189 Rn. 7; LG Göttingen NZI 2016, 554.; K. Schmidt/*Büteröwe* § 143 Rn. 4.

37 OLG Brandenburg NZI 1999, 314, 315.

38 Vgl. BGH NJW 1974, 57, Nr. 22 zu § 37 KO; OLG Hamm ZInsO 2002, 983, 984 zum AnfG.

39 BGH NZI 2009, 384 Rn. 1; NZI 2010, 320 Rn. 2; OLG Hamm NZI 2006, 532, 533; K. Schmidt/*Büteröwe* § 143 Rn. 4.

seinerseits die Leistung vom Empfänger tatsächlich erhalten hat.[40] Ermächtigt umgekehrt der Schuldner einen eigenen Schuldner, die ihm gebührende Leistung an einen Dritten zu erbringen, und erbringt dieser Schuldner die Leistung unter den Voraussetzungen des § 133, so kann er zusammen mit dem Dritten (Leistungsempfänger) nach § 426 Abs. 1 BGB haften.[41] Zu einer gesamtschuldnerischen Haftung kommt es auch bei der Anfechtung nach § 135 Abs. 1 Nr. 2, wenn der Gesellschafter die Forderung innerhalb der Jahresfrist abgetreten hatte (→ § 135 Rn. 22).[42] Dagegen sind Treuhänder, die uneigennützig fremdes Vermögen für andere Personen verwalten, regelmäßig nicht als Anfechtungsgegner verpflichtet, soweit sie nicht Teile dieses Vermögens sich selbst zuführen; anzufechten ist die Stellung des aus der Treuhand Begünstigten.[43] Anders soll es sich im Hinblick auf § 133 Abs. 1 verhalten, wenn ein Treuhänder das Treugut in Kenntnis der Zahlungsunfähigkeit des Schuldners annimmt, um es alsbald weiterzuleiten.[44] Leistet der spätere Schuldner anfechtbar an den **Zwangsverwalter,** ist der Vollstreckungsgläubiger nicht nach § 143 Abs. 1 Satz 1 zur Rückgewähr verpflichtet;[45] passivlegitimiert ist allein der Zwangsverwalter.[46]

Die gesetzliche **Krankenkasse,** die vom Schuldner Gesamtsozialversicherungsbeiträge einzieht, 9
ist auch insoweit selbst Empfängerin, als sie im Innenverhältnis Teilbeträge an die Träger der Renten- oder Unfallversicherung weiterleiten muss.[47] Das gilt ebenfalls für die Zentralstelle im Baugewerbe, die kraft Tarifvertrags für andere Sozialkassen einziehungsermächtigt ist.[48] Die kassenärztliche Vereinigung, die gegen Honoraransprüche eines Arztes anfechtbar aufrechnet, ist auch insoweit zahlungspflichtig, als der Erfolg einer Verrechnung an Krankenkassen weiterzuleiten wäre.[49] Das Bundesland, das Forderungen auf **Umsatzsteuer** beigetrieben hat, ist Rückgewährschuldner zugleich hinsichtlich des Umsatzsteueranteils, der nach dem Finanzausgleich (§ 1 FAG) dem Bund zusteht.[50] Die hier genannten Stellen unterscheiden sich von Treuhändern im eigentlichen Sinne (→ Rn. 8) dadurch, dass keine strenge Vermögenstrennung erfolgt. So darf Fremdvermögen bei einer echten Treuhandschaft nicht auf demselben Konto verwaltet werden wie eigenes (→ § 47 Rn. 392, 401);[51] die bloß rechnerische Unterscheidbarkeit genügt nicht;[52] dasselbe gilt erst recht für rein obligatorische, interne Bindungen. Die Anfechtung gegenüber der zentralen Vollstreckungsstelle erfasst auch Säumniszuschläge sowie eingezogene Vollstreckungskosten.[53] Dagegen richtet sich die Anfechtung der Erfüllung von Ansprüchen der Arbeitnehmer gegen die **Bundesagentur für Arbeit** (§ 169 Satz 3 SGB III), wenn der Arbeitnehmer zuvor bereits einen Insolvenzgeldantrag gestellt hat und eine zumindest entfernte Möglichkeit besteht, dass die Zahlung in Betracht kommt.[54] Hat ein Gläubiger anfechtbar gegen den Schuldner vollstreckt und das Vollstreckungsorgan die Vollstreckungskosten einbehalten, so ist auch insoweit der Vollstreckungsgläubiger der richtige Anfechtungsgegner.[55]

---

[40] BGH NZI 2010, 320 Rn. 2.

[41] BGHZ 174, 314 Rn. 25 f. = NJW 2008, 1067.

[42] So BGHZ 196, 220 Rn. 28 ff. = NJW 2013, 2282 gegen OLG Stuttgart NZI 2012, 324 Rn. 48 ff.

[43] Vgl. RG Recht 1908 Nr. 2719; OLG Hamm ZInsO 2002, 983, 984 (jeweils zum AnfG); OLG Köln NZI 2003, 99; *Kayser,* FS Ganter (2010), S. 221, 223; K. Schmidt/*Büteröwe* § 143 Rn. 4.

[44] BGHZ 193, 129 Rn. 30 ff. = NJW 2012, 1959; BGH NJW 2015, 3503 Rn. 27; OLG München NZI 2015, 555, 557.

[45] BGHZ 216, 260 Rn. 14 ff. = NJW 2018, 706.

[46] BGHZ 216, 260 Rn. 18 = NJW 2018, 706; OLG Dresden NZI 2014, 923, 925; *Drasdo* NZI 2014, 923, 926; BeckOK InsO/*Schoon*[12] § 143 Rn. 7.4.

[47] BGH NZI 2006, 399 Rn. 8; NZI 2007, 721 Rn. 4; OLG Hamburg ZIP 2001, 708, 710 f.; OLG Koblenz ZIP 2005, 540, 541; LG Hamburg ZIP 2001, 711, 715; BKInsO/*Haas* § 143 Rn. 17; K. Schmidt/*Büteröwe* § 143 Rn. 4; KKInsO/*Mohr* § 143 Rn. 159; AGR/*Gehrlein* § 143 Rn. 4.

[48] BGH NJW 2004, 2163 f.; NZI 2005, 166 f.; OLG Frankfurt ZInsO 2005, 548, 549; OLG Stuttgart ZIP 2005, 1837, 1841; HKInsO/*Thole* § 129 Rn. 93; iE auch *Nöll* ZInsO 2004, 492 f.; aA KG NZI 2002, 660 f.

[49] KG ZInsO 2004, 744, 745.

[50] BGH NZI 2007, 721 Rn. 4; BGHZ 192, 221 Rn. 13 = NJW 2012, 1585; OLG Hamm ZIP 2006, 1104, 1105; ZIP 2010, 996 f.

[51] BGH NJW 1971, 559, 560; WM 1993, 83, 84; NJW-RR 2003, 1375, 1376; Beschl. v. 9.3.2006 – IX ZR 67/04; OLG Brandenburg WM 1999, 267, 269; Jaeger/*Henckel* § 47 Rn. 63; vgl. auch BGH NJW 1959, 1223, 1225.

[52] BGH NJW-RR 2003, 1375, 1376; aA *Hadding/Häuser* in Schimansky/Bunte/Lwowski, Bankrechts-Handbuch § 37 Rn. 2, 28.

[53] BGH NJW 2004, 2163, 2164; OLG Hamburg ZIP 2002, 1360, 1364 f.; HambKommInsO/*Rogge* § 143 Rn. 7. In dem vom LG Hamburg ZIP 2001, 711, 715 entschiedenen Fall war die verklagte Krankenkasse nicht zugleich Vollstreckungsbehörde.

[54] So BAGE 147, 172 Rn. 13 = NZI 2014, 372; vgl. auch Uhlenbruck/*Borries/Hirte* § 129 Rn. 82 und § 143 Rn. 231.

[55] BGH NJW 2004, 2163, 2164; OLG Hamburg ZIP 2002, 1360, 1361 f.; BKInsO/*Haas* § 143 Rn. 17; KKInsO/*Mohr* § 143 Rn. 154.

10 Zusätzlich kommen nach Maßgabe von § 145 Rechtsnachfolger des ursprünglichen Empfängers als Anfechtungsgegner in Betracht, insbesondere **Gläubiger des Rückgewährschuldners** (→ Rn. 36, § 145 Rn. 15, 21, 30). Der Schuldner selbst kann dagegen nicht als eigenständiger Rechtsträger Anfechtungsgegner sein, weil sein gesamtes pfändbares Vermögen ohnehin zur (Ist-)Insolvenzmasse gehört (§§ 35, 36);[56] das Insolvenzgericht kann ihn nach §§ 97 Abs. 2, 98 Abs. 2 und 3 zur Rückgewähr an den Insolvenzverwalter zwingen.[57] Seit der Neufassung von § 35 gilt das auch, soweit der Schuldner nach der Verfahrenseröffnung – zB als Rechtsnachfolger iSv § 145 – den Gegenstand zurückerwirbt. Anders verhält es sich nur, soweit der Schuldner als Träger fremden Vermögens handelt.

11 Bei unteilbarem Erwerb eines Vermögensgegenstands durch **mehrere Personen** haften diese insgesamt nach § 431 BGB auf das Ganze.[58] Das gilt trotz Teilbarkeit auch bei einem Erwerb durch mehrere in einer Gesamthandsgemeinschaft, zB einer OHG, BGB-Gesellschaft oder Erbengemeinschaft (§ 145 Abs. 1), verbundene Personen.[59] Bei geteiltem Erwerb – zB zu mehreren Miteigentumsbruchteilen – haftet jeder Erwerber dagegen nur für seinen Teil; § 840 BGB greift nicht ein.[60] Jedoch soll eine gesamtschuldnerische Haftung nach § 421 BGB bestehen, wenn bei einer vom Schuldner veranlassten Zahlung seines Drittschuldners an einen Gläubiger zugleich dieser (wegen der von ihm erlangten Leistung) als auch der Drittschuldner (wegen der erlangten Schuldbefreiung) Anfechtungsansprüchen nach § 133 ausgesetzt sind.[61] Auch wenn der Schuldner eine Verbindlichkeit tilgt, für die ein Dritter eine Sicherheit bestellt hat, soll Gesamtschuldnerschaft zwischen dem (befriedigten) Gläubiger und dem (freigestellten) Sicherungsgeber bestehen; der Insolvenzverwalter hat die Wahl welchen Leistungsempfänger er in Anspruch nimmt.[62] Dasselbe trifft zu, wenn der Schuldner durch eine Leistung an seinen Kunden eine der Bank zur Sicherung abgetretene Forderung werthaltig macht.[63] Die Wertersatzpflicht nach § 143 Abs. 1 Satz 2 (→ Rn. 101 ff.) ist zwar stets teilbar; jedoch bleibt eine Gesamtforderung bestehen, wenn eine ursprünglich unteilbare Leistung erst nachträglich – zB als Geldforderung – teilbar wird.[64] Ein Verwirkungstatbestand im Verhältnis zu einem Anfechtungsgegner berührt für sich nicht das Anfechtungsrecht gegenüber anderen.[65] Die Anfechtung einer Forderungsabtretung richtet sich nie gegen den Drittschuldner der abgetretenen Forderung;[66] dessen Rechtsstellung wird nicht verändert.

12 Bei **mittelbarer Zuwendung** (→ § 129 Rn. 68 bis 73) haftet in der Regel nur der endgültige Leistungsempfänger.[67] Dieser kann sogar der Anfechtung der Insolvenzverwalter sowohl des zur Leistung Anweisenden als auch des Leistungsmittlers ausgesetzt sein,[68] wenn gegenüber beiden ein Anfechtungstatbestand erfüllt ist (→ Rn. 6). Dagegen kann die Mittelsperson lediglich ausnahmsweise und insoweit verpflichtet sein, als sie selbst auch einen Vorteil aus der Zuwendung erlangt,[69] insbesondere

---

56 BGH NZI 2011, 937 Rn. 3; Jaeger/*Henckel* § 129 Rn. 287; vgl. *Kirchhof* ZInsO 2011, 2009 ff.

57 Zur Durchsetzung des Herausgabeanspruchs aus § 148 Abs. 1 durch Klage vgl. LG Köln ZIP 1997, 2161, 2162.

58 RSZ/*Zeuner* § 143 Rn. 26; Jaeger/*Henckel* § 143 Rn. 100; BKInsO/*Haas* § 142 Rn. 18; Uhlenbruck/*Borries*/*Hirte* § 143 Rn. 81; BeckOK InsO/*Schoon*[12] § 143 Rn. 7; Gottwald/*Huber*, InsO-HdB § 51 Rn. 58. BGHZ 142, 284, 289 f. = NJW 1999, 3046, 3047 lässt den Empfänger einer anfechtbaren Zahlung und diejenige Bank, welche die Zahlung kreditiert hatte, mit ihrer dafür bestehenden Sicherheit „wie Gesamtschuldner" haften.

59 Jaeger/*Henckel* § 143 Rn. 100; RSZ/*Zeuner* § 143 Rn. 26.

60 HKInsO/*Thole* § 129 Rn. 92; Nerlich/Römermann/*Nerlich* § 143 Rn. 52; RSZ/*Zeuner* § 143 Rn. 26; BKInsO/*Haas* § 143 Rn. 18; vgl. RGZ 24, 141, 143 f.; Jaeger/*Henckel* § 143 Rn. 109; Gottwald/*Huber*, InsO-HdB § 51 Rn. 58. Teilbar ist insbesondere die Prämienzahlung auf eine Versicherung zugunsten mehrerer Berechtigter gemäß dem Umfang ihrer jeweiligen Berechtigung: RG LZ 1911, 860, Nr. 8.

61 BGHZ 174, 314 Rn. 25 f. = NJW 2006, 1067; BGH NJW 2008, 1067 Rn. 25 f.; NZI 2008, 302 Rn. 17.

62 BGHZ 192, 221 Rn. 33 = NJW 2012, 1585.

63 BGH NZI 2008, 236 Rn. 17.

64 Vgl. RGZ 67, 273, 275; RGRK/*Weber* § 432 Rn. 6; Staudinger/*Looschelders* § 431 Rn. 13; Palandt/*Grüneberg* § 431 Rn. 1.

65 Vgl. BGH NZI 2002, 175, 176 zum AnfG.

66 RGZ 61, 150, 152.

67 OLG Köln NZI 2003, 99; OLG Koblenz ZInsO 2015, 448, 449 f.; HKInsO/*Thole* § 129 Rn. 89; Nerlich/Römermann/*Nerlich* § 143 Rn. 52; RSZ/*Zeuner* § 143 Rn. 26; HambKommInsO/*Rogge*/*Leptien* § 143 Rn. 11; Uhlenbruck/*Borries*/*Hirte* § 143 Rn. 77; KKInsO/*Mohr* § 143 Rn. 166; Gottwald/*Huber*, InsO-HdB § 51 Rn. 59 f.; *Kayser*, FS Ganter (2010), S. 221, 230; vgl. BGHZ 142, 284, 287 = NJW 1999, 3636 f.; BGH NZI 2009, S. 384 Rn. 2; NZI 2010, 320 Rn. 3; RGZ 35, 26, 27 f.; 133, 290, 291 f.; OLG Stuttgart ZInsO 2000, 157, 158.

68 Vgl. BGHZ 174, 228 Rn. 29 = NJW 2008, 655; OLG Dresden NZI 2009, 392 ff.

69 RGZ 92, 227 f.; 117, 86, 88; HKInsO/*Thole* § 129 Rn. 29; Nerlich/Römermann/*Nerlich* § 143 Rn. 52; Uhlenbruck/*Borries*/*Hirte* § 129 Rn. 303; BKInsO/*Haas* § 143 Rn. 17.

diese noch nicht weiter geleitet hat.[70] Wer sich als „**Strohmann**" einschalten lässt, um für seinen Auftraggeber Bestellungen zu tätigen, unterliegt wegen der Vorschussleistung des Auftraggebers (§ 669 BGB) selbst der Anfechtung.[71] Dieselben Grundsätze gelten auch, wenn ein Dritter als **Empfangsbeauftragter** des Gläubigers eingeschaltet wird.[72] Zieht ein Finanzamt in Fällen steuerrechtlicher Organschaft Beträge, die der Steuerschuld des Organträgers entsprechen, von der Organgesellschaft ein, erlangt es in deren Insolvenz die Zahlung (auch) als deren Insolvenzgläubiger;[73] daneben kommt eine Anfechtung gegen den Organträger in Betracht.[74] Gegenüber sonstigen Dritten wirkt die Anfechtung regelmäßig nicht unmittelbar (→ Rn. 26). Jedoch kann der Rechtsnachfolger iSv § 145 neben dem ersten Leistungsempfänger – seinem Vorgänger – haften (→ § 145 Rn. 35 bis 38).

Hat trotz der Weggabe aus dem Schuldnervermögen **niemand** etwas erlangt – zB bei einer Derelik- 13
tion ohne nachfolgende Aneignung (§§ 959, 958 Abs. 1 BGB), kann der Insolvenzverwalter den ursprünglichen Zustand ohne weiteres von sich aus wieder herstellen;[75] einer Anfechtung bedarf es dazu nicht. Das gilt auch bei der Aufgabe einer kaufmännischen Firma[76] ohne anderweitige Fortführung.

b) Rechtliche Ausgestaltung. Rückgängig zu machen ist nicht die (angefochtene) Rechts- 14
handlung für sich, sondern deren gläubigerbenachteiligende Wirkung.[77] Liegt diese im Verlust von (Aktiv-)Vermögen des Schuldners (→ Rn. 4), begründet § 143 einen **bürgerlich-rechtlichen Anspruch** iSv § 194 Abs. 1 BGB.[78] Dieser Anspruch unterliegt den allgemeinen Vorschriften, soweit die InsO nichts Abweichendes vorschreibt oderder Anspruch es seinem Sinn und Zweck nach erfordert.[79] Daher kann das Finanzamt im Falle der Anfechtung von Steuerzahlungen nicht durch Abrechnungsbescheid über Grund und Höhe des Anspruchs aus § 143 entscheiden (→ Rn. 154).[80] Der **Rückgewähranspruch** entsteht erst mit der **Insolvenzeröffnung,**[81] weil sich erst dann die Insolvenzmasse als Sondervermögen zur Befriedigung der Gläubiger konstituiert hat. Liegen die Voraussetzungen der Gläubigeranfechtung vor, entsteht allerdings schon mit der Verwirklichung des Anfechtungstatbestandes ein gesetzliches Schuldverhältnis zwischen dem Anfechtungsgegner und jedem Gläubiger des Schuldners.[82] Im Schrifttum wird darüber hinaus zum Teil die Auffassung vertreten, das **Anfechtungsrecht** entstehe auch in den Fällen der besonderen Insolvenzanfechtung (§§ 130 bis 132) schon mit der Verwirklichung des Anfechtungstatbestandes, aber aufschiebend bedingt durch die Insolvenzeröffnung.[83] Daraus könnte man – fälschlich (→ Rn. 16) – schließen, der Anfechtungsgegner könne nach § 95 Abs. 1 gegen die Forderung aus § 143 aufrechnen, wenn ihm gegen den späteren Schuldner bei Verfahrenseröffnung eine unbedingte, fällige und gleichartige Gegenforderung zusteht.[84] Tatsächlich schuldet der Anfechtungsgegner jedoch weder dem Schuldner noch der Insolvenzmasse etwas, so dass die Aufrechnung ausscheidet. Die These von der aufschiebend bedingten Entstehung des Anfechtungsrechts ist aber insoweit richtig, als mit der Verwirklichung des Anfechtungstatbestandes der „**Rechtsboden**" für die Entstehung des Rückgewähranspruchs bereitet ist,[85] wenn rechtzeitig ein Eröffnungsantrag gestellt und das Verfahren tatsächlich eröffnet wird. Das ist wichtig, damit der

---

[70] Uhlenbruck/*Borries/Hirte* § 143 Rn. 77; vgl. RGZ 92, 227 f.; RG JW 1911, 107.

[71] OLG Düsseldorf ZIP 2017, 1528, 1529.

[72] BGH NZI 2009, 384 Rn. 2; NZI 2010, 295 Rn. 12; NZI 2010, 320 Rn. 2; NJW 2014, 1963 Rn. 14; NZI 2016, 82 Rn. 6; *Kayser,* FS Ganter (2010), S. 221, 231.

[73] BGHZ 192, 221 Rn. 9 ff. = NJW 2012, 1585.

[74] BGHZ 192, 221 Rn. 27 ff. = NJW 2012, 1585.

[75] Vgl. *Baur/Stürner,* Insolvenzrecht Rn. 20.3.

[76] Vgl. OLG Düsseldorf ZIP 1989, 457, 458.

[77] BGH NZI 2009, 644 Rn. 29; NZI 2014, 397 Rn. 10; NZI 2017, 352 Rn. 15; NZI 2017, 715 Rn. 17; *Thole,* Gläubigerschutz S. 530, 535 f.; für eine Einordnung als Folgenbeseitigungsanspruch *Raebel,* FS Ganter (2010), S. 339, 345 f.

[78] Zur Gläubigeranfechtung vgl. BGH NJW-RR 1992, 612, l613; *M. Zeuner,* Anfechtung Rn. 480; *Jaeger* LZ 1913, 23, 33.

[79] BKInsO/*Haas* § 143 Rn. 11.

[80] BFHE 238, 325 Rn. 8 = NZI 2013, 102 mit zust. Anm. *Kahlert* ZIP 2012, 2075 f.; vgl. auch BFH NZI 2013, 104 Rn. 9 ff.

[81] So auch BGH NZI 2015, 976 Rn. 11, Uhlenbruck/*Borries/Hirte* § 143 Rn. 3; KPB/*Jacoby* § 143 Rn. 9; HK/*Thole* § 129 Rn. 101; BGHZ 130, 38, 40 = NJW 1995, 2783, 2784 im Kontext der Aufrechnung. Vgl. auch BGHZ 101, 286, 288 = NJW 1987, 2821. Dort ging es allerdings vor allem darum, dass der Anspruch keiner Anfechtungserklärung bedarf.

[82] Vgl. MüKoAnfG/*Kirchhof* § 11 Rn. 4.

[83] So Jaeger/*Henckel* § 143 Rn. 103; MüKoInsO/*Kirchhof* → 3. Aufl. § 143 Rn. 9; *Gerhard/Kreft,* Aktuelle Probleme der Insolvenzanfechtung, 10. Aufl. (2006), Rn. 220; → auch § 129 Rn. 186; rezipiert von BFH ZIP 2008, 1780 Rn. 16.

[84] So der Einwand von Uhlenbruck/*Borries/Hirte* § 143 Rn. 3; dagegen Jaeger/*Henckel* § 143 Rn. 185.

[85] So auch KPB/*Jacoby* § 143 Rn. 9.

Insolvenzverwalter den Anspruch aus § 143 in der Insolvenz des Anfechtungsgegners ggf. als Insolvenzforderung (→ Rn. 36) zur Tabelle anmeldem kann (§§ 38, 174). Ob die Voraussetzungen von § 38 in zeitlicher Hinsicht vorliegen, kann nicht davon abhängen, welches der beiden Verfahren zuerst eröffnet worden ist. **Fällig** wird der Anspruch aus § 143 – abgesehen von Fällen des § 147 – in jedem Fall (erst) mit der Insolvenzeröffnung;[86] das ist für § 199 Abs. 1 Nr. 1 BGB maßgeblich (→ § 146 Rn. 9). Jedenfalls missverständlich ist dagegen die Formulierung des BFH, „die – nicht formbedürftige – Willensentscheidung des Insolvenzverwalters mach[e] den Rückgewähranspruch durchsetzbar".[87] Das Rückgewährschuldverhältnis endet mit der Aufhebung oder Einstellung des Insolvenzverfahrens, sofern hierbei nicht der Insolvenzbeschlag für das jeweilige Anfechtungsrecht aufrechterhalten wurde (→ § 129 Rn. 210). Die schuldrechtlichen Regeln ergänzen das Rückgewährverhältnis auch insoweit, als bestimmten, anfechtbar herbeigeführten Rechtsfolgen in erster Linie jede Rechtswirkung gegenüber der Insolvenzmasse versagt wird.

15 Das Rückgewährverhältnis ist **nicht deliktsrechtlicher** Natur. §§ 823 ff. BGB können darauf weder unmittelbar noch entsprechend angewendet werden.[88] Auch § 32 ZPO ist nicht einschlägig (→ Rn. 156). Die Rückgewährpflicht nach § 143 Abs. 1 Satz 1 begründet keinen Schadensersatz, sodass insoweit (vgl. aber → Rn. 101 ff.) auch die §§ 249 ff. BGB unanwendbar sind;[89] stattdessen werden ausgleichende Vermögensvorteile, die der Insolvenzmasse schon bei der Verwirklichung des Anfechtungstatbestands entstehen, nach Maßgabe des speziellen Erfordernisses der Gläubigerbenachteiligung[90] sowie durch § 144 berücksichtigt. Danach ist es insbesondere unerheblich, ob der Anfechtungsgegner in einem späteren Verteilungsverfahren einen vergleichbaren Betrag wie den ihm jetzt abverlangten zurückerhalten würde (→ § 129 Rn. 107). Hat der Schuldner Biersteuer anfechtbar entrichtet, ist davon nicht die durch den Brauvorgang bewirkte Wertsteigerung abzuziehen.[91] Nur bei der Bestimmung eines Wertersatzanspruchs nach § 143 Abs. 1 Satz 2 können sich allgemeine schadensersatzrechtliche Regeln auswirken (→ Rn. 103, 105). Allerdings ist es möglich, dass der Anfechtungsgegner neben dem Anfechtungstatbestand zugleich den Tatbestand einer unerlaubten Handlung verwirklicht hat, so dass der Insolvenzverwalter auch deren Rechtsfolgen geltend machen kann, um das Anfechtungsrechtsverhältnis zu verstärken (→ Vor §§ 129–147 Rn. 87 bis 92). Zu denken ist etwa an §§ 823 Abs. 2, 830 BGB iVm §§ 287c, 27 StGB.[92] § 143 enthält lediglich einen Rechtsfolgenverweis auf das Bereicherungsrecht und damit namentlich auf §§ 818, 819 BGB. IÜ sind die §§ 812 ff. BGB aber nicht anwendbar, weil der Anfechtungsanspruch auch **kein Bereicherungsanspruch ist.**[93] Insbesondere wird die bereicherungsrechtliche Saldotheorie durch das Nebeneinander der §§ 143 und 144 ersetzt.[94] Auch für eine Anwendung von § 814 BGB[95] oder § 817 Satz 2 BGB[96] fehlt die Grundlage. Äußerstenfalls kann § 242 BGB eingreifen.[97]

16 **c) Anwendbare allgemeine Vorschriften.** Im Einzelnen gelten für das Rückgewährverhältnis die Bestimmungen über den **Schuldnerverzug** (§§ 286 ff. BGB),[98] den **Gläubigerverzug**

---

86 BGH NZI 2004, 444, 445; BGHZ 171, 38 Rn. 19 = NJW-RR 2007, 557; BGH NJW 2015, 2113 Rn. 26; OLG Hamburg ZInsO 2006, 877, 878; OLG Hamm ZIP 2007, 240, 243.

87 So BFH ZIP 2008, 1780 Rn. 16.

88 BGH NJW-RR 1986, 991, 993; NJW 1990, 990, 991; Jaeger/*Henckel* § 143 Rn. 92; HKInsO/*Thole* § 129 Rn. 77, § 143 Rn. 20; K. Schmidt/*Büteröwe* § 143 Rn. 6; AGR/*Gehrlein* § 143 Rn. 22; BKInsO/*Haas* § 143 Rn. 12; *Baur/Stürner,* Insolvenzrecht Rn. 18.16; vgl. auch BGHZ 104, 355, 360 = NJW 1988, 3265, 3266.

89 BeckOK InsO/*Schoon*[12] § 143 Rn. 1; aA *Fridgen* S. 140 ff. nur für § 133.

90 Vgl. HKInsO/*Thole* § 143 Rn. 23.

91 BGH NZI 2009, 644 Rn. 32 ff.

92 Zur Beihilfe durch den Gläubiger vgl. MüKoStGB/*Radtke/Petermann* § 287c Rn. 26.

93 BGHZ 15, 333, 337 = NJW 1955, 259, 260; BAG NZA 2018, 468 Rn. 30; HKInsO/*Thole* § 129 Rn. 77; BKInsO/*Haas* § 143 Rn. 12, 66 f.; *Baur/Stürner,* Insolvenzrecht Rn. 18.14 f., 20.5; KKInsO/*Mohr* § 143 Rn. 7; BeckOK InsO/*Schoon*[12] § 143 Rn. 1; *Wacke* ZZP 83 (1970), 418, 424 ff.; zum AnfG auch BFHE 133, 501, 508; vgl. ferner BGHZ 41, 98, 103 = NJW 1964, 1319, 1321; aA zum AnfG *Gerhardt,* Gläubigeranfechtung S. 162 ff.

94 Vgl. BGH NJW 2010, 2125 Rn. 8; *Heim,* Schenkungsanfechtung bei Auszahlungen im verdeckten Schneeballsystem (2011), S. 269; BeckOK InsO/*Schoon*[12] § 143 Rn. 1.

95 *Gerhardt* ZIP 1991, 273, 283; K. Schmidt/*Büteröwe* § 143 Rn. 6; KKInsO/*Mohr* § 143 Rn. 206; BeckOK InsO/*Schoon*[12] § 143 Rn. 1; AGR/*Gehrlein* § 143 Rn. 19.

96 OLG Celle ZInsO 2003, 803 f.; K. Schmidt/*Büteröwe* § 143 Rn. 6; KKInsO/*Mohr* § 143 Rn. 207; BeckOK InsO/*Schoon*[12] § 143 Rn. 1; AGR/*Gehrlein* § 143 Rn. 19.

97 Vgl. BGHZ 179, 137 Rn. 21 = NJW 2009, 363; OLG München NZI 2011, 108, 110 f.; LG Münster ZInsO 2015, 1575, 1576; *Riesenkampff/Schuba* NJW 2010, 571, 573; BeckOK InsO/*Schoon*[12] § 143 Rn. 1.

98 RG LZ 1916, 402 f.; Jaeger/*Henckel* § 143 Rn. 91; Uhlenbruck/*Borries/Hirte* § 143 Rn. 25; K. Schmidt/*Büteröwe* § 143 Rn. 6; BKInsO/*Haas* § 143 Rn. 13; BeckOK InsO/*Schoon*[12] § 143 Rn. 15; Gottwald/*Huber,* InsO-HdB § 52 Rn. 19; vgl. BGH WM 1968, 407, 409; OLG Stuttgart ZIP 2005, 1837, 1841.

(§§ 293 ff. BGB),[99] die Verwirkung,[100] die Erfüllung (§ 362 BGB)[101] und die Hinterlegung (§§ 372 ff. BGB).[102] Hinsichtlich der Erfüllungssurrogate ist als einzige Besonderheit zu beachten, dass die **Aufrechnung** (§§ 387 ff. BGB) gegenüber einem Anfechtungsanspruch nur mit Ansprüchen gegen die Insolvenzmasse selbst möglich ist, nicht aber mit (unanfechtbar begründeten) Insolvenzforderungen;[103] denn der Anfechtungsanspruch seinerseits ist iSv § 96 Abs. 1 Nr. 1 erst als Folge der Eröffnung des Insolvenzverfahrens entstanden (→ Rn. 14). Nicht aufrechenbar sind insbesondere Gegenansprüche nach § 144 Abs. 1,[104] weil der Anfechtungsanspruch ansonsten regelmäßig leerliefe. Steht dagegen dem Anfechtungsgegner eine Gegenforderung als Masseverbindlichkeit iSv § 55 zu, ist die Aufrechnung gegen einen Zahlungsanspruch bis zu den durch §§ 208 bis 210 gezogenen Grenzen möglich.[105] Allerdings scheitert die Aufrechnung an § 393 BGB, wenn der Anspruch gegen den Anfechtungsgegner zugleich auf eine vorsätzlich begangene unerlaubte Handlung gestützt wird (→ Rn. 15).[106] Masseverbindlichkeiten entstehen jedoch nicht, wenn der Schuldner nach Insolvenzeröffnung selbständig ein neues Gewerbe betreibt und dadurch zB persönliche Steuerschulden begründet.[107] Dasselbe gilt im Falle der Freigabe der selbständigen Tätigkeit nach § 35 Abs. 2, 3. Entsprechendes gilt für **Zurückbehaltungsrechte** des Anfechtungsgegners etwa aufgrund eines Gegenanspruchs gemäß § 144 Abs. 2;[108] jedoch steht ein Auskunftsanspruch des Anfechtungsgegners, der der Durchsetzung von Aus- oder Absonderungsrechten dient, nicht in einem nach § 273 BGB nötigen rechtlichen Zusammenhang mit dem Anfechtungsanspruch.[109]

Beweisurkunden hat der Anfechtungsgegner nach Maßgabe von § 402 BGB dem Anfechtenden 17
auszuliefern. Zur Rückgewähr kann gemäß § 242 BGB die Erfüllung von **Nebenpflichten** erforderlich sein. Insbesondere kann zur vollständigen Rückgewähr eines Rechts die zu dessen Durchsetzung nötige Urkunde wiederherzustellen sein; dazu ist der Anfechtungsgegner ebenfalls verpflichtet.[110]

Die Vorschriften über **Unmöglichkeit** (§ 275 BGB) gelten lediglich mit der Abwandlung des 18
§ 143 Abs. 1 Satz 2 InsO, dass unter bestimmten Voraussetzungen Wertersatz zu leisten ist.[111] Die Grundsätze über **Mitverschulden** (§ 254 BGB) sind auf die Entstehung des Rückgewähranspruchs nicht anzuwenden, weil nicht eine Schadensersatzpflicht in Frage steht;[112] nur soweit bei der Abwicklung eines Rückgewährverhältnisses echte Schadensersatzforderungen entstehen, kann auch ein mitwirkendes Verschulden des Insolvenzverwalters in Betracht kommen (→ Rn. 81). Entsprechendes gilt für die Berücksichtigung von Reserveursachen sowie der schadensersatzrechtlichen Grundsätze über Vorteilsausgleichung: Bei der Entstehung des Rückgewähranspruchs bleiben sie außer Betracht; allein bei einzelnen Schadensfolgen, insbesondere im Rahmen der Wertersatzpflicht nach § 143 Abs. 1 Satz 2, können sie ausnahmsweise bedeutsam werden (→ Rn. 84). § 242 BGB kann auch ein Anfechtungsbegehren ausschließen (→ § 129 Rn. 46, 46b). Hat jedoch der Insolvenzverwalter zunächst irrtümlich oder in Unkenntnis der Anfechtbarkeit dem vom Schuldner anfechtbar Begüns-

---

99 Uhlenbruck/*Borries/Hirte* § 143 Rn. 25; Jaeger/*Henckel* § 143 Rn. 91; BKInsO/*Haas* § 143 Rn. 13; K. Schmidt/*Büteröwe* § 143 Rn. 6; BeckOK InsO/*Schoon*[12] § 143 Rn. 15.

100 Vgl. LG Dresden ZInsO 2006, 663, 664 f.; BeckOK InsO/*Schoon*[12] § 143 Rn. 15; zum AnfG BGH NZI 2002, 175, 176.

101 K. Schmidt/*Büteröwe* § 143 Rn. 6; BeckOK InsO/*Schoon*[12] § 143 Rn. 15.

102 Vgl. RGZ 91, 367, 371; Jaeger/*Henckel* § 143 Rn. 47; BKInsO/*Haas* § 143 Rn. 13; BeckOK InsO/*Schoon*[12] § 143 Rn. 15.

103 BGHZ 15, 333, 337 = NJW 1955, 259, 260; BGHZ 113, 98, 105 = NJW 1991, 560, 562; BGHZ 130, 38, 40 = NJW 1995, 2783, 2784; BGH WM 1956, 703, 706; ZIP 1982, 76, 78; NJW-RR 1986, 848, 850; NJW 1991, 2144, 2146; NJW 1993, 3267, 3269 (insoweit nicht in BGHZ 123, 320); NJW 1995, 1093, 1095 (insoweit nicht in BGHZ 130, 38); NJW 1999, 1033, 1035; NZI 2004, 248, 249; Beschl. v. 21.2.2008 – IX ZR 124/07 Rn. 2; RG WarnR 1927 Nr. 101; OLG Nürnberg OLGZ 1977, 253, 254; FKInsO/*Dauernheim* § 143 Rn. 59; Nerlich/Römermann/*Nerlich* § 143 Rn. 30; Uhlenbruck/*Borries/Hirte* § 143 Rn. 94, 109; KKInsO/*Mohr* § 143 Rn. 183; HKInsO/*Thole* § 129 Rn. 82, § 143 Rn. 24; BeckOK InsO/*Schoon*[12] § 143 Rn. 15; im Ergebnis auch Jaeger/*Henckel* § 132 Rn. 19, § 143 Rn. 185.

104 LG Kiel ZVI 2002, 72, 74.

105 BGHZ 130, 38, 45 = NJW 1995, 2783, 2785; *Jaeger/Henckel* KO § 143 Rn. 186; Uhlenbruck/*Borries/Hirte* § 143 Rn. 110; BKInsO/*Haas* § 143 Rn. 13, 26; KKInsO/*Mohr* § 143 Rn. 185; vgl. BGH NJW 1992, 1829, 1830; aA OLG Nürnberg OLGZ 1977, 253, 255.

106 BGH BB 1954, 172; Jaeger/*Henckel* § 143 Rn. 92.

107 LG Erfurt NZI 2003, 40 f.; *Maus* ZInsO 2001, 493, 494.

108 Jaeger/*Henckel* § 143 Rn. 187; Uhlenbruck/*Hirte/Borries* § 144 Rn. 12; KKInsO/*Mohr* § 143 Rn. 205; vgl. BGHZ 131, 189, 200 = NJW 1996, 461, 464; BGH NJW-RR 1986, 991, 992 f.; NJW 2000, 3777, 3781.

109 BGH NJW 2000, 3777, 3781; Jaeger/*Henckel* § 143 Rn. 187; KKInsO/*Mohr* § 143 Rn. 203.

110 BGH NZI 2005, 453; Jaeger/*Henckel* § 143 Rn. 167.

111 Vgl. BKInsO/*Haas* § 143 Rn. 13; BeckOK InsO/*Schoon*[12] § 143 Rn. 18; *Baur/Stürner,* Insolvenzrecht Rn. 20.10.

112 HambKommInsO/*Rogge/Leptien* § 143 Rn. 2; K. Schmidt/*Büteröwe* § 143 Rn. 6.

tigten eine vermeintlich geschuldete (Erfüllungs-)Leistung erbracht, stehen allgemeine Vorschriften dem späteren Rückgewährverlangen aus § 143 nicht entgegen.[113]

19 Der Anfechtungsanspruch stellt **kein Handelsgeschäft** dar, auch wenn die anfechtbare Rechtshandlung ein Handelsgeschäft des Schuldners war (§ 343 HGB).[114] Deshalb kann der Insolvenzverwalter Zinsen nicht nach § 352 HGB berechnen.[115]

20 **2. Auskunftsrechte.** Dem Insolvenzverwalter stehen zur Sachaufklärung zum einen die Mitwirkungspflichten des **Schuldners** zur Verfügung (§§ 97, 98, 99, 101).[116] Dieser hat von sich aus – ohne besondere Nachfrage – alle Umstände mitzuteilen, die offensichtlich für das Insolvenzverfahren bedeutsam sein können und nicht klar zutage liegen; dazu gehören auch solche, die eine Insolvenzanfechtung begründen können.[117]

21 Unter den allgemeinen Voraussetzungen des § 242 BGB hat der Insolvenzverwalter einen zivilrechtlichen Auskunftsanspruch[118] gegen denjenigen **Anfechtungsgegner,** dessen Rückgewähr- oder Wertersatzpflicht dem Grunde nach festzustellen ist; der Anspruch ist darauf gerichtet, Art und Umfang des Rückgewährverhältnisses näher zu bestimmen.[119] Das gilt auch gegenüber Finanzbehörden.[120] Die Voraussetzungen hat der anfechtende Insolvenzverwalter zu beweisen.[121] Nach § 260 Abs. 1 BGB kann zudem eine Pflicht des anderen Teils zur Rechnungslegung in Betracht kommen.[122] Dagegen besteht grundsätzlich **kein zivilrechtlicher Auskunftsanspruch** gegen Personen, die nur möglicherweise zur anfechtungsrechtlichen Rückgewähr verpflichtet sein können. Insbesondere begründet allein der Umstand, dass einzelne anfechtbare Handlungen festgestellt worden sind, noch keinen Anspruch auf Auskunft über bloß vermutete, weitere selbständige Vermögensverschiebungen.[123] Ein darauf bezogenes Auskunftsverlangen kann nach Treu und Glauben allenfalls gerechtfertigt sein, wenn aufgrund von Art und Anlage der konkret festgestellten anfechtbaren Handlungen ausnahmsweise eine große Wahrscheinlichkeit dafür besteht, dass weitere inhaltlich vergleichbare oder ergänzende anfechtbare Rechtshandlungen vorgenommen wurden.[124]

22 Nach § 1 IFG des Bundes und den entsprechenden Landesgesetzen[125] kann gegenüber jeder Behörde ein **öffentlich-rechtlicher Anspruch** auf Zugang zu amtlichen Informationen bestehen.

---

[113] Vgl. LG Ulm ZIP 1980, 751, 753.

[114] BKInsO/*Haas* § 143 Rn. 13; FKInsO/*Dauernheim* § 143 Rn. 36; vgl. Uhlenbruck/*Borries/Hirte* § 143 Rn. 7a.

[115] BGH WM 1961, 387, 389 f.; NJW 1987, 2821, 2823 (insoweit nicht in BGHZ 101, 286); RG JW 1894, 316 Nr. 13; JW 1902, 273 Nr. 19; vgl. RGZ 96, 53, 57; aA EBJS/*Kindler* § 352 Rn. 12.

[116] Vgl. etwa BGH NZI 2009, 722 Rn. 7; NJW 2019, 1289 Rn. 29 (für BGHZ bestimmt), BKInsO/*Haas* § 143 Rn. 23; HambKommInsO/*Rogge/Leptien* § 143 Rn. 104; einschränkend *Gundlach/Frenzel/Schmidt* DStR 2002, 1910, 1911.

[117] BGH NZI 2010, 264 Rn. 6; AG Gera InVo 2005, 358 f.; AG Hamburg ZInsO 2007, 951, 952; AG Göttingen ZInsO 2007, 1059, 1060; Jaeger/*Schilken* § 97 Rn. 17; Uhlenbruck/*Zipperer* § 97 Rn. 7; HKInsO/*Kayser* § 97 Rn. 11; Gottwald/*Huber,* InsO-HdB § 51 Rn. 25; vgl. LG Hagen ZInsO 2007, 387, 388.

[118] Vgl. dazu BGH NJW 1990, 1358 f.; NJW 1995, 386, 387; NZI 2009, 733 Rn. 7; MüKoBGB/*Krüger* § 259 Rn. 6 ff.; Palandt/*Grüneberg* §§ 259 bis 261 Rn. 8 ff., § 259 Rn. 5 f.

[119] FKInsO/*Dauernheim* § 143 Rn. 16; HKInsO/*Thole* § 129 Rn. 94; *Hess* InsO § 143 Rn. 105; Jaeger/*Henckel* § 143 Rn. 165; K. Schmidt/*Büteröwe* § 143 Rn. 36; Uhlenbruck/*Borries/Hirte* § 143 Rn. 122; KKInsO/*Mohr* § 143 Rn. 253; Gottwald/*Huber,* InsO-HdB § 51 Rn. 26; vgl. BGH NJW 1998, 2969, 2970; OLG Neustadt MDR 1965, 293 f.; OLG München NJW-RR 1998, 1144 f.; zu § 7 AnfG aF RGZ 150, 42, 46.

[120] Vgl. BFH ZIP 2010, 1660 Rn. 11; ZIP 2011, 883 Rn. 8.

[121] HKInsO/*Thole* § 129 Rn. 93.

[122] Vgl. RG KuT 1933, 128 Nr. 9.

[123] BGH NJW 1987, 1812, 1813; NJW 1999, 1033, 1034; NZI 2009, 722; FG Düsseldorf ZIP 2009, 732 f.; HKInsO/*Thole* § 129 Rn. 94; Graf-Schlicker/*Huber* § 143 Rn. 5; *Mauer,* Anfechtungsprozess Rn. 381; vgl. BGHZ 74, 379, 382 f. = NJW 1979, 1832 f.; BGH NJW 1978, 1002 f.; BAG NJW 1990, 3293; OLG Düsseldorf KTS 1985, 724, 725; RSZ/*Zeuner* § 143 Rn. 21; BKInsO/*Haas* § 143 Rn. 23 und für das österreichische Recht *König,* Die Anfechtung nach der IO, 5. Aufl. (2014) Rn. 17/59 aE; krit. *Baur/Stürner,* Insolvenzrecht Rn. 20.13.

[124] So wohl auch RSZ/*Zeuner* § 143 Rn. 21 aE; *Gundlach/Flöther* NZI 2009, 720; vgl. BGHZ 95, 285, 292 f. = NJW 1986, 1247, 1249; OLG Stuttgart ZIP 1986, 386, 387 f.; ferner BGHZ 95, 247, 279 f. = NJW 1986, 1244, 1245.

[125] In *Baden-Württemberg* vgl. § 1 LIFG vom 17.12.2015, GBl. S. 1201; in *Berlin* vgl. § 3 Abs. 1 IFG vom 15.10.1999, GVBl. S. 561; in *Bremen* vgl. § 1 Abs. 1 BremIFG vom 16.5.2006, GBl. S. 263; in *Hamburg* vgl. § 4 HmbIFG vom 17.2.2009, GVBl. S. 29; in *Hessen* vgl. § 80 HDSIG vom 3.5.2009, GVBl. S. 82; in *Mecklenburg-Vorpommern* vgl. § 1 Abs. 2 IFG M-V vom 10.7.2006, GVOBl. S. 556; in *Nordrhein-Westfalen* vgl. § 4 IFG NRW vom 27.11.2001, GVBl. S. 806; in *Rheinland-Pfalz* vgl. § 4 LIFG vom 26.11.2008, GVBl. S. 296; im *Saarland* vgl. § 1 Abs. 1 SIFG, ABl. S. 1624 (dynamische Verweisung auf Bundesrecht); in *Sachsen-Anhalt* vgl. § 1 Abs. 1 IZG LSA vom 19.6.2008, GVBl. S. 242; in *Schlewig-Holstein* vgl. § 4 IFG-SH vom

Dabei ist für die Finanzbehörden und die Allgemeinen Ortskrankenkassen das jeweilige Landesrecht und bei den Ersatzkassen das Bundesrecht anwendbar. Unter einer amtlichen Information ist grundsätzlich jede amtlichen Zwecken dienende Aufzeichnung zu verstehen (§ 2 Nr. 1 IFG). Der Auskunftspflicht der Finanzbehörden steht das Steuergeheimnis (§ 30 AO) nicht entgegen.[126] Vielmehr sind Informationen über die vom Schuldner gezahlten Steuern gegenüber dem Insolvenzverwalter mit Blick auf §§ 80, 97 InsO von vornherein nicht geheimhaltungsbedürftig.[127] Die Auskunftspflicht besteht auch bei fiskalischem Handeln von Behörden und zugunsten von Insolvenzverwaltern.[128] Das gilt namentlich für (Landes-)Behörden, die für die Abwicklung staatlicher Bauaufträge zuständig sind.[129] Ferner steht der Ausschlussgrund in § 3 Nr. 1 Buchst. g IFG nicht dem Auskunftsanspruch mit Rücksicht auf erst bevorstehende – sei es auch konkret erwogene – Gerichtsverfahren entgegen.[130] Zudem beziehen sich die „wirtschaftlichen Interessen der Sozialversicherungsträger", die u.a. durch § 3 Nr. 6 IFG geschützt werden, allein auf den Wettbewerb dieser Träger untereinander, aber nicht auf den Schutz vor eigenen potentiellen Gläubigern.[131] Nach § 1 Abs. 3 IFG gehen zwar Regelungen in anderen Rechtsvorschriften über den Zugang zu amtlichen Informationen regelmäßig vor; insoweit sind aber weder § 242 BGB noch §§ 97, 101 InsO einschränkende Rechtsnormen.[132] Danach kann Auskunft insbesondere über Zahlungen des Schuldners an Sozialversicherungsträger[133] oder über deren Vollstreckungsaufträge[134] verlangt werden. Sozialversicherungsträger müssen dem Insolvenzverwalter Einsicht in die komplette Betriebsakte gewähren.[135] Soweit im anwendbaren Landesrecht keine spezialgesetzliche Anspruchsgrundlage besteht, kann weder auf § 19 BDSG aF[136] bzw. Art. 15 DSGVO noch auf die AO,[137] das Rechtsstaatsprinzip (Art. 20 Abs. 3 GG)[138] oder Art. 19 Abs. 4 GG zurückgegriffen werden.

23 Zuständig für Verpflichtungsklagen auf Erteilung von Auskünften sind auch gegenüber Sozialversicherungsträgern und Finanzbehörden – nach einem entsprechenden Vorverfahren § 9 Abs. 4 IFG[139] – die (allgemeinen) Verwaltungsgerichte (§ 40 VwGO) und weder die Sozialgerichte[140] noch die Finanzgerichte.[141]

24 Umgekehrt kann ein in Anspruch genomener Anfechtungsgegner nach § 242 BGB vom **Insolvenzverwalter** Auskunft verlangen, falls jener sich die zu seiner Verteidigung nötigen und zu seiner Beweislast stehenden Informationen nicht beschaffen, aber der Insolvenzverwalter die fraglichen Angaben unschwer machen kann.[142] Vermag der Insolvenzverwalter in derartigen Fällen selbst keine zuverlässige Auskunft zu erteilen, weil die fraglichen Vorgänge vor seiner Bestellung erfolgten, kann er ausnahmsweise den Anfechtungsgegner auf eine Einsichtnahme in Geschäftsunterlagen des

---

9.2.2000, GVOBl. S. 166; in *Thüringen* vgl. § 1 ThürIFG vom 20.12.2007, GVBl. S. 256 (dynamische Verweisung auf Bundesrecht). Zum Akteneinsichtsrecht in *Brandenburg* vgl. § 1 AIG vom 10.3.1998, GVBl. S. 46 und dazu OVG Berlin ZInsO 2016, 1895 ff. Dagegen existieren in *Bayern*, *Niedersachsen* und *Sachsen* bisher keine entsprechenden Regelungen.

126 BVerwG NZI 2012, 684 Rn. 5 ff.; OVG Münster NZI 2011, 915, 916 ff.; VG Berlin ZIP 2018, 1509 f.; *Polenz* NJW 2009, 1923 f.; *Blank* EWiR 2011, 83, 84; aA FG Saarland ZInsO 2010, 484, 485 ff.; VG Düsseldorf ZIP 2010, 1661 f.

127 OVG Münster NZI 2011, 915, 919; VG Berlin ZIP 2018, 1509, 1510 mwN.

128 BVerwG NZI 2012, 684 Rn. 6 ff.; OVG Münster ZInsO 2008, 927 f.; OVG Koblenz NZI 2010, 357, 358 f.; OVG Hamburg ZInsO 2012, 989, 990; VG Stuttgart ZInsO 2009, 1858, 1859 ff.; VG Hamburg ZIP 2009, 2014, 2017; VG Freiburg ZInsO 2011, 1957, 1958; *Dauernheim/Behler/Heutz* ZIP 2008, 2296, 2299 ff.; *Gundlach/Flöther* NZI 2009, 719, 720 f.

129 Gottwald/*Huber*, InsO-HdB § 51 Rn. 26; *Blank/Blank* ZInsO 2009, 1881 ff.

130 BVerwG ZInsO 2011, 49, 50; vgl. *Blank* EWiR 2011, 83, 8l4.

131 VG Stuttgart ZInsO 2009, 1858, 1861; VG Hamburg ZIP 2009, 2014, 2017; VG Freiburg ZInsO 2011, 1956, 1958; *Gundlach/Flöther* NZI 2009, 719, 721.

132 BVerwG NVwZ 2011, 235 Rn. 8; VG Köln ZIP 2017, 736, 738.

133 VG Freiburg ZInsO 2011, 1956, 1957; vgl. OVG Hamburg ZInsO 2012, 988 ff.

134 Vgl. BVerwG NVwZ 2011, 235 Rn. 4.

135 So VG Köln ZIP 2017, 736, 737 ff., bestätigt von OVG Münster InsbürO 2018, 244.

136 Vgl. BVerfGE 120, 351 Rn. 102 ff. = NJW 2008, 2099.

137 BFHE 202, 231 Rn. 6 ff. = NVwZ 2004, 382; FG Düsseldorf ZIP 2009, 732 f.

138 Zu den engen Voraussetzungen eines verfassungsunmittelbaren Auskunftsanspruchs vgl. BVerwGE 118, 270, 271 ff. = NJW 2003, 2696; BFHE 215, 32 Rn. 9 = NVwZ 2007, 854.

139 Vgl. BGH NZI 2009, 722 Rn. 8.

140 BSG NZI 2013, 197 Rn. 7 ff.; OVG Münster NZI 2011, 915 f.; vgl. Stuttgart ZInsO 2009, 1858, 1859; VG Freiburg ZInsO 2011, 1956 f.; vgl. *Blank/Blank* ZInsO 2009, 1881, 1882 f.

141 Vgl. nur BVerwG NZI 2012, 1020 ff. (Vorlage an den GmS-OGB) und BFH ZIP 2013, 1252 (Zustimmung); aA noch BFH ZIP 2011, 883 Rn. 5 ff.

142 Jaeger/*Henckel* § 143 Rn. 166; BeckOK InsO/*Schoon*[12] § 143 Rn. 9.1; vgl. LG Hamburg ZIP 2004, 2197 ff.; abgrenzend BGH NJW 2000, 3777, 3778.

Schuldners verweisen.[143] Die Verweigerung einer geschuldeten Auskunft durch den Insolvenzverwalter begründet zwar kein Zurückbehaltungsrecht für den Anfechtungsgegner;[144] sie kann aber im Falle seines späteren sofortigen Anerkenntnisses nach § 93 ZPO zur Belastung der Insolvenzmasse mit den Prozesskosten führen.[145]

25 **3. Auswirkung der Anfechtung auf weitere Rechtsbeziehungen.** Die Entscheidung, das Anfechtungsrecht auszuüben, liegt im pflichtgemäßen Ermessen des Insolvenzverwalters, der hierbei nur im Innenverhältnis der Gläubigergesamtheit verantwortlich ist (→ § 129 Rn. 192). Der Anfechtungsanspruch steht in freier Anspruchskonkurrenz zu anderen Ansprüchen der Insolvenzmasse (→ Vor §§ 129–147 Rn. 86).[146] Insbesondere muss der Insolvenzverwalter nicht erst die Anfechtung von Rechtshandlungen versuchen, ehe er den Geschäftsführer einer GmbH, der diese Handlungen zu verantworten hat, ihretwegen auf vollen Schadensersatz aus **§ 823 Abs. 2 BGB iVm § 15a Abs. 1** oder auf Ersatz der geleisteten Zahlungen aus **§ 64 GmbHG** in Anspruch nimmt.[147] Dem verurteilten Geschäftsführer ist es vorzubehalten, nach seiner Leistung in die Insolvenzmasse seinen Gegenanspruch in Höhe der auf die getilgte Forderung entfallenden Quote zur Insolvenztabelle anzumelden;[148] soweit allerdings eine Verurteilung auf Anfechtungsnormen gestützt ist, schließt § 144 Abs. 1 einen Gegenanspruch ohne vorherige Zahlung aus.[149] Ferner verhindert die volle anfechtungsrechtliche Rückgewähr in dieser Höhe die Inanspruchnahme des Gesellschafters oder Geschäftsführers aus anderen Rechtsgründen.[150] Nimmt der Insolvenzverwalter den Geschäftsführer aus § 64 Satz 1 GmbHG auf Erstattung einer Zahlung in Anspruch, die ihrerseits anfechtbar erbracht worden ist, ergibt sich die sachgerechte Lösung zugunsten des Geschäftsführers aus § 255 BGB,[151] der entsprechend anwendbar ist, weil der Anfechtungsanspruch abtretbar ist (→ Rn. 5). Der in Anspruch genommene Geschäftsführer kann daher nach Erstattung des der Insolvenzmasse entzogenen Betrages auf eigene Kosten und eigenes Risiko den Zahlungsempfänger in Anspruch nehmen, der dann seinerseits die wiederauflebende Forderung zur Tabelle anmelden kann. Erst das tatsächliche Angebot des Geschäftsführers, Zug um Zug gegen Überlassung der Rückgewähransprüche zu zahlen, befreit die Insolvenzmasse von dem Risiko, das er verursacht hat.[152] Dieselben Grundsätze können auf die Konkurrenz der anfechtungsrechtlichen Rückgewähr mit anderen möglichen Erstattungsansprüchen der Insolvenzmasse gegen Dritte – zB wegen des existenzvernichtenden Eingriffs eines Gesellschafters in das Vermögen der Gesellschaft[153] – angewendet werden.[154]

26 **Zugunsten Dritter** wirkt die Insolvenzanfechtung grundsätzlich **nicht** unmittelbar, zu ihren Lasten nur unter den Voraussetzungen von § 145. Insbesondere bewirkt sie für sich nicht das Aufrücken nachrangiger Pfandgläubiger.[155] Hat der spätere Schuldner eine Forderung anfechtbar abgetreten und klagt der Zessionar sie gegen den (Dritt-)Schuldner ein, verliert er in diesem Rechtsstreit nicht die Aktivlegitimation durch das Anfechtungsbegehren des Insolvenzverwalters.[156] Die Anfechtbarkeit der Abtretung stellt aber einen hinreichenden Massebezug her, so dass ein zwischen dem

---

143 Gottwald/*Huber,* InsO-HdB § 51 Rn. 28; vgl. BGH NJW 2000, 3777, 3779 f.

144 Vgl. BGH NJW 2000, 3777, 3781.

145 LG Hamburg ZIP 2004, 2197 ff.; Jaeger/*Henckel* § 143 Rn. 166.

146 Vgl. ergänzend *Heim,* Schenkungsanfechtung bei Auszahlungen im verdeckten Schneeballsystem (2011), S. 263 ff., 351 f.

147 Vgl. zu § 64 Abs. 2 GmbHG aF BGHZ 131, 325, 328 f. = NJW 1996, 850 f.; OLG Oldenburg ZInsO 2004, 984, 985; Uhlenbruck/*Borries/Hirte* § 129 Rn. 55; HambKommInsO/*Rogge/Leptien* § 143 Rn. 127; Braun/*de Bra* § 129 Rn. 69; *Schulze-Osterloh* EWiR 1996, 459, 460; *Uhlenbruck* WiB 1996, 466, 467; *Windel* KTS 1991, 477, 509 f. m. N. der früher herrschenden Gegenmeinung; krit. *Scholz/K. Schmidt* GmbHG § 64 Rn. 62; aA *C. Paulus* ZGR 2002, 320, 329 f.

148 Vgl. BGHZ 146, 264, 278 f. = NJW 2001, 1280, 1283; OLG Jena ZIP 2002, 986, 987 f.; *Röhricht* ZIP 2005, 505, 511.

149 Vgl. OLG Jena ZIP 2002, 986, 988; dies übersieht OLG Schleswig ZInsO 2004, 47, 49 f.

150 OLG Hamm ZInsO 2005, 442, 443; zum Fehlen einer Gesamtschuldnerschaft iSv §§ 421 ff. BGB vgl. OLG Oldenburg ZInsO 2004, 984, 985; HKInsO/*Thole* § 129 Rn. 78.

151 Ebenso HKInsO/*Thole* § 129 Rn. 78; BKInsO/*Haas* § 143 Rn. 27; *Goette* ZInsO 2005, 1, 5; *G. Müller* ZIP 1996, 153, 1154 ff.; *Glöckner* in Anm. JZ 1997, 623, 625 f.; *Flöther/Korb* ZIP 2012, 2333, 2334 f.; vgl. BGHZ 146, 264, 279 = NJW 2001, 1280, 1283 f.; *Henze/Bauer,* Kölner Schrift, 2. Aufl. (2000), S. 1311 Rn. 51 und zum umgekehrten Fall der Abtretung des Schadensersatzanspruchs gegen anfechtungsrechtliche Rückgewähr LG Berlin ZInsO 2002, 242, 243.

152 Vgl. OLG Oldenburg ZInsO 2004, 984, 985.

153 Zur reinen Innenhaftung vgl. nur BGHZ 173, 246 Rn. 23 ff. = NJW 2007, 2689 – „TRIHOTEL".

154 HambKommInsO/*Rogge* § 143 Rn. 108 aE.

155 Vgl. RGZ 91, 367, 370 zum AnfG.

156 BGH NZI 2007, 42 Rn. 10; BKInsO/*Haas* § 143 Rn. 47.

Zessionar und dem Drittschuldner geführter Prozess über die abgetretene Forderung unterbrochen wird (§ 240 Satz 1 ZPO).[157] Hat der Insolvenzverwalter sein Anfechtungsrecht nicht ausgeübt, kann sich der Schuldner nach Aufhebung des Verfahrens darauf nicht gegenüber dem Leistungsempfänger berufen.[158]

Wird der Abschluss eines **gegenseitigen Vertrages** nach § 132 Abs. 1 oder § 133 Abs. 4 angefochten, richtet sich die Rückgewähr unmittelbar nach §§ 143, 144. Dadurch entfallen die beiderseitigen vertraglichen Hauptleistungspflichten im Verhältnis zur Insolvenzmasse (→ § 132 Rn. 29). Hatte der Schuldner vor Verfahrenseröffnung noch nicht geleistet, kann sich der Insolvenzverwalter auf die Abwehr von Gegenansprüchen beschränken. Eine Anfechtung des Vertragsschlusses kann aber für die Insolvenzmasse günstig sein, wenn der Verwalter die Erfüllung des Vertrags ablehnt und den (überhöhten) Anspruch des Vertragspartners aus § 103 Abs. 2 Satz 1 abwehren will.[159] Hat der Insolvenzverwalter zunächst einen Vertragsschluss angefochten, ist er bis zur Erfüllung und in den Grenzen von § 242 BGB (→ § 129 Rn. 194) nicht gehindert, von der Verfolgung des Rückgewähranspruchs abzusehen und Vertragserfüllung zu verlangen.[160] Da die Anfechtung kein Gestaltungsrecht darstellt, verändert nicht schon die Geltendmachung des Rückgewähranspruchs, sondern erst die Erfüllung durch den Anfechtungsgegner oder dessen Einverständnis die vertragsrechtliche Lage; einen schutzwürdigen Vertrauenstatbestand für eine Vertragsbeendigung schafft die Anfechtungserklärung allein noch nicht. Hat dagegen umgekehrt der Insolvenzverwalter Vertragserfüllung gewählt, ist die spätere Anfechtung des Vertragsschlusses als unzulässiger Widerruf des Erfüllungsverlangens ausgeschlossen.[161] Im Verhältnis des Anfechtungsgegners zum Schuldner persönlich bleibt der angefochtene Vertrag bestehen,[162] so dass er mit Wirkung gegenüber massefreiem Vermögen (§ 36) erfüllt werden könnte und iÜ den allgemeinen Regelungen (§§ 320 ff. BGB) oder spezielleren vertragsrechtlichen Normen unterliegt. Werden nur **einzelne Leistungen** angefochten, die zur Erfüllung eines gegenseitig verpflichtenden Vertrages erbracht worden waren, kann iÜ auch gegenüber der Insolvenzmasse – nach näherer Maßgabe des § 144 Abs. 1 – das allgemeine Recht der Leistungsstörungen oder das Gewährleistungsrecht eingreifen (→ § 144 Rn. 8, 9); durchweg entstehen daraus zugunsten des Anfechtungsgegners aber lediglich Insolvenzforderungen iSv §§ 87, 174 ff. Die bereicherungsrechtliche Saldotheorie gilt nicht (→ Rn. 15 aE). Wurde lediglich ein **Änderungsvertrag** – zB die Vereinbarung einer Lohnerhöhung – angefochten, bleibt der Ursprungsvertrag (zB das Arbeitsverhältnis) iÜ bestehen.[163] 27

Hat der Anfechtungsgegner das anfechtbar Erlangte weiter übertragen, haftet er zwar regelmäßig nur auf Wertersatz (→ Rn. 107). Hält er es aber dennoch weiter in Besitz, muss er wenigstens diesen zurückgewähren; ob er dadurch gegenüber dem Erwerber ersatzpflichtig wird, ist, abgesehen von § 143 Abs. 1 Satz 2, sein alleiniges Risiko.[164] Hat der spätere Schuldner aus Kreditmitteln eine Verbindlichkeit gegenüber einem Dritten anfechtbar getilgt, steht es – vom Anwendungsbereich des Abs. 3 abgesehen (→ Rn. 146 ff.) – dessen Rückgewährpflicht nicht entgegen, dass er sich persönlich für den der Schuldnerin gewährten Kredit verbürgt hatte; dass er deshalb möglicherweise doppelt haftet, beruht auf verschiedenen, rechtlich selbständigen Handlungen.[165] 28

Der Schuldner persönlich bleibt dem Partner eines anfechtbaren Rechtsgeschäfts nach einer erfolgreichen Insolvenzanfechtung – die nur dem Interesse der Gläubiger dient (→ § 129 Rn. 191) – zur Erfüllung und ggf. zum Schadensersatz (§§ 280 ff. BGB) verpflichtet. Allerdings unterliegt eine solche Verpflichtung der Restschuldbefreiung nach Maßgabe der §§ 286 ff. 29

4. Teilanfechtung. Die Anfechtung richtet sich gegen die gläubigerbenachteiligenden Folgen, die durch einzelne Rechtshandlungen ausgelöst werden (→ § 129 Rn. 6). Deshalb ist die früher übliche Formulierung ungenau, Rechtshandlungen als solche könnten lediglich einheitlich, nicht aber teilweise angefochten werden. Stattdessen sind **einheitliche Wirkungen** ein und derselben Rechtshandlung grundsätzlich nur einheitlich anfechtbar; eine **Teilanfechtung** ist **ausgeschlos-** 30

157 BGH NZI 2010, 298 Rn. 8.

158 RGZ 7, 35.

159 Vgl. Jaeger/*Henckel* § 129 Rn. 104–106, § 132 Rn. 18.

160 BGH NJW 1962, 1200, 1201 f.; Jaeger/*Henckel* § 143 Rn. 40; BKInsO/*Haas* § 143 Rn. 56; aA *Marotzke*, Gegenseitige Verträge Rn. 7.130.

161 Jaeger/*Henckel* § 132 Rn. 18; Uhlenbruck/*Borries/Hirte* § 129 Rn. 12; BKInsO/*Haas* § 143 Rn. 56; *Marotzke*, Gegenseitige Verträge Rn. 7.131.

162 Jaeger/*Henckel* § 143 Rn. 95, vgl. auch § 144 Rn. 37; *H. Wagner* InsO (1998) § 129 Rn. 4.

163 BAGE 117, 1 Rn. 34 = NZI 2007, 58; HambKommInsO/*Rogge/Leptien* § 143 Rn. 125; Jaeger/*Henckel* § 129 Rn. 48; BKInsO/*Haas* § 143 Rn. 56; *Grunsky*, Arbeitsverhältnis im Konkurs- und Vergleichsverfahren, S. 11.

164 BGH NZI 2005, 453.

165 BGH NZI 2001, 539, 541.

sen.[166] Insbesondere kann ein Vertrag regelmäßig nur als Ganzes, nicht etwa eine einzelne Bestimmung daraus angefochten werden.[167] Ferner ist ein unmittelbar nachteiliges Rechtsgeschäft iSv § 132 Abs. 1 insgesamt, nicht lediglich im Umfang der konkret verursachten Gläubigerbenachteiligung anfechtbar;[168] die vom Anfechtungsgegner gewährte, nicht ausgleichende Gegenleistung wird ihrerseits in vollem Umfang nach Maßgabe des § 144 Abs. 2 behandelt. Wird eine einheitliche Sicherheit dergestalt bestellt, dass sie mehrere Ansprüche ununterscheidbar in teils kongruenter, teils inkongruenter Weise sichert, ist sie insgesamt anzufechten.[169]

31 Gläubigerbenachteiligende Folgen von Rechtshandlungen können teilweise anfechtbar sein, wenn sie sich in **selbständige Teile** zerlegen lassen, von denen möglicherweise nur einzelne die Gläubiger benachteiligen.[170] Dies kommt insbesondere für die Herstellung einer Aufrechnungslage durch Vertragsschluss (→ Rn. 33, 76) ssowie ausnahmsweise für solche Klauseln eines umfassenden Vertrages in Betracht, die dem späteren Schuldner gezielt für den Fall seiner Insolvenz Vermögensnachteile auferlegen, welche über die gesetzlichen Folgen hinausgehen und nicht zur Erreichung des Vertragszwecks geboten sind,[171] zB für einen speziellen Heimfallanspruch auf ein Erbbaurecht.[172] Dagegen wäre nicht etwa das allgemein für den Fall verspäteter Vertragserfüllung gegebene Versprechen einer Vertragsstrafe innerhalb eines umfassenden Vertrages anfechtbar.[173] Hat der Schuldner eine Mehrheit von Gegenständen zu einem Einheitspreis übertragen, fehlt bezüglich wertausschöpfend belasteter Einzelteile eine Gläubigerbenachteiligung (→ § 129 Rn. 108, 152a); eine Anfechtung kann nur wegen der übrigen Gegenstände durchgreifen.[174] Hat der Schuldner eine teilweise unentgeltliche Leistung erbracht, die selbst teilbar ist, ist die Rückgewährpflicht grundsätzlich auf den unentgeltlichen Teil der Leistung begrenzt (→ § 134 Rn. 42). Hat ein Fachberater dem späteren Schuldner objektiv werthaltige Dienstleistungen erbracht und diese nur überhöht abgerechnet, soll die Anfechtung auf den überhöhten Teil der Vergütung beschränkt sein;[175] das überzeugt nicht für eine Anfechtung wegen **unmittelbarer** Gläubigerbenachteiligung nach § 133 Abs. 4.[176]

32 Hatte der Schuldner eine Forderung an jemanden abgetreten, dem daran nur teilweise ein (wirksames) **Sicherungsrecht** zusteht, ist allein die Übertragung des darüber hinausgehenden Anteilswerts als benachteiligend anfechtbar.[177] Die gleichzeitige Sicherung mehrerer Forderungen durch Stellen einer einzigen Sicherheit kann teilbar sein, sofern diese auf die verschiedenen Forderungen aufzugliedern ist;[178] ist dies nicht möglich, so ist die Sicherheit insgesamt zurückzugewähren (→ Rn. 30). Eine Aufteilung ist regelmäßig möglich, wenn die Leistung des Schuldners ausreicht, um sämtliche bestimmungsgemäß in Betracht kommenden Forderungen des Gläubigers voll zu erfüllen oder zu sichern.[179] Beim Sicherheitentausch ist die Anfechtung ggf. auf denjenigen Teil der

---

[166] OLG Hamm ZIP 1982, 722, 724; HambKommInsO/*Rogge/Leptien* § 143 Rn. 115; *Hess* InsO § 143 Rn. 83; Jaeger/*Henckel* § 129 Rn. 234; BKInsO/*Haas* § 143 Rn. 24; KKInsO/*Mohr* § 143 Rn. 146; *Becker,* Insolvenzrecht Rn. 1016.

[167] BGH NZI 2018, 22 Rn. 41; BAGE 117, 1 Rn. 34 = NZI 2007, 58; Uhlenbruck/*Borries/Hirte* § 129 Rn. 105; KKInsO/*Mohr* § 143 Rn. 146; Gottwald/*Huber,* InsO-HdB § 46 Rn. 41.

[168] Jaeger/*Henckel* § 129 Rn. 247, § 143 Rn. 37.

[169] Vgl. RGZ 114, 206, 210 f.; RG SeuffA 44 (1889), Nr. 183; JW 1898, 247 Nr. 10; JW 1935, 118, 119; OLG Hamburg ZIP 1984, 1373, 1375 f.; Jaeger/*Henckel* § 129 Rn. 238 f., 241 ff.

[170] BGHZ 77, 250, 255 f. = NJW 1980, 1962, 1963 f.; BGH NJW 1995, 1093, 1094; NZI 2018, 22 Rn. 41; RGZ 114, 206, 210; BKInsO/*Haas* § 143 Rn. 24; KKInsO/*Mohr* § 143 Rn. 147; Gottwald/*Huber,* InsO-HdB § 46 Rn. 41; FKInsO/*Dauernheim* § 129 Rn. 43; RSZ/*Zeuner* § 129 Rn. 46 f.; Nerlich/Römermann/*Nerlich* § 129 Rn. 54; vgl. RG KuT 1935, 6, 7.

[171] BGHZ 124, 76, 83 ff. = NJW 1994, 449, 452; HKInsO/*Thole* § 129 Rn. 81; HambKommInsO/*Rogge/Leptien* § 143 Rn. 115; vgl. *Hess* InsO § 143 Rn. 82; BAGE 117, 1 Rn. 42 = NZI 2007, 58.

[172] Vgl. BGH NJW 2007, 2325 Rn. 30 ff.

[173] Jaeger/*Henckel* § 129 Rn. 247.

[174] RG JW 1889, 20, Nr. 13; JW 1889, 51 f.; zum AnfG RGZ 21, 95, 99 f.; RG JW 1910, 82 f.

[175] BGHZ 77, 250, 255 f. = NJW 1980, 1962, 1963 f.; BGH NJW 1995, 1093, 1094 f.; im Ergebnis auch Gottwald/*Huber,* InsO-HdB § 46 Rn. 41.

[176] Mit Jaeger/*Henckel* § 129 Rn. 248 kann allerdings in derartigen Fällen die Rechtsfolge über § 144 Abs. 2 Satz 1 eingeschränkt werden, soweit die vorinsolvenzlich erbrachte Beratungsleistung für die Insolvenzmasse erhalten bleibt.

[177] Vgl. BGH WM 1975, 534, 536; RGZ 114, 206, 210.

[178] HambKommInsO/*Rogge* § 143 Rn. 96; Jaeger/*Henckel* § 129 Rn. 236 f., 239, 242 f.; *Serick* Bd. III § 35 IV 3 b, S. 329 f.; vgl. RGZ 114, 206, 210; RG LZ 1910, 476, 477; JW 1937, 3241 Nr. 37 mAnm *Bley;* OLG Hamburg ZIP 1984, 1373, 1375.

[179] Vgl. RG KuT 1934, 116, 117; JW 1935, 118 f.; Jaeger/*Henckel* § 129 Rn. 240; ferner RG JW 1937, 3341 Nr. 37 mAnm *Bley.*

neuen Sicherheit zu beschränken, um den diese wertmäßig die abgelöste – selbst unanfechtbare – Sicherheit übersteigt.[180]

Davon zu unterscheiden sind die Fälle, in denen nur scheinbar eine einheitliche Rechtshandlung angefochten wird. Erbringt der Schuldner nacheinander Leistungen auf einen einheitlichen Vertrag, von denen nur einige in den von einer Anfechtungsnorm erfassten Zeitraum fallen, so sind lediglich diese Deckungshandlungen selbständig anfechtbar. Auch die durch Abschluss eines Vertrages hergestellte Aufrechnungslage ist eine zusätzliche, selbständige Rechtswirkung im Vergleich mit dem Vertragsinhalt selbst (→ Rn. 76). Insbesondere hindert die äußerliche Zusammenfassung **mehrerer Rechtsgeschäfte** in einer Urkunde nicht die gesonderte Anfechtung eines einzelnen von ihnen, wenn es nicht nach dem Willen der Vertragspartner auch sachlich eine Einheit mit den anderen Absprachen bilden soll.[181] Wurden zB in einer einzigen Vertragsurkunde bewegliche und unbewegliche Sachen zusammen verkauft und benachteiligt nur der Mobiliarverkauf die Insolvenzgläubiger, so ist allein dieser anfechtbar;[182] das gilt sogar dann, wenn zwar ein einheitlicher Kaufpreis ausgewiesen wird, dieser aber lediglich für den nicht benachteiligenden Teil der Gegenstände bestimmt ist.[183] Benachteiligen einheitliche Prämienzahlungen für eine Lebensversicherung zugunsten mehrerer Angehöriger des Schuldners dessen Insolvenzgläubiger in anfechtbarer Weise, haben die einzelnen Angehörigen die Prämien nur im Verhältnis ihrer Bezugsrechte zurückzugewähren.[184] Ein abändernder Vertrag kann mit der Wirkung angefochten werden, dass der abgeänderte Vertrag unverändert bestehenbleibt (→ Rn. 27 aE). Jede selbständig gewährte **Sicherung** oder Befriedigung iSv §§ 130, 131 stellt regelmäßig eine eigenständige Rechtshandlung dar.[185] Werden mehrere Forderungen gleichzeitig erfüllt, ist für jede Erfüllung eine gesonderte Rechtshandlung anzunehmen, die ggf. nach Maßgabe von § 366 BGB zu bestimmen ist.[186] Werden künftige Forderungen in einem einheitlichen Vertrag im Voraus abgetreten, kann die Anfechtung auf diejenigen Forderungen beschränkt sein, die in der Zeit der wirtschaftlichen Krise des Schuldners entstehen.[187] Wird ein Grundpfandrecht anfechtbar bestellt, aber zugleich ein Teil davon – für sich unanfechtbar – an einen Dritten übertragen, kann sich die Anfechtung nicht auch gegen diesen richten.[188] 33

5. Erfüllung. Der Anfechtungsanspruch wird nur dadurch erfüllt, dass der Anfechtungsgegner die nach § 143 geschuldete Leistung bewirkt (§ 362 Abs. 1 BGB). Eine einseitige **Einlösungsbefugnis** durch Wertersatz steht dem Anfechtungsgegner – anders als bei § 11 AnfG[189] – grundsätzlich nicht zu, weil der anfechtbar entäußerte Gegenstand im Einzelfall für die Insolvenzmasse wichtiger sein kann (→ auch Rn. 44).[190] Der Insolvenzverwalter darf sich aber mit dem Anfechtungsgegner über die Art der Rückgewähr einigen (→ Rn. 5; § 129 Rn. 196). So kann er zB vereinbaren, die Rückgewähr auf die Duldung der Zwangsvollstreckung[191] zu beschränken. Das kann bei Grundstücken zur Vermeidung von Notar- und Grundbuchkosten sinnvoll sein, wenn der Insolvenzverwalter nach § 165 die Zwangsversteigerung betreiben will. Eine Teilerfüllung ist nur anzunehmen, soweit mehrere Gegenstände selbständig zurückzugewähren sind (§ 266 BGB). Nimmt der Insolvenzverwalter die ihm angebotene Leistung in einem solchen Fall nicht an, gerät er in Annahmeverzug (§ 293 BGB). 34

IV. Inhalt der unmittelbaren Rückgewährpflicht (Abs. 1 Satz 1)

Der Rückgewähr bedarf es nur, soweit der Insolvenzverwalter nicht von sich aus zur ordnungsmäßigen Verwertung des anfechtbar übertragenen Gegenstandes in der Lage ist. Insbesondere kann er innerhalb eines anhängigen Prozesses den Aufrechnungseinwand des Anfechtungsgegners oder dessen Klage ggf. ohne weiteres abwehren (§ 96 Abs. 1 Nr. 3). Soweit schon der Besitz einer Sache 35

---

180 Jaeger/*Henckel* § 129 Rn. 244, 246; vgl. auch BGHZ 64, 312, 316 = NJW 1975, 1226, 1227; *Serick* Bd. V § 62 V 3 S. 376 ff., und VII 2, S. 390 ff.

181 LG Bonn NJW 1969, 1722, 1723; Jaeger/*Henckel* § 129 Rn. 247, 249; Gottwald/*Huber,* InsO-HdB § 46 Rn. 41.

182 RG JW 1898, 51, 52.

183 RGZ 21, 95, 100.

184 RG LZ 1911, 860, Nr. 8.

185 Vgl. RG LZ 1908, 608, 609.

186 Jaeger/*Henckel* § 129 Rn. 235.

187 BGHZ 30, 238, 241 = NJW 1959, 1539 f. m. zust. Anm. von *Böhle-Stammschräder* JZ 1959, 712, 713; HambKommInsO/*Rogge/Leptien* § 143 Rn. 117; *Eichberger* Die besondere Konkursanfechtung, S. 127.

188 RG LZ 1911, 949 f. zum AnfG.

189 Vgl. dazu BGH NZI 2011, 144 Rn. 9 ff.

190 Jaeger/*Henckel* § 143 Rn. 150; *Baur/Stürner,* Insolvenzrecht Rn. 20.8 Fn. 43.

191 OLG Zweibrücken OLGZ 1965, 304, 310 f.; BKInsO/*Haas* § 143 Rn. 36; *Allgayer,* Rechtsfolgen und Wirkungen der Gläubigeranfechtung Rn. 515, 544; *Gerhardt,* FS Lüke (1997), S. 121, 131.

die rechtswirksame Veräußerung ermöglicht (§ 166 Abs. 1), erübrigt sich eine Klage des Verwalters auf Rückübereignung; die Anfechtung kann dann ggf. über die Verwendung des Erlöses entscheiden. Der Insolvenzverwalter kann sein Rückgewährbegehren auch auf das für seine Zwecke erforderliche Maß – zB die bloße Duldung der Zwangsversteigerung – einschränken (→ Rn. 96).[192] Der Rückgewähranspruch ist **nicht** auf **Schadensersatz** gerichtet (→ Rn. 15).

36 In der Insolvenz des Anfechtungsgegners spricht die neuere Rechtsprechung des BGH dem Rückgewähranspruch aus § 143 Abs. 1 Satz 1 **Aussonderungskraft** (§ 47) zu;[193] in Österreich begründet die Anfechtung in der Insolvenz des Anfechtungsgegners dagegen nur eine Insolvenzforderung.[194] Daran wird deutlich, dass sich allein aus dem Bekenntnis zur haftungsrechtlichen Theorie (→ Vor §§ 129–147 Rn. 18), die auch in Österreich vertreten wird,[195] keine Ableitungen für die konkrete normative Ausgestaltung treffen lassen.[196] Ausgehend von der Prämisse zur Aussonderungskraft muss das Insolvenzanfechtungsrecht[197] gegenüber pfändenden Einzelgläubigern des Anfechtungsgegners dem Insolvenzverwalter über das verkürzte Schuldnervermögen ein Widerspruchsrecht nach **§ 771 ZPO** verleihen (→ § 145 Rn. 21, 30). Ist **Buchgeld** auf einem Konto des Anfechtungsgegners unterscheidbar vorhanden, kann es ausgesondert werden.[198] Hat der Anfechtungsgegner den anfechtbar erlangten **Gegenstand veräußert,** kommt eine Ersatzaussonderung der etwaigen Gegenleistung aus seinem Vermögen nach Maßgabe von § 48 in Betracht;[199] ob die Veräußerung gemäß § 48 Satz 1 „unberechtigt" war, richtet sich nicht nach Vereinbarungen des Anfechtungsgegners mit dem Schuldner, sondern nach dem wohlverstandenen Interesse der Gesamtheit der Insolvenzgläubiger, denen die Anfechtung dient. Hilfsweise ist eine Massebereicherung nach § 55 Abs. 1 Nr. 3 zu prüfen.[200] Dagegen besitzt der **Wertersatzanspruch** aus § 143 Abs. 1 Satz 2 **keine Aussonderungskraft** (→ Rn. 115). Schuldete der Anfechtungsgegner schon im Zeitpunkt der Insolvenzeröffnung über sein Vermögen lediglich Wertersatz und ist darin auch keine Gegenleistung für den anfechtbar erlangten Gegenstand vorhanden, so stellt der Zahlungsanspruch des Insolvenzverwalters nur eine Insolvenzforderung dar.[201] Gegenüber Einzelzwangsvollstreckungen von Gläubigern des Anfechtungsgegners kann nach dem Untergang des anfechtbar erlangten Gegenstands selbst allenfalls eine gesetzliche Surrogation gemäß allgemeinen Regeln in Betracht kommen (→ Rn. 100; § 145 Rn. 21, 30). Auch eine Eingriffskondiktion nach § 812 Abs. 1 Satz 1 Alt. 2 BGB als „verlängerte Drittwiderspruchsklage" gegen den pfändenden Gläubiger scheidet aus, wenn der Anfechtungsgegner im Zeitpunkt der gegen ihn gerichteten Pfändung dem Anfechtungsgläubiger nur noch Wertersatz schuldete.

37 **1. Gegenstand der Rückgewähr.** Die Rückgewähr bezieht sich auf Vermögenswerte, die aus dem haftenden Vermögen des Schuldners **veräußert, weg- oder aufgegeben** worden sind. Maßgeblich für den Inhalt des Rückgewähranspruchs ist also grundsätzlich dasjenige, was durch die anfechtbare Handlung dem Zugriff der Insolvenzgläubiger entzogen wurde,[202] dagegen nicht, was

---

[192] Vgl. RGZ 56, 142, 145; OLG Zweibrücken OLGZ 1965, 304, 310 f.; Jaeger/*Henckel* § 143 Rn. 56; HKInsO/*Thole* § 143 Rn. 6; Uhlenbruck/*Borries/Hirte* § 143 Rn. 170; aA *Allgayer,* Rechtsfolgen und Wirkungen der Gläubigeranfechtung Rn. 516.

[193] BGHZ 156, 350, 358 ff. = NJW 2004, 214, 216; HKInsO/*Thole* § 129 Rn. 75; KPB/*Jacoby* § 143 Rn. 18; *Haas/Müller* ZIP 2003, 49, 52 ff.; Uhlenbruck/*Borries/Hirte* § 129 Rn. 8 und § 143 Rn. 72; *Sieber,* Die Rechtsnatur der Gläubigeranfechtung innerhalb und außerhalb des Insolvenzverfahrens (2008), S. 174 f.; *Fridgen* S. 68 ff.; vgl. BGH NJW-RR 2009, 1562, 1566; Jaeger/*Henckel* § 143 Rn. 79, 83 ff.; Graf-Schlicker/*Huber* § 143 Rn. 15; *Gerhardt* ZIP 2004, 1675, 1677 f.; *Thole,* Gläubigerschutz S. 543 f.; nur iErg zustimmend *Bartels* S. 214 ff.; zweifelnd *Eckardt* KTS 2005, 15, 23 ff.; aA *Spitzer* ZInsO 2012, 308 ff.; *Mitlehner,* Mobiliarsicherheiten Rn. 600.

[194] Vgl. nur *König,* Die Anfechtung nach der IO, 5. Aufl. (2014) Rn. 2/20 mwN in Fn. 97.

[195] So etwa *Bollenberger* ÖBA 1999, 409, 414 f.

[196] So auch *König,* Die Anfechtung nach der IO, 5. Aufl. (2014) Rn. 2/4; vgl. auch *Bartels* S. 216 ff.

[197] Dagegen kommt in der Gläubigeranfechtung nur § 805 ZPO in Betracht, weil der Gläubiger ohnehin nur die Duldung der Zwangsvollstreckung verlangen kann. Vgl. nur MüKoAnfG/*Kirchhof* § 11 Rn. 33.

[198] Vgl. BGH NZI 2017, 712 Rn. 13 f.; OLG Schleswig NZI 2017, 19, 20.

[199] Vgl. BGHZ 155, 199, 202 ff. = NJW 2003, 3345, 3347; BGHZ 174, 228 Rn. 44 = NJW 2008, 655; KPB/*Jacoby* § 143 Rn. 16.

[200] HKInsO/*Thole* § 129 Rn. 76.

[201] BGHZ 155, 199, 202 ff. = NJW 2003, 3345, 3347; vgl. BGHZ 174, 228 Rn. 44 = NJW 2008, 655; KPB/*Jacoby* § 143 Rn. 18.

[202] RGZ 16, 23, 26; 36, 161, 163 f.; HambKommInsO/*Rogge/Leptien* § 143 Rn. 12; Jaeger/*Henckel* § 143 Rn. 36; Uhlenbruck/*Borries/Hirte* § 143 Rn. 20 f.; KKInsO/*Mohr* § 143 Rn. 27; AGR/*Gehrlein* § 143 Rn. 5; BeckOK InsO/*Schoon*[12] § 143 Rn. 19; Gottwald/*Huber,* InsO-HdB § 52 Rn. 8; *Thole,* Gläubigerschutz S. 530, 535; vgl. BGH NJW 1989, 1037, 1038; RGZ 114, 206, 211; OLG Celle ZIP 1999, 848 f. Dies bedeutet – entgegen dem Verständnis von *Raebel,* FS Ganter (2010), S. 339, 347 – nur, dass die eingetretene Gläubiger*benachteiligung* entscheidet und (vorbehaltlich des § 143 Abs. 1 Satz 2 und Abs. 2) nicht durch den Umfang der Bereicherung des Anfechtungsgegners begrenzt wird.

in das Vermögen des Anfechtungsgegners gelangt ist.[203] Auf eine fortdauernde Bereicherung des Anfechtungsgegners kommt es, außer nach § 143 Abs. 2 Satz 1 und – bei Schuldlosigkeit (§§ 819 Abs. 1, 818 Abs. 4, 292, 989 BGB) – nach § 143 Abs. 1 Satz 2, nicht an.[204] Schon deshalb ist die vom BAG erwogene Begrenzung des Rückgewähranspruchs bei Erfüllung von Arbeitsentgeltforderungen, soweit sich der Anspruch überhaupt gegen den Arbeitnehmer richtet (→ Rn. 9), in Höhe des Existenzminimums[205] verfehlt.[206] Vielmehr ist der Inhalt des Anspruchs aus § 143 Abs. 1 InsO stets auf die volle Rückzahlung des Erlangten gerichtet. Pfändungsschutzvorschriften wie § 850c ZPO oder § 811 ZPO sind dann ggf. bei der Vollstreckung zu berücksichtigen. Auch begrenzt die für die Insolvenzgläubiger eingetretene Benachteiligung nicht selbständig den Umfang der Rückgewährpflicht (→ § 129 Rn. 102). Andererseits soll die Anfechtung den Insolvenzgläubigern keine Haftungsmasse verschaffen, die ihnen ohne die anfechtbare Handlung nicht zur Verfügung gestanden hätten.[207] Die Vermögensentäußerung ist nicht nur formal-rechtlich, sondern in ihrer wirtschaftlichen Bedeutung zu erfassen.[208]

Der anfechtbar entäußerte Gegenstand muss potentieller Massebestandteil iSv §§ 35 Abs. 1, 36 Abs. 1 gewesen sein (**Sollmasse**) (→ § 129 Rn. 77 bis 99).[209] Das trifft in der Insolvenz eines Arbeitgebers regelmäßig sowohl für den Arbeitnehmeranteil am Gesamtsozialversicherungsbeitrag iSv § 28d Satz 1 SGB IV als auch für die einbehaltene Lohnsteuer zu.[210] Stand der Gegenstand hingegen – wie etwa unter Eigentumsvorbehalt stehende Sachen oder Erbschaftsgegenstände in der Insolvenz des Vorerben (§ 2115 BGB, § 83 Abs. 2)[211] – ausschließlich einzelnen Berechtigten zu, kann sich die Rückgewähr allenfalls auf ein Anwartschaftsrecht des Schuldners oder die ihm entgangene Gebrauchsmöglichkeit bzw. Nutzungen erstrecken (→ § 129 Rn. 77).[212] Verfügt eine Erbengemeinschaft über einen einzelnen Nachlassgegenstand, entgeht den Gläubigern eines der Miterben kein Anteil am Gegenstand, sondern allenfalls ein entsprechender Wert des gesamten Miterbenanteils des Schuldners.[213] Dessen Insolvenzverwalter kann deshalb nicht die Übertragung des Gegenstands selbst verlangen.[214] Tilgt ein Schuldner des späteren Schuldners berechtigterweise und unanfechtbar seine Schuld durch Zahlung an dessen Bank und erlischt damit zugleich eine Bürgschaft, die ein Dritter gegenüber der Bank eingegangen war, stammt dieser Vorteil des Bürgen nicht aus dem Vermögen des Schuldners.[215] 38

Bei **mittelbaren Zuwendungen** gelangt der Vermögenswert oft in anderer Form in das Vermögen des Empfängers, als die Vermögensminderung beim Schuldner eintritt. Maßgeblich für den Inhalt des Rückgewähranspruchs ist auch dann grundsätzlich dasjenige, was durch die anfechtbare Handlung dem Vermögen des Schuldners entzogen wurde. Stand zB dem Schuldner ein Verschaffungsanspruch iSv § 433 Abs. 1 BGB zu, den er in anfechtbarer Weise einem Dritten überträgt, hat dieser den gekauften Gegenstand selbst herauszugeben, wenn ihm gegenüber der Verkäufer inzwischen erfüllt hat.[216] Hatte der Schuldner einen Treuhänder beauftragt, ein Grundstück auf Rechnung des Schuldners zu erwerben und an dessen Angehörige aufzulassen, müssen diese das Grundstück 39

---

[203] BGH WM 1955, 407, 410; WM 1969, 1346, 1347; NJW 1970, 44, 46; BGHZ 71, 61, 63 = NJW 1978, 1326; LAG Düsseldorf KTS 1988, 163, 165; AG Köln ZInsO 2012, 1998, 1999; BKInsO/*Haas* § 143 Rn. 29; K. Schmidt/*Büteröwe* § 143 Rn. 7; KKInsO/*Mohr* § 143 Rn. 27; AGR/*Gehrlein* § 143 Rn. 5; *Baur/Stürner,* Insolvenzrecht Rn. 20.5; vgl. BGH NJW 1995, 1093, 1095; krit. *Eckardt* FS Gerhardt (2004), 145, 151 ff.

[204] Vgl. BGHZ 41, 98, 103 = NJW 1964, 1319, 1321; BGH NJW 1970, 44, 46; K. Schmidt/*Büteröwe* § 143 Rn. 7.

[205] Vgl. für § 130 InsO BAGE 147, 172 Rn. 15 ff. = NZI 2014, 372; anders für § 131 InsO zuletzt BAGE 161, 21 Rn. 28 ff. = AP InsO § 131 Nr. 20.

[206] So auch BGHZ 202, 59 Rn. 28 ff. = NJW 2014, 2579.

[207] BGHZ 124, 76, 85 f. = NJW 1994, 449, 452; vgl. BGHZ 77, 250, 255 = NJW 1980, 1962, 1963; RGZ 24, 141, 145.

[208] BKInsO/*Haas* § 143 Rn. 31.

[209] Vgl. ergänzend RGZ 36, 161, 164 f.; 141, 89, 93; vgl. Uhlenbruck/*Borries/Hirte* § 143 Rn. 21.

[210] HambKommInsO/*Rogge/Leptien* § 143 Rn. 92.

[211] Vgl. hierzu RGZ 80, 1, 8; Soergel/*Harder/Wegmann* § 2115 Rn. 8.

[212] Vgl. RGZ 67, 20, 21; LG Mönchengladbach NJW-RR 1992, 1514, 1515.

[213] BGHZ 72, 39, 41 ff. = NJW 1978, 1921, 1922 f.

[214] AA *Allgayer,* Rechtsfolgen und Wirkungen der Gläubigeranfechtung Rn. 569.

[215] BGH NJW 1974, 57, Nr. 22; BKInsO/*Haas* § 143 Rn. 30. Als Sondervorschrift kann § 135 Abs. 2 eingreifen.

[216] BGHZ 116, 222, 226 = NJW 1992, 831 f.; BGH NJW 1992, 834, 835; RGZ 43, 83, 84 ff.; 69, 44, 47 f. – jeweils zu § 7 AnfG aF; HKInsO/*Thole* § 143 Rn. 10; HambKommInsO/*Rogge/Leptien* § 143 Rn. 14; BKInsO/*Haas* § 143 Rn. 31 f.; iE auch *Hassold* S. 218; vgl. ferner OLG Celle KTS 1963, 50, 53; *Baur/Stürner,* Insolvenzrecht Rn. 20.6 aE.

der Insolvenzmasse zurückgewähren.[217] Wegen der beabsichtigten Zuwendung gerade des konkreten Gegenstands an den Dritten ist diese als Einheit zu behandeln (→ § 129 Rn. 68 bis 72), so dass der Anfechtende nicht von vornherein auf den (schwächeren) Wertersatzanspruch beschränkt ist.[218]

40 Die Regeln über mittelbare Zuwendungen sind insbesondere anwendbar, wenn der Schuldner einem Dritten das unwiderrufliche Bezugsrecht auf eine **Lebensversicherung** anfechtbar zugewendet hat; zurückzugewähren ist dann der Rückkaufswert der Versicherung (→ § 129 Rn. 52, § 134 Rn. 16). Falls jene Zuwendung selbst nicht (mehr) anfechtbar ist, wohl aber das durch spätere Prämienzahlungen vermittelte Bezugsrecht, richtet sich der Rückgewähranspruch auf die Differenz zwischen dem vollen Kapitalertrag nach Eintritt des Versicherungsfalls und demjenigen Betrag, der sich nach § 174 VVG ergäbe, wenn im Anfechtungszeitraum keine Prämien mehr gezahlt und die Versicherung in eine prämienfreie umgewandelt worden wäre;[219] insoweit wird meist nur Wertersatz in Betracht kommen (→ Rn. 125). Anders verhält es sich, wenn der Schuldner die von einem Dritten geschuldeten Prämien als solche unentgeltlich entrichtet; dann ist die Summe der anfechtbaren Zahlungen zu erstatten.[220] Ist die Übertragung einer Direktversicherung auf den Versicherten (Arbeitnehmer) selbst noch anfechtbar, ist das Bezugsrecht als solches zurückzugewähren;[221] dieses Anfechtungsrecht unterliegt keiner tarifvertraglichen Ausschlussfrist (→ § 146 Rn. 5).[222]

41 Hatte der spätere Schuldner zu keiner Zeit auch nur einen schuldrechtlichen Anspruch auf den übertragenen Gegenstand, sondern bezahlt er in anfechtbarer Weise für einen Dritten nur die diesem obliegenden Erwerbskosten, beschränkt sich die Rückgewähr auf die geleisteten Zahlungen; der erworbene Gegenstand selbst braucht nicht herausgegeben zu werden.[223] Entsprechendes gilt, wenn der Schuldner Bargeld verschenkt, mit dem dessen Empfänger bestimmungsgemäß einen Gegenstand erwirbt,[224] oder wenn er die Versicherungsprämien für den Versicherungsnehmer bezahlt (→ Rn. 40).

42 **2. Art der Rückgewähr im Allgemeinen.** Rückgewähr bedeutet grundsätzlich, dass der betroffene Gegenstand im vollen Umfang seiner Veräußerung, Weg- oder Aufgabe **in Natur** in die Insolvenzmasse zurückgelangen muss.[225] Die Insolvenzmasse ist in die Lage zu versetzen, in der sie sich befinden würde, wenn das anfechtbare Verhalten unterblieben wäre.[226] Regelmäßig ist derjenige Zustand herzustellen, der bestünde, wenn der tatsächlich veräußerte Gegenstand schon bei der Insolvenzeröffnung zur (Ist-)Insolvenzmasse gehört hätte.[227] Hatte der Schuldner zB eine im Ausland befindliche bewegliche Sache übertragen, braucht sie nur dort zurückgewährt zu werden.[228] Der Entreicherungseinwand (§ 818 Abs. 3 BGB) ist – von § 143 Abs. 2 Satz 1 abgesehen – ausgeschlossen.[229]

43 **a) In die Insolvenzmasse.** Die Rückgewähr muss in die Insolvenzmasse erfolgen.[230] Damit genügt es nicht, wenn der Gegenstand wieder an den Schuldner persönlich zurückgegeben wird. Zwar wird er dann Teil der Insolvenzmasse und unterliegt der Verfügungsbefugnis des Insolvenzverwalters (§ 80 Abs. 1), soweit diese Wirkung am Belegenheitsort anerkannt wird; erforderlich ist aber, dass der Insolvenzverwalter die tatsächliche Verfügungsgewalt erhält. Der Insolvenzverwalter kann

217 OLG Düsseldorf ZInsO 2002, 769, 770 f. zu § 11 AnfG.

218 HambKommInsO/*Rogge/Leptien* § 143 Rn. 31; differenzierend Jaeger/*Henckel* § 143 Rn. 67.

219 HambKommInsO/*Rogge/Leptien* § 143 Rn. 14; *Kayser,* Lebensversicherung S. 72 f.; *Thiel* ZIP 2002, 1232, 1237; *Lind/Stegemann* ZInsO 2004, 413, 418; *Schuschke* BGH-Report 2004, 198, 199 f.; für das österreichische Recht *König,* Die Anfechtung nach der IO, 5. Aufl. (2014) Rn. 9/32; vgl. *Elfring* NJW 2004, 483, 485; wohl auch *Hasse* VersR 2009, 733, 734; dagegen für die Summe der (anfechtbar) gezahlten Prämien RGZ 61, 217, 219; RG LZ 1911, 860, Nr. 8; Uhlenbruck/*Borries/Hirte* § 134 Rn. 59; Nerlich/Römermann/*Nerlich* § 134 Rn. 32.

220 OLG Köln NZI 2004, 217, 218.

221 BAGE 108, 367, 371 f. = NJW 2004, 1196, 1197.

222 BAGE 108, 367, 373 f. = NJW 2004, 1196, 1198.

223 BGHZ 72, 39, 42 = NJW 1978, 1921, 1922; BGH WM 1955, 407, 409 f.; dazu Uhlenbruck/*Borries/Hirte* § 143 Rn. 221; weitergehend jedoch RGZ 59, 195, 196 f. (Leistung an Erfüllungs Statt); RGZ 133, 290, 292.

224 BGH NJW-RR 1997, 939, 940.

225 RG LZ 1908, 388, 390; Uhlenbruck/*Borries/Hirte* § 143 Rn. 20; *Baur/Stürner,* Insolvenzrecht Rn. 20.5; Gottwald/*Huber,* InsO-HdB § 52 Rn. 9.

226 RGZ 16, 23, 26; HKInsO/*Thole* § 143 Rn. 4; Uhlenbruck/*Borries/Hirte* § 143 Rn. 21; Jaeger/*Henckel* § 143 Rn. 36; vgl. RGZ 30, 90, 92.

227 BGHZ 15, 333, 337 = NJW 1955, 259, 260.

228 BKInsO/*Haas* § 143 Rn. 29.

229 BAG NZA 2018, 468 Rn. 30; NZI 2011, 644 Rn. 18 ff.; OLG München NZI 2015, 555, 557 zum uneigennützigen Treuhänder; BeckOK InsO/*Schoon*[12] § 143 Rn. 1.

230 Vgl. RGZ 52, 82, 85; Uhlenbruck/*Borries/Hirte* § 143 Rn. 20; BKInsO/*Haas* § 143 Rn. 35.

im Rahmen des Verfahrenszwecks allerdings auch andere Leistungsempfänger bestimmen (→ Rn. 5). Hat die Bundesagentur für Arbeit Insolvenzgeld geleistet, ist es nach § 166 Abs. 2 SGB III an diese – nicht an die Insolvenzmasse – zurückzuzahlen, wenn der Anspruch des begünstigten Arbeitnehmers auf Arbeitsentgelt anfechtbar erworben worden war.[231]

Der Rückgewähranspruch beschränkt sich – anders als derjenige nach § 11 Abs. 1 AnfG – nicht auf die Pflicht, das Erlangte der Insolvenzmasse zu ihrer Befriedigung zur Verfügung zu stellen, und damit nicht auf die Duldung der Zwangsvollstreckung. Vielmehr kann der Insolvenzverwalter nach § 143 Abs. 1 Satz 1 regelmäßig die Übertragung **im vollen Umfang** an die Insolvenzmasse verlangen.[232] Das kann nach dem Zweck des Insolvenzverfahrens (§ 1 Satz 1) aber nicht gelten, wenn der ganze Gegenstand **nicht** zur **Befriedigung aller Insolvenzgläubiger benötigt** wird.[233] Zwar wäre der Gegenstand ohne die anfechtbare Veräußerung noch vollständig Bestandteil der Insolvenzmasse, so dass der Insolvenzverwalter ihn selbst nutzen oder frei veräußern könnte. Darauf kann es aber nicht ankommen, weil der Schuldner seine privatautonome Verfügungsmacht ausgeübt hat und diese nur durch das Befriedigungsinteresse der Gläubiger begrenzt wird. Daher richtet sich der Anspruch dann nur auf **Duldung der Zwangsvollstreckung.** Diese Beschränkung ist auch für die **Kosten** von erheblicher Bedeutung. Denn zum einen richtet sich der Streitwert im Anfechtungsprozess in dieser Ausnahmekonstellation analog § 6 ZPO nach dem für die Insolvenzmasse benötigten Betrag (→ Rn. 159). Zum anderen richtet sich die Verwaltervergütung nach dem Wert der Insolvenzmasse (§ 63 Abs. 1 Satz 2). Da § 143 Abs. 1 Satz 1 aber – mit Blick auf die Insolvenzgründe (§§ 16 ff.) normativ und empirisch zu Recht – grundsätzlich auf Rückübertragung im vollen Umfang gerichtet ist, begründet der mögliche Übererlös für die Insolvenzmasse (nur) einen sog. **rechtshindernden Einwand,** den der Anfechtungsgegner darlegen und ggf. zu beweisen hat (→ Rn. 172). Folgt man dieser Auffassung, muss dem Anfechtungsgegner in diesem Ausnahmefall konsequenterweise – wie bei § 11 Abs. 1 AnfG – auch eine einseitige Einlösungsbefugnis zustehen (→ Rn. 34). Dass zur vollständigen Befriedigung aller Gläubiger nicht alle Rückgewähransprüche erforderlich sind, begründet für den einzelnen in Anspruch genommenen Anfechtungsgegner dagegen (noch) keinen Einwand.[234] Ihm steht aber die Vollstreckungsabwehrklage zu, wenn die Insolvenzmasse nach rechtskräftigem Abschluss des Anfechtungsprozesses hinreichend angereichert worden ist (§ 767 ZPO). 44

b) Kosten der Rückgewähr. Die gesamten Kosten des Vollzugs der geschuldeten Rückgewähr hat grundsätzlich der Anfechtungsgegner zu tragen.[235] Etwas anderes gilt wegen der Beschränkung des Anspruchs nur für § 143 Abs. 2 Satz 1 (→ Rn. 140). Zu den vom Anfechtungsgegner zu tragenden Kosten gehören insbesondere anlässlich des Erwerbs angefallene Vermittlungsprovisionen,[236] die Aufwendungen für eine etwa erforderliche Grundbucheintragung oder für die erfolgreich angefochtene Zwangsvollstreckung, für den Rücktransport einer anfechtbar weggegebenen Sache zum Insolvenzverwalter sowie – ungeachtet § 403 Satz 2 BGB – für die Wiederbeschaffung überlassener Urkunden.[237] 45

3. Anfechtbare Übertragung von Gegenständen. a) Übertragung von Sachen. Der Erwerber einer anfechtbar **übereigneten** Sache muss diese grundsätzlich an den Insolvenzverwalter zurückübereignen,[238] weil der Verwalter sie anderenfalls meist nicht bestmöglich für die Insolvenz- 46

[231] HambKommInsO/*Rogge/Leptien* § 143 Rn. 16; Uhlenbruck/*Borries/Hirte* § 129 Rn. 82 und § 143 Rn. 48.

[232] Vgl. dazu Uhlenbruck/*Borries/Hirte* § 143 Rn. 20, 187a; *Baur/Stürner,* Insolvenzrecht Rn. 20.5; überholt sind dagegen RGZ 56, 142, 144 f.; 67, 20, 22 aE; *Weimar* MDR 1964, 566, 567 (→ Rn. 46 ff.). Eine Ausnahme kann zugelassen werden, soweit schon im Zeitpunkt des Anfechtungsprozesses feststeht, dass das anfechtbar Weggegebene wertmäßig nicht in vollem Umfang zur Befriedigung aller Insolvenzgläubiger gebraucht wird: § 129 Rn. 104 und OLG Hamm ZIP 1992, 1755, 1757.

[233] So auch OLG Hamm ZIP 1992, 1755, 1757; *Häsemeyer* ZIP 1994, 418, 423; *Piekenbrock,* Zivilrechtliche Dogmatik und Insolvenzrecht, in Lobinger/Piekenbrock/Stoffels, Zur Integrationskraft zivilrechtlicher Dogmatik (2014), S. 51, 73; aA MüKoInsO/*Kirchhof* → 3. Aufl. § 143 Rn. 26; HambKommInsO/*Rogge/Leptien* § 143 Rn. 17; BKInsO/*Haas* § 143 Rn. 28; *Allgayer,* Rechtsfolgen und Wirkungen der Gläubigeranfechtung Rn. 516 f.

[234] So zum „Floriani"-Einwand im österreichischen Recht *König,* Die Anfechtung nach der IO, 5. Aufl. (2014) Rn. 16/41.

[235] Nerlich/Römermann/*Nerlich* § 143 Rn. 56; K. Schmidt/*Büteröwe* § 143 Rn. 16; Jaeger/*Henckel* § 143 Rn. 182; Uhlenbruck/*Borries/Hirte* § 143 Rn. 129; BKInsO/*Haas* § 143 Rn. 35; BeckOK InsO/*Schoon*[12] § 143 Rn. 14.

[236] OLG München SeuffA 60 (1905), Nr. 226; Jaeger/*Henckel* § 143 Rn. 146.

[237] HambKommInsO/*Rogge/Leptien* § 143 Rn. 18.

[238] BGH ZIP 1982, 856, 857; NJW-RR 1986, 991, 992; *Kindl* NZG 1998, 321, 328 f.; Uhlenbruck/*Borries/Hirte* § 143 Rn. 189; K. Schmidt/*Büteröwe* § 143 Rn. 8; KKInsO/*Mohr* § 143 Rn. 32.

masse verwerten kann; das gilt auch gegenüber einem Treuhänder. Hat der Anfechtungsgegner nur den **Besitz** erlangt, muss er ihn nach § 854 BGB an die Insolvenzmasse – zu Händen ihres Verwalters – zurückübertragen.[239] Als Besitzer einer Bürgschaftsurkunde muss der Anfechtungsgegner diese auch dann an die Insolvenzmasse herausgeben, wenn er die durch die Bürgschaft gesicherte Forderung an einen Dritten abgetreten hatte.[240] Befindet sich das Anfechtungsobjekt im Besitz eines – an sich herausgabebereiten – Dritten, kann der Anfechtende sich damit begnügen, die Zustimmung des Anfechtungsgegners zu der Herausgabe zu verlangen; diese Zustimmungspflicht entfällt nicht allein deswegen, weil der anfechtende Insolvenzverwalter das Objekt aufgrund einer Pfändung aus einem anderen Rechtsgrund in Besitz nimmt.[241] Stand dem Schuldner lediglich ein **Anwartschaftsrecht** an der anfechtbar übertragenen Sache zu, ist dieses zurückzugewähren.[242] Hatte der Schuldner nur einen schuldrechtlichen Übereignungsanspruch, den er anfechtbar übertragen hat und der sodann an den Anfechtungsgegner erfüllt worden ist, richtet sich der Anfechtungsanspruch auf Übereignung der Sache an den Schuldner (→ Rn. 39). Wurde nur ein **Nutzungsrecht** anfechtbar eingeräumt, ist die Sache an die Insolvenzmasse zurückzugewähren; dasselbe gilt für die mit einer bloßen Besitzübertragung verbundene tatsächliche Nutzungsmöglichkeit.

47 **aa) Bewegliche Sachen.** Handelt es sich um eine bewegliche Sache, ist die Einigung zu ihrer Rückübereignung anzubieten und der Besitz daran dem Insolvenzverwalter zurückzuübertragen (§§ 929 ff. BGB). Andernfalls kann der Insolvenzverwalter die Sache auch nicht nach § 931 BGB veräußern, weil der Rückgewähranspruch aus § 143 Abs. 1 Satz 1 InsO gegen den Anfechtungsgegner keinen (Besitz-)Herausgabeanspruch begründet.[243] Hat der Insolvenzverwalter selbst die Sache schon in Besitz, bedarf es oft einer besonderen Rückübertragung nicht: Vertragliche Ansprüche oder Eigentumsrechte des Rückgewährpflichtigen können dann – unabhängig vom Theorienstreit über die Rechtsnatur der Insolvenzanfechtung (→ Vor §§ 129–147 Rn. 12 bis 39) – mit der Anfechtungseinrede (§ 146 Abs. 2) unbefristet abgewehrt werden;[244] und eine eigene Verwertung sogar fremden Sicherungseigentums ist dem Insolvenzverwalter gemäß § 166 Abs. 1 möglich.[245] Fremdes Volleigentum vermag der Insolvenzverwalter jedoch nur unter der Voraussetzung des § 932 BGB an gutgläubige Erwerber zu übertragen,[246] so dass oft eine vorherige Rückübereignung durch den Anfechtungsgegner nötig sein wird. Denn § 143 Abs. 1 Satz 1 kann nicht dazu führen, die allgemeine Eigentumszuordnung zu durchbrechen, indem dem Insolvenzverwalter die rechtswirksame Übereignung von Sachen, die im Eigentum des Anfechtungsgegners stehen, auch an Eingeweihte ermöglicht wird.[247] Hat der Schuldner ein Warenlager anfechtbar übertragen, erstreckt sich der Rückgewähranspruch nach § 143 Abs. 1 Satz 1 – von der Ausnahme einer dinglichen Surrogation abgesehen – nur auf die noch vorhandenen Stücke, nicht auf neu angeschaffte Ersatzstücke.[248]

48 Zu den beweglichen Sachen gehören auch Inhaberpapiere (§ 793 BGB), die das in ihnen verbriefte Recht verkörpern.[249] Hatte der Schuldner in anfechtbarer Weise **Geld** weggegeben, kann der Insolvenzverwalter regelmäßig nur Rückzahlung eines entsprechenden Geldbetrages fordern.[250] Sind ausnahmsweise die ursprünglichen Geldscheine oder -stücke noch vorhanden, aber vermischt

239 HambKommInsO/*Rogge/Leptien* § 143 Rn. 19; K. Schmidt/*Büteröwe* § 143 Rn. 8; KKInsO/*Mohr* § 143 Rn. 32; BKInsO/*Haas* § 143 Rn. 52; BeckOK InsO/*Schoon*[12] § 143 Rn. 20.9; *Eckardt* ZIP 1999, 1734, 1742.

240 BGH NZI 2005, 453; HKInsO/*Thole* § 143 Rn. 8; KPB/*Jacoby* § 143 Rn. 39.

241 BGH WM 1961, 387, 390; vgl. HambKommInsO/*Rogge* § 143 Rn. 18.

242 HambKommInsO/*Rogge/Leptien* § 143 Rn. 31; vgl. Jaeger/*Henckel* § 129 Rn. 183 f.; K. Schmidt/*Büteröwe* § 143 Rn. 8; Uhlenbruck/*Borries/Hirte* § 143 Rn. 190.

243 Jaeger/*Henckel* § 143 Rn. 53; BKInsO/*Haas* § 143 Rn. 41.

244 HKInsO/*Thole* § 143 Rn. 6; Uhlenbruck/*Borries/Hirte* § 143 Rn. 206; Jaeger/*Henckel* § 143 Rn. 52; *Mitlehner,* Mobiliarsicherheiten Rn. 513; *Kindl* NZG 1998, 321, 325 f.; vgl. BGH NJW 1980, 226; BGHZ 83, 158, 160 = NJW 1982, 2074, 2075 f.; RGZ 84, 225, 226 f.

245 KPB/*Jacoby* § 143 Rn. 28; BKInsO/*Haas* § 143 Rn. 41; *Allgayer,* Rechtsfolgen und Wirkungen der Gläubigeranfechtung Rn. 523 f.

246 Ein möglicher Anspruch des Eigentümers gemäß § 816 Abs. 1 BGB auf den Erlös kann dann wiederum mit der Anfechtungseinrede nach § 146 Abs. 2 abgewehrt werden: Vgl. BGHZ 30, 238, 239 f. = NJW 1959, 1539; BGHZ 30, 248, 253 = NJW 1959, 1874, 1875 f.; BGH WM 1965, 84, 86 f.; NJW-RR 1990, 230, 232 f.; Jaeger/*Henckel* § 143 Rn. 33; *Serick* Bd. III § 32 I 3b, S. 146; *Eckardt,* Anfechtungsklage S. 96 f.

247 *Kindl* NZG 1998, 321, 326; *Allgayer,* Rechtsfolgen und Wirkungen der Gläubigeranfechtung Rn. 520 f.; vgl. *G. Paulus* AcP 155 (1956), 277, 333; *von Campe,* Insolvenzanfechtung in Deutschland und Frankreich S. 281 f.; aA auf der Grundlage einer extensiv verstanden haftungsrechtlichen Theorie anscheinend Jaeger/*Henckel* § 143 Rn. 33 aE.

248 RG JW 1908, 458, 459; Uhlenbruck/*Borries/Hirte* § 143 Rn. 190.

249 Vgl. § 808 Abs. 2 ZPO.

250 OLG Karlsruhe NZI 2008, 188, 191; HambKommInsO/*Rogge/Leptien* § 143 Rn. 21.

mit eigenen des Anfechtungsgegners, steht zwar der gesamte Kassenbestand im Eigentum des Anfechtungsgegners; eine unmittelbare Anwendung von §§ 948 Abs. 1, 947 Abs. 1 BGB[251] scheidet daher aus.[252] Da der Anspruch aus § 143 Abs. 1 Satz 1 Aussonderungskraft hat (→ Rn. 36), hat der Insolvenzverwalter aber in entsprechender Anwendung von §§ 948 Abs. 1, 947 Abs. 1, 752 BGB einen Anspruch auf Teilung und Rückübereignung von Zahlungsmitteln mit dem vom Anfechtungsgegner erlangten Wert.[253] Hat der Schuldner Geld zugunsten eines Gläubigers bei einem Treuhänder anfechtbar hinterlegt, ist dieser verpflichtet, der Übertragung des Treuguts an den Insolvenzverwalter zuzustimmen.[254]

bb) Grundstücke und Grundstücksrechte. Wurde ein Grundstück – oder ein Erbbaurecht[255] – anfechtbar übertragen, hat der Anfechtungsgegner es an den Schuldner wieder aufzulassen (§ 925 BGB ggf. iVm § 11 ErbbauRG; § 20 GBO) und dessen Eintragung in das Grundbuch zu bewilligen (§ 19 GBO).[256] Das auf (Rück-)Auflassung lautende rechtskräftige Urteil fingiert die Abgabe dieser Erklärungen (§ 894 ZPO); der Insolvenzverwalter muss die Auflassung aber selbst in notariell beurkundeter Form – und nach herrschender Auffassung unter Vorlage einer Ausfertigung des rechtskräftigen Urteils[257] – annehmen (§ 925 BGB).[258] Auch für die Eintragung des Insolvenzvermerks bei der Umschreibung des Eigentums im Grundbuch hat der Insolvenzverwalter selbst zu sorgen (§ 32 Abs. 2 Satz 2). Ohne Eintragung in das Grundbuch kann das Eigentum nicht in das (massebefangene) Schuldnervermögen übergehen (§ 873 Abs. 1 BGB). Darüber hinaus ist die Voreintragung grundbuchrechtlich erforderlich (§ 39 Abs. 1 GBO). Der Rückgewähranspruch kann durch eine Vormerkung gesichert werden (→ Rn. 178). Er wird nicht dadurch ausgeschlossen, dass der Anfechtungsgegner dasselbe Grundstück später bei einer Zwangsversteigerung erwirbt.[259] Da der Rückerwerb nach Insolvenzanfechtung wie der bei Nichtigkeit des Kaufvertrags zu behandeln ist, ist nicht nur der Rückerwerb selbst steuerfrei, sondern es ist darüber hinaus die Steuerfestsetzung für den Erwerb durch den Anfechtungsgegner aufzuheben (vgl. § 16 Abs. 2 Nr. 2 GrEStG).[260] Das ändert aber nichts daran, dass im Grundbuchverfahren grundsätzlich eine Unbedenklichkeitsbescheinigung nach § 22 GrEStG vorzulegen ist.[261] 49

Ist der Erwerber noch nicht als Eigentümer im Grundbuch eingetragen, kann der Insolvenzverwalter dessen Verzicht auf Rechte aus der Auflassung und die Rücknahme eines etwaigen Eintragungsantrags (§ 31 GBO) fordern.[262] Erfüllungsklagen des Erwerbers können mit der Anfechtungseinrede unbefristet abgewehrt werden (§ 146 Abs. 2).[263] War zugunsten des Anfechtungsgegners jedoch schon eine **Auflassungsvormerkung** eingetragen, kommt es im Hinblick auf §§ 106, 140 Abs. 2 Satz 2 entscheidend darauf an, ob die Bestellung der Vormerkung selbst ebenfalls anfechtbar ist.[264] Trifft das zu, besteht in jedem Fall ein Anspruch aus § 143 Abs. 1 Satz 1, der auf Aufgabe der Rechte aus der Vormerkung analog § 875 BGB[265] und die Erteilung der Löschungsbewilligung (§ 19 GBO) gerichtet ist. Gegen den Anspruch auf Eigentumsverschaffung, den der Insolvenzverwalter grundsätzlich aus der Insolvenzmasse zu erüllen hat (§ 106 Abs. 1 Satz 1), kann der Insolvenzverwalter die Anfechtbarkeit des Vormerkungserwerbs auch (unbefristet) einredeweise geltend machen (§ 146 Abs. 2) (→ § 146 Rn. 54).[266] Ob darüber damit auch die Voraussetzungen von § 886 BGB vorliegen, 50

---

251 Vgl. dazu beim Verkauf auf eigene und fremde Rechnung durch Tankstellenpächter BGH NJW 2010, 3578 Rn. 13.
252 Insoweit ungenau bisher MüKoInsO/*Kirchhof* → 3. Aufl. § 143 Rn. 30.
253 Vgl. Jaeger/*Henckel* § 143 Rn. 66: „haftungsrechtliche Zuordnung […] entsprechend §§ 948 I, 947 I BGB".
254 Vgl. BGH NZI 2007, 452 Rn. 20; KKInsO/*Mohr* § 143 Rn. 37.
255 Vgl. BGH WM 1965, 1152, 1153 im Anschluss an BGHZ 33, 76, 91 = NJW 1960, 2093, 2094 ff.
256 BGH ZIP 1982, 856, 857; NJW-RR 1986, 991, 992; RSZ/*Zeuner* § 143 Rn. 13; Jaeger/*Henckel* § 143 Rn. 183; Uhlenbruck/*Borries/Hirte* § 143 Rn. 208; K. Schmidt/*Büteröwe* § 143 Rn. 9; KKInsO/*Mohr* § 143 Rn. 38; BeckOK InsO/*Schoon*[12] § 143 Rn. 20.6; AGR/*Gehrlein* § 143 Rn. 6; *Allgayer,* Rechtsfolgen und Wirkungen der Gläubigeranfechtung Rn. 541; vgl. LG Dresden ZInsO 2002, 140, 141.
257 Vgl. dazu iE BeckOGKBGB/*J. Weber* § 925 Rn. 115 mwN.
258 Vgl. etwa KG ZIP 2012, 1722, 1723.
259 Zum AnfG BGHZ 159, 397, 401 f. = NJW 2004, 2900, 2901.
260 So auch Boruttau/*Loose,* GrEStG, 18. Aufl. 2016, § 16 Rn. 166; *Waza/Uhländer/Schmittmann,* Insolvenzen und Steuern, 11. Aufl. (2015), Rn. 2418; *Farr,* Besteuerung in der Insolvenz (2005), Rn. 430.
261 KG ZIP 2012, 1722, 1724.
262 BKInsO/*Haas* § 143 Rn. 43; KKInsO/*Mohr* § 143 Rn. 41.
263 Vgl. *Allgayer,* Rechtsfolgen und Wirkungen der Gläubigeranfechtung Rn. 545.
264 So auch KKInsO/*Mohr* § 143 Rn. 41.
265 Vgl. dazu statt aller BGHZ 60, 46, 50 = NJW 1973, 323, 325.
266 HambKommInsO/*Rogge/Leptien* § 143 Rn. 24; vgl. Jaeger/*Henckel* § 143 Rn. 58 f.; Uhlenbruck/*Borries/Hirte* § 143 Rn. 212; BKInsO/*Haas* § 143 Rn. 43; zu § 7 AnfG aF auch BGH NJW 1996, 3147, 3150; ergänzend *Allgayer,* Rechtsfolgen und Wirkungen der Gläubigeranfechtung Rn. 631 f.

hängt davon ab, ob die Anfechtungseinrede eine dauerhafte Einrede darstellt. Da das Insolvenzverfahren auch ohne Verwertung des Grundstücks aufgehoben oder eingestellt werden kann, ist diese Frage zu verneinen (→ § 146 Rn. 55).[267]

51 Erwirbt ein **Bruchteilseigentümer** das Eigentum insgesamt in anfechtbarer Weise, richtet sich der Anspruch auf Rückgewähr des neu erworbenen Bruchteils des jetzt in der Hand des Erwerbers vereinigten Grundstücks.[268] Nach Wiederherstellung des Miteigentumsanteils kann der Insolvenzverwalter diesen gemäß allgemeinen Regeln verwerten. Er kann sich aber auch darauf beschränken, im Wege der Anfechtung sogleich die Zustimmung des Anfechtungsgegners zur Teilungsversteigerung (§§ 180 ff. ZVG) des gesamten Grundstücks zu verlangen, um den auf die Insolvenzmasse rechnerisch entfallenden Anteil am Erlös zu erhalten.[269] Das ist auch noch möglich, wenn die Miteigentümer das gesamte Grundstück veräußert haben.[270] Die Rückgewähr eines anfechtbar übertragenen **Erbbaurechts** bedarf ggf. nicht der Zustimmung des Grundstückseigentümers nach § 5 Abs. 1 ErbbauRG.[271]

52 War das Grundstück bei der anfechtbaren Veräußerung bereits belastet oder wird es hierbei vom späteren Schuldner für sich selbst oder zugunsten eines Dritten belastet, ist das Grundstück nur mit dieser **Belastung** – vorbehaltlich deren selbständiger Anfechtbarkeit (→ Rn. 64 bis 66) – zurückzugewähren.[272] Belastet dagegen der Anfechtungsgegner seinerseits das Grundstück nach dem Erwerb oder in anfechtbarer Weise bei dem Erwerb, so hat er diese Belastung im Rahmen der Rückgewähr auf eigene Kosten zu beseitigen.[273] Das gilt auch dann, wenn die Belastungen von Gläubigern des Anfechtungsgegners zwangsweise ausgebracht wurden; eine Beeinträchtigung der Insolvenzmasse daraus hat der Anfechtungsgegner zu verhindern.[274] Auf die Frage, ob entsprechende Belastungen vermutlich auch beim Schuldner entstanden wären, wenn der anfechtbar weggegebene Gegenstand bei ihm verblieben wäre, kommt es nach allgemeinen Grundsätzen (→ § 129 Rn. 181 bis 183) nicht an. Gelingt die Beseitigung nicht, hat der Anfechtungsgegner Wertersatz zu leisten (→ Rn. 118); nur in diesem Rahmen kann es auf das Verschulden des Anfechtungsgegners ankommen (§ 143 Abs. 1 Satz 2 iVm §§ 819 Abs. 1, 818 Abs. 4, 292, 989, 990 Abs. 1 BGB). Übereignet der Schuldner anfechtbar ein mit Grundpfandrechten belastetes Grundstück an einen Dritten, dem er zugleich Rückgewähransprüche gegen die Grundschuldgläubiger abtritt, müssen beide Übertragungen selbständig angefochten werden.[275]

53 Für die anfechtbare Übertragung sonstiger **Rechte an Grundstücken** oder an Grundstücksrechten gelten die bisherigen Ausführungen (→ Rn. 49 bis 52) entsprechend.[276] Das veräußerte Recht ist formgerecht an den Schuldner zurückzuübertragen; dazu gehört im Falle des § 1154 Abs. 1 Satz 1 BGB (ggf. iVm § 1192 Abs. 1 BGB) die Übergabe des Grundpfandbriefs.[277] Statt der

[267] So auch BeckOGKBGB/*Assmann* § 886 Rn. 10; Staudinger/*Gursky* § 886 Rn. 5; *Marotzke,* Gegenseitige Verträge Rn. 10.23; im Ergebnis auch OLG Breslau OLGRspr. 19 (1909), 209; zu § 1169 BGB vgl. auch OLG Hamm MDR 1977, 668, 669; aA Jaeger/*Henckel* § 146 Rn. 77; Andres/Leithaus/*Leithaus* § 106 Rn. 5.

[268] HKInsO/*Thole* § 143 Rn. 11; Jaeger/*Henckel* § 143 Rn. 61; Uhlenbruck/*Borries/Hirte* § 143 Rn. 209; BKInsO/*Haas* § 143 Rn. 44; AGR/*Gehrlein* § 143 Rn. 8; *Rutkowsky,* Rechtsnatur und Wirkungsweise der Gläubigeranfechtung (1969), S. 185 f.; *Allgayer,* Rechtsfolgen und Wirkungen der Gläubigeranfechtung Rn. 549; zu § 7 AnfG aF BGH WM 1972, 364 f.; NJW 1983, 1678 f.; OLG Köln MDR 1984, 939 f.

[269] HKInsO/*Thole* § 143 Rn. 11; Uhlenbruck/*Borries/Hirte* § 143 Rn. 170; Jaeger/*Henckel* § 143 Rn. 164; BKInsO/*Haas* § 143 Rn. 44; *Allgayer,* Rechtsfolgen und Wirkungen der Gläubigeranfechtung Rn. 550; zu § 7 AnfG aF BGHZ 90, 207, 214 = NJW 1984, 1968, 1970; BGH ZIP 1985, 372; *Gerhardt* ZIP 1984, 397, 400 f.

[270] BGH BGHR § 7 AnfG Rückgewähr Nr. 14; HKInsO/*Thole* § 143 Rn. 12; Uhlenbruck/*Borries/Hirte* § 143 Rn. 170; *Huber,* AnfG § 11 Rn. 23.

[271] KG ZIP 2012, 1722, 1723.

[272] BFHE 133, 501, 507 = DStR 1981, 627; HambKommInsO/*Rogge/Leptien* § 143 Rn. 23; Uhlenbruck/*Borries/Hirte* § 143 Rn. 210; KKInsO/*Mohr* § 143 Rn. 43; vgl. RGZ 57, 27, 28 ff. So grundsätzlich auch BGH NJW-RR 1986, 991 f., der jedoch die Rechtslage für die Belastung beim Erwerb selbst offenlässt.

[273] BGH NJW-RR 1986, 991, 993; OLG Stuttgart ZIP 2005, 588, 589 f. betreffend eine Vormerkung; HKInsO/*Thole* § 143 Rn. 10; K. Schmidt/*Büteröwe* § 143 Rn. 9; KKInsO/*Mohr* § 143 Rn. 43; Uhlenbruck/*Borries/Hirte* § 143 Rn. 210; vgl. RGZ 57, 27, 28; RG JW 1887, 273 Nr. 12; OLG Celle NJW 1958, 1144, 1145.

[274] BKInsO/*Haas* § 143 Rn. 34; KKInsO/*Mohr* § 143 Rn. 43. Zur Möglichkeit eines unmittelbaren Vorgehens des Insolvenzverwalters gegen die Gläubiger des Anfechtungsgegners → § 145 Rn. 15, 24, 33. Im Einzelnen vgl. *Stratmann* S. 44 ff.

[275] BGH NZI 2007, 457 Rn. 37 ff. zu § 11 AnG; aA BGH WM 1985, 427 ff.

[276] Vgl. im Einzelnen Jaeger/*Henckel* § 143 Rn. 56 f.

[277] Vgl. HambKommInsO/*Rogge/Leptien* § 143 Rn. 25; Jaeger/*Henckel* § 143 Rn. 53; KKInsO/*Mohr* § 143 Rn. 47.

Rückübertragung kann der Insolvenzverwalter die Löschung des Rechts verlangen;[278] ob die Löschung zweckmäßig ist, hängt allerdings davon ab, ob nachrangige Rechte vorhanden sind. Betreibt der Erwerber die Zwangsvollstreckung aus einem anfechtbar erlangten Recht, kann der Insolvenzverwalter diese mit der Vollstreckungsabwehrklage nach § 767 ZPO abwehren.[279] Einen Anspruch des Erwerbers auf Eintragung eines bewilligten Rangvortritts (§ 880 BGB) kann der Insolvenzverwalter ggf. mit der Einrede der Anfechtbarkeit (§ 146 Abs. 2) abwehren.[280]

b) Übertragung von Rechten. aa) Forderungen. Eine anfechtbar abgetretene Forderung ist in der Weise zurückzugewähren, dass der Insolvenzverwalter ihre Rückabtretung (§ 398 BGB) an den Schuldner verlangt.[281] Das gilt grundsätzlich auch nach einer treuhänderischen Abtretung.[282] Die für die abgetretene Forderung geltenden Verjährungsfristen laufen weiter.[283] Im Falle einer bloßen Sicherungszession kann der Insolvenzverwalter allerdings unabhängig von deren Anfechtbarkeit die abgetretene Forderung auch ohne Rückabtretung verwerten (§ 166 Abs. 2); den Anspruch des Sicherungsnehmers auf Auskehrung des Erlöses (vgl. § 170) kann er dann unbefristet mit der Anfechtungseinrede nach § 146 Abs. 2 abwehren.[284] Soweit der Wert einer abgetretenen oder verpfändeten Forderungen durch Leistungen des Schuldners an deren Gläubiger in anfechtbarer Weise erhöht worden ist, darf die Sicherheit nicht zum Nachteil der Insolvenzmasse (§§ 51 Nr. 1, 166 ff.) geltend gemacht werden (→ Rn. 77); dies kann der Insolvenzverwalter durch unbefristete (§ 146 Abs. 2) Einrede geltend machen. Oft wird dadurch aber eine wertmäßige Aufteilung nötig werden (→ Rn. 127). 54

Nach einer – nicht treuhänderischen – Vollabtretung verbietet es der notwendige Schutz des Drittschuldners (vgl. § 409 BGB), ihn allein auf die Behauptung eines Anfechtungstatbestandes hin sogar einem objektiv berechtigten Vorgehen des Insolvenzverwalters auszusetzen.[285] Die Frage der Anfechtbarkeit ist ausschließlich zwischen dem Insolvenzverwalter und dem Zessionar zu klären (→ aber auch Rn. 26). Etwa ausgestellte Schuldscheine (§§ 371, 402, 952 BGB)[286] oder Abtretungsurkunden (§§ 409, 410 BGB)[287] hat der Anfechtungsgegner dem Anfechtenden auszuhändigen. Bis zur Rückabtretung bzw. bis zu einem rechtskräftigen Urteil über die Anfechtung mit der Wirkung des § 894 ZPO kann und muss der Drittschuldner zur Erfüllung an den Zessionar als Gläubiger leisten (§ 362 Abs. 1 BGB); eine Hinterlegung obliegt ihm nicht.[288] Jedoch wird er oft wegen Ungewissheit über die Berechtigung der Anfechtung zur Hinterlegung nach § 372 BGB befugt sein; dann hat der Zessionar die Rückgewähr durch Einwilligung in die Auszahlung des hinterlegten Betrages an die Insolvenzmasse zu leisten.[289] Hatte der Zessionar die Forderung schon eingezogen, ist Rückgewähr durch Erstattung des eingezogenen Betrages zu erbringen (→ Rn. 119). Leistet der Drittschuldner mit Erfüllungswirkung an den Insolvenzverwalter, kann dieser einen auf § 816 Abs. 2 BGB gestützten Bereicherungsanspruch des Zessionars mit der Einrede der Anfechtbarkeit unbefristet abwehren (§ 146 Abs. 2).[290] Der Drittschuldner wird durch eine solche Leistung im Verhältnis 55

---

278 Vgl. *Hess* InsO § 143 Rn. 87.

279 BGHZ 22, 128, 134 = NJW 1957, 137, 138; vgl. *Baur/Stürner,* Insolvenzrecht Rn. 20.7.

280 Vgl. LG Düsseldorf KTS 1961, 45, 46.

281 BGHZ 106, 127, 129 = NJW 1989, 985, 986; HKInsO/*Thole* § 143 Rn. 15; KPB/*Jacoby* in § 143 Rn. 32; BKInsO/*Haas* § 143 Rn. 46; Uhlenbruck/*Borries/Hirte* § 143 Rn. 196; KKInsO/*Mohr* § 143 Rn. 50; AGR/*Gehrlein* § 143 Rn. 10; *Jauernig/Berger* § 51 Rn. 21; vgl. BGH NZI 2007, 42, 121 Rn. 10; RG LZ 1908, 387, 388; LZ 1908, 608, 609; LZ 1910, 939, 940; OLG Nürnberg KTS 1969, 115 f.; LG Köln ZIP 2006, 1059, 1060.

282 RG JW 1911, 107, 108.

283 Vgl. *Peters* KTS 2008, 295, 296 ff.

284 *Allgayer,* Rechtsfolgen und Wirkungen der Gläubigeranfechtung Rn. 561; *Mitlehner,* Mobiliarsicherheiten Rn. 512.

285 HKInsO/*Thole* § 143 Rn. 15; KPB/*Jacoby* § 143 Rn. 15, 33; *Allgayer,* Rechtsfolgen und Wirkungen der Gläubigeranfechtung Rn. 555 f.; vgl. auch BGHZ 100, 36, 42 = NJW 1987, 1703, 1705; NJW-RR 1992, 612, 613; aA auf der Grundlage der dinglichen Theorie *Marotzke* ZG 1989, 138, 144 f. und auf der Grundlage einer extensiven haftungsrechtlichen Theorie anscheinend Jaeger/*Henckel* § 143 Rn. 34, 55.

286 Jaeger/*Henckel* § 143 Rn. 54; BKInsO/*Haas* § 143 Rn. 46.

287 OLG Brandenburg ZIP 1998, 1367, 1369; Uhlenbruck/*Borries/Hirte* § 143 Rn. 196; KPB/*Jacoby* § 143 Rn. 32; KKInsO/*Mohr* § 143 Rn. 50.

288 BGH NZI 2010, 646 Rn. 4.

289 KPB/*Jacoby* § 143 Rn. 34; HambKommInsO/*Rogge/Leptien* § 143 Rn. 28; FKInsO/*Dauernheim* § 143 Rn. 12; vgl. RGZ 84, 225, 226 ff. Eine Abtretung des Anspruchs gegen die Hinterlegungsstelle – so *Allgayer,* Rechtsfolgen und Wirkungen der Gläubigeranfechtung Rn. 365, 560 – würde im Hinblick auf § 13 Abs. 2 HinterlO allenfalls Unsicherheiten verursachen.

290 BGHZ 30, 238, 239 f. = NJW 1959, 1539; BGH WM 1970, 756; BGHZ 106, 127, 132 f. = NJW 1989, 985, 987; Jaeger/*Henckel* § 143 Rn. 34; BKInsO/*Haas* § 143 Rn. 47; *Kindl* NZG 1998, 322, 325 f.; zur Form einer Widerspruchsklage gegen einen Verteilungsplan vgl. RGZ 95, 224, 226.

zum Zessionar nach § 407 Abs. 1 BGB oder nach § 362 Abs. 2, 185 BGB frei. Dagegen genügt die bloße Anfechtbarkeit der Abtretung nicht für eine schuldbefreiende Leistung an den Insolvenzverwalter.[291] Stand die vom Insolvenzverwalter anfechtungsweise eingezogene Forderung in Wirklichkeit einem Dritten unanfechtbar zu, hindert die Anfechtung nicht dessen Ersatzaus- bzw. Absonderungsbegehren.[292]

56 Hatte der spätere Schuldner nach der – anfechtbaren – Abtretung seinerseits abweichend (unanfechtbar) über die abgetretene Forderung verfügt und war diese Verfügung wegen der zeitlich früheren Abtretung unwirksam, wird die spätere Verfügung auch nicht aufgrund einer erfolgreichen Anfechtung der ersten Abtretung rechtswirksam. Dasselbe gilt, falls die schon – anfechtbar – abgetretene Forderung anschließend von einem anderen Gläubiger des späteren Schuldners gepfändet wurde; diese Pfändung bleibt wirkungslos.[293] Die allgemeine Rechtszuordnung wird nicht durch das Anfechtungsrecht außer Kraft gesetzt (→ Vor §§ 129–147 Rn. 33, 39). Die Gegenmeinung hätte zur Folge, dass die Anfechtung entgegen dem Gesetzeszweck nicht der Insolvenzmasse, sondern einem Einzelgläubiger zugutekäme, der vor beliebig langer Zeit eine „Vorratspfändung" ausgebracht hatte.

57 Ist die Forderung in einem **Orderpapier** verkörpert, gehört zur Rückgewähr auch die Rückübertragung der Urkunde. Nur wenn der Insolvenzverwalter das Orderpapier selbst in Händen hält, kann er es ohne weiteres verwerten und Ansprüche des Zessionars mit der Anfechtungseinrede abwehren.[294] Wurde ein Wechsel oder Scheck anfechtbar an ein Kreditinstitut übertragen, ist als Folge einer begründeten Anfechtung zugleich das Pfandrecht aufzugeben, das das Kreditinstitut aufgrund von Nr. 14 Abs. 1 Satz 1 AGB-Banken bzw. Nr. 21 Abs. 1 Satz 1 AGB-Sparkassen erworben hat; wurde der Wechsel eingelöst, ist Wertersatz in Höhe des erlangten Betrages zu leisten.[295] Im Falle anfechtbarer Inkassozession, insbesondere eines Schecks oder Wechsels, wird das einziehende Geldinstitut vor allem die durch den Einzug begründete Aufrechnungslage zurückzugewähren haben (→ Rn. 54, 74, 75). Ist die Zahlung auf einen Wechsel oder Scheck als anfechtbar zurückzugewähren, kann der Anfechtungsgegner regelmäßig die Rückgabe des Wertpapiers Zug um Zug gegen die Rückzahlung verlangen.[296]

58 **bb) Sonstige Rechte.** Hat der Schuldner seinen **Miterbenanteil** anfechtbar dem einzigen Miterben übertragen, ist der Anteil mit der Folge erloschen, dass er regelmäßig nicht in Natur zurückgewährt werden kann.[297] Bestand der Nachlass allerdings nur (noch) aus einzelnen Grundstücken, kann der Insolvenzverwalter deren Zwangsversteigerung mit dem Ziel fordern, denjenigen Teil des Erlöses zu erlangen, der dem Schuldner ohne die Übertragung zugestanden hätte.[298]

59 Anfechtbar übertragene **Immaterialgüterrechte** – insbesondere Patente – sind grundsätzlich an die Insolvenzmasse zurück zu übertragen. Wurde ein Geschmacksmuster anfechtbar übertragen, konnte der Insolvenzverwalter nach dem bis 2004 geltenden Recht dessen Löschung im Musterregister und die Prioritätszusprechung nach § 10c Abs. 2 Nr. 2, Abs. 3 GeschmMG aF[299] verlangen.[300] Seit die Grundsätze der Patentvindikation auch im Geschmacksmuster- bzw. nunmehr im Designrecht gelten,[301] bestehen diese Anspürche jedoch nicht mehr. Daher ist der Anspruch nunmehr auf Übertragung des Designs nach § 9 DesignG gerichtet. Wurde (nur) eine Lizenz anfechtbar eingeräumt, so ist das Nutzungsrecht zurückzugewähren und die weitere Nutzung zu unterlassen.

60 Wurde die **Firma** eines Handelsgeschäfts anfechtbar übertragen, hängt die Art ihrer Rückgewähr davon ab, ob diese Firma inzwischen bereits für ein anderes Unternehmen geführt wird. Ist das nicht der Fall, kann der Insolvenzverwalter grundsätzlich ohne weiteres das – noch nicht liquidierte –

---

[291] HambKommInsO/*Rogge/Leptien* § 143 Rn. 28; *Kindl* NZG 1998, 322, 326 f.; implizit vorausgesetzt von BGHZ 106, 127, 132 f. = NJW 1989, 985, 987; aA Jaeger/*Henckel* § 143 Rn. 34.

[292] Vgl. RG LZ 1933, 1135 Nr. 3.

[293] HambKommInsO/*Rogge/Leptien* § 143 Rn. 29; Jaeger/*Henckel* § 143 Rn. 54; *Kindl* NZG 1998, 321, 328; zu § 7 AnfG aF auch BGHZ 100, 36, 42 ff. = NJW 1987, 1703, 1705; BGH NJW-RR 1992, 612, 613; BAG NJW 1993, 2699, 2700; *Gerhardt* JR 1987, 415, 417; *Stratmann* S. 120 ff.; vgl. OLG Hamburg KTS 1982, 305, 306 f.; aA RGZ 61, 150, 152; *Jaeger* LZ 1913, 23, 30 f.; *K. Schmidt* JZ 1987, 889, 894 f.

[294] Vgl. Jaeger/*Henckel* § 143 Rn. 54.

[295] OLG Celle NJW 1958, 1144, 1145.

[296] Vgl. Jaeger/*Henckel* § 137 Rn. 16; Art. 39 WG, Art. 34 ScheckG.

[297] OLG Düsseldorf NJW 1977, 1828; Jaeger/*Henckel* § 143 Rn. 121; HambKommInsO/*Rogge/Leptien* § 143 Rn. 33; KKInsO/*Mohr* § 143 Rn. 49; AGR/*Gehrlein* § 143 Rn. 8; Soergel/*M. Wolf* § 2033 Rn. 15; *Allgayer*, Rechtsfolgen und Wirkungen der Gläubigeranfechtung Rn. 564.

[298] BGH NJW-RR 1992, 733, 734; HKInsO/*Thole* § 143 Rn. 12.

[299] Eingeführt durch Art. 1 Nr. 3 des Gesetzes vom 18.12.1986, BGBl. I, S, 2501.

[300] BGH NJW-RR 1998, 1057, 1059; HKInsO/*Thole* § 143 Rn. 5; Uhlenbruck/*Borries/Hirte* § 143 Rn. 205.

[301] Vgl. dazu BT-Drs. 15/1075, S. 36 f.

Unternehmen des Schuldners wieder unter der übertragenen Firma führen und diese zum Handelsregister anmelden.[302] Rechte des Übernehmers können mit der Anfechtungseinrede (§ 146 Abs. 2) unbefristet abgewehrt werden. Nur wenn die Firma bereits für ein anderes Unternehmen gebraucht wird, ist vor ihrer Eintragung für das Unternehmen des Schuldners die Einwilligung des Namensträgers notfalls mit der Anfechtungsklage einzuholen.[303] Wurde allerdings die Firma zusammen mit dem Unternehmen des Schuldners (→ Rn. 62) anfechtbar übertragen und ist dessen Rückgewähr unmöglich, kann auch für die Firma nur Wertersatz geleistet werden.[304] Eine Sitzverlegung ist, soweit möglich, rückgängig zu machen.[305]

Die Übertragung eines **Gesellschaftsanteils** (Aktie, GmbH-Geschäftsanteil, Personengesellschaftsanteil) wird mit der Folge angefochten, dass der Anteil wieder an den Schuldner zurückzuübertragen ist. Die Beschränkung der Einzelzwangsvollstreckung durch § 135 HGB betrifft allein deren Rechtsfolgen und ist für die Gesamtvollstreckung bedeutungslos;[306] gegen das Eindringen des außenstehenden Insolvenzverwalters in die inneren Angelegenheiten der Gesellschaft sind die Mitgesellschafter entweder durch § 131 Abs. 3 Satz 1 Nr. 2 HGB – der als Folge einer Rückübertragung wieder anwendbar sein kann[307] – ohne weiteres geschützt, oder sie können sich dagegen durch entsprechende Bestimmungen in den Gesellschaftsverträgen vorbeugend sichern (→ Vor §§ 129–147 Rn. 78 bis 81). Einer Zustimmung der Mitgesellschafter zur Herstellung des früheren Zustandes bedarf es aus Gründen des Gläubigerschutzes sogar bei vinkulierten Anteilen nicht.[308] Enthält ein anfechtbar erworbenes Stammrecht zugleich ein Bezugsrecht, erstreckt sich die Rückgewährpflicht auch auf die jungen Mitgliedschaftsrechte, unabhängig davon, ob sie vom Schuldner bezahlt waren oder nicht.[309] Andererseits eröffnet die Anfechtbarkeit der Anteilsübertragung für den Anfechtenden nicht zugleich den Zugriff auf solche Bestandteile des Gesellschaftsvermögens, die den Wert des Anteils wesentlich bestimmen.[310] Die anfechtbare Umwandlung einer Gesellschaft ist vor Vollzug zu unterlassen, danach wieder rückgängig zu machen.[311] Grundsätze der Kapitalerhaltung stehen einem Rückgewähranspruch nach Anfechtung der Einlage eines Gesellschafters (Schuldners) in seine Gesellschaft nicht entgegen (→ § 129 Rn. 18). 61

c) Unternehmen. Die Übertragung eines (gewerblichen oder freiberuflichen) Unternehmens, das einen Inbegriff von Sachen und Rechten darstellt (Asset Deal), sollte zwar im Ganzen angefochten werden können (→ § 129 Rn. 94). Insbesondere wegen des sachenrechtlichen Bestimmtheitsgrundsatzes kann aber die Rückgewähr in Natur nur durch Übertragung aller einzelnen Bestandteile abgewickelt werden;[312] entsprechend ist der Antrag des Anfechtenden aufzugliedern.[313] Die vollzogene Rückgewähr kann dann wiederum zum Übergang der Arbeitsverhältnisse nach § 613a BGB auf die Insolvenzmasse führen.[314] Vom Erwerber etwa neu eingebrachte Gegenstände darf er, soweit sie nicht Surrogate sind (→ Rn. 100), behalten.[315] Von der Rückgewähr des Handelsgeschäfts als solchem ist der Fall zu unterscheiden, dass die Anteile an einer Handelsgesellschaft anfechtbar übertragen werden (Share Deal); diese sind ggf. selbständig zurückzugewähren.[316] 62

Hat eine Gesellschaft auf einen Haftungsanspruch gegen Gesellschafter oder Geschäftsführer – ganz oder teilweise – anfechtbar verzichtet, kann der Insolvenzverwalter über ihr Vermögen den Anspruch in vollem Umfang einklagen und einen Einwand des Verpflichteten mit dem Anfechtungs- 63

---

[302] OLG Düsseldorf ZIP 1989, 457, 458; Uhlenbruck/*Borries/Hirte* § 143 Rn. 223; HambKommInsO/*Rogge* § 143 Rn. 29; *Allgayer,* Rechtsfolgen und Wirkungen der Gläubigeranfechtung Rn. 607.

[303] HambKommInsO/*Rogge/Leptien* § 143 Rn. 34; vgl. Jaeger/*Henckel* § 129 Rn. 148.

[304] HambKommInsO/*Rogge/Leptien* § 143 Rn. 34; vgl. RG Gruchot 38 (1894), 1184 f.

[305] Uhlenbruck/*Borries/Hirte* § 143 Rn. 228.

[306] AA OLG Celle MDR 1954, 748 f.

[307] BKInsO/*Haas* § 143 Rn. 60.

[308] BKInsO/*Haas* § 143 Rn. 60; *Kilger/K. Schmidt* § 37 KO Anm. 2, S. 220; vgl. Uhlenbruck/*Borries/Hirte* § 143 Rn. 224; HambKommInsO/*Rogge/Leptien* § 143 Rn. 35.

[309] Uhlenbruck/*Borries/Hirte* § 143 Rn. 224; BKInsO/*Haas* § 143 Rn. 60; vgl. HambKommInsO/*Rogge* § 143 Rn. 30; aA OLG Celle MDR 1954, 748 f.

[310] Vgl. *Allgayer,* Rechtsfolgen und Wirkungen der Gläubigeranfechtung Rn. 565.

[311] Uhlenbruck/*Borries/Hirte* § 143 Rn. 228; BKInsO/*Haas* § 143 Rn. 61.

[312] RGZ 70, 226, 231 f.; KPB/*Jacoby* § 143 Rn. 38; *Weimar* MDR 1964, 566 f.; vgl. BGH WM 1964, 114, 115 f.; BGHZ 168, 220 Rn. 21 = NJW 2006, 2847; aA *Hallermann,* Die Risiken einer Insolvenzanfechtung für den Käufer eines Unternehmens S. 97 f.

[313] Vgl. BGH WM 1962, 1316 f.; *K. Schmidt* BB 1988, 5, 6.

[314] Jaeger/*Henckel* § 129 Rn. 71; KPB/*Jacoby* § 143 Rn. 38; HambKommInsO/*Rogge* § 143 Rn. 31.

[315] KPB/*Jacoby* § 143 Rn. 38; BKInsO/*Haas* § 143 Rn. 59; vgl. Jaeger/*Henckel* § 129 Rn. 71, dagegen nur für Wertersatz bei Unternehmenskauf in Rn. 72.

[316] KPB/*Jacoby* § 143 Rn. 38; BKInsO/*Haas* § 143 Rn. 60.

einwand abwehren (→ Rn. 68).[317] Entsprechendes gilt für Entlastungsbeschlüsse von Gesellschafterversammlungen nach § 46 Nr. 5 GmbHG.[318]

64 **4. Anfechtbare Belastung von Gegenständen.** Wurde ein zur Insolvenzmasse gehörender Gegenstand in anfechtbarer Weise zugunsten einer anderen Person belastet, kann nach § 143 Abs. 1 Satz 1 die Rückübertragung oder Beseitigung des dinglichen Rechts gefordert werden,[319] damit der Insolvenzverwalter den Gegenstand für die Insolvenzmasse lastenfrei verwerten kann. Wurde ein bewegliche Sache anfechtbar verpfändet, ist zugleich der zu diesem Zweck übertragene Besitz (§§ 1205, 1274 Abs. 1 Satz 2 BGB) zurückzugeben.[320] Dagegen besteht aus den schon zu § 886 BGB dargelegten Gründen (→ Rn. 50) kein Anspruch aus § 1254 BGB. Bei Verpfändung einer Forderung hat der Anfechtungsgegner entsprechend § 1280 BGB dem Drittschuldner Anzeige zu erstatten.[321] Auch ohne eigene Klage kann der Insolvenzverwalter ein Absonderungsverlangen des Berechtigten unbefristet (vgl. § 146 Abs. 2) mit der Anfechtungseinrede abwehren.[322] Dagegen kann der Insolvenzverwalter nicht schon von sich aus das belastende dingliche Recht zugunsten der Insolvenzmasse zu verwerten;[323] denn die Belastung, die ein bestimmtes Recht des Anfechtungsgegners sichern sollte und wegen ihrer Anfechtbarkeit nicht wirksam sichert, begründet keine Haftung zugleich für Verbindlichkeiten des Schuldners gegenüber seinen Gläubigern im Allgemeinen. Eine abweichende Vereinbarung zwischen Anfechtungsgegner und Insolvenzverwalter ist aber zuzulassen. Hat der spätere Schuldner den Gegenstand in anfechtbarer Weise dem Anfechtungsgegner zu dem Zweck zur Verfügung gestellt, dessen Verbindlichkeiten gegenüber einem Gläubiger (des Anfechtungsgegners) zu sichern, hat der Anfechtungsgegner die Sicherheit zwecks Rückgewähr gemäß allgemeinen Regeln beim Gläubiger auszulösen; wenn er dazu nicht imstande ist, hat er Wertersatz zu leisten.[324] Der gesicherte Gläubiger selbst wird dagegen durchweg nur dann der Anfechtung ausgesetzt sein, wenn er seinerseits für die Sicherheit keine Gegenleistung erbracht hat (→ § 134 Rn. 33 f., § 145 Rn. 29).

65 Wurde ein **Grundpfandrecht** anfechtbar begründet oder übertragen,[325] kommen für die Rückgewähr vor allem zwei Wege in Betracht: Einerseits kann der Insolvenzverwalter Aufhebung des Grundpfandrechts verlangen (§ 875 BGB);[326] die erforderliche Einwilligung des Eigentümers (§ 1183 BGB ggf. iVm § 1192 Abs. 1 BGB) kann er dann kraft seiner Verwalterbefugnisse (§ 80 Abs. 1) selbst erteilen. Dieser Weg ist aber nur zweckmäßig, wenn keine nachrangigen Belastungen vorhanden sind.[327] Anderenfalls muss der Insolvenzverwalter, um ein Aufrücken nachrangiger Belastungen zu vermeiden, die Übertragung des Grundpfandrechts an den Schuldner insbesondere durch (rangwahrenden) Verzicht (§§ 1168 BGB ggf. iVm § 1192 Abs. 1 BGB) fordern; eine Hypothek würde dadurch zur Eigentümergrundschuld (§ 1177 Abs. 1 BGB).[328] Das Aufrücken nachrangig Berechtigter nach § 1179a BGB hat der Anfechtungsgegner zu verhindern; ist er dazu nicht in der Lage, hat er insoweit Wertersatz zu leisten.[329] Eine dauernde Einrede iSv § 1169 BGB stellt die Anfechtbarkeit aus den schon zu § 886 BGB dargelegten Gründen (→ Rn. 50) nicht dar. Ist die Valutierung einer Grundschuld (nur) teilweise anfechtbar, beschränken sich die Folgen auf einen

---

[317] Vgl. OLG Frankfurt ZInsO 2018, 64, 70.

[318] BKInsO/*Haas* § 143 Rn. 61.

[319] OLG Celle ZIP 2008, 249, 250; Nerlich/Römermann/*Nerlich* § 143 Rn. 38; RSZ/*Zeuner* § 143 Rn. 11; Jaeger/*Henckel* § 143 Rn. 96; vgl. RG ZZP 60 (1936/37), 426, 429 mAnm der Schriftleitung S. 430.

[320] LG Mönchengladbach NJW-RR 1992, 1514; BKInsO/*Haas* § 143 Rn. 45; HambKommInsO/*Rogge/Leptien* § 143 Rn. 37; KKInsO/*Mohr* § 143 Rn. 64; *Allgayer,* Rechtsfolgen und Wirkungen der Gläubigeranfechtung Rn. 633; *Jauernig/Berger* § 51 Rn. 21.

[321] HambKommInsO/*Rogge/Leptien* § 143 Rn. 37.

[322] Dies kann aber nicht allein durch einen selbständigen Antrag auf Einstellung eines Zwangsversteigerungsverfahrens geschehen: AG München KTS 1970, 238 f.

[323] Uhlenbruck/*Borries/Hirte* § 143 Rn. 206; Jaeger/*Henckel* § 143 Rn. 69; *Gerhardt,* Gläubigeranfechtung S. 328; zu § 7 AnfG aF vgl. BGH WM 1958, 1278, 1279; vgl. *Barth* NJW 1959, 2143, 2144.

[324] HambKommInsO/*Rogge* § 143 Rn. 34.

[325] Vgl. OLG München ZIP 2002, 1213.

[326] RGZ 30, 90, 92 f.; 52, 82, 85; RG JW 1909, 142 f.; LG Hamburg ZIP 1992, 1251, 1252; Jaeger/*Henckel* § 143 Rn. 70; Uhlenbruck/*Borries/Hirte* § 143 Rn. 214. Die Grundsätze über die Bereitstellung nach § 11 Abs. 1 AnfG – vgl. dazu BGHZ 130, 314, 322 ff. = NJW 1995, 2846, 2848; *Huber* AnfG § 11 Rn. 21, § 13 Rn. 25 – gelten nicht für die Insolvenzanfechtung (→ Rn. 44). Im Falle RG JW 1928, 1345, 1346 war die Rückgewähr in Natur unmöglich.

[327] BKInsO/*Haas* § 143 Rn. 45.

[328] HKInsO/*Thole* § 143 Rn. 14; Uhlenbruck/*Borries/Hirte* § 143 Rn. 214; KPB/*Jacoby* § 143 Rn. 31; *Allgayer,* Rechtsfolgen und Wirkungen der Gläubigeranfechtung Rn. 627; vgl. RGZ 52, 82, 85; RG JW 1889, 109 Nr. 11; OLG Brandenburg OLG-NL 2006, 105, 106.

[329] Ungenau *von Campe,* Insolvenzanfechtung in Deutschland und Frankreich S. 286.

entsprechenden Teil des Grundpfandrechts; ein Grundpfandbrief müsste dazu geteilt werden (§ 61 GBO, § 48 GBV). Ein anfechtbar bestelltes **Wohnrecht** oder ein Nießbrauch ist durch Aufgabeerklärung (§ 875 BGB) und Löschungsbewilligung (§ 19 GBO) zurückzugewähren;[330] ein damit verbundener Besitz ist zurückzugeben.

Betreibt der Inhaber des anfechtbar erworbenen Grundpfandrechts die **Zwangsvollstreckung** in das Grundstück, kann der Insolvenzverwalter diese mit der Vollstreckungsabwehrklage (§ 767 ZPO) aufgrund des Anfechtungseinwands abwehren;[331] damit kann eine einstweilige Einstellung des Vollstreckungsverfahrens erreicht werden (§ 769 ZPO). Ist die Zwangsvollstreckung beendet, gebührt der auf den Anfechtungsgegner entfallende Versteigerungserlös der Insolvenzmasse.[332] Dies ist notfalls durch Klage des Insolvenzverwalters geltend zu machen; der Übergang vom Löschungsanspruch[333] zur Forderung auf Überlassung des Versteigerungserlöses stellt eine privilegierte Klageänderung iSv § 264 Nr. 3 ZPO dar (→ § 146 Rn. 26).[334] In Betracht kommt insbesondere eine Widerspruchsklage gegen den Verteilungsplan nach § 115 ZVG, § 878 ZPO oder – nach deren Versäumung – eine Bereicherungsklage.[335] Will der Insolvenzverwalter seinerseits das Grundstück durch **Zwangsversteigerung** verwerten (§ 165 InsO, § 172 ZVG), muss er dem Vollstreckungsgericht durch eine Entscheidung des Prozessgerichts nachweisen, dass das Recht des Anfechtungsgegners beim Ausgebot zugunsten der Insolvenzmasse zu berücksichtigen ist.[336] Entsprechendes gilt, wenn ein anderer Gläubiger eines – unanfechtbaren – nachrangigen dinglichen Rechts die Zwangsversteigerung betreibt.[337] Wurde die Belastung dagegen ins geringste Gebot aufgenommen und vom Versteigerer übernommen, ist nur noch Wertersatz möglich.[338] 66

5. Anfechtbare Verkürzung von Rechten des Schuldners. Wird ein Recht des Schuldners in anfechtbarer Weise erlassen, beendet, ausgesetzt oder eingeschränkt, bewirkt die erfolgreiche Anfechtung, dass der Verpflichtete aus der Rechtshandlung keine Besserstellung ableiten darf (→ Rn. 74, Vor §§ 129–147 Rn. 36, 38). Der Insolvenzverwalter kann grundsätzlich die der Insolvenzmasse gebührende Leistung bis zur normalen zeitlichen Grenze der Verjährung ungeschmälert beanspruchen[339] und den Einwand des Verpflichteten, vereinbarungsgemäß so nichts zu schulden, mit der Anfechtungseinrede (§ 146 Abs. 2) abwehren. Eine anfechtbare Tilgung oder Stundung kann zudem auf Seiten des Anfechtungsgegners trotz der Anfechtung als zum Neubeginn der Verjährung führendes Anerkenntnis iSv § 212 Abs. 1 Nr. 1 BGB zu werten sein. 67

a) Erlass von Rechten. Der Insolvenzverwalter kann eine vom Schuldner anfechtbar erlassene Forderung (§ 397 BGB) – unabhängig vom Theorienstreit über die Rechtsnatur der Anfechtung (→ Vor §§ 129–147 Rn. 12 bis 39) – geltend machen, ohne zuvor deren Wiederbegründung durchzusetzen.[340] Ist in einem Vertrag ein **Rücktrittsrecht** mit der Pflicht zur **unentgeltlichen Rückübertragung** vereinbart, kann der Insolvenzverwalter die Leistung des Schuldners zurückverlangen (§ 346 BGB) und dieses Gegenrecht dem Anspruch des Vertragspartners aus § 346 BGB einredeweise 68

---

[330] Vgl. HambKommInsO/*Rogge/Leptien* § 143 Rn. 37; *Baur/Stürner,* Insolvenzrecht Rn. 20.6. Auch insoweit reicht die Rückgewähr nach § 143 Abs. 1 Satz 1 weiter als die Rechtsfolge von § 11 Abs. 1 AnfG (vgl. hierzu OLG Koblenz NJW-RR 1989, 1101 f.).

[331] BGHZ 22, 128, 134 = NJW 1957, 137, 138; OLG Celle NZI 2011, 115 f.; Jaeger/*Henckel* § 143 Rn. 70; KKInsO/*Mohr* § 143 Rn. 67; BeckOK InsO/*Schoon*[12] § 143 Rn. 20.8; *Baur/Stürner,* Insolvenzrecht Rn. 20.7; Stein/Jonas/*Münzberg* § 767 Rn. 19; Uhlenbruck/*Borries/Hirte* § 143 Rn. 217; *Mauer,* Anfechtungsprozess Rn. 367.

[332] RGZ 20, 29, 31 f.; HambKommInsO/*Rogge/Leptien* § 143 Rn. 38; Uhlenbruck/*Borries/Hirte* § 143 Rn. 216; zu § 7 AnfG aF auch RGZ 52, 334, 336; RG JW 1928, 1345, 1346.

[333] Vgl. RG JW 1909, 142 f.

[334] RGZ 52, 82, 85 ff.; Uhlenbruck/*Borries/Hirte* § 143 Rn. 216.

[335] BGH NJW 2001, 2477, 3478.

[336] HambKommInsO/*Rogge* § 143 Rn. 33; *Allgayer,* Rechtsfolgen und Wirkungen der Gläubigeranfechtung Rn. 629.

[337] Vgl. im Einzelnen HambKommInsO/*Rogge/Leptien* § 143 Rn. 38; Jaeger/*Henckel* § 143 Rn. 70; ferner *G. Paulus* AcP 155 (1956), 277, 310 f.

[338] RG JW 1928, 1345, 1346; Jaeger/*Henckel* § 143 Rn. 71; *Gerhardt,* Gläubigeranfechtung S. 330 f.

[339] Vgl. *Rutkowsky,* Rechtsnatur und Wirkungsweise der Gläubigeranfechtung (1969), S. 195 f. und für die Duldung der Zwangsvollstreckung in ein Grundstück trotz anfechtbarer Beschränkung des Haftungszwecks OLG Hamburg KTS 1987, 727, 731; ZIP 1989, 777, 780.

[340] BGH NJW-RR 1990, 142, 144; RG Gruchot 41 (1897), 1103, 1107; OLG Nürnberg KTS 1967, 170, 171; HKInsO/*Thole* § 143 Rn. 4; FKInsO/*Dauernheim* § 143 Rn. 11; Jaeger/*Henckel* § 143 Rn. 42; Uhlenbruck/*Borries/Hirte* § 143 Rn. 203; KPB/*Jacoby* § 143 Rn. 36; *G. Paulus* AcP 155 (1956), 277, 326 f.; *Gerhardt,* Gläubigeranfechtung S. 326 f.; *Allgayer,* Rechtsfolgen und Wirkungen der Gläubigeranfechtung Rn. 577 f.; vgl. RG bei Bolze 5 (1888), Nr. 345.

entgegenhalten (§ 348 BGB).[341] Wäre ein erlassener Zahlungsanspruch des Schuldners nur Zug um Zug gegen Erbringung von Nachbesserungsarbeiten seinerseits durchsetzbar, kann der anfechtende Insolvenzverwalter nach Maßgabe von § 274 Abs. 2 BGB uneingeschränkt Zahlung erlangen, falls der Anfechtungsgegner mit der Annahme der ihm angebotenen Nachbesserung nach Maßgebe von §§ 293 ff. BGB in Verzug geraten ist.[342] Wäre die Forderung in der Zeit zwischen Erlass und Insolvenzeröffnung verjährt, würde dieser Zeitraum entsprechend §§ 206, 210, 209 BGB nicht in die Verjährungsfrist eingerechnet,[343] weil der Anspruch nur noch von einzelnen Gläubigern oder vom Insolvenzverwalter, nicht aber vom Schuldner selbst geltend gemacht werden kann. Bestand für die erlassene Forderung eine akzessorische Sicherheit – zB ein Pfandrecht –, wirkt sie zugunsten der Insolvenzmasse fort, weil der Sicherungsgeber nichts aus eigenem Recht erworben hat.[344] Bei einem besitzverbundenen Pfandrecht gilt das allerdings nur, solange der Schuldner oder der Insolvenzverwalter im Besitz der Sache ist; anderenfalls muss der Anfechtungsgegner das Pfandrecht wieder begründen.[345] Auch soweit inzwischen Dritte eigene Rechte an dem Pfandobjekt erworben haben, können diese nur unter den Voraussetzungen des § 145 beseitigt oder hinter das Recht der Insolvenzmasse zurückgestuft werden (→ Vor §§ 129–147 Rn. 21, 33, 39). Einen Bürgen, der sich für die anfechtbar erlassene Forderung verbürgt hatte, kann der Insolvenzverwalter auf Erfüllung der Bürgschaft in Anspruch nehmen; dem Einwand, nach § 767 Abs. 1 Satz 1 BGB nichts mehr zu schulden, kann er den Anfechtungseinwand entgegenhalten, weil diese ausschließlich im Verhältnis zwischen dem Hauptschuldner und seinem Gläubiger (dem Schuldner) wurzelt.[346] Dieselben Regeln gelten, soweit der Schuldner durch einen – ausnahmsweise (→ § 134 Rn. 40a) – anfechtbaren **Vergleich** auf Rechte verzichtet hat.[347]

69 Hat der spätere Schuldner eine eigene Forderung in anfechtbarer Weise **gestundet,** bewirkt die Anfechtung, dass die Forderung fällig ist, wie wenn es diese Vereinbarung nicht gäbe.[348] Hat der Schuldner eine Rentenversicherung anfechtbar in eine pfändungsgeschützte Versicherung umgewandelt, steht § 168 Abs. 2 Satz 3 VVG der Kündigung durch den Insolvenzverwalter nicht entgegen.[349] Hat der Schuldner als Sicherungsgeber mit seinem Sicherungsnehmer eine für die Insolvenzgläubiger nachteilige Verwertungsvereinbarung geschlossen, hat deren Anfechtung durch den Insolvenzverwalter zur Folge, dass die Verwertung unabhängig von der Vereinbarung durchzuführen ist; wurde sie schon durchgeführt, hat der Sicherungsnehmer sein Vorgehen im Hinblick auf mögliche Schadensersatzpflichten an den allgemeinen Regeln messen zu lassen.[350]

70 Stand dem späteren Schuldner an einem fremden Grundstück ein **Grundpfandrecht** zu und hat er darauf in anfechtbarer Weise iSv §§ 1168, 1192 Abs. 1 BGB **verzichtet,** ist zugunsten des Grundstückseigentümers eine Grundschuld entstanden (§ 1177 Abs. 1 BGB). Diese muss der Insolvenzverwalter sich im Wege der Anfechtung zurückgewähren lassen, indem er die Übertragung der entstandenen Grundschuld mit ihrem früheren Rang an den Schuldner verlangt; nur dadurch erwirkt er die grundbuchmäßigen Voraussetzungen für eine Verwertung der Grundschuld.[351] Allerdings erscheint eine Verbindung dieser Klage mit derjenigen auf Duldung der Zwangsvollstreckung (§ 1147 BGB) nach Maßgabe von § 260 ZPO zulässig. Sind nachrangige Grundpfandrechte eingetragen, wird die Möglichkeit zur Rückgewähr mit dem früheren Rang durch den (insolvenzfesten) Löschungsanspruch der nachrangigen Gläubiger nach § 1179a BGB[352] erschwert. Ist die rangrichtige Rückgewähr nicht möglich, hat der Grundstückseigentümer Wertersatz zu leisten.[353] Hat dagegen der Schuldner in anfechtbarer Weise bei der **Aufhebung** (§ 1183 BGB) seines Grundpfandrechts

---

341 BGH NZI 2018, 22 Rn. 45.

342 Vgl. BGH NJW-RR 2004, 1534, 1537.

343 HambKommInsO/*Rogge/Leptien* § 143 Rn. 46; Jaeger/*Henckel* § 143 Rn. 42. Zur Verjährungsfrist vgl. auch § 146 Rn. 46, zur Ablaufshemmung bei einer Ausschlussfrist RG Gruchot 41 (1897), 1103, 1107.

344 HambKommInsO/*Rogge/Leptien* § 143 Rn. 46; vgl. KPB/*Jacoby* § 143 Rn. 36; aA *Mauer,* Anfechtungsprozess Rn. 368; *Allgayer,* Rechtsfolgen und Wirkungen der Gläubigeranfechtung Rn. 581.

345 Jaeger/*Henckel* § 143 Rn. 42.

346 KPB/*Jacoby* § 143 Rn. 36; BKInsO/*Haas* § 143 Rn. 50.

347 Vgl. BGH NZI 2007, 101 Rn. 15 ff.; für eine Lösung entsprechend Verrechnungsregeln *Gerhardt* KTS 2004, 195, 201 f.

348 HambKommInsO/*Rogge/Leptien* § 143 Rn. 46; KKInsO/*Mohr* § 143 Rn. 86; vgl. KPB/*Jacoby* § 143 Rn. 36.

349 AG Köln ZInsO 2012, 1998 f., vgl. *Wellmann* ZInsO 2012, 2061, 2073.

350 Vgl. BGH NJW 1997, 1063, 1065.

351 FKInsO/*Dauernheim* § 143 Rn. 11; Jaeger/*Henckel* § 143 Rn. 48; KPB/*Jacoby* § 143 Rn. 37; BKInsO/*Haas* § 143 Rn. 51; KKInsO/*Mohr* § 143 Rn. 88; *G. Paulus* AcP 155 (1956), 277, 309 Fn. 56, 333; dagegen für ein unmittelbares Verwertungsrecht des Insolvenzverwalters *Gerhardt,* Gläubigeranfechtung S. 327.

352 Vgl. nur BGHZ 193, 144 Rn. 12 ff. = NJW 2012, 2274 (V. Zivilsenat) unter Aufgabe von BGHZ 166, 319 Rn. 10 ff. = NJW 2006, 2408 (IX. Zivilsenat).

353 HambKommInsO/*Rogge/Leptien* § 143 Rn. 47.

mitgewirkt, ist das Recht (ersatzlos) erloschen. Der Eigentümer des Grundstücks hat es zu Zwecken der Rückgewähr wieder zu bestellen. Ohne diese Voraussetzung wird insbesondere das Zwangsversteigerungsgericht eine Anmeldung des Rechts durch den Insolvenzverwalter (§§ 37 Nr. 4, 45 Abs. 1 ZVG) nicht berücksichtigen, wenn es nicht aus dem Grundbuch ersichtlich ist und wenn der Eigentümer widerspricht, weil der Rechtspfleger (§ 3 Nr. 1 Buchst. i RpflG) kaum in der Lage ist, über eine umstrittene Anfechtbarkeit zu entscheiden.[354] Eine eigene Klage – ggf. eine Widerspruchsklage auf der Grundlage des § 115 Abs. 1 Satz 2 ZVG, § 878 ZPO – bleibt dem Insolvenzverwalter also nicht erspart. Der förmlichen Wiederbestellung des Grundpfandrechts wird oft die praktische Schwierigkeit entgegenstehen, dass infolge der vorangegangenen Aufhebung nachfolgende Grundpfandrechte aufgerückt sind. Der Rangvorteil, den deren Inhaber dadurch erlangt haben, kann allenfalls im Wege einer gegen sie selbständig zu führenden – zB auf § 134 Abs. 1 zu stützenden – Anfechtung zurückgewährt werden.[355] Der durch die ursprüngliche Aufhebung begünstigte Grundstückseigentümer hat den Rangvorteil selbst nicht erlangt, sondern kann lediglich ein letztrangiges Grundpfandrecht neu bestellen. Wegen des Rangverlusts bleibt gegenüber diesem Anfechtungsgegner nur die Möglichkeit des Wertersatzes;[356] insoweit entscheidet nach allgemeinen Grundsätzen (→ Rn. 37) nur, dass der Schuldner den früheren Rang verloren hat, während für den Anfechtungsgegner lediglich im Rahmen der Verschuldensprüfung zu berücksichtigen ist, dass er seinerseits den Rang nie erlangt hat.[357]

Wurde ein Heimfallanspruch für ein **Erbbaurecht** des Schuldners anfechtbar begründet, führt 71 die Anfechtung dazu, dass der Heimfallanspruch keine Rechtswirkung gegenüber der Insolvenzmasse hat. Diese kann vielmehr das Erbbaurecht gemäß den übrigen Bestimmungen weiter ausüben (→ Rn. 31).[358]

b) Schuldtilgung. aa) Erfüllungshandlungen. Hat der spätere **Schuldner** eine **eigene Verbindlichkeit** gegenüber einem Insolvenzgläubiger in anfechtbarer Weise erfüllt, so hat dieser die 72 empfangene Leistung zurückzugewähren.[359] Die erfüllte Verbindlichkeit lebt dann nach Maßgabe von § 144 Abs. 1 wieder auf; ein zugrunde liegender schuldrechtlicher Vertrag wird dadurch nicht automatisch umgestaltet (→ § 144 Rn. 7). Nach anfechtbarer Lohnzahlung schuldet der Arbeitnehmer nur den von ihm empfangenen **Nettolohn.**[360] Tilgt ein Arbeitgeber Gesamtsozialversicherungsbeiträge in anfechtbarer Weise, geht der BGH davon aus, dass ungeachtet § 28e Abs. 1 Satz 2 SGB IV auch der Arbeitnehmeranteil aus dem Vermögen des Arbeitgebers erbracht worden ist.[361] Hat der Schuldner zur anfechtbaren Erfüllung einer eigenen Verbindlichkeit Geld hinterlegt, haben die als berechtigt Bezeichneten Rückgewähr durch Einwilligung in die Auszahlung an den Insolvenzverwalter[362] zu leisten. Hat der Schuldner eine Leistung an Erfüllungs Statt oder erfüllungshalber (§ 364 BGB) erbracht, die der Gläubiger angenommen hat, ist der Rückgewähranspruch in erster Linie auf die Rückgewähr dieser konkreten Leistung zu richten;[363] nur hilfsweise ist ihr Wert zu ersetzen (→ Rn. 125). Hat der Schuldner versehentlich an einen Nichtberechtigten geleistet und wird durch Genehmigung des Berechtigten die Schuldtilgung ihm gegenüber wirksam, führt die Anfechtung dieser Genehmigung dazu, dass der Berechtigte seinen Erstattungsanspruch gegen den Leistungsempfänger (§ 816 Abs. 2 BGB) an den Insolvenzverwalter abtreten muss.[364] Hat der Schuldner eine geschuldete Einlage in eine Gesellschaft in anfechtbarer Weise geleistet, stehen der Anfechtung nicht die Vorschriften über die Kapitalerhaltung entgegen (→ § 129 Rn. 18). Liegt die anfechtbare Leistung darin, dass der Schuldner zahlte, ohne sich auf den eingetretenen Wegfall der Geschäftsgrundlage (§ 242 BGB) zu berufen, erfolgt die Rückgewähr aufgrund eines Rückzahlungsanspruchs.[365]

---

354 Vgl. § 45 Abs. 1, letzter Halbs., ZVG. Dies berücksichtigt Jaeger/*Henckel* § 143 Rn. 50 nicht hinreichend.
355 Vgl. KPB/*Jacoby* § 143 Rn. 37.
356 BKInsO/*Haas* § 143 Rn. 51; HambKommInsO/*Rogge/Leptien* § 143 Rn. 48; KKInsO/*Mohr* § 143 Rn. 89.
357 *Baur/Stürner,* Insolvenzrecht Rn. 20.6, 20.9; *Gerhardt,* Gläubigeranfechtung S. 327; *von Campe,* Insolvenzanfechtung in Deutschland und Frankreich S. 290.
358 BGH NJW 2007, 2325 Rn. 32.
359 OLG Stuttgart ZIP 2005, 1837, 1841; KKInsO/*Mohr* § 143 Rn. 74; KPB/*Jacoby* § 143 Rn. 42; BKInsO/*Haas* § 143 Rn. 53; AGR/*Gehrlein* § 143 Rn. 12.
360 *Cranshaw* ZInsO 2009, 257, 258; *Laws* ZInsO 2009, 1465, 1473 f.; vgl. auch BAG NZA 2019, 203 Rn. 34.
361 BGHZ 183, 86 Rn. 8 ff. = NJW 2010, 870; BGH ZIP 2010, 2209 Rn. 4; NZI 2011, 456 Rn. 3; NZS 2011, 547 Rn. 3; zust. *Kayser,* FS Ganter (2010), S. 221, 233; aA LG Köln NZG 2010, 512 ff.; zur methodologischen Grundsatzkritik vgl. *Piekenbrock/Fuchs* LMK 2010, 297262.
362 Vgl. Jaeger/*Henckel* § 143 Rn. 45; AGR/*Gehrlein* § 143 Rn. 12.
363 AGR/*Gehrlein* § 143 Rn. 12.
364 *Berger,* FS Ganter (2010), S. 89, 100.
365 Vgl. BGH ZIP 1995, 1021, 1028 (insoweit nicht in BGHZ 129, 236).

73 Hat der Schuldner eine **fremde** Verbindlichkeit erfüllt, wird sich der Anfechtungsanspruch oft nicht gegen den Gläubiger der erfüllten Forderung, sondern gegen ihren Schuldner richten;[366] dieser hat den Wert der erlangten Schuldbefreiung zu ersetzen (→ Rn. 125). Richtet sie sich gegen den Gläubiger (→ § 134 Rn. 31b), lebt ein zugrunde liegender Vertrag nicht auf.[367] Hat der spätere Schuldner mit einem Dritten vereinbart, dass dieser eine Verbindlichkeit des Schuldners gegenüber einem Insolvenzgläubiger befreiend übernimmt (§ 415 BGB), kann eine hierdurch zum Nachteil der anderen Insolvenzgläubiger geschaffene Aufrechnungslage im Verhältnis zum Übernehmer anfechtbar sein.[368]

74 Hat ein (Dritt-)Schuldner **an** den späteren **(Insolvenz-)Schuldner** eine Verbindlichkeit in anfechtbarer Weise **erfüllt,** gilt diese nach § 143 Abs. 1 Satz 1 als fortbestehend;[369] der Anfechtungsgegner kann demgegenüber seine Erfüllungsleistung nach bereicherungsrechtlichen Grundsätzen zurückfordern, aber meist nur mit der Wirkung einer bloßen Insolvenzforderung (→ § 144 Rn. 5 aE). Weist der (Insolvenz-)Schuldner einen eigenen (Dritt-)Schuldner unanfechtbar an, die von diesem geschuldete Leistung befreiend an einen Dritten zu erbringen, hat dieser die erlangte Leistung an die Insolvenzmasse zurückzugewähren, wenn ihm gegenüber ein Anfechtungstatbestand verwirklicht wurde; der an ihn gezahlte Betrag ist anstelle der erfüllten, gegen den ursprünglichen Schuldner gerichteten Forderung des Schuldners herauszugeben (→ Rn. 39).[370] Stand dem Dritten (Anfechtungsgegner) seinerseits eine Forderung gegen den (Insolvenz-)Schuldner zu, die durch die dargestellte Leistung im Dreiecksverhältnis anfechtbar getilgt wurde, lebt sie mit der Rückgewähr nach § 144 Abs. 1 wieder auf.

75 **bb) Aufrechnung.** Wurde eine Aufrechnungslage in anfechtbarer Weise geschaffen, ist die **Aufrechnung** nach § 96 Abs. 1 Nr. 3 „unzulässig" und damit gegenüber der Insolvenzmasse (→ § 129 Rn. 15) ohne weiteres unwirksam. Dies gilt nach der Rechtsprechung des BGH nicht nur für eine nach der Insolvenzeröffnung erklärte Aufrechnung, sondern auch für die vorher erklärte Aufrechnung und die vorinsolvenzliche **Verrechnung** insbesondere im Kontokorrent, die mit Wirkung ab der Insolvenzeröffnung gegenüber das Insolvenzmasse unwirksam sein sollen.[371] Allerdings ist die Rechtsprechung nicht konsistent, weil sie einerseits annimmt, dass der Insolvenzverwalter die ursprüngliche Forderung geltend macht und dem Aufrechnungseinwand mit dem Gegeneinwand der Anfechtbarkeit begegnet;[372] folgerichtig bestand schon bisher kein Zinsanspruch aus § 143 Abs. 1 Satz 2 iVm §§ 819 Abs. 1, 818 Abs. 4, 291 BGB.[373] Der ursprüngliche Anspruch soll jedoch der für § 143 maßgeblichen Verjährung nach § 146 Abs. 1 iVm §§ 195, 199 BGB unterliegen (→ § 146 Rn. 5).[374] Das kann insbesondere den Anfechtungsgegner zusätzlich schlechter stellen, falls die Forderung des Schuldners nach der für den ursprünglichen Anspruch maßgeblichen Regelung früher verjährt wäre.[375] Hat ein Geldinstitut dem späteren Schuldner eine Gutschrift erteilt und diese in anfechtbarer Weise mit eigenen Gegenforderungen verrechnet, führt die erfolgreiche Anfechtung dieser Verrechnung gemäß § 96 Abs. 1 Nr. 3 dazu, dass das Guthaben wiederhergestellt ist;[376] mit der Anfechtungsklage kann die Auszahlung verlangt werden. Der Bereicherungsanspruch des Kredit-

---

366 Vgl. auch HambKommInsO/*Rogge/Leptien* § 143 Rn. 44. Zur Zahlung von Versicherungsprämien zugunsten Dritter vgl. BGH NJW 1998, 312, 315 (insoweit nicht in BGHZ 136, 220).

367 OLG Stuttgart NZI 2002, 112, 113.

368 Vgl. OLG Nürnberg KTS 1967, 170, 171 f.

369 HambKommInsO/*Rogge/Leptien* § 143 Rn. 45; KKInsO/*Mohr* § 143 Rn. 81; *Kilger/K. Schmidt* § 37 KO Anm. 1d.

370 Im Ergebnis ebenso RGZ 43, 83, 84 f.; 59, 195, 196 f.; OLG Celle KTS 1963, 50, 52 f.; *Hassold* S. 218; dagegen will *Jaeger/Henckel* KO § 37 Rn. 54 von vornherein nur Wertersatz gewähren.

371 BGHZ 169, 158 Rn. 11 = NJW 2007, 78; BGH NZI 2007, 582 Rn. 11; NZI 2008, 547 Rn. 8 f.; NJW 2012, 2517 Rn. 10; vgl. OLG Hamm ZInsO 2006, 45 f.; krit. *Gerhardt* KTS 2004, 195, 199 ff.; *Ries* ZInsO 2005, 848, 849; *Zenker* NZI 2006, 16, 18 f.; AGR/*Piekenbrock* § 96 Rn. 27.

372 BGH NZI 2004, 82 f.; NZI 2004, 620 f.; NZI 2005, 499, 500; NZI 2008, 302 Rn. 10; OLG Dresden DZWiR 2001, 470, 471; OLG Frankfurt NZI 2006, 241, 242; Uhlenbruck/*Borries/Hirte* § 143 Rn. 218; *Bork,* FS Ishikawa (2001), S. 31, 33 ff. und in Zahlungsverkehr Rn. 127, 208, 267; *Huber* ZInsO 2009, 566, 567.

373 Vgl. OLG Zweibrücken NZI 2015, 558, 559; aA zuvor LG Kaiserslautern NZI 2014, 457, 458 ff.

374 Vgl. BGHZ 169, 158 Rn. 23 = NJW 2007, 78; BGH NZI 2007, 582 Rn. 12; *Kreft* WuB VI A. § 96 InsO 3.05; *Huber* ZInsO 2009, 566, 568 f.; iErg auch *Ries* ZInsO 2005, 849, 851; *Bitter* WuB VI A. § 96 InsO 5.07.

375 *Peters* KTS 2008, 295, 298 f.; *Drilling* in Anm. KTS 2008, 205, 206 ff.

376 BGHZ 58, 108, 110 ff. = NJW 1972, 633 f.; OLG Köln WM 1979, 1193 f.; vgl. BGHZ 86, 190, 193 ff. = NJW 1983, 887, 888; BGHZ 86, 349, 351 = NJW 1983, 1120, 1121. Das gilt auch, wenn die Gutschrift irrtümlich erteilt, aber nicht (mehr) zu stornieren war. Vgl. BGHZ 87, 246, 250 f. = NJW 1983, 2501, 2502.

instituts stellt nach Maßgabe des § 144 Abs. 1 nur eine Insolvenzforderung dar. Für eine nicht kraft Gesetzes, sondern durch Vereinbarung entstandene Aufrechnungslage gilt, ungeachtet des § 94, nichts Abweichendes.[377] Hat dagegen der spätere Schuldner bei für ihn unanfechtbar entstandener Aufrechnungslage selbst aufgerechnet, ohne dass für den anderen Teil – zB im Hinblick auf §§ 390 Satz 1, 393, 394 BGB – schon eine Aufrechnungslage bestanden hätte, ist die Aufrechnungserklärung selbst anzufechten; die Anfechtungsklage ist auf Erfüllung der aufgerechneten Forderung des Schuldners zu richten.[378]

Eine Aufrechnungslage kann auch dadurch hergestellt werden, dass der spätere Schuldner in 76
seiner wirtschaftlichen Krise mit einem Insolvenzgläubiger einen **gegenseitig** verpflichtenden **Vertrag** schließt. Sogar wenn die darin vereinbarten Leistungen für sich ausgewogen sind, erhält der Gläubiger durch eine Erfüllungshandlung des Schuldners einen werthaltigen Vermögenszuwachs, während er seine vertragliche Gegenleistung durch Verrechnung mit seiner minderwertigen Altforderung zu erbringen vermag. Erst der neue Vertragsschluss verschafft ihm dafür, wirtschaftlich betrachtet, eine Deckung. Nach Insolvenzeröffnung kann die allein benachteiligende Herstellung der Aufrechnungslage als selbständige Rechtswirkung angefochten werden, indem der Insolvenzverwalter den Anspruch des Schuldners aus dem Vertrag geltend macht und den Aufrechnungseinwand des Gläubigers mit dem Gegeneinwand der Anfechtbarkeit abwehrt.[379] Eine unzulässige bloße Teilanfechtung (→ Rn. 30) liegt darin nicht,[380] sondern es handelt sich um getrennt anfechtbare Rechtshandlungen. Die Erwägung, die Beteiligten hätten statt des selbständigen Leistungsaustauschs eine Leistung an Erfüllungs statt vereinbaren können,[381] geht zu Unrecht von einer nur hypothetisch abweichenden statt von der tatsächlich vorliegenden Verursachung aus. Maßgeblich ist die Auslegung (§ 157 BGB) der konkreten Vereinbarung.[382] Ist sie allein auf eine Leistung an Erfüllungs Statt gerichtet, findet ausschließlich die Deckungsanfechtung (nach § 131) gegen die Erfüllungswirkung statt (→ Rn. 72); ein solcher Wille mag insbesondere nahe liegen, wenn der andere Teil eine für ihn branchenfremde Leistung erwirbt, oder wenn der vereinbarte, vom Insolvenzgläubiger zu zahlende Kaufpreis nicht wesentlich höher ist als seine Gegenforderung.[383] Dagegen kann es für einen gewollten Leistungsaustausch nach Art eines „Gelegenheitskaufs" insbesondere sprechen, wenn der Insolvenzgläubiger ein Produkt des Schuldners – möglicherweise sogar verbilligt – erwirbt, dessen Wert den Betrag der aufzurechnenden Gegenforderung erheblich übersteigt, oder wenn beide Teile in derselben Handelsbranche tätig sind. Die weitere Abwicklung dieses Vertrages nach erfolgreicher Anfechtung der Erfüllungsleistung des Partners folgt den hierfür geltenden allgemeinen Regeln – insbesondere §§ 320 ff. BGB –, weil es sich insoweit nicht um eine Anfechtungsfolge iSv § 144 handelt; der Vertragspartner kann seine selbständige ursprüngliche Forderung gegen den Schuldner, die durch die Aufrechnung in anfechtbarer Weise getilgt werden sollte, als fortbestehend zur Insolvenztabelle anmelden. Das Auslegungsrisiko dahin, ob ein selbständiger Vertragsschluss oder eine Leistung an Erfüllungs statt vorliegt, und damit die Gefahr, die Anfechtungsfrist (§ 146 Abs. 1) für das im Einzelfall richtige Rechtsschutzziel zu versäumen, trägt der Insolvenzverwalter; diesem Risiko sollte er im Zweifel durch rechtzeitige Klage mit Haupt- und Hilfsanträgen für die unterschiedlichen Auslegungsmöglichkeiten begegnen. Zusätzlich kann der neu abgeschlossene Vertrag – zB gemäß § 132 – selbst anfechtbar sein, soweit sein eigener Inhalt ebenfalls die Insolvenzgläubiger benachteiligt.[384]

c) Dienst- oder Werkleistungen. Hat der Schuldner Dienst- oder Werkleistungen (§§ 611, 77
631, 675 BGB) aus seinem Vermögen anfechtbar erbracht – zB durch Vornahme von Einbauten in ein Grundstück –, wird eine Rückgewähr in Natur meist nicht möglich sein;[385] dann schuldet der Anfechtungsgegner Wertersatz.[386] Dasselbe gilt nach der Überlassung von Arbeitskräften[387] oder von Sachen zum Gebrauch (→ Rn. 87).

---

377 Vgl. OLG Dresden DZWiR 2001, 470, 471; *Bork,* Zahlungsverkehr Rn. 127; Jaeger/*Henckel* § 130 Rn. 103.
378 *Häsemeyer,* Insolvenzrecht Rn. 19.01a; *von Olshausen* KTS 2001, 45, 47 ff.
379 BGHZ 147, 233, 236 ff. = NJW 2001, 1940, 1941 f.; BGH NZI 2002, 35, 36; NZI 2004, 82 f.; NZI 2004, 376, 377; NZI 2004, 445, 446; NZI 2004, 620 f.; OLG Rostock ZIP 2003, 1903, 1904 ff.; OLG Hamm WM 2003, 2115, 2116 f.; OLG Frankfurt NZI 2006, 241, 242; HKInsO/*Thole* § 129 Rn. 17; KPB/*Lüke* § 96 Rn. 55; Jaeger/*Henckel* § 130 Rn. 98; vgl. BGHZ 145, 245, 255 = NJW 2001, 367, 369.
380 AA noch OLG Köln NJW-RR 1995, 609, 610.
381 So noch BGH WM 1971, 908, 909; NJW 1999, 359 zur KO.
382 BGHZ 147, 233, 237 = NJW 2001, 1940, 1941; vgl. *Eckardt* Anm. LM § 29 KO Nr. 22 Bl. 3.
383 So in den Fällen BGH NJW 1999, 359; OLG Hamburg SeuffA 55 (1900), Nr. 252; OLG Köln NJW-RR 1995, 609, 610; OLG Dresden WiB 1997, 647 f.
384 Vgl. BGHZ 147, 233, 235 f. = NJW 2001, 1940 ff.; Jaeger/*Henckel* § 130 Rn. 99.
385 Vgl. BGHZ 71, 61, 63 = NJW 1978, 1326; BGHZ 129, 336, 344 = NJW 1995, 1966, 1968.
386 KPB/*Jacoby* § 143 Rn. 41; BKInsO/*Haas* § 143 Rn. 54; KKInsO/*Mohr* § 143 Rn. 76.
387 Vgl. BGH NZI 2004, 253, 254 f.

78 **6. Anfechtbare Schuldbegründung oder -verstärkung.** Hatte der spätere Schuldner in anfechtbarer Weise eine Verbindlichkeit gegenüber einem Dritten begründet, kann der Insolvenzverwalter – unabhängig vom Theorienstreit über die Rechtsnatur der Insolvenzanfechtung (→ Vor §§ 129–147 Rn. 12 bis 39) – das Erfüllungsverlangen des Gläubigers unbefristet (§ 146 Abs. 2) mit dem Einwand der Anfechtbarkeit abwehren.[388] Darauf kann er auch einen Widerspruch gegen die Feststellung zur Insolvenztabelle nach § 178 Abs. 1 stützen.[389] Wurde erst durch die anfechtbare Schuldbegründung eine Deckungshandlung kongruent, führt die erfolgreiche Anfechtung ohne weiteres dazu, dass die Deckung als inkongruent iSv § 131 zu behandeln ist.[390] Andererseits berührt jene Anfechtung früher bestellte Sicherheiten insoweit nicht, als diese andere Forderungen aufgrund selbständiger Vereinbarung in kongruenter Weise sichern[391] oder auch gerade das Risiko mangelnder Rechtsbeständigkeit der Hauptschuld mit abdecken sollen. Soweit im Einzelfall ein zusätzliches Interesse besteht, kann der Insolvenzverwalter auch von sich aus eine Feststellungsklage (§ 256 ZPO; → Rn. 164) gegen einen Anfechtungsgegner erheben, um die Unwirksamkeit der Verbindlichkeit feststellen zu lassen. Insbesondere muss der Verwalter aktiv werden, um eine vom Schuldner schon geleistete Erfüllung oder Sicherheit zurückzuerhalten oder eine zur Sicherung eingetragene Vormerkung zu beseitigen.[392] Wurde zur Sicherung von Ansprüchen des anderen Teils aus einem anfechtbaren Vertrag eine Vormerkung in das Grundbuch eingetragen, kann der Insolvenzverwalter aufgrund der Einrede der Anfechtbarkeit deren Löschung verlangen (→ Rn. 50), weil ihr Bestand von den gesicherten Hauptansprüchen abhängt.

79 Hat der Schuldner in anfechtbarer Weise Dienst- oder Werkleistungen aus seinem Vermögen erbracht, ist die Rückgewähr in Natur meist nicht möglich; dann schuldet der Anfechtungsgegner Wertersatz (→ Rn. 126). Dasselbe gilt für die Überlassung von Sachen zum Gebrauch oder von Arbeitskräften.[393] Ist ein Dauernutzungsvertrag (zB Miete oder Pacht) Gegenstand der Anfechtung, hängt die Art der Rückgewähr davon ab, ob die Nutzungsüberlassung selbst oder nur eine zu geringe Vergütung angefochten wird; je nachdem ist Rückgewähr durch Rückgabe des überlassenen Gegenstands selbst (zB Räumung) oder durch Zahlung der angemessenen Nutzungsentschädigung zu leisten.[394] Wurde ein vereinbarter Rangrücktritt in anfechtbarer Weise aufgehoben (→ § 129 Rn. 19), bewirkt die Anfechtung, dass das betroffene Recht nur im früheren Nachrang geltend gemacht werden kann. Übernimmt der Schuldner die Verbindlichkeit eines anderen (§§ 414, 415 BGB) oder tritt er ihr in anfechtbarer Weise bei, hat der bisherige (Allein-)Schuldner die Insolvenzmasse von der Schuld freizustellen.[395]

80 **7. Anfechtbare Unterlassungen.** Ist eine Unterlassung des Schuldners anfechtbar, sind die – insbesondere **materiell-rechtlichen** – Folgen der Unterlassung in der Weise zurückzugewähren, dass sie (negativ) nicht zulasten der Insolvenzmasse und damit zugunsten des Anfechtungsgegners wirken. Der Anfechtungsgegner muss sich daher so behandeln lassen, als hätte der Schuldner die unterbliebene Handlung vorgenommen.[396] Hat es der Schuldner in anfechtbarer Weise unterlassen, die Verjährung zu hemmen, kann der Insolvenzverwalter die der Insolvenzmasse gebührende Leistung geltend machen und die Verjährungseinrede (§ 214 Abs. 1 BGB) unbefristet (§ 146 Abs. 2) mit dem Einwand der Anfechtbarkeit abwehren.[397] Entsprechendes gilt für die verspätete Ausübung eines

---

388 KPB/*Jacoby* § 143 Rn. 25; HKInsO/*Thole* § 143 Rn. 4; KKInsO/*Mohr* § 143 Rn. 69; Uhlenbruck/*Borries/Hirte* § 143 Rn. 194; BKInsO/*Haas* § 143 Rn. 56; Jaeger/*Henckel* § 143 Rn. 37; BeckOK InsO/*Schoon*[12] § 143 Rn. 20.2; AGR/*Gehrlein* § 143 Rn. 14; *G. Paulus* AcP 155 (1956), 277, 327 f.; *Gerhardt,* Gläubigeranfechtung S. 331; *Allgayer,* Rechtsfolgen und Wirkungen der Gläubigeranfechtung Rn. 664 ff.; für eine zusätzliche Aufhebung der Verbindlichkeit *Jauernig/Berger* § 51 Rn. 42.

389 HKInsO/*Thole* § 132 Rn. 6.

390 BGH NJW 1995, 1668, 1671; HambKommInsO/*Rogge/Leptien* § 143 Rn. 40; KPB/*Jacoby* § 143 Rn. 26; BKInsO/*Haas* § 143 Rn. 39; KKInsO/*Mohr* § 143 Rn. 70; BeckOK InsO/*Schoon*[12] § 143 Rn. 20.2; AGR/*Gehrlein* § 143 Rn. 14.

391 Vgl. BGH NJW-RR 1993, 235, 237.

392 Vgl. Jaeger/*Henckel* § 143 Rn. 59.

393 BGH NZI 2004, 253, 254.

394 HambKommInsO/*Rogge/Leptien* § 143 Rn. 40; Jaeger/*Henckel* § 129 Rn. 56 f.; vgl. *Derleder* NZM 2004, 568, 574.

395 So auch KKInsO/*Mohr* § 143 Rn. 71.

396 HKInsO/*Thole* § 143 Rn. 17; K. Schmidt/*Büteröwe* § 143 Rn. 13; Uhlenbruck/*Borries/Hirte* § 143 Rn. 192; Jaeger/*Henckel* § 143 Rn. 73; KPB/*Jacoby* § 143 Rn. 44; BKInsO/*Haas* § 143 Rn. 57; KKInsO/*Mohr* § 143 Rn. 91; BeckOK InsO/*Schoon*[12] § 143 Rn. 20.12; AGR/*Gehrlein* § 143 Rn. 15.

397 BKInsO/*Haas* § 143 Rn. 37; K. Schmidt/*Büteröwe* § 143 Rn. 13; HambKommInsO/*Rogge/Leptien* § 143 Rn. 50; KKInsO/*Mohr* § 143 Rn. 91; BeckOK InsO/*Schoon*[12] § 143 Rn. 20.12; AGR/*Gehrlein* § 143 Rn. 15; vgl. OLG Brandenburg ZInsO 2009, 330, 331; *Mauer,* Anfechtungsprozess Rn. 369.

dem Schuldner zustehenden Anfechtungs- oder Kündigungsrechts oder eines Wechselprotests.[398] Hat dagegen der Anfechtungsgegner infolge der Unterlassung seinerseits ein Recht erlangt – zB Eigentum aufgrund versäumter Unterbrechung einer Ersitzungsfrist –, ist es an den Schuldner zurückzuübertragen.[399]

8. Anfechtbare Prozesshandlungen. a) Erkenntnisverfahren. Die Anfechtung einer Prozesshandlung beseitigt nicht die gerichtliche Entscheidung, die daraufhin erlassen wurde, sondern **begrenzt** nach § 141 Alt. 1 deren **materiell-rechtliche Wirkungen.** Insbesondere darf der Insolvenzverwalter nicht nachträglich eine vom Schuldner versäumte Berufung mit prozessualer Wirkung im Ausgangsverfahren einlegen.[400] Ebenso wenig kann die Versäumung eines Rechtsmittels durch Einlegung des (verspäteten) Rechtsmittels im Ausgangsverfahren „angefochten" werden.[401] Wurde infolge einer anfechtbaren Prozesshandlung, zB einer Säumnis oder eines Anerkenntnisses des Schuldners, ein Recht oder die prozessuale Kostenlast gegen ihn festgestellt, kann der Insolvenzverwalter wie im Falle der anfechtbaren Rechtsübertragung (→ Rn. 46 ff.) oder Schuldbegründung (→ Rn. 78) deren Geltendmachung abwenden.[402] Wurde aus dem Titel in prozessual nicht angreifbarer Weise vollstreckt, kann der Insolvenzverwalter das Anfechtungsrecht nicht ohne weiteres im Wege der Erinnerung (§ 766 ZPO) geltend machen;[403] da die Wirksamkeit des Titels gegenüber der Masse aus materiellrechtlichen Gründen in Zweifel gezogen wird, ist vielmehr die Titelgegenklage analog § 767 ZPO eröffnet.[404] Wurde ein Recht des Schuldners aberkannt, gilt es – wie beim anfechtbaren Erlass des Rechts (→ Rn. 68 ff.) – zugunsten der Insolvenzmasse als fortbestehend. Daran ändert sich auch nichts, wenn verspätetes Vorbringen präkludiert worden ist (§§ 296, 531 ZPO) und der Schuldner dadurch einen Prozess verloren hat. Für die Anfechtung kommt es nicht darauf an, ob die Beteiligten über die prozessuale Ausgangsentscheidung verfügen können, sondern nur, dass dies für deren materiellrechtliche Folgen zutrifft. Deshalb ist grundsätzlich nicht das frühere Erkenntnisverfahren mit neuem, nunmehr vom Gericht zuzulassenden Parteivortrag des Insolvenzverwalters fortzusetzen.[405] Vielmehr ist ggf. in einem späteren, selbständigen Anfechtungsrechtsstreit darüber zu befinden, ob die Säumnis des Schuldners anfechtbar war und den Rechtsverlust verursacht hat. Dies entspricht der Rechtslage bei Schadensersatzforderungen gegen Prozessbevollmächtigte, die verspäteten Vortrag verschuldet haben sollen.[406] Hält man es für möglich, dass der Insolvenzverwalter den Abschluss einer Schiedsvereinbarung durch den Schuldner, an die er grundsätzlich gebunden ist (vgl. § 401 BGB),[407] als gläubigerbenachteiligend (§ 129 Abs. 1) anfechten kann,[408] kann er im Schiedsverfahren geltend machen, dass die Vereinbarung für die Insolvenzmasse unverbindlich ist. 81

b) Zwangsvollstreckungen. Hat ein **Insolvenzgläubiger** durch eine anfechtbare Pfändungsmaßnahme (vgl. § 141 Alt. 2) eine Sicherung erlangt, hat er sie wie ein anfechtbar erworbenes Pfandrecht (→ Rn. 64 bis 66) zurückzugewähren. Um die Verstrickungswirkung der Pfändung zu beseitigen, hat er auf das Pfändungspfandrecht entsprechend § 843 ZPO zu verzichten; dessen materiellrechtliche Wirkungen darf er nicht ausüben.[409] Um dies zu erzwingen, dürften – jedenfalls seitdem 82

---

398 FKInsO/*Dauernheim* § 143 Rn. 14; Jaeger/*Henckel* § 143 Rn. 73; vgl. BKInsO/*Haas* § 143 Rn. 58. Drittwirkung gegenüber weiteren Wechselverpflichteten kann die Anfechtung aber nur unter den Voraussetzungen des § 145 erlangen.

399 HKInsO/*Thole* § 143 Rn. 17; Uhlenbruck/*Borries/Hirte* § 143 Rn. 192; FKInsO/*Dauernheim* § 143 Rn. 14; Jaeger/*Henckel* § 143 Rn. 73; BKInsO/*Haas* § 143 Rn. 58; KKInsO/*Mohr* § 143 Rn. 92; AGR/*Gehrlein* § 143 Rn. 15.

400 FKInsO/*Dauernheim* § 143 Rn. 15; Jaeger/*Henckel* § 129 Rn. 28 f.

401 Vgl. OLG Jena OLG-NL 2004, 59, 60; BKInsO/*Haas* § 143 Rn. 62; FKInsO/*Dauernheim* § 143 Rn. 15.

402 Jaeger/*Henckel* § 129 Rn. 28, § 130 Rn. 14; K. Schmidt/*Büteröwe* § 143 Rn. 14; *von Campe,* Insolvenzanfechtung in Deutschland und Frankreich S. 291; vgl. Uhlenbruck/*Borries/Hirte* § 143 Rn. 233; HambKomm-InsO/*Rogge/Leptien* § 143 Rn. 51; aA *Rutkowsky,* Rechtsnatur und Wirkungsweise der Gläubigeranfechtung (1969), S. 197, der stets nur einen Wertersatzanspruch annimmt.

403 AA BGHZ 128, 196, 200 f. = NJW 1995, 1090, 1091; MüKoInsO/*Kirchhof* → 3. Aufl. § 143 Rn. 56; HKInsO/*Kreft*[6] § 133 Rn. 6 aE; K. Schmidt/*Büteröwe* § 143 Rn. 15.

404 So nunmehr auch HKInsO/*Thole* § 133 Rn. 9.

405 BKInsO/*Haas* § 143 Rn. 63; KPB/*Jacoby* § 143 Rn. 46; aA 2 *Kühnemund* KTS 1999, 25, 36 ff.; *Allgayer,* Rechtsfolgen und Wirkungen der Gläubigeranfechtung Rn. 601 ff., 687 ff. Ausnahmen sind allenfalls aus Vereinfachungsgründen denkbar, wenn der Prozess noch anhängug ist und der Insolvenzverwalter die nötige materiell-rechtliche Klärung dort herbeiführen kann.

406 BGHZ 133, 110, 111 f. = NJW 1996, 2501 f.; BGH VersR 1969, 849 f.; NJW 1988, 3013, 3015.

407 Vgl. dazu etwa RGZ 137, 109, 111; BGHZ 24, 15, 18 = NJW 1957, 791; BGH KTS 1962, 234; MüKoZPO/*Münch* § 1029 Rn. 50.

408 Dafür BGH ZInsO 2004, 88; krit. *Berger* ZInsO 2009, 1033, 1036.

409 BGH ZIP 1984, 978, 979; AG München KTS 1970, 238, 239; HambKommInsO/*Rogge/Leptien* § 143 Rn. 52; BKInsO/*Haas* § 143 Rn. 64; vgl. LG Köln ZIP 2006, 1059, 1060.

die Aussonderungskraft des Anfechtungsrechts in der Insolvenz des Schuldners anerkannt ist (→ Rn. 36) – gegen eine funktional entsprechende Klage des Insolvenzverwalters aus § 771 ZPO gegen Maßnahmen der Einzelzwangsvollstreckung keine Bedenken bestehen.[410] Wurde ein Vollstreckungserlös bereits an den pfändenden Gläubiger ausgekehrt, hat dieser ihn einschließlich der vom Vollstreckungsorgan einbehaltener Kosten an den Insolvenzverwalter zurückzuzahlen.[411] Ist eine gepfändete Forderung eingezogen und der Betrag hinterlegt worden, richtet sich der Rückgewähranspruch auf Einwilligung in die Auszahlung des hinterlegten Betrages.[412] Blieb dagegen eine Pfandsache im Besitz des Schuldners, ist die Abwehr der Vollstreckungswirkungen unbefristet möglich (§ 146 Abs. 2).[413] Die für sich nicht mehr angreifbare Vorpfändung (§ 845 ZPO) tritt ohne weiteres außer Kraft, wenn die nachfolgende Hauptpfändung erfolgreich angefochten wird (→ § 131 Rn. 28). Dagegen muss eine Anschlusspfändung iSv § 826 ZPO getrennt angefochten werden, weil sie dem pfändenden Gläubiger ein selbständiges Pfandrecht verschafft, sofern die erste Verstrickung formell wirksam war; die erleichterte Form des § 826 ZPO dient allein den Interessen des Vollstreckungsorgans, kann aber nicht dazu führen, dass die Rechtsposition der nachpfändenden Gläubiger auch von der Unanfechtbarkeit des ersten Pfändungspfandrechts abhängig gemacht wird.[414] Wird eine Pfändung unabhängig von der Anfechtung – zB wegen einer Drittintervention nach § 771 ZPO – aufgehoben, erledigt sich die Anfechtung mangels Gläubigerbenachteiligung.[415] Entsprechendes gilt, soweit der Schuldner unter Missachtung der Verstrickung gepfändete Gegenstände anderweitig lastenfrei veräußert.[416] Ein Erwerb durch Zwangsversteigerung schließt nicht den Rückgewähranspruch gegen den Ersteher aus, der schon durch einen früheren anfechtbaren Erwerb derselben Sache begründet worden war.[417]

83 **9. Verzug mit der Rückgewähr.** Gerät der Anfechtungsgegner mit der Rückgewähr in Verzug (→ Rn. 16), hat er nach § 280 Abs. 2 BGB der Insolvenzmasse den Verzögerungsschaden zu ersetzen.[418] Verzug tritt allerdings nur ein, wenn die Voraussetzungen des § 286 Abs. 1 oder 2 BGB gerade für den Rückgewähranspruch (§ 143 Abs. 1 Satz 1) verwirklicht sind; eine „Entgeltforderung" iSv § 286 Abs. 2 BGB ist dieser Anspruch nicht (→ Rn. 89). Die Verweisung in § 143 Abs. 1 Satz 2 (auch) auf § 818 Abs. 4 BGB bestimmt nur den Umfang der Haftung auf Wertersatz (→ Rn. 101), ersetzt aber nicht zugleich die Verzugsvoraussetzungen für die vorrangige Rückgewährpflicht nach § 143 Abs. 1 Satz 1.[419] Der Inhalt einer verzugsbedingten Schadensersatzpflicht wurde nach der bis zum 4. April 2017 geltenden Rechtslage idR durch den Anspruch auf Herausgabe der gezogener **Nutzungen** überlagert, der früher eingriff, aber seinem Umfang nach nicht so weit reicht (→ Rn. 85 bis 89). Seit der Einführung von § 143 Abs. 1 Satz 3 (→ Rn. 3, 133) kommt dem Verzug dagegen eine wesentlich größere praktische Bedeutung zu. Bei anderen als Geldschulden ist der Verzug mit Blick auf die Haftungsverschärfung nach § 287 Satz 2 BGB relevant (→ Rn. 106 aE), die in § 990 Abs. 2 BGB vorbehalten bleibt. Zu ersetzen ist dann derjenige Vermögensvorteil, den die Insolvenzmasse bei einer rechtzeitigen Rückgewähr erlangt hätte, oder der Nachteil, den sie vermieden hätte. Erfasst wird also insbesondere der **Vorenthaltungsschaden,** dh derjenige Vermögensnachteil, der – über den Substanzwert sowie etwa entgangene Nutzungen hinaus – dadurch entsteht, dass der Gegenstand im Schuldnervermögen gefehlt hat; dieser ist nur aufgrund Verzugs zu ersetzen.[420] Dies gilt grundsätzlich

---

410 Jaeger/*Henckel* § 143 Rn. 75; KPB/*Jacoby* § 143 Rn. 47; BKInsO/*Haas* § 143 Rn. 64; aA HKInsO/*Thole* § 143 Rn. 16 im Anschluss an überholte Rechtsprechung des BGH.

411 BGH WM 1969, 374, 376; HambKommInsO/*Rogge/Leptien* § 143 Rn. 52; KPB/*Jacoby* § 143 Rn. 47; *Rebmann,* Anfechtung von Zwangsvollstreckungsmaßnahmen (2003), S. 115 f.; vgl. BGH NZI 2002, 34, 35. Hat der pfändende Gläubiger die Erfüllung durch Aufrechnung mit einer eigenen, gegen den Drittschuldner gerichteten Forderung bewirkt, gilt die gepfändete Forderung entsprechend § 96 Abs. 1 Nr. 3 InsO ohne weiteres als fortbestehend; sie muss zugunsten der Insolvenzmasse freigegeben werden (dagegen aufgrund der schuldrechtlichen Theorie für Wertersatz RGZ 58, 105, 107).

412 BGH ZIP 1984, 978, 979; NJW 1995, 1668, 1671 unter C; LAG Düsseldorf KTS 1988, 163, 164 f.; Jaeger/*Henckel* § 143 Rn. 47; zu § 7 AnfG aF auch RGZ 91, 367, 371; demgegenüber bietet eine Klage aus § 771 ZPO – entgegen *Allgayer,* Rechtsfolgen und Wirkungen der Gläubigeranfechtung Rn. 659 – keine Vorteile.

413 Vgl. BGHZ 83, 158, 159 f. = NJW 1982, 2074, 2075 f.

414 Jaeger/*Henckel* § 131 Rn. 60; *Rebmann,* Anfechtung von Zwangsvollstreckungsmaßnahmen, 2003, S. 82 ff.

415 Vgl. BGH NJW 1992, 624, 627; MüKoZPO/*K. Schmidt/Brinkmann* § 771 Rn. 64.

416 Vgl. RG LZ 1908, 388, 390.

417 Zum AnfG BGHZ 159, 397, 400 f. = NJW 2004, 2900 f.

418 OLG Stuttgart ZIP 2005, 1837, 1841.

419 AA *Bork,* Insolvenzrecht Rn. 226 Fn. 60.

420 RG LZ 1916, 402 f.; Jaeger/*Henckel* § 143 Rn. 112; vgl. BGH WM 1968, 407, 409; RGZ 24, 141, 145; Uhlenbruck/*Borries/Hirte* § 143 Rn. 45; BKInsO/*Haas* § 143 Rn. 81. Davon ist der Fall zu unterscheiden, dass der Anfechtungsgegner selbst das anfechtbar Erlangte entwertet, vgl. Rn. 76 und BGH NJW 1972, 719, 720. Gegen jede Erstattungsfähigkeit *Bredemeyer,* Die Insolvenzanfechtung im systematischen Kontext zivilrechtlicher Rückgewährhaftung (2010), S. 151.

auch, wenn bei einer früheren Verwertung ein höherer Erlös zu erzielen gewesen wäre.[421] Bei anfechtbaren Geldzahlungen sind auch die Schäden zu erstzen, die die tatsächlich gezogenen oder zu ziehenden Nutzungen übersteigen.[422] § 143 Abs. 1 Satz 3 schließt nur einen über den Schadensersatz hinausgehenden Anspruch auf Herausgabe von Nutzungen aus, beschränkt aber nicht – umgekehrt – den Schadensersatzanspruch auf die gezogenen oder zu ziehenden Nutzungen (→ Rn. 89).

V. Ergänzungen und Anpassungen der Rückgewährpflicht (Abs. 1 Satz 2)

84 § 143 Abs. 1 Satz 2 setzt dem Grunde nach eine Rückgewährpflicht voraus und **verweist** nur **wegen** ihrer **Rechtsfolgen** auf die bereicherungsrechtlichen Vorschriften in § 818 Abs. 1, 2 BGB (→ Rn. 15). Anstelle von § 818 Abs. 3, der nur nach Maßgabe von § 143 Abs. 2 Satz 2 anwendbar ist (→ Rn. 42, 141), wird über §§ 819 Abs. 1, 818 Abs. 4, 292 BGB auf §§ 987 ff. BGB verwiesen. Einschlägig sind daher die Regelungen zur Herausgabe der Nutzungen (§ 987 BGB), zum Schadensersatz (§§ 989, 990 BGB) und zu den Gegenansprüchen des Besitzers (§§ 994 Abs. 2, 995, 997 bis 1003 BGB).

85 **1. Nutzungen.** Dass im Falle der Vindikation auch die nach Rechtshängigkeit gezogenen Nutzungen herauszugeben sind (§ 987 Abs. 1 BGB), ist seit *Gaius* anerkannt (*restitutio cum onmi causa*).[423] Wegen der haftungsrechtlichen Unwirksamkeit des Vermögenserwerbs gilt dies grundsätzlich auch für den Anfechtungsgegner. Nutzungen sind Sach- und Rechtsfrüchte sowie Gebrauchsvorteile (§§ 100, 99 BGB). Herauszugeben hat der Anfechtungsgegner in Natur schon nach § 818 Abs. 1 BGB diejenigen Nutzungen, die er tatsächlich **gezogen** hat.[424] Damit hat der Anfechtungsgegner, der eine Kuh anfechtbar erworben hat, auch das Kalb, dessen Eigentümer er nach § 953 BGB geworden ist, an den Insolenzverwalter zu übereignen.[425] Gezogene Nutzungen sind (anteilig) auch zurückzugewähren, wenn sie nur dadurch erzielt werden konnten, dass der Anfechtungsgegner eine ihm gehörige Sache mitbenutzt hat, und zwar sogar dann, wenn der Anfechtungsgegenstand allein für den Schuldner wertlos gewesen wäre.[426] Bei Mieten stellt nur der Überschuss zwischen den Brutto-Einnahmen und den Erhaltungskosten nebst nötigem Verwaltungsaufwand die Nutzungen dar.[427] Nach der bis zum 4. April 2017 geltenden Rechtslage musste der Staat als Steuergläubiger auf die von ihm erlangten Geldzahlungen Zinserträge als gezogene Nutzungen von solchen Einnahmeüberschüssen herauszugeben, die im Haushaltsvollzug ausnahmsweise zeitweilig nicht benötigt wurden, ferner ersparte Zinsen für Kassenverstärkungskredite oder andere staatliche Refinanzierungsinstrumente, die infolge des Eingangs der – später wirksam angefochtenen – Steuerzahlungen zurückgeführt oder vermieden wurden.[428] IÜ war davon auszugehen, dass der Staat Steuereinnahmen idR „nicht gewinnbringend anlegt, sondern über die ihm zur Verfügung stehenden Mittel im Interesse der Allgemeinheit verfügt."[429]

86 Weiter hat der Anfechtungsgegner Wertersatz zu leisten für solche Nutzungen, die er vom Zeitpunkt des Erwerbs an (→ Rn. 89, 101) **schuldhaft nicht gezogen** hat (§ 987 Abs. 2 BGB; → Rn. 131). Auf die hypothetische Frage, ob auch der Schuldner selbst Nutzungen gezogen hätte, kommt es jedenfalls aufgrund der ausdrücklichen Regelung in § 143 Abs. 1 Satz 2 nicht mehr entscheidend an.[430] Das ist sachlich gerechtfertigt, weil für die Zeit nach der anfechtbaren Entäuße-

---

421 Jaeger/*Henckel* § 143 Rn. 134, S. 529; vgl. OLG Celle ZIP 1999, 848 f. mAnm v. *Huber* EWiR 2000, 303, 304 (Erlöschen von Patenten).

422 § 288 Abs. 1 Satz 2, Abs. 3 und 4 BGB; vgl. BGH NJW-RR 2003, 697, 699; OLG Hamm ZInsO 2002, 195, 197; OLG Stuttgart ZIP 2005, 1837, 1841; HKInsO/*Thole* § 143 Rn. 18.

423 Vgl. D.6.1.20 (*Gaius 7 ad edictum provenciale*) und dazu *Wieling,* Sachenrecht, Bd. 1, § 12 II 1a (S. 555).

424 *Eckardt* FS Gerhardt (2004), 145, 170 ff., 181 ff.; BeckOK InsO/*Schoon*[12] § 143 Rn. 22.

425 Für Aussonderungskraft von Nutzungsherausgabeansprüchen, soweit diese sich auf im Vermögen des Anfechtungsgegners noch gegenständlich vorhandene Nutzungen beziehen, *Bartels* S. 214 f.

426 RG JW 1937, 3243 Nr. 39; HambKommInsO/*Rogge/Leptien* § 143 Rn. 60; BKInsO/*Haas* § 143 Rn. 76.

427 Vgl. BGH WM 1962, 1316, 1318; NJW 1996, 3147, 3150.

428 BGH NZI 2012, 665 Rn. 9 ff., auch zu einer möglichen Schätzung nach § 286 ZPO, gegen OLG Hamm NZI 2011, 689, 690; allgemein verneinend LG Dresden ZInsO 2011, 1986, 1987; dem BGH folgend OLG Hamburg ZInsO 2014, 891, 895.

429 So BGHZ 158, 1, 9 = NJW 2004, 1315, 1317 im Anschluss an BVerwGE 107, 304, 308 = NJW 1999, 1201, 1202 und BVerwG NVwZ 2003, 1385, 1387.

430 OLG Stuttgart ZIP 2005, 1837, 1841; HKInsO/*Thole* § 143 Rn. 18; Uhlenbruck/*Borries/Hirte* § 143 Rn. 43; RSZ/*Zeuner* § 143 Rn. 8, 16; KPB/*Jacoby* § 143 Rn. 51; BKInsO/*Haas* § 143 Rn. 74; HambKommInsO/*Rogge/Leptien* § 143 Rn. 60; *Thole,* Gläubigerschutz S. 536; *Eckardt* FS Gerhardt (2004), 145, 182 ff.; *Breutigam/Tanz* ZIP 1998, 717, 723 f.; wohl auch BeckOK InsO/*Schoon*[12] § 143 Rn. 23; abgrenzend BGH NZI 2005, 679; aA Jaeger/*Henckel* § 143 Rn. 136; FKInsO/*Dauernheim* § 143 Rn. 28; Nerlich/Römermann/*Nerlich* § 143 Rn. 13; *Bredemeyer,* Die Insolvenzanfechtung im systematischen Kontext zivilrechtlicher Rückgewährhaftung (2010), S. 149; vgl. BGH NZI 2005, 679; RG JW 1931, 2110, 2111.

rung des Gegenstands durch den (späteren) Schuldner im Interesse seiner Gläubiger der objektive Maßstab einer ordnungsmäßigen Wirtschaft anzulegen ist; die Möglichkeit des Schuldners zu höchstpersönlicher Verwaltung wurde mit der Entäußerung gezielt aufgehoben. Eine unberechtigte Bereicherung der Insolvenzmasse liegt in der Anwendung eines objektiven – statt eines unsicheren subjektiven – Bemessungsmaßstabs nach der bezeichneten zeitlichen Zäsur nicht. Der Staat handelte aber nicht schuldhaft, wenn er empfangene Steuerzahlungen zur Deckung laufender Ausgaben verbraucht, also keine Nutzungen daraus zieht.[431]

87 § 143 Abs. 1 Satz 2 gilt nicht unmittelbar für den Fall, dass der Schuldner von vornherein dem Anfechtungsgegner in anfechtbarer Weise nur die Nutzungen eines Gegenstandes überlassen hatte, insbesondere durch einen günstigen Miet- oder Darlehensvertrag oder die Einräumung eines Nießbrauchs oder Wohnrechts bzw. einer Vorerbschaft (§ 2115 BGB). In diesen Fällen richtet sich schon die Rückgewährpflicht aus § 143 Abs. 1 Satz 1 unmittelbar nur auf die Nutzungen[432] und ggf. den Besitz. Die geschuldete Rückgewähr der Nutzungen in Natur ist aber entsprechend § 143 Abs. 1 Satz 2 abzuwickeln (→ Rn. 117).

88 Zurückzugewähren sind auch die Nutzungen von **Rechten,** die zwar dem Bestand nach nicht übertragbar, aber durch entgeltliche Überlassung – zB Verpachtung – nutzbar zu machen sind. Enthält ein anfechtbar erworbenes Stammrecht ein Bezugsrecht, erstreckt sich die Rückgewährpflicht auf die jungen Mitgliedschaftsrechte, unabhängig davon, ob sie vom Schuldner bezahlt wurden.[433]

89 Wurde **Geld** anfechtbar weggegeben, umfasste der Rückgewähranspruch bis zum **4. April 2017** auch die Zahlung von Zinsen als Nutzungen bereits von der Vornahme der angefochtenen Rechtshandlung an (§§ 990 Abs. 1, 987 BGB).[434] Herauszugeben waren die vom Anfechtungsgegner tatsächlich erwirtschafteten oder die anderweitig ersparten Zinsen[435] in voller Höhe (§ 987 Abs. 1 BGB). Darüber hinaus waren die schuldhaft nicht erwirtschafteten Zinsen herauszugeben (§ 987 Abs. 2 BGB).[436] Ob der Schuldner das Geld in der Zeit nach der Weggabe mutmaßlich nutzbringend verwendet hätte, war dagegen – anders als früher nach § 37 Abs. 1 KO[437] – unerheblich. Ausgangspunkt bei der Bestimmung dieses Anspruchs muss sein, dass die ertragsgünstige Nutzung von Geld grundsätzlich den Regeln einer ordnungsmäßigen Wirtschaft entspricht.[438] Allerdings erscheint angesichts der Zinslage bis 2017 (und darüber hinaus) schon die Annahme eines Verschuldens iSv § 280 Abs. 1 Satz 2 BGB zweifelhaft, wenn Geld auf unverzinslichen Konten angelegt wird. Darüber hinaus kann keinesfalls ein Zinssatz von 4% in Anlehnung an § 246 BGB und ohne Rücksicht auf die Kapitalmarktsituation zugrundegelegt werden. Dass der BGH zunächst sogar Prozesszinsen „vom Zeitpunkt der Vornahme der Rechtshandlung an" zugesprochen hat,[439] war daher schon immer falsch. Richtigerweise war § 291 BGB ab Fälligkeit und damit ab Insolvenzeröffnung (→ Rn. 14) anwendbar, so dass der Zinssatz fünf Prozentpunkte über dem Basiszinssatz (§ 247 BGB) betrug (§ 288 Abs. 1 Satz 2 BGB).[440] Der erhöhte Zinssatz von acht Prozentpunk-

---

431 BGH NZI 2012, 665 Rn. 7.

432 RGZ 80, 1, 7 f.; vgl. BGH NJW 1989, 1037, 1038 unter III; Beschl. v. 30.9.2010 – IX ZR 87/10 Rn. 2; RG JW 1899, 540 Nr. 29 aE; OLG Braunschweig OLGRspr. 25 (1912), 328, 329; HambKommInsO/*Rogge/Leptien* § 143 Rn. 62; Jaeger/*Henckel* § 129 Rn. 55–57, § 143 Rn. 142; Uhlenbruck/*Borries/Hirte* § 143 Rn. 44 zum alten Recht.

433 BGH WM 1976, 622, 624 unter V; vgl. Jaeger/*Henckel* § 143 Rn. 142.

434 Vgl. BGHZ 171, 38 Rn. 21 ff. = NZI 2007, 230; LG Wuppertal ZInsO 2002, 337, 339; LG Köln ZInsO 2006, 165, 166; HKInsO/*Thole* § 129 Rn. 82, § 143 Rn. 18; HambKommInsO/*Rogge/Leptien* (6. Auflage) § 143 Rn. 49; BKInsO/*Haas* § 143 Rn. 74 f.; vgl. *Thole,* Gläubigerschutz S. 539; aA OLG Karlsruhe ZInsO 2004, 868, 870 f.; OLG Hamm NZI 2006, 642 f.; ZIP 2007, 240, 243; LG Berlin ZInsO 2006, 722, 724. Zu Ausnahmen für den Staat als Steuergläubiger vgl. BGH NZI 2012, 665 Rn. 6.

435 Vgl. BGH NZI 2012, 665 Rn. 9.

436 Vgl. BGH NZI 2005, 679 (obiter); BGHZ 171, 38 Rn. 23 = NZI 2007, 230.

437 Vgl. dazu BGH NZI 2005, 679.

438 Zu diesem Kriterium vgl. § 987 Abs. 2 BGB; BGH WM 1955, 1468, 1471 aE; RG JW 1889, 109 Nr. 13; OLG Stuttgart ZIP 2005, 1837, 1841; HKInsO/*Thole* § 143 Rn. 18; aA KPB/*Jacoby* § 143 Rn. 49, der – im Anschluss an *Bork* ZIP 2008, 1041, 1047 – zu Unrecht § 291 BGB als ausschließliche Norm ansieht.

439 So BGHZ 167, 11 Rn. 20 = NJW 2006, 1870.

440 BGHZ 171, 38 Rn. 11 ff. = NZI 2007, 230, abgrenzend gegenüber BGHZ 166, 215 Rn. 31 = NJW 2006, 1873; BGHZ 179, 137 Rn. 23 = NJW 2009, 363; BGH, Urt. v. 25.6.2009 – IX ZR 157/08 Rn. 15; NJW 2016, 403 Rn. 14; NZI 2018, 562 Rn. 32; BAG NJW 2011, 473 Rn. 32; OLG Karlsruhe ZInsO 2004, 868, 869 f.; OLG Hamburg ZInsO 2006, 877, 878; OLG Hamm NZI 2006, 642 f.; ZIP 2007, 240, 243; OLG Köln ZIP 2007, 1959, 1960; OLG Hamburg ZIP 2016, 2080, 2081; *G. Fischer* KTS 2007, 267, 280; Uhlenbruck/*Borries/Hirte* § 143 Rn. 46; Nerlich/Römermann/*Nerlich* § 143 Rn. 13; vgl. FKInsO/*Dauernheim* § 143 Rn. 28 aE; für Anwendung von § 246 BGB (4% Zinsen) dagegen *Bredemeyer,* Die Insolvenzanfechtung im systematischen Kontext zivilrechtlicher Rückgewährhaftung (2010), S. 150 f.; MüKoInsO/*Kirchhof* → 3. Aufl. § 143 Rn. 63 wollte dagegen als Fälligkeitszeitpunkt „wegen des schuldnerschützenden Zwecks der Regelung nicht schon die – für den Anfechtungsgegner nicht ohne Weiteres zeitnah erkennbare – Insolvenzeröffnung […], sondern erst das (sei es auch formlose) Geltendmachen des Anfechtungsrechts" ansehen.

ten über dem Basissatz konnte dagegen nicht gefordert werden, weil es sich bei § 143 Abs. 1 nicht um eine „Entgeltforderung" iSv § 288 Abs. 2 BGB handelt.[441] Seit dem **5. April 2017** ist eine Geldschuld dagegen immer erst bei Verzug oder Rechtshängigkeit des Rückgewähranspruchs zu verzinsen (§ 143 Abs. 1 Satz 3 (→ Rn. 133). Zinseszinsen wurden schon bisher entsprechend § 289 BGB nicht geschuldet.[442] Diese Pflicht, angemessene Nutzungen herauszugeben, ist von der Zinsschuld bei Rückgewähr von Geld (→ Rn. 118) oder als Verzugsfolge (→ Rn. 83, 132) zu unterscheiden.

2. Verwendungen des Anfechtungsgegners. Der Anfechtungsgegner kann aufgrund der Verweisung (auch) auf § 994 Abs. 2 BGB (→ Rn. 84) Ersatz seiner notwendigen Verwendungen nach den Regelungen über die Geschäftsführung ohne Auftrag (§ 683 BGB) verlangen (→ Rn. 92 ff.). Diesen stehen die Lasten einer überlassenen Sache – zB Hypothekenzinsen oder Grundsteuern (vgl. § 1047 BGB) – uneingeschränkt gleich (§ 995 BGB), weil dem Anfechtungsgegner keine Nutzungen verbleiben (→ Rn. 85). Wegen nützlicher Verwendungen kann der Anfechtungsgegner ein Wegnahmerecht nach Maßgabe des § 997 BGB ausüben; iÜ ist nur die der Insolvenzmasse verbliebene Bereicherung zu ersetzen (→ Rn. 95). 90

Soweit danach Ansprüche des Anfechtungsgegners bestehen, begründen sie **Masseverbindlichkeiten** nach § 55 Abs. 1 Nr. 3;[443] dieser Rang gilt auch für den Verwendungsersatzanspruch, weil er auf Handlungen des Anfechtungsgegners, nicht auf solchen des Insolvenzverwalters (§ 55 Abs. 1 Nr. 1) beruht. Die Ersatzpflicht ist aus der Insolvenzmasse ohne Rücksicht auf § 144 Abs. 2 – bis zur Grenze der §§ 207 ff. – zu erfüllen, weil sie nicht eine „Gegenleistung" im Sinne dieser Vorschriften darstellt. Wegen eines solchen Anspruchs kann dem Anfechtungsgegner ein Zurückbehaltungsrecht nach Maßgabe der §§ 273 Abs. 2, 1000 BGB – mit Absonderungskraft (§ 51 Nr. 2) – zustehen;[444] bei Gleichartigkeit beider Leistungen kommt auch eine Aufrechnung in Betracht.[445] Nach Verwendungen auf ein Grundstück kann allerdings der Insolvenzverwalter uneingeschränkt Duldung der Zwangsversteigerung verlangen;[446] die Verwendungen sind dann erst bei der Erteilung des Erlöses zu berücksichtigen.[447] Die Insolvenzmasse schuldet den Aufwendungsersatz ihrerseits entsprechend § 1001 BGB, sobald sie die anfechtbar weggegebene Sache zurückerhält.[448] Die sechsmonatige Ausschlussfrist des § 1002 BGB für Verwendungsersatzansprüche erscheint ebenfalls für das anfechtungsrechtliche Rückgewährverhältnis sachgerecht, hingegen das Befriedigungsrecht des Anfechtungsgegners aus § 1003 BGB allenfalls dann, wenn der Insolvenzverwalter die Anfechtung geltend gemacht und der Anfechtungsgegner seine Rückgewährpflicht dem Grunde nach anerkannt hat. Zwischenzeitliche Werterhöhungen des anfechtbar erlangten Gegenstandes selbst, die nicht auf Verwendungen des Anfechtungsgegners beruhen, sind nicht aus der Insolvenzmasse zu erstatten.[449] Der Anspruch auf Verwendungsersatz besteht entsprechend § 393 BGB nicht, wenn die anfechtbare Handlung zugleich eine vorsätzliche unerlaubte Handlung darstellte.[450] 91

a) Notwendige Verwendungen. Der Ersatz notwendiger Verwendungen für den einem unredlichen Besitzer gleichgestellten Anfechtungsgegner richtet sich nach § 994 Abs. 2 BGB und damit in erster Linie nach § 683 BGB. Vollen Ersatz seiner Aufwendungen (§ 670 BGB) kann der Anfechtungsgegner danach grundsätzlich nur verlangen, wenn die Vornahme der notwendigen Verwendung dem wirklichen oder mutmaßlichen **Willen** „des Geschäftsherrn" entsprach. Als solcher ist nicht der Schuldner anzusehen, der die Sache (anfechtbar) weggegeben hatte und von sich aus nicht zurückerlangen könnte. Geschäftsherr in diesem Sinne ist vielmehr nach Erlass eines 92

---

441 Vgl. BGH NZI 2018, 562 Rn. 33; OLG München ZInsO 2004, 1040, 1044; KPB/*Jacoby* § 143 Rn. 49; BKInsO/*Haas* § 143 Rn. 73; BT-Drs. 18/7054, S. 21.

442 BGHZ 171, 38 Rn. 24 = NZI 2007, 230; OLG Karlsruhe ZIP 2004, 2064, 2066 f.; BKInsO/*Haas* § 143 Rn. 78.

443 So Uhlenbruck/*Borries/Hirte* § 143 Rn. 52 zum alten Recht; HambKommInsO/*Rogge/Leptien* § 143 Rn. 63; BKInsO/*Haas* § 143 Rn. 90.

444 BGHZ 131, 189, 199 f. = NJW 1996, 461, 463 f.; BAGE 20, 11, 23 = NJW 1967, 2425; HambKommInsO/*Rogge* § 143 Rn. 51; K. Schmidt/*Büteröwe* § 143 Rn. 26; FKInsO/*Dauernheim* § 143 Rn. 30; *Hess* InsO § 143 Rn. 78.

445 BGH NJW 1984, 2890, 2892 f.; NJW 1991, 2144, 2146 unter III 3; RG JW 1896, 249, Nr. 18; KPB/*Jacoby* § 143 Rn. 52.

446 Jaeger/*Henckel* § 143 Rn. 150; vgl. RG HRR 1929 Nr. 655 zum AnfG.

447 BGH ZIP 1984, 753, 756; KPB/*Jacoby* § 143 Rn. 52.

448 HambKommInsO/*Rogge/Leptien* § 143 Rn. 65; Jaeger/*Henckel* § 143 Rn. 149; für eine Anwendbarkeit der §§ 1000 bis 1003 BGB auch FKInsO/*Dauernheim* § 143 Rn. 30.

449 BGH NJW 1996, 3341, 3342; Nerlich/Römermann/*Nerlich* § 143 Rn. 20; HambKommInsO/*Rogge/Leptien* § 143 Rn. 66.

450 Jaeger/*Henckel* § 143 Rn. 149; vgl. BGH LM § 393 BGB Nr. 1.

allgemeinen Verfügungsverbots (§ 21 Abs. 2 Nr. 2) oder nach Verfahrenseröffnung der (vorläufige) Insolvenzverwalter. Für die frühere Zeit kann allein objektivierend auf einen mutmaßlichen Willen abgestellt werden;[451] dieser ist am wohl verstandenen Interesse der Gesamtheit der Insolvenzgläubiger auszurichten, denen die Anfechtung dient (→ Rn. 5). Oft wird die Vornahme notwendiger Verwendungen bis zum Zeitpunkt der voraussichtlichen Verwertung des anfechtbar übertragenen Gegenstands durch den Insolvenzverwalter dessen mutmaßlichem Willen sowie dem der Insolvenzgläubiger entsprechen, weil der bestimmungsgemäße Erhalt des Anfechtungsgegenstands auch ihnen einen höheren Erlös sichert. Auf den Willen kommt es nicht an, wenn der Anfechtungsgegner eine im öffentlichen Interesse liegende Pflicht des „Geschäftsherrn" (im oben dargelegten Sinne) erfüllt hat (§ 679 BGB); für die in jener Norm ebenfalls begünstigte Unterhaltspflicht kann jedoch allein der Schuldner als natürliche Person Anknüpfungspunkt sein. Über die Angemessenheit der Mittel und Kosten zur Ausführung der Verwendung im Einzelnen entscheidet sodann das vernünftige Ermessen des Anfechtungsgegners. Dieser hat Vornahme, Wert und Notwendigkeit der Verwendung zu beweisen. Nach § 999 BGB kann der Anfechtungsgegner sich zwar auf Verwendungen seiner Rechtsvorgänger berufen, nicht aber auf solche des Schuldners, weil der von diesem anfechtbar weggegebene Gegenstand uneingeschränkt für dessen Schulden gehaftet hätte.[452]

93 **Entspricht** die Vornahme der Verwendung **nicht** dem Willen oder **Interesse** des „Geschäftsherrn", dürfte die nach § 684 Satz 2 BGB an sich mögliche Genehmigung des Insolvenzverwalters oft dem Insolvenzzweck offenkundig widersprechen. Genehmigt der Verwalter die Verwendung nicht, kann der Anfechtungsgegner nach § 684 Satz 1 BGB, § 55 Abs. 1 Nr. 3 InsO lediglich nach Maßgabe von § 818 BGB Herausgabe derjenigen Bereicherung verlangen, die der Insolvenzmasse infolge der Verwendung tatsächlich verblieben ist.[453] Im Hinblick auf § 685 Abs. 1 BGB wird im Allgemeinen anzunehmen sein, dass der Anfechtungsgegner Ersatz für seine Verwendungen verlangen will, falls er die anfechtbar erlangte Sache zurückgewähren muss. Da die Insolvenzmasse erst durch die Rückgewähr des anfechtbar weggegebenen Gegenstands bereichert wird, besteht der Ersatzanspruch des Anfechtungsgegners nur insoweit, als die Werterhöhung im Zeitpunkt der Rückgabe noch vorhanden ist; ihr Wert ist auf der Grundlage der sinnvollsten insolvenzmäßigen Verwertung zu bestimmen.[454]

94 Die Notwendigkeit einer Verwendung ist daran zu messen, ob es ihrer bedarf, um den Rechtsgegenstand in seiner Substanz und Nutzbarkeit zu erhalten.[455] Notwendige Verwendungen in jenem Sinne sind insbesondere Aufwendungen zur Instandhaltung einer anfechtbar erworbenen Maschine, Fütterungskosten für Tiere,[456] Lagergebühren zur Erhaltung anfechtbar erlangter Ware[457] oder Prämien für die Versicherung eines anfechtbar erhaltenen Grundstücks.[458] Die Zahlung eines Restkaufpreises an einen Vorverkäufer für ein anfechtbar übertragenes Anwartschaftsrecht kann eine notwendige Verwendung sein, wenn das erworbene Gut anderenfalls an den Verkäufer zurückgefallen wäre;[459] andernfalls stellt die Zahlung nur eine nützliche Verwendung dar (→ Rn. 95 f.). Nach der anfechtbaren Zuwendung eines bloßen Optionsrechts ist auch ein Kaufpreis abzusetzen, der bei der Ausübung der Option zwangsläufig zu zahlen ist und in gleicher Weise den Schuldner getroffen hätte.[460] Notwendig könen ferner Aufwendungen des Anfechtungsgegners sein, mit denen die Verjährung eines anfechtbar erlangten Anspruchs verhindert werden soll.[461]

95 **b) Nützliche Verwendungen.** Die Begrenzung von Verwendungsersatzansprüchen auf notwendige Verwendungen schließt nicht allgemeine **Bereicherungsansprüche** nach § 812 BGB gegen die Insolvenzmasse aus, die sich insbesondere aus nützlichen Verwendungen auf den Anfech-

---

[451] Jaeger/*Henckel* § 143 Rn. 145; HKInsO/*Thole* § 143 Rn. 19; KPB/*Jacoby* § 143 Rn. 56; BKInsO/*Haas* § 143 Rn. 93; *Eckardt* FS Gerhardt (2004), 145, 188 Fn. 101; vgl. BGHZ 47, 370, 374 = NJW 1967, 1959, 1960; BGH NJW-RR 1989, 970; Palandt/*Sprau* § 683 Rn. 5.

[452] Der Schuldner entspricht insoweit dem Eigentümer iSv § 999 BGB.

[453] FKInsO/*Dauernheim* § 143 Rn. 29; Nerlich/Römermann/*Nerlich* § 143 Rn. 17; HambKommInsO/*Rogge/Leptien* § 143 Rn. 63.

[454] Vgl. Jaeger/*Henckel* § 143 Rn. 149.

[455] KPB/*Jacoby* § 143 Rn. 54; MüKoBGB/*Raff* § 994 Rn. 17; vgl. RGZ 139, 353, 357.

[456] OLG Karlsruhe BadRpr. 1907, 99, 100.

[457] BGH NJW 1991, 2144, 2146; zu Fracht- und Zollauslagen vgl. auch OLG Oldenburg SeuffA 46 (1891), Nr. 155.

[458] Vgl. dazu BGHZ 105, 230, 236 f. = NJW 1989, 1034, 1035 f.; OLG Karlsruhe LZ 1908, 625 f.

[459] Vgl. BGH ZIP 1992, 493, 494.

[460] Vgl. BGH WM 1975, 1182, 1184 zum AnfG.

[461] KPB/*Jacoby* § 143 Rn. 54.

tungsgegenstand ergeben. § 143 soll nicht zu einer Bereicherung der Insolvenzmasse über das Maß des ihr entzogenen Vermögenswerts hinaus führen.[462] Allerdings kann der Anfechtungsgegner danach nicht den Ersatz seiner Verwendungen als solche erlangen. Vielmehr ist ihm nur derjenige Wert zu ersetzen, um den der Anfechtungsgegenstand infolge der Leistungen des Anfechtungsgegners im Zeitpunkt der Rückgewähr höher ist als bei der anfechtbaren Weggabe.[463] Dieser Wert ist entsprechend den oben (→ Rn. 93) dargelegten Grundsätzen zu bestimmen. Auf das Wegnahmerecht nach § 997 BGB[464] ist der Anfechtungsgegner nicht stets beschränkt.[465]

Nützliche Verwendungen, die zu einer erstattungsfähigen Wertsteigerung führen können, sind insbesondere die Ablösung eines auf dem anfechtbar weggegebenen Gegenstand lastenden Pfandrechts über die notwendigen Zins- und Tilgungsraten (vgl. hierzu § 995 BGB) hinaus.[466] Dasselbe gilt für die Bezahlung eines Restkaufpreises für einen anfechtbar erworbenen Auflassungsanspruch an einen Vorverkäufer,[467] wenn damit die Abwicklung eines günstigen Weiterverkaufs ermöglicht werden soll; hat der Insolvenzverwalter seinerseits die Erfüllung des Weiterverkaufs gewählt (§ 103 Abs. 1) und müsste er dazu dieselbe Restzahlung leisten, liegt sogar eine notwendige Verwendung (→ Rn. 92) vor.[468] Hat der Anfechtungsgegner das auf dem anfechtbar erworbenen Grundstück stehende Haus ausgebaut oder gar ein unbebautes Grundstück bebaut, steht ihm von sich aus kein Ablösungsrecht zu;[469] auch ist die Rückgewähr in Natur nicht unmöglich.[470] Stattdessen ist aus der Insolvenzmasse die Wertsteigerung zu ersetzen. Ist dem Insolvenzverwalter die sich ergebende Ausgleichspflicht zu hoch, kann er sich darauf beschränken, die Versteigerung des bebauten Grundstücks und anschließende vorrangige Befriedigung zu verlangen (→ Rn. 35); einem solchen, § 11 AnfG entsprechenden Rechtsschutzbegehren gegenüber hat der Anfechtungsgegner kein Zurückbehaltungsrecht (→ Rn. 91). Die Insolvenzmasse erhält dann denjenigen Anteil des Versteigerungserlöses, der dem Wert des unbebauten im Verhältnis zum bebauten Grundstück entspricht.[471] Diese insolvenzspezifisch auf die Vermögensverwertung ausgerichtete Lösung ist sachnäher als die allgemeinen Grundsätze über die Abwehr aufgedrängter Bereicherungen.[472] 96

c) Erwerbs- und Veräußerungskosten. Keine erstattungsfähigen **Aufwendungen** sind die Kosten, die der Anfechtungsgegner seinerseits für den anfechtbaren Erwerb des Gegenstands – zB als Maklergebühr, für Eintragungen im Grundbuch oder Zwangsvollstreckung in das Vermögen des Schuldners – hatte.[473] Entsprechendes gilt für Unkosten, die bei ihm anlässlich einer etwaigen Weiterveräußerung des Gegenstands anfielen.[474] Abgesehen von den Fällen des § 143 Abs. 2 Satz 1 (→ Rn. 140) fallen die Kosten der Rückgewähr dem Anfechtungsgegner zur Last (→ Rn. 45). Ob eine Gegenforderung oder ein Sicherungsrecht des Anfechtungsgegners wieder aufleben, richtet sich nach § 144. 97

---

[462] Jaeger/*Henckel* § 143 Rn. 148; Nerlich/Römermann/*Nerlich* § 143 Rn. 18, § 144 Rn. 15; vgl. Uhlenbruck/*Borries/Hirte* § 143 Rn. 53; *Fridgen* S. 96 ff.; mit anderer Begründung auch *Eckardt* FS Gerhardt (2004), 145, 188 f.; zu § 37 KO/§ 10 GesO schon BGHZ 131, 189, 199 f. = NJW 1996, 461, 463 f.; RGZ 16, 23, 26; vgl. auch BGH NJW 1992, 1829, 1830; NJW 1995, 1093, 1094 f.; NJW 1996, 3147, 3150; vgl. MüKoBGB/*Raff* § 996 Rn. 9 bis 12; zum AnfG BGH NJW 1984, 2890, 2892; OLG Kiel JW 1931, 2171, 2172.

[463] Vgl. HKInsO/*Thole* § 143 Rn. 19; K. Schmidt/*Büteröwe* § 143 Rn. 24; Nerlich/Römermann/*Nerlich* § 143 Rn. 18, § 144 Rn. 15; BKInsO/*Haas* § 143 Rn. 89; *Eckardt* FS Gerhardt (2004), 145, 188 f.; zur Ablösung vorrangiger Grundpfandrechte aufgrund des § 11 Abs. 1 Satz 2 AnfG vgl. BGH NJW 1984, 2890, 2892; BGHZ 159, 397, 402 = NJW 2004, 2900, 2901; OLG Stettin ZZP 52 (1927), 445, 446.

[464] Vgl. dazu OLG Breslau HRR 1930 Nr. 247.

[465] AA FKInsO/*Dauernheim* § 143 Rn. 29; *Schillig* MittBayNot 2002, 347, 353.

[466] BKInsO/*Haas* § 143 Rn. 95; vgl. BGH NJW 1984, 2890, 2892; RGZ 16, 23, 26 f.; RG JW 1902, 95 Nr. 27; LZ 1913, 239, 241; OLG Karlsruhe LZ 1908, 625 f.; zu § 11 Abs. 1 Satz 2 AnfG nF BGHZ 159, 397, 402 = NJW 2004, 2900, 2901. Das gilt allerdings nicht, wenn die Befreiung aus der Pfandhaft unter Anrechnung auf die für den Schuldner selbst bestimmte Gegenleistung erfolgte: RG WarnR 1927, Nr. 101.

[467] BKInsO/*Haas* § 143 Rn. 95; vgl. BGH NJW 1992, 1829, 1830; *Baur/Stürner,* Insolvenzrecht Rn. 20.6 aE.

[468] HambKommInsO/*Rogge/Leptien* § 143 Rn. 64.

[469] HambKommInsO/*Rogge/Leptien* § 143 Rn. 64; Jaeger/*Henckel* § 143 Rn. 150; BKInsO/*Haas* § 143 Rn. 95; vgl. RG HRR 1929, Nr. 655; aA OLG Breslau HRR 1930 Nr. 247; *J. Blomeyer* KTS 1976, 81, 89 f.

[470] BGH NJW 1984, 2890, 2892 f.; RG JW 1896, 321, Nr. 10; BKInsO/*Haas* § 143 Rn. 95.

[471] BGH NJW 1984, 2890, 2893; OLG Stettin ZZP 52 (1927), 445, 446 mAnm *Bley*; HambKommInsO/*Rogge* § 143 Rn. 52; vgl. FKInsO/*Dauernheim* § 143 Rn. 30.

[472] Vgl. hierzu Staudinger/*Gursky/Wiegand* § 951 Rn. 46 ff.; RGRK/*Heimann-Trosien* § 812 Rn. 51 f.; Palandt/*Herrler* § 951 Rn. 18 bis 21.

[473] OLG München SeuffA 60 (1905), Nr. 226 aE; Uhlenbruck/*Borries/Hirte* § 143 Rn. 52; Jaeger/*Henckel* § 143 Rn. 146; BKInsO/*Haas* § 143 Rn. 91.

[474] HambKommInsO/*Rogge/Leptien* § 143 Rn. 67; vgl. BGH NJW 1991, 2144, 2146 f.

98 **d) Wertveränderungen. Wertsteigerungen** des anfechtbar weggegebenen Gegenstands – zB von Wertpapieren, Münzen oder Grundstücken –, die nach der Vornahme der anfechtbaren Handlung aus sich heraus eintreten, muss die Insolvenzmasse ebenfalls nicht ausgleichen (→ Rn. 91).[475] Umgekehrt fallen dem Anfechtungsgegner – solange er nicht in Verzug mit der Rückgewähr ist (→ Rn. 83) – auch keine **Wertminderungen** zur Last, die er nicht zu vertreten hat.[476]

99 **3. Surrogation.** Kann der Anfechtungsgegner den erlangten Gegenstand nicht in Natur herauszugeben,[477] verweist § 143 Abs. 1 Satz 2 auch auf § 818 Abs. 1 BGB.[478] Erfasst werden insbesondere **gesetzliche Surrogate,** die der Anfechtungsgegner erlangt. Diese gehen regelmäßig nicht über den Wert des ursprünglichen Gegenstands hinaus. Der Nutzen für die Insolvenzmasse liegt darin, dass § 818 Abs. 1 BGB – anders als die Verpflichtung zum Wertersatz (→ Rn. 106) – kein Verschulden des Anfechtungsgegners voraussetzt. Dies ist auch im Rahmen von § 143 Abs. 1 Satz 2, Abs. 2 Satz 1 (→ Rn. 137) kein Hinderungsgrund für die Anwendung der Norm, weil das Surrogat wertungsmäßig unabhängig von irgendeinem Verschulden der Insolvenzmasse gebührt, falls der anfechtbar weggegebene Gegenstand, zB durch Verschulden eines Dritten, untergegangen ist aber ersetzt wird. Der Insolvenzverwalter darf also einerseits alles das beanspruchen, was in bestimmungsgemäßer Ausübung des Rechts erlangt wurde, zB den Leistungsgegenstand bei Einziehung einer Forderung[479] oder den erzielten Erlös bei Verwertung eines Pfandrechts. Ferner erstreckt sich die Rückgewährpflicht auf dasjenige, was der Anfechtungsgegner als Ersatz für die Zerstörung, Beschädigung oder Entziehung des anfechtbar erlangten Gegenstands erwirbt.[480] Unerheblich ist hierbei, ob der Ersatz kraft Gesetzes – wie zB die Schadensersatzleistung wegen unerlaubter Handlung –, aufgrund eines Vertrages (zB eine Versicherungssumme[481]) oder wegen rechtmäßigen Eingriffs – so im Fall einer Enteignungsentschädigung[482] – geschuldet wird. Erlangt der anfechtende Insolvenzverwalter für die Insolvenzmasse das Surrogat, ist dies wie der ursprüngliche Gegenstand gegen vollstreckende Gläubiger des Anfechtungsgegners oder gegen dessen Insolvenz gesichert (→ Rn. 115). Steht die Leistung noch aus, kann Abtretung des gegen den Dritten gerichteten Ersatzanspruchs verlangt werden. Allerdings übernimmt die Insolvenzmasse damit das Bonitätsrisiko für den Drittschuldner, weil die Abtretung ggf. anstelle der Rückgewähr befreiend geleistet wird.

100 **Rechtsgeschäftliche** Surrogate werden durch die Verweisung über §§ 819 Abs. 1, 818 Abs. 4 auch auf eine entsprechende Anwendung von § 285 BGB erfasst.[483] Dies widerspricht nicht anfechtungsrechtlichen Wertungen. Die frühere Auffassung zu § 37 KO ging zwar davon aus, dass mit dem geschuldeten Wertersatz eine Regelung nicht vereinbar wäre, die der Insolvenzmasse mehr oder etwas anderes als den Anspruchswert verschaffen würde; deshalb könnten rechtsgeschäftliche Surrogate nicht als solche herausverlangt werden.[484] Diese Einschränkungen gelten angesichts der heutigen Verweisung auf § 819 BGB jedoch nicht mehr.[485] Jedenfalls darf sich der Insolvenzverwal-

475 Vgl. Nerlich/Römermann/*Nerlich* § 143 Rn. 20; HambKommInsO/*Rogge/Leptien* § 143 Rn. 66; zum AnfG BGH NJW 1996, 3341, 3342.

476 *Mauer,* Anfechtungsprozess Rn. 496.

477 Zu dieser Voraussetzung vgl. BGH NZI 2009, 67 Rn. 27 ff., dort zu § 11 AnfG.

478 *Eckardt* FS Gerhardt (2004), 145, 170 ff.; vgl. zur Herausgabepflicht auch HKInsO/*Thole* § 143 Rn. 21; Uhlenbruck/*Borries/Hirte* § 143 Rn. 29; KKInsO/*Mohr* § 143 Rn. 108; FKInsO/*Dauernheim* § 143 Rn. 32; HambKommInsO/*Rogge* § 143 Rn. 52; *von Campe,* Insolvenzanfechtung in Deutschland und Frankreich S. 292 f.; Jaeger/*Henckel* § 143 Rn. 152; *Gerhardt,* Gläubigeranfechtung S. 281 ff.; *Allgayer,* Rechtsfolgen und Wirkungen der Gläubigeranfechtung Rn. 264; für § 285 BGB BKInsO/*Haas* § 143 Rn. 79.

479 *Gerhardt,* Gläubigeranfechtung S. 281 ff.; BeckOK InsO/*Schoon*[12] § 143 Rn. 25; vgl. RG LZ 1908, 387, 388.

480 AGR/*Gehrlein* § 143 Rn. 25.

481 Vgl. LG Köln MDR 1965, 132 f.; Palandt/*Sprau* § 818 Rn. 16.

482 Vgl. Palandt/*Sprau* § 818 Rn. 16; MüKoBGB/*Schwab* § 818 Rn. 39; ferner BGH NJW-RR 1988, 902 f.

483 So auch K. Schmidt/*Büteröwe* § 143 Rn. 27; KKInsO/*Mohr* § 143 Rn. 108; AGR/*Gehrlein* § 143 Rn. 25; jetzt auch HambKommInsO/*Rogge/Leptien* § 143 Rn. 68. Vgl. zu dieser Verweisung – auf § 281 BGB aF – BGHZ 75, 203, 205 f. = NJW 1980, 178; Palandt/*Sprau* § 818 Rn. 52; aA MüKoBGB/*Schwab* § 818 Rn. 301; *Bredemeyer,* Die Insolvenzanfechtung im systematischen Kontext zivilrechtlicher Rückgewährhaftung (2010), S. 145 f. Für Aussonderungskraft von Surrogatherausgabeansprüchen, soweit dieses im Vermögen des Anfechtungsgegners noch gegenständlich vorhanden ist, *Bartels* S. 214 f.

484 RGZ 27, 21, 23 f.; 56, 194, 196; 70, 226, 233; RG LZ 1909, 864 f.; *Jaeger/Henckel* KO § 37 Rn. 124; *Gerhardt,* Gläubigeranfechtung S. 280 f.

485 Ebenso FKInsO/*Dauernheim* § 143 Rn. 18; Uhlenbruck/*Borries/Hirte* § 143 Rn. 37 mit Verweis auf Uhlenbruck/*Hirte*[13] § 143 Rn. 31; KPB/*Jacoby* § 143 Rn. 24; *Eckardt* FS Gerhardt (2004), 145, 179 ff., 184 ff.; offen gelassen von BGH NJW-RR 2009, 190, 193 zu § 11 AnfG; offen auch KKInsO/*Mohr* § 143 Rn. 109; krit. *Breutigam/Tanz* ZIP 1998, 717, 725; aA Jaeger/*Henckel* § 143 Rn. 151; Nerlich/Römermann/*Nerlich* § 143 Rn. 28; HambKommInsO/*Rogge/Leptien* (6. Auflage) § 143 Rn. 56; *von Campe,* Insolvenzanfechtung in Deutschland und Frankreich S. 292; *Mauer,* Anfechtungsprozess Rn. 372.

ter mit dem rechtsgeschäftlichen Surrogat an Erfüllungs Statt begnügen;[486] dann gebührt ihm ggf. auch ein über den Gegenstandswert hinaus erzielter Gewinn.[487] IÜ stünde das Surrogat einer Zwangsvollstreckung durch den Insolvenzverwalter wegen eines Wertersatzanspruchs offen. Andererseits kann sich der Anfechtungsgegner weiterhin nicht selbständig von der Verpflichtung zu vollem Wertersatz durch das Angebot auf Herausgabe des Surrogats befreien,[488] etwa wenn dieses minderwertig ist.

4. Wertersatz. a) Voraussetzungen. Ist die Rückgewähr des anfechtbar erlangten Gegenstands in Natur aus rechtlichen oder tatsächlichen Gründen[489] nicht – vollständig – möglich, hat der Empfänger aufgrund der Verweisung auf §§ 989, 990 BGB entsprechend den dortigen Vorgaben den Schaden zu ersetzen.[490] Dass § 143 Abs. 1 Satz 2 für die Haftung des Anfechtungsgegners auf die Regelungen für den bösgläubigen Bereicherungsschuldner (§ 819 Abs. 1 BGB) verweist, beruht auf der Annahme des KO-Gesetzgebers, dass „die Anfechtung nur im Fall [eines] unredlichen Erwerbs durchgreift";[491] nur der Empfänger einer unentgeltlichen Leistung wird durch § 143 Abs. 2 Satz 1 bessergestellt (→ Rn. 134 bis 140). Bei § 143 Abs. 1 handelt es sich um einen schuldrechtlichen, aber nicht um einen deliktsrechtlichen Ersatzanspruch.[492] Insoweit gilt aufgrund der Verweisung des § 143 Abs. 1 Satz 2 InsO iVm §§ 819 Abs. 1, 818 Abs. 4, 292 BGB allgemein schon der Zeitpunkt, in dem der Anfechtungsgegner den Gegenstand der Anfechtung empfangen hat, als derjenige der Rechtshängigkeit iSv § 989. Die Ersatzpflicht erstreckt sich nicht nur auf den empfangenen Gegenstand selbst, sondern auch auf gezogene Nutzungen (→ Rn. 85, 130) und herauszugebende Surrogate (→ Rn. 100). Die rechtzeitige und ordnungsmäßige Geltendmachung des Primäranspruchs auf Rückgewähr des anfechtbar weggegebenen Gegenstands wahrt zugleich die Anfechtungsfrist für den Anspruch auf Wertersatz, und umgekehrt (→ § 146 Rn. 15).[493] 101

aa) Unmöglichkeit der Rückgewähr. Die Rückgewähr wird **unmöglich,** wenn eine anfechtbar weggegebene Sache ihrer Substanz nach vernichtet wird oder ein Recht als solches untergeht.[494] Grundlage ist jeweils die Rückgewährpflicht so, wie sie im Einzelfall in Natur bestanden hätte und nicht erfüllt werden kann. Die Gründe, aus denen der Empfänger den Gegenstand nicht zurückgewähren kann, sind für den objektiven Tatbestand unerheblich; sie können nur für sein Verschulden bedeutsam werden (→ Rn. 106). Der Gegenstand geht aufgrund seiner Beschaffenheit zB bei Vernichtung, Verbrauch oder der untrennbaren Verbindung, Vermischung oder Verarbeitung von Sachen,[495] bei der Entgegennahme von Dienstleistungen[496] oder der Einziehung einer abgetretenen oder gepfändeten Forderung des Schuldners[497] unter, ferner bei bestimmungsgemäß gezogenen Gebrauchsvorteilen (→ Rn. 85). Die Rückgewähr empfangenen Bargeldes und von anderen vertretbaren oder gar verbrauchbaren Sachen (§§ 91, 92 BGB) wird in Natur meist unmöglich, weil sich die Pflicht auf die Einzelnen übertragenen Stücke konkretisiert (→ Rn. 48);[498] bei bargeldloser Überweisung tritt Unmöglichkeit schon mit dem Erhalt des Geldwertes ein, weil letztlich eine Forderung gegen die Empfängerbank übertragen wird, die mit der Gutschrift auf dem Empfängerkonto erlischt.[499] War eine Forderung anfechtbar abgetreten, bewirkt der nachträgliche Vermögensverfall ihres (Dritt-)Schuldners bei wirtschaftlicher Betrachtungsweise die – wenigstens weitgehende – Unmöglichkeit der Rückgewähr in Natur.[500] Dasselbe trifft zu, falls der Erwerber die ihm abgetretene Forderung verjähren lässt. Dagegen wird die Rückgewähr nicht dadurch unmög- 102

---

486 Uhlenbruck/*Borries/Hirte* § 143 Rn. 37; KKInsO/*Mohr* § 143 Rn. 110; BeckOK InsO/*Schoon*[12] § 143 Rn. 25.

487 RG LZ 1916, 402, 403; Jaeger/*Henckel* § 143 Rn. 151.

488 BGH NJW 1980, 1580 f.; HambKommInsO/*Rogge/Leptien* § 143 Rn. 68; vgl. RGZ 44, 92, 94; RG WarnR 1931 Nr. 91aE (zum AnfG).

489 Vgl. BGH NJW 1972, 719, 720 zum AnfG.

490 BGH NZI 2008, 633 Rn. 16; Jaeger/*Henckel* § 143 Rn. 110; K. Schmidt/*Büteröwe* § 143 Rn. 28; KKInsO/*Mohr* § 143 Rn. 111.

491 Vgl. *Hahn* Materialien S. 152.

492 HKInsO/*Thole* § 143 Rn. 20; HambKommInsO/*Rogge/Leptien* § 143 Rn. 69.

493 BGH NZI 2008, 633 Rn. 14 ff.

494 FKInsO/*Dauernheim* § 143 Rn. 21; vgl. Staudinger/*Gursky* § 989 Rn. 9.

495 Jaeger/*Henckel* § 143 Rn. 119.

496 Vgl. BGHZ 41, 282, 288 = NJW 1964, 1367.

497 BGH WM 1969, 374, 376; RGZ 62, 46, 49; 133, 46, 49; OLG Celle NJW 1958, 1144, 1145 (Einlösung eines Wechsels); *Baur/Stürner,* Insolvenzrecht Rn. 20.9; vgl. RGZ 58, 105, 107 f.

498 Vgl. ergänzend RG JW 1927, 980 f.; Jaeger/*Henckel* § 143 Rn. 66, 114.

499 Vgl. OLG Karlsruhe NZI 2008, 188, 191; AG Kempen ZIP 2006, 2088, 2090.

500 Zur Frage des Vertretenmüssens durch den Anfechtungsgegner → Rn. 106 ff.

lich, dass der Empfänger einer anfechtbar erlangten Sache diese anschließend zusätzlich im Wege der Zwangsversteigerung[501] oder rechtsgeschäftlich[502] zurück erwirbt.

103 **Subjektives Unvermögen** des Anfechtungsgegners (iSv § 275 Abs. 1 Alt. 1 BGB) kann der Unmöglichkeit gleichstehen, insbesondere wenn sich der anfechtbar weggegebene Gegenstand nicht mehr im Vermögen des Empfängers befindet,[503] zB weil dieser den Gegenstand an einen Dritten veräußert hat. Dann hängt es vom Inhalt der jeweiligen Rückgewährpflicht ab, inwieweit die Weiterübertragung deren Erfüllung verhindert: So kann im Einzelfall die Rückübereignung nach § 931 BGB trotz Weggabe des unmittelbaren Besitzes[504] oder die Rückgabe des Besitzes – auch nach § 886 ZPO[505] – trotz anderweitiger Übereignung (etwa nach § 930 BGB) noch möglich sein. Entstehen aber nach dem anfechtbaren Erwerb des Anfechtungsgegners **Rechte Dritter** am erlangten Gegenstand, die dessen Rückgewähr in Natur verhindern oder erschweren, ist der Anfechtungsgegner gemäß § 989 BGB iVm § 249 Abs. 1 BGB in erster Linie verpflichtet, sich um die Beseitigung des Drittrechts zu bemühen.[506] Das kann in Einzelfällen sogar für die Insolvenzmasse sinnvoll sein,[507] etwa wenn ein Unternehmen des Schuldners als Einheit veräußert oder saniert werden soll und ein einzelner Ersatzgegenstand nicht oder nur schwer zu beschaffen ist. Auch in dieser Hinsicht verleihen die §§ 249 Abs. 2, 250, 251 Abs. 1 BGB dem Insolvenzverwalter einen genügenden Handlungsspielraum, während § 251 Abs. 2 Satz 1 BGB den Anfechtungsgegner vor unzumutbaren Belastungen schützt (→ Rn. 105). Verweigert ein Drittberechtigter endgültig seine notwendige Mitwirkung, ist Rückgewähr in Natur regelmäßig unmöglich.[508] Ist die Wiederbeschaffung nicht möglich, kann der ursprüngliche Leistungsempfänger auf Wertersatz und daneben ein späterer Erwerber unter den Voraussetzungen des § 145 auf Rückgewähr in Natur haften.[509]

104 Ist die Rückgewähr nur **teilweise** unmöglich, ist sie insoweit in Natur zu leisten, als sie noch möglich ist; wegen des Rests wird Wertersatz geschuldet. Das trifft insbesondere bei einer **Verschlechterung** anfechtbar weggegebener Gegenstände zu, wenn diese etwa entweder körperlich beschädigt oder – insbesondere in ihrer Funktionstauglichkeit oder rechtlich – beeinträchtigt sind; dann ist die Wertminderung zu ersetzen.[510] Hiervon ist unter anderem bei der (nicht zu beseitigenden) Belastung mit dem Recht eines Dritten auszugehen.[511] Bereits vorher vorhandene Rechte können aber bestehen bleiben,[512] sofern sie nicht selbständig anfechtbar sind. Ist der Schuldner nur Miterbe in einer Erbengemeinschaft und wurde an dem zu einem Nachlass gehörenden Grundstück (für sich unanfechtbar) eine Grundschuld bestellt, lässt sich die (selbständig anfechtbare) Verkürzung des Reinanteils des Schuldners an der Erbengemeinschaft nicht rückgängig machen; insoweit ist deshalb Wertersatz zu leisten.[513] Hat der Anfechtungsgegner eine (Prozess-)Bürgschaft anfechtbar erlangt und den Anspruch daraus an einen Dritten abgetreten, hat er aber noch die Bürgschaftsurkunde in Besitz, muss er wenigstens diese zurückgewähren.[514] Sind von einem anfechtbar übereigneten Warenlager nur noch Teile vorhanden, sind für den fehlenden Rest nicht etwa gleichwertige vertretbare Sachen oder ersatzweise eingestellte Stücke zu liefern, sondern der Wert in Geld zu ersetzen.[515] Hat der Anfechtungsgegner den Wert des anfechtbar erlangten Gegenstands wesentlich

---

501 BGHZ 159, 397, 400 f. = NJW 2004, 2900 f. zum AnfG.
502 Vgl. RGZ 145, 188, 193 f. zum AnfG.
503 Vgl. BGH WM 1960, 18, 21 zum AnfG.
504 OLG Köln bei *Gerhardt* EWiR 2001, 775, 776; Jaeger/*Henckel* § 143 Rn. 122.
505 Vgl. OLG Hamburg NZI 2001, 424, 426.
506 FKInsO/*Dauernheim* § 143 Rn. 22; HambKommInsO/*Rogge/Leptien* § 143 Rn. 71; KKInsO/*Mohr* § 143 Rn. 113; vgl. BGH WM 1960, 18, 21 (AnfG); NJW 1970, 44, 45; RGZ 57, 27, 28 f. (AnfG); RG bei Bolze Bd. 17 (1894), Nr. 205; OLG Hamburg OLGRspr. 10 (1905), 221, 222; Staudinger/*Gursky* § 989 Rn. 10; iErg auch Uhlenbruck/*Borries/Hirte* § 143 Rn. 31.
507 So auch Jaeger/*Henckel* § 143 Rn. 122 aE.
508 HambKommInsO/*Rogge/Leptien* § 143 Rn. 71; vgl. BGH NJW-RR 1986, 991, 993.
509 OLG Rostock ZIP 2007, 1073; Nerlich/Römermann/*Nerlich* § 143 Rn. 24; Uhlenbruck/*Borries/Hirte* § 143 Rn. 27; HambKommInsO/*Rogge* § 143 Rn. 59; zu § 7 AnfG aF auch RGZ 27, 21, 23; RG Gruchot 36 (1892), 465, 465 f.; vgl. RG Gruchot 27 (1883), 1140 f.
510 FKInsO/*Dauernheim* § 143 Rn. 23; Uhlenbruck/*Borries/Hirte* § 143 Rn. 29; HambKommInsO/*Rogge/Leptien* § 143 Rn. 72; BKInsO/*Haas* § 143 Rn. 82; vgl. BGH NJW 1972, 719, 720; Staudinger/*Gursky* § 989 Rn. 6, 7.
511 FKInsO/*Dauernheim* § 143 Rn. 23; HambKommInsO/*Rogge/Leptien* § 143 Rn. 72; vgl. BGH NJW-RR 1986, 991, 993.
512 Zum AnfG RGZ 57, 27, 28; RG JW 1887, 273; vgl. RG bei Bolze 4 Nr. 371.
513 BGHZ 72, 39, 44 f. = NJW 1978, 1921, 1922 f.
514 BGH NZI 2005, 453.
515 RGZ 138, 84, 87; RG JW 1908, 458, 459; WarnR 1927 Nr. 102, S. 178 (zum AnfG); Uhlenbruck/*Borries/Hirte* § 143 Rn. 190.

erhöht, ist dieser dennoch selbst herauszugeben; eine dadurch verursachte Massebereicherung ist als solche zu erstatten (→ Rn. 90 bis 96).

Einer Unmöglichkeit steht es gleich, wenn die Rückgewähr in Natur für den Anfechtenden oder den Anfechtungsgegner **unverhältnismäßige Schwierigkeiten** bereiten müsste.[516] Für diese Einschränkung bieten die über § 989 BGB entsprechend anwendbaren §§ 249 Abs. 2, 250, 251 BGB einen Beurteilungsmaßstab. Insbesondere ist aufgrund von § 251 Abs. 2 Satz 1 BGB, der § 275 Abs. 2 BGB als lex specilis verdrängt,[517] zu bemessen, ob die Wiederbeschaffung eines vom Anfechtungsgegner weiterveräußerten Gegenstands (→ Rn. 103) oder das Verhindern des Aufrückens nachrangiger dinglich Berechtigter (→ Rn. 116) nur unter unverhältnismäßigen Aufwendungen möglich wäre. Andererseits kann dem Insolvenzverwalter die Rückgewähr eines anfechtbar weggegebenen Erbanteils in Natur möglicherweise nicht zuzumuten sein, wenn sie mit einer umfangreichen Nachlassauseinandersetzung verbunden wäre.[518] 105

bb) Verschulden des Anfechtungsgegners. Der Empfänger des anfechtbar erlangten Gegenstandes haftet aufgrund der Verweisung auf § 989 BGB nur auf Schadensersatz, wenn er den Untergang oder die Verschlechterung oder das Unvermögen zur Herausgabe **verschuldet** hat; darin lag der tragende Grund für die Ausgestaltung des Rückgewähranspruchs in § 143 Abs. 1 Satz 2 (→ Rn. 3). Bei der Bestimmung des Sorgfaltsmaßstabs ist zu beachten, dass „der Mangel des rechtlichen Grundes" dem Empfänger als von Anfang an bekannt gilt. Aufgrund dieser **Fiktion** kann es für das Verschulden, anders als bei der direkten Anwendung von § 990 Abs. 1 BGB, nicht darauf ankommen, ob der Anfechtungsgegner die Anfechtbarkeit des Rechtserwerbs erkennen musste. Vielmehr ist er so zu behandeln, wie wenn der Rückgewähranspruch gegen ihn schon in dem Zeitpunkt rechtshängig geworden wäre, in dem die anfechtbare Handlung ihm gegenüber iSv § 140 vorgenommen wurde.[519] Wie ein Besitzer nach Rechtshängigkeit muss deshalb der Empfänger stets mit der Verwirklichung der Rückgewährpflicht rechnen. Darüber hinaus kann er nach Maßgabe des § 287 Satz 2 BGB iVm § 990 Abs. 2 BGB verschärft haften (→ Rn. 83, 132), wenn er mit der Rückgewähr in Verzug gerät.[520] 106

Wegen des frühen fiktiven Rechtshängigkeitszeitpunkts (→ Rn. 106) löst der Empfänger des anfechtbaren Gegenstandes insbesondere mit einer freiwilligen **Weiterübertragung,** die ihm die Rückgewähr unmöglich macht, regelmäßig die Schadensersatzpflicht aus.[521] Das gilt auch, soweit eine sozialrechtliche Einzugsstelle empfangene Beitragszahlungen an Versicherungsträger[522] oder wenn ein Land Einnahmen an ein Finanzamt eines anderen Bundeslandes weiterleitet.[523] Hat der Anfechtungsgegner durch die Weiterübertragung nichts oder weniger erlangt als den Wert des Gegenstandes, schuldet er dennoch diesen Wert;[524] einen etwaigen Mehrerlös darf er nicht behalten (→ Rn. 100). Ein Wertverlust des anfechtbar erlangten Gegenstands nach der Weiterveräußerung entlastet den Anfechtungsgegner nicht mehr.[525] Der Verbrauch des anfechtbar erlangten Gegenstands durch den Empfänger ist regelmäßig verschuldet,[526] dagegen nicht eine rechtmäßige Enteignung.[527] Die Abnutzung durch fortgesetzten Gebrauch des Anfechtungsgegenstands kann ebenfalls verschuldet sein.[528] Ist das anfechtbar Erlangte so beschaffen, dass sofort mit seiner Entgegennahme die Rückgewähr in Natur unmöglich wird – zB bei bargeldlosen Überweisungen 107

---

516 Uhlenbruck/*Borries/Hirte* § 143 Rn. 29; K. Schmidt/*Büteröwe* § 143 Rn. 28; KKInsO/*Mohr* § 143 Rn. 111; HambKommInsO/*Rogge/Leptien* § 143 Rn. 73; BeckOK InsO/*Schoon*[12] § 143 Rn. 28.1; AGR/*Gehrlein* § 143 Rn. 22; *Kreft* WuB VI B. § 3 AnfG 1.06; *Wernicke* KTS 1988, 665 ff.; *Baur/Stürner,* Insolvenzrecht Rn. 20.9.

517 BeckOGKBGB/*Riehm* § 275 Rn. 255.

518 Vgl. BGH NJW-RR 1992, 733, 734 zu § 7 AnfG aF.

519 KPB/*Jacoby* § 143 Rn. 60; BKInsO/*Haas* § 143 Rn. 68, 83; KKInsO/*Mohr* § 143 Rn. 116.

520 Vgl. BKInsO/*Haas* § 143 Rn. 84; KPB/*Jacoby* § 143 Rn. 64; KKInsO/*Mohr* § 143 Rn. 116.

521 Jaeger/*Henckel* § 143 Rn. 126; vgl. Staudinger/*Gursky* § 989 Rn. 18; MüKoBGB/*Raff* § 989 Rn. 8. Wegen möglicher Ausnahmen, wenn das Erlangte für die Zwecke der Insolvenzmasse oder der Gesamtheit der Insolvenzgläubiger verwendet wurde, → § 129 Rn. 183. Dagegen für eine Anwendung des § 818 Abs. 1 und 2 BGB insoweit *Thole,* Gläubigerschutz S. 535 f.

522 OLG Koblenz ZInsO 2005, 324, 328; ZIP 2005, 540, 542; OLG Stuttgart ZIP 2005, 1837, 1841.

523 BGH NZI 2012, 713 Rn. 2.

524 BGH NJW 1980, 1580, 1581; RGZ 56, 194, 196; 114, 206, 211; LAG Mainz ZIP 2009, 2159, 2161; Jaeger/*Henckel* § 143 Rn. 126; *Baur/Stürner,* Insolvenzrecht Rn. 20.5; *Gerhardt,* Gläubigeranfechtung S. 250; vgl. RGZ 30, 85, 87 ff.

525 BGH, Beschl. v. 9.11.2006 – IX ZA 13/06 Rn. 3 zu § 11 AnfG.

526 Jaeger/*Henckel* § 143 Rn. 129; vgl. BAG NZI 2011, 644 Rn. 22 zum Verbrauch einer Abfindungszahlung an Arbeitnehmer zur Tilgung von Verbindlichkeiten.

527 Jaeger/*Henckel* § 143 Rn. 128.

528 KPB/*Jacoby* § 143 Rn. 60; vgl. MüKoBGB/*Raff* § 989 Rn. 8.

(→ Rn. 102) –, gilt die Unmöglichkeit der Rückgewähr iSv § 143 Abs. 1 Satz 2 als Folge der Annahme, die bereits vom Anfechtungsgegner zu vertreten ist.[529] Für das Verschulden von Erfüllungsgehilfen haftet der Anfechtungsgegner vom Empfang der anfechtbaren Leistung an nach Maßgabe von § 278 Satz 1 BGB.[530] Jedoch gebietet es der Schutz Geschäftsunfähiger, ihre Haftung entsprechend § 143 Abs. 2 Satz 1 auf ihre noch vorhandene Bereicherung zu beschränken, falls ihr gesetzlicher Vertreter das vom Geschäftsunfähigen (anfechtbar) Erlangte für eigene Zwecke verbraucht; als erlangte Bereicherung kommt dann allerdings auch ein Schadensersatzanspruch nach §§ 1626 Abs. 1, 1664 BGB wegen Verletzung der elterlichen Vermögenssorgepflicht in Betracht.[531]

108 Die Ersatzpflicht entfällt nicht schon dadurch, dass auch ein Rechtsnachfolger nach § 145 auf Rückgewähr in Natur in Anspruch genommen wird (→ Rn. 103 aE), sondern entsprechend § 422 Abs. 1 BGB erst, wenn jener Rückgewähr oder Schadensersatz in voller Höhe an die Insolvenzmasse geleistet hat. Ausnahmsweise beschränkt sich die Ersatzpflicht auf den vom Anfechtungsgegner selbst erlangten wirtschaftlichen Vorteil, wenn jener nur als **Treuhänder** in anfechtbarer Weise eine Leistung erhalten und das Erlangte im Rahmen des Treuhandauftrags verwendet hat;[532] denn auch die Anfechtbarkeit verschafft dem Treuhänder nicht die stärkeren Rechte eines Vollrechtsinhabers.

109 Ist die Unmöglichkeit der Rückgewähr dadurch verursacht, dass Gläubiger des Anfechtungsgegners den von diesem anfechtbar erlangten Gegenstand pfänden, liegt ein Verschulden des Anfechtungsgegners regelmäßig darin, dass er seine Gläubiger nicht aus anfechtungsfreiem Vermögen befriedigt hat.[533] Denn auch bei gesetzlichen Schuldverhältnissen hat der Schuldner für seine **finanzielle Leistungsfähigkeit** jedenfalls dann einzustehen, wenn dies dem Gesetzeszweck entspricht.[534] Das trifft für § 143 Abs. 1 Satz 2 zu, weil der Anfechtungsgegner, der einen Vermögenswert anfechtbar empfangen hat, als von Anfang an bösgläubiger Schuldner der Rückgewährpflicht gilt;[535] deren Erfüllung soll nicht von der späteren Entwicklung seines eigenen Vermögens abhängen. Daneben kann ein Anspruch gegen den pfändenden Gläubiger nach § 145 treten (→ Rn. 103, 108; § 145 Rn. 21, 30).

110 **cc) Mitverschulden des Insovenzverwalters.** Ein mitwirkendes Verschulden (§ 254 BGB) kommt zwar nicht beim Schuldners oder den Insolvenzgläubigern in Betracht, wohl aber beim Insolvenzverwalter;[536] diesem obliegen im Rahmen des Rückgewährverhältnisses auch Sorgfaltspflichten gegenüber dem Anfechtungsgegner. Verzögert dieser jedoch die Rückgewähr objektiv zu Unrecht, liegt ein Mitverschulden des Insolvenzverwalters hinsichtlich des Verzögerungsschadens nicht schon darin, dass er dem Anfechtungsgegner keine wirtschaftlichen Zugeständnisse gemacht hat.[537]

111 **dd) Kein Wahlrecht des Insolvenzverwalters.** Hinsichtlich der Art der Rückgewähr haben die Beteiligten nicht schon kraft Gesetzes ein Wahlrecht oder eine Ersetzungsbefugnis.[538] Solange die Rückgewähr in Natur möglich ist, kann der Insolvenzverwalter nicht von sich aus Wertersatz

---

529 So mit anderer Begründung auch Jaeger/*Henckel* § 143 Rn. 133.

530 KPB/*Jacoby* § 143 Rn. 60; BKInsO/*Haas* § 143 Rn. 83; FKInsO/*Dauernheim* § 143 Rn. 24; BeckOK InsO/*Schoon*[12] § 143 Rn. 27.

531 BFHE 206, 217, 221 ff. = NJW 2004, 3510, 3511 f.

532 BGHZ 124, 298, 300 ff. = NJW 1994, 726, 727 f.; BGH, Beschl. v. 12.3.2009 – IX ZA 55/08 Rn. 1; OLG Köln NZI 2003, 99; OLG Celle ZIP 2006, 1878, 1879 f.; HambKommInsO/*Rogge/Leptien* § 143 Rn. 75; enger RGZ 92, 227, 228 f.

533 HambKommInsO/*Rogge/Leptien* § 143 Rn. 75; zu § 989 BGB ebenso RGZ 139, 353, 355; MüKoBGB/*Raff* § 989 Rn. 8; Palandt/*Herrler* § 989 Rn. 5; vgl. *Bredemeyer,* Die Insolvenzanfechtung im systematischen Kontext zivilrechtlicher Rückgewährhaftung (2010), S. 136 f.; krit. Soergel/*Stadler* § 989 Rn. 13; aA für den Fall der Vermögenslosigkeit des Empfängers Staudinger/*Gursky* § 989 Rn. 20; Jaeger/*Henckel* § 143 Rn. 127, die aber ein Verschulden insoweit annehmen, als der Anfechtungsgegner den Insolvenzverwalter nicht rechtzeitig auf die Vollstreckung hingewiesen und ihm damit die Möglichkeit der Drittintervention genommen hat.

534 MüKoBGB/*Ernst* § 275 Rn. 13; Palandt/*Grüneberg* § 275 Rn. 3; vgl. BGHZ 83, 293, 300 = NJW 1982, 1585, 1587; BGH WM 1985, 89, 90; VIZ 1999, 176, 177; BGHZ 193, 129 Rn. 34 f. = NJW 2012, 1959.

535 Vgl. auch RG JW 1927, 980 Nr. 13. Die Bedenken von Staudinger/*Gursky* § 989 Rn. 20 gegen die Anwendung des Rechtsgedankens von § 279 BGB aF im Rahmen von § 989 BGB treffen jedenfalls nicht für die insolvenzrechtliche Rückgewährpflicht zu.

536 FKInsO/*Dauernheim* § 143 Rn. 24; Jaeger/*Henckel* § 143 Rn. 132; BKInsO/*Haas* § 143 Rn. 13; KKInsO/*Mohr* § 143 Rn. 117; vgl. OLG Celle ZIP 2006, 1878, 1880.

537 Vgl. BGH WM 1968, 407, 409.

538 Vgl. BGH NJW 1970, 44, 45 zu § 37 KO; BKInsO/*Haas* § 143 Rn. 10; K. Schmidt/*Büteröwe* § 143 Rn. 28; KKInsO/*Mohr* § 143 Rn. 26, 114; BeckOK InsO/*Schoon*[12] § 143 Rn. 20, 28.

verlangen oder der Anfechtungsgegner sich durch ein entsprechendes Angebot von der Leistungspflicht einseitig befreien.[539] Gehen in einem Prozess beide Parteien übereinstimmend von der Unmöglichkeit der Rückgewähr aus, ist diese als unstreitig zugrunde zu legen. Die Beteiligten können sich – im Rahmen des Insolvenzzwecks – über eine bestimmte Art der Rückgewähr, zB durch Wertersatz, rechtswirksam einigen.[540] Solange die Unmöglichkeit nicht feststeht, kann der Insolvenzverwalter den Antrag auf Rückgewähr in Natur aufrechterhalten, um nach einer fruchtlosen Vollstreckung nach § 281 BGB vorgehen zu können (§ 255 ZPO).[541] Zu einer Leistung, deren Unmöglichkeit feststeht, darf der Anfechtungsbeklagte dagegen (selbstverständlich) nicht verurteilt werden (§ 275 Abs. 1 BGB).[542] Bestreitet der Insolvenzverwalter eine ihm erst nach der Klageerhebung bekannt gewordene Unmöglichkeit nicht, darf er seine Klage auf das Verlangen nach Wertersatz umstellen, ohne dass dies – im Hinblick auf § 264 Nr. 3 ZPO – als Klageänderung gilt (→ § 146 Rn. 26).[543]

b) Der Ersatzanspruch im Allgemeinen. Zu erstatten ist nach § 251 Abs. 1 BGB der wirkliche Wert in Geld, den der Anfechtungsgegenstand selbst für die Insolvenzmasse haben würde, wenn die anfechtbare Handlung unterblieben wäre.[544] Maßgeblich ist insoweit im Ansatz, was dem **Schuldnervermögen entzogen** wurde, nicht, was der Anfechtungsgegner erlangt hat.[545] Hat zB der Schuldner eine Sache zu einem objektiv überhöhten Preis erworben und sie dem Anfechtungsgegner zugewendet, entscheidet (nur) der Zugriffswert für die Insolvenzmasse.[546] Regelmäßig entspricht dies dem Betrag, den die Verwertung durch den Insolvenzverwalter ergeben hätte, falls der Gegenstand in der Insolvenzmasse verblieben wäre.[547] Dagegen bleiben **hypothetische Veränderungen,** die sich aus den Verhältnissen des Schuldners persönlich für den Fall ergeben sollen, dass er die anfechtbare Rechtshandlung nicht vorgenommen hätte, grundsätzlich **außer Betracht.** Nur wenn der Anfechtungsgegner nachweist, das ihm Geleistete zu demselben Zweck verwendet zu haben, für den es auch der Schuldner von Rechts wegen – anfechtungsfrei – hätte verwenden müssen, oder zu einem Zweck, der in vollem Umfang der Gesamtheit der Insolvenzgläubiger zugute gekommen ist, ist die Ersatzpflicht ausgeschlossen (→ § 129 Rn. 183). Auf den Vorteil, den der Anfechtungsgegner seinerseits aus dem anfechtbar Erlangten gezogen hat, kommt es in diesen Zusammenhang nicht an (→ § 129 Rn. 37). Unabhängig davon ist die Frage, welche Ereignisse bei der Wertberechnung zu berücksichtigen sind: Wertverluste, die erst nach der Veräußerung des anfechtbar erlangten Gegenstands eintreten und vom Anfechtungsgegner zu vertreten sind, bleiben regelmäßig außer Betracht (→ Rn. 98).[548] 112

Auch für den Wertersatzanspruch gilt die bereicherungsrechtliche Saldotheorie nicht.[549] Vorschriften des Schadensersatzrechts sind nur anzuwenden, soweit § 143 Abs. 1 Satz 2 mittelbar auch auf § 989 BGB verweist,[550] also für die Rechtsfolgen der Unmöglichkeit zur Rückgewähr in Natur. Grundsätze der schadensersatzrechtlichen **Vorteilsausgleichung** greifen ebenfalls durchweg **nicht** 113

539 HKInsO/*Thole* § 143 Rn. 20; Uhlenbruck/*Borries/Hirte* § 143 Rn. 29; Jaeger/*Henckel* § 143 Rn. 110; Gottwald/*Huber,* InsO-HdB § 52 Rn. 13; zur KO BGH NJW 1970, 44, 45; NJW-RR 1986, 991, 993; BGHZ 101, 286, 288 f. = NJW 1987, 2821, 2822; OLG Hamm NZI 2001, 432, 433; zu § 7 AnfG aF BGH NJW-RR 1992, 733, 734; OLG München WM 2004, 1044, 1046; vgl. BGH, Beschl. v. 13.1.2011 – IX ZR 55/08, Tz. 3.

540 BGH NJW 1995, 2783, 2784 (insoweit nicht in BGHZ 130, 38); Uhlenbruck/*Borries/Hirte* § 143 Rn. 37; HambKommInsO/*Rogge/Leptien* § 143 Rn. 78; BKInsO/*Haas* § 143 Rn. 10; KKInsO/*Mohr* § 143 Rn. 26; BeckOK InsO/*Schoon*[12] § 143 Rn. 20.

541 OLG Stuttgart ZIP 2005, 588, 590; zur Vorgängernorm des § 283 BGB aF vgl. BGH NJW-RR 1986, 991, 993 f.; OLG Hamburg NZI 2001, 424, 426; ferner RG Bolze 17 (1894), Nr. 205; BeckOK InsO/*Schoon*[12] § 143 Rn. 28.3.

542 Vgl. entsprechend schon aus der Zeit vor der Schuldrechtsreform BGH NJW 1972, 152; NJW-RR 1986, 991, 993; NJW 2000, 1031, 1032; RGZ 107, 15, 17; 160, 257, 263.

543 HambKommInsO/*Rogge/Leptien* § 143 Rn. 78.

544 RG LZ 1908, 388, 390; HambKommInsO/*Rogge/Leptien* § 143 Rn. 79; BKInsO/*Haas* § 143 Rn. 85; *H.-G. Lange,* Voraussetzungen und Wirkungen der Konkursanfechtung (1973), S. 236; vgl. RGZ 106, 163, 166; krit. *Eckardt* FS Gerhardt (2004), 145, 151 ff.

545 KPB/*Jacoby* § 143 Rn. 62; zu § 37 KO BGH WM 1955, 407, 410; NJW 1970, 44, 46; RGZ 116, 23, 26; 36, 161, 164; aA *Raebel,* FS Ganter (2010), S. 339, 347.

546 Vgl. *Eckardt,* FS Gerhardt (2004), S. 145, 149 ff.

547 Vgl. *Baur/Stürner,* Insolvenzrecht Rn. 20.8.

548 Vgl. BGHZ 128, 184, 190 = NJW 1995, 659, 661; BGH, Beschl. v. 9.11.2006 – IX ZA 13/06 Rn. 3, jeweils zum AnfG.

549 KPB/*Jacoby* § 143 Rn. 77.

550 1. KommBer. LS 5.12 Abs. 2 Sätze 1 und 2, S. 427; vgl. *Eckardt* FS Gerhardt (2004), 145, 167 ff.; vgl. Jaeger/*Henckel* § 143 Rn. 164.

ein.[551] Insbesondere werden etwaige Verwendungen oder Gegenleistungen, die der Anfechtungsgegner der Insolvenzmasse erbracht haben mag, jeweils gesondert berücksichtigt (→ Rn. 90 bis 96; § 144 Rn. 15, 16); eine entsprechende Saldierung ist ausgeschlossen. Es könnten also allenfalls sonstige Vermögensvorteile der Insolvenzmasse in Betracht kommen, die ihr gerade infolge der Unmöglichkeit der Rückgewähr des Anfechtungsgegenstands in seinem ursprünglichen Zustand entstehen und nicht auf Verwendungen des Anfechtungsgegners beruhen. Derartige Vorteile sind bisher nicht bekannt geworden.[552] Zahlt der Schuldner eine Verbindlichkeit gegenüber einem Dritten in anfechtbarer Weise mit Mitteln eines Darlehens zurück, für das dieser die Mithaftung übernommen hatte, wird die Rückgewährpflicht des Dritten (Anfechtungsgegners) aus § 143 Abs. 1 nicht durch dessen zusätzliche Darlehensschuld begrenzt.[553]

114 Maßgeblicher **Zeitpunkt** für die Berechnung des Wertersatzes ist nach allgemeinen Grundsätzen regelmäßig derjenige der letzten mündlichen Verhandlung in den Tatsacheninstanzen des Anfechtungsprozesses.[554] Nur wenn der Anfechtungsgegner seine Rückgewährpflicht vorprozessual erfüllt hatte und die Parteien mit der Anfechtungsklage zB allein über Werterhöhungen oder -minderungen streiten, ist der Zeitpunkt der tatsächlichen Rückgewähr maßgeblich.[555] Dagegen sollte auf den Zeitpunkt der letzten mündlichen Verhandlung auch dann abgestellt werden, wenn die Rückgewährpflicht sich schon im Zeitpunkt der Insolvenzeröffnung auf Wertersatz konkretisiert hatte.[556] Denn der Anfechtungsgegner hat das Risiko der Wertsteigerung bis zur tatsächlichen Rückgewähr zu tragen. Andererseits braucht er für einen allgemeinen Preisverfall zwischen dem anfechtbaren Erwerb und dem Rückgewährverlangen des Insolvenzverwalters nicht einzustehen. Sinkt der Wert andererseits während der Dauer des Anfechtungsprozesses, wird der Anfechtungsgegner dafür aufgrund der Neuregelung in § 143 Abs. 1 Satz 2 durchweg nach § 287 Satz 2 BGB einzustehen haben (→ Rn. 83, 132).[557]

115 Der auf Verschaffung einer bloßen Geldsumme gerichtete Wertersatzanspruch besitzt – anders als der Anspruch auf Rückgewähr in Natur (→ Rn. 36) – **keine Aussonderungskraft** und verleiht kein Widerspruchsrecht iSv § 771 ZPO. Schuldete der Anfechtungsgegner schon im Zeitpunkt der Insolvenzeröffnung über sein Vermögen lediglich Wertersatz und ist darin auch kein Surrogat und keine Gegenleistung für den anfechtbar erlangten Gegenstand unterscheidbar vorhanden, stellt der Zahlungsanspruch des Insolvenzverwalters in der Insolvenz des Anfechtungsgegners lediglich eine Insolvenzforderung dar (§ 38).[558] Auf einen Gegenwert für den untergegangenen Anfechtungsgegenstand kann der anfechtende Insolvenzverwalter nur unter den allgemeinen Voraussetzungen der Surrogation (→ Rn. 99, 100), der Ersatzaussonderung (§ 48) oder der Massebereicherung (§ 55 Abs. 1 Nr. 3) zugreifen (→ Rn. 36). Eine **Masseverbindlichkeit** auf Seiten des **Anfechtungsgegners** kann dann nach § 55 Abs. 1 Nr. 1 lediglich entstehen, wenn der Insolvenzverwalter über dessen Vermögen die Unmöglichkeit der Rückgewähr in Natur schuldhaft herbeigeführt hat;[559] in diesem Falle bewirkt dessen Anzeige der Masseunzulänglichkeit die Beschränkung der Haftung nach §§ 208 ff.[560] Gegenüber Einzelvollstreckungen von Gläubigern des Anfechtungsgegners können dem anfechtenden Insolvenzverwalter allein eine gesetzliche Surrogation nach allgemeinen Regeln im Rahmen des § 771 ZPO oder die Voraussetzungen des § 145 Abs. 2 helfen.[561]

---

551 BGHZ 97, 87, 95 f. = NJW 1986, 1496, 1498; BGH BB 1952, 868 f.; WM 1962, 1316, 1317; NJW 1995, 1093, 1095; RGZ 100, 87, 90; RG LZ 1918, 772 Nr. 22; *Baur/Stürner,* Insolvenzrecht Rn. 18.44; KKInsO/*Mohr* § 143 Rn. 118; vgl. BGH NJW 1970, 44, 46.

552 Vgl. *Henckel* FS Deutsch (1999), S. 967, 981 ff.; KPB/*Jacoby* § 143 Rn. 63.

553 Vgl. BGH NZI 2001, 539, 541.

554 BGHZ 89, 189, 197 f. = NJW 1984, 1557, 1559; BGH WM 1971, 908, 909; NJW 1980, 1580 f.; RGZ 106, 163, 166 f.; RG KuT 1932, 160, 161; WarnR 1933, Nr. 199; HKInsO/*Thole* § 143 Rn. 22; Jaeger/*Henckel* § 143 Rn. 134; Uhlenbruck/*Borries/Hirte* § 143 Rn. 40; KKInsO/*Mohr* § 143 Rn. 119; AGR/*Gehrlein* § 143 Rn. 24; BeckOK InsO/*Schoon*[12] § 143 Rn. 30; Gottwald/*Huber,* InsO-HdB § 52 Rn. 14; dagegen für den Zeitpunkt der Veräußerung beiläufig BGH WM 1955, 1468, 1471; OLG Celle InVo 1999, 211, 212. Wegen eines abweichenden Zeitpunkts zu § 143 Abs. 2 Satz 2 → Rn. 144 f.

555 HambKommInsO/*Rogge/Leptien* § 143 Rn. 80; BKInsO/*Haas* § 143 Rn. 86; BeckOK InsO/*Schoon*[12] § 143 Rn. 32.

556 Uhlenbruck/*Borries/Hirte* § 143 Rn. 40; Jaeger/*Henckel* § 143 Rn. 134; *Baur/Stürner,* Insolvenzrecht Rn. 20.8 Fn. 44; Gottwald/*Huber,* InsO-HdB § 52 Rn. 14; *Gerhardt* ZIP 1997, 1429, 1432 f.; dagegen für den Zeitpunkt der Klageerhebung BGHZ 101, 286, 288 f. = NJW 1987, 2821, 2822 f.

557 Vgl. dazu OLG Köln bei *Gerhardt* EWiR 2001, 775, 776; Jaeger/*Henckel* § 143 Rn. 134 aE; *Kersting* GmbHR 1998, 915, 918.

558 BGHZ 155, 199, 202 ff. = NJW 2003, 3345, 3346 f.; Graf-Schlicker/*Huber* § 143 Rn. 17.

559 *Eckardt* KTS 2005, 15, 46.

560 OLG Köln NZI 2011, 812 f.

561 *Eckardt* KTS 2005, 15, 47 f.; vgl. MüKoAnfG/*Kirchhof* § 11 Rn. 33.

c) Anfechtbare Übertragung von Gegenständen. aa) Sachen. Wurde eine Sache anfechtbar weggegeben, kann Wertersatz vor allem zu leisten sein, wenn sie in Natur nicht oder nur in verschlechtertem Zustand zurückgewährt werden kann (→ Rn. 102 bis 105). Zu ersetzen ist der gewöhnliche Wert, den die Sache in unversehrtem Zustand jetzt für die Insolvenzmasse hätte.[562] Etwaige Wertschwankungen bis hin zur letzten mündlichen Verhandlung sind zu berücksichtigen (→ Rn. 114). Der Ersatzanspruch ist nicht beschränkt auf einen Kaufpreis, den der Anfechtungsgegner durch einen Weiterverkauf erzielt haben mag, oder den Erlös, der bei einer Zwangsversteigerung nach Pfändung der Sache zugunsten Dritter tatsächlich erzielt wurde;[563] allerdings muss der Insolvenzverwalter Umstände dafür dartun, dass ein höherer Wert zu erzielen wäre.[564] Er hat keinen Anspruch auf gleichwertige vertretbare Sachen (→ Rn. 47, 104). Wird andererseits die Sache in unversehrtem Zustand rechtzeitig zurückgewährt, können nach § 143 Abs. 1 Satz 2 allenfalls Nutzungen zu ersetzen sein (→ Rn. 85 bis 89). Ein beim Schuldner infolge der früheren Weggabe etwa entstandener, nicht objektbezogener Vermögensschaden ist nicht kraft Anfechtungsrechts zu erstatten; insbesondere ist ein Vorenthaltungsschaden erst nach Verzug mit der Rückgewähr (§§ 280 Abs. 1 und 2, 286 BGB) zu ersetzen (→ Rn. 83).[565] 116

Wurde nur der **Besitz** an einer Sache anfechtbar übertragen, ist der ortsübliche Mietpreis als Nutzungswert zu ersetzen.[566] Handelt es sich um Sicherungsgut, das dem Sicherungsnehmer anfechtbar herausgegeben worden war und das dieser nach Insolvenzeröffnung verwertet hat, ist die bei der Insolvenzmasse anfallende Umsatzsteuer zu erstatten.[567] Jedoch sind nach der Rechtsprechung nicht die entgangenen Feststellungskosten iSv § 171 Abs. 1, 170 Abs. 2 anfechtbar (→ § 129 Rn. 137).[568] Geht der Sicherungsnehmer vertragsgemäß vor, dürfte zugleich der vom BGH[569] als „Ausweg" aufgezeigte § 823 Abs. 2 BGB kaum erfüllt sein. Die Abnutzung einer Sache kann jedoch durch Nutzungsersatz (→ Rn. 85 bis 89, 130) ausgeglichen werden. 117

Wurde ein **Grundstück** anfechtbar weggegeben, ist bei Unmöglichkeit der Rückgewähr der volle Verkehrswert zu ersetzen; eine Beschränkung auf den möglichen Versteigerungserlös – wie nach § 11 AnfG – gilt wegen des freien Veräußerungsrechts des Insolvenzverwalters nicht.[570] Oft erweist sich die Beseitigung später eingetragener dinglicher Belastungen (→ Rn. 52) als undurchführbar. Unmöglichkeit iSv § 275 Abs. 1 BGB tritt jedenfalls ein, wenn der Drittberechtigte endgültig seine notwendige Mitwirkung verweigert (→ Rn. 103). Der geschuldete Wertersatz entspricht dem Mindererlös, den die Insolvenzmasse bei der Verwertung gerade wegen der Belastung erzielt, sofern der Insolvenzverwalter nicht ausnahmsweise von sich aus die Belastung mit einem geringeren Aufwand ablösen kann.[571] Wurde lediglich ein Miteigentumsanteil übertragen, ist regelmäßig dessen Rückgewähr in Natur noch möglich (→ Rn. 51); anders verhält es sich oft bei der Übertragung eines Miterbenanteils (→ Rn. 58). 118

Wurde **Geld** anfechtbar weggegeben (→ Rn. 48), waren bis 4. April 2017 neben der Hauptsumme von der Weggabe an (als Nutzungen) Zinsen mindestens in einer Höhe zu entrichten, die bei ordnungsmäßiger Bewirtschaftung erzielt worden wäre (→ Rn. 89). Nach der – fälligkeitsbegründenden (→ Rn. 14) – **Insolvenzeröffnung** und **Klageerhebung** (§ 253 Abs. 1 ZPO) sind Prozesszinsen (§ 291 Satz 1 BGB) mindestens in Höhe von fünf Prozentpunkten über dem Basiszinssatz (§ 247 BGB) zu zahlen; § 288 Abs. 2 BGB ist dagegen nicht anwendbar (→ Rn. 89). Insoweit hat sich zum 5. April 2017 durch § 143 Abs. 1 Satz 3 InsO (→ Rn. 133) nichts geändert. 119

Wurden **Wertpapiere** anfechtbar übertragen, die nicht zurückgewährt werden können, sind ggf. Kursschwankungen bis zum Zeitpunkt der letzten mündlichen Verhandlung zu berücksichti- 120

---

562 BGHZ 89, 189, 197 f. = NJW 1984, 1557, 1559; RGZ 106, 163, 167; RG WarnR 1933 Nr. 199; HambKommInsO/*Rogge/Leptien* § 143 Rn. 85; Jaeger/*Henckel* § 143 Rn. 123; KKInsO/*Mohr* § 143 Rn. 120; BeckOK InsO/*Schoon*[12] § 143 Rn. 32.2.

563 RGZ 30, 85, 87 f.; 44, 92, 94; 56, 194, 196; 114, 206, 211; RG bei Bolze 10 Nr. 263; WarnR 1927, Nr. 102 aE; KuT 1932, 160, 161; Uhlenbruck/*Borries/Hirte* § 143 Rn. 35; *Bley* ZZP 52 (1927), 446, 448; vgl. *Kersting* GmbHR 1998, 915, 918; unklar BGH WM 1969, 374, 376.

564 Jaeger/*Henckel* § 143 Rn. 123; vgl. BGH NJW 1980, 1580, 1581; RG LZ 1908, 390, 391; KG LZ 1907, 295, 297.

565 Uhlenbruck/*Borries/Hirte* § 143 Rn. 45; HambKommInsO/*Rogge/Leptien* § 143 Rn. 85; *Thole,* Gläubigerschutz S. 533.

566 Vgl. BGHZ 145, 245, 253 f. = NJW 2001, 367, 369; KKInsO/*Mohr* § 143 Rn. 120.

567 BGH NZI 2007, 394 Rn. 19.

568 Vgl. BGH NZI 2005, 165, 166.

569 BGH NZI 2004, 137, 138.

570 KKInsO/*Mohr* § 143 Rn. 122.

571 BKInsO/*Haas* § 143 Rn. 87; HambKommInsO/*Rogge/Leptien* § 143 Rn. 86; KKInsO/*Mohr* § 143 Rn. 122.

gen.[572] Haben die Papiere keinen Kurswert, kann der bei einem konkreten Verkauf erzielte Gegenwert eine tatsächliche Beurteilungsgrundlage sein; anderenfalls kommt nur eine Schätzung aufgrund allgemeiner Erfahrungswerte in Betracht.[573] Hat ein Aktionär Aktien anfechtbar übertragen und ist die Aktiengesellschaft danach bis zur Insolvenzeröffnung über das Vermögen des Aktionärs infolge hoher Verluste überschuldet geworden, braucht der Erwerber der Aktien nicht allein aufgrund des § 143 den späteren Verlust auszugleichen.

121 **bb) Rechte.** Für eine anfechtbar abgetretene und dann vom Empfänger eingezogene **Forderung** ist Wertersatz in Höhe des eingezogenen Betrages zu leisten.[574] Dies gilt auch dann, wenn der Drittschuldner gegen die abgetretene Forderung aufgerechnet[575] oder – in den Grenzen des § 278 Satz 1 BGB – wenn der vom Zessionar mit der Einziehung Beauftragte den eingezogenen Betrag unterschlagen oder verloren hat.[576] Hat der Empfänger dem Drittschuldner einen Teil der Forderung erlassen, muss er dennoch ihren vollen Nennwert an die Insolvenzmasse leisten, es sei denn, der Drittschuldner war nicht voll zahlungsfähig.[577] Insbesondere bei Forderungen, deren Bestand und/oder Höhe vom Drittschuldner ernsthaft bestritten wird, kann ein vom Anfechtungsgegner mit dem Drittschuldner ausgehandelter Vergleich den tatsächlichen Schluss rechtfertigen, dass auch der Anfechtende selbst nicht mehr erlöst hätte.[578] Bei anfechtbaren Lohnabtretungen ist regelmäßig der pfändbare Betrag zugrunde zu legen. – Diese Grundsätze gelten auch dann, wenn der Schuldner die Forderung dem Anfechtungsgegner zwar nicht abgetreten, aber anfechtbar zur Einziehung überlassen hatte und dieser sie eingezogen hat,[579] oder wenn der Anfechtungsgegner sie – anfechtbar – gepfändet hatte.[580]

122 Wurde ein **Grundpfandrecht** anfechtbar abgetreten, das bei einer späteren Zwangsversteigerung erlischt, ist derjenige Betrag zu ersetzen, der auf das Recht entfallen wäre, wenn es im Vermögen des Schuldners geblieben wäre.[581] Wird bei einer Erbauseinandersetzung ein **Miterbenanteil** (anfechtbar) zu niedrig berechnet, haben die begünstigten Miterben nach der Auseinandersetzung Wertersatz in Höhe des zu viel erhaltenen Betrages zu leisten.[582] Bei der **Aufgabe von Rechten,** ist – anders als nach § 37 Abs. 1 KO[583] – nicht danach zu fragen, welchen Wert das Recht für die Insolvenzmasse gehabt hätte. Vielmehr ist der Wert maßgeblich, der sich bei einer Veräußerung erzielen lässt.

123 **d) Anfechtbare Belastung von Gegenständen und Erlass von Rechten des Schuldners.** Kann eine anfechtbar bestellte Belastung oder ein Rangrücktritt nicht in Natur zurückgewährt werden, ist regelmäßig Wertersatz in Höhe des infolgedessen bei einer Verwertung eintretenden Mindererlöses zu leisten.[584] Dies trifft zB zu, wenn ein Grundpfandrecht bei einer Zwangsversteigerung durch Zahlung abgelöst wird,[585] oder wenn ein Wohnrecht durch Zwangsversteigerung erlischt.[586] Entsprechendes gilt, wenn das Aufrücken nachrangiger Berechtigter auszugleichen ist.[587] Ein Rangverlust tritt bei Aufhebung eines Grundpfandrechts oder einem Verzicht darauf (→ Rn. 70) als deren unmittelbare Folge ein; er ist von Anfang an vorhersehbar und deshalb verschuldet (→ Rn. 107). Der Wertersatzanspruch kann ggf. auch im Rahmen des Verteilungsverfahrens auf-

---

572 Jaeger/*Henckel* § 143 Rn. 123; HambKommInsO/*Rogge/Leptien* § 143 Rn. 87; KKInsO/*Mohr* § 143 Rn. 123.
573 Vgl. BGH Beschl. v. 21.7.2005 – IX ZR 105/04, im Anschluss an BGH NJW 1982, 2497, 2498 und WM 1993, 343, 344.
574 RGZ 48, 148, 149 f.; RG LZ 1908, 387, 388; JW 1910, 761 Nr. 31; LG Görlitz ZInsO 2003, 808, 809; HambKommInsO/*Rogge/Leptien* § 143 Rn. 87; BKInsO/*Haas* § 143 Rn. 46; Uhlenbruck/*Borries/Hirte* § 143 Rn. 198; KKInsO/*Mohr* § 143 Rn. 123; vgl. RGZ 133, 46, 49 f.; zum AnfG BGH NJW 1972, 719, 720.
575 Uhlenbruck/*Borries/Hirte* § 143 Rn. 198; BKInsO/*Haas* § 143 Rn. 46; vgl. RGZ 58, 105, 106 f.
576 Vgl. RG bei Bolze Bd. 5 (1888), Nr. 337b.
577 HambKommInsO/*Rogge/Leptien* § 143 Rn. 87; *Baur/Stürner,* Insolvenzrecht Rn. 20.9 aE.; vgl. BKInsO/*Haas* § 143 Rn. 87.
578 RG WarnR 1940 Nr. 112 aE.
579 Vgl. OLG Brandenburg ZInsO 2001, 1102, 1105 zum AnfG.
580 Vgl. RGZ 58, 105, 106 f.
581 HambKommInsO/*Rogge* § 143 Rn. 75; KKInsO/*Mohr* § 143 Rn. 123; vgl. RG LZ 1910, 866, 867 unter 2.
582 Vgl. BGHZ 72, 39, 44 f. = NJW 1978, 1921; zum AnfG RGZ 149, 129, 132.
583 Vgl. BGH NZI 2001, 360, 362 zu einer Basketballbundesliga-Lizenz.
584 HambKommInsO/*Rogge/Leptien* § 143 Rn. 88; KKInsO/*Mohr* § 143 Rn. 125.
585 Vgl. Uhlenbruck/*Borries/Hirte* § 143 Rn. 36; BayObLG SeuffA 44 (1894), Nr. 184 zum AnfG.
586 Vgl. BGH NJW-RR 1988, 840, 841 zum AnfG.
587 HambKommInsO/*Rogge/Leptien* § 143 Rn. 93.

grund einer Zwangsversteigerung nach Maßgabe von § 115 ZVG geltend gemacht werden (→ Rn. 66). Wird ein anfechtbar erlangtes Verpächterpfandrecht ausgeübt, kann der Verpächter sich wegen Verzugs mit der Rückgewähr schadensersatzpflichtig machen.[588]

Hatte der spätere Schuldner an einem eigenen Grundstück in anfechtbarer Weise ein Pfandrecht zur **Sicherung** der Verbindlichkeit eines **Dritten** bestellt, kann es zu einem Wertersatzanspruch regelmäßig nur kommen, wenn der Schuldner der so gesicherten Verbindlichkeit (Anfechtungsgegner) zu der von ihm nach § 143 Abs. 1 Satz 1 vorrangig geschuldeten Freistellung des jetzt massezugehörigen Grundstücks (→ Rn. 65) von den Rechten des Sicherungsnehmers aus finanziellen Gründen nicht in der Lage ist (→ Rn. 103, 109); dann ist der zur Ablösung erforderliche Geldbetrag zu zahlen, doch wird der Durchsetzung eines solchen Ersatzanspruchs meist derselbe wirtschaftliche Mangel entgegenstehen, der schon die Erfüllung der primären Rückgewähr verhindert hat.[589] Wird das Grundstück des Schuldners auf Betreiben des Grundpfandgläubigers zwangsversteigert, können der Insolvenzmasse auch weitergehende wirtschaftliche Nachteile entstehen, insbesondere weil oft ein Mindererlös eintritt; für derartige allgemeine Schäden haftet der Schuldner der durch das Grundpfandrecht gesicherten Verbindlichkeit nur unter dem Gesichtspunkt des Vorenthaltungsschadens, also insbesondere bei einem Verzug mit der Rückgewähr (→ Rn. 83).[590] War trotz des Dreiecksverhältnisses ausnahmsweise die Sicherheitenbestellung gegenüber dem Sicherungsnehmer selbst anfechtbar, hat dieser Rückgewähr in der üblichen Weise zu leisten (→ Rn. 65, 66, 123). Hat eine Erbengemeinschaft in anfechtbarer Weise eine Grundschuld bestellt, die im Innenverhältnis nur den Anteil eines Miterben an der Gemeinschaft verkürzen soll, ist Wertersatz in Höhe dieser Wertminderung zu leisten.[591] 124

e) Anfechtbare Schuldtilgung. Wurde eine Leistung an Erfüllungs statt anfechtbar erbracht, ist deren objektiver Wert zu ersetzen; dieser kann auch größer oder geringer als die Verbindlichkeit sein, zu deren Erfüllung die Leistung hingegeben wurde.[592] Hat der spätere Schuldner eine **fremde Verbindlichkeit** anfechtbar erfüllt und deshalb deren (Dritt-)Schuldner den Wert der erlangten Schuldbefreiung zu ersetzen, schuldet dieser grundsätzlich den vom (Insolvenz-)Schuldner an den Gläubiger gezahlten Betrag; nur wenn der befreite Drittschuldner schon im Zeitpunkt der Leistung des Schuldners nicht bloß vorübergehend zahlungsunfähig und deshalb seine getilgte Verbindlichkeit nicht vollwertig war, kann an deren Gläubiger – statt an seinen Schuldner – eine Erfüllungsleistung unentgeltlich und damit selbst anfechtbar zugewendet worden sein (→ § 134 Rn. 31b). Hat der spätere Schuldner in anfechtbarer Weise eine Schuld getilgt, die zugleich **Umsatzsteuer** umfasste, richtet sich der Rückgewähranspruch auf den Bruttobetrag.[593] Als Folge der Anfechtung sind der vom Anfechtungsgegner zu zahlende Umsatzsteuerbetrag und ggf. der Vorsteuerabzug des Schuldners wegen Uneinbringlichkeit zu berichtigen (§ 17 Abs. 1 Satz 1, 2, Abs. 2 Nr. 1 UStG); für den Insolvenzverwalter sind die sich aus der Berichtigung des Vorsteuerabszugs resultierenden Steuerschulden Masseverbindlichkeiten (§ 55 Abs. 1 Nr. 1).[594] 125

f) Dienst- oder Werkverträge, Gebrauchsüberlassung. Hat der Schuldner in anfechtbarer Weise Dienst- oder Werkleistungen erbracht (→ Rn. 77, 79), die als solche nicht mehr zurückgewährt werden können, ist als Wertersatz dafür grundsätzlich die übliche, hilfsweise die angemessene Vergütung (§§ 612 Abs. 2, 632 Abs. 2 BGB),[595] bei der Überlassung von Arbeitskräften also das übliche Entgelt zu zahlen.[596] Der Wert werkvertraglicher Teilleistungen ist in derselben Weise zu ermitteln wie bei der Aufteilung nach § 105, also vergleichbar der Abrechnung nach einer Vertragskündigung aus wichtigem Grund.[597] 126

Hat der Schuldner durch eigene Leistungen den **Wert** der Sicherheit eines Gläubigers **gesteigert,** ist der Wertzuwachs zu ersetzen, der hierdurch entstanden ist.[598] Bei einer Sicherungsabtretung 127

---

588 KG ZInsO 2006, 1286 f. gewährt Schadensersatz gem. §§ 280 Abs. 3, 281 BGB.
589 HambKommInsO/*Rogge/Leptien* § 143 Rn. 88.
590 Weitergehend *Eckardt* FS Gerhardt (2004), 145, 149.
591 BGHZ 72, 39, 44 f. = NJW 1978, 1921, 1922 f.
592 Vgl. HambKommInsO/*Rogge/Leptien* § 143 Rn. 91; KKInsO/*Mohr* § 143 Rn. 126; BeckOK InsO/*Schoon*[12] § 143 Rn. 32.7.
593 BGH, Beschl. v. 10.2.2011 – IX ZR 80/08 Rn. 5.
594 So BFHE 256, 571 Rn. 16 ff. = NZI 2017, 270.
595 BGHZ 150, 353, 364 = NJW 2002, 2783, 2784; HambKommInsO/*Rogge/Leptien* § 143 Rn. 90; BeckOK InsO/*Schoon*[12] § 143 Rn. 32.10; *Schmitz* ZInsO 2004, 1051, 1052 ff.; vgl. zu § 818 Abs. 2 BGB BGHZ 36, 321, 323 = NJW 1962, 807 Nr. 13; BGHZ 37, 258, 264 = NJW 1962, 2010, 2011; BGHZ 41, 282, 288 = NJW 1964, 1367, 1368; krit. MüKoBGB/*Schwab* § 818 Rn. 82.
596 BGH NZI 2004, 253, 254 f. zu § 10 GesO.
597 Vgl. BGHZ 150, 353, 364 = NJW 2002, 2783, 2784 f.; *Schmitz* ZInsO 2004, 1051, 1052 ff.
598 *Gerhardt,* GS Knobbe-Keuk (1997), S. 169, 180 f.

entspricht er demjenigen Umfang, in welchem die – abgetretene – Forderung gegen den Drittschuldner durch die Leistung des Schuldners im Zeitraum der Anfechtbarkeit werthaltiger geworden ist. Dieser Wert wird nicht nach oben hin begrenzt durch das Ausmaß der Gläubigerbenachteiligung, die im Schuldnervermögen eingetreten ist.[599] Denn nicht der interne Aufwand des Schuldners, sondern das von ihm übertragene Vermögensgut ist zurückzugewähren. Durchweg wird dies nur durch Wertersatz zu leisten sein. Insbesondere kommt bei Werklieferungen eine Aufteilung nach der Minderungsformel (§§ 651, 441 Abs. 3 BGB) in Betracht.[600]

128 **g) Anfechtbare Schuldbegründung.** Wurde eine Schuld des Schuldners anfechtbar begründet und kann deren Gläubiger sie nicht in Natur zurückgewähren – zB weil er seine Forderung anderweitig abgetreten hat –, hat er grundsätzlich deren Wert zu ersetzen. Dieser bestimmt sich danach, was auf die Forderung bereits geleistet wurde und, soweit sie bei der Insolvenzeröffnung noch besteht, nach der Quote, die auf die Forderung aus der Insolvenzmasse zu zahlen ist.[601] Übernimmt der Schuldner die Verbindlichkeit eines Anderen mit befreiender Wirkung (§§ 414, 415 BGB) in anfechtbarer Weise und gelingt diesem die vorrangig geschuldete Freistellung (→ Rn. 78) nicht, hat er der Insolvenzmasse den vollen geschuldeten Betrag zu zahlen; bei einem bloßen Schuldbeitritt richtet sich der Anspruch auf Zahlung an den Gläubiger, solange die Insolvenzmasse noch nicht selbst die Schuld getilgt hat.[602]

129 **h) Mittelbare Zuwendung.** Soweit bei anfechtbaren mittelbaren Zuwendungen, also solchen in einem Dreiecksverhältnis (→ Rn. 32), eine Rückgewähr unmöglich ist, entspricht der stattdessen zu ersetzende Wert im Ansatz demjenigen des vom Schuldner Weggegebenen;[603] denn dies wurde dem Zugriff der Insolvenzgläubiger entzogen. Meist stimmt das mit dem Wert des Erlangten überein,[604] soweit nicht ausnahmsweise die Mittelsperson selbst einen Anteil davon als eigene Vergütung einbehalten sollte; eine solche „Provision" kann ggf. nur durch eine selbständige Anfechtung gegenüber der Mittelsperson zurückgefordert werden. Hat der spätere Schuldner eine Erbengemeinschaft, deren Mitglied er war, veranlasst, zulasten seines Miterbenanteils über ein Nachlassgrundstück in anfechtbarer Weise zugunsten eines Dritten zu verfügen, entspricht der vom Dritten zu ersetzende Wert des Erlangten demjenigen Betrag, um den der Miterbenanteil des Schuldners wirtschaftlich verringert wurde.[605]

130 **i) Nutzungen.** Hat der Anfechtungsgegner aufgrund einer anfechtbaren Rechtshandlung Nutzungen aus dem erlangten Gegenstand tatsächlich **gezogen** (→ Rn. 85 bis 89), wird die Rückgewähr wegen der Natur der gezogenen Früchte oder Gebrauchsvorteile oft unmöglich sein. Zu ersetzen ist dann deren gewöhnlicher Wert, also typischerweise ein angemessenes Nutzungsentgelt für die ganze Dauer der effektiven Nutzung.[606] Welchen Vorteil gerade der Schuldner seinerseits gezogen hätte, ist unerheblich (→ Rn. 86). Soweit der Anfechtungsgegner entsprechend § 987 BGB die Nutzungsvorteile herauszugeben oder zu ersetzen hat, ist damit zugleich die normale gebrauchsbedingte Abnutzung einer Sache abgegolten.[607] Wurde ein **Unternehmen** als solches anfechtbar übertragen (→ Rn. 62), werden die zu ersetzenden Nutzungen nicht durch die Summe der Nutzungswerte der einzelnen Bestandteile begrenzt. Vielmehr können aus dem organischen Verbund auch höhere Nutzungen erzielt werden. Als solche sind grundsätzlich die Gewinne anzusehen, die bei ordnungsmäßiger Geschäftsführung aus dem Unternehmen des späteren Schuldners im bisherigen Zuschnitt – nach Abzug einer angemessenen Vergütung für die Arbeitskraft des Geschäftsführers – hätten erwirtschaftet werden sollen. Ein vom Erwerber etwa erzielter höherer Gewinn ist dann nicht herauszugeben, wenn er wesentlich auf einem persönlichen und/oder finanziellen Einsatz des neuen Geschäftsleiters beruht.[608] Die zu § 37 Abs. 1 KO und § 7 Abs. 1 AnfG aF herrschende Gegenmei-

---

599 *Kirchhof*, FS Uhlenbruck (2000), S. 269, 278; *Beiner/Luppe* NZI 2005, 15, 23.

600 BGHZ 147, 28, 34 = NJW 2001, 3704, 3706; OLG Dresden ZIP 2005, 2167, 2170; vgl. HambKommInsO/*Rogge/Leptien* § 143 Rn. 27.

601 HambKommInsO/*Rogge/Leptien* § 143 Rn. 89; Jaeger/*Henckel* § 143 Rn. 115; BKInsO/*Haas* § 143 Rn. 87.

602 Vgl. Uhlenbruck/*Borries/Hirte* § 143 Rn. 204.

603 Vgl. BGH WM 1955, 407, 410.

604 Jaeger/*Henckel* § 143 Rn. 113; vgl. *Eckardt* FS Gerhardt (2004), 145, 148 f.

605 Vgl. BGHZ 72, 39, 44 f. = NJW 1978, 1921, 1922 f.; Jaeger/*Henckel* § 143 Rn. 121.

606 HambKommInsO/*Rogge/Leptien* § 143 Rn. 94; Jaeger/*Henckel* § 129 Rn. 55; vgl. BGH JR 1954, 460 f.; BKInsO/*Haas* § 143 Rn. 77.

607 Jaeger/*Henckel* § 143 Rn. 130; BKInsO/*Haas* § 143 Rn. 72.

608 HambKommInsO/*Rogge/Leptien* § 143 Rn. 94; Jaeger/*Henckel* § 35 Rn. 10, § 129 Rn. 72; BKInsO/*Haas* § 143 Rn. 78; vgl. *K. Schmidt,* Handelsrecht 5. Aufl., § 6 IV 2, S. 166 f. sowie zu Fällen der Rückgewähr aus ungerechtfertigter Bereicherung BGHZ 63, 365, 368 = NJW 1975, 638, 640; BGH LM § 987 BGB Nr. 3; LM § 818 Abs. 2 BGB Nr. 7; MDR 1962, 556 Nr. 39; NJW 1978, 1578 Nr. 5 (Abwicklung nach Rücktritt); MüKoBGB/*Schwab* § 818 Rn. 33, 35.

nung,[609] die anfechtungsrechtlich nur die Nutzung der einzelnen überlassenen Sachen und Rechte erfassen wollte, belässt den Fortführungswert (inneren Wert) des Unternehmens zu Unrecht beim Anfechtungsgegner; das entspricht nicht dem Ansatz der Insolvenzordnung, die auch die Fortführung oder Verwertung eines Unternehmens als Ganzes bezweckt.

Hat der Anfechtungsgegner schuldhaft Nutzungen **nicht gezogen,** die er bei ordnungsmäßiger Wirtschaft hätte erzielen können (→ Rn. 86), kommt von vornherein nur Wertersatz in Betracht, der nach dem gewöhnlichen Wert der zu ziehenden Nutzungen zu bestimmen ist.[610] Dies gilt insbesondere für Geld, das der Anfechtungsgegner nicht oder nur zu Zinsen unter dem marktüblichen Satz angelegt hat (→ Rn. 89, 119). Erbrachte dagegen der anfechtbar erlangte Gegenstand selbst keine Früchte oder Gebrauchsvorteile, sind solche auch dann nicht zu ersetzen, wenn der Gegenstand nicht in Natur zurückgewährt werden kann, sondern stattdessen Wertersatz zu leisten ist. Der zu diesem Zweck zu zahlende Geldbetrag ist vielmehr erst zu verzinsen, wenn der darauf gerichtete Anfechtungsanspruch rechtshängig geworden oder der Anfechtungsgegner mit dessen Erfüllung in Verzug geraten ist.[611] Bei anfechtbar erworbenen Patenten hat der Anfechtungsgegner neben Wertersatz ggf. Schadensersatz wegen Vorenthaltung zu leisten.[612] 131

j) Verzug mit der Wertersatzleistung. Die Verzugsvorschriften (→ Rn. 16) sind auch auf den Wertersatzanspruch nach § 143 Abs. 1 Satz 2 anzuwenden. Dieser setzt allerdings die Unmöglichkeit der Rückgewähr in Natur voraus (→ Rn. 102 bis 105) und kann deshalb nicht identisch sein mit dem Anspruch auf Schadensersatz wegen Verzugs mit dieser Rückgewähr selbst.[613] Der Anfechtungsgegner muss vielmehr mit der Erfüllung gerade der Wertersatzpflicht nach § 286 BGB in Verzug geraten. Entsprechendes gilt für den Anspruch auf Herausgabe gezogener Nutzungen (→ Rn. 85 bis 89, 130), während für nicht gezogene Nutzungen von vornherein nur Wertersatz geleistet werden kann (→ Rn. 131), so dass es auf den Verzug mit dieser Ersatzleistung ankommt. Der Wertersatzanspruch ist stets auf eine Geldzahlung gerichtet. Die Pflicht zur Verzinsung dieses Ersatzbetrages setzt Verzug (§ 286 BGB) oder Rechtshängigkeit (§ 291 BGB) voraus.[614] Einen den Regelzinssatz von fünf Prozentpunkten über dem Basiszinssatz (→ Rn. 119) übersteigenden Zinsschaden (§ 288 Abs. 4 BGB) muss der Anfechtende besonders dartun; § 352 HGB gilt nicht (→ Rn. 19). 132

VI. Sonderregelungen für Geldschulden (Abs. 1 Satz 3)

Bei der Reform des Anfechtungsrechts ist die ursprüngliche Ausgestaltung der Zinspflichten des Anfechtungsgegners als zu weitgehend empfunden worden. Zum einen bot sie einen Anreiz für den Insolvenzverwalter, Anfechtungsansprüche gegen solvente Anfechtungsgegner erst spät geltend zu machen, um von den weit oberhalb des Kapitalmarktniveaus liegenden Prozesszinsen zu profitieren.[615] Diese Möglichkeit war durch die wesentliche Verlängerung der Verjährung durch Einführung der Regelverjährung (→ § 146 Rn. 3, 9 bis 14) noch einmal wesentlich erweitert worden. Darüber hinaus wurde aber auch die Anwendung von § 987 BGB angesichts der gerade bei § 133 Abs. 1 InsO aF sehr langen Anfechtungszeiträume als unangemessen abgesehen, weil die Summe der Nebenleistungen die Hauptforderung zum Teil sogar übertreffen könnten.[616] Aus diesem Grund gewährt § 143 Abs. 1 Satz 3 Hs. 1 einen Zinsanspruch für **Geldforderungen** nur noch, wenn der Anfechtungsgegner mit der Leistung im Verug ist (§§ 286, 288 BGB) oder der Insolvenzverwalter den Anspruch rechtshängig gemacht hat (§ 291 BGB); darüber hinaus schuldet der Anfechtungsgegner nicht die Herausgabe von Nutzungen (§ 143 Abs. 1 Satz 3 Hs. 2). Der Anwendungsbereich dieser Regelung erfasst nicht nur die Fälle anfechtbarer Geldzahlungen, sondern alle auf Geldzahlung gerichteten Ansprüche aus § 143 Abs. 1, auch soweit sie etwa auf der Pflicht zum Wertersatz für gezogene Nutzungen (→ Rn. 130) oder für die Unmöglichkeit der Rückgewähr in Natur (→ Rn. 102 bis 105) beruhen. Diese Neuregeung gilt auch, wenn das Insolvenzverfahren schon **vor dem 5. April 2017** eröffnet worden ist, beschränkt den Zinsanspruch dann über nur für die Zeit ab diesem Datum (Art. 103j Abs. 2 EGInsO). Daher müssen die Gerichte beim Zinsausspruch nach Zeitabschnitten differenzieren, wenn am 5. April 2017 weder Verzug noch Rechtshängigkeit vorgelegen haben.[617] 133

---

609 BGH WM 1962, 1316 f.; zu § 7 AnfG aF BGH WM 1964, 114, 115 f.; RGZ 70, 226, 227 ff.
610 HKInsO/*Thole* § 143 Rn. 21; HambKommInsO/*Rogge/Leptien* § 143 Rn. 94; BKInsO/*Haas* § 143 Rn. 77.
611 RGZ 24, 141, 145.
612 OLG Celle ZIP 1999, 848; HKInsO/*Thole* § 143 Rn. 20.
613 BGH NJW-RR 1990, 318, 319.
614 RGZ 24, 141, 145; Jaeger/*Henckel* § 143 Rn. 138.
615 So BT-Drs. 18/7054, S. 20 zu § 143 Abs. 1 Satz 3 RegE.
616 So BT-Drs. 18/7054, S. 20 f. zu § 143 Abs. 1 Satz 3 RegE.
617 Vgl. *Piekenbrock* WuB 2018, 409, 410.

VII. Rückgewähr unentgeltlicher Leistungen (Abs. 2)

134 Die verhältnismäßige scharfe – und mittlerweile für Geldforderungen entschärfte (→ Rn. 133) – Haftung des Anfechtungsgegners nach § 143 Abs. 1 Satz 2 beruht auf seiner Gleichstellung mit einem Bereicherungsschuldner, der den Mangel des rechtlichen Grundes von Anfang an kannte (→ Rn. 101). Dagegen hat es der Gesetzgeber bei der Insolvenzrechtsreform für den Rückgewährschuldner einer unentgeltlichen Leistung (§ 134) bei der Rechtsfolge von § 37 Abs. 2 KO belassen, ohne dafür eine eigene Begründung anzugeben.[618] In der Begründung zu § 30 Abs. 2 KO-E 1875 heißt es dazu, es sei „zu hart, wenn der Beschenkte, der bei Annahme des Geschenks in gutem Glauben war und das geschenkt Erhaltene redlich verwendet hat, verpflichtet sein sollte, Alles, was er damals empfangen, späterhin zu erstatten und dadurch in die Lage gebracht werden könnte, den Betrag des Geschenkes aus seinem übrigen, eigenen Vermögen zurückgewähren zu müssen."[619] Da die von § 143 Abs. 1 Satz 2 vorausgesetzte Bösgläubigkeit beim anfechtbaren Erwerb (→ Rn. 101) hier nicht vorliegt, haftet der Empfänger einer unentgeltlichen Leistung grundsätzlich nur wie ein gewöhnlicher Bereicherungsschuldner (§ 143 Abs. 2 Satz 1), solange nicht seine Bösgläubigkeit im Einzelfall festgestellt wird (§ 143 Abs. 2 Satz 2).[620] Durch diese Rechtsfolgenverweisung wird der Anfechtungsanspruch aber nicht etwa insgesamt dem Bereicherungsrecht unterstellt; dessen sonstige Regeln gelten vielmehr nicht (→ Rn. 15).[621]

135 **1. Gemilderte Haftung (Abs. 2 Satz 1). a) Voraussetzung.** Die Haftung wird nach Satz 1 nur gemildert, wenn die Anfechtung **ausschließlich** auf **§ 134 Abs. 1** gestützt wird. Dem stehen die Anfechtung gegen Rechtsnachfolger nach **§ 145 Abs. 2 Nr. 3**[622] und diejenige nach **§ 322** gegen Empfänger von Pflichtteils- oder Auflagenleistungen sowie Vermächtnissen[623] gleich. Als unentgeltlich gilt auch die von einem uneigennützigen Treuhänder erlangte Leistung (→ Rn. 8, 137). Ob den Anfechtungsgegner insoweit etwa an der Handlung, die die Gläubigerbenachteiligung verursacht, ein Verschulden trifft, ist unerheblich, solange dieses nicht selbständig eine Haftung aufgrund anderer Normen begründet. Greift dagegen die Anfechtung gleichzeitig nach anderen Vorschriften durch, ist § 143 Abs. 2 insoweit nicht anzuwenden;[624] ob der Anfechtungsgegner hierbei irrtümlich annahm, eine unentgeltliche Leistung erlangt zu haben, während er tatsächlich eine aus anderen Gründen anfechtbare Deckung erhielt, ist unerheblich (→ Rn. 140).

136 **b) Rechtsfolgen.** § 143 Abs. 2 Satz 1 schränkt nur die Haftung wegen Unmöglichkeit der Rückgewähr des empfangenen Gegenstandes oder wegen dessen Verschlechterung, also auf Wertersatz (→ Rn. 102 bis 132) ein. Aufwendungen, die der Anfechtungsgegner vor dem Empfang der unentgeltlichen Leistung getätigt hat – zB die Einlage in eine betrügerische Anlagegesellschaft, die darauf Scheingewinne auszahlt –, begründen keine Entreicherung.[625] Ob der Anfechtungsgegner die Unmöglichkeit als solche verschuldet hat, ist unerheblich. Soweit dagegen die Leistung des Schuldners in Natur noch vorhanden ist, hat der Anfechtungsgegner sie unabhängig von gutem oder bösem Glauben zurückzugewähren;[626] auf den Zustand einer erlangten Sache kommt es hierfür nicht an.[627] Gleiches gilt, soweit eine Bereicherung tatsächlich noch vorhanden ist; (nur) diese ist, entsprechend § 818 Abs. 3 BGB, herauszugeben.[628] Nutzungen sind also nur insoweit zurückzugewähren, als sie tatsächlich erlangt sind und sich noch im Vermögen des Anfechtungsgegners befinden;[629] demgegenüber entfällt ua eine Ersatzpflicht für nicht gezogene Nutzungen.[630] Bei Geldschul-

---

618 Vgl. BT-Drs. 12/2443, S. 167 zu § 162 Abs. 2 RegE. Dort ist nur von „überzeugenden Gründen" die Rede.

619 Vgl. *Hahn* Materialien S. 152.

620 *Bartels* S. 313.

621 Unklar FKInsO/*Dauernheim* § 143 Rn. 32.

622 BT-Drs. 12/2443, S. 168 zu § 164 Abs. 2 Nr. 3 RegE; vgl. BGH NJW 2002, 1342, 1343 f.

623 Vgl. Jaeger/*Henckel* § 143 Rn. 153; BKInsO/*Haas* § 143 Rn. 98.

624 FKInsO/*Dauernheim* § 143 Rn. 33; Nerlich/Römermann/*Nerlich* § 143 Rn. 58; HKInsO/*Thole* § 143 Rn. 26; Jaeger/*Henckel* § 143 Rn. 154; BKInsO/*Haas* § 143 Rn. 98; Gottwald/*Huber,* InsO-HdB § 52 Rn. 20.

625 BGH NJW 2010, 2125 Rn. 7 ff., *Bitter/Heim* ZIP 2010, 1569, 1575 f.

626 BGH NZI 2010, 295 Rn. 15; BKInsO/*Haas* § 143 Rn. 98 f.; vgl. OLG Hamburg KTS 1985, 556, 558 zum AnfG.

627 Vgl. BGH NJW 1962, 1909, 1910.

628 BGH NZI 2010, 295 Rn. 15; HambKommInsO/*Rogge/Leptien* § 143 Rn. 96; vgl. OLG Hamburg KTS 1985, 556, 558 (Werterhöhungen an einem Hausgrundstück); Jaeger/*Henckel* § 143 Rn. 153.

629 BKInsO/*Haas* § 143 Rn. 99; *Heim,* Schenkungsanfechtung bei Auszahlungen im verdeckten Schneeballsystem (2011), S. 260 f.; vgl. Uhlenbruck/*Borries/Hirte* § 143 Rn. 62a und zu § 818 BGB BGH NJW 1999, 2890, 2891 f. (Zinsen).

630 BT-Drs. 12/2443, S. 167 zu § 162 Abs. 2 Satz 1 RegE; Nerlich/Römermann/*Nerlich* § 143 Rn. 63b; Jaeger/*Henckel* § 143 Rn. 143.

den kommt auch dem Empfänger einer unentgeltichen Leistung die Neuregelung von § 143 Abs. 1 Satz 3 (→ Rn. 133) zugute, weil § 143 Abs. 2 Satz 1 nur eine Einschränkung von § 143 Abs. 1 Satz 2 darstellt. Wer durch Zahlungen des Schuldners auf eine für sich nicht (mehr) anfechtbare Lebensversicherung als Dritter unentgeltlich begünstigt wird, muss nur den Zuwachs des Rückkaufswerts in anfechtbarer Zeit erstatten, solange er gutgläubig ist.[631] Hatte ein geschäftsunfähiges Kind einen Gegenstand anfechtbar erlangt, aber sein gesetzlich vertretender Elternteil das Erlangte für eigene Zwecke verbraucht, beschränkt sich die Haftung des Kindes – aus Gründen des Minderjährigenschutzes unabhängig vom Rechtsgrund der Anfechtbarkeit – auf die noch vorhandene Bereicherung; dazu gehört auch ein dem Kind gegen den gesetzlichen Vertreter wegen Verletzung der elterlichen Sorgepflicht nach §§ 1626 Abs. 1, 1664 BGB etwa zustehender Schadensersatzanspruch.[632] Die Beweislast für den Bereicherungswegfall trifft den Anfechtungsgegner (→ Rn. 176).

Eine Bereicherung ist regelmäßig **nicht** mehr vorhanden, wenn der empfangene Gegenstand 137
untergegangen ist oder vom Empfänger verschenkt wurde. Hat dieser jedoch im Wege gesetzlicher Surrogation Wertersatz erlangt, ist der Ersatzwert – soweit noch vorhanden – herauszugeben.[633] Leistet der Anfechtungsgegner im Falle konkurrierender Deckungs- und Zuwendungsanfechtungen (→ Rn. 6) auf die Deckungsanfechtung, kann er sich gegenüber einer Zuwendungsanfechtung – nach § 134 – auf den Wegfall der Bereicherung berufen.[634] Nach rechtsgeschäftlicher Veräußerung des anfechtbar Erlangten ist nicht der Erlös als solcher herauszugeben, sondern höchstens der Verkehrswert zu ersetzen; ein Mehrbetrag verbleibt beim Anfechtungsgegner.[635] Ist der als Ersatz erlangte Anspruch gegen einen Dritten wegen dessen Vermögenslosigkeit wertlos, ist die Bereicherung insgesamt weggefallen.[636] Dementsprechend ist ein erlangter Geldbetrag untergegangen, wenn er von einem vermögenslosen Vertreter des Empfängers unterschlagen wurde[637] oder wenn dieser damit („Luxus-")-Aufwendungen ohne bleibenden wirtschaftlichen Wert getätigt hat, die er ohne die unentgeltlichen Zuwendungen unterlassen hätte.[638] Hatte der Schuldner dem Anfechtungsgegner ein Grundstück geschenkt und hat dieser es sodann zugunsten des Schuldners belastet, ist er in diesem Umfang entreichert.[639] Hat ein uneigennütziger Treuhänder (→ Rn. 135) das Treugut bestimmungsgemäß verwendet, ist er insoweit regelmäßig nicht mehr bereichert;[640] anders verhält es sich, soweit er schon das Treugut selbst anfechtbar erlangt hat.[641] Hatte der Schuldner unentgeltlich Aufwendungen auf ein Grundstück des Anfechtungsgegners erbracht, entfällt dessen Bereicherung, soweit der Verkehrswert des Grundstücks dadurch nicht (mehr) erhöht ist.[642]

Dagegen ist der Empfänger noch **bereichert,** soweit er durch die Weggabe des Empfangenen 138
notwendige Ausgaben aus eigenem Vermögen erspart[643] oder eigene Schulden getilgt hat,[644] insbesondere also, wenn die angefochtene Zuwendung in der unentgeltlichen Tilgung von Schulden des Anfechtungsgegners bestand.[645] Hat der Anfechtungsgegner eigene Schulden getilgt, „kommt eine Entreicherung nur in Betracht, wenn der Empfänger substantiiert darlegt und beweist, dass und wofür genau er seine durch die Verwendung der unentgeltlichen Leistung zur Schuldtilgung freigewordenen Mittel anderweitig ausgegeben hat, dass er hierdurch keinen bleibenden Vorteil erlangt hat und

631 *Thiel* ZIP 2002, 1232, 1235.
632 BFHE 206, 217, 221 ff. = NJW 2004, 3510, 3511.
633 HambKommInsO/*Rogge/Leptien* § 143 Rn. 96; vgl. KPB/*Jacoby* § 143 Rn. 69; BKInsO/*Haas* § 143 Rn. 99.
634 OLG Dresden ZIP 2009, 1173, 1175 f.
635 Nerlich/Römermann/*Nerlich* § 143 Rn. 63; *Heim,* Schenkungsanfechtung bei Auszahlungen im verdeckten Schneeballsystem (2011), S. 260 f.; zu § 818 BGB vgl. RGZ 86, 343, 347. Wegen der milderen Haftung gilt § 285 BGB (→ Rn. 100) noch nicht.
636 Vgl. BGHZ 72, 9, 13 = NJW 1978, 2149, 2150; BGH LM § 820 BGB Nr. 1; NJW 1993, 648, 652; OLG Frankfurt NJW-RR 1995, 1348 f.
637 Vgl. OLG Hamm NJW 1981, 993 f.
638 BGH NJW 2010, 2125 Rn. 10; *Bitter/Heim* ZIP 2010, 1569, 1574 f.
639 OLG Nürnberg ZInsO 2008, 1985 f. Die Belastung kommt unmittelbar der Insolvenzmasse zugute!.
640 BGHZ 142, 284, 289 f. = NJW 1999, 3636, 3637; FG Rheinland-Pfalz EFG 2002, 1137, 1138 zum AnfG; vgl. BGHZ 124, 298, 302 f. = NJW 1994, 726, 727.
641 BGHZ 193, 129 Rn. 30 ff. = NJW 2012, 1959. Jedoch geht dieses Urteil zu weit, indem es die Aussage in BGHZ 124, 298 ff. = NJW 1994, 726 insgesamt „aufgeben" will. Denn in dem früheren Fall war die für eine Vorsatzanfechtung nötige Kenntnis der minderjährigen und selbst gutgläubigen „Treuhänderin" *nicht* dargetan, während die für sie handelnden Eltern – als Schuldner – ihre Vertretungsmacht missbraucht hatten.
642 BGH NJW 1980, 1580, 1581.
643 RG LZ 1910, 558, 559; HambKommInsO/*Rogge/Leptien* § 143 Rn. 97; Jaeger/*Henckel* § 143 Rn. 160; *Heim,* Schenkungsanfechtung bei Auszahlungen im verdeckten Schneeballsystem (2011), S. 252 f.
644 BGH NZI 2010, 295 Rn. 15; RG JW 1936, 717 Nr. 3 Leits.; vgl. auch BGHZ 118, 383, 386 f. = NJW 1992, 2415, 2416.
645 Vgl. BGH NJW 1985, 2700; OLG Hamm ZInsO 2002, 195, 197 und zur Verringerung des Sollsaldos bei der Empfängerbank BGH NJW 1996, 926.

diese anderweitige Verwendung der freigewordenen Mittel ohne die – nunmehr angefochtene – unentgeltliche Leistung des Schuldners unterblieben wäre".[646] Hat der Anfechtungsgegner nur aufgrund des Erlangten zB Arbeitskräfte eingestellt und bezahlt, bleibt er um deren Dienstleistungen bereichert, sofern sie nicht wertlos waren.[647] Eine Saldierung mit Gegenansprüchen, die nicht in einem echten Gegenseitigkeitsverhältnis zur angefochtenen Leistung stehen – konkret: Auszahlung von Scheingewinnen gegenüber dem Anspruch auf Rückzahlung von Einlagen – ist unzulässig.[648] Erst recht sind etwaige Gegenansprüche des Anfechtungsgegners nicht im Rahmen seiner Bereicherung, sondern allenfalls im Wege der Aufrechnung (→ Rn. 16) zu berücksichtigen.

139 Hat ein Schuldner (anfechtbar) überhöhte Zahlungen an unterhaltsberechtigte Angehörige erbracht, kann ein ihrem Unterhaltsbedarf entsprechender Anteil als Entreicherung abgezogen werden, sofern nicht auf andere Weise für ihren Unterhalt gesorgt war.[649] Wurde das Empfangene für den notwendigen **Lebensunterhalt** ausgegeben, liegt nur bei beengten wirtschaftlichen Verhältnissen die Annahme nahe, dass eigene finanzielle Mittel nicht erspart wurden.[650] Eine Ersparnis entfällt bei außergewöhnlichen Luxusausgaben.[651]

140 Soweit der Wert des Erlangten noch im Vermögen des Anfechtungsgegners vorhanden ist, mindert sich seine Bereicherung durch etwaige steuerliche Belastungen aufgrund Erwerbs des Anfechtungsguts[652] sowie durch Aufwendungen im Zusammenhang mit dem Erwerb.[653] Hatte der Anfechtungsgegner in der Annahme, eine rechtswirksame Verpflichtung zu erfüllen, auf eine objektiv rechtsgrundlos empfangene Leistung eine Gegenleistung erbracht, ist er in diesem Umfang entreichert.[654] Da der Bereicherungsschuldner zur Herausgabe nur an demjenigen Ort verpflichtet ist, an dem sich der Gegenstand befindet, darf er unvermeidliche Kosten des Rücktransports abziehen.[655] Verwendungen auf ein Grundstück sind über die Grenzen von §§ 994 ff. BGB hinaus (→ Rn. 90 bis 96) zu berücksichtigen.[656] Eine politische Partei muss die Verwendung angefochtener Spendengelder substanziiert darlegen;[657] hat sie eine Spende für Wahlkampfzwecke ausgegeben, ist sie nur insoweit bereichert, als sie damit Aufwendungen aus eigenen Mitteln erspart oder eine entsprechende Wahlkampfkostenerstattung erhalten hat.[658] Die Bereicherung soll auch weggefallen sein, soweit das gesamte Aktivvermögen des Empfängers inzwischen nicht mehr die Rückgewährforderung deckt;[659] denn er soll nicht infolge der Zuwendung in Schulden geraten. Eine Bereicherung liegt ferner nicht vor, wenn der Zuwendungsempfänger mit dem Erlangten Verbindlichkeiten des Schuldners selbst erfüllt hat.[660] Dagegen ist ein Anleger, der Scheingewinne ausbezahlt erhält, um diese nicht deswegen enteichert, weil er infolgedessen möglicherweise seine Anlage nicht zurückfordert; eine solche rein hypothetische Verhaltensweise ist unerheblich.[661]

141 **2. Haftung nach Normalmaß (Abs. 2 Satz 2).** Nach § 143 Abs. 2 Satz 2 wird der Empfänger der unentgeltlichen Leistung zu Recht nicht mehr begünstigt, sobald er weiß oder „den Umstän-

---

646 So BGH NZI 2017, 31 Rn. 18.
647 Vgl. BGH VersR 1989, 943, 944.
648 BGH NJW 2010, 2125 Rn. 7 ff.; *Heim,* Schenkungsanfechtung bei Auszahlungen im verdeckten Schneeballsystem (2011), S. 257 f.
649 RG LZ 1910, 558, 559.
650 Bejahend BGH NJW 1981, 2183, 2184; NJW 1984, 2095, 2096; OLG München ZInsO 2011, 135, 138; einschränkend BAG NJW 1994, 2636, 2638; RG LZ 1910, 558, 559.
651 Vgl. BGH MDR 1959, 109 f.; NZI 2017, 31 Rn. 21; Jaeger/*Henckel* § 143 Rn. 161; vgl. *Heim,* Schenkungsanfechtung bei Auszahlungen im verdeckten Schneeballsystem (2011), S. 247 ff.
652 Vgl. BGH NJW 1970, 2059 f.; NJW-RR 1992, 558, 560; NJW 2010, 2125 Rn. 14; RGZ 170, 65, 67 f.; *Bitter/Heim* ZIP 2010, 1569, 1576.
653 Vgl. RGZ 72, 1, 4 (zum AnfG); OLG München NZI 2009, 808, 809; OLG Jena ZInsO 2009, 726, 728; abgrenzend BGH NJW 1981, 277, 278. Entgegen *R. Paulus* ZInsO 2010, 315, 320 f. handelt es sich insoweit nicht um eine Aufrechnung, sondern um eine Saldierung kraft Gesetzes.
654 Vgl. *Heim,* Schenkungsanfechtung bei Auszahlungen im verdeckten Schneeballsystem (2011), S. 267 ff.
655 Vgl. RGZ 96, 345, 347.
656 Vgl. BGH WM 1972, 564 f.; NJW 1980, 1789, 1790; vgl. Nerlich/Römermann/*Nerlich* § 143 Rn. 34; ferner BGHZ 137, 314, 316 ff. = NJW 1998, 989, 990 f.
657 OLG Celle ZIP 2009, 1551 f.
658 Jaeger/*Henckel* § 143 Rn. 160; Uhlenbruck/*Borries/Hirte* § 143 Rn. 62a; aA FKInsO/*Dauernheim* 143 Rn. 35.
659 Vgl. BGH LM § 818 Abs. 3 BGB Nr. 7; aA Palandt/*Sprau* § 812 Rn. 42; MüKoBGB/*Schwab* § 818 Rn. 159; *Heim,* Schenkungsanfechtung bei Auszahlungen im verdeckten Schneeballsystem (2011), S. 256.
660 HambKommInsO/*Rogge/Leptien* § 143 Rn. 97; Jaeger/*Henckel* § 143 Rn. 159 aE; vgl. BGH NJW 1970, 44, 46; RGZ 92, 227, 229 zu § 32 KO.
661 *Bitter/Heim* ZIP 2010, 1569, 1575 f.; *Heim,* Schenkungsanfechtung bei Auszahlungen im verdeckten Schneeballsystem (2011), S. 386 f.; aA *Riesenkampff/Schuba* NJW 2010, 571, 574.

den nach wissen muss“, dass die unentgeltliche Leistung die Gläubiger benachteiligt. Damit tritt die Haftungsverschärfung – anders als bei § 819 Abs. 1 BGB – nicht erst bei positiver Kenntnis ein. Vielmehr genügt es – auch mit Blick auf § 130 Abs. 2 –, dass der Empfänger der unentgeltlichen Leistungen Umstände kennt, „die mit auffallender Deutlichkeit dafür sprechen und deren Kenntnis auch einem Empfänger mit durchschnittlichem Erkenntnisvermögen ohne gründliche Überlegung die Annahme nahe legt, dass die Befriedigung der Gläubiger infolge der Freigiebigkeit verkürzt wird“.[662] Die Benachteiligung kennt aber auch, wer weiß, dass das Vermögen des späteren Schuldners nicht mehr ausreicht, um alle Verbindlichkeiten zu erfüllen, dass er also **überschuldet** (§ 19) ist; denn dass unter dieser Voraussetzung jede unentgeltliche Weggabe von Vermögen die Befriedigungsaussichten der anderen Gläubiger weiter schmälert (→ § 134 Rn. 43), liegt idR auf der Hand. Etwas anderes gilt nur, wenn die rechnerische Überschuldung ausschließlich auf nachrangigen Forderungen iSv § 39 Abs. 1 Nr. 5 beruht, die nach Maßgabe von § 19 Abs. 2 Satz 2 im Überschuldungsstatut zu passivieren sind. Diese Ausnahme lässt sich damit begründen, dass diese Gläubiger im Verfahren noch hinter den Anfechtungsgegnern nach § 134 zu befridigen sind (→ § 144 Rn. 8). Ein regelmäßiges Indiz für die Überschuldung ist nicht nur die **Zahlungsunfähigkeit** (§ 17) des Leistenden,[663] sondern auch schon seine **drohende** Zahlungsunfähigkeit iSv § 18.[664] Die Vorschrift mag entsprechend eingreifen, falls sich der Anfechtungsgegner zunächst über die Unentgeltlichkeit schuldlos geirrt hatte aber später davon erfährt (→ Rn. 135).

Die Zurechnung dessen, was der Leistungsempfänger den Umständen nach „wissen muss“, 142
deutet auf den Maßstab **einfacher Fahrlässigkeit** iSv § 276 Abs. 2 BGB hin.[665] Für die Gegenmeinung, die dem Empfänger allgemein nur grobe Fahrlässigkeit schaden lassen will,[666] bietet die jetzige Gesetzesfassung keine hinreichende Grundlage. § 37 Abs. 2 KO setzte zwar ausdrücklich „Gutgläubigkeit“ des Empfängers voraus, was in der Rechtslehre erst zuletzt iSv § 932 Abs. 2 BGB verstanden wurde.[667] Eine gefestigte Praxis gab es aber, in Ermangelung einschlägiger Rechtsprechung,[668] nicht. Die Insolvenzrechtskommission sah zwar eine entsprechende ausdrückliche Regelung vor.[669] § 152 Abs. 2 Satz 2 DiskE/RefE und § 162 Abs. 2 Satz 2 RegE haben diesen Vorschlag jedoch nicht übernommen. Vielmehr haben sie das Wissen oder Wissenmüssen nur dahin näher definiert, dass es sich gerade auf den Eintritt einer objektiven Gläubigerbenachteiligung beziehen müsse;[670] ein weitergehender Schutz der Anfechtungsgegner wurde schon durch die zulasten der Anfechtenden geänderte Beweislast bewirkt.[671] Indem das Gesetz nicht mehr, wie noch § 37 Abs. 2 KO, auf „Gutgläubigkeit“ des Empfängers abstellt, sondern die „Unredlichkeit“ autonom definiert, fehlt für eine entsprechende Anwendung des § 932 Abs. 2 BGB die Grundlage. Auch der Gesetzeszweck von § 143 Abs. 2 Satz 2 unterscheidet sich von dem in § 932 BGB. Diese Norm dient allgemein dem sachenrechtlichen Verkehrsschutz, dagegen die Ausnahmeregelung in § 143 Abs. 2 nur dem Schutz einer an der anfechtbaren Handlung selbst beteiligten einzelnen Person.

Die neue gesetzliche Fassung lehnt sich eher an diejenige in § 10 Abs. 1 Nr. 4 GesO und § 130 143
Abs. 2 an, wie diese später Gesetz geworden ist. Danach müssen dem Empfänger der unentgeltlichen Leistung die **tatsächlichen** Umstände, die auf die Gläubigerbenachteiligung hinweisen, **bekannt** sein; eine **Erkundigungspflicht** obliegt ihm regelmäßig **nicht.**[672] Insoweit ist dieser Maßstab im

---

662 So BGH NZI 2017, 71 Rn. 15, dort zur Kenntnis des Steuerfiskus; vgl. entsprechend schon BGH NZI 2016, 690 Rn. 18, dort zu einem Abschiedsbrief des Erblassers, aus dem sich die Überschuldung des Nachlasses ergab.

663 Zur Zahlungseinstellung als Anknüpfungspunkt vgl. RGZ 92, 227, 229; Jaeger/*Henckel* § 143 Rn. 156.

664 Vgl. LG Mönchengladbach NJW-RR 1992, 1514, 1515.

665 OLG Rostock NZI 2008, 438, 439; dazu Uhlenbruck/*Borries/Hirte* § 143 Rn. 59; KKInsO/*Mohr* § 143 Rn. 302; AGR/*Gehrlein* § 143 Rn. 31; Gottwald/*Huber*, InsO-HdB § 52 Rn. 21; *Mauer*, Anfechtungsprozess Rn. 508; für das geltende Recht wohl auch Jaeger/*Henckel* § 143 Rn. 155; *Gerhardt*, FS Brandner (1996), S. 605, 608.

666 HKInsO/*Thole* § 143 Rn. 28, 30; Nerlich/Römermann/*Nerlich* § 143 Rn. 60; Braun/*de Bra* § 143 Rn. 20; BKInsO/*Haas* § 143 Rn. 101 f.; RSZ/*Zeuner* § 143 Rn. 19; BeckOK InsO/*Schoon*[12] § 143 Rn. 38.1.

667 *Kuhn/Uhlenbruck* § 37 Rn. 36; *Jaeger/Henckel* KO § 37 Rn. 129, anders aber noch *Jaeger/Lent*, KO 8. Aufl. § 37 Rn. 26 („wenn der Bedachte weiß oder den Umständen nach wissen muss“); *Kilger/K. Schmidt* § 37 Anm. 13b, anders noch *Kilger*, KO 15. Aufl. § 37 Anm. 13b („wenn der Empfänger weder weiß noch den Umständen nach wissen muss“).

668 Die einzige bekannt gewordene Gerichtsentscheidung (OLG Hamburg KTS 1985, 556, 558) grenzte entsprechend der jetzt Gesetz gewordenen Fassung ab („weder weiß noch den Umständen nach annehmen muss“).

669 So 1. KommBer, LS 5.12 Abs. 6.

670 BT-Drs. 12/2443, S. 168 zu § 162 RegE; vgl. *Gehrlein*, FS Ganter (2010), S. 169, 187.

671 Vgl. zur ganzen Thematik Uhlenbruck/*Borries/Hirte* § 143 Rn. 59.

672 KPB/*Jacoby* § 143 Rn. 72; vgl. auch *Mylich* AG 2011, 765, 769.

Ansatz sogar strenger als derjenige der groben Fahrlässigkeit. Nur soweit dem Erwerber Tatsachen bekannt sind, die objektiv auf den Eintritt einer Gläubigerbenachteiligung hinweisen, schadet ihm schon jede fahrlässige rechtliche Fehlbewertung hinsichtlich dieses Umstandes.[673] Eine normale Einsichtsfähigkeit ist auch dem Empfänger unentgeltlicher Leistungen zuzumuten. Hat ein Gesellschafter unentgeltliche Leistungen von seiner Gesellschaft erhalten, dürfen an seine Kenntnis von deren wirtschaftlicher Lage keine hohen Anforderungen gestellt werden.[674] Entsprechendes mag oft für nahestehende Personen iSv § 138 zutreffen. Ein wesentlicher, erkennbarer Anhaltspunkt für die Gläubigerbenachteiligung liegt insbesondere vor, wenn der Empfänger weiß, dass er das letzte werthaltige Vermögensstück des zahlungsschwachen Schuldners erhält.[675] Erkennbare praktische Bedeutung hat der Verschuldensmaßstab aber in der Vergangenheit nicht erlangt.

144 In zeitlicher Hinsicht schadet jede Kenntnis oder das Kennenmüssen im gesamten Zeitraum zwischen dem **Empfang der Leistung bis** hin zum Eintritt der **Unmöglichkeit** oder Verschlechterung, für die der Empfänger ggf. haften soll.[676] Gegen ihn greifen die normalen Zurechnungsmaßstäbe also nicht nur ein, wenn er den Eintritt der Gläubigerbenachteiligung schon im Zeitpunkt des Leistungsempfangs kannte oder kennen musste, sondern auch dann, wenn ihm die aussagekräftigen tatsächlichen Umstände (→ Rn. 142) zwar später, aber vor Eintritt der Unmöglichkeit oder Verschlechterung bekannt wurden; dann kann er vom Zeitpunkt dieser Kenntnis an nach Maßgabe des Abs. 1 haften.[677] Die volle Haftung trifft ihn ferner in jedem Falle entsprechend § 818 Abs. 4 BGB vom Zeitpunkt der Rechtshängigkeit des Rückgewähranspruchs an.[678]

145 Sobald der Empfänger der unentgeltlichen Leistung deren gläubigerbenachteiligende Wirkung kennt oder kennen muss,[679] haftet er uneingeschränkt nach Maßgabe von § 143 Abs. 1 Satz 2, 3 (→ Rn. 102 bis 132). Andererseits begrenzt der Zeitpunkt der Unmöglichkeit oder Verschlechterung den größten Umfang des vom Anfechtungsgegner zu leistenden Wertersatzes; etwaige spätere Wertsteigerungen bleiben, vorbehaltlich der Verzugsvorschriften, außer Betracht.[680]

VIII. Haftung von Gesellschaftersicherheiten (Abs. 3)

146 § 143 Abs. 3 gilt speziell für die Rückgewähr von Leistungen, die (nur) nach § 135 Abs. 2 anfechtbar sind; auf andere Anfechtungstatbestände ist die Regelung auch nicht entsprechend anzuwenden.[681] Die Vorschrift setzt einen solchen Anfechtungsanspruch voraus, begründet also regelmäßig nicht selbst eine Anspruchsgrundlage (→ Rn. 151). Sie erklärt sich daraus, dass § 135 Abs. 2 ein **Dreiecksverhältnis** zwischen der (insolvent werdenden) Gesellschaft als Darlehensnehmerin, ihrem (eine Sicherheit bestellenden) Gesellschafter und ihrem (gesicherten) Darlehensgeber regelt. Die Schuldtilgung diesem gegenüber vor der Insolvenzeröffnung ist nicht nach § 135 anfechtbar; § 44a greift erst danach ein. Daher kann keine Rede davon sein, der Gesellschafsgläubiger solle angehalten werden, „in erster Linie Befriedigung aus der von dem Gesellschafter erbrachten Sicherung zu suchen."[682] Hingegen erfasst die Anfechtung selbständig die Auslösung der vom Gesellschafter gestellten Sicherheit, soweit sie im Umfang der aus Mitteln der Schuldnergesellschaft herbeigeführten Darlehenstilgung zugunsten des Gesellschafters frei wird. Daher richtet sich der **Anfechtungsanspruch gegen den** durch die Tilgung der besicherten Forderung mittelbar begünstigten **Gesellschafter,** der seinen Regressanspruch, wie als Darlehensgeber, im Insolvenzverfahren nur im Rang nach § 39 Abs. 1 Nr. 5 geltend machen kann (→ § 144 Rn. 14). § 144 Abs. 3 regelt nur den Inhalt der Rückgewährpflicht gemäß § 143 Abs. 1 Satz 1, verdrängt aber nicht die Folgen von § 143 Abs. 1 Satz 2, 3.[683]

147 Als Ausgleich für die Verringerung des Gesellschaftsvermögens durch die Schuldtilgung hat der **Gesellschafter** vorrangig diejenige Leistung zur Insolvenzmasse der Gesellschaft zu erstatten, welche

---

673 Ebenso für die vergleichbare Formulierung in § 10 Abs. 1 Nr. 4 GesO BGH NJW-RR 1999, 272, 274.

674 *Haas* ZIP 2006, 1373, 1380.

675 Vgl. OLG Kiel JW 1931, 2171, 2172 zum AnfG.

676 BGH NJW 1983, 1738, 1739 zum AnfG; vgl. RGZ 92, 227, 229; BeckOK InsO/*Schoon*[12] § 143 Rn. 38.

677 BT-Drs. 12/2443, S. 168 zu § 162 RegE; zum AnfG BGH NJW 1983, 1738, 1739 (insoweit nicht in BGHZ 87, 166); Nerlich/Römermann/*Nerlich* § 143 Rn. 61; *M. Zeuner,* Anfechtung Rn. 323; Jaeger/*Henckel* § 143 Rn. 157, 162; Gottwald/*Huber,* InsO-HdB § 52 Rn. 21; vgl. BGH WM 1956, 703, 706; RGZ 92, 227, 229; OLG Hamburg KTS 1985, 556, 558 zu § 7 AnfG aF.

678 BGH WM 1956, 703, 706; FKInsO/*Dauernheim* § 143 Rn. 35; Jaeger/*Henckel* § 143 Rn. 163; vgl. BKInsO/*Haas* § 143 Rn. 102 aE.

679 Vgl. *Heim,* Schenkungsanfechtung bei Auszahlungen im verdeckten Schneeballsystem (2011), S. 256.

680 Jaeger/*Henckel* § 143 Rn. 162.

681 OLG Düsseldorf ZIP 2018, 36, 40.

682 So aber § 135 Rn. 37 (*Gehrlein*).

683 KPB/*Jacoby* § 143 Rn. 82.

diese dem Darlehensgeber („Dritten") gewährt hatte (**§ 143 Abs. 3 Satz 1**); erfasst werden auch Nebenleistungen wie Zinsen und Kosten, soweit sich die Sicherheit darauf erstreckt hat.[684] Dieser Anspruch entfällt nicht dadurch, dass der Darlehensgeber den Gesellschafter (Anfechtungsgegner) zB aus einer von diesem übernommenen Bürgschaft entlässt.[685] Den Einwand der Anfechtbarkeit kann der Insolvenzverwalter auch gegenüber einem auf das Sicherungsrecht gestützten Absonderungsverlangen des Gesellschafters geltend machen.[686]

§ 143 Abs. 3 Satz 2 begrenzt die Erstattungspflicht des Gesellschafters (→ Rn. 147) auf die Höhe der von ihm gestellten Sicherheit, weil der Gesellschafter nur in dieser Höhe von der Leistung der Gesellschaft profitiert hat. Im Falle einer Bürgschaft des Gesellschafters ist dies der regelmäßig vereinbarte Höchstbetrag im Zahlungszeitpunkt,[687] der nicht durch Zinsen und Kosten für die Hauptforderung gegen die Gesellschaft überschritten werden kann (vgl. § 767 Abs. 2 BGB).[688] Bei dinglichen Sicherheiten ist deren Wert im Zeitpunkt der Rückzahlung maßgeblich.[689] Besteht die Sicherheit ohne Höchstbetrag am ganzen Pfandgegenstand, ist – vorbehaltich eines etwaigen Nachrangs – auf den **Wert des Pfandgegenstandes** abzustellen. Bei betragsmäßig bestimmten dinglichen Sicherheiten und insbesondere bei Grundpfandrechten ist der **Nominalbetrag der Sicherheit** – ggf. zuzüglich dinglicher Zinsen – maßgeblich, soweit der Wert des Pfandgegenstandes nicht dahinter zurückbleibt. Werden nachrangige Gesellschaftersicherheiten frei, ist der Wert der vorrangigen Rechte abzuziehen. Hat die Gesellschaft das Darlehen nur **teilweise** zurückgezahlt, ist der Gesellschafter lediglich insoweit zur Leistung an die Gesellschaft verpflichtet, als der zu erstattende Betrag zusammen mit ihrer Restschuld, für die der Gesellschafter weiter haftet, nicht die Bürgschaftssumme[690] bzw. den Wert der Sachsicherheit[691] übersteigt. Denn anderenfalls könnte der Gesellschafter künftig noch zu einer Leistung herangezogen werden, die höher ist als seine Sicherungspflicht gegenüber der Gesellschaft. 148

§ 143 Abs. 3 Satz 3 räumt dem Gesellschafter (Anfechtungsgegner) das Recht ein, sich von seiner Zahlungspflicht dadurch zu befreien, dass er die Sicherungsgegenstände im Umfang ihrer Haftungder Insolvenzmasse zur Verfügung stellt.[692] Diese **Ersetzungsbefugnis,** die der Gesellschafter ausüben kann, aber nicht muss,[693] kann sich nur auf **Realsicherheiten** beziehen. Ist die Überlassung unmöglich, bleibt der Gesellschafter zur Zahlung verpflichtet.[694] Sein Angebot muss inhaltlich sicherstellen, dass der Insolvenzverwalter die Gegenstände in dem Umfange, wie sie für die Darlehensschuld haften, alsbald rechtswirksam verwerten kann. Macht der Gesellschafter von seiner Ersetzungsbefugnis ordnungsgemäß Gebrauch, wird er von seiner persönlichen Erstattungspflicht in vollem Umfang frei.[695] Die Verwertung unterliegt den in § 143 Abs. 3 Satz 2 bestimmten Beschränkungen (→ Rn. 148); übersteigt der Verwertungserlös den zu erstattenden Betrag, ist der Überschuss an den Gesellschafter herauszugeben.[696] Im Falle einer **Personalsicherheit,** insbeson- 149

[684] Graf-Schlicker/*Huber* § 143 Rn. 31; KKInsO/*Mohr* § 143 Rn. 308; RSZ/*Zeuner* § 143 Rn. 29a; Ulmer/Habersack/Löbbe/*Habersack*, 2. Aufl. 2014, Anh. § 30 Rn. 164; Baumbach/Hueck/*Fastrich,* GmbHG 21. Aufl. Anh. § 30 Rn. 108; vgl. HambKommInsO/*Schröder* § 135 Rn. 49; weitergehend noch *Roth/Altmeppen,* GmbHG 7. Aufl. § 32b Rn. 18 (nicht mehr kommentiert in der 8. Aufl. 2015, vgl. aber jetzt Anh. § 30 Rn. 182).

[685] HKInsO/*Thole* § 143 Rn. 37; vgl. BGH ZIP 1997, 1648, 1650 f.

[686] Vgl. BGHZ 133, 298, 306 f. = NJW 1996, 3203, 3205 zu § 32a GmbHG aF.

[687] HambKommInsO/*Schröder* § 135 Rn. 50; zu § 32b GmbHG aF BGH NJW 1990, 2260 f.; Ulmer/Habersack/Löbbe/*Habersack*, 2. Aufl. 2014, Anh. § 30 Rn. 165; *Scholz/Bitter,* GmbHG 12. Aufl. (2018), Anh. § 64 Rn. 288 f.

[688] Vgl. nur BGHZ 151, 374, 380 ff. = NJW 2002, 3167, 3169.

[689] HKInsO/*Thole* § 143 Rn. 38; Ulmer/Habersack/Löbbe/*Habersack*, 2. Aufl. 2014, Anh. § 30 Rn. 165; *Scholz/Bitter,* GmbHG 12. Aufl. (2018), Anh. § 64 Rn. 292; SBL/*Stodolkowitz/Kleindiek,* BankR-HdB, 3. Aufl. 2007, § 84 Rn. 84 (nicht mehr in der 4. Aufl. 2011).

[690] Graf-Schlicker/*Huber* § 143 Rn. 30; vgl. BGH NJW 1990, 2260, 2261; ZIP 1997, 1648, 1650; Ulmer/Habersack/Löbbe/*Habersack*, 2. Aufl. 2014, Anh. § 30 Rn. 166; *Scholz/Bitter,* GmbHG 12. Aufl. (2018), Anh. § 64 Rn. 289; Baumbach/Hueck/*Fastrich,* GmbHG 21. Aufl. Anh. § 30 Rn. 108; SBL/*Stodolkowitz/Kleindiek,* BankR-HdB, 3. Aufl. 2007, § 84 Rn. 84 (nicht mehr in der 4. Aufl. 2011).

[691] HKInsO/*Thole* § 143 Rn. 38; KPB/*Jacoby* § 143 Rn. 81.

[692] Vgl. hierzu *Scholz/Bitter,* GmbHG 12. Aufl. (2018), Anh. § 64 Rn. 291; Baumbach/Hueck/*Fastrich,* GmbHG 21. Aufl. Anh. § 30 Rn. 109; KKInsO/*Mohr* § 143 Rn. 313.

[693] Vgl. *Scholz/Bitter,* GmbHG 12. Aufl. (2018), Anh. § 64 Rn. 291; Baumbach/Hueck/*Fastrich,* GmbHG 21. Aufl. Anh. § 30 Rn. 108.

[694] KPB/*Jacoby* § 143 Rn. 81; vgl. RGZ 64, 58, 60.

[695] HKInsO/*Thole* § 143 Rn. 39; SBL/*Stodolkowitz/Kleindiek,* BankR-HdB, 3. Aufl. 2007, § 84 Rn. 85 (nicht mehr in der 4. Aufl. 2011).

[696] HKInsO/*Thole* § 143 Rn. 39; RSZ/*Zeuner* § 143 Rn. 30; Ulmer/Habersack/Löbbe/*Habersack*, 2. Aufl., Anh. § 30 Rn. 166; Baumbach/Hueck/*Fastrich,* GmbHG 21. Aufl. Anh. § 30 Rn. 108; SBL/*Stodolkowitz/Kleindiek,* BankR-HdB, 3. Aufl. 2007, § 84 Rn. 85 (nicht mehr in der 4. Aufl. 2011).

dere einer Bürgschaft, besteht keine Ersetzungsbefugnis, weil sie sich ohnehin auf das gesamte Vermögen des Gesellschafters bezieht; sie wird auch dann nicht auf den (niedrigeren) Wert einer Sachsicherheit beschränkt, die die Gesellschaft zusätzlich bestellt haben mag, wenn der Darlehensgeber (vorerst nur) diese verwertet.[697]

150 Wird auch der **Gesellschafter insolvent,** kann der Insolvenzverwalter in der Gesellschaftsinsolvenz einen Zahlungsanspruch nach § 143 Abs. 3 Satz 1 in der Gesellschafterinsolvenz nur als Insolvenzforderung geltend machen (§§ 38, 87, 174 ff.).[698] Hatte jedoch der Gesellschafter schon vor der Insolvenzeröffnung über sein Vermögen von der Ersetzungsbefugnis nach § 143 Abs. 3 Satz 3 Gebrauch gemacht, begründet der Anspruch auf den Sicherungsgegenstand ein Aussonderungsrecht zugunsten der Insolvenzmasse der Gesellschaft.[699]

151 Wurde eine vom Gesellschafter gestellte Sicherheit aus Mitteln der Gesellschaft ausgelöst oder freigestellt, kann das nach dem Wortlaut des § 129 Abs. 1 nur anfechtbar sein, wenn die anfechtbare Rechtshandlung „vor" der Insolvenzeröffnung erfolgte.[700] Diese Voraussetzung ist nicht gegeben, wenn auch die Gesellschaft aus eigenem Vermögen dem Kreditgeber eine Sicherheit bestellt hatte (**Doppelbesicherung**) und diese Sicherheit – von § 44a unberührt (→ § 44a Rn. 30) – erst **nach** der **Insolvenzeröffnung** über ihr Vermögen verwertet wurde (§§ 49 ff.). Die hierdurch eintretende Entlastung des Gesellschafters soll aufgrund einer entsprechenden Anwendung des § 143 Abs. 3 anfechtbar sein,[701] obwohl diese Norm keine eigenen Anspruchsvoraussetzungen enthält, sondern Inhalt und Art der Rückgewähr von Handlungen regelt, die nach § 135 Abs. 2 anfechtbar sind. Die inhaltlichen Voraussetzungen für diesen Anspruch sind dieselben wie die des § 135 Abs. 2 (→ § 135 Rn. 38 ff.). Denn die Anfechtung von Rechtshandlungen, die nach der Insolvenzeröffnung vorgenommen wurden, soll einerseits nicht weiter reichen als diejenige von früheren Handlungen, andererseits aber auch nicht dahinter zurückbleiben.[702] Dass die Sicherheit des Gesellschafters im Zeitpunkt der Verwertung der Gesellschaftssicherheit noch bestanden hat, kann nicht entscheidend sein.[703] § 143 Abs. 3 begründet jedoch keinen Anspruch gegen den besicherten Kreditgeber.[704]

IX. Prozessuale Durchsetzung des Anfechtungsanspruchs

152 **1. Rechtsweg und Zuständigkeit. a) Internationale Zuständigkeit.** Die deutsche internationale Zuständigkeit für Anfechtungsklagen richtet sich weitestgehend nach Art. 6 Abs. 1 EuInsVO. Danach sind die deutschen Gerichte international ausschließlich[705] zuständig, wenn das **Insolvenzverfahren in Deutschland eröffnet** worden ist. Dies gilt ungeachtet Art. 31 Abs. 1 CMR auch für die Anfechtung von Zahlungen für internationale Straßengütertransporte.[706] Art. 6 EuInsVO ist auch dann anwendbar, wenn der Anfechtungsgegner seinen Sitz in einem Drittstaat wie der Schweiz hat.[707] Art. 2 Abs. 1 LugÜ steht nicht entgegen, weil Anfechtungsstreitigkeiten vom Anwendungs-

---

697 BGH NJW 2009, 2883 Rn. 17 zu §§ 31 f. GmbHG aF.

698 Graf-Schlicker/*Huber* § 143 Rn. 32; KKInsO/*Mohr* § 143 Rn. 314.

699 KPB/*Jacoby* § 143 Rn. 83.

700 Vgl. OLG Hamm NZI 2011, 251, 252; Nerlich/Römermann/*Andres* § 44a Rn. 24; HambKommInsO/*Lüdtke* § 44a Rn. 16.

701 BGHZ 192, 9 Rn. 12 ff. = NJW 2012, 156; OLG Stuttgart ZIP 2012, 834, 835 f.; OLG Düsseldorf NZI 2016, 542, 543; vgl. dazu *N. Schmidt* ZInsO 2012, 586; zust. K. Schmidt/*Büteröwe* § 143 Rn. 35; krit. *Hill* ZInsO 2012, 910, 914. Dagegen für eine erweiternde Anwendung des § 135 Abs. 2 OLG Hamm ZInsO 2011, 1602, 1603 f.; Graf-Schlicker/*Neußner* § 44a Rn. 10; HambKommInsO/*Schröder* § 135 Rn. 47; HKInsO/*Kleindiek* § 44a Rn. 12; *Spliedt* ZIP 2009, 149, 155 f.; wohl auch *Baumbach/Hueck/Fastrich,* GmbHG 21. Aufl., Anh. § 30 Rn. 110; zusätzlich aufgrund entsprechender Anwendung des § 147 HKInsO/*Thole* § 147 Rn. 9. Für eine entsprechende Anwendung des § 44a Nerlich/Römermann/*Andres* § 44a Rn. 24; HambKommInsO/*Lüdtke* § 44a Rn. 20; *Scholz/Bitter,* GmbHG 12. Aufl. (2018), Anh. § 64 Rn. 299 f.; *N. Schmidt* ZInsO 2010, 70, 71 f.; *Gundlach/Frenzel/Strandmann* DZWiR 2010, 232, 234; *Altmeppen* ZIP 2011, 741, 743 ff. – Für eine entsprechende Anwendung des § 426 Abs. 1 BGB *Bork,* FS Ganter (2010), S. 135, 147; aA OLG Hamm ZInsO 2011, 1602, 1604. – Für einen Bereicherungsanspruch nach § 812 BGB *Mikolajczak* ZIP 2011, 1885, 1891; aA OLG Hamm NZI 2011, 251, 252. – Für einen gesellschaftsrechtlichen Freistellungsanspruch RSZ/*Smid* § 143 Rn. 32 aE.

702 Vgl. BGHZ 192, 9 Rn. 19 ff. = NJW 2012, 156; OLG Stuttgart ZIP 2012, 834, 835 f.; ZInsO 2012, 2051, 2055.

703 So auch OLG Stuttgart ZIP 2012, 834, 836 ff.; OLG Düsseldorf NZI 2016, 542, 544; aA LG Kleve NZI 2015, 512, 513 f. m. abl. Anm. *Bangha-Szabo.*

704 OLG Stuttgart ZIP 2012, 834, 837.

705 Zur Ausschließlichlkeit der interntaionalen Zuständigkeit der Gerichte des Eröffnungsstaates vgl. noch zu Art. 3 Abs. 1 EuInsVO aF EuGH NZI 2018, 994, Rn. 23 ff. – „Wiemer & Trachte".

706 OLG Düsseldorf ZIP 2018, 2378, 2379 f. = RdTW 2018, 473 Rn. 17.

707 EuGH NJW 2014, 610, Rn. 17 ff. – „Schmid"; BGH NZI 2014, 672 Rn. 6 ff.

ausschluss für Konkurssachen in Art. 1 Abs. 2 Nr. 2 LugÜ erfasst werden.[708] Allerdings sind die in Deutschland erstrittenen Urteile jedenfalls in der Schweiz nicht vollstreckbar, weil die Anerkennungszuständigkeit fehlt.[709] In Sekundärverfahren verweist Art. 6 Abs. 1 EuInsVO auf den Staat der Eröffnung dieses Verfahrens, wenn die Anfechtung dazu dient, die Verringerung des davon erfassten (regionalen) Massevermögens rückgängig zu machen.[710] Tritt der Insolvenzverwalter den Anfechtungsanspruch ab (→ Rn. 5) und klagt der Zessionar gegen den Anfechtungsgegner, soll eine ordentliche Zivil- und Handelssache iSv Art. 1 Abs. 1 EuGVVO vorliegen.[711] Wurde das **Insolvenzverfahren in** einem **anderen EU-Mitgliedstaat** (außer Dänemark) eröffnet, sind deutsche Gericht für die Entscheidung über Anfechtungsklagen wegen der ausschließlichen Zuständigkeit der Gerichte des Eröffnungsstaates international unzuständig. Etwas anderes gilt nur, wenn der ausländische Verwalter seine Anfechtungsklage mit einer allgemeinen zivil- und handelsrechtlichen etwa aus unerlaubter Handlung verbindet (Art. 6 Abs. 2 EuInsVO). Wurde das **Insolvenzverfahren** dagegen **in** einem **Drittstaat** eröffnet, folgt die internationale Zuständigkeit deutscher Gericht nach dem Grundsatz der Doppelfunktionalität aus einer entsprechenden Anwendung der Regekungen zur örtlichen Zuständigkeit (§§ 12 ff. ZPO) (→ Rn. 155 bis 158).[712] Daher kann zB eine schweizerische Konkursverwaltung einen Anfechtungsgegner im allgemeinen Gerichtsstand an seinem deutschen Wohnsitz verklagen (§§ 12, 13 ZPO). Allerdings wird dann kein Anspruch aus § 143 Abs. 1 geltend gemacht, weil (auch) das Anfechtungsrecht der (ausländischen) *lex fori concursus* unterliegt (§ 339).

b) Rechtsweg. Der Anfechtungsrechtsstreit ist insolvenzrechtlicher Natur und deshalb eine zivilrechtliche Streitigkeit, über die nach § 13 GVG die **ordentlichen Gerichte** zu entscheiden haben.[713] Das gilt unabhängig von der Frage, in welchem Rechtsweg die Leistung selbst hätte geltend gemacht werden müssen, deren Rückgewähr nunmehr verlangt wird. Diese ist nicht darauf gerichtet, hoheitliche Bescheide abzuändern, sondern vollzieht sich selbständig und unabhängig davon. Insbesondere sind die ordentlichen Gerichte zuständig, wenn die Sicherung oder Erfüllung von Steueransprüchen[714] oder von sozialrechtlichen Forderungen[715] angefochten wird. Insbesondere kann ein Finanzamt über das Bestehen eines Anfechtungsanspruchs, der gegen es erhoben wird, nicht durch einen Abrechnungsbescheid verbindlich entscheiden (→ Rn. 14). Rechnet jedoch der Insolvenzverwalter mit einem Anfechtungsanspruch gegen eine hoheitlich festgesetzte öffentlichrechtliche Forderung auf, bestimmt diese den Rechtsweg zu den entsprechenden Fachgerichten. Dasselbe trifft zu, wenn das Finanzamt eine Insolvenzsteuerforderung mit einem Gegenanspruch der Insolvenzmasse verrechnet hat und der Insolvenzverwalter dies anfechten will; darüber ist im Wege der Klage zu den Finanzgerichten zu entscheiden.[716] Lässt der Insolvenzverwalter aber einen Bescheid bestandskräftig werden, bleiben die ordentlichen Gerichte daran gebunden.[717] 153

[708] Uhlenbruck/*Borries/Hirte* § 143 Rn. 155; BKInsO/*Haas* § 143 Rn. 107; vgl. OLG Köln ZIP 1998, 74, 75; zum EuGVÜ vgl. EuGH Slg. 1979, 734, Rn. 4 = NJW 1979, 1772 (LS) – „Gourdain"; Slg. 2009, I-737, Rn. 19 = NJW 2009, 2189 – „Seagon"; BGH NJW 1990, 990, 991; OLG Düsseldorf ZIP 1993, 1018, 1019; OLG Hamm RIW 2000, 305 f.; Jaeger/*Henckel* § 143 Rn. 171 aE; *Haas* NZG 1999, 1148, 1152; krit. *Mock* ZInsO 2009, 470, 471 f.; *Mörsdorff-Schulte* ZIP 2009, 1456, 1458 ff.

[709] Vgl. *Piekenbrock* KTS 2015, 379, 401.

[710] Vgl. *Bierbach* ZIP 2008, 2203, 2205.

[711] EuGH NZI 2012, 469, Rn. 35 ff. – „F-Tex".

[712] Vgl. statt aller BGHZ 44, 46, 47 ff. (GSZ) = NJW 1965, 1665 f.

[713] BGHZ 114, 315, 320 = NJW 1991, 2147, 2148; BGH NZI 2005, 499; NZI 2006, 585 Rn. 7; NZI 2007, 103 Rn. 10; HKInsO/*Thole* § 129 Rn. 94; KPB/*Jacoby* § 143 Anh. Rn. 3; BKInsO/*Haas* § 143 Rn. 104; KKInsO/*Mohr* § 143 Rn. 257; Uhlenbruck/*Borries/Hirte* § 143 Rn. 131; K. Schmidt/*Büteröwe* § 143 Rn. 39; Jaeger/*Henckel* § 143 Rn. 168; BeckOK InsO/*Schoon*[12] § 143 Rn. 47; BT-Drs. 12/3803, S. 57 zu § 7 AnfG; aA *Flies* KTS 1995, 411, 415 ff.

[714] Vgl. BGHZ 114, 315, 320 f. = NJW 1991, 2147, 2148; BFHE 238, 325 Rn. 8 = NZI 2013, 102 mit zust. Anm. *Kahlert* ZIP 2012, 2075 f.; BFHE 243, 309 Rn. 6 = DStRE 2014, 561; BFH NZG 2014, 590 Rn. 16; OLG Braunschweig MDR 1950, 356; OLG Zweibrücken NZI 2015, 558; OLG Frankfurt ZInsO 2016, 341, 342; LG Kaiserslautern NZI 2014, 457, 458; FG Baden-Württemberg EFG 1998, 963; LG Erfurt NZI 2003, 40; differenzierend Uhlenbruck/*Borries/Hirte* § 143 Rn. 140; KKInsO/*Mohr* § 143 Rn. 267; FKInsO/*Dauernheim* § 143 Rn. 60; *Mohrbutter* EWiR 1991, 699; *App* EWiR 1991, 697, 698; *Mankowski* EWiR 1998, 903; Koenig/*Fritsch* AO § 251 Rn. 90; FG Münster ZInsO 2009, 256; aA OLG Frankfurt ZInsO 2012, 238; *Urban* ZInsO 2011, 2015, 2016 ff.; *Geiger/Fiedler/Czernetzki* ZInsO 2011, 856 f.

[715] BGH NJW 2011, 1365 Rn. 5 ff.; OLG Frankfurt ZIP 2012, 1880; *Neugebauer* ZInsO 2012, 1449, 1451 f.; *Huber* ZInsO 2011, 519 f.; *Poertzgen/Meyer* NZI 2011, 477, 478 ff.; KKInsO/*Mohr* § 143 Rn. 265 f.; wohl auch *Windel* AP ArbGG 1979 § 2 Zuständigkeitsprüfung Nr. 14 unter II 3; aA OLG Frankfurt ZIP 2012, 1879.

[716] BGH NZI 2005, 499; NZI 2007, 103 Rn. 10; FKInsO/*Dauernheim* § 143 Rn. 60; vgl. auch BFHE 235, 137 Rn. 32 = NZI 2012, 96.

[717] BGH NZI 2007, 103 Rn. 13 ff.

154 Nach einem Beschluss des GmS-OGB[718] handelt es sich bei Anfechtungsklagen zwar um bürgerliche Rechtsstreitigkeiten; jedoch sind dafür die **Arbeitsgerichte** zuständig, falls die Anfechtung die Rückgewähr geleisteter Arbeitsvergütung bezweckt. Die Begründung, der anfechtende Insolvenzverwalter handele als Rechtsnachfolger des Arbeitgebers, lässt außer Acht, dass die angefochtene Rechtshandlung *vor* der Insolvenzeröffnung begangen wurde und ggf. der Gläubigeranfechtung unterlegen hätte; der Insolvenzverwalter handelt insoweit nur für die Gesamtheit aller Gläubiger (vgl. §§ 16 f. AnfG) einschließlich etwa benachteiligter Arbeitnehmer. Als weitere, rechtspolitische Begründung zu dem auf Gleichbehandlung aller Gläubiger ausgerichteten Insolvenzverfahren führt der Senat aus, dass die Arbeitsgerichtsbarkeit für die verklagten Arbeitnehmer günstigere Voraussetzungen biete. Das ist für die Praxis bindend.[719] Entrichtet jedoch ein **Dritter** anstelle des Arbeitgebers die dem Arbeitnehmer geschuldete Arbeitsvergütung, ist für eine Insolvenzanfechtung dieser Zahlung der Rechtsweg zu den ordentlichen Gerichten eröffnet.[720]

155 **c) Örtliche Zuständigkeit.** Für die Anfechtungsklage ist regelmäßig dasjenige Gericht örtlich zuständig, in dessen Bezirk der jeweilige Beklagte seinen **allgemeinen Gerichtsstand** (§§ 12 ff. ZPO)[721] oder seinen Aufenthaltsort (§ 20 ZPO) hat. Der **Vermögensgerichtsstand** (§ 23 ZPO) kommt nur in Fällen mit Drittstaaten in Betracht,[722] zu denen wegen des Anwendungsausschlusses der EuGVVO und des LugÜ für Konkurssachen auch Dänemark sowie die Schweiz, Norwegen und Island zählen (→ Rn. 152). Der Status des Vereingten Königreichs steht dagegen noch nicht fest. Als **Wahlgerichtsstand** (vgl. § 35 ZPO) kann § 21 ZPO allenfalls eingreifen, wenn die Anfechtung eine Lieferung gerade an die Niederlassung oder einen von ihr aus geschlossenen Vertrag betrifft.[723] (Nur) für Anfechtungsklagen nach § 135 ist auch der besondere Gerichtsstand des § 22 ZPO eröffnet.[724] Darüber hinaus kann der Insolvenzverwalter nach § 16 Abs. 1 Satz 1 AnfG in Anfechtungsprozesse einzelner Gläubiger eintreten (→ § 129 Rn. 202 ff.). Ergibt sich die internationale Zuständigkeit deutscher Gerichte aus Art. 6 Abs. 1 EuInsVO, ohne dass sich eine örtliche Zuständigkeit aus allgemeinen deutschen Gerichtsstandsbestimmungen ergibt, ist nach Art. 102c § 6 Abs. 1 EGInsO das sachlich zuständige Streitgericht für den Sitz des eröffnenden Insolvenzgerichts ausschließlich örtlich zuständig.[725]

156 Der Gerichtsstand des ursprünglichen Erfüllungsorts (§ 29 ZPO) ist selbst dann **nicht** eröffnet, wenn ein Vertragsschluss oder eine Vertragserfüllung angefochten wird. Denn mit der insolvenzrechtlichen Anfechtung wird nicht ein Anspruch aus einem Vertrag, sondern aus einem gesetzlichen Rechtsverhältnis verfolgt.[726] Maßgeblich ist daher der Erfüllungsort für den Anspruch aus § 143 Abs. 1 bzw. ggf. des ausländischen Anspruchs. Dagegen scheidet § 32 ZPO regelmäßig aus, weil der Anfechtungsanspruch als solcher in keinem Falle aus einer unerlaubten Handlung herrührt (→ Rn. 15).[727] Eine Zuständigkeit aus § 32 ZPO wird jedoch begründet, wenn die Anfechtungsklage auch auf eine unerlaubte Handlung gestützt wird.[728] **§ 19a ZPO** gilt nur für Klagen gegen den

[718] BGHZ 187, 105 Rn. 5 ff. = NJW 2011, 1211; ebenso *Wroblewski* AuR 2011, 33, 34; wohl auch AP ArbGG 1979 § 2 Zuständigkeitsprüfung Nr. 14 unter II 1 e; FKInsO/*Dauernheim* § 143 Rn. 68; aA Jaeger/*Henckel* § 143 Rn. 169; *Krüger/Wigand* ZInsO 2011, 1441, 1442 ff.; *Bork* EWiR 2010, 766 f.

[719] Für Verletzung von Art. 101 Abs. 1 Satz 2 GG dagegen HKInsO/*Thole* § 129 Rn. 98.

[720] BGH NZI 2013, 33 Rn. 6 ff., ZInsO 2012, 2302 Rn. 8 ff.

[721] HKInsO/*Thole* § 129 Rn. 95; K. Schmidt/*Büteröwe* § 143 Rn. 40; Uhlenbruck/*Borries/Hirte* § 143 Rn. 149; vgl. BT-Drs. 12/2443, S. 164 zu § 157 RegE.

[722] Vgl. BGH NJW 1990, 990, 992 zu einem US-amerikanischen Chapter 11-Verfahren.

[723] HambKommInsO/*Rogge* § 143 Rn. 111; *Jaeger/Henckel* KO § 37 Rn. 141; vgl. RG Gruchot 38 (1894), 488, 489 f.

[724] OLG Karlsruhe ZIP 1998, 1005, 1006; OLG Frankfurt NZI 2015, 619; dazu Uhlenbruck/*Borries/Hirte* § 143 Rn. 149; HambKommInsO/*Rogge/Leptien* § 143 Rn. 130.

[725] Die Ausschließlichkeit des Gerichtsstandes ergibt sich daraus, dass der Gesetzgeber an der analogen Anwendung von § 19a ZPO durch BGH NJW 2009, 2215 Rn. 11 ff. sachlich nichts ändern wollte. Vgl. dazu BT-Drucks. 18/10823, S. 30. Zu Österreich vgl. bereits § 43 Abs. 5 KO idF von Art. 2 Z 10 IRÄG 1982, öBGBl. Nr. 370/1982; vgl. heute § 43 Abs. 5 IO sowie 63a IO idF von Art. 1 Z 5 IRÄG 2017, öBGBl. I, Nr. 122/2017. Vgl. ergänzend *König,* in Kodek/Koneczny, Insolvenz-Forum 2007 (2008), S. 141, 155 f.

[726] BGH NJW 1956, 1920, 1921; RGZ 30, 402, 403 ff.; RG Gruchot 38 (1894), 488, 489; HKInsO/*Thole* § 129 Rn. 95; Nerlich/Römermann/*Nerlich* § 129 Rn. 118; Jaeger/*Henckel* § 143 Rn. 171; Uhlenbruck/*Borries/Hirte* § 143 Rn. 149; BKInsO/*Haas* § 143 Rn. 106.

[727] BGH NJW 1990, 990, 991; OLG Hamm MDR 1966, 764; OLG Köln ZIP 1998, 74, 75; OLG Frankfurt ZIP 2006, 769, 772; HKInsO/*Thole* § 129 Rn. 95; Nerlich/Römermann/*Nerlich* § 129 Rn. 118; Uhlenbruck/*Borries/Hirte* § 143 Rn. 149; BKInsO/*Haas* § 143 Rn. 106; *Henckel* FS Deutsch (1999), S. 967, 973 f.; aA zu § 31 KO noch RGZ 84, 242, 253 und zu § 3 Nr. 1, 2 AnfG aF RGZ 48, 401, 402 f. Ergänzend vgl. § 143 Rn. 10.

[728] LG Detmold ZInsO 2006, 445 f.; vgl. HKInsO/*Thole* § 129 Rn. 95; Uhlenbruck/*Borries/Hirte* § 143 Rn. 149; allgemein BGHZ 153, 173, 174 ff. = NJW 2003, 828 f.

Insolvenzverwalter;[729] die sprachliche Änderung und die unterschiedliche systematische Einordnung gegenüber § 31a ZPO-RegE sollten allein dem Anliegen des Bundesrates Rechnung tragen, den allgemeinen Gerichtsstand des Insolvenzverwalters nach § 13 ZPO für Klagen **gegen** ihn – mit Bezug auf die Insolvenzmasse – auszuschließen.[730] Für Anfechtungsklagen des Insolvenzverwalters besteht daher in Inlandsfällen (→ Rn. 155) kein allgemeiner Gerichtsstand am Sitz des Insolvenzgerichts.

Hinsichtlich des **ausschließlichen** Gerichtsstandes nach **§ 24 ZPO** ist je nach der Art der geltend gemachten Rückgewährfolgen zu **unterscheiden:** Wird aufgrund der Anfechtung (ausnahmsweise) das Eigentum an einem Grundstück oder dessen dingliche Belastung oder deren Nichtbestehen selbst geltend gemacht, ist § 24 Abs. 1 ZPO unmittelbar erfüllt; dann ist der Gerichtsstand der belegenen Sache zu beachten.[731] Dies kann zB eintreten, wenn der Insolvenzverwalter den Verzicht auf ein Grundpfandrecht anficht (→ Rn. 65). Dagegen begründet der schuldrechtliche Anspruch auf Verschaffung eines Rechts allgemein nicht die Zuständigkeit nach § 24 ZPO.[732] Deshalb ist der aus § 143 folgende Anspruch auf Rückgewähr des anfechtbar übertragenen Eigentums an einem Grundstück oder einer dinglichen Belastung nicht in diesem Gerichtsstand geltend zu machen.[733] Umstritten ist vor allem die Behandlung des schuldrechtlichen Anspruchs auf Befreiung von einer Verbindlichkeit.[734] Insoweit ist der Wortlaut des § 24 ZPO mehrdeutig. Eine Abgrenzung allein nach der Fassung des Klageantrags hat zwar den Vorteil der Einfachheit. Eine Anfechtungsklage ist jedoch ebenfalls ohne besondere Schwierigkeiten abzugrenzen. Deshalb ist entscheidend auf den Zweck von § 24 ZPO abzustellen, der die größere Sachnähe des Gerichts der belegenen Sache berücksichtigen soll. Damit hat jedenfalls die Insolvenzanfechtung nichts zu tun: Deren Schwerpunkt bilden regelmäßig nicht die sachenrechtlichen Umstände, sondern die speziellen Anfechtungstatbestände, die durch die Verhältnisse des Schuldners und seines Vermögens sowie ggf. die Kenntnis des Anfechtungsgegners hiervon bestimmt werden. Zwar kennt das deutsche Recht keinen besonderen Gerichtsstand der Insolvenzverwaltung, doch gibt es erst recht keinen sachlichen Grund dafür, die Verhältnisse der Insolvenzmasse zwingend durch ein Gericht prüfen zu lassen, in dessen Bezirk zufällig der Erfolg der angefochtenen Rechtshandlung eingetreten ist, nur weil sich diese im Einzelfall auf ein Grundstück – statt auf einen beweglichen Gegenstand – bezieht.[735] Zu eigenständigen Sicherungsmaßnahmen schon im Rahmen der eingereichten Klage (→ Rn. 158 aE) ist auch das Gericht der belegenen Sache nicht befugt. Deshalb sollte § 24 Abs. 1 ZPO insbesondere **nicht** für die Klage auf anfechtungsrechtliche Rückgewähr einer Hypothek durch Löschung – statt durch Rückübertragung (→ Rn. 64, 65) – eingreifen.[736] Streitigkeiten über die Anfechtbarkeit eines Vorrangs an eingetragenen Rechten sollten so behandelt werden, als ob diese Rechte selbst umstritten wären. 157

Der Gesichtspunkt der Sachnähe führt hingegen zu einer wenigstens entsprechenden Anwendung von **§ 771 ZPO** oder **§ 805 Abs. 2 ZPO** auf Klagen, mit denen eine Maßnahme der Zwangsvollstreckung gegen Gläubiger des Anfechtungsgegners oder eine anfechtbare Pfändung gegen diesen 158

---

729 BGH NJW 2003, 2916; OLG Schleswig ZIP 2001, 1595, 1596; OLG Bremen ZInsO 2002, 189, 190 f.; LG Lübeck DZWiR 2001, 220; *Herbst,* DZWiR 2001, 190, 191 f.; *Gerhardt,* FS Brandner (1996), S. 605, 614; K. Schmidt/*Büteröwe* § 143 Rn. 40; MüKoZPO/*Patzina* § 19a Rn. 10; Musielak/Voit/*Heinrich* § 19a Rn. 4; Thomas/Putzo/*Hüßtege* § 19a Rn. 4; vgl. Zöller/*Schultzky* § 19a Rn. 1; Baumbach/Lauterbach/*Hartmann* § 19a Rn. 3; aA *Wessel* DZWiR 2000, 196 f.

730 Vgl. BT-Drs. 12/3803 S. 67 f. zu Art. 18 Nr. 1 EGInsO, die Stellungnahme des Bundesrates (S. 122 unter Nr. 6) und die Gegenäußerung der Bundesregierung (S. 133 zu Nr. 6); vgl. ferner BT-Drs. 12/7303, S. 108 unter Nr. 11a.; BGH NJW 2003, 2916; KPB/*Jacoby* § 143 Anh. Rn. 5; BKInsO/*Haas* § 143 Rn. 106.

731 HKInsO/*Thole* § 129 Rn. 95; HambKommInsO/*Rogge/Leptien* § 143 Rn. 131; gegen jede Anwendbarkeit des § 24 ZPO *Hess* InsO § 129 Rn. 181; Wieczorek/Schütze/*Smid/Hartmann* § 24 Rn. 23; AK-ZPO/*Röhl* §§ 24–26 Rn. 3.

732 MüKoZPO/*Patzina* § 24 Rn. 12; vgl. BGHZ 54, 201, 203 f. = NJW 1970, 1789 f.; RGZ 35, 365, 366 ff.; 51, 231, 232 f.; so verallgemeinernd KPB/*Jacoby* § 143 Anh. Rn. 5.

733 Vgl. KG JW 1926, 1595, 1596; OLG Celle MDR 1986, 1031; Uhlenbruck/*Borries/Hirte* § 143 Rn. 151; HambKommInsO/*Rogge/Leptien* § 143 Rn. 131; Stein/Jonas/*Roth* § 24 Rn. 14; Musielak/Voit/*Heinrich* § 24 Rn. 9; Baumbach/Lauterbach/*Hartmann* § 24 Rn. 4; MüKoZPO/*Patzina* § 24 Rn. 8; AK-ZPO/*Röhl* §§ 24 bis 26 Rn. 3; offen gelassen von BGH NJW 2001, 2477, 2478; RGZ 20, 403, 406 f.; dagegen unterschiedslos für eine Anwendung des § 24 ZPO OLG Hamburg OLGRspr. 11 (1905), 46; LG Hamburg MDR 1972, 55, 56; LG Itzehoe MDR 1983, 673, 674; Jaeger/*Henckel* § 143 Rn. 171; Nerlich/Römermann/*Nerlich* § 129 Rn. 117.

734 Für eine Anwendbarkeit des § 24 ZPO insoweit Stein/Jonas/*Roth* § 24 Rn. 24; MüKoZPO/*Patzina* § 24 Rn. 11; Musielak/Voit/*Heinrich* § 24 Rn. 11; Baumbach/Lauterbach/*Hartmann* § 24 Rn. 9; *Baur/Stürner,* Insolvenzrecht Rn. 20.19; RGZ 36, 4, 12.

735 Ebenso Wieczorek/Schütze/*Smid/Hartmann* § 24 Rn. 33.

736 OLG Hamburg BB 1957, 274; HambKommInsO/*Rogge/Leptien* § 143 Rn. 131; aA Jaeger/*Henckel* § 143 Rn. 171; Zöller/*Schultzky* § 24 Rn. 13.

selbst angefochten wird.[737] Zwar begründen nicht erst diese Vorschriften die Möglichkeit des Insolvenzverwalters, gegen Gläubiger des Anfechtungsgegners unmittelbar vorzugehen; diese folgt vielmehr schon aus § 145 Abs. 2 Nr. 3 (→ § 145 Rn. 33). Jedoch ist das geltend gemachte Rechtsschutzziel mit denen der §§ 771, 805 ZPO deckungsgleich. Zudem ist die Abwehr von Maßnahmen der Zwangsvollstreckung durchweg eilbedürftig. Nicht nur die Nähe des Gerichts am Vollstreckungsort, sondern auch dessen eigene Möglichkeit zur einstweiligen Einstellung der Zwangsvollstreckung nach § 771 Abs. 3 ZPO bzw. § 805 Abs. 4, 769, 770 ZPO[738] machen dieses zum geeignetsten Gerichtsstand. Entsprechendes gilt für § 879 ZPO.[739]

159 **d) Sachliche Zuständigkeit.** Sachlich zuständig ist das Prozessgericht nach Maßgabe des Streitwerts (§§ 23 Nr. 1, 71 Abs. 1 GVG), der durch den Klageantrag bestimmt wird; das gilt auch, wenn der Staat wegen der Anfechtung entrichteter öffentlicher Abgaben verklagt wird.[740] Rechtsgrundlage der Wertbestimmung sind regelmäßig die §§ 3 bis 5 ZPO, nicht § 6 ZPO.[741] Denn das Interesse der Insolvenzmasse wird – anders als dasjenige bei § 11 AnfG – idR nicht durch die Höhe einer einzelnen, zu sichernden Forderung begrenzt,[742] sondern dient dem Interesse sämtlicher Insolvenzgläubiger. Nur wenn auch § 143 Abs. 1 ausnahmsweise auf Duldung der Zwangsvollstreckung beschränkt ist (→ Rn. 44) oder der Insolvenzverwalter es von sich aus beschränkt, ist § 6 ZPO maßgeblich. Daneben greift § 6 ZPO bei der Anfechtung gerade eines Pfandrechts[743] sowie bei Anfechtungsklagen gegen Vollstreckungsmaßnahmen Dritter entsprechend § 771 ZPO[744] ein. Verlangt der Anfechtende Rückgewähr eines schon vor der anfechtbaren Veräußerung belasteten Grundstücks bei Fortbestand dieser Belastungen, sind diese vom Grundstückswert abzuziehen.[745] Wird die Rückabtretung einer Forderung beantragt, ist der Streitwert nicht nach deren Nominalwert festzusetzen, sondern unter Berücksichtigung ihrer Einbringlichkeit zu schätzen.[746] Eine anfechtbare Schuldbegründung ist mit der Quote zu bewerten, die bei einer Berücksichtigung auf die Insolvenzforderung entfiele.[747]

160 Da der Anfechtungsanspruch nicht aus einem Handelsgeschäft folgt (→ Rn. 19), sind – entgegen einer sich ausweitenden Praxis[748] – **nicht die Kammern für Handelssachen** (§§ 94, 95 GVG) zur Entscheidung über Anfechtungsklagen zuständig.[749] Ferner ist das **Familiengericht** auch dann

---

737 Ebenso iE. RGZ 18, 393, 394 f.; RGZ 30, 394, 397; RGZ 40, 371, 372; RG JW 1890, 68 Nr. 3; JW 1894, 122 Nr. 18, JW 1894, 427 Nr. 24; JW 1895, 202; JW 1901, 330 Nr. 13; JW 1910, 114; Gruchot 38 (1894), 180, 181 f.; Gruchot 38 (1894), 492, 493 f.; Gruchot 46 (1902), 1054, 1056; LZ 1908, 609 ff.; KG OLGRspr. 29 (1914), 194 f.; NJW 1958, 914, 915 f.; Jaeger/*Henckel* § 143 Rn. 75, 87 ff., 171; KPB/*Jacoby* § 143 Anh. Rn. 23 ff.; BKInsO/Haas § 143 Rn. 109; Graf-Schlicker/*Huber* § 143 Rn. 5; Stein/Jonas/*Münzberg* § 771 Rn. 40; Zöller/*Herget* § 771 Rn. 14 Stichwort Anfechtungsrecht; Baumbach/Lauterbach/*Hartmann* § 771 Rn. 14; *Gerhardt,* Gläubigeranfechtung S. 336 f.; *K. Schmidt* JZ 1990, 619, 620 ff.; *Kindl* NZG 1998, 321, 329 f.; *Allgayer,* Rechtsfolgen und Wirkungen der Gläubigeranfechtung Rn. 648 ff.; *Stratmann,* S. 147 ff.; Uhlenbruck/*Borries/Hirte* § 143 Rn. 172; aA BGH NJW 1990, 990, 992; OLG Marienwerder OLGRspr. 29 (1914), 196, 197; OLG Hamburg SeuffA 80 (1926), Nr. 65; LG Trier BB 1955, 139; LG Frankfurt/Main InVo 2000, 20; HKInsO/*Thole* § 129 Rn. 95; *Hess* InsO § 129 Rn. 181; Nerlich/Römermann/*Nerlich* § 129 Rn. 114 f.; *Baur/Stürner,* Insolvenzrecht Rn. 20.19; *Häsemeyer,* Insolvenzrecht Rn. 21.16; *Jaeger* LZ 1915, 1527 f. Anm.; *Lent* JR 1958, 302 f. in Anm.; offengelassen von BGHZ 135, 140, 147 f. = NJW 1997, 1857, 1858 f.

738 Vgl. dazu RGZ 30, 394, 397 f.; RG JW 1893, 77 f.; KG KuT 1932, 81 f.

739 Vgl. BGH NJW 2001, 2477, 2478.

740 AA LG Dresden ZInsO 2012, 742, 743.

741 RGZ 34, 404, 405; RG Gruchot 45 (1901), 367, 368; OLG Hamburg OLGRspr. 25 (1912), 44; vgl. FKInsO/*Dauernheim* § 143 Rn. 64.

742 So zum AnfG MüKoAnfG/*Kirchhof* § 13 Rn. 18.

743 RG KuT 1929, 25; Jaeger/*Henckel* § 143 Rn. 170; Uhlenbruck/*Borries/Hirte* § 143 Rn. 148; einschränkend für den Abzug vorrangiger Belastungen RGZ 151, 319 f.; wohl auch Stein/Jonas/*Roth* § 6 Rn. 26 aE.

744 RG JW 1910, 114 Nr. 18; FKInsO/*Dauernheim* § 143 Rn. 65; Jaeger/*Henckel* § 143 Rn. 170; *Jaeger* LZ 1910, 228; aA LG Köln DZWiR 2002, 217 m. abl. Anm. *App.*

745 RGZ 34, 404, 405 f.; RG Gruchot 45 (1901), 367, 368 f.; OLG Hamburg OLGRspr. 25 (1912), 44; Jaeger/*Henckel* § 143 Rn. 170; Zöller/*Herget* § 3 Rn. 16 Stichwort Anfechtungsklage.

746 OLG München ZZP 51 (1926), 274 f. m. zust. Anm. *Jaeger*; Jaeger/*Henckel* § 143 Rn. 170; dagegen für den Nennbetrag Stein/Jonas/*Roth* § 2 Rn. 100.

747 HambKommInsO/*Rogge* § 143 Rn. 114; vgl. OLG München OLGRspr. 19 (1909), 49 f.

748 Vgl. LG Hamburg NZG 1998, 270; LG München I, Beschl. v. 29.6.1999 – 10 0 5741/99, EWiR 1999, 845 f. (§ 95 GVG); LG Köln DZWiR 2002, 217 m. abl. Anm. *App*; LG Osnabrück ZInsO 2014, 1963 f.; LG Dortmund NZI 2015, 894; LG Duisburg NZI 2016, 423 f.

749 Nerlich/Römermann/*Nerlich* § 129 Rn. 119; Jaeger/*Henckel* § 143 Rn. 172; Uhlenbruck/*Borries/Hirte* § 143 Rn. 132; KPB/*Jacoby* § 143 Anh. Rn. 4; BKInsO/*Haas* § 143 Rn. 105; KKInsO/*Mohr* § 143 Rn. 282; BeckOK InsO/*Schoon*[12] § 143 Rn. 47; *Schmitz* EWiR 1999, 845 f.; *Froehner* NZI 2016, 1, 2 ff.; aA K. Schmidt/*Büteröwe* § 143 Rn. 40.

nicht nach § 23b Abs. 1 Satz 2 GVG zuständig, wenn die Rückgewähr von Leistungen aus den familienrechtlichen Beziehungen nach § 143 verlangt wird;[750] denn die Anfechtung wurzelt im Insolvenzrecht, nicht im Familienrecht. Ist das Landgericht sachlich zuständig, fehlt es nach wie vor an einer Bestimmung, die die Einrichtung von Spezialkammern vorschreibt (vgl. § 72a GVG). Auch ist die originäre Kammerzuständigkeit nicht gegeben (vgl. § 348 Abs. 1 Satz 2 Nr. 2 ZPO), so dass grundsätzlich der **Einzelrichter** zuständig ist (§ 348 Abs. 1 Satz 1 ZPO).

e) Zuständigkeitsvereinbarungen. An Vereinbarungen des späteren **Schuldners** über die 161
gerichtliche Zuständigkeit (§ 38 ZPO) ist der Insolvenzverwalter **nicht** gebunden, weil der Schuldner nicht im Voraus über Masseansprüche verfügen kann.[751] Anderes gilt, sofern ein Gläubiger einen Anfechtungs-Rechtsstreit schon vor Insolvenzeröffnung rechtshängig gemacht hat und die Zuständigkeit des Gerichts dafür bindend begründet worden ist; etwaige Bedenken hiergegen muss der Insolvenzverwalter dann schon bei der Entscheidung über eine Aufnahme des Rechtsstreits (§§ 16, 17 AnfG) berücksichtigen. Dagegen kann der Insolvenzverwalter Zuständigkeitsvereinbarungen über Anfechtungsstreitigkeiten schon nach § 38 Abs. 3 ZPO schließen, weil die Streitigkeit stets mit Eröffnung des Insolvenzverfaherns entstanden ist. Darüber hinaus liegen bei Fortführung eines kaufmännischen Unternehmens und insbesondere bei Insolvenzen über Kapitalgesellschaften (§ 6 HGB) stets die Voraussetzungen von § 38 Abs. 1 ZPO vor.[752]

Ein **Schiedsvertrag,** den der Schuldner vor Verfahrenseröffnung für Rechtsstreitigkeiten über 162
ein Rechtsverhältnis geschlossen hat, auf das sich die anfechtbare Handlung bezieht, begründet **nicht** die Unzulässigkeit der bei einem staatlichen Gericht erhobenen Anfechtungsklage (§ 1032 Abs. 1 ZPO).[753] Denn der Schuldner ist nicht berechtigt, über den Anfechtungsanspruch nach § 143 zu verfügen; dieser entsteht als solcher zugunsten der Gesamtheit aller Insolvenzgläubiger erst mit der Verfahrenseröffnung (→ Rn. 14). Umgekehrt kann der Insolvenzverwalter einer auf ein Absonderungsrecht gestützten Schiedsklage, die (allein) auf einer noch mit dem Schuldner getroffenen Schiedsvereinbarung beruht, nicht rechtswirksam Ansprüche aus Insolvenzanfechtung entgegensetzen; er kann aber die Einrede der Anfechtbarkeit im Verfahren auf Vollstreckbarerklärung des Schiedsanspruchs erheben.[754]

Seinerseits darf der **Insolvenzverwalter** grundsätzlich über den Anfechtungsanspruch verfügen 163
und sich darüber vergleichen (→ § 129 Rn. 196). Jedenfalls nach der regelmäßigen Ausgestaltung dieses Rechts als Anspruch iSv § 194 Abs. 1 BGB (→ Rn. 1, 14) besteht kein Grund, dem Insolvenzverwalter den Abschluss von Gerichtsstands- oder Schiedsvereinbarungen zu versagen. Daher sind die von ihm abgeschlossene Schiedsvereinbarungen (§§ 1029 bis 1031 ZPO) regelmäßig **rechtswirksam.**[755] Etwas anderes gilt nach allgemeinen Grundsätzen nur bei einem offenkundigen Verstoß gegen den Insolvenzzweck (→ § 129 Rn. 196).

2. Gestaltung des Anfechtungsrechtsstreits. a) Klagearten. Die Anfechtung wird gericht- 164
lich idR mit einer **Leistungsklage** geltend gemacht: dabei ist der Antrag dem Inhalt der jeweiligen Rückgewährverpflichtung (→ Rn. 35 ff., 84 ff.) anzupassen. Auf dem Boden der Amtstheorie muss der Antrag grundsätzlich auf Rückgewähr an den Insolvenzverwalter lauten (→ Rn. 43, 46). Ein Antrag mit dem Ziel, den Anfechtungsgegner allgemein zum Verzicht auf Rechte aus einem erwirkten Titel zu verurteilen, ist inhaltlich zu unbestimmt.[756] Wird ein titulierter Anspruch angefochten,

---

750 HambKommInsO/*Rogge/Leptien* § 143 Rn. 134; FKInsO/*Dauernheim* § 143 Rn. 68; Jaeger/*Henckel* § 143 Rn. 175.

751 Uhlenbruck/*Borries/Hirte* § 143 Rn. 132; K. Schmidt/*Büteröwe* § 143 Rn. 40; HambKommInsO/*Rogge/Leptien* § 143 Rn. 135; vgl. *Heidbrink/von der Groeben* ZIP 2006, 265, 267.

752 So auch Stein/Jonas/*Bork* § 38 Rn. 15; Zöller/*Schultzky* § 38 Rn. 22; *Keller* Jura 2008, 523, 529; *Wexler-Uhlich/Wagner* ZIP 2015, 1213, 1215 f.; aA MüKoZPO/*Patzina* § 38 Rn. 17; Wieczorek/Schütze/*Smid/Hartmann* § 38 Rn. 85; *G. Pfeiffer* JA 2005, 369; OLG Bamberg OLG-Report 1998, 302 f. = BeckRS 1998, 15848; OLG Zweibrücken NZI 2019, 54 f. mit zust. Anm. *Henke/Krämer,* NZI 2019, 56. Im Fall OLG Hamburg WM 1992, 1941, 1942 lagen die Voraussetzungen von § 38 Abs. 2 ZPO vor.

753 BGH NJW 1956, 1920, 1921; ZInsO 2004, 88; LG Paderborn ZIP 1980, 967, 968; HKInsO/*Thole* § 129 Rn. 102; HambKommInsO/*Rogge* § 143 Rn. 117; *Flöther* DZWiR 2001, 89, 93 f.; Nerlich/Römermann/*Nerlich* § 129 Rn. 120; Jaeger/*Henckel* § 143 Rn. 174; K. Schmidt/*Büteröwe* § 143 Rn. 40; KPB/*Jacoby* § 143 Anh. Rn. 8; FKInsO/*Dauernheim* § 143 Rn. 69; *Baur/Stürner,* Insolvenzrecht Rn. 20.19; MüKoZPO/*Münch* § 1029 Rn. 50; *Heidbrink/von der Groeben* ZIP 2006, 265, 266 f.; *Berger* ZInsO 2009, 1033, 1036 f.; vgl. auch BGHZ 24, 15, 18 = NJW 1957, 791; BGH NZI 2013, 934 Tz. 8; aA Uhlenbruck/*Borries/Hirte* § 143 Rn. 143; KPB/*Adolphsen* § 147 Anh. II A Rn. 40; *C. Paulus* ZInsO 1999, 242, 244 f.

754 BGH NJW-RR 2008, 558 Rn. 15 ff.

755 HKInsO/*Thole* § 129 Rn. 102; KPB/*Jacoby* § 143 Anh. Rn. 8; *Berger* ZInsO 2009, 1033, 1037; *Heidbrink/von der Groeben* ZIP 2006, 265, 268.

756 BGH NJW 1992, 624, 626.

aus dem bereits die Zwangsvollstreckung betrieben wird, kann eine Vollstreckungsabwehrklage iSv § 767 ZPO mit dem Ziel nötig und zulässig sein, dass der Anfechtungsgegner von seinem Recht gegenüber der Insolvenzmasse keinen Gebrauch macht.[757] Hiervon und von den Fällen der §§ 771, 878 ZPO abgesehen, scheidet eine Gestaltungsklage aus.[758] Jedoch kann eine **Feststellungsklage** die Verjährung nach § 146 Abs. 1 hemmen[759] und unter den Voraussetzungen von § 256 ZPO zulässig sein.[760] Wird ein Prozessvergleich angefochten, kann der Insolvenzverwalter nicht das durch den Vergleich erledigte Verfahren aufnehmen, sondern muss einen neuen Rechtsstreit einleiten.[761]

165 Ergeben die vom klagenden Insolvenzverwalter vorgetragenen Tatsachen, dass die Anfechtung unter mehreren rechtlichen Gesichtspunkten in Betracht kommt, will er sie regelmäßig auf alle möglichen Tatbestände stützen.[762] Kann der Insolvenzverwalter (noch) hinreichend bestimmten Leistungsantrag stellen, kommt eine fristwahrende Verbindung mit dem vorrangig durchzusetzenden Auskunftsanspruch (→ Rn. 20 bis 24) im Wege einer **Stufenklage** iSv § 254 ZPO in Betracht.[763] Bei Ungewissheit über die Möglichkeit des Anfechtungsgegners, Rückgewähr in Natur (§ 143 Abs. 1 Satz 1) zu leisten, kann der hierauf gerichtete Antrag durch einen solchen auf Fristbestimmung nach § 255 ZPO ergänzt werden.[764] Ein auf Rückgewähr in Natur oder Wertersatz gerichteter Antrag ist nur im Wege einer objektiven Klagehäufung (§ 260 ZPO) in Form von Haupt- und Hilfsantrag möglich,[765] weil sich die beiden Rechtsfolgen gegenseitig ausschließen (→ Rn. 101, 111).

166 **b) Prozesskostenhilfe.** Oft wird der Insolvenzverwalter wegen unzureichender finanzieller Mittel der Insolvenzmasse eine Anfechtungsklage nur dann erheben können, wenn ihm dafür Prozesskostenhilfe bewilligt wird. Die Voraussetzungen bestimmen sich nach § 116 Satz 1 Nr. 1 ZPO.[766] Die Bewilligung setzt nicht voraus, dass die Unterlassung der Rechtsverfolgung allgemeinen Interessen iSv § 116 Satz 1 Nr. 2 ZPO zuwiderlaufen würde.[767] Bei der Frage, welchen möglicherweise begünstigten Gläubigern die Aufbringung eines Prozesskostenvorschusses zuzumuten ist,[768] ist der Wegfall aller Vorrechte durch die Insolvenzordnung zu beachten; Gläubigern, die nur eine geringe Quote zu erwarten haben, wird im Allgemeinen der riskante Einsatz eigener finanzieller Mittel für einen Prozesskostenvorschuss nicht zuzumuten sein. Dasselbe gilt für Insolvenzgläubiger, deren Forderungsanmeldung der Insolvenzverwalter bestritten hat.[769] Wegen seines eigenen Gebührenanspruchs ist der Insolvenzverwalter nicht persönlich im Prozess der Insolvenzmasse „wirtschaftlich beteiligt".[770] Eine Anfechtungsklage ist nicht schon dann mutwillig iSv § 114 Satz 1 ZPO, wenn der Insolvenzverwalter Masseunzulänglichkeit iSv § 208 angezeigt hat.[771] Ist aber der durchzusetzende Anfechtungsanspruch nicht einmal geeignet, eine bereits eingetretene Massekostenarmut (§ 207) zu

---

757 Vgl. RGZ 47, 216, 222; KPB/*Jacoby* § 143 Anh. Rn. 20; K. Schmidt/*Büteröwe* § 143 Rn. 43; KKInsO/*Mohr* § 143 Rn. 220; BKInsO/*Haas* § 143 Rn. 109; BeckOK InsO/*Schoon*[12] § 143 Rn. 51; RGZ 70, 113, 114 für „verlängerte" Vollstreckungsabwehrklagen hinsichtlich des Erlöses aufgrund Einzelgläubigeranfechtung.

758 AA *Bötticher,* FS Dölle (1963), Bd. 1, S. 41, 50 Fn. 16.

759 BGH KTS 1961, 107, 108; RGZ 133, 46, 49; Nerlich/Römermann/*Nerlich* § 129 Rn. 111; Jaeger/*Henckel* § 143 Rn. 176; BKInsO/*Haas* § 146 Rn. 14. Zur Unterbrechungswirkung vgl. BGHZ 103, 298, 301 f. = NJW 1988, 1380, 1381.

760 Vgl. hierzu BGH WM 1961, 601, 602; ZInsO 2007, 658, 659; RG LZ 1908, 786 f.; Uhlenbruck/*Borries/Hirte* § 143 Rn. 168; K. Schmidt/*Büteröwe* § 143 Rn. 42; KKInsO/*Mohr* § 143 Rn. 218; HambKommInsO/*Rogge/Leptien* § 143 Rn. 138; weitere Beispiele bei BeckOK InsO/*Schoon*[12] § 143 Rn. 50.1. Zur Möglichkeit einer Feststellungswiderklage vgl. RG JW 1932, 165 f.

761 *Huber* ZInsO 2008, 929, 932.

762 BGHZ 117, 374, 382 = NJW 1992, 1626, 1628; BGHZ 123, 320, 322 = NJW 1993, 3267; BGH WM 1960, 546, 547.

763 Jaeger/*Henckel* § 143 Rn. 176; KPB/*Jacoby* § 143 Anh. Rn. 10; KKInsO/*Mohr* § 143 Rn. 216; BeckOK InsO/*Schoon*[12] § 143 Rn. 50; vgl. OLG Stuttgart ZIP 1986, 386, 388 und zur Hemmungswirkung vgl. BGH NJW 2012, 2180 Rn. 15 ff.; BGH NJW 1992, 2563 f.

764 HambKommInsO/*Rogge/Leptien* § 143 Rn. 137; Jaeger/*Henckel* § 143 Rn. 176; K. Schmidt/*Büteröwe* § 143 Rn. 41; KKInsO/*Mohr* § 143 Rn. 216.

765 Vgl. BGH NJW 1970, 44, 45; NJW 1987, 2821, 2822 (insoweit nicht in BGHZ 101, 286); KPB/*Jacoby* § 143 Anh. Rn. 9; KKInsO/*Mohr* § 143 Rn. 216; zu § 7 AnfG aF auch BGH NJW 1984, 2890, 2892.

766 HKInsO/*Thole* § 129 Rn. 103 f.; Uhlenbruck/*Borries/Hirte* § 143 Rn. 183, 185; BKInsO/*Haas* § 143 Rn. 111; BeckOK InsO/*Schoon*[12] § 143 Rn. 53.

767 BGH NZI 2007, 348 Rn. 10.

768 Vgl. dazu iE KKInsO/*Mohr* § 143 Rn. 237 ff.

769 Vgl. OLG Naumburg ZIP 1994, 383, 384; KKInsO/*Mohr* § 143 Rn. 243; Henckel/Kreft/*Pape*, Insolvenzrecht 1998 (1999), S. 29, 42.

770 BGH NJW 1998, 1229 f.; KKInsO/*Mohr* § 143 Rn. 245; Gottwald/*Huber,* InsO-HdB§ 51 Rn. 37; KPB/*Jacoby* § 143 Anh. Rn. 15; abgrenzend vgl. BGH, Beschl. v. 1.9.2008 – II ZR 52/08 Rn. 4.

771 BGH NZI 2008, 431 Rn. 6 ff.

beheben, kann dafür idR keine Prozesskostenhilfe gewährt werden.[772] Liegen die Voraussetzungen für die Bewilligung von Prozesskostenhilfe vor, so ist dem Insolvenzverwalter für einen Anfechtungsprozess in aller Regel ein Rechtsanwalt beizuordnen.[773]

c) Folgen der Rechtshängigkeit. Eine Einstellung der Zwangsvollstreckung kommt nur auf der Grundlage des § 767 ZPO (→ Rn. 164) sowie einer entsprechenden Anwendung des § 771 ZPO (→ Rn. 158) in Betracht. Durch die Klage auf Rückgewähr einer anfechtbar veräußerten Sache (§ 143 Abs. 1 Satz 1) wird diese nicht iSv § 265 ZPO streitbefangen.[774] Veräußert der Anfechtungsgegner nach Rechtshängigkeit die anfechtbar erlangte Sache in solcher Weise, dass er sie nicht mehr zurückgewähren kann, muss der Anfechtende Wertersatz verlangen (→ Rn. 101 ff.). Eine Klageänderung liegt darin im Hinblick auf § 264 Nr. 3 ZPO nicht (→ § 146 Rn. 26). Dasselbe gilt, wenn der Anfechtende erst nach der Klageerhebung von der Unmöglichkeit der Rückgewähr erfährt. Hat der Insolvenzverwalter nach § 255 ZPO eine Frist für die geltend gemachte Rückgewähr in Natur setzen lassen, kann er nach rechtskräftiger Verurteilung nach § 281 BGB Schadensersatz statt der Leistung verlangen, ohne zuvor die Zwangsvollstreckung versucht zu haben.[775] Streitgegenstand der Anfechtungsklage ist das konkrete Klageziel in Verbindung mit dem dafür angegebenen Sachverhalt, der auch mehrere „Rechtshandlungen" iSv § 129 Abs. 1 umfassen kann. Soweit der zur Begründung der Anfechtungsklage vorgetragene Sachverhalt zugleich das Eingreifen weiterer Anspruchsgrundlagen – zB § 812 oder § 826 BGB – rechtfertigt, gehören auch diese mit zum Streitgegenstand.[776] Im Anfechtungsprozess können der Schuldner und Insolvenzgläubiger, die selbst nicht Partei sind, als Zeugen vernommen werden.[777] 167

Im Rechtsstreit darf der Insolvenzverwalter auch bloß vermutete Tatsachen behaupten, wenn dafür greifbare Anhaltspunkte – zB aus unstreitigen oder unter Beweis gestellten Indizien – bestehen.[778] In der Berufungsinstanz hindert das Novenverbot des § 531 Abs. 2 ZPO nicht die rechtliche Prüfung weiterer Anfechtungstatbestände aufgrund des zuvor unterbreiteten Sachverhalts.[779] Eine Widerklage (§ 33 ZPO) kann nicht gegen den Schuldner persönlich gerichtet werden, weil er nicht in einem rechtlichen Zusammenhang zu der den Insolvenzgläubigern dienenden Anfechtung (→ § 129 Rn. 189) steht.[780] Der Anfechtungsgegner kann im Hinblick auf ein mögliches Wiederaufleben seiner Rechte nach § 144 dem Schuldner den Streit verkünden (§§ 72 ff. ZPO) (→ § 144 Rn. 10b). 168

Liegen der Anfechtung **Dreiecksbeziehungen** zugrunde, kann ein Anfechtungsgegner mehreren Anfechtungsansprüchen verschiedener Insolvenzverwalter ausgesetzt sein. In diesen Fällen schließt die auf mittelbare Zuwendung gestützte (Deckungs-)Anfechtung durch den Insolvenzverwalter des Auftraggebers (insbesondere nach §§ 130, 131), aus dessen Vermögen die Leistung wirtschaftlich stammt, die (Zuwendungs-)Anfechtung durch den Insolvenzverwalter des Leistungsmittlers (nach § 134) aus (→ Rn. 6). Dazu hat der Anfechtungsgegner, der unter Hinweis auf den konkurrierenden Anfechtungsanspruch enes anderen Rechtsträgers die Sachbefugnis des Anfechtungsklägers leugnet, die Voraussetzungen dieses konkurrierenden Anspruchs darzulegen und zu beweisen.[781] Dessen mutmaßlicher Rechtsträger darf dem Anfechtungsgegner als Streithelfer beitreten. Entsprechendes muss gelten, wenn die Insolvenzverwalter mehrerer Insolvenzmassen für sich ein Anfechtungsrecht mit der Begründung in Anspruch nehmen, der anfechtbar erlangte Gegenstand habe zum Vermögen des jeweils betroffenen Schuldners gehört. 169

Wird das **Regelinsolvenzverfahren aufgehoben** (§ 200), erlischt regelmäßig der eingeklagte Anspruch;[782] der Rechtsstreit ist iSv § 91a ZPO erledigt.[783] Die einzelnen Insolvenzgläubiger 170

---

772 BGH NZI 2009, 602 Rn. 6 ff.; ZInsO 2012, 736 Rn. 6 ff.; zu verallgemeinernd OLG München ZInsO 2012, 1994 ff.

773 BGH NJW 2006, 1597 Rn. 6 ff.; KPB/*Jacoby* § 143 Anh. Rn. 16; BKInsO/*Haas* § 143 Rn. 111.

774 Jaeger/*Henckel* § 143 Rn. 178; Stein/Jonas/*Roth* § 265 Rn. 9; Wieczorek/Schütze/*Assmann* § 265 Rn. 48; Thomas/Putzo/*Reichold* § 265 Rn. 4; zu § 7 AnfG aF auch RGZ 103, 113, 121; OLG Stettin OLGRspr. 4 (1902), 177 f.; OLG Köln ZIP 1991, 1369, 1371; aA *Allgayer,* Rechtsfolgen und Wirkungen der Gläubigeranfechtung Rn. 437, 726.

775 Jaeger/*Henckel* § 143 Rn. 176; zu § 283 BGB aF vgl. OLG Köln ZIP 1991, 1369, 1374; Uhlenbruck/*Borries/Hirte* § 143 Rn. 29 ff., 32; ferner BGH NJW 1970, 44, 45; OLG Hamburg NZI 2001, 424, 426 aE.

776 Vgl. *Henckel* ZIP 1990, 137 f.

777 RGZ 29, 29 ff.; *Baur/Stürner,* Insolvenzrecht Rn. 20.2.

778 BGH NJW-RR 2002, 1419, 1420 f.; näher *Huber,* FS Gerhardt (2004), S. 379, 383 ff.

779 OLG Düsseldorf ZIP 2004, 1008, 1009; Graf-Schlicker/*Huber* § 146 Rn. 14.

780 Ergänzend vgl. FKInsO/*Foltis* § 280 Rn. 10.

781 BGHZ 174, 228, 236 ff. = NJW 2008, 655, 657 ff.; vgl. *Huber* NZI 2008, 149, 151; *Gaul,* FS K. Schmidt (2009), S. 425, 437 f.

782 KPB/*Jacoby* § 143 Rn. 10.

783 KPB/*Jacoby* § 143 Anh. Rn. 13.

können ihre Anfechtungsansprüche nach Maßgabe des § 18 AnfG weiter verfolgen.[784] An diesen Rechtsfolgen kann auch der Vorbehalt der Nachtragsverteilung nichts ändern.[785] Vielmehr liegen die Voraussetzungen für die Schlussverteilung (§ 196 Abs. 1) und damit die Aufhebung des Insolvenzverfahrens (§ 200 Abs. 1) nicht vor, solange noch ein Anfechtungsprozess anhängig ist (→ § 203 Rn. 17). Wird das Insolvenzverfahren dagegen nach **Bestätigung eines Insolvenzplans** aufgehoben (§ 258 Abs. 1), erlischt der Anfechtungsanspruch nicht, wenn der Insolvenzverwalter in dem Plan zur Fortführung des Anfechtungsprozesses ermächtigt worden ist (§ 259 Abs. 3).[786]

171 **d) Darlegungs- und Beweislast.** Als Voraussetzung für eine Anwendung von § 143 Abs. 1 muss feststehen, welche anfechtbare Leistung der Anfechtungsgegner aus dem Vermögen des Schuldners erhalten hat; dies ist, jeweils nach Maßgabe der einzelnen Anfechtungstatbestände (§§ 130 bis 136), vom **Insolvenzverwalter**[787] darzulegen und ggf. zu beweisen. Nimmt dieser mehrere Anfechtungsgegner als Gesamtschuldner (→ Rn. 11) in Anspruch, gilt dasselbe für die Unteilbarkeit ihres Erwerbs. Darüber hinaus muss der Insovenzverwalter darlegen und ggf. beweisen, dass Nutzungen gezogen wurden oder bei ordnungsmäßiger Wirtschaft zu ziehen waren,[788] und dass der Anfechtungsgegner ein (gesetzliches) Surrogat[789] erlangt hat. Auch für die Höhe eines zu ersetzenden Wertes (→ Rn. 112 ff.) trägt grundsätzlich der Insolvenzverwalter die Darlegungs- und Beweislast; dasselbe gilt schließlich für die objektiven Verzugsvoraussetzungen (→ Rn. 83, 132).

172 Dagegen obliegt es dem **Anfechtungsgegner,** darzulegen und ggf. zu beweisen, dass und aus welchen Gründen ihm eine Rückgewähr in Natur nicht möglich ist (§ 275 Abs. 1 BGB);[790] ferner hat er fehlendes Verschulden an einer Unmöglichkeit der Rückgewähr oder an einer Verschlechterung des zurückzugewährenden Gegenstands[791] sowie an einer Verzögerung der Leistung zu beweisen (§§ 280 Abs. 1 Satz 2, 286 Abs. 4 BGB). Auch für den Einwand, dass die Rückgewähr in Natur für die Befriedigung aller Gläubiger nicht erforderlich ist (→ Rn. 44), trägt der Anfechtungsgegner die Darlegungs- und Beweislast. Dasselbe gilt, wenn er den Ersatz berücksichtigungsfähiger Verwendungen (→ Rn. 90 bis 96) geltend macht,[792] sowie für den Einwand der Erfüllung des Rückgewähranspruchs.

173 Im Falle der Anfechtung nach § 134 muss der **Insolvenzverwalter** darlegen und ggf. beweisen, dass noch ein anderer Anfechtungstatbestand verwirklich worden ist, wenn er den Anfechtungsgegner über die eingeschränkte Haftung nach **§ 143 Abs. 2 Satz 1** hinaus in Anspruch nehmen will (→ Rn. 135). Dagegen obliegt dem **Anfechtungsgegner** sowohl der Nachweis, dass Rückgewähr in Natur unmöglich ist (→ Rn. 172), als auch, dass und warum er objektiv nicht mehr bereichert ist.[793] Ist streitig, ob die Bereicherung nach Eintritt der verschärften Haftung (infolge Rechtshängigkeit oder Unredlichkeit) entfallen ist, trägt der Insolvenzverwalter die Darlegungs- und Beweislast.[794]

174 Aus der Fassung von **§ 143 Abs. 2 Satz 2** als Ausnahme zu Satz 1 folgt nach der sog. Satzbaulehre, dass der Insolvenzverwalter, der Wertersatz über die vorhandene Bereicherung hinaus (→ Rn. 136) fordert, die „Unredlichkeit" des Anfechtungsgegners im maßgeblichen Zeitpunkt

---

[784] Vgl. BGHZ 83, 102, 106 = NJW 1982, 1765; MüKoAnfG/*Kirchhof* § 18 Rn. 8 ff.

[785] AA KPB/*Jacoby* § 143 Anh. Rn. 12; MüKoInsO/*Kirchhof* → 3. Aufl. § 146 Rn. 42c.

[786] Uhlenbruck/*Borries/Hirte* § 143 Rn. 100; BKInsO/*Haas* § 143 Rn. 112.

[787] Im Falle der Abtretung des Anspruchs aus § 143 (→ Rn. 5) gelten die Ausführungen für den Zessionar entsprechend.

[788] BGH NJW 1995, 2627, 2628 zu § 818 BGB; KKInsO/*Mohr* § 143 Rn. 318.

[789] HambKommInsO/*Rogge/Leptien* § 143 Rn. 109; KKInsO/*Mohr* § 143 Rn. 318.

[790] LAG Hamm ZIP 1998, 920, 922; HambKommInsO/*Rogge/Leptien* § 143 Rn. 110; K. Schmidt/*Büteröwe* § 143 Rn. 38; KKInsO/*Mohr* § 143 Rn. 319; *M. Zeuner,* Anfechtung Rn. 324.

[791] HambKommInsO/*Rogge/Leptien* § 143 Rn. 110; vgl. BGH NJW 1992, 3224, 3225 zu § 280 Abs. 2, § 275 BGB aF; Staudinger/*Gursky* § 989 Rn. 38.

[792] HambKommInsO/*Rogge/Leptien* § 143 Rn. 110; K. Schmidt/*Büteröwe* § 143 Rn. 38; vgl. BGH NJW 1995, 2627, 2628 zu § 818 BGB.

[793] BGH NZI 2010, 295 Rn. 17; Beschl. v. 25.9.2008 – IX ZR 101/06 Rn. 3; OLG Rostock NZI 2008, 438 f.; OLG Jena ZInsO 2009, 726, 728; KG WM 2010, 2182, 2183; FKInsO/*Dauernheim* § 143 Rn. 36; *Hess* InsO § 143 Rn. 183; K. Schmidt/*Büteröwe* § 143 Rn. 38; HambKommInsO/*Rogge/Leptien* § 143 Rn. 110; vgl. BGH WM 1956, 703, 705; RG LZ 1910, 558, 559 und zu § 818 Abs. 3 BGB BGHZ 118, 383, 387 f. = NJW 1992, 2415, 2416; BGH VersR 1989, 943, 944; BAG NJW 1994, 2636, 2637; RGZ 65, 292, 298; RGZ 68, 269, 270; RGZ 93, 227, 230; *Heim,* Schenkungsanfechtung bei Auszahlungen im verdeckten Schneeballsystem (2011), S. 245, 254 f.

[794] BGH NJW 1957, 1725 f.

(→ Rn. 144) zu beweisen hat.[795] Davon ist zwar keine Ausnahme für nahe stehende Personen iSv § 138 vorgesehen;[796] deren Näheverhältnis zum Schuldner ist aber mindestens bei jeder lebensnahen Beweiswürdigung zu berücksichtigen.[797]

Im Fall von **§ 143 Abs. 3 Satz 1** muss der **Insolvenzverwalter,** neben den allgemeinen Anfechtungsvoraussetzungen von § 135 Abs. 2, die Leistung aus Gesellschaftsmitteln an den Darlehensgeber beweisen. Dagegen folgt aus der einschränkenden Fassung von **§ 143 Abs. 3 Satz 2,** dass der **Gesellschafter** als Anfechtungsgegner die wertmäßige Beschränkung seiner Rückgewährpflicht beweisen muss.[798] Auch das ordnungsmäßige Angebot der Sachsicherheit nach **§ 143 Abs. 3 Satz 3** muss der Gesellschafter darlegen und ggf. beweisen. 175

e) Entscheidung. Soweit der Anfechtungsanspruch auf Rückgewähr in Natur (§ 143 Abs. 1 Satz 1) gerichtet ist, scheidet ein **Grundurteil** (§ 304 Abs. 1 ZPO) aus.[799] Dagegen ist eine Trennung in Grund- und Betragsverfahren möglich und deshalb ein Grundurteil zulässig, soweit der Anfechtende eine Geldleistung – insbesondere als Wertersatz (§ 143 Abs. 1 Satz 2) – verlangt.[800] 176

Über die **Prozesskosten** ist stets nach §§ 91 ff. ZPO zu entscheiden. Eine Erledigung der Hauptsache ist nach allgemeinen Regeln möglich.[801] Erkennt der Anfechtungsgegner den Rückgewähranspruch sofort an, fallen die Prozesskosten nach Maßgabe von § 93 ZPO der Insolvenzmasse zur Last, wenn der Insolvenzverwalter den Anfechtungsgegner nicht vor der Klageerhebung vergeblich zur Rückgewähr aufgefordert hatte; allein der drohende Ablauf der Verjährungsfrist nach § 146 Abs. 1 darf den Verwalter nicht an einer wenigstens kurz befristen Aufforderung hindern.[802] Eine „schlüssige Begründung"[803] ist aber allenfalls nötig, soweit der Anfechtungsgegner selbst nicht informiert ist. Der trotz vorprozessualer Aufforderung nicht leistende Anfechtungsgegner hat auch dann Anlass zur Klageerhebung iSv § 93 ZPO gegeben, wenn der anfechtende Insolvenzverwalter ihm vorher nicht ungefragt dargelegt hat, dass die angefochtene Zahlung des Schuldners von dessen Bankkonto nicht außerhalb eines Kreditrahmens geleistet wurde.[804] Eine vorprozessuale Aufforderung wird vielfach für entbehrlich gehalten, wenn der Anspruch auf § 133 gestützt werden kann.[805] Diese Auffassung kann angesichts der vielfach nur vermuteten Kenntnis des Anfechtungsgegners von der Gläubigerbenachteiligungsabsicht des Schuldners jedoch nicht überzeugen. Dagegen kann das Anerkenntnis eines Anfechtungsgegners im Prozess noch rechtzeitig sein und zur Belastung der Insolvenzmasse mit den Prozesskosten führen, wenn der Insolvenzverwalter vorher einem berechtigten Auskunftsverlangen des Anfechtungsgegners nicht entsprochen hatte.[806] 177

f) Sicherung des Anfechtungsrechts. Der Anspruch auf Rückgewähr in Natur (§ 143 Abs. 1 Satz 1) kann durch **einstweilige Verfügung** (§§ 935 ff. ZPO)[807] und der Anspruch auf 178

---

795 BT-Drs. 12/2443, S. 168 zu § 162 RegE; OLG Rostock NZI 2008, 438, 439; HKInsO/*Thole* § 143 Rn. 33; FKInsO/*Dauernheim* § 143 Rn. 36; Nerlich/Römermann/*Nerlich* § 143 Rn. 64; Uhlenbruck/*Borries/Hirte* § 143 Rn. 66; Braun/*Riggert* § 143 Rn. 21; *M. Zeuner,* Anfechtung Rn. 334; *Hess* InsO § 143 Rn. 184; aA zu § 37 Abs. 2 KO: BGH WM 1955, 407, 412; NJW 1970, 44, 46.

796 OLG Rostock NZI 2008, 438, 439; dagegen für eine analoge Anwendung von § 11 Abs. 2 Satz 2 AnfG OLG Düsseldorf NZI 2001, 477, 478.

797 HKInsO/*Thole* § 143 Rn. 34; Uhlenbruck/*Borries/Hirte* § 143 Rn. 67; HambKommInsO/*Rogge/Leptien* § 143 Rn. 109; vgl. OLG München WM 2004, 1044, 1045.

798 Vgl. Ulmer/Habersack/Löbbe/*Habersack*, 2. Aufl., Anh. § 30 Rn. 165; Scholz/*Bitter* GmbHG 12. Aufl. (2018), Anh. § 64 Rn. 289 a.E.

799 RGZ 73, 426, 428; 138, 84, 86 ff.; HKInsO/*Thole* § 129 Rn. 102; zu § 7 AnfG aF auch OLG Hamm JMBl. NW 1952, 207.

800 BGH NJW 1995, 1093, 1095; HKInsO/*Thole* § 143 Rn. 25; BKInsO/*Haas* § 143 Rn. 11; Uhlenbruck/*Borries/Hirte* § 143 Rn. 180.

801 Vgl. BGH WM 1971, 1443 f.; Jaeger/*Henckel* § 143 Rn. 182.

802 LG Gotha JW 1928, 1889; HambKommInsO/*Rogge/Leptien* § 143 Rn. 144; Jaeger/*Henckel* § 143 Rn. 182; Uhlenbruck/*Borries/Hirte* § 143 Rn. 181; zu § 3 Abs. 1 Nr. 3 oder 4 AnfG aF auch OLG Düsseldorf ZIP 1984, 1381 f.

803 So OLG Koblenz ZInsO 2005, 938 f.

804 OLG Hamburg ZInsO 2004, 982 f. mAnm *Blank;* vgl. OLG Stuttgart ZInsO 2005, 942, 945 f.; aA *Geiger* ZInsO 2004, 1188 ff.

805 Vgl. MüKoInsO/*Kirchhof* → 3. Aufl. § 146 Rn. 43a; Jaeger/*Henckel* § 143 Rn. 182; FKInsO/*Dauernheim* § 143 Rn. 74; OLG Karlsruhe OLGRspr. 5 (1902), 168, 169; zu § 3 Abs. 1 Nr. 1 oder 2 AnfG aF auch OLG Bamberg KTS 1972, 196; OLG Schleswig MDR 1977, 321; aA LG Kaiserlautern KTS 1972, 201, 202.

806 LG Hamburg ZIP 2004, 2197 ff.; Jaeger/*Henckel* § 143 Rn. 166.

807 RG Gruchot 30 (1886), 745, 746; OLG Frankfurt LZ 1908, 174; HKInsO/*Thole* § 143 Rn. 9; Uhlenbruck/*Borries/Hirte* § 143 Rn. 173; K. Schmidt/*Büteröwe* § 143 Rn. 45; Jaeger/*Henckel* § 143 Rn. 181; KKInsO/*Mohr* § 143 Rn. 227; vgl. RG JW 1892, 181 Nr. 7; OLG Colmar LZ 1912, 172, 173. Zur Glaubhaftmachung des Arrest- oder Verfügungsgrundes nach §§ 920 Abs. 2, 936 ZPO für einen Anfechtungsanspruch vgl. *Pakuscher* JR 1959, 288 f.

Zahlung von Geld – insbesondere Wertersatz (§ 143 Abs. 1 Satz 2) – nach §§ 916 ff. ZPO durch dinglichen oder persönlichen Arrest[808] gesichert werden. Richtet sich der Anspruch auf Übereignung eines Grundstücks oder auf Übertragung eines Rechts daran, kommt als Sicherungsmittel vor allem eine **Vormerkung** (§§ 885 Abs. 1 BGB),[809] hilfsweise ein Veräußerungsverbot (§§ 135, 136 BGB) in Betracht.[810] Die Übertragung des letzten nennenswerten Vermögensteils eines illiquiden Schuldners auf einen nahen Angehörigen kann Anlass geben, um einstweiligen Rechtsschutz nachzusuchen.[811] Dasselbe sollte bei allen Rechtshandlungen gelten, die mit direktem Gläubigerbenachteiligungsvorsatz begangen wurden, weil dies auch die Bereitschaft nahelegt, eine Rückgewähr zu vereiteln.[812]

§ 144 Ansprüche des Anfechtungsgegners

(1) Gewährt der Empfänger einer anfechtbaren Leistung das Erlangte zurück, so lebt seine Forderung wieder auf.

(2) [1]Eine Gegenleistung ist aus der Insolvenzmasse zu erstatten, soweit sie in dieser noch unterscheidbar vorhanden ist oder soweit die Insolvenzmasse um ihren Wert bereichert ist. [2]Darüber hinaus kann der Empfänger der anfechtbaren Leistung die Forderung auf Rückgewähr der Gegenleistung nur als Insolvenzgläubiger geltend machen.

Schrifttum: *Bartels,* Insolvenzanfechtung und Leistung Dritter, 2015; *Bork,* Wiederaufleben von Sicherheiten nach Anfechtung der Erfüllungsleistung, in FS Kreft, 2004, S. 229 ff.; *Burchard,* Die Insolvenzanfechtung im Dreieck, 2009; *Ulrich,* Vertragsgestaltung im Hinblick auf die drohende Insolvenzanfechtung, 2009.

Übersicht

I. Normzweck

1 § 144 soll in beiderseits ausgewogener Weise das insolvenzrechtliche Schicksal einer eigenen Leistung des **Anfechtungsgegners** regeln, der seinerseits anfechtbar Empfangenes nach Maßgabe des § 143 zurückgewähren muss. Eine ungerechtfertigte Bereicherung der Insolvenzmasse hierdurch soll vermieden werden.[1]

[808] OLG Frankfurt BB 1975, 1279 Leits. 3; HKInsO/*Thole* § 129 Rn. 108, § 143 Rn. 25; RSZ/*Zeuner* § 129 Rn. 26; vgl. OLG Stuttgart ZIP 2005, 588; Jaeger/*Henckel* § 143 Rn. 181; K. Schmidt/*Büteröwe* § 143 Rn. 45; Uhlenbruck/*Borries/Hirte* § 143 Rn. 173; KKInsO/*Mohr* § 143 Rn. 227; zu § 7 AnfG aF auch RG Gruchot 50 (1906), 433, 434; OLG Düsseldorf NJW 1977, 1828. Zur Sicherung eines Anspruchs nach § 7 AnfG aF wegen anfechtbar bestellter Hypotheken durch Arrest vgl. RG JW 1928, 1345, 1346.

[809] LG Dresden ZInsO 2002, 140, 141; HKInsO/*Thole* § 129 Rn. 108, § 143 Rn. 9; Jaeger/*Henckel* § 143 Rn. 56 f.; KKInsO/*Mohr* § 143 Rn. 227 f.; Uhlenbruck/*Borries/Hirte* § 143 Rn. 130; *Baur/Stürner,* Insolvenzrecht Rn. 20.21; Nerlich/Römermann/*Nerlich* § 129 Rn. 124; vgl. LG Chemnitz ZIP 1999, 496 f. und für ein Verfügungsverbot gem. § 7 AnfG aF RGZ 67, 39, 42.

[810] MüKoBGB/*Kohler* § 883 Rn. 21; *Allgayer,* Rechtsfolgen und Wirkungen der Gläubigeranfechtung Rn. 542, 546.

[811] BGH NJW 2006, 2557 Rn. 25 ff.

[812] Vgl. *Spring/Kücük* InVo 2004, 352, 354 f.

[1] Vgl. BGH NJW-RR 1996, 991, 992 f.; OLG Jena NZG 2002, 1116, 1117 f.; KPB/*Jacoby* § 144 Rn. 1; Nerlich/Römermann/*Nerlich* § 144 Rn. 1; HambKommInsO/*Rogge/Leptien* § 144 Rn. 1; Jaeger/*Henckel* § 144 Rn. 24; BKInsO/*Haas* § 144 Rn. 2, 4, 27; KKInsO/*Mohr* § 144 Rn. 2; RSZ/*Zeuner* § 144 Rn. 2; Gottwald/*Huber*InsO-HdB, § 52 Rn. 27; *von Olshausen* KTS 2001, 45, 63.

II. Entstehungsgeschichte

§ 144 Abs. 1 entspricht § 39 KO, und **§ 144 Abs. 2** entspricht § 38 KO. Diese Vorschriften der Konkursordnung wurden im Rahmen des § 10 GesO – der keine ausdrückliche Regelung enthielt – sinngemäß angewendet.[2] Im Gesetzgebungsverfahren wurde § 144 nicht geändert. Dagegen verweist § 12 AnfG den Anfechtungsgegner allein an den Schuldner. 2

III. Anwendungsbereich

§ 144 ergänzt die Regelungen in §§ 129 und 143 in der Weise, dass Gegenleistungen aus dem Vermögen des Anfechtungsgegners nicht schon bei der Vorfrage der Gläubigerbenachteiligung – als etwaiger Ausgleich für eine Verkürzung des Schuldnervermögens –, sondern ausschließlich als Gegenrechte zu berücksichtigen sind.[3] Beide Absätze setzen voraus, dass eine eigene Leistung des Anfechtungsgegners ins Schuldnervermögen geflossen ist und der Insolvenzverwalter die Anfechtung geltend gemacht hat (→ § 129 Rn. 194).[4] In ihren Voraussetzungen im Einzelnen schließen sich beide Absätze aber gegenseitig aus:[5] **§ 144 Abs. 1** erfasst allein die Schuldbefreiung durch eine anfechtbare Erfüllungsleistung des Schuldners, der zB eine Kaufpreisforderung des Anfechtungsgegners (§ 433 Abs. 2 BGB) tilgt oder die Darlehensvaluta zurückzahlt (§ 488 Abs. 1 Satz 2 BGB). **§ 144 Abs. 2** betrifft dagegen die **Gegenleistung** des **Anfechtungsgegners** aus einem anfechtbaren gegenseitigen Vertrag, zB einem Kaufvertrag. Das gilt auch im Falle einer Anfechtung nach § 132, wenn zB ein unmittelbar benachteiligender Vertrag bereits durchgeführt worden ist (→ § 132 Rn. 29). Der Unterschied zwischen den beiden Absätzen entspricht der insolvenzrechtlichen Grundregel, dass nur ein wechselseitiger Leistungsaustausch mit der Insolvenzmasse – wie nach § 144 Abs. 2 – die Verstärkung einer bloßen Insolvenzforderung des anderen Teils rechtfertigt. 3

§ 144 betrifft nicht Aufwendungen oder Werterhöhungen, die der Anfechtungsgegner aus anderen Gründen mit Bezug auf die von ihm empfangene Leistung vorgenommen hat; dafür gelten § 143 Abs. 1 Satz 2 und § 55 Abs. 1 Nr. 3 InsO iVm §§ 994 ff. BGB unmittelbar (→ § 143 Rn. 90 bis 96). § 144 regelt auch nicht unmittelbar den Fall, dass der Insolvenzverwalter aus Anlass einer anfechtbaren Handlung gegen mehrere mögliche Rückgewährpflichtige vorgehen kann (→ § 129 Rn. 101); die Absicherung, dass die vollständige Leistung eines von ihnen auch den anderen zugute kommt, erfolgt vielmehr durch §§ 422 Abs. 1, 255 BGB (→ § 143 Rn. 25).[6] Das Wiederaufleben der Forderung nach § 144 Abs. 1 kann jedoch Grundlage des Innenausgleichs mit den anderen Rückgewährpflichtigen sein (→ Rn. 14). Schließlich enthält § 144 keine ausdrückliche Regelung für die Fälle, in denen – etwa nach § 132 – nur die Begründung einer Verbindlichkeit anfechtbar war und in denen es – etwa bei § 134 – keine Forderung des Gläubigers gegeben hat (→ Rn. 7 f.). 4

Berechtigter iSv § 144 ist, wer als Empfänger der anfechtbaren Leistung des Schuldners seinerseits die Erfüllungsleistung (Abs. 1) oder Gegenleistung (Abs. 2) erbracht hat,[7] ferner dessen **Gesamtrechtsnachfolger** iSv § 145 Abs. 1.[8] **Einzelrechtsnachfolger** iSv § 145 Abs. 2 hinsichtlich des vom Schuldner anfechtbar weggegebenen Gegenstandes sind nicht als solche wegen des Gegenwertes anspruchsberechtigt;[9] dafür bedarf es ggf. einer besonderen Rechtsübertra- 5

---

2 Vgl. OLG Naumburg, Urt. v. 19.10.1998 – 1 U 192/96; *Bredemeyer,* Die Insolvenzanfechtung im systematischen Kontext zivilrechtlicher Rückgewährhaftung (2010), S. 152 f.

3 BKInsO/*Haas* § 13 Rn. 2; *Eckardt* ZInsO 2004, 888, 891.

4 Unschädlich ist es dann, falls der Anfechtungsgegner das Anfechtungsbegehren freiwillig erfüllt.

5 Dazu Uhlenbruck/*Hirte/Borries* § 144 Rn. 9; BKInsO/*Haas* § 144 Rn. 2; FKInsO/*Dauernheim* § 144 Rn. 1; HambKommInsO/*Rogge/Leptien* § 144 Rn. 1; RSZ/*Zeuner* § 144 Rn. 2; aA unter Verweis auf die Gesetzesmaterialien der KO *Bartels* S. 234 ff.

6 BGHZ 141, 96, 105 = NJW 1999, 1549, 1551 wollte in einem solchen Fall § 38 KO – entsprechend § 144 Abs. 2 InsO – anwenden. Jedoch erbrachte in dem entschiedenen Fall die Rückgewährpflichtige selbst als Empfängerin einer unentgeltlichen Zuwendung gerade keine Gegenleistung; und ihren wiederauflebenden Schenkungsanspruch gegen den Schuldner hätte sie allenfalls zur Insolvenztabelle betreffend sein Vermögen anmelden können (§ 144 Abs. 1). Stattdessen ging es um ihre Absicherung vor doppelter Inanspruchnahme gegenüber der die Zuwendung vermittelnden Bank. Dafür gelten keine insolvenzspezifischen, sondern allgemeine Regeln.

7 Tilgt ein (Dritt-)Schuldner des Anfechtungsgegners dessen Anfechtungsschuld auf dessen Rechnung, gilt der Anfechtungsgegner als Leistender: vgl. *Schillig* MittBayNot 2002, 347, 354.

8 Vgl. KPB/*Jacoby* § 144 Rn. 11.

9 RG JW 1897, 346, 347 aE; Jaeger/*Henckel* § 144 Rn. 35; FKInsO/Dauernheim § 144 Rn. 10; Nerlich/Römermann/*Nerlich* § 144 Rn. 14; HambKommInsO/*Rogge/Leptien* § 144 Rn. 19; RSZ/*Zeuner* § 144 Rn. 10; Uhlenbruck/*Hirte/Borries* § 144 Rn. 16; aA KPB/*Jacoby* § 144 Rn. 11.

gung – sei es auch im Wege einer Pfändung – durch den Empfänger der anfechtbaren Leistung. § 144 kann ferner anwendbar sein, wenn bei Insolvenzeröffnung ein Einzelanfechtungsverfahren noch nicht abgeschlossen ist. Für § 144 Abs. 1 folgt dies ohne weiteres aus § 12 AnfG.[10] Für § 144 Abs. 2 tritt die Rechtsfolge im Hinblick auf § 17 Abs. 2 AnfG ein, wenn der Insolvenzverwalter in den Anfechtungsprozess des Einzelgläubigers eintritt oder das Ergebnis für sich ausnutzt.[11]

IV. Wiederaufleben getilgter Forderungen (Abs. 1)

6 **1. Voraussetzungen.** § 144 Abs. 1 erfasst unmittelbar nur Fälle, in denen (wenigstens auch) eine **Verbindlichkeit** des späteren **Schuldners** in anfechtbarer Weise **getilgt** worden ist (→ Rn. 3, § 143 Rn. 72 ff.). Der Anwendungsbereich dieser Norm beschränkt sich nicht auf das Zweipersonenverhältnis zwischen dem Schuldner und dem Anfechtungsgegner, dessen Forderung wiederauflebt, sondern ist auch in Mehrpersonenverhältnissen anwendbar (→ Rn. 10). Für § 143 Abs. 1 liegt die „Leistung“ des Anfechtungsgegners in der seitens des Schuldners erlangten Schuldbefreiung (→ Rn. 8). Dies gilt selbst dann, wenn der Anfechtungsgegner an den späteren Schuldner im Zuge der Durchführung eines gegenseitigen Vertrags auch eine eine eigene Gegenleistung erbracht hat;[12] diese kann ggf. selbständig unter § 144 Abs. 2 fallen. Der Anfechtungsgrund ist ebenso unerheblich wie der Rechtsgrund für die getilgte Forderung; wiederaufleben können insbesondere auch öffentlich-rechtliche Ansprüche. Schuldtilgung iSv § 144 Abs. 1 ist auch die Leistung an Erfüllungs statt[13] oder die durch den Gläubiger erzwungene Leistung,[14] zB durch Aufrechnung oder Zwangsvollstreckung. Dagegen ist die Verwertung einer Drittsicherheit keine Tilgung iSv Abs. 1; der Ausgleich im Innenverhältnis hat nach allgemeinen Regeln zu erfolgen.

7 Bisher kaum behandelt sind jedoch die Ansprüche des Anfechtungsgegners, der entweder über keine (durchsetzbare) Forderung verfügt hat oder bei dem die Verpflichtung des Schuldners selbst Gegenstand der Anfechtung war (§ 132). Für die erste Fallgruppe ist zu denken an **bewusste rechtsgrundlose Leistungen** (§§ 812, 814 BGB), die nach § 134 anfechtbar sind (→ § 134 Rn. 24a), an Leistungen auf **unvollkommene Verbindlichkeiten** (§§ 214, 656, 762, 763 BGB), die ebenfalls nach § 134 anfechtbar sein können (→ § 134 Rn. 26),[15] an **Handschenkungen** (§ 516 BGB)[16] und an Leistungen, die zur **Heilung eines Formmangels** geführt haben (§§ 311b Abs. 1 Satz 2, 518 Abs. 2, 766 Satz 3 BGB, § 15 Abs. 4 Satz 2 GmbHG). Bei der zweiten Fallgruppe ist an einen nach § 132 anfechtbaren **Notverkauf** durch den Schuldner zu denken, der – zB wegen der Anordnung von Sicherungsmaßnahmen (§ 21 Abs. 2 Satz 1 Nr. 1, 2) – nicht mehr durchgeführt werden konnte (→ auch Rn. 23) und dessen Erfüllung der Insolvenzverwalter ablehnt. Der Anmeldung der „Forderung wegen Nichterfüllung“ iSv § 103 Abs. 2 Satz 1 kann der Insolvenzverwalter die Anfechtbarkeit nach § 132 entgegenhalten (→ § 132 Rn. 29; § 146 Rn. 27; § 146 Rn. 53) und damit die Passivmasse entlasten. Auch in einem solchen Fall steht der (unmittelbaren) Anwendung von § 144 Abs. 1 entgegen, dass die vom Schuldner eingegangene – und ggf. erfüllte – Verpflichtung ihrerseits anfechtbar begründet worden war.[17] Wie sich die Ansprüche des Anfechtungsgegners statt dessen darstellen, wird in § 144 Abs. 1 nicht geregelt. Dieser Befund kann aber nicht darüber hinwegtäuschen, dass die Insolvenzanfechtung nur durch die Benachteiligung der (übrigen) Gläubiger legitimiert (§ 129 Abs. 1) und daher in ihren Rechtsfolgen durch diesen Zweck begrenzt wird. Sie darf daher **nicht zugunsten des Schuldners** wirken, der – in der ersten Fallgruppe – vermögensrechtlich wirksam und rechtsbeständig über einen Vermögensgegenstand verfügt bzw. sich – in der zweiten Fallgruppe – obligatorisch wirksam gebunden hatte. Vielmehr muss auch hier eine Form der Rückerstattung Platz greifen. Dafür soll an dieser Stelle ein Lösungsansatz skizziert werden.[18]

---

[10] Vgl. HambKommInsO/*Rogge* § 144 Rn. 3; Jaeger/*Henckel* § 144 Rn. 22.

[11] Jaeger/*Henckel* § 144 Rn. 36 aE; Uhlenbruck/*Hirte/Borries* § 144 Rn. 17.

[12] Vgl. Nerlich/Römermann/*Nerlich* § 144 Rn. 2; RSZ/*Zeuner* § 144 Rn. 2; *Becker,* Insolvenzrecht Rn. 1037; *Foerste,* Insolvenzrecht Rn. 340 f.

[13] Vgl. *Baur/Stürner,* Insolvenzrecht Rn. 20.11; KKInsO/*Mohr* § 144 Rn. 5.

[14] HambKommInsO/*Rogge/Leptien* § 144 Rn. 4; Jaeger/*Henckel* § 144 Rn. 9; KKInsO/*Mohr* § 144 Rn. 5.

[15] Vgl. dazu *Held,* Die Anfechtung unentgeltlicher Leistungen gem. § 134 InsO (2017), S. 245 f., 254 f.

[16] AGR/*Gehrlein* § 144 Rn. 4 hält § 144 Abs. 1 bei anfechtbarem Verpflichtungsgeschäft nicht für anwendbar, bei einer Schenkung soll allerdings auch § 144 Abs. 2 nicht anwendbar sein (Rn. 8).

[17] AGR/*Gehrlein* § 144 Rn. 3; HKInsO/*Thole* § 144 Rn. 2; Uhlenbruck/*Hirte/Borries* § 144 Rn. 1; *Foerste,* Insolvenzrecht Rn. 340; vgl. Jaeger/*Henckel* § 144 Rn. 8; KPB/*Jacoby* § 144 Rn. 5; BeckOK InsO/*Schoon*[12] § 144 Rn. 20.

[18] Vgl. zum Folgenden schon *Piekenbrock,* Zivilrechtliche Dogmatik und Insolvenzrecht, in Lobinger/Piekenbrock/Stoffels, Zur Integrationskraft zivilrechtlicher Dogmatik (2014), S. 51, 71 ff.

Aus dem Zweck der Insolvenzanfechtung folgt einerseits, dass der Anfechtungsgegner, der 8
über keine nach § 144 Abs. 1 wiederauflebbare und durchsetzbare Forderung verfügt hat, an der Verteilung der Masse nicht teilnehmen darf, bevor nicht alle nicht nachrangigen Insolvenzgläubiger iSv § 38 vollständig befriedigt worden sind. Andernfalls wäre insbesondere die Einrede der Anfechtbarkeit nach § 132 sinnlos. Andererseits muss der Anfechtungsgegner an der Verteilung der Masse beteiligt werden, bevor der Überschuss ggf. an den Schuldner (§ 199 Satz 1) bzw. die Gesellschafter (§ 199 Satz 2) herausgegeben wird.[19] Zwar könnte der Käufer seinen Anspruch aus dem Notverkauf, der nach anderweitiger Verwertung durch den Insolvenzverwalter typischerweise auf Schadensersatz statt der Leistung gerichtet sein wird (§§ 280 Abs. 1, 3, 283 BGB),[20] nach Aufhebung des Insolvenzverfahrens gegen den Schuldner geltend machen. Wenn der Käufer den Schadensersatzanspruch im Insolvenzverfahren wegen § 132 nicht wenigstens nach § 174 Abs. 3 anmelden kann, müsste er ihn zunächst titulieren lassen. Mit dem Zweck des Insolvenzverfahrens iSv § 1 Satz 1 wäre dieser Weg der Befriedigung aber nicht zu vereinbaren, weil auch der „Notkäufer“ Gläubiger des Schuldners ist. Grundlage des Anspruchs des „Notkäufers“ ist die ansonsten drohende Zweckverfehlung der Insolvenzanfechtung, die schon beim Inhalt des Anspruchs aus § 143 Abs. 1 Satz 1 zu einer Beschränkung auf die Duldung der Zwangsvollstreckung führen kann (→ § 143 Rn. 44). Ist es im Wege der Insolvenzanfechtung zu einer übermäßigen Anreicherung der Aktivmasse bzw. Verringerung der Passivmasse gekommen, muss dem Anfechtungsgegner wegen der Zweckverfehlung ein Bereicherungsanspruch zustehen, der vor der Auskehr des Überschusses nach § 199 zu befriedigen ist. Da die *condictio ob rem* (§ 812 Abs. 1 Satz 2 Alt. 2 BGB) unmittelbar nur die Verfehlung des „nach dem Inhalt des Rechtsgeschäfts bezweckten“ Erfolgs erfasst und nicht des Telos eines gesetzlichen Anspruchs, spricht hier alles für eine ***condictio ob causam finitam*** (§ 812 Abs. 1 Satz 2 Alt. 1 BGB), wenn alle vorangigen Gläubiger vollständig befriedigt worden sind. Damit stellt sich lediglich die Frage, in welchem Rang diese Forderung zu berücksichtigen ist. Denkbar ist, sie an den letzten Rang der Gläubiger hinter § 39 Abs. 1 Nr. 5 und ggf. sogar § 39 Abs. 2 zu setzen. Überzeugender ist dagegen, ihr wegen der Nähe zu § 134 den Rang von § 39 Abs. 1 Nr. 4 zuzusprechen. Dahinter steht der Grundsatz, dass niemand auf Kosten seiner Gläubiger freigebig sein darf. Die Gesellschafterdarlehen stellen aber nicht mehr reines Fremdkapital dar, sondern gehören bereits einer mezzaninen Kapitalform an. Dies gilt erst recht für die im Überschuldungsstatut nicht (mehr) zu passivierenden Nachrangforderungen (§§ 19 Abs. 2 Satz 2, 39 Abs. 2) (→ § 19 Rn. 129).

2. Rechtsfolgen. Ähnlich wie § 1976 BGB ordnet § 144 Abs. 1 an, dass tatsächlich erloschene 9
Forderungen – dort wegen Konfusion, hier wegen Erfüllung – wiederaufleben.[21] Wird die Schuldtilgung erfolgreich angefochten, lebt die getilgte Forderung allerdings erst wieder auf, wenn das Erlangte **tatsächlich zurückgewährt** wird. Das bloße Angebot dazu genügt – anders als nach § 144 Abs. 2 (→ Rn. 25) – nicht.[22] Erst recht genügt nicht die Inanspruchnahme des Anfechtungsgegners durch den Insolvenzverwalter.[23] Gerät der Insolvenzverwalter in Annahmeverzug, gilt § 300 Abs. 2 BGB. Im Falle seiner zusätzlichen Verpflichtung zur Annahme mag zudem § 287 BGB eingreifen. Dagegen wären besondere Umstände nötig, um eine Treuwidrigkeit des Insolvenzverwalters iSv § 162 Abs. 1 BGB zu begründen;[24] denn die meisten Anfechtungstatbestände setzen eine Bösgläubigkeit des Anfechtungsgegners voraus,[25] und für die übrigen greift § 143 Abs. 2 ein. Abgesehen davon ist § 162 Abs. 1 BGB unmittelbar ohnehin nur auf rechtsgeschäftliche Bedingungen anwendbar, so dass es richtigerweise nur um die Frage geht, unter welchem Umständen die getilgte Forderung nach § 144 Abs. 1 wieder auflebt. Auch ein Zurückbehaltungsrecht kann nicht auf die Gegenforderung gestützt werden (→ Rn. 14). Deshalb ist § 144 Abs. 1 für den im Anfechtungsprozess geltend

---

19 Insoweit übereinstimmend auch MüKoInsO/*Kirchhof* → 3. Aufl. § 143 Rn. 26: „… dann ist erst der Mehrerlös bei der Schlussverteilung dem Anfechtungsgegner zu überlassen.“.

20 Zum Fortbestand des Erfüllungsanspruchs des Vertragspartners, der die Forderung iSv § 103 Abs. 2 nicht anmeldet, vgl. BGHZ 196, 160 Rn. 8 aE = NJW 2013, 1245.

21 Vgl. *von Olshausen* KTS 2001, 45, 63.

22 BGH NZI 2015, 287 Rn. 17; NJW 2016, 1738 Rn. 29; AGR/*Gehrlein* § 144 Rn. 4. Jaeger/*Henckel* § 144 Rn. 10; Uhlenbruck/*Hirte/Borries* § 144 Rn. 2; *Mauer,* Anfechtungsprozess Rn. 390; RSZ/*Zeuner* § 144 Rn. 3; BKInsO/*Haas* § 144 Rn. 1; *von Olshausen* KTS 2001, 45, 62. Dies verkennt OLG München ZInsO 2008, 1020, 1021.

23 Vgl. dazu BGH NZI 2015, 287 Rn. 17 f. Daher konnte der Empfänger der Leistung nicht schon deshalb von einem Vertrag zurücktreten, weil ihn der Insolvenzverwalter des Zahlungsmittlers nach §§ 134, 143 Abs. 1, 2 auf Rückgewähr in Anspruch genommen hatte. Vgl. ergänzend KPB/*Jacoby* § 144 Rn. 7.

24 Zu verallgemeinernd KPB/*Jacoby* § 144 Rn. 7.

25 Dies berücksichtigt *Bredemeyer,* Die Insolvenzanfechtung im systematischen Kontext zivilrechtlicher Rückgewährhaftung (2010), S. 153 f. nicht.

gemachten Anspruch aus § 143 bis auf den seltenen Fall der Sicherung durch eine anfechtungsfest erworbene Vormerkung (→ Rn. 14) bedeutungslos. Lebt die Forderung als Insolvenzforderung wieder auf (→ Rn. 14), kann sie allerdings schon als aufschiebend bedingte (vgl. § 191) zur Insolvenztabelle angemeldet werden.[26] Die spätere Anmeldung ist nach Maßgabe von § 177 ebenfalls möglich.[27] Wird nur **teilweise zurückgewährt,** lebt die Forderung lediglich anteilig im selben wertmäßigen Verhältnis auf.[28] Auf die Art der gewährten Leistung oder ihren Schuldgrund kommt es nicht entscheidend an.[29]

10 § 144 Abs. 1 gilt auch bei Erfüllungen in **Mehrpersonenverhältnissen.**[30] Dies namentlich bei **mittelbaren Zuwendungen** (→ § 129 Rn. 68 bis 72; § 143 Rn. 39), die sich bei „Anweisungen auf Schuld" (§ 787 BGB) dadurch auszeichnen, dass ein Forderungsschuldner (S) einen Dritten (D), der ihm etwas schuldet, anweist, die geschuldete Leistung nicht ihm, sondern direkt seinem Gläubiger (G) zu erbringen.[31] Dabei sind jedoch je nach den Umständen des Einzelfalls verschiedene Fallgruppen zu unterscheiden. Leicht zu lösen ist der Fall, in dem der **Zuwendende** (S) **insolvent** wird und der Insolvenzverwalter die mittelbare Zuwendung gegenüber dem Leistungsempfänger (G) anficht. Da in einem solchen Fall das „gesamte Rechtsverhältnis [...] hinsichtlich der Anfechtbarkeit so anzusehen [ist], als ob der Dritte seiner Verpflichtung entsprechend an den späteren Gemeinschuldner geleistet und dieser seinen Gläubiger befriedigt hätte",[32] lebt mit der Rückgewähr des (mittelbar) zugewandten an den Insolvenzverwalter von S die Forderung von S gegen G wieder auf.[33] Komplexer ist die Rechtslage dagegen in der **Insolvenz des Zahlungsmittlers** (D). Dabei ist zu unterscheiden, ob D selbst gegenüber G zur Leistung verpflichtet war, was zB bei einer angenommenen Anweisung der Fall ist (§ 784 BGB), oder ausschließlich gegenüber S. Hatte der **Leistungsempfänger** (G) auch einen **Anspruch** auf die Leistung **gegen den Zahlungsmittler** (D), ist § 144 Abs. 1 in diesem Verhältnis unmittelbar einschlägig. Richtigerweise lebt daneben aber auch die Forderung gegen S wieder auf,[34] obwohl dieser Vorgang das Insolvenzverfahren selbst nicht betrifft.[35] Insoweit kann hier nichts anderes gelten als bei akzessorischen Sicherheiten und namentlich bei Bürgschaften (→ Rn. 18). Darüber hinaus lebt eine (Haupt-)Forderung auch dann wieder auf, wenn der Bürge oder Mitschuldner geleistet hat und der Gläubiger die Leistung an den Insolvenzverwalter des Bürgen bzw. Mitschuldners erstattet.[36] Hatte der **Leistungsempfänger** (G) **keinen Anspruch** auf die Leistung **gegen den Zahlungsmittler** (D), so dass ein Fall der Drittleistung iSv § 267 BGB gegeben ist, muss nach § 144 Abs. 1 mit der Rückgewähr an den Insolvenzverwalter von D jedenfalls die Forderung wiederaufleben, die D mit der Leistung getilgt hatte, also die Forderung von S gegen D (vgl. § 787 BGB).[37] Ob die Erfüllung dieser Forderung im Verhältnis von D zu S ihrerseits anfechtbar war, spielt dabei keine Rolle. Daneben muss auch die Forderung von G gegen S wiederaufleben.[38]

---

26 Uhlenbruck/*Hirte/Borries* § 144 Rn. 3; BKInsO/*Haas* § 144 Rn. 23; KPB/*Jacoby* § 144 Rn. 13.

27 KPB/*Jacoby* § 144 Rn. 13; KKInsO/*Mohr* § 144 Rn. 18.

28 HambKommInsO/*Rogge/Leptien* § 144 Rn. 7; Jaeger/*Henckel* § 144 Rn. 10; BKInsO/*Haas* § 144 Rn. 13; *H.-G. Lange,* Voraussetzungen und Wirkungen der Konkursanfechtung (1973), S. 241.

29 Vgl. Jaeger/*Henckel* § 144 Rn. 12.

30 Vgl. BGH NZI 2013, 145 Rn. 12; NZI 2015, 287 Rn. 17; NJW 2016, 1738 Rn. 29; Uhlenbruck/*Hirte/Borries* § 144 Rn. 4; BKInsO/*Haas* § 144 Rn. 17; KPB/*Jacoby* § 144 Rn. 8–10; vgl. RSZ/*Zeuner* § 144 Rn. 3; krit. *Watzlawik* NZI 2010, 881, 887.

31 So BGHZ 38, 44, 46 = NJW 1962, 2297, 2298.

32 So BGHZ 38, 44, 46 = NJW 1962, 2297, 2298.

33 So schon BGHZ 38, 44, 48 = NJW 1962, 2297, 2298; vgl. ergänzend BGH NJW 2016, 1738 Rn. 29; HambKommInsO/*Rogge/Leptien* § 144 Rn. 4; KPB/*Jacoby* § 144 Rn. 9; Uhlenbruck/*Hirte/Borries* § 144 Rn. 4.

34 So Jaeger/*Henckel* § 144 Rn. 11.

35 So der Einwand von *Burchard* S. 176, die hier unter Berufung auf § 425 BGB nur die Forderung gegen D wiederaufleben lassen will. Ähnlich der Einwand von MüKoInsO/*Kirchhof* → 3. Aufl. § 144 Rn. 5, der auf die „allgemeinen Vorschriften (§§ 313 f., 323 ff., 812 ff. BGB)" verwiesen hat, wenn „die anfechtbare Handlung ausschließlich Verbindlichkeiten anderer Personen" betrifft.

36 RG Recht 1903, Nr. 1595; KG ZIP 2011, 535; Jaeger/*Henckel* § 144 Rn. 11; FKInsO/*Dauernheim* § 144 Rn. 3; Uhlenbruck/*Hirte/Borries* § 144 Rn. 4.

37 Vgl. BGH NJW 2016, 1738 Rn. 30 zum Wiederaufleben der Forderung einer Schwestergesellschaft (D) gegen eine andere (S); noch offengelassen von BGH NZI 2013, 145 Rn. 12 zum Wiederaufleben des Entgeltanspruchs gegen den insolventen Arbeitgeber, der für seine freiwillig versicherten Arbeitnehmer Beiträge an die gesetzliche Krankenkasse geleistet hatte.

38 So auch BGH NZI 2013, 145 Rn. 12 zu den Beitragsansprüchen der Krankenkasse gegen die freiwillig versicherten Mitglieder nach Rückzahlung der Beträge an den Insolvenzverwalter des Arbeitgebers als Leistungsmittler; OLG Karlsruhe ZIP 2007, 286, 290 zu den Prämienansprüchen einer Lebensversicherung gegen Arbeitnehmer in der Insolvenz des Arbeitgebers. Vgl. ergänzend KPB/*Jacoby* § 144 Rn. 10; Uhlenbruck/*Hirte/Borries* § 144 Rn. 5; aA *Burchard* S. 177 f.

a) Wiederaufleben der Forderung. Mit der Rückgewähr lebt die zunächst getilgte Forderung ohne weiteres rückwirkend wieder auf;[39] das gilt auch für Steuerschulden.[40] Diese Rechtsfolge tritt **ipso iure** ein und muss im Anfechtungsurteil nicht besonders ausgesprochen werden.[41] War schon bei der Vornahme der anfechtbaren Handlung **Verjährung** eingetreten, kann sich der Insolvenzverwalter nach Anmeldung der Forderung im Prüfungsverfahren auf § 214 Abs. 1 BGB berufen;[42] der Gläubiger ist dann nur im Rang von § 39 Abs. 1 Nr. 4 zu befriedigen (→ Rn. 8), so dass auch § 174 Abs. 3 anwendbar ist. War der Anspruch bei Vornahme der Rechtshandlung dagegen noch nicht verjährt, ist idR davon auszugehen, dass die Verjährung durch das mit der Leistung verbundene Anerkenntnis des Schuldners iSv § 212 Abs. 1 Nr. 1 BGB neu zu laufen begonnen hat.[43] Darüber hinaus wird der Ablauf der neuen Verjährungsfrist analog § 206 BGB ab dem Zeitpunkt der ursprünglichen Erfüllungshandlung gehemmt.[44] Die Hemmung endet aber spätestens mit Rechtskraft eines Anfechtungsurteils.[45] Zwar lebt die Forderung erst mit der tatsächlichen Rückgewähr wieder auf; von einem mit § 206 BGB vergleichbaren Zustand kann aber keine Rede mehr sein, wenn der Gläubiger es selbst in der Hand hat, diese Voraussetzung zu schaffen. 11

Ungeklärt ist die Frage, ob der Anfechtungsgegner, dessen Forderung nur als Insolvenzforderung wiederauflebt, auch (fiktive) **Nebenforderungen** geltend machen kann. Wurde ein verzinsliches Darlehen anfechtbar zurückgezahlt, hat der Anfechtungsgegner ein Interesse daran, auch die bis zur Verfahrenseröffnung auflaufenden Zinsen geltend zu machen.[46] Bei per se unverzinslichen Forderungen stellt sich die Frage, ob etwa nach §§ 286 Abs. 3, 288 BGB rückwirkend Verzugszinsen enstehen. Diese Frage nach der Berücksichtugung der Nebenforderungen wurde besonders virulent unter dem bis zum 4. April 2017 geltenden Anfechtungsrecht, weil der Anfechtungsgegner ab Empfang der Leistung die tatsächlich gezogenen Nutzungen herausgeben und schuldhaft nicht gezogene erstatten musste (→ § 143 Rn. 89). In diesen Fällen erscheint es richtig, dass der Anfechtungsgegner in entsprechnender Höhe eine Nebenforderung zur Tabelle anmelden kann. Begründbar wäre dies über §§ 241 Abs. 2, 280 Abs. 1 BGB, wenn man annimmt, die anfechtbare Erfüllung stelle eine Nebenpflichtverletzung dar.[47] Zum 5. April 2017 hat sich die Rechtslage durch § 143 Abs. 1 Satz 3 allerdings wesentlich geändert, weil auch die anfechtbare Geldzahlung jedenfalls bis zur Verfahrenseröffnung wirtschaftlich dem Anfechtungsgegner zugutekommt (→ § 143 Rn. 133). Daher kann ihm aus der Anfechtung kein als Nebenforderung anmeldbarer Zinsschaden entstehen. 12

Leugnet der Insolvenzverwalter das Wiederaufleben oder erhebt er den Einwand der Anfechtbarkeit (→ Rn. 7), kann der Anfechtungsgegner, der sich lediglich einer Insolvenzforderung berühmt, im Anfechtungsprozess lediglich nach Maßgabe von § 179 – **widerklagend** – auf **Feststellung zur Tabelle** klagen. Dasselbe gilt, wenn sich der Insolvenzverwalter auf die Unwirksamkeit der Aufrechnung nach § 96 Abs. 1 Nr. 3 beruft und die der Insolvenzmasse zustehende Forderung einklagt. Allerdings muss für die Zulässigkeit der Widerklage der Anfechtungsprozess bei dem für den Sitz des Insolvenzgerichts örtlich zuständigen Gericht geführt worden sein, weil der besondere 13

---

39 OLG Brandenburg ZInsO 2004, 504, 506; HKInsO/*Thole* § 144 Rn. 3; HambKommInsO/*Rogge/Leptien* § 144 Rn. 5; Graf-Schlicker/*Huber* § 144 Rn. 1; *Bork,* FS Kreft (2004), S. 229, 231. Der Anfechtungsgegner ist also innerhalb des Insolvenzverfahrens so zu stellen, als hätte die – anfechtungsbedingt rückgängig gemachte – Erfüllung nicht stattgefunden. Dies dürfte – entgegen dem Verständnis von *Ganter* WM 2011, 245, 246 und HKInsO/*Thole* § 144 Rn. 3 – richtigerweise mit der gebräuchlichen Formulierung gemeint sein, die Rückwirkung erfolge auf die Zeit „unmittelbar vor der Insolvenzeröffnung", weil andere, insolvenzunabhängige zwischenzeitliche Einwirkungen auf die Gegenforderung zu berücksichtigen sind.

40 BFHE 223, 303, 305 = NZI 2009, 405, 406; BGH, Beschl. v. 15.3.2012 – IX ZR 95/09 Rn. 5.

41 Anders zu § 64 Abs. 2 GmbHG aF (= § 64 Satz 1 GmbHG) BGHZ 146, 264, 278 f. = NJW 2001, 1280, 1283.

42 Uhlenbruck/*Hirte/Borries* § 144 Rn. 3c; *Bredemeyer,* Die Insolvenzanfechtung im systematischen Kontext zivilrechtlicher Rückgewährhaftung (2010), S. 153.

43 BKInsO/*Haas* § 144 Rn. 14; KPB/*Jacoby* § 144 Rn. 12a.

44 FKInsO/*Dauernheim* § 144 Rn. 3; *Hess* InsO § 144 Rn. 7; BKInsO/*Haas* § 144 Rn. 14; Uhlenbruck/*Hirte/Borries* § 144 Rn. 3c; Jaeger/*Henckel* § 144 Rn. 13; KKInsO/*Mohr* § 144 Rn. 17; Nerlich/Römermann/*Nerlich* § 144 Rn. 5; BeckOK InsO/*Schoon*[12] § 144 Rn. 10; AGR/*Gehrlein* § 144 Rn. 4; *Ganter* WM 2011, 245, 246 und 248; *von Olshausen* KTS 2001, 45, 64. Dagegen nimmt OLG München ZIP 2009, 1310, 1311 an, dass die Forderung erst mit ihrem Wiederaufleben iSv § 199 Abs. 1 Nr. 1 BGB (neu) entsteht.

45 *Von Olshausen* KTS 2001, 45, 64 f. will bei der Anfechtung einer Aufrechnungslage die Hemmung schon mit der erstmaligen Geltendmachung des Anfechtungsrechts durch den Insolvenzverwalter enden lassen. Dies bürdet aber dem Anfechtungsgegner das zeitliche Risiko bis zur Klärung einer zweifelhaften Rechtslage auf.

46 An später anfallenden Zinsen besteht dagegen wegen § 39 Abs. 1 Nr. 1 kein großes Interesse. Darüber hinaus kann der Insolvenzverwalter mit der Erfüllung der wiederaufgelebten Forderung nur dann in Verzug geraten, wenn es sich – ausnahmsweise – um eine Masseverbindlichkeit handelt (→ Rn. 14).

47 AA womöglich *Bartels* S. 240 f., 347 f., der jedenfalls die Einordnung als Rechtsmangel explizit ablehnt.

Gerichtsstand nach § 33 Abs. 1 ZPO ansonsten durch den ausschließlichen nach § 180 Abs. 1 gesperrt ist (§§ 33 Abs. 2, 40 Abs. 2 Satz 1 Nr. 2 ZPO).

14 Die zunächst getilgte Forderung lebt grundsätzlich in **derselben Form** wieder auf, wie sie vor der Erfüllung bestanden hatte, zB als bedingte, befristete oder nicht einklagbare (→ Rn. 7 f.).[48] Wurden Versicherungsprämien nach einer qualifizierten Mahnung iSv § 38 Abs. 1 VVG anfechtbar gezahlt, können mit der Anfechtung auch die Rechte des Versicherers nach § 38 Abs. 2 und 3 VVG wieder aufleben.[49] Regelmäßig wird für den Anfechtungsgegner eine **normale Insolvenzforderung** begründet, die als solche zum Insolvenzverfahren angemeldet werden darf (→ Rn. 9);[50] wieder auflebende Nebenrechte können ggf. **§ 39 Abs. 1 Nr. 1** unterliegen (→ Rn. 12).[51] Wird die Zahlung einer Geldstrafe angefochten,[52] ist **§ 39 Abs. 1 Nr. 3** einschlägig.[53] Ob darüber hinaus nach § 43 StGB, § 459e StPO eine Ersatzfreiheitsstrafe zu vollstrecken ist, erscheint dagegen zweifelhaft.[54] Die Rückgewähr eines anfechtbar erfüllten Schenkungsversprechens begründet eine Forderung iSv **§ 39 Abs. 1 Nr. 4;** das gilt sogar dann, wenn das Schenkungsversprechen durch eine Vormerkung gesichert war (→ § 129 Rn. 61; § 134 Rn. 24; § 140 Rn. 56).[55] Im Falle der Anfechtung nach § 135 Abs. 1 Nr. 2 lebt die getilgte Forderung mit der Rückgewähr sogar nur im Rang von § 39 Abs. 1 Nr. 5 wieder auf.[56] Das Gleiche gilt, wenn der nach §§ 135 Abs. 2, 143 Abs. 3 in Anspruch genommene Gesellschafterbürge in die Masse zahlt und seinen Regressanspruch gegen die Gesellschaft[57] geltend macht (→ § 39 Rn. 75).[58] Ausnahmsweise kann die wiederauflebende Forderung aber auch eine **Masseverbindlichkeit** darstellen; dies wäre zB bei Zahlung von Umsatzsteuer im Eröffnungsverfahren denkbar (§ 55 Abs. 4).[59] Die Aufrechnung mit einer wiederaufgelebten Insolvenzforderung gegenüber dem anfechtungsrechtlichen Rückgewähranspruch ist nach § 96 Abs. 1 Nr. 1 ausgeschlossen (→ § 143 Rn. 16).[60] Dagegen kann wegen der Rückwirkung des Wiederauflebens gegen sonstige, vor Insolvenzeröffnung begründete Forderungen der Insolvenzmasse – ungeachtet § 96 Abs. 1 Nr. 2 – aufgerechnet werden.[61] Entsprechend ist ein Zurückbehaltungsrecht im Anfechtungsprozess ausgeschlossen, soweit der Anspruch nicht ausnahmsweise – zB durch eine (unanfechtbare) Vormerkung (§ 106) – auch gegenüber der Insolvenzmasse gesichert ist.[62] Haftet neben dem Anfechtungsgegner ein Dritter, ist dieser Ersatzanspruch gegen den Dritten dem leistenden Anfechtungsgegner entsprechend § 255 BGB zu übertragen.[63] Ob dies schon im Anfechtungsprozess durch ein Zurückbehaltungsrecht geltend gemacht werden kann,[64] ist zweifelhaft, weil § 144 Abs. 1 erst an die tatsächliche Rückgewähr anknüpft (→ Rn. 9).

48 Uhlenbruck/*Hirte/Borries* § 144 Rn. 3a; K. Schmidt/*Büteröwe* § 144 Rn. 3; BKInsO/*Haas* § 144 Rn. 13; KPB/*Jacoby* § 144 Rn. 12a; RSZ/*Zeuner* § 144 Rn. 1; BeckOK InsO/*Schoon*[12] § 144 Rn. 6; AGR/*Gehrlein* § 144 Rn. 4.

49 Vgl. *Homann/Neufeld* ZInsO 2005, 741, 746.

50 Uhlenbruck/*Hirte/Borries* § 144 Rn. 3a; *von Olshausen* KTS 2001, 45, 61 f.; vgl. Jaeger/*Henckel* § 144 Rn. 13. Zu § 270b vgl. *Schmittmann/Dannemann* ZIP 2013, 760, 763 f.

51 BKInsO/*Haas* § 144 Rn. 21; KPB/*Jacoby* § 144 Rn. 12a.

52 Vgl. nur BGH NZI 2014, 863 Rn. 10 mwN.

53 Da die Geldstrafe danach in der Regel uneinbringlich ist (§ 43 StGB), liegen die Voraussetzungen für die Ersatzfreiheitsstrafe vor. Vgl. LG Göttingen NZI 2016, 554.

54 Vgl. näher *Kemperdick* ZInsO 2010, 1307, 1309 f. mwN.

55 Vgl. Uhlenbruck/*Hirte/Borries* § 144 Rn. 3d.

56 Vgl. *Becker,* Insolvenzrecht Rn. 1055.

57 Dieser Anspruch steht dem Gesellschafterbürgen unabhängig davon zu, ob vor der Zahlung durch die Gesellschaft bereits die Voraussetzungen für den Befreiungsanspruch des Bürgen nach § 775 Abs. 1 BGB vorgelegen haben, der dann iSv § 144 Abs. 1 „wiederaufleben" kann. Dagegen lebt die verbürgte und vorinsolvenzlich getilgte Forderung nicht nach § 144 Abs. 1 wieder auf, weil die Leistung im Verhältnis des Hauptschuldners zum Gläubiger nicht anfechtbar ist und der Gläubiger daher nichts zurückgewährt (→ § 143 Rn. 146). Die Legalzession nach § 774 Abs. 1 Satz 1 BGB zugunsten des Gesellschafterbürgen läuft daher in diesem Fall leer. AA wohl K. Schmidt/*K. Schmidt* § 44a Rn. 4; § 39 Rn. 75 (*Behme*).

58 Vgl. auch K. Schmidt/*K. Schmidt* § 44a Rn. 4.

59 Dass die getilgte Forderung nach Eröffnung des Verfahrens eine (unechte) Masseverbindlichkeit begründet, schließt nach Maßgabe von BGHZ 79, 124, 129 ff. = NJW 1981, 824, 825 die Anfechtung nicht per se aus.

60 Vgl. LG Kiel ZVI 2002, 72, 74; KPB/*Jacoby* § 144 Rn. 13; *Gundlach/Frenzel/Schmidt* EWiR 2002, 391, 392.

61 HambKommInsO/*Rogge/Leptien* § 144 Rn. 12; vgl. Jaeger/*Henckel* § 144 Rn. 21. Für eine zusätzliche Beschränkung durch § 95 Abs. 1 Satz 3 KPB/*Jacoby* § 144 Rn. 13; dagegen zutreffend BKInsO/*Haas* § 144 Rn. 24.

62 Vgl. *Baur/Stürner,* Insolvenzrecht Rn. 20.11.

63 HambKommInsO/*Rogge/Leptien* § 144 Rn. 8; KKInsO/*Mohr* § 144 Rn. 20.

64 So anscheinend OLG Schleswig ZInsO 2004, 47, 50.

b) Wiederaufleben der Sicherheiten. Zusammen mit der zunächst getilgten Forderung[65] leben rückwirkend auch dafür bestellte (akzessorische) Neben- und Sicherungsrechte auf.[66] Zu den Nebenrechten gehören u. a. Vertragsstrafenversprechen[67] sowie Wechsel und Schecks, die für den getilgten Anspruch begeben wurden. Urkunden über die anfechtbar getilgte Forderung – zB Schuldscheine, Wechsel oder Grundschuldbriefe – sind zurückzugeben und, falls vernichtet, wiederherzustellen.[68] War gegen den Geschäftsführer einer (später in die Insolvenz gefallenen) GmbH ein Haftungsbescheid wegen nicht abgeführter Steuern ergangen und war die Schuld sodann in anfechtbarer Weise aus Gesellschaftsmitteln getilgt worden, tritt nach der Rückgewähr dieses Betrages an den Insolvenzverwalter über das Vermögen der GmbH der frühere Haftungsbescheid gegen den Geschäftsführer ohne weiteres wieder in Kraft.[69] Auch ein Haftungsanspruch nach § 69 AO für eine Steuerforderung, die anfechtbar getilgt wurde, lebt wieder auf.[70] War die gesicherte Forderung durch die anfechtbare Leistung nur teilweise erfüllt worden, leben auch Nebenrechte und Sicherheiten lediglich im entsprechenden Umfang wieder auf (→ Rn. 9). 15

Die gesetzliche Folge des Wiederauflebens kann **nicht** eintreten, wenn der Sicherungsnehmer nach Empfang der Tilgungsleistung die Sicherheit durch Vertrag mit dem Sicherungsgeber **rechtsgeschäftlich** aufgehoben hatte; jedoch dürfte eine solche Maßnahme nach erfolgter Anfechtung im Allgemeinen wegen Störung der Geschäftsgrundlage nach Maßgabe des § 313 BGB rückgängig zu machen sein.[71] Die formlose Rücksendung einer über die Absicherung ausgestellten Urkunde – sei es auch mit dem deklaratorischen Hinweis, diese sei „kraftlos" oder „gegenstandslos" – genügt nicht als selbständige rechtsgeschäftliche Aufhebung.[72] 16

Hinsichtlich der Sicherheiten unterscheidet § 144 Abs. 1 im Ansatz nicht, ob sie aus dem Vermögen des Schuldners stammen oder für dessen Verbindlichkeiten von Dritten gestellt wurden.[73] Allerdings wird es bei der Tilgung einer Forderung, die durch (unanfechtbare) werthaltige Sicherheiten aus dem Vermögen des **Schuldners** selbst gesichert ist, meist an einer Gläubigerbenachteiligung als Anfechtungsvoraussetzung fehlen (→ § 129 Rn. 108).[74] Soweit andererseits ein grundsätzlicher Unterschied darin gesehen wird, dass **Dritte** als Sicherungsgeber nicht Partei des Anfechtungsrechtsstreits sind,[75] betrifft dies nur die Art und Weise der Wiederbestellung (→ Rn. 19). IÜ ist das Bedenken dadurch entkräftet, dass das Anfechtungsurteil unter der genannten Voraussetzung auch nicht in Rechtskraft gegenüber dem Dritten erwächst (§ 325 Abs. 1 ZPO);[76] im Falle einer Streitverkündung[77] kann dieser sich nach Maßgabe der §§ 74, 68 ff. ZPO am Anfechtungsrechtsstreit beteiligen. Vor allem übernimmt der Dritte mit der Bestellung der Sicherheit das uneingeschränkte Risiko gerade für den Fall der Zahlungsunfähig- 17

---

65 Davon zu unterscheiden ist der Fall, dass die Bestellung einer Sicherheit selbst erfolgreich angefochten wurde. Dadurch lebt nur ein etwaiger Anspruch auf deren Bestellung wieder auf, der lediglich eine Insolvenzforderung begründet. Vgl. RSZ/*Zeuner* § 144 Rn. 3.

66 BT-Drs. 12/2443, S. 168 zu § 163 RegE; RGZ 3, 208, 209; 20, 157, 161; Jaeger/*Henckel* § 144 Rn. 15; Uhlenbruck/*Hirte/Borries* § 144 Rn. 7; K. Schmidt/*Büteröwe* § 144 Rn. 3; AGR/*Gehrlein* § 144 Rn. 5; KKInsO/*Mohr* § 144 Rn. 21; KPB/*Jacoby* § 144 Rn. 14 f.; BKInsO/*Haas* § 144 Rn. 16; BeckOK InsO/*Schoon*[12] § 144 Rn. 7; Gottwald/*Huber,* InsO-HdB § 52 Rn. 29; *Ganter* WM 2011, 245, 248.

67 Uhlenbruck/*Hirte/Borries* § 144 Rn. 7; FKInsO/*Dauernheim* § 144 Rn. 3; *Hess* InsO § 144 Rn. 12; KKInsO/*Mohr* § 144 Rn. 21; BeckOK InsO/*Schoon*[12] § 144 Rn. 7.

68 OLG Brandenburg ZInsO 2004, 504, 506; FKInsO/*Dauernheim* § 144 Rn. 3; HambKommInsO/*Rogge* § 144 Rn. 15; Jaeger/*Henckel* § 144 Rn. 14; BKInsO/*Haas* § 144 Rn. 14.

69 Vgl. BFH NV 2002, 1338, 1339.

70 BFHE 223, 303, 305 ff. = NZI 2009, 405, 406; zur Mithaftung des Abtretungsempfängers für Umsatzsteuer (§ 13c UStG) vgl. *Kroth* NZI 2004, 345, 352 f.

71 OLG Brandenburg WM 2001, 626, 628; aA LG Frankfurt/Oder ZInsO 2003, 906, 907 f.; *Biehl* ZInsO 2003, 932 f.

72 OLG Brandenburg ZInsO 2004, 504, 506; vgl. OLG Frankfurt NZI 2004, 267 f.; OLG München WM 2008, 2112, 2113; LG Wiesbaden NZI 2003, 37 f.; *Ganter* WM 2011, 245, 247. *Bork,* FS Kreft (2004), S. 229, 245 f. will für akzessorische Sicherheiten nach deren Erfüllung schon einen Aufhebungsvertrag ausschließen.

73 So auch K. Schmidt/*Büteröwe* § 144 Rn. 3.

74 Vgl. ergänzend *Bork,* FS Kreft (2004), S. 229, 232; *Ganter* WM 2011, 245, 247; Jaeger/*Henckel* § 144 Rn. 15.

75 FKInsO/*Dauernheim* § 144 Rn. 3; *Hess* InsO § 144 Rn. 14; *Obermüller,* Insolvenzrecht Rn. 5.580; *Huth,* Kreditsicherungsrecht im Lichte der neuen Insolvenzordnung (2000), S. 82 f.; vgl. auch *Watzlawik* NZI 2010, 881,887; dagegen *Bork,* FS Kreft (2004), S. 229, 247.

76 Vgl. BGH, Beschl. v. 15.4.2010 – IX ZR 86/09 Rn. 3; *Ganter* WM 2011, 245, 248. Ohne Streitverkündung (§§ 72–74, 68 ZPO) müsste der Insolvenzverwalter wegen der Sicherheit einen neuen Prozess gegen den Sicherungsgeber führen, in dem die Berechtigung der Anfechtung ohne Bindung an das frühere Urteil selbständig zu prüfen wäre.

77 Vgl. hierzu *App* DStZ 2005, 81, 82.

keit des Schuldners; deshalb ist er im Verhältnis zu den übrigen Insolvenzgläubigern nicht dauerhaft besserzustellen.[78]

18 **Akzessorische** (Real-)Sicherheiten des **Schuldners** – zB Hypotheken oder Pfandrechte (vgl. § 401 BGB), aber auch Vormerkungen[79] – leben grundsätzlich ohne weiteres auf. Dasselbe gilt für akzessorische Sicherheiten, die von **Dritten** gestellt sind,[80] zB Bürgschaften.[81] Auch die Rechte aus einer harten Patronatserklärung leben mit der Rückerstattung des Empfangenen wieder auf.[82] Diese Wirkungen hängen nicht davon ab, ob zur Begründung derartiger Sicherheiten nach bürgerlichem Recht Realakte nötig sind,[83] weil § 144 Abs. 1 autonom das Wiederaufleben fingiert. Dazu ist der Gesetzgeber umso mehr befugt, als das sachenrechtliche Publizitätsprinzip ohnehin bei einigen vertraglichen und den gesetzlichen Pfandrechten nur in eingeschränkter Form gilt.[84] So kann der Anfechtungsgegner zB die Herausgabe der Pfandsache verlangen (vgl. §§ 1227, 985, 1231 BGB); der Herausgabe kommt aber keine konstutive Wirkung zu wie der Übergabe nach § 1205 Abs. 1 Satz 1 BGB oder der Besitzbegründung nach § 647 BGB.[85] Dementsprechend wird eine gelöschte Hypothek nur berichtigend in das Grundbuch eingetragen.[86]

19 Für **nichtakzessorische** (Real-)Sicherheiten aus dem Vermögen des **Schuldners** – zB Grundschulden[87] oder Sachsicherheiten[88] wie Sicherungseigentum oder Sicherungsabtretung – gilt dasselbe wie für akzessorische (→ Rn. 18).[89] Zwar sind hierfür auch die rechtsbegründenden Willenserklärungen der Beteiligten nötig; doch fingiert das Anfechtungsurteil zugleich in einer dem § 894 ZPO entsprechenden Weise die Abgabe durch die Prozessparteien für den Fall der Rückgewähr.[90] Dies kann jedoch nicht im Verhältnis zu **Drittsicherungsgebern** gelten, die am Anfechtungsprozess nicht beteiligt sind. Ihnen gegenüber müssen – neben etwaigen Realakten – auch die zur Neubegründung erforderlichen Willenserklärungen mit Wirkung für die Zukunft konstitutiv vorgenommen werden.[91] Dazu ist der Insolvenzverwalter oder Drittsicherungsgeber verpflichtet und der Sicherungsnehmer im eigenen Interesse angehalten.[92]

20 Hatte der **Schuldner** zwischen der Tilgung seiner Verbindlichkeit und deren Anfechtung über eigene Sicherheiten vermögensrechtlich **wirksam verfügt,** genießen die Erwerber trotz des Wiederauflebens des früheren Sicherungsrechts **Verkehrsschutz** nach den allgemeinen Regeln. Insbesondere können Pfandrechte nach §§ 1208 Abs. 1 Satz 2, 932, 936 BGB, Hypotheken nach §§ 892, 894 BGB lastenfrei erworben werden.[93] Das gilt auch für abstrakte Sicherheiten wie die Eigentumsübertragung (§§ 932 ff. BGB) und Grundschulden (§ 1192 Abs. 1 BGB), nicht aber für

---

[78] OLG Frankfurt NZI 2004, 267; LG Wiesbaden NZI 2003, 37 f.; HKInsO/*Thole* § 144 Rn. 3; *Heidbrink* NZI 2005, 363, 366; vgl. BKInsO/*Haas* § 144 Rn. 18. Zur Streitfrage einer möglichen Zurückbehaltung der Sicherheit durch den Sicherungsnehmer im Hinblick auf ihr etwaiges Wiederaufleben vgl. *Wagemann* EWiR 2004, 563, 564, zur vorbeugenden Möglichkeit abweichender Rechtsgestaltungen vgl. *Heidbrink* NZI 2005, 363, 367 f.

[79] Vgl. Jaeger/*Henckel* § 144 Rn. 20; KKInsO/*Mohr* § 144 Rn. 23; vgl. entsprechend zum österreichischen Recht *König,* Die Anfechtung nach der IO, 5. Aufl. (2014) Rn. 16/31.

[80] BGH, Beschl. v. 15.4.2010 – IX ZR 86/09 Rn. 2; KPB/*Jacoby* § 144 Rn. 14; K. Schmidt/*Büteröwe* § 144 Rn. 3; KKInsO/*Mohr* § 144 Rn. 24; *Bork,* FS Kreft (2004), S. 229, 245 f.

[81] BGH NJW 1974, 57, Nr. 22; OLG Brandenburg ZInsO 2004, 504, 506; WM 2006, 1911 f.; HKInsO/*Thole* § 144 Rn. 3; Uhlenbruck/*Hirte/Borries* § 144 Rn. 7, 7a; *Ganter* WM 2011, 245, 247. Die Bürgschaft sichert aber nicht die Kosten des Anfechtungsprozesses mit; diese fallen nicht unter § 767 Abs. 2 BGB. Vgl. OLG Schleswig NZI 2008, 106, 107.

[82] BGH NZI 2017, 157 Rn. 7 ff.

[83] *Ganter* WM 2011, 245, 249; aA Jaeger/*Henckel* § 144 Rn. 17.

[84] Vgl. *Bork,* FS Kreft (2004), S. 229, 235; *Baur/Stürner,* Sachenrecht, 18. Aufl. (2009), § 55 Rn. 6.

[85] *Bork,* FS Kreft (2004), S. 229, 234 f.

[86] Uhlenbruck/*Hirte/Borries* § 144 Rn. 7b; HambKommInsO/*Rogge* § 144 Rn. 15; BKInsO/*Haas* § 144 Rn. 18; *Bork,* FS Kreft (2004), S. 229, 235 f.

[87] OLG Brandenburg WM 2001, 626, 628; Jaeger/*Henckel* § 144 Rn. 18.

[88] Vgl. Jaeger/*Henckel* § 144 Rn. 18. Zur evtl. erforderlichen Neubegründung → Rn. 20.

[89] OLG Frankfurt NZI 2004, 267; RSZ/*Zeuner* § 144 Rn. 3; Andres/Leithaus/*Leithaus* § 144 Rn. 3; Gottwald/*Huber,* InsO-HdB § 52 Rn. 29; *Ganter* WM 2011, 245, 249; *Gehrlein* WM 2009 Sonderbeilage 1, S. 70; aA HambKommInsO/*Rogge/Leptien* § 144 Rn. 15; KPB/*Jacoby* § 144 Rn. 16; *Bork,* FS Kreft (2004), S. 229, 237 ff.; wohl auch HKInsO/*Thole* § 144 Rn. 2.

[90] So auch KKInsO/*Mohr* § 144 Rn. 30; BeckOK InsO/*Schoon*[12] § 144 Rn. 8.

[91] Vgl. OLG Frankfurt NZI 2004, 267; FKInsO/*Dauernheim* § 144 Rn. 3; AGR/*Gehrlein* § 144 Rn. 6; *Ganter* WM 2011, 245, 250; insoweit iErg auch *Bork,* FS Kreft (2004), S. 229, 246 ff.

[92] OLG Brandenburg ZInsO 2004, 504, 506; OLG Naumburg NZI 2009, 558 f.; Jaeger/*Henckel* § 144 Rn. 18; Nerlich/Römermann/*Nerlich* § 144 Rn. 4; *Huth,* Kreditsicherungsrecht im Lichte der neuen Insolvenzordnung (2000), S. 81; *Ganter* WM 2011, 245, 250 f.; iE auch OLG Frankfurt NZI 2004, 267 f.

[93] Vgl. *Bork,* FS Kreft (2004), S. 229, 249 f.; BKInsO/*Haas* § 144 Rn. 19; K. Schmidt/*Büteröwe* § 144 Rn. 3.

die Sicherungsabtretung.[94] Soweit dadurch der Wiederherstellungsanspruch des Sicherungsnehmers unmöglich wird, steht ihm ein Bereicherungsanspruch aus § 816 Abs. 1 Satz 1 BGB zu, der aber nur nach Maßgabe von § 55 gegen die Insolvenzmasse wirken kann.[95] Hatte der Schuldner schon vor dem Insolvenzantrag verfügt und ist kein Gegenwert in die Insolvenzmasse gelangt, verbleibt dem Sicherungsnehmer nur eine Insolvenzforderung.[96] Das Wiederaufleben der Forderung bewirkt zum Schutz des Rechtsverkehrs auch nicht etwa, dass inzwischen abgelaufene wechsel- oder scheckrechtliche Protestfristen außer Kraft gesetzt würden; stattdessen gilt dafür die Sonderregel in § 137.[97]

Hatte ein **Drittsicherungsgeber** nach Tilgung der gesicherten Forderung über den Besicherungsgegenstand anderweitig verfügt, bewirkt die Anfechtung der Tilgung, dass jener als Nichtberechtigter gehandelt hat. Insoweit genießt der Erwerber ebenfalls Verkehrsschutz. In diesem Falle verbleibt dem (ursprünglich gesicherten) Gläubiger ein Bereicherungsanspruch aus § 816 Abs. 1 Satz 1 BGB gegen den Sicherungsgeber;[98] hingegen ist die Insolvenzmasse des Schuldners dadurch nicht bereichert.[99] In einer Insolvenz des Drittsicherungsgebers steht dem (gesicherten) Gläubiger ein Ersatzabsonderungsrecht entsprechend § 48 (nur) zu, wenn sich der Sicherungsgegenstand oder ein Surrogat noch unterscheidbar in der Insolvenzmasse befindet.[100] Hat eine Anfechtung nach § 135 Abs. 2 Erfolg, befindet sich der (als Dritter besichernde) Gesellschafter selbst in der Rolle des Anfechtungsgegners. Die Rechtsfolgen regelt dann allein § 143 Abs. 3 (→ § 143 Rn. 146 bis 151). 21

Gegenüber der Insolvenzmasse wirken die Sicherheiten nach allgemeinen Regeln, wie wenn die zwischenzeitliche, angefochtene Erfüllung nicht eingetreten wäre. Insbesondere können sie zur Absonderung nach Maßgabe von §§ 49 ff., 166 ff. berechtigen.[101] Allerdings ist jeweils zu prüfen, ob die Sicherheitenbestellung selbst anfechtbar war. Dies muss der Insolvenzverwalter selbständig geltend machen, kann aber ggf. mit der Anfechtung der Erfüllungsleistung verbunden werden. 22

V. Vertragliche Gegenleistung (Abs. 2)

1. Voraussetzung. § 144 Abs. 2 erfasst nur Fälle, in denen der vom Schuldner getätige **Abschluss** eines schuldrechtlich verpflichtenden **Vertrages** selbst – nicht die Leistung zu seiner Erfüllung (→ Rn. 3, 6) – angefochten wird. So wird schon in den Materialien zur KO deutlich, dass durch die Anfechtung eines Rechtsgeschäfts im Verhältnis zur Masse der darauf gestützte Rechtsgrund für Leistungen des Anfechtungsgegners wegfällt.[102] Der Anwendungsbereich erfasst damit insbesondere die Anfechtung nach § 132 oder § 133.[103] In Betracht kommen auch Verträge auf Leistung an Dritte. Ferner gehören hierher die durch § 132 Abs. 2 gleichgestellten sonstigen Rechtshandlungen des Schuldners, soweit für sie eine Gegenleistung gewährt wird. Der Anfechtungsgegner muss die Gegenleistung – wenigstens teilweise – auch tatsächlich schon erbracht haben; denn anderenfalls beschränkt sich die Anfechtung darauf, Ansprüche des Vertragspartners abzuwehren und ggf. eine eigene Leistung des Schuldners zurückzufordern.[104] Der Anspruch des Schuldners auf die Gegenleistung muss zudem gerade durch die Anfechtung erlöschen; dies trifft zB nicht zu, soweit die Folgen einer Erfüllungsablehnung des Verwalters gem. § 103 reichen.[105] 23

---

94 Vgl. *Heidbrink* NZI 2005, 363, 366; aA aufgrund abweichenden Ansatzes *Bork,* FS Kreft (2004), S. 229, 250.

95 HKInsO/*Thole* § 144 Rn. 2; Uhlenbruck/*Hirte/Borries* § 144 Rn. 7b, 11; Nerlich/Römermann/*Nerlich* § 144 Rn. 4; *Bork,* FS Kreft (2004), S. 229, 250; *Heidbrink* NZI 2005, 363, 366; vgl. BKInsO/*Haas* § 144 Rn. 19 f.

96 *Heidbrink* NZI 2005, 363, 366.

97 Vgl. → § 137 Rn. 10 und Jaeger/*Henckel* § 137 Rn. 3.

98 Jaeger/*Henckel* § 144 Rn. 19; *Heidbrink* NZI 2005, 363, 366; iErg auch *Bork,* FS Kreft (2004), S. 229, 250.

99 *Ganter* WM 2011, 245, 250 f.; unklar insoweit Uhlenbruck/*Hirte/Borries* § 144 Rn. 7b; HambKommInsO/*Rogge/Leptien* § 144 Rn. 16.

100 Vgl. *Ganter* WM 2011, 245, 249.

101 Vgl. Nerlich/Römermann/*Nerlich* § 144 Rn. 5; BKInsO/*Haas* § 144 Rn. 18.

102 Vgl. *Hahn* Materialien S. 152 f.

103 HKInsO/*Thole* § 144 Rn. 4; FKInsO/*Dauernheim* § 144 Rn. 1; *M. Zeuner,* Anfechtung Rn. 332; Jaeger/*Henckel* § 144 Rn. 4 bis 7, 23; Uhlenbruck/*Hirte/Borries* § 144 Rn. 9; *Eckardt* ZInsO 2004, 888, 890; vgl. RG LZ 1910, 862, 864; aA KPB/*Jacoby* § 144 Rn. 21 ff.; *Marotzke,* Gegenseitige Verträge Rn. 7.125 und *Becker,* Insolvenzrecht Rn. 1042 ff., die allein auf einen engen zeitlichen Zusammenhang zwischen Leistung und Gegenleistung abstellen. Für eine entsprechende Anwendung auf ein von Anfang an unwirksames Kausalverhältnis (Ein- und Auszahlungen im Schneeballsystem) *Heim,* Schenkungsanfechtung bei Auszahlungen im verdeckten Schneeballsystem (2011), S. 272 ff.

104 Vgl. Jaeger/*Henckel* § 129 Rn. 104.

105 HambKommInsO/*Rogge/Leptien* § 144 Rn. 18; *Becker,* Insolvenzrecht Rn. 1041.

Ob der Gläubiger vorgeleistet hatte, ist unerheblich; denn § 144 Abs. 2 schützt richtigerweise das Vertrauen in das vertraglich vereinbarte Synallagma, nicht nur – wie § 142 – dessen strikte Durchführung.[106]

24 Die Schwierigkeiten bei der konkreten Anwendung der so verstandenen Regelung zeigen sich freilich am Beispiel des bereits erwähnten **Notverkaufs** (→ Rn. 7): Der spätere Schuldner (S) hat dem Anfechtungsgegner (G) eine Sache mit einem Verkehrswert von 100 zu 80 verkauft und übereignet und dafür einen Scheck über 80 erhalten; der Scheck befindet sich noch in der Insolvenzmasse. Wenn der Insolvenzverwalter (IV) nach § 130 Abs. 1 Satz Nr. 1 nur die Übereignung anficht, muss G die Sache an ihn zurückübereignen (→ § 143 Rn. 46). Erfüllt G diese Forderung aus § 143 Abs. 1 Satz 1, lebt nach § 144 Abs. 1 im Gegenzug seine – in Geld umzurechnende (§ 45) – Forderung gegen S in Höhe von 100 wieder auf (→ Rn. 9). Ficht IV nach § 132 Abs. 1 Nr. 1 auch den Kaufvertrag an, könnte G diese Forderung zwar nicht als nichtnachrangiger Insolvenzgläubiger iSv § 38 geltend machen (→ Rn. 7), so dass die Passivmasse um 100 entlastet wird. Dafür müsste er aber nach § 144 Abs. 2 den Scheck herausgeben, so dass seine Aktivmasse durch diese Masseverbindlichkeit (→ Rn. 31) um 80 geschmälert würde. Bei realistischer Annahme einer Quote von unter 80 % wäre die Anfechtung des Notverkaufs daher für die Masse nachteilhaft.

25 **Gegenleistung** im fraglichen Sinne ist nicht nur ein vertraglich vereinbartes Entgelt, sondern alles, was der Anfechtungsgegner aufgrund des anfechtbaren Vertragsschlusses als Ausgleich hingegeben hat.[107] In Betracht kommt zB auch die Leistung eines Factors nach § 13c UStG auf Umsatzsteuer, die sein Kunde schuldete.[108] Bei einer reinen Schenkung entfällt jede Gegenleistung. Im Falle einer gemischten Schenkung des Schuldners (→ § 134 Rn. 41) sollte der entgeltliche Teil zwar nicht den Beschränkungen nach § 144 Abs. 2 unterliegen;[109] jedoch führt die Anwendung von § 55 Abs. 1 kaum zu einem anderen Ergebnis (→ Rn. 20).[110] Die dingliche Sicherstellung eines Darlehens ist keine Gegenleistung für die Auszahlung der Darlehensvaluta selbst;[111] sie fällt ggf. unter § 144 Abs. 1 (→ Rn. 15). Die Sicherstellung kann allerdings Gegenleistung für eine andersartige Leistung sein. Ferner sind Aufwendungen auf den Anfechtungsgegenstand keine Gegenleistungen (→ Rn. 3; § 143 Rn. 90 bis 97).

26 **2. Rechtsfolgen.** Wann der **Anspruch** des Anfechtungsgegners auf die **Gegenleistung entsteht,** ist streitig. Der Grund für den Anspruch ist bereits mit der anfechtbaren Handlung und der ursprünglichen Erbringung der Gegenleistung gelegt. Ob darauf § 144 Abs. 2 oder § 12 AnfG anwendbar ist, entscheidet sich aber frühestens mit Eröffnung des Insolvenzverfahrens. Zudem muss der Insolvenzverwalter das Anfechtungsrecht geltend machen (→ § 129 Rn. 194). Der Anspruch auf die Gegenleistung wird frühestens durchsetzbar, wenn der Anfechtungsgegner das anfechtbar Erlangte verbindlich anbietet.[112] Es ist daher praktisch nicht sinnvoll, die Rechtsfolgen schon von früheren Ereignissen abhängig zu machen. Der Anfechtungsgegner hat es damit seinerseits in der Hand, einen Anspruch aus § 144 Abs. 2 durchzusetzen, indem er die Voraussetzungen der §§ 293 bis 295 BGB für das Rückgewährverlangen des Insolvenzverwalters herbeiführt. Dementsprechend ist die Gegenleistung auch nicht schon allein deswegen in der Insolvenzmasse „vorhanden", weil

[106] *Bartels,* Insolvenzanfechtung, S. 236; aA KPB/*Jacoby* § 144 Rn. 21 ff.; *Häsemeyer,* Insolvenzrecht Rn. 21.65; *Eckardt* ZInsO 2004, 888, 891.

[107] HKInsO/*Thole* § 144 Rn. 4; FKInsO/*Dauernheim* § 144 Rn. 1; Nerlich/Römermann/*Nerlich* § 144 Rn. 9; *Hess* InsO § 144 Rn. 22; *M. Zeuner,* Anfechtung Rn. 332; *Eckardt* ZInsO 2004, 888, 890; Jaeger/*Henckel* § 144 Rn. 25; Uhlenbruck/*Hirte/Borries* § 144 Rn. 10; zum österreichischen Recht vgl. *König,* Die Anfechtung nach der IO, 5. Aufl. (2014) Rn. 16/6.

[108] Uhlenbruck/*Hirte/Borries* § 144 Rn. 10.

[109] Vgl. *Eckardt* ZInsO 2004, 888, 895 f.; *Heim,* Schenkungsanfechtung bei Auszahlungen im verdeckten Schneeballsystem (2011), S. 262; aA Uhlenbruck/*Hirte/Borries* § 144 Rn. 10; BKInsO/*Haas* § 144 Rn. 27; Nerlich/Römermann/*Nerlich* § 144 Rn. 9.

[110] So auf der Grundlage des § 144 Abs. 2 iE HambKommInsO/*Rogge/Leptien* § 144 Rn. 20; Uhlenbruck/*Hirte/Borries* § 144 Rn. 10; FKInsO/*Dauernheim* § 144 Rn. 5; Andres/Leithaus/*Leithaus* § 144 Rn. 4; *M. Zeuner,* Anfechtung Rn. 332; vgl. aber auch Nerlich/Römermann/*Nerlich* § 144 Rn. 9; Jaeger/*Henckel* § 144 Rn. 25, 28, 30, 34.

[111] FKInsO/*Dauernheim* § 144 Rn. 5; HambKommInsO/*Rogge* § 144 Rn. 19; *M. Zeuner,* Anfechtung Rn. 332; BKInsO/*Haas* § 144 Rn. 27; Uhlenbruck/*Hirte/Borries* § 144 Rn. 10; vgl. RG LZ 1910, 862, 864.

[112] HKInsO/*Thole* § 144 Rn. 5; KPB/*Jacoby* § 144 Rn. 31; FKInsO/*Dauernheim* § 144 Rn. 4 aE; HambKommInsO/*Rogge/Leptien* § 144 Rn. 21; *Mauer,* Anfechtungsprozess Rn. 385 aE; iErg auch BGH NJW-RR 1986, 991, 992 f. der (trotz der Formulierung „sobald die ... geschuldete Rückgewähr erfolgt") ein Zurückbehaltungsrecht schon während des Anfechtungsprozesses gewährt; ebenso Uhlenbruck/*Hirte/Borries* § 144 Rn. 11; aA BKInsO/*Haas* § 144 Rn. 31 (für Durchsetzbarkeit erst ab faktischer Rückgewähr); dagegen schon für den Zeitpunkt der Vornahme der angefochtenen Rechtshandlung Jaeger/*Henckel* § 144 Rn. 24; für den Zeitpunkt der Verfahrenseröffnung Nerlich/Römermann/*Nerlich* § 144 Rn. 12.

gegenüber Dritten ein Herausgabeanspruch besteht.[113] § 144 Abs. 2 verlagert nicht das Risiko der Undurchsetzbarkeit der Rückgewähr auf die Insolvenzmasse. Diese kann ihren Anspruch als Surrogat dem Anfechtungsgegner überlassen (→ Rn. 29).

Danach bilden der Rückgewähranspruch der Insolvenzmasse nach § 143 einerseits[114] und der Erstattungsanspruch des anderen Teils aus § 144 Abs. 2 nicht ein einheitliches Schuldverhältnis. Für eine Anwendung der bereicherungsrechtlichen Saldotheorie bietet § 144 Abs. 2 umso weniger eine Grundlage, als der Anfechtungsanspruch selbst kein bereicherungsrechtlicher ist (→ § 143 Rn. 15, 113); die begrenzte Rechtsfolgenverweisung des § 143 Abs. 1 Satz 2 deckt **Saldierungen nicht.**[115] Auch wertungsmäßig erscheint eine Anwendung der Saldotheorie im Anfechtungsrecht verfehlt, weil vorrangig die missbilligte Verkürzung der Insolvenzmasse auszugleichen ist; die Interessen des Anfechtungsgegners sind nicht gleichrangig, sondern darauf beschränkt, eine Bereicherung der Insolvenzmasse erst durch die Rückgewähr selbst zu verhindern. Daran ändert sich nichts, wenn beiderseits Forderungen bzw. Verbindlichkeiten der Insolvenzmasse einander gegenüberstehen. Der Anfechtungsprozess sollte nicht automatisch zugleich mit der Ermittlung der Gegenleistung belastet werden. Der anfechtende Insolvenzverwalter braucht nicht seinerseits bereits die sich aus § 144 Abs. 2 etwa ergebende Gegenleistung im Voraus zu ermitteln, sondern kann die Rückforderung dem Anfechtungsgegner überlassen (→ Rn. 33). Die Möglichkeit der Aufrechnung oder eines Zurückbehaltungsrechts (→ Rn. 31) schützt diesen hinreichend. 27

Die – nur für die Insolvenzmasse wirkende – Anfechtung beseitigt nicht in materiell-rechtlicher Hinsicht das Vertragsverhältnis zwischen dem Anfechtungsgegner und dem Schuldner persönlich. Diesem gegenüber kann der Anfechtungsgegner vielmehr insbesondere Ansprüche wegen Rechtsmängeln nach Maßgabe der §§ 435, 437 BGB oder §§ 633 Abs. 1, 3, 634 BGB geltend machen.[116] 28

a) Masseverbindlichkeit (§ 144 Abs. 2 Satz 1). Nach § 144 Abs. 2 Satz 1 ist der Anspruch auf die Erstattung der Gegenleistung selbst gerichtet, soweit diese sich noch unterscheidbar in der Insolvenzmasse befindet.[117] Gegenleistung im fraglichen Sinne ist allein das dem Schuldner zugeflossene Vermögen; eigene Aufwendungen des Anfechtungsgegners im Zusammenhang mit dem Vertragsschluss bleiben außer Betracht.[118] Ebenso unerheblich sind Aufwendungen, die der Anfechtungsgegner durch befreiende Übernahme einer Insolvenzforderung getätigt hat.[119] Geldzahlungen sind in der Insolvenzmasse insoweit verblieben, als der Kontostand ununterbrochen im Guthabenbereich verblieben ist.[120] Gezogene Nutzungen sind entsprechend § 818 Abs. 1 BGB herauszugeben.[121] An die Stelle der Gegenleistung tritt ggf. das Surrogat, das die Insolvenzmasse dafür erlangt hat;[122] dies kann zB auch ein Sicherungsgegenstand sein, der unter Einsatz der erlangten Leistung ausgelöst wurde.[123] 29

Soweit die Gegenleistung untergegangen oder aus dem Schuldnervermögen ausgeschieden ist, ist ihr Wert in dem Umfang zu ersetzen, wie der Insolvenzverwalter den Wegfall verschuldet hat[124] 30

---

[113] AA FKInsO/*Dauernheim* § 144 Rn. 5 aE; Jaeger/*Henckel* § 144 Rn. 25; BKInsO/*Haas* § 144 Rn. 33.

[114] Zu § 812 BGB als Anspruchsgrundlage für die Rückforderung von Vorleistungen des Insolvenzschuldners, falls allein der zugrundeliegende Vertrag angefochten wird, → § 129 Rn. 57.

[115] BGH, Urt. v. 12.1.2006 – III ZR 138/05 Rn. 15; HKInsO/*Thole* § 144 Rn. 6; BKInsO/*Haas* § 144 Rn. 37; KPB/*Jacoby* § 144 Rn. 30; K. Schmidt/*Büteröwe* § 144 Rn. 9; wohl auch *Eckardt* ZInsO 2004, 888, 896; *Becker,* Insolvenzrecht Rn. 1050; Andres/Leithaus/*Leithaus* § 144 Rn. 5, der eine Ausnahme nur zulassen will, wenn der Anspruch des Anfechtungsgegners voll aus der Insolvenzmasse zu erfüllen ist; vgl. BGH NJW 2010, 2125, 2126 Tz. 13 f.; *Bredemeyer,* Die Insolvenzanfechtung im systematischen Kontext zivilrechtlicher Rückgewährhaftung (2010), S. 155 f.; *Heim,* Schenkungsanfechtung bei Auszahlungen im verdeckten Schneeballsystem (2011), S. 269; aA Jaeger/*Henckel* § 144 Rn. 27; Uhlenbruck/*Hirte/Borries* § 144 Rn. 13; FKInsO/*Dauernheim* § 144 Rn. 9; Nerlich/Römermann/*Nerlich* § 144 Rn. 11; *M. Zeuner,* Anfechtung Rn. 334; *Mauer,* Anfechtungsprozess Rn. 387.

[116] Jaeger/*Henckel* § 144 Rn. 37. Dagegen für eine Anwendung des § 313 Abs. 1 BGB *Ulrich* S. 80 ff. (vgl. auch S. 68 ff.).

[117] HKInsO/*Thole* § 144 Rn. 5; Uhlenbruck/*Hirte/Borries* § 144 Rn. 11; K. Schmidt/*Büteröwe* § 144 Rn. 8; BKInsO/*Haas* § 144 Rn. 33; KKInsO/*Mohr* § 144 Rn. 46.

[118] Jaeger/*Henckel* § 144 Rn. 32; HambKommInsO/*Rogge/Leptien* § 144 Rn. 20; vgl. BGH NJW 2008, 659 Rn. 25.

[119] Vgl. BGH Beschl. v. 27.9.2007 – IX ZR 74/06 Rn. 4.

[120] Vgl. KPB/*Jacoby* § 144 Rn. 28 im Anschluss an BGHZ 141, 116, 123 = NZI 1999, 265, 267; OLG Hamm ZInsO 2004, 97, 98.

[121] FKInsO/*Dauernheim* § 144 Rn. 7; Nerlich/Römermann/*Nerlich* § 144 Rn. 10; HambKommInsO/*Rogge/Leptien* § 144 Rn. 22; BeckOK InsO/*Schoon*[12] § 144 Rn. 16.

[122] BGH NJW-RR 1986, 991, 993; HambKommInsO/*Rogge/Leptien* § 144 Rn. 22; K. Schmidt/*Büteröwe* § 144 Rn. 10; KKInsO/*Mohr* § 144 Rn. 48; *Becker,* Insolvenzrecht Rn. 1049.

[123] KPB/*Jacoby* § 144 Rn. 28.

[124] Vgl. § 55 Abs. 1 Nr. 1; ebenso KKInsO/*Mohr* § 144 Rn. 50; dagegen für Zufallshaftung der Insolvenzmasse Jaeger/*Henckel* § 144 Rn. 27.

oder wie die Insolvenzmasse darum (noch) bereichert ist;[125] Voraussetzung ist also stets, dass die Gegenleistung oder Bereicherung wenigstens teilweise in die Insolvenzmasse gelangt ist.[126] Wegen der Frage, ob die Massebereicherung entfallen ist, gilt § 818 Abs. 3 BGB sinngemäß.[127] Die Gefahr des zufälligen Untergangs der Gegenleistung trägt der Anfechtungsgegner bis zum Zeitpunkt seines tatsächlichen Angebots auf Rückgewähr des anfechtbar Erlangten (→ Rn. 26).[128] Der Insolvenzverwalter gilt erst mit der Geltendmachung der Anfechtung als bösgläubig iSv § 819 Abs. 1 BGB; vorher braucht er nicht mit dem Wegfall des Rechtsgrundes für die Gegenleistung zu rechnen.[129] Auf die Frage, wann die Forderung aus § 144 Abs. 2 entsteht (→ Rn. 26), kommt es hierfür ebenso wenig an wie bei einseitigen Bereicherungsansprüchen. Die Anwendbarkeit von § 818 Abs. 3 BGB beschränkt sich vielmehr allein auf die von der Insolvenzmasse erlangte Gegenleistung.

31 Die Ansprüche des Anfechtungsgegners nach § 144 Abs. 2 Satz 1 begründen kein Aussonderungsrecht,[130] sondern eine **Massebereicherungsschuld** iSv § 55 Abs. 1 Nr. 3.[131] Sie stehen mit dem Rückgewähranspruch aus § 143 in einem rechtlichen Zusammenhang iSv § 273 Abs. 1 BGB. Deshalb kann dem Anfechtungsgegner wegen seines aus § 144 Abs. 2 Satz 1 abzuleitenden Anspruchs – also nicht, soweit er nur eine Insolvenzforderung iSv § 144 Abs. 2 Satz 2 hat (→ Rn. 33) – ein **Zurückbehaltungsrecht** zustehen.[132] Bei Gleichartigkeit beider Ansprüche iSv § 387 BGB ist – vorbehaltlich von § 393 BGB – auch eine Aufrechnung möglich.[133] § 96 Abs. 1 Nr. 1 steht nicht entgegen, weil sich unter der genannten Voraussetzung beiderseits Masseansprüche und -verbindlichkeiten gegenüberstehen. Im Falle der Masseunzulänglichkeit richtet sich die Abwicklung des Gegenanspruchs jedoch nach §§ 207 ff. Dieser Anspruch ist abtretbar und pfändbar.[134]

32 **b) Insolvenzforderung (§ 144 Abs. 2 Satz 2).** Befindet sich die Gegenleistung im Zeitpunkt des Angebots auf Rückgewähr des anfechtbar Erlangten (→ Rn. 26, 28) weder in Natur noch als Surrogat noch ihrem zu ersetzenden Werte nach in der Insolvenzmasse, steht dem Anfechtungsgegner ein Erstattungsanspruch zu, der aber nach § 144 Abs. 2 Satz 2 lediglich eine einfache Insolvenzforderung iSv §§ 38, 174 darstellt. Das gilt auch, soweit der Wert der Gegenleistung nur teilweise nicht mehr in der Insolvenzmasse vorhanden ist. Vorinsolvenzliche Dienstleistungen für den Schuldner sind durchweg nicht mehr gegenständlich, sondern allenfalls noch wertmäßig in dessen Vermögen vorhanden. Zudem werden insbesondere Beratungsleistungen – zB im Rahmen von Sanierungsbemühungen – mit der Insolvenzeröffnung oft ihren Wert verlieren.[135]

33 Eine vorsorgliche Anmeldung dieses Anspruchs zur Insolvenztabelle schon während des Anfechtungsprozesses ist möglich.[136] Der Insolvenzverwalter kann die Anmeldung bestreiten, solange der

---

[125] So auch KKInsO/*Mohr* § 144 Rn. 50.

[126] Vgl. Jaeger/*Henckel* § 144 Rn. 27; zum österreichischen Recht vgl. *König,* Die Anfechtung nach der IO, 5. Aufl. (2014) Rn. 16/10 f.

[127] HKInsO/*Thole* § 144 Rn. 5; HambKommInsO/*Rogge/Leptien* § 144 Rn. 22; vgl. Uhlenbruck/*Hirte/Borries* § 144 Rn. 8; Jaeger/*Henckel* § 144 Rn. 26; BeckOK InsO/*Schoon*[12] § 144 Rn. 16.

[128] Vgl. FKInsO/*Dauernheim* § 144 Rn. 6; ähnlich HambKommInsO/*Rogge/Leptien* § 144 Rn. 22 (ab tatsächlicher Rückgewähr); schon für die Zeit ab Verfahrenseröffnung Jaeger/*Henckel* § 144 Rn. 27; wohl auch *Foerste,* Insolvenzrecht Rn. 342. Ergänzend vgl. § 300 Abs. 1 BGB.

[129] HambKommInsO/*Rogge/Leptien* § 144 Rn. 22; KKInsO/*Mohr* § 144 Rn. 51.

[130] RGZ 13, 5, 7; HKInsO/*Thole* § 144 Rn. 5; Jaeger/*Henckel* § 144 Rn. 24; Uhlenbruck/*Hirte/Borries* § 144 Rn. 11; *Bredemeyer,* Die Insolvenzanfechtung im systematischen Kontext zivilrechtlicher Rückgewährhaftung (2010), S. 154; aA für das österreichische Recht *König,* Die Anfechtung nach der IO, 5. Aufl. (2014) Rn. 16/9, soweit der vom Anfechtungsgegner geleistete Gegenstand selbst noch in der Insolvenzmasse vorhanden ist.

[131] Jaeger/*Henckel* § 144 Rn. 24 aE; KPB/*Jacoby* § 144 Rn. 27 f.; Uhlenbruck/*Hirte/Borries* § 144 Rn. 11; K. Schmidt/*Büteröwe* § 144 Rn. 8; BKInsO/*Haas* § 144 Rn. 31, 33; BeckOK InsO/*Schoon*[12] § 144 Rn. 16; AGR/*Gehrlein* § 144 Rn. 10; RSZ/*Zeuner* § 144 Rn. 5; KKInsO/*Mohr* § 144 Rn. 46; einschränkend *Heim,* Schenkungsanfechtung bei Auszahlungen im verdeckten Schneeballsystem (2011), S. 273 f.

[132] Vgl. BGH NJW-RR 1986, 991, 992 f.; NJW 2000, 3777, 3781; HKInsO/*Thole* § 143 Rn. 7; KPB/*Jacoby* § 144 Rn. 31; FKInsO/*Dauernheim* § 144 Rn. 9; Nerlich/Römermann/*Nerlich* § 144 Rn. 11; Uhlenbruck/*Hirte/Borries* § 144 Rn. 12; K. Schmidt/*Büteröwe* § 144 Rn. 9; KKInsO/*Mohr* § 144 Rn. 52; *Baur/Stürner,* Insolvenzrecht Rn. 20.12; Gottwald/*Huber,* InsO-HdB § 52 Rn. 27.

[133] HKInsO/*Thole* § 144 Rn. 6; *Hess* InsO § 144 Rn. 27; BKInsO/*Haas* § 144 Rn. 104; *Becker,* Insolvenzrecht Rn. 1050; *Bredemeyer,* Die Insolvenzanfechtung im systematischen Kontext zivilrechtlicher Rückgewährhaftung (2010), S. 156.

[134] Vgl. Uhlenbruck/*Hirte/Borries* § 144 Rn. 16; HambKommInsO/*Rogge/Leptien* § 144 Rn. 19.

[135] Dies berücksichtigt Jaeger/*Henckel* § 129 Rn. 248 nicht. Ergänzend vgl. BGH NJW 2008, 659 Rn. 25.

[136] FKInsO/*Dauernheim* § 144 Rn. 8; Uhlenbruck/*Hirte/Borries* § 144 Rn. 15; Jaeger/*Henckel* § 144 Rn. 33; KPB/*Jacoby* § 144 Rn. 32; BKInsO/*Haas* § 144 Rn. 40. Zur Bedeutung für ein Insolvenzplanverfahren vgl. HambKommInsO/*Rogge/Leptien* § 144 Rn. 26; RSZ/*Zeuner* § 144 Rn. 8.

Anfechtungsgegner nicht die Rückgewähr des anfechtbar Erlangten anbietet (→ Rn. 26); danach steht der Insolvenzmasse bis zur tatsächlichen Rückgewähr ein Zurückbehaltungsrecht zu.[137] Eine Aufrechnung des anderen Teils gegenüber dem Anfechtungsanspruch der Insolvenzmasse scheitert jedoch an § 96 Abs. 1 Nr. 1; denn mit derartigen Insolvenzforderungen kann nicht wirksam gegen den Anfechtungsanspruch aufgerechnet werden.[138] Auch ein Zurückbehaltungsrecht dagegen mit dieser Insolvenzforderung ist ausgeschlossen.[139]

VI. Darlegungs- und Beweislast

Welche Forderung des Anfechtungsgegners iSv **§ 144 Abs. 1** getilgt wurde und deshalb wieder- 34
auflebt, ergibt sich ohne weiteres aus dem Anfechtungsbegehren selbst. Ob dafür Sicherheiten bestellt waren, muss derjenige beweisen, der daraus Rechte herleiten will.[140] Welche Gegenleistung iSv **§ 144 Abs. 2** erbracht wurde und dass sie – gleichgültig auf welche Weise – in die Insolvenzmasse gelangt ist, hat der Anfechtungsgegner zu beweisen.[141] Steht dies fest, hat der Insolvenzverwalter einen späteren Wegfall der Bereicherung ebenso zu beweisen wie die Voraussetzungen dafür, dass er diesen Wegfall nicht zu vertreten hat.[142]

§ 145 Anfechtung gegen Rechtsnachfolger

(1) Die Anfechtbarkeit kann gegen den Erben oder einen anderen Gesamtrechtsnachfolger des Anfechtungsgegners geltend gemacht werden.

(2) Gegen einen sonstigen Rechtsnachfolger kann die Anfechtbarkeit geltend gemacht werden:
1. **wenn dem Rechtsnachfolger zur Zeit seines Erwerbs die Umstände bekannt waren, welche die Anfechtbarkeit des Erwerbs seines Rechtsvorgängers begründen;**
2. **wenn der Rechtsnachfolger zur Zeit seines Erwerbs zu den Personen gehörte, die dem Schuldner nahestehen (§ 138), es sei denn, daß ihm zu dieser Zeit die Umstände unbekannt waren, welche die Anfechtbarkeit des Erwerbs seines Rechtsvorgängers begründen;**
3. **wenn dem Rechtsnachfolger das Erlangte unentgeltlich zugewendet worden ist.**

Schrifttum: *Bartels,* Insolvenzanfechtung und Leistung Dritter, 2015; *Gerhardt,* Die Anfechtung gegen den Rechtsnachfolger, in FS H.-P. Kirchhof, 2003, S. 121 ff.

Übersicht

137 So allgemein Jaeger/*Henckel* § 144 Rn. 33; *Becker,* Insolvenzrecht Rn. 1053.
138 BGH NZI 2004, 248, 249; Beschl. v. 15.11.2007 – IX ZR 122/05 Rn. 2.
139 Nerlich/Römermann/*Nerlich* § 144 Rn. 13; K. Schmidt/*Büteröwe* § 144 Rn. 11; HambKommInsO/*Rogge* § 144 Rn. 23; *M. Zeuner,* Anfechtung Rn. 335; Jaeger/*Henckel* § 129 Rn. 107, § 144 Rn. 33; Uhlenbruck/*Hirte/Borries* § 144 Rn. 15; BKInsO/*Haas* § 144 Rn. 40; aA *Hess* InsO § 144 Rn. 27.
140 HambKommInsO/*Rogge/Leptien* § 144 Rn. 25; Uhlenbruck/*Hirte/Borries* § 144 Rn. 7; KKInsO/*Mohr* § 144 Rn. 57.
141 HambKommInsO/*Rogge/Leptien* § 144 Rn. 25; RSZ/*Zeuner* § 144 Rn. 11; KKInsO/*Mohr* § 144 Rn. 58; weitergehend zum österreichischen Recht *König,* Die Anfechtung nach der IO, 5. Aufl. (2014) Rn. 16/14.
142 BKInsO/*Haas* § 144 Rn. 39; HambKommInsO/*Rogge/Leptien* § 144 Rn. 25; KKInsO/*Mohr* § 144 Rn. 58.

I. Normzweck

1 Der Bestand des den Insolvenzgläubigern haftenden Schuldnervermögens soll möglichst auch dann wiederhergestellt werden, wenn das anfechtbar weggegebene Vermögensgut über seinen Empfänger hinaus an weitere Vermögensträger gelangt ist. Deshalb greift eine begründete Anfechtung auch gegen alle Gesamtrechtsnachfolger (§ 145 Abs. 1) und gegen solche Einzelrechtsnachfolger durch, deren Erwerbsgrund als weniger schutzwürdig bewertet wird (§ 145 Abs. 2).[1] Anderenfalls könnte der unmittelbare Empfänger der anfechtbaren Leistung durch deren Weiterübertragung jede Rückgewähr in Natur vereiteln.

II. Entstehungsgeschichte

2 § 145 übernimmt inhaltlich § 40 KO. Soweit § 145 Abs. 1 die Anfechtbarkeit auf andere Gesamtrechtsnachfolger als Erben erstreckt, entsprach das schon der allgemeinen Meinung zu § 40 Abs. 1 KO.[2] § 145 Abs. 2 Nr. 2 erweitert lediglich die als verdächtig behandelten Einzelrechtsnachfolger von „Angehörigen" (so § 40 Abs. 2 Nr. 2 KO) auf alle nahestehenden Personen iSv § 138. § 40 Abs. 3 KO, der für die Empfänger unentgeltlicher Leistungen iSv § 144 Abs. 2 Nr. 3 eine gemilderte Haftung ausdrücklich vorsah, wurde im Hinblick auf § 143 Abs. 2 als selbstverständlich und entbehrlich angesehen.[3] § 10 GesO regelte die anfechtungsrechtliche Haftung von Rechtsnachfolgern nicht ausdrücklich; die Rechtsprechung hat darauf § 40 Abs. 2 KO und § 145 Abs. 2 entsprechend angewandt.[4] § 145 wurde im Gesetzgebungsverfahren nicht geändert.

III. Anwendungsbereich

3 Beide Absätze regeln eine besondere, gegenständliche Rechtsnachfolge auf der Seite des **Empfängers** der anfechtbaren Leistung und sehen insoweit dessen eigenständige Haftung vor. Diese tritt ggf. selbständig neben diejenige früherer Leistungsempfänger, hängt also nicht von der Fortdauer ihrer Haftung ab.[5] § 145 setzt aber die Rechtsnachfolge in den anfechtbar weggegebenen Gegenstand selbst voraus; war dagegen dem Ersterwerber die Rückgewähr in Natur (§ 143 Abs. 1 Satz 1) schon vor der „Rechtsnachfolge" unmöglich geworden, ist § 145 sogar dann nicht anwendbar, wenn der Ersterwerber nach § 143 Abs. 1 Satz 2 seinerseits Wertersatz schuldete.[6] Allerdings kann neben § 145 als selbständigen Anfechtungstatbestand eine Rechtsnachfolge nach allgemeinen Vorschriften (zB § 1967 BGB oder § 25 HGB) in die schon gegenüber dem Rechtsvorgänger begründete Verbindlichkeit treten.[7]

4 Die Norm gilt nicht nur gegenüber dem ersten, sondern auch gegenüber späteren Rechtsnachfolgern im Sinne beider Absätze, also zB wenn auf einen Einzelrechtsnachfolger ein Gesamtrechtsnachfolger folgt, oder umgekehrt.[8] In dogmatischer Hinsicht ist streitig, ob § 145 Abs. 2 die Anfech-

[1] Vgl. BKInsO/*Haas* § 145 Rn. 2; KPB/*Brinkmann* § 145 Rn. 2; speziell zur Einordnnug von § 145 Abs. 2 vgl. *Bartels* S. 323 ff.

[2] *Jaeger/Henckel* KO § 40 Rn. 19; *Kilger/K. Schmidt* § 40 KO Anm. 2a; *Kuhn/Uhlenbruck* § 40 Rn. 3.

[3] BT-Drs. 12/2443, S. 168 zu § 164 Abs. 2 Nr. 3 RegE.

[4] BGH NJW 2002, 1342 f.

[5] BKInsO/*Haas* § 145 Rn. 3.

[6] BGHZ 155, 199, 203 f. = NJW 2003, 3345, 3346 f.; BGH NJW 2008, 2780 Rn. 11; NZI 2012, 845 Rn. 2; HKInsO/*Thole* § 145 Rn. 1, 8; Jaeger/*Henckel* § 47 Rn. 116, § 145 Rn. 8; Uhlenbruck/*Hirte/Borries* § 145 Rn. 18; HambKommInsO/*Rogge/Leptien* § 145 Rn. 2; KPB/*Brinkmann* § 145 Rn. 6; BKInsO/*Haas* § 145 Rn. 4; AGR/*Gehrlein* § 145 Rn. 1; Gottwald/*Huber*, InsO-HdB, § 51 Rn. 61; *Gerhardt* JZ 1997, 724, 725; *Mauer*, Anfechtungsprozess Rn. 250; vgl. RG SeuffA 45 (1890), Nr. 154; aA *Baumert* ZIP 2010, 212, 214 f.; ferner *K. Schmidt* ZIP 2010, Beilage Heft 39, S. 15, 23 für Darlehensrückzahlungen iSv § 135 an eine dem Gesellschafter nahestehende Person.

[7] Jaeger/*Henckel* § 145 Rn. 8; BKInsO/*Haas* § 145 Rn. 4.

[8] Jaeger/*Henckel* § 145 Rn. 51; vgl. Uhlenbruck/*Hirte/Borries* § 145 Rn. 34; KKInsO/*Mohr* § 145 Rn. 5.

tung auf Rechtsnachfolger erweitert[9] oder umgekehrt eine gegenständlich grundsätzlich unbeschränkte Haftung personell einschränkt;[10] Rechtsfolgen sollten aus solchen Deutungsversuchen nicht selbständig abgeleitet werden. Einen Sonderfall der Anfechtbarkeit gegenüber einem Einzelrechtsnachfolger regelt § 169 Satz 3 SGB III für den Fall des Übergangs anfechtbarer Ansprüche auf die Bundesanstalt für Arbeit.[11]

IV. Gesamtrechtsnachfolge (Abs. 1)

1. Anfechtbarkeit gegenüber Rechtsvorgänger. § 145 Abs. 1 setzt nur die Anfechtbarkeit 5
gegenüber dem Rechtsvorgänger voraus. Die anfechtbare Rechtshandlung diesem gegenüber muss vor der Rechtsnachfolge vorgenommen worden sein; anderenfalls gelten die §§ 129 ff. unmittelbar gegenüber dem Empfänger, zB dem Erben.[12] In Betracht kommen alle Anfechtungstatbestände iSv §§ 130 bis 136.[13] Die Anfechtung gegenüber dem Vorgänger muss im Ergebnis begründet sein.[14] Unerheblich ist es dagegen, ob die angefochtene Handlung vermögensrechtlich wirksam war (→ Rn. 18), und ebenso, ob sie gegen den Vorgänger tatsächlich geltend gemacht[15] oder ob das Insolvenzverfahren über das Vermögen des Schuldners vor oder nach der Rechtsnachfolge eröffnet wurde:[16] Obwohl das spezielle insolvenzmäßige Anfechtungsrecht als solches erst mit der Verfahrenseröffnung entsteht (→ § 129 Rn. 186), trat die Anfechtbarkeit iSv § 145 schon mit der Vornahme der Rechtshandlung ein. Der Zweck dieser Norm setzt nicht zusätzlich einen unbedingten Anfechtungsanspruch voraus. Eine Kenntnis der Anfechtbarkeit ist nach § 145 Abs. 1 – anders als nach § 145 Abs. 2 Nr. 1 und 2 – grundsätzlich entbehrlich.

Bei wiederholter Rechtsnachfolge muss der Erwerb einer jeden Zwischenperson anfechtbar 6
sein;[17] ist die Anfechtung nur gegenüber einem Zwischenerwerber unbegründet, ist sie es auch gegenüber sämtlichen weiteren Rechtsnachfolgern,[18] sogar wenn diese die Anfechtbarkeit des Ersterwerbs oder eines früheren Nachfolgeerwerbs gekannt haben.[19] Die Anfechtbarkeit kann allerdings jeweils auf einem anderen Rechtsgrund beruhen und verschiedenen Inhalt haben.[20]

2. Voraussetzungen der Gesamtrechtsnachfolge. Die Gesamtrechtsnachfolge, die zur 7
Erstreckung der Anfechtbarkeit (→ Rn. 5) führt, setzt nur voraus, dass ein anderer Rechtsträger auf gesetzlich geregelter Grundlage in alle Verbindlichkeiten des Vorgängers eintritt.[21] Eine Gegenmeinung will dagegen zusätzlich die Übernahme aller Aktiva des Rechtsvorgängers voraussetzen und stattdessen die Haftung für allein übernommene Passiva lediglich Sondervorschriften wie § 25 Abs. 1 Satz 1 HGB unterstellen.[22] Für eine solche Subsidiarität des § 145 Abs. 1 besteht aber keine Grundlage; insbesondere scheidet eine Gläubigerbenachteiligung nicht allein deswegen aus, weil dem Insolvenzverwalter auch andere Rechtsbehelfe offen stehen (→ § 129 Rn. 101b). Eine Gesamtrechtsnachfolge im hier fraglichen Sinne liegt allerdings nur vor, wenn der Nachfolger grundsätzlich in **alle Verbindlichkeiten** des Vorgängers eintritt. Der Übergang lediglich einzelner, bestimmter Verpflichtungen – insbesondere aus Arbeitsverhältnissen iSv § 613a BGB – genügt nicht; in derartigen Fällen kann ggf. § 145 Abs. 2 eingreifen. Nicht nötig ist eine befreiende Schuldübernahme; vielmehr

---

9 *Jaeger,* Gläubigeranfechtung § 11 Rn. 7; *Gerhardt,* FS H.-P. Kirchhof (2003), S. 121, 122; so wohl auch Uhlenbruck/*Hirte/Borries* § 145 Rn. 14; BGHZ 100, 36, 39 = NJW 1987, 1703, 1704 zu § 11 Abs. 2 AnfG.

10 *Marotzke* KTS 1987, 569, 573 ff., 578.

11 Vgl. BAGE 147, 172 Rn. 13 = NZI 2014, 372.

12 Jaeger/*Henckel* § 145 Rn. 12.

13 Zu § 135 InsO aF vgl. BGHZ 166, 125 Rn. 21 ff. = NJW 2006, 1800.

14 HKInsO/*Thole* § 145 Rn. 9; Uhlenbruck/*Hirte/Borries* § 145 Rn. 23, 34; KKInsO/*Mohr* § 145 Rn. 7; AGR/*Gehrlein* § 145 Rn. 5; vgl. Jaeger/*Henckel* § 145 Rn. 51; zu § 11 Abs. 2 AnfG aF auch RGZ 74, 181 f.

15 HambKommInsO/*Rogge/Leptien* § 145 Rn. 5; BKInsO/*Haas* § 145 Rn. 5; AGR/*Gehrlein* § 145 Rn. 5; vgl. Jaeger/*Henckel* § 145 Rn. 10.

16 HambKommInsO/*Rogge/Leptien* § 145 Rn. 5; Jaeger/*Henckel* § 145 Rn. 10.

17 BGH NJW 1974, 57, Nr. 22; NJW 1992, 830, 833 zum AnfG; KPB/*Brinkmann* § 145 Rn. 3; AGR/*Gehrlein* § 145 Rn. 2, 5.

18 *M. Zeuner,* Anfechtung Rn. 415; vgl. RGZ 32, 22, 23 f.; 154, 378, 382 f. zum AnfG.

19 Uhlenbruck/*Hirte/Borries* § 145 Rn. 34; HambKommInsO/*Rogge* § 145 Rn. 4.

20 HKInsO/*Thole* § 145 Rn. 3; HambKommInsO/*Rogge* § 145 Rn. 6; Jaeger/*Henckel* § 145 Rn. 51; Uhlenbruck/*Hirte/Borries* § 145 Rn. 34; AGR/*Gehrlein* § 145 Rn. 5; zu § 11 Abs. 2 AnfG aF auch RGZ 103, 113, 117.

21 Vgl. Amtliche Begründung zu § 164 RegE, S. 163; Jaeger/*Henckel* § 145 Rn. 9; Uhlenbruck/*Hirte/Borries* § 145 Rn. 8; BKInsO/*Haas* § 145 Rn. 9; Nerlich/Römermann/*Nerlich* § 145 Rn. 6; *Bartels* S. 320 ff.; *Canaris,* Handelsrecht § 7 Rn. 15.

22 KPB/*Brinkmann* § 145 Rn. 9.

kann Rechtsnachfolger iSv § 145 Abs. 1 auch sein, wer **neben dem Rechtsvorgänger** haftet.[23] Die Haftung erstreckt sich ebenfalls auf spätere, erneute Gesamtrechtsfolger,[24] auf Einzelrechtsnachfolger allerdings allein unter den besonderen Voraussetzungen von § 145 Abs. 2.

8 **a) Erbschaft.** Als Gesamtrechtsnachfolger nennt § 145 Abs. 1 ausdrücklich den **Erben** (§ 1922 BGB).[25] Mehrere Erben haften wegen ihrer gesamthänderischen Verbundenheit, §§ 2058 ff. BGB, als Gesamtschuldner (→ § 143 Rn. 11). Ausgenommen von der Haftung sind unvererbliche Gegenstände, also zB ein anfechtbar bestelltes, höchstpersönliches Wohnrecht, das mit dem Tode des Berechtigten erlischt.[26] Eine Haftungsbeschränkung nach §§ 1975 ff. BGB ist nur gegenüber einer Wertersatzpflicht des Rechtsnachfolgers iSv § 143 Abs. 1 Satz 2 möglich;[27] unter dieser Voraussetzung ist sie nach §§ 778 ff. ZPO geltend zu machen.[28] Soweit dagegen der ursprüngliche, anfechtbar weggegebene Gegenstand noch in Natur beim Rechtsnachfolger vorhanden ist, also die originäre Rückgewährpflicht nach § 143 Abs. 1 Satz 1 reicht, fehlen die Voraussetzungen für jede Haftungsbeschränkung. Im Falle wiederholter Erbfolgen setzt sich die Haftung jeweils fort.[29] Als Erbe kann im Fall von § 1936 BGB auch der Fiskus haften. Dagegen können Vermächtnisnehmer allenfalls Einzelrechtsnachfolger sein.[30]

9 Im Falle einer **Vor-** und **Nacherbschaft** haftet der Vorerbe bis zum Eintritt des Nacherbfalles; danach haftet grundsätzlich der Nacherbe (§ 2139 BGB).[31] Soweit dieser ausnahmsweise nicht haftet, bleibt nach § 2145 Abs. 1 Satz 1 BGB der Vorerbe weiter verpflichtet.[32]

10 Beerbt der Schuldner selbst den ursprünglichen Leistungsempfänger und nimmt er die Erbschaft an (§ 83 Abs. 1 Satz 1), fällt der anfechtbar weggegebene Gegenstand nach § 35 Abs. 1 regelmäßig in die Insolvenzmasse. Der Insolvenzverwalter kann darüber nach § 80 Abs. 1 ohne weiteres verfügen; die Insolvenzgläubiger werden nicht benachteiligt. Der Anfechtung bedarf es dann nicht.[33] Sonstige Nachlassgläubiger sind nicht schutzbedürftig, weil ihnen der anfechtbar erlangte Gegenstand selbst ohnehin nicht haftet (→ Rn. 15). Selbständige Bedeutung erlangt das ursprüngliche Anfechtungsrecht dagegen im Falle der Ausschlagung der Erbschaft (§§ 1957 ff. BGB) oder der beschränkten Erbenhaftung (§§ 1975 ff. BGB) einschließlich der Nachlassinsolvenz, weil dann das ererbte Vermögen vom übrigen Vermögen des (Insolvenz-)Schuldners abzusondern ist; das Anfechtungsrecht lebt mit Bezug auf das übrige Vermögen wieder auf.[34] Entsprechendes trifft wegen § 2032 BGB zu, falls der Schuldner lediglich Miterbe wird. Wird er nur Vorerbe, bleibt § 145 Abs. 1 im Hinblick auf § 83 Abs. 2 anwendbar.

11 Gesamtrechtsnachfolger ist ferner der **Erbschaftskäufer** (§ 2382 BGB).[35] Der Erwerber eines Miterbenanteils haftet wie der Miterbe.[36] Eine Gesamtrechtsnachfolge wird dagegen nicht durch eine vertraglich gestaltete „vorweggenommene Erbfolge" begründet; diese kann als Einzelrechtsnachfolge nur unter § 145 Abs. 2 fallen.[37]

---

23 BT-Drs. 12/2443, S. 168 zu § 164 RegE; HKInsO/*Thole* § 145 Rn. 4; HambKommInsO/*Rogge/Leptien* § 145 Rn. 3; KPB/*Brinkmann* § 145 Rn. 10.

24 Nerlich/Römermann/*Nerlich* § 145 Rn. 4 aE; Jaeger/*Henckel* § 145 Rn. 17.

25 Vgl. BGH NJW 2012, 2195 Rn. 10; zu § 15 Abs. 1 AnfG BGHZ 165, 343 Rn. 30 = NJW 2006, 908.

26 BGH NJW 1996, 3006, 3007; HKInsO/*Thole* § 145 Rn. 2 aE; KPB/*Brinkmann* § 145 Rn. 10; BKInsO/*Haas* § 145 Rn. 8; *M. Zeuner,* Anfechtung Rn. 409.

27 HambKommInsO/*Rogge/Leptien* § 145 Rn. 6; vgl. KPB/*Brinkmann* § 145 Rn. 11. Entsprechendes gilt für die aufschiebende Einrede nach §§ 2014, 2015 BGB.

28 Jaeger/*Henckel* § 145 Rn. 14; vgl. Uhlenbruck/*Hirte/Borries* § 145 Rn. 4.

29 HKInsO/*Thole* § 145 Rn. 2; BKInsO/*Haas* § 145 Rn. 7; FKInsO/*Dauernheim* § 145 Rn. 3; *Nerlich/Niehues,* AnfG § 15 Rn. 6.

30 Jaeger/*Henckel* § 145 Rn. 10.

31 K. Schmidt/*Büteröwe* § 145 Rn. 3; KKInsO/*Mohr* § 145 Rn. 13; BeckOK InsO/*Schoon*[12] § 145 Rn. 7; AGR/*Gehrlein* § 145 Rn. 3.

32 FKInsO/*Dauernheim* § 145 Rn. 3; Nerlich/Römermann/*Nerlich* § 145 Rn. 4; Uhlenbruck/*Hirte/Borries* § 145 Rn. 4; BKInsO/*Haas* § 145 Rn. 7; vgl. Jaeger/*Henckel* § 145 Rn. 16.

33 Ebenso KPB/*Brinkmann* § 145 Rn. 7; HKInsO/*Thole* § 145 Rn. 3; Jaeger/*Henckel* § 145 Rn. 18; BKInsO/*Haas* § 145 Rn. 7. Die früher übliche Unterscheidung zwischen einem Erbanfall vor oder nach der Insolvenzeröffnung ist dadurch bedeutungslos geworden, dass nach § 35 Abs. 1 auch der Zuerwerb des Schuldners während des Insolvenzverfahrens in die Insolvenzmasse fällt: Nerlich/Römermann/*Nerlich* § 145 Rn. 5; danach differenzierend, aber iErg zustimmend auch Uhlenbruck/*Hirte/Borries* § 145 Rn. 5.

34 Uhlenbruck/*Hirte/Borries* § 145 Rn. 5; KPB/*Brinkmann* § 145 Rn. 12.

35 HKInsO/*Thole* § 145 Rn. 2; Nerlich/Römermann/*Nerlich* § 145 Rn. 6; HambKommInsO/*Rogge* § 145 Rn. 6; BKInsO/*Haas* § 145 Rn. 9; Uhlenbruck/*Hirte/Borries* § 145 Rn. 8; K. Schmidt/*Büteröwe* § 145 Rn. 4; BeckOK InsO/*Schoon*[12] § 145 Rn. 8; Gottwald/*Huber,* InsO-HdB § 51 Rn. 61; aA KPB/*Brinkmann* § 145 Rn. 16, der eine Einzelrechtsnachfolge annimmt. Ergänzend → Rn. 7 und § 2382 BGB.

36 HKInsO/*Thole* § 145 Rn. 2; Uhlenbruck/*Hirte/Borries* § 145 Rn. 4; vgl. RGZ 60, 126, 131 f.

37 BKInsO/*Haas* § 145 Rn. 9.

b) Gütergemeinschaft. Eine Gesamtrechtsnachfolge stellt die Einbringung in das Gesamtgut einer – auch fortgesetzten – ehelichen Gütergemeinschaft dar (§§ 1415 ff., 1483 ff. BGB).[38] 12

c) Firmenfortführung. Die Firmenfortführung iSv § 25 HGB erfüllt ebenfalls die Voraussetzungen von § 145 Abs. 1.[39] Dass daneben eine zusätzliche Haftung für Verbindlichkeiten eingreift, die im Handelsgeschäft begründet wurden, steht allgemein nicht entgegen (→ Rn. 3, 7, 16). 13

d) Gesellschaftsrechtliche Nachfolge. Insbesondere für Gesellschaften tritt Rechtsnachfolge durch Verschmelzung (§§ 20, 36 UmwG), Spaltung (§ 131 UmwG) oder Vermögensübertragung (§ 174 UmwG) ein.[40] Dagegen begründet der (identitätswahrende) Formwechsel (§§ 190 ff. UmwG) keine Rechtsnachfolge, weil der haftende Rechtsträger als solcher erhalten bleibt.[41] Rechtsnachfolge in die Rückgewährschuld liegt andererseits vor, wenn bei einer Personengesellschaft alle Anteile in einer Hand zusammenfallen oder nach Ausscheiden sämtlicher Mitgesellschafter nur ein einziger Gesellschafter übrig bleibt; dann erlischt die Gesellschaft als solche, und ihr Vermögen fällt dem letztverbliebenen Gesellschafter zu.[42] Für die Umwandlung einer Vor-Gesellschaft (zB Vor-GmbH) in die fertige Kapitalgesellschaft (zB GmbH) ist die Annahme einer Rechtsnachfolge entbehrlich, wenn man der Identitätstheorie folgt.[43] Rechtsnachfolge liegt hingegen beim Anfall des Vermögens eines aufgelösten Vereins nach §§ 45, 46 BGB an den Fiskus vor;[44] dagegen kann im Fall einer Liquidation (§§ 47, 49 BGB) nur unter den Voraussetzungen des § 49 Abs. 1 Satz 3 BGB eine (Einzel-)Rechtsnachfolge eintreten, während bei der regelmäßigen Ausschüttung eines Verwertungserlöses (als Wertersatz) jede Rechtsnachfolge ausscheidet.[45] 14

e) Insolvenzverwalter des Rechtsvorgängers. Die Frage, ob eine Gesamtrechtsnachfolge iSv § 145 Abs. 1 eintritt, wenn über das Vermögen des Leistungsempfängers ein Insolvenzverfahren eröffnet wird und die Insolvenzmasse – verkörpert durch den Insolvenzverwalter – als dessen Rechtsnachfolger gilt,[46] hat ihre praktische Bedeutung verloren, seitdem anerkannt ist, dass der Anfechtungsanspruch – auch nach § 145 – in der Insolvenz des Anfechtungsgegners zur Aussonderung berechtigt (→ § 143 Rn. 36). 15

3. Verhältnis zur Haftung des Rechtsnachfolgers nach allgemeinen Vorschriften. Neben der anfechtungsrechtlichen Haftung nach § 145 Abs. 1 kann im Einzelfall eine schuldrechtliche Verpflichtung nach allgemeinen Regeln treten. Insbesondere ist zwar eine Rechtsnachfolge iSv § 145 nicht möglich, wenn schon der Vorgänger nur noch auf Wertersatz haftete (→ Rn. 3). Jedoch bewirken, unabhängig von § 145, die allgemeinen Haftungsregelungen für die jeweilige Gesamtrechtsnachfolge regelmäßig selbst, dass der Nachfolger alle Verbindlichkeiten des Vorgängers erfüllen muss; so gehen nach § 1967 BGB oder § 25 HGB auch Wertersatzschulden auf den Nachfolger über.[47] § 145 Abs. 1 bewirkt danach in solchen Fällen, dass der 16

38 HKInsO/*Thole* § 145 Rn. 4; KPB/*Brinkmann* § 145 Rn. 10; K. Schmidt/*Büteröwe* § 145 Rn. 4; KKInsO/*Mohr* § 145 Rn. 17; Nerlich/Römermann/*Nerlich* § 145 Rn. 6; HambKommInsO/*Rogge* § 145 Rn. 7; Jaeger/*Henckel* § 145 Rn. 23; BeckOK InsO/*Schoon*[12] § 145 Rn. 9; AGR/*Gehrlein* § 145 Rn. 4.

39 Nerlich/Römermann/*Nerlich* § 145 Rn. 6; K. Schmidt/*Büteröwe* § 145 Rn. 4; KKInsO/*Mohr* § 145 Rn. 17; RSZ/*Zeuner* § 145 Rn. 5; *Hess* InsO § 145 Rn. 10; Uhlenbruck/*Hirte/Borries* § 145 Rn. 8; BeckOK InsO/*Schoon*[12] § 145 Rn. 9; AGR/*Gehrlein* § 145 Rn. 4; aA (Einzelrechtsnachfolge) HambKommInsO/*Rogge/Leptien* § 145 Rn. 7; KPB/*Brinkmann* § 145 Rn. 15.

40 HKInsO/*Thole* § 145 Rn. 4; Uhlenbruck/*Hirte/Borries* § 145 Rn. 7; BKInsO/*Haas* § 145 Rn. 20; K. Schmidt/*Büteröwe* § 145 Rn. 4; KKInsO/*Mohr* § 145 Rn. 17; BeckOK InsO/*Schoon*[12] § 145 Rn. 9; AGR/*Gehrlein* § 145 Rn. 4.

41 Vgl. § 202 UmwG; ferner Jaeger/*Henckel* § 145 Rn. 20; Uhlenbruck/*Hirte/Borries* § 145 Rn. 10; KPB/*Brinkmann* § 145 Rn. 14; K. Schmidt/*Büteröwe* § 145 Rn. 6; KKInsO/*Mohr* § 145 Rn. 19; AGR/*Gehrlein* § 145 Rn. 4.

42 KPB/*Brinkmann* § 145 Rn. 13; Uhlenbruck/*Hirte/Borries* § 145 Rn. 8; Jaeger/*Henckel* § 145 Rn. 20; *K. Schmidt,* Gesellschaftsrecht § 44 II 2, S. 1304 f.

43 Uhlenbruck/*Hirte/Borries* § 145 Rn. 21; *K. Schmidt,* Gesellschaftsrecht § 11 IV 2 c, S. 301 f. und § 34 III 3, S. 1017 ff. Die Gegenansicht (*Horn* NJW 1964, 86, 89 f.) müsste folgerichtig § 145 Abs. 1 anwenden.

44 Jaeger/*Henckel* § 145 Rn. 20; K. Schmidt/*Büteröwe* § 145 Rn. 4; Uhlenbruck/*Hirte/Borries* § 145 Rn. 8; BKInsO/*Haas* § 145 Rn. 10; KPB/*Brinkmann* § 145 Rn. 13; KKInsO/*Mohr* § 145 Rn. 17.

45 KPB/*Brinkmann* § 145 Rn. 13.

46 Vgl. Vorauflage Rn. 15; dafür K. Schmidt/*Büteröwe* § 145 Rn. 5; BeckOK InsO/*Schoon*[12] § 145 Rn. 10; AGR/*Gehrlein* § 145 Rn. 4 aE; dagegen Jaeger/*Henckel* § 145 Rn. 24; KPB/*Brinkmann* § 145 Rn. 17 ff.

47 Jaeger/*Henckel* § 145 Rn. 8 aE, 14. Einschränkend → Rn. 8 sowie § 25 Abs. 2 und 3 HGB.

Anfechtungsgegner nicht nur in die Anfechtungsschuld, sondern auch in die Anfechtungslage eintritt;[48] der Rückgewähranspruch iSv § 143 Abs. 1 Satz 1 kann demzufolge ohne Rücksicht auf besondere Haftungsbeschränkungen der allgemeinen Vorschriften durchgesetzt werden.[49]

V. Sonstige Rechtsnachfolger (Abs. 2)

17 **1. Begriff.** Einzelrechtsnachfolger, der nach Maßgabe von § 145 Abs. 2 der Anfechtbarkeit ausgesetzt sein kann, ist, wer einen anfechtbar weggegebenen Gegenstand von dessen ursprünglichen Erwerber – oder dessen Rechtsnachfolger (→ Rn. 4, 6) – in anderer Weise als durch Gesamtrechtsnachfolge (→ Rn. 7 bis 15) erwirbt. Von der mittelbaren Zuwendung (→ § 129 Rn. 68 ff.) unterscheidet sich die Rechtsnachfolge dadurch, dass bei jener die Leistung im Wege einer als Einheit zusammengefassten Handlung unter Einschaltung einer Zwischenperson direkt an den letzten Empfänger gelangt, während sie diesen bei der Rechtsnachfolge im Wege einer Leistungskette erst über einen – anfechtungsrechtlich selbständig zu beurteilenden – „Rechtsvorgänger" durch eine weitere Rechtshandlung erreicht.[50] Unerheblich ist, ob der Erwerb vor oder nach Insolvenzeröffnung stattfand,[51] und ebenso, ob er auf rechtsgeschäftlicher Verfügung, hoheitlicher Anordnung (→ Rn. 24) oder unmittelbar auf Gesetz – zB §§ 268 Abs. 3, 426 Abs. 2, 1143, 1164, 1225 BGB – beruht.[52]

18 Ein **rechtsunwirksamer** Erwerb würde zwar den Anfechtenden nicht hindern, auf allgemeine Anspruchsgrundlagen gegen den vermeintlichen Erwerber zurückzugreifen. Dennoch bleibt regelmäßig ein Rechtsschein zugunsten des „Erwerbers" oder dessen Besitz; ihn zu beseitigen hilft § 145 ebenfalls.[53] Rechtsnachfolge kann deshalb durch ein Scheingeschäft iSv § 117 Abs. 1 BGB begründet werden.[54] Erst recht kann Rechtsnachfolger sein, wer vom Nichtberechtigten nach § 892 oder §§ 932 ff. BGB wirksam erwirbt.[55] Rechtsnachfolger iSv § 145 Abs. 2 kann ferner der Schuldner selbst sein,[56] doch bedarf es ihm gegenüber durchweg nicht der Anfechtung, seitdem nach § 35 Abs. 1 auch Neuerwerb in die Insolvenzmasse fällt (→ Rn. 10). Auf Erben des Einzelrechsnachfolgers iSv § 145 Abs. 2 findet wiederum § 145 Abs. 1 Anwendung.[57]

19 Vorausgesetzt wird ein **abgeleiteter** Erwerb des anfechtbar übertragenen Gegenstands als Ganzes oder von Teilrechten daran. Ein solcher liegt **nicht** vor beim Erwerb bloßer Geldsummen,[58] oder wenn der anfechtbar weggegebene Gegenstand beim „Vorgänger" untergeht, ohne dass ein Rechtsübergang auf eine andere Person stattgefunden hat, also zB durch Erfüllung oder Erlass.[59] Sogar wenn hierdurch eine Wertersatzschuld des „Vorgängers" ausgelöst wird, gibt es keine Rechtsnachfolge in diese (→ Rn. 3). Bei der Weitergabe von Geld ist Rechtsnachfolge lediglich anzunehmen, wenn die anfechtbar übertragenen Geldscheine oder -stücke körperlich – also nicht nur ihrem

---

48 Vgl. zum österreichischen Recht *König,* Die Anfechtung nach der IO, 5. Aufl. (2014) Rn. 4/11.

49 BKInsO/*Haas* § 145 Rn. 6; HambKommInsO/*Rogge/Leptien* § 145 Rn. 2; *Kayser,* FS Ganter (2010), S. 221, 226 f.

50 BGH NJW 2002, 1342, 1343; RG WarnR 1908 Nr. 346; Uhlenbruck/*Hirte/Borries* § 145 Rn. 22; vgl. *Schillig* MittBayNot 2002, 347, 348.

51 RGZ 34, 59, 62; Uhlenbruck/*Hirte/Borries* § 145 Rn. 18c; HambKommInsO/*Rogge/Leptien* § 145 Rn. 9; *Bartels* S. 329.

52 HKInsO/*Thole* § 145 Rn. 5 aE; Nerlich/Römermann/*Nerlich* § 145 Rn. 10; Uhlenbruck/*Hirte/Borries* § 145 Rn. 18c; Jaeger/*Henckel* § 145 Rn. 36 ff.; Gottwald/*Huber,* InsO-HdB § 51 Rn. 63; vgl. RGZ 80, 1, 4 zu Zinserträgen aufgrund ehegüterrechtlichen Nutzungsrechts.

53 Vgl. RG JW 1914, 304, 305 zu § 11 AnfG aF; Jaeger/*Henckel* § 145 Rn. 34; iE auch KPB/*Brinkmann* § 145 Rn. 8, 20.

54 HKInsO/*Thole* § 145 Rn. 5; Uhlenbruck/*Hirte/Borries* § 145 Rn. 20; HambKommInsO/*Rogge/Leptien* § 145 Rn. 11; KKInsO/*Mohr* § 145 Rn. 25; BeckOK InsO/*Schoon*[12] § 145 Rn. 12.1; AGR/*Gehrlein* § 145 Rn. 6; vgl. RG JW 1914, 304, 305 (AnfG).

55 FKInsO/*Dauernheim* § 145 Rn. 12; Nerlich/Römermann/*Nerlich* § 145 Rn. 13; BKInsO/*Haas* § 145 Rn. 13; Uhlenbruck/*Hirte/Borries* § 145 Rn. 20; KKInsO/*Mohr* § 145 Rn. 25; BeckOK InsO/*Schoon*[12] § 145 Rn. 12.1; AGR/*Gehrlein* § 145 Rn. 6; aus rein haftungsrechtlichen Erwägungen enger Jaeger/*Henckel* § 145 Rn. 33.

56 HKInsO/*Thole* § 145 Rn. 7; vgl. BGH NJW-RR 1986, 991, 993 f.; zu § 11 Abs. 2 AnfG aF auch BGHZ 130, 314, 317 = NJW 1995, 2846 f.; RGZ 25, 409, 412.

57 Jaeger/*Henckel* § 145 Rn. 64.

58 Vgl. BGH NJW 2008, 3780 Rn. 11.

59 BGHZ 100, 36, 40 ff. = NJW 1987, 1703, 1704 f.; RGZ 61, 150, 152; FKInsO/*Dauernheim* § 145 Rn. 14; Uhlenbruck/*Hirte/Borries* § 145 Rn. 21; *M. Zeuner,* Anfechtung Rn. 414; *Gerhardt* JR 1987, 415, 416; Gottwald/*Huber,* InsO-HdB § 51 Rn. 64; vgl. RG SeuffA 45 (1890), Nr. 154; HKInsO/*Thole* § 145 Rn. 7; *Hess* InsO § 145 Rn. 11; aA *Marotzke* KTS 1987, 569, 577 ff.

Wert nach – weitergegeben werden,[60] also nicht bei Einzahlung auf ein debitorisches Konto bei einer Bank.[61] Eine Einzelrechtsnachfolge tritt allerdings ein, wenn der Empfänger eines anfechtbar begebenen Schecks diesen über das Konto einer anderen Person zu deren Gunsten einziehen lässt.[62] Rechtsnachfolger kann ferner sein, wer aufgrund eines (insbesondere nach § 132) anfechtbaren gegenseitigen Vertrages mit dem Schuldner von diesem einen Gegenstand iSv Rn. 17 erlangt. Auch dieser ist auf der Grundlage des § 143 Abs. 1 Satz 1 zurückzugewähren (→ § 143 Rn. 46 ff., 78 f.); der Umstand, dass nicht zugleich der dingliche Erwerb als solcher anfechtbar sein mag, ist unerheblich.[63]

Rechtsnachfolger iSv § 145 Abs. 2 ist **nicht,** wer einen Gegenstand **selbst originär erwirbt,**[64] zB durch Fund, Ersitzung, Aneignung, Verbindung,[65] Vermischung, Verarbeitung, Erwerb durch Zuschlag in der Zwangsvollstreckung[66] oder nach einer Enteignung. Rechtsnachfolger ist ferner nicht der Empfänger einer mittelbaren Zuwendung; er gilt vielmehr anfechtungsrechtlich selbst als Ersterwerber, dem gegenüber die §§ 130 bis 136 direkt anzuwenden sind (→ Rn. 15, § 129 Rn. 68 aE). Insolvenzverwalter erlangen nur die Verfügungsbefugnis über das Schuldnervermögen; sie werden dadurch nicht persönlich zu Rechtsnachfolgern des Schuldners (→ ergänzend Rn. 15). 20

a) Vollübertragung. Rechtsnachfolge liegt insbesondere regelmäßig vor, wenn der anfechtbar weggegebene Gegenstand in derselben Gestalt und mit demselben Inhalt auf einen anderen übergeht.[67] Sie ist zB bei der Abtretung eines anfechtbar begründeten oder erworbenen Rechts[68] oder der Übertragung einer Gesellschafter-Sicherheit iSv § 135 Abs. 1 Nr. 1 gegeben.[69] Rechtsnachfolger ist auch der Indossatar als Nachmann des Wechselindossanten[70] oder eines Scheckinhabers,[71] ferner ein Treuhänder, dem der Anfechtungsgegner das von ihm anfechtbar Erlangte rechtlich voll überträgt,[72] sowie der Bürge, der den Gläubiger befriedigt und auf den deshalb nach § 774 Abs. 1 BGB die Forderung gegen den Hauptschuldner übergeht.[73] Für den Rechtsübergang von Arbeitsentgeltansprüchen auf die Bundesagentur für Arbeit regelt § 169 Satz 3 SGB III die Anfechtbarkeit selbständig; ein Vertrauensschutz nach § 145 Abs. 2 scheidet für die Bundesagentur daher aus.[74] Eine juristische Person ist zB Rechtsnachfolgerin, wenn der ursprüngliche Empfänger des anfechtbar weggegebenen Gegenstands diesen in sie als Einlage einbringt.[75] Beruht der Erwerb einer Forderung 21

[60] BGH NJW NJW 2008, 3780 Rn. 11; NZI 2009, 381 Rn. 12; BGHZ 216, 260 Rn. 12 = NJW 2018, 706; HKInsO/*Thole* § 145 Rn. 5; Uhlenbruck/*Hirte/Borries* § 145 Rn. 21; HambKommInsO/*Rogge/Leptien* § 145 Rn. 10; BKInsO/*Haas* § 145 Rn. 12; zu § 11 Abs. 2 AnfG aF vgl. BGHZ 78, 318, 330 = NJW 1981, 522, 525; BGHZ 100, 36, 41 = NJW 1987, 1703, 1705; RG SeuffA 45 (1890) Nr. 154; aA für Geldschenkungen *Baumert* ZIP 2010, 212, 214.

[61] OLG Rostock ZIP 2007, 1073.

[62] BGH NJW 2002, 1342, 1343; HKInsO/*Thole* § 145 Rn. 6.

[63] AA KPB/*Brinkmann* § 145 Rn. 26, der allein §§ 812 ff. BGB anwenden will.

[64] FKInsO/*Dauernheim* § 145 Rn. 10; KPB/*Brinkmann* § 145 Rn. 23; Nerlich/Römermann/*Nerlich* § 145 Rn. 14; K. Schmidt/*Büteröwe* § 145 Rn. 9; RSZ/*Zeuner* § 145 Rn. 6; BKInsO/*Haas* § 145 Rn. 14; KKInsO/*Mohr* § 145 Rn. 29; Jaeger/*Henckel* § 145 Rn. 43; Uhlenbruck/*Hirte/Borries* § 145 Rn. 18c; AGR/*Gehrlein* § 145 Rn. 8; Gottwald/*Huber,* InsO-HdB § 51 Rn. 64.

[65] Vgl. *Bartels* S. 330.

[66] KKInsO/*Mohr* § 145 Rn. 29.

[67] FKInsO/*Dauernheim* § 145 Rn. 9; BKInsO/*Haas* § 145 Rn. 12; RSZ/*Zeuner* § 145 Rn. 6; Jaeger/*Henckel* § 145 Rn. 28; Uhlenbruck/*Hirte/Borries* § 145 Rn. 18; vgl. BGHZ 100, 36, 39 f. = NJW 1987, 1703, 1704 zum AnfG aF.

[68] RGZ 32, 22, 24 f.; 34, 59, 61; KPB/*Brinkmann* § 145 Rn. 27; Nerlich/Römermann/*Nerlich* § 145 Rn. 10; Uhlenbruck/*Hirte/Borries* § 145 Rn. 18a; vgl. BGH WM 1969, 98, 100; NJW-RR 1998, 1057, 1061; RG LZ 1908, 786, 787; Jaeger/*Henckel* § 145 Rn. 45; zu § 11 Abs. 2 AnfG aF auch BGH NJW 1992, 830, 831 f. (insoweit nicht in BGHZ 116, 222); RGZ 154, 378, 382.

[69] Uhlenbruck/*Hirte/Borries* § 145 Rn. 20; zu § 11 Abs. 2 AnfG aF KG GmbHR 1998, 938, 940 f.

[70] FKInsO/*Dauernheim* 145 Rn. 11; Nerlich/Römermann/*Nerlich* § 145 Rn. 12; Jaeger/*Henckel* § 137 Rn. 14 aE; Uhlenbruck/*Hirte/Borries* § 145 Rn. 20; zur Übertragung eines Hypothekenbriefs vgl. RG JW 1914, 304, 305.

[71] BGH NJW 2002, 1342, 1343; KPB/*Brinkmann* § 145 Rn. 21 Fn. 43.

[72] RG WarnR 1929 Nr. 189; zu einer Sicherungsübereignung vgl. RGZ 145, 188, 194.

[73] FKInsO/*Dauernheim* § 145 Rn. 11; Nerlich/Römermann/*Nerlich* § 145 Rn. 11; vgl. RGZ 39, 12, 14; Jaeger/*Henckel* § 145 Rn. 37. Dagegen liegt keine Rechtsnachfolge vor, wenn der Schuldner selbst die verbürgte Hauptschuld durch Leistung an den Gläubiger (unanfechtbar) zum Erlöschen bringt und hierdurch mittelbar zugleich den Bürgen befreit (→ § 143 Rn. 14); vgl. BGH NJW 1974, 57, Nr. 22; Uhlenbruck/*Hirte/Borries* § 145 Rn. 20; KPB/*Brinkmann* § 145 Rn. 24.

[74] BAGE 147, 172 Rn. 13 = NZI 2014, 372; Uhlenbruck/*Borries/Hirte* § 129 Rn. 81 f., § 145 Rn. 2; Brand/*Kühl*, SGB III, 8. Aufl. 2018, § 169 Rn. 8; *Gagel/Peters-Lange,* SGB III, Stand: 66. EL Juni 2017, § 169 Rn. 31.

[75] Dazu Uhlenbruck/*Hirte/Borries* § 145 Rn. 21; abgrenzend vgl. RGZ 74, 16, 18.

unmittelbar auf zwei verschiedenen Rechtsgeschäften, von denen das eine mit einem früheren Forderungsinhaber, das spätere mit dem Schuldner selbst geschlossen wurde, so ist vorrangig der unmittelbare Erwerb vom Schuldner selbst für die Anfechtung maßgebend.[76]

22 Dagegen liegt **keine Rechtsnachfolge** in diesem Sinne vor, wenn schon der ursprüngliche Leistungsempfänger den anfechtbar erworbenen Gegenstand veräußert oder einzieht und nur den Erlös an einen Dritten aushändigt (→ Rn. 3). In Anweisungsfällen ist der Leistungsempfänger nicht Rechtsnachfolger des Angewiesenen in der Insolvenz des Leistenden (Anweisenden).[77] Das gilt auch, wenn der spätere Schuldner seine Verbindlichkeit weisungsgemäß durch Zahlung auf ein Bankkonto des Anweisenden erfüllt und damit zugleich dessen Verbindlichkeit gegenüber der Bank tilgt; die Bank ist nicht Rechtsnachfolgerin des Anweisenden.[78] Ferner ist der **Drittschuldner** einer anfechtbar abgetretenen Forderung, der diese durch die geschuldete Leistung zum Erlöschen (→ Rn. 20) bringt, nicht Rechtsnachfolger des Zessionars. Lässt ein Gesellschafter eine Leistung iSv § 135 Abs. 1 Nr. 2 von der Gesellschaft nicht an sich, sondern unmittelbar an einen (ihm nahestehenden) Dritten erbringen, so ist dieser selbst (Erst-)Empfänger einer mittelbaren Zuwendung (→ Rn. 17).[79] Die notwendige (vgl. § 6 Abs. 1 ErbbauRG) Zustimmung des Grundstückseigentümers zur Übertragung eines Erbbaurechts bedeutet keinen Zwischenerwerb seinerseits, ändert also nichts an einer unmittelbaren Zuwendung des Veräußerers an den Erwerber.[80] Der Rang eines im Grundbuch eingetragenen Rechts ist dessen Inhalt oder Eigenschaft[81] und erlischt mit diesem;[82] ein Aufrücken nachrangig eingetragener Rechte erfolgt dann unmittelbar zulasten des Eigentümers.[83]

23 **b) Teilübertragung.** Rechtsnachfolge kann vorliegen, wenn aus dem anfechtbar erworbenen Gegenstand selbst ein neues Recht geschaffen oder abgespalten wird (Teilübertragung).[84] Dies ist insbesondere anzunehmen, wenn ein anfechtbar übertragener Gegenstand verpfändet[85] oder mit einer Dienstbarkeit belastet[86] oder wenn einem nachrangigen Grundpfandrecht der Vorrang eingeräumt wird.[87] Auch die Übertragung eines neu aufgeteilten Wohnungseigentums kann als Rechtsnachfolge in die Rangstelle verstanden werden.[88] Ferner liegt eine Rechtsnachfolge vor, soweit der Nießbraucher eine Mietforderung abtritt.[89] Eine vereinbarte Rangänderung (§ 880 BGB) zulasten des Rechtsvorgängers kann als Rechtsnachfolge in die Rangstelle wirken.[90] Hatte der Schuldner auf seinen Anteil aus einem Gesamthandsvermögen verzichtet und haben die übrigen Gesamthänder diesen Anteil unter sich aufgeteilt, sind sie insoweit Rechtsnachfolger des Schuldners.[91]

24 **c) Zwangsvollstreckung.** Zwangsvollstreckungsmaßnahmen gegen den ersten Empfänger des vom Schuldner anfechtbar weggegebenen Gegenstands kann der Insolvenzverwalter zwar nach § 771 ZPO abwehren (→ § 143 Rn. 36). Im vorliegenden Zusammenhang geht es hingegen um Vollstreckungsmaßnahmen von Gläubigern des **Rechtsnachfolgers** in den diesem weiter übertragenen

---

76 RGZ 77, 49, 51; Uhlenbruck/*Hirte/Borries* § 145 Rn. 19.

77 BGH NZI 2009, 384 Rn. 2; NZI 2010, 320 Rn. 2; Uhlenbruck/*Hirte/Borries* § 145 Rn. 22; KPB/*Brinkmann* § 145 Rn. 25, Anh. I zu § 145 Rn. 61 ff.; *Berges* KTS 1961, 65, 68; *Burchard* S. 119 ff.; vgl. *Kayser,* FS Ganter (2010), S. 221, 223 ff. und 231.

78 OLG Rostock ZIP 2007, 1073, 1074.

79 Dagegen nimmt *K. Schmidt* ZIP 2010 Beilage 39, S. 15, 23, eine Rechtsnachfolge an.

80 Vgl. BGH NJW 1966, 730, 731.

81 Vgl. RG JW 1933, 605, 606; Staudinger/*Kutter* § 879 Rn. 3.

82 Vgl. MüKoBGB/*Kohler* § 879 Rn. 2; RGRK/*Augustin* § 879 Rn. 3.

83 Vgl. KPB/*Brinkmann* § 145 Rn. 23.

84 RGZ 15, 368, 371; HKInsO/*Thole* § 145 Rn. 5; FKInsO/*Dauernheim* § 145 Rn. 9; KPB/*Brinkmann* § 145 Rn. 21; Jaeger/*Henckel* § 145 Rn. 31; K. Schmidt/*Büteröwe* § 145 Rn. 10; *M. Zeuner,* Anfechtung Rn. 419; vgl. BGHZ 29, 230, 233 f. = NJW 1959, 673, 674; BGH NJW 2002, 1342, 1343.

85 RGZ 9, 84, 87 f.; RG LZ 1911, 949 Nr. 13; *Wilhelm/Wilhelm* ZIP 1999, 267, 273; vgl. OLG Stettin OLGRspr. 4 (1902), 177.

86 RGZ 25, 409, 412; RG JW 1897, 346 f.; LZ 1911, 949 f.; OLG Stettin OLGRspr. 4 (1902), 177; OLG Hamm InVo 2001, 337, 338; HKInsO/*Thole* § 145 Rn. 5; HambKommInsO/*Rogge/Leptien* § 145 Rn. 12; *M. Zeuner,* Anfechtung Rn. 413; vgl. BGH NZI 2007, 457 Rn. 33; zu § 11 Abs. 2 AnfG aF auch BGHZ 130, 314, 317 = NJW 1995, 2846 f.; OLG Dresden LZ 1910, 413, 414.

87 HKInsO/*Thole* § 145 Rn. 5; Nerlich/Römermann/*Nerlich* § 145 Rn. 10; Uhlenbruck/*Hirte/Borries* § 145 Rn. 18a; zu § 11 Abs. 2 AnfG aF auch BGHZ 29, 230, 233 f. = NJW 1959, 673, 674.

88 Vgl. *Schillig* MittBayNot 2002, 347, 348.

89 FKInsO/*Dauernheim* § 145 Rn. 11; Uhlenbruck/*Hirte/Borries* § 145 Rn. 20; KPB/*Brinkmann* § 145 Rn. 22; vgl. RGZ 88, 216 ff.

90 BGHZ 29, 230, 233 f. = NJW 1959, 673 f.; wohl auch KPB/*Brinkmann* § 145 Rn. 23 aE.

91 OLG Stettin JW 1934, 921 f. betr. eine fortgesetzte Gütergemeinschaft.

Gegenstand. Die Rechtsbeständigkeit derartiger Gläubigerrechte ist an § 145 Abs. 2 zu messen.[92] Der Erwerb eines Pfandrechts am anfechtbar weggegebenen Gegenstand in Folge einer Zwangsvollstreckung kann die Rechtsnachfolge begründen.[93] Der Umstand, dass dieser Erwerb auf hoheitlicher Anordnung beruht, steht nicht entgegen (→ Rn. 17). Aufgrund dessen kann die Anfechtbarkeit gegen den ursprünglichen Empfänger der anfechtbaren Leistung gegenüber dessen pfändenden Gläubigern wie eine Drittwiderspruchsklage (§ 771 ZPO) wirken (→ Rn. 15, 33; § 143 Rn. 36).[94] Ausgenommen ist allerdings die Zwangsvollstreckung von Einzelgläubigern des späteren Schuldners nach dem AnfG bei Dritten; diese gilt nach der Sonderregel des § 16 Abs. 2 AnfG als Rechtshandlung unmittelbar gegen den Schuldner selbst.[95]

d) Besitz. Rechtsnachfolger ist ferner der Besitzer, dem eine anfechtbar weggegebene Sache aufgrund eines bloß schuldrechtlichen Vertrages übergeben wurde,[96] also insbesondere der Mieter oder Verwaltungstreuhänder, aber auch ein Sicherungsnehmer. 25

e) Vermächtnisnehmer. Unerheblich ist, ob die Einzelrechtsnachfolge auf einem Erwerb unter Lebenden oder von Todes wegen beruht. Dementsprechend ist der Vermächtnisnehmer regelmäßig Einzelrechtsnachfolger des Erben.[97] Denn dieser hat zuvor den vermachten Gegenstand kraft Erbfolge zu seinem Vollrecht erworben (§ 145 Abs. 1) und überträgt ihn lediglich aufgrund schuldrechtlicher Verpflichtung weiter (§ 145 Abs. 2); die dinglich wirkende Übertragung wird deshalb nicht unmittelbar schon vom Erblasser selbst verfügt. Handelt es sich um ein Verschaffungsvermächtnis iSv §§ 2169 ff. BGB, das vom Erben aus anderen Mitteln als dem Nachlass zu erfüllen ist, folgt der Vermächtnisnehmer ausschließlich dem Erben nach, ohne zugleich weiterer Rechtsnachfolger des Erblassers zu sein.[98] 26

2. Allgemeine Anfechtungsvoraussetzungen gegenüber jedem Einzelrechtsnachfolger. Der Erwerb des Rechtsvorgängers muss anfechtbar sein (→ Rn. 5, 6). Die Weiterübertragung des anfechtbar Erlangten auf den Nachfolger muss die Insolvenzgläubiger iSv § 129 Abs. 1 auch wenigstens mittelbar benachteiligen;[99] davon ist jedoch regelmäßig auszugehen, wenn der durch die Rechtshandlung des Schuldners zuerst eingetretene benachteiligende Zustand durch die Rechtsnachfolge wenigstens ganz oder teilweise aufrechterhalten wird.[100] Zusätzlich erfordert die Anfechtung gegenüber einem Einzelrechtsnachfolger das Vorliegen eines von drei besonderen Umständen (→ Rn. 28 bis 34) in seiner Person: Wer anfechtbar Erlangtes redlich und entgeltlich erwirbt, haftet nicht nach § 145 Abs. 2. Ob sich seine Rechtsstellung gegenüber der Insolvenzmasse infolge Gutgläubigkeit sogar verstärkt, entscheidet grundsätzlich das materielle Recht. Wer zB vom Sicherungseigentümer einer beim Schuldner verbliebenen Sache das Eigentum in der Vorstellung erwirbt, es handele sich um Volleigentum, erlangt nach dem Grundsatz von § 936 Abs. 3 BGB dennoch nur ein Absonderungsrecht.[101] 27

3. Kenntnis (§ 145 Abs. 2 Nr. 1 und 2). a) Regelfall (§ 145 Abs. 2 Nr. 1). Der für die Anfechtbarkeit gegenüber dem Rechtsnachfolger nach § 145 Abs. 2 Nr. 1 und 2 maßgebliche Umstand ist jeweils dieselbe Kenntnis, die lediglich unter den besonderen Voraussetzungen von 28

---

92 AGR/*Gehrlein* § 145 Rn. 6. Dies berücksichtigt KPB/*Brinkmann* § 145 Rn. 21 nicht.

93 RGZ 15, 368, 371 f.; FKInsO/*Dauernheim* § 145 Rn. 13; KPB/*Brinkmann* § 145 Rn. 21; *K. Schmidt* JZ 1987, 889, 892; Jaeger/*Henckel* § 143 Rn. 87, § 145 Rn. 31; K. Schmidt/*Büteröwe* § 145 Rn. 10; Uhlenbruck/*Hirte/Borries* § 145 Rn. 20; vgl. BGH WM 1976, 622, 624; OLG Karlsruhe ZIP 1980, 260, 261 ff. Dazu, dass auch der Abtretungsempfänger des durch Pfändungspfandrecht gesicherten Anspruchs Rechtsnachfolger ist, vgl. OLG Kiel OLGRspr. 19 (1909), 208 f.; abgrenzend RG JW 1919, 730 f.

94 Vgl. BGH NJW 1959, 1223, 1226.

95 Uhlenbruck/*Hirte/Borries* § 145 Rn. 21; HambKommInsO/*Rogge/Leptien* § 145 Rn. 13; KPB/*Brinkmann* § 145 Rn. 21a; vgl. BGHZ 29, 230, 234 = NJW 1959, 673, 674; *Mauer,* Anfechtungsprozess Rn. 252.

96 OLG Celle OLGRspr. 35 (1917), 270, 271 Fn. 1; FKInsO/*Dauernheim* § 145 Rn. 9; Nerlich/Römermann/*Nerlich* § 145 Rn. 12; Jaeger/*Henckel* § 145 Rn. 32; Uhlenbruck/*Hirte/Borries* § 145 Rn. 20; K. Schmidt/*Büteröwe* § 145 Rn. 10; AGR/*Gehrlein* § 145 Rn. 8.

97 HambKommInsO/*Rogge* § 145 Rn. 9 aE; Jaeger/*Henckel* § 145 Rn. 35; FKInsO/*Dauernheim* § 145 Rn. 11; Nerlich/Römermann/*Nerlich* § 145 Rn. 12; Uhlenbruck/*Hirte/Borries* § 145 Rn. 20; BKInsO/*Haas* § 145 Rn. 9; KPB/*Brinkmann* § 145 Rn. 20.

98 Jaeger/*Henckel* § 145 Rn. 35 aE.

99 Vgl. Jaeger/*Henckel* § 145 Rn. 50; Gottwald/*Huber,* InsO-HdB § 51 Rn. 67; Uhlenbruck/*Hirte/Borries* § 145 Rn. 23.

100 BGHZ 130, 314, 320 = NJW 1995, 2846, 2847 zu § 11 Abs. 2 AnfG aF; vgl. BGH NJW 2002, 1342, 1343; HKInsO/*Thole* § 145 Rn. 9 aE; HambKommInsO/*Rogge* § 145 Rn. 15. Eine Ausnahme kann zB eintreten, wenn die ursprüngliche Gläubigerbenachteiligung bis zur Weiterübertragung entfällt: vgl. Jaeger/*Henckel* § 145 Rn. 50; *Schillig* MittBayNot 2002, 347, 349.

101 *Wiringer-Seiler,* Das Anfechtungsrecht im Konkurs (1988), S. 134.

§ 145 Abs. 2 Nr. 2 widerlegbar vermutet wird (→ Rn. 31). Die Kenntnis muss sich auf diejenigen Umstände beziehen, die die Anfechtbarkeit des Erwerbs des Rechtsvorgängers begründen.[102] Erforderlich ist also die **positive Kenntnis** der **Tatsachen,** nicht auch der sich daraus ergebenden Rechtsfolge der Anfechtbarkeit.[103] Tatsachen in diesem Sinne sind insbesondere die zur Anfechtbarkeit nötige innere Einstellung der Beteiligten, zB die Kenntnis bestimmter Umstände oder ein Benachteiligungsvorsatz.[104] Nur soweit die Anfechtbarkeit gegen den Vorgänger nicht von subjektiven Voraussetzungen abhängt – wie nach § 131 Abs. 1 Nr. 1 und 2, §§ 134 bis 136 –, genügt es, dass der Rechtsnachfolger die objektiven Umstände kennt, die die Anfechtbarkeit des Erwerbs des Vorgängers begründen.[105]

29 Der Erwerb, auf den sich die Kenntnis beziehen muss, ist ausschließlich derjenige des letzten Vorgängers, von dem der Rechtsnachfolger sein Recht unmittelbar ableitet. Beruht der Vorerwerb des Vorgängers aber selbst wieder auf § 145 Abs. 2 Nr. 1 oder 2, muss der Nachfolger nicht nur die Kenntnis des Vorgängers kennen;[106] zusätzlich muss sich die Kenntnis auf die zur Anfechtbarkeit führenden Umstände des vorangegangenen, hin zum Vorgänger führenden Erwerbs beziehen.[107] Ist andererseits die Anfechtbarkeit gegen den Vorgänger aufgrund von § 145 Abs. 2 Nr. 3 begründet, genügt die Kenntnis der Unentgeltlichkeit dieses Erwerbs.[108] Für diesen Fall hatte Leitsatz 5.14 Abs. 2 Nr. 1, 2. Halbs. des Ersten Kommissionsberichts[109] aus dogmatischen Erwägungen[110] vorgeschlagen, die Anfechtung gegenüber dem Nachfolger an eine weitere Voraussetzung zu knüpfen; sie sollte nur zulässig sein, wenn dieser Nachfolger zusätzlich die Zahlungsunfähigkeit des Schuldners oder den gegen ihn gerichteten Eröffnungsantrag kannte. Der Gesetzgeber ist dem aber nicht gefolgt,[111] so dass sich der Nachfolger im Falle einer erfolgreichen Anfechtung gegen ihn – wie nach § 12 AnfG allgemein – nur an seinen unmittelbaren Vorgänger halten kann.[112] Die Voraussetzungen eines Bargeschäfts (§ 142 Abs. 1) sind nicht zu begründen,[113] weil der Insolvenzmasse keinerlei Gegenleistung zugeflossen ist. Allerdings muss zugunsten des Nachfolgers § 143 Abs. 2 entsprechend angewandt werden.[114]

30 Maßgebender **Zeitpunkt,** in dem die Kenntnis des Rechtsnachfolgers vorliegen muss, ist derjenige der Vollendung (§ 140) seines eigenen Erwerbs.[115] Wird bei einem gegenüber dem Rechtsvorgänger in Frage kommenden Anfechtungstatbestand eine Anfechtungsvoraussetzung gesetzlich vermutet – zB nach § 130 Abs. 3, § 131 Abs. 2 Satz 2, § 132 Abs. 3, § 133 Abs. 4 –, gilt diese **Vermutung** auch im Rahmen des § 145 Abs. 2 Nr. 1 und 2.[116] Ferner genügt zB für die Anfechtbarkeit das Bewusstsein des Rechtsnachfolgers, dass sein Vorgänger Umstände kannte, die zwingend auf die Zahlungsunfähigkeit schließen lassen.[117]

31 **b) Nahestehende Personen (Nr. 2).** Nach § 144 Abs. 2 Nr. 2 wird die maßgebliche Kenntnis (→ Rn. 28 bis 30) des Rechtsnachfolgers widerlegbar vermutet, wenn der Rechtsnachfolger dem

---

102 RG WarnR 1910 Nr. 396 zu § 11 AnfG aF.

103 KG GmbHR 1998, 938, 940 f. (zum AnfG); HKInsO/*Thole* § 145 Rn. 10; FKInsO/*Dauernheim* § 145 Rn. 16; KPB/*Brinkmann* § 145 Rn. 30; K. Schmidt/*Büteröwe* § 145 Rn. 12; KKInsO/*Mohr* § 145 Rn. 36; RSZ/*Zeuner* § 145 Rn. 7; *Hess* InsO § 145 Rn. 30; Uhlenbruck/*Hirte/Borries* § 145 Rn. 27; Jaeger/*Henckel* § 145 Rn. 60; BKInsO/*Haas* § 145 Rn. 17; BeckOK InsO/*Schoon*[12] § 145 Rn. 15.

104 Vgl. BGH NJW 1992, 831, 833; HambKommInsO/*Rogge/Leptien* § 145 Rn. 16.

105 RSZ/*Zeuner* § 145 Rn. 7.

106 Vgl. Uhlenbruck/*Hirte/Borries* § 145 Rn. 34; BeckOK InsO/*Schoon*[12] § 145 Rn. 16.1.

107 RGZ 154, 378, 382; KPB/*Brinkmann* § 145 Rn. 31.

108 Uhlenbruck/*Hirte/Borries* § 145 Rn. 28; HambKommInsO/*Rogge/Leptien* § 145 Rn. 17; HKInsO/*Thole* § 145 Rn. 10; K. Schmidt/*Büteröwe* § 145 Rn. 12.

109 Vgl. dazu 1. KommBer. S. 430 f.

110 Vgl. *Gerhardt,* FS Leipold (2009), S. 377, 388.

111 § 154 DiskE; § 154 RefE; § 164 RegE.

112 Jaeger/*Henckel* § 145 Rn. 59; KPB/*Brinkmann* § 145 Rn. 30; *Bartels* S. 332 f.; aA *Gerhardt,* FS H.-P. Kirchhof (2003), S. 121, 127, der zusätzlich eine Kenntnis der Gläubigerbenachteiligung voraussetzt.

113 Braun/*Riggert* § 145 Rn. 19; HambKommInsO/*Rogge/Leptien* § 145 Rn. 24; BKInsO/*Haas* § 145 Rn. 17; *Gerhardt,* FS H.-P. Kirchhof (2003), S. 121, 124 f.; *Schillig* MittBayNot 2002, 347, 349 f.; aA Gottwald/*Huber,* InsO-HdB § 51 Rn. 69.

114 Vgl. HKInsO/*Thole* § 145 Rn. 10; *Gerhardt,* FS H.-P. Kirchhof (2003), S. 121, 125 f.

115 RGZ 74, 181, 182; 103, 113, 118; Jaeger/*Henckel* § 145 Rn. 60; FKInsO/*Dauernheim* § 145 Rn. 16; RSZ/*Zeuner* § 145 Rn. 7 aE; KKInsO/*Mohr* § 145 Rn. 37; *Hess* InsO § 145 Rn. 23; Uhlenbruck/*Hirte/Borries* § 145 Rn. 27, 32; BKInsO/*Haas* § 145 Rn. 17 aE; KPB/*Brinkmann* § 145 Rn. 32; vgl. BGH NJW 2006, 1800, 1802.

116 HambKommInsO/*Rogge/Leptien* § 145 Rn. 17; vgl. BGH WM 1969, 98, 100 f.; Jaeger/*Henckel* § 145 Rn. 58; Uhlenbruck/*Hirte/Borries* § 145 Rn. 30; *Mauer,* Anfechtungsprozess Rn. 257.

117 Jaeger/*Henckel* § 145 Rn. 58; RSZ/*Zeuner* § 145 Rn. 11; Nerlich/Römermann/*Nerlich* § 145 Rn. 18.

Schuldner iSv § 138 **nahestand;** denn dann erscheint der Verdacht begründet, dass der Zwischenerwerber nur zur Umgehung von § 133 Abs. 4 eingeschaltet wurde. Die Zwei-Jahres-Grenze in § 133 Abs. 4 Satz 2 gilt dabei nicht.[118] Maßgeblich auch für das Näheverhältnis zum Schuldner ist der Zeitpunkt des Erwerbs des Anfechtungsgegners (→ Rn. 30); es muss also nicht schon bei der Vornahme der das Schuldnervermögen verkürzenden Rechtshandlung bestanden haben. Im Hinblick auf § 138 Abs. 1 Nr. 1 genügt bei späteren Ehegatten, dass die Ehe bis zur letzten mündlichen Verhandlung in den Tatsacheninstanzen geschlossen wird. Unerheblich ist demgegenüber die Beziehung des Rechtsnachfolgers zu möglichen früheren (Zwischen-)Erwerbern des anfechtbar weggegebenen Gegenstands,[119] zB zu seinem unmittelbaren Vorgänger.

4. Unentgeltlicher Erwerb (Nr. 3). § 145 Abs. 2 Nr. 3 lässt es für die Anfechtbarkeit gegen den Rechtsnachfolger aus Billigkeitsgründen ausreichen, dass ihm der anfechtbar weggegebene Gegenstand (→ Rn. 3) unentgeltlich zugewendet wurde. Der Begriff der **Unentgeltlichkeit** ist derselbe wie in § 134 (→ § 134 Rn. 17 bis 42). Sie muss sich – auch bei mehreren Zwischenpersonen – allein auf den Erwerb des Anfechtungsgegners von seinem letzten Vorgänger beziehen; bereits dann wird dieser Erwerb in der Insolvenz weniger geschützt. Der Erwerb jedes Rechtsvorgängers muss wiederum anfechtbar sein (→ Rn. 5, 6). Dagegen ist der Grund dieser Anfechtbarkeit im Einzelnen unerheblich;[120] auch § 322 kommt in Betracht. Der Empfänger braucht die Anfechtbarkeit des Vorerwerbs nicht gekannt zu haben.[121] Die Vorschrift verwendet nicht den in § 134 Abs. 1 gebrauchten Begriff einer „Leistung des Schuldners" (→ § 134 Rn. 11). Stattdessen setzt die aus § 40 Abs. 2 Nr. 3 KO übernommene Formulierung, das Erlangte müsse „zugewendet worden" sein, kein aktives Handeln – insbesondere eines Rechtsvorgängers oder des Schuldners – voraus. § 134 Abs. 1 begrenzt nur die Anfechtbarkeit eines (unentgeltlichen) Ersterwerbs. Dagegen genügt für § 145 Abs. 2 Nr. 3 irgendeine Anfechtbarkeit des Ersterwerbs, verbunden mit der Unentgeltlichkeit des Letzterwerbs. Als solcher reicht daher (irgend-)ein „Erwerb" aus;[122] dieser kann auch auf einem Eingriff des Erwerbers selbst beruhen, insbesondere auf Vollstreckungsmaßnahmen (→ Rn. 24, 33). Jedoch scheidet entsprechend § 134 Abs. 2 die Anfechtbarkeit auch gegen den Rechtsnachfolger bei Erwerb eines gebräuchlichen Gelegenheitsgeschenks von geringem Wert aus.[123] Für ihren Anwendungsbereich enthält die Regelung in § 145 Abs. 2 Nr. 3 eine abschließende Regelung, neben der **§ 822 BGB nicht anwendbar** ist.[124] 32

Unentgeltlich ist insbesondere das Aufrücken eines nachrangig Berechtigten (§ 1179a BGB) aufgrund des anfechtbaren Erlasses eines vorrangigen Rechts (→ § 143 Rn. 70). Dagegen kommt es auf die Frage, ob auch der Erwerb eines Gläubigers unentgeltlich ist, welcher durch Zwangsvollstreckung in den beim Rechtsvorgänger befindlichen, ursprünglich anfechtbar weggegebenen Gegenstand begründet wurde,[125] nicht mehr entscheidend an, nachdem die Aussonderungskraft des Rückgewähranspruchs aus § 143 Abs. 1 Satz 1 anerkannt ist (→ Rn. 15, § 143 Rn. 36). 33

Die Haftung des unentgeltlich erwerbenden Rechtsnachfolgers ist nach § 143 Abs. 2 gemildert;[126] die Abschaffung von § 40 Abs. 3 KO hat daran nichts geändert (→ Rn. 2). Der Rechtsnachfolger hat also die unentgeltlich erlangte Leistung nur zurückzugewähren, soweit er durch sie noch bereichert oder unredlich (→ § 143 Rn. 135 bis 145) ist. Dass auch für den Rechtsvorgänger die Voraussetzungen des § 143 Abs. 2 erfüllt sind, wird nicht vorausgesetzt; andererseits kommt eine dem Vorgänger aus diesem Grunde gewährte Haftungserleichterung nicht dem selbst unredlichen Nachfolger zugute.[127] Dringt die Anfechtung gegen diesen auch aus anderen Gründen – zB nach § 145 Abs. 2 Nr. 1 oder 2 – durch, haftet er nach den allgemeinen Maßstäben (→ § 143 Rn. 135). 34

---

118 Uhlenbruck/*Hirte/Borries* § 145 Rn. 32.

119 RGZ 19, 202, 203 f.; RGZ 103, 113, 116 f.; RG JW 1897, 346 f.; HKInsO/*Thole* § 145 Rn. 11; K. Schmidt/*Büteröwe* § 145 Rn. 13; Uhlenbruck/*Hirte/Borries* § 145 Rn. 32; KKInsO/*Mohr* § 145 Rn. 39; BKInsO/*Haas* § 145 Rn. 19; vgl. KPB/*Brinkmann* § 145 Rn. 33 aE.

120 FKInsO/*Dauernheim* § 145 Rn. 19; HambKommInsO/*Rogge/Leptien* § 145 Rn. 20; vgl. HKInsO/*Thole* § 145 Rn. 12.

121 BKInsO/*Haas* § 145 Rn. 20; K. Schmidt/*Büteröwe* § 145 Rn. 14; KKInsO/*Mohr* § 145 Rn. 40.

122 Vgl. *Kreft* ZInsO 2001, 370, 372; Jaeger/*Henckel* § 145 Rn. 63.

123 HKInsO/*Thole* § 145 Rn. 12; FKInsO/*Dauernheim* § 145 Rn. 19; Nerlich/Römermann/*Nerlich* § 145 Rn. 22; Uhlenbruck/*Hirte/Borries* § 145 Rn. 33; Jaeger/*Henckel* § 145 Rn. 63; BKInsO/*Haas* § 145 Rn. 20; KPB/*Brinkmann* § 145 Rn. 34 aE; KKInsO/*Mohr* § 145 Rn. 41; AGR/*Gehrlein* § 145 Rn. 12.

124 BGH NZI 2012, 845 Rn. 2; K. Schmidt/*Büteröwe* § 145 Rn. 14; KKInsO/*Mohr* § 145 Rn. 42.

125 Vgl. dazu noch MüKoInsO/*Kirchhof* → 2. Aufl. § 145 Rn. 30.

126 HKInsO/*Thole* § 145 Rn. 12 aE; Uhlenbruck/*Hirte/Borries* § 145 Rn. 29; HambKommInsO/*Rogge/Leptien* § 145 Rn. 21.

127 HambKommInsO/*Rogge/Leptien* § 145 Rn. 21.

VI. Rechtsfolgen

35 **1. Materiell-rechtlich. a) Rückgewährpflicht.** Jeder Rechtsnachfolger haftet anfechtungsrechtlich – soweit der Vorgänger rechtlich fortbesteht (→ Rn. 7) – ggf. neben diesem, nicht an dessen Stelle.[128] Der Nachfolger unterliegt selbständig der Rückgewährpflicht aus § 143 mit allen Modifikationen. Insbesondere schuldet er nach § 143 Abs. 1 Satz 2 Wertersatz, wenn ihm die Rückgewähr unmöglich wird (→ Rn. 36). Allerdings haftet der Einzelrechtsnachfolger immer nur soweit, wie sein eigener Erwerb reicht, also in demjenigen Umfange, wie er den anfechtbar weggegebenen Gegenstand erlangt hat (→ Rn. 23). Soweit sich diese Rückgewährverbindlichkeit mit derjenigen des Rechtsvorgängers auch inhaltlich deckt – also hinsichtlich einer Pflicht zum Wertersatz –, sind beide nach §§ 421 ff. BGB Gesamtschuldner;[129] die Erfüllungsleistung des einen Verpflichteten befreit also auch den anderen (§ 422 Abs. 1 BGB).

36 Eine etwaige **Unredlichkeit** des ursprünglichen Erwerbers im Zusammenhang mit der Haftung iSv § 143 Abs. 1 Satz 2 wird dem Rechtsnachfolger nur im Falle der **Gesamtrechtsnachfolge** iSv § 145 Abs. 1 zugerechnet.[130] Dagegen ist die Redlichkeit jedes Einzelrechtsnachfolgers aus seiner eigenen Person heraus selbständig zu beurteilen. Die Haftungsmilderung des § 143 Abs. 2 Satz 1 hängt von der Redlichkeit des Empfängers der unentgeltlichen Leistung ab; der Einzelrechtsnachfolger haftet danach nur gemildert, wenn er ausschließlich nach § 145 Abs. 2 Nr. 3 in Anspruch zu nehmen ist (→ Rn. 29). Sein guter Glaube muss bis zu demjenigen Zeitpunkt anhalten, in dem ihm die Bereitstellung unmöglich wird (→ § 143 Rn. 144).

37 Der **Rechtsvorgänger** kann ausnahmsweise zur Rückgewähr des Anfechtungsgegenstands selbst verpflichtet bleiben, soweit er einen entsprechenden Anspruch gegen den Rechtsnachfolger hat;[131] unter dieser Voraussetzung haftet er nach § 143 Abs. 1 Satz 1 auf Rückübereignung und Rückgabe durch den Rechtsnachfolger, während dieser aus § 145 verpflichtet ist, den Gegenstand dem Insolvenzverwalter unmittelbar zurückzugewähren.[132] Meist haftet der Rechtsvorgänger aber ausschließlich oder ergänzend auf Wertersatz (§ 143 Abs. 1 Satz 2), soweit die Rückgewähr beim Rechtsnachfolger nicht zu verwirklichen ist; unter dieser Voraussetzung haftet der Nachfolger gesamtschuldnerisch mit dem Vorgänger.[133] Eine Wertersatzpflicht eines Erben – als Rechtsvorgänger – kommt insbesondere in Betracht, wenn er den durch den Erblasser anfechtbar erlangten Gegenstand an einen Vermächtnisnehmer bestimmungsgemäß weiter überträgt. Die Rückgewährpflicht entfällt hierdurch nicht; neben ihm kann der Vermächtnisnehmer unter den erleichterten Voraussetzungen von § 322 haften.[134] Eine Anfechtung gegen den Rechtsnachfolger lässt nicht von sich aus die Haftung des Ersterwerbers erlöschen;[135] erst die tatsächliche Rückgewähr durch einen der mehreren Schuldner befreit zugleich den anderen (vgl. § 422 BGB).

38 Der Insolvenzverwalter hat die Wahl, ob er den Anfechtungsanspruch nur gegen den Ersterwerber oder gegen den Rechtsnachfolger oder gegen beide geltend macht.[136] Steht allerdings fest, dass der Rechtsnachfolger das anfechtbar Erlangte nicht mehr in Natur zurückgewähren kann, darf auch der Vorgänger nicht zur Herausgabe, sondern allenfalls zum Wertersatz verurteilt werden.[137]

---

128 Jaeger/*Henckel* § 145 Rn. 7; Uhlenbruck/*Hirte/Borries* § 145 Rn. 14; KKInsO/*Mohr* § 145 Rn. 43; Gottwald/*Huber*, InsO-HdB § 51 Rn. 65; *M. Zeuner*, Anfechtung Rn. 417; vgl. BGH NJW 1970, 44, 45 f.; RG JW 1893, 308 f.; KPB/*Brinkmann* § 145 Rn. 19, 44; BeckOK InsO/*Schoon*[12] § 145 Rn. 21; zum AnfG OLG Hamm ZInsO 2002, 81, 84.

129 BGH NJW-RR 1986, 991, 993 f.; KPB/*Brinkmann* § 145 Rn. 19, 44; FKInsO/*Dauernheim* § 145 Rn. 25; Jaeger/*Henckel* § 145 Rn. 70; Uhlenbruck/*Hirte/Borries* § 145 Rn. 15; BKInsO/*Haas* § 145 Rn. 22; BeckOK InsO/*Schoon*[12] § 145 Rn. 23; AGR/*Gehrlein* § 145 Rn. 13; *M. Zeuner*, Anfechtung Rn. 417; zu § 15 AnfG OLG Düsseldorf NZI 2001, 477, 478; weitergehend *Bartels* S. 334 ff., der § 145 Abs. 2 nicht als eigenständigen Anfechtungstatbestand, sondern als gesetzlichen Schuldbeitritt samt genereller Gesamtgläubigerschaft einstuft.

130 HambKommInsO/*Rogge/Leptien* § 145 Rn. 22; K. Schmidt/*Büteröwe* § 145 Rn. 15; BeckOK InsO/*Schoon*[12] § 145 Rn. 22; vgl. Jaeger/*Henckel* § 145 Rn. 13 aE.

131 Weitergehend *Bartels* S. 339 ff., der dem Rechtsvorgänger unter Verweis auf § 431 BGB die Berufung auf § 275 BGB versagt, solange die Herausgabe dem Rechtsnachfolger noch möglich ist.

132 KPB/*Brinkmann* § 145 Rn. 45; vgl. BGH NJW-RR 1986, 991, 993 f.

133 RG JW 1893, 308, Nr. 14; OLG Rostock ZIP 2007, 1073 f.; Uhlenbruck/*Hirte/Borries* § 145 Rn. 15; KPB/*Brinkmann* § 145 Rn. 44; vgl. Jaeger/*Henckel* § 145 Rn. 25, 70.

134 Vgl. Jaeger/*Henckel* § 145 Rn. 10, 35.

135 Vgl. BGH NJW 1970, 44, 45 f.

136 Vgl. BGH NJW-RR 1986, 991, 993 f.; NZI 2009, 67 Rn. 28; RGZ 27, 21, 23; RG Gruchot 36 (1892), 464, 466; JW 1893, 308 f.; Uhlenbruck/*Hirte/Borries* § 145 Rn. 14. Der Rechtsvorgänger darf allerdings nicht gleichzeitig auf Rückgewähr in Natur und Wertersatz verurteilt werden.

137 BGH NJW-RR 1986, 991, 993; HambKommInsO/*Rogge/Leptien* § 145 Rn. 23; Jaeger/*Henckel* § 145 Rn. 70; *M. Zeuner*, Anfechtung Rn. 417.

b) Gegenleistung. **§ 144** gilt nur, soweit der Schuldner (dh: die Insolvenzmasse) selbst eine Schuldbefreiung oder Gegenleistung für die anfechtbare Rechtshandlung erlangt hat. Der Einzelrechtsnachfolger kann deshalb nicht verlangen, dass der Anfechtende eine Gegenleistung, die der Rechtsnachfolger (Anfechtungsgegner) an seinen unmittelbaren Vorgänger erbracht hatte, aus der Insolvenzmasse – oder privatem Vermögen des Anfechtenden – erstattet.[138] **39**

Der Rechtsnachfolger kann sich wegen einer von ihm erbrachten Gegenleistung **nur an** seinen eigenen Rechts**vorgänger** halten. Dessen Haftung kommt nach allgemeinen Vorschriften – insbesondere §§ 439, 523, 280 BGB – in Betracht.[139] Für eine entsprechende Anwendung von § 144 Abs. 1 ihm gegenüber besteht kein Bedürfnis und fehlt die rechtliche Grundlage, weil diese Vorschrift die Rückerstattungspflicht allein der Insolvenzmasse in verallgemeinernder, der besonderen Ausprägung des Insolvenzrechts angepasster Weise regelt.[140] Für das Verhältnis zwischen Rechtsvorgänger und -nachfolger ist es dagegen sachnäher, auf ihre individuellen Absprachen abzustellen. **40**

c) Verjährungsfristen. Nach **§ 145 Abs. 1** kann die Anfechtbarkeit ohne Weiteres gegen jeden **Gesamtrechtsnachfolger** „geltend gemacht werden". Zusätzliche Voraussetzungen in der Person des Rechtsnachfolgers sind nicht vorgesehen. Dies rechtfertigt es, auch die gegen den Rechtsvorgänger laufende Verjährungsfrist unmittelbar gegen ihn weiter laufen zu lassen.[141] Gründe für die Hemmung oder den Neubeginn der Verjährung, die vor der Rechtsnachfolge gegenüber dem früheren Leistungsempfänger verwirklicht wurden, wirken ohne Weiteres auch gegen den Gesamtrechtsnachfolger.[142] **41**

Andererseits enthält **§ 145 Abs. 2** eigenständige Anfechtungstatbestände, die einen gesonderten Anfechtungsanspruch gegen jeden **Einzelrechtsnachfolger** auslösen.[143] Deshalb muss gegenüber dem Rechtsvorgänger und dem Rechtsnachfolger grundsätzlich jeweils **selbständig** angefochten werden.[144] Da in der Person des Rechtsnachfolgers zusätzlich jeweils ein eigenständiger Anfechtungstatbestand iSv § 145 Abs. 2 Nr. 1 bis 3 verwirklicht sein muss, sollte auch der Anfechtungsanspruch gegen jeden von ihnen grundsätzlich einer selbständigen Verjährung unterstellt werden. Dies hat zur Folge, dass die Verjährung gegen jeden Einzelrechtsnachfolger nach Maßgabe des § 199 BGB individuell beginnt (→ § 146 Rn. 10, 11) und getrennt gehemmt werden bzw. neu zu laufen beginnen muss. Der Eintritt der Verjährung gegenüber dem Vorgänger wirkt nicht ohne weiteres zugunsten des Nachfolgers, weil nach § 199 Abs. 1 Nr. 2 BGB auch die **Kenntnis** oder Erkennbarkeit der jeweils zugrunde liegenden Umstände maßgeblich ist; eine automatische Gleichsetzung des Fristbeginns gegenüber unterschiedlichen Anfechtungsgegnern ist damit nicht vereinbar.[145] Jedenfalls seit der individuelle Beginn der Verjährungsfristen allgemein eingeführt worden ist, besteht auch kein Vertrauensschutz auf einen einheitlichen Fristablauf für alle Anfechtungsgegner mehr. Die Anfechtungsklage gegen den Rechtsvorgänger hemmt also nicht die Verjährungsfrist gegenüber dem Einzelrechtsnachfolger.[146] Insoweit unterscheidet sich die Rechtslage grundlegend von derjenigen bei §§ 7 Abs. 1, 15 AnfG. Umgekehrt kommt dem Rechtsnachfolger auch nicht eine gegenüber dem Vorgänger eingetretene Verjährung zugute.[147] Ferner besteht kein Anlass, die Verjährung gegen **42**

---

[138] HambKommInsO/*Rogge/Leptien* § 145 Rn. 24; Jaeger/*Henckel* § 144 Rn. 35, § 145 Rn. 71.

[139] Vgl. KPB/*Brinkmann* § 145 Rn. 46 f.; Jaeger/*Henckel* § 145 Rn. 71; für ergänzende Haftung nach den Regeln über den Gesamtschuldnerausgleich *Köhn* NZI 2008, 412, 414 f., für eine ausschließliche *Bartels* S. 346 ff.

[140] KPB/*Brinkmann* § 145 Rn. 38; Jaeger/*Henckel* § 145 Rn. 71 aE; *Bartels* S. 344 ff.; aA BKInsO/*Haas* § 145 Rn. 22; Uhlenbruck/*Hirte/Borries* § 145 Rn. 16; *Schillig* MittBayNot 2002, 347, 355. FKInsO/*Dauernheim* § 145 Rn. 24 und HKInsO/*Thole* § 145 KO Rn. 10 wollen § 144 Abs. 2 entsprechend anwenden. Nerlich/Römermann/*Nerlich* § 145 Rn. 24; KKInsO/*Mohr* § 145 Rn. 45 lassen die Rechtsgrundlage offen.

[141] KPB/*Brinkmann* § 145 Rn. 39; HambKommInsO/*Rogge/Leptien* § 145 Rn. 27; vgl. MüKoBGB/*Grothe* § 195 Rn. 43.

[142] KPB/*Brinkmann* § 145 Rn. 39.

[143] So auch BGHZ 130, 314, 320 = NJW 1995, 2846, 2847; *Eckardt* S. 112 ff., 385.

[144] Vgl. BGH WM 1955, 1195; Uhlenbruck/*Hirte/Borries* § 145 Rn. 12.

[145] So wohl auch HambKommInsO/*Rogge/Leptien* § 145 Rn. 27; aA FKInsO/*Dauernheim* § 145 Rn. 23; zur früheren Fassung des § 146 Abs. 1 *Gerhardt,* FS H.-P. Kirchhof (2003), S. 121, 129 f.

[146] Ebenso HKInsO/*Thole* § 145 Rn. 9; Uhlenbruck/*Hirte/Borries* § 145 Rn. 25; HambKommInsO/*Rogge* § 145 Rn. 27; KPB/*Brinkmann* § 145 Rn. 41; BKInsO/*Haas* § 145 Rn. 23; *Eckardt* S. 385; *Gerhardt,* FS H.-P. Kirchhof (2003), S. 121, 130 f.; zum österreichischen Recht vgl. *König,* Die Anfechtung nach der IO, 5. Aufl. (2014) Rn. 17/62 Fn. 163; aA zu § 40 Abs. 2 KO BGH NJW 1980, 226; OLG Düsseldorf ZIP 1996, 185, 187.

[147] So wohl auch HKInsO/*Thole* § 145 Rn. 9; Uhlenbruck/*Hirte/Borries* § 145 Rn. 23; aA Gottwald/*Huber,* InsO-HdB § 51 Rn. 67; zur früheren Fassung des § 146 Abs. 1 *Gerhardt,* FS H.-P. Kirchhof (2003), S. 121, 130 f. BGH ZIP 1996, 184 ließ diese Frage offen. Die von RGZ 103, 113, 121 f. entschiedene Rechtslage ist nicht mit derjenigen der Insolvenzanfechtung vergleichbar.

den Rechtsnachfolger stets mit der Insolvenzeröffnung beginnen zu lassen. Denn eine später eintretende Einzelrechtsnachfolge verlängert selbständig den Zustand der Gläubigerbenachteiligung und ist geeignet, die Verfolgung durch den Insolvenzverwalter zusätzlich zu erschweren.[148]

43 § 198 BGB ist auf den Anfechtungsanspruch gegen Einzelrechtsnachfolger nicht anzuwenden, ohne dass es auf den Theorienstreit über eine Rechtsnatur der Anfechtung (→ Vor §§ 129–147 Rn. 12 bis 39) ankäme. Denn § 198 BGB knüpft an den Umstand an, dass der Nachfolger im Besitz **an die Stelle** des früheren Besitzers tritt,[149] dessen Besitzzeit dem späteren Besitzer folglich ausnahmsweise zugerechnet werden kann. Dagegen haftet der Rechtsnachfolger iSv § 145 Abs. 2 selbständig und **neben** dem Vorgänger (→ Rn. 35). Schon dieser Umstand schränkt die Verkehrsfähigkeit der anfechtbar weggegebenen Sache stärker ein, als § 198 BGB für seinen Anwendungsbereich voraussetzt. IÜ sind die durch diese Norm verkürzten Verjährungsfristen für dingliche Ansprüche ohnehin durchweg erheblich länger (vgl. § 197 BGB) als die regelmäßige Frist des § 199 BGB. Als Ausgleich kann sich der Nachfolger ggf. an seinen Vorgänger halten (→ Rn. 38). Gegenüber jedem Rechtsnachfolger kann die Anfechtbarkeit nach § 146 Abs. 2 ggf. einredeweise unbefristet geltend gemacht werden.[150]

44 **2. Prozessuale Durchsetzung.** Ersterwerber und Rechtsnachfolger sind regelmäßig getrennt an ihren jeweiligen Gerichtsständen zu **verklagen.**[151] Sie sind nicht notwendige Streitgenossen iSv § 62 ZPO, sondern einfache Streitgenossen.[152] Wurde eine Anfechtungsklage zunächst auf einen mittelbaren Erwerb des Anfechtungsgegners durch eine anfechtbare Rechtshandlung des Schuldners selbst gestützt, später aber auf einen Erwerb im Wege der Rechtsnachfolge nach § 145, liegt darin eine Klageänderung iSv § 263 ZPO, wenn die neue Erwerbsart zugleich auf einem anderen Lebenssachverhalt beruht; die unterschiedliche rechtliche Beurteilung eines im Kern gleichgebliebenen Sachverhalts allein begründet hingegen keine Klageänderung (§ 264 Nr. 1 ZPO).[153]

45 Nur der **Gesamtrechtsnachfolger,** der nach allgemeinem Recht umfassend an die Stelle des Vorgängers tritt (→ Rn. 39), wird auch in einen Anfechtungsrechtsstreit einbezogen, der gegen den Vorgänger rechtshängig war. Dementsprechend muss er ein gegen diesen ergangenes Urteil gegen sich gelten lassen (§ 325 Abs. 1 ZPO).

46 Tritt hingegen **Einzelrechtsnachfolge** nach Rechtshängigkeit eines Anfechtungsprozesses ein, ist § 265 ZPO nicht anzuwenden, weil der rechtshängig gewordene Anfechtungsanspruch gegen den Vorgänger nicht identisch ist mit demjenigen gegen den Rechtsnachfolger.[154] Dementsprechend kann das gegen den Vorgänger ergangene Urteil nicht nach Maßgabe der §§ 325, 727 ZPO gegen den Einzelrechtsnachfolger umgeschrieben werden.[155] Die **Rechtskraft** der Entscheidung im Anfechtungsprozess gegen den Ersterwerber (vgl. § 325 Abs. 1 ZPO) bindet nicht den Einzelrechtsnachfolger iSv § 145 Abs. 2;[156] umgekehrt wirkt die Klageabweisung gegenüber dem Vorgänger auch nicht zugunsten des Einzelrechtsnachfolgers.[157] Erst recht wirkt die Verurteilung zur Rückgewähr gegen einen Anfechtungsgegner nicht zugleich gegenüber Mitschuldnern.

---

[148] Dies berücksichtigen KPB/*Brinkmann* § 145 Rn. 41 und Gottwald/*Huber,* InsO-HdB § 51 Rn. 67 nicht.

[149] MüKoBGB/*Grothe* § 198 Rn. 1; RGRK/*Johannsen* § 221 Rn. 1; Staudinger/*Peters/Jacoby* § 198 Rn. 2; Palandt/*Ellenberger* § 198 Rn. 1; BeckOGKBGB/*Piekenbrock* § 198 Rn. 4.

[150] BKInsO/*Haas* § 145 Rn. 21; HambKommInsO/*Rogge/Leptien* § 145 Rn. 25.

[151] Jaeger/*Henckel* § 144 Rn. 73; BeckOK InsO/*Schoon*[12] § 145 Rn. 24; vgl. OLG Bamberg LZ 1914, 1772 f.

[152] RG Gruchot 27 (1883), 1140, 1141 f.; HambKommInsO/*Rogge/Leptien* § 145 Rn. 26; Jaeger/*Henckel* § 145 Rn. 72; vgl. BKInsO/*Haas* § 145 Rn. 23; K. Schmidt/*Büteröwe* § 145 Rn. 18; KKInsO/*Mohr* § 145 Rn. 50.

[153] OLG Hamm InVo 2001, 337, 338 (AnfG); HKInsO/*Thole* § 145 Rn. 13; HambKommInsO/*Rogge* § 145 Rn. 26; K. Schmidt/*Büteröwe* § 145 Rn. 18; vgl. Jaeger/*Henckel* § 145 Rn. 74. Allgemein für eine Klageänderung – und damit zu weitgehend – Nerlich/Römermann/*Nerlich* § 145 Rn. 26; Uhlenbruck/*Hirte/Borries* § 145 Rn. 3; BKInsO/*Haas* § 145 Rn. 26. In dem von RGZ 120, 189, 191 entschiedenen Fall waren dagegen auch die maßgeblichen Tatsachen erst nachträglich in den Prozess eingeführt worden.

[154] HambKommInsO/*Rogge* § 145 Rn. 26; Jaeger/*Henckel* § 145 Rn. 75; BKInsO/*Haas* § 145 Rn. 25; KPB/*Brinkmann* § 145 Rn. 42; *Gerhardt,* FS H.-P. Kirchhof (2003), S. 121, 132 ff.; *Mauer,* Anfechtungsprozess Rn. 255; iErg auch Uhlenbruck/*Hirte/Borries* § 145 Rn. 24.

[155] OLG Köln ZIP 1991, 1369, 1371; HKInsO/*Thole* § 145 Rn. 13; HambKommInsO/*Rogge/Leptien* § 145 Rn. 26; KPB/*Brinkmann* § 145 Rn. 42; KKInsO/*Mohr* § 145 Rn. 48.

[156] RGZ 103, 113, 120 f.; RG LZ 1908, 786, 787; OLG Düsseldorf ZIP 1996, 185, 187; HKInsO/*Thole* § 145 Rn. 13; Jaeger/*Henckel* § 145 Rn. 76; Uhlenbruck/*Hirte/Borries* § 145 Rn. 17, 24; KKInsO/*Mohr* § 145 Rn. 48; BKInsO/*Haas* § 145 Rn. 24; KPB/*Brinkmann* § 145 Rn. 42; *Gerhardt,* FS H.-P. Kirchhof (2003), S. 121, 132 f.

[157] OLG Rostock ZIP 2007, 1073 f.; Jaeger/*Henckel* § 145 Rn. 77; KPB/*Brinkmann* § 145 Rn. 42; *Gerhardt,* FS H.-P. Kirchhof (2003), S. 121, 133 f.; wohl auch Uhlenbruck/*Hirte/Borries* § 145 Rn. 17; vgl. RG LZ 1908, 786, 787.

VII. Darlegungs- und Beweislast

47 Der Insolvenzverwalter (bzw. ggf. der Zessionar [→ § 143 Rn. 5]) hat **sowohl** für **§ 145 Abs. 1** als auch für **§ 145 Abs. 2** die allgemeinen Anfechtungsvoraussetzungen – insbesondere den Eintritt einer Gläubigerbenachteiligung (§ 129 Abs. 1)[158] –, die Rechtsnachfolge[159] sowie die Anfechtbarkeit gegenüber allen Rechtsvorgängern[160] zu beweisen. Hierbei kommen ihm etwaige Beweiserleichterungen aus den jeweiligen Anfechtungstatbeständen auch gegenüber dem Rechtsnachfolger zugute (→ Rn. 29 f.).

48 Speziell für eine Anfechtung gegenüber dem Einzelrechtsnachfolger iSv **§ 145 Abs. 2** hat der Insolvenzverwalter den Eintritt einer Gläubigerbenachteiligung (→ Rn. 27) zu beweisen. Stützt er sich auf **§ 145 Abs. 2 Nr. 1,** hat er unter anderem die erforderliche Kenntnis des Rechtsnachfolgers zu beweisen.[161] Ist allerdings die Anfechtung gegen den Vorgänger nachweislich auf § 133 Abs. 4 Satz 1 zu stützen, muss der Rechtsnachfolger seinerseits einen Entlastungsbeweis im Hinblick auf § 133 Abs. 4 Satz 2 führen.[162]

49 Für eine Anwendung von **§ 145 Abs. 2 Nr. 2** hat der Insolvenzverwalter das Näheverhältnis des Rechtsnachfolgers im maßgeblichen Zeitpunkt zu beweisen,[163] und ferner, dass diesem bei seinem Erwerb sowohl jenes Näheverhältnis als auch die Gläubigerbenachteiligung (→ Rn. 48) bekannt waren. Demgegenüber obliegt dem Anfechtungsgegner die Beweislast dafür, dass der Ersterwerber einen Benachteiligungsvorsatz des (Insolvenz-)Schuldners nicht kannte.[164] Sie erstreckt sich sogar dann auch auf die Unkenntnis solcher Umstände, welche die Anfechtbarkeit des Zwischenerwerbs begründen, falls der Rechtsnachfolger nicht dem Zwischenerwerber nahesteht.

50 Wird nach **§ 145 Abs. 2 Nr. 3** angefochten, muss der Anfechtende die Unentgeltlichkeit des maßgeblichen Erwerbs des Rechtsnachfolgers (→ Rn. 31) beweisen.[165] Dagegen obliegt es im Hinblick auf die Fassung von § 134 Abs. 1 nach der sogenannten Satzbaulehre dem Rechtsnachfolger, darzulegen und ggf. zu beweisen, dass die Leistung nicht innerhalb von vier Jahren vor dem Eröffnungsantrag vorgenommen wurde (→ § 134 Rn. 50).[166]

§ 146 Verjährung des Anfechtungsanspruchs

(1) Die Verjährung des Anfechtungsanspruchs richtet sich nach den Regelungen über die regelmäßige Verjährung nach dem Bürgerlichen Gesetzbuch.

(2) Auch wenn der Anfechtungsanspruch verjährt ist, kann der Insolvenzverwalter die Erfüllung einer Leistungspflicht verweigern, die auf einer anfechtbaren Handlung beruht.

Schrifttum: *H. Roth,* Die Einrede des bürgerlichen Rechts, München, 1988.

Übersicht

158 RG Recht 1923 Nr. 230.

159 Nerlich/Römermann/*Nerlich* § 145 Rn. 27; vgl. HKInsO/*Thole* § 145 Rn. 10; Uhlenbruck/*Hirte/Borries* § 145 Rn. 30 ff.; K. Schmidt/*Büteröwe* § 145 Rn. 17.

160 Uhlenbruck/*Hirte/Borries* § 145 Rn. 34; BKInsO/*Haas* § 145 Rn. 18; K. Schmidt/*Büteröwe* § 145 Rn. 17; vgl. BGH WM 1969, 98, 100.

161 BGH WM 1969, 98, 100; FKInsO/*Dauernheim* § 145 Rn. 17; Jaeger/*Henckel* § 145 Rn. 58; Uhlenbruck/*Hirte/Borries* § 145 Rn. 31; KPB/*Brinkmann* § 145 Rn. 33; vgl. RGZ 74, 181, 182 zu § 11 Abs. 2 AnfG aF; RGZ 103, 113, 117.

162 Vgl. RGZ 74, 353, 354 zu § 3 Nr. 2 und § 11 AnfG aF.

163 Uhlenbruck/*Hirte/Borries* § 145 Rn. 32; HambKommInsO/*Rogge/Leptien* § 145 Rn. 28.

164 BGH NJW 2002, 1342, 1343; OLG Düsseldorf NJW-RR 1990, 576; HKInsO/*Thole* § 145 Rn. 11; KPB/*Brinkmann* 145 Rn. 33; Andres/Leithaus/*Leithaus* § 145 Rn. 5; zu § 11 AnfG aF RGZ 71, 353, 354; 103, 113, 117 f.; RG LZ 1910, 941; LZ 1913, 400 Nr. 8; Recht 1923 Nr. 230; OLG Düsseldorf NZI 2001, 477, 478.

165 BGH Beschl. v. 21.9.1999 – IX ZR 37/98; HKInsO/*Thole* § 145 Rn. 12; Uhlenbruck/*Hirte/Borries* § 145 Rn. 33; RSZ/*Zeuner* § 145 Rn. 9 aE; BKInsO/*Haas* § 145 Rn. 20; vgl. BGH NJW 2002, 1342, 1343.

166 HambKommInsO/*Rogge/Leptien* § 145 Rn. 29; K. Schmidt/*Büteröwe* § 145 Rn. 17.

I. Normzweck

1 Die Norm unterwirft den Anspruch aus § 143 Abs. 1 der allgemeinen Anspruchsverjährung (§ 194 Abs. 1 BGB) und begrenzt die Durchsetzbarkeit des Anfechtungsrechts damit in zeitlicher Hinsicht. Sie dient einerseits dem Schutz der Anfechtungsgegner vor einer unzumutbar langen Inanspruchnahme.[1] Andererseits sichert **§ 146 Abs. 1** im allgemeinen Interesse das Vertrauen auch Dritter und den Rechtsfrieden, indem verhindert wird, dass ein anfechtbar weggegebener Gegenstand dem Rechtsverkehr auf zu lange Dauer nur eingeschränkt zur Verfügung steht.[2] Demgegenüber gewährt **§ 146 Abs. 2** aus Billigkeitsgründen zum Schutz der Insolvenzmasse[3] ein unverjährbares Leistungsverweigerungsrecht, soweit die Masse durch die anfechtbare Handlung noch nicht verkürzt ist; insoweit gleicht die Regelung denjenigen der §§ 215, 438 Abs. 4 Satz 2, Abs. 5, 821, 853, 2083, 2345 Abs. 1 Satz 2, Abs. 2 BGB.

II. Entstehungsgeschichte

2 **§ 146 Abs. 1** hat § 41 Abs. 1 KO grundlegend umgestaltet. Die im Konkursrecht bestehende (einjährige) **Ausschlussfrist** für die Ausübung des Anfechtungsrechts wurde mit der großen Insolvenzrechtsreform zunächst durch eine **zweijährige Verjährungsfrist** ersetzt (§ 146 Abs. 2 InsO aF).[4] Damit wurde die nunmehr eindeutige Ausgestaltung des Anfechtungsrechts als Anspruch iSv § 194 Abs. 1 BGB (→ § 143 Rn. 1) auch beim Zeitregime nachvollzogen;[5] dagegen war § 41 Abs. 1 KO – in Anlehnung an § 124 BGB – noch als Ausschlussfrist ausgestaltet worden, weil Ende des vorletzten Jahrhunderts noch die Vorstellung herrschte, das Anfechtungsrecht sei nicht als Anspruch iSv § 194 Abs. 1 BGB anzusehen.[6] Damit war die Verweisung auf einzelne Hemmungstatbestande in § 41 Abs. 1 Satz 2 KO entbehrlich. Darüber hinaus wurde die Höchstfrist für die Absichtsanfechtung (§ 31 Nr. 1 KO) und die Besicherung kapitalersetzender Darlehen (§ 32a Satz 1 KO) von dreißig Jahren seit der Vornahme der Handlung (§ 41 Abs. 1 Satz 3 KO) in § 146 Abs. 1 InsO aF nicht übernommen, sondern – unter wesentlicher Verkürzung auf zehn Jahre – in die jeweiligen Anfechtungstatbestände (§§ 133 Abs. 1 Satz 1, 135 Nr. 1 InsO 1999) integriert. Diese Neuregelung fand in allen Insolvenzverfahren, die nach dem 31. Dezember 1998 beantragt wurden, auch dann Anwendung, wenn die rechtlichen Wirkungen der anfechtbaren Rechtshandlung schon vor dem 1. Januar 1999 eingetreten waren.[7]

3 Im Zuge der **Anpassung von Verjährungsvorschriften** außerhalb des BGB an die **Schuldrechtsreform**[8] wurde die anfechtungsrechtliche Sonderregelung zugunsten der Regelverjährung nach §§ 195, 199 BGB ersetzt. Dadurch wurde die maximale „Anfechtungsfrist" **verfünffacht** (§ 199 Abs. 4 BGB). Durch die Anwendbarkeit aller Tatbestände zur Hemmung und zum Neubeginn (→ Rn. 20 bis 41) kann die Anfechtungsfrist im Ergebnis sogar noch wesentlich länger sein. Als **Überleitungsvorschrift** für diese zweite Reform verweist Art. 229 § 12 Abs. 1 Satz 1 Nr. 4 EGBGB

[1] BGHZ 59, 353, 354 = NJW 1973, 100, 101; BGHZ 66, 215, 216 = NJW 1976, 1404; vgl. RSZ/*Zeuner* § 146 Rn. 1; *Baur/Stürner,* Insolvenzrecht Rn. 20.15.

[2] Nerlich/Römermann/*Nerlich* § 146 Rn. 2; vgl. BGH WM 1970, 756, 757; LAG München BB 1987, 194, 195.

[3] HKInsO/*Thole* § 146 Rn. 13; *Eckardt,* Anfechtungsklage S. 63 ff.; BKInsO/*Haas* § 146 Rn. 8; *Baur/Stürner,* Insolvenzrecht Rn. 20.22; vgl. BGH WM 1970, 756, 757.

[4] Dagegen bleiben die in § 7 AnfG bezeichneten Fristen materiell-rechtliche Ausschlussfristen.

[5] Vgl. BT-Drs. 12/2443, S. 168 zu § 165 RegE.

[6] Vgl. *Hahn* Materialien KO-Novelle S. 241 f.

[7] BGH NJW 2007, 436 Rn. 8 ff. zu Art. 106 EGInsO.

[8] Vgl. Art. 5 Nr. 3 des Gesetzes vom 9.12.2004, BGBl I, S. 3214.

auf die entsprechende Vorschrift anlässlich der Schuldrechtsreform (Art. 229 § 6 EGBGB). Danach finden die neuen Verjährungsregeln zwar Anwendung auf alle Ansprüche, die bis zum 15. Dezember 2004 noch nicht verjährt waren (Art. 229 § 6 Abs. 1 Satz 1 EGBGB). Für die zu diesem Zeitpunkt schon laufenden Anfechtungsfristen bleibt es jedoch bei der kürzeren früheren Dauer nach (Art. 229 § 6 Abs. 3 EGBGB). Im Ergebnis wirkt sich die Neuregelung danach nur zugunsten von Anfechtungsansprüchen aus Insolvenzverfahren aus, die ab 15. Dezember 2004 eröffnet worden sind.[9]

§ 146 Abs. 2 erweitert zwar § 41 Abs. 2 KO dem Wortlaut nach geringfügig. Demgegenüber 4
hatte die Kommission für Insolvenzrecht vorgeschlagen, die Geltendmachung der Anfechtbarkeit durch Einrede allgemein erweiternd auch nach Ablauf der Verjährungsfrist zuzulassen.[10] Stattdessen soll die Gesetz gewordene Fassung das Leistungsverweigerungsrecht des Insolvenzverwalters lediglich „in vorsichtiger Weise" erweitern,[11] indem sie einen bloß mittelbaren Zusammenhang zwischen der anfechtbaren Handlung und einer Leistungspflicht jeder Art genügen lässt, die auch erst nach der Insolvenzeröffnung entstanden sein kann. Damit wurde aber lediglich die insoweit zu § 41 Abs. 2 KO schon herrschende Meinung[12] „verdeutlicht". Die Norm wurde im Gesetzgebungsverfahren rein sprachlich angepasst.

III. Anwendungsbereich

1. Anfechtungsanspruch. Der Verjährung unterliegt der „Anfechtungsanspruch"; dieser 5
Wortlaut entspricht § 194 Abs. 1 BGB. Allerdings hat die Ausübung des Anfechtungsrechts nicht immer einen Anspruch zur Folge, sondern sie kann auch unmittelbar **gestaltend** Rechtsveränderungen auslösen (→ § 143 Rn. 3). Insbesondere soweit die Aufrechnung bei anfechtbar begründeter Aufrechnungsmöglichkeit insolvenzrechtlich unwirksam ist (§ 96 Abs. 1 Nr. 3), soll die danach fortbestehende Hauptforderung der Insolvenzmasse – sowohl zu ihren Gunsten als auch zu ihren Lasten – ebenfalls der Verjährung entsprechend § 146 Abs. 1 unterliegen (→ § 143 Rn. 75).[13] IÜ wird eine rechtsgestaltende Wirkung der Anfechtung oft bewirken, dass der Insolvenzverwalter sie nach § 146 Abs. 2 einredeweise – und damit unbefristet – geltend machen kann. Soweit das nicht der Fall ist, vielmehr die Anfechtung angriffsweise durchgesetzt werden muss, gilt auch für derartige Rechtsfolgen die Verjährung nach § 146 Abs. 1 wenigstens entsprechend.[14] Dessen Formulierung erklärt sich daraus, dass sie an den häufigsten Fall der Anfechtungswirkung anknüpft.[15] Sie sollte aber nicht ausdrücken, dass unmittelbare Wirkungen der Anfechtung stets zeitlich unbegrenzt durchgesetzt werden können; dies widerspräche dem Befriedungszweck der Norm (→ Rn. 1). Auf derartige Wirkungen sind die bürgerlich-rechtlichen Verjährungsnormen sinngemäß anzuwenden. Dagegen enthält § 146 eine abschließende zeitliche Begrenzung des Anfechtungsrechts. Dieses unterliegt insbesondere nicht etwa zusätzlich arbeits-, tarif- oder speditionsrechtlichen Verfallklauseln oder Ausschlussfristen;[16] denn der autonom insolvenzrechtliche Anfechtungsanspruch unterliegt keinen tarifvertraglichen Bindungen.

Werden nacheinander **mehrere** Insolvenzverfahren gegen denselben Schuldner eröffnet, ist für 6
die Verjährung der Anfechtungsansprüche nach § 146 allein der Zeitpunkt der Eröffnung des (späteren) Insolvenzverfahrens maßgeblich, in dem der jetzt klagende Insolvenzverwalter bestellt worden ist.[17] Ob der Anspruch im ersten Insolvenzverfahren verjährt war, ist unerheblich.[18]

Allerdings ist für die Bestimmung der in den einzelnen Anfechtungstatbeständen bestimmten Anfechtungszeiträume der (erste) zur Eröffnung des letzten Insolvenzverfahrens führende Insolvenz-

---

9 HKInsO/*Thole* § 146 Rn. 6; Andres/Leithaus/*Leithaus* § 146 Rn. 5; BKInsO/*Haas* § 146 Rn. 2; *Huber* ZInsO 2005, 190, 191; vgl. OLG Stuttgart GmbHR 2007, 651, 655.

10 1. KommBer. Leits. 5.15 Satz 2 und zur Begründung S. 432.

11 BT-Drs. 12/2443, S. 169 zu § 165 Abs. 3 RegE.

12 Vgl. BGHZ 30, 238, 239 = NJW 1959, 1539; BGHZ 30, 248, 254 = NJW 1959, 1874, 1876; *Kilger/K. Schmidt* § 41 KO Anm. 8; *Kuhn/Uhlenbruck* § 41 Rn. 12b.

13 BGHZ 169, 158 Rn. 23 = NJW 2007, 78; BGH NZI 2007, 582 Rn. 12; *Kreft* WuB VI A. § 96 InsO 3.05; *Huber* ZInsO 2009, 566, 568 f.; Graf-Schlicker/*Huber* § 146 Rn. 2; BeckOK InsO/*Schoon*[12] § 146 Rn. 4; AGR/*Gehrlein* § 146 Rn. 2; i.E. auch *Ries* ZInsO 2005, 849, 851; *Bitter* WuB VI A. § 96 InsO 5.07; *Zenker* ZInsO 2006, 142 ff.; *Henkel* NZI 2007, 84, 88 ff.; vgl. *Rauhut* WuB VI A. § 146 InsO 2.07.

14 *Allgayer,* Rechtsfolgen und Wirkungen der Gläubigeranfechtung Rn. 712 ff.

15 Vgl. BT-Drs. 12/2443, S. 168 f. zu § 165 Abs. 1 RegE.

16 BAGE 108, 367, 373 f. = NJW 2004, 1196, 1198; LAG Hamm ZIP 1998, 920, 921; OLG Brandenburg ZIP 1999, 1012, 1015; HKInsO/*Thole* § 146 Rn. 6; BKInsO/*Haas* § 146 Rn. 12; KKInsO/*Mohr* § 146 Rn. 7; *Froehner* NZI 2012, 833, 834; aA LAG Hannover NZI 2012, 862, 863; LAG Nürnberg ZIP 2012, 2263, 2264 f.

17 Vgl. OLG Düsseldorf ZIP 2012, 482, 483 zu zwei Insolvenzverfahren gegen denselben Schuldner.

18 BGH NZI 2013, 537 Rn. 8.

antrag maßgeblich (→ § 139 Rn. 12 bis 20).[19] Wird dagegen die **Nachtragsverteilung** angeordnet (§ 203 Abs. 1 Nr. 3), beginnt die Verjährungshöchstfrist (§ 199 Abs. 4 BGB) keinesfalls neu zu laufen.[20] Dafür ist für die Berechnung der Anfechtungszeiträume nach wie vor der ursprüngliche Eröffnungsantrag maßgeblich und nicht der Antrag auf Nachtragsverteilung. Die regelmäßige Verjährungsfrist (§ 195 BGB) kann vor der Anordnung der Nachtragsverteilung nur zu laufen begonnen haben, wenn der Insolvenzverwalter die maßgeblichen Umstände grob fahrlässig verkannt hat (§ 199 Abs. 1 Nr. 2 BGB); waren sie ihm dagegen positiv bekannt, scheidet schon die Nachtragsverteilung aus (→ § 203 Rn. 17). Beruhte die Unkenntnis im Zeitpunkt der Schlussverteilung nicht auf grober Fahrlässigkeit, knüpft § 199 Abs. 1 BGB an den Schluss des Jahres an, in dem der Insolvenzverwalter die maßgeblichen Umstände in Erfahrung gebracht hat und die Nachtragsverteilung angeordnet worden ist.

7 Die Verjährungsfrist nach § 146 Abs. 1 greift **nicht** ein, wenn der Insolvenzverwalter sich mit dem Anfechtungsgegner über die Rückgewähr **vertraglich** geeinigt hat. Denn dann beruht die Pflicht des Anfechtungsgegners auf einem neuen, selbständigen Rechtsgrund;[21] eines Rückgriffs auf § 242 BGB (→ Rn. 42, 43) bedarf es hierfür nicht. § 146 ist ferner nicht anzuwenden, soweit die vom Insolvenzverwalter angestrebte Rechtsfolge auch auf andere Anspruchsgrundlagen gestützt werden kann (→ Vor §§ 129–147 Rn. 86 ff.); dafür gelten jeweils die eigenständigen Verjährungsvorschriften.[22] Seit der weitgehenden Angleichung der Verjährungsvorschriften ist die praktische Bedeutung der Anspruchskonkurrenz jedoch wesentlich geringer geworden.

8 **2. Anfechtungstatbestände.** Die Verjährungsfrist nach § 146, die einheitlich für **alle** Anfechtungstatbestände in §§ 130 bis 136 gilt, ist streng von den **Anfechtungszeiträumen** zu unterscheiden, die in den einzelnen Anfechtungstatbeständen festgelegt sind. Dies wird besonders deutlich, wenn man die Regelungen in §§ 133, 134 mit §§ 3, 4 AnfG vergleicht. Im Anfechtungsrecht wirken die prima facie identischen Anfechtungszeiträume wie eine Ausschlussfrist zur gerichtlichen Geltendmachung (§ 7 AnfG).[23] Im Insolvenzrecht wird der Anfechtungszeitraum dagegen um die Dauer des Eröffnungsverfahrens und die Verjährung nach § 146 Abs. 1 ergänzt. § 146 Abs. 1 greift auch für die Anfechtung nach § 145 gegenüber **Rechtsnachfolgern** ein (→ Rn. 10, 11).[24] Da § 145 einen selbständigen Anfechtungstatbestand darstellt, kann die Anfechtung gegenüber dem Rechtsnachfolger grundsätzlich auch dann wirksam geltend gemacht werden, wenn sie gegenüber dem Vorgänger nicht ausgeübt wird; umgekehrt hemmt die Anfechtung gegen den Vormann nicht die Verjährung gegenüber dem Einzelrechtsnachfolger (→ § 145 Rn. 41 f.).[25] In verjährungsrechtlicher Hinsicht wird das Schicksal des anfechtbar weggegebenen Gegenstands vom Vorerwerb gelöst. Ferner gilt § 146 Abs. 1 für die Anfechtung durch Gläubiger im Falle von § 313 Abs. 2 InsO aF sowie durch Personen, die den Anfechtungsanspruch durch Abtretung von Insolvenzverwaltern erworben haben (→ § 129 Rn. 214 ff.; § 143 Rn. 5).

IV. Verjährungsfrist (Abs. 1)

9 **1. Berechnung. a) Fristbeginn.** Die dreijährige Regelfrist nach § 195 BGB beginnt nach § 199 Abs. 1 Nr. 1 BGB **frühestens** mit dem Schluss desjenigen Jahres, in dem das **Insolvenzverfahren eröffnet** wurde.[26] Denn vorher kann der Anspruch nicht als ein Recht der Insolvenzmasse – im Gegensatz zur Anfechtung durch Einzelgläubiger (§ 7 AnfG) – entstehen (→ § 143 Rn. 14).[27] Wegen des Eröffnungszeitpunkts ist auf den im Eröffnungsbeschluss bezeichneten Tag (vgl. § 27 Abs. 2 Nr. 3 oder Abs. 3) abzustellen.[28] Wann der Eröffnungsbeschluss rechtskräftig geworden ist, ist dagegen unerheblich.[29] Auf die Streitfrage, ob ein auf **null Uhr** eines Tages datierter Eröffnungsbe-

---

[19] AA MüKoInsO/*Kirchhof* → 3. Aufl. § 146 Rn. 5a unter Verweis auf BGHZ 178, 171 Rn. 20 f. = NJW 2009, 225 (→ § 139 Rn. 13).

[20] AA wohl MüKoInsO/*Kirchhof* → 3. Aufl. § 146 Rn. 5a; anders aber § 146 Rn. 8e.

[21] Ebenso BeckOK InsO/*Schoon*[12] § 146 Rn. 5; einschränkend BKInsO/*Haas* § 146 Rn. 6, 12.

[22] Jaeger/*Henckel* § 146 Rn. 9; BeckOK InsO/*Schoon*[12] § 146 Rn. 5; vgl. BGH NJW 1984, 1559, 1560 (insoweit nicht in BGHZ 90, 249). Zu § 31 Abs. 5 GmbHG vgl. BGH NZI 2011, 601 Rn. 13.

[23] Deshalb findet dort auch § 146 Abs. 1 keine entsprechende Anwendung. Vgl. KKInsO/*Mohr* § 146 Rn. 9.

[24] K. Schmidt/*Büteröwe* § 146 Rn. 1; KKInsO/*Mohr* § 146 Rn. 4; AGR/*Gehrlein* § 146 Rn. 2.

[25] Vgl. Uhlenbruck/*Hirte/Borries* § 145 Rn. 25; BKInsO/*Haas* § 145 Rn. 16.

[26] Vgl. BGH NJW 2015, 2113 Rn. 26; NJW 2016, 1171 Rn. 41; K. Schmidt/*Büteröwe* § 146 Rn. 4 f.; KKInsO/*Mohr* § 146 Rn. 22; BeckOK InsO/*Schoon*[12] § 146 Rn. 6; AGR/*Gehrlein* § 146 Rn. 4.

[27] HKInsO/*Thole* § 146 Rn. 6; KKInsO/*Mohr* § 146 Rn. 21; *Huber* ZInsO 2005, 190, 191.

[28] Nerlich/Römermann/*Nerlich* § 146 Rn. 5; KKInsO/*Mohr* § 146 Rn. 22; zur Verbindlichkeit falschen Datierungen vgl. BGH NZI 2004, 316, 317 f., dort zu § 10 Abs. 2 GesO.

[29] So auch KKInsO/*Mohr* § 146 Rn. 22.

schluss den Anfang oder das Ende dieses Tages bezeichnet,[30] kann es nur (noch) ankommen, wenn dies der 1. Januar ist. In diesem praktisch kaum vorstellbaren Fall ist die Antwort auf diese Frage jedoch wesentlich einschneidender als nach § 146 Abs. 1 InsO aF, weil der Unterschied im Ergebnis nicht einen Tag, sondern ein Jahr beträgt, wenn der Insolvenzverwalter durch seine Tätigkeit als vorläufiger Insolvenzverwalter (§ 22 Abs. 1 Satz 2 Nr. 3) schon im Eröffnungszeitpunkt die erforderlichen Umstände kannte (→ Rn. 11). Da dem Insolvenzverwalter in jedem Fall volle drei Jahre für die Hemmung der Verjährung zur Verfügung hat, sollte die Regelverjährung in diesem Fall mit Blick auf § 187 Abs. 2 BGB schon unmittelbar mit der Eröffnung des Insolvenzverfahrens zu laufen beginnen und nicht erst ein Jahr später.[31]

Wurde die anfechtbare Rechtshandlung erst **nach** der **Insolvenzeröffnung** vorgenommen 10
(§§ 140, 147), entsteht der Anfechtungsanspruch nicht vor diesem Zeitpunkt; die Verjährung beginnt frühestens an dem darauf folgenden Jahresende.[32] Für die Einzelrechtsnachfolge nach Insolvenzeröfffnung bedarf es keiner Sonderregelung mehr, nachdem für den Fristbeginn auch die Kenntnis des Insolvenzverwalters von der Person des Rechtsnachfolgers vorausgesetzt wird (→ Rn. 11; § 145 Rn. 41).

Erlangt der Insolvenzverwalter als der die Anfechtung ausübende „Gläubiger" **Kenntnis** iSv 11
§ 199 Abs. 1 Nr. 2 BGB vom tatsächlichen Vorliegen der Anfechtungsvoraussetzung und von der Person des Anfechtungsgegners[33] erst nach dem Eröffnungsbeschluss, beginnt die Frist erst mit dem Jahresende ab Kenntniserlangung. Auch ein etwaiger (Gesamt- bzw. Einzel-)Rechtsnachfolger muss als Person bekannt sein, ehe die Verjährungsfrist beginnen kann. Ein bloßer **Rechtsirrtum** – insbesondere fehlende Rechtskenntnis oder eine unzutreffende rechtliche Bewertung durch den Insolvenzverwalter – hindert dagegen grundsätzlich **nicht** den früheren Fristbeginn.[34] Etwas anderes gilt nur, wenn die **Rechtsverfolgung** bei unklarer Rechtslage oder gar anspruchsfeindlicher Rechtsprechung **unzumutbar** war.[35] Der (positiven) Kenntnis steht die **grob fahrlässige Unkenntnis** der tatsächlichen Anfechtungsvoraussetzungen gleich. Sie setzt eine besonders schwere, auch subjektiv vorwerfbare Vernachlässigung der Ermittlungspflichten des Insolvenzverwalters voraus.[36] Grobe Fahrlässigkeit kann insbesondere vorliegen, wenn der Verwalter einem sich aufdrängenden Verdacht nicht nachgeht oder auf der Hand liegende, Erfolg versprechende Erkenntnismöglichkeiten nicht ausnutzt oder sich die Kenntnis in zumutbarer Weise ohne nennenswerte Mühen und Kosten beschaffen könnte.[37] Ohne solche Anhaltspunkte begründet § 199 Abs. 1 Nr. 2 BGB aber **keine Ermittlungsobliegenheit;**[38] demtentsprechend kann auch eine Verletzung der Amtspflicht des Insolvenzverwalters zur Aufklärung möglicher Masseansprüchen (§ 148 Abs. 1) nur unter verschärften Voraussetzungen den Verjährungsbeginn auslösen. Daher genügt es nicht, dass der Insolvenzverwalter in einem umfangreichen Verfahren Zugriff auf die Buchhaltung des Schuldners hatte.[39] **Gegen** grobe Fahrlässigkeit spricht, wenn ein Sicherungsnehmer ein anfechtbar erlangtes Sicherungsrecht entgegen § 28 Abs. 2 nicht anzeigt oder wenn der Sitz einer Gesellschaft zur unbemerkten Liquidation kurz zuvor verlegt worden ist.[40] Ein **Organisationsmangel** innerhalb des Verwalterbüros stellt zwar ein eigenes Verschulden des Insolvenzverwalters dar;[41] für seine fehlende Kenntnis des Anfechtungstatbestandes kann der Mangel aber nur ursächlich sein, wenn der Verwalter im Falle einer ordnungsmäßigen Organisation seines Büros die vorausgesetzte Kentnis hätte erlangen müssen.

---

30 Für null Uhr des bezeichneten Tages BGH NZI 2005, 225; Urt. v. 9.2.2006 – IX ZR 98/04 Rn. 6; *Munz* ZInsO 2003, 602, 603; KKInsO/*Mohr* § 146 Rn. 23; dagegen für 24 Uhr des Vortages OLG Hamm, Beschl. v. 15.3.2002 – 19 W 14/02; *Onusseit* ZInsO 2003, 404, 405.

31 AA MüKoInsO/*Kirchhof* → 3. Aufl. § 146 Rn. 8; *Kreft* WuB VI A. § 146 InsO 1.05.

32 BT-Drs. 15/3653 S. 15 zu Nr. 4; KKInsO/*Mohr* § 146 Rn. 24.

33 Vgl. zu diesen Voraussetzungen BGHZ 122, 317, 324 f. = NJW 1993, 2303, 2305; BGH NJW 1998, 988 f.; NJW 2000, 1498, 1499 f.; Staudinger/*Peters/Jacoby* § 199 Rn. 62, 69; Erman/*Schmidt-Räntsch* § 199 Rn. 18a; Palandt/*Ellenberger* § 199 Rn. 27 f.

34 Vgl. BGH VersR 1972, 394, 395 f.; NJW 1996, 117, 118; NZI 2008, 547 Rn. 7; Staudinger/*Peters/Jacoby* § 199 Rn. 67, 69; Erman/*Schmidt-Räntsch* § 199 Rn. 18a; Palandt/*Ellenberger* § 199 Rn. 27; *Bitter/Alles* NJW 2011, 2081 ff.

35 Vgl. dazu iE BeckOGKBGB/*Piekenbrock* § 199 Rn. 122 ff.

36 Vgl. BGH NJW-RR 2016, 1187 Rn. 34.

37 Vgl. speziell zu § 146 BGH NZI 2015, 734 Rn. 10; K. Schmidt/*Büteröwe* § 146 Rn. 7; vgl. iÜ BGH NJW 1999, 423, 424 f.; NJW 2000, 953 f.; NJW 2001, 1721, 1722; NJW 2003, 288, 289; Erman/*Schmidt-Räntsch* § 199 Rn. 19; Palandt/*Ellenberger* § 199 Rn. 39.

38 MüKoBGB/*Grothe* § 199 Rn. 28; Erman/*Schmidt-Räntsch* § 199 Rn. 20.

39 So BGH NZI 2017, 102 Rn. 20 ff.

40 Vgl. BGHZ 165, 343, 348 f. = NJW 2006, 908, 910.

41 KPB/*Jacoby* § 146 Rn. 6; *Peters* KTS 2008, 295, 302.

12 Das tatsächliche Wissen seiner eigenen Mitarbeiter ist dem Insolvenzverwalter nach den Grundsätzen der **Wissenszurechnung** innerhalb **arbeitsteiliger Organisationen** zuzurechnen;[42] auf die vom BGH zu § 199 Abs. 1 Nr. 2 BGB fortgeführte Beschränkung auf Mitarbeiter der Regressabteilung einer Behörde[43] kommt es für § 146 Abs. 1 nicht an. Dagegen ist dem Insolvenzverwalter die **Kenntnis des Schuldners** grundsätzlich **nicht zuzurechnen.**[44] Zwar muss der Schuldner dem Insolvenzverwalter (auch) über alle anfechtungsrechtlich relevanten Umstände Auskunft erteilen (§ 97 Abs. 1). Diese Pflicht erfüllen aber Schuldner erfahrungsgemäß oft nicht, vor allem nicht gegen solche Leistungsempfänger, von denen sie Vorteile für sich selbst erwarten. Buchhaltungsunterlagen fehlen häufig. Hat der Schuldner sich abgesetzt, entfällt meist jede persönliche Unterrichtung. Sogar gegen einen anwesenden, aber nicht zur Zusammenarbeit bereiten Schuldner sind Aufklärungsversuche oft langwierig und von zweifelhaftem Erfolg. Gezielt fragen kann der Verwalter erst, wenn er wenigstens einen Anfangsverdacht hat. Hiervon hängt auch die Durchsetzung einer Auskunftspflicht nach Maßgabe des § 98 ab; sie ist zudem schwerfällig. Ferner kann der Insolvenzverwalter nicht einem Zessionar gleichgestellt werden, der ein Recht vom Schuldner erworben hat und sich deswegen die Kenntnis des Abtretenden zurechnen lassen muss.[45] Diese Zurechnung beruht darauf, dass das Forderungsrecht selbst vertraglich oder als Ausgleich für eine gesetzliche Leistung auf einen neuen Inhaber übergeht. Im Gegensatz dazu übernimmt der Insolvenzverwalter kraft Gesetzes und gerichtlicher Bestellung nur die Vermögensverwaltung; das Anfechtungsrecht steht ihm originär im Interesse der Gläubiger zu (→ § 129 Rn. 191, 195, 197). Der typische Interessenkonflikt zwischen dem Schuldner einerseits und den benachteiligten Insolvenzgläubigern andererseits bei der Anfechtung (→ Vor §§ 129–147 Rn. 2) schließt eine Wissenszurechnung aus. Verjährungsrechtlich entspricht der Insolvenzverwalter eher dem gesetzlichen Vertreter eines beschränkt Geschäftsfähigen; hierbei entscheidet allein die Kenntnis des Vertreters.[46] Würde man dem Insolvenzverwalter das Wissen des Schuldners zurechnen, wäre § 199 Abs. 1 Nr. 2 BGB vielfach ohne eigenständige Bedeutung, weil der Schuldner persönlich ganz überwiegend an anfechtbaren Handlungen beteiligt ist und diese daher kennt.

13 Nur in seltenen Ausnahmefällen wird die **zehnjährige Höchstfrist** des **§ 199 Abs. 4 BGB**[47] ab Anspruchsentstehung eingreifen. Dazu kann es nur kommen, wenn dem Insolvenzverwalter in einem immer noch laufenden Insolvenzverfahren – oder bei vorbehaltener nachträglicher Anfechtungsbefugnis (→ § 129 Rn. 211) – die Anfechtungsmöglichkeit sechs bis sieben Jahre lang ohne grobe Fahrlässigkeit verborgen geblieben ist.[48]

14 **b) Fristende.** In jedem Falle endet die Frist nach § 199 Abs. 1 BGB mit Ablauf des 31. Dezember des dritten Jahres nach dem die Frist auslösenden Ereignis.[49]

15 **c) Frist bei Aufrechnungslage.** Die Anfechtungsfrist läuft für jede anfechtbare Rechtshandlung gesondert.[50] Dagegen kommt es – anders als nach § 41 Abs. 1 KO[51] – nicht mehr entscheidend auf den Zeitpunkt der Aufrechnungserklärung eines Gläubigers an.[52] Vielmehr ist diese Erklärung ohne weiteres unwirksam, wenn die zugrundeliegende Aufrechnungslage anfechtbar erlangt war (§ 96 Abs. 1 Nr. 3). Tritt der Insolvenzverwalter den Anfechtungsanspruch ab (→ § 129 Rn. 214 ff.; § 143 Rn. 5), wirkt eine von ihm veranlasste Hemmung der Verjährung auch zugunsten des Zessionars.[53] IÜ muss dieser selbst die Verjährung hemmen; die vorher verstrichene Frist wird ihm zugerechnet.[54]

---

42 KPB/*Jacoby* § 146 Rn. 4; KKInsO/*Mohr* § 146 Rn. 27.

43 Vgl. BGH NJW 2012, 1789 Rn. 11 ff.

44 Nerlich/Römermann/*Nerlich* § 146 Rn. 6; KPB/*Jacoby* § 146 Rn. 4; K. Schmidt/*Büteröwe* § 146 Rn. 6; wie hier mit gleichlautender Argumentation KKInsO/*Mohr* § 146 Rn. 28; aA HambKommInsO/*Rogge* § 146 Rn. 3 aE.

45 Vgl. hierzu etwa BGH NJW 1996, 117, 118; NJW 2014, 2492 Rn. 13; zur gegenteiligen Rechtslage bei sofortiger cessio legis etwa nach § 116 SGB X vgl. etwa BGHZ 133, 129, 138 = NJW 1996, 2508; BGH NJW 2000, 1411, 1412; NJW 2004, 510. Vgl. zum Ganzen iE BeckOGKBGB/*Piekenbrock* § 199 Rn. 108 ff.

46 Vgl. BGH NJW 1989, 2323 f.; Staudinger/*Peters/Jacoby* § 199 Rn. 58.

47 Unrichtig der Hinweis auf § 199 Abs. 3 BGB bei K. Schmidt/*Büteröwe* § 146 Rn. 8 (→ § 143 Rn. 15).

48 Vgl. KPB/*Jacoby* § 146 Rn. 3 aE; *Huber* ZInsO 2005, 190, 191.

49 Vgl. Palandt/*Ellenberger* § 199 Rn. 41.

50 BGH NJW 1995, 1668, 1671; HambKommInsO/*Rogge* § 146 Rn. 5; Nerlich/Römermann/*Nerlich* § 146 Rn. 9.

51 Vgl. hierzu BGHZ 86, 349, 353 = NJW 1983, 1120 f.; BGHZ 147, 28, 35 f. = NJW 2001, 3704, 3706.

52 Uhlenbruck/*Hirte/Borries* § 146 Rn. 2c.

53 HKInsO/*Thole* § 146 Rn. 10; RSZ/*Zeuner* § 146 Rn. 5; vgl. RGZ 163, 396, 398 f.; Erman/*Schmidt-Räntsch* § 209 Rn. 4.

54 HKInsO/*Thole* § 146 Rn. 10; Uhlenbruck/*Hirte/Borries* § 146 Rn. 6; vgl. Staudinger/*Peters/Jacoby* § 209 Rn. 4.

2. Wirkungen. Die Wirkungen des Fristablaufs bestimmen sich nach § 214 BGB. Danach ist der Eintritt der Verjährung nicht von Amts wegen, sondern nur auf **Einrede** zu beachten und begründet für die Zukunft ein **Leistungsverweigerungsrecht** des Anfechtungsgegners (§ 214 Abs. 1 BGB). Der Anfechtungsanspruch wird also nicht beseitigt, sondern bleibt erfüllbar.[55] Leistungen iSv § 214 Abs. 2 BGB, die vor oder trotz Verjährung des Anfechtungsanspruchs erbracht wurden, können nicht zurückgefordert werden (§ 813 Abs. 1 Satz 2 BGB).[56] § 215 BGB verlängert die Wirkung eines verjährten Anfechtungsanspruchs als Grundlage für Aufrechnungen und Zurückbehaltungsrechte. Der Insolvenzverwalter kann auch mit einem verjährten Anfechtungsanspruch gegen eine insolvenzbeständige Forderung eines Gläubigers und insbesondere eine Masseverbindlichkeit iSv § 55 aufrechnen, sofern die Aufrechnungslage schon während des Laufs der Anfechtungsfrist bestanden hat.[57] Soweit der BGH[58] dies nicht für § 96 Abs. 1 Nr. 3 gelten lassen will, hat er § 215 BGB nicht berücksichtigt. 16

Die Verjährungsfrist kann – auch vor ihrem Ablauf – nach Maßgabe von § 202 BGB durch Vereinbarung des Anfechtungsgegners mit dem Insolvenzverwalter abweichend geregelt, insbesondere verlängert werden.[59] Dies mag zB nahe liegen, wenn beide Teile einig sind, aus Kostenersparnisgründen nur einen Teil des Anspruchs einzuklagen und die darüber ergehende Entscheidung auch für die Restforderung verbindlich sein zu lassen. Abreden des Anfechtungsgegners mit dem Schuldner binden dagegen die Insolvenzmasse nicht (→ auch § 143 Rn. 161). Gegenüber mehreren Anfechtungsschuldnern kann sich der Ablauf der Verjährungsfrist jeweils unterschiedlich entwickeln (§ 425 BGB).[60] Die Verjährung des Anfechtungsanspruchs erfasst auch dessen Nebenansprüche wie diejenigen auf Rückgewähr von Nutzungen (§ 217 BGB). 17

Tritt der Insolvenzverwalter den Anfechtungsanspruch ab, wirkt eine von jenem erwirkte Verjährungshemmung auch zugunsten des Zessionars.[61] Andererseits muss dieser sich den bisherigen Fristablauf anrechnen lassen und von seinem Erwerb an erforderlichenfalls selbst für eine Verjährungshemmung sorgen (→ Rn. 15).[62] 18

Neben der regelmäßigen Verjährungsfrist ist zwar eine frühere **Verwirkung** des Anfechtungsanspruchs nach § 242 nicht kategorisch ausgeschlossen.[63] Sie tritt aber praktisch kaum ein; das bloße Untätigbleiben des Insolvenzverwalters genügt dafür keinesfalls. Die Ausschöpfung der Anfechtungsfrist allein begründet keinen Vertrauenstatbestand in der Hinsicht, dass der Insolvenzverwalter das Anfechtungsrecht nicht mehr ausüben wird; das gilt auch dann, wenn er Geschäftsbeziehungen zum späteren Anfechtungsgegner fortsetzt.[64] Nach vollständigem Ablauf der Verjährungsfrist kann diese nicht mehr gehemmt werden oder neu beginnen.[65] Der Eintritt der anfechtungsrechtlichen Verjährung nach § 146 Abs. 1 schließt es nicht aus, dass nach Aufhebung des Insolvenzverfahrens einzelne Gläubiger dieselbe Rechtshandlung nach § 18 AnfG anfechten, sofern die dafür geltenden materiellrechtlichen Ausschlussfristen noch laufen.[66] 19

3. Hemmung der Verjährung. Auf die Verjährung nach § 146 Abs. 1 iVm §§ 195, 199 Abs. 1, 4 BGB sind alle Regelungen zur (Ablauf-)Hemmung (§§ 203 bis 211 BGB) unmittelbar anwendbar.[67] Die Hemmung bewirkt, dass der **Zeitraum,** währenddessen die Verjährung gehemmt ist, in die Verjährungsfrist **nicht eingerechnet** wird (§ 209 BGB). Nach dem Ende einer Hemmung (vgl. § 204 Abs. 2 BGB) läuft die Verjährungsfrist regelmäßig sofort weiter; die Ultimo-Regel in § 199 Abs. 1 BGB gilt dafür nicht.[68] 20

---

55 Vgl. BGH WM 1968, 1253 aE; NJW 1983, 392 f.

56 BGH NJW 1973, 1690, 1691; Jaeger/*Henckel* § 146 Rn. 8.

57 Vgl. HKInsO/*Thole* § 146 Rn. 13; dazu Uhlenbruck/*Hirte/Borries* § 146 Rn. 14; Graf-Schlicker/*Huber* § 146 Rn. 17; *Homann* EWiR 2002, 75, 76. BGH NZI 2001, 465, 467 ist für die jetzige Verjährungsregelung überholt, weil § 390 Satz 2 BGB aF nicht auf gesetzliche Ausschlussfristen wie in § 41 Abs. 1 KO und § 10 Abs. 2 GesO anwendbar war.

58 BGH NZI 2007, 582 Rn. 9 ff.

59 Staudinger/*Peters/Jacoby* § 202 Rn. 19 f.; Palandt/*Ellenberger* § 202 Rn. 4; aA Nerlich/Römermann/*Nerlich* § 146 Rn. 3; K. Schmidt/*Büteröwe* § 146 Rn. 3.

60 RGRK/*Johannsen* § 222 Rn. 7; Staudinger/*Peters/Jacoby* § 209 Rn. 4; Erman/*Schmidt-Räntsch* § 209 Rn. 4; Palandt/*Ellenberger* § 209 Rn. 1.

61 HKInsO/*Thole* § 146 Rn. 10; Uhlenbruck/*Hirte/Borries* § 146 Rn. 6; BKInsO/*Haas* § 146 Rn. 17; vgl. RGZ 163, 396, 399.

62 HKInsO/*Thole* § 146 Rn. 10; vgl. Uhlenbruck/*Hirte/Borries* § 146 Rn. 6.

63 HKInsO/*Thole* § 146 Rn. 11; K. Schmidt/*Büteröwe* § 146 Rn. 10.

64 BGH Beschl. v. 5.6.2008 – IX ZR 46/06 Rn. 3.

65 Zu dieser zeitlichen Grenze vgl. RGZ 78, 130, 131. Zur Möglichkeit eines späteren vertraglichen Verzichts vgl. BGH VersR 1967, 1092, 1094.

66 MüKoAnfG/*Kirchhof* § 18 Rn. 20; so schon RGZ 91, 90, 93.

67 So schon zu § 146 Abs. 1 InsO aF BT-Drs. 12/2443, S. 169 zu § 165 Abs. 1 Vgl. RegE.

68 Erman/*Schmidt-Räntsch* § 199 Rn. 30; Palandt/*Ellenberger* § 199 Rn. 41; vgl. BGHZ 86, 98, 103 f. = NJW 1983, 1047, 1048 f.; BGHZ 93, 287, 294 = NJW 1985, 1711, 1713.

21 **a) Verhandlungen.** Nach § 203 BGB hemmt das Schweben von Verhandlungen zwischen dem Insolvenzverwalter und dem Anfechtungsgegner über den Anfechtungsanspruch oder über die ihn begründenden Umstände die Verjährung. Als Aufnahme von Verhandlungen in diesem Sinne genügt jeder Meinungsaustausch über den Anfechtungsanspruch, sofern der Gegner nicht sofort und eindeutig jede Leistungspflicht ablehnt.[69] Eingeleitete Verhandlungen enden regelmäßig erst, wenn einer der Beteiligten deren Fortsetzung abbricht oder verweigert.[70] Sie können auch durch „**Einschlafen**" der Verhandlungen enden; dann ist derjenige Zeitpunkt maßgeblich, zu dem eine Antwort auf die letzte Äußerung zu erwarten gewesen wäre.[71] Wann vom Einschlafen der Verhandlungen auszugehen ist, lässt sich in zeitlicher Hinsicht nicht fest quantifizieren; üblicherweise werden Zeitspannen bis zu neun Monaten genannt.[72] Die Verjährung tritt frühestens drei Monate danach ein (§ 203 Abs. 2 BGB). Nehmen die Parteien „eingeschlafene Verhandlungen" wieder auf, wird die Verjährung nicht rückwirkend, sondern nur ab der Wiederaufnahme gehemmt.[73]

22 **b) Rechtsverfolgung.** Nach § 204 BGB hemmt die Rechtsverfolgung die Verjährung. Eine solche Hemmung endet nach § 204 Abs. 2 BGB regelmäßig sechs Monate nach der rechtskräftigen oder anderweitigen Beendigung des Verfahrens (§ 204 Abs. 2 Satz 1) – zB durch Antragsrücknahme[74] – oder nach dessen Stillstand (§ 204 Abs. 2 Satz 2). Danach kann eine neue Hemmung beginnen, sobald eine der Parteien das Verfahren weiter betreibt (§ 204 Abs. 2 Satz 3).[75] Wurde der Anfechtungsklage dagegen rechtskräftig stattgegeben, greift die dreißigjährige Verjährungsfrist nach § 197 Abs. 1 Nr. 3 BGB ein. Ein bloßes außergerichtliches Anfechtungsschreiben genügt dagegen weiterhin nicht zur Hemmung.[76]

23 **aa) Klage.** Die Erhebung der **Klage** (§ 253 Abs. 1 ZPO) einschließlich einer **Widerklage** hemmt die Verjährung (§ 204 Abs. 1 Nr. 1 BGB). Die Klage muss durch den materiell Berechtigten – sei es auch durch einen Rechtsnachfolger des Insolvenzverwalters[77] – erhoben werden und den Wirksamkeitsvoraussetzungen der §§ 253 Abs. 2, 4, 130 ZPO entsprechen.[78] Wird nur eine **nicht unterschriebene** Klageschrift – insbesondere bei Prozesskostenhilfeanträgen (→ Rn. 35) – eingereicht und zugestellt, wird die Verjährung gehemmt, wenn sich der Beklagte in der mündlichen Verhandlung rügelos einlässt (§ 295 ZPO).[79] Während eine positive **Feststellungsklage** genügt, bewirken eine negative Feststellungsklage des mutmaßlichen Anfechtungsgegners und die Verteidigung des Insolvenzverwalters hiergegen keine Verjährungshemmung.[80] Nach § 253 Abs. 2 ZPO muss die Klageschrift zur Individualisierung insbesondere die Parteien sowie den Gegenstand und Grund des erhobenen Anspruchs bezeichnen. Wer Anfechtungsgegner sein soll, ist entsprechend § 133 BGB nicht allein nach dem Wortlaut der Klageschrift zu bestimmen; vielmehr ist grundsätzlich diejenige Person als Beklagte anzusehen, die aufgrund der gesamten mitgeteilten Angaben eindeutig und unverwechselbar als Anfechtungsgegner zu erkennen ist.[81] Ferner muss die Klage, um den jeweiligen Anfechtungsanspruch als Streitgegenstand zu individualisieren, in erkennbarer Weise diejenigen Tatsachen bezeichnen, aus denen die Anfechtung hergeleitet wird; sie braucht aber die Anfechtung nicht wörtlich auszudrücken.[82] Nötig

---

[69] Vgl. BGHZ 93, 64, 66 f. = NJW 1985, 798, 799; BGH NJW 2004, 1654 f.; 2007, 587 f.; Palandt/*Ellenberger* § 203 Rn. 2; *Mankowski/Höpker* MDR 2004, 721, 722 f.

[70] Vgl. BGH NJW 1998, 2819, 2820; OLG Dresden ZInsO 2007, 45, 46; Palandt/*Ellenberger* § 203 Rn. 4; *Mankowski/Höpker* MDR 2004, 721, 725 f.

[71] BGH NJW 2008, 576, 578; 2009, 1806, 1807; MüKoBGB/*Grothe* § 203 Rn. 8; Palandt/*Ellenberger* § 203 Rn. 4; Staudinger/*Peters/Jacoby* § 203 Rn. 13.

[72] Vgl. BeckOGKBGB/*Meller-Hannich* § 203 Rn. 54.

[73] So BGHZ 213, 213 Rn. 23 f. = NJOZ 2018, 291.

[74] Vgl. *Erman/Schmidt-Räntsch* § 204 Rn. 40; Palandt/*Ellenberger* § 204 Rn. 33.

[75] Vgl. Palandt/*Ellenberger* § 204 Rn. 34, 46 f., 50 f. Die Rechtsprechung zu § 41 Abs. 1 KO, dass § 212 Abs. 2 BGB aF nicht anwendbar sei (RGZ 88, 294, 296; offengelassen von BGHZ 90, 249, 254 = NJW 1984, 1559, 1560) ist überholt, vgl. BT-Drs. 12/2443, S. 169 zu § 165 RegE.

[76] Vgl. zuletzt BGHZ 106, 127, 128 = NJW 1989, 985, 986; krit. *Piekenbrock,* Befristung, Verjährung, Verschweigung und Verwirkung (2006), S. 460 ff.

[77] Zur Berechtigung von Rechtsnachfolgern zur Verjährungshemmung vgl. BGH NJW 1999, 3707 f.; NJW 2010, 2270 Rn. 38 f.; Staudinger/*Peters/Jacoby* § 204 Rn. 9 f.; MüKoBGB/*Grothe* § 204 Rn. 17.

[78] BGH NJW-RR 1989, 508; Erman/*Schmidt-Räntsch* § 204 Rn. 3.

[79] FKInsO/*Dauernheim* § 146 Rn. 9; zu § 41 Abs. 2 KO vgl. entsprechend BGH NJW 1996, 1351 f.; NZI 2001, 539, 541.

[80] Vgl. BGH NJW 2012, 3633 Rn. 24 ff.

[81] Vgl. BGH NJW 1977, 1686 f.; NJW 1983, 2448 f.; NJW-RR 2004, 501; Beschl. v. 1.6.2006 – IX ZR 9/04 Rn. 2.

[82] BGHZ 135, 140, 149 ff. = NJW 1997, 1857, 1859; Beschl. v. 21.7.2011 – IX ZR 108/11 Rn. 3; Nerlich/Römermann/*Nerlich* § 146 Rn. 10; vgl. auch BGH WM 1983, 1313, 1315; BGHZ 147, 28, 34 ff. = NJW 2001, 3704, 3706; BAGE 108, 367, 372 = NJW 2004, 1196, 1197.

sind Angaben tatsächlicher Art, die eine Identifizierung der angefochtenen Rechtshandlung bei sinnvoller Auslegung ermöglichen.[83] Für das Klagebegehren des Insolvenzverwalters genügt das Verlangen, dass der Gegner einen aufgrund einer Rechtshandlung erworbenen Gegenstand der Insolvenzmasse zuführen soll.[84] Antrag (→ § 143 Rn. 164) und Klagevortrag müssen sich erkennbar auf jede Rechtshandlung einzeln beziehen, deren Folgen angefochten werden sollen; deren rein äußerliche Verbindung mit anderen, selbständigen Rechtshandlungen in einer einheitlichen Urkunde genügt nicht.[85] Andererseits ist es unschädlich, wenn zwei bezeichnete getrennte Handlungen als eine – vermeintlich – einzige angefochten werden.[86] Im Zweifel sollen sämtliche Rechtshandlungen, die in tatsächlicher Hinsicht dargelegt sind, angefochten werden.[87] Erfasst werden nach Maßgabe von § 213 BGB alle konkurrierenden Ansprüche. Die gesetzlichen Bestimmungen, auf die die Anfechtung gestützt werden kann oder soll, brauchen nicht genannt zu werden.[88] Erst recht ist es nicht schon Hemmungsvoraussetzung, dass die Klage schlüssig ist.[89] Die in Betracht kommenden Rechtsnormen hat das Gericht von Amts wegen zu prüfen;[90] sind die nötigen Tatsachen vorgetragen, ist es sogar unerheblich, wenn sich zB der Insolvenzverwalter ausdrücklich nur eines „Bereicherungsanspruchs" berühmt[91] oder eine Besicherung als „gläubigerbenachteiligend" nicht gelten lassen will.[92] Eine Teilklage hemmt die Frist jedoch nur im Umfang des eingeklagten Anspruchsteils.[93]

Die früher zu § 41 Abs. 1 KO entwickelte weitere Voraussetzung, dass schon die eingereichte 24
Klage die Prozessvoraussetzungen erfüllen und geeignet sein müsse, zu einer sachlichen Entscheidung zu führen,[94] ist durch die Neugestaltung der Anfechtungsfrist als Verjährungsfrist überholt.[95] Eine solche Frist kann auch durch eine zunächst unzulässige Klage gehemmt werden, wenn diese bis zur letzten mündlichen Verhandlung in den Tatsacheninstanzen zulässig und begründet ist.[96] Sogar nach einer Abweisung als unzulässig kann sie innerhalb von sechs Monaten fristwahrend wiederholt werden (§ 204 Abs. 2 Satz 1 BGB).[97]

§ 253 Abs. 1 ZPO setzt zwar die Zustellung der Klageschrift voraus. Zur Fristwahrung genügt 25
jedoch der **Eingang** bei Gericht, sofern die **Zustellung demnächst** erfolgt (§ 167 ZPO).[98] Maßgeblich in dieser Beziehung ist allein der zwischen dem Ablauf der Verjährungsfrist und der Zustellung verflossene Zeitraum;[99] eine vom Kläger zu vertretende Verzögerung um bis zu 14 Tagen schadet nicht.[100] Dabei kommt es mit Blick auf die Einzahlung des Kostenvorschusses nicht auf die Zeitspanne zwischen der Aufforderung zur Einzahlung der Gerichtskosten und deren Eingang bei der Gerichtskasse, sondern darauf an, um wie viele Tage sich der für die Zustellung der Klage ohnehin erforderliche Zeitraum infolge der Nachlässigkeit des Klägers verzögert hat.[101] Die Einreichung

---

83 BGHZ 86, 349, 352 = NJW 1983, 1120, 1121; BGH WM 1983, 1313, 1315; vgl. BGHZ 124, 76, 84 = NJW 1994, 449, 452; NJW 1995, 1668, 1671; OLG Stuttgart GmbHR 2007, 651, 656.

84 BGH NJW 2001, 517, 519; NZI 2004, 253, 254.

85 Vgl. LG Bonn NJW 1969, 1722, 1723.

86 Vgl. OLG Hamm ZInsO 2002, 132, 133.

87 Vgl. BGH NZI 2008, 372 Rn. 11.

88 BGHZ 117, 374, 381 f. = NJW 1992, 1626, 1628; BGHZ 123, 320, 322 = NJW 1993, 3267; BGH WM 1960, 546 f.; WM 1969, 888 f.; NJW 1990, 2626, 2627 (insoweit nicht in BGHZ 112, 136); NJW 2001, 517, 519; NJW-RR 2004, 696 f.; NJW 2008, 2506, 2507; RGZ 79, 390, 391; RG JW 1911, 107, 108 aE; OLG Hamburg ZIP 1981, 1353, 1354; *Baur/Stürner,* Insolvenzrecht Rn. 20.17.

89 Vgl. BGH NJW 1985, 1560, 1561; RGZ 132, 284, 286 f.

90 BGHZ 117, 374, 380 f. = NJW 1992, 1626, 1628; BGH NJW 1999, 645; NJW 2002, 1342 f.

91 Vgl. BGH NJW 2001, 517, 519; NZI 2004, 253, 254; ferner BGH NJW 2007, 1067 Rn. 9 (insoweit nicht in BGHZ 174, 314).

92 Vgl. BGHZ 138, 291, 307 = NJW 1998, 2592, 2598.

93 BGHZ 66, 142, 147 = NJW 1976, 960, 961 f.; BGH NJW 2002, 2167 f.; RG WarnR 1917 Nr. 225; Uhlenbruck/*Hirte/Borries* § 146 Rn. 7; Palandt/*Ellenberger* § 204 Rn. 16; KPB/*Jacoby* § 146 Rn. 9; vgl. BGH NJW 1978, 1058, 1059.

94 Vgl. BGH NJW 1985, 1560, 1561; RGZ 132, 284, 286.

95 Vgl. schon *Baur/Stürner,* Insolvenzrecht Rn. 20.18. Dies berücksichtigt FKInsO/*Dauernheim* § 146 Rn. 12 nicht.

96 BGH NJW 1959, 1819 f.; NJW 1967, 2210 f.; NJW 1988, 1079, 1082; Palandt/*Ellenberger* § 204 Rn. 5.

97 Überholt ist insoweit RGZ 88, 294, 296.

98 BGH NJW 2004, 1444, 1446 (insoweit nicht in BGHZ 157, 350); NJW-RR 2005, 695, 696; OLG Frankfurt NZI 2006, 241, 243; FKInsO/*Dauernheim* § 146 Rn. 8; Palandt/*Ellenberger* § 204 Rn. 7; so schon BGHZ 89, 189, 196 f. = NJW 1984, 1557, 1559; BGH WM 1983, 1313, 1315; ZIP 1984, 493, 494; NJW 1985, 1560, 1561; NJW-RR 1993, 235, 236; NZI 2001, 360, 362; NJW 2001, 2545, 2547.

99 BGHZ 103, 20, 29 f. = NJW 1988, 1980, 1982; BGHZ 86, 313, 322 f. = NJW 1983, 1050, 1052; BGH NJW 1995, 3380, 3381.

100 BGH NJW 1999, 3125 f.; NJW 2000, 2282; NJW 2011, 1227 Rn. 8 f.

101 So BGH NJW 2015, 2666 Rn. 6 mwN unter Aufgabe von BGH ZMR 2012, 643 Rn. 7.

beim unzuständigen Gericht genügt, wenn entweder dieses bis zur letzten mündlichen Verhandlung zuständig wird oder der Rechtsstreit an das zuständige Gericht verwiesen wird (§ 281 ZPO).[102] In diesem Falle schadet es nicht einmal, wenn der Kläger bewusst das unzuständige Gericht angerufen hatte.[103]

26 Die Klageerhebung hemmt die Verjährung des (materiellen) Anspruchs grundsätzlich im Umfang des Streitgegenstandes und damit des **prozessualen Anspruchs.**[104] Darüber hinaus werden Ansprüche erfasst, die „wahlweise" neben dem geltend gemachten Anspruch stehen[105] oder an seine Stelle treten (§ 213 BGB).[106] Ausgehend von diesen Prämissen bleibt die Hemmungswirkung der Klageerhebung unberührt, wenn die neuen Behauptungen die früheren tatsächlichen Ausführungen nur berichtigen oder ergänzen und daher keine Klageänderung vorliegt (vgl. § 264 Nr. 1 ZPO);[107] das gilt auch für die Bezeichnung des Anfechtungsgegners, solange keine Parteiänderung eintritt.[108] Hat es der Kläger ggf. versäumt, **mehrere Einzelforderungen** in der Klageschrift hinreichend aufzugliedern, wird die Verjährung für jeden hinreichend individualisierten Teilanspruch in Höhe der Gesamtsumme gehemmt.[109] Wird eine auf Bereicherungsrecht gegründete Klage bei unverändertem Sachverhalt erst nachträglich – zutreffend – auf Anfechtungsrecht gestützt, bleibt der Streitgegenstand gleich (vgl. § 264 Nr. 1 ZPO).[110] Die Grenzen für eine unschädliche Berichtigung oder Ergänzung sind nicht eng, weil der Anfechtungsgegner selbst meist besser als der Anfechtende weiß, wie die angegriffene Vermögensübertragung abgelaufen ist.[111] Sie sind grundsätzlich erst dort überschritten, wo ein neuer oder in wesentlichen Teilen geänderter Lebenssachverhalt als Klagegrund nachgeschoben wird.[112] Um denselben Streitgegenstand handelt es sich regelmäßig noch, wenn erst nachträglich die persönliche Eigenschaft des Anfechtungsgegners als eine nahe stehende Person iSv § 138 vorgetragen wird, mit der Folge, dass insbesondere die Beweislastumkehr des § 130 Abs. 3 oder sogar der selbständige Anfechtungstatbestand des § 133 Abs. 4 eingreift. Zu weit geht die Ansicht, eine Klageänderung liege stets vor, wenn der Anfechtungsgegner zunächst als ursprünglicher Erwerber und erst nachträglich als Rechtsnachfolger iSv § 145 in Anspruch genommen wird (→ § 145 Rn. 44), oder wenn der Insolvenzverwalter sich zunächst nur auf Nichtigkeit und erst später auf die Anfechtbarkeit einer Rechtshandlung beruft.[113] Vielmehr entscheidet auch insoweit allein, ob der Wechsel auf neuem Tatsachenvortrag bzw. einem neuen Rechtsschutzziel oder nur auf der – unschädlichen – Berichtigung einer früheren, als unzutreffend erkannten Rechtsansicht beruht. Unschädlich ist es im Hinblick auf § 264 Nr. 3 ZPO ferner, wenn der Insolvenzverwalter statt Naturalrückgewähr nachträglich **Wertersatz** fordert,[114] oder umgekehrt;[115] schon die erste Klage erfüllte dann den Zweck des § 146 Abs. 1, insbesondere berechtigtes Vertrauen des Anfechtungsgegners zu zerstören. Ein Wertersatzanspruch kann nachträglich auch im Wege eines Hilfsantrags eingeführt werden.[116] Wird die Anfechtungsklage dagegen später auf einen neuen Lebenssachverhalt gestützt, hemmt insoweit erst die Zustellung des klageändernden Schriftsatzes die Verjährung.[117] Dasselbe gilt wegen des Schutzzwecks der Verjährungsvorschrift, soweit der **Klageantrag nachträglich erweitert**

---

102 OLG Frankfurt ZInsO 2006, 106, 107; Nerlich/Römermann/*Nerlich* § 146 Rn. 11; so schon BGH NJW 1953, 1139, 1140 u. OLG Braunschweig JR 1952, 480 für die örtliche, RGZ 149, 9, 10 f. für die sachliche Unzuständigkeit; vgl. auch BGHZ 86, 313, 322 f. = NJW 1983, 1050, 1052; BGHZ 168, 306 Rn. 16 ff. = NJW 2006, 3206; Palandt/*Ellenberger* § 204 Rn. 5.

103 OLG Brandenburg ZIP 2002, 1902, 1904.

104 Vgl. etwa BGH NJW 2005, 2004, 2005 mwN zur Rechtsprechung zu § 209 Abs. 1 BGB aF; BGHZ 205, 151 Rn. 17 = NJW 2015, 2106; BGH NJW 2016, 2493 Rn. 19.

105 Vgl. dazu im kaufrechtlichen Kontext BGHZ 205, 151 Rn. 22 ff. = NJW 2015, 2106; BGH NJW 2016, 2493 Rn. 20 f.

106 Vgl. dazu im nachbarrechtlichen Kontext BGH, Urt. v. 15.3.2018 – V ZR 48/17 Rn. 2.

107 BGH WM 1983, 1313, 1315; NJW 1985, 1560, 1561; OLG Köln NZI 2004, 217, 218 f.; vgl. BGHZ 86, 349, 352 = NJW 1983, 1120, 1121; BGH WM 1969, 888.

108 *Baur/Stürner,* Insolvenzrecht Rn. 20.17; andererseits RG WarnR 1917, Nr. 225.

109 BGH NJW 2015, 2113 Rn. 27 ff.

110 BGH NJW 2001, 517, 519.

111 BGH NJW 1985, 1560, 1561.

112 BGHZ 117, 374, 380 f. = NJW 1992, 1626, 1628; vgl. BGH NJW 1978, 1058 f.

113 Vgl. BGH NJW 2002, 1342 f.; Gottwald/*Huber,* InsO-HdB, § 51 Rn. 65, 53; zu sehr verallgemeinernd *Serick* Bd. III § 32 II 3, S. 156; *A. Blomeyer,* FS Lent (1957), S. 43, 77.

114 KPB/*Jacoby* § 143 Anh. Rn. 9; HambKommInsO/*Rogge/Leptien* § 143 Rn. 140; *Baur/Stürner,* Insolvenzrecht Rn. 20.17; vgl. BGHZ 89, 189, 197 = NJW 1984, 1557, 1559; *Henckel* FS Schwab (1990), S. 213, 215; RGZ 52, 82, 85 f.

115 OLG Hamm NZI 2001, 432, 433; HKInsO/*Thole* § 146 Rn. 8; zum AnfG BGH NZI 2008, 633 Rn. 13 ff.

116 Vgl. Gottwald/*Huber,* InsO-HdB § 51 Rn. 54 und zu § 7 AnfG aF BGH NJW 1984, 2890, 2891.

117 Vgl. BGH NJW 1985, 1560, 1561; NJW 1999, 359, 360; RGZ 132, 284, 286; *Baur/Stürner,* Insolvenzrecht Rn. 20.18; Gottwald/*Huber,* InsO-HdB § 51 Rn. 52.

wird;[118] aus § 264 Nr. 2 ZPO ergibt sich nichts anderes, weil es sich um eine Klageänderung handelt, die lediglich kraft Gesetzes für sachdienlich erklärt wird. Ob der Kläger eine offene Teilklage erhoben hat oder – erkennbar – den ganzen Anspruch geltend machen wollte, spielt keine Rolle, weil der Streitgegenstand abschließend durch den Antrag bestimmt wird; daher muss ggf. im Wege der Klagehäufung (§ 260 ZPO) ein Zwischenfeststellungsantrag (§ 256 Abs. 2 ZPO) gestellt werden.[119] Die herrschende Auffasung meint dagegen, dass die Verjährung insgesamt gehemmt wird, wenn der Kläger erkennbar den gesamten Anspruch rechtshängig machen wollte und sich allein dessen Bemessungsgrundlage geändert hat.[120]

bb) Mahnbescheid und Europäischer Zahlungsbefehl. Die Zustellung eines – inhaltlich ausreichend individualisierten[121] – **Mahnbescheids** hemmt die Verjährung (§ 204 Abs. 1 Nr. 3 BGB).[122] Nach Maßgabe von § 167 ZPO (→ Rn. 25) genügt aber auch hier zur Fristwahrung der Eingang des Antrags. Die zu § 41 KO entwickelte Einschränkung, der Anfechtende müsse nach einem Widerspruch gegen den Mahnbescheid des Anfechtungsgegners um eine zügige gerichtliche Bearbeitung bemüht bleiben,[123] ist durch die gesetzliche Neugestaltung überholt. Verliert der Mahnbescheid nach § 701 ZPO seine Wirkung, endet die Hemmung nach näherer Maßgabe von § 204 Abs. 2 BGB.[124] Der **Europäische Zahlungsbefehl** iSv Art. 12 EuMVVO steht dem (deutschen) Mahnbescheid gleich (§ 204 Abs. 1 Nr. 3 BGB). Das ist für den Insolvenzverwalter wegen der internationalen Zuständigkeit im Eröffnungsstaat (→ § 143 Rn. 152), die auch für das Europäische Mahnverfahren vorausgesetzt wird (Art. 6 Abs. 1 EuMVVO), durchaus von praktischer Bedeutung. 27

cc) Güteantrag. Die Bekanntgabe eines Güteantrags des Insolvenzverwalters nach Maßgabe des § 204 Abs. 1 Nr. 4 BGB kann die Verjährung hemmen.[125] Gegenteilige Rechtsprechung zu § 41 KO[126] ist überholt. 28

dd) Aufrechnung. § 204 Abs. 1 Nr. 5 BGB legt der Geltendmachung der Aufrechnung mit dem Anfechtungsanspruch im Prozess verjährungshemmende Wirkung zu. Da eine erfolgreiche Aufrechnung aber ohnehin zum Erlöschen des aufgerechneten Anspruchs führt, beschränkt sich die Bedeutung der Vorschrift auf die unzulässige Aufrechnung und die nicht berücksichtigte Eventualaufrechnung.[127] Diese hemmt die Verjährung lediglich hinsichtlich des zur Aufrechnung verwendeten Teils, also nicht über die Höhe der Klageforderung hinaus.[128] Ob diese Klageforderung von Rechts wegen besteht, ist unerheblich,[129] weil die Aufrechnungserklärung in jedem Falle den Normzweck des § 146 Abs. 1 (→ Rn. 1) uneingeschränkt erfüllt. Die Aufrechnung muss allerdings – vorbehaltlich von § 146 Abs. 2 (→ Rn. 45) – innerhalb der laufenden Verjährungsfrist nach § 146 Abs. 1 iVm §§ 195, 199 Abs. 1, 4 BGB erklärt worden sein.[130] Große praktische Bedeutung erlangt diese Hem- 29

118 BGHZ 66, 142, 147 = NJW 1976, 960, 961 f.; BGH VersR 1984, 390, 391; RGZ 57, 372, 373 ff.; 66, 365, 366 f.; RGRK/*Johannsen* § 209 Rn. 25; Staudinger/*Peters/Jacoby* § 204 Rn. 17; vgl. RG WarnR 1917, Nr. 225.

119 Vgl. *Meyer* NJW 2002, 3067, 3068.

120 So MüKoInsO/*Kirchhof* → 3. Aufl. § 146 Rn. 15c; BGH NJW 1970, 1682, Nr. 6; WM 1984, 1131, 1133; MüKoBGB/*Grothe* § 204 Rn. 15; RGRK/*Johannsen* § 209 Rn. 26, 27; Staudinger/*Peters/Jacoby* § 204 Rn. 18; BeckOGKBGB/*Meller-Hannich* § 204 Rn. 63; vgl. BGHZ 66, 138, 141 f. = NJW 1976, 956 f.; BGH WM 1978, 461, 464 f.; NJW 1982, 1809, 1810; RGZ 77, 213, 216.

121 Vgl. dazu BGH NJW 1992, 1111; KKInsO/*Mohr* § 146 Rn. 55 ff.; Erman/*Schmidt-Räntsch* § 204 Rn. 13; Palandt/*Ellenberger* § 204 Rn. 18.

122 BGH NJW 1960, 1529 f.; BKInsO/*Haas* § 143 Rn. 109. Zu Zustellungsmängeln vgl. BGH NJW-RR 2010, 1438 Rn. 14 ff.

123 BGHZ 122, 23, 27 ff. = NJW 1993, 1585, 1586 f.; BGH NJW 1991, 1057, 1058; OLG Frankfurt NZI 2002, 319, 320 ff.

124 Palandt/*Ellenberger* § 204 Rn. 36; *Ebert* NJW 2003, 732, 733.

125 Zu Verzögerungen bei der Zustellung vgl. BGHZ 182, 284 Rn. 13 ff. = NJW 2010, 222.

126 OLG Köln ZIP 1995, 304, 305 f.; LG Hamburg ZIP 1995, 57, 58.

127 BGHZ 80, 222, 225 f. = NJW 1981, 1953, 1954 f.; BGHZ 83, 260, 270 = NJW 1982, 1516, 1518; Jaeger/*Henckel* § 146 Rn. 27; Staudinger/*Peters/Jacoby* § 204 Rn. 63, 66 f., der jedoch das Vorliegen einer Aufrechnungslage verlangt (Rn. 68 ff.); Erman/*Schmidt-Räntsch* § 204 Rn. 18; Palandt/*Ellenberger* § 204 Rn. 20; *Eckardt,* Anfechtungsklage S. 310.

128 BGH NJW-RR 1986, 1079; NJW 1990, 2680, 2681; NJW-RR 2009, 1169, 1171; Palandt/*Ellenberger* § 204 Rn. 20; RGRK/*Johannsen* § 209 Rn. 35.

129 Jaeger/*Henckel* § 146 Rn. 27. Die einschränkende Gegenmeinung (RGZ 79, 24, 26 f.; *A. Rümelin* KuT 1927, 54) ist durch die umfassende Anwendung der allgemeinen Verjährungsvorschriften überholt.

130 Vgl. MüKoBGB/*Grothe* § 204 Rn. 38; *Eckardt,* Anfechtungsklage S. 309 f., 315; LG Berlin ZMR 1988, 63, 64 f.

mungsmöglichkeit nicht, weil der Insolvenzverwalter sinnvollerweise mit dem Anfechtungsanspruch nur gegen Masseverbindlichkeiten, nicht gegen Insolvenzforderungen aufrechnen wird.

30 **ee) Streitverkündung.** Nach § 204 Abs. 1 Nr. 6 BGB hemmt die Zustellung einer – zulässigen[131] – Streitverkündung (§§ 72, 73 ZPO) die Verjährung. Dies mag insbesondere gegenüber möglichen Rechtsnachfolgern[132] sowie dann in Betracht kommen, wenn mehrere Anfechtungsgegner als möglich feststehen, der richtige aber nur aufgrund ihrer internen Absprachen zu bestimmen ist (→ § 129 Rn. 49, 68 ff.); damit sind die Kosten mehrerer, sich gegenseitig ausschließender Klagen zu vermeiden. Die Hemmungswirkung tritt schon mit dem Eingang der Streitverkündungsschrift bei Gericht ein, falls zum Zeitpunkt ihrer – demnächst erfolgten – Zustellung (→ Rn. 25) der Anspruch noch nicht verjährt war.[133] Dagegen **hemmt** die Geltendmachung der Anfechtung durch eine **Nebenintervention** des Insolvenzverwalters im Rahmen eines zwischen dem Anfechtungsgegner und einem Dritten geführten Prozesses **nicht** die Verjährung.[134] Der entscheidende Unterschied zur Streitverkündung liegt darin, dass diese nur in einem Prozess erfolgen kann, in dem der Anfechtende selbst Partei ist.

31 **ff) Arrest, einstweilige Verfügung.** Das Verfahren auf Erlass eines Arrests oder einer einstweiligen Verfügung zur Sicherung des Anfechtungsanspruchs (→ § 143 Rn. 178) hemmt die Verjährung nach näherer Maßgabe von § 204 Abs. 1 Nr. 9 BGB. Gegenteilige frühere Rechtsprechung zu § 41 KO[135] ist überholt. Die Hemmung endet unter anderem sechs Monate nach rechtskräftiger Zurückweisung des Antrags (→ Rn. 22). Erhebt andererseits der Anfechtungsgegner Widerspruch (§ 924 ZPO), ist auf die rechtskräftige Entscheidung hierüber (§ 925 ZPO) abzustellen.[136]

32 **gg) Anmeldung im Insolvenzverfahren.** Wird auch der Anfechtungsgegner insolvent, hemmt die – ordnungsmäßige[137] – Anmeldung des Anfechtungsanspruchs im Insolvenzverfahren die Verjährung (§ 204 Abs. 1 Nr. 10 BGB).[138] Bedeutsam wird dies nur, soweit sich die Anfechtung nicht ohnehin wie ein Aussonderungsrecht unmittelbar gegen die Insolvenzmasse des Anfechtungsgegners richtet, also nur bei Wertersatzpflichten (→ § 143 Rn. 36, 115).[139] Schuldet der Anfechtungsgegner hingegen Rückgewähr in Natur, läuft gegen dessen Insolvenzmasse die selbständige Anfechtungsfrist des § 146 (→ § 145 Rn. 41). Eine Anmeldung als Masseschuld hemmt die Verjährung nicht.[140] Hatte ein Gläubiger des späteren Schuldners vor der Insolvenzeröffnung dem Anfechtungsgegner eine Anfechtung nach § 7 Abs. 2 AnfG ordnungsgemäß mitgeteilt, wirkt das nach näherer Maßgabe dieser Bestimmung auch zugunsten des Insolvenzverwalters (vgl. § 17 Abs. 1, 2 AnfG).[141] Die Hemmung endet noch nicht mit einem Bestreiten der angemeldeten Forderung,[142] sondern frühestens sechs Monate ab der öffentlichen Bekanntmachung der Beendigung dieses Insolvenzverfahrens.[143]

33 **hh) Schiedsverfahren und Beweisverfahren.** Der Beginn eines **Schiedsverfahrens** (§ 204 Abs. 1 Nr. 11 BGB) wird als Hemmungsgrund für Anfechtungsansprüche praktisch kaum bedeutsam werden (→ § 143 Rn. 162 f.). Dasselbe gilt für den Antrag auf Durchführung eines selbständigen **Beweisverfahrens** (§ 204 Abs. 1 Nr. 7 BGB).

---

131 Zu dieser Voraussetzung vgl. BGHZ 175, 1 Rn. 14 ff. = NJW 2008, 519.

132 Vgl. Jaeger/*Henckel* § 146 Rn. 28.

133 Vgl. BGH NJW 2010, 856 Rn. 7 ff.

134 Jaeger/*Henckel* § 146 Rn. 28; HKInsO/*Thole* § 146 Rn. 16; Uhlenbruck/*Hirte/Borries* § 146 Rn. 17; Nerlich/Römermann/*Nerlich* § 146 Rn. 20; FKInsO/*Dauernheim* § 143 Rn. 72; zum österreichischen Recht *König,* Die Anfechtung nach der IO, 5. Aufl. (2014) Rn. 17/55; *Gerhardt,* Studie in honorem Pelayia Yessiou-Faltsi (2007), S. 187, 197 ff.; wegen einer möglichen Abtretung des Anfechtungsanspruchs an den Dritten, vgl. HambKommInsO/*Rogge* § 146 Rn. 16; so schon BGHZ 106, 126, 131 f. = NJW 1989, 985, 986; *Bork* JR 1989, 494, 496 ff.

135 Vgl. RGZ 57, 30, 31; BGH NJW 1979, 217.

136 Erman/*Schmidt-Räntsch* § 204 Rn. 47; Palandt/*Ellenberger* § 204 Rn. 41.

137 Vgl. *Vogel* BauR 2004, 1365, 1366 f.

138 BGH, Beschl. v. 21.9.2006 – IX ZR 197/05 Rn. 3; BKInsO/*Haas* § 146 Rn. 13; *Vallender* ZInsO 2002, 110, 111 f.; vgl. schon RGZ 170, 276, 278 f.; OLG Frankfurt KTS 1982, 481, 483.

139 Vgl. Jaeger/*Henckel* § 146 Rn. 31; *Eckardt,* Anfechtungsklage S. 306 ff. Zur Verjährungsunterbrechung durch Anmeldung in einem seerechtlichen Verteilungsverfahren vgl. BGHZ 112, 95, 100 f. = NJW 1990, 3207 f.

140 LAG Hamburg ZIP 1988, 1270, 1271; Erman/*Schmidt-Räntsch* § 204 Rn. 26; Palandt/*Ellenberger* § 204 Rn. 25.

141 MüKoAnfG/*Kirchhof* § 7 Rn. 56; *Huber,* AnfG 10. Aufl., § 7 Rn. 39.

142 Erman/*Schmidt-Räntsch* § 204 Rn. 48; aA *Vogel* BauR 2004, 1365, 1367 f.

143 Vgl. BGHZ 64, 1, 3 = NJW 1975, 692; BGH NJW 2010, 1284 Rn. 46 f.

ii) Gerichtsstandsbestimmung. Wird vor der Klageerhebung insbesondere eine Gerichtsstandsbestimmung (§ 36 ZPO) nötig, hemmt nach Maßgabe von § 204 Abs. 1 Nr. 13 BGB schon die Einreichung des hierauf gerichteten Antrags die Verjährung. Dies gilt sogar für einen erfolglosen Antrag, wenn gegen die in der Antragsschrift bezeichneten Anfechtungsgegner nachfolgend fristgerecht – innerhalb weiterer drei Monate – Klage erhoben wird.[144] 34

jj) Prozesskostenhilfe. Der erstmalige – ordnungsmäßige – Antrag des Insolvenzverwalters auf Gewährung von Prozesskostenhilfe (§ 117 ZPO) für die Anfechtungsklage hemmt nach Maßgabe von § 204 Abs. 1 Nr. 14 BGB die Verjährung. Die Hemmung setzt die Bekanntgabe des Antrags an den Gegner voraus;[145] wie bei § 167 ZPO genügt aber zur Fristwahrung der Eingang des Antrags beim Gericht, wenn die Bekanntgabe „demnächst" veranlasst wird (→ Rn. 25). Die Hemmung endet sechs Monate nach der Bewilligung der Prozesskostenhilfe oder nach dem fruchtlosen Ablauf der Beschwerdefrist (§ 569 ZPO) gegen die Zurückweisung.[146] Dass die Klage nach Bewilligung der Prozesskostenhilfe „in angemessener Frist" erhoben wird,[147] ist dagegen nicht (mehr) erforderlich. Wird nach Bewilligung der Prozesskostenhilfe keine unterschriebene Klageschrift eingereicht, aber trotzdem mündlich verhandelt, wird die Verjährung ab diesem Zeitpunkt erneut gehemmt (→ Rn. 23). 35

c) Leistungsverweigerungsrecht, höhere Gewalt. Eine Hemmung wegen eines Leistungsverweigerungsrechts (§ 205 BGB) ist insbesondere möglich, wenn der Insolvenzverwalter – bzw. ggf. der Zessionar (→ § 129 Rn. 214 ff.; § 143 Rn. 5) – dem Anfechtungsgegner die Stundung bewilligt hat. Die Verjährung kann auch wegen höherer Gewalt iSv § 206 BGB gehemmt sein; jedoch genügt hierfür nicht der Umstand allein, dass die Sicherung und Prüfung der nötigen Unterlagen für den Anfechtenden schwierig ist.[148] 36

d) Verwalterwechsel, Nachlassfälle. In entsprechender Anwendung des § 210 BGB kann insbesondere ein Wechsel in der Person des Insolvenzverwalters den Verjährungsablauf hemmen.[149] Diese Vorschrift ist sachnäher als der früher hierfür – wegen der begrenzten Verweisung des § 41 Abs. 1 Satz 2 KO – in Betracht gezogene § 207 BGB aF (≈ § 211 BGB). § 211 Satz 1 kann bei Anfechtungen gegenüber einem Nachlass eingreifen.[150] 37

e) Keine Hemmung durch Einrede. Die Geltendmachung der Anfechtbarkeit durch Erhebung einer Einrede oder Gegeneinrede im Prozess hemmt nach den Vorschriften des BGB nicht selbständig die Verjährung.[151] Aufgrund der völligen Neuordnung der insolvenzrechtlichen Anfechtungsfristen ist es auch nicht gerechtfertigt, der prozessualen Einrede – über eine Verteidigung nach § 146 Abs. 2 hinaus (→ Rn. 52 ff.) – verjährungshemmende Wirkung zuzuerkennen.[152] Der Gesetzgeber hat die Rechtsfragen durch die Verweisung auf die allgemeinen Verjährungsvorschriften des BGB abschließend regeln wollen,[153] ebenso die Tragweite der Anfechtungseinrede (→ Rn. 45 ff.). Im Rahmen der insgesamt erheblich verlängerten Fristen genügen die Hemmungsmöglichkeiten der Widerklage (§ 204 Abs. 1 Nr. 1 BGB; → Rn. 23), der Aufrechnung (§ 204 Abs. 1 Nr. 5 BGB; → Rn. 29) oder Streitverkündung (§ 204 Abs. 1 Nr. 6 BGB; → Rn. 30), um die Interessen der Insolvenzmasse hinreichend wahrzunehmen. 38

4. Neubeginn der Verjährung. Neben den Hemmungstatbeständen sind auch die Regelungen zum Neubeginn der Verjährung (§ 212 BGB) in vollem Umfang auf die anfechtungsrechtliche 39

---

144 BGHZ 160, 259, 261 ff. = NJW 2005, 3772 ff.; Urt. v. 28.9.2004 – IX ZR 157/03; Nerlich/Römermann/*Nerlich* § 146 Rn. 12; vgl. BKInsO/*Haas* § 146 Rn. 13.

145 BGH NJW 2008, 1939 Rn. 7 ff.

146 Erman/*Schmidt-Räntsch* § 204 Rn. 52; Palandt/*Ellenberger* § 204 Rn. 45; vgl. BGH NJW 2001, 2545, 2546 f.

147 So BGHZ 147, 28, 36 = NJW 2001, 3704, 3706 beim Rückgriff auf die Regelung zur höheren Gewalt (§ 203 BGB aF) im Rahmen von § 41 Abs. 2 KO vor der Schuldrechtsreform. Vgl. zur Hemmung durch Prozesskostenhilfeanträge grundlegend BGHZ 70, 235, 237 f. = NJW 1978, 938 f. Danach sollte der Antragsteller in Anlehnung an § 234 Abs. 1 Satz 1 ZPO ca. zwei Wochen Zeit haben für die Einreichung der Klage (S. 239 f.).

148 Jaeger/*Henckel* § 146 Rn. 38 aE; vgl. auch BGH NJW 1968, 1381, 1382.

149 BT-Drs. 12/2443, S. 169 zu § 165 RegE; Jaeger/*Henckel* § 146 Rn. 38; Uhlenbruck/*Hirte/Borries* § 146 Rn. 8; HambKommInsO/*Rogge* § 146 Rn. 5 aE; K. Schmidt/*Büteröwe* § 146 Rn. 9; so schon OLG Saarbrücken NJW 1968, 709; *Eckardt,* Anfechtungsklage S. 159, 175; *Fr. Weber* KTS 1961, 49 ff.

150 Vgl. Jaeger/*Henckel* § 146 Rn. 42; ferner RGZ 100, 279, 281 ff.

151 Jaeger/*Henckel* § 146 Rn. 35; MüKoBGB/*Grothe* § 209 Rn. 4; vgl. BGHZ 72, 23, 28 = NJW 1978, 1975 f.; BGH VersR 1963, 90, 91; NJW 1993, 1847, 1848; RGZ 153, 375, 380 ff.; Staudinger/*Peters/Jacoby* § 204 Rn. 39; aA Erman/*Schmidt-Räntsch* § 204 Rn. 2.

152 AA *Eckardt,* Anfechtungsklage S. 392 f.

153 Vgl. BT-Drs. 12/2443, S. 169 zu § 165 RegE.

Verjährung nach § 146 Abs. 1 unmittelbar anwendbar.[154] Insbesondere beginnt die Verjährung nach einem **Anerkenntnis** des Anfechtungsgegners neu zu laufen (§ 212 Abs. 1 Nr. 1 BGB).[155] Dies erleichtert außergerichtliche Lösungsversuche des Insolvenzverwalters. Im Hinblick auf das Kostenrisiko nach § 93 ZPO obliegt es dem Insolvenzverwalter im Allgemeinen, den Anfechtungsgegner vor Erhebung einer Anfechtungsklage außergerichtlich zur Rückgewähr aufzufordern (→ § 143 Rn. 177). Als Anerkenntnis im verjährungsrechtlichen Sinne reicht ein rein tatsächliches Verhalten des Anfechtungsgegners aus, aus dem sich das Bewusstsein vom Bestehen des Anspruchs eindeutig ergibt,[156] ferner seine (Haupt-)Aufrechnung gegen einen auf Zahlung gerichteten Anfechtungsanspruch.[157] Eine Bestätigung des Anfechtungsanspruchs dem Grunde nach genügt.[158] Das Anerkenntnis einer Rückgewährpflicht nach § 143 Abs. 1 Satz 1 lässt auch die Verjährung der Forderung auf Wertersatz neu beginnen (§ 213 BGB).[159]

40 Demgegenüber wird der Vornahme von **Vollstreckungshandlungen** (§ 212 Abs. 1 Nr. 2 BGB) idR nur geringe Bedeutung zukommen, weil sie meist erst nach verjährungshemmenden Rechtshandlungen iSv § 204 Abs. 1 Nr. 1, 3, 4 oder 9 BGB zulässig sind (§ 750 ZPO) und für titulierte Ansprüche ohnehin grundsätzlich die dreißigjährige Verjährung Platz greift (§ 197 Abs. 1 Nr. 3, 4 BGB). Praktische Bedeutung erlangt § 212 Abs. 1 Nr. 2 BGB daher vor allem für die Zinsansprüche, die der regelmäßigen Verjährung unterliegen (§ 197 Abs. 2 BGB).

41 Der Neubeginn der Verjährung bedeutet, dass die vor seinem Eintritt verstrichene Zeit – wie früher bei der Unterbrechung (§ 217 Hs. 1 BGB aF) – nicht mehr in Betracht kommt. Für die Folgezeit muss der anfechtende Insolvenzverwalter erneut die dreijährige Verjährungsfrist nach § 146 Abs. 1 iVm § 195 BGB – ohne die Ultimo-Regel in § 199 Abs. 1 BGB[160] – beachten.

42 **5. Unzulässige Geltendmachung der Verjährung (*replicatio doli*).** Auf die anfechtungsrechtliche Verjährung sind auch die Regeln über die Wirkungslosigkeit der Einrede aus § 214 Abs. 1 BGB wegen treuwidrigen Verhaltens[161] anzuwenden.[162] Nach **§ 242 BGB** kann eine Verjährungseinrede ausnahmsweise treuwidrig und damit unwirksam sein, wenn der Anfechtungsgegner zuvor den Anfechtenden objektiv – sei es auch schuldlos und nicht zielgerichtet – von der rechtzeitigen Verjährungsunterbrechung abgehalten hat. Dies wurde zB angenommen, wenn der Anfechtungsgegner seinerseits die Aufklärung des zugrundeliegenden Sachverhalts durch den Insolvenzverwalter in unzulässiger Weise erheblich verzögert hatte;[163] diese Fallgruppe ist aber durch den Paradigmenwechsel mit der subjektiven Anknüpfung des Beginns der Verjährung (§ 199 Abs. 1 Nr. 2 BGB) überholt. § 242 BGB wurde ferner angewendet, nachdem der Anfechtungsgegner einseitig auf die Geltendmachung der Einrede, zB befristet, verzichtet hatte, weil dieser Verzicht als Verstoß gegen § 225 Satz 1 BGB aF angesehen wurde.[164] Auch diese Fallgruppe ist durch §§ 202, 203, 205 BGB (→ Rn. 17, 21, 36) eigentlich obsolet geworden; gleichwohl wird der Topos vom Ausschluss der Einrede der Verjährung im Zeitraum eines einseitigen Verzichts nach wie vor bemüht.[165]

43 Folgt man der hiesigen Auffassung zur Bedeutung des (scheinbar) einseitigen Verzichts (→ Rn. 42), bleibt für die *replicatio doli* des Insolvenzverwalters idR fast kein Raum. So hindert der Umstand, dass der Insolvenzverwalter von sich aus zunächst lediglich einen Musterprozess führen

---

154 BT-Drs. 12/2443, S. 169 zu § 165 RegE mit Bezug auf §§ 208–220 BGB aF; RSZ/*Zeuner* § 146 Rn. 6.

155 BT-Drs. 12/2443, S. 169 zu § 165 RegE; Jaeger/*Henckel* § 146 Rn. 44; KKInsO/*Mohr* § 146 Rn. 74; Gottwald/*Huber*, InsO-HdB § 51 Rn. 45. Die gegenteilige Ansicht zu § 41 KO ist durch die gesetzliche Neufassung überholt.

156 BGH NJW 1988, 1259, 1260; NJW-RR 1994, 373 f.; RGZ 113, 234, 238 f.; OLG Celle NJW 2008, 1088 f.; Nerlich/Römermann/*Nerlich* § 146 Rn. 15; RGRK/*Johannsen* § 208 Rn. 3; enger Staudinger/*Peters/Jacoby* § 212 Rn. 7 ff.

157 Vgl. BGH NJW 2012, 3633 Rn. 28 ff.

158 Vgl. BGH VersR 1974, 571, 572; VersR 1984, 441, 442; MüKoBGB/*Grothe* § 212 Rn. 7; Erman/*Schmidt-Räntsch* § 212 Rn. 7; Palandt/*Ellenberger* § 212 Rn. 5.

159 Vgl. BGHZ 39, 189, 190 f. = NJW 1963, 1453 f.

160 Vgl. Erman/*Schmidt-Räntsch* § 212 Rn. 2.

161 Vgl. dazu BGH NJW-RR 2014, 1020 Rn. 15 mwN.

162 BT-Drs. 12/2443, S. 169 zu § 165 RegE; HKInsO/*Thole* § 146 Rn. 11; HambKommInsO/*Rogge/Leptien* § 146 Rn. 8; BeckOK InsO/*Schoon*[12] § 146 Rn. 12; AGR/*Gehrlein* § 146 Rn. 6; so schon LG Mainz BB 1969, 111; *Eckardt*, Anfechtungsklage S. 167 ff.; offengelassen zu § 41 KO von BGH WM 1972, 1427, 1428.

163 Jaeger/*Henckel* § 146 Rn. 60; vgl. BGHZ 9, 1, 5 f. = NJW 1953, 541, 542; BGHZ 71, 86, 96 = NJW 1978, 1377, 1379; RGRK/*Johannsen* § 222 Rn. 10, 11.

164 Vgl. BGH VersR 1960, 515, 517; NJW 1986, 1861 Nr. 2; NJW 1998, 502, 503; Jaeger/*Henckel* § 146 Rn. 8, 60; RGRK/*Johannsen* § 222 Rn. 3; MüKoBGB/*Grothe* Vor § 194 Rn. 19 ff.; Palandt/*Ellenberger* Überbl. vor § 194 Rn. 17 f.; BeckOGKBGB/*Piekenbrock* § 202 Rn. 4.1.

165 So BGH NJW 2016, 1171 Rn. 43 mwN; zur Kritik an dieser „pfadabhängigen" Rechtsprechungskontinuität vgl. BeckOGKBGB/*Piekenbrock* § 202 Rn. 6.1.

will, den oder die übrigen nicht verklagten Anfechtungsgegner nicht daran, die Verjährungseinrede zu erheben.[166] Auch sind (potentielle) Anfechtungsgegner keinesfalls verpflichtet, den Insolvenzverwalter von sich aus auf den drohenden Eintritt der Verjährung hinzuweisen. Zu denken ist allerdings an Fälle, in denen der Anfechtungsgegner bewusst eine **falsche Anschrift** angibt oder einen Wohnsitzwechsel verschweigt, so dass eine rechtzeitig bei Gericht eingereichte Klageschrift (→ Rn. 25) nicht „demnächst" zugestellt werden kann.[167]

V. Anfechtungseinrede (Abs. 2)

Das dem Schutz der Insolvenzmasse dienende, **unverjährbare Leistungsverweigerungsrecht** 44 nach § 146 Abs. 2 (→ Rn. 1, 3) ist grundsätzlich auf die Dauer des Insolvenzverfahrens – einschließlich vorbehaltener nachträglicher Prozesse (→ § 129 Rn. 211) – befristet.[168] Bejaht man allerdings die Abtretbarkeit des Anfechtungsanspruchs (→ § 129 Rn. 214 ff.; § 143 Rn. 5), wird man auch den Fortbestand der Einrede insoweit zulassen müssen, als das in der Insolvenzmasse verbliebene, aber von der anfechtbaren Handlung betroffene Vermögen auf einen Dritterwerber übertragen worden ist; die Rechtsbeständigkeit einer solchen Masseverwertung ist nur sicherzustellen, wenn dem Erwerber auch zu Verteidigungszwecken der Anfechtungsanspruch übertragen werden kann.[169]

1. Voraussetzungen. a) Verweigerung einer Leistungspflicht. Der Einrede iSv § 146 45 Abs. 2 bedarf es **nicht,** soweit die anfechtbare Rechtshandlung von vornherein unwirksam ist (→ Rn. 15). Dies kann nach § 96 Abs. 1 Nr. 3 insbesondere für Auf- oder Verrechnungen durch einen Insolvenzgläubiger zutreffen (→ Rn. 5; § 143 Rn. 75).[170] Der Insolvenzverwalter, der dieses Erfüllungssurrogat nicht gelten lassen will, hat seinerseits die Masseforderung gegen den Insolvenzgläubiger geltend zu machen, für die § 146 Abs. 1 gelten soll (→ § 143 Rn. 75).[171] Einen Aufrechnungseinwand des Gläubigers kann er mit dem Hinweis auf die anfechtbar begründete Aufrechnungslage unbefristet entkräften.[172] Das gilt auch, wenn die Aufrechnung eine Vollstreckungsabwehrklage gegen eine titulierte Forderung der Insolvenzmasse stützen soll,[173] und unabhängig davon, ob die Aufrechnung schon vor oder erst nach der Insolvenzeröffnung erklärt worden ist. Jedoch muss der Insolvenzverwalter selbst innerhalb der Frist des § 146 Abs. 1 anfechten, wenn nur der spätere Schuldner die Aufrechnung erklärt hatte;[174] auf eine bloße Einrede iSv § 146 Abs. 2 darf er sich dann nicht beschränken.[175] Der Einrede nach § 146 Abs. 2 bedarf es ferner nicht zur Aufrechnung mit einem verjährten Anfechtungsanspruch oder für ein darauf gestütztes Zurückbehaltungsrecht, sofern dieser Anspruch der Gegenforderung schon in unverjährter Zeit durchsetzbar gegenüber gestanden hat (§ 215 BGB) (→ Rn. 16).

Andererseits besteht eine Einrede nicht in allen Fällen, in denen der Anfechtungsanspruch 46 verjährt ist. Vielmehr berechtigt § 146 Abs. 2 nur dazu, die Erfüllung einer **Leistungspflicht** zu verweigern. Insoweit kommen allerdings Leistungspflichten jeder Art in Betracht, nicht etwa nur schuldrechtliche. Insbesondere kann auch die Erfüllung sachenrechtlicher Leistungspflichten mit der Anfechtungseinrede verweigert werden,[176] also zB alle Aus- oder Absonderungsbegehren anfechtbar gesicherter Gläubiger.[177]

Das Leistungsverweigerungsrecht kann nur geltend gemacht werden, wenn sich der betroffene 47 Gegenstand noch in der Insolvenzmasse befindet.[178] Jedoch muss die Leistungspflicht, deren Erfül-

---

[166] Soergel/*Niedenführ* § 222 Rn. 9.

[167] Vgl. BGH NJW-RR 2005, 415, 416; vgl. iE BeckOGKBGB/*Meller-Hannich* § 214 Rn. 85 ff.

[168] *Baur/Stürner,* Insolvenzrecht Rn. 20.22; KKInsO/*Mohr* § 146 Rn. 77.

[169] Ebenso HKInsO/*Thole* § 146 Rn. 12; HambKommInsO/*Rogge/Leptien* § 146 Rn. 13; vgl. Uhlenbruck/*Hirte/Borries* § 146 Rn. 6; KKInsO/*Mohr* § 146 Rn. 77.

[170] Zur Rechtslage nach § 41 Abs. 2 KO vgl. OLG Düsseldorf NJW-RR 1990, 576.

[171] BGHZ 169, 158 Rn. 15 ff. = NJW 2007, 78; BGH NZI 2008, 547 Rn. 19.

[172] HKInsO/*Thole* § 146 Rn. 15; Graf-Schlicker/*Huber* § 146 Rn. 3; *Gerhardt* KTS 2004, 195, 202 f.

[173] Vgl. KG KTS 1983, 453, 456.

[174] Vgl. HKInsO/*Thole* § 129 Rn. 17 aE; *Häsemeyer,* Insolvenzrecht Rn. 19.15 Fn. 60.

[175] *Von Olshausen* KTS 2001, 45, 55 ff.

[176] BT-Drs. 12/2443, S. 169 zu § 165 Abs. 3 RegE; HKInsO/*Thole* § 146 Rn. 12; *Eckardt,* Anfechtungsklage S. 66 bis 68; so schon RGZ 95, 224, 226; RG KuT 1929, 122, 123 zu OLG Hamm KuT 1929, 138, 139; vgl. RSZ/*Zeuner* § 146 Rn. 13.

[177] BGH NZI 2008, 547 Rn. 30; RGZ 62, 197, 200; RG KuT 1930, 23; OLG Karlsruhe ZIP 1980, 260, 262; HKInsO/*Thole* § 146 Rn. 12; HambKommInsO/*Rogge/Leptien* § 146 Rn. 13; Nerlich/Römermann/*Nerlich* § 146 Rn. 19; vgl. BGHZ 83, 158, 159 f. = NJW 1982, 2074, 2076; BGH NJW 1993, 1640, 1641; *Gerhardt,* FS Brandner (1996), S. 605, 609; *Mitlehner,* Mobiliarsicherheiten Rn. 81 f., 159–161.

[178] OLG Stuttgart GmbHR 2007, 651, 656; dazu Uhlenbruck/*Hirte/Borries* § 146 Rn. 14; HKInsO/*Thole* § 146 Rn. 13; Braun/*Riggert* § 146 Rn. 9; Gottwald/*Huber,* InsO-HdB § 51 Rn. 55 f.

lung zu verweigern ist, nicht schon im **Zeitpunkt** der Insolvenzeröffnung bestanden haben.[179] Vielmehr genügt es, dass sie infolge der Insolvenzeröffnung durch eine Maßnahme des Insolvenzverwalters entstanden ist,[180] sei es auch erst nach Eintritt der Verjährung iSv § 146 Abs. 1;[181] der Wortlaut von § 146 Abs. 2 enthält insoweit keine Einschränkung. Sein Zweck, den Bestand der Insolvenzmasse zu verteidigen, schließt allgemeine zeitliche Einschränkungen aus; der Insolvenzverwalter darf die Einrede nur nicht treuwidrig (§ 242 BGB) begründen. Insbesondere bleibt der Insolvenzverwalter, dem es erst nach mehr als zwei Jahren gelungen ist, eine Forderung von einem Drittschuldner einzuziehen, befugt, später erhobene Herausgabeansprüche eines Sicherungsnehmers bei Anfechtbarkeit von dessen Sicherungsrecht abzuwehren (→ Rn. 49). Denn das Vertrauen des Anfechtungsgegners auf den Ablauf der Verjährungsfrist ist jedenfalls solange nicht schutzwürdig, wie er sich nicht zuvor mit eigenen Rechten an den Insolvenzverwalter gewandt hat und sich der anfechtbar weggegebene Gegenstand außerhalb der Insolvenzmasse befindet. Solange besteht für den Insolvenzverwalter erkennbar keine zwingende Notwendigkeit, sich mit allenfalls denkbaren Anfechtungslagen zu befassen. Der Insolvenzverwalter, der die Unzulässigkeit einer Auf- oder Verrechnung nach § 96 Abs. 1 Nr. 3 geltend macht, braucht auch nicht innerhalb der Anfechtungsfrist darzulegen, dass Gegenrechte des Insolvenzgläubigers, die möglicherweise die objektive Gläubigerbenachteiligung ausschließen, ebenfalls anfechtbar sind.[182] Im Hinblick auf § 215 BGB kann der Insolvenzverwalter mit einem verjährten Anfechtungsanspruch gegen eine Forderung aufrechnen, die ihrerseits unanfechtbar begründet wurde, falls jener Anspruch in demjenigen Zeitpunkt noch nicht verjährt war, in dem erstmals aufgerechnet werden konnte (→ Rn. 16).

48 **b) Aufgrund anfechtbarer Handlung.** Die Leistungspflicht muss auf einer anfechtbaren Handlung beruhen. Daher müssen – von der Verjährung (§ 146 Abs. 1) abgesehen – alle Voraussetzungen für eine erfolgreiche Anfechtung gegeben sein. Hat der ursprüngliche Empfänger des anfechtbaren Anspruchs diesen an einen Dritten übertragen, ist ihm gegenüber auf § 145 abzustellen.

49 Die Leistungspflicht **beruht** nur dann auf der anfechtbaren Handlung, wenn zwischen beiden ein **Ursachenzusammenhang** besteht. Dieser ist insbesondere gegeben, soweit der Insolvenzverwalter die Feststellung einer anfechtbar begründeten Forderung zur Insolvenztabelle verhindern will (→ § 144 Rn. 7)[183] oder sich weigert, ein Aus- oder Absonderungsrecht (§§ 47, 49 ff.) anzuerkennen.[184] Ein bloß **mittelbarer Zusammenhang,** der auch durch weitere Ursachen mit hergestellt wird, **genügt.**[185] Es reicht also aus, dass die anfechtbare Rechtshandlung nur ein einziges Tatbestandsmerkmal des gegen die Insolvenzmasse erhobenen Anspruchs bildet.[186] Dementsprechend kann nicht nur das Aus- oder Absonderungsbegehren selbst (→ Rn. 46), sondern auch ein aus dessen Vereitelung gegen die Insolvenzmasse hergeleiteter Ersatz- oder Herausgabeanspruch – insbesondere aus §§ 816 Abs. 1 Satz 1, Abs. 2, 989, 990 BGB – abgewehrt werden,[187] wenn das Sicherungsrecht selbst anfechtbar begründet worden war. Hatte der Schuldner Anwartschaften auf eine Lebensversicherung anfechtbar einem Dritten übertragen, kann der Insolvenzverwalter deren Freigabe auch diesem gegenüber noch nach Ablauf der Verjährungsfrist verweigern.[188]

50 Dagegen **bricht** der nötige **Ursachenzusammenhang ab,** wenn der Insolvenzverwalter eine Sicherungsübertragung gerade nicht anficht, sondern das Sicherungsgut aufgrund eines die Insol-

---

179 BT-Drs. 12/2443, S. 169 zu § 165 Abs. 3 RegE.

180 Nerlich/Römermann/*Nerlich* § 146 Rn. 18 aE; vgl. RGZ 84, 225, 227; Jaeger/*Henckel* § 143 Rn. 68; RSZ/*Zeuner* § 146 Rn. 14.

181 HambKommInsO/*Rogge/Leptien* § 146 Rn. 14; aA *Eckardt,* Anfechtungsklage S. 76.

182 BGH NZI 2008, 547 Rn. 17 ff.

183 *Schlosser* JZ 1966, 428, 431 f. Dies gilt im Hinblick auf § 141 auch dann, wenn die angemeldete Forderung bereits rechtskräftig festgestellt ist: *Eckardt,* Anfechtungsklage S. 78 Fn. 38; aA *Pagenstecher/Grimm,* Konkurs 4. Aufl., 1968, § 39 II 2 Fn. 1, S. 117.

184 OLG Hamm KuT 1929, 138, 139; Uhlenbruck/*Hirte/Borries* § 146 Rn. 10; *Baur/Stürner,* Insolvenzrecht Rn. 20.7, 20.22.

185 BT-Drs. 12/2443, S. 169 zu § 165 Abs. 3 RegE; BKInsO/*Haas* § 146 Rn. 19; AGR/*Gehrlein* § 146 Rn. 18; so schon BGHZ 30, 248, 253 = NJW 1959, 1874, 1875; BGHZ 106, 127, 130 = NJW 1989, 985, 986; RGZ 84, 225, 228; 95, 224, 226; LG Bonn NJW 1969, 1722, 1723; *Böhle-Stamschräder* JZ 1959, 712, 713; *Eckardt,* Anfechtungsklage S. 69.

186 BGHZ 118, 374, 382 = NJW 1992, 2483, 2484 f.; Uhlenbruck/*Hirte/Borries* § 146 Rn. 11; HambKommInsO/*Rogge/Leptien* § 146 Rn. 14.

187 BGHZ 30, 238, 239 = NJW 1959, 1539 f.; BGH WM 1965, 84, 86 f.; WM 1970, 756, 757; WM 1990, 100, 103; RGZ 62, 197, 200 f.; RGZ 84, 225, 227 f.; OLG Karlsruhe OLGRspr. 32 (1916), 375, 376; OLG Dresden ZInsO 2006, 1057, 1059 (gegen eine Klage aus anfechtbar abgetretener Forderung); Nerlich/Römermann/*Nerlich* § 146 Rn. 18; Jaeger/*Henckel* § 143 Rn. 69; *Jaeger* LZ 1908, 878 in Anm.; *Eckardt,* Anfechtungsklage S. 69 f.

188 OLG Düsseldorf ZIP 1996, 1476, 1477 f.; BKInsO/*Haas* § 146 Rn. 19.

venzmasse verpflichtenden Vertrages wiedererlangt, um daran Lohnarbeiten auszuführen. Schadensersatz wegen Schlechterfüllung dieses Vertrages kann dann nicht mehr aufgrund einer Anfechtungseinrede bezüglich der ursprünglichen Sicherungsübertragung verweigert werden.[189] Denn bei wertender Betrachtung hat der Bearbeitungsvertrag den ursprünglichen Sicherungsvertrag als Grundlage für das Besitzrecht abgelöst. Ferner macht der Insolvenzverwalter die Anfechtung nicht nur verteidigungsweise geltend, wenn er mit einem verjährten Anfechtungsanspruch gegen eine davon unabhängige Masseverbindlichkeit aufrechnet;[190] auf der Grundlage von § 146 Abs. 1 ist allerdings § 215 BGB zu beachten (→ Rn. 16).

2. Ausübung des Leistungsverweigerungsrechts. § 146 Abs. 2 gibt dem Insolvenzverwalter ein materiell-rechtliches Leistungsverweigerungsrecht, das nach allgemeinen Grundsätzen ausgeübt werden muss, um Rechtswirkungen zu äußern; davon geht auch die Fassung des § 166 Abs. 1 Nr. 3 SGB III aus. Die Anfechtungslage ist also nicht von Amts wegen zu beachten.[191] Die Einrede kann allerdings nach allgemeinen Grundsätzen auch außerprozessual geltend gemacht werden;[192] dann ist sie im Anfechtungsprozess zu beachten, sobald eine Partei die Ausübung vorträgt; dafür genügt auch entsprechender Sachvortrag des Prozessgegners. Die Ausübung des Leistungsverweigerungsrechts bedarf keiner besonderen Form. Es genügt, dass der Insolvenzverwalter die von ihm verlangte Leistung unter Hinweis ua auf denjenigen Sachverhalt verweigert, der die Anfechtbarkeit begründet.[193] Die Einrede kann unter den Voraussetzungen von § 256 ZPO auch mit einer negativen Feststellungsklage angriffsweise verfolgt[194] oder zur Abwehr eines Einwands des Anfechtungsgegners eingesetzt werden (→ Rn. 57). Sie hat jedoch nur gegenüber dem Anfechtungsgegner selbst Wirkung, nicht zugleich im Verhältnis zu Dritten.[195] 51

3. Wirkungen der Einrede. Die Reichweite der Einrede ist wegen des Normzwecks (→ Rn. 1) allgemein danach abzugrenzen, ob der Insolvenzverwalter **angriffsweise** vorgeht, um eine durch anfechtbare Handlung erbrachte Leistung wieder der Insolvenzmasse zurückzuführen, oder ob er **verteidigungsweise** die gegenwärtige **Rechtsstellung** der **Insolvenzmasse wahrt.** Insoweit kommt es nicht entscheidend auf die Parteistellung des Anfechtenden im Prozess an.[196] Eine Nebenintervention reicht allerdings nicht aus (→ Rn. 30). Maßgeblich ist, ob der Anfechtende im Einzelfall einen nicht mehr in der Insolvenzmasse vorhandenen Gegenstand dieser wieder zuführen oder einen in der Insolvenzmasse befindlichen Gegenstand für diese erhalten will.[197] Nur das zweite Ziel wird durch § 146 Abs. 2 geschützt. Hatte der Insolvenzverwalter den fraglichen Gegenstand an einen Dritten veräußert, genügt es, wenn dafür eine Gegenleistung in die Insolvenzmasse gelangt ist und ihr erhalten bleiben soll (→ Rn. 44; § 129 Rn. 221). 52

Danach kann die Anmeldung einer anfechtbar begründeten Forderung zur Insolvenztabelle auch dann nach § 146 Abs. 2 wirksam **abgewehrt** werden, wenn der Insolvenzverwalter seinen Widerspruch durch eigene Klageerhebung (§ 179 Abs. 2) verfolgen muss.[198] Wird eine Anfechtungsklage mit der Begründung abgewiesen, die Gläubigerbenachteiligung sei wegen Rücknahme einer Forderungsanmeldung zur Insolvenztabelle entfallen,[199] ist eine erneute Anmeldung nach Eintritt der Verjährung iSv § 146 Abs. 1 mit der Einrede nach § 146 Abs. 2 abzuwehren. Dasselbe gilt, wenn 53

---

[189] BGHZ 30, 248, 253 = NJW 1959, 1874, 1875 f.; *Serick* Bd. III § 32 I 3 b, S. 146 f.; vgl. Jaeger/*Henckel* § 143 Rn. 71; aA *Eckardt,* Anfechtungsklage S. 71 ff.

[190] BGH NZI 2001, 465, 467.

[191] BKInsO/*Haas* § 146 Rn. 22; *Eckardt,* Anfechtungsklage S. 329 ff.; aA aufgrund haftungsrechtlicher Theorie Jaeger/*Henckel* § 146 Rn. 63.

[192] HambKommInsO/*Rogge/Leptien* § 146 Rn. 15; *Gehrlein* WM 2009 Sonderbeilage 1, S. 75; zu § 41 Abs. 2 KO aA *H. Roth,* Einrede S. 112 f.

[193] Ebenso *Eckardt,* Anfechtungsklage S. 336 f. und schon OLG Düsseldorf NJW-RR 1990, 576; vgl. BGH NZI 2008, 547 Rn. 31.

[194] LG Bonn NJW 1969, 1722, 1723; dazu Uhlenbruck/*Hirte/Borries* § 146 Rn. 14; HambKommInsO/*Rogge/Leptien* § 146 Rn. 15; *Jaeger* LZ 1908, 878 in Anm.; *Geib* AcP 119 (1921), 157, 269 f.; vgl. *Baur/Stürner,* Insolvenzrecht Rn. 20.22.

[195] BGH NJW-RR 2005, 1361, 1363 zu § 9 AnfG.

[196] Uhlenbruck/*Hirte/Borries* § 146 Rn. 14; HambKommInsO/*Rogge/Leptien* § 146 Rn. 16; *Eckardt,* Anfechtungsklage S. 77 f.; vgl. BGHZ 83, 158, 161 = NJW 1982, 2074, 2076 (Klage aus § 771 ZPO); RGZ 95, 224, 226 (Widerspruchsklage gegen gerichtlichen Verteilungsplan).

[197] BGH NZI 2008, 547 Rn. 28; HKInsO/*Thole* § 146 Rn. 13; KPB/*Jacoby* § 146 Rn. 15; vgl. BGHZ 106, 127, 130 f. = NJW 1989, 985, 986; BGH NJW 1984, 874, 875; Uhlenbruck/*Hirte/Borries* § 146 Rn. 5a, 14.

[198] Jaeger/*Henckel* § 146 Rn. 74; *Jaeger* LZ 1908, 878 in Anm.; *Aschaffenburg* LZ 1908, 532, 533 f.; für das österreichische Recht vgl. *König,* Die Anfechtung nach der IO, 5. Aufl. (2014) Rn. 17/45.

[199] So – mit unzureichender Begründung – OLG Köln ZInsO 2004, 624, 625 f.

der Insolvenzverwalter eine vom Schuldner anfechtbar (still) abgetretene Forderung beim Dritten rechtswirksam eingezogen hat, gegenüber dem auf § 816 Abs. 2 BGB gestützten Herausgabeanspruch des Zessionars.[200]

54 Anfechtbar begründete **Aus-** oder **Absonderungsrechte** sind zugunsten der Insolvenzmasse unbefristet abzuwehren;[201] das gilt auch mit Bezug auf den zur Insolvenzmasse gezogenen Erlös dafür.[202] Insbesondere kann die Klage des Inhabers eines anfechtbar bestellten Grundpfandrechts auf Duldung der Zwangsvollstreckung (§§ 1147, 1192 Abs. 1 BGB), die grundsätzlich auch im Insolvenzfall eröffnet ist (§ 49), aufgrund der Anfechtungseinrede abzuweisen sein.[203] Im Falle einer Zwangsversteigerung kann der Insolvenzverwalter der Zuteilung eines Erlöses auf das anfechtbar bestellte Grundpfandrecht nach § 115 ZVG sowie durch Klage nach § 878 ZPO mit der Einrede erfolgreich widersprechen.[204] War zur Sicherung eines anfechtbaren Auflassungsanspruchs auch eine Vormerkung anfechtbar bestellt, kann der Insolvenzverwalter dieser ebenfalls noch nach Eintritt der Verjährung die Anfechtbarkeit entgegenhalten.[205] Hat ein Gläubiger eine Sache aus der späteren Insolvenzmasse anfechtbar gepfändet, kann der Insolvenzverwalter nach § 146 Abs. 2 die Aufhebung der Pfändung verlangen, wenn die Sache in seinem Besitz geblieben ist (§ 808 Abs. 2 ZPO); dieses Ziel kann er auch im Wege einer Klage verfolgen.[206] Die Freigabe anfechtbar erlangter Versicherungsanwartschaften eines Arbeitnehmers kann der Insolvenzverwalter über das Vermögen des Arbeitgebers auch noch nach Ablauf der Verjährungsfrist verweigern.[207] Einem anfechtbar begründeten erbbaurechtlichen Heimfallanspruch kann der Insolvenzverwalter die Anfechtungseinrede entgegenhalten und das Erbbaurecht so weiter nutzen (→ § 143 Rn. 71).[208]

55 § 146 Abs. 2 begründet jedoch nicht eine dauernde, sondern nur eine **aufschiebende** Einrede.[209] Denn sie wirkt nur für die Dauer und die Zwecke des Insolvenzverfahrens; der Insolvenzverwalter kann ihre Wirkungen durch Freigabe des anfechtbar weggegebenen Gegenstands oder dessen Herausgabe aus dem Herrschaftsbereich der Insolvenzmasse entfallen lassen. Daher folgt aus der Einrede der Anfechtbarkeit iSv § 146 Abs. 2 kein Anspruch aus § 886 BGB (→ § 143 Rn. 50), § 1169 BGB (→ § 143 Rn. 65) oder § 1254 BGB.[210] Zwar könnte dem Insolvenzverwalter auch eine Einrede auf der Grundlage von §§ 9, 11 AnfG zugute kommen, die sonst außerhalb von Insolvenzverfahren wirkt (vgl. §§ 16, 17 AnfG; → § 129 Rn. 202 ff.). Diese kann aber schon inhaltlich nicht zur Beseitigung eines vorrangigen Rechts, sondern nur zur Abwehr gläubigerbenachteiligender Folgen daraus führen.[211] Erst recht gibt § 146 Abs. 2 nicht die Grundlage dafür, nach § 813 BGB eine Leistung zurückzufordern, die bereits auf eine anfechtbar begründete Insolvenzforderung erbracht worden ist.[212]

56 Ist der Erlös aus der Verwertung eines anfechtbar erlangten Gegenstandes **hinterlegt** worden, ist zu unterscheiden: Verwahrt der Insolvenzverwalter selbst den Betrag treuhänderisch zugleich für den anderen – anfechtbar – Berechtigten, ist er stets in der Lage, über den Erlös zu verfügen und damit das Anfechtungsrecht der Insolvenzmasse auch verteidigungsweise zu wahren; deshalb kann er das Herausgabeverlangen des anderen nicht nur nach § 146 Abs. 2 unbefristet

---

200 BGH WM 1970, 756 f.; Uhlenbruck/*Hirte/Borries* § 146 Rn. 12.

201 HKInsO/*Thole* § 146 Rn. 12; K. Schmidt/*Büteröwe* § 146 Rn. 15; KKInsO/*Mohr* § 146 Rn. 86; Uhlenbruck/*Hirte/Borries* § 146 Rn. 10; BeckOK InsO/*Schoon*[12] § 146 Rn. 18; AGR/*Gehrlein* § 146 Rn. 19; *Foerste,* Insolvenzrecht Rn. 339; vgl. *Gerhardt,* FS Brandner (1996), S. 605, 609; abgrenzend *Geib* AcP 119 (1921), 157, 273 ff.

202 BGHZ 30, 238, 239 = NJW 1959, 1539 f.; BGH NJW-RR 1990, 230, 232 f.; RGZ 84, 225, 227.

203 Jaeger/*Henckel* § 146 Rn. 75; *Baur/Stürner,* Insolvenzrecht Rn. 20.22.

204 RGZ 95, 224, 226; Uhlenbruck/*Hirte/Borries* § 146 Rn. 14; Jaeger/*Henckel* § 146 Rn. 75, 80; vgl. BGH NJW 2001, 2477, 2478.

205 Jaeger/*Henckel* § 146 Rn. 77.

206 BGHZ 83, 158, 160 f. = NJW 1982, 2074, 2076; Jaeger/*Henckel* § 146 Rn. 79; Gottwald/*Huber,* InsO-HdB § 51 Rn. 56; *Kindl* NZG 1998, 321, 325 f.; aA OLG Hamburg LZ 1908, 876 ff.

207 OLG Düsseldorf ZIP 1996, 1476, 1477 f.; Uhlenbruck/*Hirte/Borries* § 146 Rn. 10; Nerlich/Römermann/*Nerlich* § 146 Rn. 18; HambKommInsO/*Rogge/Leptien* § 146 Rn. 13.

208 BGH NJW 2007, 2325 Rn. 34.

209 HambKommInsO/*Rogge/Leptien* § 146 Rn. 18; K. Schmidt/*Büteröwe* § 146 Rn. 18; BeckOK InsO/*Schoon*[12] § 146 Rn. 23; AGR/*Gehrlein* § 146 Rn. 23; *Baur/Stürner,* Insolvenzrecht Rn. 20.22; *Marotzke,* Gegenseitige Verträge Rn. 10.23; *H. Roth,* Einrede S. 113 ff.

210 OLG Hamm MDR 1977, 668, 669; Uhlenbruck/*Hirte/Borries* § 146 Rn. 14; HambKommInsO/*Rogge/Leptien* § 146 Rn. 17; *Baur/Stürner,* Insolvenzrecht Rn. 20.22; *Eckardt,* Anfechtungsklage S. 88 f.; aA Jaeger/*Henckel* § 146 Rn. 75 f.

211 Vgl. BGHZ 130, 314, 322 ff. = NJW 1995, 2846, 2848; *Huber* AnfG § 11 Rn. 21, § 13 Rn. 26.

212 So schon *H. Roth,* Einrede S. 113 f.; im Ergebnis auch Jaeger/*Henckel* § 146 Rn. 78; *Eckardt,* Anfechtungsklage S. 106; offengelassen von BGH NJW 1975, 122, 123.

abwehren,[213] sondern auch formell die Freigabe durch den Mitberechtigten verlangen. Für den Fall einer echten Hinterlegung bei einer öffentlichen Stelle iSv § 372 BGB nimmt die herrschende Meinung dagegen an, der Insolvenzverwalter könne die Rechte der Insolvenzmasse nur angriffsweise auf der Grundlage eines unverjährten Anspruchs aus § 143 Abs. 1 durchsetzen.[214] Richtig ist zwar, dass der Insolvenzverwalter nach Eintritt der Verjährung nicht mehr seinerseits einen Rückgewähranspruch gegen die anderen als berechtigt Bezeichneten (vgl. § 13 Abs. 2 HinterlO) angriffsweise durchsetzen kann. Er verteidigt jedoch die vermögenswerte Rechtsstellung der Insolvenzmasse, die Freigabe zugunsten des anderen – anfechtbar – Berechtigten verhindern zu können. Die herrschende Meinung löst diese Stellung einer gegenseitigen „Blockierung" einseitig zugunsten des anfechtbar Berechtigten auf, ohne dafür wertungsmäßig einleuchtende Gründe zu nennen. Insbesondere ist es nach Treu und Glauben (§ 242 BGB) verfehlt, gerade dem durch die anfechtbare Handlung Begünstigten mit einem Arglisteinwand zu helfen, um seine gläubigerbenachteiligenden Rechte aktiv durchzusetzen.[215] Für derartige Fälle sieht § 382 BGB stattdessen eine Lösung zugunsten des Hinterlegenden vor. Auch wenn die dafür vorausgesetzte Frist von dreißig Jahren für Insolvenzverfahren praktisch viel zu lang ist, bleibt der dadurch ausgelöste, mittelbare Zwang zur Einigung aller berechtigten Gläubiger untereinander auch für die Insolvenzmasse ein wirtschaftlicher Wert. Diese Verhandlungsposition kann ihr durch einen Vorbehalt im Rahmen von § 200 Abs. 1 notfalls auch über das Ende des Insolvenzverfahrens hinaus erhalten bleiben. Aus gleichartigen Erwägungen darf der Insolvenzverwalter erst recht nach Ablauf der Anfechtungsfrist die Freigabeerklärung zugunsten eines Gläubigers verweigern, der eine Forderung vom späteren Schuldner anfechtbar erworben hatte, solange der (Dritt-)Schuldner dieser Forderung seinerseits die Zahlung an den Zessionar ablehnt.[216] Teilweise wird darauf abgestellt, ob der hinterlegte Gegenstand ohne die Hinterlegung beim Anfechtungsgegner oder in der Insolvenzmasse verblieben wäre;[217] dieser zutreffende Ansatz versagt aber bei Hinterlegungen durch Drittbetroffene.

Klagt der Insolvenzverwalter auf anderer Grundlage ein Recht der Insolvenzmasse ein und **57**
verteidigt sich der Prozessgegner unter Berufung auf ein anfechtbar erlangtes Recht, kann der Insolvenzverwalter dieses Verteidigungsmittel nach § 146 Abs. 2 mit der **Gegeneinrede** der Anfechtbarkeit unbefristet entkräften.[218] Auch damit verteidigt er nur das eingeklagte Recht der Insolvenzmasse. Dieser gegenüber bleibt deshalb zB der Einwand eines Erlasses oder einer Stundung der für sie eingeklagten Forderung wirkungslos;[219] denn diese befindet sich weiterhin in der Insolvenzmasse. Dasselbe gilt, wenn ein Beklagter sich auf eine anfechtbare Erfüllung (→ § 143 Rn. 74)[220] oder wenn der nach § 985 BGB auf Herausgabe verklagte Besitzer sich gegenüber der Insolvenzmasse auf ein anfechtbar erlangtes Besitzrecht (§ 986 BGB) beruft.[221] Dagegen wird der Bereich einer durch § 146 Abs. 2 begünstigten Einrede verlassen, soweit der Prozessgegner nicht nur eigene Gegenrechte gegen die eingeklagte Masseforderung geltend macht, sondern die Anspruchsvoraussetzungen auf Seiten des Insolvenzverwalters bestreitet. Verteidigt sich insbesondere der aus § 985 BGB in Anspruch genommene Besitzer mit der Behauptung, die herausverlangte Sache sei ihm übereignet worden, kann der Insolvenzverwalter die Anfechtbarkeit dieser Übereignung nur durch einen unverjährten Anspruch aus § 143 Abs. 1 geltend machen. Denn hiermit bestreitet der Beklagte die Anspruchsberechtigung der klagenden Insolvenzmasse, und diese kann nur fristgebunden durch aktive Anfechtung

[213] Jaeger/*Henckel* § 146 Rn. 82, 84; *Eckardt,* Anfechtungsklage S. 79 f.; vgl. RGZ 84, 225, 227 f.; aA OLG Hamburg LZ 1908, 876 ff.

[214] BGHZ 59, 353 ff. = NJW 1973, 100 f.; Jaeger/*Henckel* § 146 Rn. 83; Uhlenbruck/*Hirte/Borries* § 146 Rn. 16; KPB/*Jacoby* § 143 Rn. 34, § 146 Rn. 17; *Eckardt,* Anfechtungsklage S. 80 f.; Gottwald/*Huber,* InsO-HdB § 51 Rn. 56; offengelassen von BGHZ 133, 298, 307 = NJW 1996, 3203, 3205; aA LG Bonn NJW 1969, 1722, 1723; *Häsemeyer,* Insolvenzrecht Rn. 21.103 aE; Nerlich/Römermann/*Nerlich* § 146 Rn. 19; für das österreichische Recht *König,* Die Anfechtung nach der IO, 5. Aufl. (2014) Rn. 17/41; krit. HKInsO/*Thole* § 146 Rn. 14.

[215] So aber BGHZ 59, 353, 356 = NJW 1973, 100, 101. Gegen Dritte wirkt die Einrede ohnehin nicht.

[216] *Gerhardt* EWiR 1990, 799; 800; aA OLG Düsseldorf ZIP 1990, 1013.

[217] Jaeger/*Henckel* § 146 Rn. 82–84.

[218] Jaeger/*Henckel* § 146 Rn. 73; Uhlenbruck/*Hirte/Borries* § 146 Rn. 15; HambKommInsO/*Rogge/Leptien* § 146 Rn. 20; AGR/*Gehrlein* § 146 Rn. 22; *Eckardt,* Anfechtungsklage S. 84 f.; HKInsO/*Thole* § 146 Rn. 15; BeckOK InsO/*Schoon*[12] § 146 Rn. 24; *Gerhardt* KTS 2004, 195, 202; wohl auch Nerlich/Römermann/*Nerlich* § 146 Rn. 19; für das österreichische Recht vgl. *König,* Die Anfechtung nach der IO, 5. Aufl. (2014) Rn. 17/48, 17/87 ff.; aA KPB/*Jacoby* § 146 Rn. 21 ff. Die Einschränkung in BGH NJW 1984, 874, 875 ist durch § 96 Abs. 1 Nr. 3 InsO überholt.

[219] Uhlenbruck/*Hirte/Borries* § 146 Rn. 15; Jaeger/*Henckel* § 146 Rn. 473; aA *Eckardt,* Anfechtungsklage S. 90 f.

[220] OLG Düsseldorf ZIP 1990, 726, 727; *Gerhardt* EWiR 1990, 495, 496.

[221] Jaeger/*Henckel* § 146 Rn. 73, S. 638; *Foerste,* Insolvenzrecht Rn. 339.

der Übereignung durchgesetzt werden.[222] Zwar genügt für die Einrede der Anfechtbarkeit grundsätzlich ein bloß mittelbarer Zusammenhang zur anfechtbaren Rechtshandlung (→ Rn. 49), doch gilt das gerade nicht für die Aktivlegitimation der Insolvenzmasse.

58 Vermeidet der Insolvenzverwalter auf der Grundlage von § 146 Abs. 2 eine Masseverkürzung, ist **§ 144 nicht anwendbar.** § 144 Abs. 1 scheidet aus, weil der Anfechtungsgegner zwar nichts mehr erhält, aber auch seinerseits nichts Erlangtes zurückgewähren muss. § 144 Abs. 2 entfällt, weil der Anfechtungsgegner in demjenigen Umfange, wie die Leistungsverweigerung des Insolvenzverwalters wirkt, vorgeleistet haben muss; soweit der verklagte Insolvenzverwalter nicht die Vertragserfüllung wählt, bleibt dem anderen Teil ohnehin nur eine Insolvenzforderung (§ 103 Abs. 2 Satz 1). Allein diese besteht, unabhängig von der Anfechtung, fort.[223]

VI. Darlegungs- und Beweislast

59 Die Darlegungs- und Beweislast für Beginn und Ablauf der Verjährungsfrist trägt der **Anfechtungsgegner,** der sich auf die Verjährung beruft.[224] Allerdings hat der anfechtende Insolvenzverwalter diejenigen Umstände aus seiner Sphäre darzulegen, mit denen er seine Kenntnis oder grob fahrlässige Unkenntnis iSv § 199 Abs. 1 Nr. 2 BGB ausschließen will.[225] Im Falle des Verwalterwechsels kann sich der neue Insolvenzverwalter dazu jedoch mit Nichtwissen erklären (§ 138 Abs. 4 ZPO), weil das Wissen des früheren Amtsträgers gleichsam verloren geht.[226] Steht der Fristablauf fest, hat der Insolvenzverwalter, der die Hemmung oder den Neubeginn der Verjährung geltend macht, diejenigen Tatsachen darzulegen und ggf. zu beweisen, aus denen sich solche Ausnahmetatbestände ergeben sollen.[227] Dasselbe gilt für die Voraussetzungen von § 242 BGB, aus denen ausnahmsweise eine Unzulässigkeit der Verjährungseinrede folgen soll (→ Rn. 42 f.).

60 Ist die Verjährung nach § 146 Abs. 1 eingetreten, hat der Insolvenzverwalter im Rahmen von **§ 146 Abs. 2** die Einredevoraussetzungen (→ Rn. 46 bis 51) zu beweisen.[228] Die Anfechtungsvoraussetzungen selbst unterliegen dann wieder der allgemeinen Beweislastverteilung.[229]

§ 147 Rechtshandlungen nach Verfahrenseröffnung

[1]Eine Rechtshandlung, die nach der Eröffnung des Insolvenzverfahrens vorgenommen worden ist und die nach § 81 Abs. 3 Satz 2, §§ 892, 893 des Bürgerlichen Gesetzbuchs, §§ 16, 17 des Gesetzes über Rechte an eingetragenen Schiffen und Schiffsbauwerken und §§ 16, 17 des Gesetzes über Rechte an Luftfahrzeugen wirksam ist, kann nach den Vorschriften angefochten werden, die für die Anfechtung einer vor der Verfahrenseröffnung vorgenommenen Rechtshandlung gelten. [2]Satz 1 findet auf die den in § 96 Abs. 2 genannten Ansprüchen und Leistungen zugrunde liegenden Rechtshandlungen mit der Maßgabe Anwendung, dass durch die Anfechtung nicht die Verrechnung einschließlich des Saldenausgleichs rückgängig gemacht wird oder die betreffenden Zahlungsaufträge, Aufträge zwischen Zahlungsdienstleistern oder zwischengeschalteten Stellen oder Aufträge zur Übertragung von Wertpapieren unwirksam werden.

Übersicht

[222] Vgl. *Eckardt,* Anfechtungsklage S. 83 f.
[223] Jaeger/*Henckel* § 146 Rn. 72.
[224] BGH NZI 2015, 734 Rn. 17; HambKommInsO/*Rogge/Leptien* § 146 Rn. 21; KKInsO/*Mohr* § 146 Rn. 98; *Rosenberg,* Beweislast 5. Aufl. (1965), S. 381.
[225] KPB/*Jacoby* § 146 Rn. 6; RSZ/*Zeuner* § 146 Rn. 15; *Huber* ZInsO 2005, 190, 192; vgl. BGHZ 91, 243, 260 (insoweit nicht in NJW 1984, 2216); Palandt/*Ellenberger* § 199 Rn. 50.
[226] So zutreffend BGH NZI 2015, 734 Rn. 18.
[227] HambKommInsO/*Rogge/Leptien* § 146 Rn. 21; KKInsO/*Mohr* § 146 Rn. 98; MüKoBGB/*Grothe* § 202 Rn. 11, § 208 Rn. 10; RGRK/*Johannsen* § 208 Rn. 10; Soergel/*Niedenführ* § 208 Rn. 15; *Rosenberg,* Beweislast 5. Aufl. (1965), S. 382.
[228] KKInsO/*Mohr* § 146 Rn. 99.
[229] HambKommInsO/*Rogge/Leptien* § 146 Rn. 21 aE.

I. Normzweck

Das Insolvenzanfechtungrecht dient dazu, bestimmten Rechtshandlungen vor Verfahrenseröffnung ihre gläubigerbenachteiligende Wirkung zu nehmen und – im Falle der besonderen Insolvenzanfechtung (§§ 130 bis 132) – die insolvenzmäßige Verteilungsordnung auf das Vorfeld des Verfahrens zu erstrecken. Ab der Eröffnung des Insolvenzverfahrens (§ 27) wirken Rechtshandlungen grundsätzlich nicht mehr zulasten der Insolvenzmasse (§§ 81 Abs. 1 Satz 1, 91 Abs. 1). Daher beschränkt § 129 Abs. 1 die Insolvenzanfechtung grundsätzlich auf **Rechtshandlungen vor Verfahrenseröffnung** (→ § 129 Rn. 74 f.).[1] Der in §§ 81 Abs. 1 Satz 1, 91 Abs. 1 niedergelegte Grundsatz wird aber aus Verkehrsschutzgründen im Grundstücksverkehr, bei eingetragenen Schiffen und Schiffsbauwerken, bei Luftfahrzeugen und im Bereich der Finanzsicherheiten iSv § 1 Abs. 17 KWG eingeschränkt (§§ 81 Abs. 1 Satz 2, Abs. 3 Satz 2, 91 Abs. 2). Folgerichtig wird die Insolvenzanfechtung in diesen Fällen auf **Rechtshandlungen nach Verfahenseröffnung** erstreckt. **§ 147 Satz 1** stellt zugleich klar, dass ein vor Insolvenzeröffnung vollzogener Erwerb durch den Verkehrsschutz der §§ 892, 893 BGB und die weiteren genannten, entsprechenden Normen nicht der Anfechtbarkeit entzogen wird.[2] **§ 147 Satz 2** schränkt die Anfechtbarkeit nach § 147 Satz 1 ein und sichert die – unionsrechtlich vorgegebene (→ Rn. 2) Beständigkeit laufender oder täglicher Verrechnungen in bestimmten Finanzsystemen für und gegen alle Teilnehmer. Dadurch soll das Vertrauen der Finanzmärkte geschützt werden, dass das Ergebnis oft vielseitiger und weit verzweigter Verrechnungen nicht insgesamt rückwirkend für die Zeit bis zur Insolvenzeröffnung in Frage gestellt werden kann;[3] andererseits soll die Anfechtung wirksamer Verrechnungen nach Insolvenzeröffnung nicht ganz ausgeschlossen werden. 1

II. Entstehungsgeschichte

§ 147 Satz 1 greift § 42 Satz 1 KO auf. Dagegen wurde § 147 Satz 2 erst im Zuge der **Umsetzung** der sogenannten **Finalitätsrichtlinie** 98/26/EG[4] geschaffen.[5] Beide Sätze wurden im Rahmen der **Umsetzung** der **Finanzsicherheitenrichtlinie** (2002/47/EG)[6] modifiziert.[7] Schließlich wurde der frühere § 147 Abs. 2 im Zuge der **Anpassung von Verjährungsvorschriften** außerhalb des BGB an die **Schuldrechtsreform** (→ § 146 Rn. 3) aufgehoben.[8] 2

III. Anwendungsbereich

1. Anwendbarkeit. a) Grundstücke, Schiffe, Luftfahrzeuge und Finanzsicherheiten. 3
§ 147 Satz 1 erfasst unmittelbar nur Verfügungen, die (1.) Rechte an **Grundstücken,** eingetragenen **Schiffen** und **Schiffsbauwerken, Luftfahreugen** und vom Schuldner gestellte **Finanzsicherheiten** iSv § 1 Abs. 17 KWG betreffen, die (2.) – nach Maßgabe von § 140 – **nach** der **Eröffnung** des

[1] BGH NZI 2012, 803 Rn. 6.
[2] Jaeger/*Henckel* § 147 Rn. 4.
[3] Vgl. die allgemeine Begründung, BT-Drs. 14/1539, S. 5 ff.
[4] Richtlinie 98/26/EG des Europäischen Parlaments und des Rates vom 19.5.1998 über die Wirksamkeit von Abrechnungen in Zahlungs- sowie Wertpapierliefer- und -abrechnungssystemen, ABl. Nr. L, S. 45 (inzwischen idF von Art. 1 der Richtlinie 2009/44/EG des Europäischen Parlaments und des Rates vom 6.5.2009, ABl. Nr. L 146, S. 37).
[5] Vgl. Art. 1 Nr. 2 des Gesetzes zur Änderung insolvenzrechtlicher und kreditwesenrechtlicher Vorschriften vom 8.12.1999, BGBl. I, S. 2384.
[6] Richtlinie 2002/47/EG des Europäischen Parlaments und des Rates vom 6.6.2002 über Finanzsicherheiten, ABl. Nr. L 168, S. 43 (inzwischen idF von Art. 2 der Richtlinie 2009/44/EG des Europäischen Parlaments und des Rates vom 6.5.2009, ABl. Nr. L 146, S. 37).
[7] Vgl. Art. 1 Nr. 6 des Gesetzes zur Umsetzung der Richtlinie 2002/47/EG vom 6. Juni 2002 über Finanzsicherheiten und zur Änderung des Hypothekenbankgesetzes und anderer Gesetze vom 5.4.2004, BGBl. I, S. 502.
[8] Vgl. Art. 5 Nr. 4 des Gesetzes vom 9.12.2004, BGBl I, S. 3214.

Insolvenzverfahrens vorgenommen wurden und die (3.) zu einem Erwerb aus dem Schuldnervermögen geführt haben. Ob der Schuldner selbst die Handlung vorgenommen hat oder ein Dritter, insbesondere der Begünstigte (→ Rn. 12), ist grundsätzlich unerheblich. Als Grundlage für das Wirksamwerden der Handlung nennt § 147 Satz 1 nur §§ 892, 893 BGB sowie die entsprechenden Vorschriften in §§ 16, 17 SchiffsRG bzw. §§ 16, 17 LuftRG. Die Wirksamkeit muss sich also auf den **öffentlichen Glauben** des jeweiligen Registers stützen.[9] Solange die Insolvenzeröffnung darin nicht eingetragen ist (vgl. §§ 32, 33), wird das Vertrauen Dritter in ihre Richtigkeit geschützt. Ein solcher Schutz setzt einen rechtsgeschäftlichen Erwerb voraus,[10] also eine nach § 81 Abs. 1 Satz 2 noch wirksam werdende Verfügung des Schuldners. Für die Verfügung über Finanzsicherheiten regelt § 81 Abs. 3 Satz 2 selbständig die Wirksamkeitsvoraussetzungen.

4 § 147 Satz 1 erfasst nach seinem Wortlaut nicht die Fälle des Erwerbs nach § 91 Abs. 2. Dabei handelt es sich um die Fälle, in denen der Rechtserwerb zwar erst nach Insolvenzeröffnung durch den Grundbucheintrag vollendet wird, das materielle Erwerbsgeschäft aber schon vorher bindend geworden und der Eintragungsantrag ebenfalls vorher gestellt war. Dies entspricht im Ansatz der Regelung des § 140 Abs. 2. Durch Nichterwähnung des **§ 878 BGB,** § 3 Abs. 3 SchiffsRG und § 5 Abs. 3 LuftfRG in § 147 Satz 1 InsO hat der Gesetzgeber zum Ausdruck bringen wollen, dass das mit bindender Einigung und Stellung des Eintragungsantrags durch den Begünstigten begründete Anwartschaftsrecht „anfechtungsfest" bleiben soll.[11] Diese Auffassung geht jedoch schon deshalb fehl, weil kein Grund dafür besteht, eine Verfügung über ein Recht an einem Grundstück nur deshalb für anfechtungsfest zu erklären, weil der nötige Registereintrag erst nach Eröffnung des Insolvenzverfahrens erfolgt ist, während bei einer Eintragung davor § 129 Abs. 1 einschlägig gewesen wäre.

5 Dass der Gesetzgeber § 91 Abs. 2 gleichwohl nicht erwähnt hat, beruht auf der irrigen Annahme, in diesen Fällen sei mit Blick auf § 140 Abs. 2 ohnehin davon auszugehen, dass der maßgebliche Zeitpunkt für die Rechtshandlung stets vor der Eröffnung des Insolvenzverfahrens liegt. Dabei wurde jedoch die Abweichung von § 140 Abs. 2 InsO einerseits und § 878 BGB andererseits nicht bemerkt. Abweichend von § 878 BGB wird der Vornahmezeitpunkt anfechtungsrechtlich nur vorverlagert, wenn „der andere Teil den Antrag auf Eintragung der Rechtsänderung gestellt hat" (→ § 140 Rn. 33). Demgegenüber enthält § 878 BGB richtigerweise keine solche Einschränkung.[12] Der Gesetzgeber wollte erklärtermaßen § 147 Satz 1 an § 140 Abs. 2 angleichen.[13] Demgegenüber ist die Begründung, § 878 BGB solle nicht in den Anwendungsbereich des § 147 einbezogen werden, unverändert aus dem Referentenentwurf[14] übernommen; dieser enthielt jedoch auch nicht die jetzt in § 140 Abs. 2 aufgenommene Beschränkung, dass „der andere Teil" den Eintragungsantrag gestellt haben muss.[15] Mit der Gesetz gewordenen Fassung von § 140 Abs. 2 ist die Begründung nicht mehr vereinbar. Die aufgetretene Diskrepanz zwischen dieser Norm und der herrschenden Auslegung des § 878 BGB ist dahin zu lösen, dass sich die neuere und speziellere Regelung des § 140 Abs. 2 umfassend auswirkt und § 147 Satz 1 ggf. entsprechend anzuwenden ist. Demnach ist die Anfechtung auch gegenüber dem aufgrund von § 878 BGB, § 3 Abs. 3 SchiffsRG und § 5 Abs. 3 LuftfRG zustande gekommenen Erwerb möglich,[16] wenn nicht der Erwerber, sondern der Schuldner den Eintragungsantrag gestellt hatte, ehe der jeweilige Anfechtungstatbestand erfüllt war.[17]

6 **b) Befreiende Leistung an Schuldner.** § 147 Satz 1 erfasst nicht alle Fälle, in denen bestimmte Rechtshandlungen noch nach Eröffnung des Insolvenzverfahrens Wirkungen für die Insolvenzmasse zeitigen können. Der wichtigste Fall betrifft Erfüllungshandlungen gegenüber dem

[9] KKInsO/*Mohr* § 147 Rn. 4.

[10] HambKommInsO/*Rogge/Leptien* § 147 Rn. 4 (→ § 140 Rn. 34); vgl. ergänzend RGZ 68, 150, 153; OLG Hamburg OLGRspr. 15 (1907), 232 f.

[11] BT-Drs. 12/2443, S. 169 zu § 166 RegE; RSZ/*Zeuner* § 147 Rn. 2; aA noch RGZ 51, 284, 287; 81, 424, 427.

[12] Vgl. Staudinger/*Gursky* § 878 Rn. 48 ff.; Palandt/*Herrler* § 878 Rn. 14; *Oepen/Rettmann* KTS 1995, 609, 616 ff.

[13] BT-Drs. 12/2443, S. 169 zu § 166 RegE.

[14] So die Begründung zu § 156 RefE, S. 179.

[15] Vgl. RefE § 149 Abs. 2 und dazu die Begründung S. 171.

[16] In diesem Sinne werden die genannten Vorschriften in § 147 Satz 1 „hineingelesen".

[17] Ebenso im Ergebnis HKInsO/*Thole* § 147 Rn. 5; K. Schmidt/*Büteröwe* § 147 Rn. 5; Uhlenbruck/*Hirte/Borries* § 147 Rn. 10; Braun/*Riggert* § 147 Rn. 9; HambKommInsO/*Rogge/Leptien* § 147 Rn. 6; FKInsO/*Dauernheim* § 147 Rn. 2; BKInsO/*Haas* § 140 Rn. 66, § 147 Rn. 11; KKInsO/*Mohr* § 147 Rn. 11; AGR/*Gehrlein* § 147 Rn. 3; *Gehrlein* WM 2009 Sonderbeilage 1, S. 76; BeckOK InsO/*Schoon*[12] § 147 Rn. 7; Graf-Schlicker/*Huber* § 140 Rn. 11, § 147 Rn. 4; *Breutigam/Tanz* ZIP 1998, 717, 723; KPB/*Ehricke* § 147 Rn. 4; aA Jaeger/*Henckel* § 147 Rn. 13; *Bork,* Insolvenzrecht Rn. 211; Nerlich/Römermann/*Nerlich* § 147 Rn. 7; *Gerhardt,* FS U. Huber (2006), S. 1231, 1243 f.; iE auch *Jauernig/Berger* § 51 Rn. 33; *Scherer* ZIP 2002, 341, 345. BGH VIZ 1997, 251 ff. betrifft nicht diese Problematik.

Schuldner, die nach Maßgabe von § 82 Satz 1 auch dann Erfüllungswirkung haben, wenn das Leistungssubstrat letztlich nicht in die Masse gelangt, obwohl der Schuldner die Empfangszuständigkeit verloren hatte (→ § 82 Rn. 3). Auch wenn der (Dritt-)Schuldner die Insolvenzeröffnung nicht kannte, kann die Erfüllungshandlung nach § 133 Abs. 1 anfechtbar sein, wenn der (Insolvenz-)Schuldner das Leistungssubstrat der Masse vorenthalten wollte und der (Dritt-)Schuldner dies wusste. In einem solchen Fall ist § 147 Satz 1 analog anzuwenden, so dass auch die Rechtshandlung des (Insolvenz-)Schuldners nach Insolvenzeröffnung anfechtbar ist.[18]

Die Frage, ob § 147 Satz 1 entsprechend anwendbar ist, stellt sich auch in den Fällen, in denen Vorausverfügungen über Forderungen über den Zeitpunkt der Insolvenzeröffnung hinauswirken. Das ist bis heute – entsprechend §§ 566b Abs. 1, 1124 Abs. 2 BGB, 57b ZVG – für die Vorausverfügungen über den Mietzins bei Immobiliarmietverträgen der Fall (§ 110 Abs. 1). Dadurch wird § 91 Abs. 1 partiell derogiert, soweit es um die Mietzinsen für den laufenden (§ 110 Abs. 1 Satz 1) bzw. – bei Eröffnung in der zweiten Monatshälfte – den auf die Insolvenzeröffnung folgenden Monat geht (§ 110 Abs. 1 Satz 2).[19] In Insolvenzverfahren, die vor dem 30. Juni 2014 eröffnet worden sind (vgl. Art. 103h Satz 1 EGInsO), ist als vergleichbare Regelung noch § 114 InsO aF[20] anwendbar.[21] Danach wirkte eine Vorausabtretung über Forderungen auf Bezüge aus einem Dienstverhältnis – abweichend von § 91 Abs. 1 – noch zwei Jahre über den Monat der Verfahrenseröffnung hinaus (§ 114 Abs. 1 InsO aF). War das Verfügungsgeschäft vor Insovenzeröffnung anfechtbar, müssen die Wirkungen der Anfechtung auch den Zeitraum nach Verfahrenseröffnung erfassen.[22] Teilweise wurde eine entsprechende Anwendung von § 147 Satz 2 iVm § 135 Abs. 2 auch auf Fälle erwogen, in denen eine sowohl am Gesellschaftsvermögen als auch am Vermögen eines Gesellschafters gesicherte Forderung eines Darlehensgläubigers nach der Insolvenzeröffnung über das Vermögen der Gesellschaft durch Verwertung der Gesellschaftssicherheit befriedigt wird;[23] der BGH hat für derartige Fallgestaltungen aber einen Rückgewähranspruch aus einer anlogen Anwendung von § 143 Abs. 3 abgeleitet.[24] Abzulehnen ist eine entsprechende Anwendung der Norm auf vom Schuldner veranlasste mittelbare Zuwendungen.[25] 7

c) Verrechnung in besonderen Abrechnungssystemen (Satz 2). § 147 Satz 2 betrifft speziell die Auf- oder Verrechnung aufgrund von Zahlungs-, Überweisungs- und Übertragungsverträgen, die vor der Eröffnung des Insolvenzverfahrens über einen Beteiligten in das bestimmte System eingebracht wurden; diese dürfen am Eröffnungstag auch nach der Eröffnung insolvenzrechtlich noch wirksam ausgeführt werden.[26] Insoweit erstreckt § 147 Satz 2 die Regelung in § 96 Abs. 2 auf Rechtshandlungen, die am Tage der Insolvenzeröffnung, allerdings nach dieser, vorgenommen wurden (→ Rn. 16). 8

2. Unanwendbarkeit. a) Bewegliches Schuldnervermögen. Einer Anwendung von § 147 bedarf es **nicht,** wenn ein Dritter nach Insolvenzeröffnung bewegliche Sachen vom Schuldner erhält.[27] Denn ein derartiger Erwerb ist nach § 81 Abs. 1 Satz 1 ohnehin stets unwirksam. Auch **Zwangsvollstreckungen** gegen den Schuldner nach Verfahrenseröffnung vermögen – unabhängig von einem denkbaren guten Glauben des Gläubigers – für ihn keinen Rechtserwerb zu begründen (→ Rn. 3). Bei der anfechtbaren **Aufrechnung** stellt schon § 96 Abs. 1 Nr. 3 nicht mehr auf den Zeitpunkt der Aufrechnungserklärung – die möglicherweise erst nach der Insolvenzeröffnung abgegeben wurde – ab. Vielmehr entscheidet nach Maßgabe der §§ 94 bis 96 der Zeitpunkt der Herstellung der Aufrechnungslage (→ § 143 Rn. 75). Diese kann nach der Insolvenzeröffnung nicht mehr zugunsten von Insolvenzforderungen entstehen (vgl. § 96 Abs. 1 Nr. 1, 2). 9

b) Rechtshandlungen von Insolvenzverwaltern. § 147 ist nicht entsprechend anzuwenden, um eine Anfechtung nach Anzeige der **Masseunzulänglichkeit** (§§ 208, 209) gegenüber Altmassegläu- 10

---

18 HambKommInsO/*Rogge/Leptien* § 147 Rn. 5; BeckOK InsO/*Schoon*[12] § 147 Rn. 6; *Mitlehner* NZI 2008, 724, 725.

19 Vgl. KG NZI 2008, 440, 441.

20 IdF von Art. 1 Nr. 11a des Gesetzes zur Änderung der Insolvenzordnung und anderer Gesetze vom 26.10.2001, BGBl. I, S. 2710.

21 In Österreich besteht die mit der KO-Novelle 1993 (öBGBl. Nr. 974/1993) geschaffene Relegung in § 12a IO Abs. 1 bis heute fort.

22 *Mitlehner,* Mobiliarsicherheiten Rn. 508 ff.; *ders.* NZI 2008, 724, 725; aA KG NZI 2008, 440, 441; Piekenbrock WM 2007, 141, 149.

23 HKInsO/*Thole* § 147 Rn. 9; *Mitlehner,* Mobiliarsicherheiten Rn. 508 ff.

24 BGHZ 192, 9 Rn. 12 ff. = NJW 2012, 156 (→ § 143 Rn. 151).

25 Jaeger/*Henckel* § 147 Rn. 33; aA *Berges* KTS 1961, 65, 69.

26 Vgl. *Obermüller,* FS Uhlenbruck (2000), S. 365, 375 ff.; *Langenbucher,* FS Canaris (2002), S. 65, 72.

27 Ebenso HambKommInsO/*Rogge/Leptien* § 147 Rn. 3; Jaeger/*Henckel* § 147 Rn. 4; KKInsO/*Mohr* § 147 Rn. 3; AGR/*Gehrlein* § 147 Rn. 2.

bigern zeitlich festzulegen; eine solche Anfechtung ist vielmehr ausgeschlossen.[28] Denn der Insolvenzverwalter als unabhängiges Organ der Gläubigerselbstverwaltung kann nicht dem Schuldner gleichgesetzt werden, der vor der Insolvenzeröffnung sein Vermögen eigennützig bewirtschaftet. Das Vertrauen in Rechtshandlungen aller Insolvenzverwalter würde untergraben, wenn seine Partner später mit der Anfechtbarkeit rechnen müssten. Für fehlerhafte Maßnahmen kann der Verwalter nach §§ 60, 61 persönlich haften; eindeutig insolvenzzweckwidrige Handlungen können nach allgemeinen Regeln nichtig sein (→ § 80 Rn. 61 bis 63). IÜ stellt für die Einschränkung der von ihm begründeten Masseverbindlichkeiten § 209 eine abschließende Sonderregel dar. Entsprechendes gilt auch in der Eigenverwaltung.[29]

11 **c) Einzelgläubigeranfechtung.** Auf die Gläubigeranfechtung kann § 147 auch nicht sinngemäß angewendet werden, weil dort die zeitliche Zäsur durch die Eröffnung eines Insolvenzverfahrens fehlt.

IV. Anfechtbarkeit nach § 147 Satz 1

12 **1. Voraussetzungen.** Die Anfechtbarkeit nach § 147 Satz 1 setzt mit Bezug auf **Immobilien** voraus, dass nach Insolvenzeröffnung eine rechtsgeschäftliche Verfügung vorgenommen wurde, die in der Folge aufgrund des öffentlichen Glaubens des Grundbuchs oder eines der genannten Register zu einem beschlagsfreien Erwerb geführt hat. Die Norm ist nicht beschränkt auf Rechtshandlungen des Schuldners selbst, sondern erfasst gerade auch vollendende Maßnahmen eines Dritten, insbesondere des Begünstigten.[30] Der nach Eröffnung des Insolvenzverfahrens entstandene gesetzliche Löschungsanspruch des nachrangigen Gläubigers aus § 1179a Abs. 1 BGB kann jedoch nicht nach § 147 angefochten werden (→ § 140 Rn. 57).[31] Liegt der anfechtungsrechtliche Vornahmezeitpunkt iSv § 140 insgesamt vor der Insolvenzeröffnung, greift § 129 Abs. 1 unmittelbar ein; des Rückgriffs auf § 147 bedarf es dann nicht (→ Rn. 3, 5).

13 Der Schuldner kann seine – mitwirkende – Verfügung grundsätzlich vor oder nach Insolvenzeröffnung vorgenommen haben. Hat er schon vorher gehandelt, kommt als anfechtbare spätere Rechtshandlung insbesondere der Eintragungsantrag des Begünstigten in Betracht.[32] Ein solcher Antrag kann nach § 81 Abs. 1 Satz 2 den Rechtserwerb gegenüber dem früheren Insolvenzbeschlag sichern, wenn der Begünstigte zu dieser Zeit die Insolvenzeröffnung noch nicht kannte (§§ 892, 893 BGB) und die Eintragung vollzogen wird. Dennoch kann im Hinblick auf § 140 Abs. 2 die Anfechtung durchgreifen, wenn gegenüber dem Begünstigten bis zum Eintragungsantrag ein Anfechtungstatbestand erfüllt war.[33] Dagegen bleibt der Erwerb unanfechtbar, wenn ein Anfechtungstatbestand erst nach dem nach § 140 Abs. 2 maßgeblichen Zeitpunkt – sei es auch vor der Eintragung – verwirklicht wird;[34] das trifft allerdings nur zu, wenn sämtliche Voraussetzungen von § 140 Abs. 2 erfüllt sind (→ Rn. 5).

14 § 147 kann für alle Anfechtungstatbestände anwendbar sein.[35] Die sonstigen, allgemeinen Anfechtungsvoraussetzungen und diejenigen eines einzelnen Anfechtungstatbestandes müssen – von den Fristen abgesehen (→ Rn. 15) – voll erfüllt sein. Insbesondere ist auch für § 147 Satz 1 der Eintritt einer Gläubigerbenachteiligung nötig.[36] Daran fehlt es regelmäßig, wenn der Erwerb des anderen Teils schon nach allgemeinen Regeln gegenüber der Insolvenzmasse unwirksam ist (→ Rn. 9), insbesondere, weil der Erwerber die Insolvenzeröffnung im Zeitpunkt der Antragstellung (vgl. § 892 Abs. 2 BGB) kannte (→ Rn. 13) oder im Falle eines Erwerbs durch Zwangsvollstreckung, der von § 892 Abs. 1 BGB nicht erfasst wird (→ Rn. 3). Etwa erforderliche subjektive Voraussetzungen – zB Kenntnis oder Vorsatz – müssen zu den nach dem jeweiligen Anfechtungstatbestand maßgeblichen Zeitpunkten erfüllt sein. Eine etwaige Kenntnis des Grundbuchamts wird dem Erwerber nicht zugerechnet (→ § 129 Rn. 47).

15 **2. Wirkungen.** Die Anwendbarkeit von § 147 Satz 1 bewirkt nur, dass eine sonst erfolgreiche Anfechtung nicht durch die Vornahme der Rechtshandlung erst nach der Insolvenzeröffnung ausgeschlossen wird. Als weitere Folge davon sind alle zeitlichen Schranken inhaltlich nicht anwendbar,

---

[28] *Walther,* Das Verfahren der Masseunzulänglichkeit nach den §§ 208 ff. InsO (2005), S. 131 ff.; KPB/*Lüke* § 94 Rn. 26; vgl. HKInsO/*Thole* § 129 Rn. 35; *Smid* WM 1998, 1313, 1319 zu § 96 Abs. 1 Nr. 3; *Kröpelin,* Die massearme Insolvenz (2003) Rn. 246 ff.; aA *Henckel* JZ 1996, 531, 532.

[29] Uhlenbruck/*Borries/Hirte* § 129 Rn. 155.

[30] HKInsO/*Thole* § 147 Rn. 4; HambKommInsO/*Rogge* § 147 Rn. 5; Jaeger/*Henckel* § 147 Rn. 2; BKInsO/*Haas* § 147 Rn. 7.

[31] OLG Köln ZIP 2005, 1038, 1041 mit abl. Anm. von *Kesseler;* BKInsO/*Haas* § 147 Rn. 12.

[32] HambKommInsO/*Rogge/Leptien* § 147 Rn. 7; Jaeger/*Henckel* § 147 Rn. 9; BKInsO/*Haas* § 147 Rn. 5.

[33] HambKommInsO/*Rogge/Leptien* § 147 Rn. 7; Jaeger/*Henckel* § 147 Rn. 9.

[34] Jaeger/*Henckel* § 147 Rn. 12.

[35] Vgl. Andres/Leithaus/*Leithaus* § 147 Rn. 2; FKInsO/*Dauernheim* § 147 Rn. 1; BKInsO/*Haas* § 147 Rn. 13; KKInsO/*Mohr* § 147 Rn. 17.

[36] Jaeger/*Henckel* § 147 Rn. 16; BeckOK InsO/*Schoon*[12] § 147 Rn. 11.

die eine Zeitspanne vor oder bis zum Eröffnungsantrag erfassen, insbesondere also nach § 130 Abs. 1 Nr. 1, § 131 Abs. 1, § 132 Abs. 1 Nr. 1, § 133, § 134 Abs. 1, § 135 oder § 136 Abs. 1.[37] Denn da die Anfechtung nach § 147 nur Rechtshandlungen erfasst, die nach der Insolvenzeröffnung vorgenommen wurden, müssen sie zwangsläufig nach den sonst üblichen Fristen vorgenommen worden sein.

V. Anfechtbarkeit nach Satz 2

§ 147 Satz 2 **erweitert** einerseits die Anfechtbarkeit von Verrechnungen in Clearingsystemen auf Rechtshandlungen, die nach der Insolvenzeröffnung – aber noch am selben Tage – vorgenommen wurden.[38] Andererseits **schränkt** er die Anwendbarkeit von § 147 Satz 1 insoweit **ein,** als die Verrechnungen – einschließlich des Saldenausgleichs – in den in § 96 Abs. 2 bestimmten Systemen nicht selbständig durch Anfechtung in Frage gestellt werden können. Hierdurch wird die Anfechtung derartiger nachteiliger Verrechnungen aber nicht insgesamt ausgeschlossen, sondern lediglich die Rückgewähr in Natur innerhalb des Systems selbst. Diese wird durch einen **Anspruch auf Wertersatz** ersetzt.[39] Dieser richtet sich gegen denjenigen, zu dessen Gunsten der anfechtbare Zahlungs- oder Überweisungsvertrag verrechnet wurde. Die Vorschrift hat praktische Bedeutung vor allem in der Insolvenz von Kreditinstituten.[40] 16

VI. Verjährung

1. Fristbeginn. Die Verjährung der von § 147 erfassten Anfechtungsansprüche richtet sich nach § 146 Abs. 1 und damit nach den allgemeinen Vorschriften des BGB. Da § 199 Abs. 1 Nr. 1 BGB allgemein an die Entstehung des Anspruchs anknüpft und nicht – wie § 146 Abs. 1 InsO aF an die Eröffnung des Insolvenzverfahrens (→ § 146 Rn. 2), konnte die frühere Sonderregelung in § 147 Abs. 2 InsO aF mit der Reform von 2004 entfallen (→ Rn. 2). Nach § 199 Abs. 1 BGB beginnt die Verjährungsfrist mit dem Schluss des Jahres, in dem die anzufechtende Rechtshandlung vollendet wurde (Nr. 1)[41] und der Insolvenzverwalter davon Kenntnis erlangte oder nur infolge grober Fahrlässigkeit nicht erlangt hat (Nr. 2).[42] Vor dem Ende des Jahres der Insolvenzeröffnung kann die Verjährung auch in den Fällen von § 140 Abs. 2 und 3 nicht beginnen, weil der Anspruch aus § 143 Abs. 1 vorher nicht enstehen kann (→ § 146 Rn. 9). 17

2. Anfechtung vor Fristbeginn. Da in den von § 147 erfassten Fällen die Insolvenzeröffnung vor der Vornahme der anfechtbaren Handlung liegt, kommt eine Anfechtung vor Fristbeginn in Betracht. Der Insolvenzverwalter muss nicht notwendigerweise den Eintritt der endgültigen, materiell-rechtlichen Wirkungen der Rechtshandlung abwarten, sondern kann anfechten, sobald ein Anfechtungstatbestand verwirklicht, insbesondere also eine Gläubigerbenachteiligung eingetreten ist. Diese liegt jedenfalls vor, wenn im Hinblick auf § 140 Abs. 2 oder 3 die Insolvenzmasse bereits in solcher Weise gebunden ist, dass die Folgen der Rechtshandlung ohne Anfechtung nicht mehr zu vermeiden sind. Deshalb kann eine Anfechtung insbesondere schon möglich sein, wenn nur noch die Eintragung in das Grundbuch[43] oder die Genehmigung eines anderen[44] oder ein Fristablauf aussteht. Bei Bedingungen iSv § 158 BGB wird zwar eine Gläubigerbenachteiligung vor Eintritt des ungewissen künftigen Ereignisses kaum feststehen; jedoch ist eine Feststellungsklage vor Eintritt der Bedingung nicht von vornherein ausgeschlossen.[45] Dagegen ist eine auf § 145 Abs. 2 zu stützende Anfechtung regelmäßig nicht vor Eintritt der Einzelrechtsnachfolge gerechtfertigt.[46] Andererseits läuft im Falle einer Gesamtrechtsnachfolge die gegenüber dem Vorgänger begonnene Frist weiter. 18

---

[37] HKInsO/*Thole* § 147 Rn. 6; Nerlich/Römermann/*Nerlich* § 147 Rn. 9; LSZ/*Zeuner* 3. Aufl. (2010) § 147 Rn. 3; *Hess* InsO § 147 Rn. 11; Jaeger/*Henckel* § 147 Rn. 5; Uhlenbruck/*Hirte/Borries* § 147 Rn. 1a; BeckOK InsO/*Schoon*[12] § 147 Rn. 14.

[38] Uhlenbruck/*Hirte/Borries* § 147 Rn. 2; KPB/*Ehricke* § 147 Rn. 7; BKInsO/*Haas* § 147 Rn. 18.

[39] BT-Drs. 14/1539, S. 11; HKInsO/*Thole* § 147 Rn. 7; Uhlenbruck/*Hirte/Borries* § 147 Rn. 2; Braun/*Riggert* § 147 Rn. 8; Andres/Leithaus/*Leithaus* § 147 Rn. 3; KPB/*Ehricke* § 147 Rn. 6; vgl. aber BKInsO/*Haas* § 147 Rn. 19 zu § 818 Abs. 3 BGB.

[40] Vgl. Uhlenbruck/*Hirte/Borries* § 147 Rn. 3; BKInsO/*Haas* § 147 Rn. 17; *Gehrlein* WM 2009 Sonderbeilage 1, S. 76 f.

[41] Dies richtet sich im Einzelnen nach § 140 Abs. 1 bis 3.

[42] Nerlich/Römermann/*Nerlich* § 147 Rn. 10; K. Schmidt/*Büteröwe* § 147 Rn. 7; BeckOK InsO/*Schoon*[12] § 147 Rn. 14; AGR/*Gehrlein* § 147 Rn. 6; *Gehrlein* WM 2009 Sonderbeilage 1, S. 77.

[43] Vgl. FKInsO/*Dauernheim* § 140 Rn. 12; Jaeger/*Henckel* § 147 Rn. 31.

[44] Vgl. BGH WM 1958, 1417, 1419 f.; NJW 1979, 102, 103.

[45] Vgl. BGHZ 28, 225, 233 f. = NJW 1959, 97, 100; BGH NJW 1992, 436, 437 f.; NJW 1998, 160 f.; Stein/Jonas/*Roth* § 256 Rn. 39; MüKoZPO/*Becker-Eberhard* § 256 Rn. 29; Baumbach/Lauterbach/*Hartmann* § 256 Rn. 17.

[46] Jaeger/*Henckel* § 147 Rn. 32.

Vierter Teil. Verwaltung und Verwertung der Insolvenzmasse

Erster Abschnitt. Sicherung der Insolvenzmasse

§ 148 Übernahme der Insolvenzmasse

(1) Nach der Eröffnung des Insolvenzverfahrens hat der Insolvenzverwalter das gesamte zur Insolvenzmasse gehörende Vermögen sofort in Besitz und Verwaltung zu nehmen.

(2) [1]Der Verwalter kann auf Grund einer vollstreckbaren Ausfertigung des Eröffnungsbeschlusses die Herausgabe der Sachen, die sich im Gewahrsam des Schuldners befinden, im Wege der Zwangsvollstreckung durchsetzen. [2]§ 766 der Zivilprozeßordnung gilt mit der Maßgabe, daß an die Stelle des Vollstreckungsgerichts das Insolvenzgericht tritt.

Übersicht

I. Sinn und Zweck der Vorschrift, Vergleich mit früherer Rechtslage

1. Sicherung der Masse gegen faktische Beeinträchtigungen. § 148 Abs. 1 tritt ergänzend neben § 80. Während § 80 den Übergang der rechtlichen Verfügungs- und Verwaltungsbefugnis regelt, erfasst § 148 Abs. 1 den faktischen Vorgang der Begründung tatsächlicher Sachherrschaft und Verwaltung. § 80 verhindert die Rechtsbeeinträchtigung der Masse durch Verfügungen. § 148 Abs. 1 gewährleistet dagegen in tatsächlicher Hinsicht, dass möglichst die gesamte Insolvenzmasse den 1

Gläubigern auch faktisch zur Verfügung steht (vgl. Überschrift des Abschnitts: „Sicherung der Insolvenzmasse"). Insbesondere soll verhindert werden, dass der Insolvenzschuldner oder Gläubiger Vermögensgegenstände beiseiteschaffen. Aus diesem Grund enthält Abs. 1 die **Verpflichtung** des Insolvenzverwalters zur **Inbesitznahme und Verwaltung** („hat … in Besitz und Verwaltung zu nehmen").[1]

2 § 148 gibt dem Insolvenzverwalter darüber hinaus den Auftrag, das Vermögen zu sammeln.[2] Nur so ist ein wirksamer Schutz gegen Maßnahmen des Schuldners möglich. Das wiederum bringt mit sich, dass der Insolvenzverwalter die Masse zunächst überhaupt erst erfassen muss (vgl. auch § 151), was regelmäßig mit der Inbesitznahme einhergeht. Hierbei hilft ihm zwar, dass der Schuldner Auskunft nach § 97 Abs. 1 geben muss. § 148 geht aber weiter und verpflichtet den Insolvenzverwalter selbst, die Masse möglichst lückenlos für die Befriedigung der Gläubiger aufzuspüren.

3 **2. Vorläufiges Verwertungsverbot.** Anders als die §§ 117 Abs. 1 KO, 8 Abs. 2 GesO sieht § 148 nicht mehr vor, sofort mit der Verwertung der Masse zu beginnen. Nach § 159 darf die Insolvenzmasse grundsätzlich erst nach dem Berichtstermin (vgl. § 29 Abs. 1 Nr. 1) verwertet werden, falls nicht die Fortführung des Geschäftes beschlossen wird.[3]

4 Mit dieser Regelung will der Gesetzgeber verhindern, dass durch eine vorschnelle Masseverwertung eine Unternehmensfortführung oder eine sonstige Maßnahme im Rahmen eines Insolvenzplanes (§§ 217 ff.) von vornherein unmöglich gemacht wird. Es sollen also durch den Insolvenzverwalter keine vollendeten Tatsachen geschaffen werden.

5 **3. Eröffnungsbeschluss als Vollstreckungstitel.** § 148 Abs. 2 stellt nunmehr ausdrücklich klar, dass der Eröffnungsbeschluss für den Insolvenzverwalter ein Vollstreckungstitel iSv § 794 Abs. 1 Nr. 3 ZPO ist und bestätigt damit die frühere hM.[4] Geklärt wird auch der Streit[5] um die Zuständigkeit für die Entscheidung über die Vollstreckungserinnerung gem. § 766 ZPO, bei der an die Stelle des Vollstreckungsgerichts das Insolvenzgericht tritt.

II. Vorläufiges Verwertungsverbot

6 **1. Bedeutung.** Der Verwalter darf grundsätzlich erst dann verwerten, wenn die Gläubigerversammlung keine entgegenstehenden Beschlüsse gefasst hat, § 159. Das zeigt auch der Vergleich von § 148 Abs. 1 mit der Regelung in den §§ 117 Abs. 1 KO, 8 Abs. 2 GesO. Dieses vorläufige Verwertungsverbot schränkt die Verfügungsmacht des Insolvenzverwalters (§ 80) im *Innenverhältnis* dahingehend ein, dass die Chance einer Unternehmensfortführung oder einer sonstigen Maßnahme im Rahmen eines Insolvenzplanes nicht behindert oder gar vereitelt wird. Verwertungshandlungen, die über den aufgezeigten Rahmen hinausgehen, sind wegen § 80 im *Außenverhältnis* wirksam (→ § 159 Rn. 21). Als Ausgleich für die Gläubiger oder den Schuldner bleibt die Schadensersatzpflicht des Insolvenzverwalters, (§ 60) und seine Vermögensschaden-Haftpflichtversicherung. Voraussetzung für deren Eintritt ist jedoch, dass der Insolvenzverwalter nicht grob fahrlässig oder gar vorsätzlich gehandelt hat (§ 61 VVG).

7 Dieses vorläufige Verwertungsverbot dauert längstens bis zum Berichtstermin. Dann muss die Gläubigerversammlung eine Entscheidung treffen. Trifft sie keine Entscheidung, muss der Verwalter mit der Verwertung beginnen (§ 159: „hat"). Das Insolvenzgericht kann aber auf Antrag des Schuldners oder des Insolvenzverwalters die Verwertung aussetzen, wenn sie die Durchführung eines vorgelegten Insolvenzplanes gefährden würde (§ 233 Satz 1).

8 **2. Einschränkungen.** Das vorläufige Verwertungsverbot soll die Chance einer Unternehmensfortführung wahren oder sonstige Maßnahmen im Rahmen eines Insolvenzplanes (insbesondere übertragende Sanierungen) offen halten. Der Geschäftsbetrieb soll nach Möglichkeit zunächst fortgeführt werden. Verwertungsmaßnahmen, nämlich solche, die eine Fortführung des Geschäftsbetriebes nicht hindern, sind deshalb auch vor dem Berichtstermin zulässig, zB der Einzug von Außenständen oder die Veräußerung von Umlaufvermögen.[6]

9 Das Verbot der Masseverwertung vor dem Berichtstermin gilt verständlicherweise dann nicht, wenn eine Unternehmensfortführung offensichtlich nicht mehr in Betracht kommt, weil der

---

1 Uhlenbruck/*Sinz* § 148 Rn. 7; Jaeger/*Eckhardt* § 148 Rn. 3; K. Schmidt/*Jungmann* § 148 Rn. 1.
2 Jaeger/*Eckardt* § 148 Rn. 5.
3 Zu Einzelheiten → Rn. 6 ff.
4 RGZ 37, 398, 399; BGHZ 12, 380, 389; BGH NJW 1962, 1392 = KTS 1962, 171; *Kuhn/Uhlenbruck* § 117 Rn. 6 mwN; aA zu § 117 KO *Jaeger/Weber* § 117 Rn. 14.
5 RGZ 37, 399.
6 *Förster* ZInsO 2000, 141, 142 vgl. für den vorläufigen Verwalter → § 22 Rn. 73 ff.

Geschäftsbetrieb oder ein Teilbetrieb bereits **endgültig eingestellt** worden ist.[7] Ist dagegen der Betrieb noch nicht eingestellt, aber scheidet nach Überzeugung des Verwalters eine Unternehmensfortführung aus, so muss er den Geschäftsbetrieb einstellen. Dies erfordert die Zustimmung des Gläubigerausschusses, § 158 Abs. 1. Der Schuldner kann das Insolvenzgericht anrufen (§ 158 Abs. 2) Wenn danach die Betriebseinstellung zulässig ist, wird man den Verwalter trotz § 159 für berechtigt halten müssen, betriebsnotwendige Gegenstände zu veräußern. Der Verwalter ist in jedem Fall nicht für solche Schäden verantwortlich, die dadurch entstehen, dass er mit der Verwertung bis zur Einstellung warten muss.

3. Vorläufiger Insolvenzverwalter. Das vorläufige Verwertungsverbot gilt erst recht für den vorläufigen Insolvenzverwalter, auch wenn dem Schuldner ein allgemeines Verfügungsverbot auferlegt wurde und damit nach § 22 Abs. 1 Satz 1 die Verwaltungs- und Verfügungsbefugnis auf den Verwalter übergegangen ist. Das ergibt sich aus § 22 Abs. 1 Satz 2 Nr. 1 und 2, wonach der vorläufige Insolvenzverwalter die Masse zu sichern[8] und zu erhalten hat und den Geschäftsbetrieb fortführen muss (ausführlich → § 22 Rn. 73 ff.). 10

III. Die Inbesitznahme der Masse

1. Massegegenstände iSv § 148. a) Sachen. Die Besitzergreifung kann sich nur auf Sachen iSv § 90 BGB beziehen, also körperliche Gegenstände und damit bewegliche und unbewegliche Sachen gleichermaßen.[9] Hierzu zählen auch die über Forderungen und sonstige Rechte vorhandenen Urkunden (zB Hypotheken-, Grundschuld- und Rentenschuldbriefe, Sparbücher, Wechsel, Bürgschaftsurkunden). Auch die Verkörperung von Computerprogrammen auf einem Datenträger stellt eine Sache dar.[10] Soweit der Schuldner Fremdbesitzer ist (als Mieter, Verwahrer etc.), fällt neben dem schuldrechtlichen Anspruch[11] auch die mit dem Besitz verbundene „Rechtsposition" in die Masse. Eine Inbesitznahme hat jedenfalls dann zu erfolgen, wenn der Insolvenzverwalter den schuldrechtlichen Anspruch, zB durch Untervermietung (§ 857 Abs. 3 ZPO) verwerten[12] oder die Sache für die Masse weiterhin nutzen will (vgl. § 109). 11

b) Massezugehörigkeit. Unter dem „zur Insolvenzmasse gehörenden Vermögen" ist grundsätzlich die Insolvenzmasse iSd §§ 35, 36 zu verstehen. Insbesondere gehören hierzu auch Gegenstände, an denen ein Absonderungsrecht besteht (arg. § 166). Bloße Zweifel an der Rechtszuständigkeit berühren die Verpflichtung zur Inbesitznahme und Verwaltung nicht.[13] Dagegen darf der Verwalter **erkennbar massefremde Gegenstände,** deren Nutzung nicht – wie bei gemieteten oder gepachteten Gegenständen (vgl. § 109) – für die Masse beansprucht wird, nicht in Besitz nehmen,[14] weil die Masse sonst mit Aussonderungskosten (Kosten für die Verschaffung des unmittelbaren Besitzes) belastet werden kann (zu weitergehenden Ansprüchen bei echter Integration in die Masse vgl. unten). Konnte das Bestehen von Aussonderungsrechten noch nicht abschließend geprüft werden, so greift die Eigentumsvermutung des § 1006 BGB zugunsten der Masse. Entgegen der Auffassung von *Häsemeyer*[15] gerät der Verwalter dadurch nicht in die Gefahr, gegenüber dem Berechtigten zu haften, wenn er die Sache nicht in Besitz nimmt, um sie vor Schaden, beispielsweise vor Unterschlagung durch den Schuldner zu bewahren. Er haftet gem. § 60 nur dann, wenn dieser „Beteiligter" ist. Das ist dieser aber erst, wenn das Aussonderungsrecht entstanden ist.[16] Das setzt voraus, dass der Gegenstand massebefangen 12

---

7 *Förster* ZInsO 2000, 141, 142.

8 Zur Inbesitznahme durch den vorläufigen schwachen Verwalter vgl. auch *Grundlach/Frenzel/Jahn* ZInsO 2010, 122.

9 § 167 Abs. 2 und 3 RegE haben noch zwischen Mobilien und Immobilien unterschieden. Bei einem Bankkonto des Schuldners als solchem tut man sich schwer von einer Inbesitznahme zu sprechen, vgl. aber *Kießling* NZI 2006, 440. Die von *Kießling* zu Recht geforderte Anzeige an die Bank kann man auch als Verwaltungsmaßnahme verstehen, was dem Wortsinn etwas weniger Gewalt antut.

10 BGHZ 102, 135, 144; Palandt/*Ellenberger* § 90 Rn. 2 mwN.

11 Vgl. zum Fortbestand des Mietverhältnisses bei unbeweglichen Sachen § 109 und zur Massezugehörigkeit angesichts der §§ 36 InsO, 851 ZPO, 549 BGB: Jaeger/*Henckel* § 1 Rn. 92.

12 Uhlenbruck/*Sinz* § 148 Rn. 7; Jaeger/*Eckardt* § 148 Rn. 48; zu Einschränkungen → Rn. 12.

13 Uhlenbruck/*Sinz* § 148 Rn. 7; Jaeger/*Eckardt* § 148 Rn. 29; → § 60 Rn. 54.

14 BGHZ 127, 156, 161; KPB/*Holzer* § 148 Rn. 9; *Gundlach/Frenzel/Schmidt* NZI 2001, 350, 352; aA *Häsemeyer,* Insolvenzrecht, Rn. 13.02, der die Inbesitznahmepflicht nur dann verneint, wenn die Sache sofort an den Berechtigten ausgefolgt werden kann oder bei einer Belassung beim Insolvenzschuldner kein Schaden für die Sache droht.

15 *Häsemeyer* Insolvenzrecht, Rn. 13.02; die Entscheidung OLG Hamburg ZIP 1996, 386 besagt entgegen der Ansicht *Häsemeyers* im hier interessierenden Zusammenhang nichts, weil es in dem zu entscheidenden Fall um Absonderungsrechte (Sicherungsübereignung) ging, also der Gegenstand gerade zur Masse gehörte.

16 Vgl. zur Haftung gegenüber Aussonderungsberechtigten BGH MDR 1958, 687.

ist,[17] der Insolvenzverwalter also den Gegenstand in Besitz genommen oder für die Masse beansprucht hat. Vor der Inbesitznahme ist der Verwalter dem Berechtigten gegenüber nicht verpflichtet, die Sache vor Schaden zu bewahren. Hat zB der Insolvenzschuldner nach Ablauf eines Pachtvertrages ein Grundstück noch nicht an den Eigentümer herausgegeben, so entsteht ein Aussonderungsanspruch erst dann, wenn der Verwalter das Grundstück in Besitz genommen oder für die Masse zB durch Einziehung des Unterpachtzinses genutzt hat.[18] Nach der Rechtsprechung des BGH muss zwischen der Besitznahme als vorbereitender Handlung bzw. Sicherungsmaßnahme und der endgültigen Integration in die Masse unterschieden werden.[19] Nimmt der Verwalter eine Sache nur in Besitz, um ihre Massezugehörigkeit und Verwertbarkeit zu überprüfen, hat der Verwalter nur insolvenzbeständige vertragliche Erhaltungspflichten oder die allgemeine Verkehrssicherungspflicht zu erfüllen.[20] Eine umfassende insolvenzrechtliche Verantwortung, d. h. vor allem die Zustandsstörerhaftung nach privatem Recht (§ 1004 BGB) als Masseverbindlichkeit, entsteht hingegen erst mit der endgültigen Integration.[21] Soweit das öffentliche Ordnungsrecht die Verantwortlichkeit an die tatsächliche Gewalt oder tatsächliche Sachherrschaft knüpft (vgl. etwa § 4 Abs. 3 Satz 1 BBodSchG), wird der Verwalter bereits mit der Besitzergreifung ordnungspflichtig, auch wenn diese nur der Sicherung dient.[22] Bis zur Bestandskraft eines entsprechenden Verwaltungsaktes kann der Verwalter die Verantwortlichkeit aber wieder durch eine Freigabe beseitigen.[23] Ein Anspruch auf Nutzungsentschädigung gemäß § 546a BGB entsteht hingegen nach Auffassung der BGH[24] bereits dann, wenn der Verwalter aktiv den Besitz ergreift und den Vermieter gezielt vom Besitz ausschließt. Die bloße Nutzungsmöglichkeit begründet dann die Integration in die Masse.

13 **c) Geschäftsbücher. Geschäftsbücher,** d. h. die der Rechungslegung dienenden Unterlagen des Schuldners gehören gem. § 36 Abs. 2 Nr. 1 zur Insolvenzmasse, die besondere Verwertungsvorschrift des § 117 Abs. 2 KO ist weggefallen (→ § 36 Rn. 65). Es sind aber weiterhin folgende Besonderheiten zu beachten.

14 **aa) Verhältnis zur strafprozessualen Beschlagnahme (§ 98 StPO). (1) Beschlagnahme vor Verfahrenseröffnung.** Nicht selten kommt es im Zuge steuerstrafrechtlicher Ermittlungen zur Beschlagnahme der Geschäftsunterlagen des Schuldners, vor allem der Letzten betriebswirtschaftlichen Monatsabschlüsse (BWA) mit Kreditoren, Debitoren und Sachkonten (Datev), der letzten Bilanz und sonstigen Buchhaltungsunterlagen; vgl. §§ 393 Abs. 1 Satz 1 AO, 98 StPO. Lassen sich Insolvenzzweck und Strafverfolgungszweck nicht miteinander koordinieren, so ist die Beschlagnahme nach § 98 StPO vorrangig.[25] Aus § 95 StPO lässt sich allerdings kein solcher Vorrang ableiten.[26] Der Vorrang ergibt sich aber daraus, dass die Insolvenzordnung die Beschlagnahmewirkung unberührt lässt.[27] Denn auch die Wirkung einer Beschlagnahme im Wege der Einzelzwangsvollstreckung entfällt nur dann (ausnahmsweise) automatisch, wenn dies im Gesetz ausdrücklich bestimmt ist (§ 88 Rückschlagsperre). Wenn aber schon die Beschlagnahmewirkung bestehen bleibt, die im Interesse einzelner Gläubiger angeordnet wird, dann erst recht diejenige im Interesse staatlicher Strafverfolgung. Der Fortbestand der Beschlagnahmewirkung steht auch einem Herausgabeanspruch des Verwalters gegen die Staatsanwaltschaft aus § 985 BGB bzw. dem öffentlich-rechtlichen Verwahrungsverhältnis entgegen.[28] Im Einzelfall ist möglichst eine Lösung anzustreben, die sowohl dem Insolvenzzweck als auch dem Strafverfolgungsinteresse gerecht wird. So sind die Beschlagnahmeanordnung[29] aufzuheben und die Geschäftsunterlagen an den Verwalter herauszugeben, wenn die Unterlagen nicht mehr für Beweiszwecke benötigt werden.[30] Die Staatsanwaltschaft kann in vielen Fällen[31] die nötigen

---

[17] BGHZ 127, 156, 161; Uhlenbruck/*Brinkmann* § 47 Rn. 2; OLG Köln ZIP 2000, 1498, 1499.

[18] BGHZ 127, 156, 161.

[19] BGHZ 150, 305 = BGH ZIP 2002, 1043, 1045; BGH ZIP 2006, 583, 584.

[20] BGHZ 150, 305 = BGH ZIP 2002, 1043, 1045.

[21] BGH ZIP 2006, 583, 584 f.

[22] BVerwG ZIP 2004, 2145, 2147.

[23] BVerwG ZIP 2004, 2145, 2147 ff.

[24] BGHZ 130, 38 = ZIP 1995, 1204.

[25] OLG Stuttgart wistra 1984, 240; *Schäfer* wistra 1985, 209; *Schäfer* KTS 1991, 23, 27; für Vorrang des Insolvenzrechts Uhlenbruck/*Sinz* InsO § 148 Rn. 16 und 18; Nerlich/Römermann/*Andres* § 148 Rn. 27; *Haarmeyer/Wutzke/Förster,* Handbuch, Kap. 5 Rn. 89.

[26] AA *Schäfer* wistra 1985, 209; *Schäfer* KTS 1991, 23, 27.

[27] Gottwald/*Eickmann* InsO-HdB § 31 Rn. 115; Jaeger/*Henckel* § 13 Rn. 4; aA Uhlenbruck/*Sinz* § 148 Rn. 15; Nerlich/Römermann/*Andres* § 148 Rn. 27.

[28] OLG Stuttgart wistra 1984, 240, 241.

[29] Vgl. dazu *Schmitt/Meyer-Goßner* § 98 StPO Rn. 30.

[30] Vgl. *Schmitt/Meyer-Goßner* (Fn. 28).

[31] Anders wenn das Aktenmaterial so umfangreich ist, dass sich die Staatsanwaltschaft erst einen Überblick verschaffen muss.

Unterlagen fotokopieren und der Verwalter, der unter gerichtlicher Aufsicht steht, bietet Gewähr dafür, dass die Unterlagen nicht abhandenkommen oder verfälscht werden.[32] Denkbar ist auch, die Beschlagnahmeanordnung aufrechtzuerhalten und die Unterlagen dem Verwalter für die Zwecke des Insolvenzverfahrens zu überlassen. Darin liegt eine Sicherstellung „in anderer Weise" (§ 94 Abs. 1 StPO).[33]

(2) Beschlagnahme nach Verfahrenseröffnung. Die Insolvenzordnung verbietet die Beschlagnahme nach § 98 StPO[34] zum Zwecke der Strafverfolgung nicht. § 98 erklärt nur Zwangsvollstreckungen für einzelne Insolvenzgläubiger in die Masse für unzulässig. Da die Belassung der Geschäftsunterlagen beim Insolvenzverwalter eine Sicherstellung in anderer Weise darstellt, bedarf es in der Regel keiner Beschlagnahme. 15

bb) Kein Zurückbehaltungsrecht an Geschäftsbüchern. Der Insolvenzverwalter kann von den bisherigen Beratern des Insolvenzschuldners – Rechtsanwälte, Steuerberater, Wirtschaftsprüfer u. a. – dessen Geschäftsunterlagen[35] herausverlangen. Der Herausgabeanspruch ergibt sich aus §§ 667, 675 BGB.[36] Den bisherigen Beratern des Insolvenzschuldners steht kein Zurückbehaltungsrecht nach § 273 BGB zu.[37] Das ergibt ein Umkehrschluss aus § 51 Nr. 2 und 3.[38] Für Arbeitsunterlagen, die der Berater im Rahmen seiner Auftragsleistung *selbst erstellt* hat (Beispiel: Hauptabschlussübersicht, Umbuchungslisten u. a.), gilt nichts anderes.[39] Auch insoweit ist der Umkehrschluss aus der beschränkten Anerkennung von bestimmten Zurückbehaltungsrechten in § 51 tragfähig. Etwas anderes ist nur dann der Fall, wenn die von den Beratern gefertigten eigenen Unterlagen noch nicht vergütet wurden.[40] Die von *Marotzke*[41] geforderte dingliche Zuordnung zur Masse als Voraussetzung eines Absonderungsrechts und damit des Gegenschlusses aus § 51 lässt sich unter dem Gesichtspunkt der Erwerbstreuhand[42] begründen. 16

d) Auslandsvermögen. Die Verpflichtung zur Inbesitznahme erstreckt sich auch auf im Ausland befindliche Massegegenstände (Universalitätsprinzip).[43] 17

Die Beschlagnahmewirkung ergreift auch dann das Auslandsvermögen, wenn der Eröffnungsbeschluss als Vollstreckungstitel im Ausland nicht durchgesetzt werden kann.[44] Eine Verpflichtung zur Inbesitznahme besteht aber dann nicht, wenn diese rechtlich nicht möglich ist. Diese Möglichkeit hängt allein vom Recht des Staates der Belegenheit ab.[45] Die internationalen Vollstreckungsübereinkommen klammern ausdrücklich das Konkurs- und sonstige Insolvenzrecht aus.[46]

aa) Einverständnis des Schuldners. Ist der Schuldner mit der Besitzergreifung einverstanden oder wirkt er daran sogar mit, stellt sich die Frage, ob der ausländische Staat die Einziehung des in seinem Gebiet belegenen Vermögens durch den Verwalter als Bevollmächtigten des Schuldners als 18

---

32 Auch deshalb machen Sanktionen nach 95 Abs. 2 StPO und Maßnahmen nach § 103 StPO gegen den Insolvenzverwalter keinen Sinn, vgl. LG Potsdam ZInsO 2007, 1162 mAnm *Brüsseler*; *Menz* ZInsO 2007, 2828; aA LG Ulm NJW 2007, 2056 mAnm *Schor.*

33 *Schäfer* KTS 1992, 23, 27.

34 Zurückgewinnungshilfen nach § 111g StPO unterliegen als Maßnahmen der Einzelzwangsvollstreckung dem Vollstreckungsverbot nach § 89, AG Moers ZInsO 2001, 1118.

35 Zu Herausgabe- und Einsichtsrechten des Verwalters gegen einen vom Insolvenzschuldner beauftragten Rechtsanwalt vgl. BGH ZIP 1990, 48 und § 50 BRAO.

36 Die von *Marotzke* EWiR § 49 KO 1/87, 1121, 1122 geäußerten Bedenken gegen diesen vertraglichen Anspruch angesichts des Erlöschens des Geschäftsbesorgungsvertrages nach § 116 verfangen nicht, weil der Herausgabeanspruch ja typischerweise bei Erlöschen oder Beendigung des Vertragsverhältnisses fällig wird, aber gerade nicht wegfällt, vgl. Staudinger/*Martinek*/*Omlor* § 667 Rn. 17. Gerade im Fall des Erlöschens entfaltet der Herausgabeanspruch seine Schutzfunktion, BGH ZIP 1990, 48, 50.

37 OLG Stuttgart ZIP 1982, 80; OLG Hamm ZIP 1987, 1330 = EWiR § 49 KO 1/87, 1121 *(Marotzke)*; vgl. § 51 Rn. 242.

38 OLG Stuttgart ZIP 1982, 80, 81; OLG Hamm ZIP 1987, 1330, 1331.

39 OLG Hamm ZIP 1987, 1330, 1331.

40 BGH ZIP 2004, 1267.

41 *Marotzke* EWiR § 49 KO 1/87, 1121, 1122.

42 Mit Erstellung der Arbeitsunterlagen für den Insolvenzschuldner entsteht ein Treuhandverhältnis, das den Treugeber (Insolvenzschuldner) über den schuldrechtlichen Herausgabeanspruch hinaus auch zB nach § 771 ZPO widerspruchsbefugt macht, vgl. zu diesem Gesichtspunkt K. Schmidt/*Thole* § 47 Anm. 85.

43 BGHZ 68, 16; BGH NJW 1983, 2147, 2148; ZIP 2003, 2123, 2124.

44 BGH ZIP 2004, 1267.

45 RGZ 54, 193; BGH MDR 1960, 578.

46 Vgl. Art. 1 Abs. 2 Nr. 2 EuGVÜ und *Geimer* IZPR Rn. 3350; → Rn. 23.

hoheitliche Tätigkeit (staatlich organisierte Gesamtvollstreckung) und damit als Verstoß gegen das Territorialitätsprinzip begreift.[47]

Ist aus der Sicht des ausländischen Staates ein solcher Verstoß zu bejahen, muss der Schuldner die Verwertung des Auslandsvermögens selbst durchführen und dem Verwalter den Erlös abliefern.

19 **bb) Verweigerung der Mitwirkung durch den Schuldner.** Verweigert der Schuldner die Mitwirkung, kommt es zunächst darauf an, ob der ausländische Staat überhaupt den universellen Geltungsanspruch des deutschen Insolvenzverfahrens anerkennt.[48]

20 **(1) Verfügungsbefugnis des Verwalters im Ausland nicht anerkannt.** Verweigert der ausländische Staat die Anerkennung der Wirkungen der Insolvenzeröffnung, bleiben für den Verwalter folgende Möglichkeiten,[49] wobei derartige „privatrechtliche" Bemühungen des Verwalters durch Arreste und Zwangsvollstreckungsmaßnahmen von Gläubigern behindert werden können:[50]

21 Der Verwalter kann einen Gläubiger beauftragen, gegen den Schuldner im Ausland einen Vollstreckungstitel zu erwirken und daraus die Zwangsvollstreckung in das Auslandsvermögen zu betreiben. Der Gläubiger hat dann nach § 667 BGB das Erlangte herauszugeben und kann seinerseits nach § 670 BGB vollen Aufwendungsersatz verlangen.[51] Der Verwalter ist sogar berechtigt, dem Gläubiger eine gewisse Erfolgsprämie zu gewähren.[52]

22 Mit der Weigerung, bei der Einziehung von Auslandsvermögen behilflich zu sein, verletzt der Schuldner seine Mitwirkungspflicht nach § 97 Abs. 2. Es steht daher als Zwangsmittel die Verhaftung nach § 98 Abs. 2 Nr. 2 zur Verfügung.[53] Damit kann die unwiderrufliche Bevollmächtigung des Verwalters oder die Übertragung der ausländischen Massegegenstände auf den Verwalter erzwungen werden.[54] Versucht der Schuldner nach entsprechender **Vollmachtserteilung,** die Vollmacht zu widerrufen, kommt erneut Beugehaft in Betracht.[55] Bei einem derartigen Vorgehen ist aber nicht sichergestellt, dass ausländische Gerichte die erzwungenen Einverständnisse, Abtretungen, Bevollmächtigungen etc. auch tatsächlich anerkennen.[56]

23 **(2) Verfügungsbefugnis des Verwalters im Ausland anerkannt.** Wird die Verfügungsmacht hingegen grundsätzlich anerkannt, so muss der Insolvenzeröffnungsbeschluss als Herausgabetitel für vollstreckbar erklärt werden (vgl. umgekehrt die analoge Anwendung der §§ 722, 723 ZPO bei der Vollstreckbarerklärung ausländischer Konkurseröffnungsbeschlüsse im Inland).[57] Versagt die ausländische Rechtsordnung dem Eröffnungsbeschluss die Vollstreckungsfähigkeit,[58] muss der Verwalter im Wege der Klage oder einstweiligen Verfügung einen vollstreckbaren Titel erwirken. Der materiellrechtliche Herausgabeanspruch des Verwalters ergibt sich aus § 148.[59] Dieser Titel wird im Wege der Einzelzwangsvollstreckung vollstreckt und ist daher nach den internationalen Anerkennungs- und Vollstreckungsverträgen durchsetzbar.

---

47 Vgl. Gottwald/*Kolmann/Keller,* InsO-HdB, § 130 Rn. 5 ff.; § 132 Rn. 59; vgl. auch Uhlenbruck/*Sinz* § 150 Rn. 20; keine Bedenken dagegen bei *Geimer* IZPR Rn. 3479.

48 *Geimer* IZPR Rn. 3434; *Stoll/Lüer,* Stellungnahmen und Gutachten zur Reform des deutschen internationalen Insolvenzrechtes, 1992, 106.

49 Diese Möglichkeiten bestehen selbstverständlich auch, wenn die Wirkungen der Insolvenzeröffnung anerkannt werden.

50 Vgl. Gottwald/*Kolmann/Keller* InsO-HdB § 132 Rn. 63.

51 Begr. RegE § 383; *Geimer* IZPR Rn. 3482, 3485; Gottwald/*Kolmann/Keller* § 132 Rn. 62.

52 Begr. RegE § 383; *Geimer* IZPR Rn. 3482, 3485; Gottwald/*Kolmann/Keller* § 132 Rn. 62.

53 Vgl. BVerfG ZIP 1986, 1336; OLG Köln NJW-RR 1986, 934 = ZIP 1986, 658 = EWiR § 117 KO 1/86 *(Schneider)*; nunmehr auch OLG Koblenz NJW-RR 1994, 175; LG Memmingen ZIP 1983, 204; vgl. § 98 Rn. 18; *Kilger/K. Schmidt* § 1 Anm. 1 B b); Nerlich/Römermann/*Andres* § 148 Rn. 22; Gottwald/*Kolmann/Keller* § 132 Rn. 82 ff.; aA früher OLG Koblenz KTS 1980, 68.

54 BGH ZIP 2003, 2123, 2124. Das gilt nach Auffassung des BGH auch dann, wenn lediglich vermutet wird, dass Auslandsvermögen vorhanden ist.

55 LG Memmingen ZIP 1983, 204.

56 Vgl. Gottwald/*Kolmann/Keller* § 132 Rn. 60; *Leipold,* FS Waseda Universität, 1988, 787, 791; *Hanisch* IPRax 1994, 351, 352.

57 *Geimer* IZPR Rn. 3368.

58 Nach *Stoll/Lüer,* Stellungnahmen und Gutachten zur Reform des deutschen internationalen Insolvenzrechtes, 1992, 102 soll es dem Eröffnungsbeschluss für das Ausland stets an einem konkreten, vollstreckungsfähigen Inhalt fehlen.

59 AA *Stoll/Lüer,* Stellungnahmen und Gutachten zur Reform des deutschen internationalen Insolvenzrechtes, 1992, 105 der ohne Zitat die Auffassung vertritt, die hM verneine einen materiellrechtlichen Herausgabeanspruch. Vgl. gegen diese Auffassung besonders klar *Baur/Stürner,* Fälle und Lösungen, Fall 18, 105 mwN. Richtig ist, dass angesichts von § 148 Abs. 2 Satz 1 regelmäßig für eine Klage das Rechtsschutzbedürfnis fehlt.

Nach Art. 18 Abs. 1 Satz 2 **EuInsVo** kann der Verwalter in den Mitgliedstaaten der Europäischen Union Massegegenstände in Besitz nehmen und nach Deutschland bringen, sofern dem nicht Sicherungseigentum oder Rechte Dritter entgegenstehen (Art. 5, 7 EuInsVO).[60] Zur zwangsweisen Durchsetzung → Rn. 61. Auch die UN-Vollversammlung hat am 15.12.1997 auf Vorschlag der UNCITRAL (United Nations Commission on International Trade Law)-Kommission Modellbestimmungen für grenzüberschreitende Insolvenzverfahren gebilligt.[61]

2. Inbesitznahme. a) Besitzbegründung. Unter Inbesitznahme ist die Begründung **unmittelbaren Besitzes** gem. § 854 Abs. 1 BGB zu verstehen.[62] Dabei geht der Besitz nicht entsprechend § 857 BGB automatisch auf den Verwalter über,[63] wie gerade die unterschiedliche Regelung in den §§ 80 und 148 zeigt. Nach der Organtheorie dagegen ist die Insolvenzmasse selbst Eigenbesitzerin.[64] Der Insolvenzverwalter übt lediglich als Organ den Besitz der Insolvenzmasse aus. Er ist selbst nicht Besitzer.[65] Im Hinblick auf die angestrebte faktische Sicherung ist unabhängig von der dogmatischen Einordnung die tatsächliche Zugriffsmöglichkeit des Verwalters entscheidend. Doch selbst bei Problemstellungen, die an die Qualifizierung der Besitzposition anknüpfen, hat der Streit keine großen praktischen Auswirkungen.[66] Die Besitzbegründung muss **sofort,** d. h. ohne Verzögerung erfolgen. Soweit teilweise betont wird, dass die unverzüglich, also ohne schuldhaftes Zögern (§ 121 BGB) erfolgte Inbesitznahme nicht genüge,[67] hilft dies nicht weiter. Denn mehr als das pflichtgemäße Bemühen um die Inbesitznahme kann vom Verwalter nicht verlangt werden. 24

Die für den Besitz erforderliche **physische Einwirkungsmöglichkeit** setzt regelmäßig ein räumliches Verhältnis voraus.[68] Bei der Besitzbegründung nach § 148 kommt es anders als bei § 854 BGB weniger auf die Verkehrsanschauung an. Diese kann zwar bei § 854 BGB gewisse Defizite hinsichtlich der aktuell bestehenden, tatsächlichen Zugriffsmöglichkeit überwinden (Bsp.: Besitz an den Gegenständen der Wohnung des Schuldners bleibt während des Urlaubs erhalten). Bei § 148 steht hingegen mehr der Ausschluss der Zugriffsmöglichkeit des Schuldners im Vordergrund.[69] Die Anforderungen an die Besitzbegründung sind deshalb unterschiedlich, je nach der Gefahr des Beiseiteschaffens. Je größer diese Gefahr ist, desto stärker muss die faktische Zugriffsmöglichkeit des Verwalters sein. 25

b) Ausnahmen von der Pflicht zur Inbesitznahme. Grundsätzlich ist der Insolvenzverwalter verpflichtet, die zur Insolvenzmasse gehörigen Sachen in unmittelbaren Besitz zu nehmen.[70] Das führt aber zu praktischen Problemen. Denn der Insolvenzverwalter müsste dann sämtliche Massegegenstände, die sich beim Schuldner befinden, an sich nehmen.[71] Dies ist in der Praxis vielfach nicht durchführbar und im Interesse der Gläubiger auch nicht geboten. So kann der Insolvenzverwalter beispielsweise bei Immobilien, welche vom Schuldner selbst bewohnt sind, von einer sofortigen Inbesitznahme absehen, wenn dadurch die spätere Verwertung nicht beeinträchtigt wird. Aus diesem Grund genügt es auch nicht, die Verpflichtung des Abs. 1 dahingehend einzuschränken, dass der Insolvenzverwalter auf die Inbesitznahme für die Masse wertloser oder wegen ihrer Belastung mit Absonderungsrechten nach dem freien Ermessen des Insolvenzverwalters keinen Überschuss 26

[60] Vgl. *Kemper* ZIP 2001, 1609, 1614; Nerlich/Römermann/*Andres* § 148 Rn. 21.

[61] ZIP 1997, 2224 und dazu *Wimmer* ZIP 1997, 2220.

[62] Uhlenbruck/*Sinz* § 148 Rn. 11; FKInsO/*Wegener* § 148 Rn. 13; Nerlich/Römermann/*Andres* § 148 Rn. 29; KPB/*Holzer* § 148 Rn. 11; K. Schmidt/*Jungmann* § 148 Rn. 9; *Braun* § 148 Rn. 5 und die hM zum inhaltsgleichen § 117 KO: BGHZ 104, 304 = NJW 1988, 3264; *Kuhn/Uhlenbruck* § 117 Rn. 3 und 9; *Kilger/K. Schmidt* § 117 Anm. 3; *Jaeger/Weber* § 117 Rn. 6 mwN zu früheren abweichenden Auffassungen; *Baur/Stürner,* Zwangsvollstreckungs-, Konkurs- und Vergleichsrecht, Band II, Insolvenzrecht, Rn. 10.26; Mohrbutter/Mohrbutter/*Ernestus* Rn. III.3; *Hess,* KO § 117 Rn. 13.

[63] MüKoBGB/*Joost* § 857 Rn. 14; *Westermann/Gursky,* Sachenrecht, Bd. I, § 15 III; aA *Wolff/Raiser,* Sachenrecht, § 12 II 2.

[64] *Bötticher* ZZP 77 (1964), 55, 67; für juristische Personen und sonstige konkursfähige Personenverbände auch K. Schmidt/*Jungmann* § 148 Rn. 9; *K. Schmidt* KTS 1984, 345, 387 f.

[65] Zur Figur des Organbesitzes vgl. MüKoBGB/*Joost* § 854 Rn. 15 ff.

[66] Eingehend Jaeger/*Henckel* § 6 Rn. 47; siehe auch *Kilger/K. Schmidt* § 117 Anm. 3; zu den einzelnen Auswirkungen wird an den jeweiligen Stellen Bezug genommen.

[67] KPB/*Holzer* § 148 Rn. 7; vgl. auch Nerlich/Römermann/*Andres* § 148 Rn. 8; Jaeger/*Eckardt* § 148 Rn. 71.

[68] MüKoBGB/*Joost* § 854 Rn. 5 mwN.

[69] Die Anforderungen an die Besitzbegründung können entsprechend der jeweiligen Funktion des Besitzes verschieden sein, vgl. Staudinger/*Gutzeit* § 854 Rn. 2.

[70] → Rn. 1.

[71] Mit geringeren Anforderungen an die tatsächliche Sachherrschaft kann dann nicht mehr geholfen werden, wenn der Schuldner unzweifelhaft an den Gegenständen „näher dran“ ist und den Verwalter vom tatsächlichen Zugriff ausschließen kann.

versprechender Gegenstände verzichten darf.[72] Vielmehr ist die **Verpflichtung zur „sofortigen" Inbesitznahme dann nicht gegeben,** wenn die **Belassung beim Schuldner die Befriedigung der Gläubiger nicht gefährdet.** Im Gegensatz zu § 117 KO besteht keine sofortige Liquidationspflicht mehr. Auch aus diesem Grund ist eine Einschränkung der Pflicht zur sofortigen Inbesitznahme gerechtfertigt. So genügt bei **Immobilien** zur Sicherung der Gläubiger regelmäßig – anders zB, wenn es um die Fruchtziehung aus dem Grundstück geht – der Grundbuchvermerk (§ 32). Die Verpflichtung zur Inbesitznahme besteht auch dann nicht, wenn der Aufwand unverhältnismäßig ist und die dadurch entstehenden Kosten die Befriedigung der Gläubiger gefährden.[73] Kleinere Barbeträge sollten den zuständigen Mitarbeitern des Schuldners zur Bezahlung kurzfristig anfallender Masseverbindlichkeiten belassen werden, größere Summen sind auf das Insolvenzkonto einzuzahlen.

27 Es ist in diesen Fällen daher auch nicht erforderlich, dass der Insolvenzverwalter symbolisch die Sachherrschaft ergreift, um im gleichen Atemzug dem Schuldner als Besitzdiener iSv § 855 BGB[74] die Sachen wieder anzuvertrauen. Eine besitzrechtliche Stärkung der Position des Insolvenzverwalters ergibt sich daraus nicht. Gegen den Schuldner hat er ohnehin den Herausgabeanspruch aus § 148 Abs. 2, gegen eigenmächtiges Beiseiteschaffen durch den Schuldner bietet der Weg über § 855 BGB keine Vorteile. Und besitzrechtliche Ansprüche des Schuldners aus §§ 859 ff., 1007 BGB kann der Insolvenzverwalter gem. § 80 selbst ausüben.

28 **c) Besitzdiener.** Soweit der unmittelbare Besitz des Schuldners über einen Besitzdiener gem. § 855 BGB ausgeübt wird, erwirbt der Insolvenzverwalter den Besitz durch den Übergang des Weisungsrechts nach § 80. Insoweit liegt also ein automatischer Übergang des unmittelbaren Besitzes auf den Verwalter vor. So bedarf es bei gewerblichen Unternehmungen hinsichtlich des **Anlage- und Umlaufvermögens,** bei denen die Sachherrschaft durch Arbeitnehmer ausgeübt wird, regelmäßig keiner weiteren Maßnahmen des Verwalters für die Besitzbegründung. Zur Erfassung der Masse wird der Insolvenzverwalter zuerst die Büros und dann die Betriebs-, Fabrikations- und Lagerräume besichtigen und hierüber ein Protokoll fertigen, schließlich die auswärtigen Niederlassungen und sonstiges außerhalb des Firmensitzes befindliches Anlagevermögen. Anders ist es dann, wenn Anhaltspunkte dafür bestehen, dass die Arbeitnehmer gemeinsam mit dem Schuldner derartige Gegenstände beiseite schaffen oder diese Gegenstände dem unberechtigten Zugriff Dritter ausgesetzt sind.

29 **d) Mittelbarer Besitz.** Ist der Schuldner nur mittelbarer Besitzer der Massegegenstände und ein Dritter unmittelbarer Besitzer, stellt sich die Frage, ob der Insolvenzverwalter das Besitzmittlungsverhältnis beenden kann und soll.[75] Der mittelbare Besitz geht nicht auf den Insolvenzverwalter über.[76] Vielmehr übt der Insolvenzverwalter über § 80 die sich aus dem mittelbaren Besitz ergebenden Rechte aus.[77] So sind beispielweise Schließfächer in Anwesenheit eines Bankangestellten zu öffnen, über den Inhalt ist ein Protokoll zu fertigen.

30 Bei vermieteten oder verpachteten Gegenständen des Schuldners ist zu unterscheiden. Sind Immobilien betroffen, so geht § 108 Abs. 1 Satz 1 der Inbesitznahmepflicht vor, weil die Gebrauchsüberlassungspflicht fortbesteht. Bei beweglichen Gegenständen ist das Wahlrecht des § 103 Abs. 1 vorrangig. Hat der Schuldner unter Eigentumsvorbehalt eine Sache veräußert, so besteht wegen § 107 Abs. 1 Satz 1 ebenfalls keine Pflicht zur Inbesitznahme.

31 Der Schuldner kann seinen mittelbaren Besitz nach § 870 BGB **übertragen,** weil man einen durch die Beendigung des Insolvenzverfahrens aufschiebend bedingten Herausgabeanspruch aus dem gesetzlichen Besitzmittlungsverhältnis zum Insolvenzverwalter konstruieren kann,[78] der auch nicht in die Insolvenzmasse fällt, weil er erst nach Beendigung des Insolvenzverfahrens entsteht. Nach der Organtheorie besteht überhaupt kein mittelbarer Besitz, er ist also auch nicht übertragbar. Allerdings kommt dem keine Bedeutung zu, weil eine Eigentumsübertragung nach § 931 BGB wegen § 81 Abs. 1 Satz 1 nicht möglich ist.[79]

---

[72] In diesem Sinn *Uhlenbruck* § 148 Rn. 2; RGZ 60, 107, 109 für die nicht anders zu beurteilende Frage der Freigabe aus der Masse.

[73] OLG Köln ZIP 2000, 1498, 1500 f.

[74] So (zur KO) *Kuhn/Uhlenbruck* § 117 Rn. 9; vgl. auch Nerlich/Römermann/*Andres* § 148 Rn. 31; offen bleibt dabei, woraus sich die Weisungsbefugnis des Insolvenzverwalters ergeben soll. Möglicherweise kann in der Entgegennahme eine implizite Unterwerfung unter die Weisungen des Insolvenzverwalters gesehen werden. § 97 enthält gerade keine Weisungsbefugnis des Insolvenzverwalters.

[75] Zur zwangsweisen Durchsetzung → Rn. 60 ff.

[76] *Kilger/K. Schmidt* § 117 Anm. 3.

[77] *Kilger/K. Schmidt* § 117 Anm. 3.

[78] AA scheinbar Jaeger/*Henckel* § 6 Rn. 47; der Anspruch aus § 985 BGB ist nicht unabhängig vom Eigentum abtretbar: Palandt/*Herrler* § 985 Rn. 1.

[79] So auch im Ergebnis Jaeger/*Henckel* § 6 Rn. 47.

e) Tod des Verwalters, Verwalterwechsel. aa) Kein automatischer Übergang. Da der Insolvenzverwalter mit der tatsächlichen Ergreifung unmittelbarer Besitzer wird, geht mit seinem Tod der unmittelbare Besitz auf die Erben des Insolvenzverwalters über, auch wenn die Erben kein Recht zum Besitz haben (§ 857 BGB).[80] Für den neuen Insolvenzverwalter gilt wiederum (nur) das Recht zur Besitzergreifung, wobei sich der Herausgabeanspruch gegen die Erben aus § 985 BGB ergibt. Vom Standpunkt der Organtheorie bleibt die Masse Besitzerin, es wechselt lediglich das Organ. 32

bb) Besitzdiener. Übte der verstorbene Verwalter den unmittelbaren Besitz an Massegegenständen durch Besitzdiener aus, erwirbt zwar der Erbe über § 857 BGB den unmittelbaren Besitz, er verliert ihn aber sogleich wieder, weil zwischen Erben und Besitzdiener kein Weisungsverhältnis besteht (§ 856 Abs. 1 BGB).[81] 33

cc) Mittelbarer Besitz. Hat der Insolvenzverwalter an Massegegenständen **mittelbaren Besitz** in seiner Eigenschaft als Insolvenzverwalter für Rechnung der Insolvenzmasse begründet (zB Hinterlegung von Wertpapieren), so ist der Schuldner mittelbarer Besitzer und nicht der Verwalter.[82] Ein Übergang des mittelbaren Besitzes auf die Erben des Verwalters scheidet damit aus. Der neue Verwalter wird ebenfalls nicht mittelbarer Besitzer, sondern übt lediglich die sich aus dem mittelbaren Besitz des Schuldners ergebenden Rechte aus (§ 80). 34

f) Besitzschutz. aa) Besitzschutzansprüche nach den §§ 859 ff., 1007 BGB. Dem Verwalter stehen, soweit er unmittelbarer Besitzer ist, die Besitzschutzansprüche der §§ 859 ff., 1007 BGB selbst zu.[83] Die Ansprüche des Schuldners als mittelbarem Besitzer aus den §§ 861 f., 869 BGB gehören zur Insolvenzmasse und werden daher vom Verwalter auch dann ausschließlich allein ausgeübt, wenn die Ausübung der Besitzschutzansprüche durch den Schuldner dem Willen des Verwalters entspricht (§ 80).[84] Der Verwalter kann – wie sonst auch – dem Schuldner die Ausübung gestatten, indem er den Anspruch freigibt oder den Schuldner zur Geltendmachung ermächtigt. Nach der Organtheorie ergeben sich letztlich keine Unterschiede, weil der Schuldner nicht mittelbarer Besitzer ist und schon aus diesem Grund nichts unternehmen kann. 35

bb) Selbsthilferecht. Der Verwalter hat als unmittelbarer Besitzer das Selbsthilferecht aus § 859 BGB. Nach hier vertretener Auffassung ist der Schuldner mittelbarer Besitzer (§ 868 BGB). Wegen des fehlenden Verweises in § 869 BGB auf § 859 BGB ist streitig, ob sich der mittelbare Besitzer auf § 859 berufen kann.[85] Er kann sich aber gegen die Besitzstörung auf das Nothilferecht des § 227 BGB stützen, das im gleichen Umfang Gewaltanwendung gestattet wie § 859 BGB.[86] Dagegen ergibt sich die Befugnis zur „Besitzkehr" nur aus § 859 Abs. 2 und 3 BGB.[87] Dabei ist die Regelung in § 859 insofern weiter, als das Gewaltrecht des Besitzers nicht dadurch ausgeschlossen wird, dass die Besitzentziehung vollendet ist, auch wenn kein gegenwärtiger Angriff iSv § 227 BGB mehr vorliegt.[88] Nach der Organtheorie ist der Schuldner nicht mittelbarer Besitzer, so dass sich hier die Streitfrage der Anwendbarkeit des § 859 BGB gar nicht stellt.[89] 36

g) Eigenbesitz. Nach hier vertretener Auffassung ist der Schuldner mittelbarer Eigenbesitzer, der Insolvenzverwalter unmittelbarer Fremdbesitzer.[90] Nach der Organtheorie ist dagegen die Masse Eigenbesitzerin. 37

aa) Bedeutung für Eigentumserwerbstatbestände. Der Eigenbesitz (§ 872 BGB) ist zunächst für einige Erwerbstatbestände von Bedeutung (§§ 900, 927, 937 ff., 955, 958 BGB). Hin- 38

---

80 MüKoBGB/*Joost* § 857 Rn. 5; Palandt/*Herrler* § 857 Rn. 2; *Baur/Stürner*, Sachenrecht, § 8 I 3 Fn. 2; *Westermann/Gursky* Sachenrecht, Bd. I, § 15 I 4; *Soergel/Mühl* § 857 Rn. 3; Uhlenbruck/*Sinz* § 148 Rn. 27; die Gegenansicht spricht sich für den Übergang auf den Amtsnachfolger aus: *Baur*, Sachenrecht, § 8 I 3; dagegen schränken *Wolff/Raiser* Sachenrecht, § 12 II 3 und *Strohal* JherJB 29 (1890) 336, 370; 38 (1898) 1, 98 den Übergang auf die Gegenstände ein, die von dem eigenen Vermögen des Verwalters äußerlich getrennt sind.

81 MüKoBGB/*Joost* § 855 Rn. 18.

82 Jaeger/*Eckhardt* § 148 Rn. 64; K. Schmidt/*Jungmann* § 148 Rn. 10; Uhlenbruck/*Sinz* § 148 Rn. 12.

83 K. Schmidt/*Jungmann* § 148 Rn. 9; Uhlenbruck/*Sinz* § 148 Rn. 11; Jaeger/*Eckardt* § 148 Rn. 155.

84 Jaeger/*Henckel* § 1 Rn. 47; aA Jaeger/*Eckardt* § 148 Rn. 156, wonach nur im Fall des Widerspruchs mit dem Willen des Verwalters § 80 eingreift.

85 Vgl. RGZ 146, 182, 190; MüKoBGB/*Joost* § 869 Rn. 6 ff. mwN.

86 *Westermann/Gursky* Sachenrecht, Bd. I,§ 23 2.

87 *Westermann/Gursky* Sachenrecht, Bd. I,§ 26 III 2.

88 *Lopau* JuS 1980, 501, 503.

89 Entgegen Jaeger/*Henckel* § 6 Rn. 47 kann an dieser Stelle der Streit um die Besitzsituation also doch Bedeutung gewinnen.

90 So auch BVerwG NJW 1962, 979, 980.

sichtlich der Besitzzeiten führen die Theorien zu keinem unterschiedlichen Ergebnis, weil die Besitzzeit des Schuldners bis zum Übergang des Besitzes auf die Masse der Besitzzeit der Masse hinzugerechnet wird (§§ 900 Abs. 2, 927 Abs. 1 Satz 2, 943 BGB). Unterschiede zeigen sich aber in den subjektiven Erwerbsvoraussetzungen. Dabei ist zunächst aber festzuhalten, dass der **böse Glaube des Insolvenzverwalters nach allen Ansichten schädlich** ist. Für die Vertretertheorie ergibt sich das aus dem Rechtsgedanken des § 166 Abs. 1 BGB, wonach es auf den guten Glauben und die Kenntnisse des gesetzlichen Vertreters ankommt. Zum selben Ergebnis gelangt die Organtheorie, weil das Wissen des Organs der Masse zugerechnet wird.[91] Da die Ersitzungsaussicht zur Masse gehört, nimmt nach der Amtstheorie der Insolvenzverwalter für den Schuldner dessen Eigenbesitz wahr.[92] Damit ist das Wissen des Verwalters maßgeblich. Dagegen führen nur Vertreter- und Amtstheorie dazu, dass auch die nach Insolvenzeröffnung eingetretene **Bösgläubigkeit des Schuldners** den Erwerb ausschließt. Das aber ist allein angemessen, weil ansonsten der bösgläubig gewordene Schuldner seine Schulden mit Vermögensgegenständen tilgen könnte, deren Erwerb er seiner Bösgläubigkeit wegen nicht verdient hat.[93] Der Gutglaubensschutz ist nur dann gerechtfertigt, wenn derjenige, dem der Erwerb zugutekommt, und das ist der Schuldner, nicht der Verwalter, auch selbst gutgläubig ist.

39 **bb) Haftung des Gebäudebesitzers (§ 836 Abs. 1 BGB).** Die Haftung des Gebäudebesitzers (§ 836 Abs. 1 BGB) setzt gem. § 836 Abs. 3 BGB Eigenbesitz voraus. Dabei ergibt sich nach der Organtheorie zwanglos, dass die Masse haftet, wobei es sich um eine Masseschuld gem. § 55 Abs. 1 Nr. 1 handelt.[94] Bei wörtlicher Anwendung des § 836 BGB müssten dagegen Vertreter- und Amtstheorie eine Haftung der Masse verneinen, weil ja der Schuldner Eigenbesitzer bleibt. Seine Haftung mit dem konkursfreien Vermögen ist aber angesichts der Erweiterung der Insolvenzmasse um den Neuerwerb (§ 35) nicht realisierbar.

40 Als Ausweg schlagen *Jaeger/Henckel* § 6 Rn. 50 eine korrigierende Auslegung des § 836 BGB vor, weil die aufgezeigten Konsequenzen dem Grund der Haftung aus § 836 BGB nicht gerecht würden.[95] Der korrigierenden Auslegung des § 836 BGB bedarf es aber gar nicht. Aus § 838 BGB haftet der Insolvenzverwalter persönlich.[96] Diese Haftung steht aber in Zusammenhang mit der Verwaltung der Masse.[97] Nach der überwiegenden Ansicht begründet dies eine Haftung der Masse (§ 55 Abs. 1 Nr. 1).[98]

41 **h) Kein eigenmächtiges Vorgehen.** Eigenmächtiges Vorgehen ist dem Insolvenzverwalter nicht gestattet. Besitzentziehung und Besitzstörung ohne oder gegen den Willen des Schuldners sind daher verbotene Eigenmacht gem. § 858 Abs. 1 BGB. Eine gesetzliche Gestattung iSv § 858 Abs. 1 BGB enthält der Eröffnungsbeschluss nicht.[99] Das ergibt sich aus einem Umkehrschuss aus § 148 Abs. 2 Satz 1. Zur zwangsweisen Durchsetzung muss sich der Insolvenzverwalter des Zwangsvollstreckungsverfahrens bedienen. Eine Selbstvollstreckung ist damit bis auf die Fälle der Selbsthilfe des § 229 BGB ausgeschlossen.[100] Die Zustimmung des Schuldners zB zum Betreten der Wohnungsräume kann stillschweigend erfolgen. Es genügt etwa die Gleichgültigkeit hinsichtlich des Verbleibs der Sache.[101]

IV. Die Verwaltung

Die Verwaltung umfasst die Sicherung, Feststellung und Wahrnehmung der Masserechte bis zu deren Verwertung bzw. der vorzeitigen Beendigung des Insolvenzverfahrens.[102] Auch die Einziehung von Forderungen und die Geltendmachung von Ansprüchen gegen Dritte gehört zur Verwaltung.[103]

---

91 Vgl. zur Zurechnungsproblematik von Organwissen allgemein BGHZ 109, 330.

92 KPB/*Lüke* § 80 Rn. 37; entgegen *Bötticher* ZZP 77 (1964), 55, 67 ist damit eine Ersitzung trotz bösen Glaubens des Insolvenzverwalters ausgeschlossen.

93 So zutreffend Jaeger/*Henckel* § 6 Rn. 48; aA *Stürner* ZZP 94 (1981), 263, 293, wonach für die Organtheorie die Bewertung der Bösgläubigkeit des Schuldners mit dem Hinweis auf dessen formelles Eigentum ebenso möglich sei. Das mag zwar für § 937 BGB angehen („Erwerber"), nicht aber für § 955 BGB, der ausdrücklich auf den Eigenbesitzer abstellt.

94 *Kilger/K. Schmidt* § 59 Anm. 2.

95 Jaeger/*Henckel* § 6 Rn. 50.

96 BGHZ 21, 285, 293.

97 Hier können in vollem Umfang die Argumente von Jaeger/*Henckel* § 6 Rn. 50 herangezogen werden.

98 Vgl. § 55 Rn. 36 Jaeger/*Henckel* § 6 Rn. 46; Uhlenbruck/*Sinz* § 55 Rn. 23 ff.; Palandt/*Ellenberger* § 31 Rn. 3.

99 *Uhlenbruck* § 148 Rn. 9; Palandt/*Herrler* § 858 Rn. 7; vgl. auch OLG Naumburg OLG-NL 1997, 163.

100 Vgl. → MüKoInsO/*Füchsl/Weishäupl/Jaffé*, § 148 Rn. 41.

101 RGZ 72, 192, 198.

102 *Häsemeyer* Rn. 13.05.

103 *Bork* ZIP 2005, 1120, 1120.

Ansprüche müssen aber dann nicht gerichtlich geltend gemacht werden, wenn die Prozessführung keinen Erfolg verspricht.[104] Eine überwiegende Erfolgswahrscheinlichkeit kann dabei nicht verlangt werden.[105] Der Verwalter muss einen für die Masse entscheidenden Prozess auch dann nach sorgfältiger Abwägung führen können, wenn das Unterliegen wahrscheinlicher ist als das Obsiegen.[106] Auch rechtlich Erfolg versprechende Prozesse brauchen nicht geführt zu werden, wenn beim Beklagten nichts zu holen ist.[107] Die Einziehung von Forderungen stellt zwar eine Verwertung dar, ist aber trotz § 159 auch vor dem Berichtstermin zulässig, weil sie die Entscheidung der Gläubiger über die Betriebsfortführung nicht beeinflusst.

1. Wichtige Sofortmaßnahmen. a) Immobilien. Besonders wichtig ist die Überprüfung der bestehenden **Versicherungen,**[108] vor allem einer Gebäude-Brandversicherung, einer kombinierten Gebäudeversicherung (Leitungswasser-, Sturm-, Hagelschaden sowie Einbruchdiebstahl) und einer Haushaftpflicht- bzw. Betriebshaftpflichtversicherung. 42

Bestehen am Tage der Verfahrenseröffnung Prämienrückstände, sind jedenfalls die Landesbrandversicherungsanstalten meist nicht bereit, mit dem Verwalter einen neuen Versicherungsvertrag abzuschließen und den Rückstand zur Tabelle anzumelden. Obgleich das Monopol dieser Gesellschaften nicht mehr besteht, empfiehlt es sich nicht zu wechseln. Bei Wohnungs- und Teileigentum trägt diese Verpflichtungen die Hausverwaltung im Auftrag der Wohnungseigentümergemeinschaft (WEG), doch ist dort das monatliche Wohngeld zu bezahlen. Bei fehlendem Versicherungsschutz zahlt die Vermögensschaden-Haftpflichtversicherung des Insolvenzverwalters nicht. 43

Grundsteuer und Grundbesitzabgaben (Kosten für Straßenreinigung, Entwässerung und Müllabfuhr) sind ab dem Tage der Eröffnung des Insolvenzverfahrens sonstige Masseverbindlichkeiten. Falls die Masse liquide ist, empfiehlt es sich, auch rückständige Raten zu bezahlen, da die Gemeinde sonst die Zwangsversteigerung beantragen könnte und Grundsteuer sowie Grundbesitzabgaben gem. § 10 Abs. 1 Nr. 3 ZVG in der Versteigerung Vorrang haben. 44

Nebenkosten (Hausstrom, Gas und Wasser, Antenne und Lift) können meist auf die Mieter umgelegt werden. 45

Kann der Insolvenzverwalter absehen, dass die Verwertung des betreffenden Grundstückes keinen Überschuss für die Masse erbringen wird, sollte er den erstrangigen Grundpfandgläubiger zur Erstattung der vorstehenden Masseschulden motivieren oder das Grundstück aus der Masse freigeben.[109] Andernfalls läuft er Gefahr, wegen Schmälerung der Masse belangt zu werden. 46

b) Bewegliches Anlagevermögen. Die Verwaltung des beweglichen Anlagevermögens beinhaltet keine besonderen Probleme. 47

Bei zugelassenen Fahrzeugen sind Kfz-Steuer und -Versicherung ab dem Tage der Eröffnung des Insolvenzverfahrens sonstige Masseverbindlichkeiten (§ 55), nicht mehr Kosten des Insolvenzverfahrens, § 54. 48

Bei geleasten Kfz, die von Arbeitnehmern des Schuldners als Dienstfahrzeuge genützt werden, ergibt sich ein Problem. Gemäß § 103 kann der Insolvenzverwalter jederzeit erklären, die Leasingverträge nicht fortzuführen. Für die Anmietung beweglicher Sachen (früher § 19 KO) gibt es in der Insolvenzordnung keine entsprechende Regelung mehr. – § 108 gilt nur für Immobilien. Nach arbeitsrechtlichen Grundsätzen darf aber der Arbeitnehmer in aller Regel „sein" Fahrzeug bis zum Ausscheiden behalten. Der Insolvenzverwalter kann damit dem Leasinggeber trotz Erfüllungsablehnung das Fahrzeug nicht herausgeben. Gemäß § 55 Abs. 1 Nr. 2 bzw. 3 muss deshalb der Verwalter die Leasingraten wohl bis zur Beendigung des entsprechenden Arbeitsverhältnisses weiterzahlen, da er die Leasingfahrzeuge bis dahin „in Anspruch genommen hat" (→ § 55 Rn. 132). 49

c) Warenvorräte. Warenvorräte (Rohstoffe, Halbfabrikate und Fertigprodukte) sind zu verkaufen, soweit sie verderblich oder schon nach kurzer Zeit nicht mehr verkäuflich sind (zB Verfalldatum bei Lebensmitteln). Auch Verkäufe im Zuge der Fortführung der Geschäftstätigkeit sind zulässig. Im Übrigen ist der Berichtstermin abzuwarten, § 159. Die bei der Verwertung der Waren anfallende Umsatzsteuer ist sonstige Masseverbindlichkeit, § 55 Abs. 1 Nr. 2. 50

---

[104] BGH ZIP 2001, 1376, 1377 = EWiR 2001, 823 *(Pape)*; BGH ZIP 1993, 1886, 1887; *Bork* ZIP 2005, 1120,1121 mwN; vgl. auch §§ 60, 61 Rn. 12.
[105] AA OLG Hamm ZIP 1995, 1436, 1437.
[106] *Bork* ZIP 2005, 1120, 1121 mwN; vgl. auch OLG Düsseldorf KuT 1932, 118 f.
[107] *Bork* ZIP 2005, 1120, 1121 ZIP 2001, 1376, 1377.
[108] Vgl. BGHZ 105, 230, 237; vgl. → §§ 60, 61 Rn. 15.
[109] Vgl. *Pape* ZinsO 2008, 465 (470 ff.).

51 Soweit der Insolvenzverwalter mit Absonderungsrechten belastete, bewegliche Gegenstände verwertet, ist die hierfür anfallende Umsatzsteuer gesondert zu erfassen und vom Sicherungsnehmer zu tragen, für die Insolvenzmasse also nur ein Durchlaufposten, § 171 Abs. 2 Satz 3.

52 **d) Außenstände.** Gehen die Außenstände weiterhin auf Konten des Schuldners bei seinen Gläubigerbanken ein, ist die Kontrolle oft mühsam. Der Weiterleitung der Gelder auf das Konto des (vorläufigen) Verwalters steht dann nicht selten das (nach § 96 Nr. 1 unzulässige) Bemühen dieser Banken entgegen, mit ihren Forderungen gegen den Schuldner aufzurechnen.[110] Der Insolvenzverwalter wird deshalb alle Kunden des Schuldners anschreiben und darauf hinweisen, dass Zahlungen nur noch auf sein Anderkonto bzw. Insolvenzkonto zu leisten sind. Dies gilt nicht, soweit die entsprechende Bank eine wirksame und nicht anfechtbare Globalzession hat.

53 **e) Bankbeziehungen. aa) Lastschriften.** Die Bankkonten des Schuldners sind unverzüglich daraufhin zu untersuchen, ob seitens seiner Gläubiger Abbuchungen vorgenommen wurden, denen noch widersprochen werden kann: Nach Abschnitt III Nr. 2 des Abkommens über den Lastschriftverkehr der deutschen Kreditinstitute ist der Widerspruch binnen sechs Wochen nach Belastung möglich. Die 6-Wochen-Frist wird durch die Eröffnung des Insolvenzverfahrens nicht unterbrochen. Der Widerspruch gegenüber Lastschriften durch den Insolvenzverwalter ist auch zulässig, wenn keine sachlichen Einwendungen gegen die eingezogene Forderung erhoben werden.[111] Im Rahmen einer Grundsatzentscheidung[112] haben sich der IX. und XI. Zivilsenat auf eine gemeinsame Rechtsprechungslinie geeinigt- Danach gab der XI. Zivilsenat die sog. Fußstapfentheorie auf und akzeptiert nun das weitergehende Widerspruchsrecht des (vorläufigen) Insolvenzverwalters. Im Gegenzug änderte der IX. Zivilsenat seine Position zur Genehmigungsfiktion neu und unterwirft zukünftig auch den vorläufigen schwachen Insolvenzverwalter der Bindungswirkung. Es besteht die Möglichkeit, unter Berücksichtigung des SEPA-Abkommens, Zahlungen aufgrund einer Einzugsermächtigung insolvenzfest auszugestalten.[113]

54 **bb) Bankguthaben.** Den Geschäftsbanken des Schuldners und der Postbank ist die Eröffnung des Insolvenzverfahrens sofort anzuzeigen und anzufragen, ob der Schuldner dort Guthaben aus laufenden Konten, Festgelder, Sparguthaben, Wertpapierdepots oder Schließfächer unterhält.

Verfügbare Guthaben sind sofort auf das Insolvenzkonto zu überweisen, Festgelder und Sparguthaben zu kündigen und Wertpapiere nach Beratung durch einen Fachmann zu verkaufen. Ein Schließfach ist in Anwesenheit eines Bankangestellten zu öffnen.

Der Insolvenzverwalter sollte die Konten des Schuldners erst nach einigen Wochen schließen, da häufig noch Kundengelder eingehen.

55 **2. Unternehmensfortführung. a) Entscheidung über die Unternehmensfortführung.** Das Verwaltungsrecht des Insolvenzverwalters umfasst auch das schuldnerische Unternehmen als Gegenstand der Insolvenzmasse. Für den vorläufigen Insolvenzverwalter gilt § 22 Abs. 1 Satz 2 Nr. 2. Nach Verfahrenseröffnung entscheidet nicht der Verwalter, sondern die Gläubigerversammlung im Berichtstermin über die Stilllegung oder (vorläufige) Fortführung des Geschäftsbetriebes (§ 157 Satz 1). Vor dieser Entscheidung kann der Verwalter das Unternehmen mit Zustimmung eines Gläubigerausschusses (vorläufig) stilllegen, § 158 Abs. 1. Die Entscheidung liegt im Ermessen des Verwalters. Wie bisher[114] sieht das Gesetz in der Fortführung bis zum Beschluss der Gläubigerversammlung die Regel, wenn der Geschäftsbetrieb nicht schon vor Verfahrenseröffnung eingestellt wurde (arg. §§ 157, 158).

56 Der Verwalter ist hinsichtlich des „ob" einer Unternehmensfortführung an die Entscheidung der Gläubigerversammlung gebunden.[115] Der Verwalter muss aber trotzdem jederzeit prüfen, ob die Unternehmensfortführung den durch sie verursachten Aufwand erwirtschaftet, also die Masse nicht schmälert. Andernfalls muss der Insolvenzverwalter nach § 75 Abs. 1 Nr. 1 beantragen, eine Gläubigerversammlung einberufen, die über die weitere Unternehmensfortführung beschließt.[116] Das gilt aber dann nicht, wenn die Masseunzulänglichkeit *wahrscheinlich* ist. Der BGH[117] hat zwar

---

[110] Wegen § 91 können die Banken auch kein Pfandrecht an der Forderung erwerben.
[111] Uhlenbruck/*Sinz* § 148 Rn. 38; BGH ZIP 2007, 2273; BGH ZIP 2008, 1977; OLG Köln ZIP 2009, 232; *Nobbe* WM 2009, 1537 ff.
[112] BGH ZIP 2010, 1552 und 1556.
[113] BGH ZIP 2010, 1556.
[114] Vgl. zB *Kilger/K. Schmidt* § 1 Anm. 2 D) b).
[115] Uhlenbruck/*Sinz* § 148 Rn. 39.
[116] Uhlenbruck/*Sinz* § 148 Rn. 40.
[117] BGHZ 99, 151, 156 = BGH NJW 1987, 844, 845 = ZIP 1987, 115, 118 = EWiR § 82 KO 3/87, 605 *(Fritz Baur)*; vgl. dazu die Anm. von *K. Schmidt* NJW 1987, 812 und *Gerhardt* ZIP 1987, 763.

bisher formuliert, der Verwalter sei nur dann berechtigt und verpflichtet, das Unternehmen trotz eines entsprechenden Beschlusses der Gläubigerversammlung nicht fortzuführen, sondern sofort zu liquidieren, wenn *feststeht,* dass die bei einer weiteren Fortführung entstehenden Masseverbindlichkeiten nicht getilgt werden können.[118] Das Problem für den Verwalter liegt jetzt in der neuen, **strengen Haftung des § 61**[119] für nicht erfüllte Masseverbindlichkeiten. Einerseits müsste der Verwalter bis zum Beschluss der Gläubigerversammlung den Betrieb fortführen, solange sich die Masseunzulänglichkeit nicht sicher prognostizieren lässt. Andererseits haftet der Verwalter für die während der weiteren Unternehmensfortführung begründeten Masseverbindlichkeiten gemäß § 61. Nach der Vorstellung des Gesetzgebers besteht eine voraussichtliche Masseunzulänglichkeit iSv § 61 Satz 2 schon dann, wenn die Masseunzulänglichkeit wahrscheinlicher ist als das Gegenteil.[120] Bei wahrscheinlicher Massenunzulänglichkeit ist daher – in Abkehr von der bisherigen Rechtsprechung – die sofortige Beendigung der Unternehmensfortführung zulässig (→ §§ 60, 61 Rn. 28).

b) Verwaltungstätigkeit im Rahmen einer Betriebsfortführung. Im Fall der Unternehmensfortführung hat der Verwalter nach § 80 die Verpflichtungen zu erfüllen, die den Insolvenzschuldner in **arbeits-, sozial-, handels-, steuer- und öffentlich-rechtlicher** Hinsicht treffen.[121] 57

An die unternehmerischen Entscheidungen des Insolvenzverwalters bei der Führung des Betriebes sind keine höheren Anforderungen zu stellen als an den Insolvenzschuldner und die organschaftlichen Vertreter eines Unternehmens (vgl. zB § 43 Abs. 1 GmbHG).[122] Der Insolvenzverwalter handelt nur dann pflichtwidrig, wenn seine Entscheidungen von einem kaufmännischen Standpunkt aus unvertretbar sind. 58

c) Versicherung des unternehmerischen Verwalterhandelns.[123] Schäden, die aus typisch unternehmerischen Entscheidungen resultieren (Ermessensentscheidungen) und auf einer falschen Beurteilung der Betriebssituation beruhen, sind auf Grund entsprechender Ausschlussklauseln der Versicherungen vielfach nicht gedeckt.[124] Allerdings hat der BGH betont, dass eine vom Konkurszweck getragene, risikobehaftete, iSd § 82 KO pflichtwidrige Entscheidung keine typisch unternehmerische Entscheidung darstellt.[125] Das resultiere daraus, dass der Verwalter im Gegensatz zu einem „echten" Unternehmer gewissen konkursspezifischen Beschränkungen unterliege (Mitwirkung des Gläubigerausschusses, Überwachung durch das Insolvenzgericht). Die tatsächlichen und rechtlichen Möglichkeiten des Verwalters sind also eingeschränkt. Dies muss zu einem geringeren unternehmerischen Risiko führen. Die im Einzelfall schwierige Abgrenzung soll danach erfolgen, ob die insolvenzbezogene Verwaltung des Unternehmens vollständig in den Hintergrund getreten ist, d. h. leitende Entscheidungen nicht vom Insolvenzzweck geprägt, sondern auf einen Gewinn bringenden Überschuss gerichtet sind.[126] Hierbei können als Indizien die bezogene Vergütung und das Auftreten nach außen herangezogen werden. Da die Insolvenzordnung fortführungsfreundlicher als die Konkursordnung ist, wird man unternehmerische Entscheidungen des Insolvenzverwalters in noch weiterem Umfang als insolvenztypisch einordnen müssen. Die Ausschlussklauseln der Versicherungen sind also noch restriktiver auszulegen als bisher. 59

V. Zwangsweise Durchsetzung des Herausgabeanspruchs

1. Anspruchsgrundlage. Der Herausgabeanspruch des Insolvenzverwalters ergibt sich aus § 148 Abs. 1. Der Berechtigung zur Inbesitznahme entspricht eine Verpflichtung des Schuldners zur Herausgabe. § 985 BGB ist keine geeignete Anspruchsgrundlage. Der Insolvenzverwalter kann nur die dem Schuldner zustehenden Rechte ausüben. Der Schuldner hat aber keinen Herausgabeanspruch gegen sich selbst. Gegen Dritte allerdings sind die dem Schuldner zustehenden Herausgabean- 60

---

118 Dabei muss es sich um ein an Sicherheit grenzendes Prognoseurteil handeln, *K. Schmidt* NJW 1987, 812, 814.

119 Darin liegt eine Abkehr von den Grundsätzen von BGHZ 100, 346, 351.

120 Begr. zu § 72 RegE (= § 61).

121 Einzelheiten bei § 80. Zu den handels- und steuerrechtlichen *Buchführungspflichten* vgl. § 155 und die dortige Kommentierung.

122 Uhlenbruck/*Sinz* § 148 Rn. 41.

123 Vgl. dazu *Teichler,* Berufshaftpflichtversicherungen, 1985, 106; *Sieg* VersR 1992, 1161, 1162 f.; *W. Lüke,* Die persönliche Haftung des Konkursverwalters, 206 ff.

124 Vgl. BGH ZIP 1982, 326 mAnm *Prölls* = MDR 1982, 559 = WM 1982, 447: Herstellung eines neuen Produkts unter Verkennung der geringen Absatzchancen.

125 BGH ZIP 1980, 851.

126 BGH ZIP 1980, 851, 854.

sprüche heranzuziehen. Der Herausgabeanspruch aus § 148 Abs. 1[127] findet im Verhältnis zu Dritten keine Anwendung.[128] Ansonsten könnte ein bestehen bleibendes Recht zum Besitz (§ 986 BGB, vgl. auch § 108 Abs. 1) umgangen werden. Auch Abs. 2 spricht nur von „Sachen, die sich im Gewahrsam des Schuldners befinden".

61 **2. Vollstreckungstitel.** § 148 Abs. 2 Satz 1 stellt nunmehr ausdrücklich klar, dass der Eröffnungsbeschluss ein Vollstreckungstitel ist.[129] Dabei handelt es sich um einen Titel iSv § 794 Abs. 1 Nr. 3 ZPO iVm §§ 34 Abs. 2, 6 Abs. 1. Die Durchsetzung erfolgt „im Wege der Zwangsvollstreckung". Dabei geht es darum, den Herausgabeanspruch des Insolvenzverwalters im Wege der Einzelzwangsvollstreckung durchzusetzen. Es handelt sich nicht um eine Maßnahme im Rahmen einer „Gesamtzwangsvollstreckung" wegen Geldforderungen.[130] Aus diesem Grund sind die §§ 883, 885 ZPO einschlägig.[131] Gemäß Art. 25 Abs. 1 EuInsVO kann der Herausgabetitel in den Mitgliedstaaten der Europäischen Union im Wege des vereinfachten Verfahrens nach Art. 32 mit 58, 68 Abs. 2 EuGVVO vollstreckt werden.

62 § 98 ist gegenüber § 148 Abs. 2 Satz 1 subsidiär. Aus diesem Grund kann zur zwangsweisen Durchsetzung der Herausgabepflichten keine Haft angeordnet werden.[132] Es bleibt vielmehr die Gewaltanwendung gem. § 148 Abs. 2 Satz 1 iVm § 758 Abs. 3 ZPO.

63 **3. Vollstreckungsklausel.** Die Zwangsvollstreckung setzt die Erteilung einer Vollstreckungsklausel voraus, § 724 Abs. 1 ZPO. Eine genaue Bezeichnung der Gegenstände, die weggenommen werden sollen, muss in die Klausel nicht aufgenommen werden.[133] Der Umfang der Herausgabepflicht wird durch die §§ 35, 36 bestimmt. Der Eröffnungsbeschluss gibt auch den Auftrag, die Insolvenzmasse zu erfassen.[134] Die Durchsuchung der Wohn- und Geschäftsräume des Schuldners soll die Insolvenzmasse vielfach erst ans Licht bringen. Damit wäre es nicht zu vereinbaren, wenn bereits vorher alle Gegenstände genau bezeichnet werden müssten oder für jeden später entdeckten Gegenstand eine neue Klausel erteilt würde. Erst der Auftrag an den Gerichtsvollzieher muss die wegzunehmenden Gegenstände genau bezeichnen.[135] Zuständig für die Erteilung der Vollstreckungsklausel ist gemäß § 797 Abs. 1 ZPO der Urkundsbeamte des Insolvenzgerichts.

64 **4. Prüfungspflichten des Gerichtsvollziehers.** Im Rahmen der Einzelzwangsvollstreckung (§ 808 ZPO) hat der Gerichtsvollzieher grundsätzlich nicht zu prüfen, ob die wegzunehmende Sache dem Schuldner gehört.[136] Bei der Herausgabevollstreckung erübrigt sich eine Prüfung schon deshalb, weil der Gegenstand genau bezeichnet ist. Abweichend von diesem Normalfall bezieht sich der Eröffnungsbeschluss nicht auf bestimmte Gegenstände. Der Gerichtsvollzieher muss also prüfen, ob eine Sache erkennbar schuldnerfremd und/oder unpfändbar ist.[137] Der Gerichtsvollzieher hat von Amts wegen die Massezugehörigkeit zu prüfen.[138] Dem kann aber dadurch abgeholfen werden, dass in der Vollstreckungsklausel der wegzunehmende Gegenstand genau bezeichnet wird. Dann entfällt eine Prüfung durch den Gerichtsvollzieher.

65 **5. Betreten und Durchsuchen von Wohn- und Geschäftsräumen.** Die viel diskutierte Problematik erfordert eine Differenzierung zwischen der Stellung des Insolvenzverwalters und derjenigen des Gerichtsvollziehers. Sie stellt sich nur dann, wenn der Schuldner nicht (konkludent[139]) eingewilligt hat.

---

127 Anders als die grundsätzliche Verpflichtung, auch diejenigen Sachen in Besitz zu nehmen, die sich bei Dritten befinden.

128 AA zu § 117 KO OLG Hamburg ZIP 1996, 386, 387, allerdings beschränkt auf den Zeitraum unmitttelbar nach Verfahrenseröffnung.

129 Die aA, vgl. *Jaeger/Weber* KO § 117 Rn. 14; *Pohle* MDR 1960, 964, ist damit überholt.

130 Jaeger/*Henckel* § 1 Rn. 148.

131 *Beck/Depré,* Praxis der Insolvenz § 9 Rn. 12.

132 So schon zur KO OLG Stuttgart NJW 1953, 389; *Böhle-Stamschräder* NJW 1952, 1421; *Kuhn/Uhlenbruck* § 101 Rn. 4a.

133 LG Düsseldorf KTS 1957, 143; Uhlenbruck/*Sinz* § 148 Rn. 28; *Hess* § 148 Rn. 16; siehe auch § 90 Nr. 2 GVGA.

134 → Rn. 1.

135 Vgl. zu diesem Gedanken in ähnlichem Zusammenhang *Baur/Stürner* Fälle und Lösungen, Fall 18, 108.

136 Vgl. nur MüKoZPO/*Gruber* § 808 Rn. 1.

137 *Noack* KTS 1966, 149, 150.

138 Diese Prüfung der Zugehörigkeit zu einem Sondervermögen ist kein Einzelfall vgl. § 70 Abs. 4 GVGA und dazu Zöller/*Stöber*, § 808 Rn. 4; MüKoZPO/*Gruber* § 808 Rn. 25.

139 → Rn. 41.

a) Befugnisse des Insolvenzverwalters. aa) Wohnräume im engeren Sinn. Der Insolvenzverwalter darf die Wohnräume im engeren Sinn nicht ohne oder gar gegen den Willen des Schuldners betreten.[140] Dies ergibt sich aus § 858 BGB. Das Betreten der Wohnung ist eine Besitzstörung.[141] Der Eröffnungsbeschluss ermächtigt den Insolvenzverwalter hierzu nicht.[142] Zwangsmaßnahmen sind nach § 148 Abs. 2 Satz 1 dem Gerichtsvollzieher vorbehalten. Soweit die Gegenansicht anführt, Art. 13 GG hindere den Insolvenzverwalter nicht am Betreten,[143] so ist das zwar richtig, weil der Insolvenzverwalter ein privates Amt ausübt und anders als der Gerichtsvollzieher nicht hoheitlich tätig wird. Die Grundrechte gelten nicht unmittelbar zwischen Privaten.[144] Damit ist aber noch nichts über die Befugnisse des Insolvenzverwalters gesagt. Der Insolvenzverwalter hat über die in der Insolvenzordnung geregelten Befugnisse nicht mehr Zwangsrechte als jeder andere Privatmann auch. Das ist die Konsequenz aus dem privaten Charakter seines Amtes. Es wäre ein mit der besonderen Bedeutung des Schutzes der Wohnung durch Art. 13 GG nicht zu vereinbarender Wertungswiderspruch, wenn der Insolvenzverwalter Massegegenstände gegen den Willen des Schuldners nicht an sich nehmen darf, sondern dazu einen Gerichtsvollzieher beauftragen muss, dagegen die Wohnräume betreten darf, ohne den Insolvenzschuldner fragen zu müssen. 66

bb) Geschäftsräume. Für Geschäftsräume[145] hingegen ergibt sich das Betretungsrecht aus § 22 Abs. 3 Satz 1a fortiori, weil der vorläufige Insolvenzverwalter keine weiter gehenden Befugnisse haben kann als der spätere Insolvenzverwalter. Anders als behördliche Betretungs- und Besichtigungsrechte unterliegt die Regelung von Rechten und Pflichten zwischen Privaten (und der Insolvenzverwalter übt lediglich ein privates Amt aus) nicht dem Gesetzesvorbehalt.[146] Aus diesem Grund ist auch das Zitiergebot des Art. 19 Abs. 1 Satz 2 GG nicht verletzt. 67

b) Befugnisse des Gerichtsvollziehers. Der Gerichtsvollzieher darf die Wohn- und Geschäftsräume allein auf Grund des Eröffnungsbeschlusses ohne zusätzliche gerichtliche Anordnung betreten und durchsuchen. Nach einer (wohl überwiegenden) Auffassung ergibt sich das daraus, dass der Eröffnungsbeschluss – wie andere Titel,[147] die die Herausgabe von Gegenständen anordnen, die sich in der Schuldnerwohnung befinden – implizit das Betreten der Wohn- und Geschäftsräume gestattet.[148] Die Gegenansicht beruft sich auf Art. 13 Abs. 7 GG und BVerfGE 51, 117 und verlangt analog § 761 ZPO eine zusätzliche richterliche Anordnung,[149] weil der Eröffnungsbeschluss unterschiedslos die Herausgabe aller möglichen Dinge anordnet und von einer impliziten richterlichen Durchsuchungsanordnung nur dann gesprochen werden könne, wenn sich die herauszugebende Sache nur[150] in der Wohnung befinden kann. Der Vergleich mit „normalen" Herausgabe- und Vollstreckungstiteln ist aber nicht in vollem Umfang tragfähig, weil der Eröffnungsbeschluss umfassender ist. Man muss den Inhalt der Anordnung des Eröffnungsbeschlusses im Zusammenhang mit Sinn und Zweck des § 148 Abs. 1 und des § 151 lesen. Danach hat der Insolvenzverwalter die verwertbaren Vermögensgegenstände zunächst zu erfassen.[151] Das gilt besonders für Gegenstände, 68

---

140 AA ohne Differenzierung zwischen Insolvenzverwalter und Gerichtsvollzieher: Begr. RegE zu § 167; *Uhlenbruck* § 148 Rn. 30; K. Schmidt/*Jungmann* § 148 Rn. 15; KPB/*Holzer* § 148 Rn. 18; Gottwald/*Klopp/Kluth/Pechartscheck,* InsO-HdB, § 22 Rn. 27. Nerlich/Römermann/*Andres* § 148 Rn. 43; FKInsO/*Wegener* § 148 Rn. 21. Mit § 148 Abs. 2 Satz 1 nicht zu vereinbaren ist die (in der Neuauflage – soweit ersichtlich – nicht mehr vertretene) Ansicht von *Kuhn/Uhlenbruck* § 117 Rn. 6b, wonach der Konkursverwalter sich sogar bei Widerstand mit Gewalt Zutritt zur Wohnung verschaffen darf. Ein derartiges Vorgehen ist nur unter den engen Voraussetzungen der Selbsthilfe nach § 229 BGB gerechtfertigt.

141 RGRK-*Kregel* § 858 Rn. 6; MüKoBGB/*Joost* § 858 Rn. 5.

142 → Rn. 41.

143 Uhlenbruck/*Sinz* § 148 Rn. 30; K. Schmidt/*Jungmann* § 148 Rn. 15; auch FKInsO/*Wegener* § 148 Rn. 21.

144 BVerfGE 7, 198; 34, 280; BVerfG NJW 1990, 1470; 1994, 38; aA *Hager* JZ 1994, 373.

145 Die unter den Wohnungsbegriff des Art. 13 GG fallen: BVerfGE 32, 54, 68 ff.; 42, 212, 219; 44, 353, 371; 76, 83, 88. Für Wohnräume gilt § 22 Abs. 3 nicht, BGH ZIP 2004, 915, 916.

146 BVerfGE 84, 212, 226.

147 Vgl. hierzu *Rosenberg/Gaul/Schilken,* Zwangsvollstreckungsrecht, § 26 IV.3.a mwN; *Herdegen* in Bonner Kommentar GG, Art. 13, Rn. 54.

148 In Anlehnung an BVerfG 16, 239 vertreten von: Ausschussbericht zu § 167 RegE; Uhlenbruck/*Sinz* § 148 Rn. 30; FKInsO/*Wegener* § 148 Rn. 21; Nerlich/Römermann/*Andres* § 148 Rn. 43; K. Schmidt/*Jungmann* § 148 Rn. 15; *Leibholz/Rinck/Hesselberger,* GG, Art. 13 Rn. 51; *Dagtoglou* in Bonner Komm. GG (Vorauflage), Art. 13, Rn. 99 ff.; LG Berlin DGVZ 81, 184 = JurBüro 82, 619.

149 *Baur/Stürner,* Fälle und Lösungen, Fall 18, 110 f.; *Baur/Stürner* Zwangsvollstreckungs-, Konkurs- und Vergleichsrecht, Band II, Insolvenzrecht, Rz. 6.15 und 10.26, *Jauernig,* Zwangsvollstreckungs- und Insolvenzrecht, §§ 8 II 3, 43 III 1; für Wohnräume im engeren Sinn auch *Häsemeyer* Rn. 13.04, für Geschäftsräume soll dagegen der Eröffnungsbeschluss genügen.

150 *Behr* NJW 1992, 2125, 2128 mwN.

151 → Rn. 1.

die sich in der Wohnung des Schuldners befinden und damit nicht ohne weiteres bekannt sind. Anders als bei Herausgabetiteln enthält der Eröffnungsbeschluss also einen unbedingten (nicht durch das Nichtauffinden des Gegenstandes außerhalb der Wohnung bedingten) Durchsuchungsauftrag und insoweit eine implizite richterliche Durchsuchungsanordnung.

69 **6. Zwangsvollsteckung gegen Dritte (bewegliche Sachen).** Der Eröffnungsbeschluss stellt nur hinsichtlich der Sachen einen Vollstreckungstitel dar, „die sich im Gewahrsam des Schuldners befinden." Hat ein Dritter Gewahrsam an der herauszugebenden Sache und ist er zur Herausgabe bereit, bedarf es anders als in der Einzelzwangsvollstreckung[152] keines Vorgehens nach den §§ 883 bis 885 ZPO, weil der Insolvenzverwalter nach § 80 ja zur Geltendmachung des Herausgabeanspruchs des Schuldners gegen den Dritten befugt ist. Verweigert der Dritte die Herausgabe, so muss der Insolvenzverwalter für den zur Masse gehörigen[153] Herausgabeanspruch einen eigenen Titel erwirken. Gemäß §§ 739 ZPO, 1362 BGB, 8 Abs. 1 LPartG wird unwiderlegbar vermutet, dass der mitbesitzende Ehegatte bzw. der eingetragene Lebenspartner nicht Dritter iSd §§ 809, 886 ZPO ist. Umstritten ist zum einen, ob hieraus eine ungerechtfertigte Ungleichbehandlung gegenüber nichtehelichen Lebensgemeinschaften resultiert.[154] Soweit man das bejaht, wird weiter diskutiert, ob die Art. 6 Abs. 1, 3 Abs. 1 GG dazu zwingen, die Vorschriften auf nichteheliche Lebensgemeinschaften analog anzuwenden[155] oder ob umgekehrt die Vorschriften auch auf Ehegatten nicht mehr angewendet werden dürfen.[156] Der Ehegatte kann sein Eigentum gegen die Zwangsvollstreckungsmaßnahme mit der Aussonderung gemäß § 47 durchsetzen.[157] Eine Vollstreckungserinnerung nach § 766 ZPO kann dagegen nicht auf das Eigentum gestützt werden.[158]

70 **7. Räumungsvollstreckung. a) Eröffnungsbeschluss als Räumungstitel.** § 148 Abs. 2 Satz 1 unterscheidet nicht zwischen beweglichen und unbeweglichen Sachen. Der Eröffnungsbeschluss stellt damit einen Räumungstitel dar, sofern die Wohnung (Grundstücks-, bzw. Wohnungseigentum und Erbbaurecht) zur Insolvenzmasse gehört.[159] Bei Miteigentum (insbesondere von Ehegatten) gehört der Anteil des Schuldners an der Bruchteilsgemeinschaft, nicht der gemeinschaftliche Gegenstand zur Insolvenzmasse (§ 84 Abs. 1 Satz 1).[160] In diesem Fall folgt die Teilung nach § 753 BGB iVm §§ 180 ff. ZVG. Erst der Zuschlagsbeschluss stellt dann einen Räumungstitel dar (§ 93 Abs. 1 Satz 1 ZVG). Soweit gemietete Wohnungen vom Schuldner herauszugeben sind,[161] ist der Eröffnungsbeschluss ebenfalls Räumungstitel.[162] Letzteres soll vor allem dann eine Rolle spielen, wenn das Mietverhältnis gekündigt und der Insolvenzverwalter zur Herausgabe der Wohnung verpflichtet sei.[163] Eine solche Verpflichtung wird aber kaum jemals bestehen, denn der Verwalter hat die Wohnung ja gerade nicht zur Masse gezogen. Ein Aussonderungsrecht ist damit gar nicht entstanden.

71 **b) Keine Vollstreckung gegen Untermieter oder Mitmieter.** Der Eröffnungsbeschluss erlaubt weder die Vollstreckung gegen Untermieter noch gegen Mitmieter.[164] Ob gegen andere Personen als den Schuldner, die nicht Mitmieter sind und keinen eigenständigen Gewahrsam haben (insbesondere Familienangehörige), die Räumungsvollstreckung aus dem Eröffnungsbeschluss betrieben werden kann, ist Gegenstand eines lebhaften Streits,[165] dessen Behandlung den Darstellungen des Einzelzwangsvollstreckungsrechts vorbehalten bleiben muss.

---

152 *Thomas/Putzo* § 886 Rn. 1.

153 Wegen § 80 bedarf es einer Pfändung und Überweisung nach § 886 ZPO nicht.

154 Für die Zulässigkeit der Ungleichbehandlung wegen der nur in der Ehe bestehenden Rechte und Pflichten *Thomas/Putzo* § 739 Rn. 7; Stein/Jonas/*Münzberg*, ZPO, § 739 Rn. 11; gegen die Ungleichbehandlung zB MüKoZPO/*Heßler* § 739 Rn. 19, 21 mwN. BGH NJW 2007, 992 hat eine analoge Anwendung von § 1362 BGB abgelehnt.

155 *Thomas/Putzo* § 739 Rn. 7.

156 *Baur/Stürner* Zwangsvollstreckungs-, Konkurs- und Vergleichsrecht, Band II, Insolvenzrecht, 6.32.

157 *Uhlenbruck* § 47 Rn. 2.

158 *Thomas/Putzo* § 766 Rn. 1; *Kilian* JurBüro 1996, 67, 70 f. mwN auch zur Gegenansicht.

159 Vgl. zur KO *Kuhn/Uhlenbruck* § 117 Rn. 7 mwN; für den vorläufigen Insolvenzverwalter nunmehr Gottwald/*Vuia* InsO-HdB § 14 Rn. 90.

160 Jaeger/*Henckel* § 16 Rn. 9.

161 → Rn. 12.

162 Nerlich/Römermann/*Andres* § 148 Rn. 47.

163 Uhlenbruck/*Sinz* § 148 Rn. 31.

164 *Rosenberg/Gaul/Schilken*, Zwangsvollstreckungsrecht, § 70 II 2 b) bb) mwN.

165 Vgl. zB MüKoZPO/*Gruber* § 885 Rn. 6 ff.; *Rosenberg/Gaul/Schilken*, Zwangsvollstreckungsrecht, § 70 II 2 b) bb) jeweils mwN.

c) Vollstreckungsschutz. Eine Räumungsfrist analog § 721 ZPO ist dem Schuldner nicht zu gewähren, weil die Vorschrift auf das Erkenntnisverfahren zugeschnitten ist.[166] Vielmehr bietet § 765a ZPO Vollstreckungsschutz.[167] 72

d) Keine vorherige richterliche Anordnung. Die zwangsweise Räumung nach § 885 ZPO setzt keine vorherige richterliche Anordnung nach Art. 13 Abs. 7 GG voraus.[168] Zwar negiert der Eröffnungsbeschluss nicht zwangsläufig das Recht des Schuldners auf ungestörtes Wohnen.[169] Denn mit dem Eröffnungsbeschluss ist – anders als beim Räumungstitel – nicht unbedingt verbunden, dass der Schuldner seine Wohnung verlassen muss. Soweit es allerdings um die Räumung der Wohnung geht, ist Art. 13 Abs. 7 GG nicht einschlägig, weil sie keine „Durchsuchung" iSv Art. 13 Abs. 7 GG ist.[170] Unter einer Durchsuchung versteht man „offenes, ziel- und zweckgerichtetes Suchen staatlicher Organe nach Personen oder Sachen oder zur Ermittlung eines Sachverhaltes, um etwas aufzuspüren, was der Inhaber der Wohnung nicht von sich aus offen legen oder herausgeben will".[171] 73

8. Rechtsbehelfe. a) Streitigkeiten über die Massezugehörigkeit. Bei Streitigkeiten über die Zugehörigkeit eines Gegenstandes zur Masse ist zu unterscheiden. Ist die Sache noch beim Schuldner oder hat sie der Insolvenzverwalter (mit oder ohne Einverständnis des Schuldners) an sich genommen, so liegt keine Maßnahme der Zwangsvollstreckung vor. Eine Vollstreckungserinnerung ist daher nicht statthaft.[172] Der Streit über die Zugehörigkeit ist – je nach Fallgestaltung – durch Leistungs-, Feststellungs-, oder Unterlassungsklage zu klären.[173] Dabei fehlt einer Feststellungsklage weder das Rechtsschutzbedürfnis des Schuldners[174] noch des Insolvenzverwalters.[175] 74

Wurde dagegen eine Sache nach den §§ 883 ff. ZPO vom Gerichtsvollzieher weggenommen, so ist die Vollstreckungserinnerung nach §§ 795, 766 Abs. 1 ZPO der statthafte Rechtsbehelf.[176] Die Vollstreckung in massefremde Gegenstände erfolgte ohne Titel, weil der Eröffnungsbeschluss nur Massegegenstände erfasst.[177] Aber auch eine Vollstreckungsgegenklage nach den §§ 795, 767 ZPO ist denkbar.[178] Denn es wird der Herausgabeanspruch vollstreckt. Der Anspruch besteht aber nur für Massegegenstände. Die Präklusionsvorschrift des § 767 Abs. 2 passt nicht, weil der Eröffnungsbeschluss nicht besagt, dass der konkrete Gegenstand zur Insolvenzmasse gehört. Schließlich ist auch eine Drittwiderspruchsklage des Schuldners nach den §§ 795, 771 ZPO denkbar, weil die Sache zu seinem unpfändbaren Vermögen gehört[179] und durch §§ 35, 36 ein nicht der Vollstreckung unterworfenes Sondervermögen geschaffen wird. Die Drittwiderspruchsklage ist dabei durch die Aussonderung nicht verdrängt ist. Macht dagegen ein Dritter geltend, der weggenommene Gegenstand gehöre nicht zur Masse, so bleibt ihm die Aussonderung gem. § 47.[180] 75

b) Einwendungen gegen die Art und Weise der Zwangsvollstreckung. Werden gegen die Art und Weise der Zwangsvollstreckung Einwendungen erhoben, ist die Vollstreckungserinnerung 76

---

166 Uhlenbruck/*Sinz* § 148 Rn. 31; Zöller/*Stöber,* ZPO § 721 Rn. 1; *Thomas/Putzo,* ZPO § 721 Rn. 2; *Buche* MDR 1972, 189, 190; für die vergleichbare Problematik bei § 93, ZVG auch *Zeller/Stöber,* ZVG[15], § 93 Rn. 5; aA K. Schmidt/*Jungmann* § 148 Rn. 18; *Schmidt-Futterer* NJW 1968, 143.

167 *Uhlenbruck* § 148 Rn. 31; *Kilger/K. Schmidt* § 117 Anm. 2a); *Buche* MDR 1972, 189, 195.

168 In Anlehnung an BVerfG 16, 239 vertreten von: Ausschussbericht zu § 167 RegE; Uhlenbruck/*Uhlenbruck/Sinz* § 148 Rn. 30; FKInsO/*Wegener* § 148 Rn. 21; Nerlich/Römermann/Andres § 148 Rn. 43; K. Schmidt/*Jungmann* § 148 Rn. 15; *Leibholz/Rinck/Hesselberger,* GG, Art. 13 Rn. 51; *Dagtoglou* in Bonner Komm. GG (Vorauflage), Art. 13, Rn. 99 ff.; LG Berlin DGVZ 81, 184 = JurBüro 82, 619; zur Gegenansicht: *Baur/Stürner,* Fälle und Lösungen, Fall 18, 110 f.; *Baur/Stürner* Zwangsvollstreckungs-, Konkurs- und Vergleichsrecht, Band II, Insolvenzrecht, Rz. 6.15 und 10.26; *Jauernig,* Zwangsvollstreckungs- und Insolvenzrecht, §§ 8 II 3, 43 III 1; für Wohnräume im engeren Sinn auch *Häsemeyer* Rn. 13.04, für Geschäftsräume soll dagegen der Eröffnungsbeschluss genügen.

169 Vgl. zu diesem Argument *Rosenberg/Gaul/Schilken,* Zwangsvollstreckungsrecht, § 26 IV.3.a) mwN.

170 *Rosenberg/Gaul/Schilken,* Zwangsvollstreckungsrecht, § 26 IV.3.a); *Jauernig,* Zwangsvollstreckungs- und Insolvenzrecht, § 8 II. 3.

171 BVerfGE 76, 83, 89.

172 BGH NJW 1962, 1392 = KTS 1962, 171; RGZ 37, 398, 399; Jaeger/*Henckel* § 1 Rn. 148; K. Schmidt/*Jungmann* § 148 Rn. 19.

173 RGZ 131, 113, 114.

174 RGZ 131, 113, 114.

175 BGH NJW 1962, 1392 = KTS 1962, 171.

176 RGZ 37, 399.

177 Das ist die Konsequenz aus dem Verzicht auf eine präzise Bezeichnung der herauszugebenden Gegenstände.

178 Angedeutet vom BGH NJW 1962, 1392 = KTS 1962, 171.

179 RG JW 1907, 522; *Thomas/Putzo* § 771 Rn. 20.

180 *Jaeger/Weber* § 117 Rn. 5.

(§§ 795, 766 ZPO) statthaft. Ein Verstoß gegen die §§ 811 ff. ZPO kann unmittelbar nicht gerügt werden, weil nicht wegen einer Geldforderung, sondern nach den §§ 883 ff. ZPO vollstreckt wurde.[181] Eine Erinnerung kann aber darauf gestützt werden, dass der Gegenstand nicht zur Insolvenzmasse gehört (§ 36 iVm §§ 811 ff. ZPO). Denn dann wurde ohne Titel vollstreckt. Ein Titel besteht nur in den durch die §§ 35, 36 bestimmten Grenzen.

77 **c) Zuständigkeit.** Gem. § 148 Abs. 2 Satz 2 tritt bei der Vollstreckungserinnerung (§ 766 ZPO) an die Stelle des Vollstreckungs- das **Insolvenzgericht** (funktionell zuständig ist hierbei der Richter, §§ 3 Nr. 3a, 20 Nr. 17 Satz 2 RPflG).[182] Der frühere Streit um die Zuständigkeit ist damit geklärt.[183] Wird mit der Drittwiderspruchsklage bzw. der Vollstreckungsgegenklage die fehlende Zugehörigkeit des weggenommenen Gegenstands zur Insolvenzmasse gerügt, ist § 148 Abs. 2 Satz 2 analog anzuwenden. Letztlich wird mit allen drei Klagen dasselbe Ziel verfolgt. Mit der Wahl der Klageart könnte der Schuldner sonst die Zuständigkeit manipulieren. Sofern keine Vollstreckungsmaßnahme vorliegt, ist für die Leistungs-, Feststellungs- oder Unterlassungsklage das Prozessgericht, nicht das Insolvenzgericht zuständig.[184]

§ 149 Wertgegenstände

(1) [1]Der Gläubigerausschuß kann bestimmen, bei welcher Stelle und zu welchen Bedingungen Geld, Wertpapiere und Kostbarkeiten hinterlegt oder angelegt werden sollen. [2]Ist kein Gläubigerausschuß bestellt oder hat der Gläubigerausschuß noch keinen Beschluß gefaßt, so kann das Insolvenzgericht entsprechendes anordnen.

(2) Die Gläubigerversammlung kann abweichende Regelungen beschließen.

Übersicht

I. Überblick

1 **1. Normzweck.** § 149 aF fasste zunächst die Regelungen der §§ 129 Abs. 2, 132 Abs. 1 und 137 KO zusammen, ohne dass damit inhaltliche Veränderungen verbunden waren.[1] Sinn und Zweck der Vorschrift sollte die Sicherung der Masse sein.[2] Da aber auch der Insolvenzverwalter die Insolvenzmasse sichert und dabei kontrolliert wird (§§ 58, 69) erscheint diese Motivation eher vordergrün-

[181] *Noack* KTS 1966, 149, 150.
[182] Vgl. zur parallelen Problematik bei § 89 Abs. 3 AG Hamburg NZI 2000, 96.
[183] Für die Zuständigkeit des Konkursgerichts schon bisher BGH NJW 1962, 1392; anders noch RGZ 37, 398, 399.
[184] AG Duisburg ZInsO 2000, 346, 346.
[1] Begr. RegE § 168 (= § 149).
[2] *Jaeger/Weber* § 129 Rn. 11.

dig. Vielmehr sollte die Entscheidungsbefugnis des Verwalters eingeschränkt[3] und den Gläubigern die Selbstverwaltung ermöglicht werden, denn sie „sind selbst imstande und am nächsten beteiligt, die Sicherheit der Hinterlegungsstelle und die Vor- und Nachteile zu prüfen."[4] Geldbestände sollen „nicht länger als notwendig in den Händen des Verwalters bleiben oder von diesem zu fremdartigen Zwecken verwendet werden."[5] Dass dieses Misstrauen des Gesetzgebers dem gerichtlich bestellten Insolvenzverwalter gegenüber nicht gerechtfertigt ist, zeigt die geringe praktische Bedeutung, die diese Vorschrift erlangt hat. Veruntreuungen sind in der Praxis äußerst selten. Das Gesetz zur Vereinfachung des Insolvenzverfahrens vom 13. April 2007 hat darauf reagiert und den ursprünglichen Absatz 2 ersatzlos gestrichen. Zu den Problemen des § 149 Abs. 2 aF und insbesondere auch den Haftungsfragen bei Verletzung der Mitzeichnungspflicht vgl. die 1. Auflage Rn. 12–23 und 42 ff. Theoretisch wäre es möglich, im Beschluss über die Hinterlegung den Verwalter zu verpflichten, eine § 149 Abs. 2 aF entsprechende Mitzeichnungspflicht vertraglich zu vereinbaren. Hierauf werden sich die Kreditinstitute aber kaum einlassen. Ein praktisches Bedürfnis besteht hierfür nicht.

2. Einschränkung der Verwaltungsbefugnis des Verwalters (§ 149 Abs. 1). § 149 Abs. 1 enthält eine eigene Verwaltungsbefugnis des Gläubiger*ausschusses* bzw. des Insolvenzgerichts. Grundsätzlich entscheidet der Insolvenzverwalter über **Anlage und Hinterlegung** gemäß §§ 80, 148.[6] Gläubigerausschuss und Insolvenzgericht sind aber nicht auf Kontrolle (wie in §§ 58, 69) beschränkt, sondern können selbst entscheiden. 2

3. Abweichende Regelungen der Gläubigerversammlung. § 149 Abs. 2 gestattet der Gläubiger*versammlung* **abweichende Regelungen** zu treffen. Eine wesentliche Bedeutung hatte dies in der Praxis für einen Verzicht auf das Mitzeichnungserfordernis nach § 149 Abs. 2 aF. Die Hauptbedeutung liegt nur noch darin, dass die Gläubigerversammlung eigene Hinterlegungsbeschlüsse fassen kann. 3

II. Beschlüsse über Anlage und Hinterlegung (§ 149 Abs. 1)[7]

1. Begriffe. a) Anlage, Hinterlegung. Anlage ist das Nutzbarmachen der Werte.[8] Die **Hinterlegung** ist die Begründung eines Verwahrungsverhältnisses zur Sicherung, die zugleich nutzbringend und damit Anlage sein kann.[9] 4

b) Gelder. Hierunter ist jedenfalls Bargeld zu verstehen. Man wird aber auch Buchgeld oder Giralgeld als „Geld" iSv § 149 ansehen müssen, weil es für die Entscheidungsbefugnis der Gläubigerversammlung keinen Unterschied machen kann,[10] ob der Schuldner bereits das Geld angelegt hat oder nicht. Die Entscheidung über die Anlage von Vermögenswerten ist eben der Gläubigerversammlung zugewiesen.[11] Als Buchgeld (Giralgeld) bezeichnet man ein Guthaben bei einem Kreditinstitut, d. h., Forderungen, die nicht in einem Wertpapier verkörpert sind, sofern diese Guthaben jederzeit zu Zahlungszwecken zur Verfügung stehen.[12] Da es sich um typische Anlageformen von Geld handelt sind auch Terminguthaben, Festgeldkonten und Sparguthaben Geld iSd § 149, unabhängig, ob man es als Buchgeld ansieht oder nicht.[13] Sonstige, auf eine Geldleistung gerichtete Forderungen fallen dagegen nicht darunter. Insoweit verbleibt es bei der ausschließlichen Verwaltungsbefugnis des Insolvenzverwalters, ohne Entscheidungsmöglichkeit nach § 149. Für Erlöse, die der Verwalter erzielt, kann allerdings der Gläubigerausschuss wieder eine bestimmte Anlage bestimmen.[14] 5

c) Wertpapiere. Unter Wertpapieren im engeren Sinn des Wertpapierrechts versteht man Urkunden, ohne die das darin verbriefte Recht nicht ausgeübt werden kann,[15] also zB Aktien, 6

---

3 *Hahn,* Materialien, 318.
4 *Hahn* Materialien, 318.
5 *Hahn* Materialien, 318.
6 Um dies klarzustellen, wurde § 168 Abs. S. 1 RegE nicht übernommen, vgl. Ausschussbericht zu § 168 RegE (= § 149).
7 Vgl. zum Ganzen *Uhlenbruck* KTS 1970, 187.
8 *Hahn* Materialien 318; RGZ 54, 209, 211; *Jaeger/Weber* § 132 Rn. 4.
9 *Jaeger/Weber* § 132 Rn. 4.
10 Vgl. Uhlenbruck/*Sinz* § 149 Rn. 8; *Hintzen/Förster* RPfleger 2001, 399; aA *Kießling* NZI 2006, 440, 445 f.
11 „Geld" iSv § 149 wird damit also als Geld im institutionellen, nicht im gegenständlichen Sinn verstanden, *vgl.* BeckOK BGB/*Grothe* BGB § 244 Rn. 9.
12 *Larenz,* Schuldrecht I, § 12 I; MüKoBGB/*Grundmann* § 245 Rn. 6.
13 Vgl. dazu Staudinger/*K. Schmidt* (1997) Vor § 244 Rn. A18.
14 AA *Kießling* NZI 2006, 440, 446 mwN.
15 *Hueck/Canaris,* Wertpapierrecht, § 1 I; *Zöllner,* Wertpapierrecht, § 3.

(Grund-)Pfandbriefe, Schecks, Wechsel. Nach hM[16] fallen unter den Begriff der Wertpapiere iSv § 149 auch sonstige Papiere über Vermögensrechte des Schuldners, wie zB Inhaberversicherungsscheine (§ 4 VVG), Sparbücher. Dem kann nicht uneingeschränkt gefolgt werden.[17] Wenn das Vermögensrecht allein der Verwaltung des Insolvenzverwalters obliegt (zB Ansprüche aus Versicherungsverträgen), so ist nicht einzusehen, warum dann die entsprechende Urkunde der Verwaltungsbefugnis der Gläubigerversammlung unterstellt werden soll. Soweit allerdings wie bei Sparguthaben das Vermögensrecht, auf das sich das Papier bezieht, der Verwaltungsbefugnis der Gläubigerversammlung unterliegt, gilt das auch für das entsprechende „Wertpapier".

7 **d) Kostbarkeiten.** Der Begriff der Kostbarkeit ist wie in §§ 372 BGB, 5 HinterlO zu verstehen, weil es hier wie dort um die Hinterlegbarkeit geht. Demnach sind Kostbarkeiten bewegliche Sachen, deren Wert im Vergleich zu ihrem Umfang und Gewicht besonders hoch ist.[18] Die Sachen müssen leicht aufzubewahren und unverderblich sein.[19] Streitig ist, ob auch die Verkehrsanschauung maßgeblich ist, wie es RGZ 105, 204 bei § 702 BGB angenommen hat.[20] Es scheint aber mehr als zweifelhaft, ob sich eine Verkehrsanschauung in der nicht sehr praxisrelevanten Frage der Hinterlegbarkeit bilden kann[21] und nicht der Rückgriff auf die Verkehrsanschauung nur Definitionsprobleme verdecken soll. Es sollte daher allein auf das Verhältnis von Wert zu Umfang oder Gewicht abgestellt werden. Vor dem Hintergrund der Zwecksetzung des § 149 dürfte man in Zweifelsfällen großzügiger sein. Bei der Hinterlegung von Pelzen,[22] die auch heute noch nach der Verkehrsanschauung keine Kostbarkeiten sein sollen,[23] kann es sich durchaus um eine Kostbarkeit handeln, wenn der Pelz ein „besonderes Prunkstück"[24] ist. Gleiches gilt für Teppiche.

8 **e) Hinterlegungs- bzw. Anlagestelle.** Es kommen sowohl öffentliche als auch private Stellen in Betracht,[25] also insbesondere auch private Geldinstitute. § 1 HinterlO gilt nicht.

9 **2. Vollzug durch den Verwalter.** Der Beschluss des Gläubigerausschusses, der Gläubigerversammlung oder des Insolvenzgerichts wird durch den Insolvenzverwalter nach außen durch Abschluss eines Verwahrungsvertrages vollzogen.

III. Abweichende Regelungen der Gläubigerversammlung (§ 149 Abs. 2)

10 Die Gläubiger*versammlung* kann einen Hinterlegungsbeschluss sowohl des Gläubigerausschusses als auch des Insolvenzgerichts aufheben oder ändern. Ihr kommt damit grundsätzlich eine Letztentscheidungskompetenz zu: Weder das Insolvenzgericht noch der Gläubigerausschuss können ihrerseits einen Beschluss der Gläubigerversammlung aufheben oder ändern. Eine Ausnahme gilt nach § 78 für das Insolvenzgericht, wenn der Beschluss den gemeinsamen Interessen der Gläubiger widerspricht. Die Gläubigerversammlung kann auch von sich aus einen Hinterlegungsbeschluss fassen, ohne dass eine Anordnung von Insolvenzgericht oder Gläubigerausschuss vorläge. Zwar spricht die Vorschrift von abweichenden Regelungen. Eine Abweichung kann es bei einer rein formalen Betrachtung nur geben, wenn ein entsprechender Beschluss des Ausschusses oder des Gerichts vorliegt. Dennoch wäre es unverständlich, wenn die Versammlung erst warten müsste bis ein entsprechender Beschluss gefasst wurde. Die Gläubigerversammlung kann folglich originär einen entsprechenden Beschluss fassen. Das entspricht auch der früheren Rechtslage (§ 132 KO), die ausweislich der Gesetzesbegründung nicht geändert werden sollte.

11 Auch wenn die Gläubigerversammlung somit einen Hinterlegungsbeschluss des Insolvenzgerichts aufheben oder ändern kann, kann das Insolvenzgericht nach § 78 einen Beschluss der Gläubigerversammlung aufheben, der den gemeinsamen Interessen der Insolvenzgläubiger widerspricht. Einen solchen Beschluss kann die Gläubigerversammlung nicht wieder nach Abs. 2 aufheben, wohl aber einen neuen Hinterlegungsbeschluss fassen, der den gemeinsamen Interessen der Insolvenzgläubiger nicht widerspricht.

---

[16] Uhlenbruck/*Sinz* § 149 Rn. 10; zur KO *Jaeger/Weber* § 129 Rn. 11; *Kilger/K. Schmidt* § 129 Anm. 3.

[17] Vgl. auch FKInsO/*Wegener* § 149 Rn. 11.

[18] KG Rpfleger 1976, 316; RGZ 116, 113, 1114 f.; Palandt/*Grüneberg* § 372 Rn. 2.

[19] MüKoBGB/*Fetzer* § 372 Rn. 3.

[20] Bejahend *Kuhn/Uhlenbruck* 129 Rn. 6b; verneinend *Jaeger/Weber* § 129 Rn. 11.

[21] Siehe zB zur Frage der Verkehrsanschauung im Hinblick auf Pelze die unterschiedlichen Aussagen von *Kilger/K. Schmidt* § 129 Anm. 3) einerseits und Staudinger/*Olzen* § 372 Rn. 15 sowie *Jaeger/Weber* § 129 Rn. 11 andererseits.

[22] Für die Hinterlegungsfähigkeit *Jaeger/Weber* § 129 Rn. 11; auf den „Einzelfall" abstellend Uhlenbruck/*Sinz* § 149 Rn. 9.

[23] Staudinger/*Olzen* § 372 Rn. 15.

[24] Formulierung von RGZ 105, 202, 204. Uhlenbruck/*Sinz* § 149 Rn. 9 spricht von kostbaren Pelzen.

[25] Ausführungsbestimmung des Reichsjustizministers vom 30.11.1935, JW 1936, 87 = DJ 1935, 1853.

IV. Zulässigkeit von Anderkonten des Insolvenzverwalters

1. Praktische Bedeutung. Ein Anderkonto kann insbesondere Bedeutung als Sicherungsmittel für Neugläubiger des Schuldners haben, wenn bei zunächst solventer Masse eine spätere Masseunzulänglichkeit nicht auszuschließen ist oder Masseschulden nach Eintritt der Unzulänglichkeit begründet werden.[26] Der Geschäftspartner kann deshalb möglicherweise seine Leistung von einer weitergehenden Sicherung durch ein Anderkonto abhängig machen. Leistungen auf dieses Konto sind „insolvenzfest", unterliegen also nicht dem Zugriff der Insolvenzgläubiger.[27] Das Bedürfnis nach einem Sicherungsmittel dürfte aber nunmehr geringer sein, weil § 209 die BGH-Rechtsprechung korrigiert und Neumassegläubiger ohnehin privilegiert, → § 209 Rn. 3. Praktische Bedeutung kann der Absicherung von Gläubigern im Bereich der vorläufigen Insolvenzverwaltung zukommen (Treuhandmodell).[28] Aber auch im eröffneten Verfahren können Neugläubiger trotz des Vorrangs gemäß § 209 Abs. 1 Nr. 2 nicht sicher sein, im Fall der Masseunzulänglichkeit vollständig befriedigt zu werden. Auch wenn man – zu Unrecht – das Treuhandmodell zur Sicherung bestimmter Gläubiger ablehnt, besagt das nichts über die Zulässigkeit von Anderkonten, da diese nicht zwangsläufig zu einer Bevorzugung einzelner Gläubigergruppen führen.[29] Die Frage nach der Absicherung bestimmter Neugläubiger ist von der Frage nach der Zulässigkeit von Anderkonten zu unterscheiden. 12

2. Zulässigkeit. a) Einordnung. Ein Anderkonto ist eine Unterform des sog. **offenen Treuhandkontos.**[30] Die Banken eröffnen es nur für **bestimmte Berufsgruppen,** deren eigenes Standesrecht dafür Gewähr bietet, dass die Anderkonten nicht missbraucht werden, insbesondere dass es nicht zur Verwahrung von Privatvermögen des Treuhänders verwendet wird. Mangels eines eigenen Standesrechts genügt die Eigenschaft als Insolvenzverwalter nicht, um ein Anderkonto nach den Geschäftsbedingungen der Banken für Anderkonten[31] zu errichten. Entsprechend sehen auch die Geschäftsbedingungen für Anderkonten nur bestimmte Berufsgruppen vor. Soweit der Insolvenzverwalter aber zB Rechtsanwalt, Steuerberater, Wirtschaftsprüfer ist, kann er als solcher ein Anderkonto errichten. Durch Individualvereinbarung können aber auch sonstige Personen Treuhandkonten errichten, die die Eigenschaften eines Anderkontos aufweisen.[32] Die bloße Bezeichnung als Anderkonto genügt dabei den Anforderungen an eine Individualvereinbarung nicht.[33] 13

Es handelt sich bei einem Anderkonto um einen Fall der **Vollrechtstreuhand.**[34] Rechtsinhaber ist also der Treuhänder. Da der Insolvenzverwalter auf Grund der Wirkungen des § 80 zunächst nur verfügungsbefugt, nicht aber Vollrechtsinhaber ist, mag es gerechtfertigt sein zu sagen, dass die ihm anvertrauten Gelder sich „ihrer Natur nach" nicht zur Anlage auf einem Anderkonto eignen.[35] Der Stellung des Insolvenzverwalter entspricht daher ein sog. *Sonderkonto,* bei dem es sich um eine Ermächtigungstreuhand handelt.[36] Das kann aber nur solange gelten, als es sich um Massegelder handelt, also noch der Schuldner als Träger der Masse Forderungsinhaber ist. Überweist der Insolvenzverwalter aber derartige Gelder auf ein von ihm eingerichtetes Anderkonto oder leistet er eine entsprechende Bareinzahlung, so wird er Vollrechtsinhaber. Ein derartiges Vorgehen ist möglich und zulässig.[37] 14

b) Kein unzulässiges Insichgeschäft. § 181 BGB in analoger Anwendung[38] steht weder der Einrichtung des Anderkontos noch der Einzahlung darauf entgegen. Die Treuhandabrede ist für die Masse lediglich rechtlich vorteilhaft, weil sie hieraus nur einen Anspruch gegen den Verwalter 15

---

26 *Kreft,* FS Merz (1992), 313, 316.

27 BGH ZIP 1989, 1466 = JZ 1990, 241 mAnm *Gerhardt* = EWiR § 42 VglO 1/89, 1235 *(Canaris)* und dazu *Kreft* FS Merz (1992), 313, 313; BGH hat offen gelassen, ob es sich um ein Aus- oder um ein Absonderungsrecht handelt.

28 Vgl. dazu AG Hamburg ZInsO 2004, 1270; 2003, 816; *Pape/Uhlenbruck* ZIP 2005, 419; *Frind* ZInsO 2003, 778; 2004, 470; *Pape* ZInsO 2004, 243; *Kirchhof,* FS Kreft, 359.

29 *Kießling* NZI 2006, 440, 443.

30 *Canaris* Bankvertragsrecht I Rn. 288.

31 Abgedruckt zB bei *Baumbach/Hopt* HGB, (9) ABG-*Anderk.*

32 BGH ZIP 1988, 1136, 1137 = KTS 1988, 762; *Baumbach/Hopt* HGB Einl. Rn. 6; *Kreft* FS Merz (1992), 313, 319.

33 BGH ZIP 1988, 1136, 1137 = KTS 1988, 762.

34 BGHZ 11, 37, 43; KG WM 1964, 1038, 1039; *Canaris* Bankvertragsrecht I Rn. 293.

35 BGH ZIP 1988, 1136.

36 Bei „Sonderkonten" kann es sich sowohl um Fälle der Ermächtigungs-, als auch der Vollrechtstreuhand handeln, *Canaris* Bankvertragsrecht I Rn. 265, 267 ff.

37 *Kießling* NZI 2006. 440, 442 ff.; *Kreft* FS Merz (1992), 313, 327; *Hintzen/Förster* RPfleger 2001, 400; aA AG Hamburg ZInsO 2004, 1270; 2003, 816; *Uhlenbruck* § 149 Rn. 12; *Pape/Uhlenbruck* ZIP 2005, 419; *Frind* ZInsO 2003, 778; 2004, 470; *Pape* ZInsO 2004, 243; *Kirchhof,* FS Kreft, 359.

38 BGHZ 113, 262, 270 mwN § 80 Rn. 38.

erlangt, aber keine Verpflichtung eingeht.[39] Eine Verpflichtung der Masse resultiert vielmehr aus der Sicherungstreuhand gegenüber den Neugläubigern, wenn das Anderkonto deren Absicherung dient. Hier aber spielt § 181 BGB offensichtlich keine Rolle. Soweit der Insolvenzverwalter die Bank mit einer Überweisung beauftragt (§§ 675, 665 BGB), steht er formal nicht auf beiden Seiten des Rechtsgeschäfts, so dass das Verbot des Selbstkontrahierens nicht eingreift.[40] Auch eine doppelt analoge Anwendung des § 181 BGB ist abzulehnen, weil zugleich neben Schuldner und Insolvenzverwalter auch die Bank beteiligt ist.[41] § 181 BGB steht auch einer Übereignung im Wege der Bareinzahlung nicht entgegen. Tritt der Insolvenzverwalter als Amtswalter auf,[42] so kommt der Übereignungsvertrag zwischen dem Insolvenzverwalter und der Bank zustande, sodass für § 181 kein Raum bleibt. Nur wenn der Insolvenzverwalter zuerst an sich selbst und dann an die Bank übereignet, ist § 181 BGB analog erfüllt. Allerdings erwirbt dann die Bank im Fall ihrer Gutgläubigkeit Eigentum nach §§ 932, 929 BGB.[43]

16 c) **Keine Insolvenzzweckwidrigkeit.** § 149 stellt auch kein Hindernis dar, solange nicht ein entsprechender Beschluss nach Abs. 1 oder 2 gefasst wurde.[44] Denn dann steht es ja dem Insolvenzverwalter zu, über die Verwahrung zu entscheiden. Allerdings kann der Insolvenzverwalter „rechtlich an einer Vertretung verhindert sein, wenn seine persönlichen Belange betroffen sind".[45] Dies führt nach Auffassung des BGH aber nicht ohne weiteres zur Nichtigkeit des Vertrages.[46] Im Übrigen werden durch Errichtung eines Anderkontos ja nicht die persönlichen Belange des Insolvenzverwalters betroffen, vielmehr dient es ausschließlich fremdem Nutzen.[47] Persönliche Belange wären erst dann berührt, wenn der Insolvenzverwalter das Geld für persönliche Zwecke verwenden würde.

17 Auch ergibt sich die Unwirksamkeit nicht aus der **Insolvenzzweckwidrigkeit.** Dies würde voraussetzen, dass der Widerspruch zum Insolvenzzweck unter allen in Betracht kommenden Gesichtspunkten für jeden verständigen Beobachter ohne weiteres ersichtlich ist.[48] Die neuere Rechtsprechung wendet dabei die Grundsätze über den Missbrauch der Vertretungsmacht entsprechend an.[49] Danach ist Voraussetzung für die Unwirksamkeit der Handlung außer einer objektiven Evidenz der Insolvenzzweckwidrigkeit, dass sich dem Geschäftspartner auf Grund der Umstände des Einzelfalles (massive Verdachtsmomente) ohne weiteres begründete Zweifel an der Vereinbarkeit der Handlung mit dem Zweck des Insolvenzverfahrens aufdrängen mussten.[50] Dem Geschäftspartner muss im Ergebnis wenigstens grobe Fahrlässigkeit zur Last fallen.[51] Von alle dem kann hier nicht die Rede sein. Denn die Bank kann gemäß Nr. 8 der Geschäftsbedingungen für Anderkonten weder aufrechnen, noch ein Pfand- oder Zurückbehaltungsrecht aus ihrem Rechtsverhältnis zum Insolvenzverwalter geltend machen. Dagegen bleiben Einwendungen aus dem Deckungsverhältnis zwischen Bank und Masse auch gegenüber dem Insolvenzverwalter erhalten.[52] Hieraus können aber keine Bedenken gegen die Zulässigkeit eines Anderkontos hergeleitet werden.[53] Denn die Einwendungen wären ja auch bestehen geblieben, wenn kein Anderkonto eingerichtet worden wäre. Voraussetzung ist aber, dass die Kontrolle des Insolvenzverwalters gemäß § 69 Satz 2 in Hinsicht auf Geldverkehr und -bestand ohne Schwierigkeiten möglich ist. Deshalb darf sich die Bank im Verhältnis zum Gläubigerausschuss nicht auf das Bankgeheimnis berufen können. Das ist aber ohnehin nicht der Fall (→ Rn. 27 ff.).

18 Im Bereich der KO war umstritten, ob im Fall der Masseunzulänglichkeit die Treuhandkontolösung zur Sicherung der Neumassegläubiger möglich ist, weil nach Ansicht des BGH[54] Neu- und Altmassegläubiger nach § 60 KO gleich zu behandeln waren.[55] Mit der Bevorzugung derjenigen

[39] IE wie hier *Kießling* NZI 2006. 440, 442.
[40] BGH WM 1958, 552, 553; 1982, 549; OLG München WM 1982, 548, 549; *Canaris* Bankvertragsrecht I Rn. 320.
[41] *Canaris* Bankvertragsrecht I Rn. 169.
[42] Hierfür genügt die Bezeichnung „Anderkonto für Insolvenzschuldner X".
[43] Ein Abhandenkommen liegt schon nicht vor und wäre wegen § 935 Abs. 2 BGB auch unerheblich.
[44] K. Schmidt/*Jungmann* § 129 Rn. 4; *Uhlenbruck* KTS 1970, 187, 189 f.; *Kreft* FS Merz (1992), 313, 327 empfiehlt zur Sicherheit die Zustimmung von Gläubigerausschuss und -versammlung.
[45] BGHZ 113, 262, 270 mwN.
[46] BGHZ 113, 262, 270.
[47] *Kreft* FS Merz (1992), 313, 329.
[48] BGH NJW 1983, 2018, 2019; NJW 1994, 323, 326.
[49] BGH NJW 2002, 2783, 2785.
[50] BGH NJW 1995, 250, 251; 1999, 2883; 2002, 1497, 1498; 2002, 2783, 2785.
[51] BGH NJW 2002, 2783, 2785.
[52] OLG Köln ZIP 1980, 972.
[53] Anders Uhlenbruck/*Sinz* § 149 Rn. 12 ff.
[54] BGHZ 90, 145 = JZ 1984, 623 = ZIP 1984, 612.
[55] Verneinend *Gerhardt* JZ 1990, 243, 244, bejahend *Kreft* FS Merz (1992), 313, 331.

Neumassegläubiger, deren Forderung nach Eintritt der Masseunzulänglichkeit begründet wird, hat § 209 Abs. 1 diesen Streit obsolet werden lassen. Die Errichtung eines Treuhandkontos zur Sicherung der Neumassegläubiger ist daher auch nach Eintritt der Masseunzulänglichkeit möglich.

Für den Transfer von Geldern von Konten, für die ein Hinterlegungsbeschluss nach § 149 gefasst ist, auf ein Anderkonto des Verwalters sind die Grundsätze über einen Wechsel der Hinterlegungsstelle zu beachten (→ Rn. 20). 19

V. Schutz der Masse

1. Wechsel der Hinterlegungsstelle. Der Insolvenzverwalter darf die im Beschluss bestimmte Hinterlegungsstelle nicht ohne einen entsprechenden neuen, abändernden Beschluss von Gericht, Gläubigerausschuss oder -versammlung wechseln.[56] Das gilt auch dann, wenn die Hinterlegungskonditionen, insbesondere die Festgeldzinsen bei einer anderen Hinterlegungsstelle günstiger sind.[57] Hat die Gläubigerversammlung beschlossen, sämtliche eingehenden Zahlungen Konten bei den im Beschluss festgelegten Banken zuzuführen, darf der Insolvenzverwalter keine weiteren Massekonten einrichten.[58] Damit nicht vor jeder Finanztransaktion der Gläubigerausschuss oder die Gläubigerversammlung einberufen werden müssen, empfiehlt es sich daher, den Insolvenzverwalter zu ermächtigen, eingehende Gelder auch bei anderen Kreditinstituten zu hinterlegen, soweit dies im Interesse der Masse liegt und nicht mit besonderen Gefahren verbunden ist.[59] In der Praxis ist aber nicht einmal das zwingend erforderlich. Der Insolvenzverwalter wird sich den Wechsel der Hinterlegungsstelle von Gläubigerausschuss oder -versammlung im Nachhinein (konkludent) genehmigen lassen. Ein Haftungsrisiko hat er dabei nur dann zu gewärtigen, wenn sich die neue Anlage als nachteilig erweist. 20

Praktische Bedeutung kann dem Wechsel zukommen, wenn der Verwalter den Steuerabzug in Form der Abführung von **Kapitalertragsteuer vermeiden** will. Festgeldguthaben und sonstige Kapitalforderungen des Schuldners unterliegen in Deutschland der Zinsabschlagssteuer zuzüglich eines Solidaritätszuschlages. Freibeträge (§ 20 Abs. 4 EStG) gibt es nur für natürliche Personen. Für die geringfügigen Zinsen aus dem laufenden Konto wird keine Zinsabschlagssteuer verlangt („Abstandnahme vom Steuerabzug" nach § 44a EStG). Nach Einführung der Zinsabschlagssteuer wurde die Auffassung vertreten, der Fiskus habe dem Konkursverwalter eine pauschale Freistellungsbescheinigung zu erteilen. Die Finanzverwaltung hat jedoch diese Auffassung ignoriert. 21

Um die Kapitalertragssteuer wieder der Insolvenzmasse zuzuführen, muss der Insolvenzverwalter jährlich Einkommen- bzw. Körperschaftsteuererklärungen abgeben. Angesichts der Tatsache, dass bei Abwicklung eines Insolvenzverfahrens in aller Regel keine (ertrag-)steuerpflichtigen Gewinne entstehen, notfalls auf meist hohe Verlustvorträge zurückgegriffen werden kann, wird dann die einbehaltene Kapitalertragsteuer erstattet, bei Kapitalgesellschaften an die jeweiligen Gesellschafter. 22

Probleme ergeben sich dagegen bei der steuerrechtlichen **Mitunternehmerschaft.**[60] So sind bei Personenhandelsgesellschaften Steuersubjekt für die Ertragsteuern die Gesellschafter im Verhältnis ihrer Beteiligungen, nicht die Gesellschaft (§ 15 Abs. 1 Satz 1 Nr. 2 EStG). Diese Beträge werden den Gesellschaftern anteilig zugewiesen, also auf eine Steuerschuld der Gesellschafter angerechnet (§ 36 Abs. 2 Nr. 2 EStG). Wurde zu viel Kapitalertragssteuer einbehalten, so erfolgt die Erstattung durch den Fiskus direkt an den Gesellschafter, weil derjenige „auf dessen Rechnung die Zahlung bewirkt worden ist" der Steuerschuldner ist (§ 37 Abs. 2 AO).[61] 23

Der Verwalter ist dann gehalten, die gezahlten Beträge aus dem Gesichtspunkt ungerechtfertigter Bereicherung (§§ 812 ff. BGB) oder der Gesellschafterhaftung (§ 93) wieder in die Masse zu ziehen. Zur Vereinfachung der Abwicklung wird der Verwalter versuchen, sich von den (Mit-)Gesellschaftern Abtretungserklärungen geben zu lassen, die jedoch auf den vorgeschriebenen Vordrucken des Fiskus ausgefertigt werden müssen (§ 46 AO). 24

---

[56] Uhlenbruck/*Sinz* § 149 Rn. 16; *Kübler* ZIP 1983, 1101.

[57] Uhlenbruck/*Sinz* 149 Rn. 16 aA *Kübler* ZIP 1983, 1101unter Berufung auf *Jaeger/Weber* § 132 Rn. 1 aE. Nach *Jaeger/Weber* aber hat der Konkursverwalter lediglich den Vollzug eines durch die Ereignisse überholten Beschlusses zu unterlassen. Angesichts der unterschiedlichen Literaturansichten erscheint es nicht angängig, hieraus – wie *Kübler* es tut – eine Schadenersatzpflicht des Insolvenzverwalters herzuleiten, wenn er nicht das Geld günstiger anlegt.

[58] LG Freiburg ZIP 1983, 1098, 1099; FKInsO/*Wegener* § 149 Rn. 7; KPB/*Holzer* § 149 Rn. 13.

[59] Uhlenbruck/*Sinz* § 149 Rn. 16.

[60] Diese Problematik gilt jetzt auch für die Gesellschaft bürgerlichen Rechts, § 15.

[61] Vgl. zu dieser Problematik *Welzel* DStZ 1993, 197; *Schöne/Ley* DB 1993, 1405. Nach unserer Auffassung fällt im Fall der Zuvielzahlung der Steuererstattungsanspruch im Wege der Surrogation in das Gesamthandsvermögen (§ 718 Abs. 2 BGB). Bei Anrechnung auf Steuerschuld des Gesellschafters ist nur ein Bereicherungsanspruch gegeben.

25 Auch bei den insolventen **natürlichen Personen** überwies der Fiskus die aus der Masse bezahlte Zinsabschlagsteuer zunächst an den (Gemein-)Schuldner. Wegen der Erweiterung des Insolvenzbeschlages auf den **Neuerwerb** (§ 35) fallen Erstattungsansprüche jetzt in die Masse. Leistungen an den Insolvenzschuldner sind nur nach Maßgabe des § 82 wirksam.

26 **2. Pflichten der Hinterlegungsstelle.** Die Hinterlegungsstelle ist – auch nach Wegfall von § 149 Abs. 2 aF – verpflichtet, sich gegen eine dem Hinterlegungsbeschluss widersprechende Anweisung zu wehren, soweit ihr der Verstoß bekannt ist. Die Hinterlegungsstelle erfüllt zwar mit der Auszahlung an den Insolvenzverwalter und wird damit frei, § 362 Abs. 1 BGB. Sie kann sich aber schadenersatzpflichtig machen. Im Fall der Überweisung, der in der Praxis mehr Bedeutung hat, besteht ein Aufwendungsersatzanspruch nach ausgeführter Überweisung (§ 670 BGB). Dem kann allerdings dann ein aufrechenbarer Schadensersatzanspruch der Masse aus positiver Forderungsverletzung gegenüberstehen, wenn die Hinterlegungsstelle erkennen konnte, dass der Insolvenzverwalter in Veruntreuungsabsicht handelt. Hierfür sind konkrete Verdachtsmomente erforderlich, wie zB der Transfer eines hohen Betrages auf ein Privatkonto des Insolvenzverwalters oder das unübliche Abheben eines hohen Barbetrages. Dagegen ist die Hinterlegungsstelle nicht generell verpflichtet nachzufragen, ob dem Insolvenzverwalter gestattet ist, Gelder in Empfang zu nehmen oder Überweisungen zu tätigen.

VI. Bankgeheimnis

27 **1. Vom Schuldner eröffnete Konten.** Bankverträge, die der Schuldner abgeschlossen hat, erlöschen mit Eröffnung des Insolvenzverfahrens (§§ 116, 115). Das Bankgeheimnis verpflichtet die Bank aber weiter zur Verschwiegenheit gegenüber Dritten[62] und damit den Gläubigern. Dem Insolvenzgericht gegenüber kann die Bank das Zeugnisverweigerungsrecht aus § 4 iVm § 383 Abs. 1 Nr. 6 ZPO geltend machen. Gegenüber dem Insolvenzverwalter besteht dagegen das Bankgeheimnis nicht, weil die Verwaltungs- und Verfügungsbefugnis auf ihn übergegangen ist.[63] Der Insolvenzverwalter kann die Bank von der Verschwiegenheitspflicht freistellen, weil das Bankgeheimnis in erster Linie einen vermögensmäßigen Bezug aufweist und damit (mittelbar) für die Insolvenzmasse erheblich ist.[64] Da nunmehr auch der Neuerwerb zur Insolvenzmasse zählt, gilt für Konten, die der Schuldner nach Verfahrenseröffnung errichtet, nichts anderes.[65] Das Insolvenzgericht kann den Verwalter nach § 58 Abs. 2 anweisen, die Bank von der Verschwiegenheitspflicht freizustellen.[66]

28 **2. Vom Verwalter eröffnete Konten.** Hat der Insolvenzverwalter den Bankvertrag abgeschlossen, so ist sein Wille für die Grenzen des Bankgeheimnisses maßgeblich, soweit das Bankgeheimnis sich auf einen zur Insolvenzmasse gehörenden Gegenstand bezieht und konkursunabhängige Interessen des Schuldners nicht berührt sind.[67] An sich ist die Bank berechtigt, Auskünfte über die bei ihr unterhaltenen Insolvenzkonten zu verweigern.[68] Gegenüber dem Insolvenzgericht ergibt sich das aus § 4 iVm § 383 Abs. 1 Nr. 6 ZPO.[69] Im Hinblick auf die Gläubiger beruht das Bankgeheimnis auf dem Vertrag (vgl. Nr. 2 AGB-Banken).[70] Bliebe es hierbei, so könnte das Insolvenzgericht nur gegen den Insolvenzverwalter vorgehen (§ 58 Abs. 2).

29 **a) Umfang der Verschwiegenheitspflicht.** Eine umfassende Verschwiegenheitspflicht besteht nicht. Ihr Umfang im Einzelfall hängt – in dieser Reihenfolge – vom wirklichen[71] oder mutmaßlichen[72] Willen des Insolvenzverwalters oder dem objektiven Interesse[73] ab.

Schwierigkeiten ergeben sich, wenn der **Insolvenzverwalter ausdrücklich auf der Geltung des Bankgeheimnisses** gegenüber jedermann **besteht.** Ist in diesem Fall aber für die Bank erkennbar, dass es sich um Gelder aus der Insolvenzmasse handelt, so ist dieser erklärte Willen offenbar

---

62 BGH BB 1953, 993; vgl. zum Ganzen auch *Stephan* WM 2009, 241 ff.

63 Gotttwald/*Obermüller/Kuder,* InsO-HdB, § 98 Rn. 33.

64 RGZ 59, 85, 86 f.; siehe auch LG Lübeck ZIP 1983, 711, 712; OLG Düsseldorf NJW-RR 1994, 958. Vgl. auch *Henckel* ZIP 1983, 712 mwN.

65 Anders noch im Rahmen der KO, vgl. Gottwald/*Obermüller,* InsO-HdB, 1. Aufl., § 90 Rn. 27.

66 Uhlenbruck/*Sinz* § 149 Rn. 25.

67 RGZ 59, 85, 86 f. LG Lübeck ZIP 1983, 711, 712 mit zust. Anm. *Henckel; Canaris* Bankvertragsrecht I Rn. 51.

68 So denn auch die Auffassung der Banken: vgl. die Nachweise bei Uhlenbruck/*Sinz* § 149 Rn. 25.

69 *Thomas/Putzo* § 383 Rn. 6.

70 BGHZ 27, 241, 246; BGH DB 1953, 1031; aA *Canaris* Bankvertragsrecht I Rn. 42: Vertrauenshaftung.

71 BGHZ 27, 241, 246.

72 BGHZ 95, 362, 365.

73 *Canaris* Bankvertragsrecht I Rn. 49, 54.

insolvenzzweckwidrig und damit unbeachtlich, soweit es um Anfragen des *Gläubigerausschusses* geht. Die Überwachung des Geldverkehrs, wie sie § 69 Satz 2 vorsieht, wäre allein vor der Willkür des Verwalters abhängig, der aber gerade kontrolliert werden soll. Die Verschwiegenheitspflicht *gegenüber dem Insolvenzgericht* ist dagegen nicht *offensichtlich* insolvenzzweckwidrig. Nach § 58 Abs. 1 Satz 2 kann das Gericht nur vom Insolvenzverwalter selbst Auskunft verlangen. Die InsO verlangt insoweit daher keine Lockerung des Bankgeheimnisses gegenüber dem Insolvenzgericht.[74]

Der **mutmaßliche Wille** des Insolvenzverwalters und auch das **objektive Interesse** gehen 30
dahin, dass die von der Insolvenzordnung vorgesehenen Kontrollaufgaben erfüllt werden können. Da es hier nicht auf die offensichtliche Zweckwidrigkeit ankommt, wird man die Bank auch zu Auskünften gegenüber dem Insolvenzgericht als berechtigt ansehen dürfen, weil dies die Aufsicht über den Insolvenzverwalter (§ 58 Abs. 1 Satz 1) erleichtert.

b) Keine Verpflichtung der Bank zur Auskunftserteilung. Eine Verpflichtung der Bank 31
zur Auskunftserteilung sieht die InsO nicht vor. Da es sich hierbei um einen Grundrechtseingriff handelt,[75] fehlt es an der gesetzlichen Ermächtigungsgrundlage. Aus der Aufgabe nach § 69 Satz 2 kann nicht auf eine entsprechende Befugnis geschlossen werden.

VII. Genossenschaftsinsolvenz

Nach § 110 GenG in der Fassung von Art. 49 Nr. 27 EGInsO sind die Vorschüsse der Genossen 32
nach Maßgabe des § 149 zu hinterlegen oder anzulegen. Konstitutive Bedeutung kommt dem nur dann zu, wenn man die Vorschüsse nicht als Teil der Insolvenzmasse ansieht. In keinem Fall ist die General- oder Vertreterversammlung für Beschlüsse nach § 149 zuständig.[76]

§ 150 Siegelung

[1]Der Insolvenzverwalter kann zur Sicherung der Sachen, die zur Insolvenzmasse gehören, durch den Gerichtsvollzieher oder eine andere dazu gesetzlich ermächtigte Person Siegel anbringen lassen. [2]Das Protokoll über eine Siegelung oder Entsiegelung hat der Verwalter auf der Geschäftsstelle zur Einsicht der Beteiligten niederzulegen.

I. Überblick

Satz 1 der Vorschrift entspricht im Wesentlichen den §§ 122 Abs. 1, 124 Satz 2 KO.[1] In der 1
GesO ist der Sachverhalt nicht geregelt. § 122 Abs. 2 KO sah zusätzlich vor, die Geschäftsbücher des „Gemeinschuldners" durch den Urkundsbeamten der Geschäftsstelle zu schließen. Diese im Zeitalter der EDV obsolete Vorschrift ist ersatzlos entfallen. Neben der Inbesitznahmepflicht nach § 148 Abs. 1 kommt der Siegelung in der Praxis keine Bedeutung zu. Ist im konkreten Fall Gefahr im Verzug, wird der Insolvenzverwalter die betreffenden Sachen in seine Obhut bringen, weil dies Missbräuchen zuverlässiger vorbeugt als die Strafandrohung des § 136 Abs. 2 StGB (Siegelbruch).

Die Siegelung ist **kein Vollstreckungsakt,** die Beschlagnahmewirkung tritt bereits mit Insol- 2
venzeröffnung ein (§§ 80, 81). Sie stellt vielmehr eine **Sicherungsmaßnahme zur äußeren Kenntlichmachung** der Massezugehörigkeit dar.[2] Die Siegelung begründet daher keinen strafrechtlichen Schutz nach § 136 Abs. 1 StGB (Verstrickungsbruch), sondern nach § 136 Abs. 2 StGB.[3]

II. Durchführung

Die Entscheidung über die Siegelung liegt im **Ermessen** des Verwalters. Für die Durchführung 3
der Siegelung ist nach § 150 Satz 1[4] der Gerichtsvollzieher oder eine andere dazu gesetzlich ermächtigte Person **zuständig.** Für diese andere gesetzliche Ermächtigung (zB Notare) ist das jeweilige Landesrecht maßgeblich. Über die Siegelung ist ein Protokoll aufzunehmen, das der Verwalter

74 AA Uhlenbruck/*Sinz* § 149 Rn. 25; wie hier dagegen iE *Hess* § 149 Rn. 24.

75 *Canaris* Bankvertragsrecht I Rn. 38.

76 *Kuhn/Uhlenbruck* § 137 Rn. 2c; vgl. auch Uhlenbruck/*Sinz* § 149 Rn. 24.

1 Begr. zu § 169 RegE (= § 150).

2 BGH NJW 1962, 1392; LG Berlin KTS 1963, 58; Uhlenbruck/*Sinz* § 150 Rn. 1; *Kilger/K. Schmidt* § 122 Anm. 1.

3 Nerlich/Römermann/*Andres* § 150 Rn. 8.

4 Der Gerichtsvollzieher wird anders als in § 122 KO ausdrücklich genannt, um die Regelung verständlicher zu machen und eine gewisse Vereinheitlichung der Zuständigkeiten zu erreichen, Begr. zu § 169 RegE (= § 150).

auf der Geschäftsstelle des Insolvenzgerichts zur Einsicht der Beteiligten niederlegt (§ 150 Satz 2).[5] Einsichtsberechtigt sind Schuldner, Gläubiger und Aussonderungsberechtigte. Auch absonderungsberechtigte Gläubiger sind Beteiligte auch dann, wenn sie nicht Insolvenzgläubiger sind. Ihnen steht daher ebenfalls ein Einsichtsrecht zu, zumal ja der Gegenstand, an dem das Absonderungsrecht besteht, von der Siegelung durchaus betroffen sein kann.[6]

III. Entsiegelung

4 Die Entsiegelung erfolgt auf Anordnung des Insolvenzverwalters, der die Siegelung veranlasst hat. In dem nach § 150 Satz 2 anzufertigenden Protokoll ist anzugeben, ob die im Siegelungsprotokoll angegebenen Siegel noch vorhanden und unverletzt sind.[7]

IV. Geltung im Eröffnungsverfahren

5 Auch der vorläufige Insolvenzverwalter kann Gegenstände der (zukünftigen) Insolvenzmasse siegeln lassen (→ § 22 Rn. 45).[8] Denn schon das bisherige Verständnis des § 122 KO ließ die Anwendung auf den Sequester zu,[9] und der Gesetzgeber wollte auf der Grundlage dieser weiten Anwendbarkeit § 122 Abs. 1 KO im Wesentlichen beibehalten.

V. Strafrechtlicher Schutz

6 Vor einer Siegelung ist nach hM[10] bereits auf Grund der §§ 80, 81 eine Verstrickung gegeben, obwohl eine tatsächliche oder symbolische Besitzergreifung fehlt. Das Zerstören, Beschädigen, Unbrauchbarmachen sowie der (teilweise) Entzug der Sache ist demnach bereits nach § 136 Abs. 1 StGB strafbar. Nach der Siegelung ist die Verletzung des Siegels nach § 136 Abs. 2 StGB strafbewehrt. Sind beide Straftatbstände erfüllt, besteht regelmäßig Idealkonkurrenz (§ 52 StGB).[11] Dient jedoch der Siegelbruch nur der Verdeckung eines Verstrickungsbruchs, wird § 136 Abs. 2 im Wege der Gesetzeskonkurrenz verdrängt.[12]

VI. Rechtsbehelfe

7 Gegen die Anordnung der Siegelung oder Entsiegelung durch den Verwalter ist kein Rechtsbehelf gegeben, da keine gerichtliche Entscheidung vorliegt.[13] Der Insolvenzschuldner kann allerdings im Prozessweg geltend machen, dass die zu siegelnde Sache nicht zur Masse gehört (→ § 148 Rn. 74 f.). Er kann auch Einwendungen gegen die Art und Weise der Durchführung der Siegelung durch den Gerichtsvollzieher erheben.[14] Da es sich bei der Siegelung nicht um einen Akt der Zwangsvollstreckung handelt (→ Rn. 2), ist § 766 ZPO analog anzuwenden.[15] Dies rechtfertigt sich durch die Nähe zur Herausgabevollstreckung nach § 148 Abs. 2. Aus diesem Grund ist auch analog § 148 Abs. 2 Satz 2 das Insolvenzgericht für die Entscheidung zuständig.[16]

Vorbemerkungen vor §§ 151 bis 155 Rechnungslegung in der Insolvenz

Schrifttum: *Bähner/Berger/K. H. Braun,* Die Schlussrechnung des Konkursverwalters, ZIP 1993, 1283; *E. Braun,* Handelsbilanz contra Schlussrechnung – Der entmündigte Rechtspfleger?, ZIP 1997, 1013; *Budde/Förschle,* Sonderbilanzen, 1994; *Fischer-Böhnlein/Körner,* Rechnungslegung von Kapitalgesellschaften im Insolvenzverfahren, BB 2001, 191; *Förster,* Klartext: Das Geheimnis des going concern, ZInsO 1999, 555; *Frotscher,* Steuern im Konkurs, 4. Aufl.1997; *Heni,* Rechnungslegung im Insolvenzverfahren – Derzeitiger Stand und Entwicklungstendenzen, Wirtschaftsprüfung 1990, 92; *ders.,* Rechnungslegung im Insolvenzverfahren – Stellungnahme zum Beitrag von Niethammer, Wirtschaftsprüfung 1990, 203; *ders.,* Rechnungslegung im Insolvenz-

---

5 Muster einer Siegelung bei Uhlenbruck/*Delhaes* HRP Rn. 343.
6 AA KPB/*Holzer* § 150 Rn. 11 mwN.
7 Muster einer Entsiegelung bei Uhlenbruck/*Delhaes* HRP Rn. 345.
8 Uhlenbruck/*Sinz* § 150 Rn. 3.
9 LG Baden-Baden ZIP 1983, 345; *Kuhn/Uhlenbruck* § 122 Rn. 4.
10 RGSt 14, 286, 289; 41, 256, 256 f.; 65, 248, 249; *Schönke/Schröder* Strafgesetzbuch § 136 Rn. 7; aA *Geppert* Jura 1987, 35, 36.
11 *Schönke/Schröder* Strafgesetzbuch § 136 Rn. 35 mwN auch zur Gegenansicht.
12 *Lackner/Kühl* StGB § 136 Rn. 9.
13 KPB/*Holzer* § 150 Rn. 12.
14 LG Berlin KTS 1963, 58; Nerlich/Römermann/*Andres* § 150 Rn. 3.
15 AA KPB/*Holzer* § 150 Rn. 13.
16 FKInsO/*Wegener* § 150 Rn. 2, 5; Nerlich/Römermann/*Andres* § 150 Rn. 3; zum früheren Recht bereits LG Berlin KTS 1963, 58; *Kuhn/Uhlenbruck* § 122 Rn. 1.

verfahren-Zahlenfriedhöfe auf Kosten der Gläubiger, ZInsO 1999, 609; *Hess/Boochs/Weis,* Steuern in der Insolvenz, 1996; *Hundertmark,* Einkommensteuerliche Gewinnermittlung im Konkurs, BB 1967, 408; *Kilger/Nitze,* Die Buchführungs- und Bilanzierungspflicht des Konkursverwalters, ZIP 1988, 957; *Klasmeyer/Elsner,* Unternehmenskrise und Insolvenz, in: Beck'sches Steuerberaterhandbuch, Kapitel N; *Klasmeyer/Kübler,* Buchführungs-, Bilanzierungs- und Steuererklärungspflichten des Konkursverwalters sowie Sanktionen im Fall ihrer Verletzung, BB 1978, 369; *König,* Gesonderte oder harmonisierte Rechnungslegung des Konkursverwalters im Unternehmenskonkurs?, ZIP 1988, 1003; *Kuntz/Mundt,* Rechnungslegungspflichten in der Insolvenz, DStR 1997, 620, 664; *Mitlehner,* Fortführungswert der Massegegenstände ZIP 2000, 1825; *Möhlmann,* Die Ausgestaltung der Masse- und Gläubigerverzeichnisse nach neuem Insolvenzrecht, DStR 1999, 163; *Niethammer,* Rechnungslegung im Insolvenzverfahren – Anmerkungen zum Beitrag von Heni, Wirtschaftsprüfung 1990, 202; *Pelka/Niemann,* Praxis der Rechnungslegung im Insolvenzverfahren, 4. Aufl.1997; *Pink,* Rechnungslegungspflichten in der Insolvenz der Kapitalgesellschaft, ZIP 1997, 177; *ders.,* Insolvenzrechnungslegung, 1995; *Plate,* Die Konkursbilanz, 2. Aufl.1982; *Scherrer/Heni,* Liquidationsrechnungslegung, 1990; *K. Schmidt,* Liquidationsbilanzen und Konkursbilanzen, 1989; *Steffan,* Der Fortführungswert im Vermögensstatus nach § 153 InsO als Ausfluss des Fortführungskonzepts, ZInsO 2003, 106; *K.-R. Veit,* Die Konkursrechnungslegung, 1982; *Weisang,* Zur Rechnungslegung nach der neuen Insolvenzordnung, BB 1998, 1149; *Wilke,* Umsatzsteuer im Konkurs nach der Rechtsprechung des Bundesfinanzhofs, UR 1989, 307.

Übersicht

I. Der Dualismus von internen (insolvenzrechtlichen) und externen (handels- bzw. steuerrechtlichen) Rechnungslegungspflichten

1. Grundsatz. Aus § 155 ergibt sich nunmehr eindeutig,[1] dass die insolvenzrechtlichen Rechnungslegungspflichten die handels- und steuerrechtlichen Rechnungslegungspflichten nicht ersetzen, sondern **ergänzend** neben sie treten. Dies entspricht der schon bisher herrschenden sog. **dualen** 1

[1] Vgl. auch Begr. § 174 RegE (= § 155).

Betrachtungsweise.[2] Daraus folgt, dass beide Rechnungslegungskreise unabhängig voneinander verstanden werden müssen. Zumindest gedanklich sind beide Rechnungslegungssysteme immer zu unterscheiden.

2 **2. Interne Rechnungslegung.** Mit der internen Rechnungslegung nach Maßgabe der entsprechenden Bestimmungen der Insolvenzordnung erfüllt der *Insolvenzverwalter seine eigenen* Rechenschaftspflichten gegenüber den Gläubigern, dem Insolvenzschuldner und dem Insolvenzgericht. Diese Rechnungslegungspflichten stellen eine Konkretisierung der Regelung des § 259 BGB dar. Ihre Entsprechung findet sich in der Rechenschaftspflicht der Vermögensverwalter und Interessenwahrer gegenüber den Trägern der wahrgenommenen Vermögensinteressen (vgl. §§ 666, 713, 1214, 1435, 1667 Abs. 2, 1840, 1890, 1908i Abs. 1, 2218 Abs. 2 BGB).[3]

3 **3. Externe Rechnungslegung.** Die externe[4] Rechnungslegungspflicht ist die öffentlich-rechtliche Verpflichtung *des Insolvenzschuldners.* Sie ergibt sich aus den §§ 238 ff. HGB und 140 ff. AO. § 155 Abs. 1 Satz 1 stellt klar, dass die Eröffnung des Insolvenzverfahrens diese Pflichten nicht berührt. Gem. § 155 Abs. 1 Satz 2 (als Sondervorschrift zu §§ 80 Abs. 1 InsO, 34 Abs. 3 AO) erfüllt der Insolvenzverwalter diese Pflichten für den Insolvenzschuldner in Bezug auf die Insolvenzmasse. Im Fall der endgültigen Betriebseinstellung erlischt die Verpflichtung nach den §§ 238 ff. HGB (→ § 155 Rn. 9 ff.).

II. Zweck der insolvenzrechtlichen Rechnungslegung

Die Darstellung der Vermögensverhältnisse des Insolvenzschuldners unter Angabe der voraussichtlichen Quote – und der Bewertung unter Liquidations- und Fortführungsgesichtspunkten – dient der **Information der Verfahrensbeteiligten** unter folgenden Rücksichten:

4 **1. Information der Gläubiger.** Die Gläubiger sollen zunächst anhand der voraussichtlichen **Quote** entscheiden können, ob sich für sie die Beteiligung am Insolvenzverfahren überhaupt lohnt.[5] Bei einer nur minimalen Quote ist eine aktive Beteiligung am Verfahren angesichts der lediglich als nachrangige Insolvenzforderung (§ 39 Abs. 1 Nr. 2) zu befriedigenden eigenen Verfahrenskosten nur dann sinnvoll, wenn sie eine kostengünstige Möglichkeit darstellt, einen Vollstreckungstitel zu erlangen (§ 201 Abs. 2 Satz 1). Von dem voraussichtlichen Ergebnis kann auch die Entscheidung eines Gläubigers abhängen, Massekosten vorzuschießen. Schließlich spielt die Quote eine Rolle für die eigene Rechnungslegung der Gläubiger, denn sie gibt einen Anhaltspunkt für die Bewertung der Forderung gegen den Insolvenzschuldner. Wird für die Gläubiger keine Quote prognostiziert, steht auch die Uneinbringlichkeit als Voraussetzung der Berichtigung der Umsatzsteuerschuld des ausgefallenen Insolvenzgläubigers nach § 17 Abs. 2 Nr. 1 UStG fest.

5 Die Vermögensübersicht (§ 153) soll den Gläubigern darüber hinaus eine Entscheidungsgrundlage für die **Verfahrenszielbestimmung** im Berichtstermin (§§ 1 Satz 1, 157) liefern. Aus diesem Grund schreibt § 151 Abs. 2 Satz 2 die Angabe von Liquidations- und Fortführungswerten vor[6] und verlangt § 154 eine Woche vor dem Berichtstermin die Niederlegung der Rechenwerke. Gem. § 157 Satz 1 entscheidet die Gläubigerversammlung im Berichtstermin über die *vorläufige* Unternehmensfortführung. Die Vermögensübersicht nach § 153 muss also die hierfür erforderlichen Daten liefern, während die endgültige Entscheidung in einem Insolvenzplan umfassend durch eine Vermögensübersicht sowie einen Ergebnis- und Finanzplan vorzubereiten ist (§ 229).

6 Der **Verwalter** wird in erster Linie vom Gläubigerausschuss **überwacht.** Die Abwicklungstätigkeit kann anhand der **Schlussrechnung** (§ 66) nur dann sinnvoll nachvollzogen werden, wenn von Anfang an eine sorgfältige und vollständige Rechnungslegung erfolgt. Für die Gläubiger dient die insolvenzrechtliche Rechnungslegung damit der Überprüfung von möglichen Schadenersatzansprü-

---

[2] RFHE 44, 162 = RStBl. II 1938, 669; BFHE 78, 172 = BStBl. III 1964, 70; BFHE 106, 305, 307 = BStBl. II 1972, 784 = BB 1972, 1258; BFH BStBl. II 1988, 825; BFH ZIP 1993, 374 = BStBl. II 1993, 265 = EWiR 1993, 219 *(App)*; BGHZ 74, 316, 318 = NJW 1979, 2212; KG ZIP 1997, 151; FG Freiburg EFG 1964, 331; FG Hamburg, EFG 1964, 432; *Hundertmark* S. 408; *Klasmeyer/Kübler* S. 370 f.; *K. Schmidt* S. 20 ff.; *Kuhn/Uhlenbruck* § 6 Rn. 46d; *Pink* S. 69 f.; aA *Kilger/Nitze* S. 959 f. Einheitsbetrachtung (Anreicherung der insolvenzrechtlichen Rechnungslegung durch handelsrechtliche Vorschriften).

[3] *K. Schmidt* S. 21.

[4] Die gebräuchlichen und darum auch hier verwendeten Bezeichnungen „intern" und „extern" erscheinen irreführend, weil die handelsrechtlichen Buchführungspflichten gerade auch der Selbstinformation des Kaufmannes dienen, während die insolvenzrechtlichen Rechnungslegungswerke nach § 154 zu veröffentlichen sind und vor allem die Gläubiger informieren sollen.

[5] *Plate* S. 37.

[6] Vgl. aber zur Untauglichkeit der Angabe von Fortführungswerten für die Information der Gläubiger im Hinblick auf die Entscheidung zwischen den Verfahrensalternativen, § 151 Rn. 11.

chen gegen den Verwalter (§ 60). Anhand der Aktivseite lässt sich etwa entnehmen, welche Gegenstände der Verwalter erfasst hat.[7]

2. Information des Gerichts. Hier sind zwei Funktionen maßgeblich. Zum einen hat auch das Insolvenzgericht die Abwicklungstätigkeit des Verwalters zu prüfen. Das Insolvenzgericht überprüft dabei nicht den wirtschaftlichen Erfolg der Verwertungstätigkeit durch Vergleich der in der Vermögensübersicht prognostizierten Werte mit den tatsächlich erzielten Erlösen.[8] Andernfalls würden die Verwalter zu ihrer eigenen Absicherung zusätzliche Abschläge auf die Wertansätze im Verzeichnis der Vermögensgegenstände und der Vermögensübersicht machen und damit die Aussagekraft dieser Rechenwerke im Hinblick auf den Berichtstermin schmälern. Im Vordergrund steht vielmehr die Überprüfung der vollständigen Verwertung der Massegegenstände (vgl. § 196). 7

Zum anderen geht es um die Finanzierbarkeit der Verfahrenskosten. Die Frage der Einstellung mangels Masse (§ 209) ist anhand der Insolvenzrechnungslegung zu beantworten. 8

3. Selbstinformation des Verwalters. Der Verwalter muss die Finanzierbarkeit der Massekosten und sonstigen Masseverbindlichkeiten ständig prüfen. Auch um einer Haftung für von ihm begründete Masseverbindlichkeiten (§ 61) zu entgehen, ist der Verwalter auf eine ordnungsgemäße und zeitnahe Rechnungslegung angewiesen, um die noch vorhandene Masse überblicken zu können. Das erlaubt auch die Entscheidung über die Vornahme einer Abschlagsverteilung (§ 187) und der Einleitung der Schlussverteilung (§ 196). 9

III. Überblick über die spezifisch insolvenzrechtlichen Rechnungslegungswerke

1. § 22 Abs. 1 Satz 2 Nr. 3: Prüfung der Durchführbarkeit des Verfahrens durch den vorläufigen Insolvenzverwalters. Eine überschlägige Darstellung der Aktiva und Passiva eines schuldnerischen Unternehmens und der voraussichtlichen Masseverbindlichkeiten hat früher schon der gemäß § 75 KO eingesetzte Gutachter in seinem Bericht an das Konkursgericht vorgelegt, ebenso der Sequester und der vorläufige Vergleichsverwalter (§§ 39, 11 VerglO). Gem. § 22 Abs. 1 Satz 2 Nr. 3 Hs. 2 kann der vorläufige Insolvenzverwalter als Sachverständiger beauftragt werden zu prüfen, ob ein Eröffnungsgrund vorliegt und welche Aussichten für die Fortführung des Unternehmens bestehen (→ § 22 Rn. 42). In diesem Zusammenhang wird regelmäßig auch eine überschlägige und vorläufige Darstellung der Aktiva und Passiva erfolgen. 10

2. § 305 Abs. 1 Nr. 3: Verbraucherinsolvenzverfahren und sonstige Kleinverfahren. Dem Eröffnungsantrag des Insolvenzschuldners ist ein Vermögensverzeichnis, ein Verzeichnis der Gläubiger (mit Anschrift für die Zustellung nach § 307[9]) und ein Verzeichnis der gegen den Schuldner gerichteten Forderungen beizufügen. Eine vergleichbare Regelung enthielt bereits § 104 KO. Im gewerblichen Insolvenzverfahren wird dem Schuldner hingegen nicht mehr zwingend vom Gesetz aufgegeben, Vermögensübersicht und Gläubigerverzeichnis vorzulegen.[10] 11

3. §§ 151, 152: Verzeichnis der Massegegenstände und Gläubigerverzeichnis. § 124 KO sah die Erstellung zweier Rechenwerke – Inventar und Bilanz – vor. Dagegen verlangen die §§ 151 bis 153 formal drei Rechenwerke. Eine grundlegende Abkehr vom Rechnungslegungssystem der KO ist damit nicht verbunden. Sachlich entsprechen die Rechenwerke nach den §§ 151, 152 als einer *Einzelauflistung* von Aktiva (§ 151) und Passiva (§ 152) dem bisherigen Inventar.[11] Während aber die Konkursordnung in § 123 KO detaillierte Vorschriften nur über die Aktivseite des Inventars nach § 124 KO enthielt,[12] finden sich in § 152 nunmehr auch Vorschriften über die Passivseite. Neben der Inbesitznahmepflicht nach § 148 muss der Verwalter die Masse und die Verbindlichkeiten erfassen und bewerten. Die körperliche Bestandsaufnahme ist von zentraler Bedeutung für die Sicherung der Masse und die Beurteilung der Verfahrenssituation. Das Gläubigerverzeichnis nach § 152 unterscheidet sich von Tabelle (§ 175) und Verteilungsverzeichnis (§ 188) dadurch, dass sämtliche dem Verwalter bekannten Forderungen aufzunehmen sind.[13] Bei der Tabelle sind dagegen nur 12

[7] Anders als nach § 86 Satz 4 KO kommt es nicht mehr zu einer Präklusion von Schadenersatzansprüchen gegen den Verwalter, wenn Einwendungen gegen die Schlussrechnung im Schlusstermin unterlassen werden.

[8] *Braun* ZIP 1997, 1013, 1015; aA *Pink* ZIP 1997, 177, 179.

[9] Begr. § 357b RegE (= § 305).

[10] Im Rahmen seiner Auskunftspflicht nach § 20 kann aber der Schuldner zur Vorlage entsprechender Verzeichnisse verpflichtet werden.

[11] *Pink* S. 78 und ZIP 1997, 177, 178; *Pelka/Niemann* Rn. 35; *Heni* S. 94.

[12] Die Aufzeichnung der Massegegenstände nach § 123 KO stellte nichts anderes als die Aktivseite des Inventars nach § 124 KO dar, vgl. *Kilger/K. Schmidt* § 124 Anm. 2a).

[13] Begr. zu § 171 RegE (= § 151).

die angemeldeten Forderungen zu berücksichtigen. Für das Verteilungsverzeichnis sind zusätzlich die §§ 189 ff. zu beachten.

13 **4. § 153: Vermögensübersicht (Insolvenzeröffnungsbilanz).** Die Vermögensübersicht nach § 153 fasst das Verzeichnis der Massegegenstände und das Gläubigerverzeichnis (§§ 151, 152) zum Zwecke einer besseren Übersicht zusammen. Der Unterschied zu den Verzeichnissen nach den §§ 151, 152 liegt darin, dass in der Vermögensübersicht Mengenangaben fehlen und einzelne Posten zu bestimmten Gruppen zusammengefasst sind („geordnete Übersicht").[14] So können die Forderungen der absonderungsberechtigten Gläubiger zu einer Summe zusammengefasst werden. Von der Vermögensübersicht ist der sog. Überschuldungsstatus zu unterscheiden, der Erstellt wird, um beurteilen zu können, ob der Insolvenzgrund der Überschuldung (§ 19) vorliegt. Er enthält weder die Angabe der Fremdrechte noch die insolvenzspezifischen Verfahrenskosten.[15]

14 **5. § 156 Abs. 1: Mündlicher Bericht.** Im Berichtstermin hat der Verwalter über die wirtschaftliche Lage des Schuldners, die Fortführungsaussichten des insolventen Unternehmens und über die Möglichkeit der Aufstellung eines Insolvenzplanes zu berichten (§ 156 Abs. 1). Dieser mündliche Bericht ist zwar kein Rechenwerk im engeren Sinn, kann aber doch zur internen Rechenschaftspflicht des Verwalters gezählt werden.[16] Für die zentrale Frage der Verfahrenszielbestimmung (§ 157) kommt dem Bericht größeres Gewicht zu als der Vermögensübersicht, weil der Aussagewert einer Bilanz über die Fortführungschancen beschränkt ist.[17]

15 **6. § 229: Vermögensübersicht im Falle eines Insolvenzplanes.**[18] Bei einem Plan, der die Sanierung des Unternehmens zum Gegenstand hat und nach dem die Verbindlichkeiten ganz oder zum Teil aus den künftigen Erträgen des Unternehmens erfüllt werden sollen, sind in Form einer Übersicht Aktiva und Passiva so darzustellen, wie sie im Fall der Bestätigung des Planes gegenüberstünden. Darüber hinaus sollen die Gläubiger in einem *Ergebnisplan* über die zu erwartenden Aufwendungen und Erträge und in einem *Finanzplan* über die zeitliche Abfolge von Einnahmen und Ausgaben zur Aufrechterhaltung der Liquidität des Unternehmens unterrichtet werden.[19]

16 **7. § 66 Abs. 3: Zwischenrechnungslegung.** Wie die Konkursordnung (vgl. § 132 Abs. 2 KO) schreibt auch die Insolvenzordnung dem Verwalter keine zwingende periodische (interne) Rechnungslegung vor. Gem. § 66 Abs. 3 *kann* die Gläubigerversammlung Zwischenrechnungslegung verlangen. Sie bestimmt dann auch die Form der Rechnungslegungspflicht.[20] Zusätzlich können Insolvenzgericht, Gläubigerausschuss und -versammlung vom Verwalter Berichte über den Sachstand und die Geschäftsführung verlangen (§§ 58 Abs. 1 Satz 2, 69 Satz 2, 79 Satz 2).[21] Allerdings entspricht es der herrschender Auffassung, dass im Einzelfall der Verwalter zur Fortschreibung der Eröffnungsbilanz oder Neuerstellung einer Zwischenübersicht entsprechend den Grundsätzen der Eröffnungsbilanz[22] verpflichtet sein kann, um der Gläubigerversammlung (vgl. § 66 Abs. 3) dem Insolvenzgericht (§ 58 Abs. 1 Satz 2) und sich selbst Aufschluss über den Stand des Verfahrens zu geben.[23] Dies gilt auch in massearmen Verfahren an der Grenze des § 209, in denen sich ständig die Frage der Finanzierbarkeit stellt.[24] Ist diese Grenze überschritten, sieht § 211 Abs. 2 eine Verpflichtung zu gesonderter Rechnungslegung nach Anzeige der Masseunzulänglichkeit (§ 208) vor. Auch ist an größere Unternehmen zu denken, die über einen längeren Zeitraum liquidiert werden. Führt der Verwalter eine Einnahmen-/Ausgabenrechnung über ein EDV-Programm, lassen sich ohne großen Aufwand aktualisierte Fassungen der Vermögensübersicht erstellen.[25]

17 **8. § 66 Abs. 1: Schlussrechnung.** Bei Beendigung seines Amtes hat der Verwalter der Gläubigerversammlung Rechnung zu legen, § 66 Abs. 1. Diese Schlussrechnung schließt an die Vermögensübersicht (§ 153) an und gibt Aufschluss über die Verwaltungs- und Verwertungstätigkeit des Verwal-

---

14 Begr. zu § 172 RegE (= § 153); *Pelka/Niemann* Rn. 518; aus diesem Grund ist die Befürchtung von *Heni* S. 94 und *Pink* S. 79, dass die Vermögensübersicht eine bloße Fortschreibung oder gar Abschrift der Verzeichnisse nach §§ 151, 152 darstellte, nicht berechtigt.
15 *Pelka/Niemann* Rn. 448.
16 *Pink* S. 88.
17 *Pink* S. 81.
18 Entsprechung im früheren Recht am ehesten § 79 Nr. 4 VglO.
19 Begr. zu § 273 RegE (= § 229).
20 *Pink* S. 83.
21 Vgl. Begr. § 76 RegE (= § 66).
22 *Pelka/Niemann* Rn. 502.
23 K. Schmidt/*Rigol* § 66 Rn. 15; Uhlenbruck/*Mock* § 66 Rn. 111.
24 *Pelka/Niemann* Rn. 68.
25 Vgl. *Pink* S. 64.

ters.[26] Sie muss den Verbleib der zur Masse gehörenden Gegenstände aufzeigen und – im Liquidationsfall[27] – die Abwicklung des Unternehmens darstellen. Aus diesem Grund setzt sich die Schlussrechnung aus einem Schlussbericht, einer Insolvenzschlussbilanz[28] und einer Ergebnisrechnung zusammen.[29] Das Schlussverzeichnis (vgl. § 197 Abs. 1 Satz 2 Nr. 2) ist dagegen ein Verteilungsverzeichnis nach § 188, das für Schluss- und Nachtragsverteilungen die zu berücksichtigenden Gläubiger festlegt. Es ist nicht Teil der Schlussrechnung des Verwalters,[30] auch wenn der Verwalter in der Regel beides miteinander vorlegen wird. Das zeigt sich auch daran, dass in § 197 Abs. 1 Satz 2 Nr. 1 und 2 zwischen Schlussrechnung und Schlussverzeichnis unterschieden wird.

IV. Handelsrechtliche Rechnungslegungspflichten (§§ 238 ff. HGB)

Die nachfolgend skizzierten handelsrechtlichen Rechnungslegungspflichten setzen voraus, dass der Insolvenzschuldner Kaufmann iSv § 1 HGB ist. Aus § 155 Abs. 1 Satz 1 ist zu ersehen, dass die Eröffnung des Insolvenzverfahrens als solche die Kaufmannseigenschaft nicht entfallen lässt.[31] Zu Auswirkungen der Betriebseinstellung auf Kaufmannseigenschaft und Buchführungspflichten vgl. aber § 155 Rn. 9 ff. Einzelkaufleute sind gemäß § 242 Abs. 4 HGB iVm § 241a HGB von der Buchführungspflicht und der Pflicht zur Erstellung von Jahresabschlüssen befreit, wenn sie an den Abschlussstichtagen von zwei aufeinander folgenden Geschäftsjahren nicht mehr als 500000 Euro Umsatzerlöse und 50000 Euro Jahresüberschuss aufweisen, was in der Regel in einer Insolvenz der Fall ist.

1. Inventar (§ 240 HGB). Inventar ist das genaue Verzeichnis aller Vermögensgegenstände 18
und Schulden unter Angabe von Art, Menge und Wert.

2. Jahresabschluss (§ 242 HGB). Der Jahresabschluss setzt sich aus einer **Bilanz,** die Aktiva 19
und Passiva zum Geschäftsjahresende ausweist (§ 242 Abs. 1 Satz 1 HGB), und einer **Gewinn- und Verlustrechnung** zusammen, in der die Aufwendungen und Erträge einander gegenübergestellt werden (§ 242 Abs. 2 HGB).

3. Anhang und Lagebericht (§ 264 Abs. 1 HGB). Bei Kapitalgesellschaften ist der Jahresab- 20
schluss (Bilanz und GuV) um einen Anhang zu erweitern und ein Lagebericht aufzustellen. Der Lagebericht ist bei kleinen Kapitalgesellschaften iSv § 267 Abs. 1 HGB entbehrlich (§ 264 Abs. 1 Satz 2 HGB).

4. Prüfung und Offenlegung (§§ 316 ff., 325 ff. HGB). Die Vorschriften über Prüfung und 21
Offenlegung bei Kapitalgesellschaften gelten auch während des Insolvenzverfahrens (arg. § 155 Abs. 2 Satz 2 und Abs. 3).[32]

V. Steuerrechtliche Buchführungspflichten (§§ 140 ff. AO)

Durch § 140 AO werden die handelsrechtlichen Buchführungspflichten in das Steuerrecht inkor- 22
poriert, wenn sie für die Besteuerung von Bedeutung sind. Dies hat zur Folge, dass im Fall der Missachtung auch steuerrechtliche Sanktionen drohen, weil *steuerrechtliche* Pflichten verletzt wurden. Die Gewinnermittlung bei Gewerbetreibenden durch Betriebsvermögensvergleich ist nach den handelsrechtlichen Grundsätzen ordnungsgemäßer Buchführung vorzunehmen (§ 5 Abs. 1 Satz 1 EStG). Die originär steuerrechtliche Buchführungspflicht nach § 141 AO ist gegenüber § 140 AO subsidiär. Bei Veräußerung oder Aufgabe eines Gewerbebetriebes ist nach § 16 Abs. 2 Satz 2 EStG der Wert des Betriebsvermögens durch eine „Aufgabebilanz" zu ermitteln, auch wenn zuvor der Gewinn zulässigerweise durch eine Einnahmen-/Ausgabenrechnung (§ 4 Abs. 3 EStG) ermittelt wurde.

VI. Die Vorläufigkeit der zum Berichtstermin zu erstellenden insolvenzrechtlichen Verzeichnisse

1. Vorläufigkeit und Unvollständigkeit bei kurzfristiger Erstellung. Nach § 154 sind die 23
Verzeichnisse eine Woche vor dem Berichtstermin vorzulegen. Gem. § 29 Abs. 1 Nr. 1 bleiben dem Verwalter damit in der Regel nur wenige Wochen, maximal nicht einmal drei Monate, um die von

[26] *Pelka/Niemann* Rn. 92.
[27] Im Fall der Unternehmensfortführung erfolgt die Darstellung der Geschäftstätigkeit in der handelsrechtlichen Rechnungslegung.
[28] Im Einzelnen streitig, vgl. *Berger/Bräger/Braun* 1287; *Pink* ZIP 1997, 177, 179; § 66 Rn. 11.
[29] *Kilger/K. Schmidt* § 86 Anm. 1 a); *Pelka/Niemann* Rn. 504.
[30] AA *Pelka/Niemann* Rn. 504.
[31] Vgl. auch BFH BStBl. II 1988, 825, 826; MüKoHGB/*K. Schmidt* § 1 Rn. 6; aA noch zur Kaufmannseigenschaft RG JW 1902, 186.
[32] *Klasmeyer/Elsner* Rn. 180.

den §§ 151 bis 153 geforderten Verzeichnisse zu erstellen. Eine verbindliche und ordnungsgemäße „Konkurs"-Eröffnungsbilanz in wenigen Wochen zu erstellen, erschien jedenfalls bei mittleren und größeren schuldnerischen Unternehmen bisher nicht möglich. Hierzu war es in aller Regel notwendig, die Buchhaltung der Gemeinschuldnerin der letzten Monate aufzuarbeiten, was alleine schon viele Wochen, wenn nicht Monate in Anspruch nahm. Die innerhalb der Frist des § 29 Abs. 1 Nr. 1 zu erstellenden Verzeichnisse können deshalb in umfangreichen Verfahren mit größeren Ermittlungsschwierigkeiten, insbesondere wenn keine geordnete und zeitnahe Buchhaltung des insolvenzschuldnerischen Unternehmens vorliegt, zunächst nur als „vorläufige" Verzeichnisse verstanden werden.[33] In aller Regel ist eben nicht innerhalb der kurzen Frist des § 154 zu ermitteln, welche Forderungen der Schuldner am Stichtag der Verfahrenseröffnung hatte und welchen Verbindlichkeiten er ausgesetzt war. Häufig müssen vor Verfahrenseröffnung erfolgte Lieferungen und Leistungen erst noch fakturiert werden. In welchem Umfang Gläubiger Ansprüche aus verlängertem Eigentumsvorbehalt geltend machen können, lässt sich kurzfristig nicht vorhersehen. Erst dann ist die exakte Angabe von Absonderungsrechten, wie sie § 152 Abs. 2 verlangt, möglich. Ein einigermaßen vollständiges Verzeichnis aller Insolvenzgläubiger mit Schuldgrund und Forderungshöhe lässt sich auch unter der Geltung der InsO frühestens dann aufstellen, wenn die Forderungsanmeldungen der Gläubiger beim Insolvenzverwalter eingegangen und mit der nachgebuchten Kreditorenliste des Schuldners abgestimmt worden sind.[34] In größeren Verfahren mit vielfältigen Ermittlungs- und Bewertungsschwierigkeiten sind die bis zum Berichtstermin zu erstellenden Verzeichnisse in besonderem Maße auf bloße Schätzungen angewiesen. Die Verzeichnisse weisen notwendig einen nur vorläufigen und unvollständigen Charakter auf.[35]

24 **2. Notwendigkeit einer nachträglichen Vervollständigung.** Die zunächst nur vorläufigen Verzeichnisse sind auf den Zeitpunkt der Verfahrenseröffnung zu vervollständigen. Die Vervollständigung ist in angemessenem Zeitraum nach dem Prüfungstermin vorzunehmen. Denn erst dann kann der Verwalter auf Grund der Forderungsanmeldungen ein einigermaßen vollständiges Gläubigerverzeichnis (§ 152) erstellen. Dem kann nicht entgegengehalten werden, dass es durchaus möglich sei, Erkenntnisse über Bestehen oder Wert von Aktiva und Passiva, die der Verwalter nach dem Berichtstermin erlangt, in einer Fortschreibung der Vermögensübersicht zu berücksichtigen.[36] Ebenso wenig verfängt ein Hinweis auf den Wortlaut des § 152, der nur die Einbeziehung der bis zum Berichtstermin bekannt gewordenen Forderungen verlangt. Denn dann würde der Auftrag des § 153, „auf den Zeitpunkt der Eröffnung des Insolvenzverfahrens" eine Bilanz zu erstellen nicht wirklich erfüllt. Auch wäre andernfalls die Angabe von Grund und Betrag der Forderungen, wie sie § 152 vorsieht, in den meisten Fällen eine Illusion. Aus diesem Grund hat der Verwalter in den bezeichneten schwierigen Fällen eine vollständige Bilanz noch nach dem Berichtstermin zu erstellen.[37] Nur dann ist auch die Abwicklungs- und Verwertungstätigkeit des Verwalters plausibel nachzuvollziehen. Eine Zwischenbilanz, die Vermögensgegenstände enthält, die in der Eröffnungsübersicht noch fehlten, lässt nämlich offen, ob diese vor oder nach Verfahrenseröffnung hinzugekommen sind. Es ist daher festzuhalten, dass in größeren und schwierigeren Verfahren der Verwalter zunächst mit „vorläufigen" Verzeichnissen arbeiten muss, die nach dem Prüfungstermin auf den Stichtag der Verfahrenseröffnung ergänzt und korrigiert werden müssen.

25 **3. Zweck der vorläufigen und endgültigen Rechnungslegung.** Die genannte Differenzierung lässt sich auch durchaus mit der gesetzlichen Zwecksetzung der insolvenzrechtlichen Rechnungslegung vereinbaren. Die „vorläufigen" Verzeichnisse dienen als Datenmaterial für den Bericht nach § 156 Abs. 1 Satz 2, der die Gläubigerversammlung in Stand setzen soll, das vorläufige Verfahrensziel zu bestimmen. Für die Beurteilung der Frage, ob das Unternehmen fortgeführt werden soll, spielt zB der Grund der Forderung keine Rolle. Es genügt vielmehr eine fundierte Schätzung der Verbindlichkeiten. Für die grundsätzliche und entscheidende Frage, ob das insolvente Unternehmen auf dem Markt überhaupt noch Chancen hat, bedarf es noch keiner detaillierten Bewertung.[38] Die „endgültigen" Verzeichnisse dienen sodann der vollständigen Dokumentation der Abwicklungstätigkeit des Verwalters. Für die Entscheidung über eine Unternehmensfortführung in Form der übertragenden Sanierung oder gar der echten Reorganisation ist darüber hinaus eine rechnerische Erfassung der zu erwartenden Erträge und Aufwendungen erforderlich (→ § 151 Rn. 12).

---

[33] Vgl. auch *Fischer-Böhnlein/Körner* BB 2001, 191, 193.
[34] *Kilger/K. Schmidt* § 124 Anm. 2b) aE.
[35] Siehe *Pink* S. 80, vgl. zum ganzen auch *Plate* S. 175 ff.
[36] In diese Richtung *Plate* S. 175.
[37] *Pink* S. 80 ist sogar der Auffassung, dass die eigentliche Bewertung erst in der Vermögensübersicht (§ 153) zu erfolgen habe und die Vermögensübersicht unabhängig von den Fristen des § 154 zu erstellen sei.
[38] So auch *Pink* S. 80.

VII. Verhältnis von interner und externer Rechnungslegung

1. Autonomie der insolvenzrechtlichen Rechnungslegung. Nach verbreiteter Ansicht kann der Insolvenzverwalter (seine) insolvenzrechtlichen Verpflichtungen nur dadurch erfüllen, dass er auch die handelsrechtlichen Verpflichtungen des Insolvenzschuldners erfüllt.[39] Dabei handelt es sich um die mittelbare Begründung handelsrechtlicher Rechnungslegungspflichten, die durch die Klarstellung in § 155 hinfällig geworden ist. Die Verpflichtung zur handelsrechtlichen Buchführung ergibt sich unmittelbar aus §§ 238 ff. HGB. 26

Darüber hinaus wird angeführt, dass die zur Insolvenzmasse gehörenden Steuererstattungsansprüche und Steuerschulden nur dann zutreffend in der insolvenzrechtlichen Rechnungslegung erfasst werden können, wenn der entsprechende (negative) Gewinn entsprechend den handelsrechtlichen Grundsätzen ordnungsgemäßer Buchführung ermittelt wird (§ 5 Abs. 1 EStG).[40] Diese Argumentation ist jedoch zirkulär, soweit mit ihr bewiesen werden soll, dass die insolvenzrechtliche Rechnungslegung zwingend eine doppelte Buchführung und jährliche Bilanzierung verlangt. Selbst wenn man also der Auffassung ist, dass die ordnungsgemäße Erfassung steuerrechtlicher Ansprüche in der Insolvenzrechnungslegung nur dann möglich ist, wenn der steuerliche Gewinn nach den handels- und steuerrechtlichen Vorschriften korrekt ermittelt ist, so kann das nur die Erfüllung der jeweils *tatsächlich bestehenden* handels- und steuerrechtlichen Rechnungslegungspflichten bedeuten. Bedarf es zur steuerlichen Gewinnermittlung nicht mehr der doppelten Buchführung, etwa weil der Gewerbebetrieb aufgegeben (= eingestellt) wurde und damit kein „Gewerbetreibender" iSv § 5 Abs. 1 EStG mehr vorliegt oder weil bei Kapitalgesellschaften an die Stelle der Jahresabschnittsbesteuerung die Liquidationsbesteuerung nach § 11 Abs. 7 KStG getreten ist, so sind die steuerlichen Ansprüche ohne jährliche Bilanzierung zu ermitteln. Das genügt dann verständlicherweise auch für die Insolvenzrechnungslegung. Im Übrigen ist noch darauf hinzuweisen, dass in kleinen und mittleren Verfahren der Fiskus in der Praxis bisher stets bereit war, bei den Ertragssteuern (Einkommen- und Körperschaftsteuer sowie Gewerbesteuer) für Zeiträume nach Konkurseröffnung eine „Null-Schätzung" zu akzeptieren, da in aller Regel erhebliche Verlustvorträge vorlagen und keine Überschüsse aus der Verwaltung erwartet werden konnten.[41] 27

Das Gesetz lehnt eine derartige Abhängigkeit der insolvenzrechtlichen von der handels- und steuerrechtlichen Rechnungslegung ab. Denn gem. § 155 Abs. 2 Satz 2 erfolgt die Aufstellung der Vermögensübersicht nach § 153 vor der Aufstellung der handelsrechtlichen Schlussbilanz für das Rumpfgeschäftsjahr, sie genießt also Vorrang.[42] Es ist damit schon logisch ausgeschlossen, dass die insolvenzrechtliche Rechnungslegung die Erfüllung der handelsrechtlichen Rechnungslegung voraussetzt. 28

2. Überleitungsrechnung zwischen Schlussbilanz und Vermögensübersicht. Veit[43] hat vorgeschlagen, die Schlussbilanz mit der Konkurseröffnungsbilanz (nunmehr Vermögensübersicht) durch eine Überleitungsrechnung, d.h. eine Bewegungsrechnung in Form der Gegenüberstellung von Ertrag und Aufwand zu verbinden, die durch die veränderten Ansätze und Bewertungen entsteht. Die von Pink[44] darin gesehene Möglichkeit, Divergenzen zwischen insolvenz- und handelsrechtlicher Inventur aufzuzeigen, besteht allerdings nicht. Denn wenn schon für das Verzeichnis der Vermögensgegenstände nach § 151 eine vollständige körperliche Bestandsaufnahme ohne Vereinfachungsmaßnahmen erfolgte, so wird diese Inventur auch dem handelsrechtlichen Inventar zugrunde gelegt werden. In keinem Fall ist die Überleitungsrechnung zwingend.[45] 29

3. Harmonisierung von handels- und insolvenzrechtlicher Rechnungslegung.[46] Selbst Autoren, die vehement den Unterschied von insolvenzrechtlicher und handelsrechtlicher Rechnungslegung schon für die Konkursordnung herausgestellt haben, betonen, dass diese Unterscheidung nicht notwendig zu zwei getrennten Rechnungswerken führen muss.[47] Die Harmonisierungsfrage stellt sich an drei Stellen: (1.) Rechnungslegungswerke zu Beginn des Verfahrens (Koordination 30

---

[39] Zur KO: BFH ZIP 1994, 1969, 1972; *Pelka/Niemann* Rn. 12 und 26; *Kuhn/Uhlenbruck* § 6 Rn. 46d.

[40] *Klasmeyer/Kübler,* 373.

[41] Bei natürlichen Personen oder für den Fall einer Unternehmensfortführung muss der Verwalter nach Ansicht des BGH allerdings darauf achten, dass während des Verfahrens entstandene Verluste ordnungsgemäß festgestellt und damit vorgetragen werden können, § 10d EStG. Vgl. auch BGHZ 74, 316, 319 = NJW 1979, 2212, 2213 = ZIP 1980, 25 mit ablehnender Anmerkung *Kilger;* vgl. → §§ 60, 61 Rn. 22.

[42] Begr. zu § 174 RegE (= § 155).

[43] *Veit* S. 163 ff.

[44] *Pink* S. 250 f.

[45] So auch *Pink* S. 250.

[46] Vgl. dazu ausführlich *Pink* S. 223 ff.; *Pink* ZIP 1997, 177 ff.; *König* S. 1008 ff.

[47] Vgl. zB *K. Schmidt* S. 95.

von handelsrechtlicher Schlussbilanz und insolvenzrechtlicher Vermögensübersicht). (2.) Rechnungslegung während des Verfahrens. (3.) Rechnungslegung zum Abschluss des Verfahrens.

31 Echter Koordinationsbedarf besteht nur im ersten Fall (→ § 153 Rn. 7 f.). Wenn nämlich während des Verfahrens – im Fall der Unternehmensfortführung (→ § 155 Rn. 9 ff.) – eine doppelte Buchführung und jährliche Abschlüsse und zum Abschluss des Verfahrens eine handelsrechtliche Schlussbilanz gemacht werden, ist daneben weder eine insolvenzrechtliche pagatorische Erfassung der Verwertung noch eine insolvenzrechtliche Schlussbilanz erforderlich.[48] Sind handelsrechtlich weder Anhang noch Lagebericht erforderlich, so stellt sich die Harmonisierungsfrage mit insolvenzrechtlichen Berichten (vgl. zB § 79 Satz 1) natürlich ebenfalls nicht. Die Vorlage handelsrechtlicher, aktualisierter Bilanzen ohne entsprechende Erläuterungen genügt nicht der umfassenden Berichtspflicht des Verwalters gegenüber den Gläubigern.

§ 151 Verzeichnis der Massegegenstände

(1) [1]Der Insolvenzverwalter hat ein Verzeichnis der einzelnen Gegenstände der Insolvenzmasse aufzustellen. [2]Der Schuldner ist hinzuzuziehen, wenn dies ohne eine nachteilige Verzögerung möglich ist.

(2) [1]Bei jedem Gegenstand ist dessen Wert anzugeben. [2]Hängt der Wert davon ab, ob das Unternehmen fortgeführt oder stillgelegt wird, sind beide Werte anzugeben. [3]Besonders schwierige Bewertungen können einem Sachverständigen übertragen werden.

(3) [1]Auf Antrag des Verwalters kann das Insolvenzgericht gestatten, daß die Aufstellung des Verzeichnisses unterbleibt; der Antrag ist zu begründen. [2]Ist ein Gläubigerausschuß bestellt, so kann der Verwalter den Antrag nur mit Zustimmung des Gläubigerausschusses stellen.

Übersicht

I. Überblick

1 Das Verzeichnis der Vermögensgegenstände nach § 151 entspricht der Aufzeichnung der Massegegenstände (§ 123 KO), das als Aktivseite des nach § 124 KO zu erstellenden Inventars verstanden wurde.[1] Es stellt die Dokumentation der körperlichen Bestandserfassung der Massegegenstände und deren Bewertung dar. Die Erfassung der einzelnen Massegegenstände dient neben der Inbesitznahme (§ 148) der Sicherung der Masse am Beginn des Insolvenzverfahrens sowie der Kontrolle des Verwalters. Das Verzeichnis der Massegegenstände ist zusammen mit dem Gläubigerverzeichnis (§ 152) Grundlage für die Vermögensübersicht (§ 153).[2] Im Gegensatz zum Verzeichnis der Massegegenstände enthält die Vermögensübersicht keine Mengenangaben und fasst die einzelnen Vermögensge-

[48] *Pelka/Niemann* Rn. 87 f.
[1] → Vor § 151 Rn. 12.
[2] Begr. § 170 RegE (= § 151).

genstände zu einer „geordneten Übersicht" zusammen. Auf Vorschlag des Bundesrates wurde die Hinzuziehung einer obrigkeitlichen oder einer Urkundsperson (§ 123 Abs. 1 Satz 3 KO), die in der Praxis ohnehin immer gem. § 123 Abs. 2 KO erlassen wurde,[3] nicht übernommen.[4] Zur Geltung im Eröffnungsverfahren → § 22 Rn. 42 f.

II. Inventur

1. Die Notwendigkeit körperlicher Bestandserfassung. Der Gesetzgeber hat durch den Nichtgebrauch des Wortes „Inventar" (vgl. dagegen noch § 124 KO) nicht auf die Inventarisierung verzichten wollen. Der Sache nach stellen die Verzeichnisse nach den §§ 151 f. nichts anderes als ein Inventar dar. Es ist auch weiterhin eine Inventur, d. h. eine körperliche Bestandserfassung (vgl. §§ 240 f. HGB) erforderlich. Dies ist zum einen für die Sicherung der Insolvenzmasse unerlässlich und zum anderen notwendig, um sich einen gesicherten Überblick über die Aktiva des Insolvenzschuldners zu verschaffen. 2

2. Inventurvereinfachungsmaßnahmen. Die Insolvenzordnung enthält keine Vorschriften über die Vornahme der körperlichen Bestandserfassung. Die Inventurvereinfachungsmaßnahmen des § 241 HGB (Abs. 1: Stichprobenverfahren, Abs. 2: permanente Inventur und Abs. 3: vor- bzw. nachverlagerte Stichtagsinventur) sind auch im Insolvenzverfahren nicht schlechthin ausgeschlossen.[5] Allerdings setzen die Vereinfachungsverfahren nach § 241 Abs. 2 und 3 HGB voraus, dass die Buchhaltung des Insolvenzschuldners korrekt und zeitnah ist. 3

3. Frist für die Vornahme der Inventur. Die InsO schreibt – wie die Konkursordnung – keine Frist für die Inventarisierung der Masse vor. Nur § 154 steckt einen Zeitraum ab, der aber annähernd drei Monate seit Verfahrenseröffnung betragen kann, weil dies der spätestmögliche Zeitpunkt für den Berichtstermin ist (§ 29 Abs. 1 Nr. 1). Diese mögliche Dreimonatsfrist wird in Bezug auf die Inventur[6] als zu lang empfunden.[7] Ähnlich wie in § 148 (Inbesitznahme) ist der Insolvenzverwalter verpflichtet, die Masse unverzüglich (in der Regel innerhalb eines Monats) körperlich zu erfassen. Für Anfertigung und Vorlage der entsprechenden Verzeichnisse gilt dann aber die Vorschrift des § 154. 4

4. Hinzuziehung des Insolvenzschuldners. Gem. § 151 Abs. 1 Satz 2 ist der Schuldner hinzuziehen,[8] wenn dies ohne nachteilige Verzögerung (§ 123 KO: „ohne Aufschub") möglich ist. Hinzuziehung bedeutet nicht ständige Anwesenheit. Die Hinzuziehung soll sowohl dem Interesse des Schuldners als auch dem der Masse dienen.[9] Bei Verhinderung des Insolvenzschuldners liegt es im Ermessen des Verwalters, ob er den Aufzeichnungstermin verlegt.[10] In der Praxis spielt die Vorschrift keine Rolle. Gem. § 97 Abs. 1 ist der Schuldner **auskunftspflichtig** und nach § 98 (also vor der Abgabe der eidesstattlichen Versicherung nach § 153 Abs. 2) kann der Verwalter eine eidesstattliche Versicherung über die Richtigkeit und Vollständigkeit des Verzeichnisses der Massegegenstände erzwingen. 5

III. Inhalt des Verzeichnisses der Massegegenstände

1. Anzusetzende Massegegenstände. Sämtliche Gegenstände der Insolvenzmasse (§§ 35, 36) sind **einzeln** aufzunehmen. Bei gleichartiger Masse genügt die Angabe von Art und Stückzahl, zB bei der Inventarisierung eines Warenlagers.[11] **Absonderungsrechte** beeinträchtigen die Zugehörigkeit zur Insolvenzmasse nicht (arg. § 50 Abs. 1). Dies entspricht der Zwecksetzung, einen möglichst vollständigen Überblick über die Vermögenssituation zu gewinnen. Außerdem ist oft zu Beginn des Verfahrens unklar, ob überhaupt ein Absonderungsrecht besteht. Die Besitzlage (vgl. § 148) ist für die Aufnahme nicht entscheidend.[12] Denn diese beeinflusst nicht die dingliche Zuordnung zur Insolvenzmasse. Gegenstände, an denen **Aussonderungsrechte** bestehen, sind an sich nicht aufzunehmen, da sie nicht zur Insolvenzmasse gehören.[13] Allerdings sind Gegenstände, die der Schuldner 6

---

3 Vgl. auch K. Schmidt/*Jungmann* § 151 Rn. 11.
4 Ausschussbericht zu § 170 RegE (= § 151).
5 Uhlenbruck/*Sinz* § 151 Rn. 4; aA *Pink* S. 57.
6 Anders für die Anfertigung der Vermögensübersicht, vgl. *Pink* S. 80 und vor §§ 151 ff. Rn. 23 ff.
7 *Pink* S. 79; vgl. aber auch (zur KO) *Kuhn/Uhlenbruck* § 124 Rn. 1a zur Vorlage des Inventars.
8 Zur Aufstellung des Verzeichnisses gehört auch die körperliche Bestandsaufnahme.
9 *Hahn,* Materialien 311.
10 *Kilger/K. Schmidt* § 123 Anm. 1; FKInsO/*Wegener* § 151 Rn. 13.
11 *Möhlmann* DStR 1999, 163.
12 K. Schmidt/*Jungmann* § 151 Rn. 6.
13 So die Begr. zu § 171 RegE (= § 152); *Pelka/Niemann* Rn. 524; aA für §§ 123 f. KO *Förschle/Grimm* in *Budde/Förschle* Rn. 41; *Kilger/K. Schmidt* § 124 Anm. 2 c); Uhlenbruck/*Delhaes* HRP Rn. 627; *Veit* S. 78 f.

unter Eigentumsvorbehalt erworben und bei denen der Verwalter die Erfüllung noch nicht abgelehnt hat (§ 107 Abs. 2), in das Vermögensverzeichnis aufzunehmen, denn hier steht noch nicht fest, ob ein Aussonderungsrecht entsteht.[14] Die Gegenstände, die unter Eigentumsvorbehalt erworben wurden, sind ebenfalls mit ihrem Einzelveräußerungspreis zu aktivieren, die Restkaufpreisforderung ist zu passivieren. Im Übrigen kann es sinnvoll sein, insbesondere wenn das Aussonderungsrecht nicht mit Sicherheit feststeht, das Verzeichnis um Aussonderungsgegenstände zu erweitern.[15] Auch insoweit können die Gläubiger an einer Information interessiert sein.

7 **Insolvenzspezifische Rechte,** nämlich Ansprüche aus Insolvenzanfechtung nach §§ 129 ff., Schadenersatzansprüche nach § 64 GmbHG, kapitalersetzende Darlehen gem. §§ 32a, b GmbHG, Ansprüche aus konzernrechtlicher Verlustausgleichspflicht nach § 302 AktG sind in das Verzeichnis der Massegegenstände aufzunehmen.[16] Die **handels- und steuerrechtlichen Ansatzverbote** (insbesondere Aufwendungen für die Gründung eines Unternehmens oder für die Beschaffung von Eigenkapital nach § 248 Abs. 1 HGB; für selbstgeschaffene immaterielle Vermögensgegenstände des Anlagevermögens besteht seit In-Kraft-Treten des BilMoG nun eine Wahlrecht zur Aktivierung selbst geschaffener immaterieller Vermögensgegenstände nach § 248 Abs. 2 HGB) sind **nicht zu beachten,**[17] weil die Vollständigkeit der Übersicht über das tatsächlich vorhandene Vermögen im Vordergrund steht. Der zu bewertende Erlös bei einer Zerschlagung ist darzustellen.

8 **2. Gliederung des Verzeichnisses der Massegegenstände.** Anders als für das Gläubigerverzeichnis (Passivseite) enthält das Gesetz keine Vorschriften über die Gliederung des Verzeichnisses der Massegegenstände. Zwingend vorgeschrieben ist lediglich die Angabe von Liquidations- und Fortführungswerten. Aus Vereinfachungsgründen ist bereits beim Verzeichnis der Massegegenstände die Gliederung der Aktivseite der Vermögensübersicht (mit Ausnahme der Angabe der Überschuldung) heranzuziehen.[18] Möglich ist bei der vertikalen Gliederung zum einen die Orientierung an § 266 HGB (vgl. dazu das unten aufgeführte Beispiel) zum anderen die Auflistung nach dem Grad der Liquidierbarkeit.[19] Die Darstellung liegt im Ermessen des Verwalters. Bei der Entscheidung kann man sich von den Fortführungschancen des insolventen Unternehmens leiten lassen. Scheidet eine Unternehmensfortführung offenkundig aus, mag die an der Liquidierbarkeit angelehnte Auflistung vorzuziehen sein. Aus dem Inventarcharakter des Verzeichnisses der Massegegenstände folgt, dass zusätzlich auch Mengenangaben und Bemerkungen zu Art und Qualität enthalten sein sollten. Die horizontale Gliederung des Vorschlags von → § 153 Rn. 9 ff. ist insoweit zu ergänzen. Dagegen kann (muss aber nicht) auf die Angabe von Fremdrechten und freier Masse verzichtet werden. Es entfällt daher eine entsprechende Unterteilung sowohl der Vertikalgliederung als auch der Horizontalgliederung. Die Angabe der Überschuldung entfällt. Im Fall der sofortigen Zerschlagung, in dem nicht mehr zwischen Anlage- und Umlaufvermögen zu unterscheiden ist, könnte man folgende Gestaltung wählen:

Titel	Menge	Bemerkungen zu Art und Qualität (Bonität)*	Buchwert* €	Liquidationswert* €	Fortführungswert* €
1. Immaterielle Vermögensgegenstände					
2. Sachanlagen					
3. Vorräte					
4. Forderungen und sonstige Vermögensgegenstände					
5. Flüssige Mittel					

* Vom Gesetz für das Verzeichnis der Massegegenstände nicht zwingend vorgeschrieben.

14 Vgl. auch die Regelung in § 246 Abs. 1 Satz 2 HGB, konsequenterweise ist dann auch die Forderung des Vorbehaltsverkäufers im Gläubigerverzeichnis aufzuführen. AA KPB/*Holzer* § 151 Rn. 16; FKInsO/*Wegener* § 151 Rn. 8.

15 *Möhlmann* DStR 1999, 163, 164.

16 K. Schmidt/*Jungmann* § 151 Rn. 7; KPB/*Wipperführt* § 151 Rn. 13, 45.

17 *Pink* S. 142; *Plate* S. 125; KPB/*Wipperführt* § 151 Rn. 14.

18 *Veit* S. 89.

19 Gliederungsbeispiel bei *Möhlmann* DStR 1999, 163, 166 oder KPB/*Wipperfürth* § 151 Rn. 50.

IV. Bewertung der einzelnen Massegegenstände (§ 151 Abs. 2)

1. Liquidations- und Fortführungswerte. a) Liquidationswerte. Jeder Gegenstand der Insolvenzmasse ist zu bewerten (Einzelbewertung), § 151 Abs. 2 Satz 1. „Wert" iSv § 151 Abs. 2 Satz 1 ist der Liquidationswert,[20] d. h. der voraussichtliche Verwertungserlös. Dabei ist im Regelfall von der Einzelveräußerung auszugehen.[21] Anders ist es nur, wenn konkrete Anhaltspunkte über Verkaufsmöglichkeiten zusammenhängender Aktiva oder Teilbetriebe vorliegen.[22] Zu berücksichtigen sind sowohl objektorientierte Einflussfaktoren wie Art und Zustand als auch die Marktsituation und, anders als beim Fortführungswert, die negative Auswirkung eines durch das Insolvenzverfahren entstehenden Verwertungszwangs.[23] Der Liquidationswert stellt damit die mit hinreichender Sicherheit erzielbare Wertuntergrenze dar.[24] 9

b) Fortführungswerte. aa) Die Pflicht zur Angabe von Fortführungswerten. Anders als nach bisherigem Recht[25] ist neben dem Liquidationswert der **Fortführungswert** (Bewertung unter going concern – Gesichtspunkten) anzugeben, wenn beide Werte voneinander abweichen, § 151 Abs. 2 Satz 2. Die Angabe von Fortführungswerten ist nach dem Wortlaut zwingend. Andererseits ist die Bewertung unter einer Fortführungsprämisse nicht sinnvoll möglich, wenn eine Unternehmensfortführung ausgeschlossen ist. Auch der Gesetzgeber ging davon aus, dass die Angabe nur dann erfolgen kann, „soweit die Möglichkeit der Fortführung des Unternehmens besteht".[26] Andererseits soll der Insolvenzverwalter die Entscheidung der Gläubiger über den Fortgang des Verfahrens nicht vorwegnehmen, sodass es nicht in seinem Ermessen liegen kann, ob er der Bewertung die Fortführung des Unternehmens zugrunde legt.[27] Hierbei geht es aber nicht um eine Ermessensentscheidung, sondern um ein Erkenntnisproblem. Ist der Verwalter auf Grund der ihm vorliegenden Daten überzeugt, dass eine **Unternehmensfortführung ausscheidet,** so hat eine Bewertung unter der Fortführungsprämisse zu unterbleiben. Andernfalls müsste der Verwalter auch mit mehr oder weniger willkürlichen Schätzungen operieren, denn woran soll etwa die Bewertung des Geschäftswertes festgemacht werden, wenn weder ein konkretes Übernahmeangebot vorliegt noch überhaupt absehbar ist, ob das Unternehmen fortgeführt wird?[28] 10

bb) Die Ermittlung von Fortführungswerten. Unklar erscheint, was mit Fortführungswerten gemeint ist und wie sie ermittelt werden können. Die Beibehaltung der bisherigen Buchwerte, wie sie das Handelsrecht unter Zugrundelegung der Unternehmensfortführung in § 252 Abs. 1 Nr. 2 HGB vorsieht, hat der Gesetzgeber nicht gemeint und macht neben der nach § 155 Abs. 1 Satz weiter laufenden Rechnungslegung keinen Sinn.[29] Die Ermittlung des Ertragswerts[30] des Unternehmens mittels eines theoretisch fundierten Bewertungsverfahrens in einem Bewertungsgutachten ist innerhalb der kurzen Zeit kaum denkbar.[31] Bis zum Berichtstermin ist eine Unternehmensbewertung auch nicht erforderlich, weil sie für die Entscheidung über die vorläufige Unternehmensfortführung nicht relevant ist. Dabei stellt sich zunächst die Frage, ob halbfertige Erzeugnisse noch fertig produziert werden sollen.[32] Über eine endgültige Fortführung, sei es durch übertragende Sanierung, sei es durch echte Reorganisation des Unternehmens, muss in diesem frühen Verfahrensstadium nicht 11

---

[20] Die Begr. zu § 170 RegE (= § 151) spricht vom „tatsächlichen Wert" und vom „Einzelveräußerungspreis". Folgende Begriffe werden ebenfalls gebraucht, vgl. dazu (kritisch) *Plate* S. 84: „Versilberungswert", „Realisationswert", „Zwangsverwertungswert", „Zerschlagungswert", „Zeitwert", „Verschleuderungswert", „Versteigerungswert".

[21] *Pelka/Niemann* Rn. 473.

[22] *Möhlmann* DStR 1999, 163, 164.

[23] Vgl. ausführlich *Plate* S. 89 ff.

[24] *Möhlmann* DStR 1999, 163, 165.

[25] Vgl. zB *Kilger/K. Schmidt* § 124 Anm. 2 d).

[26] Begr. zu § 170 RegE (= § 151).

[27] Begr. zu § 170 RegE (= § 151). Nach Uhlenbruck/*Sinz* § 151 Rn. 8 kann hingegen generell auf die Angabe von Fortführungswerten verzichtet werden.

[28] Vgl. zu den Schwierigkeiten *Plate* S. 109 f.

[29] Begr. zu § 172 RegE (= § 153); *Heni* ZInsO 1999, 609, 610 aA *Pelka/Niemann* Rn. 527: „bisherige Buchwerte unter Berücksichtigung der im Zusammenhang mit der Insolvenz auftretenden Kosten"; Ls 3.3.1 Abs. 3 Satz 2 des zweiten Berichts der Kommission für Insolvenzrecht, hrsg. vom Bundesministerium der Justiz 1986; Nerlich/Römermann/*Andres* § 151 Rn. 15.

[30] *Pink* S. 82 sieht darin nur einen Anhaltspunkt für den „Marktwert" des Unternehmens.

[31] Vgl. *Kübler/Hax,* Neuordnung des Insolvenzrechts, 24 f.: schwieriger Prozess; kritisch zur Anwendung von Ertragswertverfahren in der Insolvenz generell *Förster,* ZInsO 1999, 555, 556; vgl. zur Gegenansicht *Heni* ZInsO 1999, 609, 612; *Möhlmann,* DStR 1999, 163, 165.

[32] Vgl. *Heni* ZInsO 1999, 609, 612.

entschieden werden. Es ist daher auch insoweit[33] zwischen vorläufiger und endgültiger Bewertung folgendermaßen zu unterscheiden.[34]

12 **(1) Vorläufige Bewertung zum Berichtstermin.** Auch wenn die Angabe von Fortführungswerten den Gläubigern nur unvollkommen aufzuzeigen vermag, ob wirtschaftliche Werte durch eine sofortige Zerschlagung vernichtet werden, ist die Vorschrift des § 151 Abs. 2 Satz 1 anzuwenden. Zunächst ist der Einzelveräußerungspreis bei sofortiger Zerschlagung anzugeben. Ergibt sich bei unterstellter vorläufiger Fortführung ein abweichender Einzelveräußerungspreis, sind beide Werte anzugeben. Eine Gesamtunternehmensbewertung wird vom Gesetz nicht verlangt. Diese wäre zum Berichtstermin in aller Regel gar nicht zu leisten und ist auch erst erforderlich, wenn über die endgültige Unternehmensfortführung zu entscheiden ist (vgl. § 229). Eine Gesamtbewertung zusammenhängender Aktiva oder Teilbetriebe ist nur durchzuführen bei Vorliegen eines konkreten Angebots (→ Rn. 9).[35] Eine Vielzahl der Aktivposten ist „fortführungsneutral", weil und soweit sich die Unternehmensfortführung auf den Einzelveräußerungspreis nicht auswirkt. Gravierende Abweichungen sind insbesondere aber bei unfertigen Erzeugnissen denkbar. Werden sie nicht fertig produziert, sind sie lediglich mit dem Schrottwert anzusetzen. Eine Orientierung an den Wiederbeschaffungskosten in Anlehnung an die Teilwertbestimmung bei § 6 Abs. 1 Nr. 1 Satz 3 EStG[36] muss dagegen ausscheiden. Anders als beim Teilwert will das Gesetz keine Gesamtunternehmensbewertung. Wiederbeschaffungskosten lassen keinen Schluss auf einen bestimmten Erlös zu und scheiden ebenfalls aus.[37] Die Gläubiger müssen zusätzlich zur Angabe von Fortführungswerten darüber informiert werden, welche Aufwendungen und Erträge während der mutmaßlichen Fortführungsperiode zu erwarten sind. Diese Informationen können im Bericht des Verwalters nach § 156 enthalten sein. Dagegen lässt sich der vom Gesetzgeber verfolgte Informationszweck mit einer statischen Vermögensdarstellung kaum bewerkstelligen.[38]

13 **(2) Endgültige Bewertung.** Für die endgültige Bewertung in der Vermögensübersicht und insbesondere im Insolvenzplan (§ 229) ist dagegen eine Unternehmensbewertung sinnvoll, wenn eine übertragende Sanierung in Betracht kommt. Dann stellt sich das Problem, wie der Unternehmenswert, der in einem Gesamtbewertungsverfahren unter Einschluss der mitzuübertragenden Aktiva ermittelt wurde, in der aktualisierten Vermögensübersicht darzustellen ist. U. E. sollte dieser Wert nicht auch auf die Einzelnen physisch greifbaren Aktiva verteilt werden, weil dies tatsächlich zu einem „theoretisch wie praktisch unlösbarem Problem"[39] führen würde. Bei den materiellen Vermögensgegenständen, die bei der Unternehmensbewertung berücksichtigt wurden, ist weiterhin der bereits in der vorläufigen Bewertung ermittelte Fortführungswert beizubehalten. Die Differenz der Summe dieser Einzelwerte zum ermittelten Unternehmenswert ist dann als Geschäftswert zu aktivieren.[40] Zusätzlich ist ein Ergebnis- und Finanzplan aufzustellen, § 229 Satz 2.

14 **2. Berücksichtigung von Umsatzsteuer.** Die geschätzten Verkehrswerte sind mit Umsatzsteuer anzusetzen, weil die Umsatzsteuer als Masseschuld iSv § 55 Abs. 1 Nr. 2[41] im Gläubigerverzeichnis vermerkt wird, § 152 Abs. 3 Satz 2. Die bei einer Verwertung anfallende Umsatzsteuer ist nicht mehr an absonderungsberechtigte Gläubiger herauszugeben. Sie wird vielmehr zunächst zur Masse gezogen (§ 170) und dann an den Fiskus abgeführt.

15 **3. Besonders schwierige Bewertungen (§ 151 Abs. 2 Satz 3).** Die Möglichkeit, „besonders schwierige Bewertungen" einem Sachverständigen zu übertragen, findet sich schon in § 123 KO. Vor allem bei der Fortführung des schuldnerischen Unternehmens im Rahmen eines **Insolvenzplanes** wird es ratsam sein, einen Steuerberater/Wirtschaftsprüfer mit einer Unternehmensbewertung zu beauftragen.

V. Die einzelnen Positionen

16 **1. Anlagevermögen. a) Immaterielle Vermögensgegenstände.** Immaterielle Vermögensgegenstände, insbesondere Urheberrechte, Patente, Warenzeichenrechte, Konzessionen, gewerbliche

[33] Vgl. allgemein zu diesem Problem → Vor § 151 Rn. 23 ff.
[34] Eine vorläufige Bewertung ablehnend vgl. FKInsO/*Wegener* § 151 Rn. 12.
[35] AA *Helbling* S. 151; *Möhlmann* DStR 1999, 163, 165; *Scherrer/Gabelsberger* DSWR 1997, 269; auch *Hess* § 151 Rn. 21 misst den Wiederbeschaffungskosten Bedeutung zu.
[36] Vgl. *Hess* § 151 Rn. 21; *Mitlehner* ZIP 2000, 1825, 1826; KPB/*Wipperfürth* § 151 Rn. 27; aA Braun/*Haffa*/*Leichtle* § 151 Rn. 10; *Steffan* ZInsO 2003, 106 ff.
[37] Vgl. *Heni* ZInsO 1999, 609, 610 f.
[38] *Heni* ZInsO 1999, 609, 611, der aus betriebswirtschaftlicher Sicht daher für eine Abschaffung von § 151 Abs. 2 Satz 1 plädiert; vgl. auch *Förster* ZInsO 1999, 555, 556.
[39] *Heni* WPg. 1990, 96; vgl. auch *Pink* S. 82.
[40] *Förster* ZInsO 1999, 555, 556.
[41] Vgl. zuletzt BFH ZIP 1996, 1617, 1620.

Schutzrechte, Lizenzen, Geschäfts- oder Firmenwert sind meistens nur realisierbar, wenn eine Fortführung des Unternehmens in Betracht kommt. Die genaue Bewertung dieser Rechte kann regelmäßig erst in der Vermögensübersicht erfolgen. Im Verzeichnis der Massegegenstände genügt eine vorsichtige Schätzung. Durch das BilMoG besteht das Wahlrecht zur Aktivierung von selbst geschaffenen immerateriellen Vermögensgegenständen (→ Rn. 7). In diesem Bereich jedoch bereitet die insolvenzrechtliche Bewertung mangels konkreter Anhaltspunkte in der Handelsbilanz besondere Schwierigkeiten.

Ein Einzelveräußerungswert kann nur angegeben werden, wenn sich der immaterielle Vermögensgegenstand losgelöst vom bisherigen Betriebszusammenhang von einem Erwerber isoliert nutzen lässt (zB gewerbliche Schutzrechte, Urheberrechte etc.).[42] Andernfalls ist der Wert beim Geschäftswert zu berücksichtigen, sofern eine (Teil-)Betriebsveräußerung möglich erscheint. 17

Da es in vielen Fällen bei immateriellen Vermögensgegenständen an Vergleichsmaßstäben fehlt, ist – sofern kein konkretes Angebot vorliegt – der Ertragswert pauschal zu ermitteln.[43] Wegen des normalerweise beschränkten Abnehmerkreises ist von diesem Wert noch ein größerer Abschlag vorzunehmen.[44] In der Regel sind wegen der typischerweise schlechten Ertragslage des Unternehmens gerade die immateriellen Vermögensgegenständen weitaus stärker von der insolvenzbedingten Entwertung betroffen als die materiellen Vermögensgegenstände.[45] Die Bewertung sollte daher überaus vorsichtig erfolgen. Kundenstamm und sonstiges „know how" lassen sich dann oft nicht versilbern, wenn sich leitende Mitarbeiter des schuldnerischen Unternehmens an einer „Auffanggesellschaft" beteiligen und die Kunden ohnehin kennen. In der Vermögensübersicht sind nur einzeln veräußerbare, immaterielle Vermögensgegenstände aufzuführen (→ Rn. 9, 12). Steht ausnahmsweise der Gesamtwert eines Teilbetriebes auf der Grundlage eines konkreten Angebotes fest, so ist in der Vermögensübersicht der Unterschiedsbetrag auszuweisen, der sich aus der Summe der Einzelveräußerungswerte und dem zu erwartenden Kaufpreis für den Teilbetrieb ergibt, mag der Kaufpreis oft auch nur in der Freistellung von Masseverbindlichkeiten (Personal!) liegen.[46] 18

b) Sachanlagen. aa) Grundstücke und grundstücksgleiche Rechte. Bei **Grundstücken und grundstücksgleichen Rechten** läuft oft schon ein Zwangsversteigerungsverfahren. Das Verkehrswertgutachten wird dann vom Vollstreckungsgericht erholt (§ 74a V ZVG). 19

Im Übrigen hängt der Verkaufserlös fast immer von einem konkreten Angebot ab, das meist länger auf sich warten lässt. Häufig müssen auch erst Art und Maß der baulichen Nutzung geklärt werden, was Monate dauern kann. Bei gewerblich genutzten Grundstücken empfiehlt sich die Durchführung einer Altlastenuntersuchung, ohne die heute Grundstücksverkäufe im gewerblichen Bereich kaum mehr möglich sind. Die Einholung eines Sachverständigengutachtens ist zur Absicherung des Insolvenzverwalters zu empfehlen. 20

Die Kaufpreissammlungen der Gemeinden und die Bodenrichtwerte der Gutachterausschüsse (§ 196 BauGB) sind ein erster Anhaltspunkt für die vorläufige Bewertung. Der Insolvenzsituation muss in aller Regel mit einem Wertabschlag Rechnung getragen werden, während ein solcher Abschlag beim Fortführungswert entfällt. 21

bb) Technische Anlagen und Maschinen, Betriebs- und Geschäftsausstattung.[47] Bei technischen Anlagen und Maschinen sowie der Betriebs- und Geschäftsausstattung kann von den Anschaffungs- und Herstellungskosten abzüglich Abschreibungen ausgegangen werden.[48] Bei umfangreicher Betriebs- und Geschäftsausstattung ist Schätzung und Versteigerung durch ein Auktionshaus zu überlegen, falls eine Unternehmensfortführung ausscheidet. Ein Abschlag im Hinblick auf die Insolvenzsituation ist nur beim Liquidationswert vorzunehmen. 22

cc) Finanzanlagen. Bei ihrer Bewertung ist zu prüfen, ob sie börsennotiert sind. Ist das der Fall, kann der Börsen- oder Marktpreis angesetzt werden. Andernfalls fällt die Bewertung schwer. Es bleibt nur eine vorsichtige Schätzung des Ertragswertes.[49] 23

Insoweit ist darauf hinzuweisen, dass der Position Finanzanlagen bei insolventen Firmen nur geringe Bedeutung zukommt: Verbundene Unternehmen sind in der Regel ebenfalls insolvent, Beteiligungen daran wertlos. Wertpapiere befinden sich üblicherweise im Depot der Hausbank und sind für die Masse nicht verfügbar, weil die Banken und Sparkassen wegen bestehender Forderungen 24

---

42 *Plate* S. 125.
43 *Pelka/Niemann* Rn. 474.
44 *Plate* S. 127.
45 *Plate* S. 126.
46 Vgl. auch *Plate* S. 35 f.
47 Zur Berücksichtigung eines (einfachen) Eigentumsvorbehalts → Rn. 6.
48 *Plate* S. 124; *Pelka/Niemann* Rn. 476.
49 *Pelka/Niemann* Rn. 477.

gegen den Schuldner ihr Pfandrecht geltend machen.[50] Eine Bewertung derartiger Gegenstände erübrigt sich dadurch jedoch nicht.

25 **2. Umlaufvermögen. a) Vorräte.**[51] Die Position „Vorräte" ist je nach Art des schuldnerischen Geschäftsbetriebes aufzugliedern in
- Roh-, Hilfs- und Betriebsstoffe
- Halbfertige Erzeugnisse
- Unfertige Leistungen
- Verkaufsfertige Waren/Erzeugnisse.

26 Sofern ein Börsen- oder Marktpreis vorhanden ist, kann auf einen solchen – für den Liquidationswert unter Berücksichtigung der spezifischen Situation des Insolvenzverfahrens – zurückgegriffen werden. Gerade bei halbfertigen Erzeugnissen und unfertigen Leistungen kann der Fortführungswert deutlich abweichen. Eine Schätzung der Verkaufserlöse ist sehr schwierig, wenn die Produktion nicht fortgeführt wird. Die Verwertung von Halbfabrikaten erscheint nur möglich, wenn andere Unternehmen daran interessiert sind, sie zu erwerben und aufzuarbeiten. Andernfalls lässt sich wohl höchstens der Materialwert (Schrottwert) erzielen.[52] Für den Fortführungswert kann auf den handelsrechtlichen Buchwert zurückgegriffen werden.

27 Bei vom Insolvenzschuldner **geleisteten Anzahlungen** (vgl. § 266 Abs. 2 Buchst. B I.4.HGB) ist zu unterscheiden. Wählt der Verwalter die Erfüllung (§ 103), so besteht ein Anspruch der Masse auf die Leistung. Die geleistete Anzahlung mindert in diesem Fall die vom Schuldner zu erbringende Gegenleistung und wirkt sich folglich auf die Passivseite aus. Wegen des wieder auflebenden Synallagmas kann eine isolierte Aktivierung des Erfüllungsanspruchs unter gleichzeitiger Passivierung der noch ausstehenden Gegenleistung unterbleiben. Die geleistete Anzahlung ist zu aktivieren. Eine Aufrechnungslage iSv § 152 Abs. 3 Satz 1 liegt nicht vor. Lehnt der Verwalter die Erfüllung ab, so besteht ein Anspruch auf den Betrag, um den die geleistete Anzahlung den Schadenersatzanspruch des Vertragspartners (§ 103 Abs. 2 Satz 1) übersteigt. Da sich die Verrechnung ipso iure vollzieht,[53] liegt keine Aufrechnungslage nach § 152 Abs. 3 Satz 1 vor.

28 **b) Forderungen aus Lieferungen und Leistungen.** Für die Bewertung kommt es auf den Entstehungsgrund, die Durchsetzbarkeit sowie Höhe und Fälligkeit der Forderung an. Außerdem ist das Bestehen von Absonderungsrechten (insbesondere aus verlängertem Eigentumsvorbehalt und Sicherungszession) zu prüfen. Da insbesondere Rechte aus verlängertem Eigentumsvorbehalt zunächst nur schwer feststellbar sind, ist ein Bewertungsabschlag vorzunehmen, wenn noch kein Fremdrecht festgestellt werden konnte. Lediglich beim Fortführungswert ist die Insolvenzsituation wertmindernd zu berücksichtigen.

29 **c) Sonstige Vermögensgegenstände.** Sonstige Vermögensgegenstände sind zB
- Darlehen, insbesondere Arbeitnehmer-Darlehen
- Ansprüche gegen Gesellschafter der Schuldnerin auf Einzahlung restlicher Stammeinlagen
- Ansprüche gegen Gesellschafter der Schuldnerin wegen verbotener Rückzahlung kapitalersetzender Gesellschafterdarlehen, §§ 30 ff. GmbHG
- Schadensersatzansprüche gegen Geschäftsführer/Vorstandsmitglieder der Schuldnerin aus §§ 64 GmbHG, 92 AktG
- Ansprüche aus Gewinnabführungsverträgen mit Verlustübernahmeverpflichtung der Muttergesellschaft,
- Ansprüche aus konzernrechtlicher Verlustausgleichspflicht auf Grund entsprechender Verträge
- Ansprüche aus anfechtbaren Rechtsgeschäften unter Berücksichtigung der voraussichtlichen Erfolgsaussichten (§§ 129 ff.).

30 Eine besondere Erwähnung verdienen Rückkaufswerte aus **Direktversicherungen** (§ 1 Abs. 2 BetrAVG) mit **widerruflichen Bezugsrechten** (vgl. § 166 VVG) der Arbeitnehmer, soweit der Schuldner über die Deckungsmittel wirtschaftlich nicht verfügt hat. Diese Ansprüche auf Rückvergütung (§ 176 VVG) fallen nach Kündigung (§ 165 VVG) in die Masse.[54] Der Schadensersatzanspruch des Arbeitnehmers wegen des Widerrufs des Bezugsrechtes ist keine Masseverbindlichkeit nach § 55 Abs. 1 Nr. 1 und 2.[55] Dem unwiderruflich bezugsberechtigten Arbeitnehmer steht nach Eröffnung des Insolvenzverfahrens ein Aussonderungsanspruch zu (§ 47).

---

[50] AGB-Banken Nr. 14 und AGB-Sparkasse Nr. 21.

[51] Zu Aussonderungsrechten, die auf einem Eigentumsvorbehalts des Lieferanten beruhen, vgl. Rn. 6.

[52] *Plate* S. 129.

[53] BGHZ 96, 392 = NJW 1986, 1176: „Abrechnungsverhältnis".

[54] BAG KTS 1991, 601 = ZIP 1991, 1295; KTS 1996, 173 = ZIP 1995, 2012; KTS 1996, 464 = ZIP 1996, 965.

[55] BAG ZIP 1991, 1295, 1298.

§ 152 Gläubigerverzeichnis

(1) Der Insolvenzverwalter hat ein Verzeichnis aller Gläubiger des Schuldners aufzustellen, die ihm aus den Büchern und Geschäftspapieren des Schuldners, durch sonstige Angaben des Schuldners, durch die Anmeldung ihrer Forderungen oder auf andere Weise bekannt geworden sind.

(2) [1]In dem Verzeichnis sind die absonderungsberechtigten Gläubiger und die einzelnen Rangklassen der nachrangigen Insolvenzgläubiger gesondert aufzuführen. [2]Bei jedem Gläubiger sind die Anschrift sowie der Grund und der Betrag seiner Forderung anzugeben. [3]Bei den absonderungsberechtigten Gläubigern sind zusätzlich der Gegenstand, an dem das Absonderungsrecht besteht, und die Höhe des mutmaßlichen Ausfalls zu bezeichnen; § 151 Abs. 2 Satz 2 gilt entsprechend.

(3) [1]Weiter ist anzugeben, welche Möglichkeiten der Aufrechnung bestehen. [2]Die Höhe der Masseverbindlichkeiten im Falle einer zügigen Verwertung des Vermögens des Schuldners ist zu schätzen.

Übersicht

I. Überblick

1 Das Gläubigerverzeichnis des § 152 hatte im geltenden Konkursrecht seine Entsprechung in der Passivseite des Inventars nach § 124 KO. § 152 enthält nun konkrete Vorschriften über die Ausgestaltung des Gläubigerverzeichnisses. Das Gläubigerverzeichnis soll die dem Vermögen gegenüberstehenden Belastungen und Verbindlichkeiten so vollständig wie möglich aufzeigen.[1] Die Ermittlung der Insolvenzverbindlichkeiten ist erforderlich, um die voraussichtliche Quote prognostizieren zu können. Die Angabe der Anschrift der einzelnen Gläubiger ist Voraussetzung für die Zustellung des Eröffnungsbeschlusses an die Gläubiger nach § 30 Abs. 2. Denn gem. § 8 Abs. 2 ist nur an die Gläubiger zuzustellen, deren Aufenthalt bekannt ist. Das Insolvenzgericht erlangt Kenntnis regelmäßig erst durch das vorgelegte Gläubigerverzeichnis. Ist dagegen nach § 8 Abs. 3 der Insolvenzverwalter mit der Zustellung betraut, kann er schon während der Aufstellung des Gläubigerverzeichnisses mit den Zustellungen an die ihm bis dahin bekannt gewordenen Gläubiger beginnen. Zu den praktischen Problemen der Erstellung eines vollständigen Gläubigerverzeichnisses und ihren Konsequenzen für das bis *zum Berichtstermin vorzulegende* Gläubigerverzeichnis → vor §§ 151 ff. Rn. 23.

II. Abgrenzung zu verwandten Verzeichnissen

2 **1. Gläubigerverzeichnis im Eröffnungsverfahren.** Gemäß § 104 KO hatte der Schuldner bei Stellung des Konkursantrages „ein Verzeichnis der Gläubiger" einzureichen. Gleiches galt für das Vergleichsantragsverfahren in § 6 VerglO. In § 13 fehlt eine vergleichbare Regelung. Das Insolvenzgericht kann aber dem Schuldner gem. § 20 Satz 1 aufgeben, ein Gläubigerverzeichnis vorzulegen (→ § 20 Rn. 35), das jedoch erfahrungsgemäß nicht vollständig sein wird.

3 **2. Die Tabelle und das Verteilungsverzeichnis.** Gemäß § 175 hat der Insolvenzverwalter auf der Grundlage der vorliegenden Forderungsanmeldungen für den Prüfungstermin eine **Tabelle** zu erstellen (vgl. § 140 KO „Konkurstabelle"). Gläubigerverzeichnis und Tabelle unterscheiden sich darin, dass in das Gläubigerverzeichnis alle bekannten Gläubiger aufzunehmen sind, in die Tabelle

[1] Begr. zu § 171 RegE (= § 152).

nur die Gläubiger, die eine Forderung angemeldet haben. Die Tabelle wiederum ist Grundlage für das **Verteilungsverzeichnis,** § 188.

4 **3. Sofortmaßnahmen.** Unabhängig von dem bis zum Berichtstermin zu erstellenden Gläubigerverzeichnis sollte der Verwalter eine Liste der ihm mit Anschrift bekannten Gläubiger ohne Schuldgrund und ohne Betrag der Forderungen aufstellen, damit der Eröffnungsbeschluss mit der Bestimmung des Berichts- und Prüfungstermins (§ 29 Abs. 1) sowie der Aufforderung zur Forderungsanmeldung (§ 28) rechtzeitig zugestellt werden kann (vgl. § 8 Abs. 2 Satz 1).

III. Die aufzunehmenden Gläubigergruppen

5 Der Verwalter hat alle Gläubiger zu berücksichtigen, die ihm aus den Büchern und Geschäftsunterlagen des Gläubigers, dessen sonstige Angaben, durch Anmeldung oder in sonstiger Weise bekannt geworden sind (§ 152 Abs. 1).

6 **1. Aussonderungsberechtigte Gläubiger (§ 47).** Gegenstände, an denen ein Aussonderungsrecht besteht, gehören nicht zur Insolvenzmasse und sind daher grundsätzlich **nicht** in das Verzeichnis der Massegegenstände **aufzunehmen.**[2] Dann sollte auch die Aufnahme der aussonderungsberechtigten Gläubiger im Gläubigerverzeichnis unterbleiben.[3] Werden zu Informationszwecken dagegen aussonderungsfähige Gegenstände in das Verzeichnis der Massegegenstände aufgenommen, sind parallel dazu auf der Passivseite auch die Aussonderungsgläubiger auszuweisen.[4] Beim Kauf unter **Eigentumsvorbehalt** bereitet die Einordnung der Ansprüche des Käufers keine Schwierigkeiten, wenn für den Verwalter die Entscheidung über die Ausübung seines Wahlrechts (§§ 107 Abs. 2, 103 Abs. 2) bereits feststeht. Im Fall der Ablehnung der Erfüllung hat der Verwalter den Anspruch des Käufers auf Schadenersatz wegen Nichterfüllung (insbesondere entgangener Gewinn) als Insolvenzforderung (§ 103 Abs. 2 Satz 1) zu passivieren. Beabsichtigt der Verwalter Erfüllung zu wählen, so ist die Restkaufpreisforderung als Masseverbindlichkeit (§ 55 Abs. 1 Nr. 2) zu berücksichtigen. In der Praxis wird sich dieses Problem vielfach aber gar nicht stellen, weil etwaige Eigentumsvorbehalte zunächst unerkannt bleiben.

7 **2. Absonderungsberechtigte Gläubiger (§§ 49 ff.). a) Grundsätzliches.** Die absonderungsberechtigten Gläubiger sind im Gläubigerverzeichnis aufzuführen (§ 152 Abs. 2 Satz 1). Gem. § 152 Abs. 2 Satz 3 Hs. 1 sind bei den einzelnen Gläubigern zusätzlich der Gegenstand, an dem das Absonderungsrecht besteht, und die Höhe des mutmaßlichen Ausfalls zu bezeichnen. Beim Ausfall sind u. U. sowohl Liquidations- als auch Fortführungswerte anzugeben (§ 152 Abs. 2 Satz 3 Hs. 2). Insoweit ist auf die Kommentierung → § 151 Rn. 9 ff. zu verweisen. Nach dem Wortlaut sind Absonderungsrechte nur auf der Passivseite zu vermerken. Aus Gründen der Transparenz kann die übliche Praxis, sowohl auf der Aktiv- als auch auf der Passivseite die Absonderungsrechte zu berücksichtigen, beibehalten werden. Absonderungsberechtigte Gläubiger, die keine persönliche Forderung haben, sind ebenfalls in das Gläubigerverzeichnis aufzunehmen.[5]

8 **b) Einzelne Absonderungsrechte. aa) Grundpfandrechte.** Das Grundstück haftet auch für Zinsen (§§ 1115, 1118 BGB).[6] Die Zinsen bis zur Verfahrenseröffnung sind normale, die später entstandenen nachrangige Insolvenzforderungen (§ 39 Abs. 1 Nr. 1). Im Gläubigerverzeichnis ist das Absonderungsrecht daher überwiegend bei den (normalen) Insolvenzforderungen, teilweise aber auch bei den nachrangigen Insolvenzgläubigern aufzuführen.

9 **bb) Sicherungsübertragungen (Sicherungsübereignung und -zession).** Hierzu gehören Gläubiger mit nicht anfechtbarer Sicherungsübereignung. Forderungen von Lieferanten aus erweitertem und verlängertem Eigentumsvorbehalt begründen ebenfalls ein Absonderungsrecht an den Forderungen aus der Weiterveräußerung der gelieferten Ware in Höhe der noch offenen Forderungen aus der Geschäftsbeziehung.

(1) Revolvierende Kreditsicherheiten. Hinsichtlich der Sicherungsübertragung sog. revolvierender Kreditsicherheiten (**Globalzession,** Sicherungsübereignung von Warenlagern mit wech-

---

2 → § 151 Rn. 6.

3 Vgl. zB FKInsO/*Wegener* § 152 Rn. 10.

4 *Möhlmann* DStR 1999, 163, 166; vgl. auch die Begr. zu § 171 RegE (= § 152): „Die aussonderungsberechtigten Gläubiger *können* (Hervorhebung von uns) bei der Aufstellung des Gläubigerverzeichnisses außer Betracht bleiben; denn die die auszusondernden Gegenstände sind in das Verzeichnis der Massegegenstände ebenfalls nicht aufzunehmen".

5 Begr. zu § 171 RegE (= § 152).

6 Schon bisher hinderte § 63 Nr. 1 KO nicht die abgesonderte Befriedigung für die Zinsforderung, obwohl diese nicht im Konkursverfahren verfolgbar war, BGHZ 134, 195 = ZIP 1997, 120.

selndem Bestand) ist die Rechtsprechung des BGH[7] zu beachten. Der Insolvenzschuldner hat danach in der Regel einen ermessensunabhängigen Freigabeanspruch, wenn der Nennwert aller abgetretenen Forderungen oder der Schätzwert der sicherungsübereigneten Gegenstände 150% der gesicherten Forderungen übersteigt.[8] Bei sicherungsübereigneten Waren ist, soweit sie keinen Marktpreis haben, auf den Einkaufs- bzw. Herstellungspreis abzustellen. Ist danach ein schuldrechtlicher Freigabeanspruch entstanden, so ist darauf hinzuweisen.

(2) Erfassungsprobleme bei verlängertem Eigentumsvorbehalt. Die Erfassung der Ansprüche der Lieferanten des Schuldners aus verlängertem Eigentumsvorbehalt ist in der Praxis außerordentlich zeitaufwändig, in vielen Fällen kaum mehr möglich. Nicht selten bildet sich ein Lieferantenpool, repräsentiert durch die führenden Warenkredit-Versicherungsgesellschaften unter Leitung eines Poolverwalters. Hierbei bestehen schon Meinungsverschiedenheiten darüber, ob alle Lieferanten kreditversichert sein müssen oder ob der Pool auch für die nicht versicherten Lieferanten in Geschäftsführung ohne Auftrag handeln kann. Ist diese Frage positiv entschieden, wird meist einvernehmlich festgelegt, welcher Prozentsatz aus den einzuziehenden Geldern der Masse zustehen soll und demgemäß welcher Prozentsatz dem Pool. 10

Probleme bei der Zuordnung von Sicherungsabtretungen zu den einzelnen Außenständen des Insolvenzschuldners können auch aus der Kollision von verlängertem Eigentumsvorbehalt und Globalzession herrühren. Die Abtretung der Forderungen aus der Weiterveräußerung an den Warenkreditgeber geht in jedem Fall der Globalzession des Geldkreditgebers vor.[9] Da sich Rechte aus verlängerten Eigentumsvorbehalten, wenn überhaupt, erst im Laufe des Verfahrens herausstellen, ist auch bei der Aufnahme von Absonderungsrechten an den im Umlaufvermögen befindlichen Forderungen bei *einem bestimmten Gläubiger* oft nicht möglich, sondern wäre vollkommen willkürlich. 11

Die Lösung ist bei einer Bewertung der Außenstände auf der *Aktivseite* zu suchen, soweit bei den Außenständen des Schuldners nicht geklärt ist, welche Rechte aus einem verlängerten Eigentumsvorbehalt bestehen. Bei der Erstellung des Verzeichnisses der Massegegenstände muss dann von den laut Buchhaltung ermittelten Außenständen zunächst ein Abschlag von ⅓ bis ½ für Rechte der Lieferanten aus verlängertem Eigentumsvorbehalt gemacht werden. Im Gläubigerverzeichnis erfolgt die Berücksichtigung erst dann, wenn das Absonderungsrecht einem Gläubiger zugeordnet werden kann. Eine Globalzession an den Geldkreditgeber ist dagegen sofort anzugeben. Der mutmaßliche Ausfall bemisst sich nach dem bereits abgeschriebenen Wert und nicht nach dem Nennwert der Forderung. 12

(3) Keine Ersatzabsonderung an Bankguthaben (§ 48 analog). Guthaben bei Kreditinstituten, welche selbst keine Forderungen gegen den Schuldner haben, sind in der Praxis durchaus vorzufinden. 13

In vielen Fällen lassen die Banken schon Wochen vor der Eröffnung des Verfahrens keine Überziehungen mehr zu. Häufig werden eingehende Gelder nur noch zur Kreditrückführung verwendet, sodass der Schuldner keinen finanziellen Spielraum mehr hat. Um für diese letzten Wochen noch (beschränkt) zahlungsfähig zu sein, eröffnet der Schuldner bei einer „neuen" Bank ein Konto und lenkt möglichst viele Zahlungen auf dieses Konto. Dass es sich hierbei häufig um Forderungen handelt, die der Schuldner an seine Hausbank abgetreten hat oder um Forderungen seiner Lieferanten aus verlängertem Eigentumsvorbehalt, wird in der Regel nicht bedacht. Zwar ist die Einziehungsermächtigung analog § 185 BGB regelmäßig erloschen,[10] doch wirkt die Zahlung an den Insolvenzschuldner gem. § 407 BGB auch gegenüber dem Sicherungszessionar. 14

Das Absonderungsrecht an der Forderung setzt sich nicht am Bankguthaben fort. Zwar ist eine analoge Anwendung des § 48 (Ersatzaussonderung) auf Absonderungsrechte möglich.[11] Die Einziehung der abgetretenen Forderung wird dabei einer Veräußerung gleichgestellt.[12] Auch kann die Ersatzabsonderung nicht mehr mit dem Argument verneint werden, dass die „Gegenleistung" 15

[7] BGH ZIP 1998, 235.

[8] BGH ZIP 1998, 235, 242 f.

[9] So jedenfalls die Vertragsbruchtheorie des BGH, zB BGH NJW 1995, 1668, 1669.

[10] Nahezu alle Geschäfts- und Lieferbedingungen der gewerblichen Wirtschaft enthalten den Passus, dass der Vertragspartner berechtigt ist, die gelieferte Ware weiterzuverkaufen und die hieraus resultierenden, dem Hauptlieferanten im Vorhinein abgetretenen Forderungen „im Rahmen eines ordnungsgemäßen Geschäftsbetriebes" einzuziehen. Ein solcher, „ordnungsgemäßer Geschäftsbetrieb" liegt in der Regel dann nicht mehr vor, wenn der nachmalige Schuldner unter den vorgenannten Umständen ein „neues" Bankkonto eröffnet, um über dieses Konto Außenstände einzuziehen.

[11] § 46 RegE sah nämlich eine eigene Regelung der Ersatzabsonderung vor. Der Rechtsausschuss hat diese Vorschrift gestrichen, weil die analoge Anwendung des § 48 auf die Ersatzabsonderung anerkannt sei; → Vor § 49 Rn. 169.

[12] K. Schmidt/*Thole* § 48 Rn. 22.

nach Verfahrenseröffnung eingezogen wurde. Denn anders als § 46 Satz 2 KO unterscheidet § 48 Satz 2 nicht mehr danach, ob die Zahlung vor oder nach der Eröffnung des Insolvenzverfahrens erfolgte. Aber die Leistung ist nicht mehr unterscheidbar in der Masse vorhanden.[13] Allein die Buchung auf dem Konto genügt für die Unterscheidbarkeit nämlich nicht, außer es erfolgten nach der Zahlung keine Kontobelastungen mehr. Andernfalls würde nur die noch vorhandene Bereicherung der Masse abgeschöpft, was mit § 55 Abs. 1 Nr. 3 nicht zu vereinbaren ist, weil die Bereicherung bereits vor Verfahrenseröffnung erfolgt ist.

16 Geht zB an einem bestimmten Tage vor Eröffnung des Insolvenzverfahrens auf einem derartigen Bankkonto mit vorhandenem Guthaben in Höhe € 1000,00 eine mit Absonderungsrechten belastete Forderung in Höhe € 100,00 ein und zahlt der nachmalige Schuldner am darauf folgenden Tage eine Leasinggebühr mit € 200,00 lässt sich nicht feststellen, ob damit die gegenständlichen € 100,00 und weitere € 100,00 aus dem vorgetragenen Guthaben verbraucht wurden oder € 200,00 aus dem vorgetragenen Guthaben, wobei dann die mit Absonderungsrecht belasteten € 100,00 rechnerisch noch vorhanden wären.

17 Geht eine mit einem Absonderungsrecht belastete Forderung jedoch *nach* Eröffnung des Insolvenzverfahrens auf einem Konto des Schuldners bzw. auf einem Massekonto ein, ist der zur Absonderung berechtigte Gläubiger befugt, den entsprechenden Forderungsbetrag aus der Insolvenzmasse zu verlangen. Die sonstige Verpflichtung des Insolvenzverwalters zur Herausgabe ist Masseverbindlichkeit gemäß § 816 Abs. 2 BGB iVm § 55 Abs. 1 Nr. 3.

18 **(4) Anfechtungslagen (§§ 129 ff.).** Ist eine Sicherungsübertragung nach den §§ 129 ff. anfechtbar, so ist im Verzeichnis der Massegegenstände grundsätzlich der schuldrechtliche Anspruch nach § 143 Abs. 1 Satz 1 zu aktivieren.[14] Die dingliche Rechtslage ist zunächst unverändert. Zusätzlich sollte im Gläubigerverzeichnis bei einem Absonderungsrecht die Anfechtungsmöglichkeit angemerkt werden.

19 **3. Masseverbindlichkeiten.** Masseverbindlichkeiten sind grundsätzlich in das Gläubigerverzeichnis aufzunehmen.[15] § 152 Abs. 1 spricht von „allen Gläubigern". Auch aus § 152 Abs. 3 Satz 2 ergibt sich mittelbar, dass das Gesetz von der Aufnahme von Masseverbindlichkeiten in das Gläubigerverzeichnis ausgeht. Gem. § 152 Abs. 3 Satz 2 ist die Höhe der Masseverbindlichkeiten im Falle einer zügigen Verwertung der Masse zu schätzen. Die alsbaldige Liquidation ist deshalb zu unterstellen, weil eine Schätzung bei einer Unternehmensfortführung maßgeblich von ihrer Dauer abhängt und daher im Voraus kaum zu schätzen ist.[16] In massearmen Insolvenzverfahren kommt daher der ständigen Überwachung in Form der Zwischenrechnungslegung besondere Bedeutung zu. Sofern bestimmte Masseverbindlichkeiten bereits feststehen, sind diese gesondert aufzuführen.

20 **4. Aufrechnungsberechtigte Gläubiger.** Ist ein Gläubiger gem. den §§ 94 ff. zur Aufrechnung berechtigt, so erfolgt aus Gründen der Transparenz nicht einfach eine Saldierung auf der Aktivseite, sondern die Aufrechnungsmöglichkeit ist im Gläubigerverzeichnis wie ein Absonderungsrecht zu vermerken (§ 152 Abs. 3 Satz 1). Um ein möglichst vollständiges Bild zu gewinnen, ist auch auf der Aktivseite die Aufrechnungsmöglichkeit darzustellen.

IV. Gliederungsvorschlag

21 Anders als auf der Aktivseite (§ 151) scheidet auf der Passivseite (§ 152) eine Orientierung an der Handelsbilanz weitgehend aus. Die Eigenkapitalpositionen fallen weg, weil nur die im Insolvenzverfahren durchsetzbaren Gläubigeransprüche erfasst werden.[17] Eigenkapitalersetzende Gesellschafterleistungen sind als nachrangige Insolvenzforderungen zu berücksichtigen (§ 39 Abs. 1 Nr. 5). Es wird nicht mehr zwischen Rückstellungen und sonstigen Verbindlichkeiten unterschieden, weil zahlreiche Passiva in der Insolvenz zunächst Rückstellungscharakter haben (vgl. zB die Masseverbindlichkeiten) und sich erst im Lauf des Verfahrens konkretisieren. Die Unterscheidung führte demnach dazu, dass ständig ein Wechsel der Bilanzpositionen stattfände, der die Vergleichbarkeit der Eröffnungsrechnungslegung mit Zwischenbilanzen erschwerte.[18] Rechnungsabgrenzungsposten spielen

---

13 Für die Ununterscheidbarkeit, wenn Zahlung *vor* Konkurseröffnung erfolgte, auch BGH ZIP 1989, 118, 122; vgl. zur Unterscheidbarkeit im Falle der Ersatzaussonderung aber BGH NZI 1999, 265 = ZIP 1999, 626 (Bodensatztheorie) und dazu *Canaris* EWiR 1999, 707 sowie *Krull* InVo 2000, 257, 258 f. sowie → § 48 Rn. 60. AA OLG Stuttgart ZIP 2001, 2183.

14 AA HambKommInsO/*Jarchow* § 152 Rn. 8.

15 FKInsO/*Wegener* § 153 Rn. 17.

16 Begr. zu § 171 RegE (= § 152).

17 *Plate* S. 137.

18 *Plate* S. 137 f.

ebenfalls keine Rolle, weil es sich um keine Periodenrechnung handelt. Der Gesetzgeber hat deshalb eine abweichende Gliederung vorgesehen. Im Gläubigerverzeichnis sind die absonderungsberechtigten Gläubiger, die Insolvenzforderungen, die einzelnen Rangklassen der nachrangigen Insolvenzgläubiger (§ 39) sowie die geschätzten Masseverbindlichkeiten aufzuführen. Da auch nachrangige Insolvenzgläubiger und Massegläubiger dinglich gesichert sein können (Bsp.: Grundpfandrecht deckt auch die Zinsen ab Verfahrenseröffnung), kann es erforderlich sein, die Gruppe der absonderungsberechtigten Gläubiger in der horizontalen Gliederung zu erfassen. Da gleichzeitig aber auch nur dingliche Ansprüche (zB auf Duldung der Zwangsvollstreckung gem. § 1147 BGB) zu erfassen sind, kann auch in der vertikalen Gliederung eine Gruppe der nur absonderungsberechtigten Gläubiger zu bilden sein, sofern ausnahmsweise solche Ansprüche bestehen.

§ 153 Vermögensübersicht

(1) [1]Der Insolvenzverwalter hat auf den Zeitpunkt der Eröffnung des Insolvenzverfahrens eine geordnete Übersicht aufzustellen, in der die Gegenstände der Insolvenzmasse und die Verbindlichkeiten des Schuldners aufgeführt und einander gegenübergestellt werden. [2]Für die Bewertung der Gegenstände gilt § 151 Abs. 2 entsprechend, für die Gliederung der Verbindlichkeiten § 152 Abs. 2 Satz 1.

(2) [1]Nach der Aufstellung der Vermögensübersicht kann das Insolvenzgericht auf Antrag des Verwalters oder eines Gläubigers dem Schuldner aufgeben, die Vollständigkeit der Vermögensübersicht eidesstattlich zu versichern. [2]Die §§ 98, 101 Abs. 1 Satz 1, 2 gelten entsprechend.

Übersicht

I. Überblick

1 Die Vermögensübersicht ähnelt der Konkurseröffnungsbilanz (§ 124 KO), dem Vermögensverzeichnis nach § 11 Abs. 1 GesO und der Vermögensübersicht nach § 5 Abs. 1 VglO.[1] Im Unterschied zu diesen Rechenwerken sind nunmehr Einzelveräußerungs- und Fortführungswerte nebeneinander anzugeben (§ 153 Abs. 1 Satz 2 iVm § 151 Abs. 2 Satz 2). Die Vermögensübersicht fasst das Verzeichnis der Massegegenstände (§ 151) und das Gläubigerverzeichnis (§ 152) zusammen[2] und stellt das Vermögen und die Verbindlichkeiten des Insolvenzschuldners geordnet gegenüber. Die Vermögensübersicht soll autonom aus den Verzeichnissen der §§ 151 f. und nicht aus der Handelsbilanz entwi-

[1] Begr. zu § 172 RegE (= § 153).
[2] *Fischer-Böhnlein/Körner* BB 2001, 191, 193.

ckelt werden (arg. § 153 Abs. 1 Satz 2).[3] Allerdings ist die Aufarbeitung der (handelsrechtlichen) Buchhaltung des Schuldners in der Praxis Voraussetzung für eine vollständige Erfassung der Forderungen und Verbindlichkeiten des Insolvenzschuldners.[4] Der Vorrang der insolvenzrechtlichen Rechnungslegung zu Beginn des Verfahrens lässt sich somit nur eingeschränkt realisieren.[5]

II. Allgemeine Grundsätze

Als bilanzähnliches Rechenwerk muss auch die Vermögensübersicht folgenden allgemeinen Grundsätzen einer ordnungsgemäßen Buchführung und Bilanzierung entsprechen.[6]

2 **1. Grundsatz der Richtigkeit (Bilanzwahrheit).** Es versteht sich von selbst, dass nur bei Ansatz richtiger und willkürfrei ermittelter Werte die Vermögensübersicht die voraussichtliche Quote annähernd richtig bestimmen kann. Allerdings beruht die Ermittlung von zutreffenden Einzelveräußerungspreisen notwendigerweise **auf Schätzungen** und Prognosen, da es im Gegensatz zum Handelsrecht **an entsprechenden** Bewertungsvorschriften fehlt. Richtig ist eine Bewertung demnach schon dann, wenn ihr eine **sorgfältige Prognose** zu Grunde liegt.[7]

3 **2. Grundsatz der Vollständigkeit.** Die vollständige Erfassung sämtlicher Massegegenstände und Verbindlichkeiten ist für die Tätigkeit des Insolvenzverwalters und seine Überwachung elementar. Andererseits ist zum Zeitpunkt des Berichtstermins in der Regel weder der vollständige Massestand noch das genaue Ausmaß der Verpflichtungen bekannt. Es kann daher nur die dem jeweiligen Verfahrensstand entsprechende Vollständigkeit verlangt werden.[8]

4 **3. Grundsatz der „neutralen Wertermittlung".**[9] In den insolvenzrechtlichen Rechenwerken ersetzt der Grundsatz der „neutralen Wertermitttlung" das Vorsichtsprinzip des § 252 Abs. 1 Nr. 4 HGB. Es ist weder die ungünstigste noch die günstigste Verwertungsalternative zu unterstellen, es sei denn, eine von beiden ist überwiegend wahrscheinlich.[10] Zwar mag es angesichts der Insolvenzsituation besonders vordringlich erscheinen, vorsichtig zu bilanzieren, doch gibt die starre Ausrichtung auf den „worst case" die tatsächlichen Verhältnisse nicht zutreffend wieder.[11]

5 **4. Grundsatz der Wesentlichkeit.** Nur solche Informationen sind für das insolvenzrechtliche Rechenwerk zu verwerten, bei denen der (Kosten-)Aufwand für die Informationsgewinnung in angemessenem Verhältnis zur Bedeutung für die am Insolvenzverfahren Beteiligten steht.[12] Einem Sachverhalt muss umso mehr Beachtung zukommen, als er sich auf das voraussichtliche Verfahrensergebnis auswirken kann. Bei Sachverhalten, die sich dagegen nur marginal auswirken, genügt eine überschlägige Schätzung, auch unter Zusammenfassung mehrerer Einzelsachverhalte.[13] Im Gegensatz zur Handelsbilanz ist der Informationsspielraum bei der Vermögensübersicht weniger beschränkt.

6 **5. Grundsatz der Klarheit.** Wie die handelsrechtliche Bilanz (§ 243 Abs. 2 HGB) muss auch die Vermögensübersicht klar und übersichtlich sein. Es muss ein schneller und sicherer Zugriff auf die Bilanzinformationen gewährleistet sein.[14] Zwei wichtige Ausprägungen[15] dieses Prinzips sind der Ausweis von Fremdrechten auf der Aktivseite[16] und das Saldierungsverbot (vgl. § 246 Abs. 2 Satz 1 HGB), das dazu führt, dass Aufrechnungsmöglichkeiten anzugeben sind, aber die Gegenforderung nicht schon einfach abgezogen werden darf. Der im Rahmen des BilMoG eingeführte § 246 Abs. 2 Satz 2 HGB lässt die Verrechnung von Vermögensgegenständen, die dem Zugriff aller Gläubiger entzogen sind und zur Erfüllung von Altersversorgungsverpflichtungen dienen, zu.

7 **6. Stichtagsprinzip.** Die Vermögensübersicht ist gemäß § 153 Abs. 1 Satz 1 „auf den Zeitpunkt der Eröffnung des Insolvenzverfahrens" zu erstellen. Es sind jedoch auch (eventuell gem.

---

3 Begr. zu § 172 RegE (= § 153).
4 *Pink* ZIP 1997, 177, 183.
5 Vgl. zum vorläufigen Charakter vor §§ 151 ff. Rn. 23 ff.
6 *Plate* S. 71; *Pelka/Niemann* Rn. 456.
7 *Plate* S. 73; zustimmend *Pelka/Niemann* Rn. 457.
8 *Plate* S. 75 vgl. auch vor §§ 151 ff. Rn. 23 ff.
9 *Pelka/Niemann* Rn. 461.
10 *Plate* S. 77 f.
11 *Plate* S. 77 f.
12 *Plate* S. 79.
13 *Plate* S. 80.
14 *Plate* S. 76.
15 Zu weiteren Einzelheiten vgl. *Plate,* S. 76.
16 Die Angabe von Fremdrechten verlangt der Gesetzgeber ausdrücklich nur im Gläubigerverzeichnis (§ 152 Abs. 2 Satz 3).

§ 152 Abs. 2 Satz 3 geschätzte) Masseverbindlichkeiten in die Vermögensübersicht aufzunehmen. Dies folgt aus dem Zweck, die Quote zu prognostizieren. Hierzu ist die Schätzung der anfallenden Masseverbindlichkeiten erforderlich. Ähnlich wie bei Rückstellungen (§ 249 Abs. 2 HGB) ist daher die Durchbrechung des Stichtagsprinzips gerechtfertigt. Neuerwerb ist dagegen nach dem eindeutigen Wortlaut von § 153 Abs. 1 Satz 1 auch dann nicht aufzunehmen, wenn er sicher ist. Hier kann aber durch entsprechende Erläuterungen der Vermögensübersicht Abhilfe geschaffen werden. Gesichert ist solcher Neuerwerb ohnehin nur dann, wenn ein durchsetzbarer Anspruch besteht. In diesem Fall ist der Anspruch zu aktivieren. Echter Neuerwerb liegt überhaupt nicht vor.

III. Harmonisierung mit handelsrechtlichen Bilanzen

1. Schlussbilanz des werbenden Unternehmens. Die Darstellung sowohl der handelsrechtlichen Schlussbilanz als auch der Vermögensübersicht in einem einzigen Rechenwerk ist ausgeschlossen. Das ergibt sich schon daraus, dass in der Handelsbilanz anders als in der Vermögensübersicht die Anschaffungs- und Herstellungskosten auch dann die Obergrenze bilden, wenn entgegen § 252 Abs. 1 Nr. 2 HGB nicht von der Fortführung des Unternehmens ausgegangen wird (§ 253 Abs. 1 Satz 1 HGB).[17] Die gesonderte Angabe von handels- und insolvenzrechtlichem[18] Fortführungswert in einem Rechenwerk genügt nicht dem Grundsatz der Bilanzklarheit (§ 243 Abs. 2 HGB). Es muss kenntlich gemacht werden, dass es sich um zwei unterschiedliche, verschiedenen Bilanzzwecken dienende Rechenwerke handelt. 8

2. Eröffnungsbilanz. Nach hier vertretener Auffassung ist eine handelsrechtliche Eröffnungsbilanz nur dann erforderlich, wenn das Unternehmen fortgeführt wird.[19] Dann ist sie aber mit der handelsrechtlichen Schlussbilanz identisch (§ 252 Abs. 1 Nr. 1 HGB). Mit der primär (auch bei geplanter Unternehmensfortführung) unter Liquidationsgesichtspunkten zu erstellenden Vermögensübersicht scheidet eine einheitliche Darstellung aus. 9

IV. Eidesstattliche Versicherung (§ 153 Abs. 2)

1. Anwendungsbereich. a) Beschränkung auf Vollständigkeit der Vermögensübersicht. § 153 Abs. 2 knüpft an die §§ 125 KO, 69 VglO und 3 Abs. 2 GesO an. Die Vorschrift wirft in mehrfacher Hinsicht Probleme auf. Zum einen wird nur die Versicherung der Vollständigkeit[20] verlangt und andererseits bezieht sich die Verpflichtung des Schuldners nur auf die Vermögensübersicht. Gerade diese Verknüpfung macht aber wenig Sinn. In der Vermögensübersicht als einer Zusammenfassung sind keine einzelnen Gegenstände aufgeführt. Den Wertangaben ist nicht zu entnehmen, welche einzelnen Gegenstände darin zusammengefasst sind. Die Vollständigkeit ließe sich allein anhand des inventarähnlichen Verzeichnisses der Massegegenstände und des Gläubigerverzeichnisses beurteilen.[21] Da sich die eidesstattliche Versicherung nach dem eindeutigen Wortlaut nur auf die Vermögensübersicht bezieht, die ihrerseits auf den Stichtag der Verfahrenseröffnung zu erstellen ist, erfasst die Pflicht zur Abgabe einer eidesstattliche Versicherung nicht die Angabe eventuellen Neuerwerbs, obwohl dieser gem. § 35 in die Masse fällt. 10

b) Verhältnis zu § 98. Im Übrigen erscheint die Vorschrift auch weitgehend überflüssig, denn eine entsprechende Verpflichtung bestünde auch ohne § 153 Abs. 2 bereits auf Grund der §§ 97, 98.[22] Aus der Regelung des § 153 Abs. 2 Satz 1 darf nun aber nicht im Wege des Umkehrschlusses geschlossen werden, dass hinsichtlich der insolvenzrechtlichen Rechenwerke sich die Mitwirkungs- und Auskunftspflicht des Insolvenzschuldners auf den dort bezeichneten Umfang beschränken soll. Die §§ 97 ff. zeigen gerade, dass die Auskunfts- und Mitwirkungspflichten gegenüber der KO erweitert werden sollten. Mithin sind die §§ 97, 98 nur insoweit von § 153 Abs. 2 Satz 1 verdrängt, als dort eine Regelung enthalten ist.[23] Daraus folgt, dass neben der eidesstattlichen Versicherung nach § 153 Abs. 2 entsprechende Erklärungen des Schuldners zur **Vollständigkeit** und **Richtigkeit** des **Verzeichnisses der Massegegenstände (§ 151)** sowie des **Gläubigerverzeichnisses (§ 152)** und 11

[17] → § 155 Rn. 7.

[18] Also ohne Beschränkung auf die Obergrenze des § 253 Abs. 1 Satz 1 HGB.

[19] → § 155 Rn. 8.

[20] Vgl. demgegenüber § 3 Abs. 2 GesO: „*Richtigkeit* und Vollständigkeit".

[21] Vgl. zu unterschiedlichen Anforderungen an die Versicherung der Richtigkeit und Vollständigkeit von Inventar und der Richtigkeit der Bilanz im früheren Recht *Kuhn/Uhlenbruck* § 125 Rn. 3 aE.

[22] Aus den §§ 125 KO, 807 ZPO folgt, dass das Gesetz davon ausgeht, die eidesstattliche Versicherung sei zur Herbeiführung wahrheitsgemäßer Aussagen immer erforderlich. Der einschränkenden Voraussetzung der „Erforderlichkeit" nach § 98 Abs. 1 Satz 1 kommt daher in diesem Zusammenhang keine Bedeutung zu.

[23] Vgl. KPB/*Wipperfürth* § 153 Rn. 24 sowie zum ebenfalls beschränkten Anwendungsbereich des § 125 KO BGH KTS 1989, 651, 652.

zur **Richtigkeit** der **Vermögensübersicht** nach § 98 Abs. 1 Satz 1 verlangt werden können.[24] Gleiches gilt für die Auskünfte hinsichtlich eventuellen **Neuerwerbs.** Die §§ 97 f. unterscheiden sich von § 153 Abs. 2 Satz 1 darin, dass das Insolvenzgericht von Amts wegen die Versicherung an Eides statt anordnen kann, während § 153 einen Antrag des Verwalters oder eines Gläubigers verlangt.

2. Voraussetzungen. Die eidesstattliche Versicherung setzt zweierlei voraus: (1.) Die Aufstellung der Vermögensübersicht und (2.) einen zulässigen[25] Antrag des Verwalters oder eines Gläubigers.

12 **a) Gläubigereigenschaft.** Nach dem Wortlaut ist jeder Gläubiger antragsberechtigt. Anders als § 125 KO („Konkursgläubiger") beschränkt § 153 den Kreis der antragsberechtigten Gläubiger nicht auf die Gruppe der Insolvenzgläubiger. Damit wären auch **aussonderungs-** oder **absonderungsberechtigte** Gläubiger antragsberechtigt, die keine persönliche Forderung gegen den Insolvenzschuldner haben. Ihnen wird regelmäßig aber das Rechtsschutzbedürfnis fehlen.[26] Auch **Massegläubiger** fallen unter den Wortlaut der Vorschrift. Eine **Forderungsanmeldung** wird zwar nicht ausdrücklich verlangt, doch muss sie deshalb vorliegen, weil erst durch sie die Gläubigerstellung im Insolvenzverfahren beachtlich wird (arg. § 77 Abs. 1).[27] Entsprechend sind **nachrangige Insolvenzgläubiger** nur dann antragsberechtigt, wenn das Gericht sie besonders zur Anmeldung ihrer Forderungen aufgefordert hat (§ 174 Abs. 3).

13 **b) Antragsberechtigung.** Die Voraussetzungen der eidesstattlichen Versicherung und damit auch die Antragsberechtigung des antragstellenden Gläubigers sind von Amts wegen zu prüfen.[28] Bei festgestellten Forderungen ist dabei die Rechtskraft der Tabelle (§ 178 Abs. 3) zu beachten. Vorher genügt regelmäßig die Anmeldung der Forderung. Das bloße Bestreiten der Forderung durch den Schuldner ist unbeachtlich. Denn ein solches verhindert auch nicht die Aufnahme der Forderung in die Tabelle (§ 178 Abs. 1 Satz 2). Konkreten Zweifeln an der materiellen Berechtigung muss das Insolvenzgericht aber nachgehen (§ 5 Abs. 1). Dies ist deshalb gerechtfertigt, weil nur eingeschränkte Rechtsbehelfsmöglichkeiten bestehen. Bei einem Antrag des Verwalters stellt sich die Problematik nicht. Wird weder vom Verwalter noch von einem Gläubiger die eidesstattliche Versicherung beantragt, kann das Gericht von sich aus die eidesstattliche Versicherung nach § 98 anzuordnen (→ Rn. 16).

14 **c) Sonstige Zulässigkeitsvoraussetzungen.** Der Antrag ist schriftlich oder zu Protokoll der Geschäftsstelle zu stellen (§§ 496 ZPO, 4 InsO). Die Antragsberechtigung wird durch den Tabelleneintrag (§ 175) nachgewiesen.

15 **3. Verfahren. a) Zuständigkeit.** Zuständig ist das **Insolvenzgericht** (§§ 2, 3).[29]

16 **b) Terminsbestimmung.** Das Insolvenzgericht bestimmt einen Termin zur Abgabe der eidesstattlichen Versicherung. Gem. §§ 214 ZPO, 4 InsO ist der Insolvenzschuldner von Amts wegen zu laden.

17 **c) Ablauf des Termins.** Der Termin ist nicht öffentlich, weil es sich um keine Verhandlung vor einem erkennenden Gericht handelt (§ 169 GVG). Der Schuldner ist über den Umfang seiner Erklärungen und über den Zweck des Verfahrens zu belehren.[30] Die Vermögensübersicht ist mit dem Schuldner durchzugehen und gegebenenfalls zu ergänzen. Die objektiven Anfechtungstatbestände sind ebenfalls zu erörtern. Die Erklärungen des Schuldners sind in einem Protokoll festzuhalten. Das Protokoll ist zu verlesen und die Genehmigung zu vermerken (§§ 162 Abs. 1, 160 Abs. 3 Nr. 3 ZPO, 4 InsO). Der Schuldner ist über die Strafbarkeit einer falscher oder unvollständiger Angaben zu belehren (§§ 480 ZPO, 98 Abs. 1 Satz 2, 153 Abs. 2 Satz 3). Die sich anschließende Erklärung des Schuldners wird zweckmäßigerweise folgendermaßen gefasst: „Ich bin nach bestem Wissen nicht imstande, außer den in der Vermögensübersicht[31] und von mir zusätzlich genannten

---

24 Zur Bedeutungslosigkeit der Einschränkung „zur Herbeiführung einer wahrheitsgemäßen Auskunft erforderlich erscheint" siehe Fn. 31.

25 Uhlenbruck/*Sinz* § 153 Rn. 4.

26 Uhlenbruck/*Sinz* § 153 Rn. 4 spricht sich generell gegen eine Antragsberechtigung aus.

27 Jaeger/*Eckardt* § 153 Rn. 24.

28 Uhlenbruck/*Sinz* § 153 Rn. 4 scheint dagegen eine Prüfungspflicht nur dann anzunehmen, wenn der Insolvenzschuldner nach § 900 Abs. 4 ZPO widersprochen hat; aA K. Schmidt/*Jungmann* § 153 Rn. 10; KPB/*Wipperfürth* § 153 Rn. 24.

29 So auch KPB/*Wipperfürth* § 153 Rn. 32; HKInsO/*Depré* § 153 Rn. 10.

30 Gottwald/*Eickmann,* InsO-HdB, § 30 Rn. 19.

31 Gem. § 98 Abs. 1 sollten zweckmäßigerweise auch die Verzeichnisse nach den §§ 151 f. in die eidesstattliche Versicherung einbezogen werden.

Vermögensgegenständen und Schulden noch weiteres, im Zeitpunkt der Insolvenzeröffnung[32] zur Insolvenzmasse gehöriges Vermögen oder zu diesem Zeitpunkt vorhandene Verbindlichkeiten anzugeben."[33]

d) Zwangsweise Durchsetzung. In den Fällen des § 98 Abs. 2 kann das Insolvenzgericht den Schuldner zwangsweise vorführen und nach Anhörung in Haft nehmen lassen (§ 153 Abs. 2 Satz 2). Für die Anordnung der Haft gelten die §§ 802g Abs. 2, §§ 802h und 802j Abs. 1 ZPO entsprechend (§ 98 Abs. 3 Satz 1). Der Haftbefehl ist von Amts wegen aufzuheben, sobald die Voraussetzungen für die Haft nicht mehr vorliegen (§ 98 Abs. 3 Satz 2). 18

e) Rechtsbehelfe. Gegen die Anordnung, eine eidesstattliche Versicherung abzugeben, ist die Beschwerde ausgeschlossen (§ 6 Abs. 1). Gegen den Haftbefehl und die Ablehnung eines Antrags auf Aufhebung des Haftbefehls wegen Wegfalls seiner Voraussetzungen ist dagegen die sofortige Beschwerde statthaft (§ 98 Abs. 3 Satz 3). 19

f) Kosten. Gem. Teil 4 II.2. des Kostenverzeichnisses werden für die Abnahme der eidesstattlichen Versicherung und des Verfahrens über Anträge auf Erzwingung der Abgabe einer eidesstattlichen Versicherung **keine** gesonderten **Gebühren** erhoben. Die Kosten der Haft (Auslagen gem. KostVerz Nr. 9110) fallen als Massekosten der Masse zur Last (§ 54 Nr. 2), wenn der Insolvenzverwalter den Antrag gestellt hat. 20

4. Die zur Eidesleistung verpflichteten Personen. Nach § 153 Abs. 2 Satz 1 ist der Schuldner verpflichtet, die eidesstattliche Versicherung persönlich (§§ 478 ZPO, 98 Abs. 1 Satz 2 InsO) abzugeben. Im Nachlassinsolvenzverfahren (§§ 315 ff.) ist der Erbe Schuldner[34] und damit zur eidesstattlichen Versicherung verpflichtet. Ist der Schuldner prozessunfähig (§§ 52, 53 ZPO, 4 InsO), muss der gesetzliche Vertreter, der den Schuldner im Zeitpunkt des Termins vertritt, die eidesstattliche Versicherung abgeben.[35] Ist der Insolvenzschuldner **keine natürliche Person,** so bestimmt sich die Person des Auskunfts- und Eidespflichtigen nach den §§ 101, 153 Abs. 2 Satz 2. 21

a) Personengesellschaften (GbR, OHG, KG, Partnerschaft, EWIV). Die Verpflichtung zur Abgabe der eidesstattlichen Versicherung trifft die **vertretungsberechtigten, persönlich haftenden Gesellschafter** (§§ 101 Abs. 1 Satz 1, 153 Abs. 2 Satz 2).[36] Maßgeblich sind die §§ 709 f., 714 BGB, 125, 161 Abs. 2 HGB; 8 PartGG, 1 EWIV-AusfG. In der Insolvenz der GmbH & Co KG trifft die Verpflichtung die Mitglieder des Vertretungs- oder Aufsichtsorgans (Geschäftsführer oder Aufsichtsratsmitglieder) der Komplementär-GmbH.[37] Nach § 101 Abs. 1 Satz 2 bleibt die Verpflichtung auch dann bestehen, wenn die Vertretungsmacht oder die Gesellschafterstellung innerhalb von zwei Jahren vor dem Antrag auf Eröffnung des Insolvenzverfahrens weggefallen sind. Darüber hinaus ist § 15 Abs. 1 HGB zu beachten, solange weder der Wegfall der Vertretungsmacht (§ 125 Abs. 4 HGB) noch das Ausscheiden des OHG/KG-Gesellschafters (§ 143 Abs. 2 HGB) im Handelsregister eingetragen sind. 22

b) Juristische Personen. Gem. § 101 Abs. 1 Satz 1 sind die **Mitglieder des Vertretungs- oder Aufsichtsorgans** des Schuldners verpflichtet. Dazu gehören auch die Liquidatoren bzw. Abwickler (§§ 70 Satz 1 GmbHG, 268 Abs. 2 Satz 2 AktG). Hat die Gesellschaft keinen organschaftlichen Vertreter, ist (analog[38]) § 29 BGB ein Notgeschäftsführer oder Notvorstand zu bestellen.[39] Verpflichtet sind auch die Mitglieder im Vertretungs- oder Aufsichtsorgan, die innerhalb von zwei Jahren vor (und erst recht nach) Verfahrenseröffnung ausgeschieden sind (§ 101 Abs. 1 Satz 2). 23

c) Mehrheit von Verpflichteten. Bei mehreren Verpflichteten ist jeder auskunftspflichtig. Soweit – wie in § 153 Abs. 2 vorgesehen – nur die Vollständigkeit der Vermögensübersicht zu 24

---

32 Diese Einschränkung fällt weg, wenn das Insolvenzgericht über § 153 Abs. 2 hinaus nach § 98 Abs. 1 angeordnet hat, dass auch über den Neuerwerb Angaben zu machen sind.

33 Bei einer Kombination der Auskunftspflichten nach §§ 153 und 97 f. auch im Hinblick auf die Verzeichnisse nach den §§ 151 f. und den Neuerwerb, kann folgende Formel vorgeschlagen werden: „Ich bin nach bestem Wissen nicht imstande, außer den im Verzeichnis der Massegegenstände, im Gläubigerverzeichnis, in der Vermögensübersicht aufgezeichneten und von mir zusätzlich genannten Vermögensgegenständen zusätzliches, zur Masse gehöriges Vermögen oder zurzeit der Vermögenseröffnung begründete Verbindlichkeiten anzugeben.".

34 Uhlenbruck/*Sinz* § 153 Rn. 5.

35 Uhlenbruck/*Sinz* § 153 Rn. 5.

36 Uhlenbruck/*Sinz* § 153 Rn. 5; FKInsO/*Wegener* § 153 Rn. 15.

37 Uhlenbruck/*Sinz* § 153 Rn. 5; FKInsO/*Wegener* § 153 Rn. 15.

38 Zur analogen Anwendung auf die GmbH etc. vgl. Palandt/*Ellenberger* § 29 Rn. 1.

39 Uhlenbruck/*Sinz* § 153 Rn. 5.

versichern ist, kann auch der nicht zur Verwaltung des Vermögens oder Betreuung der Vermögensangelegenheiten Verpflichtete (Bsp.: Gegenvormund § 1792 BGB) zur eidesstattlichen Versicherung herangezogen werden.[40] Denn der Verpflichtete muss lediglich die Vollständigkeit versichern, also erklären, dass ihm kein zusätzliches Vermögen oder keine zusätzlichen Schulden bekannt sind. Sinnvoll ist die Heranziehung in derartigen Fällen aber nicht.

25 **d) Angestellte.** Die Verpflichtung zur Abgabe der eidesstattlichen Versicherung nach § 153 Abs. 2 trifft allein den Schuldner. Angestellte des schuldnerischen Unternehmens sind nicht verpflichtet, wie auch der fehlende Verweis in § 153 Abs. 2 Satz 2 auf § 101 Abs. 2 zeigt. Allerdings ist dadurch die **allgemeine Auskunftspflicht** nach den neuen Vorschrift der §§ 97 Abs. 1, 101 Abs. 2 nicht eingeschränkt. Denn § 153 Abs. 2 betrifft die Abgabe eidesstattlicher Versicherungen, während es in § 101 Abs. 2 nur um Auskunftspflichten geht. Danach sind nunmehr auch Angestellte des Insolvenzschuldners zur Auskunft verpflichtet. Dies gilt in gleicher Weise für Angestellte, die nicht früher als zwei Jahre vor Verfahrenseröffnung ausgeschieden sind. Bedeutung kann dem im hier interessierenden Zusammenhang insbesondere hinsichtlich ausgeschiedener Buchhalter zukommen. Anders als die nach § 101 Abs. 1 Verpflichteten müssen Angestellte keine Tatsachen offenbaren, die geeignet sind, eine Verfolgung wegen einer Straftat herbeizuführen. Wird die freiwillige Auskunft verweigert, steht dem Verwalter nur der Prozessweg offen.[41] Werden die Angestellten vom Insolvenzgericht im Rahmen seiner Ermittlungen als Zeugen vernommen, so gelten die zivilprozessualen Bestimmungen über den Zeugenbeweis einschließlich der Bestimmungen über Ordnungsmittel und Zeugnisverweigerungsrechte (§§ 380, 383 ZPO, 4 InsO).[42]

26 **5. Inhalt der eidesstattlichen Versicherung.** Nach dem eindeutigen Wortlaut des § 153 Abs. 2 Satz 2 bezieht sich die eidesstattliche Versicherung auf die Vollständigkeit der Vermögensübersicht. Daraus folgt zum einen, dass nur solche Gegenstände angegeben werden müssen, die dem Schuldner im **Zeitpunkt der Verfahrenseröffnung** gehörten. Denn gem. § 153 Abs. 1 Satz 1 ist die Vermögensübersicht auf den Stichtag der Insolvenzeröffnung zu erstellen. Hierzu gehören aber auch Anfechtungslagen.[43] Der Rückgewähranspruch nach § 143 gehört zur Insolvenzmasse im Zeitpunkt der Verfahrenseröffnung. Auch Anwartschaftsrechte an Gegenständen sind – trotz eines möglichen Aussonderungsanspruchs – anzugeben.[44] Dagegen erfasst die Auskunftspflicht **nicht** das vom Insolvenzbeschlag **freie Vermögen** (§ 36), weil sich die Vermögensübersicht nur auf Gegenstände der Insolvenzmasse bezieht. Anders als nach bisherigem Verständnis[45] lässt der Gesetzeswortlaut keinen Zweifel daran, dass auch die **Vollständigkeit der Passivseite** zu versichern ist.[46]

§ 154 Niederlegung in der Geschäftsstelle

Das Verzeichnis der Massegegenstände, das Gläubigerverzeichnis und die Vermögensübersicht sind spätestens eine Woche vor dem Berichtstermin in der Geschäftsstelle zur Einsicht der Beteiligten niederzulegen.

Schrifttum: vgl. vor §§ 151 ff.

I. Niederlegungsfrist

1 Anders als die KO enthält § 154 ausdrückliche Regelungen über die Aufstellung der insolvenzrechtlichen Rechnungslegungswerke, die auf den Stichtag der Verfahrenseröffnung zu erstellen sind.[1] Der **Berichtstermin** soll nicht über sechs Wochen und darf nicht über drei Monate hinaus angesetzt werden (§ 29 Abs. 1 Nr. 1). Diese **Frist** ist jedenfalls in größeren Verfahren regelmäßig **zu kurz.** In unübersichtlichen Verfahren (insbesondere mit nicht aufgearbeiteter Buchführung) kommt dazu, dass zum Berichtstermin zunächst nur **vorläufige** Verzeichnisses vorgelegt werden können (ausführ-

40 AA Uhlenbruck/*Sinz* § 153 Rn. 5.

41 Begr. zu § 115 RegE (= § 101).

42 Begr. zu § 115 RegE (= § 101).

43 RGSt 66, 152, 153; RG HRR 1938 Nr. 564; BGHSt 3, 310; Uhlenbruck/*Sinz* § 153 Rn. 6; FKInsO/*Wegener* § 153 Rn. 16; K. Schmidt/*Jungmann* § 153 Rn. 14; aA BayObLGSt 32, 124.

44 Uhlenbruck/*Sinz* § 153 Rn. 6.

45 *Kilger/K. Schmidt* § 125 Anm. 1.

46 So auch die Begr. zu § 172 RegE (= § 153); Uhlenbruck/*Sinz* § 153 Rn. 6; Nerlich/Römermann/*Andres* § 153 Rn. 15; *Smid/Rattunde* 3. Aufl. § 153 Rn. 3; nunmehr auch FKInsO/*Wegener* § 153 Rn. 16; aA *Hess* § 153 Rn. 16.

1 Für eine Vorlage zum Berichtstermin nach § 131 KO *Veit* S. 76 f.; *Kilger/K. Schmidt* § 124 Anm. 2 b); *Kuhn/Uhlenbruck* § 124 Rn. 1a; keine Fristvorgaben dagegen nach *Klasmeyer/Kübler* S. 373.

lich zur Problematik → vor §§ 151 ff. Rn. 23 ff.). Der Insolvenzverwalter wird in dem Berichtstermin auf den partiell vorläufigen Stand des Zahlenwerkes hinzuweisen und diesen zu erläutern haben. In jedem Falle müssen die vorgelegten Zahlen so aussagekräftig sein, dass die Gläubigerversammlung die gesetzlich vorgesehenen Beschlüsse fassen kann, insbesondere die Entscheidung über die Fortführung oder Schließung des schuldnerischen Geschäftsbetriebes. Andererseits ist für die körperliche Bestandsaufnahme weiterhin keine Frist vorgesehen (→ § 151 Rn. 4).

II. Einsicht der Beteiligten

Das Verzeichnis der Massegegenstände (§ 151), das Gläubigerverzeichnis (§ 152) sowie die Vermögensübersicht (§ 153) sind offen zu legen.[2] Der Begriff des **„Beteiligten"** ist wie bei § 60 zu verstehen. Voraussetzung ist nur, dass ein berechtigtes Interesse an der Einsicht besteht. Er umfasst also auch aus- und absonderungsberechtigte Gläubiger.[3] Die früher hM[4] zu § 124 KO verstand allerdings unter „Beteiligtem" nur Konkursgläubiger, Mitglieder des Gläubigerausschusses, die nicht Gläubiger sind,[5] den Gemeinschuldner und die Massegläubiger. Schon der Wortlaut rechtfertigt diese Einschränkung nicht. Aus- oder absonderungsberechtigte Gläubiger können ein weitaus größeres und berechtigteres Interesse an der Einsicht in das Verzeichnis der Massegegenstände haben, um festzustellen, ob der Gegenstand, an dem ihr Recht besteht, noch vorhanden ist. Den so Beteiligten sind auf ihre Kosten Abschriften zu erteilen (§§ 299 Abs. 1 ZPO, 4 InsO).[6] 2

Das Einsichtsrecht besteht nicht im Falle eines (offensichtlichen) Rechtsmissbrauchs.[7] Problematisch ist dabei insbesondere die Einsicht in das Gläubigerverzeichnis. Ein Rechtsmissbrauch liegt beispielsweise vor, wenn versucht wird, die im Gläubigerverzeichnis aufgeführten Personen für den Abschluss einer Kreditversicherung zu werben oder sonst als Kunden oder Lieferanten zu gewinnen und dadurch den Geschäftswert des insolventen Unternehmens zu schmälern. In der Praxis wird sich das allerdings kaum rechtzeitig feststellen lassen. 3

§ 155 Handels- und steuerrechtliche Rechnungslegung

(1) [1]Handels- und steuerrechtliche Pflichten des Schuldners zur Buchführung und zur Rechnungslegung bleiben unberührt. [2]In bezug auf die Insolvenzmasse hat der Insolvenzverwalter diese Pflichten zu erfüllen.

(2) [1]Mit der Eröffnung des Insolvenzverfahrens beginnt ein neues Geschäftsjahr. [2]Jedoch wird die Zeit bis zum Berichtstermin in gesetzliche Fristen für die Aufstellung oder die Offenlegung eines Jahresabschlusses nicht eingerechnet.

(3) [1]Für die Bestellung des Abschlußprüfers im Insolvenzverfahren gilt § 318 des Handelsgesetzbuchs mit der Maßgabe, daß die Bestellung ausschließlich durch das Registergericht auf Antrag des Verwalters erfolgt. [2]Ist für das Geschäftsjahr vor der Eröffnung des Verfahrens bereits ein Abschlußprüfer bestellt, so wird die Wirksamkeit dieser Bestellung durch die Eröffnung nicht berührt.

Schrifttum: vgl. vor §§ 151 ff.

Übersicht

[2] Zu den Siegelungsprotokollen vgl. § 150 Satz 2; nicht offen zu legen sind dagegen die Geschäftsbücher, FKInsO/*Wegener* § 154 Rn. 3.
[3] FKInsO/*Wegener* § 154 Rn. 3; Uhlenbruck/*Sinz* § 154 Rn. 3.
[4] *Jaeger/Weber* § 124 Rn. 4 *Kuhn/Uhlenbruck* § 124 Rn. 3; *Kilger/K. Schmidt* § 124 Anm. 3.
[5] Vgl. § 67 Abs. 3.
[6] FKInsO/*Wegener* § 154 Rn. 5; aA *Hahn,* Materialien 312.
[7] Vgl. Uhlenbruck/*Sinz* § 154 Rn. 3.

I. Überblick

1 **1. Bedeutung.** § 155 hat im bisherigen Insolvenzrecht keine unmittelbare Entsprechung. In Abs. 1 wird die schon bisher herrschende duale Betrachtungsweise bestätigt. Nach ihr war der Konkursverwalter neben der insolvenzrechtlichen Buchführung nach den §§ 6 KO, 34 Abs. 3 AO zur handels- und steuerrechtlichen Buchführung verpflichtet.[1] § 155 **Abs. 1** hat vor diesem Hintergrund lediglich **deklaratorische** Bedeutung.[2] Eine Änderung der Rechtslage ist mit der Vorschrift also nicht verbunden, insbesondere wird der Pflichtenkreis des Verwalters nicht erweitert. Dagegen schließt § 155 Abs. 2 und 3 eine Regelungslücke und macht insoweit einen Rückgriff auf Rechnungslegungsvorschriften bei Liquidation außerhalb des Insolvenzverfahrens (§§ 270 AktG, 71 GmbHG) entbehrlich.[3] Eine im Einzelnen begründete Analogie zu diesen Vorschriften ist dadurch aber nicht ausgeschlossen.[4]

2 **2. Normaussage.** § 155 befasst sich mit den **Auswirkungen der Verfahrenseröffnung** auf die handels- und steuerrechtlichen Rechnungslegungspflichten des Schuldners. Die Eröffnung des Insolvenzverfahrens als solche lässt die Buchführungspflichten unberührt (§ 155 Abs. 1 Satz 1). Die Vorschrift enthält keine weiter gehende Aussage dahin, dass in jedem Fall während des gesamten Insolvenzverfahrens doppelte Buchführung und jährliche handelsrechtliche Jahresabschlüsse zu fertigen sind. Vielmehr beurteilen sich die Buchführungspflichten ausschließlich nach Handels- und Steuerrecht.[5] Modifikationen der handelsrechtlichen Buchführungsvorschriften enthält dagegen § 155 Abs. 2 und 3 in Bezug auf das Geschäftsjahr, die Fristen für die Aufstellung und Offenlegung von Jahresabschlüssen (vgl. insbesondere §§ 264 Abs. 1 Satz 2 und 3, 325 Abs. 1a, 336 Abs. 1 Satz 2 HGB, 5 Abs. 1 Satz 1, 9 Abs. 1 Satz 1 Publizitätsgesetz) und die Bestellung des Abschlussprüfers (§ 318 HGB).

3 **3. Anwendungsbereich.** § 155 betrifft die „handels- und steuerrechtlichen Pflichten des Schuldners zur Buchführung und zur Rechnungslegung". Für sonstige steuerliche Pflichten, insbesondere zur Abgabe von Steuererklärungen gilt weiterhin § 34 Abs. 1 und 3 AO. Zum Problem der Anwendbarkeit von Handelsrecht auf den Insolvenzverwalter vgl. allgemein BGH NJW 1987, 1940 = ZIP 1987, 584. Die Vorschrift gilt nicht, auch nicht analog für den **vorläufigen Insolvenzverwalter,** selbst wenn auf diesen das Verwaltungs- und Verfügungsrecht übergegangen ist (arg. § 21 Abs. 2 Nr. 1e contr.).[6] Soweit jedoch ein solcher „starker Verwalter" bestellt ist, hat er schon auf

[1] Vgl. hierzu vor §§ 151 ff. Rn. 1.
[2] Begr. zu § 174 RegE (= § 155); *Braun* ZIP 1997, 1013, 1013; aA *Förster* ZIP 1997, 344.
[3] AA *Hess* § 155 Rn. 41, der die Gesetzesbegründung dahin interpretiert, dass § 155 auf die Vorschriften über die Abwicklungsrechnungslegung verweist.
[4] Die Begr. zu § 174 RegE (= § 155) spricht zu Recht von „entsprechender Anwendung"; vgl. auch KPB/*Kübler* § 155 Rn. 7.
[5] Vgl. Begr. zu § 174 RegE (= § 155), die zB auf die Minderkaufmannseigenschaft verweist (§ 4 HGB aF).
[6] *Uhlenbruck* NZI 1999, 289, 291; → § 22 Rn. 202.

Grund § 34 AO die Buchführungspflichten des Schuldners zu erfüllen (→ § 22 Rn. 202). Eines Rückgriffs auf § 155 Abs. 1 Satz 2 bedarf es nicht. Die Anordnung eines allgemeinen Verwaltungs- und Verfügungsverbots lässt kein neues Geschäfts- oder Wirtschaftsjahr beginnen.

II. Handelsrechtliche Rechnungslegung[7]

1. Zeiträume vor Verfahrenseröffnung. Auch die bislang vom Schuldner nicht erfüllten Buchführungspflichten, die vor der Verfahrenseröffnung entstanden sind, hat der Verwalter zu erfüllen.[8] Der gem. § 155 Abs. 1 Satz 2 notwendige Bezug zur Insolvenzmasse ergibt sich daraus, dass der Insolvenzverwalter nach § 148 die Geschäftsbücher des schuldnerischen Unternehmens in Besitz zu nehmen hat. Die Erfüllung der Buchführungspflichten ist damit dem Schuldner bzw. den organschaftlichen Vertretern des schuldnerischen Unternehmens gar nicht mehr möglich.[9] Auch wenn der Schuldner Jahresabschlüsse erstellt hat, kann eine Überprüfung und Korrektur durch den Verwalter sinnvoll sein. Daran ist etwa dann zu denken, wenn der Schuldner zur Vermeidung der Überschuldung sein Aktivvermögen erheblich überbewertet[10] und damit überhöhte Steuerzahlungen geleistet hat.[11] Liegt jedoch gar keine, eine sehr unvollständige oder fehlerhafte Buchführung vor, ist der Verwalter nicht verpflichtet, diese Buchführung auf Kosten der Gläubiger in Ordnung zu bringen.[12] Die Buchführung ist in diesen Fällen nur soweit aufzubereiten wie dies für die Erfüllung der ab Verfahrenseröffnung beginnenden Rechnungslegungsgrundsätzen erforderlich ist. Nach den Rechnungslegungshinweisen des IDW (vgl. IDW RH HFA 1.012, → Rn. 5) soll der Insolvenzverwalter verpflichtet sein, die vor Insolvenzeröffnung entstandenen handels- und steuerrechtlichen Buchführungspflichten des Schuldners zu erfüllen. Hierzu ist anzumerken, dass die Rechnungslegungshinweise IDW RH HFA 1.010, 1.011 sowie 1.012 erst im Jahre 2008 herausgegeben wurden und damit insbesondere bei Altverfahren keine Anwendung finden dürften. Zudem handelt es sich bei diesen Verlautbarungen des IDW um keine gesetzlichen Vorschriften zur Rechnungslegung in der Insolvenz, sondern vielmehr um Meinungsäußerungen von Fachgremien eines privatwirtschaftlichen Vereins ohne rechtliche Bindungswirkung. Die Rechnungslegungshinweise des IDW sind daher lediglich als Arbeitshilfe zu verstehen und stellen Empfehlungen dar, von denen unbegründet abgewichen werden darf. 4

2. Zeitpunkt der Verfahrenseröffnung. a) Schlussbilanz. aa) Aufstellungspflicht. Gem. § 242 Abs. 1 Satz 1 HGB ist eine Schlussbilanz zu erstellen, weil nach § 155 Abs. 2 Satz 1 mit der Eröffnung des Insolvenzverfahrens ein neues Geschäftsjahr beginnt. Durch die Verfahrenseröffnung entsteht also ein **Rumpfgeschäftsjahr.** Ein Wahlrecht, analog § 211 Abs. 1 Hs. 2 AktG (1937) das bisherige Geschäftsjahr beizubehalten und auf die Bildung des Rumpfgeschäftsjahres zu verzichten, besteht nicht.[13] Der Wortlaut des § 155 Abs. 2 Satz 1 lässt **kein Wahlrecht** erkennen. Auch der Verweis der Gesetzesbegründung[14] auf liquidationsrechtliche Vorschriften (§§ 270 AktG, 71 GmbHG) rechtfertigt kein Wahlrecht, selbst wenn man entgegen dem BFH[15] für die Liquidationsrechnungslegung die Möglichkeit bejahte, kein Rumpfgeschäftsjahr des werbenden Unternehmens bis zum Beginn des Liquidationszeitraumes zu bilden, sondern das bisherige Geschäftsjahr beizubehalten. Dem Gesetzgeber war die Möglichkeit eines derartigen Wahlrechtes nicht bewusst.[16] Er ging davon aus, dass kein Wahlrecht besteht und hat dies im Wortlaut auch eindeutig zum Ausdruck gebracht.[17] Die Gesetzesbegründung bezieht sich auf die in § 155 Abs. 2 Satz 1 getroffene Anordnung und nicht auf geltende Liquidationsvorschriften.[18] 5

bb) Inhaltliche Gestaltung. (1) Unternehmensfortführung. Wird das Unternehmen über den Zeitpunkt der Verfahrenseröffnung hinaus fortgeführt (§ 157 Satz 1), ist die Schlussbilanz nach 6

---

7 Vgl. dazu den Überblick → Vor §§ 151 ff. Rn. 18 ff.

8 LG Frankfurt/Oder NZI 2007, 294, 295 (auch zur Offenlegung); *Pink* S. 92; so auch schon zum früheren Recht KG ZIP 1997, 1511 mwN. Zur Frage der Prüfungspflicht für Abschlüsse vor Verfahrenseröffnung → Rn. 21.

9 Vgl. BGHZ 74, 316, 319 = NJW 1979, 2212, 2213; KG ZIP 1997, 1511.

10 Gem. § 256 Abs. 5 Satz 1 Nr. 1 AktG kann der Jahresabschluss sogar nichtig sein.

11 *Pink* S. 91; *Pelka/Niemann* Rn. 262 ff.

12 FKInsO/Boochs § 155 Rn. 31;vgl. auch BGH BGHZ 74, 316 = NJW 1979, 2212.

13 *Weisang* BB 1998, 1149, 1151; aA *Kuntz/Mundt* DStR 1997, 664, 666; vgl. für die Liquidationsrechnungslegung nach §§ 270 AktG, 71 GmbHG *Förschle/Kropp/Deubert* DB 1994, 998, 999 f.

14 Begr. zu § 174 RegE (= § 155).

15 BStBl. II 1974, 692, 693.

16 Das gestehen sogar *Kuntz/Mundt* DStR 1997, 664, 666 zu: „offensichtlich übersehen".

17 Vgl. KPB/*Kübler* § 155 Rn. 26.

18 *Weisang* BB 1998, 1149, 1150; vgl. Begr. zu § 174 RegE (= § 155): „Da nach Abs. 2 mit der Eröffnung ein neues Geschäftsjahr beginnt, …".

den normalen Gliederungs-, Ansatz- und Bewertungsvorschriften zu erstellen. Ein begründeter Ausnahmefall nach § 252 Abs. 2 HGB liegt nicht vor. Die Diskussion um Abweichungen zwischen Schlussbilanz und Eröffnungsbilanz[19] geht in die Irre, weil die Eröffnung des Verfahrens als solche gem. § 155 Abs. 1 Satz 1 keine Auswirkungen hat. Allein die Tatsache der Betriebseinstellung kann Auswirkungen auf die Bilanz hervorrufen.

7 **(2) Endgültige Einstellung.** Unter endgültiger Einstellung des Geschäftsbetriebes ist die Verfahrenssituation[20] gemeint, bei der im Zeitpunkt der Verfahrenseröffnung[21] das Unternehmen entweder vom Schuldner vor Bestellung des vorläufigen Insolvenzverwalters[22] oder vom vorläufigen Insolvenzverwalter mit Zustimmung des Insolvenzgerichtes (§ 22 Abs. 1 Satz 2 Nr. 2) endgültig eingestellt worden ist.[23] Die Entscheidung nach § 158 ist insoweit nicht maßgeblich.

Entsprechend der Definition des § 247 Abs. 2 HGB ist das Anlage- in Umlaufvermögen umzugliedern, soweit die Veräußerung innerhalb eines übersehbaren Zeitraumes beabsichtigt ist (vgl. §§ 270 Abs. 2 Satz 3 AktG; 71 Abs. 2 Satz 3 GmbHG).[24]

Für die **Bewertung gilt die Fortführungsprämisse des § 252 Abs. 1 Nr. 2 HGB nicht mehr,** weil tatsächliche Gegebenheiten – schon vor dem Bilanzstichtag – entgegenstehen und damit das Prinzip der Bewertungsstetigkeit durchbrochen werden muss.[25] Nach der Gegenauffassung sind die Neubewertungen erst in der Eröffnungsbilanz vorzunehmen. Die Bedeutung des Streits zeigt sich vor allem im Steuerrecht. Weist man die durch die Neubewertung entstehenden Gewinne dem mit der Insolvenzeröffnung ablaufenden Rumpfwirtschaftsjahr zu, so sind die darauf beruhenden Steueransprüche bereits im Zeitpunkt der Insolvenzeröffnung begründet und damit Insolvenzforderungen iSv § 38, auch wenn der Steueranspruch erst mit Ablauf des Veranlagungszeitraums und damit nach Insolvenzeröffnung entsteht (§§ 48 lit. c, 49 Abs. 1 KStG, 25 Abs. 1 EStG).[26] Im Bereich der Liquidationsrechnungslegung (§§ 270 AktG; 71 GmbHG) wird dagegen die Ansicht vertreten, durch die Belastung des Ergebnisses des letzten Geschäftsjahres der werbenden Gesellschaft mit den Abwicklungskosten würden Tantiemeansprüche der Verwaltungsorgane (§§ 86 Abs. 2, 113 Abs. 3 AktG), Gewinnabführungs- bzw. Verlustausgleichsansprüche im Vertragskonzern (§§ 301 f. AktG) sowie die Ansprüche stiller Gesellschafter (§§ 230 ff. HGB) beeinträchtigt.[27] Abgesehen davon, dass bei der Betriebseinstellung eines insolventen Unternehmens allenfalls Verlustausgleichsansprüche betroffen sind, ist dies gerechtfertigt, weil die Abwicklungskosten eben in dem Geschäftsjahr der Betriebseinstellung wirtschaftlich verursacht wurden. Auch bei Zugrundelegung von Liquidationswerten bilden die Anschaffungs- und Herstellungskosten die Obergrenze (§ 253 Abs. 1 Satz 1 HGB).[28] Eine dem § 252 Abs. 2 HGB vergleichbare Möglichkeit, von dieser Obergrenze abzuweichen, ist in § 253 HGB gerade nicht vorgesehen. Die mit der Zerschlagung verbundenen spezifischen Verbindlichkeiten und Rückstellungen (insbesondere auf Grund eines Sozialplanes) sind zu passivieren. Zum Controlling der Insolvenzmasse bedarf es nicht zwingend einer (elektronischen) handelsrechtlichen Buchführung. Auf der Grundlage der insolvenzrechtlichen Einnahme/Ausgaben-Rechnung verbunden mit der Vermögensübersicht (§ 153), dem Verzeichnis der Massegegenständen (§ 151) und dem Gläubigerverzeichnis (§ 152) ist ein jederzeitiger Einblick in Bestand und Entwicklung der Masse möglich.

8 **b) Eröffnungsbilanz.** Entgegen der Vorstellung des Gesetzgebers[29] fordert der durch § 155 Abs. 2 Satz 1 angeordnete Beginn eines neuen Geschäftsjahres nicht zwingend eine handelsrechtliche

---

19 *Fischer-Böhnlein/Körner* BB 2001, 191, 195 mwN.

20 Auch im neuen Insolvenzrecht wird das bei kleineren Unternehmen die häufigste Form der Abwicklung darstellen.

21 Wird das Unternehmen erst nach der Verfahrenseröffnung gem. § 158 stillgelegt, berührt das die Rechnungslegungspflichten bezogen auf den Tag der Verfahrenseröffnung nicht, weil es sich bei der Betriebsstilllegung um eine wertbeeinflussende und nicht um eine wertaufhellende Tatsache handelt, *Kuntz/Mundt* DStR 1997, 664, 665.

22 Arg. § 22 Abs. 1 Satz 2 Nr. 2: „betreibt".

23 Einstellung des Betriebes bedeutet in der Regel Entlassung der Arbeitnehmer und Beendigung der Produktion, vgl. *Pink* S. 25.

24 *Pelka/Niemann* Rn. 157 auch zur „Übersehbarkeit" des Zeitraums; aA *Heni* ZinsO 2008, 998 ff., IDW RS HFA 17 n.F. Tz. 32.

25 *Pelka/Niemann* Rn. 183; *K. Schmidt* S. 84; *Hess* Anhang V Rn. 374; für die Eröffnungsbilanz auch Begr. zu § 174 RegE (= § 155); aA *Pink* S. 102 Fortführungsprämisse erst bei der Eröffnungsbilanz berücksichtigen.

26 → § 191 Rn. 7 f. Der BFH (BStBl. III 1964, 70; ZIP 1994, 1286) hat bislang aber angenommen, die Aufdeckung stiller Reserven führe zu Masseverbindlichkeiten. Zweifel am Fortbestand dieser Rechtsprechung angesichts von § 155 Abs. 2 Satz 1 äußern *Klasmeyer/Elsner* Rn. 189.

27 *Scherrer/Heni* S. 37; *Baumbach/Hueck/Haas* GmbHG § 71 Rn. 3.

28 *Pelka/Niemann* Rn. 151; *Weisang* BB 1998, 1149, 1150.

29 Begr. zu § 174 RegE (= § 155); zustimmend *Pink* ZIP 1997, 177, 180; *Pelka/Niemann* Rn. 184.

Eröffnungsbilanz. Aus dem Beginn eines neuen Geschäftsjahres alleine ergibt sich keine Pflicht zur Aufstellung einer Eröffnungsbilanz, da § 242 Abs. 1 Satz 1 HGB die Aufstellung einer Eröffnungsbilanz nur für den Beginn eines Handelsgewerbes vorschreibt. Auch ein Schluss aus § 155 Abs. 2 Satz 2 hilft nicht weiter,[30] weil dort nur von „Jahresabschlüssen" die Rede ist. Nach der Legaldefinition des § 242 Abs. 3 HGB besteht der Jahresabschluss aus Bilanz und GuV, nicht aber aus der Eröffnungsbilanz (vgl. auch die Klammerdefinition in § 242 Abs. 1 Satz 2 HGB). Dass die Vorschriften für den Jahresabschluss (also auch § 155 Abs. 2 Satz 2) auch auf die Eröffnungsbilanz Anwendung finden, führt nicht zur Notwendigkeit einer Eröffnungsbilanz, sondern setzt sie bereits voraus. Die Aufstellungspflicht für eine Eröffnungsbilanz kann sich allein aus einer **Analogie zur Liquidationsrechnungslegung** ergeben. Damit scheidet eine Eröffnungsbilanz für **Einzelkaufleute** von vornherein aus.[31] Bei **Personenhandelsgesellschaften** kommt dagegen eine Eröffnungsbilanz analog **§ 154 HGB** in Betracht, wenn man darin die Regelung der externen[32] Buchführungspflicht der Handelsgesellschaft[33] und nicht der internen Rechnungslegungspflicht des Liquidators[34] sieht. Bei den **Kapitalgesellschaften** ist für den Liquidationszeitraum eine Eröffnungsbilanz in den **§§ 270 AktG, 71 GmbHG** vorgesehen. Eine planwidrige Unvollständigkeit liegt vor, weil der Gesetzgeber ja annahm, bereits die Regelung des § 155 Abs. 2 Satz 1 mache eine Eröffnungsbilanz notwendig. Hinsichtlich der Vergleichbarkeit ist zwischen **Betriebseinstellung** und (zeitweiliger) **Unternehmensfortführung** zu **differenzieren.** Die Vorschriften der §§ 270 AktG, 71 GmbHG sind von dem Gedanken der Unternehmenskontinuität geprägt. Nach der Überzeugung des Gesetzgebers führt der Liquidationsbeschluss nur in Ausnahmefällen zu einer sofortigen Einstellung des Geschäftsbetriebes.[35] Daher rechtfertige sich die Angleichung an die Rechnungslegung der werbenden Gesellschaft. Im Insolvenzfall hingegen ist die Unternehmensfortführung jedenfalls bei kleineren und mittleren Unternehmen die Ausnahme. Dies ist in der faktischen Ertraglosigkeit des Unternehmens begründet und wird sich auch durch die Zieloffenheit des Insolvenzverfahrens (§ 1) nicht ändern. Eine pauschale Übernahme der Liquidationsrechnungslegung ist daher nicht möglich.[36] Nur soweit das insolvente Unternehmen tatsächlich fortgeführt wird, ist ein Rückgriff möglich. Im Fall der Unternehmensfortführung ist aber die Eröffnungsbilanz ohnehin mit der Schlussbilanz identisch (§ 252 Abs. 1 Nr. 1 HGB).[37] Maßgeblich und bindend für die Eröffnungsbilanzwerte sind die Schlussbilanzwerte der vorangegangenen Bilanz (Grundsatz des formellen Bilanzzusammenhangs). Nicht von Bedeutung ist daher die Erfassung von Eröffnungsbilanzwerten, welche einen rein technischen Vorgang darstellt, sondern die Ermittlung der Vermögenswerte und Schulden in der Schlussbilanz des Vorjahres. Diese werden auf Basis einer Inventur mengenmäßig ermittelt und entsprechend den gesetzlichen Vorschriften bewertet. Dies bedeutet, dass zwischen Schlussbilanz und Eröffnungsbilanz keine Buchung, Änderung des Bilanzinhalts oder Bewertungsänderung vorgenommen werden darf. Es besteht demnach eine zwingende Identität der Wertansätze.[38] Bei sofortiger Zerschlagung ist mangels Vergleichbarkeit eine Analogie zu den Liquidationsrechnungslegungsvorschriften abzulehnen und eine Eröffnungsbilanz daher entbehrlich.

3. Periodische Rechnungslegung während des Insolvenzverfahrens (§§ 238 ff. HGB). a) Keine handelsrechtlichen Buchführungs- und Bilanzierungspflichten bei endgültiger Einstellung. War das schuldnerische Unternehmen zum Zeitpunkt der Verfahrenseröffnung bereits endgültig eingestellt,[39] entfällt regelmäßig die Verpflichtung zur handelsrechtlichen Rechnungslegung.[40]

aa) Einzelkaufmann. Für den Einzelkaufmann ergibt sich das aus dem Wegfall der Kaufmannseigenschaft gem. § 1 Abs. 1 HGB, weil nach Entlassung der Arbeitnehmer und der Einstellung der Produktion nach Art und Umfang ein in kaufmännischer Weise eingerichteter Gewerbebetrieb 9

30 AA *Weisang* BB 1998, 1149, 1150.
31 *Pelka/Niemann* Rn. 184.
32 Zur Unterscheidung von interner und externer Rechnungslegung → Vor § 151 Rn. 1 ff.
33 BGH NJW 1980, 1522, 1523; *Pelka/Niemann* Rn. 106; aA. *Baumbach/Hopt* § 154 Rn. 4.
34 So *K. Schmidt,* 55 ff., 60.
35 Begr. zu § 2 Nr. 60 des RegE eines Bilanzrichtliniengesetzes, abgedruckt bei *Biener/Berneke,* Bilanzrichtliniengesetz, 1986, 527.
36 AA *K. Schmidt,* 83, der zu pauschal darauf verweist, dass es sich beim Insolvenzverfahren um eine „staatlich angeordnete Zwangsliquidation mit obligatorischem Drittliquidator" handele.
37 Zu Unterschieden zwischen Schluss- und Eröffnungsbilanz gelangt man aber dann, wenn man bei der Schlussbilanz entgegen der hier vertretenen Auffassung die Unternehmensfortführung zugrunde legt.
38 *Winkeljohann/Büssow,* Beck'scher Bilanzkommentar, 8. Aufl. 2012, § 252, Rn. 3, 6.
39 Zum Begriff → Rn. 7.
40 AA die hM für Kapitalgesellschaften, → Rn. 11.

nicht mehr erforderlich ist (§ 1 Abs. 2 HGB).[41] Auch eine Eintragung im Handelsregister führt zu keinem anderen Ergebnis, weil **kein Gewerbe** mehr vorliegt und die Eintragung darüber nicht hinweghilft (§§ 2 und 5 HGB). Es fehlt nämlich an dem für den Gewerbebegriff[42] konstituierenden Merkmal der Absicht *dauernder* Gewinnerzielung. Die Absicht bestmöglicher Masseverwertung erfüllt diese Anforderungen nicht.[43] Das zeigt sich auch daran, dass die bloße Vermögensverwaltung kein Gewerbe ist.[44] Schließlich zeigt sich die Richtigkeit der These auch an folgendem Vergleich. Würde der Einzelkaufmann sämtliche Aktiva seines eingestellten Betriebes einzeln auf einen Erwerber übertragen, so würde der Erwerber nicht zum Kaufmann. Er erwirbt nur einzelne Gegenstände, aber keinen Betrieb. Aber auch der Einzelkaufmann verliert mit der Veräußerung des Betriebsvermögens seinen (eingestellten) Gewerbebetrieb. In vergleichbarer Weise verliert der Insolvenzschuldner mit der Insolvenzeröffnung die Verfügungsbefugnis über die Einzelnen, aus dem Betriebszusammenhang gelösten Aktiva.

10 **bb) Personenhandelsgesellschaften.** Für die Personenhandelsgesellschaften gilt das eben zum Einzelkaufmann Ausgeführte nach der Novellierung des HGB nicht mehr für *eingetragene* Gesellschaften, weil nach § 105 Abs. 2 HGB die bloße Vermögensverwaltung genügt.[45] Der Wegfall periodischer Rechnungslegung resultiert aber aus einer entsprechenden Anwendung der §§ 154, 161 Abs. 2 HGB, wenn man in § 154 HGB eine Regelung der externen handelsrechtlichen Rechnungslegungspflicht sieht, die Jahresabschlüsse nicht verlangt.[46] Denn das muss im Insolvenzverfahren erst Recht gelten, wo ein staatlich bestellter und beaufsichtigter „Zwangsliquidator" ohnehin umfangreiche Rechenschaftspflichten zu erfüllen hat. Der Gesetzgeber wollte durch § 155 die Rechnungslegung in der Insolvenz an die Rechnungslegung in der Liquidation anpassen.[47] Sieht man mit der Gegenansicht[48] in § 154 HGB dagegen eine Regelung der internen Rechnungslegungspflicht, so ergibt sich die Einschränkung der Buchführungspflichten der §§ 238 ff. HGB zumindest aus denselben Überlegungen wie bei den Kapitalgesellschaften (→ Rn. 11 ff.).

11 **cc) Kapitalgesellschaften.** Kapitalgesellschaften sind Kaufleute kraft Gesetzes (§ 6 Abs. 2 HGB). Die Auflösung nach den §§ 262 Abs. 1 Nr. 4 AktG, 60 Abs. 1 Nr. 4 GmbHG allein lässt die Kaufmannseigenschaft nicht entfallen. Vielmehr müssen Vermögenslosigkeit und Löschung im Handelsregister hinzukommen. Bei vor Verfahrenseröffnung erfolgter Betriebseinstellung sind aber die **§§ 238 ff. HGB nicht mehr anzuwenden,** wenn es sich um **kleinere oder mittlere Verfahren** handelt.[49] Zur Abgrenzung sind die Größengrenzen des § 267 HGB heranzuziehen.[50] Das entspricht zwar weit verbreiteter bisheriger Praxis,[51] nicht aber der herrschenden Auffassung.[52] Die Einschränkung der handelsrechtlichen Buchführungs- und Bilanzierungspflichten ergibt sich methodisch aus einer teleologischen Reduktion der handelsrechtlichen Vorschriften.[53] Sinn und Zweck doppelter Buchführung und jährlicher Bilanzierung lassen sich folgendermaßen umschreiben:

---

41 Vgl. Begr. zu § 174 RegE (= § 155); FKInsO/*Boochs* § 155 Rn. 28; *Hess* § 155 Rn. 23 f.

42 Vgl. dazu *Baumbach/Hopt* § 1 Rn. 1 ff.

43 AA *Klasmeyer/Kübler* BB 1978, 369, 370; *Hess* § 155 Rn. 21; FKInsO/*Boochs* § 155 Rn. 28.

44 BGHZ 74, 273, 276 f. mwN zum insoweit inhaltsgleichen § 196 Abs. 1 Nr. 1 BGB.

45 Der Gesetzgeber ging dagegen noch vom möglichen Fortfall der Kaufmannseigenschaft aus, vgl. Begr. zu § 174 RegE (= § 155).

46 BGH NJW 1980, 1522, 1523.

47 Begr. zu § 174 RegE (= § 155); BFH BStBl. II 1988, 825, 826 hat die Verpflichtung einer insolventen KG zu jährlicher Bilanzierung offen gelassen.

48 *Förschle/Deubert,* in Budde/Förschle K Rn. 355 mwN.

49 Wie hier Leitsatz 3.3.5.1.des Zweiten Berichts der Kommission für Insolvenzrecht, hrsg. vom BMJ 1986, 104; *Kuntz/Mundt* DStR 1997, 664, 669 ff.; *Heni,* WPg 1990, 92, 98 f.; einschränkend *ders.* ZInsO 1999, 609; 613 ff.; *Klasmeyer/Elsner* Rn. 172: jährliche Bilanzierung nicht erforderlich; vgl. aber auch *Klasmeyer/Elsner* Rn. 164; ähnlich wie hier auch *Smid/Rattunde* § 155 Rn. 13.

50 *Heni* WPg 1990, 92, 99.

51 Vgl. zB *Förster* ZIP 1997, 344. Ungenügend ist es, wenn *Runkel/Pink* Anwaltshandbuch Insolvenzrecht 1. Auflage § 10 Rn. 38 anmerkt, dass die Finanzverwaltung gemäß § 148 AO die Gewinnermittlung durch Einnahmen-Ausgaben-Rechnung gestattet. Denn damit bleiben handelsrechtliche Buchführungspflichten weiterhin bestehen. Strafrechtliche Konsequenzen der Verletzung der Buchführungspflicht bestehen nicht. § 331 HGB stellt nur die unrichtige Darstellung, nicht aber das Unterlassen der Bilanzierung unter Strafe. Auch kann selbst bei einem entsprechenden Antrag kein Zwangsgeld gegen den Verwalter nach § 335 Satz 1 Nr. 1 HGB festgesetzt werden. Denn er ist nicht eines der „Mitglieder des vertretungsberechtigten Organs einer Kapitalgesellschaft".

52 Jedenfalls implizit BGHZ 74, 316 = NJW 1979, 2212 → Rn. 18; LG Frankfurt/Oder NZI 2007, 294, 295; Begr. zu § 174 RegE (= § 155); Rn. 46m; *Pink* S. 90, 127; *Klasmeyer/Kübler* 370; *Pelka/Niemann* Rn. 11; *Hess* Anhang V Rn. 307; *Hess/Boochs/Weis* Rn. 811 f.; *Hundertmark,* BB 1967 408; FKInsO/*Boochs* § 155 Rn. 29.

53 *Kuntz/Mundt* DStR 1997, 664, 669 ff.

- Selbstinformation des Kaufmanns bzw. seiner Organe über die Ertragslage des Unternehmens
- Informationen für die Gesellschafter zur Kontrolle der Organe und als Grundlage einer Gewinnverteilung
- Informationen für kreditgewährende Gläubiger (insbesondere Hausbanken) im Hinblick auf die Ertragslage und das vorhandene Vermögen (Kontrolle des Schuldendeckungspotenzials)
- Informationen für den Fiskus zur steuerlichen Gewinnermittlung.

Keiner dieser Zwecke erfordert die aufwändige Rechnungslegung in der Insolvenz, wenn der Betrieb endgültig eingestellt wurde. Die Darstellung der Ertragslage wird hinfällig. Die Frage der Deckung der Masseverbindlichkeiten stellt sich in allen Verfahren, bei denen aber auch die insolvenzspezifische Rechnungslegung zur Überwachung genügt. Kreditgewährung scheidet bei einem eingestellten, insolventen Unternehmen ersichtlich aus. Ertragsteuerlich ist das Liquidationsanfangs- mit dem Liquidationsendvermögen zu vergleichen (§ 11 Abs. 2 und 7 KStG, 7 GewStG, 16 GewStDV). Eine jährliche Gewinnermittlung entfällt also. Umsatzsteuervoranmeldungen können auch auf der Grundlage der insolvenzrechtlichen Einnahmen-/Ausgabenrechnung erstellt werden. Dabei sollen die Umsatzsteuervoranmeldungen nicht aus der Gerichtsbuchhaltung, sondern vielmehr aus der Finanzbuchhaltung erstellt werden. Während die Gerichtsbuchhaltung nach dem Zu- und Abflussprinzip erstellt wird, gilt für die Umsatzsteuer idR die Sollbesteuerung. Die Angabe von Umsätzen erst im Voranmeldungszeitraum des Zuflusses ist steuerrechtlich falsch. Beispielsweise wird die Verwertung sicherungsübereigneter Gegenstände in der Gerichtsbuchhaltung in einer nicht für die Ertrags- und Umsatzsteuer geeigneten Weise abgebildet. Die Entwicklungen im Insolvenzsteuerrecht machen in der Praxis eine Finanzbuchhaltung unerlässlich, so dass nur in kleinen Verfahren, nachdem keine Verwertungen u.ä. Vorgänge mehr stattfinden, darauf verzichtet werden kann und die Umsatzsteuervoranmeldungen aus der Gerichtsbuchhaltung entwickelt werden können

Der Überwachung der Organe bedarf es nicht mehr, da der Insolvenzverwalter an ihre Stelle getreten ist. Der Insolvenzverwalter steht unter der Aufsicht der Gläubiger und des Insolvenzgerichtes, für die er folgende umfangreiche Rechnungspflichten erfüllt:

Ist ein Gläubigerausschuss bestellt, hat eine sog. **Kassenprüfung** nach § 69 Satz 2 (früher § 88 12 KO) stattzufinden, in kleineren Verfahren durch ein Mitglied des Gläubigerausschusses, sonst meist durch eine Wirtschaftsprüfungsgesellschaft (§ 69 Satz 2: „… prüfen zu lassen"). Der Insolvenzverwalter hat die entsprechenden Belege den Kontoauszügen zuzuordnen und die Einnahmen und Ausgaben des Schuldners im Rahmen einer **Einnahmen-Ausgaben-Überschussrechnung** monatlich aufzuzeichnen. Prüft ein Mitglied des Gläubigerausschusses, erhält dieses die monatlichen Aufzeichnungen nebst Anlagen mit der Bitte um Prüfung und Bestätigung, dass Einwendungen hiergegen nicht bestehen. Ist kein Gläubigerausschuss bestellt, ergibt sich die Pflicht zur periodischen Rechnungslegung aus § 66 (vormals § 86 KO). Wenn auch § 66 nur von einer Rechnungslegung bei Beendigung des Amtes des Insolvenzverwalters spricht, so ist dennoch eine periodische Auflistung aller Einnahmen und Ausgaben erforderlich.[54] Denn in größeren Verfahren könnten die Belege am Ende des Verfahrens nicht mehr ordnungsgemäß den einzelnen Posten der Einnahmen-Ausgaben-Überschussrechnung zugeordnet werden. Falls die Gläubigerversammlung dies gemäß § 79 Satz 2 verlangt, sind periodische Abrechnungen erforderlich. Auch für die monatlichen Umsatzsteuer-Voranmeldungen sind monatliche Zahlen nötig. Hinzukommt die fortlaufende **Berichterstattung:** Ist ein Gläubigerausschuss bestellt, ist der Insolvenzverwalter gem. § 69 Satz 2 verpflichtet, diesen „… über den Gang der Geschäfte zu unterrichten …". Gemäß § 79 Satz 1 ist auch die Gläubigerversammlung berechtigt, „vom Insolvenzverwalter einzelne Auskünfte und einen Bericht über den Sachstand und die Geschäftsführung zu verlangen". Gemäß § 132 Abs. 2 KO hat die Gläubigerversammlung im ersten Termin in aller Regel dem Konkursverwalter aufgegeben, in Abständen von 3 Monaten dem Konkursgericht gegenüber über den Stand der Sache zu berichten (Quartalsberichte).

Der Nachteil dieser bloß pagatorischen Einnahmen-/Überschussrechnung ist, dass **Geschäfts-** 13 **vorfälle,** die sich nicht auf dem Insolvenzkonto niederschlagen zB Freigaben, Rückstellungen für Prozesse, Neuerwerb von Massegegenständen nicht erfasst werden.[55] In den Fällen kleiner und mittlerer Verfahren, für die hier eine teleologische Reduktion verfochten wird, ist die Situation für den Verwalter aber so überschaubar, dass derartige Vorgänge in den **Quartalsberichten** ohne weiteres erfasst werden können.[56] Insolvenzgericht und Gläubiger können am Ende des Verfahrens ohne

---

54 Diese periodische Rechnungslegung besteht also unabhängig von einer ausdrücklichen Anordnung nach § 66 Abs. 3.

55 *Pelka/Niemann* Rn. 81; *Pink* S. 96 f.

56 Vgl. auch *Bähner/Berger/Braun* ZIP 1993, 1283, 1286; auch die Gegenansicht konzediert, dass die Einnahme-Überschussrechnung mit erweiterter Berichtspflicht eine „Hilfslösung" (*Pink* S. 97) darstellt, also gerade nicht völlig untauglich ist.

weiteres beurteilen, ob der Verwalter die Masse vollständig verwertet hat. Entweder ist einem Vermögensgegenstand des Verzeichnisses der Massegegenstände (§ 151) ein Zahlungsbeleg zuzuordnen oder er befindet sich in der Liste der nicht verwertbaren Vermögensgegenstände. In anderen Fällen wie zB bei Freigaben ist ein entsprechender Hinweis im Schlussbericht erforderlich. Für die hier verfochtene Lösung spricht auch, dass das Privatvermögen des Einzelkaufmannes nicht in die handelsrechtliche Buchführung einzubeziehen ist,[57] obwohl sich hier die Probleme der Erfassung nicht zahlungswirksamer Geschäftsvorfälle in gleicher Weise stellen. Betont sei noch einmal, dass die Einschränkung der §§ 238 ff. HGB nur für den Regelfall vertreten wird, dass es um kleine und mittlere Kapitalgesellschaften mit überschaubaren Aktiva und Passiva geht.

14 Die aufwändige doppelte Buchführung und Bilanzierung wird in den genannten Fällen teilweise als **insolvenzzweckwidrig** und „l'art pour l'art" angesehen.[58] Sie erschwere nämlich gerade die Überprüfung der Tätigkeit des Insolvenzverwalters, weil die Rechtspfleger die herkömmliche Einnahme-/Überschussrechnung gewöhnt sind und die Masse im Falle doppelter Buchführung und Bilanzierung zweimal unnötigerweise mit Kosten belastet wird: einmal muss der Verwalter die Erstellung von Jahresabschlüssen in Auftrag geben und zum anderen wird das Gericht zur Überprüfung des vollkaufmännischen Rechenwerkes wiederum einen anderen Prüfer bestellen.[59] Eine derartige Belastung der Masse **widerspreche** dem **Gläubigerschutz** als zentralem Anliegen der handelsrechtlichen Rechnungslegung. Die Gläubiger sind berechtigterweise an einer möglichst hohen Quote interessiert, nicht aber an einer aus ihrer Sicht unnötigen Arbeitsbeschaffungsmaßnahme für Wirtschaftsprüfer und Steuerberater.[60] Dieser Widerspruch zum Bilanzzweck des Gläubigerschutzes rechtfertige die teleologische Reduktion. Eine handelsrechtliche (elektronische) Buchführung mag ein Instrument des Controllings sein (zB zur Dokumentation des Forderungseinzugs), sie ist jedoch nicht das einzige funktionsfähige Controlling-Instrument. Buchführung ist die laufend systematische und in Geldgrößen vorgenommene Dokumentation von Geschäftsvorfällen (buchungspflichtige Ereignisse) in einem kaufmännischen Unternehmen. Die Buchführung bezweckt, Vermögen und Vermögensentwicklung des zur Buchführung Verpflichteten klar, übersichtlich und nachprüfbar zu dokumentieren. Sie dient so dem Gläubigerschutzgedanken, erfüllt eine Beweissicherungs- und Selbstinformationsfunktion und dient dem Gesellschafterschutz sowie der Sicherung des Rechtsverkehrs. Technisch vollzieht sich die Buchführung mit den Eintragungen in den Handelsbüchern. Was Handelsbücher sind bzw. welche Handelsbücher wie zu führen sind, bestimmt sich nach den Grundsätze ordnungsgemäßer Buchhaltung (GoB). Die GoB überlassen dem zur Buchführung Verpflichteten grundsätzlich die Wahl des Buchführungssystems wie auch der zu führenden Handelsbücher. System und Anzahl der geführten Bücher müssen lediglich den Buchführungszweck erfüllen.[61] Allgemein sind Handelsbücher so zu führen, dass in ihnen die Geschäftsvorfälle vollständig, klar und nachprüfbar erfasst werden. In der kaufmännischen Praxis haben sich insbesondere Grund-, Haupt- und Nebenbücher als Erfassungsinstrumente für Geschäftsvorfälle durchgesetzt,[62] zulässig sind jedoch auch andere Gliederungen im Rahmen der GoB, solange sie den Buchführungszweck erfüllen.

15 Die Rechnungslegungsvorschriften bei Liquidation (§§ 270 AktG, 71 GmbHG) stehen dem hier vertretenen Ergebnis nicht entgegen, auch wenn dort jährliche Abschlüsse verlangt werden. Wie bereits ausgeführt,[63] beruhen die genannten Vorschriften auf der Feststellung des Gesetzgebers, dass der Auflösungsbeschluss in der Regel nicht zu einer sofortigen Betriebseinstellung führt. Die hier interessierende Insolvenzsituation ist aber umgekehrt. Bei kleinen und mittleren Unternehmen, die ihre Betriebstätigkeit eingestellt haben, scheidet eine Unternehmensfortführung typischerweise aus. Auch bestehen für die Liquidatoren anders als für den staatlich ausgewählten und überwachten Insolvenzverwalter keine detailliert geregelten (internen) Rechnungslegungspflichten. Eine Abweichung von den Regeln in der Liquidation ist daher gerechtfertigt.

16 Die **Rechtsprechung**[64] hat bislang – soweit ersichtlich – zu dem Problem der Einschränkung der handelsrechtlichen Buchführung bei Betriebseinstellung in kleinen und mittleren Insolvenzver-

[57] Baumbach/Hopt/*Merkt* § 238 Rn. 7.
[58] *Uhlenbruck* KTS 1989, 229, 231; ebenso bis zur Vorauflage von *Füchsl.*
[59] *Förster* ZIP 1997, 344; *Pink* ZIP 1997, 177, 188; vgl. auch OLG Hamm ZIP 1986, 724 = EWiR § 86 KO 1/86, 399 *(Eickmann)*; aA *Braun* ZIP 1997, 1013, 1015.
[60] Vgl. auch *Heni* WPg. 1990, 92, 98: „kostenspielige Zahlenfriedhöfe", „lukratives Nebengeschäft".
[61] Vgl. nur *Winkeljohann/Klein,* Beck'scher Bilanzkommentar, 8. Aufl. 2012, § 238, Rn. 59 f.
[62] Vgl. *Winkeljohann/Klein,* Beck'scher Bilanzkommentar, 8. Aufl. 2012, § 238, Rn. 68.
[63] → Rn. 8.
[64] RFHE 44, 162 = RStBl. II 1938, 669; BFHE 78, 172 = BStBl. III 1964, 70; BFHE 106, 305, 307 = BStBl. II 1972, 784 = BB 1972, 1258; BFH BStBl. II 1988, 825; BFH ZIP 1993, 374 = BStBl. II 1993, 265 = EWiR 1993, 219 *(App)*; BGHZ 74, 316, 318 = NJW 1979, 2212; KG ZIP 1997, 151; OLG Koblenz ZIP 1993, 52 = EWiR § 82 KO 1/93, 67 *(App)*; FG Freiburg EFG 1964, 331; FG Hamburg, EFG 1964, 432; vgl. aber LG Oldenburg Rpfleger 1993, 451.

fahren nicht ausdrücklich Stellung genommen. Die meisten einschlägigen Entscheidungen befassen sich lediglich mit der Frage der Auswirkung der Konkurseröffnung als solcher, nicht aber mit der Frage, welche Folgen sich aus der Betriebseinstellung eines insolventen Unternehmens ergeben.[65] Teilweise[66] geht es nur um die Frage der Erfüllung der Buchführungs- und Bilanzierungspflichten *vor* Verfahrenseröffnung. Allerdings kommt es nach Ansicht des BGH für die Verpflichtung des Verwalters zur Buchführung nach § 5 Abs. 1 EStG nicht darauf an, ob er sich zu einer Betriebsfortführung entschließt.[67] Diese Passage bezieht sich aber auf die *vor* der Verfahrenseröffnung entstandenen Buchführungspflichten.[68] Die Entscheidung des BFH vom 8.6.1972 spricht eher für die hier vertretene Auffassung, weil danach Mängel der Buchführung „auch während des Konkursverfahrens, während dem der Gewerbebetrieb fortbesteht, zu beachten" sind.[69] Das gilt auch für die Begründung des RFH,[70] wonach die Eröffnung des Konkursverfahrens nicht das Wirtschaftsjahr beende, da der Betrieb weder aufgegeben noch veräußert wurde. Der ungehinderte Fortgang des Wirtschaftsjahres aber erfordere, dass die Bilanzen steuerlich fortgeführt werden. Nach Ansicht des OLG Koblenz handelt der Verwalter in der Insolvenz einer juristischen Person nicht pflichtwidrig, wenn er davon absieht, Buchführungsarbeiten zu vergeben, die nur zu einer Kostenbelastung der Masse führen.[71]

Selbst wenn man entgegen der hier vertretenen Auffassung trotz der endgültigen Betriebseinstellung an der grundsätzlichen Anwendbarkeit der §§ 238 ff. HGB festhält, sind jedenfalls die **Grundsätze ordnungsgemäßer Buchführung** (§ 238 Abs. 1 Satz 1 HGB) modifiziert zu verstehen. Ist das insolvente Unternehmen endgültig eingestellt, genügt statt doppelter, eine **einfache** Buchführung (nur Bestandskonten, keine Gegenbuchung).[72] Auf der Grundlage dieser vereinfachten Buchführung können dann jährlich Bilanzen erstellt werden. 17

b) Handelsrechtliche Buchführungs- und Bilanzierungspflichten bei (zeitweiliger) Unternehmensfortführung. Die Buchführungs- und Bilanzierungspflichten bei zeitweiliger Unternehmensfortführung ergeben sich aus den §§ 238 ff. HGB iVm § 155 Abs. 1.[73] Zu den einzelnen Elementen → vor §§ 151 ff. Rn. 18 ff. Folgende Besonderheiten ergeben sich im Insolvenzverfahren. 18

aa) Geschäftsjahr (Wahlrecht). Mit der Eröffnung des Insolvenzverfahrens beginnt ein neues zwölfmonatiges Geschäftsjahr (vgl. § 155 Abs. 2 Satz 1).[74] Der Verwalter kann zum bisherigen Geschäftsjahr zurückkehren und damit erneut ein weiteres Rumpfgeschäftsjahr bilden.[75] Dazu bedarf es aber keiner analogen Anwendung des § 211 Abs. 1 Hs. 2 AktG (1937).[76] Das Handelsrecht begrenzt in § 240 Abs. 2 Satz 2 lediglich die Dauer des Geschäftsjahres auf zwölf Monate, lässt aber die Bildung von Rumpfgeschäftsjahren ohne weiteres zu.[77] Wird das bisherige Geschäftsjahr

65 Der Fall von BGHZ 74, 316 = NJW 1979, 2212 hätte aber Anlass zur Stellungnahme gegeben, weil dort der Geschäftsbetrieb einer KG vom Verwalter nicht fortgeführt wurde.

66 KG ZIP 1997, 1511.

67 BGHZ 74, 316, 319 = NJW 1979, 2212, 2213.

68 Die Entscheidung deutet gleichwohl an, dass der BGH die hier vertretene Ansicht wohl ablehnen würde, weil in dem zu entscheidenden Fall der Geschäftsbetrieb einer KG nicht fortgeführt wurde.

69 BFHE 106, 305, 307 = BStBl. II 1972, 784 = BB 1972, 1258; die Entscheidung betrifft keine Kapitalgesellschaft. Man kann also nicht argumentieren, bei Kapitalgesellschaften liege handels- und steuerrechtlich bis zum endgültigen Verlust der Rechtspersönlichkeit immer ein Gewerbebetrieb vor.

70 RStBl. II 1938, 669, 670 = RFHE 44, 162, 165 f.

71 OLG Koblenz ZIP 1993, 52 = EWiR § 82 KO 1/93, 67 *(App)*; vgl. aber andererseits → Rn. 40 f. zur Rechtsprechung des BFH in massearmen Verfahren.

72 AA Uhlenbruck/*Sinz* § 155 Rn. 10.

73 Eines Rückgriffs auf eine Analogie zu den §§ 154 HGB, 270 AktG, 71 GmbHG bedarf es nicht mehr, *Pelka/Niemann* Rn. 32.

74 Begr. § 174 RegE (= § 155).

75 BGH, Beschl. v. 14.10.2014 – II ZB 20/13, ZIP 2015, 88; KPB/*Kübler* § 155 Rn. 28a; vgl. zu den Anforderungen an Umstellung des Geschäftsjahres durch den Insolvenzverwalter BGH, Beschl. v. 21.2.2017 – II ZB 16/15, DStR 2017, 1124; Zur steuerlichen Wirksamkeit ist -anders als bei der Bildung des Rumpfwirtschaftsjahres für den Zeitraum vor Verfahrenseröffnung – die Zustimmung des Finanzamtes gem. §§ 4a Abs. 1 Nr. 2 Satz 2 EStG, 7 Abs. 4 Satz 3 KStG erforderlich, es sei denn, das bisherige Wirtschaftsjahr stimmt mit dem Kalenderjahr überein, § 8b Satz 2 Nr. 2 EStDV, vgl. auch KPB/*Kübler* § 155 Rn. 31.

76 AA im Hinblick auf die methodische Begr., nicht aber auf das Ergebnis *Weisang* BB 1998, 1149, 1151; und noch weitergehend *Kuntz/Mundt* DStR 1997, 664, 666.

77 Deshalb brauchte der Gesetzgeber bei der Novellierung des AktG das Wahlrecht des § 211 Abs. 1 Hs. 2 AktG (1937) nicht zu übernehmen, weil es sich bereits nach allgemeinen Grundsätzen als selbstverständlich ergibt, vgl. Begr. RegE AktG 1965, abgedruckt bei *Kropff*, AktG, 1965, 360. Der BFH hat lediglich ein Wahlrecht hinsichtlich der Bildung eines Rumpfgeschäftsjahres zwischen Beginn des normalen Geschäftsjahres und dem Eintritt ins Liquidationsstadium verneint, BFH BStBl. II 1974, 692, 693.

beibehalten, ist ein weiteres Rumpfgeschäftsjahr zwischen dem Tag der Insolvenzeröffnung und dem regulären Ende des vor der Verfahrenseröffnung beginnenden Geschäftsjahres zu bilden. Es ist hierfür bei Kapitalgesellschaften kein Hauptversammlungs- oder Gesellschafterbeschluss erforderlich, weil das in der Satzung oder im Gesellschaftsvertrag festgelegte Geschäftsjahr beibehalten wird (§§ 179 Abs. 1 AktG, 53 Abs. 1 GmbHG) und damit keine Satzungsänderung vorliegt.[78] Fällt dagegen die Insolvenzeröffnung in ein laufendes Geschäftsjahr und soll das mit der Insolvenzeröffnung beginnende Geschäftsjahr volle zwölf Monate betragen, so ist hierzu eine Satzungsänderung erforderlich. Keinerlei Probleme bestehen, wenn die Eröffnung des Verfahrens mit dem regulären Beginn des Geschäftsjahres zusammenfällt.

19 **bb) Aufstellungs- und Offenlegungsfristen (§ 155 Abs. 2 Satz 2).** Um der insolvenzrechtlichen Rechnungslegung (§§ 151 bis 154) Vorrang einzuräumen, werden die gesetzlichen Fristen für die Aufstellung und Offenlegung von Jahresabschlüssen durch § 155 Abs. 2 Satz 2 um den Zeitraum zwischen der Verfahrenseröffnung und dem *Berichtstermin* (vgl. § 29 Abs. 1 Nr. 1) verlängert. Zwar spricht die Begründung zu § 174 RegE (= § 155) abweichend vom Gesetzeswortlaut vom Prüfungstermin. Doch ist sinnvoll allein der Zeitpunkt des Berichtstermins, weil bis dahin die insolvenzrechtlichen Verzeichnisse zu erstellen und vorzulegen sind (§ 154).

20 **cc) Pflicht zur Aufstellung eines Lageberichtes.** Eine Pflicht zur Aufstellung eines Lageberichtes (§ 289 HGB) ergibt sich aus § 264 Abs. 1 Satz 1 HGB iVm § 155 Abs. 1 Satz 1. Sie besteht nicht für kleine Kapitalgesellschaften iSv § 267 Abs. 1 HGB (§ 264 Abs. 1 Satz 3 HGB). Da § 155 Abs. 1 direkt auf die §§ 238 ff. HGB verweist, braucht nicht geklärt zu werden, ob die §§ 270 Abs. 1 AktG, 71 Abs. 1 GmbHG auch für kleine Kapitalgesellschaften einen Lagebericht verlangen.[79] Der Insolvenzverwalter erfüllt mit seinen periodischen internen Berichten (§§ 58 Abs. 1 Satz 2, 79 Satz 2) zugleich die Anforderungen des § 289 Abs. 1 HGB, weil auch in ihnen der Geschäftsverlauf und die Lage der Kapitalgesellschaft so darzustellen ist, dass den Gläubigern ein den tatsächlichen Verhältnissen entsprechendes Bild vermittelt wird.

21 **dd) Jahresabschlussprüfung.** Bei anderen als kleinen Kapitalgesellschaften im Sinne des § 267 Abs. 1 HGB sind Jahresabschluss und Lagebericht durch einen Abschlussprüfer zu prüfen, § 316 Abs. 1 Satz 1 HGB iVm § 155 Abs. 1 Satz 1.[80] Analog §§ 270 Abs. 3 AktG, 71 Abs. 3 GmbHG kann von der **Prüfungspflicht befreit** werden, wenn die Verhältnisse so überschaubar sind, dass eine Prüfung der Verhältnisse im Interesse der Gläubiger nicht geboten ist.[81] Zuständig für die Befreiung ist – entsprechend dem Wortlaut der §§ 270 Abs. 3 AktG, 71 Abs. 3 GmbHG – das *Register*gericht.[82] Eine Zuständigkeit des Insolvenzgerichts ist abzulehnen, weil nach § 155 Abs. 3 auch die **Bestellung eines Abschlussprüfers** im Insolvenzverfahren ausschließlich durch das Registergericht auf Vorschlag des Verwalters erfolgt.[83] Abweichend von den §§ 115, 116 bestimmt § 155 Abs. 3 Satz 2, dass der vor Verfahrenseröffnung erteilte Prüfungsauftrag (Geschäftsbesorgungsvertrag mit Werkvertragscharakter, §§ 675, 631 BGB[84]) nicht erlischt. Gemeint ist damit das durch die Verfahrenseröffnung nach § 155 Abs. 2 Satz 1 endende (Rumpf-)Geschäftsjahr.[85] Von der Prüfungspflicht von Abschlüssen vor Verfahrenseröffnung kann der Verwalter jedenfalls analog §§ 270 Abs. 3 AktG, 71 Abs. 3 GmbHG befreit werden, wenn die Verhältnisse überschaubar sind.[86] Ein Verstoß gegen die Vierte Gesellschaftsrechtliche Richtlinie (78/660/EWG) ist darin nicht zu sehen. Denn es geht lediglich um die Frage, ob die vom Schuldner versäumte Prüfungspflicht auf Kosten der Masse nachzuholen ist. Dies wird von der Richtlinie nicht verlangt. Lediglich der Verwalter wird befreit, nicht aber der Schuldner. Richtigerweise muss der Verwalter für Abschlüsse vor Verfahrenseröffnung unabhängig von einer Befreiung durch das Registergericht keinen Prüfungsauftrag erteilen, der von der Masse zu tragen wäre. Denn insoweit ist kein Bezug zur Insolvenzmasse ersichtlich wie von § 155 Abs. 1 Satz 2

78 *Kuntz/Mundt* DStR 1997, 664, 667.

79 Vgl. dazu *Kuntz/Mundt* DStR 1997, 664, 667 f.

80 Die Notwendigkeit einer Abschlussprüfung wird auch in § 155 Abs. 3 vorausgesetzt.

81 Begr. § 174 RegE (= § 155); vgl. auch OLG München NZI 2008, 263; LG Dresden ZIP 1995, 233.

82 Begr. § 174 RegE (= § 155); LG Paderborn ZIP 2006, 2101; Uhlenbruck/*Sinz* § 155 Rn. 25; aA *Kuntz/Mundt* DStR 1997, 664, 668: Insolvenzgericht wegen größerer Sachnähe.

83 Die Befugnis der Gesellschafter, nach § 318 Abs. 1 HGB, den Abschlussprüfer zu bestellen, erschien dem Gesetzgeber wegen der wirtschaftlichen Bedeutung der Bestellung des Abschlussprüfers nicht mehr angemessen, Begr. § 174 RegE (= § 155).

84 Baumbach/Hopt/*Merkt* § 318 HGB Rn. 3.

85 Begr. § 174 RegE (= § 155).

86 AG München ZIP 2004, 2110, 2111 = EWiR § 155 InsO 1/05 *(Paulus)*; aA OLG München ZIP 2005, 2068, 2069.

verlangt. Auch der BGH hat keine bedingungslose Erfüllung der Buchführungspflichten verlangt, sondern eine Abwägung unter Berücksichtigung der Belastbarkeit der Masse zugelassen.[87]

ee) Offenlegung. Kapitalgesellschaften sind nach Maßgabe der §§ 325 ff. HGB iVm § 155 Abs. 1 Satz 1 zur Offenlegung verpflichtet. Eine Befreiungsmöglichkeit auf Grund einer doppelt anlogen Anwendung der §§ 270 Abs. 3 AktG, 71 Abs. 3 GmbHG ist aus Gründen des Gläubigerschutzes abzulehnen,[88] zumal nach hier vertretener Ansicht bei einer endgültigen Betriebsstilllegung in den überschaubaren Fällen die Buchführungspflicht ohnehin entfällt. 22

4. Rechnungslegung bei Betriebseinstellung während des Insolvenzverfahrens. Es ist zweckmäßig, wenn auch nicht zwingend vorgeschrieben, zum Abschluss der Fortführungsperiode, also auf den Tag vor dem Einstellungsbeschluss (§ 157 Satz 3) eine handelsrechtliche Schlussbilanz der werbenden insolventen Gesellschaft, eine Gewinn- und Verlustrechnung und bei Kapitalgesellschaften zusätzlich einen Anhang und einen Lagebericht zu erstellen.[89] Die Schlussbilanz hat die Aufgabe, das Fortführungsergebnis seit dem letzten Jahresabschluss zu ermitteln und ist nach denselben Bilanzierungsvorschriften wie dieser zu erstellen (insbesondere sind also Buchwerte fortzuführen).[90] Aus ihr ergibt sich, ob die Unternehmensfortführung in dieser letzten Periode zu einer Massemehrung geführt hat.[91] Sie ist auch Grundlage für eine Darstellung des Abwicklungsanfangsvermögens nach § 11 KStG. 23

5. Rechnungslegung zum Verfahrensabschluss. Wird das schuldnerische Unternehmen während des Insolvenzverfahrens nicht eingestellt, sondern reorganisiert, so ist auf den Tag der Einstellung des Insolvenzverfahrens (§§ 212 ff.) § 155 Abs. 2 Satz 1 analog anzuwenden.[92] Mit der Verfahrenseinstellung endet somit das letzte Geschäftsjahr im Insolvenzverfahren. Maßgeblicher Bilanzstichtag ist dabei der Tag der Aufhebung des Verfahrens. Soweit dagegen eingewandt wird, dass dann nicht mehr dem Verwalter sondern dem Schuldner die Rechnungslegung obliegt,[93] zeigt dies nur die Richtigkeit der hier vertretenen These von der teleologischen Reduktion der Rechnungspflichten bei endgültiger Betriebseinstellung. Nur in diesen Fällen bestehen berechtigte Zweifel daran, ob der Schuldner der Bilanzierungspflicht nachkommen wird. Denn bei endgültiger Stilllegung bestehen keine Pflichten mehr und bei einer Unternehmensfortführung ist nicht ersichtlich, warum nicht das (reorganisierte) Unternehmen selbst unter Zuhilfenahme fachlicher Hilfe die Rechnungslegungspflichten erfüllen soll. Auf diese Weise ist auch eine eindeutige Abgrenzung zwischen Geschäftsvorfällen während des Insolvenzverfahrens, für die der Insolvenzverwalter die Verantwortung trägt, und solchen nach Verfahrensabschluss möglich. Mit der Verfahrensaufhebung beginnt ein neues Geschäftsjahr. Da die durch das Insolvenzverfahren geschaffene Sondersituation beseitigt ist, ist zum nächstmöglichen Zeitpunkt wieder eine Koordinierung des mit der Verfahrensaufhebung beginnenden Geschäftsjahres mit dem in der Satzung oder im Gesellschaftsvertrag festgelegten Geschäftsjahr erforderlich, sofern beide nicht übereinstimmen. Bei einer Abweichung bedeutet das, dass zwingend eine Satzungsänderung vorzunehmen ist, wenn nicht ein Rumpfgeschäftsjahr gebildet werden soll. 24

III. Steuerliche Buchführungspflichten

1. Buchführungspflichten nach §§ 140, 141 AO. § 140 AO verweist auf die §§ 238 ff. HGB. Die dort geltenden Grundsätze und Einschränkungen sind daher auch für das Steuerrecht maßgeblich. Auch während der Betriebsfortführung ist die Erstellung einer eigenen Steuerbilanz nicht notwendig (§ 60 Abs. 2 EStDV). § 141 AO enthält einen eigenen steuerrechtlichen Buchführungstat- 25

---

[87] BGHZ 74, 316, 319 = NJW 1979, 2212, 2213.

[88] AA *Kuntz/Mundt* DStR 1997, 664, 668.

[89] Ls. 3.3.5.1. des 2. KommBer. S. 104; *Pink* ZIP 1997, 177, 189; weiter gehend *Kuntz/Mundt* DStR 1997, 664, 665 f., die sogar § 155 Abs. 2 Satz 1 dahingehend korrigieren wollen, dass erst und allein auf den Zeitpunkt der Einstellung und nicht auf den der Verfahrenseröffnung eine Schlussbilanz des werbenden Unternehmens zu erstellen ist.

[90] *Pink* ZIP 1997, 177, 189; die Abweichung zu den Bewertungsgrundsätzen bei der Schlussbilanz auf den Tag vor der Eröffnung des Insolvenzverfahren (→ Rn. 7) rechtfertigt sich daraus, dass in diesen Fällen der Geschäftsbetrieb bereits vor dem Bilanzstichtag eingestellt worden ist, während bei der Betriebseinstellungsbilanz das Unternehmen erst nach dem Einstellungsbeschluss und damit dem Bilanzstichtag stillgelegt wird.

[91] Vgl. dazu LG Freiburg ZIP 1983, 1098; zu den Problemen (Eliminierung von Gewinnen und Verlusten aus dem Liquidationsbereich) bei der Ermittlung des genauen Überschusses für die Vergütung des Verwalters vgl. *Pink* ZIP 1997, 177, 189.

[92] Begr. zu § 174 RegE (= § 155).

[93] KPB/*Kübler* § 155 Rn. 50, der seinerseits auf den Zeitpunkt des Vollzuges der Schlussverteilung (§§ 200, 209) abstellt.

bestand. Im Falle der Betriebseinstellung ergibt sich die Unanwendbarkeit des § 141 AO für Einzelkaufleute und Personenhandelsgesellschaften aus dem Wegfall der Gewerbeeigenschaft (vgl. § 141 AO: „gewerbliche Unternehmer").[94] Für Kapitalgesellschaften folgen die Einschränkungen bei Betriebseinstellung aus denselben Gründen wie bei der handelsrechtlichen Buchführung, sofern es nicht bereits an den Voraussetzungen des § 141 AO (zB Umsatz/Gewinn oder einer entsprechenden Mitteilung der Finanzbehörde nach § 141 Abs. 2 AO) fehlt. Für die Liquidationsbesteuerung werden aber die allgemeinen Buchführungspflichten ohnehin durch § 11 KStG modifiziert (→ Rn. 28)

26 **2. Besonderheiten der Besteuerung bei Kapitalgesellschaften (§ 11 KStG). a) (Zeitweilige) Unternehmensfortführung.** Wird das insolvente Unternehmen fortgeführt, so bestehen für den Fortführungszeitraum keine Besonderheiten. **§ 11 KStG** ist **unanwendbar,** auch wenn das im Wortlaut des § 11 Abs. 7 KStG nicht eindeutig zum Ausdruck kommt.[95] Die steuerlichen Vorteile sind nur dann gerechtfertigt, wenn das insolvente Unternehmen auch tatsächlich abgewickelt wird. Es sind daher jährlich Bilanzen zu erstellen. Zu beachten ist, dass auf Grund von § 155 Abs. 2 Satz 1 mit der Eröffnung des Insolvenzverfahrens handelsrechtlich zwingend ein Rumpf*geschäftsjahr* zu bilden ist. Damit entsteht auch steuerlich zwingend ein Rumpf*wirtschaftsjahr,* obwohl die Verfahrenseröffnung gerade kein Zeitpunkt ist, für den regelmäßig Abschlüsse gemacht werden (§ 7 Abs. 4 Satz 1 KStG).[96] Dafür spricht neben dem Gleichlauf von Handels- und Steuerbilanz, dass der Abschluss auf den Tag vor Verfahrenseröffnung eine eindeutige Aufteilung der Körperschaftsteuer des Veranlagungszeitraums, in dem das Insolvenzverfahren eröffnet wird, in Insolvenzforderungen und Masseverbindlichkeiten ermöglicht.[97] Diese zwingend vorgeschriebene Bildung eines Rumpfwirtschaftsjahres ist keine Umstellung des Wirtschaftsjahres iSv § 7 Abs. 4 Satz 3 KStG, zumal die Gefahr einer Steuerstundung nicht besteht.[98] Die Gegenansicht hält zwar am Erfordernis des Einvernehmens fest, erklärt die Verweigerung aber regelmäßig für ermessensfehlerhaft.[99] Der *Veranlagungszeitraum* (§§ 49 Abs. 1 KStG, 25 Abs. 1 EStG) ist weiterhin das Kalenderjahr.

27 Wird das Unternehmen nach der Eröffnung des Insolvenzverfahrens eingestellt, richten sich Besteuerung und Buchführungspflichten nach § 11 KStG, siehe sogleich unter Rn. 28.[100] Fällt der Zeitpunkt der Betriebseinstellung nicht mit dem Ende des Wirtschaftsjahres zusammen, kann das Abwicklungsanfangsvermögen (§ 11 Abs. 4 KStG) sowohl auf der Grundlage der Schlussbilanz des letzten ordentlichen Geschäftsjahres (also Einbeziehung des Gewinns aus der letzten Fortführungsperiode in die Liquidationsbesteuerung) als auch auf der Grundlage einer „Betriebseinstellungsbilanz" ermittelt werden (Abschnitt 46 Abs. 1 Satz 5 KStR).[101] Anders als im Fall der Verfahrenseröffnung fehlt es für den Zeitpunkt der Betriebseinstellung an einer § 155 Abs. 2 Satz 1 vergleichbaren Verpflichtung zur Bildung eines handelsrechtlichen Rumpfgeschäftsjahres bis zum Tag der Betriebseinstellung. Auch geht es nicht mehr um die Abgrenzung von Insolvenzforderungen und Masseverbindlichkeiten.

28 **b) Endgültige Einstellung (Liquidationsbesteuerung).** Gem. § 11 Abs. 1, 2 und 7 KStG wird der Abwicklungsgewinn durch eine Gegenüberstellung von Abwicklungsanfangs- und Abwicklungsendvermögen ermittelt. Das **Abwicklungsendvermögen** ist das im Insolvenzverfahren zur Verteilung[102] kommende Vermögen, vermehrt um nichtabziehbare Aufwendungen nach § 10 KStG und vermindert um die steuerfreien Vermögensmehrungen, die dem Insolvenzschuldner während des Insolvenzverfahrens zugeflossen sind (§ 11 Abs. 3 KStG). Eine Bindung an handels- oder einkommensteuerliche Bewertungsvorschriften besteht nicht, maßgeblich ist vielmehr das BewG.[103] **Abwicklungsanfangsvermögen** ist das Betriebsvermögen, das am Schluss des der Insolvenzeröffnung vorangegangenen Wirtschaftsjahres der Veranlagung zur Körperschaftsteuer zugrunde gelegt

---

[94] → Rn. 9; § 105 Abs. 2 HGB nF steht nicht entgegen, weil dort bestimmt wird, dass es sich trotz bloßer Vermögensverwaltung um eine OHG, nicht aber um ein Gewerbe handelt.

[95] *Kilger/K. Schmidt* § 124 Anm. 1 b); *Kuhn/Uhlenbruck* § 58 Rn. 9m; *Streck,* Körperschaftsteuergesetz, 5. Auflage, 1997, § 11 Anm. 15; *Pink* S. 209; vgl. auch RFH RStBl. 1939, 355; 1940, 715 zu § 14 KStG aF.

[96] BFH BStBl. 1974 II, 692, 693; *Pink* S. 202 f.; wohl auch *Streck,* Körperschaftsteuergesetz, 5. Auflage, 1997,§ 11 Anm. 9, der darauf abstellt, ob handelsrechtlich zwingend eine Gewinnermittlungsschlussbilanz zu erstellen ist, was hier wegen § 242 Abs. 1 Satz 1 HGB iVm § 155 Abs. 2 Satz 1 der Fall ist; aA *Pelka/Niemann* Rn. 342; Abschnitt 46 Abs. 1 Satz 5 KStR.

[97] *Pink* S. 203.

[98] BFH BStBl. II 1974, 692, 693; *Pink* S. 202 f., 213.

[99] Begr. zu § 174 RegE (= § 155); vgl. FKInsO/*Boochs* § 155 Rn. 11.

[100] An die Stelle des Zeitpunkts der Eröffnung des Insolvenzverfahrens als Beginn der Liquidationsbesteuerung nach § 11 KStG tritt der Zeitpunkt der Betriebseinstellung.

[101] AA *Pink* S. 217 f.: maßgeblich allein Zeitpunkt der Betriebseinstellung.

[102] Abschlags- und Schlussverteilungen werden also zusammengerechnet.

[103] BFH BStBl. II 1966, 152.

worden ist (§ 7 Abs. 4 Satz 1 KStG). Aufgrund der auch steuerlich zwingenden Bildung eines Rumpfwirtschaftsjahres (→ Rn. 27) kann hier nicht das Betriebsvermögen zum Schluss des letzten ordentlichen Wirtschaftsjahres herangezogen werden, sondern nur das auf den Tag vor der Verfahrenseröffnung in der Schlussbilanz ausgewiesene Betriebsvermögen.[104] Gewinnermittlungszeitraum (§§ 4a EStG, 8 Abs. 1 KStG) und Besteuerungszeitraum (§ 7 Abs. 4 KStG) sollen drei Jahre nicht übersteigen (§ 11 Abs. 1 Satz 2 KStG).[105] Der dreijährige Besteuerungszeitraum ersetzt den Veranlagungszeitraum. Während des Liquidationsbesteuerungszeitraumes besteht deshalb keine Verpflichtung zur Bilanzierung. Gleiches gilt auch für die Gewerbeertragsteuer gem. §§ 7 GewStG, 16 GewStDV.

3. Umsatzsteuer. Für die Zwecke der Umsatzsteuer sind zudem die Aufzeichnungspflichten der §§ 22 UStG, 63 ff. UStDV zu beachten. 29

IV. Verpflichtung zur Abgabe von Steuererklärungen

Der Insolvenzverwalter ist zur Abgabe der Steuererklärungen für den Schuldner nach § 34 Abs. 1 iVm Abs. 3 AO verpflichtet. § 155 Abs. 1 Satz 2 betrifft dagegen die steuerlichen Buchführungs- und Rechnungslegungsvorschriften.[106] Wegen der sachlichen Nähe sollen die wichtigsten Steuererklärungspflichten mit ihren insolvenzspezifischen Besonderheiten im Überblick dargestellt werden. Die Verpflichtung zur Abgabe von Steuererklärungen ergibt sich aus den Einzelsteuergesetzen (§ 149 Abs. 1 AO). Der Verwalter hat dabei nach herrschender Auffassung auch den bislang vom Schuldner noch nicht erfüllten Steuererklärungspflichten für **Zeiträume vor Verfahrenseröffnung** nachzukommen.[107] 30

1. Einkommensteuer. a) Verpflichtung zur Abgabe. Die §§ 25 Abs. 3 Satz 1 EStG, 56 EStDV legen die Verpflichtung zur Abgabe einer Einkommensteuererklärung fest. In kleinen und mittleren Verfahren war jedoch der Fiskus bisher vielfach bereit, bei den Ertragssteuern (Einkommen- und Körperschaftsteuer) für Zeiträume nach Konkurseröffnung eine „Null-Schätzung" (§ 162 AO) zu akzeptieren, da in aller Regel erhebliche Verlustvorträge vorliegen und keine Überschüsse aus der Verwaltung erwarten werden können. Zwar entbindet die Schätzung nicht von der Steuererklärungspflicht, doch ist die Finanzverwaltung mit allzu großem Druck zurückhaltend, weil sonst der Fiskus bei Kostenstundung nach § 4a als Sekundärschuldner gemäß § 63 Abs. 2 für die Steuerberatungskosten in Anspruch nehmen kann.[108] Der Verwalter kann sich aber nach Ansicht des BGH gegenüber dem Insolvenzschuldner nach § 60 schadenersatzpflichtig machen, wenn Verluste nicht festgestellt und damit nicht nach § 10d EStG auf Veranlagungszeiträume nach Abschluss des Insolvenzverfahrens vorgetragen werden können.[109] In größeren Verfahren stellt sich die Frage der Abgabe jährlicher Einkommen- und Körperschaftsteuererklärungen schon deshalb nicht, weil diese Erklärungen ohnehin erforderlich sind, um nach Verfahrenseröffnung gezahlte Kapitalertragsteuer (Zinsabschlagsteuer) zurückzuholen, wobei ein Anspruch gegen das Finanzamt auf Erstattung der Abzugssteuern nicht besteht.[110] 31

b) Besonderheiten bei Personengesellschaften. Der Insolvenzverwalter über das Vermögen einer Personengesellschaft ist nicht zur Abgabe der Erklärung zur einheitlichen und gesonderten Feststellung der Einkünfte der Gesellschafter verpflichtet.[111] Denn diese und nicht die Gesellschaft selbst sind als Mitunternehmer Subjekt der Einkommensteuer. Die Folgen der Gewinnfeststellung betreffen die Gesellschafter persönlich und gehören damit zum insolvenzfreien Bereich der Gesellschaft, in dem die Gesellschaft in ihrem Verwaltungs- und Verfügungsrecht nicht beschränkt ist. Das bedeutet, dass sie insoweit wie eine in Liquidation befindliche Gesellschaft durch ihre Liquidatoren, d. h. regelmäßig durch sämtliche Gesellschafter vertreten wird.[112] Allerdings können die Gesellschafter einer Personengesellschaft vom Insolvenzverwalter die Vorlage steuerlicher Jahresabschlüsse verlangen, wenn sie zur Erfüllung ihrer steuerlichen Pflichten auf die Erstellung angewiesen sind. 32

[104] BFH BStBl. II 1974, 692, 693; II 1983, 433; *Pink* S. 202 f.; *Farr,* Besteuerung in der Insolvenz Rn. 332; aA *Pelka/Niemann* Rn. 342.

[105] *Streck,* Körperschaftsteuergesetz, 5. Auflage, 1997,§ 11 Anm. 6.

[106] Vgl. Uhlenbruck/*Sinz* § 155 Rn. 9 mwN.

[107] BFHE 55, 522, 523 f. = BStBl. III 1951, 212, 213 f.; *Farr,* Besteuerung in der Insolvenz Rn. 63; *Frotscher* S. 38 ff.

[108] *Farr,* Besteuerung in der Insolvenz Rn. 59.

[109] BGHZ 74, 316 = NJW 1979, 2212, 2213 = ZIP 1980, 25 mit insoweit ablehnender Anm. *Kilger.* Ablehnend auch Begr. zu Leitsatz 3.3.5.1 des 2. KommBer.

[110] BFH, BeckRS 1995 22011408.

[111] BFHE 175, 309 = ZIP 1994, 1969 = BStBl. II 1995, 194.

[112] BFH ZIP 1994, 1969, 1971.

Hierfür steht dem Insolvenzverwalter ein Aufwandsersatzanspruch gegenüber den Gesellschaftern zu, der auch als Vorschuss gefordert werden kann.[113] Zu beachten ist allerdings, dass bei *gewerblich* tätigen Mitunternehmerschaften der Verwalter für die Gewerbesteuer ohnehin eine Erklärung zur einheitlichen und gesonderten Feststellung des steuerlichen Gewinns abgeben muss, weil insoweit die Gesellschaft selbst Steuergegenstand ist (→ Rn. 35).[114]

33 **c) Insolvenzspezifische Besonderheiten.** Steuersubjekt und Veranlagungszeitraum werden durch die Eröffnung des Insolvenzverfahrens nicht berührt.[115] In einer Anlage zur Einkommensteuererklärung[116] ist daher darzustellen, wie die Steuerforderung entsprechend dem Verhältnis der Einkünfte aufzuteilen und insolvenzrechtlich einzuordnen ist. Auch Verlustvorträge, Sonderausgabenpauschbeträge etc. müssen entsprechend zugeordnet werden. Eine dreifache Unterscheidung ist hierbei zu treffen, wobei die Unterscheidung in Insolvenzforderungen und Masseverbindlichkeiten nur dann erforderlich ist, wenn die Verfahrenseröffnung während des Veranlagungszeitraum erfolgt:[117]

- Die Steuerforderung kann (ganz oder zum Teil) **Insolvenzforderung** iSv § 38 sein. Das Vorrecht des § 61 Abs. 1 Nr. 2 KO besteht nicht mehr. Maßgebend für die Einordnung als Insolvenzforderung ist, ob die Steuerforderung im Zeitpunkt der Verfahrenseröffnung bereits begründet war. Das ist dann der Fall, wenn der Steuertatbestand vor Verfahrenseröffnung verwirklicht wurde. Beispiel: Ein Betriebsgrundstück wurde vom Insolvenzschuldner kurz vor Verfahrenseröffnung verkauft. Der entsprechende Teil der Einkommensteuer, der auf der Aufdeckung der stillen Reserven des Grundstücks beruht, ist Insolvenzforderung. Nicht entscheidend ist dagegen, dass die Einkommensteuer erst mit Ablauf des Veranlagungszeitraums entsteht (§ 36 Abs. 1 EStG).
- Die Steuerforderung kann aber auch zu den **Masseverbindlichkeiten** nach § 55 Abs. 1 Nr. 1 zählen, wenn der Steuertatbestand erst nach der Verfahrenseröffnung verwirklicht wurde. Hierzu zählt beispielsweise die Aufdeckung stiller Reserven infolge der Verwertung von Massegegenständen durch den Verwalter, auch wenn die stillen Reserven vor der Verfahrenseröffnung angesammelt wurden.[118] Zu beachten ist, dass nach § 55 Abs. 2 auch die Verbindlichkeiten Masseverbindlichkeiten darstellen, die der „starke" **vorläufige Insolvenzverwalter,** auf den die Verfügungsbefugnis gem. § 22 Abs. 1 Satz 1 übergegangen ist oder nach § 55 Abs. 4 der Schuldner mit Zustimmung eines schwachen vorläufigen Insolvenzverwalters oder der schwache vorläufige Insolvenzverwalter selbst im Eröffnungsverfahren begründet hat.
- Einkünfte können schließlich im **insolvenzfreien Bereich** entstanden sein und belasten dann die Masse überhaupt nicht, weder als Insolvenzforderung noch als Masseverbindlichkeit. Aufgrund der Erweiterung der Masse um den Neuerwerb (§ 35) kommt dieser Gruppe sicher in Zukunft geringeres Gewicht zu. Denkbar ist aber weiterhin der Fall, dass der Verwalter ein (mit Absonderungsrechten belastetes) Betriebsgrundstück an den Insolvenzschuldner freigibt. Deckt anschließend der Schuldner bei der Veräußerung stille Reserven auf,[119] ist die Einkommensteuer auf die dadurch erzielten Einkünfte keine Masseverbindlichkeit.

34 **2. Körperschaftsteuer.** Die Verpflichtung des Verwalters zur Abgabe von Körperschaftsteuererklärungen ergibt sich aus § 49 KStG iVm § 34 Abs. 1 und 3 AO. Anders als bei der Einkommensteuer ist bei der Körperschaftssteuer im Jahr der Verfahrenseröffnung nur eine Aufteilung in Insolvenzforderungen und Masseverbindlichkeiten notwendig. Der Veranlagungszeitraum wird durch die Insolvenzeröffnung nicht berührt. Die Zuordnung zu den Zeiträumen vor und nach Verfahrenseröffnung wird hier dadurch erleichtert, dass gem. § 155 Abs. 2 Satz 1 ein neues Geschäfts- und auch Wirtschaftsjahr beginnt. Der vor Verfahrenseröffnung erwirtschaftete Gewinn ergibt sich damit aus Schlussbilanz und GuV. Dagegen entfällt die Abgrenzung zum insolvenzfreien Bereich, weil es einen solchen bei Kapitalgesellschaften nicht gibt. Nach Beginn der Liquidationsbesteuerung nach § 11

[113] BGH NZI 2010, 956; das Urteil erging noch zur Konkursordnung, ist aber auf die Insolvenzordnung übertragbar Braun/*Dihtmar* § 155 Rn. 3 (Aktualisierung vom 24.5.2011).

[114] BFH ZIP 1994, 1969, 1971; *Maus* S. 43: „Pyrrhussieg".

[115] BFH NV 1996, 117, 118; ZIP 1994, 1286, 1287; BB 1984, 1471; *Pelka/Niemann* Rn. 293; aA *Pink* S. 183, der unzutreffend davon ausgeht, dass die Bildung eines Rumpfwirtschaftsjahres auch zu einem verkürzten Veranlagungszeitraum führt. Dies ist nur dann der Fall, wenn der Liquidationsbesteuerungszeitraum den Veranlagungszeitraum ersetzt (→ Rn. 28).

[116] Vgl. *Pelka/Niemann* Muster 3.

[117] Die Bildung eines neuen Wirtschaftsjahres hat Bedeutung nur für den Gewinnermittlungszeitraum, nicht für den Veranlagungszeitraum, der weiterhin das Kalenderjahr ist.

[118] BFH ZIP 1994, 1286; BB 1984, 1471, 1472.

[119] Die Freigabe an den Schuldner ändert nichts an der Zuordnung zum Betriebsvermögen des Steuerpflichtigen (Schuldner) und führt damit nicht zur Realisierung stiller Reserven.

KStG sind Steuererklärungen nur für den (in der Regel höchstens dreijährigen) Besteuerungszeitraum zu erstellen, nicht aber für jedes Kalenderjahr.

3. Gewerbesteuer. Auch in einer Anlage zur Gewerbesteuererklärung ist anzugeben, wie sich die auf den gesamten Erhebungszeitraum, also das Kalenderjahr (§ 14 Satz 2 GewStG) entfallende Gewerbesteuer verteilt, wenn die Verfahrenseröffnung während des Kalenderjahres erfolgt. Eine Abgrenzung zum insolvenzfreien Bereich entfällt. Denn wenn der Insolvenzschuldner einen neuen Gewerbebetrieb nach Verfahrenseröffnung betreibt, gehört dieser Neuerwerb zur Insolvenzmasse. Anders als bei der Einkommensteuer[120] ist hier die gewerblich tätige Personengesellschaft (Mitunternehmerschaft) selbst Steuergegenstand (§ 2 Abs. 1 GewStG). Der Verwalter hat deshalb eine Erklärung zur einheitlichen und gesonderten Feststellung des Gewerbeertrags abzugeben.[121] 35

a) Endgültige Betriebseinstellung. Bei Einzelunternehmen und Personengesellschaften erlischt die Gewerbesteuerpflicht und damit die Verpflichtung zur Abgabe von Gewerbesteuererklärungen für nachfolgende Zeiträume mit der tatsächlichen Einstellung des Betriebes.[122] Dagegen besteht bei Kapitalgesellschaften der Gewerbebetrieb auch in einem solchen Falle fort, § 2 Abs. 2 Satz 1 GewStG. Während der Liquidationsbesteuerung nach § 11 KStG ist allerdings ebenso wie bei der Körperschaftsteuer eine Gewerbesteuererklärung nur für den Liquidationsbesteuerungszeitraum veranlasst (arg. § 16 Abs. 1 GewStDV). Zudem besteht bei hohen Verlustvorträgen die Chance, die Finanzbehörden auch ohne Steuererklärung zu einer „Null-Schätzung" zu bewegen. Der Feststellung von Verlustvorträgen kommt angesichts der Löschung der Kapitalgesellschaft nach Abschluss des Insolvenzverfahrens – anders als bei natürlichen Personen[123] – keine Bedeutung zu. 36

b) Unternehmensfortführung. Hier besteht die Verpflichtung zur jährlichen Abgabe einer Gewerbesteuererklärung und eventuell zusätzlich einer Zerlegungserklärung nach §§ 14a GewStG, 25 GewStDV uneingeschränkt fort (vgl. § 4 Abs. 2 GewStDV). 37

4. Umsatzsteuer (§ 18 UStG).[124] Die Unternehmereigenschaft nach § 2 UStG wird durch die Insolvenzeröffnung nicht berührt. Sowohl die Verwertung von Massegegenständen im Fall der Betriebseinstellung als auch die Umsätze im Rahmen einer Betriebsfortführung sind im Rahmen des umsatzsteuerlichen Anwendungsbereichs umsatzsteuerpflichtig. Für die Umsatzsteuer ist ebenfalls die Unterscheidung zwischen Insolvenzforderungen und Masseverbindlichkeiten zu treffen, wobei zB auch die vom „starken" vorläufigen Insolvenzverwalter erfüllten Tatbestände nach § 55 Abs. 2 sowie die vom Schuldner mit Zustimmung des schwachen vorläufigen Insolvenzverwalters nach § 55 Abs. 4 zu Masseverbindlichkeiten führen. Die Steuererklärungspflichten werden durch § 18 UStG bestimmt. 38

Nach § 18 Abs. 1 und 2 UStG hat der Verwalter grundsätzlich (ohne Dauerfristverlängerung etwa) zehn Tage nach Ablauf des Voranmeldungszeitraums die **Umsatzsteuervoranmeldung** beim Finanzamt einzureichen. Der Voranmeldungszeitraum ist das Kalendervierteljahr, wenn nicht die Umsatzsteuer für das vorangegangene Jahr mehr als 7500,00,00 € beträgt (§ 18 Abs. 2 Satz 1 und 2 UStG). In diesem Fall sind monatliche Voranmeldungen zu erstellen. Für das Kalenderjahr hat der Verwalter nach § 18 Abs. 3 UStG eine **Steuererklärung** abzugeben. 39

V. Buchführungs- und Steuererklärungspflichten bei Massearmut

1. Fortbestand der Pflichten. Der **BFH** hält den Verwalter auch dann für verpflichtet, die handels- und steuerrechtlichen Buchführungspflichten zu erfüllen sowie die Steuererklärungen für den Insolvenzschuldner abzugeben, wenn die Kosten für die Beauftragung eines Steuerberaters aus der Masse nicht beglichen werden können.[125] Anordnungsverfügungen und Zwangsgeldandrohungen sind nur dann *ermessensfehlerhaft,* wenn vom Verwalter selbst wegen der Schwierigkeit oder Komplexität die Erfüllung der Pflichten nicht mehr erwartet werden kann und ein Steuerberater im Hinblick auf die Massearmut jede Tätigkeit ablehnt.[126] Der BFH ist nämlich der Auffassung, dass 40

---

120 → Rn. 32.

121 BFH ZIP 1994, 1969, 1971.

122 Abschnitt 22 Abs. 1 bis 5 GewStR.

123 → Rn. 31.

124 Vgl. zu umsatzsteuerlichen Problemen *Onusseit,* Umsatzsteuer im Konkurs, 1988; *Wilke* UR 1989, 307.

125 BFHE 175, 309 = ZIP 1994, 1969 = BStBl. II 1995, 194; bestätigt in BFH ZIP 1996, 430, 431; zu beachten ist, dass nach § 209 Abs. 1 Nr. 2 Neumassegläubiger nunmehr ausdrücklich privilegiert werden. Zur Gegenansicht vgl. OLG Koblenz ZIP 1993, 52 = EWiR § 82 KO 1/93, 67 *(App),* wonach der Verwalter nicht pflichtwidrig handelt, wenn er in massearmen Verfahren keine Buchführungsarbeiten vergibt, die zweifellos nur zu einer Schmälerung der Masse führen.

126 BFH ZIP 1994, 1969, 1973.

ein Verwalter mit der Qualifikation eines Rechtsanwalts grundsätzlich selbst verpflichtet ist, Steuererklärungen zu erstellen. Das ergebe sich aus § 3 Abs. 1 Nr. 2 StBerG, wonach ein Rechtsanwalt zur unbeschränkten Hilfe in Steuersachen befugt ist.[127] Dem ist unabhängig von der Überzeugungskraft dieser Argumente zu folgen, denn die öffentlich-rechtlichen Verpflichtungen des Schuldners erlöschen durch die Massearmut nicht. Und gem. § 155 Abs. 1 Satz 2 bzw. § 34 Abs. 3 iVm Abs. 1 AO hat der Verwalter diese Pflichten zu erfüllen. Allerdings ist nach hier vertretener Auffassung bei bereits erfolgter Betriebseinstellung als Normalfall eines massearmen Verfahrens eine jährliche Bilanzierungspflicht des Schuldners mit doppelter Buchführung zu verneinen. Im Übrigen stellen externe Rechnungslegung oder kaufnehmerische Buchführung vergütungsrechtlich Sonderaufwand dar,[128] für den der Verwalter einen Vorschuss beanspruchen kann, § 9 InsVV. Die Höhe dieses Zuschlags orientiert sich an den entsprechenden Sätzen eines Steuerberaters.[129] Reicht die Masse nicht aus, um die Verwaltervergütung unter Einbeziehung dieses Zuschlags abzudecken, so erfolgt die Einstellung mangels Masse nach § 207 InsO, ohne dass der Verwalter zuvor zur Abgabe von Steuererklärungen verpflichtet wäre.[130]

41 **2. Wegfall der Verwalterpflichten bei Verfahrenseinstellung.** Wird das Insolvenzverfahrens wegen Masseunzulänglichkeit nach § 211 Abs. 1 eingestellt, entfällt die Verpflichtung des Verwalters zur Erfüllung der Buchführungs- und Steuererklärungspflichten, weil das Verwaltungs- und Verfügungsrecht wieder auf den Schuldner übergeht (§ 215 Abs. 2).[131]

[127] Ablehnend *Onusseit* ZIP 1995, 1798, 1805; *Pink* ZIP 1997, 177, 184.

[128] *Haarmeyer/Mock* InsVV § 4 Rn. 42.

[129] *Förster* ZInsO 2000, 444, 445.

[130] *Förster* ZIP 1997, 344.

[131] BFH ZIP 1996, 430, 431, der betont, dass die Verpflichtung nur *ex nunc* wegfällt. Dies führt dazu, dass bereits ergangene Aufforderungsverfügungen und Zwangsgeldandrohungen nicht von Anfang an rechtswidrig sind. Das wiederum hat Bedeutung für die Kostenentscheidung nach § 138 Abs. 1 FGO bei Erledigung der Hauptsache durch die Einstellung des Insolvenzverfahrens.

Zweiter Abschnitt. Entscheidung über die Verwertung

§ 156 Berichtstermin

(1) [1]Im Berichtstermin hat der Insolvenzverwalter über die wirtschaftliche Lage des Schuldners und ihre Ursachen zu berichten. [2]Er hat darzulegen, ob Aussichten bestehen, das Unternehmen des Schuldners im ganzen oder in Teilen zu erhalten, welche Möglichkeiten für einen Insolvenzplan bestehen und welche Auswirkungen jeweils für die Befriedigung der Gläubiger eintreten würden.

(2) [1]Dem Schuldner, dem Gläubigerausschuß, dem Betriebsrat und dem Sprecherausschuß der leitenden Angestellten ist im Berichtstermin Gelegenheit zu geben, zu dem Bericht des Verwalters Stellung zu nehmen. [2]Ist der Schuldner Handels- oder Gewerbetreibender oder Landwirt, so kann auch der zuständigen amtlichen Berufsvertretung der Industrie, des Handels, des Handwerks oder der Landwirtschaft im Termin Gelegenheit zur Äußerung gegeben werden.

Übersicht

A. Normzweck und Entstehungsgeschichte

Durch die §§ 156 bis 164 soll sichergestellt werden, dass der umfassenden Gläubigerautonomie Rechnung getragen wird, indem die Gläubigerversammlung aufgrund der im Berichtstermin vom Verwalter mitgeteilten Informationen in die Lage versetzt wird, über das Verfahrensziel zu entscheiden. Für eine sachgerechte Entscheidung der Gläubigerversammlung über das Verfahrensziel bedarf es einer ausreichenden Tatsachenkenntnis. Die Regelungen zum Berichtstermin dienen dazu, den Gläubigern diese Tatsachenkenntnis zu verschaffen. Neben dem Termin zur Abstimmung über einen Insolvenzplan nach § 235 ist der Berichtstermin mit den hier zu fassenden Beschlüssen (u. a. nach § 160) daher das zentrale Forum der Gläubigerautonomie. 1

Die Gläubiger – und nicht das Gericht[1] – treffen die Entscheidung über das Verfahrensziel auf der Grundlage des Verwalterberichts und sind daher, anders als die Kommission für Insolvenzrecht das vorgesehen hatte, die primären Adressaten des Verwalterberichts. Da die Liquidation nur noch eines von mehreren gleichberechtigten Verfahrenszielen darstellt,[2] hat der Verwalter zunächst die wirtschaftliche Lage des Schuldners und deren Ursachen umfassend darzustellen, um im Anschluss daran zu den Möglichkeiten der Sanierung, der Liquidation oder des Planverfahrens sowie zu den jeweiligen Auswirkungen auf die Verfahrensbeteiligten Stellung zu nehmen.[3] Durch die Sachkunde und Unabhängigkeit des Autors erhält der Bericht gegenüber den Beiträgen der sachkundigen Beteiligten (§ 156 Abs. 2) oder informierter Gläubiger (Banken, Lieferanten) sein besonderes Gewicht. 2

1 So noch Leitsatz 1.3.4.4 der Vorschläge der Kommission, vgl. 1. KommBer, S. 148 f.
2 BT-Drs. 12/2443, 108 f.
3 BT-Drs. 12/2443, 173.

3 Eine unmittelbare Vorgängernorm findet sich für den in der Insolvenzordnung neugeschaffenen § 156 nicht. Er beruht jedoch im Wesentlichen auf § 131 KO sowie auf § 40 Abs. 3 VglO, wobei zu letzterem die größere inhaltliche Nähe festgestellt werden kann. Der Vergleichsverwalter hatte nämlich zunächst den vom Schuldner vorzulegenden Vorschlag zu begutachten, während der Konkursverwalter sofort nach der Eröffnung des Verfahrens mit der Verwertung der Konkursmasse beginnen sollte (§ 117 Abs. 1 KO), womit hier die Methode und die Aussichten der Liquidation im Zentrum des Berichts in der ersten Gläubigerversammlung standen.

4 Um die Entscheidung der Gläubigerversammlung nicht zu präjudizieren, soll das Unternehmen bis zum Berichtstermin nicht stillgelegt werden (§ 158). Erst im eröffneten Verfahren sollen die Gläubiger nach der Intention des Gesetzgebers in der Gläubigerversammlung entscheiden, ob die Befriedigung durch Verwertung der Insolvenzmasse und Verteilung des Veräußerungserlöses oder durch einen Insolvenzplan erfolgt. Die Zuständigkeit für diese Entscheidung sowie das Verfahren regeln die §§ 156 bis 159. Die Voraussetzungen einer Verwertung und die Verfahrensweise werden durch die §§ 159 bis 164 geregelt. Das Insolvenzplanverfahren regeln die §§ 217 ff.

5 Berücksichtigt man, dass von der Antragstellung bis zum Berichtstermin, insbesondere bei einer Vorfinanzierung von Insolvenzgeld im vorläufigen Insolvenzverfahren, nicht selten drei bis sechs Monate vergehen können, ist der Zeitpunkt, in dem die Gläubiger über den Fortgang des Verfahrens entscheiden sollen, reichlich spät, da vor allem Sanierungsentscheidungen ein Zuwarten bis zum Berichtstermin selten erlauben.[4] Um in solchen Fällen eine hinreichende Gläubigerbeteiligung sicherzustellen, sieht das Gesetz mit § 67 die Möglichkeit vor, dass das Gericht einen (vorläufigen) Gläubigerausschuss einsetzt. Um die frühzeitige Einbindung der Gläubiger auch im Insolvenz*eröffnungs*verfahren sicherzustellen, wurde durch das Gesetz zur weiteren Erleichterung der Sanierung von Unternehmen (ESUG) vom 7.12.2011[5] § 22a neu eingefügt, der regelt, unter welchen Voraussetzungen bereits im Eröffnungsverfahren ein vorläufiger Gläubigerausschuss nach § 21 Abs. 2 S. 1 Nr. 1a durch das Gericht einzusetzen ist. Dadurch sollen die Gläubiger bei den häufig bereits im Eröffnungsverfahren erfolgenden Weichenstellungen eingebunden werden und bei wichtigen Fragen einschließlich der Wahl des Verwalters mitwirken.

B. Berichtstermin

I. Vorbereitung des Berichtstermin

6 Im Allgemeinen wird der **Berichtstermin** zugleich die erste Versammlung der Gläubiger darstellen. Zwingend ist dies nicht; wenn dazu besondere Veranlassung besteht (insbesondere im Fall der Einberufung nach § 75), kann dem Berichtstermin eine Gläubigerversammlung nach den §§ 74 ff. vorangehen.

7 Nach dem durch das Gesetz zur Verkürzung des Restschuldbefreiungsverfahrens und zur Stärkung der Gläubigerrechte vom 15.7.2013[6] neu eingefügten § 29 Abs. 2 S. 2 kann das Gericht auf den Berichtstermin verzichten, wenn die Vermögensverhältnisse des Schuldners überschaubar sind und die Zahl der Gläubiger oder die Höhe der Verbindlichkeiten gering ist. Überschaubar sind die Vermögensverhältnisse, wenn sich das Vermögen und die Verbindlichkeiten des Schuldners nach dem Stand des bisherigen Verfahrens zuverlässig beurteilen lassen. Die starre Obergrenze von weniger als 20 Gläubigern (§ 304 Abs. 2) ist hier nicht anwendbar. Ihr kommt regelmäßig jedoch eine Indizwirkung zu. Ob die Voraussetzungen des § 29 Abs. 2 S. 2 vorliegen und der Berichtstermin stattfinden soll, entscheidet letztlich das Gericht durch Ermessensentscheidung. Durch diese Vorschrift soll eine zügige Insolvenzbereinigung gefördert und die Gerichte entlastet werden. Ihren Anwendungsbereich findet die Norm insbesondere in Verbraucherinsolvenzverfahren sowie bei Insolvenzen von Kleinstunternehmen. Hier dürfte der Berichtstermin in alle Regel überflüssig sein, da sich eine Entscheidung über den Fortgang des Unternehmens (§ 157) bereits nicht stellt.[7]

8 Der Berichtstermin wird vom **Insolvenzgericht** geleitet (§ 76) und ist vom Insolvenzverwalter durch Aufstellung eines Masseverzeichnisses (§ 151), des Gläubigerverzeichnisses (§ 152) sowie einer daraus abgeleiteten Vermögensübersicht (§ 153) und durch rechtzeitige Niederlegung dieser Dokumente beim Insolvenzgericht (§ 154) vorzubereiten. Bei der Eigenverwaltung ist dies Aufgabe des Schuldners (§ 281).

---

[4] Uhlenbruck/*Zipperer* § 156 Rn. 1; KPB/*Webel* § 156 Rn. 2a.
[5] BGBl. I S. 2582.
[6] BGBl. I S. 2379.
[7] BT-Drs, 17/11268, 21 f.

Die **Verzeichnisse** der Massegegenstände, der Gläubiger und die Vermögensübersicht sind spätestens eine Woche vor dem Termin in der Geschäftsstelle zur Einsicht der Beteiligten niederzulegen (§ 154). Ein Verstoß gegen § 154 führt nicht zur Verschiebung oder zur Beschlussunfähigkeit im Berichtstermin.[8] Eine grundlegende Orientierung über die Forderungen der Gläubiger in den einzelnen Kategorien vor dem Termin ist aber in jedem Fall nötig, in dem kontroverse Abstimmungen zu erwarten sind. Das Stimmrecht nach § 77 ist an die Anmeldung der Forderung[9] und eine wenigstens vorläufige Äußerung des Verwalters im Termin geknüpft.[10] 9

II. Terminbestimmung und Tagesordnung

Zwischen der Verfahrenseröffnung und dem Berichtstermin sollen nicht mehr als 6 Wochen und dürfen höchstens drei Monate verstreichen (§ 29 Abs. 1 Nr. 1). Da die Bestimmung des Termins im **Eröffnungsbeschluss** erfolgt (§ 29 Abs. 1 Nr. 1), sind die über § 74 Abs. 2 hinausgehenden Formerfordernisse des § 30 zu beachten.[11] Die öffentliche Bekanntmachung (§ 9) erfolgt im Internet unter der Adresse www.insolvenzbekanntmachungen.de. Darüber hinaus muss gemäß § 30 Abs. 2 der Beschluss samt Terminbestimmung dem Schuldner und dessen Gläubigern entsprechend § 8 gesondert zugestellt werden. In diesem Zusammenhang ist die praktisch bedeutsame Norm des § 9 Abs. 3 zu beachten, wonach die öffentliche Bekanntmachung im Internet bereits zum Nachweis der Zustellung an alle Beteiligten genügt.[12] 10

Der Bekanntmachung des Berichtstermins ist gemäß § 74 Abs. 2 S. 1 die **Tagesordnung** beizufügen. Neben dem Bericht des Verwalters stehen jedenfalls dann, wenn der Berichtstermin zugleich die erste Gläubigerversammlung ist, die **Entscheidungen** über die Beibehaltung oder Neuwahl des Verwalters (§ 57), über die Wahl eines Gläubigerausschusses und dessen Besetzung (§ 68), die Unternehmensstilllegung oder die Ausarbeitung eines Insolvenzplans (§ 157), die Hinterlegungsstelle (§ 149), Beschlüsse über besonders bedeutsame Rechtshandlungen (§§ 160, 162, 163) und über Zwischenrechnungen des Verwalters (§ 66 Abs. 3) auf der Tagesordnung. Im Fall der Eigenverwaltung können weitere Gegenstände hinzukommen (§§ 271, 272, 276, 277), bei der Insolvenz einer natürlichen Person der Beschluss über deren Unterhalt (§ 100). Wenn von vornherein die Einstellung mangels Masse droht, kann zusätzlich der Verzicht auf die Anhörung nach § 207 auf die Tagesordnung gesetzt werden.[13] 11

Umstritten ist, ob eine bloße **Bezugnahme auf zwingende gesetzliche Regelungen,** insbesondere auf § 157, in der Tagesordnung ausreicht. Die wohl hM geht zu Recht davon aus, dass auch die gesetzlich geregelten Tagesordnungspunkte ausdrücklich anzuführen sind, damit die entsprechenden Beschlüsse der Gläubigerversammlung Wirksamkeit entfalten können.[14] Dem durchschnittlichen Gläubiger als Hauptadressat der Tagesordnung ist nicht zuzumuten, vertiefte Kenntnisse der Vorschriften der Insolvenzordnungen vorzuhalten.[15] Folglich muss sich aus den angekündigten Tagesordnungspunkten der konkrete Gegenstand der Beschlussfassung zweifelsfrei entnehmen lassen. 12

Beschlüsse der Gläubigerversammlung zu anderen als den angekündigten Punkten der **Tagesordnung** sind nichtig,[16] wenn nicht alle Gläubiger anwesend und mit der Abstimmung einverstanden waren.[17] Die Notwendigkeit, eine Tagesordnung im Voraus festzulegen, schließt aber nicht aus, dass die Tagesordnung später ergänzt wird, wenn nur die Ladungsfrist gewahrt bleibt, die die InsO selbst nicht definiert und derentwegen mithin auf § 217 ZPO[18] zurückgegriffen werden muss. Dabei ist – neben der Korrektur von Fehlern – vor allem an die nachträgliche Verbindung von Berichtstermin, Prüfungstermin[19] und der Abstimmung über einen Insolvenzplan nach § 235 zu denken.[20] 13

---

8 Zustimmend Andres/Leithaus/*Andres* §§ 156, 157 Rn. 3.

9 Str. vgl. → § 77 Rn. 6 ff.

10 Nicht zugleich an den Abschluss der Prüfung, vgl. FKInsO/*Schmitt* § 77 Rn. 4 und HKInsO/*Riedel* § 77 Rn. 3 f.

11 Uhlenbruck/*Zipperer* § 156 Rn. 4.

12 KPB/*Webel* § 156 Rn. 6.

13 Str. vgl. → § 207 Rn. 32.

14 BGH NZI 2008, 430; HambKommInsO/*Preß* § 74 Rn. 6; HKInsO/*Riedel* § 74 Rn. 8; KPB/*Webel* § 156 Rn. 5; Uhlenbruck/*Zipperer* § 29 Rn. 5 jeweils mwN.; aA LG Freiburg, Beschl. v. 13.7.1983 – 9 T 37/81, ZIP 1983, 1098 f.; *Uhlenbruck* Rpfleger 1983, 493.

15 LG Cottbus, Beschl. v. 16.3.2007 – 7 T 484/06, BeckRS 2008, 14038.

16 Differenzierend, Uhlenbruck/*Zipperer* § 156 Rn. 4.

17 KPB/*Webel* § 156 Rn. 6 mit dem praktisch wichtigen Hinweis auf § 9 Abs. 3; *Smid* § 156 Rn. 4.

18 Drei Tage ab Zustellung oder sechs Tage zwischen Veröffentlichung und Gläubigerversammlung, § 9 Abs. 1 S. 3; Nerlich/Römermann/*Weiß* § 74 Rn. 4.

19 Bei dem zusätzlich die Frist des § 29 Abs. 1 Nr. 2 zu beachten ist.

20 Zur Vertagung vgl. LG Göttingen, ZIP 2000, 1945 und *Alter* EWiR § 6 InsO 1/01, 235.

III. Verbindung von Terminen

14 Der Berichtstermin kann gemäß § 29 Abs. 2 S. 1 mit dem **Prüfungstermin** und dieser wiederum gemäß § 236 S. 2 mit dem Termin zur Erörterung und Abstimmung über einen **Insolvenzplan** verbunden werden. Im Interesse einer zügigen Durchführung des Insolvenzverfahrens ist auch eine Verbindung aller genannten Termine möglich.[21] Die Zusammenlegung ist zwecks Verfahrensbeschleunigung insbesondere dann sinnvoll, wenn der Schuldner mit dem Insolvenzantrag zugleich (oder in zeitlichem Zusammenhang) einen Insolvenzplan vorgelegt hat und damit rechnen darf, dass ein ausreichendes Quorum wesentlicher Gläubiger dem Plan zustimmen wird („prepackaged plan") oder wenn ein **Schutzschirmverfahren** nach § 270b beantragt wird, welches nach der Intention des Gesetzgebers auf eine rasche Beendigung des Insolvenzverfahrens durch einen Insolvenzplan abzielt. Dass der Gesetzgeber die Möglichkeiten zur Terminsverbindung ausdrücklich (aber ohne Not) geregelt hat, nicht jedoch die noch weitergehende Koppelung des Abstimmungstermins mit dem Berichtstermin, spricht nicht gegen die Zulässigkeit, da der Gesetzgeber selbst davon ausgegangen ist, dass eine Zusammenlegung im Interesse einer zügigen Durchführung des Insolvenzverfahrens möglich sein soll.[22] Für eine generelle Gefährdung der Gläubigerautonomie bestehen keine Anhaltspunkte. Die Konzentration aller wesentlichen Entscheidungen in einem einzigen Termin verhindert im Gegenteil Zufallsmehrheiten und daraus gegebenenfalls resultierende widersprüchliche Beschlüsse.

C. Berichtsform und -inhalt

I. Berichtsform

15 Der Bericht ist im Termin **mündlich** und vom Verwalter – bei Eigenverwaltung durch den Schuldner – **persönlich** zu erstatten.[23] Die persönliche Berichterstattung ist die Konsequenz aus der Entscheidung des Gesetzgebers für eine unabhängige, natürliche Person als Verwalter (§ 56 Abs. 1) und folgt aus der höchstpersönlichen Natur des Amtes des Insolvenzverwalters.[24] Nur in Ausnahmefällen – etwa bei einer plötzlichen Erkrankung des Verwalters – kann seine Vertretung geboten sein, um Verzögerungen des Verfahrens zu vermeiden.[25] Hierbei ist jedoch darauf zu achten, dass die Vertretung genügend informiert ist, um entsprechend Auskünfte erteilen zu können. Bei angeordneter Eigenverwaltung ist der Schuldner berichtspflichtig; der Sachwalter nimmt Stellung, § 281 Abs. 2.

16 Zur alten Rechtslage wurde vertreten, dass zusätzlich zum mündlichen Vortrag ein **schriftlicher** Bericht nicht verlangt werden könne. Tatsächlich war dem Gesetzgeber des Jahres 1877 der mündliche Vortrag moderner erschienen als der schriftliche Bericht, den § 163 der Preußischen Konkursordnung vorsah und der gewöhnlich in den Akten vergraben blieb. Der mündliche Vortrag, so meinte man, werde zur stärkeren Beteiligung an der Gläubigerversammlung anregen und das Fragerecht der Klarstellung der Sache dienen.[26]

17 Wenn man von besonders einfach gelagerten Fällen absieht, in denen die wesentlichsten Fakten im **Protokoll des Gerichts** festgehalten werden mögen (eine wörtliche Übernahme ins Protokoll wird man bei einfach gelagerten Fällen hingegen nicht verlangen müssen[27]), wird man neben dem mündlichen Vortrag eine schriftliche Fassung des Verwalterberichts auch ohne ausdrückliche gesetzliche Vorschrift für nötig halten müssen.[28] Ohne einen schriftlichen Bericht wird der Verwalter vor allem in größeren und mittleren Verfahren kaum imstande sein, einen detaillierten mündlichen Bericht zu liefern. Die schriftliche Berichterstattung belastet ihn auch nicht über Gebühr, denn regelmäßig wird der im Eröffnungsverfahren regelmäßig bereits als Gutachter bestellte Verwalter große Teile seines Eröffnungsgutachtens fortschreiben und damit für die Berichterstattung verwenden können. Die nachvollziehbare schriftliche Berichterstattung des Verwalters liegt auch in seinem eigenen Interesse. Nur damit kann er ausreichend dokumentieren, dass er alle erforderlichen

---

[21] BT-Drs. 12/2443, 206; Uhlenbruck/*Lüer/Streit* § 236 Rn. 2; Andres/Leithaus/*Andres* § 236 Rn. 3.

[22] So ausdrücklich BT-Drs. 12/2443, 206.

[23] Uhlenbruck/*Zipperer* § 156 Rn. 5; KPB/*Webel* § 156 Rn. 7a; HKInsO/*Ries* § 156 Rn. 6; FKInsO/*Wegener* § 156 Rn. 7; *Graeber* NZI 2003, 569, 575.

[24] BGH NZI 2013, 1022 Rn. 9.

[25] KPB/*Webel* § 156 Rn. 7a.

[26] *Hahn/Mugdan*, Materialien zur Konkursordnung, S. 317.

[27] So aber wohl HKInsO/*Flessner*, 5. Aufl., § 156 Rn. 5.

[28] Im Ergebnis ähnlich FKInsO/*Wegener* § 156 Rn. 15; Uhlenbruck/*Zipperer* § 156 Rn. 5; HKInsO/*Ries* § 156 Rn. 6.

Umstände im Termin bedacht hat, was letztlich seiner Enthaftung dient. Es ist auch nicht einzusehen, dass der grundlegende Erstbericht des Verwalters nicht (notwendig) zu den Gerichtsakten gelangen soll, während seine Folgeberichte (etwa nach § 58 Abs. 1 S. 2) ganz selbstverständlich in schriftlicher Form erwartet werden. Die schriftliche Darstellung der Berichtsinhalte des § 156 Abs. 1 ist schließlich im Zusammenhang zu sehen mit den schriftlich abzufassenden Dokumenten nach § 153 **(Vermögensübersicht)** und § 155 **(handels- und steuerrechtliche Rechnungslegung),** auf die nicht einmal der historische Gesetzgeber der KO hatte verzichten wollen.[29] Auch um letztlich unnötige Nachfragen zu vermeiden wird daher mit Recht in der Literatur empfohlen, dass der Bericht, zumindest in Form einer Zusammenfassung der wesentlichen Eckdaten, bei Sitzungsbeginn für die Gläubiger in schriftlicher Form vorliegen sollte. Der schriftliche Bericht wird Aktenbestandteil, nicht jedoch notwendiger Weise Protokollanhang.[30]

Die Notwendigkeit einer **schriftlichen Fassung** des Verwalterberichts bedeutet umgekehrt allerdings nicht, dass der mündliche Vortrag des Verwalters durch den schriftlichen Bericht ersetzt werden könne; damit würde die Unterrichtung in zahlreichen Fällen gerade nicht das Niveau erreichen, das die Gläubiger in den Stand versetzen soll, ihre Entscheidungen sinnvoll zu treffen.[31] 18

Obgleich die Verfahrensbeteiligten generell keinen Anspruch auf Zusendung einer **Abschrift** des Berichts haben, dürfte es sicherlich hilfreich sein, zumindest bestimmten Gläubigergruppen bei Großverfahren eine solche zur Verfügung zu stellen.[32] Dabei kann sich auch der Möglichkeiten des Internets bedient werden, sofern sichergestellt ist, dass nur solche Personen Zugriff auf die online gestellten Informationen erlangen können, welche hierzu auch berechtigt sind. Das kann beispielsweise durch die Einrichtung eines geschützten Bereiches auf der Verwalterhomepage erfolgen, dessen Abruf die Eingabe eines personalisierten Kennwortes erfordert.[33] 19

II. Gesetzliche Inhaltserfordernisse

Der Bericht muss sich zu drei **Themenkomplexen,** die durch das Gesetz vorgegeben werden, äußern und zwar (1) zur wirtschaftlichen Lage des Schuldners und zu ihren Ursachen, (2) zu den Möglichkeiten einer wenigstens teilweisen Erhaltung des schuldnerischen Unternehmens und (3) zu den Chancen eines Insolvenzplans. Dabei sind zu jedem Komplex die Auswirkungen auf die Befriedigungsaussichten der Gläubiger darzustellen, um eine ausreichende Grundlage für die Entscheidung der Gläubigerversammlung über den Fortgang des Verfahrens zu schaffen. 20

Neben den vom Gesetz vorgeschriebenen Beschlussgegenständen nach § 157 wird der Berichtstermin auch für sonstige Beschlussfassungen genutzt, so etwa zwingend zur Wahl eines anderen Insolvenzverwalters (§ 57) oder fakultativ etwa für Fragen der Zwischenrechnungslegung (§ 66 Abs. 3), Einsetzung bzw. Besetzung des Gläubigerausschusses (§ 68), für Beschlüsse nach §§ 160–163 oder zur Bestimmung der Hinterlegungsstelle (§ 149 Abs. 2). Entsprechend der Beschlussthemen hat der Verwalter im Bericht Ausführungen zu machen. 21

Der Verwalter muss nach den Gegebenheiten des Einzelfalls nach pflichtgemäßem Ermessen entscheiden, wie umfangreich der Bericht sein muss, um seinen Zweck zu erfüllen. Dazu muss er sich innerhalb der kurzen Frist, die ihm zur Verfügung steht, ein Bild über die Stärken und Schwächen der schuldnerischen Unternehmung machen, um die Gläubiger ausreichend über die Situation informieren zu können. Bei größeren Insolvenzen können **Sanierungsgutachten** eine Hilfe sein, die nicht selten auf Grund eigener Initiative oder auf Druck von Kreditgebern schon vor der Einleitung des Verfahrens zustande gekommen sind. Auch der Verwalter kann sich schon für seinen ersten Bericht externen Sachverstands bedienen. 22

1. Wirtschaftliche Lage des Unternehmens. Die **wirtschaftliche** Situation des Unternehmens und die Ursachen seiner Insolvenz müssen unabhängig davon, wie wahrscheinlich der Verwalter eine Sanierung letztlich einschätzt, stets präzise dargestellt werden, da nicht der Verwalter, sondern die Gläubiger über die Sanierungsmöglichkeiten entscheiden. Dazu zählt insbesondere eine Darstellung der (aktuellen) Vermögens-, Liquiditäts- und Ertragslage, Umsatzerlöse, der betrieblichen Struktur sowie der seit Antragstellung vom (vorläufigen) Verwalter bzw. Schuldner getroffenen (unternehmerischen) Maßnahmen der Vermögenssicherung und der Betriebsfortführung. Weiterhin sollten aus dem Bericht Bilanzentwicklung, Bilanzvolumen, Umsätze, Gewinne oder Verluste und Mitarbei- 23

[29] *Hahn/Mugdan,* Materialien zur Konkursordnung, S. 317.
[30] HKInsO/*Ries.* § 156 Rn. 6.
[31] So zur alten Rechtslage zB *Kilger/K. Schmidt* § 131 Rn. 1; *Kuhn/Uhlenbruck* KO § 131 Rn. 2.
[32] Uhlenbruck/*Zipperer* § 156 Rn. 5.
[33] KPB/*Webel* § 156 Rn. 7.

terzahlen der letzten drei Jahre erkennbar werden,[34] mindestens aber seit Beginn der Unternehmenskrise.

24 Das **Zahlenmaterial,** auf das sich die Beschreibung der wirtschaftlichen Lage stützt, sollte möglichst aktuell sein. Da die Frage der Verfahrenseröffnung beim Berichtstermin im Allgemeinen nicht mehr umstritten sein wird, kommt es nicht auf den Eröffnungsstichtag an, sondern auf den Zeitpunkt des Berichts. In der Stellungnahme zur Vermögenslage ist die vom Verwalter zur Vorbereitung des Berichts aufzustellende Vermögensübersicht (§ 153) daher in angemessenem Umfang zu erläutern und die Entwicklung seit der Verfahrenseröffnung darzustellen. Soweit die Prüfung schon erfolgt ist oder begonnen hat, kann der Bericht auch zu möglichen Anfechtungsansprüchen[35] oder insolvenzspezifischen Schadenersatzansprüchen Stellung nehmen insbesondere dann, wenn die Durchsetzung solcher Ansprüche für die Deckung der Verfahrens- und Massekosten erforderlich ist. Zur Darstellung der Aktiva und Passiva, die anhand des Masseverzeichnisses (§ 151), des Gläubigerverzeichnisses (§ 152) sowie des sich aus diesen Verzeichnissen abgeleiteten Vermögensverzeichnisses (§ 153) erläutert werden, gehört auch eine Darstellung der Aus- und Absonderungsrechte, die in dem einzureichenden Masseverzeichnis (§ 151) kenntlich zu machen sind (Absonderungsrechte) bzw. zur Information aufgenommen werden sollten (Aussonderungsrechte).

25 Wenngleich dies vom Gesetz nicht ausdrücklich vorgeschrieben ist, hat der Bericht auch die **rechtliche** Situation des Schuldners darzustellen, denn diese kann insbesondere bei konzernrechtlicher Verbundenheit (wegen der betrieblichen Struktur oder Mithaft für andere Gesellschaften) (Mit-)Ursache der Insolvenz sein und ist ferner für die Frage der Sanierungsfähigkeit (etwa durch Insolvenzplan) von Bedeutung. Über den Zeitpunkt der Gründung, die Rechtsform, eventuelle Wechsel der Rechtsform, den Gegenstand des Unternehmens, Beteiligungsverhältnisse bzw. konzernmäßige Verbundenheit und die betriebliche Struktur ist stets zu berichten.

26 Zur Beschreibung des Ist-Zustands gehören auch die prägenden Rechtsverhältnisse, seien das Lieferanten- oder Kundenbeziehungen, ungewöhnliche Betriebsvereinbarungen, längerfristige rechtliche Bindungen an Dritte oder gar Abhängigkeiten insbesondere von Zulieferern oder Dienstleistern. Zwecks Abwägung zwischen Betriebseinstellung und einer Betriebsfortführung (ggf. auch zeitlich beschränkte Ausproduktion) sind neben den laufenden Kosten (Masseschulden) für die Zeit der **Betriebsfortführung** auch die prognostizierten Kosten der Vertragsbeendigung (zB für Sozialpläne oder Dauerschuldverhältnisse) gegenüberzustellen, da sich dies unmittelbar auf die Befriedigungsaussichten der Gläubiger auswirkt. Erläuterungsbedürftig sind darüber hinaus eventuelle Anfechtungstatbestände und schwebende, durch die Verfahrenseröffnung unterbrochene **Aktiv- oder Passivprozesse.**

27 Zur eigenen Enthaftung sollte der Verwalter auch eine **Liquiditätsplanung** vorlegen. Dies gilt auch dann, wenn das Unternehmen des Schuldners schon stillgelegt ist oder werden soll, sofern die **Einstellung mangels Masse** nach § 207 oder **Masseunzulänglichkeit** nach § 208 droht. Auch für die Entscheidung der Gläubiger über die Betriebsfortführung ist eine Liquiditätsplanung, jedenfalls aber (bei kleineren) Verfahren die Aussage, dass die erforderliche Liquidität gesichert ist, ein wichtiges Entscheidungskriterium. Der Liquiditätsplan zeigt mit besonderer Deutlichkeit, in welcher Weise der Verwalterbericht die Entscheidungsalternativen der Gläubiger definiert.

28 **2. Ursachen der Insolvenz.** Die Ursachen der Insolvenz können **externe** aber auch **unternehmensinterne** sein. Zu den externen Ursachen gehören etwa nicht vorhersehbare ungünstige Marktveränderungen/-bedingungen, Rohstoffmangel, technologischer Wandel, veränderte Konsumgewohnheiten oder ungünstige, nicht abänderbare standortbedingte Lohnkosten. Zu den internen Ursachen zählen etwa unternehmerische Fehlentscheidungen wie unterlassene Rationalisierungsinvestitionen, zu teure oder fehlgeschlagene Investitionen, ungünstige Eingliederung in den Betriebsablauf, Fehler im Produktionsprozess oder ein zu hoher Verschuldungsgrad. Unabhängig von externen oder unternehmensinternen Ursachen ist die eingehende Analyse der Insolvenzursachen von besonderer Bedeutung, weil diese die Grundlage der Beurteilung der Gläubiger für die Sanierungsfähigkeit des Schuldners und damit für die zu treffenden Entscheidungen über den Fortgang des Verfahrens ist.

29 Im Rahmen der Darstellung von Insolvenzursachen und damit eventuell verbundenen Anfechtungsmöglichkeiten muss dem **Persönlichkeitsrecht Dritter** erhöhte Aufmerksamkeit geschenkt werden. In diesem Zusammenhang kann sich der Verwalter nicht auf die von der Rechtsprechung

---

[34] *Braun,* Betriebswirtschaftliche Checkliste zur Prüfung der Sanierungsfähigkeit von Unternehmen in *Baetke,* Rechnungslegung, Finanzierung, Steuerung und Prüfung in den neunziger Jahren, 1990, S. 126 ff.; *Groß,* Sanierung durch Fortführungsgesellschaften, 2. Aufl. 1988, S. 702 ff.; ausführlich Nerlich/Römermann/*Balthasar* § 156 Rn. 10 ff.

[35] Vgl. hierzu Uhlenbruck/*Zipperer* § 156 Rn. 6.

entwickelten Grundsätze für Äußerungen in einem zivilgerichtlichen Erkenntnisverfahren berufen. Auch der Hinweis, es handele sich hierbei um eine privilegierte Vorbereitungshandlung, da ein entsprechendes Anfechtungsrecht besteht, genügt für sich genommen nicht, um die Äußerung zu rechtfertigen.[36] Letztlich muss die Rechtmäßigkeit der getätigten Äußerungen im Rahmen einer Güterabwägung nach § 193 StGB bzw. § 824 Abs. 2 BGB überprüft werden.[37] Folglich hat sich der Verwalter auf eine möglichst sachliche und objektiv nachvollziehbare Darstellung der Insolvenzursachen zu beschränken, auch wenn diese im engen Zusammenhang mit eventuellem Fehlverhalten von Personen stehen.[38] Sofern er das jedoch hinreichend berücksichtigt, drohen ihm keine ernsthaften zivil- oder strafrechtlichen Konsequenzen aus eventuellen Ehrschutzprozessen.[39]

3. Sanierungsaussichten. Anders als die Beschreibung der wirtschaftlichen Lage des Unternehmens und ihrer Ursachen hat die Äußerung des Verwalters zu den Sanierungsaussichten zwangsläufig prognostischen Charakter. In Betracht kommen die Sanierung des Unternehmensträgers durch einen Insolvenzplan (ggf. unter Ausschluss oder Beschränkung der Anteilsinhaber, vgl. § 225a) oder die Veräußerung des Unternehmens als Ganzes oder in Teilen im Wege eines Asset Deals (so genannte **übertragende Sanierung**). Beide Sanierungsoptionen sind prinzipiell gleichwertig,[40] auch wenn der Gesetzgeber durch das Gesetz zur weiteren Erleichterung der Sanierung von Unternehmen (ESUG) vom 7.12.2011[41] mit der Einführung des sog. **Schutzschirmverfahrens** nach § 270b und durch weitere den Insolvenzplan betreffende Regelungen das Insolvenzplanverfahren weiter gestärkt hat. Mehrere Varianten für eine Sanierung können auch verbunden werden. Wo mehrere Möglichkeiten zur Sanierung des Unternehmensträgers und/oder des Unternehmens erkennbar sind, sind sie den Gläubigern vorzustellen. 30

Da das Insolvenzverfahren nicht auf Dauer angelegt ist, sondern in einer Sanierung oder andernfalls in einer Zerschlagung endet, muss der Verwalter zunächst nur Prognosen für eine Interimsperiode, entweder bis zur Vorlage eines Plans oder bis zur geplanten Betriebsveräußerung im Ganzen oder in Teilen, liefern. Weitergehende **Planrechnungen** bzw. ein **Sanierungskonzept/-plan** sind dann Gegenstand des Insolvenzplans (§ 220 Abs. 2) oder Sache eines Erwerbers. 31

Die Sanierungsaussichten können von den Gläubigern vernünftigerweise nur erörtert werden, wenn der Verwalter im Bericht aufzeigen kann, dass das schuldnerische Unternehmen zumindest vorläufig fortführungsfähig ist. Dazu wird er regelmäßig einen **Liquiditätsplan** vorlegen und aufzeigen müssen, dass durch die vorläufige Betriebsfortführung keine für die Gläubiger ansonsten zur Verteilung zur Verfügung stehenden Werte vernichtet werden. Während hingegen die ausreichende Liquidität gesichert sein muss, ist es letztlich jedoch die Entscheidung der Gläubiger, ob das Unternehmen trotz Verluste bzw. Vernichtung von Werten vorläufig fortgeführt werden soll, weil sie auf eine (derzeit ungewisse) Sanierung mit einer höheren Befriedigungsaussicht für die Gläubiger spekulieren. In der Mehrzahl der Fälle genügt es allerdings nicht, durch **Forderungsverzichte** oder neues Kapital eine finanzwirtschaftliche Schieflage zu beseitigen. Im Allgemeinen müssen zugleich Vorschläge dafür unterbreitet werden, wie gravierende Fehlentwicklungen nachhaltig korrigiert werden können.[42] 32

Der Liquiditätsplan muss sich an den **leistungswirtschaftlichen Daten** des Unternehmens orientieren und darf sich, wenn er seinen Zweck nicht verfehlen will, nicht auf Pauschalannahmen stützen. Er muss die Quellen erwarteter Einkünfte und die Empfänger nötiger Ausgaben zumindest so genau bezeichnen, dass er auf seine Plausibilität hin überprüfbar ist. Der Plan sollte erkennen lassen, mit welchen Eintrittswahrscheinlichkeiten gerechnet werden kann und welche Gefahren ihn insgesamt in Frage stellen können. 33

4. Möglichkeiten eines Insolvenzplans. Wenn die Lagebeschreibung die Sanierung nicht ausschließt, muss der Insolvenzverwalter die Möglichkeiten für einen Insolvenzplan nach §§ 217 ff. erörtern. Wie sich aus § 218 ergibt, bedeutet die in § 156 Abs. 1 S. 2 geforderte Darstellung der Möglichkeiten für einen Plan nicht, dass ein solcher schon vorgelegt werden müsste. Im Normalfall reicht es für den Berichtstermin, wenn der Verwalter **grobe Strukturen** eines möglichen Plans skizziert, wenn ein solcher in Betracht kommt. Wenn dagegen – ausnahmsweise – ein Plan schon zum Berichtstermin vorliegen sollte, dann gehen an dieser Stelle die Erörterung der abstrakten Möglichkeiten und die konkrete Stellungnahme des Verwalters ineinander über. Dies bietet sich 34

---

36 BGH NJW 1995, 397.
37 BGH NJW 1995, 397, 398.
38 KPB/*Webel* § 156 Rn. 11.
39 Diese Gefahr wird höher bewertet von *Pape* ZIP 1995, 1660 ff.; Uhlenbruck/*Zipperer* § 156 Rn. 6.
40 *Smid* § 157 Rn. 4 und 7 mwN.
41 BGBl. I S. 2582.
42 Ausführlich hierzu Nerlich/Römermann/*Balthasar* § 156 Rn. 22 ff.

insbesondere bei dem durch das ESUG[43] neu eingeführten sog. **Schutzschirmverfahrens** nach § 270b an, da dort die vom Gericht festzusetzende First von bis zu höchstens 3 Monaten für die Vorlage eines Insolvenzplans zu beachten ist, will der Schuldner nicht Gefahr laufen, dass das Verfahren in ein Regelinsolvenzverfahren überführt wird. Problematisch mag die 3-Monats-Frist bei Zusammenlegung auch mit dem Prüfungstermin (§ 29 Abs. 2) werden, wenn der volle **Insolvenzgeldzeitraum** ausgenutzt werden soll.

35 **5. Auswirkungen auf die Gläubigerbefriedigung.** Der Gesetzgeber möchte, dass der Verwalter darlegt, welche Folgen diese oder jene Plan-, Fortführungs- oder Liquidationsvariante für die Befriedigungsaussicht der Gläubiger haben kann. Hierzu ist es erforderlich, eine zumindest grobe Einschätzung der erzielbaren Liquidations- bzw. Reorganisationswerte samt der Auswirkungen auf eine zu erwartende Quote bzw. Befriedigung der aus- und absonderungsberechtigten Gläubiger zu liefern.[44] Allerdings sind die Auswirkungen alternativer Verfahrensabläufe auf die Gläubigerbefriedigung in der Praxis nur schwer zu prognostizieren. Der wirtschaftliche „Erfolg" einer **Sanierung** ist zwar darstellbar, wenn Käufer für eine übertragende Sanierung bereitstehen und umgekehrt die Abwicklungsverluste berechenbar sind. Demgegenüber kann die Sanierung des Unternehmensträgers mit Hilfe eines Insolvenzplans durchaus bessere Perspektiven bieten, allerdings um den Preis eines erhöhten Risikos. Gleiches gilt, wenn die sofortige Liquidation mit der bloßen Möglichkeit einer sanierenden Übertragung konkurriert, etwa wenn der Ausgang laufender Verkaufsverhandlungen mit einem oder mehreren potentiellen Investoren noch ungewiss ist. Gerade diese Risiken lassen sich aber in Prognosezahlen nur unzureichend darstellen. Der Verwalter sollte sie daher nur aufzeigen und die abschließende Bewertung den Gläubigern überlassen.[45] Nur diese sind in der Lage (haftungsfrei) über die Eingehung etwaiger Risiken zur Erhöhung ihrer Befriedigungsaussichten zu entscheiden.

36 Der Verwalter kann auch Gesichtspunkte in seinen Bericht aufnehmen, die **keinen unmittelbaren Bezug** zu den Interessen der Gläubiger haben. Beispielsweise kann das gesamtwirtschaftliche Interesse ausnahmsweise für die Erhaltung eines sanierten und fortgeführten Unternehmens auch dann sprechen, wenn sein Liquidationswert größer ist als der bei der Fortführung zu erzielende Ertrag. Wenn die Gläubiger das wollen, können sie auch in einem solchen Fall für die Fortführung votieren. Nur in einem Insolvenzplan kann sie durch das Obstruktionsverbot des § 245 nicht erzwungen werden, wenn seine Anwendung einen (offensichtlichen) Eingriff in die Vermögensrechte einer Gläubigergruppe darstellt.

37 **6. Empfehlungen.** Dem Verwalter bleibt es überlassen, ob und in welchem Umfang er sich für eine der denkbaren **Verwertungsalternativen** ausspricht und eine **persönliche Empfehlung** abgibt. Hierzu ist er generell nicht verpflichtet.[46] Da die Berichterstattung maßgeblichen Einfluss auf die Entscheidung der Gläubiger hat, sollte der Verwalter zur Vermeidung eigener Haftungsrisiken die in Betracht kommenden Varianten aufzeigen und deutlich machen, dass die abschließende Bewertung den Gläubigern überlassen bleibt. Nur die Gläubiger können haftungsfrei darüber entscheiden, ob sie in der Erwartung höherer Befriedigungsaussichten bereit sind, etwaige Risiken einzugehen, denn tatsächlich sind sie ja nicht einmal gehalten, ihren Willen nach den Kriterien der Vernunft zu bilden.[47]

D. Auskunftsrechte der Verfahrensbeteiligten

38 Nach § 79 Abs. 1 ist die Gläubigerversammlung berechtigt, vom Insolvenzverwalter neben seinem Bericht im **Berichtstermin** oder allgemein in einer **Gläubigerversammlung** einzelne Auskünfte zu verlangen. Dieses Recht wird, solange die Gläubigerversammlung keine negative Entscheidung über die Zulassung der Frage getroffen hat, praktisch von den einzelnen Gläubigern ausgeübt.[48] Allerdings kann die begehrte Auskunft verweigert werden, wenn sie der ordnungsgemäßen Durchführung des Verfahrens entgegenstehen würde oder die Grenze des Zumutbaren übersteigt.[49] Daher hat der BGH zu Recht eine Auskunftspflicht verneint, wenn die Auskunft der Vorbereitung der

---

[43] Gesetz vom 7.12.2011, BGBl. I S. 2582.

[44] Uhlenbruck/*Zipperer* § 156 Rn. 12; hins. Erfordernis und Bedeutung einer Gesamtunternehmensbewertung als Entscheidungsgrundlage der Gläubiger s. *Nickert* ZInsO 2013, 1722.

[45] Uhlenbruck/*Zipperer* § 156 Rn. 11; die Entscheidungsfreiheit der Gläubiger betont *Heuvels* ZIP 2014, 397, 400.

[46] Uhlenbruck/*Zipperer* § 156 Rn. 13.

[47] Geschweige denn gesamtwirtschaftlicher Vernunft, vgl. dazu Nerlich/Römermann/*Balthasar* § 156 Rn. 8.

[48] Nerlich/Römermann/*Weiß* § 79 Rn. 2; Uhlenbruck/*Zipperer* § 156 Rn. 14.

[49] Uhlenbruck/*Zipperer* § 156 Rn. 14.

Geltendmachung eines Ersatzanspruchs gegen den Geschäftsführer oder Dritte dient und nicht auf Befriedigung als Insolvenzforderung aus der Masse (§ 38) gerichtet ist.[50] Da der Verwalter ausschließlich im Interesse der Gläubiger tätig ist besteht auch keine (allgemeine) Auskunftspflicht gegenüber dem **Schuldner,** soweit dies nicht – wie etwa im Zusammenhang mit der Stilllegung des Unternehmens vor dem Berichtstermin (§ 158 Abs. 2) oder bei besonders bedeutsamen Rechtshandlungen gemäß § 160 – gesondert angeordnet ist. Auch **Gesellschafter** können sich mit Eröffnung des Insolvenzverfahrens nicht mehr auf ihre allgemeinen Einsichtsrechte (etwa gemäß § 51a GmbHG) berufen.[51]

Außerhalb der Gläubigerversammlung hat der einzelne Gläubiger dagegen keinen **Auskunftsanspruch,** es sei denn, dass dafür eine eigene Rechtsgrundlage existiert, wie das beispielsweise in § 167 der Fall ist.[52] Allerdings ist das Gericht gemäß § 58 Abs. 1 S. 2 berechtigt, vom Verwalter einzelne Auskünfte und einen Bericht über den Sachstand und die Geschäftsführung zu verlangen. Auf Antrag eines einzelnen Gläubigers kann daher das Insolvenzgericht im oder außerhalb des Berichtstermins anordnen, dass der Verwalter über bestimmte Vorgänge zu berichten oder Auskünfte zu erteilen hat.[53] 39

Bei Auskünften an Dritte muss der Verwalter grundsätzlich das Recht des Schuldners auf **informationelle Selbstbestimmung** wahren,[54] das natürlich da nicht hindert, wo der Schuldner selbst zur Auskunft verpflichtet (gewesen) wäre. 40

E. Stellungnahmen und Äußerungen (Abs. 2)

Nach Abs. 2 S. 1 *hat* das Gericht dem **Schuldner,** einem gegebenenfalls gewählten **Gläubigerausschuss,** dem **Betriebsrat** und dem **Sprecherausschuss** als Vertreter der Arbeitnehmerschaft Gelegenheit zu geben, zu dem Verwalterbericht Stellung zu nehmen, während es den in Abs. 2 S. 2 genannten **berufsständischen Vertretungen** die Gelegenheit zur Äußerung im Termin geben *kann.* Durch die weiteren Stellungnahmen soll die Entscheidungsbasis der Gläubiger über den Bericht des Verwalters hinaus erweitert werden.[55] Von einer obligatorischen Anhörung, wie sie vom Regierungsentwurf vorgesehen war, hat der Gesetzgeber jedoch abgesehen; Der Rechtsausschuss[56] wollte den Fortgang des Verfahrens nicht vom Ausbleiben einzelner Stellungnahmen abhängig machen. 41

Die Anhörung setzt die **Unterrichtung** der Berechtigten voraus.[57] Dabei wird man nicht davon ausgehen können, dass sie ad hoc, also noch im Berichtstermin, unterrichtet werden können, um ihnen ausreichend Gelegenheit zur Vorbereitung zu geben. Anderenfalls würde das letztlich im Interesse sämtlicher Beteiligten liegende Recht zur Stellungnahme der Berechtigten erheblich eingeschränkt. In der Praxis empfiehlt es sich daher, den Berechtigten den schriftlichen Bericht rechtzeitig zuzuleiten, damit eine Stellungnahme vorbereitet werden kann.[58] Die Mindestfrist der Unterrichtung vor dem Berichtstermin kann an § 154 und den Schriftsatzfristen der ZPO gemessen werden, unter denen die Wochenfrist des § 132 Abs. 1 ZPO der des § 154 entspricht. Die Nichteinhaltung der Unterrichtungsfrist führt jedoch nicht zur Verschiebung des Berichtstermins oder zur Unwirksamkeit der darin gefassten Beschlüsse der Gläubiger. 42

Die Stellungnahme kann **schriftlich oder mündlich** im Termin erfolgen. Faktisch wird dadurch das Teilnahme- und Rederecht (§ 74 Abs. 1) auf die genannten Berechtigten erweitert.[59] Gegen eine Verweigerung der Gelegenheit zu Stellungnahme ist die Erinnerung nach § 11 Abs. 2 S. 1 RPflG möglich.[60] 43

Praktisch besonders bedeutsam ist das Äußerungsrecht der **Arbeitnehmervertretungen,** denen vor allem im Zusammenhang mit der Aufstellung, Begutachtung und Erörterung eines Insolvenzplans inhaltlich ähnliche Verfahrensrechte eingeräumt sind (vgl. §§ 218 Abs. 3, 232 Abs. 1 Nr. 1, 235 44

50 BGH NZI 2005, 628 f.
51 OLG Hamm NZI 2002, 103; BayObLG NZI 2005, 631; OLG Köln ZIP 2008, 1131.
52 Ausführlich zur Auskunftspflicht des Verwalters *Bruder* ZVI 2004, 332 ff.; *Heeseler* ZInsO 2001, 873 ff.; wegen der früheren Rechtslage vgl. BGHZ 62, 1 ff.; vgl. auch AG Köln ZVI 2015, 381, 382 (keine Pflicht des Insolvenzverwalters einzelnen Gläubigern Auskunft über den Verbleib ihrer Forderungen zu erteilen).
53 Uhlenbruck/*Zipperer* § 156 Rn. 14.
54 Richtig Nerlich/Römermann/*Balthasar* § 156 Rn. 39.
55 Begr. *RegE* zu § 175.
56 BT-Drs. 12/7302, 175.
57 FKInsO/*Wegener* § 156 Rn. 18.
58 Uhlenbruck/*Zipperer* § 156 Rn. 15.
59 Uhlenbruck/*Zipperer* § 156 Rn. 16; aA für die in Abs. 2 S. 2 genannten Berufsvertreter Nerlich/Römermann/*Balthasar* § 156 Rn. 43.
60 HKInsO/*Ries* § 156 Rn. 10.

Abs. 3 S. 2). Damit sind insbesondere die Betriebsräte, denen verfahrensentscheidende Bedeutung zukommen kann, auch außerhalb ihres unmittelbaren Wirkungskreises (vgl. §§ 120 ff.) förmlich Verfahrensbeteiligte und mithin auch dann äußerungsbefugt, wenn die Arbeitnehmer keine wesentlichen Insolvenzgläubiger sind. Im jedem Fall soll ein Vertreter der Arbeitnehmerschaft nach § 67 Abs. 2 dem Gläubigerausschuss angehören.

45 Die Zuständigkeit der jeweiligen **berufsständischen Vertretungen** (Abs. 2 S. 2) richtet sich nach den Mitgliedschaften in der Industrie- und Handelskammer, der Handwerkskammer oder einer Landwirtschaftskammer. Wenn im späteren Verfahren ein Insolvenzplan vorgelegt wird, gibt es eine analoge Gelegenheit zur Äußerung nach § 232 Abs. 2. Über die Hinzuziehung entscheidet das Insolvenzgericht. In größeren Verfahren sollte sie die Regel sein. Neben dem Bericht des Verwalters dient die Äußerung der jeweiligen Kammer der Objektivierung des Urteils über die Erhaltungsfähigkeit des Schuldnerbetriebs.

46 Wenn das Gericht entgegen Abs. 2 S. 2 der jeweils berufsständischen Vertretung keine Gelegenheit zur Äußerung gibt, ist diese Entscheidung **nicht anfechtbar** (§ 6 Abs. 1).[61] Amtshaftungsansprüche – wie sie von Nerlich/Römermann/*Balthasar*[62] erörtert werden –, scheinen angesichts der bewusst flexiblen Regelung des Gesetzes eher fern zu liegen.

F. Berichtsmängel

47 Kommt der Insolvenzverwalter seinen Berichtspflichten aus § 156 nicht oder nur unzureichend nach, so obliegt es dem Insolvenzgericht im Rahmen seiner **Aufsicht** nach § 58 Abs. 1 den Verwalter gegebenenfalls unter Androhung und Festsetzung von Zwangsgeld zur Erfüllung seiner Pflichten anzuhalten. Obwohl Gläubigerversammlung bzw. Gläubiger die eigentlichen Adressaten des Berichts sind, können sie dies jedoch nicht erzwingen. Die Entscheidung des Insolvenzgerichts ist für die Gläubiger nicht rechtsmittelfähig (§ 6 Abs. 1). Lediglich der Verwalter kann sich gemäß § 58 Abs. 2 S. 2 gegen die Anordnung eines Zwangsgeldes wehren.

48 Sofern die nach Absatz 2 erforderliche Möglichkeit zur Stellungnahme oder Äußerung nicht eingeräumt wird, sind auch hiergegen Rechtsmittel gemäß § 6 Abs. 1 nicht gegeben.[63] Dient das entsprechende Anhörungsrecht jedoch auch dem Schutz des Berechtigten, sind **Amtshaftungsansprüche** gemäß Art. 34 GG iVm § 839 BGB jedenfalls denkbar.[64] Für den Fall, dass der Rechtspfleger die Gläubigerversammlung leitet und das Äußerungsrecht durch Beschluss verweigert, kann hiergegen die **Erinnerung** nach § 11 Abs. 2 S. 1 RPflG eingelegt werden, worüber letztlich der Insolvenzrichter zu entscheiden hat.[65]

49 Wirkungsvoller als die gerichtliche Kontrolle ist allerdings ein mögliches **Haftungsrisiko des Verwalters:** Wenn die Gläubiger auf Grund schuldhaft falscher oder unvollständiger Informationen einen Beschluss über die Betriebsfortführung oder -einstellung treffen und dadurch im Ergebnis die Insolvenzmasse schmälern, haftet der Verwalter dafür nach § 60.[66]

§ 157 Entscheidung über den Fortgang des Verfahrens

[1]Die Gläubigerversammlung beschließt im Berichtstermin, ob das Unternehmen des Schuldners stillgelegt oder vorläufig fortgeführt werden soll. [2]Sie kann den Verwalter beauftragen, einen Insolvenzplan auszuarbeiten, und ihm das Ziel des Plans vorgeben. [3]Sie kann ihre Entscheidungen in späteren Terminen ändern.

Übersicht

61 KPB/*Webel* § 156 Rn. 26.
62 → § 156 Rn. 42.
63 KPB/*Webel* § 156 Rn. 26.
64 Uhlenbruck/*Zipperer* § 156 Rn. 18; Nerlich/Römermann/*Balthasar* § 156 Rn. 42.
65 Uhlenbruck/*Zipperer* § 156 Rn. 18; KPB/*Webel* § 156 Rn. 26.
66 BKInsO/*Undritz/Fiebig* § 156 Rn. 15; KPB/*Webel* § 157 Rn. 3.

A. Überblick und Entstehungsgeschichte

1 Die Vorschrift konkretisiert den Grundsatz der Gläubigerautonomie, wonach die Entscheidung über den Fortgang des Verfahrens von den Gläubigern im Berichtstermin getroffen werden soll. Die Gläubiger sollen demnach entscheiden, ob sie eine **Betriebsfortführung** wünschen, die Ausarbeitung eines **Insolvenzplans** beauftragen, oder sich von einer **Zerschlagung** höhere Befriedigungsaussichten versprechen. Die Regelung ist nicht abschließend zu verstehen. Die Gläubigerversammlung kann dem Verwalter auch weitere Handlungsanweisungen geben.[1] Flankiert wird die Vorschrift durch das Fortführungsgebot des § 22 Abs. 1 S. 2 Nr. 2 im Vorverfahren, den Wahlrechtsaufschub nach § 107 Abs. 2 und schließlich die Erschwerung der Stilllegung oder (vorzeitigen) Veräußerung des schuldnerischen Unternehmens nach § 158.

2 Nach § 132 KO hatten die Gläubiger u. a. über die Schließung oder Fortführung des schuldnerischen Geschäfts zu entscheiden, wobei die Fortführung in der Konsequenz des Liquidationsgebots des § 117 KO die Ausnahme darstellte und sogar die Frage nach dem Rechtsmissbrauch provozieren konnte.[2] Im Vergleichsverfahren bestimmte je nach dem vorgelegten Vergleichsinhalt – zumindest theoretisch – der Schuldner bis zur Entscheidung der Gläubiger nach den §§ 66 ff. VglO über Liquidation oder Fortsetzung des Unternehmens. Wenn der Berichtstermin nach § 156 nicht ausnahmsweise zugleich der Erörterung und Abstimmung über einen Insolvenzplan dient,[3] dann führt er zu einer Art Vorentscheidung darüber, ob die Gläubiger die Liquidation des schuldnerischen Unternehmens für unvermeidbar halten oder seine vorläufige Fortsetzung riskieren wollen. Die Fortführung ist nicht mehr die regelwidrige Ausnahme und auch nicht mehr auf die Initiative des Schuldners angewiesen.

3 Nach den Vorstellungen der Kommission hätte die Entscheidung über Reorganisation oder Liquidation vom Insolvenzgericht getroffen werden sollen,[4] wie das in der gemeinrechtlichen Praxis vor der KO gang und gäbe gewesen war.[5] Der Diskussionsentwurf des BMJ stellte (in § 166) die Entscheidungskompetenz der Gläubigerversammlung wieder her und gab ihr das Recht, den Insolvenzverwalter mit der Erstellung eines Insolvenzplans zu beauftragen. Diese Regelung ist ebenso wie die Klarstellung in Satz 3, dass Entscheidungen der Gläubigerversammlung reversibel sind, über den Referentenentwurf in die InsO eingegangen.

4 Die Stärkung der **Gläubigerautonomie** ist konsequent, bedenkt man, dass es nicht die Justiz ist, sondern die Gläubiger sind, die die Konsequenzen von **Fehlentscheidungen** zu tragen haben. Es kann daher nicht Aufgabe des Gerichts sein, auf Gutachtenbasis über die wirtschaftliche Zukunft eines Unternehmens zu entscheiden und diese hoheitlich gegenüber den Beteiligten – möglicherweise sogar entgegen deren Willen – durchzusetzen.[6]

---

1 HKInsO/*Ries* § 157 Rn. 1.
2 LG Wuppertal KTS 58, 45; *Kuhn/Uhlenbruck* KO § 132 Rn. 2a.
3 → § 156 Rn. 10 ff.
4 Leitsatz 1.3.4.4, vgl. 1. KommBer. S. 149.
5 *Hahn/Mugdan,* Materialien zur Konkursordnung, S. 316 f., wo – im Vorgriff auf die Neuorientierung der Praxis seit den 50er-Jahren des 20. Jahrhunderts (hierzu sehr anschaulich *Kilger* KTS 1989, 495 ff.) – darauf hingewiesen wird, dass die Fortführung nicht selten, „namentlich bei Fabrikgeschäften, zur Abwendung großer Nachtheile geradezu nothwendig sei".
6 Allg. Begr. des RegE, BT-Drs 12/2443, 76, 80.

B. Beschlussgegenstände

5 Nach dem Wortlaut des Gesetzes sollen die Gläubiger autonom über **Stilllegung** (I.), vorläufige **Fortführung** (II.) und die Beauftragung zu Ausarbeitung eines **Insolvenzplans** (III.) beschließen. Der Gesetzgeber hat sich dabei bewusst gegen eine gesetzliche Bevorzugung bestimmter Verwertungsarten entschieden und den Gleichrang von Liquidation, übertragender Sanierung und Sanierung durch Insolvenzplan angeordnet,[7] um die Entscheidung den Gläubigern, die wirtschaftlich die Konsequenzen tragen, zu überlassen. Dieser Entscheidung soll der Verwalter solange nicht vorgreifen, wie aus der Betriebsfortführung kein irreparabler Werteverzehr droht. Nicht selten ist jedoch eine Stilllegung oder (Teil-)Veräußerung schon vor dem Berichtstermin aus wirtschaftlichen oder tatsächlichen Gründen unaufschiebbar geboten. In diesem Fall muss der Verwalter nach § 158 vorgehen.

I. Stilllegung

6 **1. Ausgestaltung der Liquidation.** Die Gläubigerversammlung beschließt in der Regel dann die **Stilllegung** des insolventen Unternehmens, wenn dessen Liquidationswert die Werte aller anderen Verwertungsalternativen übersteigt.[8] Über die genaue Art und Weise der Liquidation lässt sich keine allgemeingültige Aussage treffen. Denkbar ist eine zeitliche wie gegenständliche Differenzierung, etwa die sofortige oder zeitlich gestaffelte Stilllegung des gesamten Unternehmens, nur einzelner Betriebsteile oder die Entscheidung für eine (auch durch einen Insolvenzplan flankierte[9]) Ausproduktion, bei welcher die vorhandenen Roh-, Hilfs- und Betriebsstoffe verarbeitet werden, um hiermit ohnehin anfallende laufende Betriebsausgaben zu erfüllen.[10] Der Stilllegungsbeschluss kann auch bedingt sein, abhängig etwa von der Akquisition eines bestimmten Auftrags oder vom Scheitern geführter Verkaufsgespräche.

7 **2. Liquidationsplan.** Auch die Verbindung eines Stilllegungsbeschlusses mit der Entscheidung zur Vorbereitung oder Billigung eines **Liquidationsplans** ist möglich. Die InsO lässt nicht erkennen, dass sie einen Plan, der zu einem Liquidationsvergleich alter Prägung führte,[11] ausschließen wolle. Das Ziel eines Liquidationsplans kann die Ergebnisoptimierung durch aktive Mitarbeit des Schuldners sein, dem im Gegenzug der Erlass seiner nicht durch die Insolvenzmasse gedeckten Schulden versprochen wird.[12]

8 **3. Stilllegung und Insolvenzplan.** Wenn man von dem zuvor behandelten Ausnahmefall absieht, bedeutet der Stilllegungsbeschluss jedoch zugleich das Votum gegen die **Sanierung** des Unternehmensträgers und damit auch gegen einen **Insolvenzplan.** Um das **Initiativrecht** des Schuldners (bzw. des Verwalters aus eigenem Recht[13]) zur Vorlage eines Insolvenzplans (§ 218) durch einen Stilllegungsbeschluss der Gläubigerversammlung nicht zu unterwandern, kann das Insolvenzgericht nach der Vorlage eines Insolvenzplans auf Antrag des Schuldners oder des Verwalters die weitere Verwertung und Verteilung gemäß § 233 aussetzen, wenn die Aussetzung nicht mit erheblichen Nachteilen für die Masse verbunden ist. Allerdings kann der Verwalter mit Zustimmung der Gläubiger nach § 233 S. 2 Alt. 2 die Fortsetzung der Verwertung und Verteilung beantragen, ohne dass daran weitere Bedingungen geknüpft sind. Das Gericht muss dem Antrag stattgeben, auch wenn erhebliche Nachteile für die Masse zu befürchten sind, da der Gesetzgeber insoweit dem Grundsatz der **Gläubigerautonomie** den Vorrang einräumt. Wegen dieses Vorrangs wird man die Gläubigerversammlung auch für berechtigt halten können, die Stilllegung (in einem Vorratsbeschluss) auch für den Fall zu beschließen, dass später in Bezug auf einen bereits vorgelegten oder zukünftig ggf. noch vorzulegenden Insolvenzplan ein Aussetzungsantrag nach § 233 gestellt wird.[14] Da jedoch nur der Verwalter, nicht aber auch die Gläubigerversammlung oder der Gläubigerausschuss selbst den Antrag auf Fortsetzung der Verwertung nach §§ 233 S. 2 stellen kann,[15] ist es denkbar, dass das Gericht gleichwohl die Aussetzung der Verwertung anordnet, wenn der Verwalter sich dem Votum der Gläubigerversammlung/des Gläubigerausschusses nicht anschließt und einen Antrag auf Fortsetzung der Verwertung nach § 233 S. 2 nicht stellt.

---

7 RegE, BT-Drs 12/2443, 77 f.
8 Uhlenbruck/*Zipperer* § 157 Rn. 6.
9 Uhlenbruck/*Zipperer § 157* Rn. 6.
10 *Beck/Depré*, Praxis der Insolvenz, § 1 Rn. 12.
11 § 7 Abs. 4 VglO.
12 Uhlenbruck/*Lüer/Streit* § 217 Rn. 7; Nerlich/Römermann/*Braun* Vor §§ 217–269 Rn. 201.
13 → Rn. 16.
14 Differenzierend 2. Aufl. *Görg*.
15 Streitig, wie hier Uhlenbruck/*Lüer/Streit* § 233 Rn. 15.

Ein besonderes Problem ergibt sich bei Zufallsmehrheiten und dann, wenn der Beschluss zur endgültigen Stilllegung aus sachfremden Erwägungen ganz offensichtlich gegen das Interesse der Gläubigerschaft insgesamt zustande kommt. Das Korrektiv des § 78 erweist sich in solchen Fällen als unzureichend (vgl. unten Rn. 17). Dieser Mangel selbst ist aber Konsequenz der Grundsatzentscheidung des Gesetzgebers für die **Gläubigerautonomie.** 9

II. Vorläufige Fortführung

1. Ausschlussgrund. Eine Unternehmensfortführung setzt nicht nur die konzeptionelle Sicherstellung der für die Betriebsfortführung erforderlichen materiellen (etwa wichtige Produktionsanlagen) und immateriellen (etwa Lizenzen, Konzessionen, sonstige Erlaubnisse) Betriebsmittel voraus, sondern auch ausreichende **Liquidität.**[16] Die Kosten der vorläufigen Unternehmensfortführung sind **Masseverbindlichkeiten** nach § 55, sodass zumindest diese Kosten gedeckt sein müssen. Wenn das nicht der Fall ist, kann die Unternehmensfortführung von Rechts wegen nicht beschlossen werden.[17] Ein gleichwohl gefasster Beschluss ist auf Antrag (im Zweifel des Insolvenzverwalters) nach § 78 Abs. 1 aufzuheben, da ein massearmes (§ 207) oder masseunzulängliches (§ 208) Verfahren „dem gemeinsamen Interesse der Insolvenzgläubiger" an einem geordneten Verfahren widerspricht. 10

2. Dauer der Fortführung. Die Gläubiger können nur eine **vorläufige** Fortführung des schuldnerischen Unternehmens beschließen. Die Entscheidung über die **unbefristete** Fortführung kann nur im Rahmen eines Insolvenzplans im Abstimmungstermin nach § 235 getroffen werden.[18] Eine dauerhafte Fortführung des Unternehmens durch den Insolvenzverwalter widerspräche dem gesetzlichen Leitbild der nur vorübergehenden Verwaltungstätigkeit, da in einem solchen Fall der Verwalter selbst (dauerhaft) zum Unternehmer würde.[19] Ohne einen Plan dient die vorläufige Fortführung entweder der zeitlich gestreckten Liquidation, der Ausproduktion oder der Vorbereitung bzw. Prüfung einer übertragenden Sanierung.[20] Um nicht die weitere Entscheidung über das Verfahren in einer späteren Gläubigerversammlung fassen zu müssen, kann der Beschluss – spiegelbildlich zum Stilllegungsbeschluss (vgl. Rn. 6) – bedingt sein, abhängig etwa von der Akquisition eines bestimmten Auftrags oder vom Scheitern geführter Verkaufsgespräche. Denkbar ist auch eine Delegation der Entscheidung auf den Gläubigerausschuss oder den Insolvenzverwalter (vgl. Rn. 25 ff.). 11

3. Fortführung bei natürlichen Personen. a) Allgemeines. Da die Arbeitskraft des Schuldners nicht massebefangen ist, ist es alleine die Entscheidung des Schuldners, ob er seine Arbeitskraft für die Insolvenzmasse einsetzt. Ebenso wenig wie dem Schuldner die selbstständige Tätigkeit untersagt werden kann,[21] kann die Gläubigerversammlung ihn zur Fortführung des Unternehmens zwingen.[22] Die Verweigerung der Mitarbeit kann allerdings zur Versagung der Restschuldbefreiung führen. Entscheidet sich umgekehrt der Schuldner zur Fortsetzung seiner selbstständigen Tätigkeit und will der Verwalter die Risiken der selbstständigen Tätigkeit nicht zu Lasten der Insolvenzmasse eingehen, kann er sie gemäß § 35 Abs. 2 S. 1 aus der Insolvenzmasse freigeben. Den Einfluss der Gläubiger auf diese Entscheidung stellt § 35 Abs. 2 S. 3 sicher. 12

b) Freiberufler und Gewerbetreibende. Probleme können sich bei der Unternehmensfortführung bei Freiberuflern oder erlaubnispflichtigen Gewerbetreibenden ergeben.[23] Sofern hierzu besondere **persönliche Qualifikationen** erforderlich sind, müssen diese in der Person des Verwalters vorliegen, um das Unternehmen fortführen zu können. Andernfalls ist der Verwalter auf die Mitwirkung des Schuldners angewiesen.[24] Allerdings kann der Schuldner hierzu nicht gezwungen werden.[25] Allein die Aussicht auf Versagung der Restschuldbefreiung bei Kooperationsverweigerung stellt hier ein gewisses Druckpotential dar (vgl. Rn. 12). 13

Zur Fortführung des Betriebes insolventer **Gewerbetreibender** genügt generell das Bestehen einer entsprechenden **Gewerbeerlaubnis.**[26] Diesbezüglich bestimmt § 12 S. 1 der Gewerbeord- 14

16 Uhlenbruck/*Zipperer* § 157 Rn. 11.
17 OLG Karlsruhe ZIP 2003, 267, 269.
18 HKInsO/*Ries* § 157 Rn. 4; Andres/Leithaus/*Andres* § 157 Rn. 12; FKInsO/*Wegener* § 157 Rn. 2; aA Uhlenbruck/*Zipperer* § 157 Rn. 10; Nerlich/Römermann/*Balthasar* § 157 Rn. 9;KPB/*Webel* § 157 Rn. 14a.
19 FKInsO/*Wegener* § 157 Rn. 2.
20 HKInsO/*Ries* § 157 Rn. 4.
21 *Tetzlaff* ZInsO 2005, 393.
22 Uhlenbruck/*Zipperer* § 157 Rn. 10.
23 HKInsO/*Ries* § 158 Rn. 1; vgl. HambKommInsO/*Decker* § 157 Rn. 12.
24 Vgl. zum Fall eines unkooperativen Schuldners *Runkel* ZVI 2007, 45 ff.
25 Uhlenbruck/*Zipperer* § 157 Rn. 16; HambKommInsO/*Decker* § 157 Rn. 12; zu Gegenmaßnahmen kooperationsunwilliger Schuldner vgl. *Tetzlaff*, ZVI 2004, 2 f.; *Tetzlaff* ZInsO 2005, 393, 396 ff.
26 KPB/*Webel* § 157 Rn. 9.

nung, dass die Untersagung eines Gewerbes oder die Rücknahme oder der Widerruf einer Zulassung wegen Unzuverlässigkeit des Gewerbetreibenden, die auf ungeordnete Vermögensverhältnisse zurückzuführen sind, während der Dauer des Insolvenzverfahrens nicht stattfindet. Dasselbe gilt, sobald im Antragsverfahren Sicherungsmaßnahmen nach § 21 angeordnet sind.[27] Durch diese Regelung soll verhindert werden, dass eine angestrebte Sanierung durch eine Gewerbeuntersagung konterkariert wird.[28] Eine Untersagung ist gemäß § 12 S. 2 GewO erst wieder möglich, wenn die selbstständige Tätigkeit freigegeben wurde (§ 35 Abs. 2 S. 1) und wenn die Unzuverlässigkeit des Gewerbetreibenden mit Tatsachen begründet wird, die nach Freigabe eingetreten sind. § 12 GewO enthält kein Privileg für Spezialunternehmen (wie zB Banken oder Versicherungen).

15 Die Fortführung der Praxis eines **Freiberuflers** hingegen kann an dessen **berufsständischen Zulassungsvoraussetzungen** scheitern.[29] Insbesondere bei Rechtsanwälten, Steuerberatern, Wirtschaftsprüfern, Notaren und Architekten muss mit einem Verlust der Zulassung gerechnet werden, da in den entsprechenden berufsständischen Vorschriften ein Widerruf der Bestellung bei Vermögensverfall oder sonstigen wirtschaftlich ungeordneten Verhältnissen angeordnet ist.[30] Einen Ausweg kann in dieser Situation die frühzeitige Stellung des Insolvenzantrags, verbunden mit einem Antrag auf Eigenverwaltung unter gleichzeitiger Vorlage eines Insolvenzplans bieten.[31]

16 **4. Übertragende Sanierung.** Die vorläufige Fortführung des schuldnerischen Unternehmens muss nicht zwangsläufig in einen **Insolvenzplan** münden. Sie kann auch dazu dienen, die Möglichkeiten für eine sogenannte übertragende Sanierung offenzuhalten.[32] Dieser Begriff hat sich für die praktisch wohl bedeutendste Form der (zumindest teilweisen) Erhaltung insolventer Betriebe eingebürgert, in denen ganz unterschiedlich große, nach den Bedürfnissen des Erwerbers zusammengestellte Teile des schuldnerischen Vermögens mit dem Ziel veräußert werden, betriebliche Einheiten aufrechtzuerhalten.[33] Die Veräußerung von Sachvermögen wird in solchen Fällen häufig von der Veräußerung immaterieller Güter (wie Firmennamen, Markennamen, Kundenlisten und dergleichen) begleitet.

17 Bei der übertragenden Sanierung werden die wesentlichen Vermögensgegenstände des Schuldnerunternehmens in der Regel ohne Übernahme von Verbindlichkeiten im Wege eines sog. Asset Deals auf einen oder mehrere neue Unternehmensträger übertragen. Etwaig verbleibende Vermögensgegenstände werden liquidiert. Dabei wird nicht der Unternehmensträger saniert, sondern das Unternehmen zu Sanierungszwecken aus der Insolvenzmasse herausgelöst.[34] Zu beachten sind insbesondere bei der Veräußerung ganzer Betriebsteile verschiedene gesetzliche **Haftungstatbestände.** Soweit nach § 4 Abs. 3 BBodSchG der Inhaber der tatsächlichen Gewalt oder nach dem Kreislaufwirtschafts- und Abfallgesetz der Abfallbenutzer verantwortlich ist, kann die Übernahme von Betriebsgrundstücken bzw. von nicht entsorgtem Umlaufvermögen zur **ordnungsrechtlichen Verantwortung** des Erwerbers führen.[35] Auch § 613a BGB findet – mit einigen Einschränkungen – generell Anwendung,[36] was sich häufig als eines der größten Hindernisse einer übertragenden Sanierung erweist. Dies gilt umso mehr, als neben den Arbeitsverhältnissen grundsätzlich auch die Ansprüche der **Arbeitnehmer** auf betriebliche Altersvorsorge mit übergehen.[37] Allerdings wird hierbei die Einschränkung gemacht, dass der Erwerber jedenfalls nicht in solche Verbindlichkeiten der auf ihn übergehenden Arbeitsverhältnisse eintritt, die vor Eröffnung des Insolvenzverfahrens begründet wurden, also vor diesem Zeitpunkt vom Arbeitnehmer erdient wurden.[38] Je nach Fallgestaltung kann es sich anbieten, bereits vor Vollzug des Betriebsübergangs als Erwerber Restrukturierungsmaß-

[27] Wegen weiterer Privilegien für Handwerker, Gastwirte, Fahrlehrer, Güterkraftverkehrsunternehmer vgl. KPB/*Webel* § 157 Rn. 9 ff.

[28] Vgl. zu § 12 GewO BVerwG ZVI 2016, 59 sowie die Anmerkung von *Deiseroth*, jurisPR-BVerwG 20/2015 Anm. 4.

[29] *Schmittmann* ZInsO 2004, 725, 726; HambKommInsO/*Decker* § 157 Rn. 12.

[30] *Tetzlaff* ZInsO 2005, 393, 399.

[31] Sehr ausführlich hierzu *Ehlers/Schmid-Sperber* ZInsO 2008, 879 ff.; sowie im Überblick *Haarmeyer/Wutzke/Förster*, Vorläufige Insolvenzverwaltung, § 14 Rn. 65.

[32] Zur Gestaltung und zu Risiken in den jeweiligen Verfahrensstadien vgl. *Menke* BB 2003, 1133; *Arends/Hofert-von Weiss* BB 2009, 1538; zur vorinsolvenzlichen übertragenden Sanierung vgl. *Uhlenbruck* ZInsO 2013, 2033.

[33] Die übertragende Sanierung ist, ohne bei ihrem Namen genannt zu werden, in den §§ 162 und 163 des Gesetzes an bestimmte formale Kautelen geknüpft.

[34] Uhlenbruck/*Zipperer* § 157 Rn. 7 f.

[35] Uhlenbruck/*Zipperer* § 157 Rn. 8.

[36] BAGE 32, 326, 334 = NJW 1980, 1124, 1125.

[37] Vgl. *Arends/Hofert-von Weiss* BB 2009, 1538, 1541.

[38] BAGE 32, 326, 334 = NJW 1980, 1124, 1125; *Richter/Nacewicz*, ZIP 2008, 256 ff.; *Rolfs* NZA-Beil 2008 (Heft 4), 164, 170.

nahmen ggf. unter Einsatz einer Beschäftigungs- und Qualifizierungsgesellschaft[39] zu veranlassen, um auf diese Weise eine höchstmögliche Rechtssicherheit dazu zu erzielen, in welche zum Veräußerer bestehende Arbeitsverhältnisse der Erwerber ein- oder eben nicht eingetreten wird. Ausgeschlossen ist nach § 75 Abs. 2 AO hingegen die Haftung des Unternehmenserwerbers für **Steuerverbindlichkeiten** nach § 75 AO. Gleiches gilt nach höchstrichterlicher Rechtsprechung bei Veräußerungen im eröffneten Verfahren, für die Haftung des Erwerbers eines Handelsgeschäfts für alle betrieblichen Verbindlichkeiten des früheren Inhabers bei einer **Firmenfortführung** nach § 25 HGB.[40]

III. Insolvenzplan (S. 2)

1. Planerstellung mit Zielvorgabe. Ebenso wenig wie der einzelne Gläubiger ist die Gläubigerversammlung selbst berechtigt, einen Insolvenzplan vorzulegen. Macht der Insolvenzverwalter von seinem Planinitiativrecht nach § 218 keinen Gebrauch, kann die Gläubigerversammlung ihn jedoch gemäß § 157 S. 2 beauftragen, einen Insolvenzplan auszuarbeiten und ihm dabei das Ziel des Plans vorgeben. An die **Zielvorgaben** der Gläubigerversammlung ist der Verwalter gebunden. Allerdings wird man den Verwalter berechtigt halten können, vorgegebene Inhalte, die gemäß § 231 einer gerichtlichen Kontrolle nicht standhalten würden, ohne erneute Einschaltung der Gläubigerversammlung auf das gesetzlich Zulässige zu korrigieren,[41] da er im Zweifel davon ausgehen darf, dass dies den Interessen der Gläubiger entspricht. 18

Die Weisungskompetenz der Gläubigerversammlung beschränkt sich jedoch auf die Zielvorgabe als solche. Die konkrete inhaltliche **Ausgestaltung** des Plans obliegt aufgrund seiner besonderen Sachkunde dem Verwalter nach dessen pflichtgemäßem Ermessen.[42] Gibt die Gläubigerversammlung dem Verwalter neben konkreten Zielvorgaben auch inhaltliche Vorgaben, kann der Verwalter einen Alternativplan vorlegen (vgl. Rn. 24). 19

Im Fall der **Eigenverwaltung** richtet sich der Auftrag der Gläubigerversammlung gemäß § 284 Abs. 1 S. 1 an den Schuldner oder den Sachwalter. Richtet sich der Auftrag an den Schuldner ist zweifelhaft, ob der Auftrag auch das Planziel vorgeben darf.[43] Dafür spricht, dass § 284 Abs. 1 S. 1 nur den Adressaten des Auftrags bestimmt, während sich die Ausgestaltung des Auftrags nach § 157 S. 2 richtet, der die Zielvorgabe ausdrücklich zulässt. Das Fehlen einer entsprechenden Regelung in § 284 Abs. 1 ist daher ohne Bedeutung. Andererseits stellt sich die Frage, ob ein Bedürfnis für Zielvorgaben an den Schuldner besteht, denn der Gläubigerversammlung bleibt es unbenommen, den Sachwalter zu beauftragen und ihm Zielvorgaben zu machen. Dass dann ggf. zwei Pläne, nämlich der des Schuldners und der des beauftragten Sachwalters, miteinander konkurrieren ist unerheblich, denn hält man die Gläubigerversammlung für berechtigt, dem Schuldner Planzielvorgaben zu machen, ist es dem Schuldner unbenommen, zusätzlich einen eigenen Plan vorzulegen.[44] 20

Gleiches dürfte für das **Schutzschirmverfahren** nach § 270b gelten. Auch hier wird man die Gläubigerversammlung für berechtigt halten dürfen, dem Schuldner aufzugeben, einen Insolvenzplan nach ihren Zielvorgaben zu erstellen. In der Praxis wird dies jedoch wohl nur relevant, wenn der vom Schuldner vorgelegte Plan abgelehnt wird, denn regelmäßig dürfte im Schutzschirmverfahren der Termin für die (Erörterung und) Abstimmung über den vom Schuldner vorgelegten Plan mit dem Berichtstermin zusammengelegt werden. 21

2. Mögliche Inhalte. Die möglichen Inhalte eines Insolvenzplans sind vielfältig. Abgesehen von dem Sonderfall eines Liquidationsplans (vgl. oben Rn. 7), zielt der Insolvenzplan über die Erhaltung des Unternehmens oder von Unternehmensteilen stets auf die Sanierung und Erhaltung des Unternehmensträgers. Das neue Recht[45] erlaubt gemäß §§ 217 S. 2, 225a auch einen Eingriff durch den Insolvenzplan in die **Anteils- und Mitgliedschaftsrechte** der am Schuldner beteiligten Personen und eröffnet dadurch weitere Gestaltungsmöglichkeiten im Vergleich zur alten Rechtslage. Der Gesetzgeber hat hierdurch auf die vielfach zu Recht kritisierte Möglichkeit einer Behinderung durch Anteilseigner reagiert. 22

---

39 Wegen Einzelheiten vgl. auch *Richter* in „Mindestanforderungen an Sanierungskonzepte – MaS“, 2. Auflage, 2012; Hommel/Knecht/Wohlenberg/*Bezani*/*Richter*, Handbuch Unternehmensrestrukturierung, 1151 ff.

40 BGHZ 104, 151 = NJW 1988, 1912; BAGE 119, 306 = NJW 2007, 942; Uhlenbruck/*Zipperer* § 157 Rn. 8; Baumbach/Hopt/*Hopt* § 25 Rn. 4.

41 Uhlenbruck/*Zipperer* § 157 Rn. 12.

42 KPB/*Webel* § 157 Rn. 17; weniger streng (kein Eingriff in den „Kernbereich des insolvenzverwalterlichen Gestaltungsermessens“) Uhlenbruck/*Zipperer* § 157 Rn. 12; aA. *Smid* WM 1996 1249, 1252 f.

43 Uhlenbruck/*Zipperer* § 157 Rn. 14.

44 Uhlenbruck/*Zipperer* § 157 Rn. 14.

45 Gesetz zur weiteren Erleichterung der Sanierung von Unternehmen (ESUG) vom 7.12.2011, BGBl. I S. 2582.

23 **3. Plankonkurrenz.** Außer dem Insolvenzverwalter hat gemäß § 218 Abs. 1 der Schuldner das Recht,[46] einen Insolvenzplan vorzulegen. Ganz überwiegend wird das Recht dem Verwalter auch ohne besonderen Auftrag der Gläubiger zugebilligt (sog. originärer Verwalterplan).[47] Es versteht sich von selbst, dass durch das **Initiativrecht** des Schuldners und des Verwalters das Recht der Gläubiger, den Verwalter mit der Erstellung eines Insolvenzplans zu beauftragen, nicht eingeschränkt wird. Gleiches gilt, wenn zum Berichtstermin bereits ein Insolvenzplan des Verwalters oder des Schuldners **vorliegt.** Über das Ob und Wie eines Insolvenzplans kann die Gläubigerversammlung unabhängig davon befinden, welche Vorstellungen der Schuldner oder der Verwalter geäußert haben. Auch dies ist Ausfluss der Gläubigerautonomie und folgt für einen konkurrierenden Plan des Verwalters ferner daraus, dass die Gläubigerversammlung dem Verwalter zusammen mit dem Auftrag, einen Insolvenzplan auszuarbeiten, zugleich dessen Ziel vorgeben kann. Hält der Verwalter das Planziel oder die Umsetzung für falsch, kann er einen erneuten Beschluss (Abs. 3) oder eine Aufhebung nach § 78 anstreben. Gelingt dies nicht, muss von ihm verlangt werden, dass er sich dem Willen der Gläubiger(-mehrheit) beugt und den erteilten Auftrag professionell erfüllt oder anderenfalls seine Entlassung (§ 59) herbeiführt, sollte er rechtliche oder ethische Bedenken haben.[48]

24 Umgekehrt stellt sich die Frage, ob der Insolvenzverwalter nach einer Beauftragung der Gläubigerversammlung einen Plan auszuarbeiten noch berechtigt ist, kraft eigenem Vorschlagsrecht einen **Alternativplan** zu erarbeiteten. Alleine der Umstand, dass die Gläubigerversammlung dem Verwalter die Ziele des von ihr beauftragten Insolvenzplans aufgeben kann, berechtigt sie nicht, dem Verwalter die Ausarbeitung eines eigenen (Alternativ-)Plans zu **untersagen.**[49] Materiell rechtlich handelt es sich nämlich bei dem auf Weisung nach § 157 S. 2 erarbeiteten Plan um einen Plan der Gläubigerversammlung, welcher lediglich nach Maßgabe der Zielvorgaben vom Verwalter erstellt wird. Daneben wird man den Verwalter auch für berechtigt halten dürfen, kraft seines eigenen **Initiativrechts** einen Alternativplan zu erarbeiten. Der Umstand, dass der Verwalter im Auftrag der Gläubiger tätig wird, vermag ihm sein originäres Vorschlagsrecht nicht zu nehmen.[50] Dies gilt insbesondere dann, wenn die Gläubigerversammlung dem Verwalter neben konkreten Zielvorgaben auch inhaltliche Vorgaben macht, denn wie sich aus der Formulierung „auszuarbeiten" ergibt, ist die inhaltliche Ausgestaltung des Plans Sache des Verwalters.[51] Dabei ist er allerdings nicht nur berechtigt, einen unter Beachtung der Zielvorgaben ausgearbeiteten Plan mit abweichenden Inhalten zu erarbeiten, sondern kann auch einen Plan mit abweichenden Zielen vorstellen. Dies ergibt sich auch daraus, dass letztlich nicht einmal ein Stilllegungsbeschluss die Vorlage eines Insolvenzplans (gegen den Willen des Verwalters) unterminieren kann, wenn nur keine erheblichen Nachteile für die Gläubiger zu befürchten sind (vgl. § 233).[52] Dadurch werden die Rechte der Gläubiger auch nicht beschnitten, da diese im Abstimmungstermin letztlich darüber entscheiden, welcher Plan mit welchen Zielen und Inhalten angenommen wird.[53] Auch lassen sich hierdurch in angemessener Form Zufallsmehrheiten oder Entscheidungen aus sachfremden Erwägungen vermeiden, denn das Gläubigerinteresse an einer Abstimmung über abstrakte Planziele und -inhalte in einer Gläubigerversammlung (oder die Teilnahme an einer Gläubigerversammlung überhaupt) ist nicht selten erheblich geringer als die Abstimmung über einen konkreten Insolvenzplan im Erörterungs- und Abstimmungstermin über einen Plan, wenn nur erst den Gläubigern durch Vorlage des konkreten Plans die Vorteile deutlich gemacht werden. Daher sind im Abstimmungstermin (ggf. nach entsprechender Mobilisierung durch Verwalter und/oder Schuldner) andere Mehrheitsentscheidungen denkbar als in einer (frühen) ersten Gläubigerversammlung, sodass ein Alternativplan des Verwalters durchaus seine Berechtigung hat. Dies gilt umso mehr, wenn der Verwalter im Auftrag des Gläubigerausschusses tätig werden soll, denn dieser repräsentiert nicht zwangsläufig die Mehrheit der Gläubiger und präjudiziert daher auch nicht ein etwaiges Abstimmungsergebnis über einen vom Verwalter vorgelegten Alternativplan. Dass es somit zwei Verwalterpläne, einen Auftragsplan und einen aus eigenem

---

46 Zur Initiativ*pflicht* des Verwalters, wenn die Chancen eines Scheiterns des Plans gering sind, vgl. *Antoni* NZI 2013, 236, 238 f.

47 → § 218 Rn. 25 ff.; *Häsemeyer* Rn. 28 ff., KPB/*Spahlinger* § 218 Rn. 8; *Landfermann* BB 1995, 1649, 1654; *Uhlenbruck* GmbHR 1995, 195, 209; aA Nerlich/Römermann/*Balthasar* § 157 Rn. 12; *Schiessler,* Der Insolvenzplan, 1997, S. 98, 227.

48 KPB/*Webel* § 157 Rn. 27.

49 So aber Uhlenbruck/*Uhlenbruck,* 13. Aufl., § 157 Rn. 12; HKInsO/*Flessner,* 5. Aufl., § 157 Rn. 5; § 218 Rn. 10; wie hier Braun/*Haffa/Leichtle* § 157 Rn. 6; HKInsO/*Ries* § 157 Rn. 6; Uhlenbruck/*Zipperer* § 157 Rn. 12.

50 Braun/*Haffa/Leichtle* § 157 Rn. 6; KPB/*Webel* § 157 Rn. 16; Uhlenbruck/*Lüer/Streit* § 218 Rn. 5 mwN.

51 Differenzierend Uhlenbruck/*Zipperer* § 157 Rn. 12.

52 → Rn. 8.

53 Uhlenbruck/*Lüer/Streit* § 218 Rn. 5.

Recht gibt, schließt das Gesetz nicht aus. Legt auch noch der Schuldner einen Plan vor, können somit theoretisch sogar drei Pläne miteinander konkurrieren.

IV. Gerichtliche Inhaltskontrolle

§ 78 verpflichtet das Insolvenzgericht, Beschlüsse der Gläubigerversammlung aufzuheben, wenn sie dem gemeinsamen Interesse der Insolvenzgläubiger widersprechen und entweder ein absonderungsberechtigter Gläubiger, ein nicht nachrangiger Insolvenzgläubiger oder der Insolvenzverwalter einen entsprechenden Antrag stellt. Der Antrag muss noch in der Gläubigerversammlung gestellt werden. Ohne einen Antrag hat das Gericht selbst keine Möglichkeit, den Beschluss der Gläubigerversammlung auf seine Rechtmäßigkeit hin zu überprüfen und wegen Rechtsmissbrauchs aufzuheben. § 58 wird insoweit durch die Spezialregelung in § 78 verdrängt. Bei akuter Gefahr rechtswidriger Beschlüsse wird das Gericht jedoch darüber nachdenken können, ob es seine Leitungsbefugnis nach § 76 Abs. 1 dazu nutzt, Abstimmungen zu vertagen.[54] Nichtige Beschlüsse sind hingegen ohne weiteres unverbindlich und bedürfen keiner Aufhebung. 25

Kann ein Beschluss der Gläubigerversammlung nicht nach § 78 aufgehoben werden, hat ihn der Insolvenzverwalter auszuführen, auch wenn er ihn für wirtschaftlich sinnlos hält.[55] Als Ultima Ratio verbleibt dem Verwalter lediglich die Stellung eines Antrags auf Entlassung.[56] Damit ist die Aufhebung von Beschlüssen nach § 78 kein geeignetes Mittel, den **Rechtsmissbrauch** durch Zufallsmehrheiten zu verhindern, was jedoch die Konsequenz der Entscheidung des Gesetzgebers für ein weitgehend gläubigerautonom gesteuertes Verfahren ist. Aufgrund der Gläubigerautonomie hat die Gläubigerversammlung auch das Recht, wirtschaftlich falsche Entscheidungen zu treffen. 26

C. Änderungskompetenz (S. 3)

Entscheidungen der Gläubigerversammlung können gemäß § 157 S. 3 jederzeit in einem späteren Termin geändert werden. Hierdurch wird der Notwendigkeit von Anpassungen an die fortschreitende Realität Rechnung getragen. Einer ausdrücklichen Regelung hätte es nicht bedurft, ergibt sich die Änderungskompetenz schon aus der Gläubigerautonomie. Nicht erfasst werden hiervon jedoch solche Beschlüsse, welche das Gesetz ausschließlich der ersten Gläubigerversammlung zugewiesen hat,[57] wie beispielsweise die Wahl eines anderen Insolvenzverwalters gemäß § 57 S. 1. Die Änderungsbefugnis befreit nicht von den formalen Voraussetzungen für wirksame Beschlüsse, vor allem vom Zwang zur hinreichend konkreten Ankündigung (§ 74 Abs. 2). 27

D. Kompetenzverlagerung

I. Übertragung von Entscheidungskompetenzen

Wie schon unter der Konkursordnung[58] kann die Gläubigerversammlung ihre Entscheidungen auf den **Gläubigerausschuss** übertragen.[59] Dies gilt insbesondere dann, wenn die Gläubigerversammlung dem Gläubigerausschuss zugleich Richtlinien mit auf den Weg gibt. Die Mitglieder des Gläubigerausschusses sind ihrerseits von der Gläubigerversammlung gewählt oder bestätigt (§§ 67, 68) und bis auf die Ausnahmefälle des § 67 Abs. 3 zugleich Gläubiger. Die Entscheidung durch den – häufig besser unterrichteten – Gläubigerausschuss ist sachgerechter als das Vertrauen darauf, dass etwa in späteren Versammlungen Zufallsmehrheiten verhindert werden könnten.[60] 28

Zweifelhaft ist jedoch, ob eine Kompetenzübertragung auf das **Insolvenzgericht** möglich ist. Zwar ist in der InsO an keiner Stelle ausdrücklich ausgeschlossen, dass eine solche Delegierung von Entscheidungsbefugnissen an das Gericht erfolgen dürfe, weshalb man diese in konsequenter 29

---

[54] Bindung des Verwalters nach *Webel* auch, wenn der Verwalter die Beschlüsse der Gläubigerversammlung für rechtswidrig hält, KPB/*Webel* § 157 Rn. 27.

[55] Uhlenbruck/*Zipperer* § 157 Rn. 31; KPB/*Webel* § 157 Rn. 27; aA wohl HKInsO/*Ries* § 157 Rn. 5.

[56] KPB/*Webel* § 157 Rn. 27; aA FKInsO/*Wegener* § 157 Rn. 8, welcher ein Weigerungsrecht des Verwalters bei der Gefahr rechtswidrigen Handelns annimmt.

[57] Uhlenbruck/*Zipperer* § 157 Rn. 30.

[58] *Kuhn/Uhlenbruck* KO § 132 Rn. 1 mwN.

[59] HKInsO/*Ries* § 157 Rn. 10; Uhlenbruck/*Zipperer* § 157 Rn. 23.

[60] Im Ergebnis ebenso KPB/*Webel* § 157 Rn. 22; Nerlich/Römermann/*Balthasar* § 157 Rn. 17 f.; FKInsO/*Wegener* § 157 Rn. 9.

Beachtung der Gläubigerautonomie für generell zulässig erachten könnte.[61] Dabei wird jedoch übersehen, dass dem Insolvenzgericht nur eine beaufsichtigende Funktion im Insolvenzverfahren zugedacht und eine Entscheidungskompetenz außerhalb des gesetzlich geregelten Wirkungskreises nicht vorgesehen ist.[62] Auch um das Gericht letztlich nicht mit Aufgaben außerhalb ihres gesetzlich geregelten Aufgabenbereichs zu überfordern, insbesondere mit Entscheidungen, die das Gesetz eigentlich einer Mehrheitsentscheidung durch die wirtschaftlich Betroffenen auferlegt, wird man die Kompetenzübertragung auf das Gericht – abgesehen von „Spezialaufträgen“[63] – für unzulässig halten müssen.

30 Hinsichtlich der Kompetenzübertragung an den **Insolvenzverwalter** stellt sich vorrangig das Problem der gesetzlich vorgesehenen Aufgabenverteilung zwischen Verwalter und Gläubigerversammlung, welche im Wesentlichen eine Kontrolle des Verwalterhandelns durch die Gläubiger ermöglichen soll. Daher kann eine vollumfängliche Übertragung von Entscheidungskompetenzen an den **Insolvenzverwalter** nicht wirksam vorgenommen werden.[64] In einem solchen Fall müsste sich der Verwalter daher an die Regelungen halten, die gelten, als wenn eine Kompetenzverweigerung (vgl. nachfolgend Rn. 31) gegeben wäre. Allerdings ist gegen die Übertragung von Entscheidungsbefugnissen bei streng abgegrenzten Einzelfragen solange nichts einzuwenden, wie die Entstehung von Interessenkonflikten von vornherein wenig wahrscheinlich ist.[65] Von der vollständigen Übertragung bestimmter Entscheidungskompetenzen ist die bloße Einräumung eines Ermessensspielraumes zu unterscheiden. Hierbei wird in der Praxis von sogenannten **„Vorratsbeschlüssen“** gesprochen, mit denen dem Verwalter bestimmte Rahmenbedingungen durch die Gläubigerversammlung gesetzt werden, im Detail aber großzügige Freiheit gewährt wird. Das kann insbesondere dann praktisch vernünftig sein, wenn ein Gläubigerausschuss nicht existiert. Im Kontext des § 157 kann etwa beschlossen werden, es dem Sachverstand des Verwalters zu überlassen, ob er – in Abhängigkeit von bestimmten Entwicklungen – das Unternehmen des Schuldners solange fortführen will, bis ein Plan ausgearbeitet ist oder nicht.[66] Dabei handelt es sich im Grunde nicht um eine Kompetenzverlagerung, sondern um die Definition von Richtlinien, die vom Verwalter auszufüllen sind. Derartige Beschlüsse sind ebenso für zulässig zu halten wie etwa die im Rahmen des § 160 Abs. 1 Nr. 1 mögliche Entscheidung, bestimmte Gegenstände zu bestimmten Mindestbedingungen zu veräußern.

II. Kompetenzverweigerung

31 Eine Kompetenzverweigerung der Gläubigerversammlung liegt vor, wenn entweder die Gläubiger Beschlussfassungen nach § 157 verweigern oder – was in der Praxis insbesondere bei kleineren Insolvenzverfahren häufig vorkommt – kein Gläubiger an der Gläubigerversammlung teilnimmt. In beiden Fällen geben die Gläubiger zu erkennen, dass sie es bei den **gesetzlichen Abwicklungsregelungen** belassen wollen und der Verwalter die Abwicklung nach pflichtgemäßem Ermessen durchzuführen hat.[67] Abgesehen von der Bestimmung der Hinterlegungsstelle nach § 149 Abs. 1 S. 2, ist das **Insolvenzgericht** nicht befugt, die Entscheidung der Gläubigerversammlung durch seine eigene zu ersetzen.[68] Gegen eine Ersetzungsbefugnis des Gerichts spricht, dass das Insolvenzgericht grundsätzlich auf die Rechtsaufsicht beschränkt ist. Eine Entscheidungskompetenz des Gerichts bedarf daher der gesetzlichen Zuweisung.[69] Die Gläubiger können das Gericht durch die Weigerung, die eigene Kompetenz wahrzunehmen, nicht zu ersetzenden Entscheidungen zwingen. Wenn die Gläubiger ihre Rechte – willentlich oder aus Nachlässigkeit – nicht wahrnehmen, besteht keine Veranlassung, diese Rechte ersatzweise dem Gericht zuzuweisen.[70]

---

[61] *Ehricke* NZI 2000, 57, 62.

[62] KPB/*Webel* § 157 Rn. 22; HKInsO/*Ries* § 157 Rn. 10; Uhlenbruck/*Zipperer* § 157 Rn. 24; Jaeger/*Eckardt* § 157 Rn. 46; einschränkend FKInsO/*Wegener* § 157 Rn. 10.

[63] Uhlenbruck/*Uhlenbruck*, 13. Aufl., § 157 Rn. 28 („Feststellung Bedingungseintritt“); aA Uhlenbruck/*Zipperer* § 157 Rn. 28.

[64] Uhlenbruck/*Zipperer* § 157 Rn. 23; FKInsO/*Wegener* § 157 Rn. 9.; *Ehricke* NZI 2000, 57, 62; *Heukamp* ZinsO 2007, 57, 59; aA wohl Nerlich/Römermann/*Balthasar* § 157 Rn. 19; wohl ebenso KPB/*Webel* § 157 Rn. 22.

[65] IE ebenso FKInsO/*Wegener* § 157 Rn. 9.

[66] FKInsO/*Wegener* § 157 Rn. 9; Jaeger/*Eckardt* § 157 Rn. 49.

[67] Uhlenbruck/*Zipperer* § 157 Rn. 21.

[68] HKInsO/*Ries* § 157 Rn. 8.

[69] KPB/*Webel* § 157 Rn. 24.

[70] Im Ergebnis ebenso KPB/*Webel* § 157 Rn. 24; Nerlich/Römermann/*Balthasar* § 157 Rn. 20; BKInsO/*Undritz*/*Knof* § 157 Rn. 7.

32 Im Hinblick auf die Person des Verwalters geben die Gläubiger durch ihr Nichterscheinen bzw. ihre Untätigkeit konkludent zu verstehen, dass sie mit dem bestehenden Zustand einverstanden sind und dieser mithin fortbestehen soll.[71] Auch für die Frage nach dem Fortgang des Verfahrens selbst bedarf es keiner Entscheidung der Gläubiger, da § 159 festlegt, dass der Verwalter mangels entgegenstehender Beschlüsse unmittelbar mit der Verwertung des zur Insolvenzmasse gehörenden Vermögens beginnen soll.[72] Sofern hierfür die Mitwirkung der Gläubiger vorgeschrieben ist, kann diese gemäß § 160 Abs. 1 S. 3 grundsätzlich fingiert werden, solange in der ordnungsgemäßen Ladung zur Gläubigerversammlung auf diese Folge hingewiesen worden ist. Die Entscheidungen über die konkrete Umsetzung der Vermögensverwertung obliegen schließlich im Fall der Kompetenzverweigerung allein dem **Insolvenzverwalter,** welcher diese in Ausübung seines **pflichtgemäßen Ermessens** zu treffen hat.[73] Zur Umsetzung dieser Entscheidungen ist der Verwalter in jedem Fall auch tatsächlich in der Lage, da die Gläubigermitwirkung gemäß § 164 keine Wirksamkeitsvoraussetzung im Außenverhältnis ist. Sofern dabei im Rahmen des pflichtgemäßen Verwalterermessens gehandelt wird, drohen auch keine Ersatzpflichten im Innenverhältnis, da sich die Gläubiger bei bewusst unterlassener Mitwirkung jedenfalls nicht auf eine Verletzung ihrer Beteiligungsrechte berufen können.[74]

E. Beteiligung der Arbeitnehmer an den Beschlüssen der Gläubigerversammlung

33 Nach § 111 BetrVG hat der Unternehmer in Betrieben mit in der Regel mehr als 20 wahlberechtigten Arbeitnehmern den Betriebsrat über geplante **Betriebsänderungen,** die wesentliche Nachteile für die Belegschaft oder erhebliche Teile der Belegschaft zur Folge haben können, rechtzeitig und umfassend zu unterrichten und die Änderungspläne zu beraten. Als Betriebsänderungen gelten u. a. die **Stilllegung** des ganzen Betriebs oder wesentlicher Betriebsteile. Wenn § 157 nicht vom **„Betrieb"** spricht, sondern von dem Unternehmen des Schuldners, dann macht das keinen Unterschied. Der Begriff des Unternehmens ist umfassender als der des Betriebs, weil er etwa auch freiberufliche Tätigkeiten einschließen soll, die keiner betrieblichen oder betriebsähnlichen Organisation bedürfen.[75]

34 Die betriebsverfassungsrechtlichen Rechte des Betriebsrats sind weder mit den Unterrichtungs- und Einflussmöglichkeiten des § 156 Abs. 2 gewahrt noch mit den Informations- und Beteiligungsbefugnissen nach den §§ 218 Abs. 3, 232 Abs. 1 Nr. 1 oder 235 Abs. 3 im Zusammenhang mit der Erstellung eines Insolvenzplans. Entgegen einer zur KO vertretenen Ansicht[76] kann man heute auch nicht mehr annehmen, dass das Insolvenzrecht als das speziellere das Betriebsverfassungsrecht, soweit Widersprüche bestünden, verdränge.[77] Jedenfalls mit den §§ 121 ff. hat die InsO deutlich gemacht, dass im Grundsatz das Betriebsverfassungsrecht durch das Insolvenzrecht nicht berührt werden soll, also auch kein Widerspruch (mehr) besteht.[78] Andererseits muss das Äußerungsrecht des Betriebsrats aber nicht mehr aus § 111 BetrVG abgeleitet werden.[79]

35 Als Vertretungsorgan des Arbeitgebers und Ansprechpartner des **Betriebsrats** ist die Gläubigerversammlung völlig ungeeignet.[80] Sie ist ein Ad-hoc-Organ für bestimmte Entscheidungen und kein Organ der externen Vertretung des Schuldners. Diese Rolle kommt nach § 80 Abs. 1 allein dem Verwalter zu.[81] Die Mitwirkungsrechte bestehen daher ausschließlich gegenüber dem Insolvenzverwalter, sodass eine Beteiligung des Betriebsrats an der Beschlussfassung der Gläubigerversammlung nicht erforderlich ist. Darüber hinaus handelt es sich bei den Beschlüssen der Gläubigerversammlung über den Verfahrensfortgang im Berichtstermin um unternehmerische Entscheidungen, welche letztlich keine Beteiligung des Betriebsrats erfordern.[82] Der Verwalter allerdings ist verpflichtet, schon vor der Gläubigerversammlung und unabhängig von § 156 dem Betriebsrat die nach § 111 BetrVG

71 Uhlenbruck/*Zipperer* § 157 Rn. 3 f.; KPB/*Kübler* § 76 Rn. 23; *Ehricke* NZI 2000, 57, 60.
72 FKInsO/*Wegener* § 157 Rn. 12; K. Schmidt/*Jungmann* § 157 Rn. 9.
73 Uhlenbruck/*Zipperer* § 157 Rn. 21; KPB/*Webel* § 157 Rn. 24; Nerlich/Römermann/*Balthasar* § 157 Rn. 20; *Ehricke* NZI 2000, 57, 61.
74 KPB/*Kübler* § 76 Rn. 23; *Ehricke* NZI 2000, 57, 61.
75 Vgl. im Übrigen auch §§ 161, 162.
76 Wie *Kilger* KO, 15. Aufl., § 6 Anm. 5d bb.
77 KPB/*Webel* § 157 Rn. 29 f.
78 BT-Drs. 12/2443, 97 f.
79 So zu § 132 KO GK/*Fabricius* § 111 Rn. 342 ff. mwN.
80 KPB/*Webel* § 157 Rn. 31 ff.
81 Mit Unterstreichung durch § 164.
82 Uhlenbruck/*Zipperer* § 157 Rn. 19.

nötigen Informationen und darüber hinaus die Möglichkeit der Beratung zu geben. Der Verwalter hat die Ergebnisse dieser Beratungen, also auch evtl. Vorschläge des Betriebsrats, in seinen Bericht nach § 156 aufzunehmen und die Gläubigerversammlung darüber zu unterrichten. Auch wenn dann die Gläubigerversammlung aus ihrer insolvenzrechtlichen Kompetenz die Stilllegung eines Unternehmens oder Betriebs beschließt, ist der Verwalter das für den Schuldner handelnde Organ im betriebsverfassungsrechtlichen Sinn.[83] Spätestens bei der Umsetzung der Beschlüsse der Gläubigerversammlung ist daher der Verwalter verpflichtet, die Mitwirkungsrechte des Betriebsrats zu beachten.[84] Umgekehrt berührt jedoch die im Falle der Stilllegung des Unternehmens erforderliche Zustimmung der Gläubigerversammlung die Wirksamkeit einer ausgesprochenen Kündigung nicht, sodass die Kündigung auch ohne Stilllegungsbeschluss wirksam ist,[85] solange die Stilllegungsentscheidung des Verwalters eine endgültige und keine nur vorläufige Entscheidung ist.[86] Dies gilt auch im Fall einer „echten Druckkündigung",[87] da die Drucksituation und die darauf basierende Kündigungsentscheidung nicht die Befugnisse der Gläubigerversammlung berühren.[88]

§ 158 Maßnahmen vor der Entscheidung

(1) Will der Insolvenzverwalter vor dem Berichtstermin das Unternehmen des Schuldners stilllegen oder veräußern, so hat er die Zustimmung des Gläubigerausschusses einzuholen, wenn ein solcher bestellt ist.

(2) [1]Vor der Beschlußfassung des Gläubigerausschusses oder, wenn ein solcher nicht bestellt ist, vor der Stillegung oder Veräußerung des Unternehmens hat der Verwalter den Schuldner zu unterrichten. [2]Das Insolvenzgericht untersagt auf Antrag des Schuldners und nach Anhörung des Verwalters die Stilllegung oder Veräußerung, wenn diese ohne eine erhebliche Verminderung der Insolvenzmasse bis zum Berichtstermin aufgeschoben werden kann.

Übersicht

A. Überblick und Entstehungsgeschichte

1 § 158 regelt das Verfahren, wenn sich die Unternehmensfortführung auf Rechnung der Masse nicht bis zum Berichtstermin rechtfertigen lässt. Die Vorschrift trägt damit der Konfliktlage Rechnung, dass einerseits unter Umständen schnelles und konsequentes Handeln erforderlich ist, um Masseverluste gering zu halten oder Chancen zu nutzen, und andererseits – zur Wahrung der

[83] Nachdem das BAG NJW 1975, 182, 183 die Frage zunächst noch offengelassen hatte, hat es am 13.12.1978 (KTS 1979 150, 158) im hier wiedergegebenen Sinn entschieden. Dem ist die überwiegende Zahl der Kommentatoren gefolgt, vgl. *Kuhn/Uhlenbruck* KO § 117 Rn. 15 und 129 Rn. 5a; *Kilger/K. Schmidt* § 6 Anm. 5d bb; Uhlenbruck/*Zipperer* § 157 Rn. 19; KPB/*Webel* § 157 Rn. 31 ff. jeweils mwN.

[84] Vgl. ausführlich Gottwald/*Bertram*, InsO-HdB § 108 Rn. 15 ff.

[85] LAG Hamm ZInsO 2002, 644 [red. LS]; LAG Köln ZInsO 2003, 100 [LS], AP Nr. 7 zu § 113 InsO; KPB/*Webel* § 157 Rn. 36.

[86] LAG Düsseldorf ZIP 2003, 415.

[87] Eine echten Drückkündigung liegt vor, wenn ein Dritter unter Androhung von Nachteilen für den Arbeitgeber von diesem die Entlassung eines bestimmten Arbeitnehmers verlangt, ohne dass die Kündigung durch personen- oder verhaltensbedingte Gründe gerechtfertigt wäre, vgl. BAG NZI 2013, 1081, 1082.

[88] BAG NZI 2013, 1081, 1083.

Gläubigerautonomie – der Handlungsspielraum zur Bestimmung des Verfahrensziels durch die Gläubiger bis zum Berichtstermin möglichst erhalten bleiben soll. Als Instrumente dienen ein Zustimmungserfordernis des Gläubigerausschusses sowie ein insolvenzgerichtliches Untersagungsverfahren, das der Schuldner betreiben kann, und das wiederum durch ein Unterrichtungsrecht des Schuldners abgesichert ist.

Wird ein Unternehmen nach Verfahrenseröffnung vom Verwalter stillgelegt, so wird hierdurch die gemäß § 157 erst im Berichtstermin von den Gläubigern zu treffende Fortführungsentscheidung präjudiziert; denn eine erneute Ingangsetzung eines bereits stillgelegten Unternehmens ist zumeist nicht mehr möglich.[1] Vergleichbares gilt, wenn der Verwalter das Unternehmen vor dem Berichtstermin veräußert, denn die Veräußerung nimmt die gemäß § 159 von der Gläubigerversammlung zu treffende Entscheidung über die Art der Verwertung der Insolvenzmasse gleichfalls vorweg. § 158 Abs. 1 begrenzt daher den Entscheidungsspielraum des Verwalters durch ein konkludentes **Fortführungsgebot**[2] bis zum Berichtstermin und schränkt dieses Fortführungsgebot zugleich ein. So soll verhindert werden, dass der Verwalter zu einer ihm unmöglichen oder die Gläubiger schädigenden Fortführung gezwungen wird.[3] **2**

Abs. 2 gewährleistet im Falle einer Durchbrechung des Fortführungsgebotes den Schutz des Schuldners. Dieser hat ein schutzwürdiges Interesse daran, eine übereilte Zerschlagung oder Veräußerung des Unternehmens und die damit möglicherweise verbundene Vernichtung eines höheren Fortführungswertes zu verhindern. Daneben sichern der Anspruch auf Unterrichtung und das Recht zur Anfechtung der **Stilllegungs-/Veräußerungsentscheidung** die verfahrensrechtliche Stellung des Schuldners. Auch das Recht zur Vorlage eines **Insolvenzplans** in § 218 Abs. 1 wäre wenig effektiv, wenn der Insolvenzverwalter eine **Sanierung** mittels Insolvenzplan durch eine frühzeitige Stilllegung oder Veräußerung des Unternehmens faktisch verhindern könnte.[4] Nach Vorlage eines Insolvenzplans findet flankierend § 233 Anwendung. **3**

§ 158 geht zurück auf § 129 Abs. 2 und § 130 Abs. 2 KO. War vom Konkursgericht ein Gläubigerausschuss bestellt, so hatte dieser gemäß § 129 Abs. 2 S. 1 KO zu entscheiden, ansonsten stand die Schließung des schuldnerischen Geschäfts im Ermessen des Verwalters. Wollte der Verwalter das Geschäft zumindest vorübergehend fortführen, stand diese Regelung allerdings im Konflikt zur Pflicht des Verwalters nach § 117 KO, sofort nach Eröffnung des Verfahrens mit der Verwertung zu beginnen.[5] Dieser Konflikt wird durch das Fortführungsgebot bis zum Berichtstermin beseitigt. § 130 Abs. 1 KO enthielt ähnlich § 158 Abs. 2 einen **Unterrichtungsanspruch** des Gemeinschuldners und ein Antragsrecht auf **gerichtliche Untersagung der beabsichtigten Schließung,** wenn er einen Vorschlag für einen Zwangsvergleich vorlegte. Das Antragsrecht nach § 158 Abs. 2 geht über das Vorbild in § 130 Abs. 2 KO also deutlich hinaus, denn es setzt keine Vorlage eines Insolvenzplans voraus.[6] **4**

Entsprechend dem Bestreben der Insolvenzrechtsreform, eine automatische Verknüpfung von Insolvenz und Zerschlagung zu verhindern, gingen sämtliche Entwürfe – wenn auch auf der Grundlage unterschiedlicher verfahrensrechtlicher Konzeptionen[7] – von einer vorläufigen Fortführung des Unternehmens nach Eröffnung des Insolvenzverfahrens aus. Die heutige Fassung des § 158 geht auf § 167 DiskE[8] zurück, der im Wesentlichen unverändert in § 177 RegE[9] übernommen wurde. Beide Entwürfe sahen über die heutige Fassung von § 158 hinaus in Abs. 2 vor, dass auch **einzelne Mitglieder des Gläubigerausschusses** eine gerichtliche Untersagung beantragen können sollten.[10] Dieses zusätzliche Antragsrecht einzelner Mitglieder des Gläubigerausschusses erachtete der Rechtsausschuss als überflüssig. Die Korrektur eines Mehrheitsbeschlusses im Gläubigerausschuss durch ein **5**

---

[1] Vgl. Begr. zu § 177 RegE, BT-Drs. 12/2443, 173.
[2] FKInsO/*Wegener* § 158 Rn. 1; Nerlich/Römermann/*Balthasar* § 158 Rn. 4.
[3] KPB/*Webel* § 158 Rn. 3; Jaeger/*Eckardt* § 158 Rn. 2; und schon Begr. zu § 177 RegE, BT-Drs. 12/2443, 173.
[4] Jaeger/*Eckardt* § 158 Rn. 3.
[5] *Pape* ZIP 1990, 1251, 1256, vgl. auch → § 157 Rn. 2.
[6] Kritisch zu dieser weiteren Fassung des Antragsrechts KPB/*Webel* § 158 Rn. 4.
[7] Im obrigkeitsstaatlichen Entwurf der Insolvenzrechtskommission diente die Fortführung (Leitsatz 1.3.1.2) nicht der Gläubigerautonomie, sondern sollte verhindern, dass der Verwalter im Vorverfahren die allein dem Gericht zustehende Wahl zwischen Reorganisations- oder Liquidationsverfahren präjudiziert. Dazu auch Nerlich/Römermann/*Balthasar* § 158 Rn. 2.
[8] DiskE S. 85, B 166.
[9] BT-Drs 12/2443, 37.
[10] Daneben war in einem 3. Abs. vorgesehen, auch die Veräußerung des Unternehmens im Ganzen und fortführungswichtiger Einzelgegenstände einer gerichtlichen Untersagung zu unterwerfen. Dieser 3. Abs. ist nach der Beratung im Rechtsausschuss (Ausschussbericht zu § 177 RegE, BT-Drs 12/7302, 175) in §§ 160, 161 aufgegangen.

überstimmtes Mitglied sei zum Schutze der Gläubiger nicht notwendig.[11] Diese Überlegung des Rechtsausschusses erscheint nicht zwingend. Bis zum Berichtstermin sind die Mitglieder des Gläubigerausschusses allein durch Berufung seitens des Gerichts, nicht aber durch Wahl der Gläubigerversammlung legitimiert. Eine hinreichende Berücksichtigung der Interessen aller Gläubiger ist hierdurch nicht zwangsläufig gewährleistet.[12] Zudem sieht die InsO auch bei den vergleichbaren Untersagungsbeschlüssen nach § 161 und § 163 ein Antragsrecht einer qualifizierten Gläubigerminderheit vor. Ein Antragsrecht eines überstimmten Gläubigerausschussmitgliedes wäre zum Schutz von Gläubigerminderheiten also durchaus systemkonform. Nach der gegenwärtigen Regelung besteht für das überstimmte Mitglied des Gläubigerausschusses bei einer übereilten Stilllegung oder Veräußerung des Unternehmens dagegen nur die Möglichkeit, eine qualifizierte Gläubigerminderheit zu mobilisieren, um noch vor dem Berichtstermin eine außerordentlich Gläubigerversammlung nach § 75 zu erzwingen. Ob diese Möglichkeit zum Schutze der Gläubiger ausreicht, erscheint zweifelhaft.

6 Ursprünglich regelte § 158 nur die vorzeitige Stilllegung des Unternehmens. Seit dem am 1.7.2007 in Kraft getretenen „Gesetz zur Vereinfachung des Insolvenzverfahrens" vom 13.4.2007,[13] wird auch die vorzeitige **Veräußerung** erfasst. Dadurch soll der Verwalter in die Lage versetzt werden, nach Verfahrenseröffnung zügig den Betriebsübergang einzuleiten und nicht noch bis zu drei Monate bis zum Berichtstermin abwarten zu müssen. Dadurch kann der Verwalter schon vor dem Berichtstermin besonders günstige Verwertungshandlungen für die Masse vornehmen, die sich bei längerem Zuwarten uU zerschlagen könnten.[14] Dem Vorschlag aus der Praxis nach einer Veräußerungsbefugnis des vorläufigen Verwalters bereits im Insolvenzeröffnungsverfahren hat der Gesetzgeber hingegen eine Absage erteilt.

B. Stilllegung des Unternehmens

7 Von zentraler Bedeutung für den Anwendungsbereich der Vorschrift sind der **Begriff des Unternehmens,** der **Begriff der Stilllegung** sowie – seit der Erweiterung des Anwendungsbereichs durch das am 1.7.2007 in Kraft getretene „Gesetz zur Vereinfachung des Insolvenzverfahrens" vom 13.4.2007[15] – der **Begriff der Veräußerung** (s.unter C). Aus dem Zweck der Norm, den Gläubigern die Entscheidung über die Fortführung des Unternehmens vorzubehalten folgt, dass der **Begriff des Unternehmens**[16] wie auch der der Stilllegung im Rahmen von § 158 wirtschaftlich zu verstehen ist. Unternehmen im Sinne von § 158 Abs. 1 ist nach diesem weiten Verständnis[17] unabhängig von der Rechtsform jede selbstständige wirtschaftliche Tätigkeit des Schuldners.[18] Umfasst sind gewerbliche, freiberufliche und künstlerische Tätigkeiten, unabhängig von ihrer rechtlichen Organisationsform.[19] Dem aus § 158 Abs. 1 folgenden Fortführungsgebot sind bei größeren Unternehmen auch bloße Unternehmensteile zu unterwerfen. Auch Unternehmensteile (Betriebe, Betriebsteile, Teilbetriebe) können einen selbstständigen Fortführungswert verkörpern, an dessen Erhaltung Gläubiger und Schuldner ein schutzwürdiges Interesse haben.[20] Andererseits ist der Anwendungsbereich des § 158 nicht schon bei Schließung nur untergeordneter Unternehmensteile eröffnet, denn letztlich wird vom Verwalter erwartet, dass er (notwendige) Sanierungsmaßnahmen auch selbstständig vornimmt wozu auch die Schließung untergeordneter Unternehmensteile gehört. Dabei wird man allerdings nicht nur darauf abstellen können, ob – angelehnt an § 160 Abs. 1 – die Schließung „besonders bedeutend" ist,[21] sondern (gemäß dem Gesetzeszweck) darauf, ob schon die Stilllegung von Unternehmensteilen, die eigentlich von der Gläubigerversammlung zu treffende Entscheidung über den Fortgang des Verfahren präjudiziert. Dies kann auch schon bei weniger bedeutenden Schließungen von Unternehmensteilen der Fall sein, während umgekehrt auch die

11 Ausschussbericht zu § 177 RegE, BT-Drs 12/7302, 175.
12 Insbesondere KPB/*Webel* § 158 Rn. 4.
13 BGBl. I S. 509.
14 Vgl. Begr. RegE, BT-Drs. 16/3227, 20 zu Nr. 21.
15 BGBl. I S. 509.
16 Zur Auslegungsbedürftigkeit des Unternehmensbegriffes vgl. *K. Schmidt,* Handelsrecht, 6. Aufl. 2014, § 3 I. (S. 73 ff.); *Wiedemann,* Gesellschaftsrecht, Bd. 1, 1980, § 6 (S. 296 ff.) jeweils mwN.
17 Vgl. HambKommInsO/*Decker* § 160 Rn. 6.
18 Uhlenbruck/*Zipperer* § 158 Rn. 3.
19 KPB/*Webel* § 157 Rn. 5; Nerlich/Römermann/*Balthasar* § 158 Rn. 7; und für die KO *Kilger/K. Schmidt* § 129 Anm. 2; *Kuhn/Uhlenbruck* KO § 129 Rn. 5; *Schick* NJW 1990, S. 2361 ff.
20 FKInsO/*Wegener* § 158 Rn. 2; Nerlich/Römermann/*Balthasar* § 158 Rn. 9; HambKommInsO/*Decker* § 158 Rn. 2.
21 HambKommInsO/*Decker* § 158 Rn. 2.

(vorübergehende) Stilllegung von bedeutenden Unternehmensteilen die Entscheidung der Gläubigerversammlung nicht vorwegnimmt, solange sie reversibel ist, etwa weil die fortgeführten Unternehmensteile hierfür die Grundlagen aufrechterhalten.

Stilllegung im Sinne von § 158 Abs. 1 ist jede Maßnahme des Verwalters (einschließlich das Unterlassen fortführungsnotwendiger Maßnahmen[22]), durch die die operative Tätigkeit des Schuldners ganz oder teilweise beendet wird.[23] Die Stilllegung ist zunächst faktisches Handeln, aber keineswegs darauf beschränkt und schließt auch die sie begleitenden Rechtsgeschäfte ein. Daher bedeutet Stilllegung nicht, dass dem Verwalter, wenn die Stilllegung genehmigt wird, jedes weitere rechtsgeschäftliche Handeln im Hinblick auf das Schuldnerunternehmen untersagt wäre. Vielmehr hat er sämtliche im Rahmen der Stilllegung erforderlichen Rechtshandlungen vorzunehmen wie etwa den Verkauf von Unternehmensprodukten aus der Betriebsfortführung oder die Ausproduktion falls eine solche für die Masse günstiger ist, als die sofortige Beendigung der wirtschaftlichen Tätigkeit.[24] Wo der Inhalt einzelner Geschäfte im Zusammenhang mit der Stilllegung besonderer Zustimmung des Gläubigerausschusses bedarf, bleiben solche ebenso unberührt, wie die Mitwirkungsrechte dritter Personen oder Behörden.[25] 8

Zwischen Fortführung und Stilllegung gibt es eine erhebliche Grauzone: Unterlassene Akquisitionsbemühungen des Insolvenzverwalters können zur Stilllegung zwingen, die Kündigung einzelner Dauerschuldverhältnisse die Fortführungsaussichten erhöhen. Der Insolvenzverwalter muss daher im Rahmen des Zumutbaren die Fortführung aktiv betreiben. Dabei hat er allerdings zu beachten, dass die Kosten der vorläufigen Unternehmensfortführung **Masseverbindlichkeiten** nach § 55 sind, sodass zumindest diese Kosten gedeckt sein müssen. Wenn schon das nicht der Fall ist, darf der Verwalter das Unternehmen nicht fortführen, da auch ein entsprechender Beschluss der Gläubigerversammlung zur Fortführung von Rechts wegen nicht möglich ist (vgl. § 157 Rn. 10). Im Übrigen wird sich die Zumutbarkeitsgrenze am Haftungsrisiko für den Verwalter nach §§ 60, 61 orientieren. Will der Verwalter das Unternehmen trotz Verluste bzw. Vernichtung von Werten vorläufig fortführen, empfiehlt es sich, diese Entscheidung durch einen entsprechenden Beschluss des Gläubigerausschusses absichern zu lassen. Regelmäßig unbedenklich sind die Veräußerung von Gegenständen des Umlaufvermögens, der Einzug der Forderungen aus Lieferungen und Leistungen und der Verkauf entbehrlicher Gegenstände des Anlagevermögens.[26] Hierbei handelt es sich weder um Stilllegungsmaßnahmen noch um eine Veräußerung iSd § 158, sondern um Maßnahmen der Verwaltung. 9

C. Veräußerung des Unternehmens

Nicht in § 158 genannt war früher die Veräußerung des Unternehmens. Eine Unternehmensveräußerung war daher nach **alter Rechtslage** vor dem Berichtstermin gemäß § 160 stets nur mit Zustimmung des (vorläufigen) Gläubigerausschusses bzw. einer (vorgezogenen) Gläubigerversammlung zulässig.[27] Der Schuldner war gemäß § 161 zu unterrichten.[28] Eine Zustimmung alleine des Insolvenzgerichts genügte nicht,[29] denn eine solche Kompetenzverschiebung würde den Grundsätzen der **Gläubigerautonomie** zuwiderlaufen. Das Insolvenzgericht ist nicht berechtigt, nach eigenem pflichtgemäßem Ermessen das Verfahrensziel zu bestimmen und eigenes Ermessen an die Stelle der von den Gläubigern zu treffenden Beschlüsse zu setzen. Umgekehrt verlangte der Grundsatz der Gläubigerautonomie jedoch nicht, dass nur ein von der Gläubigerversammlung gewählter Gläubigerausschuss der Veräußerung zustimmen könne.[30] Die Veräußerung vor dem Berichtstermin war auch dann zulässig, wenn gemäß § 160 ein vom Gericht bestellter vorläufiger Gläubigerausschuss (§ 67 Abs. 1) der Veräußerung zustimmt.[31] 10

---

22 HambKommInsO/*Decker* § 158 Rn. 3.

23 FKInsO/*Wegener* § 158 Rn. 2; Nerlich/Römermann/*Balthasar* § 158 Rn. 10; Uhlenbruck/*Zipperer* § 158 Rn. 4 (unter Hinweis auf die arbeitsrechtlichen Begrifflichkeiten beim Kündigungsschutz).

24 Uhlenbruck/*Zipperer* § 158 Rn. 4.

25 Ausführlicher zu den Mitwirkungsrechten der Arbeitnehmervertretungen KPB/*Webel* § 158 Rn. 10.

26 Vgl. zu diesen Beispielen: *Förster* ZInsO 2000, 141; BGH ZInsO 2003, 318, 320; *Kirchhof* ZInsO 1999, 436.

27 *Menke* BB 2003, 1133, 1138 f.; aA offenbar *Vallender* GmbHR 2004, 642, 643.

28 *Menke* BB 2003, 1133, 1139; *Vallender* GmbHR 2004, 642, 643.

29 So aber *Spieker* NZI 2002, 472, 477.

30 HKInsO/*Flessner*, 5. Aufl., § 158 Rn. 3.

31 → § 160 Rn. 30; vgl. auch BKInsO/*Undritz*/*Fiebig* § 158 Rn. 3.

11 Seit dem am 1.7.2007 in Kraft getretenen „Gesetz zur Vereinfachung des Insolvenzverfahrens" vom 13.4.2007,[32] erfasst § 158 auch die Veräußerung.[33] Im Unterschied zur alten Rechtslage, ist eine Veräußerung des Unternehmens **vor dem Berichtstermin** auch ohne Beteiligung der Gläubigervertreter zulässig, wenn ein (vorläufiger) Gläubigerausschuss nicht bestellt ist (zur restriktiven Handhabung vgl. Rn. 15). In diesem Fall entscheidet der Verwalter in eigener Zuständigkeit nach pflichtgemäßem Ermessen. Nach dem Berichtstermin sind hingegen §§ 160 Abs. 2 Nr. 1, 162 zu berücksichtigen, die eine Beteiligung der Gläubigervertreter zwingend vorschreiben.

12 Begründet wird die Regelung damit, dass sich häufig bereits vor dem Berichtstermin eine außerordentlich günstige Veräußerungsmöglichkeit für das Unternehmen bietet, die sich jedoch bei längerem Zuwarten möglicherweise zerschlägt. Daher solle dem Insolvenzverwalter die Möglichkeit eingeräumt werden, bereits unmittelbar nach Verfahrenseröffnung zügig den Betriebsübergang einzuleiten und nicht noch unter Umständen drei Monate bis zum Berichtstermin abwarten zu müssen.[34] Vor allem bei einer übertragenden Sanierung ist eine rasche Entscheidung erforderlich, um die Phase der Unsicherheit nicht nur im Interesse des Erwerbers, sondern auch der Kunden und Vertragspartner sowie der Belegschaft des Schuldners möglichst bald zu beenden. Ein schneller Übergang auf einen Erwerber dient daher nicht nur dem Erhaltungsinteresse, sondern vermeidet regelmäßig auch weitere verfahrensbedingte Verluste.[35] Der Übernehmer des Unternehmens braucht schließlich auch Rechtssicherheit, um notwendige Investitionen zu tätigen.[36] Nicht selten liegen daher bei Insolvenzeröffnung auch bereits endverhandelte Verträge über die Veräußerung des Unternehmens vor.

D. Entscheidung zur Stilllegung oder Veräußerung (Abs. 1)

I. Entscheidung des Verwalters

13 Besteht kein Gläubigerausschuss, so entscheidet der Verwalter über eine Stilllegung oder Veräußerung nach eigenem pflichtgemäßem Ermessen. Bei Ausübung dieses Ermessens hat er von der gesetzlichen Wertung auszugehen, dass das Unternehmen grundsätzlich bis zum Berichtstermin fortzuführen ist. Er darf das Unternehmen folglich nur dann vorzeitig stilllegen oder veräußern, wenn hierfür hinreichende Gründe vorliegen.[37] Diese können rechtlicher wie wirtschaftlicher Natur sein:

14 Eine **Stilllegung aus rechtlichen Gründen** ist notwendig, wenn es dem Verwalter rechtlich verwehrt ist, das Unternehmen fortzuführen. Das ist etwa dann der Fall, wenn eine Betriebserlaubnis, eine Konzession oder Approbation wegfällt oder es an einer erforderlichen fachlichen Qualifikation oder besonderen Zulassung fehlt. Relevant wird dies zumeist in der Insolvenz eines **Freiberuflers.**[38] Das Unternehmen des Freiberuflers darf der Verwalter nur dann selbst fortführen, wenn er über die erforderliche fachliche Qualifikation verfügt.[39] Hinzu kommt, dass in den meisten medizinischen und beratenden Berufen die zur Fortführung des Unternehmens notwendigen Unterlagen einem Berufsgeheimnis unterliegen, das auch gegenüber dem Verwalter gilt. Eine Fortführung kommt bei freiberuflichen Tätigkeiten im Regelfall folglich nur dann in Betracht, wenn der Schuldner bereit ist, in der Insolvenz freiwillig weiter tätig zu bleiben. Die Abschaffung des konkursfreien Neuerwerbs,[40] aber auch die Möglichkeit einer schuldbefreienden Liquidation durch einen späteren Insolvenzplan können hierfür Anreiz sein. Übt der Schuldner die selbstständige Tätigkeit – mit oder ohne Einwilligung des Verwalters – weiter aus, kann der Verwalter den Geschäftsbetrieb gemäß § 35 Abs. 2 und 3 aus der Insolvenzmasse freigeben. Auch wenn die Freigabe des Geschäftsbetriebs einer Stilllegung gleichkommt, ist eine (vorherige) Zustimmung des Gläubigerausschusses bzw. der Gläubigerversammlung nicht erforderlich. Die Gläubigervertreter haben gemäß § 35 Abs. 2 S. 3 vielmehr die Möglichkeit, die gerichtliche Anordnung der Unwirksamkeit der Freigabeerklärung zu beantragen.

---

32 BGBl. I S. 509.

33 Zu den Änderungen vgl. *Sternal* NZI 2006, 185 ff.; *Schmerbach* ZInsO 2006, 400 ff.; *Pannen* NZI 2006, 193 ff.

34 Begr. RegE, BT-Drs. 16/3227, 20 (zu Nr. 21).

35 Vor einer übertragenden Sanierung unter zu großem Zeitdruck warnt *Frind* ZInsO 2015, 2309.

36 Uhlenbruck/*Zipperer* § 158 Rn. 8.

37 BAG NZI 2013, 284, 288; KPB/*Webel* § 158 Rn. 6.

38 Ausführlich dazu *Schick* NJW 1990, 2359 ff.; *Tetzlaff* ZInsO 2005, 393, 399 ff.; zu berufsständischen Zulassungsvoraussetzungen *Schmittmann* ZInsO 2004, 725 ff.; weiter KPB/*Webel* § 157 Rn. 7 ff.; Nerlich/Römermann/*Balthasar* § 158 Rn. 16; *Uhlenbruck,* FS Henke, 1995, S. 877 ff.; HambKommInsO/*Decker* § 157 Rn. 12.

39 → § 157 Rn. 12.

40 KPB/*Webel* § 157 Rn. 8.

Eine Stilllegung aus rechtlichen Gründen ist weiter dann zwingend, wenn das vom Schuldner betriebene Unternehmen einer Gewerbeerlaubnis bedarf, diese aber bereits unanfechtbar widerrufen wurde.[41] Hingegen wird ein noch nicht bestandskräftig abgeschlossenes gewerbliches Untersagungs- oder Erlaubnisaufhebungsverfahren während des Insolvenzverfahrens gemäß § 12 GewO suspendiert;[42] häufig ist auch eine Stellvertretung oder zeitlich befristete Fortführung gewerberechtlich möglich.[43] 15

Eine **Stilllegung aus wirtschaftlichen Gründen** ist geboten, wenn die Fortführung des Unternehmens ökonomisch nicht sinnvoll ist. Dabei kommt es nicht darauf an, ob durch die Fortführung des Unternehmens sämtliche Kosten gedeckt werden.[44] Maßgeblich ist allein, wie sich die Fortführung auf die der Gläubigerbefriedigung dienende Masse auswirkt. Der Verwalter darf daher bei der Fortführungsentscheidung die Kosten, die auch unabhängig von der Fortführung anfallen, nicht ohne weiteres außer Acht lassen. Selbst wenn die Fortführung des Unternehmens zu einer Minderung der Masse führt, berechtigt dies den Verwalter noch nicht zur Stilllegung des Unternehmens, solange die Wertminderung nicht erheblich ist. Gemäß § 158 Abs. 2 S. 2 kann das vom Schuldner angerufene Gericht einer Stilllegung nur dann zustimmen, wenn die Fortführung zu einer **erheblichen Verminderung** der Insolvenzmasse führt. Es ist nicht erkennbar, weshalb die Stilllegungsentscheidung des Gerichts anderen Maßstäben unterliegen sollte als die des Verwalters. Die gesetzliche Wertung in § 158 Abs. 2 S. 2 gilt insoweit auch für den Verwalter.[45] Er ist folglich nur dann zur Stilllegung berechtigt, wenn aus der Fortführung eine erhebliche Minderung der Masse resultiert.[46] 16

Die Stilllegung des Unternehmens aus wirtschaftlichen Gründen zwingt den Verwalter zu einer Vorhersage der künftigen Erträge und Kosten. Eine solche Vorhersage ist naturgemäß mit einem erheblichen Prognoserisiko verbunden. Die in der Literatur[47] teilweise herangezogenen **Prozentsätze** als Anhaltspunkt für die Erheblichkeit einer Masseminderung sind abzulehnen;[48] entscheidend sind stets die Umstände des **Einzelfalls.**[49] Für fehlerhafte, aber vertretbare Prognosen haftet der Verwalter nicht, wenn er Chancen und Risiken mit der gebotenen Sorgfalt abgewogen hat. Daher ist auch eine zeitweilig unwirtschaftliche Unternehmensfortführung gerechtfertigt, wenn nachvollziehbar begründete Aussichten bestehen, das Unternehmen oder Teile des Unternehmens zu veräußern. Nicht zugemutet werden kann es dem Verwalter dagegen, das Unternehmen auch dann fortzusetzen, wenn die realistische Gefahr besteht, dass die hieraus resultierenden **Masseverbindlichkeiten** aus der Insolvenzmasse nicht befriedigt werden können, denn er ist nicht verpflichtet, zur Erhaltung der Entscheidungskompetenz der Gläubiger ein **persönliches Haftungsrisiko** nach § 61 für Masseverbindlichkeiten in Kauf zu nehmen.[50] Gleiches gilt dann, wenn es dem Verwalter nicht gelingt, zur Fortführung notwendige Liquidität zu beschaffen, denn auch eine etwaig nur „vorübergehende" Masseunzulänglichkeit ist dem Verwalter aufgrund der persönlichen Haftungsrisiken und des möglichen Vorwurfs eines Eingehungsbetrugs nicht zuzumuten. 17

In den oben genannten Fällen, in denen eine Stilllegung des Betriebs aus rechtlichen und/oder wirtschaftlichen Gründen geboten ist, darf der Verwalter den Betrieb stattdessen auch **veräußern,** sofern sich ihm hierzu die Möglichkeit bietet. Aus §§ 157, 159 lässt sich kein Verbot herleiten, die Masse bereits vor der Gläubigerversammlung zu verwerten, wenn eine Betriebsfortführung aus rechtlichen oder wirtschaftlichen Gründen ohnehin nicht in Betracht kommt. Insbesondere dann, wenn der Verwalter durch die Veräußerung Fortführungswerte realisieren kann oder die Masse durch die Veräußerung von Masseverbindlichkeiten befreit wird, ist eine Veräußerung nicht zu beanstanden. 18

Stehen der Fortführung des Unternehmens keine rechtlichen und/oder wirtschaftlichen Gründe entgegen, hat die gesetzliche Wertung, dass das Unternehmen grundsätzlich fortzuführen ist und die Gläubiger über den Fortgang des Verfahrens (§ 157) und die Art der Verwertung (§ 159) zu entscheiden haben, grundsätzlich Vorrang vor einer **Veräußerung.** Hierfür spricht insbesondere, dass der Gesetzgeber durch Beibehaltung des § 160 Abs. 2 Nr. 1 die Veräußerung nach dem Berichtstermin weiterhin der Gläubigerentscheidung unterwirft. Die Veräußerung ohne Zustimmung eines vorläufigen Gläubigerausschusses muss daher der Ausnahmefall bleiben, die Mitwirkung der Gläubi- 19

41 Ausführlich KPB/*Webel* § 157 Rn. 9 ff. mwN, für Spezialunternehmen vgl. auch § 157 Rn. 12.

42 HambKommInsO/*Decker* § 157 Rn. 12; ausführlich Landmann/Rohmer/*Marcks* GewO § 12 Rn. 1 ff.; Tettinger/Wank/*Ennuschat* GewO § 12 Rn. 1 ff.

43 HambKommInsO/*Decker* § 157 Rn. 12; KPB/*Webel* § 157 Rn. 9 ff.

44 Ebenso HambKommInsO/*Decker* § 158 Rn. 4; Uhlenbruck/*Zipperer,* InsO § 158 Rn. 5; aA jedoch OLG Karlsruhe ZInsO 2003, 229, 230.

45 BAG NZI 2013, 284, 288; KPB/*Webel* § 158 Rn. 6; Nerlich/Römermann/*Balthasar* § 158 Rn. 14; Andres/Leithaus/*Andres* § 158 Rn. 3.

46 IE wohl ebenso Uhlenbruck/*Zipperer,* InsO § 158 Rn. 5.

47 BKInsO/*Undritz/Fiebig* § 158 Rn. 7.

48 So wohl auch Braun/*Haffa/Leichtle* § 158 Rn. 8.

49 HKInsO/*Ries* § 158 Rn. 5.

50 KPB/*Webel* § 158 Rn. 6b; vgl. auch OLG Karlsruhe ZInsO 2003, 229 ff.; Uhlenbruck/*Zipperer* § 158 Rn. 5.

ger der Regelfall. Dies gilt insbesondere im Anwendungsbereich des § 162, durch den die Zuständigkeit für die von § 160 geforderte Zustimmung zur Unternehmensveräußerung auf die Gläubigerversammlung verlagert wird, selbst wenn ein Gläubigerausschuss besteht. Der Insolvenzverwalter sollte daher von der Möglichkeit der Veräußerung vor dem Berichtstermin ohne Beteiligung der Gläubiger nur restriktiv Gebrauch machen. Entsprechend der Gesetzesbegründung[51] ist eine Veräußerung des Unternehmens ohne Beteiligung der Gläubiger nur dann nicht zu beanstanden, wenn sich dem Verwalter eine außerordentlich günstige Veräußerungsmöglichkeit bietet, die sich wegen der zeitlichen Verzögerung einer Gläubigerbeteiligung ansonsten zerschlagen würde. Eine derartige Verzögerung dürfte jedoch in der Praxis kaum eintreten. Bei größeren Unternehmen hat das Gericht gemäß § 22a Abs. 1 bereits im vorläufigen Verfahren einen **vorläufigen Gläubigerausschuss** einzusetzen. Sind die Voraussetzungen des § 22a Abs. 1 nicht erfüllt, soll das Gericht gemäß § 22a Abs. 2 einen Ausschuss einsetzen, wenn dies vom Schuldner, einem Gläubiger oder dem vorläufigen Verwalter unter Benennung potentieller Mitglieder beantragt wird. In beiden Fällen wird der vorläufige Gläubigerausschuss regelmäßig auch im eröffneten Verfahren beibehalten. Ferner kann der Gutachter gleichzeitig mit dem Eröffnungsgutachten gemäß § 67 die gerichtliche Einsetzung eines vorläufigen Gläubigerausschusses anregen (ohne dass darauf jedoch ein Rechtsanspruch besteht), sodass eine Konstituierung und Beratung des Ausschusses regelmäßig noch am Tag der Verfahrenseröffnung erfolgen kann. Eine wesentliche Änderung für die Praxis zu der bereits zur alten Rechtslage vertretenen Ansicht (vgl. Rn. 10) ist mit der Gesetzesänderung daher nicht verbunden.

II. Zustimmung des Gläubigerausschusses

20 Hat das Gericht mit Eröffnung des Verfahrens gemäß § 67 einen Gläubigerausschuss bestellt, so muss der Verwalter vor Stilllegung oder Veräußerung dessen Zustimmung einholen. Zur Verringerung des eigenen Haftungsrisikos wird der spätere Verwalter schon im vorläufigen Verfahren gemäß § 22a Abs. 2 die Einsetzung eines vorläufigen Ausschusses beantragen oder in seinem Eröffnungsgutachten die Bestellung eines vorläufigen Gläubigerausschusses anregen, sofern sich im Eröffnungsverfahren die Notwendigkeit einer Einstellung oder die Möglichkeit einer vorteilhaften Veräußerung des Geschäftsbetriebs abzeichnet (vgl. Rn. 19).[52] Ebenso wie bei der verwandten Regelung in § 160[53] ist die Zustimmung prinzipiell **vor Stilllegung oder Veräußerung** einzuholen. Andernfalls würde der Zweck, den Gläubigerausschuss an der Entscheidung des Verwalters zu beteiligen, nicht erreicht.[54] Das hindert den Gläubigerausschuss jedoch nicht, das Risiko des Verwalters zu teilen, indem er dessen Urteil übernimmt und sein Handeln nachträglich genehmigt.

21 Zur Zustimmung des Gläubigerausschusses bedarf es eines den Anforderungen des § 72 entsprechenden Beschlusses. Ein Schweigen des Gläubigerausschusses bedeutet die Verweigerung der Zustimmung.[55] Verweigert der Gläubigerausschuss die Zustimmung, bleibt dem Verwalter die Möglichkeit, eine vorgezogene Gläubigerversammlung nach § 75 Abs. 1 Nr. 1 zu beantragen.[56] Allerdings ist ein anderes Votum der Gläubigerversammlung regelmäßig unwahrscheinlich, es sei denn der Gläubigerausschuss repräsentiert nicht die Mehrheiten der Gläubiger.

III. Haftung bei fehlender oder fehlerhafter Zustimmung

22 Legt der Verwalter das Unternehmen still oder veräußert er es, ohne die erforderliche Zustimmung des Gläubigerausschusses, so ist dieses Verhalten unabhängig davon, ob die Stilllegung/Veräußerung im Zeitpunkt der Entscheidung wirtschaftlich vertretbar war, zunächst pflichtwidrig im Sinne von § 60. Der Verwalter handelt auf eigenes Risiko, haftet also für Schäden, wenn sich die Stilllegung/Veräußerung später als verfrüht herausstellt. Im Außenverhältnis berührt die fehlende Zustimmung des Gläubigerausschusses die Wirksamkeit von Handlungen des Verwalters indessen nicht. Insoweit findet § 164 entsprechende Anwendung.[57] Umgekehrt kommt eine Haftung der Mitglieder des Gläubigerausschusses nach § 71 in Betracht, wenn diese schuld- und fehlerhaft die Zustimmung erteilen.[58] Beruht die fehlerhaft erteilte Zustimmung auf einer unzureichenden oder fehlerhaften Information durch den Verwalter, fehlt es am Verschulden der Ausschussmitglieder, was wiederum zu einer Haftung des Verwalters nach § 60 führen kann.

51 Begr. RegE, BT-Drs. 16/3227, 20 (zu Nr. 21).

52 HambKommInsO/*Decker* § 158 Rn. 4, 7, mit einem Überblick über zweckmäßige Handlungswege in dieser Phase des Prozesses.

53 → § 160 Rn. 25 ff.

54 KPB/*Webel* § 158 Rn. 7; Nerlich/Römermann/*Balthasar* § 158 Rn. 18.

55 KPB/*Webel* § 158 Rn. 8.

56 HambKommInsO/*Decker* § 158 Rn. 7.

57 BGH ZIP 1995, 290; Uhlenbruck/*Zipperer* § 158 Rn. 10; HambKommInsO/*Decker* § 158 Rn. 7.

58 Kritisch zu der Haftung des (vorläufigen) Gläubigerausschusses *Marotzke* KTS 2014, 113. 125 ff.

IV. Beteiligung des Betriebsrates

§ 158 regelt nur, wie die Interessen der Gläubiger und des Schuldners zu berücksichtigen sind. 23
Die Zustimmungs- und Mitwirkungserfordernisse im Interesse der Arbeitnehmer gemäß §§ 121 ff. InsO und §§ 111 ff. BetrVG lässt er unberührt. Während die Gläubigerversammlung ihre Entscheidung im Berichtstermin ohne Mitwirkung der Arbeitnehmer trifft (vgl. § 157 Rn. 26), hat der Insolvenzverwalter, sofern er mangels Bestellung eines (vorläufigen) Gläubigerausschusses die Entscheidung selbst trifft, in seiner Funktion als Arbeitgeber die betriebsverfassungsrechtlichen Zustimmungs- und Mitwirkungserfordernisse bereits bei der Vorbereitung seiner Maßnahmen zu berücksichtigen.[59]

E. Untersagung der Stilllegung/Veräußerung (Abs. 2)

I. Unterrichtung des Schuldners (S. 1)

Eine Zustimmung des Schuldners ist weder bei Stilllegung noch bei Veräußerung erforderlich. 24
Jedoch soll die Verpflichtung des Verwalters, den Schuldner von der geplanten Stilllegung oder der Veräußerung zu unterrichten, dem Schuldner ermöglichen, sein Antragsrecht auf Untersagung aus S. 2 sinnvoll auszuüben. Der Verwalter hat den Schuldner so rechtzeitig zu informieren, dass dem Schuldner genügend Zeit bleibt, einen Antrag nach Abs. 2 S. 2 zu stellen.[60] In welcher Form er den Schuldner unterrichtet, steht im Ermessen des Verwalters. Die Unterrichtung kann mündlich oder schriftlich erfolgen. Handelt es sich beim Schuldner um eine juristische Person, sind analog § 10 Abs. 2 die gesetzlichen Organe zu unterrichten,[61] bei Gesellschaften ohne Rechtspersönlichkeit sämtliche Gesellschafter, bei einem Nachlassinsolvenzverfahren die Erben. Die Rechtswirksamkeit der Unternehmensstilllegung wird nicht dadurch berührt, dass der Verwalter die regelgerechte Mitteilung unterlässt.[62] Unter Umständen macht er sich jedoch schadenersatzpflichtig wenn der Verwalter die Unterrichtung des Schuldners unterlässt und er deshalb – aus tatsächlichen Gründen – einen Antrag nach Abs. 2 S. 2 nicht stellen konnte.

Abs. 2 S. 1 enthält keine Regelung dazu, wann der Verwalter auf die Unterrichtung des Schuldners verzichten kann. 25
Dies bedeutet jedoch nicht, dass die Unterrichtung in jedem Fall notwendig ist. Ebenso wie bei der allgemeinen Regelung für Anhörungsrechte in § 10 Abs. 1 S. 1 und der Unterrichtung über besonders bedeutende Maßnahmen nach § 161 S. 1 ist es nicht hinnehmbar, dass eine **notwendige** Stilllegung oder **sinnvolle** Veräußerung durch einen unbekannten Aufenthaltsort oder erschwerte Erreichbarkeit eines im Ausland weilenden Schuldners zum Schaden der Gläubiger verzögert wird. Analog §§ 10 Abs. 1 S. 1, 161 S. 1 kann eine Unterrichtung daher unterbleiben, wenn diese zu einem erheblichen Aufschub der Stilllegung oder Veräußerung führen würde.[63] Unzulässig ist es dagegen, auf die Unterrichtung deshalb zu verzichten, weil nach Auffassung des Verwalters keine andere Entscheidung als eine Stilllegung oder Veräußerung in Betracht kommt.[64] Die Meinung des Verwalters gerichtlich überprüfen zu lassen, ist gerade Zweck des Antragsrechtes in Abs. 2 S. 2.[65]

II. Untersagungsverfahren (S. 2)

Das insolvenzgerichtliche Stilllegungs-/Veräußerungsverbot setzt einen Antrag voraus. Eine 26
Überprüfung der **Stilllegungs-/Veräußerungsentscheidung** von Amts wegen ist ausgeschlossen, denn es handelt sich um keine aufsichtsrechtliche, sondern eine wirtschaftliche Entscheidung. Wirtschaftliche Entscheidungen sind dem grundsätzlich auf Fragen der Rechtmäßigkeit des Verfahrens beschränkten Gericht ohne eine besondere Regelung (das ist § 158 Abs. 2 S. 2) entzogen.[66] Antragsberechtigt ist allein der Schuldner, bei mehrköpfiger organschaftlicher Vertretung steht das Recht jedem vertretungsberechtigten Organ zu, bei Gesellschaften ohne Rechtspersönlichkeit jedem per-

[59] HKInsO/*Ries* § 158 Rn. 7; aA Uhlenbruck/*Zipperer* § 158 Rn. 11 ff.
[60] KPB/*Webel* § 158 Rn. 9; Nerlich/Römermann/*Balthasar* § 158 Rn. 20.
[61] Nerlich/Römermann/*Balthasar* § 158 Rn. 21.
[62] Uhlenbruck/*Zipperer* § 158 Rn. 14.
[63] Ebenso KPB/*Webel* § 158 Rn. 9; Nerlich/Römermann/*Balthasar* § 158 Rn. 22; Andres/Leithaus/*Andres* § 158 Rn. 9; wohl nur für Analogie des § 10 Abs. 1 S. 1 Uhlenbruck/*Zipperer* § 158 Rn. 14; aA HambKomm-InsO/*Decker* § 158 Rn. 8.
[64] AA zur KO *Kilger/K. Schmidt* § 130 Anm. 1.
[65] Nerlich/Römermann/*Balthasar* § 158 Rn. 22.
[66] KPB/*Webel* § 158 Rn. 11; *Moorbutter/Haarmann* KTS 1956, 177, 180.

sönlich haftenden Gesellschafter.[67] Ein analoges Antragsrecht der Gläubiger[68] nach dem Vorbild in §§ 161, 163 scheidet mangels Regelungslücke aus. Der Rechtsausschuss hat die entsprechende Regelung im Regierungsentwurf bewusst gestrichen.[69] Eine regelgerechte Unterrichtung ist nicht Voraussetzung des Antragsrechts des Schuldners auf Untersagung. Der Antrag kann daher gestellt werden, bevor bzw. ohne dass die Mitteilung gemäß Abs. 1 S. 1 erfolgt ist. Er muss nicht begründet werden; gleichwohl ist dies empfehlenswert, da das Gericht – neben der gebotenen Anhörung des Verwalters – kaum Anlass zu weiteren Ermittlungen von Amts wegen sehen wird.[70]

27 Vor der Entscheidung über den **Untersagungsantrag** hat das Gericht den Verwalter anzuhören. Dies soll gewährleisten, dass das Gericht über hinreichende Informationen zur Entscheidung über den Untersagungsantrag verfügt.[71] Die **Anhörung** schützt weiter den Verwalter selbst, in dessen verfahrensrechtliche Position durch eine Untersagung eingegriffen wird. Sie gewährleistet eine vertrauensvolle Zusammenarbeit zwischen Gericht und Verwalter.[72] Je gründlicher der Verwalter im Rahmen der Anhörung Stellung nimmt, desto geringer ist die Gefahr einer Haftung (§§ 60, 61). Er soll in jedem Fall verpflichtet sein, zu der Frage Stellung zu nehmen, ob ein Aufschieben der Betriebsstilllegung oder Veräußerung ohne eine erhebliche Verminderung der Insolvenzmasse bis zum Berichtstermin unter Berücksichtigung sowohl der Gläubiger- als auch der Schuldnerinteressen wirtschaftlich vertretbar ist.[73]

28 Das Gericht überprüft nicht die Entscheidung des Verwalters, sondern trifft eine eigene. Kommt das Gericht zur Überzeugung, dass eine Fortführung des Unternehmens möglich ist, ohne dass die Masse hierdurch erheblich vermindert wird, hat es dem Antrag des Schuldners stattzugeben. Dem Gericht steht **kein Ermessen** zu. Dies folgt aus dem Wortlaut („untersagt, … wenn") und der Entstehung der Vorschrift; denn die im Diskussionsentwurf vorgesehene Ermessensentscheidung wurde im Referentenentwurf[74] zugunsten der heutigen Regelung gestrichen.[75] Der unbestimmte Rechtsbegriff der „erheblichen Verminderung" eröffnet dem Gericht aber einen **Beurteilungsspielraum,** der im Ergebnis einem Ermessen weitgehend gleichkommt.[76] Zur Ausfüllung dieses Begriffs hat das Gericht zwischen der zu erwartenden Masseminderung und dem Schutz der Entscheidungskompetenz der Gläubiger abzuwägen. Dabei wird es in der Regel weniger auf die absolute als auf die relative Minderung der Masse ankommen.[77] Maßgeblich ist hierfür nicht allein die Konsequenz einer Fortführung für den Liquidationswert des Unternehmens.[78] Dies würde dem Sinn des Fortführungsgebots widersprechen. Den Gläubigern soll gerade die Möglichkeit erhalten bleiben, zwischen einer Befriedigung aus dem **Fortführungswert** und dem **Liquidationswert** zu wählen. Andererseits ist natürlich eine Reduzierung der Liquidationswerte durch eine befristete Fortführung umso eher als unerheblich hinzunehmen, je eher die Chance besteht, durch Aufschub der Stilllegung einen höheren Fortführungswert zu erhalten. Keine Untersagung der Stilllegung kommt dagegen in Betracht, wenn die Stilllegung aus rechtlichen Gründen notwendig ist (vgl. oben Rn. 14) oder die Gefahr besteht, dass die hierdurch entstehenden **Masseverbindlichkeiten** nicht gedeckt sind. Dem Gericht ist es verwehrt, dem Verwalter ein Haftungsrisiko nach § 61 aufzudrängen.[79]

29 Bei der Entscheidung über den Untersagungsantrag des Schuldners hat das Gericht grundsätzlich keinen Unterschied zu machen, ob die Stilllegung oder Veräußerung zuvor die Zustimmung eines Gläubigerausschusses gefunden hatte oder allein vom Verwalter beschlossen wurde. Eine Zustimmung des Gläubigerausschusses begründet keine Vermutung dafür, dass **Verwalter und Gläubigerausschuss** die wirtschaftliche Situation des Unternehmens objektiv besser zu beurteilen wissen als der Schuldner, der das Unternehmen in die Insolvenz geführt hat.[80] Zum einen bezieht der Gläubigerausschuss seine Informationen meist auch nur vom Verwalter, zum anderen ist die Insolvenz kein zwingendes Indiz für eine unternehmerische Unfähigkeit des Schuldners. Jedenfalls verfügt der Schuldner in der Frühphase des Insolvenzverfahrens im Regelfall noch über einen erheblichen

[67] Uhlenbruck/*Zipperer* § 158 Rn. 15.
[68] Ein Antragsrecht der Gläubiger befürwortend *Marotzke* KTS 2014, 113, 150 f.
[69] → Rn. 4.
[70] HambKommInsO/*Decker* § 158 Rn. 9.
[71] Gravenbrucher Kreis BB 1986, Beil. 15, S. 4; Nerlich/Römermann/*Balthasar* § 158 Rn. 26.
[72] KPB/*Webel* § 158 Rn. 12; *Jaeger/Weber,* KO, § 130 Rn. 4.
[73] Uhlenbruck/*Zipperer* § 158 Rn. 16 mwN.
[74] Begr. zu § 177 RegE, BT-Drs 12/2443, 173; aA Uhlenbruck/*Uhlenbruck, 13. Aufl.,* § 158 Rn. 17 („im pflichtgemäßen Ermessen").
[75] KPB/*Webel* § 158 Rn. 13.
[76] HambKommInsO/*Decker* § 158 Rn. 10.
[77] KPB/*Webel* § 158 Rn. 14; Nerlich/Römermann/*Balthasar* § 158 Rn. 24; Uhlenbruck/*Zipperer* § 158 Rn. 17.
[78] FKInsO/*Wegener* § 158 Rn. 14.
[79] → Rn. 17.
[80] In diesem Sinne aber FKInsO/*Wegener* § 158 Rn. 11.

Informationsvorsprung gegenüber Verwalter und Gläubigerausschuss, den das Gericht unabhängig von der Entscheidung eines Gläubigerausschusses zu beachten hat.

Das Gericht entscheidet über den Antrag durch **Beschluss.** Dieser ist sowohl dem Verwalter als auch dem Schuldner zuzustellen. Gibt das Gericht dem Antrag statt, hat der Beschluss die vorläufige Untersagung der Stilllegung oder Veräußerung zum Gegenstand. Hat der Verwalter das Unternehmen bereits stillgelegt oder veräußert ist der Verwalter anzuweisen, die Geschäfte soweit möglich wieder aufzunehmen bzw. den Verkauf – soweit tatsächlich, rechtlich und wirtschaftlich möglich – rückgängig zu machen.[81] Will das Gericht sicher gehen, kann es beides gleichzeitig anordnen. Das Gericht hat jedoch in dieser Situation zu berücksichtigen, dass ein einmal stillgelegtes Unternehmen regelmäßig nur unter größten Schwierigkeiten wieder fortgeführt werden kann.[82] Bei fehlerhaftem Untersagungsbeschluss kommt eine Amtshaftung nach Art. 34 GG, § 839 BGB gegenüber dem Schuldner in Betracht.[83] 30

Untersagt das Gericht die Stilllegung oder Veräußerung, hat dies **keine Auswirkung für das Außenverhältnis.** Dies folgt mangels Bezugnahme in § 164 auf § 158 Abs. 2 aus der Natur der Entscheidung. Die Beschränkung der Kompetenzen des Verwalters in § 158 sind ebenso wie die Regelungen in §§ 160–163 allein verfahrensrechtlicher Natur, betreffen also nur das Innenverhältnis. Zur Durchsetzung seines Willens stehen dem Gericht aber die aufsichtsrechtlichen Maßregeln des § 58 und im Extremfall sogar die Entlassung des Verwalters nach § 59 zu Gebote. Der Untersagungsbeschluss ist zeitlich befristet. Mit dem Berichtstermin verliert er seine Wirkung unabhängig davon, ob die **Gläubigerversammlung im Berichtstermin** eine Entscheidung über die **Stilllegung/ Veräußerung** trifft oder nicht.[84] Trifft die Gläubigerversammlung keine Entscheidung im Berichtstermin, so liegt diese im pflichtgemäßen Ermessen des Insolvenzverwalters, ohne dass ihn der Gerichtsbeschluss mehr bindet.[85] 31

Verstößt der Verwalter gegen einen Untersagungsbeschluss, macht er sich allein gegenüber dem Schuldner nach § 60 **schadensersatzpflichtig,** wenn die Fortführung vorteilhafter war.[86] Die Gläubiger können aus einer Verletzung der Untersagungsverfügung ebenso wenig Rechte herleiten wie sonstige Dritte, denn das Antragsrecht dient unmittelbar allein dem Schutz des Schuldners.[87] Wie im Zusammenhang des § 161 ist aber natürlich eine Haftung des Verwalters gegenüber den Gläubigern aus anderen Gründen nicht ausgeschlossen.[88] 32

Stammt der Untersagungsbeschluss vom Rechtspfleger oder wird der Antrag des Schuldners vom Rechtspfleger zurückgewiesen, so ist hiergegen die Möglichkeit der **Erinnerung** gemäß § 11 Abs. 2 S. 1 RPflG gegeben. Gegen einen Beschluss des Amtsrichters steht dagegen kein Rechtsmittel zur Verfügung.[89] 33

§ 159 Verwertung der Insolvenzmasse

Nach dem Berichtstermin hat der Insolvenzverwalter unverzüglich das zur Insolvenzmasse gehörende Vermögen zu verwerten, soweit die Beschlüsse der Gläubigerversammlung nicht entgegenstehen.

Übersicht

81 KPB/*Webel* § 158 Rn. 15; Nerlich/Römermann/*Balthasar* § 158 Rn. 26 und zur entsprechenden Problematik in § 130 KO Mohrbutter/Mohrbutter/*Pape* Rn. V.26; *Jaeger/Weber,* KO § 130 Rn. 3.
82 Uhlenbruck/*Zipperer* § 158 Rn. 18.
83 Nerlich/Römermann/*Balthasar* § 158 Rn. 31; Uhlenbruck/*Zipperer* § 158 Rn. 21.
84 KPB/*Webel* § 158 Rn. 16.
85 Uhlenbruck/*Zipperer* § 158 Rn. 20.
86 BGH ZIP 1985, 694; Nerlich/Römermann/*Balthasar* § 158 Rn. 28.
87 Nerlich/Römermann/*Balthasar* § 158 Rn. 30.
88 → § 161 Rn. 6.
89 FKInsO/*Wegener* § 158 Rn. 16; KPB/*Webel* § 158 Rn. 15.

A. Überblick und Entstehungsgeschichte

1 § 159 stellt klar, dass der Verwalter auch ohne ausdrückliche Aufforderung der Gläubigerversammlung die Insolvenzmasse (§ 35) unverzüglich nach dem Berichtstermin zu verwerten hat, soweit die Beschlüsse der Gläubigerversammlung nicht entgegenstehen. Damit verschiebt die Regelung den Beginn der Verwertung der Insolvenzmasse bis zur Beschlussfassung der Gläubiger im Berichtstermin (§ 157) und flankiert die Kompetenz der Gläubigerversammlung, Ziel und Verlauf des Insolvenzverfahrens zu bestimmen. Der Sache nach stellt § 159 hierdurch klar, dass die InsO trotz der Bemühungen des Gesetzgebers, die Zerschlagungsautomatik der KO durch ein sanierungsfreundliches Insolvenzrecht zu ersetzen,[1] **keinen gesetzlichen Sanierungsauftrag** kennt.[2] Haben die Gläubiger nichts Gegenteiliges beschlossen, hat der Verwalter für eine vollständige Abwicklung des Schuldnervermögens zu sorgen.[3] Er hat das haftende Vermögen des Schuldners den Gläubigern durch Verwertung zur gemeinschaftlichen Befriedigung zuzuführen[4] und bei Gesellschaften die Voraussetzung für deren Vollabwicklung durch **Liquidation** und Löschung zu schaffen.[5] Die **Sanierung** anstelle der Verwertung bleibt dem Entschluss der Gläubiger vorbehalten.

2 Vom Verwertungsauftrag des Verwalters nach früherem Recht (§ 117 Abs. 1 KO, § 8 Abs. 2 GesO) unterscheidet sich die Regelung in § 159 substantiell durch die Verschiebung des Verwertungszeitpunkts. Nach § 117 Abs. 1 KO und § 9 Abs. 2 GesO hatte der Verwalter schon mit Eröffnung des Verfahrens mit der Verwertung zu beginnen. Die Verschiebung des Verwertungszeitpunkts geht zurück auf die Vorschläge der Insolvenzrechtskommission. Diese sahen vor, dass die Verwertung erst beginnen sollte, sobald das Insolvenzgericht nach einem Vorverfahren darüber entschieden hat, ob das Unternehmen einem **Liquidations- oder Reorganisationsverfahren** unterworfen werden sollte.[6] Eine Präjudizierung dieser Entscheidung durch frühzeitige Verwertung sollte unterbleiben. Diesen Gedanken übernahm der Diskussionsentwurf in § 168 und entsprach damit der zwischenzeitlichen Übertragung der Verfahrenshoheit vom Gericht auf die Gläubiger. § 168 DiskE ist dann ohne Änderungen in den weiteren Entwürfen Gesetz geworden.

B. Verwertungspflicht des Verwalters

3 Haben die Gläubiger im Berichtstermin nichts anderes beschlossen, begründet § 159 für die Zeit nach dem Berichtstermin eine gesetzliche **Verwertungspflicht** des Verwalters.[7] Diese gesetzliche Verwertungspflicht betrifft das Innenverhältnis des Verwalters zum Schuldner und den Gläubigern. Die zur Umsetzung des Verwertungsauftrages im Außenverhältnis erforderliche **Verwaltungs- und Verfügungsbefugnis** ist gemäß §§ 80 Abs. 1, 165, 166 bereits mit Eröffnung des Verfahrens auf den Verwalter übergegangen. Bereits mit Verfahrenseröffnung trifft den Verwalter auch die Pflicht zur Inbesitznahme und Verwaltung der Insolvenzmasse (§ 148).

I. Verwertung der Insolvenzmasse

4 Die **Verwertung** umfasst begrifflich sämtliche Handlungen, die dazu dienen, das in der Insolvenzmasse gebundene Vermögen des Schuldners verfügbar zu machen.[8] Nur die Umwandlung realer

---

1 Allg. Begr. zum RegE, BT-Drs. 12/2443, 73 f.
2 Ähnlich KPB/*Webel* § 159 Rn. 2; zum Fehlen eines gesetzlichen Sanierungsleitbildes weiter Allg. Begr. zum RegE, BT-Drs. 12/2443, 77/78.
3 Allg. Begr. zum RegE, BT-Drs. 12/2443, 83, 84.
4 Allg. Begr. zum RegE, BT-Drs. 12/2443, 83.
5 Allg. Begr. zum RegE, BT-Drs. 12/2443, 84.
6 Insbes. LS 1.1.1 und LS 1.3.1.2, des 1. KommBer. S. 90 und 129.
7 Zum Verwertungs*recht* des Verwalters vor dem Berichtstermin vgl. *Förster* ZInsO 2000, 141 ff.; Braun/*Bünning/Beyer* § 159 Rn. 2; zu weitgehend zur Verwertung im Eröffnungsverfahren AG Hamburg ZInsO 2005, 1056 ff.
8 Vgl. BGH ZInsO 2003, 318, 320.

Vermögenswerte in Geld ermöglicht eine gleichmäßige Befriedigung der Gläubiger aus dem ihnen haftenden Vermögen des Schuldners. Vermögen, das nicht in Geld besteht, ist durch entgeltliche Veräußerung am Markt zu liquidieren.[9] Dem Verwertungsauftrag unterfällt die gesamte **Insolvenzmasse,** gemäß der Legaldefinition in § 35 also das gesamte Vermögen des Schuldners im Zeitpunkt der Verfahrenseröffnung und der Neuerwerb während des Verfahrens.[10] Der gesetzliche **Verwertungsauftrag** des Insolvenzverwalters erstreckt sich jedoch nicht auf solche Teile der Insolvenzmasse, an denen ein **Absonderungsrecht** besteht. Insoweit besteht nach den einschlägigen Sonderregelungen (§§ 165 ff.) ein Recht, nicht aber die Pflicht des Verwalters den Gegenstand zu verwerten. Allerdings wird man vom Insolvenzverwalter verlangen können, dass er unter dem Gesichtspunkt der optimalen Haftungsverwirklichung von diesem Recht nach pflichtgemäßem Ermessen Gebrauch macht (und die Verwertung nicht den absonderungsberechtigten Gläubigern überlässt), wenn hierdurch die Verwertung der Insolvenzmasse insgesamt mehr Erlöse für die nicht gesicherten Gläubiger verspricht. § 117 Abs. 2 KO, der **Geschäftsbücher** von der Verwertung durch den Verwalter ausnahm, wurde nicht in die InsO übernommen, sodass diese heute keiner Verwertungssperre mehr unterliegen. Der Verwalter muss lediglich darauf achten, dass nach Verwertung der Geschäftsbücher die handels- und steuerrechtlichen Rechnungslegungspflichten noch erfüllt werden können.[11]

II. Zeitlicher Rahmen der Verwertung

Hinsichtlich der Modalitäten der Verwertung schreibt § 159 nur vor, dass die Verwertung **„unverzüglich" nach dem Berichtstermin** zu erfolgen hat. Hierdurch wird kein zeitlicher Rahmen für die Dauer der Verwertung vorgegeben. Aus dem Zusammenhang des Verwertungsgebots mit dem Fortführungsgebot bis zum Berichtstermin in § 158 folgt jedoch nicht etwa, dass § 159 nur den Beginn der Verwertung festlegen wolle.[12] Der Verwalter muss nach dem Berichtstermin ohne schuldhaftes Zögern (§ 121 Abs. 1 S. 1 BGB) mit der Verwertung beginnen,[13] und sie ohne solches Zögern auch fortsetzen. Wenn man es negativ formulieren will, kann man sagen, dass der Verwalter **keine sachfremden Verwertungspausen** einlegen darf. 5

Trotz des gesetzlichen Verwertungsauftrages, unverzüglich mit der Verwertung zu beginnen, ist daher auch eine **befristete Fortführung** des Unternehmens zur Steigerung des Verwertungserlöses zulässig. Wo hingegen eine schnelle Verwertung die bestmöglichen Erlöse verspricht, ist sie entsprechend **zügig** umzusetzen. Unzulässig wäre es, wenn der Verwalter das Unternehmen fortführte, um die Gläubiger aus den erzielbaren Gewinnen zu befriedigen. Zweck des Insolvenzverfahrens ist die Haftungsverwirklichung und Gläubigerbefriedung aus der vorhandenen Insolvenzmasse und nicht aus den erzielbaren Unternehmensgewinnen, solange die Gläubigerversammlung nichts anderes entscheidet. Jeder Versuch, durch unternehmerische Tätigkeit die Masse zu mehren oder gar das Unternehmen zu sanieren, würde den Gläubigern unternehmerische Risiken aufbürden, die über die notwendigen Risiken der Verwertung des bereits vorhandenen Vermögens hinausgehen. Eine unbefristete oder auf Gewinnerzielung gerichtete Fortführung des Unternehmens ist im Insolvenzverfahren daher nur mit **Zustimmung der Gläubiger** zulässig.[14] Gleiches gilt, wenn der Verwalter die Verwertung von Vermögensgegenständen nur deshalb verzögert, weil er eine Erhöhung des Marktpreises erwartet. Es ist nicht Aufgabe des Verwalters, zu Lasten der Gläubiger auf Marktpreisänderungen zu spekulieren.[15] 6

Ähnlichen Schranken unterliegt die Vermietung, Verpachtung oder Einräumung eines Nießbrauchsrechts an Teilen der Insolvenzmasse. Auch eine **entgeltliche Nutzungsüberlassung** setzt den Vermögenswert der Insolvenzmasse teilweise frei. Mit dem Ziel der Haftungsverwirklichung ist dies dann vereinbar, wenn hierdurch keine Perpetuierung des Insolvenzverfahrens eintritt. Eine nur sukzessive Freisetzung des Vermögenswertes widerspricht der Haftungsverwirklichung durch Verwertung des gesamten Vermögens. Entgeltliche Nutzungsüberlassungen sind daher nur dann zulässig, wenn sie von vornherein auf die voraussichtliche Dauer des Verfahrens befristet sind oder die Nutzungsüberlassung einer späteren Veräußerung rechtlich wie wirtschaftlich nicht entgegensteht. 7

---

9 HKInsO/*Ries* § 159 Rn. 2; Nerlich/Römermann/*Balthasar* § 159 Rn. 5; und zur KO *Jaeger/Weber* KO, § 117 Rn. 17; *Kuhn/Uhlenbruck* KO § 117 Rn. 11.

10 Zum Umfang der Insolvenzmasse im Einzelnen s. Komm. zu § 35.

11 Ausführlich KPB/*Webel* § 159 Rn. 10; Uhlenbruck/*Zipperer* § 159 Rn. 27.

12 HKInsO/*Flessner,* 5. Aufl., § 159 Rn. 1, 9.

13 HKInsO/*Flessner,* 5. Aufl., § 159 Rn. 8 nimmt an, dass hierfür sogar schon die Entscheidung über die notwendigen Verwertungshandlungen genügt.

14 Ähnlich FKInsO/*Wegener* § 159 Rn. 6; Nerlich/Römermann/*Balthasar* § 159 Rn. 6; Uhlenbruck/*Zipperer* § 159 Rn. 2.

15 KPB/*Webel* § 159 Rn. 4b; Uhlenbruck/*Zipperer* § 159 Rn. 2.

8 Ist entweder die Verwertung gemäß § 233 S. 1 durch Beschluss des Gerichts wegen Vorlage eines Insolvenzplans ausgesetzt oder wird die Bestätigung eines Insolvenzplans (§ 248) rechtskräftig versagt, beginnt die Verwertungspflicht des Verwalters mit der **Aufhebung der Verwertungsaussetzung** (§ 233 S. 2) bzw. mit der **Rechtskraft des Beschlusses,** durch den die Bestätigung des Insolvenzplans versagt wird.[16] Alleine die Vorlage eines Insolvenzplans, der noch nicht rechtskräftig beschlossen wurde, befreit hingegen nicht von der Pflicht zur unverzüglichen Verwertung. Der Auftrag der Gläubigerversammlung einen Insolvenzplan zu erarbeiten (§§ 157 S. 2, 218 Abs. 2) ist jedoch als ein der unverzüglichen Verwertung entgegenstehender Beschluss iSd § 159 zu verstehen.[17]

III. Modalitäten der Verwertung

9 Generelle Regelungen, wie die Verwertung durchzuführen ist, enthält § 159 ebenso wenig wie die §§ 160–164, die lediglich bestimmte **Zustimmungserfordernisse** im Hinblick auf besonders bedeutsame Verwertungshandlungen des Verwalters aufstellen. Für Gegenstände, die mit Absonderungsrechten belastet sind, bestehen jedoch Sonderregelungen, §§ 165–173.[18] Haben die Gläubiger dem Verwalter keine Vorgaben für die Verwertung gemacht, entscheidet der Verwalter über die Modalitäten der Verwertung nach eigenem pflichtgemäßem Ermessen. Dabei muss er diejenige Verwertungsart wählen, mit der unter Beachtung kaufmännischer Prinzipien der **beste Verwertungserlös** zu erzielen ist. Dazu kann er grundsätzlich sämtliche Möglichkeiten optimaler Verwertung ausschöpfen. Dies lässt dem Verwalter einen weiten Spielraum.[19] Wesentliche Parameter seiner Entscheidung sind Abwicklungsdauer und Zerschlagungsintensität der Verwertung; notwendig ist insoweit eine **abwägende Erlösprognose.** Dabei sind die Gläubigerinteressen vorrangig gegenüber den Arbeitnehmerinteressen. Die Interessen der Arbeitnehmer sind dadurch gewahrt, dass der Verwalter die Mitwirkungs- und Mitbestimmungsrechte nach den §§ 120 ff. InsO, 111 ff. BetrVG einzuhalten hat.[20] Bestehen die Vermögenswerte des Unternehmens überwiegend aus marktgängigen Produkten, liegt eine schnelle Verwertung durch Zerschlagung und sofortigen Verkauf der Einzelgegenstände am Markt nahe. Ein großer Bestand nicht marktgängiger Halbfertigprodukte oder ein hoher Auftragsbestand spricht dagegen für eine gestreckte Verwertung und **„Ausproduktion".** Die Marktgängigkeit der Vermögenswerte entscheidet zugleich über den Grad der Zerschlagung: je geringer die Marktgängigkeit der Vermögenswerte, desto eher verspricht eine Veräußerung des Unternehmens im Ganzen oder in Teilen einen höheren Veräußerungserlös als die Zerschlagung.

10 Der beste Verwertungserlös lässt sich regelmäßig durch **freihändigen Verkauf** erzielen. Dies gilt auch für Gegenstände, an denen ein Absonderungsrecht besteht, wenn der Verwalter die Sache in seinem Besitz hat (§ 166 Abs. 1). Dabei sind die Regelungen der §§ 167 ff., 172 zu beachten. Der Verwalter ist aber auch berechtigt, die Verwertung über die **Zwangsvollstreckung** (§§ 814, 816 Abs. 1–4, 817, 817a, 819 ff., 825, 872 ZPO) oder die Vorschriften über den **Pfandverkauf** (§§ 1233 Abs. 1, 1235–1240 BGB) zu betreiben. Der freihändige Verkauf hat den Vorzug, billiger zu sein und ermöglicht häufig die Realisierung eines besseren Verwertungserlöses als die Zwangsvollstreckung. **Gewährleistungsrisiken** bei der freihändigen Verwertung werden in der Praxis regelmäßig durch entsprechende Vereinbarungen ausgeschlossen. Bei freihändiger Verwertung von **Grundstückszubehör** ist das Enthaftungsverbot gemäß §§ 1121 f. BGB, 23 Abs. 1 ZVG zu beachten.[21] Die Verwertung von **Forderungen** des Schuldners wird durch Einziehung oder Verkauf betrieben. Auch Forderungen, die der Schuldner zur Sicherung eines Anspruchs abgetreten hat, kann der Verwalter gemäß § 166 Abs. 2 einziehen oder in anderer Weise verwerten. Wo § 166 Abs. 2 nicht greift,[22] kann bei Pfandrechten gemäß § 1245 BGB eine abweichende Art des Pfandverkaufs, insbesondere die freihändige Veräußerung durch den Insolvenzverwalter, vereinbart werden. Eine solche Veräußerung hat die gleichen Wirkungen wie der Pfandverkauf. Die Sache geht demgemäß lastenfrei auf den Erwerber über und der Pfandgläubiger kann seine Rechte nur auf den Erlös geltend machen.[23]

11 Für die Verwertung von **unbeweglichen Massegegenständen** (Grundstücken) greift die Sondervorschrift des § 165 ein. Danach kann der Verwalter die Verwertung entweder freihändig unter Beachtung des Zustimmungserfordernisses gemäß § 160 Abs. 2 Nr. 1 oder im Wege der Zwangsver-

16 Uhlenbruck/*Zipperer* § 159 Rn. 46.
17 HKInsO/*Ries* § 159 Rn. 5.
18 Vgl. hierzu *Mitlehner* ZIP 2015, 60.
19 Allg. Ansicht HKInsO/*Ries* § 159 Rn. 7 f.; FKInsO/*Wegener* § 159 Rn. 7; KPB/*Webel* § 159 Rn. 5; Nerlich/Römermann/*Balthasar* § 159 Rn. 6; und für die KO *Jaeger/Weber*, KO, § 117 Rn. 1; *Kuhn/Uhlenbruck* KO § 117 Rn. 11; *Kilger/K. Schmidt*, KO, § 117 Anm. 4.
20 Uhlenbruck/*Zipperer* § 159 Rn. 3.
21 Eingehend dazu Uhlenbruck/*Zipperer* § 159 Rn. 15.
22 Zur analogen Anwendung → § 166 Rn. 64 ff.
23 Vgl. Uhlenbruck/*Zipperer* § 159 Rn. 9.

waltung und/oder Zwangsversteigerung, §§ 165 InsO, 172 ff. ZVG, betreiben. Der freihändige Verkauf hat den Vorzug, billiger und schneller zu sein. Der gesetzliche Gewährleistungsausschluss bei einer Zwangsversteigerung (§ 56 S. 3 ZVG) lässt sich auch vertraglich mit dem Erwerber vereinbaren. Die **lastenfreie Übertragung** auf den Erwerber erfordert die Zustimmung der Grundpfandgläubiger. Selbst ein nachrangiger Hypothekengläubiger, der aufgrund der wertausschöpfenden Belastung des Grundstücks keinerlei Chance auf einen Anteil am Verwertungserlös hat, ist nicht zur Abgabe einer Löschungsbewilligung verpflichtet.[24] Da die freihändige Veräußerung in der Regel höhere Erlöse bringt und die mit der Zwangsversteigerung verbundene Zeitverzögerung sowie der Kostenaufwand vermieden werden können, sind die Grundpfandgläubiger regelmäßig an einer freihändigen Veräußerung durch den Verwalter interessiert und erteilen gegen ranggerechte (Teil-)Ablösung ihrer Rechte entsprechende Löschungsbewilligungen. Anderenfalls bleibt dem Verwalter nur die Zwangsversteigerung oder Freigabe des Grundstückes, wenn dieses wertausschöpfend belastet ist. Der freihändigen Veräußerung durch den Verwalter wird häufig die sog. **„kalte Zwangsverwaltung"** durch den Verwalter vorgeschaltet, indem der Verwalter sich gegenüber den Grundpfandgläubigern verpflichtet, das Grundstück bis zur Veräußerung wie ein gesetzlich bestellter Zwangsverwalter entsprechend den einschlägigen Regelungen der ZVG zu verwalten und den (Netto-)Erlös abzüglich eines Massekostenbeitrags an die Grundpfandgläubiger auszukehren.

Die Pflicht zur bestmöglichen Verwertung wird ergänzt durch die von der Rechtsprechung 12
entwickelte **Anlagepflicht**[25] sowie das **allgemeine Wertmehrungsgebot.**[26] Danach ist der Insolvenzverwalter gehalten, nicht benötigte Gelder nicht nur zu sichern, sondern auch zinsgünstig anzulegen. Darüber hinaus gehört zur Masseverwaltungspflicht auch das allgemeine Wertmehrungsgebot.[27] Hiernach hat der Verwalter ein Geschäft zu tätigen, wenn dieses die Masse erheblich vermehren würde und ohne sonderlichen Aufwand und ohne großes Risiko getätigt werden kann.[28] Eine solche Pflicht ist jedenfalls dann anzuerkennen, wenn der Geschäftsabschluss mit an Sicherheit grenzender Wahrscheinlichkeit zu einer Massemehrung führt und somit aus Sicht des Verwalters weniger eine unternehmerische Entscheidung als eine sich aufdrängende Geldanlage darstellt.[29] Im Übrigen hat der Verwalter bei Beurteilung dieser Frage das ihm zustehende Ermessen[30] an den Besonderheiten des jeweiligen Einzelfalls auszurichten.[31] Im Zweifel bleibt es ihm unbenommen die Entscheidung der Gläubigerversammlung zum Abschluss des Geschäfts einzuholen.

IV. Mitwirkungspflichten des Schuldners

Den Schuldner treffen im Rahmen der Verwertung der Insolvenzmasse **Auskunfts-, Mitwir-** 13
kungs- und Unterlassungspflichten nach § 97. Nach § 97 Abs. 3 S. 1 ist er verpflichtet, sich auf Anordnung des Gerichts jederzeit zur Verfügung zu stellen, um seine Auskunfts- und Mitwirkungspflichten zu erfüllen. Die aktive Mitwirkungspflicht ergibt sich unmittelbar aus § 97 Abs. 2, wonach der Schuldner den Verwalter bei der Erfüllung seiner Aufgaben zu unterstützen hat. Er hat insbesondere in seinem Besitz befindliche Massegegenstände dem Verwalter zur Verfügung zu stellen.[32] Darüber hinaus hat er nach § 97 Abs. 3 S. 2 Handlungen zu unterlassen, die dem Insolvenzverwalter die Verwertung der Insolvenzmasse erschweren oder gar unmöglich machen.[33] Auch die Gefahr der Versagung der Restschuldbefreiung bei Kooperationsverweigerung kann ein gewisses Druckpotential darstellen, den Schuldner über die gesetzlich erzwingbare Mitwirkung hinaus zur aktiven Mitarbeit bei der Verwertung zu bewegen. Denn häufig verfügt der Schuldner über besondere Sachkenntnis, die bei der Verwertung erlösmaximierend eingesetzt werden kann.

V. Externe Hilfskräfte

Trotz der Höchstpersönlichkeit seines Amtes (§ 56 Abs. 1) darf sich der Verwalter in angemesse- 14
nem Umfang auch **externer Hilfskräfte** bedienen, die er aus der Masse entlohnt. Dies gilt auch für die eigentliche Verwertungstätigkeit. Er ist nicht verpflichtet, die Verwertung eigenhändig durchzuführen. Dies ist gerade dann nicht sinnvoll, wenn die Einschaltung Dritter wegen besserer Fach-

---

24 BGH DZWiR 2015, 436.
25 BGH NZI 2014, 757.
26 BGH NZI 2017, 442, 443.
27 Kritisch zu diesem Begriff *Berger* ZInsO 2017, 2100, 2105.
28 BGH NZI 2017, 442, 443.
29 IE ähnlich *Berger* ZInsO 2017, 2100, 2105.
30 Zur Anwendbarkeit der business judgement rule auf den Insolvenzverwalter vgl. *Leichtle/Theusinger* NZG 2018, 251.
31 BGH NZI 2017, 442, 443.
32 BGH DZWiR 2016, 195.
33 Uhlenbruck/*Zipperer* § 159 Rn. 64.

kunde des Dritten einen höheren Verwertungserlös verspricht. Der Verwalter darf sich daher jederzeit eines Verwerters bedienen, der die Vermögensgegenstände freihändig verkauft oder versteigert.[34] **Problematisch** ist dies allerdings dann, wenn der Verwalter oder seine Familienangehörigen an der eingeschalteten **Verwertungsgesellschaft** beteiligt sind. Wegen des hier bestehenden Konflikts zwischen den Erlösinteressen der Gläubiger und dem Gewinninteresse der Verwertungsgesellschaft ist dies nur dann zulässig, wenn die Gläubiger dem gemäß § 160 zugestimmt haben.[35] Unzulässig ist auch die Erteilung einer **Generalvollmacht** an einen Dritten, die Verwertung der gesamten Insolvenzmasse eigenverantwortlich zu übernehmen.[36]

VI. Freigabe

15 Der Verwertungsauftrag des § 159 hindert den Verwalter nicht, einzelne Vermögensgegenstände durch **Freigabe aus der Insolvenzmasse** zu entlassen.[37] Bei der **echten Freigabe** eines Gegenstands aus der Insolvenzmasse erlangt der Schuldner die freie Verfügungsbefugnis zurück; der Gegenstand wird insolvenzfreies Vermögen.[38] Bei der – lediglich deklaratorisch wirkenden – **unechten Freigabe** gibt der Verwalter dagegen einen massefremden Gegenstand dem Aussonderungsberechtigten frei.[39] Eine Freigabe liegt im Interesse der Gläubiger, wenn kein Verwertungserlös für die Masse zu erwarten ist. Dies ist etwa der Fall, wenn ein Gegenstand nicht veräußerbar oder ein Grundstück über den Marktwert hinaus mit Grundpfandrechten belastet ist.[40] Umfasst die Insolvenzmasse im Ausland belegene Vermögensgegenstände, kann es zweckmäßig sein, diese gegen Zahlung einer Abstandssumme freizugeben. Dies ist zwar nicht unproblematisch, wenn rechtlich die Möglichkeit besteht, das **Auslandsvermögen** zur deutschen Masse zu ziehen[41] und die Abstandssumme möglicherweise sogar aus verschwiegenem Auslandsvermögen des Schuldners stammt. Gleichwohl ist die erkaufte Freigabe angesichts der praktischen Probleme einer Beitreibung von Auslandsvermögen durch den Verwalter und den damit verbundenen erheblichen Kosten für die Masse oft günstiger und Erfolg versprechender als die Ausschöpfung sämtlicher rechtlicher Möglichkeiten der Auslandsbeitreibung. Angesichts der Tatsache, dass der Verwalter vor allem die vermögensrechtlichen Interessen der Gläubiger zu wahren hat, sollte ihm ein solch pragmatisches Vorgehen jedenfalls dann nicht verwehrt werden, wenn sich die erkaufte Freigabe als die wirtschaftlich sinnvollere Lösung darstellt.

16 Umstritten ist, ob der Verwalter sich durch Freigabe eines mit **Altlasten** behafteten Grundstücks der **öffentlich-rechtlichen Haftung** entziehen und die Masse so entlasten kann. Nach mittlerweile wohl ganz überwiegender Auffassung kann der Verwalter **durch Freigabe des Grundstücks die Haftung von der Masse abwenden.**[42] Es ist dem Verwalter nicht verwehrt, die Altlastenrisiken des Schuldners der Allgemeinheit aufzubürden, denn es ist gerade der Sinn der Freigabe, die Masse von nicht verwertbaren Gegenständen zu entlasten, sodass ein daran anknüpfendes Verdikt die Freigabe als solche in Frage stellen würde.[43] Zu beachten ist jedoch, dass die Freigabeerklärung keine Wirkung auf die Ordnungspflicht des Insolvenzverwalters – etwa nach BBodSchG – entfaltet, wenn sich trotz der Freigabeerklärung an den **faktischen Besitzverhältnissen** nichts ändert, also die Freigabeerklärung folgenlos bleibt. Der Verwalter bleibt dann ordnungsrechtlich Verantwortlicher.[44]

---

[34] BGH ZIP 2005, 1974; 2005, 36; LAG Schleswig-Holstein ZIP 1988, 250 mAnm *Eickmann,* EWiR 1988, 283; OLG Düsseldorf, ZIP 1988, 855; FKInsO/*Wegener* § 159 Rn. 11; KPB/*Webel* § 159 Rn. 5; Nerlich/Römermann/*Balthasar* § 159 Rn. 8; einschränkend zur KO dagegen *Kuhn/Uhlenbruck* KO § 117 Rn. 11.

[35] → § 160 Rn. 26 (In-sich Geschäfte des Verwalters); ähnlich Andres/Leithaus/*Andres* § 159 Rn. 18; für Anzeigepflicht ggü. Gericht FKInsO/*Wegener* § 159 Rn. 11; ausführlich zur Problematik Uhlenbruck/*Zipperer* § 159 Rn. 18.

[36] Uhlenbruck/*Zipperer* § 159 Rn. 17.

[37] Allg. Ansicht, BGH NJW 2005, 2015 ff. (insbesondere zur Frage der Freigabe im Verfahren über das Vermögen einer juristischen Person); *Benckendorff,* Kölner Schrift, S. 851 ff.; HKInsO/*Ries* § 159 Rn. 11; *Häsemeyer,* Insolvenzrecht, Rn. 13, 14; KPB/*Holzer* § 35 Rn. 21 ff.; KPB/*Webel* § 159 Rn. 30; und zur KO etwa RGZ 105, 313; BGHZ 35, 181; *Kuhn/Uhlenbruck* KO § 1 Rn. 5 ff.; jeweils mwN.

[38] BGH NJW 2005, 2015, 2016; 1994, 3232; Uhlenbruck/*Zipperer* § 159 Rn. 61.

[39] Uhlenbruck/*Zipperer* § 159 Rn. 61.

[40] BGH NJW 2005, 2015, 2016; ausführlich zur Freigabe *Uhlenbruck* KTS 2004, 275 ff.; *Häsemeyer,* Insolvenzrecht, Rn. 13.14 ff.; *Benckendorff,* Kölner Schrift, S. 851 ff., jeweils mwN.

[41] Hierzu Uhlenbruck/*Zipperer* § 159 Rn. 20 f.

[42] BVerwG NZI 2005, 51, 52 ff.; HambKommInsO/*Jarchow* § 55 Rn. 75; HKInsO/*Ries* § 35 Rn. 55; ausführlich *Küpper/Heinze* ZInsO 2005, 409 ff.; vgl. § 35 Rn. 95 ff.

[43] So zutreffend BVerwG NZI 2005, 51, 53.

[44] BVerwG ZInsO 2006, 495; BayVGH ZInsO 2006, 496.

C. Verwertungsbeschränkungen

Der Verwertungsauftrag des § 159 führt zu keiner Sonderstellung **des Verwalters.** Ebenso wie andere Marktteilnehmer und der Schuldner hat er bei der Verwertung die allgemeinen gesetzlichen Vorschriften einzuhalten. Von besonderer praktischer Relevanz sind dabei die wettbewerbsrechtlichen Vorschriften des UWG. 17

Die Beschränkungen des **UWG** sind nach allgemeiner Ansicht auch in der Insolvenz grundsätzlich **anwendbar.**[45] Erachtet der Verwalter es als zweckmäßig, einen vorhandenen Lagerbestand durch einen öffentlich angekündigten Verkauf zu verwerten, ist jedoch bei der Anwendung der Vorschriften des UWG der besonderen Situation der Insolvenz Rechnung zu tragen. Maßstab für die Beurteilung unlauteren Verhaltens ist der regelmäßige Geschäftsverkehr eines Unternehmens in Insolvenz (**insolvenzspezifischer Maßstab**). Angesichts des Verwertungsgebots des § 159 erfolgt der Insolvenzwarenabverkauf auch bei Herausstellung besonderer Preisvorteile daher nicht außerhalb des regelmäßigen Geschäftsverkehrs.[46] Während nach alter Rechtslage ein unzulässiger Räumungsverkauf in der Insolvenz dann vorlag, wenn übermäßig auf einen Preisvorteil hingewiesen oder das Publikum anderweitig übertrieben angelockt wird,[47] bildet nunmehr die Grenze der Zulässigkeit von Sonderveranstaltungen alleine das Verbot irreführender Angaben, § 5 UWG.[48] 18

Gemäß § 6 UWG aF war es untersagt, Waren, die zwar aus der Insolvenzmasse stammen, aber nicht mehr zum Bestand der Insolvenzmasse gehören, als **„Insolvenzware"** zu verkaufen. Die Verbraucher sollten vor unrichtigen Ankündigungen geschützt werden, bei denen die Waren nicht aus der Insolvenzmasse stammen, und vor Abverkäufen aus zweiter oder dritter Hand.[49] Nach neuer Rechtslage kommt es nur noch auf die **Richtigkeit der Angaben** an, § 5 UWG. Anders als früher ist es daher zulässig, auch solche Ware als aus der Insolvenzmasse stammend anzubieten, die ursprünglich zwar Masseware war, aber nach Abverkäufen aus zweiter oder dritter Hand stammt.[50] Irreführend ist die Werbung jedoch dann, wenn die im Zusammenhang mit dem Insolvenzwarenabverkauf behaupteten Preisvorteile tatsächlich nicht gewährt werden. Irreführend ist die Werbung auch dann, wenn die unter Hinweis auf einen Insolvenzverkauf beworbene Ware tatsächlich nicht aus der Insolvenzmasse stammt, weil sie etwa dem Insolvenzbeschlag entzogen ist (§ 36), es sich um Vorbehaltsware handelt oder weil ein Insolvenzverfahren mangels Masse nicht eröffnet wurde.[51] Ferner dürfen nur solche Waren als Insolvenzware verkauft werden, die im Zeitpunkt der Verfahrenseröffnung bereits zur Masse gehörten oder während einer vorübergehenden Fortführung erworben oder hergestellt wurden.[52] Ein Nachschieben später zugekaufter Ware zur Steigerung des Verwertungserlöses oder Vervollständigung des Sortiments dürfte im Rahmen eines öffentlich bekannt gemachten Insolvenzräumungsverkaufes auch nach neuer Rechtslage jedenfalls dann wegen Irreführung nach § 5 UWG unzulässig sein, wenn die vom Verkehr erwartete Preisgünstigkeit wegen der zusätzlichen Handelsspanne beim Zukauf nicht mehr vorliegt.[53] Hält der Verwalter dies gleichwohl für zweckmäßig, muss er darauf verzichten, auf die Herkunft der Ware aus einer Insolvenz hinzuweisen. 19

Kein Verstoß gegen wettbewerbsrechtliche Vorschriften liegt vor, wenn der Verwalter Insolvenzware **unter den Herstellungskosten oder Einkaufspreis** veräußert. Hierin liegt selbst dann **kein unzulässiges Dumping** (§ 4 Abs. 10 UWG),[54] wenn Wettbewerber des Schuldners dadurch Umsatzrückgänge erleiden, denn der Verwalter handelt nicht zum Zwecke des Wettbewerbs sondern zur Verwertung der Masse.[55] Dies gilt auch dann, wenn der Schuldner schuldrechtlichen **Preisbin-** 20

---

45 BGH ZIP 2006, 1208 ff. (zur Anwendung der §§ 7, 8 UWG aF); FKInsO/*Wegener* § 159 Rn. 8; Köhler/Bornkamm/Feddersen/*Köhler* UWG, § 2 Rn. 125; Ohly/Sosnitza/*Sosnitza* UWG, § 5 Rn. 425 ff.; KPB/*Webel* § 159 Rn. 21; zum UWG aF *Köhler/Piper* UWG, § 8 Rn. 51; *Baumbach/Hefermehl,* WettbewerbsR, § 8 UWG Rn. 50; ausführlich *Tappmeier* ZIP 1992, 679, 682 mwN.

46 BGH ZIP 2006, 1208, 1209 f.

47 OLG Stuttgart ZIP 1992, 712 mAnm *Büttner* EWiR 92, 609; *Tappmeier* ZIP 1992, 679, 682.

48 KPB/*Webel* § 159 Rn. 23a.

49 Köhler/Bornkamm/Feddersen/*Bornkamm/Feddersen* UWG, § 5 Rn. 3.4.

50 Ohly/Sosnitza/*Sosnitza* UWG, § 5 Rn. 426; Köhler/Bornkamm/Feddersen/*Bornkamm/Feddersen* UWG, § 5 Rn. 3.5.

51 Ohly/Sosnitza/*Sosnitza* UWG, § 5 Rn. 425; Köhler/Bornkamm/Feddersen/*Bornkamm/Feddersen* UWG, § 5 Rn. 3.4.

52 Zur alten Rechtslage *Baumbach/Hefermehl,* WettbewerbsR, § 6 UWG Rn. 5; *Köhler/Piper* UWG § 6 Rn. 6; Kübler/Prütting/*Onusseit* § 159 Rn. 22; Nerlich/Römermann/*Balthasar* § 159 Rn. 25.

53 FKInsO/*Wegener* § 159 Rn. 9.

54 Dazu Köhler/Bornkamm/Feddersen/*Köhler* UWG, § 4 Rn. 5.14 f.

55 IErg ebenso FKInsO/*Wegener* § 159 Rn. 10.

dungsvereinbarungen unterlag. Der Verwalter ist an solche Vereinbarungen im Interesse der Gläubiger **nicht gebunden.**[56]

21 Für den Verwalter ebenfalls unbeachtlich sind gemäß § 471 BGB **vertragliche Vorkaufsrechte** Dritter an Gegenständen der Insolvenzmasse. Ob dies auch gilt, wenn das Vorkaufsrecht durch eine Vormerkung gesichert ist, ist streitig. Aufgrund der Verweisung in § 28 Abs. 2 BauGB auf § 471 BGB ist auch das **gesetzliche Vorkaufsrecht** nach § 24 BauGB ausgeschlossen. Gleiches gilt auch für das Vorkaufsrecht des Mieters nach § 577 BGB, für das § 577 Abs. 1 S. 3 auf die Regelungen des Vorkaufs verweist. **Dingliche Vorkaufsrechte** an einem Grundstück sind gemäß § 1098 Abs. 1 S. 2 BGB hingegen insolvenzfest. Betreibt allerdings der Verwalter die Verwertung des Grundstücks nach § 165 durch Zwangsversteigerung, so greift § 471 BGB ein mit der Folge, dass das Vorkaufsrecht ausgeschlossen ist, denn der Verkauf erfolgt im Wege der Zwangsvollstreckung.[57] Zum Vorkaufsrecht des Arbeitnehmers nach § 27 Nr. 3 ArbnErfG vgl. Rn. 22.

22 Bezüglich **Diensterfindungen** hat der Verwalter **§ 27 ArbnErfG** zu beachten.[58] Veräußert der Verwalter die Diensterfindung zusammen mit dem Unternehmen, so tritt der Erwerber gemäß § 27 Nr. 1 ArbnErfG in die Vergütungspflicht ein. Will der Verwalter die Diensterfindung ohne das Unternehmen veräußern, ist das dem Arbeitnehmer nach § 27 Nr. 3 ArbnErfG zustehende **Vorkaufsrecht** zu beachten. Übt der Arbeitnehmer das Vorkaufsrecht aus, ist er berechtigt, rückständige Vergütungsansprüche gegen den Kaufpreis zu verrechnen. Übt der Arbeitnehmer das Vorkaufsrecht nicht aus, sollte der Verwalter bei einer Veräußerung mit dem Erwerber vereinbaren, dass dieser dem Arbeitnehmer die Vergütung nach § 9 ArbnErfG zahlt (vgl. § 27 Nr. 3 S. 3 ArbnErfG). Wird eine solche Vereinbarung nicht getroffen, hat der Insolvenzverwalter dem Arbeitnehmer die Vergütung aus dem Veräußerungserlös zu zahlen, § 27 Nr. 3 S. 4 ArbnErfG. Nutzt der Verwalter die Diensterfindung im Schuldnerunternehmen des Arbeitnehmers weiter, so hat er für die **Nutzung** eine angemessene Vergütung aus der Insolvenzmasse zu zahlen (§ 27 Nr. 2 ArbnErfG). Hat der Insolvenzverwalter nicht die Absicht, die Diensterfindung zu verwerten, so hat er dem Arbeitnehmer die Diensterfindung innerhalb eines Jahres nach Verfahrenseröffnung anzubieten, § 27 Nr. 3 S. 1 ArbnErfG. Nimmt der Arbeitnehmer das Angebot nicht rechtzeig an, kann der Insolvenzverwalter die Diensterfindung ohne Geschäftsbetrieb veräußern oder das Recht aufgeben, § 27 Nr. 3 S. 2 ArbnErfG.

23 Bei der **Veräußerung von Gesellschaftsanteilen** sind die allgemeinen gesellschaftsrechtlichen Vorschriften zu beachten. Bei Kapitalgesellschaften sind deren Gesellschaftsanteile in aller Regel fungibel (§§ 15 Abs. 1 GmbHG, 67 f. AktG). Vinkulierungen hindern die Veräußerung von Geschäftsanteilen nicht.[59] Eine in der Satzung vorgesehene Einziehung des Geschäftsanteils führt jedoch dazu, dass nur der Abfindungsanspruch in die Masse fällt.[60] Soweit § 719 BGB greift, ist der Anteil an einer **Personengesellschaft** nicht für sich verwertbar. Die **BGB-Gesellschaft** wird gemäß § 728 Abs. 2 BGB aufgelöst. Enthält der Gesellschaftsvertrag eine Fortsetzungsklausel für den Fall der Gesellschafterinsolvenz, scheidet nach § 736 Abs. 1 BGB der insolvente Gesellschafter mit dem Zeitpunkt der Eröffnung des Insolvenzverfahrens aus der im Übrigen fortbestehenden Gesellschaft aus. Der Abfindungsanspruch nach § 738 BGB fällt in die Insolvenzmasse. Fehlt es an entsprechenden gesellschaftsvertraglichen Vorkehrungen für den Insolvenzfall, so ist die Fortsetzung durch die übrigen Gesellschafter nur mit Zustimmung des Insolvenzverwalters möglich. Anders ist dies gemäß § 131 Abs. 3 Nr. 2 HGB bei **Handelsgesellschaften.** Danach wird die Gesellschaft ohne den ausscheidenden insolventen Gesellschafter fortgesetzt. Der Abfindungsanspruch des ausscheidenden Gesellschafters fällt in die Masse. Bei Zweipersonengesellschaften führt das Ausscheiden des insolventen Gesellschafters hingegen zur Auflösung der Gesellschaft.[61] Das Gesellschaftsvermögen geht auf den verbliebenen Gesellschafter über.[62] Umstritten ist lediglich, ob dies im Wege der Gesamtrechtsnachfolge oder im Wege der Anwachsung erfolgt.[63]

24 Ebenso wie bei der Fortführung **freiberuflicher Unternehmen**[64] ist der Verwalter auch bei deren Verwertung an besondere **berufsrechtliche Vorschriften** gebunden. Der wirtschaftliche

56 FKInsO/*Wegener* § 159 Rn. 10; KPB/*Webel* § 159 Rn. 24; zum UWG aF *Baumbach/Hefermehl,* WettbewerbsR, § 1 UWG Rn. 750 und zur KO *Jaeger/Weber,* KO, § 117 Rn. 17; *Kuhn/Uhlenbruck* KO § 117 Rn. 11; *Kilger/K. Schmidt* § 117 Anm. 4.

57 Uhlenbruck/*Zipperer* § 159 Rn. 59.

58 Neu gefasst durch Art. 56 EGInsO. Ausführlich KPB/*Webel* § 159 Rn. 13 ff.; Nerlich/Römermann/*Balthasar* § 159 Rn. 16 ff.; Uhlenbruck/Zipperer § 159 Rn. 30.

59 *Vallender* GmbHR 2004, 642, 649; § 35 Rn. 256, 266; Roth/Altmeppen/*Altmeppen*, GmbHG § 15 Rn. 64; aA Lutter/Hommelhoff/*Bayer*, GmbHG, § 15 Rn. 102.

60 HambKommInsO/*Decker* § 159 Rn. 4; ausführlich Uhlenbruck/*Zipperer* § 159 Rn. 34 f.

61 Baumbach/Hopt/*Roth*, HGB, § 131 Rn. 22, 35.

62 Baumbach/Hopt/*Roth*, HGB, § 131 Rn. 35; EBJS/*Lorz*, HGB § 131 Rn. 56 ff.

63 Baumbach/Hopt/*Roth*, HGB, § 131 Rn. 35 mwN.

64 → § 157 Rn. 13, → § 158 Rn. 14.

Wert einer freiberuflichen Praxis liegt zumeist weniger in den Einrichtungsgegenständen als im Patienten- oder Mandantenstamm des Freiberuflers. Da diese Daten der **Schweigepflicht des Berufsträgers** unterliegen, die auch dem Verwalter gegenüber gilt, setzt eine Realisierung des Praxiswerts die Mitwirkung der Mandanten/Kunden/Patienten voraus.[65] Nach der Rechtsprechung ist jede Veräußerung von Daten, die der Schweigepflicht des Berufsträgers unterliegen, **ohne Zustimmung des Betroffenen nichtig.**[66] Eine ähnliche Lage kann sich beispielsweise bei der Liquidation einer Bank ergeben. Auch hier bleibt der Verwalter an geschäftstypische Sonderpflichten gebunden. Sofern besondere Schweigepflichten nicht bestehen, dürfen Geschäftsunterlagen – darunter Kunden- und Adressdaten – jedoch unter Beachtung der zivil- und steuerrechtlichen Aufbewahrungspflichten (§ 157 Abs. 2 HGB, § 74 Abs. 2 GmbHG, § 147 AO) veräußert werden.[67]

Darüber hinaus sind für den Verwalter auch datenschutzrechtliche Bestimmungen zu beachten. 25
Dieses Erfordernis hat durch das Inkrafttreten der Datenschutz-Grundverordnung am 25. Mai 2018 (Verordnung (EU) 2016/679) (DSGVO) an Bedeutung gewonnen.[68] Bei einem Verstoß kann ein Bußgeld drohen.[69]

Die **Firma** des Schuldners ist Massebestandteil. Inwiefern sie vom Insolvenzverwalter auch 26
ohne Zustimmung des Inhabers veräußert werden darf ist umstritten. Der BGH hält – wenn der Name des Schuldners Firmenbestandteil ist – eine Abwägung zwischen dem vermögensrechtlichen Interessen an einer freien Verwertung der Firma und dem **Persönlichkeitsschutz** für erforderlich.[70] Dabei ist jedoch zu beachten, dass der Schuldner mit der Einbringung des Familiennamens in die Firma das Namensrecht bewusst kommerzialisiert hat und damit rechnen muss, dass der Verwalter das Unternehmen mit der Firma veräußert oder auf eine Übernahmegesellschaft im Wege der übertragenden Sanierung überträgt.[71] Nur in Ausnahmefällen wird man daher dem Persönlichkeitsschutz den Vorrang einräumen können. Ob eine solche Ausnahme schon dann besteht, wenn der namensgebende Gesellschafter die uneingeschränkte Weiterverwendung seines Namens von einem unveränderten Gesellschafterbestand abhängig gemacht hat oder der Schuldner eine abgeleitete Firma führt und der frühere Firmeninhaber mit ihm vereinbart hatte, dass die Weiterveräußerung der Firma an Dritte nicht ohne seine Zustimmung erfolgen darf,[72] ist zweifelhaft.

D. Bindung an Beschlüsse der Gläubigerversammlung

I. Entgegenstehende Beschlüsse der Gläubigerversammlung

§ 159 schränkt im 2. Halbsatz den gesetzlichen **Verwertungsauftrag** des Verwalters ein: dieser 27
besteht nur dann, wenn **Beschlüsse der Gläubigerversammlung** nicht entgegenstehen. Gemeint sind insbesondere die Entscheidungen der Gläubigerversammlung gemäß § 157 im Berichtstermin über Stilllegung oder Fortführung des Unternehmens und die Ausarbeitung eines Insolvenzplans. Aus der jederzeitigen Aufhebbarkeit dieser Beschlüsse (§ 157 S. 3) folgt, dass der Verwalter darüber hinaus auch entgegenstehende Beschlüsse nachfolgender Gläubigerversammlungen zu beachten hat. Gleiches gilt hinsichtlich der Beschlüsse des Gläubigerausschusses, sofern die Gläubigerversammlung ihre Kompetenz auf diesen übertragen hat.[73]

Dass die Gläubigerversammlung einen ausdrücklichen Beschluss zur Verwertung fasst, ist nicht 28
erforderlich. Es genügt, wenn sich aus der Entscheidung der Gläubigerversammlung ein **konkludentes Verwertungsverbot** ergibt. Zum Schutz einer effektiven Entscheidungsbefugnis der Gläubiger darf der Verwalter sich nicht auf einen formalen Standpunkt zurückziehen. Er hat die Beschlüsse der Gläubigerversammlung **ggf. auszulegen** und sämtliche Handlungen zu unterlassen, die den **erkennbaren Interessen der Gläubiger** widersprechen. Eine solche Auslegung ist ihm nicht zuletzt deshalb zuzumuten, weil er es selbst in der Hand hat, in der Gläubigerversammlung auf eine

65 Ausführlich zur Praxis des Freiberuflers in der Insolvenz *Kluth* NJW 2002, 186 ff.; *Schick* NJW 1990, 2359 ff., weiter *Tetzlaff* ZInsO 2005, 393, 400; KPB/*Webel* § 159 Rn. 19; § 157 Rn. 7 f.; Nerlich/Römermann/*Balthasar* § 159 Rn. 23; Mohrbutter/Ringtsmeier/*Mohrbutter* Rn. 220 ff.

66 BGH ZIP 1993, 923 mAnm *Ackmann* EWiR 1993, 649; zuvor schon BGH NJW 1992, 737; NJW 1991, 2955.

67 OLG Saarbrücken ZInsO 2001, 132, 133; HambKommInsO/*Decker* § 159 Rn. 4.

68 Vgl. allg. zur DSGVO *Thole* ZIP 2018, 1001.

69 Zum BDSG vgl. *Beyer/Beyer* NZI 2016, 241; zur DSGVO vgl. *Thole* ZIP 2018, 1001.

70 BGHZ 85, 221, 223.

71 Uhlenbruck/*Zipperer* § 159 Rn. 23 ff.

72 Uhlenbruck/*Zipperer* § 159 Rn. 24 f.

73 HambKommInsO/*Decker* § 159 Rn. 7; KPB/*Webel* § 159 Rn. 8.

hinreichend klare Beschlussfassung der Gläubiger und Offenlegung der Interessen hinzuwirken. Haben die Gläubiger den Verwalter beauftragt, einen Erwerber für das Unternehmen zu suchen oder einen **Insolvenzplan** zu erarbeiten, so verstößt die Stilllegung des Unternehmens oder Veräußerung fortführungswichtiger Gegenstände auch ohne ausdrückliche Weisung gegen den Beschluss der Gläubigerversammlung.[74]

29 Die Beschlüsse der Gläubigerversammlung können sich auf **Unternehmen** des Schuldners, einen **Betrieb, Betriebsteile** oder sogar auf **einzelne Gegenstände** beziehen. Sie dürfen aber, wenn sie nicht erkennbar interimistischen Charakter tragen oder mit einem Planauftrag verbunden sind, die **Verwertung nicht schlicht ausschließen.** Insofern scheitert auch die Gläubigermehrheit am Verwertungsgebot des § 159 und dem darin zum Ausdruck kommenden Minderheitenschutz.

II. Rechtsfolge von Verstößen

30 Beschlüsse der Gläubigerversammlung betreffen **nur das Innenverhältnis** zwischen Verwalter und Gläubiger. Verstößt der Verwalter gegen Beschlüsse der Gläubigerversammlung, so hat dies analog § 164 keine Auswirkung auf die **Wirksamkeit der Verwertungshandlung** gegenüber Dritten. Ebenso wie bei den Verfahrensregeln in §§ 161–163 besteht ein schutzwürdiges Interesse des Rechtsverkehrs, auf die Wirksamkeit rechtsgeschäftlichen Handelns des Verwalters vertrauen zu können. Dies gilt jedoch nicht bei offensichtlich insolvenzzweckwidrigen Verwertungshandlungen oder zumindest grob fahrlässiger Unkenntnis des Geschäftsgegners von der Pflichtwidrigkeit einer Verwertungshandlung.[75] Verstößt der Verwalter gegen Beschlüsse der Gläubiger, hat das Gericht im Rahmen seiner **Rechtsaufsicht** einzugreifen (§§ 58 f.). Weiter haftet der Verwalter den Gläubigern für Schäden, die sich aus der Verletzung von Beschlüssen ergeben, gemäß § 60 Abs. 1.

III. Grenzen der Bindung

31 Beschlüsse der Gläubigerversammlung sind für den Verwalter grundsätzlich verbindlich, unabhängig davon, ob der Verwalter sie für vernünftig oder wirtschaftlich vertretbar hält. Dies gilt jedoch nicht uneingeschränkt, was sich auch daraus ergibt, dass der Verwalter nicht Organ der Gläubiger, sondern zugleich auch Treuhänder des Schuldners ist.[76] Der Verwalter darf Beschlüssen der Gläubiger daher keine Folge leisten, wenn diese von verfahrensfremden Überlegungen der Gläubiger getragen werden und dem Schuldner schaden. Dies ist etwa der Fall, wenn die Mehrheit der Gläubigerversammlung eine Stilllegung und Zerschlagung des schuldnerischen Unternehmens allein deshalb beschließt, um so einen unliebsamen Konkurrenten zu beseitigen. Derartige Beschlüsse sind **rechtsmissbräuchlich** und daher nicht zu beachten.[77]

32 Vom Verwalter ebenfalls nicht zu beachten sind Beschlüsse, durch deren Ausführung er sich des **Risikos einer persönlichen Haftung** aussetzen würde. Weisen die Gläubiger den Verwalter etwa an, das Unternehmen fortzuführen, obwohl dafür die rechtlichen oder materiellen Voraussetzungen fehlen, muss er dem – ebenso wie dem Fortführungsgebot in § 158[78] – nicht Folge leisten.[79] Der Verwalter ist nicht verpflichtet, im Interesse der Gläubiger ein erkennbares Haftungsrisiko nach § 61 einzugehen. Gleiches gilt, wenn die Ausführung der Gläubigerbeschlüsse den Einsatz zusätzlicher Mittel notwendig macht, die weder von Dritten noch von den Gläubigern selbst bereitgestellt werden.[80]

E. Entgegenstehende Beschlüsse des Gerichts

33 Das Gesetz kennt eine Reihe von Fällen, in denen das Verwertungsgebot durch gerichtliche Beschlüsse suspendiert wird, um bestimmte Verwertungshandlungen im Sinne zukünftiger Entscheidungsfreiheit der Gläubiger zeitweise aufzuhalten. Hierzu gehören im eröffneten Verfahren die Regelungen der §§ 161 S. 2, 163 Abs. 1 und 233.

---

[74] KPB/*Webel* § 159 Rn. 6.
[75] Uhlenbruck/*Zipperer* § 159 Rn. 57.
[76] Ähnlich Leipold/*Heinze,* Insolvenzrecht im Umbruch, 37 f.
[77] Nerlich/Römermann/*Balthasar* § 159 Rn. 28; HambKommInsO/*Decker* § 159 Rn. 7; Uhlenbruck/*Zipperer* § 159 Rn. 55.
[78] → § 158 Rn. 9, 17.
[79] KPB/*Webel* § 159 Rn. 7.
[80] → § 158 Rn. 9, 17.

§ 160 Besonders bedeutsame Rechtshandlungen

(1) [1]Der Insolvenzverwalter hat die Zustimmung des Gläubigerausschusses einzuholen, wenn er Rechtshandlungen vornehmen will, die für das Insolvenzverfahren von besonderer Bedeutung sind. [2]Ist ein Gläubigerausschuß nicht bestellt, so ist die Zustimmung der Gläubigerversammlung einzuholen. [3]Ist die einberufene Gläubigerversammlung beschlussunfähig, gilt die Zustimmung als erteilt; auf diese Folgen sind die Gläubiger bei der Einladung zur Gläubigerversammlung hinzuweisen.

(2) Die Zustimmung nach Absatz 1 ist insbesondere erforderlich,
1. wenn das Unternehmen oder ein Betrieb, das Warenlager im ganzen, ein unbeweglicher Gegenstand aus freier Hand, die Beteiligung des Schuldners an einem anderen Unternehmen, die der Herstellung einer dauernden Verbindung zu diesem Unternehmen dienen soll, oder das Recht auf den Bezug wiederkehrender Einkünfte veräußert werden soll;
2. wenn ein Darlehen aufgenommen werden soll, das die Insolvenzmasse erheblich belasten würde;
3. wenn ein Rechtsstreit mit erheblichem Streitwert anhängig gemacht oder aufgenommen, die Aufnahme eines solchen Rechtsstreits abgelehnt oder zur Beilegung oder zur Vermeidung eines solchen Rechtsstreits ein Vergleich oder ein Schiedsvertrag geschlossen werden soll.

Übersicht

A. Überblick und Entstehungsgeschichte

1 § 160 bindet den Verwalter im Falle besonders bedeutender Rechtshandlungen an die Zustimmung der Gläubiger, soweit diese nicht schon im Rahmen der §§ 157–159 einen Beschluss gefasst haben. Die Vorschrift soll gewährleisten, dass die Gläubiger an den wesentlichen Entscheidungen des Verfahrens beteiligt werden.[1] Sie enthält in Abs. 1 eine Generalklausel und ergänzt diese in Abs. 2 durch exemplarische Einzeltatbestände. Die Regelung ist Ausdruck der gesetzlichen Wertung, dass die Entscheidungskompetenz im Insolvenzverfahren grundsätzlich den Gläubigern zusteht (vgl. § 157), da diese letztlich das Risiko einer Fehlentscheidung zu tragen haben.[2] Dem Konflikt, in dem die Verwirklichung der **Gläubigerautonomie** der **Schnelligkeit der Entscheidungsprozesse** gegenüber steht, wird dadurch Rechnung getragen, dass grundsätzlich lediglich der Gläubigerausschuss – anstelle der Gläubigerversammlung – zustimmen muss; bei Beschlussunfähigkeit wird die Zustimmung sogar fingiert. Die Gläubigerversammlung kann – über den Anwendungsbereich des

[1] Begr. zu § 179 RegE, BT-Drs. 12/2443, 174.
[2] Begr. zum RegE, in: BT-Drs. 12/2443, 76, 79 f.; ähnlich *Heidland,* Kölner Schrift, 1991, S. 549, 552; *Hegmann,* Der Gläubigerausschuss, 1986, S. 24; vgl. auch § 157 Rn. 3.

§ 160 Abs. 1 S. 1 hinaus – weitere zustimmungsbedürftige Rechtshandlungen im Beschlusswege festlegen.[3]

2 § 160 geht auf das Genehmigungserfordernis für besonders bedeutende Rechtshandlungen in § 133 Nr. 2 und § 134 **KO** zurück. Im Gegensatz zu diesen Vorschriften der KO hat der Gesetzgeber der InsO bewusst auf eine **abschließende Aufzählung** der zustimmungspflichtigen Rechtshandlungen verzichtet. Durch die Verwendung einer **Generalklausel** bei gleichzeitiger Vorgabe von Beispielen sollte eine möglichst flexible Regelung geschaffen werden, die geeignet ist, sämtliche für die Erreichung des Verfahrensziels besonders bedeutenden Rechtshandlungen zu erfassen.[4]

3 Diese **Flexibilisierung** der zustimmungspflichtigen Rechtshandlungen war bereits in den Vorschlägen der Kommission für Insolvenzrecht vorgezeichnet. Der Kommissionsvorschlag sah in Leitsatz 1.3.1.8 Abs. 2 vor, dass der Verwalter für besonders bedeutende Handlungen das Einverständnis eines Gläubigerausschusses einzuholen hatte, und benannte als Beispiele dieselben Fälle, die heute in Abs. 2 Nr. 1 und 2 aufgeführt sind.[5] An diese Konzeption lehnte sich später die GesO an.[6] § 15 Abs. 6 S. 3 GesO enthielt eine nur beispielhafte Aufzählung von bedeutsamen Rechtsgeschäften, die der Zustimmung bedurften. Im Gegensatz zur KO und der InsO sah die GesO aber nur eine Zustimmung des Gläubigerausschusses vor. Auf eine Beteiligung der Gläubigerversammlung war verzichtet worden.

4 Die vom Gesetzgeber für wünschenswert erachtete Flexibilisierung der Zustimmungspflicht bei besonders bedeutsamen Handlungen geht mit einer **erheblichen Rechtsunsicherheit** für den Insolvenzverwalter einher.[7] In Grenzfällen kann er nur schwer beurteilen, welche Verwertungshandlungen der Zustimmungspflicht unterliegen. Dem daraus resultierenden **Haftungsrisiko** kann er begegnen, indem er vorsorglich für alle in Frage kommenden Handlungen eine Zustimmung einholt.[8]

B. Zustimmungspflichtige Rechtshandlungen

I. Generalklausel (Abs. 1)

5 Durch die Generalklausel in Abs. 1 werden die Gläubiger umfassend an den maßgeblichen Rechtshandlungen des Verwalters beteiligt. Der Begriff der **Rechtshandlung** umfasst wie bei den Anfechtungstatbeständen (§§ 129 ff.) jede willentliche Handlung, die eine **rechtliche Wirkung auslösen soll.** Hierunter fallen sämtliche Willenserklärungen, rechtsgeschäftsähnliche Handlungen und Prozesshandlungen des Verwalters.[9] Bedeutsam für die Praxis ist, dass bei Verfügungen des Verwalters über massezugehörige Vermögensgegenstände nicht erst das Verfügungsgeschäft, sondern bereits das schuldrechtliche Verpflichtungsgeschäft Rechtshandlung im Sinne von § 160 ist.[10]

6 Auch rein **tatsächliches Handeln** kann eine **Rechtshandlung** im Sinne von § 160 sein, wenn es erhebliche Auswirkungen für die Insolvenzmasse und die Gläubigerbefriedigung hat. Insoweit steht es den von § 160 erfassten Rechtshandlungen gleich. Dass die in Abs. 2 aufgeführten exemplarischen Einzeltatbestände keine Realakte sondern nur Rechtshandlungen darstellen, ist angesichts der Generalklausel in Abs. 1 unerheblich.[11] Auch die Regelung in § 158 für **Betriebsstilllegungen** zeigt, dass der Gesetzgeber das Zustimmungserfordernis nicht nur auf Rechtsakte beschränken wollte.

7 Die Zustimmungspflicht setzt eine **„besondere Bedeutung"** der Rechtshandlung voraus. Der Gesetzgeber hat es der Rechtsprechung und Literatur überlassen, Kriterien hierfür zu entwickeln. Diese Kriterien haben sich am Zweck des § 160, die Gläubiger an wesentlichen Entscheidungen der Verfahrensabwicklung in dem konkreten Verfahren zu beteiligen, zu orientieren.

---

[3] Uhlenbruck/*Zipperer* § 160 Rn. 1.

[4] Begr. zu § 179 RegE, BT-Drs. 12/2443, 174.

[5] Vgl. 1. KommBer, S. 137.

[6] *Landfermann,* Elemente der Insolvenzrechtsreform in der Gesamtvollstreckungsordnung, FS Merz, 1992, S. 367, 379.

[7] Ähnlich FKInsO/*Wegener* § 160 Rn. 3; Nerlich/Römermann/*Balthasar* § 160 Rn. 7; *Wellensiek,* Kölner Schrift, 1997, S. 316.

[8] FKInsO/*Wegener* § 160 Rn. 3.

[9] BGH WM 1975, 1182, 1184; KPB/*Ehricke* § 129 Rn. 36; Nerlich/Römermann/*Nerlich* § 129 Rn. 34; FKInsO/*Wegener* § 160 Rn. 5; HambKommInsO/*Decker* § 160 Rn. 2.

[10] *Hess/Kropshofer* §§ 133, 134 Rn. 13; *Kilger/K. Schmidt* § 134 Anm. 1; Jaeger/*Eckardt* § 160 Rn. 29.

[11] HambKommInsO/*Decker* § 160 Rn. 2, FKInsO/*Wegener* § 160 Rn. 5; für eine zumindest analoge Anwendung KPB/*Webel* § 160 Rn. 9a; Nerlich/Römermann/*Balthasar* § 160 Rn. 6.

In der Literatur bestehen insofern nicht nur unterschiedliche Ansätze wie diese Kriterien zu bestimmen sind (zB quantitativ bzw. qualitativ), sondern es herrscht auch bzgl. einzelner Rechtshandlungen Uneinigkeit, ob bzw. unter welchen Umständen diese „besonders bedeutsam" sind. **Wenig tauglich** erscheinen Ansätze, die eine Abgrenzung anhand **quantitativer Maßstäbe** vornehmen wollen.[12] Zum Teil finden sich in der Literatur Orientierungsgrößen, wonach eine Rechtshandlung erst dann „besonders bedeutend" ist, wenn von ihr ein bestimmter **Prozentsatz** des Werts der Masse betroffen ist.[13] Teilweise werden auch absolute **Schwellenwerte** bzw. **Sockelbeträge** vorgeschlagen.[14] Diese quantitativen Orientierungsgrößen führen nur zu einer scheinbaren Rechtssicherheit. Allein der Wert eines Vermögensgegenstandes besagt nichts über dessen Bedeutung für die weitere Verfahrensabwicklung und insbesondere absolute Werte tragen den Besonderheiten des konkreten Einzelfalls nicht ausreichend Rechnung. Soll das Unternehmen fortgeführt und veräußert werden, können auch relativ geringwertige Vermögensgegenstände, etwa für Dritte wertlose Programme oder Patente, von ausschlaggebender Bedeutung sein. Umgekehrt ist die Veräußerung wertvoller Vermögenswerte ohne Bedeutung für die Verfahrensabwicklung, wenn sie marktgängig sind und jederzeit wieder beschafft werden können.[15] Darüber hinaus führen derartige Orientierungsgrößen letztlich zu ähnlich starren Wertgrenzen, wie sie früher in § 133 Nr. 2 KO enthalten waren. Dies wollte der Gesetzgeber zugunsten einer möglichst flexiblen Regelung gerade vermeiden.[16] 8

Tauglicher erscheint es, die Abgrenzung „besonders bedeutender" Handlungen anhand **qualitativer Maßstäbe** im Rahmen einer gewichtenden Einzelfallbetrachtung vorzunehmen.[17] Anhaltspunkte dafür, welche qualitativen Merkmale zur Abgrenzung herangezogen werden können, lassen sich den **Regelbeispielen in Abs. 2 entnehmen.** Diese erfassen insbesondere Rechtshandlungen, die für den weiteren Verfahrensverlauf von **grundlegender Bedeutung** sind (Veräußerung des Unternehmens, Betriebes oder Warenlagers im Ganzen) oder **besondere Risiken** bergen (Darlehensaufnahme, freihändige Veräußerung, Prozesshandlungen).[18] Zu berücksichtigen ist allerdings, dass bei den in Abs. 2 Nr. 2 und Nr. 3 geregelten Fällen die Zustimmungspflicht noch eine „Erheblichkeit" der Rechtshandlungen erfordert. Sogar in den Regelbeispielen wird also ein unbestimmter Rechtsbegriff verwendet, der denselben Abgrenzungsproblemen unterliegt, wie der Begriff der „besonderen Bedeutung" in der Generalklausel. 9

Der Zweck des Insolvenzverfahrens, das schuldnerische Vermögen zum Zwecke der Gläubigerbefriedigung zu verwerten, legt es nahe, für die Entwicklung von Kriterien zur Bestimmung der „besonderen Bedeutung" einer Rechtshandlung auf die **Konsequenzen für die Quotenaussichten der Gläubiger** abzustellen.[19] Dies wird dem Zweck der Regelung aber nur unzureichend gerecht. Es muss bei der Abgrenzung des Begriffs der „besonderen Bedeutung" auch der Tatsache Rechnung getragen werden, dass der Gesetzgeber einer möglichen **Fortführung** und/oder **übertragenden Sanierung** des Unternehmens Bedeutung beimisst. Insbesondere dann, wenn die Aufstellung eines Insolvenzplans beabsichtigt ist, muss berücksichtigt werden, welche Auswirkungen eine Rechtshandlung für die Sanierungsfähigkeit des Schuldners oder eine übertragende Sanierung hat.[20] Ungeachtet der Auswirkungen der beabsichtigten Handlung für die Gläubigerbefriedigung ist eine besondere Bedeutung auch dann gegeben, wenn ein **Insolvenzplan** durch sie vereitelt würde. Daher ist eine „besondere Bedeutung" jedenfalls dann anzunehmen, wenn bei Vorlage eines bereits fertiggestellten Insolvenzplans eine Aussetzung der Verwertung gemäß § 233 möglich wäre.[21] 10

Aufgrund der mit der Notwendigkeit der Begriffsbestimmung einhergehenden **Rechtsunsicherheit** sollte der Verwalter in enger Abstimmung mit dem Gläubigerausschuss agieren.[22] 11

---

12 *Pape*, NZI 2006, 65, 68.

13 So etwa *Haarmeyer/Wutzke/Förster* Rn. 5346 (10%); ähnlich Nerlich/Römermann/*Balthasar* § 160 Rn. 8 sowie KKInsO/*Frege* § 160 Rn. 22 (5–10%); FKInsO/*Wegener* § 160 Rn. 14 für Darlehen gemäß Abs. 2 Nr. 2; BKInsO/*Undritz/Fiebig* § 160 Rn. 19 (Schwellenwert 25. 000–50. 000 EUR).

14 ZB BKInsO/*Undritz/Fiebig* § 160 Rn. 19 (Schwellenwert 25.000–50.000 EUR).

15 HKInsO/*Ries* § 160 Rn. 2; KPB/*Webel* § 160 Rn. 19.

16 Begr. zu § 179 RegE, BT-Drs. 12/2443, 174.

17 Ähnlich HambKommInsO/*Decker* § 160 Rn. 2; Braun/*Bünning/Beyer* § 160 Rn. 8; vgl. auch OLG Koblenz ZIP 2015, 392, 393.

18 Ausführlich zu den aus den Regelbeispielen ableitbaren Kriterien Nerlich/Römermann/*Balthasar* § 160 Rn. 10.

19 Nerlich/Römermann/*Balthasar* § 160 Rn. 7; HambKommInsO/*Decker* § 160 Rn. 2; ähnlich auch Uhlenbruck/*Zipperer* § 160 Rn. 16, der darauf abgestellt, ob sich die Rechtshandlung „erheblich auf den Massebestand auswirkt" (und gleichzeitig Haftungsrisiken für den Verwalter birgt).

20 KPB/*Webel* § 160 Rn. 19; ähnlich HKInsO/*Ries* § 160 Rn. 2.

21 HKInsO/*Flessner,* 5. Aufl., § 160 Rn. 3.

22 KPB/*Webel* § 160 Rn. 19; Uhlenbruck/*Zipperer* § 160 Rn. 18.

II. Regelbeispiele des Abs. 2

12 Die im Katalog des Abs. 2 geregelten Fälle haben angesichts der Generalklausel in Abs. 1 den Charakter von Regelbeispielen. Sie kennzeichnet, dass sie von einer normalen Verwertung abweichen oder mit einem besonderen Risiko behaftet sind. Dabei entspricht die Mehrzahl der Fälle der früheren Regelung in §§ 133, 134 KO,[23] sodass für deren Auslegung auch auf die frühere Rechtslage zurückgegriffen werden kann.

13 **1. Besondere Veräußerungen (Nr. 1).** Der Gesetzgeber fasst in Nr. 1 **zustimmungspflichtige Veräußerungsgeschäfte** zusammen. Im Vordergrund stehen dabei die Fälle der Veräußerung einer Gesamtheit von Massegegenständen **(Unternehmen, Betrieb, Warenlager).** Diesen Veräußerungen ist gemein, dass sie die Entscheidung über eine Fortführung des Unternehmens im Verfahren präjudizieren.[24] Hierüber zu befinden, soll den Gläubigern vorbehalten bleiben; denn allein ihnen obliegt die Entscheidung, ob sie eine Befriedigung aus dem **Fortführungswert des Unternehmens** oder aus dessen **Zerschlagung** anstreben (zur Veräußerung vor dem Berichtstermin vgl. § 158 Rn. 6, 10 ff.).[25] Außerdem haben Geschäfte, die sich auf Sachgesamtheiten beziehen (nachfolgend a) bis c)) den Nachteil relativer Unübersichtlichkeit. Häufig steht dabei das Beschleunigungs-, aber auch das Sicherungsinteresse vor dem Maximierungsinteresse. Und häufig werden derartige Geschäfte mit abwicklungsrelevanten anderen Gegenständen gekoppelt. Umso mehr die Veräußerung von Sachen in den Hintergrund tritt, umso mehr besteht Anlass, die Abwägung den Gläubigern oder deren Vertretern anheimzugeben. Deren Entscheidung entlastet im Übrigen den Verwalter.

14 **a) Unternehmen.** Mangels gesetzlicher Definition des Unternehmensbegriffs[26] bedarf es einer eigenen, am Zweck der Norm orientierten Begriffsbestimmung.[27] Der Zweck des § 160, die Gläubiger an den maßgeblichen wirtschaftlichen Entscheidungen zu beteiligen, führt wie bei § 158 zu einer wirtschaftlich-organisatorischen Definition des Unternehmensbegriffs. Ein Unternehmen ist ein organisatorisches Gebilde, das sämtliche vermögenswerten Rechte umfasst, die zur Aufrechterhaltung der wirtschaftlichen Tätigkeit notwendig sind.[28] Einer Klarstellung des Rechtsausschusses[29] lässt sich entnehmen, dass nicht nur der Verkauf des Unternehmens als Ganzes, sondern auch von Teilunternehmen zustimmungspflichtig sein soll. Spätestens hier ist die Abgrenzung zum Betrieb unscharf.

15 **b) Betrieb.** Der Begriff des Betriebs lehnt sich an § 613a BGB an.[30] Ein Betrieb ist also die organisatorische Zusammenfassung von sachlichen und immateriellen Mitteln, die einem bestimmten arbeitstechnischen Zweck dienen. Vom Unternehmen unterscheidet sich der Begriff des Betriebs damit wie im Arbeitsrecht durch den Zweck der organisatorischen Einheit. Der Betrieb dient einem arbeitstechnischen, das Unternehmen einem wirtschaftlichen Zweck.[31] Wie im Arbeitsrecht ist davon auszugehen, dass der Begriff des Unternehmens der umfassendere ist, ein Unternehmen also grundsätzlich mehrere Betriebe umfassen kann.

16 **c) Warenlager im Ganzen.** Mit der Zustimmungspflichtigkeit der Veräußerung eines Warenlagers im Ganzen übernimmt der Gesetzgeber die entsprechende Regelung in § 134 Nr. 1 KO. Wie dort ist der Verkauf des Warenlagers im Ganzen vom Ausverkauf durch gestreckte Masseverwertung abzugrenzen. Beide unterscheiden sich darin, dass der Kauf im Ganzen die vorhandenen Lagerbestände umfänglich und in einem Akt überträgt, während der gestreckte Ausverkauf sich über einen längeren Zeitraum erstreckt und typischerweise eine Vielzahl von Einzelgeschäften umfasst.[32]

17 Besteht das im Ganzen zu verkaufende Warenlager aus verderblichen Produkten (etwa frischen Lebensmitteln) oder Sachen, deren Erhaltung erhebliche Kosten verursacht (etwa Viehbestände) oder von denen ein erhebliches Risiko ausgeht (etwa unsachgemäß eingelagerte Chemikalien), so kann es bei Fehlen eines Gläubigerausschusses dazu kommen, dass dem Verwalter ein Abwarten der

[23] Begr. zu § 179 RegE, BT-Drs. 12/2443, 174.
[24] Vgl. auch die Begr. zu Leitsatz 1.3.1.8 im 1. KommBer, S. 137.
[25] Allg. Begr. zum RegE, BT-Drs. 12/2443, 76 ff.
[26] Ausführlich zum Unternehmensbegriffs vgl. *K. Schmidt,* Handelsrecht, 6. Aufl, 2014, § 3 (73 ff.) mwN.
[27] Ebenso KPB/*Webel* § 160 Rn. 10; HambKommInsO/*Decker* § 160 Rn. 6.
[28] Ähnlich Nerlich/Römermann/*Balthasar* § 160 Rn. 31; und in Anlehnung an das Umsatzsteuerrecht KPB/*Webel* § 160 Rn. 10.
[29] BT-Drs. 12/7302 175.
[30] Begr. zu § 185 RegE, S. 197.
[31] *Richardi,* MHdBArbR, 2009, § 22 Rn. 6, 11; ausführlich *Joost,* Betrieb und Unternehmen als Grundbegriffe im Arbeitsrecht, 1988, S. 33 ff. jeweils mwN.
[32] Zur KO *Jaeger/Weber,* KO, §§ 133, 134 Rn. 14; *Kuhn/Uhlenbruck* KO §§ 133, 134 Rn. 5.

Zustimmung durch die Gläubigerversammlung nicht zugemutet werden kann. Die Literatur zur KO neigte dazu, in solchen Fällen eine Zustimmung für entbehrlich zu halten,[33] nahm der Sache nach also eine teleologische Reduktion der Zustimmungspflicht an.[34] Berücksichtigt man, dass bei Eilfällen ein Verzicht des Verwalters auf sofortiges Handeln als pflichtwidrig anzusehen wäre, so erscheint eine solche teleologische Reduktion sachgerecht. Zumindest entfällt jedoch das für eine Haftung erforderliche Verschulden.[35]

d) Unbeweglicher Gegenstand aus freier Hand. Verwertet der Verwalter entgegen § 165 unbewegliche Gegenstände nicht durch Zwangsversteigerung oder Zwangsverwaltung, so besteht die theoretische Gefahr, dass bei dieser Verwertungsform ein nicht marktgerechter Preis erzielt wird.[36] Dass die Praxis eher das Gegenteil lehrt, spricht nicht gegen die Zustimmungsbedürftigkeit von Grundstücksveräußerungen als besonders wichtigen Geschäften. Die Zustimmung ist wegen ihres Zwecks nicht nur entbehrlich, wo die Versteigerung nach den Vorschriften der ZVG erfolgt.[37] Von der Zustimmungspflicht befreit sind ebenso freiwillige, gerichtliche oder notarielle Versteigerungen. Auch hier wird durch die öffentliche Versteigerung gewährleistet, dass der Marktwert realisiert wird.[38] 18

e) Beteiligung an einem anderen Unternehmen. Die Zustimmungspflicht des Beteiligungsverkaufs stellt sicher, dass der Verwalter ohne Zustimmung der Gläubiger keine Anteile an anderen Unternehmen veräußert, die für die wirtschaftliche Tätigkeit des insolventen Unternehmens und damit dessen Fortführungswert von Bedeutung sind. Solche Beteiligungen an einem anderen Unternehmen, die der Herstellung einer dauerhaften Beziehung zu diesem Unternehmen dienen sollen, sind abzugrenzen von Anteilen, die der bloßen Anlage dienen. Die Veräußerung Letzterer unterfällt nicht dem Regelbeispiel. § 160 Abs. 2 Nr. 1 lehnt sich an die Definition der Beteiligung in § 271 Abs. 1 S. 1 HGB an.[39] Bei Anteilen an Kapitalgesellschaften von mehr als 20% wird vermutet, dass die Beteiligung dazu dient, eine dauerhafte Verbindung zu dem anderen Unternehmen herzustellen, und objektiv dazu bestimmt ist, dem eigenen Geschäftsbetrieb zu dienen.[40] Es spricht viel dafür, diese gesetzliche Vermutung bei der Zustimmungspflicht analog anzuwenden.[41] 19

f) Recht auf Bezug wiederkehrender Einkünfte. Zu den Rechten auf wiederkehrende Leistungen gehören insbesondere Nießbrauchsrechte und Renten, soweit diese in die Insolvenzmasse fallen.[42] Deren sofortige Verwertung anstelle des fortlaufenden Einzugs unterlag bereits gemäß § 134 Nr. 1 KO der Zustimmungspflicht. Dem lag die Annahme zugrunde, dass diese Form der Verwertung ungewöhnlich und daher mit dem Risiko eines Wertverlustes verbunden sei.[43] An der Übernahme dieser Wertung in die InsO wird zu Recht Kritik geäußert.[44] Die sofortige Verwertung einer wiederkehrenden Leistung zu ihrem diskontierten Gegenwartswert ist für die Masse und die Verfahrensabwicklung im Regelfall vorteilhafter als der sich möglicherweise über Jahre erstreckende Einzug. Die Fallgruppe sollte zumindest restriktiv ausgelegt werden. 20

2. Darlehen (Nr. 2). Häufig benötigt der Verwalter nach der Verfahrenseröffnung zusätzliche liquide Mittel, um das Unternehmen wenigstens, wie das Gesetz (§ 158) es will, vorübergehend fortführen zu können.[45] Mit der Aufnahme von Darlehen ist zugleich eine Mehrung der Massever- 21

---

33 *Jaeger/Weber,* KO, §§ 133, 134 Rn. 7.

34 Hierauf deuten schon die Motive zur KO, S. 354, in: *Hahn,* Die gesamten Materialien zu den Reichsjustizgesetzen, Bd. 4, 1983, § 319, hin, denn dort werden Verfügungen, bei denen durch Aufschub der Verwertung ein unwiderruflicher Nachteil für die Masse entstehen würde, ausdrücklich von der Mitwirkung der Gläubiger ausgeschlossen.

35 Nerlich/Römermann/*Balthasar* § 160 Rn. 23.

36 So zur entsprechenden Regelung in § 134 Nr. 1 KO *Jaeger/Weber,* KO, §§ 133, 134 Rn. 13; *Kuhn/Uhlenbruck* KO §§ 133, 134 Rn. 4.

37 Im Ergebnis ebenso FKInsO/*Wegener* § 160 Rn. 7; missverständlich KPB/*Webel* § 160 Rn. 15.

38 HKInsO/*Ries* § 160 Rn. 6; Uhlenbruck/*Zipperer* § 160 Rn. 23; Andres/Leithaus/*Andres* § 160 Rn. 8; Mohrbutter/Mohrbutter/*Pape* Rn. V.38; HambKommInsO/*Decker* § 160 Rn. 7, der ebenfalls einen freihändigen Verkauf auf Basis eines qualifizierten Wertgutachtens für nicht zustimmungspflichtig hält (dazu kritisch wiederum FKInsO/*Wegener* § 160 Rn. 7).

39 Begr. zu § 179 RegE, BT-Drs. 12/2443, 174.

40 BeckBilKo/*Grottel/Kreher* § 271 Rn. 24 ff.

41 Im Ergebnis ebenso FKInsO/*Wegener* § 160 Rn. 12; KPB/*Webel* § 160 Rn. 16.

42 *Kilger/K. Schmidt* §§ 133, 134 Anm. 5.

43 Motive zur KO, S. 355, *Hahn,* Die gesamten Materialien zu den Reichsjustizgesetzen, Bd. 4, 1983, S. 320.

44 Insbesondere Nerlich/Römermann/*Balthasar* § 160 Rn. 39.

45 So schon die Motive zur KO, S. 355 f., *Hahn,* Die gesamten Materialien zu den Reichsjustizgesetzen, Bd. 4, 1983, S. 320.

bindlichkeiten verbunden, die – insbesondere wenn es sich um eine Verlustfinanzierung handelt – dem Zweck der **Haftungsverwirklichung** entgegenstehen kann. Zusätzlich sind Massedarlehen in der Regel durch Sicherheiten an Gegenständen der freien Masse zu unterlegen. Im Gegensatz zur früheren Regelung in § 134 Nr. 2 KO, die jede **Darlehensaufnahme** der Zustimmung unterwarf, erlaubt § 160 Abs. 2 Nr. 2 dem Verwalter nunmehr im begrenzten Umfange auch eine Darlehensaufnahme ohne Mitwirkung der Gläubigerorgane. Diese Begrenzung der Zustimmungspflicht auf Darlehen mit erheblicher Auswirkung für die Insolvenzmasse dient der Effizienz der Verfahrensabwicklung.[46] Wann ein Darlehen in Relation zur gesamten Masse als erheblich anzusehen ist, bedarf wie der Begriff der besonderen Bedeutung in der Generalklausel des Abs. 1 der Ausfüllung durch die Rechtsprechung. Ebenso wie dort scheint es nicht sinnvoll, starre Orientierungsgrößen zugrunde zu legen.[47] Hierauf hat der Gesetzgeber ausdrücklich verzichtet.[48] Maßgeblich sind vielmehr die finanziellen Verhältnisse des Unternehmens im Einzelfall. Sieht man den Zweck der zustimmungsfreien Darlehensaufnahme darin, die Aufrechterhaltung des Geschäftsbetriebs vorübergehend zu ermöglichen, so liegt es nahe, als Maßstab für die Erheblichkeit der Darlehensaufnahme auf die Möglichkeit zur alsbaldigen Tilgung aus dem kurzfristig zu erwartenden Liquiditätsrückfluss abzustellen. Eine Darlehensaufnahme ist hiernach dann ohne wesentliche Risiken für die Masse und daher unerheblich, wenn das Darlehen nicht höher ist als die Einnahmen, die binnen eines kurzen Zeitraums – etwa eines Monats – aus der Fortführung des Unternehmens zu erwarten sind.[49] Umgekehrt ist die Darlehensaufnahme zur Verlustfinanzierung stets erheblich und unterliegt damit dem Zustimmungserfordernis. Gleiches gilt, wenn für die Darlehensaufnahme Sicherheiten aus dem freien Massevermögen gestellt werden und hierdurch die Verwertung von Anlage- und Umlaufvermögen auf längere Zeit blockiert wird. Ob die Insolvenzgeldvorfinanzierung eine besonders bedeutende Darlehensaufnahme darstellt, ist eine Frage des Einzelfalls.

22 **3. Prozesshandlungen (Nr. 3).** Nr. 3 der Regelbeispiele unterwirft in Anlehnung an § 134 Nr. 2 KO Prozesshandlungen und **Vergleiche** wegen des darin enthaltenen Risikos und der besonderen Reichweite für die Ansprüche der Gläubiger der Zustimmungspflicht. Darüber hinaus mag die Streitlust von rechtsanwaltlichen Verwaltern einen vorhergehenden Rechtfertigungszwang wünschenswert machen. Im Interesse einer reibungslosen Abwicklung des Verfahrens beschränkt der Gesetzgeber die Zustimmungspflicht auf Rechtsstreite mit einem erheblichen Streitwert.[50] Diese Regelung hat im Vergleich zur KO, die in § 133 Nr. 2 eine starre und inzwischen gänzlich überholte Wertgrenze von DM 300,00 vorsah, den Vorzug der größeren Flexibilität für sich. Der daraus gleichzeitig resultierenden Rechtsunsicherheit[51] hinsichtlich des Begriffs der Erheblichkeit kann der Verwalter begegnen, indem er sich im Berichtstermin für Streitwerte bis zu einer Obergrenze oder generell die Zustimmung im Vorhinein erteilen lässt. Im Übrigen erscheint es sinnvoll, für die Erheblichkeit des Streitwerts darauf abzustellen, ob der Verwalter ohne nennenswerte Massereduzierung in der Lage ist, im Falle eines Unterliegens die Kosten des Rechtsstreits aus der Masse zu erbringen. Nicht zu berücksichtigen ist jedoch das Interesse des Prozessgegners an der Kostenerstattung.[52] Das Abstellen auf eine Massereduzierung kann dazu führen, dass bei größeren Verfahren auch Rechtsstreite mit hohen absoluten Streitwerten als unerheblich anzusehen sind. Im Einzelnen nennt das Gesetz (i) die Klageerhebung oder Aufnahme eines Rechtsstreits, (ii) die Ablehnung der Aufnahme eines Rechtsstreits und (iii) den Abschluss eines Vergleichs oder Schiedsvertrags.[53] Geben die Gläubiger zu erkennen, dass sie von einem Rechtsstreit aufgrund drohender hoher Kosten für die Masse absehen wollen, trifft dem Verwalter eine Hinweispflicht auf die Möglichkeit zur Einschaltung eines Prozessfinanzierers.[54] Dies korrespondiert mit der Pflicht des Verwalters die Sach- und Rechtslage gegenüber dem Entscheidungsorgan richtig und vollständig darzustellen, um diesem eine umfassende Informationsgrundlage für seine Entscheidung zur Verfügung zu stellen.[55]

---

46 Begr. zu Leitsatz 1.3.1.8 des 1. KommBer, S. 138.
47 Anders FKInsO/*Wegener* § 160 Rn. 14, der eine Darlehensaufnahme mit einem Wert von bis zu 10% des Massevermögens als unerheblich ansieht.
48 Begr. zu § 179 RegE, in: BT-Drs. 12/2443, 174.
49 Ähnlich Nerlich/Römermann/*Balthasar* § 160 Rn. 41, der auf eine Rückzahlung „binnen weniger Wochen" abstellt.
50 ZB angenommen bei einem Streitwert von MEUR 14 vgl. AG Aurich ZInsO 2017, 976.
51 *Wellensiek,* Kölner Schrift, 1997, S. 316.
52 BGH ZInsO 2005, 146, 147; *Pape* ZInsO 2005, 138, 140.
53 Zum Streitstand, ob auch die Anfechtungsklage von Abs. 2 Nr. 3 erfasst ist vgl. *Wimmer* ZIP 2013, 2038 sowie *Thole* ZIP 2014, 1653.
54 *Fischer* NZI 2014, 241, 244 ff., der auch auf potentielle Haftungsfolgen für den Verwalters eingeht.
55 → Rn. 36.

Die Kosten eines verlorenen Rechtsstreits sind vorrangige **Masseverbindlichkeiten** nach § 55 Abs. 1 Nr. 1. Deshalb steht die Einleitung des gerichtlichen Mahnverfahrens oder eine Widerklage der Klage gleich. Bei der Nichtaufnahme von Passivprozessen ist die Zeitkomponente des § 86 Abs. 2 zu beachten. Bei der Zustimmungsbedürftigkeit von Vergleichen oder Schiedsverträgen hat die inhaltliche Komponente eine größere Bedeutung als bei den Prozesshandlungen. Die im Rahmen der KO umstrittene[56] Frage, ob auch ein Schiedsvertrag als zustimmungspflichtiger Vergleich anzusehen sei, ist mit der InsO beantwortet. Zu den zustimmungspflichtigen Vergleichen gehört ein vom Verwalter beabsichtigter **Sozialplan.**[57] Mediationsverfahren oder außergerichtliche Schlichtungsverfahren werden als solche von Nr. 3 nicht erfasst.[58] Allerdings dürfte zumindest die üblicherweise zum Abschluss eines Mediationsverfahrens abgeschlossene Vereinbarung einen „Vergleich zur Beilegung oder zur Vermeidung eines solchen Rechtsstreits" im Sinne von Nr. 3 darstellen. 23

III. Weitere Einzelfälle

Über die Regelbeispiele in Abs. 2 hinaus wird man eine Reihe von Geschäften wegen ihrer Bedeutung für das Verfahren oder den damit verbundenen Risiken als zustimmungsbedürftig ansehen müssen.[59] Bei der Entwicklung einer solchen Typologie liegt es nahe, auch auf die früher in §§ 133, 134 KO geregelten Fälle und die dazu ergangene Rechtsprechung zurückgreifen, denn der Gesetzgeber beabsichtigte mit der Neufassung der **zustimmungspflichtigen Geschäfte** in § 160 keine grundsätzliche Abkehr von der früheren Rechtslage. Er wollte durch die Neufassung vielmehr nur eine Flexibilisierung der zu starren Aufzählung erreichen. Die Herausnahme von Rechtshandlungen aus dem Katalog der Regelungsbeispiele bedeutet daher nicht, dass diese heute generell zustimmungsfrei sein sollen. So spricht vieles dafür, die nach § 134 Nr. 2 KO zustimmungspflichtige **Anerkennung von Aussonderungsansprüchen** auch heute einer Zustimmungspflicht zu unterwerfen, wenn sie sich auf erhebliche Vermögenswerte bezieht.[60] 24

Als typischerweise zustimmungspflichtige Geschäfte kommen in Betracht: 25

- Veräußerung von Einzelgegenständen, die zur Unternehmensfortführung notwendig sind.[61] Dies können insbesondere Patente und sonstige Schutzrechte sein, auf denen die Tätigkeit des Unternehmens beruht.[62]
- **Abtretung** von Schadenersatzansprüchen, deren erfolgreiche Durchsetzung der Insolvenzmasse zu Gute käme. Dies setzt jedoch voraus, dass die abgetretenen Ansprüche so werthaltig sind, dass sie die Quotenaussichten der Gläubiger beeinflussen können.[63]
- Erwerb von **Grundstücken.** Die Insolvenz zielt auf Verwertung, also Liquidierung der Vermögensgegenstände. Mit diesem Zweck ist es regelmäßig nicht zu vereinbaren, dass durch den Einsatz liquider Mittel Grundstücke für die Insolvenzmasse erworben werden, die bei Zerschlagung des Unternehmens später möglicherweise nur schwer und mit erheblichem Wertverlust wieder veräußert werden können. Auch hier ist an der früher in § 133 Nr. 2 KO enthaltenen Wertung festzuhalten.
- Verwertung von belasteten Immobilien.[64]
- Die Vereinbarung einer **kalten/stillen Zwangsverwaltung**[65] kann ein zustimmungspflichtiges Geschäft darstellen, sofern die betreffende Immobilie von großer Bedeutung für das Verfahren ist.[66]

---

56 *Kilger/K. Schmidt* §§ 133, 134, Anm. 3 D; *Kuhn/Uhlenbruck* KO §§ 133, 134 Rn. 3a.
57 FKInsO/*Wegener* § 160 Rn. 17; KPB/*Webel* § 160 Rn. 18.
58 Uhlenbruck/*Zipperer* § 160 Rn. 27.
59 *Pape* NZI 2006, 65, 68 ff.
60 Im Ergebnis ebenso KPB/*Webel* § 160 Rn. 20; aA teilweise Uhlenbruck/*Zipperer* § 160 Rn. 18, der meint in Großinsolvenzen gehöre die Anerkennung von Aus- und Absonderungsrechten sowie die Begründung von Masseverbindlichkeiten zu den täglichen Geschäften des Insolvenzverwalters, die der Zustimmung nicht bedürfen.
61 Diese waren in § 177 Abs. 3 des Regierungsentwurfs noch ausdrücklich erwähnt (BT-Drs. 12/2443, 37), der Rechtsausschuss fasste diese dann unter § 160 (Bericht des Rechtsausschusses zu § 177 RegE, BT-Drs. 12/7302, 175).
62 → Rn. 8.
63 Vgl. AG Köln ZIP 2015, 440; zu weitreichend, da ohne jede Einschränkung eine Zustimmungspflicht angenommen wird LG Essen – 12 O 448/10 –, BeckRS 2014, 08592.
64 OLG Koblenz NZI 2015, 232 (dazu *Kremer* EWiR 2015, 387); ausführlich zum Zustimmungserfordernis bei wertausschöpfend belasteten Grundstücken *Wischemeyer* ZInsO 2016, 2460, 2463 f.
65 Zum Begriff vgl. BGH ZIP 2016, 1543, 1544.
66 *Cranshaw/Welsch* DZWiR 2017, 101,119.

- **In-Sich-Geschäfte des Verwalters,** wenn man solche Geschäfte überhaupt für zulässig hält.[67] Wenn der Verwalter Vermögensgegenstände zwar nicht selbst erwerben will, diese aber – wie in der bisherigen Konkurspraxis nicht selten – an eine eigene oder nahen Angehörigen gehörende Verwertungsgesellschaft veräußern will, besteht die Gefahr einer Interessenkollision, die der Offenlegung und Zustimmung bedarf.
- Eingehung neuer **Dauerschuldverhältnisse.** Aus diesen können ähnlich wie bei Darlehen langfristige, die Masse und zügige Verfahrensabwicklung gefährdende Masseverbindlichkeiten entstehen.[68]
- Übernahme von fremden Verbindlichkeiten und **Bestellung von Sicherheiten.** Hier ist an der Wertung in § 134 Nr. 2 KO festzuhalten, dass solche Handlungen nur schwer mit dem Zweck des Insolvenzverfahrens vereinbar sind. Sie führen zu keiner Haftungsverwirklichung durch Verwertung, sondern begründen zusätzliche Ansprüche gegen die Masse. Gleichermaßen bedenklich erscheint die Verpfändung von massezugehörigen Gegenständen, denn diese entzieht den Wert der Gegenstände der Insolvenzmasse.
- Verzicht auf Rechtsmittel. Der Verzicht auf Rechtsmittel kann ebenso wie der unter Nr. 3 der Regelbeispiele geregelte Verzicht auf Klageerhebung oder Aufnahme des Verfahrens zu einem unwiederbringlichen Verlust von Rechtspositionen führen. Entsprechend einer bereits zur KO vertretenen Auffassung[69] ist der **Rechtsmittelverzicht** daher ebenfalls der Zustimmung zu unterwerfen.[70]
- Antrag auf Einleitung eines **Gruppen-Koordinationsverfahrens**[71] (§§ 61–77 EUInsVO) und vergleichbare Verfahrenshandlungen unterfallen gemäß Art. 102c § 23 EGInsO ebenfalls § 160.[72] Für die **Zusicherung** iSd Art. 36 EUInsVO ist stets die Zustimmung des (vorläufigen) Gläubigerausschusses einzuholen sofern ein solcher bestellt ist, Art. 102c § 11 EGInsO.[73] Eine Beschränkung auf „besonders bedeutsame" Zustimmungen ist nicht vorgesehen.

C. Zustimmung

I. Allgemeines

26 **Die Zustimmung** gemäß § 160 ist als Oberbegriff im Sinn von § 182 BGB zu verstehen, der auch die nachträgliche Zustimmung (Genehmigung) gemäß § 184 BGB erfasst.[74] Eine **Genehmigung** verfehlt zwar den Zweck der Gläubigerbeteiligung, soweit es um die Entscheidungsfindung geht. Es bleibt aber immerhin die Unterrichtung der Gläubiger übrig und die Entlastung des Verwalters von seiner Haftung.[75] Insbesondere in Eilfällen kann der Verwalter den Konflikt zwischen Geschwindigkeit und Gläubigerbeteiligung auch dadurch lösen, indem er das Geschäft unter der aufschiebenden Bedingung der Zustimmung des Gläubigerausschusses bzw. der Gläubigerversammlung abschließt.

27 Weder die Gläubigerversammlung noch der Gläubigerausschuss ist an eine einmal erteilte Zustimmung gebunden.[76] Bis zum Abschluss des zustimmungsbedürftigen Geschäfts ist die Zustim-

---

67 Gegen die Zulässigkeit mit beachtlichen Gründen (zur KO) *Jaeger/Henckel* § 6 Rn. 149 und *Kuhn,* InsO § 6 Rn. 20, der 134 KO als Ermächtigung nicht als ausreichend ansah. Mit der Aufgabe der Kasuistik in § 160 muss dieser Gesichtspunkt nicht mehr entscheidend sein. Allerdings bleibt das Problem, dass die Gläubigerversammlung oder der Gläubigerausschuss, weil selbst nicht zur Vertretung der Masse befugt (§ 80), von § 181 BGB nicht befreien können.

68 Ähnlich HKInsO/*Flessner,* 5. Aufl., § 160 Rn. 8; vgl. zum Zustimmungserfordernis bei der Beauftragung eines Beraters OLG Dresden ZIP 2015, 1937.

69 Zu dieser Auffassung vgl. *Kilger/K. Schmidt* §§ 133, 134 Anm. 1 C; aA dagegen wohl *Jaeger/Weber,* KO, §§ 133, 134 Rn. 10.

70 Ebenso KPB/*Webel* § 160 Rn. 20.

71 Ausführlich hierzu *Schmidt* ZVglRWiss 2017, 93.

72 Jaeger/*Eckardt* KO § 160 Rn. 39; ausführlich zu den Zustimmungserfordernisses im Rahmen der EUInsVO *Madaus* NZI 2017, 203; *Wimmer* jurisPR-InsR 11/2017 Anm. 1.

73 MüKoBGB/*Kindler* Art. 102c § 11 Rn. 5 f.; vgl. auch *Madaus* NZI 2017, 203, 205 f.

74 HKInsO/*Flessner,* 5. Aufl., § 160 Rn. 11, aA FKInsO/*Wegener* § 160 Rn. 23; HambKommInsO/*Decker* § 160 Rn. 3; KPB/*Webel* § 160 Rn. 3; Uhlenbruck/*Zipperer* § 160 Rn. 6; Nerlich/Römermann/*Balthasar* § 160 Rn. 11.

75 → Rn. 28 f.

76 Uhlenbruck/*Zipperer* § 160 Rn. 9; KPB/*Webel* § 160 Rn. 7a; zur KO *Jaeger/Weber,* KO, §§ 133, 134 Rn. 3; *Kilger/K. Schmidt* §§ 133, 134 Anm. 1.

mung jederzeit durch einen weiteren Beschluss des Zustimmungsorgans – auch teilweise[77] – widerruflich, kann aber nach allgemeinen Grundsätzen zum Ersatz von Vertrauensschäden aus der Verletzung vorvertraglicher Schutz- und Fürsorgepflichten zu Lasten der Insolvenzmasse führen. Die trotz Widerrufs ausgeführte Rechtshandlung des Verwalters ist im Außenverhältnis wirksam.[78] Nach dem Abschluss des fraglichen Geschäfts geht der Widerruf ins Leere. Er hindert insbesondere die Erfüllung der vom Verwalter eingegangenen Verpflichtungen nicht.

Die Erteilung oder Verweigerung einer Zustimmung führt nicht dazu, dass der Verwalter an **28** die Entscheidung des Gläubigerorgans in jedem Fall gebunden ist.[79] Dies folgt daraus, dass der Verwalter nicht allein ausführendes Organ der Gläubiger ist, sondern auch die Interessen des Schuldners mit zu berücksichtigen hat.[80] Die Zustimmung hat in erster Linie haftungsrechtliche Konsequenzen. Die Zustimmung der Gläubigerorgane ist als Indiz dafür zu werten, dass der Verwalter eine wirtschaftlich vertretbare Entscheidung getroffen hat. Mit der Zustimmung übernehmen die Gläubiger das Risiko, das jeder wirtschaftlich vertretbaren Entscheidung auf Grund der im Entscheidungszeitpunkt bestehenden Unsicherheit immanent ist.[81]

Die Zustimmung enthebt den Verwalter nicht schlechthin jeder Haftung nach § 60,[82] hat jedoch **29** zur Folge, dass der Anspruchsteller die schadensersatzbegründenden Umstände darlegen und beweisen muss.[83] Keine **Enthaftung** tritt ein, wenn der Verwalter dem Gläubigerorgan bei der Zustimmung falsche Angaben gemacht hat.[84] Die Zustimmung ist dann schon deshalb unbeachtlich, weil der Verwalter dem Gläubigerorgan die gesetzlich angestrebte Risikoentscheidung unmöglich gemacht hat[85] oder die Zustimmung im Falle der vorsätzlichen Falschdarstellung sogar erschlichen hat. Eine Haftung kommt weiterhin dann in Betracht, wenn die vom Verwalter getroffene Entscheidung im Lichte der zu diesem Zeitpunkt verfügbaren Informationen wirtschaftlich und/oder rechtlich unter keinem vernünftigen Gesichtspunkt als vertretbar anzusehen war. Verweigert der Gläubigerausschuss die Zustimmung aus Gründen, die der Gläubigergesamtheit offensichtlich zuwiderlaufen, ist der Verwalter verpflichtet, die Gläubigerversammlung anzurufen.[86] Stimmt der Gläubigerausschuss einer Handlung zu, die erkennbar wirtschaftlich unsinnig und/oder rechtswidrig war, so haften dessen Mitglieder neben dem Verwalter aus § 71.

II. Zustimmung des (vorläufigen) Gläubigerausschusses

Besteht ein Gläubigerausschuss, so trifft dieser die Entscheidung über die Zustimmung nach **30** § 72 durch Mehrheitsentscheid der anwesenden Mitglieder. Dabei ist unbeachtlich, ob es sich um einen vom Gericht eingesetzten oder von der Gläubigerversammlung gewählten Gläubigerausschuss handelt.[87] Findet die vom Verwalter vorgeschlagene Handlung keine Mehrheit, so gilt die Zustimmung als verweigert.

Der Gläubigerausschuss kann seine Zustimmung abstrakt für bestimmte Fälle auch im Vorhinein **31** erteilen.[88] Zweifelhaft erscheint jedoch, ob der Gläubigerausschuss dem Insolvenzverwalter im Vorhinein für sämtliche § 160 unterfallende Geschäfte die Zustimmung erteilen, ihn faktisch also von § 160 freistellen kann.[89] Bei einer solchen generellen Zustimmung kommt der Gläubigerausschuss seiner Aufgabe, die laufende Tätigkeit des Verwalters zu überwachen, nicht nach. Eine generelle Zustimmung des Gläubigerausschusses ist wie eine gänzliche Verweigerung seiner Aufgabe zu werten und daher pflichtwidrig.[90] Führen die Handlungen des Verwalters zu einer Schädigung der Masse,

---

77 Uhlenbruck/*Zipperer* § 160 Rn. 9.

78 BKInsO/*Undritz/Fiebig* § 160 Rn. 6; Uhlenbruck/*Zipperer* § 160 Rn. 9.

79 Ausführlich *Pape* NZI 2006, 65, 67 ff.; vgl. auch *Heegmanns,* Der Gläubigerausschuss, 1986, S. 67 ff.; anders dagegen KPB/*Webel* § 160 Rn. 4, der bei Verweigerung der Zustimmung annimmt, dass der Verwalter die zustimmungspflichtige Handlung dann zu unterlassen hat.

80 Ausführlich dazu *Heegmanns,* Der Gläubigerausschuss, 1986, S. 69 ff.

81 Ähnlich *Heegmanns,* Der Gläubigerausschuss, 1986, S. 72; Nerlich/Römermann/*Balthasar* § 160 Rn. 12 f.

82 *Ehlers* ZInsO 2005, 902, 907; KPB/*Webel* § 160 Rn. 4; zur früheren Rechtslage vgl. BGH, WM 1985, 422, 423; OLG Bamberg, NJW 1953, 109; *Jaeger* KuT 1934, 2; Mohrbutter/Mohrbutter/*Pape* Rn. V.31; *Kilger/K. Schmidt* §§ 133, 134 Rn. 10.

83 *Ehlers* ZInsO 2005, 902, 908.

84 FKInsO/*Wegener* § 160 Rn. 28; *Ehlers* ZInsO 2005, 902, 907; *Heegmanns,* Der Gläubigerausschuss, 1986, S. 72 f.; *Hess/Kropshofer* §§ 133, 134 Rn. 10; Mohrbutter/Mohrbutter/*Pape,* Rn. V.31.

85 BGH, WM 1985, 422, 424; *Hess/Kropshofer* §§ 133, 134 Rn. 10.

86 Uhlenbruck/*Zipperer* § 160 Rn. 10.

87 HambKommInsO/*Decker* § 160 Rn. 4; *Kilger/K. Schmidt* § 134 Anm. 1.

88 HKInsO/*Ries* § 160 Rn. 14.

89 HambKommInsO/*Decker* § 160 Rn. 4.

90 AA KPB/*Webel* Rn. 8.

so haften die Mitglieder des Gläubigerausschusses bei einer generellen Zustimmung für fehlerhafte Rechtshandlungen des Verwalters nach § 71.[91]

32 Die **Gläubigerversammlung** kann eine Zustimmung des Gläubigerausschusses jederzeit ersetzen oder aufheben.[92] Bei einer Zustimmungsverweigerung des Gläubigerausschusses kann der Verwalter auch die Gläubigerversammlung anrufen; teilweise wird davon ausgegangen, dass er dazu verpflichtet ist, sofern die Weigerung dem Gesamtinteresse der Gläubiger widerspricht.[93] Die Gläubigerversammlung kann auch beschließen, dass auch bei Vorhandensein eines Gläubigerausschusses bestimmte Rechtsgeschäfte nur mit Zustimmung der Gläubigerversammlung vorzunehmen sind.[94] Dies folgt aus der Stellung als oberstes Organ der Gläubigerschaft.[95] Problematisch ist dagegen die Frage, ob der Gläubigerausschuss sich der Entscheidung über eine Zustimmung entziehen und den Verwalter auf die Gläubigerversammlung verweisen kann. Eine solche Entscheidungsverweigerung würde das Verfahren beeinträchtigen und die mit einem Gläubigerausschuss angestrebte flexible und schnelle Ausübung der Mitwirkungs- und Überwachungsrechte erheblich beeinträchtigen. Eine Entscheidungsverweigerung des Gläubigerausschusses ist deshalb als pflichtwidrig anzusehen, wenn sie nicht ganz ausnahmsweise durch die außerordentliche Bedeutung des Entscheidungsgegenstands und gleichzeitig durch einen ausreichenden zeitlichen Entscheidungsrahmen gerechtfertigt ist.[96]

33 Die Zustimmungspflicht besteht auch im vorläufigen Verfahren.[97] Dies ist nicht zuletzt im Interesse einer möglichst umfassenden Gläubigerbeteiligung geboten, welche auch der Intention des Gesetzgebers entsprechen dürfte. Denn um eine umfassende Beteiligung der Gläubiger auch bereits in diesem Verfahrensabschnitt zu gewährleisten, hat der Gesetzgeber durch das Gesetz zur weiteren Erleichterung der Sanierung von Unternehmen (ESUG) vom 7.12.2011[98] die Einsetzung eines vorläufigen Gläubigerausschusses (§ 22a) eingeführt. Eine Beteiligung des vorläufigen Gläubigerausschusses dürfte mit Blick auf Haftungsfragen auch im eigenen Interesse des vorläufigen (starken) Insolvenzverwalters sein.[99] Rechtshandlungen, die im eröffneten Verfahren unter § 160 fielen, sollten auch mit Blick auf die gesetzliche Intention der §§ 156, 157, grundlegende Entscheidungen möglichst der Gläubigerversammlung im Berichtstermin vorzuhalten, jedoch nach Möglichkeit aufgeschoben werden.[100] Müssen trotzdem bereits im vorläufigen Verfahren Rechtshandlungen von besonderer Bedeutung getroffen werden,[101] hat ein vorläufiger Insolvenzverwalter die Zustimmung des vorläufigen Gläubigerausschusses einzuholen.

III. Zustimmung der Gläubigerversammlung

34 Die Beschlussfassung der **Gläubigerversammlung** über eine vom Verwalter begehrte Zustimmung richtet sich nach § 76. Die Gläubigerversammlung ist danach beschlussfähig, wenn mindestens ein Gläubiger anwesend ist. Wegen des oft nachlassenden Interesses der Gläubiger nach dem Berichtstermin empfiehlt es sich, zumindest für bereits erkennbare Maßnahmen möglichst schon im **Berichtstermin** die erforderliche Zustimmung nach § 160 einzuholen.[102] Anders als der Gläubigerausschuss (vgl. → Rn. 31) kann die Gläubigerversammlung auch generelle Einwilligungen erteilen.[103]

IV. Zustimmungsfiktion, Abs. 1 S. 3

35 Ist die einberufene Gläubigerversammlung beschlussunfähig, so obliegt es nicht dem Gericht, über die beantragte Zustimmung zu entscheiden.[104] Vielmehr ist davon auszugehen, dass die Gläubi-

---

[91] Ebenso Nerlich/Römermann/*Balthasar* § 160 Rn. 18; KPB/*Webel* § 160 Rn. 8.
[92] Uhlenbruck/*Zipperer* § 160 Rn. 3; vgl. zum umgekehrten Fall LG Göttingen NZI 2000, 491, 492.
[93] Uhlenbruck/*Zipperer* § 160 Rn. 10; ähnlich Nerlich/Römermann/*Balthasar* § 160 Rn. 19.
[94] *Vallender* GmbHR 2004, 642, 644.
[95] Ähnlich KPB/*Webel* § 160 Rn. 5.
[96] Ähnlich Nerlich/Römermann/*Balthasar* § 160 Rn. 20; weitergehend *Kuhn/Uhlenbruck* KO §§ 131, 134 Rn. 1c; aA *Jaeger/Weber*, KO, §§ 133, 134 Rn. 4: Einen Antrag des Gläubigerausschusses auf Einberufung einer Gläubigerversammlung müsse das Gericht in einem Fall der Kompetenzweigerung durch den Gläubigerausschuss als unzulässig zurückweisen.
[97] HambKommInsO/*Decker* § 160 Rn. 12; Uhlenbruck/*Vallender* § 22a Rn. 65; HKInsO/*Ries* § 160 Rn. 18; Jaeger/*Eckardt* § 160 Rn. 9; LG Halle ZIP 2014, 2355, 2358; aA K. Schmidt/*Jungmann* § 160 Rn. 1.
[98] BGBl. I, S. 2582.
[99] HambKommInsO/*Decker* § 160 Rn. 12.
[100] Jaeger/*Eckardt* § 160 Rn. 9.
[101] Vgl. zur Vereinbarung eines unechten Massekredits *Madaus/Knauth* ZIP 2018, 149, 154.
[102] Dazu ausführlich → § 157 Rn. 22.
[103] HambKommInsO/*Decker* § 160 Rn. 5; Uhlenbruck/*Zipperer* § 160 Rn. 7.
[104] FKInsO/*Wegener* § 160 Rn. 21.

ger dem Verwalter die Entscheidung über die dem § 160 unterfallenden Rechtshandlungen überlassen.[105] Dies steht in den Rechtsfolgen einer Zustimmung gleich. Für alle nach dem 1.7.2007 eröffneten Insolvenzverfahren (Art. 103c Abs. 1 EGInsO[106]) hat das „Gesetz zur Vereinfachung des Insolvenzverfahrens" vom 13.4.2007[107] Klarheit geschaffen. Nach § 160 Abs. 1 S. 3 gilt die Zustimmung als erteilt, wenn die einberufene Gläubigerversammlung beschlussunfähig ist.[108] Hierauf sind die Gläubiger bei der Ladung zur Gläubigerversammlung hinzuweisen.

D. Besonders bedeutsame Rechtshandlungen als Inhalt eines Insolvenzplans

36 Viele Geschäfte, die wegen ihrer besonderen Bedeutung der Zustimmung nach § 160 unterliegen, können zugleich zum Inhalt eines Insolvenzplans gehören. Beispielsweise ist an die Zuweisung von Beteiligungsunternehmen zu denken oder den Verkauf eines Teilbetriebs an einen bestimmten Interessenten. In solchen Fällen ist die Zustimmung nach § 160 neben der Annahme des Plans nicht nötig.[109] Das lässt sich formal damit begründen, dass Rechtshandlungen des Verwalters entbehrlich sind, wo die Rechtskraft des Plans zum Vollzug seines Inhalts führt (§ 254 Abs. 1), ergibt sich aber auch daraus, dass ein akzeptierter Plan nicht von der Gläubigerversammlung – und natürlich erst recht nicht vom Gläubigerausschuss – durch spätere abweichende Beschlüsse konterkariert werden kann. Praktisch wäre das bei wechselnden Präsenzen sonst durchaus denkbar. Außerdem gibt es im Rahmen der Zustimmung nach § 160 nicht das Obstruktionsverbot aus § 245. Auch deshalb könnten sich, wenn man anderer Ansicht wäre, im Rahmen des § 160 andere Abstimmungsfolgen ergeben, als bei der Entscheidung über einen Insolvenzplan.

E. Verstöße gegen das Zustimmungserfordernis

37 Verstöße gegen das Zustimmungserfordernis haben keine Außenwirkung. Für die Rechtsbeziehung zu Dritten ist ein Verstoß gemäß § 164 ohne Bedeutung. Bedeutung erlangen solche Verstöße in erster Linie in haftungsrechtlicher Hinsicht. Holt der Verwalter entgegen § 160 für eine zustimmungspflichtige Handlung keine Zustimmung ein oder handelt er wider der Entscheidung des um Zustimmung angerufenen Gläubigerorgans, so haftet er für die hieraus entstehenden Schäden gemäß § 60. In diesem Fall trägt er insbesondere die Gefahr, dass eine zunächst wirtschaftlich vertretbar erscheinende Maßnahme sich nachträglich als unvorteilhaft herausstellt.[110] Darüber hinaus haftet er, wenn er schuldhaft die Sach- und Rechtslage gegenüber dem Entscheidungsorgan unrichtig oder unvollständig darstellt und dieses deswegen die falsche Entscheidung trifft.[111]

38 Zu beachten ist, dass die Zustimmungserteilung den Verwalter nur zur Vornahme der Rechtshandlung berechtigt, aber nicht verpflichtet.[112] Auch eine erteilte Zustimmung oder Verweigerung entbindet den Verwalter nicht schlechthin von der haftungsrechtlichen Verantwortung.[113] Der Verwalter hat stets auch bei Erteilung oder Verweigerung der Zustimmung eigenverantwortlich zu prüfen, ob die Rechtshandlung durchzuführen ist.[114] Setzt sich der Verwalter über eine Entscheidung der Gläubigerorgane hinweg, ist dies dann nicht pflichtwidrig, wenn die Entscheidung des Gläubigerorgans ihrerseits unzulässig ist. Das ist etwa der Fall, wenn das Gläubigerorgan einer Veräußerung des Unternehmens im Ganzen nur deshalb nicht zustimmt, weil es verhindern will, dass ein unliebsamer Konkurrent erhalten bleibt oder einzelne Gläubiger ihre Stimmrechte ausnutzen, um die Erhebung

105 → § 157 Rn. 23.
106 Vgl. BGBl. I 2007 S. 509, 511.
107 BGBl. I S. 509.
108 Vgl. *Sternal* NZI 2006, 185 ff.; *Schmerbach* ZInsO 2006, 400 ff.; *Pannen* NZI 2006, 193 ff.
109 Ebenso Uhlenbruck/*Zipperer* § 160 Rn. 5.
110 *Pape* NZI 2006, 65, 71; Nerlich/Römermann/*Balthasar* § 160 Rn. 13 ff.; LG Düsseldorf DZWiR 2003, 389, 391 (zur Abgrenzung Einzelschaden und Gesamtschaden).
111 BGH WM 1985, 422, 424 – für den Fall der Zustimmung durch den Gläubigerausschuss; Uhlenbruck/*Zipperer* § 160 Rn. 29; Nerlich/Römermann/*Balthasar* § 160 Rn. 15; FKInsO/*Wegener* § 160 Rn. 28.
112 Nerlich/Römermann/*Balthasar* § 160 Rn. 12; Uhlenbruck/*Zipperer* § 160 Rn. 11.
113 BGH ZIP 1985, 423, 425; OLG Bamberg NJW 1953, 109; LG Mainz KTS 1975, 245, 246; FKInsO/*Wegener* § 160 Rn. 28.
114 *Pape* NZI 2006, 65, 71; KPB/*Webel* § 160 Rn. 4; Uhlenbruck/*Zipperer* § 160 Rn. 11.

gegen sie gerichteter Anfechtungsklagen durch Verweigerung der Zustimmung zu verhindern.[115] Allerdings obliegt dem Verwalter in einem späteren Haftungsprozess die Beweislast für die Missbräuchlichkeit der Entscheidung des Gläubigerorgans. Um das daraus erwachsende Beweisrisiko zu vermeiden, kann der Verwalter bei einem Beschluss der Gläubigerversammlung diesen vor Ausführung nach § 78 Abs. 1 anfechten und im Falle eines Beschlusses des Gläubigerausschusses eine Gläubigerversammlung nach § 75 zur erneuten Beschlussfassung einberufen lassen.[116]

39 Neben der Inanspruchnahme des Verwalters auf Schadensersatz aus § 60 kommt bei einem Verstoß gegen das Zustimmungserfordernis aus § 160 weiterhin eine Abberufung des Verwalters nach § 59 Abs. 1 oder die Festsetzung von Zwangsgeldern nach § 58 Abs. 2 in Betracht.[117] Der Gläubigerausschuss haftet nach § 71, wenn er einem erkennbar insolvenzzweckwidrigen Rechtsgeschäft zugestimmt hat.[118]

§ 161 Vorläufige Untersagung der Rechtshandlung

[1]In den Fällen des § 160 hat der Insolvenzverwalter vor der Beschlußfassung des Gläubigerausschusses oder der Gläubigerversammlung den Schuldner zu unterrichten, wenn dies ohne nachteilige Verzögerung möglich ist. [2]Sofern nicht die Gläubigerversammlung ihre Zustimmung erteilt hat, kann das Insolvenzgericht auf Antrag des Schuldners oder einer in § 75 Abs. 1 Nr. 3 bezeichneten Mehrzahl von Gläubigern und nach Anhörung des Verwalters die Vornahme der Rechtshandlung vorläufig untersagen und eine Gläubigerversammlung einberufen, die über die Vornahme beschließt.

Übersicht

A. Überblick und Entstehungsgeschichte

1 § 161 statuiert in den Fällen des § 160 (besonders bedeutsame Rechtshandlung) eine Unterrichtungspflicht des Verwalters gegenüber dem Schuldner sowie das Recht des Schuldners bzw. einer qualifizierten Anzahl von Gläubigern, zu beantragen, die Vornahme der geplanten Rechtshandlung vorläufig – bis zur Entscheidung durch die Gläubigerversammlung – durch das Insolvenzgericht zu untersagen. Er dient damit zum einen dem **Schutz des Schuldners** und zum anderen dem **Schutz der Gläubiger.** Dem Schuldner soll es möglich sein, vor der Realisierung von für den weiteren Verfahrensverlauf besonders bedeutenden Maßnahmen (§ 160) den Gläubigern Bedenken und eigene Vorschläge zu unterbreiten.[1] Gestützt auf einen **Unterrichtungsanspruch** enthält er das Recht, durch richterliche Entscheidung einen Aufschub der Maßnahme und eine Entscheidung durch die Gläubigerversammlung herbeizuführen.[2] Dadurch ist – wie in einer Reihe vergleichbarer Situationen (vgl. §§ 156 Abs. 2, 158, 233) – sichergestellt, dass der Sachverstand des Schuldners in die Verwertungs- und Verfahrensentscheidungen eingebracht werden kann.

2 Zum anderen schützt das Antragsrecht der Gläubiger in § 161 abweichende Interessen von **Gläubigerminderheiten** gegenüber Entscheidungen eines von **Mehrheitsgläubigern** dominier-

---

[115] *Thole* ZIP 2014, 1653, 1656 ff.

[116] *Jaeger/Weber,* KO, §§ 133, 134 Rn. 1c; Uhlenbruck/*Zipperer* § 160 Rn. 13; FKInsO/*Wegener* § 160 Rn. 31.

[117] Nerlich/Römermann/*Balthasar* § 160 Rn. 27; *Vallender* GmbHR 2004, 642, 644; differenzierend *Pape* NZI 2006, 65, 71; zur entsprechenden Rechtslage in der früheren KO LG Mainz, Rpfleger 1986, 490; *Kuhn/Uhlenbruck* KO §§ 133, 134 Rn. 1c; Mohrbutter/Mohrbutter/*Pape* Rn. V.31.

[118] Uhlenbruck/*Zipperer* § 160 Rn. 29; vgl. zu den Voraussetzungen einer Haftung nach § 71 *Ampferl/Kilper* ZIP 2015, 553, 559 ff.

[1] KPB/*Webel* § 161 Rn. 2.

[2] Begr. zu § 180 RegE, BT-Drs. 12/2443 174 und zur entsprechenden Regelung in § 135 KO die Motive zur KO, S. 357, *Hahn,* Die gesamten Materialien zu den Reichsjustizgesetzen, Bd. 4, S. 321; *Jaeger/Weber,* KO, § 135 Rn. 1.

ten Gläubigerausschusses und stärkt zugleich die Stellung der Gläubigerversammlung.[3] Die Regelung soll die Möglichkeit eröffnen, Entscheidungen des Ausschusses durch die Gläubigerversammlung zu korrigieren. Im Vergleich zum Schutz des Schuldners ist dieser Minderheitenschutz aber **unvollständig ausgestaltet,** denn den Gläubigern steht kein Unterrichtungsanspruch über beabsichtigte Maßnahmen zu. Sind die Minderheitsgläubiger nicht im Gläubigerausschuss vertreten, droht das Antragsrecht aus § 161 in der Praxis an fehlender Information zu scheitern.[4]

Während das Antragsrecht des Schuldners § 135 KO nachgebildet ist,[5] ist der Schutz von Min- 3
derheitsgläubigern ohne Vorbild in der früheren Rechtsordnung. Gleichwohl sind beide Rechte Ausdruck desselben Gedankens. Auch im Insolvenzverfahren ist es primär Sache der Betroffenen selbst, ihre Interessen durch Ausübung von Schutzrechten zu wahren. Diese liberale Konzeption, die auch schon der KO eigen war, hatte die Kommission für Insolvenzrecht in ihren Vorschlägen zunächst zugunsten einer sehr starken Stellung des Insolvenzgerichtes zurückgedrängt. Leitsatz 1.3.4.2 des Entwurfs der Kommission sah vor, dass die Entscheidung über das Verfahrensziel wie auch über wesentliche Maßnahmen dem Insolvenzgericht vorbehalten bleiben sollte. Da dieses die Interessen des Schuldners und der Gläubigerminderheiten ohnehin von Amts wegen berücksichtigen sollte, bedurfte es weder eines Unterrichtungsanspruchs noch eines Antragsrechtes auf Aussetzung. Lediglich für den Fall der Unternehmensveräußerung war vorgesehen, dass das Insolvenzgericht den Schuldner sowie den Beirat, an dem auch die Gläubiger beteiligt waren, anzuhören hatte.[6] Mit der Rückkehr zu den Grundsätzen der **Gläubigerautonomie** im Diskussionsentwurf wurde dann die heutige Regelung geschaffen, die im weiteren Gesetzgebungsverfahren unverändert geblieben ist.

B. Unterrichtungspflicht (S. 1)

Der Verwalter hat vor Beschlussfassung der **Gläubigerversammlung** oder des **Gläubigeraus-** 4
schusses den Schuldner über besonders bedeutende Rechtshandlungen zu unterrichten. Ob eine besonders bedeutende Maßnahme im Sinne von § 160 vorliegt, hat der Verwalter selbständig zu prüfen.[7] Die Unterrichtung muss so rechtzeitig erfolgen, dass dem Schuldner genügend Zeit bleibt, die geplante Maßnahme nachzuvollziehen und eigene Vorschläge zu formulieren. Die Unterrichtung des Verwalters muss daher so konkret sein, dass der Schuldner die beabsichtigten Maßnahmen wie auch die wirtschaftlichen Gründe hierfür erkennen und prüfen kann, sodass er in der Lage ist, Gegenvorschläge zu machen oder die Aussetzung zu beantragen. Dabei ist es dem Verwalter freigestellt, in welcher Form er dieser Unterrichtungspflicht nachkommt; die Information kann auch mündlich erfolgen. Ist Schuldnerin eine juristische Person oder eine sonstige Korporation, so sind analog der Anhörung nach § 10 Abs. 2 die gesetzlichen Organe der Schuldnerin zu unterrichten.[8]

Zum Schutz der Verwertungsinteressen der Gläubiger kann die Unterrichtung unterbleiben, 5
wenn hieraus eine **nachteilige Verzögerung** des Verfahrens resultieren würde. Eine solche nachteilige Verzögerung ist gegeben, wenn die Unterrichtung die beabsichtigte Maßnahme verzögern und die Insolvenzmasse hierdurch geschädigt würde. Eine nachteilige Verzögerung allein durch die Unterrichtung wird allerdings selten vorkommen. Denkbar ist etwa der Fall, dass dem Verwalter der Aufenthaltsort des Schuldners unbekannt ist, sodass er diesen zunächst ermitteln müsste.[9] Umfangreiche Ermittlungen zum Aufenthaltsort des Schuldners oder des organschaftlichen Vertreters eines Schuldnerunternehmens sind dem Verwalter nicht zumutbar. Der Verwalter darf die Unterrichtung jedoch nicht deshalb unterlassen, weil eine **Untersagung auf Antrag des Schuldners** zu Nachteilen führen würde.[10] Die Konsequenzen einer Untersagung hat allein das Gericht im Rahmen seiner Entscheidung über den Untersagungsantrag zu prüfen. Gleiches gilt für den Fall, dass der Verwalter jede andere Maßnahme als die von ihm vorgeschlagene für sinnlos oder unmöglich hält. Die Unterrichtung des Schuldners dient gerade dazu, eine Überprüfung der Entscheidung des Verwalters zu ermöglichen.[11] Umstritten ist, ob eine Unterrichtung unterbleiben darf, wenn sonstige **gravierende Nachteile** zu erwarten sind, etwa weil der Erwerber auf Geheimhaltung besteht.[12] § 161 erfasst von

[3] Begr. zu § 180 RegE, BT-Drs. 12/2443 174.
[4] Nerlich/Römermann/*Balthasar* § 161 Rn. 5.
[5] Begr. zu § 180 RegE, BT-Drs. 12/2443 174.
[6] 1. KommBer, Leitsatz 1.3.4.2 (S. 146 f.).
[7] KPB/*Webel* § 161 Rn. 3.
[8] KPB/*Webel* § 161 Rn. 3.
[9] FKInsO/*Wegener* § 161 Rn. 3 f.
[10] Nerlich/Römermann/*Balthasar* § 161 Rn. 8.
[11] Nerlich/Römermann/*Balthasar* § 161 Rn. 8.
[12] Dafür Nerlich/Römermann/*Balthasar* § 161 Rn. 9; dagegen KPB/*Webel* § 161 Rn. 3.

seinem Wortlaut nur eine nachteilige Verzögerung, nicht aber etwaige sonstige Nachteile. Eine entsprechende Anwendung ist jedoch gerechtfertigt, da das Unterbleiben der Unterrichtung in diesen Fällen zum Schutz der Gläubiger genauso notwendig ist, wie im Falle einer zeitlichen Verzögerung.

6 Unterlässt der Verwalter eine gemäß § 161 erforderliche Unterrichtung des Schuldners, so hat dies gemäß § 164 weder Auswirkungen auf die Wirksamkeit der Rechtshandlung gegenüber Dritten, noch beeinflusst es die Wirksamkeit der späteren Zustimmung durch den Gläubigerausschuss.[13] Ein Verstoß gegen die Unterrichtungspflicht hat allein haftungsrechtliche Konsequenzen. Entsteht dem Schuldner infolge der unterlassenen Unterrichtung ein Schaden, etwa weil eine bessere Verwertungsmöglichkeit versäumt wird, **haftet der Verwalter dem Schuldner** hierfür nach § 60 Abs. 1. Diese Haftung besteht entgegen einer früher zur KO[14] vertretenen Auffassung allein gegenüber dem Schuldner, nicht auch gegenüber den Gläubigern. Die Unterrichtungspflicht dient nur dem Schutz des Schuldners.[15] Die Einbindung des Sachverstandes des Schuldners entspricht zwar auch dem Interesse der Gläubiger,[16] dieser Schutz der Gläubiger ist indes bloßer Reflex der Unterrichtung, nicht Normzweck. Überdies ist eine Haftung des Verwalters gegenüber den Gläubigern aus anderen Gesichtspunkten als dem des Verstoßes gegen § 161 natürlich nicht ausgeschlossen.

C. Vorläufige gerichtliche Untersagung der Maßnahme (S. 2)

I. Verfahrensvoraussetzungen

7 Da das **Insolvenzgericht** grundsätzlich auf die Kontrolle der Rechtmäßigkeit des Verfahrens beschränkt ist, kann es wirtschaftlich bedeutende Maßnahmen nur auf Antrag vorläufig untersagen. Antragsberechtigt sind sowohl der Schuldner als auch die Gläubiger. Durch den Verweis auf das Recht zur Beantragung einer **Gläubigerversammlung** in § 75 Abs. 1 Nr. 3 wird das Antragsrecht der Gläubiger nur einer qualifizierten Minderheit gewährt. Hierdurch wird die Möglichkeit der **Verfahrensobstruktion** durch Ausübung des Antragsrechts nach § 161 beschränkt. Die antragstellenden Gläubiger haben darzulegen, dass sie gemäß § 75 Abs. 1 Nr. 3 über mehr als 20% der Forderungen und Absonderungsrechte verfügen. Diese Angaben hat das Gericht anhand der vom Verwalter geführten Tabelle zu überprüfen.[17]

8 Der Antrag kann **formlos** gestellt werden, also zB auch zu Protokoll des Gerichts. Für juristische Personen handeln ihre organschaftlichen Vertreter, analog §§ 10 Abs. 2, 15 Abs. 1. Das Handeln eines Organmitglieds genügt; § 15 Abs. 2 findet keine Anwendung.[18] Inhaltlich muss der Antrag so bestimmt sein, dass sich aus ihm die möglichen Untersagungsgründe ergeben. Es ist nicht Aufgabe des Gerichts, im Wege der Amtsermittlung die Zweckmäßigkeit der angefochtenen Handlungen zu überprüfen. Ein Antrag, der nicht mit einer Begründung versehen ist, ist als unzulässig abzuweisen.[19] Sofern die Gläubiger den Antrag stellen, müssen sie das Vorliegen der Voraussetzungen des § 75 Abs. 1 Nr. 3 glaubhaft machen.[20]

9 Voraussetzung eines **Untersagungsantrags** ist gemäß S. 2 weiter, dass die Gläubigerversammlung der vom Verwalter beabsichtigten Maßnahme noch nicht zugestimmt hat. Liegt bereits eine Zustimmung vor, ist der Antrag mangels Rechtsschutzbedürfnis unzulässig (S. 2).[21] Diese Voraussetzung trägt der nur aufschiebenden Natur einer Untersagung Rechnung. Hat die Gläubigerversammlung bereits einmal entschieden, besteht kein Anspruch auf erneute Entscheidung. Eine Verschiebung der Maßnahme bis zu einer erneuten Entscheidung widerspräche dem in der Zustimmung zum Ausdruck kommenden Willen der Gläubigerversammlung. Ebenso scheidet eine Untersagung aus, sofern die **Maßnahme bereits durchgeführt** ist.[22] Ist eine Maßnahme nicht mehr rückgängig zu machen, läuft die Antragstellung nach § 161 ins Leere.

---

13 HKInsO/*Ries* § 161 Rn. 2.
14 *Jaeger/Weber,* KO, § 135 Rn. 1.
15 So zum früheren § 135 KO ausdrücklich die Motive zur KO, S. 357; *Hahn,* Die gesamten Materialien zu den Reichsjustizgesetzen, Bd. 4, S. 321.
16 Hierauf stellt *Jaeger/Weber,* KO, § 135 Rn. 1 ab.
17 *Haarmeyer/Wutzke/Förster,* Rn. 5/348.
18 Uhlenbruck/*Zipperer* § 161 Rn. 3.
19 AA KPB/*Webel* § 161 Rn. 4; Andres/Leithaus/*Andres* § 161 Rn. 4.
20 Nerlich/Römermann/*Balthasar* § 161 Rn. 13; aA Uhlenbruck/*Zipperer* § 161 Rn. 3.
21 Nerlich/Römermann/*Balthasar* § 161 Rn. 14; *Jaeger/Weber,* KO, § 135 Rn. 2; Uhlenbruck/*Zipperer* § 161 Rn. 4.
22 *Hilzinger* ZInsO 1999, 560 ff.; KPB/*Webel* § 161 Rn. 5b; Uhlenbruck/*Zipperer* § 161 Rn. 6.

Hat dagegen nur der Gläubigerausschuss der Maßnahme zugestimmt, so steht dies einer Untersagung nach § 161 nicht entgegen. Dessen Zustimmung vermag insbesondere den angestrebten vorläufigen Schutz der **Gläubigerminderheiten** nicht zu gewährleisten.[23] Eine Zustimmung nur des **Gläubigerausschusses** genügt, wenn die **Gläubigerversammlung** in einem früheren Termin sämtliche Rechte aus §§ 160 bis 163 auf den Gläubigerausschuss übertragen hat.[24] 10

II. Entscheidung des Gerichts

Liegen die Verfahrensvoraussetzungen vor, so hat das Gericht zu überprüfen, ob Gründe für die Untersagung der bedeutenden Handlung gegeben sind. Hierbei ist das Gericht nicht auf eine bloße Prüfung der **Rechtmäßigkeit** des Antrags beschränkt.[25] Dem Gericht steht bei seiner Entscheidung daher ein Ermessen zu, bei dessen Ausübung es auch die wirtschaftliche Plausibilität des Antrags und die Folgen einer vorläufigen Untersagung abzuwägen hat.[26] Das Gericht hat daher die Gefahr eines Verzögerungsschadens gegen mögliche Nachteile der Maßnahme abzuwägen.[27] Die Behauptung, der Verwalter habe nicht alle Verwertungsmöglichkeiten ausgeschöpft, stellt nur dann einen Untersagungsgrund dar, wenn hinreichend dargetan ist, dass eine bessere Verwertungsmöglichkeit besteht.[28] 11

Vor der Entscheidung über den **Untersagungsantrag** hat das Gericht den Verwalter anzuhören. Hierdurch wird sichergestellt, dass die Interessen der Gläubiger bzw. Gläubigermehrheit Eingang in die Entscheidung finden. Da das Gericht oft aus eigener Kenntnis nicht genügend Informationen hat, um die Plausibilität des Antrags und Konsequenzen einer Untersagung beurteilen zu können, kommt dieser Anhörung erhebliche praktische Bedeutung für die Entscheidung des Gerichts zu. Dies ist nicht unproblematisch, denn der Sache nach richtet sich der Untersagungsantrag gegen den Verwalter. Die Antragsteller können der daraus resultierenden Gefahr einer Beeinflussung des Gerichts durch den Verwalter begegnen, indem sie in der Begründung ihres Antrags dem Gericht hinreichende eigene Informationen geben. Teilt der Verwalter in der Anhörung mit, dass er von der Maßnahme endgültig oder bis zur Entscheidung der Gläubigerversammlung Abstand nehme, erledigt sich der Antrag.[29] Es besteht dann kein Grund, durch richterlichen Beschluss in den Verfahrensablauf einzugreifen und eine Gläubigerversammlung zu erzwingen.[30] 12

Die Entscheidung über den Untersagungsantrag ergeht durch **Beschluss,** der dem Antragsteller und dem Verwalter zuzustellen ist.[31] Verweigert das Insolvenzgericht die Beschlussfassung zu Unrecht, kommt ein Staatshaftungsanspruch nach Art. 34 GG, § 839 BGB in Betracht, für den das Spruchrichterprivileg des § 839 Abs. 2 S. 1 BGB nicht gilt.[32] 13

Gibt das Gericht dem Untersagungsantrag statt, hat dies aufschiebende Wirkung. Dem Verwalter wird untersagt, die Maßnahme vor einer Entscheidung der Gläubigerversammlung durchzuführen. An einem Vertragsschluss unter aufschiebender Bedingung ist er nicht gehindert. Verstößt der Verwalter gegen die Untersagungsverfügung, so ist sein Handeln gleichwohl im Außenverhältnis wirksam (§ 164); er macht sich jedoch ggf. im Innenverhältnis schadensersatzpflichtig.[33] 14

Die Untersagung verliert mit der Entscheidung der Gläubigerversammlung ihre Wirkung, ohne dass dies einer besonderen gerichtlichen Feststellung bedarf.[34] 15

Hat über den Untersagungsantrag der Rechtspfleger entschieden, so besteht gegen dessen Entscheidung die Möglichkeit der Erinnerung gemäß § 11 Abs. 2 S. 1 RPflG. Diese steht sowohl dem Schuldner als auch den antragsstellenden Gläubigern zu.[35] Gegen einen Beschluss des Amtsrichters ist dagegen kein Rechtsmittel gegeben (§ 6).[36] 16

---

[23] Nerlich/Römermann/*Balthasar* § 161 Rn. 15; *Jaeger/Weber,* KO, § 135 Rn. 2; *Kilger/K. Schmidt* § 135 Anm. 2).

[24] → § 157 Rn. 28; ebenso HambKommInsO/*Decker* § 161 Rn. 4; Uhlenbruck/*Zipperer* § 161 Rn. 4.

[25] HKInsO/*Ries* § 161 Rn. 4; BKInsO/*Undritz/Fiebig* § 161 Rn. 5.

[26] Ähnlich *Haarmeyer/Wutzke/Förster,* Rn. 5/349; Nerlich/Römermann/*Balthasar* § 161 Rn. 16; KPB/*Webel* § 161 Rn. 5a; aA. Uhlenbruck/*Zipperer* § 161 Rn. 5; HKInsO/*Ries* § 161 Rn. 4, der von einer gebundenen Entscheidung des Gerichts und einer reinen Rechtmäßigkeitskontrolle ausgeht.

[27] Nerlich/Römermann/*Balthasar* § 161 Rn. 16; aA Uhlenbruck/*Zipperer* § 161 Rn. 5.

[28] FKInsO/*Wegener* § 161 Rn. 6.

[29] HKInsO/*Ries* § 161 Rn. 3; *Haarmeyer/Wutzke/Förster* Rn. 5/350 (S. 493); HambKommInsO/*Decker* § 161 Rn. 4.

[30] AA Nerlich/Römermann/*Balthasar* § 161 Rn. 19.

[31] Nerlich/Römermann/*Balthasar* § 161 Rn. 18; Uhlenbruck/*Zipperer* § 161 Rn. 8.

[32] Nerlich/Römermann/*Balthasar* § 161 Rn. 25; KPB/*Webel* § 161 Rn. 7; Uhlenbruck/*Zipperer* § 161 Rn. 13.

[33] FKInsO/*Wegener* § 161 Rn. 10; KPB/*Webel* § 161 Rn. 7; Uhlenbruck/*Zipperer* § 161 Rn. 13.

[34] KPB/Webel § 161 Rn. 5c; *Jaeger/Weber,* KO, § 135 Rn. 2.

[35] FKInsO/*Wegener* § 161 Rn. 9; KPB/*Webel* § 161 Rn. 6; Uhlenbruck/*Zipperer* § 161 Rn. 12.

[36] FKInsO/*Wegener* § 161 Rn. 9; KPB/*Webel* § 161 Rn. 6.

III. Einberufung der Gläubigerversammlung

17 Erlässt das Gericht den beantragten **Untersagungsbeschluss,** so hat es von Amts wegen eine Gläubigerversammlung binnen angemessener Frist einzuberufen, die über Vornahme oder Nichtvornahme der Maßnahme entscheidet.[37] Das Gericht hat insofern keinen Ermessensspielraum.[38] Steht jedoch ohnehin eine Gläubigerversammlung bevor und duldet die vom Verwalter beabsichtigte Maßnahme bis zu diesem Termin Aufschub, so bedarf es keiner Einberufung einer zusätzlichen Gläubigerversammlung. Dies würde das Verfahren und die Gläubiger nur unnötig belasten. Es genügt, die Tagesordnung der bereits angesetzten Gläubigerversammlung entsprechend zu ergänzen.[39] Duldet die Maßnahme dagegen keinen Aufschub, ist zeitnah eine gesonderte Gläubigerversammlung einzuberufen. Dabei spricht die Bezugnahme in § 161 auf das Minderheitenquorum in § 75 sowie die ähnliche Schutzrichtung dafür, diese in Anlehnung an die besondere Gläubigerversammlung auf Antrag des Verwalters oder einer qualifizierten **Gläubigerminderheit** (§ 75) binnen drei Wochen nach dem Untersagungsbeschluss zu terminieren.[40]

§ 162 Betriebsveräußerung an besonders Interessierte

(1) Die Veräußerung des Unternehmens oder eines Betriebs ist nur mit Zustimmung der Gläubigerversammlung zulässig, wenn der Erwerber oder eine Person, die an seinem Kapital zu mindestens einem Fünftel beteiligt ist,
1. **zu den Personen gehört, die dem Schuldner nahestehen (§ 138),**
2. **ein absonderungsberechtigter Gläubiger oder ein nicht nachrangiger Insolvenzgläubiger ist, dessen Absonderungsrechte und Forderungen nach der Schätzung des Insolvenzgerichts zusammen ein Fünftel der Summe erreichen, die sich aus dem Wert aller Absonderungsrechte und den Forderungsbeträgen aller nicht nachrangigen Insolvenzgläubiger ergibt.**

(2) Eine Person ist auch insoweit im Sinne des Absatzes 1 am Erwerber beteiligt, als ein von der Person abhängiges Unternehmen oder ein Dritter für Rechnung der Person oder des abhängigen Unternehmens am Erwerber beteiligt ist.

Übersicht

A. Überblick und Entstehungsgeschichte

1 § 162 soll – ebenso wie die verwandte Regelung in § 163 – die Gläubiger und mittelbar auch den Schuldner vor den **Risiken einer übertragenden Sanierung an Insider** schützen. Er ist eine Sonderregelung gegenüber § 160 Abs. 1 S. 1 und erklärt ausschließlich die **Gläubigerversammlung** für zuständig, Unternehmensveräußerungen an besonders Interessierte zuzustimmen, auch wenn ein Gläubigerausschuss bestellt ist. Der Grund für eine Beteiligung aller Gläubiger an diese Entscheidung liegt darin, dass insbesondere bei einem Verkauf an Personen, die gegenüber dem Verwalter einen Informationsvorsprung haben oder auf Grund ihrer rechtlichen Stellung maßgeblichen Einfluss auf das Verfahren nehmen können, die Gefahr besteht, dass der dabei erzielte Erlös aufgrund des Infor-

[37] KPB/*Webel* § 161 Rn. 5; *Jaeger/Weber*, KO, § 135 Rn. 2; *Kilger/K. Schmidt* § 135 Anm. 2.
[38] Uhlenbruck/*Zipperer* § 161 Rn. 9.
[39] → § 156 Rn. 12.
[40] HambKommInsO/*Decker* § 161 Rn. 5; ähnlich Nerlich/Römermann/*Balthasar* § 161 Rn. 22; aA Uhlenbruck/*Zipperer* § 161 Rn. 11.

mationsvorsprungs oder der Einflussmöglichkeiten nicht dem tatsächlichen Marktwert des Unternehmens entspricht, was die Befriedigungsaussichten der Gläubiger beeinträchtigt.[1]

§ 161 geht zurück auf die von K. Schmidt[2] im Verlauf der Reform aufgezeigten Risiken einer übertragenden Sanierung. Er ist ohne jedes Vorbild in der bisherigen Rechtsordnung. Auch der Entwurf der Kommission für Insolvenzrecht enthielt noch keine entsprechende Regelung. Erst der Diskussionsentwurf[3] und darauf aufbauend der Regierungsentwurf erkannten die Regelungsbedürftigkeit.[4] In beiden Entwürfen war vorgesehen, eine übertragende Sanierung an Insider nur im Rahmen eines **Insolvenzplans** zuzulassen. Die im Planverfahren gegebenen Informationsrechte und eine Abstimmung nach Gläubigergruppen sollten gewährleisten, dass keine Gläubigergruppe ein schlechteres Ergebnis als bei einer Verwertung durch den Verwalter erzielt, die Unternehmensveräußerung also die Voraussetzungen des sogenannten Pareto-Optimums erfüllt.[5] 2

Dieser sehr weitgehende Schutz wurde dann vom Rechtsausschuss aus Vereinfachungsgründen auf die heutige Fassung reduziert.[6] Bei den Verantwortlichen des Regierungsentwurfes ist dies auf heftige Kritik gestoßen. Durch eine bloße Mitwirkung der Gläubigerversammlung sei ein effektiver Schutz vor Umverteilungen zu Lasten von Gläubigerminderheiten nicht zu gewährleisten.[7] Dem ist insoweit zuzustimmen, als § 162 keinen nennenswert über die Mechanismen in §§ 160, 161 hinausgehenden Schutz bietet. Andererseits hätte ein obligatorischer Insolvenzplan bei vielen Insolvenzfällen zu einer unnötigen Belastung der Gerichte und Behinderung des Verfahrensablaufes geführt. Die Änderungen des Rechtsausschusses sind daher zumindest aus Sicht des Verwalters zu begrüßen.[8] 3

B. Zustimmungsbedürftige Veräußerungen

I. Unternehmens- und Betriebsveräußerung

§ 162 ist lex specialis zu § 160. Er verlagert die Zuständigkeit für die von § 160 geforderte Zustimmung zur Unternehmensveräußerung auf die Gläubigerversammlung, auch wenn ein Gläubigerausschuss besteht. Erfasst werden nur **Veräußerung**sentscheidungen des Verwalters, nicht aber sonstige Formen der Verwertung wie etwa Verpachtung. Soll die Veräußerung auf Grund eines **Insolvenzplans** erfolgen, greift § 162 nicht ein, denn die Gläubiger müssen der Veräußerung dann ohnehin im Rahmen des Planverfahrens mit den Mehrheiten des § 244 zustimmen (§ 235 Abs. 1 S. 1).[9] 4

Die Begriffe des **Unternehmens** und **Betriebs** sind wie in § 160 Abs. 2 Nr. 1 zu verstehen. Das Unternehmen ist also ein wirtschaftlich organisatorisches Gebilde, das sämtliche vermögenswerten Rechte umfasst, die zur Aufrechterhaltung der wirtschaftlichen Tätigkeit notwendig sind.[10] Demgegenüber umfasst der Betrieb in Anlehnung an § 613a BGB die sachlichen und immateriellen Produktionsmittel, die zur Verwirklichung des arbeitstechnischen Zwecks des schuldnerischen Unternehmens dienen.[11] Die Abgrenzung zwischen beiden Begriffen ist mangels rechtlicher Konsequenz im hier interessierenden Zusammenhang entbehrlich. Die Begriffe sind weit auszulegen. Unter Umständen kann die Veräußerung eines wesentlichen Vermögensgegenstandes genügen, zB des Betriebsgrundstücks. 5

[1] Allg. Begr. zum RegE, BT-Drs. 12/2443, 94 ff.; Kübler/*Balz,* Neuordnung des Insolvenzrechts, 1989, S. 11 f.

[2] Umfassend: Verhandlungen des 54. DJT I, 1982, S. D 83, weiter; *K. Schmidt* ZIP 1980, 328, 336 f.; Leipold/*K. Schmidt,* Insolvenzrecht im Umbruch, 1991, S. 67 ff. und *IDW* (Hrsg.), Beiträge zur Reform des Insolvenzrechts, 1987, S. 179 ff.

[3] §§ 172 bis 175 DiskE, S. 86 u. B 164 ff.

[4] §§ 181 bis 185 RegE, BT-Drs. 12/2443, 174 f. mit Begr. S. 94 f., 174 f.

[5] Allg. Begr. zum RegE, BT-Drs. 12/2443, 95; und Begr. zu §§ 182, 183 RegE, BT-Drs. 12/2443, 174 f., Erläuterungen bei Balz/Landfermann/*Balz*, S. XLV; Kübler/*Balz,* Neuordnung des Insolvenzrechts, 1989, S. 11.

[6] Bericht des Rechtsausschusses zu §§ 181, 182 RegE, BT-Drs. 12/7302, 174 f.; Allg. Teil des Berichts des Rechtsausschusses, BT-Drs. 12/7302, 152.

[7] Insbesondere Balz/Landfermann/*Balz*, S. XLV, *Balz,* Kölner Schrift, S. 14 Rn. 14; ihm folgend Nerlich/Römermann/*Balthasar* § 162 Rn. 6.

[8] AA *Müller-Feldhammer* ZIP 2003, 2186 ff.

[9] KPB/*Webel* § 162 Rn. 3.

[10] → § 160 Rn. 13.

[11] → § 160 Rn. 14 sowie Begr. zu dem in § 160 RegE, BT-Drs. 12/2443, 176.

II. Insider

6 Das Gesetz erfasst in § 162 zwei Kategorien von Insidern: Bei Erwerbern (besser und genauer: Erwerbsinteressenten), die dem Schuldner nahe stehen, vermutet der Gesetzgeber aus familiären, gesellschaftsrechtlichen oder ähnlichen Gründen einen Informationsvorsprung gegenüber dem Verwalter und den Gläubigergremien.[12] Für diese Gruppe lässt sich auch der plastische Begriff der **„Informationsinsider"**[13] verwenden. Erwerber, die zugleich Gläubiger des Schuldners sind und auf Grund von Absonderungsrechten oder der Höhe ihrer Forderung maßgeblichen Einfluss auf das Verfahren nehmen können,[14] werden griffig als **„Verfahrensinsider"**[15] bezeichnet. Um Umgehungen der Vorschrift möglichst zu vermeiden, stellt Abs. 1 Hs. 1 Erwerber einem Insider gleich, wenn ein Insider mit mindestens 20% daran beteiligt ist. Dem gleichen Zweck dient Abs. 2, der in 3 Fallgruppen mittelbare Beteiligungen von Insidern am Erwerber erfasst.

7 **1. Nahestehende Personen (Abs. 1 Nr. 1, „Informationsinsider").** Abs. 1 Nr. 1 verweist für die Abgrenzung der dem Schuldner nahe stehenden Personen auf die entsprechende Bestimmung im Insolvenzanfechtungsrecht (§ 138). Dies ist wegen der ähnlich gelagerten Problematik zweckmäßig, schafft aber zugleich einen für die praktische Handhabung sehr weiten Insiderbegriff. Er erfasst, wenn es sich bei dem Schuldner um eine natürliche Person handelt, deren Ehegatten, nahe Verwandte und nichteheliche Lebensgefährten (§ 138 Abs. 1). Im Falle einer juristischen Person oder nicht rechtsfähigen Gesellschaft werden gemäß § 138 Abs. 2 die Organmitglieder, leitende Angestellte sowie diesen persönlich nahe stehende Personen einbezogen.

8 **2. Maßgebliche Gläubiger im Kreis der Insider (Abs. 1 Nr. 2, „Verfahrensinsider").** Als verfahrensrechtliche Insider anzusehen sind Gläubiger, die einen erheblichen Einfluss auf das Verfahren ausüben können. Dies sind nach § 162 Abs. 1 Nr. 2 absonderungsberechtigte Gläubiger oder nicht nachrangige Insolvenzgläubiger, deren Absonderungsrechte und Forderungen mindestens 20% der Summe aus Absonderungsrechten und Forderungsbeträgen ausmachen. Die Mindestschwelle von 20% orientiert sich bewusst am Quorum für die Einberufung einer Gläubigerversammlung in § 75 Abs. 1 Nr. 3.[16]

9 Ob dieses Quorum erreicht wird, hat das Insolvenzgericht durch Schätzung festzustellen. Das kann in doppelter Hinsicht zu Problemen führen. Einerseits soll das Gericht eine Feststellung zu Forderungen und Absonderungsrechten treffen, obgleich die Führung der Tabelle gemäß § 175 S. 1 dem Verwalter obliegt. Umgekehrt ist der Verwalter auf die Schätzung des Insolvenzgerichts angewiesen, um das Vorliegen der Voraussetzungen des § 162 beurteilen zu können. Zur Vermeidung möglicher Haftungsrisiken kann der Verwalter das Gericht auffordern, eine Schätzung durchzuführen; das Gericht ist verpflichtet einer solchen Aufforderung nachzukommen und das Ergebnis dem Verwalter mitzuteilen.[17]

10 Schließen sich mehrere Gläubiger zum Erwerb des Unternehmens zusammen, so ist darauf abzustellen, welche Quote diese Gläubiger insgesamt erreichen. Das ergibt sich zwar nicht unmittelbar aus dem Wortlaut von § 162 Abs. 1 Nr. 2, denn dieser spricht nur von einem Gläubiger, folgt aber aus der Orientierung an § 75 Abs. 1 Nr. 3 (vgl. Rn. 8) sowie dem Zweck der Norm. Für die Gefahr des Missbrauchs des verfahrensrechtlichen Einflusses ist es unerheblich, ob es sich bei dem Erwerber um nur einen Großgläubiger oder um einen Zusammenschluss mehrerer kleinerer Gläubiger mit gleich gerichteten Interessen handelt.[18]

11 **3. Mittelbar Beteiligte (Abs. 2).** Der Schutz vor Umgehungen durch mittelbare Beteiligungen des Abs. 2 erfasst drei nicht sehr übersichtlich geregelte Varianten:

12 **(1)** Beteiligung eines vom Insider **abhängigen Unternehmens** am Erwerber: Diese 1. Variante zielt auf zweistufige Beteiligungsverhältnisse, bei denen der Insider über die Zwischenschaltung eines weiteren Unternehmens am Erwerber des insolventen Unternehmens beteiligt ist. Voraussetzung ist, dass das zwischen Insider und Erwerber geschaltete Unternehmen vom Insider abhängt. Maßgeblich für den Begriff der Abhängigkeit ist dabei die aktienrechtliche Regelung in §§ 16 bis 18 AktG.[19]

---

12 Allg. Begr. zum RegE, BT-Drs. 12/2443, 94; Begr. zu § 181 RegE, BT-Drs. 12/2443, 174 f.
13 Nerlich/Römermann/*Balthasar* § 162 Rn. 11.
14 Begr. zu § 181 RegE, BT-Drs. 12/2443, 175.
15 Nerlich/Römermann/*Balthasar* § 162 Rn. 13.
16 Begr. zu § 181 RegE, BT-Drs. 12/2443, 175.
17 KPB/*Webel* § 162 Rn. 6.
18 Ebenso Nerlich/Römermann/*Balthasar* § 162 Rn. 14; HambKommInsO/*Decker* § 162 Rn. 5.
19 Begr. zum RegE zu § 154 Abs. 2 RegE, BT-Drs. 12/2443, 162 f. iVm Begr. zu § 181 RegE, BT-Drs. 12/2443, 175; Uhlenbruck/*Zipperer* § 162 Rn. 7.

Ist ein weiteres vom Insider abhängiges Unternehmen am Kapital des Erwerbers beteiligt, wird der Anteil des zweiten abhängigen Unternehmens dem Insider zugerechnet.

(2) Beteiligung eines Dritten, der **für Rechnung des Insiders** handelt, am Erwerber: Die 2. Variante hat zweistufige Beteiligungsverhältnisse im Auge, bei denen zwischen Erwerber und Insider ein Dritter geschaltet ist, der im Auftrag und auf Rechnung des Insiders die Beteiligung am Erwerber des Unternehmens hält. Hierdurch soll der Einschaltung von **Strohmännern** begegnet werden. 13

(3) Beteiligung eines Dritten am Erwerber, der für Rechnung eines vom Insider abhängigen Unternehmens handelt: Die 3. Variante erfasst schließlich dreistufige Beteiligungsverhältnisse, wie sie bei der **Kombination** der beiden vorausgegangenen Alternativen entstehen können. Dieser nur selten praktisch relevante Fall setzt voraus, dass vom Insider ein anderes Unternehmen im Sinne von §§ 16 ff. AktG abhängt und ein Dritter für Rechnung dieses abhängigen Unternehmens eine mindestens 20%ige Beteiligung am zu erwerbenden Unternehmen hält. 14

Neben den gesetzlich geregelten Alternativen sind weitere Fallgruppen denkbar, bei denen ein Insider durch mittelbare Beteiligungen einen Einfluss auf den Erwerber ausüben kann. Das ist etwa der Fall, wenn Erwerber und Insider Schwestergesellschaften sind, die vom selben **herrschenden Unternehmen** im Sinne der §§ 16 bis 18 AktG abhängen. Gleichwohl ist auf derartige Fälle § 162 Abs. 2 nicht analog anwendbar.[20] Das ist zunächst eine Folge der unglücklichen Kasuistik des Gesetzes. Überdies ist das Bemühen um Umgehungsschutz nach den Änderungen des Rechtsausschusses[21] im Vergleich zur Rechtsfolge eher unverhältnismäßig. Es gibt kein dringendes Bedürfnis, dem Anwendungsbereich weitere Fälle zu unterwerfen.[22] Darüber hinaus wäre die analoge Anwendung auf weitere Fallgruppen wegen der oft schwierigen Erkennbarkeit der relevanten Beteiligungsverhältnisse auch von geringer praktischer Relevanz. 15

C. Zustimmung der Gläubigerversammlung

Ebenso wie bei § 160[23] ist Zustimmung im Sinne von § 162 nicht nur die vorherige Zustimmung **(Einwilligung),** sondern auch die die nachträgliche **Genehmigung.**[24] Die Gläubigerversammlung entscheidet auch dann, wenn ein Gläubigerausschuss besteht. Hat jedoch die Gläubigerversammlung beschlossen, ihre Kompetenzen aus § 162 auf den Gläubigerausschuss zu übertragen,[25] ist die Einberufung einer Gläubigerversammlung überflüssig. Die Zustimmung des Gläubigerausschusses ersetzt dann die der Gläubigerversammlung.[26] 16

Wer die Zustimmung der Gläubigerversammlung herbeizuführen hat, ist nicht ausdrücklich geregelt. Zum Teil wird angenommen, dass dies sowohl dem Verwalter als auch dem Insolvenzgericht obliegt.[27] Dem ist nicht zuzustimmen. Da § 162 lex specialis zu § 160 ist, obliegt die Einholung der Zustimmung, wie dort, allein dem Verwalter. Dieser muss, wenn er an einen Insider verkaufen will, eine außerordentliche Gläubigerversammlung beantragen.[28] Der Verwalter muss die Gläubigerversammlung über alle wesentlichen Punkte des beabsichtigten Verkaufs aufklären, insbesondere über die Höhe des Kaufpreises und die Art seiner Kalkulation.[29] 17

Aus dem Umstand, dass § 162 lex specialis zu § 160 ist folgt, dass der Verwalter vor der Beschlussfassung der Gläubigerversammlung den Schuldner nach § 161 unterrichten muss,[30] wenn nicht ausnahmsweise eine Unterrichtung entbehrlich ist (vgl. § 161 Rn. 5). Hat die Gläubigerversammlung ihre Kompetenz aus § 162 auf den Gläubigerausschuss übertragen, entscheidet dieser, ohne dass eine vorläufige Untersagung des Gerichts gemäß § 161 S. 2 in Betracht kommt, vgl. § 161 Rn. 10. 18

---

20 KPB/*Webel* § 162 Rn. 5.

21 → Rn. 3.

22 KPB/*Webel* § 162 Rn. 5; aA dagegen Nerlich/Römermann/*Balthasar* § 162 Rn. 22; Andres/Leithaus/*Andres* § 162 Rn. 8.

23 → § 160 Rn. 26.

24 FKInsO/*Wegener* § 162 Rn. 8; aA KPB/*Webel* § 162 Rn. 7; wohl ebenso Uhlenbruck/*Zipperer* § 162 Rn. 8.

25 → § 157 Rn. 28.

26 KPB/*Webel* § 162 Rn. 7; Nerlich/Römermann/*Balthasar* § 157 Rn. 17.

27 KPB/*Webel* § 162 Rn. 7; Uhlenbruck/*Zipperer* § 162 Rn. 8; FKInsO/*Wegener* § 162 Rn. 7.

28 HKInsO/*Ries* § 162 Rn. 9.

29 KPB/*Webel* § 162 Rn. 8; ähnlich FKInsO/*Wegener* § 162 Rn. 6.

30 HKInsO/*Ries* § 162 Rn. 9; aA FKInsO/*Wegener* § 162 Rn. 7.

§ 163 Betriebsveräußerung unter Wert

(1) Auf Antrag des Schuldners oder einer in § 75 Abs. 1 Nr. 3 bezeichneten Mehrzahl von Gläubigern und nach Anhörung des Insolvenzverwalters kann das Insolvenzgericht anordnen, daß die geplante Veräußerung des Unternehmens oder eines Betriebs nur mit Zustimmung der Gläubigerversammlung zulässig ist, wenn der Antragsteller glaubhaft macht, daß eine Veräußerung an einen anderen Erwerber für die Insolvenzmasse günstiger wäre.

(2) Sind dem Antragsteller durch den Antrag Kosten entstanden, so ist er berechtigt, die Erstattung dieser Kosten aus der Insolvenzmasse zu verlangen, sobald die Anordnung des Gerichts ergangen ist.

Übersicht

A. Überblick und Entstehungsgeschichte

1 § 163 ist eine weitere Sonderregelung gegenüber § 160 Abs. 1 S. 1. Funktion und Entstehungsgeschichte des § 163 stehen in engem Zusammenhang mit der verwandten Regelung in § 162. Ebenso wie § 162[1] soll § 163 die Gläubiger und den Schuldner vor den **Risiken einer übertragenden Sanierung** schützen. Abweichend ist die rechtstechnische Umsetzung dieses Schutzes: Während der Gesetzgeber bei einem Verkauf an einen Insider die Gefahr einer Schädigung der Gläubiger unwiderleglich vermutet, hat der Antragsteller bei Veräußerungen an sonstige Erwerber eine solche Gefahr nachzuweisen. Die Untersagung bis zur Entscheidung der Gläubigerversammlung setzt daher einen Antrag und die Glaubhaftmachung einer konkreten Schädigungsgefahr voraus.

2 Ebenso wie § 162 ist § 163 ohne Vorbild in der bisherigen Rechtsordnung. Wie dieser geht er zurück auf die von K. Schmidt[2] aufgezeigten Risiken einer übertragenden Sanierung, die zunächst im Diskussionsentwurf[3] aufgegriffen wurden. Sowohl Diskussionsentwurf als auch Regierungsentwurf[4] sahen vor, dass bei einer Veräußerung unter Wert die Veräußerung nur im Rahmen eines **Insolvenzplans** erfolgen dürfe. Die im Planverfahren gegebenen Informationsrechte und eine Abstimmung nach Gläubigergruppen sollten gewährleisten, dass keine Gläubigergruppe ein schlechteres Ergebnis als bei einer Verwertung durch den Verwalter erzielt.[5]

3 Dieser sehr weitgehende Schutz erfuhr im Rechtsausschuss dann dieselbe Behandlung wie § 162. Statt Anordnung eines Insolvenzplans durch das Gericht sah der Rechtsausschuss die Zustimmung der **Gläubigerversammlung** als hinreichend an.[6] Dies führt dazu, dass § 163 neben den §§ 160, 161 weitgehend funktionslos geworden ist.[7] Besteht ein Gläubigerausschuss und hat nur dieser zugestimmt, so können Schuldner und Gläubiger einen Vollzug des Verkaufs bis zur Zustimmung der Gläubigerver-

---

1 → § 162 Rn. 1.

2 Umfassend: Verhandlungen des 54. DJT I, 1982, S. D 83; weiter: *K. Schmidt* ZIP 1980, 328, 336 f.; Leipold/*K. Schmidt,* Insolvenzrecht im Umbruch, 1991, S. 67 ff. und *IDW* (Hrsg.), Beiträge zur Reform des Insolvenzrechts, 1987, S. 179 ff.

3 Vgl. § 173 DiskE, DiskE S. 88.

4 Vgl. § 182 RegE, BT-Drs. 12/2443, 38.

5 Allg. Begr. zum RegE, BT-Drs. 12/2443, 95; und Begr. zu §§ 182, 183 RegE, BT-Drs. 12/2443, 174 f., sowie die Erläuterungen dazu von *Balz* in Balz/Landfermann, S. XLV; Kübler/*Balz,* Neuordnung des Insolvenzrechts, 1989, S. 11, der maßgeblich am Gesetzgebungsverfahren beteiligt war.

6 Bericht des Rechtsausschusses zu §§ 181, 182 RegE, BT-Drs. 12/7302, 174 f.; Allg. Teil des Berichts des Rechtsausschusses, BT-Drs. 12/7302, 152.

7 KPB/*Webel* § 163 Rn. 2; Uhlenbruck/*Zipperer* § 163 Rn. 1.

sammlung über einen Antrag nach § 161 verhindern. Als eigenständiger Regelungsgehalt von § 163 verbleibt der Sache nach nur noch die in § 161 nicht vorgesehene Kostenerstattung nach Abs. 2.[8]

B. Gerichtliche Untersagung der Maßnahme (Abs. 1)

I. Verfahrensvoraussetzungen

Weil das Gericht nur ein konkretes Geschäft des Verwalters untersagen kann, muss die Veräußerung an einen bestimmten Erwerber zu bestimmten Bedingungen anstehen. Bloße Verhandlungen, die eines späteren Tages zu einer Veräußerung führen mögen, lösen den Rechtsschutz (noch) nicht aus sodass der Abbruch von Verhandlungen nicht erzwungen werden kann. 4

1. Beabsichtigte Veräußerung des Unternehmens oder Betriebes. Voraussetzung für einen **Untersagungsbeschluss** des Gerichts ist zunächst, dass der Verwalter beabsichtigt, das schuldnerische Unternehmen oder einen Betrieb zu veräußern. Die Begriffe des Unternehmens und des Betriebs sind wie in § 160 Abs. 2 Nr. 1 und in § 162 zu verstehen. Der Begriff des Unternehmens beinhaltet also ein wirtschaftlich organisatorisches Gebilde, das sämtliche vermögenswerten Rechte umfasst, die zur Aufrechterhaltung der wirtschaftlichen Tätigkeit notwendig sind.[9] Ein Betrieb ist die Zusammenfassung sachlicher und immaterieller Produktionsmittel, die zur Verwirklichung eines arbeitstechnischen Zwecks dienen.[10] Die Begriffe sind weit auszulegen. Unter Umständen genügt die Veräußerung eines wesentlichen Vermögensgegenstandes, zB „nur" des Betriebsgrundstücks. 5

Mangels Verpflichtung des Verwalters in § 163 oder § 161, sämtliche Gläubiger über einen beabsichtigten Verkauf zu unterrichten, unterliegt das Antragsrecht des Gläubigers nach § 163 ähnlichen Problemen wie das aus § 161. Ohne Information über die Verkaufsabsichten des Verwalters droht das Antragsrecht ohne praktische Konsequenz zu bleiben.[11] Es spricht daher viel dafür, dem **Verwalter** zumindest bei beabsichtigten **Unternehmens- oder Betriebsverkäufen** eine **Auskunftspflicht** gegenüber den Gläubigern aufzuerlegen. 6

2. Antrag. Da es sich bei der Veräußerung des Unternehmens oder Betriebs um eine wirtschaftliche Entscheidung handelt, wird das Insolvenzgericht – wie bei § 161 – nur auf Antrag tätig. Ebenso wie dort sind der Schuldner und eine qualifizierte Gläubigerminderheit antragsberechtigt. Durch die Beschränkung des Antragsrechts der Gläubiger auf das Quorum in § 75 Abs. 1 Nr. 3 wird die Möglichkeit der Verfahrensobstruktion durch missbräuchliche Anträge eingeschränkt. 7

Eine besondere Form für den Antrag sieht § 163 nicht vor; ebenso keine Frist. Gleichwohl wird in aller Regel ein schriftlicher Antrag notwendig sein. Anders lässt sich das Erfordernis der Glaubhaftmachung einer günstigeren Veräußerungsmöglichkeit kaum darstellen. Zur Antragsstellung des Schuldners ist jedes Organmitglied bzw. jeder persönlich haftende Gesellschafter oder Abwickler berechtigt; § 15 Abs. 2 findet keine Anwendung.[12] 8

3. Glaubhaftmachung einer günstigeren Veräußerungsmöglichkeit. Die Zustimmung der **Gläubigerversammlung** ist nur erforderlich, wenn es dem Antragsteller gelingt, eine bessere Veräußerungsmöglichkeit glaubhaft zu machen. Der Antragsteller muss hierfür eine konkrete Veräußerungsmöglichkeit durch Angabe eines bestimmten Erwerbers und der Erwerbskonditionen benennen können. Bloße Ausführungen dazu, dass am Markt ein höherer Preis erzielbar wäre, genügen nicht.[13] Teilweise wird verlangt, den Interessenten im Zweifel namentlich zu nennen.[14] Ebenso wenig genügt die Behauptung, dass eine andere Art der Verwertung günstiger wäre.[15] Die Vorschrift lässt bereits nach ihrem Wortlaut lediglich den Einwand einer günstigeren Alternative zur **Gesamtveräußerung** zu; also nicht etwa den Einwand, die alternative **Einzelveräußerung** sei günstiger.[16] Die konkrete alternative Veräußerungsmöglichkeit muss günstiger als die des Verwalters sein; die bloße Möglichkeit reicht nicht. Da § 163 Glaubhaftmachung verlangt, genügt aber überwiegende 9

---

8 So zu Recht KPB/*Webel* § 163 Rn. 2; HKInsO/*Ries* § 163 Rn. 1; *Smid* § 163 Rn. 1 Uhlenbruck/*Zipperer* § 163 Rn. 1.

9 → § 160 Rn. 14.

10 → § 160 Rn. 15; sowie Begr. zu dem in § 160 RegE, BT-Drs. 12/2443, 176.

11 → § 161 Rn. 2.

12 Uhlenbruck/*Zipperer* § 163 Rn. 4.

13 Andres/Leithaus/*Andres* § 163 Rn. 6.

14 Andres/Leithaus/*Andres* § 163 Rn. 6; Uhlenbruck/*Zipperer* § 163 Rn. 5; HKInsO/*Ries* § 163 Rn. 3; KPB/*Webel* § 163 Rn. 6.

15 HKInsO/*Ries* § 163 Rn. 3; Uhlenbruck/*Zipperer* § 163 Rn. 5.

16 Uhlenbruck/*Uhlenbruck*, 13. Aufl., § 163 Rn. 5; Braun/*Bünning/Beyer* § 163 Rn. 5.

Wahrscheinlichkeit. Maßgeblich für diese Beurteilung ist nicht nur der Kaufpreis. Vielmehr sind sämtliche wirtschaftlich relevante Umstände zu berücksichtigen. Hierzu gehören etwa die Zahlungsbedingungen, die Bonität des Erwerbers, die Absicherung des Kaufpreisanspruchs und eine Entlastung der Masse von Kosten durch Übernahme von Arbeitnehmern.[17] Will der Antragsteller Erfolg haben, muss er in seinem Antrag auf sämtliche wirtschaftlich relevanten Umstände eingehen. Zu beachten ist auch, dass es allein auf die Günstigkeit für die Insolvenzmasse bzw. Gläubiger ankommt, nicht dagegen für den Schuldner. Bessere Sanierungschancen für das Schuldnerunternehmen mit aussichtsreicherer Fortführungsperspektive sind in diesem Zusammenhang also nur beachtlich, wenn sie auch der Masse zugutekommen.[18]

10 Als Mittel der Glaubhaftmachung stehen dem Antragsteller gemäß § 4 iVm § 294 ZPO sämtliche präsenten Beweismittel der §§ 253 bis 455 ZPO sowie die eidesstattliche Versicherung zur Verfügung.[19] Gutachten von Sachverständigen, in denen die Veräußerungsmöglichkeiten miteinander verglichen werden,[20] sind wenig praktisch; erst recht nicht Gutachten, die lediglich feststellen, der Marktpreis oder der objektive Unternehmenswert seien höher, da dies nicht die maßgeblichen Kriterien sind. Das Verwaltergeschäft und das Alternativgeschäft müssen schon im Antrag so gegeneinander gestellt werden, dass das Gericht ohne langwierige Verfahren vergleichen und entscheiden kann.

11 **4. Fehlende Zustimmung der Gläubigerversammlung.** Neben diesen ausdrücklich geregelten Zulässigkeitsvoraussetzungen ist weiter erforderlich, dass die Gläubigerversammlung dem vom Verwalter beabsichtigten Verkauf **noch nicht zugestimmt** hat. Dies folgt aus dem Zweck des Antragsrechts. Ähnlich wie bei § 161 hat der Antragsteller nur einen Anspruch darauf, dass sich die Gläubigerversammlung überhaupt mit der vom Verwalter geplanten Veräußerung auseinandersetzt. Liegt bereits eine Zustimmung der Gläubigerversammlung vor, besteht grundsätzlich kein Anspruch auf erneute Entscheidung. Selbiges gilt für die bereits erteilte Zustimmung des Gläubigerausschusses nach erfolgter Kompetenzübertragung durch die Gläubigerversammlung.[21] Problematisch ist jedoch der Fall, dass die Gläubigerversammlung zugestimmt hat, ohne die alternative Veräußerungsmöglichkeit in ihre Entscheidung einbezogen zu haben. Es dürfte insofern zu differenzieren sein: Hat der Antragsteller es unterlassen, auf der ersten Gläubigerversammlung seine alternative Verkaufsmöglichkeit vorzustellen, oder gelang es ihm nicht, die Gläubiger von deren Vorteilhaftigkeit zu überzeugen, so hat er dies hinzunehmen. Für eine erneute Einberufung der Gläubigerversammlung fehlt das Rechtsschutzbedürfnis. Die Unzulässigkeit eines Untersagungsantrags führt in diesem Fall zugleich zu einer wünschenswerten Konzentration der Verkaufsentscheidung in einer Gläubigerversammlung und verhindert einen Missbrauch des Antragsrechts nach § 163. Die Praxis zeigt, dass der Schuldner bei einem geplanten Unternehmensverkauf oft mit potentiellen Erwerbern aufwartet, um so seinen Einfluss auf das Unternehmen zu erhalten.[22] Wäre in einem solchen Falle eine Untersagung nach § 163 zulässig, könnte der Schuldner oder könnten interessierte Minderheitsgläubiger den bereits von den Gläubigern genehmigten Verkauf mit mehrmals geringfügig „verbesserten" Alternativgeschäften sachwidrig in die Länge ziehen. Eine andere Situation entsteht erst dann, wenn ein **qualitativ anderes Geschäft** als Verwertungsalternative vorgestellt werden kann (zB anstelle der Veräußerung eines Teilbetriebs die Unternehmensveräußerung zu deutlich vorteilhafteren Gesamtbedingungen) und sich die alternative Veräußerungsmöglichkeit entweder erst nach der Beschlussfassung ergeben hat oder der Antragstellung erst nach der Beschlussfassung von der alternativen Veräußerungsmöglichkeit erfahren hat.[23] Dann wird man annehmen müssen, dass die Gläubigerversammlung noch nicht befunden hat und dem Antragsteller das Rechtsschutzbedürfnis nicht versagt werden kann.

II. Entscheidung des Gerichts

12 Liegen die Verfahrensvoraussetzungen vor, hat das Gericht zu prüfen, ob eine **bessere Verwertungsmöglichkeit** besteht. Hierbei muss das Gericht nicht im Sinne eines vollen Beweises von der besseren Verwertungsmöglichkeit überzeugt werden. Wie im einstweiligen Rechtsschutz der ZPO

17 So schon die Begr. zu § 182 RegE, BT-Drs. 12/2443, 175; weiter FKInsO/*Wegener* § 163 Rn. 3; HKInsO/*Ries* § 163 Rn. 4; KPB/*Webel* § 163 Rn. 6; Nerlich/Römermann/*Balthasar* § 163 Rn. 10; *Fröhlich/Köchling* ZInsO 2003, 923, 925.

18 KPB/*Webel* § 163 Rn. 3b; Uhlenbruck/*Zipperer* § 163 Rn. 2.

19 KPB/*Webel* § 163 Rn. 5.

20 Wie sie in der GesetzesBegr. zu Abs. 2 angeführt werden, vgl. Begr. zu § 182 RegE, BT-Drs. 12/2443, 175 und *Haarmeyer/Wutzke/Förster,* Rn. 5/353 (S. 494).

21 KPB/*Webel* § 163 Rn. 4a; FKInsO/*Wegener* § 163 Rn. 5.

22 Vgl. insbes. FKInsO/*Wegener* § 163 Rn. 1.

23 BKInsO/*Undritz/Fiebig* § 163 Rn. 8, die von einem Anspruch auf erneute Entscheidung ausgehen, wenn sich die alternative Veräußerungsmöglichkeit erst nach der Beschlussfassung ergeben hat.

genügt die überwiegende Wahrscheinlichkeit.[24] Zugleich räumt § 163 dem Gericht durch Verwendung des Wortes „kann" einen **Ermessensspielraum** ein.[25] Dadurch ist es dem Gericht überlassen, wie es bei dem Vergleich der wirtschaftlich relevanten Daten beide Alternativen[26] gewichtet. Das Gericht hat eine eigene Gesamtabwägung vorzunehmen.

Vor der Gesamtabwägung hat das Gericht den Verwalter, in dessen verfahrensrechtliche Stellung es durch einen Untersagungsbeschluss eingreifen würde, **anzuhören.**[27] Das dient wie bei § 161[28] dazu, die Interessen der Gläubiger bzw. Gläubigermehrheit sowie den Sachverstand des Verwalters in die Entscheidung des Gerichts einzubinden.[29] 13

Fraglich und umstritten ist, inwiefern sich das Gericht auf das Vorgetragene beschränken darf. Richtigerweise darf das Gericht nicht alternative Verwertungsmöglichkeiten berücksichtigen, die von keiner Seite vorgetragen sind.[30] Das Gericht darf auch weder umfangreiche Ermittlungen anstellen noch darf es sich andererseits darauf beschränken lediglich die glaubhaft gemachten Tatsachen zugrunde zu legen. Das Gericht hat vielmehr zu prüfen und notfalls im Wege der **Amtsermittlung** (§ 5) festzustellen, ob die glaubhaft gemachte alternative Veräußerungsmöglichkeit tatsächlich günstiger ist.[31] 14

Die Entscheidung über den Untersagungsantrag ergeht – wie bei § 161 – durch Beschluss, der dem Antragsteller und dem Verwalter zuzustellen ist.[32] Gibt das Gericht dem Antrag statt, hat dies aufschiebende Wirkung, gemäß § 164 aber **nur für das Innenverhältnis.** Dem Verwalter ist es untersagt, das Unternehmen vor einer Entscheidung der Gläubigerversammlung zu verkaufen. Mit der Entscheidung der Gläubigerversammlung verliert dieses Verbot automatisch seine Wirkung, ohne dass es eines Aufhebungsbeschlusses bedarf. 15

Hat der Rechtspfleger über den Antrag entschieden, so kann der Verwalter gegen einen stattgebenden Beschluss mit der **Erinnerung** gemäß § 11 Abs. 2 S. 1 RPflG vorgehen. Gleiches gilt für den Antragsteller, wenn der Antrag abgelehnt wurde. Gegen einen Beschluss des Amtsrichters ist dagegen kein Rechtsmittel gegeben.[33] Allerdings kann der Antragsteller versuchen, eine Untersagungsverfügung nach § 161 zu erreichen, wenn der Antrag nach § 163 allein an der unzureichenden Überzeugung des Gerichts von der Vorteilhaftigkeit der Verwertungsalternative scheitert.[34] 16

III. Einberufung der Gläubigerversammlung

Nicht geregelt ist, wie im Falle einer Untersagung die Entscheidung der Gläubigerversammlung herbeizuführen ist. Die mit der Untersagung nach § 161 identische Eingriffsintensität und Vergleichbarkeit des Normzwecks spricht dafür, ebenso wie bei § 161[35] eine **Pflicht des Gerichts** zur Einberufung einer Gläubigerversammlung von Amts wegen anzunehmen.[36] 17

C. Kostenregelung (Abs. 2)

Gibt das Gericht dem Antrag auf Untersagung der Veräußerung statt, so steht dem Antragsteller ein **Kostenerstattungsanspruch** zu. Ob die Gläubigerversammlung die Veräußerungsalternative des Antragstellers oder die des Verwalters wählt, ist unerheblich.[37] Der Antrag richtet sich gegen die Insolvenzmasse. Inhaltlich umfasst er nur die „durch den Anspruch entstandenen" Kosten. Diese Formulierung ist zur Vermeidung einer Belastung der Masse mit unnötig hohen Kosten restriktiv 18

---

24 KPB/*Webel* § 163 Rn. 5; HKInsO/*Ries* § 163 Rn. 5; aA dagegen in: HKInsO/*Flessner*, 5. Aufl., § 163 Rn. 4.

25 Enger KPB/*Webel* § 163 Rn. 6b, der davon ausgeht, dass bei einer erfolgreichen Glaubhaftmachung das Gericht kaum noch einen Ermessensspielraum hat.

26 → Rn. 10.

27 Dazu auch umfassend *Vallender,* Kölner Schrift, 1997, S. 209 ff.

28 → § 161 Rn. 12.

29 Nerlich/Römermann/*Balthasar* § 163 Rn. 13; umfassend zu Anhörungsrechten des Verwalters in der InsO *Vallender,* Kölner Schrift, 1997, S. 209 ff.

30 Nerlich/Römermann/*Balthasar* § 163 Rn. 15; aA *Haarmeyer/Wutzke/Förster* Handbuch, S. 553.

31 Kübler/Prütting/*Onusseit* § 163 Rn. 6b; aA Uhlenbruck/*Zipperer* § 163 Rn. 7.

32 → § 161 Rn. 13.

33 FKInsO/*Wegener* § 163 Rn. 6.

34 FKInsO/*Wegener* § 160 Rn. 6; ähnlich KPB/*Webel* § 163 Rn. 4a, der davon ausgeht, dass das Gericht von sich aus auf § 161 ausweichen kann sowie Uhlenbruck/*Zipperer* § 163 Rn. 5, der vertritt das Gericht habe bei Antragsstellung stets auch § 161 zu prüfen.

35 → § 161 Rn. 17.

36 Im Ergebnis ebenso HambKommInsO/*Decker* § 163 Rn. 6; FKInsO/*Wegener* § 163 Rn. 7; aA HKInsO/*Ries* § 163 Rn. 6; Andres/Leithaus/*Andres* § 163 Rn. 9.

37 Nerlich/Römermann/*Balthasar* § 163 Rn. 19.

auszulegen. Erstattungsfähig sind nur die unmittelbar mit der Antragserstellung verbundenen Kosten, nicht dagegen sonstige Aufwendungen des Antragstellers, die ihm im Zusammenhang mit der Ermittlung einer günstigeren Veräußerungsmöglichkeit entstanden sind.[38] Zu den unmittelbaren Kosten des Antrags gehören zB Rechtsanwaltsgebühren für die Erstellung des Antrags,[39] nicht aber Kosten eines Maklers,[40] die natürlich dann – unter anderem Gesichtspunkt – von der Masse zu tragen sein können, wenn das Alternativgeschäft zustande kommt. Zuständig für den Streit über die Höhe des Erstattungsanspruchs sind die Zivilgerichte.[41]

§ 164 Wirksamkeit der Handlung

Durch einen Verstoß gegen die §§ 160 bis 163 wird die Wirksamkeit der Handlung des Insolvenzverwalters nicht berührt.

A. Überblick und Entstehungsgeschichte

1 § 164 bestimmt zum Schutz des Rechtsverkehrs, dass ein Verstoß gegen die §§ 160 bis 163 **keine Außenwirkung** hat. Den außenstehenden Dritten wird nicht zugemutet, sich über die Bedeutung der Geschäfte für die Insolvenzmasse und die Ordnungsmäßigkeit der internen Entscheidungsprozesse zu informieren. Der Rechtsverkehr soll darauf vertrauen können, dass Handlungen des Verwalters wirksam sind.[1] Zugleich schafft § 164 die Voraussetzungen dafür, dass der Verwalter uneingeschränkt am Rechtsverkehr teilnehmen und so das schuldnerische Vermögen zügig und bestmöglich am Markt realisieren kann.[2] Von diesem Grundsatz gibt es Ausnahmen (siehe unten C.); insbesondere, wenn – wegen evidenter Insolvenzzweckwidrigkeit – Vertrauen nicht bestehen kann bzw. nicht schutzwürdig ist.

2 Vorbild der Regelung in § 164 war die weitgehend identische Bestimmung des § 136 KO.[3] Sie ist Ausdruck eines allgemeinen Grundsatzes des Insolvenzrechts. In der GesO, die keine entsprechende ausdrückliche Regelung enthielt, wurde der Grundsatz aus der Natur der Sache unmittelbar abgeleitet.[4] Im gesamten Verlauf der Insolvenzrechtsreform war er unstreitig. Eine ausdrückliche Regelung enthielt erst der Diskussionsentwurf.[5] Diese wurde dann mit geringfügigen Veränderungen durch den Rechtsausschuss Gesetz.[6]

B. Keine Außenwirkung von Verstößen

3 Verstößt der Verwalter gegen die §§ 160 bis 163, so hat das keine Auswirkungen auf die **Wirksamkeit der Rechtshandlung** gegenüber Dritten. Dies gilt unabhängig davon, ob der Dritte den Verstoß kannte oder nicht. Der Schutz des Rechtsverkehrs durch § 164 setzt keinen guten Glauben voraus.[7] Dritte können aus einem Verstoß gegen die §§ 160 bis 163 aber auch keinerlei Rechte herleiten. Umgekehrt ist es dem Verwalter verwehrt, sich auf die mangelnde Zustimmung des Gläubigerausschusses oder der Gläubigerversammlung zu berufen, wenn er sich von einem Geschäft, das sich für die Masse als ungünstig erweist, wieder lösen will.[8]

---

[38] KPB/*Webel* § 163 Rn. 7.
[39] Begr. zu § 182 RegE, BT-Drs. 12/2443, 175; KPB/*Webel* § 163 Rn. 7; Nerlich/Römermann/*Balthasar* § 163 Rn. 19.
[40] KPB/*Webel* § 163 Rn. 7.
[41] FKInsO/*Wegener* § 163 Rn. 9; Uhlenbruck/*Zipperer* § 163 Rn. 10; HambKommInsO/*Decker* § 163 Rn. 6; aA Nerlich/Römermann/*Balthasar* § 163 Rn. 20.
[1] Begr. zu § 183 RegE, BT-Drs. 12/2443, 175.
[2] Nerlich/Römermann/*Balthasar* § 164 Rn. 2.
[3] Begr. zu § 183 RegE, BT-Drs. 12/2443, 175.
[4] BGH ZIP 1995, 290; *Smid* GesO, § 15 Rn. 80; *Hess/Binz/Wienberg* GesO, § 15 Rn. 42.
[5] § 171 DiskE, S. 87, B 164. Zum Standpunkt der Kommission für Insolvenzrecht S. 1. KommBer, S. 138.
[6] Bericht des Rechtsausschusses, BT-Drs. 12/7302, 176.
[7] Allg. Ansicht, KG OLGZ 35, 259; FKInsO/*Wegener* § 164 Rn. 2; HKInsO/*Ries* § 164 Rn. 1; Braun/*Bünning/Beyer* § 164 Rn. 2; KPB/*Webel* § 164 Rn. 3; Nerlich/Römermann/*Balthasar* § 160 Rn. 4; Uhlenbruck/*Zipperer*§ 164 Rn. 2, ebenso schon zur KO *Kuhn/Uhlenbruck* KO § 136; *Hess/Kropshofer* § 136 Rn. 1; *Jaeger/Weber*, KO, § 136 Rn. 3; *Kilger/K. Schmidt* § 136 Anm. 3.
[8] BGH ZIP 1995, 290; OLG Koblenz KTS 1962, 123, 125.

4 § 164 gilt neben rechtsgeschäftlichem auch für **prozessuales Handeln** des Verwalters. Hat der Verwalter Klage erhoben, kann seine Prozessführungsbefugnis nicht wegen einer fehlenden Zustimmung der Gläubiger in Zweifel gezogen werden.[9] Ebenso wenig kann das Grundbuchamt bei einer vom Verwalter vorgenommenen Veräußerung die Eintragung im Grundbuch mangels Nachweises der erforderlichen Genehmigung verweigern.[10] Über den Wortlaut hinaus, gilt § 164 aufgrund der vergleichbaren Sach- und Rechtslage auch, wenn gegen die Beschlusserfordernisse des § 158 verstoßen wird (vgl. § 158 Rn. 31).

5 Will der Verwalter das mit einem Verstoß gegen die §§ 160 bis 163 verbundene Haftungsrisiko umgehen, so kann er das Geschäft **unter dem Vorbehalt** der späteren Zustimmung durch die Gläubiger abschließen. Ein solcher Vorbehalt ist regelmäßig als aufschiebende Bedingung im Sinne von § 158 BGB zu verstehen.[11] Bei **bedingungsfeindlichen** Rechtsgeschäften, wie etwa einer Auflassung, liegt es dagegen nahe, den Vorbehalt im Sinne eines Rücktrittsrechts auszulegen.[12]

C. Grenzen der Beschränkung auf das Innenverhältnis

6 Der insolvenzrechtliche Grundsatz, dass im Innenverhältnis **pflichtwidriges Verhalten des Verwalters** im Außenverhältnis wirksam ist, gilt nicht ohne Grenzen. Die InsO selbst enthält eine Ausnahme in § 149 von der Alleinvertretung durch den Verwalter für die Empfangnahme von Wertgegenständen und Anweisungen des Verwalters auf die Hinterlegungsstelle ohne Mitwirkung des **Gläubigerausschusses.**[13] Ferner kann sich die Unwirksamkeit ohne Zustimmung vorgenommener Geschäfte aus den allgemeinen Regeln zur Unwirksamkeit rechtswidrigen Verwalterhandelns ergeben. Dabei muss aber ein über die Verletzung der Zustimmungspflicht hinausgehender Verstoß vorliegen. Daher reicht es nicht alleine aus, wenn der Verwalter bewusst gegen das Zustimmungserfordernis verstößt und der Dritte hiervon Kenntnis hat. Trotz fehlender Zustimmung kann nämlich das vorgenommene Geschäft durchaus im Interesse der Gläubiger liegen. Allerdings ist nach allgemeiner Ansicht pflichtwidriges Handeln des Verwalters dann unwirksam, wenn er hierdurch evident gegen den **Zweck des Insolvenzverfahrens** verstößt und dem Geschäftspartner ohne weiteres die Insolvenzzweckwidrigkeit erkennbar ist; es gelten insofern die zum Missbrauch der Vertretungsmacht entwickelten Grundsätze entsprechend.[14] Dabei geht es jedoch um die inhaltliche Missbilligung und nicht um Verfahrensverstöße nach den §§ 160 bis 163. Ob zugleich eine Verletzung der §§ 160 bis 163 vorliegt, wird in der Regel unerheblich sein. So ist etwa eine Schenkung des Verwalters an einen Dritten wegen Verstoßes gegen den Verfahrenszweck unwirksam, da hierin keine Verwertung der Masse zugunsten der Gläubiger gesehen werden kann.[15] Daran ändert sich auch nichts, wenn die Gläubiger der Schenkung zugestimmt haben. Den Gläubigern ist es ebenso wie dem Verwalter verwehrt, das der Schuldentilgung dienende Vermögen des Schuldners zu dessen Lasten durch Schenkungen zu vermindern. Nichtigkeit eines ohne Zustimmung vorgenommenen Geschäfts kann ferner dann vorliegen, wenn ein **kollusives Zusammenwirken** von Verwalter und Drittem zum Nachteil der Masse oder ein Fall der (auch strafbaren) **Gläubigerbevorzugung** vorliegt.[16] Auch hierbei geht es um die inhaltliche Missbilligung und nicht um Verfahrensverstöße nach den §§ 160 bis 163, sodass dem Grunde nach die (zusätzliche) Verletzung der §§ 160 bis 163 nicht entscheidend ist.

7 § 164 gilt auch für **gewillkürte Vertreter** des Verwalters. Bei den hier interessierenden Verwertungshandlungen ist eine Generalvollmacht nicht zu beanstanden.[17]

---

9 KG OLGZ 35, 259, 260; KPB/*Webel* § 164 Rn. 3; RGZ 20, 108, 110; Jaeger/*Eckardt* § 164 Rn. 9; Nerlich/Römermann/*Balthasar* § 164 Rn. 4.

10 KPB/*Webel* § 164 Rn. 3; KG, OLGZ 35, 259, 260; Jaeger/*Eckardt* § 164 Rn. 9.

11 Nerlich/Römermann/*Balthasar* § 164 Rn. 7; ebenso schon *Jaeger/Weber*, KO, § 136 Rn. 4; *Kilger/K. Schmidt* § 136 Anm. 3.

12 Nerlich/Römermann/*Balthasar* § 164 Rn. 7; *Hess/Kropshofer* § 136 Rn. 2; aA *Jaeger/Weber*, KO, § 136 Rn. 4.

13 Vgl. die Kommentierung zu § 149 sowie KPB/*Webel* § 164 Rn. 2.

14 BGH NZI 2002, 375, 377; FKInsO/*Wegener* § 164 Rn. 4; HambKommInsO/*Decker* § 164 Rn. 4; Nerlich/Römermann/*Balthasar* § 164 Rn. 5 f.; und zur KO nur *Kuhn/Uhlenbruck* KO § 6 Rn. 37 ff.; *Jauernig*, FS Weber, 1975, S. 307 ff.

15 RGZ 29, 80, 82; FKInsO/*Wegener* § 164 Rn. 4; *Kuhn/Uhlenbruck* KO § 6 Rn. 38.

16 Zur Kollusion: Nerlich/Römermann/*Balthasar* § 164 Rn. 6; Uhlenbruck/*Zipperer* § 164 Rn. 3; *Lent* KTS 1957, 27, 29; zur Gläubigerbevorzugung: BGH NZI 2002, 375; RGZ 23, 54, 62; Uhlenbruck/*Zipperer* § 164 Rn. 3.

17 Vgl. hierzu *Eickmann* KTS 1986, 197 ff. und *Kilger/K. Schmidt* § 6 Anm. 1, der dem Konkursverwalter eines Kaufmanns erlaubt, sogar Prokura zu erteilen.

Dritter Abschnitt. Gegenstände mit Absonderungsrechten

§ 165 Verwertung unbeweglicher Gegenstände

Der Insolvenzverwalter kann beim zuständigen Gericht die Zwangsversteigerung oder die Zwangsverwaltung eines unbeweglichen Gegenstands der Insolvenzmasse betreiben, auch wenn an dem Gegenstand ein Absonderungsrecht besteht.

Mitkommentierte **ZVG**-Vorschriften:

§ 10 [Rangordnung der Rechte]

(1) Ein Recht auf Befriedigung aus dem Grundstück gewähren nach folgender Rangordnung, bei gleichem Range dem Verhältnis ihrer Beträge:

1. der Anspruch eines die Zwangsverwaltung betreibenden Gläubigers auf Ersatz seiner Ausgaben zur Erhaltung oder nötigen Verbesserung des Grundstücks, im Falle der Zwangsversteigerung jedoch nur, wenn die Verwaltung bis zum Zuschlag fortdauert und die Ausgaben nicht aus den Nutzungen des Grundstücks erstattet werden können;

1a. im Falle einer Zwangsversteigerung, bei der das Insolvenzverfahren über das Vermögen des Schuldners eröffnet ist, die zur Insolvenzmasse gehörenden Ansprüche auf Ersatz der Kosten der Feststellung der beweglichen Gegenstände, auf die sich die Versteigerung erstreckt; diese Kosten sind nur zu erheben, wenn ein Insolvenzverwalter bestellt ist, und pauschal mit vier vom Hundert des Wertes anzusetzen, der nach § 74a Abs. 5 Satz 2 festgesetzt worden ist;

2. bei Vollstreckung in ein Wohnungseigentum die daraus fälligen Ansprüche auf Zahlung der Beiträge zu den Lasten und Kosten des gemeinschaftlichen Eigentums oder des Sondereigentums, die nach § 16 Abs. 2, § 28 Abs. 2 und 5 des Wohnungseigentumsgesetzes geschuldet werden, einschließlich der Vorschüsse und Rückstellungen sowie der Rückgriffsansprüche einzelner Wohnungseigentümer. [2]Das Vorrecht erfasst die laufenden und die rückständigen Beträge aus dem Jahr der Beschlagnahme und den letzten zwei Jahren. [3]Das Vorrecht einschließlich aller Nebenleistungen ist begrenzt auf Beträge in Höhe von nicht mehr als 5 vom Hundert des nach § 74a Abs. 5 festgesetzten Wertes. [4]Die Anmeldung erfolgt durch die Gemeinschaft der Wohnungseigentümer. [5]Rückgriffsansprüche einzelner Wohnungseigentümer werden von diesen angemeldet;

3. die Ansprüche auf Entrichtung der öffentlichen Lasten des Grundstücks wegen der aus den letzten vier Jahren rückständigen Beträge; wiederkehrenden Leistungen, insbesondere Grundsteuern, Zinsen, Zuschläge oder Rentenleistungen, sowie Beträge, die zur allmählichen Tilgung einer Schuld als Zuschlag zu den Zinsen zu entrichten sind, genießen dieses Vorrecht nur für die laufenden Beträge und für die Rückstände aus den letzten zwei Jahren. [2]Untereinander stehen öffentliche Grundstückslasten, gleichviel ob sie auf Bundes- oder Landesrecht beruhen, im Range gleich. [3]Die Vorschriften des § 112 Abs. 1 und der §§ 113 und 116 des Gesetzes über den Lastenausgleich vom 14. August 1952 (Bundesgesetzbl. I S. 446) bleiben unberührt;

4. die Ansprüche aus Rechten an dem Grundstück, soweit sie nicht infolge der Beschlagnahme dem Gläubiger gegenüber unwirksam sind, einschließlich der Ansprüche auf Beträge, die zur allmählichen Tilgung einer Schuld als Zuschlag zu den Zinsen zu entrichten sind; Ansprüche auf wiederkehrende Leistungen, insbesondere Zinsen, Zuschläge, Verwaltungskosten oder Rentenleistungen, genießen das Vorrecht dieser Klasse nur wegen der laufenden und der aus den letzten zwei Jahren rückständigen Beträge;

5. der Anspruch des Gläubigers, soweit er nicht in einer der vorhergehenden Klassen zu befriedigen ist;

6. die Ansprüche der vierten Klasse, soweit sie infolge der Beschlagnahme dem Gläubiger gegenüber unwirksam sind;

7. die Ansprüche der dritten Klasse wegen der älteren Rückstände;

8. die Ansprüche der vierten Klasse wegen der älteren Rückstände.

(2) Das Recht auf Befriedigung aus dem Grundstück besteht auch für die Kosten der Kündigung und der die Befriedigung aus dem Grundstück bezweckenden Rechtsverfolgung.

(3) [1]Zur Vollstreckung mit dem Range nach Absatz 1 Nr. 2 müssen die dort genannten Beträge die Höhe des Verzugsbetrages nach § 18 Abs. 2 Nr. 2 des Wohnungseigentumsgesetzes übersteigen; liegt ein vollstreckbarer Titel vor, so steht § 30 der Abgabenordnung einer Mitteilung des Einheitswerts an die in Absatz 1 Nr. 2 genannten Gläubiger nicht entgegen. [2]Für die Vollstreckung genügt ein Titel, aus dem die Verpflichtung des Schuldners zur Zahlung, die Art und der Bezugszeitraum des Anspruchs sowie seine Fälligkeit zu erkennen sind. [3]Soweit die Art und der Bezugszeitraum des Anspruchs sowie seine Fälligkeit nicht aus dem Titel zu erkennen sind, sind sie in sonst geeigneter Weise glaubhaft zu machen.

§ 30d [Einstweilige Einstellung auf Antrag des Insolvenzverwalters]

(1) [1]Ist über das Vermögen des Schuldners ein Insolvenzverfahren eröffnet, so ist auf Antrag des Insolvenzverwalters die Zwangsversteigerung einstweilen einzustellen, wenn
1. im Insolvenzverfahren der Berichtstermin nach § 29 Abs. 1 Nr. 1 der Insolvenzordnung noch bevorsteht,
2. das Grundstück nach dem Ergebnis des Berichtstermins nach § 29 Abs. 1 Nr. 1 der Insolvenzordnung im Insolvenzverfahren für eine Fortführung des Unternehmens oder für die Vorbereitung der Veräußerung eines Betriebs oder einer anderen Gesamtheit von Gegenständen benötigt wird,
3. durch die Versteigerung die Durchführung eines vorgelegten Insolvenzplans gefährdet würde oder
4. in sonstiger Weise durch die Versteigerung die angemessene Verwertung der Insolvenzmasse wesentlich erschwert würde.

[2]Der Antrag ist abzulehnen, wenn die einstweilige Einstellung dem Gläubiger unter Berücksichtigung seiner wirtschaftlichen Verhältnisse nicht zuzumuten ist.

(2) Hat der Schuldner einen Insolvenzplan vorgelegt und ist dieser nicht nach § 231 der Insolvenzordnung zurückgewiesen worden, so ist die Zwangsversteigerung auf Antrag des Schuldners unter den Voraussetzungen des Absatzes 1 Satz 1 Nr. 3, Satz 2 einstweilen einzustellen.

(3) § 30b Abs. 2 bis 4 gilt entsprechend mit der Maßgabe, daß an die Stelle des Schuldners der Insolvenzverwalter tritt, wenn dieser den Antrag gestellt hat, und daß die Zwangsversteigerung eingestellt wird, wenn die Voraussetzungen für die Einstellung glaubhaft gemacht sind.

(4) [1]Ist vor der Eröffnung des Insolvenzverfahrens ein vorläufiger Verwalter bestellt, so ist auf dessen Antrag die Zwangsversteigerung einstweilen einzustellen, wenn glaubhaft gemacht wird, daß die einstweilige Einstellung zur Verhütung nachteiliger Veränderungen in der Vermögenslage des Schuldners erforderlich ist. [2]Ist ein vorläufiger Sachverwalter bestellt, so steht das Antragsrecht dem Schuldner zu.

§ 30e [Auflage zur einstweiligen Einstellung]

(1) [1]Die einstweilige Einstellung ist mit der Auflage anzuordnen, daß dem betreibenden Gläubiger für die Zeit nach dem Berichtstermin nach § 29 Abs. 1 Nr. 1 der Insolvenzordnung laufend die geschuldeten Zinsen binnen zwei Wochen nach Eintritt der Fälligkeit aus der Insolvenzmasse gezahlt werden. [2]Ist das Versteigerungsverfahren schon vor der Eröffnung des Insolvenzverfahrens nach § 30d Abs. 4 einstweilen eingestellt worden, so ist die Zahlung von Zinsen spätestens von dem Zeitpunkt an anzuordnen, der drei Monate nach der ersten einstweiligen Einstellung liegt.

(2) Wird das Grundstück für die Insolvenzmasse genutzt, so ordnet das Gericht auf Antrag des betreibenden Gläubigers weiter die Auflage an, daß der entstehende Wertverlust von der Einstellung des Versteigerungsverfahrens an durch laufende Zahlungen aus der Insolvenzmasse an den Gläubiger auszugleichen ist.

(3) Die Absätze 1 und 2 gelten nicht, soweit nach der Höhe der Forderung sowie dem Wert und der sonstigen Belastung des Grundstücks nicht mit einer Befriedigung des Gläubigers aus dem Versteigerungserlös zu rechnen ist.

§ 30f [Aufhebung der einstweiligen Einstellung]

(1) [1]Im Falle des § 30d Abs. 1 bis 3 ist die einstweilige Einstellung auf Antrag des Gläubigers aufzuheben, wenn die Voraussetzungen für die Einstellung fortgefallen sind, wenn die Auflagen nach § 30e nicht beachtet werden oder wenn der Insolvenzverwalter, im Falle des § 30d Abs. 2 der Schuldner, der Aufhebung zustimmt. [2]Auf Antrag des Gläubigers ist weiter die einstweilige Einstellung aufzuheben, wenn das Insolvenzverfahren beendet ist.

(2) [1]Die einstweilige Einstellung nach § 30d Abs. 4 ist auf Antrag des Gläubigers aufzuheben, wenn der Antrag auf Eröffnung des Insolvenzverfahrens zurückgenommen oder abgewiesen wird. [2]Im übrigen gilt Absatz 1 Satz 1 entsprechend.

(3) [1]Vor der Entscheidung des Gerichts ist der Insolvenzverwalter, im Falle des § 30d Abs. 2 der Schuldner, zu hören. [2]§ 30b Abs. 3 gilt entsprechend.

§ 153b [Einstweilige Einstellung auf Antrag des Insolvenzverwalters]

(1) Ist über das Vermögen des Schuldners das Insolvenzverfahren eröffnet, so ist auf Antrag des Insolvenzverwalters die vollständige oder teilweise Einstellung der Zwangsverwaltung anzuordnen, wenn der Insolvenzverwalter glaubhaft macht, daß durch die Fortsetzung der Zwangsverwaltung eine wirtschaftlich sinnvolle Nutzung der Insolvenzmasse wesentlich erschwert wird.

(2) Die Einstellung ist mit der Auflage anzuordnen, daß die Nachteile, die dem betreibenden Gläubiger aus der Einstellung erwachsen, durch laufende Zahlungen aus der Insolvenzmasse ausgeglichen werden.

(3) Vor der Entscheidung des Gerichts sind der Zwangsverwalter und der betreibende Gläubiger zu hören.

§ 153c [Aufhebung der einstweiligen Einstellung]

(1) Auf Antrag des betreibenden Gläubigers hebt das Gericht die Anordnung der einstweiligen Einstellung auf, wenn die Voraussetzungen für die Einstellung fortgefallen sind, wenn die Auflagen nach § 153b Abs. 2 nicht beachtet werden oder wenn der Insolvenzverwalter der Aufhebung zustimmt.

(2) [1]Vor der Entscheidung des Gerichts ist der Insolvenzverwalter zu hören. [2]Wenn keine Aufhebung erfolgt, enden die Wirkungen der Anordnung mit der Beendigung des Insolvenzverfahrens.

Schrifttum: *Albrecht/Teifel*, Auswirkungen der Wertausgleichsregelung im neuen Bundes-Bodenschutzgesetz auf die Kreditsicherung durch Grundstücke, Rpfleger 1999, 366; *Alff*, Höhe des Zinsausgleiches nach Einstellung der Zwangsversteigerung, Rpfleger 2000, 228; *Alff/Hintzen*, Die wiederauferstandene Zwangshypothek, ZInsO 2006, 481; *Altmeppen*, Wie lange noch gilt das alte Kapitalersatzrecht?, ZIP 2011, 641; *Andersen Freihalter Rechtsanwaltsgesellschaft mbH* (Hrsg.), Aus- und Absonderungsrechte in der Insolvenz, 1999; *Balz*, Die Ziele der Insolvenzordnung, in: Arbeitskreis für Insolvenz- und Schiedsgerichtswesen Köln (Hrsg.), Kölner Schrift zur Insolvenzordnung, 2. Aufl. 1999, 3; *Beckers*, Die Immobiliarsicherheiten nach dem Entwurf eines Gesetzes zur Reform des Insolvenzrechts, WM 1990, 1177; *Becker*, Die „kalte Zwangsverwaltung" im Vergütungssystem der InsVV, ZInsO 2013, 2532; *Beier*, Die Freigabe von Immobilienvermögen bei der Insolvenz natürlicher Personen, 2013; *Becker-Eberhard*, Zur Anwendbarkeit des § 765a ZPO in der Insolvenz, Gedächtnisschrift für Wolf, 2011, S. 353; *Benckendorff*, Freigabe von Kreditsicherheiten in der Insolvenz, in: Arbeitskreis für Insolvenz- und Schiedsgerichtswesen Köln (Hrsg.), Kölner Schrift zur Insolvenzordnung, 3. Aufl. 2009, Kapitel 43, S. 1389; *Berges*, Zur Einschränkung der Konkursvorrechte, KTS 1959, 53; *Bestelmeyer*, Zur nachträglichen absoluten schwebenden Unwirksamkeit einer von der insolvenzrechtlichen Rückschlagsperre betroffenen Zwangshypothek, Rpfleger 2006, 388; *Bindemann*, Handbuch Verbraucherkonkurs, 3. Aufl. 2002; *Boochs*, Die Umsatzsteuer im Konkursverfahren, UVR 1995, 2; *Bork*, Die „kalte" Zwangsvollstreckung – ein heißes Eisen, ZIP 2013, 2129; *Böttcher*, Zwangshypothek und Insolvenzeröffnung, NotBZ 2007, 86; *Bringewat/Waza/Grawe*, Insolvenzen und Steuern, 6. Aufl. 2004; *Büchmann*, Vielfachversteigerung von Wohnungseigentum bei Konkurs des Eigentümers?, ZIP 1988, 825; *Büchler*, Eigentümergrundschuld in der Insolvenz, ZInsO 2011, 802; *ders.*, Befriedigung von Immobiliargläubigern, ZInsO 2011, 718; *Bräuer*, Insolvenzanfechtungsrechtliche Fragen zur „kalten" Zwangsverwaltung, ZInsO 2006, 742; *Clemente*, Nochmals: Die Anrechnung des Verwertungserlöses auf die von der Grundschuld gesicherte Forderung, ZfIR 2000, 1; *Cranshaw*, Durchsetzung von Ansprüchen der Eigentümergemeinschaft nach dem WEG gegen Wohnungs- und Teileigentümer in Individualvollstreckung und Insolvenz, ZfIR 2015, 461; *ders./Welsch*, Kalte bzw. stille Zwangsverwaltung – Vorteile und Zweifelsfragen, DZWIR 2017, 101; *dies.*, Freigabe von Konten als Problemfeld der Insolvenzverwaltung, DZWIR 2016, 53; *Dahl*, Die Kollision eigenkapitalersetzender Gebrauchsüberlassungen mit Grundpfandrechten, NZI 2003, 191; *Dahl/Schmitz*, Eigenkapitalersatz nach dem MoMiG aus insolvenzrechtlicher Sicht, NZG 2009, 325; *Dassler/Schiffhauer/Hintzen/Engels/Rellermeyer*, ZVG-Kommentar, 15. Aufl. 2016; *Demharter*, Zur insolvenzrechtlichen Rückschlagsperre und deren Auswirkungen auf Grundpfandrechte, Rpfleger 2006, 256; *Depré*, Die stille Zwangsverwaltung – Zweckmäßigkeit und Grenzen, ZfIR 2017, 1; *ders./Lambert*, Aktuelle steuerliche Aspekte bei der Verwaltung und Verwertung von Immobilien in der Insolvenz, ZfIR 2012, 1; *Derleder*, Die Rechtsstellung des Wohn- und Gewerberaummieters in der Insolvenz des Vermieters, Eine praktische Darstellung anhand von 20 Fallbeispielen, NZM 2004, 568; *Doms/Schwarz*, Praktische Probleme bei der Insolvenzverwalterversteigerung nach § 165 InsO im Hinblick auf den Löschungsanspruch nach § 1179a I 1 BGB, ZInsO 2013, 1292; *Drasdo*, Der Zwangsverwalter – Rechte und Pflichten in der Beurteilung der jüngeren Rechtsprechung und Literatur, NJW 2005, 1549; *ders.*, Die Haftung des Zwangsverwalters. Risikomaximierung durch die neuere Rechtsprechung, NZI 2011, 354; *Drischler*, Das Grundstück im Konkurs, Rechtspflegerjahrbuch 1967, 275; *Eichhorn*, Altlasten im Konkurs, 1996; *Eckert*, Umsatzsteuerliche Neuregelungen ab 2004 und Auswirkungen auf die Insolvenzpraxis, ZInsO 2004, 702; *Eickmann*, Aktuelle Probleme des Insolvenzverfahrens aus Verwalter- und Gläubigersicht, RWS-Skript 88, 3. Aufl. 1985; *ders.*, Der Grundstücksnießbrauch in der Insolvenz des Nießbrauchers, in: FS Gerhardt, 2004, S. 211; *ders.*, Miet- und Pachtforderungen im Zugriff von Grundpfandrechts- und anderen Gläubigern, ZfIR 2006, 273; *ders.*, Probleme des Zusammentreffens von Konkurs und Zwangsverwaltung, ZIP 1986, 1517; *ders.*, Problematische Wechselbeziehungen zwischen Immobiliarvollstreckung und Insolvenz, ZfIR 1999, 81; *ders.*, Die Verfügungsbeschränkungen des § 21 Abs. 2 Nr. 2 InsO und der Immobiliarrechtsverkehr, in: FS Uhlenbruck, 2000, S. 149; *Eckardt*, Grundpfandrechte im Insolvenzverfahren, RWS-Skript 35, 14. Aufl. 2014; *Erckens/Tetzlaff*, Die Verantwortlichkeit des Zwangsverwalters für die Rückzahlung der Mietkaution und für andere „Altlasten", ZfIR 2003, 981; *Fischer*, Allerhand Interessantes vom BGH und der obergerichtlichen Rechtsprechung zu Grundpfandrechten in der Schnittstelle zwischen Grundstücks- und Insolvenzrecht – eine aktuelle Bestandaufnahme – Teil I, ZInsO 2014, 2125; *Fischer/Knees*, Zum Umgang des Grundpfandgläubigers mit § 135 Abs. 3 InsO, ZInsO 2009, 745; *Fleisch*, Die kalte Zwangsverwaltung, 2017; *Förster*, Der Immobilienverkauf unter aufschiebender Bedingung – Verwalterhandeln in der Pattsituation, ZInsO 1998, 13 f.; *ders.*, Zwangsverwaltung statt Insolvenzverwaltung?, ZInsO 2005, 746; *ders.*, Die Verwertung von Grundbesitz im Insolvenzverfahren und Kostenpauschalen für die Insolvenzmasse, ZInsO 2002, 864; *Förster/Klipfel*, Der Zwangsverwalter als Immobilienverkäufer?, ZInsO 2013, 225; *Frege/Keller*, „Schornsteinhypothek" und Lästigkeitsprämie bei Verwertung von Immobiliarvermögen in der Insolvenz, NZI 2009, 11; *Frings*, Die Verwertung von Kreditsicherheiten unter dem Regime der Insolvenzordnung, Sparkasse 1996, 384; *Frotscher*, Besteuerung bei Insolvenz, 8. Aufl. 2014; *Fuchs/Bayer*, Untersagung und einstweilige Einstellung der Zwangsvollstreckung während der Dauer des gerichtlichen Schuldenbereinigungsverfahrens, ZInsO 2000, 429; *Furche*, Das Gesamtgrundpfandrecht in der Insolvenz, 2005; *Ganter/Bitter*, Rechtsfolgen berechtigter und unberechtigter Verwertung von Gegenständen mit Absonderungsrechten durch den Insolvenzverwalter, ZIP 2005, 93; *Ganter/Brünink*, Insolvenz und Umsatzsteuer aus zivilrechtlicher Sicht, NZI 2006, 257; *Ganter*, Die Verwertung von Gegenständen mit Absonderungsrechten im Licht der Rechtsprechung des IX. Zivilsenats des BGH, ZInsO 2007, 841; *ders.*, Besondere Haftungsrisiken des Insolvenzverwalters bei der Verwertung von Sicherungsgut, in: FS Jobst Wellensiek, 2011, S. 399; *Gerhardt*, Grundpfandrechte im Insolvenzverfahren, RWS-Skript 35, 7. Aufl. 1996; *Göcke/Henkel*, Zur Anwendbarkeit des § 135 Abs. 3 InsO in der Doppelinsolvenz von Gesellschaft und Gesellschafter sowie bei Zwangsverwaltung, ZInsO 2009, 170; *Gottwald*, InsO-HdB, 5. Aufl. 2015; *Adolphsen*, Die Rechtsstellung dinglich gesicherter Gläubiger in der Insolvenzordnung, in: Arbeitskreis für Insolvenz- und Schiedsgerichtswesen Köln (Hrsg.), Kölner Schrift zur Insolvenzordnung, 3. Aufl. 2009, Kapitel 41, S. 1326 ff.; *Grantz*, Leistungen bei der Verwertung von Sicherungsgut im Insolvenzverfahren, StBW 2014, 571; *Grothe*, Die vollstreckungsrechtliche „Rückschlagsperre" des InsO § 88, KTS 2001, 205; *Gundlach/Frenzel/Schmidt*, Der Anwendungsbereich des § 88 InsO, NZI 2005, 663; *dies.*, Die Fälligkeit von Absonderungsrechten mit Insolvenzeröffnung, DZWIR 2002, 367; *Haas*, Die Verwertung der im Ausland belegenen Insolvenzmasse im Anwendungsbereich der EuInsVO, Festschrift für Walter Gerhardt, 2004, S. 319; *Haberzettl*, Die Freigabe im Insolvenzverfahren, NZI 2017, 474; *Häsemeyer*, Insolvenzrecht, 4. Aufl. 2007; *Hasselblatt*, Scheingebote im Zwangsversteigerungsverfahren oder: Werden Gläubigervertreter noch ernst genommen?, NJW 2006, 1320; *Haunschild*, Verwertungsrecht des Insolvenzverwalters und Kostenbeiträge der Gläubiger nach §§ 165 ff. InsO, DZWIR 1999, 60; *Hellner/Steuer*, Bankrecht und Bankpraxis; *Hintzen*, Ablösung vorrangiger Feststellungskosten in der Zwangsversteigerung, in Festschrift für Hans-Peter Kirchhof, 2003, S. 209; *ders.*, Grundstücksverwertung durch den Treuhänder in der Verbraucherinsolvenz, ZInsO 2004, 713; *ders.*, Handbuch der Immobiliarvollstreckung, 3. Aufl. 1999; *ders.*, Insolvenz und Immobiliarzwangsvollstreckung, Rpfleger 1999, 256; *ders.*, Veräußerung des Grundbesitzes im vereinfachten Insolvenzverfahren, ZInsO 1999, 702; *ders.*, Vollstreckung und Insolvenz, in: Arbeitskreis für Insolvenz- und Schiedsgerichtswesen Köln e. V. (Hrsg.), Kölner Schrift zur Insolvenzordnung, 3. Aufl. 2009, 632; *ders.*, Zur Wirksamkeit des Eigengebots eines Gläubigervertreters in der Zwangsversteigerung, Rpfleger 2006, 145; *ders.*, Zwangsversteigerung von Immobilien, 4. Aufl. 2018; *ders.*, Das Hausgeldinkasso – 2. Teil: Die Vollstreckung – Zwangsversteigerung, Zwangsverwaltung, Insolvenz, ZWE 2018, 249; *ders./Wolf*, Zwangsvollstreckung, Zwangsversteigerung und Zwangsverwaltung, 2006; *Höpfner*, Möglichkeiten des Insolvenzverwalters zur Rückgängigmachung oder wirtschaftlichen Kompensation der Freigabe, ZIP 2000, 1517; *Hornung*, Kein Ausschluss der Schutzgrenzen nach ergebnisloser Zwangsversteigerung, Rpfleger 2000, 363; *Huth*, Kreditsicherungsrecht im Lichte der neuen Insolvenzordnung, 2000; *Janca*, Die „Kalte Zwangsverwaltung" im Insolvenzverfahren, InsbürO 2004, 377; *Jungmann*, Die einstweilige Einstellung der Zwangsverwaltung im Insolvenzeröffnungsverfahren, NZI 1999, 352; *ders.*, Das Zusammentreffen von Zwangsverwaltung und eigenkapitalersetzender Nutzungsüberlassung, ZIP 1999, 601; *ders.*, Grundpfandgläubiger und Unternehmensinsolvenz, 2004; *Keller*, Gebäudeeigentum und Grundstücksversteigerung, Rpfleger 1994, 194; *ders.*, Grundstücksverwertung im Insolvenzverfahren, ZfIR 2002, 861; *ders.*, Die Instituts-Zwangsverwaltung – Von der Notstandsverordnung zur Rechtswidrigkeit?, NZI 2011, 1; *ders.*, Die Wirkungen der Rückschlagsperre des § 88 InsO auf die Sicherungshypothek nach §§ 886, 867 ZPO, ZIP 2006, 1174; *ders.*, Der Nachweis der Tatbestandsvoraussetzungen des § 88 InsO im Grundbuchverfahren, ZfIR 2006, 499; *Kesseler*, Die Verfügungskompetenz des Treuhänders über grundpfandrechtsbelastete Grundstücke, ZInsO 2006, 1029; *ders.*, Umschreibung der Vollstreckungsklausel nach Freigabe durch den Verwalter, ZInsO 2005, 418; *ders.*, Nachweiserfordernis bei der Umschreibung der Vollstreckungsklausel gegen den Insolvenzverwalter, ZInsO 2005, 918; *ders.*, Umschreibung der Vollstreckungsklausel nach Freigabe durch den Verwalter, ZInsO 2005, 418; *Kilger*, Rechtsanwendung im Konkurs, Festschrift für Franz Merz, 1992, S. 253; *Klawikowski*, Änderungen in der Immobiliarvollstreckung, InVo 1999, 37; *Klein*, Einstweilige Einstellung der gerichtlichen Zwangsverwaltung in Massegrundstücke auch auf Antrag des vorläufigen Insolvenzverwalters?, ZInsO 2002, 1065; *Knees*, Die Bank als Grundpfandgläubigerin in der Unternehmensinsolvenz, ZIP 2001, 1568; *Knopp/Albrecht*, Die Wertausgleichsregelung nach BBodSchG – Problembereiche und Auswirkungen, altlasten-spektrum 1999, 204 ff.; *Kohler*, Rang konvaleszierender Sicherungshypotheken im Fall des § 88 InsO, ZIP 2015, 1471; *Kohte*, Altlasten in der Insolvenz, 1999; *ders./Ahrens/Grote*, Restschuldbefreiung und Verbraucherinsolvenzverfahren, 1999; *Körner*, Die kalte Zwangsverwaltung, 2017; *Krause*, Freigabe aus dem Insolvenzbeschlag bei Ansprüchen nach dem SachenRBerG, ZInsO 2000, 22; *Kuleisa*, Zwangsvollstreckung in der Insolvenz, ZVI 2014, 121; *Leible/Staudinger*, Die europäische Verordnung über Insolvenzverfahren, KTS 2000, 533; *Lieder*, Schornsteinhypothek und Lästigkeitsprämie, NZI 2016, 105; *Lorenz*, Weitere Fragen zur konkursrechtlichen Problematik der Eigentümergrundschuld, KTS 1962, 28; *Lüke*, Probleme des Grundstückserwerbs in der Insolvenz, in: Bayer/Koch (Hrsg.), Brennpunkte des Grundstücksrechts 2014, S. 91; *ders.*, Umweltrecht und Insolvenz, in: Arbeitskreis für Insolvenz- und Schiedsgerichtswesen Köln (Hrsg.), Kölner Schrift zur Insolvenzordnung, 3. Aufl. 2009, Kapitel 22, S. 706; *Lwowski/Fischer/Gehrlein*, Das Recht der Kreditsicherung, 10. Aufl. 2018; *Lwowski/Tetzlaff*, Zivilrechtliche Umwelthaftung und Insolvenz, WM 1998, 1509; *dies.*, Verwertung unbeweglicher Gegenstände im Insolvenzverfahren, WM 1999, 2336; *dies.*, Altlasten in der Insolvenz – einzelne Probleme aus der Sicht der Kreditgeber des insolventen Unternehmens, NZI 2000, 393; *dies.*, Umweltaltlasten in der Insolvenz und gesicherte Gläubiger, WM 2005, 921; *dies.*, Umweltschäden und Banken. Auswirkungen des neuen BBodSchG auf die Kreditwirtschaft, WM 2001, 400 und 437; *dies.*, Umweltrisiken und Altlasten in der Insolvenz, 2002; *Marotzke*, Die dinglichen Sicherheiten im neuen Insolvenzrecht, ZZP 109 (1996), 429; *ders.*, Die Anfechtbarkeit von Vollstreckungsmaßnahmen wegen Benachteiligung konkurrierender Gläubiger, ZInsO 2006, 7; *Maus*, Wechsel der Steuerschuldnerschaft und verschärfte Steuerhaftung als Ausgleich für den Fortfall des Fiskalvorrechts gem. § 61 Abs. 1 Nr. 2 KO, ZIP 2004, 1580; *G. Mayer*, Grundsteuer im Insolvenzverfahren, in der Zwangsversteigerung und der Zwangsverwaltung, Rpfleger 2000, 260; *Michalski/Barth*, Kollision von kapitalersetzender Nutzungsüberlassung und Grundpfandrechten, NZG 1999, 277; *Mitlehner*, Anfechtungsanspruch bei Absonderungsrechten an Mietforderungen und wegen Mietforderungen, ZIP 2007, 804; *ders.*, Umsatzsteuer bei der Immobiliarverwertung in der Insolvenz, NZI 2002, 534; *ders.*, Verwertungsvereinbarungen im Insolvenzverfahren, ZIP 2012, 649; *Mohrbutter*, Konkurs und Zwangsverwaltung, KTS 1956, 107; *ders.*, Konkurs und Zwangsversteigerung, KTS 1958, 81; *ders.*, Nochmals: Zur Auslegung des § 30c Abs. II ZVG, KTS 1961, 103; *Molitor*, Verwaltung einer Immobilie in der Insolvenz des Eigentümers, ZInsO 2011, 1486; *Mönning/Zimmermann*, Die Einstellungsanträge des Insolvenzverwalters gem. §§ 30d I, 153b I ZVG im eröffneten Insolvenzverfahren, NZI 2008, 134-139; *Muth*, Probleme bei der Abgabe eines Gebots in der Zwangsversteigerung aus Gläubigersicht, ZIP 1986, 350; *ders.*, Vollstreckung in Grundstücke und Gesamtvollstreckung KTS 1997, 347; *ders.*, Die Zwangsversteigerung auf Antrag des Insolvenzverwalters, ZIP 1999, 945; *Niering*, Der zwangsverwaltende Insolvenzverwalter, ZInsO 2008, 790; *Obermüller*, Anwendung der Kapitalersatzregeln auf die grundpfandrechtliche Belastung eines Gesellschaftergrundstücks, InVo 1999, 225; *ders.*, Eingriffe in Kreditsicherheiten durch Insolvenzplan und Verbraucherinsolvenzverfahren, WM 1998, 483; *Oldenburg*, Das Schicksal des Vorrechts der Wohnungseigentümergemeinschaft bei der rechtsgeschäftlichen Veräußerung von Wohnungseigentum, ZfIR 2017, 563; *Onusseit*, Die Umsatzsteuer – eine relevante Größe in der Zwangsversteigerung?, Rpfleger 1995, 1; *ders.*, Die Freigabe aus dem Insolvenzbeschlag: eine umsatzsteuerliche Unmöglichkeit?, ZIP 2002, 1344; *ders.*, Die insolvenzrechtlichen Kostenbeiträge unter Berücksichtigung ihrer steuerrechtlichen Konsequenzen sowie Massebelastungen durch Grundstückseigentum, ZIP 2000, 777; *Oster/Steinwachs*, Besteht ein unentgeltlicher Anspruch der Insolvenzmasse gegen den nachrangigen Grundpfandgläubiger auf Herausgabe des Grundpfandbriefes und Abgabe der Löschungsbewilligung bei wertausschöpfender Belastung durch das vorrangige Grundpfandrecht?, ZInsO 2011, 1638; *Pape*, Aktuelle Probleme im Eröffnungsverfahren, ZInsO 1999, 398; *ders.*, Die Altlastenproblematik im Konkurs, KTS 1993, 551; *Paulus*, Die Schiffsinsolvenz in nationalem und internationalem Recht, ZIP 2016, 345; *Petersen*, Ordnungsrechtliche Verantwortlichkeit und Insolvenz, NJW 1992, 1202; *Plappert*, Dingliche Sicherungsrechte in der Insolvenz, 2008; *Pohlmann*, Zusammentreffen von eigenkapitalersetzender Nutzungsüberlassung mit Grundpfandrechten, DStR 1999, 595; *Proske/Kurzberg*, Löschungs- und Rückgewähransprüche in der Insolvenz des Grundstückseigentümers, in: Festschrift für Jobst Wellensiek, 2011, S. 605; *Raab*, Probleme bei der Immobilienverwertung aus Sicht des Insolvenzverwalters, DZWIR 2006, 234; *Rein*, Der Löschungsanspruch eines nachrangigen Grundschuldgläubigers in der Insolvenz des Grundstückseigentümers, NJW 2006, 3470; *Rendels*, Entfällt der Eigenkapitalersatzeinwand bei Gebrauchsüberlassung in der Gesellschafter-Insolvenz?, ZIP 2006, 1273; *Ritgen*, Gefahrenabwehr im Konkurs, GewA 1998, 393; *B. Schmidt*, Das (neue) Spannungsverhältnis zwischen Insolvenzverwalter und Grundpfandgläubiger, InVo 1999, 73; *K. Schmidt*, „Altlasten in der Insolvenz" – unendliche Geschichte oder ausgeschriebenes Drama?, ZIP 2000, 1913; *ders.*, Keine Ordnungspflicht des Insolvenzverwalters? Die Verwaltungsrechtsprechung als staatliche Insolvenzbeihilfe für Umweltkosten, NJW 2010, 1489; *ders.*, Zustandshaftung im Konkurs einer Handelsgesellschaft – Ordnungsrecht unter der Herrschaft der Insolvenzrechtsdoktrin?, GS W. Martens, 1987, S. 699; *ders.*, Altlasten, Ordnungspflicht und Beseitigungskosten im Konkurs – Wege und Irrwege der verwaltungsgerichtlichen Praxis, NJW 1993, 2833; *Schmidt-Räntsch*, Betriebsfortführung in der Zwangsverwaltung, ZInsO 2006, 303; *ders.*, Rechtsprechung des BGH zum Wohnungseigentumsgesetz Oktober 2012 bis Oktober 2013, ZWE 2013, 429; *Schmittmann*, Umsatzsteuerliche Probleme bei Immobilienverkäufen in der Insolvenz, ZInsO 2006, 1299; *Schneider*, Zur dinglichen Wirkung persönlicher Hausgeldansprüche, ZWE 2014, 61; *Schur*, Vollstreckungsschutz nach § 765a ZPO im Insolvenzverfahren, KTS 2008, 471; *Sessig/Fischer*, Das Verwertungsrecht des Insolvenzverwalters bei beweglichem Sicherungsgut, ZInsO 2011, 618; *Sinz/Hiebert*, § 10 Abs. 1 Nr. 2 ZVG – Absonderungsrecht der Wohnungseigentümergemeinschaft ohne Beschlagnahme?, ZInsO 2012, 205; *Smid*, Stellung der Grundpfandgläubiger, Zwangsversteigerung und Schuldenreorganisation durch Insolvenzplan, in: FS Gerhardt, 2004, S. 931; *ders.*, Rechtsmittelverfahren bei Anfechtung des Bestätigungsbeschlusses nach § 248 InsO, NZI 2005, 613; *ders.*, Freigabe des Neuerwerbs in der Insolvenz selbständig tätiger Schuldner, DZWIR 2008, 133; *Städtler*, Grundpfandrechte in der Insolvenz, 1998; *Stengel*, Zwangsverwaltung im Eröffnungsverfahren nach Gesamtvollstreckungsordnung und Insolvenzordnung, ZfIR 2001, 347; *Stöber*, Zwangsvollstreckung in das unbewegliche Vermögen, 9. Aufl. 2010; *ders.*, Insolvenzverfahren und Vollstreckungs-Zwangsversteigerung, NZI 1998, 105; *ders.*, Aufhebung der auf Antrag des Insolvenzverwalters angeordneten Einstellung der Zwangsversteigerung, NZI 1999, 439; *ders.*, Erlöschen der Auflassungsvormerkung und Erbbauzins-Reallast bei der Insolvenzverwalterversteigerung, NJW 2000, 3600; *Storz*, Praxis des Zwangsversteigerungsverfahrens, 9. Aufl. 2004; *Streuer*, Verfügungsbeschränkungen und Eigentumsvormerkung in der Zwangsversteigerung des Grundstücks, Rpfleger 2000, 357; *Tetzlaff*, Altlasten in der Insolvenz, ZIP 2001, 10 ff.; *ders.*, Probleme bei der Verwertung von Grundpfandrechten und Grundstücken im Insolvenzverfahren, ZInsO 2004, 521; *ders.*, Rechtsprobleme der „kalten Zwangsverwaltung", ZfIR 2005, 179; *ders.*, Lästigkeitsprämien für nachrangige Grundpfandgläubiger, ZInsO 2012, 726; *Thietz-Bartram/Spilger*, Keine Sperre durch die Rückschlagsperre – Zur Heilung der Unwirksamkeit von gegen § 88 InsO verstoßenden Vollstreckungen, ZInsO 2006, 527; *Uhlenbruck*, Das neue Insolvenzrecht, 1994; *ders.*, Die Freigabe von Massegegenständen durch den Insolvenzverwalter als Problem der Gläubigergleichbehandlung, KTS 2004, 275; *Vallender*, Zwangsversteigerung und Zwangsverwaltung im Lichte des neuen Insolvenzrechts, Rpfleger 1997, 353; *ders.*, Verwertungsrecht des Treuhänders an mit Absonderungsrechten belasteten Immobilien, NZI 2000, 148; *Weber*, Das Rangprivileg der Wohnungseigentümergemeinschaft – Herausforderung für Rechtsdogmatik und Vertragsgestaltung, DNotZ 2014, 738; *de Weerth*, Umsatzsteuer bei der sogenannten „kalten Zwangsverwaltung", NZI 2007, 329; *ders.*, „Kostenbeiträge" in der Insolvenz und Umsatzsteuer, ZInsO 2017, 149; *Weiß*, Die Option zur Steuerpflicht bei Illiquidität, UR 1990, 101; *ders.*, Verwertung von Sicherungsgut im Konkurs – Abgrenzung von unbedingter gegen modifizierte Freigabe, UStR 1994, 349; *Weis/Ristelhuber*, Die Verwertung von Grundbesitz im Insolvenzverfahren und die Kostenpauschalen für die Insolvenzmasse, ZInsO 2002, 859; *Weitemeyer*, Insolvenz und Umweltschutz, NVwZ 1997, 533; *Welzel*, Masseverwertung nach der InsO aus umsatzsteuerlicher Sicht, ZIP 1998, 1823; *F. Wenzel*, Die Rechtsstellung des Grundpfandrechtsgläubigers im Insolvenzverfahren, NZI 1999, 101; *Westpfahl*, Umweltschutz und Insolvenz, 1998; *v. Wilmowsky*, Altlasten in der Insolvenz: Verwaltungsakt – Vollstreckung – Freigabe, ZIP 1997, 389; *ders.*, Insolvenz und Umwelthaftung, ZHR 160 (1996), 593; *E. Wolff*, Grundpfandgläubiger und Konkursverwalter in der Zwangsversteigerung, ZIP 1980, 417; *Worm*, Die Rechtsstellung des Konkursverwalters und seine Aufgaben im Versteigerungsverfahren nach § 172 ZVG, KTS 1961, 119; *Zimmer*, Das Tilgungsbestimmungsrecht des Insolvenzverwalters bei Erlösauskehr nach Verwertung von Sicherungsgut, ZInsO 2010, 1261; *S. Zimmermann*, Rechtsposition, Handlungsalternativen und Kostenbeiträge der absonderungsberechtigten Bank im Rahmen der InsO, NZI 1998, 57.

Übersicht

A. Normzweck

1 § 165 ermächtigt den **Insolvenzverwalter,** die der Liegenschaftsvollstreckung unterworfenen Gegenstände durch Zwangsversteigerung oder Zwangsverwaltung zu verwerten. Der Insolvenzverwalter kann also diese Gegenstände nicht nur wie jeder andere Marktteilnehmer veräußern oder aus ihnen etwa durch Vermietung oder Verpachtung Einnahmen erzielen, sondern sich für diese Gegenstände auch des Verfahrens bedienen, das für den Vollstreckungszugriff einzelner Gläubiger auf die Substanz oder die Erträge dieser Gegenstände vorgesehen ist. Das Verwertungsrecht des Insolvenzverwalters ist in den §§ 172 ff. ZVG näher geregelt.

2 Ist der unbewegliche Gegenstand mit einem Absonderungsrecht belastet, so steht außer dem Verwalter auch dem **absonderungsberechtigten Gläubiger** das Recht zu, die Verwertung im Wege der Liegenschaftsvollstreckung zu betreiben, § 49. Das **Verwertungsrecht** des Gläubigers ist

aber dadurch **beschränkt,** dass der Insolvenzverwalter die Möglichkeit hat, eine einstweilige Einstellung der Zwangsversteigerung (§ 30d ZVG) bzw. der Zwangsverwaltung (§ 153b ZVG) zu erreichen. Im Falle einer Zwangsversteigerung nach Eröffnung des Insolvenzverfahrens ist durch § 10 Abs. 1 Nr. 1a ZVG eine **Kostenbeteiligung** der absonderungsberechtigten Gläubiger hinsichtlich der Kosten der Feststellung des mithaftenden Grundstückszubehörs vorgesehen.

B. Entstehungsgeschichte

I. Frühere Regelung

3 Bereits nach **§ 126 KO** hatte der Konkursverwalter die Möglichkeit, neben der freihändigen Veräußerung und der freiwilligen Versteigerung die Zwangsversteigerung und die Zwangsverwaltung der zur Konkursmasse gehörenden unbeweglichen Gegenstände zu betreiben. Das Verfahren war in den §§ 172 bis 174 ZVG aF geregelt. Der Konkursverwalter konnte die **Versteigerung** selbst betreiben oder einer vom Absonderungsberechtigten betriebenen Zwangsversteigerung nach § 30c ZVG aF entgegentreten.

4 Der im Rahmen des § 30c ZVG aF bestehende **Vollstreckungsschutz** sollte verhindern, dass ein zur Konkursmasse gehörender unbeweglicher Gegenstand im Rahmen der Liquidation zur Unzeit versteigert wurde. Sachliche Voraussetzung für die Verfahrenseinstellung war, dass entweder durch die Versteigerung die angemessene Verwertung der Konkursmasse erheblich erschwert werden würde oder dass ein Zwangsvergleichsvorschlag eingereicht war. Eine Erschwerung der Masseverwertung wurde dann angenommen, wenn durch die Zwangsversteigerung die Bemühungen des Konkursverwalters zur Erhaltung des Unternehmens durch Gesamtveräußerung vereitelt wurden oder wenn sonst Aussicht bestand, bei freihändiger Verwertung oder bei späterer Versteigerung einen höheren Erlös zu erzielen.[1] Der Verfahrenseinstellung durften keine besonderen Gläubigerinteressen entgegenstehen, insbesondere musste die Hinauszögerung der Versteigerung für den sie betreibenden Gläubiger noch wirtschaftlich zumutbar sein, wobei den Interessen der Konkursgläubiger-Gesamtheit aber idR das größere Gewicht beizumessen war.[2]

5 In dem Fall des **vom Konkursverwalter betriebenen Zwangsversteigerungsverfahrens** umfasste das geringste Gebot gem. § 44 ZVG neben den Kosten alle Rechte gem. § 10 Abs. 1 Nr. 1 bis 4 ZVG, da der Konkursverwalter nur als Gläubiger der Rangklasse des § 10 Abs. 1 Nr. 5 ZVG angesehen wurde.[3] In der Praxis wurden derartig hohe geringste Gebote kaum abgegeben. Da der Konkursverwalter die Zwangsversteigerung zudem als nachrangiger Gläubiger betrieb, blieben die ihm im Rang vorgehenden Rechte bestehen, so dass den Ersteher die Pflicht traf, eine Vielzahl dinglicher Rechte zu übernehmen (§§ 44, 52 ZVG – Übernahme- und Deckungsgrundsatz).[4] Dem **absonderungsberechtigten Gläubiger** blieb noch die Möglichkeit, ein **besonderes Ausgebot** dahin zu verlangen, dass bei der Feststellung des geringsten Gebots nur die seinem Absonderungsrecht vorgehenden Ansprüche berücksichtigt werden (§§ 172, 174 ZVG aF), um den Nachweis eines Ausfalls gem. §§ 64, 153, 155 KO zu führen.[5] Auf diese Weise kam es zu einem Doppelausgebot und damit zu einer Komplizierung des Verfahrens.[6] Trotz einiger Vorteile der Versteigerung durch den Konkursverwalter[7] waren Verwalterversteigerungen in der Praxis selten.[8] Die Kosten einer vom Verwalter betriebenen Zwangsversteigerung wurden als Massekosten nach § 58 Nr. 2 KO klassifiziert.[9] Die Kosten für die Feststellung, Erhaltung und Verwertung des Grundstücks und Grundstückszubehörs kamen allein den gesicherten Gläubigern zugute, diese Kosten wurden aber zu Lasten der ungesicherten Gläubiger aus der Konkursmasse finanziert.

6 Der Konkursverwalter konnte die **Zwangsverwaltung** eines Massegrundstücks beantragen. In der Praxis fanden vom Konkursverwalter beantragte Zwangsverwaltungen selten statt, da dadurch der Konkursverwalter die Befugnis verlor, selbst die Nutzungen des Grundstücks zu ziehen und über Miet- und Pachtzinsen zu verfügen. Dem Konkursverwalter standen keine Möglichkeiten zur Verfügung, eine

1 *Hess*, KO, 6. Aufl. 1998, § 126 Rn. 16 ff.; *Zeller/Stöber*, ZVG, 15. Aufl. 1996, § 30c Rn. 2.6 mwN; LG Düsseldorf KTS 1956, 62, 63.
2 *Zeller/Stöber*, ZVG, 15. Aufl. 1996, § 30c Rn. 3 mwN.
3 *Hess*, KO, 6. Aufl. 1998, § 126 Rn. 32.
4 *Muth* ZIP 1999, 945 f.
5 *Gottwald*, InsO-HdB, 3. Aufl. 2006, § 42 Rn. 96.
6 Vgl. *Zeller/Stöber*, ZVG, 15. Aufl. 1996, § 174 Rn. 3.10.
7 → Rn. 126.
8 *Kuhn/Uhlenbruck*, KO, 11. Aufl. 1994, § 126 KO Rn. 1.
9 *Hess*, KO, 6. Aufl. 1998, § 126 Rn. 40.

von einem anderen Gläubiger des Gemeinschuldners betriebene Zwangsverwaltung zu unterbinden. In den Fällen, in denen ein zur Masse gehörendes Grundstück der Zwangsverwaltung unterlag, kam es in der Praxis zu **Kollisionen** zwischen der **Befugnis des Zwangsverwalters** zur Nutzung des Grundstücks (§ 152 Abs. 1 ZVG) und dem Recht des Konkursverwalters zur Verwaltung der Konkursmasse.[10] Besonders umstritten war die Frage, ob der Zwangsverwalter berechtigt sei, den Gewerbebetrieb des Gemeinschuldners trotz Eröffnung des Konkursverfahrens fortzuführen.[11] Im Gesetz war keine Regelung für die Lösung dieser Kollision enthalten. Allerdings bestand Einigkeit darüber, dass ein Betriebsstilllegungsbeschluss der Gläubigerversammlung gem. § 132 KO vom Zwangsverwalter bei seinen wirtschaftlichen Entschlüssen gem. § 152 ZVG beachtet werden musste.

II. Reformvorschläge

Ein wesentliches Reformanliegen war es, den Gläubigern den direkten Zugriff auf das Vermögen des Gemeinschuldners in seiner wirtschaftlichen Einheit zu erschweren. Hierdurch sollten in erster Linie die **Chancen für eine Fortführung des Unternehmens** erhalten bleiben. Zudem wollte man aber auch für den Fall der Nichtfortführung des Unternehmens die Chancen auf eine **möglichst vorteilhafte Veräußerung** erhöhen, da die Insolvenzmasse idR dann am wirtschaftlichsten verwertet werden kann, wenn der Verbund erhalten bleibt, spart der Erwerber doch bei einer Veräußerung im Verbund die Kosten, die zu seiner Herstellung aufzuwenden sind.[12] 7

Anders als bei der Sicherungsübereignung und der stillen Sicherungszession sowie den Verlängerungs- und Erweiterungsformen des Eigentumsvorbehalts, die mit der Verfahrenseröffnung wegen § 166 Abs. 1, 2 einem automatischen Verwertungsstopp unterliegen, wurde bei den Immobiliarsicherheiten ein derartiger automatischer Verwertungsstopp nicht für notwendig erachtet, da die Zwangsverwertung eines Grundstücks ein langwieriges Verfahren ist und deshalb nicht in dem gleichen Maße die Zerschlagung von Verbundwerten droht.[13] Um die Chancen für die Fortführung des zu reorganisierenden Unternehmens zu verbessern, war im **Bericht der Kommission** für Insolvenzrecht ein besonderer Vollstreckungsschutz vorgesehen, der am Vorbild des alten § 30c ZVG ausgestaltet werden sollte. Neben diesem besonderen reorganisationsrechtlichen Vollstreckungsschutz sollte es bei dem bereits bestehenden Vollstreckungsschutz für das zu liquidierende Unternehmen bleiben.[14] 8

Im **Diskussionsentwurf** wurden die Regelungen zur einstweiligen Einstellung der Zwangsversteigerung in der von der Kommission vorgeschlagenen Form an das neue Insolvenzverfahren angepasst. Dabei wurde die Zuständigkeit des Insolvenzgerichts anstelle der vorher bestehenden Zuständigkeit des Vollstreckungsgerichts begründet und der Standort der Regelung in die Insolvenzordnung verlagert. In § 177 DE InsO waren die Voraussetzungen für die einstweilige Einstellung in Abhängigkeit von der Möglichkeit einer Sanierung des Unternehmens enthalten: Bis zum Berichtstermin sollte das Versteigerungsverfahren ohne weitere Bedingungen eingestellt werden. Nach dem Berichtstermin war die Versteigerung einzustellen, wenn das Grundstück aufgrund der Entscheidung der Gläubigerversammlung für eine Fortführung des Unternehmens oder eine Gesamtveräußerung benötigt wurde (unabhängig davon, ob die Fortführung oder geplante Gesamtveräußerung auf der Grundlage eines Insolvenzplans erfolgen sollte oder nicht). Weiterhin sollte die einstweilige Einstellung auch dann möglich sein, wenn durch die Versteigerung die angemessene Verwertung der Insolvenzmasse wesentlich erschwert würde. § 178 DE InsO enthielt die Regelung, dass dem Gläubiger vom Berichtstermin an die laufenden Zinsen aus der Insolvenzmasse zu zahlen waren.[15] Um der in der Praxis bestehenden geringen Verbreitung von Verwalterversteigerungen abzuhelfen, mussten die beschriebenen Schwächen[16] der Versteigerung durch den Insolvenzverwalter beseitigt werden. Ein **Hindernis für erfolgreiche Verwalterversteigerungen** war die Tatsache, dass sich aufgrund der **Höhe des geringsten Gebotes** und aufgrund des Umstandes, dass der Bieter die dinglichen Belastungen nach §§ 52, 53 ZVG übernehmen musste, kaum Bieter fanden. 9

Im **Bericht der Kommission** für Insolvenzrecht war keine Regelung zur Lösung dieser Problematik vorgesehen, vielmehr wurde davon ausgegangen, dass sich ein vorrangiger Gläubiger bereitfinden werde, die Zwangsversteigerung selbst zu betreiben oder den Antrag nach § 174 ZVG zu stellen.[17] 10

---

10 *Eickmann* ZIP 1986, 1517 ff.

11 Für die Möglichkeit einer Fortführung durch den Zwangsverwalter schon damals RGZ 135, 197, 202; *Wenzel* BuB 4/2735; *Gerhardt*, Grundpfandrechte im Insolvenzverfahren, 7. Aufl. 1999, Rn. 270 ff.; dagegen *Eickmann* ZIP 1986, 1517, 1522 ff.

12 Vgl. zum parallelen Gedanken des grundpfandrechtlichen Haftungsverbands BeckOGK BGB/*Kern* § 1120 Rn. 7.

13 BT-Drs. 12/2443, S. 88; abgedruckt bei *Uhlenbruck*, Das neue Insolvenzrecht, 1994, S. 249.

14 1. KommBer. S. 261 f., Leitsätze 2.4.5.2. u. 2.4.5.3.

15 DE 1988, S. B 167 ff.

16 → Rn. 5.

17 1. KommBer., 1985, S. 335, Leitsatz 3.5.1.

11 Im **Diskussionsentwurf** zum Gesetz zur Reform des Insolvenzrechts war im Zusammenhang mit der Einfügung des § 10 Abs. 1 Nr. 1a ZVG die Schaffung des § 174a ZVG vorgesehen. Während unter Geltung der bisherigen Rechtslage nur der Gläubiger die Möglichkeit hatte, den Antrag nach § 174 ZVG zu stellen, sollte der neue § 174a ZVG diese Regelung sinngemäß auf die neu geschaffenen Ansprüche aus § 10 Abs. 1 Nr. 1a ZVG übertragen, um auf diese Weise zu einem niedrigeren geringsten Gebot zu kommen.[18]

12 Eines der Hauptziele der Insolvenzrechtsreform war, die **absonderungsberechtigten Gläubiger** an den **Kosten** des Insolvenzverfahrens zu **beteiligen,** um auf diese Weise eine Entlastung der Insolvenzmasse von den Kosten der Feststellung, Erhaltung und Verwertung von Sicherungsgut zu erreichen. Die **Kommission** für Insolvenzrecht war der Ansicht, dass die **Sicherungsrechte an Immobilien** bei der Neuordnung des Insolvenzrechts grundsätzlich **keinen Einschränkungen** unterworfen werden sollten, da anders als bei den besitzlosen Sicherungsrechten durch die Eintragung der Grundpfandrechte im Grundbuch eine ausreichende Publizität gesichert sei. Weiterhin sollte aufgrund der wirtschaftlichen Bedeutung des langfristigen Bodenkredits dessen Stellung nicht angetastet werden.[19]

13 Hinsichtlich des haftenden **Grundstückszubehörs** wurde hingegen die Einführung eines **Verfahrensbeitrages** in Höhe von 10% des Zubehörwertes für notwendig erachtet, um zu verhindern, dass die Kosten für die Feststellung, ob die beim Gemeinschuldner vorgefundenen beweglichen Sachen der Zubehörhaftung unterliegen, auch künftig zu Lasten der ungesicherten Gläubiger aus der Konkursmasse bedient werden. Weiterhin sollte ein Ausgleich für die Benachteiligung der Befriedigungsaussichten der übrigen Gläubiger durch die weite Ausdehnung des Zubehörbegriffes durch die Rechtsprechung geschaffen werden. Bei der Angleichung der Beteiligung der Gläubiger an den Kosten der Feststellung und Abwicklung des Zubehörgutes an den Verfahrensbeitrag der Inhaber von Mobiliarsicherheiten sollte durch einen geringeren Verfahrensbeitrag der stärkeren Publizität der Zubehörhaftung sowie der besonderen Bedeutung des langfristigen Bodenkredits Rechnung getragen werden.[20]

14 Eine **Minderheit** wandte sich gegen den von der Kommissionsmehrheit befürworteten Pauschalabzug und befürwortete einen **Anspruch auf Erstattung der konkreten Ausgaben.** Die Minderheit verwies auf die gravierenden wirtschaftlichen Auswirkungen eines über den tatsächlichen Kosten liegenden Verfahrensbeitrages, da der Wert der als Sicherheit bestellten Grundpfandrechte bis zu 50% in dem mithaftenden Zubehör liege.[21]

15 Der **Diskussionsentwurf**[22] sah durch eine Änderung des § 10 ZVG die Schaffung eines vorrangigen Befriedigungsvorrechts vor. In § 10 Abs. 1 ZVG sollte durch Einfügung einer Nr. 1a erreicht werden, dass der Insolvenzmasse im Fall der Zwangsversteigerung diejenigen Kosten zu erstatten waren, die durch die Feststellung des mithaftenden Grundstückszubehörs entstehen; dafür wurde ein Pauschbetrag von 5% des Zubehörwertes vorgesehen. Weiterhin waren die Ausgaben zur Erhaltung oder nötigen Verbesserung des Grundstücks zu ersetzen.

16 Die unter der Geltung der KO häufigen **Kollisionen** der Befugnisse des **Zwangsverwalters** zur Nutzung des Grundstücks (§ 152 ZVG) mit dem Recht des **Konkursverwalters** zur Verwaltung der Konkursmasse (→ Rn. 6) wollte der **Bericht der Kommission** für Insolvenzrecht für das Reorganisationsverfahren vermeiden, ohne aber weiter als nötig in die Befugnisse des Zwangsverwalters einzugreifen. Er sah daher vor, dass während des Vorverfahrens und des Liquidationsverfahrens die Regelungen zur Zwangsverwaltung unberührt blieben, während im Reorganisationsverfahren die Befugnisse des Zwangsverwalters auf den Insolvenzverwalter übergehen sollten.[23]

17 Im **Diskussionsentwurf**[24] war die Möglichkeit einer einstweiligen Einstellung der Zwangsverwaltung auf Antrag des Insolvenzverwalters, gekoppelt mit einem Nachteilsausgleich für den betreibenden Gläubiger, in § 180 DE vorgesehen.

III. Gesetzgebungsverfahren

18 Im **Referentenentwurf,** der weitgehend mit dem Diskussionsentwurf übereinstimmte, fanden sich in den §§ 176 bis 180 RefE InsO[25] Bestimmungen zur Verwertung unbeweglicher Gegenstände. Neben § 176 RefE InsO, der mit § 186 RegE InsO[26] und der jetzigen Vorschrift in § 165 übereinstimmte, enthielt der Referentenentwurf in den §§ 177 ff. RefE InsO Regelungen dazu, unter

[18] DE 1988, S. B 321 f.
[19] 1. KommBer., S. 333, Leitsatz 3. 5 und S. 259, Leitsatz 2.4.5.1.
[20] 1. KommBer., S. 333 f., Leitsatz 3.5.1.
[21] 1. KommBer., S. 336, Leitsatz 3.5.1.
[22] DE 1988, S. 186.
[23] 1. KommBer., 1985, S. 265, Leitsatz 2.4.5.6.
[24] DE 1988, S. 91.
[25] RefE S. 104 ff.
[26] BT-Drs. 12/2443, S. 176, abgedruckt bei *Uhlenbruck*, Das neue Insolvenzrecht, 1994, S. 524.

welchen Umständen der Insolvenzverwalter eine einstweilige Einstellung der Zwangsversteigerung bzw. Zwangsverwaltung beantragen konnte. Des Weiteren überführte der RefE InsO die Vorschriften, die einen Ausgleich der durch die Einstellung der Vollstreckungsmaßnahmen den betreibenden Gläubigern entstandenen Nachteile anordneten, sowie Normen, die die Voraussetzungen regelten, unter denen der betreibende Gläubiger eine Aufhebung der Anordnung der Einstellung der Vollstreckungsmaßnahmen erreichen konnte, in die InsO.

In Art. 7 RefE EGInsO war vorgesehen, eine Nr. 1a in § 10 Abs. 1 ZVG einzufügen, wonach die 19
Grundpfandgläubiger einen **Beitrag zu den Kosten** des Insolvenzverfahrens zu leisten haben. Bei der Verwalterversteigerung sollte der Insolvenzverwalter aufgrund des neugeschaffenen § 174a ZVG verlangen können, dass bei der Feststellung des geringsten Gebots nur die den Ansprüchen aus dem neugeschaffenen § 10 Abs. 1 Nr. 1a ZVG vorgehenden Rechte berücksichtigt werden, um auf diese Weise die Chancen für eine Versteigerung des Grundstücks durch ein **niedrigeres geringstes Gebot** zu erhöhen.

Die beschriebenen Regelungen des Referentenentwurfes wurden im **Regierungsentwurf** 20
kaum verändert als §§ 186 bis 190 RegE InsO und Art. 20 RegE EGInsO in das Gesetzgebungsverfahren eingebracht. Neu im Regierungsentwurf war vor allem, dass für die Anordnung der **einstweiligen Einstellung** von Zwangsversteigerung bzw. Zwangsverwaltung nicht die Vollstreckungsgerichte, sondern die **Insolvenzgerichte** zuständig sein sollten. Der Standort der Regelungen wurde konsequenterweise in die InsO verlagert.[27]

Die Vorschriften erfuhren im **weiteren Gesetzgebungsverfahren** nur wenige inhaltliche 21
Änderungen (vgl. aber → Rn. 23). Diese betrafen vor allem die Vorschrift über die in § 10 Abs. 1 Nr. 1a ZVG geregelte **Kostenbeteiligung:** Während § 10 Abs. 1 Nr. 1a ZVG in der Fassung von Art. 20 RegE EGInsO vorsah, dass die grundpfandrechtlich gesicherten Gläubiger neben einem Pauschalbetrag von 6% des Zubehörwertes für die Feststellungskosten auch die Aufwendungen des Insolvenzverwalters für Erhaltung und nötige Verbesserung des Grundstücks zu tragen hatten, wurde in der InsO auf eine gesetzliche Regelung über den **Abzug von Erhaltungskosten verzichtet.** Die Feststellungskostenpauschale wurde von 6% auf 4% des Wertes des Grundstückszubehörs abgesenkt.[28]

Des Weiteren kam es zu einer **(Rück-)Verlagerung von Regelungen zur Verwertung** 22
unbeweglicher Sachen in das ZVG: Aus Gründen der Verfahrensvereinfachung wurde beschlossen, die **Zuständigkeit** von den Insolvenzgerichten **auf die Vollstreckungsgerichte zurückzuverlagern,** weil es als rationeller angesehen wurde, das Gericht, bei dem die Zwangsversteigerung oder Zwangsverwaltung anhängig sei, auch über deren Einstellung entscheiden zu lassen. Infolgedessen kam es zu einer Streichung der §§ 187 bis 190 RegE InsO; diese Regelungen wurde in etwas veränderter und an den neuen Regelungsstandort angepasster Fassung durch Art. 20 RegE EGInsO als §§ 30d, 30e und 30f in das ZVG eingefügt.[29]

Durch die Rückverlagerung der Regelungen in das ZVG und die etwas hektischen („**über-** 23
stürzten") **Änderungen der InsO im Gesetzgebungsverfahren** kam es teilweise – wohl nicht vom Gesetzgeber gewollt – zum **Wegfall von Regelungen:** Im RegE waren in den §§ 187, 190 RegE InsO die Voraussetzungen für eine einstweilige Einstellung der Zwangsversteigerung bzw. Zwangsverwaltung durch den Insolvenzverwalter geregelt. Für das **Eröffnungsverfahren** galt § 25 Abs. 2 Nr. 3 RegE InsO,[30] der bestimmte, dass das Insolvenzgericht Maßnahmen der Zwangsvollstreckung gegen den Schuldner untersagen oder einstweilen einstellen kann. Damit bestand für den vorläufigen Verwalter die Möglichkeit, bereits im **Eröffnungsverfahren** auch die **Zwangsverwaltung** einstweilen einstellen zu lassen. Eine derartige Regelung existiert in der InsO nicht mehr.[31]

C. Anwendungsbereich

Unbewegliche Gegenstände iSd § 165 sind alle Gegenstände, welche der Zwangsvollstreckung 24
in das unbewegliche Vermögen unterliegen. Als Gegenstand der Zwangsvollstreckung kommen in Betracht:
- Grundstücke,
- Luftfahrzeuge, vgl. §§ 171a ff. ZVG,

---

27 BT-Drs. 12/2443, S. 176, abgedruckt bei *Uhlenbruck*, Das neue Insolvenzrecht, 1994, S. 525.

28 Beschlussempfehlung des Rechtsausschusses zu RegE EGInsO, BT-Drs. 12/7303, S. 108, abgedruckt bei *Uhlenbruck*, Das neue Insolvenzrecht, 1994, S. 899.

29 Beschlussempfehlung des Rechtsausschusses zu RegE InsO, BT-Drs. 12/7392, S. 176, abgedruckt bei *Uhlenbruck*, Das neue Insolvenzrecht, 1994, S. 529; Beschlussempfehlung des Rechtsausschusses zu RegE EGInsO, BT-Drs. 12/7303, S. 108, abgedruckt bei *Uhlenbruck*, Das neue Insolvenzrecht, 1994, S. 899.

30 BT-Drs. 12/2443, S. 115, abgedruckt bei *Uhlenbruck*, Das neue Insolvenzrecht, 1994, S. 321 f.

31 Zu den Konsequenzen → Rn. 264.

– Schiffe und Schiffsbauwerke, vgl. §§ 162 ff. ZVG,[32]
– Bruchteile eines Grundstücks, eines grundstücksgleichen Rechts, eines Schiffes oder Schiffsbauwerks, vgl. § 864 Abs. 2 ZPO,
– grundstücksgleiche Rechte: darunter fallen bspw. das Erbbaurecht, grundstücksgleiche Rechte nach den landesrechtlichen Vorschriften, vgl. Art. 67 bis 69 EGBGB, Kabelpfandrechte an privaten Hochseekabeln nach dem Kabelpfandgesetz sowie Gebäudeeigentum im Beitrittsgebiet, vgl. Art. 233 § 4 Abs. 1 EGBGB,
– Nutzungsrechte des Nichteigentümers, der eine Eisenbahn betreibt, § 871 ZPO,
– Wohnungs- und Teileigentum, vgl. § 12 Abs. 3 WEG.

D. Möglichkeiten einer Verwertung unbeweglicher Gegenstände in der Insolvenz (Übersicht)

I. Zwangsversteigerung

25 **1. Ziel und Gegenstand der Zwangsversteigerung.** Die Zwangsversteigerung ist ein gerichtliches Verfahren mit dem Ziel des öffentlichen Verkaufs des Grundstücks[33] zum Zwecke der Befriedigung des Vollstreckungsgläubigers aus dem **Stammwert** („Substanz“) des Grundstücks. Durch die Anordnung der Zwangsversteigerung werden das Grundstück und die mithaftenden Gegenstände, jedoch **nicht die Miet- und Pachtzinsforderungen,** zugunsten des vollstreckenden Gläubigers beschlagnahmt.

26 Die Verwertung erfolgt im Wege der öffentlichen Versteigerung, wobei das Gesetz nur solche Gebote zulässt, durch welche die dem betreibenden Gläubiger vorgehenden Rechte gedeckt werden (sog. **Deckungsprinzip**). Die Feststellung des geringsten Gebots richtet sich nach der im Gesetz aufgestellten Rangordnung, nach welcher die einzelnen Berechtigten am Grundstück und demgemäß am Versteigerungserlös beteiligt sind.[34]

27 **2. Zwangsversteigerung in der Insolvenz.** Der Insolvenzverwalter steht in der Regel im **Rang** eines **nicht dinglich gesicherten Gläubigers** (§ 10 Abs. 1 Nr. 5 ZVG). Hinsichtlich der Kosten für die Feststellung der mithaftenden beweglichen Gegenstände des Hypothekenhaftungsverbandes wurde die Rangklasse des **§ 10 Abs. 1 Nr. 1a ZVG** neu geschaffen. Ob der Insolvenzverwalter ggf. aus allen Rangklassen, also auch aus der Rangklasse Nr. 1a, die Zwangsversteigerung des Grundstücks betreiben kann, ist umstritten.[35] Der BGH[36] bejaht dies nunmehr.

28 Bei der Zwangsversteigerung eines Grundstücks aus der Insolvenzmasse sind folgende **Konstellationen** zu unterscheiden:
– Zwangsversteigerung auf Antrag des Insolvenzverwalters (§ 165, §§ 172 ff. ZVG),
– Zwangsversteigerung auf Antrag eines Absonderungsberechtigten, der sein Recht bereits vor der Krise des Grundstückseigentümers wirksam erworben hat; die Versteigerung kann vor oder nach Eröffnung des Insolvenzverfahrens eingeleitet worden sein (§ 49),
– Zwangsversteigerung auf Antrag eines persönlichen Gläubigers, die vor Eröffnung des Insolvenzverfahrens eingeleitet wurde; diese wird durch § 88 begrenzt (Rückschlagsperre),
– Zwangsversteigerung auf Antrag eines Massegläubigers, die nach Eröffnung des Insolvenzverfahrens eingeleitet wurde; diese wird durch die § 90 (oktroyierte Masseverbindlichkeiten) und § 210 (Altmasseverbindlichkeiten im masseunzulänglichen Verfahren) eingeschränkt.

II. Zwangsverwaltung

29 **1. Ziel und Gegenstand der Zwangsverwaltung.** Die Zwangsverwaltung ist ein gerichtliches Verfahren mit dem Ziel der Verwertung der Grundstücksnutzungen zum Zwecke der Befriedigung des vollstreckenden Gläubigers aus dem Verwertungserlös. Bei der Zwangsverwaltung erfolgt also die **Befriedigung** nicht aus dem Stammwert, sondern nur **aus den Erträgnissen des Grundstücks.** Die Beschlagnahme erfasst hier auch die Miet- und Pachtzinsforderungen. Ein vom Gericht bestellter Zwangsverwalter verwertet die aus den beschlagnahmten Gegenständen gezogenen Nut-

[32] AA LG Bremen ZIP 2012, 1189 m. krit. Anm. *Joos* EWiR 2012, 387.
[33] Der Begriff des „Grundstücks“ wird im Folgenden stellvertretend für die oben unter C. (→ Rn. 24) beschriebenen Gegenstände, die der Liegenschaftsvollstreckung unterliegen, gebraucht. Auf die bei den anderen Vollstreckungsgegenständen auftretenden Besonderheiten wird gesondert eingegangen.
[34] Lwowski/Fischer/Gehrlein/*Mordhorst*, Das Recht der Kreditsicherung, 10. Aufl. 2018, § 5 Rn. 20.
[35] Zu den Einzelheiten → Rn. 125, 156.
[36] BGH WM 2012, 1245 = NZI 2012, 575 Rn. 15; → Rn. 125, 156 ff.

zungen. Aus dem Erlös werden die Kosten der Verwaltung bestritten und der Überschuss an die beteiligten Gläubiger nach der vom Gesetz aufgestellten Rangordnung (§ 155 iVm § 10 Abs. 1 ZVG) ausgekehrt.[37]

2. Zwangsverwaltung in der Insolvenz. Beim Zusammentreffen von Insolvenzverfahren und Zwangsverwaltung besteht eine Sondermasse, die der Zwangsverwaltung unterliegt. Es ist die Aufgabe des Zwangsverwalters, Früchte aus dem Massegrundstück zu ziehen und über die Miet- und Pachtzinsansprüche zu verfügen.[38] Hinsichtlich der in Frage kommenden Konstellationen des Zusammentreffens von Insolvenz- und Zwangsverwaltung sei auf die Ausführungen bei der Zwangsversteigerung verwiesen.[39] In jüngerer Zeit ist es zu einer erheblichen Ausdehnung der Befugnisse des Zwangsverwalters durch die Rechtsprechung gekommen.[40] Dem Zwangsverwalter ist es insbesondere erlaubt, einen auf dem beschlagnahmten Grundstück geführten grundstücksbezogenen Gewerbebetrieb des Schuldners fortzuführen. Allerdings kann der Schuldner dem Zwangsverwalter, der auf Antrag eines absonderungsberechtigten Gläubigers nach Titelumschreibung gegen den Insolvenzverwalter eingesetzt wurde, sein Recht entgegenhalten, ihm die für seinen Hausstand unentbehrlichen Räume unentgeltlich zu überlassen.[41] 30

III. Gesetzlich nicht geregelte Verwertungsalternativen

Neben den gesetzlichen Instrumentarien der Zwangsversteigerung und der Zwangsverwaltung bedienen sich die absonderungsberechtigten Grundpfandgläubiger in der Praxis weiterer gesetzlich nicht geregelter Verwertungsalternativen. Sie sind dabei auf die **Zusammenarbeit mit dem Insolvenzverwalter** angewiesen. 31

Zu nennen ist hier insbesondere die **lastenfreie freihändige Veräußerung** des Grundstücks durch den Insolvenzverwalter. In diesem Fall müssen vorher die Grundpfandgläubiger Löschungsbewilligungen abgegeben haben.[42] Die Verteilung der Erlöse zwischen Insolvenzverwalter und vor- und nachrangigen Grundpfandgläubigern orientiert sich in diesen Fällen zwar an den Vorschriften zur Zwangsversteigerung im ZVG, bleibt aber der freien Vereinbarung zwischen den Beteiligten überlassen.[43] 32

Neben der freihändigen Verwertung des Grundstücks im Wege des Verkaufs werden weitere gesetzlich nicht geregelte Formen der Verwertung von Erträgnissen der Immobilien und der Verwertung von Zubehör in der Praxis der Insolvenzabwicklung praktiziert. Eine besondere Bedeutung kommt der sog. **kalten Zwangsverwaltung** als „Ersatz" für eine gerichtlich angeordnete Zwangsverwaltung zu.[44] 33

IV. Besonderheiten bei der Verwertung von Grundstückszubehör

Grundstückszubehör, welches im Eigentum des Schuldners steht, wird von der Beschlagnahme des Grundstücks erfasst (§ 20 Abs. 2 ZVG iVm § 1120 BGB) und im Rahmen der Zwangsversteigerung des Grundstücks verwertet. Auch der Insolvenzbeschlag erfasst freilich das Grundstück samt seinem Zubehör, soweit es dem Schuldner gehört. Probleme können sich in der Praxis dann ergeben, wenn der Insolvenzverwalter das Zubehör vor der Beschlagnahme freihändig veräußert und den Erlös für die Insolvenzmasse beansprucht, Grundpfandgläubiger aber ebenfalls darauf Anspruch erheben.[45] 34

V. Freigabe

Des Weiteren könnte der Insolvenzverwalter auch auf eine Verwertung verzichten und den unbeweglichen Gegenstand, wenn dieser zu hoch belastet ist und deshalb für die Masse kein Überschuss zu erwarten ist, aus der Masse freigeben. Diese Verfahrensweise kann sich dann anbieten, wenn das Grundstück kontaminiert ist und eine kostenaufwendige Sanierung der Umweltaltlasten von der Behörde gefordert wird, um die Masse von den Kosten einer durch die Behörde vorgenommenen Ersatzvornahme zu entlasten.[46] 35

---

[37] Lwowski/Fischer/Gehrlein/*Mordhorst*, Das Recht der Kreditsicherung, 10. Aufl. 2018, § 5 Rn. 26.

[38] *Wenzel* BuB 4/2730; *Tetzlaff* ZInsO 2004, 521, 523 mwN.

[39] → Rn. 137 ff.

[40] BGHZ 163, 9 = NJW-RR 2005, 1175; vgl. dazu *Förster* ZInsO 2005, 746; *Drasdo* NJW 2005, 1529.

[41] BGH NZI 2013, 606 m. zust. Anm. *Hintzen* WuB VI E § 149 ZVG 1.13.

[42] → Rn. 176 ff.

[43] *Eckardt*, Grundpfandrechte im Insolvenzverfahren, 14. Aufl. 2014, Rn. 197; *Lwowski/Tetzlaff* WM 1999, 2336, 2337.

[44] → Rn. 188 ff.

[45] → Rn. 245.

[46] → Rn. 201 ff.

E. Stellung des Insolvenzverwalters in der Liegenschaftsvollstreckung (Übersicht)

I. Allgemeines

36 In der Liegenschaftsvollstreckung hat der Insolvenzverwalter an der Stelle des Schuldners Rechte und Pflichten des Vollstreckungsschuldners wahrzunehmen. Beantragt der **Insolvenzverwalter** die Zwangsversteigerung oder die Zwangsverwaltung, so finden gem. **§ 172 ZVG** die Vorschriften des ersten und zweiten Abschnitts des ZVG **nur entsprechende Anwendung.** Der Insolvenzverwalter wird nur verfahrensrechtlich als betreibender Gläubiger behandelt, denn in dem Verfahren nach §§ 172 ff. ZVG vereinigt der Verwalter in seiner Person die Rollen des betreibenden Gläubigers und des Vollstreckungsschuldners.[47]

II. Einzelfragen

37 Gem. § 68 Abs. 3 ZVG kann der Vollstreckungsgläubiger eine **erhöhte Sicherheit** vom mitbietenden Vollstreckungsschuldner oder einem neu eingetretenen Grundstückseigentümer verlangen. Für den Vollstreckungsschuldner rechtfertigt sich dies dadurch, dass seine Zahlungsfähigkeit angesichts der Vollstreckung zweifelhaft ist. **Betreibt ein Gläubiger** die Zwangsvollstreckung und **bietet** der **Insolvenzverwalter für die Rechnung der Insolvenzmasse** (§ 55 Abs. 1 Nr. 1), so bietet er für den Vollstreckungsschuldner; der Insolvenzverwalter muss also die erhöhte Sicherheit nach § 68 Abs. 3 ZVG leisten, falls dies der Gläubiger, der die Zwangsversteigerung selbst betreibt, verlangt.[48] Betreibt hingegen der **Insolvenzverwalter** die **Zwangsversteigerung,** hat er das Recht aus § 68 Abs. 3 ZVG; da er allerdings zugleich die Rolle des Vollstreckungsschuldners innehat und ein Wechsel des Grundstückseigentums in der Zwischenzeit höchstens ausnahmsweise eintreten wird, dürfte diese Konstellation kaum je praktisch werden.

38 Für eine Anwendung des § 25 Satz 2 ZVG, der den **Vorschuss für eine Sicherungsmaßregel** zur Abwendung einer Gefährdung durch den Schuldner betrifft, ist in der vom Insolvenzverwalter betriebenen Versteigerung kein Raum.[49] Ein **Vorschuss für die Aufwendungen der Verfahrensfortsetzung** (§ 161 Abs. 3 ZVG) kann vom betreibenden Insolvenzverwalter hingegen wie von jedem anderen betreibenden Gläubiger angefordert werden.

39 Für **Widersprüche gegen den Teilungsplan** kommt es wiederum darauf an, ob der Insolvenzverwalter das Verfahren betreibt und daher als Vollstreckungsgläubiger widerspricht oder ob ein anderer Gläubiger das Verfahren betreibt und der Insolvenzverwalter daher für den Insolvenzschuldner als Vollstreckungsschuldner widerspricht. Widerspricht der **Insolvenzverwalter** einem Teilungsplan in einem Verfahren, das er **selbst** – ggf. neben anderen – **betreibt,** gilt § 115 Abs. 1 ZVG; der Widerspruch wird also nach den §§ 876 Satz 2 ff. ZPO behandelt. Widerspricht der Insolvenzverwalter einem Teilungsplan, weil der Anspruch des **vollstreckenden Gläubigers** nicht vollstreckbar ist, also kein wirksamer Vollstreckungstitel vorliegt, greift ebenfalls § 115 Abs. 1 ZVG. Gegen einen vollstreckbaren Anspruch muss sich der Insolvenzverwalter indes gem. § 115 Abs. 3 ZVG mit der Vollstreckungsgegenklage gem. § 767 ZPO wehren.

40 Gibt der Insolvenzverwalter im Zwangsversteigerungstermin **Gebote für sich selbst** ab, so ist aufgrund der drohenden **Interessenkollision** zur Wahrnehmung der Rechte der Masse ein Sonderverwalter zu bestellen. Gebote des Insolvenzverwalters kann das Zwangsversteigerungsgericht nicht zurückweisen.[50] Das Zwangsversteigerungsgericht sollte jedoch das Insolvenzgericht informieren, sodass dieses nach §§ 58, 59 vorgehen kann.[51]

41 Für **Anträge des Insolvenzverwalters auf Zuschlagsversagung** wegen Unterschreitung des Mindestgebotes nach § 74a ZVG ist wie folgt zu differenzieren: Wird das Verfahren von einem absonderungsberechtigten **Gläubiger betrieben,** so steht dem Insolvenzverwalter als Vollstreckungsschuldner nicht das Recht zu, gem. § 74a ZVG die Versagung des Zuschlags wegen Nichterreichens der 7/10-Grenze zu beantragen, weil der Schuldner nicht als Beteiligter iSd Vorschrift gilt.[52] Indessen kann der Insolvenzverwalter – nach allerdings bestrittener Ansicht – einem Verfahren, das

---

47 Uhlenbruck/*Brinkmann* § 126 Rn. 17; *Eckardt*, Grundpfandrechte im Insolvenzverfahren, 14. Aufl. 2014, Rn. 230; Stöber/*Gojowczyk*, ZVG, 22. Aufl. 2019, § 172 Rn. 13.

48 Böttcher/*Böttcher*, ZVG, 6. Aufl. 2016, § 70 Rn. 25.

49 Böttcher/*Böttcher*, ZVG, 6. Aufl. 2016, § 25 Rn. 1; aA offenbar die → 3. Aufl. 2013 § 165 Rn. 36.

50 Vgl. Nerlich/Römermann/*Becker* § 165 Rn. 29.

51 *Mohrbutter/Drischler/Radtke/Tiedemann*, Die Zwangsversteigerungs- und Zwangsverwaltungspraxis, Bd. 1, 7. Aufl. 1986, Muster 24 Anm. 4/S. 131 mwN.

52 LG Göttingen NJW 1956, 428; Böttcher/*Böttcher*, ZVG, 6. Aufl. 2016, § 74a Rn. 15; aA Nerlich/Römermann/*Becker* § 165 Rn. 24.

ein absonderungsberechtigter Gläubiger betreibt, gem. § 27 ZVG beitreten[53] und dann die Versagung des Zuschlags nach § 74a ZVG beantragen.[54] Ist ein zur Masse gehörendes Eigentümer(grundpfand)recht vom Ausfall bedroht, so ist der Insolvenzverwalter als Gläubiger antragsbefugt.[55] **Betreibt der Insolvenzverwalter** nach den §§ 172 ff. ZVG die Zwangsversteigerung selbst, so kann er aufgrund seiner Stellung als betreibender Gläubiger im Ausgangspunkt ebenfalls keinen Antrag nach § 74a ZVG stellen, sondern kann die Versagung des Zuschlags nur dadurch herbeiführen, dass er den Versteigerungsantrag zurücknimmt oder die einstweilige Einstellung oder die Aufhebung des Versteigerungstermins bewilligt.[56] Anders ist dies jedoch, wenn er dem Verfahren eines absonderungsberechtigten Gläubigers beigetreten ist.[57]

F. Stellung des Schuldners in der Liegenschaftsvollstreckung (Übersicht)

Der (Gemein-)Schuldner ist zwar weiterhin Grundstückseigentümer, aber dennoch im Regelinsolvenzverfahren **nicht Beteiligter iSv § 9 ZVG.**[58] Da die Befugnis, das schuldnerische Vermögen zu verwalten und über es zu verfügen, mit Verfahrenseröffnung auf den Insolvenzverwalter übergegangen ist (§ 80 Abs. 1 InsO), kann nur der Insolvenzverwalter die vermögensbezogenen Rechte des Vollstreckungsschuldners wahrnehmen und ist nur der Insolvenzverwalter Adressat der vermögensbezogenen Pflichten, die sonst den Vollstreckungsschuldner treffen. Der Insolvenzverwalter verdrängt also den (Gemein-)Schuldner aus der Position des Vollstreckungsschuldners.[59] 42

Die den (Gemein-)Schuldner verdrängende Wirkung der Verfahrenseröffnung erfasst freilich nur die herkömmliche vermögensbezogene Stellung des Vollstreckungsschuldners. Soweit dem **(Gemein-)Schuldner als solchem Rechte** zugewiesen sind, bleiben diese unberührt. Der (Gemein-)Schuldner kann so etwa gem. § 30d Abs. 2 die einstweilige Einstellung der Zwangsversteigerung beantragen, wenn er einen Insolvenzplan vorgelegt hat, der nicht nach § 231 InsO zurückgewiesen wurde;[60] dass § 30d Abs. 2 ZVG den (Gemein-)Schuldner meint, ergibt sich daraus, dass der Insolvenzverwalter die einstweilige Einstellung unter den großzügigeren Voraussetzungen des § 30d Abs. 1 ZVG beantragen kann. 43

Der Schuldner kann weiter auch dann nicht vom Insolvenzverwalter verdrängt werden, wenn ein solcher gar nicht bestellt ist, weil das Insolvenzverfahren in **Eigenverwaltung** durchgeführt wird. In der Eigenverwaltung tritt der Schuldner – und nicht der Sachwalter – an die Stelle des Insolvenzverwalters. Gerade bei der Eigenverwaltung wird es häufig so sein, dass der Schuldner eine Erhaltung und Sanierung seines Unternehmens anstrebt. Das mit Grundpfandrechten belastete Betriebsgrundstück wird dann regelmäßig weiter benötigt. Die dinglich gesicherten Gläubiger müssen daher damit rechnen, dass der Schuldner versucht, eine Verwertung der Immobilie zu unterbinden. 44

Schließlich können bei **Insolvenzen von natürlichen Personen** Situationen entstehen, in denen der Schuldner im Zwangsversteigerungs- oder -verwaltungsverfahren neben dem Insolvenzverwalter agiert bzw. agieren will. Soweit der Schuldner hier eigene nicht vermögensbezogene Positionen geltend macht, wird er nicht vom Insolvenzverwalter verdrängt. Dies ist etwa der Fall, wenn der Schuldner versucht, eine Einstellung der Zwangsversteigerung seines Einfamilienhauses wegen drohender Suizidgefahr zu erreichen.[61] 45

G. Einfluss der Insolvenzeröffnung auf Zwangsversteigerungs- und Zwangsverwaltungsverfahren

I. Bei Insolvenzeröffnung laufende Verfahren

1. Ausgangspunkt. Im Ausgangspunkt gilt, dass Vollstreckungsmaßnahmen vor Eröffnung des Insolvenzverfahrens, die zu einer **wirksamen Beschlagnahme** geführt haben, im Insolvenzverfahren ein Recht auf **abgesonderte Befriedigung** gewähren, § 49.[62] 46

---

53 → Rn. 73, 137 ff.

54 Jaeger/*Eckardt* § 165 Rn. 32.

55 Böttcher/*Böttcher*, ZVG, 6. Aufl. 2016, § 74a Rn. 15; Böttcher/*Keller*, ZVG, 6. Aufl. 2016, § 172 Rn. 24.

56 *Jaeger/Weber*, KO, 8. Aufl. 1973, § 126 Anm. 14a; Gottwald/*Adolphsen*, InsO-HdB, § 42 Rn. 125.

57 Dazu soeben bei Fn. 52.

58 Jaeger/*Eckardt* § 165 Rn. 29; Nerlich/Römermann/*Becker* § 165 Rn. 23.

59 Jaeger/*Eckardt* § 165 Rn. 29.

60 → Rn. 78 und *Smid*, FS Gerhardt, 2004, S. 931.

61 → Rn. 80.

62 Vgl. dazu vor allem die Kommentierung von § 49.

47 Besteht ein wirksames Absonderungsrecht, so wird durch die Insolvenzeröffnung ein laufendes Zwangsvollstreckungsverfahren nicht gem. § 240 ZPO unterbrochen. Das Verfahren **kann ohne Umschreibung des Titels** gegenüber dem Insolvenzverwalter **fortgeführt** werden.[63] Diese Grundsätze gelten auch für das Eröffnungsverfahren, dh die Fortführung einer Vollstreckung ist ohne die kostenintensive Umschreibung der Klausel auch gegenüber dem vorläufigen Verwalter möglich.[64]

48 **2. Von der Rückschlagsperre erfasste Sicherungen.** Kein Recht auf abgesonderte Befriedigung gewähren jedoch durch Zwangsvollstreckung erlangte Sicherungen, wenn sie im letzten Monat vor dem Antrag auf Eröffnung des Insolvenzverfahrens erlangt wurden, § 88 (sog. Rückschlagsperre).[65] Zur richtigen Bestimmung der Reichweite des § 88 muss zunächst zwischen rechtsgeschäftlich erlangten Sicherheiten[66] und wegen einer persönlichen Forderung **durch Beschlagnahme erlangten Sicherheiten** unterschieden werden. Nur die letzteren Sicherheiten erfasst § 88.

49 Für die Anwendung des § 88 kommt es sodann darauf an, zu welchem **Zeitpunkt** der Gläubiger die Sicherung erlangt hat. Strittig ist, ob die Sicherung mit der Eintragung in das Grundbuch oder mit der Stellung eines entsprechenden Antrages entsteht.[67] Der Wortlaut des § 88, der auf das Erlangen der Sicherung abstellt, spricht dafür, dass es auf die Eintragung ankommt.[68] Gleichwohl erscheint es erwägenswert, mit der unter Geltung der alten Rechtslage herrschenden Ansicht den Zeitpunkt des Eingangs des Ersuchens um Eintragung des Zwangsversteigerungs-/Zwangsverwaltungsvermerks beim Grundbuchamt zugrundezulegen, sofern die Eintragung demnächst erfolgt (§ 22 Abs. 1 Satz 2 ZVG).[69] Für die Anwendung der Rückbeziehung nach § 22 Abs. 1 Satz 2 ZVG kann angeführt werden, dass diese Vorschrift in bewusster Anlehnung an § 878 BGB geschaffen wurde. Allerdings fehlt in § 88 gerade eine entsprechende Regelung, die sich an § 878 BGB anlehnt. Wenn eine solche Regelung in § 22 ZVG eigens geschaffen wurde, der Gesetzgeber der Insolvenzordnung aber trotz dahingehender Interpretation unter der alten Rechtslage in § 88 InsO keine Vorverlegung aufgenommen hat, muss § 88 InsO einheitlich ausgelegt werden;[70] maßgeblicher Zeitpunkt ist also die **Eintragung.**[71] Die Rechtsprechung hat denn auch bei der Bestimmung des Zeitraums bislang stets auf die Eintragung abgestellt.[72]

50 Die unter § 88 fallenden Sicherungen werden rückwirkend unwirksam. Dabei handelt es sich nach bestrittener Ansicht des BGH nicht nur um eine relative, sondern eine **absolute Unwirksamkeit;** die von der Rückschlagsperre betroffenen Sicherungen sind also gegenüber jedermann (schwebend) unwirksam.[73] Aus einer Zwangssicherungshypothek wird bei Vorliegen der Voraussetzungen des § 88 keine Eigentümergrundschuld; vielmehr erlischt diese.[74] Dies hat zur Folge, dass bei einer Freigabe der Immobilie durch den Insolvenzverwalter die nach § 88 InsO schwebend unwirksame Zwangssicherungshypothek wieder wirksam wird.[75]

51 Liegt ein Fall des § 88 vor, so kann der Insolvenzverwalter die **Berichtigung des Grundbuchs** gem. § 13 GBO beantragen. Hierzu legt er entweder eine Löschungsbewilligung des betroffenen Gläubigers (§§ 19, 29 GBO) vor oder weist die Unrichtigkeit nach (§§ 22, 29 GBO). Einer Bewilligung des betroffenen Gläubigers bedarf es in letzterem Fall nicht; § 22 GBO stellt eine Ausnahme von dem Konsensprinzip dar.[76] Allerdings muss der Nachweis einer Unwirksamkeit nach § 88 InsO in der Form des § 29 GBO geführt werden. Für den Nachweis des genauen Zeitpunkts des Eröffnungsantrags, von dem aus sich die Rückwirkung berechnet, soll selbst die Nennung dieses Zeitpunkts in den Gründen des Eröffnungsbeschlusses nicht ausreichen.[77]

---

63 BGH WM 2005, 1324 = DNotZ 2005, 840 mAnm *Ganter* WuB VI A. § 80 InsO 1.05; *Mohrbutter* KTS 1958, 81; *Stöber* NZI 1998, 105 f.; *Hintzen* ZInsO 2004, 713, 719.

64 Zum Insolvenzeröffnungsverfahren sogleich → Rn. 54.

65 *Stöber* NZI 1998, 105 f.; *Hintzen* Rpfleger 1999, 256, 258.

66 Dazu sogleich → Rn. 53. Zu Einzelproblemen vgl. *Eickmann*, FS Uhlenbruck, 2000, S. 149 ff.

67 → MüKoInsO/*Breuer/Flöther*, § 88 Rn. 29.

68 *Hintzen*, Kölner Schrift zur InsO, 3. Aufl. 2009, Kap. 20 Rn. 105; *Stöber* NZI 1998, 105, 106.

69 KPB/*Lüke* § 88 Rn. 17; vgl. auch *Jaeger/Henckel*, KO, § 13 Rn. 15; *Eickmann* ZIP 1986, 1517, 1518 mwN.

70 AA → 3. Aufl. 2013 § 165 Rn. 44.

71 → MüKoInsO/*Breuer/Flöther* § 88 Rn. 29; *Grothe* KTS 2001, 205, 226; Nerlich/Römermann/*Kruth* § 88 Rn. 9; Jaeger/*Eckardt* § 88 Rn. 41; *Häsemeyer*, Insolvenzrecht, Rn. 10.38.

72 Ausdrücklich LG Berlin ZIP 2001, 2293; LG Bonn ZIP 2004, 1374; beiläufig auch BGHZ 166, 74 = NJW 2006, 1286 Rn. 8, 22; OLG Düsseldorf FGPrax 2003, 248; OLG Hamm NJOZ 2014, 286, 287.

73 BGHZ 166, 74 = NJW 2006, 1286 Rn. 10 ff. m. abl. Anm. *Keller* ZIP 2006, 1174; *Bestelmeyer* Rpfleger 2006, 256; *Demharter* Rpfleger 2006, 256; *Böttcher* NotBZ 2007, 86; Böttcher/*Böttcher*, ZVG, 6. Aufl. 2016, § 28 Rn. 19.

74 BGHZ 166, 74 = NJW 2006, 1286 Rn. 16 ff.; siehe schon BGHZ 130, 347, 356 zu § 7 Abs. 3 Satz 1 GesO.

75 BGHZ 166, 74 = NJW 2006, 1286 Rn. 20 ff.; → Rn. 225.

76 BGHZ 194, 60 = NZI 2012, 753; OLG München ZIP 2012, 382; *Lau* EWiR 2012, 29.

77 OLG München NZI 2014, 927, 928.

Das **Versteigerungsgericht** muss, wenn es vom Eingreifen der Rückschlagsperre Kenntnis erlangt, ein angeordnetes Zwangsverwertungsverfahren sofort von Amts wegen **aufheben,** § 28 Abs. 2 ZVG.[78] 52

3. Von der Rückschlagsperre nicht erfasste Sicherungen. Von der Rückschlagsperre des § 88 nicht erfasst werden **rechtsgeschäftlich erlangte Sicherheiten**[79] sowie solche **durch Beschlagnahme erlangten Sicherungen,** die aus **Zeitgründen** nicht der Rückschlagsperre unterfallen. Diese Sicherungen können aber nach den §§ 129 ff. **anfechtbar** sein, was zwar keine Unwirksamkeit ipso iure bedeutet, aber die Rückholung des Gegenstands in die Insolvenzmasse (§ 143 Abs. 1) erlaubt; danach – ggf. erst nach erfolgreicher Erledigung des Anfechtungsrechtsstreits – kann freihändig verwertet oder gem. § 165 vorgegangen werden. 53

II. Insolvenzeröffnungsverfahren

Maßnahmen der Zwangsvollstreckung in unbewegliche Gegenstände sind auch während des Insolvenzeröffnungsverfahrens möglich, können also **eingeleitet und fortgeführt** werden, freilich in den Grenzen des § 88 sowie der §§ 30d Abs. 4, 153b[80] ZVG und vorbehaltlich der späteren Anfechtung gem. §§ 129 ff. Dies folgt aus § 21 Abs. 2 Nr. 3 Hs. 2, der von der Möglichkeit einer Untersagung oder einstweiligen Einstellung von Zwangsvollstreckungsmaßnahmen unbewegliche Gegenstände ausdrücklich ausnimmt.[81] Auch wenn § 21 Abs. 2 Satz 1 nur eine beispielhafte Aufzählung vorläufiger Maßnahmen enthält, ist die Herausnahme unbeweglicher Gegenstände doch so zu verstehen, dass eine abweichende „unbenannte" vorläufige Maßnahme dieses Inhalts gänzlich ausscheidet.[82] 54

Ein bereits **vor Antragstellung eingeleitetes Vollstreckungsverfahren** kann während des Eröffnungsverfahrens **ohne Umschreibung von Titel und Klausel** fortgeführt werden (→ Rn. 47). Soll während des Eröffnungsverfahrens ein **Vollstreckungsverfahren neu eingeleitet** werden, fragt sich, ob es stets, nur bei Bestellung eines sogenannten starken vorläufigen Insolvenzverwalters oder gar nicht einer Umschreibung des Titels bedarf. Richtigerweise wird man eine **Umschreibung des Titels** auf den vorläufigen Insolvenzverwalter dann und nur dann verlangen müssen, wenn es sich um einen **„starken" vorläufigen Insolvenzverwalter** handelt, da dieser allein verfügungsbefugt ist, vollstreckungsrechtlich also als Rechtsnachfolger des Schuldners angesehen werden kann.[83] Wird sodann das Insolvenzverfahren eröffnet, bedarf es keiner Umschreibung des Titels auf den endgültigen Insolvenzverwalter:[84] War nur ein schwacher vorläufiger Insolvenzverwalter eingesetzt, sodass die Vollstreckung aufgrund des Titels gegen den Schuldner eingeleitet werden konnte, so genügt auch weiterhin dieser Titel; war ein starker vorläufiger Insolvenzverwalter eingesetzt, so ist selbst dann, wenn dieser nicht auch zum endgültigen Insolvenzverwalter bestellt wird, der Titel gegen den starken Insolvenzverwalter ausreichend.[85] 55

III. Nach der Insolvenzeröffnung eingeleitete Verfahren

1. Absonderungsberechtigte Grundpfandgläubiger. Die Anordnung der Zwangsversteigerung bzw. der Zwangsverwaltung **nach Eröffnung des Insolvenzverfahrens** über das Vermögen des Grundeigentümers erfordert einen dinglichen Titel gegenüber dem Insolvenzverwalter, ggf. genügt die **Umschreibung** eines bereits gegen den Eigentümer vorliegenden Titels gegen den Verwalter nebst Zustellungsnachweis, §§ 727, 750 Abs. 2 ZPO.[86] Auch wenn das Insolvenzverfahren des Schuldners im Ausland abgewickelt wird, muss der Titel auf den ausländischen Insolvenzverwalter 56

---

[78] *Hintzen* Rpfleger 1999, 256, 258; Böttcher/*Böttcher,* ZVG, 6. Aufl. 2016, § 28 Rn. 19.

[79] *Hintzen* Rpfleger 1999, 256, 258; *Eickmann* ZfIR 1999, 81 f.; Jaeger/*Eckardt* § 88 Rn. 11; → MüKoInsO/*Breuer/Flöther* § 88 Rn. 6; kritisch *Marotzke* ZInsO 2006, 7, 9; *Muth* KTS 1997, 345, 356.

[80] Für eine entsprechende Geltung bei § 153b ZVG die überwiegende Meinung, etwa *Jungmann* NZI 1999, 352; *Klein* ZInsO 2002, 1065; Jaeger/*Gerhardt* § 21 Rn. 43; → MüKoInsO/*Haarmeyer/Schildt* § 21 Rn. 79; aA *Stengel* ZfIR 2001, 347, 352; Böttcher/*Keller,* ZVG, 6. Aufl. 2016, § 153b Rn. 2.

[81] KPB/*Pape* § 21 Rn. 17, 21; *Hintzen* Rpfleger 1999, 256, 258; *Eickmann* ZfIR 1999, 81, 82; *ders.*, FS Uhlenbruck, 2000, S. 149 ff.

[82] Vgl. auch Gottwald/*Vuia,* InsO-HdB, § 14 Rn. 44.

[83] LG Cottbus NZI 2000, 183; ZInsO 2000, 337; *Hintzen* Rpfleger 1999, 258; *Hintzen* EWiR 2001, 1151; → MüKoInsO/*Ganter* Vor §§ 49 bis 52 Rn. 165a; aA LG Halle EWiR 2001, 1151; *Lwowski/Tetzlaff* WuB VI C. § 22 InsO 1.01.

[84] Wohl ebenso Gottwald/*Eckardt,* InsO-HdB, § 32 Rn. 98, § 33 Rn. 9.

[85] AA wohl → 3. Aufl. 2013 § 165 Rn. 49.

[86] BGH WM 2005, 1324, 1326 = DNotZ 2005, 840, 841; OLG Hamm Rpfleger 1966, 24; *Kesseler* ZInsO 2005, 918; *Mohrbutter/Drischler/Radtke/Tiedemann,* Die Zwangsversteigerungs- und Zwangsverwaltungspraxis, Bd. 1, 7. Aufl. 1986, Muster 24 Anm. 1/S. 126.

umgeschrieben werden; dies gilt auch dann, wenn das Insolvenzverfahren der EuInsVO unterfällt.[87] Im Falle der Eigenverwaltung reicht indes der Titel gegen den Schuldner aus; trotz veränderter Rolle des eigenverwaltenden Schuldners bedarf es keiner Umschreibung.[88]

57 **2. Massegläubiger.** Für den Antrag des Massegläubigers auf Zwangsversteigerung oder Zwangsverwaltung – ein Fall, der nur nach Verfahrenseröffnung eintreten kann, da es zuvor noch keine Massegläubiger gibt – bedarf es eines **gegen den Insolvenzverwalter erwirkten Titels.** Die Zwangsvollstreckung wegen einer Masseverbindlichkeit unterliegt den Grenzen des § 90. Auch in ein Grundstück kann daher wegen **oktroyierter Masseverbindlichkeiten** während der ersten sechs Monate seit Verfahrenseröffnung nicht vollstreckt werden (§ 90 Abs. 1); wegen gewillkürter Masseverbindlichkeiten ist die Zwangsvollstreckung hingegen sogleich möglich (Abs. 2).

58 In jedem Fall greift bei **Masseunzulänglichkeit** (§ 208 Abs. 1 Satz 1) das **Vollstreckungsverbot** des § 210; es kommt sodann – auch hinsichtlich der vom Insolvenzverwalter begründeten Altmasseverbindlichkeiten – zu einer verhältnismäßigen Befriedigung der Massegläubiger mit der in § 209 Abs. 1 angeordneten Rangfolge. Hinsichtlich der Masseverbindlichkeiten, die vom Insolvenzverwalter nach der Anzeige der Masseunzulänglichkeit begründet wurden, gilt dieses Vollstreckungsverbot nicht, vgl. § 210. War zu dem Zeitpunkt, zu dem sich herausstellt, dass die Insolvenzmasse nicht zur Befriedigung der Massegläubiger ausreichen wird, für den Massegläubiger bereits durch die Beschlagnahme ein **Absonderungsrecht entstanden,** so sollte ihm nach früherer Ansicht die Sicherung nicht aus dem Grunde wieder entzogen werden können, weil sich später ergibt, dass die Masse nicht zur Berichtigung der noch ausstehenden Masseansprüche ausreicht.[89] An dieser Beurteilung ist auch unter Geltung der InsO festzuhalten, denn § 210 hat keine rückwirkende Kraft, sondern wirkt nur ex nunc.[90]

59 Stehen der Zwangsvollstreckung eines Massegläubigers die **§§ 90, 210** entgegen, so ist der **Massegläubiger wie ein persönlicher Gläubiger zu behandeln** (dazu sogleich → Rn. 60).

60 **3. Persönliche (nicht privilegierte) Gläubiger. Nach der Insolvenzeröffnung** kann der persönliche Gläubiger aufgrund des **Verbots von Zwangsvollstreckungen** während des Insolvenzverfahrens (§ 89) wegen seiner Forderungen keine Sicherungen erlangen und daraus weder die Zwangsversteigerung noch die Zwangsverwaltung betreiben. Im Falle der Unwirksamkeit der erlangten Sicherung nach § 89 hat das Vollstreckungsgericht das Versteigerungsverfahren für den betreibenden Gläubiger von Amts wegen aufzuheben, § 28 Abs. 2 ZVG; das Grundbuchamt muss, wenn es Kenntnis von der Verfahrenseröffnung hat, die zugunsten eines persönlichen Gläubigers beantragte Eintragung ablehnen. Gegen dennoch vorgenommene Vollstreckungsmaßnahmen kann der Insolvenzverwalter bzw. der eigenverwaltende Schuldner mit der Vollstreckungserinnerung gem. § 766 ZPO oder der sofortigen Beschwerde gem. § 793 ZPO vorgehen;[91] zuständig ist gem. § 89 Abs. 3 das Insolvenzgericht und dort gem. § 20 Abs. 1 Nr. 17 Satz 2 RPflG der Richter.[92] Wurde entgegen § 89 eine Zwangs- oder Arresthypothek eingetragen, ist das Grundbuch insoweit unrichtig; es ist daher von Amts wegen ein Widerspruch einzutragen.[93]

H. Zwangsversteigerung auf Antrag eines Gläubigers

I. Allgemeines

61 Soweit eine Zwangsversteigerung durch absonderungsberechtigte Gläubiger und Massegläubiger eingeleitet bzw. ein bereits vor Insolvenzeröffnung eingeleitetes Verfahren weiterbetrieben werden kann, kommen die normalen Regelungen des ZVG zur Vollstreckungsversteigerung zur Anwendung, ergänzt um einige insolvenzspezifische Sonderregeln.

---

87 BGHZ 188, 177 = NJW 2011, 1818 Rn. 13 ff. m. iE zust. Anm. *Gruber* DZWIR 2011, 412, 413.

88 Nerlich/Römermann/*Becker* § 165 Rn. 52; aA Gottwald/*Eckardt*, InsO-HdB, § 33 Rn. 6.

89 So RGZ 135, 197, 205; *Mohrbutter* KTS 1956, 107, 108.

90 LG Berlin NZI 2008, 108, 109; → MüKoInsO/*Hefermehl*, 3. Aufl. 2013, § 210 Rn. 10; KPB/*Pape* § 210 Rn. 3.

91 Näher Jaeger/*Eckardt* § 88 Rn. 78.

92 Für den Fall der (Grundbuch-)Beschwerde nach §§ 71 ff. GBO gegen die Immobiliarzwangsvollstreckung ist strittig, ob das Insolvenzgericht zuständig ist (dafür wohl *Kuleisa* ZVI 2014, 121, 127; aA Braun/*Kroth* § 89 Rn. 17; → MüKoInsO/*Breuer/Flöther* § 89 Rn. 64 mwN). Vorzugswürdig erscheint ersteres.

93 Gottwald/*Eckardt*, InsO-HdB, § 33 Rn. 48; weniger streng (Amtswiderspruch nur als Möglichkeit) FKInsO/*Wimmer/Amend* § 89 Rn. 50; Nerlich/Römermann/*Kruth* § 89 Rn. 26; *Kuleisa* ZVI 2014, 121; aA *Hintzen*, Kölner Schrift zur InsO, 3. Aufl. 2009, Kap. 20 Rn. 115.

II. Verfahren (Übersicht)

1. Anordnung. Die Anordnung der Zwangsversteigerung erfolgt durch das zuständige Vollstreckungsgericht (vgl. § 1 Abs. 1, 2 ZVG) auf Antrag des die Vollstreckung betreibenden Gläubigers, § 15 ZVG. Im Versteigerungsantrag sind das Grundstück, der Eigentümer, der Anspruch und der vollstreckbare Titel zu bezeichnen, § 16 Abs. 1 ZVG. Dem Antrag sind die für den Beginn der Zwangsvollstreckung erforderlichen Unterlagen beizufügen, § 16 Abs. 2 ZVG, also vor allem der Vollstreckungstitel mit Zustellungsnachweis.[94] 62

Liegen alle sachlichen und formellen Voraussetzungen für die Anordnung der Zwangsversteigerung vor, so ordnet das Vollstreckungsgericht diese an und ersucht das Grundbuchamt um die Eintragung des sog. Zwangsversteigerungsvermerks, § 19 Abs. 1 ZVG; dieser sichert die Wirkung des aufgrund der Beschlagnahme bestehenden relativen Veräußerungsverbotes. 63

2. Beschlagnahme. Die Beschlagnahme wird in dem Zeitpunkt wirksam, in dem der Anordnungsbeschluss dem Schuldner – bzw. dem starken vorläufigen Insolvenzverwalter oder dem Insolvenzverwalter, die den (Gemein-)Schuldner aus der Position des Vollstreckungsschuldners verdrängen[95] – **zugestellt** wird, § 22 Abs. 1 ZVG. 64

a) Umfang der Beschlagnahme. Der Umfang der Beschlagnahme ergibt sich aus §§ 20 Abs. 2, 21 ZVG iVm §§ 1120 ff. BGB und hängt davon ab, ob aus einem dinglichen oder persönlichen Titel vollstreckt wird. 65

aa) Vollstreckung aus einem dinglichen Titel. Die Beschlagnahme erstreckt sich gem. § 20 ZVG auf das Grundstück und auf diejenigen Gegenstände, auf welche sich bei einem Grundstück die Hypothek erstreckt. Aus einem dinglichen Titel kann aber in der Insolvenz nicht in die nach §§ 1123 f. BGB mithaftenden Mietzinsansprüche vollstreckt werden.[96] Von der Beschlagnahme nicht erfasst sind auch die Gegenstände, die früher einmal gem. § 1120 BGB im Haftungsverband standen, aber bei Beschlagnahme bereits aus dem Haftungsverband ausgeschieden waren, §§ 1121, 1122 BGB. Hat der Grundstückseigentümer bzw. der Insolvenzverwalter Gegenstände, die dem Haftungsverband unterfielen, vor Beschlagnahme veräußert, so steht dem Grundpfandgläubiger ein Schadensersatzanspruch zu.[97] 66

bb) Vollstreckung aus einem persönlichen Titel. Bei der Vollstreckung aus einem persönlichen Titel wird die grundstücksmäßige Haftung erst durch die Beschlagnahme begründet. Es werden also bspw. nicht die Zubehörstücke, die vor der Beschlagnahme an einen Dritten veräußert wurden und die sich nach der Beschlagnahme noch auf dem Grundstück befinden, von der Haftung erfasst, § 1120 BGB. Die Regelungen der §§ 1121, 1122 BGB, die die Enthaftung betreffen, sind nicht anwendbar, da es darum geht, ob die Beschlagnahme als solche die Haftung überhaupt erst begründet. 67

b) Relatives Veräußerungsverbot. Das durch die Beschlagnahme entstehende relative „Veräußerungsverbot" gem. § 23 Abs. 1 ZVG – genauer als „Veräußerungsverbot" wäre „Verfügungsverbot"[98] – umfasst insbesondere: 68
- die Veräußerung des Grundstücks,
- die Veräußerung wesentlicher Bestandteile des Grundstücks und derjenigen Gegenstände, die zum Haftungsverband des Grundpfandrechts gehören, insbes. Zubehör,
- Veränderungen im Bestand des Grundstücks, bspw. durch Teilung,
- Belastungen des Grundstücks durch beschränkte dingliche Rechte sowie
- Veränderungen bei bestehenden Rechten am Grundstück, die eine Belastung darstellen, bspw. durch Erhöhung des Zinssatzes dinglicher Rechte.

Betreibt ein Gläubiger während des eröffneten Insolvenzverfahrens die Zwangsvollstreckung, so ist Adressat des Verfügungsverbots im Regelinsolvenzverfahren der Insolvenzverwalter, da nur er verfügen könnte; in der Eigenverwaltung richtet sich das Verfügungsverbot an den Schuldner, der zwar zur Veräußerung des Grundstücks die Zustimmung des Gläubigerausschusses einzuholen hätte (§§ 276, 160 Abs. 2 Nr. 1), selbst bei Verletzung dieser Pflicht aber wirksam verfügen kann (§§ 276, 164).

Die Möglichkeit eines **redlichen Erwerbs** wird durch § 23 Abs. 2 ZVG stark eingeschränkt; für den Insolvenzverwalter kommt es auf Redlichkeit freilich ohnehin nicht an. 69

---

94 Zur Notwendigkeit der Umschreibung des Titels auf den Insolvenzverwalter → Rn. 55 f.
95 *Stöber* NZI 1998, 105, 106; Nerlich/Römermann/*Wittkowski/Kruth* § 80 Rn. 49.
96 Strittig, → Rn. 193 sowie BeckOGK BGB/*Kern* § 1123 Rn. 26.
97 → Rn. 245 ff.
98 Böttcher/*Böttcher*, ZVG, 6. Aufl. 2016, § 23 ZVG Rn. 2.

70 **3. Beitritt.** Da in Bezug auf ein Grundstück nicht mehrere Zwangsversteigerungsverfahren nebeneinander laufen können, ist in § 27 ZVG die Möglichkeit eines Beitritts vorgesehen. Der **Antrag** auf Zulassung des Beitritts muss die gleichen Voraussetzungen wie ein Antrag auf Anordnung der Zwangsversteigerung erfüllen.

71 Ein Beitritt kann zur Sicherung der eigenen Rechte notwendig werden. **Betreibt ein Gläubiger mit schlechterem Rang** die Zwangsversteigerung, so fällt das eigene Recht mit allen gleich- und vorrangigen Rechten in das geringste Gebot (§ 44 ZVG) und bleibt mit diesen bestehen (§ 52 Abs. 1 Satz 1 ZVG). Durch den – rechtzeitigen (§ 44 Abs. 2 ZVG) – Beitritt mit dem eigenen rangbesseren Recht verringert sich das geringste Gebot und erhöht sich im Gegenzug das Bargebot; aus dem Überschuss wird dann zuvörderst das eigene Recht gedeckt. **Betreibt ein Gläubiger mit besserem Rang** die Zwangsversteigerung, so bleibt das eigene rangschlechtere Recht nicht bestehen, sondern erlischt und wird bei ausreichendem Überschuss ausbezahlt; der Beitritt hat zwar keinen Einfluss auf das geringste Gebot, kann sich aber trotzdem empfehlen, da der Beitretende bei Zulassung des Beitritts dieselben Rechte hat, als wäre auf seinen Antrag die Versteigerung angeordnet worden, vgl. § 27 Abs. 2 ZVG.

72 Einem bereits eingeleiteten Zwangsversteigerungsverfahren kann jeder **Massegläubiger** oder **Absonderungsberechtigte** beitreten. Für einen Gläubiger, der aus der Rangklasse des § 10 Abs. 1 Nr. 4 ZVG die Zwangsversteigerung betreibt (Grundpfandgläubiger), kann es sinnvoll sein, einen Gläubiger der Rangklasse § 10 Abs. 1 Nr. 3 ZVG (Grundbesitzabgaben) gem. § 268 BGB abzulösen.[99]

73 Ein **Beitritt des Insolvenzverwalters** mit der nach §§ 172 ff. ZVG betriebenen Zwangsversteigerung zu einer Vollstreckungsversteigerung ist nach bestrittener Ansicht ebenfalls möglich.[100] Hierdurch kann sich der Insolvenzverwalter insbesondere die Befugnis zur Stellung eines Versagungsantrags gem. § 74a ZVG sichern.[101] Wegen der Modalitäten und zum Konkurrenzverhältnis zwischen den einzelnen Ausgebotsarten (§§ 172, 174, 174a, 44, 52 ZVG) vgl. die Ausführungen unter Rn. 141 ff., 168 ff.

74 **4. Aufhebung oder einstweilige Einstellung des Verfahrens. a) Von Amts wegen.** Nach den **allgemeinen Regeln des ZVG** kommt es in den Fällen der **§§ 28–30 ZVG** von Amts wegen, dh **ohne dahingehenden Antrag,** zur Aufhebung oder einstweiligen Einstellung des Verfahrens: Wird dem Grundbuchamt ein grundbuchersichtliches entgegenstehendes Recht bekannt, muss es das Verfahren gem. § 28 ZVG sofort aufheben oder bis zum Ablauf einer für die Behebung des Hindernisses gesetzten Frist einstellen. Wird der Versteigerungsantrag von dem Vollstreckungsgläubiger zurückgenommen, ist das Verfahren gem. § 29 ZVG aufzuheben. Bewilligt der Vollstreckungsgläubiger die Einstellung, wird das Verfahren gem. § 30 ZVG einstweilen eingestellt. Diese Regeln gelten uneingeschränkt auch im Falle der Vollstreckung durch einen Gläubiger während eines Insolvenzverfahrens.

75 **b) Auf Antrag des Insolvenzverwalters.** Auf Antrag des Schuldners ist außerhalb des Insolvenzverfahrens gem. **§ 30a ZVG** das Verfahren dann einstweilen einzustellen, wenn im Falle der Einstellung Aussicht auf Vermeidung der Versteigerung besteht und dies mit Blick auf den Schuldner und die Schuld der Billigkeit entspricht. Im **Regelinsolvenzverfahren** nimmt indes der Insolvenzverwalter die Rechte des Schuldners wahr; ein Antrag des Schuldners ist also – falls das Grundstück nicht durch Freigabe in seine Verwaltungs- und Verfügungsbefugnis zurückgefallen ist – unbeachtlich. Damit ist noch nicht gesagt, ob der Insolvenzverwalter den Antrag nach § 30a ZVG stellen kann oder für Verwalteranträge ausschließlich § 30d ZVG gilt. § 30a ZVG beruht auf wirtschaftlichen Gesichtspunkten und Billigkeitserwägungen.[102] Im Insolvenzfall ist das Grundstück zwar ohnehin im Gläubigerinteresse zu bewirtschaften oder verwerten; die Fälle, in denen für die Insolvenzgläubiger eine Versteigerung unvorteilhaft ist, sind wohl durch § 30d Abs. 1 Nr. 2–4, Abs. 2 InsO umfassend abgedeckt. Denkbar ist allerdings, dass die Versteigerung den Insolvenzgläubigern weder Vor- noch Nachteil bringt, sie aber für den Schuldner beschwerlicher als eine andere Art der Verwertung ist. Ob in einem solchen Fall § 30d ZVG eine Einstellung erlaubt, ist zumindest zweifelhaft. Daher sollte eine Einstellung nach § 30a ZVG auf **Antrag des Insolvenzverwalters** möglich sein.[103]

76 Auf Antrag des Insolvenzverwalters ist die Zwangsversteigerung nach **§ 30d Abs. 1 ZVG** einstweilen einzustellen, wenn sich das Verfahren noch in einem frühen Stadium befindet, das Grundstück

---

[99] BGH NZI 2011, 939.

[100] Strittig, → Rn. 137 ff.

[101] Siehe schon oben → Rn. 41.

[102] Böttcher/*Böttcher*, ZVG, 6. Aufl. 2016, § 30a Rn. 1.

[103] Nicht eindeutig die Kommentare zum ZVG, zB Böttcher/*Böttcher*, ZVG, 6. Aufl. 2016, § 30d Rn. 16; *Stöber/Nicht*, ZVG, 22. Aufl. 2019, § 30d Rn. 26: Unabhängigkeit im Sinne eines zeitlichen Nacheinanders.

für eine Fortführung oder Betriebsveräußerung benötigt wird, ein vorgelegter Plan gefährdet würde oder die Versteigerung sonstige wesentliche Nachteile für eine angemessene Verwertung mit sich brächte (näher § 30d Abs. 1 Satz 1 ZVG). Im **Insolvenzeröffnungsverfahren** ist gem. **§ 30d Abs. 4 Satz 1 ZVG** die Versteigerung einstweilen einzustellen, wenn dies der vorläufige Insolvenzverwalter beantragt und dies zur Verhütung einer nachteiligen Veränderung der Vermögenslage des Schuldners erforderlich ist.

Ob der Insolvenzverwalter neben den Einstellungsgründen des ZVG auch nach der Generalklau- 77
sel des **§ 765a ZPO** Vollstreckungsschutz erlangen kann, ist umstritten. Vor allem die ältere Rechtsprechung und Literatur hielten § 765a ZPO im Konkurs- bzw. Insolvenzverfahren generell für nicht anwendbar.[104] In der neueren Literatur wird, soweit sie nicht dieser überkommenen Ansicht folgt, ein Rückgriff des Insolvenzverwalters auf § 765a ZPO zum Teil abgelehnt,[105] zum Teil für möglich gehalten.[106] Richtigerweise ist eine Anwendung des § 765a ZPO im Insolvenzverfahren nicht von vornherein zu verneinen, da die InsO an keiner Stelle generell etwas anderes bestimmt und die Vorschrift ein Sicherheitsventil darstellt, um im Einzelfall zu gerechten Ergebnissen zu kommen. Konsequenterweise muss dann der Insolvenzverwalter auch im Rahmen des § 765a ZPO die Rechte des Schuldners wahrnehmen können. Entsprechend seiner Rolle kann sich der Insolvenzverwalter aber nur auf **vermögensbezogene Belange,** also den Schutz der Insolvenzgläubiger vor einer Verschleuderung des Grundstücks, berufen.[107] Seit 1.7.1979 ist zwar gem. § 85a ZVG[108] der Zuschlag von Amts wegen zu versagen, wenn das abgegebene Meistgebot einschließlich des Kapitalwertes der nach den Versteigerungsbedingungen bestehenbleibenden Rechte die Hälfte des Grundstückswertes nicht erreicht. Dieser Schutz greift aber nur im ersten Versteigerungstermin, nicht im neuen Termin. § 765a ZPO kann daher durchaus im Insolvenzverfahren zur Anwendung kommen, wenn auch eher ausnahmsweise.[109]

c) Auf Antrag des Schuldners. Gem. **§ 30d Abs. 2 ZVG** muss im Insolvenzverfahren die 78
Zwangsversteigerung auf Antrag des Schuldners einstweilen eingestellt werden, wenn dieser einen **Insolvenzplan vorgelegt** hat, dessen Durchführung durch die Zwangsversteigerung gefährdet würde, und der Plan in der gerichtlichen „Vorprüfung" gem. § 231 nicht zurückgewiesen wurde. Im Falle des § 30d Abs. 2 ZVG verdrängt der Insolvenzverwalter den Schuldner gerade nicht, da § 30d ZVG Insolvenzverwalter und Schuldner jeweils in der Insolvenzsituation adressiert und der Insolvenzverwalter gem. § 30d Abs. 1 Satz 1 Nr. 3 ZVG unter erleichterten Voraussetzungen, nämlich schon vor der Vorprüfung, die einstweilige Einstellung erreichen kann. Im Insolvenzeröffnungsverfahren kann, wenn **vorläufige Eigenverwaltung** angeordnet ist, der Schuldner zudem gem. **§ 30d Abs. 4 Satz 2 ZVG** zur Verhütung nachteiliger Veränderungen in seiner Vermögenslage die einstweilige Einstellung erreichen.

In der **Eigenverwaltung** tritt der Schuldner im Rahmen des **§ 30d Abs. 1 ZVG** an die Stelle 79
des Insolvenzverwalters.

Problematisch ist weiterhin, ob der Schuldner die Möglichkeit hat, Vollstreckungsschutz nach 80
§ 765a ZPO zu beantragen. Aus einer älteren Entscheidung des Bundesverfassungsgerichts[110] könnte man ableiten, dass die Möglichkeit eines Vollstreckungsschutzantrags des Schuldners jedenfalls nicht von Verfassungs wegen geboten ist.[111] Einem einfachrechtlich gewährten Zugang des Schuldners zu § 765a ZPO stünde dies freilich nicht entgegen. Richtigerweise geht man heute denn auch davon aus, dass § 765a ZPO über § 4 InsO grundsätzlich zur Anwendung kommen kann.[112] Allerdings

---

104 Zur KO OLG Nürnberg KTS 1971, 291; *Berges* KTS 1959, 160; *Jaeger/Weber,* KO, 8. Aufl. 1973, § 105 Rn. 7; zur InsO Jaeger/*Gerhardt* § 4 Rn. 56; KPB/*Pape* § 14 Rn. 17.

105 MüKoZPO/*Heßler,* § 765a Rn. 23; wohl auf natürliche Personen als Schuldner beschränkend → MüKoInsO/*Ganter/Bruns* § 4 Rn. 34; ablehnend für den Fall, dass durch § 765a Sonderinteressen der Insolvenzmasse geschützt werden sollen, *Schur* KTS 2008, 471, 482 f.

106 BeckOK ZPO/*Ulrici,* 30. Ed. 2018, § 765a Rn. 8; *Kindl/Meller-Hannich/Wolf/Bendtsen,* Zwangsvollstreckung, 3. Aufl. 2015, § 765a ZPO Rn. 25.

107 OLG Braunschweig NJW 1968, 164; OLG Hamm KTS 1977, 50.

108 Eingefügt durch Art. 2 Nr. 12 des Gesetzes zur Änderung zwangsvollstreckungsrechtlicher Vorschriften v. 1.2.1979, BGBl. I, S. 127, 128.

109 Vgl. auch *Hornung* Rpfleger 2000, 363.

110 BVerfG NJW 1979, 2510.

111 Noch weiter die → 3. Aufl. 2013 § 165 Rn. 69, die meint, das BVerfG stelle die Befugnis des Schuldners, Vollstreckungsschutzanträge zu stellen, generell in Abrede.

112 → Rn. 77; → MüKoInsO/*Ganter/Bruns* § 4 Rn. 34; Uhlenbruck/*Pape* § 4 Rn. 38; KKInsO/*Hess* § 4 Rn. 330 ff.; FKInsO/*Schmerbach* § 14 Rn. 56; Mohrbutter/Ringstmeier/*Elsner,* Handbuch Insolvenzverwaltung, Kap. 24 Rn. 22; *Baumbach/Lauterbach/Albers/Hartmann,* ZPO, 77. Aufl. 2019, § 765a Rn. 4; eingehend zu sämtlichen Fallkonstellationen *Schur* KTS 2008, 471; *Becker-Eberhard,* Gedächtnisschrift für Manfred Wolf, 2011, S. 353; zu abweichenden Ansichten: oben Fn. 104.

ist die Wahrung vermögensbezogener Belange Aufgabe des Insolvenzverwalters; ein „subsidiäres" Eingreifen des Schuldners selbst verträgt sich schwer mit dem Konzept der Insolvenzverwaltung.[113] Da im Regelinsolvenzverfahren die vermögensbezogenen Entscheidungen allein dem Insolvenzverwalter zugewiesen sind, bleibt für einen Vollstreckungsschutzantrag des Schuldners aber nur dort Raum, wo seine **nicht vermögensbezogene Stellung** betroffen ist.[114] Nicht vermögensbezogene Aspekte können in erster Linie bei der **Insolvenz natürlicher Personen** bestehen, etwa im Falle von Suizidabsicht des Schuldners oder naher Angehöriger.[115] Nicht ausreichend ist indes die Notwendigkeit, ohne Vollstreckungsschutz Sozialhilfe beantragen zu müssen.[116]

81 **5. Festsetzung des Verkehrswertes.** Gem. § 74a Abs. 5 ZVG ist von Amts wegen der Verkehrswert des zu versteigernden Grundstücks festzusetzen. Vor der Festsetzung ist allen Beteiligten rechtliches **Gehör** zu gewähren. Auf Schuldnerseite ist Beteiligter nur der **Insolvenzverwalter.**[117] Für den betreibenden Gläubiger hat der Verkehrswert Bedeutung für die Berechnung der Verfahrenskosten, für die Errechnung der Grenzen für die Versagung des Zuschlages nach §§ 85a, 74a ZVG sowie für die Verteilung von Gesamtrechten (§§ 64, 112, 122 ZVG).[118] Auf Schuldnerseite ist die Höhe des Verkehrswertes von Bedeutung im Rahmen der Befriedigungsfiktion des § 114a ZVG sowie im Rahmen von Vollstreckungsschutzanträgen.

82 **6. Ausgebot.** Vor der Zwangsversteigerung sind durch das Vollstreckungsgericht das **geringste Gebot** und die **Versteigerungsbedingungen** festzusetzen.

83 **a) Das geringste Gebot.** Gem. § 44 Abs. 1 ZVG muss das geringste Gebot alle dem bestrangig betreibenden Gläubiger nach der Rangordnung des § 10 ZVG vorgehenden Rechte und die Kosten der Zwangsversteigerung decken. Dieses sog. **Deckungsprinzip** wird dadurch realisiert, dass die bei der Feststellung des geringsten Gebotes berücksichtigten Rechte bestehen bleiben, dh der Ersteher erwirbt ein mit diesen Rechten belastetes Grundstück, § 52 Abs. 1 Satz 1 ZVG. Betreiben nur Gläubiger das Verfahren, ist das geringste Gebot für den Schuldner und den Insolvenzverwalter nur mittelbar von Interesse, etwa insofern, als die Attraktivität des Grundstücks und damit ein allfälliger Überschuss davon abhängen können, wie das geringste Gebot aussieht.

84 **b) Das Bargebot.** Das Bargebot ist der vom Ersteher im Verteilungstermin bar zu berichtigende Betrag, § 49 Abs. 1 ZVG. Dieser umfasst zum einen den **bar zu zahlenden Teil des geringsten Gebots,** welcher sich zusammensetzt aus den Verfahrenskosten, § 109 ZVG, aus den Ansprüchen der vorgehenden Rangklassen, Ansprüchen auf Ersatz der Kosten der Rechtsverfolgung, §§ 12 Nr. 1, 10 Abs. 2 ZVG, sowie Ansprüchen auf wiederkehrende Leistungen und Nebenleistungen, § 12 Nr. 2 ZVG, zum anderen den **das geringste Gebot übersteigenden Betrag** des Meistgebots. Dieser Betrag ist für den Schuldner und den Insolvenzverwalter von Interesse, weil aus ihm der betreibende Gläubiger und sonstige dinglich Berechtigte befriedigt werden, die dann insoweit nicht mehr im Insolvenzverfahren zu befriedigen sind, und weil ein eventueller Überschuss in die Masse und – bei vollständiger Befriedigung aller Insolvenzgläubiger – an den Schuldner fällt.

85 **c) Das Mindestgebot.** Die Vorschriften zum Mindestgebot sollen eine Verschleuderung des Grundstücks in der Zwangsversteigerung verhindern. Gem. **§ 85a Abs. 1 ZVG** ist der Zuschlag von Amts wegen zu versagen, wenn das abgegebene Meistgebot nicht mindestens die Hälfte des Grundstückswertes erreicht. Gem. § 85a Abs. 3 ZVG kann es hingegen nicht zu einer Zuschlagsversagung kommen, wenn das Meistgebot zusammen mit dem Ausfallbetrag des Meistbietenden die Hälfte des Grundstückswertes erreicht, da in diesem Fall die **Befriedigungsfunktion des § 114a ZVG** dem **Schuldner** zugutekommt. Ein Gebot, das unter Ausnutzung der gesetzlichen Möglichkeit des § 85a Abs. 1, 2 ZVG darauf gerichtet ist, das Grundstück in einem neuen Versteigerungstermin für weniger als die Hälfte des Werts zu ersteigern, ist grundsätzlich nicht zu beanstanden. Der BGH behandelt hingegen mit Blick auf § 85a ZVG ohne Erwerbswillen abgegebene Gebote des Gläubigers als rechtsmissbräuchlich und nimmt beim **Eigengebot eines Gläubigervertreters** eine entsprechende **tatsächliche Vermutung für die Missbräuchlichkeit** an.[119] Damit wendet er sich gegen

---

[113] → Rn. 77.

[114] BGH ZInsO 2009, 1029; *Gundlach/Rautmann* DZWIR 2011, 123; *Becker-Eberhard*, Gedächtnisschrift für Manfred Wolf, 2011, S. 353, 366 f.

[115] BGH NJW 2009, 78; NZI 2009, 163; ZInsO 2009, 1029.

[116] BGH DZWIR 2011, 122 Rn. 9 m. insoweit zust. Anm. *Gundlach/Rautmann* DZWIR 2011, 123.

[117] *Wenzel* BuB 4/2598.

[118] *Wenzel* BuB 4/2595.

[119] BGHZ 172, 218 = NJW 2007, 3279 Rn. 15 ff.; BGH NJW 2006, 1355 Rn. 11 ff.; NJW-RR 2008, 688 Rn. 14.

eine verbreitete Praxis der Vertreter von Gläubigern aus der Kreditwirtschaft.[120] Die Instanzgerichte haben dem zunächst teils die Gefolgschaft versagt;[121] nach ausdrücklicher Bestätigung durch den BGH[122] scheint die Rechtslage jetzt geklärt.

Nach **§ 74a Abs. 1 ZVG** kann ein Berechtigter iSd § 10 ZVG, dessen Anspruch ganz oder teilweise durch das Meistgebot nicht gedeckt ist, die Versagung des Zuschlags beantragen, sofern sein Anspruch bei einem Gebot in Höhe von 7/10 des Grundstückswerts voraussichtlich gedeckt sein würde. Der Insolvenzverwalter kann einen solchen Antrag nur dann stellen, wenn der Schuldner wegen eines Eigentümergrundpfandrechts Berechtigter ist oder wenn er dem Verfahren eines anderen Gläubigers beigetreten ist.[123] 86

7. Zuschlag. Mit dem Zuschlag erlangt der **Ersteher** kraft Hoheitsaktes **Eigentum** an dem Grundstück und an allen Gegenständen, auf die sich die Versteigerung erstreckt hat, § 90 ZVG. Dabei erstreckt sich die Versteigerung auf alle Gegenstände, deren Beschlagnahme noch wirksam ist, §§ 90 Abs. 1 und Abs. 2, 55 Abs. 1, 20 Abs. 1 und Abs. 2 ZVG, § 1120 BGB, und daneben auch auf im Besitz des Schuldners oder eines neu eingetretenen Eigentümers befindlichen Zubehörstücke, an denen der Dritte nicht rechtzeitig seine Rechte geltend gemacht hat, §§ 90 Abs. 1 und 2, 55 Abs. 2, 37 Nr. 5 ZVG. Es erlöschen die Rechte am Grundstück, die nach den Versteigerungsbedingungen nicht bestehenbleiben sollten, § 91 Abs. 1 ZVG. An die Stelle des **erloschenen Rechtes** tritt als Surrogat das **Recht am Versteigerungserlös,** § 91 Abs. 1 ZVG. Dieses Befriedigungsrecht hat den gleichen Rang, den das erloschene Recht gehabt hätte. 87

Auch bei der Zwangsversteigerung in der Insolvenz kann sich für einen gleich- oder nachrangigen Gläubiger empfehlen, den bestrangig **betreibenden Gläubiger abzulösen,** um einen drohenden Rechtsverlust zu verhindern.[124] Die Ablösung führt zu einem gesetzlichen Übergang der Forderung mit allen Neben- und Vorzugsrechten, § 268 Abs. 3 BGB. Damit kommt es auch zu einem Übergang der Rangposition des Abgelösten auf den Ablösenden.[125] 88

8. Teilungsplan. Nach der Erteilung des Zuschlags bestimmt das Vollstreckungsgericht von Amts wegen einen Termin zur Verteilung des Versteigerungserlöses, § 105 Abs. 1 ZVG. Im Verteilungstermin wird nach **Anhörung** der Beteiligten – für den Schuldner des **Insolvenzverwalters** – vom Vollstreckungsgericht der Teilungsplan aufgestellt, § 113 Abs. 1 ZVG. Das Gericht stellt idR einen vorläufigen Teilungsplan auf und fordert die Beteiligten vorher zur Anmeldung ihrer Ansprüche auf, § 106 ZVG. Reicht der Versteigerungserlös nicht zur Befriedigung aller Forderungen aus, die aus dem Erlös zu befriedigen sind, so gilt die Rangordnung des § 10 ZVG. Dabei sind die Forderungen aus einer rangniederen Klasse erst dann zu befriedigen, wenn die Forderungen aus der vorgehenden Rangklasse voll befriedigt sind. Bei gleichem Rang erfolgt eine Befriedigung nach dem Verhältnis der Beträge der einzelnen Forderungen, es sei denn, es besteht bei Rechten innerhalb der einzelnen Klasse eine bestimmte Rangordnung (vgl. § 11 ZVG), wie bspw. bei den Grundpfandrechten die Reihenfolge der Eintragung, § 879 BGB.[126] Ein nachrangiger Grundpfandgläubiger, dem gegen den insolventen Grundstückseigentümer nach § 1179a BGB ein Anspruch auf Löschung der vorrangigen Eigentümergrundschuld zusteht, kann Zuteilung an sich beanspruchen; nach ausgeführtem Teilungsplan hat er einen Anspruch aus § 812 Abs. 1 Satz 1 Fall 1 BGB gegen den Insolvenzverwalter. Denn der Löschungsanspruch aus § 1179a BGB ist, wie der Bundesgerichtshof unter Aufgabe einer früheren Rechtsprechung[127] nunmehr erkennt,[128] insolvenzfest. 89

Gegen den Teilungsplan kann, soweit es sich um **formelle Beanstandungen** handelt, als Rechtsbehelf die Rechtspflegererinnerung erhoben werden; dies ist aber nicht unumstritten.[129] 90

[120] Kritisch dazu *Eickmann* ZfIR 2006, 653; *Hasselblatt* NJW 2006, 1320; *Hintzen* Rpfleger 2006, 145; *Weis* BKR 2006, 120.

[121] LG Detmold Rpfleger 2006, 491; LG Konstanz BKR 2007, 509; LG Potsdam Rpfleger 2007, 337, aufgehoben von BGH NJW-RR 2008, 688.

[122] BGHZ 172, 218 = NJW 2007, 3279 mAnm *Storz/Kiderlen* NJW 2007, 3285.

[123] → Rn. 41.

[124] → Rn. 173 zur Ablösung der Rechte aus § 10 Abs. 1 Nr. 1a ZVG.

[125] *Hintzen*, Die Immobiliarzwangsvollstreckung in der Praxis, Rn. C 421 f.; MüKoBGB/*Krüger*, 8. Aufl. 2019, § 268 Rn. 15.

[126] *Wenzel* BuB 4/2645 f.

[127] BGHZ 166, 319 = NJW 2006, 2408 m. krit. Anm. *Rein* NJW 2006, 3470.

[128] BGHZ 193, 144 = NJW 2012, 2274 m. krit. Anm. *Schwarz/Doms* ZInsO 2013, 1292 u. zust. Anm. *Clemente* EWiR 2012, 517.

[129] Wie hier *Kindl/Meller-Hannich/Wolf/Sievers*, Zwangsvollstreckung, 3. Aufl. 2015, § 115 ZVG Rn. 21; aA Stöber/*Nicht*, ZVG, 22. Aufl. 2019, § 115 Rn. 18 (alle Rügen mit dem Widerspruch angreifbar); Böttcher/*Böttcher*, ZVG, 6. Aufl. 2016, § 115 Rn. 2 (sofortige Beschwerde für formelle Beanstandungen).

91 Bei **materiellrechtlichen Beanstandungen** ist Widerspruch möglich, die §§ 876 ff. ZPO sind entsprechend anwendbar, vgl. § 115 Abs. 1 ZVG. Widerspruchsberechtigt sind alle Beteiligten, die ein Recht auf Befriedigung aus dem Versteigerungserlös haben, aber nach dem Teilungsplan durch einen anderen ganz oder zum Teil verdrängt werden.[130] Der Insolvenzverwalter kann für den **Schuldner** Widersprüche gegen den Teilungsplan erheben.[131]

92 **9. Befriedigungsfiktion.** Erwirbt ein zur Befriedigung aus dem Grundstück Berechtigter das belastete Grundstück in der Zwangsversteigerung, so gilt er gem. § 114a ZVG über den Betrag hinaus, den er aus dem tatsächlichen Gebot erhält, auch insoweit als befriedigt, wie er bei einem Gebot von 7/10 des Grundstückswertes Befriedigung erlangt hätte. **Ziel** der Fiktion des § 114a ZVG ist es zu verhindern, dass ein zur Befriedigung aus dem Grundstück Berechtigter, der nur an die unterste Grenze seines weitaus höheren dinglichen Rechts geboten hat, in dem Fall, dass er wegen dieses Rechts nicht überboten wird, seine persönliche Forderung behält und als Ausfallforderung geltend macht, obwohl ihm das Grundstück weit unter Wert zugeschlagen wurde.[132]

93 Lässt der Grundpfandrechtsgläubiger das Grundstück durch einen **Strohmann,** einen uneigennützigen Treuhänder oder eine von ihm abhängige Gesellschaft ersteigern, um sich dessen Wert zuzuführen, so muss er sich nach § 114a ZVG so behandeln lassen, als hätte er das Gebot selbst abgegeben.[133] Auch in dem Fall, dass der Grundpfandgläubiger das Recht aus dem **Meistgebot auf einen Dritten übertragen** hat und diesem der Zuschlag erteilt wird, findet die Befriedigungsfiktion zulasten des Grundpfandgläubigers Anwendung.[134]

III. Die insolvenzspezifischen Sonderregeln zur Einstellung der Zwangsversteigerung im Einzelnen

94 **1. Allgemeines; Grundgedanken der Regelung.** Nach den durch Art. 20 EGInsO[135] geschaffenen neuen Regelungen der §§ 30d–30f, 153b–153c ZVG stehen dem Insolvenzverwalter bzw. dem eigenverwaltenden Schuldner weitgehende Möglichkeiten zur Verfügung, eine einstweilige Einstellung der Zwangsversteigerung oder Zwangsverwaltung zu erreichen. In der Allgemeinen Begründung zum Regierungsentwurf der InsO wurde darauf hingewiesen, dass es ein unverhältnismäßiger Eingriff in die Rechtsstellung immobiliargesicherter Gläubiger gewesen wäre, wenn die Eröffnung des Insolvenzverfahrens stets und automatisch den Lauf einer Liegenschaftsvollstreckung hindern würde. Der Gesetzgeber war der Meinung, dass sich die Interessen der Insolvenzmasse ausreichend wahren lassen würden, wenn dem Insolvenzverwalter die Möglichkeit gegeben wird, durch einen Antrag die einstweilige Einstellung der Zwangsvollstreckung herbeizuführen.[136] Um eine Zerschlagung von Verbundwerten zu verhindern, wurden aber die **Möglichkeiten,** unter denen eine **einstweilige Einstellung** der Zwangsversteigerung möglich ist, gegenüber dem früheren Recht **erweitert.**[137]

95 **2. Einstweilige Einstellung der Zwangsversteigerung im Insolvenzeröffnungsverfahren. a) Regelverfahren, § 30d Abs. 4 Satz 1 ZVG.** Ist vor der Eröffnung des Insolvenzverfahrens ein **vorläufiger Verwalter** nach § 21 Abs. 2 Satz 1 Nr. 1 bestellt worden, so ist gem. § 30d Abs. 4 Satz 1 ZVG auf **dessen Antrag** die Zwangsversteigerung einstweilen einzustellen, wenn dieser glaubhaft machen kann, dass die einstweilige Einstellung zur Verhütung nachteiliger Veränderungen in der Vermögenslage des Schuldners erforderlich ist. Für eine nachteilige Veränderung der Vermögenslage reicht dabei freilich die Versteigerung als solche nicht aus. Vielmehr müssen gerade wegen des vorzeitigen Auseinanderreißens des Schuldnervermögens Nachteile drohen.[138] Dies ist etwa dann der Fall, wenn die Versteigerung ein wichtiges Betriebsgrundstück betrifft, sodass bei Durchführung der Versteigerung eine Veräußerung des Betriebs als Ganzem ausscheidet und der Erlös aus der Versteigerung und der Verwertung der verbleibenden Einzelteile – wie meist – hinter dem Erlös

---

[130] BGH WM 1972, 1032; Böttcher/*Böttcher*, ZVG, 6. Aufl. 2016, § 115 Rn. 7.

[131] → Rn. 39.

[132] BGHZ 99, 110, 113 f. = NJW 1987, 503, 504; 108, 248, 249 = NJW 1989, 2396 f.; 113, 169, 178 = NJW 1991, 1063, 1065; Böttcher/*Böttcher*, ZVG, 6. Aufl. 2016, § 114a Rn. 1 f.; zur Verfassungsmäßigkeit der Vorschrift BGHZ 117, 8 = NJW 1992, 1702.

[133] BGHZ 117, 8, 12 = NJW 1992, 1702; BGH NJW-RR 2005, 1359.

[134] BGHZ 108, 248 = NJW 1989, 2396. Zur Wirkung der Befriedigungsfiktion, wenn der Dritte, an den das Recht abgetreten wurde, selbst dinglich am Grundstück berechtigt ist, Böttcher/*Böttcher*, ZVG, 6. Aufl. 2016, § 114a Rn. 6.

[135] BGBl. 1994 I, S. 2911, 2917 ff.

[136] BT-Drs. 12/2443, S. 88; abgedruckt bei *Uhlenbruck*, Das neue Insolvenzrecht, 1994, S. 249.

[137] Kritisch dazu *B. Schmidt* InVo 1999, 73, 75 f.

[138] Vgl. etwa *Eickmann* ZfIR 1999, 81, 83.

einer Veräußerung des Betriebs als Ganzem zurückbleibt. Da § 22 Abs. 1 Nr. 2 vorsieht, dass das Unternehmen grundsätzlich durch den vorläufigen Verwalter fortzuführen ist, wird dieser meist gegen eine eingeleitete Zwangsversteigerung vorgehen müssen, um das uU für die Weiterführung des Betriebes benötigte Grundstück zu erhalten.[139] Auf die Ausgestaltung der Rechtsstellung des vorläufigen Verwalters (schwacher oder starker vorläufiger Verwalter) kommt es nicht an.[140]

b) Vorläufige Eigenverwaltung, § 30d Abs. 4 Satz 2 ZVG. Ist ein **vorläufiger Sachwalter** 96
bestellt – findet also im Insolvenzeröffnungsverfahren vorläufige Eigenverwaltung statt –, so kann gem. § 30d Abs. 4 Satz 2 ZVG nicht der vorläufige Sachwalter, sondern nur der **vorläufig eigenverwaltende Schuldner** die einstweilige Einstellung **beantragen;** stattzugeben ist dem Antrag unter denselben Voraussetzungen wie einem Antrag des vorläufigen Insolvenzverwalters (→ Rn. 95).

3. Einstweilige Einstellung der Zwangsversteigerung im eröffneten Verfahren. 97
a) Besondere Einstellungsvoraussetzungen, § 30d Abs. 1 Satz 1, Abs. 2 ZVG. § 30d Abs. 1 ZVG stellt in Satz 1 vier verschiedene Voraussetzungen oder Kombinationen von Voraussetzungen für die Anordnung der einstweiligen Einstellung der Zwangsversteigerung auf Antrag des Insolvenzverwalters nebeneinander und ergänzt diese in Abs. 2 um einen weiteren Fall, in dem aber der Schuldner den Antrag stellt („besondere Einstellungsvoraussetzungen"). Nach § 30d Abs. 1 Satz 2, auf den auch § 30d Abs. 2 ZVG verweist, muss zudem stets die Zumutbarkeit hinzukommen. Die besonderen Einstellungsvoraussetzungen stellen unterschiedlich hohe Anforderungen. Dabei orientieren sie sich an der unterschiedlichen Notwendigkeit eines Vollstreckungsschutzes, abhängig vom Zeitpunkt und der Bedeutung des Grundstücks für die geplante Verfahrensabwicklung.[141]

aa) Bis zum Berichtstermin. Bis zum Berichtstermin (§ 29 Abs. 1 Nr. 1) ergeht die Anord- 98
nung der einstweiligen Einstellung der Zwangsversteigerung auf **Antrag des Insolvenzverwalters** ohne weitere Bedingungen, **§ 30d Abs. 1 Satz 1 Nr. 1 ZVG.** Bis zu diesem Termin sollen nämlich alle **Möglichkeiten** für die weitere Durchführung des Insolvenzverfahrens **offengehalten** werden.[142] Der Verwalter muss dem Vollstreckungsgericht mit seinem Antrag den Eröffnungsbeschluss mit der in ihm enthaltenen (§ 29 Abs. 1 Nr. 1) Terminierung vorlegen.[143]

bb) Nach dem Berichtstermin. Nach dem Berichtstermin hat ein Antrag auf einstweilige 99
Einstellung der Zwangsversteigerung dann Erfolg, wenn das Grundstück für eine Fortführung oder eine Gesamtveräußerung des Unternehmens benötigt wird, wenn die Versteigerung die Durchführung eines Insolvenzplans gefährden würde oder wenn der Insolvenzverwalter nachweisen kann, dass eine sofortige Versteigerung einen erheblich geringeren Erlös erwarten lässt als eine spätere Veräußerung. Gemeinsam ist allen diesen Fällen, dass schon mehr oder weniger **konkrete Vorstellungen** über die Abwicklung des Verfahrens bestehen.

(1) Fortführung des Unternehmens. Gem. **§ 30d Abs. 1 Satz 1 Nr. 2 Alt. 1 ZVG** ist 100
die Zwangsversteigerung auf **Antrag des Insolvenzverwalters** einstweilen einzustellen, wenn das Grundstück nach dem Ergebnis des Berichtstermins (§ 29 Abs. 1 Nr. 1) im Insolvenzverfahren für eine Fortführung des Unternehmens benötigt wird. Voraussetzung ist also, dass im Berichtstermin die **vorläufige Fortführung des Unternehmens beschlossen** wurde (§ 157 Satz 1) und diese Entscheidung nicht vor Antragstellung revidiert wurde (vgl. § 157 Satz 2).[144] Ob das Grundstück **benötigt** wird, ist anhand des Zuschnitts des Unternehmens, ggf. unter Heranziehung der Ausführungen des Insolvenzverwalters im Berichtstermin (§ 156 Abs. 1 Satz 2) oder seiner Planungen, festzustellen;[145] diese Planungen brauchen indes nicht in einem bereits vorgelegten Insolvenzplan konkretisiert sein oder auch nur ein Planverfahren vorsehen.

Die Regelung kann insbesondere bei Anordnung einer **Eigenverwaltung** zur Anwendung 101
kommen. In diesem Fall wird der **Antrag durch den Schuldner** gestellt, der anstelle des Insolvenzverwalters das Insolvenzverfahren abwickelt. Bei der Eigenverwaltung ist es regelmäßig das Ziel des Schuldners, eine Weiterführung des Unternehmens zu erreichen. Da dafür das Betriebsgrundstück häufig notwendig sein wird, wird der Schuldner eine Verwertung der Immobilie in jedem Fall unterbinden wollen. Häufig sieht die Planung des Schuldners so aus (regelmäßig in Form eines

[139] *Uhlenbruck*, Das neue Insolvenzrecht, 1994, S. 65; *Vallender* Rpfleger 1997, 353, 355.
[140] *Lwowski/Tetzlaff* WM 1999, 2336, 2339.
[141] *Lwowski/Tetzlaff* WM 1999, 2336, 2340; *Eickmann* ZfIR 1999, 81, 83 f.; *Hintzen* Rpfleger 1999, 256, 259 ff.; *B. Schmidt* InVo 1999, 73, 75 ff.
[142] Gesetzesbegründung § 187 RegE InsO, BT-Drs. 12/2443, S. 176; abgedruckt bei *Uhlenbruck*, Das neue Insolvenzrecht, 1994, S. 526.
[143] KPB/*Flöther* § 165 Rn. 25; *Hintzen* Rpfleger 1999, 256, 259.
[144] Böttcher/*Böttcher*, ZVG, 6. Aufl. 2016, § 30d Rn. 6; *Hintzen* Rpfleger 1999, 256, 259.
[145] Nerlich/Römermann/*Balthasar* § 157 Rn. 10.

Insolvenzplanes), dass Grundpfandgläubiger bei der Verwertung des Grundstücks so lange stillhalten, bis der Schuldner einen anderen Kreditgeber oder Investor gefunden hat, der den gesicherten Gläubiger ablöst. Für den Grundpfandgläubiger sind mit diesem „Modell" gewisse Risiken verbunden, insbesondere dann, wenn es fraglich ist, ob eine Sanierung des schuldnerischen Unternehmens gelingt.

102 **(2) Geplante Gesamtveräußerung.** Gem. **§ 30d Abs. 1 Satz 1 Nr. 2 Alt. 2 ZVG** ist die einstweilige Einstellung der Zwangsversteigerung auch dann auf **Antrag des Insolvenzverwalters** anzuordnen, wenn das Grundstück nach dem Ergebnis des Berichtstermins (§ 29 Abs. 1 Nr. 1) im Insolvenzverfahren für die Vorbereitung der Veräußerung eines Betriebes oder einer anderen Gesamtheit von Gegenständen benötigt wird. Der Wortlaut ist insofern unglücklich, als von der **Vorbereitung der Veräußerung** die Rede ist. Gemeint ist nicht nur, dass das Grundstück lediglich zur Vorbereitung – etwa als Ausgleichsfläche während erforderlicher Umbaumaßnahmen – benötigt wird, dann aber versteigert werden kann, sondern auch, dass das Grundstück selbst mitveräußert werden soll.[146] Ob das Grundstück **benötigt** wird, richtet sich nach der wirtschaftlich sinnvollen Abgrenzung des Betriebs oder der Gesamtheit von Gegenständen; zur Bestimmung können wiederum die Ausführungen des Insolvenzverwalters im Berichtstermin (§ 156 Abs. 1 Satz 2) oder seine Planungen herangezogen werden. Der Begriff der „Gesamtheit von Gegenständen" ist angesichts des Willens des Gesetzgebers, eine Zerschlagung von Verbundwerten zu verhindern, weit auszulegen,[147] zumal die Interessen des Vollstreckungsgläubigers über Satz 2 berücksichtigt werden. Auch hier ist weder die vorherige Vorlage eines Insolvenzplans noch die Absicht, das Verfahren als Insolvenzplanverfahren durchzuführen, erforderlich.[148]

103 **(3) Gefährdung der Durchführung eines Insolvenzplans.** Die Zwangsversteigerung ist ferner gem. **§ 30d Abs. 1 Satz 1 Nr. 3 ZVG** auf **Antrag des Insolvenzverwalters** einstweilen einzustellen, wenn durch eine sofortige Versteigerung die Durchführung eines vorgelegten Insolvenzplans gefährdet werden würde. Hierzu ist der Plan zwar nicht einer Vorprüfung zu unterziehen, wie sie § 231 Abs. 1, 2 vorsieht; eine **Planbestätigung** darf aber **nicht offensichtlich ausgeschlossen** sein.[149] Der Plan muss insbesondere von einem Planberechtigten – dh dem Schuldner oder dem Insolvenzverwalter[150] – vorgelegt worden sein (§ 218 Abs. 1 Satz 1) und nach seinem äußeren Erscheinungsbild (§ 219) den gesetzlichen Vorgaben genügen. Die Durchführung des Plans ist **gefährdet,** wenn der Plan in seinem gestaltenden Teil das Grundstück erfasst oder auch nur die angestrebten Planziele nach den Ausführungen im darstellenden Teil von der Verfügbarkeit des Grundstücks ausgehen. Neben den zugleich von Nr. 2 erfassten Fällen einer Fortführung eines Betriebes oder geplanten Gesamtveräußerung aufgrund der Planung in einem vorgelegten Insolvenzplan hat Nr. 3 durchaus einen eigenständigen Anwendungsbereich, insbesondere bei Liquidationsplänen oder lediglich verfahrensbegleitenden Plänen. Ein solcher Plan kann etwa eine dingliche Rechtsänderung an Gegenständen vorsehen, bspw. die Herabsetzung einer Grundschuld im Zusammenhang mit Forderungskürzungen.[151]

104 Gem. **§ 30d Abs. 2 ZVG** kann auch der **Schuldner** einen Antrag nach § 30d Abs. 1 Satz 1 Nr. 3 ZVG auf einstweilige Einstellung der Zwangsversteigerung stellen. In diesem Fall muss der **Plan** aber **vom Schuldner** – und nicht dem Insolvenzverwalter – vorgelegt worden sein und zudem der gerichtlichen **„Vorprüfung" gem. § 231** standgehalten haben. Das Erfordernis der Planvorlage durch den Schuldner will im Falle einer Planvorlage durch den Verwalter diesem allein die Entscheidung über Einstellungsanträge belassen; das Erfordernis der erfolgreichen Vorprüfung will sicherstellen, dass eine einstweilige Einstellung auf Schuldnerantrag nur stattfindet, wenn der Plan eine Aussicht auf Annahme und Bestätigung hat.

105 **(4) Erschwerung einer angemessenen Verwertung.** Gem. **§ 30d Abs. 1 Satz 1 Nr. 4 ZVG** muss die Zwangsversteigerung auf Verwalterantrag schließlich auch dann einstweilen eingestellt werden, wenn in sonstiger Weise durch die Versteigerung die angemessene Verwertung der Insolvenzmasse wesentlich erschwert würde. Es handelt sich um eine **Auffangvorschrift.** Die Regelung

---

146 Böttcher/*Böttcher*, ZVG, 6. Aufl. 2016, § 30d Rn. 6.

147 *Mönning/Zimmermann* NZI 2008, 134, 135.

148 Begr., BT-Drs. 12/2443, S. 176; *Stöber* NZI 1998, 105, 108.

149 AA (nicht nach § 231 zurückgewiesener Plan bzw. inzidente Prüfung gem. § 231) *Mönning/Zimmermann* NZI 2008, 134, 135; *Kindl/Meller-Hannich/Wolf/Noethen*, Zwangsvollstreckung, 3. Aufl. 2015, § 30d ZVG Rn. 6.

150 Anders als in § 30d Abs. 2 ZVG kommt es in § 30d Abs. 1 Satz 1 Nr. 3 ZVG nicht darauf an, wer den Plan vorgelegt hat.

151 Vgl. dazu *Smid*, FS Gerhardt, 2004, S. 931 ff.

knüpft an das Einstellungskriterium des alten § 30c Abs. 1 Satz 1 ZVG an.[152] § 30d Abs. 1 Satz 1 Nr. 4 ZVG will eine Versteigerung zur Unzeit vermeiden. Die Voraussetzungen eines Einstellungsantrages nach § 30d Abs. 1 Satz 1 Nr. 4 ZVG sind insbesondere dann gegeben, wenn bei einer sofortigen Versteigerung ein erheblich geringerer Erlös zu erwarten ist als bei einer späteren Veräußerung.[153] Allerdings müssen **konkrete Anhaltspunkte** für die Möglichkeit einer wesentlich besseren späteren Verwertung bestehen.[154] Eine wesentliche Erschwerung der Masseverwertung liegt nicht vor, wenn die Gegenüberstellung der Renditen nicht eindeutig für eine spätere Verwertung spricht; zu berücksichtigen ist insbesondere, dass ein bei einer späteren Verwertung möglicherweise erzielbarer höherer Erlös durch die während der Verzögerung der Verwertung anfallenden Zinsen, Grundsteuern und sonstigen Unkosten aufgezehrt werden kann.[155]

b) Interessenabwägung, § 30d Abs. 1 Satz 2 ZVG. Gem. § 30d Abs. 1 Satz 2 ZVG ist der Antrag abzulehnen, wenn die einstweilige Einstellung dem Gläubiger unter Berücksichtigung seiner wirtschaftlichen Verhältnisse nicht zuzumuten ist. Dabei sind die Interessen der Gläubigergesamtheit gegen die Interessen des betreibenden Gläubigers abzuwägen.[156] Ein Vorrang der wirtschaftlichen Interessen des betreibenden Gläubigers wird bspw. dann angenommen, wenn dieser die Versteigerung betreiben muss, um seinen eigenen Verpflichtungen nachzukommen.[157] Hingegen kann eine Unzumutbarkeit unter dem Gesichtspunkt einer Erhöhung der Forderung aufgrund der auflaufenden Zinsen und eines drohenden Ausfalls wegen der Verzögerung der Zwangsversteigerung durch den betreibenden Gläubiger[158] nicht mehr angenommen werden, da nunmehr ein Nachteilsausgleich in § 30e ZVG[159] angeordnet ist.[160] Wohl aber kann der betreibende Gläubiger Unzumutbarkeit geltend machen, wenn der Einstellungsantrag erst nach Beginn des Versteigerungsverfahrens gestellt wird und im Verfahren günstige Meistgebote abgegeben wurden, so dass der Grundpfandgläubiger keinen (oder einen entsprechend geringeren) Ausfall befürchten musste. Hier kann die Ablehnung des Einstellungsantrages des Insolvenzverwalters darauf gestützt werden, dass die Einstellung dem betreibenden Gläubiger nicht zumutbar ist, wenn bei einer späteren Versteigerung ein derart günstiges Meistgebot nicht erwartet werden kann und der Grundpfandgläubiger deshalb mit einem Ausfall zu rechnen hat.[161] Wird im **Insolvenzplan** (ggf. kombiniert mit Eigenverwaltung) vorgesehen, dass die Immobilie zunächst nicht verwertet und die Befriedigung der Grundpfandgläubiger zeitlich aufgeschoben wird, so müssen die dinglich gesicherten Gläubiger darauf achten, dass der Insolvenzplan zumindest Ausgleichszahlungen in der von § 30e ZVG vorgeschriebenen Höhe an die Grundpfandgläubiger vorsieht. Ist dies nicht der Fall, so können Grundpfandgläubiger einen Antrag auf Einleitung eines Zwangsversteigerungsverfahrens stellen. Reagiert der Schuldner mit einem (begründeten) Einstellungsantrag, so muss das Gericht eine Auflage nach § 30e ZVG anordnen. 106

c) Verfahren, § 30d Abs. 3 ZVG. § 30d Abs. 3 ZVG enthält durch Verweisung auf § 30b Abs. 2 bis 4 ZVG die Vorschriften über das einzuhaltende Verfahren und die Rechtsmittel bei einem Antrag des Insolvenzverwalters auf einstweilige Einstellung der Zwangsversteigerung. Der in Bezug genommene § 30b Abs. 2 Satz 3 ZVG wird dahin modifiziert, dass die Einstellung (nur) erfolgt, wenn ihre Voraussetzungen glaubhaft gemacht werden.[162] Eine Frist für die Stellung des **Einstellungsantrages** gilt nicht, da es an einem entsprechenden Verweis auf § 30b Abs. 1 ZVG fehlt. Damit hat sich der frühere Streit darum, ob dem Insolvenzverwalter ein **unbefristetes Antragsrecht** zustehe,[163] erledigt. Lässt sich der Insolvenzverwalter aber mit seinem Einstellungsantrag zu lange 107

---

[152] Gesetzesbegr. zu § 187 RegE InsO, BT-Drs. 12/2443, S. 176, abgedruckt bei *Uhlenbruck*, Das neue Insolvenzrecht, 1994, S. 525.

[153] Gesetzesbegr. zu § 187 RegE InsO, BT-Drs. 12/2443, S. 176, abgedruckt bei *Uhlenbruck*, Das neue Insolvenzrecht, 1994, S. 525.

[154] LG Ulm ZIP 1980, 477; Böttcher/*Böttcher*, ZVG, 6. Aufl. 2016, § 30d Rn. 8; *Kindl/Meller-Hannich/Wolf/Noethen*, Zwangsvollstreckung, 3. Aufl. 2015, § 30d ZVG Rn. 6; Stöber/*Nicht*, ZVG, 22. Aufl. 2019, § 30d Rn. 5; Nerlich/Kreplin/*Goebel*, Münchener Anwaltshandbuch Insolvenz und Sanierung, 2. Aufl. 2012, § 33 Rn. 61.

[155] LG Ulm ZIP 1980, 477, 478.

[156] Gesetzesbegr. zu § 187 RegE InsO, BT-Drs. 12/2443, S. 176, abgedruckt bei *Uhlenbruck*, Das neue Insolvenzrecht, 1994, S. 525.

[157] Stöber/*Nicht*, ZVG, 22. Aufl. 2019, § 30d Rn. 6.

[158] So noch AG Bremen ZIP 1980, 398.

[159] → Rn. 108 ff.

[160] *Lwowski/Tetzlaff* WM 1999, 2336, 2340; aA *Wenzel* NZI 1999, 101, 102.

[161] *Stöber* NZI 1998, 105, 109; *Lwowski/Tetzlaff* WM 1999, 2336, 2340.

[162] Beschlussempfehlung des Rechtsausschusses zur EG InsO, BT-Drs. 12/7303, S. 108, abgedruckt bei *Uhlenbruck*, Das neue Insolvenzrecht, 1994, S. 899.

[163] Stöber/*Nicht*, ZVG, 22. Aufl. 2019, § 30d Rn. 8; *Stöber* NZI 1998, 105, 108 f.

Zeit – vor allem im Hinblick auf Zahlungsauflagen nach § 30e ZVG –, so kann sein Einstellungsantrag uU nach § 30d Abs. 1 Satz 2 ZVG abzulehnen sein.[164] Das Antragsrecht besteht bis unmittelbar vor der Zuschlagsentscheidung, ggf. ist dann nach § 33 ZVG vorzugehen.[165] Die Entscheidung über den Antrag auf einstweilige Einstellung des Verfahrens ergeht durch Beschluss; vor der Entscheidung sind der Insolvenzverwalter und der betreibende Gläubiger zu hören, vgl. § 30b Abs. 2 Sätze 1, 2 ZVG. Gegen die Entscheidung ist die **sofortige Beschwerde** zulässig, eine weitere Beschwerde findet nicht statt, § 30b Abs. 3 ZVG.

108 **d) Gläubigerschutz, §§ 30e, 30f ZVG. aa) Grundzüge.** Im Falle der einstweiligen Einstellung sieht das ZVG **Gläubigerschutz in dreierlei Hinsicht** vor: Entschädigung wegen der Verzögerung, Werterhalt und Kontrollmöglichkeit. Gem. § 30e Abs. 1 ZVG ist die einstweilige Einstellung stets mit der Auflage anzuordnen, dass dem betreibenden Gläubiger für die Zeit nach dem Berichtstermin bzw. bei Einstellung im Eröffnungsverfahren ab spätestens drei Monaten nach der ersten Einstellung zumindest die geschuldeten Zinsen aus der Insolvenzmasse gezahlt werden. § 30e Abs. 2 ZVG begründet zudem eine Ausgleichspflicht für Wertverluste bei Weiternutzung des Grundstücks für die Insolvenzmasse. Schließlich kann der betreibende Gläubiger nach § 30f ZVG den Antrag stellen, die einstweilige Einstellung bei Vorliegen bestimmter Voraussetzungen aufzuheben.

109 **bb) Zinsen. (1) Inhalt.** Während der Dauer der einstweiligen Einstellung kann der Gläubiger die Zinszahlungen verlangen, die er aufgrund seines Rechtsverhältnisses mit dem Schuldner beanspruchen kann. Die Zinsen müssen innert zweier Wochen nach Eintritt der Fälligkeit aus der Masse geleistet werden, dh sie stellen **Masseverbindlichkeiten** iSv § 55 Abs. 1 Nr. 1 dar; die zu zahlenden Zinsen vermindern die gesamte zur Verfügung stehende Masse und sind nicht etwa aus dem Wert des Grundstücks zu entrichten.[166] Dies führt zu einer erheblichen Liquiditätsbelastung der Masse.[167]

110 Unklar und umstritten ist, ob mit den Zinsen die nach den **vertraglichen Vereinbarungen bzw. den gesetzlichen Regeln** (etwa §§ 288–291 BGB; §§ 641 Abs. 4, 698, 246 BGB, §§ 352, 353 HGB) geschuldeten **oder** die **dinglichen Zinsen eines Grundpfandrechts** gemeint sind. Relevant ist dies deshalb, weil die dinglichen Zinsen regelmäßig erheblich höher sind als die vertraglich vereinbarten oder gesetzlich geschuldeten Zinsen.[168] Dabei ist mit der hM davon auszugehen, dass die einstweilige Einstellung der Zwangsvollstreckung keinen Einfluss auf den Lauf der dinglichen Zinsen hat; der Grundpfandrechtsgläubiger kann also wegen nicht geleisteter Zinszahlungen abgesonderte Befriedigung verlangen.[169] Für die Zinszahlungsauflage im Falle einstweiliger Einstellung interessiert aber nicht der abstrakte Umfang der dinglichen Belastung, sondern die Höhe der Zinsen, die dem Gläubiger zu zahlen sind. Nach Teilen der – insbesondere erstinstanzlichen – Rechtsprechung und der Literatur sind die dinglichen Zinsen geschuldet.[170] Begründet wird dies vor allem mit Wortlaut und Systematik: Wo das ZVG sonst von Zinsen spreche, seien die dinglichen Zinsen gemeint.[171] Zudem sei nur diese Lösung praktikabel, da die dinglichen Zinsen aus dem Grundbuch ersichtlich seien, während die vereinbarten oder gesetzlichen Zinsen erst festgestellt werden müssten, was im Verfahren der einstweiligen Einstellung das Vollstreckungsgericht überfordern, jedenfalls aber zu lange dauern könnte.[172] Sowohl dem Wortlaut und Systematik betonenden Argument als auch dem Praktikabilitätsargument ist indes entgegenzuhalten, dass die Formulierung des § 30e Abs. 1 ZVG und die Zuständigkeit des Vollstreckungsgerichts statt des Insolvenzgerichts Folge der späten und nicht eingehend diskutierten – in den Worten einiger Autoren „überstürzten"[173] – Verlagerung der Regelungen zum Gläubigerschutz aus der InsO in das ZVG während des Gesetzgebungsverfahrens ist.[174] Zudem sollte, wenn man sich gem. § 30d Abs. 3 iVm § 30b Abs. 2 Satz 3 ZVG mit einer Glaubhaftmachung der Angaben zum Zinsanspruch begnügt, dessen Feststellung keine allzu großen Schwierigkeiten machen. Entscheidend ist aber vor allem, dass die über den vertraglich oder gesetz-

---

164 *Lwowski/Tetzlaff* WM 1999, 2336, 2340.

165 Stöber/*Nicht*, ZVG, 22. Aufl. 2019, § 30d Rn. 8.

166 Uhlenbruck/*Brinkmann* § 165 Rn. 9 f.; Nerlich/Römermann/*Becker* § 165 Rn. 44; wohl aA *Hintzen*, Kölner Schrift zur InsO, 3. Aufl. 2009, Kap. 20 Rn. 130.

167 *Cranshaw* jurisPR-InsR 16/2016 Anm. 2.

168 Siehe nur *Mönning/Zimmermann* NZI 2008, 134, 136: 15–18%.

169 LG Göttingen ZInsO 2000, 163; *Wenzel* NZI 1999, 101, 102 f.; *Pape* ZInsO 1999, 398, 399; *Lwowski/Tetzlaff* WM 1999, 2336, 2339 f.; KPB/*Flöther* § 165 Rn. 38.

170 *Eickmann* ZfIR 1999, 81, 83; *Hintzen* Rpfleger 1999, 256, 260; *ders.* ZInsO 2004, 713, 720 f.; *B. Schmidt* InVo 1999, 73, 76; *Alff* Rpfleger 2000, 228.

171 *Eickmann* ZfIR 1999, 81, 83; *Depré/Popp*, ZVG, 2. Aufl. 2019, § 30e Rn. 6.

172 *Alff* Rpfleger 2000, 228; *Hintzen/Wolf*, Zwangsvollstreckung, Zwangsversteigerung und Zwangsverwaltung, 2006, Rn. 11.394.

173 *Mönning/Zimmermann* NZI 2008, 134, 137.

174 → Rn. 22 f.

lich geschuldeten Zinssatz hinausgehenden dinglichen Zinsen eine Form der Übersicherung darstellen. Müssten im Rahmen des § 30e Abs. 1 ZVG die dinglichen Zinsen gezahlt werden, so würde damit praktisch die durch die Grundpfandrechte gesicherte Schuld verringert werden. Tilgungszahlungen soll der Gläubiger aber während der Einstellung der Zwangsversteigerung nicht erhalten. In § 30e Abs. 1 ZVG sind also **nicht die dinglichen Zinsen geschuldet.**[175]

(2) Zeitraum. Gem. § 30e Abs. 1 Satz 1 ZVG ist die **nach Verfahrenseröffnung** verfügte einstweilige Einstellung mit der Auflage anzuordnen, dass dem betreibenden Gläubiger für die Zeit **nach dem Berichtstermin** (§ 29 Abs. 1 Nr. 1) laufend die geschuldeten Zinsen innerhalb von zwei Wochen nach Eintritt der Fälligkeit als sonstige Masseverbindlichkeiten (§ 55 Abs. 1 Nr. 1) gezahlt werden. Gem. § 29 Abs. 1 Nr. 1 soll der Berichtstermin nicht über sechs Wochen nach dem Eröffnungsbeschluss liegen und darf nicht über drei Monate später angesetzt werden. Gem. § 30e Abs. 1 Satz 2 ZVG ist für den Fall, dass die **Einstellung im Insolvenzeröffnungsverfahren** erfolgt ist (§ 30d Abs. 4 ZVG), die Zahlung von Zinsen spätestens von dem Zeitpunkt an anzuordnen, der **drei Monate nach der ersten einstweiligen Einstellung** liegt. Auf diese Weise wird in beiden Fällen erreicht, dass der Gläubiger höchstens drei Monate lang am Zwangszugriff gehindert ist, ohne laufend Zinszahlungen zu erhalten.[176] 111

(3) Gläubiger, die mit keiner vollen Befriedigung aus dem Versteigerungserlös zu rechnen haben. § 30e Abs. 3 ZVG schließt die Zinszahlungsauflage des § 30e Abs. 1 ZVG aus, soweit der Gläubiger nicht mit einer Befriedigung aus dem Versteigerungserlös zu rechnen hätte. Denn anderenfalls würde er im Falle einer einstweiligen Einstellung durch den Erhalt der Zinszahlungen besser gestellt als im Falle einer Versteigerung. Voll ausgeschlossen ist die Zinsauflage damit bei einer sogenannten **Schornsteinhypothek** (bzw. -grundschuld), bei der der gesicherte Gläubiger wegen seines Nachrangs ohnehin keine Aussicht auf Befriedigung aus der Sicherheit gehabt hätte. Ist hingegen eine **Teilbefriedigung** des Gläubigers zu erwarten, so sind entsprechend herabgesetzte Zahlungen anzuordnen, vgl. § 30e Abs. 3 ZVG. Mit der Zinszahlung muss allerdings sofort begonnen werden; der Verwalter kann und darf nicht etwa abwarten, bis durch die Versteigerung feststeht, ob und zu welchem Anteil der Gläubiger befriedigt wurde. Ein Abwarten wäre sowohl für den betreibenden Gläubiger, der auf diese Weise über Monate oder Jahre überhaupt keine Zinszahlungen erhalten würde, als auch für den Verwalter, der sonst gezwungen wäre, vorsorglich Rückstellungen für eine nicht eindeutig bezifferbare Zinslast zu bilden, unzumutbar.[177] 112

Es bedarf daher einer **Prognose des zu erwartenden Versteigerungserlöses,** wenn eine Einigung zwischen dem Verwalter und dem Gläubiger des Grundpfandrechts nicht zustandekommt. Wie diese erfolgen soll, lässt das Gesetz offen. In der Gesetzesbegründung[178] findet sich insoweit nur ein Hinweis darauf, dass für die Höhe des zu erwartenden Versteigerungserlöses auf die Verkehrswertermittlung im Zwangsversteigerungsverfahren nach § 74a Abs. 5 ZVG zurückzugreifen sei. Ein solcher „Rückgriff" kann allerdings nicht bedeuten, dass der Verkehrswert als zu erwartender Versteigerungserlös eingesetzt wird, da der Verkehrswert vielfach nicht erzielt wird; es bedarf also wohl fast immer einer Korrektur nach unten, wegen § 74a Abs. 1 ZVG in der Regel auf 70%.[179] Zudem ist ein „Rückgriff" auf die Verkehrswertermittlung nur möglich, wenn die Verkehrswertermittlung bereits erfolgt ist; anderenfalls müsste man sie vorziehen,[180] was aber angesichts der im selben Beschluss anzuordnenden Einstellung der Zwangsversteigerung nicht so recht überzeugen will. In diesem Fall ist nicht etwa ein Verkehrswertgutachten einzuholen,[181] sondern der zu erwartende Erlös zu schätzen, wozu Sachverständigengutachten im Eröffnungsverfahren oder Angaben des Insolvenzverwalters im Berichtstermin eine Hilfestellung geben können.[182] Da auch die Feststellung der Prognosegrundlagen für die Zinszahlungsverpflichtung im Rahmen der Entscheidung über den Antrag auf einstweilige Einstellung erfolgt, sollte über § 30d Abs. 3 ZVG auch hier § 30b Abs. 2 Satz 3 ZVG zur Anwendung kommen, sodass Verwalter und Gläubiger die tatsächlichen Grundlagen 113

[175] *Jungmann*, Grundpfandgläubiger und Unternehmensinsolvenz, Rn. 220 ff.; *Knees* ZIP 2001, 1568, 1578; *Tetzlaff* ZInsO 2004, 521, 522; *Mönning/Zimmermann* NZI 2008, 134, 136 f.; Uhlenbruck/*Brinkmann* § 165 Rn. 9; Lwowski/Fischer/Gehrlein/*Mordhorst*, Das Recht der Kreditsicherung, 10. Aufl. 2018, § 6 Rn. 9; *Obermüller*, Insolvenzrecht in der Bankpraxis, Rn. 6.895.

[176] Gesetzesbegr. zu § 188 RegE InsO, BT-Drs. 12/2443, S. 176, abgedruckt bei *Uhlenbruck*, Das neue Insolvenzrecht, 1994, S. 526.

[177] *Wenzel* BuB 4/2780.

[178] Gesetzesbegr. zu § 188 RegE InsO, BT-Drs. 12/2443, S. 177, abgedruckt bei *Uhlenbruck*, Das neue Insolvenzrecht, 1994, S. 527.

[179] *Mönning/Zimmermann* NZI 2008, 134, 136; Böttcher/*Böttcher*, ZVG, 6. Aufl. 2016, § 30e Rn. 8.

[180] *Lwowski/Tetzlaff* WM 1999, 2336, 2341; *Wenzel* BuB 4/2780.

[181] So aber *Wenzel* NZI 1999, 101, 103.

[182] Ähnlich *Mönning/Zimmermann* NZI 2008, 134, 136.

vorzutragen und ggf. glaubhaft zu machen haben. Da § 30e Abs. 3 ZVG die Ausnahme zu § 30e Abs. 1 ZVG regelt, trägt der an einer Vermeidung der Zinszahlungspflicht interessierte Verwalter die Beweislast.[183]

114 Die gerichtliche Anordnung, für welchen Teil der Grundpfandrechte Zinsen zu zahlen sind, hat **abschließenden Charakter.** Dies bedeutet, dass kein Ausgleich verlangt werden kann, wenn sich nachträglich herausstellt, dass der Gläubiger, gemessen am Versteigerungserlös, zu viel oder zu wenig Zinsen erhalten hat.[184] Für die Grundpfandrechtsgläubiger empfiehlt sich unter diesen Umständen eine besonders **sorgfältige Prüfung der Verkehrswertfestsetzung** durch das Vollstreckungsgericht bzw. der **Schätzung im Einstellungsbeschluss,** ggf. muss sofortige Beschwerde gegen die Festsetzung des Verkehrswertes[185] bzw. den Einstellungsbeschluss[186] eingelegt werden.

115 **cc) Wertverlust.** Wird das Grundstück für die Insolvenzmasse genutzt, so ordnet das Gericht auf Antrag des betreibenden Gläubigers die Auflage an, dass der entstehende Wertverlust von der Einstellung des Versteigerungsverfahrens an durch laufende Zahlungen aus der Insolvenzmasse an den Gläubiger auszugleichen ist, § 30e Abs. 2 ZVG. Die Ausgleichszahlungen sollen sicherstellen, dass der Gläubiger durch die Nutzung und einen damit verbundenen Wertverlust des Grundstücks **keine Einbußen in seiner Sicherung** erleidet. Konsequenterweise bedarf es daher dann keiner Ausgleichszahlungen, wenn der Wertverlust die Sicherung des Gläubigers nicht gefährdet, wenn also der Gegenstand trotz des Wertverlustes die Haupt- und Nebenforderungen des Gläubigers voll deckt.[187] Ebenso bedarf es keiner Ausgleichszahlungen, soweit der Gläubiger im Falle einer Fortsetzung des Versteigerungsverfahrens keine Befriedigung erlangen würde; denn insoweit erleidet er durch den Wertverlust keine Nachteile. Der Anspruch besteht daher nicht bzw. ist nur teilweise zu befriedigen, wenn nach der Höhe der Forderung sowie dem Wert und der sonstigen Belastung des Grundstücks mit keiner bzw. nicht mit einer vollständigen Befriedigung des Gläubigers aus dem Versteigerungserlös zu rechnen ist, § 30e Abs. 3 ZVG.[188] § 30e Abs. 2 ZVG gewährt keinen Anspruch auf eine Nutzungsentschädigung, denn die Zahlung eines Nutzungsentgelts ist nicht vorgesehen.[189]

116 Der Anspruch steht **selbständig neben dem Anspruch** auf Zahlung der laufenden Zinsen nach **§ 30e Abs. 1 ZVG.** Im Gegensatz zu dem Anspruch aus § 30e Abs. 1 ZVG **entsteht** der **Anspruch** auf Ausgleich des Wertverlustes bereits mit der vorläufigen Einstellung des Zwangsversteigerungsverfahrens, dh also **ohne** die bis zu drei Monate dauernde **Zwischenfrist.**

117 Die **Berechnung des Wertverlustes** kann sich in der Praxis schwierig gestalten.[190] Problematisch ist insbesondere die Frage, ob von § 30e Abs. 2 ZVG auch die Fälle erfasst sind, in denen es *während* der Dauer der Nutzung des Grundstücks, aber *nicht durch* die Nutzung des Grundstücks, zu größeren Wertverlusten kommt (zB Zusammenbruch des Immobilienmarktes). Der Wortlaut des § 30e Abs. 2 ZVG lässt eine Auslegung zu, dass derartige Wertminderungen zulasten der Masse gehen.[191] Richtigerweise wird man aber als ausgleichspflichtig nur solche Wertverluste ansehen dürfen, die kausal durch die Nutzung verursacht wurden.[192] Da es nur darauf ankommt, ob der Gläubiger Einbußen in seiner Sicherung erleidet, sind Wertsteigerungen, die das Grundstück während der Nutzung erfährt, bei dem Anspruch des Gläubigers nach § 30e Abs. 2 ZVG stets anspruchsmindernd zu berücksichtigen.[193] Steuerliche Aspekte sind nur dann beachtlich, wenn sie sich im Fall der Versteigerung ausgewirkt hätten.

118 **dd) Aufhebung der einstweiligen Einstellung.** Bei einem **nach Verfahrenseröffnung gestellten Einstellungsantrag** ist die einstweilige Einstellung auf Antrag des betreibenden Gläubigers in folgenden Konstellationen aufzuheben:

---

183 Böttcher/*Böttcher,* ZVG, 6. Aufl. 2016, § 30e Rn. 8.

184 *Wenzel* BuB 4/2780; *Lwowski/Tetzlaff* WM 1999, 2336, 2341.

185 *Frings* Sparkasse 1996, 384, 385.

186 §§ 30d Abs. 3, 30b Abs. 3 ZVG; Böttcher/*Böttcher,* ZVG, 6. Aufl. 2016, § 30e Rn. 10.

187 Gesetzesbegr. zu § 197 RegE InsO, BT-Drs. 12/2443, S. 182, abgedruckt bei *Uhlenbruck,* Das neue Insolvenzrecht, 1994, S. 543.

188 Zu den Schwierigkeiten der Prognose siehe die Ausführungen unter → Rn. 113.

189 *Stöber* NZI 1998, 105, 109.

190 Vgl. dazu *Stöber* NZI 1998, 105, 109; *Lwowski/Tetzlaff* WM 1999, 2336, 2341; kritisch auch *Uhlenbruck,* Das neue Insolvenzrecht, 1994, S. 34.

191 Vgl. *B. Schmidt* InVo 1999, 73, 76; *Lwowski/Tetzlaff* WM 1999, 2336, 2341 für Wertverlust durch Änderung eines Bebauungsplans; *Jungmann,* Grundpfandgläubiger und Unternehmensinsolvenz, 2004, Rn. 235.

192 Andersen Freihalter Rechtsanwaltsgesellschaft mbH (Hrsg.), Aus- und Absonderungsrechte in der Insolvenz, Rn. 476; *Städtler,* Grundpfandrechte in der Insolvenz, 1998, S. 239 f. mwN; wohl auch *Depré/Popp,* ZVG, 2. Aufl. 2019, § 30e Rn. 7; aA wohl *Jungmann,* Grundpfandgläubiger und Unternehmensinsolvenz, 2004, Rn. 233, 235, der aber die Nutzung als Voraussetzung für die Entstehung des Ausgleichsanspruchs ansieht.

193 KPB/*Flöther* § 165 Rn. 46; aA *Jungmann,* Grundpfandgläubiger und Unternehmensinsolvenz, 2004, Rn. 240; *Obermüller,* Insolvenzrecht in der Bankpraxis Rn. 6.898.

– Wegfall der Voraussetzungen für die einstweilige Einstellung (vor Berichtstermin, geplante Unternehmensfortführung, Veräußerung des Betriebes oder einer Gesamtheit, Gefährdung eines Insolvenzplans, Erschwerung der angemessenen Masseverwertung), § 30f Abs. 1 Satz 1 Fall 1 iVm § 30d Abs. 1 ZVG,
– Nichterfüllung der Auflagen nach § 30e ZVG (Zinszahlung bzw. Zahlung eines Ausgleichs für den Wertverlust), § 30f Abs. 1 Satz 1 Fall 2 ZVG,
– Zustimmung des die einstweilige Einstellung beantragenden Verwalters oder Schuldners zur Aufhebung, § 30f Abs. 1 Satz 1 Fall 3 ZVG und
– Beendigung des Insolvenzverfahrens, § 30f Abs. 1 Satz 2 ZVG.

Bei einem **im Eröffnungsverfahren gestellten Einstellungsantrag** ist die einstweilige Einstellung auf Antrag des betreibenden Gläubigers in folgenden Konstellationen aufzuheben: 119
– Rücknahme oder Abweisung des Antrags auf Eröffnung des Insolvenzverfahrens, § 30f Abs. 2 Satz 1 ZVG,
– Wegfall der Voraussetzungen für die einstweilige Einstellung (Erforderlichkeit zur Verhütung nachteiliger Vermögensveränderungen), § 30f Abs. 2 Satz 2 iVm § 30d Abs. 4 Satz 1 ZVG,
– Nichterfüllung der Auflagen nach § 30e ZVG (Zinszahlung bzw. Zahlung eines Ausgleichs für den Wertverlust), § 30f Abs. 1 Satz 1 Fall 2 ZVG, und
– Zustimmung des die einstweilige Einstellung beantragenden Verwalters oder Schuldners zur Aufhebung, § 30f Abs. 1 Satz 1 Fall 3 ZVG.

Fortgefallen sind die **Voraussetzungen für die Einstellung** der Zwangsversteigerung nicht schon 120 dann, wenn mit dem Fortgang des Insolvenzverfahrens einzelne Einstellungstatbestände des § 30d Abs. 1 Satz 1 Nr. 1 bis 4 bzw. Abs. 2, 4 ZVG entfallen sind, die die Grundlage für die ursprüngliche Einstellung abgegeben hatten. Die Einstellung der Zwangsversteigerung kann vielmehr nur dann aufgehoben werden, wenn nach den glaubhaft gemachten Angaben der Beteiligten **keiner der Einstellungstatbestände** des § 30d ZVG die Fortdauer der Verfahrenseinstellung rechtfertigt.[194]

Im Falle der **Nichterfüllung von Auflagen** nach § 30e ZVG ist die Einstellung aufzuheben,[195] 121 auch wenn dadurch zB eine Sanierung des Unternehmens mittels **Insolvenzplan** und **Eigenverwaltung** unmöglich wird.[196] Ist das Verfahren masseunzulänglich und erfolgt deshalb keine Zahlung der Zinsen durch die Insolvenzmasse, so liegt auch darin eine Nichterfüllung der Auflagen nach § 30e ZVG.

Vor der Entscheidung des Gerichts sind gem. § 30f Abs. 3 Satz 1 ZVG der Insolvenzverwalter 122 bzw. der Schuldner, der die einstweilige Einstellung erwirkt hat, zu **hören,** was allerdings in der Variante der Zustimmung redundant erscheint. Nach rechtskräftiger Entscheidung kann ein **neuer Aufhebungsantrag** des Gläubigers oder ein **erneuter Einstellungsantrag** des Insolvenzverwalters oder des Schuldners nur auf neue Gründe infolge Veränderung der Verhältnisse gestützt werden.[197]

I. Zwangsversteigerung auf Antrag des Insolvenzverwalters

I. Betreibungsrecht des Insolvenzverwalters

1. Grundlagen. Es steht im pflichtgemäßen Ermessen des Insolvenzverwalters – bzw. des eigen- 123 verwaltenden Schuldners, der im Folgenden mit erfasst sein soll –, ob er die unbewegliche Sache freihändig veräußert oder durch eine Zwangsversteigerung verwertet.[198] Bei einem vom Insolvenzverwalter betriebenen Zwangsversteigerungsverfahren **vereinigt** der Verwalter **in seiner Person die Stellung eines betreibenden Gläubigers und die des Vollstreckungsschuldners.**[199]

§ 172 ZVG erklärt für die sog. **Verwalterversteigerung** den ersten und zweiten Abschnitt des 124 ZVG für entsprechend anwendbar, soweit nicht Abweichungen geregelt sind. Gegenüber der normalen **Vollstreckungsversteigerung** weist das Verfahren nach §§ 172 ff. ZVG aufgrund der Doppelstellung des die Versteigerung betreibenden Verwalters einige **Besonderheiten** auf, die bei der Auslegung der ZVG-Normen zu beachten sind. Der Insolvenzverwalter kann aus der Rangklasse

194 *Jungmann*, Grundpfandgläubiger und Unternehmensinsolvenz, 2004, Rn. 241; *Stöber* NZI 1999, 439, 440 f.
195 Böttcher/*Böttcher*, ZVG, 6. Aufl. 2016, § 30f Rn. 3; *Hintzen/Wolf*, Zwangsvollstreckung, Zwangsversteigerung und Zwangsverwaltung, 2006, Rn. 11.408; Stöber/*Nicht*, ZVG, 22. Aufl. 2019, § 30f Rn. 4.
196 *Mönning/Zimmermann* NZI 2008, 134, 135 f.; Lwowski/Fischer/Gehrlein/*Mordhorst*, Das Recht der Kreditsicherung, 10. Aufl. 2018, § 6 Rn. 12.
197 *Stöber* NZI 1999, 439 ff.
198 *Tetzlaff* ZInsO 2004, 521, 528 f.; *Stöber* NJW 2000, 3600, 3601; vgl. dazu auch → Rn. 176.
199 → Rn. 36.

Nr. 5 des § 10 Abs. 1 ZVG sowie aus der Rangklasse Nr. 1a (iVm einem abweichenden Ausgebot nach § 174a ZVG) die Versteigerung des Grundstücks betreiben.[200]

125 Besonders **gegen** die vom Gesetzgeber dem Verwalter eingeräumte **Möglichkeit, aus der Rangklasse Nr. 1a,** also aus bestrangiger Position, **die Zwangsversteigerung zu betreiben,** werden **erhebliche Bedenken** geltend gemacht. Es wird auf die Gefährlichkeit dieser Regelungen für die Grundpfandgläubiger sowie auf die zusätzliche Komplizierung des Verfahrens durch die Einführung einer weiteren Ausgebotsart hingewiesen.[201] In der Tat wird hiermit die Sicherheit der Grundpfandrechte empfindlich gestört und somit auch Art. 14 Abs. 1 GG berührt.[202] Man wird allerdings die Grenze zur Verfassungswidrigkeit noch nicht als überschritten sehen können, da für eine Beteiligung auch der gesicherten Gläubiger ebenfalls Verfassungsgüter streiten. Der Bundesgerichtshof ist in einem Beschluss vom 26.4.2012[203] ohne Weiteres davon ausgegangen, dass der Insolvenzverwalter aus der Rangklasse Nr. 1a die Zwangsversteigerung betreiben kann.

126 **2. Vorteile und Nachteile einer Verwalterversteigerung. a) Vorteile.** Eine Versteigerung durch den Insolvenzverwalter bietet insbesondere folgende Vorteile:[204]

– Der Anordnungsbeschluss gilt nicht als Beschlagnahme (§ 173 Satz 1 ZVG), so dass der Insolvenzverwalter auch noch während des Verfahrens die Sicherheit freihändig veräußern kann.
– Für das Verfahren nach § 172 ZVG benötigt der Insolvenzverwalter keinen Vollstreckungstitel, so dass uU die Kosten der Rechtsverfolgung reduziert werden können. Diese Besonderheit wirkt sich allerdings in der Praxis aufgrund der verbreiteten Übung, Grundpfandrechte von Anfang an gem. § 800 ZPO für vollstreckbar zu bestellen, kaum aus.
– Gegenüber einer freihändigen Verwertung bietet die Verwalterversteigerung den Vorteil des gesetzlichen Ausschlusses der Gewährleistung (§ 56 Satz 3 ZVG) – auch für mitversteigertes Zubehör – sowie die Nichtausübbarkeit des dinglichen Vorkaufsrechts (§ 1098 Abs. 1 Satz 2 BGB). Außerdem entgeht der Verwalter mit der Verwertung im Wege der Zwangsversteigerung dem späteren Gläubigervorwurf einer ungünstigen Verwertung.
– In den Verhandlungen mit Absonderungsberechtigten kann § 174a ZVG der Position des Verwalters Nachdruck verleihen.

127 **b) Nachteile.** Eine Verwalterversteigerung ist indes auch mit Nachteilen behaftet, etwa den folgenden:[205]

– Die formstrengen Vorschriften des ZVG und die Beteiligung des Vollstreckungsgerichts führen dazu, dass die Verwertung des Grundstücks eine gewisse Zeit in Anspruch nimmt; eine freihändige Veräußerung kann schneller abgewickelt werden.
– Die Zwangsversteigerung verursacht Kosten, die im Wesentlichen vom Verkehrswert des Grundstücks und dem Gebot abhängen und typischerweise höher sind als die Kosten einer freihändigen Veräußerung.
– Die Zwangsversteigerung erfasst den gesetzlich bestimmten Haftungsverband des Grundstücks; ein anderer Zuschnitt des Verwertungsobjekts ist nur in Grenzen möglich.

128 Unter **altem Recht** war es ein gravierender Nachteil von Verwalterversteigerungen, dass, wenn kein Gläubiger den Antrag aus § 174 ZVG stellte, wegen der Höhe des geringsten Gebotes **kaum oder gar keine Bietinteressenten** zu finden waren. In einem solchen Fall entstanden durch eine Einleitung eines Zwangsversteigerungsverfahrens nur Kosten. Durch die **Neueinführung des § 174a ZVG** sollte dieser Nachteil beseitigt werden.

II. Verfahren

129 **1. Antrag und Beschluss.** Den **Antrag** nach § 172 ZVG kann der Insolvenzverwalter bzw. der eigenverwaltende Schuldner stellen. Der Antrag setzt keinen Vollstreckungstitel voraus.[206] Der Antragsteller muss seine Rolle – der Insolvenzverwalter also seine Bestellung, der eigenverwaltende Schuldner die Anordnung der Eigenverwaltung – und die Massezugehörigkeit des Grundstücks

---

[200] BGH WM 2012, 1245 = NZI 2012, 575 Rn. 15; *Tetzlaff* ZInsO 2004, 521, 523; aA *Hintzen* ZInsO 2004, 713, 716 ff.; vgl. dazu → Rn. 27, → Rn. 125, → Rn. 156 ff.

[201] *Muth* ZIP 1999, 945 ff.; *Lwowski/Tetzlaff* WM 1999, 2336, 2342 f.; Stöber/*Gojowczyk*, ZVG, 22. Aufl. 2019, § 174a Rn. 7; Böttcher/*Keller*, ZVG, 6. Aufl. 2016, § 174a Rn. 14.

[202] Vgl. OLG Nürnberg NZI 2014, 158, 160 unter Verweis auf die 2. Aufl.; *Stöber* NJW 2000, 3600, 3605.

[203] BGH WM 2012, 1245 = NZI 2012, 575 Rn. 15.

[204] Böttcher/*Keller*, ZVG, 6. Aufl. 2016, § 172 Rn. 3; *Muth* ZIP 1999, 945, 947; *Stöber* NJW 2000, 3600, 3603 f.

[205] *Stöber* NJW 2000, 3600, 3604 f.; *Lwowski/Tetzlaff* WM 1999, 2336, 2342 f.

[206] Böttcher/*Keller*, ZVG, 6. Aufl. 2016, § 173 Rn. 2.

nachweisen.[207] Zum **Nachweis der Verwalterbestellung** muss nicht zwingend der Beschluss über die Eröffnung des Insolvenzverfahrens vorgelegt werden; auch ein Nachweis durch öffentliche oder öffentlich beglaubigte Urkunden, insbesondere die Bestallungsurkunde, ist nicht zwingend erforderlich,[208] aber in jedem Falle ausreichend. Zum Nachweis der Eigenverwaltung ist der die Eigenverwaltung anordnende Beschluss – Eröffnungsbeschluss oder späterer Beschluss – vorzulegen.[209] Zum **Nachweis,** dass das **Objekt zur Insolvenzmasse gehört,** genügt der Insolvenzvermerk im Grundbuch oder Register.[210] Hat der Insolvenzverwalter hingegen das Grundstück aus der Insolvenzmasse an den Schuldner **freigegeben,** so kann der Insolvenzverwalter das Zwangsvollstreckungsverfahren nicht mehr betreiben und der Schuldner kann sich gegen einen Zwangsversteigerungsantrag des Insolvenzverwalters gem. §§ 766, 771 ZPO wehren.[211]

Der **Schuldner** muss als Grundstückseigentümer eingetragen oder Erbe des Eingetragenen 130 sein, § 17 Abs. 1 ZVG. Wurde das Grundstück zuvor an einen Dritten übertragen und hat der Insolvenzverwalter diese Übertragung erfolgreich angefochten, so bedarf es zur Anordnung der Zwangsversteigerung keiner erneuten Eintragung des Schuldners im Grundbuch. Ausreichend ist in diesem Fall, dass der Dritte mit dem Anfechtungsurteil zur Duldung der Zwangsvollstreckung verurteilt wird.[212]

Der **Anordnungsbeschluss** ist dem **Insolvenzverwalter** zuzustellen. Eine **Zustellung an** 131 **den Schuldner** ist nicht zwingend, da dieser nicht Beteiligter iSd § 9 ZVG ist, aber ratsam, weil der Schuldner nach Aufhebung des Insolvenzverfahrens oder durch Freigabe des Grundstücks aus der Masse in die Lage kommen kann, das Verfahren fortführen zu müssen.[213] Um beim Schuldner keine falschen Vorstellungen über seine Rechtsstellung zu erwecken und dadurch möglicherweise verfahrensverzögernde Anträge zu provozieren, empfiehlt es sich, die Zustellung mit dem Zusatz „Zustellung trotz Insolvenz" vorzunehmen.[214]

2. Beschlagnahme. Der auf Antrag des Insolvenzverwalters die Zwangsversteigerung anord- 132 nende Beschluss **gilt** gem. § 173 Satz 1 ZVG grds. **nicht als Beschlagnahme.** Wie eine Beschlagnahme wirkt die Zustellung des Anordnungsbeschlusses an den Insolvenzverwalter hingegen gem. § 173 Satz 2 ZVG für die Abgrenzung der laufend wiederkehrenden Leistungen von den Rückständen (§ 13 ZVG) und für die Haftung insbesondere der schuldnerfremden Zubehörstücke (§ 55 Abs. 2 ZVG), für die es auf den Besitz des Verwalters ankommt.[215]

Der Anordnungsbeschluss enthält **kein Veräußerungsverbot** nach § 23 ZVG. Der Insolvenz- 133 verwalter kann also weiterhin über das Grundstück und über Zubehör, Erzeugnisse und Bestandteile verfügen;[216] von einer Versteigerung werden die mithaftenden Gegenstände daher nur erfasst, wenn der Insolvenzverwalter sie nicht vorher veräußert und entfernt hat.[217]

3. Rücknahme des Antrags. Der Insolvenzverwalter **muss** seinen **Antrag zurücknehmen** 134 (§ 29 ZVG) bei:
– Aufhebung des Insolvenzverfahrens,
– freihändiger Veräußerung des Grundstücks durch den Insolvenzverwalter und
– Freigabe durch den Insolvenzverwalter.[218]

4. Einstellung des Verfahrens. Der **Insolvenzverwalter** kann die einstweilige Einstellung 135 des Verfahrens nach **§ 30 ZVG** bewilligen. Beantragt er dann nicht binnen sechs Monaten seit der Einstellung die Fortsetzung des Verfahrens, ist das Verfahren aufzuheben (§ 31 Abs. 1, Abs. 2 lit. a ZVG), vorausgesetzt, der Verwalter wurde vom Vollstreckungsgericht hierauf förmlich, nämlich durch Zustellung, hingewiesen (§ 31 Abs. 3 ZVG). Anträge nach §§ 30a ff. ZVG kommen grds. nicht in Betracht: Der Insolvenzverwalter kann nicht gegen sich selbst den Einstellungsantrag stellen; der

---

207 Stöber/*Gojowczyk*, ZVG, 22. Aufl. 2019, § 172 Rn. 19 f.; KKInsO/*Hess* § 165 Rn. 36.
208 AA Böttcher/*Keller*, ZVG, 6. Aufl. 2016, § 173 Rn. 3 unter Verweis auf BGH NJW-RR 2005, 1716 (zu § 727 ZPO).
209 Böttcher/*Keller*, ZVG, 6. Aufl. 2016, § 173 Rn. 4.
210 Böttcher/*Keller*, ZVG, 6. Aufl. 2016, § 173 Rn. 5 f.
211 KKInsO/*Hess* § 165 Rn. 37; Stöber/*Gojowczyk*, ZVG, 22. Aufl. 2019, § 172 Rn. 15, 19.
212 RGZ 56, 142, 144 f.; *Mohrbutter/Drischler/Radtke/Tiedemann,* Die Zwangsversteigerungs- und Zwangsverwaltungspraxis, Bd. 1, 7. Aufl. 1986, Muster 24 Anm. 4/S. 130 mwN.
213 AA Böttcher/*Keller*, ZVG, 6. Aufl. 2016, § 172 Rn. 16 f.
214 So auch Stöber/*Gojowczyk*, ZVG, 22. Aufl. 2019, § 172 Rn. 14.
215 Böttcher/*Keller*, ZVG, 6. Aufl. 2016, § 173 Rn. 10.
216 Stöber/*Gojowczyk*, ZVG, 22. Aufl. 2019, § 173 Rn. 4; KKInsO/*Hess* § 165 Rn. 41.
217 Böttcher/*Böttcher*, ZVG, 6. Aufl. 2016, § 174a Rn. 2.
218 Stöber/*Gojowczyk*, ZVG, 22. Aufl. 2019, § 172 Rn. 23.

Schuldner ist nicht Beteiligter[219] – er kann allerdings nach **§ 30d Abs. 2 ZVG** ausnahmsweise dann eine einstweilige Einstellung erreichen, wenn er einen Insolvenzplan vorgelegt hat, welcher die Vorprüfung gem. § 231 passiert hat.

136 **5. Terminbestimmung.** Bei der Terminbestimmung ist darauf **hinzuweisen,** dass es sich um eine Versteigerung auf Antrag des Insolvenzverwalters handelt, so dass sich alle Beteiligten darauf einstellen können, dass es zur Anwendung der §§ 172 ff. ZVG kommt, die gegenüber dem normalen Zwangsversteigerungsverfahren Besonderheiten aufweisen.[220]

137 **6. Zusammentreffen von Verwalterversteigerung und Vollstreckungsversteigerung. a) Zulässigkeit des Beitritts.** Zwei Fälle eines Beitritts kommen in Betracht: der **Beitritt eines Absonderungsberechtigten** zur Insolvenzverwalterversteigerung und der **Beitritt des Insolvenzverwalters** zur Vollstreckungsversteigerung. Der Beitritt ist richtigerweise in beiden Fällen **zulässig.** Dies war indes bereits vor Einführung des § 174a ZVG **umstritten**[221] und ist es noch heute, weshalb hier beide Lösungen behandelt werden sollen.

138 **aa) Verfahren bei Annahme der Unzulässigkeit des Beitritts.** Nimmt man an, ein Beitritt sei unzulässig,[222] so sind zwei zeitlich zusammentreffende Verfahren (Vollstreckungsversteigerung und Verwalterversteigerung) als **getrennte Verfahren** durchzuführen.[223] Um die Übersicht hinsichtlich der geringsten Gebote zu wahren, ist von einer gemeinsamen Durchführung von Vollstreckungsversteigerung und Verwalterversteigerung in einem Termin abzusehen. Da der Insolvenzverwalter mit Einführung des § 174a ZVG in die Position des bestrangig betreibenden Gläubigers gerückt ist, ist zunächst dieses Verfahren durchzuführen. Allerdings muss der betreibende Vollstreckungsgläubiger dann hinnehmen, dass in diesem ersten Verfahren (Verwalterversteigerung) der Zuschlag auf das Ausgebot nach § 174a ZVG erteilt wird und er uU seine Rechte verliert.

139 **bb) Verfahren bei Annahme der Zulässigkeit des Beitritts.** Geht man hingegen von der Zulässigkeit eines Beitritts aus,[224] so findet **ein einziges Verfahren** statt. Tritt der Gläubiger bei, hat dies zu seinen Gunsten eine Beschlagnahme des Grundstücks zur Folge, die mit ihrer Zustellung an den Insolvenzverwalter als Veräußerungsverbot wirkt.[225] Tritt der Verwalter bei, so hat bereits eine Beschlagnahme für den betreibenden Gläubiger stattgefunden. In beiden Fällen bleibt dem Verwalter nur noch die Verwaltung und Benutzung des Grundstücks in den Grenzen einer ordnungsgemäßen Wirtschaft, § 23 ZVG. Der Verwalter kann dann nicht mehr gem. §§ 1121, 1122 BGB über die beweglichen Sachen des Haftungsverbandes verfügen.[226]

140 **cc) Gründe für die Zulässigkeit des Beitritts.** Gegen die Zulässigkeit eines Beitritts spricht, dass das Verfahren der Verwalterversteigerung und das Verfahren der Gläubigerversteigerung unterschiedlich ausgestaltet sind und die Verbindung beider Verfahren zu einer Vervielfältigung der geringsten Gebote führt, die das Verfahren unübersichtlich machen kann. Diese praktischen Schwierigkeiten lassen sich aber bewältigen (dazu sogleich Rn. 141 ff.). Für die Zulässigkeit eines Beitritts spricht vor allem, dass anderenfalls in der zeitlich vorgehenden (Rn. 138) Verwalterversteigerung wegen § 174a ZVG stets ein Zuschlag stattfinden kann, der das Recht des betreibenden Gläubigers erlöschen lässt. Es ist aber **kein Rechtsschutzinteresse des Insolvenzverwalters** zu ersehen, den **Zuschlag auf ein unter Berücksichtigung der Löschung der Rechte** der anderen die Zwangsversteigerung betreibenden Gläubiger **geringeres Meistgebot nach § 174a ZVG** verlangen zu dürfen.[227] Um zu verhindern, dass Verwalterversteigerung und Vollstreckungsversteigerung in getrennten Verfahren stattfinden und in dem ersten Verfahren, der Verwalterversteigerung, der Zuschlag auf das Ausgebot nach § 174a ZVG erteilt und der die Vollstreckungsversteigerung betrei-

---

[219] *Mohrbutter* KTS 1961, 103; Stöber/*Gojowczyk*, ZVG, 22. Aufl. 2019, § 172 Rn. 25.

[220] Böttcher/*Keller*, ZVG, 6. Aufl. 2016, § 172 Rn. 21; *Mohrbutter/Drischler/Radtke/Tiedemann*, Die Zwangsversteigerungs- und Zwangsverwaltungspraxis, Bd. 1, 7. Aufl. 1986, Muster 24 Anm. 4/S. 130.

[221] Dazu → 3. Aufl. 2013 § 165 Rn. 136–140.

[222] *Mohrbutter/Drischler/Radtke/Tiedemann*, Die Zwangsversteigerungs- und Zwangsverwaltungspraxis, Bd. 1, 7. Aufl. 1986, Muster 24 Anm. 6/S. 133; Stöber/*Gojowczyk*, ZVG, 22. Aufl. 2019, § 172 Rn. 42; K. Schmidt/*Sinz* § 165 Rn. 23; Böttcher/*Keller*, ZVG, 6. Aufl. 2016, § 172 Rn. 10 (kein Beitritt des Insolvenzverwalters), 19 (kein Beitritt des Absonderungsberechtigten).

[223] Vgl. *B. Schmidt* InVo 1999, 73, 74 zur früher geübten Praxis.

[224] *Muth* ZIP 1999, 945, 949; Uhlenbruck/*Brinkmann* § 165 Rn. 15; Gottwald/*Adolphsen*, InsO-HdB, § 42 Rn. 97; KPB/*Flöther* § 165 Rn. 24.

[225] *Drischler* Rechtspflegerjahrbuch 1967, 275, 288; Uhlenbruck/*Brinkmann* § 165 Rn. 19; Nerlich/Römermann/*Becker* § 165 Rn. 26.

[226] *Muth* ZIP 1999, 945, 950; *Mohrbutter* JurBüro 1956, 355, 358.

[227] *Muth* ZIP 1999, 945, 951 f.; vgl. auch die Ausführungen von *B. Schmidt* InVo 1999, 73, 74 f.

bende Gläubiger das Nachsehen hat, sollte der **Beitritt zugelassen** werden. Dies gilt sowohl für den Beitritt des absonderungsberechtigten Gläubigers zur Verwalterversteigerung als auch für den umgekehrten Fall.

b) Vorgehen bei Zusammentreffen verschiedener Ausgebotsarten. Lässt man den Beitritt zu, so kann es zu einem Zusammentreffen verschiedener Ausgebotsarten kommen.[228] Ob dem „gewöhnlichen" Ausgebot des Gläubigers oder dem Ausgebot des Insolvenzverwalters nach §§ 172, 174, 174a ZVG der Zuschlag erteilt wird, richtet sich nach folgenden Grundsätzen:[229] 141

- Gegenüber der Ausgebotsart nach § 172 ZVG geht die Ausgebotsart nach §§ 44, 52 ZVG vor.
- Im Fall des § 174 ZVG kommt es darauf an, wer den besseren Grundbuchrang hat.
- Der Insolvenzverwalter kann ein Ausgebot gem. § 174a ZVG, das das Erlöschen der Rechte des vollstreckenden bzw. beigetretenen Gläubigers zur Folge hat, nicht verlangen.

Zu weiteren Fällen des Zusammentreffens verschiedener Ausgebotsarten → Rn. 154 f., → 162 ff.

7. Ausgebot. a) Geringstes Gebot in der Verwalterversteigerung nach § 172 ZVG. 142
Betreibt der Insolvenzverwalter die Zwangsversteigerung, wird das geringste Gebot so aufgestellt, als betreibe ein persönlicher Gläubiger der **Rangklasse Nr. 5** des § 10 Abs. 1 ZVG das Verfahren;[230] nur im Falle des § 174a ZVG kann der Gläubiger die Zwangsvollstreckung aus der Rangklasse Nr. 1a die Zwangsversteigerung betreiben.

In das geringste Gebot sind einzustellen: 143

- die Kosten des Verfahrens, § 109 ZVG,
- die Ansprüche der Rangklassen 1 bis 3 des § 10 ZVG,
- alle weiteren dinglichen Rechte, da es aufgrund der fehlenden Beschlagnahmewirkung bei der Insolvenzverwalterversteigerung (vgl. § 173 ZVG) keine nicht ins geringste Gebot fallenden dinglichen Rechte gibt; dies bedeutet, dass neben den eingetragenen Rechten nach § 10 Abs. 1 Nr. 4 ZVG auch die Ansprüche aus § 10 Abs. 1 Nr. 7 und 8 ZVG (ältere Rückstände der Rangklassen 3 und 4) in das geringste Gebot aufzunehmen sind.[231]

Das geringste Gebot besteht aus den bestehenbleibenden Rechten (§ 52 ZVG) und dem bar zu zahlenden Teil (§ 49 Abs. 1 ZVG). Bei den bestehenbleibenden Rechten werden vom Vollstreckungsgericht **alle vor dem Versteigerungsvermerk im Grundbuch eingetragenen Rechte** berücksichtigt. Da nur vor Eröffnung des Insolvenzverfahrens entstandene, wirksame Belastungen aufgenommen werden dürfen, muss der Insolvenzverwalter ggf. gegen unwirksame Belastungen selbst vorgehen.[232] 144

b) Das abgeänderte geringste Gebot nach § 174 ZVG. aa) Zweck des § 174 ZVG. Ein Gläubiger, der für seine Forderung gegen den Schuldner ein vom Insolvenzverwalter anerkanntes Recht auf Befriedigung aus dem Grundstück hat, kann in der Verwalterversteigerung verlangen, dass bei der Festsetzung des geringsten Gebotes nur die seinem Anspruch vorgehenden Rechte berücksichtigt werden, § 174 ZVG. Die Norm verfolgt den Zweck zu verhindern, dass die vom Ausfall bedrohten Gläubiger der dinglichen Rechte, wollen sie den **Nachweis ihres Ausfalls** gem. §§ 52, 190 Abs. 1 führen, allein zu diesem Zweck die Vollstreckungsversteigerung betreiben. Sie erhalten die Möglichkeit, das geringste Gebot so festzustellen zu lassen, als seien sie selbst betreibende Gläubiger. Auf diese Weise wird ein niedrigeres geringstes Gebot erzielt, so dass sich die Chance erhöht, dass sich Bietinteressenten finden, während mit einem normalen geringsten Gebot in der Praxis aufgrund der hohen Grundstücksbelastungen sonst kaum ein Versteigerungsergebnis zu erzielen gewesen wäre.[233] 145

Weiterhin bietet die Vorschrift die Möglichkeit zu **verhindern, dass** ein Zuschlag erfolgt, **das eigene Recht bestehen bleibt** und man bei ungewissen Chancen einer Realisierung des Rechts in der Zukunft gar kein Geld vom Insolvenzverwalter erhält.[234] Die Regelung des § 174 ZVG kommt insbesondere denjenigen absonderungsberechtigten Realgläubigern zugute, deren Recht noch nicht selbständig durch eigene Betreibung der Vollstreckung oder Beitritt verfolgbar ist.[235] 146

---

228 *Muth* ZIP 1999, 945, 950.

229 *Muth* ZIP 1999, 945, 952.

230 *Drischler* Rechtspflegerjahrbuch 1967, 275, 281; Böttcher/*Keller*, ZVG, 6. Aufl. 2016, § 174 Rn. 4; Stöber/*Gojowczyk*, ZVG, 22. Aufl. 2019, § 174 Rn. 3; *Steiner/Eickmann*, ZVG, 9. Aufl. 1986, § 174 Rn. 3.

231 *Muth* ZIP 1999, 945, 948; Böttcher/*Keller*, ZVG, 6. Aufl. 2016, § 174 Rn. 4; Stöber/*Gojowczyk*, ZVG, 22. Aufl. 2019, § 174 Rn. 3.

232 Böttcher/*Keller*, ZVG, 6. Aufl. 2016, § 174 Rn. 3; Stöber/*Gojowczyk*, ZVG, 22. Aufl. 2019, § 174 Rn. 4.

233 Stöber/*Gojowczyk*, ZVG, 22. Aufl. 2019, § 174 Rn. 5; *Steiner/Eickmann*, ZVG, 9. Aufl 1986, § 174 Rn. 1 f.

234 *Steiner/Eickmann*, ZVG, 9. Aufl 1986, § 174 Rn. 23.

235 *Eckardt*, Grundpfandrechte im Insolvenzverfahren, 14. Aufl. 2014, Rn. 235.

147 **bb) Antragsberechtigung.** Antragsberechtigt sind nur Gläubiger, die für ihre – persönliche – **Forderung gegen den Schuldner** ein vom Insolvenzverwalter anerkanntes dingliches Recht auf Befriedigung aus dem Grundstück haben. Haftet der Schuldner dem Gläubiger nur dinglich, so ist der Gläubiger nicht antragsberechtigt.[236] Die Anerkennung kann ausdrücklich oder konkludent erfolgt sein.[237]

148 **cc) Wirkungen des Antrags.** Mit dem Antrag nach § 174 ZVG **wird** der Antragsteller **nicht betreibender Gläubiger,** so dass ihm auch nicht dessen Rechte zustehen; er hat bspw. kein Widerspruchsrecht nach § 37 Nr. 4 ZVG, kann nicht Sicherheitsleistung gem. § 67 Abs. 2 ZVG verlangen und nicht die einstweilige Einstellung gem. § 30 bewilligen.[238] Nimmt der Insolvenzverwalter den Versteigerungsantrag wieder zurück, so entfällt das Recht des Gläubigers, der den Antrag nach § 174 ZVG gestellt hat, seinen Ausfall feststellen zu lassen.[239]

149 **dd) Ausbietung.** Als Folge des Antrages nach § 174 ZVG kommt es zu einem **Doppelausgebot,** dh die Immobilie muss einerseits so ausgeboten werden, wie dies in der **Verwaltervollstreckung** üblich ist – es müssen also alle zu berücksichtigenden Rechte bar oder als bestehenbleibend in das geringste Gebot aufgenommen werden –, und andererseits mit der **vom Gläubiger verlangten Abweichung** – es werden also nur die dem Antragsteller vorgehenden Rechte bar oder als bestehenbleibend in das geringste Gebot aufgenommen,[240] das geringste Gebot erfolgt hier also aus dem dinglichen Recht mit der Rangklasse des § 10 Abs. 1 Nr. 4 ZVG.[241]

150 Wurden **mehrere zulässige Anträge** nach § 174 ZVG gestellt, so richtet sich das abgeänderte geringste Gebot nach demjenigen Antragsteller, bei dem das geringste Gebot am niedrigsten ist, dh das abgeänderte geringste Gebot ist auf der Grundlage des bestrangigen Antragstellers zu ermitteln.[242]

151 **ee) Verfahren.** Das Antragsrecht nach § 174 ZVG kann nach dem Wortlaut der Vorschrift bis zum Schluss der Verhandlung über den Zuschlag ausgeübt werden.[243] Für das zusätzliche Ausgebot beginnt dann eine eigene Bietstunde, zugleich ist die Bietstunde für das reguläre Ausgebot entsprechend zu verlängern bzw. – wenn für das reguläre Ausgebot die Versteigerung bereits geschlossen war – das reguläre Ausgebot wieder aufzunehmen.[244]

152 **ff) Entscheidung über den Zuschlag.** Für die **Zuschlagsversagung** gelten auch im Falle des § 174 ZVG die allgemeinen Regeln. Der Zuschlag ist also gem. § 85a Abs. 1 ZVG von Amts wegen zu versagen, wenn das abgegebene Meistgebot einschließlich des Kapitalwerts der bestehenbleibenden Rechte weniger als die Hälfte des Grundstückwerts beträgt; er ist gem. § 74a ZVG auf Antrag eines nicht gedeckten Berechtigten zu versagen, wenn das Meistgebot weniger als 7/10 des Grundstückswerts beträgt. Den Antrag auf Zuschlagsversagung nach § 74a ZVG kann auch derjenige stellen, der das abgeänderte Ausgebot nach § 174 ZVG beantragt hat.[245] Im Übrigen gelten für den Zuschlag die folgenden Regeln:

153 (1) Ist **auf keines der Ausgebote ein Gebot abgegeben** worden, so ist nach § 77 ZVG zu verfahren, das Verfahren wird also zunächst einstweilen eingestellt und nach einem ebenfalls ergebnislosen zweiten Termin aufgehoben oder als Zwangsverwaltung fortgesetzt. Ein Ausfall des absonderungsberechtigten Gläubigers kann nicht festgestellt werden.[246]

154 (2) Wird **auf beide Ausgebote** ein zulässiges Gebot abgegeben, so kommt es zu einer Abweichung von § 81 ZVG – es ist dem Gebot der Zuschlag zu erteilen, das bei der Ausbietung nach § 174 ZVG abgegeben wurde. Würde nämlich das alle Rechte deckende Gebot den Zuschlag erhalten, so würde das Grundpfandrecht des Gläubigers, der den Antrag nach § 174 ZVG gestellt

---

236 *Muth* ZIP 1999, 945, 947; Böttcher/*Keller*, ZVG, 6. Aufl. 2016, § 174 Rn. 7; *Steiner/Eickmann,* ZVG, 9. Aufl. 1986, § 174 Rn. 5.

237 Böttcher/*Keller*, ZVG, 6. Aufl. 2016, § 174 Rn. 8.

238 Böttcher/*Keller*, ZVG, 6. Aufl. 2016, § 174 Rn. 12; Stöber/*Gojowczyk*, ZVG, 22. Aufl. 2019, § 174 Rn. 12.

239 RGZ 75, 138.

240 Böttcher/*Keller*, ZVG, 6. Aufl. 2016, § 174 Rn. 13; Stöber/*Gojowczyk*, ZVG, 22. Aufl. 2019, § 174 Rn. 13; *Steiner/Eickmann*, ZVG, 9. Aufl. 1986, § 174 Rn. 17 ff.

241 Böttcher/*Keller*, ZVG, 6. Aufl. 2016, § 174 Rn. 13.

242 Böttcher/*Keller*, ZVG, 6. Aufl. 2016, § 174 Rn. 11; *Steiner/Eickmann*, ZVG, 9. Aufl. 1986, § 174 Rn. 16; Stöber/*Gojowczyk*, ZVG, 22. Aufl. 2019, § 174 Rn. 15; aA *Muth* ZIP 1999, 945, 948: für jeden Antragsteller eigenes geringstes Gebot.

243 *Steiner/Eickmann*, ZVG, 9. Aufl. 1986, § 174 Rn. 14; kritisch Böttcher/*Keller*, ZVG, 6. Aufl. 2016, § 174 Rn. 9 mwN.

244 *Steiner/Eickmann*, ZVG, 9. Aufl. 1986, § 174 Rn. 19; Stöber/*Gojowczyk*, ZVG, 22. Aufl. 2019, § 174 Rn. 14.

245 Böttcher/*Keller*, ZVG, 6. Aufl. 2016, § 174 Rn. 16.

246 Stöber/*Gojowczyk*, ZVG, 22. Aufl. 2019, § 174 Rn. 16.

hatte, bestehenbleiben, so dass dieser Gläubiger entgegen dem Zweck der Bestimmung nicht in der Lage wäre, seinen Ausfall nachzuweisen.[247]

(3) Wird **nur auf eines der beiden Ausgebote** geboten, so ist für dieses der Zuschlag zu erteilen. Ist dies – was in der Praxis der Regelfall sein wird – das Ausgebot aufgrund des Antrages nach § 174 ZVG, so steht der Ausfall des absonderungsberechtigten Gläubigers fest.[248] 155

c) Das abgeänderte geringste Gebot nach § 174a ZVG. aa) Zweck des § 174a ZVG. Durch die Einführung der Rangklasse des § 10 Abs. 1 Nr. 1a ZVG für die Erstattung der **Feststellungskosten hinsichtlich des Grundstückszubehörs** wurde ein vorrangiges Recht der Insolvenzmasse auf Befriedigung aus dem Grundstück geschaffen. Ebenso wie nach § 174 ZVG die Gläubiger hinsichtlich ihrer Rechte auf Befriedigung aus dem Grundstück, kann jetzt auch der Insolvenzverwalter hinsichtlich der Erstattungsansprüche aus § 10 Abs. 1 Nr. 1a ZVG verlangen, dass das Grundstück mit der Abweichung ausgeboten wird, dass nur die den Ansprüchen der Rangklasse Nr. 1a vorgehenden Rechte bei der Feststellung des geringsten Gebotes zu berücksichtigen sind. Das Grundstück wird dann in der Weise ausgeboten, dass im geringsten Gebot neben den Kosten des Verfahrens (§ 109 Abs. 1 ZVG) nur die Ansprüche der Rangklasse des § 10 Abs. 1 Nr. 1 ZVG berücksichtigt werden.[249] Das geringste Gebot ist also deutlich niedriger als in der gewöhnlichen Verwalterversteigerung (alle zu berücksichtigenden Rechte) und auch niedriger als im Fall eines Antrags nach § 174 ZVG (alle Rechte, die dem Recht des Gläubigers aus der Rangklasse Nr. 4 vorgehen). 156

Die Regelung soll aufgrund des niedrigeren geringeren Gebots die Chancen für die **erfolgreiche Durchführung** der vom Verwalter betriebenen Versteigerung erhöhen. 157

Damit korrespondierend kann der Insolvenzverwalter mit der Antragstellung nach § 174a ZVG auch das Ziel verfolgen, **höhere Gebote** zu erreichen, da Bieter in diesem Fall nicht die dinglichen Rechte übernehmen müssen und deshalb höhere Gebote abgeben werden – was freilich nur dann rational ist, wenn man die Kosten einer Beseitigung der bestehenbleibenden Rechte oder ein besonderes Interesse an der Freiheit von bestimmten Rechten mit in den Blick nimmt. 158

Weiterhin kann ein vom Insolvenzverwalter gestellter Antrag nach § 174a ZVG von diesem uU auch als **Druckmittel gegenüber den absonderungsberechtigten Gläubigern** benutzt werden, die, um einen Verlust ihrer Rechte an dem Grundstück (§§ 52 Abs. 1, 91 Abs. 1 ZVG) abzuwenden, sich unter bestimmten Umständen bereitfinden werden, die Ansprüche aus § 10 Abs. 1 Nr. 1a ZVG zu berichtigen[250] oder auf bestimmte freihändige Verwertungsformen einzugehen. Der **Umfang des Drohpotentials** des Insolvenzverwalters hängt in entscheidendem Maße von der **Auslegung der Vorschrift des § 174a ZVG** und den daraus zu ziehenden Schlussfolgerungen für das Verhältnis verschiedener Ausgebotsarten zueinander ab.[251] 159

bb) Mithaftender beweglicher Gegenstand als Antragsvoraussetzung. Von den eben beschriebenen Möglichkeiten kann der Insolvenzverwalter **nur** dann Gebrauch machen, **wenn** die **Versteigerung** im konkreten Fall außer dem Grundstück mindestens einen **mithaftenden beweglichen Gegenstand erfasst**[252] und deshalb mehr oder weniger zufällig zu einem Anspruch auf Ersatz der Feststellungskosten führt. Es ist also nicht zulässig, dass der Insolvenzverwalter von vornherein die Versteigerung des Grundstücks mit dem Rang des Rechts aus § 10 Abs. 1 Nr. 1a ZVG betreibt. Daran ist trotz einiger missverständlicher Äußerungen in den Gesetzgebungsmaterialien[253] festzuhalten, weil sonst der Verwalter wie ein bestrangig betreibender Gläubiger in der Vollstreckungsversteigerung die Gläubiger der Rangklasse Nr. 4 dominieren könnte.[254] 160

---

[247] *Muth* ZIP 1999, 945, 951; Böttcher/*Keller*, ZVG, 6. Aufl. 2016, § 174 Rn. 18; Stöber/*Gojowczyk*, ZVG, 22. Aufl. 2019, § 174 Rn. 16; *Steiner/Eickmann*, ZVG, 9. Aufl. 1986, § 174 Rn. 23.

[248] *Steiner/Eickmann*, ZVG, 9. Aufl. 1986, § 174 Rn. 25.

[249] Begr. zu Art. 20 RegE EGInsO, BT-Drs. 12/3803, S. 68 ff., abgedruckt bei *Uhlenbruck*, Das neue Insolvenzrecht, 1994, S. 896 ff. Dies ergibt sich auch aus BGH WM 2012, 1245 = NZI 2012, 575 Rn. 15 f.

[250] *Lwowski/Tetzlaff* WM 1999, 2336, 2342 f.; *B. Schmidt* InVo 1999, 73, 74 f.; kritisch Böttcher/*Keller*, ZVG, 6. Aufl. 2016, § 174a Rn. 13 f.

[251] → Rn. 154 f., 162 ff.

[252] BGH WM 2012, 1245 = NZI 2012, 575 Rn. 17 unter Berufung auf *Marotzke* ZZP 109 (1996), 429, 461; Böttcher/*Keller*, ZVG, 6. Aufl. 2016, § 174a Rn. 2.

[253] In der Begr. zu Art. 20 RegE EGInsO, BT-Drs. 12/3803, S. 68, abgedruckt in *Uhlenbruck*, Das neue Insolvenzrecht, 1994, S. 897, ist davon die Rede, dass der Verwalter aus § 10 Abs. 1 Nr. 1a ZVG die Zwangsversteigerung betreiben kann; die Besonderheit, dass es sich um eine Verwalterversteigerung und nicht um eine normale Vollstreckungsversteigerung handelt [→ Rn. 123 f.], würde damit überhaupt nicht mehr berücksichtigt werden.

[254] *Hintzen* ZInsO 2004, 713, 717; *Stöber* NJW 2000, 3600, 3602; aA *Tetzlaff* ZInsO 2004, 521, 523; vgl. zu den verbleibenden Beschränkungen der dinglichen Gläubiger *B. Schmidt* InVo 1999, 73, 74 f.

161 **cc) Ausbietung.** Der Insolvenzverwalter, der das Versteigerungsverfahren aus der Rangklasse Nr. 5 betrieben hat, hat nach § 174a Hs. 1 ZVG die Möglichkeit, bis zum Schluss der Verhandlung über den Zuschlag einen Antrag auf Berücksichtigung nur der den Ansprüchen aus § 10 Abs. 1 Nr. 1a ZVG vorgehenden Rechte im geringsten Gebot zu stellen. Dieser Antrag hat nach § 174a Hs. 2 ein **Doppelausgebot** zur Folge; das Grundstück ist also sowohl mit einem geringsten Gebot, das wie in jeder Verwaltervollstreckung alle zu berücksichtigenden Recht enthält, als auch einem geringsten Gebot, das nur die Rechte im Rang vor § 10 Abs. 1 Nr. 1a ZVG berücksichtigt, auszubieten.

162 **dd) Entscheidung über den Zuschlag.** In Fällen, in denen es zu Geboten auf beide Ausgebotsarten **(§ 172 ZVG und § 174a ZVG)** gekommen ist, stellt sich dann die Frage, **welchem Gebot der Zuschlag zu erteilen ist.** In der Regel wird überhaupt erst auf das abweichende Ausgebot nach § 174a ZVG geboten bzw. es werden auf das abweichende Ausgebot die höheren Gebote abgegeben, da den Bieter nicht die Last trifft, die dinglichen Rechte zu übernehmen. In der Kommentarliteratur[255] wird darauf verwiesen, dass der § 174a ZVG an die Regelung des § 174 ZVG anknüpft. Legt man diese Ansicht zugrunde, so müsste der Zuschlag regelmäßig auf die Ausgebotsart nach § 174a ZVG erteilt werden,[256] auch wenn bei einer Versteigerung das sich aus Bargebot und bestehenbleibenden Rechten zusammensetzende Meistgebot in der Ausgebotsart des § 172 ZVG höher ist als das Meistgebot nach § 174a ZVG, das nur aus einem Bargebot besteht und naturgemäß höher ausfällt als das Bargebot nach § 172 ZVG. Dieses Ergebnis überrascht, wenn man den **Sinn und Zweck der Vorschrift des § 174a ZVG** betrachtet. Die Norm sollte nur der Absicherung des Ersatzanspruches des Insolvenzverwalters für die Kosten der Feststellung der beweglichen grundstücksverhafteten Gegenstände dienen.[257] Dieser Ersatzanspruch wird aber bereits dadurch gesichert, dass der Anspruch im geringsten Bargebot (auch bei einem Ausgebot nach § 172 ZVG) Berücksichtigung findet, vgl. § 49 Abs. 1 ZVG. Es fehlt am Rechtsschutzinteresse des Verwalters, den Zuschlag auf ein unter Löschung der Grundpfandrechte geringeres Meistgebot nach § 174a ZVG verlangen zu dürfen. Demnach sollte bei Geboten auf beide Ausgebotsarten der Zuschlag auf das **Ausgebot nach § 172 ZVG** erfolgen.[258]

163 Denkbar ist weiterhin die Konstellation, dass es aufgrund eines neben dem Antrag aus **§ 174a ZVG** gestellten Gläubigerantrages nach **§ 174 ZVG** zu einem **Mehrfachausgebot** kommt. Hier wird vertreten, dass der Zuschlag dem Gebot zu erteilen sei, welches auf das abgeänderte Ausgebot nach § 174a ZVG abgegeben wurde.[259] Dem ist nicht zuzustimmen. Maßgeblich ist hier nicht der Antrag des Bestberechtigten (Insolvenzverwalter mit Rangklasse Nr. 1a), sondern der Zuschlag sollte nach den allgemeinen Regeln auf das höhere Gebot erteilt werden.[260] Der Zuschlag auf das Ausgebot nach § 174a ZVG kann nur dann erfolgen, wenn es höher ist als dasjenige nach § 174 ZVG.[261] Dabei gilt es zu beachten, dass das Meistgebot sich aus der Summe des Bargebots und den bestehenbleibenden Rechten zusammensetzt; bei einem Ausgebot nach § 174a ZVG bleiben keine Rechte bestehen.

164 **8. Wertfestsetzung und Zuschlagsversagung.** Auch bei einer Versteigerung nach §§ 172 ff. ZVG ist im Hinblick auf **§ 85a ZVG** rechtzeitig vor dem Versteigerungstermin der Verkehrswert des Grundstücks festzusetzen. Der Insolvenzverwalter ist zum Wert des Grundstücks zu hören und dieser kann auch Rechtsmittel einlegen.[262]

165 Die Bestimmungen zur Wertfestsetzung gewinnen vor allem dann Bedeutung, wenn es zu einer **Zuschlagsversagung nach §§ 74a, b ZVG** kommen kann. Dies ist erst dann der Fall, wenn es zu einer Änderung der Versteigerungsbedingungen durch einen Antrag nach § 174 ZVG gekommen ist, da anderenfalls die eingetragenen Rechte als bestehenbleibend Aufnahme ins geringste Gebot (§ 44 ZVG) finden.[263]

166 Im Gegensatz zu den zur Befriedigung aus dem Grundstück berechtigten Gläubigern kann der **Insolvenzverwalter** bei Nichterreichen des Mindestgebotes **keinen Antrag** auf Zuschlagsversagung stellen, ihm bleibt nur die Möglichkeit einer Antragsrücknahme.[264]

---

255 KPB/*Flöther* § 165 Rn. 16; HKInsO/*Landfermann* § 165 Rn. 16 f.
256 So KPB/*Flöther* § 165 Rn. 20.
257 Vgl. die Ausführung unter → Rn. 11 ff.
258 Ebenso *Muth* ZIP 1999, 945, 951; Stöber/*Gojowczyk*, ZVG, 22. Aufl. 2019, § 174a Rn. 5 aE; aA Böttcher/*Keller*, ZVG, 6. Aufl. 2016, § 174a Rn. 10.
259 Stöber/*Gojowczyk*, ZVG, 22. Aufl. 2019, § 174a Rn. 6; KPB/*Flöther* § 165 Rn. 20.
260 *Muth* ZIP 1999, 945, 951; Böttcher/*Keller*, ZVG, 6. Aufl. 2016, § 174a Rn. 8 ff.
261 Vgl. dazu die Beispielsrechnungen von *Muth* ZIP 1999, 945, 951.
262 Stöber/*Gojowczyk*, ZVG, 22. Aufl. 2019, § 172 Rn. 39.
263 *Mohrbutter/Drischler/Radtke/Tiedemann*, Die Zwangsversteigerungs- und Zwangsverwaltungspraxis, Bd. 1, 7. Aufl. 1986, Muster 24 Anm. 7.
264 → Rn. 41.

9. Verteilungsverfahren. Gegen den **Teilungsplan** kann der Insolvenzverwalter nach § 115 Abs. 1 ZVG **Widerspruch** erheben. Ein Widerspruch kommt dann in Betracht, wenn ein in den Plan aufgenommenes Recht überhaupt nicht begründet wurde und es deshalb zugunsten der Insolvenzmasse wieder aufzugeben ist. Der Insolvenzverwalter kann seinen Widerspruch gegen die Zuteilung auf ein im Teilungsplan aufgenommenes Recht auch darauf stützen, dass dieses aufgrund erfolgreicher Anfechtung zugunsten der Insolvenzmasse zurückzugewähren ist.[265] Die Ausübung des Widerspruchsrechts kommt auch dann in Betracht, wenn das Recht weder dem Anmelder noch der Insolvenzmasse zusteht, aber ein rechtliches Interesse der Insolvenzmasse besteht, dass die Hebung an einen Dritten ausgefolgt wird, der sich sonst an die Insolvenzmasse halten würde.[266] Im Verteilungsverfahren fließen die Beträge, die dem Schuldner und Eigentümer sonst zuzuteilen sein würden, in die Insolvenzmasse.[267] Hinsichtlich der Ansprüche der Rangklasse Nr. 1a des § 10 Abs. 1 ZVG besteht ein Befriedigungsvorrang. Nimmt der Gläubiger den Antrag zurück, so stellt das Gericht keinen Teilungsplan auf. 167

III. Reaktionsmöglichkeiten der dinglich gesicherten Gläubiger

1. Bei Antrag nach § 174 ZVG. Stellt ein Gläubiger den Antrag nach § 174 ZVG, werden sein Recht und die Rechte ihm gleich- oder nachstehender, aber dem vollstreckenden Insolvenzverwalter vorrangiger Gläubiger nicht mehr durch das geringste Gebot gedeckt. Die gleich- oder nachstehenden Gläubiger verlieren also ggf. ersatzlos ihr Recht. Dennoch kann der Gläubiger den Antrag nach § 174 ohne Zustimmung der gleich- und nachstehenden Gläubiger stellen.[268] Damit droht dinglichen Gläubigern, deren Rechte nicht in das geringste Gebot aufgenommen werden, die Gefahr eines Rechtsverlusts, so dass eine Teilnahme am Termin für sämtliche Beteiligten dringend anzuraten ist, um **ggf.** durch **Ablösung des Antragstellers** nach § 174 ZVG reagieren zu können.[269] 168

2. Bei Antrag nach § 174a ZVG. a) Ablösung. Die Gläubiger, denen durch einen Antrag des Insolvenzverwalters nach § 174a ZVG ein Verlust ihrer Rechte an dem Grundstück droht (vgl. §§ 52 Abs. 1, 91 Abs. 1 ZVG), können diesen Verlust dadurch abwenden, dass sie die **Ansprüche aus § 10 Abs. 1 Nr. 1a ZVG berichtigen.**[270] Insoweit soll nach der Gesetzesbegründung[271] § 268 BGB auf die vom Insolvenzverwalter betriebene Zwangsversteigerung, bei der es sich nicht um eine echte Zwangsvollstreckung handelt, entsprechend zur Anwendung kommen. Mit der Befriedigung des Insolvenzverwalters würden dann die Ansprüche der Insolvenzmasse auf Ersatz der Feststellungskosten hinsichtlich des Grundstückszubehörs sowie die Rangposition des Insolvenzverwalters aus § 10 Abs. 1 Nr. 1a ZVG auf den betreffenden Gläubiger übergehen, § 268 Abs. 3 BGB.[272] 169

Der Gläubiger muss allerdings bei seiner Entscheidung, ob er die Ablösung vornehmen will, bedenken, dass, wenn der Insolvenzverwalter das **Grundstück** nunmehr **freihändig veräußert** oder das **Insolvenzverfahren endet,** es zum **Erlöschen** der Ansprüche aus § 10 Abs. 1 Nr. 1a ZVG kommt.[273] Der Gläubiger wird prüfen müssen, ob eine Ablösung unter diesen Bedingungen in seinem Interesse liegt.[274] Der ablösende Gläubiger kann uU auf den abgelösten Kosten sitzen bleiben, denn er wird diesen Betrag in der Zwangsversteigerung nicht als Kosten der dinglichen Rechtsverfolgung und auch nicht als Masseverbindlichkeit gegenüber der Insolvenzmasse geltend 170

---

265 *Jaeger/Weber,* KO, 8. Aufl. 1973, § 126 Anm. 14; vgl. BGH ZIP 2001, 933 = NJW 2001, 2477.

266 *Jaeger/Weber,* KO, 8. Aufl. 1973, § 126 Anm. 14; *Eckardt,* Grundpfandrechte im Insolvenzverfahren, 14. Aufl. 2014, Rn. 254.

267 *Steiner/Eickmann,* ZVG, 9. Aufl. 1986, § 172 Rn. 27.

268 *Eckardt,* Grundpfandrechte im Insolvenzverfahren, 14. Aufl. 2014, Rn. 236; *Storz/Kiderlen,* Praxis des Zwangsversteigerungsverfahrens, 12. Aufl. 2014, S. 279.

269 Stöber/*Gojowczyk,* ZVG, 22. Aufl. 2019, § 174 Rn. 17; *Mohrbutter/Drischler/Radtke/Tiedemann,* Die Zwangsversteigerungs- und Zwangsverwaltungspraxis, Bd. 1,7. Aufl. 1986, Muster 24 Anm. 5/S. 132.

270 *Lwowski/Tetzlaff* WM 1999, 2336, 2343; *Muth* ZIP 1999, 945, 952; *Hintzen* ZInsO 2004, 713, 716; *Hintzen* FS Kirchhof, S. 209; *Jungmann,* Grundpfandgläubiger und Unternehmensinsolvenz, 2004, Rn. 251 ff.; Stöber/*Gojowczyk,* ZVG, 22. Aufl. 2019, § 174a Rn. 8 f.

271 Begründung zu Art. 20 Nr. 8 RegE EGInsO, BT-Drs. 12/3803, S. 69 f., abgedruckt bei *Uhlenbruck,* Das neue Insolvenzrecht, 1994, S. 898.

272 *Muth* ZIP 1999, 945, 952; *Vallender* Rpfleger 1997, 353, 354; *Lwowski/Tetzlaff* WM 1999, 2336, 2343; kritisch dazu *Hintzen* ZInsO 2004, 713, 716 f.

273 Begr. zu Art. 20 RegE InsO, BT-Drs. 12/3803, S. 68 f., abgedruckt bei *Uhlenbruck,* Das neue Insolvenzrecht, 1994, S. 897.

274 So auch schon Begründung zu Art. 20 Nr. 8 RegE InsO, BT-Drs. 12/3803, S. 70, abgedruckt bei *Uhlenbruck,* Das neue Insolvenzrecht, 1994, S. 898; *Marotzke* ZZP 109 (1996), 429, 461 f.; Böttcher/*Keller,* ZVG, 6. Aufl. 2016, § 174a Rn. 14.

machen können.[275] Eine Erstattung von anderen grundpfandrechtlich gesicherten Gläubigern kann er nicht verlangen.[276]

171 Die **gesetzliche Regelung** ist **ungereimt** und **verfehlt.**[277] Durch die Regelung des § 174a ZVG werden auch diejenigen Gläubiger negativ tangiert, die im Hinblick auf ihnen eingeräumte dingliche Rechte (**Notwegerechte, Nutzungsbeschränkungen** etc.) bereits ihre Gegenleistung erbracht haben und nun uU einen Ablösebetrag an den Insolvenzverwalter zahlen müssen.[278]

172 **b) Andere Reaktionsmöglichkeiten.** Um einem Antrag des Insolvenzverwalters nach § 174a ZVG zuvorzukommen, könnten die absonderungsberechtigten Gläubiger eine abgesonderte Versteigerung oder anderweitige Verwertung der beweglichen Sachen des Haftungsverbandes nach **§ 65 ZVG** beantragen. Die Anordnung des Verfahrens steht im pflichtgemäßen Ermessen des Versteigerungsgerichts.[279]

J. Freihändige Verwertung und andere, gesetzlich nicht geregelte Verwertungsalternativen

I. Allgemeines

173 Für Grundpfandgläubiger und Insolvenzverwalter stellt sich in der Insolvenz des Grundstückseigentümers die Frage nach der bestmöglichen Verwertung. Ein Rückgriff auf die **gesetzlich geregelten Instrumentarien** der Zwangsversteigerung und Zwangsverwaltung ist meist nur die **zweitbeste Lösung.** Da Insolvenzverwalter und Grundpfandgläubiger beide ein Interesse an einer bestmöglichen Verwertung von mit Grundpfandrechten belasteten Immobilien haben, werden in der Praxis häufig Verwertungsvereinbarungen geschlossen, die zB eine freihändige Verwertung des Grundstückes oder eine den Rechtsfolgen der gerichtlichen Zwangsverwaltung nachgebildete sog. „kalte Zwangsverwaltung" vorsehen.[280]

174 Die Insolvenzmasse erhält für ihre Mitwirkung bei der freihändigen Verwertung **Massebeiträge,** dh, selbst wenn die Immobilie wertausschöpfend zugunsten von Grundpfandgläubigern belastet ist, partizipiert die Masse. Ist das Grundstück nicht wertausschöpfend belastet, so erhöhen sich natürlich die Anteile der Masse am Verwertungserlös.

175 Der Insolvenzverwalter hat zu prüfen, ob die Immobilie wirklich wertausschöpfend zugunsten der Grundpfandgläubiger belastet ist. Dazu ist nicht nur die **Höhe der zu sichernden Forderungen** zu prüfen, sondern auch das Bestehen von **Rückgewähransprüchen** des Grundstückseigentümers/ Schuldners. In den Sicherungsverträgen für die Grundschuldbestellung ist regelmäßig ein Rückgewähranspruch des Eigentümers enthalten, wenn die Grundschuld ganz oder teilweise nicht mehr vom Sicherungsnehmer benötigt wird.[281] Häufig haben sich **nachrangige Grundpfandgläubiger** die **Rückgewähransprüche** des Eigentümers gegen den vorrangigen Grundpfandgläubiger **abtreten** lassen. Hier ist die neue Rechtsprechung zur Insolvenzfestigkeit der Abtretung von Rückgewähransprüchen zu beachten. Der **BGH** hat in seiner Entscheidung vom **10.11.2011**[282] festgestellt, dass die Sicherungsabtretung des Anspruchs auf Rückgewähr einer Grundschuld nur dann ein Recht auf abgesonderte Befriedigung im Insolvenzverfahren über das Vermögen des Abtretenden begründen kann, wenn eine Revalutierung der Grundschuld ohne Zustimmung des Abtretungsempfängers nicht oder nicht mehr in Betracht kommt.

II. Freihändige Verwertung

176 Das **Recht zur freihändigen Verwertung** des zur Insolvenzmasse gehörenden Grundstücks steht allein dem **Insolvenzverwalter** bzw. dem eigenverwaltenden Schuldner zu; es stellt eine besonders bedeutsame Rechtshandlung dar, die gem. § 160 Abs. 2 Nr. 1 Var. 4 der Zustimmung

---

275 *Muth* ZIP 1999, 945, 952.

276 BGH ZIP 2005, 1268 = NJW 2005, 2398.

277 *Marotzke* ZZP 109 (1996), 429, 460; *Muth* ZIP 1999, 945, 952; *Hintzen* ZInsO 2004, 713, 717; Böttcher/ *Keller*, ZVG, 6. Aufl. 2016, § 174a Rn. 12.

278 *Beckers* WM 1990, 1177, 1181.

279 *Muth* ZIP 1999, 945, 952.

280 Ausführlich dazu *Tetzlaff* ZfIR 2005, 179; *ders.* ZInsO 2004, 521, 528 f.; *Cranshaw* DZWIR 2017, 101; monographisch *Fleisch*, Die kalte Zwangsverwaltung, 2017; *Körner*, Die kalte Zwangsverwaltung, 2017.

281 *Büchler* ZInsO 2011, 802.

282 BGHZ 191, 277 = WM 2011, 2338 = NJW 2012, 229; *Büchler* ZInsO 2011, 802.

des Gläubigerausschusses, hilfsweise der Gläubigerversammlung, bedarf.[283] Will der Verwalter eine Veräußerung vornehmen (und das Grundstück ist beliehen – was der Regelfall ist), so ist er allerdings auf eine Zusammenarbeit mit den Grundpfandgläubigern, die das Grundstück beliehen haben, angewiesen. Diese müssen Löschungsbewilligungen abgeben, da sich sonst kaum ein Erwerber für das Grundstück finden lassen wird.[284]

Findet eine **lastenfreie Veräußerung** des Grundstückes statt, nachdem die Grundpfandgläubiger Löschungsbewilligungen abgegeben haben, so richtet sich die **Erlösverteilung** zwischen Grundpfandgläubigern und Insolvenzverwalter nach den zwischen ihnen getroffenen Vereinbarungen. Vorbild sind hier die gesetzlichen Regelungen des ZVG zur Verteilung des Erlöses aus einer Zwangsversteigerung. Allerdings bedeutet dies nicht, dass Gläubiger, die sich nicht an der freihändigen Verwertung beteiligt haben, nach Abschluss der Verwertung vom Insolvenzverwalter verlangen können, dass dieser den auf sie entfallenden Erlös auskehrt. Dies betrifft vor allem die öffentliche Hand als Gläubiger von durch eine **öffentliche Grundstückslast** nach **§ 10 Abs. 1 Nr. 3 ZVG** gesicherten Forderungen. Diese Belastungen sind „unsichtbar", dh, sie sind aus dem Grundbuch nicht erkennbar. Eine Mitwirkung der öffentlichen Hand in Form der Löschung ihrer Rechte bei einer freihändigen Verwertung ist deshalb nicht erforderlich. Ist die freihändige Verwertung abgeschlossen und der Erlös verteilt, so hat die öffentliche Hand keine Ansprüche auf abgesonderte Befriedigung gegenüber der Insolvenzmasse.[285] Die öffentliche Hand kann dann aber den Erwerber des Grundstücks wegen der rückständigen Ansprüche, die durch § 10 Abs. 1 Nr. 3 ZVG gesichert sind, in Anspruch nehmen und gegenüber dem Käufer mit der Versteigerung des Grundstücks drohen, und zwar schon vor Beendigung des Insolvenzverfahrens über das Vermögen des Steuerschuldners.[286] Dasselbe gilt für das Absonderungsrecht der **Wohnungseigentümergemeinschaft** aus **§ 10 Abs. 1 Nr. 2 ZVG.**[287] 177

Bei einer Belastung des Grundstückes mit sog. **Schornsteinhypotheken** müssen allerdings häufig abweichende Regelungen akzeptiert werden, obwohl diese nachrangigen Grundpfandgläubiger keinen rechtlich begründeten Anspruch auf irgendwelche Zahlungen haben (ausgenommen Ersatz der tatsächlich entstandenen Aufwendungen für die Abgabe einer Löschungsbewilligung), wenn sie bei einer gerichtlichen Verwertung des Grundstücks ausfallen würden.[288] Im Einzelfall ist zu prüfen, ob die Verweigerung einer Löschungsbewilligung durch einen nachrangigen Grundpfandgläubiger, der die Gewährung von Sondervorteilen an sich fordert, rechtsmissbräuchlich ist und/oder einen Schadensersatzanspruch auslöst.[289] Im Einzelnen sind hier folgende Konstellationen zu unterscheiden:[290] 178

(1) Der Insolvenzverwalter fordert die aus der Insolvenzmasse gezahlte **Lästigkeitsprämie** von dem sich als Akkordstörer betätigenden nachrangigen Grundpfandgläubiger zurück. Der BGH hat Vereinbarungen der Insolvenzmasse mit dem nachrangigen Grundpfandgläubiger wegen Insolvenzzweckwidrigkeit für nichtig erklärt, wenn die Lästigkeitsprämie aus der Masse gezahlt wurde.[291] Üblicherweise ist es aber so, dass die Lästigkeitsprämie den Erlösen der vorrangigen Grundpfandgläubiger entnommen wird; die Insolvenzmasse erhält unabhängig davon eine Kostenbeteiligung. In diesen Fällen scheidet die Anwendung der Rechtsprechung zur Insolvenzzweckwidrigkeit aus.[292] 179

(2) Muss die Verwertung des Grundstücks nicht unter Zeitdruck erfolgen und behindert ein Akkordstörer die freihändige Verwertung, so kann dem Insolvenzverwalter nach einer instanzgerichtlichen Rechtsprechung ein fälliger **Anspruch auf Rückgewähr eines rechtsgeschäftlich bestellten Sicherungsrechts aus § 242 BGB** zustehen, wenn feststeht, dass der Grundschuldgläubiger wegen vorrangiger, wertausschöpfender Belastungen des Grundstücks sein Absonderungsrecht nicht auch nur teilweise wird verwirklichen können.[293] Nach Auffassung dieser 180

---

[283] *Raab* DZWIR 2006, 234, 235.

[284] *Tetzlaff* ZInsO 2004, 521, 529; *Oster/Steinwachs* ZInsO 2011, 1638, 1639; *Wenzel* DZWIR 2015, 395, 396; *Lieder* NZI 2016, 105.

[285] BGH WM 2010, 808 = NZI 2010, 399 mAnm *Tetzlaff* WuB VI. A. § 165 InsO 1.10; BGH ZInsO 2010, 914 = NZI 2010, 482; *Büchler* ZInsO 2011, 718.

[286] OVG Lüneburg ZfIR 2011, 260 mAnm *Wedekind* ZfIR 2011, 261; *Tetzlaff* jurisPR-InsR 1/2011 Anm. 5.

[287] BGH NJW 2011, 3098; LG Heilbronn ZfIR 2013, 111; *Sinz/Hiebert* ZInsO 2012, 205; ausführlich *Cranshaw* ZfIR 2015, 461.

[288] *Lwowski/Tetzlaff* WM 1999, 2336, 2337.

[289] Vgl. OLG Köln ZIP 1995, 1668.

[290] Ausführlich dazu *Tetzlaff* ZInsO 2012, 726; *Lieder* NZI 2016, 105.

[291] BGH WM 2008, 937 = NZI 2008, 365.

[292] BGH NZI 2014, 450 m. zust. Anm. *Lange.*

[293] OLG Köln WM 1995, 1801 = BeckRS 1995, 08461; LG Regensburg WM 2010, 316 = BeckRS 2009, 28252; OLG Schleswig, WM 2011, 1128 = BeckRS 2011, 08326; LG Leipzig, ZInsO 2014, 100, 101 f. = BeckRS 2013, 21453; aA OLG Koblenz ZInsO 2015, 2024; aus der Lit. kritisch *Gladenbeck* ZfIR 2014, 643; *Volmer* WuB I F 3.-2.11; *Frege/Keller* NZI 2009, 11; *Lange* NZI 2014, 161, 162; *Lange* NZI 2014, 451; *Lange* NZI 2015, 551, 552; *Lieder* NZI 2016, 105, 107.

Rechtsprechung kann sich der Akkordstörer nicht damit verteidigen, dass die anderen Beteiligten statt der freihändigen Veräußerung auch den Weg der Zwangsversteigerung hätten gehen können. Allerdings kommt bei der **Zwangssicherungshypothek** eine Pflicht des Nachranggläubigers nach dem BGH nur dann in Betracht, wenn dieser rechtsmissbräuchlich handle; dies soll aber nur bei einer gezielten Schädigung oder der Erlangung ungerechtfertigter Vorteile, nicht aber schon bei einer Verweigerung der Löschung oder dem Verlangen einer Lästigkeitsprämie der Fall sein.[294] Ob dies auch bei rechtsgeschäftlich bestellten Sicherungsrechten gilt, hat der BGH ausdrücklich offengelassen;[295] einiges spricht jedoch dafür, auch hier nur ausnahmsweise einen Anspruch auf Rückgewähr aus § 242 BGB anzunehmen.[296]

181 (3) Schließlich kommt sogar die Geltendmachung von **Schadensersatzansprüchen** gegen den Akkordstörer in Betracht, wenn aufgrund von dessen Verhalten günstigere Verwertungsmöglichkeiten nicht wahrgenommen werden konnten.[297] Auch hier wird man indessen die restriktive Rechtsprechung des BGH zu § 242 BGB[298] zu beachten haben. Danach wird nur in klaren Missbrauchsfällen ein Schadensersatzanspruch gegeben sein; angesichts der stets gegebenen Möglichkeit einer Zwangsversteigerung dürfte ein solcher Missbrauch kaum je vorliegen.[299]

182 Da der Insolvenzverwalter bei einer lastenfreien Veräußerung der Immobilie als Verkäufer auftritt und damit auch etwaige Gewährleistungsverpflichtungen tragen muss, fordert dieser regelmäßig eine **Kostenbeteiligung an den Erlösen** aus der Verwertung des mit Grundpfandrechten belasteten Grundstücks zugunsten der Insolvenzmasse. In der Literatur[300] wird eine Diskussion über die Höhe der Kostenbeiträge, die der Insolvenzverwalter für seine Mitwirkung bei der freihändigen Verwertung des Grundstückes beanspruchen kann, geführt. Eine Kostenbeitragspauschale von 3–5% wird man jedenfalls als üblich und angemessen ansehen können.[301] Ein Bürge, der sich für die grundpfandrechtlich gesicherte Forderung zusätzlich verbürgt hat, haftet nicht für den Massekostenbeitrag.[302]

183 Umstritten ist, ob den Insolvenzverwalter wegen der Aussicht auf eine Kostenbeteiligung die **Pflicht** trifft, **an einer freihändigen Verwertung des Grundbesitzes mitzuwirken** und die Durchführung der freihändigen Verwertung nicht durch eine Forderung nach hohen Kostenbeiträgen zugunsten der Masse zu behindern.[303] Richtigerweise ist eine solche Pflicht des Insolvenzverwalters **abzulehnen,** wenn die Erlöse allein den Grundpfandgläubigern zugutekommen und etwaige Gewährleistungsansprüche und andere Pflichten die Insolvenzmasse treffen.[304] Gleichzeitig trifft bei einer freihändigen Verwertung durch den Insolvenzverwalter zugunsten der Absonderungsberechtigten diese auch keine Pflicht zur Erstattung von Kosten zugunsten der Masse.[305] Ein vom Grundpfandgläubiger trotzdem gezahlter Kostenanteil kann nicht zurückgefordert werden. Die Vereinbarung zwischen Insolvenzverwalter und Grundpfandgläubiger über die Zahlung einer Kostenbeteiligung kann nach der Rechtsprechung nicht nach § 123 BGB angefochten werden.[306]

184 Teilweise wird vorgeschlagen, dass sich Grundpfandgläubiger für den Fall der Insolvenz **unwiderrufliche Verkaufsvollmachten** einräumen lassen, um so selbst das Grundstück ohne Mitwirkung (und Erlösbeteiligung) des Insolvenzverwalters veräußern zu können. Eine derartige Abrede fällt indes unter § 1149 BGB,[307] wonach ein Eigentümer, solange nicht die gesicherte Forderung ihm gegenüber fällig geworden ist, dem Gläubiger nicht das Recht einräumen kann, zum Zwecke der Befriedigung die Übertragung des Eigentums an dem Grundstück zu verlangen oder die Veräußerung des Grundstücks auf andere Weise als im Wege der Zwangsvollstreckung zu bewirken.[308]

185 Will der Grundpfandgläubiger eine freihändige Verwertung der Immobilie nicht an der fehlenden Mitwirkung des Insolvenzverwalters scheitern lassen, so wird er überlegen müssen, ob er die Haftungsrisiken des Verwalters bei einem freihändigen Verkauf dadurch ausräumt, dass er entsprechende **Freihalteerklärungen** gegenüber Insolvenzmasse und Verwalter abgibt. Sind diese Freihalteerklärungen durch eine geeignete Bankgarantie abgesichert, so besteht kein Grund für den Insol-

---

[294] BGH NZI 2015, 550 Rn. 11 f. m. zust. Anm. *Wenzel* DZWIR 2015, 395, 396.
[295] BGH NZI 2015, 550 Rn. 13.
[296] *Eckardt* EWiR 2015, 383; *Wenzel* DZWIR 2015, 395, 399; *Lieder* NZI 2016, 105, 107.
[297] OLG Schleswig BB 2011, 706; *Fischer* ZInsO 2014, 2125, 2149.
[298] BGH NZI 2015, 550; dazu soeben → Rn. 180.
[299] *Lieder* NZI 2016, 105, 108 f.
[300] *Weis/Ristelhuber* ZInsO 2002, 859, 861; *Förster* ZInsO 2002, 864; *Tetzlaff* ZInsO 2004, 521, 529.
[301] Braun/*Dithmar/Schneider* § 165 Rn. 39.
[302] OLG Schleswig BeckRS 2013, 677 mAnm *Wessel* DZWIR 2013, 6, 7.
[303] So *Knees* ZIP 2001, 1568, 1570; *Weis/Ristelhuber* ZInsO 2002, 859, 861.
[304] *Tetzlaff* ZInsO 2004, 521, 529; *Ganter*, FS Wellensiek, 2011, S. 399, 411 f.; *Mitlehner* ZIP 2012, 649, 651.
[305] OLG Köln ZIP 1987, 563; dazu *Lwowski/Tetzlaff* WM 1999, 2336, 2337 und 2344 ff.
[306] OLG Köln ZIP 1987, 653; LG Köln ZIP 1988, 1275.
[307] BeckOGK BGB/*Volmer* § 1149 Rn. 10 mwN.
[308] Vgl. dazu BGH ZIP 1995, 1322.

venzverwalter, die Mitwirkung bei einer freihändigen Veräußerung zu verweigern. Teilweise werden von Insolvenzverwaltern aber auch Forderungen nach betragsmäßig unbegrenzten Freistellungserklärungen der Grundpfandgläubiger aufgestellt. Derartige Erklärungen sind für Grundpfandgläubiger nicht akzeptabel, da sie damit Haftungsrisiken akzeptieren, die uU höher liegen als der auf sie entfallende Anteil am Versteigerungserlös.

Scheitert eine Einigung zwischen Grundpfandgläubiger und Insolvenzverwalter über eine freihändige Verwertung des Grundstücks und steht bereits ein Interessent für die Immobilie zur Verfügung, so kann über die Einleitung eines gerichtlichen Zwangsverwaltungsverfahrens versucht werden, den vom Grundpfandgläubiger präferierten Investor frühzeitig zu binden. Der Zwangsverwalter kann das Betriebsgrundstück an den Investor verpachten und zwischen Investor und Grundpfandgläubiger kann eine **Ausbietungsgarantie** im Hinblick auf das anstehende Zwangsversteigerungsverfahren abgegeben werden.[309] 186

Einigen sich Grundpfandgläubiger und Insolvenzverwalter darauf, dass der Insolvenzverwalter eine freihändige Veräußerung des Grundstücks vornimmt, so sollten folgende Punkte in einer schriftlich abgeschlossenen **Verwertungsvereinbarung** geregelt werden:[310] 187

- Angabe der Grundpfandrechte des gesicherten Gläubigers sowie der Höhe der gesicherten Forderungen zum Zeitpunkt der Eröffnung des Insolvenzverfahrens,
- Regelungen bezüglich der Ablösung dritter (nachrangiger) Grundpfandgläubiger durch den Insolvenzverwalter (Höhe der „Lästigkeitsprämie“),
- Vereinbarung von Mindesterlösen und ggf. Regelung eines Zustimmungsvorbehalts zugunsten des Grundpfandgläubigers,
- Regelung der Höhe der Verwertungskostenbeiträge zugunsten der Insolvenzmasse,[311]
- Regelung für den Fall einer Rückabwicklung des Kaufvertrages (Herausgabe des Geldes, Wiederbestellung des Grundpfandrechts) und für den Fall der Geltendmachung von Gewährleistungsansprüchen,
- Vereinbarung über die Kostentragung für Unterhaltung der Immobilie (Grundsteuern, Bewachungskosten, für die Beseitigung von Umweltaltlasten entstehende Kosten ua),
- Vereinbarung über die Tragung der bei der Veräußerung anfallenden Kosten (Notar, Makler),
- Regelung für den Fall, dass die Masse mit der Zahlung von Umsatzsteuer belastet wird,[312]
- Abwicklung der Pfandfreigabe und der Verrechnung des Verwertungserlöses.

Bei vermieteten Objekten wird die Verwertungsvereinbarung regelmäßig durch eine Regelung über die Einziehung von Mieten ergänzt (sog. kalte Zwangsverwaltung; dazu sogleich → Rn. 188 ff.).

III. Kalte Zwangsverwaltung

1. Begriff und Hintergrund. Bei der kalten – auch: stillen – Zwangsverwaltung **bewirtschaftet der Insolvenzverwalter,** in Einzelfällen auch der Schuldner oder ein externer Verwalter, für den Grundpfandgläubiger wie ein gerichtlich bestellter Zwangsverwalter die vermietete bzw. verpachtete Immobilie und zieht für diesen die Miet- und Pachtzinsen ein, welche dann eine Sondermasse neben der Insolvenzmasse[313] bilden. Im Gegenzug erhält der Insolvenzverwalter ein Entgelt bzw. wird am Nettoertrag beteiligt. Diese gesetzlich nicht geregelte Form der Verwaltung, die ganz überwiegend für zulässig gehalten wird,[314] hat gegenüber der Zwangsverwaltung nach dem ZVG insbesondere zwei wichtige Vorteile.[315] Zum ersten vermeidet sie die Kosten und Abstimmungsschwierigkeiten einer „doppelten“ Verwaltung von Teilen des Schuldnervermögens. Zum zweiten kann so der Rechtslage in der Zwangsverwaltung nach dem ZVG, die aus Gläubiger- wie Verwaltersicht in verschiedener Hinsicht unbefriedigend ist, entgangen werden. 188

2. Probleme der Zwangsverwaltung nach dem ZVG. In der Vergangenheit sind Entscheidungen des BGH ergangen, welche die (gerichtlich angeordnete) Zwangsverwaltung als Mittel zur Durchsetzung der Rechte von Grundpfandgläubigern entscheidend entwertet haben: So hat der BGH eine Pflicht des Zwangsverwalters zur **Herausgabe einer Mietkaution** an den kündigenden 189

[309] Lwowski/Fischer/Gehrlein/*Mordhorst*, Das Recht der Kreditsicherung, 10. Aufl. 2018, § 5 Rn. 22.

[310] Vgl. *Tetzlaff* ZfIR 2005, 179, 180; *Raab* DZWIR 2006, 234, 235 f.; *Mitlehner* ZIP 2012, 649.

[311] Zur Höhe der Kostenbeiträge und zum Streit um die Pflicht des Verwalters zur Durchführung einer freihändigen Verwertung vgl. → Rn. 182 f.

[312] Vgl. BFHE 211, 551 = NZI 2006, 55; BFHE 235, 22 = DStR 2011, 1853.

[313] *Cranshaw* DZWIR 2017, 102, 103.

[314] Siehe nur BGH NZI 2016, 824 Rn. 34: „wenn sie sich im Vergleich zur förmlichen Zwangsverwaltung nach dem [ZVG] nicht als für die Masse nachteilig erweist“; *Bork* ZIP 2013, 2129, 2132 f.; *Cranshaw* DZWIR 2017, 102, 110; *Körner*, Die kalte Zwangsverwaltung, 2017, S. 55 ff.; weitgehend aA *Welsch* DZWIR 2017, 123 ff.

[315] Näher *Cranshaw* DZWIR 2017, 102, 108 f.

Mieter bejaht, obwohl der Verwalter die Kaution nicht vom Vermieter erhalten hatte.[316] Bei **Betriebskostenabrechnungen** trifft den Zwangsverwalter die Pflicht, die Betriebskostenabrechnung auch für Perioden vor der Zwangsverwaltung durchzuführen und etwaige Guthaben an den Mieter auszuzahlen.[317] Die vorstehend dargestellten Grundsätze sind nicht auf die kalte Zwangsverwaltung übertragbar, sondern es gelten die insolvenzrechtlichen Grundsätze, so dass der Insolvenzverwalter bzw. kalte Zwangsverwalter keine Mietkautionen bzw. Guthaben an Mieter auskehren muss, sofern sie nicht unterscheidbar von der übrigen Masse separiert sind.[318]

190 **3. Ausgestaltung.** Die kalte Zwangsverwaltung ist gesetzlich nicht geregelt. Ihr Inhalt muss daher vertraglich vereinbart werden. Eine solche **Verwertungsvereinbarung** stellt in aller Regel eine besonders bedeutsame Rechtshandlung iSd § 160 dar, sodass die Zustimmung des Gläubigerausschusses bzw. der Gläubigerversammlung erforderlich ist.[319] Inhaltlich sollte sich die Vereinbarung an den Leitbildern des ZVG und der ZwVwV orientieren.[320] Regelungen empfehlen sich ua zu folgenden Punkten:[321]

- Festlegung von Beginn und Dauer der kalten Zwangsverwaltung: Bestimmung eines fiktiven Beschlagnahmezeitpunktes,[322]
- Abtretung der zukünftigen Mieten durch den Insolvenzverwalter an den Grundpfandgläubiger,
- Regelung zu den rückständigen Mieten, Regelung zur Aufteilung derjenigen Mieten, die vor dem Abschluss der Verwertungsvereinbarung bereits bei dem Insolvenzverwalter eingegangen sind,
- Regelung zur Abführung der Umsatzsteuer,[323] ggf. Berücksichtigung ertragsteuerrechtlicher Risiken,[324]
- Regelung der Höhe der Beteiligung der Insolvenzmasse am Nettoertrag sowie Festlegung von Pauschalzahlungen,
- Regelung zur Verrechnung der Mieterlöse mit den Forderungen des Grundpfandgläubigers,
- Festlegungen hinsichtlich der Durchführung von Renovierungen, Werbeaktionen (für Neuvermietung) und Maßnahmen der Objektpflege, -verbesserung und -entwicklung, insbes. Kostentragung für diese Maßnahmen,[325]
- Freistellung der Insolvenzmasse von den Kosten für die Unterhaltung der Immobilie (Grundsteuer, Bewachungskosten ua),[326]
- Regelungen über die Art und Weise der Verwaltung des Grundstücks: (1) Verwaltung durch den Insolvenzverwalter und seine Mitarbeiter, (2) Verwaltung durch die Mitarbeiter des Schuldners, (3) Bestellung eines externen Verwalters (sog. **kalte Institutszwangsverwaltung**).[327]

191 Bei der Abwicklung der kalten Zwangsverwaltung hat der Insolvenzverwalter darauf zu achten, dass es zu **keiner Belastung der Insolvenzmasse** (also der Gläubigergesamtheit) mit den Kosten der im Auftrag eines Gläubigers durchgeführten Zwangsverwaltung kommt.[328] Besonders ist auf die **Transparenz** der Abmachungen mit dem Grundpfandgläubiger zu achten. Erhält die Insolvenzmasse beispielsweise einen Massebeitrag iHv 5.000 € monatlich und lässt der Insolvenzverwalter die kalte Zwangsverwaltung durch Mitarbeiter des schuldnerischen Unternehmens mit anteiligen monatlichen Personal- und Sachkosten iHv 10.000 € vornehmen, so schädigt er uU mit der Vereinbarung der kalten Zwangsverwaltung die Insolvenzmasse.[329]

---

316 BGH NJW 2003, 3342 m. abl. Anm. *Erckens/Tetzlaff* ZfIR 2003, 981; BGH NZM 2006, 71, 72; NJW 2009, 1673 Rn. 8; NZM 2015, 859 Rn. 8.

317 BGH NJW 2003, 2320; 2006, 2626 Rn. 11 f.

318 Ausführlich dazu *Tetzlaff* ZfIR 2005, 179, 181 f.; *Körner*, Die kalte Zwangsverwaltung, 2017, S. 177 ff.; BGH NJW 2008, 1152 = ZIP 2008, 469; MüKoInsO/*Eckert* → 3. Aufl. 2013, § 108 Rn. 109 ff.; aA *Derleder* NZM 2004, 568, 577.

319 *Cranshaw* DZWIR 2017, 102, 119 f.

320 *Cranshaw* DZWIR 2017, 102, 112 ff.

321 Vgl. dazu *Tetzlaff* ZfIR 2005, 179, 181; *Keller* ZfIR 2002, 861, 867; *Knees* ZIP 2001, 1568, 1575; *Janca* InsBüro 2004, 377 ff.; *Depré* ZfIR 2017, 1; *Cranshaw* DZWIR 2017, 102, 121; *Körner*, Die kalte Zwangsverwaltung, 2017, S. 73 ff.

322 *Cranshaw* DZWIR 2017, 102, 112.

323 Zum letztgenannten Punkt *de Weerth* NZI 2007, 329.

324 *Ganter*, FS Wellensiek, 2011, S. 399, 414.

325 Ausführlich dazu *Tetzlaff* ZfIR 2005, 179, 183; *Cranshaw* DZWIR 2017, 102, 114 ff.

326 Zur Notwendigkeit einer Regelung für die Kosten vgl. OLG Köln ZInsO 2016, 108.

327 Zu den verschiedenen Arten *Körner*, Die kalte Zwangsverwaltung, 2017, S. 46 ff. Zur kalten Institutszwangsverwaltung vgl. *Knees* ZIP 2001, 1568, 1575. Äußerst kritisch zur kalten Institutszwangsverwaltung *Keller* NZI 2011, 1.

328 BGH NZI 2016, 824 Rn. 34.

329 Im Ergebnis wohl ebenso *Mitlehner* ZIP 2012, 649, 654.

Sofern Miet- bzw. Pachtforderungen bereits vor Verfahrenseröffnung an einen absonderungsberechtigten Gläubiger abgetreten wurden, stellt sich die Frage nach der Anfechtbarkeit dieser Abtretung. Der BGH hat zwar zunächst eine Anfechtbarkeit verneint.[330] Er hat Mietansprüche aber dann als aufschiebend befristete Forderungen betrachtet; da erst der Mietzeitraum die Mietforderung werthaltig macht, ergibt sich nunmehr doch eine weitgehende Anfechtbarkeit.[331] Die bloße **Abtretung von Mietzinsforderungen als Sicherungsmittel** verliert jedenfalls gem. § 110 InsO spätestens einen Monat nach Eröffnung des Insolvenzverfahrens ihre Wirkung. Gleichwohl hilft sie – in Kombination mit Grundpfandrechten – im Zeitraum vor Verfahrenseröffnung und nach dessen Beendigung,[332] anfechtungsfest die Erträge der finanzierten Immobilie einzuziehen. 192

4. Nachrangige Grundpfandgläubiger. Bei einer zwischen Insolvenzverwalter und (erstrangigem) Grundpfandgläubiger vereinbarten kalten Zwangsverwaltung wird auf ein gerichtliches Zwangsverwaltungsverfahren verzichtet. In diesem Fall könnten nachrangige Grundpfandgläubiger (auch solche mit sog. Schornsteinhypotheken) auf den ersten Blick aus ihren dinglichen Titeln jederzeit eine **Pfändung von Miet- bzw. Pachtzinsen** betreiben. Die erstrangigen Grundpfandgläubiger könnten darauf nur mit der Beantragung eines gerichtlichen Zwangsverwaltungsverfahrens reagieren; rückwirkend könnten sie aber keine Beschlagnahme der mithaftenden Miet-/Pachtzinsen erreichen. Von den Instanzgerichten und der Literatur wurde die Frage, ob es für grundpfandrechtlich gesicherte Gläubiger im eröffneten Insolvenzverfahren noch möglich ist, aus ihren dinglichen Titeln in die Miet- bzw. Pachtzinsansprüche der mit Grundpfandrechten belasteten Immobilien zu vollstrecken, kontrovers diskutiert. Eine Auffassung,[333] die allein vollstreckungsrechtliche Aspekte betrachtet, will auch in der Insolvenz zulassen, dass die nachrangigen Grundpfandgläubiger sich auf diese Weise den erstrangigen Gläubigern vordrängen können. Die erstrangigen Gläubiger könnten schließlich dieses Ergebnis dadurch verhindern, dass sie eine (gerichtliche) Zwangsverwaltung beantragen, anstatt sich auf die gesetzlich nicht geregelte kalte Zwangsverwaltung einzulassen. Die Gegenauffassung[334] stellt insolvenzrechtliche Grundsätze in den Vordergrund und verweist darauf, dass eine von Grundpfandgläubigern vorgenommene Pfändung aus dinglichen Titeln in die Miet-/Pachtzinsen der belasteten Immobilien eine Umgehung der Vorschriften der InsO darstelle. Die Durchsetzung der Rechte von Grundpfandgläubigern im Insolvenzverfahren sei abschließend in § 49 geregelt; dort sei nicht vorgesehen, dass Grundpfandgläubiger außerhalb von Zwangsversteigerung und Zwangsverwaltung ihre Rechte durch Vollstreckung aus ihren dinglichen Titeln geltend machen könnten.[335] Der BGH[336] hat sich mit Recht der letztgenannten Auffassung angeschlossen. Die Pfändung von mithaftenden Miet- oder Pachtzinsen durch Grundpfandgläubiger **verstößt** zwar wohl nicht gegen das Vollstreckungsverbot des § 89 Abs. 1,[337] wohl aber **gegen §§ 49, 110 Abs. 1, 2** und erscheint nicht interessengerecht.[338] Die Zulassung von Pfändungen der Grundpfandgläubiger würde den ungesicherten Insolvenzgläubigern Haftungsmasse entziehen, da die Insolvenzmasse für die Unterhaltung der Immobilie weiter aufkommen müsste, aber auf die Miet- und Pachtzinsen nicht zugreifen könnte. Grundpfandgläubiger werden auf den Weg einer Beantragung der Zwangsverwaltung verwiesen, womit sie allerdings eine kalte Zwangsverwaltung torpedieren können.[339] In diesem Fall bestreitet aber immerhin der Zwangsverwalter aus den Erträgen der Zwangsverwaltung die Unterhaltungskosten für die Immobilie. Die Insolvenzmasse wird nicht belastet. 193

IV. Folgen für die Vergütung des Insolvenzverwalters

Die **Erlöse** aus einer freihändigen Verwertung oder einer kalten Zwangsverwaltung fließen in voller Höhe in die **Berechnungsgrundlage** für die Vergütung des Insolvenzverwalters ein. Die aufgrund einer vertraglichen Vereinbarung mit den Grundpfandgläubigern gezahlte **zusätzliche Vergütung** seitens der Grundpfandgläubiger für eine kalte Zwangsverwaltung oder eine freihändige 194

330 BGH WM 2007, 129 = NJW-RR 2007, 626 m. krit. Anm. *Mitlehner* ZIP 2007, 804.
331 BGHZ 182, 264 = NJW 2010, 444.
332 Zur „Konvaleszenz-Rechtsprechung" des BGH *Cranshaw* DZWIR 2017, 102, 104.
333 AG Rosenheim ZInsO 2000, 291, bestätigt durch LG Traunstein NZI 2000, 438; LG Chemnitz Rpfleger 2004, 234; *Hintzen,* ZInsO 2004, 713, 719 f.; *Eickmann* ZfIR 2006, 273.
334 AG Dresden ZIP 2005, 1801 m. zust. Anm. *Gundlach* EWiR 2006, 209; AG Kaiserlautern NZI 2005, 636; vgl. auch LG Stendal ZIP 2005, 1800; *Tetzlaff* ZfIR 2005, 179, 182; *Tetzlaff* ZInsO 2004, 521, 527; *Cranshaw* DZWIR 2017, 102, 103.
335 AG Dresden ZIP 2005, 1801 m. zust. Anm. *Gundlach* EWiR 2006, 209.
336 BGHZ 168, 339 = NJW 2006, 3356 m. zust. Anm. *Tetzlaff* WuB VI A. § 165 InsO 1.06; *Matern* DZWIR 2006, 519.
337 So AG Hamburg ZInsO 2005, 1058, 1059; ZIP 2005, 1801, 1803.
338 *Körner,* Die kalte Zwangsverwaltung, 2017, S. 31–36.
339 *Cranshaw* DZWIR 2017, 102, 106 f.

Grundstücksverwertung wird auf die Vergütung des Insolvenzverwalters nicht angerechnet.[340] Diese Vergütung ist nämlich an die Insolvenzmasse zu zahlen und nicht etwa an den Insolvenzverwalter persönlich; ein persönliches Honorar kann der Insolvenzverwalter nicht wirksam vereinbaren.[341] Die Zahlungen in die Insolvenzmasse erhöhen aber ebenfalls die Masse und damit die **Berechnungsgrundlage;** sie wirken hierdurch vergütungssteigernd.[342] Die Tätigkeit des Verwalters kann zudem im Rahmen der Vergütungsfestsetzung in Gestalt eines **Zuschlags** berücksichtigt werden. Für die kalte Zwangsverwaltung ist dies im Grundsatz anerkannt, auch wenn ein solcher Zuschlag besonderer Rechtfertigung bedarf.[343] Für die freihändige Verwertung eines mit einem Absonderungsrecht belasteten Grundstücks soll ein Zuschlag nur dann in Betracht kommen, wenn der Verwalter durch die freihändige Verwertung „in einem erheblichen Maße über die üblichen mit der – auch freihändigen – Verwertung eines Grundstücks verbundenen Umstände hinaus belastet worden ist"; für die Berechnung soll der Mehrerlös gegenüber der Zwangsversteigerung maßgeblich sein.[344] Dem ist zuzustimmen, da die Verwertung Regelaufgabe des Verwalters ist[345] und anderenfalls ein Anreiz zur Wahl der freihändigen Verwertung geschaffen würde, der nicht mit den Interessen der Gläubiger parallel liefe.

V. Steuerliche Behandlung der Massebeiträge

195 Zur steuerlichen Behandlung der Massebeiträge[346] bei der freihändigen Verwertung vertritt der BFH[347] die Auffassung, dass **Umsatzsteuer** anfällt. Dasselbe soll auch hinsichtlich der Massebeiträge bei der kalten Zwangsverwaltung gelten.[348] Denn die Massebeiträge werden als Entgelt für eine Geschäftsbesorgung im Auftrag der absonderungsberechtigten Gläubiger angesehen. Die Umsatzsteuer, die sich aus den Geschäftsbesorgungsleistungen ergibt, ist Masseschuld.[349] Da eine **entgeltliche Geschäftsbesorgungsleistung** nur vorliegt, wenn der Insolvenzverwalter vom Verwertungserlös einen Massebeitrag einbehalten darf (oder sonst vergütet wird), fällt keine Umsatzsteuer an, wenn dem Insolvenzverwalter bei einem Erlös, der die besicherte Forderung übersteigt, kein Massebeitrag zusteht.[350]

K. Freigabe durch den Insolvenzverwalter

I. Übersicht

196 Der Insolvenzverwalter kann – auch in der Insolvenz der juristischen Person[351] – massebefangene Vermögensgegenstände freigeben (vgl. § 32 Abs. 3). Für die Verwertung unbeweglicher Gegenstände ist insbesondere die **echte Freigabe** von Interesse.

197 **1. Inhalt und Folgen der echten Freigabe.** Bei der echten Freigabe wird der Gegenstand aus dem Insolvenzbeschlag gelöst und der **Schuldner** erlangt die **freie Verfügungsbefugnis** über ihn zurück.[352] Der Insolvenzvermerk ist im Wege der Grundbuchberichtigung zu löschen.[353]

340 LG Leipzig ZInsO 2007, 148.

341 BGH NZI 2016, 824 Rn. 26; *Cranshaw* DZWIR 2017, 102, 116; *Körner*, Die kalte Zwangsverwaltung, 2017, S. 116–122 mwN; so schon *Becker* ZInsO 2013, 2532, 2536; *Bork* ZIP 2013, 2129, 2135.

342 *Körner*, Die kalte Zwangsverwaltung, 2017, S. 124–131.

343 BGH NZI 2016, 824 Rn. 13 ff., 30 ff.; nachfolgend LG Frankfurt/Oder BeckRS 2017, 116113; *Cranshaw* DZWIR 2017, 102, 116; *Körner*, Die kalte Zwangsverwaltung, 2017, S. 131 ff.; kritisch *Welsch* DZWIR 2017, 123, 131 ff.

344 BGH NZI 2017, 991 Rn. 17 ff.

345 Kritisch, da der Verwalter auch einen Makler einschalten dürfe, *Zimmer* EWiR 2017, 725.

346 Die Lieferung des Grundstücks an den Erwerber im Falle der freihändigen Verwertung ist mangels Option zur Steuerpflicht nach § 9 UStG steuerfrei (§ 4 Nr. 9 lit. a UStG), s. BMF, Schreiben v. 30.4.2014, BStBl I 2014, 816, sub I.

347 BFHE 211, 551 = NZI 2006, 55; BFHE 235, 22 = DStR 2011, 1853.

348 BFHE 235, 22 = DStR 2011, 1853; dazu *Depré/Lambert* ZfIR 2012, 1 ff.; *Grantz* StBW 2014, 571.

349 BMF, Schreiben v. 3.5.2017, BStBl I 2017, 718, Rn. 59.

350 Abschnitt 1.2 Abs. 4 Satz 2 UStAE; BMF, Schreiben v. 30.4.2014, BStBl I 2014, 816, sub I.

351 BVerwG WM 2005, 233, 236; BGHZ 163, 32 ff. = WM 2005, 1084 ff. = NJW 2005, 2015 ff.; *Lwowski/Tetzlaff* WM 1999, 2336, 2345; *Balz*, Kölner Schrift zur InsO, 2. Aufl. 2000, S. 3 ff., Rn. 32; aA K. Schmidt/Uhlenbruck/*K. Schmidt*, Die GmbH in Krise, Sanierung und Insolvenz, 5. Aufl. 2016, Rn. 7.22; *K. Schmidt* NJW 2010, 1489, 1492 f.; vgl. dazu die ausführliche Darstellung in der Kommentierung von § 35.

352 BGH WM 1961, 747; BGHZ 163, 32 = NJW 2005, 2015; *Jungmann*, Grundpfandgläubiger und Unternehmensinsolvenz, 2004, Rn. 157; *Haberzettl* NZI 2017, 474, 475.

353 OLG Dresden ZIP 2011, 1378.

Obwohl in § 35 der Neuerwerb in das Insolvenzverfahren einbezogen wird, fällt der freigegebene Gegenstand nicht sofort wieder in die Insolvenzmasse. Eine andere Interpretation der Regelungen zur Einbeziehung des Neuerwerbs würde die Spielräume des Insolvenzverwalters zu sehr einschränken.[354] Die echte Freigabe ist **abzugrenzen** von der Freigabe von Sicherungsgut an den Absonderungsberechtigten (vgl. § 170 Abs. 2), der Herausgabe von massefremden Gegenständen an den Aussonderungsberechtigten (unechte Freigabe) sowie von der modifizierten Freigabe.[355]

Im Fall der echten Freigabe müssen dann die **Grundpfandgläubiger gegen den Schuldner** 198
persönlich die Zwangsverwertung betreiben.[356] Sind die Grundpfandgläubiger an einer freihändigen Verwertung durch den Insolvenzverwalter interessiert, so wird der Insolvenzverwalter für seine Bemühungen einen Anteil am Erlös für die Masse fordern. Er kann bei den Verhandlungen über die Erlöshöhe die **Drohung mit der Freigabe als Druckmittel** einsetzen.[357]

2. Einzelne Anwendungsbeispiele. Eine Freigabe des Grundstücks kommt dann in Betracht, 199
wenn die **Kosten der Verwaltung und Verwertung** des Grundstücks den voraussichtlichen **Verwertungserlös übersteigen,**[358] etwa weil die Immobilie wirtschaftlich irreparable Defizite aufweist.[359] Weiterhin kann damit das weitere Entstehen von **Steueransprüchen,** welche die Masse belasten, verhindert werden.[360]

Durch die Freigabe eines Grundstücks kann zudem in bestimmten Fällen auf **zivilrechtliche** 200
Ansprüche (zB Ansprüche des Vermieters wegen Verschmutzung des Mietobjekts) Einfluss genommen werden;[361] durch eine Freigabe können Ansprüche des Grundstückseigentümers nach § 82 SachRBerG auf Ersatz seiner Aufwendungen für die Beseitigung der vorhandenen Bausubstanz oder den Erwerb der Fläche, auf der die Bauten errichtet wurden, abgewehrt werden.[362] Strittig ist, inwieweit durch eine Freigabe des umweltbelasteten Grundstücks die **öffentlich-rechtliche und private Umwelthaftung** beeinflusst werden kann, insbesondere ob der Insolvenzverwalter durch eine Freigabe verhindern kann, dass die Kosten einer von der Behörde vorgenommenen Ersatzvornahme zur Beseitigung der Umweltschäden die Insolvenzmasse treffen (dazu sogleich → Rn. 201 ff.).[363]

II. Umwelthaftung und Freigabe

1. Überblick über die Fallkonstellationen. Die Umwelthaftung in der Insolvenz ist in Lite- 201
ratur und Rechtsprechung schon in ihren Grundlagen **höchst umstritten.** Dabei werden unter den Begriffen der Umwelthaftung bzw. der Altlastenhaftung verschiedenste Fragen und Fallkonstellationen diskutiert; man unterscheidet eine zwischen Alt- und Neuschäden differenzierende „massefreundliche"[364] und eine strengere „massefeindliche"[365] Auffassung. Dies alles erschwert auch die Antwort auf die Frage, ob die Freigabe – von deren Wirksamkeit auch bei einem kontaminierten Grundstück heute auszugehen ist[366] – Einfluss auf die Umwelthaftung hat. Es empfiehlt sich daher, die verschiedenen Fallkonstellationen klar voneinander zu unterscheiden. Folgende Differenzierungskriterien könnten eine Rolle spielen:
– die **Natur** der in Rede stehenden Pflicht: öffentlich-rechtlich oder zivilrechtlich;
– der **Inhalt** der Pflicht: Altlastenbeseitigung oder Zahlung;
– der **Anknüpfungspunkt** der in Rede stehenden Pflicht: Zustand oder Verhalten;

---

354 *Benckendorff*, Kölner Schrift zur InsO, 3. Aufl. 2009, Kap. 43 Rn. 8 f.

355 *Smid* DZWIR 2008, 133, 135; *Cranshaw/Welsch* DZWIR 2016, 53, 66. Vgl. dazu ausführlich die Kommentierung von § 35.

356 *Jungmann*, Grundpfandgläubiger und Unternehmensinsolvenz, 2004, Rn. 159.

357 *Lwowski/Tetzlaff* WM 1999, 2336, 2344.

358 *Jaeger/Henckel*, KO, § 6 Rn. 17; *Reul* MittBayNot 2013, 16, 20; *Kreuzer* MittBayNot 2015, 163, 164.

359 *Cranshaw* DZWIR 2017, 102, 105.

360 *Smid* DZWIR 2008, 133, 135; → Rn. 222.

361 BGHZ 148, 252 = NJW 2001, 2966 mAnm *Lwowski/Tetzlaff* ZfIR 2002, 265; ausführlich *Lwowski/Tetzlaff* WM 1998, 1509 ff. mwN.

362 BGHZ 150, 305 = NZI 2002, 425 mAnm *Tetzlaff* EWiR 2002, 573; BGH GE 2008, 865; LG Neubrandenburg, WM 1999, 2234 mAnm *Lwowski/Tetzlaff* WuB VI B. § 6, KO 4.99; *Krause* ZInsO 2000, 22 ff.

363 *Lwowski/Tetzlaff* WM 1999, 2336, 2351 f.

364 *Kilger*, FS Merz, 1992, S. 253, 267 ff.; *Petersen* NJW 1992, 1202; *Pape* KTS 1993, 551; *v. Wilmowsky* ZHR 160 (1996), 593; *ders.* ZIP 1997, 389; *Westpfahl*, Umweltschutz und Insolvenz, 1998, S. 85 ff., 111 ff.; *Tetzlaff* ZIP 2001, 10; *Uhlenbruck* KTS 2004, 275.

365 *K. Schmidt*, GS W. Martens, 1987, S. 699; *K. Schmidt* NJW 1993, 2833; *K. Schmidt* ZIP 2000, 1913; *K. Schmidt* NJW 2010, 1489; *Kohte*, Altlasten in der Insolvenz, 1999, Rn. 390 ff.

366 BVerwGE 122, 75, 81 = NVwZ 2004, 1505, 1506.

– der **Zeitpunkt,** zu dem sich der **Anknüpfungspunkt verwirklicht** hat: vor oder nach Verfahrenseröffnung;
– der **Zeitpunkt** der **Geltendmachung:** vor oder nach Verfahrenseröffnung.

Dabei liegt es nahe, dass die Freigabe eines kontaminierten Grundstücks auf die Haftung nur insoweit unmittelbar von Einfluss sein kann, als sie allein am Zustand des Grundstücks anknüpft, also nicht zugleich ein haftungsbegründendes Verhalten vorliegt, welches die Haftung auch nach einer eventuellen Freigabe fortdauern lässt. Auch spricht einiges dafür, danach zu unterscheiden, wann und durch wen eine geschuldete Gefahrenbeseitigung unterlassen wurde. Eine genaue Begründung ist aber alles andere als trivial.

202 **2. Öffentlich-rechtliche Pflichten. a) Beseitigung.** Ein kontaminiertes Grundstück – sei es, dass sein Erdreich mit Schadstoffen belastet ist, sei es, dass auf ihm gefährliche Materialen wie insbesondere Abfälle lagern – stellt eine Gefahrenquelle dar. Nach allgemeinem Polizei- und Ordnungsrecht bzw. nach den umweltrechtlichen Sondergesetzen, etwa § 4 BBodSchG, müssen diese Gefahren vom Verantwortlichen beseitigt werden. Dabei kann die Beseitigung der Gefahr auch in einer Sanierung bestehen. Die Pflicht zur Beseitigung besteht schon kraft Gesetzes; sie muss nicht durch eine Beseitigungsverfügung konkretisiert werden. Diese Pflicht zur Beseitigung trifft den **Insolvenzverwalter** jedenfalls dann, wenn er **selbst Störer,** also gleichsam „originär" verpflichtet ist. Störer wiederum kann er aufgrund seiner Herrschaft über das Grundstück (vgl. §§ 80 Abs. 1 Var. 1, 148) oder aufgrund seines eigenen Verhaltens sein. In beiden Fällen entsteht die Haftung mit seiner Bestellung. Beruht die Haftung auf seinem eigenen Verhalten, also etwa auf Ereignissen während seiner Fortführung des schuldnerischen Betriebs, kann sich der Insolvenzverwalter durch Freigabe keinesfalls von der Beseitigungspflicht befreien. In diese Richtung geht die Rechtsprechung, die eine Befreiung des Insolvenzverwalters dann verneint, wenn dieser eine Anlage durch „betriebsgestaltendes Handeln" fortgeführt hat;[367] die Anknüpfung an die Betreibereigenschaft ist allerdings verfehlt.[368] Soweit die Störereigenschaft des Insolvenzverwalters hingegen nicht auf seinem eigenen Verhalten beruht, sondern sich nur aus seiner Herrschaft über das Grundstück ableitet, kann sie nach allgemeinen Regeln durch Beseitigung dieser Herrschaft beendet werden. Hierfür ist die Freigabe notwendige Voraussetzung; sie muss aber von einer effektiven Aufgabe der tatsächlichen Gewalt begleitet werden.[369]

203 Damit ist indes noch nicht gesagt, ob den Insolvenzverwalter nicht neben dieser ihn unmittelbar treffenden, „originären" Beseitigungspflicht auch deshalb eine Beseitigungspflicht trifft, weil der **Schuldner** zur Beseitigung verpflichtet war oder – als Eigentümer – noch ist, mit anderen Worten, ob er aufgrund seiner Stellung als Insolvenzverwalter „derivativ" verpflichtet ist. Da der Insolvenzverwalter nach deutscher Dogmatik niemals Rechtsnachfolger des Schuldners ist – ganz gleich, ob man der herrschenden Amts-, der Organ- oder gar der Vertretertheorie folgt –, lässt sich diese Frage nicht unmittelbar mithilfe der Dogmatik zur Rechtsnachfolge in öffentlich-rechtliche Pflichten beantworten. Die Rechtsprechung geht aber offenbar von einer „derivativen" Beseitigungspflicht aus. Denn nur so erklärt sich die Aussage, die Beseitigungspflicht sei „keine [Insolvenz- bzw.] Gesamtvollstreckungsforderung, sondern wie eine Masseverbindlichkeit zu behandeln".[370] Die Einordnung der öffentlich-rechtlichen Beseitigungspflicht als Forderung wird zu Recht kritisiert.[371] Hieraus allein ergibt sich allerdings noch nichts für die Haftung des Insolvenzverwalters. Nimmt man den Ansatz einer „derivativen" Beseitigungspflicht ernst, kann sich der Insolvenzverwalter jedenfalls dann nicht durch Freigabe von dieser Pflicht befreien, wenn der Schuldner aufgrund seines vorinsolvenzlichen Verhaltens haftet.[372] Anders ist es hingegen im Fall einer allein an die Herrschaft über das Grundstück anknüpfenden Pflicht: Geht man davon aus, dass diese den Schuldner wegen seiner völlig herrschaftslosen Eigentümerstellung solange nicht trifft, wie das Grundstück tatsächlich in der alleinigen Gewalt und rechtlich in der alleinigen Verwaltungsbefugnis des Insolvenzverwalters stand, so wird mit Übergabe der Sachherrschaft und Freigabe an den Schuldner dessen Verpflichtung neu begründet; er tritt damit an die Stelle des Insolvenzverwalters.[373] Es erscheint daher richtig, in dieser Konstellation – ausschließliche Zustandsverantwortlichkeit – eine Befreiung des Insolvenzver-

---

367 BVerwGE 107, 299, 303.

368 So iErg auch K. Schmidt/Uhlenbruck/*K. Schmidt*, Die GmbH in Krise, Sanierung und Insolvenz, Rn. 7.29, 7.34.

369 Insoweit wie hier BVerwG ZInsO 2006, 495, 496.

370 BVerwGE 108, 269.

371 K. Schmidt/Uhlenbruck/*K. Schmidt*, Die GmbH in Krise, Sanierung und Insolvenz, Rn. 7.29.

372 AA („Insolvenzforderung, … auf die eine Beseitigungsanordnung … nicht gestützt werden kann") BVerwG NZI 2005, 55, 56.

373 → 3. Aufl. 2013 § 165 Rn. 211.

walters durch Freigabe und effektive Übertragung der Gewalt an den Schuldner zu bejahen.[374] Die Rechtsprechung scheint diese Differenzierung indes nicht vorzunehmen. Der Hessische VGH hat eine Befreiung des Insolvenzverwalters durch Freigabe und Übergabe der Schlüssel an den Gemeinschuldner angenommen, obwohl dieser als früherer Betreiber eines Tanklagers nicht nur Zustands-, sondern auch Verhaltensstörer gewesen sein dürfte.[375]

Entsteht die **Beseitigungspflicht** während des Insolvenzverfahrens, aber erst **nach Freigabe** 204
samt Übertragung der tatsächlichen Gewalt an den Schuldner, ist allein der Schuldner zur Beseitigung verpflichtet; das Insolvenzverfahren wird hiervon in keiner Weise berührt.

b) Zahlung. Eine öffentlich-rechtliche Zahlungspflicht kann den Insolvenzverwalter dergestalt 205
treffen, dass die Behörde nach einer **Ersatzvornahme** vom Schuldner oder dem Insolvenzverwalter die Kosten ersetzt verlangt. Diese Kostenforderung ist eine herkömmliche Zahlungsforderung, die sich als Insolvenz- oder Masseforderung erfassen lässt. Welche Art von Forderung vorliegt, hängt vom relevanten Zeitpunkt ab. Die Rechtsprechung geht im Grundsatz davon aus, dass die Ersatzvornahmekosten bloße Insolvenzforderung sind. Dies kann aber nicht uneingeschränkt gelten.

Unproblematisch ist zunächst der Fall, dass die Ersatzvornahme bereits vor Verfahrenseröffnung 206
stattgefunden hat und die Behörde dem Schuldner noch vor Verfahrenseröffnung einen entsprechenden Zahlungsbescheid hat zukommen lassen: Die Kostenforderung ist in diesem Fall eine **Insolvenzforderung.** Dasselbe muss dann gelten, wenn die Ersatzvornahme vor Verfahrenseröffnung stattfand oder jedenfalls begonnen wurde, der Kostenbescheid aber erst nach Verfahrenseröffnung dem Insolvenzverwalter zugeht. Denn die Kostenforderung folgt aus der Ersatzvornahme, die ihrerseits wiederum auf der **Nichterfüllung der Beseitigungspflicht durch den Schuldner** – und nur diesen – beruht. Eine spätere **Freigabe** des Grundstücks durch den Insolvenzverwalter lässt die Insolvenzforderung **unberührt.**

Anders ist dies richtigerweise aber dann zu sehen, wenn die Ersatzvornahme ihren Grund in 207
einer **Nichterfüllung der Beseitigungspflicht durch den Insolvenzverwalter** hat. Dies ist immer dann der Fall, wenn zu einem Zeitpunkt, zu dem den Insolvenzverwalter eine Beseitigungspflicht trifft, die Grundverfügung bereits erlassen und die Ersatzvornahme, soweit erforderlich, ordnungsgemäß angedroht war, sodass die Behörde jederzeit mit der Ersatzvornahme beginnen konnte; ob Grundverfügung und Androhung vor Verfahrenseröffnung gegenüber dem Schuldner oder nach Verfahrenseröffnung gegenüber dem Insolvenzverwalter erfolgten, muss unerheblich sein. In diesem Fall ist die Kostenforderung eine **Masseforderung.** Eine **Freigabe** mit Aufgabe der tatsächlichen Gewalt spielt daher nur dann eine Rolle, wenn sie erfolgt, bevor die Beseitigungsverfügung oder jedenfalls die Androhung ergangen sind. Soweit aber dann die Ersatzvornahme auf einer schon vorinsolvenzlich nichterfüllten Beseitigungspflicht des Schuldners als Verhaltensstörer beruht, sollte die Kostenforderung **Insolvenzforderung** sein.

Gänzlich unberührt bleibt das Insolvenzverfahren von der Kostenforderung dann, wenn auch 208
die **Beseitigungspflicht** erst **nach Freigabe** und Übertragung der tatsächlichen Gewalt auf den Schuldner entsteht.[376] Dieser allein ist dann Schuldner, die öffentliche Hand also mit ihrer Kostenforderung Neugläubiger.

3. Zivilrechtliche Pflichten. a) Beseitigung. Zivilrechtlich fragt sich, ob der Insolvenzver- 209
walter, der eine Sache zurückgeben muss, diese im geschuldeten Zustand zurückzugeben hat, also diesen Zustand notfalls herstellen muss. Geht die Verschlechterung auf ein **Verhalten des Insolvenzverwalters** zurück, ist dies sicher zu bejahen, denn der Insolvenzverwalter schuldet die Herstellung bzw. Beseitigung dann als **Masseverbindlichkeit.**[377] Mit einer **Freigabe** kann sich der Insolvenzverwalter nicht von dieser Verbindlichkeit befreien,[378] da ein Berufen auf die Unmöglichkeit nach Freigabe treuwidrig wäre; die Freigabe ist im Verhältnis zum Gläubiger also **irrelevant.**

Ist die Verschlechterung hingegen **vom Schuldner vor Verfahrenseröffnung** herbeigeführt 210
worden, begründet dies keine Pflicht des Verwalters, die Verschlechterung vor Rückgabe zu beseitigen.[379] Insbesondere folgt aus der Inbesitznahme einer Sache, die ein fremdes Grundstück stört, durch den Insolvenzverwalter keine Haftung der Masse für die Beseitigungskosten. Vielmehr ist der Anspruch auf Herstellung bzw. Beseitigung **Insolvenzforderung;** er muss also in Geld umgewandelt werden und findet dann nur quotale Befriedigung.[380] Auch hier ist eine **Freigabe** im Verhältnis zum Gläubiger **irrelevant.**[381]

---

374 BVerwGE 122, 75 = NZI 2005, 51; BVerwG NJW 1984, 2427.
375 VGH Kassel NJW 2010, 1545.
376 → 3. Aufl. 2013 § 165 Rn. 208.
377 Vgl. BGHZ 86, 204 = NJW 1983, 1049.
378 Offenlassend BGHZ 150, 305 = NZI 2002, 425, 428.
379 BGHZ 148, 252 = NJW 2001, 2966.
380 BGHZ 150, 305 = NZI 2002, 425, 426; KKInsO/*Hess* § 38 Rn. 73.
381 Vgl. BGHZ 150, 305 = NZI 2002, 425, 428.

211 **Nach einer Freigabe** des Grundstücks, die ihrerseits eine Haftung des Insolvenzverwalters begründen kann,[382] ist wiederum der Grundstückseigentümer zur Herstellung verpflichtet; insoweit ist der Gläubiger Neugläubiger.

212 **b) Zahlung.** Schadensersatzansprüche, die auf das Grundstück schädigende **Handlungen des Insolvenzverwalters** zurückgehen, sind **Masseverbindlichkeiten.** Eine **Freigabe** des Grundstücks ist gänzlich **unerheblich.**

213 Schadensersatzansprüche, die schon **vor Verfahrenseröffnung** bestanden, können nur als **Insolvenzforderung** zur Tabelle angemeldet werden.[383] Auch hier ist eine **Freigabe** wieder **unerheblich.**

214 Wird das Grundstück **nach Freigabe** verschlechtert, haftet der Schuldner nach den zwischen ihm und dem Gläubiger geltenden Regeln. Durch die Freigabe als solche kann sich der Insolvenzverwalter selbst nicht schadensersatzpflichtig gemacht haben. Hatte er allerdings Grund zur Annahme, der Schuldner werde auf dem Grundstück nach Freigabe schädigende Handlungen vornehmen, kann eine Schadensersatzpflicht aus dem Unterlassen einer Weitergabe seiner Informationen an den potentiell Geschädigten oder die zuständige Behörde folgen. In diesem Fall ist der Schadensersatzanspruch Masseverbindlichkeit.

215 **4. Umweltaltlastenproblematik und öffentliche Grundstückslast nach BBodSchG.** In der Insolvenz des Grundstückseigentümers kann die Behörde, auch wenn sie wegen der Insolvenz (bzw. wegen der Freigabe) mit den Beseitigungskosten wegen der Umweltaltlasten ausfällt, nicht den Grundpfandgläubiger als Ordnungspflichtigen in Anspruch nehmen. Eine **ordnungsrechtliche Verantwortlichkeit des Grundpfandgläubigers** für Umweltschäden auf dem von ihm beliehenen Grundstück existiert **nicht.**[384]

216 Im Anwendungsbereich des **BBodSchG** könnte aber eine **Entwertung von Grundpfandrechten** durch die Entstehung einer **öffentlichen Grundstückslast** zur Sicherung des Anspruchs der Behörde auf Erstattung der Ersatzvornahmekosten drohen. Die Regelung ist insbesondere in der Insolvenz des Grundstückseigentümers von praktischer Relevanz.[385] Denn wenn der Grundstückseigentümer die Kosten einer vorgenommenen Bodensanierung nicht (vollständig) tragen kann, so hat er einen Wertausgleich in Höhe der maßnahmenbedingten Wertsteigerung an den öffentlichen Kostenträger zu leisten (§ 25 Abs. 1 BBodSchG). Für die Ermittlung der Höhe des Ausgleichbetrages kommt es auf den Unterschied zwischen der vor und nach Durchführung der Erkundungs- und Sanierungsmaßnahmen ermittelten Verkehrswerte an (§ 25 Abs. 2 BBodSchG). Der **Ausgleichsbetrag** ruht als **öffentliche Last** auf dem Grundstück (§ 25 Abs. 6 BBodSchG). Damit wird die Behörde in die Lage versetzt, eine Zwangsversteigerung des Grundstücks aus der Rangklasse des § 10 Abs. 1 Nr. 3 ZVG zu betreiben; die Grundstückslast geht dabei den Grundpfandrechten vor (vgl. § 10 Abs. 1 Nr. 4 ZVG).[386]

217 Findet eine **Sanierung der Umweltschäden während des Insolvenzverfahrens** statt, so entsteht die Sicherung der Behörde auch im Verfahren. Die Vollstreckungsverbote in den §§ 89, 90, 210 stehen der Entstehung eines Absonderungsrechts der Behörde nicht entgegen: Bei dem gesicherten Anspruch handelt es sich um eine Masseverbindlichkeit und nicht um eine Insolvenzforderung, für die § 89 gilt. Die Entstehung der Sicherung für die Behörde ist im Gesetz festgeschrieben, so dass § 90, der Zwangsvollstreckungsmaßnahmen für die Dauer von sechs Monaten verbieten würde, nicht einschlägig ist; dasselbe gilt im Hinblick auf § 210.[387]

218 Aufgrund der Regelung im BBodSchG und der Verwaltungsrechtsprechung sinkt das Ausfallrisiko der Behörde.[388] § 25 Abs. 6 BBodSchG hat aber lediglich Abschöpfungsfunktion; es soll ein „Wertausgleich" stattfinden. Das heißt, dass die **Grundpfandrechtsgläubiger** durch die Abschöpfung **nicht schlechter gestellt** werden als wenn die Sanierung nicht durchgeführt worden wäre, das Grundstück also noch mit der Altlast belastet und deshalb weniger wert wäre. Die öffentliche Last sichert also nur den Kostenträger dahingehend, dass er die von ihm veranlasste Wertsteigerung zur Deckung seiner Kosten verwenden kann; die Grundpfandrechtsgläubiger erleiden keine Einbuße.[389]

---

382 MüKoInsO/*Schoppmeyer* → § 60 Rn. 17: Ersatzpflicht des Verwalters, wenn durch Freigabe ein Kostenbeitrag nach § 171 InsO der Masse nicht zugutekommt.

383 Vgl. für eine Differenzierung von Schadensersatzforderungen am Beispiel des Vermieters *Lwowski/Tetzlaff*, Umweltrisiken und Altlasten in der Insolvenz, Rn. G 61.

384 *Lwowski/Tetzlaff*, Umweltrisiken und Altlasten in der Insolvenz, Rn. J 80 ff. mwN.

385 *Lwowski/Tetzlaff* WM 2005, 921, 923.

386 *Lwowski/Tetzlaff* WM 2001, 437 ff.

387 *Lwowski/Tetzlaff*, Umweltrisiken und Altlasten in der Insolvenz, Rn. J 135 ff.; ebenso OVG Sachsen-Anhalt WM 2007, 1622.

388 *Lwowski/Tetzlaff* WuB VI B. § 6 KO 2.99.

389 *Lüke*, Kölner Schrift zur InsO, 3. Aufl. 2009, Kap. 22 Rn. 62 ff.

Insolvenzverwalter und Grundpfandgläubiger können aber im Zusammenwirken eine Entwertung der Sicherheiten verhindern und die Sanierungschancen für das insolvente Unternehmen erhöhen, indem sie bei kontaminierten Grundstücken **Teilungen** vornehmen, die einzelnen Grundstücke auf einzelne Grundbuchblätter umschreiben und einzelne Grundstücke freigeben. Auf diese Weise können (saubere) Grundstücksteile (mit werthaltigen Anlagen) „gerettet" werden und die Behörde kann mittels öffentlicher Grundstückslast nur auf einzelne Grundstücke zugreifen.[390] 219

III. Freigabe und Steuern

1. Belastung der Masse mit Umsatzsteuer bei Verwertung. Für die Freigabe von Massegegenständen können auch steuerliche Erwägungen von Bedeutung sein. Kommt es bei einer Verwertung von Grundstücken und vor allem bei einer Verwertung von mithaftenden Gegenständen, insbesondere Grundstückszubehör,[391] zu einer Belastung der Masse mit Umsatzsteuer und müsste der Bruttoerlös an die gesicherten Kreditgeber abgeführt werden, so wird in der Praxis häufig versucht, den Weg einer Freigabe der Sicherheit aus der Masse an den Schuldner zu wählen.[392] Geht man davon aus, dass die **(echte) Freigabe** lediglich ein unternehmensinterner Vorgang ist, da der Schuldner bereits vor der Freigabe Eigentümer der Sache war, dies auch nach der Freigabe ist und die Sache lediglich aus dem Insolvenzbeschlag in das insolvenzfreie Vermögen des Schuldners überführt wird, so liegt **keine Leistung der Insolvenzmasse an den Schuldner** und somit kein steuerbarer Umsatz iSv § 1 Abs. 1 Nr. 1 UStG vor.[393] Nur die an die Freigabe sich anschließende Verwertung durch den Schuldner ist umsatzsteuerrelevant. 220

Durch die Freigabe kann eine **Belastung der Insolvenzmasse mit Umsatzsteuer** als Masseverbindlichkeit aber von vornherein nur dann vermieden werden, wenn es sich um eine echte Freigabe handelt. Hieran fehlt es, wenn der Insolvenzverwalter den Gegenstand an den Schuldner „freigibt" und der Schuldner nach einer Verwertung die Erlöse an die Insolvenzmasse oder den Grundpfandrechtsgläubiger[394] abführt (**modifizierte bzw. modifizierende Freigabe**[395]). Der BFH[396] geht davon aus, die Überlassung an den Schuldner stelle praktisch immer eine modifizierende Freigabe dar. Denn nach seinen Erwägungen ist wohl kein Fall vorstellbar, in welchem man (umsatz-)steuerlich zu einer echten Freigabe kommt.[397] Diese Rechtsprechung ist mit dem insolvenzrechtlichen Institut der Freigabe nur schwer in Einklang zu bringen. Keine Umsatzsteuer schuldet die Insolvenzmasse freilich dann, wenn der unternehmerische Erwerber selbst die Umsatzsteuer unmittelbar zu zahlen hat (vgl. §§ 9 Abs. 1, 13b Abs. 2 Nr. 3, Abs. 5 Satz 2 UStG), was aber nur im Hinblick auf das Grundstück selbst, nicht auf die mithaftenden Mobilien in Betracht kommt.[398] Der Insolvenzverwalter muss also beim gegenwärtigen Stand der Rechtsprechung damit rechnen, dass bei jeder Veräußerung des Grundstücks während des Insolvenzverfahrens Umsatzsteuer zumindest hinsichtlich der mithaftenden Gegenstände, ohne Option aber auch hinsichtlich des Grundstücks selbst, anfällt.[399] 221

2. Grundsteuer. Bedeutung erlangt die Freigabe vor allem auch bei Realsteuern wie der Grundsteuer.[400] Gibt der Insolvenzverwalter ein zur Masse gehöriges Grundstück frei, so bilden gleichwohl die **vor Verfahrenseröffnung** entstandenen Steuerforderungen **Insolvenzforderungen** und die **bis zur Freigabe** entstandenen Steuerforderungen **Masseverbindlichkeiten.** Erst die **nach Freigabe** entstehenden Steuerforderungen treffen allein den **Schuldner** mit seinem **insolvenzfreien Vermögen.**[401] Entscheidend ist damit, wann die Grundsteuer entsteht, insbesondere ob eine zeitanteilige Aufteilung im Jahr der Verfahrenseröffnung und der Freigabe möglich ist.[402] 222

---

390 Vgl. dazu *Lwowski/Tetzlaff* WM 1999, 2336, 2352; *dies.* WM 2001, 437, 439.
391 Vgl. dazu *Lwowski/Tetzlaff* WM 1999, 2336, 2344 f.
392 Vgl. dazu *Weiß* UStR 1994, 349 f.; *Boochs* UVR 1995, 2 ff.
393 Braun/*Dithmar/Schneider* § 165 Rn. 42; KPB/*Lüke* § 80 Rn. 94; BKInsO/*Ellrich* § 35 Rn. 129. Davon geht auch BFH ZIP 1993, 1247 ff. aus, vgl. dazu die Anmerkung von *Braun* EWiR 1993, 795 f.
394 BFH ZIP 2002, 230.
395 BKInsO/*Ellrich* § 35 Rn. 133.
396 BFHE 196, 341 = NZI 2002, 572.
397 *Braun* EWiR 1993, 795 f.; *Onusseit* ZIP 2002, 1344; *Lwowski/Tetzlaff* WuB VI B. KO § 126 1.02.
398 Jaeger/*Eckardt* § 165 Rn. 91.
399 Jaeger/*Eckardt* § 165 Rn. 92.
400 Zur Grundsteuer im Insolvenzverfahren vgl. *Günter/Mayer* Rpfleger 2000, 260.
401 OVG Magdeburg LKV 2010, 40, 41; Andres/Leithaus/*Leithaus* § 165 Rn. 44; *Häsemeyer*, Insolvenzrecht, 4. Aufl. 2007, Rn. 13.19.
402 Für eine Aufteilung im Jahr der Eröffnung *Häsemeyer*, Insolvenzrecht, Rn. 23.53; *Frotscher*, Besteuerung bei Insolvenz, 8. Aufl. 2014, S. 234 f.; aA OVG Berlin-Brandenburg BeckRS 2009, 39865; *Bringewat/Waza/Grawe*, Insolvenzen und Steuern, 6. Aufl. 2004, Rn. 1070; Braun/*Bäuerle* § 55 Rn. 18; Uhlenbruck/*Sinz* § 38 Rn. 33; *Tipke/Kruse*, AO, Stand Oktober 2018, § 251 Rn. 75; für eine Aufteilung im Jahr der Freigabe Andres/Leithaus/*Leithaus* § 165 Rn. 44.

IV. Einzelfragen

223 **1. Rückgängigmachung der Freigabe.** Hat der Insolvenzverwalter das Grundstück aus der Insolvenzmasse freigegeben und stellt sich zu einem späteren Zeitpunkt heraus, dass die Freigabe wirtschaftlich unrichtig war, so stellt sich die Frage nach den Möglichkeiten für eine Rückgängigmachung der Freigabe. **Anfechtungsmöglichkeiten nach §§ 119 ff. BGB** bestehen idR **nicht.** In der Literatur[403] werden verschiedene Möglichkeiten für eine Rückgängigmachung oder eine wirtschaftliche Kompensation der Folgen der Freigabe beschrieben. Letztlich laufen alle Vorschläge darauf hinaus, dass einerseits die Insolvenzmasse von den Haftungsgefahren befreit werden soll, andererseits aber doch vom wirtschaftlichen Wert des freigegebenen Gegenstandes profitieren soll, falls sich später herausstellt, dass der freigegebene Gegenstand doch nicht wirtschaftlich wertlos ist. Ein derartiges Vorgehen stellt regelmäßig eine sog. **modifizierte Freigabe** dar.[404] Eine modifizierte Freigabe hat **keine haftungsentlastende Wirkung,** denn tatsächlich gibt der Insolvenzverwalter nicht die Verwaltungs- und Verfügungsbefugnis über diesen Teil des schuldnerischen Vermögens auf.

224 Wurde ein Grundstück aus der Insolvenzmasse freigegeben, so gibt es für den Insolvenzverwalter und die Gläubiger zunächst kaum Möglichkeiten, auf diesen Gegenstand wieder zuzugreifen. Grundsätzlich gilt auch, dass **kein neues Insolvenzverfahren** eingeleitet werden kann, solange das Verfahren, in dem die Freigabe des Grundstücks durchgeführt wurde, noch andauert. Die Rechtsprechung lässt hier neuerdings Ausnahmen von diesem Grundsatz zu, dh, es kann ein weiteres Insolvenzverfahren über das insolvenzfreie Vermögen eingeleitet werden, allerdings nur im Sonderfall des § 35 Abs. 2 InsO.[405]

225 **2. Rückschlagsperre und freigegebenes Grundstück.** Haben Gläubiger unmittelbar vor Einleitung des Insolvenzverfahrens eine Zwangssicherungshypothek an einem zur späteren Insolvenzmasse gehörenden Grundstück erwirkt, so unterfällt diese Sicherung der Rückschlagsperre des § 88 InsO. Hat der Insolvenzverwalter das betreffende Grundstück aus der Insolvenzmasse freigegeben und verlangt nunmehr der wieder verfügungsberechtigte Schuldner vom Gläubiger unter Berufung auf § 88 InsO die Löschung der Zwangssicherungshypothek, so stellt sich die Frage, ob sich der Schuldner auf die Rückschlagsperre berufen kann.[406] Der BGH hat sich dafür ausgesprochen, dass die innerhalb der Frist des § 88 InsO erlangte Sicherheit **absolut,** dh mit Wirkung gegenüber jedermann, **unwirksam** wird, also nicht nur gegenüber Insolvenzgläubigern und Insolvenzverwalter, sondern auch gegenüber dem Schuldner.[407] Die Zwangshypothek erlischt, sie wandelt sich nicht etwa in eine Eigentümergrundschuld um.[408] Das bedeutet, dass die Eintragung der Zwangshypothek gem. § 894 BGB oder aufgrund Unrichtigkeitsnachweises gem. § 22 GBO beseitigt werden und gem. § 899 BGB ein Widerspruch eingetragen werden kann.[409] Der Gläubiger kann dann nach Freigabe – wie alle anderen Gläubiger auch – versuchen, in das freigegebene Grundstück zu vollstrecken, verliert aber zunächst einmal seine Rangposition. Ist aber bei Freigabe die unwirksame Zwangshypothek als **Buchposition** noch erhalten, entsteht nach dem BGH die Zwangshypothek durch **Konvaleszenz** entsprechend § 185 Abs. 2 Satz 1 Fall 2 BGB neu;[410] § 89 InsO soll dem nicht entgegenstehen.[411] Diese Entscheidung vermag dogmatisch und in der Sache nicht voll zu überzeugen, ist das Stehenbleiben der Buchposition doch eher zufällig.[412]

226 **3. Gerichtliche Zwangsverwertung des freigegebenen Grundstücks.** Steht einem gesicherten Gläubiger eine vollstreckbare Grundschuld zu, so muss er nach Eröffnung des Insolvenzverfahrens den Titel auf den Insolvenzverwalter umschreiben lassen, vgl. dazu Rn. 56. Erklärt der Insolvenzverwalter die Freigabe des Grundstücks aus der Insolvenzmasse, so muss der Gläubiger erneut die **Umschreibung der Vollstreckungsklausel auf den Schuldner** beantragen, bevor er mit der Einleitung von Verwertungsmaßnahmen beginnen kann. Dazu ist die Vorlage des an den

---

403 *Höpfner* ZIP 2000, 1517 ff.

404 Zum Begriff der modifizierten Freigabe etwa *Cranshaw/Welsch* DZWIR 2016, 53, 67; vgl. ausführlich die Kommentierung von § 35.

405 BGH NZI 2011, 633; siehe auch BSGE 123, 230.

406 Vgl. dazu *Gundlach/Frenzel/Schmidt* NZI 2005, 663; *Thietz-Bartram/Spilger* ZInsO 2006, 527; *Alff* ZInsO 2006, 481; *Keller* ZIP 2006, 479; *Keller* ZfIR 2006, 499.

407 BGHZ 166, 74 = NJW 2006, 1286 Rn. 10 ff.

408 BGHZ 166, 74 = NJW 2006, 1286 Rn. 16 ff.

409 BGHZ 166, 74 = NJW 2006, 1286 Rn. 22.

410 BGHZ 166, 74 = NJW 2006, 1286 Rn. 23.

411 BGHZ 166, 74 = NJW 2006, 1286 Rn. 26 ff.

412 Siehe etwa *Demharter* Rpfleger 2006, 256; *Bestelmeyer* Rpfleger 2006, 388; *Keller* ZIP 2006, 479; *Böttcher* NotBZ 2007, 86; *Kohler* ZIP 2015, 1471.

Gläubiger gerichteten Schreibens des Insolvenzverwalters mit der Mitteilung der Freigabe sowie die Vorlage eines beglaubigten Grundbuchauszuges, aus dem sich die Löschung des Insolvenzvermerks ergibt, notwendig.[413]

Ist hingegen nach Eröffnung des Insolvenzverfahrens die **Versteigerung** eines zur Masse gehörenden Grundstücks **bereits angeordnet,** der **Titel** gegen den Insolvenzverwalter **umgeschrieben** und ihm **zugestellt** worden, so bedarf es **keiner erneuten Umschreibung auf den Schuldner** und keiner Zustellung an ihn, wenn der Insolvenzverwalter das Grundstück aus der Masse freigibt.[414] 227

4. Umfang der mit dem Grundstück freigegebenen Ansprüche. Gibt der Insolvenzverwalter ein Grundstück aus der Insolvenzmasse frei, so gibt er damit nicht sämtliche, mit dem Grundstück zusammenhängenden vermögenswerten Rechte in das insolvenzfreie Vermögen des Schuldners ab. Der Inhalt der **Freigabeerklärung** ist **auszulegen,** um die freigegebenen Gegenstände zu ermitteln.[415] So gehört bspw. die Eigenheimzulage weiterhin zur Insolvenzmasse, auch wenn der Insolvenzverwalter das Grundstück mit dem selbstgenutzten Einfamilienhaus vorher an den Schuldner freigegeben hatte.[416] Ebenso ist mit der Freigabe des Grundstücks nicht die Freigabe etwaiger Eigentümergrundpfandrechte oder etwaiger in die Masse gefallener Ansprüche des Schuldners aus einem Sicherungsvertrag verbunden.[417] Hingegen enthält die Freigabe des Grundstücks konkludent auch die Freigabe der Rechte, die die Geltendmachung der Rechte am Grundstück ermöglichen, insbesondere die Freigabe eines mit dem Grundstück verbundenen Freistellungsanspruchs wegen Rechtsstreitigkeiten, die das Grundstück betreffen, gegen den Rechtsschutzversicherer.[418] 228

5. Nachweis der Freigabe gegenüber dem Grundbuchamt. Die Freigabeerklärung, die der Insolvenzverwalter gegenüber dem Schuldner abzugeben hat, bedarf zwar keiner besonderen Form. Im Grundbuchverfahren gilt allerdings § 29 GBO. Für die **Löschung des Insolvenzvermerks** nach Freigabe kommt § 29 GBO zwar regelmäßig nicht zur Anwendung, da diese **zumeist auf Ersuchen** des gem. § 35 Abs. 3 Satz 1 von der Freigabe zu informierenden Insolvenzgerichts erfolgt (§ 32 Abs. 3 Satz 1). Ist nun der Insolvenzvermerk gelöscht und will der Schuldner über das Grundstück verfügen, so fragt sich, ob nach Löschung des Insolvenzvermerks das Grundbuchamt also die beantragte Eintragung vorzunehmen hat[419] oder ob trotz Löschung des Insolvenzvermerks die Freigabe in der Form des § 29 GBO nachzuweisen ist, also sowohl für die Freigabeerklärung als auch der Nachweis ihres Zugangs beim Schuldner der Form des § 29 GBO genügen müssen.[420] Die besseren Gründe sprechen für die erstgenannte Lösung. Denn anderenfalls würde die Löschung des Insolvenzvermerks auf Ersuchen des Insolvenzgerichts entwertet und der Schuldner mit den Schwierigkeiten und Kosten eines förmlichen Nachweises belastet. 229

L. Verwertung mithaftender beweglicher Gegenstände

I. Übersicht

Bei der Verwertung der beweglichen Gegenstände, auf die sich die Versteigerung erstreckt, – Grundstückszubehör, Erzeugnisse und sonstige Bestandteile, §§ 90 Abs. 2, 55 Abs. 1, 20 Abs. 2, 21 ZVG, §§ 1120–1122 BGB – muss zwischen folgenden **Konstellationen** unterschieden werden: 230
- Verwertung zusammen mit dem Grundstück im Wege der Zwangsversteigerung,
- freihändige Verwertung des Zubehörs durch den Insolvenzverwalter,
- freihändige Verwertung des sicherungsübereigneten Zubehörs durch den Insolvenzverwalter.

Für die Verwertung des **sicherungsübereigneten Zubehörs** gelten die unter §§ 166 ff. dargestellten Grundsätze. Wegen der **unterschiedlichen Höhe der Kostenbeiträge**[421] der Sicherungsnehmer bei Zubehör und sicherungsübereigneten Gegenständen stellt sich die Frage, ob es zulässig ist, dass der Insolvenzverwalter durch eine **Freigabe** der sicherungsübereigneten Zubehörstücke im 231

---

[413] Ausführlich dazu *Kesseler* ZInsO 2005, 418; *Becker* ZfIR 2017, 813.
[414] BGH WM 2005, 1324.
[415] Vgl. BGH ZIP 2007, 194; NZI 2017, 608, 609 Rn. 19; AG Düsseldorf NZI 2007, 117; *Cranshaw/Welsch* DZWIR 2016, 53, 67.
[416] FG Brandenburg DStRE 2007, 437.
[417] BGH NZI 2017, 608, 609 Rn. 19.
[418] BGH NZI 2014, 1049 Rn. 9.
[419] So OLG Hamm MittBayNot 2015, 165, 166.
[420] So OLG Potsdam MittBayNot 2013, 76; OLG Naumburg MittBayNot 2015, 162, 163 m. abl. Anm. *Kreuzer.*
[421] → Rn. 238.

Zwangsversteigerungsverfahren **nach § 170 Abs. 2** dem Sicherungsnehmer dadurch eine Verwertung nach den §§ 166 ff. und damit eine **höhere Kostenbelastung aufzwingen** kann.[422]

II. Zwangsversteigerung

232 **1. Ausgangspunkt.** Bei einer Zwangsversteigerung – gleich ob auf Gläubiger- oder Verwalterantrag – werden das vorhandene Zubehör sowie vom Grundstück getrennte Erzeugnisse und sonstige Bestandteile zusammen **mit dem Grundstück veräußert,** vgl. §§ 90, 55, 20 Abs. 2 ZVG, § 1120 BGB.

233 **2. Kostenbeteiligung der Absonderungsberechtigten. a) Normzweck.** Im Falle der Zwangsversteigerung eines Grundstücks werden durch **§ 10 Abs. 1 Nr. 1a ZVG** die Absonderungsberechtigten zur Erstattung der Kosten herangezogen, die durch die **Feststellung** der beschlagnahmten Gegenstände entstehen. Wie auch im Falle der Kostenbeteiligung nach § 170 Abs. 1 Satz 1 wird dadurch vermieden, dass diese Kosten der Insolvenzmasse und damit den ungesicherten Gläubigern zur Last fallen, obwohl sie nur im Interesse der gesicherten Gläubiger aufgewandt wurden.[423]

234 **b) Funktionsweise.** Diese **Kostenbeteiligung** wird aber **nicht anteilmäßig** auf die Grundpfandrechtsgläubiger umgelegt. Vielmehr trifft die Kostenbeteiligungspflicht nur den oder die letzten nicht voll Hebungsberechtigten, also idR die nachrangig gesicherten Grundpfandgläubiger,[424] denn die Kosten werden mit der Rangklasse Nr. 1a, also vor der Rangklasse Nr. 4, befriedigt.

235 **c) Berechnung.** Die Kosten der Feststellung werden pauschal mit 4% des Verkehrswertes der beweglichen Sachen berechnet, vgl. § 10 Abs. 1 Nr. 1a Hs. 2 ZVG. Maßgebend für die Höhe der zu ersetzenden Feststellungskosten ist der **Wert der beweglichen Sachen,** auf die sich die Zwangsversteigerung erstreckt. Dieser Wert wird schon nach geltendem Recht vor der Zwangsversteigerung eines Grundstücks neben dessen Verkehrswert gesondert festgestellt, vgl. § 74a Abs. 5 Satz 2 ZVG. Diese Festsetzung des Zubehörwertes ist zwar nicht gesondert anfechtbar, sie kann jedoch durch **sofortige Beschwerde** gegen die Festsetzung des gesamten Grundstückswertes zur Überprüfung gestellt werden, vgl. § 74a Abs. 5 Satz 3 ZVG.[425] **Nicht** in die Bemessungsgrundlage für den Feststellungskostenbeitrag gehen **Rechte** und **Forderungen** ein, da sie vom Wortlaut des § 10 Abs. 1 Nr. 1a ZVG nicht erfasst werden. Nicht berücksichtigt werden also zB Brennrechte, Milchkontingente sowie mit dem Grundstück verbundene Forderungen, etwa gegen Feuerversicherer gem. § 1127 BGB.

236 **d) Anwendungsbereich.** Die Kosten sind nur dann zu erheben, wenn ein Verwalter eingesetzt ist, also **nicht** in den Fällen der **Eigenverwaltung,** vgl. § 10 Abs. 1 Nr. 1a Hs. 2 ZVG.[426]

237 § 10 Abs. 1 Nr. 1a ZVG gilt seinem Wortlaut nach nur für die Zwangsversteigerung, **nicht** die **Zwangsverwaltung.** § 10 Abs. 1 Nr. 1a ZVG zählt nicht zu den allgemeinen Vorschriften, die sowohl für die Zwangsversteigerung als auch für die Zwangsverwaltung Geltung beanspruchen können. Insbesondere verbietet sich die analoge Anwendung des § 10 Abs. 1 Nr. 1a ZVG bei Zwangsverwaltungsverfahren.[427] Eine planwidrige Regelungslücke ist nicht erkennbar. Die Tätigkeiten des Insolvenzverwalters im Zwangsversteigerungsverfahren hinsichtlich der Feststellung von Zubehör sind nicht mit Zwangsverwaltungsverfahren vergleichbar. Im Gesetzgebungsverfahren war im Rahmen der Beratungen zu § 10 Abs. 1 Nr. 1a ZVG immer nur von der Zwangsversteigerung die Rede.[428] Auch sieht § 74a Abs. 5 Satz 2 ZVG nur vor, dass in der Zwangsversteigerung der Wert des mitbetroffenen beweglichen Gutes zu schätzen sei. Eine Deckung der Feststellungskosten ist auch nicht unter dem Gesichtspunkt der Kosten der Zwangsverwaltung nach § 155 Abs. 1 ZVG möglich.[429]

238 **e) Kostenbeiträge bei gleichzeitiger Sicherungsübereignung.** Lässt sich ein Kreditgeber des späteren Schuldners wegen der Probleme bei der Abgrenzung zwischen Grundstückszubehör bzw. mithaftenden Erzeugnissen und Bestandteilen von selbständigen Sachen diese beweglichen

---

422 → Rn. 238 ff.

423 Begr. zu Art. 20 RegE EGInsO, BT-Drs. 12/3803, S. 68; *Vallender* Rpfleger 1997, 353, 356; Böttcher/*Böttcher*, ZVG, 6. Aufl. 2016, § 10 Rn. 14a.

424 *Eickmann* ZfIR 1999, 81, 85; *Wenzel* BuB 4/2784.

425 Begr. zu Art. 20 RegE EGInsO, BT-Drs. 12/3803, S. 69, abgedruckt bei *Uhlenbruck*, Das neue Insolvenzrecht, 1994, S. 897.

426 *Zimmermann* NZI 1998, 57, 59; *Vallender* Rpfleger 1997, 353, 356.

427 AA Nerlich/Römermann/*Becker* § 165 Rn. 35 f.

428 Dies erkennt auch Nerlich/Römermann/*Becker* § 165 Rn. 34, bejaht aber trotzdem eine Analogie.

429 Nerlich/Römermann/*Becker* § 165 Rn. 34.

Sachen (neben der Bestellung eines Grundpfandrechts) zusätzlich auch noch zur Sicherheit übereignen, so kann dies in der Insolvenz des Grundstückseigentümers wegen der **unterschiedlichen Kostenbeiträge** zu der Frage führen, ob die betroffenen Gegenstände im Wege der Liegenschaftsvollstreckung oder als Sicherungseigentum verwertet werden sollten.[430] Während bei der Verwertung im Wege der Liegenschaftsvollstreckung auf den Gläubiger lediglich Kosten in Höhe von 4% zukommen (§ 10 Abs. 1 Nr. 1a ZVG), beläuft sich bei der Verwertung der sicherungsübereigneten Gegenstände durch den Insolvenzverwalter der Kostenbeitrag der gesicherten Gläubiger auf 9% zuzüglich der Umsatzsteuer von z. Zt. 19% (§§ 170 Abs. 1, 171 Abs. 1, Abs. 2 Satz 1 und Satz 3). Führt der Sicherungsnehmer die Verwertung durch, so reduziert sich der Kostenbeitrag auf 4% zuzüglich der Umsatzsteuer (§ 170 Abs. 2). Die **§§ 170 f.** sind bei der Verwertung von Grundstückszubehör **nicht analog anwendbar,** dh nach diesen Vorschriften kann vom Erlös aus der Verwertung nicht die Umsatzsteuer einbehalten werden.[431]

Eine zusätzliche Sicherungsübereignung der Zubehörstücke kann sich somit dann negativ auswirken, wenn man es für zulässig hält, dass der Insolvenzverwalter Zubehörstücke mit der Begründung an den Gläubiger freigibt, diese seien an ebenjenen Gläubiger zur Sicherheit übereignet, oder wenn er diese wie sicherungsübereignete Gegenstände verwertet und von dem Erlös die in §§ 170 f. bestimmten Kostenbeiträge einbehält. Besonders vor dem Hintergrund der fehlenden gesetzgeberischen Lösung für die Belastung der Insolvenzmasse mit der Umsatzsteuer bei der Verwertung von Zubehör[432] könnten Insolvenzverwalter bei Doppelsicherung diesen Standpunkt einnehmen. Verhindern könnte der Gläubiger die Belastung mit den erhöhten Kostenbeiträgen dann nur, wenn er **„präventiv"** selbst ein **Zwangsversteigerungsverfahren** einleiten würde, weil dann das Zubehör der Beschlagnahme unterläge, sodass eine Verwertung durch den Verwalter außerhalb der Zwangsversteigerung nicht in Frage käme. 239

Angesichts des klar geäußerten Willens des Gesetzgebers, der sich für eine geringere Kostenbelastung des Zubehörs, insbesondere den Untergang der Ersatzansprüche aus § 10 Abs. 1 Nr. 1a ZVG bei freihändiger Veräußerung, ausgesprochen hatte,[433] wird man aber davon auszugehen haben, dass der Insolvenzverwalter das zur Sicherheit übereignete Zubehör **nicht ohne Willen des Sicherungsnehmers** an diesen **freigeben** oder **selbst freihändig verwerten** kann, um dann die Kostenbeiträge für die Verwertung von Sicherungseigentum geltend zu machen.[434] Eine andere Interpretation würde den Sicherungsnehmer in jedem Fall dazu zwingen, die Zwangsversteigerung zu beantragen. Dies kann nicht gewollt sein, da auf diese Weise möglicherweise Chancen für eine günstigere freihändige Verwertung des Grundstücks nicht genutzt werden können.[435] 240

Für die Kreditinstitute empfiehlt es sich, wegen der schwierigen Abgrenzung der mithaftenden Sachen **bei der Praxis der Doppelsicherung zu bleiben,** denn letztlich wird es immer vom Einzelfall abhängen, welche Form der Verwertung den höheren Erlös bringt und wieviel dann unter Berücksichtigung der unterschiedlichen Kostenbeiträge an die gesicherten Gläubiger ausgekehrt wird.[436] 241

f) Kostenbeiträge und Übersicherung. Die Kostenbeiträge schmälern im Verwertungsfalle den Sicherheitenerlös, so dass sich die Frage stellt, in welcher Form die Sicherungsnehmer darauf reagieren können. Der Gesetzgeber geht davon aus, dass die Sicherungsnehmer die Möglichkeit haben, den **Kostenbeitrag durch eine Übersicherung aufzufangen.**[437] Nach der Entscheidung des Großen Senats des BGH zur anfänglichen Übersicherung, in der sich das Gericht generell für eine Berücksichtigung der Kostenbeiträge nach InsO bei der Bemessung des Sicherungsinteresses ausgesprochen hat,[438] ist diese Möglichkeit gegeben. 242

Neben dem Erfordernis, dass die Rechtsprechung bereit sein muss, die Aufnahme des Kostenbeitrages in die Berechnung des Höchstbetrages der Sicherung aufzunehmen, ist hier aber noch darauf hinzuweisen, dass die potentiellen Sicherungsgeber in der Praxis vielfach **Schwierigkeiten** 243

[430] *Lwowski/Tetzlaff* WM 1999, 2336, 2346 f.; *Frings* Sparkasse 1996, 384, 386; *Wenzel* BuB 4/2785.
[431] AA *Onusseit* ZIP 2000, 777, 783 ff.
[432] *Lwowski/Tetzlaff* WM 1999, 2336, 2346.
[433] Begr. zu Art. 20 RegE EGInsO, BT-Drs. 12/3803, S. 69, abgedruckt bei *Uhlenbruck*, Das neue Insolvenzrecht, 1994, S. 897.
[434] *Zimmermann* NZI 1998, 57, 59; *Lwowski/Tetzlaff* WM 1999, 2336, 2346 f.; aA *Marotzke* ZZP 109 (1996), 429, 456; *Häsemeyer*, Insolvenzrecht, Rn. 23.61; *Tetzlaff* ZInsO 2004, 521, 523.
[435] *Lwowski/Tetzlaff* WM 1999, 2336, 2346 f.
[436] Ebenso *Frings* Sparkasse 1996, 384, 386.
[437] So für Mobiliarsicherheiten die Begr. zu § 195 RegE InsO, BT-Drs. 12/2443, S. 181, abgedruckt bei *Uhlenbruck*, Das neue Insolvenzrecht, 1994, S. 538; Allg. Begr. zum RegE InsO, BR-Drs. 1/92, S. 89, abgedruckt bei *Uhlenbruck*, Das neue Insolvenzrecht, 1994, S. 251.
[438] BGHZ 137, 212 = NJW 1998, 671, 675; siehe aber BGH WM 1998, 856 ff. = NJW 1998, 2047.

haben, überhaupt **ausreichende Sicherheiten** beizubringen. Daher ist eine sichernde Überdeckung vielfach nicht zu erlangen.

III. Freihändige Verwertung

244 **1. Ausgangspunkt.** Der Insolvenzverwalter kann im Ausgangspunkt **frei entscheiden,** ob er das Grundstück und die mithaftenden Gegenstände freihändig veräußert oder die Zwangsversteigerung oder Zwangsverwaltung betreibt;[439] im Falle von Gegenständen, die gleichzeitig an den Gläubiger zur Sicherheit übereignet sind, darf er aber richtigerweise eine freihändige Verwertung nur mit Zustimmung der Sicherungseigentümer durchführen.[440] Fragen ergeben sich dann, wenn die freihändige Verwertung mit einer früheren oder späteren Zwangsversteigerung zusammentrifft.

245 **2. Zwangsversteigerung auf Gläubigerantrag. a) Veräußerung vor Beschlagnahme.** Vor der Beschlagnahme kann der Insolvenzverwalter Zubehör innerhalb der Grenzen einer **ordnungsgemäßen Wirtschaft** veräußern; der Veräußerungserlös gebührt der Masse.[441] Eine Veräußerung des Zubehörs im Rahmen einer ordnungsgemäßen Wirtschaft kommt **nur bei einer Fortführung des Betriebes** in Betracht. Die endgültige **Stilllegung** des Unternehmens führt zu einer Aufhebung der Zubehöreigenschaft der Betriebseinrichtungen. Dadurch ist jedoch die **Haftung für Grundpfandrechte nicht beendet.** Eine Enthaftung nach § 1122 Abs. 2 BGB kommt nicht mehr in Betracht, da die Zubehöreigenschaft nicht innerhalb der Grenzen einer ordnungsgemäßen Wirtschaft aufgehoben werden kann.[442] Die Zubehörstücke können aber nach § 1121 Abs. 1 BGB durch Veräußerung und Entfernung vor Beschlagnahme von der Haftung frei werden. Die Erwerber können dann lastenfreies Eigentum erwerben. Wie sich aber aus § 1135 BGB ergibt, ist der Insolvenzverwalter nicht berechtigt, Zubehör außerhalb der Grenzen einer ordnungsgemäßen Wirtschaft vom Grundstück zu entfernen. Es kommt zu einer **Schadensersatzhaftung** der Insolvenzmasse gegenüber dem Grundpfandgläubiger nach § 55 Abs. 1 Nr. 1 iVm § 823 Abs. 1 BGB bzw. § 823 Abs. 2 iVm § 1135 BGB und uU zu einer Haftung des Insolvenzverwalters nach § 60 InsO.[443]

246 **b) Veräußerung nach Beschlagnahme.** Nach der Beschlagnahme kann der Erwerber der Zubehörstücke nur noch in den Grenzen des § 23 Abs. 2 ZVG gutgläubig lastenfreies Eigentum erwerben.[444] Unabhängig von der Frage, ob der Erwerber lastenfreies Eigentum erworben hat und dementsprechend das Absonderungsrecht des Gläubigers vernichtet wurde, steht diesem ein **Ersatzabsonderungsrecht** analog § 48 Satz 1 zu.[445] Während unter Geltung des § 46 KO umstritten war, ob dieser neben der unberechtigten Veräußerung auch deren Wirksamkeit voraussetze,[446] stellt § 48 Satz 1 nunmehr ausdrücklich auf die unberechtigte Veräußerung ab.

247 **3. Verwalterversteigerung.** Soweit es sich nicht um Fremdzubehör (§ 173 Satz 2 iVm § 55 ZVG) handelt, kann der Insolvenzverwalter mangels Beschlagnahmewirkung **auch nach Anordnung der Versteigerung** über die mithaftenden beweglichen Sachen, insbesondere das Zubehör, verfügen. Bewegt er sich dabei nicht in den Grenzen der ordnungsgemäßen Wirtschaft, so können die Absonderungsberechtigten in der oben unter Rn. 245 beschriebenen Art vorgehen.[447]

M. Zwangsverwaltung auf Antrag eines Gläubigers

I. Anordnung und Umfang der Beschlagnahme

248 Die Zwangsverwaltung wird auf Antrag des Gläubigers angeordnet, §§ 146 Abs. 1, 15 ZVG. Auf die Anordnung der Zwangsverwaltung finden die Vorschriften über die Anordnung der Zwangsversteigerung entsprechende Anwendung, soweit sich aus den §§ 147 bis 151 ZVG nicht etwas

---

439 → Rn. 123.

440 → Rn. 240.

441 BGHZ 60, 267 = WM 1973, 554, 556.

442 OLG Dresden ZInsO 2003, 472, 473; *Tetzlaff* ZInsO 2004, 521, 523; *Lwowski/Tetzlaff* WM 1999, 2336, 2347; BeckOGK BGB/*Kern* § 1122 Rn. 6, 15.

443 BGHZ 60, 267 = WM 1973, 554, 556; *Lwowski/Tetzlaff* WM 1999, 2336, 2347; *Eckardt*, Grundpfandrechte im Insolvenzverfahren, 14. Aufl. 2014, Rn. 441 f.

444 BeckOGK BGB/*Kern* § 1121 Rn. 32, 41.

445 Vgl. K. Schmidt/*Sinz* § 165 Rn. 42.

446 *Gerhardt*, Grundpfandrechte im Insolvenzverfahren, 7. Aufl. 1996, Rn. 108 mit Nachweisen zum damaligen Streitstand.

447 *Drischler* Rechtspflegerjahrbuch 1967, 275, 280.

anderes ergibt, § 146 Abs. 1 ZVG. Grundsätzlich ist Voraussetzung für die Anordnung der Zwangsverwaltung, dass der **Schuldner** als **Eigentümer** im Grundbuch eingetragen ist, § 17 Abs. 1 ZVG. Es kommt aber auch dann die Anordnung einer Zwangsverwaltung in Betracht, wenn der Schuldner nicht Eigentümer ist, das Grundstück aber im **Eigenbesitz** hat, § 147 Abs. 1 ZVG, § 872 BGB. Der Anordnungsbeschluss ist dem Insolvenzverwalter zuzustellen, § 22 Abs. 1 Satz 1 ZVG.[448] Das Versteigerungsgericht hat das Grundbuchamt um Eintragung eines Zwangsverwaltungsvermerks zu ersuchen, § 19 ZVG.

Mit der Anordnung der Zwangsverwaltung, die durch die Eintragung des Verwaltungsvermerks **249** im Grundbuch nach außen hin Wirksamkeit entfaltet, werden das **Grundstück** und die **mithaftenden Gegenstände** zugunsten des betreibenden Gläubigers beschlagnahmt. Die Beschlagnahme erfasst hier, anders als bei der Zwangsversteigerung, **auch die Miet- und Pachtzinsforderungen,** §§ 148 Abs. 1 Satz 1, 21 Abs. 2 ZVG. Aus diesem Grund wird bei vermieteten und verpachteten Objekten häufig neben der Zwangsversteigerung zugleich die Zwangsverwaltung angeordnet. Man sichert sich auf diese Weise für die Zeit bis zur Versteigerung den Miet- und Pachtzins.

II. Rechte und Pflichten des Zwangsverwalters

Die Entscheidung, welche Maßnahmen zur optimalen Nutzung des Grundstücks ergriffen **250** werden, trifft ein vom Gericht bestellter, allen Beteiligten verantwortlicher und der Aufsicht des Gerichts unterstehender Zwangsverwalter, §§ 150, 154 ZVG.[449] Gem. § 150 Abs. 2 ZVG muss dem Zwangsverwalter der Besitz am Grundstück und den mitbeschlagnahmten Sachen verschafft werden. Das **Besitzrecht des Zwangsverwalters bricht den Besitz des Insolvenzverwalters.**[450] Auch durch die Eröffnung des Insolvenzverfahrens nach dem Zwangsverwaltungsbeschlag wird das Recht des Zwangsverwalters zum Besitz nicht berührt.[451]

Den Zwangsverwalter trifft die allgemeine **Verkehrssicherungspflicht** bezüglich des Grund- **251** stücks.[452] Nach § 34 Abs. 3 AO hat er die **Steuerpflicht** des **Schuldners** zu erfüllen, soweit seine Verwaltung reicht, also in Bezug auf Steuern, die das beschlagnahmte Vermögen betreffen. Hierzu gehört auch die Kraftfahrzeugsteuer für ein Kfz, das als Zubehör der Zwangsverwaltung unterliegt.[453]

Der Zwangsverwalter ist befugt, einen auf dem beschlagnahmten Grundstück geführten **grund- 252** **stücksbezogenen Gewerbebetrieb** fortzuführen, wenn dies zur ordnungsgemäßen Nutzung des Grundstücks gehört und er dabei nicht in die Rechte des Schuldners an Betriebsmitteln eingreift.[454] Die Vornahme von Umbauten ist allerdings nicht zulässig.[455] Ob diese Grundsätze in der Insolvenz des Schuldners zu modifizieren sind, ist noch nicht endgültig entschieden,[456] die Rechtsprechung hat jedoch bislang gegen eine Fortführung des schuldnerischen Betriebs durch den Zwangsverwalter in der Insolvenz des Schuldners nichts erinnert.[457] Tendenziell wird man davon ausgehen müssen, dass der Zwangsverwalter auch in der Insolvenz den grundstücksbezogenen Gewerbebetrieb des Schuldners fortführen darf, auch dann, wenn es sich um den wesentlichen Vermögenswert des schuldnerischen Vermögens handelt. Der Insolvenzverwalter kann in diesem Fall von den im ZVG vorgesehenen Einstellungsrechten (§ 153b ZVG) Gebrauch machen (dazu sogleich Rn. 257 ff.). In der Praxis wird der Zwangsverwalter bei einer Betriebsfortführung meist auf die Tolerierung durch den Insolvenzverwalter angewiesen sein, da dieser bspw. über wesentliche Unterlagen verfügt und er auch auf die Mitarbeit des Schuldners (Management bzw. Naturperson) im Rahmen der Betriebsfortführung durch den Zwangsverwalter Einfluss nehmen kann. Jedenfalls empfiehlt sich eine einvernehmliche Regelung.[458]

Der Zwangsverwalter ist in allen Angelegenheiten **prozessführungsbefugt,** die seine Rechte **253** und Pflichten betreffen.[459]

---

[448] Zur Notwendigkeit einer Zustellung an den Schuldner vgl. Rn. 131; *Schreiber/Becker*, Handbuch Immobilienrecht, 3. Aufl. 2011, Kap. 16 Rn. 97.

[449] Lwowski/Fischer/Gehrlein/*Mordhorst*, Das Recht der Kreditsicherung, 10. Aufl. 2018, § 5 Rn. 26.

[450] *Eickmann* ZIP 1986, 1517, 1521; Uhlenbruck/*Brinkmann* § 165 Rn. 31.

[451] *Mohrbutter* KTS 1956, 107, 109.

[452] Zur Haftung des Zwangsverwalters ausführlich *Drasdo* NZI 2011, 354; aus der Rechtsprechung RGZ 93, 1, 2 f.; BGHZ 5, 378, 382 = NJW 1952, 1050, 1052; BGH NJW 2017, 2905, 2906 Rn. 10.

[453] BFHE 238, 319 = DStRE 2013, 167.

[454] BGHZ 163, 9 = NJW-RR 2005, 1175 mAnm *Förster* ZInsO 2005, 746; *Drasdo* NJW 2005, 1549; kritisch *Schreiber/Becker*, Handbuch Immobilienrecht, 3. Aufl. 2011, Kap. 16 Rn. 109.

[455] BGHZ 161, 336 = NZM 2005, 156.

[456] Vgl. *Knees* ZIP 2001, 1568, 1575.

[457] Siehe etwa BFHE 238, 319 = DStRE 2013, 167.

[458] So auch Kindl/Meller-Hannich/Wolf/*Sievers*, Zwangsvollstreckung, 3. Aufl. 2015, § 153b ZVG Rn. 4.

[459] *Eickmann* ZIP 1986, 1517, 1522.

III. Kollisionsfälle von Zwangsverwaltung und Insolvenzverwaltung

254 **1. Miet- und Pachtverhältnisse.** Wird aufgrund eines Grundpfandrechts über das Grundstück des Schuldners die Zwangsverwaltung angeordnet, so gebühren die **Miet- und Pachtzinsen** nicht der Insolvenzmasse, sondern dem **Zwangsverwalter.** Dies gilt auch dann, wenn der Mietvertrag erst nach der Eröffnung des Insolvenzverfahrens vom Insolvenzverwalter abgeschlossen wurde.[460] Hat der Zwangsverwalter das Grundstück an einen Dritten verpachtet, so kann der Insolvenzverwalter auch nach einer Einstellung nach § 153b ZVG das Mietverhältnis nicht auflösen. Es gelten die **Kündigungsregeln des BGB.**[461]

255 **2. Gewerbebetrieb. Unter Geltung der KO** war die Frage, ob der Zwangsverwalter berechtigt sei, den Gewerbebetrieb des Schuldners trotz Eröffnung des Insolvenzverfahrens fortzuführen, umstritten. Insbesondere drohte die Gefahr, dass der Grundpfandrechtsgläubiger den Insolvenzverwalter im Wege der Zwangsverwaltung durch Vermietung an einen Dritten zwingt, den Betrieb vorzeitig stillzulegen. Im Gesetz fanden sich keine Regelungen zur Lösung der Kollision der Rechte von Zwangsverwalter und Insolvenzverwalter. Überwiegend wurde ein Vorrang der Rechte des Zwangsverwalters angenommen.[462]

256 Nunmehr wird durch **§ 153b ZVG** ausdrücklich klargestellt, dass die Verwaltungsrechte des Insolvenzverwalters Vorrang vor den Rechten des Zwangsverwalters haben, da nunmehr der Insolvenzverwalter die Möglichkeit hat, das Zwangsverwaltungsverfahren insoweit einstellen zu lassen, als es seine Tätigkeit behindert.[463] In der Praxis hat die Vorschrift allerdings bislang kaum Bedeutung erlangt;[464] sinnvoller als eine Konfrontation ist eine Zusammenarbeit von Insolvenz- und Zwangsverwalter.[465]

IV. Einstweilige Einstellung der Zwangsverwaltung im eröffneten Verfahren

257 **1. Einstellungsvoraussetzungen.** Auf Antrag des Insolvenzverwalters ordnet das Vollstreckungsgericht die vollständige oder teilweise Einstellung der Zwangsverwaltung an, wenn der Insolvenzverwalter glaubhaft macht, dass durch die Fortsetzung der Zwangsverwaltung eine wirtschaftlich sinnvolle Nutzung der Insolvenzmasse wesentlich erschwert würde, § 153b Abs. 1 ZVG. Ob das Zwangsverwaltungsverfahren bei Insolvenzeröffnung bereits anhängig ist oder später auf Antrag eines dinglichen Gläubigers angeordnet wird, ist unerheblich.[466] Die wirtschaftlich sinnvolle Nutzung der Insolvenzmasse wird insbesondere dann durch die Zwangsverwaltung wesentlich erschwert, wenn der Insolvenzverwalter ein Grundstück für eine **Betriebsfortführung** benötigt und der Zwangsverwalter dasselbe Grundstück an einen Dritten vermieten oder verpachten will;[467] in Betracht kommt auch, dass der vom Insolvenzverwalter fortgeführte Betrieb auf Bodenerzeugnisse (zB Kiesvorkommen für ein Betonwerk) oder Gebrauchsmöglichkeiten des Grundstücks angewiesen ist.[468] Die Einstellung darf nur insoweit erfolgen, als eine wesentliche Erschwerung vorliegt; insbesondere kann sie auch nur „teilweise", also beschränkt auf einen realen Grundstücksbruchteil oder einzelne beschlagnahmte Gegenstände,[469] angeordnet werden. Eine Erklärung des betreibenden Gläubigers, bei einer Verwertung mitzuwirken („Mitwirkungserklärung"), ist unerheblich, schließt also die wesentliche Erschwerung nicht aus.[470]

258 **2. Verfahren.** Die beabsichtigte oder eingeleitete Betriebsfortführung und die Notwendigkeit des Grundstücks muss der Insolvenzverwalter glaubhaft machen. Die **Glaubhaftmachung** richtet sich nach § 294 ZPO.[471] Für eine beabsichtige Betriebsfortführung kann etwa ein im Berichtstermin beschlossenes Verwertungskonzept oder ein vorgelegter Insolvenzplan sprechen.[472] Vor der Entschei-

---

[460] OLG Brandenburg ZIP 1999, 1533 f.
[461] Vgl. dazu *Eickmann* ZfIR 1999, 81, 86.
[462] → Rn. 6 ff.
[463] Begr. zu § 190 RegE InsO, BT-Drs. 12/2443, S. 177, abgedruckt bei *Uhlenbruck*, Das neue Insolvenzrecht, 1994, S. 526; *Mönning/Zimmermann* NZI 2008, 134, 137.
[464] Siehe aber immerhin OLG Dresden NZI 2001, 481 f. (Fall unter der GesO, § 153b ZVG nur als Argument angeführt).
[465] Kindl/Meller-Hannich/Wolf/*Sievers*, Zwangsvollstreckung, 3. Aufl. 2015, § 153b ZVG Rn. 4.
[466] Böttcher/*Keller*, ZVG, 6. Aufl. 2016, § 153b Rn. 2.
[467] *Eickmann* ZfIR 1999, 81, 86; *Knees* ZIP 2001, 1568, 1576.
[468] Böttcher/*Keller*, ZVG, 6. Aufl. 2016, § 153b Rn. 3.
[469] *Mönning/Zimmermann* NZI 2008, 134, 138.
[470] *Mönning/Zimmermann* NZI 2008, 134, 138 f.
[471] *Mönning/Zimmermann* NZI 2008, 134, 138.
[472] *Mönning/Zimmermann* NZI 2008, 134, 138.

dung des Gerichts sind der Zwangsverwalter und der betreibende Gläubiger zu **hören,** § 153b Abs. 3 ZVG.

3. Wirkung. Durch die Einstellung nach § 153b ZVG wird die Nutzungsbefugnis auf den Insolvenzverwalter verlagert. Der **Zwangsverwalter bleibt im Amt;** die Zwangsverwaltung wird gerade nicht aufgehoben, sondern nur „eingestellt", dh „eingefroren", es kommt maW zum Verfahrensstillstand.[473] Der Zwangsverwalter hat daher das Grundstück weiterhin zu verwalten, die Mieten einzuziehen und die allgemeinen Unkosten abzuwickeln;[474] lediglich **Neuvermietungen** und **Ausschüttungen** an die Gläubiger sind ihm untersagt.[475] Neben den an die betreibenden Gläubiger zu leistenden Ausgleichszahlungen müssen die Verwaltungsausgaben aus der Masse geleistet werden, vgl. auch § 155 ZVG.[476] 259

4. Gläubigerschutz. a) Nachteilsausgleich. Die dem betreibenden Gläubiger aus der Einstellung erwachsenden Nachteile sind gem. § 153b Abs. 2 ZVG durch laufende Zahlungen aus der Masse auszugleichen. Wird also durch die Einstellung der Zwangsverwaltung die Vermietung oder Verpachtung der Immobilie an einen Dritten verhindert, so sind die damit **nachweisbar erzielbaren Entgelte** zu ersetzen. Sie sind vom Gericht zu ermitteln und in der Auflage, die mit der Einstellung verbunden ist, festzulegen.[477] Lediglich die betreibenden Gläubiger, die durch die Zwangsverwaltung begünstigt wären, erhalten einen Ausgleich.[478] Das Vollstreckungsgericht soll nicht verpflichtet sein, das Vorliegen dieser Voraussetzungen zu ermitteln.[479] 260

Anders als in der Zwangsversteigerung setzt die Ausgleichspflicht gem. § 153b Abs. 2 ZVG **sofort** und **nicht erst nach dem Berichtstermin** ein. Somit kann es für den Grundpfandrechtsgläubiger von Vorteil sein, neben der Zwangsversteigerung auch die Zwangsverwaltung zu beantragen.[480] 261

b) Aufhebung. Die Anordnung der einstweiligen Einstellung wird gem. § 153c Abs. 1 ZVG auf Antrag des betreibenden Gläubigers aufgehoben, wenn die **Voraussetzungen** für die Einstellung **fortgefallen** sind, die laufenden **Ausgleichszahlungen** nach § 153b Abs. 2 ZVG **nicht erbracht** wurden oder der **Insolvenzverwalter** der Aufhebung **zustimmt.** Vor der Entscheidung des Gerichts ist der Insolvenzverwalter zu **hören,** vgl. § 153c Abs. 2 Satz 1 ZVG. § 153b ZVG entspricht damit im Wesentlichen § 30f ZVG, der die Aufhebung einer einstweiligen Anordnung der Zwangsversteigerung betrifft. Auch hier erscheint die Anhörung des Insolvenzverwalters in der Variante der Zustimmung redundant.[481] 262

5. Rechtsmittel. Ob der **betreibende Gläubiger** gegen die Anordnung der einstweiligen Einstellung der Zwangsverwaltung, der **Insolvenzverwalter** gegen die Ablehnung der Anordnung sofortige Beschwerde nach § 11 Abs. 1 RPflG, § 793 Abs. 1 ZPO einlegen kann, ist umstritten.[482] Die Gesetzesgeschichte[483] sowie das Fehlen einer den § 30d Abs. 3 bzw. § 30f Abs. 3 Satz 3 iVm § 30b Abs. 3 ZVG entsprechenden Regelung sprechen dagegen. 263

V. Einstweilige Einstellung der Zwangsverwaltung im Eröffnungsverfahren

Im ZVG findet sich **keine ausdrückliche Regelung,** die es dem vorläufigen Insolvenzverwalter ermöglicht, die in das Grundstück betriebene Zwangsverwaltung einstweilen einstellen zu lassen. Eine Verpachtung der Immobilie durch den Zwangsverwalter an einen Dritten kann aber schon in der Eröffnungsphase alle Chancen für eine vom Insolvenzverwalter geplante Betriebsfortführung zunichtemachen. Auch in dieser Phase besteht ein Bedürfnis dafür, dem Zwangsverwalter im Interesse der Gläubigergesamtheit die Nutzungsbefugnis zu entziehen.[484] Während des Gesetzgebungsverfahrens wurde eine Regelung, die diese Anforderungen erfüllt, nicht geschaffen, obwohl auch 264

---

473 Vgl. OLG Dresden NZI 2001, 481 f.

474 *Eickmann* ZfIR 1999, 81, 86; *Mönning/Zimmermann* NZI 2008, 134, 139.

475 Kindl/Meller-Hannich/Wolf/*Sievers*, Zwangsvollstreckung, 3. Aufl. 2015, § 153b ZVG Rn. 3.

476 *Eickmann* ZfIR 1999, 81, 86.

477 *Knees* ZIP 2001, 1568, 1576; *Mönning/Zimmermann* NZI 2008, 134, 139.

478 *Vallender* Rpfleger 1997, 353, 355; *Knees* ZIP 2001, 1568, 1576.

479 *Hintzen*, Kölner Schrift zur InsO, 3. Aufl. 2009, Kap. 20 Rn. 168; *Knees* ZIP 2001, 1568, 1576.

480 *Frings* Sparkasse 1996, 384, 385.

481 → Rn. 122.

482 Dafür *Mönning/Zimmermann* NZI 2008, 134, 139; Böttcher/*Keller*, ZVG, 6. Aufl. 2016, § 153b Rn. 6; dagegen → 3. Aufl. 2013 § 165 Rn. 260.

483 Beschlussempfehlung des Rechtsausschusses zu Art. 20 RegE EGInsO, BT-Drs. 12/7303, S. 108, abgedruckt bei *Uhlenbruck*, Das neue Insolvenzrecht 1994, S. 900.

484 *Jungmann* NZI 1999, 352, 353; *Eckardt*, Grundpfandrechte im Insolvenzverfahren, 14. Aufl. 2014, Rn. 407.

der Gesetzgeber die Notwendigkeit erkannt hatte, die Fortführung des schuldnerischen Unternehmens bereits in der Eröffnungsphase zu sichern.[485] Mit der Zuständigkeitsverlagerung von Insolvenzgericht auf Vollstreckungsgericht geriet die Notwendigkeit der Schaffung einer Schutzvorschrift aus dem Blickfeld und unterblieb letztendlich.[486] Will man dem Anliegen der Insolvenzrechtsreform entsprechen, so sollte die Regelung des **§ 30d Abs. 4 ZVG,** die nur von einer Zwangsversteigerung spricht, über die Generalverweisung in § 146 Abs. 1 ZVG **entsprechend** für die Zwangsverwaltung anzuwenden, so dass eine einstweilige Einstellung der Zwangsverwaltung unter den in § 30d Abs. 4 ZVG genannten Voraussetzungen möglich ist.[487]

N. Zwangsverwaltung auf Antrag des Insolvenzverwalters

265 Gem. § 165 InsO kann der Insolvenzverwalter nicht nur die Zwangsversteigerung, sondern auch die Zwangsverwaltung beantragen. Auch insoweit sollen gem. § 172 ZVG die **§§ 173, 174 ZVG** gelten, was nicht so recht überzeugt. Denn nach § 173 ZVG gilt der Anordnungsbeschluss nicht als Beschlagnahme; nach § 148 Abs. 2 ZVG wird indes dem Schuldner *durch die Beschlagnahme* die Verwaltung und Benutzung des Grundstücks entzogen.[488] Hat der Insolvenzverwalter die Zwangsverwaltung beantragt, wird ihm aber nicht die Verwaltung und Benutzung des Grundstücks entzogen, kann die Zwangsverwaltung schwerlich funktionieren. Auch § 174 ZVG passt nicht für die Zwangsverwaltung, da er sich auf die Versteigerung bezieht.

266 Die „Auslagerung" der Verwaltung eines Grundstücks an einen Zwangsverwalter wird nur selten sinnvoll sein;[489] sie verursacht **Kosten,** die bei der unmittelbaren Verwaltung durch den Insolvenzverwalter nicht anfallen, und hat daher in der Praxis bislang keine Rolle gespielt.[490]

O. Abrechnung von Erlösen und abgesonderte Befriedigung

I. Ausreichender Verwertungserlös

267 In Fällen, in denen der Verwertungserlös ausreicht, um – ggf. neben der gesicherten Forderung – auch nach Verfahrenseröffnung auflaufende **Zinsen und Kosten,** die sonst nur im Rang des § 39 InsO zu berichtigen wären, zu befriedigen, erstreckt sich der Anspruch auf abgesonderte Befriedigung aus dem Verwertungserlös auch auf diese Forderungen.[491]

II. Nicht ausreichender Verwertungserlös

268 Reicht – wie häufig – der Verwertungserlös nicht aus, um die Hauptforderung, die vor Verfahrenseröffnung aufgelaufenen Zinsen sowie die nach Verfahrenseröffnung aufgelaufenen Zinsen und Kosten vollständig zu bedienen, ist die **Tilgungsreihenfolge** von entscheidender Bedeutung. Denn von ihr hängt ab, inwieweit der Gläubiger, dem der Schuldner auch persönlich haftet, eine Ausfallforderung[492] als nicht nachrangiger Insolvenzgläubiger oder nur als nachrangiger Insolvenzgläubiger hat.[493] Eine ausdrückliche Regelung der Reihenfolge, mit der Hauptforderung, Zinsen und Kosten aus dem Verwertungserlös des mit einem Absonderungsrecht belasteten Gegenstands zu befriedigen sind, enthält die Insolvenzordnung nicht. Nach der allgemeinen Regelung in § 367 BGB wird eine nicht ausreichende Leistung zunächst auf die Kosten, dann auf die Zinsen und zuletzt die Hauptforderung angerechnet (§ 367 Abs. 1 BGB), wenn nicht der Gläubiger einer vom Schuldner vorgenommenen anderen Anrechnung zustimmt (§ 367 Abs. 2 BGB). Legt man diese Tilgungsrei-

---

485 → Rn. 23.

486 *Jungmann* NZI 1999, 352, 354.

487 *Jungmann* NZI 1999, 352, 353 f.; *Tetzlaff* ZInsO 2004, 521, 527; *Eckardt*, Grundpfandrechte im Insolvenzverfahren, 14. Aufl. 2014, Rn. 409; aA Böttcher/*Keller*, ZVG, 6. Aufl. 2016, § 153b Rn. 3; Rattunde/Smid/Zeuner/*Depré/Popp* § 49 Rn. 71; *Hintzen*, Kölner Schrift zur InsO, 3. Aufl. 2009, Kap. 20 Rn. 162.

488 Vgl. Böttcher/*Keller*, ZVG, 6. Aufl. 2016, § 173 Rn. 9.

489 Optimistischer Nerlich/Römermann/*Becker* § 165 Rn. 11 f.

490 BeckOK InsO/*Lütcke* § 165 Rn. 21; K. Schmidt/*Sinz* § 165 Rn. 27; Uhlenbruck/*Brinkmann* § 165 Rn. 30d.

491 BGH NJW 2008, 3064 m. zust. Anm. *Siegmann* WuB VI A § 39 InsO 1.09; *Zimmer* ZInsO 2010, 1261, 1264 ff.

492 § 52; siehe für die Berücksichtigung bei Abschlagsverteilungen auch § 190; Lwowski/Fischer/Langenbucher/*Tetzlaff*, Das Recht der Kreditsicherung, 9. Aufl. 2011, § 6 Rn. 52.

493 Vgl. dazu die Berechnungsbeispiele bei *Zimmer* ZInsO 2010, 1261, 1264.

henfolge zugrunde, kann der Gläubiger seine Zinsen und Kosten aus dem Erlös der Verwertung des Absonderungsguts befriedigen und seine Hauptforderung, soweit nicht befriedigt, als nicht nachrangiger Insolvenzgläubiger zur Tabelle anmelden. Demgegenüber ergibt sich aus § 39 Abs. 1 Nr. 1 und 2, dass bei einfachen Insolvenzgläubigern die Hauptforderung Vorrang genießt, dann die seit Verfahrenseröffnung laufenden Zinsen und danach die Verfahrenskosten zu berücksichtigen sind. Entnimmt man § 39 die Tilgungsreihenfolge, so wird zunächst die Hauptforderung befriedigt; der nicht befriedigte Teil der Hauptforderung kann dann zur Insolvenztabelle angemeldet werden, die nach Verfahrenseröffnung aufgelaufenen Zinsen und Kosten hingegen nur dann, wenn das Insolvenzgericht dazu auffordert (§ 174 Abs. 3 Satz 1); jedenfalls werden Zinsen und Kosten nur nachrangig befriedigt (§ 39).

In Anlehnung an diese beiden Lösungen haben sich in der Literatur zwei Auffassungen entwickelt. Eine Auffassung[494] will die in § 39 Abs. 1 Nr. 1 und Nr. 2 InsO enthaltene Wertung durchsetzen und daher von der Tilgungsreihenfolge des § 367 BGB abweichen. Nach Verfahrenseröffnung auflaufende Zinsen und Kosten sollen als nachrangige Insolvenzforderungen keine Befriedigung erhalten. Eine Verrechnung mit dem Verwertungserlös und eine Anmeldung der Hauptforderung zur Insolvenztabelle soll demnach ausscheiden. Diese Auffassung betont die **Interessen der Gläubigergesamtheit.** Letztlich soll dem Insolvenzverwalter ein Tilgungsbestimmungsrecht eingeräumt werden, das er im Interesse der Masse ausüben soll.[495] 269

Die Gegenauffassung stellt auf den Wortlaut des § 367 BGB ab und lässt es zu, dass der Grundpfandgläubiger durch die Gestaltung der Abrechnung seine Position verbessert.[496] Diese Auffassung betont die **Interessen des absonderungsberechtigten Gläubigers.** Er kann sich darauf verlassen, dass die Tilgungsreihenfolge außerhalb und innerhalb der Insolvenz gleich bleibt. 270

Nachdem der **Bundesgerichtshof** die Frage der Tilgungsreihenfolge zunächst explizit offen gelassen hatte,[497] hat er sich im Jahre 2011 schließlich der letztgenannten Auffassung angeschlossen und ausgeführt, dass bei der Verwertung von Absonderungsrechten die Anrechnungsvorschrift des **§ 367 Abs. 1 BGB** auch für die seit Eröffnung des Insolvenzverfahrens aufgelaufenen Zinsen gilt.[498] Vor allem bei einer hohen Insolvenzquote kann es also im Interesse des gesicherten Gläubigers liegen, nach Verfahrenseröffnung auflaufende Zinsen und Kosten mit den Erlösen aus der Sicherheitenverwertung zu verrechnen und auf die Hauptforderung die Quote zu kassieren. Praktisch wird diese Lösung so umgesetzt, dass der Sicherungsgläubiger dem Insolvenzverwalter im Rahmen von Forderungsanmeldungen mitteilt, wie er die Erlöse verrechnen will. Der Insolvenzverwalter muss dies dann berücksichtigen. 271

P. Eigenkapitalersetzende Nutzungsüberlassung und Zwangsverwaltung/-versteigerung

I. Rechtslage vor Inkrafttreten des MoMiG

1. Hintergrund. Die Verwertung von Grundpfandrechten in der Insolvenz konnte mit den bis zum Inkrafttreten des MoMiG am 1.11.2008 geltenden Kapitalerhaltungsregeln des Gesellschaftsrechts kollidieren. Nach diesen Regeln wurde die Zufuhr von Darlehen und anderen Finanzierungsmitteln, wozu auch eine Nutzungsüberlassung gehören konnte, an die Gesellschaft in der Krise als funktionales Eigenkapital angesehen. Dementsprechend war es dem Gesellschafter während der Krise verwehrt, das funktionale Eigenkapital zurückzufordern oder ein Entgelt für seine Nutzung zu beziehen. Überließ der Gesellschafter also der Gesellschaft in der Krise die Nutzung eines Gegenstands unentgeltlich oder zu nicht marktüblichen Konditionen, anstatt ihr neues Eigenkapital zuzuführen (**eigenkapitalersetzende Nutzungsüberlassung**), musste er diesen Gegenstand der Gesellschaft auch während der Krise weiterhin überlassen. Eine Vollstreckung in das zu überlassende Grundstück, die der Gesellschaft die Nutzungsmöglichkeit entzieht, musste mit dieser Pflicht kollidieren. 272

2. Kollision von eigenkapitalersetzender Nutzungsüberlassung und Zwangsverwaltung. Der BGH hatte in einem Fall der Kollision von eigenkapitalersetzender Nutzungsüberlassung und Zwangsverwaltung entschieden, dass der grundpfandrechtlich gesicherte Gläubiger die Auswir- 273

494 → MüKoInsO/*Ganter*, 2. Aufl. 2007, Vor §§ 49 ff. Rn. 59b; *Zimmer* ZInsO 2010, 1261, 1264 ff.
495 *Zimmer* ZInsO 2010, 1261.
496 Lwowski/Fischer/Langenbucher/*Tetzlaff*, Das Recht der Kreditsicherung, 9. Aufl. 2011, § 6 Rn. 53.
497 BGH NJW 2008, 3064, 3065 f.
498 BGH WM 2011, 561 = NZI 2011, 247.

kungen der Kapitalersatzeigenschaft der Nutzungsüberlassung nur solange gegen sich gelten lassen müsse, wie er auch anderweitige Verfügungen des Gesellschafters hätte hinnehmen müssen. Die Wirkung der eigenkapitalersetzenden Nutzungsüberlassung **ende** in entsprechender Anwendung der §§ 146 ff. ZVG, §§ 1123, 1124 Abs. 2 BGB mit der Wirksamkeit des im Wege der Zwangsverwaltung erlassenen **Beschlagnahmebeschlusses.**[499] Diese Grundsätze sollten auch dann gelten, wenn das Grundpfandrecht erst nach Eintritt der Kapitalersatzeigenschaft erworben wurde.[500]

274 Wurde der Gesellschaft ein von ihrem Gesellschafter angemietetes Betriebsgrundstück, das ihr nach Eigenkapitalersatzregeln zu belassen ist, durch einen Grundpfandrechtsgläubiger entzogen, so konnte die Gesellschaft von dem Gesellschafter **Ersatz** in Höhe des Wertes des verlorenen Nutzungsrechts verlangen. Bei der Bemessung des Anspruchs konnte der zwischen der Gesellschaft und dem Gesellschafter vereinbarte Mietzins eine Richtschnur bilden.[501]

275 Nicht höchstrichterlich geklärt war die Frage, ob sich die Gesellschaft auch dann auf eine eigenkapitalersetzende Nutzungsüberlassung berufen konnte, wenn der Gesellschafter/Vermieter selbst insolvent war.[502] Richtigerweise war anzunehmen, dass sich in einer solchen **Doppelinsolvenz** der insolvente Mieter gegenüber dem ebenfalls insolventen Vermieter nicht auf die Grundsätze der eigenkapitalersetzenden Nutzungsüberlassung berufen konnte, weil § 110 Abs. 1 analog anzuwenden war.[503]

276 **3. Kollision von eigenkapitalersetzender Nutzungsüberlassung und Zwangsversteigerung.** Für die Kollision von eigenkapitalersetzender Nutzungsüberlassung und Zwangsversteigerung waren wohl die Überlegungen des BGH zur Zwangsverwaltung zu übertragen; somit war darauf abzustellen, dass auch hier die **Beschlagnahme die entscheidende Zäsur** darstellte. Die (Betriebs-)Gesellschaft musste an den Erwerber der Immobilie Miet- und Pachtzinsen zahlen. Analog § 57a ZVG war dem Ersteher ein Kündigungsrecht gegenüber der (Besitz-)Gesellschaft zuzubilligen; bei der Bemessung der Länge der Kündigungsfristen war die Tatsache des Vorliegens einer eigenkapitalersetzenden Nutzungsüberlassung zu berücksichtigen.[504] Eine direkte Anwendung des § 57a ZVG (Sonderkündigungsrecht des Erstehers) schied aus, da dies eine einseitige Zurückdrängung der Interessen der (Betriebs-)Gesellschaft dargestellt hätte.[505]

277 *Konnte* auf diese Weise eine Lösung gefunden werden, die die Interessen von Grundpfandgläubigern (diese können bei Veräußerung eines „freien" Grundstücks mit höheren Erlösen rechnen) und Betriebsgesellschaft (Verlagerung des Produktionsstandortes ist mit enormen Kosten verbunden) berücksichtigt, so bedurfte es nicht mehr der von *Hess*[506] vorgeschlagenen **analogen Anwendung der Einstellungsmöglichkeiten aus § 30d Abs. 1 ZVG** zugunsten der insolventen Betriebsgesellschaft, die auf die Nutzung des Grundstücks angewiesen war.[507]

II. Rechtslage nach Inkrafttreten des MoMiG

278 **1. Altfälle.** Ob für sogenannte Altfälle, also Fälle, in denen einer GmbH das Grundstück vor dem Stichtag 1.11.2008 „kapitalersetzend" überlassen wurde, weiterhin das **alte Eigenkapitalersatzrecht** gilt, ist **umstritten;** die Gerichte haben zunächst dazu geneigt.[508] Diese Lösung vermag aber nicht zu überzeugen, wäre doch sonst das alte Eigenkapitalersatzrecht noch Jahre oder Jahrzehnte anzuwenden.

279 **2. Geltendes Recht.** Die Nutzungsüberlassung durch einen Gesellschafter ist nunmehr in **§ 135 Abs. 3** geregelt. Diese Vorschrift ersetzt die frühere kapitalersetzende Nutzungsüberlassung. Sie enthält eine **Aussonderungssperre** zulasten des Gesellschafters des Schuldners.[509]

280 Ist ein von einem Gesellschafter dem Schuldner zur Nutzung überlassenes Grundstück mit dinglichen Sicherheiten belastet, **endet** das Recht der Gesellschaft, den Gegenstand nach § 135 Abs. 3 zu nutzen, auch weiterhin in entsprechender Anwendung der §§ 146 ff. ZVG, §§ 1123, 1124

---

499 BGHZ 140, 147 = NJW 1999, 577.

500 *Obermüller* WuB II C. § 32a GmbHG 1.99; *Lwowski/Tetzlaff* WM 1999, 2336, 2349.

501 BGH NZI 2005, 350 m. krit. Anm. *Mylich* GmbHR 2005, 1542.

502 LG Cottbus ZIP 2005, 1608; LG Zwickau ZIP 2005, 1151; LG Erfurt NZI 2004, 599; *Rendels* ZIP 2006, 1273 ff.

503 LG Cottbus ZIP 2005, 1608.

504 *Lwowski/Tetzlaff* WM 1999, 2336, 2350 f.; aA *Knees* ZIP 2001, 1568, 1572.

505 Vgl. BGHZ 140, 147 = NJW 1999, 577, 579.

506 KKInsO/*Hess* § 165 Rn. 46.

507 *Lwowski/Tetzlaff* WM 1999, 2336, 2351.

508 Zum Meinungsstand *Altmeppen* ZIP 2011, 641, 649.

509 Näher dazu die Kommentierung von § 135.

Abs. 2 BGB mit dem Wirksamwerden des **Beschlagnahmebeschlusses.**[510] Die Grundsätze, die zum früheren Recht entwickelt wurden, gelten fort.[511]

Q. Steuerrechtliche Fragen

I. Verwertung des Grundstücks im Wege der Zwangsversteigerung

1. Nicht umsatzsteuerbare Geschäftsveräußerung. Eine Grundstücksveräußerung kann – auch wenn sie im Wege der Zwangsversteigerung erfolgt[512] – eine **nicht umsatzsteuerbare Geschäftsveräußerung** iSd § 1 Abs. 1a UStG darstellen.[513] Der Leistungsempfänger muss im Erwerbszeitpunkt die Absicht haben, die unternehmerische Verwendung des Grundstücks fortzusetzen. Er tritt dann in die Rechtsposition des Verkäufers ein (§ 1 Abs. 1a Satz 3 UStG), so dass der Veräußerer keine Berichtigung des Vorsteuerabzugs vornehmen muss (§ 15a Abs. 10 UStG). Eine Geschäftsveräußerung kommt insbesondere dann in Betracht, wenn und soweit[514] das Grundstück vermietet ist und der Erwerber den Mietvertrag fortführt; das vermietete Grundstück gilt dann als wirtschaftlich gesonderter Teilbetrieb.[515] Keiner Umsatzsteuer unterliegt hier die Veräußerung des Grundstücks einschließlich seines Zubehörs, soweit es dem Teilbetrieb zugerechnet werden kann.[516] Eine Option zur Umsatzsteuer scheidet aus.[517] Stellt der Insolvenzverwalter fälschlicherweise eine Rechnung aus, die Umsatzsteuer ausweist, schuldet die Masse den ausgewiesenen Betrag (§ 14c Abs. 1 Satz 1 UStG); kann die Masse nicht zahlen, haftet nicht der Erwerber (§ 75 Abs. 2 AO), sondern der Insolvenzverwalter.[518] 281

2. Umsatzsteuerfreie Grundstücksveräußerung mit Option zur Umsatzsteuerpflicht. a) Grundstück. Umsatzsteuerbar (§ 1 Abs. 1 UStG), aber umsatzsteuerfrei sind gem. § 4 Nr. 9 lit. a UStG Umsätze, die unter das Grunderwerbsteuergesetz (GrEStG) fallen. Bei einer Versteigerung des Grundstücks bewirkt der Schuldner eine Leistung an den Ersteher.[519] Die Gegenleistung nimmt das Vollstreckungsgericht in amtlicher Eigenschaft mit dem Ziel der Verteilung des Erlöses an die Gläubiger entgegen. Dieser **Grundstücksumsatz** unterliegt der Grunderwerbsteuer (§ 1 Abs. 1 Nr. 4 GrEStG) und ist damit **umsatzsteuerfrei.** Grunderwerbsteuerpflichtig ist der Meistbietende, § 13 Nr. 4 GrEStG. 282

Gegenstand der Grunderwerbsteuerpflicht ist das **Grundstück im Sinne des bürgerlichen Rechts.** Nicht Gegenstand der Grunderwerbsteuerpflicht sind Maschinen und sonstige Vorrichtungen aller Art, die zu einer Betriebsanlage gehören, ebensowenig Mineralgewinnungsrechte und sonstige Gewerbeberechtigungen (§ 2 Abs. 1 GrEStG). Die Umsatzsteuerfreiheit erfasst also nur das Grundstück im Sinne des Zivilrechts, nicht etwaiges Zubehör[520] (dazu auch Rn. 286). 283

Der Insolvenzverwalter kann gem. § 9 Abs. 1 UStG **zur Umsatzsteuerpflicht optieren,** wenn der Ersteher Unternehmer iSd Umsatzsteuerrechts ist und das Grundstück für sein Unternehmen verwenden will. Dies kann vor allem zur Vermeidung der Vorsteuerberichtigung nach § 15a UStG wirtschaftlich zweckmäßig sein, wenn diese die im Falle der Option zu zahlende Umsatzsteuer übersteigt.[521] Im Zwangsversteigerungsverfahren muss der Verzicht auf die Umsatzsteuerbefreiung vor Aufforderung zur Abgabe von Geboten im Versteigerungstermin erklärt und bekannt gemacht werden (§ 9 Abs. 3 Satz 1 UStG). Um Missbräuchen zu begegnen,[522] wurde zunächst in § 51 Abs. 1 Nr. 3 UStDV 1993 bestimmt, dass derjenige, der ein Grundstück im Zwangsversteigerungsverfahren vom Vollstreckungsschuldner ersteht, die Steuer von der Gegenleistung einbehalten und an das für ihn zuständige Finanzamt abführen musste. Da auch dieses Abzugsverfahren Schwierigkeiten gemacht hatte, wurde es abgeschafft; seit 1.1.2002 schuldet der Leistungsempfänger die Umsatzsteuer, 284

---

510 Uhlenbruck/*Hirte* § 135 Rn. 22.

511 *Dahl/Schmitz* NZG 2009, 325, 331; *Fischer/Knees* ZInsO 2009, 745, 747 ff.; Uhlenbruck/*Hirte* § 135 Rn. 22; aA *Göcke/Henkel* ZInsO 2009, 170.

512 BFHE 198, 230 = NZI 2003, 458; *Depré/Lambert* ZfIR 2012, 1, 3.

513 BFH DB 2002, 1756; DStR 2010, 2079.

514 BFHE 254, 283 = BStBl II 2016, 909.

515 Vgl. Abschnitt 1.5 Abs. 2 UStAE; *Bunjes/Robisch*, UStG, 17. Aufl. 2018, § 1 Rn. 122.

516 Vgl. BFHE 250, 240 = DStR 2015, 1561.

517 *Depré/Lambert* ZfIR 2012, 1, 3; *Bunjes/Robisch*, UStG, 17. Aufl. 2018, § 1 Rn. 118.

518 OFD Niedersachsen DStR 2017, 2285 f.

519 BFHE 146, 484 = UR 1986, 201.

520 BGHZ 154, 327 = NZI 2003, 565, 566; BFH/NV 1993, 201, 202; *Depré/Lambert* ZfIR 2012, 1, 3.

521 *Onusseit* Rpfleger 1995, 1, 2; *Weiß* UR 1990, 101, 102; *Maus* ZIP 2004, 1580, 1581.

522 Dazu → 3. Aufl., § 165 Rn. 278.

wenn der Ersteher ein Unternehmer oder eine juristische Person ist (heute § 13b Abs. 2 Nr. 3, Abs. 5 Satz 1 UStG). Da ein Verzicht nach § 9 Abs. 1 UStG voraussetzt, dass der Leistungsempfänger Unternehmer ist und die Leistung für sein Unternehmen bezieht, schuldet im Falle der Option stets der Leistungsempfänger die Umsatzsteuer; § 13b Abs. 5 Satz 6 UStG läuft für die Option ins Leere.[523] Zu einer Haftung des Insolvenzverwalters wegen Nichteinbringlichkeit der Steuerforderung im Falle der Masseunzulänglichkeit[524] sollte es daher nicht mehr kommen können.[525]

285 Das **Meistgebot** in der Zwangsversteigerung ist nur ein **Nettobetrag.**[526] Da der Ersteher mit der Entrichtung des Meistgebots keine Umsatzsteuer bezahlt hat, kann er auch nicht die Ausstellung einer Rechnung verlangen, die das Gegenteil ausweist.[527]

286 **b) Zubehör.** Die Steuerfreiheit nach § 4 Nr. 9 lit. a UStG erfasst nur das Grundstück, nicht etwaiges Zubehör (Rn. 282). **Steuerschuldner** für umsatzsteuerpflichtige Leistungen ist *immer* die **Insolvenzmasse,** § 13a Abs. 1 Nr. 1 UStG. Die Umsatzsteuerschuld ist Masseverbindlichkeit.[528]

287 Bei der Verwertung von Grundstückszubehör ist umstritten, ob die Kosten der Verwertung einschließlich der Umsatzsteuerzahllast **wirtschaftlich** vom **Sicherungsgeber** getragen werden müssen oder nicht.[529] Angesichts der fehlenden gesetzlichen Regelung in § 10 Abs. 1 Nr. 1a ZVG kann hier nicht davon ausgegangen werden, dass der Sicherungsnehmer analog §§ 170 f. verpflichtet ist, die Umsatzsteuer aus dem Erlös der Verwertung des Zubehörs zu decken, vgl. → Rn. 238.[530]

288 **3. Ertragsteuern.** Ein in der Zwangsversteigerung erzielter Gewinn unterliegt der jeweils anwendbaren Ertragsteuer (Gewerbe-, Körperschaft- oder Einkommensteuer). War eine Immobilie Teil des Betriebsvermögens und liegt das Meistgebot über dem Restbuchwert, so führt die Zwangsversteigerung zur **Aufdeckung stiller Reserven.** Mit der Zwangsversteigerung wird daher ein steuerbarer Gewinn realisiert. Auch Gewinne aus **privaten Grundstücksveräußerungen** können gem. §§ 22 Nr. 2, 23 EStG der Einkommensteuer unterliegen, wenn der Zeitraum zwischen Anschaffung und Veräußerung nicht mehr als zehn Jahre beträgt; dabei ist auch die Zwangsversteigerung eine Veräußerung iSd § 23 EStG.[531] Maßgeblicher **Zeitpunkt** für die Frage, ob die Ertragsteuerschuld Insolvenz- oder Masseforderung ist, ist der Zeitpunkt der Realisierung des Gewinns. Damit ist die Ertragsteuer auch insoweit in vollem Umfang Masseverbindlichkeit, als – wie fast immer – die Wertsteigerung auf die Zeit vor Verfahrenseröffnung entfällt.[532] Ob der Gewinn der Masse auch tatsächlich zufließt oder nur einem Grundpfandgläubiger zugutekommt, ist nach neuer Rechtsprechung des Bundesfinanzhofs unerheblich; die Steuer ist insbesondere auch dann in voller Höhe Masseverbindlichkeit, wenn das verwertete Wirtschaftsgut mit Absonderungsrechten belastet war und – nach Vorwegbefriedigung der absonderungsberechtigten Gläubiger aus dem Verwertungserlös – der (tatsächlich) zur Masse gelangte Erlös nicht ausreicht, um die aus der Verwertungshandlung resultierende Einkommensteuerforderung zu befriedigen.[533]

II. Freihändige Verwertung des Grundstücks

289 **1. Nicht umsatzsteuerbare Geschäftsveräußerung.** Die freihändige Grundstücksverwertung kann eine **nicht umsatzsteuerbare Geschäftsveräußerung** darstellen,[534] insbesondere bei vermieteten oder verpachteten Grundstücken, wenn und soweit der Erwerber die Miet- oder Pachtverträge fortführt (vgl. → Rn. 281). Auf einen allfällig vereinbarten **Massebeitrag** fällt indes **Umsatzsteuer** an (vgl. → Rn. 292). Denn nur die Geschäftsveräußerung selbst ist nicht steuerbar; der als Entgelt für die Geschäftsbesorgung zu qualifizierende Massebeitrag ist hingegen steuerbar.[535]

---

523 *Bunjes/Leonhard,* UStG, 17. Aufl. 2018, § 13b Rn. 46.
524 BFHE 200, 482 = NZI 2003, 276.
525 AA offenbar *Ganter/Brünink* NZI 2006, 257, 258.
526 BGHZ 154, 327 = NZI 2003, 565; BFH/NV 2016, 1577 Rn. 30; zweifelnd *Depré/Lambert* ZfIR 2012, 1, 3 Fn. 9.
527 BGHZ 154, 327 = NZI 2003, 565; *Ganter/Brünink* NZI 2006, 257, 258.
528 *Depré/Lambert* ZfIR 2012, 1, 3.
529 *Mitlehner* NZI 2002, 534, 536; *Ganter/Brünink* NZI 2006, 257, 259.
530 In diese Richtung auch *Depré/Lambert* ZfIR 2012, 1, 3 Fn. 13; aA *Mitlehner* NZI 2002, 534, 536; *Onusseit* ZIP 2000, 777, 783 ff.
531 Siehe nur *Kirchhof/Kube,* EStG, 17. Aufl. 2018, § 23 EStG Rn. 14.
532 BFHE 241, 233 = NZI 2013, 709 Rn. 17 ff.; BGH NZI 2015, 427 Rn. 22; vgl. auch BFH ZIP 1994, 1286.
533 BFHE 241, 233 = NZI 2013, 709 Rn. 29 ff. unter Aufgabe von BFHE 141, 2; siehe auch BFH NZI 2015, 427 Rn. 19.
534 *Depré/Lambert* ZfIR 2012, 1, 4.
535 *Depré/Lambert* ZfIR 2012, 1, 5.

2. Umsatzsteuerfreie Grundstücksveräußerung mit Option zur Umsatzsteuerpflicht. Die freihändige Grundstücksveräußerung ist im Übrigen zwar umsatzsteuerbar (§ 1 Abs. 1 UStG), gem. § 4 Nr. 9 lit. a UStG aber **umsatzsteuerfrei,** da der Grundstücksumsatz der Grunderwerbsteuer unterliegt (§ 1 Abs. 1 GrEStG). Die Umsatzsteuerfreiheit erfasst nur das **Grundstück im Sinne des bürgerlichen Rechts** (§ 2 Abs. 1 GrEStG), nicht etwaiges Zubehör (→ Rn. 283). 290

Der Insolvenzverwalter kann wiederum auf die Steuerbefreiung nach § 4 Nr. 9 lit. a UStG verzichten und nach § 9 Abs. 1 UStG **zur Umsatzsteuerpflicht optieren,** bspw. um einen Vorsteuerrückforderungsanspruch nach § 15a UStG zu vermeiden. Um die missbräuchliche Ausübung der Option zu verhindern,[536] schuldet seit 2004 auch hier der Leistungsempfänger die Umsatzsteuer, wenn er Unternehmer oder juristische Person ist (heute § 13b Abs. 2 Nr. 3, Abs. 5 Satz 1 UStG).[537] Daher braucht der Insolvenzverwalter auch in diesen Fällen keine Haftungsrisiken mehr zu besorgen. Der Insolvenzverwalter hat lediglich zu beachten, dass die Option im notariellen Kaufvertrag (§ 311b Abs. 1 Satz 1 BGB) vereinbart wird, § 9 Abs. 3 Satz 2 UStG; ein späterer Verzicht auf die Umsatzsteuerbefreiung ist unwirksam, auch wenn er notariell beurkundet wird.[538] Der Verwalter muss den Erwerber in der Rechnung auf die Steuerschuldnerschaft hinweisen und darf in der Rechnung keine Umsatzsteuer ausweisen, §§ 14a Abs. 5, 14c Abs. 1 UStG.[539] 291

3. Umsatzsteuerpflicht für Massebeitrag. Schließen Grundpfandgläubiger und Insolvenzverwalter eine **Verwertungsvereinbarung,** so fällt nach der Rechtsprechung des Bundesfinanzhofs für den vereinbarten **Massebeitrag Umsatzsteuer** an, und zwar sowohl im Falle der freihändigen Veräußerung für Rechnung des Grundpfandgläubigers[540] als auch im Falle der kalten Zwangsverwaltung[541] (dazu oben Rn. 195). Der Massebeitrag wird als Entgelt für eine Geschäftsbesorgung des Insolvenzverwalters im Interesse der Grundpfandgläubiger angesehen. Dem kann man zwar entgegenhalten, dass der Insolvenzverwalter mit der Verwertung seiner gesetzlichen Pflicht aus § 159 nachkommt, also nicht wie ein Makler tätig wird.[542] Allerdings ist doch nicht von der Hand zu weisen, dass die Tätigkeit des Insolvenzverwalters hier den Grundpfandgläubigern gleichsam „überschießend" zugutekommt. Der Rechtsprechung des Bundesfinanzhofs ist daher zuzustimmen.[543] 292

Zweifelhaft erscheint, ob sich die Umsatzsteuer durch eine Vereinbarung zwischen den Beteiligten **vermeiden** lässt, welche klarstellt, dass der Massebeitrag nicht (in seiner Gesamtheit) für die Mitwirkung der Insolvenzmasse bei der freihändigen Verwertung des Grundstücks gezahlt wird, sondern die Beteiligung der Insolvenzmasse am Verwertungserlös vielmehr Anfechtungsrisiken etc. abgelten soll.[544] Zum einen könnte dies eine Umgehung darstellen, zum anderen könnte man in dem Verzicht auf eine Anfechtung eine umsatzsteuerpflichtige Leistung des Insolvenzverwalters sehen. 293

4. Ertragsteuern. Werden durch die freihändige Veräußerung des Grundstücks **stille Reserven aufgedeckt,** liegen steuerbare Einkünfte vor; es gilt dasselbe wie im Falle der Zwangsversteigerung (→ Rn. 288).[545] 294

III. Freigabe

1. Umsatzsteuer. Bei der Veräußerung eines aus der Masse freigegebenen Grundstücks durch den Schuldner anfallende Umsatzsteuer muss die Insolvenzmasse tragen. Der BFH klassifiziert hier eine vom Verwalter vorgenommene echte Freigabe als modifizierte Freigabe und versagt ihr deshalb die haftungsentlastende Wirkung.[546] 295

2. Ertragsteuern. Die Freigabe als solche lässt weder für die Masse noch für den Schuldner Ertragsteuern entstehen. Veräußert der Schuldner nach Freigabe, so trifft ihn die Steuerpflicht.[547] 296

---

536 Vgl. dazu *Tetzlaff* ZInsO 2004, 521, 529 f.
537 *Maus* ZIP 2004, 1580, 1582; *Eckert* ZInsO 2004, 702, 706.
538 BFHE 251, 474 = DStR 2016, 50 Rn. 37 ff. m. krit. Anm. *Sterzinger* DStR 2016, 1303; Abschnitt 9.2 Abs. 9 UStAE.
539 *Maus* ZIP 2004, 1580, 1582; *Eckert* ZInsO 2004, 702, 706.
540 BFHE 211, 551 = NZI 2006, 55; BFHE 235, 22 = DStR 2011, 1853.
541 BFHE 235, 22 = DStR 2011, 1853; dazu *Depré/Lambert* ZfIR 2012, 1 ff.
542 *Heublein* EWiR 2005, 513; *Spliedt/Schacht* EWiR 2005, 841; Voraufl. Rn. 283; insgesamt kritisch auch *Ganter/Brünink* NZI 2006, 257, 260; *de Weerth* NZI 2007, 329; *de Weerth* ZInsO 2017, 149.
543 AA Jaeger/*Eckardt* § 165 Rn. 82.
544 → 3. Aufl., § 165 Rn. 284.
545 *Depré/Lambert* ZfIR 2012, 1, 5.
546 Ausführlich dazu → Rn. 221.
547 Vgl. BMF, Scheiben v. 3.5.2017 – IV A 3 – S 0550/15/10028, Rn. 57.

R. Besonderheiten bei einzelnen Vollstreckungsgegenständen und besondere Verfahrensarten

I. Versteigerung von Bruchteilen/Teilungsversteigerung durch den Insolvenzverwalter

297 Gehört ein Grundstücksanteil zur Insolvenzmasse, so erfolgt die Auseinandersetzung mit den anderen Teilhabern gem. § 84 Abs. 1 Satz 1 außerhalb des Insolvenzverfahrens. Sowohl der Insolvenzverwalter als auch die anderen Teilhaber können die **Teilungsversteigerung** nach den §§ 180 ff. ZVG durchführen oder fortsetzen.[548] In diesem Fall gilt ein von den Teilhabern vereinbarter oder vom Erblasser verfügter Ausschluss nicht, vgl. § 84 Abs. 2. In der Teilungsversteigerung finden die Vorschriften der §§ 174, 174a ZVG über die abweichende Feststellung des geringsten Gebots keine Anwendung, da sie nur für die Verwaltervollstreckung gelten; das geringste Gebot ist nach § 182 ZVG festzustellen.[549]

298 Der Insolvenzverwalter kann neben der Teilungsversteigerung des ganzen Objekts auch die **Verwaltervollstreckung des zur Insolvenzmasse gehörenden Bruchteils** nach §§ 172 ff. ZVG betreiben.[550] Denn der Miteigentumsanteil an einem Grundstück ist zwar ein Recht, kein Grundstück; er unterliegt aber der Zwangsvollstreckung in das unbewegliche Vermögen (vgl. § 864 Abs. 2 ZPO), ist daher unbeweglicher Gegenstand iSd § 49, sodass auch § 165 greift. Mit Rücksicht darauf, dass Miteigentumsanteile allein selten gute Bieter finden, wird sich der Verwalter jedoch typischerweise für die Teilungsversteigerung entscheiden.[551]

299 Das Verwertungsrecht des Insolvenzverwalters an einem Miteigentumsanteil berechtigt ihn hingegen **nicht** zur **Zwangsversteigerung des gesamten Grundstücks** nach den §§ 172 ff. ZVG.[552] Denn zum Schuldnervermögen gehört nur der Miteigentumsanteil des Schuldners, nicht das gesamte Grundstück oder ein schuldnerfremder Miteigentumsanteil.

300 Hat ein **Gläubiger** den Anspruch des Schuldners auf Aufhebung der Gemeinschaft einschließlich des (künftigen) Anspruchs auf eine den Miteigentumsanteilen entsprechende Teilung und Auskehrung des Versteigerungserlöses gepfändet, somit also ein Pfändungspfandrecht an diesem Anspruch erlangt, das zur abgesonderten Befriedigung aus diesem Anspruch berechtigt, so gilt § 88 nicht. Das von diesem Gläubiger eingeleitete Teilungsversteigerungsverfahren nach der Eröffnung des Insolvenzverfahrens über das Vermögen des Schuldners ist daher auch dann nicht aufzuheben, wenn die Teilungsversteigerung weniger als einen Monat vor dem Insolvenzantrag angeordnet worden ist.[553]

301 Gehört das **ganze Grundstück zur Insolvenzmasse** (zB bei Nachlassinsolvenzverfahren)[554] und war bei Eröffnung des Insolvenzverfahrens bereits eine Teilungsversteigerung anhängig, so kann diese nur fortgesetzt werden, wenn der Insolvenzverwalter das Objekt aus der Masse freigibt.[555]

II. Wohnungseigentum

302 Für die Zwangsvollstreckung in Wohnungseigentum sind die in § 864 Abs. 2 ZPO niedergelegten Grundsätze anzuwenden. Nach §§ 7, 8 Abs. 2 WEG tritt an die Stelle des Grundbuchs (vgl. §§ 17, 19, 28 ZVG) ein besonderes Grundbuchblatt (Wohnungsgrundbuch, Teileigentumsgrundbuch). Als Inhalt des Sondereigentums kann gem. § 12 Abs. 1 WEG vereinbart werden, dass ein Wohnungseigentümer zur Veräußerung seines Wohnungseigentums der Zustimmung anderer Wohnungseigentümer oder Dritter bedarf. Dabei ist gem. § 12 Abs. 3 Satz 2 WEG die rechtsgeschäftliche Veräußerung der Verwertung durch Zwangsvollstreckung oder durch den Insolvenzverwalter gleichzustellen. In einem solchen Fall muss entweder auf vertraglichem Wege versucht werden, die Zustimmung zu erreichen, oder ein die Zustimmung ersetzendes Urteil erstritten werden.[556]

303 Bei der Insolvenz von Bauträgern kann es zu verfahrensrechtlichen Schwierigkeiten kommen, wenn aus Gründen einer optimalen Verwertung der begonnenen Projekte eine Gesamtübernahme

---

548 BGH NZI 2012, 575 Rn. 10; OLG Köln BeckRS 2018, 13373 Rn. 6.

549 BGH NZI 2012, 575 Rn. 14.

550 BGH NZI 2012, 575 Rn. 9; OLG Köln BeckRS 2018, 13373 Rn. 6; Stöber/*Kiderlen*, ZVG, 22. Aufl. 2019, § 180 Rn. 329.

551 *Worm* KTS 1961, 119, 126.

552 BGH NZI 2012, 575 Rn. 8 ff. mAnm *Tetzlaff* WuB VI A § 165 InsO 1.12 und *Kesseler* EWiR 2012, 605; OLG Köln BeckRS 2018, 13373 Rn. 6; Böttcher/*Keller*, ZVG, 6. Aufl. 2016, § 172 Rn. 12.

553 BGH NZI 2014, 565.

554 Böttcher/*Keller*, ZVG, 6. Aufl. 2016, § 172 Rn. 12.

555 *Drischler* Rechtspflegerjahrbuch 1967, 275, 294.

556 Jaeger/*Eckardt* § 165 Rn. 143; *Bärmann/Suilmann*, WEG, 14. Aufl. 2018, § 12 Rn. 41 f.; BeckOGK WEG/*Hogenschurz* § 12 Rn. 47.

des Objekts durch einen Käufer erreicht werden soll, und wegen der auf den jeweiligen Wohnungseigentumsrechten lastenden Grundpfandrechte des betreibenden Gläubigers eine **Vielfachversteigerung der Wohnungseigentumsrechte** notwendig ist. Die verfahrensrechtlichen Probleme beruhen auf der Tatsache, dass das ZVG vom Grundsatz der Einzelversteigerung ausgeht.[557]

Wegen der **vor Insolvenzeröffnung fällig gewordenen Hausgeldansprüche,**[558] die als Insolvenzforderungen zu klassifizieren sind,[559] hat die teilrechtsfähige Wohnungseigentümergemeinschaft gem. § 10 Abs. 1 Nr. 2 ZVG im dort bezeichneten Umfang ein Absonderungsrecht.[560] Sie kann und sollte die bevorrechtigten Hausgeldansprüche in einem **Zwangsversteigerungsverfahren,** das von dem Verwalter, einem Dritten oder ihr selbst wegen anderer Forderungen betrieben wird, anmelden;[561] in der Verwalterversteigerung kann die Wohnungseigentümergemeinschaft gem. § 174 ZVG ein abweichendes Gebot verlangen.[562] Zudem kann sie nach § 10 Abs. 3 ZVG die Zwangsversteigerung selbst betreiben[563] oder einer laufenden Zwangsversteigerung beitreten (§ 27 ZVG). Mit dem Zuschlag erlischt das Recht (§ 52 Abs. 1 Satz 2 ZVG), die Wohnungseigentümergemeinschaft erwirbt einen Anspruch auf Zahlung aus dem Versteigerungserlös. Bei der **freihändigen Veräußerung** von Wohnungseigentum durch den Insolvenzverwalter erlischt das Absonderungsrecht der Wohnungseigentümergemeinschaft wegen der Hausgeldrückstände im Zeitpunkt des Eigentümerwechsels, da das Grundstück damit aus der Insolvenzmasse ausscheidet und das Vorrecht gem. § 10 Abs. 1 Nr. 2 ZVG nach Ansicht des V. Zivilsenats des Bundesgerichtshofs keinen dinglichen Charakter hat.[564] Daher haftet der Erwerber von Wohnungseigentum nicht dinglich für die rückständigen Hausgelder des Voreigentümers.[565] Besondere Schutzmaßnahmen zugunsten des *Erwerbers* sowie Überlegungen zum Regress[566] haben sich somit erübrigt; die *Eigentümergemeinschaft* wird aber, wo die Gemeinschaftsordnung nicht eine Haftung des jeweiligen Eigentümers vorsieht,[567] frühzeitig die Zwangsversteigerung beantragen müssen.[568] Umstritten ist, ob sich das Absonderungsrecht an dem Verwertungserlös fortsetzt bzw. ein Ersatzabsonderungsrecht besteht. Der IX. Zivilsenat des Bundesgerichtshofs hat dies für Erbbauzinsen und öffentliche Lasten iSd § 10 Abs. 1 Nr. 3 ZVG verneint.[569] Ob diese Lösung auf den Fall des § 10 Abs. 1 Nr. 2 ZVG zu übertragen ist, hat der V. Zivilsenat des Bundesgerichtshofs offengelassen;[570] sein Hinweis auf die Entscheidung des IX. Zivilsenats lässt verschiedene Deutungen zu. Der IX. Zivilsenat hatte darauf verwiesen, dass sich die Erbbauzinsreallast bzw. die öffentliche Last am Grundstück fortsetze, sodass auch der Erwerber in Anspruch genommen werden könne, weshalb eine „zusätzliche" Haftung des Verwertungserlöses ausscheiden müsse. Nach Ablehnung des dinglichen Charakters des Vorrechts durch den BGH kommt bei § 10 Abs. 1 Nr. 2 ZVG eine solche Doppelung nicht in Betracht. Da der Gesetzgeber die Hausgeldforderungen privilegieren wollte und bei Ablehnung einer Surrogation bzw. eines Ersatzabsonderungsrechts im Falle freihändiger Veräußerung diese Privilegierung leerliefe, wird man mit der mittlerweile wohl überwiegenden Ansicht ein Absonderungsrecht am Verwertungserlös annehmen müssen.[571] 304

Nach Insolvenzeröffnung fällig gewordene Hausgeldansprüche sind Masseverbindlichkeiten iSd § 55 Abs. 1 Nr. 1 Fall 2.[572] Bei einer Titulierung gegen den Insolvenzverwalter und nachfolgender Vollstreckung in das Grundstück – was selten vorkommen wird – haben sie nur die Rangklasse des § 10 Abs. 1 Nr. 5 ZVG.[573] 305

---

557 Zu den möglichen Vorgehensweisen siehe *Büchmann* ZIP 1988, 825 ff.

558 Genauer: die Beiträge nach §§ 16 Abs. 2, 28 Abs. 2, 5 WEG und der Rückgriffsanspruch nach § 25 Abs. 2 Satz 1 WEG sowie ggf. die Kosten der dinglichen Rechtsverfolgung, vgl. *Hintzen* ZWE 2018, 249, 250.

559 BGHZ 150, 305 = NZI 2002, 425, 427; BGH NJW 1994, 1866; 2011, 3098 Rn. 7.

560 BGH NJW-RR 2009, 923 Rn. 7; NJW 2011, 3098 Rn. 24 ff.; *Schneider* ZWE 2014, 61, 73 f.; *Weber* DNotZ 2014, 738, 753; *Hintzen* ZWE 2018, 249, 260.

561 *Hintzen* ZWE 2018, 249, 260 f.

562 *Weber* DNotZ 2014, 738, 755 f.

563 Zur Klage, wenn die Wohnungseigentümergemeinschaft bei Verfahrenseröffnung noch keinen Titel hat, BGH NJW 2011, 3098 Rn. 24; Böttcher/*Böttcher*, ZVG, 6. Aufl. 2016, § 10 Rn. 22c.

564 BGHZ 198, 216 = NJW 2013, 3515 Rn. 8 ff. mAnm *Herrler*; BGHZ 201, 157 = NJW 2014, 2445 Rn. 15; BGH NJW 2018, 340 Rn. 18; kritisch u.a. *Schneider* ZWE 2014, 61; *ders.* ZWE 2018, 172, 174 f.

565 BGHZ 198, 216 = NJW 2013, 3515 Rn. 13 ff.

566 Voraufl. Rn. 291.

567 Dazu *Oldenburg* ZfIR 2017, 563.

568 *Herrler* NJW 2013, 3518; *Schmidt-Räntsch* ZWE 2013, 429, 432 f.; *Schneider* ZWE 2014, 61, 68.

569 BGH NZI 2010, 399 Rn. 8 mAnm *Tetzlaff* WuB VI A § 165 InsO 1.10; 2010, 482; dazu *Sinz/Hiebert* ZInsO 2012, 205; *Büchler* ZInsO 2011, 718.

570 BGHZ 198, 216 = NJW 2013, 3515 Rn. 26.

571 AG Bochum BeckRS 2016, 15049; *Weber* DNotZ 2014, 738, 756 f.; *Kreuzer* MittBayNot 2014, 242, 243; *Schneider* ZWE 2014, 61, 74.

572 BGH NJW 2011, 3098 Rn. 7; Böttcher/*Böttcher*, ZVG, 6. Aufl. 2016, § 10 Rn. 22d.

573 *Hintzen* ZWE 2018, 249, 259.

III. Versteigerung aus Eigentümergrundpfandrechten durch den Insolvenzverwalter

306 Betreibt der Insolvenzverwalter die Zwangsversteigerung aus einem Eigentümergrundpfandrecht, so handelt es sich um eine **Vollstreckungsversteigerung.** Die Vorschriften zum Verfahren nach §§ 172 ff. ZVG sind nicht anwendbar.[574] § 1197 Abs. 1 BGB hindert den Insolvenzverwalter nicht, die Vollstreckungsversteigerung aus der Eigentümergrundschuld zu betreiben; er unterliegt nicht den Beschränkungen, die für den Grundstückseigentümer im Interesse seiner Gläubiger gelten, da der Insolvenzverwalter im Interesse aller Gläubiger handelt.[575] Aus diesem Grund kann der Insolvenzverwalter ungeachtet des § 1197 Abs. 2 BGB auch Zinsen verlangen.[576] Daneben besteht natürlich auch die Möglichkeit, bei einer Belastung des Grundstücks mit einer Eigentümergrundschuld die **Verwalterversteigerung** des Grundstücks aus §§ 172 ff. ZVG zu betreiben.[577]

IV. Zwangsversteigerung von Schiffen und Luftfahrzeugen

307 Unbewegliche Gegenstände iSd § 165 sind, da sie gem. § 870a ZPO und §§ 162 ff. ZVG der Zwangsvollstreckung in das unbewegliche Vermögen unterliegen, auch **Schiffe** und **Schiffsbauwerke,** dh auf einer Schiffswerft im Bau befindliche Schiffe (§ 76 SchiffRG), denen wiederum **Schwimmdocks** gleichgestellt sind (§ 81a SchiffRG), sowie Bruchteile an ihnen (vgl. § 8 Abs. 3 SchiffRG, § 864 Abs. 2 ZPO); ebenfalls erfasst sind eingetragene **Luftfahrzeuge** (§§ 171a ff. ZVG). Die Zwangsvollstreckung kann hier nach bislang hM nur durch Zwangsversteigerung erfolgen, nicht durch Zwangsverwaltung.[578] Im Rahmen des Zwangsversteigerungsverfahrens kann während der Einstellzeit eine die Zwangsverwaltung ersetzende treuhänderische Nutzung angeordnet werden.

V. Erbbaurecht

308 Das Erbbaurecht steht gem. § 11 ErbbauRG einem Grundstück gleich. Bei der Verwalterversteigerung nach §§ 172 ff. ZVG sind etwaige Beschränkungen nach § 5 ErbbauRG zu beachten. Soweit also die Veräußerung des Erbbaurechts an die Zustimmung des Grundstückseigentümers gebunden ist, kann der Zuschlag nur bei deren Vorliegen erteilt werden. Die verweigerte Zustimmung kann gem. § 7 ErbbauRG auf Antrag durch das Gericht ersetzt werden; antragsberechtigt im Ersetzungsverfahren ist in der Insolvenz des Erbbauberechtigten der Insolvenzverwalter.[579]

VI. Nachlassinsolvenzverfahren

309 Im Nachlassinsolvenzverfahren ist die Vorschrift des **§ 178 ZVG** zu beachten, die den Einfluss der Eröffnung des Nachlassinsolvenzverfahrens auf die durch die Erben angeordnete Nachlassversteigerung regelt. Danach soll eine Zwangsversteigerung auf Antrag eines Erben nicht angeordnet werden, was dem Insolvenzverwalter die Entscheidung überlässt, ob er nach § 172 ZVG vorgehen möchte. Läuft aber eine Zwangsversteigerung schon, so wird sie fortgeführt, wobei der Insolvenzverwalter in die Stellung des Antragstellers einrückt; hierdurch sollen einerseits die Kosten einer erneuten Verfahrenseinleitung vermieden werden, andererseits kann der Insolvenzverwalter den Versteigerungsantrag zurücknehmen, wenn er freihändig verwerten will.[580]

VII. Grundstücks- und Gebäudeeigentum im Beitrittsgebiet

310 Die früheren Schwierigkeiten bei der Zwangsversteigerung von Grundstücken in der ehemaligen DDR, die daraus resultierten, dass in vielen Fällen das Eigentum von Grundstück und Gebäuden auseinanderfallen,[581] wurden durch das Sachenrechtsbereinigungsgesetz weitgehend behoben. § 9a

---

574 Stöber/*Gojowczyk*, ZVG, 22. Aufl. 2019, § 172 Rn. 24.

575 BGH NZI 2016, 451 Rn. 15; *Worm* KTS 1961, 119, 122 f.; MüKoBGB/*Lieder*, 7. Aufl. 2017, § 1197 Rn. 8; BeckOGK/*Rebhan* § 1197 BGB Rn. 5; aA noch RGZ 60, 359, 362.

576 MüKoBGB/*Lieder*, 7. Aufl. 2017, § 1197 Rn. 8; BeckOGK/*Rebhan* § 1197 BGB Rn. 9; Böttcher/*Böttcher*, ZVG, 6. Aufl. 2016, § 114 Rn. 23; aA *Bayer* AcP 189 (1989), 470, 481; Palandt/*Herrler* § 1197 Rn. 3; Stöber/*Nicht*, ZVG, 22. Aufl. 2019, § 114 Rn. 122.

577 *Lorenz* KTS 1962, 28; MüKoBGB/*Lieder*, 7. Aufl. 2017, § 1197 Rn. 8.

578 AG Hamburg ZIP 2015, 940; Uhlenbruck/*Brinkmann* § 49 Rn. 71; aA *Depré/Wedekind*, ZVG, 2. Aufl. 2019, § 165 Rn. 173 ff. für Schiffe (aber nicht für Schiffsbauwerke, § 165 Rn. 195 f.), § 171c Rn. 29 ff. für Luftfahrzeuge; dem vorsichtig zustimmend *Cranshaw/Welsch* DZWIR 2017, 101, 102 Fn. 6.

579 OLG Düsseldorf FGPrax 2013, 246; Stöber/*Gojowczyk*, ZVG, 22. Aufl. 2019, § 172 Rn. 26; *Drischler* Rechtspflegerjahrbuch 1967, 275, 291 f.

580 Siehe dazu näher *Drischler* JurBüro 1981, 1765, 1774; Stöber/*Gojowczyk*, ZVG, 22. Aufl. 2019, § 178 Rn. 4.

581 Siehe dazu *Keller* Rpfleger 1994, 194 ff.

EGZVG[582] hat in seiner Auslegung durch die Rechtsprechung[583] Abweichungen vom Regelverfahren reduziert.

VIII. Verwertung der Grundpfandrechte in besonderen Verfahrensarten

1. Verbraucherinsolvenzverfahren. Nach **früherem Recht** war in Verbraucherinsolvenzverfahren statt eines Insolvenzverwalters ein Treuhänder mit eingeschränktem Verwertungsrecht zu bestellen (§ 313 aF); damit blieb den Grundpfandgläubigern die Verwertungshoheit.[584] Diese Regelungen wurden durch Art. 1 Nr. 38 des Gesetzes zur Verkürzung des Restschuldbefreiungsverfahrens und zur Stärkung der Gläubigerrechte[585] mit Wirkung vom 1.7.2014 aufgehoben,[586] sodass heute für die Verwertung von schuldnerischen Grundstücken bei Scheitern der Schuldenbereinigung **keine Besonderheiten mehr** gelten. Die Aufgabenverlagerung auf die Gläubiger, insbes. auch die Verwertungsregelung bei Gegenständen mit Absonderungsrechten, hat sich nach Auffassung des Gesetzgebers nicht bewährt.[587] 311

2. Eigenverwaltung. In der Eigenverwaltung verwaltet und verwertet der **Schuldner** die Insolvenzmasse (§ 270 Abs. 1 Satz 1), und zwar auch insoweit, als an Massegegenständen Absonderungsrechte bestehen (§ 282 Abs. 1). Der Schuldner kann damit gem. **§ 165 iVm §§ 172 ff. ZVG** die Zwangsversteigerung oder Zwangsverwaltung eines ihm gehörenden Grundstücks betreiben.[588] Ebenso ist es in der Eigenverwaltung der Schuldner, der die **Anträge nach §§ 30d ff. ZVG** stellen kann.[589] Für die vorläufige Eigenverwaltung bestimmt dies **§ 30d Abs. 1 Satz 2 ZVG.** 312

In einer Zwangsversteigerung wird für die Kosten der Feststellung **kein Kostenbeitrag** nach § 10 Abs. 1 Nr. 1a ZVG erhoben, da gem. § 10 Abs. 1 Nr. 1a Hs. 2 ZVG die Bestellung eines Insolvenzverwalters Voraussetzung für diesen Beitrag ist und ohnehin nach § 282 Abs. 2 Satz 2 Feststellungskosten nicht erhoben werden.[590] 313

Bei der Eigenverwaltung (verbunden mit der Vorlage eines Insolvenzplans) ist im besonderen Maße damit zu rechnen, dass der Schuldner eine Verwertung von betriebsnotwendigen Immobilien aufschieben will. Die Grundpfandgläubiger haben daher darauf zu achten, dass der Schuldner eine **Entschädigung für die Verzögerung der Verwertung** vorsieht. Fehlt es hieran oder glaubt der Grundpfandgläubiger nicht an den Erfolg der eingeleiteten Sanierungsmaßnahmen und möchte daher die Verwertung beschleunigen, so sollte er zeitnah Anträge auf Anordnung der Zwangsversteigerung und Zwangsverwaltung stellen. Auch wenn der Schuldner eine Einstellung der Verfahren ohne Weiteres erreichen kann, muss er dann doch Ausgleichszahlungen an den gesicherten Gläubiger erbringen, vgl. dazu ausführlich → Rn. 101, → 106, → 121. 314

3. Planverfahren. Bei **Vorlage eines Insolvenzplans durch den Schuldner,** der die Vorprüfung nach § 231 passiert hat, hat ausnahmsweise der Schuldner gem. § 30d Abs. 2 ZVG das Recht, die einstweilige Einstellung der Zwangsversteigerung zu beantragen.[591] Eine Regelung hinsichtlich der Zwangsverwaltung fehlt. Hier kann man wiederum mit der Generalverweisung des § 146 Abs. 1 ZVG, die auf § 30d Abs. 2 ZVG verweist, arbeiten.[592] Vgl. dazu → Rn. 264. 315

Ist **im Insolvenzplan** die Fortführung des schuldnerischen Unternehmens vorgesehen, so ist bei der Prüfung der Werthaltigkeit von Grundpfandrechten der Fortführungswert zugrunde zu legen. Dabei sind die im Wege einer Zwangsverwaltung realisierbaren dinglichen Zinsen zu berücksichtigen.[593] Willenserklärungen im Rahmen von Verfügungen über Grundstücksrechte, die in den Plan aufgenommen sind, gelten gem. § 254a Abs. 1 als formgerecht abgegeben; auch für eventuelle Verpflichtungserklärungen bedarf es gem. § 254a Abs. 3 keiner weiteren Form. 316

Nach rechtskräftiger Planbestätigung wird das Insolvenzverfahren regelmäßig aufgehoben; das Amt des Insolvenzverwalters endet. Für ein Vorgehen nach § 165 ist damit kein Raum mehr. 317

---

582 Nähere Einzelheiten bei Stöber/*Keller*, ZVG, 22. Aufl. 2019, § 9a EGZVG; *Keller* Rpfleger 1994, 194, 198 ff.
583 BVerwGE 130, 134; BGH NZM 2010, 594; dazu auch EGMR v. 17.12.2013 – 36294/08.
584 → 3. Aufl., § 165 Rn. 297 ff.
585 BGBl. 2013 I, 2379.
586 Zur Fortgeltung für Verfahren, die vor diesem Datum begonnen wurden, siehe Art. 103h EGInsO.
587 RegE, BT-Drs. 17/11268, S. 43.
588 Siehe nur Böttcher/*Keller*, ZVG, 6. Aufl. 2016, § 172 Rn. 6; MüKoInsO/*Kern* → § 282 Rn. 18.
589 K. Schmidt/*Sinz* § 165 Rn. 53; *Lwowski/Tetzlaff* WM 1999, 2336, 2344; *Hintzen* Rpfleger 1999, 256, 251.
590 *Vallender* Rpfleger 1997, 353, 356; *Lwowski/Tetzlaff* WM 1999, 2336, 2344.
591 Zur Stellung der Grundpfandgläubiger im Insolvenzplanverfahren umfassend *Smid*, FS Gerhardt, 2004, S. 931.
592 *Eckardt*, Grundpfandrechte im Insolvenzverfahren, 14. Aufl. 2014, Rn. 478.
593 BGH NZI 2005, 619; *Smid* NZI 2005, 613.

IX. Auslandsinsolvenz

318 Der **ausländische Insolvenzverwalter** kann, sofern ihm dies nach seinem Heimatrecht möglich ist (Art. 21 Abs. 1 EuInsVO bzw. § 343 InsO), einen inländischen unbeweglichen Gegenstand zum einen **freihändig verwerten,**[594] wobei für Verfügungen dann deutsches Recht als *lex rei sitae* (Art. 43 Abs. 1 EGBGB) oder bei Luftfahrzeugen oder Schiffen das Recht des Herkunftsstaats (Art. 45 Abs. 1 Nr. 1, 2 EGBGB) gilt,[595] zum anderen die **Zwangsversteigerung oder Zwangsverwaltung** betreiben, die aber ausschließlich nach dem ZVG zu erfolgen hat (Art. 21 Abs. 3 EuInsVO bzw. § 351 Abs. 2 InsO).[596]

319 Gläubiger, die an einem unbeweglichen Gegenstand im Inland ein **Absonderungsrecht** haben, erleiden hinsichtlich dieses Absonderungsrechts durch das ausländische Verfahren **keine Einbuße;** sie können insbesondere trotz dieses Verfahrens weiterhin selbst ihr Absonderungsrecht geltend machen (Art. 8 Abs. 1, Abs. 2 lit. a, Art. 14 EuInsVO bzw. § 351 InsO).[597]

Vorbemerkungen vor §§ 166–173
System der Regelungen in den §§ 166–173

Schrifttum: *Adolphsen*, Die Rechtsstellung dinglich gesicherter Gläubiger in der Insolvenzordnung, in: Kölner Arbeitskreis (Hrsg.), Kölner Schrift zur InsO, 3. Aufl. 2009, Kap. 14, S. 1326; *Andres/Hees*, Weiterveräußerung von Vorbehaltsware im Insolvenzeröffnungsverfahren trotz Erlaubnis, NZI 2011, 881; *d'Avoine*, Feststellung, Verwertung und Abrechnung von Sicherungsgut als „einheitliches Geschäft" des Insolvenzverwalters, ZIP 2012, 58; *Beck*, Zur Umsatzsteuerpflicht der Verwertungskostenpauschale (§ 170 InsO) und eines vereinbarten Masseanteils bei Grundstücksveräußerungen, ZInsO 2006, 244; *ders.*, Umsatzsteuer aus der Verwertungskostenpauschale, ZInsO 2003, 509; *ders.*, Abermals: Umsatzsteuer aus der Verwertungskostenpauschale, ZInsO 2003, 782; *Berger*, Die Verwertung von verpfändeten Aktien in der Insolvenz des Sicherungsgebers, ZIP 2007, 1533; *ders.*, Erweiterter Eigentumsvorbehalt und Freigabe von Sicherheiten, ZIP 2004, 1073; *ders.*, Absonderungsrecht an urheberrechtlichen Nutzungsrechten in der Insolvenz des Lizenznehmers, in: FS Hans-Peter Kirchhof, 2003, S. 1; *ders.*, Nutzung und Verwertung von Lizenzen durch den Insolvenzverwalter – Zustimmung des Lizenzgebers?, in: FS Jobst Wellensiek, 2011, S. 373; *ders.*, Verpfändung und Verwertung globalverbriefter Aktien im Rahmen einer Sanierungstreuhand, ZInsO 2016, 474; *Bitter*, Das Verwertungsrecht des Insolvenzverwalters bei besitzlosen Rechten vor dem BGH: Die Chance für den großen Wurf!, ZInsO 2015, 1521; *ders.*, Das Verwertungsrecht des Insolvenzverwalters bei besitzlosen Rechten und bei einer (Doppel-)Treuhand am Sicherungsgut, ZIP 2015, 2249; *ders./Alles*, Das Verwertungsrecht des Insolvenzverwalters gemäß § 166 Abs. 1 InsO bei verpfändeten globalverbrieften Aktien, KTS 2013,113; *von Bismarck/Schümann-Kleber*, Insolvenz eines ausländischen Sicherungsgebers – Anwendung deutscher Vorschriften auf die Verwertung in Deutschland belegener Kreditsicherheiten, NZI 2005, 147; *Bork*, Die Verbindung, Vermischung und Verarbeitung von Sicherungsgut durch den Insolvenzverwalter, in: FS Gaul, 1997, S. 71; *von Buchwaldt*, Die „Insolvenz in der Eigenverwaltung" – auf die richtige Vorbereitung kommt es an, BB 2015, 3017; *Burgard/Tetzlaff*, Bevorzugung einzelner Sicherungsgläubiger durch den Insolvenzverwalter zulässig!, ZInsO 2011, 617; *Cranshaw/Welsch*, Kalte bzw. stille Zwangsvollstreckung – Vorteile und Zweifelsfragen, DZWIR 2017, 101; *Dahl*, Die Behandlung der Kostenbeiträge nach §§ 170, 171 InsO bei Übersicherung des Sicherungsgläubigers unter besonderer Berücksichtigung des Sicherheitenpools, NZI 2004, 615; *Dobler*, Der BFH als Finanzierungshindernis?, ZInsO 2011, 1775; *Drobnig*, Die Kreditsicherheiten im Vorschlag der Insolvenzrechtskommission, ZGR 1986, 252; *Drukarczyk*, Mobiliargesicherte Gläubiger, Verfahrensbeitrag im Insolvenzverfahren und Kreditkonditionen, WM 1992, 1136; *ders.*, Unternehmen und Insolvenz, 1987; *Drukarczyk/Duttle*, Zur geplanten Behandlung von Mobiliarsicherheiten im Konkurs, ZIP 1984, 280; *Drukarczyk/Duttle/Riegert*, Mobiliarsicherheiten, 1985; *Duttle*, Ökonomische Analyse dinglicher Sicherheiten, 1986; *Eckardt*, Die Ausübung von Mobiliarsicherheiten in der Unternehmenskrise, ZIP 1999, 1734; *Eckert*, Umsatzsteuerliche Neuregelungen ab 2004 und Auswirkungen auf die Insolvenzpraxis, ZInsO 2004, 702; *Ehlenz*, Zum Umfang der Verwertungskosten i. S. v. § 171 InsO, ZInsO 2003, 165; *Elfring*, Die Verwertung verpfändeter und abgetretener Lebensversicherungsansprüche in der Insolvenz des Versicherungsnehmers, NJW 2005, 2192; *Elz*, Verarbeitungsklauseln in der Insolvenz des Vorbehaltskäufers – Aussonderung oder Absonderung, ZInsO 2000, 378; *Fischer*, Aktuelle insolvenzrechtliche Entscheidungen des Bundesgerichtshofs außerhalb des Anfechtungsrechts, WM 2007, 813; *Flöther*, Die Anfechtung zugunsten des Sicherungszessionars – oder: Kann die Masse durch eine Anfechtung ungerechtfertigt bereichert sein?, ZInsO 2016, 74; *ders./Wehner*, Die Globalzession im Insolvenzeröffnungsverfahren, NZI 2011, 554; *Foerste*, Bürgenhaftung in Fällen des § 168 III InsO, NZI 2006, 275; *Ganter*, Die Verwertung von Gegenständen mit Absonderungsrechten im Lichte der Rechtsprechung des IX. Zivilsenats des BGH, ZInsO 2007, 841; *ders.*, Betriebsfortführung durch den vorläufigen Verwalter trotz Globalzession?, NZI 2010, 551; *ders.*, Besondere Haftungsrisiken des Insolvenzverwalters bei der Verwertung von Sicherungsgut, in: FS Jobst Wellensiek, 2011, S. 399; *ders.*, Zweifelsfragen bei der Ersatzaussonderung und Ersatzabsonderung, NZI 2005, 1; *ders.*, Aktuelle

[594] AA *Haas*, FS Gerhardt, 2004, S. 319, 338.

[595] *Leible/Staudinger* KTS 2000, 533, 562; Gottwald/*Kolmann/Keller*, InsO-HdB, § 132 Rn. 53.

[596] Mohrbutter/Ringstmeier/*Wenner*, Handbuch Insolvenzverwaltung, Kap. 20 Rn. 272. Art. 102c § 10 Satz 2 EGInsO gilt nur für die Antragsberechtigung des ausländischen Verwalters, nicht für das Verfahren selbst, vgl. MüKoBGB/*Kindler*, EGInsO, 7. Aufl. 2018, Art. 102c § 10 Rn. 4 f.

[597] Exemplarisch OLG Stuttgart ZInsO 2007, 611 (Fall vor Inkrafttreten der EuInsVO).

Probleme des Kreditsicherungsrechts, WM 2006, 1081; *ders.*, Die Sicherungsübereignung von Windkraftanlagen als Scheinbestandteil eines fremden Grundstücks, WM 2002, 105; *ders.*, Die betriebliche Altersversorgung in der Unternehmensinsolvenz, NZI 2013, 769; *ders.*, Versicherungsrechtliche Lösungen zur betrieblichen Altersversorgung in der Unternehmensinsolvenz, VersR 2013, 1078; *ders.*, Zahlungsvergleiche über globalzedierte Forderungen in der Insolvenz, ZIP 2014, 53; *ders.*, Der Anspruch des Absonderungsberechtigten auf Auskehr des Verwertungserlöses nach § 170 Abs. 1 Satz 2 InsO, ZInsO 2016, 2119; *ders.*, Das Sicherheitenpool-Syndrom und sein „Heilungsprozess", ZIP 2017, 2277; *ders./Brünink*, Insolvenz und Umsatzsteuer aus zivilrechtlicher Sicht, NZI 2006, 257; *ders./Bitter*, Rechtsfolgen berechtigter und unberechtigter Verwertung von Gegenständen mit Absonderungsrechten durch den Insolvenzverwalter – Eine Analyse des Verhältnisses von § 48 zu § 170 InsO, ZIP 2005, 93; *Gaul*, Verwertungsbefugnis des Insolvenzverwalters bei Mobilien trotz Sicherungsübereignung und Eigentumsvorbehalt, ZInsO 2000, 256; *Gehrlein*, Be- und Verwertung von Kreditsicherheiten des Umlaufvermögens, ZInsO 2016, 483; *Gessner*, Zahlungsvergleiche über globalzedierte Forderungen in der Insolvenz, ZIP 2012, 455; *Gomille*, Die Zuweisung der Nutzungen aus der zur Sicherheit übereigneten Sache, WM 2010, 1207; *Graeber*, Vergütungsrecht in der Insolvenzpraxis: Nichtigkeit des § 11 Abs. 1 Satz 2 InsVV: Die Nichtberücksichtigung von Gegenständen mit Aus- und Absonderungsrechten in der Berechnungsgrundlage eines vorläufigen Insolvenzverwalters bei einer nicht erheblichen Befassung ist gesetzeswidrig, ZInsO 2018, 1292; *Grub*, Die Zinspflicht nach § 169 InsO – eine wirtschaftlich und rechtlich unsinnige Regelung, DZWIR 2002, 441; *ders.*, Die Macht der Banken in der Insolvenz, DZWIR 1999, 133; *Gundlach/Schirrmeister*, Die aus- und absonderungsfähigen Gegenstände in der Verwaltung, NZI 2010, 176; *Gundlach/Frenzel/Jahn*, Die Einziehungsermächtigung und der vorläufige Insolvenzverwalter, NZI 2010, 336; *dies.*, Die Absonderungsfähigkeit von Zinsforderungen, die nach Insolvenzeröffnung entstehen – zugleich ein Beitrag zu § 169 InsO, ZInsO 2009, 467; *Gundlach/Frenzel/Schirrmeister*, Die Bedeutung des Besitzmittlungswillens im Rahmen des § 166 Abs. 1 InsO, NZI 2007, 327; *Gundlach/Frenzel/Schmidt*, Die Rechtsstellung des Absonderungsberechtigten im Falle der Verwertung eines Gegenstands gem. §§ 166 ff. InsO, ZInsO 2001, 537; *dies.*, Die Anwendbarkeit der §§ 170, 171 InsO bei der Verwertung von Lebensversicherungen durch den Sicherungsnehmer, ZInsO 2002, 352; *dies.*, Die Einflussnahme auf die Kostenbeteiligungspflicht eines Absonderungsberechtigten gem. §§ 170, 171 InsO, NZI 2002, 530; *dies.*, Die Anfechtbarkeit von Forderungseinziehungen durch den Sicherungsnehmer vor Insolvenzeröffnung, NZI 2004, 305; *dies.*, Das Auskunftsrecht des § 167 InsO, KTS 2001, 241; *dies.*, Die Mitteilungspflicht des § 168 InsO, DZWIR 2001, 18; *Haarmeyer*, Grenzen zulässiger Verwertungs- und Abwicklungsmaßnahmen im Insolvenzeröffnungsverfahren, in: FS Gerhart Kreft, 2004, S. 279; *Haas/Scholl*, Hinweispflicht und Hinweispflicht auf alternative Verwertungsmöglichkeiten gem. § 168 InsO, NZI 2002, 642; *Häcker*, Abgesonderte Befriedigung aus Rechten, 2001; *ders.*, Verwertungs- und Benutzungsbefugnis des Insolvenzverwalters für sicherungsübertragene gewerbliche Schutzrechte, ZIP 2001, 995; *ders.*, Die Empfangszuständigkeit des Sicherungszessionars für sicherungshalber abgetretene Geldforderungen im eröffneten Insolvenzverfahren, NZI 2002, 409; *Haunschild*, Verwertungsrecht des Insolvenzverwalters und Kostenbeiträge der Gläubiger nach §§ 165 ff. InsO, DZWIR 1999, 60; *Heeseler*, Kompensation der Kostenbeiträge gem. §§ 170, 171 InsO durch den Verwertungserlös, ZInsO 2002, 924; *Hellmich*, Zur Zinszahlungspflicht des Insolvenzverwalters nach § 169 InsO, ZInsO 2005, 678; *Hergenröder*, Erklärung des Insolvenzverwalters nach § 35 Abs. 2 InsO und Arbeitsverhältnis, DZWIR 2013, 251; *Hölzle*, Die Fortführung von Unternehmen im Insolvenzeröffnungsverfahren, ZIP 2011, 1889; *Hofmann*, Die Sachversicherung von Sicherungsgut in der Insolvenz des Sicherungsgebers, KTS 2015, 55; *Huber*, Finanzierungsoptionen für ein Kreditinstitut im Insolvenzeröffnungsverfahren – unter besonderer Berücksichtigung der unechten Massekredite, NZI 2014, 439; *Hüttig*, Einheitliches Grundkollisionrecht bei Realsicherheiten, 2016; *Humbeck*, Kosten der Verwertung des Vorratsvermögens bei Unternehmensfortführung, DZWIR 2003, 283; *Jacoby*, Doppeltreuhand in der Insolvenz des Treugebers, in: FS Bruno M. Kübler, 2015, S. 309; *Janca*, Der Lebensversicherungsvertrag im Insolvenzverfahren, ZInsO 2003, 449; *Johlke/Jensen*, Die Globalzession in der vorläufigen Insolvenzverwaltung – Fortführungsauftrag und Absonderungspflicht im Insolvenzverfahren, in: FS Jobst Wellensiek, 2011, S. 563; *Jonek*, Der Lieferantenpool im Insolvenzverfahren, in: FS Jobst Wellensiek, 2011, S. 415; *Kahlert*, Insolvenzrecht und Steuerrecht – Gemeinsam für ein wettbewerbsfähiges Insolvenzrecht, ZIP 2014, 1101; *Kier*, Die Verwertung von Lebensversicherungsverträgen im Insolvenzverfahren, Insbüro 2004, 122; *Klasmeyer/Elsner/Ringstmeier*, Ausgewählte Probleme bei der Verwertung von Mobiliarsicherheiten, in: Kölner Schrift zur InsO, 2. Aufl. 2000, S. 1083; *Kollmann*, Die Umsetzung der Richtlinie 2002/47/EG vom 6. Juni 2002 über Finanzsicherheiten in das deutsche Recht, WM 2004, 1012; *Kreft*, Zur Bedeutung des § 21 Abs. 2 Satz 1 Nr. 5 InsO für die Einziehungs- und Veräußerungsbefugnisse des Schuldners und des vorläufigen Insolvenzverwalters bei globalen Sicherungsübertragungen oder Eigentumsvorbehalten, in: FS Klaus Wimmer, S. 386; *Kroth*, Steuerrecht versus Insolvenzrecht oder: (Wider) die Auferstehung des Fiskalprivilegs ?, NZI 2004, 345; *Kuder*, Besitzlose Mobiliarsicherheiten im Insolvenzverfahren nach dem geänderten § 21 InsO, ZIP 2007, 1690; *Kuhmann/Gerbers*, Massebeiträge im Antragsverfahren: Nur für den Einzug von zur Sicherheit abgetretenen Forderungen ?, ZInsO 2004, 1179; *Lau/Schlicht*, Zum Recht des Insolvenzverwalters zur Verwertung eines verpfändeten Unternehmensanteils bei Bestand einer Doppeltreuhand, DB 2016, 463; *Laumen/Vallender*, Beweisführung und Beweislast im Insolvenzverfahren, NZI 2016, 609; *Leiner*, Die Sicherungszession in der Krise, ZInsO 2006, 460; *Lissner*, Vergütungsfestsetzung (des Verwalters) im Fokus – worauf achten die Gerichte? – Teil I, ZInsO 2018, 1555; *Lwowski*, Die anfängliche Übersicherung als Grund für die Unwirksamkeit von Sicherheitenbestellungen (§ 138 BGB), in: FS Schimansky, 1999, S. 389; *Lwowski/Fischer/Gehrlein*, Das Recht der Kreditsicherung, 10. Aufl. 2018; *Lwowski/Heyn*, Die Rechtsstellung des absonderungsberechtigten Gläubigers nach der InsO, WM 1998, 473; *Lwowski/Hoes*, Markenrechte in der Kreditpraxis, WM 1999, 771; *Lwowski/Tetzlaff*, Verwertung von Absonderungsgut im Besitz des Insolvenzverwalters, in: FS Fischer, 2008, S. 365; *dies.*, Verwertungsrecht des Insolvenzverwalters oder Eigenverwertungsrecht des Sicherungsgläubigers – Die „Schicksalsfrage“ im Rahmen der Verwertung von Unternehmensbeteiligungen und Immaterialgüterrechten, in: FS Ganter, 2010, S. 281; *Madaus/Knauth*, Die Wirkungsweise des Schutzes von Sanierungsfinanzierungen durch eine Restrukturierungsrichtlinie am Beispiel des unechten Massekredits, ZIP 2018, 149; *Markgraf/Remuta*, Alternativen zum freihändigen Verkauf nach § 166 Abs. 1 InsO, ZInsO 2018, 841; *Marx/Salentin*, § 13c UStG nF – Eine Gefahr für Sicherungszessionen als Instrument zur Beschaffung von (Waren-)Krediten und als Sicherheit für Lieferanten ?, NZI 2005, 258; *Marotzke*, Die dinglichen Sicherheiten im neuen Insolvenzrecht, ZZP 109 (1996), 429; *Maus*, Umsatzsteuerrechtliche Folgen der Sicherheitenverwertung in der Insolvenz, ZIP 2000, 339; *ders.*, Umsatzsteuer bei Sicherheitenverwertung durch den Gläubiger im Insolvenzverfahren, ZInsO 2005, 82; *Meyer-Löwy/Pickerill*, Das Verwertungsrecht des Insolvenzverwalters bei verpfändeten Geschäftsanteilen, GmbHR 2016, 953; *Mikolajczak*, Die Haftung des Gesellschafters für doppelbesicherte Darlehen – Was folgt aus dem Nachrang des Freistellungsanspruchs?, ZIP 2011, 1285; *Mitlehner*, Verwertungsvereinbarungen im Insolvenzverfahren, ZIP 2012, 649; *ders.*, Wirkung der Eröffnung des Insolvenzverfahrens auf Kreditsicherungsrechte an Immobilien, Sachen, Rechten und Forderungen, ZIP 2015, 60; *Molitoris*, Insolvenzanfechtung und die Haftung des kontoführenden Instituts nach § 13c UStG, ZInsO 2006, 804; *Mönning*, Verwertung und Nutzung von Gegenständen mit Absonderungsrechten, in: FS Uhlenbruck, 2000, S. 244; *Obermüller*, Kostenbeiträge und Ausgleichsansprüche bei Verwertung von Mobiliarsicherheiten, NZI 2003, 416; *ders.*, Anglerlatein oder – Der Widerstand gegen die Umsetzung der Finanzsicherheitenrichtlinie, ZIP 2003, 2336; *ders.*, Die Kreditklemme und der Niedergang der Kreditsicherheiten, NZI 2010, 201; *ders.*, Umsatzsteuer bei der Verwertung sicherungsübereigneter Gegenstände vor dem Hintergrund eines Insolvenzverfahrens, ZInsO 1999, 249; *von Olshausen*, Die wundersame Entstehung eines Anspruchs auf Herausgabe von Nutzungen zu Gunsten des nicht nutzungsberechtigten Sicherungseigentümers, ZIP 2007, 1145; *Onusseit*, Die insolvenzrechtlichen Kostenbeiträge unter Berücksichtigung ihrer steuerrechtlichen Konsequenzen sowie Massebelastungen durch Grundstückseigentum, ZIP 2000, 777; *ders.*, Erneut: Die Bemessungsgrundlage für die Kostenpauschalen des § 171 InsO, ZInsO 2007, 247; *Pape*, Einziehungsrecht des Insolvenzverwalters bei sicherungshalber abgetretenen Forderungen, NZI 2000, 301; *Pöggeler*, Die sicherungsübereignete oder vertraglich verpfändete Marke in der Insolvenz des Sicherungsgebers, WRP 2002, 1241; *Peters*, Wem gehören die Windkraftanlagen auf fremdem Grund und Boden?, WM 2002, 110; *ders.*, Pool-Verträge in der Unternehmenskrise, ZIP 2000, 2238; *Piekenbrock*, Abtretungsausschlüsse von Gesellschaften bürgerlichen Rechts in der Insolvenz, NJW 2007, 1247; *ders.*, Zum Wert der Globalzession in der Insolvenz, WM 2007, 141; *Primozic/Tautorat*, Die Problematik der „vorgezogenen“ Verpfändungsanzeige, NZI 2010, 49; *Primozic/Voll*, Zur Frage eines Verwertungsrechts des Insolvenzverwalters bei verpfändeten Unternehmensbeteiligungen, NZI 2004, 363; *Ries*, § 13b I 1 Nr. 2 UStG – Ende aller Diskussion (!?), ZInsO 2010, 689; *ders.*, Noch einmal: Umsatzsteuer bei Verwertung beweglicher Gegenstände eines Unternehmens im vorläufigen Verfahren, ZInsO 2003, 599; *ders.*, § 13b Abs. 1 Nr. 1 UStG – Lieferung sicherungsübereigneter Gegenstände an den Sicherungsnehmer außerhalb des Insolvenzverfahrens, ZInsO 2005, 230; *ders.*, Der Wunsch des Absonderungsgläubigers nach Eigenverwertung, ZInsO 2007, 62; *Riggert*, Die Raumsicherungsübereignung: Bestellung und Realisierung unter den Bedingungen der InsO, NZI 2000, 241; *ders.*, Der Lieferantenpool im neuen Insolvenzrecht, NZI 2000, 525; *Ruzik*, Finanzmarktintegration durch Insolvenzrechtsharmonisierung, Diss. 2010; *von Saucken/Keding*, Der Handel von Schuldverschreibungen im laufenden Insolvenzverfahren – Wege aus der Insiderfalle, NZI 2015, 681; *Schlegel*, Der Verwalter als Zahlstelle nach § 166 InsO, NZI 2003, 17; *Schlaegel*, Die Finanzsicherheiten-Richtlinie (2002/47/EG) und ihre Umsetzung in das deutsche Recht, Diss. 2008; *Schlichting*, Die Befugnisse des Insolvenzverwalters gegenüber den besitzenden Pfandrechtsgläubigern, NZI 2000, 206; *Schmidt*, Verjährung von Ansprüchen gegen den Insolvenzverwalter auf Auskehr des Sicherheitenerlöses, ZInsO 2005, 422; *Schmittmann*, Umsatzsteuer aus Einzug von Altforderungen nach Insolvenzeröffnung, ZIP 2011, 1125; *Seger/Tetzlaff*, Aushebelung des Wahlrechts des Insolvenzverwalters durch horizontale Verlängerungsformen des Eigentumsvorbehalts. Überlegungen zur Unwirksamkeit der Vereinbarung eines Kontokorrentvorbehalts, ZInsO 2012, 427; *Sessig/Fischer*, Das Verwertungsrecht des Insolvenzverwalters bei beweglichem Sicherungsgut, ZInsO 2011, 618; *Seybold/Wendt*, Der „Insolvenz“-Senat des BGH und das Trennungsprinzip in der Haftpflichtversicherung, VersR 2011, 458; *Siebert*, Die Verwertung sicherungsübereigneter beweglicher Gegenstände einer Organgesellschaft und Dritter im Umsatzsteuerrecht, NZI 2005, 665; *ders.*, Verwertung von Pfändern im Umsatzsteuerrecht, NZI 2007, 17; *Sinz/Hiebert*, Verwertung der Betriebs- und Geschäftsausstattung eines selbstständig tätigen Insolvenzschuldners – zur Reichweite des § 811 Nr. 5 ZPO, ZInsO 2012, 63; *dies.*, § 21 II Nr. 5 InsO – Nutzung ohne Gegenleistung zulässig?, ZInsO 2011, 798; *Sinz*, Leasing und Factoring im Insolvenzverfahren, in: Kölner Schrift zur InsO, 3. Aufl. 2009, Kap. 14, S. 403; *Smid*, Globalzession der Forderungen und Liquidität des schuldnerischen Unternehmensträgers nach Antragstellung, WM 2004, 2373; *ders.*, Struktur und systematischer Gehalt des deutschen Insolvenzrechts in der Judikatur des IX. Zivilsenats des Bundesgerichtshofs (Teil II), DZWIR 2004, 265; *ders.*, Zwangsvollstreckung und Passivprozess durch Sicherungsnehmer als Gläubiger und Kläger in der Insolvenz des Sicherungsgebers, ZInsO 2001, 433; *ders.*, Lieferantenpools im neuen Insolvenzrecht, NZI 2000, 505; *ders.*, Probleme der Verwertungsbefugnis des Insolvenzverwalters am Absonderungsgut, WM 1999, 1141; *ders.*, Struktur und systematischer Gehalt des deutschen Insolvenzrechts in der Judikatur des IX. Zivilsenats des Bundesgerichtshofs (IV), DZWIR 2006, 1; *Sponagel*, Gläubigerinformation im Insolvenzverfahren, DZWIR 2011, 270; *Stamm*, Der Sündenfall des § 48 InsO und die verbotene Frucht der Ersatzabsonderung, KTS 2015, 461; *Stiller*, Durchsetzung von Haftpflichtansprüchen in der Insolvenz des Versicherungsnehmers, ZInsO 2003, 207; *Strotmann/Tetzlaff*, Besicherung von Massekrediten aus Sicht des Kreditinstituts, ZInsO 2011, 559; *Tetzlaff*, Verschiedene Möglichkeiten für die Auflösung einer Kollision zwischen Eigentumsvorbehalt und Globalzession, ZInsO 2009, 1092; *ders.*, Probleme bei der Verwertung von Grundpfandrechten und Grundstücken im Insolvenzverfahren, ZInsO 2004, 521; *ders.*, Prozessuale Durchsetzung der Unwirksamkeit von Sicherheitenbestellungen wegen anfänglicher Übersicherung,

DZWIR 2003, 453; *ders.*, Die anfängliche Übersicherung, ZIP 2003, 1826; *ders.*, Verwertung von Pfandrechten an Unternehmensbeteiligungen durch eine öffentliche Versteigerung und freihändige Veräußerung, ZInsO 2007, 478; *Thole*, Zivilprozessuale Probleme des Absonderungsrechts aus § 110 VVG n.F. in der Insolvenz des Versicherungsnehmers, NZI 2011, 41; *ders.*, Das Absonderungsrecht aus § 110 VVG – sprachliche Verwirrungen und offene Fragen, NZI 2013, 665; *ders.*, Die doppelnützige Sanierungstreuhand in der Insolvenz, KTS 2014, 45; *Thume*, Entschädigungsansprüche bei Insolvenz des haftpflichtversicherten Schädigers, VersR 2006, 1318; *Tresselt*, Verwertungsrecht des Insolvenzverwalters an verpfändeten Unternehmensanteilen bei Bestand einer doppelnützigen Treuhand, DB 2016, 514; *Trowski*, Der „unechte" Massekredit in der vorläufigen Eigenverwaltung nach § 270a InsO aus Sicht der finanzierenden Bank, WM 2014, 1257; *Uhlenbruck*, Auskunftspflicht des Insolvenzverwalters gegenüber dem Vermieter des insolventen Schuldners, NZI 2004, 212; *Undritz*, Doppeltreuhand und das Verwertungsrecht des Insolvenzverwalters, BB 2016, 74; *Vosberg*, Die Kautionsversicherung in der Insolvenz des Unternehmers, ZIP 2002, 968; *Wallner*, Sonstige Rechte in der Verwertung nach den §§ 166 ff. InsO, ZInsO 1999, 453; *Weber*, Umsatzsteuerrechtliche Behandlung der Verwertungskostenpauschale, ZInsO 2003, 782; *de Weerth*, Bemessungsgrundlage für Kostenpauschalen nach § 171 InsO – Entgelt oder Preis?, ZInsO 2007, 70; *ders.*, Die Verwertung sicherungsübereigneter Gegenstände nach Inkrafttreten der Insolvenzrechtsreform im Blickwinkel des Umsatzsteuerrechts, BB 1999, 821; *ders.*, Zu Auswirkungen der Steuerhaftung nach § 13c UStG, ZInsO 2004, 190; *ders.*, Umsatzsteuer bei der Verwertung sicherungsübereigneter Gegenstände, ZInsO 2003, 246; *ders.*, Zur zivil- und umsatzsteuerrechtlichen Beurteilung der Verwertung sicherungsübereigneter Gegenstände durch den Insolvenzverwalter, NZI 2001, 74; *ders.*, Zu Auswirkungen der Steuerhaftung nach § 13c UStG – Insbesondere auf die Insolvenzpraxis, ZInsO 2004, 190; *ders.*, Insolvenzrechtliche Kostenbeiträge und Umsatzsteuer, ZInsO 2004, 899; *ders.*, Dreifachumsatz bei Verwertung sicherungsübereigneter Gegenstände im eröffneten Insolvenzverfahren?, NZI 2014, 597; *ders.*, Die „neue Welt" zur Umsatzsteuer bei Insolvenz und insbesondere bei der Sicherungsgutverwertung, NZI 2015, 884; *Wegner/Köke*, Der Bestand der Forderungszession niedergelassener Ärzte in der Insolvenz, ZVI 2003, 382; *Weis*, Kostenpauschalen für die Insolvenzmasse bei Verwertung von Lebensversicherungen, ZInsO 2002, 170; *Wellensiek*, Die Aufgaben des Insolvenzverwalters nach der InsO, in: Kölner Schrift zur InsO, 3. Aufl. 2009, Kap. 7, S. 208; *Welte/Friedrich-Vache*, Masseverbindlichkeit bei Entgeltvereinnahmung für vorinsolvenzlich ausgeführte Leistungen: Chancen und Risiken der geänderten Rechtsprechung des BFH, ZIP 2011, 1595; *Weßling/Romswinkel*, Erste Anmerkungen zu § 13c UStG nF in der Insolvenz, ZInsO 2004, 193; *Wiche/Wendler*, Einziehungs- und Verwertungsverbot nach § 21 II 1 Nr. 5 InsO – Ein Überblick zur praktischen Anwendung der Norm, ZInsO 2011, 1530; *Wimmer*, Die Umsetzung der Finanzsicherheitenrichtlinie, ZInsO 2004, 1; *Wittig*, Auswirkungen der Schuldrechtsreform auf das Insolvenzrecht, ZInsO 2003, 629; *Zahn*, Die Rechte der Bank in der Insolvenz der Leasinggesellschaft bei Doppelstock-Refinanzierung, DB 2003, 2371; *Zahn*, Sicherungseigentum der Bank in der Insolvenz der Leasinggesellschaft, ZIP 2007, 365; *Zimmer*, Das Tilgungsbestimmungsrecht des Insolvenzverwalters bei Erlösauskehr nach Verwertung von Absonderungsgut, ZInsO 2010, 1261.

Übersicht

A. Verwertung von Absonderungsrechten unter dem Regime der KO

I. Gesetzliche Regelungen

1 § 166 InsO, der das Verwertungsrecht an mit Absonderungsrechten belasteten Gegenständen weitgehend auf den Insolvenzverwalter überträgt, löste § 127 KO als Vorgängerregelung ab. Schon die Regelung des § 127 Abs. 1 KO sah ein grundsätzliches **Verwertungsrecht des Konkursverwalters** vor.[1] Der Konkursverwalter war gem. § 127 Abs. 1 KO berechtigt, die Verwertung eines zur Masse gehörigen beweglichen Gegenstandes, an welchem ein Gläubiger ein durch Rechtsgeschäft bestelltes Pfandrecht oder ein diesem gleichstehendes Recht beanspruchte, nach Maßgabe der Vorschriften über die Zwangsvollstreckung oder über den Pfandverkauf zu betreiben. Dabei konnte der Gläubiger einer solchen Verwertung nicht widersprechen, sondern nur Rechte am Erlös geltend machen.

2 § 127 Abs. 2 KO sah indessen vor, dass im Falle einer **Befugnis des Gläubigers zur Verwertung** das Konkursgericht dem Gläubiger auf Antrag des Verwalters eine Frist setzen konnte. Eine solche Befugnis zur Befriedigung ohne gerichtliches Verfahren hatten zum einen Gläubiger, denen ein rechtsgeschäftliches Pfandrecht nach den Vorschriften des BGB oder HGB (§§ 1221, 1224, 1228, 1233 Abs. 1, 1234–1240, 1245, 1257 BGB, §§ 368, 398, 399, 407 Abs. 2, 419, 623 Abs. 3, 627 Abs. 2 HGB) zustand. Zum anderen entnahm man § 127 Abs. 2 Satz 1 KO die Zulässigkeit von Vereinbarungen, wonach der absonderungsberechtigte Gläubiger befugt war, sich aus dem Gegenstand ohne gerichtliches Verfahren zu befriedigen. Die Praxis machte von dieser Möglichkeit regen

[1] Uhlenbruck/*Brinkmann* § 166 Rn. 4; *Gerhardt*, Gedächtnisschrift Arens, 1993, S. 127 ff.; Jaeger/*Eckardt* § 166 Rn. 223.

Gebrauch und vereinbarte regelmäßig in den AGB das Selbstverwertungsrecht des Gläubigers. In der Konzeption des § 127 KO bildete die Verwertung durch Zwangsvollstreckung oder Pfandverkauf (Abs. 1) mithin den Regelfall, die freihändige Verwertung (Abs. 2) die Ausnahme. In der Praxis kehrte sich dieses Regel-/Ausnahme-Verhältnis um.[2]

Der **Konkursverwalter** konnte im Fall des § 127 Abs. 2 KO auf die Durchführung der Verwertung durch den absonderungsberechtigten Gläubiger **kaum Einfluss** nehmen. Das Konkursgericht konnte auf Antrag des Verwalters dem Gläubiger lediglich eine **Frist** für die **Verwertung** setzen. 3

II. Tatsächliche Durchführung der Verwertung

1. Durchführung der Verwertung durch den Gläubiger. Im Regelfall wurde unter dem Regime der KO die **Verwertung durch den absonderungsberechtigten Gläubiger** vorgenommen. Der Sicherungsnehmer, der das Sicherungsgut nicht im Besitz hatte, konnte nach hM seine Berechtigung zur freihändigen Verwertung auf die Sicherungsvereinbarung stützen, auch wenn diese nur eine Verwertung im Wege des Pfandverkaufs zuließ.[3] Der Sicherungsnehmer musste – falls der Konkursverwalter das Absonderungsrecht bestritt oder sich aus anderen Gründen nicht zur Herausgabe bereitfand – die Masse auf Herausgabe und Duldung der Verwertung verklagen.[4] Ein Selbsthilferecht des Sicherungsnehmers wurde von der hM[5] abgelehnt, auch wenn sich der Sicherungsnehmer in der Sicherungsabrede eine derartige Befugnis hatte einräumen lassen.[6] Die tatsächliche Praxis war hingegen teilweise durch **„Nacht- und Nebelaktionen"** der Sicherungsgläubiger geprägt.[7] Ein derartiges Verhalten der gesicherten Gläubiger konnte nur im geringen Umfang sanktioniert werden.[8] 4

In den Fällen, in denen das Eigenverwertungsrecht durch die gesicherten Gläubiger ausgeübt wurde, kam es in Einzelfällen zu einer erheblichen **Schmälerung der Verwertungserlöse,** weil der Konkursverwalter nicht den günstigsten Zeitpunkt und die günstigste Art der Verwertung bestimmen konnte und vor allem an Gesamtverwertungen, insbesondere des Unternehmens, gehindert war.[9] Erzielten die Absonderungsberechtigten bei der von ihnen vorgenommenen Verwertung Erlöse, die ihre Ansprüche überstiegen, so wurden die **fehlenden Kontrollmöglichkeiten** des Verwalters im Hinblick darauf, dass der gesicherte Gläubiger den Überschuss an die Masse auskehrt,[10] bemängelt.[11] 5

In einer großen Zahl von Fällen wurde die Verwertung aufgrund einer Ermächtigung der Sicherungsgläubiger durch den Konkursverwalter vorgenommen.[12] Im Zusammenhang mit einer solchen Ermächtigung wurden zwischen dem Sicherungseigentümer und dem Konkursverwalter Verwertungsvereinbarungen geschlossen.[13] 6

2. Kostenbelastung der Konkursmasse. a) Kosten der Feststellung. Die Ermittlung der Berechtigten, die Verwahrung sowie die Bereitstellung der zu verwertenden Gegenstände verursachten erhebliche Kosten.[14] Diese Kosten fielen grundsätzlich der Masse zur Last, dh der Konkursverwalter hatte gegenüber dem absonderungsberechtigten Gläubiger **keine Aufwendungsersatzansprüche.**[15] Im Falle einer Verwertung durch den gesicherten Gläubiger waren diese Kosten zu ihrem größten Teil endgültig durch die Masse und damit von den **ungesicherten Gläubigern,** die eine **Schmälerung ihrer Quote** hinnehmen mussten, zu tragen, während bei Übernahme der Verwer- 7

---

2 *Kuhn/Uhlenbruck*, KO, 11. Aufl. 1994, § 127 Rn. 1; Jaeger/*Eckardt* § 166 Rn. 23.

3 HM, vgl. HKInsO/*Landfermann* § 166 Rn. 1; *Kuhn/Uhlenbruck*, KO, 11. Aufl. 1994, § 127 Rn. 16; *Gottwald*, InsO-HdB, 1. Aufl. 1990, § 44 Rn. 80; *Serick*, Eigentumsvorbehalt und Sicherungsübertragung, Bd. III, 1970, § 35 I 2 a, b; aA *Häsemeyer*, Insolvenzrecht, 1. Aufl. 1992, S. 264 mwN.

4 *Kuhn/Uhlenbruck*, KO, 11. Aufl. 1994, § 127 Rn. 16d; *Gottwald*, InsO-HdB, 1. Aufl. 1990, § 44 Rn. 79.

5 *Serick*, Eigentumsvorbehalt und Sicherungsübertragung, Bd. III, 1970, § 35 I 4c; *Kuhn/Uhlenbruck*, KO, 11. Aufl. 1994, § 127 Rn. 16d; *Gottwald*, InsO-HdB, 1. Aufl. 1990, § 44 Rn. 79.

6 *Gottwald*, InsO-HdB, 1. Aufl. 1990, § 44 Rn. 79 mwN.

7 Vgl. dazu auch *Kuhn/Uhlenbruck*, KO, 11. Aufl. 1994, § 127 Rn. 16d.

8 Vgl. dazu *Gottwald*, InsO-HdB, 1. Aufl. 1990, § 44 Rn. 81 mwN.

9 *Häsemeyer*, Insolvenzrecht, 1. Aufl. 1992, S. 264.

10 Der Sicherungsnehmer war verpflichtet, einen bei der Verwertung des Sicherungsguts erzielten Überschuss über seine gesicherten Forderungen an die Konkursmasse abzuliefern, vgl. *Lwowski* ZIP 1980, 953, 957; *Gottwald,* InsO-HdB, 1. Aufl. 1990, § 44 Rn. 78.

11 *Häsemeyer*, Insolvenzrecht, 1. Aufl. 1992, S. 264.

12 In diesem Fall stützte sich der Konkursverwalter nicht auf sein eigenes Verwertungsrecht, sondern leitete sein Verwertungsrecht vom absonderungsberechtigten Gläubiger ab, vgl. *Gottwald*, InsO-HdB, 1. Aufl. 1992, § 44 Rn. 82.

13 → Rn. 52 ff.

14 *Häsemeyer*, Insolvenzrecht, 1. Aufl. 1992, S. 264.

15 HM, vgl. *Kuhn/Uhlenbruck*, KO, 11. Aufl. 1994, § 127 Rn. 16b mwN.

tung durch den Konkursverwalter durch Verwertungsvereinbarungen zwischen den Sicherungsgläubigern und dem Verwalter die Belastung der Masse mit den Kosten verhindert werden konnte.

8 **b) Umsatzsteuer bei der Verwertung von Sicherungseigentum.** Ein besonderer Kostenfaktor, der die Masse bei der Verwertung von Sicherungsgut traf, war der Anfall von Umsatzsteuer.[16] Dabei war zwischen den verschiedenen Verwertungsmöglichkeiten wie folgt zu unterscheiden:

9 **aa) Verwertung durch den Sicherungsnehmer.** Verwertete der Sicherungsnehmer das Sicherungsgut gem. § 127 Abs. 2 KO selbst, so lagen nach der von der ständigen Rechtsprechung des BFH[17] vertretenen **Theorie der Doppellieferung** zwei umsatzsteuerrelevante Lieferungen[18] vor, wobei die durch die Herausgabe an den Sicherungsnehmer ausgelösten Umsatzsteuerforderungen als Massekosten (§ 58 Nr. 2 KO) klassifiziert wurden.[19] Von der Literatur wurde diese Rechtsprechung, insbesondere im Hinblick auf die Belastung der Masse mit der Umsatzsteuer, scharf kritisiert,[20] zumal sich die Finanzgerichte auch bemühten, die von der Praxis der Konkursabwicklung benutzten Ausweichmöglichkeiten in Form der **Freigabe des Sicherungsguts** durch den Konkursverwalter an den Gemeinschuldner zu versperren.[21] Der Verwalter konnte darauf nur noch mit einer Verwertung im Zeitraum der Sequestration reagieren,[22] da in diesem Fall die Umsatzsteuerforderung nicht als Masseforderung anzusehen war.[23] Die dadurch für den Fiskus ausgelösten Verluste wollte dieser durch die Änderung der Umsatzsteuer-Durchführungsverordnung verhindern.[24] Diese lief aber im Konkursfalle leer, da der Sicherungsnehmer die aus der Lieferung an ihn entstandene Umsatzsteuer als Vorsteuer unter den Voraussetzungen des § 15 UStG von der von ihm zu entrichtenden Umsatzsteuer aus dem Verkauf an den Erwerber abziehen konnte, so dass die Umsatzsteuerbelastung durch den Sicherungsgläubiger neutralisiert werden konnte und der Fiskus seine Steuerforderungen bei Massearmut nicht durchsetzen konnte.[25]

10 **bb) Verwertung durch den Konkursverwalter.** Verwertete der Konkursverwalter selbst – entweder aufgrund einer Verwertungsvereinbarung mit den gesicherten Gläubigern oder gem. § 127 Abs. 1 KO –, so ging die Rechtsprechung vom Vorliegen einer umsatzsteuerrelevanten Lieferung aus, nämlich der Lieferung an den Erwerber.[26] Bei beiden Verwertungsalternativen galt, dass nach der herrschenden Rechtsprechung[27] der **Bruttoerlös** aus der Verwertung des Sicherungsguts **an den Sicherungsnehmer auszukehren** war.

11 **c) Praxis der Verwertungsvereinbarungen.** In der Praxis wurden häufig Verwertungsvereinbarungen zwischen dem Konkursverwalter und den Sicherungsnehmern abgeschlossen. Im Rahmen dieser Vereinbarungen erklärten sich die Sicherungsnehmer (zB Kreditinstitute und in Lieferantenpools zusammengeschlossene Warenkreditgeber) bereit, als Gegenleistung für die Übernahme der Verwertung **Kostenbeiträge** an den Verwalter zu leisten. Die abzuführenden Erlösanteile lagen bei der (freihändigen) Verwertung des Sicherungsguts durch den Konkursverwalter idR zwischen 5% und 20% des Bruttoerlöses. Dabei war die Höhe abhängig davon, ob die Sicherungsnehmer mit der

16 Ausführlich dazu *Kuhn/Uhlenbruck*, KO, § 127 Rn. 16n ff.; *Obermüller*, Insolvenzrecht in der Bankpraxis, 5. Aufl. 1997, Rn. 6.350; *Hilgers*, Besitzlose Mobiliarsicherheiten, 1993, S. 210 ff. jeweils mwN.

17 BFH ZIP 1993, 1247 ff.; ZIP 1987, 1134 ff.

18 Erste Lieferung: Konkursverwalter – Sicherungsnehmer; zweite Lieferung: Sicherungsnehmer – Erwerber des Sicherungsguts.

19 BFH ZIP 1993, 1247 ff. mwN.

20 Vgl. vor allem *Onusseit*, Umsatzsteuer im Konkurs, 1988, S. 192 ff. mwN.

21 Vgl. BFH ZIP 1993, 1247 ff. Der BFH räumte zwar ein, dass bei einer echten Freigabe keine Belastung der Masse mit der Umsatzsteuer in Frage komme; gleichzeitig verschärfte er aber die Anforderungen an das Vorliegen einer echten Freigabe, so dass idR nur vom Vorliegen einer modifizierten Freigabe auszugehen war, die hingegen wieder zu einer Umsatzsteuerbelastung der Masse führte. Kritisch zu dieser Rechtsprechung *Boochs* UVR 1995, 2 ff.; *Weiß* UStR 1995, 349 f. mwN.

22 *Obermüller*, Insolvenzrecht in der Bankpraxis, 5. Aufl. 1997, Rn. 6.290 mwN.

23 *Kuhn/Uhlenbruck*, KO, 11. Aufl. 1994, § 106 Rn. 15 mwN, strittig.

24 § 51 Abs. 1 S. 1 Nr. 1 UStDVO (BGBl. 1992 I, S. 1985) sah mit Wirkung vom 1.1.1993 vor, dass bei Lieferungen sicherungsübereigneter Gegenstände durch den Sicherungsgeber an den Sicherungsnehmer *außerhalb des Konkursverfahrens* der Leistungsempfänger die Steuer von der Gegenleistung einzubehalten und an das Finanzamt abzuführen hat.

25 *Obermüller*, Insolvenzrecht in der Bankpraxis, 5. Aufl. 1997, Rn. 6.350 mwN.

26 BFH ZIP 1987, 1134 ff.; vgl. *Hilgers*, Besitzlose Mobiliarsicherheiten, 1993, S. 212 mit Nachweisen zur Gegenansicht.

27 BFHE 150, 379, 382; BGHZ 58, 292 ff. = NJW 1972, 874; 77, 139 ff.; vgl. *Hilgers*, Besitzlose Mobiliarsicherheiten, 1993, S. 213 mit Nachweisen zur Gegenansicht.

Belastung durch Umsatzsteuer rechnen mussten[28] oder nicht.[29] Die Einziehung von sicherungsabgetretenen Forderungen wurde insbesondere dann durch Verwertungsvereinbarung dem Konkursverwalter übertragen, wenn sich die Masse im Besitz der Drittschuldnerunterlagen befand und auf etwaige (vermeintliche) Gewährleistungsansprüche der Schuldner reagieren konnte. Verpflichtete sich der Konkursverwalter im Rahmen der Verwertungsvereinbarung nur zu einer Versteigerung des Sicherungsguts, so erhielt er einen entsprechend geringeren Anteil am Erlös, meist 5%.

B. Reformbestrebungen

I. Ausgangslage

Ein wesentlicher Beleg für die Reformbedürftigkeit des deutschen Konkursrechts bildete die Tatsache, dass in einer zunehmenden Zahl von Konkursen mangels eines kostendeckenden Schuldnervermögens überhaupt kein Insolvenzverfahren mehr durchgeführt wurde („Konkurs des Konkurses“).[30] Um in möglichst vielen Fällen eine geordnete Schuldenabwicklung zu ermöglichen, musste als Grundanliegen im Rahmen der Reform die **Massearmut** bekämpft werden.[31] Als eine wesentliche **Ursache** für die Massearmut wurden die **besitzlosen Mobiliarsicherheiten** genannt.[32] Die Behandlung der besitzlosen Mobiliarsicherheiten in der Insolvenz war von allen Reformpunkten derjenige, der am meisten umstritten war.[33] Kein anderer Punkt der Reform wurde so engagiert und emotional[34] vertreten. 12

II. Reformvorschläge und Gesetzgebungsverfahren

1. Vorschläge der Insolvenzrechtskommission. Nach den Vorschlägen der Insolvenzrechtskommission sollte den Inhabern von vertraglich begründeten besitzlosen Mobiliarsicherheiten weder ein Recht auf Aussonderung noch auf Absonderung zustehen.[35] Diese Gläubiger sollten ihre **Herausgaberechte verlieren.**[36] Das Verwertungsrecht sollte ausschließlich dem Insolvenzverwalter zustehen;[37] der Sicherungsnehmer sollte ein Eintrittsrecht behalten.[38] 13

Weiterhin war eine **Kürzung der gesicherten Ansprüche** der Gläubiger von besitzlosen Mobiliarsicherheiten im Falle der Durchführung eines Liquidationsverfahrens um einen pauschalierten Verfahrensbeitrag in Höhe von 25% vorgesehen.[39] Über die Höhe des Verfahrensbeitrages 14

---

28 Bei Verwertung im Rahmen der Sequestration kam § 51 UStDVO zum Tragen, so dass in diesem Fall die gesicherten Gläubiger die Umsatzsteuerbelastung nicht neutralisieren konnten.

29 *Obermüller,* Insolvenzrecht für die Bankpraxis, 5. Aufl. 1997, Rn. 6.396: „Die Honorarvereinbarungen haben sich bisher der Höhe nach in der Regel zwischen 5% und 10% des Sicherheitenerlöses bewegt“. In diesen Zahlen war – soweit ersichtlich – eine etwaige Belastung der Bank mit der Umsatzsteuer bei Verwertung im Sequestrationsverfahren sowie eine daraus resultierende Bereitschaft, einen höheren Anteil am Sicherheitenerlös an den Verwalter auszukehren, noch nicht berücksichtigt.

30 *Kilger* KTS 1975, 142 ff.; vgl. Jaeger/*Eckardt* § 166 Rn. 27.

31 Zusammenfassend *Häsemeyer,* Insolvenzrecht, 2. Aufl. 1998, Rn. 4.03.

32 *Drobnig* Gutachten F für den 51. DJT, S. F 1 ff.; *Henckel,* FS 100 Jahre KO, S. 169 ff.; *Kilger* KTS 1975, 142 ff.; *Uhlenbruck* NJW 1975, 897 ff.

33 Als Beleg für diese Aussage sei hier auf die kaum mehr überschaubare Anzahl von Meinungsäußerungen im Vorfeld und während der Reform verwiesen. Vgl. dazu die ausführlichen Nachweise bei *Hilgers,* Besitzlose Mobiliarsicherheiten, S. 3 ff.; *Duttle,* Ökonomische Analyse dinglicher Sicherheiten, S. 242 ff.; *Drukarczyk,* Unternehmen und Insolvenz, S. 170 ff. sowie die Nachweise bei *Uhlenbruck,* Das neue Insolvenzrecht, S. 71 in Fn. 108.

34 Einerseits *Drobnig* (ZGR 1986, 252, 276) zu den von Bankenseite behaupteten gravierenden gesamtwirtschaftlichen Nachteilen von Einschnitten in die besitzlosen Mobiliarsicherheiten: „Dass auch die Urteile der Betroffenen über die wirtschaftlichen Folgen von relativ hypothetischen Reformvorschlägen, wie sie *Drukarczyk* & Genossen erhoben haben, durch subjektive Interessen beeinflusst sind, liegt auf der Hand.“ Andererseits *Serick* (Eigentumsvorbehalt und Sicherungsübertragung, Bd. 6, § 82 V 1) zu den von der Insolvenzrechtskommission beabsichtigten Einschnitten in die Mobiliarsicherheiten: „Die deutschen Mobiliarsicherheiten würden ein rechtliches Schicksal erfahren, das mit dem, was über die Vernichtung der mexikanischen Literatur geschrieben werden konnte, durchaus vergleichbar wäre: Gemordet in der vollen Pracht ihrer Entfaltung …, zerstört wie eine Sonnenblume, der ein Vorübergehender den Kopf abschlägt“.

35 BMdJ, Erster Bericht Insolvenzrechtskommission, Leitsatz 3.3.1 = S. 311 f.

36 BMdJ, Erster Bericht Insolvenzrechtskommission, Leitsatz 3.3.1 = S. 311 f.

37 BMdJ, Erster Bericht Insolvenzrechtskommission, Leitsatz 3.3.1 = S. 311 f.

38 BMdJ, Erster Bericht Insolvenzrechtskommission, Leitsatz 3.3.5 = S. 317 f.

39 BMdJ, Erster Bericht Insolvenzrechtskommission, Leitsatz 3.3.2 = S. 312 ff.

bestand in der Kommission Streit.[40] Die Kreditwirtschaft hatte in der Insolvenzrechtskommission[41] ihre Bedenken wegen einer zu starken Entwertung der Sicherheiten vortragen lassen und befürwortete eine Herabsetzung des pauschalierten Kostenbetrages bzw. einen Abzug der im Einzelfall im Rahmen der Feststellung, Erhaltung und Verwertung entstandenen Kosten.[42] Eine zusätzliche Belastung der gesicherten Gläubiger mit der **Umsatzsteuer** (also Verfahrensbeitrag und Umsatzsteuer) wurde von der Insolvenzrechtskommission abgelehnt.[43] Zur Begründung führte die Kommission an, eine Berechtigung des Verwalters, nach Verwertung des Sicherungsguts vor Erlösauskehr die aus der Masse zu zahlende Umsatzsteuer zu entnehmen, belaste die mit dem 25%igen Verfahrensbetrag belasteten gesicherten Gläubiger zu sehr, die bei einem damals noch zugrunde gelegten Steuerabzug von 14% einen Ausfall in Höhe von 34,2% des Bruttoerlöses hinnehmen müssten.[44]

15 Von Seiten der Kreditwirtschaft[45] wurden die Reformvorschläge in unterschiedlichem Maße **kritisiert** und mittels empirischer Studien und Gutachten die nachteiligen gesamtwirtschaftlichen Auswirkungen insbesondere der vorgesehenen Kostenbeteiligung der Gläubiger nachgewiesen.[46]

16 **2. Gesetzgebungsverfahren.** Der **Vorschlag der Insolvenzrechtskommission,** den durch Eigentumsvorbehalt, Sicherungseigentum oder Sicherungsabtretung gesicherten Gläubigern ihre Aus- und Absonderungsrechte zu nehmen und sie zu bevorzugten Insolvenzgläubigern zu erklären, wurde im Gesetzgebungsverfahren **abgeschwächt.** Den Gläubigern mit Sicherungsrechten sollte weiterhin ein Absonderungsrecht zustehen, das Verwertungsrecht jedoch auf den Verwalter übergehen. Dem (einfachen) Eigentumsvorbehalt wurde die Aussonderungswirkung belassen und dementsprechend kein Verwertungsrecht des Insolvenzverwalters bezüglich des Aussonderungsgutes mehr vorgesehen.[47]

17 Das Verwertungsrecht des Verwalters an den zur Sicherheit abgetretenen **Forderungen** sollte zunächst nur auf die Fälle beschränkt werden, in denen die Abtretung dem Drittschuldner nicht angezeigt worden war. Diese Unterscheidung wurde dann aber vom Rechtsausschuss des Bundestages fallen gelassen, da dieser die Unterscheidung zwischen angezeigter und nicht angezeigter Forderungsabtretung für wenig praktikabel hielt.[48]

18 Im Gesetzgebungsverfahren wurde die **Kostenbeteiligung** der gesicherten Gläubiger erheblich **reduziert.** Während die Insolvenzrechtskommission noch einen Aufbesserungsbetrag zugunsten der Masse vorgesehen hatte, sah der **Diskussionsentwurf**[49] nur noch eine reine Kostenbeteiligung der gesicherten Gläubiger an den Kosten für Feststellung, Erhaltung und Verwertung vor. Der **Referentenentwurf** pauschalierte in § 185 RefE InsO den Kostenbeitrag für die Feststellung des Gegenstandes und der daran bestehenden Rechte sowie für die Verwertung auf je 5% des Erlöses, wobei die Kostenvermutung gem. § 185 Abs. 3 Satz 2 RefE InsO bei den Verwertungskosten widerlegbar sein sollte. Bei den Erhaltungskosten legte der Referentenentwurf nicht einen Pauschalbetrag, sondern die tatsächlich nötigen und auch im Interesse der Gläubiger erforderlichen Kosten für den Kostenbeitrag zugrunde.[50] Der Gläubiger sollte berechtigt sein, die anfallenden Kosten im Insolvenzverfahren bei der Bemessung der Sicherheit oder durch eine Anpassung der Kredithöhe abzufangen.[51] Der **Regierungsentwurf** übernahm in §§ 195, 196 RegE InsO[52] weitgehend die in den Vorentwürfen vorgesehene Regelung zur Kostenbeteiligung der gesicherten Gläubiger. Gem. § 196 Abs. 1 RegE InsO[53] war hinsichtlich der Feststellungskosten als Pauschale ein Beitrag von 6% des Verwertungserlöses vorgesehen. Die Verwertungskosten sollten mit einem Betrag von 5% des Erlöses abgegolten werden, wobei hier die Möglichkeit geschaffen wurde, einen tatsächlich höheren oder niedrigeren Kostenbeitrag geltend zu machen.[54] Hinsichtlich der

---

[40] BMdJ, Erster Bericht Insolvenzrechtskommission, Leitsatz 3.3.2 = S. 313 f.
[41] *Heinsius/Kreutzer* WM 1985, Sonderbeilage 2, 7 f.
[42] BMdJ, Erster Bericht Insolvenzrechtskommission, Leitsatz 3. 3.2. = S. 312 f.
[43] BMdJ, Erster Bericht Insolvenzrechtskommission, Leitsatz 3.3.2 Satz 4 = S. 314 f.
[44] BMdJ, Erster Bericht Insolvenzrechtskommission, Leitsatz 3.3.2 Satz 4 = S. 315.
[45] *Dorndorf* ZIP 1985, 65 ff.; *Dorndorf* ZIP 1984, 523 ff.
[46] *Drukarczyk* WM 1992, 1136 ff.; *Drukarczyk* ZIP 1987, 205 ff.; *Drukarczyk/Duttle* ZIP 1984, 280 ff.; *Drukarczyk*, Unternehmen und Insolvenz, 1987; *Duttle*, Ökonomische Analyse dinglicher Sicherheiten, 1986.
[47] HKInsO/*Landfermann* § 166 Rn. 2.
[48] Beschlussempfehlung des Rechtsausschusses zu § 191 RegE, BT-Drs. 12/7302, S. 176; vgl. auch BGH ZIP 2006, 91, 92 = NJW-RR 2006, 334; OLG Dresden BeckRS 2006, 10823.
[49] Vgl. *Landfermann* KTS 1987, 381, 420 ff.
[50] BMdJ, Referentenentwurf, S. 211.
[51] BMdJ, Referentenentwurf, S. 211.
[52] BT-Drs. 12/2443, S. 180 f.
[53] BT-Drs. 12/2443, S. 181 f.
[54] Vgl. § 196 Abs. 3 S. 1 RegE InsO = § 171 Abs. 2 InsO.

Erhaltungskosten war wie im Referentenentwurf die Erstattung der tatsächlich entstandenen Kosten vorgesehen.[55]

19 Im Rahmen des Weiteren **Gesetzgebungsverfahrens** wurden die folgenden **inhaltlichen Änderungen** vorgenommen:
- Streichung der Regelung über die Erstattung der Erhaltungskosten und
- Herabsetzung des Pauschalsatzes für die Feststellungskosten um zwei Prozentpunkte auf 4%.[56]

20 Damit ergibt sich nunmehr folgende **Belastung des Sicherungsgutes:**
- 4% Pauschalkosten für die Feststellung des Gegenstandes und der Rechte an diesem (§ 171 Abs. 1),
- 5% des Verwertungserlöses als Kosten der Verwertung (§ 171 Abs. 2 Satz 1); lagen die tatsächlich entstandenen Verwertungskosten erheblich niedriger oder höher, so sind diese Kosten anzusetzen (§ 171 Abs. 2 Satz 2),
- führt die Verwertung zu einer Belastung der Insolvenzmasse mit Umsatzsteuer, so ist die gesetzlich festgeschriebene Umsatzsteuer zusätzlich zu den vorstehenden Pauschalen oder den tatsächlich entstandenen Kosten anzusetzen (§ 171 Abs. 2 Satz 3).

21 Die Übertragung des Verwertungsrechts an den besitzlosen Mobiliarsicherheiten auf den Verwalter nach § 166 Abs. 1 und Abs. 2 wird als „das unbestrittene **Kernstück der Reform der Mobiliarsicherheiten**“ bezeichnet.[57] Der **Insolvenzverwalter** erhält mit der Eröffnung des Insolvenzverfahrens kraft Gesetzes eine **originäre Verwertungsbefugnis,** die ihm das Recht zur Verfügung über den Sicherungsgegenstand in Form von Veräußerung, bei sicherungsabgetretenen Forderungen durch Einziehung gewährt.[58] Der Übertragung des Verwertungsrechts auf den Insolvenzverwalter werden die folgenden Vorteile zugeschrieben:
- *Verbesserung der Fortführungs- und Sanierungschancen:* Das exklusive Verwertungsrecht des Insolvenzverwalters nimmt im Gegenzug den absonderungsberechtigten Gläubigern die Verwertungsbefugnis. Die absonderungsberechtigten Gläubiger können daher nach Eröffnung des Insolvenzverfahrens die Sicherheiten nicht mehr herausverlangen. Damit wird verhindert, dass absonderungsberechtigte Gläubiger das Vermögen des Schuldners zur Unzeit auseinanderreißen und so eine Fortführung des schuldnerischen Betriebs unmöglich machen.
- *Erleichterung der Verwertung:* Das exklusive Verwertungsrecht erlaubt es dem Insolvenzverwalter, Ort, Zeit und Art der Verwertung optimal zu wählen und dabei die Vermögensbestandteile des Schuldners nicht nur einzeln, sondern auch als Gesamtheit zu verwerten. Dies hat bestenfalls eine Ersparnis von Verwertungskosten und eine Erhöhung des Verwertungserlöses zur Folge. Dem Verwalter kommt dabei nicht zuletzt zugute, dass er auf die Unterlagen des Schuldners zugreifen kann, was insbesondere die Einziehung von zur Sicherheit abgetretenen Forderungen erleichtert.
- *Durchsetzung der Kostenbeteiligung der Gläubiger:* Selbst wenn der Gläubiger verwertet und daher die Verwertungskosten zunächst von ihm getragen werden, belasten die Kosten der Feststellung sowie die Umsatzsteuer die Masse. Eine Beteiligung der Gläubiger auch an diesen Kosten hat der Gesetzgeber an die Verwertung durch den Insolvenzverwalter geknüpft. Diese Kostenbeteiligung ist technisch einfach durchzusetzen. Denn der verwertende Insolvenzverwalter braucht nicht Kostenerstattungsansprüche gegen die Gläubiger geltend zu machen, sondern kann direkt einen Abzug vom Verwertungserlös vornehmen.[59]
- *Stärkung der Verhandlungsposition des Insolvenzverwalters:* Dadurch, dass der Insolvenzmasse auf jeden Fall die gesetzlichen Kostenbeiträge zustehen, wird die Verhandlungsposition der Insolvenzmasse bei der vertraglichen Vereinbarung von Kostenbeiträgen gestärkt. Die gesetzlichen Kostenbeiträge sind der Masse auf jeden Fall sicher. Der Verwalter kann aber versuchen, höhere Kostenbeiträge auszuhandeln.[60]
- *Beklagtenposition des Verwalters im Falle gerichtlicher Auseinandersetzung:* Einen wichtigen Vorteil aus Sicht des Insolvenzverwalters stellt die Tatsache dar, dass bei Streitigkeiten über die Wirksamkeit von Sicherheitenbestellungen sich der Gläubiger in die Angriffsposition begeben muss, wenn der Insolvenzverwalter die Sicherheit verwertet und dann den Erlös an den Sicherungsgläubiger nicht herausgeben will. Würde das Verwertungsrecht beim Gläubiger liegen, so müsste die Masse, wollte sie die Sicherheitenbestellung angreifen, einen Aktivprozess führen.[61]

---

55 Vgl. § 196 Abs. 2 RegE InsO, BT-Drs. 12/2443, S. 181.

56 Beschlussempfehlung zu § 196 RegE InsO, BT-Drs. 12/7302, S. 177 f.

57 *Gottwald*, Insolvenzrecht im Umbruch, S. 199; siehe auch Braun/*Dithmar* § 166 Rn. 4; Uhlenbruck/*Brinkmann* § 166 Rn. 5.

58 HKInsO/*Landfermann* § 166 Rn. 4; Jaeger/*Eckardt* § 166 Rn. 3 f., 123.

59 HambKommInsO/*Büchler/Scholz* § 166 Rn. 1; HKInsO/*Landfermann* § 166 Rn. 5 ff.; Uhlenbruck/*Brinkmann* § 166 Rn. 5; vgl. Jaeger/*Eckardt* § 166 Rn. 8 ff.; Braun/*Dithmar* § 166 Rn. 3 f.

60 *Lwowski/Tetzlaff*, FS Ganter, 2010, S. 281 f.

61 *Lwowski/Tetzlaff*, FS Ganter, 2010, S. 281, 282; Jaeger/*Eckardt* § 166 Rn. 16.

C. Verwertung von Absonderungsrechten unter dem Regime der InsO

I. Gesetzliche Regelungen

22 Mit der Eröffnung des Insolvenzverfahrens geht das **Verwertungsrecht** an beweglichen Sachen, an denen ein Absonderungsrecht besteht, im **Regelinsolvenzverfahren** auf den Insolvenzverwalter über, wenn er den Gegenstand im Besitz hat (§ 166 Abs. 1). Zur Sicherheit abgetretene Forderungen darf der Insolvenzverwalter ohne Einschränkung durch Einziehung oder in anderer Weise verwerten (§ 166 Abs. 2). Ausnahmen gelten im Bereich des Finanz- und Kapitalmarkts (Abrechnungssysteme, Zentralbanksicherheiten, Finanzsicherheiten, § 166 Abs. 3). Ist der Insolvenzverwalter nach § 166 nicht zur Verwertung des mit Absonderungsrechten belasteten Gegenstandes berechtigt, so ist die Verwertungsbefugnis nach § 173 zunächst dem gesicherten Gläubiger zugewiesen. Kommt es hier zu Verzögerungen, so kann das Insolvenzgericht eine Frist zur Durchführung der Verwertung bestimmen. Nach fruchtlosem Ablauf der Frist fällt das Verwertungsrecht an den Insolvenzverwalter. Im **Verbraucherinsolvenzverfahren** gelten nach Aufhebung des § 313 keine abweichenden Regelungen mehr. Im Falle der Anordnung einer **Eigenverwaltung** liegt die Befugnis zur Sicherheitenverwertung bei dem eigenverwaltenden Schuldner (§§ 270 Abs. 1 Satz 2, 281 Abs. 1 Satz 1).

23 Die **Kosten** für die **Feststellung** der mit Absonderungsrechten belasteten Gegenstände, die Feststellung der Absonderungsrechte und die **Verwertung** der Gegenstände trägt im **Regelinsolvenzverfahren** nach Maßgabe der §§ 170, 171 nicht mehr die Gläubigergesamtheit. Bei den Kostenbeiträgen hat der Gesetzgeber aus Vereinfachungsgründen Pauschalsätze vorgesehen; im Einzelfall können für die Verwertung die tatsächlich angefallenen höheren oder niedrigeren Kosten anzusetzen sein. Durch die Regelung des § 171 Abs. 2 Satz 3 ist gewährleistet, dass die Insolvenzmasse nicht mehr mit der Umsatzsteuer aus der Verwertung von Sicherungsgut belastet wird. Im **Verbraucherinsolvenzverfahren** gelten heute insoweit keine Besonderheiten. In der **Eigenverwaltung** werden keine Feststellungskosten erhoben, für die Verwertung gilt keine Pauschalierung (§ 282 Abs. 1 Satz 2, 3).

24 Der Insolvenzverwalter bzw. der eigenverwaltende Schuldner ist nicht verpflichtet, von seinem Verwertungsrecht Gebrauch zu machen. Wie sich aus § 170 Abs. 2 ergibt, kann der Verwalter den Gegenstand auch **dem absonderungsberechtigten Gläubiger zur Verwertung überlassen.** In diesem Fall hat der Gläubiger aus dem von ihm erzielten Verwertungserlös die Feststellungskosten und den Umsatzsteuerbetrag an die Masse abzuführen.

25 Von der Überlassung zur Verwertung nach § 170 Abs. 2 zu unterscheiden ist die **Freigabe von Sicherungsgut** an den Schuldner.[62] In diesem Fall wird das Sicherungsgut in das insolvenzfreie Vermögen des Schuldners überführt und der absonderungsberechtigte Gläubiger muss sich wegen der Verwertung seines Absonderungsrechts allein mit dem Schuldner auseinandersetzen.[63]

26 Weiterhin muss die Freigabe zur Verwertung nach § 170 Abs. 2 noch abgegrenzt werden von der **Ausübung des Selbsteintrittsrechts** durch den absonderungsberechtigten Gläubiger nach § 168 Abs. 3. Im Falle der Ausübung des Selbsteintrittsrechts erwirbt der absonderungsberechtigte Gläubiger das Sicherungsgut zu einem mit dem Verwalter ausgehandelten Preis aus der Insolvenzmasse; dieser Verwertungserlös dient dann der Befriedigung der gesicherten Ansprüche des Gläubigers.[64]

27 Soweit die absonderungsberechtigten Gläubiger nicht selbst zur Verwertung befugt sind, können sie nicht dafür Sorge tragen, dass der Sicherungsgegenstand optimal verwertet wird. Um ihr Interesse an der Erreichung eines möglichst hohen Verwertungserlöses zu schützen, hat der Gesetzgeber der InsO umfangreiche kompensatorische Rechte der absonderungsberechtigten Gläubiger vorgesehen. Zu nennen sind hier insbesondere die **Auskunftsrechte** nach § 167 sowie die Befugnis des absonderungsberechtigten Gläubigers, gem. § 168 nach einer Mitteilung der Veräußerungsabsicht **auf die Verwertung Einfluss** zu nehmen. Weicht der Insolvenzverwalter von dem insbesondere durch § 168 InsO vorgegebenen Programm für die Verwertung der Sicherheiten ab, so wird die von dem Verwalter vorgenommene Verwertung zu einer unberechtigten Verwertung; die Kostenbeiträge nach §§ 170, 171 gehen verloren und es droht eine persönliche Haftung des Insolvenzverwalters nach § 60.[65] § 169 sieht **Ausgleichszahlungen** aus der Insolvenzmasse an den absonderungsberechtigten Gläubiger bei **Verzögerung** der Verwertung vor. § 172 regelt den **Ausgleich von Wertverlusten** bei Benutzung des Sicherungsguts durch den Insolvenzverwalter.

---

[62] → § 170 Rn. 40.
[63] → § 170 Rn. 40.
[64] BGHZ 165, 28 = WM 2005, 2400 = NJW 2006, 228.
[65] → § 168 Rn. 72 f. und → § 170 Rn. 28.

Insgesamt bemüht sich die Regelung, die unterschiedlichen Interessen in den verschiedenen Situationen möglichst gut miteinander in Einklang zu bringen. Dass aufgrund der Differenzierungen ein **nicht ganz einfaches System** entstanden ist, kann man dem Gesetzgeber kaum vorwerfen. Den Beteiligten steht es frei, einfachere Lösungen zu vereinbaren; der gesetzliche Hintergrund übervorteilt keine Partei. 28

II. Tatsächliche Durchführung der Verwertung

1. Eröffnetes Verfahren. a) Gesetz. Anders als unter dem Regime der KO werden mit Absonderungsrechten belastete Gegenstände nunmehr tatsächlich in Übereinstimmung mit der gesetzlichen Regelung durch den Insolvenzverwalter verwertet. Das fein differenzierte System der Kompensations-, Ausgleichs- und Mitwirkungsregelungen der §§ 166 ff. wird in der Praxis nur teilweise angewendet, wohl vor allem wegen der **Komplexität einiger Vorschriften.** Die Beteiligung der Sicherungsgläubiger an den Kosten für die Feststellung der Sicherungsrechte und die Verwertungskosten wird regelmäßig durchgesetzt, sei es in Form der Anwendung der gesetzlichen Regelungen in den §§ 170 f. oder durch Vereinbarung von Kostenbeiträgen in Verwertungsvereinbarungen. 29

Diverse Vorschriften in den §§ 166 ff. sollen den Sicherungsgläubiger vor einer Verschleuderung seines Sicherungsguts sowie vor einer Verzögerung der Durchführung der Verwertung schützen. Teilweise ist indes zu beobachten, dass durch die höchstrichterliche Rechtsprechung der **Schutz der Sicherungsgläubiger aufgeweicht** wurde: 30

(1) § 169 sieht einen Nachteilsausgleich bei einer Verzögerung der Verwertung vor. Der BGH hat hier die **verschuldensunabhängige Haftung** der Insolvenzmasse verwässert, vgl. → § 169 Rn. 24.

(2) Genauso bedenklich ist die BGH-Rechtsprechung zur Höhe der Zinszahlungen im Rahmen des § 169. Hier will der BGH bei Fehlen einer vertraglichen Vereinbarung den bei Inkrafttreten der InsO geltenden **Verzugszinssatz von 4 %** anwenden. Vgl. dazu → § 169 Rn. 37. Warenkreditgeber können sich aber selbst im derzeitigen Zinsumfeld nicht ohne Weiteres für 4% refinanzieren, wenn sie monate- oder jahrelang auf die Auskehrung des Verwertungserlöses warten müssen.

(3) Bei der Veräußerung von **Sachgesamtheiten** durch den Insolvenzverwalter (Asset-Deal im Rahmen einer übertragenden Sanierung) ist unklar, ob im Rahmen des § 168 der Sicherungsgläubiger durchsetzen kann, dass Alternativangebote von Interessenten für einzelne Gegenstände berücksichtigt werden oder der Sicherungsgläubiger entsprechend entschädigt wird. Veräußert der Insolvenzverwalter also den Geschäftsbetrieb und sollen dabei auch die an die Bank verpfändeten Immaterialgüterrechte auf den Erwerber übergehen, so ist fraglich, ob die Bank im Rahmen des § 168 auf einen Interessenten hinweisen kann, der nur Interesse an der Übernahme der Immaterialgüterrechte hat (aber nicht die Arbeitnehmer des insolventen Unternehmens übernehmen will), dafür aber einen höheren Preis für die Immaterialgüterrechte zu zahlen bereit ist, vgl. → § 168 Rn. 74 f.

(4) Schließlich hat der BGH die **Hinweispflichten des Insolvenzverwalters** im Rahmen des § 168 eingeschränkt, um die Durchführung der Verwertungsmaßnahmen nicht zu erschweren, vgl. → § 168 Rn. 45.

Besonders bei **Betriebsfortführungen** durch den Insolvenzverwalter (oder durch den Schuldner im Rahmen einer Eigenverwaltung) ist damit Streit zwischen dem Sicherungsgläubiger und der Masse vorprogrammiert, wenn **monatelang** oder gar über Jahre das Sicherungsgut nicht verwertet wird. In diesem Fall ist es sinnvoll, wenn die Beteiligten die Verwertung im Rahmen einer Verwertungsvereinbarung abweichend von den gesetzlichen Vorschriften regeln.

b) Verwertungsvereinbarungen. Bei sicherungsübereignetem **Anlagevermögen** sollten folgende Punkte in einer Verwertungsvereinbarung geregelt werden:[66] 31

- Anerkennung der Wirksamkeit der Sicherheitenbestellung durch den Insolvenzverwalter,
- Definition des Umfanges der Nutzungsbefugnis des Insolvenzverwalters,
- Regelungen zur Erstattungsfähigkeit von Erhaltungsaufwendungen (zB Reparaturen und Ersatzbeschaffungen),
- Regelungen zur Versicherung des Sicherungsguts,
- von der gesetzlichen Regelung abweichende Regelungen zu den Kostenbeiträgen und zu den Ausgleichsansprüchen (§§ 169, 172),

---

[66] Vgl. hierzu auch Lwowski/Fischer/Gehrlein/*Tetzlaff*, Das Recht der Kreditsicherung, 10. Aufl. 2018, § 6 Rn. 82; *Mitlehner* ZIP 2012, 649; vgl. Jaeger/*Eckardt* § 166 Rn. 494 f.

- Vorgaben für den zeitlichen Ablauf der Verwertung und die zu erzielenden Erlöse (Abbedingung der §§ 167, 168),
- Abgrenzung zu kollidierenden Sicherungsrechten (zB Vermieterpfandrecht, wenn keine Verzichtserklärung des Vermieters vorliegt),
- Regelungen zur Abrechnung der Verwertungserlöse und der Erlösauskehr.

32 Soll eine Verwertungsvereinbarung über vorhandene **Warenvorräte** abgeschlossen werden, so ist folgende Unterscheidung zu beachten: Geldkreditgeber (Banken) können aufgrund einer Sicherungsübereignung Absonderungsrechte geltend machen. Warenkreditgeber (Lieferanten) haben entweder Anspruch auf Aussonderung oder auf Absonderung. Machen die Lieferanten aufgrund eines verlängerten Eigentumsvorbehalts Absonderungsrechte geltend, so erstrecken sich die Absonderungsrechte regelmäßig nicht nur auf die (weiterverarbeiteten) Warenbestände, sondern auch auf die sicherungsabgetretenen Kundenforderungen. In der Verwertungsvereinbarung sind also entsprechende Modifikationen vorzunehmen. Im Einzelnen sollten folgende Punkte geregelt werden:

- Anerkennung des Aus- oder Absonderungsrechts durch den Insolvenzverwalter,
- Umfang des Nutzungsrechts des Insolvenzverwalters (Verarbeitung, Verbrauch, Weiterveräußerung),
- Erlösbeteiligung des Lieferanten bzw. Sicherungsgläubigers (Einkaufspreis oder Zeitwert, Berücksichtigung von Retouren),
- Abbedingung der §§ 169, 172,
- abweichende Regelung zu den §§ 170, 171,
- Absicherung des Lieferanten bzw. Sicherungsgläubigers für den Fall der Masseunzulänglichkeit (zeitnahe Auskehr der Erlöse ist hier der beste Schutz, alternativ: Bestellung von neuen Sicherheiten, Separierung der Erlöse auf Treuhandkonten).

Zum Einzug von **sicherungsabgetretenen Forderungen** wird auf die Ausführungen unter → Rn. 40 ff. hingewiesen.

33 **2. Insolvenzeröffnungsverfahren. a) Gesetz. aa) Ohne Anordnung nach § 21 Abs. 2 Nr. 5.** Der Gesetzgeber hatte Regelungen über Verwertung und Kostenbeteiligung bei beweglichen Gegenständen ursprünglich nur für das eröffnete Insolvenzverfahren angeordnet (§§ 166 ff.). Daher musste sich die BGH-Rechtsprechung zunächst mit dem **Streit über die Verwertungskompetenz** der absonderungsberechtigten Gläubiger im Insolvenzeröffnungsverfahren sowie über eine **Kostenbeteiligung** der absonderungsberechtigten Gläubiger beschäftigen. Umstritten war unter anderem, ob der vorläufige Insolvenzverwalter überhaupt schon im Insolvenzeröffnungsverfahren eine Verwertung vornehmen kann (Verwertung von Sicherungsgut oder Einziehung von abgetretenen Forderungen)[67] und ob eine Einigung mit dem absonderungsberechtigten Gläubiger über die Weiterverarbeitung und Veräußerung von Gegenständen mit Sicherungsrechten herbeigeführt werden muss, um Haftungsrisiken für den vorläufigen Verwalter auszuschließen (oder ob Verwertungsmaßnahmen auch ohne eine Verwertungsvereinbarung möglich sind). Bei sicherungsabgetretenen Forderungen war streitig, wem im Eröffnungsverfahren die Befugnis zur Einziehung von Forderungen nach einer Offenlegung der Zession durch den Zessionar zuzuweisen war.[68] Da durch die Rechtsprechung[69] klargestellt wurde, dass die Regelungen zu Kostenbeiträgen in den §§ 170, 171 im Insolvenzeröffnungsverfahren keine Anwendung finden[70] und Insolvenzgerichte nicht befugt sein sollten, die Einziehungsbefugnis bei sicherungsabgetretenen Forderungen im Insolvenzeröffnungsverfahren vom Sicherungsgläubiger auf den vorläufigen Verwalter zu übertragen,[71] regelten vorläufiger Insolvenzverwalter und absonderungsberechtigter Gläubiger häufig bereits im Eröffnungsverfahren durch den Abschluss einer Vereinbarung die Durchführung der Verwertung von mit Absonderungsrechten belasteten Gegenständen. Dabei wurde dann von Seiten der absonderungsberechtigten Gläubiger der Masse eine Kostenbeteiligung zugestanden und eine Verwertung von Sicherungsgut, insbes. die Einziehung von abgetretenen Forderungen durch den vorläufigen Verwalter, trotz der unklaren Rechtslage akzeptiert, wenn bei einer Verzögerung der Verwertung ein Wertverlust des Sicherungsgutes drohte oder die Drittschuldner bei einem Streit um die Einziehungsbefugnis bei abgetretenen Forderungen weder an die Masse noch an den Zessionar gezahlt hätten.

---

[67] Vgl. zB BGH WM 2002, 1797, 1800 = NJW 2002, 3475.

[68] BGH WM 2002, 1797 = NJW 2002, 3475.

[69] BGH WM 2006, 1636 = NZI 2006, 587; WM 2005, 126 = NZI 2005, 165; WM 2004, 39 = NZI 2004, 137. Es bleibt unklar, inwieweit der BGH von diesen Aussagen abrücken will, BGHZ 184, 101 = WM 2010, 662, 667 = NZI 2010, 339.

[70] BGHZ 154, 72, 79 = NZI 2003, 259.

[71] AG Duisburg WM 1999, 2093 mAnm *Lwowski/Tetzlaff* WuB VI C. § 21 InsO 3.99.

Hinzuweisen ist an dieser Stelle auf die BGH-Rechtsprechung[72] zum **Untergang** der **stillen Zession** im Insolvenzeröffnungsverfahren, wenn der Sicherungszessionar die Einziehungsbefugnis des Schuldners hinsichtlich der sicherungsabgetretenen Forderungen nicht widerrufen hatte: Wurde durch den Sicherungszessionar die dem Schuldner regelmäßig im Rahmen der Hereinnahme einer Globalzession erteilte Einziehungsermächtigung nicht widerrufen und kam es auch nicht zum Abschluss einer Verwertungsvereinbarung zwischen „künftiger Insolvenzmasse" und Sicherungsgläubiger, so kann der vorläufige Verwalter die still abgetretenen Forderungen weiter einziehen und dadurch die stille Zession bezüglich der eingezogenen Forderung zum Erlöschen bringen.[73] Dem Sicherungszessionar stehen in diesem Fall nach der früheren Rechtsprechung des BGH keine Rechte gegenüber der Insolvenzmasse oder dem vorläufigen Insolvenzverwalter zu.[74] Die dem Schuldner erteilte Einziehungsermächtigung endet nicht automatisch mit der Insolvenzantragstellung; eine derartige AGB-Regelung wäre unwirksam. Ähnliche Probleme stellen sich auch bei **sicherungsübereigneten Warenbeständen,** bei denen der Schuldner regelmäßig auch zur Weiterverarbeitung und Weiterveräußerung berechtigt ist. 34

In der neueren Rechtsprechung gibt es allerdings Tendenzen zum Schutz des Sicherungszessionars. Dieser soll auch dann seine Rechte nicht verlieren, wenn er die Einziehungsermächtigung nicht widerrufen hat.[75] In der Entscheidung vom 21.1.2010 hatte sich der BGH mit einem Fall zu beschäftigen, wo Sicherungszessionar und vorläufiger Insolvenzverwalter über den Abschluss einer Verwertungsvereinbarung verhandelt hatten.[76] Der BGH stellte klar, dass der Sicherungsgläubiger Ansprüche auf abgesonderte Befriedigung geltend machen kann und außerdem eine persönliche Haftung des Verwalters (§ 60) in Frage kommt. 35

bb) Mit Anordnung nach § 21 Abs. 2 Nr. 5. Konnten sich absonderungsberechtigte Gläubiger und vorläufiger Insolvenzverwalter im Insolvenzeröffnungsverfahren nicht auf den Abschluss einer Verwertungsvereinbarung einigen, so sah und sieht sich der vorläufige Verwalter im Eröffnungsverfahren mit **erheblichen Haftungsproblemen** konfrontiert: Den vorläufigen Insolvenzverwalter trifft die Pflicht, das schuldnerische Unternehmen weiterzuführen, vgl. § 22 Abs. 1 Nr. 2. Will er diesen ausdrücklichen Auftrag der InsO umsetzen, so bleibt dem vorläufigen Insolvenzverwalter nichts anderes übrig, als die im Unternehmen vorhandenen Warenbestände zu verarbeiten. Er wird auch regelmäßig die zur Sicherheit abgetretenen Forderungen einziehen und – da die Liquidität im Eröffnungsverfahren meist knapp ist – die eingezogenen Beträge im Rahmen der Betriebsfortführung wieder einsetzen. Scheitert die Betriebsfortführung, hat also der vorläufige Insolvenzverwalter im Eröffnungsverfahren Masse „verwirtschaftet", so ist nicht mehr genügend Masse vorhanden, um den Zessionar „auszuzahlen". Reicht die Masse nicht aus, um die Sicherungsgläubiger vollständig zu befriedigen, so droht dem vorläufigen Insolvenzverwalter die persönliche Haftung (§ 60). Der Verwalter kann sich hier auch kaum entlasten. Die Vorlage einer Liquiditätsplanung für die Betriebsfortführung im Insolvenzeröffnungsverfahren dürfte ihm beispielsweise nicht helfen, da die Forderungen der Sicherungsgläubiger keine Masseverbindlichkeiten sind, sondern die Ansprüche auf abgesonderte Befriedigung auch bei **Masseunzulänglichkeit** befriedigt werden müssen. 36

Um diesen Haftungsrisiken aus dem Weg gehen zu können und um die Kostenbeiträge nach §§ 170, 171 auch bei einer Sicherheitenverwertung im Insolvenzeröffnungsverfahren geltend machen zu können, erhob die Insolvenzverwalterschaft die Forderung nach ausdrücklichen Regelungen für die Sicherheitenverwertung im Insolvenzeröffnungsverfahren. Der Gesetzgeber kam dieser Forderung im Jahre **2007** mit der **Schaffung des § 21 Abs. 2 Satz 1 Nr. 5** nach. Erlässt das Insolvenzgericht eine Anordnung nach § 21 Abs. 2 Nr. 5, so kann der vorläufige Insolvenzverwalter ua Absonderungsgut weiterverarbeiten und sicherungsabgetretene Forderungen einziehen. Im Einzelnen wirft § 21 Abs. 2 Satz 1 Nr. 5 aber viele Fragen auf.[77] 37

Durch die Vorschrift werden indes die **Haftungsrisiken** für den vorläufigen Insolvenzverwalter **nur teilweise gemildert:** 38

Verarbeitet der vorläufige Verwalter im Unternehmen vorhandene Vorbehaltsware und sicherungsübereignete Waren auf der Grundlage der Anordnung nach § 21 Abs. 2 Nr. 5 weiter, so muss er zeitnah die Gläubiger aus dem Verwertungserlös befriedigen. Tut er dies nicht und scheitert die Betriebsfortführung, so droht auch hier wieder eine persönliche Haftung des Verwalters.

---

72 BGH WM 2007, 895 = NZI 2007, 338 mAnm *Tetzlaff* WuB I F 4. Sicherungsabtretung 1.07; WM 2006, 1018 = NZI 2006, 403; BGHZ 144, 192 = WM 2000, 1052 = NJW 2000, 1950.

73 BGH WM 2007, 895 = NZI 2007, 338; WM 2006, 1018 = NZI 2006, 403; BGHZ 144, 192 = WM 2000, 1052 = NJW 2000, 1950.

74 BGH WM 2007, 895 = NZI 2007, 338; WM 2006, 1018 = NZI 2006, 403.

75 BGHZ 184, 101 = WM 2010, 662 = NZI 2010, 339.

76 BGHZ 184, 101 = WM 2010, 662 = NZI 2010, 339.

77 → MüKoInsO/*Haarmeyer/Schildt* § 21 Rn. 96 ff.

Zieht der vorläufige Verwalter aufgrund einer Anordnung nach § 21 Abs. 2 Nr. 5 sicherungsabgetretene Forderungen ein und kehrt die Erlöse nicht umgehend an den Sicherungsgläubiger aus, sondern setzt diese im Rahmen der Betriebsfortführung ein, so riskiert der Verwalter eine persönliche Haftung.[78]

39 Will der vorläufige Insolvenzverwalter diese Haftungsrisiken umgehen, so muss er – trotz Vorliegens einer Anordnung nach § 21 Abs. 2 Nr. 5 – eine Verwertungsvereinbarung mit dem Sicherungsgläubiger abschließen.[79]

40 **b) Verwertungsvereinbarung.** Mit der Verwertungsvereinbarung gestattet der Sicherungsgläubiger der künftigen Insolvenzmasse den Zugriff auf die eingezogenen Forderungen. Es handelt sich also um einen **unechten Massekredit.**[80]

41 In der Vereinbarung sollten folgende Punkte geregelt werden:[81]

- Zweckbindung des Massekredits (nur für die Betriebsfortführung),
- Zeitpunkt („wann") und Art und Weise („wie") der Rückführung des Massekredits,
- Übertragung des Einziehungsrechts für die zedierten Forderungen auf den vorläufigen Insolvenzverwalter,
- Forderungsklassifikation des Rückzahlungsanspruchs als künftige Masseverbindlichkeit (sofern kein „starker" vorläufiger Insolvenzverwalter eingesetzt wurde, bedarf es einer entsprechenden Einzelermächtigung zur Begründung künftiger Masseverbindlichkeiten durch das Insolvenzgericht[82]),
- Transparenz beim Forderungseinzug durch den Verwalter (keine Verwendung des Anderkontos des Verwalters; separate Konten für Forderungseinzug von Neu- und Altforderungen verwenden),
- Verzinsung des unechten Massekredits,[83]
- Absicherung des Rückzahlungsanspruchs durch Neubesicherung (auch hier muss sich der vorläufige Verwalter wieder eine Einzelermächtigung durch das Insolvenzgericht beschaffen).[84]

42 Die **Klassifikation des Rückzahlungsanspruchs als künftige Masseverbindlichkeit** ist typischerweise Voraussetzung dafür, dass die Sicherungsgläubiger einer Inanspruchnahme ihrer Sicherheiten im Insolvenzeröffnungsverfahren zustimmen. Denn anderenfalls wäre dieser Rückzahlungsanspruch in einem später eröffneten Insolvenzverfahren gewöhnliche Insolvenzforderung, die Sicherungsgläubiger hätten also ihre Sicherheit verloren.[85] Die Klassifikation als künftige Masseverbindlichkeit lässt sich dadurch erreichen, dass das Insolvenzgericht den vorläufigen Insolvenzverwalter oder den vorläufig eigenverwaltenden Schuldner ermächtigt, die Darlehensrückzahlungsforderung als künftige Masseverbindlichkeit zu begründen. Bei der **Absicherung des Rückzahlungsanspruchs** geht es darum, weitere Vorkehrungen für den Fall eines Scheiterns der Betriebsfortführung durch den vorläufigen Verwalter zu treffen. Als Sicherungsmittel kommen praktisch nur eine **Sicherungsübereignung von neu hergestellten Produkten** oder eine **Zession der Neuforderungen** in Betracht.[86] Hier sollten nicht die Standard-Formularmuster der Kreditinstitute verwendet werden, da sie dingliche Teilverzichtsklauseln zugunsten der Warenkreditgeber enthalten.[87] Scheitert die Betriebsfortführung, so muss der Sicherungsgläubiger, der einen unechten Massekredit gegeben hat, damit rechnen, dass der vorläufige Verwalter auch Lieferanten, die das Unternehmen weiter beliefert haben, nicht ordnungsgemäß befriedigt hat. Im „Ernstfall" wird also die Absicherung des Rückzahlungsanspruchs nichts oder wenig wert sein, so dass nur noch der Insolvenzverwalter (also seine Haftpflichtversicherung) persönlich in Anspruch genommen werden kann.

---

[78] AG Hamburg ZIP 2011, 1279. Das AG Hamburg zog aus dieser Problematik zunächst den absonderlichen Schluss, dass Anordnungen nach § 21 Abs. 2 Nr. 5 bei sicherungszedierten Forderungen nicht erlassen werden können (vgl. dazu *Tetzlaff*, jurisPR-InsR 19/2011 Anm. 5); diese Rechtsprechung wurde in der Folge indes wieder aufgegeben: AG Hamburg ZInsO 2011, 2045.

[79] *Kuder* ZIP 2007, 1690, 1695; *Strotmann/Tetzlaff* ZInsO 2011, 559; vgl. K. Schmidt/*Sinz* § 166 Rn. 12.

[80] AG Hannover ZIP 2018, 2383; Lwowski/Fischer/Gehrlein/*Mordhorst*, Das Recht der Kreditsicherung, 10. Aufl. 2018, § 6 Rn. 78; *Strotmann/Tetzlaff* ZInsO 2011, 559; *Huber* NZI 2014, 439, 443 ff.; *Trowski* WM 2014, 1257; *Madaus/Knauth* ZIP 2018, 149.

[81] Siehe auch *Huber* NZI 2014, 439, 444 ff.

[82] AG Hannover ZIP 2018, 2382; siehe auch AG Köln ZIP 2018, 2234 mit der Anforderung, die Ermächtigung müsse einen Höchstbetrag enthalten, der der Höhe der Realisierungsquote der um Drittrechte bereinigten und anfechtungsfest erworbenen Sicherheiten entspreche; *Huber* NZI 2014, 439, 440 f.

[83] § 169 InsO, der Zinsen erst ab Berichtstermin vorsieht, greift bei Forderungseinzug im Eröffnungsverfahren nicht, deshalb besteht ein Zinsanspruch des Sicherungsgläubigers.

[84] AG Hamburg ZIP 2011, 1279.

[85] Siehe nur *v. Buchwaldt* BB 2015, 3017, 3020.

[86] *Huber* NZI 2014, 439, 444 f.; *v. Buchwaldt* BB 2015, 3017, 3019.

[87] Lwowski/Fischer/Gehrlein/*Wittig*, Das Recht der Kreditsicherung, 10. Aufl. 2018, Anh. 2 zu § 13 Rn. 12.

D. Insolvenz von natürlichen Personen und Verwertung von Mobiliarsicherheiten

I. Freigabe der selbständigen Tätigkeit

Bei Insolvenzen über das Vermögen von natürlichen Personen werden Sicherungsgläubiger sehr häufig mit einer **Freigabe der selbständigen Tätigkeit** des Schuldners konfrontiert. Eine solche Freigabe erfasst das gesamte Vermögen des Schuldners, das seiner selbständigen Tätigkeit zuzurechnen ist, und somit auch Gegenstände des Anlage- und Umlaufvermögens des schuldnerischen Geschäftsbetriebs, an denen Sicherungsrechte der Gläubiger bestehen. 43

Hintergrund der Freigabe der selbständigen Tätigkeit des Schuldners (§ 35 Abs. 2, 3) sind **Haftungsrisiken** des Insolvenzverwalters bei „weiterwirtschaftenden" Schuldnern, die bei der Weiterführung ihrer selbständigen Tätigkeit nach Eröffnung eines Insolvenzverfahrens weitere Gläubiger schädigen. Diese Gläubiger könnten uU ihre Ansprüche als Masseverbindlichkeit gegenüber der Insolvenzmasse geltend machen und im Falle einer Masseunzulänglichkeit den Verwalter persönlich in Anspruch nehmen (§ 61).[88] 44

Aus Sicht des Sicherungsgläubigers bedeutet dies, dass bei einer Freigabe der Kreditsicherheit der Gegenstand in das **insolvenzfreie Vermögen des Schuldners** überführt wird. Der Insolvenzverwalter ist nicht mehr Ansprechpartner im Rahmen der Sicherheitenverwertung, sondern der Schuldner. 45

Handelt es sich bei der Freigabe der selbständigen Tätigkeit des Schuldners (einschließlich der „Freigabe" von Kreditsicherheiten) um eine **Fehlentscheidung,** wären also durchaus Verwertungserlöse zugunsten der Insolvenzmasse zu erwarten gewesen, so kommen folgende Handlungsalternativen in Betracht: 46

- Rückgängigmachung der Freigabe der selbständigen Tätigkeit gem. § 35 Abs. 2 Satz 3,[89]
- Einleitung eines weiteren Insolvenzverfahrens über das insolvenzfreie Vermögen des Schuldners,[90]
- Geltendmachung von Schadensersatzansprüchen gegenüber dem Insolvenzverwalter.

II. Sicherungsübereignung von Gegenständen, die der Schuldner für die Fortführung seiner selbständigen Tätigkeit benötigt

1. Berufung des Schuldners auf Pfändungsschutz. Die Vorschrift des **§ 36 iVm § 811 Abs. 1 Nr. 5 ZPO** ordnet an, dass die Pfändungsschutzvorschriften für selbständig tätige Schuldner auch im Insolvenzverfahren gelten. Dies kann zB dazu führen, dass der Schuldner behauptet, die Maschinen seiner Werkstatt, die einen Wert von 100.000 EUR haben, seien nicht Teil der Insolvenzmasse, weil er sie zur Fortführung seiner selbständigen Tätigkeit benötige.[91] Ein derartiges Verständnis des insolvenzfreien Vermögens geht aber zu weit.[92] Zum einen will § 811 Abs. 1 Nr. 5 ZPO die (höchst-)persönliche Leistungserbringung durch den Schuldner schützen; wo die Leistung durch fremde Arbeitskraft oder durch Einsatz erheblicher Sach- und Kapitalmittel erbracht wird und die persönliche Leistung des Schuldners zurücktritt, ist dieser Schutz nicht angezeigt, § 811 Abs. 1 Nr. 5 ZPO greift also nicht ein.[93] Zum anderen sind die ZPO-Vorschriften, die im Einzelzwangsvollstreckungsverfahren gelten, im Insolvenzverfahren (einem Gesamtvollstreckungsverfahren) richtigerweise über die ausdrücklichen Einschränkungen des § 36 InsO hinaus zu modifizieren.[94] Die Fehlvorstellung des Schuldners über die Reichweite des Pfändungsschutzes kann uU auch Sicherungsgläubiger tangieren, zB dann, wenn der selbständig tätige Schuldner seine Tätigkeit nach Eröffnung eines Insolvenzverfahrens fortsetzt, dabei den vom Sicherungsgläubiger finanzierten Reisebus[95] weiter einsetzen will und sich gegenüber dem Sicherungseigentümer auf den Standpunkt stellt, der Bus sei unpfändbar. 47

2. Wirkung der Pfändungsschutzvorschriften in den einzelnen Rechtsverhältnissen. 48
a) Verhältnis Insolvenzmasse/Schuldner. Im Verhältnis zur Insolvenzmasse kann sich der Schuldner uU gem. **§ 36 iVm § 811 Abs. 1 Nr. 5 ZPO** auf die Unpfändbarkeit bestimmter Gegenstände berufen, wenn er diese für die Fortführung seiner selbstständigen Tätigkeit benötigt. Die

---

88 Vgl. *Smid* DZWIR 2008, 133, 136; vgl. dazu ausführlich die Kommentierung von § 35 Abs. 2.
89 Die Freigabe an sich kann hingegen nicht rückgängig gemacht werden, → § 165 Rn. 223 f.
90 BGH WM 2011, 1344 = NZI 2011, 633 mAnm *Tetzlaff* WuB VI A. § 35 InsO 1.11.
91 → § 36 Rn. 17 ff.
92 *Tetzlaff* ZInsO 2005, 393, 398; aA wohl K. Schmidt/*Sinz* § 166 Rn. 5.
93 *Smid* DZWIR 2012, 1, 12.
94 → § 36 Rn. 24 ff.; aA *Smid* DZWIR 2012, 1, 12.
95 Vgl. zB AG Waldbröl DGVZ 2010, 135.

Rechtsprechung zu § 811 Abs. 1 Nr. 5 ZPO kann aber nicht ohne Einschränkung auf das Insolvenzverfahren übertragen werden:[96] Der Schuldner sollte nicht Gegenstände von hohem Wert der Insolvenzmasse vorenthalten dürfen, insbesondere wenn sonst keine weiteren Vermögenswerte für die Befriedigung der Gläubiger zur Verfügung stehen. Eine Austauschpfändung ist zwar grundsätzlich möglich,[97] wird oft aber aus tatsächlichen Gründen nicht in Betracht kommen.[98] Der Insolvenzverwalter kann freilich noch versuchen, die Voraussetzungen des § 811 Abs. 1 Nr. 5 ZPO zu beseitigen, indem der Schuldner seine Tätigkeit einstellt. Lässt sich der Schuldner nicht dazu bewegen, seine selbständige Tätigkeit freiwillig aufzugeben, kann noch eine behördliche Untersagung angestrebt werden; eine Entscheidung der Gläubigerversammlung allein reicht aber wohl nicht aus.[99]

49 **b) Verhältnis Insolvenzmasse/Sicherungsgläubiger.** Gibt der Insolvenzverwalter Sicherungsgut nicht an den Schuldner oder den Sicherungsgläubiger frei (§ 170 Abs. 2), sondern verbleibt es in der Insolvenzmasse, so besteht **kein Anspruch des Sicherungsgläubigers auf Zinszahlung oder Ausgleich eines Wertverlusts,** wenn der Schuldner das sicherungsübereignete Inventar im Rahmen der Fortführung seiner selbständigen Tätigkeit nach Verfahrenseröffnung weiter nutzt.[100] Die Gerichte begründen dieses Ergebnis mit der Unpfändbarkeit des Sicherungsguts im Verhältnis Insolvenzmasse/Schuldner. Da das Sicherungsgut als unpfändbarer Gegenstand nicht zur Insolvenzmasse gehöre, seien die Schutzvorschriften zugunsten der Absonderungsgläubiger in den §§ 166 ff. nicht anwendbar. Dem Sicherungsgläubiger sind also die Hände gebunden. Er kann versuchen, den Verwalter dazu zu bewegen, das Sicherungsgut ausdrücklich an den Schuldner freizugeben (echte Freigabe) oder an den Sicherungsgläubiger herauszugeben (Freigabe von Sicherungsgut, § 170 Abs. 2). Letzteres ist allerdings kritisch, wenn man sich auf den Standpunkt stellt, das Sicherungsgut sei unpfändbar und damit nicht Teil der Insolvenzmasse.

50 **c) Verhältnis Sicherungsgläubiger/Schuldner.** Hat der Schuldner einen Gegenstand beim Sicherungsgläubiger finanziert, so hat er im Rahmen der Sicherungsübereignung des Gegenstandes **auf den Pfändungsschutz** aus § 811 Abs. 1 Nr. 5 ZPO **verzichtet.**[101] Der Sicherungsgläubiger kann die Herausgabevollstreckung nach § 883 ZPO gegen den Schuldner betreiben. Der Schuldner kann, wenn der Verwalter das Sicherungsgut vorher ausdrücklich freigegeben hat, sich nicht darauf berufen, dass nach § 166 die Verwertungsbefugnis beim Insolvenzverwalter liegt.

III. Sicherungsabtretung künftiger Forderungen

51 Grundsätzlich steht § 91 der Abtretung von nach Eröffnung des Insolvenzverfahrens begründeten Forderungen des Schuldners an einen Sicherungsgläubiger entgegen.[102] Die Freigabe hat jedoch zur Folge, dass eine Vorausabtretung künftiger, nach Verfahrenseröffnung entstehender Forderungen infolge **Konvaleszenz** entsprechend § 185 Abs. 2 Satz 1 Fall 2 BGB (Erwerb des Gegenstandes durch den Verfügenden) wieder wirksam wird.[103]

E. Einzelfragen zur Verwertung von Mobiliarsicherheiten

I. Abrechnung der Verwertungserlöse

52 Bei der Verrechnung der Verwertungserlöse mit Hauptforderung, Zinsen und Kosten muss unterschieden werden zwischen Fällen, in denen die Kreditsicherheit ausreichend bemessen ist, und den in der Praxis weitaus häufigeren Fällen einer nicht ausreichenden Bemessung der Kreditsicherheit. Bei **ausreichender Bemessung der Sicherheit** werden nach Verfahrenseröffnung fällig werdende Ansprüche auf Kosten und Zinsen (genauso wie Hauptforderung und vor Verfahrenseröffnung fällig gewordene Kosten und Zinsen) von dem Recht auf abgesonderte Befriedigung erfasst.[104]

53 Ist die **Sicherheit nicht ausreichend dimensioniert,** reicht also der Verwertungserlös nicht für eine vollständige Befriedigung von Hauptforderung, Zinsen und Kosten, so kann der gesicherte Gläubiger nach Verfahrenseröffnung aufgelaufene Zinsen und Kosten mit dem Erlös verrechnen und

[96] Str., → Rn. 47.
[97] Hierauf verweisend *Smid* DZWIR 2012, 1, 12.
[98] Vgl. LG Deggendorf BeckRS 2016, 118822.
[99] AG Köln ZVI 2003, 418 m. krit. Anm. *Tetzlaff* EWiR 2003, 1151.
[100] LG Aachen ZVI 2006, 309; bestätigt durch OLG Köln ZVI 2006, 591; dazu *Mai* ZVI 2007, 166.
[101] Jaeger/*Eckardt* § 166 Rn. 105; vgl. K. Schmidt/*Sinz* § 166 Rn. 5.
[102] BGH WM 2006, 1343 = NJW 2006, 2485.
[103] BGH NZI 2013, 641 Rn. 15 ff.
[104] BGH WM 2008, 1660 = NZI 2008, 542.

die Hauptforderung zur Insolvenztabelle anmelden.[105] Der Verwertungserlös wird gem. §§ 366 Abs. 2, 367 BGB auf die gesicherte Forderung angerechnet; ein Tilgungsbestimmungsrecht steht dem Insolvenzverwalter nicht zu.[106]

II. Auswahl, welche Sicherheiten verwertet werden (insbesondere Gesellschaftersicherheiten)

1. Bestreiten der Anmeldung von Forderungen bei Bestehen von Drittsicherheiten. Sicherungsgläubiger werden bei der Anmeldung von Forderungen zur Insolvenztabelle häufig damit konfrontiert, dass der Insolvenzverwalter die angemeldete Forderung unter Hinweis auf das Bestehen von Drittsicherheiten bestreitet. Es handelt sich hier um ein Problem des **§ 43.** § 43 stellt eine Schutzvorschrift zugunsten der Gläubiger einer Haftungsgemeinschaft dar. Es gilt **der Grundsatz der Doppelberücksichtigung,** wonach der Gläubiger gegenüber jedem Schuldner seine volle Ausgangsforderung geltend machen kann, bis er vollständig befriedigt ist.[107] Der Gläubiger darf allerdings keine Befriedigung über 100% erhalten (Vollbefriedigung und Quotenüberschuss). Um dies zu vermeiden, gibt es mehrere Möglichkeiten: 54

- Der Insolvenzverwalter stellt sich einer Feststellung der Forderung des Inhabers einer Drittsicherheit zur Insolvenztabelle nicht entgegen. Erhält der Sicherungsgläubiger aus der Drittsicherheit vollständige Befriedigung, so bleibt dem Verwalter noch die Möglichkeit, mittels Vollstreckungsgegenklage zu vermeiden, dass der Gläubiger mehr als 100% erhält. Er muss also die zu einem Quotenüberschuss führende Quotenzahlung verweigern.
- Der Insolvenzverwalter bestreitet die angemeldete Forderung des Gläubigers mit Hinweis auf die Drittsicherheit und fordert dann genaue Angaben zu dem voraussichtlichen Erlös aus der Verwertung der Drittsicherheit.

Die Vorschrift des § 43 enthält eine ausdrückliche Regelung der persönlichen Mithaftung mehrerer Personen; die rein **dingliche Mithaftung** ist nicht erwähnt. Daraus schließt die Rechtsprechung, dass bei einer Verwertung der Drittsicherheit (dingliche Sicherheit) im Insolvenzverfahren die Vorschrift des § 43 nicht mehr anwendbar ist. Der Gläubiger muss also seine angemeldete Forderung reduzieren. Er kann keine Quote mehr auf die volle Forderung mehr beanspruchen, sondern nur die Quote auf den Ausfall. Der Gläubiger hat also keine Chance mehr auf eine 100%ige Befriedigung (durch den Erlös aus der Verwertung der Drittsicherheit und durch eine Quote auf den vollen Betrag der Forderungen).[108] Für den Sicherungsgläubiger kann es also sinnvoll sein, mit der Verwertung der Drittsicherheit bis zur Beendigung des Insolvenzverfahrens zu warten. Der Insolvenzverwalter kann den Sicherungsgläubiger nicht zwingen, die Drittsicherheit zu verwerten. Der Insolvenzverwalter wird aber, um die Gefahr eines Quotenüberschusses auszuschließen, die Forderungsanmeldung bestreiten, weil er bei einer rechtskräftigen Feststellung der Forderung zur Insolvenztabelle das Risiko eingehen würde, auch mittels einer Vollstreckungsgegenklage keine Korrektur der Tabelle mehr erreichen zu können.[109] 55

2. Gesellschaftersicherheiten. Es muss unterschieden werden zwischen gesellschafterbesicherten Drittdarlehen und Fällen der Doppelsicherung. Der Fall des **gesellschafterbesicherten Drittdarlehens** ist in § 44a geregelt. Die Vorschrift des **§ 44a** verweist Gläubiger durch die Beschränkung ihres Anspruches im Insolvenzverfahren auf eine Inanspruchnahme der vom Gesellschafter gestellten Sicherheit. Der Sicherungsgläubiger wird gezwungen, die Gesellschaftersicherheit zur Entlastung der Insolvenzmasse der Gesellschaft bestmöglich zu verwerten. Dies kann im Verteilungsverfahren oder schon bei der Forderungsanmeldung umgesetzt werden. Der Gläubiger erhält im Insolvenzverfahren der Gesellschaft nur eine Quote auf seinen Ausfall (§ 52) und kann nicht seine gesamte Forderung zur Tabelle anmelden (§ 43).[110] 56

Nicht in § 44a geregelt ist der Fall der **Doppelsicherung** (also Kreditvergabe an die Gesellschaft, Stellung von dinglichen oder persönlichen Sicherheiten durch den Gesellschafter und Sicherheitenbestellung durch Gesellschaft), obwohl dies der praktisch häufigere Fall ist. Es wurde kontrovers diskutiert, ob auf die Doppelsicherungs-Fälle § 44a analog anzuwenden sei.[111] In seinem Urteil vom 1.12.2011 hat der BGH[112] eine **analoge Anwendung des § 44a abgelehnt.** Der Sicherungsgläubi- 57

[105] BGH WM 2011, 561 = NZI 2011, 247. Ausführlich zur Problematik bei → § 165 Rn. 268.
[106] → § 166 Rn. 66, 77.
[107] BGH NZI 2009, 167 Rn. 14.
[108] BGH WM 1960, 720 = NJW 1960, 1295.
[109] Vgl. BGH NZI 2009, 167 Rn. 12.
[110] BGHZ 192, 9 = WM 2011, 2376 Rn. 10 = NZI 2012, 19.
[111] *Mikolajczak* ZIP 2011, 1285.
[112] BGHZ 192, 9 = WM 2011, 2376 = NZI 2012, 19; dem folgend OLG Stuttgart BB 2012, 3161, 3163.

ger kann nicht vom Insolvenzverwalter gezwungen werden, zunächst die vom Gesellschafter bestellte Sicherheit zu verwerten. Verwertet der Sicherungsgläubiger zunächst die von der insolventen Gesellschaft bestellte Sicherheit, so kann der Insolvenzverwalter auch unter Geltung des MoMiG einen Regressanspruch der Insolvenzmasse gegen den Gesellschafter geltend machen, der insoweit von seiner Haftung gegenüber dem Kreditgeber der Gesellschaft freigeworden ist;[113] tilgt eine Gesellschaft ein von ihr selbst und ihrem Gesellschafter besichertes Darlehen gegenüber dem Darlehensgeber, kann Befreiung des Gesellschafters von seiner Sicherung angefochten werden.[114]

58 Grundsätzlich sind **Absprachen zwischen Kreditgeber und Gesellschafter** über die vom Gesellschafter gestellten Sicherheiten nicht geeignet, Rechtswirkungen im Verhältnis zur Insolvenzmasse herbeizuführen. Der Insolvenzverwalter kann zB eine Gesellschaftersicherheit in der Insolvenz der GmbH trotz Verzichts des Gläubigers auf eine Inanspruchnahme der Sicherheit anfechten.[115]

III. Pflichten des Insolvenzverwalters bei der Prüfung der Wirksamkeit von Absonderungsrechten

59 Die Prüfung der Wirksamkeit von Absonderungsrechten gehört mit zu den schwierigsten Aufgaben des Insolvenzverwalters. Bei der Prüfung von Sicherungsverträgen geht es um die Fragen der Bestimmtheit und Bestimmbarkeit, die Frage des Verstoßes gegen die §§ 307 ff. BGB oder die Unwirksamkeit nach § 138 BGB.[116] Daneben hat der Insolvenzverwalter regelmäßig die Anfechtbarkeit der Sicherheitenbestellung nach den §§ 129 ff. zu überprüfen.[117] Bei der Bestellung von Sicherheiten für Gesellschafter des Schuldners sind darüber hinaus die Regelungen des alten und neuen Kapitalersatzrechts zu beachten.[118] Findet der Insolvenzverwalter **Anhaltspunkte** für eine **Unwirksamkeit** von **Sicherheitenbestellungen,** so hat er abzuwägen, ob er Mittel der Insolvenzmasse dazu aufwendet, um mit dem Gläubiger, der abgesonderte Befriedigung beansprucht, einen Rechtsstreit über die Anerkennung des Absonderungsrechts zu führen, oder ob er mit dem Gläubiger nach einer vergleichsweisen Lösung sucht. Bei **gerichtlichen Auseinandersetzungen** mit Gläubigern, die Absonderungsrechte geltend machen, muss der Verwalter grundsätzlich nicht auf die Kosteninteressen des Gläubigers Rücksicht nehmen, dh der Insolvenzverwalter kann im Falle seines Unterliegens den Gegner mit seinem Kostenerstattungsanspruch bei Masseunzulänglichkeit auf die Quote verweisen, ohne eine persönliche Haftung befürchten zu müssen.[119] Dies wird aber dann nicht gelten können, wenn der Verwalter nach Feststellung des Absonderungsrechts erneute Rechtsstreitigkeiten mit dem gesicherten Gläubiger provoziert und dieser nochmals Klage erheben muss, um eine Auskehrung des Verwertungserlöses zu erzwingen.[120] Ähnlich ist der Fall zu behandeln, dass der Insolvenzverwalter seiner Pflicht, eine Prüfung der Wirksamkeit der Absonderungsrechte in absehbarer Zeit nach der Eröffnung des Insolvenzverfahrens durchzuführen, nicht nachkommt und gegenüber dem absonderungsberechtigten Gläubiger pauschal die Wirksamkeit der Sicherungsrechte bestreitet.

60 Führt der Insolvenzverwalter überhaupt **keine Prüfung der Absonderungsrechte** durch und werden dadurch unwirksame Sicherheitenbestellungen nicht erkannt, so wird durch die Auskehrung von Verwertungserlösen auf nicht bestehende Absonderungsrechte die Gesamtheit aller Gläubiger geschädigt. Folge sind Schadensersatzansprüche gegen den Insolvenzverwalter nach § 60, die für die Insolvenzmasse durch einen Sonderinsolvenzverwalter geltend zu machen sind.[121]

61 Erklärt der spätere Insolvenzverwalter in seiner Funktion als vorläufiger Verwalter bei Abschluss einer Verwertungsvereinbarung **im Insolvenzeröffnungsverfahren,** dass er die **Wirksamkeit der Absonderungsrechte** des Gläubigers **anerkennt,** und wird dies später vom Insolvenzverwalter im eröffneten Insolvenzverfahren in Frage gestellt, so sind mehrere Problemkomplexe zu unterscheiden:

Zum einen ist die Frage zu stellen, ob der vorläufige Insolvenzverwalter derartige Erklärungen bereits im Insolvenzeröffnungsverfahren abgeben kann. Diese **Kompetenz des vorläufigen Verwalters** ist grundsätzlich zu **verneinen,** da er noch nicht mit einer endgültigen Prüfung und Feststellung von Absonderungsrechten betraut ist und im Regelfall innerhalb der kurzen Zeit zwischen Insolvenzantragstellung und Abschluss der Verwertungsvereinbarung auch noch keine verbindliche Aussage zu der Wirksamkeit der Absonderungsrechte einzelner Gläubiger getroffen werden

113 BGHZ 192, 9 = WM 2011, 2376 = NZI 2012, 19.
114 BGHZ 215, 262 = NJW 2017, 2915.
115 OLG Stuttgart ZIP 2012, 835.
116 → § 171 Rn. 19 ff.
117 → § 166 Rn. 4.
118 Vgl. dazu die Kommentierungen des § 135.
119 BGHZ 161, 236 = BGH ZIP 2005, 131 = NJW 2005, 901, vgl. aber auch OLG Hamm ZIP 2006, 1911.
120 BGH ZIP 2006, 194 = NJW-RR 2006, 694.
121 Vgl. dazu die Kommentierung des § 60.

kann. Der vorläufige Insolvenzverwalter begeht also eine Pflichtverletzung, wenn er derartige Erklärungen abgibt. Anders sind allerdings rechtlich unverbindliche Erklärungen des vorläufigen Verwalters zu werten, in denen er zB im Rahmen der Regelungen des Einzugs von sicherungsabgetretenen Forderungen mit dem Zessionar eine Verständigung zur Anfechtbarkeit des Werthaltigmachens von abgetretenen Forderungen trifft.

Zum anderen ist die Frage zu erörtern, ob die **absonderungsberechtigten Gläubiger** auf derartige **Erklärungen vertrauen** dürfen und in einem späteren Rechtsstreit über die Wirksamkeit von Absonderungsrechten darauf verweisen dürfen, dass der vorläufige Insolvenzverwalter erklärt hat, die Wirksamkeit der Absonderungsrechte anzuerkennen. Hier wird man die von der Rechtsprechung entwickelten Grundsätze zum Schutz des Vertrauens von Gläubigern bei der Begleichung von Altforderungen im Insolvenzeröffnungsverfahren[122] heranziehen können.[123] Der BGH hat hier in bestimmten Konstellationen eine Anfechtung der während des Insolvenzeröffnungsverfahrens vorgenommenen Zahlungen durch den späteren Insolvenzverwalter für unzulässig erklärt.[124] Abhängig von den Umständen des Einzelfalls wird man deshalb das Vertrauen des absonderungsberechtigten Gläubigers in den Bestand der Erklärungen des vorläufigen Insolvenzverwalters schützen müssen.[125] In anderen Fällen, in denen dieses Vertrauen des Gläubigers keinen Schutz verdient, greifen die Grundsätze der **Insolvenzzweckwidrigkeit.**[126] In diesem Fall muss die gesamte, im Insolvenzeröffnungsverfahren zwischen dem vorläufigen Verwalter und dem Sicherungsgläubiger getroffene Vereinbarung über die Verwertung der Sicherheiten „rückabgewickelt" werden. Regelmäßig wird sich auch der Sicherungsgläubiger im Rahmen der Verwertungsvereinbarung zu Zugeständnissen bereit erklärt haben. An diese ist er im Falle einer Rückabwicklung der Verwertungsvereinbarung nicht mehr gebunden. In diesem Zusammenhang stellt sich dann die Frage nach Schadensersatzansprüchen des Gläubigers gegen die Insolvenzmasse und den Insolvenzverwalter bzw. den vorläufigen Insolvenzverwalter persönlich.

IV. Berücksichtigung der Sicherheitenverwertung bei der Vergütung des Insolvenzverwalters

Gegenstände, die mit einem Absonderungsrecht nach §§ 49 ff. belastet sind, werden nur einge- 62
schränkt bei der Ermittlung der **Berechnungsgrundlage** der Vergütung des Insolvenzverwalters berücksichtigt. Verwertet der Insolvenzverwalter Massegegenstände, die mit einem Absonderungsrecht belastet sind, so erhöht sich seine Vergütung nach **§ 1 Abs. 2 Nr. 1 InsVV** maximal um die Hälfte des bei der Durchführung der Verwertung an die Masse geflossenen **Feststellungskostenbeitrags** nach § 171 Abs. 1 InsO. Durch die Anknüpfung an gezahlte Feststellungskostenbeiträge hat der Gesetzgeber deutlich gemacht, dass nur dann, wenn dem Insolvenzverwalter nach § 166 das Verwertungsrecht an dem Absonderungsgut zugewiesen ist, diese Möglichkeit der Vergütungserhöhung eingreift. Steht dem Insolvenzverwalter das Verwertungsrecht nicht zu und erhält die Masse aufgrund einer **Verwertungsvereinbarung** Feststellungskostenbeiträge, so kann § 1 Abs. 2 Nr. 1 InsVV wiederum zur Anwendung kommen. Allerdings muss in der Verwertungsvereinbarung klar geregelt sein, dass es sich um Feststellungskostenbeiträge handelt.[127]

Bei der Ermittlung der Vergütung ist nach § 1 Abs. 2 Nr. 1 InsVV ein **Vergleich** der Regelver- 63
gütung ohne Berücksichtigung der Werte der belasteten, vom Insolvenzverwalter verwerteten Gegenstände (**kleine Berechnungsgrundlage**) und der Regelvergütung inklusive dieser Werte (**große Berechnungsgrundlage**) vorzunehmen. Den Differenzbetrag zwischen beiden Ergebnissen erhält der Verwalter zu der Vergütung auf der Grundlage der (niedrigen) Ausgangs-Berechnungslage hinzu, soweit dieser Betrag nicht mehr als 50% der Feststellungskostenbeiträge nach § 171 Abs. 1 übersteigt.[128]

Steht der Masse aus der Verwertung der Sicherheit ein **Übererlös** zu, so wird der Übererlös 64
bei der Ermittlung der Berechnungsgrundlage berücksichtigt. **Zuschläge** auf die Regelvergütung wegen der Schwierigkeiten bei der Verwertung der Absonderungsrechte sind **nur sehr eingeschränkt** möglich.[129] Bei der Verwertung von Absonderungsgut wird der Verwalter in erster Linie im Interesse des absonderungsberechtigten Gläubigers tätig. Die dadurch entstehenden Kosten sollen

---

122 BGHZ 161, 315 = ZIP 2005, 314 = NZI 2005, 218; vgl. auch BGHZ 154, 190, 193 = NZI 2003, 315 und LG Dresden ZInsO 2006, 663.
123 Vgl. LG Krefeld, Urt. v. 7.4.2016 – 3 O 381/14, juris, Rn. 43.
124 BGHZ 161, 315 = ZIP 2005, 314 = NZI 2005, 218.
125 Vgl. auch – zu § 179 BGB – OLGR Düsseldorf 2004, 373.
126 BGH WM 2008, 937 = NZI 2008, 365; NJW 2018, 2494 Rn. 13 f.
127 LG Heilbronn Rpfleger 2007, 105; ZInsO 2011, 1958.
128 Berechnungsbeispiele bei → MüKoInsO/*Riedel* InsVV § 1 Rn. 20 f.; *Lissner* ZInsO 2018, 1555, 1558.
129 Siehe aber etwa LG Münster ZIP 2018, 1148, 1150 = BeckRS 2017, 121957 Rn. 24 f.

grundsätzlich durch die Kostenbeiträge nach §§ 170, 171 InsO aufgefangen werden und so nicht die Masse belasten. Diese Zuflüsse wirken sich auf die Vergütung des Verwalters aus, Rn. 62f. Die Gläubigergesamtheit darf grundsätzlich nicht noch zusätzlich mit höheren Vergütungsansprüchen wegen der Verwertung des Absonderungsguts belastet werden.

65 Bei der Ermittlung der Berechnungsgrundlage der **Vergütung des vorläufigen Insolvenzverwalters** sind mit Absonderungsrechten belastete Gegenstände mit ihrem vollen Wert zu berücksichtigen, wenn der vorläufige Verwalter in Bezug auf diese Gegenstände in erheblicher Weise (also über das gewöhnliche Maß hinaus) tätig geworden ist (§ 11 Abs. 1 Satz 2 InsVV).[130] Wird diese Erheblichkeitsschwelle nicht erreicht, so bleibt es bei der niedrigen Berechnungsgrundlage: Einzubeziehen ist dann nur der Wertanteil, der den Wert des Absonderungsrecht[e]s übersteigt.[131] Gem. § 11 Abs. 3 InsVV sind aber Art, Dauer und der Umfang der Tätigkeit des vorläufigen Insolvenzverwalters bei der Festsetzung der Vergütung zu berücksichtigen, was in Gestalt von Zu- und Abschlägen geschieht.[132]

V. Weitere Einzelfragen zu den Pflichten des Verwalters

66 **1. Verwertungsrecht – Verwertungspflicht des Insolvenzverwalters.** Zu beachten ist zunächst, dass § 166 das Verwertungsrecht nur hinsichtlich bestimmter Gegenstände und Rechte auf den Insolvenzverwalter überträgt. Für die Entscheidung, ob ein Verwertungsrecht des Insolvenzverwalters oder des Sicherungsnehmers besteht, kommt es auf die gewählte **Sicherungsform** (zB Sicherungsübereignung oder Verpfändung) und auf die **Klassifikation des Sicherungsgegenstandes** an (zB bewegliche Sache, Forderung oder sonstiges Recht).[133]

67 **a) Verwertungsrecht des Insolvenzverwalters.** Besteht ein Verwertungsrecht des Insolvenzverwalters, so trifft ihn grundsätzlich auch die **Pflicht,** die Verwertung des Sicherungsgegenstandes **unverzüglich** zu betreiben.[134] Dazu gehört ggf. unter Abwägung mit dem Kostenrisiko auch die prozessuale Durchsetzung.[135] Günstige Verwertungsmöglichkeiten muss der Insolvenzverwalter wahrnehmen. Er kann sich nicht auf ein Abwarten und Taktieren (zB Forderungen nach höherer Kostenbeteiligung der Masse) beschränken, wenn unterdessen die Ware verdirbt.[136] Sprechen wirtschaftliche Gründe gegen eine beschleunigte Verwertung, so sind in den §§ 166ff. kompensatorische Regelungen vorgesehen, um den Sicherungsgläubiger für die Verzögerungen bei der Verwertung zu entschädigen. Der Insolvenzverwalter hat, wenn er aus wirtschaftlichen Gründen die Verwertung verzögert, sicherzustellen, dass genügend Masse vorhanden ist, um den Sicherungsgläubiger zu entschädigen. Tut er dies nicht und kann der Sicherungsgläubiger aufgrund des Eintritts einer Masseunzulänglichkeit nicht entschädigt werden, so droht dem Insolvenzverwalter eine persönliche Haftung nach §§ 60, 61.[137]

68 Das Verwertungsrecht des Insolvenzverwalters zieht also auch bestimmte Pflichten nach sich. Kann der Insolvenzverwalter in einem absehbaren Zeitraum das Sicherungsgut nicht verwerten oder kann die Insolvenzmasse die in den §§ 166ff. vorgesehenen kompensatorischen Zahlungen an den Sicherungsgläubiger nicht zahlen, so kann der Insolvenzverwalter das Sicherungsgut nach **§ 170 Abs. 2** dem Sicherungsgläubiger zur Verwertung überlassen. Falls dieser sich weigern sollte, das Sicherungsgut zu übernehmen, bleibt als letzte Möglichkeit auch die **(echte) Freigabe** des Sicherungsguts an den Schuldner.[138] Diese (echte) Freigabe sollte aber dem Sicherungsgläubiger zunächst angedroht werden, da nach der Freigabe der Sicherungsgläubiger uU größere Probleme bei der Durchführung der Verwertung hat, wenn der Schuldner entweder nicht greifbar ist (natürliche Person als Schuldner) oder nicht mehr handlungsfähig ist (schuldnerische Gesellschaft ohne Geschäftsführer).

69 **b) Kein Verwertungsrecht des Insolvenzverwalters.** Hinsichtlich der Gegenstände, Forderungen oder Rechte, bei denen nach § 166 das Verwertungsrecht dem Insolvenzverwalter nicht

---

[130] Vgl. schon BGHZ 165, 266 = WM 2006, 530 = NJW 2006, 2988. Für Unwirksamkeit des § 11 Abs. 1 S. 2 InsVV wegen Unvereinbarkeit (auch) mit § 63 Abs. 3 InsO nF *Graeber* ZInsO 2018, 1292; zum alten Recht zusammenfassend BGH NZI 2016, 886 Rn. 11.

[131] Vgl. AG Göttingen ZIP 2018, 1042; aA AG Hannover ZIP 2017, 2486, 2489ff. = BeckRS 2017, 113289 Rn. 33ff.; *Vill*, FS Gero Fischer, 2008, S. 547, 554.

[132] → MüKoInsO/*Stephan* InsVV § 11 Rn. 68ff.

[133] → § 166 Rn. 10ff., 42ff., 69ff.

[134] *Obermüller*, Insolvenzrecht in der Bankpraxis, Rn. 6.705, 6.925.

[135] Vgl. dazu → § 166 Rn. 75.

[136] BGHZ 189, 299 = WM 2011, 1420 = NJW 2011, 2960.

[137] → § 168 Rn. 69ff. und → § 169 Rn. 48; siehe auch OLG Düsseldorf ZInsO 2018, 34, 48 = BeckRS 2017, 134809 Rn. 66.

[138] → § 170 Rn. 38.

zugewiesen ist, besteht das **Verwertungsrecht des gesicherten Gläubigers,** vgl. § 173 Abs. 1. Bei einer Verzögerung der Durchführung der Verwertung durch den gesicherten Gläubiger kann der Verwalter nach § 173 Abs. 2 vorgehen.

2. Pflichten des Insolvenzverwalters bei der Vorbereitung der Verwertung. Bei der Vorbereitung der Verwertung von Gegenständen, bei denen nach § 166 ein Verwertungsrecht des Insolvenzverwalters besteht, hat der Verwalter für ein bestmögliches Verwertungsergebnis Sorge zu tragen. Reicht der Verwertungserlös voraussichtlich nicht aus, um die gesamten gesicherten Forderungen des Sicherungsgläubigers zurückzuführen, so ist der Verwalter in erster Linie gegenüber dem **Sicherungsgläubiger** verpflichtet, einen möglichst hohen Verwertungserlös zu erzielen, um den Ausfall des gesicherten Gläubigers möglichst gering zu halten. Reicht der Verwertungserlös voraussichtlich aus, um die gesicherten Forderungen des Sicherungsgläubigers zurückzuführen, so ist der Verwalter im Interesse der **Gesamtheit aller Gläubiger** gehalten, ein bestmögliches Verwertungsergebnis zu erzielen, da der Übererlös nach Abzug der Kostenbeiträge nach §§ 170, 171 und Rückführung der gesicherten Forderungen bei der Insolvenzmasse verbleibt und daher die Quote der ungesicherten Gläubiger erhöht. 70

Kann das **Sicherungsgut** nicht sofort verwertet werden, so hat der Insolvenzverwalter dieses in einem ordnungsgemäßen Zustand zu erhalten. Hier stellt sich die Frage, welche **Aufwendungen** der Insolvenzverwalter mit Mitteln der Insolvenzmasse tätigen muss, um das Sicherungsgut eines einzelnen Gläubigers zu erhalten. Die Insolvenzmasse hat Anspruch auf die Erstattung der tatsächlich angefallenen Verwertungskosten. Ein Anspruch auf Erstattung der Erhaltungskosten besteht allerdings nicht, sondern kann nur per Verwertungsvereinbarung geregelt werden.[139] 71

Ein ähnliches Problem stellt sich beim Einzug sicherungshalber abgetretener **Forderungen:** Bestreiten hier Drittschuldner die Berechtigung der Forderungen, so muss der Insolvenzverwalter uU langwierige und kostenintensive gerichtliche Auseinandersetzungen führen, um die zedierten Forderungen durchzusetzen. Diese **Aufwendungen** kann die Insolvenzmasse als tatsächlich angefallene Verwertungskosten nach § 171 Abs. 2 ersetzt verlangen. Sicherungsnehmer und Insolvenzverwalter sollten bereits im Vorfeld im Rahmen einer Verwertungsvereinbarung Regelungen hinsichtlich der Erstattungsfähigkeit dieser Kosten treffen, so dass nicht im Nachhinein Streit über die Erforderlichkeit der aufgewandten Kosten entstehen kann. Streit über die Erforderlichkeit entsteht typischerweise dann, wenn die Einwendungen der Drittschuldner berechtigt oder die Drittschuldner nicht leistungsfähig sind. Denn in diesen Fällen sind die Aufwendungen für die gerichtliche Geltendmachung der zedierten Forderungen für den Sicherungsgläubiger nicht von Nutzen. 72

3. Pflichten des Insolvenzverwalters bei der Durchführung der Verwertung. Die Durchführung der Verwertung ist relativ detailliert in den §§ 167 ff. geregelt. Der Insolvenzverwalter muss den Gläubiger vorab über die von ihm geplante Verwertung informieren. Der Gläubiger kann dann auf bessere Verwertungsmöglichkeiten hinweisen. Hält der Insolvenzverwalter diese Vorgaben nicht ein, so droht ein Verlust der Kostenbeiträge nach §§ 170, 171 sowie eine persönliche Haftung nach § 60.[140] Haftungsrisiken bestehen für den Insolvenzverwalter vor allem dann, wenn der Verwertungserlös nicht ausreicht, um die gesicherten Forderungen des Gläubigers zurückzuführen. 73

4. Pflicht des Insolvenzverwalters zur Auskehrung des Verwertungserlöses. Den Insolvenzverwalter trifft die Pflicht zur unverzüglichen Verwertung des Sicherungsguts bzw. zur Einziehung der sicherungsabgetretenen Forderungen. Kommt er dieser Pflicht nicht nach, so ordnet § 169 die Zahlung der geschuldeten Zinsen an den absonderungsberechtigten Gläubiger an.[141] Hat der Insolvenzverwalter bereits die Verwertung vorgenommen und ist der Erlös dem Insolvenzverwalter zugeflossen, so hat er diesen gem. **§ 170 Abs. 1 Satz 2** unverzüglich nach Abzug der Kostenbeiträge an den Sicherungsgläubiger auszukehren. Kommt er dieser Pflicht nicht nach, so kann der Gläubiger seinen **Verzugsschaden** nach allgemeinen Grundsätzen **gegenüber der Insolvenzmasse** geltend machen.[142] 74

Reicht die vorhandene Masse nicht aus, um die Ansprüche des Sicherungsgläubigers zu befriedigen, so ist das Bestehen von **Schadensersatzansprüchen gegen den Insolvenzverwalter** nach §§ 60, 61 zu prüfen. 75

5. Pflichten des Insolvenzverwalters bei Verzögerung der Verwertung. Wird die Verwertung verzögert, so steht dem Sicherungsgläubiger nach dem Regelungskonzept der InsO eine 76

---

139 → § 170 Rn. 55 ff.

140 → § 168 Rn. 72 f. und → § 170 Rn. 28; siehe auch OLG Düsseldorf ZInsO 2018, 34, 46 f. = BeckRS 2017, 134809 Rn. 58 ff.; OLG Oldenburg BeckRS 2013, 21058.

141 → § 169 Rn. 32 ff.

142 → § 169 Rn. 20, 44 f. und → § 170 Rn. 67 ff.

Entschädigung in Gestalt von **Kompensationszahlungen** zu. Hiermit stärkt die InsO die Verlässlichkeit der Kreditsicherheiten, was – jedenfalls *ex ante* – sowohl im Gläubiger- als auch im Schuldnerinteresse liegt und zudem gesamtwirtschaftlich von Vorteil ist. Diese richtige Grundentscheidung sollte auch die Rechtsprechung bei der Entscheidung über Kompensationszahlungen an den Sicherungsgläubiger berücksichtigen und dementsprechend eher großzügig sein. Besonderes Gewicht erhält die Grundentscheidung zugunsten einer Kompensation bei Verzögerungen dadurch, dass es für den Anspruch auf **kompensatorische Zinszahlung** nach § 169 Satz 1 und 2 im Ausgangspunkt **nicht darauf ankommt, ob die Verzögerung in der Verantwortung der Masse liegt.**[143] Will der Verwalter diese Zahlungen nicht leisten, so hat er die Möglichkeit, das Sicherungsgut zur Verwertung an den Sicherungsgläubiger freizugeben (§ 170 Abs. 2). Für die Masse beherrschbar ist lediglich der von § 172 Abs. 1 Satz 1 vorgesehene Anspruch des Gläubigers auf **Ausgleich eines Wertverlusts,** der durch die Nutzung einer beweglichen Sache für die Insolvenzmasse entsteht. Denn ob eine bewegliche Sache für die Insolvenzmasse genutzt wird, liegt in der **Verantwortung des Insolvenzverwalters.**

77 Sind die Tatbestandsvoraussetzungen des § 169 und/oder des § 172 erfüllt, so muss der Insolvenzverwalter dafür Sorge tragen, dass **genügend Masse** vorhanden ist, um die Zahlungen an die absonderungsberechtigten Gläubiger erbringen zu können. Kann er abschätzen, dass infolge Masseunzulänglichkeit die Zahlungen nicht geleistet werden können, so muss er entweder beschleunigt die Verwertung betreiben und den Erlös an den Sicherungsgläubiger auskehren oder den Sicherungsgegenstand dem Sicherungsgläubiger nach § 170 Abs. 2 zur Verwertung überlassen. Verfährt der Verwalter nicht nach diesen Grundsätzen und können infolge Masseunzulänglichkeit keine Ausgleichszahlungen nach §§ 169, 172 an den Sicherungsgläubiger geleistet werden, so droht dem Insolvenzverwalter eine persönliche Haftung nach den §§ 60, 61.[144]

78 **6. Keine Pflicht des Insolvenzverwalters zur Wahrung der Interessen nachrangiger Sicherungsgläubiger.** Der Insolvenzverwalter darf bei der Verwertung zugunsten eines vorrangigen Sicherungsnehmers den **einfachsten Weg** beschreiten, ohne sich über die Auswirkungen für nachrangige Sicherungsnehmer Gedanken machen zu müssen.[145] Der Insolvenzverwalter ist also nicht verpflichtet, bei den Verwertungsmaßnahmen zugunsten eines Sicherungsnehmers zugleich in den Blick zu nehmen, wie die Interessen eines anderen Sicherungsnehmers optimal zur Geltung kommen können. Ein nachrangiger Sicherungsgläubiger hat daher keine Schadensersatzansprüche gegen die Insolvenzmasse oder den Insolvenzverwalter persönlich, wenn dieser eine Verwertung wählt, die für den nachrangigen Sicherungsgläubiger ungünstig ist. Der nachrangige Sicherungsgläubiger kann lediglich versuchen, mit den anderen Sicherungsgläubigern Abreden über die Verteilung des Verwertungserlöses zu treffen, zB im Rahmen einer **Sicherheitenabgrenzungsvereinbarung.**[146]

79 **7. Pflichten und Obliegenheiten des absonderungsberechtigten Gläubigers.** Liegt das Verwertungsrecht für den Sicherungsgegenstand nach § 166 beim Insolvenzverwalter, so treffen den absonderungsberechtigten Gläubiger auch bestimmte Pflichten und Obliegenheiten im Rahmen der Durchführung der Verwertung. Der absonderungsberechtigte Gläubiger darf die Verwertung nicht erschweren oder unmöglich machen;[147] er ist ggf. sogar verpflichtet, bei den **Verwertungsmaßnahmen** des Insolvenzverwalters **mitzuwirken.** So muss er etwa die Zulassungsbescheinigung für das sicherungsübereignete Fahrzeug herausgeben.[148] Führt der **Insolvenzverwalter** eine **Prüfung** der **Wirksamkeit** der Sicherheitenbestellungen durch, so hat der Sicherungsgläubiger dafür die notwendigen **Unterlagen zur Verfügung zu stellen** bzw. die notwendigen Auskünfte zu erteilen. Verweigert der Sicherungsgläubiger jegliche Mitwirkung, so wird man im Einzelfall prüfen müssen, ob bei einer Verzögerung der Auskehrung des Verwertungserlöses oder bei einer Verzögerung der Durchführung der Verwertung die Ausgleichsansprüche des Sicherungsgläubigers gegen die Insolvenzmasse nach §§ 169, 172 ausgeschlossen sind.[149]

80 Der absonderungsberechtigte Gläubiger muss im Rahmen der Verwertung des Sicherungsguts beachten, dass er **kein Selbsteintrittsrecht** hat.[150] Teilt der Insolvenzverwalter dem Sicherungsgläu-

143 → § 169 Rn. 24, teilweise aA BGHZ 166, 215 = WM 2006, 818 = NZI 2006, 342, wonach die Verpflichtung des Insolvenzverwalters zur Zinszahlung ab dem Berichtstermin entfällt, soweit die Verwertung sich aus Gründen verzögert, die nicht insolvenzspezifischer Natur sind.

144 → Rn. 67 f.

145 BGH BeckRS 2010, 23784 Rn. 3.

146 *Burgard/Tetzlaff* ZInsO 2011, 617; → Rn. 85.

147 → § 166 Rn. 73.

148 OLG Stuttgart ZIP 2012, 1519.

149 → § 169 Rn. 8.

150 → § 168 Rn. 71.

biger mit, dass er den Gegenstand für einen bestimmten Betrag verwerten will, so kann der Sicherungsgläubiger nicht darauf vertrauen, dass er das Sicherungsgut selbst für einen günstigen Preis übernehmen kann, wenn er den vom Insolvenzverwalter genannten Preis jeweils nur geringfügig überbietet.[151]

Die in den §§ 166 ff. enthaltenen Regelungen, die dem Schutz des absonderungsberechtigten Gläubigers dienen, dürfen von diesem nicht dazu benutzt werden, die Abwicklung des Insolvenzverfahrens durch den Verwalter zu stören und zu verzögern. Sind Anhaltspunkte dafür vorhanden, dass der **Sicherungsgläubiger** sich **rechtsmissbräuchlich** verhält, so ist im Einzelfall zu prüfen, ob die Schutzvorschriften zu seinen Gunsten eingreifen. 81

8. Haftung des Insolvenzverwalters bei Pflichtverletzungen im Rahmen der Verwertung im eröffneten Verfahren. Der Sicherungsgläubiger kann wegen Pflichtverletzungen des Insolvenzverwalters bei der Verwertung des Sicherungsgegenstandes Schadensersatzansprüche gegenüber dem Insolvenzverwalter persönlich geltend machen. Denkbar sind insbesondere folgende **Konstellationen:** 82

- Unter-Wert-Veräußerung des Sicherungsgegenstandes,
- Nichtauskehrung des Verwertungserlöses und „Verwirtschaften" des Erlöses aus der Verwertung der Kreditsicherheiten durch den Insolvenzverwalter im Rahmen der Insolvenzabwicklung,
- verzögerte Verwertung des Sicherungsgegenstandes mit den Rechtsfolgen der §§ 169, 172; Unmöglichkeit der Leistung von Kompensationszahlungen aufgrund eingetretener Masseunzulänglichkeit,
- Verzögerungen bei der Auskehrung des Verwertungserlöses.

Schadensersatzansprüche können auf die **§§ 60, 61** gestützt werden.[152]

9. Haftung des vorläufigen Insolvenzverwalters bei Pflichtverletzungen im Rahmen der Verwertung im Insolvenzeröffnungsverfahren. Häufig kommt es im eröffneten Insolvenzverfahren zu Streitigkeiten zwischen Verwalter und Sicherungsgläubiger wegen der Verwertung von Kreditsicherheiten im Insolvenzeröffnungsverfahren, wenn der vorläufige Verwalter im Eröffnungsverfahren Kreditsicherheiten verwertet und den Erlös nicht an den Sicherungsgläubiger ausgekehrt, sondern im Rahmen einer **Betriebsfortführung** eingesetzt hat. Ist es dem Verwalter dann nicht mehr möglich, den **Verwertungserlös** an den Sicherungsgläubiger herauszugeben, so sind gerichtliche Auseinandersetzungen zwischen Verwalter (persönlich), Insolvenzmasse und Sicherungsgläubiger unausweichlich.[153] Die Haftung des vorläufigen Insolvenzverwalters folgt aus § 21 Abs. 2 Satz 1 Nr. 1 iVm §§ 60, 61. 83

Nach Auffassung des BGH kann den vorläufigen Insolvenzverwalter selbst im Eröffnungsverfahren die Pflicht treffen, **verderbliche Gegenstände** sofort zu verwerten. Der Verwalter muss hierzu uU auch entsprechende Erlaubnisse des Insolvenzgerichts einholen. Wartet er einfach nur ab, so macht er sich persönlich schadensersatzpflichtig gegenüber dem Sicherungsgläubiger.[154] 84

F. Kollektive Durchsetzung von Sicherungsrechten

I. Wirtschaftliche Hintergründe der Poolung von Sicherheiten

Bei einem Sicherheitenpool handelt es sich um einen vorübergehenden Zusammenschluss von Gläubigern, dessen Zweck es ist, durch die gemeinsame Verwaltung und Verwertung von Sicherheiten außerhalb der Insolvenz, in der Krise und im Insolvenzverfahren Effizienzgewinne zu erzielen.[155] In schuldrechtlicher Hinsicht liegt mithin eine **BGB-Gesellschaft** vor.[156] Poolverträge kommen in sehr verschiedenen Konstellationen und zu unterschiedlichen Zeitpunkten zum Einsatz, zB als sog. kreditbegleitende Poolbildung (Zusammenschluss mehrerer Banken bei großen Volumina, sog. Konsortialkredit), als Poolbildung unter Banken bei sich abzeichnender Krise des Kreditnehmers und als 85

---

151 → § 168 Rn. 45.
152 BGH NZI 2013, 596 Rn. 20.
153 → Rn. 36.
154 BGHZ 189, 299 = WM 2011, 1420 = NJW 2011, 2960.
155 Lwowski/Fischer/Gehrlein/*Merkel/Knof*, Das Recht der Kreditsicherung, 10. Aufl. 2018, § 4 Rn. 1 ff.
156 *Nerlich/Kreplin*, MAH Insolvenz und Sanierung, 3. Aufl. 2019, § 29 Rn. 260; Schimansky/Bunte/Lwowski/*Martinek/Omlor*, Bankrechts-HdB, § 97 Rn. 17; *Nerlich/Kreplin*, MAH Insolvenz und Sanierung, 3. Aufl. 2019, § 29 Rn. 246; *Obermüller*, Insolvenzrecht in der Bankpraxis, Rn. 6.195; vgl. *Gottwald*, Recht der Sanierungsfinanzierung, 2005, § 11 C Rn. 43; Gottwald/*Adolphsen*, InsO-HdB, § 44 Rn. 2.

Sicherheitenpool der Sicherungsgläubiger in der Insolvenz (insbes. sog. Lieferantenpool).[157] Für die Poolung von Sicherheiten sprechen zunächst folgende **Vorteile:**
- Kostenreduzierung bei der Verwaltung und Durchsetzung der Sicherheiten,
- Steigerung des Verwertungserlöses durch Koordination zwischen den Poolmitgliedern und ggf. gemeinsames Auftreten gegenüber dem Insolvenzverwalter,
- Beseitigung von Abgrenzungsschwierigkeiten bei den Sicherheiten,
- Risikoverteilung bei der Kreditvergabe und – fortsetzend – bei der Verwertung der Sicherheiten.[158]

Wie unter → Rn. 78 dargelegt wurde, kann die Art und Weise der Verwertung durch den Insolvenzverwalter einzelne Sicherungsgläubiger bevorzugen. Die Sicherungsgläubiger können „Überraschungen" vorbeugen, indem sie sich zusammenschließen und intern die Verteilung der Erlöse im Rahmen von Sicherheitenabgrenzungsverträgen[159] regeln.

86 Häufig ist die Poolung der Kreditsicherheiten der Geldkreditgeber eine grundlegende Voraussetzung für die Koordination der Sanierungsbemühungen der Banken zur Abwendung einer Insolvenz des Kreditnehmers. Es sprechen also volkswirtschaftliche Gründe für die Zulassung der Poolbildung. Gleichzeitig birgt die Poolbildung auch die Gefahr in sich, dass einzelne Gläubiger sich zulasten der Gläubigergesamtheit Vorteile in der Krise des Kreditnehmers verschaffen. Daher müssen die Vereinbarungen stets im Einzelnen geprüft werden. Schließen sich zB die Banken A, B und C im Vorfeld der Insolvenz des Unternehmens Z zu einem Sanierungspool zusammen und stellt die Bank A, die noch freie, also nicht benötigte Sicherheiten hält, diese der Bank B zur Absicherung der Altkredite zur Verfügung, so ist dieses Unter-Deckung-Nehmen nach den §§ 129 ff. anfechtbar.[160] Werden die freien Sicherheiten hingegen zur Absicherung eines Neukredites benutzt, so werden dadurch die Sanierungsbemühungen des Unternehmens gestützt. Muss der Kreditnehmer doch Insolvenzantrag stellen, so ist die Besicherung des Neukredits als Bargeschäft grundsätzlich der Insolvenzanfechtung entzogen.[161]

87 Als ein wesentlicher Vorteil der Poolbildung in der Krise wird die **Beweiserleichterung** und die **Überwindung von Abgrenzungsschwierigkeiten** genannt.[162] Die in der Insolvenz bestehenden Abgrenzungsschwierigkeiten zwischen den Ab- und Aussonderungsrechten verschiedener Lieferanten, die an das schuldnerische Unternehmen (nahezu) identische Rohstoffe geliefert haben, sollen in der Praxis durch die Bildung eines **Lieferantenpools** überwunden werden. Hier stellt sich wieder die Frage, ob die Anerkennung des Pools volkswirtschaftlich sinnvoll ist oder die Gläubigergesamtheit insgesamt schädigt. Auch hier bedarf es einer Prüfung des konkreten Einzelfalls.[163]

II. Arten von Poolvereinbarungen

88 Es sind folgende Poolvereinbarungen zu unterscheiden:
- Sicherheitenpool der Geldkreditgeber,
- Lieferantenpool der Warenkreditgeber,
- Sicherheitenabgrenzungsvereinbarung (gemischter Pool von Geld- und Warenkreditgebern).

89 **1. Sicherheitenpoolvertrag der Kreditinstitute. a) Beweggründe für eine Poolung.** Im Sicherheitenpool schließen sich die Kreditinstitute zur Sicherung ihrer Kredite für den Insolvenzfall zusammen. In der Krise des Kreditnehmers besteht regelmäßig die Gefahr, dass zwischen den einzelnen Kreditgebern ein Wettlauf um die letzten noch verbliebenen Sicherheiten ausbricht. Eine unabgestimmte Durchsetzung von Partikularinteressen einzelner Kreditgeber kann zu einem Scheitern der Sanierung führen. Ein wesentlicher Vertragszweck des Poolvertrages besteht deshalb darin, eine Verständigung der Kreditgeber auf ein **einheitliches Vorgehen** im Hinblick auf Kreditgewährung

---

[157] → Rn. 88; ausführliche Darstellungen bei Lwowski/Fischer/Gehrlein/*Merkel/Knof*, Das Recht der Kreditsicherung, 10. Aufl. 2018, § 4 Rn. 1 ff.; *Nerlich/Kreplin*, MAH Insolvenz und Sanierung, 3. Aufl. 2019, § 29 Rn. 243 ff.; Schimansky/Bunte/Lwowski/*Martinek/Omlor*, Bankrechts-HdB, § 97 Rn. 1 ff.; *Gottwald*, Recht der Sanierungsfinanzierung, 2005, § 11 C Rn. 21 ff.; *Obermüller*, Insolvenzrecht in der Bankpraxis, 9. Aufl. 2016, Rn. 6.180 ff.

[158] *Gottwald*, Recht der Sanierungsfinanzierung, 2005, § 11 C Rn. 34; vgl. Gottwald/*Adolphsen*, InsO-HdB, § 44 Rn. 8; Nerlich/Römermann/*Becker* § 166 Rn. 6.

[159] Dazu etwa *Peters* ZIP 2000, 2238.

[160] BGH WM 1993, 265 = NJW-RR 1993, 235.

[161] BGH WM 1993, 265 = NJW-RR 1993, 235; Lwowski/Fischer/Gehrlein/*Merkel/Knof*, Das Recht der Kreditsicherung, 10. Aufl. 2018, § 4 Rn. 13 ff.

[162] BGH ZIP 1988, 1534 = NJW 1989, 895; Gottwald/*Adolphsen*, InsO-HdB, § 44 Rn. 8; *Nerlich/Kreplin*, MAH Insolvenz und Sanierung, 3. Aufl. 2019, § 29 Rn. 244; *Obermüller*, Insolvenzrecht in der Bankpraxis, Rn. 6.183.

[163] → Rn. 75.

und -besicherung zu erreichen.[164] Ein weiterer Zweck der Sicherheitenpoolung besteht in einer **Vereinfachung der Sicherheitenbestellung und -verwaltung.** Sicherheiten werden häufig durch eine Poolbank für die anderen am Pool beteiligten Kreditinstitute gehalten. Die gesamte Praxis der Poolbildung ist also von der Überlegung geprägt, den wirtschaftlichen Aufwand möglichst niedrig zu halten, Risiken eines unkoordinierten Vorgehens zu vermeiden und in der Krise des Kreditnehmers Möglichkeiten für eine Sanierung zu nutzen.[165]

b) Poolbildung. Klassischerweise entsteht ein Sicherheitenpool dadurch, dass die verschiedenen Gläubiger ihre Sicherungsrechte an einen von ihnen – den Poolführer – oder eine Zweckgesellschaft **übertragen.**[166] Der Poolführer oder die Zweckgesellschaft halten die Sicherungsrechte dann treuhänderisch (auch) für die übrigen beteiligten Gläubiger; diese verlieren infolge der Übertragung ihre dingliche Berechtigung.[167] Die Poolung kann neben den Sicherungsrechten auch die persönlichen Forderungen umfassen; dies ist notwendigerweise dann der Fall, wenn auch akzessorische Kreditsicherheiten in den Pool eingebracht werden sollen. In diesem Fall kann allein der Poolführer oder die Zweckgesellschaft die Forderungen zur Insolvenztabelle anmelden.[168] 90

c) Der Sicherheitenpool in der Rechtsprechung. Für erhebliche **Verunsicherung** in der Kreditwirtschaft hat der **IX. Zivilsenat des BGH** mit seinem **Urteil vom 2.6.2005**[169] gesorgt. Bis dahin war man davon ausgegangen, dass eine kreditgebende Bank durch die Beteiligung am Sicherheitenpoolvertrag über den Poolführer als Treuhänder auch auf Kreditsicherheiten, bei denen sie nicht selbst Sicherungsnehmer ist, in der Insolvenz des Kreditnehmers zugreifen kann.[170] In dem vom BGH entschiedenen Fall war die beklagte Bank selbst nicht Inhaberin der Kreditsicherheiten, sondern ein anderes Kreditinstitut hielt die Globalzession der Kundenforderungen treuhänderisch für alle am Pool beteiligten Banken. Die beklagte Bank nahm eine Verrechnung von eingehenden Zahlungen von Drittschuldnern des Insolvenzschuldners mit einem Debetsaldo vor. Der BGH ließ eine Anfechtung dieser Verrechnung durch den Insolvenzverwalter nach den §§ 129 ff. zu. 91

Die Entscheidung des IX. Zivilsenats wurde in der Folgezeit umfassend in der **Literatur** diskutiert.[171] Die Erörterung von Lösungsvorschlägen bezog sich dabei auf den konkreten Fall, also die Rettung der bisher in der Praxis gebräuchlichen Sicherheitenpool-Lösungen bei der Forderungszession.[172] Alle diskutierten Lösungen erfordern entweder einen sehr hohen Transaktionsaufwand oder sind mit rechtlichen Risiken behaftet.[173] Im weiteren Verlauf der Diskussion wurde dann erwogen, dass die Entscheidung des IX. Zivilsenats möglicherweise Aussagen enthält, die verallgemeinerungsfähig und nicht nur auf den konkreten Fall einer Forderungszession bezogen sind. Daraus entwickelte sich die Überlegung, dass durch die Entscheidung möglicherweise das bisherige System von Sicherheitenpoolverträgen in Frage gestellt werde, nämlich dann, wenn man ein Absonderungsrecht in der Insolvenz nur noch dann anerkennen will, wenn den einzelnen Mitgliedern des Pools die Kreditsicherheiten dinglich zugeordnet werden. Eine Zuordnung von Kreditsicherheiten durch privatschriftliche Vereinbarung im Rahmen eines Sicherheitenpoolvertrages und das Agieren eines Poolführers als Treuhänder für die anderen Poolmitglieder wäre dann nicht mehr zu akzeptieren.[174] 92

In seinem **Urteil vom 21.2.2008**[175] hat der IX. Zivilsenat dann aber bestätigt, dass es keinen Rechtssatz gebe, wonach aus einer treuhänderischen Verwaltung eines Sicherungsrechts durch einen Dritten kein eigenes Recht auf abgesonderte Befriedigung abgeleitet werden könne. In eine Siche- 93

[164] Lwowski/Fischer/Gehrlein/*Merkel/Knof*, Das Recht der Kreditsicherung, 10. Aufl. 2018, § 4 Rn. 4; Gottwald/*Adolphsen*, InsO-HdB, § 44 Rn. 2.

[165] Lwowski/Fischer/Gehrlein/*Merkel/Knof*, Das Recht der Kreditsicherung, 10. Aufl. 2018, § 4 Rn. 4; Schimansky/Bunte/Lwowski/*Martinek/Omlor*, Bankrechts-HdB, § 97 Rn. 7 f.; Gottwald/*Adolphsen*, InsO-HdB, 5. Aufl. 2015, § 44 Rn. 2.

[166] Schimansky/Bunte/Lwowski/*Martinek/Omlor*, Bankrechts-HdB, § 97 Rn. 14; Gottwald/*Adolphsen*, InsO-HdB, § 44 Rn. 3; vgl. *Obermüller*, Insolvenzrecht in der Bankpraxis, Rn. 6.183, 6.192.

[167] Uhlenbruck/*Brinkmann* § 49 Rn. 18; Schimansky/Bunte/Lwowski/*Martinek/Omlor*, Bankrechts-HdB, § 97 Rn. 20; *Nerlich/Kreplin*, MAH Insolvenz und Sanierung, 3. Aufl. 2019, § 29 Rn. 246; vgl. *Obermüller*, Insolvenzrecht in der Bankpraxis, Rn. 6.183, 6.192, 6.203.

[168] Uhlenbruck/*Brinkmann* § 49 Rn. 18.

[169] BGH WM 2005, 1790 = NZI 2005, 622 mAnm *Tetzlaff* WuB VI A. § 51 InsO 1.05.

[170] *Obermüller*, Insolvenzrecht in der Bankpraxis, Rn. 6.235 ff.; Schimansky/Bunte/Lwowski/*Martinek/Omlor*, Bankrechts-HdB, § 97 Rn. 55a.

[171] *Smid* DZWIR 2006, 1, 4 f.; *Gundlach* EWiR 2005, 899; *Tetzlaff* WuB VI A. § 51 InsO 1.05; *Leiner* ZInsO 2006, 460.

[172] Vgl. *Leiner* ZInsO 2006, 460 ff.

[173] Vgl. *Leiner* ZInsO 2006, 460 ff.

[174] Dagegen bereits → MüKoInsO/*Lwowski/Tetzlaff*, 2. Aufl. 2008, Vor §§ 166–173 Rn. 51.

[175] BGH WM 2008, 602 = NJW-RR 2008, 780.

rungszweckerklärung, die in nicht anfechtbarer Weise begründet wurde, könnten auch Ansprüche Dritter aufgenommen werden. Im konkreten Fall befand der IX. Zivilsenat die von der Zweckerklärung gedeckte Abtretung einer Grundschuld an einen ungesicherten Gläubiger nach Eröffnung des Insolvenzverfahrens weder für unwirksam noch für anfechtbar. Der BGH hat also **keine grundsätzlichen Bedenken** dagegen, dass sich Kreditinstitute in einem Pool zusammenschließen und ein Poolmitglied treuhänderisch Sicherheiten für andere Poolmitglieder hält.[176]

94 Zu einer Doppeltreuhand hat der IX. Zivilsenat mit **Urteil vom 24.9.2015**[177] entschieden, dass die Eröffnung eines Insolvenzverfahrens über das Vermögen des Treugebers ohne Einfluss auf die Wirksamkeit einer doppel- oder mehrseitigen Treuhandvereinbarung bleibe, wenn dies zur Wahrung der Rechte eines Drittbegünstigten erforderlich sei. Eine solche **Treuhandvereinbarung mit schützender Drittwirkung** sei anzunehmen, wenn Kreditgeber oder sonstige Dritte ihren Beitrag zu Sanierungs- oder Restrukturierungsmaßnahmen von der Übertragung der Gesellschaftsanteile des Treugebers auf einen Treuhänder abhängig machten, damit eine vom Einfluss des Treugebers unabhängige Durchführung der Maßnahme gewährleistet sei. Im konkreten Fall ging es um die Verwertung von Inhaberaktien, die vom Schuldner an einen Dritten verpfändet worden und in einer in Verwahrung einer Wertpapiersammelbank befindlichen Sammelurkunde verbrieft waren. Auch ein Sicherheitenpool stellt typischerweise eine Doppeltreuhand in diesem Sinne dar.[178] Man wird also davon ausgehen können, dass der Sicherheitenpool bei sorgfältiger vertraglicher Ausgestaltung[179] künftig Anerkennung findet – was volkswirtschaftlich überaus wünschenswert ist.

95 **2. Lieferantenpool. a) Beweggründe für eine Poolung.** Maßgeblich für die Poolung von Lieferanten (häufig unter Führung von Warenkreditversicherern) sind folgende Interessen:[180]

- Der Pool hat ein stärkeres Gewicht bei Verhandlungen mit dem Insolvenzverwalter als die einzelnen Lieferanten. Diese Verhandlungsmacht wirkt sich insbesondere aus, wenn der Insolvenzverwalter die Wirksamkeit der Sicherheiten in Frage stellen will.
- Durch eine Poolung sollen Beweisprobleme des einzelnen Lieferanten überwunden werden. Das Problem des Nachweises, welcher Lieferant welche Ware unter Eigentumsvorbehalt geliefert hat (Nämlichkeitsnachweis) stellt sich insbesondere dann, wenn mehrere Lieferanten gleichartige Waren geliefert haben. Die unverarbeitete Ware, die noch ausgesondert werden kann, lässt sich dann nicht auseinanderhalten. Das Gleiche gilt erst recht bei den schon verarbeiteten Warenbeständen. Hier kann der Lieferant aufgrund eines verlängerten Eigentumsvorbehalts auf abgetretene Kundenforderungen und zur Sicherheit übereignete Fertigwaren zugreifen.

96 **b) Grundlagen.** Gesellschaftsrechtlich wird es sich bei einem Lieferantenpool regelmäßig nicht um eine Außen-, sondern eine **Innen-GbR** handeln.[181] Die gepoolten Rechte stehen dann den Poolmitgliedern zur gesamten Hand zu. Der Pool kann nicht mehr Rechte haben, als die Poolmitglieder schon vorher hatten.[182] Hatten die Poolmitglieder vor dem Zusammenschluss im Pool nur unwirksame Sicherungsrechte, so ändert sich daran durch einen Beitritt zum Lieferantenpool nichts.[183]

97 **c) Überwindung von Problemen beim Nämlichkeitsnachweis durch Poolbildung?** Ob sich mithilfe der Poolbildung Probleme beim Nämlichkeitsnachweis überwinden lassen, ist umstritten. Die Ansicht, die dies bejaht, kann sich auf die Ausführungen des IX. Zivilsenats des **BGH** in seinem **Urteil vom 3.11.1988**[184] stützen. Maßgeblich sind vor allem die Ausführungen unter I.1. (juris-Rn. 14). Dort formuliert der IX. Zivilsenat, dass es ausreiche, die der Gesamthand zustehenden Rechte von denen der nicht zum Pool gehörigen Gläubiger und von den Gegenständen der Insol-

---

176 Näher *Freckmann* BKR 2008, 260; *Hörmann* BB 2008, 1252; *Steinwachs* NJW 2008, 2231; *Bitter*, FS Ganter, 2010, S. 101, 118 ff.; Lwowski/Fischer/Gehrlein/*Merkel/Knof*, Das Recht der Kreditsicherung, 10. Aufl. 2018, § 4 Rn. 20; Schimansky/Bunte/Lwowski/*Martinek/Omlor*, Bankrechts-HdB, § 97 Rn. 55b.

177 BGHZ 207, 23 = NZI 2016, 21.

178 *Ganter* ZIP 2017, 2277, 2279 f.

179 Sa hierzu *Ganter* ZIP 2017, 2277, 2282.

180 Ausführlich dazu *Jonek*, FS Wellensiek, 2011, S. 415; *Gottwald*, Recht der Sanierungsfinanzierung, 2005, § 11 C Rn. 40 ff.

181 Sa *Ganter* ZIP 2017, 2277, 2278, der bei „reinen Lieferantenpools" in der Regel eine Bruchteilsgemeinschaft annimmt; vgl. weiter Schimansky/Bunte/Lwowski/*Martinek/Omlor*, Bankrechts-HdB, § 97 Rn. 17 f.

182 In *Jonek*, FS Wellensiek, 2011, S. 415, 416 findet sich folgendes Zitat: „Der Pool kann nicht mehr Rechte haben, als *alle* Poolmitglieder schon vorher hatten"; siehe auch Schimansky/Bunte/Lwowski/*Ganter*, Bankrechts-HdB, § 90 Rn. 170a; Schimansky/Bunte/Lwowski/*Martinek/Omlor*, Bankrechts-HdB, § 97 Rn. 24; Gottwald/*Adolphsen*, InsO-HdB, § 44 Rn. 12.

183 In diese Richtung gehen auch die Ausführungen in BGH WM 1978, 925.

184 BGH ZIP 1988, 1534 = NJW 1989, 895.

venzmasse zu unterscheiden und damit zu individualisieren. Hieraus folgert die wohl hM, dass der BGH die Überwindung der Probleme beim Nämlichkeitsnachweis durch Poolung der Lieferanten ausdrücklich zugelassen habe.[185]

Diese Konzeption wird immer wieder angegriffen und **in Frage gestellt.**[186] Die neuere Kritik[187] meint, die Überlegungen des IX. Zivilsenats seien kaum kompatibel mit jüngeren Urteilen zu den Anforderungen an die Einhaltung des sachenrechtlichen Bestimmtheitsgrundsatzes bei Sicherungsübereignungen.[188] Es sei bemerkenswert, wenn der BGH bei einem einzelnen Gläubiger, der aufgrund der Sicherungsübereignung bestimmter Gegenstände abgesonderte Befriedigung beansprucht, danach frage, ob ein objektiver Dritter die Sache klar dem Sicherungsgläubiger zuordnen könnte, und bei Unklarheiten die Sicherungsübereignung für unbestimmt und damit unwirksam erkläre, während bei einer großen Menge von Gläubigern, die jeder für sich nicht in der Lage sind, die auf dem Betriebsgelände lagernden Warenbestände als eigene oder fremde zu identifizieren (gleiches bei Forderungen aus dem Weiterverkauf sowie bei der Zuordnung von weiterverarbeiteten Beständen), dieser Gesichtspunkt auf einmal keine Rolle spielen solle, nur weil sich alle Gläubiger zusammengeschlossen haben. 98

Die wohl hM[189] geht hingegen davon aus, dass es durch die Übertragung von Sicherungsrechten auf den Pool nicht zu einer Veränderung der Beweislastverteilung oder zu einer Aushöhlung des sachenrechtlichen Bestimmtheitsgrundsatzes komme. Es wird dort formuliert, dass es durch den Pool nur zu einer faktischen Beweisverbesserung für die Gläubiger komme; die Gläubiger könnten durch die Poolbildung überhaupt erst ihre Beweislastanforderungen erfüllen.[190] Für die hM spricht, dass im Falle einer Außen-GbR, der die einzelnen Waren übereignet wurden, nur die Zuordnung zu deren Vermögen in Frage steht. Bei einer Innen-GbR, die immerhin auch über ein verselbständigtes Vermögen verfügt, kann es aber kaum anders sein. Daher ist der sachenrechtliche Bestimmtheitsgrundsatz gewahrt. Aus Verwalter- und Bankensicht mag eine effektive Sicherung der Lieferanten störend sein. Der Vergleich mit der Sicherungsübereignung einzelner Gegenstände ist dogmatisch aber nicht überzeugend. Mit einem Lieferantenpool können also grundsätzlich sehr wohl **Probleme des Nämlichkeitsnachweises überwunden** werden. 99

Eine Überwindung der Probleme beim Nämlichkeitsnachweis kommt freilich nur dann in Betracht, wenn sich im Lieferantenpool **alle Gläubiger** zusammengeschlossen haben, die die konkreten Waren für sich beanspruchen.[191] Sind einzelne Lieferanten mit Eigentumsvorbehaltsrechten nicht dem Pool beigetreten, so kann der Pool nicht mehr behaupten, sämtliche Warenbestände (sicherungsübereignete weiterverarbeitete Ware, sicherungsabgetretene Kundenforderungen) sei den Mitgliedern des Pools zuzuordnen.[192] Dies kann sich der Insolvenzverwalter zunutze machen, indem er den Lieferantenpool „sprengt". Bei der **Sprengung des Lieferantenpools** durch den Insolvenzverwalter befriedigt dieser einen einzelnen Gläubiger.[193] In der Folge können die im Lieferantenpool zusammengeschlossenen Gläubiger nicht mehr auf die Beweiserleichterungen zugreifen, weil der Pool nicht mehr 100% der Lieferanten vertritt.[194] 100

3. Sicherheitenabgrenzungsvertrag. Gegenstand eines Sicherheitenabgrenzungsvertrags ist ein gemischter Pool aus Waren- und Geldkreditgebern – teils ist hier auch von einem **Bassinvertrag** 101

---

185 *Riggert* NZI 2000, 525; *Jonek*, FS Wellensiek, 2011, S. 415, 416.

186 ZB *Kilger* KTS 1975, 142, 163; *Heilmann* BB 1976, 987; *Marx* NJW 1978, 246, 249f; *Smid* NZI 2000, 505.

187 → 3. Aufl. 2013 Vor §§ 166–173 Rn. 86.

188 BGH WM 2006, 2351 Rn. 15 = NJW 2007, 216; WM 2008, 1442 Rn. 27 = NZI 2008, 551; OLG Düsseldorf ZIP 2012, 992.

189 Schimansky/Bunte/Lwowski/*Martinek/Omlor*, Bankrechts-HdB, § 97 Rn. 7, 46; *Riggert* NZI 2000, 525; *Jonek*, FS Wellensiek, 2011, S. 415, 416; Lwowski/Fischer/Gehrlein/*Merkel/Knof*, Das Recht der Kreditsicherung, 10. Aufl. 2018, § 4 Rn. 26; Gottwald/*Adolphsen*, InsO-HdB, § 44 Rn. 24; vgl. Jaeger/*Eckardt* § 166 Rn. 173 f.

190 Schimansky/Bunte/Lwowski/*Martinek/Omlor*, Bankrechts-HdB, § 97 Rn. 7, 46.; Gottwald/*Adolphsen*, InsO-HdB, § 44 Rn. 21, 24; *Obermüller*, Insolvenzrecht in der Bankpraxis, Rn. 6.217.

191 Schimansky/Bunte/Lwowski/*Martinek/Omlor*, Bankrechts-HdB, § 97 Rn. 33 f.

192 Lwowski/Fischer/Gehrlein/*Merkel/Knof*, Das Recht der Kreditsicherung, 10. Aufl. 2018, § 4 Rn. 24; *Peters* ZIP 2000, 2238, 2234.

193 Lwowski/Fischer/Gehrlein/*Merkel/Knof*, Das Recht der Kreditsicherung, 10. Aufl. 2018, § 4 Rn. 24; Schimansky/Bunte/Lwowski/*Martinek/Omlor*, Bankrechts-HdB, § 97 Rn. 34; *Gottwald*, Recht der Sanierungsfinanzierung, 2005, § 11 C Rn. 34, 65; Gottwald/*Adolphsen*, InsO-HdB, § 44 Rn. 38.

194 Lwowski/Fischer/Gehrlein/*Merkel/Knof*, Das Recht der Kreditsicherung, 10. Aufl. 2018, § 4 Rn. 24; Schimansky/Bunte/Lwowski/*Martinek/Omlor*, Bankrechts-HdB, § 97 Rn. 34; *Obermüller*, Insolvenzrecht in der Bankpraxis, Rn. 6.260 ff.; vgl. Gottwald/*Adolphsen*, InsO-HdB, § 44 Rn. 38; aA *Jonek*, FS Wellensiek, 2011, S. 415, 416, der meint, es seien weiterhin Feststellungen zu den Miteigentumsanteilen der verbleibenden und ausgeschiedenen Poolmitglieder möglich.

die Rede.[195] Üblicherweise werden in einem solchen gemischten Pool folgende Rechte – die häufig am gleichen Sicherungsgegenstand und seinen Surrogaten ansetzen – zusammengefasst:

- Sicherungsübereignung eines Warenlagers mit Anschlusszession der Forderungen aus der Weiterveräußerung oder einer anschließenden Sicherungsübereignung von verarbeiteten Waren (Geldkreditgeber),
- Globalzession mit dinglicher Teilverzichtsklausel (Geldkreditgeber),
- Abtretung von Kundenforderungen aus der Weiterveräußerung von Waren (Warenkreditgeber),
- Sicherungseigentum an den Halbfertigwaren und verarbeiteten Waren (Warenkreditgeber).

Teilweise beteiligen sich die Warenkreditgeber an der Poolung auch mit unter Eigentumsvorbehalt gelieferten Waren. Hier ist dann zu beachten, dass der Eigentumsvorbehalt ein Aussonderungsrecht gewährt, während alle anderen Rechte zur abgesonderten Befriedigung berechtigen.[196]

102 **Ziel** des Sicherheitenabgrenzungsvertrags ist in erster Linie die Vermeidung von Streitigkeiten zwischen den Mitgliedern der beiden Gläubigergruppen über den Umfang der jeweils bestellten Sicherheiten sowie die gemeinschaftliche, koordinierte Wahrnehmung und Durchsetzung der Sicherungsrechte gegenüber der Insolvenzmasse.[197] Dies ist nicht zuletzt deshalb von Interesse, weil der Insolvenzverwalter bei der Verwertung den einfachsten Weg beschreiten darf, ohne sich über die Auswirkungen für nachrangige Sicherungsnehmer Gedanken machen zu müssen.[198]

103 Für Kreditinstitute ergeben sich aus einer Beteiligung an Sicherheitenabgrenzungsverträgen auch gewisse **Risiken.** So kann zB das Risiko der Unwirksamkeit von Eigentumsvorbehaltsrechten der Lieferanten anteilig auf die Geldkreditgeber abgewälzt werden, wenn diese mit am gemischten Pool beteiligt sind.[199] Auch kann die Beteiligung zur Folge haben, dass die Bank einen wesentlichen Teil des Kontroll- und Abwicklungsaufwands tragen muss.[200]

§ 166 Verwertung beweglicher Gegenstände

(1) Der Insolvenzverwalter darf eine bewegliche Sache, an der ein Absonderungsrecht besteht, freihändig verwerten, wenn er die Sache in seinem Besitz hat.

(2) Der Verwalter darf eine Forderung, die der Schuldner zur Sicherung eines Anspruchs abgetreten hat, einziehen oder in anderer Weise verwerten.

(3) Die Absätze 1 und 2 finden keine Anwendung

1. **auf Gegenstände, an denen eine Sicherheit zu Gunsten des Betreibers oder des Teilnehmers eines Systems nach § 1 Abs. 16 des Kreditwesengesetzes zur Sicherung seiner Ansprüche aus dem System besteht,**
2. **auf Gegenstände, an denen eine Sicherheit zu Gunsten der Zentralbank eines Mitgliedstaats der Europäischen Union oder Vertragsstaats des Europäischen Wirtschaftsraums oder zu Gunsten der Europäischen Zentralbank besteht, und**
3. **auf eine Finanzsicherheit im Sinne des § 1 Abs. 17 des Kreditwesengesetzes.**

Schrifttum: Siehe bei Vor §§ 166–173

Übersicht

[195] Schimansky/Bunte/Lwowski/*Ganter*, Bankrechts-HdB, § 90 Rn. 171; Schimansky/Bunte/Lwowski/*Martinek/Omlor*, Bankrechts-HdB, § 97 Rn. 22; *Gottwald*, Recht der Sanierungsfinanzierung, 2005, § 11 C Rn. 28 ff.; Gottwald/*Adolphsen*, InsO-HdB, § 44 Rn. 4, 15; *Nerlich/Kreplin*, MAH Insolvenz und Sanierung, 3. Aufl. 2019, § 29 Rn. 259.

[196] Lwowski/Fischer/Gehrlein/*Merkel/Knof*, Das Recht der Kreditsicherung, 10. Aufl. 2018, § 4 Rn. 27; *Obermüller*, Insolvenzrecht in der Bankpraxis, Rn. 6.848.

[197] Lwowski/Fischer/Gehrlein/*Merkel/Knof*, Das Recht der Kreditsicherung, 10. Aufl. 2018, § 4 Rn. 28; *Nerlich/Kreplin*, MAH Insolvenz und Sanierung, 3. Aufl. 2019, § 29 Rn. 259; vgl. *Obermüller*, Insolvenzrecht in der Bankpraxis, Rn. 6.260.

[198] Näher → Rn. 78.

[199] Ausführlich Lwowski/Fischer/Gehrlein/*Merkel/Knof*, Das Recht der Kreditsicherung, 10. Aufl. 2018, § 4 Rn. 31 f.; siehe weiter *Obermüller*, Insolvenzrecht in der Bankpraxis, Rn. 6.261.

[200] *Nerlich/Kreplin*, MAH Insolvenz und Sanierung, 3. Aufl. 2019, § 29 Rn. 260.

A. Normzweck

Die Übertragung des Verwertungsrechts an den besitzlosen Mobiliarsicherheiten auf den Insolvenzverwalter wird als das **Kernstück der Reform der Mobiliarsicherheiten** bezeichnet.[1] Das Verwertungsrecht steht dem Insolvenzverwalter im gesetzlich definierten Umfang originär zu; es leitet sich also weder vom Gläubiger noch vom Schuldner ab.[2] Verwertung ist dabei insbesondere die entgeltliche Veräußerung des Gegenstands und bei Forderungen deren Einziehung. 1

I. Vorteile einer Verwertungsbefugnis des Insolvenzverwalters

Die Übertragung der Verwertungsbefugnis auf den Insolvenzverwalter nimmt den absonderungsberechtigten Gläubigern die Möglichkeit, nach der Eröffnung des Insolvenzverfahrens die Sicherheiten herauszuverlangen. Dies schützt das Gesamtvollstreckungsverfahren vor Störungen; vor allem aber bewahrt es davor, dass die gesicherten Gläubiger den Verbund des schuldnerischen Unter- 2

1 *Leipold*, Insolvenzrecht im Umbruch, 1991, S. 199; sa die Nachweise Vor §§ 166–173 Fn. 57.
2 HKInsO/*Landfermann* § 166 Rn. 4; *Gundlach/Frenzel/Schmidt* NZI 2001, 120; Jaeger/*Eckardt* § 166 Rn. 123.

nehmens (Anlage- und Umlaufvermögen) oder nichtunternehmerischen Schuldnervermögens zerschlagen.[3] Dadurch, dass ein Auseinanderreißen der Vermögenswerte verhindert wird, erhöhen sich die **Chancen für Betriebsfortführungen** und **Gesamtveräußerungen;** Know-how und Arbeitsplätze werden erhalten.[4] Auf diese Weise wird eine optimale Verwertung des schuldnerischen Vermögens sichergestellt. Um dieses Ziel zu erreichen, hätte der Gesetzgeber allerdings auch die Verwertungsbefugnis über verpfändete und zur Sicherheit übertragene **Immaterialgüterrechte** auf den Insolvenzverwalter übertragen müssen. Dies hat er aber nicht getan. Eine Verwertungsbefugnis des Insolvenzverwalters für Immaterialgüterrechte besteht daher nicht.[5]

3 An das Verwertungsrecht des Insolvenzverwalters hat der Gesetzgeber zudem die mit der Insolvenzordnung eingeführte **Kostenbeteiligung des Gläubigers** nach §§ 170, 171 geknüpft. Für die Kosten der Verwertung liegt eine solche Verknüpfung nahe, da der Masse Verwertungskosten idR nur dann entstehen, wenn der Insolvenzverwalter und nicht der Gläubiger selbst verwertet. Für die Kosten der Feststellung erklärt sich die Verknüpfung mit dem Verwertungsrecht über dessen Voraussetzungen: Unsicherheit, welche Feststellungskosten verursacht, entsteht bei beweglichen Sachen, deren Besitz der Verwalter übernommen hat (vgl. § 166 Abs. 1), und bei zur Sicherheit abgetretenen Forderungen, die der Schuldner normalerweise hätte einziehen dürfen. Bei den Forderungen zeigt sich aber schon eine starke Typisierung, da eine stille Zession und eine Einziehungsermächtigung des Schuldners nicht vorausgesetzt sind. Erst recht liegt eine Typisierung darin, dass nur Forderungen, nicht aber sonstige Rechte dem Verwertungsrecht des Verwalters unterliegen; damit können Feststellungskosten bei sonstigen Rechten nicht auf den Gläubiger übergewälzt werden. Soweit das Gesetz eine Kostenbeteiligung des Gläubigers vorsieht, muss der Insolvenzverwalter nicht etwa Kostenbeteiligungsansprüche gegenüber dem Gläubiger geltend machen. Vielmehr kann er die der Masse zustehenden Beträge dem Verwertungserlös entnehmen; nur den verbleibenden Rest kehrt er im Umfang des Absonderungsrechts an den absonderungsberechtigten Gläubiger aus.[6]

4 Durch die Übertragung des Verwertungsrechts auf den Insolvenzverwalter wird schließlich auch die **Geltendmachung von Anfechtungsansprüchen nach §§ 129 ff.** erleichtert. Der Insolvenzverwalter, der selbst verwertet hat und den Verwertungserlös zunächst in seiner Verfügungsmacht behält, ist in einer besseren Position als der Konkursverwalter unter Geltung der KO, der Rückgewähransprüche nach § 37 KO gegenüber dem Sicherungsgläubiger geltend machen musste.

II. Nachteile einer Verwertungsbefugnis des Insolvenzverwalters

5 Die Übertragung des Verwertungsrechts auf den Insolvenzverwalter bringt zwangsläufig mit sich, dass der gesicherte Gläubiger das Sicherungsgut nicht selbst verwerten kann. Dies kann nachteilig sein, wenn – wie nicht selten – der gesicherte Gläubiger über **Branchenkenntnisse** verfügt, die für eine gewinnbringende Verwertung des Sicherungsguts hilfreich sind und die einem Insolvenzverwalter als Generalisten vielfach fehlen.

6 Der gesicherte Gläubiger ist zudem unmittelbar an einer möglichst gewinnbringenden Verwertung des Sicherungsguts interessiert, da der Wert des Sicherungsguts und sein Sicherungsrecht den Wert der gesicherten Forderung meist nur geringfügig überschreiten. Die möglichst gewinnbringende Verwertung liegt aber im Interesse aller Gläubiger sowie im Interesse des Schuldners. Indem dem gesicherten Gläubiger die Verwertungshoheit genommen wird, macht sich die Rechtsordnung den unmittelbaren **Anreiz des gesicherten Gläubigers** nicht zunutze. Zwar schafft sie auch über Vergütung- und Haftungsregeln für den Insolvenzverwalter Anreize zu einer gewinnbringenden Verwertung; diese Anreize sind aber eher mittelbarer Art und treffen eine Person, die in kurzer Zeit einer Vielzahl von Ansprüchen genügen muss.

III. Gesetzliche Lösung und Gesamtbewertung

7 Die Vor- und Nachteile einer Übertragung des Verwertungsrechts auf den Insolvenzverwalter und die mit ihnen verbundenen gegenläufigen wirtschaftlichen Interessen von Insolvenzmasse (Gesamtgläubigerschaft) und Sicherungsgläubiger haben in die InsO Eingang gefunden. Zum ersten existiert **kein umfassendes Verwertungsrecht des Insolvenzverwalters;** der Insolvenzverwalter kann also keineswegs alle Gegenstände, an denen Absonderungsrechte bestehen, verwerten. Vielmehr

[3] HKInsO/*Landfermann* § 166 Rn. 5; Jaeger/*Eckardt* § 166 Rn. 8; Braun/*Dithmar* § 166 Rn. 3; K. Schmidt/*Sinz* § 166 Rn. 2; vgl. Nerlich/Römermann/*Becker* § 166 Rn. 6; *Obermüller*, Insolvenzrecht in der Bankpraxis, Rn. 6.703.

[4] HKInsO/*Landfermann* § 166 Rn. 5 f.; Andres/Leithaus/*Leithaus* § 166 Rn. 1; Gottwald/*Adolphsen*, InsO-HdB, § 42 Rn. 133; Jaeger/*Eckardt* § 166 Rn. 8 ff.; vgl. Uhlenbruck/*Brinkmann* § 166 Rn. 5.

[5] Ausführlich dazu → Rn. 101.

[6] HKInsO/*Landfermann* § 166 Rn. 7; vgl. Jaeger/*Eckardt* § 166 Rn. 17; Uhlenbruck/*Brinkmann* § 166 Rn. 5.

ist seine exklusive Verwertungsbefugnis in verschiedener Hinsicht beschränkt: Unter den Sachen, also den körperlichen Gegenständen, erfasst sie nur die beweglichen, die sich in seinem Besitz befinden. Bei unbeweglichen Sachen konkurriert die Verwertungsbefugnis des Insolvenzverwalters mit der Verwertungsbefugnis der Absonderungsberechtigten. Bei beweglichen Sachen entscheidet der Besitz, den der Verwalter vom Schuldner übernommen hat; hat sich der Schuldner, zB bei Bestellung eines Faustpfandrechts, des Besitzes an dem Sicherungsgegenstand begeben oder ist ihm der Sicherungsgegenstand durch Pfändung weggenommen worden, so liegt regelmäßig kein technisch-organisatorischer Verbund des Sicherungsguts mit anderem Vermögen des Schuldners mehr vor. Von den unkörperlichen Gegenständen erfasst die Verwertungsbefugnis des Insolvenzverwalters nur Forderungen, nicht aber andere Rechte. Zudem normiert § 166 Abs. 3 einige Ausnahmen von dieser Grundregel, die vor allem übergeordneten Interessen dienen.[7]

Soweit der Insolvenzverwalter exklusiv zur Verwertung berechtigt ist, enthält die InsO zudem eine Reihe von **Schutzvorschriften,** die dem absonderungsberechtigten Gläubiger den Zugang zu Informationen sichern und ihn vor einer Verzögerung der Verwertung sowie vor einer „Verschleuderung“ des Sicherungsgutes schützen sollen. Diese Vorschriften machen sich auch den unmittelbaren Anreiz des gesicherten Gläubigers an bestmöglicher Verwertung zunutze, indem sie die Unterrichtung des Gläubigers und die Mitteilung der Veräußerungsabsicht vorsehen; der Gläubiger kann so seine Branchenkenntnisse einbringen und den Verwalter überwachen. 8

Die exklusive Übertragung des Verwertungsrechts an beweglichen Sachen im Verwalterbesitz und Forderungen auf den Insolvenzverwalter hat nach alldem gewichtige Vorteile für das einzelne Verfahren, dh den Schuldner und seine ungesicherten Gläubiger, sowie für die Gesamtwirtschaft. Die Beschränkung des exklusiven Verwertungsrechts trägt der optimalen Nutzung dieser Vorteile weitgehend Rechnung. Zugleich enthält die InsO eine Reihe von Vorkehrungen, die dem Schutz der gesicherten Gläubiger dienen und die Nachteile kompensieren wollen, welche der Entzug ihres Verwertungsrechts mit sich bringt. Bei einer **Gesamtbewertung** des gesetzlichen Konzepts erscheint es daher **gerechtfertigt,** den absonderungsberechtigten Gläubigern im Umfang des § 166 Abs. 1, 2 das Verwertungsrecht an dem Sicherungsgut zu entziehen und dieses dem Insolvenzverwalter zu übertragen. Zur Wahrung der Balance ist aber darauf zu achten, dass das Verwertungsrecht des Insolvenzverwalters zutreffend festgestellt und die Schutzvorschriften nicht durch die Rechtsprechung aufgeweicht werden.[8] 9

B. Anwendungsbereich (Überblick)

Die **wichtigsten Anwendungsfälle** des § 166 sind das *Sicherungseigentum* (das Sicherungsgut befindet sich typischerweise im Besitz des Schuldners), die *Sicherungszession* in allen Formen (zB als Globalzession zugunsten eines Kreditinstituts oder als Zession der Erlöse aus der Weiterveräußerung im Rahmen eines verlängerten Eigentumsvorbehalts eines Warenkreditgebers), weiter das durch Pfändung erlangte *Pfändungspfandrecht,* sofern der Gerichtsvollzieher die Sachen im Besitz des Schuldners belassen hat, sowie das *Vermieterpfandrecht.* 10

§ 166 ist **nicht anwendbar** bei der Verpfändung oder Sicherungsübertragung von *Immaterialgüterrechten.* Die Vorschrift findet auch keine Anwendung bei der Verpfändung von *Unternehmensbeteiligungen.*[9] 11

C. Verwertung beweglicher Sachen (Abs. 1)

I. Voraussetzungen für das Verwertungsrecht des Insolvenzverwalters

1. Bewegliche Sache. Die InsO geht wie das BGB von einem engen Sachbegriff aus. Nach der Legaldefinition des § 90 BGB sind Sachen **körperliche Gegenstände.** Ob ein körperlicher Gegenstand vorliegt, richtet sich in erster Linie nach der Verkehrsanschauung.[10] Körperlichkeit bedeutet, dass der Gegenstand im Raum abgrenzbar ist; die Abgrenzbarkeit kann auf einer eigenen körperlichen Begrenzung, der Fassung in einem Behältnis oder auf sonstigen künstlichen Mitteln 12

---

7 Näher dazu unter → Rn. 90 ff.

8 Vgl. zur Rechtsprechung → Vor §§ 166–173 Rn. 49.

9 → Rn. 101 ff.

10 Vgl. Palandt/*Ellenberger* § 90 Rn. 1 f.; *Baur/Stürner,* SachenR, 18. Aufl. 2009, § 3 Rn. 2 ff.; MüKoBGB/*Stresemann,* 8. Aufl. 2018, § 90 Rn. 8.

beruhen.[11] Keine Sache im technischen Sinne ist daher das Computerprogramm als solches;[12] die Verkörperung des Programms auf einem Datenträger ist hingegen sehr wohl eine Sache.[13]

13 **Beweglich** sind alle Sachen, die der Mobiliarpfändung unterliegen. Demgemäß scheiden Grundstücke und Gegenstände, die Grundstücken gleichgestellt sind, sowie Grundstücksbestandteile aus.[14] Zu den beweglichen Sachen gehören Gegenstände, die nur vorübergehend mit dem Grund und Boden verbunden worden sind (Scheinbestandteile, § 95 BGB). Wesentliche Bestandteile eines Grundstücks können demgegenüber nicht Gegenstand besonderer Rechte sein (§ 93 BGB). Zu den wesentlichen Bestandteilen eines Grundstücks gehören nach § 94 BGB Gebäude sowie die zur Herstellung des Gebäudes eingefügten Sachen[15] wie etwa eine eingebaute Heizungsanlage.[16] In den letzten Jahren hat sich namentlich bei den **Windkraftanlagen** eine Diskussion dazu entwickelt, ob diese zur Sicherheit übereignet werden können, wenn sie auf einem Grundstück errichtet wurden, das nicht dem Betreiber der Windkraftanlage gehört.[17] Im Kern geht es um die Frage, ob es sich bei den Windkraftanlagen um wesentliche Bestandteile des Grundstücks iSd §§ 93, 94 BGB oder lediglich um einen Scheinbestandteil iSd § 95 handelt.[18] Ein ähnliches Problem stellt sich bei **Photovoltaikanlagen.** Vielfach wird man hier zur Annahme eines Scheinbestandteils kommen müssen.[19] Insbesondere steht der Einordnung als Scheinbestandteil nicht entgegen, dass die Sache für ihre gesamte (wirtschaftliche) Lebensdauer auf dem Grundstück verbleiben soll.[20] Abhängig von der rechtlichen Einschätzung zur Qualität der Anlage als Scheinbestandteil muss dann die Entscheidung fallen, in welcher Form die Absicherung von Finanzierungen derartiger Anlagen vorgenommen werden muss. Nach der Einordnung als wesentlicher Bestandteil oder Scheinbestandteil richtet sich dann auch die Verwertung der Sicherungsrechte an der Anlage in der Insolvenz ihres Betreibers.

14 Die Durchführung der Verwertung nach § 166 scheidet auch bei solchen beweglichen Sachen aus, die im **Haftungsverband eines Grundstücks** stehen. Sachen, die gem. §§ 1120, 1192 BGB als Erzeugnisse, Bestandteile oder Zubehör eines Grundstücks für ein Grundpfandrecht haften, werden nach § 165 verwertet und nicht nach § 166.[21] Fallen die Gegenstände in den Haftungsverband, sind sie aber noch nicht zugunsten eines Gläubigers in Beschlag genommen, so ist zu prüfen, ob mit der Veräußerung eine Enthaftung innerhalb der Grenzen einer ordnungsgemäßen Wirtschaft erfolgt ist.[22] Ist dies nicht der Fall oder war bereits vor Veräußerung eine Beschlagnahme zugunsten eines Gläubigers erfolgt und veräußert der Insolvenzverwalter dennoch in den Haftungsverband fallende Sachen, etwa die Geschäfts- und Betriebsausstattung, so bestehen Schadensersatzansprüche gegen die Insolvenzmasse und den Insolvenzverwalter persönlich.[23]

15 Die vorstehenden Grundsätze gelten auch dann, wenn eine **„Doppelsicherung"** besteht, also wenn sich der Grundpfandgläubiger das dem Haftungsverband unterliegende Zubehör auch noch zur Sicherheit hat übereignen lassen. In diesem Fall kann der Insolvenzverwalter sich nicht auf den Standpunkt stellen, er führe eine Verwertung nach § 166 durch, wenn er entgegen den Grundsätzen der §§ 1121, 1122 BGB Erzeugnisse, Bestandteile oder Zubehör veräußert hat.[24] In der Praxis wird sich bei Unklarheiten über die Klassifikation als Zubehör die hier beschriebene Unterscheidung allerdings nicht durchsetzen lassen, dh der Sicherungsgläubiger wird hinnehmen müssen, dass der Insolvenzverwalter bei „Doppelsicherung" eine Verwertung nach dem Regime der §§ 166 ff. vor-

---

[11] Palandt/*Ellenberger* § 90 Rn. 1.

[12] LG Konstanz NJW 1996, 2662; *Baur/Stürner*, SachenR, 18. Aufl. 2009, § 1 Rn. 2; Palandt/*Ellenberger* § 90 Rn. 2.

[13] BGHZ 102, 135, 144 = NJW 1988, 406 (Sachkauf beim Kauf eines Datenträgers mit Computerprogramm); *Baur/Stürner*, SachenR, 18. Aufl. 2009, § 1 Rn. 2.

[14] RGZ 55, 284; 87, 51.

[15] Vgl. dazu *Baur/Stürner*, SachenR, 18. Aufl. 2009, § 1 Rn. 9; Palandt/*Ellenberger* § 94 Rn. 1 ff.

[16] BGH NJW-RR 1990, 158.

[17] *Ganter* WM 2006, 1081 ff.; *Ganter* WM 2002, 105 ff.; *Peters* WM 2002, 110 ff.

[18] Vgl. dazu *Peters* WM 2002, 110 ff.

[19] Näher DNotI-Report 2014, 57, 59 ff.

[20] BGH NJW 2017, 2099 mAnm *Stieper* NJW 2017, 2101; *Peters* WuB 2017, 493.

[21] *Marotzke* ZZP 109 (1996), 429, 445 ff.; HKInsO/*Landfermann* § 166 Rn. 13; FKInsO/*Wegener* § 166 Rn. 5; Gottwald/*Adolphsen*, InsO-HdB, § 42 Rn. 135; Jaeger/*Eckardt* § 166 Rn. 159; KPB/*Flöther* § 166 Rn. 6; Andres/Leithaus/*Leithaus* § 166 Rn. 8; Braun/*Dithmar* § 166 Rn. 6; K. Schmidt/*Sinz* § 166 Rn. 6; Uhlenbruck/*Brinkmann* § 166 Rn. 6.

[22] → § 165 Rn. 230 ff.

[23] Vgl. dazu OLG Dresden ZInsO 2003, 472 sowie → § 165 Rn. 230 ff.

[24] *Bork*, FS Gaul, 1997, S. 71, 87 f.; HambKommInsO/*Büchler/Scholz* § 165 Rn. 25; HKInsO/*Landfermann* § 166 Rn. 13; K. Schmidt/*Sinz* § 166 Rn. 6; Jaeger/*Eckardt* § 166 Rn. 161; aA *Tetzlaff* ZInsO 2004, 521, 522 f., der im Falle der „Doppelsicherung" dem Insolvenzverwalter die Wahl geben will, ob er nach § 165 oder nach §§ 166 ff. verwertet; diese Ansicht referierend *Smid* DZWIR 2006, 1, 13.

nimmt und sich auf den Standpunkt stellt, die Zubehöreigenschaft sei nicht gegeben. Geht der Sicherungsgläubiger gegen diese Argumentation vor, so muss er mit dem Einwand des Verwalters rechnen, warum er denn eine Sicherungsübereignung der Zubehörstücke noch vorgenommen habe.[25]

2. Bestehen eines Absonderungsrechts. Die Verwertungsbefugnis des Insolvenzverwalters besteht nur dann, wenn der Gläubiger ein wirksames Absonderungsrecht erworben hat. Ob dem Gläubiger ein Absonderungsrecht zusteht, beurteilt sich nach den **§§ 50, 51.** Zur Absonderung berechtigen beispielsweise 16
- rechtsgeschäftliche Pfandrechte (§ 50 Abs. 1),
- durch Pfändung erlangte Pfandrechte (§ 50 Abs. 1),
- gesetzliche Pfandrechte, wie das Vermieterpfandrecht (§ 50 Abs. 1),
- Sicherungseigentum (§ 51 Nr. 1),
- Zurückbehaltungsrechte wegen nützlicher Verwendungen (§ 51 Nr. 2),
- handelsrechtliche Zurückbehaltungsrechte (§ 51 Nr. 3),
- Absonderungsrechte wegen bestimmter öffentlich-rechtlicher Ansprüche (§ 51 Nr. 4).

Nur bei einigen der hier aufgezählten Absonderungsrechte besteht ein Verwertungsrecht des Insolvenzverwalters nach § 166 Abs. 1. Für die Entscheidung kommt es darauf an, ob sich die Gegenstände im **Besitz des Verwalters** befinden. Bei einigen Absonderungsrechten scheidet dies schon per se aus, zB bei den Faustpfandrechten. 17

Nicht dem Verwertungsrecht des Insolvenzverwalters unterliegen Sachen, an denen ein **einfacher Eigentumsvorbehalt** besteht.[26] Denn der Lieferant hat beim einfachen Eigentumsvorbehalt ein Aussonderungs-, kein Absonderungsrecht. Das Bedürfnis, die Insolvenzmasse nicht zur Unzeit auseinanderzureißen, wird durch § 107 Abs. 2 verwirklicht. Der Insolvenzverwalter kann die Entscheidung, ob er Erfüllung oder Nichterfüllung des Kaufvertrages wählt (§ 103), bis zum Berichtstermin aufschieben (vgl. § 107 Abs. 2). 18

In der InsO ist nicht ausdrücklich geregelt, ob die **Verlängerungs- und Erweiterungsformen des Eigentumsvorbehalts** dem Verwertungsrecht des Verwalters unterfallen. Solche Ausdehnungen des Eigentumsvorbehalts können in „vertikaler" und „horizontaler" Richtung vereinbart sein. Unter Verlängerungen in vertikaler Richtung versteht man Vereinbarungen, bei denen zusätzlich oder anstelle der gelieferten Sache deren Surrogat Sicherungsmittel werden soll. Gemeint sind also zB die Abtretung der Forderungen gegen Kunden aus der Weiterveräußerung oder die Sicherungsübereignung der verarbeiteten Waren.[27] Bei Erweiterungen in horizontaler Richtung geht es darum, an dem Sicherungsgegenstand noch weitere Forderungen zusätzlich zur Kaufpreisforderung abzusichern.[28] Der Sicherungsgläubiger kann hier jeweils nur abgesonderte Befriedigung beanspruchen und das Sicherungsgut nicht aussondern. Ist also beim erweiterten Eigentumsvorbehalt die ursprüngliche Kaufpreisforderung bereits bezahlt und bestehen noch nicht erfüllte Kaufpreisansprüche des Lieferanten aus anderen Geschäften, so ist der Lieferant nur Absonderungsgläubiger, sofern man von der Wirksamkeit des erweiterten Eigentumsvorbehalts ausgeht.[29] Der erweiterte und der verlängerte Eigentumsvorbehalt unterfallen also dem § 166 Abs. 1 bzw. dem § 166 Abs. 2.[30] Der Insolvenzverwalter hat daher das Verwertungsrecht an den weiterverarbeiteten Waren und an den Forderungen gegen Dritte aus der Weiterveräußerung.[31] 19

3. Besitz des Insolvenzverwalters. a) Allgemeines. Die Sache muss sich im Besitz des Insolvenzverwalters befinden. Dabei ist § 166 Abs. 1 so zu lesen, dass es grundsätzlich auf den 20

---

[25] Vgl. *Tetzlaff* ZInsO 2004, 521, 522 f.: Verwalter kann sich aussuchen, ob er nach § 165 oder nach §§ 166 ff. verwertet.

[26] Gottwald/*Adolphsen*, InsO-HdB, § 43 Rn. 11; Andres/Leithaus/*Leithaus* § 166 Rn. 3; Braun/*Dithmar* § 166 Rn. 8; Jaeger/*Eckardt* § 166 Rn. 164; K. Schmidt/*Sinz* § 166 Rn. 4; Nerlich/Römermann/*Becker* § 166 Rn. 14; *Obermüller*, Insolvenzrecht in der Bankpraxis, Rn. 6.848; *Smid* § 166 Rn. 23, 34; Uhlenbruck/*Brinkmann* § 166 Rn. 7.

[27] Gottwald/*Adolphsen*, InsO-HdB, § 43 Rn. 34 ff.; *Seger/Tetzlaff* ZInsO 2012, 427; *Obermüller*, Insolvenzrecht in der Bankpraxis, Rn. 6.850; Uhlenbruck/*Brinkmann* § 166 Rn. 8.

[28] Lwowski/Fischer/Gehrlein/*Kieninger*, Das Recht der Kreditsicherung, 10. Aufl. 2018, § 20 Rn. 13; *Seger/Tetzlaff* ZInsO 2012, 427; die Vereinbarung eines Kontokorrentvorbehalts ist bedenklich, wenn dadurch das Wahlrecht des Insolvenzverwalters ausgehebelt wird, vgl. *Seger/Tetzlaff* ZInsO 2012, 427.

[29] Die Vereinbarung eines Kontokorrentvorbehalts kann an AGB-Recht und an § 103 scheitern, vgl. *Seger/Tetzlaff* ZInsO 2012, 427.

[30] HKInsO/*Landfermann* § 166 Rn. 14, 27; Jaeger/*Eckardt* § 166 Rn. 165; Nerlich/Römermann/*Becker* § 166 Rn. 14; Uhlenbruck/*Brinkmann* § 166 Rn. 7; *Gaul* ZInsO 2000, 256, 259; vgl. Andres/Leithaus/*Leithaus* § 166 Rn. 3; Braun/*Dithmar* § 166 Rn. 7.

[31] *Gaul* ZInsO 2000, 256, 259; *Obermüller*, Insolvenzrecht in der Bankpraxis, Rn. 6.850 f.

Besitz des Schuldners oder des vorläufigen Insolvenzverwalters bei Verfahrenseröffnung ankommt.[32]

21 Die Verwertungsbefugnis des Insolvenzverwalters nach § 166 Abs. 1 erstreckt sich aber auch auf solche beweglichen Sachen, deren Besitz sich der Insolvenzverwalter im Wege der **Insolvenzanfechtung** wieder beschafft hat.[33] Ebenso kann der Insolvenzverwalter die dem Schuldner zustehenden **Besitzschutzansprüche** geltend machen, um auf diese Weise das Verwertungsrecht nach § 166 Abs. 1 zu erlangen.[34] Dies betrifft insbesondere die Fälle, in denen der Sicherungsnehmer die Gegenstände im Vorfeld der Insolvenz durch Nacht- und Nebelaktionen in seinen Besitz gebracht hat.[35]

22 **b) Unmittelbarer und mittelbarer Besitz.** § 166 Abs. 1 spricht nur vom Besitz des Insolvenzverwalters. Damit ist jedenfalls der **unmittelbare Besitz** (§ 854 BGB) erfasst,[36] ist doch dieser gleichsam die „Idealform" des durch die tatsächliche Sachherrschaft gekennzeichneten Besitzes.

23 Aus dem Gesetzestext geht aber nicht hervor, ob § 166 Abs. 1 unmittelbaren Besitz des Insolvenzverwalters voraussetzt oder ob auch der **mittelbare Besitz** (§ 868 BGB) genügt. Die *Wortlautauslegung* sowie die *systematische Auslegung* sprechen dafür, dass „Besitz" ohne nähere Kennzeichnung alle Besitzarten des bürgerlichen Rechts, also auch den mittelbaren Besitz, erfasst.[37] Im Rahmen der entscheidenden *teleologischen Auslegung* sind die Überlegungen zum Normzweck heranzuziehen. Diese gebieten eine Differenzierung danach, wer sinnvollerweise zur Verwertung berechtigt sein soll – der Insolvenzverwalter oder der absonderungsberechtigte Gläubiger. Im Interesse der Rechtssicherheit ist, wie Rechtsprechung und Literatur zu Recht betonen, nach Möglichkeit eine typisierende Betrachtung vorzunehmen.[38] Erste Orientierungen bieten die Verfügungsmöglichkeit (dazu → Rn. 24) und die Besitzstufung (dazu → Rn. 25 f.). Letztlich entscheidend ist aber die Frage der Eingliederung in die wirtschaftliche Einheit des Schuldnervermögens (dazu → Rn. 27).

24 Da die Verwertung klassischerweise mit einer Veräußerung des Vermögensgegenstandes einhergeht, bietet es sich an, sich daran zu orientieren, wer über den fraglichen Gegenstand nach Maßgabe der sachenrechtlichen Regeln verfügen könnte – die **Differenzierung nach der Verfügungsmöglichkeit.** Wenn nur der Insolvenzverwalter, nicht aber der absonderungsberechtigte Gläubiger über die Sache verfügen – sie also insbesondere gem. §§ 929 Satz 1, 931 BGB veräußern – kann, muss der mittelbare Besitz des Insolvenzverwalters ausreichen.[39] Nur der Insolvenzverwalter kann etwa dann verfügen, wenn der Schuldner zu erkennen gegeben hat, dass er das Sicherungsgut nicht mehr zugunsten des konkret in Rede stehenden Gläubigers besitzt, das Besitzmittlungsverhältnis also einseitig beendet hat, wobei es nicht darauf ankommt, ob diese Beendigung des Besitzmittlungsverhältnisses vertragswidrig war. In einem solchen Fall ist daher nur der Insolvenzverwalter zur Verwertung befugt. Dasselbe gilt für das Vermieterpfandrecht (§ 562 Abs. 1 Satz 1 BGB) als besitzloses Pfandrecht, sofern der Insolvenzverwalter Besitz an den vom mietenden Schuldner eingebrachten Sachen hat[40] – was wegen § 562a Satz 1 Hs. 2 BGB nicht notwendigerweise der Fall ist. Hat hingegen der Schuldner einen Gegenstand, der sich im Besitz eines Dritten befindet, nicht wie meist gem. §§ 929 Satz 1, 930 BGB durch Einigung und Begründung eines Besitzmittlungsverhältnisses, sondern gem. §§ 929 Satz 1, 931 BGB durch Einigung und Abtretung seines Herausgabeanspruchs an den

---

32 *Marotzke* ZZP Bd. 109 (1996), 429, 443; *Funk*, Die Sicherungsübereignung in Einzelzwangsvollstreckung und Insolvenz, 1998, S. 76; Gottwald/*Adolphsen*, InsO-HdB, § 42 Rn. 139; Jaeger/*Eckardt* § 166 Rn. 234.

33 Uhlenbruck/*Brinkmann* § 166 Rn. 7; *Klasmeyer/Elsner/Ringstmeier*, Kölner Schrift zur InsO, 2. Aufl. 2000, S. 1087 Rn. 17; Jaeger/*Eckardt* § 166 Rn. 240; Braun/*Dithmar* § 166 Rn. 11; K. Schmidt/*Sinz* § 166 Rn. 11; Nerlich/Römermann/*Becker* § 166 Rn. 21; Uhlenbruck/*Brinkmann* § 166 Rn. 11.

34 *Eckardt* ZIP 1999, 1734, 1743 f.; *Smid* WM 1999, 1141, 1153; Andres/Leithaus/*Leithaus* § 166 Rn. 7; Gottwald/*Adolphsen*, InsO-HdB, § 42 Rn. 143; Uhlenbruck/*Brinkmann* § 166 Rn. 12; Jaeger/*Eckardt* § 166 Rn. 238; KPB/*Flöther* § 166 Rn. 7; *Obermüller*, Insolvenzrecht in der Bankpraxis, Rn. 6.712; Schimansky/Bunte/Lwowski/*Ganter*, Bankrechts-HdB, § 90 Rn. 581; Braun/*Dithmar* § 166 Rn. 11; K. Schmidt/*Sinz* § 166 Rn. 11; Nerlich/Römermann/*Becker* § 166 Rn. 21.

35 → Rn. 31 ff.

36 BGH NJW 2018, 1471 Rn. 18; Andres/Leithaus/*Leithaus* § 166 Rn. 4; KPB/*Flöther* § 166 Rn. 6f; *Haunschild* DZWIR 1999, 60, 61; Gottwald/*Adolphsen*, InsO-HdB, § 42 Rn. 139; Jaeger/*Eckardt* § 166 Rn. 204; K. Schmidt/*Sinz* § 166 Rn. 8; Uhlenbruck/*Brinkmann* § 166 Rn. 14; *Smid* § 166 Rn. 17.

37 BGHZ 207, 23 = NZI 2016, 21 Rn. 22; Braun/*Dithmar* § 166 Rn. 9; KPB/*Flöther* § 166 Rn. 7; aA Nerlich/Römermann/*Becker* § 166 Rn. 17, der den mittelbaren Besitz nicht ausreichen lässt.

38 BGHZ 207, 23 = NZI 2016, 21 Rn. 22; BGH NJW 2018, 1471 Rn. 13; *Bitter/Alles* KTS 2013, 113, 122, 144; *Mitlehner* NZI 2018, 400; vgl. FKInsO/*Wegener* § 166 Rn. 8.

39 Vgl. *Bork*, FS Gaul, 1997, S. 71, 75; *Schlichting/Graser* NZI 2000, 206, 207; Jaeger/*Eckardt* § 166 Rn. 210; *Smid* § 166 Rn. 19.

40 BGH NJW 2015, 162 Rn. 18; 2018, 1083 Rn. 7; HKInsO/*Landfermann* § 166 Rn. 14; KPB/*Flöther* § 166 Rn. 12; *Obermüller*, Insolvenzrecht in der Bankpraxis, Rn. 6.832.

Gläubiger zur Sicherheit übereignet, fehlt es schon am Besitz des Schuldners. Daher scheidet ein Verwertungsrecht des Insolvenzverwalters von vornherein aus.[41]

25 Typischerweise ist allerdings der absonderungsberechtigte Gläubiger zumindest mittelbarer Besitzer, weil zwischen ihm und dem Schuldner ein Besitzmittlungsverhältnis vereinbart war – etwa zum Zweck der Sicherungsübereignung nach §§ 929 Satz 1, 930 BGB. In einem solchen Fall können an sich sowohl der Insolvenzverwalter als auch der absonderungsberechtigte Gläubiger über die Sache verfügen – im klassischen Beispiel der Sicherungsübereignung der Insolvenzverwalter gem. § 929 Satz 1 BGB, der absonderungsberechtigte Gläubiger gem. §§ 929 Satz 1, 931 BGB. Die Differenzierung nach der Verfügungsmöglichkeit führt hier nicht weiter.[42] Zumeist möglich ist aber eine **Differenzierung nach der „Stufe" des Besitzes:** Verwerten darf danach derjenige, der selbst unmittelbaren Besitz innehat oder „näher" am unmittelbaren Besitz steht. Sieht man die Nähe zum unmittelbaren Besitz als „Gütemerkmal", kann man sagen, es komme darauf an, wer den „besseren Besitz" hat.[43] Hieraus folgt zunächst zwanglos, dass bei unmittelbarem Besitz des Insolvenzverwalters dieser,[44] bei unmittelbarem Besitz des absonderungsberechtigten Gläubigers jener[45] zur Verwertung berechtigt ist. Rechtsgeschäftliche Pfandrechte unterliegen daher nicht dem Verwertungsrecht des Insolvenzverwalters. Gleiches gilt für Pfändungspfandrechte, wenn der Pfändungsgläubiger den Pfandgegenstand zum Zwecke der Verwertung vor der Insolvenz an sich gezogen hat.[46] Ebenfalls folgt aus dieser Differenzierung, dass für ein Verwertungsrecht des Insolvenzverwalters mittelbarer Besitz des Schuldners ausreichen kann, wenn sich die Sache zum Zeitpunkt der Verfahrenseröffnung im Besitz eines Dritten befindet, der sein Besitzrecht vom Schuldner aufgrund eines Besitzkonstituts ableitet (zB Mietverhältnis, Reparaturauftrag beim Werkunternehmer).[47] Der Insolvenzverwalter ist damit im Grundsatz auch dann zur Verwertung befugt, wenn der Schuldner eine Sache einem Dritten zum Zwecke der Weitervermietung (bzw. Leasing) überlassen hat.[48] Dieses Ergebnis entspricht durchaus dem Normzweck, ist doch in einem solchen Fall regelmäßig anzunehmen, dass der Insolvenzverwalter die dem Dritten überlassenen Gegenstände entweder für eine Betriebsfortführung oder eine geordnete Abwicklung benötigt.[49] Schließlich erklärt sich mit der Differenzierung nach der Stufe des Besitzes auch, dass eine Depotbank als mittelbare Fremdbesitzerin, der der Schuldner als mittelbarer Fremdbesitzer zweiter oder dritter Stufe globalverbriefte Aktien verpfändet hat, aufgrund ihres „besseren" Besitzes die Aktien grundsätzlich selbst verwerten darf.[50]

26 Hat der **Dritte** seinen **Besitzmittlungswillen aufgegeben,** fehlt es an jedem Besitz des Schuldners bzw. des Insolvenzverwalters. Deshalb hat der Insolvenzverwalter auch kein aus § 166 Abs. 1 folgendes Verwertungsrecht.[51] Etwas anderes muss freilich dann gelten, wenn die Willensänderung des unmittelbaren Besitzers auf einer Einwirkung durch den absonderungsberechtigten Gläubiger beruht.[52] Denn anderenfalls wäre immer dann, wenn der Betrieb des Schuldners die Überlassung von Gegenständen an Dritte mit sich bringt, die Entscheidung über die Verwertungsbefugnis in die Hand des absonderungsberechtigten Gläubigers gelegt. Dies entspricht gerade nicht der gesetzlichen Konzeption. Das Verwertungsrecht des Verwalters kann jedoch von vornherein durch Absprachen zwischen absonderungsberechtigten Gläubiger, Schuldner und unmittelbarem Besitzer mit dem Inhalt, dass der Sicherungsgläubiger dem unmittelbaren Besitzer Weisungen erteilen darf, ausge-

---

41 BGH NJW 2018, 1471 Rn. 34; *Obermüller,* Insolvenzrecht in der Bankpraxis, Rn. 6.711; insoweit kritisch *Brinkmann* EWiR 2018, 373; Rattunde/Smid/Zeuner/*Smid* § 166 Rn. 39.

42 Anders die wohl hM, etwa HKInsO/*Landfermann* § 166 Rn. 17: „Entscheidend ist, dass der Verwalter und nicht der Gläubiger über die Sache verfügen *kann*" (Hervorhebung hinzugefügt).

43 HKInsO/*Landfermann* § 166 Rn. 14; Uhlenbruck/*Brinkmann* § 166 Rn. 4.

44 → Rn. 22.

45 BGHZ 189, 299 = NZI 2011, 602; HKInsO/*Landfermann* § 166 Rn. 17; HambKommInsO/*Büchler/Scholz* § 166 Rn. 5; Andres/Leithaus/*Leithaus* § 166 Rn. 5; Schimansky/Bunte/Lwowski/*Ganter,* Bankrechts-HdB, § 90 Rn. 581a; *Obermüller,* Insolvenzrecht in der Bankpraxis, Rn. 6.711; K. Schmidt/*Sinz* § 166 Rn. 9; vgl. Braun/*Dithmar* § 166 Rn. 10.

46 Vgl. dazu HKInsO/*Landfermann* § 166 Rn. 12; *Häsemeyer,* Insolvenzrecht, 4. Aufl. 2007, Rn. 13.48.

47 BGHZ 166, 215 = NJW 2006, 1873 Rn. 24 – *Flowtex;* Schimansky/Bunte/Lwowski/*Ganter,* Bankrechts-HdB, § 90 Rn. 581a; Braun/*Dithmar* § 166 Rn. 9; Gottwald/*Adolphsen,* InsO-HdB, § 42 Rn. 140; K. Schmidt/*Sinz* § 166 Rn. 9; Uhlenbruck/*Brinkmann* § 166 Rn. 14.

48 BGH NZI 2007, 95 Rn. 8; Braun/*Dithmar* § 166 Rn. 9; K. Schmidt/*Sinz* § 166 Rn. 9; Gottwald/*Adolphsen,* InsO-HdB, § 42 Rn. 140; *Smid* § 166 Rn. 19; kritisch dazu *Lwowski/Tetzlaff,* FS Gero Fischer, 2008, S. 365; → 3. Aufl. 2013 § 166 Rn. 17; vgl. Jaeger/*Eckardt* § 166 Rn. 218 ff.

49 BGHZ 166, 215 = NJW 2006, 1873 Rn. 24.

50 BGHZ 207, 23 = NZI 2016, 21 Rn. 23.

51 BGHZ 166, 215 = NJW 2006, 1873 Rn. 24 aE; BGH NZI 2007, 95 Rn. 9.

52 BGH NZI 2007, 95 Rn. 9 m. zust. Anm. *Gundlach/Frenzel* und krit. Anm. *Tetzlaff* WuB VI A. § 166 InsO 1.07; vgl. auch *Ganter,* FS Wellensiek, 2011, S. 399, 400.

schlossen werden, wenn solche Absprachen dem absonderungsberechtigten Gläubiger so weitgehende Rechte einräumen, dass dieser als „näher" am unmittelbaren Besitz stehend angesehen werden kann, also sich die „Stufung" der Besitzverhältnisse zwischen Schuldner und absonderungsberechtigtem Gläubiger umkehrt.[53]

27 Der BGH stellt allerdings in seinem Urteil vom 24.9.2015 zu den intermediärverwahrten Aktien nicht auf die Besitzstufung, sondern darauf ab, ob die Aktienbeteiligung im Zeitpunkt der Verfahrenseröffnung der **wirtschaftlichen Einheit des Schuldnervermögens** zuzurechnen ist,[54] was in Anlehnung an § 271 Abs. 1 Satz 3 HGB im Zweifel bei einer Beteiligung von mehr als 20% der Fall sein soll.[55] In seinem Urteil vom 11.1.2018[56] zum Finanzierungsleasing hat er diesen Topos übernommen[57] und für den Fall einer dauerhaften Überlassung des unmittelbaren Besitzes an den Dritten präzisiert: Verfüge der Dritte über eine rechtlich geschützte Besitzposition, die den Schuldner dauerhaft daran hindere, gegen seinen Willen den unmittelbaren Besitz wiederzuerlangen, genüge der verbleibende mittelbare Besitz des Schuldners nicht, um ein Verwertungsrecht des Insolvenzverwalters zu begründen.[58] Dies zeigt, dass die „Besitzstufe" nur ein Anhaltspunkt für die Entscheidung über ein Verwertungsrecht des Insolvenzverwalters bei mittelbarem Besitz ist. Letztlich kommt es – getreu dem Normzweck – darauf an, ob die Sache mit dem sonstigen Schuldnervermögen eine wirtschaftliche Einheit bildet.

28 Die Rechtsprechung des Bundesgerichtshofs zum Verwertungsrecht des Insolvenzverwalters bei mittelbarem Besitz ist teils auf Zustimmung, teils auf Ablehnung gestoßen, wobei die Sicht einiger Autoren durch ihre Nähe zu einer bestimmten Gläubigerkategorie geprägt sein dürfte. Angesichts des Normzwecks ginge es zu weit, jeden mittelbaren Besitz des Insolvenzverwalters ausreichen zu lassen.[59] Aus dem Wortlaut kann eine Einschränkung aber nicht abgeleitet werden.[60] Die Entstehungsgeschichte zeigt zwar, dass dem Gesetzgeber die Interessengegensätze bewusst gewesen sein müssen; eine eindeutige Festlegung hat aber zur Frage des mittelbaren Besitzes gerade nicht stattgefunden.[61] Schon aus Gründen der Verhältnismäßigkeit einzig richtig kann die Orientierung am Normzweck sein.[62] Dabei ist die „Notwendigkeit" eines Verwertungsrechts des Insolvenzverwalters für eine Betriebsfortführung oder geordnete Abwicklung durchaus ein geeignetes Abgrenzungskriterium,[63] wenn man nicht schon das bloße Interesse des Insolvenzverwalters ausreichen lässt. Denn aufgrund der Verknüpfung des Verwertungsrechts mit der Kostenbeteiligung (§§ 170, 171) wird der Insolvenzverwalter, wie die Kritik zutreffend bemerkt, fast immer ein Interesse haben, Sicherungsgegenstände selbst zu verwerten. Fasst man indes die „Notwendigkeit" enger, ist auf die konkrete Tätigkeit des Schuldners, insbesondere den Zuschnitt seines Unternehmens, abzustellen und nach der „Eingliederung der Sache in die wirtschaftliche Einheit des schuldnerischen Unternehmens"[64] zu fragen. Gewiss kann man im Einzelfall trefflich darüber streiten, wann eine Eingliederung vorliegt, eine Verwertung durch den Verwalter in diesem Sinne notwendig ist. Dies zeigt die Rechtsprechung des BGH zum Leasing: Ob Kreditinstitute, die Leasinggesellschaften refinanzieren und sich die Leasinggegenstände zur Sicherheit übereignen lassen, in der Insolvenz der Leasinggesellschaft die Leasinggegenstände verwerten sollten oder dies nicht doch besser der Insolvenzverwalter übernimmt, ist keineswegs eindeutig. Das Verwertungsrecht des Insolvenzverwalters aber von dessen Fortführungswillen abhängig zu machen,[65] würde zumindest bis zum Berichtstermin einen Schwebezustand schaffen und eine spätere Entscheidung zugunsten einer Sanierung erschweren. Zutreffend erscheint es demgegenüber, mit dem BGH danach zu fragen, ob der Schuldner sich den unmittelbaren Besitz gegen den Willen des Dritten wieder verschaffen kann.[66] Die Rechtsprechung des BGH ist am

[53] Ohne diese Einschränkung, der Sache nach aber ähnlich, → 3. Aufl. 2013 § 166 Rn. 19, 21.
[54] BGHZ 207, 23 = NZI 2016, 21 Rn. 29 aE.
[55] BGHZ 207, 23 = NZI 2016, 21 Rn. 33.
[56] BGH NJW 2018, 1471.
[57] BGH NJW 2018, 1471 Rn. 16 f.
[58] BGH NJW 2018, 1471 Rn. 24; zur Anwendung im konkreten Fall kritisch *Mitlehner* NZI 2018, 400 f.
[59] In diese Richtung *Bork* EWiR 2007, 119; *Gundlach/Frenzel/Schirrmeister* NZI 2007, 327; wie hier zB BGH NJW 2018, 1471 Rn. 13; *Ganter*, FS Wellensiek, 2011, S. 399, 400.
[60] Siehe schon → Rn. 22; aA aber offenbar *Lwowski/Tetzlaff*, FS Gero Fischer, 2008, S. 365; → 3. Aufl. 2013 § 166 Rn. 18.
[61] BGH NJW 2018, 1471 Rn. 17; *Bork*, FS Gaul, 1997, S. 71, 75; *Hirte/Knof* WM 2008, 49, 53; aA wohl → 3. Aufl. 2013 § 166 Rn. 18.
[62] Vgl. schon *Gundlach/Frenzel* NZI 2007, 96.
[63] Gegen dieses Kriterium aber etwa → 3. Aufl. 2013 § 166 Rn. 17; *Zahn* ZIP 2007, 365, 368; *Tetzlaff* WuB VI A. § 166 InsO 1.07; *Lwowski/Tetzlaff*, FS Gero Fischer, 2008, S. 365.
[64] BGH NJW 2018, 1471 Rn. 19 aE.
[65] In diese Richtung → 3. Aufl. 2013 § 166 Rn. 18 aE.
[66] BGH NJW 2018, 1471 Rn. 24.

Normzweck ausgerichtet, ohne das Bedürfnis nach Rechtssicherheit durch Typisierung zu vernachlässigen; ihre Ergebnisse sind zumindest gut vertretbar. Insgesamt wird man sagen können, dass die Rechtsprechung bislang zu **sinnvollen Ergebnissen** gelangt ist.

c) Mitbesitz. Auch **Mitbesitz des Schuldners** kann in bestimmten Konstellationen ausreichend sein, um ein Verwertungsrecht des Insolvenzverwalters nach § 166 Abs. 1 zu begründen. Rohstoffe, die das schuldnerische Unternehmen bei einem Lagerhalter eingelagert hatte, darf der Insolvenzverwalter ebenso verwerten wie Fahrzeuge, die vom Schuldner in gemieteten Garagen abgestellt worden sind.[67] 29

d) Maßnahmen von Sicherungsgläubigern zum Unterlaufen der Verwertungsbefugnis des Insolvenzverwalters. Unterliegt der Gegenstand der Verwertungskompetenz des Insolvenzverwalters, so zieht dies die Anwendung der §§ 166 ff. nach sich. Sicherungsgläubiger müssen in diesen Fall eine Beteiligung an den Kosten für Feststellung und Verwertung und den Abzug der Umsatzsteuer hinnehmen (§§ 170, 171). Weiterhin unterliegt der Verwertungserlös zunächst einmal dem Zugriff der Insolvenzmasse. Stellt der Insolvenzverwalter die Wirksamkeit des Absonderungsrechts des gesicherten Gläubigers in Frage, so muss der Gläubiger einen Prozess gegen die Masse führen. Vor diesem Hintergrund sind Sicherungsgläubiger immer wieder bestrebt, durch Maßnahmen im Vorfeld der Insolvenz dafür Sorge zu tragen, dass bei Verfahrenseröffnung kein Besitz des Schuldners bzw. des vorläufigen Insolvenzverwalters vorliegt, so dass die Anwendung des § 166 Abs. 1 ausgeschlossen ist. 30

aa) Rechtmäßigkeit des Besitzerwerbs. Problematisch sind die aus der Vergangenheit bekannten **Nacht- und Nebelaktionen,** bei denen Sicherungsgläubiger versucht haben, noch vor Einleitung der Insolvenz und während des Insolvenzeröffnungsverfahrens Sicherungsgut in Besitz zu nehmen. Ziel dieser Maßnahmen war es, das Eingreifen des § 166 Abs. 1 zu verhindern, aber auch, eventuell bestehende Unsicherheiten bezüglich der Bestimmtheit von Sicherungsübereignungen zu beseitigen.[68] Um eine für die Gläubigergesamtheit nachteilige Ausplünderung der Insolvenzmasse durch Maßnahmen der Sicherungsgläubiger zu unterbinden, ist im Einzelfall zu prüfen, ob die Sicherungsgläubiger sich rechtmäßig in den Besitz der Sicherungsgegenstände gebracht haben. 31

Für die Rechtmäßigkeit des Besitzes ist nicht maßgebend, ob die Sache dem Sicherungsnehmer auch wirklich gehört oder ob die Übereignung zB mangels Bestimmtheit unwirksam ist. Entscheidend ist vielmehr die Art und Weise, wie der Sicherungsnehmer den Besitz an der Sache erworben hat. Dabei ist zu berücksichtigen, dass der Gesetzgeber der InsO der Tatsache, dass der Verwalter keinen (unmittelbaren) Besitz an der Sache hat, die Vermutung beilegt, die Sache würde für die Fortführung des schuldnerischen Unternehmens bzw. die ordnungsgemäße Abwicklung des Insolvenzverfahrens nicht benötigt. Diese Schlussfolgerung ist dann nicht gerechtfertigt, wenn die **Sache ohne Willen des Schuldners** bzw. des (vorläufigen) Insolvenzverwalters **in den unmittelbaren Besitz des Sicherungsnehmers gelangt** ist. Ein Besitzerwerb gegen den Willen des Schuldners bzw. des vorläufigen Verwalters ist für ein Selbstverwertungsrecht des Sicherungsnehmers nicht ausreichend.[69] Eine Wegnahme gegen den Willen des Schuldners bewirkt daher keine Übergabe. Eine vorherige, etwa in Formularverträgen enthaltene Einverständniserklärung kann allenfalls ausnahmsweise als fortbestehend angesehen werden; sie reicht jedenfalls nicht, um einen aktuellen gegenteiligen Willen des Schuldners zu überwinden. Das fehlende Einverständnis mit dem Besitzübergang kann nachgeholt werden, scheitert aber nach Einleitung des Insolvenzeröffnungsverfahrens an Verfügungsverboten, die das Insolvenzgericht erlassen hat, und/oder an der fehlenden Zustimmung des vorläufigen bzw. endgültigen Insolvenzverwalters. 32

Der Besitzerwerb muss also **durch Übergabe oder durch Einigung** erfolgt sein. Die Übergabe erfordert ein Geben und ein Nehmen oder ein Nehmen durch den Erwerber mit Zustimmung des bisherigen Besitzers (Sicherungsgebers) und beiderseitigen Willen zur Änderung der Sachherrschaft.[70] Sie ist ein Realakt; die Regeln über Rechtsgeschäfte gelten daher nicht. Eine Anfechtung nach den §§ 119 ff. BGB ist nicht möglich. Für ausreichend wird die Schlüsselübergabe angesehen, wenn dadurch Alleinbesitz durch den Sicherungsnehmer begründet wird. Bei Mitbesitz ist fraglich, ob die Sache noch für den ordnungsgemäßen Betrieb des schuldnerischen Unternehmens benötigt 33

---

[67] Gottwald/*Adolphsen*, InsO-HdB, § 42 Rn. 140; K. Schmidt/*Sinz* § 166 Rn. 10; Uhlenbruck/*Brinkmann* § 166 Rn. 14; HambKommInsO/*Büchler/Scholz* § 166 Rn. 5; vgl. Jaeger/*Eckardt* § 166 Rn. 232; Nerlich/Römermann/*Becker* § 166 Rn. 19.

[68] Eine zunächst unbestimmte Übereignung kann aber durch Übergabe des Sicherungsguts zu einem späteren Zeitpunkt, die nicht von den entsprechenden Willenserklärungen nach § 929 BGB begleitet wird, nicht zu einer wirksamen Sicherungsübereignung werden.

[69] Braun/*Dithmar* § 166 Rn. 11; Jaeger/*Eckardt* § 166 Rn. 236; Uhlenbruck/*Brinkmann* § 166 Rn. 18.

[70] Palandt/*Herrler* § 929 Rn. 11 ff.

wird oder nicht. Kann der Sicherungsnehmer die Sache jederzeit – also ohne weitere Zustimmung des Sicherungsgebers – in den alleinigen Besitz übernehmen, so spricht dies für die Entbehrlichkeit der Sache. Es droht dann kein Auseinanderreißen von Verbundwerten, wenn der Sicherungsgeber den Schuldner bzw. den vorläufigen Insolvenzverwalter von der unmittelbaren Sachherrschaft ausschließt und Alleinbesitz begründet.

34 Die Wegnahme mit Willen des Schuldners steht der Übergabe gleich. Zu prüfen ist aber, ob zum Zeitpunkt der Schuldner noch uneingeschränkt verfügungsbefugt war. Für die Bejahung eines Selbstverwertungsrechts des Sicherungsgläubigers reicht es nicht aus, dass eine **Wegnahme durch den Schuldner gestattet** wird, wenn es nicht zur Besitzerlangung kommt. Ebenfalls keine Besitzerlangung liegt vor, wenn der Schuldner gestattet, dass Eigentumstafeln am Sicherungsgut angebracht werden. Die Bestellung eines Treuhänders kann nur dann zur Nichtanwendung des § 166 Abs. 1 führen, wenn der Treuhänder selbst unmittelbarer Besitzer wird.

35 Sind auf Seiten des Schuldners **Besitzdiener** eingeschaltet, so kommt es auf deren „Freiwilligkeit" im Rahmen der Wegnahmehandlung nicht an. Problematisch sind in diesem Zusammenhang die petitorischen Einwendungen, die der Sicherungsgläubiger gegenüber dem Anspruch auf Wiedereinräumung des Besitzes erheben kann. Im Prozess ist dem Sicherungsnehmer aber nicht der Einwand gestattet, er habe als Eigentümer einen Anspruch aus § 985 BGB gegenüber dem Sicherungsgeber, da § 166 Abs. 1 gerade das Verwertungsrecht auf den Insolvenzverwalter überträgt und dem Sicherungsnehmer das Verwertungsrecht entzieht, wodurch auch den Herausgabeansprüchen die Grundlage entzogen wird.

36 Hatte der Schuldner **mittelbaren Besitz,** so genügt für den Verlust des Verwertungsrechts des Insolvenzverwalters die Beendigung des Besitzmittlungsverhältnisses durch den unmittelbaren Besitzer dann, wenn die Insolvenzmasse keinen Anspruch auf Wiedereinräumung des Besitzes hat.[71] Hat die Insolvenzmasse zwar einen solchen Anspruch, ist dieser aber aus tatsächlichen Gründen nicht durchsetzbar, kann eine Verwertung durch den Insolvenzverwalter allenfalls ausnahmsweise stattfinden, etwa wenn der Erwerber sich mit dem Eigentumserwerb nach §§ 929 Satz 1, 931 BGB trotz unsicherer Aussicht auf Durchsetzbarkeit des abgetretenen Herausgabeanspruchs zufriedengibt; dann muss aber die gesetzliche Regelung greifen.

37 In der Literatur wird diskutiert, ob – unabhängig vom Vorliegen der Regelungen der §§ 858 ff. BGB – auch dann eine **insolvenzzweckwidrige Besitzentziehung** angenommen werden kann, wenn die (zulässige) Inbesitznahme des Sicherungsguts durch die Sicherungsgläubiger im Vorfeld der Insolvenz erst zur Auflösung der betrieblichen Strukturen geführt hat.[72] Diese Auffassung ist zu weitgehend und kann sich nicht mehr auf den Gesetzeswortlaut stützen.

38 **bb) Ausweichen auf andere Sicherungsformen, Einlagerung.** Nach Inkrafttreten der InsO wurde zeitweilig von Vertretern der Kreditwirtschaft die Möglichkeit diskutiert, anstelle der Sicherungsübereignung von Anlage- und Umlaufvermögen auf andere Sicherungsformen, namentlich die **Verpfändung, auszuweichen,** um auf diese Weise die Kostenpauschalen gem. §§ 170, 171 zu umgehen. Denkbar erscheint bspw. die Verpfändung von Umlaufvermögen oder die Einlagerung von sicherungsübereigneten Gegenständen. In jedem Fall muss gewährleistet sein, dass der Sicherungsgläubiger unmittelbaren Besitz am Sicherungsgut hat. Ausreichend für die Annahme eines Selbstverwertungsrechts des Sicherungsgläubigers ist die separate Lagerung von Steinstapeln auf dem Fabrikgelände des Sicherungsgebers, die tagsüber von Angestellten des Besitzerwerbers vereinbarungsgemäß bewacht werden, wenn dem Sicherungsgeber kein Zutritt und keine Entnahme ohne Mitwirkung des Sicherungsnehmers gestattet ist.[73]

39 Derartige Vorgaben werden sich in der Praxis kaum mit vertretbarem Aufwand umsetzen lassen. Die Verpfändung von Anlage- und Umlaufvermögen als Strategie zur Vermeidung einer Belastung mit Kostenbeiträgen nach §§ 170, 171 erscheint deshalb in der Mehrzahl der Fälle **kaum attraktiv.** Zudem besteht das Risiko, dass die Rechtsprechung eine derartige „Verpfändung" als **Umgehung** wertet und wie eine Sicherungsübereignung behandelt. Der BGH hat an anderer Stelle deutlich gemacht, dass er Konstruktionen, mit denen das Verwertungsrecht des Insolvenzverwalters ausgehebelt werden soll, sehr kritisch gegenübersteht.[74]

II. Verwertung durch den Insolvenzverwalter

40 **1. Vor Verfahrenseröffnung begonnene Verwertung.** (Erst) mit Eröffnung des Insolvenzverfahrens geht das Verwertungsrecht auf den Verwalter über. Hat der absonderungsberechtigte

[71] HambKommInsO/*Büchler/Scholz* § 166 Rn. 5; *Ganter,* FS Wellensiek, 2011, S. 399.
[72] *Mönning,* FS Uhlenbruck, 2000, S. 239, 242.
[73] Vgl. BGH DB 1971, 40 = BeckRS 1970, 31122848.
[74] BGH WM 2009, 1049 = NJW-RR 2009, 1059.

Gläubiger vor der Eröffnung des Insolvenzverfahrens mit der Verwertung des Sicherungsguts begonnen und die **Verwertung abgeschlossen,** so ist für die Anwendung des § 166 Abs. 1 kein Raum.

Ist hingegen die **Verwertung noch nicht abgeschlossen,** so ist im Einzelfall zu prüfen, ob der absonderungsberechtigte Gläubiger aufgrund des Übergangs der Verwertungskompetenz auf den Insolvenzverwalter seine Verwertungsbemühungen einstellen und dem Insolvenzverwalter die weitere Durchführung der Verwertung überlassen muss. Dies hängt davon ab, ob die **Voraussetzungen des § 166 Abs. 1** gegeben sind. Hat der absonderungsberechtigte Gläubiger das Sicherungsgut bspw. zu einem Auktionator verbracht, so ist es unschädlich, wenn der Termin für die Auktion nach der Eröffnung des Insolvenzverfahrens liegt. Der Gläubiger kann die Verwertungsmaßnahmen fortsetzen, denn er – und nicht der Schuldner – hatte und hat das Sicherungsgut in seinem Besitz, so dass ein Verwertungsrecht des Insolvenzverwalters nach § 166 Abs. 1 überhaupt nicht bestand. Der Besitz des Gläubigers ist freilich ohne Einfluss auf die Massezugehörigkeit des Sicherungsguts.[75] Da umsatzsteuerrechtlich eine Lieferung erst mit der Verwertung des Sicherungsguts stattfindet, ist die Umsatzsteuerschuld im Falle einer Verwertung nach Verfahrenseröffnung Masseverbindlichkeit iSd § 55 Abs. 1 Nr. 1 Alt. 2.[76] Der absonderungsberechtigte Gläubiger hat dann in analoger Anwendung von § 13b Abs. 1 Nr. 2 UStG, §§ 170 Abs. 2, 171 Abs. 2 Satz 3 einen Betrag in Höhe der angefallenen Umsatzsteuerschuld aus dem Verwertungserlös an die Insolvenzmasse abzuführen.[77] Ist das Absonderungsrecht des Gläubigers nicht wirksam (zB Anfechtbarkeit nach §§ 129 ff. oder Eingreifen der Rückschlagsperre nach § 88) oder ist das Besitzrecht des Sicherungsgläubigers fehlerhaft, so kann der Insolvenzverwalter von dem Gläubiger die Herausgabe der Sache verlangen und dann die Sache gem. § 166 Abs. 1 verwerten. Befindet sich das Sicherungsgut bei Verfahrenseröffnung (noch) beim Schuldner, so geht die Verwertungskompetenz auf den Insolvenzverwalter über. Der absonderungsberechtigte Gläubiger, der schon Aufwendungen für die Durchführung der Verwertung in Eigenregie getätigt hatte, muss zurückstehen. Die weitere Verwertung wird durch den Insolvenzverwalter durchgeführt.[78] Hat der Gläubiger sein Absonderungsrecht im Wege der Zwangsvollstreckung erworben und ist die Zwangsvollstreckung bei Eröffnung des Insolvenzverfahrens noch nicht abgeschlossen, so darf diese nicht mit dem Ziel einer Verwertung des Gegenstandes fortgesetzt werden.[79] 41

2. Ablösung. Die Verwertung des Sicherungsgegenstandes kann dadurch verhindert werden, dass der Sicherungsgeber oder ein Dritter, der durch die Verwertung ein Recht an dem Sicherungsgegenstand oder dessen Besitz verlieren würde, den Sicherungsgläubiger ablöst. Ein **Ablösungsrecht** ist für Sicherheiten wie Pfandrecht oder Sicherungseigentum[80] von der Rechtsprechung anerkannt[81] und zwar – entsprechend § 1223 Abs. 2 BGB – auch zugunsten des mit dem Schuldner nicht identischen Sicherungsgebers. Im Falle einer Sicherungsübereignung haben auch der jeweilige Inhaber und der Pfandgläubiger des Rückgewähranspruchs ein Ablösungsrecht.[82] 42

Ist der **Schuldner der Sicherungsgeber,** entfällt die Ablösung idR schon infolge des Geldmangels des Schuldners. Allerdings kann der Insolvenzverwalter mit Mitteln der Insolvenzmasse den Sicherungsgläubiger in Höhe der gesicherten Forderungen (nicht: in Höhe des Wertes des Sicherungsgutes) befriedigen, wenn er die Sache nicht nur vorübergehend für die Fortführung des Unternehmens, sondern auf Dauer nutzen möchte (zB bei Betriebsveräußerung).[83] Wenn der Insolvenzverwalter den Sicherungsgläubiger dadurch ablösen will, dass er ihn in Höhe des Wertes des Sicherungsgutes befriedigt, so ist dies nur dann möglich, wenn zwischen den Beteiligten Einigkeit über den Wert des Sicherungsguts besteht. 43

Ist ein **Dritter der Sicherungsgeber,** kann er die Sicherheit durch Zahlung an den Sicherungsgläubiger ablösen. Die Ablösung führt im Regelfall zur Befriedigung des Gläubigers, ohne dass es eines besonderen Verrechnungsaktes bedarf. Bei von Dritten bestellten Kreditsicherheiten besteht kein Verwertungsrecht des Insolvenzverwalters nach § 166 Abs. 1, so dass hier eine Ablösung durch den Dritten die Insolvenzmasse nur in der Form tangiert, dass der Sicherungsgläubiger in Höhe der Befriedigung keine Forderungen als Ausfall zur Tabelle anmelden darf.[84] Reicht die Ablösungssumme nicht zur vollen Befriedigung des Gläubigers aus, so wird sie mangels abweichender Bestim- 44

---

[75] BGH NZI 2007, 394 Rn. 12.

[76] Siehe nur BFHE 126, 84, 85 ff.; 175, 164, 167 ff.; 217, 310.

[77] BGH NZI 2007, 394 Rn. 15 ff.

[78] Vgl. BGH ZInsO 2002, 826 zur Verwertung von Lebensversicherungsverträgen; OLG Düsseldorf ZInsO 2002, 1139 zum Wechseleinzug.

[79] Nerlich/Römermann/*Becker* § 166 Rn. 56 f.; *Smid* § 166 Rn. 7.

[80] Lwowski/Fischer/Gehrlein/*Mordhorst*, Das Recht der Kreditsicherung, 10. Aufl. 2018, § 5 Rn. 12.

[81] RGZ 92, 280, 281 f.

[82] OLG Celle NJW 1960, 2196.

[83] HKInsO/*Landfermann* § 166 Rn. 25.

[84] → Vor §§ 166–173 Rn. 54 ff.

mung des Ablösenden zunächst auf die Nebenleistungen und erst dann auf das Kapital verrechnet (§ 367 BGB). Sind mehrere Forderungen desselben Gläubigers durch ein und dieselbe Sicherheit gedeckt, entscheidet in erster Linie die Fälligkeit (§ 366 BGB).

45 **3. Freihändige Verwertung.** Schon nach Konkursrecht konnte eine abweichende Art des Pfandverkaufs, insbesondere die freihändige Veräußerung durch den Konkursverwalter, vereinbart werden.[85] Nach § 166 ist insoweit keine vertragliche Vereinbarung erforderlich. Der Verwalter ist **ohne Weiteres zur „freihändigen" Verwertung befugt.**[86] Er hat allerdings die Vorschriften über die Unterrichtung des Gläubigers (§ 167) und die Mitteilung der Veräußerungsabsicht (§ 168) einzuhalten. Eine freihändige Verwertung kann der Insolvenzverwalter selbst vornehmen oder durch einen hierauf spezialisierten **Verwerter** vornehmen lassen;[87] Verwertungserlös ist im letzten Fall der dem Verwerter tatsächlich zugeflossene Betrag.[88] Argument für die Einschaltung eines Verwerters kann neben der Entlastung des Insolvenzverwalters und der besseren Branchenkenntnis des Verwerters auch sein, dass der Insolvenzverwalter gegenüber dem „gewöhnlichen" Käufer nicht ohne Weiteres jegliche Mängelgewährleistung ausschließen kann,[89] Verwerter aber – gegen entsprechende Nachlässe – bereit sind, Gewährleistungsausschlüsse zu vereinbaren.

46 Freihändig verwertet werden können bewegliche Sachen, an denen **Absonderungsrechte gleich welcher Art** bestehen. Möglich ist daher auch die freihändige Verwertung *sicherungsübereigneter Sachen*, dh der Verwalter kann auch dann dem Käufer einer freihändig verkauften Sache Eigentum verschaffen, wenn der Schuldner deshalb nicht Eigentümer der Sache ist, weil er sie einem absonderungsberechtigten Gläubiger zur Sicherheit übereignet hatte; der Verwalter kann also über fremdes Eigentum verfügen.[90] Ebenfalls möglich ist die freihändige Verwertung *gepfändeter Sachen*, und zwar ohne vorherige Anordnung des Vollstreckungsgerichts nach § 825 ZPO.[91] Verstrickung und Pfändungspfandrecht erlöschen dabei – unabhängig davon, wann und durch wen die Pfandsiegel entfernt werden[92] – mit der Veräußerung.[93] In allen Fällen erlangt der Erwerber „lastenfreies" Eigentum.[94]

47 **4. Verwertung nach den Regeln über den Pfandverkauf.** Der Insolvenzverwalter kann, da er zu freihändiger Verwertung befugt ist, auch die Regeln über den Pfandverkauf (§§ 1228, 1233 ff. BGB; § 10 PachtkredG) befolgen. Dies bedeutet insbesondere, dass er einen **Verkauf in öffentlicher Versteigerung iSd § 383 Abs. 3 Satz 1 BGB,** also durch einen hierzu befugten Gerichtsvollzieher, anderen Beamten oder öffentlichen Versteigerer (vgl. § 1235 Abs. 1 BGB) oder, wenn die Sache einen Börsen- oder Marktpreis hat,[95] einen **freihändigen Verkauf iSd § 1221 BGB,** also durch einen öffentlich ermächtigten Handelsmäkler oder eine zur öffentlichen Versteigerung befugte Person zum laufenden Preis, durchführen lassen kann (vgl. § 1235 Abs. 2 BGB). Die Verwertung nach den Regeln über den Pfandverkauf ist dem absonderungsberechtigten Gläubiger gem. § 168 Abs. 1 Satz 1 mitzuteilen; Androhungen und Benachrichtigungen gegenüber dem Schuldner (vgl. §§ 1234, 1241 BGB) sind entbehrlich.[96]

48 Um sich nicht dem Vorwurf einer schlechten Verwertung auszusetzen, wird der Insolvenzverwalter im Einzelfall abzuwägen haben, ob er den freihändigen Verkauf oder die Verwertung nach den gesetzlichen Regeln des Pfandverkaufs wählt. Letztere Verwertungsart scheint bezüglich des Vorwurfs einer schlechten Verwertung risikoärmer zu sein; zudem ist bei öffentlicher Versteigerung

---

[85] *Jaeger/Weber*, KO, 8. Aufl. 1973, § 127 Rn. 8; *Kuhn/Uhlenbruck*, KO, 11. Aufl. 1994, § 127 Rn. 7.

[86] Andres/Leithaus/*Leithaus* § 166 Rn. 9; Gottwald/*Adolphsen*, InsO-HdB, § 42 Rn. 163; Jaeger/*Eckardt* § 166 Rn. 249; *Obermüller*, Insolvenzrecht in der Bankpraxis, Rn. 6.704; Braun/*Dithmar* § 166 Rn. 15; K. Schmidt/*Sinz* § 166 Rn. 2; KPB/*Flöther* § 166 Rn. 23; Nerlich/Römermann/*Becker* § 166 Rn. 24; *Smid* § 166 Rn. 28; Uhlenbruck/*Brinkmann* § 166 Rn. 21.

[87] OLG Nürnberg BeckRS 2013, 22271; Jaeger/*Eckardt* § 166 Rn. 250; Uhlenbruck/*Brinkmann* § 166 Rn. 21; zu Sorgfaltspflichten bei der Auswahl des Verwerters OLG Hamm DZWIR 2009, 391 mAnm *Heinze*.

[88] OLG Nürnberg BeckRS 2013, 22271.

[89] Überblick zur Haftung des Insolvenzverwalters bei *Haas/Scholl* NZI 2002, 642, 646.

[90] *Gundlach/Frenzel/Schmidt* NZI 2001, 119, 120; Andres/Leithaus/*Leithaus* § 166 Rn. 9; HKInsO/*Landfermann* § 166 Rn. 23; Jaeger/*Eckardt* § 166 Rn. 122; Nerlich/Römermann/*Becker* § 166 Rn. 25.

[91] AA *Bork*, FS Gaul, 1997, S. 71, 80.

[92] AA (vorherige Entfernung durch den Gerichtsvollzieher) Begr. zu § 191 RegE, BT-Drs. 12/2443, 5. 178; HKInsO/*Landfermann* § 166 Rn. 26 f.; *Adolphsen*, Kölner Schrift zur InsO, 3. Aufl. 2009, Kap. 41 Rn. 61.

[93] IErg wie hier *Jauernig*, FS Uhlenbruck, 2000, S. 3, 15; *Jauernig/Berger*, Zwangsvollstreckungs- und Insolvenzrecht, § 45 Rn. 21; Andres/Leithaus/*Leithaus* § 166 Rn. 9; Nerlich/Römermann/*Becker* § 166 Rn. 13; *Smid* § 166 Rn. 26; Uhlenbruck/*Brinkmann* § 166 Rn. 22.

[94] Jaeger/*Eckardt* § 166 Rn. 252; Uhlenbruck/*Brinkmann* § 166 Rn. 21.

[95] RGZ 34, 117, 120.

[96] Jaeger/*Eckardt* § 166 Rn. 252.

die Haftung für Mängel schon kraft Gesetzes eingeschränkt (§ 445 BGB).[97] Die Praxis zeigt aber, dass häufig der **freihändige Verkauf** einen **höheren Erlös** erwarten lässt, so dass der Insolvenzverwalter diesen Weg wählen muss, um sich nicht regresspflichtig zu machen. Um jedes Risiko auszuschließen, empfiehlt es sich, dass der Insolvenzverwalter die Art der Verwertung mit dem Sicherungsnehmer abstimmt.

5. Verwertung nach Maßgabe der Vorschriften über die Zwangsvollstreckung. Nach § 127 Abs. 1 KO konnte der Konkursverwalter die Pfandverwertung nach den Vorschriften über die Zwangsvollstreckung vornehmen (§ 172 ZVG).[98] Die InsO sieht eine derartige Verwertung nicht explizit vor. Der Insolvenzverwalter kann und muss aber die Art der Verwertung wählen, die nach seiner Meinung den höchsten Erlös verspricht; ihm muss daher auch die Verwertung nach den zwangsvollstreckungsrechtlichen Vorschriften **möglich** sein.[99] Wählt er diese Art der Verwertung, so ist eine vorherige Pfändung nicht erforderlich, da die Sache schon durch die Eröffnung des Verfahrens mit Beschlag belegt worden ist und der Verwalter nicht etwa Gläubiger, sondern ein im öffentlichen Interesse zur Verwaltung und zur Verwertung geschaffenes Organ ist.[100] Vielmehr beauftragt der Verwalter direkt einen Gerichtsvollzieher mit der Veräußerung der Sache im Wege der öffentlichen Versteigerung. In der Praxis wird dieser Fall wie schon unter Geltung der KO freilich die Ausnahme bleiben, da der freihändige Verkauf auch hier einen höheren Ertrag erwarten lässt.[101] 49

6. Hinterlegung und Selbsthilfeverkauf. Die Frage, ob der Verwalter zum Selbsthilfeverkauf nach den §§ 383, 385 BGB oder nach den §§ 373, 379, 388 HGB berechtigt ist,[102] ist nach der InsO nicht mehr von erheblicher Bedeutung, da dem Insolvenzverwalter im eröffneten Insolvenzverfahren[103] ohnehin das Verwertungsrecht nach Maßgabe des § 166 zusteht.[104] Dennoch kann es auch nach der InsO Fälle geben, in denen der Verwalter zu Hinterlegung und Selbsthilfeverkauf greifen muss. Hier gelten dann die allgemeinen Regeln. 50

7. Übernahme durch die Insolvenzmasse oder den Insolvenzverwalter persönlich. a) Übernahme durch die Insolvenzmasse. Benötigt der Insolvenzverwalter die Sache für eine bessere Verwertung des gesamten schuldnerischen Unternehmens oder von Teilen des schuldnerischen Vermögens, kann er die Sache gegen Zahlung an den absonderungsberechtigten Gläubiger zur Masse nehmen. Dies gilt für **alle Sachen, an denen ein Absonderungsrecht besteht,**[105] also sowohl für Sachen, die der Verwalter nach § 166 Abs. 1 verwerten darf, als auch für Sachen, bei denen der absonderungsberechtigte Gläubiger selbst verwerten kann. 51

Entscheidend ist, welchen Betrag der Verwalter an den absonderungsberechtigten Gläubiger zu zahlen hat. Unproblematisch ist die volle Befriedigung des Gläubigers. Es reicht aber aus, dass der Verwalter dem absonderungsberechtigten Gläubiger den – typischerweise niedrigeren – **realisierbaren Wert** des Sicherungsguts zahlt. Bei der Bemessung des Wertes wird es in der Praxis zu Bewertungsstreitigkeiten kommen. Einigt man sich nicht, kann der Insolvenzverwalter – schon um Schadensersatzansprüche abzuwehren – die Sache nach den Vorschriften über die **Zwangsvollstreckung** verwerten und im Rahmen dieses Verfahrens als Käufer/Ersteigerer auftreten. Vor diesem Hintergrund ist als realisierbarer Wert der zu erwartende Auktionserlös anzusetzen. Hat die Sache einen Börsen- oder Marktpreis, ist dieser maßgeblich. Der Sicherungsgläubiger kann verhindern, dass er das Sicherungsgut „unter Wert" an die Insolvenzmasse verliert, indem er selbst Gebote abgibt oder einen Dritten benennt, der den Gegenstand erwerben will.[106] 52

b) Erwerb durch den Insolvenzverwalter persönlich. Der Insolvenzverwalter kann **einzelne Sachen** für sich selbst erwerben, wenn er den Verkauf im Wege der **Zwangsvollstreckung** 53

---

97 Vgl. Jaeger/*Eckardt* § 166 Rn. 251.

98 RGZ 58, 18; 62, 352; *Kuhn/Uhlenbruck*, KO, 11. Aufl. 1994, § 127 Rn. 5.

99 Gottwald/*Adolphsen*, InsO-HdB, § 42 Rn. 163; HambKommInsO/*Büchler/Scholz* § 166 Rn. 10; Jaeger/*Eckardt* § 166 Rn. 254; wohl auch Uhlenbruck/*Brinkmann* § 166 Rn. 21; aA Nerlich/Römermann/*Becker* § 166 Rn. 24.

100 *Kuhn/Uhlenbruck*, KO, 11. Aufl. 1994, § 127 Rn. 5; Jaeger/*Eckardt* § 166 Rn. 254.

101 Jaeger/*Eckardt* § 166 Rn. 247, 254; siehe aber für Anwendungsfälle Rn. 52f.

102 Zur Rechtslage unter der KO *Jauernig* ZIP 1980, 410ff.; *Kilger/K. Schmidt*, KO, 17. Aufl. 1997, § 127 Rn. 5d; *Kuhn/Uhlenbruck*, KO, 11. Aufl. 1994, § 127 Rn. 16g.

103 Zum vorläufigen Insolvenzverwalter BGHZ 189, 299 = WM 2011, 1420 = NJW 2011, 2960 mAnm *Tetzlaff* jurisPR-InsR 8/2012 Anm. 1.

104 Jaeger/*Eckardt* § 166 Rn. 253.

105 Jaeger/*Eckardt* § 166 Rn. 255.

106 Vgl. dazu die Kommentierung von § 168.

wählt (§ 450 BGB = §§ 456, 457 BGB aF). Er ist in diesen Fällen nicht mit dem Verkauf oder Leistung beauftragt, so dass er nicht an einem Eigenerwerb gehindert ist.

54 Will der Insolvenzverwalter das **Unternehmen** aus der Masse erwerben oder beteiligt er sich an der „Auffanggesellschaft", so ist ein **Sonderinsolvenzverwalter** zu bestellen.[107]

55 **8. Sonstige Verwertungsmöglichkeiten.** Gegenstände, zu deren Verwertung der Insolvenzverwalter nach § 166 Abs. 1 befugt ist, kann er auch nach § 170 Abs. 2 dem **absonderungsberechtigten Gläubiger zur Verwertung überlassen.**[108] Vgl. dazu ausführlich → § 170 Rn. 35 ff.

56 Weigert sich der Absonderungsberechtigte, den Sicherungsgegenstand nach § 170 Abs. 2 zur Verwertung zu übernehmen, so kann der Insolvenzverwalter, wenn aus der Verwertung des Gegenstandes keine Erlöse zugunsten der Masse zu erwarten sind, den Gegenstand auch aus der Insolvenzmasse **freigeben.** Die Freigabe wird der Verwalter insbesondere dann wählen, wenn bei einem weiteren Verbleiben des Sicherungsgegenstandes in seiner Verwaltungs- und Verfügungsbefugnis Kostenbelastungen auf die Masse zukommen, etwa weil es sich um im Sinne des Ordnungsrechts gefährliche Gegenstände handelt und die Ordnungsbehörde die Durchführung von Sicherungsmaßnahmen oder eine Entsorgung von dem Insolvenzverwalter fordern könnte. Zur echten Freigabe vgl. → § 170 Rn. 38.

III. Einzelfragen

57 **1. Insolvenz des Leasinggebers.** Ob in der Insolvenz des Leasinggebers der Insolvenzverwalter oder der Gläubiger, dem am Leasinggut ein Absonderungsrecht zusteht, zur Verwertung des Leasingguts berechtigt ist, ist seit langem Gegenstand einer heftigen Diskussion. In der Praxis stellt sich die **Situation** typischerweise so dar, dass der Leasinggeber mit der Valuta aus dem **Darlehen** eines Kreditinstituts das Leasinggut überhaupt erst erwirbt und zur Absicherung des Darlehensrückzahlungsanspruchs das Leasinggut an das finanzierende Kreditinstitut übereignet. Das Leasinggut wird dann den Leasingnehmern überlassen, die im Gegenzug die nach dem **Leasingvertrag** geschuldeten Leasingraten zahlen; diese Zahlung erfolgt aber nicht an den Leasinggeber, sondern direkt an das finanzierende Kreditinstitut, das sich im Rahmen eines **Factoringvertrags** die Leasingforderungen hat abtreten lassen, zugleich die Debitorenbuchhaltung übernimmt und das Darlehen als „Vorschuss" auf die ihm abgetretenen Leasingforderungen klassifiziert.[109]

58 In der **bisherigen Diskussion** lag der Fokus auf der Frage, ob der Insolvenzverwalter des Leasinggebers als **mittelbarer Besitzer** des Leasingguts dieses verwerten dürfe. Unstreitig sind die Leasingnehmer unmittelbare Besitzer des Leasingguts; im Normalfall ist sodann der Leasinggeber mittelbarer Besitzer erster Stufe, das finanzierende Kreditinstitut mittelbarer Besitzer zweiter Stufe. Nach einer Ansicht, deren Vertreter teilweise der Bankenseite zugerechnet werden können, sollte der – auf den Insolvenzverwalter übergegangene – lediglich mittelbare Besitz des Leasinggebers den Insolvenzverwalter nicht zur Verwertung des Leasingguts berechtigen.[110] Dem IX. Zivilsenat des BGH, der zunächst für zwei Fälle der Insolvenz des Leasinggebers gegenteilig entschieden hatte,[111] wurde vorgehalten, er lasse ohne Rücksicht auf den Normzweck jeden mittelbaren Besitz des Insolvenzverwalters ausreichen.[112] Allerdings hatte der IX. Zivilsenat schon seinerzeit auf den Normzweck abgestellt, wenn auch vielleicht etwas pauschal angenommen, in der Insolvenz des Leasinggebers benötige der Insolvenzverwalter die Gegenstände für eine Betriebsfortführung oder geordnete Abwicklung.

59 In seinem **Urteil vom 11.1.2018**[113] hat der IX. Zivilsenat nunmehr das **Verhältnis zwischen Leasinggeber und Leasingnehmer** näher in den Blick genommen, um festzustellen, ob das Leasinggut in einer ein Verwertungsrecht des Verwalters rechtfertigenden Weise in das Unternehmen des Leasinggebers eingegliedert sei. Für den Fall des Finanzierungsleasing wurde dabei zutreffend festgehalten, dass der Leasingvertrag gem. § 108 Abs. 1 Satz 2 fortbestehe; sodann wurde – unter Distanzierung von einer anderweitigen Interpretation der bisherigen Rechtsprechung – in der bloßen Zugriffsmöglichkeit der Gläubiger mit der Folge eines Verlusts des Anspruchs auf die Leasingraten

[107] *Kuhn/Uhlenbruck*, KO, 11. Aufl. 1994, § 127 Rn. 12.

[108] Gottwald/*Adolphsen*, InsO-HdB, § 42 Rn. 193; Jaeger/*Eckardt* § 166 Rn. 258; Nerlich/Römermann/*Becker* § 166 Rn. 22; *Obermüller*, Insolvenzrecht in der Bankpraxis, Rn. 6.758.

[109] Siehe zu den Vertragsgestaltungsformen exemplarisch *Adolphsen*, Kölner Schrift zur InsO, 3. Aufl. 2009, Kap. 41 Rn. 66 ff.; *Obermüller*, Insolvenzrecht in der Bankpraxis, Rn. 7.2 ff.; vgl. Gottwald/*Adolphsen*, InsO-HdB, § 43 Rn. 162.

[110] → 3. Aufl. 2013 § 166 Rn. 58; Uhlenbruck/*Brinkmann* § 166 Rn. 6; KPB/*Kemper* § 166 Rn. 4; *Sinz*, Kölner Schrift zur InsO, 3. Aufl. 2009, Kap. 14 Rn. 82 ff.

[111] BGHZ 166, 215 = NJW 2006, 1873; BGH NZI 2007, 95.

[112] → 3. Aufl. 2013 § 166 Rn. 16, 58; *Lwowski/Tetzlaff*, FS Gero Fischer, 2008, S. 365.

[113] BGH NJW 2018, 1471; dazu schon → Rn. 27.

gem. § 536 Abs. 3 (ggf. iVm § 581 Abs. 2) kein ausreichender Grund für ein Verwertungsrecht des Verwalters gesehen.[114] Vielmehr soll es nun darauf ankommen, ob der Leasingnehmer über eine **rechtlich geschützte Besitzposition** verfüge, die den Schuldner dauerhaft daran hindere, gegen den Willen des Leasinggebers den unmittelbaren Besitz wiederzuerlangen.[115] Damit hat der Insolvenzverwalter beim **Finanzierungsleasing mit Vollamortisation** außerhalb von konzerninternen Beziehungen typischerweise **kein Verwertungsrecht.**[116]

Kommt man – etwa in Fällen des Operating-Leasing oder bei konzerninternen Beziehungen – 60
zu einem Verwertungsrecht des Insolvenzverwalters, so kann der absonderungsberechtigte Gläubiger dann die **Freigabe** an sich verlangen, wenn er dartun kann, dass er den Vertrag mit dem Leasingnehmer **neu abschließen** und damit einen **höheren Verwertungserlös** erzielen wird (vgl. § 168 Abs. 2, 3).[117] Allerdings setzt dies auch hier voraus, dass der Leasingnehmer nicht über eine rechtliche geschützte Besitzposition verfügt.

2. Verwertung von Drittsicherheiten. Die Verwertung von **Drittsicherheiten** beurteilt sich 61
nicht nach den §§ 166 ff. Hat ein Dritter für Verbindlichkeiten des Schuldners dem Gläubiger eine Sicherheit bestellt, so handelt es sich bei der Sicherheit nicht um einen Gegenstand der Insolvenzmasse, an dem der Gläubiger in diesem Verfahren Absonderungsrechte geltend machen könnte. Das Verwertungsrecht des Gläubigers wird daher nicht durch § 166 eingeschränkt.

Dies gilt auch bei Eingreifen der Grundsätze des alten Eigenkapitalersatzrechts. Hatte zB ein 62
Gesellschafter eine Sicherheit für seine eigenen Verbindlichkeiten am Vermögen der insolventen Gesellschaft bestellt, so konnte der Insolvenzverwalter dem gesellschafterfremden Dritten den Eigenkapitalersatzeinwand nicht entgegensetzen.[118]

3. Sicherungsübereignung und Pfändungsschutzvorschriften. Von einzelnen Gerich- 63
ten[119] wurde im Zusammenhang mit der Abwicklung von Insolvenzverfahren über das Vermögen von natürlichen Personen, die selbständig oder freiberuflich tätig sind, die Auffassung vertreten, dass dem Insolvenzverwalter dann kein Verwertungsrecht nach § 166 Abs. 1 zustehe, wenn die sicherungsübereigneten Gegenstände den Pfändungsschutzvorschriften unterfallen. Diese Auffassung ist abzulehnen. Zunächst ist schon einmal fraglich, ob sich aus den § 36 iVm § 811 ZPO ergibt, dass Gegenstände, die der Selbständige zur Ausübung seiner Tätigkeit benötigt, tatsächlich unpfändbar sind. Die Vorschriften über die Einzelzwangsvollstreckung, aus denen sich eine Unpfändbarkeit herleitet, sind im Insolvenzverfahren zu modifizieren.[120]

Der Insolvenzverwalter kann nach § 170 Abs. 2 den Gegenstand zur Verwertung dem Siche- 64
rungsgläubiger überlassen. Gegenüber dem Sicherungsnehmer kann sich der Schuldner auf jeden Fall nicht auf eine Unpfändbarkeit berufen. Der Schuldner hat nämlich im Rahmen der Sicherheitenbestellung gegenüber dem Sicherungsnehmer auf diesen Schutz verzichtet.[121] Ein anderes Ergebnis würde zB dazu führen, dass sich praktisch kein Kreditinstitut mehr bereitfinden würde, niedergelassenen Ärzten ihre Praxis- und Laboreinrichtung zu finanzieren.

4. Pflichten von Schuldner und Sicherungsgläubiger bei der Verwertung durch den 65
Insolvenzverwalter. Aus § 166 ergibt sich nicht nur, dass der Insolvenzverwalter zu Verwertungsmaßnahmen berechtigt und verpflichtet ist, sondern auch eine echte, schadensersatzbewehrte Pflicht von Schuldner und Sicherungsgläubiger, dem Insolvenzverwalter die Erfüllung seiner **Verwertungsaufgabe nicht zu erschweren oder unmöglich zu machen.** Schuldner und Sicherungsgläubiger dürfen insbesondere weder einzeln noch gemeinsam einen Gegenstand der Verwertung entziehen. Man mag darüber streiten, ob hierdurch – auf Seiten des Gläubigers ggf. gem. §§ 25 Abs. 1 Alt. 2, 26, 27 StGB – der Bankrottstatbestand gem. § 283 Abs. 1 Nr. 1 StGB verwirklicht wird;[122] jedenfalls

---

114 BGH NJW 2018, 1471 Rn. 26.

115 BGH NJW 2018, 1471 Rn. 24.

116 BGH NJW 2018, 1471 Rn. 29 ff.; zur Anwendung im konkreten Fall kritisch *Mitlehner* NZI 2018, 400 f.

117 *Sinz*, Kölner Schrift zur InsO, 3. Aufl. 2009, Kap. 14 Rn. 82 ff.; anders die Argumentation von *Zahn* (ZIP 2007, 365), der vor allem darauf abstellt, dass der Leasinggegenstand für den Betrieb des Leasingnehmers und nicht für den Betrieb des Leasinggebers angeschafft wurde, so dass dem Verwalter der insolventen Leasinggesellschaft deshalb kein Verwertungsrecht nach § 166 Abs. 1 zustehe.

118 BGHZ 138, 291 = ZIP 1998, 793, 795 = NJW 1998, 2592; Lwowski/Fischer/Langenbucher/*Wunderlich*, Das Recht der Kreditsicherung, 9. Aufl. 2011, § 16 Rn. 34 ff.

119 LG Aachen NZI 2006, 643.

120 → Vor §§ 166–173 Rn. 47; *Sinz/Hiebert* ZInsO 2012, 63; *Tetzlaff* EWiR 2003, 1151.

121 Sehr str., wie hier OLG Bamberg MDR 1981, 50, 51; OLG Frankfurt NJW 1973, 104, aA LG Aachen NZI 2006, 643; unentschieden die Folgeinstanz OLG Köln ZVI 2006, 591.

122 So BGH NZI 2014, 1046 Rn. 6; kritisch *Brand* ZWH 2015, 33.

wird aber das dem § 148 zu entnehmende Recht des Verwalters zum Besitz verletzt.[123] Über § 823 Abs. 2 BGB oder § 280 Abs. 1 BGB führt dies zu einem Anspruch der Masse auf Schadensersatz in Höhe des Betrags, um den sich die Befriedigungsmöglichkeit der Gläubigergesamtheit verschlechtert hat. Dieser Betrag umfasst einen allfälligen Übererlös und geringere oder ausgefallene Kostenbeiträge gem. §§ 170, 171, letztere allerdings nur, soweit tatsächlich Aufwendung für die Feststellung und Verwertung getätigt wurden.[124] Im Einzelfall muss der Sicherungsgläubiger sogar an den Verwertungsmaßnahmen des Insolvenzverwalters mitwirken, bspw. indem er die Zulassungsbescheinigung für das sicherungsübereignete Kfz an den Verwalter herausgibt.[125]

66 **5. Abrechnung von Erlösen und Tilgungsreihenfolge.** Der Insolvenzverwalter, der eine bewegliche Sache verwertet hat, an der ein Absonderungsrecht bestand, hat den auf das Absonderungsrecht entfallenden Erlös abzüglich der Kostenbeiträge an den absonderungsberechtigten Gläubiger **auszukehren.** Obergrenze des auszukehrenden Erlöses ist die gesicherte Forderung. Soweit Erlös ausgekehrt wird, ist er mangels abweichender Bestimmung des Gläubigers gem. §§ 366 Abs. 2, 367 BGB auf die gesicherte Forderung anzurechnen.[126] Auch wenn dem Insolvenzverwalter das Verwertungsrecht zustand, hat er im Hinblick auf den auszukehrenden Erlös im Falle weiterer Forderungen des Gläubigers **kein Tilgungsbestimmungsrecht;**[127] er kann also etwa nicht bestimmen, dass mit dem Erlös zunächst eine Masseforderung desselben Gläubigers, die aus nach Verfahrenseröffnung entstandenen Mietforderungen resultiert, befriedigt werden soll.[128] Erreicht der Erlös die Höhe der gesicherten Forderung nicht und haftet dem absonderungsberechtigten Gläubiger der Schuldner zugleich persönlich, so ist der Gläubiger gem. § 52 mit seiner Ausfallforderung Insolvenzgläubiger; bei Abschlagszahlungen ist er gem. § 190 zu berücksichtigen.

D. Verwertung von zur Sicherheit abgetretenen Forderungen (Abs. 2)

I. Reichweite

67 **Sämtliche Forderungen,** dh Forderungen eines jedweden Rechtsgrunds,[129] unterliegen dem Verwertungsrecht des Insolvenzverwalters, wenn sie vom Schuldner zur Sicherung eines Anspruchs abgetreten wurden. Entscheidend hierfür ist die die Abtretung begleitende **Sicherungsabrede.** Eine Sicherungsabrede ist nicht nur bei der isolierten Sicherungsabtretung, sondern auch im Falle einer Abtretung der Weiterveräußerungsforderungen beim verlängerten Eigentumsvorbehalt ohne Weiteres gegeben, weshalb die im Voraus abgetretenen Weiterveräußerungsforderungen gem. § 166 Abs. 2 vom Insolvenzverwalter eingezogen werden.[130]

68 Demgegenüber gibt es **keine Sicherungsabrede** und mithin auch **kein Verwertungsrecht des Insolvenzverwalters** beim **echten Factoring,** das – anders als das unechte Factoring – als Forderungskauf und nicht als besicherter Kredit anzusehen ist.[131] Liegt keine Sicherungsabtretung, sondern eine **Abtretung erfüllungshalber** vor, so fehlt es ebenfalls an der Sicherungsabrede; konsequenterweise hat der Insolvenzverwalter kein Verwertungsrecht gem. § 166 Abs. 2.[132] Eine Sicherungsabrede fehlt des Weiteren bei **gesetzlichen Pfandrechten** oder kraft Gesetzes entstehenden Absonderungsrechten, die dem Gläubiger eine pfandrechtsähnliche Position verschaffen; daher darf der Gläubiger in diesen Fällen die Forderung selbst verwerten.[133] Aus diesem Grund ist der Insolvenzverwalter im Falle des gesetzlichen Absonderungsrechts nach **§ 110 VVG,** welches die Rechtsprechung als gesetzliches Pfandrecht des Geschädigten an dem Freistellungsanspruch des insolventen

---

123 So OLG Karlsruhe (Vorinstanz zu BGH NZI 2014, 1046) BeckRS 2014, 20846 Rn. 25.

124 BGH NZI 2014, 1046 Rn. 11 mAnm *Lange*; *Mitlehner* EWiR 2014, 785; *S. Weber* WuB 2015, 90; vgl. Jaeger/*Eckardt* § 166 Rn. 139.

125 OLG Stuttgart ZIP 2012, 1519; → Vor §§ 166–173 Rn. 79.

126 BGH NJW 2015, 162 Rn. 19, 22.

127 → Vor §§ 166–173 Rn. 53; vgl. zur ähnlichen Fragestellung bei der Verwertung unbeweglicher Gegenstände → § 165 Rn. 267 ff.

128 BGH NJW 2015, 162 Rn. 10 ff.

129 OLG Frankfurt a.M. BeckRS 2018, 21926 Rn. 32; *Obermüller*, Insolvenzrecht in der Bankpraxis, Rn. 6.809.

130 Vgl. Andres/Leithaus/*Leithaus* § 166 Rn. 12; *Obermüller*, Insolvenzrecht in der Bankpraxis, Rn. 6.850; differenzierend Jaeger/*Eckardt* § 166 Rn. 165 u. 306.

131 Andres/Leithaus/*Leithaus* § 166 Rn. 12; Jaeger/*Eckardt* § 166 Rn. 307; vgl. Braun/*Dithmar* § 166 Rn. 25.

132 BGH BeckRS 2009, 12972; *Ganter*, FS Wellensiek, 2011, S. 399, 407 f.

133 Jaeger/*Eckardt* § 166 Rn. 315 ff.; vgl. Braun/*Dithmar* § 166 Rn. 25; aA Gottwald/*Adolphsen*, InsO-HdB, § 42 Rn. 191, nach dem die organisatorische Verbindung zum Unternehmen entscheiden soll.

Versicherten gegen seinen Haftpflichtversicherer qualifiziert,[134] nicht zur Verwertung berechtigt;[135] der Geschädigte kann daher gem. § 173 Abs. 1 selbst die Verwertung vornehmen, die – wegen der Einordnung als Pfandrecht – gem. § 1282 Abs. 1 BGB durch Einziehung erfolgt.[136]

Das Verwertungsrecht des Insolvenzverwalters aus § 166 Abs. 2 erstreckt sich nicht auf einen vor Verfahrenseröffnung vom Drittschuldner unter Verzicht auf die Rückgabe **hinterlegten Forderungserlös.** Denn eine Sicherungsabrede besteht weder zwischen Schuldner und Hinterlegungsstelle noch zwischen Schuldner und Drittschuldner. Der Verwalter ist also nicht zur Verwertung berufen, wenn der geschuldete Betrag hinterlegt ist.[137] 69

§ 191 Abs. 2 RegE sah ein Einziehungsrecht des Insolvenzverwalters nur für solche Sicherungsabtretungen vor, die dem Drittschuldner gegenüber nicht angezeigt worden waren. Diese Differenzierung hat der Gesetzgeber zu Recht nicht übernommen.[138] Denn anderenfalls wäre ein wichtiger rechtstechnischer Vorteil des deutschen Abtretungsrechts, nämlich die Möglichkeit, ohne rechtliche Nachteile die Transaktionskosten einer Drittschuldneranzeige sparen zu können, verloren gegangen, hätte die Regelung doch den Sicherungsnehmer zur Vermeidung eines Einziehungsrechts des Insolvenzverwalters zu einer Anzeige an den Drittschuldner motiviert. Das Verwertungsrecht des Insolvenzverwalters besteht somit auch bei einer **Zession,** die gegenüber dem Drittschuldner **vor Insolvenzeinleitung** offengelegt worden war.[139] 70

Bei einer **Verpfändung von Forderungen** steht dem Insolvenzverwalter hingegen **kein Verwertungsrecht** nach § 166 zu.[140] Bei der Verpfändung von Forderungen ist nach § 1280 BGB die Offenlegung der Verpfändung gegenüber den Drittschuldnern notwendig. Obwohl es praktisch zwischen einer Verpfändung von Forderungen und einer offenen Sicherungsabtretung kaum Unterschiede gibt, insbesondere nach vorzugswürdiger Ansicht auch im Falle der Verpfändung eine Sicherungsabrede zumindest als Rechtsgrund für das Behaltendürfen des Pfandrechts existiert, ist aufgrund des klaren Wortlauts in dem Fall der Forderungsverpfändung das Verwertungsrecht des Verwalters zu verneinen, während es im Fall der sicherungsabgetretenen Forderung besteht. Da bei einem Verwertungsrecht des Insolvenzverwalters nach § 166 Abs. 2 auch die Kostenbeitragsregelungen nach §§ 170, 171 anwendbar sind, wird es sich für Sicherungsgläubiger empfehlen, statt der offenen Sicherungsabtretung eine Verpfändung von Forderungen vorzunehmen. Ein **alleiniges Einzugsrecht des Insolvenzverwalters** mit der Folge, dass dieser entsprechend §§ 170, 171 dem Erlös Kostenbeiträge vorab entnehmen darf, besteht nach der Rechtsprechung aber bei verpfändeten Forderungen dann, wenn die **verpfändete Forderung fällig** ist, die durch das Pfandrecht gesicherte **Hauptforderung jedoch nicht;** dies wird auf § 173 Abs. 2 Satz 2 gestützt, der insoweit den § 1281 BGB verdränge.[141] 71

Hat der Drittschuldner bereits vor Eröffnung des Insolvenzverfahrens an den absonderungsberechtigten Gläubiger gezahlt, kann kein Verwertungsrecht des Insolvenzverwalters mehr entstehen.[142] Hat der **Drittschuldner** befreiend **an den falschen Gläubiger geleistet,** unterliegt der Bereicherungsanspruch des Absonderungsberechtigten aus § 816 Abs. 2 nicht dem Verwertungsrecht des Verwalters aus § 166 Abs. 2. Der Zessionar kann diese Forderungen selbst geltend machen.[143] 72

Umgehungskonstruktionen, mit denen das Verwertungsrecht des Insolvenzverwalters ausgehebelt werden soll, sind unwirksam. Dies gilt etwa dann, wenn der absonderungsberechtigte Gläubi- 73

---

[134] BGH NJW 1996, 2035; NZI 2009, 380 Rn. 7; 2014, 998 Rn. 7, 10.

[135] BGH NZI 2013, 596 Rn. 15; 2014, 998 Rn. 10; OLG Düsseldorf BeckRS 2016, 8438; Uhlenbruck/*Brinkmann* § 166 Rn. 30.

[136] *Thole* NZI 2011, 41, 44; Uhlenbruck/*Brinkmann* § 166 Rn. 30 aE; differenzierend Jaeger/*Eckardt* § 166 Rn. 321 f.; siehe näher → § 173 Rn. 20.

[137] BGH NZI 2006, 178, 179; *Ganter*, FS Wellensiek, 2011, S. 399, 400 f.

[138] → Vor §§ 166–173 Rn. 17.

[139] BGH NJW 2002, 3475; LG Limburg NZI 2000, 279; BAGE 146, 1 = NZI 2014, 167 Rn. 71; HambKomm-InsO/*Büchler/Scholz* § 166 Rn. 14; Schimansky/Bunte/Lwowski/*Ganter*, Bankrechts-HdB, § 90 Rn. 582; K. Schmidt/*Sinz* § 166 Rn. 20; KPB/*Flöther* § 166 Rn. 14; *Smid* § 166 Rn. 41; Uhlenbruck/*Brinkmann* § 166 Rn. 26; aA *Schlegel* NZI 2003, 17, 18; *Ganter*, FS Wellensiek, 2011, S. 399, 408.

[140] BGH NZI 2002, 599, 600; 2005, 384, 385; NJW 2012, 1510 Rn. 34; NZI 2013, 596 Rn. 15; LG Tübingen NZI 2001, 263; Uhlenbruck/*Brinkmann* § 166 Rn. 30; HKInsO/*Landfermann* § 166 Rn. 30; HambKomm-InsO/*Büchler/Scholz* § 166 Rn. 16; Andres/Leithaus/*Leithaus* § 166 Rn. 13; Schimansky/Bunte/Lwowski/*Ganter*, Bankrechts-HdB, § 90 Rn. 583; FKInsO/*Wegener* § 166 Rn. 11; Gottwald/*Adolphsen*, InsO-HdB, § 42 Rn. 188; KPB/*Flöther* § 166 Rn. 21; *Obermüller*, Insolvenzrecht in der Bankpraxis, Rn. 6.835; Braun/*Dithmar* § 166 Rn. 25; Nerlich/Römermann/*Becker* § 166 Rn. 38; *Smid* § 166 Rn. 45; aA (analoge Anwendung) *Marotzke* ZZP 109 (1996), 429, 448; differenzierend K. Schmidt/*Sinz* § 166 Rn. 23.

[141] BGH NZI 2013, 596 Rn. 19 ff.

[142] Vgl. OLG Frankfurt a.M. BeckRS 2018, 21926 Rn. 30; HambKommInsO/*Büchler/Scholz* § 166 Rn. 15.

[143] BGH ZInsO 2003, 612 = NZI 2003, 496; HambKommInsO/*Büchler/Scholz* § 166 Rn. 15a.

ger einem Außenstehenden die dem Verwertungsrecht unterliegende Forderung im Gegenzug für die Tilgung der gesicherten Forderung abtritt und der Außenstehende sie an den Drittschuldner weiterüberträgt, welcher sich dann auf Konfusion beruft.[144] Das Verwertungsrecht des Verwalters wird im Ergebnis durch solche Konstruktionen nicht berührt.

II. Verwertung durch den Insolvenzverwalter

74 **1. Forderungseinzug.** Die Verwertung der sicherungsabgetretenen Forderungen erfolgt insbesondere durch Forderungseinzug. Für das **alleinige Einzugsrecht des Insolvenzverwalters** ist die Fälligkeit der gesicherten Hauptforderung ohne Belang. Ab der Eröffnung des Insolvenzverfahrens ist allein der Insolvenzverwalter zur Einziehung befugt; die Einziehungsbefugnis des Sicherungszessionars erlischt unabhängig davon, ob und wann der Insolvenzverwalter die Forderung einzieht oder sonst verwertet.[145] Auch wenn der absonderungsberechtigte Gläubiger bereits die Einziehung der Forderungen vorbereitet hat, verliert er mit Eröffnung des Insolvenzverfahrens die Einziehungsbefugnis und das Verwertungsrecht geht nach § 166 Abs. 2 auf den Verwalter über.[146] Ab der Eröffnung des Insolvenzverfahrens kann dementsprechend der Drittschuldner **nur noch befreiend an den Insolvenzverwalter** leisten, wenn er von den Umständen, die das alleinige Einziehungsrecht des Insolvenzverwalters begründen, Kenntnis hat;[147] zugunsten des Drittschuldners finden die § 82 Abs. 1 Satz 1, §§ 408, 407 Abs. 1, 412 BGB entsprechende Anwendung, sodass nicht schon die Kenntnis von der Insolvenzeröffnung schadet, sondern die Kenntnis von der Sicherungszession hinzukommen muss.[148] Eine Verpflichtung des Drittschuldners, den Insolvenzverwalter über die Sicherungsabtretung oder den absonderungsberechtigten Gläubiger über die Auszahlung an den Insolvenzverwalter zu informieren, besteht nur dann, wenn er damit rechnet oder es sich ihm aufdrängt, dass beiden – Insolvenzverwalter und Gläubiger – die Kenntnis fehlt.[149]

75 Verwertet der Insolvenzverwalter die sicherungshalber abgetretenen Forderungen, indem er diese bei den Drittschuldnern einzieht, so hat er ggf. die Forderungen auch **gerichtlich geltend zu machen,** wenn die Drittschuldner unberechtigte Einwendungen gegen die Forderungen erheben. An eine vom Schuldner vor Verfahrenseröffnung getroffene Schiedsvereinbarung ist der Verwalter gebunden.[150] Der Insolvenzverwalter hat zum Zwecke der gerichtlichen oder schiedsgerichtlichen Geltendmachung ggf. beim Schuldner vorhandene Unterlagen aufzubereiten und Mitarbeiter zu befragen, um die Berechtigung der Einwendungen zu prüfen. Die Kosten der gerichtlichen Geltendmachung und ihrer Vorbereitung sind Verwertungskosten, die nach § 171 Abs. 2 Satz 2 in ihrer tatsächlichen Höhe dem absonderungsberechtigten Gläubiger in Rechnung gestellt werden können.[151] Schließt der Insolvenzverwalter mit dem Drittschuldner über die abgetretenen Forderungen einen (außer-)gerichtlichen Vergleich, so unterfallen die „neuen" Forderungen aus dem Vergleich weiterhin noch dem Absonderungsrecht des Zessionars.[152]

76 Da nur der Insolvenzverwalter die Forderungen einziehen darf, ist er gehalten, sich **ernsthaft** um die **Durchsetzung der Forderungen zu bemühen.** Es ist nicht zulässig, dass der Insolvenzverwalter vom Sicherungsgläubiger verlangt, dass dieser in einer Verwertungsvereinbarung hohe Kostenbeiträge zugunsten der Masse akzeptiert und im Weigerungsfalle in Aussicht stellt, dass er den

144 BGH NZI 2009, 428 mAnm *Tetzlaff* jurisPR-InsR 15/2009 Anm. 1.

145 LAG Düsseldorf BeckRS 2016, 71216 Rn. 44 ff.; K. Schmidt/*Sinz* § 166 Rn. 20; vgl. Braun/*Dithmar* § 166 Rn. 18 f.; Gottwald/*Adolphsen*, InsO-HdB, § 42 Rn. 156; *Obermüller*, Insolvenzrecht in der Bankpraxis, Rn. 6.808b; Uhlenbruck/*Brinkmann* § 166 Rn. 33.

146 HambKommInsO/*Büchler*/*Scholz* § 166 Rn. 14; K. Schmidt/*Sinz* § 166 Rn. 21; Uhlenbruck/*Brinkmann* § 166 Rn. 32.

147 BGH NZI 2009, 425 Rn. 20; KG ZIP 2001, 2012; HambKommInsO/*Büchler*/*Scholz* § 166 Rn. 14; Andres/Leithaus/*Leithaus* § 166 Rn. 16; Schimansky/Bunte/Lwowski/*Ganter*, Bankrechts-HdB, § 90 Rn. 582; HKInsO/*Landfermann* § 166 Rn. 39; KPB/*Flöther* § 166 Rn. 17; vgl. Gottwald/*Adolphsen*, InsO-HdB, § 42 Rn. 155; *Obermüller*, Insolvenzrecht in der Bankpraxis, Rn. 6.808d; Rattunde/Smid/Zeuner/*Smid* § 166 Rn. 53; Uhlenbruck/*Brinkmann* § 166 Rn. 34.

148 BGH NZI 2009, 425 Rn. 20 ff.; FKInsO/*Wegener* § 166 Rn. 13; Jaeger/*Eckardt* § 166 Rn. 399; vgl. Braun/*Dithmar* § 166 Rn. 27; K. Schmidt/*Sinz* § 166 Rn. 21; Nerlich/Römermann/*Becker* § 166 Rn. 42; *Obermüller*, Insolvenzrecht in der Bankpraxis, Rn. 6.808d.

149 OLG Frankfurt a.M. NZI 2013, 186; *Obermüller*, Insolvenzrecht in der Bankpraxis, Rn. 6.898d; Rattunde/Smid/Zeuner/*Smid* § 166 Rn. 43.

150 BGH NZI 2013, 934; vgl. für das Verhältnis zum Sicherungsnehmer auch BGH NZI 2018, 62; Jaeger/*Eckardt* § 166 Rn. 358; KPB/*Flöther* § 166 Rn. 20; *Obermüller*, Insolvenzrecht in der Bankpraxis, Rn. 6.815; Rattunde/Smid/Zeuner/*Smid* § 166 Rn. 41.

151 Jaeger/*Eckardt* § 166 Rn. 359.

152 AA *Gessner* ZIP 2012, 455, der die schwer vertretbare Auffassung vertritt, die „neuen" Forderungen würden nicht mehr der Globalzession unterfallen.

Forderungseinzug sonst nur schleppend betreiben wird. Ggf. macht sich der Insolvenzverwalter schadensersatzpflichtig nach § 60, wenn er sich nicht effektiv um die Verwertung der abgetretenen Forderungen bemüht.

Bei der **Abrechnung des Erlöses** gilt, dass der Insolvenzverwalter die Kostenbeiträge gem. 77
§§ 170, 171 einbehalten darf;[153] ein Tilgungsbestimmungsrecht für den auszukehrenden Erlös steht ihm nicht zu.[154]

2. Andere Arten der Verwertung. Der Verwalter darf Forderungen auch in anderer Weise 78
als durch Forderungseinzug verwerten. So ist er etwa auch zum **Verkauf der Forderungen** berechtigt (vgl. § 168); zulässig ist hierbei auch der Verkauf an ein Factoringunternehmen im Rahmen eines Factoringvertrags[155] oder an eine Zweckgesellschaft, die die Forderungen verbrieft.

Der Insolvenzverwalter kann sicherungshalber abgetretene Forderungen auch dadurch verwer- 79
ten, dass er einem Dritten eine **Einziehungsermächtigung** erteilt.[156] Denn wenn sogar der Verkauf – besser: die Abtretung, der ein Kaufvertrag zugrunde liegt – zulässig ist (vgl. § 168), muss dem Insolvenzverwalter auch die weniger weitreichende Einziehungsermächtigung möglich sein.[157] Eine Einziehungsermächtigung kann Kosten sparen (vgl. § 168 Abs. 3 Satz 2), etwa dann, wenn der Betrieb vor Insolvenzeröffnung bereits veräußert worden war und der Erwerber über die erforderlichen Unterlagen und sonstigen buchhalterischen sowie personellen Mittel verfügt.[158]

3. Überlassung an den Sicherungsgläubiger. Der Insolvenzverwalter hat die Möglichkeit, 80
dem absonderungsberechtigten Gläubiger die abgetretenen Forderungen nach **§ 170 Abs. 2** zur Eigenverwertung zu überlassen.[159] Dies kann dann geboten sein, wenn dem Insolvenzverwalter der Aufwand für die gerichtliche Durchsetzung der Forderungen zu hoch ist. In diesem Fall sind auch **Kopien von Geschäftsunterlagen** herauszugeben, um dem absonderungsberechtigten Gläubiger die Durchsetzung der Forderungen zu ermöglichen.

4. Kein über die Verwertung hinausgehender Regelungsgehalt. § 166 Abs. 2 regelt einzig 81
und allein die Frage, wer zur Verwertung bestimmter Forderungen befugt ist. Ihm kann weder allein noch in Verbindung mit anderen Normen ein weitergehender Regelungsgehalt entnommen werden. Insbesondere folgt aus dem Verwertungsrecht des Insolvenzverwalters **kein Veräußerungsverbot,** das einer Abtretung der Forderung durch den absonderungsberechtigten Gläubiger entgegenstehen könnte.[160]

III. Umsatzsteuerliche Aspekte

1. Entgelte für vor Verfahrenseröffnung erbrachte Leistungen. Beim unternehmerisch 82
tätigen Schuldner steht bei Verfahrenseröffnung typischerweise die Erfüllung einiger Entgeltforderungen für Leistungen aus, die der Schuldner schon vor Verfahrenseröffnung erbracht hat. Für die Frage, **ob und in welcher Höhe Umsatzsteuer** anfällt, kann die spätere **Verfahrenseröffnung allein keine Bedeutung** haben. Der Insolvenzverwalter muss also die Umsatzsteuer vom Leistungsempfänger vereinnahmen und dann seinerseits abführen.

Anders ist es aber mit der Frage, ob die Umsatzsteuer **Masseverbindlichkeit oder Insolvenz-** 83
forderung ist. Dies hängt davon ab, wann die Steuer entstanden ist: bei Entstehung vor Verfahrenseröffnung liegt eine Insolvenzforderung, bei Entstehung nach Verfahrenseröffnung hingegen eine Masseverbindlichkeit vor. Die Entstehung der Steuer regelt an sich § 13 UStG. Nach § 13 Abs. 1 UStG kommt es insbesondere darauf an, ob die Steuer nach vereinbarten Entgelten (§ 16 Abs. 1 Satz 1

---

153 Jaeger/*Eckardt* § 166 Rn. 356.

154 → Rn. 66; → Vor §§ 166–173 Rn. 53.

155 *Smid* DZWIR 2014, 265, 292; Uhlenbruck/*Brinkmann* § 166 Rn. 31; FKInsO/*Wegener* § 166 Rn. 12; Schimansky/Bunte/Lwowski/*Ganter,* Bankrechts-HdB, § 90 Rn. 582; Gottwald/*Adolphsen,* InsO-HdB, § 42 Rn. 159; Jaeger/*Eckardt* § 166 Rn. 374; KPB/*Flöther* § 166 Rn. 23; vgl. HKInsO/*Landfermann* § 166 Rn. 36; Andres/Leithaus/*Leithaus* § 166 Rn. 16; Braun/*Dithmar* § 166 Rn. 26; K. Schmidt/*Sinz* § 166 Rn. 21; Nerlich/Römermann/*Becker* § 166 Rn. 53; *Obermüller,* Insolvenzrecht in der Bankpraxis, Rn. 6.809, 6.816 ff.; *Smid* § 166 Rn. 42.

156 BGH NJOZ 2013, 894 Rn. 1; Andres/Leithaus/*Leithaus* § 166 Rn. 16; Gottwald/*Adolphsen,* InsO-HdB, § 42 Rn. 159; Jaeger/*Eckardt* § 166 Rn. 377; *Obermüller,* Insolvenzrecht in der Bankpraxis, Rn. 6.816b; KPB/*Flöther* § 166 Rn. 23; Rattunde/Smid/Zeuner/*Smid* § 166 Rn. 42; Uhlenbruck/*Brinkmann* § 166 Rn. 31.

157 BGH NJOZ 2013, 894 Rn. 2.

158 BGH NJOZ 2013, 894.

159 Gottwald/*Adolphsen,* InsO-HdB, § 42 Rn. 159; Jaeger/*Eckardt* § 166 Rn. 379; Uhlenbruck/*Brinkmann* § 166 Rn. 31.

160 BGH NZI 2009, 428 Rn. 16; Braun/*Dithmar* § 166 Rn. 19; KPB/*Flöther* § 166 Rn. 3; Uhlenbruck/*Brinkmann* § 166 Rn. 32.

UStG, „Soll-Besteuerung") oder nach vereinnahmten Entgelten (§ 20 UStG, „Ist-Besteuerung") berechnet wird. Im Falle der Ist-Besteuerung entsteht die Steuer gem. § 13 Abs. 1 Nr. 1 lit. b UStG mit Ablauf des Voranmeldungszeitraums, in dem die Entgelte vereinnahmt worden sind. Aus diesem Grund hat der **BFH** in einem **Urteil vom 29.1.2009** die Umsatzsteuerforderung bei **Ist-Besteuerung** als **Masseverbindlichkeit** iSd § 55 Abs. 1 Nr. 1 qualifiziert.[161] Im Falle der Soll-Besteuerung entsteht die Steuer gem. § 13 Abs. 1 Nr. 1 lit. a UStG mit Ablauf des Voranmeldungszeitraums, in dem die Leistungen ausgeführt worden sind. Dies ließe erwarten, dass bei Soll-Besteuerung die Umsatzsteuerforderungen, die sich auf Leistungen vor Verfahrenseröffnung beziehen, Insolvenzforderungen sind. Der **BFH** ist indessen in einem **Urteil vom 9.12.2010** zu dem Ergebnis gekommen, dass die Umsatzsteuerforderung **auch bei Soll-Besteuerung** als **Masseverbindlichkeit** zu qualifizieren ist. Zur Erklärung wurde angeführt, dass die Entgeltforderung für vor Verfahrenseröffnung erbrachte Leistungen mit Verfahrenseröffnung uneinbringlich werde, womit der geschuldete Umsatzsteuerbetrag entsprechend zu berichtigen sei; werde das Entgelt nach Verfahrenseröffnung aber doch vereinnahmt, sei eine erneute Berichtigung geboten, durch die dann der Steueranspruch entstehe. Diese Entscheidung erntete viel Kritik[162] und überraschte die Praxis, weshalb das **BMF** die Qualifikation der Umsatzsteuerforderungen als Masseverbindlichkeit bei Soll-Besteuerung nur für Insolvenzverfahren anwendbar erklärte, die nach dem 31.12.2011 eröffnet worden sind.[163]

84 Für den Fall der Einziehung sicherungsabgetretener Forderungen bedeutet dies, dass der Insolvenzverwalter nicht, wie früher gängig, zur Sicherheit abgetretene Altforderungen mit Umsatzsteuer einziehen, die Umsatzsteuerverbindlichkeit als Insolvenzforderung nur quotal befriedigen und den vollen Betrag (mit Umsatzsteuer) an den Sicherungszessionar auskehren kann. Vielmehr wird er die eingezogenen **Beträge nur ohne Umsatzsteuer an den Zessionar auskehren** und die Umsatzsteuer in voller Höhe an den Fiskus abführen.

85 **2. Haftung des Zessionars für die Umsatzsteuerschuld (§ 13c UStG).** Unabhängig davon, ob der Insolvenzverwalter oder der Zessionar die zur Sicherheit abgetretene Forderung einzieht,[164] kann es gem. § 13c UStG zu einer Haftung des Sicherungszessionar für die **Umsatzsteuerschuld aus der zugrunde liegenden Lieferung** kommen. Gesetzgeberisches Ziel war es, Umsatzsteuerausfälle bei Insolvenzen von Unternehmern zu vermeiden, die aufgrund einer Sicherungs(global)zession nicht in der Lage sind, die von ihnen geschuldete Umsatzsteuer zu entrichten, weil der Sicherungszessionar die (Brutto-)Forderung eingezogen hat.[165] Damit wird das Insolvenzrisiko von der Finanzverwaltung auf den Zessionar verlagert.[166] Die **EU-Rechtskonformität** der Vorschrift und ihre Vereinbarkeit mit sonstigem höherrangigem Recht wird vielfach bezweifelt oder verneint, da nach ihrem Wortlaut die Haftung unabhängig davon eintritt, ob der Zessionar von der Nichtzahlung der Steuer wusste oder wissen musste;[167] der **BFH** hat sie jedoch in zwei Urteilen **bestätigt.**[168] Ob die Haftung des Zessionars, die § 13c UStG anordnet, im Insolvenzfall rechtspolitisch glücklich ist, mag man freilich unterschiedlich beurteilen.[169]

86 § 13c UStG hat seit der Anfügung der Sätze 4 und 5 an Abs. 1 zum 1.1.2017[170] folgenden Wortlaut:

§ 13c Haftung bei Abtretung, Verpfändung oder Pfändung von Forderungen

(1) Soweit der leistende Unternehmer den Anspruch auf die Gegenleistung für einen steuerpflichtigen Umsatz im Sinne des § 1 Abs. 1 Nr. 1 an einen anderen Unternehmer abgetreten und die festgesetzte Steuer, bei deren Berechnung dieser Umsatz berücksichtigt worden ist, bei Fälligkeit nicht oder nicht vollständig entrichtet hat, haftet der Abtretungsempfänger nach Maßgabe des Absatzes 2 für die in der Forderung enthaltene Umsatzsteuer, soweit sie im vereinnahmten Betrag enthalten ist. Ist die

161 BFHE 224, 24 = NZI 2009, 447.

162 *Arbeitsgemeinschaft Insolvenzrecht und Sanierung des DAV* ZInsO 2011, 1449; *Dobler* ZInsO 2011, 1775; *Schmittmann* ZIP 2011, 1125; *Welte/Fache* ZIP 2011, 1595; *de Weerth* ZInsO 2011, 853; *Weiland* DZWIR 2011, 224, 232 f.; weiterführend *Seer* DStR 2016, 1289, 1294 ff.

163 BMF, Schreiben v. 9.12.2011 – IV D 2 – S 7330/09/10001:001.

164 *de Weerth* NZI 2006, 501, 502; HKInsO/*Landfermann* § 171 Rn. 10; *Piekenbrock* WM 2007, 141.

165 RegE zum StÄndG 2003, BT-Drs. 15/1562, S. 46; näher etwa *Bunjes/Leonard*, UStG, 17. Aufl. 2018, § 13c Rn. 2 ff.

166 → MüKoInsO/*Schüppen/Ruh* Insolvenzsteuerrecht Rn. 180e.

167 → 3. Aufl. 2013 § 166 Rn. 75; *Hahne* BB 2003, 2720; *Hahne* UR 2006, 416; *Nieskens* UR 2004, 105, 127; *Wiese/Gradl* DB 2004, 844; *de Weerth* DStR 2006, 1071; → MüKoInsO/*Schüppen/Ruh* Insolvenzsteuerrecht Rn. 180e.

168 BFHE 241, 89 = NZI 2013, 657 Rn. 30 f., 59 ff.; BFHE 244, 70 = DStR 2014, 528 Rn. 15 f.

169 Sehr kritisch → 3. Aufl. 2013 § 166 Rn. 71.

170 BGBl. 2017 I 2143.

Vollziehung der Steuerfestsetzung in Bezug auf die in der abgetretenen Forderung enthaltene Umsatzsteuer gegenüber dem leistenden Unternehmer ausgesetzt, gilt die Steuer insoweit als nicht fällig. Soweit der Abtretungsempfänger die Forderung an einen Dritten abgetreten hat, gilt sie in voller Höhe als vereinnahmt. Die Forderung gilt durch den Abtretungsempfänger nicht als vereinnahmt, soweit der leistende Unternehmer für die Abtretung der Forderung eine Gegenleistung in Geld vereinnahmt. Voraussetzung ist, dass dieser Geldbetrag tatsächlich in den Verfügungsbereich des leistenden Unternehmers gelangt; davon ist nicht auszugehen, soweit dieser Geldbetrag auf ein Konto gezahlt wird, auf das der Abtretungsempfänger die Möglichkeit des Zugriffs hat.

(2) Der Abtretungsempfänger ist ab dem Zeitpunkt in Anspruch zu nehmen, in dem die festgesetzte Steuer fällig wird, frühestens ab dem Zeitpunkt der Vereinnahmung der abgetretenen Forderung. Bei der Inanspruchnahme nach Satz 1 besteht abweichend von § 191 der Abgabenordnung kein Ermessen. Die Haftung ist der Höhe nach begrenzt auf die im Zeitpunkt der Fälligkeit nicht entrichtete Steuer. Soweit der Abtretungsempfänger auf die nach Absatz 1 Satz 1 festgesetzte Steuer Zahlungen im Sinne des § 48 der Abgabenordnung geleistet hat, haftet er nicht.

(3) Die Absätze 1 und 2 gelten bei der Verpfändung oder der Pfändung von Forderungen entsprechend. An die Stelle des Abtretungsempfängers tritt im Falle der Verpfändung der Pfandgläubiger und im Falle der Pfändung der Vollstreckungsgläubiger.

§ 13c UStG ordnet eine Haftung des Zessionars bzw. Pfandgläubigers neben dem leistenden Unternehmer (dem Steuerschuldner, § 43 AO) als Zedenten für die von diesem nicht gezahlte Umsatzsteuer an. Zwischen dem Steuerschuldner und dem Haftenden besteht ein **Gesamtschuldverhältnis** (§ 44 AO)[171] iSd §§ 421 ff. BGB; der Zessionar kann also im Prinzip Ausgleichsansprüche nach § 426 BGB geltend machen,[172] allerdings vor Erlass eines Haftungsbescheids seinen Freistellungsanspruch dann nicht zur Tabelle anmelden, wenn das Finanzamt seine Steuerschuld angemeldet hat (§ 44 AO).[173] 87

Die Haftung setzt gem. § 13c Abs. 1 Satz 1, Abs. 3 UStG voraus, dass eine **Forderung** aus einer **steuerpflichtigen Leistung** eines **Unternehmers** ganz oder teilweise an einen **anderen Unternehmer** abgetreten, verpfändet oder von einem anderen Unternehmer gepfändet – also die **Gläubigerstellung verändert** – wurde. Gegen den leistenden Unternehmer muss weiter eine **Umsatzsteuer festgesetzt** worden sein, in der die in der zedierten, verpfändeten oder gepfändeten Forderung **enthaltende Umsatzsteuer berücksichtigt** ist. Die festgesetzte Umsatzsteuer muss sodann **fällig,** aber vom leistenden Unternehmer ganz oder teilweise **nicht entrichtet** sein. Schließlich muss der andere Unternehmer die abgetretene Forderung ganz oder teilweise **vereinnahmt** haben. Die Haftung ist der Höhe nach zweifach begrenzt: zum einen gem. § 13c Abs. 2 Satz 3 UStG auf die Steuer, die im Fälligkeitszeitpunkt nicht entrichtet war, zum anderen gem. § 13c Abs. 1 Satz 1 UStG auf den in der abgetretenen, verpfändeten oder gepfändeten Forderung enthaltenen Umsatzsteuerbetrag. 88

Sobald Drittschuldner auf die Forderung zahlen – gleich, ob an den Zessionar oder den einzugsberechtigten Insolvenzverwalter –, steht eine Haftung des Zessionars gem. § 13c UStG im Raum. Da typischerweise die Forderung einschließlich ihres Umsatzsteueranteils abgetreten ist, beläuft sich die **potentielle Haftung** beim Regelsatz von 19% auf **19/119 des vereinnahmten Geldbetrags.**[174] Zieht der Insolvenzverwalter gem. § 166 Abs. 2 die abgetretene Forderung einschließlich Umsatzsteuer ein, so führt dies nicht zum Erlöschen der Haftung aus § 13c UStG. Der Zessionar muss also entweder die Auskehr auch der Umsatzsteuer fordern oder sicherstellen, dass diese entrichtet ist; die drohende Haftung ist bei der Anmeldung zur Insolvenztabelle zu berücksichtigen.[175] 89

E. Von der Verwertung ausgenommene Gegenstände (Abs. 3)

I. Allgemeines

§ 166 Abs. 3 entzieht bestimmte Sonderformen von Kreditsicherheiten, die für die Geschäfte der Kreditinstitute im **europäischen Finanzbinnenmarkt** von Bedeutung sind, dem Verwertungsrecht des Insolvenzverwalters. Die Ausnahmen vom Verwertungsrecht des Insolvenzverwalters beruhen auf dem Grundgedanken, einen freien Dienstleistungs- und Kapitalverkehr im europäischen Finanzbinnenmarkt zu ermöglichen. Der Verwertung der erfassten Kreditsicherheiten durch den 90

[171] UStAE § 13c.1 Abs. 39.

[172] BFH BStBl 1991, 939; *Kroth* NZI 2004, 345, 350; BGH ZIP 2007, 774, 778; ausführlich zu Innenregressansprüchen auch *de Weerth* NZI 2006, 501 ff.

[173] Näher *de Weerth* NZI 2006, 501, 504.

[174] Vgl. *de Weerth* NZI 2006, 501, 502.

[175] Näher → MüKoInsO/*Schüppen/Ruh* Insolvenzsteuerrecht Rn. 180h f.

Sicherungsnehmer soll in allen Rechtsordnungen der Europäischen Union im Insolvenzfall nichts im Wege stehen, sie soll rasch und unbürokratisch erfolgen können.[176]

91 Zunächst hatte die InsO keine Ausnahme vom Verwertungsrecht des Insolvenzverwalters vorgesehen. Durch Art. 1 Nr. 3 des Gesetzes zur Änderung insolvenzrechtlicher und kreditwesenrechtlicher Vorschriften vom 8.12.1999[177] wurde zunächst dem § 166 Abs. 2 ein Satz 2 angefügt, der den – mit demselben Gesetz auch auf dem Gebiet der Verrechnung und der Anfechtung von den allgemeinen Regeln befreiten – **Teilnehmern eines Zahlungs- und Wertpapierliefer- und Abrechnungssystems** sowie den **Zentralbanken der EU- und EWR-Staaten** und der **EZB** die Verwertungshoheit sicherte.[178]

92 Dieser dem § 166 Abs. 2 im Jahre 1999 hinzugefügte Satz 2 wurde durch Art. 1 Nr. 7 des Gesetzes zur Umsetzung der Richtlinie 2002/47/EG vom 6. Juni 2002 über Finanzsicherheiten vom 5.4.2004[179] aufgehoben und stattdessen dem § 166 ein neuer Abs. 3 angefügt, der nunmehr auch **Finanzsicherheiten iSd Richtlinie** vom Verwertungsrecht des Insolvenzverwalters freistellte.

93 Um die Form der Umsetzung der Finanzsicherheiten-Richtlinie in das deutsche Insolvenzrecht war im Vorfeld eine heftige **Kontroverse** entbrannt.[180] Einige Stimmen befürchteten das „Ende der Gläubigergleichbehandlung im Insolvenzrecht";[181] andere vertraten die Auffassung, dass die Regelung keine nennenswerten Auswirkungen auf die Durchführung der Sicherheitenverwertung durch den Insolvenzverwalter haben werde.[182] Die Kritik entzündete sich insbesondere an der Regelung des persönlichen Anwendungsbereiches bei der Umsetzung der Finanzsicherheiten-Richtlinie. Die Richtlinie hatte es in das Ermessen der Mitgliedsstaaten gestellt, juristische Personen, Einzelkaufleute oder Personengesellschaften aus dem Anwendungsbereich herauszunehmen (Art. 1 Abs. 3 Richtlinie 2002/47/EG – sog. „opt-out-Klausel"). Der deutsche Gesetzgeber hat von dieser Möglichkeit keinen Gebrauch gemacht und den Anwendungsbereich der durch die Richtlinie vorgegebenen Neuerungen nicht auf den Interbankenverkehr beschränkt.[183] Die Einschränkung des Anwendungsbereichs war von Seiten der Insolvenzverwalterschaft gefordert worden, um nicht Unternehmenssanierungen zu gefährden. Später wurden in der Literatur auch Auswirkungen der Finanzsicherheiten-Richtlinie auf die Verwertung verpfändeter Unternehmensbeteiligungen diskutiert.[184] Die Bundesregierung sprach sich hingegen für eine extensive Umsetzung aus. Als Begründung wurde angegeben, sonst sei eine Schwächung des Finanzplatzes Deutschland gegenüber den europäischen Mitbewerbern zu befürchten.[185] Bislang hat die Regelung in der Praxis indes keine Rolle gespielt; die Gerichte hat sie – soweit ersichtlich – noch nicht beschäftigt.

94 Durch Art. 2 Nr. 3 des Gesetzes zur Umsetzung der geänderten Bankenrichtlinie und der geänderten Kapitaladäquanzrichtlinie vom 19.11.2010[186] wurden der Anwendungsbereich von Nr. 1 auch auf **Betreiber eines Systems nach § 1 Abs. 16 KWG** ausgedehnt. Dies trägt der geänderten Rolle von Systembetreibern als Central Counter Party Rechnung, die – im eigenen Interesse wie im Interesse der übrigen Systemteilnehmer – rechtssicher und effizient auf die ihnen gestellten (Margin-)Sicherheiten zugreifen können sollen, um bei der Insolvenz eines Teilnehmers nicht ihrerseits in Gefahr zu geraten.

---

[176] Erw.-Gr. 17 der Richtlinie 2002/47/EG vom 6. Juni 2002 über Finanzsicherheiten (im Folgenden: Finanzsicherheiten-Richtlinie), ABlEG Nr. L 168, S. 43; *Parmentier* EuZW 2017, 106; Jaeger/*Eckardt* § 166 Rn. 439; *Ruzik*, Finanzmarktintegration durch Insolvenzrechtsharmonisierung, S. 365 ff.; kritisch gegenüber dem verfolgten Regelungsanliegen Nerlich/Römermann/*Becker* § 166 Rn. 62 f.

[177] BGBl. I 2384.

[178] Die vom 11.12.1999 bis 8.4.2004 geltende Regelung in § 166 Abs. 2 S. 2 lautete: „Dies gilt nicht, wenn die Forderung an den Teilnehmer eines Systems nach § 96 Abs. 2 S. 2 oder 3 zur Sicherung seiner Ansprüche aus dem System oder an die Zentralbank eines Mitgliedstaates der Europäischen Union oder Vertragsstaats des Europäischen Wirtschaftsraums oder an die Europäische Zentralbank abgetreten wurde." Vgl. zur Vorgängerregelung die Kommentierung in der 2. Aufl. Die Vorgängerregelung betraf nur zur Sicherung abgetretene Forderungen. Die Neufassung in Nr. 1 und Nr. 2 gilt dagegen auch für andere Sicherheitenarten, zB auch für zur Sicherung übertragene Wertpapierdepots, vgl. HKInsO/*Landfermann* § 166 Rn. 47; zum Übergangsrecht HKInsO/*Landfermann* § 166 Rn. 51.

[179] BGBl. I 502.

[180] Vgl. ua die Stellungnahmen von: *Obermüller* ZIP 2003, 2336; *Obermüller* ZInsO 2004, 187; *Wimmer* ZInsO 2004, 1; *Ehricke* ZIP 2003, 1065; *Ehricke* ZIP 2003, 2141; *Hölzle* ZIP 2003, 2144; *Meyer/Rein* NZI 2004, 367.

[181] ZB *Ehricke* ZIP 2003, 1065; so auch der Titel des Aufsatzes von *Meyer/Rein* NZI 2004, 367.

[182] HambKommInsO/*Büchler/Scholz* § 166 Rn. 21; *Obermüller* ZInsO 2004, 187.

[183] *Meyer/Rein* NZI 2004, 367, 368.

[184] *Primozic/Voll* NZI 2004, 363; vgl. dazu auch HKInsO/*Landfermann* § 166 Rn. 49 f. und *Tetzlaff* ZInsO 2007, 478, 483.

[185] *Zypries* ZIP 2004, 51; *Obermüller* ZIP 2003, 2336, 2337.

[186] BGBl. I 1592.

II. Anwendungsbereich

1. Abrechnungssysteme (Nr. 1). Gem. § 166 Abs. 3 Nr. 1 sind Gegenstände von dem Verwertungsrecht des Insolvenzverwalters ausgenommen, die mit Sicherungsrechten zugunsten von Teilnehmern oder Betreibern von **Systemen gem. § 1 Abs. 16 KWG** belastet sind. Bei diesen Systemen handelt es sich um Zahlungs- sowie Wertpapierlieferungs- und -abrechnungssystemen, die innerhalb der EU und des EWR[187] der sog. Finalitätsrichtlinie[188] unterliegen. Ausdrücklich erfasst sind auch die Beziehung zwischen einem Teilnehmer und einem indirekt teilnehmenden Kreditinstitut bei Meldung seitens der Deutschen Bundesbank oder der zuständigen Stelle eines EU- oder EWR-Staats an die ESMA (§ 1 Abs. 16 Satz 1 aE KWG) und interoperable Systeme iSd § 1 Abs. 16 Satz 3 KWG, also Systeme, die die Verbindung zwischen Systemen herstellen. Drittstaatliche Systeme müssen gem. § 1 Abs. 16 Satz 2 „im Wesentlichen" den in der Finalitätsrichtlinie genannten Voraussetzungen entsprechen. In jedem Fall sind Betreiber und Teilnehmer am System **Kredit- oder Finanzdienstleistungsinstitute.**[189] 95

Nr. 1 erfasst nur Sicherheiten, die gerade **zur Sicherung von Ansprüchen aus einem solchen System** bestellt worden sind.[190] Derartige Ansprüche entstehen – insbesondere im Insolvenzfall oder kurz davor – in der Regel nach einem Netting der jeweiligen Positionen,[191] wobei das Netting in den hier interessierenden Fällen nach § 96 Abs. 2 ungeachtet der Insolvenz möglich ist.[192] 96

2. Sicherheiten der Europäischen Zentralbank und der EU- bzw. EWR-Zentralbanken (Nr. 2). § 166 Abs. 3 Nr. 2 betrifft Gegenstände, die zur Absicherung der Zentralbank eines EU- oder EWR-Mitgliedstaats oder der EZB dienen. Betroffen ist insbesondere das **Lombardgeschäft,**[193] für das in der EU heute die EZB mit ihrer Spitzenrefinanzierungsfazilität zuständig ist;[194] die nationalen Zentralbanken sind nur noch Ausführungsorgane der EZB.[195] 97

3. Finanzsicherheiten (Nr. 3). a) Sachlicher Anwendungsbereich. § 166 Abs. 3 Nr. 3 schließt das Verwertungsrecht des Insolvenzverwalters für Finanzsicherheiten iSd § 1 Abs. 17 KWG aus. In § 1 Abs. 17 Satz 1 Hs. 1 KWG ist der Begriff der Finanzsicherheiten etwas umständlich, aber sehr umfassend, unter Rückgriff auf die **Finanzsicherheiten-Richtlinie** definiert. § 1 Abs. 17 Satz 1 Hs. 2 KWG sowie § 1 Abs. 17 Satz 2 und 3 KWG grenzen den Anwendungsbereich wieder etwas ein. Satz 4 legt fest, wann Sicherheiten von Sicherungsgebern aus Drittstaaten als Finanzsicherheit iSd KWG angesehen werden. Als Sicherungsobjekt taugen nur Barguthaben, Geldbeträge, Wertpapiere, Geldmarktinstrumente, Kreditforderungen und Geldforderungen. Es besteht Einigkeit darüber, dass die Regelung nicht die mobilen und immobilen Gegenstände des Anlage- und Umlaufvermögens eines Unternehmens erfasst.[196] 98

Anders als in den Fällen des § 166 Abs. 3 Nr. 1 muss die Sicherheit grundsätzlich nicht der Absicherung von Ansprüchen aus einem Wertpapierliefer- und Abrechnungssystemen dienen, sondern kann **jeden Anspruch** zwischen den Beteiligten absichern; auch die Finanzsicherheiten- 99

---

[187] Art. 1 des Beschlusses des Gemeinsamen EWR-Ausschusses Nr. 53/1999 v. 30.4.1999, ABlEG Nr. L 284 S. 12.

[188] Richtlinie 98/26/EG vom 19.5.1998 über die Wirksamkeit von Abrechnungen in Zahlungs- sowie Wertpapierliefer- und -abrechnungssystemen, ABlEG Nr. L 166, S. 45 (sog. Finalitätsrichtlinie); ausführlich dazu *Ruzik*, Finanzmarktintegration durch Insolvenzrechtsharmonisierung, S. 150 ff.; *Schlaegel*, Die Finanzsicherheiten-Richtlinie (2002/47/EG) und ihre Umsetzung in das deutsche Recht, S. 40 ff.; siehe auch *Obermüller*, Insolvenzrecht in der Bankpraxis, Rn. 3.1003 ff.

[189] HKInsO/*Landfermann* § 166 Rn. 45; Jaeger/*Eckardt* § 166 Rn. 444; *Obermüller*, Insolvenzrecht in der Bankpraxis, Rn. 3.1010; Uhlenbruck/*Brinkmann* § 166 Rn. 43; vgl. Nerlich/Römermann/*Becker* § 166 Rn. 66 f.

[190] HKInsO/*Landfermann* § 166 Rn. 45; KPB/*Flöther* § 166 Rn. 29; Nerlich/Römermann/*Becker* § 166 Rn. 67 f.; Jaeger/*Eckardt* § 166 Rn. 444; vgl. *Ruzik*, Finanzmarktintegration durch Insolvenzrechtsharmonisierung, S. 533 f.; Uhlenbruck/*Brinkmann* § 166 Rn. 42 f.

[191] *Obermüller*, Insolvenzrecht in der Bankpraxis, Rn. 3.1020 ff.; vgl. *Ruzik*, Finanzmarktintegration durch Insolvenzrechtsharmonisierung, S. 162 ff.; Uhlenbruck/*Brinkmann* § 166 Rn. 43.

[192] *Ruzik*, Finanzmarktintegration durch Insolvenzrechtsharmonisierung, S. 581 ff.; vgl. *Obermüller*, Insolvenzrecht in der Bankpraxis, Rn. 3.1004; *Schlaegel*, Die Finanzsicherheiten-Richtlinie (2002/47/EG) und ihre Umsetzung in das deutsche Recht, S. 127 f.

[193] *Ruzik*, Finanzmarktintegration durch Insolvenzrechtsharmonisierung, S. 458 ff.

[194] Vgl. *Papathanassiou*, Bankrechts-HdB, 5. Aufl. 2017, § 134 Rn. 82; *Ruzik*, Finanzmarktintegration durch Insolvenzrechtsharmonisierung, S. 459.

[195] Vgl. Leitlinien der EZB vom 20. September 2011 über geldpolitische Instrumente und Verfahren des Eurosystems, ABlEU Nr. L 331/1, S. 18 f.

[196] Jaeger/*Eckardt* § 166 Rn. 449; *Meyer/Rein* NZI 2004, 367, 368; *Obermüller* ZIP 2003, 2336, 2339; *Wimmer* ZInsO 2004, 1, 2; vgl. Nerlich/Römermann/*Becker* § 166 Rn. 71.

Richtlinie ist keineswegs auf Sicherheiten in diesem Zusammenhang beschränkt.[197] Allerdings hat Deutschland insoweit in § 1 Abs. 17 Satz 2 KWG eine – gem. Art. 1 Abs. 3 Finanzsicherheiten-Richtlinie zulässige – Ausnahme für Privatunternehmen, die nicht dem Finanzsektor angehören, geschaffen: Bei diesen Unternehmen liegt eine dann auch von § 166 Abs. 3 Nr. 3 erfasste Finanzsicherheit nur vor, wenn Verbindlichkeiten im Zusammenhang mit der Anschaffung und Veräußerung von Finanzinstrumenten, mit Pensions-, Darlehens- oder vergleichbaren Geschäften auf Finanzinstrumente oder mit Darlehen zur Finanzierung des Erwerbs von Finanzinstrumenten stehen.[198] Eine Finanzsicherheit ist damit also etwa nicht die Globalverpfändung des Girokontos eines Unternehmens für alle Forderungen der Bank.[199]

100 **b) Persönlicher Anwendungsbereich.** Der persönliche Anwendungsbereich der Finanzsicherheiten-Richtlinie ergibt sich aus Art. 1 Abs. 2 lit. a–e der Richtlinie. Vertragsparteien müssen öffentlich-rechtliche Körperschaften, Zentralbanken, beaufsichtigte Finanzinstitute, zentrale Vertragsparteien oder vergleichbare Einrichtungen sein, die einer Aufsicht durch einen Mitgliedstaat unterliegen und Terminkontrakt-, Options- und Derivategeschäfte durchführen (sog. **Interbankenverkehr**). Die Richtlinie hat es in das Ermessen der Mitgliedstaaten gestellt, **juristische Personen, Einzelkaufleute oder Personengesellschaften,** die der Richtlinie grundsätzlich unterfallen (Art. 1 Abs. 2 lit. e, Abs. 3 Finanzsicherheiten-Richtlinie), aus dem Anwendungsbereich herauszunehmen (sog. „opt-out"-Klausel). Der deutsche Gesetzgeber hat von dieser Möglichkeit keinen umfassenden Gebrauch gemacht. Die Regelung des § 166 Abs. 3 Nr. 3 ist also nicht nur im Interbankenverhältnis anwendbar, sondern kann auch bei Insolvenzen von Unternehmen, die nicht dem Bankensektor angehören, zur Anwendung kommen. Allerdings hat der Gesetzgeber der Kritik[200] insoweit nachgegeben, als er für die „sonstigen Unternehmen" den Begriff der Finanzsicherheiten in § 1 Abs. 17 Satz 2 KWG weiter eingeschränkt hat.[201] Von der Verwertungsbefugnis des Insolvenzverwalters nach § 166 ausgenommen wird eine Sicherheit, die außerhalb des Interbankenverhältnisses bestellt worden ist, daher nur dann, wenn sie „der Besicherung von Verbindlichkeiten aus Verträgen oder aus der Vermittlung von Verträgen über a) die Anschaffung und die Veräußerung von Finanzinstrumenten, b) Pensions-, Darlehens- sowie vergleichbare Geschäfte auf Finanzinstrumente oder c) Darlehen zur Finanzierung des Erwerbs von Finanzinstrumenten dient".[202] Außerdem ist für diese Unternehmen festgelegt worden, dass als Sicherheit gegebene eigene Anteile oder Anteile verbundener Unternehmen nicht als Finanzsicherheiten anzusehen sind.[203]

F. Analoge Anwendung des § 166 auf andere Rechte und andere Sicherungsformen?

101 § 166 regelt die Übertragung des Verwertungsrechts auf den Insolvenzverwalter für bewegliche Sachen, an denen ein Absonderungsrecht besteht (Abs. 1), sowie für Forderungen, die der Schuldner sicherungshalber abgetreten hat (Abs. 2). In der Literatur gibt es eine Vielzahl von Stimmen, die sich aus den unterschiedlichsten Gründen für eine **analoge Anwendung des § 166** bzw. der **Kostenbeitragsregelungen der §§ 170, 171 auf andere Rechte** aussprechen.[204] Unklar ist allerdings der genaue Anknüpfungspunkt der Analogie. Vielfach wird **§ 166 Abs. 2** herangezogen und die

[197] EuGH EuZW 2017, 102 Rn. 34 mAnm *Parmentier; Ulmer* WuB 2018, 11; aA *Ruzik*, Finanzmarktintegration durch Insolvenzrechtsharmonisierung, S. 402 ff.; *Schlaegel*, Die Finanzsicherheiten-Richtlinie (2002/47/EG) und ihre Umsetzung in das deutsche Recht, S. 59 ff.

[198] *Meyer/Rein* NZI 2004, 367, 368; Jaeger/*Eckardt* § 166 Rn. 453 f.; *Ruzik*, Finanzmarktintegration durch Insolvenzrechtsharmonisierung, S. 441 ff.

[199] *Parmentier* EuZW 2017, 106; vgl. *Ruzik*, Finanzmarktintegration durch Insolvenzrechtsharmonisierung, S. 534.

[200] → Rn. 93.

[201] → Rn. 99.

[202] § 1 Abs. 17 Satz 2 KWG. Die Definition von „Finanzinstrument" findet sich in § 1 Abs. 11 KWG.

[203] Jaeger/*Eckardt* § 166 Rn. 453; Uhlenbruck/*Brinkmann* § 166 Rn. 45; vgl. § 1 Abs. 17 Satz 3 KWG.

[204] ZB *Marotzke* ZZP 109 (1996), 429, 449 f.; *Häcker* ZIP 2001, 995 ff.; *Berger*, FS Kirchhof, 2003, S. 11 ff.; *Berger*, FS Wellensiek, 2001, S. 373, 379; *Bitter/Alles* KTS 2013, 113, 142; Gottwald/*Adolphsen*, InsO-HdB, § 42 Rn. 162, 189 f., 192; Andres/Leithaus/*Leithaus* § 166 Rn. 17; BeckOK InsO/*Lütcke* § 166 Rn. 44 ff.; Nerlich/Römermann/*Becker* § 166 Rn. 35; Braun/*Dithmar* § 166 Rn. 28; *K. Schmidt/Sinz* § 166 Rn. 37; KPB/*Flöther* § 166 Rn. 14; *Häcker*, Abgesonderte Befriedigung aus Rechten, 2001, passim; Uhlenbruck/*Brinkmann* § 166 Rn. 35 ff.; siehe auch die Wiedergabe der Diskussion bei Jaeger/*Eckardt* § 166 Rn. 418 ff.

nach ihrem Wortlaut nur „Forderungen“ erfassende Vorschrift auf „**sonstige Rechte**“ (wie Gesellschaftsanteile und Immaterialgüterrechte) ausgedehnt. Teilweise wird aber auch der Besitz in **§ 166 Abs. 1** zu einem „Kürzel“ für die **Nutzungsmöglichkeit** als dahinterstehende Wertungsentscheidung reduziert.[205] Als Beleg für diese Lösung wird nunmehr auch auf das Urteil des IX. Zivilsenats vom 24.9.2015 zum Verwertungsrecht des Insolvenzverwalters bei intermediärverwahrten globalverbrieften Aktien[206] verwiesen und eine Übertragung auf unverbriefte Unternehmensbeteiligungen für geboten und erwartbar gehalten.[207] Teilweise wird – im Rahmen einer weiteren Analogie – § 166 auch dann angewendet, wenn keine Sicherungsabtretung, sondern eine Verpfändung vorliegt. So wird bspw. für Immaterialgüterrechte die Auffassung vertreten, dass diese unter § 166 fallen und dass auch bei einer Verpfändung eines Markenrechts ein Verwertungsrecht des Insolvenzverwalters bestehe.[208] Auch für die Verpfändung von Aktienpaketen wird ein Verwertungsrecht des Insolvenzverwalters bejaht.[209]

Eine analoge Anwendung des § 166 bzw. der §§ 170, 171 wird aus den unterschiedlichsten 102
Gründen und in den unterschiedlichsten Facetten befürwortet:

– Teilweise geht es in erster Linie darum, dem Insolvenzverwalter das Verwertungsrecht an bestimmten, mit Sicherungsrechten belasteten Gegenständen der Insolvenzmasse zuzuweisen, um damit ein Auseinanderreißen des schuldnerischen Vermögens zu verhindern;
– teilweise steht nicht die Entscheidung, wem denn nun das Verwertungsrecht zuzuweisen ist, im Vordergrund, sondern es geht allein um die Anwendung der Kostenbeitragsregelungen der §§ 170, 171 auf den Verwertungsfall, dh mittels der analogen Anwendung der Kostenbeitragsregelungen soll gewährleistet werden, dass die Masse eine Erstattung insbes. der Feststellungskosten erhält; kurz: um zur Anwendung der §§ 170, 171 zu kommen, wird § 166 analog angewendet;[210]
– in anderen Fällen soll eine Belastung der Insolvenzmasse mit der Umsatzsteuer bei der Vornahme der Verwertung durch den Sicherungsgläubiger vermieden werden; hier wird dann keine analoge Anwendung des § 166 oder der Kostenbeitragsregelungen in ihrer Gesamtheit befürwortet, sondern es soll nur analog § 171 Abs. 2 eine Erstattung der Umsatzsteuer aus dem Verwertungserlös an die Masse, die mit den Steuerforderungen belastet ist, erfolgen.[211]

Richtig ist, dass die **Übertragung des Verwertungsrechts** an mit Absonderungsrechten belas- 103
teten Gegenständen auf den Insolvenzverwalter **nur unvollständig** erfolgte und dass Gegenstände, die der Insolvenzverwalter eigentlich unbedingt für eine Betriebsfortführung und/oder für eine Veräußerung des gesamten schuldnerischen Unternehmens benötigt, nicht dem Verwertungsrecht des Insolvenzverwalters unterfallen. Allerdings ist der **Wortlaut** des § 166 Abs. 1 und 2 klar: Sowohl „Besitz“ als auch „Forderung“ sind rechtstechnische Begriffe; Besitz setzt eine Verkörperung voraus, eine Forderung als relatives Recht ist von den absolut wirkenden Rechten streng zu unterscheiden.[212] Auch die **Gesetzesgeschichte** spricht gegen eine Analogie.[213] Die Übertragung des Verwertungsrechts für einzelne Gegenstände, die mit Sicherungsrechten zugunsten einzelner Gläubiger belastet sind, sowie die Kostenbeitragsregelungen waren Gegenstand jahrelanger Diskussionen im Laufe des Gesetzgebungsverfahrens. Es liegt fern, hier von einer planwidrigen Regelungslücke auszugehen und deshalb einzelne Normen analog anzuwenden.[214] Schließlich hat auch der Bundesgerichtshof in seinem Urteil zu globalverbrieften Aktien zwar auf die „wirtschaftliche Einheit des Schuldnervermögens“ abgestellt,[215] aber zugleich derart ausführlich die Besitzlage erörtert,[216] dass man nicht vorschnell annehmen sollte, diese Rechtsprechung lasse eine Ausdehnung des § 166 auf unverkörperte Unternehmensbeteiligungen erwarten.[217] Auch wenn es wünschenswert wäre, dem Insolvenzverwalter das Verwertungsrecht insbesondere auch hinsichtlich der Rechte des Geistigen Eigentums zuzusprechen, lässt sich dieses Ergebnis doch weder durch Auslegung noch durch Analogie erreichen. Rechtsklarheit und Rechtssicherheit, aber auch Demokratie und Gewaltenteilung, verlangen bei einer derart wichtigen Grundentscheidung ein Tätigwerden des Gesetzgebers. Daher ist in allen Fällen eine analoge

---

205 Uhlenbruck/*Brinkmann* § 166 Rn. 36 ff.; BeckOK InsO/*Lütcke* § 166 Rn. 51.
206 BGHZ 207, 23 = NZI 2016, 21; dazu Rn. 25 aE, 27.
207 *Bitter* ZIP 2015, 2249; *Undritz* BB 2016, 74, 77; BeckOK InsO/*Lütcke* § 166 Rn. 45 ff.
208 *Marotzke* ZZP 109 (1996), 449; *Häcker*, Abgesonderte Befriedigung aus Rechten, 2001, S. 155 ff., 175, 189.
209 *Hirte*, FS Gero Fischer, 2008, S. 239, 249 ff.; *Hirte/Knof* WM 2008, 49, 54 ff.
210 Zu praktischen Schwierigkeiten *Meyer-Löwy/Pickerill* GmbHR 2016, 953, 958.
211 → § 171 Rn. 11, 52.
212 Ähnlich *Meyer-Löwy/Pickerill* GmbHR 2016, 953, 955.
213 Jaeger/*Eckardt* § 166 Rn. 429 ff.; vgl. auch BAG NZI 2014, 167 Rn. 71 ff.
214 *Primozic/Voll* NZI 2004, 363, 365; *Meyer-Löwy/Pickerill* GmbHR 2016, 953, 955.
215 BGHZ 207, 23 = NZI 2016, 21 Rn. 22.
216 BGHZ 207, 23 = NZI 2016, 21 Rn. 13–26.
217 In diese Richtung aber *Bitter* ZIP 2015, 2249; *Undritz* BB 2016, 74, 77; BeckOK InsO/*Lütcke* § 166 Rn. 45.

Anwendung des § 166, der §§ 170, 171 oder weiterer Einzelregelungen auf andere Rechte oder andere Sicherungsformen **abzulehnen.**[218]

104 Auch dann, wenn dem **Insolvenzverwalter** nicht nach § 166 das Verwertungsrecht zugewiesen ist, hat er die Aufgabe, die Verwertung des Sicherungsguts durch den absonderungsberechtigten Gläubiger zu **überwachen.** Der absonderungsberechtigte Gläubiger hat die Pflicht zur **Rechnungslegung** gegenüber der Insolvenzmasse. Dies gilt nicht nur für den Fall, dass er ungesicherte Insolvenzforderungen als Ausfall zur Tabelle anmelden will.[219] Den Sicherungsgläubiger trifft die **Pflicht zur schonenden Pfandverwertung.** Er muss auf die Interessen des Sicherungsgebers, also auf die Interessen der Insolvenzmasse Rücksicht nehmen. Kann ein **Übererlös** erzielt werden, so trifft den Sicherungsgläubiger die Pflicht, den Übererlös zu realisieren, zu maximieren und an die Insolvenzmasse abzuführen. Kommt der Sicherungsgläubiger dieser Pflicht nicht nach, so kann der Insolvenzverwalter Schadensersatzansprüche der Insolvenzmasse gegen den Sicherungsgläubiger geltend machen. Der Insolvenzverwalter ist jedoch nicht gezwungen, eine grob nachteilige Gestaltung der Verwertung durch den Sicherungsgläubiger hinzunehmen und dann zu einem späteren Zeitpunkt Schadensersatzansprüche geltend machen. Der Verwalter hat auch die Möglichkeit, das Verwertungsrecht des Sicherungsgläubigers unter den Voraussetzungen des **§ 173 Abs. 2** auf sich überzuleiten.

§ 167 Unterrichtung des Gläubigers

(1) [1]Ist der Insolvenzverwalter nach § 166 Abs. 1 zur Verwertung einer beweglichen Sache berechtigt, so hat er dem absonderungsberechtigten Gläubiger auf dessen Verlangen Auskunft über den Zustand der Sache zu erteilen. [2]Anstelle der Auskunft kann er dem Gläubiger gestatten, die Sache zu besichtigen.

(2) [1]Ist der Verwalter nach § 166 Abs. 2 zur Einziehung einer Forderung berechtigt, so hat er dem absonderungsberechtigten Gläubiger auf dessen Verlangen Auskunft über die Forderung zu erteilen. [2]Anstelle der Auskunft kann er dem Gläubiger gestatten, Einsicht in die Bücher und Geschäftspapiere des Schuldners zu nehmen.

Schrifttum: Siehe zunächst bei Vor §§ 166–173; weiter *Rein*, Auskunftserteilung durch Insolvenzverwalter und Insolvenzgericht, NJW-Spezial 2012, 597; *Hoppe*, Die Erlangung außerordentlicher Informationen im eröffneten Insolvenzverfahren, ZInsO 2017, 2249

Übersicht

[218] LG München I BeckRS 2018, 30371 Rn. 39 (Gesellschaftsanteile weder bewegliche Sachen noch Forderungen); *Lwowski/Hoes* WM 1999, 771; *Wallner* ZInsO 1999, 453 ff.; *Gundlach/Frenzel/Schmidt* NZI 2001, 123 ff.; *Tetzlaff* ZInsO 2007, 478, 483; *Berger* ZIP 2007, 1533 (*Berger* spricht sich aber in FS Kirchhof, 2003, S. 11 f. für eine Verwertungsbefugnis des Insolvenzverwalters in Bezug auf urheberrechtliche Nutzungsrechte aus); *Lwowski/Tetzlaff*, FS Ganter, 2010, S. 281; *Ganter*, FS Wellensiek, 2011, S. 399, 406; *Sessig/Fischer* ZInsO 2011, 618, 624 f.; *Meyer-Löwy/Pickerill* GmbHR 2016, 953, 954 ff.; Jaeger/*Eckardt* § 166 Rn. 424 u. 427 ff.; *Nerlich/Kreplin*, MAH Insolvenz und Sanierung, 3. Aufl. 2019, § 29 Rn. 335; *Obermüller*, Insolvenzrecht in der Bankpraxis, 9. Aufl. 2016, Rn. 6.824.

[219] OLG Hamm OLG-Report 1999, 317.

A. Normzweck

Die in § 167 geregelten Auskunftspflichten des Insolvenzverwalters gegenüber **absonderungsberechtigten Gläubigern** sollen diesen die **Wahrnehmung ihrer Rechte im Insolvenzverfahren** ermöglichen und erleichtern. Die Norm des § 167 stellt die notwendige Ergänzung zu der Regelung des § 166 dar, die in ihren Absätzen 1 und 2 dem Insolvenzverwalter bei bestimmten Gegenständen mit Absonderungsrechten die alleinige Verwertungsbefugnis einräumt. Dem Insolvenzverwalter steht gem. § 166 Abs. 1 die grundsätzliche Verwertungsbefugnis an beweglichen Sachen zu, die er im Besitz hat und an denen ein Gläubiger Absonderungsrechte geltend machen kann, sowie gem. § 166 Abs. 2 an Forderungen, die einem Gläubiger vom Schuldner zur Sicherung eines Anspruches gegen ihn abgetreten worden sind. Durch die Auskunftspflicht des Insolvenzverwalters wird dem absonderungsberechtigten Gläubiger die Möglichkeit eröffnet, sich ständig über den Zustand und Verbleib des Sicherungsgutes bzw. über das Schicksal der an ihn abgetretenen Forderungen unterrichtet zu halten. Die Einräumung dieses Anspruches auf Auskunftserteilung trägt dem **schutzwürdigen Interesse des Gläubigers** Rechnung, der zwar durch § 166 sein Absonderungsrecht nicht verliert, jedoch keinen Zugriff auf die Sache bzw. auf die abgetretene Forderung hat.[1] Der absonderungsberechtigte Gläubiger soll insbesondere in die Lage versetzt werden, den Verbleib und Wert des Sicherungsguts festzustellen. Dazu gehören die Fragen, ob die zu seinen Gunsten belastete Sache möglicherweise veräußert oder verarbeitet worden ist, ob die sicherungsabgetretene Forderung bereits eingezogen ist und ob Drittschuldner Einwendungen geltend gemacht haben. Diese Informationen sind für die zu erwartende Befriedigung, aber auch für die effektive Nutzung der Möglichkeiten der §§ 168 ff. und nicht zuletzt für die Überwachung des Insolvenzverwalters von Interesse.[2] Allerdings muss stets der Bezug zu dem in Rede stehenden Absonderungsrecht gegeben sein; ein allgemeines Informations- und Einsichtsrecht gewährt § 167 nicht.[3] 1

Zu den gesetzlichen Rechten des absonderungsberechtigten Gläubigers, deren Wahrnehmung § 167 erleichtern soll, zählen ua 2

- die **Sicherung einer bevorzugten Befriedigung** des absonderungsberechtigten Gläubigers aus dem Erlös der mit Absonderungsrechten belasteten beweglichen Sachen bzw. der sicherungsabgetretenen Forderungen (§§ 49, 170 Abs. 1 Satz 2),
- die **Überwachung der Verwertungsmaßnahmen** des Insolvenzverwalters durch den absonderungsberechtigten Gläubiger mittels Hinweises auf bessere Verwertungsmöglichkeiten (§ 168); um die Rechte aus § 168 wahrzunehmen, muss der Sicherungsgläubiger zunächst den Zustand der Sache bzw. der abgetretenen Forderungen kennen,

[1] → § 166 Rn. 8 f.

[2] Siehe nur Andres/Leithaus/*Leithaus* § 167 Rn. 1; aA bezüglich der Überwachung des Insolvenzverwalters Nerlich/Römermann/*Becker* § 166 Rn. 2.

[3] Vgl. OLG Stuttgart ZInsO 2010, 2234, juris-Rn. 74; Nichtzulassungsbeschwerde zurückgewiesen (BGH ZInsO 2010, 2234).

– die **Geltendmachung von Kompensationsansprüchen** durch den absonderungsberechtigten Gläubiger gegenüber der Insolvenzmasse aus § 169 (Zinszahlung bei Verzögerung der Verwertung) und § 172 (Ausgleichsansprüche bei Nutzung für die Insolvenzmasse).

B. Entstehungsgeschichte

I. Frühere Regelung

3 Die frühere Regelung der Verwertung von Gegenständen, die mit einem Absonderungsrecht eines Gläubigers belastet sind, hat in der Praxis aufgrund der Möglichkeit einer Durchführung der Verwertung ohne gerichtliches Verfahren dazu geführt, dass in der überwiegenden Zahl der Fälle die Verwertung vom absonderungsberechtigten Gläubiger vorgenommen wurde. Der Konkursverwalter war zur Überlassung des Sicherungsgutes an den absonderungsberechtigten Gläubiger zum Zweck der Verwertung gem. § 127 Abs. 2 KO verpflichtet.[4] Die Verwertung durch den Konkursverwalter gem. § 127 Abs. 1 KO stellte deshalb eher die Ausnahme dar.[5] In diesen seltenen Fällen bestanden als spezialgesetzlich geregelte Auskunftspflichten des Konkursverwalters allein die allgemeinen Verpflichtungen zur Erstellung eines **Inventars,** einer **Bilanz** gem. § 124 KO[6] (vgl. §§ 153, 154, 150) sowie einer **Schlussrechnung** bei Beendigung seines Amtes gem. § 86 KO (vgl. § 162). Der insoweit bestehende Anspruch des Gläubigers auf Einsichtnahme sicherte jedoch allein seinen Anspruch auf Erlös.

4 Darüber hinaus wurde eine **generelle Auskunftserteilungs- und Rechenschaftspflicht** des Konkursverwalters aus dem Auftragsrecht der §§ 662 ff. BGB hergeleitet.[7] Danach war der Konkursverwalter gem. §§ 666, 681 BGB während des Konkursverfahrens wie andere Sachverwalter zur Auskunftserteilung und nach Abschluss des Verfahrens zur umfassenden Rechenschaft gegenüber dem absonderungsberechtigten Gläubiger verpflichtet.

5 Ferner wurde nach ständiger Rechtsprechung ein **Anspruch auf Auskunftserteilung** auch aus dem Grundsatz von Treu und Glauben gem. **§ 242 BGB** hergeleitet. Anspruchsvoraussetzung war, dass eine besondere rechtliche Beziehung zwischen absonderungsberechtigtem Gläubiger und Konkursverwalter bestand – zB aus §§ 46, 59, 82 KO[8] – und es das Wesen des Rechtsverhältnisses mit sich brachte, dass der Berechtigte in entschuldbarer Weise über Bestehen und Umfang seines Rechtes im Ungewissen war, während der Verpflichtete die verlangten Auskünfte unschwer erteilten konnte.[9] Zur Annahme einer derartigen rechtlichen Sonderbeziehung und für die Zubilligung des Auskunftsbegehrens reichte es regelmäßig aus, dass ein Leistungsanspruch dem Grunde nach bestand und nur sein Inhalt noch offen war.[10] Eine Pflicht zur Auskunftserteilung traf den Konkursverwalter, soweit der Leistungsanspruch die Konkursmasse berührte und sich gegen den Konkursverwalter richtete, selbst wenn die Hauptverbindlichkeit an sich in der Person des Gemeinschuldners begründet war.[11] Der Anspruch des Gläubigers auf Auskunftserteilung konnte vom Konkursverwalter auch durch Gestattung der Einsichtnahme in die Geschäftsunterlagen des Gemeinschuldners[12] bzw. des Betretens des schuldnerischen Warenlagers[13] erfüllt werden. Dem Konkursverwalter stand insoweit eine Ersetzungsbefugnis zu, von der er Gebrauch machen konnte.[14] Die Selbstbeschaffung der Auskunft durch den Gläubiger konnte dementsprechend allerdings nur mit Einverständnis des Kon-

---

4 *Kuhn/Uhlenbruck,* KO, 11. Aufl. 1994, § 6 Rn. 52.

5 *Kuhn/Uhlenbruck,* KO, 11. Aufl. 1994, § 127 Rn. 1 sowie § 6 Rn. 52.

6 *Kuhn/Uhlenbruck,* KO, 11. Aufl. 1994, § 124 Rn. 2 und 3; *Kilger/K. Schmidt,* KO, 17. Aufl. 1997, § 124 Anm. 1a und b.

7 RGZ 98, 306; *Kuhn/Uhlenbruck,* KO, 11. Aufl. 1994, § 6 Rn. 53d; *Jaeger/Weber,* KO, 8. Aufl. 1973, § 127 Rn. 15.

8 OLG Celle MDR 1965, 1001; OLG Frankfurt a.M. ZIP 1986, 104, 105 = WM 1986, 27.

9 BGHZ 49, 11 = NJW 1968, 300 = WM 1967, 1211; BGHZ 81, 21, 24; BGH ZIP 1980, 439 = NJW 1980, 2463; OLG Frankfurt a.M. ZIP 1986, 104, 105 = WM 1986, 27.

10 BGH WM 1978, 373 = NJW 1978, 1002; BGHZ 74, 379, 382 = NJW 1979, 1832 f. = WM 1979, 921.

11 BGHZ 49, 11, 13 = WM 1967, 1211 = NJW 1968, 300 f. = KTS 1968, 100 mAnm *Mohrbutter;* OLG Köln NJW 1957, 1032, 1033.

12 LG Baden-Baden ZIP 1989, 1003; *Kilger/K. Schmidt,* KO, 17. Aufl. 1997, § 6 Anm. 4b mwN.

13 *Kuhn/Uhlenbruck,* KO, 11. Aufl. 1994, § 6 Rn. 53d; *Serick,* Eigentumsvorbehalt und Sicherungsübertragung, Bd. 3 (1970), § 35 I 4a, S. 283.

14 BGHZ 70, 86 = NJW 1978, 538; LG Baden-Baden ZIP 1989, 1003; *Kuhn/Uhlenbruck,* KO, 11. Aufl. 1994, § 6 Rn. 53d aE; *Kilger/K. Schmidt,* KO, 17. Aufl. 1997, § 6 Anm. 4b; Mohrbutter/*Pape,* Handbuch der Insolvenzverwaltung, 7. Aufl. 1996, Rn. VI. 151.

kursverwalters erfolgen.[15] Dabei hatte der absonderungsberechtigte Gläubiger als Anspruchsvoraussetzung konkrete Umstände darzutun, die zur Annahme führten, dass sich das Sicherungsgut noch in der Konkursmasse befand.[16]

II. Reformvorschläge und Gesetzgebung

Im Ersten Bericht der **Kommission für Insolvenzrecht** aus dem Jahre 1985 wurde eine gesetzliche Regelung der Auskunftspflicht des Insolvenzverwalters nicht in Erwägung gezogen, obwohl bereits zu diesem Zeitpunkt vorgesehen war, dem Insolvenzverwalter die grundsätzliche Befugnis zur Verwertung einzuräumen und die Befugnisse des absonderungsberechtigten Gläubigers auf ein Eintrittsrecht zu beschränken.[17] Demgegenüber wurde eine spezielle gesetzliche allgemeine Auskunftspflicht des Insolvenzverwalters im Zweiten Bericht der Kommission von 1986 für erforderlich gehalten – jedoch nur im Rahmen der allgemeinen Rechenschaftspflicht des Insolvenzverwalters nach Verfahrensbeendigung.[18] 6

Auch im **Diskussionsentwurf** des BMJ von 1988 war noch keine umfassende Pflicht des Insolvenzverwalters zur Unterrichtung ab- und aussonderungsberechtigter Gläubiger vorgesehen. Erst im **Referentenentwurf** des Gesetzes zur Reform des Insolvenzrechts von 1989 wurde die Pflicht des Insolvenzverwalters zur Unterrichtung ab- und aussonderungsberechtigter Gläubiger umfassend für das gesamte Insolvenzverfahren statuiert und inhaltlich umschrieben (§ 181a RefE).[19] Danach sollte der Insolvenzverwalter dem absonderungsberechtigten Gläubiger gegenüber auf dessen Verlangen über den Zustand der mit Gläubigerrechten belasteten Sachen auskunftspflichtig sein oder ihm die Besichtigung der Sache gestatten (§ 181a Abs. 1 RefE). In Parallele hierzu war auch eine Auskunftspflicht über Forderungen des absonderungsberechtigten Gläubigers in § 181a Abs. 2 RefE vorgesehen, sofern der Insolvenzverwalter zu deren Einzug berechtigt sein sollte. Alternativ zur Auskunftserteilung wurde die Möglichkeit einer Erlaubnis des Insolvenzverwalters zur Einsichtnahme in die Bücher des Schuldners eröffnet. Mit dieser speziellen Befugnis des Gläubigers, dem nunmehr auch die Möglichkeit eingeräumt wurde, sich mit Zustimmung des Insolvenzverwalters die ihm gesetzlich zustehenden Auskünfte selbst zu beschaffen, verfolgte der Gesetzesentwurf das Ziel, den Insolvenzverwalter in seiner Tätigkeit zu entlasten.[20] 7

§ 181a RefE wurde im **Regierungsentwurf** unverändert als § 192 RegE[21] unter gleichzeitiger Übernahme der Begründung des RefE[22] in das Gesetzgebungsverfahren eingebracht und erfuhr dort keine Änderung, so dass er als § 167 erlassen wurde. 8

C. Auskunftsrecht des Sicherungsnehmers – Allgemeine Grundsätze

I. Verhältnis zu anderen Auskunftsrechten im Insolvenzverfahren

Das Auskunftsrecht des Sicherungsnehmers im Insolvenzverfahren tritt als eine **spezielle gesetzliche Regelung** neben die anderweitigen Auskunftspflichten des Schuldners und des Insolvenzverwalters gegenüber den Gläubigern im Insolvenzverfahren.[23] 9

Der Insolvenzverwalter ist verpflichtet, allgemeine Auskünfte zu erteilen, sofern diese die Insolvenzmasse betreffen,[24] soweit sich ein solcher Anspruch aus allgemeinen zivilrechtlichen Normen ableiten lässt. Neben den §§ 666, 681 BGB des Auftragsrechts kommen insbesondere §§ 242, 260, 402 BGB zur Anwendung.[25] Steht indes das Auskunftsbegehren eines absonderungsberechtigten 10

---

15 *Kuhn/Uhlenbruck*, KO, 11. Aufl. 1994, § 6 Rn. 53d; *Kilger/K. Schmidt*, 17. Aufl. 1997, § 6 Anm. 4b; *Henckel*, Aktuelle Probleme der Warenlieferanten beim Kundenkonkurs, 2. Aufl. 1984, S. 17.

16 *Eickmann*, Aktuelle Probleme des Insolvenzverfahrens aus Verwalter- und Gläubigersicht, 2. Aufl. 1983, S. 24.

17 Erster Bericht der Kommission für Insolvenzrecht, 1985, S. 311 ff. = Leitsätze 3.3 ff., insbes. Leitsatz 3.3.5., S. 317.

18 Zweiter Bericht der Kommission für Insolvenzrecht, 1986, S. 110 = Leitsatz 3.3.8.

19 RefE, Gesetz zur Reform des Insolvenzrechts mit allgemeiner Begründung und Begründung zu den einzelnen Vorschriften, S. 107, 206 f.

20 Begr. zu § 192 RegE, BR-Drs. 1/92, S. 179.

21 BT-Drs. 12/7302, S. 71.

22 Vgl. BR-Drs. 1/92, S. 179.

23 *Sponagel* DZWIR 2011, 270 ff.; *Lwowski/Heyn* WM 1998, 473, 474; Andres/Leithaus/*Leithaus* § 167 Rn. 4.

24 BGHZ 70, 86 = NJW 1978, 538; *Kuhn/Uhlenbruck*, KO, 11. Aufl. 1994, § 6 Rn. 53 mwN; Nerlich/Römermann/*Becker* § 167 Rn. 22.

25 *Kuhn/Uhlenbruck*, KO, 11. Aufl. 1994, § 6 Rn. 53; Gottwald/*Adolphsen*, InsO-HdB, § 42 Rn. 172; Uhlenbruck/*Brinkmann* § 167 Rn. 4; Nerlich/Römermann/*Becker* § 167 Rn. 3.

Gläubigers in Frage, das sich auf die mit dem Absonderungsrecht belasteten Gegenstände bezieht, zu deren Verwertung allein der Insolvenzverwalter berechtigt ist, hat **§ 167 als lex specialis** Vorrang gegenüber den genannten Bestimmungen des BGB. Die Gläubigerrechte aus § 167 sind nur gegeben, wenn auch tatsächlich Verwertungsrechte des Verwalters und Absonderungsrechte des Gläubigers bestehen.[26] Greift diese Regelung tatbestandlich jedoch nicht ein, finden – wie bisher – die allgemeinen gesetzlichen Regelungen des BGB Anwendung. Daher haben auch die zur Selbstverwaltung von beweglichen Sachen befugten Absonderungsberechtigten, die an den Immobilien absonderungsberechtigten Gläubiger, die Massegläubiger und schließlich auch die Insolvenzgläubiger Ansprüche auf Unterrichtung durch den Insolvenzverwalter aus den allgemeinen zivilrechtlichen Normen.[27]

11 Die **Abgrenzung** zwischen dem Inhalt des Auskunftsrechts aus § 167 und Auskunftsrechten aus allgemeinen zivilrechtlichen Vorschriften gestaltet sich teilweise schwierig, kann aber vielfach **dahingestellt bleiben.** In diesen Kontext ist auch eine Entscheidung des BGH zum Vermieterpfandrecht einzuordnen:[28] Vermutet der Gläubiger, dass in der Insolvenzmasse Gegenstände vorhanden sind, an denen ihm ein Absonderungsrecht zusteht (zB eingebrachte Sachen, die einem Vermieterpfandrecht unterliegen), so hat ihm der Verwalter auch insoweit Auskunft zu erteilen. Der BGH hat in dieser Entscheidung offengelassen, ob das Auskunftsrecht des Gläubigers aus § 167 folgt oder ein Nebenrecht des Absonderungsrechts darstellt.[29]

12 Für Auskünfte gegenüber dem **Aussonderungsberechtigten** findet sich im Gesetz keine ausdrückliche Regelung.[30] Hier können sich Auskunftspflichten aus den allgemeinen zivilrechtlichen Normen ergeben. Steht ein Herausgabeanspruch aus § 47 iVm § 985 BGB im Raum, so ergibt sich die Auskunftspflicht aus §§ 260, 402, 242 BGB.[31] Weitere Pflichten können sich aus Auftragsrecht ergeben.

13 Nicht in § 167 geregelt sind Auskunftsrechte des **Grundpfandgläubigers,** der nach § 165 die Zwangsverwertung des Grundstücks betreiben kann.[32] Von vornherein von der Auskunftspflicht gegenüber absonderungsberechtigten Gläubigern zu unterscheiden ist eine mögliche Auskunftspflicht des Insolvenzverwalters über den jeweiligen **Stand des Insolvenzverfahrens.** Sie besteht regelmäßig nur gegenüber der **Gläubigerversammlung.** Weitere Auskünfte – auch auf allgemeine Fragen – braucht der Insolvenzverwalter danach nur zu geben, wenn auf der Gläubigerversammlung ein entsprechender verpflichtender Beschluss gefasst worden ist.[33] Die Erstellung einer **Schlussrechnung** bei Beendigung des Amtes gem. § 66 dient zwar ebenfalls dem Informationsbedürfnis der Gläubiger. Sie hat jedoch nicht eine Auskunft, die sich auf einen einzelnen Gegenstand bezieht, sondern umfassende Rechenschaftsregelung zum Gegenstand.[34]

II. Inhalt des Auskunftsrechts

14 In § 167 wird eine bereits seit Jahrzehnten geübte **Rechtspraxis kodifiziert,** um ein gesetzlich geregeltes Gegengewicht zur stärkeren Rechtsstellung des Insolvenzverwalters zu setzen.[35] Zur inhaltlichen Konkretisierung des Auskunftsanspruches aus § 167 ist daher auf die im Rahmen der Diskussion um §§ 6, 127 KO von Rechtsprechung und Lehre entwickelten Grundsätze zurückzugreifen.[36] Denn aus den Begründungen der neuen Regelung geht nicht hervor, dass mit § 167 eine völlig neue Rechtslage geschaffen werden sollte. § 167 stellt lediglich die in das Insolvenzrecht aufgenommene ausdrückliche Regelung dar, deren Fehlen zuvor durch Heranziehung zivilrechtlicher Vorschriften ausgeglichen wurde. Dieses gilt sowohl für die Auskunftspflicht des Insolvenzverwalters selbst als auch für die Möglichkeit der Selbstbeschaffung entsprechender Auskünfte durch den absonderungsberechtigten Gläubiger.

---

[26] FKInsO/*Wegener* § 167 Rn. 3; Nerlich/Römermann/*Becker* § 167 Rn. 3 f. Vgl. dazu auch BGH NJW 2006, 3486 m. krit. Anm. *Piekenbrock* NJW 2007, 1247; der BGH hatte einen Auskunftsanspruch verneint, weil die Forderungen aufgrund eines Abtretungsausschlusses nicht an den Kläger abgetreten worden sein sollen. Verkannt hat der BGH, dass § 48 den Kläger vor einem ersatzlosen Verzicht des Eigentums schützt und dass hier der Kläger ebenfalls Auskunftsansprüche geltend machen konnte.

[27] Nerlich/Römermann/*Becker* § 167 Rn. 22.

[28] BGH ZIP 2004, 326 = NJW-RR 2004, 772.

[29] → Vor §§ 49–52 Rn. 130.

[30] Uhlenbruck/*Brinkmann* § 167 Rn. 5.

[31] *Adolphsen*, Kölner Schrift zur InsO, 3. Aufl. 2009, Kap. 41 Rn. 149; Uhlenbruck/*Brinkmann* § 167 Rn. 5.

[32] Andres/Leithaus/*Leithaus* § 167 Rn. 2; Uhlenbruck/*Brinkmann* § 167 Rn. 4.

[33] *Kuhn/Uhlenbruck*, KO, 11. Aufl. 1994, § 6 Rn. 53c; *Eickmann*, Aktuelle Probleme des Insolvenzverfahrens aus Verwalter- und Gläubigersicht, 2. Aufl. 1983, S. 25.

[34] Vgl. zum Unterschied Palandt/*Sprau* § 666 Rn. 3, 4.

[35] Begr. zu § 192 RegE, der diese Reglung mit der Existenz des jetzigen § 166 rechtfertigt, BR-Drs. 1/92, S. 179.

[36] → Rn. 5.

Der Anspruch des absonderungsberechtigten Gläubigers richtet sich auf Auskunft über den 15
Zustand der mit dem Absonderungsrecht belasteten Sache (§ 167 Abs. 1) bzw. über die Forderung (§ 167 Abs. 2). Der Vergleich der beiden Absätze legt zwar nahe, dass die geschuldete Auskunft bei Sachen enger, nämlich eben auf deren Zustand beschränkt ist. Allerdings kann man die unterschiedliche Formulierung auch damit erklären, dass eine tatsächliche Beschaffenheit, die vom Begriff des Zustands auf jeden Fall erfasst ist, nur bei körperlichen Gegenständen existiert. Auch nach Sinn und Zweck sind für eine Ungleichbehandlung, die über die begriffslogischen Unterschiede von Sachen und Forderungen hinaus geht, keine Gründe erkennbar. Grundsätzlich ist also bei Sachen wie Forderungen **umfassend Auskunft** geschuldet.

Gegenstand der Auskunft muss aber stets die **konkrete Sache oder Forderung** sein. Im 16
Hinblick auf bewegliche Sachen ist gem. § 167 Abs. 1 zunächst jegliche Information über die derzeitige qualitative und quantitative Beschaffenheit der Sache in tatsächlicher Hinsicht geschuldet. Hierzu zählen neben Angaben über die Unversehrtheit bzw. etwaige Beschädigungen der Sache auch Auskünfte über eine bereits erfolgte Verarbeitung, Vermengung, Vermischung oder Verbindung der Sache. Allgemeine Informationen über Sachen oder Forderungen dieser Art muss sich der Gläubiger selbst beschaffen, da ihn insoweit das Verwertungsrecht des Insolvenzverwalters nicht beeinträchtigt. Der Insolvenzverwalter muss also etwa nicht für den Gläubiger abstrakt ermitteln, ob die Bereifung des sicherungsübereigneten Kraftfahrzeugs den – von den europäischen Vorschriften abweichenden – Vorschriften über die Straßenzulassung in den U.S.A. entspricht; wohl aber muss er dem Gläubiger mitteilen, welche Reifen auf die Felgen des sicherungsübereigneten Kraftfahrzeugs aufgezogen sind.

Gegenstand der Auskunft können auch das **Vorhandensein** der Sache oder Forderung in der 17
Insolvenzmasse sein und, wird das Vorhandensein vom Verwalter verneint, die Umstände einer möglicherweise erfolgten Veräußerung. Dies folgt aus der Begründung des mit § 167 wortgleichen § 192 RegE.[37]

Aus der vom Gesetzgeber mit der Schaffung des Auskunftsrechts verfolgten Intention, dem 18
absonderungsberechtigten Gläubiger die Wahrnehmung der Rechte aus §§ 168, 169, 172 zu ermöglichen[38] folgt, dass auch mögliche **Belastungen des Gegenstandes durch Rechte Dritter** vom Auskunftsanspruch miterfasst sind, da sie den Wert des Gegenstandes beeinflussen und somit auch seinen Zustand und seine Verwertbarkeit.

Darüber hinausgehende Auskünfte – wie zB ob die dem Schuldner aus der Veräußerung zuste- 19
hende Forderung bereits beglichen ist – werden weiterhin aus den **subsidiären Bestimmungen der §§ 260, 402, 242 BGB**[39] bzw. **§§ 666, 675 BGB** hergeleitet werden müssen.

III. Das Auskunftsverlangen

Der Insolvenzverwalter ist gem. § 167 **nicht verpflichtet,** dem absonderungsberechtigten Gläu- 20
biger **unaufgefordert Auskünfte** zu erteilen;[40] er muss also nicht „Nachricht geben" iSd § 666 BGB.[41] Vielmehr setzt seine Auskunftspflicht ein Auskunftsverlangen voraus. **Auskunftsverlangen** ist eine ausdrückliche Erklärung des Gläubigers gegenüber dem Insolvenzverwalter, die diesen zur Auskunft auffordert. Ein solches Auskunftsverlangen kann auch formlos, zB telefonisch oder per Email, erfolgen und unterliegt keiner Frist.[42] Eine Pflicht zu unaufgeforderter Auskunft kann sich nur aus vertraglicher Vereinbarung ergeben.[43]

Der Gläubiger kann dem Insolvenzverwalter eine **spezielle Frage** zu dem mit seinem Absonde- 21
rungsrecht belasteten Gegenstand stellen, aber auch einen **Gesamtbericht** zu diesem Gegenstand verlangen.[44] Verlangt er einen Gesamtbericht, kann sich der Insolvenzverwalter zunächst auf die

---

37 BR-Drs. 1/92, S. 179.

38 Begr. zu § 192 RegE, BR-Drs. 1/92, S. 179.

39 Vgl. hierzu BGHZ 70, 86 = NJW 1970, 538; *Jaeger/Henckel*, KO, 9. Aufl. 1997, § 3 Rn. 25; *Kilger* KTS 1975, 142, 149 f.; *Häsemeyer* ZZP 80 (1967), 263 f.

40 Andres/Leithaus/*Leithaus* § 167 Rn. 3; Nerlich/Römermann/*Becker* § 167 Rn. 6.

41 Vgl. MüKoBGB/*Seiler* § 666 Rn. 2.

42 Nerlich/Römermann/*Becker* § 167 Rn. 7.

43 *Lwowski/Heyn* WM 1998, 473, 474; KKInsO/*Hess* § 167 Rn. 8. Eine vertragliche Auskunftspflicht trifft den Insolvenzverwalter etwa dann, wenn er gem. § 103 die Erfüllung eines vom Schuldner geschlossenen Vertrages verlangt und davon die Rechte eines absonderungsberechtigten Gläubigers tangiert sind, sofern sich der Schuldner gegenüber dem absonderungsberechtigten Gläubiger zur Auskunftserteilung verpflichtet hatte, da alle Pflichten des Schuldners nunmehr den Verwalter treffen; vgl. *Kilger/K. Schmidt*, KO, 17. Aufl. 1997, § 6 Anm. 4b.

44 Vgl. insoweit MüKoBGB/*Schäfer*, 7. Aufl. 2017, § 666 Rn. 23 mwN. Enger (konkretes Auskunftsverlangen) *Gundlach/Frenzel/Schmidt* KTS 2001, 241, 244 f.; Andres/Leithaus/*Leithaus* § 167 Rn. 3.

Angaben beschränken, die für den Gläubiger vernünftigerweise von besonderem Interesse sind, also etwa das Vorhandensein der Sache, ihre Identifikationsmerkmale und ihre äußerliche Unversehrtheit.

22 Für die Geltendmachung eines Auskunftsrechts aus § 167 reicht es nicht aus, dass der Gläubiger lediglich vermutet, in der Insolvenzmasse könnten Gegenstände sein, die möglicherweise mit Absonderungsrechten zu seinen Gunsten belastet sind. Kann der Gläubiger den Gegenstand nicht konkret bezeichnen und will er sich lediglich **„im Betrieb des Schuldners umsehen"**, um festzustellen, ob Sicherungsgut vorhanden ist, so muss der Verwalter im Regelfall weder den Zugang gestatten noch Auskünfte erteilen. Derartige Ansinnen von Lieferanten kommen besonders häufig im Eröffnungsverfahren vor. § 167 ist im Eröffnungsverfahren nicht anwendbar, allerdings kann nach allgemeinen Regeln ein Auskunftsanspruch bestehen. Besteht bei den Lieferanten Misstrauen gegenüber dem vorläufigen Insolvenzverwalter, so müssen sie im Eröffnungsverfahren dem vorläufigen Insolvenzverwalter und dem Schuldner ausdrücklich untersagen, dass Ware weiterverarbeitet oder veräußert wird bzw. im Voraus abgetretene Kundenforderungen eingezogen werden. Hält sich der vorläufige Verwalter nicht an ein solches Verbot, so kommt eine persönliche Haftung (§ 60) in Betracht. Der Gläubiger kann auch im Wege des einstweiligen Rechtsschutzes das von ihm ausgesprochene Verbot gegenüber der künftigen Insolvenzmasse durchsetzen. Nicht hinnehmbar ist es, wenn Mitarbeiter des Lieferanten ohne Erlaubnis des vorläufigen Insolvenzverwalters auf das Betriebsgelände eindringen. Dies stellt einen **Hausfriedensbruch** dar.

23 Die **Grenzziehung** zwischen berechtigtem Auskunftsverlangen und einer Behinderung der Abwicklung des Insolvenzverfahrens ist **schwierig.** Der BGH hat zB einem Vermieter, der vermutete, dass Gegenstände vom insolventen Mieter eingebracht wurden, die seinem Vermieterpfandrecht unterliegen könnten, Recht gegeben und den Insolvenzverwalter zur Auskunftserteilung verurteilt.[45] Allerdings muss der Gläubiger, der vermutet, dass ihm Rechte an Gegenständen der Insolvenzmasse zustehen, zumindest Anhaltspunkte dafür vortragen können. Kann er dies, so ist die Auskunftspflicht des Insolvenzverwalters durch den Grundsatz der Zumutbarkeit beschränkt. Stellt also eine größere Anzahl von Gläubiger Auskunftsverlangen nach § 167, weil diese vermuten, dass Absonderungsrechte bestehen, und wollen sie deshalb an der Inventur von Warenbeständen teilnehmen, so kann der Insolvenzverwalter dies zwar ablehnen. Er bleibt aber verpflichtet, in einem absehbaren Zeitraum Auskunft zu erteilen, zB durch Übersendung des Inventarisierungsgutachtens oder von Auszügen der Inventur.[46]

IV. Einzelfragen

24 **1. Anspruchsverpflichteter.** Auskunftsverpflichteter ist gem. § 167 der **Insolvenzverwalter.** Damit muss der Insolvenzverwalter auch Auskünfte über **Vorgänge** erteilen, **die er nicht aus eigener Anschauung** kennt, sondern nur vom Schuldner oder von einem früheren Insolvenzverwalter in Erfahrung bringen kann;[47] er muss ggf. Ermittlungen anstellen und Auskunftsrechte ausüben,[48] etwa gegen den Schuldner die Rechte aus §§ 97 Abs. 1 Satz 1, 101 Abs. 1 Satz 1 geltend machen.[49] Grenze seiner Verpflichtung ist freilich die Zumutbarkeit (Rn. 28 ff.).

25 Auch die subsidiär zur Anwendung kommenden allgemeinen Auskunftsrechte (zB aus §§ 259, 260, 402, 666, 681 BGB) verpflichten **stets** den **Insolvenzverwalter.** Dies gilt unabhängig davon, ob der Hauptanspruch eine Insolvenz- oder eine Masseforderung ist bzw. ob die Unklarheit, die durch die Auskunft beseitigt werden soll, auf Handlungen des Konkursverwalters oder auf Handlungen des Schuldners vor Verfahrenseröffnung beruht.[50]

26 **2. Haftung.** Der absonderungsberechtigte Gläubiger hat einen Anspruch auf eine richtige und vollständige Auskunft durch den Insolvenzverwalter. Für die Folgen einer schuldhaft nicht erteilten, falschen oder unvollständigen Auskunft hat der Insolvenzverwalter nach **§ 60** einzustehen.[51] Dies gilt vor allem dann, wenn es dadurch dem Gläubiger nicht möglich ist, seine Rechte aus § 168, § 169 oder § 172 gegenüber der Insolvenzmasse geltend zu machen. Kann der Insolvenzverwalter – zB aufgrund Überlastung – für die Richtigkeit seiner Auskunft keine Gewähr übernehmen oder

[45] BGH ZIP 2004, 326 = NJW-RR 2004, 772.
[46] → Rn. 14 ff.
[47] BGH ZIP 2004, 326 = NJW-RR 2004, 772; HKInsO/*Landfermann* § 167 Rn. 6.
[48] Andres/Leithaus/*Leithaus* § 167 Rn. 3.
[49] → Rn. 31.
[50] Unter Geltung der KO BGHZ 49, 11 = WM 1967, 1211= NJW 1968, 300; *Häsemeyer* ZZP 80 (1967), 263, 268; *Isay* GRUR 1917, 10 ff.; kritisch *Kuhn* WM 1969, 226, 227; *Mohrbutter/Mohrbutter*, Handbuch der Konkurs- und Vergleichsverwaltung, 6. Aufl. 1990, Rn. 407.
[51] *Gundlach/Frenzel/Schmidt* KTS 2001, 241, 247; Uhlenbruck/*Brinkmann* § 167 Rn. 13; K. Schmidt/*Sinz* § 167 Rn. 6; vgl. auch AG Köln BeckRS 2015, 10186.

muss zunächst die Rechtslage geklärt werden, so ist seine Auskunftspflicht durch den Grundsatz der Zumutbarkeit (→ Rn. 28 ff.) beschränkt. Der Insolvenzverwalter kann dann durchaus deutlich machen, dass es sich um eine vorläufige Auskunft handelt oder die Auskunft unter dem Vorbehalt der Nachprüfung steht. Dadurch kann der Insolvenzverwalter eine Haftung nach § 60 vermeiden. Freilich ist der Auskunftsanspruch durch eine solche unvollständige Auskunft nicht erfüllt; sobald es dem Insolvenzverwalter möglich und zumutbar ist, die Auskunft zu erteilen, hat er dies zu tun.

3. Gerichtliche Geltendmachung. Für Streitigkeiten über die Auskunftspflicht des Insolvenzverwalters nach § 167 ist nicht das Insolvenzgericht, sondern das nach den **allgemeinen Regeln** berufene Zivilgericht zuständig.[52] Zu beantragen ist dabei idR **die Erteilung der Auskunft *oder* die Duldung der Besichtigung bzw. Einsichtnahme,** da der Verwalter ein freies Wahlrecht zwischen Auskunft oder Besichtigung bzw. Einsicht hat.[53] Eine Klage allein auf Duldung der Besichtigung oder Einsichtnahme kommt in Betracht, wenn der Insolvenzverwalter dem absonderungsberechtigten Gläubiger gegenüber eine Auskunft nicht erteilt, sich dabei auf den Grundsatz der Zumutbarkeit beruft und er gleichzeitig auch keine – ihrerseits zumutbare – Besichtigung bzw. Einsichtnahme gestattet.[54] Der absonderungsberechtigte Gläubiger kann sich zur gerichtlichen Geltendmachung seines Anspruchs neben der unmittelbar auf Erfüllung des Auskunftsanspruchs gerichteten Klage auch der **Stufenklage** gem. § 254 ZPO bedienen.[55] Daneben kann der Gläubiger beim **Insolvenzgericht Aufsichtsmaßnahmen** gegenüber dem Insolvenzverwalter anregen (§ 58). Gegen eine insolvenzgerichtliche Anordnung, die den Insolvenzverwalter zur Erteilung von Auskünften verpflichtet, sollte dabei Rechtsschutz möglich sein,[56] was aber wohl nicht der Linie des BGH entspricht.[57] 27

V. Zumutbarkeit

1. Ausgangspunkt. Der Umfang der Auskunftspflicht ist in der InsO nicht normiert worden. Eine ungeschriebene Begrenzung der Auskunftspflicht des Insolvenzverwalters ergibt sich nach Treu und Glauben gem. **§ 242 BGB** aus dem Grundsatz der Verhältnismäßigkeit. Es bedarf mithin einer Interessenabwägung im konkreten Einzelfall.[58] Hierbei stehen sich die schutzwürdigen Interessen des absonderungsberechtigten Gläubigers an der Auskunftserteilung einerseits und der hierfür erforderliche Arbeits- und Zeitaufwand des Insolvenzverwalters andererseits gegenüber,[59] wobei zu berücksichtigen ist, dass sich der Verwalter in Wahrnehmung seiner Aufgaben ohnehin über Bestehen und Umfang von Absonderungsrechten informieren muss.[60] 28

2. Fallgruppen. a) Unzumutbarkeit wegen zu großen Aufwands. Die Erteilung der verlangten Auskunft und die hierzu eventuell erforderliche Informationsbeschaffung darf nach Art und Umfang nicht die ordnungsgemäße **Durchführung des Insolvenzverfahrens beeinträchtigen.** Eine solche Beeinträchtigung ist gegeben, wenn durch die Auskunftserteilung eine Gefährdung oder Vereitelung der korrekten Verfahrensdurchführung verursacht oder der Abschluss des Insolvenzverfahrens unangemessen verzögert würde. Dies wiederum ist dann der Fall, wenn die Beschaffung der erforderlichen Informationen und/oder die Erteilung der Auskunft zur Folge hat, dass andere Verwaltertätigkeiten nahezu vollständig verhindert werden[61] oder jedenfalls der Verwalter seinen Hauptaufgaben nicht mehr geordnet nachkommen kann, die Verwaltung also praktisch lahmgelegt wird.[62] Die Beeinträchtigung kann ihre Ursache in Gegenstand und Umfang des einzelnen Auskunftsverlangens, aber auch in der Zahl der Anfragen haben. Eine große Zahl von Anfragen kann bei Schuldverschreibungsgläubigern auftreten,[63] sofern diesen ein Absonderungsrecht zusteht. Einem 29

---

52 HKInsO/*Landfermann* § 167 Rn. 7; Uhlenbruck/*Brinkmann* § 167 Rn. 3.

53 Jaeger/*Eckardt* § 167 Rn. 67 f., 74.

54 Vgl. K. Schmidt/*Sinz* § 167 Rn. 6: Subsidiäre Klage auf Duldung der Besichtigung oder Einsichtnahme.

55 ZB OLG Saarbrücken NZI 2016, 491.

56 *Smid* jurisPR-InsR 13/2011 Anm. 2.

57 Vgl. BGH NZI 2011, 442.

58 Siehe schon BGHZ 70, 86 = NJW 1978, 538; LG Baden-Baden ZIP 1989, 1003; *Kuhn/Uhlenbruck*, KO, 11. Aufl. 1994, § 6 Rn. 53 f.; *Häsemeyer* ZZP 80 (1967), 263, 268; BeckOKInsO/*Lütcke* § 167 Rn. 6.

59 BGHZ 70, 86 = NJW 1978, 538; BGH NJW 2000, 3777, 3779; LG Baden-Baden ZIP 1989, 1003; *Kuhn/Uhlenbruck*, KO 11. Aufl. 1994, § 6 Rn. 53; *Häsemeyer* ZZP 80 (1967), 263, 268; *Adolphsen*, Kölner Schrift, 3. Aufl. 2009, Kap. 14 Rn. 149 ff.

60 OLG Celle MDR 1965, 1001; OLG Frankfurt a.M. ZIP 1986, 104, 105 = NJW-RR 1986, 721 mAnm *Junker* EWiR 1986, 281; vgl. auch OLG Saarbrücken NZI 2016, 491, 492 (zur Beschwer bei einer Verurteilung zur Auskunft).

61 Jaeger/*Eckardt* § 167 Rn. 51; *Sponagel* DZWIR 2011, 270.

62 BGH NJW 2000, 3777, 3779; Jaeger/*Eckardt* § 167 Rn. 51.

63 Vgl. *v. Saucken/Keding* NZI 2015, 681.

Berufen auf Unzumutbarkeit steht nicht entgegen, dass der Insolvenzverwalter zuvor anderen Auskunftsverlangen nachgekommen ist, denn ein zu großer Aufwand kann auch durch das Verhältnis des Zeitaufwands für die Beantwortung von Auskunftsverlangen und für die sonstigen Aufgaben verursacht werden. Allerdings steht der Übergang zur Nichtbeantwortung unter besonderem Rechtfertigungsdruck. Bei im Wesentlichen gleichen Anfragen, die gleichzeitig eingehen, darf der Insolvenzverwalter die Beantwortung aller Anfragen ablehnen; er darf aber auch einzelne Anfragen beantworten.

30 Ob eine Verweigerung der Auskunft wegen zu großen Aufwands gerechtfertigt ist, ist eine Abwägungsentscheidung. Daher ist auch zu berücksichtigen, ob der Gläubiger alles ihm Zumutbare getan hat, um den Aufwand gering zu halten. Dem Gläubiger zumutbar sind etwa diejenigen Angaben zum Sicherungsgut, über die er ohnehin verfügt oder im eigenen Interesse verfügen sollte. Ein Auskunftsverlangen des absonderungsberechtigten Gläubigers ist daher nur erfolgreich, wenn es den **fraglichen Gegenstand näher bezeichnet,** um dem Verwalter die Erfüllung des Anspruches in kürzester Zeit zu ermöglichen.[64]

31 Der Insolvenzverwalter kann sich nicht mit der Begründung auf den Einwand der Unzumutbarkeit berufen, er sei aus tatsächlichen Gründen – zB aufgrund schlechter Buchführung des Schuldners – zur Auskunftserteilung nicht in der Lage.[65] Kommt der Insolvenzverwalter aufgrund sorgfältiger Überprüfung zu dem Ergebnis, dass er in Ermangelung entsprechender Unterlagen und Informationen keine Auskunft erteilen kann, so hat er vielmehr gerade diesen Umstand als sogenannte **„negative Auskunft"** mitzuteilen; hierdurch wird dann der Auskunftsanspruch erfüllt. Allerdings dürfte dieser Fall in der Praxis kaum je eintreten, da dem Insolvenzverwalter zahlreiche Möglichkeiten zur Verfügung stehen, sich die erforderlichen Informationen zu verschaffen. Vor allem kann er neben der Einsichtnahme in die Geschäftsunterlagen des Schuldners diesen auch zur Auskunftserteilung heranziehen, vgl. §§ 97 Abs. 1 Satz 1, 101 Abs. 1. Die Heranziehung des Schuldners kann allerdings ihrerseits Aufwand oder Kosten verursachen, die zur Unzumutbarkeit führen.[66]

32 Verursacht ein Auskunftsverlangen einen Aufwand, der zum gegenwärtigen Zeitpunkt das Verfahren erheblich stört, so muss der Insolvenzverwalter dem Gläubiger zumindest eine **Zwischennachricht** geben, die diesen Umstand in der gebotenen Kürze näher erläutert und die zumutbarerweise möglichen Auskünfte – zur Vermeidung einer Haftung unter deutlichem Hinweis auf deren Unvollständigkeit und Vorläufigkeit – enthält. In diesem Fall hat der Insolvenzverwalter aber die Pflicht, die Auskunft zu ergänzen, richtigzustellen oder zu bestätigen, sobald ihm dies möglich ist.

33 **b) Unzumutbarkeit wegen zu hoher Kosten.** Eine Unzumutbarkeit kann sich auch daraus ergeben, dass die Kosten der Auskunftserteilung oder Informationsbeschaffung unverhältnismäßig hoch sind. Insoweit kann allerdings auf die unter Geltung der KO ergangene Rechtsprechung nur begrenzt zurückgegriffen werden. Unter Geltung der KO mussten die Kosten für die Auskunftserteilung durch die Masse getragen werden; die ungesicherten Gläubiger mussten also Belastungen tragen, die im Interesse der gesicherten Gläubiger erfolgten. Unter Geltung der InsO gehen die Kosten für Auskunftserteilungen durch die Insolvenzmasse nicht – jedenfalls nicht ausschließlich – zulasten der ungesicherten Gläubiger. Die Insolvenzmasse erhält vielmehr die **Kostenbeiträge nach §§ 170, 171.** Letztlich bezahlt der Sicherungsgläubiger also für die Auskunftserteilung. Soweit die Kosten durch die Kostenbeiträge gedeckt sind, kommt mithin eine Unzumutbarkeit nicht in Betracht.

34 Übersteigen die Kosten die zu erwartenden Kostenbeiträge, kommt es auf die Erheblichkeit der Kosten an. Wann die Schwelle zur Erheblichkeit überschritten wird, ist im Einzelfall zu bestimmen. Weder in der Rechtsprechung noch in der Literatur ist die Erheblichkeit bisher konkretisiert worden. Kriterium hierfür dürfte allerdings in erster Linie das **Verhältnis zwischen den Kosten für die Erfüllung des Auskunftsanspruches und dem Wert der Masse,** aber auch dem Wert des Gegenstandes, auf den sich der Auskunftsanspruch richtet, sein. Die Erheblichkeitsgrenze dürfte in jedem Fall überschritten sein, wenn die Kosten für die Erfüllung des Auskunftsverlangens über der Höhe der gesicherten Forderung des Gläubigers oder über dem voraussichtlichen Wert der Gegenstände, die seinem Absonderungsrecht unterliegen, liegen.

35 **c) Unzumutbarkeit wegen fehlender Durchsetzbarkeit des Absonderungsrechts.** Unzumutbar gem. § 242 BGB ist die Auskunftserteilung auch, wenn das Absonderungsrecht, auf das sich die Auskunft bezieht, selbst unter den günstigsten Umständen realistischerweise nicht einmal

---

[64] OLG Köln ZIP 1982, 1107; Jaeger/*Eckardt* § 167 Rn. 43; *Grundlach/Frenzel/Schmidt* KTS 2001, 241, 244; *Sponagel* DZWIR 2011, 270, 274.

[65] Im Einzelnen OLG Köln NJW 1957, 1032, 133; *Gärtner* KTS 1958, 181, 184; *Henckel*, Aktuelle Probleme der Warenlieferanten beim Kundenkonkurs, 2. Aufl. 1984, S. 16.

[66] Siehe schon *Jaeger/Henckel*, KO, 2. Aufl. 1984, § 3 Rn. 25; zur InsO Jaeger/*Eckardt* § 167 Rn. 51; Uhlenbruck/*Brinkmann* § 167 Rn. 6; *Grundlach/Frenzel/Schmidt* KTS 2001, 241, 245 f.

teilweise wird durchgesetzt werden können.[67] So verhält es sich zB, wenn der absonderungsberechtigte Gläubiger seinen Anspruch auch nach erhaltener Auskunft wegen bestehender **Beweisschwierigkeiten** nicht durchsetzen kann. Derartige Beweisschwierigkeiten können sich ergeben, wenn mit einem Absonderungsrecht belastetes Material vermischt, vermengt oder verarbeitet worden ist und die Miteigentumsquoten gem. §§ 947, 948 BGB nicht eindeutig zu ermitteln sind.[68] In diesem Fall verstößt das Auskunftsbegehren – bei **Erkennbarkeit der mangelnden Durchsetzbarkeit** – gegen den Grundsatz von Treu und Glauben, da es von vornherein nicht dem gesetzlich vorgesehenen Zweck dienen kann und deshalb eine unverhältnismäßige Belastung des Anspruchsgegners darstellt.[69] Die gerichtliche Durchsetzung eines solchen Auskunftsbegehrens scheitert am fehlenden Rechtsschutzbedürfnis.

Der Grundsatz der Zumutbarkeit darf aber nicht dazu benutzt werden, dem absonderungsberechtigten Gläubiger, der klären will, ob während des Insolvenzeröffnungsverfahrens oder während des Insolvenzverfahrens Gegenstände, die seinem Absonderungsrecht unterlagen, verarbeitet etc. wurden, die Geltendmachung von Ansprüchen gegenüber der Insolvenzmasse und dem Insolvenzverwalter abzuschneiden. Auskunftsrecht und Rechtsschutzinteresse des Sicherungsgläubigers bestehen, wenn dieser Auskunft über das Sicherungsgut begehrt, das nach Eröffnung des Insolvenzverfahrens oder im Insolvenzeröffnungsverfahren verwertet worden oder nicht auffindbar ist.[70] 36

d) Unzumutbarkeit wegen verspäteter Geltendmachung? Unter Geltung der KO wurde vertreten, dass der Gläubiger so früh wie möglich die begehrte Auskunft **verlangen** müsse. Dies sollte insbesondere für den Fall gelten, dass in der vorhergehenden Gläubigerversammlung der Gegenstand des Auskunftsersuchens erörtert worden sei. Hatte der Gläubiger seinen Auskunftsanspruch hier nicht geltend gemacht, sollte er mit ihm ausgeschlossen bleiben, da es sich hierbei um ein unzumutbares Auskunftsverlangen handle.[71] Diese Rechtsprechung kann auf die Auskunftspflicht aus § 167 nicht übertragen werden. Der absonderungsberechtigte Gläubiger kann **auch nach einer Gläubigerversammlung,** auf der der Gegenstand der Auskunft erörtert wurde, sein Auskunftsersuchen geltend machen. Bei unvertretbar langem Abwarten kann das Auskunftsbegehren allerdings rechtsmissbräuchlich sein. 37

e) Unzumutbarkeit wegen Nichtwahrnehmung der Akteneinsicht oder Nichtteilnahme an einer Gläubigerversammlung? Unter Geltung der KO sollte der Gläubiger dann seinen Anspruch auf Auskunft verlieren, wenn er eine vom Konkursverwalter angebotene Möglichkeit zur Akteneinsicht ohne nachvollziehbare Gründe nicht wahrgenommen hatte; die gleichen Grundsätze sollten bei Nichtteilnahme an der Gläubigerversammlung gelten.[72] Auch diese Grundsätze können nicht auf § 167 übertragen werden, sondern sind zu modifizieren. Grundsätzlich kann der absonderungsberechtigte Gläubiger seine Rechte aus § 167 **auch dann** geltend machen, wenn er **frühere Gelegenheiten zur Auskunftserlangung** hat verstreichen lassen. Soweit der Insolvenzverwalter zulässigerweise statt der Auskunftserteilung dem Gläubiger Akteneinsicht gewährt (vgl. § 167 Abs. 2 Satz 2), wird damit der Auskunftsanspruch erfüllt. Die Grenze für Auskunftsverlangen bildet im Übrigen hier auch wieder der Rechtsmissbrauch. 38

f) Unzumutbarkeit wegen überwiegender Geheimhaltungsinteressen? Die begehrte Auskunft über die Sache oder die Forderung kann ganz oder teilweise Geheimhaltungsinteressen des schuldnerischen Unternehmens oder dessen Privatsphäre berühren. Unzumutbarkeit wird man hier indes **nur ausnahmsweise** annehmen können, da der Schuldner das Absonderungsrecht an der Sache ja zumeist freiwillig begründet, die Forderung freiwillig zur Sicherheit abgetreten hat und bei Auslegung des zugrundeliegenden Vertrags – zumeist eines Sicherungsvertrags – dem absonderungsberechtigten Gläubiger zumindest konkludent ein entsprechendes Auskunftsrecht eingeräumt ist. An diesen freiwilligen Verzicht auf Geheimhaltungsinteressen durch den Schuldner ist der Insolvenzverwalter regelmäßig gebunden. Allerdings kann dies, da es sich um eine Abwägungsentscheidung handelt, nicht ausnahmslos gelten. Insbesondere ist denkbar, dass sich der ökonomische Wert der allgemeinen Geheimhaltung oder der Geheimhaltung gerade gegenüber dem Gläubiger erst 39

---

67 Vgl. OLG Frankfurt a.M. ZIP 1986, 104, 105 = NJW-RR 1986, 721; *Grundlach/Frenzel/Schmidt* KTS 2001, 241, 244.

68 OLG Frankfurt a.M. ZIP 1986, 104, 105 = NJW-RR 1986, 721.

69 OLG Frankfurt a.M. ZIP 1986, 104, 105 = NJW-RR 1986, 721.

70 BGH NZI 2004, 209, 210; *Kuhn/Uhlenbruck*, KO, 11. Aufl. 1994, § 6 Rn. 53d; Jaeger/*Eckardt* § 167 Rn. 36.

71 *Kuhn/Uhlenbruck*, KO, 11. Aufl. 1994, § 6 Rn. 53; Mohrbutter/*Pape*, Handbuch der Insolvenzverwaltung, 7. Aufl. 1999, Rn. VI. 158; vgl. auch *Stürner*, Die Aufklärungspflicht der Parteien im Zivilprozess, 1976, S. 338.

72 *Kuhn/Uhlenbruck*, KO, 11. Aufl. 1994, § 6 Rn. 53; Mohrbutter/*Pape*, Handbuch der Insolvenzverwaltung, 7. Aufl. 1997, Rn. VI. 158.

nach der Begründung des Anwartschaftsrechts gezeigt hat. Würde in einem solchen Fall eine Auskunftserteilung die Verwertungschancen massiv verschlechtern, ist die Auskunft unzumutbar.

40 Unzumutbarkeit liegt indes nur dann vor, wenn schon bei einer Auskunftserteilung an den Gläubiger Schaden droht. Beeinträchtigt nur das allgemeine Bekanntwerden bzw. die Kenntnisnahme eines vom Gläubiger verschiedenen Dritten die Interessen des Schuldners oder Insolvenzverwalters, kommt eine **Vertraulichkeitsvereinbarung** in Betracht, sofern man von deren Wahrung ausgehen darf. Ist der Gläubiger – etwa infolge einer Abtretung des gesicherten Anspruchs – ein Wettbewerber, hilft freilich eine Vertraulichkeitsvereinbarung nicht. Denkbar ist in einem solchen Fall aber die Auskunftserteilung an einen zur Vertraulichkeit verpflichteten **Informationstreuhänder,** der im Rahmen der Verwertung die Gläubigerinteressen wahrnimmt. Allerdings können das Aushandeln einer Vertraulichkeitsvereinbarung oder der Vereinbarung über einen Informationstreuhänder oder die Umsetzung einer entsprechenden Vereinbarung ihrerseits wegen unverhältnismäßig großen Aufwands oder hoher Kosten unzumutbar sein.

41 **3. Folge der Unzumutbarkeit.** Ist die Auskunft unzumutbar, darf sie der Insolvenzverwalter **verweigern.** Er darf die Auskunft dennoch erteilen, wenn hierdurch keine Nachteile für die Insolvenzmasse entstehen, er also insoweit überobligationsgemäßen Aufwand tätigt oder die Kosten selbst trägt; anderenfalls haftet er gem. § 60.

42 Bei Unzumutbarkeit der Auskunftserteilung hat der Insolvenzverwalter grundsätzlich die Pflicht, eine **Besichtigung** der Sache gem. § 167 Abs. 1 Satz 2 bzw. eine **Einsichtnahme** in Geschäftsunterlagen gem. § 167 Abs. 2 Satz 2 zu gestatten.[73] Die Pflicht besteht nicht, wenn dem Insolvenzverwalter auch die Gestattung unzumutbar ist.[74]

VI. Aufwendungsersatz für Auskunftserteilung

43 Als Grundsatz gilt: Aufwendungsersatzansprüche für die mit der Auskunft verbundenen Kosten bestehen nicht; diese Kosten sind **mit den Feststellungskosten nach §§ 170, 171 abgegolten.**[75] Dieser Grundsatz galt auch schon unter Geltung der KO.[76] Der Insolvenzverwalter kann auch dann keinen Aufwendungsersatzanspruch geltend machen, wenn die Auskunftserteilung mit ungewöhnlich viel Arbeit verbunden ist. In einem solchen Fall ist zu prüfen, ob der Insolvenzverwalter verpflichtet ist, Auskunft zu erteilen. Möglicherweise ist ihm die Auskunftserteilung **unzumutbar.**[77] Dann kann er den absonderungsberechtigten Gläubiger auf die Besichtigung des Sicherungsguts und die Einsichtnahme in die Geschäftsbücher verweisen.[78]

44 Will der Gläubiger im Falle der Unzumutbarkeit ein „Mehr", nämlich eine Auskunft, so kann der Insolvenzverwalter mit dem Gläubiger im Vorfeld der Durchführung seiner Ermittlungen eine **Regelung über den Kostenersatz** treffen. Der Insolvenzverwalter hat aber genau zu prüfen, ob die Auskunftserteilung unzumutbar ist oder nicht. Er darf nicht unter Berufung auf eine angebliche Unzumutbarkeit der Auskunftserteilung die Gläubiger auffordern, sich an den Kosten seiner Ermittlungsmaßnahmen zu beteiligen. Verlangt der Insolvenzverwalter Kostenerstattung für die Erteilung von Auskünften, so hat er hinreichend deutlich zu machen, dass er mit der Auskunftserteilung nicht seiner gesetzlichen Pflicht nach § 167 nachkommt, sondern ein „Mehr" erbringt. Der Insolvenzverwalter hat den Gläubiger außerdem auf die Möglichkeit zu verweisen, (kostenlos) Einsicht in die Bücher zu nehmen oder das Sicherungsgut zu besichtigen.

VII. Erfüllung der Auskunftspflicht

45 **1. Bewegliches Sicherungsgut.** In der Praxis lässt der Insolvenzverwalter werthaltige Gegenstände begutachten. Diesem Wertgutachten kann der absonderungsberechtigte Gläubiger den Zustand der Sache sowie Liquidations- und Fortführungswerte entnehmen. Bei geringwertigen Gegenständen genügt die Übersendung einer Inventarübersicht mit Schätzwerten.[79]

46 **2. Sicherungsabgetretene Forderungen.** Bei Forderungen ist Auskunft über deren Höhe, Fälligkeit, etwaige Einwendungen der Drittschuldner sowie die Bonität des Drittschuldners zu geben. Hier kann der Insolvenzverwalter auf die Debitorenbuchhaltung des Schuldners zurückgreifen.[80]

---

73 → Rn. 48 ff.

74 → Rn. 56.

75 HambKommInsO/*Scholz* § 167 Rn. 7; HKInsO/*Landfermann* § 167 Rn. 8; FKInsO/*Wegener* § 167 Rn. 10; *Gundlach/Frenzel/Schmidt* ZInsO 2001, 539; Uhlenbruck/*Brinkmann* § 167 Rn. 12; teilweise aA *Lwowski/Heyn* WM 1998, 473, 477.

76 BGH ZIP 1983, 839; OLG Karlsruhe ZIP 1981, 257.

77 → Rn. 33 f.

78 Siehe soeben → Rn. 42; Uhlenbruck/*Brinkmann* § 167 Rn. 12.

79 HambKommInsO/*Scholz* § 167 Rn. 3.

80 HambKommInsO/*Scholz* § 167 Rn. 3.

VIII. Auskunft keine Anerkennung des Absonderungsrechts

Die **Auskunft** über den Zustand der Sache **bewirkt keine Anerkennung** des Verwalters bezüglich des **Bestehens des Absonderungsrechts.** Ist bei mehreren aufeinander folgenden Sicherungsübereignungen nicht geklärt, wem ein Absonderungsrecht zusteht, kann der Insolvenzverwalter entweder allen potentiellen Absonderungsberechtigten unter dem Vorbehalt der endgültigen Klärung Auskunft erteilen oder aber die Auskunft verweigern, bis die Rechtslage geklärt ist.[81] Verweigert der Insolvenzverwalter allerdings allen potentiellen Berechtigten die Auskunftserteilung und steht zu einem späteren Zeitpunkt fest, dass ein Gläubiger tatsächlich Absonderungsrechte geltend machen kann, so kann bei Auseinandersetzungen zwischen dem Insolvenzverwalter und diesem Absonderungsgläubiger die Verweigerung der Auskunft oder der Besichtigung durch den Insolvenzverwalter uU eine Indizwirkung haben, wenn der absonderungsberechtigte Gläubiger meint, sein Sicherungsgegenstand sei schlecht verwertet worden, er allerdings Probleme hat, dem Verwalter dies nachzuweisen. 47

D. Besichtigung des Sicherungsguts

I. Voraussetzungen

Dem Insolvenzverwalter wird durch § 167 Abs. 1 Satz 2 die Möglichkeit eingeräumt, den Auskunftsanspruch des absonderungsberechtigten Gläubigers gem. § 167 Abs. 1 Satz 1 durch Gestattung der Besichtigung – und damit verbunden des Betretens des schuldnerischen Geschäfts bzw. der Lagerräume – abzuwehren.[82] § 167 Abs. 1 Satz 2 gewährt dem Insolvenzverwalter eine **Ersetzungsbefugnis** *(facultas alternativa)*, welche zur Erleichterung seiner Geschäftsführung eingeführt worden und von der Einwilligung des Verwalters abhängig ist.[83] 48

Der Gläubiger hat demnach grundsätzlich **keinen Anspruch auf Gestattung der Besichtigung.** Ob der Verwalter anstelle der Auskunft die Besichtigung der Sache gewährt, steht also grundsätzlich in seinem Ermessen. Jedoch kann der absonderungsberechtigte Gläubiger in Einzelfällen gleichwohl einen Anspruch auf Gestattung der Besichtigung haben. Dies ist insbesondere dann der Fall, wenn die Auskunftserteilung für den Verwalter unzumutbar ist, die Besichtigung hingegen zumutbar. 49

Die Gestattung verlangt nicht mehr, als dass der Verwalter dem Gläubiger die **Möglichkeit gewährt,** das Sicherungsgut unter zumutbaren Umständen zu besichtigen. Wenn der absonderungsberechtigte Gläubiger diese Möglichkeit nicht wahrnimmt, ist sein Anspruch erloschen; eine erneute Auskunft oder Besichtigung kann er grundsätzlich nur verlangen, wenn er gewichtige Gründe hierfür glaubhaft machen kann, etwa Hinweise auf einen zwischenzeitlichen Verderb bestehen. Im Rahmen der Grundsätze von Treu und Glauben muss der Verwalter jedoch auf berechtigte Gläubigerinteressen Rücksicht nehmen und gegebenenfalls einen weiteren Termin ermöglichen oder die geforderte Auskunft erteilen.[84] Diese Durchführung der Besichtigung verlangt also eine Absprache zwischen dem Verwalter und dem Gläubiger.[85] 50

Nach der gesetzlichen Konzeption ersetzt die Besichtigung eine Auskunft; eine Kumulation beider Informationsarten ist nicht vorgesehen. Der Insolvenzverwalter kann freilich sowohl Auskunft erteilen als auch die Besichtigung gestatten, wenn dies ohne Nachteile für die Insolvenzmasse möglich ist. Bei Vorliegen besonderer Umstände, die ggf. der Gläubiger vorzutragen und zu beweisen hat, kann der Gläubiger jedoch **sowohl Auskunft als auch Inaugenscheinnahme** verlangen. Dies ergibt sich daraus, dass § 167 eine besondere Ausprägung von Treu und Glauben darstellt und den absonderungsberechtigten Gläubiger für den Verlust seiner Verwertungsbefugnis kompensiert. Ein Anspruch auf Auskunft und Besichtigung ist insbesondere dann anzunehmen, wenn der Gläubiger durch nur eine der Möglichkeiten lediglich unvollständig über den Zustand des Gegenstandes informiert würde.[86] 51

---

81 KKInsO/*Hess* § 167 Rn. 12; Uhlenbruck/*Brinkmann* § 167 Rn. 7: Verweigerung bis zur Klärung des Sachverhalts.

82 KKInsO/*Hess* § 167 Rn. 15; Rattunde/Smid/Zeuner/*Smid* § 167 Rn. 10; Nerlich/Römermann/*Becker* § 167 Rn. 12; vgl. zur Rechtslage unter der KO *Kuhn/Uhlenbruck*, KO, 11. Aufl. 1994, § 6 Rn. 53d; *Henckel*, Aktuelle Probleme der Warenlieferanten beim Kundenkonkurs, 2. Aufl. 1984, S. 18.

83 Begr. zu § 192 RegE, BR-Drs. 1/92, S. 179.

84 Nerlich/Römermann/*Becker* § 167 Rn. 12; Jaeger/*Eckardt* § 167 Rn. 70.

85 K. Schmidt/*Sinz* § 167 Rn. 4.

86 Nerlich/Römermann/*Becker* § 167 Rn. 13; Jaeger/*Eckardt* § 167 Rn. 72; Andres/Leithaus/*Leithaus* § 167 Rn. 5.

II. Inhalt

52 Besichtigung ist jedenfalls die **Inaugenscheinnahme** der konkreten Sache in dem Zustand, in dem und an dem Ort, an dem sie sich befindet. Der Gläubiger darf von der Sache grundsätzlich Fotos und auch Fotokopien etwa von Produktbeschreibungen anfertigen, wenn dies für die Auslotung seiner Verwertungsmöglichkeiten notwendig ist, wobei er die Kosten zu tragen hat. Ob die Sache darüber hinaus berührt, bewegt, in ihrer Funktionsfähigkeit getestet oder sonst untersucht werden darf, ist eine Frage des Einzelfalls. Ausgeschlossen sind jedenfalls Maßnahmen, die den Wert der Sache beeinträchtigen können, sofern kein Ausgleich versprochen wird; im Übrigen gelten die Grenzen der Zumutbarkeit.

III. Zumutbarkeit

53 Das Ob der Besichtigung sowie die konkrete Umsetzung sind wiederum durch die Zumutbarkeit begrenzt. Insoweit gelten die für den Anspruch auf Auskunftserteilung angestellten Überlegungen entsprechend.[87]

IV. Aufwendungsersatz

54 Hinsichtlich des Aufwendungsersatzes für die Gestattung der Besichtigung durch den Insolvenzverwalter gelten ebenfalls die für die Auskunftserteilung ausgeführten Grundsätze.[88] Danach kann ein Aufwendungsersatz vom Insolvenzverwalter grundsätzlich nicht verlangt werden.

E. Einsicht in Geschäftsunterlagen

I. Grundsätze

55 Den Auskunftsanspruch aus § 167 Abs. 2 Satz 1 kann der Insolvenzverwalter durch Gestattung der Einsichtnahme in die Geschäftsunterlagen des Schuldners gemäß § 167 Abs. 2 Satz 2 abwehren. Wie § 167 Abs. 1 Satz 2 gewährt auch § 167 Abs. 2 Satz 2 dem Insolvenzverwalter eine **Ersetzungsbefugnis.**[89]

56 Der Gläubiger hat daher auch hier grundsätzlich **keinen Anspruch auf Einsichtnahme in die Geschäftsunterlagen.** Nur ausnahmsweise ist ein solcher Anspruch gegeben. Die Einsichtnahme kann der Gläubiger insbesondere dann verlangen, wenn der Insolvenzverwalter die Auskunft wegen Unzumutbarkeit verweigert hat;[90] auch hier steht aber die Einsichtnahme unter dem Vorbehalt ihrer Zumutbarkeit.[91] Auch hinsichtlich der Möglichkeit und der Kumulation gilt das zur Besichtigung Ausgeführte[92] entsprechend.

II. Inhalt

57 Einsichtnahme bedeutet, dass der Gläubiger selbst oder ein von ihm benannter Vertreter an einem vom Insolvenzverwalter zu bestimmenden Ort **Zugang** zu den Büchern und Geschäftspapieren erhält. Der Gläubiger hat keinen Anspruch auf Überlassung der Unterlagen, um sie bei sich zu Hause oder im Geschäftsbetrieb auszuwerten; er hat auch keinen Anspruch auf Zusendung der Geschäftsbücher; er ist jedoch grundsätzlich berechtigt, auf seine Kosten Kopien der für seine Rechte relevanten Unterlagen anzufertigen.[93]

III. Zumutbarkeit

58 Grundsätzlich gelten auch für die Einsichtnahme in Geschäftsunterlagen des Schuldners die für den Anspruch auf Auskunftserteilung angestellten Überlegungen zur Zumutbarkeit, wonach eine **Abwägung** zwischen den schutzwürdigen Interessen des einzelnen absonderungsberechtigten Gläubigers und dem allgemeinen Interesse an der zügigen und die Masse nicht über Gebühr belastenden Verfahrensdurchführung vorzunehmen ist.[94]

---

87 Vgl. im Einzelnen oben → Rn. 28 ff.
88 → Rn. 43 f.
89 → Rn. 48.
90 → Rn. 49.
91 → Rn. 58 f.
92 → Rn. 50 f.
93 KKInsO/*Hess* § 167 Rn. 18; Nerlich/Römermann/*Becker* § 167 Rn. 20.
94 → Rn. 28 ff.

Besonderes Gewicht hat jedoch bei der Einsichtnahme in Geschäftsunterlagen der Gesichtspunkt, dass der Insolvenzverwalter möglicherweise Dritten gegenüber verpflichtet ist, **Geschäftsvorgänge vertraulich zu behandeln.**[95] Denn die Einsicht in die Geschäftsunterlagen geht deutlich weiter als die Auskunft über einen einzelnen Gegenstand oder die Besichtigung einer einzelnen Sache: In den Geschäftsunterlagen spiegelt sich typischerweise die gesamte unternehmerische Tätigkeit des Schuldners wider, in ihnen wird die Geschäftspolitik und die Kalkulationsgrundlage sichtbar. Nicht nur hat der absonderungsberechtigte Gläubiger an diesen weitergehenden Informationen kein berechtigtes Interesse, sondern ihr Bekanntwerden kann für den Schuldner, insbesondere die Fortführung des schuldnerischen Betriebs oder gewinnbringende Verwertung seiner Einzelteile, großen Schaden anrichten. Aus diesen Gründen kann die Gläubigergesamtheit ein gesteigertes Interesse an der Vertraulichkeit der in den Geschäftsunterlagen enthaltenen Informationen haben. Hieraus kann sich im Einzelfall eine Begrenzung des Rechts auf Einsichtnahme ergeben. Wo eine Vertraulichkeitsvereinbarung nicht ausreicht, besteht aber auch hier die Möglichkeit, die Einsichtnahme durch einen zur Verschwiegenheit verpflichteten Wirtschaftsprüfer vornehmen zu lassen.[96] Lassen eine Vertraulichkeitsvereinbarung oder die Einsichtnahme durch einen Wirtschaftsprüfer die Wahrung der Geheimhaltungsinteressen erwarten, kann der Insolvenzverwalter keine Einwände gegen die Einsichtnahme in die Geschäftsunterlagen geltend machen. 59

IV. Aufwendungsersatz

Es gelten insoweit die zur Frage des Aufwendungsersatzes bei Auskunftserteilung dargelegten Grundsätze.[97] Fallen zB aufgrund der Einschaltung eines Wirtschaftsprüfers gesonderte Kosten an, so muss der Absonderungsberechtigte diese selbst tragen.[98] 60

F. Auskunftsrecht nach Verfahrensbeendigung

Die Auskunftspflicht des Insolvenzverwalters endet grundsätzlich mit Beendigung des Insolvenzverfahrens.[99] Auskunftsersuchen eines absonderungsberechtigten Gläubigers, die dieser vor Beendigung gestellt hat, müssen jedoch an sich auch danach noch vom Insolvenzverwalter beantwortet werden, wäre doch sonst der Schutz, den die Auskunftspflicht für den von der Verwertung ausgeschlossenen absonderungsberechtigten Gläubiger sicherstellen soll, unvollständig. Mit Beendigung des Insolvenzverfahrens trifft den Verwalter indes die Pflicht zur Erstellung einer Schlussrechnung, § 66.[100] Sie hat die Rechnungslegung des Insolvenzverwalters zum Gegenstand. Ihre Aufgabe ist es, den Verbleib der zur Masse gehörigen Gegenstände zu klären; zugleich stellt sie einen Tätigkeitsbericht des Insolvenzverwalters dar. Die Schlussrechnung gehört noch zum Insolvenzverfahren und kann mit Zwangsmitteln erwirkt werden.[101] Ist das Insolvenzverfahren zum Zeitpunkt des Auskunftsersuchens bereits beendet, wird der Anspruch des Gläubigers auf Auskunftserteilung daher regelmäßig **durch die Rechenschaftspflicht des Insolvenzverwalters gem. § 66 ausgeschlossen.** Eine Auskunftspflicht des Insolvenzverwalters kommt dann nur noch in zwei Sonderfällen in Betracht: Zum einen, wenn die Auskunft vom Insolvenzverwalter ohne weitere Nachforschungen **sofort erteilt werden kann.**[102] Zum anderen – trotz eventuell erforderlicher Nachforschungen –, wenn der Insolvenzverwalter im Verfahren die Auskunftserteilung **bewusst und unberechtigt unterlassen hat.**[103] 61

---

95 *Henckel*, Aktuelle Probleme der Warenlieferanten beim Kundenkonkurs, 2. Aufl. 1984, S. 17.

96 *Sponagel* DZWIR 2011, 270; Nerlich/Römermann/*Becker* § 167 Rn. 20; vgl. zu diesen Überlegungen nach altem Recht *Henckel*, Aktuelle Probleme der Warenlieferanten beim Kundenkonkurs, 2. Aufl. 1984, S. 17 f.; *Stürner*, Die Aufklärungspflicht der Parteien im Zivilprozess, 1976, S. 211 f.; 372 f.

97 → Rn. 43 f.

98 *Gundlach/Frenzel/Schmidt* KTS 2001, 241, 246 f.; FKInso/*Wegener* § 167 Rn. 10; Uhlenbruck/*Brinkmann* § 167 Rn. 12.

99 OLG Köln ZIP 1982, 1107; *Henckel*, Aktuelle Probleme der Warenlieferanten beim Konkurs, 2. Aufl. 1984, S. 19.

100 Vormals § 86 KO.

101 Vgl. insoweit die Kommentierung zu § 66.

102 Siehe schon OLG Köln ZIP 1982, 1107, 1108; *Kuhn/Uhlenbruck*, KO, 11. Aufl. 1994, § 6 Rn. 53g; *Henckel*, Aktuelle Probleme der Warenlieferanten beim Kundenkonkurs, 2. Aufl. 1984, S. 19; Mohrbutter/*Pape*, Handbuch der Insolvenzverwaltung, 7. Aufl. 1997, Rn. VI. 159.

103 Siehe schon OLG Köln ZIP 1982, 1107, 1108; Mohrbutter/*Pape*, Handbuch der Insolvenzverwaltung, 7. Aufl. 1997, Rn. VI. 159.

§ 168 Mitteilung der Veräußerungsabsicht

(1) [1]Bevor der Insolvenzverwalter einen Gegenstand, zu dessen Verwertung er nach § 166 berechtigt ist, an einen Dritten veräußert, hat er dem absonderungsberechtigten Gläubiger mitzuteilen, auf welche Weise der Gegenstand veräußert werden soll. [2]Er hat dem Gläubiger Gelegenheit zu geben, binnen einer Woche auf eine andere, für den Gläubiger günstigere Möglichkeit der Verwertung des Gegenstands hinzuweisen.

(2) Erfolgt ein solcher Hinweis innerhalb der Wochenfrist oder rechtzeitig vor der Veräußerung, so hat der Verwalter die vom Gläubiger genannte Verwertungsmöglichkeit wahrzunehmen oder den Gläubiger so zu stellen, wie wenn er sie wahrgenommen hätte.

(3) [1]Die andere Verwertungsmöglichkeit kann auch darin bestehen, daß der Gläubiger den Gegenstand selbst übernimmt. [2]Günstiger ist eine Verwertungsmöglichkeit auch dann, wenn Kosten eingespart werden.

Schrifttum: Siehe bei Vor §§ 166–173

Übersicht

A. Normzweck

Die in § 168 vorgesehene Pflicht des Insolvenzverwalters, seine Veräußerungsabsicht mitzuteilen, dient in erster Linie der **Sicherung der Rechtsposition des absonderungsberechtigten Gläubigers.** Dass § 166 dem Insolvenzverwalter die Befugnis zur Verwertung bestimmter mit Absonderungsrechten belasteter Gegenstände überträgt, soll nicht dazu führen, dass der Absonderungsgläubiger Nachteile hinnehmen muss, weil eine für ihn günstigere Verwertungsmöglichkeit vom Insolvenzverwalter nicht wahrgenommen worden ist. Die Norm kommt dann zur Anwendung, wenn das Absonderungsrecht des dinglich gesicherten Gläubigers tangiert werden kann. Wird die gesamte gesicherte Forderung (einschließlich Zinsen und Kosten) des Gläubigers aus dem Verwertungserlös befriedigt, so kann der gesicherte Gläubiger nicht auf das Instrumentarium des § 168 zurückgreifen, um eine seiner Meinung nach vorliegende Unter-Wert-Veräußerung zu verhindern. Meinen der gesicherte Gläubiger oder andere Insolvenzgläubiger, dass der Insolvenzverwalter einen Gegenstand der Insolvenzmasse unter Wert veräußert habe, so können sie Schadensersatzansprüche nach § 60 geltend machen. 1

Ob der Insolvenzverwalter oder der absonderungsberechtigte Gläubiger über die besseren Verwertungsmöglichkeiten verfügt, hängt immer von den Umständen des Einzelfalls ab. Häufig hat der gesicherte Gläubiger einen guten Überblick über den Markt oder steht mit den aktuellen oder potentiellen Geschäftspartnern des Schuldners selbst in geschäftlicher Verbindung. Der Insolvenzverwalter seinerseits schaltet in der Praxis regelmäßig professionelle Verwertungsfirmen ein, die ebenfalls branchenkundig sind. Man kann daher nicht generell sagen, ob der Gläubiger oder der Insolvenzverwalter über die besseren Verwertungsmöglichkeiten verfügt. Da der Gesetzgeber in § 166 die Entscheidung getroffen hat, das Verwertungsrecht für bewegliche Sachen im Verwalterbesitz und für Forderungen auf den Insolvenzverwalter zu übertragen, ging es darum, einen Weg zu finden, mit dem **bessere Verwertungsmöglichkeiten des Gläubigers nicht** zu dessen Nachteil **ungenutzt bleiben.** Dies will § 168 dadurch erreichen, dass er dem Sicherungsgläubiger die Gelegenheit gibt, dem Verwalter eine günstigere Verwertungsmöglichkeit nachzuweisen. Ob der Verwalter diese Verwertungsmöglichkeit wahrnimmt, bleibt zwar ihm überlassen – was die Verwertungsbefugnis des Verwalters wahrt; der Gläubiger darf aus der Entscheidungsfreiheit des Verwalters aber keine Nachteile erleiden, sondern ist ggf. so zu stellen, wie wenn die Verwertungsmöglichkeit wahrgenommen worden wäre – was wiederum die Rechtsposition des Gläubigers schützt. 2

Die bestmögliche Verwertung, die § 168 fördern will, steht sowohl im Interesse des gesicherten Gläubigers als auch im Interesse der Gläubigergesamtheit und des Schuldners, dient also den **Interessen aller Beteiligten.** Der gesicherte Gläubiger will sich aus dem Sicherungsgut möglichst vollständig befriedigen, um nicht mit seinem Forderungsrest auf die Insolvenzquote verwiesen zu sein; Gläubigergesamtheit und der Schuldner wollen das in die Insolvenzmasse gefallene Vermögen nicht verschleudert sehen sowie zeit- und kostenintensive Streitigkeiten mit dem absonderungsberechtigten Gläubiger über die Modalitäten der Verwertung vermeiden. 3

Die Vorschrift soll nicht zuletzt zur **Verfahrensbeschleunigung** beitragen, was wiederum im Interesse der Beteiligten, aber auch im gesamtwirtschaftlichen Interesse ist. Zum Ersten erlaubt § 168 eine Nutzung der Branchenkenntnis des Gläubigers und entlastet zugleich den Verwalter davon, große Ressourcen in die Ermittlung der besten Verwertungsmöglichkeit zu investieren. Zum Zweiten bezweckt die einwöchige Frist des Gläubigers zur Abgabe eines Hinweises auf günstigere Verwertungsmöglichkeiten die Vermeidung von Rechtsstreitigkeiten zwischen Verwalter und gesichertem Gläubiger über eine bestmögliche Verwertung der Gegenstände, wenn sich der Gläubiger nicht meldet.[1] Ebenfalls der zügigen Verfahrensabwicklung dient zum Dritten die in § 168 Abs. 3 vorgesehene Möglichkeit, dem Gläubiger den betreffenden Gegenstand zur Durchführung der von ihm vorgeschlagenen Verwertungsmöglichkeit auszuhändigen. 4

Die in der Theorie überaus geglückt wirkende Vorschrift stellt die **Praxis** allerdings vor nicht unerhebliche **Schwierigkeiten.** Dies liegt daran, dass sie sich auf den einzelnen Verwertungsfall konzentriert und dabei Komplexität und Dynamik des Verfahrens insgesamt ausblendet. Indes sind die Möglichkeiten einer gesetzlichen Regelung komplexer und dynamischer Verfahren begrenzt. Auch besteht die Vorschrift keineswegs darauf, ohne Rücksicht auf die Beteiligten angewandt zu werden. Sie ist vielmehr der Hintergrund, vor dem die Beteiligten sinnvollerweise eine **Verwertungsvereinbarung** treffen. Indem sie einerseits dem absonderungsberechtigten Gläubiger Einflussmöglichkeiten sichert, andererseits aber diese in enge zeitliche Grenzen verweist, gibt sie Insolvenzverwalter wie Gläubiger eine Verhandlungsposition, aus der heraus beide ihre Interessen sollten wahren können. 5

---

[1] Siehe Begr. zu § 193 RegE, BR-Drs. 1/92, S. 179 und Beschlussempfehlung des Rechtsausschusses zu § 193 RegE, BR-Drs. 12/7302, S. 176, 177.

B. Entstehungsgeschichte

I. Frühere Regelung

6 Die Konkursordnung sah keine dem § 168 inhaltlich entsprechende Regelung vor. Aufgrund der Bestimmung des § 127 Abs. 2 KO, die dem absonderungsberechtigten Gläubiger eine gegenüber dem Konkursverwalter vorrangige Verwertungsbefugnis einräumte, war eine für den Gläubiger nachteilige Verwertung ausgeschlossen. Im gesetzlichen Ausnahmefall der Verwertung durch den Konkursverwalter gem. § 127 Abs. 1 KO hatte der absonderungsberechtigte Gläubiger gem. § 127 Abs. 1 Satz 2 KO lediglich einen Anspruch auf Herausgabe des Verwertungserlöses. Ein Widerspruchsrecht[2] stand allein dem Sicherungseigentümer aufgrund seines Selbstverwertungsrechtes zu.[3] Dieses Widerspruchsrecht konnte der Sicherungseigentümer gem. §§ 771 Abs. 3, 769 ZPO geltend machen, sofern der Konkursverwalter nicht nach Maßgabe des § 127 Abs. 2 KO verfuhr.[4] Bereits nach früherem Recht oblag dem Konkursverwalter allerdings die Pflicht, die Verwertung auf bestmögliche Art und Weise durchzuführen.[5]

II. Reformvorschläge

7 Ausgangspunkt der Diskussion um die Regelungen des § 168 war ein im ersten Bericht der **Kommission für Insolvenzrecht** bereits detailliert vorgesehenes Eintrittsrecht des absonderungsberechtigten Gläubigers.[6] Der Insolvenzverwalter sollte dem Gläubiger, der seine Sicherungsrechte ordnungsgemäß angemeldet hatte, seine Veräußerungsabsicht mitteilen und ihn über die Konditionen der Veräußerung in Kenntnis setzen. Hierdurch sollte der Gläubiger die Möglichkeit des Selbsteintritts bekommen und die Gefahr, dass die Übertragung des Verwertungsrechts auf den Insolvenzverwalter zu einem geringeren Erlös führen könnte, für den Gläubiger minimiert werden.[7]

8 Noch im **Referentenentwurf** war in § 182 Abs. 1 RefE ein grundsätzliches Eintrittsrecht des absonderungsberechtigten Gläubigers vorgesehen. Danach war der Verwalter grundsätzlich verpflichtet, dem Gläubiger nicht nur die Veräußerungsabsicht anzuzeigen, sondern ihm auch unter Setzung einer angemessenen Frist die Überlassung des Gegenstandes zu den Bedingungen der geplanten Veräußerung anzubieten. Nach fruchtlosem Fristablauf sollte der Gläubiger mit der Einwendung präkludiert sein, der Wert des veräußerten Gegenstandes sei zum Zeitpunkt der Veräußerung tatsächlich höher gewesen als der Erlös. Die jetzige Regelung des § 168 Abs. 1, 2 war auf wenige, in § 182 Abs. 2 RefE abschließend aufgezählte Fälle beschränkt, nämlich die Veräußerung im Rahmen der laufenden Geschäfte bei der Fortführung des Unternehmens, die Veräußerung eines Betriebes oder einer anderen Gesamtheit von Gegenständen sowie die Veräußerung im Wege der öffentlichen Versteigerung.

III. Gesetzgebungsverfahren

9 Der § 182 RefE wurde in leicht modifizierter Form als § 193 RegE in das Gesetzgebungsverfahren eingebracht. Abs. 3 der Regelung sah nunmehr ausdrücklich vor, dass als Verwertungsmöglichkeit auch die Übernahme des Gegenstandes durch den Gläubiger in Betracht kommt. Die **Beschlussempfehlung des Rechtsausschusses** zu § 193 RegE[8] verlieh der Regelung schließlich ihre heutige Gestalt. Als wichtigste Änderung ist festzuhalten, dass das **Eintrittsrecht** des absonderungsberechtigten Gläubigers nun vollständig **durch die Mitteilungspflicht** des Insolvenzverwalters von der Veräußerung **ersetzt** wurde, da man – wohl zu Recht – von einer geringen Praktikabilität des Eintrittsrechts ausging.[9] Des Weiteren wurde die Dauer der vom Insolvenzverwalter zu setzenden Frist, innerhalb derer der absonderungsberechtigte Gläubiger auf eine Verwertungsmöglichkeit hinzuweisen hat, konkretisiert, indem sie – statt auf bloße Angemessenheit abzustellen – auf eine Woche begrenzt wurde. Hierdurch wurde eine Vermeidung von Rechtsstreitigkeiten über das normative Tatbestandsmerkmal der Angemessenheit bezweckt, um auf diese Weise das Verfahren zu beschleunigen und eine größere Rechtssicherheit zu erzielen.[10] Dessen ungeachtet ist die Frist zugunsten des Gläubigers nicht als Ausschlussfrist konzipiert worden. Vielmehr sollte es dem absonderungsberechtigten Gläubiger bis zur Veräußerung des jeweiligen Gegenstandes möglich bleiben, auf eine günstigere Verwertungsmöglich-

---

2 RGZ 157, 40, 45; *Kuhn/Uhlenbruck*, KO, § 127 Rn. 10 mwN.

3 Siehe hierzu *Kuhn/Uhlenbruck*, KO, § 127 Rn. 16 mwN.

4 *Kuhn/Uhlenbruck*, KO, § 127 Rn. 10.

5 BFH KTS 1971, 111, 113 f.; OLG Düsseldorf KTS 1973, 271, 272; *Kilger/K. Schmidt*, KO, § 117 Anm. 4.

6 Leitsatz 3.3.5., Erster Bericht der Kommission für Insolvenzrecht, Köln 1995, S. 317.

7 Begründung zu Leitsatz 3.3.5., Erster Bericht der Kommission für Insolvenzrecht, Köln, 1985, S. 317.

8 BT-Drs. 12/7302 S. 176, 177.

9 Siehe Begründung zu § 193 RegE, BR-Drs. 1/92, S. 179.

10 Beschlussempfehlung des Rechtsausschusses zu § 193 RegE, BT-Drs. 12/7302 S. 176, 177 Abs. 1.

keit hinzuweisen.[11] Schließlich wurde in § 168 Abs. 3 Satz 2 ausdrücklich festgelegt, dass auch eine weniger kostenintensive Verwertungsmöglichkeit günstiger iSd Bestimmung sei.[12]

C. Anwendungsbereich

I. Herkömmliche Veräußerung beweglicher Gegenstände

Die Vorschrift des § 168 Abs. 1 Satz 1 erfasst sicher den freihändigen Verkauf von Sicherungsgut 10 an einen Dritten.[13] Die Norm findet aber auch im Falle einer freiwilligen öffentlichen Versteigerung des Sicherungsguts sowie bei jeder anderen Form der Verwertung Anwendung,[14] denn die Erwägungen des Gesetzgebers zum Schutz des absonderungsberechtigten Gläubigers gelten auch bei einer freiwilligen öffentlichen Versteigerung und bei **allen** anderen **Verwertungsformen.**[15]

II. Sicherungsabgetretene Forderungen

§ 168 Abs. 1 betrifft Gegenstände, zu deren Verwertung der Insolvenzverwalter nach § 166 11 berechtigt ist. Gegenstände können, wie aus § 90 BGB folgt, körperlich und unkörperlich sein. Unkörperliche Gegenstände sind insbesondere Rechte, zu denen auch Forderungen gehören. Wortlaut und Grammatik lassen daher keinen Zweifel, dass § 168 auch sicherungsabgetretene Forderungen erfasst.[16] Die Verwertung sicherungsabgetretener Forderungen kann durch Verkauf, etwa an einen Factor, erfolgen;[17] häufiger ist aber die Einziehung der Forderungen, in deren Verlauf der Insolvenzverwalter möglicherweise Vergleiche und Ratenzahlungsvereinbarungen mit Drittschuldnern trifft – was ebenfalls unmittelbare Auswirkungen auf die Werthaltigkeit der sicherungsabgetretenen Forderungen hat. Es stellt sich also die Frage, welche Verwertungsformen sicherungsabgetretener Forderungen von § 168 erfasst sind.

1. Verkauf sicherungsabgetretener Forderungen. Da Forderungen Gegenstände sind und 12 die Abtretung einer Forderung in Erfüllung eines Forderungsverkaufs eine Veräußerung darstellt, erfasst der Wortlaut des § 168 ohne Weiteres den Verkauf sicherungsabgetretener Forderungen durch den Insolvenzverwalter an einen Dritten, zB ein Factoringunternehmen.[18] Auch der uneingeschränkte Verweis auf § 166, der in seinem Abs. 2 die zur Sicherheit abgetretenen Forderungen der Verwertung durch den Insolvenzverwalter unterwirft, spricht für dieses Ergebnis.[19] Überlegen könnte man, ob Sinn und Zweck des § 168 eine Einschränkung auf solche Veräußerungen erlauben, die mindestens zum Nominalwert der Forderung erfolgen.[20] Allerdings könnte der absonderungsberechtigte Gläubiger, wäre er selbst zur Verwertung berechtigt, einen Erlös, der den Nominalwert erreicht oder gar höher liegt, realisieren. Ein Grund, diese – praktisch kaum je vorkommenden – Fälle vom Anwendungsbereich des § 168 auszuschließen, ist daher auch mit Blick auf Sinn und Zweck der Norm nicht erkennbar. Unter § 168 fällt daher **jeder Verkauf einer zur Sicherheit abgetretenen Forderung.** Der Insolvenzverwalter muss also stets den Sicherungszessionar informieren;[21] da es typischerweise Verhandlungen zwischen Insolvenzverwalter und Drittem über die Höhe des Abschlags auf den Nominalwert gibt, erscheint es sinnvoll, den Sicherungszessionar in diese Verhandlungen von vornherein miteinzubeziehen.

2. Einziehung sicherungsabgetretener Forderungen. Die Einziehung sicherungsabgetrete- 13 ner Forderungen stellt zwar zweifelsohne eine Verwertung, nicht aber eine Veräußerung an einen Dritten dar, wie sie § 168 Abs. 1 Satz 1 voraussetzt. Der Wortlaut spricht also klar gegen eine Anwendung des § 168 im Falle der Einziehung sicherungsabgetretener Forderungen durch den

---

11 Beschlussempfehlung des Rechtsausschusses zu § 193 RegE, BT-Drs. 12/7302 S. 176, 177 Abs. 2.
12 Beschlussempfehlung des Rechtsausschusses zu § 193 RegE, BT-Drs. 12/7302 S. 176, 177 Abs. 3.
13 Uhlenbruck/*Brinkmann* § 168 Rn. 4.
14 OLG Celle NZI 2004, 265.
15 OLG Celle NZI 2004, 265 f.
16 Anders → 3. Aufl. 2013 § 168 Rn. 7.
17 → § 166 Rn. 67 ff.
18 Uhlenbruck/*Brinkmann* § 168 Rn. 6; FKInsO/*Wegener* § 168 Rn. 3; HambKommInsO/*Scholz* § 168 Rn. 2; KKInsO/*Hess* § 168 Rn. 9; *Andersen/Freihalter/Niesert*, Aus- und Absonderungsrechte in der Insolvenz, 1999, Rn. 515.
19 *Gundlach/Frenzel/Schmidt* DZWIR 2001, 18, 19; KPB/*Flöther* § 168 Rn. 3.
20 So wohl → 3. Aufl. 2013 § 168 Rn. 8.
21 Uhlenbruck/*Brinkmann* § 168 Rn. 6; FKInsO/*Wegener* § 168 Rn. 3; Braun/*Dithmar* § 168 Rn. 2; BKInsO/*Undritz/Fiebig* § 168 Rn. 5 f.

Insolvenzverwalter. Auch ist die Einziehung auf den ersten Blick unproblematisch, da der Insolvenzverwalter das erhält, was auch der absonderungsberechtigte Gläubiger erhalten hätte. Allerdings ist bei näherer Betrachtung durchaus auch hier ein **Interesse des absonderungsberechtigten Gläubigers** an den Regelungen des § 168 denkbar. Zum einen kann ein Forderungsverkauf im – wenn auch eher seltenen – Einzelfall höhere Erlöse versprechen als eine Einziehung. Zum anderen kann der Insolvenzverwalter bei der Einziehung häufig zum Zeitpunkt der Fälligkeit nicht den vollen Betrag realisieren und sieht sich Einwendungen der Drittschuldner (insbes. Gewährleistungsansprüche und Aufrechnungen) gegenüber, die eine aufwendige Rechtsverfolgung befürchten und daher einen Vergleich mit dem Drittschuldner ratsam erscheinen lassen. Schließt der Verwalter Vergleiche mit Drittschuldnern über die zedierten Forderungen, so handelt es sich bei diesen „neuen“ Forderungen immer noch um die Altforderungen, die an den Zessionar zediert sind und seiner abgesonderten Befriedigung unterliegen.[22] Es fragt sich daher, ob sich aus § 168 – in analoger Anwendung – die Pflicht für den Insolvenzverwalter ergibt, den Sicherungszessionar auch vor einer Forderungseinziehung oder jedenfalls vor einem beabsichtigten Vergleich zu informieren, um ihm die Möglichkeit zu geben, abweichende Vorschläge zu unterbreiten. Ob die für eine Analogie gemeinhin vorausgesetzte unbeabsichtigte Regelungslücke vorliegt, ist nicht ganz klar;[23] es kann aber jedenfalls nicht von vornherein ausgeschlossen werden. Entscheidend ist daher, ob die Regelungen des § 168 sinnvollerweise auch auf den Fall der Einziehung angewandt werden sollten.

14 Unumstritten dürfte sein, dass es für den Insolvenzverwalter auf jeden Fall **ratsam** sein kann, derartige **Vergleiche** zumindest bei größeren Forderungsbeträgen **vorab mit dem Sicherungszessionar abzustimmen,** um das Haftungsrisiko für die Insolvenzmasse und den Insolvenzverwalter zu minimieren.[24] Den Insolvenzverwalter trifft nämlich die Pflicht zu einer optimalen Verwertung der Insolvenzmasse. Verzichtet er ohne Not im Rahmen eines Vergleichs auf Teile der Forderungen, so verletzt er seine Pflichten zur bestmöglichen Verwertung des schuldnerischen Vermögens und löst damit uU eine persönliche Schadensersatzpflicht nach § 60 aus. Ein Vorgehen nach § 168 liegt an sich im Interesse des Insolvenzverwalters, kann er doch auf diese Weise eine schnelle Entscheidung des Sicherungszessionars über die von ihm vorgeschlagenen Vergleiche mit Drittschuldnern herbeiführen und damit sein Haftungsrisiko begrenzen. Lässt sich mit dem Sicherungszessionar keine Einigung über die vom Insolvenzverwalter empfohlenen Verzichte mit den Drittschuldnern erreichen, so kann der Insolvenzverwalter zur Vermeidung von eigenen Haftungsrisiken die abgetretene Forderung nach § 170 Abs. 2 freigeben. Durch die Annahme einer Pflicht zur vorherigen Information des Sicherungszessionars über beabsichtigte Forderungsverzichte gegenüber Drittschuldnern ließen sich die Rechte des Sicherungsgläubigers weiter stärken, der sonst erst bei der Abrechnung des Insolvenzverwalters im Rahmen der Auskehrung der eingezogenen Forderungen über die vom Insolvenzverwalter ausgehandelten Vergleiche Informationen erhält.

15 Eine **Analogie,** die eine ausnahmslose Geltung der Regelungen des § 168 zur Folge hätte, sodass der Insolvenzverwalter jeden Vergleich mit einem Drittschuldner vorab anzuzeigen hätte,[25] ist indes **abzulehnen.** Im Ausgangspunkt können sich zwar alle Gläubiger darauf berufen, dass der Insolvenzverwalter zur bestmöglichen Verwertung verpflichtet ist. Daher erscheint der Sicherungszessionar im Rahmen der Einziehung sicherungsabgetretener Forderungen mindestens genauso schutzwürdig wie der Sicherungseigentümer im Rahmen der Verwertung der sicherungsübereigneten Gegenstände.[26] Ein gewichtiges und nach der hier vertretenen Auffassung ausschlaggebendes Argument gegen die analoge Anwendung des § 168 auf die Einziehung sicherungsabgetretener Forderungen stellt allerdings der damit verbundene **Zeit- und Arbeitsaufwand** dar. Hat der Insolvenzverwalter zB Forderungen gegen hunderte oder mehr Drittschuldner einzuziehen und sind diese Forderungen an einen Sicherungszessionar abgetreten, so ist es durchaus denkbar, dass in fast einem Drittel der Fälle Vereinbarungen mit den Drittschuldnern getroffen werden müssen. Hier kann man nicht vom Insolvenzverwalter verlangen, dass er jede Vereinbarung mit dem Sicherungszessionar abstimmt und hier möglicherweise noch dem Zessionar eine Frist von einer Woche für eine Rückäußerung einräumen muss. Die Ablehnung einer Analogie schließt es auch keineswegs aus, dass der

---

22 AA *Gessner* ZIP 2012, 455, der die schwer vertretbare Ansicht vertritt, die „neuen“ Forderungen aus dem Zahlungsvergleich würden nicht mehr der Zession unterfallen, sondern der Masse zustehen; dagegen *Ganter* ZIP 2014, 53.

23 Vgl. dazu *Andersen/Freihalter/Niesert*, Aus- und Absonderungsrechte in der Insolvenz, 1999, Rn. 517; *Gundlach/Frenzel/Schmidt* DZWIR 2001, 18, 19.

24 FKInsO/*Wegener* § 168 Rn. 3; *Klasmeyer/Elsner/Ringstmeier*, Kölner Schrift zur InsO, 2. Aufl. 2000, S. 1083 Rn. 40 f.; Uhlenbruck/*Brinkmann* § 168 Rn. 5; gegen eine Einbeziehung in die Verhandlungen K. Schmidt/*Sinz* § 168 Rn. 3.

25 So HambKommInsO/*Scholz* § 168 Rn. 2; *Gundlach/Frenzel/Schmidt* DZWIR 2001, 18.

26 Vgl. dazu auch *Gundlach/Frenzel/Schmidt* DZWIR 2001, 18 ff.

Insolvenzverwalter bei höheren Forderungsbeträgen den Sicherungszessionar informiert oder mit ihm schon vorab eine Verwertungsvereinbarung trifft, die Regelungen zu Vergleichen mit den Drittschuldnern enthält. Hat der Insolvenzverwalter den Sicherungszessionar weder informiert noch mit ihm eine Verwertungsvereinbarung abgeschlossen und erhebt der Sicherungszessionar im Rahmen der Abrechnung der eingezogenen Beträge Einwände gegen das Vorgehen des Insolvenzverwalters, so muss der Insolvenzverwalter nachweisen und darlegen, dass er mit den Vergleichsabschlüssen nicht seine Pflicht zur bestmöglichen Verwertung verletzt hat.

III. Notverkäufe verderblicher Waren

Eine **Ausnahme** von der Mitteilungspflicht nach § 168 kann bei Notverkäufen verderblicher 16
Waren bestehen. Würden bei einer Einhaltung der Vorgaben des § 168 die Waren verderben, so kann der Insolvenzverwalter die sicherungsübereigneten Sachen auch ohne Einhaltung der Vorschriften des § 168 veräußern.[27] Ob die Ware verderblich und daher ein Notverkauf erforderlich war, muss im Streitfall der Insolvenzverwalter darlegen und beweisen. Zur Vermeidung von Haftungsrisiken sollte der Insolvenzverwalter aber auch in diesen Fällen versuchen, eine Abstimmung mit dem Sicherungseigentümer herbeizuführen.

IV. Verbindung/Vermischung/Verarbeitung beweglicher Sachen

Ob der Insolvenzverwalter dem absonderungsberechtigten Gläubiger auch die beabsichtigte Ver- 17
bindung, Vermischung oder Verarbeitung der Sachen, an denen das Absonderungsrecht besteht, vorab nach den Regeln des § 168 mitteilen muss, ist umstritten. Für eine Mitteilung spricht, dass durch Verbindung, Vermischung und Verarbeitung das Sicherungsobjekt verändert wird und ein originärer Rechtserwerb stattfinden kann, der das Absonderungsrecht des gesicherten Gläubigers berührt. Daher spricht sich eine Stimme für eine – dann richtigerweise analoge – Anwendung des § 168 aus.[28] Vom Wortlaut des § 168, der nur die Veräußerung an einen Dritten nennt, sind die Fälle der Verbindung, Vermischung und Verarbeitung indes allenfalls dann erfasst, wenn man als Veräußerung nicht nur den rechtsgeschäftlichen, sondern auch den gesetzlichen Erwerb ansieht; dies entspricht aber nicht dem üblichen Verständnis. Die Gesetzessystematik spricht gegen eine Einbeziehung dieser Fälle, da § 172 Abs. 2 Verbindung, Vermischung und Verarbeitung eigens regelt; im Übrigen erwirbt der Sicherungsgläubiger ggf. ein Ersatzabsonderungsrecht oder ihm stehen Schadensersatzansprüche gegen den Insolvenzverwalter nach § 60 zu.[29] Eine Differenzierung zwischen der Veräußerung an einen Dritten und der Verbindung, Vermischung und Verarbeitung lässt sich dadurch rechtfertigen,[30] dass die Veräußerung die Sache meist endgültig dem Schuldnervermögen entzieht, während Verbindung, Vermischung und Verarbeitung die Sache typischerweise vorerst im Schuldnervermögen belassen; die Veräußerung erfolgt hier erst später und unterfällt dann, wenn das Absonderungsrecht nicht untergegangen ist, ihrerseits dem § 168. Vor allem aber sind Verbindung, Vermischung und Verarbeitung in den meisten Fällen mit dem Unternehmensgegenstand verbunden; müsste der Insolvenzverwalter hier in jedem einzelnen Fall eine Mitteilung machen und die Antwort abwarten, wäre eine Fortführung zumindest von Unternehmen aus dem produzierenden Gewerbe rein praktisch vielfach nicht mehr möglich. Die **– analoge – Anwendung des § 168** auf diese Fälle ist daher **abzulehnen.**[31]

V. Immobilien

Die Norm des § 168 ist bei der Verwertung von mit Grundpfandrechten belasteten Immobilien 18
nicht anwendbar.

D. Mitteilungspflicht des Verwalters und Hinweismöglichkeit des Gläubigers

I. Allgemeines

Die Mitteilungspflicht des Insolvenzverwalters und das Recht des absonderungsberechtigten 19
Gläubigers, den Insolvenzverwalter auf günstigere Verwertungsmöglichkeiten hinzuweisen, sollen

---

27 Uhlenbruck/*Brinkmann* § 168 Rn. 4; K. Schmidt/*Sinz* § 168 Rn. 2; HambKommInsO/*Scholz* § 168 Rn. 2.
28 Nerlich/Römermann/*Becker* § 168 Rn. 7.
29 Uhlenbruck/*Brinkmann* § 168 Rn. 7; *Gundlach/Frenzel/Schmidt* DZWIR 2001, 18, 21; *Ganter/Bitter* ZIP 2005, 93, 101 f.
30 Vgl. auch Uhlenbruck/*Brinkmann* § 168 Rn. 7; *Gundlach/Frenzel/Schmidt* DZWIR 2001, 18, 20.
31 So auch *Haas/Scholl* NZI 2002, 642; FKInsO/*Wegener* § 168 Rn. 4; Uhlenbruck/*Brinkmann* § 168 Rn. 7.

sicherstellen, dass dem Gläubiger bekannte bessere Verwertungsmöglichkeiten nicht zu seinem Nachteil unberücksichtigt bleiben.[32] Zugleich werden damit ein allfälliges überlegenes Wissen oder bessere Verwertungsmöglichkeiten des Gläubigers für das Verfahren insgesamt nutzbar gemacht. Diese Zwecke sind bei der Bestimmung der Anforderungen an die Mitteilung durch den Verwalter und den Hinweis durch den Gläubiger zu beachten. Die Frist, die nicht als Ausschlussfrist ausgestaltet ist, dient der Verfahrensbeschleunigung, ohne in eine „Über-Beschleunigung" zu münden.

II. Mitteilungspflicht des Insolvenzverwalters, Abs. 1 Satz 1

20 Sein Hinweisrecht nach § 168 Abs. 1 Satz 2 kann der absonderungsberechtigte Gläubiger nur dann effektiv wahrnehmen, wenn er zuvor von dem Insolvenzverwalter über dessen Veräußerungsabsicht informiert wurde. Die entsprechende Mitteilung soll angeben, „auf welche Weise der Gegenstand veräußert werden soll" (§ 168 Abs. 1 Satz 1 aE). Dabei ist dem Gläubiger konkret mitzuteilen, welche Verwertungsart zu welchen Konditionen beabsichtigt ist, um ihm die Möglichkeit zu eröffnen, eine günstigere Verwertungsart vorzuschlagen. Das Gesetz lässt allerdings **offen, wie konkret** die vom Verwalter geplante Veräußerung bezeichnet werden muss. Offen bleibt damit auch, wie weit die Verhandlungen zwischen Verwalter und dem erwerbswilligen Dritten schon gediehen sein müssen, um die Mitteilungspflicht des Verwalters auszulösen.[33] Abzuwägen ist hier zwischen dem Interesse des Gläubigers, die bestmögliche Realisierung seines Rechts zu ermöglichen, und dem Interesse der Praktikabilität auf Seiten des Verwalters.

21 Insofern dürften folgende **Angaben vom Verwalter** gefordert werden können:[34]

- zu veräußernder Gegenstand,
- Art der Veräußerung,
- geplanter Zeitpunkt des Vertragsschlusses,
- etwaige Zahlungsmodalitäten und Nebenabreden, wie etwa, ob der beabsichtigte Kaufpreis sofort und in voller Höhe oder aber erst später oder in Raten geleistet werden soll, oder auch Auskünfte über den Ausschluss der Gewährleistung,
- geplanter Verwertungstermin,
- soll ein Gegenstand veräußert werden, der zu einer Sachgesamtheit gehört, ist zudem ein Hinweis auf die geplante Erlösverteilung an die einzelnen Gläubiger zu geben,
- ob stets die Person des Käufers benannt werden muss, wird unterschiedlich beurteilt,[35] richtigerweise wird der Insolvenzverwalter wohl darauf verzichten können,
- Kosten der Verwertung, wenn diese Kosten höher sind als die Verwertungskostenpauschale,[36]
- schließlich ist der Gläubiger auf die Möglichkeit hinzuweisen, dass er innerhalb einer Woche die Gelegenheit hat, eine für ihn günstigere Verwertungsmöglichkeit zu nennen.

22 Die **Rechtsprechung** hat teilweise auch für ausreichend erachtet, dass der Insolvenzverwalter in der Mitteilung nach § 168 Abs. 1 Satz 1 **nur Angaben zur Verwertungsform und zum Kaufpreis** macht.[37] In dem konkret entschiedenen Fall hatte der Verwalter im Rahmen der von ihm beabsichtigten übertragenen Sanierung des schuldnerischen Unternehmens dem absonderungsberechtigten Gläubiger lediglich die Verwertungsform und den zu erwartenden Erlös mitgeteilt sowie das Schätzgutachten übersandt. Ausreichend sind diese Angaben indes nur dann, wenn dennoch im konkreten Fall der absonderungsberechtigte Gläubiger in die Lage versetzt wird festzustellen, dass eine andere Verwertungsmöglichkeit günstiger ist.

23 Die Mitteilung an den absonderungsberechtigten Gläubiger kann grundsätzlich **formlos** erfolgen, sollte jedoch aus Beweisgründen schriftlich erteilt werden.[38] Die Mitteilung muss gegenüber dem absonderungsberechtigten Gläubiger abgegeben werden. Bestehen an einem Gegenstand mehrere Absonderungsrechte, so hat der Verwalter alle absonderungsberechtigten Gläubiger dieses Gegenstandes zu benachrichtigen.[39]

---

[32] → Rn. 1 ff.
[33] HKInsO/*Landfermann* § 168 Rn. 3.
[34] Vgl. OLG Düsseldorf ZInsO 2018, 34, 46 f.; Uhlenbruck/*Brinkmann* § 168 Rn. 8; HambKommInsO/*Scholz* § 168 Rn. 3; *Ehlenz* ZInsO 2003, 165, 166; *Haas/Scholl* NZI 2002, 642, 643.
[35] Dafür *Klasmeyer/Elsner/Ringstmeier*, Kölner Schrift zur InsO, 2. Aufl. 2000, S. 1083 Rn. 23; K. Schmidt/*Sinz* § 168 Rn. 7; BKInsO/*Undritz/Fiebig* § 168 Rn. 8; dagegen Uhlenbruck/*Brinkmann* § 168 Rn. 8; HambKommInsO/*Scholz* § 168 Rn. 3; HKInsO/*Landfermann* § 168 Rn. 4.
[36] AG Duisburg ZInsO 2003, 190.
[37] LG Düsseldorf DZWIR 2003, 389.
[38] *Beyer/Beyer* NZI 2016, 241, 244; KKInsO/*Hess* § 168 Rn. 13; KPB/*Flöther* § 168 Rn. 5.
[39] KPB/*Flöther* § 168 Rn. 7.

III. Hinweis des Gläubigers

1. Zweck des Hinweises. Der Hinweis des Gläubigers auf eine für ihn günstigere Möglichkeit der Verwertung soll den – auch in diesem Fall exklusiv zur Verwertung befugten – Insolvenzverwalter in die Lage versetzen, die Richtigkeit des Hinweises zu **prüfen** und bei positiver Prüfung diese günstigere Verwertungsmöglichkeit tatsächlich **wahrzunehmen.** Aus diesem Zweck heraus sind die Anforderungen an den Hinweis des Gläubigers zu entwickeln. 24

2. Gegenstand des Hinweises. a) Andere Verwertungsmöglichkeit. Gegenstand des Hinweises muss das Bestehen (mindestens) einer anderen Verwertungsmöglichkeit sein, die für den absonderungsberechtigten Gläubiger günstiger ist. Als günstigere Verwertungsmöglichkeiten iSd § 168 kommen alle Verwertungsarten in Betracht, die **vom Verwalter** auch tatsächlich **wahrgenommen werden können.** Zu denken ist insbesondere an den freihändigen Verkauf zu günstigeren Bedingungen, die öffentliche Versteigerung oder die Ablösung der Rechte des Sicherungsgläubigers durch die Masse.[40] Die andere Verwertungsmöglichkeit kann nach § 168 Abs. 3 auch darin bestehen, dass der Gläubiger den Gegenstand zu den vom Insolvenzverwalter mitgeteilten Bedingungen selbst übernimmt, falls er dies angeboten hat. 25

b) Günstigkeit. Die vom Gläubiger aufgezeigte Verwertungsalternative muss „günstiger" als die vom Verwalter beabsichtigte Verwertung sein. Es stellt sich somit die Frage, wann eine Verwertung günstiger als eine andere ist. Diese Frage ist, da § 168 Abs. 1 Satz 2 nicht nur vom Hinweis auf eine andere, günstigere, sondern vom Hinweis auf eine „andere, für den Gläubiger günstigere" Verwertungsmöglichkeit spricht, stets aus der **Sicht des absonderungsberechtigten Gläubigers** zu beantworten. Der Gläubiger muss sich daher nicht entgegenhalten lassen, dass der potentielle Kaufinteressent die Masse von weiteren Verbindlichkeiten entlastet, wie es bei der Übernahme von Dienstverträgen häufig der Fall sein wird.[41] 26

Eine günstigere Verwertungsmöglichkeit ist auf den ersten Blick dann gegeben, wenn die andere Verwertung bei Realisierung der Vorschläge des Sicherungsgläubigers einen **höheren Erlös** bringt.[42] Da § 168 Abs. 3 Satz 2 klarstellt, dass auch die anfallenden Kosten zu berücksichtigen sind, ist in den Vergleich beider Verwertungsalternativen der um die Kosten bereinigte Nettoerlös in Ansatz zu bringen. Beinhalten die Verwertungsmöglichkeiten unterschiedliche Zahlungszeitpunkte, muss abgezinst werden, um die Erlöse vergleichbar zu machen.[43] 27

Nach der Klarstellung in § 168 Abs. 3 Satz 2 kann eine Verwertungsalternative auch dann günstiger sein, wenn sie bei gleichem Erlös lediglich **geringere Kosten** verursacht. Für die Höhe der Kosten ist unerheblich, ob sich diese im Rahmen der Kostenpauschale halten.[44] 28

Die günstigere Verwertungsmöglichkeit kann gem. § 168 Abs. 3 Satz 1 auch darin bestehen, dass der absonderungsberechtigte Gläubiger den Gegenstand selbst übernimmt. Gemeint ist hiermit ein **Selbsteintritt** des absonderungsberechtigten Gläubigers, dh der Gegenstand muss vom Gläubiger mindestens zu den Konditionen übernommen werden, die der Insolvenzverwalter auch bei der von ihm beabsichtigten Verwertung erreichen würde. Dass selbst bei gleich hohem Kaufpreis der Selbsteintritt für den Gläubiger günstiger ist, ist dadurch sichergestellt, dass der Gläubiger die Übernahme des Gegenstands der Verwertung durch den Verwalter vorzieht. 29

Die Günstigkeit hängt indes nicht allein von der Höhe des Erlöses, den Kosten und einem eventuellen Interesse am Selbsteintritt ab, sondern ist anhand einer Gesamtbetrachtung festzustellen. Daher sind auch **andere Kriterien und Umstände** zu berücksichtigen, sofern sie gerade die Verwertung betreffen.[45] Neben dem bereits genannten Zeitpunkt der Realisierung, der durch Abzinsung und ggf. einen Risikozuschlag abzubilden ist,[46] sind dies beispielsweise 30

- Zahlungswilligkeit und Zahlungsfähigkeit der in Rede stehenden Käufer,
- sonstige Risiken der Geschäfte,
- Kündigungs-, Widerrufs- oder Rückgaberechte,
- Gewährleistungsregelungen bzw. -ausschlüsse.

Unberücksichtigt bleiben müssen dagegen Umstände, die außerhalb der bloßen Verwertung liegen, wie etwa die Erwartung des Gläubigers, er könne mit Hilfe dieses Vertragsabschlusses eine lukrative

---

[40] *Haas/Scholl* NZI 2002, 642, 644.
[41] FKInsO/*Wegener* § 168 Rn. 7.
[42] Begr. zum RegE, BR-Drs. 1/92 S. 179.
[43] BKInsO/*Undritz/Fiebig* § 168 Rn. 17.
[44] Beschlussempfehlung des Rechtsausschusses zu § 193 Abs. 3, BR-Drs. 12/7302 S. 177.
[45] OLG Düsseldorf ZInsO 2018, 34, 47; *Klasmeyer/Elsner/Ringstmeier*, Kölner Schrift zur InsO, 2. Aufl. 2000, S. 1083 Rn. 29; HKInsO/*Landfermann* § 168 Rn. 7; vgl. auch *Mönning*, FS Uhlenbruck, 2000, S. 239, 244 ff.; KKInsO/*Hess* § 168 Rn. 23.
[46] → Rn. 27.

Geschäftsbeziehung zu dem Käufer aufbauen. Derartige Umstände müssen unberücksichtigt bleiben, da sie über den unmittelbaren finanziellen Ertrag der anstehenden Veräußerung hinausreichen. Der absonderungsberechtigte Gläubiger hat sich das Sicherungsrecht nicht deswegen einräumen lassen, um bei einer späteren Verwertung derartige Vorteile zu erlangen. Ebenso unberücksichtigt bleiben ideelle Motive des Gläubigers,[47] sofern es sich nicht um die Motive für einen Selbsteintritt handelt.

31 Wie genau die anderen verwertungsbezogenen Kriterien und Umstände zu berücksichtigen sind, ist bislang ungeklärt und lässt sich kaum abstrakt sagen. Praktisch wichtig ist der Fall, dass der Gläubiger auf einen Kaufinteressenten hinweist, der zwar einen **höheren Kaufpreis** bietet, dafür aber **umfangreichere Gewährleistungen** verlangt, während der Insolvenzverwalter einen Verkauf zu einem geringeren Kaufpreis unter Ausschluss der Gewährleistung ins Auge gefasst hat.[48] Da der Insolvenzverwalter Partei des Kaufvertrages ist, müsste die Insolvenzmasse – und über § 61 ggf. auch der Insolvenzverwalter persönlich – für etwaige Gewährleistungsansprüche des Käufers einstehen. Die Gewährleistungsansprüche haben den Rang einer Masseverbindlichkeit.[49] Ein Recht der Insolvenzmasse, einen Teil des Verwertungserlöses einzubehalten, um später ggf. Gewährleistungsansprüche des Käufers befriedigen zu können, besteht nicht. Unterschiede in der Gewährleistung müssen daher in die Vergleichsrechnung eingestellt werden, etwa durch einen Zu- oder Abschlag zu den Kaufpreisen. Der absonderungsberechtigte Gläubiger kann, wenn er das Angebot mit dem höheren Kaufpreis, aber umfangreicherer Gewährleistung präferiert, gegenüber dem Insolvenzverwalter erklären, dass er die Insolvenzmasse von sämtlichen Kosten im Zusammenhang mit der Geltendmachung von Gewährleistungsansprüchen freistellt. Dann sind die Angebote vergleichbar und die bessere Verwertungsmöglichkeit kann allein durch den Vergleich der gebotenen Kaufpreise bestimmt werden.

32 Wie vorstehend beschrieben ist auch in anderen Fällen zu verfahren, in denen sich die Vorschläge von Insolvenzverwalter und absonderungsberechtigtem Gläubiger in **anderen einzelnen Parametern** unterscheiden. Durch entsprechende Freihalteerklärungen kann der Gläubiger eine Vergleichbarkeit der einzelnen Angebote herstellen; dann kommt es nur noch auf den Kaufpreis an, der zu vergleichen ist. Die hier vorgeschlagene Lösung ist in der Praxis allerdings nur begrenzt umsetzbar, wenn der Insolvenzverwalter praktisch für jede abweichende Klausel zwischen seinem Verwertungsvorschlag und dem Vorschlag des absonderungsberechtigten Gläubigers Freistellungen seitens des Gläubigers fordert. Der Insolvenzverwalter darf sich hier nicht rechtsmissbräuchlich verhalten. Bei dem Vergleich der beiden Vorschläge ist nach wirtschaftlichen Gesichtspunkten zu ermitteln, welche Verwertungsalternative die günstigere ist. Der Verwalter ist zur bestmöglichen Verwertung verpflichtet. Sucht er offensichtlich nur nach Vorwänden, um die Vorschläge des absonderungsberechtigten Gläubigers zu torpedieren, und veräußert er das Sicherungsgut dann zu einem zu niedrigen Preis, so kann der Gläubiger Schadensersatzansprüche nach § 60 gegenüber dem Insolvenzverwalter geltend machen.

33 **3. Anforderungen an den Hinweis.** Ohne eine eigene Prüfung, ob die vom Gläubiger angesprochene Verwertungsmöglichkeit tatsächlich günstiger ist, darf der Insolvenzverwalter dem Hinweis nicht Folge leisten und die Verwertung entsprechend vornehmen. Denn die Verantwortung für die Verwertung liegt weiterhin beim Insolvenzverwalter. Der Hinweis des Gläubigers muss daher zunächst **hinreichend konkret** sein, um dem Insolvenzverwalter eine **Überprüfung** des Wahrheitsgehalts des Hinweises und der Umsetzbarkeit eines entsprechenden Vorgehens zu erlauben. Der Insolvenzverwalter muss also feststellen können, ob die alternative Verwertungsmöglichkeit tatsächlich existiert und ob sie tatsächlich günstiger als die von ihm beabsichtigte Verwertung ist – was, sofern noch nicht geschehen, eine Bestimmung der Durchführbarkeit, der Erlöse und der Kosten der beabsichtigten Verwertung notwendig macht. Es bedarf also des Vergleichs mehrerer Prognosen, wie er im Insolvenzrecht nicht selten ist.[50] Maßstab für die Konkretheit ist, dass der Insolvenzverwalter aufgrund des Hinweises in die Lage versetzt wird, eine vergleichende Abschätzung von Kosten und Erlös vorzunehmen.[51] Zu verlangen ist in jedem Fall die Benennung der jeweiligen Verwertungsart, eine Schätzung des erwarteten Mehrerlöses sowie der Kosten, eventuell eine Angabe des Verwertungsortes sowie gegebenenfalls weiterer Details der Verwertung.[52] Im Fall des freihändigen Verkaufes

[47] *Klasmeyer/Elsner/Ringstmeier*, Kölner Schrift zur InsO, 2. Aufl. 2000, S. 1083 Rn. 29; BKInsO/*Undritz/Fiebig* § 168 Rn. 15.

[48] *Haas/Scholl* NZI 2002, 642, 646.

[49] *Haas/Scholl* NZI 2002, 642, 646.

[50] Siehe etwa Jaeger/*Kern* § 235 Rn. 24 ff.

[51] Uhlenbruck/*Brinkmann* § 168 Rn. 21; *Haas/Scholl* NZI 2002, 642, 644; *Lwowski/Heyn* WM 1998, 473, 478.

[52] OLG Düsseldorf ZInsO 2018, 34, 47; *Mönning*, FS Uhlenbruck, 2000, S. 239, 244; *Haas/Scholl* NZI 2002, 642, 644.

ist neben der Angabe des Käufers auch die des erwarteten Kaufpreises erforderlich. Geht der Gläubiger davon aus, dass die Verwertung an einem anderen Ort oder zB durch ein anderes Auktionshaus erlössteigernd sein würde, muss er die Alternative und den erwarteten Mehrerlös benennen.[53] Erwartet der Gläubiger eine Erlössteigerung aufgrund geringerer Kosten, muss er die voraussichtliche Kosteneinsparung dartun. Der Insolvenzverwalter darf nicht mit einem erheblichen Zeit- und Prüfungsaufwand für unkonkrete Vorschläge des absonderungsberechtigten Gläubigers belastet werden. Zugleich dürfen aber – um die Rechtsstellung des Gläubigers nicht zu entwerten – die Anforderungen an die Konkretheit der Angaben nicht überzogen werden, zumal es sich nur um einen „Hinweis" handelt. Insbesondere die – für den Vergleich notwendige – Bestimmung der Durchführbarkeit, Kosten und Erlöse der vom Insolvenzverwalter geplanten Verwertung kann sich auf die Mitteilung stützen, muss aber auch bei Infragestellung der mitgeteilten Daten nicht zu detailliert ausfallen, da vom Insolvenzverwalter erwartet werden kann, entsprechende Überlegungen im Vorfeld selbst angestellt zu haben.

Der Insolvenzverwalter muss auch in der Lage sein, einem Hinweis gemäß zu handeln. Daher muss der Hinweis auch im Hinblick auf die **Durchführung** der vom Gläubiger vorgeschlagenen alternativen Verwertung **hinreichend konkret** sein. Allerdings muss der Hinweis noch nicht alle eventuellen Detailfragen klären, wenn der Insolvenzverwalter davon ausgehen kann, dass der Gläubiger über die notwendigen Informationen verfügt bzw. sie beschaffen kann und diese ihm auch ohne Verzögerung weitergeben werden. Auch insoweit ist mithin eine Prognose erforderlich. 34

Sämtliche Prognosen müssen **hinreichend abgesichert** sein. Auf die bloße Vermutung des Gläubigers hin ist der Verwalter nicht verpflichtet, tätig zu werden, zumal hierdurch unnötiger finanzieller und zeitlicher Aufwand entstehen würde. Auch ein Berufen auf Schätzwerte (wie etwa bei Kraftfahrzeugen auf den Listenpreis nach Schwacke) genügt nicht. Vielmehr muss der Gläubiger darlegen, dass jemand konkret bereit ist, den höheren Preis zu bezahlen;[54] im Optimalfall legt der Gläubiger ein bindendes Angebot des potentiellen Erwerbers gleich mit vor.[55] 35

Wenn der Hinweis diesen **Anforderungen nicht genügt,** steht es dem Insolvenzverwalter zwar frei, den Gläubiger zu einer Nachbesserung aufzufordern. Er muss dies aber nicht, da anderenfalls die Gefahr bestünde, dass durch bloße Behauptungen Verfahrensverzögerungen und Irreführungen verursacht werden. 36

4. Mehrere absonderungsberechtigte Gläubiger. Haben mehrere Gläubiger an ein und demselben Gegenstand Absonderungsrechte, so kann es zu Problemen kommen, wenn die Gläubiger unterschiedliche Verwertungsvorschläge machen und nicht ein Vorschlag für alle Gläubiger günstiger ist. In diesen Fällen besteht die Möglichkeit, dass sich die Gläubiger im Rahmen eines Poolvertrages auf einen Vorschlag einigen.[56] Der Insolvenzverwalter muss die Gläubiger über die unterschiedlichen Vorschläge informieren und ihnen eine – wenn auch zeitlich knapp zu bemessende – Frist zur Abstimmung setzen. Ist eine Verständigung nicht möglich, kann der Verwalter den Sicherungsgegenstand freigeben, da ihm anderenfalls eine Haftung wegen unterlassener Verwertung droht.[57] 37

5. Nicht von § 168 erfasste Hinweise. Hervorzuheben ist, dass der absonderungsberechtigte Gläubiger auch Hinweise geben kann, die für ihn selbst nicht günstiger sind, aber der Masse einen höheren Erlös zukommen lassen bzw. den Ausfall mindern. Aus der Regelung des § 168 Abs. 1 geht zwar ausdrücklich hervor, dass es sich bei der vom absonderungsberechtigten Gläubiger vorgeschlagenen Verwertungsmöglichkeit um die „*für den Gläubiger* günstigere Möglichkeit"[58] handeln soll. Gleichwohl wird hierdurch nicht ausgeschlossen, dass der Gläubiger **Hinweise zugunsten aller Insolvenzgläubiger** abgibt. Es werden allerdings in diesen Fällen durch den Hinweis nicht die Rechtsfolgen des § 168 Abs. 2 und 3 ausgelöst, da sich diese ausdrücklich nur auf Hinweise gem. § 168 Abs. 1 beziehen. 38

IV. Frist für den Hinweis des Gläubigers

Aus § 161 Abs. 1 Satz 2 und Abs. 2 folgt, dass dem absonderungsberechtigten Gläubiger nach der Mitteilung der Veräußerungsabsicht durch den Insolvenzverwalter **jedenfalls eine Frist von einer Woche** zusteht, um den Insolvenzverwalter auf eine günstigere Verwertungsmöglichkeit hinzuweisen. Der Hinweis des Gläubigers ist zwar keine Willenserklärung, da der Gläubiger nicht den 39

---

[53] Vgl. OLG Celle ZIP 2004, 725 mAnm *Blank* EWiR 2004, 715; *Haas/Scholl* NZI 2002, 642, 644.

[54] OLG Düsseldorf ZInsO 2018, 34, 47; KKInsO/*Hess* § 168 Rn. 19.

[55] Ausführlich dazu → Rn. 30 ff.

[56] *Mönning*, FS Uhlenbruck, 2000, S. 239, 260.

[57] *Klasmeyer/Elsner/Ringstmeier*, Kölner Schrift zur InsO, 2. Aufl. 2000, S. 1083 Rn. 37; BKInsO/*Undritz/Fiebig* § 168 Rn. 18.

[58] Hervorhebung hinzugefügt.

Willen haben muss, die Rechtsfolgen des § 168 Abs. 2 herbeizuführen. Er ist aber geschäftsähnliche Handlung, für die die Regeln über Willenserklärungen entsprechend gelten. Einschlägig sind hier die Regeln über empfangsbedürftige Willenserklärungen. Es gelten also die Vorschriften der §§ 130 f. BGB entsprechend.[59] Die **Fristberechnung** richtet sich nach den §§ 186 ff. BGB. Die fristauslösende Mitteilung muss dabei die vom Insolvenzverwalter beabsichtigte Verwertungsmöglichkeit und den erwarteten Erlös so genau ausweisen, dass der Gläubiger in die Lage versetzt wird, einen Hinweis abzugeben.[60]

40 Die in § 168 Abs. 1 Satz 2 vorgesehene einwöchige Frist zur Aufgabe eines Hinweises auf günstigere Verwertungsmöglichkeiten ist **keine Ausschlussfrist.**[61] Auch nach ihrem Ablauf ist es dem Gläubiger erlaubt, auf günstigere Verwertungsmöglichkeiten hinzuweisen. Ein derartiger Hinweis ist vom Insolvenzverwalter gem. § 168 Abs. 2 zu berücksichtigen, wenn er ihm rechtzeitig vor der Veräußerung zugeht.[62]

41 Wann der Hinweis des Gläubigers noch **„rechtzeitig"** iSd Vorschrift beim Insolvenzverwalter eingeht, hat der Gesetzgeber offengelassen. Es ist zu verlangen, dass der Insolvenzverwalter noch in der Lage sein muss, ohne zusätzliche Kosten für die Masse eine Änderung der Verwertungsart vorzunehmen. Ferner muss dem Verwalter vor der Vornahme der vorgeschlagenen Veräußerung ein zumutbarer Zeitraum zur Prüfung des Gläubigerhinweises verbleiben.[63]

42 In der Praxis bereitet die Wochenfrist insbesondere dann Probleme, wenn sich der Verwalter für die Fortführung des Unternehmens entschieden hat und er im Rahmen der gewöhnlichen Geschäftstätigkeit Gegenstände mit Absonderungsrechten veräußern will. Die Wochenfrist kann bei dieser Sachlage praktisch jede Veräußerung des Verwalters verhindern. Bei der Betriebsfortführung ist es dem Verwalter daher anzuraten, mit dem absonderungsberechtigten Gläubiger eine **Pauschalvereinbarung** zur Veräußerung der Gegenstände zu treffen.[64]

V. Wiederholung der Mitteilung bei günstigerer beabsichtigter Verwertung?

43 Nach Erteilung des Hinweises, aber vor Vornahme der zunächst beabsichtigten Verwertung, können sich die **Pläne des Insolvenzverwalters ändern,** etwa weil er einen weiteren Interessenten gefunden hat und dieser oder der bisherige Interessent ein höheres Kaufangebot abgeben. Außer Frage steht, dass der Insolvenzverwalter dem absonderungsberechtigten Gläubiger in diesem Fall eine neue Mitteilung machen und den Ablauf der Wochenfrist abwarten darf – was sich empfehlen wird, wenn die Verwertung nicht zeitkritisch und der Aufwand tragbar ist. Ob der Insolvenzverwalter aber zu einer solchen neuen Mitteilung an den absonderungsberechtigten Gläubiger auch verpflichtet ist und diese Mitteilung dann die Äußerungsfrist erneut zum Laufen bringt, ist umstritten. Eine erneute Mitteilung sicherte dem absonderungsberechtigten Gläubiger die Möglichkeit, binnen einer neuen Wochenfrist auf eine noch günstigere Verwertungsmöglichkeit hinzuweisen.

44 Dafür, dem absonderungsberechtigten Gläubiger diese Möglichkeit zu eröffnen, spricht, dass der absonderungsberechtigte Gläubiger das spätere höhere Kaufangebot bei Abgabe seines Hinweises nicht kannte und deshalb glauben konnte, sein Hinweis werde die Rechtsfolgen des § 168 herbeiführen, es bedürfe also keiner weiterer Bemühungen, eine günstigere Verwertungsmöglichkeit zu finden. Wer eine Pflicht zur erneuten Mitteilung bejaht,[65] schützt also das **Vertrauen des absonderungsberechtigten Gläubigers** auf einen einmal gegebenen Hinweis.

45 Entscheidend muss aber sein, ob dieses Vertrauen den eben geschilderten Schutz auch verdient. Dies kann nur nach einer Gegenüberstellung der Vor- und Nachteile der beiden Lösungen beantwortet werden. Die Pflicht zur erneuten Mitteilung mit neuem Fristenlauf verursacht nicht nur für den Insolvenzverwalter einen gewissen Aufwand, sondern hat auch notwendigerweise eine Verzögerung um mindestens eine Woche zur Folge. Während dieser Zeit kann die vom Insolvenzverwalter aufgetane noch günstigere Verwertungsmöglichkeit erlöschen. Zugleich hat die noch günstigere Verwertungsmöglichkeit für den absonderungsberechtigten Gläubiger gegenüber der Verwertungsmöglichkeit, auf die er zunächst hingewiesen hatte, keine Nachteile und vielleicht sogar den Vorteil eines geringeren Ausfalls. Nachteile im Vergleich mit der Verwertungsmöglichkeit, auf die der absonderungsberechtigte Gläubiger zunächst hingewiesen hat, können sich nur dann ergeben, wenn der absonderungsberechtigte

---

59 KPB/*Flöther* § 168 Rn. 10; *Haas/Scholl* NZI 2002, 642, 644.

60 → Rn. 21 ff.

61 *Rattunde/Smid/Zeuner/Smid* § 168 Rn. 5; *Haas/Scholl* NZI 2002, 642, 644.

62 Vgl. Beschlussempfehlung des Rechtsausschusses zu § 193 RegE, BR-Drs. 12/7302, S. 176, 177.

63 KPB/*Flöther* § 168 Rn. 10; *Haas/Scholl* NZI 2002, 642, 644.

64 *Klasmeyer/Elsner/Ringstmeier*, Kölner Schrift zur InsO, 2. Aufl. 2000, S. 1083 Rn. 38; KPB/*Flöther* § 168 Rn. 7; BKInsO/*Undritz/Fiebig* § 168 Rn. 24.

65 *Gundlach/Frenzel/Schmidt* DZWIR 2001, 18 nur für den Fall, dass die Konditionen des späteren Angebots schlechter sind.

den Gegenstand selbst zu einem möglichst geringen Preis übernehmen (§ 168 Abs. 3 Satz 1) oder einen Erwerb durch einen bestimmten, ihm typischerweise nahestehenden Dritten erreichen will. Besteht hier eine Pflicht zur erneuten Mitteilung, kann es – auch wiederholt – zu einem stets nur geringfügigen „Überbieten" durch den an einer Übernahme interessierten Gläubiger oder den an einem Erwerb interessierten Dritten kommen. Dies kann das Verfahren erheblich verzögern und nutzt das Gebot der bestmöglichen Verwertung zum eigenen Vorteil,[66] was als treuwidrig erscheint[67] und daher nicht befördert werden sollte. Dass die Übernahme durch den Gläubiger aus dem Bereich der reinen Sicherung hinausführt, zeigt auch das Verbot der lex commissoria. Im Übrigen sollte der absonderungsberechtigte Gläubiger im Interesse der bestmöglichen und schleunigen Verwertung von vornherein eine möglichst vorteilhafte alternative Verwertungsmöglichkeit und nicht nur eine Verwertungsmöglichkeit vorschlagen, die gegenüber der vom Verwalter beabsichtigten Verwertung nur geringfügig günstiger ist.[68] Hat der Gläubiger eine günstigere Verwertungsmöglichkeit tatsächlich erst nach seinem „ersten" Hinweis entdeckt, bleibt es ihm unbenommen, den Insolvenzverwalter auf die noch bessere Verwertungsmöglichkeit hinzuweisen, die der Verwalter dann ggf. berücksichtigen muss.[69] Nach alldem ist anzunehmen, dass eine **erneute Mitteilung nicht erforderlich** ist.[70]

E. Rechtsfolgen

I. Überblick

Auf Rechtsfolgenseite ist zunächst zwischen den Fällen einer korrekten Mitteilung durch den Insolvenzverwalter und dem Unterlassen dieser Mitteilung zu unterscheiden. In § 168 sind die Rechtsfolgen einer korrekten Mitteilung durch den Insolvenzverwalter nur für den Fall geregelt, dass der absonderungsberechtigte Gläubiger rechtzeitig auf eine andere, für ihn günstigere Verwertungsmöglichkeit hinweist: Nach § 168 Abs. 2 hat der Insolvenzverwalter dann entweder die von dem Gläubiger genannte Verwertungsmöglichkeit wahrzunehmen oder den Gläubiger so zu stellen, wie wenn er sie wahrgenommen hätte. Nicht gesagt ist, welche Folgen es hat, wenn der Gläubiger keinen Hinweis gibt oder der Hinweis nicht den an ihn zu stellenden Anforderungen genügt. Keinerlei Aussage über die Rechtsfolgen trifft § 168 auch für den Fall, dass die vorgeschriebene Mitteilung unterbleibt. 46

II. Rechtsfolgen im Falle korrekter Mitteilung durch den Insolvenzverwalter

1. Bei Hinweis durch den Gläubiger. a) Wahlmöglichkeit des Insolvenzverwalters. Hat der Insolvenzverwalter vom absonderungsberechtigten Gläubiger einen rechtzeitigen und hinreichend konkreten Hinweis auf eine andere Verwertungsmöglichkeit erhalten, die sich nach entsprechender Prüfung tatsächlich günstiger darstellt als die von ihm selbst beabsichtigte Art der Verwertung, so ist er – wie aus § 168 Abs. 2 folgt – nicht verpflichtet, dem Hinweis nachzukommen, also zB das vom absonderungsberechtigten Gläubiger vorgeschlagene Geschäft abzuschließen.[71] Nimmt er die vom Gläubiger dargelegte günstigere Verwertungsmöglichkeit nicht wahr, so muss er dem Gläubiger aber den Betrag bezahlen, den dieser bei der günstigeren Verwertung erhalten hätte. Der Insolvenzverwalter kann also zwischen der Wahrnehmung der günstigeren Möglichkeit und dem Nachteilsausgleich wählen. Entscheidend ist, ob für die Gläubigergesamtheit die eine oder andere Lösung vorteilhafter ist. Der Nachteilsausgleich kann etwa dann sinnvoll sein, wenn der Verwalter sich von einer Verwertung im Verbund oder einer Fortführung Vorteile verspricht, die den zu zahlenden Nachteilsausgleich übersteigen. 47

b) Wahrnehmung der vorgeschlagenen Verwertungsmöglichkeit durch den Insolvenzverwalter. Entscheidet sich der Insolvenzverwalter, der von dem absonderungsberechtigten Gläubiger vorgeschlagenen Verwertungsart nachzukommen (§ 168 Abs. 2 Hs. 2 Alt. 1), kann er von 48

---

66 Vgl. BGH NZI 2010, 525 mAnm *Gundlach/Frenzel.*

67 Vgl. *Gundlach/Frenzel* NZI 2010, 526: „Manipulationsmöglichkeiten".

68 BGH NZI 2010, 525, 526.

69 LG Neubrandenburg ZInsO 2006, 381, 382.

70 LG Neubrandenburg ZInsO 2006, 381, 382; OLG Karlsruhe NZI 2008, 747 mAnm *Tetzlaff* WuB VI. A § 168 InsO 1.09 (Vorinstanz zu BGH NZI 2010, 525); *Gundlach/Frenzel* DStR 2006, 1188, 1189; *dies.* DStR 2008, 1930, 1932; Nerlich/Römermann/*Becker* § 168 Rn. 46; *Haas/Scholl* NZI 2002, 642, 643; FKInsO/*Wegener* § 168 Rn. 9; Uhlenbruck/*Brinkmann* § 168 Rn. 11; KPB/*Flöther* § 168 Rn. 7.

71 OLG Oldenburg ZInsO 2014, 304; *Haas/Scholl* NZI 2002, 642, 647; HambKommInsO/*Scholz* § 168 Rn. 11; KPB/*Flöther* § 168 Rn. 13.

dem absonderungsberechtigten Gläubiger eventuell noch erforderliche Informationen einfordern; der **Gläubiger,** der den Hinweis gegeben hat, ist nach Treu und Glauben zur **Unterstützung des Verwalters** verpflichtet.[72]

49 Stellt sich heraus, dass die vom absonderungsberechtigten Gläubiger vorgeschlagene Verwertungsmöglichkeit für diesen **doch nicht günstiger** ist, so kann der Verwalter jederzeit zu der von ihm beabsichtigten Verwertung übergehen. Er ist hierzu aber nur dann verpflichtet, wenn die Vornahme der von ihm beabsichtigten Verwertung neben dem Gläubiger auch der Masse einen Vorteil bringt, der eventuelle Nachteile eines späten Wechsels der Verwertungsart übersteigt. Gegenüber dem Gläubiger allein besteht keine Verpflichtung, die Verwertungsart nochmals zu wechseln.[73] Der absonderungsberechtigte Gläubiger kann daher, wenn der Insolvenzverwalter nicht mehr zu der von ihm beabsichtigten Verwertung (zurück-)wechselt, wegen einer ihm nachteiligen Differenz zwischen der von ihm vorgeschlagenen, tatsächlich auch vorgenommenen Verwertung und der vom Verwalter beabsichtigten Verwertung keine Ansprüche geltend machen. Er bleibt allerdings berechtigt, wegen seines gesamten Ausfalls als Insolvenzgläubiger am Verfahren teilzunehmen, falls ihm der Schuldner auch persönlich haftet, denn in den im Hinweis auf eine andere Verwertungsmöglichkeit enthaltenen Angaben zur Günstigkeit liegt kein Verzicht auf die Geltendmachung der Quote in Höhe des gesamten Ausfalls.

50 Bringt die vom absonderungsberechtigten Gläubiger vorgeschlagene und vom Insolvenzverwalter wahrgenommene Verwertungsmöglichkeit **Nachteile für die Gläubigergesamtheit** mit sich, so haftet der Gläubiger, soweit ihn etwa wegen täuschender Angaben ein Verschulden trifft, der Masse auf Schadensersatz; der Anspruch ist wegen Mitverschuldens zu kürzen, wenn der Insolvenzverwalter diese Nachteile bei der gebotenen Prüfung des Hinweises hätte erkennen können.[74] Dabei ist allerdings zu berücksichtigen, dass Art und Umfang der Prüfung, die vom Insolvenzverwalter erwartet werden kann, von der Lage des Verfahrens abhängen, sodass in der Regel nur eine summarische Prüfung vorgenommen werden muss, und dass diese Prüfung die Angaben des Gläubigers zugrundelegen darf, soweit deren Nachprüfung nicht mit einfachen Mitteln möglich ist oder Anlass zu Zweifeln bestand.

51 Auch wenn der Insolvenzverwalter dem Vorschlag des absonderungsberechtigten Gläubigers nachkommt, kann der Gläubiger etwaige **Ausgleichsleistungen** für eine mit dieser Verwertung verbundene Verzögerung (§ 169) oder die Wertminderung nach § 172 Abs. 1 fordern.[75] Dies gilt grundsätzlich auch, soweit die Verzögerung auf einem Hinweis des Gläubigers beruht, der erst zu prüfen war;[76] hat allerdings der Gläubiger wegen eines zu wenig konkreten oder verspäteten Hinweises oder wegen mangelnder Unterstützung die Verzögerung zu vertreten, entfällt ein Ausgleichsanspruch.

52 **c) Wahrnehmung des vom Gläubiger angebotenen Selbsteintritts.** Gem. § 168 Abs. 3 kann der Gläubiger auf die Mitteilung des Insolvenzverwalters hin als günstigere Verwertungsmöglichkeit auch auf die Übernahme des Gegenstandes durch ihn selbst hinweisen. Bei dieser Übernahme durch den Gläubiger („Selbsteintritt") handelt es sich um eine Verwertung durch den Insolvenzverwalter und nicht um einen Fall der Verwertung durch den Gläubiger iSd § 170 Abs. 2.[77] Was die Parteien (also Sicherungsnehmer und Insolvenzverwalter) gewollt haben, ist durch Auslegung der entsprechenden Erklärungen zu ermitteln.[78] Der Selbsteintritt des Gläubigers ist mithin ein **Unterfall von § 168 Abs. 2,** dh eine günstigere Verwertungsmöglichkeit, die der Insolvenzverwalter nach Maßgabe des § 168 Abs. 2 wahrnehmen kann, aber nicht muss. Es gibt also kein echtes „Eintrittsrecht" des Gläubigers.[79] Die teils diskutierte Frage, ob der Gläubiger verpflichtet sei, dem Insolvenzverwalter ein günstigeres Angebot oder nur ein gleichartiges Angebot zu machen,[80] stellt sich richtigerweise daher gar nicht.

---

72 Jaeger/*Eckardt* § 168 Rn. 53 („Mitwirkungsobliegenheit").

73 AA wohl Jaeger/*Eckardt* § 168 Rn. 91; Uhlenbruck/*Brinkmann* § 168 Rn. 25.

74 HambKommInsO/*Scholz* § 168 Rn. 8, der sich auf die rechtsgeschäftliche Sonderbeziehung iSd § 311 Abs. 2 Nr. 3 BGB zwischen Absonderungsberechtigtem und Insolvenzverwalter stützt; gegen eine Haftung des Hinweisgebers K. Schmidt/*Sinz* § 168 Rn. 9; Jaeger/*Eckardt* § 168 Rn. 90.

75 Nerlich/Römermann/*Becker* § 168 Rn. 33.

76 AA (einen Entfall des Zinsausgleichs iSd § 169 im Falle, dass der Verwalter dem Verwertungsvorschlag folgt) Jaeger/*Eckardt* § 168 Rn. 89.

77 BGHZ 165, 28 = NJW 2006, 32 Rn. 11; LG Krefeld, Urt. v. 7.4.2016 – 3 O 381/14, juris, Rn. 34; *Andres/Leithaus/Leithaus* § 168 Rn. 12; Uhlenbruck/*Brinkmann* § 168 Rn. 18; HKInsO/*Landfermann* § 168 Rn. 14.

78 Vgl. BGHZ 165, 28 = NJW 2006, 32 Rn. 8.

79 OLG Oldenburg BeckRS 2013, 21058 (wo richtig vom „Selbsteintritts*angebot*" die Rede ist [Hervorhebung hinzugefügt]); *Ganter* FS Wellensiek, 2011, S. 399, 408.

80 HKInsO/*Landfermann* § 168 Rn. 12: Auch das Angebot des gesicherten Gläubigers, den Gegenstand selbst zu übernehmen, müsse iSv § 168 Abs. 1 Satz 2 günstiger sein als die vom Verwalter beabsichtigte Veräußerung; Uhlenbruck/*Brinkmann* § 168 Rn. 16: Ein Angebot zum Selbsteintritt mit identischen Konditionen sei ausreichend.

Da der absonderungsberechtigte Gläubiger kein Eintrittsrecht hat, kann der Verwalter entscheiden, ob er die Übernahme durch den Gläubiger wählt oder die von ihm beabsichtigte Verwertung durchführt. Die Entscheidung hängt maßgeblich, aber nicht ausschließlich, davon ab, **welche Gegenleistung der Gläubiger bietet.** Bietet der Gläubiger dem Verwalter eine *Gegenleistung*, die *über dem erwarteten Erlös* der vom Verwalter beabsichtigen Verwertung liegt, wird der Verwalter regelmäßig die Übernahme durch den Gläubiger wählen; der absonderungsberechtigte Gläubiger darf aber nicht darauf vertrauen, dass der Insolvenzverwalter ihn auf neue Angebote von dritter Seite, die das Angebot des Absonderungsgläubigers übertreffen, aufmerksam macht. Im Rahmen des § 168 Abs. 1 trifft den Insolvenzverwalter keine wiederholte Hinweispflicht.[81] Wählt der Verwalter dennoch eine andere Art der Verwertung, die für den Gläubiger weniger günstig ist, so kann dieser Ansprüche nach § 168 Abs. 2 letzter Halbsatz gegenüber der Insolvenzmasse geltend machen.[82] Bietet der Gläubiger eine *geringere Gegenleistung* oder eine Gegenleistung, die dem Erlös der vom Insolvenzverwalter beabsichtigten Verwertung *exakt entspricht,* so muss der Verwalter abwägen, ob er ein solches Angebot annimmt, weil es für die Insolvenzmasse letztlich doch von Vorteil ist. Dies kann zB dann der Fall sein, wenn der Gläubiger zwar nicht als echte und damit ohnehin einzurechnende Gegenleistung den Verzicht auf die Anmeldung einer Ausfallforderung zur Insolvenztabelle angeboten hat, aber ein solcher Verzicht wahrscheinlich ist; für eine Annahme des Angebots kann auch sprechen, dass hiermit die gütliche Einigung in einem Feststellungsrechtsstreit wahrscheinlicher wird. Kommt der Insolvenzverwalter zu dem Ergebnis, dass es für die Masse nicht von Vorteil ist, auf das Angebot des Sicherungsgläubigers einzugehen, so kann er eine anderweitige Verwertungsmöglichkeit nutzen. Bringt diese einen höheren Verwertungserlös, so hat der Sicherungsgläubiger keinen Anspruch auf Nachteilsausgleich nach § 168 Abs. 2 letzter Halbsatz, da er keine günstigere Verwertungsmöglichkeit nennen konnte. Auch der Vorwurf einer Veräußerung unter Wert ist grundsätzlich ausgeschlossen. 53

Mit der Vereinbarung einer Übernahme des Gegenstandes durch den Gläubiger entsteht für diesen eine **Zahlungspflicht** gegenüber dem Insolvenzverwalter,[83] da er lediglich ein Absonderungsrecht – dh ein Recht auf bevorzugte Befriedigung – an dem Gegenstand hat und die Übernahme rechtlich als Verwertungsmöglichkeit des Insolvenzverwalters zu charakterisieren ist. Der Gläubiger ist somit zur Zahlung des Kaufpreises verpflichtet. Andererseits hat der Gläubiger aufgrund seines Absonderungsrechts einen Anspruch auf Auskehrung des Erlöses der von ihm durchgeführten Verwertung, § 170. Zahlungspflicht und Anspruch können vom Gläubiger im Wege der Aufrechnung miteinander **verrechnet** werden.[84] Wird der Gläubiger nicht vollständig befriedigt, so kann er seine Ausfallforderung nach Maßgabe des § 52 zur Insolvenztabelle anmelden.[85] 54

Die Übernahme des Gegenstandes durch den Gläubiger stellt eine Verwertung durch den Insolvenzverwalter dar.[86] Es gelten damit die **Kostenbeitragsregelungen der §§ 170, 171.**[87] Die Kosten der Feststellung des Gegenstandes und die Kosten, die dem Verwalter durch die Verwertung des Gegenstandes entstanden sind, müssen also der Masse verbleiben;[88] der Gläubiger ist daher nicht berechtigt, im Rahmen einer Verrechnung von Verwertungserlös und gesicherten Forderungen die Kostenbeiträge nach §§ 170, 171 für sich zu beanspruchen.[89] Auch umsatzsteuerlich ist der Selbsteintritt durch den Gläubiger der Veräußerung an einen Dritten gleichzustellen.[90] Nicht einschlägig ist bei einem Selbsteintritt des Gläubigers nach § 168 Abs. 3 die Norm des § 170 Abs. 2, die einen Fall der Verwertung durch den Gläubiger behandelt und daher keinen Abzug von Verwertungskosten vorsieht.[91] 55

Ein vom Gläubiger bei der von ihm später vorgenommenen Verwertung des Gegenstandes erzielter Mehrerlös (**„Weiterveräußerung mit Gewinn"**) muss nicht an den Insolvenzverwalter 56

[81] → Rn. 45.
[82] Vgl. Uhlenbruck/*Brinkmann* § 168 Rn. 16.
[83] BGHZ 165, 28 = NJW 2006, 32 Rn. 18; Andres/Leithaus/*Leithaus* § 168 Rn. 12; KKInsO/*Hess* § 168 Rn. 2; BKInsO/*Undritz/Fiebig* § 168 Rn. 26.
[84] Begr. zu § 193 RegE, BR-Drs. 1/92, S. 179; LG Krefeld, Urt. v. 7.4.2016 – 3 O 381/14, juris, Rn. 39; Uhlenbruck/*Brinkmann* § 168 Rn. 17; KKInsO/*Hess* § 168 Rn. 2.
[85] Begr. zu § 193 RegE, BR-Drs. 1/92, S. 179 sowie § 52.
[86] → Rn. 52.
[87] BGHZ 165, 28 = NJW 2006, 32 Rn. 12; LG Krefeld, Urt. v. 7.4.2016 – 3 O 381/14, juris, Rn. 60; Andres/Leithaus/*Leithaus* § 168 Rn. 12; HKInsO/*Landfermann* § 168 Rn. 14; *Haas/Scholl* NZI 2002, 642, 644; K. Schmidt/*Sinz* § 168 Rn. 13.
[88] HKInsO/*Landfermann* § 168 Rn. 14; Uhlenbruck/*Brinkmann* § 168 Rn. 18; KPB/*Flöther* § 168 Rn. 15.
[89] AA *Lwowski/Heyn* WM 1998, 473, 477.
[90] HKInsO/*Landfermann* § 168 Rn. 14; *Maus* ZIP 2000, 340.
[91] HKInsO/*Landfermann* § 168 Rn. 14.

ausgekehrt werden, sondern verbleibt ohne Anrechnung auf die Ausfallforderung beim Gläubiger.[92] Ein Gläubiger mit gesicherten Forderungen iHv 1.000 kann also einen Selbsteintritt für einen Kaufpreis von 800 erklären und die Ausfallforderung von 200 zur Tabelle anmelden, auch wenn er den übernommenen Gegenstand dann für 1.500 veräußert. Im Verhältnis zu Drittsicherungsgebern muss sich nach Auffassung des BGH der gesicherte Gläubiger aber den tatsächlich erzielten Erlös von 1.500 anrechnen lassen.[93] Haftet für die Forderung des absonderungsberechtigten Gläubigers ein Bürge, so kann der Gläubiger diesen in Höhe des durch die Weiterveräußerung nach Abzug der Kosten erlangten Mehrerlöses nicht in Anspruch nehmen.[94]

57 **d) Nachteilsausgleich.** Entscheidet sich der Insolvenzverwalter, die vom absonderungsberechtigten Gläubiger vorgeschlagene Verwertung nicht wahrzunehmen, obwohl sie günstiger ist, so schuldet er dem Gläubiger einen Nachteilsausgleich (§ 168 Abs. 2 Hs. 2 Alt. 2). Die Verpflichtung zum Nachteilsausgleich in dem Falle, dass der Insolvenzverwalter den rechtzeitigen Hinweis des Gläubigers nicht befolgt, stellt eine **Kompensation** für den Gläubiger dar, die dieser dafür erhält, dass ihm die Verwertung nach seinen Vorstellungen verwehrt bleibt.[95] Dem Gläubiger wird in derjenigen Höhe und zu der Zeit Befriedigung verschafft, wie es nach vorschlagsgemäßer Verwertung durch Erlösauskehr geschehen wäre. Die Beurteilung erfolgt somit ex ante. Hierzu wird die tatsächlich durch den Insolvenzverwalter vorgenommene Verwertung mit derjenigen Verwertung verglichen, die vorgenommen worden wäre, wenn der Verwalter die vom Gläubiger vorgeschlagene Verwertung verwirklicht hätte; es müssen also etwa auch die Kostenbeiträge, die bei Wahrnehmung der vorgeschlagenen Verwertung angefallen wären, bei dem Vergleich berücksichtigt werden.[96] Ist diese hypothetische Verwertung für den Gläubiger günstiger, so muss der Verwalter zusätzlich zu der Herausgabe des erzielten Erlöses an den Gläubiger den **Differenzbetrag zwischen tatsächlich erzieltem Erlös und fiktivem Erlös** an diesen zahlen. Dies gilt allerdings nur insoweit, als der Gläubiger hinsichtlich seiner Insolvenzforderung nicht schon aus dem tatsächlich erzielten Erlös voll befriedigt ist; der Nachteilsausgleich wird also begrenzt durch die Forderung des Gläubigers.[97]

58 Die Regelung zum Nachteilsausgleich findet auch Anwendung im Falle einer **freiwilligen öffentlichen Versteigerung** des Sicherungsguts durch den Insolvenzverwalter.[98] Bietet der Sicherungsgläubiger in einem derartigen Fall seinen Selbsteintritt (§ 168 Abs. 3) zu einem bestimmten Kaufpreis an, ist der Insolvenzverwalter gehalten, dem Auktionator diesen Betrag zuzüglich der Versteigerungskosten als Mindestgebot aufzugeben. Unterlässt der Insolvenzverwalter dies und wird bei der Versteigerung schließlich ein geringerer Erlös erzielt, ist er dem Sicherungsgläubiger in Höhe der Differenz zum Nachteilsausgleich verpflichtet.[99]

59 Im Vergleich zu der Berechnung der Günstigkeit liegt in diesem Fall jedenfalls hinsichtlich der tatsächlichen Verwertung eine reale Vergleichsgröße vor. Die **weiterhin hypothetisch zu bestimmende Befriedigung aufgrund der Verwertungsalternative** erfolgt auf der Grundlage des Hinweises des Gläubigers, muss aber die dort zugrundegelegten Werte überprüfen und ggf. anpassen, um so realitätsnah wie möglich auszufallen. Die ursprüngliche Prognose ist also laufend den aktuellen Gegebenheiten anzupassen und möglicherweise zu korrigieren. Auch wenn der Gläubiger bereits Gleichstellung erhalten hat, kann eine spätere Erkenntnis daher noch zu einer Nachzahlungsverpflichtung seitens des Verwalters oder zu einer Erstattungszahlung des Gläubigers wegen ungerechtfertigter Bereicherung führen.[100]

60 Bei der Bestimmung des Nachteilsausgleichs nach § 168 Abs. 2 letzter Halbsatz sind die **Entschädigungszahlungen nach §§ 169, 172** zu berücksichtigen, damit der Gläubiger nicht doppelt entschädigt wird. Der Verwalter muss die Entschädigungszahlungen nach §§ 169, 172 damit nur bis zu dem Zeitpunkt leisten, auf den bezogen er Nachteilsausgleich schuldet.[101]

---

[92] BGHZ 165, 28 = NJW 2006, 32 Rn. 9; Begr. zu § 193 RegE, BR-Drs. 1/92, S. 179; Andres/Leithaus/*Leithaus* § 168 Rn. 12; *Klasmeyer/Elsner/Ringstmeier*, Kölner Schrift zur InsO, 2. Aufl. 2000, S. 1083 Rn. 33; HKInsO/*Landfermann* § 168 Rn. 15; BKInsO/*Undritz/Fiebig* § 168 Rn. 27; KPB/*Flöther* § 168 Rn. 16; aA Nerlich/Römermann/*Becker* § 168 Rn. 28 ff.

[93] BGHZ 165, 28 = NJW 2006, 32 Rn. 15 ff. m. krit. Anm. *Foerste* NZI 2006, 275.

[94] BGHZ 165, 28 = NJW 2006, 32 Rn. 15 ff.; Andres/Leithaus/*Leithaus* § 168 Rn. 12; *Foerste* ZBB 2009, 285.

[95] Nerlich/Römermann/*Becker* § 168 Rn. 34.

[96] Andres/Leithaus/*Leithaus* § 168 Rn. 11; *Haas/Scholl* NZI 2002, 642, 647.

[97] Andres/Leithaus/*Leithaus* § 168 Rn. 11.

[98] → § 166 Rn. 47 ff.

[99] OLG Celle WM 2004, 1143.

[100] Nerlich/Römermann/*Becker* § 168 Rn. 37.

[101] Nerlich/Römermann/*Becker* § 168 Rn. 38.

Der absonderungsberechtigte Gläubiger kann die Zahlung des Nachteilsausgleichs nach § 168 Abs. 2 letzter Halbsatz im Wege eines **Zivilprozesses** gegen den Verwalter vor dem nach allgemeinen Regeln zuständigen Gericht, nicht dem Insolvenzgericht, durchsetzen. Dabei trägt der Gläubiger die Beweislast dafür, dass er einen Hinweis gegeben hatte, dass die dort genannte, nicht wahrgenommene Verwertungsmöglichkeit tatsächlich bestand und dass sie einen bestimmten höheren Erlös erbracht hätte.[102] Das Gericht kann allerdings nach § 287 ZPO hinsichtlich der Höhe der Gleichstellungsleistung eine Schätzung vornehmen.[103] 61

Der **Anspruch auf Gleichstellung** seitens des absonderungsberechtigten Gläubigers ist eine **Masseverbindlichkeit** nach § 55 Abs. 1 Nr. 1.[104] Beachtet der Insolvenzverwalter den Hinweis des absonderungsberechtigten Gläubigers auf eine günstigere Verwertungsmöglichkeit nicht, so hat er schon bei dieser Entscheidung zu bedenken, dass er den Nachteilsausgleich aus der Insolvenzmasse an den absonderungsberechtigten Gläubiger zu zahlen hat. Der Verwalter hat bereits zu diesem Zeitpunkt zu überprüfen, ob er in der Lage sein wird, den Nachteilsausgleich aus der Masse zu bezahlen. Ggf. hat er entsprechende Rückstellungen zu bilden. Ist für den Insolvenzverwalter absehbar, dass die Masse möglicherweise nicht ausreichen wird, um den Nachteilsausgleichsanspruch zu befriedigen, also der Sicherungsgläubiger mit seinem Anspruch im masseunzulänglichen Verfahren ganz oder teilweise ausfallen wird, und kann ein solcher Ausfall auch nicht durch andere Vorkehrungen vermieden werden, muss der Verwalter doch die vom Gläubiger vorgeschlagene günstigere Verwertungsalternative wahrnehmen. Wählt er trotzdem nicht die vom Gläubiger vorgeschlagene günstigere Verwertungsmöglichkeit, so besteht für den Insolvenzverwalter das Risiko einer persönlichen Haftung nach § 61 wegen Nichterfüllung der Masseverbindlichkeiten. Daneben kommt auch eine Schadensersatzpflicht nach § 60 in Betracht.[105] 62

2. Ohne Hinweis durch den Gläubiger. a) Keine durch Hinweis begründeten Pflichten des Insolvenzverwalters. Dem Gesetz ist nicht unmittelbar zu entnehmen, was gilt, wenn der Insolvenzverwalter hingegen seiner Mitteilungspflicht aus § 168 Abs. 1 Satz 1 nachgekommen ist, der absonderungsberechtigte Gläubiger aber überhaupt nicht reagiert oder zwar eine andere Verwertungsmöglichkeit nennt, diese Äußerung aber nicht den Anforderungen genügt, die an einen ausreichenden Hinweis zu stellen sind,[106] also etwa nicht hinreichend konkret ist oder sich nach Prüfung als unzutreffend erweist. Außer Frage steht, dass der Insolvenzverwalter keine günstigere andere Verwertungsmöglichkeit wahrnehmen kann und sich dementsprechend auch nicht vor die Alternative „Wahrnehmung oder Nachteilsausgleich" (§ 168 Abs. 2) gestellt sieht, wenn diese Verwertungsmöglichkeit ihm selbst weder bekannt war noch in einem Hinweis aufgezeigt wurde. § 168 Abs. 2 kann aber auch dann nicht zur Anwendung kommen, wenn zwar eine Äußerung erfolgte, dem Insolvenzverwalter aber mangels hinreichender Konkretisierung die Prüfung nicht möglich war oder die Prüfung ergibt, dass die aufgezeigte Verwertungsmöglichkeit nicht existiert oder nicht günstiger ist. Denn eine Äußerung, die nicht den an einen Hinweis zu stellenden Anforderungen genügt oder eine Verwertungsmöglichkeit nennt, die nicht existiert oder nicht günstiger ist, muss so behandelt werden, als sei ein Hinweis nicht erfolgt. 63

b) Ausschluss des Vorwurfs unterwertiger Verwertung? Klärungsbedürftig ist, ob darüber hinaus der absonderungsberechtigte Gläubiger mit dem **Vorwurf, der Insolvenzverwalter habe den Gegenstand unter Wert veräußert oder sonst verwertet, ausgeschlossen** ist. Zwar kann dann, wenn ein Hinweis fehlt, ein Hinweis nicht hinreichend konkret ist oder keine realisierbare und günstigere andere Verwertungsmöglichkeit aufzeigt, § 168 Abs. 2 mit seiner Alternative „Wahrnehmung oder Nachteilsausgleich" nicht zur Anwendung kommen.[107] Damit ist aber nicht von vornherein – gleichsam „denklogisch" – ausgeschlossen, dass ein absonderungsberechtigter Gläubiger im Wege des Schadensersatzes Nachteilsausgleich verlangt mit der Begründung, der Insolvenzverwalter habe den Gegenstand, an dem ihm ein Absonderungsrecht zustand, schuldhaft unter Wert veräußert oder sonst verwertet. Denn grundsätzlich ist der Insolvenzverwalter auch ohne jeden Hinweis von Seiten eines anderen Verfahrensbeteiligten zur bestmöglichen Verwertung des Schuldnervermögens verpflichtet. Ein auf den Vorwurf unterwertiger Verwertung gestütztes Schadensersatzbegehren des absonderungsberechtigten Gläubigers, der keinen rechtzeitigen und korrekten Hinweis gegeben 64

102 Begr. zu § 193 RegE, BR-Drs. 1/92, S. 179 aE; Andres/Leithaus/*Leithaus* § 168 Rn. 11.
103 Nerlich/Römermann/*Becker* § 168 Rn. 37.
104 *Meyer-Löwy/Pickerill* GmbHR 2016, 953, 959; Andres/Leithaus/*Leithaus* § 168 Rn. 11; KPB/*Flöther* § 168 Rn. 14; KKInsO/*Hess* § 168 Rn. 33; *Haas/Scholl* NZI 2002, 642, 647.
105 *Haas/Scholl* NZI 2002, 642, 647; Uhlenbruck/*Brinkmann* § 168 Rn. 14.
106 Zu diesen Anforderungen → Rn. 33 ff.
107 → Rn. 63.

hat, schließt § 168 nach seinem Wortlaut zwar nicht aus. Ein solcher Ausschluss könnte sich jedoch im Wege der Auslegung aus § 168 oder den allgemeinen Regeln ergeben.

65 Der ursprünglich im Rahmen des – nicht in § 168 übernommenen – Eintrittsrechts vorgesehene Ausschluss des Einwandes der Veräußerung unter Wert, der noch in § 193 Abs. 1 Satz 3 RegE ausdrücklich geregelt war, findet sich schon im RegE nicht in den Bestimmungen über die Mitteilung der Veräußerungsabsicht und folgerichtig ebenfalls nicht in der nunmehr gültigen Fassung des § 168. Auch geht aus den Gesetzesmaterialien nicht hervor, dass für den Fall der Erfüllung der Mitteilungspflicht aus § 168 Abs. 1 Satz 1 ein spezieller Ausschluss beabsichtigt war.[108] Die Gesetzesgeschichte spricht damit jedenfalls nicht eindeutig dafür, einen solchen Ausschluss in § 168 verankert zu sehen. Allerdings könnte **§ 168 in Verbindung mit den Grundsätzen von Treu und Glauben** bewirken, dass der Gläubiger mit dem Vorwurf unterwertiger Verwertung ausgeschlossen ist. Hierzu sind Stellung und Interessen von Gläubiger und Verwalter zu betrachten. Der Verwalter muss im Rahmen eines Insolvenzverfahrens vielfältige Aufgaben wahrnehmen, insbesondere hinsichtlich einer Vielzahl von Gegenständen entscheiden, wie sie optimal verwertet werden können. Dabei ist er in erster Linie der Gläubigergesamtheit verpflichtet. Die Gläubigergesamtheit wiederum hat an der Verwertung derjenigen Gegenstände, die mit Absonderungsrechten belastet sind, naturgemäß ein geringeres Interesse als an der Verwertung unbelasteter Gegenstände, fließen der Masse doch im ersten Fall nur ein – seltener – Überschuss, im zweiten Fall hingegen der gesamte Erlös zu. Die Verwertungsbefugnis auch solcher Gegenstände, die mit Absonderungsrechten belastet sind, ist dem Verwalter auch nicht etwa im Interesse des absonderungsberechtigten Gläubigers zugewiesen, sondern im Interesse einer für alle Beteiligten, mithin auch und gerade für die Gläubigergesamtheit, optimalen Verwertung. Der Gläubiger hingegen, dem an einem einzelnen Gegenstand ein Absonderungsrecht zusteht, kann sich während des Insolvenzverfahrens ganz auf die Verwertung dieses einzelnen Gegenstands konzentrieren. Da eine möglichst günstige Verwertung in erster Linie ihm zugutekommt, hat er auch einen hohen Anreiz, sich mit den verschiedenen Verwertungsmöglichkeiten und ihrer jeweiligen Günstigkeit zu befassen. Von ihm kann daher erwartet werden, dass er sich schon von Verfahrenseröffnung an, jedenfalls aber auf eine Mitteilung des Verwalters hin, intensiv mit den in Betracht kommenden Verwertungsmöglichkeiten und ihren Vor- und Nachteilen befasst. Reagiert der Gläubiger auf einen Hinweis des Insolvenzverwalters nicht oder nicht in einer den Anforderungen genügenden Art und Weise, erscheint es treuwidrig, wenn der Gläubiger dem Insolvenzverwalter später vorwirft, er habe sich nicht hinreichend um eine optimale Verwertung des Gegenstands bemüht. Daher ist der **Gläubiger,** der auf eine korrekte Mitteilung des Insolvenzverwalters nach § 168 Abs. 1 Satz 1 **nicht oder nicht in gehöriger Art und Weise reagiert, regelmäßig mit dem Vorwurf unterwertiger Verwertung ausgeschlossen,** er kann also keine auf diesen Vorwurf gestützten Schadensersatzansprüche geltend machen.[109]

66 Da der Ausschluss auf dem Grundsatz von Treu und Glauben beruht, ist aber nicht nur auf den absonderungsberechtigten Gläubiger abzustellen, sondern auch das Verhalten des Insolvenzverwalters in den Blick zu nehmen. Hat sich der **Insolvenzverwalter selbst treuwidrig** verhalten, sind Schadensersatzansprüche demnach **nicht ausgeschlossen.**[110] Ein solches treuwidriges Verhalten setzt stets voraus, dass der Insolvenzverwalter die Unterwertigkeit der beabsichtigten Verwertung, also das effektive Bestehen einer günstigeren Verwertungsalternative, positiv kannte. Zu dieser Kenntnis müssen aber weitere Elemente hinzukommen, die den Vorwurf der Treuwidrigkeit begründen. Treuwidrig erscheint es beispielsweise, wenn aufgrund der Umstände, etwa der Komplexität des Markts oder des Geschäfts oder rationaler Apathie des Gläubigers, davon auszugehen war, dass der Gläubiger auf den Hinweis nicht rechtzeitig würde reagieren können, und der Insolvenzverwalter ohne Not die Verwertung sofort nach Ablauf der Wochenfrist vornimmt. Treuwidrigkeit ist auch dann anzunehmen, wenn der Insolvenzverwalter einen Straftatbestand verwirklicht, der iVm § 823 Abs. 2 BGB eine Haftung begründet.

III. Rechtsfolgen bei unterbliebener Mitteilung durch den Insolvenzverwalter

67 **1. Aufsichtsmaßnahmen gem. § 58.** Unterlässt der Insolvenzverwalter eine Mitteilung nach § 168 Abs. 1 Satz 1, so verletzt er eine ihm obliegende Pflicht. Das Insolvenzgericht kann daher

---

108 *Lwowski/Heyn* WM 1998, 473, 479.

109 *Gundlach/Frenzel/Schmidt* ZInsO 2001, 537, 540; *Haas/Scholl* NZI 2002, 642, 644; *Lwowski/Heyn* WM 1998, 473, 478 f.; *Zimmermann* NZI 1998, 57, 61; Andres/Leithaus/*Leithaus* § 168 Rn. 10; Uhlenbruck/*Brinkmann* § 168 Rn. 22; Nerlich/Römermann/*Becker* § 168 Rn. 35; vgl. dazu auch LG Düsseldorf DZWIR 2003, 389.

110 Ähnlich Jaeger/*Eckardt* § 168 Rn. 89, der es genügen lässt, dass der Verwalter Verwertungsoptionen außer Acht lässt, die für ihn „auch ohne einen entsprechenden Hinweis des Absonderungsberechtigten auf der Hand liegen mussten".

nach § 58 Abs. 2 ein Zwangsgeld androhen, solange die Verwertung noch nicht erfolgt ist. Dass es hierzu kommt, ist aber **sehr unwahrscheinlich,** müsste doch das Gericht so rechtzeitig von der – gerade nicht mitgeteilten – beabsichtigten Verwertung Kenntnis erlangt haben, um noch vor Durchführung der Verwertung den Verwalter zur Mitteilung anzuhalten.

2. Entlassung des Insolvenzverwalters gem. § 59. Im Einzelfall ist denkbar, dass das Unterlassen der Mitteilung allein oder mit anderen Pflichtverletzungen einen wichtigen Grund zur Entlassung des Insolvenzverwalters gem. § 59 Abs. 1 Satz 1 darstellt. Dass es wegen des Unterlassens einer oder auch mehrerer einzelner Mitteilungen zur Entlassung des Verwalters kommt, ist aber **kaum vorstellbar;** der Verwalter müsste wohl schon systematisch absonderungsberechtigte Gläubiger fernhalten wollen und deren Schädigung zumindest in Kauf nehmen. 68

3. Schadensersatzpflicht bei Veräußerung unter Wert. Hat der Insolvenzverwalter den betroffenen Gegenstand ohne vorherige Mitteilung verwertet und wurde ein Erlös erzielt, der unter dem realisierbaren Wert des Gegenstands liegt, so können dadurch sowohl der gesicherte Gläubiger als auch die Gläubigergesamtheit geschädigt worden sein. Der **Insolvenzmasse** steht ein **Schadensersatzanspruch** aus § 60 gegen den **Insolvenzverwalter** zu, der von einem Sonderinsolvenzverwalter für die Insolvenzmasse gegenüber dem Insolvenzverwalter geltend zu machen ist.[111] Der **absonderungsberechtigte Gläubiger** kann – ohne Einschaltung eines Sonderinsolvenzverwalters – sowohl **Schadensersatzansprüche** gegen die **Masse** (§ 55 Abs. 1 Nr. 1)[112] als auch gegen den **Insolvenzverwalter** (§ 60) geltend machen. 69

Voraussetzung eines Schadensersatzanspruchs ist stets ein **kausaler und ersatzfähiger Schaden.** Für diese Umstände trägt nach den allgemeinen Regeln der Geschädigte – also die Insolvenzmasse oder der absonderungsberechtigte Gläubiger – die Beweislast; allerdings kann hier § 287 ZPO zur Anwendung kommen. Nach der Differenzhypothese muss der Geschädigte jedenfalls dartun, dass durch eine andere Verwertung ein höherer Erlös zu erzielen gewesen wäre und der Insolvenzverwalter die fehlende Kenntnis oder Wahrnehmung dieser anderen Verwertungsmöglichkeit zu vertreten hat. Unklar ist sodann, ob der Geschädigte darüber hinaus auch darlegen und ggf. beweisen muss, dass er auf eine günstigere Verwertungsmöglichkeit hingewiesen hätte, ob also der hypothetische Hinweis Anspruchsvoraussetzung ist, oder ob sich der Insolvenzverwalter dadurch entlasten kann, dass er die fehlende Kausalität seiner unterlassenen Mitwirkung beweist, ob also das hypothetische Unterbleiben des Hinweises eine Einwendung darstellt. Geht man davon aus, dass der Insolvenzverwalter ganz unabhängig von einem eventuellen Hinweis zur bestmöglichen Verwertung verpflichtet ist, so kann der hypothetische Hinweis nicht vom Geschädigten zu beweisende Anspruchsvoraussetzung, sondern muss vom Verwalter zu beweisende Einwendung sein.[113] Dem steht nicht entgegen, dass bei korrekter Mitteilung und unterbliebenem Hinweis die Haftung grundsätzlich ausgeschlossen ist. Vielmehr rechtfertigen Treu und Glauben einen solchen Ausschluss nur, wenn der Verwalter seinerseits korrekt gehandelt hat. Gegenüber einem Anspruch des absonderungsberechtigten Gläubigers kann sich der Insolvenzverwalter also nur, aber immerhin, damit *verteidigen,* dass der absonderungsberechtigte Gläubiger auf einen korrekten Hinweis gem. § 168 Abs. 1 Satz 1 nicht reagiert hätte, weshalb dieser mit dem Vorwurf unterwertiger Verwertung ausgeschlossen gewesen wäre; dies zu beweisen, ohne sich selbst dem Verdacht treuwidrigen Verhaltens auszusetzen, obliegt aber dem Verwalter und wird nicht einfach sein. Gegenüber einem Anspruch der Insolvenzmasse scheidet eine solche Verteidigung von vornherein aus, da ihr gegenüber keine Mitteilung gem. § 168 Abs. 1 Satz 1 erfolgen musste, sie also mit dem Vorwurf unterwertiger Verwertung nie ausgeschlossen sein kann. 70

Die **Gewinninteressen** des Sicherungsgläubigers, bei einem Selbsteintritt das Sicherungsgut selbst günstig weiterveräußern zu können, werden durch § 168 nicht geschützt.[114] Der gesicherte Gläubiger hat auch **kein Selbsteintrittsrecht** mit dem Inhalt, dass der Insolvenzverwalter dem Sicherungsgläubiger den Gegenstand (und nicht einem Dritten) verkaufen muss.[115] Hätte also der Sicherungsgläubiger den Selbsteintritt zu einem Preis von 100 angeboten oder den Insolvenzverwalter auf einen Dritten hingewiesen, der den Gegenstand für 100 gekauft hätte, und verkauft der Insolvenzverwalter den Gegenstand an einen Dritten für 80, so muss er bzw. die Insolvenzmasse zwar den Sicherungsgläubiger iHv 20 entschädigen;[116] weitere Rechte hat der Sicherungsgläubiger aber nicht. 71

---

111 BKInsO/*Undritz/Fiebig* § 168 Rn. 35; Jaeger/*Eckardt* § 168 Rn. 105; Uhlenbruck/*Brinkmann* § 168 Rn. 25; FKInsO/*Wegener* § 168 Rn. 12.

112 Offengelassen in OLG Düsseldorf ZInsO 2018, 34, 47.

113 AA OLG Düsseldorf ZInsO 2018, 34, 47.

114 BGH NZI 2010, 525; ebenso die Vorinstanz OLG Karlsruhe NZI 2008, 747.

115 *Ganter,* FS Wellensiek, 2011, S. 399, 408 f.

116 OLG Celle NZI 2004, 265, 266; *Ganter,* FS Wellensiek, 2011, S. 399, 409: Eine Vorteilsausgleichung findet nicht statt.

72 **4. Verlust der Kostenbeiträge? Umstritten** ist, ob die Insolvenzmasse ihre Ansprüche auf die Kostenbeiträge nach §§ 170, 171 verliert, wenn der Insolvenzverwalter eine vorgeschriebene Mitteilung nach § 168 Abs. 1 Satz 1 unterlässt. Für einen Verlust der Kostenbeiträge wird angeführt, dass durch die §§ 166 ff. ein spezifisches Programm für den Ablauf der Verwertungsvorgänge vorgegeben sei. Werde dieses durch den Insolvenzverwalter nicht eingehalten, so sei die Verwertung des Sicherungsguts nicht mehr durch die §§ 166 ff. gedeckt, sondern der Verwalter handle unberechtigt mit der Folge, dass im Wege der Ersatzabsonderung der gesamte Verwertungserlös (ohne Abzug der Kostenbeiträge) herausgegeben werden müsse.[117] Die Masse werde also mit dem Verlust der Kostenbeiträge des Absonderungsberechtigten „bestraft".[118] Diese Sanktion sei auch angemessen, da der absonderungsberechtigte Gläubiger durch seinen Schadensersatzanspruch gegen den Insolvenzverwalter wegen der Beweisschwierigkeiten nur unzureichend geschützt werde.[119]

73 Vorzugswürdig erscheint indes die Gegenauffassung.[120] Der Gesetzgeber hat den Verlust der Kostenbeiträge an keiner Stelle ausgesprochen. Der Verstoß gegen gesetzliche Pflichten allein führt nicht zur Verwirkung von Rechten; hinzukommen muss, dass derjenige, der seine Rechte verwirkt, ein besonderes Vertrauen geschaffen hat, an dem er sich festhalten lassen muss. Die Verletzung der Mitteilungspflicht ändert nichts daran, dass allein der Insolvenzverwalter zur Verwertung befugt war. Der Verlust der Kostenbeiträge würde dem absonderungsberechtigten Gläubiger auch dann zugutekommen, wenn die Verwertung für ihn gar keine Nachteile mit sich gebracht hat, denn die Unterwertigkeit müsste dann gar nicht festgestellt werden. Damit handelte es sich aber um eine Art pauschalierte Privatstrafe, die die Gläubigergesamtheit zu tragen hätte und dem absonderungsberechtigten Gläubiger den unverkürzten Genuss des Erlöses brächte. Nach alldem ist ein **Verlust der Kostenbeiträge abzulehnen.**

F. Probleme

I. Veräußerung von Gesamtheiten

74 Nicht selten kommt es vor, dass der Insolvenzverwalter eine Gesamtheit von Gegenständen veräußern möchte, von denen einzelne mit Absonderungsrechten belastet sind. Auch in diesem Fall kann der absonderungsberechtigte Gläubiger auf eine günstigere Verwertung nur des einzelnen, mit seinem Absonderungsrecht belasteten Gegenstands hinweisen. Der Insolvenzverwalter muss, wenn er dennoch den belasteten Gegenstand gemeinsam mit anderen Gegenständen veräußern will, dem Absonderungsberechtigten seinen Nachteil gem. § 168 Abs. 2 ausgleichen.[121] Bietet also der Investor im Rahmen einer übertragenden Sanierung für der Verwertungskompetenz des Insolvenzverwalters unterfallende Maschinen einen Betrag von 100.000 und übernimmt der Investor einen Großteil der Arbeitnehmer des schuldnerischen Unternehmens, kauft das Betriebsgrundstück etc., so kann der Gläubiger, an den die Maschinen zur Sicherheit übereignet worden waren, einen Interessenten benennen, der nur die Maschinen (ohne weitere Assets des schuldnerischen Unternehmens) erwerben will. Bietet der vom Sicherungsgläubiger benannte Interessent einen Betrag von 250.000, so muss der Insolvenzverwalter Ausgleichszahlungen in Höhe von 150.000 an den Sicherungsgläubiger erbringen, wenn er die Maschine an den Investor im Rahmen der übertragenden Sanierung veräußert. Der Insolvenzverwalter muss dann allerdings prüfen, ob sich die übertragende Sanierung dann noch aus Sicht der Masse als vorteilhaftes Geschäft darstellt. Die Pflicht zum individuellen **Nachteilsausgleich** kann also **übertragende Sanierungen erschweren.**

75 Teilweise wird versucht, ein solches Ergebnis durch eine **restriktive Handhabung** des § 168 bei der Veräußerung von Gesamtheiten zu vermeiden.[122] Eine solche restriktive Handhabung sei geboten, da zwischen einer als gesetzliches Verfahrensziel angestrebten übertragenden Sanierung und den individuellen Rechten eines Sicherungsgläubigers ein Zielkonflikt bestehe. Abgesehen davon, dass recht unklar ist, wie genau die restriktive Handhabung aussehen soll, ist allerdings schon der behauptete Zielkonflikt zweifelhaft. Die übertragende Sanierung ist ebensowenig eigenständiges

[117] *Gundlach/Frenzel/Schmidt* DZWIR 2001, 18; *Gundlach/Frenzel/Schmidt* ZInsO 2001, 537, 538.

[118] *Gundlach/Frenzel/Schmidt* DZWIR 2001, 18.

[119] LG Bielefeld BeckRS 2014, 6693 m. krit. Anm. *Smid* jurisPR-InsR 13/2014 Anm. 4; Voraufl. Rn. 23.

[120] OLG Düsseldorf ZInsO 2018, 34, 48; *Ganter/Bitter* ZIP 2005, 93, 101 ff.; *Ganter* NZI 2005, 1, 8; *Smid* DZWIR 2015, 97, 119; HKInsO/*Landfermann* § 168 Rn. 6; HambKommInsO/*Scholz* § 168 Rn. 13; Uhlenbruck/*Brinkmann* § 168 Rn. 3; *Berger* KTS 2007, 433, 445; K. Schmidt/*Sinz* § 168 Rn. 15.

[121] BGH BeckRS 2013, 14009 m. zust. Anm. *Hess* WuB VI A § 168 InsO 1.13; OLG Düsseldorf ZInsO 2018, 34, 46; Begr. zu § 193 RegE, BR-Drs. 1/92, S. 179 aE.

[122] *Mönning*, FS Uhlenbruck, 2000, S. 236, 246.

Verfahrensziel wie die Übernahme von Arbeitnehmern. Nimmt man dem absonderungsberechtigten Gläubiger seinen Anspruch auf Nachteilsausgleich, entwertet man ganz erheblich seine Sicherheit und zwingt ihn zu Sanierungsbeiträgen, was die Unterscheidung der Gläubigergruppen überspielt. Langfristig ökonomisch sinnvoll kann dies nicht sein, beschränkt doch jede Entwertung von Sicherheiten die Bereitschaft zur Kreditgewährung und damit die Finanzierungsmöglichkeiten. Dass die Verpflichtung, Nachteile auszugleichen, eine übertragende Sanierung teurer oder gar unattraktiv macht, kann dem Absonderungsberechtigten nur dann angelastet werden, wenn er im konkreten Fall durch seine Kreditgewährung andere Gläubiger getäuscht hat. Trotz der Erschwernis für eine übertragende Sanierung ist also eine restriktive Handhabung des § 168 bei der Veräußerung von Gesamtheiten **abzulehnen.**

II. Verzögerungsgefahr

§ 168 versucht einen **Spagat** zwischen den Zielen der **Verfahrensbeschleunigung** und dem **Schutz des Sicherungsgläubigers** vor einer Verschleuderung seiner Sicherheit. Dieser Spagat mag in vielen Fällen gelingen. Vor allem bei einer übertragenden Sanierung sowie bei einer Veräußerung von sicherungsübereigneten Waren im laufenden Geschäftsbetrieb kann der Insolvenzverwalter das in § 168 vorgeschriebene Procedere jedoch nur sehr schwer einhalten; teilweise wird die Einhaltung der Vorgaben sogar unmöglich sein, wenn das Insolvenzverfahren in einem einigermaßen überschaubaren Zeitraum abgewickelt werden soll und der Insolvenzverwalter schnell auf günstige Verwertungsmöglichkeiten reagieren muss. 76

Bei der **Veräußerung von Waren im laufenden Geschäftsverkehr** ist es kaum möglich, dass der Insolvenzverwalter bei den unterschiedlichen Waren die jeweiligen Sicherungseigentümer vorher konsultiert, ob diese günstigere Verwertungsmöglichkeiten kennen, und dann die Wochenfrist abwartet. Hier wird in der Literatur vorgeschlagen, die Norm des § 168 überhaupt nicht anzuwenden.[123] Dies ist aber weder vom Wortlaut der Norm gedeckt, noch wird es dem gebotenen Schutz des absonderungsberechtigten Gläubigers gerecht.[124] Sicherungsnehmer und Insolvenzverwalter sollten sich vielmehr – gerade vor dem Hintergrund des § 168, dessen exakte Einhaltung in bestimmten Fällen im Interesse weder des einen noch des anderen Teils ist – im Rahmen einer **Verwertungsvereinbarung** auf ein Vorgehen einigen, das von den Vorgaben des § 168 abweichen kann. Scheitert eine Einigung zwischen den Parteien, so muss der Insolvenzverwalter die Vorgaben des § 168 grundsätzlich beachten. Es reicht dann aber aus, dass er zB dem Sicherungseigentümer mitteilt, er wolle die Warenbestände im Rahmen eines Räumungsverkaufs zum Einkaufspreis oder mit Abschlägen veräußern. Weitere Angaben müssen nicht erfolgen.[125] Will er dies nicht oder ist eine derartige Vorgehensweise zu aufwendig, so kann er das Sicherungsgut gem. § 170 Abs. 2 dem Gläubiger zur Verwertung überlassen. 77

Auch bei der **übertragenden Sanierung** kommen am ehesten dann sinnvolle wirtschaftliche Lösungen zustande, wenn sich der Sicherungsnehmer und der Insolvenzverwalter im Rahmen einer **Verwertungsvereinbarung** über die Modalitäten verständigen. Ist dies nicht möglich, so muss der Insolvenzverwalter bei einer übertragenden Sanierung damit rechnen, dass der absonderungsberechtigte Gläubiger den Vorwurf der Veräußerung unter Wert erhebt, wenn der Verwalter mit dem Betriebserwerber eine Gesamtlösung (mit Übernahme von Arbeitnehmern, Eintritt in bestehende Vertragsverhältnisse etc.) vereinbart und dabei die auf die einzelnen Gegenstände des Anlage- und Umlaufvermögens entfallenden Kaufpreisanteile relativ willkürlich (bzw. steuerlich motiviert) bestimmt werden.[126] Diese Erschwernis muss aber hingenommen werden.[127] 78

§ 169 Schutz des Gläubigers vor einer Verzögerung der Verwertung

[1]Solange ein Gegenstand, zu dessen Verwertung der Insolvenzverwalter nach § 166 berechtigt ist, nicht verwertet wird, sind dem Gläubiger vom Berichtstermin an laufend die geschuldeten Zinsen aus der Insolvenzmasse zu zahlen. [2]Ist der Gläubiger schon vor der Eröffnung des Insolvenzverfahrens auf Grund einer Anordnung nach § 21 an der Verwertung des Gegenstands gehindert worden, so sind die geschuldeten Zinsen spätestens von dem Zeitpunkt an zu zahlen, der drei Monate nach dieser Anordnung liegt. [3]Die Sätze 1 und 2 gelten nicht, soweit nach der Höhe der Forderung sowie dem Wert und der sonstigen

123 Nerlich/Römermann/*Becker* § 168 Rn. 6.
124 Vgl. Uhlenbruck/*Brinkmann* § 168 Rn. 8.
125 Uhlenbruck/*Brinkmann* § 168 Rn. 8; HKInsO/*Landfermann* § 168 Rn. 4; *Haas/Scholl* NZI 2002, 642, 643.
126 *Mönning*, FS Uhlenbruck, 2000, S. 236, 246; Uhlenbruck/*Brinkmann* § 168 Rn. 8: die geplante Erlösverteilung an die Gläubiger [ist] mitzuteilen.
127 → Rn. 74.

Belastung des Gegenstands nicht mit einer Befriedigung des Gläubigers aus dem Verwertungserlös zu rechnen ist.

Schrifttum: Siehe bei Vor §§ 166–173

Übersicht

A. Normzweck

1 Die Regelungen des § 169 verfolgen den Zweck, den absonderungsberechtigten Gläubiger vor einer Verzögerung der Verwertung durch den Insolvenzverwalter und den hieraus folgenden Nachteilen zu schützen. Wie §§ 167, 168, 172 zählen sie damit zu denjenigen Normen, welche die **Rechtsstellung des absonderungsberechtigten Gläubigers** vor und während der Verwertung **sichern** sollen. Sie dienen dem Ausgleich der Abschaffung der gem. § 127 Abs. 2 KO möglichen außergerichtlichen Verwertung durch den absonderungsberechtigten Gläubiger zugunsten der alleinigen Verwertungsbefugnis des Insolvenzverwalters bei bestimmten Mobiliarsicherheiten gem. § 166. Dem absonderungsberechtigten Gläubiger soll durch den Verlust der Verwertungsbefugnis sowie des Zugriffs auf die Sache und die damit verbundene reduzierte Beherrschbarkeit des Verwertungsablaufes kein Nachteil entstehen.

2 Der Gläubiger soll durch den **Zinsausgleichsanspruch** aus § 169 in die Lage versetzt werden, sich **anderweitige Liquidität** durch Aufnahme von Darlehen zu verschaffen, um so den Zeitraum bis zur Verwertung des Absonderungsgutes zwischenzufinanzieren.[1] Zugleich soll die in § 169 normierte Zinszahlungspflicht den Verwalter über die in § 169 vorgesehene unverzügliche Verwertung hinaus dazu **anhalten,** die mit Sicherungsrechten belasteten Gegenstände besonders **zügig zu ver-**

[1] Nerlich/Römermann/*Becker* § 169 Rn. 2; HKInsO/*Landfermann* § 169 Rn. 1.

werten.[2] Der Zinsanspruch richtet sich daher gegen den Insolvenzverwalter und ist aus der Insolvenzmasse zu befriedigen. Bei einer unangemessenen Verzögerung der Verwertung von Absonderungsrechten durch den Insolvenzverwalter können neben den Zinsausgleichsansprüchen Schadensersatzansprüche gem. § 60 bestehen. Der Wertausgleichsanspruch nach § 172 ergänzt die Regelung des § 169.

Die Gerichte haben bisher nur selten die Regelung des § 169 angewendet. Regelmäßig treffen Insolvenzverwalter und gesicherte Gläubiger im Rahmen von **Verwertungsvereinbarungen** Regelungen zum Zeitpunkt der Auskehrung der Verwertungserlöse. Hier ist durch Auslegung zu ermitteln, ob § 169 überhaupt noch angewendet werden kann; im Regelfall wird dies nicht der Fall sein. Existiert keine Verwertungsvereinbarung und findet § 169 damit Anwendung, so müssen gesicherte Gläubiger wegen der Zinsen einen Prozess gegen die Insolvenzmasse führen, denn das Insolvenzgericht ist regelmäßig nicht zu Anweisungen hinsichtlich einer Zinszahlungspflicht des Verwalters befugt.[3] Die Regelungen zum Ausgleich der Interessen von Insolvenzmasse und Sicherungsnehmer sind daher bei einer Konfrontation der Parteien **kaum praktikabel;** hier droht die Gefahr, dass sich die Parteien gegenseitig neutralisieren.[4] 3

B. Entstehungsgeschichte

Weder die Konkursordnung noch die Gesamtvollstreckungsordnung wiesen eine dem § 169 vergleichbare Regelung auf. Da der absonderungsberechtigte Gläubiger nämlich seinerzeit gem. § 127 Abs. 2 KO zur selbständigen außergerichtlichen Verwertung befugt war, stellte sich die Problematik einer Verwertungsverzögerung durch den Insolvenzverwalter nicht. Die Pflicht des Konkursverwalters, alle Möglichkeiten einer optimalen Verwertung zu nutzen, wurde aus § 117 KO abgeleitet.[5] Die Verletzung dieser Pflicht durch den Konkursverwalter hatte allein einen **Schadensersatzanspruch aus § 82 KO** zur Folge. Einen Zinsanspruch des absonderungsberechtigten Gläubigers sah die früher geltende Gesetzeslage nur als reguläre Nebenforderung zur besicherten Hauptforderung des Gläubigers im Rahmen des Konkursverfahrens vor, die vom Konkursverwalter aufgrund des Absonderungsrechts vorrangig befriedigt werden musste, sofern die Sicherheit ausreichend bemessen war. Die neue Regelung des § 169 sieht demgegenüber einen verschuldensunabhängigen, schadensersatzähnlichen Zinsanspruch des absonderungsberechtigten Gläubigers vor, der Forderungen anderer Insolvenzgläubiger im Rang vorgeht, und stellt damit erstmalig einen Bezug zur Verwertungsverzögerung her. Die Geltendmachung von Zinsansprüchen der absonderungsberechtigten Gläubiger im regulären Verwertungsverfahren ohne Vorliegen einer Verzögerung bestimmt sich nach § 39; allerdings kann der absonderungsberechtigte Gläubiger den Verwertungserlös auch so verrechnen, dass die rückständigen und laufenden Zinsen befriedigt werden.[6] Da in der Praxis die Höhe der gesicherten Forderungen regelmäßig den Wert der Sicherheit übersteigt, besteht auch ein Bedürfnis für die Regelung des § 169.[7] 4

Eine Regelung zum Schutz des absonderungsberechtigten Gläubigers war bereits im **Referentenentwurf** vorgesehen. § 183 RefE sah eine Verpflichtung des Insolvenzverwalters zur unverzüglichen Verwertung von mit Absonderungsrechten belasteten Gegenständen nach Abhaltung des Berichtstermins vor (Abs. 1); darüber hinaus sollte der Gläubiger das Recht haben, eine gerichtliche Festsetzung einer Verwertungsfrist zu beantragen (Abs. 2). § 183 Abs. 3 RefE entsprach inhaltlich der Regelung des § 169. 5

§ 183 RefE wurde unverändert als § 194 RegE in das **Gesetzgebungsverfahren** eingebracht. Die Beschlussempfehlung des Rechtsausschusses zu § 194 RegE[8] sah jedoch die Streichung der ersten beiden Absätze vor. Zur Begründung wurde darauf hingewiesen, dass sich die dort enthaltenen Regelungen bereits in anderen Bestimmungen der InsO fänden und deshalb verzichtbar wären.[9] 6

2 *Obermüller,* Insolvenzrecht in der Bankpraxis, Rn. 6.734; FKInsO/*Wegener* § 169 Rn. 1; *Mönning,* FS Uhlenbruck, 2000, S. 239, 264.

3 Uhlenbruck/*Brinkmann* § 169 Rn. 15.

4 *Mönning,* FS Uhlenbruck, 2000, S. 236, 268. Sehr kritisch auch *Grub* DZWIR 2002, 441: „eine wirtschaftlich und rechtlich unsinnige Regelung".

5 *Kuhn/Uhlenbruck,* KO, 11. Aufl. 1994, § 117 Rn. 11.

6 BGH WM 2011, 561. Ausführlich dazu → § 165 Rn. 267 ff. und → Vor §§ 166–173 Rn. 52.

7 Dies verkennt *Grub* DZWIR 2002, 441, 443, wenn er auf die Rechtsprechung verweist, nach der die Gläubiger eine Befriedigung der rückständigen und laufenden Zinsen aus dem Sicherheitenerlös fordern können.

8 BT-Drs. 12/7302, S. 177.

9 Beschlußempfehlung des Rechtsausschusses zu § 194 RegE, BT-Drs. 12/7302, S. 177.

Die in § 194 Abs. 1 RegE geregelte Verpflichtung des Insolvenzverwalters zur zügigen Verwertung des schuldnerischen Vermögens nach dem Berichtstermin wird in der Tat bereits von § 159 (= § 178 RegE) erfasst. Da dort auf die Beschlüsse der Gläubigerversammlung Bezug genommen wird, ist auch die notwendige Flexibilität hinsichtlich einer eventuellen Betriebsfortführung bzw. Gesamtveräußerung gegeben. Das mit § 194 Abs. 2 RegE vorgesehene Ziel, den Gläubiger durch Einräumung eines speziellen Antragsrechts[10] vor Verwertungsverzögerungen zu schützen, wurde unter Verweis auf § 60 (= § 71 RegE) gestrichen. Aus der Haftung des Insolvenzverwalters für Pflichtverletzungen – zu denen auch eine schuldhafte Verwertungsverzögerung zählt – ergebe sich ein hinreichender, gegenüber der Entwurfsfassung nur unwesentlich verschlechterter Schutz des Gläubigers, zumal die gesicherte Forderung des absonderungsberechtigten Gläubigers nach § 194 Abs. 3 RegE vom Berichtstermin an zu verzinsen ist.

C. Anwendungsbereich

7 Die Vorschrift betrifft wie § 168 nur die Verwertung von beweglichen Sachen und Forderungen, zu deren Verwertung der Insolvenzverwalter berechtigt ist. Dies richtet sich zunächst nach **§ 166.** § 167 gilt aber auch dann, wenn dem Gläubiger zunächst selbst das Verwertungsrecht zugestanden hat (Fall des § 173 Abs. 1) und nach Ablauf einer Frist der Verwalter zur Verwertung berechtigt ist **(§ 173 Abs. 2 Satz 2)**.[11]

8 Teilweise wird die Auffassung vertreten, dass die Regelung des § 169 einschränkend auszulegen oder nicht anzuwenden sei, wenn der **gesicherte Gläubiger** die **Prüfung der Wirksamkeit von Sicherheitenbestellungen** durch den Insolvenzverwalter **sabotiere** (bspw. dadurch, dass er notwendige Unterlagen nicht zur Verfügung stellt).[12] Diese Konstellation wird in der Praxis nur selten relevant, denn üblicherweise erklärt der Insolvenzverwalter zeitnah nach Eröffnung des Insolvenzverfahrens, dass er die Wirksamkeit der Sicherheitenbestellung nicht anerkenne. Der absonderungsberechtigte Gläubiger muss dann ggf. gerichtlich seine Rechte durchsetzen. Obsiegt er in einem gerichtlichen Verfahren, so hat er selbstverständlich auch Anspruch auf Zinsen wegen der verzögerten Auskehrung (unberechtigte Nichtauskehrung) des Verwertungserlöses. Die Frage einer einschränkenden Anwendung des § 169 kann sich nur stellen, wenn der absonderungsberechtigte Gläubiger trotz der Aussage des Insolvenzverwalters, er werde die Sicherheit nicht anerkennen, jahrelang seine bestehenden Rechte nicht durchsetzt und zu einem späteren Zeitpunkt einen Schaden wegen der verzögerten Auskehrung des Verwertungserlöses geltend macht. Hier greifen dann die Verwirkung bzw. die Grundsätze des § 254 BGB; sie können zum Ausschluss oder zu einer Reduzierung eines Schadensersatzanspruches des absonderungsberechtigten Gläubigers wegen der verzögerten Auskehrung des Verwertungserlöses führen.

9 Für die Verwertung von **Immobilien** und **Zubehör** finden sich Sondervorschriften in §§ 30e, 153b Abs. 2 ZVG (→ § 165 Rn. 109 ff.);[13] § 169 ist nicht analog anwendbar.

D. Verwertungspflicht

I. Allgemeines

10 Da die Insolvenzordnung neben der Einzelliquidation auch die Sanierung in den Blick nimmt und den Gläubigern auch insoweit große Autonomie zugesteht, besteht – anders als noch unter der Konkursordnung (§ 117 Abs. 1 KO) – eine **Verwertungspflicht** des Verwalters[14] **nur in den Grenzen des § 159,** dh soweit die Gläubigerversammlung nichts Entgegenstehendes beschließt. Entgegenstehender Beschluss ist der Beschluss, das schuldnerische Unternehmen ganz oder teilweise fortzuführen, sei es zur Durchführung einer Sanierung, sei es zur Veräußerung als lebender Betrieb. Für eine solche Fortführung werden insbesondere die den Sicherungsrechten einzelner Gläubiger unterfallenden Maschinen und Anlagen benötigt. Der Insolvenzmasse steht daher im Insolvenzeröffnungsverfahren und im eröffneten Verfahren das Recht zur Nutzung und Verwertung des Sicherungsgutes zu (§ 172 Abs. 1). Da der Verwalter über den Zeitpunkt der Verwertung entscheidet,

[10] Beschlußempfehlung des Rechtsausschusses zu § 194 RegE, BT-Drs. 12/7302, S. 177.
[11] Str., → § 173 Rn. 41 f.
[12] *Tetzlaff* DZWIR 2003, 453, 455.
[13] *Welsch* DZWIR 2017, 123, 125.
[14] Dasselbe gilt hier und im Folgenden für den eigenverwaltenden Schuldner.

könnte er das Sicherungsgut zeitlich unbegrenzt nutzen und damit die Sicherheit des absonderungsberechtigten Gläubigers, der am Zugriff auf das Sicherungsgut gehindert ist und deshalb nicht nur auf Liquidität verzichten muss, sondern auch das Risiko eines Wertverlusts trägt, stark entwerten. Als **Ausgleich** soll er zumindest Ausgleichszahlungen nach §§ 169, 172 erhalten.

Entscheidet sich der Insolvenzverwalter, mit der Verwertung weiter zuzuwarten, so trifft die Insolvenzmasse die Pflicht zur Kompensation der absonderungsberechtigten Gläubiger nach § 169 sowie nach § 172 Abs. 1. Den Insolvenzverwalter trifft also **keine absolute Verwertungspflicht.** Er muss vielmehr im Einzelfall abwägen, ob es vorteilhafter ist, den Gegenstand sogleich zu verwerten oder ihn weiter zu nutzen bzw. nach besseren Verwertungsmöglichkeiten zu suchen und im Gegenzug Zinsen sowie ggf. einen Wertersatz zu zahlen.[15] Ist die Weiternutzung durch die Insolvenzmasse aufgrund der Belastung mit den Ansprüchen aus § 169 für die Gläubigergesamtheit die ungünstigere wirtschaftliche Lösung, so kommt eine Haftung des Verwalters nach § 60 in Betracht, wenn er trotz der Nachteile für die Insolvenzmasse eine Verwertung der mit Absonderungsrechten belasteten Gegenstände nicht betreibt und auch eine Verwertung durch den Sicherungsgläubiger nicht zulässt. Nutzt der Insolvenzverwalter mit Absonderungsrechten belastete Gegenstände und kann er nicht die Zinszahlungspflichten aus § 169 erfüllen, weil zwischenzeitlich Masseunzulänglichkeit eingetreten ist, so ist eine Haftung des Insolvenzverwalters nach § 61 zu prüfen. 11

II. Unverzügliche Verwertung

Nach den Vorschriften der Insolvenzordnung ist der Insolvenzverwalter zur Verwertung grundsätzlich nur dann verpflichtet, wenn dem ein **Beschluss** der **Gläubigerversammlung** im Berichtstermin nicht entgegensteht (§ 159). Trifft den Insolvenzverwalter jedoch die Verwertungspflicht, muss er die Verwertung unverzüglich durchführen. Maßgeblicher Zeitpunkt für die Entstehung der Verwertungspflicht ist demnach der Berichtstermin. 12

1. Vor Berichtstermin. Vor dem Berichtstermin, in dem der Insolvenzverwalter den Gläubigern über die wirtschaftliche Lage des Schuldners, ihre Ursachen, die Aussichten für eine Unternehmensfortführung oder einen Insolvenzplan sowie die jeweiligen Auswirkungen auf eine Befriedigung der Gläubiger zu berichten hat (§ 156), besteht für ihn grundsätzlich **keine Verwertungspflicht** (§ 159). Bis zum Berichtstermin müssen alle Möglichkeiten einer Verwertung oder Erhaltung des Schuldnervermögens offengehalten werden,[16] denn die Entscheidung über eine Sanierung, Schuldenregulierung oder Verwertung des Unternehmens kann nur mit Zustimmung der Gläubigerversammlung getroffen werden. Hinsichtlich einzelner Gegenstände, die nicht zur Unternehmensfortführung benötigt werden, besteht konsequenterweise ein Verwertungsrecht des Insolvenzverwalters auch schon vor dem Berichtstermin; eine korrespondierende Verwertungspflicht wird man aber ablehnen müssen, um den Insolvenzverwalter nicht zeitgleich mit der Ermittlung der Berichtsgrundlagen und einzelnen Verwertungsmaßnahmen zu belasten. 13

Auch wenn vor dem Berichtstermin keine Pflicht zur unverzüglichen Verwertung besteht, kann es doch schon jetzt zu Verwertungsmaßnahmen kommen. Für diese gelten besondere Regeln, etwa Zustimmungserfordernisse nach §§ 158 Abs. 1, 160, sofern nicht die Voraussetzungen eines Notverkaufs gegeben sind.[17] Realisiert der Insolvenzverwalter bereits vor dem Berichtstermin (im eröffneten Verfahren oder im Eröffnungsverfahren) im Rahmen eines Notverkaufs oder in Abstimmung mit Gläubigern und dem Insolvenzgericht **Verwertungserlöse** aus Gegenständen, an denen Absonderungsrechte bestanden, so sind die auf die absonderungsberechtigten Gläubiger entfallenden Erlösanteile **sofort auszukehren,** bei Verzögerungen schuldet der Insolvenzverwalter Schadensersatz. Der Anspruch des gesicherten Gläubigers ergibt sich allerdings nicht aus § 169, sondern aus den allgemeinen Vorschriften. Ist das Bestehen des Absonderungsrechts unstreitig und der Insolvenzmasse der Verwertungserlös zugeflossen, so ist der Verwalter zur unverzüglichen Weiterleitung des Erlöses an den absonderungsberechtigten Gläubiger verpflichtet.[18] Wäre die Verwertung bestimmter Gegenstände an sich schon vor dem Berichtstermin zulässig, ja sogar notwendig gewesen, werden sie aber nicht verwertet, so setzt dennoch die Zinszahlungspflicht aus § 169 erst nach dem Berichtstermin ein. 14

Nicht gesetzlich geregelt ist die Frage, wie zu verfahren ist, wenn die **Anberaumung des Berichtstermins unangemessen hinausgezögert** wird. Soweit im konkreten Fall nicht die Vorschrift des § 169 Satz 2 eingreift, würde sich dadurch der Beginn der Verzinsungspflicht zum Nachteil der Gläubiger nach hinten verlagern. Gem. § 29 Abs. 1 Nr. 1 Hs. 2 soll der Berichtstermin nicht 15

---

[15] Uhlenbruck/*Brinkmann* § 169 Rn. 2.
[16] Siehe Begr. zu § 194 RegE, BR-Drs. 1/92, S. 180.
[17] Vgl. BGHZ 189, 299 = NJW 2011, 2960. Ausführlich dazu *Kirchhof* ZInsO 1999, 436.
[18] Vgl. auch LG Hechingen DZWIR 2002, 480, 482.

über sechs Wochen und darf er nicht später als drei Monate nach Verfahrenseröffnung angesetzt werden. Man wird daher annehmen müssen, dass die Pflicht zur Verzinsung spätestens ab Ablauf der Drei-Monats-Frist beginnt.[19] Eine Anknüpfung an die Sollvorschrift in § 29 Abs. 1 Nr. 1 Hs. 2, wie sie der BGH zu erwägen scheint,[20] ist jedoch mangels fixen Anfangsdatums abzulehnen.

16 Ausnahmsweise stehen dem absonderungsberechtigten Gläubiger Zinszahlungen aus der Insolvenzmasse bereits vor dem Berichtstermin zu, wenn er im **Insolvenzeröffnungsverfahren** durch einstweilige Anordnung des Insolvenzgerichts nach § 21 an der Verwertung des Sicherungsguts gehindert worden ist (§ 169 Satz 2). In diesem Fall setzt die Zinszahlungspflicht unabhängig vom Zeitpunkt der Eröffnung des Insolvenzverfahrens oder des Berichtstermins spätestens nach Ablauf von drei Monaten ab Erlass der einstweiligen Anordnung ein.[21] Seit der Gesetzesänderung 2007 kann sich gem. § 21 Abs. 2 Satz 1 Nr. 5 Hs. 2 auch schon im Insolvenzeröffnungsverfahren die Pflicht zu Zinszahlungen ergeben.

17 **2. Nach Berichtstermin. Regelmäßig** kann erst nach dem Berichtstermin mit der Verwertung der Insolvenzmasse begonnen werden. Der Insolvenzverwalter ist mangels entgegenstehenden Beschlusses der Gläubigerversammlung zur **unverzüglichen Durchführung der Verwertung** verpflichtet (§ 159), wobei mit „unverzüglich" „ohne schuldhaftes Zögern" gemeint ist, vgl. § 122 BGB. Hierbei hat er gleichwohl für eine bestmögliche Verwertung Sorge zu tragen.[22] Fasst die Gläubigerversammlung hingegen einen **Beschluss, der der Verwertung entgegensteht,** etwa einen Beschluss zur unveränderten Fortführung des schuldnerischen Unternehmens, so ist der Insolvenzverwalter zur Vornahme einer **Verwertung weder berechtigt noch verpflichtet.** Die Insolvenzmasse nutzt dann zB das sicherungsübereignete Anlagevermögen weiter und ist zur Zahlung von Zinsen nach § 169 verpflichtet.

18 **3. Kein Initiativrecht des Gläubigers.** Der absonderungsberechtigte Gläubiger hat **kein Initiativrecht zur Beschleunigung bzw. Einleitung der Verwertung.** Daher verbleiben dem Gläubiger nur die allgemeinen Gläubigerrechte. Die Verweigerung eines Initiativrechts ist Ausdruck der Konzentration des Verwertungsverfahrens beim Insolvenzverwalter.

19 Ein Antragsrecht des absonderungsberechtigten Gläubigers auf gerichtliche Festsetzung der Verwertungsfrist, wie es noch in § 194 Abs. 2 RegE vorgesehen war, wurde in den Gesetzesberatungen gestrichen. Der Rechtsausschuss hat die Streichung eines Initiativrechts des absonderungsberechtigten Gläubigers mit der **Haftung des Insolvenzverwalters aus § 60** begründet. Danach löst eine schuldhafte Pflichtverletzung des Insolvenzverwalters eine Schadensersatzpflicht aus. Dementsprechend muss sich der absonderungsberechtigte Gläubiger bei einer Verzögerung der Verwertung damit begnügen, den Insolvenzverwalter auf Schadensersatz in Anspruch zu nehmen,[23] und ist im Übrigen auf die beschränkten Möglichkeiten der Verfahrensgestaltung über die Gläubigerversammlung angewiesen. Die durch den Wegfall des Initiativrechts geschwächte Rechtsstellung des absonderungsberechtigten Gläubigers wird durch die bestehende Schadensersatzpflicht hinreichend kompensiert, zumal im Regelfall statt einer zeitraubenden gerichtlichen Fristbestimmung, die einen nachfolgenden Schadensersatzprozess nicht überflüssig macht, sofort auf Schadensersatz geklagt werden kann. Aus diesem Grunde ist auch die Effektivität des Instituts der Fristbestimmung als präventive Maßnahme im Gegensatz zum Schadensersatzanspruch aus § 60 fraglich.

E. Nachteilsausgleich bei Nichtverwertung

I. Grundsätze

20 § 169 tritt neben die Verwertungspflicht des § 159 sowie die bei ihrer Verletzung einschlägige Schadensersatzpflicht aus § 60[24] und ergänzt sie um einen **verschuldensunabhängigen Zinsanspruch** des absonderungsberechtigten Gläubigers gegen den Insolvenzverwalter auf Befriedigung aus der Insolvenzmasse. Während die Schadensersatzpflicht dem Ausgleich eines konkreten Vermögensverlustes aufgrund einer vom Insolvenzverwalter schuldhaft verzögerten Verwertung dient, verfolgt § 169 den Zweck, einen Schaden des absonderungsberechtigten Gläubigers durch den bloßen Zeitablauf infolge einer verzögerten Verwertung zu verhindern. Wie der IX. Zivilsenat des Bundes-

[19] *Hellmich* ZInsO 2005, 678, 679.
[20] BGHZ 154, 72 = NJW 2003, 2240, 2243; *Hellmich* ZInsO 2005, 678, 679 Fn. 13.
[21] Ausführlich dazu → Rn. 40.
[22] → § 168 Rn. 1 f.
[23] BGHZ 189, 299 = NJW 2011, 2960.
[24] BGHZ 189, 299 = NJW 2011, 2960.

gerichtshofs zutreffend ausgeführt hat,[25] soll die Zinszahlung ein Ausgleich dafür sein, dass der gesicherte Gläubiger das Sicherungsgut nicht selbst verwerten darf und ihm daher droht, dass er „geraume Zeit auf die ihm zustehenden Verwertungserlöse warten muss". Da der Insolvenzverwalter gem. § 159 normalerweise erst nach dem Berichtstermin verwerten muss, beginnt die Zinszahlungspflicht regelmäßig mit dem Berichtstermin. „Erhebliche Verzögerungen bei der Verwertung beruhen also", in den Worten des BGH, „entweder auf Beschlüssen der Gläubigerversammlung – zum einseitigen Nutzen der Insolvenzmasse – oder auf gestreckten Verwertungshandlungen des Insolvenzverwalters, die ebenfalls im Interesse der Masse liegen." Mag der Insolvenzverwalter auch einen berechtigten Grund haben, die Verwertung aufzuschieben, so darf sich dies doch nicht zum Nachteil der absonderungsberechtigten Gläubiger auswirken. Auf ein Verschulden des Insolvenzverwalters kommt es daher nicht an.[26]

II. Ursächlichkeit des Verwalterhandelns für die Verwertungsverzögerung

§ 169 Satz 1 verpflichtet den Insolvenzverwalter zur Zahlung von Zinsen, wenn die Verwertung verzögert wurde. Voraussetzung der Verzinsungspflicht ist damit eine Verzögerung der Verwertung über den Berichtstermin hinaus. Höchst umstritten ist, ob und inwieweit Tatbestandsvoraussetzung für die Zinszahlungspflicht ist, dass das **Verwalterhandeln** (Tun oder Unterlassen) für die Verwertungsverzögerung **ursächlich** geworden ist. 21

In der Literatur wird teilweise die Auffassung vertreten, dass es mit dem Sinn und Zweck der Verwertungsregelung nicht in Übereinstimmung zu bringen sei, der Insolvenzmasse eine Verzinsungspflicht aufzuerlegen, solange diese **tatsächlich** nicht **in der Lage sei,** das Sicherungsgut zu verwerten. Vielmehr müsse nach Lage des Marktes eine ernsthafte Absatzchance gegeben sein, denn § 169 solle nur dann eingreifen, wenn der Verwalter eine sich bietende Verwertungschance ungenutzt lasse.[27] 22

Eine andere Auffassung[28] spricht sich konsequent **gegen** die **Einführung von Verschuldenselementen** bei der Zinszahlungspflicht aus. Es wird insbesondere darauf hingewiesen, dass das Abstellen auf einen im Einzelfall zu bestimmenden Zeitpunkt der ersten ungenutzt verstrichenen Verwertungsmöglichkeit nach dem Berichtstermin eine erhebliche Rechtsunsicherheit erzeuge.[29] Systematisch knüpfe § 169 an die Verwertungsbefugnis des Verwalters nach § 166 (bzw. § 173 Abs. 2 Satz 2[30]) sowie an die damit verfolgte Intention an, das Betriebsvermögen zur Erleichterung der einstweiligen Betriebsfortführung zusammenzuhalten. Wenn der Insolvenzverwalter aus berechtigten Gründen die Verwertung des Sicherungsgutes hinausschiebe, so dürfe sich dies nicht zum Nachteil des absonderungsberechtigten Gläubigers auswirken. Könne der Verwalter nicht verwerten, so müsse er endgültig erklären, dass er von seiner Verwertungsbefugnis keinen Gebrauch machen wolle, und das Sicherungsgut nach § 170 Abs. 2 freigeben.[31] 23

Der **BGH** geht von einer verschuldensunabhängigen Verzinsungspflicht ab dem Berichtstermin aus. Die Zinszahlung soll aber ausnahmsweise dann erst ab einem späteren Zeitpunkt oder auch gar nicht geschuldet sein, wenn die Verwertung aus Gründen verzögert wird oder ausbleibt, die nicht **insolvenzspezifischer Natur** sind, insbesondere ihre Ursache in der Werthaltigkeit des Sicherungsguts haben. Das Vorliegen einer solchen Ausnahmesituation habe der Insolvenzverwalter darzulegen und zu beweisen. Für die **Sicherungsabtretung** hat der BGH so mit einem Verweis auf § 169 Satz 3 begründet, dass der absonderungsberechtigte Gläubiger nicht nur das Risiko der Einbringlichkeit der Forderungen tragen müsse, sondern auch das Risiko von Zahlungsverzögerungen bei der Geltendmachung der zedierten Forderungen durch die Insolvenzmasse. Das durch § 169 Satz 1 anerkannte Schutzbedürfnis des absonderungsberechtigten Gläubigers entfalle dann, wenn die Ursache für die Verwertungsverzögerung in der Sphäre des Drittschuldners liege und auch der absonderungsberechtigte Gläubiger selbst die Forderung bei selbst durchgeführter Verwertung nicht früher hätte realisieren können.[32] Auch für **sicherungsübereignete bewegliche Sachen** hat der BGH angenommen, eine Verzinsungspflicht nach § 169 scheide insoweit aus, als auch der Gläubiger die Sache nicht schneller hätte verwerten können als der Insolvenzverwalter. Hätte der Gläubiger den Gegen- 24

---

[25] BGHZ 154, 72 = NJW 2003, 2240, 2243; BGHZ 166, 215 = NJW 2006, 1873 Rn. 13.
[26] BGHZ 154, 72 = NJW 2003, 2240, 2243; BGHZ 166, 215 = NJW 2006, 1873 Rn. 13.
[27] Gottwald/*Adolphsen*, InsO-HdB, § 42 Rn. 145; Nerlich/Römermann/*Becker* § 169 Rn. 14; *Grub* DZWIR 2002, 441, 442 f.
[28] KPB/*Flöther* § 169 Rn. 4; Uhlenbruck/*Brinkmann* § 169 Rn. 2; HKInsO/*Landfermann* § 169 Rn. 7; *Hellmich* ZInsO 2005, 678, 679.
[29] *Hellmich* ZInsO 2005, 678, 680.
[30] → Rn. 7 und → § 173 Rn. 39 f.
[31] *Hellmich* ZInsO 2005, 678, 680.
[32] BGHZ 154, 72 = NJW 2003, 2240, 2243 f.

stand bei eigener Verwertungsbefugnis erst zu einem bestimmten Zeitpunkt zwischen dem Berichtstermin und dem Datum der tatsächlichen Verwertung durch den Insolvenzverwalter veräußern können, beginne die Verzinsungspflicht mit diesem Zeitpunkt. Bei Sicherungsgut, das der Verwalter nicht selbst verwerte, sondern zu einem späteren Zeitpunkt als dem Berichtstermin an den Gläubiger freigebe, bestehe kein Zinsanspruch, soweit dem Gläubiger auch bei unverzüglicher Freigabe keine frühere Verwertung möglich gewesen wäre.[33] Nur im Falle einer zeitnahen Freigabe nach dem Scheitern von Verwertungsbemühungen trage aber der absonderungsberechtigte Gläubiger die sekundäre Darlegungslast, dass er besser hätte verwerten können.[34] Auf dieser Grundlage hat der BGH eine Verzinsungspflicht nach § 169 Satz 1 in dem Sonderfall abgelehnt, dass der mittelbare Besitzer des Absonderungsgutes seinen Besitzmittlungswillen aufgegeben hat. Die Zinszahlungspflicht entfalle dann mit dem Zeitpunkt der Manifestation dieses Willens.[35]

25 Diese Lösung verdient **Zustimmung,** weil sie einerseits vermeidet, dass der absonderungsberechtigte Gläubiger durch den Zinsanspruch auf Kosten der Masse besser steht, als er bei einem eigenen Verwertungsrecht stünde, andererseits den Ausnahmecharakter einer Abweichung vom Berichtstermin als Zinsbeginn betont. Dabei ist aber streng auf die Verteilung der Darlegungs- und Beweislast zu achten: Das Vorliegen einer Ausnahme hat der Insolvenzverwalter darzulegen und bei dem zu erwartenden Bestreiten seitens des absonderungsberechtigten Gläubigers zur vollen Überzeugung des Gerichts zu beweisen.[36] Darzulegen und zu beweisen ist insbesondere, dass die Ausnahme vom Berichtstermin an bestand und bis zu dem Zeitpunkt fortdauerte, zu dem der Sicherungsgegenstand an den Gläubiger freigegeben oder die Zinszahlung aufgenommen wurde. Der absonderungsberechtigte Gläubiger kann dabei – legt man die neuere Rechtsprechung des BGH zugrunde – den Insolvenzverwalter, der die Unmöglichkeit früherer Verwertung zunächst überzeugend dargelegt hat, über seine sekundäre Darlegungslast durch spezifizierteren Vortrag zu noch genaueren Darlegungen und deren Beweis zwingen. Gelingt dem Insolvenzverwalter zunächst der Beweis der Ausnahme, kann der absonderungsberechtigte Gläubiger noch immer den Gegenteilsbeweis führen, dass eine frühere Verwertung doch möglich gewesen wäre. Eine Anwendung des § 287 ZPO ist möglich,[37] sollte aber mit Zurückhaltung geschehen.

26 In der Mehrzahl der Fälle wird man das Vorliegen eines Ausnahmefalles, in dem eine Verzinsungspflicht nach § 169 ausscheidet, dann ablehnen müssen, wenn der Verwalter mit seinen erfolglosen Verwertungsbemühungen fortfährt, ohne eine Freigabe der zu verwertenden Sache bzw. der zu verwertenden Forderung an den absonderungsberechtigten Gläubiger gem. § 170 Abs. 2 in Betracht zu ziehen. Bei beweglichen Sachen bedeutet dies, dass der Insolvenzverwalter, wenn eine kurzfristige Veräußerung oder sonstige Verwertung der Sache scheitert, zu prüfen hat, ob er nicht sogleich den Gegenstand an den Gläubiger zur Verwertung freigibt.[38] Bei sicherungszedierten Forderungen muss der Verwalter den Drittschuldner spätestens bei Fälligkeit zur Leistung auffordern und, wenn der Drittschuldner nicht innerhalb einer üblichen Frist leistet, die Forderung gerichtlich (bzw. schiedsgerichtlich) geltend machen und ggf. vollstrecken, solange dies Erfolg verspricht; zugleich muss der Insolvenzverwalter eine Verwertung der Forderung durch Veräußerung – etwa an ein Factoringunternehmen – in Betracht ziehen und, wenn realistisch, versuchen. Will der Insolvenzverwalter, wenn der Drittschuldner nicht auf Anforderung leistet, von einer Geltendmachung absehen oder erscheint diese aussichtslos und ist nicht zeitnah ein Erwerber zu finden, muss er die Forderung ebenfalls gem. § 170 Abs. 2 freigeben. Wird der Verwalter diesen Anforderungen nicht gerecht, so muss die Insolvenzmasse Zinsen nach § 169 Satz 1 zahlen.[39] In allen Fällen können Unsicherheiten und ggf. sogar die Zinszahlungspflicht insgesamt vermieden werden, wenn der Insolvenzverwalter mit dem absonderungsberechtigten Gläubiger eine **Verwertungsvereinbarung** schließt. Scheitert der Abschluss einer Verwertungsvereinbarung bei sich abzeichnenden Schwierigkeiten der Verwertung, so sollte der Verwalter mit einer Zinszahlungspflicht ab Berichtstermin kalkulieren und, wenn die Zinszahlungspflicht nachteiliger ist als der risikogewichtete Vorteil einer eigenen Verwertung, die Gegenstände schnellstmöglich nach § 170 Abs. 2 freigeben.

III. Eröffnungsverfahren

27 **1. Alte Rechtslage bzw. keine Anordnung nach § 21 Abs. 2 Satz 1 Nr. 5.** Eine Nachteilsausgleichung bei Verwertungshinderung im Eröffnungsverfahren findet über § 169 grundsätzlich

[33] BGHZ 166, 215 = NJW 2006, 1873 Rn. 15.
[34] BGHZ 166, 215 = NJW 2006, 1873 Rn. 17.
[35] BGHZ 166, 215 = NJW 2006, 1873 Rn. 27.
[36] BGHZ 166, 215 = NJW 2006, 1873 Rn. 16.
[37] BGHZ 166, 215 = NJW 2006, 1873 Rn. 18.
[38] *Hellmich* ZInsO 2005, 678, 680.
[39] Ähnlich *Obermüller* NZI 2003, 416, 418.

nicht statt. Denn das Eröffnungsverfahren soll die Entscheidung der – nach Eröffnung einzuberufenden – Gläubigerversammlung über das weitere Schicksal des Schuldnervermögens nicht präjudizieren, weshalb zu diesem Zeitpunkt noch keine Verwertungspflicht des Verwalters besteht. Mangels Verwertungspflicht scheidet auch ein Zinsanspruch in dieser Phase grundsätzlich aus. Anderes gilt jedoch gem. § 169 Satz 2 im Falle der **Anordnung von Sicherungsmaßnahmen gem. § 21,** soweit diese Anordnung eine Beschränkung der Verwertungsmöglichkeit mit sich bringt: Ergeht eine solche die Verwertung beschränkende gerichtliche Anordnung nach § 21, so ist der Insolvenzverwalter auch vor dem Berichtstermin zur Zinszahlung verpflichtet, wobei die Zinszahlung spätestens drei Monate nach Erlass der Sicherungsmaßnahmen zu beginnen hat.[40] An der Verwertung hindern zB die Bestellung eines vorläufigen Insolvenzverwalters (§ 21 Abs. 2 Satz 1 Nr. 1) bei gleichzeitiger Anordnung eines allgemeinen Veräußerungsverbots (§ 21 Abs. 2 Satz 1 Nr. 2)[41] oder die Anordnung der einstweiligen Einstellung der Zwangsvollstreckung (§ 21 Abs. 2 Satz 1 Nr. 3), soweit sie tatsächlich die Durchsetzung des Sicherungsrechts hindert;[42] kein Hindernis ist Nr. 3 etwa für die Einziehung einer sicherungshalber abgetretenen Forderung.[43]

In den Genuss von Zinszahlungen nach § 169 kommen **nur diejenigen absonderungsberechtigten Gläubiger,** gegen die sich die einstweilige Anordnung des Gerichts **konkret** richtet, also insbesondere die Anordnung der einstweiligen Einstellung einer bestimmten Zwangsvollstreckungsmaßnahme.[44] Der Gläubiger, der sich auf die Sonderregelung des § 169 Satz 2 beruft, muss nachvollziehbar darlegen, dass er ohne Verwertungshinderung durch die gerichtliche Anordnung schon im Eröffnungsverfahren zur Verwertung geschritten wäre.[45] An diese Darlegung wird man aber keine allzu großen Anforderungen stellen können. 28

Für den **Beginn der Zinszahlung** gilt § 169 Satz 2 in Verbindung mit Satz 1. Die Zinszahlung ist gem. Satz 2 spätestens drei Monate nach Erlass der Anordnung aufzunehmen; es kommt also der Einfachheit halber nicht darauf an, ob der Gläubiger schon bei Erlass oder erst später eine Verwertung versucht hätte. Die Berechnung der Dreimonatsfrist erfolgt nach §§ 187, Abs. 1, 188 Abs. 2 und 3 BGB, § 222 ZPO. Sollte der Berichtstermin aber bereits vor Ablauf von drei Monaten nach der Anordnung von Sicherungsmaßnahmen stattfinden, so ist auf diesen Zeitpunkt abzustellen.[46] § 169 Satz 1 stellt mit anderen Worten den Regelfall für die Zinszahlungspflicht dar; durch § 169 Satz 2 wird der Zinszahlungsbeginn in Ausnahmefällen vorverlegt, aber nicht nach hinten verlagert. 29

2. Anordnung nach § 21 Abs. 2 Satz 1 Nr. 5. Seit 2007 sind gem. § 21 Abs. 2 Satz 1 Nr. 5 Anordnungen des Insolvenzgerichts mit dem Inhalt möglich, dass Gegenstände, die im Falle der Verfahrenseröffnung von § 166 erfasst würden oder deren Aussonderung verlangt werden könnte, vom Gläubiger nicht verwertet oder eingezogen werden dürfen und dass solche Gegenstände zur Fortführung des Unternehmens des Schuldners eingesetzt werden können, soweit sie hierfür von erheblicher Bedeutung sind. Im Falle einer derartigen Anordnung gelten die § 169 Satz 2 und 3 entsprechend; es handelt sich dabei um eine **Nutzungsausfallentschädigung in Form von Zinsen.**[47] Die Pflicht zur Zahlung dieser „Nutzungsausfallzinsen" besteht in der Auslegung des BGH,[48] die das BVerfG gebilligt hat,[49] nur für einen Zeitraum, der drei Monate nach der Anordnung gem. § 21 liegt. Nach Verfahrenseröffnung gilt der Anspruch als Masseverbindlichkeit.[50] Vgl. dazu die Kommentierung von § 21. 30

IV. Vorlage eines Insolvenzplans

Nach einer Auffassung soll § 169 Satz 1 bei einer insolvenzplanbedingten Aussetzung der Verwertung von Sicherungsrechten (§ 233) nicht anwendbar sein. Die Sicherungsgläubiger sollen das vorrangige Interesse der Gläubigergesamtheit an der Umsetzung eines Insolvenzplans gegen sich 31

---

[40] Begr. zu § 188 RegE, BR-Drs. 1/92, S. 176 f. sowie Begr. zu § 194 RegE, BR-Drs. 1/92, S. 180.
[41] So auch HKInsO/*Rüntz/Laroche* § 169 Rn. 37; aA Jaeger/*Eckardt* § 169 Rn. 114.
[42] Jaeger/*Eckardt* § 169 Rn. 114; HKInsO/*Rüntz/Laroche* § 169 Rn. 37; Andres/Leithaus/*Leithaus* § 169 Rn. 3.
[43] BGHZ 154, 72, 84 = NJW 2003, 2240, 2243.
[44] BGHZ 154, 72, 84 f. = NJW 2003, 2240, 2243; HKInsO/*Rüntz/Laroche* § 169 Rn. 37; Jaeger/*Eckardt* § 169 Rn. 115; Uhlenbruck/*Brinkmann* § 169 Rn. 8; *Kirchhof*, Leitfaden, Rn. 336.
[45] Uhlenbruck/*Brinkmann* § 169 Rn. 8; Jaeger/*Eckardt* § 169 Rn. 115.
[46] Nerlich/Römermann/*Becker* § 169 Rn. 28; HKInsO/*Landfermann* § 169 Rn. 20; wohl auch KKInsO/*Hess* § 169 Rn. 12, 19.
[47] BGHZ 183, 269 = NZI 2010, 95 Rn. 28; BGH NZI 2012, 369 Rn. 11; vgl. auch *Smid* DZWIR 2012, 1, 2 mit Hinweis auf den Begriff des Mietzinses.
[48] BGHZ 183, 269 = NZI 2010, 95 Rn. 28 ff.; BGH NZI 2012, 369 Rn. 11.
[49] BVerfGK 19, 370 = NZI 2012, 617 mAnm *Hess* WuB VI A § 21 InsO 3.12.
[50] BGHZ 183, 269 = NZI 2010, 95 Rn. 26; BGH NZI 2012, 369 Rn. 24 (betrifft Wertersatzanspruch bei Aussonderungsgut).

gelten lassen müssen.[51] Dem ist zu widersprechen, da eine derartige Meinung keine Stütze im Gesetz findet. Sollen die absonderungsberechtigten Gläubiger auf Zinszahlungen verzichten, so müssen entsprechende Regelungen im Insolvenzplan vorgesehen werden. Diesen Regelungen müssen die gesicherten Gläubiger aber nicht zustimmen. Der Insolvenzplan kann gegen ihren Willen auch keine abweichende Regelung treffen. Die gesicherten Gläubiger haben also **auch bei Vorlage eines Insolvenzplans** Ansprüche aus § 169.[52]

F. Zinszahlungsanspruch

I. Grundsätze

32 Die **Dauer** der Zinszahlungen bemisst sich nach der Dauer der Verzögerung,[53] die **Höhe** der Zinszahlungen nach der Werthaltigkeit der Sicherheiten und den vertraglichen Regelungen über Zinszahlungen zwischen Sicherungsnehmer und Sicherungsgeber.[54]

33 Der Anspruch des absonderungsberechtigten Gläubigers auf Zahlung der „geschuldeten Zinsen" aus § 169 umfasst nur die **laufenden Zinsen** und **nicht** die **rückständigen Zinsen.**[55] Der absonderungsberechtigte Gläubiger ist berechtigt, sich aus den Sicherheiten wegen aller rückständigen und laufenden Zinsansprüche zu befriedigen, ohne dass es auf eine Verwertungsverzögerung ankommt.[56] Allerdings ist dafür Voraussetzung, dass der Wert der Sicherheit ausreicht, um auch die Zinsansprüche abzudecken.[57] Der Zinsanspruch aus § 169 Satz 1 besteht hingegen auch dann, wenn der Wert der Sicherheit nur ausreicht, um die Hauptforderung abzudecken, und Zinsen und Kosten im Insolvenzverfahren nur als ungesicherte Insolvenzforderungen geltend gemacht werden könnten.

II. Höhe der Zinsen

34 Der Begriff der **„geschuldeten Zinsen"** wird vom Gesetz nicht näher präzisiert. Dem im Wortlaut klar ersichtlichen Erfordernis, wonach die Zinsen „geschuldet" sein müssen, ist zu entnehmen, dass § 169 keinen selbständigen Anspruch auf Zinszahlungen begründet; die Zinsen müssen vielmehr aufgrund vertraglicher Vereinbarung oder kraft Gesetzes geschuldet sein.[58]

35 **1. Vorliegen einer vertraglichen Regelung.** Die nach § 169 geschuldeten Zinsen sind in erster Linie danach zu bemessen, in welcher Höhe der Gläubiger sie aus dem ungestörten Rechtsverhältnis mit dem Schuldner beanspruchen konnte. Es kommt also auf die ursprünglich zwischen dem Gläubiger und dem Schuldner **vertraglich vereinbarten Zinsen** an.[59] Auch wenn die vertraglichen Zinsen dem Schuldner vom absonderungsberechtigten Gläubiger gestundet worden sind – etwa nach einem vereinbarten Zinsstopp –, werden weiterhin Zinsen iSv § 169 geschuldet.[60]

36 Der vertraglich vereinbarte **Zinssatz** kann über dem gesetzlichen Zinssatz liegen.[61] Liegt der vereinbarte Zinssatz unter 4%, so soll es nach Auffassung des BGH sachgerecht sein, auch im Rahmen des § 169 eine **„Mindestverzinsung"** iHv 4% anzunehmen.[62] Diese vom BGH eingeführte „Mindestverzinsung" findet weder im Gesetzeswortlaut noch in den Gesetzesmaterialien eine Stütze; sie erscheint aber sinnvoll und methodisch noch akzeptabel. Der Gesetzgeber sollte sie allerdings in Gesetzesform gießen.

37 **2. Fehlen einer vertraglichen Regelung.** Im Schrifttum[63] wurde zunächst davon ausgegangen, dass im Falle des Fehlens einer vertraglichen Regelung die Bestimmung in § 169 hinsichtlich der Höhe der Zinszahlung auf die gesetzlichen Regelungen zum Verzugszinssatz hinweist. Aufgrund

---

[51] BKInsO/*Breutigam* § 169 Rn. 8; KKInsO/*Hess* § 169 Rn. 22; Uhlenbruck/*Brinkmann* InsO § 169 Rn. 9.
[52] So auch HKInsO/*Landfermann* § 169 Rn. 22; Jaeger/*Eckardt* § 169 Rn. 31.
[53] → Rn. 40 ff.
[54] → Rn. 34 ff. und → Rn. 49 ff.
[55] HKInsO/*Landfermann* § 169 Rn. 19; Uhlenbruck/*Brinkmann* § 169 Rn. 6.
[56] BGH NJW 2008, 3064 Rn. 20. → Vor §§ 166–173 Rn. 52.
[57] BGH NJW 2008, 3064 Rn. 20. → Vor §§ 166–173 Rn. 52.
[58] *Mönning*, FS Uhlenbruck, 2000, S. 239, 265; KPB/*Flöther* § 169 Rn. 6; FKInsO/*Wegener* § 169 Rn. 5: die geschuldeten Zinsen sind insbesondere „vertraglich vereinbarte Zinsbelastungen".
[59] BGHZ 166, 215 = NJW 2006, 1873 Rn. 31.
[60] Vgl. zur Stundung Palandt/*Grüneberg* § 271 Rn. 12.
[61] Uhlenbruck/*Brinkmann* § 169 Rn. 5.
[62] BGHZ 166, 215 = NJW 2006, 1873 Rn. 31.
[63] ZB Uhlenbruck/*Brinkmann* § 169 Rn. 5 und HKInsO/*Landfermann* § 169 Rn. 18 wollen Verzugszinsen annehmen, wenn vor Verfahrenseröffnung die Verzugsvoraussetzungen vorlagen.

der in den letzten Jahren durch den Gesetzgeber vorgenommenen Erhöhungen der Verzugszinsen[64] gilt aktuell ein Zinssatz von 5 Prozentpunkten über dem Basiszinssatz (§ 288 Abs. 1 BGB); bei Rechtsgeschäften, an denen kein Verbraucher beteiligt ist, wurde der Verzugszinssatz für Entgeltforderungen zuletzt nochmals auf 9 Prozentpunkte über dem Basiszinssatz angehoben (§ 288 Abs. 2 BGB).[65] Nach Auffassung des **BGH**[66] ist die Anwendung dieser **erhöhten gesetzlichen Zinssätze im Rahmen des § 169 nicht gerechtfertigt.** Das Gericht weist darauf hin, dass der Gesetzgeber der InsO nicht die tatsächlich nach Inkrafttreten der InsO vorgenommene Erhöhung des Verzugszinssatzes bedacht habe. In der Gesetzesbegründung[67] sei auf die damaligen Regelungen in § 288 BGB aF Bezug genommen worden; der Verzugszinssatz zum Zeitpunkt des Inkrafttretens der InsO habe lediglich **4%** betragen. Nach Auffassung des BGH würde eine Anwendung der Verzugszinsen in ihrer heutigen Höhe den Insolvenzverwalter davon abhalten, im Interesse einer Unternehmensfortführung oder einer Gesamtveräußerung die Verwertung von mit Absonderungsrechten belasteten Gegenständen aufzuschieben.[68]

Die Überlegungen des BGH sind **vielfach stark kritisiert** worden. Vorgebracht wurde dabei, dass eine Refinanzierung zu einem Zinssatz von 4% vor allem Warenkreditgebern oft nicht möglich sei.[69] Auch für den Gesetzgeber, auf den sich der BGH explizit bezogen hat, soll der Zinsanspruch den Gläubiger in die Lage versetzen, sich die ihm vorenthaltene Liquidität anderweitig zu beschaffen.[70] Der Verzugszins hat heute allerdings in der Tat einen Strafcharakter; eine Refinanzierung dürfte doch meist günstiger möglich sein – jedenfalls muss aber, da es sich nicht um einen Schadensersatzanspruch handelt, nicht auf die individuelle Situation des Gläubigers abgestellt werden. Der Zinssatz von 4% erscheint danach **derzeit noch angemessen;** auch hier wäre aber eine – eventuell flexible (vgl. § 288 BGB) – gesetzliche Lösung wünschenswert. 38

3. Begrenzung durch den zu befriedigenden Teil der Forderung. Die Zinszahlung hat „laufend", also schon vor Verwertung im mindestens monatlichen Turnus, zu erfolgen.[71] Allerdings ist gem. § 169 Satz 3 ein Zins nur für den Teil der Forderung zu zahlen, der aus dem Erlös der Verwertung des mit dem Absonderungsrecht belasteten Gegenstands befriedigt wird. Solange das Sicherungsgut nicht verwertet ist, steht indes noch nicht fest, inwieweit der Erlös aus der Verwertung der mit Absonderungsrechten belasteten Gegenstände ausreicht, um sämtliche gesicherten Forderungen zurückzuführen. Die Höhe der Zinszahlungen hängt daher von einer **Prognose** ab.[72] Für die laufenden Zinszahlungen sollte allerdings nur dann von der soeben beschriebenen Zinshöhe abgewichen werden, wenn mit hinreichender Sicherheit vorhergesagt werden kann, dass es nicht zu einer im Wesentlichen vollständigen Befriedigung der gesicherten Forderung kommen wird. 39

III. Zeitpunkte und Zeitdauer der Zinszahlung

1. Beginn. Grundsätzlich beginnt die Zinszahlungspflicht gem. § 169 Satz 1 mit dem **Berichtstermin,** in dem die Gläubigerversammlung über das Verfahrensziel und damit über die Verwertung der mit Absonderungsrechten belasteten Gegenstände entscheidet. Im Falle des § 169 Satz 2 setzt die Zinszahlungspflicht **drei Monate nach der Anordnung** von Sicherungsmaßnahmen im Eröffnungsverfahren, die einen Verwertungsstopp nach sich ziehen, ein. Die Zinszahlungen nach § 169 sind vom Insolvenzverwalter **ohne besondere Aufforderung durch den Gläubiger** zu leisten. Der Gläubiger muss nicht etwa einen Antrag stellen. Es handelt sich um eine Amtspflicht des Insolvenzverwalters.[73] 40

2. Zeitpunkte für Zinszahlungen. Nach § 169 Satz 1 sind die geschuldeten Zinsen „laufend" aus der Masse zu zahlen. Gibt es **keine vertraglichen Vereinbarungen,** so ist bei der Bestimmung der Zeitpunkte auf das Interesse des Sicherungsgläubigers abzustellen. Es liegt nicht im Interesse des Sicherungsgläubigers, bei einer längeren Verzögerung der Verwertung erst im zeitlichen Zusammenhang mit der Auskehrung des Verwertungserlöses Zahlungen nach § 169 zu erhalten.[74] Das Gesetz 41

64 Gesetz zur Beschleunigung fälliger Zahlungen vom 30.3.2000, BGBl. I 330.
65 Gesetz zur Bekämpfung von Zahlungsverzug im Geschäftsverkehr […] vom 22.7.2014, BGBl. I 1218.
66 BGHZ 166, 215 = NJW 2006, 1873 Rn. 29 f.
67 Begr. zu § 194 RegE, BR-Drs. 1/92, S. 180 und Begr. zu § 188 RegE, BR-Drs. 1/92, S. 176 f.
68 BGHZ 166, 215 = NJW 2006, 1873 Rn. 29 f.
69 → 3. Aufl. 2013 § 169 Rn. 32.
70 BT-Drs. 12/2443, S. 180; BGHZ 166, 215 = NJW 2006, 1873 Rn. 31; BGH NZI 2011, 247 Rn. 13.
71 → Rn. 41 f.
72 *Hellmich* ZInsO 2005, 678, 682; näher → Rn. 46.
73 Uhlenbruck/*Brinkmann* § 169 Rn. 11; KPB/*Flöther* § 169 Rn. 14.
74 *Hellmich* ZInsO 2005, 678, 682; Uhlenbruck/*Brinkmann* § 169 Rn. 11; HKInsO/*Landfermann* § 169 Rn. 23; Nerlich/Römermann/*Becker* § 169 Rn. 39.

spricht von „laufenden" Zahlungen, die aus der Masse zu erbringen sind. Es ist zu berücksichtigen, dass nach der hM[75] die Ansprüche aus § 169 als Masseverbindlichkeit zu klassifizieren sind. Folgt man dieser Auffassung, so ist der absonderungsberechtigte Gläubiger dem Risiko der Masseunzulänglichkeit besonders ausgesetzt, wenn er längere Zeit auf die Zinszahlungen aus § 169 warten muss. Die Auffassung, beim Fehlen von vertraglichen Vereinbarungen sei davon auszugehen, dass die Zinsen jährlich zu zahlen seien,[76] ist daher abzulehnen.[77] Richtig erscheint es, beim Fehlen von vertraglichen Vereinbarungen von einer **monatlichen Zinszahlungspflicht** auszugehen.[78]

42 Existieren hingegen **vertragliche Regelungen** zu Zinszahlungen, so ist in erster Linie auf die zwischen dem Sicherungsnehmer und dem Sicherungsgeber **vereinbarten Modalitäten** abzustellen. Sind danach aber zwischen den Zahlungsterminen längere Abstände als monatliche Zahlungen vorgesehen, zB viertel-, halb- oder jährliche Zinszahlungen, so kann man angesichts der besonderen Interessenlage des Gläubigers während eines Insolvenzverfahrens nicht auf diese Vereinbarungen abstellen. Die Zinszahlungen haben dann vielmehr in kürzeren Abständen zu erfolgen. Auch hier wird man dann davon ausgehen müssen, dass die Zinsen **monatlich** zu zahlen sind.[79]

43 **3. Keine Unterbrechung der Zinszahlungspflicht durch Insolvenzplan.** Teilweise wird vertreten, dass die Verzinsungspflicht dann unterbrochen werde, wenn der Insolvenzverwalter aufgrund einer insolvenzplanbedingten Aussetzung der Verwertung gem. § 233 an einer Verwertung gehindert sei. In diesem Falle hätten die Sicherungsgläubiger das „vorrangige Interesse der Gläubigergesamtheit an der Umsetzung eines Insolvenzplans […] gegen sich gelten zu lassen".[80] Dem ist, wie bereits ausgeführt,[81] nicht zu folgen, weil diese Auffassung keine Grundlage im Gesetz findet.

44 **4. Zinsende.** Die Zinszahlungspflicht besteht nach § 169 Satz 1, solange der Gegenstand „nicht verwertet wird", also bis zur **Verwertung** des mit Absonderungsrechten belasteten Gegenstandes. Wann eine „Verwertung" iSd § 169 Satz 1 vorliegt, ist umstritten. Der Wortlaut deutet darauf hin, dass es auf die tatsächliche Liquidierung des Gegenstands, also bei Forderungen deren Einziehung, durch den Insolvenzverwalter ankommt.[82] Der Liquiditätszufluss beim Gläubiger spielt dann nur insofern eine Rolle, als diesem bei schuldhaft verspäteter Auskehr zusätzlich noch ein Schadensersatzanspruch nach § 60 iVm § 170 Abs. 1 Satz 2 zusteht; der zu ersetzende Schaden kann dann im Einzelfall höher als der Zins sein, etwa wenn sich der konkrete Gläubiger teurer refinanzieren muss.

45 Diese Lösung führt allerdings zu einer Aufspaltung in einen verschuldensunabhängigen, unproblematisch zu beweisenden Zinsanspruch und einen verschuldensabhängigen, schwer zu beweisenden Schadensersatzanspruch. Vorzugswürdig ist es daher, mit der hM[83] statt auf die tatsächliche Verwertung durch den Insolvenzverwalter auf die **Befriedigung der gesicherten Forderung** abzustellen. Der Zweck des § 169, dem Gläubiger Liquidität zu verschaffen und den Insolvenzverwalter zu zügiger Befriedigung des Absonderungsberechtigten anzuhalten, besteht im Zeitraum zwischen der tatsächlichen Verwertung und der Auskehr des Verwertungserlöses unverändert fort.[84] Für den Gläubiger macht es keinen Unterschied, ob seine Forderung deshalb noch nicht befriedigt ist, weil der Insolvenzverwalter das Sicherungsgut noch gar nicht verwertet hat, oder deshalb, weil der Insolvenzverwalter zwar verwertet hat, aber die Auskehr des Erlöses noch aussteht.

46 **5. Endgültige Abrechnung.** Da Zinsen nur insoweit geschuldet sind, als die Forderung aus dem Verwertungserlös befriedigt wird,[85] kann sich die Höhe der Zinszahlungen im Nachhinein als zu hoch oder zu niedrig herausstellen, je nach der Höhe des tatsächlich erzielten Verwertungserlöses. Eine **endgültige Abrechnung** auf der Basis des tatsächlichen Verwertungserlöses ist im Gesetz nicht vorgesehen. Teilweise wird daher vertreten, dass eine nachträgliche Anpassung der Beträge nur erfolgen könne, wenn der Insolvenzverwalter dies zuvor mit dem gesicherten Gläubiger vereinbart habe.[86] Dem kann jedoch nicht gefolgt werden. Vielmehr hat der Insolvenzverwalter, nachdem die tatsächliche Höhe des Verwertungserlöses feststeht, die Höhe der Zinszahlungen, die tatsächlich

---

75 KPB/*Flöther* § 169 Rn. 14; Uhlenbruck/*Brinkmann* § 169 Rn. 11; K. Schmidt/*Sinz* § 169 Rn. 2.
76 *Mönning*, FS Uhlenbruck, 2000, S. 239, 263.
77 Ebenso Uhlenbruck/*Brinkmann* § 169 Rn. 10; HKInsO/*Landfermann* § 169 Rn. 23.
78 Uhlenbruck/*Brinkmann* § 169 Rn. 10; HKInsO/*Landfermann* § 169 Rn. 23.
79 Nerlich/Römermann/*Becker* § 169 Rn. 39.
80 BKInsO/*Breutigam* § 169 Rn. 8.
81 → Rn. 31.
82 So LG Stendal ZIP 2002, 765, 766.
83 BGHZ 154, 72 = NJW 2003, 2240, 2244; OLG Dresden NZI 2011, 995, 996; LG Hechingen DZWIR 2002, 480; *Hellmich* ZInsO 2005, 678, 681; Uhlenbruck/*Brinkmann* § 169 Rn. 9.
84 *Hellmich* ZInsO 2005, 678, 681.
85 → Rn. 39.
86 *Hellmich* ZInsO 2005, 678, 682; HKInsO/*Landfermann* § 169 Rn. 15; Uhlenbruck/*Brinkmann* § 169 Rn. 12.

beansprucht werden durfte, zu berechnen. Ein sich daraus ergebender Anspruch zugunsten des absonderungsberechtigten Gläubigers verpflichtet den Insolvenzverwalter zur Nachzahlung; einen bereicherungsrechtlichen Rückzahlungsanspruch zugunsten der Insolvenzmasse hat der Insolvenzverwalter geltend zu machen.[87]

IV. Klassifikation als Masseverbindlichkeit

Die Zinszahlungsansprüche haben den Rang einer **Masseverbindlichkeit** iSv § 55 Abs. 1 Nr. 1, da sie durch die Verwaltung und – verzögerte – Verwertung begründet werden.[88] 47

Die Zinszahlungen müssen **auch bei Masseunzulänglichkeit** in voller Höhe erfolgen. Der Insolvenzverwalter kann im masseunzulänglichen Verfahren nicht davon ausgehen, dass Absonderungsgläubiger ohne Kompensation mit Absonderungsrechten belastete Gegenstände zur Verfügung stellen. An einer Kompensation für die gesicherten Gläubiger würde es aber fehlen, wenn der Insolvenzverwalter nur verpflichtet wäre, die Ansprüche aus § 169 als Altmasseverbindlichkeit quotal zu befriedigen. Reicht die vorhandene Masse nicht aus, um die Zahlungen aus § 169 zu erbringen, so trifft den Insolvenzverwalter die Pflicht, die Verwertung in besonderem Maße zügig zu betreiben, um den Schaden für den absonderungsberechtigten Gläubiger aus einer Verzögerung der Verwertung zu minimieren. Gegebenenfalls muss er das Sicherungsgut nach § 170 Abs. 2 dem Sicherungsgläubiger zur Verwertung überlassen. Verwertet der Insolvenzverwalter, setzt sich das Absonderungsrecht am Erlös fort, solange er in der Masse vorhanden ist; der Verwalter hat ihn auszukehren.[89] Wird der Insolvenzverwalter diesen Anforderungen nicht gerecht, etwa indem er entgegen den Regelungen im Gesetz keine Zinsen an den absonderungsberechtigten Gläubiger zahlt und diesen im Falle einer gerichtlichen Geltendmachung auf eine Befriedigung als Altmasseverbindlichkeit (§ 209 Abs. 1 Nr. 3) verweist mit der Folge, dass nach Titulierung die Masse aufgezehrt ist, so haftet der Insolvenzverwalter gem. §§ 60, 61.[90] Denn den Insolvenzverwalter traf die Amtspflicht, Zinszahlungen an den Sicherungsgläubiger zu veranlassen. 48

V. Keine Zinszahlungspflicht bei fehlender Befriedigungsaussicht (§ 169 Satz 3)

§ 169 Satz 3 schließt die Zinszahlungspflicht bei verzögerter Verwertung (§ 169 Satz 1) oder bei verwertungshindernder Anordnung nach § 21 im Insolvenzeröffnungsverfahren (§ 169 Satz 2) insoweit aus, als „nach der Höhe der Forderung sowie dem Wert und der sonstigen Belastung des Gegenstands nicht mit einer Befriedigung des Gläubigers aus dem Verwertungserlös zu rechnen ist“.[91] Entscheidend ist also die Befriedigungsaussicht, genauer gesagt, zu welchem Anteil mit einer Befriedigung des absonderungsberechtigten Gläubigers zu rechnen ist. Als mögliche Gründe für das Fehlen dieser Befriedigungsaussicht nennt § 169 Satz 3 die Höhe der Forderung, den Wert und die sonstige Belastung des Gegenstands. 49

1. Gründe fehlender Befriedigungsaussicht. a) Höhe der Forderung. Sinn und Zweck des § 169 ist es, den absonderungsberechtigten Gläubiger zu schützen, wenn sich die Verwertung, zu der er nicht befugt ist, verzögert. Diesen Schutz verdient er aber nur, soweit er ohne diese Verzögerung sogleich Befriedigung erlangt hätte. Die absolute Höhe der gesicherten Forderung ist hierfür ohne Belang; vielmehr interessiert allein die **relative Höhe,** also das Verhältnis zwischen Forderungshöhe und realisierbarem Wert. Auf diese relative Höhe der gesicherten Forderung kommt es in allen Fällen des § 169 Satz 3 an. Will man getreu dem Gesetzeswortlaut drei Fälle unterscheiden, so könnte man als Fall, in dem allein die Höhe der Forderung eine Rolle spielt, den Fall einer **anfänglichen Untersicherung,** also einer von vornherein den Wert des Sicherungsguts übersteigenden Forderung, ansehen. In diesem Fall ist nicht mit vollständiger Befriedigung des Gläubigers aus dem Sicherungsgut zu rechnen; Zins ist damit nur auf den Teil der Forderung zu zahlen, der dem Wert des Sicherungsguts entspricht. Wurde dem Gläubiger für seinen Kredit iHv 100 nur eine Sicherheit im Wert von 10 gestellt, die auch tatsächlich iHv 10 werthaltig ist, so besteht eine Zinszahlungspflicht aus § 169 nur bezogen auf den Betrag 10.[92] 50

b) Wert des Sicherungsguts. Bei einer am Wortlaut orientierten Unterscheidung zwischen Höhe der Forderung, Wert des Sicherungsguts und Belastung des Sicherungsguts fällt unter den 51

---

[87] Anders mit Hinweis auf eine im Gesetz vorgesehene Prognose hinsichtlich der Werthaltigkeit HKInsO/*Landfermann* § 169 Rn. 15; K. Schmidt/*Sinz* § 169 Rn. 10; Uhlenbruck/*Brinkmann* § 169 Rn. 12.

[88] BGH NZI 2012, 369 Rn. 25; *Smid* DZWIR 2013, 197, 199; KPB/*Flöther* § 169 Rn. 14; Uhlenbruck/*Brinkmann* § 169 Rn. 11; K. Schmidt/*Sinz* § 169 Rn. 2.

[89] OLG Stuttgart NZI 2012, 845, 847.

[90] OLG Stuttgart NZI 2012, 845, 847.

[91] Dazu Begr. zu § 194 RegE, BR-Drs. 1/92, S. 180 und Begr. zu § 188 RegE, BR-Drs. 1/92, S. 176 f.

[92] *Mönning*, FS Uhlenbruck, 2000, S. 239, 266.

Wert des Sicherungsguts der Fall, dass zwar ursprünglich Sicherungsgut von ausreichendem Wert vorlag oder der Nominalwert des Sicherungsguts die Höhe der Forderung abdeckte, sich dieser **Wert aktuell** aber nicht mehr realisieren lässt. War das Sicherungsgut für die Forderung des absonderungsberechtigten Gläubigers iHv 100 ursprünglich tatsächlich 100 wert bzw. war dies sein Nominalwert, beläuft sich der Wert des Sicherungsguts jetzt aber nur noch auf 10, so besteht wiederum eine Zinszahlungspflicht aus § 169 nur bezogen auf den Betrag von 10.[93]

52 Die **Feststellung des Werts** erfolgt durch den Insolvenzverwalter zum Zeitpunkt des Berichtstermins.[94] Die Feststellung orientiert sich am Marktwert des Sicherungsgutes. Üblicherweise kann auf das vom Verwalter eingeholte Gutachten des Verwerters zurückgegriffen werden. Führt der Insolvenzverwalter den schuldnerischen Betrieb fort, so sind die im Verwertungsgutachten ausgewiesenen Fortführungswerte maßgebend und nicht etwa die Liquidationswerte.

53 **c) Belastung des Sicherungsguts.** Der Gesetzeswortlaut trennt zwischen Wert und Belastung des Sicherungsguts. Ein Ausschluss der Zinszahlungspflicht wegen sonstiger Belastung des Sicherungsguts erfasst nur die Fälle **vor- oder gleichrangiger Belastung,** derzufolge der Verwertungserlös nach Abzug der Kosten nicht in voller Höhe an den absonderungsberechtigten Gläubiger auszukehren ist, sondern vor oder neben ihm noch andere absonderungsberechtigte Gläubiger zu befriedigen sind. Relevant sind diese Belastungen indes nur insoweit, als sie erwarten lassen, dass es nicht zu einer vollständigen Befriedigung des konkreten Gläubigers kommen wird. Wurde dem Gläubiger für seinen Kredit iHv 100 eine Sicherheit an einem Gegenstand bestellt, der 100 wert ist, gehen dem Gläubiger aber andere Gläubiger im Umfang von 90 vor, so ist ihm ein Zins nur bezogen auf einen Betrag von 10 zu zahlen.

54 **d) Sonstige Faktoren.** § 169 Satz 3 nennt zwar als Gründe fehlender Befriedigungsaussicht nur die Höhe der Forderung sowie den Wert und die Belastung des Sicherungsguts. Nach Sinn und Zweck ist aber allein die Befriedigungsaussicht entscheidend. Daher sind auch **alle sonstigen Faktoren,** die sich auf die Befriedigungsaussicht auswirken, zu berücksichtigen. Daher sind insbesondere die **Feststellungs- und Verwertungskosten nach §§ 170, 171,** die strenggenommen weder eine Frage des Werts des Sicherungsgegenstands noch eine vorrangige Belastung darstellen, zu berücksichtigen.[95]

55 **2. Spätere Veränderungen und Fehleinschätzungen.** Spätere Veränderungen der Befriedigungsaussicht, etwa ein gesunkener Wert des Sicherungsguts, **beeinflussen den Zinszahlungsanspruch.** Daher ist der Zinszahlungsanspruch zB dann nach unten zu korrigieren, wenn die tatsächlichen Verwertungskosten die pauschalen 5% erheblich übersteigen (§ 171 Abs. 2 Satz 2). Gleiches gilt auch bei einer Fehleinschätzung der Werthaltigkeit der Sicherheit und einem daraus resultierenden Fehler bei der Ermittlung der Höhe der Zinszahlungen aus § 169.

56 **3. Beweislast.** Im Streit um den Anspruch des absonderungsberechtigten Gläubigers auf laufende Zinszahlungen muss – wie die Formulierung des § 169 Satz 3 als Ausnahme zeigt – der Insolvenzverwalter den Einwand, die Sicherheit sei nicht oder nur teilweise werthaltig, erheben und bei Bestreiten die fehlende Befriedigungsaussicht beweisen.[96] Das Gericht kann entsprechend § 287 ZPO eine Schätzung vornehmen.[97]

G. Ausgleich für Wertverlust (Verweisung)

57 Die in **§ 172** normierte Pflicht des Verwalters zum Ausgleich eines möglichen Wertverlustes bei Gebrauch des mit dem Absonderungsrecht belasteten Gegenstandes tritt **ggf. neben** die Zinszahlungspflicht aus § 169.[98] Vermindert sich der Wert des mit Absonderungsrechten belasteten Gegenstandes während der Dauer des Insolvenzverfahrens erheblich (zB Weiterbenutzung einer sicherungsübereigneten Maschine durch den Verwalter bei Betriebsfortführung), so ist dies nach § 169 Satz 3 bei der Berechnung der Zinsen zu berücksichtigen und führt uU zu einer Reduzierung der Zinszah-

[93] Vgl. dazu auch Uhlenbruck/*Brinkmann* § 169 Rn. 12; HKInsO/*Landfermann* § 169 Rn. 14.
[94] KPB/*Flöther* § 169 Rn. 8.
[95] Rattunde/Smid/Zeuner/*Smid* § 169 Rn. 12; *Hellmich* ZInsO 2005, 678, 682.
[96] KPB/*Flöther* § 169 Rn. 10; Uhlenbruck/*Brinkmann* § 169 Rn. 15.
[97] Jaeger/*Eckardt* § 169 Rn. 96; Rattunde/Smid/Zeuner/*Smid* § 169 Rn. 12; KKInsO/*Hess* § 169 Rn. 25.
[98] *Smid* WM 1999, 1141, 1143; *Lwowsky/Heyn* WM 1998, 473, 480.

lungspflichten.[99] Andererseits erhält der absonderungsberechtigte Gläubiger aufgrund der eingetretenen Wertminderung eine Ausgleichszahlung nach § 172 Abs. 1 Satz 1.[100]

In der Praxis dürfte es sehr schwierig sein, die laufende Wertminderung des Sicherungsgutes bei einer Betriebsfortführung mit vertretbarem Aufwand zu erfassen und eine mögliche Reduzierung des Zinszahlungsanspruchs wegen § 169 Satz 3 und einen zusätzlichen Wertausgleichsanspruch aus § 172 korrekt zu berechnen. Hier sollten die Beteiligten im Rahmen von **Verwertungsvereinbarungen** Regelungen treffen.[101] 58

Kommt § 169 kraft des Verweises in **§ 21 Abs. 2 Satz 1 Nr. 5** zur Anwendung, so hat der Gläubiger einen Anspruch auf Nutzungsausfallentschädigung in Form von Zinsen erst, wenn seit der verwertungsbeschränkenden Anordnung drei Monate vergangen sind.[102] Ausgleich für einen Wertverlust ist hingegen von Anfang an geschuldet.[103] Während der ersten drei Monate umfasst der Anspruch auf Ausgleich für den Wertverlust auch die vertragsgemäße Abnutzung.[104] Danach deckt der Zinsanspruch die **vertragsgemäße Abnutzung** ab; der Anspruch auf Ausgleich für den Wertverlust greift daneben nur für übermäßige Nutzungen und Beschädigungen.[105] 59

§ 170 Verteilung des Erlöses

(1) [1]Nach der Verwertung einer beweglichen Sache oder einer Forderung durch den Insolvenzverwalter sind aus dem Verwertungserlös die Kosten der Feststellung und der Verwertung des Gegenstands vorweg für die Insolvenzmasse zu entnehmen. [2]Aus dem verbleibenden Betrag ist unverzüglich der absonderungsberechtigte Gläubiger zu befriedigen.

(2) Überläßt der Insolvenzverwalter einen Gegenstand, zu dessen Verwertung er nach § 166 berechtigt ist, dem Gläubiger zur Verwertung, so hat dieser aus dem von ihm erzielten Verwertungserlös einen Betrag in Höhe der Kosten der Feststellung sowie des Umsatzsteuerbetrages (§ 171 Abs. 2 Satz 3) vorweg an die Masse abzuführen.

Schrifttum: Siehe bei Vor §§ 166–173; weiter *de Weerth*, „Kostenbeiträge" in der Insolvenz und Umsatzsteuer, ZInsO 2017, 149; *Ganter*, Der Anspruch des Absonderungsberechtigten auf Auskehr des Verwertungserlöses nach § 170 Abs. 1 Satz 2 InsO, ZInsO 2016, 2119

Übersicht

[99] → Rn. 51.
[100] Uhlenbruck/*Brinkmann* § 169 Rn. 13.
[101] Vgl. dazu Jaeger/*Eckardt* § 169 Rn. 126.
[102] → Rn. 40.
[103] BGH NZI 2012, 369 Rn. 11.
[104] BGH NJW 2016, 3783 Rn. 8 m. insoweit krit. Anm. *Mitlehner* NZI 2016, 947.
[105] BGH NJW 2016, 3783 Rn. 8.

A. Normzweck

1 Die Vorschrift des § 170 regelt die Verteilung des Erlöses aus der Verwertung von mit Absonderungsrechten belasteten beweglichen Sachen und Forderungen, bei denen dem Insolvenzverwalter nach § 166 das Verwertungsrecht übertragen worden ist. Der **Erlös aus der Verwertung** von beweglichem Sicherungsgut und sicherungsabgetretenen Forderungen wird **um** einen **Kostenbeitrag gekürzt.** Damit sollen die Kosten für die Feststellung sowie für die Verwertung der Sicherheiten auf die absonderungsberechtigten Gläubiger umgelegt werden.

2 Die Norm regelt die Erlösverteilung in zwei Fällen: In **§ 170 Abs. 1** geht es um die Verteilung des Verwertungserlöses im Falle einer durch den **Insolvenzverwalter** durchgeführten **Verwertung.** In **Abs. 2** ist der Fall geregelt, dass der **Gläubiger** den mit Absonderungsrechten belasteten Gegenstand **auf Grund der Gestattung durch den Insolvenzverwalter selbst verwertet.**

3 **Querverbindungen** bestehen zwischen dem § 170 und der Vergütung des Insolvenzverwalters nach der **InsVV.** Gem. § 1 Abs. 2 Nr. 1 InsVV führt die Verwertung von Gegenständen, die mit Absonderungsrechten belastet sind, zu einer Erhöhung der Vergütung des Insolvenzverwalters. Beschäftigt sich der Insolvenzverwalter mit Absonderungsrechten, so führt dies nicht zwangsläufig zu einer Erhöhung der Insolvenzmasse, wenn nämlich der Erlös aus der Verwertung der mit Absonderungsrechten belasteten Gegenstände gerade ausreicht, um die gesicherten Forderungen zurückzuführen. Der Insolvenzverwalter erhält also ein Zusatzhonorar für die Prüfung von Sicherungsrechten an Gegenständen der Insolvenzmasse sowie die Verwertung dieser Gegenstände. Durch die Einführung der Kostenbeiträge nach §§ 170, 171 wird praktisch verhindert, dass die Insolvenzmasse die höhere Vergütung des Insolvenzverwalters allein tragen muss; die ungesicherten Gläubiger sollen also nicht (allein) eine Verwertung finanzieren, die in erster Linie den gesicherten Gläubigern zugutekommt. Das Zusatzhonorar für den Insolvenzverwalter wird mittelbar – zumindest teilweise – durch die Sicherungsgläubiger getragen, die verpflichtet sind, die Kostenbeiträge nach §§ 170, 171 zugunsten der Insolvenzmasse abzuführen.[1]

B. Die Kostenbeiträge als Teil der Reform der besitzlosen Mobiliarsicherheiten

4 Ist das Verwertungsrecht des Insolvenzverwalters nach § 166 das „Kernstück" der Reform der besitzlosen Mobiliarsicherheiten durch die Insolvenzordnung,[2] so sind die Kostenbeiträge ein **notwendiger Teil** dieses Kernstücks. Denn obliegt die Verwertung dem Verwalter, müsste aber allein die Masse die Kosten tragen, bekämen die ungesicherten Gläubiger Steine statt Brot, da sich ihre Quote, deren Erhöhung durch die alleinige Verwertungsbefugnis des Verwalters erreicht werden soll, sogleich wieder um die Kosten verkürzen würde.[3] Mit der neu eingeführten Regelung der Erlösverteilung und Kostentragung im Verwertungsverfahren orientiert sich der Gesetzgeber damit am **Prinzip der Kostenverursachung** und verfolgt das Ziel, die Masse von den zumeist erheblichen

---

1 Uhlenbruck/*Brinkmann* § 170 Rn. 12 und → Vor §§ 166–173 Rn. 62.
2 *Gottwald*, Insolvenzrecht im Umbruch, 1999, S. 197, 199; → Vor §§ 166–173 Rn. 21.
3 Begr. zu § 195 RegE, BR-Drs. 1/92, S. 181.

Bearbeitungskosten freizuhalten, die mit der Verwertung von Gegenständen verbunden sind, an denen Gläubiger Absonderungsrechte haben. Auf diese Weise soll die Verteilungsgerechtigkeit im Insolvenzverfahren erhöht werden.[4]

Tatsächlich muss man wohl davon ausgehen, dass diese **Ziele nur teilweise erreicht** worden sind. Der Gesetzgeber hat klargestellt, dass die Sicherungsgläubiger durch eine **Übersicherung** den Abzug der Kostenbeiträge und der Umsatzsteuer von dem Verwertungserlös **auffangen** dürfen.[5] Gelingt es dem gesicherten Gläubiger, für den von ihm gewährten Kredit ausreichende Sicherheiten zu erhalten, so dass der Gläubiger doch eine 100%ige Sicherung erhält, so trägt letztlich doch wieder die Masse die Kosten für Feststellung und Verwertung des Sicherungsgegenstandes.[6] In der Praxis ist es allerdings häufig so, dass der Sicherungsnehmer in der Insolvenz nicht auf Sicherheiten zurückgreifen kann, aus deren Erlös Hauptforderung, Zinsen, Kosten sowie Kostenbeiträge nach §§ 170, 171 zurückgeführt werden können. In diesen Fällen kommt es dann in der Tat zu einer Belastung der gesicherten Gläubiger, weil infolge der Einführung der Kostenbeiträge Teile ihrer Sicherungen nicht mehr zur Befriedigung der gesicherten Forderungen zur Verfügung stehen. Aufgrund der nunmehr gesetzlich festgeschriebenen Kostenlast des absonderungsberechtigten Gläubigers ist es also für diesen nach Inkrafttreten der InsO noch wichtiger geworden, bei der Bestellung von **Sicherheiten** auf eine **ausreichende Dimensionierung** zu achten, so dass im Verwertungsfall aus dem Erlös auch die Kosten der Rechtsverfolgung, Zinsen sowie die Kostenbeiträge nach §§ 170, 171 bezahlt werden können und der verbleibende Erlös ausreicht, um die gesicherte Hauptforderung zurückzuführen. Allerdings scheitert in der Praxis die ausreichende Dimensionierung der Kreditsicherheiten oftmals daran, dass der Schuldner gar nicht in ausreichendem Umfang über Vermögensgegenstände verfügt, die zu Sicherungszwecken eingesetzt werden könnten.[7] Von Vertretern der Kreditwirtschaft wird an dieser Stelle auch immer wieder ein „Niedergang der Kreditsicherheiten" durch die Verschärfung der Rechtsprechung beschrieben.[8] Sicherungsgläubiger sollten also die Rechtsprechung im Auge behalten und regelmäßig prüfen, ob sie im Ernstfall auch wirklich auf ihre Kreditsicherheiten zurückgreifen können. 5

Schon der erste Bericht der Kommission für Insolvenzrecht sprach sich für eine Kostenbelastung der Sicherungsgläubiger aus, um die Befriedigungsmöglichkeit ungesicherter Gläubiger zu verbessern. Gegen dieses Reformziel wurden **verfassungsrechtliche Bedenken** erhoben. Es wurde argumentiert, die Kostenbelastung greife in die durch Art. 14 GG geschützten Rechte der Sicherungsgläubiger ein.[9] Diese Bedenken bezogen sich allerdings auch auf das ursprünglich von der Reformkommission entwickelte Umverteilungsmodell, das einen echten Verfahrenskostenbeitrag der gesicherten Gläubiger zugunsten der ungesicherten Gläubiger vorsah.[10] Die Belastung der Sicherungsgläubiger mit den Kosten für Verwertung und Feststellung der Kreditsicherheiten ist verfassungsrechtlich nicht angreifbar, da die Aufwendung dieser Kosten im alleinigen Interesse der Sicherungsgläubiger liegt. Bedenken bestehen auch nicht gegen die **Höhe der gesetzlich festgelegten Pauschalen.** Sie entsprechen den Kostenbeiträgen, die in der Praxis bereits unter der Geltung der Konkursordnung – allerdings auf „freiwilliger" Basis, dh auf Grund einer Vereinbarung zwischen dem Konkursverwalter und den Sicherungsgläubigern – bezahlt wurden.[11] Die Sicherungsgläubiger haben – zumindest theoretisch – die Möglichkeit, die Belastung mit den Kostenbeiträgen durch eine Übersicherung aufzufangen. Sie können also durch eine ausreichende Dimensionierung der Kreditsicherheiten dafür sorgen, dass im Verwertungsfall die gesicherten Forderungen aus dem nach Abzug der Kostenbeiträge, der Umsatzsteuer etc verbleibenden Verwertungserlös zurückgeführt werden können. 6

Die Regelungen über den Kostenbeitrag sind auf erhebliche **Bedenken der Kreditwirtschaft** gestoßen. So wurde argumentiert, die Belastung der Sicherungsgläubiger (also idR der Banken) mit den Kostenbeiträgen und der abzuführenden Umsatzsteuer beeinträchtige die Kreditversorgung der mittelständischen Wirtschaft in Deutschland, die häufig nur ihr Anlage- und Umlaufvermögen inklusive ausstehender Forderungen als Sicherheit anbieten könne.[12] Diese Bedenken wurden durch empirische Untersuchungen untermauert, die zu dem Ergebnis kamen, dass ein Großteil der Kredit- 7

---

4 Vgl. zu diesem wesentlichen Ziel der Insolvenzrechtsreform *Uhlenbruck*, Das neue Insolvenzrecht, 1994, S. 47; KPB/*Flöther* § 170 Rn. 2; HKInsO/*Landfermann* § 170 Rn. 1 ff.

5 HKInsO/*Landfermann* § 170 Rn. 7.

6 Uhlenbruck/*Brinkmann* § 170 Rn. 2; K. Schmidt/*Sinz* § 170 Rn. 2; *Dahl* NZI 2004, 615, 616.

7 Vgl. dazu auch HKInsO/*Landfermann* § 170 Rn. 7.

8 *Obermüller* NZI 2010, 201.

9 *Senffert* ZIP 1986, 1157 ff.; *Serick*, Eigentumsvorbehalt und Sicherungsübertragung, Bd. VI, 1986, § 82 IV 5.

10 → Vor §§ 166–173 Rn. 13 ff.

11 Begr. zu § 196 RegE, BR-Drs. 1/92, S. 181 f.

12 *Drukarczyk* WM 1992, 1136.

engagements, die durch Mobiliarsicherheiten besichert waren, auf Grund der im Rahmen der Insolvenzrechtsreform eingeführten Kostenbeitragsregelungen einer Neubewertung (Zinserhöhungen, Reduzierung des Kreditrahmens, Kündigung des Kredits) unterzogen werden müsste.[13] **Heute** sind es indes nicht die Kostenbeiträge, sondern die – nach der Finanzkrise nochmals deutlich verschärften – **regulatorischen Vorschriften,** die die Kreditvergabe durch Banken verteuern und erschweren. Wann und inwiefern eine Kreditsicherheit für die Zwecke der Eigenmittelunterlegung zu berücksichtigen ist, regelt heute vor allem Teil 3, Titel II, Kapitel 4 (Art. 192 ff.) der Kapitaladäquanzverordnung.[14]

C. Entstehungsgeschichte

I. Praxis unter Geltung der KO

8 Unter Geltung der Konkursordnung musste der Sicherungsgläubiger keine Kostenbeiträge entrichten. Dem Konkursverwalter stand in der Praxis meist nicht die Verwertungsbefugnis zu, sondern in der Mehrzahl der Fälle konnte der **Sicherungsgläubiger** nach § 127 Abs. 2 KO selbst verwerten. Verwertete der Sicherungsgläubiger selbst, so führte er **keine Kostenbeiträge** an die Konkursmasse ab. Fiel bei der Verwertung **Umsatzsteuer** an, dh wurde das Sicherungsgut unter Berechnung von Umsatzsteuer verkauft, konnte der Sicherungsgläubiger die eingenommene Umsatzsteuer behalten und als Sicherheitenerlös mit seiner Forderung verrechnen. Die Konkursmasse wurde Umsatzsteuerschuldner.[15] Die Umsatzsteuerforderungen des Fiskus waren Massekosten iSv § 58 Nr. 2 KO[16] und belasteten die Masse selbst dann, wenn der Verwertungserlös ausschließlich dem Sicherungsgläubiger zugutekam. Das bedeutete also, dass die Kosten für die Prüfung der Wirksamkeit der Sicherheitenbestellung, für die Sicherstellung der mit Absonderungsrechten belasteten Gegenstände und für deren Verwertung die Konkursmasse und damit die ungesicherten Konkursgläubiger tragen mussten.

9 Auch unter Geltung der KO kam es aber vor, dass der **Konkursverwalter** mit einem Absonderungsrecht belastete beweglichen Sachen und sicherungsabgetretene Forderungen verwertete. Häufig überließ der Sicherungsgläubiger dem Konkursverwalter die Verwertung auf Grund einer **Verwertungsvereinbarung,** dh der Konkursverwalter verwertete für den Sicherungsgläubiger und erhielt dafür Kostenbeiträge zugunsten der Masse. Lag das Verwertungsrecht gem. § 127 Abs. 1 KO beim Konkursverwalter, so gingen sämtliche bei der Verwertung – dh von der Eröffnung des Konkursverfahrens bis zur Verwertung und beim Verwertungsvorgang selbst – anfallenden Kosten zu Lasten der Konkursmasse.[17] Aber auch in diesem Fall wurden in der Praxis Vereinbarungen über die Kostentragung durch den Sicherungsnehmer getroffen.

II. Reformvorschläge

10 Der Rechtszustand unter der KO wurde bereits in der Vergangenheit als unbillig angesehen, da er die Quote der ungesicherten Gläubiger mindere und diesen die Kosten für die abgesonderte Befriedigung privilegierter Gläubiger aufbürde.[18] Besondere Bedeutung kam dabei neben der **Belastung mit der Umsatzsteuer** und den **Feststellungs- und Verwertungskosten** dem Kostenfaktor **„Vergütung des Konkursverwalters"** zu. In § 4 Abs. 2a VergütVO[19] war die Befugnis des Konkursverwalters geregelt, eine den Regelsatz übersteigende Vergütung festsetzen zu lassen, wenn die Bearbeitung von Absonderungsrechten einen erheblichen Teil der Verwaltertätigkeit ausgemacht hatte, ohne dass sich die Teilungsmasse entsprechend vergrößert hatte.

11 Im **ersten Bericht der Kommission für Insolvenzrecht** war vorgeschlagen worden, die Sicherungsgläubiger von besitzlosen Mobiliarsicherheiten pauschal mit einem Verfahrensbeitrag von

---

13 *Drukarczyk* WM 1992, 1136.

14 Verordnung (EU) Nr. 575/2013 vom 26. Juni 2013 über Aufsichtsanforderungen an Kreditinstitute und Wertpapierfirmen …, ABlEU Nr. L 176 v. 27.6.2013, S. 1 (CRR I).

15 BGHZ 58, 292; 77, 139; *Kuhn/Uhlenbruck*, KO, 11. Aufl. 1994, § 127 Rn. 16t.

16 *Onusseit* ZIP 1990, 356.

17 *Kuhn/Uhlenbruck*, KO, 11. Aufl. 1994, § 127 Rn. 11; vgl. auch OLG Köln ZIP 1987, 653.

18 Vgl. zB *Stürner* ZZP 94 (1981), 263, 273; speziell zur Umsatzsteuer BGHZ 77, 139, 150; OLG Köln ZIP 1987, 653, 655 li. Sp.

19 Vgl. § 4 Abs. 2a der Verordnung über die Vergütung des Konkursverwalters, der Mitglieder des Gläubigerausschusses und der Mitglieder des Gläubigerbeirats vom 25.5.1960 (BGBl. I S. 329 ff.), zuletzt geändert durch Verordnung vom 11.6.1979 (BGBl. I S. 637 ff.), aufgehoben mit Wirkung vom 1.1.1999 durch Art. 2 Nr. 5 EGInsO.

25% des Verwertungserlöses zu belasten.[20] Dem gesicherten Gläubiger sollte es nicht ermöglicht werden, den Verfahrensbeitrag durch eine ausreichende Dimensionierung der Kreditsicherheiten aufzufangen; auch im Falle einer Übersicherung sollte der Gläubiger aus dem Verwertungserlös nur einen Betrag erhalten, der dem um **25%** verminderten Forderungsbetrag entspräche.[21] Dieses Modell, das eine Umverteilung von den gesicherten Kreditgebern auf die ungesicherten Gläubiger vorsah, ist auf erhebliche Kritik gestoßen.[22] Der **zweite Bericht der Kommission für Insolvenzrecht** von 1986 bezieht zur Erlösverteilung keine Stellung.

Erst der **Referentenentwurf von 1989** nahm sich des Problems erneut an. In Abkehr von den Vorschlägen des ersten Kommissionsberichts kam man mit dem § 184 RefE zu einer Vorgängerregelung des heutigen § 170. Es war nunmehr keine Umverteilung zugunsten der ungesicherten Gläubiger mehr vorgesehen, sondern eine Beteiligung der Sicherungsgläubiger an den entstehenden Kosten im Zusammenhang mit Feststellung, Sicherstellung und Verwertung des Sicherungsguts. Die Regelung des § 184 RefE wies jedoch als Teil des an die Masse abzuführenden Kostenbeitrages noch die Erhaltungskosten[23] aus und bezog sich im Gegensatz zu der von der Kommission für Insolvenzrecht vorgesehenen Regelung ausdrücklich nicht nur auf die Verwertung beweglicher Sachen, sondern auch auf Forderungen. 12

III. Gesetzgebungsverfahren

§ 184 RefE wurde wortgleich als § 195 RegE[24] übernommen. Auf Grund der Beschlussempfehlung des Rechtsausschusses[25] wurde auf die Abführung der **Erhaltungskosten** zu Gunsten der Masse verzichtet, um eventuelle Streitigkeiten über die Feststellung der Höhe dieser Kosten und auf diese Weise eine hierdurch bedingte Verzögerung des Verfahrens zu vermeiden. Ferner wurde mit dieser Regelung bezweckt, den absonderungsberechtigten Gläubiger vor überhöhten Aufwendungen zur Erhaltung des Sicherungsgutes zu schützen.[26] 13

D. Anwendungsbereich

I. Grundlagen

§ 170 regelt die Erlösverteilung nach der Verwertung beweglicher[27] **Gegenstände „mit Absonderungsrechten"**[28] und unterscheidet hierbei zwei Fälle: 14

- die Verwertung einer beweglichen Sache oder einer Forderung durch den Insolvenzverwalter (Abs. 1) und
- die Überlassung einer beweglichen Sache oder einer abgetretenen Forderung durch den eigentlich nach § 166 zur Verwertung befugten Insolvenzverwalter an den absonderungsberechtigten Gläubiger zur Verwertung (Abs. 2).

Erlösbegriff sowie Feststellungs- und Verwertungskosten sind für beide Fälle einheitlich definiert.

Sowohl Abs. 1 als auch Abs. 2 setzen die **Verwertungsbefugnis des Insolvenzverwalters** voraus.[29] Wann der Insolvenzverwalter zur Verwertung befugt ist, ergibt sich zunächst aus **§ 166.** Bei beweglichen Gegenständen, zu deren Verwertung der Verwalter nicht schon nach § 166 befugt ist, sodass das Verwertungsrecht beim absonderungsberechtigten Gläubiger liegt, kann nach § 173 Abs. 2 das Verwertungsrecht auf den Insolvenzverwalter übergeleitet werden. Ergibt sich nach fruchtlosem Ablauf der nach den Regeln des § 173 Abs. 2 Satz 1 bestimmten Frist die Verwertungsbefugnis des Insolvenzverwalters aus **§ 173 Abs. 2 Satz 2,** so finden die Regelungen der §§ 170, 171 Anwendung.[30] 15

---

[20] Erster Bericht der Kommission für Insolvenzrecht, 1985, Leitsatz 3.3.2 = S. 312.

[21] Erster Bericht der Kommission für Insolvenzrecht, 1985, Leitsatz 3.3.2 = S. 312.

[22] Vgl. *Serick*, Mobiliarsicherheiten und Insolvenzrechtsreform, 1987, S. 90 ff.

[23] → Rn. 13, 55 ff.

[24] Begr. zu § 195 RegE (später § 170), BR-Drs. 1/92, S. 180 f.

[25] Vgl. Beschlußempfehlung des Rechtsausschusses zu § 195 RegE, BT-Drs. 12/7302, S. 177.

[26] Beschlußempfehlung des Rechtsausschusses zu § 195 RegE, BT-Drs. 12/7302, S. 177.

[27] Bei der Verwertung unbeweglicher Sachen gelten die §§ 170 ff. nicht, siehe nur BGH NZI 2016, 824 Rn. 32; für mithaftende bewegliche Gegenstände → § 165 Rn. 238 ff.

[28] Vgl. den Titel des dritten Abschnitts.

[29] BGH NZI 2007, 394 Rn. 14; siehe auch OLG Düsseldorf BeckRS 2016, 8438: unerheblich, wer gegenüber dem Drittschuldner abrechnet.

[30] Für die grundsätzliche Anwendbarkeit Jaeger/*Eckardt* § 170 Rn. 31; Uhlenbruck/*Brinkmann* § 173 Rn. 18; K. Schmidt/*Sinz* § 173 Rn. 20; eingehend zu Streitigkeiten → § 173 Rn. 36 ff.

16 Voraussetzung für die Anwendung des § 170, insbesondere das Eingreifen der Kostenbeitragsregelung, ist stets das Bestehen eines Absonderungsrechts. Auf **Aussonderungsrechte** ist § 170 nicht – auch nicht analog – anwendbar.[31] Die Praxis einiger Insolvenzverwalter, Aussonderungsgut (mit oder ohne Zustimmung der Lieferanten) zunächst zu verarbeiten und dann bei der Auszahlung der Erlöse Kostenbeiträge abzuziehen, ist rechtswidrig und uU sogar strafrechtlich relevant.[32]

II. Vorrang von Verwertungsvereinbarungen

17 Haben **Insolvenzverwalter und absonderungsberechtigter Gläubiger** eine Verwertungsvereinbarung geschlossen, so hat diese Vereinbarung Vorrang vor den gesetzlichen Regelungen der §§ 170, 171.[33] Die gesetzlichen Regelungen setzen sich aber im Verhältnis zu einem weiteren Sicherungsgeber durch: Der Sicherungsnehmer kann zwar der Insolvenzmasse in der Verwertungsvereinbarung Kostenbeiträge zugestehen, die über den in §§ 170, 171 festgelegten Sätzen liegen. In einer solchen Vereinbarung liegt aber im Verhätlnis zu einem Bürgen, der sich für dieselbe Forderung verbürgt hat, die Aufgabe eines Teils der vorhandenen Sicherheiten.[34]

18 Vereinbarungen, die vor der Eröffnung des Insolvenzverfahrens zwischen **Schuldner und absonderungsberechtigtem Gläubiger** über die Höhe der Kostenbeiträge geschlossen wurden, sind insoweit unwirksam, als sie der Masse geringere Beiträge zusprechen, da der Schuldner über die Kostenbeiträge in den §§ 170, 171 nicht zum Nachteil seiner gegenwärtigen und künftigen ungesicherten Gläubiger disponieren kann.[35] Die verbreitete Aussage, die §§ 170, 171 seien zwingendes Recht,[36] geht in zweierlei Hinsicht zu weit: Zum ersten können Insolvenzverwalter und Gläubiger sehr wohl über die Kostenbeiträge disponieren; zum zweiten ist nicht ersichtlich, warum sich der Gläubiger an einer Vereinbarung mit dem Schuldner, die der Masse höhere Kostenbeiträge verspricht, nicht soll festhalten lassen müssen.

III. Doppelsicherung

19 Ist eine zur Sicherheit übereignete Sache gleichzeitig **Zubehör eines Grundstücks,** das mit einem **Grundpfandrecht zugunsten desselben Gläubigers** belastet ist, so liegt eine „Doppelsicherung" vor. In einem solchen Fall stellt sich die Frage, ob die Regelungen zur Kostenbeitragspflicht in § 165 iVm § 10 Abs. 1 Nr. 1a ZVG anwendbar sind oder die Regelungen in den §§ 170, 171. Ein Vergleich der jeweiligen Kostenbelastung zeigt, dass die Anwendung der Regelungen über die Immobiliarzwangsverwertung für den (aus zwei Rechtsgründen) absonderungsberechtigten Gläubiger günstiger ist.[37] Es droht die Gefahr, dass sich der absonderungsberechtigte Gläubiger daran festhalten lassen muss, dass er sich den Gegenstand auch noch zusätzlich zur Sicherheit hat übereignen lassen. Dann fallen die Kostenbeiträge der §§ 170, 171 an. Richtigerweise ist aber bei einer solchen Doppelsicherung davon auszugehen, dass der Insolvenzverwalter das zur Sicherheit übereignete Zubehör nicht ohne Willen des Sicherungsnehmers an diesen freigeben oder selbst freihändig verwerten darf, um dann die Kostenbeiträge für die Verwertung von Sicherungseigentum geltend zu machen; die §§ 170, 171 finden daher bei Doppelsicherung **keine Anwendung.**[38]

IV. Eröffnungsverfahren, Eigenverwaltung, Verbraucherinsolvenz

20 **1. Insolvenzeröffnungsverfahren.** Seit der Einführung des **§ 21 Abs. 2 Satz 1 Nr. 5** im Jahre 2007 kann das Insolvenzgericht durch eine entsprechende Anordnung das Regime der §§ 166 ff. schon im Eröffnungsverfahren für einzelne Gegenstände zur Anwendung kommen lassen, soweit diese Gegenstände für die Fortführung des schuldnerischen Unternehmens von erheblicher Bedeutung sind. Soweit im Falle einer solchen Anordnung vom vorläufigen Insolvenzverwalter Forderungen eingezogen werden, finden auch die §§ 170, 171 **entsprechende Anwendung** (§ 21 Abs. 2 Satz 1 Nr. 5 Satz 3).

---

31 HambKommInsO/*Scholz* § 170 Rn. 2; KKInsO/*Hess* § 170 Rn. 24.

32 LG Braunschweig DZWIR 2001, 303; entgegen *Rendels* EWiR 2001, 279 lässt sich diese Praxis nicht damit rechtfertigen, dass es sich um die Abgeltung einer im Rahmen eines verlängerten Eigentumsvorbehalts erfolgten Sicherungsabtretung oder Sicherungsübereignung handele.

33 OLG Koblenz NZI 2004, 498; HambKommInsO/*Scholz* § 170 Rn. 4.

34 OLG Dresden WM 2003, 2137 mAnm *Tetzlaff* EWiR 2003, 1259; HKInsO/*Landfermann* § 170 Rn. 26.

35 HKInsO/*Landfermann* § 170 Rn. 26; Nerlich/Römermann/*Becker* § 170 Rn. 1; Jaeger/*Eckardt* § 170 Rn. 162.

36 → 3. Aufl. 2013 § 170 Rn. 17; HKInsO/*Landfermann* § 170 Rn. 26; ähnlich K. Schmidt/*Sinz* § 170 Rn. 11.

37 Siehe im Einzelnen → § 165 Rn. 238.

38 Näher → § 165 Rn. 240.

Hat das Insolvenzgericht **keine Anordnung nach § 21 Abs. 2 Satz 1 Nr. 5** erlassen, kann der vorläufige Insolvenzverwalter weder Feststellungs- noch Verwertungskosten verlangen; die §§ 170, 171 sind wie vor 2007 im Insolvenzeröffnungsverfahren **nicht anwendbar.**[39] Der vorläufige Insolvenzverwalter ist im Eröffnungsverfahren grundsätzlich nicht zur Verwertung von Absonderungsgut berechtigt. Auch im Falle eines Notverkaufs verderblicher Ware im Eröffnungsverfahren sind die Kostenbeitragsregelungen nicht anwendbar.[40] Soll bereits im Eröffnungsverfahren eine Verwertung vorgenommen werden, so ist der Abschluss einer Verwertungsvereinbarung empfehlenswert.[41] 21

2. Eigenverwaltung. Die Vorschrift des § 170 ist bei einer Durchführung des Insolvenzverfahrens im Wege der Eigenverwaltung (§§ 270 ff.) nur im eingeschränkten Maße anwendbar. Gem. § 282 Abs. 2 Satz 2 werden die **Feststellungskosten** bei Eigenverwaltung **nicht erhoben,** da der Schuldner die Feststellung selbst betreibt. Die **Verwertungskosten** dürfen **nicht pauschaliert** werden.[42] 22

3. Verbraucherinsolvenzverfahren. Seit der Aufhebung des § 313 mit Wirkung vom 1.7.2014 gelten die §§ 166 ff. **auch im Verbraucherinsolvenzverfahren.** Bis dahin blieb im Verbraucherinsolvenzverfahren das Verwertungsrecht des gesicherten Gläubigers gem. § 313 Abs. 3 aF grundsätzlich erhalten, sodass Kostenbeiträge nicht zu entrichten waren.[43] 23

V. Analoge Anwendung

Im Ausgangspunkt legen Wortlaut, Systematik und Entstehungsgeschichte nahe, dass der Anwendungsbereich der Kostenbeitragsregelungen im Gesetz **abschließend** geregelt ist. Trotz der intensiven Diskussion im Gesetzgebungsverfahren kann indes eine **Regelungslücke nicht von vornherein ausgeschlossen** werden, zumal keineswegs alle Fragen seinerzeit diskutiert wurden. Dies gilt insbesondere für das Zusammenspiel mit anderen Rechtsmaterien wie dem Steuerrecht und dem Versicherungsrecht, die in der insolvenzrechtlichen Diskussion nicht immer bis in das – für die Praxis wichtige – Detail erfasst werden. 24

Es kann daher nicht verwundern, dass sich die Frage nach der analogen Anwendung zunächst gerade hinsichtlich der Regelungen über die **Umsatzsteuer** gestellt hat. Gem. §§ 170 Abs. 2, 171 Abs. 2 Satz 3 trägt im Ergebnis der Gläubiger die Umsatzsteuer, wenn der Insolvenzverwalter eine bewegliche Sache im Besitz hatte und diese selbst verwertet oder gem. § 170 Abs. 2 die Verwertung dem Gläubiger überlässt. Gem. § 13b Abs. 2 Nr. 2 UStG schuldet der Gläubiger die Umsatzsteuer, wenn ihm Sicherungsgut außerhalb eines Insolvenzverfahrens geliefert wird. Von diesen Normen nicht erfasst ist der Fall, dass der **Gläubiger** das Sicherungsgut vor Verfahrenseröffnung in seinen Besitz genommen hat und es **nach Verfahrenseröffnung verwertet.** Denn hier hatte der Verwalter niemals Besitz, sodass die §§ 166 ff. nicht unmittelbar greifen; die Verwertung erfolgt aber auch nicht außerhalb eines Insolvenzverfahrens iSd § 13b Abs. 2 Nr. 2 UStG.[44] Der Bundesgerichtshof hat hier § 170 Abs. 2 analog angewandt[45] und sich damit einer Literaturansicht angeschlossen, die seinerzeit wohl in der Minderheit war.[46] Die Gesetzesgeschichte ist nicht so eindeutig, dass man von einer planmäßigen (Nicht-)Regelung gerade dieses Falls sprechen könnte; die Gesetzesgeschichte wird denn auch sowohl von der eine Analogie befürwortenden als auch der eine Analogie ablehnenden Ansicht in Anspruch genommen. In der Sache ist die Lösung des BGH aber überzeugend.[47] Die Gegenansicht kann außer ihrer Interpretation der Gesetzesgeschichte kein schlüssiges Argument anführen, warum gerade in diesem Sonderfall der absonderungsberechtigte Gläubiger der Insolvenzmasse die Umsatzsteuer soll aufbürden können. Im Gegenteil schüfe die Gegenansicht einen auch gesamtökonomisch wenig sinnvollen Anreiz für Sicherungsnehmer, sich frühzeitig den Besitz des Sicherungsguts zu verschaffen, was dann den Schuldner erst recht in Schwierigkeiten bringen kann. 25

Das Zusammenspiel zwischen dem Insolvenzrecht, dem Versicherungsrecht und dem Recht der Forderungsverpfändung hat die Rechtsprechung in einem weiteren Fall veranlasst, die §§ 170 f. 26

---

[39] BGHZ 154, 72, 79 = NJW 2003, 2240, 2242; BGH NZI 2005, 165, 166; 2006, 587.

[40] HambKommInsO/*Scholz* § 170 Rn. 12.

[41] HambKommInsO/*Scholz* § 170 Rn. 12. Vgl. dazu auch → Vor §§ 166–173 Rn. 40.

[42] HKInsO/*Landfermann* § 170 Rn. 27; Uhlenbruck/*Brinkmann* § 170 Rn. 7.

[43] → 3. Aufl. 2013 § 170 Rn. 19.

[44] BFHE 217, 310 = NZI 2007, 736; BFH NZI 2010, 451, 452.

[45] BGH NZI 2007, 394 Rn. 15 ff. m. krit. Anm. *de Weerth*.

[46] *Marotzke* ZZP 109 (1996), 429, 463 f.; *Ganter/Brünink* NZI 2006, 257, 260; aA LG Stuttgart ZIP 2004, 1117 m. zust. Anm. *Maus* EWiR 2004, 983 sowie die seinerzeit überwiegende Kommentarliteratur.

[47] AA → 3. Aufl. 2013 § 170 Rn. 13, 25a, § 171 Rn. 6; *Lwowski/Tetzlaff*, FS Fischer, 2008, S. 365 ff.; *de Weerth* NZI 2007, 396.

analog anzuwenden. Der Gläubiger hatte für noch nicht fällige Ansprüche auf periodische Versorgungsleistungen gegen den Schuldner ein **Pfandrecht** an einer Rückdeckungsversicherung. Als das Insolvenzverfahren eröffnet wurde, waren die **gesicherten Ansprüche noch nicht fällig;** der Gläubiger war also nicht gem. §§ 1282 Abs. 1, 1228 Abs. 2 BGB selbst zur Einziehung befugt. Die Leistung aus der Versicherung, die diese als Einmalzahlung erbringen durfte, musste daher aus Sicht der Rechtsprechung an den Insolvenzverwalter gehen, der die Versicherungssumme zu hinterlegen[48] und bei Nichteintritt des Versorgungsfalls eine Nachtragsverteilung durchzuführen habe. Dies sei einer Verwertung der Forderung durch den Insolvenzverwalter gem. § 173 Abs. 2 Satz 2 gleichzusetzen, weshalb er die Kostenbeiträge erheben dürfe.[49] Dafür, dass der Gesetzgeber diesen Fall bedacht habe, gibt es keine Anhaltspunkte; dies liegt vielmehr fern. Dem Insolvenzverwalter entstehen Kosten für die Feststellung und Verwertung; in seiner Vergütung muss sich das niederschlagen. Diese Kosten nicht die Masse tragen zu lassen, sondern dem gesicherten Gläubiger aufzuerlegen, erscheint sachgerecht.

27 **Keine Analogie** kommt hingegen in Betracht, wenn **vor Verfahrenseröffnung** der **Schuldner** Sicherungsgut unberechtigt verwertet hat. Die Verwertung mag zwar Kosten verursacht haben, die das Schuldnervermögen und damit die spätere Masse zum Nachteil der Insolvenzgläubiger schmälern. Der absonderungsberechtigte Gläubiger muss aber außerhalb des Insolvenzverfahrens keine Kostenbelastung hinnehmen. Eine Verwertung durch den **vorläufigen Insolvenzverwalter** im Eröffnungsverfahren führt nur im Falle des § 21 Abs. 2 Satz 1 Nr. 5, Satz 3 – also nur bei der Einziehung einer sicherungshalber abgetretenen Forderung durch den vorläufigen Insolvenzverwalter – dazu, dass dem Gläubiger Kostenbeiträge in Rechnung gestellt werden können; auf bewegliche Sachen erstreckt sich der Wortlaut gerade nicht.[50]

VI. Störungsfälle

28 **1. Verwertung durch den Verwalter ohne Verwertungsbefugnis.** Verwertet der Insolvenzverwalter den Sicherungsgegenstand, ohne dass ihm ein Verwertungsrecht nach § 166 zusteht, so sind die Kostenbeitragsregelungen aus **§§ 170, 171 nicht anwendbar.** Einschlägig ist § 48.[51] Genehmigt der Absonderungsberechtigte die Verwertung nach § 185 BGB, so steht ihm der volle Erlös gem. § 816 Abs. 1 BGB zu.[52]

29 **2. Verwertung durch den Gläubiger ohne Verwertungsbefugnis.** Verwertet der Absonderungsberechtigte nach Verfahrenseröffnung den Sicherungsgegenstand selbst, obwohl eigentlich dem Insolvenzverwalter das Verwertungsrecht zusteht, so schuldet er der Insolvenzmasse die **Feststellungskostenpauschale,** nicht jedoch die Verwertungskostenpauschale;[53] zudem freilich die Auskehr eines Übererlöses.[54] Denn die Feststellung, ob an dem Gegenstand ein Absonderungsrecht bestand, erübrigt sich durch die unberechtigte Verwertung nicht. Die Feststellungskostenpauschale steht der Insolvenzmasse bei sicherungshalber abgetretenen Forderungen auch dann zu, wenn Drittschuldner an den Sicherungszessionar zahlen und nicht an die Insolvenzmasse.[55]

30 Würde dem Insolvenzverwalter nach § 166 das Verwertungsrecht im eröffneten Insolvenzverfahren zustehen, so kann der Absonderungsgläubiger trotzdem **bis zur Verfahrenseröffnung** seine Rechte ausüben. Die Insolvenzmasse hat dann keinen Anspruch auf Feststellungs- und Verwertungspauschalen.[56] Hat der in der Insolvenz absonderungsberechtigte Gläubiger vor Insolvenzeröffnung sicherungsübereignete Gegenstände in Besitz genommen und verwertet, kann die Inbesitznahme nicht mit der Begründung angefochten werden, der Masse sei die Feststellungskostenpauschale entgangen.[57] Hat der absonderungsberechtigte Gläubiger vor Insolvenzeröffnung eine Forderung nach Offenlegung der Abtretung eingezogen, so kann die Rechtshandlung nicht mit der Begründung nach §§ 129 ff. angefochten werden, der Insolvenzmasse sei die Verwertungskostenpauschale entgangen.[58]

---

[48] BGH NJW 2005, 2231, 2233.
[49] BGH NZI 2013, 596; dargestellt bei *Smid* DZWIR 2014, 265, 291 f.; *Gehrlein* BB 2013, 1795, 1807; *Ganter* NZI 2013, 769, 772; *Ganter* VersR 2013, 1078, 1081; zust. Anm. *Flöther/Hohmann* jurisPR-InsR 20/2013 Anm. 2; *Mitlehner* EWiR 2013, 523; abl. Anm. *Primozic/Doetsch* NZI 2013, 736.
[50] OLG Düsseldorf BeckRS 2017, 134809 Rn. 37, 56.
[51] HambKommInsO/*Scholz* § 170 Rn. 4.
[52] HambKommInsO/*Scholz* § 170 Rn. 4; *Ganter/Bitter* ZIP 2005, 93, 100.
[53] BGH NZI 2004, 137; vgl. auch BGH NZI 2014, 1046 Rn. 12.
[54] Vgl. BGH NZI 2014, 1046 Rn. 11.
[55] BGHZ 154, 72, 76 ff. = NJW 2003, 2240, 2241.
[56] BGHZ 154, 72 = NJW 2003, 2240, 2242; BGH NZI 2004, 137.
[57] BGH NZI 2005, 165.
[58] BGH NZI 2004, 137, 138.

E. Überblick über die Regelungen des § 170

I. Verwertung durch den Insolvenzverwalter, Abs. 1

§ 170 Abs. 1 schreibt dem Insolvenzverwalter vor, wie er **weiter vorgehen** muss, nachdem er eine bewegliche Sache oder eine Forderung verwertet hat. Dabei ist aus dem Kontext deutlich, dass nur die Verwertung einer beweglichen Sache oder Forderung gemeint sein kann, an der ein Absonderungsrecht bestand und zu deren Verwertung der Insolvenzverwalter nach den §§ 166, 173 Abs. 2 Satz 2 befugt war. Das weitere Vorgehen besteht in einer bestimmten **Behandlung des Erlöses.** Hieraus folgt, dass die Verwertung erst abgeschlossen ist, wenn der Insolvenzverwalter oder der von ihm eingeschaltete Verwerter[59] den Erlös vereinnahmt hat. Der Erlös aus der Verwertung des Sicherungsguts bzw. aus der Einziehung der abgetretenen Forderungen bildet das Surrogat für das Sicherungsgut; das Absonderungsrecht setzt sich daher entsprechend § 1247 Satz 2 BGB am Erlös fort.[60] 31

Die von § 170 Abs. 1 vorgeschriebene Behandlung des Erlöses besteht zunächst darin, dass dem Erlös die Kosten der Feststellung und der Verwertung, die „Kostenbeiträge“, vorweg für die Insolvenzmasse zu entnehmen sind (Satz 1). Was danach von dem als Erlös vereinnahmten Betrag verbleibt, ist in einem zweiten Schritt „unverzüglich“ zur Befriedigung des absonderungsberechtigten Gläubigers einzusetzen. Hieraus wird deutlich, dass der als Erlös vereinnahmte Betrag von Beginn an bis zur Auskehr an den absonderungsberechtigten Gläubiger **von der Insolvenzmasse getrennt zu halten** ist.[61] 32

Ist der verwertete Gegenstand mit **Sicherungsrechten zu Gunsten mehrerer Gläubiger** belastet, so ändert sich im Hinblick auf die **Kostenbeiträge** (Satz 1) in der Regel nichts, da sich deren Höhe nach dem Verwertungserlös richtet (§ 171 Abs. 1 Satz 2, Abs. 2 Satz 1); lediglich die Verwertungskosten könnten bei mehreren Gläubigern, mit denen allen das Verfahren gem. § 168 durchgeführt werden musste, iSd § 171 Abs. 2 Satz 2 erheblich höher sein. Im Hinblick auf die Befriedigung (Satz 2) ist bei der Auskehrung des Verwertungserlöses die Rangfolge zu beachten.[62] 33

Nicht ausdrücklich gesagt ist, wie mit einem verbleibenden Verwertungserlös zu verfahren ist, nachdem die Kostenbeiträge entnommen (Satz 1) und der oder die Gläubiger befriedigt sind (Satz 2). Gleichsam ungeschriebener Satz 3 ist, dass ein eventueller **Überschuss der Insolvenzmasse gebührt.** 34

II. Verwertung durch den Absonderungsgläubiger

1. Allgemeines. Durch § 170 Abs. 2 wird dem Insolvenzverwalter die Möglichkeit eröffnet, in Abweichung vom Grundsatz des § 166 auf seine Verwertungsbefugnis zu verzichten und den jeweiligen Gegenstand dem absonderungsberechtigten Gläubiger zur Verwertung zu überlassen. Dabei handelt es sich nicht etwa um eine echte Freigabe, denn das Sicherungsgut wird nicht in die Verwaltungs- und Verfügungsbefugnis des Schuldners überführt, sondern dem absonderungsberechtigten Gläubiger **lediglich zur Verwertung überlassen.**[63] 35

Die Verwertung durch den absonderungsberechtigten Gläubiger bietet sich dann an, wenn davon ausgegangen werden kann, dass dieser über die **besseren Möglichkeiten** für eine Verwertung verfügt oder wenn sich Gläubiger und Insolvenzverwalter über die Modalitäten der Verwertung **nicht einigen** können (Bsp.: Der Insolvenzverwalter verlangt vom Sicherungsgläubiger eine Freistellung, falls der Käufer Gewährleistungsansprüche gegenüber der Masse oder dem Insolvenzverwalter geltend macht, der Sicherungsgläubiger will sich auf diese Freistellung nicht einlassen).[64] 36

Eine **Verpflichtung des Gläubigers zur Übernahme des Sicherungsguts** und zur Durchführung der Verwertung in Eigenregie ergibt sich aus der gesetzlichen Regelung des § 170 Abs. 2 37

---

[59] OLG Nürnberg BeckRS 2013, 22271 mAnm *Smid* jurisPR-InsR 4/2014 Anm. 4.

[60] BGHZ 189, 1 = NJW 2011, 1506 Rn. 15; AG Dortmund BeckRS 2018, 28546 Rn. 126; KPB/*Flöther* § 170 Rn. 4; HambKommInsO/*Scholz* § 170 Rn. 6; Uhlenbruck/*Brinkmann* § 170 Rn. 10; *Berger* KTS 2007, 433, 443; HKInsO/*Landfermann* § 170 Rn. 9; K. Schmidt/*Sinz* § 170 Rn. 22; aA *Ganter* ZInsO 2016, 2119, 2121; → MüKoInsO/*Ganter* Vor §§ 49–52 Rn. 69; *Mitlehner* ZIP 2015, 60, 63; *Stamm* KTS 2015, 461, 487 ff.; ausführlich dazu *Ganter/Bitter* ZIP 2005, 93, 98 sowie Jaeger/*Eckardt* § 170 Rn. 77 ff.

[61] AG Dortmund BeckRS 2018, 28546 Rn. 127; HambKommInsO/*Scholz* § 170 Rn. 6; Uhlenbruck/*Brinkmann* § 170 Rn. 10; HKInsO/*Landfermann* § 170 Rn. 9.

[62] HKInsO/*Landfermann* § 170 Rn. 8.

[63] Uhlenbruck/*Brinkmann* § 170 Rn. 20; KPB/*Flöther* § 170 Rn. 10. Unglücklich formuliert *Hergenröder* DZWIR 2013, 251, 255, es handle sich um eine „spezielle Ausprägung der Freigabe“.

[64] HambKommInsO/*Scholz* § 170 Rn. 9; HKInsO/*Landfermann* § 170 Rn. 15.

nicht. Der Gläubiger kann also die Übernahme der Verwertung ablehnen.[65] Dem absonderungsberechtigten Gläubiger muss auch geraten werden, die Übernahme der Verwertung des Sicherungsguts vorab genau auf **rechtliche Risiken** zu prüfen, ehe er von den Gegenständen Besitz ergreift. UU haftet der Gläubiger, wenn er einmal Besitz von den Gegenständen ergriffen hat, nach Polizei- und Ordnungsrecht und/oder nach zivilrechtlichen Grundsätzen für Entsorgungskosten, Räumungskosten etc.[66]

38 Lehnt der absonderungsberechtigte Gläubiger die Übernahme der Verwertung ab, hat der Insolvenzverwalter noch die Möglichkeit, eine **echte Freigabe des Sicherungsguts** durchzuführen. Das bedeutet, dass der zur Insolvenzmasse gehörende Gegenstand, der mit einem Absonderungsrecht zugunsten eines Gläubigers belastet ist, in die Verwaltungs- und Verfügungsbefugnis des Schuldners überführt wird.[67] Eine echte Freigabe kommt aber nur dann in Betracht, wenn die Durchführung der Verwertung für die Insolvenzmasse unwirtschaftlich ist. Kann der Insolvenzverwalter nicht ausschließen, dass nach Befriedigung der Absonderungsrechte ein Übererlös zugunsten der Masse verbleibt, so darf er eine echte Freigabe nicht durchführen, da er nach der Freigabe nicht mehr auf den Übererlös zugreifen könnte.[68]

39 Der **absonderungsberechtigte Gläubiger** hat **keinen Anspruch** darauf, dass ihm der Insolvenzverwalter das Sicherungsgut oder die sicherungsabgetretenen Forderungen nach § 170 Abs. 2 zur Verwertung überlässt.[69] Macht der absonderungsberechtigte Gläubiger aber wegen Pflichtverletzungen des Insolvenzverwalters bei der Durchführung der Verwertung Schadensersatzansprüche geltend, so kann es im Einzelfall relevant sein, dass der Verwalter sich geweigert hat, dem Sicherungsgläubiger das Sicherungsgut nach § 170 Abs. 2 zu überlassen. Betreibt der Insolvenzverwalter selbst pflichtwidrig keine Verwertung der Gegenstände (zB kein Einzug der sicherungsabgetretenen Forderungen, keine Reaktion auf Einwendungen von Drittschuldnern) und überlässt auch dem Sicherungsgläubiger nicht den Gegenstand zur Verwertung, so muss er uU für die eingetretenen Schäden beim Absonderungsberechtigten nach § 60 einstehen.[70]

40 **2. Abgrenzung zu anderen Verwertungsformen.** Wie bereits ausgeführt (→ Rn. 35), ist die Verwertung durch Überlassung des Sicherungsguts an den Sicherungsgläubiger (§ 170 Abs. 2) von der **sog. echten Freigabe** abzugrenzen. Im Falle einer echten Freigabe verzichtet der Insolvenzverwalter nicht nur auf sein Verwertungsrecht, sondern auch auf die Zugehörigkeit des Sicherungsguts zur Insolvenzmasse. Infolge der echten Freigabe befindet sich das Sicherungsgut daher wieder im insolvenzfreien Vermögen des Schuldners. Da das Sicherungsgut nicht dem Insolvenzbeschlag unterfällt, kann der Sicherungsnehmer darauf nach den außerhalb der Insolvenz geltenden Regelungen zugreifen; evtl. zu erzielende Erlöse stehen danach allein dem Sicherungsnehmer zu.[71] Zur Umsatzsteuerbelastung im Fall der echten Freigabe vgl. → § 171 Rn. 60.

41 Von der Überlassung des Gegenstandes *zur Verwertung* an den absonderungsberechtigten Gläubiger (der dann einen Kostenbeitrag für die Feststellung sowie einen vereinnahmten Umsatzsteuerbetrag, aber keine Kostenpauschale für die Verwertung zu zahlen hat) ist die **Übernahme des Gegenstandes durch den absonderungsberechtigten Gläubiger** als eine mögliche Art der **Verwertung nach § 168 Abs. 3** zu unterscheiden. Im Fall des Selbsteintritts des Gläubigers nach § 168 Abs. 3 kauft dieser wie ein Dritter dem Insolvenzverwalter den Sicherungsgegenstand ab. Aus dem Verwertungserlös entnimmt der Insolvenzverwalter die Feststellungs- und Verwertungskosten für die Insolvenzmasse. Bei einem Selbsteintritt des Gläubigers nach § 168 Abs. 3 handelt es sich um eine Verwertung, auf die die Regelung des § 170 Abs. 1 anwendbar ist.[72]

42 Die Überlassung zur Verwertung (§ 170 Abs. 2) ist weiterhin abzugrenzen von der **Verwertung durch den Gläubiger nach § 173.** Sowohl im Falle des § 168 Abs. 3 als auch im Falle des § 170 Abs. 2 steht dem Insolvenzverwalter nach § 166 das Verwertungsrecht an dem mit Absonderungsrechten belasteten Gegenstand zu. § 173 betrifft hingegen die Fälle, in denen dem Gläubiger ein originäres Verwertungsrecht zusteht.

---

65 BGHZ 165, 28, 33 f. = ZIP 2005, 2214, 2216; HKInsO/*Landfermann* § 170 Rn. 16; HambKommInsO/*Scholz* § 170 Rn. 9; *Lwowski/Tetzlaff*, Umweltrisiken und Altlasten in der Insolvenz, 2002, Rn. J 466.

66 *Lwowski/Tetzlaff*, Umweltrisiken und Altlasten in der Insolvenz, 2002, Rn. J 465 f.; Lwowski/Fischer/Gehrlein/*Knof*, Das Recht der Kreditsicherung, 10. Aufl. 2018, § 18 Rn. 1 ff.

67 Siehe nur HambKommInsO/*Scholz* § 170 Rn. 9; *Benckendorff*, Kölner Schrift zur InsO, 3. Aufl. 2009, Kap. 43 Rn. 1 ff.

68 Jaeger/*Eckardt* § 170 Rn. 146.

69 LG Halle/Saale ZInsO 2001, 270; HambKommInsO/*Scholz* § 170 Rn. 9.

70 → Vor §§ 166–173 Rn. 67 f.

71 Jaeger/*Eckardt* § 170 Rn. 40; *Markgraf/Remuta* ZInsO 2018, 841, 846.

72 → § 168 Rn. 52, 55.

3. Abrechnung bei § 170 Abs. 2 und bei Freigabe. Hat der absonderungsberechtigte Gläubiger die ihm gem. **§ 170 Abs. 2** überlassene Verwertung vorgenommen, ist er verpflichtet, aus dem Verwertungserlös vorab die **Feststellungskosten** und den anfallenden **Umsatzsteuerbetrag** (vgl. § 171 Abs. 2 Satz 3) an die Masse abzuführen. Eine Verwertungskostenpauschale ist nicht zu entrichten, und zwar auch dann nicht, wenn vor der Überlassung zur Verwertung schon Kosten für fruchtlose Verwertungsversuche unternommen oder sonstige im Zusammenhang mit einer Verwertung stehende Kosten angefallen sein sollten.[73] Solche Kosten gehen nicht zu Lasten des absonderungsberechtigten Gläubigers, da er diese nicht kennen und nicht beherrschen kann; der Insolvenzmasse steht auch kein Anspruch aus Geschäftsführung ohne Auftrag zu. 43

Geht der Insolvenzverwalter nicht nach § 170 Abs. 2 vor, sondern gibt er das Sicherungsgut an den Schuldner frei und entlässt es somit aus dem Insolvenzbeschlag (**echte Freigabe**), so kann der Gläubiger das Sicherungsgut verwerten, ohne Kostenbeiträge an die Insolvenzmasse abzuführen. Auch einen Übererlös müssen Sicherungsgläubiger oder Schuldner nicht an die Masse abführen; dieser fällt vielmehr in das insolvenzfreie Vermögen des Schuldners. **Streitig** ist für den Fall der echten Freigabe, ob die Insolvenzmasse mit der **Umsatzsteuer** aus der Veräußerung des Sicherungsguts belastet ist oder nicht. Nach der hM in der Literatur[74] kann es bei einer echten Freigabe[75] nicht zu einer Belastung der Insolvenzmasse mit Umsatzsteuer kommen, da der Gegenstand ja nicht mehr zur Insolvenzmasse gehört, sondern dem insolvenzfreien Vermögen des Schuldners zuzuordnen ist. Der **BFH**[76] geht hingegen von einer Belastung der Insolvenzmasse mit der Umsatzsteuer aus. Letztlich behandelt der BFH die echte Freigabe wie eine modifizierte Freigabe mit der Begründung, die Insolvenzmasse profitiere von der Verwertung des Gegenstandes, weil dadurch die gesicherten Forderungen des Sicherungsgläubigers zurückgeführt werden. Diese Überlegung ist mit dem insolvenzrechtlichen Gehalt der echten Freigabe schwer zu vereinbaren und berücksichtigt nicht die praktischen Gegebenheiten: Regelmäßig ist die Entlastung für die Insolvenzmasse durch die Verrechnung der gesicherten Forderungen mit dem Verwertungserlös eher marginal; im masseunzulänglichen Verfahren kommt es auf Grund der Verrechnung nicht zu einer Erhöhung der Quotenaussichten der Insolvenzgläubiger. Auf der anderen Seite steht eine enorme Belastung der Insolvenzmasse durch die Umsatzsteuer für die Verwertung eines nicht mehr zur Insolvenzmasse gehörenden Gegenstandes. Die Auffassung des BFH überzeugt daher nicht.[77] Dessen ungeachtet muss der Insolvenzverwalter aufgrund dieser Rechtsprechung einkalkulieren, dass die Insolvenzmasse bei einer echten Freigabe mit Umsatzsteuern belastet wird. 44

4. Analoge Anwendung bei Verwertung durch den besitzenden Gläubiger nach Verfahrenseröffnung. Wie bereits ausgeführt,[78] hat der absonderungsberechtigte Gläubiger, der einen mit einem Absonderungsrecht belasteten beweglichen Gegenstand vor Verfahrenseröffnung in Besitz nimmt, aber erst nach Verfahrenseröffnung verwertet, nach der überzeugenden Rechtsprechung des Bundesgerichtshofs der Masse die von ihr zu zahlende **Umsatzsteuer** analog § 170 Abs. 2 zu erstatten. 45

F. Kostenbeiträge

I. Überblick

Der vom absonderungsberechtigten Gläubiger nach Maßgabe der §§ 170, 171 zu erbringende Kostenbeitrag umfasst Feststellungskosten und Verwertungskosten, die sich im Regelfall nach dem Verwertungserlös bemessen. Für Erhaltungskosten ist keine gesetzliche Regelung vorhanden. Die Höhe der Kostenbeiträge ist in § 171 geregelt. 46

---

73 HKInsO/*Landfermann* § 170 Rn. 21; HambKommInsO/*Scholz* § 170 Rn. 11.

74 *Onusseit* ZIP 2002, 1344; *Mitlehner* NZI 2002, 536 f.; *Lwowski/Tetzlaff* WuB VI B. § 126 KO 1.02; HKInsO/*Landfermann* § 170 Rn. 18.

75 Siehe zur Abgrenzung der echten Freigabe von der unechten/modifizierten (modifizierenden) Freigabe bereits → § 165 Rn. 220 f. Bei der unechten/modifizierten Freigabe entlässt der Insolvenzverwalter den Massegegenstand tatsächlich nicht wirklich aus dem Insolvenzbeschlag, denn er vereinbart mit dem Schuldner eine Beteiligung der Insolvenzmasse an den Erlösen aus der Verwertung des (eigentlich nicht mehr zur Insolvenzmasse gehörenden) Gegenstandes. Vgl. ausführlich dazu → MüKoInsO/*Peters* § 35 Rn. 99 ff.

76 BFHE 196, 341 = NZI 2002, 572.

77 *Lwowski/Tetzlaff* WuB VI B. § 126 KO 1.02.

78 → Rn. 25.

II. Erlösbegriff

47 Der in §§ 170, 171 verwendete Erlösbegriff meint den **Brutto-Verwertungserlös,**[79] dh der Erlös im Sinne dieser Vorschriften umfasst neben dem durch die Verwertung erzielten konkreten Gegenwert des Sicherungsgegenstandes auch die bei der Verwertung anfallende Umsatzsteuer.[80]

48 Die **Feststellung** des Verwertungserlöses kann schwierig sein. Dies ist etwa dann der Fall, wenn das verwertete Sicherungsgut Teil einer verwerteten **Sachgesamtheit** war. Hier empfiehlt sich eine Vereinbarung zwischen Insolvenzverwalter und absonderungsberechtigtem Gläubiger vor der Verwertung, die eine prozentuale Beteiligung am Gesamterlös festlegt. In Vorbereitung einer solchen Vereinbarung oder bei deren Fehlen hat der Verwalter zunächst unter Heranziehung eines Sachverständigen (wenn erforderlich) den Teil des Erlöses zu schätzen und dem absonderungsberechtigten Gläubiger mitzuteilen, welcher Betrag auf das konkrete mitveräußerte Sicherungsgut entfällt. Unpraktikabel erscheint, das Insolvenzgericht mit dieser Schätzung zu belasten.[81] Problematisch ist die Feststellung des Erlöses auch dann, wenn die Gegenleistung nicht in einer Zahlung besteht, sondern etwa der Übernahme bestimmter Verbindlichkeiten, wie dies in Konzernfällen in Betracht kommt.[82] Einigen sich Verwalter und Sicherungsnehmer nicht, muss ein kostenaufwendiger Rechtsstreit geführt werden.

III. Feststellungskosten

49 Die Feststellungskosten setzen sich aus den Kosten der tatsächlichen **Ermittlung** des Gegenstands, der **Trennung** des belasteten Gegenstandes von der Insolvenzmasse (Ist-Masse) und **der Prüfung der Rechtsverhältnisse** an dem Gegenstand zusammen.[83] Besonders aufwendig ist idR die Prüfung, ob die von dem Gläubiger beanspruchte Sicherheit rechtswirksam bestellt wurde, und die Feststellung der rechtlichen Konsequenzen beim Zusammentreffen der Rechte mehrerer Sicherungsgläubiger. Angesichts der rechtlichen Anforderungen, die das Gesetz und die Rechtsprechung an eine rechtswirksame Bestellung von Sicherheiten stellen, und der Häufigkeit von Sicherheiten an der Insolvenzmasse liegt hierin ein immer wichtigerer Teil der Tätigkeit des Insolvenzverwalters.

IV. Verwertungskosten

50 Regelmäßig fallen bei der Verwertung von Gegenständen Kosten an. Die sog. Verwertungskosten umfassen in erster Linie die Kosten der **Vorbereitung und Durchführung** der Verwertung.[84] Wo der Insolvenzverwalter verwertet, trägt zunächst einmal die Insolvenzmasse diese Kosten. Zu den Verwertungskosten iSd § 170 Abs. 1 gehören auch die **Kosten, die von einem Dritten (Auktionator, Kommissionär),** der bei der Verwertung des Sicherungsguts eingeschaltet wurde, in Rechnung gestellt werden.[85]

51 Kosten für die Insolvenzmasse entfallen, wenn der Insolvenzverwalter dem absonderungsberechtigten Gläubiger die **Verwertung überlässt** (§ 170 Abs. 2). In diesem Fall können stattdessen Verwertungskosten bei dem Gläubiger anfallen. Wegen dieser Kosten kann der Gläubiger abgesonderte Befriedigung aus dem Verwertungserlös beanspruchen. Dies gilt zweifellos dann, wenn der Verwertungserlös ausreicht, um die gesicherte Forderung, Zinsen und Kosten zu befriedigen.[86] Aber auch dann, wenn die Sicherheit nicht ausreichend dimensioniert ist, kann der Sicherungsgläubiger die anfallenden Kosten mit dem Verwertungserlös verrechnen.[87] Der Insolvenzverwalter hat die Aufgabe

---

79 OLG Nürnberg BeckRS 2013, 22271; *Onusseit* ZInsO 2007, 247; aA *de Weerth* ZInsO 2007, 70. Vgl. auch BGH NZI 2005, 679. Der BGH stellt klar, dass er vom Brutto-Verwertungserlös ausgeht.

80 *Marotzke* ZZP 109 (1996), 429, 456; *Mönning*, FS Uhlenbruck S. 254; *Sundermeyer/Wilhelm* DStR 1997, 1127; Nerlich/Römermann/*Becker* § 171 Rn. 8; Uhlenbruck/*Brinkmann* § 171 Rn. 3; BKInsO/*Breutigam* § 170 Rn. 8; KPB/*Flöther* § 170 Rn. 3; aA Kübler/*Rümker*, Neuordnung des Insolvenzrechts, 1989, S. 135, 143; *Obermüller*, Insolvenzrecht in der Bankpraxis, Rn. 6.804; *de Weerth* NZI 2014, 597, 598.

81 So aber *Marotzke* ZZP 109 (1996), 429, 456 Fn. 134 und KKInsO/*Hess* § 170 Rn. 21; iW wie hier KPB/*Flöther* § 170 Rn. 3.

82 Dazu *Meyer-Löwy/Pickerell* GmbHR 2016, 953, 958.

83 Vgl. Begr. zu § 196 RegE (später § 171), BR-Drs. 1/92, S. 181 f.; HambKommInsO/*Scholz* § 170 Rn. 5.

84 Vgl. hierzu auch die Begr. zu § 195 RegE (später § 170), BR-Drs. 1/92, S. 180 f.; zu den möglichen Verwertungsarten → § 166 Rn. 40 ff., zu den möglichen Verwertungskosten → § 171 Rn. 31 ff.

85 BGH NZI 2005, 679.

86 BGH NJW 2008, 3064 Rn. 8, 14 mAnm *Dahl.*

87 BGH NZI 2011, 247 Rn. 12. Ausführlich dazu → Vor §§ 166–173 Rn. 52 f.

zu verhindern, dass der Sicherungsgläubiger unnötig hohe Verwertungskosten „produziert". Dies würde dem **Gebot der schonenden Pfandverwertung** widersprechen.[88]

Im Einzelfall kann es notwendig sein, dass der Insolvenzverwalter höhere Verwertungskosten aufwendet, als in § 171 als Pauschalregelung vorgesehen sind. Der Insolvenzverwalter wird aber bei seinem Aufwand immer die Pauschale von 5% im Auge behalten. Reicht sie nicht aus, wird er mit dem Sicherungsgläubiger eine Vereinbarung über eine Kostenbeteiligung des Sicherungsgläubigers (über die gesetzlich festgelegte Pauschale hinaus) zu treffen suchen oder aber gem. § 171 Abs. 2 Satz 2 höhere Kosten ansetzen. **Nicht zulässig** ist der Ansatz einer **„Mischkalkulation"** aus tatsächlich entstandenen Verwertungskosten und den gesetzlichen Pauschalen durch den Insolvenzverwalter.[89] Der Verwalter darf die Verwertungskostenpauschale gem. § 171 Abs. 2 Satz 1 nicht neben gesondert geltend gemachten und bezifferten Verwertungskosten gem. § 171 Abs. 2 Satz 2 in Abzug bringen. Der Insolvenzverwalter muss sich entscheiden, ob er die Pauschale geltend macht oder die tatsächlich entstandenen Kosten abrechnet.[90] 52

Die Verwertungskosten müssen **erforderlich** sein. Dies sind sie auch dann, wenn eine Verwertung vor Ort oder in einer bestimmten Art und Weise zwar billiger, eine überregionale Verwertung oder eine Verwertung an einem anderen Ort zwar teurer, aber Erfolg versprechender ist. Zur Streitvermeidung werden Insolvenzverwalter und Sicherungsgläubiger die Verwertung absprechen: Der Insolvenzverwalter wird dies schon mit Rücksicht darauf tun, nicht wegen schuldhaft schlechter Verwertung nach § 60 schadensersatzpflichtig gemacht zu werden. Bei der Prüfung der **Erstattungsfähigkeit** von Verwertungskosten kann auf die **Grundsätze über die Geschäftsführung ohne Auftrag** zurückgegriffen werden. Entspricht die Maßnahme dem wirklichen oder mutmaßlichen Willen des Sicherungsgläubigers, kann der Insolvenzverwalter unter Heranziehung des Rechtsgedankens des § 683 BGB (Geschäftsführung ohne Auftrag) wie ein Beauftragter Ersatz seiner Aufwendungen verlangen und diese Kosten bei den Verwertungskosten ansetzen. Das Interesse des Sicherungsgläubigers an der Aufwendung dieser Kosten besteht dann, wenn dadurch die Chancen für eine Verwertung des Gegenstandes steigen oder wenn dadurch die Chancen steigen, dass bei einer Verwertung ein höherer Erlös erzielt wird.[91] Ein eigenes Interesse des Insolvenzverwalters bzw. der Insolvenzmasse – zB im Hinblick auf einen Übererlös, der in die Masse fällt – schadet nicht. Der Insolvenzverwalter besorgt dann zugleich ein eigenes und fremdes Geschäft.[92] 53

Die Verwertungskosten umfassen darüber hinaus die bei Durchführung der Verwertung von Sicherungsgut anfallende **Umsatzsteuer.** Deren Betrag wird allerdings nicht in die Pauschale mit eingerechnet, sondern ist entsprechend dem Wortlaut des **§ 171 Abs. 2 Satz 3** in der tatsächlich entstandenen Höhe vom Erlös abzuziehen. 54

V. Erhaltungskosten

Die Erhaltungskosten sollten nach dem RegE (§ 195) ebenfalls vom absonderungsberechtigten Gläubiger getragen werden. Diese Regelung wurde jedoch nicht in den § 170 übernommen.[93] Daraus ist zunächst einmal die Grundentscheidung des Gesetzgebers abzuleiten, dass die Erhaltungskosten **nicht** vorweg vom Verwertungserlös abgezogen werden dürften, der absonderungsberechtigte Gläubiger darf mit ihnen also nicht belastet werden.[94] 55

Daraus ergibt sich dann für die praktische Abwicklung von Insolvenzverfahren das Problem der **Abgrenzung** zwischen (erstattungsfähigen) **Verwertungskosten** und (nicht erstattungsfähigen) **Erhaltungskosten.** Der Verwalter wird primär versuchen, alles das, was in Bezug auf das Sicherungsgut an Kosten aufgewendet werden muss, als Verwertungskosten einzuordnen und damit die Überschreitung der Kostenpauschale von 5% nachweisen, um einen höheren Kostenbeitrag zugunsten der Masse zu erhalten, als in der Pauschale vorgesehen ist. In der Mehrzahl der Fälle wird es möglich sein, dass Sicherungsnehmer und Verwalter eine **Vereinbarung** treffen, welche Kosten der Sicherungsgläubiger übernimmt. Auch der Gesetzgeber hat die Hoffnung geäußert, dass die Praxis diese Fragen im Rahmen von Verwertungsvereinbarungen regelt.[95] 56

---

88 Vgl. dazu Lwowski/Fischer/Gehrlein/*Mordhorst*, Das Recht der Kreditsicherung, 10. Aufl. 2018, § 6 Rn. 65 f.

89 BGH NZI 2007, 523.

90 BGH NZI 2007, 523; falsch OLG Oldenburg BeckRS 2012, 05880: „… nach Abzug gesonderter Kosten … *und* nach Abzug der Feststellungs- und Verwertungspauschale…" (Hervorhebung hinzugefügt); zutr. Kritik von *Cranshaw* jurisPR-InsR 8/2012 Anm. 3 sub C.III.

91 Vgl. Palandt/*Thomas* § 683 Rn. 4.

92 BGHZ 110, 313; 63, 167.

93 → Rn. 13.

94 Uhlenbruck/*Brinkmann* § 170 Rn. 11.

95 Beschlußempfehlung zu § 195 RegE, BT-Drs. 12/7302, S. 177.

57 Kommt eine solche Vereinbarung nicht zustande, so werden zB die Kosten für die **Aufbewahrung des Sicherungsgutes** nicht zu den Verwertungskosten zählen. Sie entstehen insbesondere gerade dann, wenn der Verwalter die Verwertung nicht zügig durchführt. Dies kann nicht auch noch den Sicherungsgläubiger belasten. Andererseits wird es Kosten geben, die überhaupt erst eine spätere Verwertung ermöglichen, zB das **Füttern von Tieren,** die später veräußert werden sollen. Hier wird man überlegen müssen, ob man diese Kosten – soweit sie bis zum ersten in Frage kommenden Verwertungstermin anfallen – nicht schon zu den Kosten der Vorbereitung der Verwertung zählt und damit den Verwertungskosten zuordnet. Wenn man diese Kosten nicht unter die Verwertungskosten fasst, so kann man erwägen, ob es sich nicht zumindest um Aufwendungen handelt, die im Interesse des Sicherungsgläubigers liegen und daher über Geschäftsführung (ohne Auftrag) vom Sicherungsgläubiger zu erstatten sind.[96] Allerdings sollte der Verwalter die Übernahme der Geschäftsführung dem Sicherungsnehmer als Geschäftsherrn anzeigen. Ein Aufwendungsersatzanspruch der Insolvenzmasse besteht insbes. dann nicht, wenn der Sicherungsnehmer dem Insolvenzverwalter ausdrücklich andere Weisungen erteilt (zB Notverkauf der Tiere und keine Fütterung der Tiere über einen Zeitraum von mehreren Monaten) und der Insolvenzverwalter die Verwertung verschleppt.

58 Verpflichtungen des Sicherungsgebers, die er möglicherweise im Sicherungsübertragungsvertrag mit dem Sicherungsgläubiger übernommen hat – zB die **Versicherungspflicht** in einem Sicherungsübereignungsvertrag gegen besondere Risiken, also gegen Risiken, für welche der Sicherungsnehmer meint, Versicherungsschutz sei erforderlich – hat der Insolvenzverwalter für die Zeit ab Insolvenzeröffnung aus Vertrag nicht (mehr) auf Kosten der Insolvenzmasse zu erfüllen. Zu seinen Pflichten als Insolvenzverwalter zählt es nur, Versicherungsschutz für die üblichen Risiken zu beschaffen. Diese Aufwendungen muss die Masse tragen. Darüber hinausgehende Aufwendungen muss der Sicherungsgläubiger tragen, wenn er ausdrücklich wünscht, dass besondere Verpflichtungen des Sicherungsgebers nach Eröffnung des Insolvenzverfahrens durch den Insolvenzverwalter weiter erfüllt werden sollen.

VI. Auffangen der Kostenbeiträge durch Übersicherung

59 Die vom Sicherungsgläubiger zu entrichtenden bzw. vom Sicherheitenerlös abzuziehenden Kosten können durch eine entsprechend **ausreichende Dimensionierung** von Kredit und/oder Sicherheiten aufgefangen werden. Stehen ausreichende Sicherheiten zur Verfügung, so sollte sich der Gläubiger Sicherheiten bestellen lassen, deren Wert die Höhe der gesicherten Forderung übersteigt (Übersicherung). Reichen die vorhandenen Sicherheiten nicht aus, um den Kredit einschließlich der Kostenbeiträge abzusichern, so muss sich der Kreditgeber/Sicherungsnehmer darüber im Klaren sein, dass im Insolvenzfall ein Teil seiner Forderungen nicht durch Sicherheiten abgedeckt sein wird. Er kann eine ausreichende Besicherung dadurch wiederherstellen, dass er die Höhe der Kreditgewährung anpasst (oder den Kredit nicht gewährt bzw. verlängert).[97]

60 Der Gesetzgeber hatte es zugelassen, dass die gesicherten Gläubiger bereits im Zeitpunkt der Bestellung der Kreditsicherheiten auf eine Verkürzung des für die Befriedigung von gesicherten Forderungen zur Verfügung stehenden Verwertungserlöses im Insolvenzfall durch eine Übersicherung reagieren können.[98] Der Gesetzgeber ging davon aus, dass die Rechtsprechung die erhöhte Marge zur Abdeckung von Zinsen, Kosten und Kostenbeiträgen nach §§ 170, 171 akzeptieren werde.[99] Der **Große Senat des BGH**[100] hat tatsächlich in seiner Entscheidung zur Konkretisierung der Voraussetzungen einer nachträglichen Übersicherung diese Überlegungen aufgegriffen und festgestellt, dass der Sicherungsgläubiger die nach Inkrafttreten der InsO anfallenden Feststellungs- und Verwertungskosten (einschließlich der Umsatzsteuerbelastung) durch eine Übersicherung auffangen könne. Der BGH hat hier zwei Konzeptionen skizziert: Bei einem Abstellen auf den Nominalwert der Sicherheit sei eine Deckung von 150% ohne weiteres zulässig, dh bei gesicherten Forderungen iHv 100 kann der Gläubiger Sicherheiten iHv 150 hereinnehmen. Die andere Konzeption stellt auf den realisierbaren Wert der Sicherheit ab. Hier will der BGH eine Überdeckung von 10% zuzüglich der Umsatzsteuerbelastung zugestehen.[101] Bei dieser Vorgehensweise dürfte der Erlös aus der Verwertung des Sicherungsgegenstandes nicht ausreichen, um neben den Kostenbeiträgen nach §§ 170,

---

96 HKInsO/*Landfermann* § 170 Rn. 15.

97 *Drukarczyk* WM 1992, 1136; *Obermüller* WM 1994, 1875; *Obermüller* NZI 2010, 201.

98 Begr. zu § 195 RegE, BR-Drs. 1/92, S. 181. Ausführlich dazu Uhlenbruck/*Brinkmann* § 170 Rn. 2.

99 Allgem. Begr. RegE, BT-Drs. 12/2443, S. 89.

100 BGHZ 137, 212 = BGH WM 1998, 227 = NJW 1998, 671; *Lwowski*, FS Schimansky, 1999, S. 389 ff.

101 Vgl. BGHZ 137, 212, 224 ff. = WM 1998, 227, 231 ff. = NJW 1998, 671, 674 ff.; *Lwowski*, FS Schimansky, 1999, S. 389 ff.; *Dahl* NZI 2004, 615, 617; *Obermüller,* Insolvenzrecht in der Bankpraxis, Rn. 6.45; Jaeger/*Eckardt* § 170 Rn. 7.

171 auch etwaige Zinsen und Kosten abzudecken. Die genannten Prozentsätze werden jeweils im Zusammenhang mit der Verhinderung einer nachträglichen Übersicherung genannt. Werden diese Prozentsätze überschritten, so entsteht von Gesetzes wegen ein Freigabeanspruch des Sicherungsgebers gegenüber dem Sicherungsnehmer. Weitere Sanktionen sind aber an die Überschreitung der Grenzen im Zusammenhang mit der Verhinderung einer nachträglichen Übersicherung nicht geknüpft.[102] Eine Gefahr für die Sicherheitenbestellung besteht eigentlich nur bei Vorliegen einer **anfänglichen Übersicherung.** Hier wird die Zulässigkeit einer Überdeckung von 200% diskutiert, dh bei gesicherten Forderungen von 100 könnte der Gläubiger Sicherheiten iHv 300 hereinnehmen.[103]

VII. Fälligkeit der Kostenbeiträge

61 Nach **§ 170 Abs. 1** ist der Kostenbeitrag bei einer Durchführung der Verwertung durch den Insolvenzverwalter aus dem Verwertungserlös zu entnehmen. Der Kostenbeitrag ist also erst dann fällig, wenn ein **Verwertungserlös erzielt** wird.

62 Überlässt der Insolvenzverwalter nach **§ 170 Abs. 2** die bewegliche Sache oder die abgetretene Forderung dem absonderungsberechtigten Gläubiger zur Verwertung, so hat der Gläubiger die Kosten der Feststellung und den Umsatzsteuerbetrag „vorweg" an die Masse abzuführen. Gemeint ist damit aber nicht, dass der Gläubiger Umsatzsteuer und Feststellungskostenpauschale bevorschussen muss, sondern die Zahlungen sind aus dem vereinnahmten Verwertungserlös zu leisten; der Feststellungskostenbeitrag und der Umsatzsteuerbetrag wird erst dann fällig, wenn ein **Verwertungserlös erzielt** wurde.[104] Eine Vorverlegung der Fälligkeit ist nicht interessengerecht.[105]

G. Unverzügliche Befriedigung des Sicherungsgläubigers

I. Separierung

63 Vom Verwertungserlös sind zunächst die Feststellungs- und Verwertungskostenbeiträge (inkl. einer möglichen Umsatzsteuer) abzuziehen, der verbleibende Erlös ist unverzüglich an den Sicherungsgläubiger auszukehren (§ 170 Abs. 1 Satz 2). In dem – nach gesetzlicher Vorgabe möglichst kurzen – **Zeitraum** zwischen Vereinnahmung des Erlöses mit nachfolgendem Abzug der Kostenbeiträge und Auskehr des verbleibenden Erlöses ist der dem absonderungsberechtigten Gläubiger zustehende **Erlös zu separieren.**[106] An diesem Erlös als Surrogat des Absonderungsgutes setzt sich das Absonderungsrecht fort.[107] Keinesfalls darf der Insolvenzverwalter mit dem Geld, welches dem Sicherungsgläubiger zusteht, weitere Geschäfte für die Insolvenzmasse tätigen, so dass die Gefahr besteht, dass im Falle der Masseunzulänglichkeit der Sicherungsgläubiger nicht auf die ihm zustehenden Verwertungserlöse zugreifen kann. Führt der Verwalter den Erlös unter Verletzung seiner Pflicht zur Separierung der Insolvenzmasse zu, so geht das Absonderungsrecht unter. Der Gläubiger erlangt zwar einen Bereicherungsanspruch als Masseverbindlichkeit (§ 55 Abs. 1 Nr. 1, 3).[108] Dieser ist aber dem Absonderungsrecht von vornherein nicht gleichwertig; darauf, ob er später wegen Masseinsuffizienz nicht befriedigt wird, kommt es nicht mehr an. Der Insolvenzverwalter haftet dem absonderungsberechtigten Gläubiger daher gem. § 60 bereits ab dem Zeitpunkt, in dem die Separierung aufgegeben wird und der Erlös der Masse zufließt.[109]

II. Abrechnung

64 Der Insolvenzverwalter hat, nachdem er den Verwertungserlös erhalten hat, die Kosten für die Verwertung und Feststellung der Sicherheit zu entnehmen. Für die Feststellung kann er 4% pauschal berechnen, gleich, ob der Aufwand höher oder niedriger war (§ 171 Abs. 1 Satz 2). Auch die Verwertungskosten können pauschal mit 5% abgerechnet werden; es ist jedoch auch die konkrete

[102] Vgl. *Lwowski*, FS Schimansky, 1999, S. 389 ff.; *Nobbe*, FS Schimansky, 1999, S. 433 ff.; *Dahl* NZI 2004, 615, 617; Jaeger/*Eckardt* § 170 Rn. 7.
[103] Vgl. *Lwowski*, FS Schimansky, 1999, S. 389 ff.; *Tetzlaff* ZIP 2003, 1826 ff.
[104] Uhlenbruck/*Brinkmann* § 170 Rn. 24; K. Schmidt/*Sinz* § 170 Rn. 28; wohl auch FKInsO/*Wegener* § 171 Rn. 15.
[105] Vgl. dazu K. Schmidt/*Sinz* § 170 Rn. 28 mwN.
[106] → Rn. 32.
[107] → Rn. 31.
[108] BGH NJW 2018, 1083 Rn. 7.
[109] AG Dortmund BeckRS 2018, 28546 Rn. 127 ff.; OLG Hamm BeckRS 2013, 12301.

Berechnung möglich (§ 171 Abs. 2 Satz 1, 2). Was nach Entnahme dieser Kostenbeiträge verbleibt, ist, soweit zu dessen Befriedigung erforderlich, an den absonderungsberechtigten Gläubiger auszukehren.

65 Dies gilt auch, wenn der Insolvenzverwalter einen Übererlös erzielt. Der Insolvenzverwalter muss dann, bildlich gesprochen, die Feststellungs- und Verwertungskostenbeiträge dem **Übererlös** entnehmen. Eine bestehende Übersicherung führt dann dazu, dass der Sicherungsgläubiger trotz Abzug der Kostenbeiträge nach §§ 170, 171 vom Verwertungserlös uU eine vollständige Befriedigung seiner gesicherten Forderungen erhält.[110] Der Insolvenzverwalter darf also nicht den Übererlös einbehalten und anschließend den zur Auskehrung an den Sicherungsgläubiger verbleibenden Erlös noch um die Kostenbeiträge nach §§ 170, 171 mindern.[111]

66 Hat der absonderungsberechtigte Gläubiger den Insolvenzverwalter auf eine andere, und zwar frühere Verwertungsmöglichkeit rechtzeitig und hinreichend konkret hingewiesen, der Verwalter diese Möglichkeit aber nicht genutzt mit der Folge, dass der Verwalter den Gläubiger gem. § 168 Abs. 2 so gestellt hat, als hätte er diese Verwertungsmöglichkeit wahrgenommen, so ist bei Erlösverteilung eine **nach § 168 Abs. 2 an den Gläubiger erfolgte Zahlung zu berücksichtigen.**[112] Entschädigungsleistungen nach § 169 sind hingegen **nicht anzurechnen.**

III. Auskehr des Verwertungserlöses

67 Aus dem nach Entnahme der Kostenbeiträge verbleibenden Verwertungserlös hat der Verwalter **unverzüglich,** dh ohne schuldhaftes Zögern (§ 121 Abs. 1 Satz 1 BGB), den absonderungsberechtigten Gläubiger zu befriedigen (§ 170 Abs. 1 Satz 2). Er darf die Erlösauskehrung nicht mit Hinweis auf die Liquiditätslage verzögern.[113] Verzögert der Verwalter die Auskehr, kommt eine Haftung gem. §§ 280, 286, 288 BGB in Betracht.[114]

68 § 170 Abs. 1 Satz 2 spricht zu Recht davon, dass der Gläubiger „zu befriedigen" ist; ihm ist also nur der Betrag zu zahlen, der **zu seiner Befriedigung** erforderlich ist. Daher handelt es sich strenggenommen nicht um eine „Auskehr", bei der das eingenommene nach allfälligen Kürzungen weitergereicht wird. Soweit Rechtsprechung, Praxis und Literatur von Auskehr(ung) sprechen,[115] ist dies als eine ihrer Höhe nach begrenzte Zahlung zu verstehen. Freilich reicht der verbleibende Erlös vielfach zur Befriedigung nicht aus.

69 Tritt vor Auskehr des Erlöses **Masseunzulänglichkeit** oder **Massearmut** ein, so muss der Insolvenzverwalter eigentlich trotzdem in der Lage sein, den Erlös an den Sicherungsgläubiger auszukehren, denn ihn trifft die Pflicht, diesen zu separieren, und an dem Erlös als Surrogat setzen sich die Sicherungsrechte zugunsten des Absonderungsgläubigers fort.[116] Ist der Erlös selbst nicht mehr vorhanden, aber sein Surrogat, kommt eine Ersatzabsonderung analog § 48 in Betracht.[117] Hat der Insolvenzverwalter den Erlös nicht separiert und die Insolvenzmasse einschließlich der Verwertungserlöse „verwirtschaftet", so haftet der Verwalter, wenn der Erlös nicht mehr in der Insolvenzmasse vorhanden ist, persönlich auf Schadensersatz (§ 60).[118]

H. Weiterleitung der Umsatzsteuer an die Finanzverwaltung

70 Die bei der Abrechnung des Verwertungserlöses vom Insolvenzverwalter einbehaltene Umsatzsteuer stellt nicht eine „Sondermasse" dar, die der Insolvenzverwalter zugunsten der Finanzverwaltung zu separieren hat. Vielmehr ist der Anspruch der Finanzverwaltung auf die Umsatzsteuer, der eine Masseverbindlichkeit darstellt, innerhalb der **durch § 209 vorgegebenen Reihenfolge** zu befriedigen.[119] Dies bedeutet, dass der Insolvenzverwalter im masseunzulänglichen Verfahren die

[110] BGH NJW 2018, 1083 Rn. 33; LG Siegen BeckRS 2016, 11547; AG Wittlich NZI 2000, 444; AG Kiel ZInsO 2003, 1008; HambKommInsO/*Scholz* § 170 Rn. 7.

[111] LG Verden ZInsO 2002, 942 mAnm *Heeseler* ZInsO 2002, 924. Zur Frage der Verrechnung des Verwertungserlöses mit gesicherter Forderung, Zinsen und Kosten ausführlich → Vor §§ 166–173 Rn. 52 f.

[112] So wohl auch Nerlich/Römermann/*Becker* § 170 Rn. 17.

[113] Nerlich/Römermann/*Becker* § 170 Rn. 16.

[114] AG Wuppertal BeckRS 2015, 7071.

[115] ZB OLG Oldenburg BeckRS 2018, 14468 Rn. 8, 25 ff.; FKInsO/*Wegener* § 171 Rn. 14.

[116] → Rn. 31 f., 63.

[117] Vgl. *Ganter* ZInsO 2016, 2119, 2123; *Ganter/Bitter* ZIP 2005, 93, 99, 102; Jaeger/*Eckardt* § 170 Rn. 74; HKInsO/*Landfermann* § 170 Rn. 9.

[118] KKInsO/*Hess* § 170 Rn. 71; KPB/*Flöther* § 170 Rn. 8; FKInsO/*Wegener* § 171 Rn. 14 Uhlenbruck/*Brinkmann* § 170 Rn. 10.

[119] BGH NZI 2011, 60 Rn. 8 ff.; vgl. auch BFHE 241, 233 = NZI 2013, 709 Rn. 26.

Umsatzsteuer bei der Abrechnung gegenüber dem Sicherungsgläubiger einbehält, aber nur die Quote auf die Altmasseverbindlichkeit an die Finanzverwaltung weiterzuleiten hat. Für den dann nicht befriedigten Anteil der Umsatzsteuerschuld haftet der Insolvenzverwalter nicht persönlich, sodass ein Haftungsbescheid nicht ergehen darf.[120]

§ 171 Berechnung des Kostenbeitrags

(1) [1]Die Kosten der Feststellung umfassen die Kosten der tatsächlichen Feststellung des Gegenstands und der Feststellung der Rechte an diesem. [2]Sie sind pauschal mit vier vom Hundert des Verwertungserlöses anzusetzen.

(2) [1]Als Kosten der Verwertung sind pauschal fünf vom Hundert des Verwertungserlöses anzusetzen. [2]Lagen die tatsächlich entstandenen, für die Verwertung erforderlichen Kosten erheblich niedriger oder erheblich höher, so sind diese Kosten anzusetzen. [3]Führt die Verwertung zu einer Belastung der Masse mit Umsatzsteuer, so ist der Umsatzsteuerbetrag zusätzlich zu der Pauschale nach Satz 1 oder den tatsächlich entstandenen Kosten nach Satz 2 anzusetzen.

Schrifttum: Siehe bei Vor §§ 166–173; weiter *Giesen*, Mehrfachverfügungen des Sicherungsgebers nach § 930 BGB, AcP 203 (2003), 210; *Dahl*, Die Behandlung der Kostenbeiträge nach §§ 170, 171 InsO bei Übersicherung des Sicherungsgläubigers unter besonderer Berücksichtigung des Sicherheitenpools, NZI 2004, 615; *de Weerth*, Die Bemessungsgrundlage der Kostenpauschalen nach § 171 InsO – Entgelt oder Preis?, ZInsO 2007, 70; *Schwarz/ Joachim*, „Erfassen" oder „Erlöschen"? – Zur Wirksamkeit dinglicher Teilverzichtsklauseln, ZInsO 2010, 1530

Übersicht

A. Normzweck

§ 171 stellt die notwendige Ergänzung zu den Bestimmungen des § 170 dar. Während § 170 die Verteilung des Erlöses unter Abzug von Kosten und Umsatzsteuer regelt, wird in § 171 eine 1

[120] BGH NZI 2011, 60 Rn. 13 ff.

Definition der Kostenarten gegeben und die Höhe des Kostenbeitrages festgelegt. Für die Kosten der Feststellung wird dafür durchweg, für die Kosten der Verwertung als Regelfall eine **Pauschale** bestimmt. Die Festsetzung von Pauschalen wurde zum einen aus Gründen der **Vorhersehbarkeit** gewählt, da ihre Höhe so für den gesicherten Gläubiger kalkulierbar ist. Zum anderen dient die Festsetzung von Pauschalen der **Beschleunigung** des Verfahrens, indem zeitraubende und kostenintensive Auseinandersetzungen zwischen den Verfahrensbeteiligten über die Höhe der Kosten vermieden werden.

2 Die Pauschale von 4% für die **Feststellungskosten** ist eine **feste Größe** (§ 171 Abs. 1). Die Erstattungspflicht besteht unabhängig davon, wie hoch die tatsächlichen Kosten für die Feststellung sind. Demgegenüber kann bei den **Verwertungskosten** ein **höherer** oder **niedrigerer Kostenbeitrag** berechnet werden, wenn die tatsächlichen Kosten erheblich von dem anhand der Pauschale ermittelten Betrag abweichen (§ 171 Abs. 2 Satz 2).

3 Schließlich wird dem absonderungsberechtigten Gläubiger auch ein **Umsatzsteuerbetrag** in Rechnung gestellt, mit dem die Masse aufgrund der Verwertung belastet wurde (§ 171 Abs. 2 Satz 3).

B. Entstehungsgeschichte

I. Frühere Regelung in der KO

4 Die KO enthielt keine Regelung zu den Kosten der Feststellung und der Verwertung und zur Umsatzsteuer. Daher gingen im Gegensatz zur jetzigen Regelung des § 170 die Kosten für Feststellung und Verwertung zulasten der Masse, sofern Konkursverwalter und Sicherungsgläubiger sich nicht anderweitig geeinigt hatten.[1] In diesen Fällen wurde die **Konkursmasse mit erheblichen Kosten** belastet. Allerdings wurden in der Praxis seit jeher im Rahmen von **Verwertungsvereinbarungen** vom Sicherungsgläubiger zu erstattende Pauschalen für die anfallenden Verwertungskosten vereinbart, deren Höhe nicht wesentlich unter den gesetzlichen Pauschalen der InsO lag. Eine Erstattung der **Feststellungskosten** erfolgte allerdings nicht. Auch hinsichtlich der **Umsatzsteuer** war es häufig so, dass auch bei Abschluss von Verwertungsvereinbarungen diese durch die Konkursmasse getragen werden musste. Vor diesem Hintergrund kann man davon sprechen, dass es sich letztlich nur bei der Regelung über die Erstattung der Feststellungskosten und der Umsatzsteuer um eine neue Regelung handelt.[2]

II. Reformvorschläge

5 Die eine Umverteilung zwischen gesicherten und ungesicherten Gläubigern bezweckenden Reformvorschläge der **ersten Kommission** für Insolvenzrecht aus dem Jahre 1985[3] zielten zunächst nicht auf die Pauschalierung der Kosten, sondern auf einen anteiligen **Verfahrensbeitrag.**

6 Nicht weiterverfolgt wurde das sog. **„Henckel-Modell“.** Es wollte die Sicherungsgläubiger mit einem im Einzelfall konkret zu berechnenden Kostenbeitrag belasten, welcher sich aus dem Verhältnis der tatsächlich angefallenen Kosten der Feststellung und Verwertung der Sicherheiten zum Verwertungserlös errechnen sollte.[4] Ein solcher konkret berechneter Kostenbeitrag wäre zum Zeitpunkt der Sicherheitenbestellung nicht absehbar gewesen und hätte daher die Höhe der erforderlichen bzw. den Wert der gehaltenen Sicherheiten unkalkulierbar gemacht.[5] Außerdem hätte der Kostenbeitrag im Einzelfall so hoch ausfallen können, dass die Sicherheiten – wirtschaftlich gesehen – keine insolvenzsichere Absicherung der Kredite mehr dargestellt hätten. Eine empirische Untersuchung bei Kreditinstituten zeigte, dass durch die seinerzeit geplante Einführung eines Verfahrensbeitrages der Gläubiger von besitzlosen Mobiliarsicherheiten bei 62,1% der Kreditengagements eine „Anpassung“ notwendig geworden wäre, die die Gestalt einer Anforderung zusätzlicher Kreditsicherheiten oder auch einer Kreditkündigung wegen nicht (mehr) ausreichender Besicherung hätte annehmen können.[6]

7 Erst mit der Änderung des Systems der Erlösverteilung vom pauschalierten Verfahrensbeitrag zur kostenbezogenen Pauschale für Feststellungs-, Verwertungs- und Erhaltungskosten im **Referentenentwurf**[7] ergab sich die Notwendigkeit einer Festlegung der Pauschalenhöhe. § 185 Abs. 1 RefE

[1] Vgl. BGHZ 58, 292, 294; 77, 139.
[2] Vgl. auch HKInsO/*Landfermann* § 171 Rn. 17 f.
[3] 1. KommBer. Leitsatz 3.3.2.
[4] Vgl. 1. KommBer. Leitsatz 3.3.2.
[5] 1. KommBer. Begr. zum Leitsatz 3.3.2.
[6] Zum Ganzen vgl. *Drukarczyk* WM 1995, 1136 ff.
[7] → § 170 Rn. 12.

sah eine Pauschale für die Feststellungskosten iHv 6 % vor. Die Verwertungskosten sollten gem. § 185 Abs. 2 RefE pauschal mit 5 % veranschlagt werden. Nur im Falle erheblich höherer oder niedrigerer entstandener Verwertungskosten sollten die tatsächlichen Kosten angesetzt werden.

III. Gesetzgebungsverfahren

§ 196 des **Regierungsentwurfs** stützte sich inhaltlich im Wesentlichen auf § 185 RefE. Als 8
Ergänzung zu den Regelungen des § 195 RegE definierte § 196 RegE die Kostenarten und setzte deren Höhe fest. Die Feststellungskosten sollten nunmehr über die Regelungen des § 185 Abs. 1 RefE hinaus gem. § 196 RegE auch eine Beteiligung an den allgemeinen Verfahrenskosten umfassen, womit man sich wieder den Vorstellungen der ersten Kommission für das Insolvenzrecht über einen pauschalen Verfahrensbeitrag annäherte. Eine höhere Pauschale von 6% war vorgesehen. § 196 Abs. 2 RegE entsprach wörtlich § 186 Abs. 2 RefE. § 196 Abs. 3 RegE wurde um eine Regelung über die Erstattung der Massebelastung durch bei der Verwertung anfallende Umsatzsteuer erweitert. Danach sollte die Umsatzsteuererstattung regelmäßig im Rahmen des Kostenbeitrages erfolgen.

Ihre endgültige Gestalt erhielt die Regelung über die Berechnung des Kostenbeitrages erst in 9
der abschließenden Fassung des § 171. Die Feststellungskosten wurden nun wieder – wie bereits in § 185 RefE – auf die Kosten der tatsächlichen Feststellung des Gegenstandes und der Rechte an diesem beschränkt. Entsprechend dem Verzicht auf eine Beteiligung des absonderungsberechtigten Gläubigers an den allgemeinen Verfahrenskosten wurde die Kostenpauschale von 6% auf 4% gesenkt.[8] Während die Regelung der Verwertungskosten in § 196 Abs. 3 RegE wörtlich als § 170 Abs. 2 übernommen wurde, verzichtete man auf die Übernahme der Definition der Erhaltungskosten aus § 196 Abs. 2 RegE. Der Grund hierfür lag in der **Streichung der Erhaltungskosten** aus dem vom absonderungsberechtigten Gläubiger zu leistenden Kostenbeitrag, die eine Bestimmung über die Kostenberechnung überflüssig machte.[9] Die Regelung des § 196 Abs. 3 Satz 3 RefE wurde als § 171 Abs. 2 Satz 3 übernommen. Nicht durchsetzen konnte sich der Vorschlag der SPD-Fraktion im Deutschen Bundestag, die Verpflichtung, die bei der Verwertung anfallende Umsatzsteuer vor Erlösauskehrung an die Masse abzuführen, auf Fälle auszuweiten, in denen der absonderungsberechtigte Gläubiger die Verwertung durchführt.[10]

C. Anwendungsbereich

Die Regelungen der §§ 170, 171 sind nur anwendbar auf Fälle, in denen dem **Insolvenzverwalter** gem. §§ 166, 173 Abs. 2 Satz 2 das **Verwertungsrecht** zugewiesen ist.[11] 10

Eine **analoge Anwendung** ist trotz der intensiven Diskussion der Kostenbeitragsregelungen 11
im Vorfeld nicht grundsätzlich ausgeschlossen;[12] die Gesetzesgeschichte ist aber bei der Feststellung einer Regelungslücke gebührend zu berücksichtigen. Eine Analogie wurde bislang bejaht für die Belastung des absonderungsberechtigten Gläubigers mit Umsatzsteuer in dem besonderen Fall, dass die Besitzergreifung durch den Gläubiger vor, die Verwertung nach Verfahrenseröffnung erfolgte, sowie dann, wenn der Insolvenzverwalter außerhalb der §§ 166, 173 Abs. 2 Satz 2 zur Verwertung befugt ist.[13] Eine analoge Anwendung des § 171 Abs. 2 Satz 3 auf die Einkommensteuer, die die Verwertung eines Grundstücks auslöst, wird diskutiert,[14] ist bislang aber nicht anerkannt.

D. Kosten der Feststellung

I. Allgemeines

Die Definition der Feststellungskosten in § 171 Abs. 1 Satz 1 hat Bedeutung für die Abgrenzung 12
dieser Kosten zu anderen Kostenarten; von ihr hängt wiederum das Ob und die Höhe einer Berücksichtigung ab: Die **Feststellungskosten** werden stets mit einer **Pauschale** abgegolten. Sind die

[8] Begr. zu § 196 RegE, BR-Drs. 1/92, S. 181 f. und Beschlußempfehlung des Rechtsausschusses zu § 196 RegE, BT-Drs. 12/7302, S. 177 f.

[9] → § 170 Rn. 13.

[10] Vgl. Beschlußempfehlung des Rechtsausschusses zu § 196 RegE, BT-Drs. 12/7302, S. 177 f.

[11] → § 170 Rn. 15.

[12] AA *Lwowski/Tetzlaff*, FS Fischer, 2008, S. 365 ff.

[13] Näher → § 170 Rn. 24 ff.

[14] Dafür *Kahlert/Schmidt* FR 2015, 596, 599.

tatsächlich angefallenen Kosten geringer als die im Gesetz vorgesehene Pauschale, so kann der Insolvenzverwalter trotzdem dem Verwertungserlös die Pauschale für die Feststellungskosten entnehmen. Für die **Verwertungskosten** kennt das Gesetz ebenfalls eine **Pauschale;** an ihrer Stelle können aber auch die **tatsächlichen Kosten** geltend gemacht werden, wenn diese die Pauschale erheblich überschreiten oder unterschreiten. Die **Erhaltungskosten** sind grundsätzlich **nicht erstattungsfähig,** sondern müssen durch die Insolvenzmasse getragen werden.[15]

13 Die Feststellungskosten unterteilen sich in Kosten der **tatsächlichen** und der **rechtlichen Feststellung** der mit Absonderungsrechten belasteten Gegenstände.

II. Tatsächliche Feststellung

14 Die Kosten der tatsächlichen Feststellung des Gegenstandes, der mit einem Absonderungsrecht belastet ist, umfassen die **Ermittlung** und **Trennung** des Gegenstandes.

15 **1. Ermittlung.** Die Ermittlung des belasteten Gegenstandes betrifft die **Identifizierung** und **Individualisierung** eines konkreten Gegenstandes, der mit einem Absonderungsrecht zugunsten eines bestimmten Gläubigers belastet ist. Derartige Ermittlungen sind zB notwendig, wenn bei einer Vielzahl gleichartiger **beweglicher Sachen** in einem Warenlager eine Identifizierung bzw. Individualisierung nicht ohne Weiteres möglich ist, sondern hierfür vom Insolvenzverwalter umfassende und zusätzliche Kosten verursachende Nachforschungen angestellt werden müssen.

16 Die Feststellungskostenpauschale gilt nicht nur bei beweglichen Sachen, sondern auch bei **Forderungen.** Insbesondere kann sie auch dann berechnet werden, wenn eine Forderungsabtretung dem Drittschuldner von vornherein angezeigt wird (zB bei einer Abtretung einer Einzelforderung im Rahmen einer Objektfinanzierung), auch wenn dieser Tatbestand der Verpfändung mit Anzeige nach § 1280 BGB gleicht.[16] In der Praxis kann in diesem Fall auch eine Verpfändung der Forderungen vorgenommen werden. Dann besteht gem. § 166 kein Verwertungsrecht des Insolvenzverwalters und Kostenbeiträge fallen nicht an.

17 **2. Trennung.** Kosten der Trennung des belasteten Gegenstandes betreffen bei **beweglichen Sachen** die Lösung bzw. Separierung einer Sache aus einer **Sachgesamtheit.** Eine derartige Trennung ist insbesondere bei Vermischung, Vermengung, Verarbeitung und Verbindung der belasteten Sachen aufwendig. Bei **Forderungen** ist an die rechnerische Separierung einer Einzelforderung aus einer größeren **Forderungssumme** zu denken.

III. Rechtliche Feststellung

18 Über die tatsächliche Feststellung hinaus wird bei belasteten Gegenständen regelmäßig auch eine rechtliche Feststellung erforderlich sein. Es handelt sich dabei um die Prüfung der **Rechtsverhältnisse an dem betreffenden Gegenstand.**[17] In Betracht kommen insbesondere die Prüfung der Rechtswirksamkeit der Sicherheitenentstehung, die Prüfung des Nämlichkeitsnachweises sowie die rechtliche Aufarbeitung der Rechtslage bei der Kollision von Sicherungsrechten verschiedener Personen.

19 **1. Rechtswirksamkeit der Sicherheitenentstehung.** Voraussetzung für den rechtlichen Bestand der Absonderungsrechte im Insolvenzfall ist, dass die zugrunde liegenden Sicherungsrechte wirksam entstanden sind.[18] Hierzu müssen unter deutschem Recht bei rechtsgeschäftlichen Sicherheiten ein wirksames Verfügungsgeschäft („dinglicher Vertrag") sowie ein ggf. erforderlicher Publizitätsakt vorliegen;[19] bei gesetzlichen Sicherungsrechten muss der Entstehungstatbestand erfüllt sein. Der Feststellungsaufwand ist bei rechtsgeschäftlichen Sicherheiten typischerweise größer. Zu prüfen sind hier insbesondere die Wahrung der Bestimmtheitserfordernisse, die Wirksamkeit eines in AGB enthaltenen dinglichen Vertrags sowie die Unwirksamkeit gem. §§ 134, 138, insbesondere bei Übersicherung.

20 **a) Bestimmtheit/Bestimmbarkeit.** Nach dem allgemeinen sachenrechtlichen Bestimmtheitsgrundsatz hängt die Rechtswirksamkeit einer **Sicherungsübereignung** davon ab, dass die als

---

15 → § 170 Rn. 55.

16 BGH NJW 2002, 3475; aA noch *Lwowski* in der ersten Auflage dieses Kommentars.

17 Begr. zu § 196 RegE, BR-Drs. 1/92, S. 181 f.

18 Die Aussage, die Sicherungsverträge müssten wirksam sein (→ 3. Aufl. 2013 § 171 Rn. 11 ff.), ist insofern unglücklich, als mit Sicherungsvertrag neben dem verfügenden Vertrag – der allein aber nur bei Forderungen ausreicht – auch die sogenannte Sicherungsabrede gemeint sein könnte, deren Wirksamkeit an dieser Stelle aber nicht interessiert.

19 Siehe nur *Kern*, FS Stürner, 2013, 161.

Sicherungsmittel dienende Sache hinreichend „individualisiert“, dh so gekennzeichnet wird, dass sie sich von allen anderen gleichartigen Sachen des Sicherungsgebers deutlich unterscheiden lässt und aufgrund der Beschreibung ihrer Identität für jeden, der von dem Inhalt des Rechtsgeschäfts Kenntnis nimmt, zweifelsfrei feststellbar ist, welche Sache gemeint ist.[20] Der betreffende Gegenstand muss sich also stets aus dem Bestellungsakt heraus individualisieren lassen. Unzureichend ist, wenn zur Bestimmung dessen, was im Einzelnen übereignet werden soll, weitere Nachforschungen über das hinaus notwendig werden, was zwischen den Parteien verabredet wurde.[21] In der Praxis wird eine Sicherungsübereignung vielfach mittels einer sogenannten Raumsicherung vorgenommen, bei der alle Sachen in einem bestimmten Raum erfasst sein sollen, insbesondere auch künftig in den Raum verbrachte Sachen.[22] Eine solche Raumsicherungsklausel ist hinreichend bestimmt. Dem Bestimmtheitserfordernis ist hingegen nicht genügt, wenn der Sicherungsgeber „alle ihm gehörenden“ Sachen aus einem bestimmten Raum übereignet und sich darin noch eine größere Anzahl gleichartiger Gegenstände anderer Eigentümer befindet;[23] ebenso, wenn alle Porzellanstücke in einem Raum, die zur Porzellansammlung des Veräußerers gehören, übereignet werden.[24] Auch dann, wenn kein Raumsicherungsübereignungsvertrag genutzt wird, sondern stattdessen sog. „all“-Formeln („alle Vorräte“) benutzt werden, ist Vorsicht geboten.[25]

Auch für die **Forderungsabtretung** als Verfügungsgeschäft ist grundsätzlich Bestimmtheit 21
erforderlich. Die abgetretene Forderung muss danach so konkretisiert sein, dass für jedermann ohne Weiteres erkennbar ist, welche Forderung von der Zession betroffen ist.[26] Die Anforderungen an die Bestimmtheit sind bei der Abtretung aber insofern geringer, als nach hM Bestimmbarkeit ausreicht. Gemeint ist damit, dass im Zeitpunkt der Entstehung der Forderung deren Zuordnung zweifelsfrei möglich sein muss.[27] Dies betrifft die praktisch wichtige Abtretung künftig entstehender Forderungen. Hinreichend bestimmbar ist die Abtretung aller künftigen Forderungen gegen einen bestimmten Drittschuldner oder aus einem klar umschriebenen Rechtsgrund. Auch bei der Abtretung „aller gegenwärtigen und zukünftigen Forderungen aus dem gesamten Geschäftsbetrieb“ ist die Bestimmbarkeit gewahrt, und zwar selbst dann, wenn die Abtretung in keiner Weise zeitlich begrenzt wird.[28]

b) Sicherheitenbestellung in Allgemeinen Geschäftsbedingungen. Die Sicherheitenbe- 22
stellung kann auch in Allgemeinen Geschäftsbedingungen (AGB) enthalten sein. Eine in AGB vorgesehene dingliche Einigung kann aber nur dann zum Entstehen der Sicherheit führen, wenn sie **Bestandteil des Vertrags** geworden ist (dazu insbes. § 305 Abs. 2, 3, § 305c Abs. 1 BGB) und der **Inhaltskontrolle** standhält (insbes. § 307 Abs. 1, 2, § 310 Abs. 3 Nr. 3 BGB), wobei das Gesetz im Falle der Verwendung gegenüber einem Unternehmer großzügiger ist (§ 310 Abs. 1 BGB), die Rechtsprechung aber die Unterschiede relativiert hat. Besonders bedeutsam ist hier die Nichteinbeziehung überraschender Klauseln (§ 305c Abs. 1 BGB), zu der sich unter anderem die sogenannte „Anlass-Rechtsprechung“[29] entwickelt hat. Eine detaillierte Darstellung kann an dieser Stelle nicht erfolgen; insoweit kann auf die Darstellungen des AGB-Rechts und des Kreditsicherungsrechts verwiesen werden.

c) §§ 134, 138 BGB. Die Prüfung der Rechtsverhältnisse am Sicherungsgegenstand umfasst 23
auch die Frage, ob die Sicherheitenbestellung wegen Gesetzes- (§ 134 BGB) oder Sittenwidrigkeit (§ 138 BGB) nichtig ist.[30] Während Gesetzeswidrigkeit kaum je vorliegen wird, ist Sittenwidrigkeit durchaus denkbar. Hier sind insbesondere Fälle der Knebelung,[31] der Kredittäuschung[32] – vor allem

[20] OLG Düsseldorf ZIP 2012, 992.

[21] BGH WM 2006, 2351, 2352; 2008, 1442, 1444; OLG Düsseldorf ZIP 2012, 992.

[22] Siehe zB LG Bielefeld BeckRS 2014, 6693; zum Ganzen *Baur/Stürner* SachenR, 18. Aufl. 2009, § 4 Rn. 19, § 57 Rn. 12 f.

[23] OLG Frankfurt WM 1994, 2151.

[24] *Baur/Stürner*, SachenR 18. Aufl. 2009, § 4 Rn. 19.

[25] BGH WM 2008, 1750 mAnm *Tetzlaff* WuB I F 5. Sicherungsübereignung 1.09; BGH WM 2008, 1442 mAnm *Riggert* NZI 2009, 137.

[26] Vgl. Schimansky/Bunte/Lwowski/*Ganter*, Bankrechts-HdB, § 96 Rn. 44–49.

[27] *Baur/Stürner*, SachenR, 18. Aufl. 2009, § 58 Rn. 19.

[28] OLG Oldenburg WM 1997, 1383; zum Ganzen Schimansky/Bunte/Lwowski/*Ganter*, Bankrechts-HdB, § 96 Rn. 44 ff.; vgl. auch Palandt/*Grüneberg* § 398 Rn. 14.

[29] BGHZ 130, 19, 24 ff. = NJW 1995, 2553, 2554 ff.; BGH NJW 1996, 249; BGHZ 126, 174, 176 ff. = NJW 1994, 2145, 2145 ff.; BGH NJW 1996, 1470, 1472 f.; BGHZ 142, 213 = NJW 1999, 3195; OLG Rostock, WM 1995, 1533, 1535 = OLG-NL 1995, 196.

[30] Vgl. hierzu ausführlich Staudinger/*Wiegand*, Neubearb. 2017, Anh. §§ 929 ff. Rn. 146 ff.

[31] Siehe schon RGZ 143, 48, 51; → MüKoInsO/*Ganter* Vor §§ 49 bis 52 Rn. 80 f.; MüKoBGB/*Armbrüster* § 138 Rn. 73.

[32] Staudinger/*Wiegand*, Neubearb. 2017, Anh. §§ 929 ff. Rn. 159–162; → MüKoInsO/*Ganter* Vor §§ 49 bis 52 Rn. 89; ausführlich zur Kredittäuschung MüKoBGB/*Förster* § 826 Rn. 132 ff. mwN.

der Gläubigerbenachteiligung – sowie der Übersicherung[33] relevant. Eine Übersicherung durch nachträgliches Anwachsen des Sicherheitenbestands führt allerdings nur zu einem schuldrechtlichen Freigabeanspruch,[34] sodass – vorbehaltlich besonderer Umstände – Nichtigkeit wegen Übersicherung vor allem bei **anfänglicher Übersicherung** in Betracht kommt.[35] Insoweit ist allerdings nach wie vor nicht ganz klar, wo die Rechtsprechung die Grenze zwischen zulässiger und sittenwidriger (übermäßiger) Übersicherung zieht und wie der Wert der Sicherheiten bei der Ermittlung der Übersicherung zu ermitteln ist.[36] Gewiss erscheint, dass eine sittenwidrige Übersicherung nicht schon dann vorliegt, wenn die vom Großen Senat des BGH gesetzten Grenzen bei einer nachträglichen Übersicherung überschritten werden.[37] Anbieten würde sich eine zulässige Übersicherung von bis zu 200% der gesicherten Forderung, wobei bei der Bewertung der Sicherheit vom realisierbaren Wert auszugehen ist.[38] Nach Auffassung des BGH[39] setzt eine Sittenwidrigkeit wegen anfänglicher Übersicherung zudem ein verwerfliches Verhalten des Sicherungsnehmers voraus.[40]

24 Da die §§ 134, 138 als – wenn auch rechtshindernde – Einwendung ausgestaltet sind, muss ein **Insolvenzverwalter** die Umstände, aus denen sich Gesetzes- oder Sittenwidrigkeit ergibt, **darlegen und ggf. beweisen.**

25 **2. Nämlichkeitsbeweis.** Besonderen Aufwand verursacht in der Praxis die Trennung des Sicherungsgutes eines Gläubigers von Gegenständen, die mit Absonderungsrechten anderer Gläubiger belastet oder absonderungsrechtsfrei sind. Diese Trennung zählt zu den Verwalteraufgaben. Die Pauschale für die Feststellungskosten soll den Aufwand, den der Verwalter dadurch hat, zumindest teilweise ausgleichen. Wenn es hier auch nicht um die rechtliche Wirksamkeit von Sicherungsverträgen geht (diese wird bei der Frage, welcher Gegenstand dem Sicherungsgläubiger gehört, als gegeben vorausgesetzt), sind damit erhebliche rechtliche Probleme verbunden. UU kommt der Insolvenzverwalter auch zu dem Ergebnis, dass der Sicherungsgläubiger den Nämlichkeitsnachweis nicht führen kann. In diesem Fall ist die Sicherung unwirksam.[41] Insbesondere die Sicherungsgläubiger – Warenlieferanten und Banken – haben vielfach Probleme nachzuweisen, welchem Sicherungsgläubiger welcher Gegenstand zusteht. Sie schließen zur Überwindung dieser Beweisfragen häufig **Poolverträge.**[42] Auch für den Verwalter sind damit die Abwicklung erschwerende Feststellungen verbunden. Die daraus resultierenden Kosten sind von der Pauschale für die Feststellung, die der Sicherungsgläubiger aus dem Sicherheitenerlös abzuführen hat, abgegolten. Auch wenn höhere Kosten entstehen, kann der Verwalter sie nicht vom Sicherungsgläubiger verlangen. Diese Kosten können nicht ohne Weiteres den Verwertungskosten zugeordnet werden, um so eine Erstattung über die Pauschale hinaus zu erreichen.[43]

26 **3. Kollision mehrerer Sicherungsrechte.** Eine – echte oder scheinbare – Kollision mehrerer Sicherungsrechte kann vorliegen, wenn mehrfache Übereignungen stattgefunden haben bzw. die sicherungsabgetretene Forderung mehreren Gläubigern abgetreten wurde.[44] Grundsätzlich gilt für **Mehrfachübereignungen** das Prioritätsprinzip, wonach der zeitlich erste Sicherungsnehmer bzw. Erwerber das Eigentum erworben hat.[45] Eine Durchbrechung dieses Prinzips ist aufgrund eines gutgläubigen lastenfreien Erwerbs der Sache nach Maßgabe der §§ 932 bis 934, 936 BGB möglich,[46] aber wegen des Übergabeerfordernisses des § 933 BGB praktisch selten. Für den Verwalter besteht bei einer Kollision von Rechten die Gefahr, dass er an den Falschen herausgibt bzw. zahlt. Um dies

[33] → MüKoInsO/*Ganter* Vor §§ 49 bis 52 Rn. 82 ff.; Schimansky/Bunte/Lwowski/*Ganter*, Bankrechts-HdB, § 90 Rn. 349 ff.

[34] Siehe nur BGHZ 137, 212, 219 = NJW 1998, 671, 673; *Wiegand/Brunner* NJW 1995, 2513, 2515 f.; *Dahl* NZI 2004, 615, 617.

[35] Vgl. BGH WM 1998, 856 f.; WM 2010, 834; WM 2011, 598; OLG Köln ZIP 2010, 1137.

[36] Zum Ganzen *Lwowski*, FS Schimansky 1999, S. 389 ff.; *Ganter* WM 2001, 2 ff.; *Tetzlaff* ZIP 2003, 1826 ff.; *Dahl* NZI 2004, 615, 617; Lwowski/Fischer/Gehrlein/*Brünink*, Das Recht der Kreditsicherung, 10. Aufl. 2018, § 3 Rn. 63 ff.

[37] *Nobbe*, FS Schimansky, 1999, S. 433 ff.

[38] OLG Düsseldorf WM 2007, 2009; *Lwowski*, FS Schimansky, 1999, S. 389, 392.

[39] BGH NJW 1998, 2047; NJW-RR 2010, 1529 Rn. 11 ff.; *Dahl* NZI 2004, 615, 617 f.

[40] AA *Tetzlaff* ZIP 2003, 1826.

[41] → Vor §§ 166–173 Rn. 86 ff.

[42] → Vor §§ 166–173 Rn. 86 ff.

[43] HKInsO/*Landfermann* § 171 Rn. 2; vgl. auch OLG Jena ZIP 2004, 2107 zu den Kosten der Ermittlung von als Sicherheit abgetretenen Lebensversicherungsverträgen.

[44] Vgl. hierzu Staudinger/*Wiegand*, Neubearb. 2017, Anh. §§ 929 ff. Rn. 267–284; *Hüttig*, Einheitliches Grundkollisionsrecht bei Realsicherheiten, 2016.

[45] Schimansky/Bunte/Lwowski/*Ganter*, Bankrechts-HdB, § 95 Rn. 155, 159; näher *Giesen* AcP 203 (2003), 210 ff.; monographisch *Hoffmann*, Prioritätsgrundsatz und Gläubigergleichbehandlung, 2016, S. 3, 10 ff.

[46] Staudinger/*Wiegand*, Neubearb. 2017, Anh. §§ 929 ff. Rn. 269.

zu vermeiden, muss er an der rechtlichen Klärung interessiert sein und notfalls mitwirken, schon um zu wissen, wem gegenüber er die sich aus den §§ 166 ff. ergebenden Verpflichtungen zu erfüllen hat. Bei Gefahr im Verzug und wenn das überwiegende Interesse der Masse es erfordert, wird er auch bei Ungewissheit über die Person des Sicherungsgläubigers die Sache verwerten dürfen. Den Erlös – nach Abzug der Kostenpauschalen und Entnahme der Umsatzsteuer, soweit sie angefallen und vereinnahmt worden ist – kann der Verwalter hinterlegen.

Auch im Falle einer Sicherungszession bestehen die genannten Gefahren einer Kollision mit Rechten Dritter. Zum einen kann das abgetretene Recht mit Rechten Dritter belastet,[47] zum anderen kann ein Recht **mehrfach abgetreten** worden sein.[48] Auch hier gilt im Grundsatz das **Prioritätsprinzip.**[49] Lediglich im Verhältnis zwischen **verlängertem Eigentumsvorbehalt** und **Globalzession** hat regelmäßig die Vorausabtretung an den Lieferanten den Vorrang.[50] Die Sicherungsverträge der Banken berücksichtigen dies mittels der **dinglichen Verzichtsklausel.**[51] Lieferanten und Kreditinstitute sollten – trotz der Interessengegensätze bei dem Zugriff auf die Forderungen aus der Weiterveräußerung – ihr Vorgehen gegenüber der Insolvenzmasse abstimmen. Anderenfalls besteht die Gefahr, dass sich der Insolvenzverwalter sowohl gegenüber den Geldkreditgebern als auch gegenüber den Warenkreditgebern auf den Standpunkt stellt, dass die Sicherungsgläubiger nichts aus der Masse erhalten. Diese Konstellation kann insbesondere dann auftreten, wenn aufgrund einer allgemeinen Abwehrklausel in den Einkaufsbedingungen des schuldnerischen Unternehmens unklar ist, ob die verlängerten Eigentumsvorbehalte zugunsten der Warenkreditgeber wirksam vereinbart worden sind. Möglicherweise verweigert dann der Insolvenzverwalter gegenüber dem Kreditinstitut mit der Globalzession die Auskehr mit Hinweis auf die dingliche Teilverzichtsklausel zugunsten der Lieferanten, während er gegenüber den Lieferanten ebenfalls eine Zahlung mit Hinweis auf die allgemeine Abwehrklausel in den AGB der Schuldnerin verweigert.[52] Soll von vornherein die zweite Sicherungszession erst dann eingreifen, wenn sich der Sicherungszweck der ersten Sicherungszession erledigt hat, oder wurde der Rückgewähranspruch abgetreten, steht eine Unwirksamkeit gem. § 91 InsO im Raum.[53] 27

IV. Höhe der Pauschale

1. Gesetzliche Regelung. Die Pauschale der Feststellungskosten, die nach § 171 Abs. 1 regelmäßig vom absonderungsberechtigten Gläubiger an die Masse abzuführen sind, beträgt gem. § 171 Abs. 1 Satz 2 4% bezogen auf den Verwertungserlös. Es handelt sich dabei um den **Bruttoerlös,** der auch die anfallende Umsatzsteuer umfasst.[54] Die Höhe der Pauschale orientiert sich an der bisher geübten Gerichtspraxis hinsichtlich der vom Konkursverwalter festgesetzten Zuschläge zu seiner Vergütung.[55] Während der Beratungen wurden ursprünglich 5% des Verwertungserlöses als angemessen zur Deckung der entstehenden Feststellungskosten angesehen,[56] die jedoch letztlich im Zuge der Streichung einer pauschalen Beteiligung an den allgemeinen Verfahrenskosten[57] auf 4% gekürzt wurden, um die Belastung des absonderungsberechtigten Gläubigers auf ein „erträgliches Maß" zu reduzieren.[58] 28

2. Mehraufwand. Ein bei der Feststellung des Gegenstandes in rechtlicher und tatsächlicher Hinsicht auftretender Mehraufwand führt nicht zu einer zusätzlichen Belastung des absonderungsberechtigten Gläubigers. Die Festlegung der Pauschale in § 171 lässt im Gegensatz zur Regelung der Verwertungskosten in § 171 Abs. 2 **keine Ausnahme** zu, derzufolge bei einer erheblichen Abweichung der tatsächlichen Kosten von der Pauschale auf die tatsächlichen Kosten abzustellen ist. Dabei kommt es nicht darauf an, in wessen Verantwortungsbereich die Ursache für den Mehraufwand 29

[47] Vgl. hierzu Schimansky/Bunte/Lwowski/*Ganter,* Bankrechts-HdB, § 96 Rn. 176.

[48] Vgl. hierzu Schimansky/Bunte/Lwowski/*Ganter,* Bankrechts-HdB, § 95 Rn. 177–192a.

[49] BGHZ 30, 149, 151 = NJW 1959, 1533; BGHZ 32, 361, 363 ff. = NJW 1960, 1716; BGHZ 104, 123, 126 = NJW 1988, 3203; BGHZ 104, 351, 353 NJW 1989, 458; BGH NJW 2005, 1192, 1193; zum Prioritätsprinzip in verschiedenen Konstellationen Schimansky/Bunte/Lwowski/*Ganter,* Bankrechts-HdB, § 96 Rn. 177–192.

[50] Siehe schon BGHZ 30, 149, 152 f. = WM 1959, 964, 965; vgl. zur Thematik *Baur/Stürner,* SachenR, 18. Aufl. 2009, § 59 Rn. 51; Schimansky/Bunte/Lwowski/*Ganter,* Bankrechts-HdB, § 96 Rn. 184 ff.; Lwowski/Fischer/Gehrlein/*Wittig,* Das Recht der Kreditsicherung, 10. Aufl. 2018, § 3 Rn. 85 f. mwN.

[51] Siehe zB BGH JZ 1999, 404; *Baur/Stürner,* SachenR, 18. Aufl. 2009, § 59 Rn. 52; Schimansky/Bunte/Lwowski/*Ganter,* Bankrechts-HdB, § 96 Rn. 186; *Schwarz/Joachim* ZInsO 2011, 1530.

[52] *Tetzlaff* ZInsO 2009, 1092.

[53] Vgl. BGH NZI 2012, 883 mAnm *Cranshaw* jurisPR-InsR 1172013 Anm. 1.

[54] → § 170 Rn. 47.

[55] Begr. zu § 196 RegE, BR-Drs. 1/92, S. 181 f.

[56] Begr. zu § 196 RegE, BR-Drs. 1/92, S. 181 f.

[57] → Rn. 2 f.

[58] Beschlußempfehlung des Rechtsausschusses zu § 196 RegE, BT-Drs. 12/7302, S. 177 f.

fällt.[59] Die Belastung der Insolvenzmasse mit etwaigem Mehraufwand bei der Feststellung folgt zwingend aus der gesetzlichen Regelung: § 171 ist eine Korrektur der Rechtslage unter Geltung der KO, nach der ausschließlich die Masse mit den Feststellungskosten betreffend die Sicherungsgegenstände belastet wurde. Diese zuvor bestehende Rechtslage soll indes nur insoweit verändert werden, wie die neue gesetzliche Regelung ausdrücklich reicht. Hätte der Gesetzgeber eine weitergehende Kostenbelastung des absonderungsberechtigten Gläubigers gewollt, so hätte er für die Überwälzung höherer Feststellungskosten auf die absonderungsberechtigten Gläubiger eine Regelung ähnlich wie in § 171 Abs. 2 Satz 2 hinsichtlich der Verwertungskosten treffen können. Indessen sah er sogar die ursprünglich diskutierte höhere Pauschale von 5% als zu hoch an.[60] Versuche, Feststellungskosten als Verwertungskosten einzuordnen, sollten von den Gerichten nicht akzeptiert werden. Insbesondere die Kosten für eine Beurteilung der Rechte Dritter an einem Gegenstand zählen nicht zu den Verwertungskosten, sondern sind Feststellungskosten.

30 Unberührt bleiben von den gesetzlichen Regelungen **abweichende vertragliche Vereinbarungen** zwischen dem Sicherungsgläubiger und dem Insolvenzverwalter. Solche Regelungen hinsichtlich der Höhe der Feststellungskosten können insbesondere im Rahmen einer Verwertungsvereinbarung getroffen werden.[61]

E. Kosten der Verwertung

I. Allgemeines

31 Die Kosten der Verwertung setzen sich aus den Kosten zusammen, die bei der **Vorbereitung und Durchführung der Verwertung** entstehen, und aus der bei der Verwertung anfallenden Umsatzsteuer, die aber gesondert geregelt ist.[62] Der Gesetzgeber hat sich – wie im Falle der Feststellungskosten – für eine Pauschalierung des vom absonderungsberechtigten Gläubiger an die Insolvenzmasse zu leistenden Kostenbeitrages entschieden, jedoch bei erheblicher Abweichung der tatsächlichen Kosten von der Pauschale iSd Kostenverursachungsprinzips eine Durchbrechung dieses Prinzips zugelassen. Die Pauschale beträgt 5% des Verwertungserlöses, womit wiederum der **Bruttoerlös** gemeint ist.[63]

32 Das Gesetz stellt also letztlich eine **Vermutung** auf, dass die **Pauschale** den **tatsächlich entstandenen Kosten entspricht.**[64] Ihre Widerlegung obliegt demjenigen, der von der Pauschale abweichen will: Der Insolvenzverwalter hat höher entstandene Kosten nachzuweisen, der Sicherungsgläubiger dagegen niedrigere Kosten.[65] Der Insolvenzverwalter hat insoweit Rechnung zu legen bzw. dem Sicherungsgläubiger die zum Nachweis erforderlichen Unterlagen vorzulegen. Er hat bei der Verwertung die günstigste zu wählen – auch unter Kostengesichtspunkten, allerdings unter Berücksichtigung der Erlöserwartung bei den verschiedenen Verwertungsarten.[66]

33 Der Insolvenzverwalter darf bei den Verwertungskosten **keine „Mischkalkulation"** vornehmen, dh er darf nicht einen Teil der Verwertungskosten konkret berechnen und für den anderen Teil die Pauschale von 5% ansetzen. Nach der Systematik des Gesetzes muss der Verwalter sich entscheiden, ob er die Pauschale geltend macht oder nach den tatsächlich entstandenen Kosten abrechnet.[67]

II. Abgrenzung der Verwertungskosten von anderen Aufwendungen

34 Die Verwertungskosten sind von folgenden anderen Kosten abzugrenzen:[68]
- allgemeine Kosten der Abwicklung des Insolvenzverfahrens (nicht erstattungsfähig),
- Feststellungskosten (nur Pauschale),
- Erhaltungskosten (nicht erstattungsfähig).

---

59 BGH NJW 2002, 3475, 3477; LG Erfurt BeckRS 2012, 11796; missverständlich BGH NZI 2012, 883 Rn. 19, wonach dem Verwalter die Feststellungskosten „im Regelfall" zustehen.

60 Beschlußempfehlung des Rechtsausschusses zu § 196 RegE, BT-Drs. 12/7302, S. 177 f.

61 Uhlenbruck/*Brinkmann* § 171 Rn. 6; *Mönning*, FS Uhlenbruck, 239, 250 f.

62 Vgl. Begr. zu § 196 RegE, BR-Drs. 1/92, S. 181 f.; zur Umsatzsteuer → Rn. 52 ff.

63 → § 170 Rn. 47.

64 Begr. zu § 196 RegE, BR-Drs. 1/92, S. 181, 182; vgl. auch AG Göttingen BeckRS 2013, 22459.

65 *Klasmeyer/Elsner/Ringstmeier*, Kölner Schrift zur InsO, 2. Aufl. 2000, S. 1083 ff. Rn. 46; Uhlenbruck/*Brinkmann* § 171 Rn. 13.

66 Nerlich/Römermann/*Becker* § 171 Rn. 15.

67 → § 170 Rn. 52.

68 Vgl. dazu auch *Ehlenz* ZInsO 2003, 165.

1. Allgemeine Kosten der Abwicklung des Insolvenzverfahrens. Die Abgrenzung, was zu den eigenständigen Aufgaben des Verwalters zählt und nicht zu den den Sicherungsgläubiger belastenden Kosten, kann schwierig sein. Wird beispielsweise keine Sanierung angestrebt, sondern soll liquidiert werden, und waren die Aktiva Gläubigern zur Sicherheit übertragen, betrifft die nahezu gesamte Tätigkeit des Verwalters die Verwertung. Dennoch können die Kosten der Abwicklung des Verfahrens in diesen Fällen nicht über die Erhöhung des Kostenbeitrags von 5% ohne jegliche Begrenzung auf die Sicherungsgläubiger abgewälzt werden. Dies widerspräche dem Ziel des Gesetzgebers, die Bewertung einer Sicherheit für den Insolvenzfall für den Sicherungsgläubiger kalkulierbar zu machen. Grundsätzlich geht der Gesetzgeber von 5% des Bruttoerlöses als Pauschale aus. Es ist daher nicht gerechtfertigt, die **Kosten für die Tätigkeit von Beschäftigten des Verwalters** (seines Büros) oder **des Schuldners** (dessen Betrieb und freien Mitarbeitern) den Sicherungsgläubigern generell aufzuerlegen. Entscheidend muss sein, welche (Verwalter-)Tätigkeit das Gesetz vom Verwalter und seinen Mitarbeitern erwartet, um das Insolvenzverfahren durchzuführen. Diese ureigentliche Aufgabe geht kostenmäßig zulasten der Masse – und bezogen auf das Personal des Verwalters – zulasten des Verwalters. Anders sind die Vergütungen für die Verwalter der Höhe nach nicht zu rechtfertigen. 35

Erst wenn eine **über das normale Maß einer Abwicklung hinausgehende Tätigkeit,** die eindeutig bereits Verwertungshandlung darstellt, anfällt und dem einzelnen Sicherungsgut zuzurechnen ist, können die in § 171 vorgegebenen Pauschalen überschritten werden. Verbrauch von **Büromaterial, Telefonkosten, Ausgaben für Reisen** (es sei denn, sie dienen nur der Verwertung eines bestimmten Sicherungsgutes), **Personalkosten** sind nicht ohne Weiteres den Verwertungskosten zuzuschlagen.[69] **Notarkosten,** die anlässlich der Durchführung von Verwertungsmaßnahmen anfallen (zB Asset Deal mit Veräußerung des sicherungsübereigneten Anlage- und Umlaufvermögens), können nicht generell dem Sicherungsgläubiger in Rechnung gestellt werden. Sicherungsübereignete bewegliche Gegenstände können auch ohne Notarvertrag übertragen werden, so dass es an einer sachlichen Rechtfertigung dafür fehlt, dass der Verwalter hier Verwertungskosten geltend macht, die über der Pauschale liegen. 36

2. Weitere Abgrenzungsfragen. Zu den Verwertungskosten gehören grundsätzlich die Kosten für **Abbau, Verpackung und Transport des Sicherungsguts** zum Ort der Verwertung. Allerdings kommt es bei freihändiger Veräußerung darauf an, wer nach dem Vertrag diese Kosten zu tragen hatte; waren diese vom Erwerber zu tragen, können sie auch nicht vom auszukehrenden Erlös abgezogen werden.[70] 37

Unter § 171 Abs. 2 fallen auch die Kosten für die **Einschaltung eines Verwerters.**[71] Entnimmt der **Auktionator** vor Auskehrung des Verwertungserlöses an die Insolvenzmasse, die ihn beauftragt hat, Teile des Erlöses für seine Dienste, so handelt es sich hierbei um Verwertungskosten iSd § 171 Abs. 2. 38

Zu den Verwertungskosten zählen **nicht** die Kosten für die **Identifikation des Sicherungsguts.** Schaltet also der (vorläufige) Insolvenzverwalter ein spezialisiertes Unternehmen ein, das zunächst alle Gegenstände des Anlage- und Umlaufvermögens aufnimmt und dabei auch die Standorte der jeweiligen Gegenstände und deren Belastung mit Sicherungsrechten ermittelt, so handelt es sich dabei um Aufwendungen, die den Feststellungskosten zuzurechnen sind. Das spezialisierte Unternehmen wird regelmäßig auch eine Bewertung der Gegenstände des Anlage- und Umlaufvermögens vornehmen. Die Ermittlung des Liquidationswertes und des Fortführungswertes von Gegenständen der Insolvenzmasse ist allerdings nicht nur für die Vorbereitung der Verwertung von einzelnen Gegenständen der Insolvenzmasse, die mit Sicherungsrechten belastet sind, notwendig. Man wird daher nicht annehmen können, dass der Insolvenzverwalter Teile der Kosten, die ihm das Unternehmen für die Aufnahme des Anlage- und Umlaufvermögens in Rechnung gestellt hat, auf den absonderungsberechtigten Gläubiger überwälzen kann. 39

Schaltet der Insolvenzverwalter hingegen einen **Gutachter** ein, der für die Vorbereitung der Verwertung einzelne Gegenstände bewertet und nur für diese Tätigkeit Kosten in Rechnung stellt, so sind diese Kosten als Verwertungskosten zu klassifizieren. 40

Nicht zu den Verwertungskosten zählen die Kosten für **Reparatur, Sicherung und Lagerung.** Hierbei handelt es sich um **nicht erstattungsfähige Erhaltungsaufwendungen.** 41

Die Kosten für **Abrechnung und Auszahlung der Verwertungserlöse** können zu den Verwertungskosten gehören. Veräußert der Insolvenzverwalter im Rahmen eines Asset Deals sämtliches Anlage- und Umlaufvermögen des schuldnerischen Unternehmens und ist dieses mit Sicherungs- 42

---

69 So aber großzügig Nerlich/Römermann/*Becker* § 171 Rn. 16.

70 *Smid* jurisPR-InsR 4/2014 Anm. 4.

71 → § 170 Rn. 50.

rechten zugunsten einer Vielzahl verschiedener Sicherungsgläubiger belastet, so kann der Insolvenzverwalter den einzelnen Sicherungsgläubigern keine größeren Aufwendungen dafür in Rechnung stellen, dass er eine Aufteilung des Verwertungserlöses unter den verschiedenen Sicherungsgläubigern vornimmt.

43 Kosten für **Auseinandersetzungen der Insolvenzmasse** mit absonderungsberechtigten Gläubigern können nicht als Verwertungskosten iSv § 171 Abs. 2 klassifiziert werden. Führt der Insolvenzverwalter Rechtsstreitigkeiten mit dem absonderungsberechtigten Gläubiger A wegen des Sicherungsgutes X, an dem Rechte von A und B bestehen könnten, so kann der Verwalter dem Gläubiger B nicht irgendwelche Kosten im Zusammenhang mit dem Rechtsstreit als Verwertungskosten in Rechnung stellen. Gleiches gilt für Kosten, die der Insolvenzverwalter für rechtliche Auseinandersetzungen mit dem absonderungsberechtigten Gläubiger aufgewendet hat. Entweder hat hier die Insolvenzmasse obsiegt oder der Gläubiger. Im ersten Fall kann der Verwalter einen prozessualen Kostenerstattungsanspruch außerhalb des § 171 Abs. 2 geltend machen. Im letzteren Fall muss der Gläubiger diese Kosten auch nicht über den Umweg des § 171 Abs. 2 tragen. Auch Kosten, die durch einen Streit über die Höhe der Kostenansätze des § 171 entstehen, sind keine Verwertungskosten.[72]

44 Die Aufwendungen müssen für die Durchführung der Verwertung erforderlich sein und nicht nur bei Gelegenheit der Durchführung der Verwertung entstehen. So sind zB die Kosten für **Räumung eines Warenlagers von Ladenhütern** und unverwertbaren Gegenständen keine Verwertungskosten.[73]

45 Zieht der Insolvenzverwalter sicherungshalber abgetretene Forderungen ein und erheben Drittschuldner Einwendungen gegen die Forderungen, so stellen die Aufwendungen für die **gerichtliche Durchsetzung der Forderungen** Verwertungskosten dar. Häufig kann hier im Nachhinein zwischen dem Insolvenzverwalter und dem Sicherungsgläubiger Streit über die Notwendigkeit der getätigten Aufwendungen entstehen. Besonders relevant wird dies, wenn die vom Insolvenzverwalter initiierten Prozesse zur Beitreibung der Forderungen erfolglos geblieben sind, sei es bei Gericht oder bei der Vollstreckung von obsiegenden Urteilen. Hier empfiehlt es sich, dass die Beteiligten schon im Vorfeld eine Verständigung über die aufzuwendenden Kosten herbeiführen. Scheitert eine Vereinbarung und sieht der Insolvenzverwalter Haftungsrisiken, so kann er die zedierten Forderungen nach § 170 Abs. 2 dem Sicherungsgläubiger zur Verwertung überlassen.

III. Ersatz der tatsächlich entstandenen Kosten

46 Mit der **Ausnahmeregelung** des § 171 Abs. 2 Satz 2 trägt der Gesetzgeber der Tatsache Rechnung, dass die Verwertungskosten im Einzelfall erheblich höher, aber auch niedriger ausfallen können als die Pauschale. Eine Anwendung der Pauschale wäre in diesen Fällen unbillig und würde dem Normzweck der §§ 170, 171 zuwiderlaufen, da entweder der absonderungsberechtigte Gläubiger oder die Insolvenzmasse unverhältnismäßig hoch belastet würde.

47 **1. Erheblich niedrigere Kosten als die Pauschale.** Liegen die tatsächlich entstandenen Verwertungskosten unter der Pauschale, so wird der absonderungsberechtigte Gläubiger durch die Pauschale in einer Höhe belastet, welche die tatsächlich entstandenen Verwertungskosten übersteigt. Er gleicht dann nicht nur die zulasten der Insolvenzmasse entstandenen Kosten aus, sondern vermehrt die Insolvenzmasse durch seinen Kostenbeitrag. Zur Vermeidung zeitraubender und kostenintensiver Rechtsstreitigkeiten um geringfügige Beträge hat der Gesetzgeber das Erfordernis einer **erheblichen Abweichung** eingeführt, die grundsätzlich vom absonderungsberechtigten Gläubiger nachzuweisen ist.[74] Eine nur geringfügige Abweichung der Höhe der tatsächlich angefallenen Kosten von den gesetzlichen Kostenpauschalen reicht nicht aus, um die tatsächlich entstandenen Kosten abzurechnen.[75] Eine Erheblichkeit der Abweichung nach unten – die nicht gesetzlich definiert ist – liegt nach der Gesetzesbegründung jedenfalls vor, wenn die **Kosten die Hälfte des Pauschalsatzes** betragen.[76] Diese Angabe stellt jedoch nur einen Anhaltspunkt für die Beurteilung der Abweichung dar und schließt nicht aus, dass auch geringere Abweichungen als erheblich anzusehen sind. Richtig erscheint es, die Frage der Erheblichkeit nicht schematisch nach Prozentsätzen zu entscheiden. Vielmehr ist bei **Gegenständen mit einem hohen Wert** auch bereits bei **Abweichungen von ca. 10%** davon auszugehen, dass erhebliche Abweichungen iSv § 171 Abs. 2 Satz 1 vorliegen.[77]

---

72 OLG Jena ZIP 2004, 2107; LG Flensburg NZI 2006, 709; AG Leipzig BeckRS 2014, 7812; HKInsO/*Landfermann* § 171 Rn. 4; K. Schmidt/*Sinz* § 171 Rn. 15; aA Nerlich/Römermann/*Becker* § 171 Rn. 23.

73 AG Duisburg ZInsO 2003, 190; HambKommInsO/*Scholz* § 171 Rn. 7.

74 Begr. zu § 196 RegE, BR-Drs. 1/92, S. 181 f.; zur Beweislast sogleich → Rn. 49.

75 *Grub* DZWIR 2000, 133, 136; Uhlenbruck/*Brinkmann* § 171 Rn. 11 f.

76 Begr. zu § 196 RegE, BR-Drs. 1/92, S. 181 f.; so auch AG Göttingen BeckRS 2013, 22459.

77 *Mönning*, FS Uhlenbruck, 2000, S. 239, 252; Uhlenbruck/*Brinkmann* § 171 Rn. 12 mwN.

Erheblich niedrigere Verwertungskosten liegen regelmäßig vor, wenn der Verwalter nur ein Schreiben verfassen muss, um einen Geldbetrag einzuziehen; hier erscheint eine Veranschlagung mit dem Pauschbetrag von 20,- EUR angemessen.[78]

2. Erheblich höhere Kosten als die Pauschale. Bei Kosten, die über dem Pauschalsatz liegen, wird die Insolvenzmasse übermäßig belastet. Auch hier ist eine konkrete Berechnung nur bei einer **erheblichen Abweichung** möglich, die nicht schematisch nach Prozentsätzen bestimmt werden kann. Der Insolvenzverwalter sollte auf die tatsächlich bei der Verwertung anfallenden Kosten gem. § 168 Abs. 1 Satz 1 hinweisen. Übt der Absonderungsberechtigte sein Eintrittsrecht nicht aus und erhebt keine Einwände gegen die Höhe der Verwertungskosten unter Nennung von Verwertungsmöglichkeiten mit geringeren Verwertungskosten, so spricht vieles dafür, dass er mit der Aufwendung von höheren Verwertungskosten, als gesetzlich in § 171 Abs. 2 Satz 1 vorgesehen sind, einverstanden ist.[79] 48

3. Beweislastregeln. Die erhebliche Abweichung der tatsächlich angefallenen Verwertungskosten vom Pauschalbetrag des § 171 Abs. 2 Satz 1 muss derjenige beweisen, der die **Vorteile der Abrechnung** der tatsächlichen Kosten für sich in Anspruch nehmen will.[80] Dabei finden auch die Grundsätze über die sekundäre Beweislast Anwendung; allerdings müssen für eine erhebliche Abweichung von der Pauschale konkrete Anhaltspunkte vorgebracht werden.[81] Liegen die tatsächlichen Kosten der Verwertung unstreitig erheblich unter der 5%igen Verwertungspauschale, trägt der Insolvenzverwalter die Darlegungs- und Beweislast für die tatsächliche Höhe der Verwertungskosten.[82] Fehlt ein entsprechender Vortrag, kann das Gericht nach § 287 ZPO schätzen.[83] 49

4. Einzelfälle. Insbesondere bei der **Verwertung von Lebensversicherungen** liegen die tatsächlichen Verwertungskosten regelmäßig unterhalb der Pauschale des § 171 Abs. 2 Satz 1.[84] Auch die bloße **Einziehung von Guthaben** bei Kreditinstituten verursacht Kosten unterhalb der Pauschale.[85] 50

F. Erhaltungskosten

Wie bereits bei → § 170 Rn. 55 f. dargestellt, kann der Insolvenzverwalter nach den §§ 170, 171 **keine Erstattung** der Erhaltungskosten des Sicherungsguts verlangen. Grundsätzlich sind diese Aufwendungen von der Insolvenzmasse zu tragen. 51

G. Umsatzsteuer

I. Grundsätze

Die Umsatzsteuer ist als Teil der Verwertungskosten vom Erlös abzuziehen, § 171 Abs. 2 Satz 3. Voraussetzung ist, dass die Masse tatsächlich mit Umsatzsteuer belastet wird.[86] Durch diese Regelung wird – teilweise – sichergestellt, dass **nicht** mehr die **Insolvenzmasse** mit der Umsatzsteuer aus der Verwertung von Sicherungsgut **belastet** wird.[87] Die Regelung ist insofern unvollständig, als sie 52

[78] LG Wiesbaden, Urt. v. 28.1.2015, juris-Rn. 22; siehe auch AG Leipzig BeckRS 2014, 7812: 89,25 EUR; AG Wiesbaden BeckRS 2014, 7814: 100,- EUR; vgl. auch OLG Oldenburg BeckRS 2012, 05880 m. zutr. Kritik von *Cranshaw* jurisPR-InsR 8/2012 Anm. 3 sub C.III.: tatsächliche Kosten von 4,80 EUR für den Forderungseinzug.

[79] HambKommInsO/*Scholz* § 171 Rn. 7.

[80] *Mönning*, FS Uhlenbruck, 2000, S. 239, 252; Rattunde/Smid/Zeuner/*Smid* § 171 Rn. 16; Uhlenbruck/*Brinkmann* § 171 Rn. 13.

[81] OLG Düsseldorf BeckRS 2017, 134809 Rn. 58.

[82] LG Regensburg ZInsO 2004, 1321; OLG Nürnberg ZInsO 2005, 380; AG Leipzig BeckRS 2014, 7812; AG Wiesbaden BeckRS 2014, 7814; LG Wiesbaden, Urt. v. 28.1.2015, juris-Rn. 22; HambKommInsO/*Scholz* § 171 Rn. 7.

[83] LG Meiningen DZWIR 2004, 127; AG Leipzig BeckRS 2014, 7812; AG Wiesbaden BeckRS 2014, 7814; LG Wiesbaden, Urt. v. 28.1.2015, juris-Rn. 22; HKInsO/*Landfermann* § 171 Rn. 8; Uhlenbruck/*Brinkmann* § 171 Rn. 13; *Laumen/Vallender* NZI 2016, 609, 618; aA Jaeger/*Eckardt* § 171 Rn. 40.

[84] OLG Jena ZInsO 2004, 509; AG Mainz ZInsO 2004, 1376; AG Göttingen BeckRS 2013, 22459; *Stegmann* VersR 2000, 1467, 1470; vgl. dazu auch *Janca* ZInsO 2003, 449, 450.

[85] LG Wiesbaden, Urt. v. 28.1.2015, juris-Rn. 22.

[86] HambKommInsO/*Scholz* § 171 Rn. 8; HKInsO/*Landfermann* § 171 Rn. 13.

[87] OLG Düsseldorf BeckRS 2016, 129234 Rn. 23; → § 170 Rn. 8.

bestimmte Verwertungsmaßnahmen nicht erfasst, in denen das Verwertungsrecht für das Sicherungsgut nicht beim Insolvenzverwalter liegt, sondern der Sicherungsgläubiger selbst verwertet. In diesem Fall ist § 171 Abs. 2 Satz 3 analog anzuwenden.[88]

53 Umsatzsteuerrechtlich ist zu **unterscheiden** zwischen der Umsatzsteuer, die die **Verwertung** auslöst, und der Umsatzsteuer, die der absonderungsberechtigte Gläubiger aufgrund der **nachträglichen Vereinnahmung** – meist nur eines Teils – der gesicherten Forderung infolge der Erlösauskehr schuldet (vgl. § 17 Abs. 2 Nr. 1 Satz 2 UStG), wenn er zuvor korrekterweise die Umsatzsteuer wegen Uneinbringlichkeit berichtigt hatte (§ 17 Abs. 2 Nr. 1 Satz 1 UStG). Hier stehen unterschiedliche Umsätze in Rede: zum einen die Verwertung des Sicherungsguts, die zu einer Umsatzsteuerpflicht der Masse führen kann, zum anderen der Umsatz aus dem Geschäft, das besichert wurde und für das in aller Regel der absonderungsberechtigte Gläubiger Umsatzsteuer schuldet.[89] Der absonderungsberechtigte Gläubiger kann daneben noch auf andere Weise mit der Umsatzsteuerbelastung konfrontiert werden: Für nicht entrichtete Umsatzsteuer aus abgetretenen, verpfändeten und gepfändeten Forderungen kann der absonderungsberechtigte Gläubiger aus **§ 13c UStG** haften.[90]

II. Umsatzsteuerpflicht der Masse

54 Die Verwertung massezugehöriger Gegenstände stellt – auch im Falle des Selbsteintritts (§ 168 Abs. 3 Satz 1)[91] – eine **Lieferung gegen Entgelt** dar und unterfällt daher der Umsatzsteuerpflicht (§ 3 UStG); lediglich die **bloße Einziehung von Forderungen** stellt keinen steuerbaren Umsatz dar.[92] Wie die Umsatzsteuer zu bestimmen ist, hängt davon ab, wer wann die Verwertung in welcher Rolle vornimmt.

55 Bei der **Verwertung durch den Insolvenzverwalter** erbringt die Insolvenzmasse eine Lieferung an den Erwerber. Daher wird die Insolvenzmasse mit der im Brutto-Veräußerungserlös enthaltenen Umsatzsteuerschuld als Masseverbindlichkeit belastet (§ 55 Abs. 1 Nr. 1). Bei der Auskehrung des Erlöses an den Sicherungsgläubiger kürzt der Verwalter den ausgekehrten Erlös um die Umsatzsteuer (§ 171 Abs. 2 Satz 3). Zudem kürzt er ihn um die Kosten der Feststellung und der Verwertung. Aus Sicht der Finanzverwaltung, die sich fälschlicherweise auf das Urteil des BFH vom 28.7.2011[93] stützt,[94] liegen noch zwei weitere Lieferungen, insgesamt also ein **Dreifachumsatz,** vor:[95] Der Insolvenzverwalter erbringe den in der Lieferung an den Erwerber liegenden Umsatz wie ein Kommissionär für Rechnung des absonderungsberechtigten Gläubigers. Damit greife § 3 Abs. 3 UStG, sodass der Lieferung an den Erwerber eine Lieferung des Gläubigers an die Masse vorgeschaltet sei. Diese wiederum setze voraus, dass die Masse zuvor an den Gläubiger geliefert habe. Per Saldo ergibt sich in den Augen der Finanzverwaltung aus diesen beiden weiteren Lieferungen, bei denen Entgelt jeweils der Betrag der Schuldbefreiung – also der Verwertungserlös abzüglich Kostenbeiträge und Umsatzsteuer – sei, keine wirtschaftliche Belastung, da jeweils der Umsatzsteuer ein abzugsfähiger Vorsteuerabzugsbetrag gleicher Höhe gegenüberstehe. Dass der Masse aber keine Nachteile entstehen, ist keineswegs sicher; von Liquiditätsfragen und dem Aufwand abgesehen, setzt dies voraus, dass der absonderungsberechtigte Gläubiger Unternehmer ist. Ist dies nicht der Fall und behält der Insolvenzverwalter daher zusätzlich die Umsatzsteuer aus der fiktiven ersten Lieferung an den Gläubiger ein, so reduziert sich dessen Sicherheit weiter.[96] Finanzverwaltung oder Gesetzgeber sollten sich dieser Probleme annehmen; die Rückkehr zum Einfachumsatz erscheint vorzugswürdig.[97]

56 Im Fall der **Verwertung durch den absonderungsberechtigten Gläubiger nach § 170 Abs. 2** liegt bereits in der Übergabe des beweglichen Gegenstandes an den absonderungsberechtigten Gläubiger ein steuerbarer Vorgang. Damit findet im Fall der Verwertung ein **Doppelumsatz** zwischen Insolvenzmasse und absonderungsberechtigtem Gläubiger und zwischen absonderungsberechtigtem Gläubiger und Erwerber statt.[98] Auch in diesem Fall wird die Insolvenzmasse mit Umsatz-

[88] → § 170 Rn. 25.
[89] BFH MwStR 2014, 214 Rn. 14 ff. m. zust. Anm. *Hummel.*
[90] → § 166 Rn. 85 ff.
[91] *Maus* ZIP 2000, 339, 341; Andres/Leithaus/*Leithaus* § 171 Rn. 19; Uhlenbruck/*Sinz* § 171 Rn. 33.
[92] AG Wiesbaden BeckRS 2014, 7814; Andres/Leithaus/*Leithaus* § 171 Rn. 20.
[93] BFHE 235, 22 = DStR 2011, 1853.
[94] *Reichle* NZI 2016, 473, 474; *de Weerth* NZI 2014, 597, 599.
[95] BMF, Schreiben v. 30.4.2014, BStBl I 2014, 816, sub II.2.
[96] *Reichle* NZI 2016, 473, 475 f.
[97] So auch unter Verweis auf die Rechtsprechung des EuGH *de Weerth* NZI 2014, 597, 600; *de Weerth* NZI 2015, 884, 817.
[98] BMF, Schreiben v. 30.4.2014, BStBl I 2014, 816, sub II.1; BFH NZI 2010, 451, 452.

steuer belastet, die vom absonderungsberechtigten Gläubiger zu erstatten ist, vgl. §§ 170 Abs. 2, 171 Abs. 2 Satz 3. Das Entgelt für die Lieferung der Masse an den Gläubiger entspricht dann dem Betrag der Schuldbefreiung, wobei der Beitrag für die Kosten der Feststellung (Kosten der Verwertung entstehen der Masse nicht) nicht zum Entgelt gehört.[99] Dasselbe gilt, wenn zwar der **Verwalter** verwertet, er diese Verwertung aber **im Namen des absonderungsberechtigten Gläubigers** vornimmt.[100]

Verwertet der absonderungsberechtigte Gläubiger nach § 173, so führt die Verwertung ebenfalls zu einem **Doppelumsatz.** Im Fall der Verwertung erteilt der Absonderungsberechtigte der Insolvenzmasse eine Gutschrift über den Bruttobetrag und behält den vollen Erlös. Die Umsatzsteuer ist auch hier Masseverbindlichkeit.[101] 57

Im **Insolvenzeröffnungsverfahren** kann Umsatzsteuer als Masseverbindlichkeit nur dann begründet werden, wenn das Absonderungsgut durch einen starken vorläufigen Verwalter verwertet wird.[102] 58

Verwertet der Sicherungsnehmer außerhalb des Insolvenzverfahrens das Sicherungsgut, trifft ihn die Steuerabführungspflicht nach § 13b Abs. 2 Nr. 2, Abs. 5 UStG. Eine Verwertung löst auch hier den Doppelumsatz und damit die Lieferung von Sicherungsgeber an Sicherungsnehmer aus. In diesem Fall schuldet der Absonderungsberechtigte die Umsatzsteuer.[103] 59

Gibt der Insolvenzverwalter Sicherungsgut im Rahmen einer **echten Freigabe** aus der Insolvenzmasse frei, so bleibt nach Auffassung des BFH die Insolvenzmasse auch in diesem Fall mit der Umsatzsteuer belastet.[104] Der BFH unterscheidet zwar zwischen echter und unechter Freigabe und geht – richtig – davon aus, dass bei einer echten Freigabe die Insolvenzmasse nicht mit der Umsatzsteuer belastet werden kann. Allerdings klassifiziert der BFH praktisch jede Freigabe als unechte Freigabe, auch dann, wenn das Sicherungsgut endgültig und ohne Gegenleistung aus der Insolvenzmasse entlassen wurde.[105] Der BFH begründet seine Ansicht damit, dass die Masse von Insolvenzforderungen des Absonderungsberechtigten befreit werde, wenn das Sicherungsgut freigegeben werde und der absonderungsberechtigte Gläubiger es nachfolgend verwerte.[106] Nach richtiger Ansicht ist die Masse bei einer (echten) Freigabe des Sicherungsguts hingegen nicht zur Zahlung der Umsatzsteuer verpflichtet.[107] 60

Zur Umsatzsteuerbelastung bei der Verwertung von Grundstückszubehör vgl. → § 165 Rn. 281 ff. 61

§ 172 Sonstige Verwendung beweglicher Sachen

(1) [1]Der Insolvenzverwalter darf eine bewegliche Sache, zu deren Verwertung er berechtigt ist, für die Insolvenzmasse benutzen, wenn er den dadurch entstehenden Wertverlust von der Eröffnung des Insolvenzverfahrens an durch laufende Zahlungen an den Gläubiger ausgleicht. [2]Die Verpflichtung zu Ausgleichszahlungen besteht nur, soweit der durch die Nutzung entstehende Wertverlust die Sicherung des absonderungsberechtigten Gläubigers beeinträchtigt.

(2) [1]Der Verwalter darf eine solche Sache verbinden, vermischen und verarbeiten, soweit dadurch die Sicherung des absonderungsberechtigten Gläubigers nicht beeinträchtigt wird. [2]Setzt sich das Recht des Gläubigers an einer anderen Sache fort, so hat der Gläubiger die neue Sicherheit insoweit freizugeben, als sie den Wert der bisherigen Sicherheit übersteigt.

Schrifttum: Siehe bei Vor §§ 166–173

[99] Vgl. BFHE 235, 22 = DStR 2011, 1853 Rn. 28; anders wohl AG Wuppertal BeckRS 2015, 7071: Verkehrswert des Sicherungsguts.
[100] Hierzu explizit BFHE 235, 22 = DStR 2011, 1853 Rn. 28.
[101] Uhlenbruck/*Sinz* § 171 Rn. 28 f.
[102] *Maus* ZIP 2000, 339. Ausführlich dazu Lwowski/Fischer/Gehrlein/*de Weerth*, Das Recht der Kreditsicherung, 10. Aufl. 2018, § 19 Rn. 14 ff.
[103] BFH NZI 2010, 451, 452; *de Weerth* ZInsO 2004, 190; *de Weerth* NZI 2014, 597, 598; *de Weerth* NZI 2015, 884, 886; aA *Ries* ZInsO 2003, 599.
[104] BFHE 196, 341 = ZInsO 2002, 222.
[105] Vgl. *Lwowski/Tetzlaff* WuB VI B. § 126 KO 1.02.
[106] BFHE 196, 341 = ZInsO 2002, 222.
[107] *Lwowski/Tetzlaff* WuB VI B. § 126 KO 1.02; Uhlenbruck/*Sinz* § 171 Rn. 23.

Übersicht

A. Normzweck

1 Bei beweglichen Sachen, die sicherungsübereignet sind, geht nach § 166 Abs. 1 das Verwertungsrecht auf den Insolvenzverwalter über. Mit dieser Regelung korrespondiert § 172, der dem Verwalter ausdrücklich ein Nutzungsrecht an der mit Absonderungsrechten belasteten beweglichen Sache einräumt. § 172 kann **nicht im Voraus abbedungen** werden.[1] Mit der Norm des § 172, die keinen Vorgänger im früheren Recht hat, wurde durch den Gesetzgeber im Bereich der mit Absonderungsrechten belasteten beweglichen Sachen ein Hauptziel der Reform des Insolvenzrechts umgesetzt, nämlich das Ziel, die Erhaltung des Unternehmens im Insolvenzverfahren zu ermögli-

[1] Begr. zu § 197 RegE, BR-Drs. 1/92, S. 182; wenig glücklich ist die Aussage, es handle sich um zwingendes Recht (→ 3. Aufl. 2013 § 172 Rn. 1), da abweichende Verwertungsvereinbarungen zwischen Gläubiger und Insolvenzverwalter möglich sind.

chen.[2] Zu diesem Zweck wird der Insolvenzverwalter berechtigt, unter Verwendung (auch) der mit Absonderungsrechten belasteten Sachen das von der Insolvenz betroffene Unternehmen fortzuführen. Die Befugnis des Insolvenzverwalters erstreckt sich dabei gem. § 172 Abs. 2 auch auf Verbindung, Vermischung und Verarbeitung, allerdings nur, soweit dadurch die Sicherung des absonderungsberechtigten Gläubigers nicht beeinträchtigt ist. Dabei geht es nicht um die (verzögerte) Verwertung des Gegenstandes (diese wird in § 169 geregelt), sondern um die Nutzung (Verwendung).

Als **Ausgleich** für den nutzungsbedingten **Wertverlust** der Sache muss der Insolvenzverwalter 2 dem absonderungsberechtigten Gläubiger einen Ausgleich leisten (§ 172 Abs. 1 Satz 1), dies aber nur, wenn dieser Wertverlust die Sicherung des Gläubigers beeinträchtigt (§ 172 Abs. 1 Satz 2). Eine Beeinträchtigung liegt insbesondere dann nicht vor, wenn der Wert der Sicherheit trotz Nutzung in voller Höhe erhalten bleibt, etwa weil bezogen auf die gesicherte Forderung eine Übersicherung vorlag. Der absonderungsberechtigte Gläubiger wird damit gerade im Hinblick auf sein Absonderungsrecht geschützt. Demgegenüber sind ihm grundsätzlich **nicht** die **Nutzungen** aus der zur Sicherheit übereigneten Sache zugewiesen.[3] Ist also dem Sicherungsnehmer eine Bowlingbahn zur Sicherheit übereignet, so kann der Sicherungseigentümer nicht statt einer Verwertung der Sache die Zahlung von gezogenen Mietzinsen beanspruchen.[4] Nutzt ein Dritter (unberechtigt) den Sicherungsgegenstand, so kann der Sicherungseigentümer, der nach der Sicherungsabrede mit dem Sicherungsgeber kein Nutzungsrecht an dem Sicherungsgegenstand hat, keine Nutzungsentschädigung von dem Dritten beanspruchen.[5]

Der Ausgleich für einen Wertverlust kann in der Praxis nur schwer bestimmt werden. Der 3 Wertausgleich bietet daher ein erhebliches Potential für Streitigkeiten zwischen dem Insolvenzverwalter und dem absonderungsberechtigten Gläubiger. Besonders praxisrelevant kann § 172 bei längeren **Betriebsfortführungen** werden, wenn das sicherungsübereignete Anlagevermögen infolge der Betriebsfortführung verschlissen ist und/oder im Rahmen eines Asset Deals der Unternehmenserwerber nur einen geringen Kaufpreis für die Maschinen zahlen will. Hier wird dann im Nachhinein zwischen Insolvenzverwalter und Sicherungseigentümer Streit darüber aufkommen, in welcher Höhe ein Wertverlust bei den Maschinen eingetreten ist. Uneinigkeit kann auch darüber entstehen, ob die going-concern-Werte für die Maschinen, die regelmäßig durch den im Lager des Insolvenzverwalters stehenden Verwerter/Sachverständigen zum Zeitpunkt der Insolvenzeinleitung ermittelt werden, als Ausgangspunkt für die Berechnung des Anspruches aus § 172 dienen können. Um diesen Streitigkeiten vorzubeugen, werden in der Praxis häufig Regelungen in **Verwertungsvereinbarungen** getroffen. § 172, der in der Praxis nur schwer handhabbar ist, unterstützt dabei die Position der absonderungsberechtigten Gläubiger, die von dem Insolvenzverwalter einen Wertausgleich für eine länger andauernde Benutzung von Sicherungsgegenständen verlangen. Eine Vereinbarung, die sich an der Höhe von **Mietzahlungen** für gleichartige Sachen orientiert (allerdings ohne Gewinnanteile für den Vermieter), bietet sich an, wird sich aber – mangels Kenntnis der Intensität der Nutzung der Sache und dem daraus folgenden Wertverlust – nicht immer realisieren lassen.

B. Entstehungsgeschichte

I. Frühere Regelung in der KO

§ 172 hat **keine Vorgängerregelung** in der KO und in der GesO. Er ist Ausdruck der mit 4 der Insolvenzrechtsreform bezweckten Schaffung von Möglichkeiten zur Unternehmenserhaltung in der Insolvenz, während das Konkursverfahren nach der KO primär nur auf die Verwertung und Abwicklung der Masse abzielte.[6] Der Konkursverwalter war befugt, Sicherungsgut bis zur Herausgabe zu nutzen, soweit es sich in seinem Besitz bzw. im Besitz des Gemeinschuldners befand.[7] Er war grundsätzlich aber nicht verpflichtet, dem Sicherungsnehmer die durch die Nutzung des Sicherungsgutes gezogenen Vorteile herauszugeben.[8] Etwas anderes galt nur, falls eine entsprechende Vereinbarung in der Sicherungsabrede zwischen dem Sicherungsgeber und dem Sicherungsnehmer

[2] Vgl. hierzu die ursprünglich für Immobiliarsicherheiten vorgesehene Parallelnorm des § 188 Abs. 2 RegE.
[3] *Gomille* WM 2010, 1207.
[4] *Gomille* WM 2010, 1207.
[5] BGH NJW 2007, 216; *v. Olshausen* ZIP 2007, 1145.
[6] Vgl. § 127 KO.
[7] *Kuhn/Uhlenbruck*, KO, 11. Aufl. 1994, § 127 Rn. 16c; *Henckel*, Aktuelle Probleme der Warenlieferanten beim Kundenkonkurs, 2. Aufl 1984, S. 35; *Serick*, Eigentumsvorbehalt und Sicherungsübertragung, Bd. V, 1982, § 62 II 2b (S. 336).
[8] BGH ZIP 1980, 40 = KTS 1980, 136; OLG Karlsruhe KTS 1962, 116, 118; *Lwowski* ZIP 1980, 953, 957.

getroffen wurde.[9] Die in der Praxis verwendeten Sicherungsverträge sahen eine solche Nutzungsentschädigung nicht vor. Allerdings konnten die Sicherungsgläubiger die Nutzung untersagen und Herausgabe des Sicherungsgutes verlangen. Dies war häufig der Anlass für einen Konkursverwalter, eine Vereinbarung über die Nutzung und eine Entschädigung oder **„Leihgebühr"** zu treffen. Aus der Pflicht des Konkursverwalters, die Interessen des Sicherungsnehmers zu wahren, ließ sich keine Verpflichtung zur Herausgabe der durch die Nutzung gezogenen Vorteile ableiten.[10]

5 Im Unterschied zur neuen insolvenzrechtlichen Regelung nach § 172 Abs. 1 war der Konkursverwalter auch **nicht** zur Leistung von Ausgleichszahlungen zwecks **Kompensation** eines durch die Nutzung eintretenden **Wertverlustes** verpflichtet. Soweit der Sicherungsnehmer durch eine Verbindung, Vermischung oder Verarbeitung seines als Sicherheit dienenden Gegenstandes sein Sicherungsrecht verloren hatte, stand ihm gem. § 951 Abs. 1 Satz 1 iVm § 812 BGB ein Bereicherungsanspruch gegen die Masse zu.[11]

II. Reformvorschläge und Gesetzgebungsverfahren

6 Schon nach den Vorstellungen der **Kommission für Insolvenzrecht** sollte der Verwalter berechtigt sein, das Sicherungsgut während des Verfahrens für die Insolvenzmasse zu nutzen.[12]

7 Im **Referentenentwurf** und im **Regierungsentwurf**[13] war vorgesehen, dass der Insolvenzverwalter die beweglichen Sachen mit Absonderungsrechten für die Insolvenzmasse verwenden durfte. Als einzige Abweichung gegenüber der geltenden Regelung des § 172 sah § 186 Abs. 1 Satz 3 RefE für den Insolvenzverwalter die Möglichkeit vor, statt der Ausgleichszahlung eine Ersatzsicherheit von entsprechendem Wert zu stellen. Weiterhin war der Insolvenzverwalter gem. § 186 Abs. 2 RefE – im Gegensatz zum jetzigen § 172 – gegen Stellung einer **Ersatzsicherheit** auch zum Verbrauch des Sicherungsgutes berechtigt. Die in § 172 Abs. 2 bestehende Berechtigung zu Verbindung, Vermischung und Vermengung war in § 186 Abs. 3 RefE ebenfalls weiter gefasst. Die Beeinträchtigung der Sicherung des Gläubigers, die nach geltender Regelung die Befugnisse des Insolvenzverwalters begrenzt, konnte vom Verwalter ebenfalls durch Stellung einer Ersatzsicherheit beseitigt werden, was die Verwendungsmöglichkeiten für das Sicherungsgut erweitert hätte. Für den Fall, dass sich nach Verbindung, Vermischung und Vermengung Rechte des Gläubigers an der neu entstandenen Sache fortsetzten, war dieser verpflichtet, die Sicherheit in Höhe des zusätzlichen Wertes der neuen Sache freizugeben, § 186 Abs. 3 RefE.

8 Das in § 186 RefE begründete Institut der Ersatzsicherheit war in § 187 RefE gesondert geregelt.[14] Im **Gesetzgebungsverfahren** wurde auf die Regelungen über die Stellung einer **Ersatzsicherheit verzichtet.** Grund für die Streichung des genannten Komplexes war, dass in der Stellung einer Ersatzsicherheit und der eingeräumten Möglichkeit einer gerichtlichen Überprüfung eine unnötige Komplizierung des Verfahrens gesehen wurde.[15] Da nämlich der Insolvenzverwalter regelmäßig die Möglichkeit hat, durch Zahlung der besicherten Forderung die Verfügungsbefugnis über das Sicherungsgut zu erlangen, sei die Stellung einer Ersatzsicherheit überflüssig.[16]

9 In die InsO keine Aufnahme gefunden hat die Regelung des **§ 199 RegE,** wonach das **Insolvenzgericht** auf Antrag des Insolvenzverwalters **anordnen** können sollte, dass eine **bewegliche Sache,** an der ein Absonderungsrecht besteht und die sich nicht im Besitz des Insolvenzverwalters befindet, aber für die Geschäftsführung des Unternehmens benötigt wird, **an den Insolvenzverwalter herauszugeben** war. Gleiches sollte für die Nutzung eines Rechtes gelten. Einbezogen werden sollten auch (vor Verfahrenseröffnung) gepfändete und vom Gerichtsvollzieher weggenommene Gegenstände sowie gewerbliche Schutzrechte.[17] Die Streichung dieser Regelung wurde damit begründet, dass die Insolvenzgerichte entlastet werden müssten und dieses Verfahren auch deswegen nicht erforderlich sei, weil es ausreiche, dass der Verwalter die Möglichkeit habe, die gesicherte Forderung zu begleichen und dann die Sache nach Zivilrecht herauszuverlangen. Ob sich diese Überlegung des Rechtsausschusses[18] tatsächlich umsetzen lässt, hängt im Einzelfall von der Liquidität in der Insolvenzmasse oder der Bereitwilligkeit der Kreditinstitute ab, in dieser maßgeblichen Phase Kredite zu gewähren, für welche die abgelöste Sache als Sicherheit gegeben werden könnte.

---

9 *Kuhn/Uhlenbruck*, KO, 11. Aufl. 1994, § 127 Rn. 16c.
10 *Kuhn/Uhlenbruck*, KO, 11. Aufl. 1994, § 127 Rn. 16c.
11 Vgl. Schimansky/Bunte/Lwowski/*Ganter*, Bankrechts-HdB, § 90 Rn. 68.
12 Leitsätze 2.4.4.3 Abs. 1 Nr. 1, 2.4.4.5 Abs. 2 und 3.3.6 Abs. 1, 1. KommBer.
13 BR-Drs. 1/92.
14 Begr. zu § 198 RegE, BR-Drs. 1/92, S. 182 f.; Begr. zu § 187 RefE, S. 215.
15 Vgl. Beschlußempfehlung des Rechtsausschusses zu den §§ 197, 198, BT-Drs. 12/7302, S. 178.
16 Beschlußempfehlung des Rechtsausschusses zu den §§ 197, 198, BT-Drs. 12/7302, S. 178.
17 Begr. zu § 199 RegE, BR-Drs. 1/92, S. 183.
18 BR-Drs. 12/7302, S. 178.

C. Nutzungsrecht des Insolvenzverwalters (Abs. 1)

I. Allgemeines; Unabdingbarkeit

Gem. § 172 Abs. 1 ist der Insolvenzverwalter zur Nutzung beweglicher Sachen, zu deren Verwertung er befugt ist, berechtigt. Der absonderungsberechtigte Gläubiger ist grundsätzlich zur **Duldung der Nutzung** nach Maßgabe des § 172 verpflichtet, er hat aber einen **Anspruch auf Ausgleich** eines etwa dadurch entstehenden Wertverlustes der Sicherheit. Eine Vorschrift über die Weiternutzung und den Ausgleich eines Wertverlusts existierte bis zur Neuregelung des § 21 im Jahre 2007 nur im eröffneten Insolvenzverfahren;[19] nunmehr ist in § 21 Abs. 2 Satz 1 Nr. 5 die Nutzungsbefugnis des Schuldners/vorläufigen Insolvenzverwalters im Insolvenzeröffnungsverfahren ausdrücklich geregelt. 10

Die Regelung in § 172 ist **nicht im Voraus abdingbar,** so dass vertragliche Vereinbarungen, die der Schuldner vor Verfahrenseröffnung hinsichtlich der Nutzung des Sicherungsguts getroffen hat, ihre Wirkung verlieren.[20] Für das Benutzungsrecht des Insolvenzverwalters kommt es deshalb nicht darauf an, was Sicherungsgeber und Sicherungsnehmer für den Fall einer Insolvenz des Sicherungsgebers in den Vereinbarungen über die Bestellung und Verwertung der Kreditsicherheit geregelt haben. Es kommt insbesondere nicht darauf an, ob der Schuldner noch das Recht hätte, die sicherungsübereignete Maschine zu benutzen.[21] 11

Der Gesetzgeber geht wohl davon aus, dass **Vertragsklauseln** über die Verarbeitung und den Verbrauch des Sicherungsguts mit Insolvenzeröffnung wirkungslos werden.[22] Die Neuregelung des § 172 bewirkt eine Klarstellung, dass Benutzung, Verbindung, Vermischung und Verarbeitung von sicherungsübereigneten beweglichen Gegenständen im Insolvenzverfahren zulässig sind. Darüber hinaus dürfte wohl davon auszugehen sein, dass die Weiterverarbeitungsklausel (zB im Rahmen der Sicherungsübereignung eines Warenlagers oder im Rahmen eines verlängerten Eigentumsvorbehalts) dem Sicherungsnehmer auch in der Insolvenz einen Schutz gewährt, dh die absonderungsberechtigten Gläubiger erwerben Rechte an den weiterverarbeiteten Waren oder den Erlösen aus der Weiterveräußerung.[23] 12

II. Verwertungsrecht des Insolvenzverwalters – Nutzungskompetenz

Die Verwendung des Sicherungsgutes ist dem Verwalter nur dann gestattet, wenn er zur Verwertung der beweglichen Sache befugt ist. Das Nutzungsrecht des Insolvenzverwalters ist also an seine **Verwertungskompetenz** gebunden.[24] Die Verwertungskompetenz ergibt sich insbesondere aus **§ 166 Abs. 1,** welcher Besitz des Verwalters voraussetzt, darüber hinaus aber auch aus **§ 173 Abs. 2 Satz 2,** wenn eine dem verwertungsberechtigten Gläubiger gesetzte Frist abgelaufen ist. Eine analoge Anwendung auf Aussonderungsrechte ist nicht möglich.[25] 13

§ 172 gibt dem Verwalter **keinen Anspruch** gegen den unmittelbar besitzenden Sicherungsgläubiger auf Herausgabe zwecks **Nutzung.**[26] Nutzt ein Dritter (unberechtigt) den Sicherungsgegenstand, so kann der Sicherungseigentümer, der nach der Sicherungsabrede mit dem Sicherungsgeber kein Nutzungsrecht an dem Gegenstand hat, keine Nutzungsentschädigung von dem Dritten beanspruchen.[27] 14

Hauptanwendungsfall in der Praxis ist die Sicherungsübereignung von **Anlage- und Umlaufvermögen.** Gerade dann, wenn absehbar ist, dass der Insolvenzverwalter das schuldnerische Unternehmen längere Zeit fortführen wird, um zu einem späteren Zeitpunkt im Wege eines Asset Deals das sicherungsübereignete Anlagevermögen an einen Erwerber zu veräußern, sollte der Insolvenzverwalter im eigenen Interesse dafür Sorge tragen, dass im Rahmen einer **Verwertungsvereinbarung** geregelt wird, wie ein durch die Betriebsfortführung eintretender Wertverlust bei den Maschinen ausgeglichen werden soll. 15

---

19 BGH NZI 2006, 587.

20 *Adolphsen,* Kölner Schrift zur InsO, 3. Aufl. 2009, Kap. 41 Rn. 116, S. 1361; HKInsO/*Landfermann* § 172 Rn. 2; Uhlenbruck/*Brinkmann* § 172 Rn. 4; *Lwowski/Heyn* WM 1998, 473, 482.

21 Uhlenbruck/*Brinkmann* § 172 Rn. 4.

22 HKInsO/*Landfermann* § 172 Rn. 2; Uhlenbruck/*Brinkmann* § 172 Rn. 4; einschränkend Nerlich/Römermann/*Becker* § 172 Rn. 13, 55 f.

23 Nerlich/Römermann/*Becker* § 172 Rn. 55 f.; *Bork,* FS Gaul, 1997, S. 71, 88 ff.; näher unten → Rn. 56 ff., 70 f.

24 Uhlenbruck/*Brinkmann* § 172 Rn. 1; *Mönning,* FS Uhlenbruck, 2000, S. 239, 259.

25 → Rn. 48 f.

26 Nerlich/Römermann/*Becker* § 172 Rn. 3.

27 BGH NJW 2007, 216; *v. Olshausen* ZIP 2007, 1145.

III. Nutzung

16 **1. Allgemeines.** Nutzung iSd § 172 ist der **bestimmungsgemäße Gebrauch** der sicherungsübereigneten beweglichen Sache sowie die **Verbindung, Vermischung und Verarbeitung** als Spezialfälle des § 172 Abs. 2. Das Nutzungsrecht des Insolvenzverwalters ergibt sich aus dem Gesetz. Der Insolvenzverwalter muss daher die Nutzung dem Gläubiger **nicht ankündigen.** Der Gläubiger hat jedoch das Recht, sich jederzeit über den Zustand der Sache zu informieren, da er nur so einen etwaigen Wertverlust erkennen kann.[28]

17 **2. Einzelfragen. a) Nutzung im Gläubigerinteresse.** Unter dem Begriff der „Nutzung" in § 172 Abs. 1 ist der bestimmungsgemäße Gebrauch bzw. die Verwendung der Sache zu verstehen.[29] Der Insolvenzverwalter ist zu jeder Art der Nutzung des Sicherungsguts berechtigt, die an einem der gesetzlich vorgegebenen oder **von der Gläubigerversammlung beschlossenen Verfahrensziele** (zerschlagende Liquidation, übertragende Sanierung, fortführende Sanierung) ausgerichtet ist.[30] Das bedeutet, dass die Pflicht des Insolvenzverwalters, das Sicherungsgut unverzüglich nach dem Berichtstermin zu verwerten, wenn nicht die Gläubigerversammlung einen abweichenden Beschluss gefasst hat (vgl. § 159), durch § 172 nicht berührt wird.[31]

18 Der Insolvenzverwalter muss den Gegenstand **für die Insolvenzmasse** nutzen, dh die Nutzung muss zu Vorteilen für die Gesamtheit aller Gläubiger führen.[32] Angegriffen werden könnten hier insbesondere Vereinbarungen des Insolvenzverwalters mit Gläubigern, denen Großteile des Anlage- und Umlaufvermögens übertragen worden sind, wenn der Verwalter in der Verwertungsvereinbarung eine Betriebsfortführung im Interesse dieser Großgläubiger zusagt. Ein anderer Sicherungsgläubiger könnte sich gegen die Nutzung der ihm sicherungsübereigneten Sache für diese Betriebsfortführung mit dem Argument sperren, die Nutzung erfolge nicht im Interesse der Gesamtheit aller Gläubiger. In einem derartigen Fall kommt es darauf an, ob die Betriebsfortführung neben den Vorteilen für die Großgläubiger auch Vorteile für die restlichen Gläubiger bringt. Ist die Betriebsfortführung nicht im Interesse aller Gläubiger, so verhält sich der Insolvenzverwalter schon per se insolvenzzweckwidrig.

19 **b) Abwarten mit der Verwertung.** Auch das **bloße Liegenlassen** eines sicherungsübereigneten Gegenstandes, um bessere Verwertungsmöglichkeiten abzuwarten, kann sich als zweckgerichtete Form der Nutzung darstellen, wenn sich bereits eine bessere Verwertungschance abzeichnet.[33] Kümmert sich der Insolvenzverwalter überhaupt nicht um den Gegenstand, so kann eigentlich nicht von einer „Nutzung" iSd § 172 gesprochen werden.[34] Geht es um die Frage, ob die Insolvenzmasse die Pflicht zu Ausgleichszahlungen nach § 172 Abs. 1 trifft, wird man die Norm jedoch **analog** anwenden müssen.[35] Der Gesetzgeber hat einen umfassenden Schutz des absonderungsberechtigten Gläubigers vor Wertverlusten am Sicherungsgut bezweckt. Es erscheint nicht vertretbar, den Sicherungsgläubiger allein auf die Möglichkeit zu verweisen, beim Insolvenzgericht Sicherungsmaßnahmen gegen den Insolvenzverwalter anzuregen.

20 **c) Verbrauch.** Ob der Insolvenzverwalter auch zu einem Verbrauch der Sache befugt ist, ist umstritten. Teilweise wird dies – letztlich aus Gründen einer eher pauschal behaupteten Zweckmäßigkeit – bejaht.[36] Richtigerweise muss man dies jedoch verneinen. Schon der Wortlaut „benutzen" spricht gegen eine Befugnis zum Verbrauch. Auch die differenzierte Regelung für Verbindung, Vermischung und Verarbeitung sprechen deutlich gegen eine Auslegung, die den Verbrauch unter die Nutzung fasst. Die Gesetzesgeschichte ist ebenfalls Argument gegen die Annahme einer Befugnis der Insolvenzmasse zum Verbrauch. Denn der RegE hatte eine solche Befugnis zum Verbrauch des Sicherungsguts gegen Stellung einer Ersatzsicherheit vorgesehen; die dahingenenden Regelungen wurden vom Gesetzgeber aber nicht in das Gesetz übernommen. Der Gesetzgeber hat vielmehr auf die Möglichkeit vertraglicher Vereinbarungen über Ersatzsicherheiten hingewiesen.[37] Schließlich

---

[28] KPB/*Flöther* § 172 Rn. 3; Uhlenbruck/*Brinkmann* § 172 Rn. 5.

[29] KPB/*Flöther* § 172 Rn. 3; Jaeger/*Eckardt* § 172 Rn. 68.

[30] *Mönning*, FS Uhlenbruck, 2000, S. 239, 259; lediglich auf die Haftung abstellend Uhlenbruck/*Brinkmann* § 172 Rn. 5.

[31] HKInsO/*Landfermann* § 172 Rn. 6; Uhlenbruck/*Brinkmann* § 172 Rn. 3.

[32] Uhlenbruck/*Brinkmann* § 172 Rn. 6; BKInsO/*Breutigam* § 172 Rn. 6.

[33] *Mönning*, FS Uhlenbruck, 2000, S. 239, 259; Nerlich/Römermann/*Becker* § 172 Rn. 11; aA K. Schmidt/*Sinz* § 172 Rn. 8.

[34] Nerlich/Römermann/*Becker* § 172 Rn. 11; Jaeger/*Eckardt* § 172 Rn. 75.

[35] IErg wie hier LG Hechingen DZWIR 2002, 480, 481.

[36] Nerlich/Römermann/*Becker* § 172 Rn. 9.

[37] BT-Drs. 12/7302, S. 178; HKInsO/*Landfermann* § 172 Rn. 19; BKInsO/*Breutigam* § 172 Rn. 5; *Haarmeyer/Wutzke/Förster*, InsO-HdB, 3. Aufl 2001, Kap. 5 Rn. 445.

würde die Einbeziehung des Verbrauchs dem Zweck der §§ 166 ff. widersprechen. Denn diese Vorschriften bemühen sich um einen differenzierten Ausgleich zwischen den Interessen der Gläubigergesamtheit an weitreichenden Zugriffsmöglichkeiten und den Interessen der absonderungsberechtigten Gläubiger an der Wahrung ihrer Sicherheiten. Der Verbrauch, der die Sache sowohl dem absonderungsberechtigten Gläubiger als auch der Insolvenzmasse substantiell entzieht,[38] stellte in diesem Regime einen Fremdkörper dar. Daher ist ein Verbrauch der Sache – gleich welcher Art, also etwa auch in Gestalt einer nicht den Regeln des § 168 entsprechenden Weiterveräußerung eines Warenlagers – von § 172 **nicht mitumfasst.**

Bei einer ordnungsgemäßen Abwicklung des Insolvenzverfahrens ohne Masseunzulänglichkeit spielt in der Praxis der Streit, ob ein Verbrauch eine Nutzung ist oder nicht, kaum eine Rolle.[39] Im Falle von Störungen bei der Verfahrensabwicklung kommt es für den Gläubiger aber darauf an, ob es sich bei einem Verbrauch der Sache um eine zulässige Nutzung gehandelt hat. In dem einen Fall kann er uU nur quotale Befriedigung von Altmasseverbindlichkeiten verlangen, in dem anderen Fall stehen ihm außerdem noch Ansprüche aus § 60 gegen den Insolvenzverwalter persönlich zu. Da der Verbrauch nach richtiger Ansicht keine Nutzung iSd § 172 Abs. 1 darstellt, muss der Insolvenzverwalter von ihm grundsätzlich absehen. Es bleibt dem absonderungsberechtigten Gläubiger und dem Insolvenzverwalter aber unbenommen, sich über den Verbrauch des Sicherungsgutes vertraglich zu einigen. Kommt es zu einer solchen **Verwertungsvereinbarung,** wird der Insolvenzverwalter dem Sicherungsgläubiger eine **Ersatzsicherheit** an Gegenständen der Insolvenzmasse bestellen. Das Instrument der Ersatzsicherheit war in § 197 RegE vorgesehen.[40] Da diese Vorschläge aber nicht im Gesetzgebungsverfahren umgesetzt wurden, sind die Beteiligten in der Gestaltung der Regelungen frei. Der Insolvenzverwalter ist berechtigt, diese Ersatzsicherheiten an Gegenständen der Insolvenzmasse zu bestellen.[41] Besonders sollte von Seiten der Sicherungsgläubiger darauf geachtet werden, bei der Bestellung die in der Praxis gebräuchlichen Kreditsicherungsformulare individuell anzupassen. Wird bspw. als Ersatzsicherheit eine Zession von Kundenforderungen vereinbart, so kann nicht ein Formular für eine stille Zession mit dinglicher Teilverzichtsklausel verwendet werden. Es muss vielmehr geregelt werden, dass der Verwalter die Forderungen für den Sicherungsgläubiger einzieht und die Forderungen von Lieferanten mit verlängerten Eigentumsvorbehaltsrechten bedient. 21

Daneben kann sich die Insolvenzmasse auch dadurch die Befugnis zum Verbrauch der Sachen erkaufen, dass der Insolvenzverwalter die **gesicherte Forderung begleicht** und dadurch die uneingeschränkte Verfügungsbefugnis über den (zuvor mit Absonderungsrechten belasteten) Gegenstand erlangt.[42] 22

d) Vermietung. Unklar ist weiter, ob die Vermietung eine Nutzung iSd § 172 Abs. 1 darstellt. Der Gesetzgeber ließ sich von der Vorstellung leiten, dass dem Insolvenzverwalter durch die Regelung des § 172 Abs. 1 ermöglicht werden soll, den schuldnerischen Betrieb fortzuführen und dafür auch mit Sicherungsrechten belastetes Anlage- und Umlaufvermögen zu nutzen.[43] Deshalb scheint es zutreffend, abhängig vom – bisherigen – Betrieb des Schuldners zu entscheiden: Ist die Weitervermietung und Weiterverpachtung **Geschäftszweck des schuldnerischen Unternehmens,** so muss es auch dem Insolvenzverwalter möglich sein, das bewegliche Sicherungsgut dadurch zu nutzen, dass er es weitervermietet.[44] Anderenfalls ist es aber dem Verwalter nicht gestattet, einem Dritten die Nutzung gegen Entgelt zu überlassen, um zB Miet- oder Pachtzinsen für die Masse zu erzielen.[45] 23

Die **Grenzen** sind hier allerdings **fließend.** In einer Vielzahl von Fällen wird sich nicht sicher ausschließen lassen, dass die Vermietung/Verpachtung des Sicherungsguts auch vom Geschäftszweck des schuldnerischen Unternehmens gedeckt ist. In diesem Fall sollte § 172 im Zweifel zur Anwendung kommen. Ist die Vermietung oder Verpachtung danach zulässig, muss der absonderungsberechtigte Gläubiger hinnehmen, dass der Verwalter die Sache durch Vermietung weiternutzt und ihm einen Wertausgleich nach § 172 sowie Zinsen nach § 169 zahlt, selbst wenn diese in der Summe noch unter den Mietzinsen liegen, welche der Gläubiger selbst erzielen könnte, wenn er sich wieder in den Besitz des Sicherungsgutes bringen könnte. Generell gilt, dass die Nutzungen aus der zur Sicherheit übereigneten Sache nicht dem Sicherungseigentümer, sondern der Insolvenzmasse zuge- 24

---

38 Uhlenbruck/*Brinkmann* § 172 Rn. 7; HambKommInsO/*Scholz* § 172 Rn. 3.
39 BKInsO/*Breutigam* § 172 Rn. 5.
40 → Rn. 7 f.
41 → Rn. 72.
42 Beschlussempfehlung des Rechtsausschusses zu §§ 197, 198 RegE, BT-Drs. 12/7302, S. 178 aE.
43 Uhlenbruck/*Brinkmann* § 172 Rn. 1.
44 HambKommInsO/*Scholz* § 172 Rn. 3; FKInsO/*Wegener* § 172 Rn. 4; K. Schmidt/*Sinz* § 172 Rn. 3; HKInsO/*Landfermann* § 172 Rn. 3; vgl. dazu auch BGH NZI 2006, 587.
45 HambKommInsO/*Scholz* § 172 Rn. 3; FKInsO/*Wegener* § 172 Rn. 4; aA Uhlenbruck/*Brinkmann* § 172 Rn. 6; Jaeger/*Eckardt* § 172 Rn. 71 (vom Unternehmensgegenstand unabhängig).

wiesen sind.[46] Der Sicherungseigentümer kann daher über § 172 nicht die Miet- oder Pachtzinsen herausverlangen. Dennoch wird es in der Mehrzahl der Fälle so sein, dass die tatsächlichen oder erzielbaren **Miet- oder Pachtzinsen** einen **Maßstab für die Ausgleichszahlungen** nach § 172 bilden.

25 **e) Verbindung, Vermischung und Verarbeitung (Verweisung auf Abs. 2).** Verbindung, Vermischung und Verarbeitung fallen als **Spezialfälle** gem. § 172 Abs. 2 ebenfalls unter den Begriff der Nutzung. Durch Verbindung, Vermischung und Verarbeitung darf die Sicherung des absonderungsberechtigten Gläubigers nicht beeinträchtigt werden. Dazu näher unter E.

26 **f) Beschädigung des Absonderungsguts.** Wird das Absonderungsgut während der Zeit der Nutzung durch den Insolvenzverwalter beschädigt und verliert es dadurch an Wert, so hat die Masse den Wertverlust zu ersetzen. In der Praxis wird es regelmäßig zu der Frage Streit geben, wann die Schäden entstanden sind, weil Schadensersatzansprüche wegen der vorinsolvenzlichen Beschädigung nur zur Tabelle angemeldet werden können. Der Insolvenzverwalter ist gehalten, den **Zustand** der genutzten Sache **am Anfang der Benutzung zu dokumentieren.** Hat er dies nicht getan bzw. findet sich in den Inventarisierungsgutachten, die der Verwalter in Auftrag gegeben hat, kein Hinweis auf schon vorhandene Beschädigungen, so greift eine Beweiserleichterung zugunsten des Sicherungsgläubigers, dass die Schäden während der Nutzung durch den Insolvenzverwalter entstanden sind. Den absonderungsberechtigten Gläubiger trifft nicht die Obliegenheit, den Zustand der sicherungsübereigneten Maschinen etc. im Rahmen des § 167 selbst zu dokumentieren.

D. Wertausgleich bei Nutzung des Sicherungsguts (Abs. 1)

I. Wertverlust

27 Entsteht durch die Benutzung des Sicherungsgutes gem. § 172 Abs. 1 ein Wertverlust, ist der Insolvenzverwalter zur Ausgleichszahlung an den absonderungsberechtigten Gläubiger verpflichtet (§ 172 Abs. 1 Satz 1 letzter Teilsatz), soweit hierdurch eine Beeinträchtigung der Sicherheit des Gläubigers eintritt (§ 172 Abs. 1 Satz 2). Der Wertverlust berechnet sich nach **objektiven Maßstäben.**[47] Entscheidend ist demnach, ob sich der objektiv feststellbare Wert der Sache infolge der Benutzung verringert.[48] Es handelt sich nicht um eine mietähnliche Zahlung (dann wäre ein „Gewinn" für den Vermieter einzubeziehen). Ziel des Ausgleichsanspruchs ist die Erhaltung der Sicherheit.[49]

28 Geht man vom Gesetzeswortlaut aus, so ist der Wertverlust so zu berechnen, dass der durch den Sachverständigen zum Zeitpunkt der Verfahrenseröffnung ermittelte Zeitwert dem Verwertungserlös gegenübergestellt wird, der nach Beendigung der Nutzung im Zuge der Vermarktung des mit Absonderungsrechten belasteten Gegenstandes erzielt werden wird.[50] Bei einer derartigen Vorgehensweise ist also eine **Prognoseentscheidung** zu treffen. Weder der Insolvenzverwalter noch der Sicherungsgläubiger wissen aber, welchen Erlös eine sicherungsübereignete Maschine bringen wird, wenn nach einer Betriebsfortführung zB ein Jahr nach Verfahrenseröffnung die Maschine im Wege eines Asset Deals veräußert werden wird. Hier wird man aus Praktikabilitätsgründen davon ausgehen müssen, dass bei einer ordnungsgemäßen Wartung der Maschine durch den Insolvenzverwalter der Wertverlust der sicherungsübereigneten Maschine allein in der Abnutzung besteht. Man kann dann den Wertverlust dadurch bestimmen, dass man ausgehend von dem vom Sachverständigen festgestellten Wert der Sicherheit[51] den Wertverlust unter Heranziehung der AfA-Sätze ermittelt.[52]

29 Auch wenn es dem Insolvenzverwalter nicht gelingt, die sicherungsübereigneten Maschinen zu den vom Sachverständigen ermittelten going-concern-Werten im Wege eines Asset Deals zu veräußern, muss er sich an den vom Sachverständigen ermittelten Fortführungswerten festhalten lassen, falls er die sicherungsübereigneten Maschinen im Rahmen einer übertragenden Sanierung veräußert. Er darf dann, wenn sich die Betriebsveräußerung schwieriger gestaltet, **nicht auf die Zerschlagungswerte „ausweichen"** und so den Anspruch aus § 172 „kleinrechnen".

---

46 *Gomille* WM 2010, 1207.

47 Vgl. die Parallelvorschrift des § 188 RegE; Begr. zu § 188 RegE, BR-Drs. 1/92, S. 176 f.

48 KPB/*Flöther* § 172 Rn. 4.

49 Rattunde/Smid/Zeuner/*Smid* § 172 Rn. 8.

50 Uhlenbruck/*Brinkmann* § 172 Rn. 10.

51 Im Falle einer Betriebsfortführung ist der Fortführungswert zugrunde zu legen und nicht etwa der Zerschlagungswert.

52 FKInsO/*Wegener* § 172 Rn. 7.

Für den **Sicherungseigentümer** kann es sehr wichtig sein, dass er den Wert der Maschine zum Anfang der Betriebsfortführung **selbst dokumentiert.** Dies kann entweder durch die Einschaltung eines Sachverständigen erfolgen oder durch Hinweise auf Kaufinteressenten für die Maschine. Bietet also ein Interessent für die Maschine einen Betrag von 150.000 EUR, so ist dieser Wert maßgeblich, auch wenn der vom Verwalter eingeschaltete Sachverständige den Fortführungswert mit 100.000 EUR und den Zerschlagungswert mit 60.000 EUR ermittelt hat. Veräußert der Insolvenzverwalter nach mehrmonatiger Betriebsfortführung die mittlerweile zerschlissene Maschine für 55.000 EUR, so beträgt der auszugleichende Wertverlust 95.000 EUR und nicht etwa 45.000 EUR oder 5.000 EUR. 30

Nach allgemeinen Regeln muss der absonderungsberechtigte Gläubiger das Bestehen eines Anspruchs nach § 172 Abs. 1 und die Höhe des Wertverlusts beweisen.[53] Allerdings ist zu beachten, dass der in § 172 Abs. 1 geregelte Wertausgleichsanspruch eine Kompensation für die Übertragung des Verwertungsrechts auf den Insolvenzverwalter darstellt und zusammen mit dem § 169 einen weitgehenden Schutz des Sicherungsgläubigers vor einer Entwertung seiner Sicherheit darstellen soll. Man muss deshalb dem **Gläubiger** hinsichtlich der Frage des **Umfanges der Nutzung** einen **Auskunftsanspruch gegen** die **Insolvenzmasse** zubilligen.[54] Hinsichtlich der Höhe des eingetretenen Wertverlusts können die bereits oben angesprochenen AfA-Sätze ein möglicher Anhaltspunkt sein. 31

Hinsichtlich der **Berücksichtigung von Reparatur- und Instandhaltungskosten** des Insolvenzverwalters für sicherungsübereignetes Anlagevermögen stellt sich die Frage, ob die Masse mit diesen Kosten gegen den Wertausgleichsanspruch des absonderungsberechtigten Gläubigers aufrechnen kann.[55] Hier muss man unterscheiden: War die sicherungsübereignete Maschine reparaturbedürftig, so darf die Wertsteigerung infolge der Reparatur nicht beim absonderungsberechtigten Gläubiger verbleiben, sondern sie gebührt der Insolvenzmasse. Wird hingegen die sicherungsübereignete Maschine, die sich bei Verfahrenseröffnung in einem ordnungsgemäßen Zustand befand, während der Betriebsfortführung durch den Insolvenzverwalter beschädigt und nachfolgend instand gesetzt oder handelt es sich um Wartungsmaßnahmen, so kann der Insolvenzverwalter keine Gegenansprüche geltend machen. 32

Die **Berechnung des Wertausgleichsanspruchs** ist eine **dynamische Berechnung,** die sich schon durch Zeitablauf verändern kann:[56] Auch ohne Benutzung kann sich der Wert eines Gegenstandes verändern. Da der Insolvenzverwalter zur Verwertung des Gegenstandes nach § 166 verpflichtet ist, werden der Wertverlust durch „Abnutzung/Substanzverlust" und der Wertverlust infolge Zeitablaufs ineinander übergehen. Eine während der Benutzung eintretende **Marktverschlechterung** ist nicht durch die „Ausgleichszahlungen" aufzufangen.[57] War die Marktverschlechterung für den benutzten Gegenstand allerdings vorauszusehen, kann sich bei Nichtbeachtung durch den zur Verwertung berechtigten Insolvenzverwalter für den Absonderungsgläubiger ein Schadensersatzanspruch wegen der zögerlichen Verwertung ergeben.[58] Der Verwalter hat zwischen den Vorteilen aus der Benutzung des Sicherungsguts gegen Zahlung eines Ausgleichs für den dadurch entstehenden Wert-/Substanzverlust und den Nachteilen durch einen möglichen Preisverfall bei späterer Verwertung aufgrund veränderter Marktlage sorgfältig abzuwägen. 33

II. Einzelfragen zum Ausgleichsanspruch

1. Beginn und Ende der Zahlungspflicht. Nach § 172 Abs. 1 entsteht die Verpflichtung zur Zahlung des Ausgleichs eines durch die Nutzung der Sache entstandenen Wertverlustes erst ab der Eröffnung des Insolvenzverfahrens. Es kommt auf den **Beginn der wertmindernden Benutzung** an, denn ohne Benutzung kann keine auf der Benutzung beruhende Wertminderung eintreten.[59] Der Beginn der Zahlungspflicht muss also nicht zwingend mit der Verfahrenseröffnung zusammenfallen. Es werden nur solche Wertverluste ausgeglichen, die nach Verfahrenseröffnung eingetreten sind. Es kann also nicht nach Verfahrenseröffnung ein Wertausgleich für vor Eröffnung des Insolvenzverfahrens eingetretene Wertverluste beansprucht werden.[60] Eine analoge Anwendung des § 172 Abs. 1 34

---

[53] Uhlenbruck/*Brinkmann* § 172 Rn. 8; *Kirchhof*, Leitfaden, Rn. 339.

[54] Uhlenbruck/*Brinkmann* § 172 Rn. 8; *Kirchhof*, Leitfaden, Rn. 339.

[55] Vgl. dazu *Mönning*, FS Uhlenbruck, 2000, S. 239, 262; Uhlenbruck/*Brinkmann* § 172 Rn. 11.

[56] *Mönning*, FS Uhlenbruck, 2000, S. 239, 263; Uhlenbruck/*Brinkmann* § 172 Rn. 10.

[57] KPB/*Flöther* § 172 Rn. 4.

[58] BGH WM 2011, 1420.

[59] *Kirchhof*, Leitfaden, Rn. 339; *Mönning*, FS Uhlenbruck, 2000, S. 239, 262; Uhlenbruck/*Brinkmann* § 172 Rn. 13.

[60] Uhlenbruck/*Brinkmann* § 172 Rn. 13; Nerlich/Römermann/*Becker* § 172 Rn. 31; KPB/*Flöther* § 172 Rn. 9.

auf den Zeitraum vor Verfahrenseröffnung kommt nicht in Betracht, es sei denn, es wurde eine Anordnung nach § 21 Abs. 2 Satz 1 Nr. 5 vom Insolvenzgericht erlassen.

35 Die Zahlungsverpflichtung endet mit:
- Einstellung der Nutzung,
- vollständigem Wertverlust,
- Befriedigung der gesicherten Forderungen des absonderungsberechtigten Gläubigers,
- Wegfall des Verwertungsrechts des Insolvenzverwalters,
- Verwertung des Sicherungsguts.[61]

36 **2. Laufende Zahlungen aus der Insolvenzmasse.** Der Wertausgleich für die Nutzung durch die Insolvenzmasse hat durch „laufende Zahlungen" zu erfolgen. Das Gesetz trifft keine Regelung zu der Frage, in welchen Zeitabständen die Zahlungen zu erfolgen haben. Hier wird man aus Gründen des Schutzes des absonderungsberechtigten Gläubigers davon auszugehen haben, dass – wenn der Gläubiger dies wünscht und die zu zahlenden Beträge eine nennenswerte Höhe erreichen – die Zahlungen **monatlich** aus der Insolvenzmasse zu erbringen sind.[62] Die Zahlungen können nicht bis zur Auskehrung des Verwertungserlöses aufgeschoben werden, weil es sich um Masseverbindlichkeiten handelt und so für den Absonderungsgläubiger die Gefahr droht, dass er mit seinen Ansprüchen im Falle einer Masseunzulänglichkeit ausfällt. Insofern gelten die Überlegungen zu § 169[63] entsprechend.

37 **3. Nachträgliche Anpassung.** Die Feststellung der Höhe der Wertminderung ist in der Praxis mit erheblichen Schwierigkeiten verbunden. Absonderungsberechtigter Gläubiger und Insolvenzverwalter sollten mit Verfahrenseröffnung den Wert der Sicherheit ermitteln lassen. Will der Gläubiger den Wert, den der vom Insolvenzverwalter beauftragte Sachverständige ermittelt hat, nicht akzeptieren, so empfiehlt es sich, dass der Gläubiger alternative Verwertungsmöglichkeiten aufzeigt. Auf diese Weise sollte es möglich sein, dass die Parteien sich in der Mehrzahl der Fälle auf einen zu erwartenden Verwertungserlös verständigen. Davon ausgehend sollten sich die Parteien dann auf die Höhe der zu erwartenden Wertminderung einigen und monatliche oder quartalsmäßige Zahlungen der Insolvenzmasse an den Sicherungsgläubiger regeln. Steht dann nach Vornahme der Verwertung der tatsächliche Verwertungserlös fest, so ist zu prüfen, ob die von den Parteien vereinbarten Ausgleichszahlungen zu hoch oder zu niedrig waren. Die **Ausgleichszahlung** ist **dann nachträglich anzupassen.**[64] Es besteht entweder ein Rückforderungsrecht der Insolvenzmasse oder ein Nachzahlungsanspruch des Sicherungsgläubigers.[65]

38 **4. Klassifikation als Masseverbindlichkeit.** Die Zahlungspflicht aus § 172 Abs. 1 ergibt sich aus dem Gesetz; es bedarf keiner Aufforderung durch den Gläubiger. Der Insolvenzverwalter hat die Zahlungspflicht von Amts wegen zu erfüllen.[66] Bei dem Wertausgleichsanspruch handelt es sich um eine **Masseverbindlichkeit iSv § 55 Abs. 1 Nr. 1.**[67] Erfüllt der Insolvenzverwalter den Wertausgleichsanspruch des Absonderungsgläubigers nicht und fällt dieser dann mit seinem Anspruch im masseunzulänglichen Verfahren aus, so ist eine Haftung des Insolvenzverwalters nach § 61 und § 60 zu prüfen, wenn der Verwertungserlös nicht ausreicht, um die gesamte gesicherte Forderung zurückzuführen und der Gläubiger insoweit auf die Zahlungen nach § 172 Abs. 1 angewiesen ist. Der Insolvenzverwalter hat insoweit Rückstellungen zu bilden. Unterlässt er diese, so handelt er pflichtwidrig. Der Insolvenzverwalter ist nicht gezwungen, den sicherungsübereigneten Gegenstand weiter zu benutzen oder in der Masse zu behalten. Er kann schließlich nach § 170 Abs. 2 das Sicherungsgut zur Verwertung an den Sicherungseigentümer freigeben. Auch insoweit kann auf die Überlegungen zu § 169[68] verwiesen werden.

III. Kein Ausgleich bei Nichtbeeinträchtigung der Sicherheit

39 **1. Allgemeines.** Neben dem Eintritt der Wertminderung ist für das Entstehen einer Ausgleichspflicht nach § 172 Abs. 1 Voraussetzung, dass der entstehende Wertverlust die Sicherung des

---

[61] HambKommInsO/*Scholz* § 172 Rn. 4; Nerlich/Römermann/*Becker* § 172 Rn. 35.
[62] HKInsO/*Landfermann* § 172 Rn. 7; HambKommInsO/*Scholz* § 172 Rn. 5.
[63] → § 169 Rn. 41 f.
[64] Uhlenbruck/*Brinkmann* § 172 Rn. 10; HambKommInsO/*Scholz* § 172 Rn. 5; *Mönning*, FS Uhlenbruck, 2000, S. 239, 263.
[65] Uhlenbruck/*Brinkmann* § 172 Rn. 10.
[66] Nerlich/Römermann/*Becker* § 172 Rn. 27; KPB/*Flöther* § 172 Rn. 6; Uhlenbruck/*Brinkmann* § 172 Rn. 9.
[67] HambKommInsO/*Scholz* § 172 Rn. 5; KPB/*Flöther* § 172 Rn. 6; Uhlenbruck/*Brinkmann* § 172 Rn. 9; Nerlich/Römermann/*Becker* § 172 Rn. 27.
[68] → § 169 Rn. 26, 47 f.

Gläubigers beeinträchtigt.[69] Eine Zahlungspflicht **entfällt** also dann, wenn der Gegenstand trotz Wertverlusts die **Forderung des Absonderungsgläubigers vollständig sichert,** was insbesondere auf einer Übersicherung beruhen kann. Die Ausgleichspflicht besteht auch dann nicht, wenn der Absonderungsberechtigte **keine Erlösbeteiligung erwarten kann,** etwa bei wertausschöpfenden vorrangigen Belastungen am Sicherungsgut.

Der **Wertausgleichsanspruch ist entsprechend zu reduzieren,** soweit der Gegenstand trotz Wertverlusts die Forderung noch sichert. Der Gläubiger mit einer Forderung von 100 hat keinen Anspruch auf einen Verwertungserlös von 90 und einen zusätzlichen Anspruch auf den Wertausgleich nach § 172 Abs. 1 iHv 20, auch wenn der Sicherungseigentümer den Gegenstand in der Zwischenzeit für einen Betrag von 20 hätte vermieten können. In diesem Fall stehen dem Gläubiger im Rahmen der abgesonderten Befriedigung nur Zahlungen iHv insgesamt 100 zu (Beispiel ohne Berücksichtigung von Kostenbeiträgen nach §§ 170, 171). Die Nutzungen aus der sicherungsübereigneten Sache sind der Insolvenzmasse zugewiesen.[70] 40

Die Höhe des Wertausgleichsanspruches ist auch dann anzupassen, wenn der Gläubiger **nicht mit einer vollständigen Befriedigung** aus dem Verwertungserlös der Sicherheit **rechnen** kann. Hat der Gläubiger also wieder eine Forderung über 100 und steht eine Sicherheit im Wert von 120 zu Verfügung, bei der aber vorrangige Belastungen zugunsten Dritter iHv 100 bestehen, so könnte der Gläubiger allenfalls mit 20 am Verwertungserlös partizipieren und müsste die restlichen Forderungen als ungesicherte Forderungen zur Insolvenztabelle anmelden. Tritt in dem Beispielsfall eine Wertminderung iHv 60 ein, so hat der Gläubiger nicht etwa einen Anspruch aus § 172 Abs. 1 iHv 60, sondern er kann nur Ansprüche iHv 20 geltend machen (Beispiel ohne Berücksichtigung von Kostenbeiträgen nach §§ 170, 171). 41

2. Übersicherung. Es besteht kein Anspruch auf Ausgleichszahlungen nach § 172 Abs. 1, wenn der Wertverlust das Recht des Gläubigers nicht beeinträchtigt. Übersteigt der Wert der Sache die zu sichernde Forderung so weit, dass die Forderung trotz Wertminderung des Sicherungsguts noch gedeckt ist, so liegt keine Beeinträchtigung des Gläubigers iSv § 172 Abs. 1 vor.[71] Ein Abbau einer bestehenden Übersicherung durch Nutzung führt zum Abschmelzen der Sicherheit, ohne dass in das Absonderungsrecht des Gläubigers wertmäßig eingegriffen wird. Bei der Ermittlung der Grenze, wann in die Rechte des Sicherungsgläubigers durch die Nutzung wertmäßig eingegriffen wird, ist das legitime Sicherungsbedürfnis des Absonderungsberechtigten maßgebend. Verfügt der Sicherungsgläubiger über zu sichernde Forderungen iHv 100, so setzt der Ausgleichsanspruch aus § 172 Abs. 1 nicht erst dann ein, wenn die Sicherheit auf 100 abgeschmolzen worden ist. Dem **Sicherungsgläubiger muss** vielmehr eine **Marge verbleiben,** um die Belastung durch die Kostenbeiträge nach §§ 170, 171 und Verwertungskosten aufzufangen. Nach der Entscheidung des Großen Senats des BGH zur nachträglichen Übersicherung liegt das legitime Sicherungsbedürfnis (bezogen auf Forderungen iHv 100) bei Sicherheiten iHv mindestens 150 (Nennwert, Einstandswert oÄ als Bezugsgröße) bzw. 110 (realisierbarer Wert).[72] Wird der Wert der Sicherheiten durch den Wertverlust so weit abgeschmolzen, dass dem Sicherungsgläubiger nicht mehr die Marge zur Abdeckung seines legitimen Sicherungsbedürfnisses verbleibt, so setzt die Ausgleichspflicht nach § 172 Abs. 1 ein. Der Sicherungsgläubiger hat also Anspruch auf eine gewisse Überdeckung.[73] 42

3. Mangelnde Werthaltigkeit der Sicherheit. Kein Anspruch auf Wertausgleich nach § 172 Abs. 1 besteht, soweit die Sicherungsrechte nicht werthaltig sind, etwa wenn das Sicherungsgut wertlos oder mit vorrangigen Drittrechten belastet ist.[74] 43

4. Beweislast. Der **Insolvenzverwalter,** der sich auf § 172 Abs. 1 Satz 2 beruft und keine Ausgleichszahlungen erbringen will, ist beweisbelastet. 44

IV. Entsprechende Anwendung des § 172 Abs. 1

1. Nutzung durch den vorläufigen Insolvenzverwalter. a) Keine Anordnung nach § 21 Abs. 2 Nr. 5. § 172 ist im Eröffnungsverfahren nicht anwendbar. Ein Anspruch auf Wertausgleich 45

---

69 HKInsO/*Landfermann* § 172 Rn. 8; HambKommInsO/*Scholz* § 172 Rn. 5.

70 *Gomille* WM 2010, 1207.

71 Uhlenbruck/*Brinkmann* § 172 Rn. 14; *Mönning*, FS Uhlenbruck, 2000, S. 239, 264.

72 BGH WM 1998, 227; *Lwowski*, FS Schimansky, 1999, S. 389. Abzüge für Umsatzsteuer sind ggf. zusätzlich vorzunehmen.

73 Unzutreffend daher *Mönning*, FS Uhlenbruck, 2000, S. 239, 264: „mit dem Abschmelzen einer Überdeckung [steigt] die Gefahr des Ausfalls, weil man nie ganz sicher weiß, ob der erhoffte Erlös wirklich erzielt werden wird, jedoch besteht kein Anspruch auf eine Risikoprämie". Unscharf auch Uhlenbruck/*Brinkmann* § 172 Rn. 14; KPB/*Flöther* § 172 Rn. 5; wie hier HKInsO/*Landfermann* § 172 Rn. 8; HambKommInsO/*Scholz* § 172 Rn. 5.

74 HambKommInsO/*Scholz* § 172 Rn. 5.

existiert nicht, wenn das Insolvenzgericht keine Anordnung nach § 21 Abs. 2 Satz 1 Nr. 5 erlassen hat. Schon vor der Einführung des heutigen § 21 Abs. 2 Satz 1 Nr. 5 war richtigerweise eine analoge Anwendung des § 172 ausgeschlossen.[75] Der Gesetzgeber hat nun durch die Neuregelung des § 21 Abs. 2 Satz 1 Nr. 5 klargestellt, dass außerhalb von ausdrücklichen Anordnungen des Insolvenzgerichts kein Raum für eine Anwendung des § 172 ist. Erlässt das Insolvenzgericht keine Anordnung nach § 21 Abs. 2 S. 1 Nr. 5 bzw. unterlässt es der vorläufige Insolvenzverwalter, eine derartige Anordnung anzuregen, so agiert der vorläufige Insolvenzverwalter in einem sehr **haftungsträchtigen Umfeld.** Kommt der vorläufige Insolvenzverwalter seinem gesetzlichen Auftrag nach, den Geschäftsbetrieb des schuldnerischen Unternehmens zunächst weiterzuführen, so muss er zwangsläufig die sicherungsübereigneten Maschinen weiter einsetzen und das sicherungsübereignete Umlaufvermögen weiter verarbeiten. Nicht berufen kann sich der vorläufige Verwalter auf eine im Sicherungsvertrag vereinbarte Verarbeitungsbefugnis, wenn die Verarbeitung der sicherungsübereigneten Gegenstände nicht im ordnungsgemäßen Geschäftsgang erfolgt. Häufig sehen die Sicherungsverträge (zB Lieferbedingungen mit verlängertem Eigentumsvorbehalt) auch ein automatisches Erlöschen der Verarbeitungsbefugnis mit Insolvenzantragstellung vor. Derartige Klauseln sind zulässig, da sonst der Sicherungsnehmer im Eröffnungsverfahren mit einem Verlust seiner Rechte rechnen müsste, wenn der vorläufige Insolvenzverwalter/Schuldner die Gegenstände zunächst verarbeitet, dann weiterveräußert und die Kundenforderungen einzieht. Im Übrigen kann der Sicherungsnehmer (zB Lieferant) die Verarbeitungsbefugnis nach Insolvenzantragstellung widerrufen. Der Sicherungseigentümer von Anlagevermögen kann ebenfalls die Nutzungsbefugnis widerrufen.

46 Gehen im Rahmen der Betriebsfortführung durch den vorläufigen Insolvenzverwalter die Sicherungsrechte der Gläubiger unter, so hat dies keine praktischen Konsequenzen, wenn der (vorläufige) Insolvenzverwalter entsprechende Zahlungen an die Sicherungsgläubiger leistet. Wird durch die Betriebsfortführung im Insolvenzeröffnungsverfahren hingegen Masse vernichtet und kann der Verwalter deshalb die gesicherten Gläubiger nicht abfinden, so droht eine persönliche Haftung nach § 60, da er pflichtwidrig die sicherungsübereigneten Gegenstände genutzt bzw. verbraucht hat. Der vorläufige Insolvenzverwalter sollte mit den Sicherungsgläubigern **Verwertungsvereinbarungen** schließen, in denen seine Nutzungs- und Verarbeitungsbefugnis geregelt wird.

47 **b) Anordnung nach § 21 Abs. 2 Satz 1 Nr. 5.** Die im Jahre 2007 neu eingefügte Vorschrift des § 21 Abs. 2 Satz 1 Nr. 5 sieht vor, dass das Gericht eine Anordnung treffen kann mit dem Inhalt, dass Gegenstände, die im eröffneten Insolvenzverfahren von § 166 erfasst werden oder deren Aussonderung verlangt werden könnte, vom Gläubiger nicht verwertet werden dürfen und dass solche Gegenstände zur Fortführung des Unternehmens des Schuldners eingesetzt werden können, soweit sie hierfür von erheblicher Bedeutung sind. Mit der Gesetzesänderung wurde auch eine Anwendung entsprechender Ausgleichsregelungen zugunsten der absonderungsberechtigten Gläubiger im Insolvenzeröffnungsverfahren angeordnet. Besonders ist darauf hinzuweisen, dass § 21 Abs. 2 Satz 1 Nr. 5 auch eine Regelung für den Ausgleich von Wertverlusten, die durch eine Nutzung entstehen, für **Aussonderungsrechte** vorsieht.

48 **2. Keine analoge Anwendung des § 172 im eröffneten Verfahren auf Aussonderungsrechte.** Auf die Nutzung von Gegenständen, die mit Aussonderungsrechten belegt sind – insbesondere unter (einfachem) Eigentumsvorbehalt erworbene Waren –, findet § 172 im eröffneten Insolvenzverfahren richtigerweise **keine analoge Anwendung.**[76] Das bedeutet, dass der Insolvenzverwalter sich nicht auf § 172 stützen kann, wenn er der Aussonderung unterliegende Gegenstände nach Verfahrenseröffnung benutzt, verbraucht oder verarbeitet. Ebenfalls folgt daraus, dass der Aussonderungsberechtigte auch keine Wertausgleichsansprüche analog § 172 Abs. 1 geltend machen kann. Will der Insolvenzverwalter das Aussonderungsgut nutzen oder weiterverarbeiten, so muss er sich mit dem Aussonderungsberechtigten einigen. Hat der Verwalter Aussonderungsgut verarbeitet, so kann er nicht bei der Zahlung des Kaufpreises an den Aussonderungsberechtigten die Kostenbeiträge nach §§ 170, 171 abziehen.[77] Reicht die vorhandene Insolvenzmasse nicht aus, um den Aussonderungsberechtigten abzufinden, so kann dieser **Haftungsansprüche** gegen Insolvenzmasse und Insolvenzverwalter persönlich geltend machen. Durch diese Auslegung wird ein umfassender Schutz des Aussonderungsberechtigten sichergestellt.

49 Die **Gegenauffassung**[78] versucht, mittels der Anwendung des § 172 die Haftungsrisiken für den Insolvenzverwalter zu begrenzen und im Interesse der Betriebsfortführung eine Einbeziehung

[75] Vgl. Jaeger/*Gerhardt* § 22 Rn. 108.

[76] Uhlenbruck/*Brinkmann* § 172 Rn. 2; HambKommInsO/*Scholz* § 172 Rn. 13; FKInsO/*Wegener* § 172 Rn. 3; offen gelassen bei HKInsO/*Marotzke* § 107 Rn. 34.

[77] LG Braunschweig DZWIR 2001, 303; aA *Rendels* EWiR 2001, 279, *Gundlach/Frenzel/Schmidt* DZWIR 2001, 277.

[78] *Wellensiek*, Kölner Schrift zur InsO, 3. Aufl. 2009, Kap. 7 Rn. 40; BKInsO/*Breutigam* § 172 Rn. 7 f.

auch der Gegenstände zu ermöglichen, die ausgesondert werden können. Eine Regelungslücke erscheint aber sehr zweifelhaft. Nach der Stellung des § 172 und seinem Wortlaut, der auf eine Verwertungsbefugnis des Insolvenzverwalters Bezug nimmt, sind Aussonderungsrechte nicht erfasst. Auch der Vergleich mit § 21 Abs. 2 Satz 1 Nr. 5, der der Aussonderung unterliegende Gegenstände explizit einbezieht, spricht gegen eine unbewusste Regelungslücke. Nicht zuletzt entspricht es auch dem Konzept des Gesetzes, die Aussonderungsberechtigten im eröffneten Verfahren unberührt zu lassen. Die fehlende Einbeziehung der Sachen, die ausgesondert werden können, behindert zwar uU die Betriebsfortführung durch den Insolvenzverwalter, insbes. in Fällen, in denen eine Erfüllungswahl für die Insolvenzmasse negative Folgen hat. Die analoge Anwendung des § 172 würde aber zu einer einseitigen Zurückdrängung der Interessen des Aussonderungsgläubigers führen. Die Verlängerungsformen des Eigentumsvorbehalts (Erstreckung auf die neu entstehende Sache oder auf Weiterveräußerungsforderungen) begründen ohnehin nur ein Absonderungsrecht, sodass § 172 direkt anwendbar ist. In der Diskussion wird dies häufig nicht hinreichend unterschieden. Letztlich wird man feststellen müssen, dass der Gesetzgeber eine – vielleicht wünschenswerte – Regelung für die Aussonderungsrechte nicht geschaffen hat, die Rechtsprechung diese Entscheidung aber respektieren muss.

V. Verwertungsvereinbarungen

Die Wertausgleichsregelung in § 172 Abs. 1 ist für den Absonderungsberechtigten **wenig praktikabel,** da eine exakte Darlegung des Wertverlusts mit erheblichen Beweisproblemen verbunden ist, die man auch mit einem Rückgriff auf die AfA-Sätze (vgl. → Rn. 28, 31) nur partiell lösen kann. Eine laufende Ausgleichszahlung ist nur dann durchsetzbar, wenn auch der laufende Wertverlust festgestellt werden kann. Aufgrund des damit verbundenen Aufwands wird der Absonderungsberechtigte eine Ausgleichszahlung regelmäßig erst nach Beendigung der Nutzung und abschließender Wertfeststellung erhalten.[79] In diesem Fall droht dem Absonderungsberechtigten aber bei Masseunzulänglichkeit ein Ausfall mit seinem Anspruch auf Ausgleichszahlungen. Auch für einen Hauptanwendungsfall der Nutzung von Absonderungsgut, nämlich die Weiterverarbeitung von Warenvorräten, enthält die Norm des § 172 nur unvollständige Regelungen und lässt viele Fragen offen.[80] Aus diesen Gründen treffen Verwalter und absonderungs- oder aussonderungsberechtigter Gläubiger nicht selten eine dem § 172 vorgehende **Verwertungsvereinbarung,** die andere und vor allem konkretere Regelungen für einen Interessenausgleich vorsieht. 50

Für den **bloßen Gebrauch** massefremder oder belasteter Gegenstände – auch solcher, die der Gläubiger aussondern könnte – kann ein **Nutzungsvertrag** (Miete oder Pacht) geschlossen werden. Mit dem Nutzungszins sind die Ansprüche des Absonderungsberechtigten aus §§ 169, 172 abgegolten.[81] Bei **sicherungsübereignetem Anlagevermögen,** das im Rahmen einer Betriebsfortführung von der Insolvenzmasse weiter benutzt wird, sollte sinnvollerweise geregelt werden, wie der Insolvenzverwalter einen etwaigen Wertverlust der Maschine kompensieren will. 51

Bei **Verarbeitung** und **Verbrauch** von Aus- und Absonderungsgut oder bei **Weiterveräußerung** von Aussonderungsgut sind folgende Verwertungsregelungen zu empfehlen: 52
- Umfang des Nutzungsrechts des Insolvenzverwalters (Verbindung, Vermischung, Verarbeitung/Verbrauch/Weiterveräußerung),
- Erlösbeteiligung des Berechtigten (Einkaufspreis/Zeitwert oder prozentuale Beteiligung am Erlös, ggf. Regelung für den Fall, dass der Verwalter im Rahmen der Betriebsfortführung eigentlich unberechtigte Aufrechnungen von Kunden akzeptieren muss),
- Wertzuwachs ab Insolvenzeröffnung (Zuordnung zur Insolvenzmasse entsprechend § 172 Abs. 2 Satz 2 oder abweichende Regelung),
- Sicherungsrechte des Berechtigten als Schutz vor nachfolgender Masseunzulänglichkeit (zB Sicherungsübereignung des Produkts, Sicherungsabtretung der Forderungen aus Weiterveräußerung),
- Abbedingung der §§ 169, 172,
- Regelung hinsichtlich der §§ 170, 171.

VI. Verhältnis zum Zinsausgleich gem. § 169

Die Ausgleichszahlungen wegen Wertverlusts nach § 172 und die Zinszahlungen nach § 169 sind **nebeneinander** aus der Insolvenzmasse zu erbringen.[82] 53

79 HambKommInsO/*Scholz* § 172 Rn. 18.
80 Näher → Rn. 54 ff.
81 HambKommInsO/*Scholz* § 172 Rn. 19.
82 HKInsO/*Landfermann* § 172 Rn. 12.

E. Verbindung, Vermischung, Verarbeitung (Abs. 2)

I. Allgemeines

54 **1. Keine Regelung für Aussonderungsgut.** Eine Regelung für die Verbindung, Vermischung oder Verarbeitung von Aussonderungsgut, insbesondere unter **einfachem Eigentumsvorbehalt** gelieferte Waren, fehlt in der InsO. Die Regelung des § 172 Abs. 2 betrifft nur Absonderungsgut, also beispielsweise an den Geldkreditgeber sicherungsübereignete Warenvorräte und an den Warenkreditgeber im Rahmen eines verlängerten Eigentumsvorbehalts sicherungsübereignete Produkte. Eine analoge Anwendung des § 172 auf Aussonderungsgut ist nicht möglich.[83]

55 **2. Absonderungsgut.** Als Sonderfälle der Benutzung beweglicher Sachen, die mit einem Absonderungsrecht belastet sind, gestattet § 172 Abs. 2 dem Insolvenzverwalter auch die Verbindung (§§ 946, 947 BGB), Vermischung und Vermengung (§ 948 BGB) sowie die Verarbeitung (§ 950 BGB). Allerdings besteht die Befugnis zur Vornahme entsprechender Handlungen nur, soweit dadurch die Sicherung des absonderungsberechtigten Gläubigers nicht beeinträchtigt wird, also nur **innerhalb enger Grenzen.** Unzulässig sind damit einerseits Handlungen, die kraft Gesetzes zum Rechts- bzw. Wertverlust führen, andererseits aber auch Verwendungen, die allein faktisch die Sicherung des Gläubigers rechtlich oder tatsächlich beeinträchtigen. Steht zB die den Hauptbestandteil der Gesamtsache bildende Sache im Eigentum des Schuldners, verliert der Sicherungsgläubiger der Nebensache sein Eigentum bei der Verbindung. Der Insolvenzverwalter ist dann nicht zur Verbindung befugt.

56 Eventuell im Sicherungsvertrag oder den Allgemeinen Geschäftsbedingungen des Lieferanten dem Schuldner erteilte **Gestattungen** zur Verarbeitung oder **Ermächtigungen** zur Weiterveräußerung im eigenen Namen sind spätestens im eröffneten Verfahren regelmäßig **widerrufen oder erloschen.** Eine Weiterveräußerungsermächtigung (§ 185 BGB) kann vom Lieferanten oder Sicherungsnehmer jederzeit widerrufen werden.[84] Teilweise sind in den Sicherungsverträgen und Lieferanten-AGB auch Formulierungen enthalten, die bei Insolvenzantragstellung oder Verfahrenseröffnung ein automatisches Erlöschen der Verarbeitungs- oder Veräußerungsbefugnis anordnen. Soweit dem Sicherungsgeber im Sicherungsvertrag „gestattet" wird, „über das Sicherungsgut im Rahmen eines ordnungsgemäßen Geschäftsbetriebes zu verfügen", ist ein Widerruf zweckmäßig, auch wenn schon ab Antrag auf Insolvenzeröffnung der Geschäftsbetrieb nicht mehr als ordnungsgemäß iSd vertraglichen Absprache zwischen Sicherungsnehmer und Sicherungsgeber zu verstehen ist.[85]

57 Ob die Sicherung des Gläubigers beeinträchtigt wird, muss der Insolvenzverwalters **ex ante beurteilen.** Erkennt der Verwalter bereits vor Vornahme der Handlung die sich abzeichnende Beeinträchtigung, darf er die Sache ohne Zustimmung des Sicherungsgläubigers nicht verwenden.[86] Soweit der gesetzliche Eigentumsverlust des Sicherungsgläubigers die notwendige Folge einer Verwendung ist, kann sich der Verwalter nicht mit (juristischer) Unkenntnis herausreden. Verwendet er die Sache, haftet er (auch) persönlich nach § 60. Er hat daher vor der Verwendung der Sicherheit sorgfältig zu prüfen, ob dadurch die Rechtsstellung des Sicherungsgläubigers beeinträchtigt wird. Im Zweifel sollte er die Einwilligung des Sicherungsgläubigers einholen, um sich nicht regresspflichtig zu machen. Allerdings sind bei Fortführung des Unternehmens ökonomische Zwänge denkbar, die eine langwierige Prüfung der Rechtslage oder Verhandlungen über eine Einwilligung nicht zulassen. Auch hier bietet sich – wie beim Verbrauch einer Sache – an, die **gesicherte Forderung** des Sicherungsgläubigers zu **befriedigen.** Fehlt dazu die erforderliche Liquidität und kann sich der Insolvenzverwalter diese auch nicht durch Kredite, abgesichert durch die „neue" Sache, beschaffen, wird er das Risiko, einen Rechtsverlust beim Sicherungsgläubiger zu bewirken, in Kauf nehmen, wenn die „neue" Sache so werthaltig ist, dass die Ansprüche des Sicherungsgläubigers auf den Wert der Sache befriedigt werden können.

58 Da sich aus § 172 Abs. 2 sich kein Recht zur Weiterverarbeitung ableitet, wenn dadurch die Sicherheit des Absonderungsberechtigten nach den §§ 946 ff. BGB untergeht, ist eine Vereinbarung zwischen Sicherungsnehmer und Insolvenzverwalter über dessen Weiterverarbeitungsbefugnis sinnvoll.[87] Verhält sich der Insolvenzverwalter gesetzeswidrig und verarbeitet die Sache ohne vorherige

---

[83] → Rn. 48 f.

[84] FKInsO/*Wegener* § 172 Rn. 11 unter Berufung auf *Serick* ZIP 1982, 507, 512 (für den Widerruf von Verarbeitungsklauseln); HKInsO/*Landfermann* § 172 Rn. 2; differenzierend Jaeger/*Eckardt* § 172 Rn. 153 mwN; aA *Bork*, FS Gaul, 1997, S. 71, 88 ff.; KPB/*Flöther* § 172 Rn. 15.

[85] Lwowski/Fischer/Gehrlein/*Wittig*, Das Recht der Kreditsicherung, 10. Aufl. 2018, § 11 Rn. 58 ff.; → Rn. 70 f. für die Verarbeitungsbefugnis.

[86] KPB/*Flöther* § 172 Rn. 13; s. auch *Bork*, FS Gaul, 1997, S. 71, 81, 86 f.

[87] *Bork*, FS Gaul, 1997, S. 71, 88 f.

Absprache mit dem Sicherungsgläubiger weiter, so bleibt dies ohne Konsequenzen, wenn der Insolvenzverwalter zu einem späteren Zeitpunkt aus dem Verwertungserlös die gesicherte Forderung des Sicherungsgläubigers befriedigt. Tritt allerdings Masseunzulänglichkeit ein oder ignoriert der Insolvenzverwalter das Absonderungsrecht, so stellt sich die Frage, wie der **Schutz des absonderungsberechtigten Gläubigers** ausgestaltet ist. Abgesehen von Schadensersatzansprüchen gegen den Verwalter kommt im Falle der Weiterveräußerung eine Ersatzabsonderung analog § 48 in Betracht. Man wird aber auch annehmen müssen, dass eine zwischen Schuldner und Lieferanten oder Sicherungsnehmer vereinbarte „Fortsetzung" der Sicherheit – etwa bei der Verarbeitungsklausel der anteilige Eigentumserwerb, bei einem verlängerten Eigentumsvorbehalt die Vorausabtretung – zum Tragen kommt. Der Gesetzgeber geht zwar offenbar davon aus, dass diese Klauseln mit Verfahrenseröffnung ihre Wirkung verlieren, trifft er doch in § 172 Abs. 2 eigene (unvollkommene) Regelungen ua zur Weiterverarbeitung. Verarbeitet der Insolvenzverwalter aber entgegen § 172 Abs. 2 das Sicherungsgut weiter und bringt dadurch das ursprüngliche Sicherungsrecht des Gläubigers zum Erlöschen, so hat er sich den ursprünglich vereinbarten Bedingungen unterworfen, sodass dem Lieferanten oder Sicherungsnehmer Rechte an dem Endprodukt oder an den Kundenforderungen aus der Veräußerung des Produkts zustehen.[88]

II. Verbindung, §§ 946, 947 BGB

1. Verbindung von beweglichen Sachen mit Grundstücken, § 946 BGB. Die Verbindung 59
einer mit einem Absonderungsrecht belasteten beweglichen Sache mit einem Grundstück ist ein Realakt[89] und führt nach Maßgabe des § 946 BGB, der **zwingendes Recht** ist,[90] zum gesetzlichen Eigentumserwerb des Grundstückseigentümers an der beweglichen Sache. Voraussetzung ist die dauerhafte und nicht nur zu vorübergehenden Zwecken vorgenommene Verbindung des Sicherungsgutes mit einem Grundstück, so dass es nicht Scheinbestandteil iSd § 95 BGB, sondern **wesentlicher Bestandteil** iSd § 94 BGB wird. Wurde das Sicherungsgut zunächst nur Scheinbestandteil iSd § 95 BGB, liegt keine Verbindung iSd § 946 BGB vor; sie kann aber durch eine nachträgliche Einigung herbeigeführt werden.[91]

Durch den Eigentumserwerb erlöschen sämtliche bestehenden Rechte, dh sowohl bestehende 60
Pfandrechte als auch Sicherungseigentum, § 949 BGB. Da die Verbindung iSd § 946 BGB kein Rechtsgeschäft, sondern Realakt ist, kommt es auf den guten Glauben des Erwerbers nicht an.[92] Ebenso ist es für den Eigentumserwerb unbeachtlich, ob ein Verbindungsverbot des Sicherungseigentümers besteht oder der Grundstückseigentümer keinen Erwerbswillen besitzt.[93] Aufgrund des bei einer Verbindung iSd § 946 BGB eintretenden vollständigen Rechtsverlustes des absonderungsberechtigten Gläubigers liegt in diesen Fällen **stets eine Beeinträchtigung** der Sicherung des Gläubigers vor,[94] so dass die Verbindung iSd § 946 BGB nach § 172 Abs. 2 Satz 1 nicht statthaft ist.[95] Ein Verstoß gegen diese gesetzliche Beschränkung führt gem. § 60 Abs. 1 zur Schadensersatzpflicht des Insolvenzverwalters gegenüber dem absonderungsberechtigten Gläubiger.

2. Verbindung von beweglichen Sachen mit anderen beweglichen Sachen, § 947 BGB. 61
Bei einer Verbindung einer beweglichen Sache mit einer anderen beweglichen Sache iSd § 947 BGB kommt es darauf an, ob sie wesentliche Bestandteile einer neuen, einheitlichen Sache werden (§ 947 Abs. 1 BGB) oder ob eine der beiden miteinander verbundenen Sachen als Hauptsache[96] der neuen Gesamtsache anzusehen ist (§ 947 Abs. 2 BGB). Werden die miteinander verbundenen Sachen wesentliche Bestandteile der neuen Gesamtsache, so werden die bisherigen Eigentümer der Sachen entsprechend dem Wertverhältnis dieser Sachen zum Zeitpunkt ihrer Verbindung Miteigentümer an der neuen Sache; vgl. §§ 741 ff., 1008 ff. BGB. Ist einer der Bestandteile nach der Verbindung als Hauptsache anzusehen, erlangt der Eigentümer der Hauptsache gem. § 947 Abs. 2 BGB Alleineigentum an der gesamten Sache. Auch § 947 BGB ist **zwingendes Recht.**[97]

---

88 Vgl. dazu auch *Bork*, FS Gaul, 1997, S. 71, 88 ff.
89 Staudinger/*Wiegand*, Neubearb. 2017, § 946 Rn. 6; Palandt/*Herrler* § 946 Rn. 1.
90 Staudinger/*Wiegand*, Neubearb. 2017, § 946 Rn. 10; MüKoBGB/*Füller*, 7. Aufl. 2017, § 946 Rn. 13; vgl. aber Staudinger/*Wiegand*, Neubearb. 2017, § 946 Rn. 3 f.
91 Staudinger/*Wiegand*, Neubearb. 2017, § 946 Rn. 8.
92 Palandt/*Herrler* § 946 Rn. 1 und 3.
93 Staudinger/*Wiegand*, Neubearb. 2017, § 946 Rn. 6.
94 → Rn. 55.
95 *Bork*, FS Gaul, 1997, S. 71, 81 ff.; HKInsO/*Landfermann* § 172 Rn. 17; HambKommInsO/*Scholz* § 172 Rn. 8.
96 Vgl. hierzu MüKoBGB/*Füller*, 7. Aufl. 2017, § 947 Rn. 4 ff.
97 *Baur/Stürner*, SachenR, 18. Aufl. 2009, § 53 Rn. 5.

62 Die Frage, ob im konkreten Einzelfall ein **wesentlicher Bestandteil** vorliegt, bestimmt sich nach Maßgabe des § 93 BGB. Nach der dort vorgegebenen Legaldefinition liegt ein wesentlicher Bestandteil vor, wenn die verbundenen Sachen nicht voneinander getrennt werden können, ohne dass sie zerstört oder in ihrem Wesen verändert werden, dh die Bestandteile nach ihrer Trennung in der bisherigen Art wirtschaftlich nicht mehr genutzt werden können.[98] Ob dies der Fall ist, bestimmt sich nach der Verkehrsanschauung und natürlicher Betrachtungsweise unter Zugrundelegung eines technisch-wirtschaftlichen Standpunktes.[99]

63 Für die Sicherungsrechte an den Bestandteilen bedeutet dies: Wird das **Sicherungsgut des Gläubigers** mit der Verbindung **Hauptsache,** bleiben die Sicherungsrechte an dieser Sache gem. § 949 Satz 3 BGB bestehen und erstrecken sich fortan auf die neu entstandene Gesamtsache. Die Verbindung beeinträchtigt (rechtlich) das Sicherungsgut nicht. Entsteht **Miteigentum** (§ 947 Abs. 1 BGB), so besteht das Sicherungsrecht am Anteil fort (§ 949 Satz 2 BGB). Die Tatsache, dass der Sicherungsgläubiger statt alleinigen Sicherungseigentums (Sicherungs-)Miteigentum erhält, beeinträchtigt seine Sicherung regelmäßig nicht, auch wenn die Verwertung nun für zwei Sicherungsgläubiger erfolgt. Ein geringerer Sicherheitenerlös ist dadurch nicht zu erwarten. Die Verbindung durch den Verwalter ist daher in beiden Fällen **gestattet.** Etwas anderes gilt, wenn der **Wert der neuen Sache** geringer ist als der Wert des verbundenen Sicherungsguts. Dieser Ausnahmefall kann dann eintreten, wenn eine Betriebsfortführung durch den Verwalter scheitert, der Verwalter vorhandene Vorräte hat weiterverarbeiten lassen und die Produkte unverkäuflich sind. Ob in diesem Fall Masse und Verwalter Schadensersatz schulden, hängt von der Vorhersehbarkeit der Entwicklung ab.

64 Verliert aber der Sicherungsgläubiger sein Sicherungsrecht durch die Verbindung, weil die **andere Sache Hauptsache** ist, ist dem Verwalter die Verbindung nicht gestattet. Er wird daher möglichst das Sicherungsgut gegen Bezahlung des Wertes (soweit er zur Sicherung der Forderung des Gläubigers benötigt wird) vom Sicherungsgläubiger übernehmen. Andernfalls haftet er auf Schadensersatz, den er aber möglicherweise ohne Weiteres aus dem Erlös der neuen Sache leisten kann.

III. Vermischung/Vermengung, § 948 BGB

65 Werden mit Absonderungsrechten belastete bewegliche Sachen mit anderen untrennbar vermischt oder vermengt, finden die unter II. dargelegten Grundsätze Anwendung. Die insoweit maßgeblichen Bestimmungen der §§ 947, 948 BGB sind wiederum zwingend,[100] werden aber ggf. von § 950 BGB als lex specialis verdrängt.[101]

66 **1. Untrennbare Vermischung.** Die untrennbare Vermischung betrifft Sachen iSd § 90 BGB, die sich **nicht im festen Aggregatzustand** befinden, sondern flüssig oder gasförmig sind.[102] Eine Vermischung derartiger Stoffe ist untrennbar, wenn die Sachen ihre körperliche Abgrenzung verlieren bzw. gem. § 948 Abs. 2 BGB die Trennung der vermischten Sachen nur mit unverhältnismäßigen Kosten verbunden sein würde.

67 **2. Untrennbare Vermengung.** Bei einer untrennbaren Vermengung beweglicher Sachen bleibt im Gegensatz zur Vermischung aufgrund ihres **festen Aggregatzustandes** zwar die körperliche Abgrenzung möglich. **Mangels natürlicher Unterscheidbarkeit bzw. Kennzeichnung** können sie jedoch nach der Vermengung nicht mehr dem bisherigen Eigentümer zugeordnet werden. Dem steht es gem. § 948 Abs. 2 gleich, wenn die Zuordnung zwar objektiv möglich ist, jedoch nur unter Aufwendung unverhältnismäßiger Kosten. Eine Vermengung kann insbesondere bei Materialien wie Wein, Münzen,[103] Baumaterialien,[104] Getreide[105] und Tieren eintreten.[106]

68 **3. Erwerb von Miteigentum.** Grundsätzlich erwirbt der Eigentümer eingebrachter Mengen bei Vermischung und Vermengung gem. § 948 BGB Miteigentum gem. §§ 741 ff., 1008 ff. BGB im Wertverhältnis der Einzelmengen zur Zeit der Vermischung bzw. Vermengung.[107] Lässt sich das Wertverhältnis aus tatsächlichen Gründen nicht feststellen, ist gleichwohl nicht ohne Weiteres Allein-

[98] Vgl. BGHZ 18, 226, 229; 61, 80, 81; Staudinger/*Wiegand*, Neubearb. 2017, § 947 Rn. 5; Staudinger/*Stieper*, Neubearb. 2017, § 93 Rn. 14 ff., insbes. Rn. 16.
[99] Vgl. RGZ 67, 30, 32; 158, 362, 370; BGHZ 20, 155, 157.
[100] Vgl. Staudinger/*Wiegand*, Neubearb. 2017, § 948 Rn. 2 und § 947 Rn. 8; MüKoBGB/*Füller*, 7. Aufl. 2017, § 948 Rn. 1.
[101] RGZ 161, 109, 113; Palandt/*Herrler* § 948 Rn. 1.
[102] Palandt/*Herrler* § 948 Rn. 2.
[103] Vgl. BGH NJW 1993, 935, 936; RG WarnR 1920, Nr. 160.
[104] BGH NJW 1958, 1534.
[105] RGZ 112, 102; BGHZ 14, 114.
[106] RGZ 140, 159.
[107] Staudinger/*Wiegand*, Neubearb. 2017, § 948 Rn. 6; *Kuhn/Uhlenbruck*, KO § 127 Rn. 16 f.

eigentum anzunehmen, sondern unter Anwendung der allgemeinen Grundsätze zur Beweislast eine Lösung zu ermitteln.[108] Eine Verwendung durch den Insolvenzverwalter ist hier grundsätzlich **gestattet,** soweit das Sicherungsrecht nicht beeinträchtigt wird.

4. Erwerb von Alleineigentum. Wenn bewegliche Sachen untereinander untrennbar vermischt oder vermengt werden und eine der Sachen Hauptmenge bei verschiedenartigen Sorten (zB Leder und Gerbstoff)[109] oder – zweifelhaft – überwiegende Menge bei sehr großem Mengenunterschied gleichartiger Sachen ist,[110] so erwirbt der Eigentümer der Hauptmenge oder der überwiegenden Menge gem. §§ 948 Abs. 1, 947 Abs. 2 BGB Alleineigentum. Verlöre infolgedessen der absonderungsberechtigte Gläubiger sein Eigentum, darf der Verwalter die Vermischung oder Vermengung nicht vornehmen. Vielmehr muss sich der Verwalter mit diesem Gläubiger einigen oder den ihm geschuldeten Schadensersatz einkalkulieren. 69

IV. Verarbeitung, § 950 BGB

Werden Sachen, die ihrer Natur nach dazu bestimmt sind, verarbeitet und so zu einer neuen Sache umgestaltet zu werden (wie zB Rohstoffe und Halbfertigfabrikate) zu Sicherungszwecken verwendet, muss der Sicherungsnehmer damit rechnen, dass er durch Verarbeitung seine Sicherheit verliert. Durch die Verarbeitung wird der Verarbeitende kraft Gesetzes Eigentümer unter gleichzeitigem Erlöschen aller an dem Stoff bestehenden Rechte. Um sich dagegen zu schützen, enthalten die Formularsicherungsverträge der Kreditinstitute und der Lieferanten (als Sicherungsnehmer) Klauseln, dass die Verarbeitung des Sicherungsgutes für Rechnung des Sicherungsnehmers unentgeltlich durch den Sicherungsgeber erfolgen solle und dass der Sicherungsnehmer als Hersteller iSv § 950 BGB anzusehen sei, also in jedem Stadium der Verarbeitung Eigentümer des Erzeugnisses sei und bleibe (**„Verarbeitungsklausel“**).[111] Diese Vereinbarung **versagt in der Insolvenz** des Sicherungsgebers infolge automatischen Erlöschens oder jedenfalls infolge Widerrufs.[112] Der Verwalter braucht diese Vereinbarung nicht zu erfüllen. Produziert also der Verwalter weiter, so wird das in der Insolvenz befindliche Unternehmen nach § 950 BGB Eigentümer. Der Sicherungsgläubiger verliert sein Sicherungseigentum kraft Gesetzes. Die Konsequenz ist, dass der **Verwalter** das Sicherungsgut **nicht verarbeiten darf.** Da aber zB Rohprodukte und Halbfertigfabrikate schwer verwertbar sind und das Fertigprodukt einen höheren Erlös erwarten lässt, wird der Sicherungsgläubiger zu einer Vereinbarung mit dem Verwalter bereit sein. Auch gilt, dass der Verwalter ohne Zustimmung des Sicherungsgläubigers das Sicherungsgut nur dann verarbeiten wird, wenn er den Schadensersatzanspruch aus dem Erlös der neuen Sache bezahlen kann.[113] 70

Im Falle einer – nicht gestatteten – Verarbeitung steht dem absonderungsberechtigten Gläubiger zwar ein **Entschädigungsanspruch gem. § 951 BGB** gegen die Insolvenzmasse (§ 55) zu. Dieser Anspruch ist jedoch **ökonomisch wertlos,** wenn die Masse unzulänglich ist. Gleiches gilt für andere[114] weitergehende Rechte des Sicherungsnehmers, zB auf Schadensersatz oder Verwendungsersatz. Das Wegnahmerecht beinhaltet einen schuldrechtlichen Anspruch auf Duldung der Trennung, aber kein Absonderungsrecht und keine Gestattung in der Insolvenz.[115] 71

V. Ersatzsicherheit

Die ursprünglich in § 197 Abs. 3 RegE[116] vorgesehene Möglichkeit des Insolvenzverwalters, die Beeinträchtigung der Gläubigersicherung durch Stellung einer Ersatzsicherheit auszugleichen, ist nicht in § 172 übernommen worden.[117] Wie für die Benutzung des Sicherungsgutes haben den Gesetzgeber jedoch keine inhaltlichen Einwände von der Einführung einer derartigen Regelung abgehalten, sondern Überlegungen der Verfahrensbeschleunigung und -effizienz.[118] Dementspre- 72

---

108 BGH NJW 1958, 1523; aA Staudinger/*Wiegand*, Neubearb. 2017, § 948 Rn. 7; Palandt/*Herrler* § 948 Rn. 3, die eine Anwendung des § 742 BGB befürworten; vgl. MüKoBGB/*Füller*, 7. Aufl. 2017, § 948 Rn. 5.

109 Palandt/*Herrler* § 948 Rn. 4.

110 BGHZ 14, 114; Palandt/*Herrler* § 148 Rn. 4; aA *Baur/Stürner*, SachenR, 18. Aufl. 2009, § 53 Rn. 11.

111 Dazu Lwowski/Fischer/Gehrlein/*Wittig*, Das Recht der Kreditsicherung, 10. Aufl. 2018, § 11 Rn. 67 ff.; *Bork*, FS Gaul, 1997, S. 71, 88 ff.

112 *Serick* ZIP 1982, 507; *Elz* ZInsO 2000, 478; HKInsO/*Landfermann* § 172 Rn. 2; KPB/*Lüke* § 91 Rn. 32; Gottwald/*Adolphsen*, InsO-HdB, § 43 Rn. 36 ff.; aA *Bork*, FS Gaul, 1997, S. 71, 88 ff.

113 Skeptisch *Schultze*, ZIP 2016, 1198, 1200.

114 Rattunde/Smid/Zeuner/*Smid* § 172 Rn. 16.

115 Palandt/*Herrler* § 951 Rn. 22 bis 24.

116 → Rn. 7 f.

117 → Rn. 21 f.

118 Beschlußempfehlung des Rechtsausschusses zu den §§ 197, 198, BT-Drs. 12/7302, S. 178.

chend spricht nichts dagegen, dass Insolvenzverwalter und absonderungsberechtigter Gläubiger sich auf die Stellung einer Ersatzsicherheit **einigen.**[119] Dabei ist für die Beurteilung der Gleichwertigkeit der Ersatzsicherheit mit der „aufgegebenen" Sicherheit zu berücksichtigen, ob das Unternehmen fortgeführt oder stillgelegt wird. Besteht in einem solchen Fall Aussicht auf eine Fortführung des Unternehmens bis zu dem Zeitpunkt, in dem die ursprüngliche Sicherheit realisiert worden wäre, sollte auch die Ersatzsicherheit nach dem Fortführungswert der Sicherheit bemessen werden, da nur so erreicht werden kann, dass der Gläubiger durch den Austausch der Sicherheit nicht schlechter gestellt wird.[120]

VI. Wertsteigerung

73 Durch Verarbeitung, Vermischung, Vermengung und Verbindung kann im Einzelfall auch ein Wertzuwachs erfolgen, der – spiegelbildlich zum Wertverlust – sowohl auf einem Rechtszuwachs als auch auf einfacher tatsächlicher Wertsteigerung der Sache beruhen kann.

74 **1. Rechtszuwachs.** Erwirbt der absonderungsberechtigte Gläubiger durch die Regelungen der §§ 946 ff. BGB[121] Alleineigentum an der neu entstandenen wertvolleren Sache, so erweitert sich seine Rechtsposition, wodurch im Einzelfall ein Wertzuwachs der Gläubigersicherung entstehen kann.

75 **2. Wertzuwachs.** Neben dem Rechtszuwachs kann sich der Wert der Sache selbst durch ihre tatsächliche Veränderung steigern, indem die neu entstandene Sache einen so hohen Wert besitzt, dass auch nach Umrechnung auf den betreffenden Miteigentumsteil ein höherer Wert als vor dem Eingriff festzustellen ist.

76 **3. Freigabeverpflichtung.** Tritt ein Wertzuwachs des Sicherungsgutes ein und übertrifft demnach der Sicherungswert die besicherte Forderung, ist der überschießende Teil vom absonderungsberechtigten Gläubiger freizugeben.[122] Es handelt sich um einen **schuldrechtlichen Anspruch.**[123] Dies ist auch praxisgerecht: Eine Teilung der Sache ist meist unmöglich. Diese schuldrechtliche Verpflichtung kann der Sicherungsgläubiger auch dadurch erfüllen, dass er erklärt, die (neue, wertvollere) Sicherheit nur in Höhe des ursprünglichen Wertes (vor der Verarbeitung etc.) in Anspruch zu nehmen.[124] Schwerfälliger und auch rechtlich nicht geboten erscheint die Meinung, dass die Sache „anteilig" freizugeben ist.[125]

77 Hatte der absonderungsberechtigte Gläubiger vor der Verarbeitung des Sicherungsguts ausreichend bemessene Sicherheiten (zB eine Sicherheit über 120 bei einer gesicherten Forderung von 100) und steigt der Wert seiner Sicherheit weiter an, so muss der absonderungsberechtigte Gläubiger im Rahmen einer Freigabe nach § 172 Abs. 2 keine Verschlechterung seiner Position hinnehmen. Im Beispiel muss er also bei einer Wertsteigerung auf 160 nicht 60 freigeben, sondern nur 40, wenn die ursprüngliche Überdeckung von 20 nicht zu beanstanden war. Bei der Ermittlung der Höhe der Freigabeverpflichtung bei Überdeckung ist dann wiederum das **legitime Sicherungsbedürfnis des absonderungsberechtigten Gläubigers** zu berücksichtigen.[126] Der Gläubiger muss bei gesicherten Forderungen von 100 also nicht die über den Betrag von 100 hinausgehenden Sicherheiten freigeben, sondern ihm bleibt eine Sicherungsmarge (ua für die Kostenbeiträge nach §§ 170, 171).

§ 173 Verwertung durch den Gläubiger

(1) Soweit der Insolvenzverwalter nicht zur Verwertung einer beweglichen Sache oder einer Forderung berechtigt ist, an denen ein Absonderungsrecht besteht, bleibt das Recht des Gläubigers zur Verwertung unberührt.

(2) [1]Auf Antrag des Verwalters und nach Anhörung des Gläubigers kann das Insolvenzgericht eine Frist bestimmen, innerhalb welcher der Gläubiger den Gegenstand zu verwerten hat. [2]Nach Ablauf der Frist ist der Verwalter zur Verwertung berechtigt.

119 KPB/*Flöther* § 172 Rn. 12; HKInsO/*Landfermann* § 172 Rn. 19.
120 So die Begr. zu § 198 RegE, BR-Drs. 1/92, S. 182.
121 Siehe oben unter E. und Begr. zu § 197 RegE, BR-Drs. 1/92, S. 182.
122 Begr. zu § 197 RegE, BR-Drs. 1/92, S. 182.
123 KPB/*Flöther* § 172 Rn. 14.
124 HKInsO/*Landfermann* § 172 Rn. 18; *Lwowski/Heyn* WM 1998, 473, 482; Uhlenbruck/*Brinkmann* § 172 Rn. 18.
125 FKInsO/*Wegener* § 172 Rn. 16.
126 → Rn. 42.

Schrifttum: Siehe bei Vor §§ 166–173

Übersicht

A. Normzweck

Mit **§ 173 Abs. 1** wollte der Gesetzgeber klarstellen, dass außerhalb des Anwendungsbereichs des § 166 das Verwertungsrecht für mit Absonderungsrechten belastete Gegenstände beim Gläubiger liegt.[1] Die Norm enthält dabei weder eine Abgrenzung der Verwertungsrechte von Gläubiger und Insolvenzverwalter, noch definiert sie die Voraussetzungen eines Verwertungsrechts des Gläubigers. Vielmehr hat § 173 Abs. 1 **deklaratorischen Charakter.** Er stellt klar, dass in allen Fällen, in denen der Tatbestand des § 166 nicht erfüllt ist, ein Verwertungsrecht des Gläubigers besteht. 1

§ 173 Abs. 2 sieht einen **Mechanismus** vor, mit dessen Hilfe auch bei einem Verwertungsrecht des absonderungsberechtigten Gläubigers die **zügige Abwicklung** des Insolvenzverfahrens sichergestellt werden soll: Der Verwalter kann beantragen, dass das Insolvenzgericht dem Gläubiger eine Frist setzen möge, innerhalb derer der Gläubiger das Sicherungsgut zu verwerten hat. Hat das Gericht nach Anhörung des Gläubigers eine Frist gesetzt und verstreicht diese, ohne dass der Verwalter das Sicherungsgut verwertet hat, so **geht das Verwertungsrecht auf den Verwalter über.** 2

Die Regeln der §§ 167 ff., die für die Verwertung durch den Insolvenzverwalter gelten, finden nicht etwa „spiegelbildlich" Anwendung auf die Verwertung durch den absonderungsberechtigten Gläubiger. Der absonderungsberechtigte Gläubiger kann, wenn er nicht selbst verwerten will, die Verwertung auf der Grundlage einer freiwilligen Vereinbarung dem Insolvenzverwalter überlassen. Kostenbeiträge sind für diesen Fall im Gesetz nicht vorgesehen. Der absonderungsberechtigte Gläubiger und der Insolvenzverwalter werden allerdings im Regelfall in der **Verwertungsvereinbarung** hierzu Regelungen treffen. Will der Sicherungsgläubiger nicht selbst verwerten, sich aber auch nicht in einer Verwertungsvereinbarung mit dem Insolvenzverwalter über die Modalitäten der Verwertung einigen, so kann der Insolvenzverwalter nach § 173 Abs. 2 vorgehen. Nach einem Übergang des Verwertungsrechts auf den Insolvenzverwalter fallen grundsätzlich auch die Kostenbeiträge nach §§ 170, 171 an. 3

B. Entstehungsgeschichte

I. Frühere Regelung in der KO

Nach § 127 Abs. 1 KO war der Verwalter zur Verwertung eines zur Masse gehörigen beweglichen Gegenstandes berechtigt, an welchem ein Gläubiger ein durch Rechtsgeschäft bestelltes Pfand- 4

[1] Begr. zu § 200 RegE, BR-Drs. 1/92, S. 183.

recht oder ein diesem gleichstehendes Recht beanspruchte. Diese gesetzessystematisch zunächst als Regel gedachte Vorschrift ist in der Praxis unter Berufung auf Vorschriften des BGB und des HGB schon früh zur Ausnahme geworden. Nach den allgemeinen bürgerlich-rechtlichen und handelsrechtlichen Vorschriften ist in der Tat der Gläubiger, dem ein Pfandrecht bestellt wurde, zur Verwertung befugt (§§ 1221, 1224, 1228, 1233 Abs. 1, 1234–1240, 1245, 1257 BGB, §§ 368, 398, 399, 407 Abs. 2, 410, 411, 441, 623 Abs. 3, 627 Abs. 2 HGB aF[2]). Das Verwertungsrecht des Gläubigers wurde aufgrund vertraglicher Vereinbarung im Sicherungsvertrag auch für das Sicherungseigentum zur Regel.[3] Auf die Besitzlage kam es bei den beweglichen Sachen für die Frage, wem das Verwertungsrecht zustand, nicht an. Der Gläubiger konnte das Sicherungsgut vom Verwalter herausverlangen.[4] Das Recht zur Einziehung gepfändeter Forderungen stand dem Sicherungsgläubiger zu, wenn der Pfändungs- und Überweisungsbeschluss vor Konkurseröffnung zugestellt worden war.[5] **Rechtstatsächlich** kann man vereinfacht sagen, dass unter der KO der **Gläubiger zur Verwertung befugt** war. Bestand die Gefahr, dass der Sicherungsgläubiger die Verwertung verzögerte, konnte das Konkursgericht dem Gläubiger nach dessen Anhörung eine **Frist bestimmen,** innerhalb derer er den Gegenstand zu verwerten hatte. Nach Ablauf der Frist fiel das Verwertungsrecht (wieder) dem Verwalter zu. § 173 Abs. 2 hat diese Möglichkeit einer Fristsetzung übernommen.

II. Gesetzgebungsverfahren

5 Das Gesetzgebungsverfahren war durch die **Diskussion** bestimmt, für welche Gegenstände das **Verwertungsrecht** dem **Insolvenzverwalter** eingeräumt werden sollte.[6] Diese Überlegungen hatten naturgemäß Einfluss auf den Anwendungsbereich des § 173.

C. Selbstverwertungsrecht des absonderungsberechtigten Gläubigers

I. Umfang des Selbstverwertungsrechts

6 Der **absonderungsberechtigte Gläubiger** ist insbesondere bei den folgenden Sicherungsformen und Gegenständen **selbst zur Verwertung befugt:**
- Bewegliche Sachen, die sich im unmittelbaren Besitz des Gläubigers und nicht des Insolvenzverwalters befinden (alle Sicherungsformen),
- Faustpfandrechte, bei denen sich die Pfandsache im Besitz des Pfandgläubigers befindet,
- Zurückbehaltungsrecht wegen nützlicher Verwendungen (§ 1000 BGB iVm § 51 Nr. 2),
- kaufmännisches Zurückbehaltungsrecht (§ 369 HGB iVm § 51 Nr. 3),[7]
- Pfandrechte an Forderungen (§§ 1279 ff. BGB),
- Pfandrechte an sonstigen Rechten (§§ 1273 ff. BGB),
- Sicherungsübertragung von Rechten und solchen Forderungen, die nicht unter § 166 Abs. 2 fallen,
- einzelne gesetzliche Pfandrechte: Werkunternehmerpfandrecht (§ 647 BGB), Pfandrecht des Gastwirts (§ 704 BGB), Pfandrecht des Kommissionärs (§§ 397 ff. HGB), Pfandrecht des Lagerhalters (§ 475b HGB), Pfandrecht des Frachtführers (§ 440 HGB), Pfandrecht des Verfrachters (§ 495 HGB),
- gepfändete Forderungen und Rechte (§§ 828 ff., 857 ZPO),
- abgesonderte Befriedigung des Geschädigten aus der Versicherung in der Insolvenz des Schädigers.

7 Gem. § 166 ist hingegen allein der **Insolvenzverwalter** ua[8] in den folgenden Fällen **zur Verwertung befugt:**
- Sicherungsübereignung von Anlage- und Umlaufvermögen,
- Sicherungszession von Forderungen,
- Sicherungsabtretung im Rahmen eines verlängerten Eigentumsvorbehalts,
- Sicherungseigentum an verarbeiteten Sachen aufgrund Verarbeitungsklausel,

[2] Änderungen insbesondere durch Art. 1 des Gesetzes zur Reform des Seehandelsrechts v. 20.4.2013, BGBl. I 831.
[3] Schimansky/Bunte/Lwowski/*Lwowski/v. Oppen*, Bankrechts-HdB, Anh. zu § 95.
[4] RGZ 157, 40, 45; *Serick*, Eigentumsvorbehalt und Sicherungsübertragung, Bd. III, 1970, § 35 I 2b.
[5] *Kuhn/Uhlenbruck*, KO, 11. Aufl. 1994, § 127 Rn. 14; *Kilger/K. Schmidt*, KO, 17. Aufl. 1997, § 127 Anm. 5a; *Jaeger/Weber*, KO, 8. Aufl. 1973, § 127 Rn. 7.
[6] Beschlußempfehlung des Rechtsausschusses zu § 200 Abs. 1 RegE, BT-Drs. 12/7302, S. 178 und oben → § 166 Rn. 101 ff.
[7] Dazu ausführlich BGH WM 2011, 1420.
[8] Siehe im Einzelnen → § 166 Rn. 10 ff.

– Vermieterpfandrecht (§§ 562, 581 BGB).

Die Regelung des § 173 weist dem Gläubiger kein Verwertungsrecht zu, vielmehr setzt sie dessen Bestehen voraus. § 173 geht davon aus, dass das Verwertungsrecht beim Gläubiger „bleibt", dem Gläubiger also originär zusteht und nicht vom Verwalter abgeleitet ist. Dementsprechend ist § 173 weder bei einer Überlassung des Sicherungsgegenstandes (Forderung oder Sache) durch den Insolvenzverwalter an den Gläubiger, noch bei einer Freigabe einschlägig. Hat der Gläubiger den unmittelbaren Besitz – zB beim Faustpfandrecht oder aufgrund rechtmäßiger Besitzübertragung –, ergibt sich sein Verwertungsrecht, das nach dem Wortlaut von § 173 Abs. 1 „unberührt" bleibt, aus dem Gesetz (§§ 1221, 1224, 1228, 1233 Abs. 1, 1234–1240, 1244, 1257 BGB, §§ 368, 397 ff., 440, 475b, 495 HGB) oder aus dem Sicherungsvertrag.[9] 8

Besteht ein Selbstverwertungsrecht des Sicherungsgläubigers und verwertet der Verwalter entgegen § 173, erlangt der Sicherungsgläubiger ein **Ersatzabsonderungsrecht.**[10] 9

II. Verwertung durch den Sicherungsgläubiger

Der absonderungsberechtigte Gläubiger, der selbst zur Verwertung befugt ist, hat diese **Befugnis von Anfang an.** Er kann also den mit Absonderungsrechten belasteten Gegenstand im eröffneten Verfahren sogleich verwerten, insbesondere muss er nicht – wie gem. § 159 der Insolvenzverwalter – zuerst die Entscheidung der Gläubigerorgane abwarten.[11] Auch im Eröffnungsverfahren kann der zur Verwertung befugte absonderungsberechtigte Gläubiger – vorbehaltlich einer Anordnung nach § 21 Abs. 2 Satz 1 Nr. 5 – den belasteten Gegenstand verwerten. 10

Nach den allgemeinen Regeln ist der absonderungsberechtigte Gläubiger in seinem Verwertungsrecht insoweit beschränkt, als er nur so viele Gegenstände verwerten darf, wie zur Befriedigung seiner Forderung erforderlich sind.[12] Einen sich eventuell bei der Verwertung ergebenden **Überschuss** hat der absonderungsberechtigte Gläubiger abzuführen, wobei der Überschuss im eröffneten Verfahren nicht dem Schuldner, sondern der Insolvenzmasse gebührt.[13] Der Insolvenzverwalter hat die Abrechnung des Gläubigers zu prüfen, insbesondere im Hinblick auf Verwertungskosten, derentwegen der Gläubiger Ansprüche auf abgesonderte Befriedigung geltend macht. 11

Kostenbeiträge nach §§ 170, 171 fallen bei einer Verwertung durch den Sicherungsgläubiger **nicht an.**[14] Der Sicherungsgläubiger kann sogar die anfallende Umsatzsteuer auf die Insolvenzmasse abwälzen, soweit hier nicht steuerrechtliche Vorschriften entgegenstehen, die eine Haftung des Sicherungsgläubigers vorsehen.[15] 12

Der verwertungsbefugte absonderungsberechtigte Gläubiger bleibt indes von dem Insolvenzverfahren nicht völlig unberührt. Vielmehr ist er nicht nur berechtigt, sondern auch verpflichtet, die Verwertung des Sicherungsgegenstandes **unverzüglich** – aber unter Berücksichtigung des Gebots schonender Pfandverwertung (→ Rn. 14) – vorzunehmen.[16] 13

Die **Art und Weise der Verwertung** des Sicherungsguts bestimmt sich nach den vertraglichen Vereinbarungen zwischen Sicherungsnehmer und Sicherungsgeber oder aus den einschlägigen gesetzlichen Bestimmungen.[17] Insbesondere ist auf das Gebot der schonenden Pfandverwertung hinzuweisen.[18] Zu den Pflichten des Gläubigers gehört es daher, bei der Verwertung des Sicherungsguts einen **möglichst hohen Erlös** zu erzielen,[19] was im Einzelfall auch ein Zuwarten mit der Veräußerung gebieten kann, sofern dadurch für das Verfahren keine Nachteile entstehen. Das Gebot, einen möglichst hohen Erlös zu erzielen, gilt auch dann, wenn schon mit unterdurchschnittlichen Verwertungsbemühungen ein Erlös zu erzielen ist, der aus Sicht des Gläubigers zur Befriedigung seiner Forderungen ausreichen würde. Denn der Gläubiger muss bei der Verwertung die Interessen des Schuldners und der Gläubigergesamtheit wahren. Er ist also verpflichtet, den Gegenstand optimal zu verwerten. Wird er dieser Pflicht nicht gerecht, muss der Insolvenzverwalter **Schadensersatzan-** 14

---

9 *Haarmeyer/Wutzke/Förster,* InsO-HdB, 3. Aufl. 2001, Rn. 5/414.

10 Nerlich/Römermann/*Becker* § 173 Rn. 4; Rattunde/Smid/Zeuner/*Smid* § 173 Rn. 12.

11 Uhlenbruck/*Brinkmann* § 173 Rn. 5; KPB/*Flöther* § 173 Rn. 6.

12 Vgl. zu diesem Grundsatz des Verwertungsrechts auch § 803 ZPO für die Zwangsvollstreckung sowie Jaeger/*Eckardt* § 173 Rn. 72.

13 Vgl. BGH NJW 1978, 632, 633; Andres/Leithaus/*Leithaus* § 173 Rn. 5; HambKommInsO/*Scholz* § 173 Rn. 3.

14 Uhlenbruck/*Brinkmann* § 173 Rn. 8; KPB/*Flöther* § 173 Rn. 9.

15 Näher Andres/Leithaus//*Leithaus* § 173 Rn. 4; Uhlenbruck/*Brinkmann* § 173 Rn. 9; KPB/*Flöther* § 173 Rn. 10.

16 Differenzierend Uhlenbruck/*Brinkmann* § 173 Rn. 5; aA FKInsO/*Wegener* § 173 Rn. 4.

17 Uhlenbruck/*Brinkmann* § 173 Rn. 7.

18 *Tetzlaff* ZInsO 2007, 478.

19 Braun/*Dithmar* § 173 Rn. 2.

sprüche gegen den Gläubiger wegen der Unter-Wert-Veräußerung geltend machen. Die Beweislast für eine schlechte Verwertung trägt der Insolvenzverwalter.[20] Gegen das Gebot der schonenden Pfandverwertung verstößt der Sicherungsgläubiger auch, wenn er eine **verpfändete Unternehmensbeteiligung** durch „öffentliche" Versteigerung verwertet und bei der Versteigerung nur Personen mitbieten können, die vorher eine Bietgarantie hinterlegt haben, welche nur mit Millionenaufwand zu beschaffen ist.[21] Ersteigert der Sicherungsgläubiger in dieser „öffentlichen" Versteigerung den Pfandgegenstand selbst oder erwerben mit dem Sicherungsgläubiger verbundene Unternehmen die Unternehmensanteile, so kann der Erwerb uU unwirksam sein.[22] Genauso problematisch ist es, wenn die Ausgaben des Gläubigers für die Einleitung eines Investorenprozesses im Rahmen der Verwertung der verpfändeten Unternehmensbeteiligung überdurchschnittlich hoch sind und der Gläubiger wegen dieser Ausgaben abgesonderte Befriedigung aus dem Verwertungserlös beansprucht.

15 Die Anforderungen an den absonderungsberechtigten Gläubiger dürfen allerdings auch nicht überspannt werden. Eine pauschale Behauptung des Insolvenzverwalters, eine bessere Verwertungsmöglichkeit zu kennen oder zu haben, zwingt den Gläubiger noch nicht zu einem Verschieben oder Unterlassen der Verwertung.[23] Um Schadensersatzansprüche wegen schlechter Verwertung zu vermeiden, sollte der Gläubiger – wenn er nicht über die erforderliche Sachkenntnis verfügt – einen **Gutachter** zwecks **Feststellung des Preises** des Sicherungsgutes beauftragen. Ein „freies Aushandeln" des Preises[24] findet seine Grenze im Gebot der bestmöglichen Verwertung. Eine Abstimmung des Preises mit dem Insolvenzverwalter ist zwar rechtlich nicht zwingend, schließt aber das Risiko einer Schadensersatzhaftung aus.

16 Die **Verwertung des Sicherungsgutes sollte dem Insolvenzverwalter angedroht werden,** um ihm die Möglichkeit einer Ablösung zu geben, die er wahrnehmen wird, wenn er den Gegenstand für die Betriebsfortführung benötigt. Sinnvollerweise ist die Androhung mit einer angemessenen Frist zu versehen, innerhalb derer der Insolvenzverwalter sich äußern kann. In den Sicherungsverträgen des privaten Bankgewerbes ist eine Frist von einer Woche vorgegeben,[25] wenn der Sicherungsgeber Kaufmann ist, sonst beträgt die Frist vier Wochen. Auf den Verwalter sind diese Regelungen nicht direkt anwendbar. In Anlehnung an § 168, wonach der Verwalter dem Sicherungsgläubiger Gelegenheit geben muss, innerhalb einer Woche auf eine günstigere Möglichkeit der Verwertung hinzuweisen, sollte auch bei dem Verwertungsrecht des Sicherungsgläubigers eine einwöchige Frist ausreichen, innerhalb derer der Verwalter reagieren kann.

III. Einzelfälle

17 **1. Verpfändete Immaterialgüterrechte.** Bei der Verwertung verpfändeter Immaterialgüterrechte gibt es häufig, vor allem bei einer angestrebten übertragenden Sanierung, gegenläufige Interessen zwischen Insolvenzmasse und Sicherungsgläubiger: Der Insolvenzverwalter will den schuldnerischen Betrieb fortführen oder sämtliche Vermögenswerte des schuldnerischen Unternehmens oder eines Teilbetriebs mitsamt den Arbeitnehmern an einen Investor übertragen. Der Investor will bei einer solchen „Paketlösung" aber häufig für die Patente, Markenrechte etc. nur einen geringen Preis zahlen. Der absonderungsberechtigte Gläubiger wird nur dann diese Verwertungsbemühungen des Insolvenzverwalters unterstützen, wenn er von einer übertragenden Sanierung des schuldnerischen Unternehmens profitiert (Beispiel: Der Investor erwirbt auch das Betriebsgrundstück, welches mit Grundpfandrechten zugunsten des Sicherungsgläubigers belastet ist). Hat der Gläubiger kein Interesse am Gelingen der übertragenden Sanierung, so wird er die verpfändeten Immaterialgüterrechte uU separat verwerten und dann einen viel höheren Preis erzielen wollen. In diesem Fall können sich durch das Scheitern einer übertragenden Sanierung die Befriedigungsaussichten aller Gläubiger signifikant verschlechtern. Dies hat der Gesetzgeber der InsO indes so hingenommen. Die **Interessen der absonderungsberechtigten Gläubiger** haben in diesem Fall **Vorrang.** Benötigt der Insolvenzverwalter die Patente und Markenrechte für eine Betriebsfortführung oder eine übertragende Sanierung, so muss die Insolvenzmasse den von einem Dritten gebotenen Preis bezahlen, wenn sie den Gegenstand behalten will. Der Insolvenzverwalter kann hier aber vom Sicherungsgläubiger detaillierte Informationen zu dem von dem Dritten abgegebenen Gebot verlangen, denn es muss verhindert werden, dass die Masse durch zum Schein aufgerufene „Mondpreise" übervorteilt wird.

---

[20] BGH WM 1967, 1010.
[21] *Tetzlaff* ZInsO 2007, 478.
[22] *Tetzlaff* ZInsO 2007, 478.
[23] OLG Frankfurt WM 1991, 930; *Schimansky/Bunte/Lwowski*, Bankrechts-HdB, § 22 Rn. 24.
[24] So *Schimansky/Bunte/Lwowski*, Bankrechts-HdB, § 22 Rn. 24.
[25] Schimansky/Bunte/Lwowski/*Lwowski/v. Oppen*, Bankrechts-HdB, Anh. zu § 95.

2. Versicherungsforderungen in der Insolvenz des Schädigers. a) Ausgangspunkt. § 110 VVG[26] spricht dem Geschädigten ein Recht auf **abgesonderte Befriedigung aus dem Freistellungsanspruch** des versicherten Schuldners gegen seine Haftpflichtversicherung zu.[27] 18

§ 110 Insolvenz des Versicherungsnehmers

Ist über das Vermögen des Versicherungsnehmers das Insolvenzverfahren eröffnet, kann der Dritte wegen des ihm gegen den Versicherungsnehmer zustehenden Anspruchs abgesonderte Befriedigung aus dem Freistellungsanspruch des Versicherungsnehmers verlangen.

b) Interessenlage. Dass bei Eröffnung des Insolvenzverfahrens über das Vermögen des Schädigers der **Geschädigte** ein Interesse daran hat, nicht nur als Insolvenzgläubiger befriedigt zu werden, liegt auf der Hand. § 110 VVG dient also klar seinen Interessen. Im für ihn günstigsten Fall ist er auch selbst zur Verwertung des Freistellungsanspruchs befugt. Die vom **Insolvenzverwalter** repräsentierte Gläubigergesamtheit würde am meisten profitieren, wenn die Versicherungsleistung in die Aktivmasse fließen würde, der Geschädigte aber nur quotal zu befriedigen wäre. Da aber § 110 VVG zur Wahrung der Sozialbindung der Haftpflichtversicherung[28] dem Geschädigten ein Recht zur abgesonderten Befriedigung aus dem Freistellungsanspruch des Versicherungsnehmers gewährt, geht das Interesse des Verwalters an sich dahin, dass der Anspruch des Geschädigten gänzlich abgewehrt oder Geschädigte anderweitig befriedigt wird, weil auch dies die Passivmasse reduziert; allerdings besteht auch ein Interesse daran, aufwendige Streitigkeiten mit dem Geschädigten und der Versicherung zu vermeiden. Jedenfalls würde der Verwalter gern die Kostenbeiträge gem. §§ 170, 171 zur Masse ziehen. Die **Versicherung** schließlich wird nur leisten wollen, wenn der Schädiger die Versicherungsbeiträge anfechtungsfest entrichtet hat und ihr ein eventueller Regress möglich ist. Angesichts dieser Interessengegensätze ist auch nicht gänzlich unumstritten, wie sich die Situation der Beteiligten angesichts des § 110 VVG darstellt. 19

c) Keine Verwertungsbefugnis des Insolvenzverwalters. Nach bestrittener, aber mittlerweile gefestigter Auffassung der Rechtsprechung und der überwiegenden Literatur fällt das Absonderungsrecht nach § 110 VVG nicht unter § 166, sodass ein **Selbstverwertungsrecht des Gläubigers** besteht.[29] Die Rechtsprechung begründet dies damit, dass § 110 VVG dem Geschädigten eine Position gewähre, die einem gesetzlichen Pfandrecht entspreche. Forderungen, an denen ein gesetzliches Pfandrecht besteht, fallen aber nicht unter § 166 Abs. 2. Der Gläubiger kann also den Freistellungsanspruch des Schuldners selbst einziehen. Konsequenterweise finden auch die §§ 170, 171 keine Anwendung. 20

Seinem Wortlaut nach ordnet § 110 VVG zwar kein gesetzliches Pfandrecht an. Auch führt die Unanwendbarkeit der §§ 170, 171 dazu, dass die Insolvenzmasse eventuelle Kosten aus der Einziehung des Freistellungsanspruchs tragen muss. Allerdings bewirkt § 110 VVG auch nicht eine Sicherungszession, die allein nach § 166 Abs. 2 zu einem Verwertungsrecht des Verwalters führt. Die Belastung des Schädigers und damit der Masse mit Kosten ist jedenfalls vertretbar, auch wenn man sich fragen kann, warum die Masse diese Kosten nur bei bestehender Versicherung tragen soll. Wünschenswert wäre eine Klärung durch den Gesetzgeber. Bis dahin ist davon auszugehen, dass der Gläubiger zur Verwertung der Versicherungsforderung befugt ist. Der Insolvenzverwalter muss daher bemüht sein, die die Masse treffenden **Kosten** aus dem Schadensfall und der Einziehung der Versicherungsforderung gering zu halten. 21

d) Abwicklung. Hat der Geschädigte bereits vorinsolvenzlich seinen Schadensersatzanspruch gegen den Schädiger und dessen Versicherung gerichtlich geltend gemacht, so wird der **laufende Prozess** infolge der Eröffnung des Insolvenzverfahrens nach **§ 240 ZPO** unterbrochen. Der Prozess kann sowohl vom Gläubiger als auch vom Insolvenzverwalter nach **§ 86 Abs. 1 Nr. 2** aufgenommen werden.[30] Bestreitet der Insolvenzverwalter die Forderungen, so kann der unterbrochene Prozess 22

---

26 § 157 VVG aF.

27 Dazu etwa *Stiller* ZInsO 2003, 207; *Thume* VersR 2006, 1318; *Seybold/Wendt* VersR 2011, 458; *Thole* NZI 2011, 41; *Thole* NZI 2013, 665; *Tetzlaff* jurisPR-InsR 4/2011 Anm. 6; Uhlenbruck/*Brinkmann* § 51 Rn. 62 ff.; ausführlich zum Absonderungsrecht siehe *Gnauck*, Das Absonderungsrecht nach § 110 VVG, 2016.

28 BGH NZI 2014, 998 Rn. 7 m. zust. Anm. *Mitlehner.*

29 BGH NJW 1996, 2035, 2036; NZI 2009, 380 Rn. 7, 2013, 596 Rn. 15; 2014, 998 Rn. 10; *Thole* NZI 2011, 41, 44; *Thole* NZI 2013, 665, 666 ff.; Uhlenbruck/*Brinkmann* § 173 Rn. 4; Jaeger/*Eckardt* § 173 Rn. 39; aA OLG Brandenburg ZInsO 2003, 183, 184; Jaeger/*Henckel* Vor §§ 49–52 Rn. 20; → 3. Aufl. 2013 § 166 Rn. 85.

30 *Thole* NZI 2011, 41, 43.

nach Klageänderung als Feststellungsprozess fortgeführt werden.[31] Der Geschädigte kann indes schon vor rechtskräftigem Abschluss dieses Rechtsstreits (vgl. § 106 VVG) den **Freistellungsanspruch gegen den Versicherer** gem. § 1282 Abs. 1 BGB einziehen. Die Versicherung wird dem Verlangen des Geschädigten zwar, wenn sie ihm bislang entgegengetreten ist, kaum von sich aus Folge leisten, sodass die gerichtliche Auseinandersetzung nicht erspart werden kann. Da der Freistellungsanspruch vor Verfahrenseröffnung nicht vom Geschädigten rechtshängig gemacht sein konnte, empfiehlt sich zur Vermeidung der Verjährung aber dessen Geltendmachung im bereits laufenden Prozess (§ 260 ZPO).

23 Ist zum Zeitpunkt der Eröffnung des Insolvenzverfahrens über das Vermögen des Schädigers **noch kein Prozess** anhängig, so stellt sich für den Geschädigten die Frage, wie er die prozessuale Geltendmachung der Schadensersatzforderungen vorbereiten muss, insbesondere ob er seine Schadensersatzforderung vor Klageerhebung zur Tabelle anzumelden hat; sodann ist zu beantworten, gegen wen die Klage zu erheben ist – gegen die Versicherung und/oder den Insolvenzverwalter? Dies ist insbesondere dann relevant, wenn der Geschädigte weiß, dass die Versicherung des Schädigers Deckungsschutz ablehnt, und der Insolvenzverwalter keine Bemühungen unternimmt, Deckungsschutz bei der Versicherung zu erhalten. Da nur im Ausnahmefall des § 115 VVG ein Direktanspruch des Geschädigten gegeben ist, ist eine auf den Schadensersatzanspruch gestützte Klage unmittelbar gegen die Versicherung wenig aussichtsreich. Der Geschädigte kann aber aufgrund seines gesetzlichen Pfandrechts unmittelbar den **Freistellungsanspruch gegen den Versicherer** geltend machen (vgl. § 1282 Abs. 1 BGB); einer vorherigen bindenden Feststellung des gesicherten Haftpflichtanspruchs gegenüber dem Versicherer bedarf es nicht.[32]

24 Steht **rechtskräftig** fest, dass der Schädiger schadensersatzpflichtig ist und die Versicherung für den Schaden einstehen muss, so geht es für den Geschädigten darum, die **Versicherungsleistung** möglichst ohne Abstriche zu realisieren. Er wird daher sogleich den **Freistellungsanspruch gegen den Versicherer** gem. § 1282 Abs. 1 BGB einziehen.

D. Übergang des Verwertungsrechts auf den Insolvenzverwalter nach Fristsetzung

I. Überblick

25 Die Regelung des § 173 Abs. 2 über den Übergang des Verwertungsrechts lehnt sich an die **frühere Regelung des § 127 Abs. 2 KO** über die Herausgabe in der Konkursmasse befindlichen Sicherungsgutes an den absonderungsberechtigten Gläubiger zum Zwecke der abgesonderten Befriedigung an.[33] Der Übergang des Verwertungsrechts auf den Insolvenzverwalter erfolgt bei Vorliegen der nachfolgenden **Voraussetzungen:**
- Antrag des Insolvenzverwalters,
- Fristsetzung durch das Insolvenzgericht,
- keine Durchführung der Verwertung durch den Sicherungsgläubiger innerhalb des Fristablaufs.

Nach Ablauf der vom Insolvenzgericht gesetzten Frist geht das Verwertungsrecht auf den Insolvenzverwalter über. Der Verwalter kann dann vom absonderungsberechtigten Gläubiger die Herausgabe des Absonderungsguts erzwingen.[34]

II. Einzelfragen

26 **1. Praktische Relevanz.** Keine bedeutende Rolle spielt die Fristenregelung, wie schon unter Geltung des § 127 Abs. 2 KO, in der Praxis dann, wenn der absonderungsberechtigte Gläubiger über gesicherte Forderungen verfügt, die in etwa durch den Wert der Sicherheit abgedeckt werden. In diesem Fall hat der Gläubiger in aller Regel selbst ein Interesse an einer zügigen Verwertung, weil die auflaufenden Zinsen nicht durch den Wert der Sicherheit abgedeckt sind. Bedeutung kann § 173 Abs. 2 entfalten, wenn eine **Übersicherung** im Raum steht. Der Gläubiger erleidet dann aufgrund der mit abgesicherten auflaufenden Zinsen durch eine Verzögerung keine Nachteile.[35] Für den Insolvenzverwalter, der Zinszahlungen vermeiden und das Verfahren zügig durchführen will, kann

[31] Einzelheiten streitig, vgl. *Thole* NZI 2011, 41.
[32] BGH NZI 2014, 998 Rn. 8 m. zust. Anm. *Mitlehner.*
[33] Begr. zu § 200 RegE, BR-Drs. 1/92, S. 183; vgl. *Kuhn/Uhlenbruck*, KO, 11. Aufl. 1994, § 127 Rn. 16 mwN.
[34] BGH NZI 2016, 633 f.; HambKommInsO/*Scholz* § 173 Rn. 5; Uhlenbruck/*Brinkmann* § 173 Rn. 15; Rattunde/Smid/Zeuner/*Smid* § 173 Rn. 14.
[35] BGH WM 2008, 1660.

es dann sinnvoll sein, den gesicherten Gläubiger zu einer zügigen Verwertung anzuhalten. So wird insbesondere ein etwaiger Übererlös schnell zur Insolvenzmasse gezogen.

Für den Insolvenzverwalter kann es weiterhin dann interessant sein, das Verwertungsrecht an den mit Absonderungsrechten belasteten Gegenständen auf sich überzuleiten, wenn er befürchten muss, dass bei einer Verwertung des Sicherungsguts durch den absonderungsberechtigten Gläubiger bewusst ein zu niedriger Verwertungserlös akzeptiert werden wird. Beispielsweise kann es für den Insolvenzverwalter absehbar sein, dass der Gläubiger das Sicherungsgut an ein mit ihm verbundenes Unternehmen veräußern will. Fehlt dem Insolvenzverwalter hier die Liquidität, um das Angebot des von dem Gläubiger präferierten Erwerbers zu übertreffen, so kann er versuchen, über § 173 Abs. 2 das Verwertungsrecht auf sich überzuleiten. In erster Linie steht in diesem Fall das Gebot zur schonenden Pfandverwertung in Rede. Die Überleitung des Verwertungsrechts gem. § 173 Abs. 2 dient dann dazu, einer drohenden Verletzung dieses Gebots entgegenzuwirken. Da aber nicht immer eine Verzögerung eingetreten sein muss, kann hierzu eine **extensive Anwendung des § 173 Abs. 2** notwendig sein. Allerdings ist die Entziehung des Verwertungsrechts nach § 173 Abs. 2 ein starker Eingriff in die Rechte des Gläubigers. Die Masse ist vor einer Unter-Wert-Veräußerung schon dadurch geschützt, dass ihr bei Verschleuderung des Sicherungsguts bzw. Veräußerung unter Wert an einen Insider durch den Gläubiger Schadensersatzansprüche gegen den Gläubiger zustehen. Das Insolvenzgericht sollte vor einer Fristsetzung, die den Übergang des Verwertungsrechts zur Folge hat, im Rahmen der vorgesehenen Anhörung dem Vorwurf einer drohenden Unter-Wert-Veräußerung nachgehen und zudem vom Verwalter die Glaubhaftmachung verlangen, dass die Masse durch einen Schadensersatzanspruch nicht ausreichend geschützt ist, etwa weil der Gläubiger seinerseits insolvent zu werden droht. 27

2. Voraussetzungen für den Übergang des Verwertungsrechts. Der Insolvenzverwalter kann grundsätzlich[36] nur dann den Antrag nach § 173 Abs. 2 an das Insolvenzgericht stellen, wenn der absonderungsberechtigte Gläubiger zuvor die **Verwertung verzögert** hat. War der Gläubiger an einer Verwertung des Sicherungsguts während des Insolvenzeröffnungsverfahrens gehindert, so kann der Insolvenzverwalter nicht am Tage der Eröffnung oder kurz danach einen Antrag nach § 173 Abs. 2 an das Insolvenzgericht stellen, um einen Übergang der Verwertungsbefugnis hinsichtlich des mit Absonderungsrechten belasteten Gegenstandes auf sich zu erreichen. Zweck des § 173 Abs. 2 ist es, Verzögerungen bei Durchführung der Verwertung durch den absonderungsberechtigten Gläubiger zu verhindern; es geht nicht darum, aus taktischen Gründen eine Übertragung des Verwertungsrechts vom Sicherungsgläubiger auf den Insolvenzverwalter zu ermöglichen. Ein Antrag, der „zu früh" gestellt wurde, ist bereits unzulässig. 28

Der für die Annahme einer Verzögerung erforderliche **Zeitraum** ist in Abhängigkeit von den **Umständen des Einzelfalls** zu beurteilen. Es kommt ua darauf an, ob während des Eröffnungsverfahrens die Durchführung von Verwertungsmaßnahmen möglich war und wie lange eine Verwertung des mit dem Absonderungsrecht belasteten Gegenstands üblicherweise dauert. 29

3. Verfahren nach § 173 Abs. 2. Das Verfahren setzt einen **Antrag des Insolvenzverwalters** voraus. Eine bestimmte Form und ein bestimmter Inhalt des Antrags sind nicht vorgeschrieben. Es empfiehlt sich ein schriftlicher Antrag, ggf. auch in einfacher elektronischer Form. Der Insolvenzverwalter sollte in dem Antrag einen – freilich unverbindlichen – Vorschlag für die vom Insolvenzgericht zu bestimmende Frist machen. 30

Der Gläubiger ist im Interesse zutreffender Feststellung einer Verzögerung, aber auch wegen des Grundsatzes des rechtlichen Gehörs vor der Bestimmung der Frist durch das Insolvenzgericht regelmäßig **anzuhören;** analog § 10 kann aber ausnahmsweise auf eine Anhörung verzichtet werden.[37] Sinnvoll ist es, wenn das Insolvenzgericht dem absonderungsberechtigten Gläubiger den Antrag nach § 173 Abs. 2 zur Stellungnahme übermittelt. Die Anhörung des Gläubigers muss nur dann stattfinden, wenn der Antrag nach § 173 Abs. 2 zulässig ist. Das Insolvenzgericht hat also eine Vorprüfung durchzuführen und offensichtlich unzulässige Anträge auszuscheiden.[38] 31

Die **Länge der Frist** bestimmt das **Insolvenzgericht** nach **pflichtgemäßem Ermessen.**[39] Bei der Festsetzung der Länge der Frist sind die Umstände des Einzelfalls zu berücksichtigen, insbesondere die bestehenden Verwertungsmöglichkeiten und die Nachteile, die sich bei einer weiteren Verzögerung für die Insolvenzabwicklung ergeben würden.[40] Eine Frist von drei Monaten kann 32

---

[36] Siehe aber → Rn. 27.

[37] Braun/*Dithmar* § 173 Rn. 4.

[38] Nerlich/Römermann/*Becker* § 173 Rn. 24.

[39] Nerlich/Römermann/*Becker* § 173 Rn. 26; Rattunde/Smid/Zeuner/*Smid* § 173 Rn. 5; KPB/*Flöther* § 173 Rn. 6; Uhlenbruck/*Brinkmann* § 173 Rn. 12.

[40] HKInsO/*Landfermann* § 173 Rn. 4; Nerlich/Römermann/*Becker* § 173 Rn. 26 f.

zB bei Verwertung auf internationaler Ebene durchaus gerechtfertigt sein. Spekulative Elemente – insbesondere bei der Verwertung von Wertpapieren – dürfen keine Rolle spielen, da das Risiko eines Kursverfalles oder -anstiegs nicht abschätzbar ist. Bestehen Markt- und Listenpreise, so kann das Gericht eine kürzere Frist anordnen als zB bei einer Verwertung von Spezialmaschinen, bei denen zunächst erkundet werden muss, wer überhaupt Interesse an einem derartigen Gegenstand haben könnte.[41] Weiterhin muss das Gericht bedenken, dass eine Verwertung häufig im Wege von Auktionen erfolgt und auch hier ein gewisser Vorlauf notwendig ist. In der Literatur wird häufig als **„Faustformel"** eine Frist von **einem Monat** genannt.[42] Hinsichtlich von Gegenständen, die sich ohne größere Umstände zügig verwerten lassen, kann man dem zustimmen. Ansonsten sollte die Frist, innerhalb welcher der Sicherungsgläubiger die Verwertung durchführen sollte, regelmäßig länger sein.

33 Hat der Sicherungsgläubiger **bereits mit der Verwertung begonnen** und stellt der Insolvenzverwalter einen Antrag nach § 173 Abs. 2, so kann das Gericht eine angemessene **Frist für den Abschluss der Verwertung** bestimmen, sofern Anhaltspunkte dafür bestehen, dass die schon begonnenen Verwertungsmaßnahmen weitere Verzögerungen erfahren können. Bestehen keine Anhaltspunkte für Verzögerungen und kann die Verwertung in einem angemessenen Zeitraum abgeschlossen werden, so sollte das Insolvenzgericht den Sicherungsgläubiger die Verwertungsmaßnahmen zu Ende führen lassen und keine Frist nach § 173 Abs. 2 setzen.[43]

34 Ergeht die Entscheidung über die Fristsetzung durch einen Richter, so ist sie nach § 6 Abs. 1 unanfechtbar.[44] Entscheidet der Rechtspfleger, so kann dessen Entscheidung mit der **Erinnerung nach § 11 Abs. 2 RPflG** angegriffen werden.[45]

35 **4. Rechtsfolgen. a) Bis zur Herausgabe.** Der Insolvenzverwalter kann durch die bloße Erklärung, die Verwertung nach Ablauf der Frist selbst vorzunehmen, die Verwertung durch den Gläubiger nicht aufhalten.[46] Der Gläubiger ist also **während des Fristlaufes** berechtigt, die Verwertung des Sicherungsguts durchzuführen. Ist die vom Insolvenzgericht gesetzte **Frist abgelaufen,** ohne dass der Gläubiger den Sicherungsgegenstand verwertet oder zumindest mit der Verwertung begonnen hat, so geht gem. § 173 Abs. 2 Satz 2 das Verwertungsrecht auf den Insolvenzverwalter über.[47] Der Gläubiger hat die Sache an den Insolvenzverwalter herauszugeben.[48] Sind nach Ablauf der Frist die Verwertungsmaßnahmen noch nicht abgeschlossen, so ist im Einzelfall zu fragen, ob es wirklich sinnvoll ist, das Verwertungsrecht vom Gläubiger auf den Insolvenzverwalter zu übertragen. Nach Sinn und Zweck der Vorschrift ist eine Übertragung des Verwertungsrechts dann nicht sinnvoll, wenn die Verwertungsmaßnahmen im Wesentlichen abgeschlossen sind. Führt der Gläubiger nach Fristablauf Verwertungsmaßnahmen durch, so ist eine Schadensersatzpflicht zu prüfen, wenn die Gläubigergesamtheit Verluste erleidet. Dies wird insbesondere dann der Fall sein, wenn der Gläubiger das Sicherungsgut zu einem nicht angemessenen Preis veräußert; ein Schadensersatzanspruch dürfte aber nicht gegeben sein, wenn durch das rechtswidrige Vorgehen des Sicherungsgläubigers die Insolvenzmasse die Kostenbeiträge nach §§ 170, 171 einbüßt.

36 **b) Nach Herausgabe.** Übergibt der Sicherungsgläubiger den Gegenstand an den Insolvenzverwalter und führt dieser anschließend ebenfalls keine zügige Verwertung durch, so stellt sich die Frage, ob die **Schutzvorschriften der §§ 167 ff.** zugunsten des Gläubigers anwendbar sind und die Regelungen über **Kostenbeiträge (§§ 170, 171)** Anwendung finden. Die Antwort auf diese Frage ist **stark umstritten.**

37 **aa) Kostenbeiträge, §§ 170, 171.** Nach einer Auffassung sind die Schutzvorschriften für den Gläubiger in §§ 167–169 bei einem Übergang des Verwertungsrechts auf den Verwalter nicht anwendbar; es sollen aber zugunsten der Gläubigergesamtheit die Kostenbeitragsregeln in den §§ 170, 171 und das Benutzungsrecht nach § 172 gelten.[49] Manche Stimmen differenzieren weiter und vertreten hinsichtlich der **Kostenbeiträge,**

---

41 BKInsO/*Breutigam* § 173 Rn. 11.
42 HambKommInsO/*Scholz* § 173 Rn. 5; K. Schmidt/*Sinz* § 173 Rn. 15.
43 K. Schmidt/*Sinz* § 173 Rn. 14; aA Uhlenbruck/*Brinkmann* § 173 Rn. 11; Nerlich/Römermann/*Becker* § 173 Rn. 22.
44 HambKommInsO/*Scholz* § 173 Rn. 5; Uhlenbruck/*Brinkmann* § 173 Rn. 13.
45 Braun/*Dithmar* § 173 Rn. 5; HambKommInsO/*Scholz* § 173 Rn. 5; HKInsO/*Landfermann* § 173 Rn. 6.
46 *Kuhn/Uhlenbruck*, KO, 11. Aufl. 1994, § 127 Rn. 19; *Jaeger/Weber*, KO, 8. Aufl. 1973, § 127 Rn. 10; *Kilger/K. Schmidt*, KO, 17. Aufl. 1997, § 127 Anm. 6; siehe auch OLG Köln KTS 1968, 116; BGH NZI 2016, 633, 634 Rn. 7.
47 Uhlenbruck/*Brinkmann* § 173 Rn. 14.
48 BGH NZI 2016, 633, 634 Rn. 7; HKInsO/*Landfermann* § 173 Rn. 7; HambKommInsO/*Scholz* § 173 Rn. 6.
49 HKInsO/*Landfermann* § 173 Rn. 7; Nerlich/Römermann/*Becker* § 173 Rn. 33 f.; K. Schmidt/*Sinz* § 173 Rn. 19 ff.; *Andres/Leithaus* § 173 Rn. 14 ff.; BKInsO/*Breutigam* § 173 Rn. 14 ff.

– die §§ 170, 171 seien zulasten des absonderungsberechtigten Gläubigers in vollem Umfang anzuwenden, dh von dem Verwertungserlös seien die Pauschalen (oder die tatsächlich angefallenen Beträge) für Feststellungskosten und Verwertungskosten ebenso abzuziehen wie die Umsatzsteuer,[50]
– die §§ 170, 171 seien nur insoweit anzuwenden, wie Verwertungskosten und Umsatzsteuer betroffen sind; die Feststellungskostenpauschale falle nicht an.[51]

Was die **Kostenbeiträge** angeht, ist in der Tat richtigerweise zwischen den Verwertungskosten und der Umsatzsteuer auf der einen Seite und den Feststellungskosten auf der anderen Seite zu differenzieren. Den Abzug der **Verwertungskosten** und der **Umsatzsteuer** vom Verwertungserlös muss der absonderungsberechtigte Gläubiger hinnehmen, selbst wenn er deshalb keine vollständige Befriedigung seiner gesicherten Forderungen erhält. Die Auffassung, welche hier den absonderungsberechtigten Gläubiger von sämtlichen Beiträgen nach §§ 170, 171 freistellen will, ist abzulehnen. Eine ungekürzte Auskehrung des Verwertungserlöses an den Gläubiger wäre mit dem Sinn und Zweck des Gesetzes nicht zu vereinbaren, denn der absonderungsberechtigte Gläubiger, welcher die Verwertung verzögert, hat die entsprechenden Kosten der Masse verursacht.[52] Indes ist es regelmäßig nicht gerechtfertigt, **Feststellungskosten** dem Sicherungsgläubiger aufzuerlegen. Denn es handelt sich um Sicherungsgut, das sich „in den Händen" des Sicherungsgläubigers befand. Aufwendungen für die Feststellung der Sicherungsrechte fallen damit idR (soweit es um die tatsächliche Feststellung geht) nicht an.[53] Für eine Lösung, die auf die typischerweise tatsächlich entstehenden Kosten abstellt, spricht auch der Wortlaut des § 170 Abs. 2: Überlässt der Insolvenzverwalter dem Gläubiger die Verwertung, werden neben der Umsatzsteuer nur Feststellungskosten erhoben, da die Feststellung vor der Überlassung stattgefunden haben muss, hingegen keine Verwertungskosten, da diese zunächst der verwertende Gläubiger trägt, sie aber dann sein Absonderungsrecht erhöhen. In der vorliegenden Konstellation fallen typischerweise keine Feststellungskosten an, also gibt es auch keinen Anspruch auf Erstattung.[54] Im Ergebnis sollte also der Sicherungsgläubiger für etwa anfallende Verwertungskosten und die Umsatzsteuer herangezogen werden. Dies gibt ihm eine zusätzliche Motivation, die Verwertung selbst (und zwar zügig) durchzuführen und einen Übergang des Verwertungsrechtes auf den Insolvenzverwalter zu vermeiden. 38

bb) Verwendungsbefugnis und Wertausgleich, § 172. Zu **§ 172** wird die Auffassung vertreten, dass mit dem Übergang des Verwertungsrechts auf den Insolvenzverwalter auch das Recht auf Nutzung und Verwendung des Gegenstandes (§ 172) auf den Verwalter übergehe. Einen entstehenden Wertverlust müsse der Insolvenzverwalter ausgleichen.[55] 39

In der Tat muss nach einem Übergang des Verwertungsrechts auf den Insolvenzverwalter auch **§ 172** anwendbar sein, denn für eine abweichende Umschreibung der Position des Verwalters allein deshalb, weil das Verwertungsrecht ursprünglich dem Gläubiger zustand, ist kein Grund ersichtlich. Das bedeutet, dass der Insolvenzverwalter nicht nur das Verwertungsrecht hat, sondern auch das Recht auf Nutzung und Verwendung des Absonderungsguts.[56] Die Masse ist zum Ausgleich eines uU entstehenden Wertverlusts des Absonderungsguts nach § 172 Abs. 1 verpflichtet. 40

cc) Schutzvorschriften des §§ 167 ff. Hinsichtlich der Schutzvorschriften aus §§ 167 ff. unterscheiden sich die Meinungen wie folgt: Nach der einen Auffassung entfällt der Schutz aus den §§ 167 ff. vollständig, wenn der absonderungsberechtigte Gläubiger nach § 173 Abs. 2 Satz 2 sein Verwertungsrecht als Sanktion auf die Verzögerungen bei der Verwertung verloren habe.[57] Eine andere Auffassung differenziert zwischen den Regeln der §§ 167, 168 und der Schutzvorschrift des § 169 bei einer Verzögerung der Verwertung. Bei einer Verzögerung der Verwertung durch den (nach § 173 Abs. 2 Satz 2 verwertungsberechtigten) Insolvenzverwalter könne der absonderungsberechtigte 41

[50] HKInsO/*Landfermann* § 173 Rn. 7; HambKommInsO/*Scholz* § 173 Rn. 6; BKInsO/*Breutigam* § 173 Rn. 15 f.; BKInsO/*Breutigam* § 173 Rn. 15 f.; Nerlich/Römermann/*Becker* § 173 Rn. 33; K. Schmidt/*Sinz* § 173 Rn. 20 f.; *Andres/Leithaus* § 173 Rn. 15; Rattunde/Smid/Zeuner/*Smid* § 173 Rn. 9.
[51] Uhlenbruck/*Brinkmann* § 173 Rn. 18; wohl auch KPB/*Flöther* § 173 Rn. 16.
[52] KPB/*Flöther* § 173 Rn. 16.
[53] Uhlenbruck/*Brinkmann* § 173 Rn. 18.
[54] Uhlenbruck/*Brinkmann* § 173 Rn. 18.
[55] HKInsO/*Landfermann* § 173 Rn. 7; HambKommInsO/*Scholz* § 173 Rn. 6; KKInsO/*Hess* § 173 Rn. 22; Nerlich/Römermann/*Becker* § 173 Rn. 33; K. Schmidt/*Sinz* § 173 Rn. 22; KPB/*Flöther* § 173 Rn. 17; *Andres/Leithaus* § 173 Rn. 16; Rattunde/Smid/Zeuner/*Smid* § 173 Rn. 9; BKInsO/*Breutigam* § 173 Rn. 16; aA Uhlenbruck/*Brinkmann* § 173 Rn. 17.
[56] KPB/*Flöther* § 173 Rn. 17; Nerlich/Römermann/*Becker* § 173 Rn. 33.
[57] HKInsO/*Landfermann* § 173 Rn. 7; Nerlich/Römermann/*Becker* § 173 Rn. 34; K. Schmidt/*Sinz* § 173 Rn. 19; *Andres/Leithaus* § 173 Rn. 14; KPB/*Flöther* § 173 Rn. 17.

Gläubiger nach § 169 Zinszahlungen verlangen.[58] Eine dritte Ansicht will die §§ 167 ff. in ihrer Gesamtheit anwenden.[59]

42 Richtigerweise ist der letztgenannten Meinung zu folgen. Die §§ 167 ff. als **Schutzvorschriften** sind auch nach einem Übergang der Verwertungsbefugnis auf den Insolvenzverwalter nach § 173 Abs. 2 Satz 2 zugunsten des Gläubigers anwendbar. Es ist kein Grund dafür ersichtlich, warum der Sicherungsgläubiger, wenn er das Sicherungsgut nicht in der gesetzten Frist verwerten konnte, schutzlos sein soll, wenn der Verwalter (nunmehr) verwertungsberechtigt ist. Die Interessenlage und Schutzbedürftigkeit ist gleich, egal, ob der Verwalter von Anfang an verwertungsberechtigt war oder es erst über § 173 wurde. Letztlich dienen die §§ 167 bis 169 auch der Massemehrung, indem sie den Verwalter dazu anhalten, Kaufangebote, die höhere Verwertungserlöse bringen, nicht unbeachtet zu lassen. Im Übrigen geben diese Regelungen auch dem Verwalter einen gewissen Schutz vor Schadensersatzansprüchen der Sicherungsgläubiger wegen schlechter Verwertung (vgl. §§ 167 bis 169), wenn er die Schutzvorschriften gegenüber dem Sicherungsgläubiger erfüllt.

58 HambKommInsO/*Scholz* § 173 Rn. 6; Rattunde/Smid/Zeuner/*Smid* § 173 Rn. 9 (zudem solle neben § 169 auch § 168 Abs. 1 S. 2 gelten).

59 Uhlenbruck/*Brinkmann* § 173 Rn. 16 (anders aber § 169 Rn. 3); BKInsO/*Breutigam* § 173 Rn. 14.

Fünfter Teil. Befriedigung der Insolvenzgläubiger. Einstellung des Verfahrens

Erster Abschnitt. Feststellung der Forderungen

§ 174 Anmeldung der Forderungen

(1) [1]Die Insolvenzgläubiger haben ihre Forderungen schriftlich beim Insolvenzverwalter anzumelden. [2]Der Anmeldung sollen die Urkunden, aus denen sich die Forderung ergibt, in Abdruck beigefügt werden. [3]Zur Vertretung des Gläubigers im Verfahren nach diesem Abschnitt sind auch Personen befugt, die Inkassodienstleistungen erbringen (registrierte Personen nach § 10 Abs. 1 Satz 1 Nr. 1 des Rechtsdienstleistungsgesetzes).

(2) Bei der Anmeldung sind der Grund und der Betrag der Forderung anzugeben sowie die Tatsachen, aus denen sich nach Einschätzung des Gläubigers ergibt, dass ihr eine vorsätzlich begangene unerlaubte Handlung, eine vorsätzliche pflichtwidrige Verletzung einer gesetzlichen Unterhaltspflicht oder eine Steuerstraftat des Schuldners nach den §§ 370, 373 oder § 374 der Abgabenordnung zugrunde liegt.

(3) [1]Die Forderungen nachrangiger Gläubiger sind nur anzumelden, soweit das Insolvenzgericht besonders zur Anmeldung dieser Forderungen auffordert. [2]Bei der Anmeldung solcher Forderungen ist auf den Nachrang hinzuweisen und die dem Gläubiger zustehende Rangstelle zu bezeichnen.

(4) [1]Die Anmeldung kann durch Übermittlung eines elektronischen Dokuments erfolgen, wenn der Insolvenzverwalter der Übermittlung elektronischer Dokumente ausdrücklich zugestimmt hat. [2]In diesem Fall sollen die Urkunden, aus denen sich die Forderung ergibt, unverzüglich nachgereicht werden.

Schrifttum: *Hain*, Die unerlaubte Handlung im Insolvenzverfahren – Geklärte und ungeklärte Rechtsfragen, ZInsO 2011, 1193; *Küpper/Heinze:* Besonderheiten der Meistbegünstigung des Hauptgläubigers bei der Forderungsanmeldung nach Leistungen von Mithaftenden, ZInsO 2006, 452; *Paulus*: Überlegungen zur Anmeldung bei mehreren Forderungen des Gläubigers, ZIP-Beil. 2016, 54; *Schmidt, Jungmann:* Anmeldung von Insolvenzforderungen mit Rechnungslegungslast des Schuldners, NZI 2002, 65; *Smid*: Zur verfahrensrechtlichen Lage nach der Zession der vom Zedenten zur Tabelle angemeldeten Insolvenzforderung, ZInsO 2016, 1838.

Übersicht

I. Bedeutung der Anmeldung

Bei einer **Verteilung der Insolvenzmasse** werden nur solche Forderungen berücksichtigt, die im entsprechenden Verteilungsverzeichnis aufgeführt sind (§ 188). Die Aufnahme in ein Verteilungsverzeichnis setzt ihrerseits die Anmeldung sowie die Feststellung der Forderung zur Insolvenztabelle voraus. Ein Gläubiger, der seine Forderung nicht zum Insolvenzverfahren anmeldet, hat demnach 1 keine Möglichkeit, an der Insolvenzmasse zu partizipieren. Dies gilt auch für eine bereits titulierte Forderung; auch eine solche kann ohne deren Anmeldung nicht in ein Verteilungsverzeichnis aufgenommen werden.

Die Zulässigkeit einer Klage auf Feststellung einer bestrittenen Forderung nach § 179 Abs. 1 setzt den Nachweis voraus, dass die Forderung im Prüfungstermin bzw. in einem schriftlichen Prüfungsverfahren vom Insolvenzverwalter oder einem Insolvenzgläubiger bestritten wurde. Der Klageantrag muss sich nach Grund, Betrag und Rang der Forderung mit deren Anmeldung oder mit deren Bezeichnung im Prüfungstermin decken (§ 181).[1]

2 Daneben stellt die Forderungsanmeldung ua die Voraussetzung für die Teilnahme eines Gläubigers an Abstimmungen innerhalb einer **Gläubigerversammlung** dar (§ 77). Auch die Möglichkeit, an der Abstimmung über einen Insolvenzplan teilzunehmen, setzt die Anmeldung der Forderung voraus (§ 237). Einen Antrag auf **Versagung der Restschuldbefreiung** kann ebenfalls nur derjenige Gläubiger stellen, der seine Forderung zur Tabelle angemeldet hat (§ 290 Abs. 1).[2]

3 Letztlich führt die ordnungsgemäße, rechtzeitige und vollständige Forderungsanmeldung zur Hemmung der **Verjährung** (§ 204 Abs. 1 Nr. 10 BGB).[3] Diese endet sechs Monate nach der Beendigung des Insolvenzverfahrens durch Aufhebung oder Einstellung (§ 204 Abs. 2 BGB) und nicht sechs Monate, nachdem der Insolvenzverwalter im Prüftermin die angemeldete Forderung bestritten hat.[4] Schließt sich daran ein Restschuldbefreiungsverfahren an, ist der Insolvenzgläubiger zwar nach § 294 daran gehindert, die Zwangsvollstreckung gegen den Schuldner zu betreiben. Er kann jedoch gegen den Schuldner auf Leistung klagen und einen Vollstreckungstitel erwirken, wenn der Gläubiger es versäumt hat, mittels Anmeldung der Forderung zur Insolvenztabelle einen Vollstreckungstitel zu erlangen. Ansonsten müssten diese Gläubiger sehenden Auges ihre Forderungen verjähren lassen, obwohl noch nicht endgültig darüber entschieden ist, ob die Restschuldbefreiung erteilt wird.[5]

3a Da **nachrangige Forderungen** iSd § 39 erst dann angemeldet werden können, wenn das Insolvenzgericht hierzu ausdrücklich auffordert (§ 174 Abs. 3 Satz 1; → Rn. 38), kann die Verjährung solcher Forderungen regelmäßig nicht durch deren Anmeldung zum Insolvenzverfahren gehemmt werden. In entsprechender Anwendung des § 206 BGB ist aber auch insoweit davon auszugehen, dass die Verjährung nachrangiger Insolvenzforderungen so lange gehemmt ist, als der Gläubiger aufgrund der Vorschriften der InsO seinen Anspruch nicht verfolgen kann.[6] Alternativ besteht die Möglichkeit, eine an sich nachrangige Forderung als nicht nachrangige Insolvenzforderung anzumelden. Meldet ein Gläubiger eine nachrangige Forderung zur Insolvenztabelle an, ohne dabei auf den Nachrang hinzuweisen, gilt dies als Anmeldung einer nicht nachrangigen Forderung.[7]

4 Ohne Bedeutung ist die Anmeldung einer Forderung für die Wirkungen, die eine **Restschuldbefreiung** entfaltet. Sie erstreckt sich gem. § 301 Abs. 1 auch auf solche Insolvenzforderungen, die nicht angemeldet wurden. Dasselbe gilt für die Wirkungen eines bestätigten Insolvenzplans (§ 254 Abs. 1). Auch das Vollstreckungsverbot des § 89 kann nicht dadurch umgangen werden, dass eine Forderung nicht zum Insolvenzverfahren angemeldet wird.[8] Einzig die Möglichkeit, aus einem vor Verfahrenseröffnung erworbenen Titel nach Verfahrensbeendigung die Zwangsvollstreckung betreiben zu können, kann mit einer unterlassenen Anmeldung erhalten werden, soweit keine Restschuldbefreiung erteilt wird. Mangels Feststellungswirkung iSd § 178 Abs. 3 wird der vorhandene Titel nicht „aufgezehrt". Der frühere Titel bleibt insoweit erhalten, als die titulierten Ansprüche durch eine Anmeldung zur Insolvenztabelle nicht erfasst werden.

5 Eine gesetzliche Pflicht zur Anmeldung von Forderungen besteht indes nicht. Wie aufgezeigt, bringt die unterlassene Anmeldung dem Gläubiger jedoch regelmäßig keinerlei Vorteile. Die Anmeldung ihrer Forderung zur Insolvenztabelle stellt für die Insolvenzgläubiger die einzige Möglichkeit dar, ihre Ansprüche während des eröffneten Insolvenzverfahrens zu verfolgen (§ 87).

5a Die Vorschriften über die Anmeldung und Feststellung von Forderungen im Insolvenzverfahren können mittels eines Insolvenzplans nicht geändert werden. Sie zählen zu den Verfahrensgarantien, die den Insolvenzgläubigern durch einen Insolvenzplan nicht entzogen werden können.[9]

---

1 BGH WM 2003, 2429; BGH BGHZ 173, 103; BGH WM 2009, 468; BGH NZI 2017, 300; OLG München ZInsO 2018, 992.

2 In Verfahren, deren Eröffnung vor dem 1.7.2014 beantragt wurde, ergibt sich dies aus den entsprechenden Entscheidungen des BGH NZI 2005, 399; NZI 2009, 856; NZI 2015, 516.

3 BGH NZI 2013, 388.

4 BGH GWR 2010, 98.

5 Brandenburgisches OLG, ZInsO 2012, 1982.

6 Vgl. Jaeger/*Gerhardt* (2010), § 174 Rn. 103.

7 BT-Drs. 12/2443 S. 184.

8 Uhlenbruck/*Sinz* § 174 Rn. 1.

9 BGH NZI 2009, 230.

II. Anmeldbare Forderungen

1. Insolvenzforderungen. Gemäß § 174 Abs. 1 und Abs. 3 sind zunächst nur Insolvenzforderungen iSd § 38 zum Verfahren anzumelden. **Nachrangige Insolvenzforderungen** iSd § 39 können erst dann angemeldet werden, wenn das Insolvenzgericht hierzu ausdrücklich auffordert (§ 174 Abs. 3; → Rn. 38). 6

Masseansprüche nach §§ 54 und 55 stellen ebenso wie **Aussonderungsrechte** nach § 47 keine Insolvenzforderung dar und können demnach nicht zur Insolvenztabelle angemeldet werden; sie sind vielmehr unmittelbar gegen den Verwalter geltend zu machen. Wird eine Masseforderung (irrtümlich) als Insolvenzforderung zum Verfahren angemeldet, ist darin kein Verzicht des Gläubigers auf eine Befriedigung seiner Forderung als Masseverbindlichkeit zu sehen.[10] Der Massegläubiger kann seinen Anspruch auch dann noch gegen die Masse geltend machen, wenn er zunächst seinen Anspruch als Insolvenzforderung angemeldet und einen erhobenen Widerspruch mittels einer Feststellungsklage beseitigt hat.[11] Wird umgekehrt eine Insolvenzforderung als Masseverbindlichkeit geltend gemacht, so kann damit der Verlust der Verjährungshemmung verbunden sein, wenn nicht im Wege der Auslegung die Anmeldung einer Insolvenzforderung ermittelt wird.[12] 7

Ansprüche auf **abgesonderte Befriedigung** nach §§ 49 ff. stellen ebenfalls keine Insolvenzforderungen und damit keine anzumeldenden Forderungen dar. Besteht neben dem Recht auf abgesonderte Befriedigung eine persönliche Forderung gegen den Schuldner, kann diese als Insolvenzforderung uneingeschränkt zum Verfahren angemeldet werden. Die Anmeldung einer Forderung zur Tabelle ohne eine Beschränkung auf den Ausfall bedeutet auch keinen Verzicht auf ein Recht zur abgesonderten Befriedigung.[13] Bei einer Verteilung wird die Forderung jedoch nur mit den sich aus § 52 Satz 2 ergebenden Einschränkungen also mit dem sogenannten Ausfall berücksichtigt, soweit der Gläubiger nicht ausdrücklich auf die abgesonderte Befriedigung verzichtet (vgl. § 190; → § 176 Rn. 32). 8

Der Insolvenzverwalter hat ihm bekannte Absonderungsrechte auch dann zu beachten, wenn der Gläubiger diese nicht nach § 28 Abs. 2 mitteilt. So ist zB das sich aus § 10 Abs. 1 Nr. 2 ZVG ergebende Absonderungsrecht für Hausgeldrückstände im Insolvenzverfahren über das Vermögen eines Wohnungseigentümers auch dann zu berücksichtigen, wenn es von der Eigentümergemeinschaft nicht ausdrücklich geltend gemacht wird. 8a

Insolvenzgläubiger, die zur **Aufrechnung** befugt sind (§ 94), können ihre gesamte Forderung anmelden; sie nehmen aber an der Quotenberechnung nur mit dem Betrag teil, der sich unter Berücksichtigung der erklärten Aufrechnung ergibt. Die Aufrechnungsmöglichkeit wird einem Recht auf abgesonderte Befriedigung gleichgestellt.[14] Meldet ein Insolvenzgläubiger nur den Differenzbetrag an, der sich unter Berücksichtigung einer erklärten Aufrechnung ergibt und wird dieser Betrag zur Tabelle festgestellt, so bleibt die nachträgliche Anmeldung der Restforderung für den Fall möglich, dass die Aufrechnung unwirksam ist.[15] 9

2. Gesamtschuldnerische Haftung. Haften mehrere Schuldner gesamtschuldnerisch iSd § 421 BGB und wird über das Vermögen von zumindest eines von ihnen das Insolvenzverfahren eröffnet, ist die Vorschrift des § 43 zu beachten. Danach kann der Gläubiger den Betrag anmelden, den er zum Zeitpunkt der Verfahrenseröffnung zu fordern berechtigt war. Zahlungen eines **Gesamtschuldners,** die nach § 422 Abs. 1 BGB auch für die übrigen Schuldner wirken, muss der Gläubiger sich nur anrechnen lassen, wenn sie vor Eröffnung des Verfahrens geleistet wurden.[16] Dasselbe gilt für den Bürgen im Insolvenzverfahren über das Vermögen des Hauptschuldners, sowie für die sog. harte Patronatserklärung.[17] Zahlungen, die nach Verfahrenseröffnung geleistet werden, bleiben bei der Anmeldung unberücksichtigt. Insgesamt darf der Gläubiger aber nur seine Forderung erhalten. Die auszureichende Insolvenzquote darf zusammen mit den sonstigen Zahlungen die Forderung des Gläubigers nicht übersteigen.[18] 10

Beispiel:[19] L und M schulden dem G wegen einer in Nebentäterschaft begangenen unerlaubten Handlung 10.000 EUR als Gesamtschuldner (§ 840 Abs. 1 BGB). Nach Eröffnung des Insolvenzverfahrens über das Vermögen des L zahlt M an G einen Betrag von 9.000 EUR. L kann nach § 43 weiterhin die vollen

---

10 RGZ 98, 136; BAG NJW 2003, 1964.
11 BGH NJW 2006, 3068.
12 LG Wuppertal, ZInsO 2010, 1281.
13 BGH NZI 2017, 345.
14 Vgl. BGH NJW 2012, 1958.
15 BGH NZI 2012, 323.
16 *Küpper/Heinze* ZInsO 2006, 452.
17 Vgl. BGH NJW 1992, 2092.
18 Vgl. BGH NJW 1985, 271.
19 Nach OLG Karlsruhe ZIP 1982, 1108.

10.000 EUR anmelden. Beträgt die Quote aber mehr als 10% (= 1.000 EUR), so darf der Treuhänder den G im Rahmen der Verteilungen nicht mehr berücksichtigen. Sofern der Treuhänder von der Zahlung des M keine Kenntnis hat und deshalb insgesamt mehr als 1.000 EUR an G zahlt, muss er den 10.000 EUR übersteigenden Betrag nach § 812 Abs. 1 Satz 1 Alt. 1 BGB herausverlangen oder, wenn die Forderung festgestellt ist, aber noch keine Zahlungen erfolgt sind, wegen des 10.000 EUR übersteigenden Betrages Klage gemäß § 767 ZPO („Verteilungsgegenklage") erheben.[20]

11 Auf den Mitschuldner oder Bürgen übergegangene Ansprüche können von diesen nur insoweit zum Verfahren angemeldet werden, als der Gläubiger die Forderung nicht seinerseits anmeldet.

12 Hat der Mitschuldner oder der Bürge den Gläubiger bereits **vor Insolvenzeröffnung** (teilweise) befriedigt, so kann die (Teil-)Forderung im Insolvenzverfahren über das Vermögen des Schuldners nebeneinander mit dem (Haupt-)Gläubiger geltend gemacht werden.[21] Dasselbe gilt, wenn der Mitschuldner oder Bürge die Forderung des Gläubigers nach Verfahrenseröffnung vollständig befriedigt hat oder der Mitschuldner oder Bürge nur zu einem Teilbetrag mithaftet bzw. sich verbürgt und diesen Teilbetrag nach Verfahrenseröffnung an den Gläubiger geleistet hat. Dann muss der Gläubiger seine Forderungsanmeldung um den Betrag ermäßigen, den er vom Mitschuldner oder Bürgen empfangen hat; andererseits darf der Mitschuldner oder Bürge seinen Regressanspruch anmelden, weil die gebotene Kürzung der Anmeldung des Gläubigers es gestattet, den Rückgriffsanspruch neben der restlichen Forderung des Gläubigers zu berücksichtigen. Hier kann also die Insolvenzquote für den Gläubiger durch die Berücksichtigung der Regressforderung verkürzt werden.[22]

13 Eine Ausnahme vom Grundsatz des § 43 enthält die Vorschrift des § 44a: Der Anspruch auf Rückzahlung eines Darlehens, für das ein Gesellschafter gebürgt hat, kann nach § 44a nur mit dem Betrag geltend gemacht werden, mit dem der Gläubiger bei der Geltendmachung der Bürgschaft ausgefallen ist. Ähnlich einem gesicherten Gläubiger kann der Gesellschaftsgläubiger seine Forderung nur in Höhe des erlittenen Ausfalles anmelden (vgl. § 190).[23]

14 **3. Betagte und Bedingte Ansprüche. a) Grundsatz – Ausnahme.** Grundsätzlich können Insolvenzforderungen auch wenn sie noch nicht fällig (§ 41) oder auflösend (§ 42) bzw. aufschiebend bedingt (§ 191) sind, zum Verfahren angemeldet werden. Eine Ausnahme hiervon enthält § 44: Der durch seine Inanspruchnahme aufschiebend bedingte Anspruch eines Mitschuldners oder Bürgen kann im Insolvenzverfahren über das Vermögen des weiteren Mitschuldners oder des Hauptschuldners nur geltend gemacht werden, wenn der Gläubiger seine Forderung nicht geltend macht.

15 Hat der Gläubiger zunächst seine Forderung nicht angemeldet, holt er dies aber nach, nachdem bereits der Mitschuldner oder Bürge seinen aufschiebend bedingten Anspruch angemeldet hat, so muss der Mitschuldner oder Bürge seine Anmeldung zurückziehen. Ggf. hat der Insolvenzverwalter die Forderung zu bestreiten bzw. gegen eine bereits festgestellte Forderung die Vollstreckungsabwehrklage zu erheben.[24]

16 **b) Aufschiebend bedingte Forderungen.** Aufschiebend bedingte Forderungen, deren Entstehen vom Eintritt eines künftigen ungewissen Ereignisses abhängt, bei denen es also insgesamt noch unklar ist, ob sie überhaupt zur Entstehung gelangen, können ohne Abzinsung angemeldet werden. Als aufschiebend bedingt gelten ua die Ansprüche auf Altersruhegeld, Berufsunfähigkeits- oder Hinterbliebenenrente, wenn die Voraussetzungen, unter denen sie verlangt werden können, noch nicht eingetreten sind. Als aufschiebend bedingt und nicht als künftig fällig iSd § 41 gelten auch **befristete Forderungen** (§ 163 BGB), deren Entstehen an einen festen Termin gekoppelt ist. Als Folge hiervon sind die auf die Ansprüche entfallenden Erlösanteile zu hinterlegen (§ 191).[25] Der Eintritt des künftigen Ereignisses wird durch die Insolvenzordnung nicht fingiert; die befristete Forderung gilt nicht als entstanden.

16a Handelt es sich bei einer aufschiebend bedingten Forderung um eine solche, die auf **wiederkehrende Leistungen** gerichtet ist (zB Altersrente), so hat der Gläubiger gemäß §§ 46 Satz 2, 45 Satz 1 seinen Anspruch mit dessen geschätztem Wert anzumelden. Eine solche Schätzung kann zB auf der statistischen Lebenserwartung beruhen. Als aufschiebend bedingte Forderung gilt auch der Nichterfüllungsanspruch, der aufgrund der Erfüllungsablehnung durch den Verwalter dem Gläubiger als Insolvenzforderung gebührt (§ 103 Abs. 2).

17 **c) Auflösend bedingte Forderungen.** Auflösend bedingte Forderungen können nach § 42 so lange zum Insolvenzverfahren angemeldet werden, wie die auflösende Bedingung noch nicht

[20] Zur Verteilungsabwehr- bzw. -gegenklage vgl. BGH NZI 2012, 513.
[21] OLG Thüringen, FamRZ 2012, 372.
[22] Vgl. BGH NJW 1985, 614.
[23] Vgl. BGH NZI 2017, 760.
[24] Uhlenbruck/*Knof* § 44 Rn. 8.
[25] BGH NJW 2005, 2231.

eingetreten ist. Auch für die Zuteilung gelten bis zum Bedingungseintritt keine Besonderheiten. Tritt die auflösende Bedingung nach Feststellung der Forderung ein, so kann der Insolvenzverwalter Vollstreckungsgegenklage gem. § 767 ZPO erheben;[26] die Eintragung in die Insolvenztabelle wirkt wie ein rechtskräftiges Urteil (§ 178 Abs. 3). Tritt die Bedingung ein, so kann der Insolvenzverwalter den gezahlten Betrag unter dem Gesichtspunkt der ungerechtfertigten Bereicherung (§ 812 Abs. 1 Satz 2 erste Alt. BGB) zurückfordern. Tritt die Bedingung erst nach Verfahrensaufhebung ein, kommt die Anordnung einer **Nachtragsverteilung** in Betracht.

4. Umrechnung von Forderungen. Insolvenzforderungen können grundsätzlich nur dann angemeldet werden, wenn sie ohne weitere Modifikation auch zur Insolvenztabelle festgestellt werden können. § 45 Satz 1 bestimmt deshalb, dass Insolvenzforderungen, die, wie Übereignungs- oder Herausgabeansprüche, nicht auf Geld gerichtet sind, sowie Forderungen, deren Geldbetrag unbestimmt ist, vom Gläubiger zu **schätzen** sind. Maßgebend ist der Zeitpunkt der Verfahrenseröffnung. Der Geldbetrag einer Forderung ist dann unbestimmt, wenn zwar deren Grund, nicht aber deren Höhe bei Insolvenzeröffnung feststeht. § 45 Satz 1 umfasst auch Ansprüche auf Nachbesserung, Mängelbeseitigung oder Rückgewähr infolge Wandelung. Von § 45 Satz 2 werden alle Forderungen in **Fremdwährung** oder in Rechnungseinheiten erfasst. Die Vorschrift bestimmt, dass jede Forderung zum Stichtag der Eröffnung des Insolvenzverfahrens in EUR umzurechnen ist. Hierdurch ändert sich jedoch der Charakter der Forderung noch nicht. Vielmehr entsteht erst mit der insolvenzmäßigen Feststellung eine Forderung in EUR, und zwar mit dem Umrechnungskurs zum Zeitpunkt der Verfahrenseröffnung. Maßgebend ist der amtliche Kurs am Tage und zur Uhrzeit der Verfahrenseröffnung, der am Ort der Insolvenzverwaltung (Zahlungsort) gilt. Der auf diesem Weg einmal festgestellte Betrag bleibt auch über die Beendigung des Insolvenzverfahrens hinaus maßgeblich. **17a**

Auch eine Forderung, die von einer **Zug um Zug** zu erbringenden Leistung des Gläubigers abhängt, ist entsprechend § 45 Satz 1 in einen Geldbetrag „umzurechnen“. Andernfalls kann eine solche Forderung nicht zur Tabelle festgestellt werden, weil sie sich nicht für die Berechnung der Quote eignet und die Insolvenzordnung in dem Feststellungs- und Verteilungsverfahren nach §§ 174 ff. keine den §§ 756, 765 ZPO entsprechende Regelung kennt.[27] „Umrechnung“ bedeutet in diesem Fall die Reduzierung der Primärforderung um den Wert der zu erbringen Gegenleistung.[28] **17b**

5. Beschränkte Anmeldebefugnis in der Gesellschaftsinsolvenz. Besteht für eine Forderung gegen eine Gesellschaft ohne Rechtspersönlichkeit oder eine Kommanditgesellschaft auf Aktien die Haftung des persönlich haftenden Gesellschafters, kann diese Forderung im Insolvenzverfahren über das Vermögen dieses Gesellschafters nur von dem im Insolvenzverfahren über das Vermögen der Gesellschaft bestellten **Insolvenzverwalter** angemeldet werden (§ 93).[29] Dabei sind die einzelnen Ansprüche nach Grund, Betrag und Anspruchsinhaber zu bezeichnen.[30] Die Insolvenzgläubiger können ihre Forderung nur im Verfahren, das über das Vermögen der Gesellschaft eröffnet wurde, anmelden. Dagegen können solche Forderungen, die **ausschließlich** gegen den persönlich haftenden Gesellschafter bestehen, ohne Einschränkung in dem über dessen Vermögen eröffneten Verfahren angemeldet werden.[31] Dies gilt auch für solche Forderungen gegen die Gesellschaft, für die der persönlich haftende Gesellschafter eine vertragliche Haftung, etwa in Form einer Bürgschaft oder eines Garantievertrags, übernommen hat. **18**

III. Aufforderung zur Forderungsanmeldung

Im **Eröffnungsbeschluss** werden die Gläubiger aufgefordert, ihre Forderungen beim Insolvenzverwalter innerhalb der angegebenen Frist anzumelden (§ 28 Abs. 1; zur Anmeldefrist, vgl. § 177). Von dieser Aufforderung erlangen die Gläubiger durch die Veröffentlichung des Eröffnungsbeschlusses Kenntnis (§ 30 Abs. 1). Soweit dem Insolvenzgericht bzw. dem Verwalter Gläubiger bekannt sind, ist der Eröffnungsbeschluss diesen Gläubigern gesondert zuzustellen (§ 30 Abs. 2). Mit dieser Zustellung kann gem. § 8 Abs. 3 der Verwalter beauftragt werden. Gläubiger, denen der Eröffnungsbeschluss nicht gesondert zugestellt wird, können hieraus keine Rechte herleiten. **19**

Die Aufforderung, **nachrangige Insolvenzforderungen** anzumelden, wird regelmäßig nicht im Eröffnungsbeschluss enthalten sein. Eine solche kommt erst dann in Betracht, wenn abzusehen ist, dass die Masse ausreicht, um neben der vollständigen Befriedigung der nicht nachrangigen Insolvenzforderungen auch Zahlungen auf nachrangige Insolvenzforderungen zu ermöglichen. Die **20**

---

26 Vgl. RG, Beschl. v. 24.2.1888 – III 4/88.
27 BGH NJW 2017, 1752; BGH ZInsO 2015, 1620.
28 BGH NZI 2016, 301.
29 Vgl. BGH BeckRS 2012,17495.
30 LG Frankenthal, BeckRS 2016, 115829.
31 BGH NJW 2002, 2718.

Aufforderung zur Anmeldung nachrangiger Insolvenzforderungen wird deshalb erst im Laufe des Verfahrens erfolgen können. Sie ist zusammen mit einer zu bestimmenden Anmeldefrist und einem Prüfungstermin öffentlich bekannt zu machen, soweit die Aufforderung nicht so rechtzeitig ergeht, dass die Prüfung der nachrangigen Forderungen noch im allgemeinen Prüfungstermin erfolgen kann (→ Rn. 38).

20a Mit der Aufforderung zur Forderungsanmeldung ist der Gläubiger seitens des Insolvenzverwalters gemäß Art. 12 ff. EuDSGVO ua darüber zu informieren, welche **personenbezogenen Daten** erhoben, verarbeitet und gespeichert werden. Dabei sind der Zweck der Verarbeitung, die Dauer der Speicherung, die Datenschutzrechte, die Verantwortlichen sowie die Personen und Institutionen zu nennen, denen die Daten zur Verfügung gestellt werden. Die datenschutzrechtlichen Informationen können mit einem Hinweis auf die entsprechenden Internet-Seite der Verwalter-Kanzlei übermittelt werden.

IV. Form und Inhalt der Anmeldung

21 **1. Form.** Die Forderungsanmeldung hat schriftlich zu erfolgen (§ 174 Abs. 1) und zwar grundsätzlich in deutscher Sprache (§ 184 GVG). Nach Art. 55 EuInsVO 2015 können **ausländische Gläubiger** iSd Art. 2 Nr. 12 EuInsVO 2015 ihre Forderung in jeder Amtssprache der Organe der Europäischen Union anmelden. Die Verwendung des unter https://e-justice.europa.eu/content_insolvency-474-de.do abrufbaren Anmeldeformulars ist nach Art. 55 Abs. 4 EuInsVO 2015 nicht zwingend, jedoch muss auch eine formularlose Anmeldung die in Art. 55 Abs. 2 EuInsVO 2015 aufgelisteten Daten beinhalten.[32]

21a Eine Anmeldung der Insolvenzforderung per Fax ist zulässig. Dagegen kann eine elektronische Anmeldung, zu der auch eine Übermittlung per e-mail gehört, nur vorgenommen werden, wenn der Insolvenzverwalter hierzu sein Einverständnis erklärt hat (Abs. 4). Dies kann etwa dadurch erfolgen, dass den Gläubigern ein Zugangscode übermittelt wird, mittels dessen die Forderung auf der Internet-Seite des Verwalters angemeldet werden kann. Die Verwendung von Vordrucken oder Formblättern ist nicht vorgeschrieben. Auch soweit den Gläubigern von den Insolvenzgerichten bzw. von den Verwaltern entsprechende Muster übersandt werden, besteht zu deren Verwendung keine Verpflichtung.

22 **Adressat** der Forderungsanmeldung ist der Verwalter, bei angeordneter Eigenverwaltung der Sachwalter (§ 270c Satz 2).

22a Anmeldungen, die durch einen **Bevollmächtigten** erfolgen, sind, soweit es sich nicht um einen Rechtsanwalt handelt, die Vollmachtsurkunde beizufügen. Bei der Vertretung durch einen Rechtanwalt ist die Vollmacht nur auf Rüge des Insolvenzverwalters oder eines Insolvenzgläubigers vorzulegen (§ 4 iVm § 88 ZPO). Eine **Geldempfangsvollmacht** ist auch bei Vertretung durch einen Rechtsanwalt einzufordern. Zur Vertretung des Gläubigers bei der Anmeldung der Forderung sind auch Inkassounternehmen berechtigt (Abs. 1 S. 3). Die Vorschriften über die Gewährung von **Prozesskostenhilfe** sind grundsätzlich auch im Insolvenzverfahren anwendbar (§ 4), sodass einem Gläubiger für die Anmeldung seiner Forderung Prozesskostenhilfe gewährt werden kann. Die Beiordnung eines Anwalts kommt jedoch nur im Ausnahmefall und nur dann in Betracht, wenn eine wirtschaftlich denkende vermögende Partei vernünftigerweise einen Rechtsanwalt beauftragen würde.[33]

22b Steht die angemeldete Forderung **mehreren Gläubigern** nach § 428 BGB oder in Form einer Erbengemeinschaft zu und erfolgt die Anmeldung nicht durch alle Berechtigte, sind die übrigen Gläubiger mit Name und Anschrift anzugeben.[34] Die im Innenverhältnis der Gesamtgläubiger geltende Verteilung ist unbeachtlich.[35] Sind dagegen mehrere Gläubiger gemäß § 741 BGB nach Bruchteilen berechtigt, die angemeldete Forderung geltend zu machen, so sind die jeweilen Bruchteile in der Anmeldung zu benennen.

23 Ist eine Forderung **gepfändet** und dem Gläubiger zur Einziehung oder an Zahlungs statt überwiesen, kann diese Forderung nur durch den Pfändungsgläubiger angemeldet werden. Vor der Überweisung der Forderung ist die Forderung durch den Pfändungsgläubiger und den Pfändungsschuldner gemeinsam anzumelden.

24 Schließen sich mehrere Gläubiger zu einem sogenannten **Gläubigerpool** zusammen, erfolgt die Anmeldung durch einen Treuhänder (Poolführer). Aus einer solchen Anmeldung müssen sich die einzelnen Forderungen und deren Gläubiger ergeben. Auch muss zu jeder Forderung der Lebens-

[32] Vgl. LG Hildesheim BeckRS 2017, 132623 mAnm Fuchs NZI 2018, 9.
[33] BGH NJW 2004, 3260.
[34] Uhlenbruck/*Sinz*, § 174, Rn. 23.
[35] BGH BeckRS 2018, 18039.

sachverhalt dargestellt werden, der die Forderung als begründet erscheinen lässt. Eine Zusammenführung der beteiligten Forderungen ist nicht zulässig, da damit die Möglichkeit entfiele, einzelne Forderungen zu bestreiten. Dasselbe gilt für die Anmeldung mehrerer Forderungen oder Teilbeträge eines Berechtigten.[36] Die Forderungen bzw. Teilbeträge können nicht zu einem Gesamtanspruch zusammengefasst werden.

Die Forderungsanmeldung muss den **Inhaber der Forderung** eindeutig erkennen lassen. Dieser ist mit seiner zustellungsfähigen Anschrift anzugeben (vgl. § 175 Rn. 5). Postfachangaben sind insoweit ungenügend. Im eigenen Interesse sollte der Gläubiger darauf achten, dass der Anmeldung eine aktuelle Bankverbindung sowie bestehende Kommunikationsmöglichkeiten entnommen werden können. 25

2. Grund und Betrag der Forderung. a) Grund. Die Anmeldung hat die Forderung nach Grund und Betrag auszuweisen (§ 174 Abs. 2). Der Begriff des Grundes der Forderung entspricht demjenigen in § 253 Abs. 2 Nr. 2 ZPO, bezeichnet also den Sachverhalt, aus dem die Forderung entspringt.[37] Der Grund der Forderungen ist nur dann ausreichend dargetan, wenn der Lebenssachverhalt dargestellt wird, der die Forderung als begründet erscheinen lässt.[38] Im Hinblick auf die Wirkung einer Feststellung der Forderung, die gemäß § 178 Abs. 3 **einem rechtskräftigem Urteil** gleichkommt, muss die Reichweite der Rechtskraft eindeutig bestimmbar sein.[39] Wird eine Forderung aus fremdem Recht geltend gemacht, bedarf es näheren Sachvortrags zum Rechtserwerb des Gläubigers. 26

Zur näheren Individualisierung kann auf beigefügte Unterlagen Bezug genommen werden, soweit sich hieraus die Daten ergeben, die es dem Insolvenzverwalter und den Insolvenzgläubigern ermöglichen, den geltend gemachten Schuldgrund zu prüfen.[40] Ebenso ist zum Verpflichtungsgrund des Schuldners vorzutragen, wenn sich die Forderung ursprünglich nicht gegen ihn, sondern gegen einen Dritten richtete. Eine Forderungsanmeldung, die den Schuldgrund nicht in der dargestellten Weise aufzeigt, ist unwirksam.[41] Sie kann weder die Verjährungshemmung auslösen, noch die Sachurteilsvoraussetzung für eine Feststellungsklage i.S. des § 179 bilden. Die Unwirksamkeit wird nicht dadurch geheilt, dass der Verwalter die Forderung gleichwohl in die Tabelle aufnimmt, was er wohl verweigern könnte, dazu aber nicht verpflichtet ist.[42] Auch die Feststellung einer unwirksam angemeldeten Forderung hilft nicht über eine fehlende Konkretisierung der Forderung hinweg, sodass zB die Rechtskraftwirkung des § 178 Abs. 3 nicht eintreten kann. Der Mangel kann regelmäßig nur durch **Neuanmeldung** der Forderung behoben werden.[43] Die Forderung muss nicht bewiesen werden; es muss sich die Forderung aber anhand der in der Anmeldung gemachten und als zutreffend angenommenen Angaben – ggf. unter Bezugnahme auf aussagekräftige Unterlagen – als eine gegen den Insolvenzschuldner gerichtete konkrete Forderung bestimmen lassen. 26a

Meldet das FA nicht titulierte **Umsatzsteuerforderungen** in einer Summe zur Insolvenztabelle an, so ist die Anmeldung wirksam erfolgt, wenn durch den Inhalt der Anmeldung sichergestellt ist, dass nur bestimmte Sachverhalte erfasst sind, die zur Verwirklichung der gesetzlichen Tatbestände des UStG geführt haben. Das ist bei einer durch Betrag und Zeitraum bezeichneten Umsatzsteuerforderung regelmäßig der Fall.[44] Soll der Grund einer bereits festgestellten Forderung geändert oder der Betrag der festgestellten Forderung erhöht werden, bedarf es einer neuerlichen Anmeldung und Prüfung der Veränderung (§ 177 Abs. 1 S. 3). 26b

b) Betrag. Der Forderungsbetrag ist grundsätzlich in EUR anzugeben. Forderungen in **ausländischer Währung** sind nach § 45 Satz 2 mit dem Kurswert, der zur Zeit der Verfahrenseröffnung für den Zahlungsort maßgebend ist, in EUR umzurechnen. Hauptforderung, Kosten und Zinsen müssen getrennt angemeldet werden. Zinsen sind gesondert mit dem Beginn des Zinslaufs und dem geltend gemachten Prozentsatz anzumelden. Einer betragsmäßigen Errechnung durch den Gläubiger bedarf es nicht.[45] Das Zinsende bestimmt sich grundsätzlich nach dem Tag vor der Verfahrenseröff- 27

36 BGH NZI 2009, 242; OLG München NJW-Spezial 2018, 182; *Paulus,* ZIP-Beil. 2016, 54.
37 BGH BeckRS 2018, 18039.
38 BGH NZI 2018, 886.
39 BGH NZI 2013, 388; BGH BeckRS 2018, 18039.
40 BGH BeckRS 2018, 18039; BGH NZI 2009, 242.
41 BGH NZI 2009, 242.
42 OLG Stuttgart NJW-Spezial 2008, 599; vgl. dazu auch § 175 Rn. 11.
43 BGH NZI 2009, 242; BGH BeckRS 2018, 18039; *Pape/Uhlenbruck/Voigt-Salus,* Insolvenzrecht, Kap. 28 Rn. 7.
44 BFH NZI 2011, 987.
45 Braun/*Specovius,* § 174 Rn. 27; Graf-Schlicker/*Graf-Schlicker,* § 174, Rn. 20.

nung. Die nach diesem Zeitpunkt anfallenden Zinsen stellen nachrangige Insolvenzforderungen dar (§ 39 Abs. 1 Nr. 1). Dasselbe gilt für die auf Insolvenzforderungen erhobenen Säumniszuschläge.

28 **Arbeitnehmerforderungen,** zu denen auch Ansprüche aus einem Sozialplan gehören, sind mit ihrem Bruttobetrag anzumelden.[46] An den Arbeitnehmer erfolgt eine Erlösauszahlung jedoch nur in Höhe des Nettolohnanspruchs. Die Sozialabgaben sind entsprechend der Anmeldung der Sozialversicherungseinzugsstellen an diese auszukehren. Die auf den auszuzahlenden Betrag anfallende Lohnsteuer ist an die Finanzverwaltung abzuführen. Eine gesonderte Anmeldung durch die Finanzverwaltung ist insoweit nicht notwendig.

29 Soweit die Höhe einer Forderung bis zum Ablauf der Anmeldefrist nicht eindeutig bestimmt werden kann, was oftmals bei Sozialversicherungs- und Steueransprüchen der Fall ist, genügt es, zunächst einen **Pauschbetrag** anzumelden. Einer solchen Anmeldung wird der Verwalter im Prüfungstermin zwar (vorläufig) widersprechen; er wird dann aber seinen Widerspruch zurücknehmen, wenn in der Folge die genaue Höhe des Anspruchs dargestellt werden kann. Auf diese Weise können ein nachträglicher Prüfungstermin und die damit entstehenden Kosten vermieden werden. Kann die Forderungshöhe nur aufgrund einer Auskunft des Insolvenzverwalters bestimmt werden (zB Provisionsvertreter) und erteilt der Verwalter diese Auskunft nicht, so ist der Gläubiger berechtigt, einen plausiblen Schätzbetrag anzumelden.[47]

30 Zum Insolvenzverfahren können nur Ansprüche angemeldet werden, die auf Geldzahlung gerichtet sind. Soweit es sich bei dem persönlichen Vermögensanspruch gegen den Schuldner iSd § 38 um einen sonstigen Anspruch handelt, ist dieser mit dem Wert geltend zu machen, der für die Zeit der Verfahrenseröffnung geschätzt werden kann (§ 45 Satz 1).

31 Forderungen auf **wiederkehrende Leistungen,** deren Betrag und Dauer bestimmt sind (zB in mtl. Raten rückzahlbares Darlehen), sind mit dem Betrag anzumelden, der sich ergibt, wenn die noch ausstehenden Leistungen unter Abzug des in § 41 bezeichneten Zwischenzinses zusammengerechnet werden (§ 46 Satz 1). Ist die Forderung verzinslich, entfällt der Abzug des Zwischenzinses (§ 41 Abs. 2). Ist die Dauer der Leistung unbestimmt (zB Rentenansprüche), ist die Forderung gem. § 45 Satz 1 ggf. nach versicherungsmathematischen Grundsätzen zu schätzen.

32 Die Insolvenzforderung ist samt eines darin enthaltenen **Umsatzsteueranteils** anzumelden, der für den Fall, dass der Gläubiger eine Quotenzahlung erhält, anteilig an das Finanzamt abzuführen ist.[48]

33 **3. Forderungen deliktischer Natur.** Eine erteilte Restschuldbefreiung lässt Verbindlichkeiten des Schuldners aus einer vorsätzlich begangenen unerlaubten Handlung, aus der vorsätzlichen pflichtwidrigen Verletzung einer gesetzlichen Unterhaltspflicht oder aus einer Steuerstraftat des Schuldners nach den §§ 370, 373 oder § 374 AO unberührt (§ 302 Nr. 1). Der Erfüllung solcher Verbindlichkeiten soll sich der Schuldner nicht durch ein Insolvenzverfahren entziehen können.[49] Als Forderungen aus einer vorsätzlich begangenen unerlaubten Handlung gelten insbesondere Ansprüche nach § 823 BGB, wobei als Schutzgesetz iSd § 823 Abs. 2 BGB ua § 263 StGB im Falle eines Betrugs oder § 266a StGB im Falle nicht abgeführter Sozialversicherungsbeiträge in Betracht kommt, soweit von einem „Vorenthaltungsvorsatz“ ausgegangen werden kann.[50]

34 Um den Schuldner frühzeitig darüber zu informieren, dass er ungeachtet einer erteilten Restschuldbefreiung eine Forderung vollständig begleichen muss, wird der Gläubiger mit § 174 Abs. 2 verpflichtet, seinen Anspruch unter Angabe der Grundlage „unerlaubte Handlung“, „pflichtwidrige Verletzung der Unterhaltspflicht“ oder „Steuerstraftat“ anzumelden.[51] Mit der Anmeldung sind die **Tatsachen** vorzutragen, die nach Einschätzung des Gläubigers seinen Anspruch begründen und dem Schuldner verdeutlichen, um welchen Vorgang es sich handelt. Der Verweis auf gesetzliche Vorschriften ist nicht ausreichend. Wird eine Forderung ohne diese Angabe angemeldet, ist sie von einer erteilten Restschuldbefreiung auch dann betroffen, wenn sie ansonsten zur Insolvenztabelle festgestellt wurde und den Gläubiger an der versäumten Anmeldung kein Verschulden trifft (§ 302 Nr. 1).[52] Dies gilt auch für den Fall, dass eine Forderung etwa bereits auf der Grundlage einer vom Schuldner vorsätzlich begangenen unerlaubten Handlung tituliert ist. Auch eine solche Forderung muss unter Angabe der qualifizierten Anspruchsgrundlage zur Insolvenztabelle angemeldet werden, soll sie nicht von einer Restschuldbefreiung umfasst werden. Zur Darstellung des einschlägigen Sachverhalts kann aber wohl auf den Titel verwiesen werden, soweit er sich daraus ergibt.[53]

---

46 LAG Hamm ZInsO 2005, 1120; LAG Düsseldorf BB 1975, 517.
47 *Schmidt/Jungmann* NZI 2002, 65.
48 AA: AG Heidelberg m. abl. Anm. *Berger* EWiR 2012, 433.
49 BT-Drs. 12/243.
50 BGH NJW 2000, 2993.
51 *Hain* ZInsO 2011, 1193.
52 BGH WM 2011, 271.
53 OLG München VIA 2016, 4 m. krit. Anm. *Schmerbach.*

Hat der Gläubiger es zunächst versäumt, seine Forderung als privilegierten Anspruch anzumelden oder hat er seiner Anmeldung keine Sachverhaltsschilderung beigefügt, so kann dies auch dann nachgeholt werden, wenn die Forderung aus einem anderen Rechtsgrund bereits zur Tabelle festgestellt wurde.[54] Die **nachträgliche Ergänzung** der ursprünglich mangelhaften Anmeldung kann jedoch nur bis zu dem Zeitpunkt erfolgen, bis zu dem noch eine Prüfung der Ergänzung möglich ist (vgl. § 177 Abs. 1 Satz 3). Dies ist spätestens im Schlusstermin der Fall. Wurde eine Forderung als privilegierter Zahlungsanspruch angemeldet, ohne dass ein entsprechender Tatsachenvortrag erfolgte, hat der Verwalter den Gläubiger zur Ergänzung aufzufordern.[55] Unterbleibt diese Ergänzung, ist die Forderung nur dann in die Tabelle aufzunehmen, wenn sie auch aus anderen Rechtsgründen besteht. Das Attribut „von der Restschuldbefreiung nicht betroffen" darf die Tabelle in diesem Fall nicht ausweisen.[56] Dies vor dem Hintergrund, dass das Attribut als festgestellt gelten würde, wenn der Schuldner keinen Widerspruch erhebt, und damit die Forderung von einer Restschuldbefreiung nicht umfasst wäre, obwohl die Voraussetzungen des § 302 Nr. 1 nicht vorliegen (→ § 175 Rn. 7). Unterbleibt danach die Aufnahme des Attributs in die Insolvenztabelle, so unterbleibt auch die in § 175 Abs. 2 normierte Belehrung des Schuldners in Bezug auf die Möglichkeit eines Widerspruchs (→ § 175 Rn. 21a). **34a**

Der Sachvortrag des Gläubigers muss zumindest diejenigen Angaben enthalten, die erforderlich sind, um dem Schuldner die konkrete vorwerfbare Handlung vor Augen zu führen. Der Anspruch der **Sozialversicherungseinzugsstellen** auf fällige Arbeitnehmerbeiträge zur Sozialversicherung kann dann mit dem Attribut „Anspruch aus vorsätzlich begangener unerlaubter Handlung" in die Tabelle eingetragen werden, wenn zumindest vorgetragen wird, dass der Schuldner die Abführung unterließ, obwohl er zur Zahlung in der Lage gewesen wäre, was wiederum daraus geschlossen werden kann, dass Entgeltzahlungen an die Arbeitnehmer erfolgten. Eine pflichtwidrige Verletzung seiner Unterhaltspflicht kann dem Schuldner dann vorgeworfen werden, wenn er zur Leistung in der Lage gewesen wäre, diese aber gleichwohl unterlassen hat. Dass der Lebensbedarf des Unterhaltsberechtigten iSd § 170 Abs. 1 StGB gefährdet war, bedarf indes keiner Darstellung. **35**

Zinsforderungen auf Ansprüche aus vorsätzlich begangener unerlaubter Handlung werden auch dann nicht von der Restschuldbefreiung erfasst, wenn sie mangels Aufforderung zur Anmeldung nachrangiger Forderungen nicht mit dem Rechtsgrund der vorsätzlich begangenen unerlaubten Handlung zur Insolvenztabelle angemeldet worden sind.[57] Säumniszuschläge sind dagegen nicht von der Restschuldbefreiung ausgenommen.[58] **36**

Meldet ein Gläubiger in dem Insolvenzverfahren über das Vermögen einer juristischen Person oder einer Personengesellschaft einen deliktischen Anspruch an, so kann der Verwalter dies wohl ohne weiteres ignorieren. Allerdings sieht § 175 eine solche Einschränkung nicht vor, sodass danach das angemeldete Attribut in die Tabelle aufzunehmen ist, auch wenn eine Restschuldbefreiung nicht in Betracht kommt (→ dazu § 175 Rn. 21a). **37**

Die Frage, ob eine Forderung tatsächlich deliktischer Natur ist, wird letztlich durch das **Prozessgericht** im Rahmen einer Feststellungs- oder Vollstreckungsabwehrklage entschieden. Dass ein Steuerpflichtiger im Zusammenhang mit Verbindlichkeiten aus einem Steuerschuldverhältnis wegen einer **Steuerstraftat** rechtskräftig verurteilt wurde, darf das Finanzamt durch Verwaltungsakt gemäß § 251 Abs. 3 AO feststellen.[59] **37a**

V. Anmeldung nachrangiger Insolvenzforderungen

Nachrangige Insolvenzforderungen iSd § 39 können nur dann angemeldet werden, wenn das Insolvenzgericht hierzu ausdrücklich **auffordert** (§ 174 Abs. 3). Dies geschieht gegenüber den bekannten Gläubigern durch Zustellung des entsprechenden Beschlusses, im Übrigen durch öffentliche Bekanntmachung. Allerdings kommt eine derartige Aufforderung nur in den Fällen in Betracht, in denen die Masse voraussichtlich ausreicht, um neben der vollständigen Befriedigung der nicht nachrangigen Insolvenzgläubiger auch Zahlungen auf die nachrangigen Forderungen erwarten zu lassen.[60] Fordert das Gericht nachrangige Insolvenzgläubiger nicht gemäß § 174 Abs. 3 auf, so sind diese Gläubiger daran gehindert, ihre Forderung anzumelden und damit am Verfahren teilzunehmen. **38**

---

54 BGH NZI 2008, 205; OLG Nürnberg BeckRS 2017, 120837.
55 Graf-Schlicker/*Graf-Schlicker*, § 174, Rn. 23.
56 Uhlenbruck/*Sinz*, § 174, Rn. 38.
57 BGH ZVI 2011, 93.
58 BGH WM 2012, 660.
59 BFH NZI 2019, 175.
60 BGH WM 2011, 131.

Sie sind dann zB nicht berechtigt, im Prüfungstermin einer angemeldeten Forderung zu widersprechen[61] oder an Abstimmungen in der Gläubigerversammlung teilzunehmen.

39 Wird eine nachrangige Forderung angemeldet, obgleich hierzu keine gerichtliche Aufforderung erging, kann der Insolvenzverwalter die Aufnahme in die Insolvenztabelle dann verweigern, wenn der Gläubiger die Forderung ausdrücklich als nachrangige Forderung anmeldet.[62] Möglich ist es aber auch, die Forderung in die Tabelle aufzunehmen und als nachrangige Forderung festzustellen, die erst nach den nicht nachrangigen Forderungen Erlösanteile in der Rangfolge des § 39 beanspruchen kann. Ansonsten, dh wenn der anmeldende Gläubiger nicht von einer Nachrangigkeit seiner Forderung ausgeht, ist die Forderung in die Tabelle aufzunehmen und kann im Prüfungstermin bestritten werden. Es handelt sich weder um eine formal unzureichende, noch gar um eine unzulässige Anmeldung. Eine solche Anmeldung darf mithin weder der Insolvenzverwalter noch das Insolvenzgericht zurückweisen. Die Frage, ob es sich tatsächlich um eine nachrangige Forderung handelt, ist letztlich im **Feststellungsprozess** zu klären. Wird eine nachrangige Forderung als nicht nachrangige Forderung zur Tabelle festgestellt, so gilt sie als nicht nachrangige Forderung.[63] Dabei spielt es keine Rolle, ob das Insolvenzgericht zur Anmeldung nachrangiger Forderungen aufgefordert hat.

40 In einem Insolvenzverfahren über das Vermögen einer natürlichen Person ist in diesem Zusammenhang fraglich, ob eine Aufforderung zur Anmeldung nachrangiger Forderungen erfolgen sollte, wenn in einem möglichen späteren Restschuldbefreiungsverfahren zu erwarten ist, dass sämtliche Insolvenzgläubiger befriedigt werden und damit auch nachrangige Insolvenzgläubiger zum Zuge kämen. Im Hinblick darauf, dass die Erteilung der Restschuldbefreiung gemäß § 301 auch für nachrangige Insolvenzgläubiger gilt, und zwar unabhängig davon, ob sie ihre Forderungen angemeldet haben oder nicht, spricht vieles dafür, in einem solchen Fall diese Gläubiger – vorsorglich – zur Forderungsanmeldung aufzufordern. Die Aufforderung zur Anmeldung nachrangiger Forderungen sollte auch dann ergehen, wenn die vorzeitige Erteilung der Restschuldbefreiung gemäß § 300 Abs. 1 Satz 2 Nr. 1 Alt. 1 ansteht, weil keine Insolvenzforderung angemeldet wurde. Davon kann allenfalls dann abgesehen werden, wenn das Vermögen des Schuldners gerade mal zur Begleichung der Verfahrenskosten ausreicht.

40a Stellt sich erst nach dem Schlusstermin, etwa bei der Schlussverteilung heraus, dass die Insolvenzmasse wider Erwarten ausreicht, um auch die Ansprüche der nachrangigen Insolvenzgläubiger zu befriedigen, so können diese zwar noch zur Anmeldung ihrer Forderungen aufgefordert werden, in das bereits niedergelegte Schlussverzeichnis können diese Forderungen jedoch nicht mehr aufgenommen werden. Die Übererlöse stehen folglich dem Schuldner zu (§ 199). Dessen Anspruch gegen den Insolvenzverwalter auf Herausgabe des Überschusses können die nachrangigen Insolvenzgläubiger auf der Grundlage eines vollstreckbaren Tabellenauszugs ggf. pfänden.

VI. Beizufügende Unterlagen

41 Nach § 174 Abs. 1 Satz 2 sollen der Anmeldung die Urkunden, aus denen sich die Forderung ergibt, in Abdruck beigefügt werden. Zu diesen Urkunden gehören neben Schuldscheinen, Verträgen, Wechseln oder Schecks auch **Vollstreckungstitel,** die über die Forderung bestehen. Unterlässt es der Gläubiger, derartige Urkunden vorzulegen, hat dies zwar auf die Wirksamkeit seiner Anmeldung keinen Einfluss; er riskiert jedoch, dass der Verwalter der Feststellung der Forderung im Prüfungstermin widerspricht. Macht der Insolvenzverwalter wegen der Nichtvorlage von Originalurkunden im Prüfungsverfahren von seinem Widerspruchsrecht Gebrauch, muss er sich im nachfolgenden Feststellungsrechtsstreit mit den geltend gemachten Forderungen des Klägers in der Sache auseinander setzen. Für seine Einlassungsobliegenheit gelten die allgemeinen Grundsätze. Der über die Vorgänge nicht unterrichtete Insolvenzverwalter muss die Geschäftsunterlagen des Schuldners sichten und diesen notfalls befragen. Erst wenn seine Erkundigungen keinen Aufschluss erbracht haben, darf sich der Insolvenzverwalter unter Darlegung dieses Umstands zu der Forderung gem. § 138 Abs. 4 ZPO pauschal mit Nichtwissen erklären. Ansonsten muss er den Bestand der zur Tabelle eingeklagten Forderung konkret anhand der gewonnenen Erkenntnisse bestreiten. Ein Widerspruch kann demnach nicht allein darauf gestützt werden, dass die vollstreckbare Ausfertigung des Titels nicht vorgelegt wurde.[64]

42 Die Forderungsanmeldung und insbesondere die beizufügenden Urkunden sollen den Verwalter und ggf. auch die übrigen Gläubiger sowie den Schuldner in die Lage versetzen, den Bestand und die Höhe der Forderung zu prüfen. Demnach ist es ratsam, den geltend gemachten Anspruch

[61] So auch *KPB* § 176 Rn. 20. Eine gesetzliche Regelung fehlt insoweit. Das Gesetz regelt in § 77 Abs. 1 Satz 2 InsO lediglich, dass nachrangige Insolvenzgläubiger nicht stimmberechtigt sind.
[62] HKInsO/Depré § 174 Rz. 5.
[63] Vgl. BGH NJW 1991, 615; Riedel NZI 2017, 808.
[64] BGH NZI 2006, 173.

möglichst eindeutig und unzweifelhaft zu belegen. Gelingt dies nicht und bestreitet der Verwalter oder ein anderer Gläubiger deshalb die Forderung, kann deren Feststellung nur im Rahmen einer vom Gläubiger zu erhebenden Klage erreicht werden (§ 189 Abs. 1). Entsprechend § 253 Abs. 5 ZPO sind die Forderungsanmeldung sowie die beigefügten Unterlagen unter Beifügung der für ihre Mitteilung **erforderlichen Zahl von Abschriften** einzureichen. Nachdem die Anmeldeunterlagen dem Insolvenzgericht übermittelt werden müssen, sind sie demnach mit einer zusätzlichen Abschrift dem Verwalter zu übersenden. Ansonsten stellt der Verwalter die Abschriften auf Kosten des Anmeldenden her.

VII. Rücknahme der Anmeldung

Eine Forderungsanmeldung kann grundsätzlich bis zur Feststellung der Forderung zurückgenommen werden. Die Feststellung der Forderung zur Insolvenztabelle hat die Wirkung eines rechtskräftigen Urteils (§ 178 Abs. 3), die nicht durch die Rücknahme der Forderungsanmeldung beseitigt werden kann.[65] Eine dennoch erklärte Rücknahme der Anmeldung wird als Verzicht des Gläubigers auf die weitere Geltendmachung der Forderung und damit auch als Verzicht auf die Erteilung eines vollstreckbaren Auszugs aus der Insolvenztabelle angesehen. Ein materiell-rechtlicher Verzicht auf die festgestellte Forderung ist damit nicht verbunden. 43

Die Rücknahme der Anmeldung ist dem Insolvenzgericht gegenüber zu erklären, wenn die Forderung in der bereits niedergelegten Insolvenztabelle enthalten ist oder bereits ein Prüfungstermin stattfand (vgl. § 183 Abs. 2).[66] Die Rücknahmeerklärung ist an kein Formerfordernis gebunden. Soweit der Verwalter die Forderung noch nicht in die Tabelle aufgenommen hat oder die Tabelle noch nicht zur Einsicht der Beteiligten niedergelegt wurde, ist die Rücknahmeerklärung dem Verwalter gegenüber abzugeben. 44

§ 175 Tabelle

(1) [1]Der Insolvenzverwalter hat jede angemeldete Forderung mit den in § 174 Abs. 2 und 3 genannten Angaben in eine Tabelle einzutragen. [2]Die Tabelle ist mit den Anmeldungen sowie den beigefügten Urkunden innerhalb des ersten Drittels des Zeitraums, der zwischen dem Ablauf der Anmeldefrist und dem Prüfungstermin liegt, in der Geschäftsstelle des Insolvenzgerichts zur Einsicht der Beteiligten niederzulegen.

(2) Hat ein Gläubiger eine Forderung aus einer vorsätzlich begangenen unerlaubten Handlung angemeldet, aus einer vorsätzlich pflichtwidrig verletzten gesetzlichen Unterhaltspflicht oder aus einer Steuerstraftat nach den §§ 370, 373 oder 374 der Abgabenordnung angemeldet, so hat das Insolvenzgericht den Schuldner auf die Rechtsfolgen des § 302 und auf die Möglichkeit des Widerspruchs hinzuweisen.

Übersicht

[65] Vgl. RGZ 112, 297; KPB/*Pape/Schaltke* § 174 Rn. 71; *Willmer/Berner* NZI 2015, 877; aA: AG Köln mAnm *Willmer* NZI 2016, 168.

[66] BGH BeckRS 2019, 8687; OLG Brandenburg NJW-Spezial 2018, 373 mAnm *Jungmann* EWiR 2018, 405; HKInsO/*Depré*, 9. Aufl., § 174 Rn. 10; HambKommInsO/*Preß/Henningmeier,* 5. Aufl., § 174 Rn. 8, 20.

I. Anlage der Insolvenztabelle

1 Der Insolvenzverwalter sowie der Sachwalter hat die Insolvenztabelle anzulegen und dort **jede angemeldete Forderung** einzutragen (§ 175 Abs. 1 Satz 1). Dabei ist für jede Forderung ein einzelnes Tabellenblatt zu fertigen, das Grund und Betrag der Forderung sowie deren eventuellen Nachrang ausweist.[1] Als zulässig ist es anzusehen, mehrere gleichzeitig angemeldete Forderungen eines Gläubigers auf einem Tabellenblatt auszuweisen. Vorausgesetzt die notwendige Individualisierbarkeit der einzelnen Forderung bleibt erhalten. Bei Abstimmungen, die neben der Forderungs- auch die Kopfmehrheit erfordern, zählt ein Gläubiger ungeachtet der Anzahl seiner angemeldeten Forderung nur mit einer Stimme; ebenso bei der Ermittlung der Mindestvergütung des Insolvenzverwalters.[2] Liegt für eine angemeldete Forderung ein Vollstreckungstitel vor, sollte dies vermerkt werden.

2 Die Anlage der Insolvenztabelle in **virtueller Form** ist zulässig (§ 5 Abs. 4). Spätestens mit Abschluss des Verfahrens muss die Tabelle jedoch in Papierform erstellt und in dieser Form auch aufbewahrt werden (§ 15a AktO NRW). Liegt die Insolvenztabelle nur in elektronischer Form vor, so muss auf der Geschäftsstelle des Insolvenzgerichts die Möglichkeit bestehen, mittels eines Terminals im Vorfeld des Prüfungstermins die Tabelle einzusehen. Die Modalitäten einer „on-line-Einsichtnahme" müssen den erforderlichen Datenschutz gewährleisten.

II. Inhalt

3 **1. Keine gesetzliche Regelung.** Welche Daten in die Insolvenztabelle aufzunehmen sind, ist in der InsO nicht geregelt. Anhaltspunkte bieten die zur Konkursordnung geltenden Vorschriften der AktO (vgl. § 15 AktO-NRW), wonach ua die Spalten „Prüfungsergebnis" und „Bemerkungen" auf dem Tabellenblatt enthalten sein mussten. Soweit in einzelnen Bundesländern bereits die Möglichkeit besteht, im Wege des Datenaustausches die Insolvenztabelle elektronisch an das Insolvenzgericht zu übermitteln, müssen die entsprechenden **Schnittstellenbeschreibungen** beachtet werden. Vor dem Hintergrund, dass der Feststellung die Wirkungen eines **rechtskräftigen Urteils** beiwohnen und das Tabellenblatt ggf. die Grundlage für eine Zwangsvollstreckung darstellt, müssen sich die insoweit erforderlichen Angaben daraus ergeben.

4 **2. Einzelne Angaben. a) Kopfangaben.** Jedes Tabellenblatt hat als Kopfangaben zu bezeichnen: Das zuständige Insolvenzgericht, dessen Aktenzeichen, den Insolvenzverwalter sowie den Insolvenzschuldner. Die Anmeldungen sind nach der Reihenfolge des Eingangs unter fortlaufender Nummer aufzunehmen, die ihrerseits auf der zugehörigen Anmeldung zu vermerken ist.

5 **b) Gläubigerbezeichnung.** Der Gläubiger ist unter Angabe einer **zustellungsfähigen Anschrift** zu bezeichnen (vgl. § 130 ZPO). Bei eingetragenen Kaufleuten, die unter ihrer Firma auftreten, genügt zwar die Angabe der Firma, jedoch kann etwa eine Zwangshypothek auf der Grundlage eines vollstreckbaren Tabellenauszugs nur eingetragen werden, wenn der Kaufmann auch mit seinem bürgerlichen Namen genannt ist. Juristischen Personen und parteifähigen Personenvereinigungen sind als solche einzutragen. Hinsichtlich ihrer Vertretung genügt es, die Funktionsbezeichnung (zB Geschäftsführer) anzugeben. Der Name der Person, die aktuell die Funktion ausübt, ist nicht erforderlich.[3] Eine GbR kann unter ihrer Gesellschaftsbezeichnung mit dem Hinweis auf ihre Vertretung durch die (geschäftsführenden) Gesellschafter eingetragen werden.[4] Im Hinblick auf eine spätere Zwangsvollstreckung in das unbewegliche Vermögen des Schuldners ist die namentliche Angabe der Gesellschafter jedoch sinnvoll (vgl. § 47 Abs. 2 GBO).

5a Eine **Wohnungseigentümergemeinschaft** wird durch die das Grundstück näher bestimmenden postalischen oder katastermäßigen Bezeichnungen beschrieben. Die Angabe sämtlicher Wohnungseigentümer ist nach § 46 Abs. 1 Satz 1 iVm § 44 Abs. 1 Satz 2 WEG nicht erforderlich, wenn die Wohnungseigentümergemeinschaft wie bei einer Forderungsanmeldung eigene oder ihr zur Ausübung zustehende Rechte im eigenen Namen geltend macht.[5]

5b Bei **Behörden** ist der Rechtsträger, also zB die Gebietskörperschaft, sowie die vertretende Behörde zu benennen. Zur Bezeichnung des Gläubigers gehört ggf. auch die Angabe, dass dieser nicht für sich persönlich, sondern als **Partei kraft Amtes** agiert, zB als Insolvenzverwalter. Eine Erbengemeinschaft ist keine rechtsfähige Personenvereinigung. Es sind deshalb alle Erben namentlich als Gläubiger zu bezeichnen und mit dem Vermerk „in Erbengemeinschaft" zu versehen. Der Vertreter des Gläubigers ist dann gesondert auszuweisen, wenn an diesen Zustellungen zu erfolgen

---

1 Graf-Schlicker/*Graf-Schlicker*, § 175 Rn. 2.
2 BGH NZI 2011, 542.
3 Vgl. BGH NJW 1989, 2689.
4 Vgl. BGH NZI 2002, 278.
5 BGH DNotZ 2011, 547.

haben, wie dies etwa bei Rechtsanwälten, bei sonstiger gewüllkürter Vertretung oder bei der gesetzlichen Vertretung prozessunfähiger Personen der Fall ist. Nicht gesondert auszuweisen ist dagegen der organschaftliche Vertreter.[6] Ein **Kaufmann** kann gemäß § 15 HGB unter seiner Firma eine Forderung zur Insolvenztabelle anmelden. Zu beachten ist dabei jedoch, dass mit einem entsprechenden vollstreckbaren Auszug aus der Insolvenztabelle keine Zwangssicherungshypothek in das Grundbuch eingetragen werden kann. Eine Eintragung im Grundbuch ist nur mit dem bürgerlichen Namen des Gläubigers möglich.[7]

c) Anmeldetag. Anzugeben ist der Tag der wirksamen Anmeldung beim Insolvenzverwalter. 6
Bei einer zunächst, etwa mangels fehlender Angabe des Forderungsbetrags, unwirksamen Anmeldung ist demnach auf das Datum der Ergänzung abzustellen.

d) Grund- und Betrag der Forderung. Grund und Betrag der Forderung sind entsprechend 7
den Anmeldeerfordernissen (vgl. § 174) in die Tabelle zu übernehmen. Hauptsache, Kosten und Zinsen sind gesondert auszuweisen. Wurde eine Forderung als Zahlungsanspruch angemeldet, der nicht von einer Restschuldbefreiung betroffen ist, ohne dass der nach § 174 Abs. 2 notwendige Tatsachenvortrag geführt ist und hat der Gläubiger dies trotz entsprechendem Hinweis des Verwalters nicht nachgeholt, darf die Forderung nur in die Tabelle aufgenommen werden, wenn sie auch aufgrund anderer Rechtsgrundlagen bestehen kann. Das Attribut „nicht von einer Restschuldbefreiung betroffen" ist in diesem Fall nicht in die Tabelle aufzunehmen (→ § 174 Rn. 34). Dies ist damit zu begründen, dass der Verwalter allein dem Schuldgrund nicht widersprechen kann und damit die Forderung als Deliktsanspruch zur Tabelle festgestellt werden würde, die nicht von der Restschuldbefreiung betroffen ist, wenn der Schuldner nicht seinerseits einen Widerspruch erhebt.[8] Nach § 302 Nr. 1 umfasst die Restschuldbefreiung aber eine Forderung nur dann nicht, wenn sie unter Beachtung des § 174 Abs. 2, also unter Angabe der einschlägigen Tatsachen, zum Verfahren angemeldet wurde.[9] An den Vortrag des Gläubigers sind keine allzu hohen Anforderungen zu stellen.

e) Eintragung des Prüfungsergebnisses. Eine Eintragung in die Spalte „Ergebnis der Forde- 8
rungsprüfung" wird erst nach erfolgter Prüfung der Forderung ausgefüllt. Es ist jedoch mittlerweile gängige Übung, dass der Verwalter das Ergebnis der Prüfung bereits vor der Übergabe der Tabelle an das Insolvenzgericht einträgt. Wirksamkeit entfaltet der Prüfungsvermerk jedoch erst mit der **Unterschrift des Rechtspflegers** und soweit ein Protokollführer zum Prüfungstermin beigezogen wird, mit dessen Unterschrift. Deshalb ist es durchaus legitim die Tabelle im Vorfeld des Prüfungstermins mit dem voreingetragenen Prüfungsergebnis zur Einsicht niederzulegen. Ein Gläubiger wird dadurch nicht gehindert, seinerseits im Prüfungstermin einer angemeldeten Forderung zu widersprechen.

f) Berichtigungen/Bemerkungen. In der Spalte „Berichtigungen" werden Veränderungen 9
eingetragen, die sich nach dem Prüfungstermin ergeben. Hierzu gehört insbesondere die Rücknahme eines Widerspruchs. Dagegen ist die Rücknahme einer Anmeldung hinsichtlich einer bereits festgestellten Forderung in der Spalte „Bemerkungen" mit dem Hinweis auf den (teilweisen) Verzicht des Gläubigers auf die weitere Geltendmachung der Forderung im Insolvenzverfahren einzutragen. Dies vor dem Hintergrund, dass die Anmeldung einer festgestellten Forderung nicht zurückgenommen werden kann.[10] Zur Berichtigung einer Tabelleneintragung vgl. auch → Rn. 17.

g) Aufnahme nachrangiger Forderung. Sind nachrangige Insolvenzgläubiger zur Anmel- 10
dung ihrer Forderungen aufgefordert worden (→ § 174 Rn. 38), so ist die Tabelle, entsprechend der Vorgaben der AktO zur KO, in zwei Abteilungen zu gliedern. In der zweiten Abteilung werden die nachrangigen Forderungen, geordnet nach ihrer sich aus § 39 ergebenden Rangklasse eingetragen.

III. Vorprüfung der Anmeldung

1. Vorprüfung durch den Insolvenzverwalter. Vor der Aufnahme in die Insolvenztabelle 11
prüft der Verwalter die Forderungsanmeldung auf ihre **formale Vollständigkeit.**[11] Dazu gehören insbesondere die hinreichende Bezeichnung des Gläubigers und dessen Vertreters, die Angabe von

6 BGH NJW 1989, 2689; BGH NJW-RR 2019, 61.
7 BayObLG NJW-RR 1988, 980.
8 Vgl. BGH ZIP 2008, 566; BT-Drs. 14/6468 S. 18.
9 Vg. BT-Drs. 14/5680 S. 29.
10 RG, RGZ 112, 297.
11 Uhlenbruck/*Sinz*, § 175, Rn. 9 mwN; Graf-Schlicker/*Graf-Schlicker*, § 175 Rn. 5; aA OLG Dresden ZInsO 2004, 810.

Forderungsbetrag und -grund sowie die Unterzeichnung der Anmeldung. Dagegen gehört die Vorlage von Urkunden, die die Forderung belegen oder beweisen, nicht zu den formalen Anforderungen. Der anmeldende Gläubiger kann es nicht dem Verwalter überlassen, den tatsächlich beanspruchten Betrag auszurechnen. So genügt es zB nicht, dass der Gläubiger dem Verwalter Zinsfuß, Zinszeitraum und zu verzinsenden Betrag übermittelt. Auch genügt es nicht, auf eine beigefügte Forderungsaufstellung Bezug zu nehmen, ohne den letztlich beanspruchten Betrag zu beziffern.

12 In Anwendung des § 139 ZPO ist der Gläubiger zur Beseitigung von bestehenden formalen Mängeln aufzufordern. Kommt der Gläubiger der Aufforderung nicht nach, hat der Verwalter die Anmeldung **zurückzuweisen,** dh die Aufnahme der angemeldeten Forderung in die Tabelle zu verweigern. Dem Gläubiger obliegt es in diesem Fall, eine erneute Forderungsanmeldung vorzunehmen. Gegen die Zurückweisung einer Anmeldung kann sich der Gläubiger auf der Grundlage des § 58 an das Insolvenzgericht wenden. Ein Rechtsmittel gegen die Tätigkeit des Insolvenzverwalters ist nicht gegeben.

13 Bei Forderungsanmeldungen, die den formalen Anforderungen entsprechen, aber eine unanmeldbare Forderung enthalten, wie etwa eine nachrangige Forderung, zu deren Anmeldung das Gericht nicht aufgefordert hat, ist der Gläubiger auf diese Tatsache hinzuweisen. Eine Zurückweisung der Anmeldung durch den Insolvenzverwalter nach unterlassener Mängelbeseitigung kommt in diesem Fall aber wohl nur dann in Betracht, wenn die Forderung ausdrücklich als nachrangige Forderung angemeldet wurde.[12] Andernfalls ist die Forderung in die Tabelle aufzunehmen und ggf. im Prüfungstermin zu bestreiten. Eine Forderungsanmeldung, die formell in Ordnung ist, ist vom Insolvenzverwalter zur Vermeidung von Haftungsansprüchen grundsätzlich in die Tabelle aufzunehmen.[13] Mit der Möglichkeit, die Forderung im Prüfungstermin zu bestreiten, steht dem Verwalter wie auch den übrigen Gläubigern ein hinreichendes Mittel zur Verfügung, um unzulänglichen Anmeldungen zu begegnen. Zu bestreiten ist eine angemeldete Forderung auch dann, wenn sie dem Insolvenzverwalter nicht in ausreichendem Maße belegt wird.

14 **2. Vorprüfung durch das Insolvenzgericht.** Die Frage, ob das Insolvenzgericht im Vorfeld eines Prüfungstermins zur Prüfung der vom Insolvenzverwalter in die Tabelle aufgenommenen Forderungen berechtigt oder gar verpflichtet ist, wird in der Literatur uneinheitlich beantwortet.[14] Ist von einem Prüfungsrecht bzw. einer Prüfungspflicht des Gerichts in Anwendung des § 139 ZPO auszugehen, hat dies zur Folge, dass der Rechtspfleger eine in die Tabelle eingetragene Forderung von der Prüfung ausschließt, wenn er zu dem Schluss gelangt, dass eine unwirksame Anmeldung vorliegt. Dies müsste noch vor der Niederlegung der Tabelle iSd § 175 Abs. 1 S. 2 und so rechtzeitig vor dem Prüfungstermin geschehen, dass der betroffene Gläubiger den Mangel beseitigen oder sich gegen die Entscheidung des Rechtspflegers zur Wehr setzen kann. Dies ist aufgrund der kurzen gesetzlichen Fristen, die zwischen dem Ende der Anmeldefrist und dem Prüfungstermin bzw. dem Zeitpunkt der Niederlegung der Tabelle gelten, rein praktisch nicht möglich. Eine unterstellte Prüfungspflicht des Gerichts hat darüber hinaus zur Folge, dass die Verletzung der Pflicht zu Amtshaftungsansprüchen führt. Wird der Gläubiger etwa mit seiner Feststellungsklage abgewiesen, weil keine wirksame Anmeldung vorliegt, so kann er die aufgewandten Kosten erstattet verlangen. Die Übertragung der Tabellenanlage vom Konkursgericht auf den Insolvenzverwalter sollte nach der Intention des Gesetzgebers zur Entlastung der Gerichte führen. Eine Vorprüfungspflicht des Insolvenzgerichts ist damit nicht vereinbar.

14a Die Prüfung formeller Anmeldeerfordernisse, wie etwa die korrekte Angabe des Gläubigers oder die zutreffende Berechnung der angemeldeten Beträge, obliegt dem Insolvenzverwalter. Eine wiederholte Vorprüfung durch das Insolvenzgericht ist nicht erforderlich. Eine über den Umfang der Vorprüfung durch den Insolvenzverwalter hinausgehende Prüfungskompetenz steht dem Insolvenzgericht nicht zu. Demnach kann eine Vorprüfung durch das Insolvenzgericht allenfalls darauf gerichtet sein, die Prüfungstätigkeit des Verwalters zu kontrollieren. In diesem Rahmen ist es zB denkbar, dass das Insolvenzgericht in Erfüllung seiner Aufsichtspflicht nach § 58 den Insolvenzverwalter anweist, eine Forderungsanmeldung in die Tabelle aufzunehmen. Dagegen ist das Insolvenzgericht nicht berechtigt, eine Forderungsanmeldung etwa mit der Begründung zurückzuweisen, es handle sich um eine nachrangige Forderung iSd § 39, zu deren Anmeldung das Insolvenzgericht nicht aufgefordert habe (→ § 174 Rn. 39).[15]

15 Zum Schutz des Schuldners ist das Insolvenzgericht nach vorheriger Anhörung des Gläubigers als verpflichtet anzusehen, das Attribut „von einer Restschuldbefreiung nicht betroffen" aus einem

---

12 Vgl. LG Waldhut-Tiengen ZVI 2005, 217.
13 BGH NJW 2017, 1752.
14 Verneinend: Graf-Schlicker/*Graf-Schlicker*, § 175, Rn. 5; bejahend: Uhlenbruck/*Sinz*, § 175, Rn. 15.
15 *Riedel* NZI 2017, 808.

Tabelleneintrag zu streichen, wenn der Gläubiger in seiner Anmeldung nicht die Tatsachen vorgetragen hat, die seiner Meinung nach die Forderung als vorsätzlich begangene unerlaubte Handlung begründen. Ansonsten müsste die Belehrung nach § 175 Abs. 2 allein deshalb erfolgen, weil die Forderung als privilegierter Anspruch angemeldet wurde. Die Rechtsfolgen des § 302 Nr. 1, auf die sich die Belehrung beziehen muss, ergeben sich jedoch nur dann, wenn die Anmeldung unter Angabe der Tatsachen i.S. des § 174 Abs. 2 erfolgte.[16]

IV. Niederlegung und Fortführung der Insolvenztabelle

1. Frist und Umfang. Die vom Verwalter angelegte Insolvenztabelle ist gemäß § 175 Abs. 1 Satz 2 innerhalb des ersten Drittels des Zeitraums, der zwischen dem Ablauf der Anmeldefrist und dem Prüfungstermin liegt, in der Geschäftsstelle des Insolvenzgerichts zur Einsicht der Beteiligten niederzulegen. Auch die Anmeldungen selbst sowie die beigefügten Urkunden können von den Beteiligten eingesehen werden. Unzutreffend ist deshalb die bei den Insolvenzgerichten verbreitete Handhabe, wonach diese Urkunden beim Insolvenzverwalter verbleiben.[17] Vertretbar ist es hingegen, die Anmeldeunterlagen nach dem Prüfungstermin an den Verwalter zurückzugeben. 16

2. Bedeutung. Mit der Einsicht in die Insolvenztabelle haben die Insolvenzgläubiger die Möglichkeit, sich für oder gegen einen von ihnen gegen die Forderung eines anderen Gläubigers zu erhebenden Widerspruch zu entscheiden. Daraus ist zu folgern, dass im Prüfungstermin nur solche Forderungen zur Prüfung gestellt werden können, die in der niedergelegten Tabelle enthalten sind.[18] Auch ist daraus zu schließen, dass die niedergelegte Tabelle nicht mehr abgeändert werden kann, indem etwa Forderungsgründe ausgetauscht werden. Allenfalls offensichtliche Schreib- und Rechenfehler können in Anwendung des § 319 ZPO **berichtigt** werden.[19] Dieser Annahme steht die Regelung des § 177 Abs. 1 nicht entgegen. Hieraus ergibt sich lediglich, dass auch eine nach Ablauf der Anmeldefrist angemeldete Forderung noch im Prüfungstermin geprüft werden kann. Dass in diesem Fall die Niederlegung der Tabelle entbehrlich ist, ist indes nicht normiert. 17

Anhand der Tabelle lässt sich darüber hinaus seitens der Insolvenzgläubiger überprüfen, ob darin eine angemeldete Forderung zutreffend aufgenommen wurde. Auch können sie den Umfang der geltend gemachten Ansprüche abschätzen. Der Schuldner kann sich einen Überblick über die gegen ihnen erhobenen Ansprüche verschaffen. 18

Am Verfahren nicht Beteiligten kann das Insolvenzgericht die Einsicht gewähren, wenn ein berechtigtes Interesse glaubhaft gemacht wird.[20] 19

3. Fortführung der Tabelle. Die weitere Führung der Insolvenztabelle obliegt dem Insolvenzgericht. Sie verbleibt samt den Anmeldungsunterlagen beim Gericht (vgl. § 15a Abs. 4 AktO NRW). Die gerichtliche Praxis, die der Anmeldung beigefügten Unterlagen des Gläubigers nach dem Prüfungstermin an den Insolvenzverwalter zurückzugeben, lässt keine Benachteiligung der Beteiligten erkennen; sie ist demnach vertretbar und mitunter auch sinnvoll, um dem Verwalter die Möglichkeit zu geben, einen erhobenen Widerspruch nochmals zu überprüfen. Für nachträgliche Anmeldungen hat der Verwalter ein Tabellenblatt anzulegen, das durch das Insolvenzgericht der Tabelle hinzugefügt wird. Alle weiteren Eintragungen, wie etwa das Ergebnis des Prüfungstermins oder die Rücknahme von Forderungsanmeldungen, werden durch das Insolvenzgericht in der Tabelle vermerkt. Anträge auf Berichtigung von Schreib- und/oder Rechenfehlern sind an das Insolvenzgericht zu richten. Die Ablehnung eines solchen Antrags durch den Rechtspfleger ist mit der Rechtspflegererinnerung gemäß § 11 Abs. 2 RPflG anfechtbar.[21] 20

V. Schuldnerbelehrung bei Deliktsforderungen

1. Sinn und Zweck. Nach § 175 Abs. 2 hat das Insolvenzgericht den Schuldner über die Rechtsfolgen des § 302 und die Möglichkeit des Widerspruchs hinzuweisen, wenn ein Gläubiger eine Forderung aus einer vorsätzlich begangenen unerlaubten Handlung, aus einer vorsätzlich pflicht- 21

[16] → § 174, Rn. 33 ff.

[17] AA: AG Leipzig NZI 2017, 619: Die Insolvenztabelle samt den Anmeldeunterlagen kann in begründeten Einzelfällen zur Entlastung des Insolvenzgerichts auch im Büro des Insolvenzverwalters zur Einsichtnahme niedergelegt werden.

[18] AA: hM, die davon ausgeht, dass selbst im Prüfungstermin angemeldete Forderungen noch in diesem Termin geprüft werden können, wenn weder der Insolvenzverwalter noch ein Insolvenzgläubiger der Prüfung widersprechen.

[19] LG Göttingen NZI 2003, 383; BGH NZI 2017, 213: Mangels einer Entscheidung findet auf die Tabellenberichtigung nicht § 319 ZPO, sondern § 164 Abs. 1 ZPO entspr. Anwendung.

[20] Uhlenbruck/*Sinz*, § 175, Rn. 22–24.

[21] BGH NZI 2017, 213.

widrig verletzten Unterhaltspflicht oder aus einer Steuerstraftat nach den §§ 370, 373 oder 374 AO angemeldet hat. Der Schuldner wird damit auf die Tatsache hingewiesen und darauf vorbereitet, dass diese Forderung ungeachtet einer künftigen Restschuldbefreiung, von ihm zu begleichen ist. Er wird dahingehend informiert, dass er sich zur Wehr setzen muss, will er diese Rechtsfolge verhindern. Unterbleibt die Belehrung des Schuldners oder ist sie lückenhaft ausgestaltet, so wird das Ziel des Gesetzgebers, den Schuldner über die schwerwiegenden Konsequenzen eines unterlassenen Widerspruchs zu informieren, nicht erreicht. Daraus aber die Folgerung zu ziehen, dass damit die Privilegierung der Forderung entfällt, ist mit dem Ziel, Rechtssicherheit zu schaffen, nicht zu vereinbaren. Mit der Möglichkeit, Wiedereinsetzung in den vorigen Stand zu erlangen, ist dem Schutzbedürfnis des Schuldners ausreichend Rechnung getragen.

21a Die Belehrung **unterbleibt,** wenn die Forderungsanmeldung nicht den Anforderungen des § 174 Abs. 2 entspricht, wenn also der notwendige Tatsachenvortrag nicht oder nur mangelhaft vorliegt. In diesem Fall ist das Attribut „nicht von der Restschuldbefreiung betroffen" nicht in die Tabelle aufzunehmen.[22] Dagegen ist nach dem Wortlaut des § 175 Abs. 1 eine ordnungsgemäße Anmeldung als privilegierte Forderung in der Insolvenztabelle auch dann zu vermerken, wenn der Schuldner keinen Antrag auf Restschuldbefreiung gestellt hat.[23] Allerdings wird der Schuldner in diesem Fall nicht über die Möglichkeit eines Widerspruchs und die Folgen belehrt, die ein unterlassener Widerspruch entfaltet. Hat der Schuldner keine Restschuldbefreiung beantragt, macht eine Belehrung nach § 175 Abs. 2 keinen Sinn und führt allenfalls zu Missverständnissen. Hat der Schuldner keinen Antrag auf Erteilung der Restschuldbefreiung gestellt, sollte die Insolvenztabelle keinen Hinweis auf die Privilegierung einer Forderung enthalten. Dasselbe gilt in Insolvenzverfahren über das Vermögen einer juristischen Person, einer Personengesellschaft oder eines Nachlasses.

22 **2. Inhalt.** Der Hinweis hat den Gläubiger, den Geldbetrag sowie die vorgetragenen Tatsachen zu enthalten, auf die der Gläubiger seinen Anspruch stützt.[24] Dem Schuldner ist zu vermitteln, dass er der Forderung insgesamt oder aber auch nur der Aussage widersprechen kann, dass es sich um eine Forderung aus einer vorsätzlich begangenen unerlaubten Handlung handelt. Darzustellen ist, dass die Forderung von einer Restschuldbefreiung nicht umfasst wird, wenn der Schuldner keinen Widerspruch erhebt. Dass der Widerspruch nur im Prüfungstermin (Angabe des Datums) oder im schriftlichen Verfahren (Angabe des Fristablaufs) durch den Schuldner persönlich oder einen bevollmächtigten Vertreter erhoben werden kann, ist ebenfalls auszuführen. Sinnvoll ist es darüber hinaus, den Schuldner darauf hinzuweisen, dass das Insolvenzgericht die Forderung sowie die vom Gläubiger vorgetragenen Tatsachen nicht geprüft hat und im Falle seines Widerspruchs erst ein Prozessverfahren eine Klärung bringen kann. Ein Hinweis auf die Regelung des § 184 Abs. 2 kann vorgesehen werden, macht aber eine konkrete Belehrung i.S. der Vorschrift nicht überflüssig.

22a Die Belehrung nach § 175 Abs. 2 umfasst keinen Hinweis darauf, dass wegen einer Forderung aus einer vorsätzlich begangenen unerlaubten Handlung eine **privilegierte Pfändung** von Lohn- und Lohnersatzleistungen gemäß § 850f Abs. 2 ZPO erfolgen kann. Es ist ua deshalb davon auszugehen, dass ein Tabellenauszug keinen ausreichenden Nachweis für eine privilegierte Pfändung nach § 850f Abs. 2 ZPO darstellt.[25] Ebenso kann mit einem Tabellenauszug nicht der Nachweis für eine privilegierte Pfändung von Unterhaltsansprüchen gemäß § 850d ZPO geführt werden.

23 **3. Weitere Modalitäten der Belehrung.** Die gerichtlichen Hinweise sollten in einer allgemein verständlichen Sprachweise verfasst werden. Die Wiedergabe des Gesetzestextes dürfte wenig hilfreich sein. Die Belehrung muss so rechtzeitig vor dem Prüfungstermin erfolgen, dass der Schuldner noch die Möglichkeit hat, sich rechtlich beraten zu lassen.[26] Eine Übertragung der Belehrung auf den Insolvenzverwalter nach § 8 Abs. 3 ist nicht möglich, da es sich nicht um die bloße Ausführung von Zustellungen handelt. Wird der Schuldner nicht, nicht ausreichend oder nicht rechtzeitig unterrichtet, ist ihm auf Antrag Wiedereinsetzung in den vorigen Stand zu gewähren, womit er die Möglichkeit hat, einen Widerspruch nachzuholen.[27]

[22] Uhlenbruck/*Sinz* InsO § 175 Rn. 31.
[23] *Hain*, VIA 2018, 33; aA: AG Köln NZI 2017, 78; AG Aurich NZI 2016, 143 mAnm *Ahrens* NZI 2016, 121.
[24] Vgl. BT-Drs. 14/6468 S. 18.
[25] LG Koblenz VIA 2018, 68 m. zust. Anm. Waltenberger; aA: LG Essen BeckRS 2017, 121026; LG Lübeck NZI 2018, 609.
[26] Eine Frist von drei Tagen, so AG Düsseldorf ZInsO 2010, 1707, ist da schon sehr knapp bemessen.
[27] AG Duisburg NZI 2008, 628.

Der Insolvenzverwalter sollte dem Insolvenzgericht eine Zusammenstellung derjenigen Forderungen übermitteln, die als privilegierte Forderung angemeldet wurden. Eine solche Auflistung befreit das Insolvenzgericht jedoch nicht von der Pflicht, die vorliegenden Forderungsanmeldung daraufhin zu überprüfen, ob „belehrungspflichtige" Anmeldungen erfolgten. 23a

§ 176 Verlauf des Prüfungstermins

[1]Im Prüfungstermin werden die angemeldeten Forderungen ihrem Betrag und ihrem Rang nach geprüft. [2]Die Forderungen, die vom Insolvenzverwalter, vom Schuldner oder von einem Insolvenzgläubiger bestritten werden, sind einzeln zu erörtern.

Übersicht

I. Normzweck

Eine Forderung gilt nach § 178 Abs. 1 S. 1 als festgestellt und ist damit am Verwertungserlös zu beteiligen, soweit gegen sie im Prüfungstermin oder im schriftlichen Prüfungsverfahren (§ 177 Abs. 1 S. 2) ein Widerspruch weder vom Insolvenzverwalter noch von einem Insolvenzgläubiger erhoben wird. Der Schuldner hat im Prüfungstermin die Möglichkeit, der Forderung oder dem Forderungsgrund mit der Folge zu widersprechen, dass dem Gläubiger kein vollstreckbarer Tabellenauszug erteilt werden kann (§ 201) bzw. der Forderungsgrund nicht von der Rechtskraftwirkung des Tabelleneintrags erfasst wird (§ 178 Abs. 3). Im Falle der **Eigenverwaltung** hindert der Widerspruch des Schuldners die Feststellung der Forderung (§ 283 Abs. 1 S. 2). 1

Mit dem Prüfungstermin wird demnach Rechtssicherheit in der Weise geschaffen, dass sich jeder Beteiligte darauf verlassen kann, dass diejenigen Forderungen, die in diesem Termin nicht bestritten werden, an der Erlösverteilung partizipieren. Es ist deshalb auch Ausfluss der Gläubigerautonomie, wenn es den Gläubigern überlassen bleibt, sich gegen eine angemeldete Forderung zu wenden oder diese am Erlös teilhaben zu lassen. 2

Forderungsprüfung in diesem Sinne bedeutet denn auch nicht, dass das Insolvenzgericht über die Begründetheit einer angemeldeten Forderung zu befinden hat. Vielmehr dient der Prüfungstermin dem Insolvenzverwalter, den Insolvenzgläubigern sowie dem Schuldner dazu, ihre Vorbehalte gegen eine Forderung kund zu tun und dokumentieren zu lassen. Dem Insolvenzgericht kommt hierbei primär eine **Beurkundungsfunktion** zu, die sich in der Eintragung des Prüfungsergebnisses mit den in § 178 normierten Wirkungen widerspiegelt.[1] Daneben ist es Aufgabe des Gerichts für den geordneten Ablauf des Termins zu sorgen. Es hat darüber hinaus allenfalls eine Vermittlerrolle zwischen dem Bestreitenden und dem Gläubiger, die sich darauf beschränkt, die Möglichkeiten einer einvernehmlichen Lösung aufzuzeigen. Im Übrigen ist die Frage des Bestehens der Forderung im Wege eines ordentlichen Verfahrens zu klären. 3

Die Prüfung der Forderung ist schließlich Voraussetzung für die Erhebung einer Feststellungsklage nach § 179.[2] 4

Liegen die Voraussetzungen des § 5 Abs. 2 Satz 1 vor und wird demnach das gesamte Verfahren **schriftlich** durchgeführt, gilt dies auch für die Forderungsprüfung. Es finden in diesem Fall die Regelungen Anwendung, an denen sich ansonsten die schriftliche Prüfung nachträglich angemelde- 4a

[1] BGH NZI 2017, 213.
[2] BGH NJW-RR 2009, 772.

ter Forderungen orientiert (→ § 177 Rn. 19). Das Insolvenzgericht kann nach § 5 Abs. 2 Satz 2 einen Präsenztermin für die Forderungsprüfung bestimmen, wenn dies zur Förderung der Verfahrensablaufs angezeigt ist.

II. Terminierung

5 **1. Bestimmung im Eröffnungsbeschluss.** Der sogenannte **allgemeine Prüfungstermin** ist im Eröffnungsbeschluss zu bestimmen (§ 29 Abs. 1 Nr. 2). Durch die Veröffentlichung des Eröffnungsbeschlusses gilt der Prüfungstermin als bekannt gemacht (§ 9). Dem Insolvenzschuldner, dem Insolvenzverwalter und den zu diesem Zeitpunkt bereits bekannten Insolvenzgläubigern ist der Eröffnungsbeschluss gesondert zuzustellen (§ 30 Abs. 2). Die Zustellung kann dem Insolvenzverwalter übertragen werden (§ 8 Abs. 3). Mit der Bekanntmachung sollte der Hinweis nach § 179 Abs. 3 S. 3 verbunden werden, dass keine Nachricht von der Feststellung der Forderung erfolgt.[3] Der Prüfungstermin kann mit dem Berichtstermin verbunden werden (§ 29 Abs. 2), was bei Großverfahren meist nicht opportun ist.

6 Der Zeitraum zwischen dem Ablauf der Anmeldefrist und dem Prüfungstermin soll mindestens eine Woche und höchstens zwei Monate betragen (§ 29 Abs. 1 Nr. 2). Dabei muss berücksichtigt werden, dass nach § 175 Abs. 1 S. 2 die Insolvenztabelle vor dem Prüfungstermin zur Einsicht der Beteiligten niederzulegen ist („**Drittelfrist**") und ggf. der Schuldner nach § 175 Abs. 2 belehrt werden muss. Die niedergelegte Tabelle stellt die einzige Informationsquelle für die Insolvenzgläubiger und den Schuldner in Bezug auf die angemeldeten Forderungen dar. Nachdem die Forderungen im Prüfungstermin nicht einzelnen aufgerufen werden, können demnach im Prüfungstermin selbst keine entsprechenden Erkenntnisse gewonnen werden. Die Fristen sollten deshalb nicht allzu knapp bemessen werden. Dies nicht zuletzt auch deshalb, weil dem Insolvenzverwalter auch ausreichend Zeit für die Prüfung der angemeldeten Forderungen verbleiben muss.

7 **2. Terminsort.** Der Ort für den Prüfungstermin ist so zu bestimmen, dass für alle Beteiligten die Möglichkeit besteht, daran teilzunehmen. In Großverfahren kann es demnach erforderlich sein, einen entsprechenden Raum auf Kosten der Masse anzumieten, wenn die Räumlichkeiten, die bei Gericht zur Verfügung stehen, nicht ausreichen. Der Termin kann verlegt werden, wenn sich etwa im Vorfeld des bestimmten Prüfungstermins herausstellt, dass der anvisierte Raum wohl nicht ausreichen wird. Der neue Termin ist öffentlich bekannt zu machen.

8 Eine Vertagung des Termins, die keine erneute Veröffentlichung erfordert (§ 74 Abs. 2 S. 2), kommt etwa dann in Betracht, wenn zeitliche Gründe dies erfordern. Dagegen kann eine Vertagung des Prüfungstermins nicht dazu genutzt werden, nachträglich angemeldete Forderungen zur Prüfung zu stellen. Dies scheitert bereits daran, dass es sich trotz Vertagung um einen Termin handelt und die Tabelle mit den Forderungen, die in diesem Termin zur Prüfung anstehen, vor dem Termin zur Einsicht der Beteiligten niedergelegt werden muss.

III. Teilnahme

9 **1. Teilnahmeberechtigung.** Der allgemeine wie auch der besondere Prüfungstermin stellen eine **Gläubigerversammlung** dar, deren Leitung und ordnungsgemäß Durchführung dem Insolvenzgericht (Rechtspfleger, § 18 Abs. 1 RPflG) obliegt. Zur Teilnahme sind demnach die in § 74 Abs. 1 S. 2 genannten Personen berechtigt. Dazu gehören auch diejenigen Gläubiger, die ihre Forderung noch nicht angemeldet haben.[4] Dies gilt insbesondere für nachrangige Gläubiger, die vom Gericht nicht zur Anmeldung ihrer Forderungen aufgefordert wurden.[5] Um jedoch Rechtsmissbräuche zu verhindern, ist das Insolvenzgericht als berechtigt anzusehen, von einem Gläubiger, der seine Forderung bisher nicht angemeldet hat, eine Spezifizierung seiner Forderung zu verlangen.[6]

10 Dem Schuldner, der den Termin versäumt, kann Wiedereinsetzung in den vorigen Stand gewährt werden (§ 186), wenn der Schuldner innerhalb der Frist des § 234 ZPO glaubhaft machen kann, dass er den Termin unverschuldet versäumt hat. Daneben hat der Schuldner zu erklären, dass er eine bestimmte Forderung oder deren Rechtsgrund bestreitet. Dies macht die Anberaumung eines neuerlichen Prüfungstermins für den Fall, dass dem Antrag des Schuldners stattgegeben wird, entbehrlich. Verweigert der Rechtspfleger dem Schuldner die Wiedereinsetzung, so ist hiergegen allein die befristete Rechtspflegererinnerung nach § 11 Abs. 2 RPflG statthaft.[7]

---

3 Uhlenbruck/*Sinz*, § 176, Rn. 9.

4 Graf-Schlicker/*Graf-Schlicker*, § 176 Rn. 2; Uhlenbruck/*Sinz*, § 176, Rn. 16.

5 OLG München ZInsO 2010, 1603; BeckOK InsO/*Karg* § 74 Rn. 22.

6 Das AG Aurich ZInsO 2006, 782, verlangt eine Glaubhaftmachung der Forderung, was wohl nicht zutrifft, da auch eine Anmeldung keine Glaubhaftmachung der Forderung erfordert.

7 BGH ZIP 2011, 1170.

2. Teilnahmepflicht. Der Insolvenzverwalter ist zur Teilnahme am Prüfungstermin verpflichtet.[8] In Ausnahmefällen kann ein Vertreter zugelassen werden, wenn sich aus einem entsprechenden Schreiben des Verwalters ergibt, dass dieser Vertreter auf Weisung des Verwalters handelt.[9] Allerdings ist es in der Praxis keineswegs so, dass insbesondere in Großverfahren der Insolvenzverwalter selbst die Forderungen prüft. Dies wird meist auf qualifizierte Mitarbeiter übertragen. Es ist deshalb durchaus sachdienlich, wenn diese Mitarbeiter den Insolvenzverwalter im Prüfungstermin begleiten. 11

Der Schuldner kann durch das Insolvenzgericht zur Teilnahme verpflichtet werden (§ 97 Abs. 1 S. 1). Sinnvoller ist es aber meist, den Schuldner außerhalb des Prüfungstermins vorzuladen, um dessen Mitwirkungs- und Auskunftspflichten einzufordern und durchzusetzen. Innerhalb der KO war die Anwesenheit des Schuldners verbindlich vorgeschrieben, was der Vorschrift des § 141 Abs. 2 KO zu entnehmen ist, wonach sich der Schuldner über die Forderungen zu erklären hat. 12

IV. Forderungsprüfung

1. Zu prüfende Forderungen. Zur Prüfung gelangen die in der **niedergelegten Insolvenztabelle** enthaltenen Insolvenzforderungen. Anderweitige Forderungen können schon deshalb nicht zum Gegenstand einer Prüfung gemacht werden, weil für die widerspruchsberechtigten Gläubiger ebenso wie für den Schuldner keine Möglichkeit bestand, sich im Vorfeld des Prüfungstermins mit der Forderung auseinanderzusetzen. Die niedergelegte Tabelle stellt die einzige Informationsquelle für die Gläubiger und den Schuldner in Bezug auf die zur Prüfung anstehenden Forderungen dar, nachdem im Prüfungstermin die zu prüfenden Forderungen nicht einzelnen aufgerufen werden. 13

Wie in einer Gläubigerversammlung nicht über einen Tagesordnungspunkt Beschluss gefasst werden kann, der nicht Gegenstand der Terminveröffentlichung war,[10] kann in einem Prüfungstermin keine Forderung zum Gegenstand der Prüfung gemacht werden, die nicht in der niedergelegten Tabelle enthalten ist. Ein Gläubiger, der im Vorfeld eines Prüfungstermins die Tabelle einsieht und dort keine Auffälligkeit bemerkt, wird dem Prüfungstermin fernbleiben. Einer nachträglich zur Prüfung gestellten Forderung würde er widersprechen, unterlässt dies aber, weil er von dieser Forderung keinerlei Kenntnis erlangt. Dasselbe gilt hinsichtlich eines Verhaltens des Schuldners, gegen den eine Forderung vollstreckt werden könnte, ohne dass er von der Existenz der Forderung Kenntnis erlangen konnte. 14

Die Prüfung einer Forderung hängt indes nicht davon ab, dass deren Gläubiger im Termin anwesend ist (vgl. § 143 KO). Umgekehrt kann ein Gläubiger keine Wiederholung der Prüfung verlangen, weil er im Prüfungstermin nicht anwesend war. 15

2. Prüfungsumfang. Geprüft wird nicht die Forderung als solche. Vielmehr hat das Insolvenzgericht im Prüfungstermin zu klären, ob gegen eine Forderung ein Widerspruch erhoben wird. Um dies festzustellen, ist die Frage an die anwesenden Beteiligten zu richten, ob und ggf. gegen welche Forderung sie in welchem Umfang einen Widerspruch erheben möchten. Das Ergebnis trägt das Insolvenzgericht in die Tabelle ein (§ 178 Abs. 2 S. 1) und teilt es dem betroffenen Gläubiger mit (§ 179 Abs. 3). Die Eintragungen stellen einen Teil des Terminprotokolls dar und sind deshalb vom Rechtspfleger/Richter und einem ggf. hinzugezogenen Protokollführer zu unterzeichnen. Unrichtige oder mangelhafte Eintragungen können nach den ZPO-Vorschriften über die **Berichtigung des Terminprotokolls** berichtigt bzw. ergänzt werden.[11] 16

Der Aufruf jeder einzelnen in der Tabelle enthaltenen Forderung ist nicht erforderlich (§ 176 S. 2). Ist der betroffene Gläubiger im Termin anwesend, so bietet es sich an, dass der Bestreitende diesem Gläubiger kurz die Gründe für sein Bestreiten der Forderung darlegt. Oftmals handelt es sich nur um fehlende Unterlagen, die der Gläubiger dann nachreichen bzw. vervollständigen kann. Eine weitergehende Erörterung ist grundsätzlich nicht angezeigt. Insbesondere dient der Prüfungstermin nicht dazu, Rechtsfragen der Begründetheit einer Forderung auszudiskutieren. Das Insolvenzgericht hat keinerlei Entscheidungsbefugnisse. Keinen Sinn macht die Erörterung einer bestrittenen Forderung deshalb, wenn nur der Insolvenzverwalter im Termin anwesend ist. 17

3. Erfordernis eines Sonderinsolvenzverwalters. Ist für mehrere verflochtene Gesellschaften ein Insolvenzverwalter bestellt und bestehen Forderungen der einen gegen die andere Gesellschaft, so ist der Insolvenzverwalter regelmäßig entsprechend § 181 BGB davon ausgeschlossen, die gegenseitigen Forderungen zu prüfen. Für die Prüfung ist deshalb in diesem und in vergleichbar 18

8 Braun/*Sepcovius,* § 176, Rn. 4.
9 Nerlich/Römermann/*Becker* § 176, Rn. 9; Uhlenbruck/*Sinz,* § 176, Rn. 22; aA Graf-Schlicker/*Graf-Schlicker,* § 176 Rn. 3.
10 BGH NZI 2011, 713; BGH NZI 2008, 430.
11 BGH BGH NZI 2017, 213.

gelagerten Fällen ein Sonderinsolvenzverwalter zu bestellen.[12] Dabei kommt es nicht darauf an, ob sich der Insolvenzverwalter subjektiv als befangen ansieht. Maßgebend ist allein die objektive Stellung des Verwalters. In der Praxis wird dieser Gesichtspunkt oftmals ignoriert.

V. Widerspruch

19 **1. Widerspruchsberechtigung.** Zur Erhebung von Widersprüchen gegen eine angemeldete Forderung ist neben dem Verwalter jeder Insolvenzgläubiger sowie der Schuldner berechtigt. Dabei hat der Widerspruch des Schuldners außer im Falle der Eigenverwaltung (§ 283 Abs. 1 Satz 2 InsO) allerdings nur zur Folge, dass dem Gläubiger nach Aufhebung des Verfahrens **kein vollstreckbarer Auszug** aus der Insolvenztabelle erteilt werden kann (§§ 178 Abs. 1 S. 2, 201 Abs. 2 S. 1). Wegen einer im Insolvenzverfahren nicht beglichenen Forderung kann eine Zwangsvollstreckung nach Beendigung des Verfahrens demnach erst betrieben werden, wenn der Gläubiger einen Vollstreckungstitel erwirkt hat.

19a Der Insolvenzverwalter ist nicht nur berechtigt, sondern vielmehr auch verpflichtet, einer angemeldeten Forderung zu widersprechen, wenn er Zweifel an deren Begründetheit hat. Dies gilt auch dann, wenn nicht damit zu rechnen ist, dass eine Erlösauszahlung stattfinden kann und dem Schuldner voraussichtlich die Restschuldbefreiung erteilt wird. Der pflichtwidrig unterlassene Widerspruch des Insolvenzverwalters stellt eine Pflichtverletzung dar, die seine Entlassung aus wichtigem Grund nach § 59 Abs. 1 InsO rechtfertigen kann.[13]

20 Im Rahmen der Restschuldbefreiung kommt dem Widerspruch des Schuldners insoweit Bedeutung zu, als damit der Rechtsgrund, der nach § 302 Nr. 1 dazu führt, dass eine Forderung nicht von der Restschuldbefreiung betroffen ist, nicht von der Rechtskraftwirkung des Tabelleneintrags umfasst wird.[14]

21 Dass die Forderung eines Gläubigers bestritten wird oder noch nicht geprüft ist, hat keinen Einfluss auf dessen Recht, gegen andere Forderungen Widerspruch zu erheben. Auch hängt die Widerspruchsberechtigung eines Insolvenzgläubigers nicht davon ab, dass er seine Forderung zur Tabelle angemeldet hat.[15] Dies gilt auch für die Gläubiger **nachrangiger Forderungen,** zu deren Anmeldung das Insolvenzgericht nicht aufgefordert hat. Ansonsten hätten diese Gläubiger keine Möglichkeit, bereits geprüfte und festgestellte Forderungen zu bestreiten, auch wenn sie nachträglich zur Anmeldung ihrer Forderungen aufgefordert werden.

22 **2. Widerspruchsgegenstand.** Der Widerspruch kann sich gegen den Grund, den Betrag und bei nachrangigen Forderungen auch gegen den geltend gemachten Rang richten, wozu auch der Fall gehört, dass eine an sich nachrangige Forderung als nicht nachrangige Forderung geltend gemacht wird. Gegenstand des Widerspruchs kann freilich auch die Inhaberschaft oder die Berechtigung hinsichtlich der Geltendmachung der Forderung sein.[16] Zu bestreiten ist auch eine Masseverbindlichkeit, die als Insolvenzforderung geltend gemacht wird.

23 Dem Attribut „von einer Restschuldbefreiung nicht betroffen" kann nur der Schuldner widersprechen.[17] Über diese Möglichkeit ist der Schuldner durch das Insolvenzgericht rechtzeitig vor dem Prüfungstermin zu informieren (§ 175 Abs. 2; → § 175 Rn. 21 ff.). Der Verwalter kann einer Forderung aus einer vorsätzlich begangenen unerlaubten Handlung nur dann (insgesamt) widersprechen, wenn die Forderung nur aus diesem Rechtsgrund begründet sein kann, was etwa bei einem Anspruch aus vorsätzlich sittenwidriger Schädigung (§ 826 BGB) der Fall ist.

24 Ein Widerspruch kann auch gegen eine bereits **titulierte Forderung** erhoben werden, was insbesondere im Hinblick auf die Verjährung titulierter Zinsen oftmals angezeigt ist. Zu beachten ist dabei allerdings, dass eine solche Forderung gleichwohl an der Erlösverteilung zu beteiligen ist (§§ 179, 189). Eine bereits titulierte Forderung ist nur dann von der Erlösverteilung ausgeschlossen, wenn der Bestreitende seinen Widerspruch erfolgreich verfolgt (§ 179 Abs. 2).

25 **3. Widerspruchsform. a) Erhebung im Termin.** Außer im Falle der schriftlichen Forderungsprüfung (§ 177 Abs. 1 S. 2; → § 177 Rn. 19 ff.) ist ein Widerspruch nur wirksam, wenn er im Prüfungstermin mündlich erhoben wird.[18] Dies gilt auch für den Insolvenzverwalter. Die Voreintra-

---

[12] *Frege/Keller/Riedel,* Rn. 1622.

[13] Vgl. LG Stendal NZI 2017, 972.

[14] BT-Drs. 14/6468 S. 18.

[15] Uhlenbruck/*Sinz,* § 176, Rn. 25; Nerlich/Römermann/*Becker* § 176, Rn. 16; KPB/*Pape/Schalke,* § 176 Rn. 27; aA Jaeger/Weber, KO, § 146, Rn. 8.

[16] *Frege/Keller/Riedel,* Rn. 1620a.

[17] BGH NZI 2008, 569.

[18] Graf-Schlicker/*Graf-Schlicker,* § 176, Rn. 13; Uhlenbruck/*Sinz,* § 176, Rn. 28; aA Nerlich/Römermann/*Becker* § 176 Rn. 21, wonach auch ein vor dem Prüfungstermin erklärter Widerspruch zu beachten ist.

gung des Prüfungsergebnisses in die Insolvenztabelle genügt den Vorgaben nicht. Allerdings wird man es als ausreichend ansehen können, wenn der Insolvenzverwalter im Prüfungstermin erklärt, dass er denjenigen Forderungen nach Betrag und Grund widerspreche, die in der Tabelle als vom Insolvenzverwalter bestritten ausgewiesen sind. Die zusätzliche Vorlage einer gesonderten Aufstellung der von ihm bestrittenen Forderungen zum Prüfungstermin ist vom Verwalter nicht zu verlangen. Jede andere Vorgehensweise stellt eine unnötige Formalie dar.

Die Regelung des § 176 entspricht weitgehend unverändert der Vorschrift des § 141 KO. Die 26
Tatsache, dass Forderungen innerhalb der InsO nicht beim Insolvenzgericht sondern beim Insolvenzverwalter anzumelden sind, bleibt dabei unbeachtet. So machte das mündliche Bestreiten einer vom Gericht in die Tabelle aufgenommenen Forderung durch den Verwalter innerhalb der KO durchaus Sinn. Wogegen die Erklärung des Insolvenzverwalters gegenüber dem Gericht, eine von ihm in die Tabelle aufgenommene Forderung bestreiten zu wollen, zumindest sehr formalistisch anmutet.

b) Begründung des Widerspruchs. Eine Begründung des Widerspruchs ist nicht notwen- 27
dig.[19] Allerdings ist es sinnvoll dem Gläubiger, dessen Forderung bestritten wird und der im Prüfungstermin nicht anwesend ist, eine kurze Begründung des Widerspruchs im Rahmen der Mitteilung nach § 179 zu übermitteln. Damit werden Nachfragen beim Insolvenzverwalter oder Insolvenzgericht vermieden.

Es mag auch angebracht sein, die Begründung des Widerspruchs in einer zusätzlich Spalte auf 28
dem Tabellenblatt unterzubringen. Ergibt sich daraus etwa, dass noch weitere Beweisunterlagen erforderlich sind, wird damit deutlich, dass die Forderung nicht endgültig bestritten wird und sie dann – durch Rücknahme des Widerspruchs – anerkannt wird, wenn die entsprechenden Unterlagen vorgelegt werden. Damit könnten die Vorteile des sog. „vorläufigen Bestreitens“ genutzt werden, ohne die sich hieraus ergebenden Nachteile hinnehmen zu müssen. Nicht vertretbar ist es, wenn einzelne Insolvenzgerichte die Aufnahme einer Spalte „Begründung des Widerspruchs“ schlichtweg verbieten, andere Gerichte dagegen die Aufnahme einer solchen Eintragung dem Verwalter zwingend vorschreiben. Die Ausgestaltung des Tabellenblattes ist gesetzlich nicht geregelt.

c) Vorläufiges Bestreiten. Von vielen Insolvenzgerichten wird die Möglichkeit eines „vorläufi- 29
gen“ Bestreitens mit der Begründung abgelehnt, dass die InsO keine entsprechende Regelung enthalte. Auch könne der Insolvenzverwalter dasselbe Ergebnis dadurch erzielen, dass er seinen zunächst uneingeschränkt erhobenen Widerspruch gegen eine angemeldete Forderung in der Folge zurücknimmt. Auch eine Vertagung des Prüfungstermins komme in Betracht.[20] Grundsätzlich stellt auch das vorläufige Bestreiten einen Widerspruch gegen die Forderung dar,[21] allerdings ist der Gläubiger der bestrittenen Forderung daraus noch nicht zur uneingeschränkten Erhebung der Feststellungsklage iSd § 179 Abs. 1 mit der Folge der Kostentragungspflicht der Masse berechtigt.[22] Wird die zunächst vorläufig bestrittene Forderung später zur Insolvenztabelle festgestellt und erklären die Parteien daraufhin übereinstimmend den zuvor vom anmeldenden Gläubiger aufgenommenen Rechtsstreit für erledigt, ist die Kostenentscheidung nach den zu § 93 ZPO entwickelten Grundsätzen zu treffen.[23]

Von einem vorläufigen Bestreiten einer Forderung sollte abgesehen werden.[24] Dem Gläubiger 30
wird mit einem vorläufigen Bestreiten suggeriert, dass sich der Verwalter nochmals meldet, wozu aber keine Verpflichtung besteht, da auch eine vorläufig bestrittene Forderung letztlich als bestritten gilt. Manche Insolvenzgerichte fordern deshalb, dass der Verwalter am Ende des Verfahrens zu den vorläufig bestrittenen Forderungen eine Erklärung dahin abgibt, ob er die Forderung nunmehr anerkennt oder „endgültig“ bestreitet. Letztlich entsteht ein Schwebezustand, innerhalb dessen dem Gläubiger aufgrund des Kostenrisikos die Erhebung einer Feststellungsklage praktisch verwehrt ist. Auf die Beendigung dieses Schwebezustandes kann der Gläubiger keinen Einfluss nehmen.

Dem aufgezeigten Dilemma könnte dadurch begegnet werden, dass die Forderung zunächst 31
bestritten und in einer Tabellenspalte „Begründung des Widerspruchs“ eine entsprechende Eintragung vorgenommen wird. Damit wird dem Gläubiger aufgezeigt, wie er letztlich die Rücknahme des Widerspruchs erreichen kann. Ein unendlicher Schwebezustand zulasten des Gläubigers wird vermieden. Die Aufnahme der Widerspruchsbegründung in das Tabellenblatt hat zugunsten des Verwalters zur Folge, dass bis zur Erfüllung der Vorgaben der Kläger das Kostenrisiko eines sofortigen Anerkenntnisses in einem Feststellungsverfahren trägt. Damit ist den schutzwürdigen Belangen beider Seiten Rechnung getragen.

---

19 BGH NZI 2017, 300.
20 Graf-Schlicker/*Graf-Schlicker*, § 176, Rn. 15.
21 BGH KTS 1979, 119; LG Berlin NZI 2019, 113.
22 OLG Hamm ZInsO 1999, 352.
23 BGH ZInsO 2006, 320; BGH NZI 2011, 937.
24 AA Braun/*Sepcovius*, § 176, Rn. 19 ff.

32 **d) Feststellung für den Ausfall.** Die „Feststellung für den Ausfall" stellt keinen Widerspruch gegen die Forderung dar, vielmehr wird dadurch die Forderung insgesamt festgestellt und nur die gesetzliche Folge des § 52 zum Ausdruck gebracht. Die Einschränkung hat allenfalls **Erinnerungswert** dafür, dass eine Aufnahme der Forderung in das Schlussverzeichnis nur unter den in § 190 genannten Bedingungen erfolgen darf, ist im Übrigen aber ohne rechtliche Bedeutung.[25] Auch der Tabelleneintrag unter Beschränkung auf den Ausfall hat nur für das Absonderungsrecht Bedeutung und stellt die rechtskräftige Feststellung der persönlichen Forderung nicht in Frage.[26] Das Absonderungsrecht gilt dadurch nicht als festgestellt oder anerkannt, da sich die Feststellungswirkungen nach § 178 hierauf nicht beziehen.

VI. Rücknahme des Widerspruchs

33 Eine Forderung gilt auch dann mit der Wirkung eines rechtskräftigen Urteils als festgestellt, wenn ein erhobener Widerspruch zurückgenommen und diese Rechtsfolge durch das Insolvenzgericht in der Insolvenztabelle eingetragen wird. Demzufolge spielt es letztlich keine Rolle, ob die Rücknahme eines Widerspruchs gegenüber dem Gläubiger, dessen Forderung bestritten wurde oder gegenüber dem Insolvenzgericht erklärt wird.[27] Maßgebend ist allein die Eintragung der Rücknahme des Widerspruchs in der Tabelle.

34 Die Rücknahme eines Widerspruchs ist auf Antrag, nicht von Amts wegen, in der Insolvenztabelle zu vermerken. Bei mehrfachen Widersprüchen ist die Forderung erst nach Rücknahme aller Widersprüche als festgestellt auszuweisen. Wird die Widerspruchsrücknahme gegenüber dem Insolvenzgericht erklärt, ist in dieser Erklärung auch der Antrag auf **Tabellenberichtigung** zu sehen. Erfolgte die Rücknahme des Widerspruchs durch Erklärung gegenüber dem Gläubiger, obliegt es diesem, die Berichtigung der Tabelle herbeizuführen. Dazu ist die Widerspruchsrücknahme dem Gericht nachzuweisen, was zB durch die Vorlage des Schreibens geschehen kann, das die Widerspruchsrücknahme beinhaltet.

§ 177 Nachträgliche Anmeldungen

(1) [1]Im Prüfungstermin sind auch die Forderungen zu prüfen, die nach dem Ablauf der Anmeldefrist angemeldet worden sind. [2]Widerspricht jedoch der Insolvenzverwalter oder ein Insolvenzgläubiger dieser Prüfung oder wird eine Forderung erst nach dem Prüfungstermin angemeldet, so hat das Insolvenzgericht auf Kosten des Säumigen entweder einen besonderen Prüfungstermin zu bestimmen oder die Prüfung im schriftlichen Verfahren anzuordnen. [3]Für nachträgliche Änderungen der Anmeldung gelten die Sätze 1 und 2 entsprechend.

(2) Hat das Gericht nachrangige Gläubiger nach § 174 Abs. 3 zur Anmeldung ihrer Forderungen aufgefordert und läuft die für diese Anmeldung gesetzte Frist später als eine Woche vor dem Prüfungstermin ab, so ist auf Kosten der Insolvenzmasse entweder ein besonderer Prüfungstermin zu bestimmen oder die Prüfung im schriftlichen Verfahren anzuordnen.

(3) [1]Der besondere Prüfungstermin ist öffentlich bekanntzumachen. [2]Zu dem Termin sind die Insolvenzgläubiger, die eine Forderung angemeldet haben, der Verwalter und der Schuldner besonders zu laden. [3]§ 74 Abs. 2 Satz 2 gilt entsprechend.

Schrifttum: *Willmer/Berner*: Die Änderung von Insolvenztabelle und Schlussverzeichnis, NZI 2015, 877.

Übersicht

[25] RG, RGZ 139, 83 ff.

[26] Vgl. BGH NJW 1985, 271.

[27] OLG Dresden ZIP 1995, 665; nach Graf-Schlicker/*Graf-Schlicker*, § 176, Rn. 21, kann die Rücknahme nur gegenüber dem Insolvenzgericht erklärt werden; so auch AG Bremen NZI 2005, 399.

I. Normaussagen

Der Regelung des Abs. 1 ist zunächst eindeutig zu entnehmen, dass die nach § 28 Abs. 1 im Eröffnungsbeschluss zu bestimmende Anmeldefrist – abweichend etwa von den Regelungen der GesO – keine Ausschlussfrist darstellt. Offen bleibt jedoch, bis zu welchem **spätesten Zeitpunkt** eine Forderungsanmeldung möglich ist. Mit der Vorschrift wird darüber hinaus eine Wahlmöglichkeit des Insolvenzgerichts zwischen einem sog. besonderen Prüfungstermin und einem schriftlichen Prüfungsverfahren normiert. Letzteres kann in Korrespondenz mit § 5 Abs. 2 auch in Verfahren angeordnet werden, die über nicht „überschaubare" Vermögensverhältnisse eröffnet werden. Deutlich gemacht wird mit Abs. 1 S. 3, dass auch Änderungen hinsichtlich bereits festgestellter Forderungen grundsätzlich einer formellen Anmeldung und deren Prüfung bedürfen. Abs. 2 der Vorschrift bezieht sich auf die nachrangigen Forderungen (§ 39) und regelt das Prüfungsverfahren für diese Forderungen. Mit Abs. 3 werden schließlich die formellen Modalitäten des besonderen Prüfungstermins normiert. 1

II. Erfordernis eines besonderen Prüfungstermins

1. Widerspruch gegen die Prüfung. Eine Forderungsanmeldung, die nach dem Ablauf der Anmeldefrist beim Insolvenzverwalter eingeht, kann noch im allgemeinen Prüfungstermin (§ 176) zur Prüfung gestellt werden, wenn weder der Insolvenzverwalter noch ein Insolvenzgläubiger der Prüfung widersprechen. Voraussetzung ist daneben freilich auch, dass die verspätet angemeldete Forderung noch in der Insolvenztabelle enthalten ist, die im Vorfeld des allgemeinen Prüfungstermins zur Einsicht der Beteiligt niedergelegt wurde. Nicht möglich ist es demnach, eine Forderung etwa im Prüfungstermin anzumelden und dort auch gleich zur Prüfung zu stellen.[1] Auch kann die bereits niedergelegte Tabelle nicht um nachträgliche Anmeldungen ergänzt werden, wenn damit die Mindestfrist für die Einsichtnahme in die niedergelegte Tabelle nicht mehr eingehalten wird. Zumal etwa dem Schuldner nicht das Recht eingeräumt ist, der Prüfung verspätet angemeldeter Forderung zu widersprechen. Die Regelung ist demnach nur für den Fall von Bedeutung, in dem die Anmeldung nach Ablauf der Anmeldefrist und vor der Niederlegung der Tabelle beim Insolvenzverwalter eingeht. Letztlich ist die Existenz der Vorschrift damit zu erklären, dass sie unverändert aus der KO übernommen wurde, ohne dass die geänderten Vorzeichen berücksichtigt wurden, die sich in diesem Rahmen daraus ergeben, dass die Entgegennahme der Forderungsanmeldung und die Anlage der Insolvenztabelle vom Gericht auf den Verwalter übergingen. 2

Der Widerspruch gegen die Prüfung ist seitens eines Insolvenzgläubigers im Termin zu erheben und bedarf keiner Begründung. Seitens des Insolvenzverwalters kommt dessen Widerspruch bereits dadurch zum Ausdruck, dass er die Forderung nicht in die Tabelle aufnimmt, deren Prüfung den Gegenstand des allgemeinen Prüfungstermins darstellt.[2] Die Regelung ist deshalb eher von ungeordneter praktischer Bedeutung. 3

2. Spätester Anmeldezeitpunkt. a) Aufnahme in das Schlussverzeichnis. Die InsO enthält keine klare Aussage darüber, bis zu welchem spätesten Zeitpunkt eine Forderung zum Verfahren angemeldet werden kann. Theoretisch besteht damit die Möglichkeit, eine Forderungsanmeldung bis zur **Beendigung des Verfahrens** vorzunehmen. 4

Um in das Schlussverzeichnis (§ 197 Abs. 1 S. 2 Nr. 2) aufgenommen werden zu können, das für die Verteilung der Insolvenzmasse und ggf. auch für eine Berücksichtigung während der Restschuldbefreiungsphase ausschlaggebend ist, muss eine Forderung jedoch vor der Veröffentlichung der Schlussverteilung und der Niederlegung des Schlussverzeichnisses iSd § 188, also spätestens 5

[1] AA wohl Graf-Schlicker/*Graf-Schlicker*, § 177, Rn. 2; HambKommInsO/*Preß/Henningsmeier* § 177 Rn. 9, wenn davon ausgegangen wird, dass auch eine solche Forderung im allgemeinen Prüfungstermin geprüft werden kann, die bis zum Abschluss des Prüfungstermins angemeldet wird und das Insolvenzgericht die Anmeldung samt dem Prüfungsergebnis in die Tabelle einzutragen habe.

[2] Uhlenbruck/*Sinz*, § 177, Rn. 3; AG Norderstedt BeckRS 2016, 09405.

mit dem Beginn der Frist des § 189 angemeldet und im Rahmen eines besonderen Prüfungstermins oder eines schriftlichen Prüfungsverfahrens festgestellt werden. Dies vor dem Hintergrund, dass das niedergelegte Schlussverzeichnis nur noch aus den Gründen der §§ 189 bis 192 geändert werden kann (§ 193) und die nachträgliche Aufnahme einer bisher nicht festgestellten Forderung in das Verzeichnis nicht zu diesen Gründen gehört.

6 Eine Forderungsanmeldung nach diesem Zeitpunkt kann nach Ansicht des BGH nicht mehr zur Änderung des Schlussverzeichnisses führen.[3] Auch eine Anmeldung zum **Schlusstermin** selbst kann demnach nicht mehr mit dem Ziel der Aufnahme in das Schlussverzeichnis vorgenommen werden. Dies gilt auch dann, wenn das Insolvenzgericht den Schlusstermin mit einem nachträglichen Prüfungstermin verbunden hat. Es besteht insoweit kein Vertrauenstatbestand, auf den sich der verspätet anmeldende Gläubiger berufen könnte.[4]

7 Für die Insolvenzgläubiger ist diese Zäsur deshalb problematisch, weil der Zeitpunkt der Niederlegung des Schlussverzeichnisses als interner Vorgang nicht bekannt gemacht wird. Wenn die Veröffentlichung nach § 188 erfolgt, ist es bereits zu spät.

8 Wurde eine Forderung rechtzeitig, dh vor der Veröffentlichung bzw. Niederlegung des Schlussverzeichnisses angemeldet und ordnet das davon vom Insolvenzverwalter in Kenntnis gesetzte Insolvenzgericht keinen besonderen Prüfungstermin und auch keine schriftliche Forderungsprüfung an, so können sich hieraus **Amtshaftungsansprüche** des Gläubigers ergeben, wenn dieser aufgrund der unterlassenen Prüfung bei der Schlussverteilung, einer eventuellen Nachtragsverteilung oder in der Restschuldbefreiungsphase nicht berücksichtigt wird.[5] Damit stellt sich die verbreitete Praxis, nachträglich angemeldete Forderungen grundsätzlich nur in einem mit dem Schlusstermin verbundenen Prüfungstermin zur Prüfung zu stellen, als unrichtig und äußerst haftungsträchtig dar.[6]

9 **b) Feststellung zur Insolvenztabelle.** Eine in diesem Sinn verspätete Forderungsanmeldung ist aber gleichwohl nicht mangels Rechtsschutzbedürfnis zurückzuweisen. Unabhängig von einer Aufnahme in das Schlussverzeichnis kann die nachträglich angemeldete Forderung zur Tabelle festgestellt werden und damit die Grundlage für einen **vollstreckbaren Tabellenauszug** (§ 201) oder die Erstreckung der Rechtskraftwirkung des § 178 Abs. 3 auf den Forderungsgrund geschaffen werden.[7] Auch die Verjährungshemmung kann ein Rechtsschutzbedürfnis darstellen.[8]

10 Nachdem die Feststellung einer Forderung zur Insolvenztabelle die Prüfung der Forderung in einem Prüfungstermin oder einem schriftlichen Verfahren voraussetzt, muss die Forderungsanmeldung so rechtzeitig beim Insolvenzverwalter eingehen, dass eine Prüfung noch möglich ist. Dies kann noch im Schlusstermin erfolgen,[9] soweit die dazu veröffentlichte Tagesordnung über die in § 197 normierten Punkte hinaus auch die Prüfung nachträglich angemeldeter Forderung vorsieht und die Anmeldung zur Einsicht der Beteiligten noch niedergelegt werden kann. Einer Forderungsanmeldung, die zwar nach der Terminierung des Schlusstermins aber noch vor dessen Abhaltung eingeht, muss das Insolvenzgericht dadurch Rechnung tragen, dass der Schlusstermin vertagt wird und der neue Termin mit einer entsprechenden erweiterten Tagesordnung veröffentlich wird. Es ist deshalb ratsam, jeden Schlusstermin prophylaktisch mit dem Tagesordnungspunkt „Prüfung nachträglich angemeldeter Forderungen" zu veröffentlichen. Eine Anmeldung, die nach dem Schlusstermin eingeht, bleibt unberücksichtigt.[10]

11 **3. Nachträgliche Änderung einer Anmeldung. a) Notwendigkeit eines besonderen Prüfungstermins.** Der Anberaumung eines besonderen Prüfungstermins bedarf es auch dann, wenn Änderungen zu einer bereits festgestellten Forderung angemeldet werden oder die Änderungsanmeldung so spät eingeht, dass die für den allgemeinen Prüfungstermin niedergelegte Insolvenztabelle nicht mehr ergänzt werden kann (§ 177 Abs. 1 S. 3).

12 Als nachträgliche Änderung gelten ua die Erhöhung des Betrags, der Austausch des Forderungsgrundes oder die nachträglich beanspruchte Qualifizierung einer Forderung als Anspruch aus vorsätzlich begangener unerlaubter Handlung.[11] Welche Änderungen im Einzelnen so einschlägig sind,

---

[3] BGH NZI 2007, 401; etwas verwirrend ist in diesem Zusammenhang die allerdings nur beiläufig getroffene Aussage des BGH in NZI 2012, 323, wonach eine bis zum Schlusstermin angemeldete Forderung in das Schlussverzeichnis aufzunehmen ist.

[4] BGH NZI 2007, 401.

[5] Uhlenbruck/*Sinz*, § 177, Rn. 33.

[6] Uhlenbruck/*Sinz*, § 177, Rn. 10.

[7] Vgl. BGH ZIP 1998, 515.

[8] Graf-Schlicker/*Graf-Schlicker*, § 177, Rn. 7.

[9] LG Frankfurt/Oder ZInsO 2006, 1111.

[10] AG Potsdam ZIP 2006, 2230; BGH NZI 2012, 323; Uhlenbruck/*Sinz*, § 177, Rn. 9; aA Graf-Schlicker/*Graf-Schlicker*, § 177, Rn. 6.

[11] BGH NZI 2008, 250; AG Hamburg ZInsO 2005, 107.

dass es deren neuerlichen Prüfung bedarf, bestimmt sich letztlich danach, ob das mit der Feststellungsklage nach § 179 befasste Gericht von der Identität der ursprünglichen angemeldeten und der nachträglich geändert angemeldeten Forderung ausgehen kann. Vor diesem Hintergrund ist davon abzuraten, eine angemeldete Änderung vorschnell als unwesentlich zu behandeln.

b) Änderung des Forderungsgrundes. Von einer Änderung des Forderungsgrundes ist dann auszugehen, wenn der Forderung ein **anderer Lebenssachverhalt** unterlegt[12] sowie auch dann, wenn eine zunächst nicht ausreichende Individualisierung der Forderung nachgeholt wird.[13] Ebenso wenn von dem angemeldeten Rückzahlungsanspruch aus Wandelung auf die Geltendmachung eines Nichterfüllungsschadens übergegangen wird.[14] 13

Eine Änderung des Forderungsinhabers bedarf dann keiner neuerlichen Prüfung, wenn es sich um eine Rechtsnachfolge handelt, die dem Insolvenzgericht in der Form des § 727 ZPO, also durch öffentliche oder öffentlich beglaubigte Urkunden nachgewiesen wird. Ist die Forderungsinhaberschaft dagegen streitig, bedarf es einer neuerlichen Anmeldung und Prüfung dieser Anmeldung bevor in einem streitigen Prozessverfahren die Inhaberschaft geklärt werden kann.[15] Entstehen ernsthafte Zweifel über die Person des Gläubigers, so sind alle angemeldeten Forderungen – mit dem Hinweis, dass dieselbe Forderung für verschiedene Anmelder in Anspruch genommen wird – in die Tabelle aufzunehmen. Der Insolvenzverwalter darf dann im Prüfungsverfahren die Forderung zwar nach ihrem Bestand und Gesamtbetrag anerkennen, die Rechtszuständigkeit der Anmeldenden aber mit der Beschränkung „bis zum Austrage des Streits unter ihnen" bestreiten.[16] 14

c) Änderung des Forderungsbetrags. Eine Erhöhung des ursprünglich angemeldeten Betrags ist auch dann anzunehmen, wenn zwar die Summe unverändert bleibt, jedoch einzelne Positionen angehoben werden, was insbesondere bei Anmeldungen des Fiskus häufig der Fall ist.[17] Die Reduzierung eines festgestellten Betrags ist in der Spalte „Bemerkungen" als teilweiser Verzicht des Gläubigers auf eine Berücksichtigung bei der Verteilung durch das Insolvenzgericht einzutragen[18] und vom Rechtspfleger/Richter zu unterschreiben. 15

III. Durchführung des besonderen Prüfungstermins

1. Terminbestimmung. Eine Gläubigerversammlung zur Abhaltung eines besonderen Prüfungstermins ist von Amts wegen einzuberufen. Ein fixer Zeitpunkt ist hierfür nicht normiert. Dass nachträglich Forderungen angemeldet wurden, teilt der Insolvenzverwalter dem Gericht mit. Der Termin ist öffentlich bekannt zu machen (§ 177 Abs. 3 S. 1) und sollte wegen der Voreintragung des Prüfungsvermerks mit dem Insolvenzverwalter abgesprochen werden. Der Schuldner, der Insolvenzverwalter sowie die nachmeldenden Gläubiger sind besonders zu laden (§ 177 Abs. 3 S. 2); dies geschieht regelmäßig durch die Übersendung einer Abschrift der Terminbestimmung. Die übrigen Gläubiger erhalten keine gesonderte Ladung. Die Ladungsfrist beträgt drei Tage (§ 4, § 217 ZPO). Das Insolvenzgericht kann den Insolvenzverwalter mit der Durchführung der Zustellung beauftragen (§ 8 Abs. 3). 16

Die Tabellenblätter, der zur nachträglichen Prüfung kommenden Anmeldungen sind auf der Geschäftsstelle des Insolvenzgerichts zur Einsicht der Beteiligten niederzulegen. Nachdem für die nachträgliche Anmeldung keine Anmeldefrist gilt, findet auch die Drittelfrist des § 175 Abs. 1 S. 2 keine Anwendung. Das Insolvenzgericht hat deshalb darauf zu achten, dass für die Einsicht in die niedergelegten Tabellenblätter ausreichend Zeit verbleibt. Auf die Möglichkeit, sich in der Geschäftsstelle des Insolvenzgerichts über die einzelnen nachträglich zu prüfenden Forderungen zu informieren, sollten die Beteiligten hingewiesen werden. Der Schuldner ist ggf. rechtzeitig nach § 175 Abs. 2 zu belehren. 17

2. Kosten. Im Gegensatz zum allgemeinen Prüfungstermin, der keine Gerichtskosten verursacht, ist mit der Durchführung eines besonderen Prüfungstermins oder eines schriftlichen Prüfungsverfahrens für jeden nachmeldenden Gläubiger eine Gebühr iHv derzeit 20 EUR verbunden (Nr. 2340 KVGKG). Zu erheben ist die Gebühr bei dem Gläubiger, der seine Forderung verspätet, also nach Ablauf der Anmeldefrist beim Insolvenzverwalter anmeldet. Wird die nachträgliche Prüfung deshalb erforderlich, weil der Insolvenzverwalter eine **rechtzeitige** Anmeldung übersehen hat, sind 18

---

12 BGH NZI 2002, 37.
13 BGH NZI 2009, 242; OLG Stuttgart NJW 1962, 1018.
14 BGH NZI 2004, 214.
15 OLG Brandenburg NZI 2009, 479.
16 Vgl. BGH NJW 1997, 1014.
17 Uhlenbruck/*Sinz*, § 177, Rn. 19.
18 Vgl. Braun/*Specovius* § 177 Rn. 25 f.

die Voraussetzungen des Kostentatbestands nicht erfüllt.[19] **Auslagen** für die Veröffentlichung der Terminbestimmung sind daneben nicht zu erheben. Die Erhebung der Gebühr scheidet dann aus, wenn es aufgrund der Rücknahme einer Forderungsanmeldung nicht zur Prüfung der Forderung kommt. Dagegen fällt die Gebühr auch dann an, wenn der besondere Prüfungstermin mit dem Schlusstermin verbunden wird.

IV. Forderungsprüfung im schriftlichen Verfahren

19 **1. Voraussetzungen.** Die Prüfung nachträglich angemeldeter Forderungen im schriftlichen Verfahren stellt sowohl für das Insolvenzgericht als auch für den Verwalter eine zeitsparende Alternative zu einem Prüfungstermin dar.[20] Sie kann durchaus auch auf Fälle mit zahlreichen Nachmeldungen angewandt werden. Erweist sich eine schriftliche Prüfung in der Folge als nicht zielführend, kann die Anordnung jeder Zeit widerrufen werden.[21]

20 **2. Verfahrensmodalitäten.** Bis auf die Aussage in § 177 Abs. 1 S. 2, wonach entweder ein besonderer Prüfungstermin anzuberaumen oder die Prüfung im schriftlichen Verfahren anzuordnen ist, enthält die InsO keine Regelung hinsichtlich der Modalitäten eines solchen Verfahrens. Auch § 5 Abs. 2, wonach das Insolvenzverfahren ganz oder teilweise schriftlich durchgeführt werden kann, enthält keine weiteren Anhaltspunkte. Nach Sinn und Zweck einer schriftlichen Forderungsprüfung dürfte folgender Verfahrensablauf zu empfehlen sein:[22]

- Der **Insolvenzverwalter** reicht die bei ihm eingegangenen Anmeldeunterlagen samt den hierzu gefertigten Tabellenblättern beim Insolvenzgericht ein und regt damit die nachträgliche Forderungsprüfung an.
- Das **Gericht** ordnet die schriftliche Forderungsprüfung für die nachgemeldeten Forderungen an und bestimmt einen Termin, zu dem spätestens eventuelle Widersprüche bei Gericht eingehen müssen. Die zu prüfenden Forderungen müssen nicht einzeln aufgeführt werden. Es genügt, wenn aus der Anordnung ersichtlich ist, dass Forderungen, die bis zu einem bestimmten Datum angemeldet wurden, zur Prüfung gelangen. Damit wird vermieden, dass die Veröffentlichung als Aufforderung zur Forderungsanmeldung missverstanden wird.
- Den **nachmeldenden Gläubigern** wird eine Beschlussabschrift mit dem Hinweis zugestellt, dass für den Fall der Feststellung der Forderung keine Mitteilung über das Ergebnis der Prüfung erfolgt (§ 179 Abs. 3 S. 3); mit der Zustellung kann gem. § 8 Abs. 3 der Insolvenzverwalter beauftragt werden. Eine Beglaubigung der zuzustellenden Abschrift ist nicht erforderlich (§ 8 Abs. 1 S. 3).
- Zustellung des Beschlusses an den Insolvenzverwalter und an den **Schuldner,** dem ggf. eine Belehrung nach § 175 Abs. 2 zu erteilen ist.
- **Niederlegung** der Tabellenblätter, die die zur Prüfung gelangenden Forderungen ausweisen.
- **Veröffentlichung** des Beschlusses mit dem Hinweis, dass sowohl die Anmeldeunterlagen als auch eventuell eingehende Widersprüche in der Geschäftsstelle des Insolvenzgerichts zur Einsicht niedergelegt sind.
- Nach Ablauf der Widerspruchsfrist ergänzt das Insolvenzgericht die Tabelle um den **Prüfungsvermerk.** Dabei ist eine Forderung als festgestellt auszuweisen, wenn innerhalb der Widerspruchsfrist kein Widerspruch eingegangen ist. Die Frist gilt auch für den Insolvenzverwalter. Umgekehrt ist die Forderung als bestritten darzustellen, wenn ein Widerspruch rechtzeitig erhoben wurde. Den Gläubigern bestrittener Forderungen wird gem. § 179 Abs. 3 ein Auszug aus der Insolvenztabelle übersandt.

Die festzusetzende Frist für die Erhebung von Widersprüchen sollte zwei Wochen nicht unterschreiten.

V. Besonderer Prüfungstermin für nachrangige Forderungen

21 Nachrangige Forderungen iSd § 39 sind nur auf ausdrückliche Aufforderung des Insolvenzgerichts anzumelden (§ 174 Abs. 3; vgl. → § 174 Rn. 38). Eine derartige Aufforderung wird nur dann ergehen, wenn absehbar ist, dass die Insolvenzmasse voraussichtlich ausreichen wird, um auf nachrangige Forderungen zumindest eine Quotenausschüttung vornehmen zu können. Dies lässt sich oftmals erst im Laufe des Verfahrens abschätzen. § 177 Abs. 2 sieht deshalb vor, dass ein besonderer Prüfungstermin auf Kosten der Insolvenzmasse anzuberaumen oder die Prüfung im schriftlichen Verfahren anzuordnen ist, wenn die für die Anmeldung nachrangiger Forderungen gesetzte Frist

[19] AA: LG Krefeld m. abl. Anm. *Zenker* NZI 2017, 367.
[20] BT-Drs. 12/7302, S. 178 f.
[21] Uhlenbruck/*Sinz*, § 177, Rn. 37.
[22] *Frege/Keller/Riedel*, Rn. 1605.

später als eine Woche vor dem allgemeinen Prüfungstermin abläuft. Anmeldungen, die nach der vom Gericht bestimmten Frist eingehen, sind in einem besonderen Prüfungstermin zur Prüfung zu stellen, wofür der säumige Gläubiger die Kosten zu tragen hat.

VI. Überleitung in ein Nachlassinsolvenzverfahren

Durch die Fortführung eines Insolvenzverfahrens als Nachlassinsolvenzverfahren beim Tod des Schuldners **während des eröffneten Verfahrens** erfolgt keine neuerliche Insolvenzeröffnung. Insolvenzgläubiger bleiben daher nur diejenigen Gläubiger, die bei der bereits erfolgten Insolvenzeröffnung Gläubiger waren. Der Kreis der Insolvenzgläubiger erweitert sich nicht. Die seit Insolvenzeröffnung bis zum Tod des Schuldners hinzugetretenen Gläubiger sind zwar Nachlassgläubiger; im bereits eröffneten Verfahren sind sie jedoch Neugläubiger und bleiben als solche unberücksichtigt. Es muss daher mit der Überleitung des Insolvenzverfahrens keine neue Anmeldefrist nach § 28 Abs. 1 gesetzt und kein neuer Prüfungstermin abgehalten werden.[23] 22

§ 178 Voraussetzungen und Wirkungen der Feststellung

(1) [1]Eine Forderung gilt als festgestellt, soweit gegen sie im Prüfungstermin oder im schriftlichen Verfahren (§ 177) ein Widerspruch weder vom Insolvenzverwalter noch von einem Insolvenzgläubiger erhoben wird oder soweit ein erhobener Widerspruch beseitigt ist. [2]Ein Widerspruch des Schuldners steht der Feststellung der Forderung nicht entgegen.

(2) [1]Das Insolvenzgericht trägt für jede angemeldete Forderung in die Tabelle ein, inwieweit die Forderung ihrem Betrag und ihrem Rang nach festgestellt ist oder wer der Feststellung widersprochen hat. [2]Auch ein Widerspruch des Schuldners ist einzutragen. [3]Auf Wechseln und sonstigen Schuldurkunden ist vom Urkundsbeamten der Geschäftsstelle die Feststellung zu vermerken.

(3) Die Eintragung in die Tabelle wirkt für die festgestellten Forderungen ihrem Betrag und ihrem Rang nach wie ein rechtskräftiges Urteil gegenüber dem Insolvenzverwalter und allen Insolvenzgläubigern.

Schrifttum: *Ahrens,* Insolvenztabelle als qualifizierter Forderungsnachweis, NJW-Spezial 2018, 725; *Behr,* Durchsetzung von Deliktsforderungen bei der Forderungspfändung und im Insolvenzverfahren, Rpfleger 2003, S. 389; *Bley,* Die Feststellung des Konkursgläubigerrechts, 1914; *Dahl/Engels,* Die Rechtskraftwirkung der widerspruchslos erfolgten Feststellung von Forderungen zur Insolvenztabelle NZI 2018, 435; *Eckardt,* Unanmeldbare Forderungen im Konkursfeststellungsverfahren nach §§ 138 ff. KO, ZIP 1993, 1765; *ders.,* Die Feststellung und Befriedigung des Insolvenzgläubigerrechts, Kölner Schrift zur Insolvenzordnung, 3. Aufl. 2010, S. 533 ff.; *Ehricke,* Die Feststellung streitiger Insolvenzforderungen durch ein Schiedsgericht, ZIP 2006, S. 1847; *Frotscher,* Besteuerung bei Insolvenz, 8. Aufl. 2014; *Froehner,* Die Qualifikation der Kosten nach der Aufnahme eines Zivilrechtsstreits im Insolvenzverfahren, NZI 2016, 425; *Fuchs,* Die Änderungen im Restschuldbefreiungsverfahren – Problemlösung oder neue Fragen?, NZI 2002, S. 298; *Ganter,* Die Feststellungslast gemäß § 179 II InsO, NZI 2017, 49; *Gaul,* Zwangsvollstreckungserweitung nach vorsätzlich begangener unerlaubter Handlung – Kein Nachweis durch Vollstreckungsbescheid, NJW 2005, 2894; *Hattwig,* Ungewissheit für Schuldner deliktischer Forderungen – Überlegungen zu § 184 InsO, ZInsO 2004, S. 636; *Heidbrink/v. d. Groeben,* Insolvenz und Schiedsverfahren, ZIP 2006, S. 265; *Heinze,* Behandlung von Forderungen aus Vorsatzdelikt im Insolvenzverfahren über das Vermögen natürlicher Personen, DZWIR 2002, S. 369; *Henckel,* Der Gegenstand des Verfahrens zur Feststellung von Konkursforderungen, FS Michaelis, 1972, S. 151; *Hofer,* Neue Aspekte zum Feststellungsvermerk im Insolvenzverfahren, Rpfleger 2007, 361; *Jonas,* Die Konkursfeststellung in ihrer prozessualen Durchführung, 1907; *Kahlert,* Beseitigung des Widerspruchs des Schuldners gegen den Haftungsgrund der vorsätzlichen unerlaubten Handlung im Insolvenzverfahren, ZInsO 2006, S. 409; *Klasmeyer/Elsner,* Zur Behandlung von Ausfallforderungen im Konkurs, FS Merz, 1992, S. 303; *Klene,* Sackgasse § 184 II InsO – Der nicht verfolgbare Widerspruch des Schuldners, NZI 2019, 145; *Kramer,* Konkurs- und Steuerverfahren, 1993, S. 274 ff.; *Krusch,* Zur Auslegung der §§ 145 Abs. 2 und 61 Ziffer 5 KO, ZHR 103 (1936), S. 29; *Kübler,* Zur Abgrenzung der Zuständigkeit von Gesamtvollstreckungsgericht und Verwalter bei der Feststellung der Schuldenmasse, FS Henckel, 1995, S. 495; *Longrée/Gantenbrink,* Insolvenz des Beklagten im Schiedsverfahren, SchiedsVZ 2014, 21; *Markgraf/Hertelt,* Die Beendigung des Insolvenzverfahrens während des rechtshängigen Zivilprozesses, ZIP 2018, 1480; *Pape,* Zur Konkurrenz der Vollstreckung aus einer Eintragung in die Konkurstabelle und einem vor Konkurseröffnung erwirkten Titel, KTS 1992, S. 185; *Riedel,* Deliktische Ansprüche in der Restschuldbefreiung, NZI 2002, S. 414; *Riestelhuber,* Der Schiedsspruch im Insolvenzverfahren, ZInsO 2004, S. 427; *Scherer,* Die Unterbrechung des Steuerfestsetzungsverfahrens in der Insolvenz – Kritische Überlegungen zur Rechtsprechung des BFH, DStR 2017, 296; *Schoppmeyer,* Rechtskraftwirkungen im Insolvenzverfahren, ZInsO 2016, 2157; *Schmerbach,* „Rücknahme" einer festgestellten Forderung –

[23] *Frege/Keller/Riedel,* Rn. 2376a.

rechtliche Einordnung und praktische Umsetzung, ZInsO 2016, 375; *Sengl*, Der vollstreckbare Tabellenauszug über eine Forderung aus vorsätzlicher unerlaubter Handlung als vollstreckbarer Schuldtitel nach § 184 II InsO, NZI 2009, 31; *Spellenberg*, Zum Gegenstand des Konkursfeststellungsverfahrens (§§ 138 ff. KO), Diss. Göttingen, 1973; *Stangl*, Die Qual der Wahl – das zuständige Gericht nach § 180 InsO, NZI 2016, 429; *Vallender*, Auswirkungen des Schuldrechtsmodernisierungsgesetzes auf die Anmeldung von Forderungen im Insolvenzverfahren, ZInsO 2002, S. 110; *van Marwyk*, Die Wiedereinsetzung in den vorigen Stand nach § 186 InsO als Folge der Entscheidung BFH v. 16.5.2017 – VII R 25/16 und deren Konsequenzen, ZInsO 2019, 549; *Waza/Uhländer/Schmittmann*, Insolvenzen und Steuern, 11. Aufl. 2015, Rn. 721 ff.; *Willmer/Berner*, Die Änderung von Insolvenztabelle und Schlussverzeichnis – Ein Beitrag zur Relativierung der Diskrepanz zwischen Theorie und Praxis, NZI 2015, 877.

Übersicht

I. Normzweck

1 § 178 regelt **Voraussetzungen und Wirkungen der unstreitigen Feststellung** des Insolvenzgläubigerrechts. Bedeutung hat die (unstreitige oder streitige) Feststellung sowohl im Insolvenzverfahren als auch im gegebenenfalls nachfolgenden Restschuldbefreiungsverfahren. So ist sie grundsätzlich Voraussetzung für Auszahlungen an den Insolvenzgläubiger bei den Verteilungen (§§ 187 ff.; § 292 Abs. 1 S. 2). Auf bestrittene, nicht festgestellte Forderungen erfolgen Auszahlungen nur dann, wenn die Forderungen im Sinne des § 179 Abs. 2 tituliert sind und der Bestreitende seinen Widerspruch nicht rechtzeitig verfolgt (§ 189 Abs. 2 analog; → § 179 Rn. 29). Gläubiger festgestellter Forderungen sind darüber hinaus in der Gläubigerversammlung ohne weiteres stimmberechtigt (§§ 77 Abs. 1 S. 1, 178 Abs. 3; vgl. auch § 237).[1] Schließlich können Insolvenzgläubiger, deren Forderungen

[1] Dazu KPB/*Kübler* § 77 Rn. 8, 12 f.

festgestellt und nicht vom Schuldner bestritten worden sind, aus der Eintragung der Feststellung in die Tabelle die Zwangsvollstreckung gegen den Schuldner persönlich betreiben (§§ 178 Abs. 1 S. 2, 201 Abs. 2), wenn das Insolvenzverfahren ohne nachfolgendes Restschuldbefreiungsverfahren endet.[2]

Die Feststellung unstreitiger Forderungen soll nach dem Willen des Gesetzgebers zügig und einfach erfolgen.[3] Die ausdrückliche Zustimmung der Gläubiger und des Verwalters zu der angemeldeten Forderung wird nicht verlangt.[4] Vielmehr gilt die Forderung als festgestellt, soweit gegen sie im Prüfungstermin oder im schriftlichen Verfahren ein **Widerspruch** weder vom Verwalter noch von einem Insolvenzgläubiger erhoben wird oder soweit ein erhobener Widerspruch beseitigt ist (Abs. 1 S. 1). Das Nichtbestreiten wirkt als stillschweigendes Anerkenntnis.[5] Der Verwalter ist zur Forderungsprüfung und gegebenenfalls zum Widerspruch sowohl im Interesse der Insolvenzgläubiger als auch im Interesse des Schuldners berechtigt und verpflichtet (→ Rn. 18).[6] Die einzelnen Insolvenzgläubiger sind darüber hinaus auch selbst widerspruchsberechtigt (Abs. 1 S. 1). 2

Der **Widerspruch des Schuldners** hindert die Feststellung des Insolvenzgläubigerrechts und damit die Teilnahme des Anmelders an den Verteilungen nicht (Abs. 1 S. 2), wohl aber die Rechtskraft- und Vollstreckungswirkung des Tabelleneintrags außerhalb des Insolvenzverfahrens (§ 201 Abs. 2 S. 1; dazu → Rn. 23 ff.). Das Interesse des Schuldners daran, dass nur berechtigte Anmelder an den Verteilungen teilnehmen (→ Rn. 23), wird ausschließlich durch den Verwalter wahrgenommen. Der Gesetzgeber befürchtete offenbar, dass der Schuldner Anmeldungen aus schikanösen Motiven widersprechen könnte.[7] Nur als Eigenverwalter ist der Schuldner berechtigt, die Teilnahme Nichtberechtigter an den Verteilungen durch Widerspruch zu verhindern (§ 283 Abs. 1).[8] 3

Die insolvenzmäßige Forderungsprüfung schließt mit der **Eintragung des Prüfungsergebnisses** in die Tabelle ab (Abs. 2 S. 1). Die angemeldete Forderung wird entweder mit Urteilswirkung zur Tabelle festgestellt oder zur Tabelle bestritten mit der Folge, dass es je nach den Umständen dem Anmelder (§§ 179 Abs. 1; 189) oder dem Widersprechenden (§§ 179 Abs. 2; 189) obliegt, die positive oder negative Feststellung im ordentlichen Prozess zu verfolgen (§§ 179 ff.). Die Eintragung ist mit Rücksicht auf ihre Bedeutung (Abs. 3) und zur Verhinderung von Fälschungen[9] dem Insolvenzgericht übertragen. Weil der Schuldnerwiderspruch die Vollstreckung aus der Tabelle nach Beendigung des Insolvenzverfahrens hindert, ist auch er einzutragen (Abs. 2 S. 2). Die Eintragung erfolgt jedoch nicht unter „Ergebnis der Prüfungsverhandlungen", sondern unter „Bemerkungen".[10] Der Vermerk der Feststellung auf Wechseln und sonstigen Schuldurkunden (Abs. 2 S. 3) bezweckt, dem Gläubiger die Verfügung über die Urkunde zu erleichtern.[11] 4

Die **Rechtskraftwirkung der Eintragung** festgestellter Forderungen (Abs. 3) soll spätere Widersprüche des Insolvenzverwalters und der Insolvenzgläubiger sowie weitere Prozesse über das festgestellte Insolvenzgläubigerrecht ausschließen.[12] 5

II. Entstehungsgeschichte

§ 178 übernimmt inhaltlich im Wesentlichen die Regelungen der **§§ 144 Abs. 1, 145 KO.** Neu ist die Möglichkeit des Widerspruchs im schriftlichen Verfahren als Folgeänderung zur Einführung eines schriftlichen Prüfungsverfahrens für verspätete Anmeldungen (Abs. 1 S. 1 iVm § 177 Abs. 1 S. 2, 2. Fall). Abs. 2 S. 1 präzisiert gegenüber § 145 Abs. 1 S. 1 KO die erforderlichen Eintragungen in die Tabelle. Schließlich wird klargestellt, dass der Schuldnerwiderspruch der Feststellung nicht entgegensteht (Abs. 1 S. 2) und dass die Eintragung auch gegenüber dem Insolvenzverwalter wie ein rechtskräftiges Urteil wirkt (Abs. 3). Beides war in der Konkursordnung nicht ausdrücklich geregelt, entsprach aber gleichwohl herrschender Meinung.[13] 6

---

[2] Jaeger/*Gerhardt* InsO § 176 Rn. 1; KPB/*Pape/Schaltke* § 176 Rn. 3; *Spellenberg* S. 2 f.

[3] Motive zur KO, S. 357 = *Hahn* IV, S. 322; vgl. nunmehr auch § 176 S. 2, der die Einzelerörterung im Prüfungstermin auf „bestrittene" Forderungen beschränkt; dazu *Eckardt,* Kölner Schrift, S. 533, Rn. 25; KPB/*Pape/Schaltke* § 176 Rn. 6.

[4] Nerlich/Römermann/*Becker* § 178 Rn. 5.

[5] RGZ 55, 157, 160.

[6] Er übernimmt insoweit die Funktion des gemeinrechtlichen Kontradiktors; s. Motive zur KO, S. 362; *Hahn* IV, S. 325; *Baur/Stürner* II, Insolvenzrecht, Rn. 3.14.

[7] *Kohler,* Konkursrecht, 1891, S. 377 f., 553; vgl. auch *Eckardt,* Kölner Schrift, S. 533, Rn. 60; Motive zur KO, S. 45 f., 362 = *Hahn* IV, S. 68 f., 325.

[8] Zu Recht kritisch *Eckardt,* Kölner Schrift, S. 533, Rn. 60; KPB/*Pape/Schaltke* § 174 Rn. 20.

[9] Motive zur KO, S. 363; *Hahn* IV S. 326.

[10] Motive zur KO, S. 363; *Hahn* IV S. 326 f.

[11] Motive zur KO, S. 363; *Hahn* IV S. 327.

[12] Motive zu KO, S. 364; *Hahn* IV S. 327.

[13] Vgl. Begr. zu § 205 und § 206 RegE (= § 178) BR-Drs. 1/92 185.

7 § 178 Abs. 1 S. 1 wurde im **Gesetzgebungsverfahren** nicht wesentlich geändert (vgl. §§ 205, 206 RegE; 195, 196 DE; 195, 196 RefE). Die Zusammenfassung zu einer Vorschrift beruht auf einer Empfehlung des Rechtsausschusses, ebenso die Berücksichtigung des Widerspruchs im schriftlichen Verfahren (§ 177).[14]

8 Im **Gesamtvollstreckungsverfahren** galt mit § 11 Abs. 2 S. 1 und 3 GesO eine dem § 178 grundsätzlich vergleichbare, jedoch lückenhafte Regelung.[15] Das Ergebnis der Prüfungsverhandlungen war nicht vom Gericht, sondern vom Verwalter in die Tabelle aufzunehmen (§ 11 Abs. 2 S. 3 GesO).[16] Teilweise wurde deshalb die entsprechende Anwendung des § 145 Abs. 2 KO (= § 179 Abs. 3 InsO: Urteilswirkung der Eintragung festgestellter Forderungen) abgelehnt.[17]

III. Voraussetzungen der Feststellung

9 **1. Grundsatz.** Die Forderung gilt als festgestellt, soweit weder der Insolvenzverwalter (→ Rn. 18 f.) noch ein Insolvenzgläubiger (→ Rn. 20 ff.) ihr im Prüfungstermin oder im schriftlichen Verfahren widerspricht oder soweit ein erhobener Widerspruch beseitigt ist (Abs. 1 S 1; → Rn. 42 ff.). Die Anwesenheit des Gläubigers im Prüfungstermin ist für die Feststellung seiner Forderung nicht erforderlich.[18] Ebenso wenig setzt die Feststellung einen gesonderten Aufruf der Forderung voraus, es sei denn, dass der Verwalter, der Schuldner oder ein Insolvenzgläubiger zuvor ihren Widerspruch gegen die Forderung angekündigt haben (§ 176 S. 2).[19] Urteilswirkung erzeugt gemäß Abs. 3 nicht schon das Nichtbestreiten im Prüfungstermin, sondern erst die Eintragung der Feststellung in die Tabelle (→ Rn. 56 ff.).[20] Nur Insolvenzforderungen können mit Rechtskraftwirkung gegenüber dem Verwalter und den Gläubigern zur Tabelle festgestellt werden, nicht auch Aus- oder Absonderungsrechte oder Masseverbindlichkeiten (→ Rn. 65 f.).

10 **2. Teilfeststellung.** Eine Teilfeststellung („… *soweit* … ein Widerspruch weder vom Insolvenzverwalter noch von einem Insolvenzgläubiger erhoben wird …") ist denkbar, wenn sich der Widerspruch allein gegen die **Höhe** der angemeldeten Forderung richtet oder wenn der Widersprechende die **Nachrangigkeit** der Forderung behauptet (§ 39) und das Insolvenzgericht zur Anmeldung von Forderungen des anerkannten Nachranges aufgefordert hat (§ 174 Abs. 3; näher → Rn. 34 ff.).[21] Gegenstand der (teilweisen) Feststellung ist das Insolvenzgläubigerrecht im Sinne des Anteils des Gläubigers an der haftungsrechtlichen Zuweisung der Insolvenzmasse (→ Rn. 11 ff.). Für eine „Zwischenfeststellung" einzelner Voraussetzungen des Insolvenzgläubigerrechts, insbesondere des Bestands der Forderung, ihres Ranges oder ihrer Verfolgbarkeit im Insolvenzverfahren, ist im Prüfungstermin kein Raum. Dagegen sehen die Rechtsprechung und ein Teil des Schrifttums die einzelnen Voraussetzungen der Verfahrensteilnahme als Gegenstand der Feststellung an. Folgt man dieser Ansicht, so kommt je nach „Widerspruchsrichtung" (zB bei einem isolierten Rangwiderspruch) die Feststellung einzelner Voraussetzungen der Verfahrensteilnahme (zB des Bestehens der Forderung oder ihrer Anmeldbarkeit) in Betracht (→ Rn. 14; → Rn. 34 ff.).

IV. Gegenstand der Feststellung

11 Der Gegenstand der Feststellung ist umstritten.[22] Zweck des Feststellungsverfahrens ist die Klärung, ob der Anmelder berechtigt ist, an der Verteilung der Insolvenzmasse sowie an den Verteilungen des Treuhänders in einem möglichen Restschuldbefreiungsverfahren teilzunehmen. Die Teilnahme an den Verteilungen setzt aber nicht nur voraus, dass die Forderung besteht, sondern auch, dass sie im Insolvenzverfahren verfolgbar ist (§ 38) und dass sie den beanspruchten Rang (§§ 38, 39)

---

[14] Beschl.-Empfehlung des RechtsA zu § 205, BT-Drs. 12/7302 179.

[15] Gottwald/*Eickmann,* Nachtrag GesO zum InsO-HdB, Kap. III 10. Abschnitt C Rn. 7 ff.; *Haarmeyer/Wutzke/Förster* GesO § 11 Rn. 73 ff.; *Hess/Binz/Wienberg* GesO § 11 Rn. 34 ff.; *Smid* GesO § 11 Rn. 67 ff., 81 ff.

[16] *Haarmeyer/Wutzke/Förster* GesO § 11 Rn. 79, 80; *Hess/Binz/Wienberg* GesO § 11 Rn. 46; *Smid* GesO § 11 Rn. 82; aA Gottwald/*Eickmann,* Nachtrag GesO zum InsO-HdB, Kap. III 10. Abschnitt C Rn. 9.

[17] *Haarmeyer/Wutzke/Förster* GesO § 11 Rn. 81; *Kübler,* FS Henckel, S. 495, 507 f.

[18] § 203 Abs. 2 RegE, der die Prüfung auch bei Abwesenheit des Gläubigers ausdrücklich vorsah (BR-Drs. 1/92, 184), wurde auf Empfehlung des Rechtsausschusses gestrichen, weil sich dasselbe Ergebnis bereits aus § 203 Abs. 1 RegE (= § 176) ergebe (BT-Drs. 12/7302, 178); dazu KPB/*Pape/Schaltke* § 176 Rn. 10.

[19] Näher *Eckardt,* Kölner Schrift, S. 533, Rn. 25; KPB/*Pape/Schaltke* § 176 Rn. 6.

[20] Str.; wie hier *Spellenberg* S. 6; *Uhlenbruck* InsO § 201 Rn. 11; K. Schmidt/*Jungmann* § 178 Rn. 19; aA *Eckardt,* Kölner Schrift, S. 533, Rn. 36; Jaeger/*Gerhardt* InsO § 178 Rn. 22.

[21] Vgl. KPB/*Pape/Schaltke* § 176 Rn. 13.

[22] Obwohl die Erörterung des Feststellungsgegenstandes oft nur im Zusammenhang mit dem Feststellungsprozess erfolgt, stellen sich dieselben Fragen auch bei der freiwilligen Feststellung; vgl. *Henckel,* FS Michaelis, 1972, S. 151 ff.; *Spellenberg* S. 1 ff.

einnimmt.[23] Der Verwalter kann zB das Bestehen der angemeldeten Forderung anerkennen, ihr aber gleichwohl widersprechen, weil sie nachrangig oder keine Insolvenzforderung oder weil sie anfechtbar begründet worden sei. Die Forderung gegen den Schuldner ist daher jedenfalls nicht allein Gegenstand der Feststellung.

1. Meinungsstand. Nach langjährig überwiegender Meinung in Rechtsprechung[24] und Schrifttum[25] ist die Forderung in ihrer Eigenschaft als Insolvenzforderung bestimmten Ranges und bestimmten Betrages Gegenstand der Feststellung. Im Ergebnis entspricht dem die Ansicht, wonach die einzelnen Voraussetzungen für die Berücksichtigung der Forderung im Insolvenzverfahren den Gegenstand der Feststellung bilden.[26] Festzustellen sind nach dieser Auffassung zumindest drei Rechtsverhältnisse: Dass die Forderung gegen den Schuldner besteht, dass sie im Insolvenzverfahren verfolgbar ist und dass ihr der behauptete Rang zukommt.[27] Unklar bleibt teilweise, ob mit der „Forderung" das materielle Recht oder ein eigenständiger „prozessualer" Anspruch gemeint ist. Näher liegt der prozessuale Anspruch. Die Insolvenzforderung bestimmt sich ohne Rücksicht auf die materiellrechtlichen Rechtsbehauptungen des Anmelders nach dem in der Anmeldung anzugebenden Betrag und dem zur Begründung vorgetragenen Lebenssachverhalt (dem „Grund der Forderung" iSd § 174 Abs. 2). Die rechtlichen Gesichtspunkte, nach denen der Anspruch zu würdigen ist, sind in der Anmeldung nicht anzugeben.[28] Wird die Forderung bestritten, so ist die Feststellung gegebenenfalls durch Aufnahme eines „über die Forderung" anhängigen Rechtsstreits zu betreiben (§§ 180 Abs. 2, 184 S. 2). Gegenstand des anhängigen Rechtsstreits ist aber ebenfalls nicht das materielle Recht, sondern der prozessuale Anspruch, wie auch der BGH in mittlerweile angedeutet hat.[29] Wenn daher im Folgenden in Anlehnung an den Sprachgebrauch der Konkurs- und der Insolvenzordnung von der „Forderung" die Rede ist, so ist damit inhaltlich ein von den materiellen Rechtsbehauptungen losgelöster, durch den angemeldeten Betrag und den dazu vorgetragenen Lebenssachverhalt bestimmter „prozessualer" Anspruch gemeint. 12

Nach der **Gegenansicht** bildet nicht die Forderung (der Anspruch) gegen den Schuldner den Gegenstand der Feststellung, sondern die **Teilnahmebefugnis** des Gläubigers an der Verteilung der Insolvenzmasse[30] bzw. sein insolvenzspezifisches **Haftungsrecht** an der Masse.[31] 13

Bedeutung hat der Meinungsstreit vor allem für die Präjudizwirkung der Feststellung. Sieht man die Forderung gegen den Schuldner als Gegenstand der Feststellung an, so kann zB der Verwalter in einem späteren Absonderungsrechtsstreit mit dem Gläubiger den Bestand der zuvor festgestellten Forderung nicht mehr wirksam bestreiten (→ Rn. 62).[32] Ebenso wenig können nach der hM Verwalter oder Gläubiger nachträglich den Bestand der Forderung bestreiten, wenn diese zunächst als nachrangige angemeldet und festgestellt wurde (§§ 39, 174 Abs. 3) und der Gläubiger später einen besseren Rang für die Forderung beansprucht[33] oder wenn im Prüfungstermin lediglich dem behaupteten Rang widersprochen wurde und der Anmelder die Feststellung des besseren Rangs durch 14

---

[23] *Spellenberg* S. 2; *Henckel,* FS Michaelis, 1971, S. 151, 152; selbst bei Vorliegen dieser Voraussetzungen haftet die Masse nicht für die Forderung, wenn sie anfechtbar begründet wurde und der Verwalter ihr aus diesem Grunde widerspricht (§§ 129 ff., 146 Abs. 2).

[24] RGZ 55, 157, 160; KG OLG Rspr. 20 (1910), 297, 298.

[25] *Bley* S. 6 ff.; *Jaeger/Weber* KO 8. Aufl. § 146 Rn. 13, aA in der Neuauflage: Jaeger/*Gerhardt* InsO § 178 Rn. 30.

[26] *Häsemeyer,* Insolvenzrecht, Rn. 22.03 f., Rn. 22.20, Rn. 22.41; *Häsemeyer* KTS 1982, 507, 522 f., 546 ff.

[27] *Häsemeyer,* Insolvenzrecht, Rn. 22.03 f., Rn. 22.20, Rn. 22.41.

[28] RGZ 93, 14; Uhlenbruck/*Sinz* InsO § 174 Rn. 29.

[29] BGH, Urt. v. 13.6.2006 – IX ZR 15/04, NZI 2006, 520, Rn. 21; KPB/*Pape/Schaltke* § 178 Rn. 3.

[30] Jaeger/*Henckel* InsO § 129 Rn. 28; s. auch *Henckel,* FS Michaelis, 1972, S. 151 ff.; Stein/Jonas/*Roth* § 240 Rn. 31.

[31] *Spellenberg* S. 81 ff.; *Eckardt,* Kölner Schrift, S. 533, Rn. 2 f.; Jaeger/*Gerhardt* InsO § 179 Rn. 31 f.; vgl. auch *Kohler,* Konkursrecht, 1891, S. 378, 392, 530: Feststellungsgegenstand sei das Beschlagsrecht an der Insolvenzmasse; zu ähnlichen Ergebnissen gelangt – auf der Grundlage der Lehre vom Rechtsschutzanspruch – eine im älteren Schrifttum vertretene Auffassung, wonach die prozessuale Teilnahmeberechtigung des Gläubigers festzustellen ist; vgl. *Stein,* Über die Voraussetzungen des Rechtsschutzes, insbesondere bei der Verurteilungsklage, 1903, S. 134 f.; *Jonas* S. 5, 8 ff.; ähnlich *Wach,* Handbuch des deutschen Zivilprozessrechts, Bd. I, 1885, S. 21; *Langheineken,* Der Urteilsanspruch, 1899, S. 187 ff. (Feststellungsgegenstand sei unmittelbar der Rechtsschutzanspruch in Form des Konkursanspruchs); ausführliche Darstellung und Kritik bei *Spellenberg* S. 27 ff. mwN.

[32] RGZ 55, 157, 160; *Jaeger/Weber* KO 8. Aufl. § 145 Rn. 5.

[33] Vgl. RGZ 149, 257, 263 ff.; BGH LM KO § 61 Nr. 2, 3 (nachträgliche Geltendmachung eines Vorrechts nach der KO für zuvor festgestellte Forderung); dagegen *Häsemeyer,* Insolvenzrecht, Rn. 22.13; 22.41; *Häsemeyer.* KTS 1982, 507, 546 ff.

Klage verfolgt.[34] Sieht man dagegen das Haftungsrecht an der Masse als Gegenstand der Feststellung an, so hat der Bestand der Forderung nur die Bedeutung einer Vorfrage, auf die sich die Rechtskraft der Feststellung nicht erstreckt. Die Feststellung erzeugt nach dieser Auffassung keine Bindungswirkung in einem späteren Absonderungsrechtsstreit zwischen Gläubiger und Verwalter.[35] Auch wird bei einem isolierten Rangwiderspruch nicht die Forderung als solche festgestellt, sondern allenfalls (§ 174 Abs. 3) das nachrangige Haftungsrecht des Gläubigers an der Masse (→ Rn. 34 f.).[36]

15 **2. Stellungnahme.** Gegenstand des insolvenzrechtlichen Feststellungsverfahrens ist der Anteil des Gläubigers an der gemeinschaftlichen Haftungszuweisung, sein **„Haftungsrecht"** an der Masse.[37] Nur an der Feststellung dieses Anteils hat der Gläubiger der Masse gegenüber ein schutzwürdiges Interesse. Für eine (Zwischen-)Feststellung einzelner Voraussetzungen des Haftungsrechts, namentlich des Bestands der Forderung, des beanspruchten Ranges oder der Eigenschaft der Forderung als Insolvenzforderung, ist im Feststellungsverfahren kein Raum.[38] Die Feststellung „verfolgt und bewirkt nichts anderes als das Recht der Teilnahme an den Beschlussfassungen über die Konkursmasse und an der Verteilung derselben."[39] Nach der Auffassung der hM erlangt die Feststellung über den Zweck des Feststellungsverfahrens hinaus gegebenenfalls in ganz anderem Zusammenhang Bedeutung, zB in einem Absonderungsrechtsstreit oder im Streit um einen besseren Rang für die Forderung (→ Rn. 14).[40] Die Folge sind vorsorgliche Widersprüche, die wiederum Verzögerungen und Verteuerungen bei der Forderungsprüfung und -feststellung zur Folge haben und dem Anliegen des Gesetzgebers widersprechen, das Feststellungsverfahren zügig und einfach zu gestalten (→ Rn. 2). Demgegenüber fällt der Einwand, dass es einen „Konkursteilnahmeanspruch als einheitlichen Rechtsbegriff" nicht gebe,[41] nicht entscheidend ins Gewicht. Erkennt man die Figur der „haftungsrechtlichen Zuweisung" der Insolvenzmasse an die Gläubiger an,[42] so ist es nur konsequent, dem einzelnen Gläubiger ein subjektives Anteilsrecht an dieser Zuweisung zuzugestehen. Als „Forderung" im Sinne der §§ 178, 179 Abs. 1 ist daher das Haftungsrecht des Gläubigers an der Masse anzusehen. Dabei ist jedoch darauf hinzuweisen, dass ein vorinsolvenzlicher Titel im Sinne des § 179 Abs. 2 nicht für das Haftungsrecht an der Insolvenzmasse, sondern nur für den Anspruch des Gläubigers gegen den Schuldner persönlich vorliegen kann (→ § 179 Rn. 27). Desgleichen betrifft der vor Eröffnung des Insolvenzverfahrens anhängige Rechtsstreit im Sinne des § 180 Abs. 2 nur den Anspruch gegen den Schuldner persönlich (→ § 180 Rn. 15 f.). „Forderung" im Sinne der §§ 179 Abs. 2, 180 Abs. 2 meint daher nicht das Haftungsrecht, sondern den prozessualen Anspruch gegen den Schuldner.

16 Von dem Gegenstand der Insolvenzfeststellung (§§ 178 bis 183) ist der Gegenstand der Rechtskraft- und Vollstreckungswirkung gemäß § 201 Abs. 2 zu unterscheiden.[43] Für die Vollstreckung nach Beendigung des Insolvenzverfahrens kommt es nur auf den Bestand der Forderung (iSd „prozessualen Anspruchs"), nicht aber auf ihre Eigenschaft als Insolvenzforderung oder ihren Rang im Insolvenzverfahren an.[44] Tituliert im Sinne des § 201 Abs. 2 wird daher allein der Anspruch gegen den Schuldner. Daraus kann jedoch nicht geschlossen werden, dass auch die Insolvenzfeststellung den Anspruch zum Gegenstand hätte.[45] Die Titulierung des Anspruchs gemäß § 201 Abs. 2 ist von der Feststellung des Insolvenzgläubigerrechts grundsätzlich zu trennen. § 201 Abs. 2 beruht auf Zweckmäßigkeitserwägungen des Gesetzgebers.[46] Systematisch konsequenter wäre es gewesen, für die Titulierung des Anspruchs gegen den Schuldner im Insolvenzverfahren allein die (stillschwei-

---

34 RGZ 144, 246, 248 f. (Widerspruch allein gegen das beanspruchte Vorrecht nach der KO); ebenso BAG KTS 1967, 231; *Jaeger/Weber* KO 8. Aufl. § 145 Rn. 5, § 146 Rn. 13; Gottwald/*Eickmann*, InsO-HdB, § 64 Rn. 5 f.

35 *Eckardt*, Kölner Schrift, S. 533 , Rn. 42; *Henckel*, FS Michaelis, 1971, S. 151, 156 ff.; *Spellenberg* S. 130 ff.

36 Dahingehende Tendenz: BGHZ 168, 112 = ZIP 2006, 1410 Rn. 21 f.; *Eckardt*, Kölner Schrift, S. 533, Rn. 43; *Henckel*, FS Michaelis, 1971, S. 151, 163 ff.; *Spellenberg* S. 137 ff.

37 *Eckardt*, Kölner Schrift, S. 533, Rn. 2 f.; Rn. 38 ff., *Henckel*, FS Michaelis, 1972, S. 151, 167; *Henckel*, FS Weber, 1975, S. 237 ff., 252; *Henckel*, InsO § 38 Rn. 4 aE; *Spellenberg* S. 47 ff., 81 ff.; *Schoppmeyer*, ZInsO 2016, 2157, 2159 f.; zur haftungsrechtlichen Zuweisung der Insolvenzmasse an die Gläubiger *Henckel*, InsO § 35 Rn. 5 f.

38 BGH, Urt. v. 13.6.2006 – IX ZR 15/04, NZI 2006, 520, Rn. 21; *Henckel*, FS Michaelis, 1972, S. 151, 152 f., 167.

39 Motive zur KO, S. 384, 368 = *Hahn* IV, S. 343, 331.

40 Diese Gefahr hat sich mit Abschaffung der allgemeinen Konkursvorrechte erheblich verringert.

41 *Jaeger/Weber* KO 8. Aufl. § 146 Rn. 13.

42 S. Jaeger/*Henckel* InsO § 35 Rn. 5 f.

43 Zutreffend *Häsemeyer*, Insolvenzrecht, Rn. 25.18; *Spellenberg* S. 147 ff.; *Schoppmeyer*, ZInsO 2016, 2157, 2160.

44 RGZ 55, 157, 160; *Eckardt*, Kölner Schrift, S. 533, Rn. 28, Rn. 39; *Spellenberg* S. 147.

45 *Eckardt*, Kölner Schrift, S. 533, Rn. 39.

46 Vgl. Motive zur KO, S. 384; *Hahn* IV S. 344: *Eckardt*, Kölner Schrift, S. 533, Rn. 39; *Spellenberg* S. 151.

gende) Anerkennung durch den Schuldner genügen zu lassen. Dass zusätzlich die Insolvenzfeststellung vorausgesetzt wurde, trägt der besonderen Zwangslage des Schuldners im Insolvenzverfahren Rechnung.[47]

V. Widerspruch

1. Widerspruchsrecht. Berechtigt, durch Widerspruch die Feststellung einer zu Unrecht angemeldeten Forderung und damit die Teilnahme des Anmelders an den Verteilungen zu verhindern („widerspruchsberechtigt" im engeren Sinne), sind im Regelinsolvenzverfahren der Insolvenzverwalter und die Insolvenzgläubiger (→ Rn. 18 bis 22). Bei der Eigenverwaltung sind neben den Insolvenzgläubigern der Sachwalter und der Schuldner als Eigenverwalter zum Widerspruch berechtigt (→ Rn. 26 ff.). 17

a) Regelinsolvenzverfahren mit Fremdverwalter (Abs. 1 S. 1). aa) Insolvenzverwalter. Der Insolvenzverwalter ist als Amtswalter der Interessen aller Beteiligten zur Prüfung und gegebenenfalls zum Widerspruch nicht nur berechtigt, sondern auch verpflichtet.[48] Er kann seinen Widerspruch auf alle Einwendungen und Einreden gegen den Anspruch stützen, die in der Person des Schuldners begründet sind. Außerdem kann er die mangelnde Verfolgbarkeit der Forderung im Insolvenzverfahren (§§ 38, 53 ff.), die Nachrangigkeit der Forderung (§ 39) oder die Insolvenzanfechtung einwenden (§§ 129 ff., 146 Abs. 2).[49] Verstößt der Verwalter schuldhaft gegen seine Prüfungspflicht, ist er zum Schadensersatz verpflichtet (§ 60 Abs. 1).[50] Weisungen der Gläubigerversammlung oder des Gläubigerausschusses können den Verwalter bei der Ausübung des Widerspruchsrechts weder binden noch entlasten.[51] Ein **isolierter Widerspruch** gegen den Schuldgrund der **vorsätzlichen unerlaubten Handlung** oder vorsätzlichen pflichtwidrigen Nichtgewährung von Unterhalt unter Anerkennung des angemeldeten Anspruchs (§§ 174 Abs. 2, 175 Abs. 2, 302 Nr. 1) steht dem Verwalter nicht zu (vgl. → Rn. 24).[52] Für die Teilnahme des Anmelders an den Verteilungen im Insolvenzverfahren ist die Feststellung des Schuldgrundes ohne Bedeutung. 18

In der Praxis kommt dem Widerspruch des Insolvenzverwalters die **zentrale Bedeutung** zu.[53] Meist verfügt nur der Verwalter über die zur Erhebung des Widerspruchs notwendigen Informationen, insbesondere wegen seiner Zugriffsmöglichkeit auf die Buchhaltung des Schuldners. Außerdem steht für den einzelnen Gläubiger regelmäßig das Kostenrisiko eines möglichen Feststellungsprozesses oft außer Verhältnis zu dem Vorteil, den ein Ausschluss des Konkurrenten von der Verfahrensteilnahme für ihn bedeuten würde. 19

bb) Insolvenzgläubiger. Neben dem Insolvenzverwalter ist jeder Insolvenzgläubiger zum Widerspruch berechtigt. Der Gläubiger widerspricht im eigenen Namen und kraft seines eigenen Haftungsrechts an der Insolvenzmasse (→ Rn. 15 ff.).[54] Der erfolgreiche Widerspruch kommt jedoch allen Insolvenzgläubigern, nicht nur dem Widersprechenden zugute. Einzelwohl und Gesamtwohl sind insoweit untrennbar miteinander verknüpft.[55] Der Gläubiger kann seinen Widerspruch grundsätzlich auf dieselben Einwendungen stützen wie der Insolvenzverwalter. Die Insolvenzanfechtung kann er jedoch nur geltend machen, wenn sich der Insolvenzverwalter zuvor auf die Anfechtung berufen hat.[56] 20

Ob dem widersprechenden Gläubiger die behauptete Forderung zusteht, ist nicht durch das Insolvenzgericht, sondern durch das Prozessgericht im Rahmen des Feststellungsrechtsstreits zu prüfen. Dass die Forderung des Bestreitenden ihrerseits bestritten ist, berührt die Wirksamkeit des

[47] *Kohler,* Konkursrecht, 1891, S. 301; *Spellenberg* S. 151.

[48] Dazu *Baur/Stürner* II, Insolvenzrecht, Rn. 5.7, 10.1 ff.; Jaeger/*Gerhardt* InsO § 176 Rn. 25; *Eckardt,* Kölner Schrift, S. 533, Rn. 22.

[49] *Häsemeyer,* Insolvenzrecht, Rn. 22.22.

[50] S. auch LG Osnabrück ZIP 1984, 91; KPB/*Pape/Schaltke* § 176 Rn. 24.

[51] Jaeger/*Gerhardt* InsO § 176 Rn. 27.

[52] BGH NZI 2008, 250; LG Trier NZI 2006, 243; aA *Heinze* DZWIR 2002, 369, 370.

[53] So auch *Eckardt,* Kölner Schrift, S. 533, Rn. 22; Jaeger/*Gerhardt* InsO § 176 Rn. 28; KPB/*Pape/Schaltke* § 176 Rn. 24.

[54] *Häsemeyer,* Insolvenzrecht, Rn. 22.23; Jaeger/*Gerhardt* InsO § 176 Rn. 29; *Kohler,* Konkursrecht, 1891, S. 392, 559 f.

[55] Jaeger/*Gerhardt* InsO § 176 Rn. 29; *Kohler,* Konkursrecht, 1891, S. 559.

[56] Str.; wie hier *Eckardt,* Kölner Schrift, S. 533, Rn. 49 Fn. 126; *Eckardt,* Die Anfechtungsklage wegen Gläubigerbenachteiligung, 1994, S. 320 f.; Jaeger/*Henckel* InsO § 129 Rn. 283; weitergehend *Häsemeyer,* Insolvenzrecht, Rn. 22.25; aA (kein Recht des Gläubigers zur Berufung auf die Anfechtung) *Baur/Stürner* II, Insolvenzrecht, Rn. 21.14; wohl das Recht zur Berufung auf die Anfechtung lediglich dem Insolvenzverwalter zusprechend K. Schmidt/*Jungmann* § 178 Rn. 6.

Widerspruchs nicht.[57] Die rechtskräftige Abweisung der Klage des bestreitenden Gläubigers auf Feststellung seines eigenen Insolvenzgläubigerrechts wirkt jedoch auch gegenüber dem Anmelder (§ 183 Abs. 1). Der Feststellungsklage des Anmelders gegen den bestreitenden Gläubiger ist in diesem Fall ohne weiteres stattzugeben.[58]

21 **Voraussetzung** für einen wirksamen Widerspruch ist nach hM, dass der bestreitende Gläubiger seine Forderung angemeldet hat und dass die Forderung zur Prüfung zugelassen worden ist.[59] Dies kann aber jedenfalls nicht für einen nachrangigen Insolvenzgläubiger gelten, den das Insolvenzgericht nicht zur Anmeldung seiner Forderung aufgefordert hat (§§ 39, 174 Abs. 3).[60] Denn einerseits kann der nachrangige Gläubiger mangels Aufforderung durch das Gericht seine Forderung noch nicht wirksam anmelden. Andererseits hat er wegen der Möglichkeit nachträglicher Aufforderung zur Anmeldung ein berechtigtes Interesse daran, Nichtberechtigte von der Teilnahme an den Abstimmungen und Verteilungen auszuschließen.[61]

22 Gewöhnliche Insolvenzgläubiger haben regelmäßig **kein schutzwürdiges Interesse** daran, Forderungen zu bestreiten, die als **nachrangig** angemeldet wurden (§ 174 Abs. 3 S. 2).[62] Die gewöhnlichen Insolvenzforderungen sind bei den Verteilungen vor den nachrangigen zu berichtigen (§ 39). In der Gläubigerversammlung gewähren die nachrangigen Forderungen kein Stimmrecht (§ 77 Abs. 1 S. 2). Das Interesse des gewöhnlichen Gläubigers, zu verhindern, dass der nachrangige Gläubiger einen Titel für die Zwangsvollstreckung gegen den Schuldner persönlich erlangt (§ 201 Abs. 2), ist innerhalb des Insolvenzverfahrens ebenso wenig schutzwürdig wie außerhalb eines solchen Verfahrens.[63] Ein rechtliches Interesse des gewöhnlichen Insolvenzgläubigers an dem Widerspruch mag allenfalls ausnahmsweise im Hinblick auf eine mögliche Einflussnahme des nachrangigen Anmelders auf ein Insolvenzplanverfahren zu bejahen sein (§§ 222 Abs. 1 S. 2 Nr. 3, 225, 246). Ebenso wenig wie der Insolvenzverwalter (→ Rn. 18) kann ein Insolvenzgläubiger isolierten Widerspruch gegen den Schuldgrund der vorsätzlichen unerlaubten Handlung oder der vorsätzlichen pflichtwidrigen Nichtgewährung von Unterhalt (§§ 174 Abs. 2, 175 Abs. 2, 302 Nr. 1) erheben. Widerspruchsberechtigt ist insoweit nur der Schuldner (→ Rn. 24).

23 **cc) Schuldner.** Der Widerspruch des Schuldners persönlich[64] steht der Feststellung des Insolvenzgläubigerrechts nicht entgegen (Abs. 1 S. 2). Der Schuldner ist daher **nicht widerspruchsberechtigt** im engeren Sinne (→ Rn. 17). Zwar hat auch der Schuldner ein berechtigtes Interesse daran, dass Nichtberechtigte von der Teilnahme an den Verteilungen ausgeschlossen werden, da er andernfalls – unbeschadet einer möglichen Restschuldbefreiung – einer höheren Nachhaftung gegenüber den wahren Insolvenzgläubigern ausgesetzt ist (§ 201 Abs. 1). Dieses Interesse ist aber allein durch den Insolvenzverwalter wahrzunehmen, der bei schuldhafter Pflichtverletzung dem Schuldner zum Schadensersatz verpflichtet ist (§ 60 Abs. 1). Dem Schuldner steht im Prüfungstermin ein Anhörungsrecht zu, das bei Prozessunfähigkeit durch den gesetzlichen Vertreter des Schuldners wahrzunehmen ist.[65]

24 Der Widerspruch des Schuldners hindert zwar nicht die Feststellung des Insolvenzgläubigerrechts, wohl aber die **nachinsolvenzliche Zwangsvollstreckung** aus dem Tabelleneintrag gegen den Schuldner persönlich (§§ 201 Abs. 2, 215 Abs. 2 S. 2, 257 Abs. 1). Diese ist allerdings nur dann möglich, wenn dem Insolvenzverfahren kein Restschuldbefreiungsverfahren folgt (vgl. §§ 201 Abs. 3; 294 Abs. 1; 301 Abs. 1), wenn das Insolvenzgericht die Restschuldbefreiung versagt oder widerruft (§§ 290, 299, 300, 303)[66] oder wenn wegen einer Forderung vollstreckt wird, die nach § 302 von der Erteilung der Restschuldbefreiung nicht berührt wird. Praktische Bedeutung kommt hier vor allem Verbindlichkeiten des Schuldners aus vorsätzlich begangener unerlaubter Handlung und aus

---

57 Jaeger/*Gerhardt* InsO § 176 Rn. 40.

58 *Eckardt,* Kölner Schrift, S. 533, Rn. 27; Jaeger/*Gerhardt* InsO § 176 Rn. 36; KPB/*Pape/Schaltke* § 176 Rn. 25.

59 Jaeger/*Gerhardt* InsO § 176 Rn. 32; K. Schmidt/*Jungmann* § 178 Rn. 1; Uhlenbruck/*Sinz* InsO § 178 Rn. 10; KPB/*Pape/Schaltke* § 176 Rn. 25; aA Nerlich/Römermann/*Becker* § 176 Rn. 16.

60 OLG München GmbHR 2010, 1031; KPB/*Pape/Schaltke* § 176 Rn. 26.

61 AA Rattunde/Smid/Zeuner/*Smid* § 178 Rn. 6.

62 AA *Häsemeyer,* Insolvenzrecht, Rn. 22.24; Nerlich/Römermann/*Becker* § 176 Rn. 17; zur Rechtslage nach der KO *Jaeger/Weber* KO 8. Aufl. § 141 Rn. 8; *Kuhn/Uhlenbruck* KO § 144 Rn. 2; s. auch Uhlenbruck/*Sinz* InsO § 176 Rn. 26, § 178 Rn. 13.

63 AA Nerlich/Römermann/*Becker* § 176 Rn. 17.

64 Anders der Widerspruch des Schuldners als Eigenverwalter, § 283 Abs. 1 S. 2; → Rn. 28 ff.

65 *Häsemeyer,* Insolvenzrecht, Rn. 6.21, 6.24; Jaeger/*Gerhardt* InsO § 176 Rn. 1; K. Schmidt/*Jungmann* § 176 Rn. 10; aA (Prozessfähigkeit für die Erklärung des Schuldners nach § 176 S. 1InsO nicht erforderlich) *Kuhn/Uhlenbruck* KO § 141 Rn. 4; zur Gewährung des rechtlichen Gehörs an Prozessunfähige vgl. Stein/Jonas/*Kern* vor § 128 Rn. 38 f.

66 KPB/*Pape/Schaltke* § 184 Rn. 8.

vorsätzlicher pflichtwidriger Nichtgewährung von Unterhalt zu (§§ 174 Abs. 2, 175 Abs. 2, 302 Nr. 1). Zur Verhinderung der Weiterhaftung nach Erteilung der Restschuldbefreiung kann der Schuldner nach hM unter Anerkennung des Zahlungsanspruchs isoliert der Feststellung des **Haftungsgrundes der vorsätzlichen unerlaubten Handlung** zur Tabelle widersprechen.[67] Für den hierüber geführten Rechtsstreit ist stets der ordentliche Rechtsweg gegeben.[68] Der Teilhabe des Insolvenzgläubigers an den Verteilungen im Restschuldbefreiungsverfahren steht der Widerspruch des Schuldners nicht entgegen (§ 292 Abs. 1 S. 2),[69] ebenso wenig der Erteilung einer vollstreckbaren Ausfertigung aus der Eintragung der Forderung in der Tabelle auch nach Erteilung der Restschuldbefreiung.[70]

25 Der Schuldner kann gemäß §§ 178 Abs. 1 S. 2, 201 Abs. 2 nur **Grund, Höhe oder Durchsetzbarkeit** der Forderung außerhalb des Insolvenzverfahrens bestreiten, nicht aber den beanspruchten Rang (§§ 38, 39) oder die Verfolgbarkeit der Forderung im Insolvenzverfahren (§§ 38, 53 ff.).[71] Rang und Verfolgbarkeit der Forderung sind allein für die Haftung des Schuldners mit der Insolvenzmasse von Bedeutung, nicht für seine persönliche Haftung nach Beendigung des Insolvenzverfahrens.[72] Hat der Schuldner den Prüfungstermin schuldlos versäumt, so kann ihm das Insolvenzgericht auf Antrag Wiedereinsetzung in den vorigen Stand gewähren (§ 186). Entsprechendes gilt, wenn der Schuldner die gesetzte Frist zur Erhebung von Widersprüchen im schriftlichen Prüfungsverfahren schuldlos versäumt hat.[73]

26 **b) Eigenverwaltung (§ 283 Abs. 1).** Im Eigenverwaltungsverfahren steht das Widerspruchsrecht den Insolvenzgläubigern, dem Sachwalter und dem Schuldner als Eigenverwalter zu (§ 283 Abs. 1):

27 **aa) Sachwalter.** Der Sachwalter ist ebenso wie der Insolvenzverwalter (→ Rn. 18) zur Prüfung der Forderungen und gegebenenfalls zum Widerspruch nicht nur berechtigt, sondern auch verpflichtet. Die Verletzung der Prüfungspflicht kann die Haftung nach §§ 274 Abs. 1, 60 auslösen. Im Feststellungsprozess gemäß §§ 179 ff. ist der Sachwalter nicht persönlich, sondern nur mit Wirkung für und gegen die Insolvenzmasse Partei.

28 **bb) Schuldner.** Als **Eigenverwalter** kann auch der Schuldner der Forderung mit feststellungshindernder Wirkung widersprechen (§ 283 Abs. 1).[74] Er kann in diesem Fall nicht nur den Bestand der Forderung, sondern auch den beanspruchten Rang (§§ 38, 39) oder die Verfolgbarkeit der Forderung im Insolvenzverfahren (§§ 38, 53 ff.) bestreiten. Auf die Insolvenzanfechtung (§§ 129 ff., 146 Abs. 2) kann sich der Schuldner ebenso wie ein Gläubiger nur berufen, wenn sie zuvor von dem Sachwalter geltend gemacht worden ist (§ 280; → Rn. 20). Der Eigenverwalter ist wie der Sachwalter zur Prüfung und gegebenenfalls zum Widerspruch nicht nur berechtigt, sondern auch verpflichtet. Anders als die Entgegennahme der Anmeldungen (§ 270c S. 2) ist die Wahrnehmung der Gläubigerinteressen bei der Forderungsprüfung sowohl dem Schuldner als auch dem Sachwalter übertragen.[75]

29 Der Schuldner kann der Forderung nicht nur in seiner Eigenschaft als Verwalter, sondern **auch persönlich** widersprechen. Der Widerspruch als Eigenverwalter hindert die Feststellung des Haftungsrechts an der Masse (§ 283 Abs. 1 S. 2; → Rn. 15 f.), der persönliche Widerspruch die Rechtskraft- und Vollstreckungswirkung des Tabelleneintrags außerhalb des Insolvenzverfahrens (§§ 178 Abs. 1 S. 2, 201 Abs. 2). Hätte der Schuldner im Eigenverwaltungsverfahren kein Recht zum persönlichen Widerspruch, so wäre er bei Aufhebung der Eigenverwaltung nicht in der Lage, den Eintritt der Vollstreckungswirkung des § 201 Abs. 2 S. 1 selbst (im Verfahren nach § 184) zu verhindern (→ § 184 Rn. 9).

---

[67] BGH NZI 2006, 536; ZIP 2007, 541; ZInsO 2011, 44; OLG Rostock ZInsO 2005, 1175; OLG Hamm ZIP 2003, 2311; ZinsO 2005, 1329; KPB/*Pape/Schaltke* § 176 Rn. 17; *Hattwig* ZInsO 2004, 636; *Kahlert* ZInsO 2006, 409; *Kehe/Meyer/Schmerbach* ZInsO 2002, 660; *Pape* ZVI 2002, 225, 236; *Heinze* DZWIR 2002, 369, 370; aA *Fuchs* NZI 2002, 298, 302 f.

[68] BGH ZInsO 2011, 44; VGH Mannheim BeckRS 2012, 57183.

[69] KPB/*Pape/Schaltke* § 184 Rn. 8.

[70] BGH, Beschl. v. 3.4.2014 – IX ZB 93/13, NZI 2014, 568, Rn. 11 ff.

[71] Anders der Schuldner als Eigenverwalter (§ 283 Abs. 1); → Rn. 28 ff.

[72] *Eckardt,* Kölner Schrift, S. 533, Rn. 28.

[73] *Eckardt,* Kölner Schrift, 2. Aufl., S. 743, Rn. 33.

[74] Zu Recht kritisch zum Widerspruchsrecht des Eigenverwalters (überflüssig und mit der Gefahr schikanöser Ausübung verbunden) *Eckardt,* Kölner Schrift, S. 533, Rn. 60; KPB/*Pape/Schaltke* § 176 Rn. 12.

[75] AA wohl FKInsO/*Foltis* § 270c Rn. 34 f.; der Hinweis in der Begründung zu § 344 RegE (= § 283 InsO) auf § 71 VerglO (BR-Drs. 1/92, 226) spricht nicht gegen die hier vertretene Auffassung; die Interessenlage des Schuldners bei der Eigenverwaltung (Wahrnehmung der Gläubigerinteressen; gegebenenfalls Liquidation des Schuldnervermögens) unterscheidet sich wesentlich von seiner Interessenlage im Vergleichsverfahren (Fortbestand der Verwaltungs- und Verfügungsbefugnis kraft Privatautonomie; Sanierung als Verfahrenszweck); s. *Häsemeyer,* Insolvenzrecht, Rn. 8.03, 8.13 f.

30 Der Schuldner kann seine jeweiligen Widerspruchsrechte **unterschiedlich ausüben.**[76] Ein doppeltes Bestreiten ist im Zweifel anzunehmen, wenn der Schuldner dem Bestand der Forderung widerspricht. Den beanspruchten Rang der Forderung (§§ 38, 39) oder ihre Verfolgbarkeit im Insolvenzverfahren (§§ 38, 53 ff.) kann der Schuldner dagegen nur als Verwalter der Masse bestreiten (§ 283 Abs. 1; → Rn. 25). Die Beseitigung des persönlichen Widerspruchs erfolgt nach § 184, die Beseitigung des Widerspruchs als Eigenverwalter gemäß §§ 270 Abs. 1 S. 2, 179 bis 183 (→ § 184 Rn. 9).[77] Wird die Eigenverwaltung aufgehoben (§ 272), so tritt in den Prozess nach §§ 179 ff. entsprechend §§ 241, 246 ZPO der neue Insolvenzverwalter anstelle des Schuldners ein,[78] die Parteistellung des Schuldners persönlich in dem Prozess nach § 184 bleibt dagegen unberührt.

31 **cc) Insolvenzgläubiger.** Für den Widerspruch eines konkurrierenden Insolvenzgläubigers gilt im Eigenverwaltungsverfahren dasselbe wie bei der Fremdverwaltung (→ Rn. 20 ff.).

32/33 **2. Inhalt des Widerspruchs. a) Begründung.** Der Widerspruch muss nicht begründet werden.[79] Im Interesse einer Streitbeilegung noch im Prüfungstermin ist eine Begründung aber zweckmäßig. Wird ein Widerspruchsgrund genannt, so muss er nicht in die Tabelle aufgenommen werden. Geschieht dies gleichwohl, ist der Bestreitende im Feststellungsprozess an den angegebenen Grund nicht gebunden.[80]

34 **b) „Widerspruchsrichtung" und Teilfeststellung.** Der Widerspruch kann sich gegen den Grund der angemeldeten Forderung, ihre Höhe, ihre Durchsetzbarkeit (zB Verjährung), ihre Verfolgbarkeit im Insolvenzverfahren (§ 38) oder den beanspruchten Rang richten (§§ 38, 39). Der Insolvenzverwalter kann den Widerspruch außerdem auf die Insolvenzanfechtung stützen (§§ 129 ff., 146 Abs. 2), ebenso der Gläubiger, wenn sich der Verwalter zuvor jedenfalls außergerichtlich auf die Anfechtung berufen hat (→ Rn. 20).

35 Die **Bedeutung** der Widerspruchsrichtung hängt davon ab, welche Auffassung man zum Gegenstand des Feststellungsverfahrens vertritt. Nach der hM, die als Gegenstand des Feststellungsverfahrens die Forderung (iSd „prozessualen Anspruchs") als Insolvenzforderung bestimmten Ranges und Betrages ansieht, wird zB die Forderung als solche mit Urteilswirkung zur Tabelle festgestellt, wenn sich der Widerspruch allein gegen den für die Forderung beanspruchten Rang richtet (→ Rn. 14).[81] Der Feststellungsstreit kann dann nur noch die umstrittene Rangfrage betreffen. Nach der Ansicht vom Haftungsrecht als Gegenstand des Feststellungsverfahrens richtet sich dagegen der Widerspruch grundsätzlich gegen das beanspruchte Haftungsrecht als solches, unabhängig davon, ob sich der Bestreitende auf den Nachrang der Forderung, die fehlende Insolvenzforderungseigenschaft oder das Nichtbestehen der Forderung beruft. Insoweit handelt es sich nur um (unverbindliche) Widerspruchsbegründungen, deren Eintragung in die Tabelle weder erforderlich noch schädlich ist (→ Rn. 33). Eine Teilfeststellung kann nach dieser Ansicht nicht einzelne Voraussetzungen des Haftungsrechts betreffen, sondern nur das Haftungsrecht als solches. Sie kommt in Betracht, wenn die Höhe der Forderung bestritten wird oder wenn der Widersprechende nur den beanspruchten Rang bestreitet und zugleich das Insolvenzgericht zur Anmeldung der Forderungen des anerkannten Nachranges aufgefordert hat (§ 174 Abs. 3). Die Eintragung lautet dann zB „Festgestellt in Höhe von 400,– EUR. Rest vom Insolvenzverwalter bestritten"[82] oder „Festgestellt als nachrangige Insolvenzforderung gemäß § 39 Abs. 1 Nr. 5. Im Übrigen vom Insolvenzverwalter bestritten".

36 Nach der hM ist bei einem Widerspruch gegen eine titulierte Forderung die Widerspruchsrichtung auch deshalb in jedem Falle in die Tabelle einzutragen, weil sie über die **„Betreibungslast"** iSd § 179 Abs. 1, Abs. 2 (§ 146 Abs. 1, Abs. 6 KO) entscheide.[83] So soll es ungeachtet des § 179 Abs. 2 (§ 146 Abs. 6 KO) dem Gläubiger der titulierten Forderung überlassen sein, die Feststellung zu betreiben, wenn sich der Widerspruch allein gegen den (nicht titulierten) Rang der Forderung

---

76 BGH Urt. v. 10.10.2013 – IX ZR 30/13, NZI 2013, 1025, Rn. 12 f.; ebenso *Häsemeyer,* Insolvenzrecht, Rn. 8.16.

77 FKInsO/*Foltis* Rn§ 283 Rn. 4.

78 Vgl. auch *Häsemeyer,* Insolvenzrecht, Rn. 8.15: § 239 ZPO analog.

79 K. Schmidt/*Jungmann* § 178 Rn. 8.

80 Jaeger/*Gerhardt* InsO § 176 Rn. 46.

81 So für einen Widerspruch gegen das nach § 61 KO beanspruchte Vorrecht RGZ 144, 246, 248 f.; BAG KTS 1967, 231; *Jaeger/Weber* KO 8. Aufl. § 145 Rn. 5, § 146 Rn. 13; *Kuhn/Uhlenbruck* KO § 144 Rn. 2b, § 145 Rn. 3; für die InsO Gottwald/*Eickmann,* InsO-HdB, § 64 Rn. 5 f.; Uhlenbruck/*Sinz* § 176 Rn. 28, § 178 Rn. 30.

82 Vgl. *Uhlenbruck/Delhaes* Rn. 1571; *Senst/Eickmann/Mohn* S. 401.

83 Für die KO *Jaeger/Weber* KO 8. Aufl. § 141 Rn. 9; *Kuhn/Uhlenbruck* KO § 144 Rn. 2b; für die InsO Uhlenbruck/*Sinz* InsO § 178 Rn. 17; für die GesO *Hess/Binz/Wienberg* GesO § 11 Rn. 40, 46 ff.; *Smid* GesO § 11 Rn. 69.

oder ihre Anmeldbarkeit im Insolvenzverfahren richtet.[84] Nach zutreffender Auffassung obliegt es dagegen unabhängig von der Widerspruchsrichtung in jedem Falle dem Widersprechenden, den Widerspruch gegen den Gläubiger zu verfolgen, wenn für die Forderung, für die das bestrittene Insolvenzgläubigerrecht beansprucht wird, ein vollstreckbarer Schuldtitel oder ein Endurteil vorliegt (näher → § 179 Rn. 31 f.).[85]

c) Vorläufiges Bestreiten. Auch eine „vorläufig bestrittene" Forderung ist **wirksam bestrit- 37
ten.** Der Feststellungsklage des Gläubigers gegen den vorläufig Bestreitenden fehlt nach hM nicht das Rechtsschutzbedürfnis.[86] Der vorläufige Widerspruch gibt jedoch dann keine Veranlassung (§ 93 ZPO) zur Klage, wenn es der Gläubiger unterlässt, den Widersprechenden vor der Klageerhebung oder Prozessaufnahme unter Bestimmung einer angemessenen Frist zur Erklärung darüber aufzufordern, ob das Bestreiten als endgültig anzusehen ist. Fragt der Gläubiger nicht nach und erkennt der Bestreitende sofort nach der Klageerhebung oder Prozessaufnahme den Anspruch an, so trägt der Gläubiger die Prozesskosten (§ 93 ZPO).[87] Der klagende Gläubiger trägt auch dann die Kosten des Rechtsstreits, wenn der Verwalter sofort nach der Klageerhebung den vorläufigen Widerspruch zurücknimmt und die Parteien daraufhin den Rechtsstreit für erledigt erklären (→ Rn. 43 f.). Im Rahmen der Kostenentscheidung nach § 91a ZPO ist der Rechtsgedanke des § 93 ZPO zu berücksichtigen.[88] Der Verwalter hat durch seinen Widerspruch die Erhebung der Feststellungsklage auch dann nicht gemäß § 93 ZPO veranlasst, wenn der Gläubiger der Anmeldung die **erforderlichen Unterlagen nicht beigefügt** hat und dies bis zur Klageerhebung nicht nachholt.[89]

Anstatt die nicht abschließend geprüften Forderungen im Prüfungstermin vorläufig zu bestrei- 38
ten, kann der Verwalter auch die **Vertagung des Prüfungstermins** beantragen.[90] Wird die Vertagung im Termin angeordnet, kann die öffentliche Bekanntmachung des neuen Prüfungstermins unterbleiben, § 74 Abs. 2 S. 2.[91]

3. Prozesshandlungsvoraussetzungen. Der Widerspruch im Sinne des § 178 Abs. 1 S. 1 und 39
seine Rücknahme sind Prozesshandlungen, so dass deren allgemeine Voraussetzungen vorliegen müssen.[92] Prozesshandlung ist auch der Widerspruch des Schuldners gemäß §§ 178 Abs. 1 S. 2, 201 Abs. 2.[93]

4. Form. Der Widerspruch kann grundsätzlich nur **mündlich im Prüfungstermin** erhoben 40
werden. Ein schriftlich eingereichter Widerspruch ist wirkungslos.[94] Eine Wiedereinsetzung wegen schuldloser Versäumung des Prüfungstermins ist nur zugunsten des Schuldners persönlich zulässig,

[84] So für die Rechtslage nach der Konkursordnung *Jaeger/Weber* KO 8. Aufl. § 146 Rn. 36; zum neuen Recht *Häsemeyer,* Insolvenzrecht, Rn. 22.34.

[85] *Eckardt,* Kölner Schrift, S. 533, Rn. 65.

[86] BGH NJW-RR 2006, 773; BAG ZIP 1988, 1587; OLG Dresden ZIP 1997, 327; OLG Düsseldorf ZIP 1982, 201; ZIP 1994, 638; OLG Hamm KTS 1974, 178; OLG Karlsruhe ZIP 1989, 791; KTS 1996, 255 (Leitsatz); OLG Köln KTS 1979, 119; OLG München KTS 1987, 327; ZIP 2005, 2227 (Veranlassung zur Klage nach Ablauf einer zweimonatigen Überlegungsfrist); LG Göttingen ZIP 1989, 1471; KTS 1995, 1103; *Eckardt,* Kölner Schrift, S. 533, Rn. 26, Rn. 56; *Godau-Schüttke* ZIP 1985, 1042; Jaeger/*Gerhardt* InsO § 176 Rn. 70; Uhlenbruck/*Sinz* InsO § 178 Rn. 19 f.; aA LG Koblenz KTS 1966, 254; LG Detmold NJW 1976, 523; LG Düsseldorf BB 1977, 1673; *Künne* KTS 1980, 297; *Robrecht* KTS 1969, 67; wohl auch Rattunde/Smid/Zeuner/*Smid* § 178 Rn. 10.

[87] BGH NJW-RR 2006, 773; OLG Düsseldorf ZIP 1982, 201; ZIP 1994, 638; OLG München KTS 1987, 327; OLG Karlsruhe ZIP 1989, 791; KTS 1996, 255 (Leitsatz); OLG Hamm ZIP 1994, 1547; DB 1999, 527; LG Göttingen ZIP 1995, 1103; ZIP 1989, 1471; K. Schmidt/*Jungmann* § 179 Rn. 5 f.; *Godau-Schüttke* ZIP 1985, 1042; KPB/*Pape/Schaltke* § 179 Rn. 7 f.; Rattunde/Smid/Zeuner/*Smid* § 178 Rn. 10; zur Klageveranlassung bei vorbehaltlosem Widerspruch OLG Köln KTS 1995, 435 (Leitsatz).

[88] BGH NJW-RR 2006, 773; OLG Karlsruhe ZIP 1989, 791; OLG Düsseldorf ZIP 1994, 638; LG Göttingen ZIP 1989, 1471; *Godau-Schüttke* ZIP 1985, 1042; *Eckardt,* Kölner Schrift, S. 533, Rn. 56; KPB/*Pape/Schaltke* § 179 Rn. 5, 7.

[89] OLG Celle ZIP 1994, 1197; OLG Dresden ZIP 1997, 327; OLG Hamm DB 1999, 527; KPB/*Pape/Schaltke* § 179 Rn. 8.

[90] HM: LG Göttingen ZIP 1989, 1471; ZIP 1995, 1103; Uhlenbruck/*Sinz* InsO § 178 Rn. 21; Gottwald/*Eickmann,* InsO-HdB § 64 Rn. 8; *Uhlenbruck/Delhaes* 5. Aufl. Rn. 797; Mohrbutter/Mohrbutter/*Ernestus* Rn. IX.36; *Godau-Schüttke* ZIP 1985, 1042.

[91] AG Rastatt ZIP 1980, 754; Nerlich/Römermann/*Becker* § 176 Rn. 30.

[92] Gottwald/*Eickmann,* InsO-HdB, § 64 Rn. 4; *Eckardt,* Kölner Schrift, S. 533, Rn. 26; *Kohler,* Lehrbuch des Konkursrechts, 1891, S. 555 f.

[93] Jaeger/*Gerhardt* InsO § 176 Rn. 1.

[94] RG 57, 274; Hamm Rpfleger 65, 78, 79; Jaeger/*Gerhardt* InsO § 176 Rn. 13, 17; K. Schmidt/*Jungmann* Rn. 8; *Kohler,* Lehrbuch des Konkursrechts, 1891, S. 555 Fn. 3; aA Nerlich/Römermann/*Becker* § 176 Rn. 21.

nicht zugunsten des Schuldners in seiner Funktion als Eigenverwalter oder zugunsten eines sonstigen Widerspruchsberechtigten im engeren Sinne (§ 186).

41 Hat das Insolvenzgericht die **schriftliche Prüfung** nachträglich angemeldeter Forderungen angeordnet (§ 177 Abs. 1 S. 2) oder wird die gesamte Forderungsprüfung schriftlich durchgeführt (§ 5 Abs. 2), muss der Widerspruch bis zum Ablauf der vom Gericht gesetzten Frist schriftlich bei diesem erhoben werden.[95] Analog § 186 kann auch hier eine Wiedereinsetzung nur dem Schuldner persönlich gewährt werden.[96]

42 **5. Beseitigung des Widerspruchs.** Gemäß Abs. 1 S. 1 gilt eine Forderung als festgestellt, soweit ein erhobener Widerspruch beseitigt ist. Wurden mehrere Widersprüche erhoben, so bedarf es zur Feststellung im Sinne des Abs. 1 S. 1 der Beseitigung aller Widersprüche (→ § 183 Rn. 4). Der Widerspruch wird beseitigt, wenn ihn der Bestreitende zurücknimmt (→ Rn. 43 f.) oder wenn die Insolvenzforderung im Feststellungsrechtsstreit mit dem Widersprechenden festgestellt wird (§§ 179 ff.; → Rn. 45).

43 **a) Rücknahme des Widerspruchs.** Der Widerspruch kann sowohl im Prüfungstermin als auch außerhalb des Termins gegenüber dem Insolvenzgericht oder gegenüber dem Anmelder[97] zurückgenommen werden.[98] Im Prüfungstermin ist die Rücknahme mündlich, außerhalb des Termins schriftlich oder zu Protokoll der Geschäftsstelle zu erklären (§§ 4 InsO, 496 ZPO). Eine Rücknahme unter einer echten Bedingung oder unter Vorbehalt ist unwirksam.[99] Wurde die Rücknahme gegenüber dem Insolvenzgericht erklärt, so hat das Gericht den Anmelder davon zu benachrichtigen.[100] Die Tabelle ist auf Antrag oder von Amts wegen[101] zu berichtigen (auch → Rn. 51 f.). Urteilswirkung erzeugt gemäß Abs. 3 erst die Berichtigung der Tabelle, nicht schon die infolge der Rücknahme eingetretene freiwillige Feststellung nach Abs. 1 (→ Rn. 56 ff.).[102]

44 Mit der Rücknahme des Widerspruchs entfällt das Interesse des Anmelders an einer gerichtlichen Feststellung seines Gläubigerrechts gegenüber dem Bestreitenden. Eine bereits erhobene **Feststellungsklage wird unzulässig.** Der Anmelder muss die Klage zur Vermeidung der Kostenlast für erledigt erklären (§§ 91, 91a ZPO).[103] Will der Insolvenzverwalter neben dem eigenen auch den Widerspruch des Schuldners zurücknehmen, so muss er dies deutlich zum Ausdruck bringen.[104]

45 **b) Feststellungsurteil.** Auch die gerichtliche Feststellung des bestrittenen Insolvenzgläubigerrechts gegenüber dem Bestreitenden (§ 183 Abs. 1) beseitigt den Widerspruch im Sinne des Abs. 1 S. 1.[105] Die rechtskräftige gerichtliche Feststellung wirkt jedoch anders als die freiwillige Feststellung ohne weiteres gegenüber dem Insolvenzverwalter und allen Insolvenzgläubigern (§ 183 Abs. 1). Die Eintragung in die Tabelle (§ 183 Abs. 2) hat im Unterschied zur Eintragung der freiwilligen Feststellung nach § 178 Abs. 3 nur deklaratorische Bedeutung (→ § 183 Rn. 7).

46 **c) Erlöschen der Forderung des Widersprechenden?** Nach überwiegender Meinung im Schrifttum wird der Widerspruch eines Gläubigers auch dadurch beseitigt, dass seine Forderung erlischt.[106] Dagegen spricht, dass über den Bestand oder das Erlöschen der Forderung des Widersprechenden im Streitfall das Prozessgericht entscheiden sollte, nicht das Insolvenzgericht im Rahmen eines Berichtigungsverfahrens. Steht dem Widersprechenden die angemeldete Forderung nicht zu

---

95 *Eckardt,* Kölner Schrift, S. 533, Rn. 33; KPB/*Pape/Schaltke* § 177 Rn. 17 f.; Nerlich/Römermann/*Becker* § 176 Rn. 22.

96 *Eckardt,* Kölner Schrift, 2. Aufl., S. 743, Rn. 33; KPB/*Pape/Schaltke* § 177 Rn. 19.

97 HM Jaeger/*Gerhardt* InsO § 176 Rn. 18; KPB/*Pape/Schaltke* § 176 Rn. 27; Uhlenbruck/*Sinz* InsO § 178 Rn. 23.; Gottwald/*Eickmann,* InsO-HdB, § 64 Rn. 9; aA (Rücknahme nur gegenüber dem Insolvenzgericht) AG Bremen 4.2.2005 – 40 IN 881/02, NZI 2005, 399; *Eckardt,* Kölner Schrift, S. 533, Rn. 26; offen lassend BGH, Beschl. v. 6.3.2013 – III ZR 261/12, NZI 2013, 396, Rn. 11.

98 BGH WM 1957, 1225, 1226.

99 RGZ 149, 257, 264; offen lassend BGH, Beschl. v. 6.3.2013 – III ZR 261/12, NZI 2013, 396, Rn. 11.

100 KPB/*Pape/Schaltke* § 176 Rn. 27, 27a.

101 Gottwald/*Eickmann,* InsO-HdB, § 64 Rn. 9; Uhlenbruck/*Sinz* InsO § 178 Rn. 43; aA *Jaeger/Weber* KO 8. Aufl. § 141 Rn. 10 (Berichtigungsantrag erforderlich, aber konkludent in der Erklärung des Zurücknehmenden enthalten).

102 AA OLG Karlsruhe, Badische Rechtspraxis 1903, 339; *Jaeger/Weber* KO 8. Aufl. § 141 Rn. 10; KPB/*Pape/Schaltke* § 176 Rn. 27 (deklaratorische Bedeutung der Tabellenberichtigung).

103 *Eckardt,* Kölner Schrift, S. 533, Rn. 56.

104 OLG Celle KTS 1964, 118.

105 BGH, Urt. v. 17.12.2015 – IX ZR 143/13, NZI 2016, 445, Rn. 20.

106 Jaeger/*Gerhardt* InsO § 178 Rn. 7, § 176 Rn. 35; Gottwald/*Eickmann,* InsO-HdB, § 64 Rn. 12; *Kohler,* Konkursrecht, 1891, S. 560; Uhlenbruck/*Sinz* InsO § 178 Rn. 24.

oder erlischt sie später, so ist sein Widerspruch mangels Sachlegitimation unbegründet, aber nicht unwirksam.[107]

VI. Beurkundung des Prüfungsergebnisses

1. Eintragung in die Tabelle. Das Insolvenzgericht (Rechtspfleger bzw. Richter) trägt gemäß Abs. 2 S. 1 für jede angemeldete Forderung in die Tabelle ein, inwieweit die Forderung ihrem Betrag und ihrem Rang nach festgestellt ist oder wer der Feststellung widersprochen hat.[108] Dem Gericht kommt eine **rein beurkundende Rolle** zu. Über den Bestand des Insolvenzgläubigerrechts entscheidet es nicht.[109] Zur Formulierung der Eintragung bei teilweiser Feststellung → Rn. 35. Wird die Forderung bestritten, so ist der Grund des Widerspruchs nicht aufzunehmen. Ein gleichwohl erfolgter Eintrag bindet den Widersprechenden im Feststellungsprozess nicht (→ Rn. 33). Die nachträgliche Feststellung der Forderung durch Zurücknahme des Widerspruchs oder durch gerichtliche Feststellung wird in der Berichtigungsspalte eingetragen.[110] 47

Zur Vermeidung der Vollstreckungswirkung des § 201 Abs. 2 S. 1 ist auch der **Widerspruch des Schuldners** einzutragen (Abs. 2 S. 2). Auch der isolierte Widerspruch gegen den angemeldeten Forderungsgrund „unerlaubte Handlung" oder einen anderen in § 302 Abs. 1 genannten Forderungsgrund sollte klarstellend aufgenommen werden; auch ohne Aufnahme hindert jedoch dieser Widerspruch die Eintragung des entsprechenden Forderungsgrundes in die Tabelle und damit die Weiterhaftung nach Erteilung der Restschuldbefreiung gemäß § 302 Nr. 1.[111] Die Eintragung erfolgt unter „Bemerkungen".[112] In die Bemerkungsspalte gehören auch Entscheidungen über die Gewährung oder Versagung des Stimmrechts für Gläubiger bestrittener Forderungen (§ 77 Abs. 2) sowie Vermerke über die Inanspruchnahme eines Absonderungsrechts für die angemeldete Forderung und über die Anmeldung aufschiebend bedingter Forderungen. 48

Die Eintragung erfolgt durch das **„Insolvenzgericht",**[113] dh grundsätzlich durch den Rechtspfleger. In der Praxis trägt vielfach der Insolvenzverwalter das zu erwartende Prüfungsergebnis vorbereitend in die von ihm mittels EDV erstellte Tabelle (§ 5 Abs. 4) ein.[114] Der Richter/Rechtspfleger bestätigt dann durch seine Unterschrift die Übereinstimmung des Ergebnisses des Prüfungstermins mit den vorbereiteten Eintragungen. Abweichungen, zB der unangekündigte Widerspruch eines Gläubigers, werden manuell vermerkt.[115] Rechtliche Bedenken gegen dieses Vorgehen, das Schreib- und Hörfehler im Termin weitgehend vermeidet, bestehen nicht. Die Vorschriften der ZPO über die Protokollaufnahme (§§ 159 ff. ZPO), die auf die Eintragung Anwendung finden,[116] stehen einer Vorbereitung der Eintragung durch den Verwalter nicht entgegen.[117] 49

Nach bislang hM muss der Richter/Rechtspfleger sowie gegebenenfalls der Protokollführer jeden einzelnen Prüfungseintrag unter Angabe von Ort und Datum unterschreiben.[118] Insbesondere bei Groß-Insolvenzen verursacht dieses Verfahren erheblichen Aufwand.[119] Dem Wortlaut und Zweck des Abs. 2 wird auch ein Gesamtbeurkundungsvermerk gerecht, durch den sich der Rechtspfleger/Richter den vorbereiteten Tabelleninhalt zu eigen macht.[120] Auch aus den Vorschriften über 50

---

107 S. auch *Kurlbaum/v. Wilmowski* § 141 Anm. 6; *Jonas* S. 37 f.; ferner Motive zur KO S. 362 = *Hahn,* S. 326; zustimmend, sofern über das Erlöschen Streit besteht, Jaeger/*Gerhardt* InsO § 176 Rn. 86.

108 Spalte: „Ergebnis der Prüfungsverhandlung"; Muster: *Frege/Keller/Riegel* Rn. 1572; *Senst/Eickmann/Mohn* S. 397 ff.; Muster neuerer, vom Verwalter erstellter EDV-Tabellen: *Grub/Steinbrenner* ZIP 1985, 707; *Haarmeyer/Wutzke/Förster,* Handbuch, Kap. 7 Rn. 61; *Haarmeyer/Wutzke/Förster,* Kommentar zur Gesamtvollstreckungsordnung, Anhang IV 4.

109 KPB/*Pape/Schaltke* § 178 Rn. 5.

110 Vgl. die Muster bei *Frege/Keller/Riegel* Rn. 1571 f.; *Senst/Eickmann/Mohn* S. 397.

111 *Riedel* NZI 2002, 414; aA *Behr* Rpfleger 2003, 389, 391 unter Hinweis auf § 178 Abs. 1 S. 2; anders als die Eintragung der Forderung ist jedoch die Eintragung des Schuldgrundes für die Teilnahme des Anmelders an den Verteilungen im Insolvenzverfahren ohne Bedeutung.

112 Jaeger/*Gerhardt* InsO § 178 Rn. 12.

113 Im Geltungsbereich der GesO war streitig, ob die Eintragung durch das Insolvenzgericht oder den Verwalter vorzunehmen war; dazu *Kübler,* FS Henckel, S. 495, 506 ff. mwN.

114 *Grub/Steinbrenner* ZIP 1985, 707, 710; *Haarmeyer/Wutzke/Förster,* Handbuch, Kap. 7 Rn. 58 ff.

115 *Grub/Steinbrenner* ZIP 1985, 707, 711; vgl. auch *Bähr* InVo 1998, 205, 210.

116 *Jaeger/Weber* KO 8. Aufl. § 145 Rn. 1, § 141 Rn. 13; s. schon *Kurlbaum/v. Wilmowski* § 145 Anm. 2; Motive S. 363 = *Hahn* IV, S. 326.

117 S. auch *Eckardt,* Kölner Schrift, S. 533, Rn. 35; Uhlenbruck/*Sinz* InsO § 178 Rn. 2.

118 FKInsO/*Kießner* § 178 Rn. 12; Jaeger/*Gerhardt* InsO § 178 Rn. 12; KPB/*Pape/Schaltke* § 178 Rn. 11; Uhlenbruck/*Sinz* InsO § 178 Rn. 2; Nerlich/Römermann/*Becker* § 178 Rn. 14; *Senst/Eickmann/Mohn* S. 397 ff.; *Frege/Keller/Riegel* Rn. 1646.

119 Kritisch *Kübler,* FS Henckel, S. 495, 508; *Senst/Eickmann/Mohn* S. 312.

120 So für die EDV-Tabelle *Grub/Steinbrenner* ZIP 1985, 707, 711; ferner *Haarmeyer/Wutzke/Förster,* Handbuch, Kap. 7 Rn. 59; *Senst/Eickmann/Mohn* Rn. 312.

die Protokollaufnahme ergibt sich die Notwendigkeit separater Unterschriften nicht,[121] ebenso wenig aus der Bedeutung des Tabellenauszugs als Vollstreckungstitel (§ 201 Abs. 2).[122]

51 **2. Berichtigung unrichtiger Eintragungen.** Unrichtige Eintragungen können jederzeit **auf Antrag oder von Amts wegen**[123] berichtigt werden.[124] Die Berichtigung setzt nicht entsprechend § 319 ZPO voraus, dass eine offenbare Unrichtigkeit vorliegt.[125] Noch findet § 320 ZPO Anwendung.[126] Vielmehr gilt für den anfänglich unrichtigen Eintrag § 164 Abs. 1 ZPO (iVm § 4) entsprechend.[127] Die Berichtigungsmöglichkeit, die einem „unabweisbaren praktischen Bedürfnis" entspricht,[128] besteht nicht nur, wenn irrtümlich ein Widerspruch vermerkt wurde, sondern auch bei irrtümlicher Eintragung einer bestrittenen Forderung als unbestritten. Rechtskraftwirkung gemäß Abs. 3 erzeugt nur die Eintragung tatsächlich festgestellter Forderungen.[129] Auch wenn die Unrichtigkeit erst nachträglich (zB infolge Widerspruchsrücknahme durch den Verwalter) eintritt, ist die Tabelle zu berichtigen. § 164 Abs. 3 S. 2 ZPO, der die Berichtigung nur durch dieselben Urkundspersonen zulässt, ist in diesem Fall nicht anwendbar.[130] Gegen eine Entscheidung des Rechtspflegers, durch die eine Berichtigung angeordnet oder abgelehnt wird, ist nur noch die sofortige Rechtspfleger-Erinnerung gegeben (§§ 6 Abs. 1 InsO, 11 Abs. 1, 2 RPflG).[131]

52 Die Berichtigung ist **auch noch nach Beendigung des Insolvenzverfahrens** zulässig.[132] Dies folgt für Forderungen, die infolge Widerspruchs bei Aufhebung des Verfahrens im Prozess befangen sind, ohne weiteres aus §§ 189 Abs. 2, 198, 203 Abs. 1 Nr. 1, 183 Abs. 2. Aber auch im Übrigen besteht nicht zuletzt im Hinblick auf die Vollstreckungswirkung des Tabelleneintrags (§ 201 Abs. 2) ein ausreichendes Bedürfnis für eine Tabellenberichtigung nach Abschluss des Verfahrens.[133]

53 **3. Vermerk auf Wechseln und sonstigen Schuldurkunden.** Die Feststellung, nicht auch ein Bestreiten, ist vom Urkundsbeamten der Geschäftsstelle auf den von den Gläubigern vorgelegten Wechseln und sonstigen Schuldurkunden zu vermerken, Abs. 2 S. 3. Die Vorschrift bezweckt, dem Gläubiger die Verfügung über die Urkunde zu erleichtern.[134] Der Vermerk ist von dem Urkundsbeamten der Geschäftsstelle zu unterschreiben und mit dem Amtssiegel zu versehen.[135] Er kann nur auf der Originalurkunde eingetragen werden. Ausreichend ist, dass der Gläubiger dem Urkundsbeamten das Original nach dem Prüfungstermin vorlegt und dieser sich von der Übereinstimmung des Originals mit der bei der Tabelle befindlichen Kopie überzeugt.[136] Der Vermerk hat rein beurkundende Funktion, keine konstitutive Wirkung. Nach der Feststellung sind die Urkunden dem Anmelder zurückzugeben.[137]

54 **4. Benachrichtigung der Gläubiger.** Eine Benachrichtigung vom Ergebnis des Prüfungstermins sieht die Insolvenzordnung grundsätzlich nur für Gläubiger bestrittener Forderungen vor

[121] Vgl. *Kübler,* FS Henckel, S. 495, 508; Zöller/*Schultzky* § 160 Rn. 16; *Baumbach/Lauterbach/Albers/Hartmann* § 160 Rn. 22.
[122] Vgl. zB §§ 703b, 699 ZPO.
[123] Dazu LG Berlin JW 1938, 1835; KPB/*Pape/Schaltke* § 178 Rn. 26; Uhlenbruck/*Sinz* InsO § 178 Rn. 43 ff.
[124] BGHZ 91, 198; OLG Celle MDR 1964, 65; OLG Hamm Rpfleger 65, 78; LG Hannover Rpfleger 1996, 419; AG Wuppertal KTS 1970, 237; AG Köln NZI 2005, 171; Jaeger/*Gerhardt* InsO § 178 Rn. 93 ff.; K. Schmidt/*Jungmann* § 178 Rn. 29; KPB/*Pape/Schaltke* § 178 Rn. 26; Uhlenbruck/*Sinz* InsO § 178 Rn. 43.
[125] OLG Celle MDR 1964, 65; aA LG Berlin JW 1938, 1835.
[126] OLG Celle MDR 1964, 65.
[127] Nerlich/Römermann/*Becker* § 178 Rn. 17.
[128] LG Berlin JW 1938, 1835; OLG Celle MDR 1964, 65; OLG Hamm Rpfleger 1965, 78; Jaeger/*Gerhardt* InsO § 178 Rn. 93 mwN.
[129] *Häsemeyer,* Insolvenzrecht, Rn. 22.18; Jaeger/*Gerhardt* InsO § 178 Rn. 93; K. Schmidt/*Jungmann* § 178 Rn. 25; aA wohl Nerlich/Römermann/*Becker* § 178 Rn. 17; kritisch auch *Gaul,* FS Weber, 1975, S. 155, 174 f. Fn. 90.
[130] Vgl. OLG Celle MDR 1964, 65 (Berichtigung einer nachträglichen Eintragung).
[131] HKInsO/*Irschlinger* § 178 Rn. 6; kritisch *Eckardt,* Kölner Schrift, S. 533, Rn. 44.
[132] HM: OLG Celle MDR 1964, 65; Hamm Rpfleger 1965, 78; LG Wuppertal KTS 1970, 237; Jaeger/*Gerhardt* InsO § 178 Rn. 101; Uhlenbruck/*Sinz* InsO § 178 Rn. 48; K. Schmidt/*Jungmann* § 178 Rn. 25; aA RGZ 22, 153, 155.
[133] LG Karlsruhe ZIP 1981, 1235; BGHZ 91, 198, 201; Uhlenbruck/*Sinz* InsO § 178 Rn. 48; Jaeger/*Gerhardt* InsO § 178 Rn. 101.
[134] Motive zur KO, S. 363 = *Hahn* IV, S. 327; Nerlich/Römermann/*Becker* § 178 Rn. 22; aA Rattunde/Smid/Zeuner/*Smid* § 178 Rn. 16 (Verhinderung mehrfacher Titulierung).
[135] Uhlenbruck/*Sinz* InsO § 178 Rn. 8.
[136] Nerlich/Römermann/*Becker* § 178 Rn. 20.
[137] Jaeger/*Gerhardt* InsO § 178 Rn. 16.

(§ 179 Abs. 3 S. 1). Der Tabellenauszug dient dem Gläubiger zum Nachweis von Anmeldung, Prüfung und Widerspruch und damit zum Nachweis des Feststellungsinteresses sowie der besonderen Prozessvoraussetzungen des § 181 im Prozess gegen den Bestreitenden. Da es unter den Voraussetzungen des § 179 Abs. 2 dem Bestreitende obliegt, die (negative) Feststellung zu betreiben, erhält in diesem Fall auch er einen Auszug aus der Tabelle (§ 179 Abs. 3 S. 2; → § 179 Rn. 29 f.).[138] Gläubiger, deren Forderungen festgestellt worden sind, werden gemäß § 179 Abs. 3 S. 3 Hs. 1 nicht benachrichtigt. Hierauf sollen sie vor dem Prüfungstermin (zB mit Zustellung des Eröffnungsbeschlusses, § 30 Abs. 2) hingewiesen werden (§ 179 Abs. 3 S. 3 Hs. 2), damit überflüssige Rückfragen unterbleiben.[139]

VII. Rechtskraftwirkung der Eintragung (Abs. 3)

Gemäß Abs. 3 wirkt die Eintragung in die Tabelle für die festgestellten Forderungen ihrem 55
Betrag und ihrem Rang nach wie ein rechtskräftiges Urteil gegenüber dem Insolvenzverwalter und allen Insolvenzgläubigern. Abs. 3 gilt nur für die freiwillige Feststellung. Das rechtskräftige Feststellungsurteil (§ 183 Abs. 1) wirkt unmittelbar gegenüber dem Insolvenzverwalter und allen Insolvenzgläubigern; die Eintragung der Feststellung (§ 183 Abs. 2) hat in diesem Falle nur deklaratorische Bedeutung (→ § 183 Rn. 7).

1. Konstitutive Wirkung des Tabellenvermerks. Nach der **herrschenden Meinung** 56
kommt erst der Eintragung der freiwilligen Feststellung in die Tabelle Urteilswirkung zu, nicht schon der Feststellung der Forderung als solches, also dem Nichtbestreiten in der Prüfungsverhandlung oder der Rücknahme des Widerspruchs (Abs. 1 S. 1).[140] Bis zur Eintragung des Prüfungsergebnisses ist daher zB eine Wiedereröffnung der Prüfung der festgestellten Forderung denkbar.[141] Andererseits erzeugt nach der hM nicht jeder Feststellungsvermerk Urteilswirkung, sondern nur die Eintragung tatsächlich festgestellter Forderungen. Die Eintragung einer streitig gebliebenen Forderung als festgestellt kann jederzeit auf Antrag oder von Amts wegen berichtigt werden (→ Rn. 51 f.).[142]

Nach **anderer Ansicht** wirkt schon das Nichtbestreiten der Forderung im Prüfungstermin wie 57
ein rechtskräftiges Urteil gegenüber dem Verwalter und allen Gläubigern.[143] Die Eintragung der freiwilligen Feststellung habe ebenso wie die Eintragung der gerichtlichen Feststellung (§ 183 Abs. 2; → § 183 Rn. 47) rein deklaratorische Bedeutung. Der Verwalter soll sich jedoch für die Berücksichtigung des Gläubigers bei Verteilungen und Abstimmungen grundsätzlich ohne Haftungsrisiko an die Tabelle halten können, solange nicht die Unrichtigkeit der Eintragung auf der Hand liege.[144] Diese Ansicht beruft sich insbesondere auf die gesetzliche Kompetenzverteilung, nach der das Insolvenzgericht beurkundend tätig ist, während die Anerkennung des Insolvenzgläubigerrechts dem Insolvenzverwalter und den Gläubigern obliegt (→ Rn. 47).[145]

Für die **konstitutive Wirkung** des Tabelleneintrags spricht zunächst der Wortlaut des Abs. 3. 58
Die hM führt darüber hinaus zu größerer Rechtssicherheit für den Verwalter, wenn ein Gläubiger behauptet, seine Forderung sei trotz Eintragung eines Widerspruchs im Prüfungstermin festgestellt worden. Jedenfalls *de lege lata* ist daher daran festzuhalten, dass erst die Eintragung der Feststellung in die Tabelle Urteilswirkung entfaltet. Abs. 1 regelt demnach die Voraussetzungen der Feststellung, Abs. 3 ihren Vollzug.[146]

2. Art der Rechtskraftwirkung. Die Eintragung festgestellter Insolvenzforderungen in die 59
Tabelle wirkt **wie ein rechtskräftiges Urteil.** Es gelten die allgemeinen, zu § 322 Abs. 1 ZPO

---

138 Begr. zu § 207 RegE (= § 179 InsO) BR-Drs. 1/92, 185.

139 Vgl. Beschluss-Empfehlung des RechtsA zu § 207 Abs. 3 RegE (= § 179 Abs. 3 InsO), BT-Drs. 12/7302, 179.

140 RGZ 22, 153, 155; RGZ 37, 386, 388; BGH NJW 2006, 3068; BGH NJW-RR 2013, 757, 758; OLG Hamm BeckRS 2009, 24213; HKInsO/*Irschlinger* § 178 Rn. 4; K. Schmidt/*Jungmann* § 178 Rn. 19; KPB/*Pape/Schaltke* § 178 Rn. 12 f.; Uhlenbruck/*Sinz* InsO § 178 Rn. 27; *Spellenberg* S. 6; für die Beseitigung des Widerspruchs durch Rücknahme aA OLG Karlsruhe, Badische Rechtspraxis 1903, 339; Jaeger/*Gerhardt* InsO § 178 Rn. 22; KPB/*Pape/Schaltke* § 176 Rn. 27.

141 *Spellenberg* S. 7.

142 *Häsemeyer,* Insolvenzrecht, Rn. 22.18; Jaeger/*Gerhardt* InsO § 178 Rn. 101; K. Schmidt/*Jungmann* § 178 Rn. 29; Uhlenbruck/*Sinz* InsO § 178 Rn. 45 ff.; kritisch *Gaul,* FS Weber, 1975, S. 155, 174 f. Fn. 90.

143 *Eckardt,* Kölner Schrift, S. 533, Rn. 36; Jaeger/*Gerhardt* § 178 Rn. 18 f.

144 *Eckardt,* Kölner Schrift, S. 533, Rn. 37.

145 *Eckardt,* Kölner Schrift, S. 533, Rn. 36.

146 *Jaeger/Weber* KO 8. Aufl. § 145 Rn. 3; Uhlenbruck/*Sinz* InsO § 178 Rn. 25; *v. Wilmowski/Kurlbaum* KO 6. Aufl. 1906, § 145 Rn. 5; *Spellenberg* S. 6.

entwickelten Grundsätze.[147] Mit der Eintragung steht daher im Verhältnis zwischen dem Insolvenzverwalter und allen Insolvenzgläubigern fest, dass das angemeldete Insolvenzgläubigerrecht besteht. Verwalter und Gläubiger können dieses Recht in späteren Gläubigerversammlungen nicht mehr bestreiten.[148] Ebenso wenig ist der Insolvenzverwalter berechtigt, die Berücksichtigung des zur Tabelle festgestellten Rechts im Verteilungsverfahren zu verweigern, zB unter Berufung auf eine spätere Anfechtung gemäß §§ 119 ff. BGB oder gemäß §§ 129 ff., 146 Abs. 2.[149] Die Urteilswirkung wird nicht dadurch beseitigt, dass der Gläubiger nach der Feststellung seine Anmeldung zurücknimmt; die Zurücknahme der Anmeldung kann aber gegebenenfalls als Verzicht des Anmelders auf die Teilnahme an der Befriedigung aus der Insolvenzmasse ausgelegt werden.[150]

60 Die Eintragung der freiwilligen Feststellung erzeugt keine Rechtskraftwirkung, wenn der Rechtsgrund der festgestellten Forderung nicht hinreichend bestimmt ist.[151] Zur Bestimmung des Rechtsgrundes kann nach Ansicht des BGH auf den Inhalt einer durch das Insolvenzverfahren unterbrochenen Klage zurückgegriffen werden, in welcher der Gläubiger die später festgestellte Forderung geltend gemacht hat.[152]

61 **3. Objektiver Umfang. a) Feststellungsgegenstand.** In Rechtskraft erwächst die Feststellung des angemeldeten Insolvenzgläubigerrechts. Hierbei handelt es sich nach zutreffender Auffassung um den Anteil des Gläubigers an der gemeinschaftlichen Haftungszuweisung (sein **Haftungsrecht** an der Insolvenzmasse). Ob die Forderung besteht, für die das Haftungsrecht beansprucht wird, ob sie den beanspruchten Rang hat und ob sie als Insolvenzforderung zu qualifizieren ist, sind lediglich Vorfragen, über die nicht rechtskräftig entschieden wird (→ Rn. 15 ff.). Nach der Gegenansicht ist „die gegen den Schuldner erhobene **Forderung** als eine Insolvenzforderung bestimmten Betrages und bestimmten Ranges“[153] Gegenstand der Feststellung (→ Rn. 12).

62 Von Bedeutung ist der Streit vor allem im Zusammenhang mit der **präjudiziellen Wirkung** der Feststellung (schon → Rn. 14). Sieht man die Forderung als Gegenstand der Feststellung an, so kann der Verwalter in einem späteren Absonderungsrechtsstreit mit dem Gläubiger den Bestand der zuvor festgestellten Forderung nicht mehr wirksam bestreiten.[154] Anders, wenn nicht die Forderung, sondern das Haftungsrecht an der Masse den Gegenstand der Feststellung bildet (→ Rn. 14).[155] Wird nur der geltend gemachte Rang bestritten und hat das Insolvenzgericht zur Anmeldung von Forderungen des nicht bestrittenen Nachrangs aufgefordert, so ist, wenn man die Rechtsprechung zur Konkursordnung zugrunde legt,[156] das Gericht im Prozess um den besseren Rang an die vorausgegangene Feststellung der Forderung gebunden. Ebenso, wenn der Gläubiger die Forderung zunächst als nachrangige Forderung anmeldet und feststellen lässt und erst später einen besseren Rang anmeldet (→ Rn. 14).[157] Nach der Auffassung vom Haftungsrecht als Gegenstand der Feststellung ist dagegen in beiden Fällen das Gericht im nachfolgenden Feststellungsprozess nicht gehindert, das Bestehen der Forderung abzulehnen.[158] Schließlich kommt nach der Rechtsprechung der Feststel-

[147] BGH NJW-RR 2013, 757, 758; *Eckardt,* Kölner Schrift, S. 533, Rn. 38; *Eckardt* ZIP 1993, 1765, 1773; allgemein *Rosenberg/Schwab/Gottwald,* Zivilprozessrecht, § 151 II, III; MüKoZPO/*Gottwald* § 322 Rn. 32; Stein/Jonas/*Althammer* § 322 Rn. 185 ff.; § 322 Abs. 2 ZPO ist im Rahmen der freiwilligen Feststellung auch dann nicht anwendbar, wenn der vor Eröffnung des Insolvenzverfahrens verklagte Schuldner der dann festgestellten Insolvenzforderung den Aufrechnungseinwand entgegengesetzt hatte: RG JW 1915 S. 1437 Nr. 13; Jaeger/*Gerhardt* InsO § 178 Rn. 34 f.

[148] RGZ 57, 270, 274; SeuffA 49, Nr. 227; Motive zur KO S. 357, 364 = *Hahn* IV, S. 322, 327; KPB/*Pape/Schaltke* § 178 Rn. 12; s. auch BGH ZIP 1984, 1509; ZIP 1987, 725.

[149] RGZ 27, 91, 92 (Möglichkeit der Anfechtung einzelner Kreditposten nach Feststellung des Saldos); *Berges* KTS 1957, 49, 56; Jaeger/*Gerhardt* InsO § 178 Rn. 47; K. Schmidt/*Jungmann* § 178 Rn. 21; KPB/*Pape/Schaltke* § 178 Rn. 12.

[150] RGZ 112, 297, 299; KPB/*Pape/Schaltke* § 178 Rn. 15; *Uhlenbruck* InsO 12. Aufl. § 178 Rn. 5; Gottwald/*Eickmann,* InsO-HdB, § 64 Rn. 29.

[151] BGH NZI 2008, 565; *Jaeger/Weber* KO 8. Aufl. § 145 Rn. 4; allgemein Stein/Jonas/*Althammer* § 322 Rn. 184 f. mwN.

[152] BGH NJW 1993, 1876, 1878; zu Recht kritisch *Eckardt,* Kölner Schrift, S. 533, Rn. 45 Fn. 107.

[153] *Jaeger/Weber* KO 8. Aufl. § 146 Rn. 13; ähnlich RGZ 55, 157; 144, 246; 149, 257; in diesem Sinne auch *Häsemeyer,* Insolvenzrecht, Rn. 22.03 f., Rn. 22.20, Rn. 22.41: Gegenstand der Feststellung seien die einzelnen Voraussetzungen für die Berücksichtigung der Forderung im Insolvenzverfahren.

[154] RGZ 55, 157; *Jaeger/Weber* KO 8. Aufl. § 145 Rn. 5.

[155] *Eckardt,* Kölner Schrift, S. 533 , Rn. 42; *Henckel,* FS Michaelis, 1971, S. 151, 156 ff.; *Spellenberg* S. 130 ff.; vgl. auch BGH NJW 2006, 3068.

[156] RGZ 144, 246 (Widerspruch gegen das beanspruchte Vorrecht nach der KO); BAG KTS 1967, 231; *Jaeger/Weber* KO 8. Aufl. § 145 Rn. 5, § 146 Rn. 13; *Kuhn/Uhlenbruck* KO § 144 Rn. 2b, § 145 Rn. 3; für die InsO ebenso *Uhlenbruck* InsO 12. Aufl. § 178 Rn. 7.

[157] Vgl. RGZ 149, 257, 267 ff. (nachträgliche Anmeldung eines Vorrechts nach der KO).

[158] *Eckardt,* Kölner Schrift, S. 533, Rn. 43; *Henckel,* FS Michaelis, 1971, S. 151, 163 ff.; *Spellenberg* S. 137 ff.

lung auch in einem unabhängig vom Insolvenzverfahren geführten Prozess zwischen Insolvenzgläubigern präjudizielle Wirkung zu, wenn der Bestand der Forderung für die Entscheidung vorgreiflich ist. So zB, wenn der Gläubiger der festgestellten Forderung den anderen Insolvenzgläubiger wegen sittenwidriger Schädigung durch geheimgehaltene Sicherungsverträge mit dem Schuldner (§ 826 BGB) in Anspruch nimmt.[159] Desgleichen, wenn ein Insolvenzgläubiger den Gläubiger der festgestellten Forderung wegen einer Vermögensübernahme vom Schuldner (§ 419 BGB aF) belangt.[160] Anders wiederum nach der Ansicht vom Haftungsrecht des Gläubigers als Gegenstand der Feststellung.[161]

b) Teilfeststellung. Wird nur ein Teil der Forderung angemeldet und festgestellt, so wirkt allgemeinen Grundsätzen entsprechend die Eintragung Rechtskraft nur für den festgestellten Teil (schon → Rn. 34 ff.).[162] Eine negative Feststellung jenseits der Anmeldung folgt hieraus nicht.[163] Wird von einer angemeldeten Gesamtforderung nur ein Teil zur Tabelle festgestellt, so tritt auch für den festgestellten Teil keine Rechtskraftwirkung ein, wenn dieser nicht hinreichend bestimmt ist.[164] Der Gläubiger kann dann für die Gesamtforderung gemäß § 179 auf Feststellung klagen.[165] **63**

c) Feststellung für den Ausfall. Ein absonderungsberechtigter Gläubiger nimmt nach § 52 S. 1 mit dem vollen Betrag seiner Forderung an dem Feststellungsverfahren teil, die Eigenschaft als Ausfallforderung kommt erst im Verteilungsverfahren zum Tragen (§ 52 S. 2).[166] Die in der Praxis übliche Feststellung einer durch Absonderungsrecht gesicherten Forderung „für den Ausfall" oder „in Höhe des nachzuweisenden Ausfalls"[167] beinhaltet im Zweifel keine Beschränkung der Feststellung, sondern ist als Hinweis auf die Berücksichtigung des Absonderungsrechts im Verteilungsverfahren (§ 52 S. 2; § 190) zu verstehen.[168] Der Feststellungsvermerk erzeugt ungeachtet des Zusatzes **Rechtskraft für die gesamte Forderung.**[169] Der Zusatz ist daher auch unschädlich, wenn sich später herausstellt, dass gar kein Absonderungsrecht besteht.[170] Weigert sich der Insolvenzverwalter mit Blick auf das zu Unrecht vermerkte Absonderungsrecht, den Gläubiger in das Verteilungsverzeichnis aufzunehmen, so kann dieser nach §§ 194, 197 Abs. 1 S. 2 Nr. 2 vorgehen oder gemäß § 256 ZPO Klage auf Feststellung seines Rechts auf unbeschränkte Berücksichtigung bei der Verteilung der Masse erheben.[171] Auch wenn die Forderung „als Ausfallforderung" festgestellt und das beanspruchte Absonderungsrecht in der Tabelle vermerkt wurde, erstreckt sich die Urteilswirkung der Eintragung nur auf die angemeldete Insolvenzforderung, nicht auf das Absonderungsrecht.[172] **64**

d) Feststellung unanmeldbarer Forderungen. Nur Insolvenzforderungen sind gemäß §§ 174 ff. anzumelden und festzustellen. Die Feststellung von Nicht-Insolvenzforderungen zur Tabelle, insbesondere von Aus- und Absonderungsrechten (§§ 47 ff.)[173] sowie von Masseverbindlichkeiten (§§ 53 ff.),[174] erzeugt nach hM **keine Urteilswirkung;** die entsprechende Eintragung ist demnach von Amts wegen zu berichtigen.[175] Dasselbe galt nach hM unter der Konkursordnung für **65**

---

159 RG JW 1921, 1363 Nr. 6; aA *Fischer* JW 1921, 1363 Nr. 6 (Anm.); *Jaeger/Weber* KO 8. Aufl. § 145 Rn. 5; *Krusch* ZHR 103 (1936), 29, 40 ff., unter Hinweis auf den Zweck des Feststellungsverfahrens.

160 BGH KTS 1984, 427 (Leitsatz); ebenso OLG Frankfurt KTS 1983, 602.

161 Ausführlich *Spellenberg* S. 114 ff.

162 BGH NZI 2012, 323; *Eckardt* ZIP 1993, 1765, 1773; Gottwald/*Eickmann,* InsO-HdB § 64 Rn. 27; *Jaeger/Weber* KO § 145 Rn. 4.

163 BGH, Urt. v. 19.1.2012 – IX ZR 4/11, NZI 2012, 323, Rn. 10 ff.

164 BGH NZI 2008, 565.

165 BGH NZI 2008, 565.

166 Siehe auch KPB/*Pape/Schaltke* § 178 Rn. 24.

167 Vgl. zB die Muster bei Gottwald/*Eickmann,* InsO-HdB, § 64 Rn. 19 ff.; *Senst/Eickmann/Mohn* S. 401; *Frege/Keller/Riegel* Rn. 1571.

168 RGZ 139, 83, 86; Jaeger/*Henckel* InsO § 52 Rn. 21.

169 RGZ 22, 153, 154; 139, 83, 86 f.; BGH WM 1957, 1225, 1226; 1961, 427, 429; *Eckardt,* Kölner Schrift, S. 533, Rn. 47; *Klasmeyer/Elsner,* FS Merz, 1992, S. 306; *Mandlik* Rpfleger 1980, 143; Jaeger/*Henckel* InsO § 52 Rn. 22; Uhlenbruck/*Sinz* InsO § 178 Rn. 36; KPB/*Pape/Schaltke* § 174 Rn. 24; unklar LG Hannover Rpfleger 1996, 419.

170 RGZ 139, 83; Jaeger/*Henckel* InsO § 52 Rn. 22; Uhlenbruck/*Sinz* InsO § 178 Rn. 36.

171 RGZ 139, 83, 86; s. auch BGH WM 1957, 1225; *Eckardt,* Kölner Schrift, S. 533, Rn. 47.

172 BGH WM 1974, 1218; Uhlenbruck/*Sinz* InsO § 178 Rn. 36; Gottwald/*Eickmann,* InsO-HdB, § 64 Rn. 19.

173 RG Bolze 9 Nr. 942; KG LZ 1907, Sp. 679; BayObLG SeuffA 53 Nr. 207; s. auch BGH WM 1974, 1218.

174 RG JW 1905, 389, 390; BGH NJW 2006, 3068; BGHZ 113, 381, 382; BAG ZIP 1987, 1266, 1267; 1989, 1205, 1206; BSG ZIP 1982, 191, 192; KG OLGRspr 19, 214; OLG München OLGRspr. 21, 171; aA SG Köln ZIP 1980, 35, 36.

175 Gottwald/*Eickmann,* InsO-HdB, § 64 Rn. 31; Jaeger/*Gerhardt* InsO § 178 Rn. 6, 75 f.; KPB/*Pape/Schaltke* § 178 Rn. 18 f.

die nach §§ 63 KO, 32a Abs. 1 S. 1 GmbHG vom Konkursverfahren ausgeschlossenen Forderungen.[176] Diese Forderungen sind nach der Insolvenzordnung nunmehr nachrangige Insolvenzforderungen (§§ 39, 174 Abs. 3).

66 Nach zutreffender Auffassung[177] ist für die Rechtskraftwirkung der Eintragung unanmeldbarer Forderungen – insbesondere von Masseverbindlichkeiten und unaufgefordert angemeldeten nachrangigen Insolvenzforderungen (§ 174 Abs. 3) – danach **zu unterscheiden,** ob der unanmeldbare Anspruch als solcher oder als gewöhnliche Insolvenzforderung zur Tabelle festgestellt wurde. Nur im ersten Fall tritt keine Urteilswirkung ein. Anders bei Eintragung der unanmeldbaren Forderung als gewöhnliche Insolvenzforderung. Es kann keinen Unterschied machen, ob die ordnungsgemäß angemeldete und festgestellte Forderung gar nicht besteht oder ob sie zwar besteht, aber nicht als Insolvenzforderung zu qualifizieren ist. Die Feststellung einer Forderung als Insolvenzforderung hindert jedoch zB einen Massegläubiger nicht daran, von dem Insolvenzverwalter Erfüllung der Forderung aus der Masse zu verlangen und notfalls in die Masse zu vollstrecken.[178] Der Gläubiger muss allerdings vor der Durchsetzung seiner Forderung auf seine Rechte aus der Feststellung verzichten (§ 242 BGB).[179]

67 **4. Subjektiver Umfang. a) Gläubiger und Insolvenzverwalter.** Die Rechtskraft der Eintragung erzeugt Rechtskraftwirkung gegenüber dem **Insolvenzverwalter**[180] und **allen anderen Insolvenzgläubigern** (Abs. 3). Unerheblich ist, ob die Gläubiger an dem Prüfungstermin teilgenommen oder überhaupt Forderungen angemeldet haben.[181] Das Insolvenzverfahren ist nur dann sinnvoll durchführbar, wenn die Insolvenzgläubigerrechte allen Beteiligten gegenüber einheitlich festgestellt werden (auch → § 183 Rn. 1).[182]

68 Die rechtskräftige Feststellung einer Forderung hindert nicht einen anderen Gläubiger, dieselbe Forderung seinerseits im Insolvenzverfahren geltend zu machen mit der Behauptung, dass er der wahre Berechtigte sei **(„Prätendentenstreit“).** Insolvenzgläubiger im Sinne des Abs. 3 sind nach dem Zweck der Vorschrift die Inhaber anderer Insolvenzforderungen, nicht diejenigen, welche die festgestellte Forderung für sich selbst in Anspruch nehmen.[183] Grundsätzlich ist es Aufgabe des Insolvenzverwalters und der Gläubiger, die Forderungsinhaberschaft jedes Anmelders zu prüfen und gegebenenfalls zu bestreiten. Hat jedoch ein Gläubiger im Prüfungstermin der Feststellung der von ihm selbst beanspruchten Forderung zugunsten eines anderen Anmelders nicht nur nicht widersprochen, sondern darüber hinaus den Eindruck hervorgerufen, er wolle dem anderen den Vortritt lassen, und hat er hierdurch den Insolvenzverwalter veranlasst, den Anspruch des anderen anzuerkennen, so kann ihm gegebenenfalls der Einwand der unzulässigen Rechtsausübung entgegengehalten werden.[184] Ist der Streit zwischen den Prätendenten offenkundig (zB bei einem Streit um die Wirksamkeit einer Abtretung), so kann der Insolvenzverwalter die Forderung nach ihrem Bestand und Betrag anerkennen und die Rechtszuständigkeit der Anmeldenden „bis zum Austrage des Streits unter ihnen“ bestreiten.[185] Die auf die Forderung entfallenden Quoten kann er gemäß § 372 S. 2 BGB unter Benennung der eingetragenen Gläubiger und zugunsten des Obsiegenden von ihnen befreiend hinterlegen.[186]

69 **b) Schuldner.** Die Eintragung der Feststellung wirkt Rechtskraft auch gegenüber dem Schuldner als **Träger der Insolvenzmasse.**[187] Das bedeutet zB, dass der Schuldner ausgezahlte Dividenden nach Verfahrensbeendigung nicht kondizieren kann, unabhängig davon, ob er der Feststellung der

---

176 OLG Düsseldorf NJW 1974, 1517; LG Heilbronn DGVZ 1971, 21; im Grundsatz ebenso BGHZ 113, 381, 382, wobei allerdings eine Ausnahme für kapitalersetzende Darlehen gemacht wird.

177 *Eckardt* ZIP 1993, 1765, 1768 ff.; *Eckardt,* Kölner Schrift, S. 743, Rn. 46; zustimmend *Häsemeyer,* Insolvenzrecht, Rn. 22.04; sympathisierend auch K. Schmidt/*Jungmann* § 178 Rn. 24.

178 So zu Recht *Eckardt* ZIP 1993, 1765, 1773 (prozessuale Rechtskraftwirkung der Eintragung); Jaeger/*Gerhardt* InsO § 178 Rn. 79; ebenso die hM, die daraus aber zu Unrecht die Wirkungslosigkeit der Eintragung folgert: s. BGH NJW 2006, 3068; BAG ZIP 1989, 1205, 1206; OLG München OLGRspr. 21, 171, 172; OLG Düsseldorf NJW 1974, 1517.

179 *Eckardt* ZIP 1993, 1765, 1774 Fn. 66.

180 Im vereinfachten Insolvenzverfahren gegenüber dem Treuhänder, § 313 Abs. 1 S. 1.

181 RGZ 37, 1, 2; RG WarnRspr. 1930, Nr. 127; Motive zur KO S. 364 = *Hahn* IV, S. 327.

182 Jaeger/*Gerhardt* InsO § 178 Rn. 49; *Spellenberg* S. 149.

183 Str.; wie hier RGZ 58, 369, 372 ff.; BGH NJW 1997, 1014, 1015; Jaeger/*Gerhardt* InsO § 178 Rn. 57; aA RGZ 37, 1 ff.; *v. Wilmowsky/Kurlbaum* § 141 Anm. 6; offen lassend OLG Brandenburg NZI 2010, 479.

184 BGH NJW 1970, 810.

185 BGH NJW 1997, 1014, 1015; OLG Brandenburg NZI 2010, 479.

186 BGH NJW 1997, 1014, 1015.

187 Jaeger/*Gerhardt* InsO § 178 Rn. 53; Nerlich/Römermann/*Becker* § 178 Rn. 24.

Forderung persönlich widersprochen hat.[188] Der Schuldner ist an die Feststellung seiner Haftung mit den Gegenständen der Masse auch insoweit gebunden, als er die Verfügungsmacht über diese Gegenstände nach Beendigung des Insolvenzverfahrens zurückerhält.[189]

Hat der Schuldner der Feststellung nicht widersprochen oder wurde sein Widerspruch beseitigt, so erzeugt nach der hM die Eintragung Rechtskraftwirkung auch **zu Lasten des Schuldners persönlich** (§ 201 Abs. 2 iVm § 178 Abs. 3).[190] § 201 Abs. 2 bestimmt zwar ausdrücklich nur, dass aus der Eintragung die Zwangsvollstreckung wie aus einem vollstreckbaren Urteil stattfindet, nicht aber, dass der Eintragung insgesamt die Wirkungen eines rechtskräftigen Urteils zukommen.[191] Nach dem Zweck des § 201 Abs. 2, „unnöthigen und kostspieligen Aufschub (sowie) böse Ausflüchte“[192] des Schuldners zu verhindern (→ Rn. 16), sollte aber jedenfalls § 767 Abs. 2 ZPO (entsprechend) angewandt werden, wenn sich der Schuldner gegen die Vollstreckung aus der Tabelle wehrt. Ansprüche, die gemäß § 201 Abs. 2 aus der Tabelle vollstreckt werden können, verjähren in dreißig Jahren, § 197 Abs. 1 Nr. 5 BGB.[193] Der isolierte Widerspruch des Schuldners gegen die Feststellung des Haftungsgrundes der vorsätzlichen unerlaubten Handlung oder der vorsätzlichen pflichtwidrigen Nichtgewährung von gesetzlichem Unterhalt zur Tabelle[194] dient nur der Verhinderung der Weiterhaftung nach Erteilung der Restschuldbefreiung gemäß § 302 Nr. 1, hindert aber den Eintritt der Rechtskraftwirkung nicht. Widerspricht der Schuldner der (auch aufgrund nachträglicher Anmeldung möglichen[195]) Feststellung dieses Haftungsgrundes nicht, erstreckt sich die Rechtskraftwirkung auch hierauf.[196] 70

Ein Urteil, das den Widerspruch des Verwalters oder eines Gläubigers für begründet erklärt, wirkt **nicht zugunsten des Schuldners persönlich** (str.; → § 183 Rn. 6). 71

c) Dritte. Gegenüber anderen Personen als dem Insolvenzverwalter, den Insolvenzgläubigern und dem Schuldner erzeugt die Feststellung zur Tabelle grundsätzlich **keine Rechtskraftwirkung.**[197] So wirkt die Feststellung weder gegenüber einem Bürgen[198] noch unmittelbar gegenüber einem Kommanditisten der Schuldnerin,[199] ebenso wenig gegenüber dem Eigentümer eines Grundstücks, das mit Grundschulden belastet ist, die der Schuldner (= Grundschuldgläubiger) zur Sicherheit für die festgestellte Forderung verpfändet hat.[200] 72

Die rechtskräftige Feststellung der Forderung als solche gegenüber dem Schuldner kann jedoch Voraussetzung für einen Anspruch des Gläubigers gegen einen Dritten sein. So tritt der Sicherungsfall für eine zur Abwendung der Zwangsvollstreckung aus dem Versäumnisurteil eingegangene Prozessbürgschaft ein, wenn nach Einspruch gegen ein Versäumnisurteil das Insolvenzverfahren über das Vermögen des Schuldners eröffnet und die Forderung aus dem Versäumnisurteil zur Tabelle festgestellt wird.[201] Ein Leasingnehmer kann vom Leasinggeber die gezahlten Leasingraten nach Bereicherungsrecht herausverlangen, nachdem in der Insolvenz des Lieferanten der Anspruch des Leasinggebers auf Kaufpreisrückzahlung von dem Leasingnehmer angemeldet, zur Tabelle festgestellt worden und damit die Geschäftsgrundlage des Leasingvertrags weggefallen ist.[202] Wird eine Forderung gegen eine insolvente OHG oder KG zur Tabelle festgestellt, so wirkt die Feststellung gemäß §§ 161 Abs. 2, 73

[188] FG Düsseldorf EFG 1970, 528; *Jaeger/Weber* KO 8. Aufl. § 164 Rn. 12; *Spellenberg* S. 151.

[189] *Spellenberg* S. 150 f.

[190] RGZ 112, 297, 300; BGH WM 1961, 427, 429; BGH, Urt. v. 10.10.2013 – IX ZR 30/12, NJW 2014, 391, Rn. 19 (Rechtskraftwirkung gegenüber Erben im Nachlassinsolvenzverfahren); OLG Köln WM 1995, 597, 599; *Eckardt,* Kölner Schrift, S. 533, Rn. 39; *Häsemeyer,* Insolvenzrecht, Rn. 6.24; Jaeger/*Gerhardt* § 178 Rn. 53; K. Schmidt/*Jungmann* § 178 Rn. 20.

[191] Vgl. auch *Gaul,* FS Weber, 1975, S. 155, 173 f.; *Spellenberg* S. 147 ff.; für § 85 Abs. 1 VerglO, der eine dem § 201 Abs. 2 S. 1 (§ 164 Abs. 2 KO) entsprechende Formulierung enthielt, lehnte die hM eine Rechtskraftwirkung ab; siehe RGZ 132, 115 f.; *Baur/Stürner* II, Insolvenzrecht, Rn. 29.6; *Gaul,* FS Schiedermair, 1976, S. 155; *Kilger/K. Schmidt* § 85 GesO, Anm. 1b; aA *Bley* JW 38, 2252; *Habscheid* NJW 71, 1688 f.

[192] Motive zur KO, S. 384 = *Hahn* IV S. 344.

[193] Jaeger/*Gerhardt* InsO § 178 Rn. 54.

[194] Vgl. BGH NZI 2006, 536; ZInsO 2011, 44; VGH Mannheim BeckRS 2012, 57183; OLG Rostock ZInsO 2005, 1175; OLG Hamm ZIP 2003, 2311; ZinsO 2005, 1329; KPB/*Pape/Schaltke* § 174 Rn. 83 ff.; *Hattwig* ZInsO 2004, 636; *Kahlert* ZInsO 2006, 409; *Kehe/Meyer/Schmerbach* ZInsO 2002, 660.

[195] BGH NZI 2008, 250.

[196] *Sengl* NZI 2009, 31 mwN.

[197] BGH, Urt. v. 26.1.2016 – II ZR 394/13 , NZI 2016, 588, Rn. 19; KPB/*Pape/Schaltke* § 178 Rn. 14.

[198] BGH NJW 1995, 2161, 2162.

[199] RGZ 51, 33, 40.

[200] RG WarnRspr. 1930, Nr. 127.

[201] OLG Koblenz NJW-RR 1992, 107.

[202] BGHZ 109, 139; NJW 1994, 576; dazu *Schoppmeyer,* ZInsO 2016, 2157, 2161; s. auch KPB/*Pape/Schaltke* § 178 Rn. 14.

129 Abs. 1 HGB mittelbar auch gegen die persönlich haftenden Gesellschafter[203] und gegen einen Kommanditisten, der nach § 171 II iVm § 172 IV HGB auf Leistung seiner Einlage in Anspruch genommen wird.[204] Entsprechendes gilt für die Feststellung einer Forderung gegen eine GmbH, wenn der Insolvenzverwalter den GmbH-Gesellschafter entsprechend §§ 93 InsO, 128 HGB aus Durchgriffshaftung wegen „Vermögensvermischung“ in Anspruch nimmt und der Gesellschafter zuvor Gelegenheit gehabt hat, der Forderungsanmeldung mit Wirkung für seine persönliche Haftung zu widersprechen.[205] Die Auffassung, dass in einem Anfechtungsprozess zwischen Insolvenzverwalter und Gläubiger der Gläubiger mit dem Bestreiten der Zahlungsunfähigkeit des Schuldners ausgeschlossen sei, weil gemäß § 178 Abs. 3 die zur Tabelle festgestellten Insolvenzforderungen als rechtskräftig festgestellt anzusehen seien,[206] geht jedoch zu weit. Sie verkennt den Gegenstand der Feststellung und widerspricht dem Sinn und Zweck des § 178 Abs. 3.[207]

74 **d) Besonderheiten bei der Eigenverwaltung.** Im Eigenverwaltungsverfahren wirkt die Eintragung Rechtskraft gegenüber dem Schuldner als Verwalter und als Träger der Insolvenzmasse sowie gegenüber dem Sachwalter und gegenüber allen Insolvenzgläubigern (§§ 283 Abs. 1, 270 Abs. 1 S. 2, 178 Abs. 3). Widerspricht der Schuldner nicht persönlich (dazu → Rn. 29 f.), so wirkt die Feststellung auch Rechtskraft gegenüber dem Schuldner persönlich.

75 **5. Klärung des Tabelleninhalts durch Feststellungsklage.** Inhalt und Tragweite der Eintragung einer festgestellten Forderung (§ 256 ZPO) können erforderlichenfalls mit Hilfe einer Feststellungsklage geklärt werden.[208] Will dagegen der Gläubiger geltend machen, dass zu Unrecht ein Widerspruch in die Tabelle eingetragen worden sei oder dass ein Tabelleneintrag ganz fehle, so ist er nach der hM auf einen Berichtigungsantrag beim Insolvenzgericht angewiesen (→ Rn. 51 f.).[209]

VIII. Rechtsbehelfe gegen die Eintragung festgestellter Forderungen

76 Den Widerspruchsberechtigten (→ Rn. 17 ff.) stehen gegen die Eintragung festgestellter Forderungen in die Tabelle diejenigen Rechtsbehelfe zu, die gegen ein rechtskräftiges Urteil gegeben wären.[210] Wurde dagegen die Feststellung der Forderung oder ein Widerspruch gegen sie zu Unrecht in der Tabelle vermerkt, so ist die Eintragung auf Antrag oder von Amts zu berichtigen (→ Rn. 51 f.).

77 **1. Vollstreckungsabwehrklage. Nachträgliche Einwendungen,** die das festgestellte Insolvenzgläubigerrecht betreffen, können durch Vollstreckungsgegenklage geltend gemacht werden (§ 767 Abs. 1 ZPO).[211] Als Einwendungen kommen zB die Erfüllung der Forderung (etwa durch Dritte), die Leistung an Erfüllungs Statt, der Verzicht auf die Forderung oder die Aufrechnung (→ Rn. 80) in Betracht. Auf die Erfüllung der Forderung aufgrund von Teilzahlungen eines Mithaftenden nach Feststellung der Forderung kann eine Vollstreckungsgegenklage erst gestützt werden, wenn der Gläubiger vollständig befriedigt ist, § 43.[212] Anders, wenn ein Teilbürge oder Teilgesamtschuldner den gesamten ihm gegenüber bestehenden Anspruch tilgt.[213]

---

[203] BGH, NJW-RR 2006, 1268 Rn. 15mwN; BGH, Urt. v. 20.2.2018 – II ZR 272/16, NZI 2018, 442, Rn. 23 (offen lassend, ob ein Fall der Rechtskrafterstreckung der Feststellung auf den Gesellschafter erfolgt oder ein Einwendungsabschneiden vorliegt) mAnm *Dahl/Engels*, NZI 2018, 435; BGH WM 1961, 429; LG Arnsberg KTS 1967, 62; anders für Steuer-Insolvenzforderungen: FG Düsseldorf EFG 1982, 550.

[204] BGH, Urt. v. 20.2.2018 – II ZR 272/16, NZI 2018, 442, Rn. 23 ff.

[205] BGH NJW 2006, 1344; BFH, Urt. v. 16.5.2017 – VII R 25/16, DStRE 2017, 1249; BFH, Urt. v. 27.9.2017 – XI R 9/16, DStRE 2018, 47 (Ausschluss von Einwendungen des Geschäftsführers gegen die Höhe der Steuerforderung gegen die GmbH im Verfahren wegen Haftung gemäß § 166 AO); s. aber OLG München, Hinweisbeschluss v. 15.4.2013 – 7 U 457/13: Keine Haftung des Geschäftsführers mangels Widerspruchsmöglichkeit (Art. 103 Abs. 1 GG); zum Ganzen *Schoppmeyer,* ZInsO 2016, 2157, 2161.

[206] OLG Hamm, Urt. v. 11.6.2013 – 27 U 4/13, ZInsO 2013, 1425, unter B.I.5; OLG Düsseldorf, Urt. v. 8.3.2012 – I-12 U 34/11, ZInsO 2012, 786, unter II.3.b.bb.

[207] Ausführlich *Schoppmeyer,* ZInsO 2016, 2157 ff.

[208] RGZ 139, 83, 84; BGH WM 1957, 1225; BGH ZIP 1984, 1509; 1993, 1876, 1878.

[209] AA *Eckardt,* Kölner Schrift, S. 533, Rn. 44 aufgrund der Annahme, dass die Feststellung im Sinne des Abs. 1 S. 1 auch ohne Eintragung Rechtskraftwirkung entfalte (→ Rn. 57).

[210] BGH NZI 2010, 345.

[211] BGH ZIP 1984, 1509, 1510; BGHZ 100, 222; 113, 381, 383; RGZ 57, 270; 85, 54; OLG Köln EWiR 1999, 545 *(Haas)*; Uhlenbruck/*Sinz* InsO § 178 Rn. 52; Jaeger/*Gerhardt* InsO § 178 Rn. 106; K. Schmidt/*Jungmann* § 178 Rn. 28.

[212] BGH ZIP 1984, 1509, 1510; LG Baden-Baden ZIP 1981, 472; OLG Karlsruhe ZIP 1981, 1231; Jaeger/*Gerhardt* InsO § 178 Rn. 107 f.

[213] BGH NJW 1960, 1295; 1997, 1014.

Ausschließlich **zuständig** ist entsprechend § 202 Abs. 1 Nr. 3, Abs. 2 das Amtsgericht, bei dem das Insolvenzverfahren anhängig ist oder war, bei landgerichtlichem Streitwert das übergeordnete Landgericht.[214] **Klagebefugt** ist jeder Widerspruchsberechtigte im engeren Sinne (→ Rn. 17 ff.). Die Klage geht auf Feststellung, dass das eingetragene Insolvenzgläubigerrecht nicht mehr (ggf. in dem eingetragenen Umfang) besteht.[215] 78

Die Einwendungen sind entsprechend **§ 767 Abs. 2 ZPO** grundsätzlich nur insoweit zulässig, als sie nach der Feststellung entstanden sind (aber → Rn. 80).[216] Wurde die Forderung durch Nichtbestreiten festgestellt, so muss die Einwendung grundsätzlich nach dem Schluss des Prüfungstermins bzw. nach Ablauf der von dem Insolvenzgericht gesetzten Frist zur Widerspruchserhebung im schriftlichen Verfahren entstanden sein. Wurde die Forderung durch Rücknahme des Widerspruchs oder durch gerichtliche Entscheidung festgestellt (→ Rn. 42 ff.), so ist für den Präklusionszeitpunkt zu unterscheiden: Der Widersprechende kann die Vollstreckungsgegenklage nur auf solche Einwendungen stützen, die nach Rücknahme des Widerspruchs bzw. nach dem Schluss der Letzten mündlichen Tatsachenverhandlung im Feststellungsprozess entstanden sind. Dagegen kann sich ein Widerspruchsberechtigter, der keinen Widerspruch erhoben hat, auf alle nach dem Schluss des Prüfungstermins entstandenen Einwendungen berufen. 79

Der Verwalter kann nach Ansicht des BGH erst dann mit einer Masseforderung gegen eine Insolvenzforderung **aufrechnen,** wenn die Insolvenzforderung zur Tabelle festgestellt worden ist. Vor der Feststellung fehle es an der Erfüllbarkeit der Hauptforderung. Die gegenteilige Ansicht des Reichsgerichts[217] und eines Teils des Schrifttums[218] verstoße gegen den Grundsatz der gleichmäßigen Befriedigung der Gläubiger und gegen ihr Recht, einer Insolvenzforderung zu widersprechen.[219] Einer auf Aufrechnung gestützten Vollstreckungsgegenklage des Verwalters gegen die Eintragung einer festgestellten Insolvenzforderung steht demnach § 767 Abs. 2 ZPO nicht entgegen.[220] 80

2. Wiederaufnahmeklage. Jeder Widerspruchsberechtigte ist befugt, gegen die Feststellung Wiederaufnahmeklage (§§ 578 ff. ZPO) zu erheben. So zB eine **Restitutionsklage,** wenn neue, den Widerspruch stützende Urkunden aufgefunden werden (§ 580 Nr. 7b ZPO)[221] oder wenn die Feststellung auf eine gefälschte Urkunde über die Forderung gegründet ist (§§ 580 Nr. 2; 581 ZPO), oder eine **Nichtigkeitsklage,** wenn der den Prüfungstermin leitende Richter/Rechtspfleger von der Ausübung des Richteramts kraft Gesetzes ausgeschlossen war (§ 579 Nr. 2 ZPO; § 10 S. 1 RPflG).[222] Obwohl der Richter oder Rechtspfleger im Prüfungstermin nicht erkennend, sondern beurkundend tätig ist, ist eine entsprechende Anwendung des § 579 Nr. 1, 2 ZPO im Hinblick auf die Einflussmöglichkeit des Richters oder Rechtspflegers auf den Gang des Prüfungsverfahrens und damit auf das Feststellungsergebnis gerechtfertigt.[223] 81

Die Klage ist auf richterliche **Aufhebung der Feststellung** zu richten; nach der Aufhebung ist die Tabelle gemäß § 183 Abs. 2 zu berichtigen.[224] Zuständig für die Klage ist nach dem Rechtsge- 82

---

214 Jaeger/*Gerhardt* InsO § 178 Rn. 116.

215 *Jaeger/Weber* KO 8. Aufl. § 145 Rn. 11 (unter c).

216 BGHZ 113, 381, 383; BGH, Urt. v. 8.5.2014 – IX ZR 118/12, NJW 2014, 2045, Rn. 16; Gottwald/*Eickmann,* InsO-HdB § 64 Rn. 34; Jaeger/*Gerhardt* InsO § 178 Rn. 109 f.; Uhlenbruck/*Sinz* InsO § 178 Rn. 53; K. Schmidt/*Jungmann* § 178 Rn. 30; im Ergebnis ebenso *Eckardt,* Kölner Schrift, S. 533, Rn. 45.

217 RG LZ 1907 Sp. 835, 836; 1910 Sp. 231, 232; JW 1915, 1437, 1438.

218 Uhlenbruck/*Sinz* InsO § 178 Rn. 52.

219 BGHZ 100, 222, 227; differenzierend *Eckardt* ZIP 1995, 257.

220 BGHZ 100, 222, 225 ff.; aA RG LZ 1907, Sp. 835, 836; 1910, Sp. 231, 232; Uhlenbruck/*Sinz* InsO § 178 Rn. 52; grundsätzlich ist nach der hM für die Präklusion von Gestaltungsrechten auf den Zeitpunkt abzustellen, zu dem das Gestaltungsrecht objektiv hätte geltend gemacht werden können: BGHZ 24, 97, 98; 34, 274, 279; 38, 122, 123; 42, 37; 59, 100, 222, 225; 116, 124; 123, 49, 52; Zöller/*Vollkommer* Vor. § 322 Rn. 62; *Ernst* NJW 1986, 401; aA *Baur/Stürner/Bruns* I, Zwangsvollstreckungsrecht, Rn. 45.14; ebenso BGHZ 94, 29 für die nachträgliche Ausübung eines vertraglichen Optionsrechts; differenzierend *Jauernig/Berger,* Zwangsvollstreckungs- und Insolvenzrecht, § 12 Rn. 10 ff.; MüKoZPO/*K. Schmidt/Brinkmann* § 767 Rn. 82 differenzieren nicht wie die Rechtsprechung zwischen vertraglichen und gesetzlichen Gestaltungsgründen, sondern unterscheiden mit beachtlicher Begründung zwischen abgeschlossenen Tatbeständen (womit hier abgeschlossene Gestaltungsgründe gemeint sind), wie zB Anfechtung, Aufrechnungslage, und nicht abgeschlossenen Tatbeständen, worunter ua Optionsrechte, ordentliche Kündigungen und das Widerrufsrecht des Verbrauchers fallen.

221 RGZ 37, 386.

222 RGZ 57, 271; LZ 1918, Sp. 859 f. Nr. 26; Motive S. 364 = *Hahn* IV, S. 327; Gottwald/*Eickmann,* InsO-HdB § 64 Rn. 32; *Häsemeyer,* Insolvenzrecht, Rn. 22.19; Jaeger/*Gerhardt* InsO § 178 Rn. 122; Uhlenbruck/*Sinz* InsO § 178 Rn. 51.

223 Jaeger/*Gerhardt* InsO § 178 Rn. 122.

224 Jaeger/*Gerhardt* InsO § 178 Rn. 126.

danken des § 584 Abs. 2 ZPO das Amtsgericht, bei dem das Insolvenzverfahren anhängig ist oder war, bei landgerichtlicher Zuständigkeit das übergeordnete Landgericht (§ 180 Abs. 1 S. 2, 3).[225]

83 **3. Arglistklage, § 826 BGB.** Hat der Gläubiger eine unrichtige Feststellung zur Tabelle arglistig erschlichen oder nutzt er sie in sittenwidriger Weise aus, so kommt die Beseitigung der rechtskräftigen Feststellung durch Arglistklage (§ 826 BGB) in Betracht.[226]

84 **4. Keine Wiedereinsetzung in den vorigen Stand.** Eine Wiedereinsetzung des Verwalters, Sachwalters, Treuhänders oder Insolvenzgläubigers in den vorigen Stand bei schuldloser Versäumung des Prüfungstermins ist im Interesse einer zügigen Verfahrensabwicklung ausgeschlossen.[227] Dies folgt nicht zuletzt aus § 186, wonach nur dem Schuldner persönlich (§§ 178 Abs. 1 S. 2, 201)[228] Wiedereinsetzung gegen die Versäumung des Prüfungstermins gewährt werden kann. Im Übrigen stellt der Prüfungstermin auch keine Frist im Sinne des § 233 ZPO dar.

85 **5. Rechtsbehelfe des Schuldners.** Der Schuldner kann die **Feststellung des Insolvenzgläubigerrechts** nicht durch Wiederaufnahmeklage (§§ 578 ff. ZPO) oder Arglistklage (§ 826 BGB) beseitigen, die Teilnahme des Gläubigers an den Verteilungen nicht durch Vollstreckungsgegenklage (§ 767 ZPO) verhindern (arg. § 178 Abs. 1 S. 2).[229] Die Wahrnehmung des Schuldnerinteresses daran, dass nur berechtigte Anmelder an der Verteilung der Insolvenzmasse teilnehmen, ist ausschließlich dem Verwalter zugewiesen (→ Rn. 23).

86 Gegen die **Vollstreckung aus dem Tabelleneintrag** nach Beendigung des Insolvenzverfahrens kann der Schuldner mit der Vollstreckungsgegenklage vorgehen. Die Zuständigkeit richtet sich nach § 202 Abs. 1 Nr. 3, Abs. 2. Zur Anwendbarkeit des § 767 Abs. 2 ZPO → Rn. 70. Darüber hinaus kann der Schuldner gegebenenfalls Wiederaufnahme- oder Arglistklage zu dem Zweck erheben, nachträglich die Forderung zu bestreiten und dadurch die Vollstreckungswirkung des Tabelleneintrags zu beseitigen (§§ 178 Abs. 1 S. 2; 201 Abs. 2).

87 Hat der Schuldner den Prüfungstermin schuldlos versäumt, so hat ihm das Insolvenzgericht gemäß § 186 Abs. 1 auf Antrag **Wiedereinsetzung in den vorigen Stand** zu gewähren. Die Wiedereinsetzung kann nur dem Schuldner persönlich eingeräumt werden zu dem Zweck, die Vollstreckungswirkung zu beseitigen (§§ 178 Abs. 1 S. 2, 201 Abs. 2). Eine Wiedereinsetzung des Schuldners in seiner Funktion als Eigenverwalter zum Zwecke der Beseitigung der Insolvenzfeststellung kommt nicht in Betracht (§§ 270 ff., 283 Abs. 1; → § 186 Rn. 2).[230]

IX. Feststellung von Steuerforderungen zur Tabelle

88 Die **Wirkung der Eintragung** einer gemäß Abs. 1 S. 1 festgestellten Steuerforderung in die Tabelle ist umstritten. Nach der Rechtsprechung des BFH wirkt die Eintragung wie ein bestandskräftiger Feststellungsbescheid gemäß § 251 Abs. 3 AO.[231] Nach anderer Ansicht wirkt die Eintragung wie ein bestandskräftiger Steuerbescheid.[232] Wieder andere nehmen die Wirkung eines rechtskräftigen Finanzgerichtsurteils an.[233] Von Bedeutung ist der Meinungsstreit vor allem für die Abänderbarkeit der Feststellung. Gegen die Annahme der Urteilswirkung spricht nicht zuletzt, dass das Bedürfnis, die Festsetzung gegebenenfalls ändern zu können, im Steuerrecht größer ist als im Zivilrecht.[234]

---

[225] Jaeger/*Gerhardt* InsO § 178 Rn. 127; aA *v. Wilmowsky/Kurlbaum* KO 6. Aufl. 1906, § 145 Anm. 12; *Petersen/Kleinfeller* KO 4. Aufl. 1900, § 145 Anm. 7: ausschließliche Zuständigkeit des Amtsgerichts, bei dem das Insolvenzverfahren anhängig ist.

[226] *Häsemeyer,* Insolvenzrecht, Rn. 22.19; *K. Schmidt* § 178 Rn. 28; KPB/*Pape/Schaltke* § 178 Rn. 31; Uhlenbruck/*Sinz* InsO § 178 Rn. 51; kritisch Jaeger/*Gerhardt* InsO § 178 Rn. 128 ff.; Gottwald/*Eickmann,* InsO-HdB § 64 Rn. 33.

[227] Jaeger/*Gerhardt* InsO § 178 Rn. 136 f.

[228] Nicht dem Schuldner als Eigenverwalter, § 283; → § 186 Rn. 2.

[229] Anders der Schuldners als Eigenverwalter (§ 283 Abs. 1).

[230] Nerlich/Römermann/*Becker* § 178 Rn. 6; jedenfalls die Systemwidrigkeit feststellend KPB/*Pape/Schaltke* § 176 Rn. 12.

[231] BFH NZI 2012, 96; FG Baden-Württemberg EFG 1993, 763, 764; K. Schmidt/*Jungmann* § 178 Rn. 14, 31 f; offen lassend FG Berlin-Brandenburg DStRE 2012, 766; OVG Magdeburg NZI 2012, 254; FG Sachsen BeckRS 2011, 95432.

[232] *Fichtelmann* NJW 1970, 2276, 2279 f.; *Hundt-Esswein* BB 1987, 1718, 1719; s. auch FG Münster EFG 1996, 86.

[233] *Waza/Uhländer/Schmittmann* Rn. 740 f. (wonach dies mittlerweile auch die bundeseinheitliche Auffassung der Finanzverwaltung sei); Hübschmann/Hepp/Spitaler/*Beermann* § 251 AO Rn. 422; *Bley* ZZP 51 (1926), 233, 238 ff.; *Frotscher* S. 311 f.; *Kramer,* Konkurs und Steuerverfahren, 1993, S. 275; *von Wallis* StuW 1939, 813, 817; wohl auch BFH BStBl 1988 II, 865, 867; BFH/NV 1998, 42 f.; FG Düsseldorf EFG 2010, 1579.

[234] *Fichtelmann* NJW 1970, 2276, 2279.

Auch übernimmt im Steuerrecht in der Regel der bestandskräftige Steuerbescheid die dem zivilgerichtlichen Urteil entsprechende Funktion des Vollstreckungstitels, ohne dass es eines finanzgerichtlichen Urteils bedarf. Die Annahme der Urteilswirkung ist daher abzulehnen. Eine Abänderung des Feststellungsbescheids ist nach Ansicht des BFH allein gemäß §§ 130, 131 AO möglich.[235] Dabei ist es grundsätzlich ermessensfehlerfrei, wenn das Finanzamt einen auf § 130 AO gestützten Antrag auf Änderung des Tabelleneintrags ablehnt, sofern für den Steuerpflichtigen im Insolvenzverfahren die Möglichkeit bestand, durch einen Widerspruch gemäß § 178 II iVm § 201 II 1 InsO den Eintritt der Wirkung des Tabelleneintrags zu verhindern.[236] Für eine entsprechende Anwendung der §§ 172 ff. AO spricht, dass der Feststellungsbescheid den Steuerbescheid unter den besonderen Bedingungen des Insolvenzverfahrens ersetzt (→ § 185 Rn. 10).[237] Folgt man dieser Ansicht, so kommt es jedenfalls für die Frage der Abänderbarkeit letztlich nicht darauf an, ob die Eintragung festgestellter Steuerforderungen die Wirkung eines Steuer- oder eines Feststellungsbescheids entfaltet. Führt die Änderung der Feststellung zu einer Mehrforderung, so ist der Mehrbetrag nachträglich zur Tabelle anzumelden, damit Verwalter und Gläubiger Gelegenheit zum Bestreiten erhalten. Der Verwalter kann gegen die Ablehnung seines Antrags auf Erlass eines ändernden Feststellungsbescheids Einspruch einlegen (§ 347 AO).[238]

Durch die Feststellung der Steuerforderung zur Tabelle werden, wenn der Schuldner der Fest- 89
stellung nicht widerspricht, die zurzeit der Eröffnung des Insolvenzverfahrens über die Forderung anhängigen Steuerfestsetzungs-, Rechtsbehelfs- und Gerichtsverfahren in der Hauptsache erledigt,[239] unbeschadet der fortdauernden Unterbrechung des betreffenden Verfahrens.[240] Der Auszug aus der Tabelle ersetzt nach Beendigung des Insolvenzverfahrens alle früheren Vollstreckungstitel über die Steuerforderung (§ 201 Abs. 2).[241] Die Vollstreckung erfolgt im Verwaltungsweg (§§ 251 Abs. 2 S. 2 InsO iVm §§ 259 ff. AO), nicht gemäß § 201 Abs. 2 S. 1 iVm §§ 724 bis 793 ZPO.[242] Auch die Verjährung von zur Tabelle festgestellten Steuerforderungen richtet sich nach der Abgabenordnung. Es gilt die fünfjährige Verjährungsfrist gemäß § 228 AO, nicht die dreißigjährige Frist des § 197 Abs. 1 Nr. 5 BGB.[243] Nach Feststellung einer USt-Jahresschuld zur Tabelle ohne Widerspruch des Schuldners kann ein Haftungsbescheid nicht mehr auf offene USt-Forderungen aus USt-Voranmeldungszeiträumen gestützt werden.[244]

§ 179 Streitige Forderungen

(1) Ist eine Forderung vom Insolvenzverwalter oder von einem Insolvenzgläubiger bestritten worden, so bleibt es dem Gläubiger überlassen, die Feststellung gegen den Bestreitenden zu betreiben.

(2) Liegt für eine solche Forderung ein vollstreckbarer Schuldtitel oder ein Endurteil vor, so obliegt es dem Bestreitenden, den Widerspruch zu verfolgen.

(3) [1]Das Insolvenzgericht erteilt dem Gläubiger, dessen Forderung bestritten worden ist, einen beglaubigten Auszug aus der Tabelle. [2]Im Falle des Absatzes 2 erhält auch der Bestreitende einen solchen Auszug. [3]Die Gläubiger, deren Forderungen festgestellt worden sind, werden nicht benachrichtigt; hierauf sollen die Gläubiger vor dem Prüfungstermin hingewiesen werden.

Schrifttum: siehe § 178.

[235] BFH ZIP 2011, 2481; FG Baden-Württemberg EFG 1993, 763; *Frotscher* S. 312; Uhlenbruck/*Sinz* InsO § 185 Rn. 9; Tipke/Kruse/*Loose* § 251 AO Rn. 68; *Maus,* FS Greiner, S. 227 f.; aA *Kramer* S. 270 ff.

[236] BFH, Beschl. v. 5.7.2018 – XI B 18/18, NZI 2018, 858, Rn. 21.

[237] *Kramer* S. 270 ff.

[238] FG Baden-Württemberg EFG 1993, 763.

[239] BFHE 240, 534; BFH, Beschl. v. 5.7.2018 – XI B 17/18, NZI 2018, 855 Rn. 24; Beschl. v. 29.8.2018 – XI R 57/17, NZI 2019, 89 Rn. 64; *Waza/Uhländer/Schmittmann* Rn. 738; ferner BFH BStBl. 1976 II, 506; FG Münster EFG 1976, 194.

[240] BFH Beschl. v. 14.5.2013 – X B 134/12, BeckRS 2013, 95155 Rn. 20.

[241] BFH NV 2001, 144; *Waza/Uhländer/Schmittmann* Rn. 739; *Frotscher* S. 311.

[242] BFH BStBl. II 1988, 865, 867; NV 2001, 144 f.; *Waza/Uhländer/Schmittmann* Rn. 739; Hübschmann/Hepp/Spitaler/*Beermann* § 251 AO, Rn. 446 ff.; *Frotscher* S. 337.

[243] BFH BStBl. II 1988, 865, 867; *Waza/Uhländer/Schmittmann* Rn. 739; *Frotscher* S. 338 f.; K. Schmidt/*Jungmann* § 178 Rn. 32; s. auch FG Rheinland-Pfalz ZIP 1991, 602 (5-jährige Verjährung des Anspruchs auf Rückzahlung von Sequestrationsumsatzsteuer).

[244] FG Münster EFG 1996, 86.

Übersicht

I. Normzweck

1 **Abs. 1 und Abs. 2** legen fest, wem es obliegt, die (positive oder negative) Feststellung des bestrittenen Insolvenzgläubigerrechts zu betreiben. Die Bestimmung hat eher klarstellende Bedeutung insoweit, als sich die „Betreibungslast" des Gläubigers oder des Bestreitenden bereits unmittelbar aus den Vorschriften über das Verteilungsverfahren ergibt: Ein Gläubiger, für dessen bestrittene Forderung kein Titel im Sinne der §§ 179 Abs. 2, 189 Abs. 1 vorliegt, wird bei einer Verteilung nicht berücksichtigt, wenn er nicht rechtzeitig nachweist, dass er die Feststellung gegen den Bestreitenden betreibt (§ 189 Abs. 1, 3). In diesem Sinne trägt der Gläubiger die „Betreibungslast" (Abs. 1). Ist dagegen die bestrittene Forderung tituliert, so erhält der Gläubiger seinen Anteil ausbezahlt, solange nicht der Bestreitende vor der Auszahlung die Verfolgung des Widerspruchs nachweist (→ Rn. 29).[1] Bei einem Widerspruch gegen eine titulierte Forderung ist daher grundsätzlich der Bestreitende betreibungsbelastet (Abs. 2; aber → Rn. 43). Der beglaubigte Tabellenauszug **(Abs. 3)** soll es dem Kläger ermöglichen, die gemäß § 181 erforderliche Anmeldung und Prüfung der Forderung[2] sowie den Widerspruch gegen die Forderung nachzuweisen, ohne den es am Feststellungsinteresse fehlt (→ Rn. 9 ff.).

II. Entstehungsgeschichte

2 § 179 übernimmt im Wesentlichen die Regelungen des **§ 146 Abs. 1 und 6 KO.** Abs. 3 S. 2 ordnet nunmehr ausdrücklich an, dass bei einem Widerspruch gegen eine titulierte Forderung auch der Bestreitende einen beglaubigten Auszug aus der Tabelle erhält, da in diesem Fall grundsätzlich ihm die Verfolgung der (negativen) Feststellung obliegt (§ 179 Abs. 2). Erstmals wird klargestellt,

[1] Der vor Eröffnung des Insolvenzverfahrens erworbene Titel soll auch im Verhältnis zu dem Bestreitenden maßgebend sein; s. Motive zur KO, S. 367 f. = *Hahn* IV, S. 329 f.

[2] Motive zur KO, S. 365 = *Hahn* IV, S. 328.

dass Gläubiger festgestellter Forderungen vom Ergebnis der Prüfung nicht benachrichtigt werden müssen. Sie sollen hierauf vor dem Prüfungstermin hingewiesen werden, damit überflüssige Nachfragen erspart bleiben (Abs. 3 S. 3). **§ 11 Abs. 3 S. 1 und 2 GesO** enthielten eine dem § 146 Abs. 1 und 6 KO vergleichbare und im Wesentlichen in demselben Sinne ausgelegte Regelung.[3] § 179 blieb bis auf Abs. 3 S. 3, der auf Empfehlung des Rechtsausschusses hinzugefügt wurde,[4] im **Gesetzgebungsverfahren** unverändert (vgl. § 207 RegE, § 197 RefE, § 197 DE).

III. Bestrittene Forderung

Abs. 1 und Abs. 2 setzen voraus, dass die Forderung von dem Insolvenzverwalter oder einem Insolvenzgläubiger im Prüfungstermin oder im schriftlichen Verfahren (§ 177) bestritten worden ist. Eine Forderung ist auch dann im Sinne des Abs. 1 S. 1 bestritten, wenn sich der Widerspruch nicht gegen das Bestehen der Forderung nach Grund oder Betrag, sondern gegen ihre Eigenschaft als Insolvenzforderung (§ 38) oder gegen den geltend gemachten Rang (§ 39) richtet[5] oder wenn der Widersprechende die Insolvenzanfechtung geltend macht. Auch Zahlungsansprüche auf erstes Anfordern können Gegenstand eines Insolvenzfeststellungsverfahrens nach § 179 sein.[6] „Forderung" im Sinne des Abs. 1 meint nach zutreffender Auffassung[7] nicht die persönliche Forderung gegen den Schuldner, sondern das Haftungsrecht des Gläubigers an der Insolvenzmasse (ausführlich → § 178 Rn. 11 ff.; ferner → Rn. 7 f.).[8] Auch eine „vorläufig bestrittene" Forderung ist wirksam bestritten (→ § 178 Rn. 37 f.). Zum Widerspruchsrecht des Insolvenzverwalters und der Gläubiger → § 178 Rn. 17 ff. Dem Widerspruch des Insolvenzverwalters stehen im Eigenverwaltungsverfahren jeweils die Widersprüche des Schuldners und des Sachwalters gleich (§ 283 Abs. 1; → § 178 Rn. 26 ff.). Der erhobene Widerspruch darf nicht beseitigt worden sein (§ 178 Abs. 1 S. 1).[9] Mit der Rücknahme des Widerspruchs entfällt das Rechtsschutzbedürfnis für die Feststellungsklage. 3

IV. Feststellung nicht titulierter Forderungen (Abs. 1)

1. Betreibungslast des Gläubigers. Liegt für die bestrittene Forderung weder ein vollstreckbarer Schuldtitel noch ein Endurteil vor (siehe Abs. 2), so ist es gemäß Abs. 1 dem Gläubiger überlassen, die Feststellung gegen den Bestreitenden zu betreiben. Der Gläubiger betreibt die Feststellung, indem er im ordentlichen Verfahren Klage erhebt (§ 180 Abs. 1 S. 1) oder einen Rechtsstreit aufnimmt, der zurzeit der Eröffnung des Insolvenzverfahrens über die bestrittene Forderung anhängig ist (§ 180 Abs. 2). Für die Neuklage ist ausschließlich das Amtsgericht, bei dem das Insolvenzverfahren anhängig ist, oder das übergeordnete Landgericht zuständig (§ 180 Abs. 1 S. 2, 3). § 179 Abs. 1 hat eher klarstellende Bedeutung insoweit, als sich die „Betreibungslast" des Gläubigers ohne weiteres aus § 189 Abs. 1, Abs. 3 ergibt (→ Rn. 1). 4

2. Rechtsnatur der Klage. Die Klage gemäß §§ 179 ff. ist eine **echte Feststellungsklage** im Sinne des § 256 ZPO.[10] Der Gläubiger erstrebt positive Feststellung (Abs. 1), der Widersprechende negative Feststellung des bestrittenen Insolvenzgläubigerrechts (Abs. 2).[11] Das Feststellungsinteresse des Gläubigers der bestrittenen, nicht titulierten Forderung ergibt sich aus § 189 (→ Rn. 9 ff.). Abweichende Auffassungen zur Rechtsnatur der Klage des Gläubigers finden sich insbesondere in der älteren Literatur.[12] Einige sahen in der Klage eine Gestaltungsklage auf Beseitigung des Widerspruchs durch das richterliche Urteil.[13] Teilweise wurde eine Leistungsklage auf Erfüllung der Forderung angenommen,[14] zum Teil eine Leistungsklage auf Rücknahme des Widerspruchs (zu vollstre- 5

[3] *Haarmeyer/Wutzke/Förster* GesO § 11 Rn. 99 ff.; *Hess/Binz/Wienberg* GesO § 11 Rn. 48 ff.; *Smid* GesO § 11 Rn. 92 ff.

[4] BT-Drs. 12/7302, 179.

[5] BGHZ 52, 155, 157; Nerlich/Römermann/*Becker § 179 Rn. 1;* Jaeger/*Gerhardt InsO § 179 Rn. 12.*

[6] BGH NZI 2008, 565.

[7] *Henckel,* FS Michaelis, S. 151, 152 ff.

[8] Der Titel im Sinne des Abs. 2 kann allerdings nur den Anspruch betreffen, der dem Haftungsrecht an der Masse zugrunde liegt (dazu → Rn. 27).

[9] K. Schmidt/*Jungmann* § 179 InsO Rn. 1; Nerlich/Römermann/*Becker* § 179 Rn. 3; Uhlenbruck/*Sinz* InsO § 179 Rn. 6.

[10] BGH NJW 1967, 1371; *Eckardt,* Kölner Schrift, S. 533, Rn. 52; Uhlenbruck/*Sinz* InsO § 179 Rn. 10; K. Schmidt/*Jungmann* § 179 Rn. 15; KPB/*Pape/Schaltke* § 179 Rn. 11; *Spellenberg* S. 15 ff., 23; für Feststellungsklage „sui generis" RGZ 116, 368, 372; ähnlich *Jonas* S. 8 ff.; offen BGH WM 1957, 1226.

[11] *Jonas* S. 66 ff.; *Jaeger/Weber* KO § 146 8. Aufl. Rn. 12; *Spellenberg* S. 22 f.

[12] Ausführliche Darstellung bei *Spellenberg* S. 15 ff. mN.

[13] *Oetker,* Konkursrechtliche Grundbegriffe, Bd. I, 1891, S. 266 f., 309 f., 579 f.; *Seuffert,* Deutsches Konkursprozessrecht, 1899, S. 269; wohl auch *Weismann,* Die Feststellungsklage, 1879, S. 142 ff.

[14] *Wach,* Der Feststellungsanspruch, 1888, S. 41 f.

cken nach § 894 ZPO).[15] Die Ansprüche des Gläubigers auf Auszahlung der Quote und seine Mitwirkungsrechte im Insolvenzverfahren prägen jedoch das Wesen der Klage nicht, sondern folgen lediglich mittelbar aus der richterlichen Feststellung des Insolvenzgläubigerrechts. Entsprechendes gilt für die Möglichkeit der Vollstreckung aus der Eintragung in die Tabelle nach Beseitigung des Widerspruchs.[16]

6 **3. Antrag.** Der Gläubiger richtet seinen Antrag gewöhnlich auf Feststellung der näher bezeichneten Forderung zur Tabelle.[17] Deutlicher wäre ein Antrag des Gläubigers auf Feststellung, dass ihm für die näher bezeichnete Forderung ein Insolvenzgläubigerrecht (gegebenenfalls bestimmten Ranges) zusteht.[18] Nach zutreffender Auffassung bildet nicht die Forderung gegen den Schuldner, sondern das Insolvenzgläubigerrecht im Sinne des Haftungsrechts des Gläubigers an der Masse den Gegenstand des Feststellungsverfahrens (→ Rn. 7 f.; ausführlich → § 178 Rn. 11 ff.). Gegen die übliche Antragsfassung spricht auch, dass die rechtskräftige richterliche Feststellung ohne weiteres gegenüber dem Insolvenzverwalter und allen Insolvenzgläubigern wirkt (§ 183 Abs. 1) und der anschließenden Eintragung in die Tabelle nur deklaratorische Bedeutung zukommt (§ 183 Abs. 2; anders der Eintragung einer freiwilligen Feststellung, § 178 Abs. 3; → § 183 Rn. 7; → § 178 Rn. 56 ff.).[19] Wird irrtümlich nicht Feststellung, sondern Verurteilung zur Leistung beantragt und ergeht ein entsprechendes Zahlungsurteil, so kann das Urteil unter Umständen dahin ausgelegt werden, dass nur ein Recht auf insolvenzmäßige Befriedigung zuerkannt ist. Das setzt voraus, dass die geltend gemachte Forderung nach den Entscheidungsgründen zweifelsfrei nur ein Recht auf insolvenzmäßige Befriedigung verschafft.[20]

7 **4. Feststellungsgegenstand.** Den Gegenstand der freiwilligen ebenso wie der streitigen Feststellung bildet nach zutreffender Auffassung das Insolvenzgläubigerrecht im Sinne des **Haftungsrechts des Gläubigers an der Masse.**[21] Bestand, Rang und Anmeldbarkeit der persönlichen Forderung haben danach nur die Bedeutung von Vorfragen, auf die sich die Rechtskraftwirkung der Feststellung nicht erstreckt. An einer isolierten Feststellung dieser Fragen hat der Anmelder im Insolvenzverfahren kein schutzwürdiges Interesse. Demgegenüber sahen die ältere Rechtsprechung[22] und ein Teil des Schrifttums[23] die gegen den Schuldner erhobene **Forderung** „als eine Konkursforderung bestimmten Betrages und bestimmten Ranges“[24] als Gegenstand der Feststellung an. Dem entspricht im Ergebnis die Ansicht, dass die einzelnen Voraussetzungen für die Berücksichtigung der Forderung im Insolvenzverfahren (Bestehen der Forderung, ihre Verfolgbarkeit im Insolvenzverfahren und ihr Rang) festzustellen seien.[25] Die Ausführungen zum Gegenstand der freiwilligen Feststellung gelten insofern entsprechend (→ § 178 Rn. 11 ff.). Im Zusammenhang mit der streitigen Feststellung spricht auch die Streitwertregelung des § 182 für die hier vertretene Auffassung. § 182 stellt ebenso wie § 6 S. 2 ZPO nicht auf den Forderungswert, sondern auf den niedrigeren Wert des festzustellenden Haftungsrechts ab.[26]

8 Im Feststellungsstreit ist das Haftungsrecht des Gläubigers als solches **unabhängig davon** festzustellen, ob sich der Widerspruch gegen den Bestand der Forderung, ihre Eigenschaft als Insolvenzforderung (§§ 38; 47 ff.) oder den für sie beanspruchten Rang (§§ 39; 174 Abs. 3) richtet oder ob er auf die Insolvenzanfechtung gestützt wird. Hierbei handelt es sich lediglich um unverbindliche Begründungen des Widerspruchs (→ § 178 Rn. 34 ff.).

9 **5. Feststellungsinteresse.** Das Feststellungsinteresse (§ 256 ZPO) des Gläubigers der bestrittenen, nicht titulierten Forderung ergibt sich aus **§ 189:** Die bestrittene Forderung wird bei der Verteilung nur berücksichtigt, wenn der Gläubiger rechtzeitig nachweist, dass er die Feststellung

15 *Hellmann,* Lehrbuch des Deutschen Konkursrechts, 1907, S. 476.

16 *Eckardt,* Kölner Schrift, S. 533, Rn. 52; *Spellenberg* S. 19 ff.; *Bley* S. 1 ff.

17 BGH LM KO § 146 Nr. 4; WM 1957, 1334; NJW 1962, 153; ZIP 1994, 1193, 1194; Uhlenbruck/*Sinz* InsO § 179 Rn. 11; K. Schmidt/*Jungmann* § 179 Rn. 16.

18 *Eckardt,* Kölner Schrift, S. 533, Rn. 52; vgl. auch Jaeger/*Gerhardt* InsO § 179 Rn. 5.

19 *Eckardt,* Kölner Schrift, S. 533, Rn. 52, Rn. 57; Jaeger/*Gerhardt* InsO § 183 Rn. 9; Uhlenbruck/*Sinz* InsO § 183 Rn. 2; aA *Spellenberg* S. 19 Fn. 82.

20 BGH LM KO § 146 Nr. 9; BGHZ 179, 304 = NJW 2009, 1747.

21 *Eckardt,* Kölner Schrift, S. 533, Rn. 2 f.; Rn. 39; *Spellenberg* S. 81 ff.; *Schoppmeyer,* ZInsO 2016, 2157, 2159 f.; ähnlich Jaeger/*Gerhardt* InsO § 179 Rn. 13 f.; *Henckel,* FS Michaelis, 1972, S. 151 ff.; *Kohler,* Konkursrecht, 1891, S. 378, 392, 530; in diesem Sinne auch BGH, Urt. v. 13.6.2006 – IX ZR 15/04, NZI 2006, 520, Rn. 21.

22 RGZ 55, 157, 160; KG OLGZ 20 (1910), 297, 298.

23 *Bley* S. 6 ff.; *Jaeger/Weber* KO 8. Aufl. § 146 Rn. 13.

24 *Jaeger/Weber* KO 8. Aufl. § 146 Rn. 13.

25 *Häsemeyer,* Insolvenzrecht, Rn. 22.03 f., 22.20, 22.41.

26 *Spellenberg* S. 95.

betreibt (§ 189 Abs. 1, Abs. 3); solange der Feststellungsstreit anhängig ist, wird der auf die Forderung entfallende Anteil zurückbehalten (§ 189 Abs. 2).[27] Das Feststellungsinteresse entfällt, wenn der Beklagte den Widerspruch gegen die Forderung zurücknimmt (→ § 178 Rn. 43 f.).

Der Gläubiger hat ein Feststellungsinteresse, solange das Insolvenzverfahren nicht beendet und es nicht offenkundig ausgeschlossen ist, dass mit der Klage noch rechtsschutzwürdige Ziele zu erreichen sind.[28] Dies gilt auch dann, wenn die voraussichtliche Quote null beträgt.[29] Rechtsschutzwürdige Ziele sind nicht mehr zu erreichen, wenn der Gläubiger die Klage erst **nach Ablauf der Ausschlussfrist vor der Schlussverteilung** (§§ 189 Abs. 1, 196) erhebt.[30] Denn die Forderung kann weder bei der Schlussverteilung[31] noch bei einer möglichen Nachtragsverteilung (§ 205 S. 1)[32] noch bei den Verteilungen des Treuhänders im Restschuldbefreiungsverfahren (§ 292 Abs. 1 S. 2)[33] berücksichtigt werden. Auch das Interesse des Gläubigers, durch Beseitigung des Widerspruchs und Tabellenberichtigung einen Vollstreckungstitel gegen den Schuldner persönlich zu erwirken, wenn dieser der Feststellung im Prüfungstermin nicht widersprochen hat (§§ 200 Abs. 1 S. 1, 2; 183 Abs. 2), führt nicht zur Zulässigkeit der Feststellungsklage.[34] Denn die Vollstreckungswirkung des § 201 Abs. 2 ist nicht Zweck der Feststellungsklage, sondern eine durch das Gesetz vermittelte Folge der Feststellung (→ Rn. 5; ferner → § 178 Rn. 16).[35] Der Gläubiger, der die Klageerhebung bzw. Prozessaufnahme nicht rechtzeitig nachgewiesen hat, kann jedenfalls nach bislang herrschender Meinung auf die Verfahrensteilnahme verzichten und Leistungsklage gegen den Schuldner persönlich erheben (unter Geltung der InsO zweifelhaft; → § 184 Rn. 7). Die Leistungsklage ist entgegen der Auffassung des BGH[36] jedenfalls dann ein einfacherer und billigerer Rechtsbehelf als die Feststellungsklage nach §§ 179 ff. gegen den Widersprechenden, wenn der Widersprechende (auch) insolvenzspezifische Einwendungen (Insolvenzanfechtung, Nachrangigkeit, Unanmeldbarkeit) erhoben hat, die dem Schuldner persönlich nicht zu Gebote stehen, oder wenn der Schuldner selbst der Feststellung widersprochen hat und auch dieser Widerspruch noch (nach § 184) beseitigt werden müsste (→ § 184 Rn. 6). Das Feststellungsinteresse fehlt auch einer Feststellungsklage gegen den Insolvenzverwalter, mit der ein Gläubiger geltend macht, dass der Verwalter einen unzulässigen (vgl. → § 178 Rn. 18) isolierten Widerspruch gegen den Schuldgrund der vorsätzlichen unerlaubten Handlung erhoben oder diesen Schuldgrund zu Unrecht nicht in die Tabelle aufgenommen habe.[37] Zu den Auswirkungen der Beendigung des Insolvenzverfahrens auf das Feststellungsinteresse → Rn. 50, 53. 10

Das Feststellungsinteresse kann auch deshalb fehlen, weil das **formell unanfechtbare Schlussverzeichnis** die Forderung nicht berücksichtigt. Dies gilt jedoch nicht, wenn wegen einer Verletzung des rechtlichen Gehörs des Gläubigers (zB zu kurze Ladungsfrist für den Schlusstermin) das Insolvenzgericht gehalten ist, gegebenenfalls trotz formeller Unanfechtbarkeit des Verzeichnisses eine Berichtigung anzuordnen.[38] 11

6. Übereinstimmung der Klage mit der Anmeldung. Der Gläubiger kann die Feststellung nach Grund, Betrag und Rang der Forderung nur in der Weise begehren, wie die Forderung in der Anmeldung oder im Prüfungstermin bezeichnet worden ist (§ 181). Weicht die Klage von den Prüfungsgrundlagen ab, so ist sie insoweit als unzulässig abzuweisen. → § 181 Rn. 1 ff. 12

7. Prozessführungsbefugnis bei Rechtsnachfolge. Für die selbständige Klage gemäß Abs. 1 iVm § 180 Abs. 1 ist grundsätzlich der jeweilige Gläubiger der bestrittenen Forderung aktiv **prozessführungsbefugt.** Tritt der Anmelder die Forderung nach der Anmeldung, aber vor Erhebung einer Feststellungsklage ab oder geht die Forderung aus einem anderen Grunde vor der Klageerhebung auf einen Sonderrechtsnachfolger über, so ist die Klage durch den Rechtsnachfolger zu erheben.[39] 13

---

27 Vgl. Jaeger/*Gerhardt* InsO § 179 Anm. 8; *Eckardt,* Kölner Schrift, S. 533, Rn. 54.

28 BGH ZIP 1998, 515 (zur GesO); dazu *Johlke/Schröder,* EWIR 1998, 501; zustimmend KPB/*Pape/Schaltke* § 177 Rn. 7.

29 BGH NZI 2008, 611.

30 AA wohl BGH ZIP 1998, 515, 516 wegen der Möglichkeit zur Vollstreckung aus der Tabelle nach Verfahrensbeendigung (dazu → Rn. 47).

31 Vgl. Jaeger/*Meller-Hannich* InsO § 196 Rn. 15 ff.

32 Zur KO vgl. *Bley* S. 93 f.; *Jonas* S. 86; *Jaeger/Weber* KO 8. Aufl. § 152 Rn. 7; *Kuhn/Uhlenbruck* KO § 152 Rn. 5; s. auch *Häsemeyer,* Insolvenzrecht, Rn. 7.67; aA wohl Nerlich/Römermann/*Becker* § 180 Rn. 29.

33 S. dazu Begr. zu § 241 RegE (= § 292 InsO) BR-Drs. 1/92, 191.

34 AA BGH ZIP 1998, 515, 516; *Oetker* ZZP 25 (1899), 1, 68 ff.

35 *Bley* S. 94, 98; Jaeger/*Gerhardt* InsO § 179 Rn. 108; *Jonas* S. 89 f.

36 BGH ZIP 1998, 515, 516.

37 BGH NZI 2008, 250.

38 BGH ZIP 1998, 515 f.

39 Str.; wie hier Jaeger/*Gerhardt* InsO § 180 Rn. 33; aA RG LZ 1911, Sp. 862.

§ 265 Abs. 2 ZPO greift nicht ein, da die Anmeldung der Forderung im Insolvenzverfahren nicht ihre Rechtshängigkeit bewirkt.[40] Entgegen § 181 muss der Erwerber nach hM seine Forderung nicht erneut anmelden und prüfen lassen (→ § 181 Rn. 8). Geht die Forderung durch Einzelrechtsnachfolge über, nachdem der Anmelder Feststellungsklage erhoben hat, führt der Anmelder gemäß § 265 Abs. 2 ZPO den Rechtsstreit als Prozessstandschafter des Rechtsnachfolgers fort.[41] Bei Gesamtrechtsnachfolge nach Rechtshängigkeit des Feststellungsstreits gilt § 239 ZPO.[42] Auch zur Prozessaufnahme (Abs. 1 iVm § 180 Abs. 2) ist grundsätzlich der jeweilige Gläubiger befugt. Geht die bestrittene Forderung vor der Aufnahme des Rechtsstreits durch Einzelrechtsnachfolge auf einen anderen über, so liegt die Prozessführungsbefugnis bei dem Rechtsnachfolger. § 265 Abs. 2 ZPO gilt für die Prozessaufnahme gemäß § 180 Abs. 2 nicht, unabhängig davon, ob die Nachfolge vor oder nach der Anmeldung der Forderung eintritt.[43] Bei Einzelrechtsnachfolge nach Aufnahme des Rechtsstreits besteht die Prozessführungsbefugnis des bisherigen Gläubigers fort (§ 265 Abs. 2 ZPO).

14 **Passiv prozessführungsbefugt** ist nach Abs. 1 der Bestreitende. Widerspricht der Verwalter bzw. der Treuhänder (§ 313 Abs. 1 S. 1), so ist nach der Amtstheorie der Verwalter selbst (kraft Amtes), nach der Organtheorie die Masse und nach der Vertretertheorie der Schuldner als Träger der Insolvenzmasse Partei des Feststellungsstreits.[44] Auf den Wechsel des Insolvenzverwalters während des Feststellungsprozesses sind die §§ 241, 246 ZPO (nach der Amtstheorie analog) anwendbar.[45] Auch der widersprechende Sachwalter im Eigenverwaltungsverfahren führt den Feststellungsprozess (§§ 283 Abs. 1, 270 Abs. 1 S. 2, 179 Abs. 1) nur mit Wirkung für und gegen die Insolvenzmasse.[46] Bei einem Wechsel des Sachwalters gelten die §§ 241, 246 ZPO. Hat ein Schuldner in seiner Eigenschaft als Eigenverwalter widersprochen (§ 283 Abs. 1), so gelten gemäß § 270 Abs. 1 S. 2 für die Beseitigung des Widerspruchs die §§ 179 bis 183 (→ § 178 Rn. 30).[47] Wird nach Rechtshängigkeit der Feststellungsklage die Eigenverwaltung aufgehoben (§ 272), tritt entsprechend §§ 241, 246 ZPO der Fremdverwalter an die Stelle des Eigenverwalters.[48] Hat der Schuldner auch persönlich widersprochen (§ 178 Abs. 1 S. 2) und der Gläubiger gemäß § 184 Klage gegen den Schuldner persönlich erhoben, so wird der Rechtsstreit gegen den Schuldner persönlich durch die Aufhebung der Eigenverwaltung nicht berührt. Ein konkurrierender Gläubiger widerspricht im eigenen Namen und kraft eigenen Rechts. Er ist persönlich Partei des Feststellungsrechtsstreits (auch → § 178 Rn. 20 f.).[49] Tritt er seine Forderung nach Rechtshängigkeit der Feststellungsklage ab, so bleibt er gleichwohl passiv prozessführungsbefugt (§ 265 Abs. 2 ZPO).[50]

15 **8. Mehrere Widersprechende.** Haben mehrere Widerspruchsberechtigte die Forderung bestritten, so ist die Forderung erst dann festgestellt im Sinne des § 178 Abs. 1 S. 1, wenn **alle Widersprüche beseitigt** sind. Zur Beseitigung der Widersprüche kann der Gläubiger die Bestreitenden gemeinsam oder getrennt verklagen.[51] Die Widersprechenden sind nicht gemeinsam zur Sache legitimiert mit der Folge notwendiger Streitgenossenschaft gemäß § 62 Abs. 1 Alt. 2 ZPO.

16 Verfolgt der Gläubiger der bestrittenen Forderung die Feststellung in **getrennten Prozessen,** so wirkt ein rechtskräftiges Urteil im Einzelprozess, das die Klage des Gläubigers abweist, ohne weiteres zugunsten des Insolvenzverwalters und aller Insolvenzgläubiger (→ § 183 Rn. 3). Die noch anhängigen Feststellungsklagen gegen andere Widersprechende werden unzulässig.[52] Umgekehrt wirkt ein rechtskräftiges Urteil, welches das bestrittene Insolvenzgläubigerrecht feststellt, nur dann gemäß § 183 Abs. 1 gegenüber allen Insolvenzgläubigern und dem Insolvenzverwalter, wenn es den letzten noch nicht überwundenen Widerspruch beseitigt (→ § 183 Rn. 4). Festzustellen ist im Einzelprozess ebenso wie im Gesamtprozess das bestrittene Insolvenzgläubigerrecht, nicht lediglich die Unbegründetheit des jeweiligen Widerspruchs.[53]

---

[40] *Häsemeyer,* Insolvenzrecht, Rn. 22.11; Jaeger/*Gerhardt* InsO § 174 Rn. 85.
[41] *Häsemeyer* KTS 1982, 507, 552; Jaeger/*Gerhardt* InsO § 180 Rn. 34.
[42] *Häsemeyer* KTS 1982, 507, 552.
[43] *Bley* S. 58 ff.; Jaeger/*Gerhardt* InsO § 180 Rn. 33.
[44] Jaeger/*Windel* InsO § 80 Rn. 146 ff.
[45] *Jaeger/Henckel* KO 8. Aufl. § 6 Rn. 115 mwN.
[46] Vgl. auch FKInsO/*Foltis* § 283 Rn. 4, § 280 Rn. 7 ff.
[47] FKInsO/*Foltis* § 270 Rn. 27, § 283 Rn. 4.
[48] Vgl. auch *Häsemeyer,* Insolvenzrecht, Rn. 8.15.
[49] *Jaeger/Weber* KO 8. Aufl. § 146 Rn. 44.
[50] *Häsemeyer* KTS 1982, 507, 552; Jaeger/*Gerhardt* InsO § 180 Rn. 31.
[51] BGHZ 112, 95, 97 f.; RGZ 51, 97; Jaeger/*Gerhardt* InsO § 180 Rn. 22; Uhlenbruck/*Sinz* InsO § 179 Rn. 13; KPB/*Pape/Schaltke* § 179 Rn. 9; s. aber → Rn. 18 zur Aufnahme anhängiger Prozesse.
[52] Jaeger/*Gerhardt* InsO § 180 Rn. 24; *Jonas* S. 27.
[53] *Eckardt,* Kölner Schrift, S. 533, Rn. 57 Fn. 121; *Henckel,* Parteilehre und Streitgegenstand im Zivilprozess, 1961, S. 205; *Jaeger/Weber* KO 8. Aufl. § 146 Rn. 9; aA Nerlich/Römermann/*Becker* § 180 Rn. 7.

Verklagt der Gläubiger die Bestreitenden **gemeinsam,** so sind sie notwendige Streitgenossen im Sinne des § 62 Abs. 1 Alt. 1 ZPO. Dasselbe gilt, wenn das Gericht die bei ihm anhängigen Feststellungsprozesse gemäß § 147 ZPO verbindet. Die Feststellung des Insolvenzgläubigerrechts kann gegenüber den gemeinsam verklagten Widersprechenden nur einheitlich erfolgen, da der Sieg auch nur eines Widersprechenden zugunsten aller übrigen Insolvenzgläubiger und des Insolvenzverwalters wirkt (→ § 183 Rn. 3).[54] 17

Nach Ansicht des BGH kann der Gläubiger einen über die Forderung **anhängigen Prozess (§ 180 Abs. 2)** nur gegenüber allen Bestreitenden wirksam aufnehmen.[55] Dies ergebe sich aus dem Zweck des § 180 Abs. 2, Zeit und Kosten zu sparen und den Rechtsstreit rasch zu Ende zu bringen. Die gemeinsame Prozessaufnahme muss jedoch nicht in jedem Falle der schnellste und kostengünstigste Weg zur Feststellung der Forderung gemäß § 178 Abs. 1 S. 1 sein. So mag ein Teil der Bestreitenden für eine außergerichtliche Einigung offen sein, während sich andere einer Einigung von vornherein verschließen. Insbesondere kann bei einem Widerspruch gegen eine titulierte Forderung eine Prozessaufnahme durch die Bestreitenden gemeinsam nicht verlangt werden, da ansonsten der einzelne Widersprechende durch die Weigerung, den Prozess aufzunehmen, die Verfolgung der übrigen Widersprüche verhindern könnte.[56] Zu Recht verneint der BGH eine Obliegenheit zur Prozessaufnahme gegenüber allen Bestreitenden jedenfalls insoweit, als auch der Schuldner persönlich widersprochen hat (§ 184 Abs. 1 S. 2).[57] Der Gläubiger darf nicht zu einer Klage nach § 184 gezwungen werden, wenn er nur die Teilnahme an der insolvenzmäßigen Befriedigung erstrebt und auf einen Titel nach § 201 Abs. 2 gegen den Schuldner keinen Wert legt (zB wegen eines zu erwartenden Restschuldbefreiungsverfahrens oder wegen der bevorstehenden Löschung der Schuldnerin). 18

9. Streithilfe. Jeder **Widerspruchsberechtigte** im engeren Sinne (→ § 178 Rn. 17) kann, auch wenn er selbst keinen Widerspruch erhoben hat, dem Feststellungsgegner als Nebenintervenient beitreten. Das Interventionsinteresse (§ 66 ZPO) des Verwalters folgt aus seiner Pflicht zur Wahrung der Interessen der Insolvenzgläubiger und des Schuldners (→ § 178 Rn. 18); das Interventionsinteresse eines Gläubigers ergibt sich daraus, dass durch Zulassung eines Nichtberechtigten zu den Verteilungen seine Quote verkürzt würde.[58] 19

Zweifelhaft ist, ob der **Schuldner persönlich** (anders der Eigenverwalter) dem beklagten Verwalter (Sachwalter) oder Gläubiger als Nebenintervenient beitreten kann.[59] Ein Interventionsinteresse ist jedenfalls dann abzulehnen, wenn der Schuldner der Forderung nicht selbst im Prüfungstermin oder im schriftlichen Verfahren widersprochen hat. Zur Verhinderung der Vollstreckungs- und Rechtskraftwirkung der Feststellung gegenüber dem insolvenzfreien Vermögen (§ 201 Abs. 2) ist der Schuldner auf die Erhebung des Widerspruchs im Prüfungstermin angewiesen.[60] Bei der Verwaltung und Prozessführung über die Insolvenzmasse wird der Schuldner vollständig durch den Verwalter verdrängt (→ § 178 Rn. 23).[61] Hat dagegen der Schuldner der Forderung im Prüfungstermin oder im schriftlichen Verfahren widersprochen, so kann er zugunsten des widersprechenden Verwalters oder Gläubigers intervenieren. Für das Interventionsinteresse reicht es nämlich aus, dass die Entscheidung des Feststellungsstreits (§§ 179 ff.) Rückwirkungen auf den Rechtsstreit zwischen dem Gläubiger und dem Schuldner (§ 184) haben kann.[62] 20

10. Negative Feststellungsklage des Bestreitenden. Eine Klage des Widersprechenden auf Feststellung des Nichtbestehens des Insolvenzgläubigerrechts ist in der Regel mangels Feststellungsin- 21

---

54 RGZ 96, 251, 254; *Bley* S. 86 ff.; *Eckardt,* Kölner Schrift, S. 533, Rn. 51; Jaeger/*Gerhardt* InsO § 180 Rn. 24; K. Schmidt/*Jungmann* § 183 Rn. 4.

55 BGHZ 76, 206, 209 f.; 112, 95, 99 (seerechtliches Verteilungsverfahren); NZI 2012, 967; Beschl. v. 6.3.2013 – III ZR 261/12, NZI 2013, 396, Rn. 9 ff.

56 *Häsemeyer,* Insolvenzrecht, Rn. 22.32; so auch BGH NZI 2012, 967.

57 BGH NJW 1998, 2364, 2365; anders im seerechtlichen Verteilungsverfahren, wo der Widerspruch des Schuldners die Feststellung der Forderung hindert (§ 19 Abs. 3 SeeVertO); BGHZ 112, 95, 98.

58 RG JW 1889, 203; 1891, 273 Nr. 11 (jeweils für Anfechtungsprozess des Verwalters); LG Kiel ZInsO 2007, 1117; Jaeger/*Henckel* InsO § 129 Rn. 288; Jaeger/*Gerhardt* InsO § 180 Rn. 26; Stein/Jonas/*Jacoby* § 66 Rn. 7; *Bley* S. 89 ff.

59 Dagegen RGZ 28, 422, 423 f.; JW 1893, S. 343 Nr. 6; KPB/*Pape/Schaltke* § 179 Rn. 12; zustimmend Jaeger/*Gerhardt* InsO § 180 Rn. 28 f.; Uhlenbruck/*Sinz* InsO § 179 Rn. 16; eine Ausnahme wird wegen § 129 Abs. 1 HGB zugunsten der Gesellschafter einer insolventen offenen Handelsgesellschaft gemacht: vgl. RGZ 34, 360, 365; JW 1902, 213 Nr. 3; Uhlenbruck/*Sinz* InsO § 179 Rn. 16.

60 *Jaeger/Henckel* KO 9. Aufl. § 6 Rn. 102.

61 Uhlenbruck/*Sinz* InsO § 179 Rn. 16.

62 *Eckardt,* Kölner Schrift, S. 533, Rn. 51; *Jaeger/Henckel* KO 9. Aufl. § 6 Rn. 103; Stein/Jonas/*Jacoby* § 66 Rn. 13; aA RG JW 1937, 3042, Nr. 34; Jaeger/*Gerhardt* InsO § 180 Rn. 29; Uhlenbruck/*Sinz* InsO § 179 Rn. 16; aA RG JW 1937, 3042, Nr. 34; KPB/*Pape/Schaltke* § 179 Rn. 12.

teresses **unzulässig.**[63] Der Gläubiger der bestrittenen Forderung wird aufgrund des Widerspruchs bei den Verteilungen nicht berücksichtigt, solange er nicht seinerseits die Feststellung gegen den Bestreitenden betreibt (§ 189 Abs. 1, Abs. 3). Lässt sich jedoch der Gläubiger zur Sache auf die Klage des Bestreitenden ein, so gilt dies als eigenes Betreiben.[64]

22 Eine negative Feststellungsklage des Bestreitenden soll ausnahmsweise zulässig sein, wenn er ein **besonderes rechtliches Interesse** an der Feststellung hat, das über das Interesse am Ausschluss des Anmelders von der Teilnahme an den Verteilungen hinausgeht.[65] So hat nach Ansicht des Reichsgerichts der **widersprechende Verwalter** ein rechtliches Interesse an der Feststellung des Nichtbestehens der bestrittenen Insolvenzforderung, wenn der Gläubiger gegenüber einem Zahlungsbegehren des Verwalters die Aufrechnung mit der bestrittenen Forderung behauptet.[66] Dagegen spricht, dass der Verwalter – soweit die zur Aufrechnung gestellte Forderung die Masseforderung nicht übersteigt – die Berechtigung der Aufrechnung im Rahmen der Durchsetzung der Masseforderung klären kann.[67] Soweit die behauptete Insolvenzforderung über die Masseforderung hinausgeht und nicht im Sinne des § 179 Abs. 2 tituliert ist, muss sie der Verwalter bei der Verteilung der Masse nicht berücksichtigen, solange nicht der Gläubiger die Feststellung betreibt (§ 189 Abs. 1, Abs. 3).[68] Auch ein **widersprechender Insolvenzgläubiger** kann nach hM Klage auf Feststellung des Nichtbestehens der bestrittenen Forderung erheben, wenn er ein besonderes rechtliches Interesse an der Feststellung hat.[69] Die Tatsache, dass der beklagte Gläubiger durch seinen Widerspruch die Berücksichtigung des Klägers bei der Verteilung verhindert, begründet aber noch kein hinreichendes Feststellungsinteresse. Die Widerspruchsberechtigung des beklagten Gläubigers ist vielmehr im Rahmen einer Feststellungsklage gemäß §§ 179 ff. zu klären (→ § 178 Rn. 20). Auch eine Klage des **Schuldners persönlich** auf Feststellung des Nichtbestehens der bestrittenen Forderung ist regelmäßig unzulässig.[70] Zur Verhinderung der Vollstreckungswirkung des Tabelleneintrags gemäß § 201 Abs. 2 ist der Widerspruch erforderlich und genügend. Etwas anderes gilt jedoch, wenn der Gläubiger seine Forderung auf einen der in § 302 Abs. 1 genannten Schuldgründe stützt (zB vorsätzliche unerlaubte Handlung, vorsätzliche pflichtwidrige Nichtgewährung von gesetzlichem Unterhalt) und der Schuldner (ausschließlich oder auch) diesem Schuldgrund widerspricht (→ § 184 Rn. 8). Bei der Verwaltung der Insolvenzmasse wird der Schuldner, soweit er nicht als Eigenverwalter handelt, durch den Insolvenzverwalter verdrängt (§§ 80; 178 Abs. 1 S. 2).

22a **11. Obligatorische außergerichtliche Streitschlichtung.** Die Zulässigkeit einer Klage, mit der ein Insolvenzgläubiger die Feststellung einer Forderung zur Insolvenztabelle betreibt, ist nicht von der vorherigen Durchführung eines Verfahrens der obligatorischen außergerichtlichen Streitschlichtung abhängig.[71]

V. Feststellung titulierter Forderungen (Abs. 2)

23 Liegt für die bestrittene Forderung ein vollstreckbarer Schuldtitel oder ein Endurteil vor, so obliegt es gemäß Abs. 2 dem Bestreitenden, den Widerspruch zu verfolgen.

1. Titulierte Forderung. a) Vollstreckbarer Schuldtitel. Vollstreckbare Schuldtitel im Sinne des Abs. 2 sind zunächst die in §§ 704, 794 ZPO genannten Vollstreckungstitel, namentlich rechtskräftige oder für vorläufig vollstreckbar erklärte Endurteile, Prozessvergleiche, Kostenfestsetzungsbeschlüsse, Beschlüsse über die Unterhaltsfestsetzung und Unterhaltsabänderung, beschwerdefähige Entscheidungen, Vollstreckungsbescheide, für vollstreckbar erklärte Schiedssprüche, schiedsrichterliche Vergleiche und Anwaltsvergleiche sowie gerichtliche oder notarielle Urkunden, in denen

[63] BGHZ 19, 163, 164 f.; NZI 2010, 345; RGZ 16, 358, 360 ff.; Jaeger/*Gerhardt* InsO § 179 Rn. 16; Uhlenbruck/*Sinz* InsO § 179 Rn. 9; KPB/*Pape/Schaltke* § 179 Rn. 13; aA *Rattunde/Smid/Zeuner* § 179 Rn. 10; *Häsemeyer,* Insolvenzrecht, Rn. 22.38.

[64] BGHZ 19, 163, 164 f.; RG JW 1896, 602 Nr. 22; Jaeger/*Gerhardt* InsO § 179 Rn. 8; *Rattunde/Smid/Zeuner* § 179 Rn. 10; Uhlenbruck/*Sinz* InsO § 179 Rn. 9.

[65] RGZ 116, 368, 372; JW 1900, 393, 394; aA *Häsemeyer,* Insolvenzrecht, Rn. 22.38.

[66] RG JW 1900, 393, 394; *Bley* S. 43 f.; vgl. auch OLG Hamburg OLG Rspr. 6, 239 (Feststellungsklage des widersprechenden Verwalters im Genossenschaftskonkurs); OLG Jena BeckRS 2012, 09579 (Feststellungsinteresse des widersprechenden Verwalters, wenn der Gläubiger selbst zunächst nur einen Teil des angemeldeten Anspruchs feststellen lassen will).

[67] So BAG NJW 1961, 1885; zust. Jaeger/*Gerhardt* InsO § 179 Rn. 19.

[68] Vgl. auch OLG Karlsruhe OLGRspr. 11, 370.

[69] RG JW 1939, 250; *Jaeger/Weber* KO 8. Aufl. § 146 Rn. 15; Uhlenbruck/*Sinz* InsO § 179 Rn. 18.

[70] Im Ergebnis ebenso Jaeger/*Gerhardt* InsO § 184 Rn. 18; aA Uhlenbruck/*Sinz* InsO § 179 Rn. 18; etwas anderes gilt für persönlich haftende Gesellschafter einer insolventen KG oder OHG: BGH NJW 1957, 144; Uhlenbruck/*Sinz* InsO § 179 Rn. 16.

[71] BGH NZI 2011, 688.

sich der Schuldner der sofortigen Zwangsvollstreckung unterworfen hat.[72] Vollstreckbare Schuldtitel sind außerdem der Auszug aus der Insolvenztabelle (§ 201 Abs. 2 S. 1 InsO), Entscheidungen und Vergleiche der Arbeitsgerichte (§§ 62, 85 ArbGG) sowie landesrechtliche Vollstreckungstitel (§ 801 ZPO). Auf ausländische Vollstreckungstitel, die nicht Endurteile sind (hierzu → Rn. 24), findet Abs. 2 Anwendung, wenn sie für vollstreckbar erklärt wurden[73] oder ohne Vollstreckbarerklärung im Inland vollstreckbar sind.[74] Keine vollstreckbaren Schuldtitel im Sinne des Abs. 2 sind Arrestbefehle. Sie dienen der Sicherung der Zwangsvollstreckung und entscheiden nicht endgültig über den Arrestanspruch.[75] Zur Anwendung des Abs. 2 auf Steuerforderungen → § 185 Rn. 12 f.

b) Endurteil. Endurteile im Sinne des Abs. 2 sind auch Teilurteile (§ 301 ZPO), Versäumnisurteile[76] und Vorbehaltsurteile (§§ 302, 599 ZPO),[77] nicht jedoch Grundurteile.[78] Nicht erforderlich ist, dass das Urteil rechtskräftig oder vorläufig vollstreckbar ist.[79] Die zweite Alternative des Abs. 2 erlangt vielmehr nur für den Fall fehlender Vollstreckbarkeit eigene Bedeutung, da vollstreckbare Endurteile bereits von der ersten Alternative des Abs. 2 erfasst sind. Maßgebend für die Betreibungslast des Bestreitenden im Falle des Abs. 2 Alt. 2 ist nicht die Vollstreckbarkeit des Titels, sondern die in dem Urteil enthaltene hoheitliche Feststellung.[80] Auch ein Feststellungsurteil, das die bestrittene Forderung nach Grund und Betrag bejaht, fällt daher unter Abs. 2 Alt. 2,[81] ebenso (auch ohne Vollstreckbarerklärung) ein im Inland anerkanntes ausländisches Endurteil.[82] Umgekehrt bildet ein Schiedsspruch ungeachtet des § 1055 ZPO nur dann einen Titel im Sinne des Abs. 2, wenn er für vollstreckbar erklärt worden ist (§ 1060 ZPO).[83] 24

c) Entstehungszeitpunkt des Titels. Der Titel muss grundsätzlich bei Eröffnung des Insolvenzverfahrens vorhanden sein. Bei Urteilen reicht es aus, dass die mündliche Verhandlung, aufgrund derer das Urteil erging, vor der Eröffnung des Insolvenzverfahrens stattfand (§ 249 Abs. 3 ZPO).[84] Eine Forderung wird nicht dadurch tituliert im Sinne des Abs. 2, dass nach der Eröffnung des Insolvenzverfahrens unter Verletzung der §§ 240, 249 ZPO (→ Vor § 85 Rn. 74) ein Versäumnisurteil ergeht[85] oder ein Vollstreckungsbefehl erlassen wird.[86] 25

d) Vorlage des Titels. Der Gläubiger muss den Titel spätestens im Prüfungstermin vorlegen, damit Verwalter und Gläubiger die Gelegenheit zur Prüfung erhalten.[87] Die Vorlage des Originaltitels ist nicht erforderlich.[88] Mangels Vorlage des Titels wird die Forderung wie eine nicht titulierte behandelt. Bei verspäteter Vorlage kann der Gläubiger analog § 177 Abs. 1 S. 2 die Anordnung eines besonderen Termins[89] oder eines schriftlichen Verfahrens zur Prüfung des Titels beantragen. 26

e) Keine Titulierung insolvenzspezifischer Forderungseigenschaften. Angemeldet, geprüft und bestritten wird nach hier vertretener Ansicht (→ § 178 Rn. 15 ff.; → Rn. 7) nicht der 27

---

72 Ausführlich zu den Vollstreckungstiteln *Baur/Stürner/Bruns* I, Zwangsvollstreckungsrecht, §§ 13–16.

73 Die Vollstreckbarerklärung ist auch noch nach Verfahrenseröffnung zulässig; HambKommInsO/*Herchen* § 179 Rn. 26.

74 Verordnung (EG) Nr. 805/2004 des Europäischen Parlaments und des Rates vom 21.4.2004 zur Einführung eines europäischen Vollstreckungstitels für unbestrittene Forderungen, ABl. L 143 vom 30.4.2004, S. 15–39; §§ 1079–1086 ZPO.

75 BGH KTS 1962, 51, 52; K. Schmidt/*Jungmann* § 179 Rn. 13; Uhlenbruck/*Sinz* InsO § 179 Rn. 20; KPB/*Pape/Schaltke* § 179 Rn. 16.

76 Auch wenn schon vor Verfahrenseröffnung Einspruch eingelegt war: RGZ 50, 412, 415.

77 Jaeger/*Gerhardt* InsO § 179 Rn. 45; K. Schmidt/*Jungmann* § 179 Rn. 10, 13; Uhlenbruck/*Sinz* InsO § 179 Rn. 20.

78 RG JW 1931, 2104, Nr. 12; Jaeger/*Gerhardt* InsO § 179 Rn. 40; K. Schmidt/*Jungmann* § 179 Rn. 13; Uhlenbruck/*Sinz* InsO § 179 Rn. 20; KPB/*Pape/Schaltke* § 179 Rn. 16.

79 BGH § 146 KO LM Nr. 1.

80 Jaeger/*Gerhardt* InsO § 179 Rn. 38; *Jonas* S. 73.

81 Jaeger/*Gerhardt* InsO § 179 Rn. 43; *Eckardt,* Kölner Schrift, S. 533, Rn. 65; Uhlenbruck/*Sinz* InsO § 179 Rn. 21.

82 Str.; wie hier *Bley* S. 62; Jaeger/*Gerhardt* InsO § 179 Rn. 44; *Jonas* S. 73; aA LAG Düsseldorf IPRspr. 1991 Nr. 238, S. 512; K. Schmidt/*Jungmann* § 179 Rn. 10; Uhlenbruck/*Sinz* InsO § 179 Rn. 20.

83 *Jonas* S. 73; aA *Bley* S. 62; *Jestaedt* S. 109 ff.; *Riestelhuber* ZInsO 2004, 427, 429 f.; *Heidbrink/v. d. Groeben* ZIP 2006, 265, 270.

84 OLG Braunschweig OLGRspr. 23, 307; s. auch BGH ZIP 1994, 1388.

85 OLG Köln NJW 1988, 1859.

86 LG Stade KTS 1960, 47; K. Schmidt/*Jungmann* § 179 Rn. 11; Uhlenbruck/*Sinz* InsO § 179 Rn. 21,; aA *Bley* S. 62 f.; Jaeger/*Gerhardt* InsO § 179 Rn. 48.

87 RGZ 85, 64, 68.

88 BGH NZI 2006, 173; dazu *Hofer* Rpfleger 2007, 361.

89 RGZ 85, 69; Jaeger/*Gerhardt* InsO § 179 Rn. 60; Uhlenbruck/*Sinz* InsO 179 Rn. 24.

Anspruch gegen den Schuldner, sondern das Haftungsrecht des Gläubigers an der Masse. Auf dieses Haftungsrecht bezieht sich aber in der Regel der vorinsolvenzliche Titel nicht. Er trifft nur Aussagen über den Bestand des Anspruchs als einer Voraussetzung des Haftungsrechts, nicht jedoch über den Rang des Anspruchs (§ 39), seine Eigenschaft als Insolvenzforderung (§ 38) oder seine insolvenzrechtliche Anfechtbarkeit. Abs. 2 ist daher ergänzend auszulegen. Die Bestimmung findet immer dann Anwendung, wenn für die Forderung, für die das bestrittene Haftungsrecht in Anspruch genommen wird, ein vollstreckbarer Schuldtitel oder ein Endurteil vorliegt. Dies gilt unabhängig davon, ob der Widerspruch auf das Nichtbestehen des Anspruchs, seine Nachrangigkeit, Unanmeldbarkeit oder die Insolvenzanfechtung gestützt wird. Dagegen kommt die hM, die im Ergebnis die einzelnen Voraussetzungen für die Berücksichtigung des Anspruchs im Insolvenzverfahren als Gegenstand der Feststellung ansieht (→ § 178 Rn. 12), zu einem engeren Anwendungsbereich des Abs. 2 (bzw. des § 146 Abs. 6 KO). So war nach Ansicht des BGH § 146 Abs. 6 KO unanwendbar, wenn der Widersprechende allein das für die titulierte Forderung beanspruchte Vorrecht bestritt.[90] Demgemäß soll es nach Auffassung des Schrifttums dem Gläubiger der titulierten Forderung überlassen sein, die Feststellung zu betreiben, wenn der Widersprechende allein den Rang[91] oder die Anmeldbarkeit[92] der titulierten Forderung bestreitet oder die Insolvenzanfechtung[93] geltend macht (ausführlich → Rn. 31 f.).

28 **f) Identität zwischen titulierter und bestrittener Forderung.** Die titulierte und die bestrittene Forderung (nach hier vertretener Ansicht der dem bestrittenen Insolvenzgläubigerrecht zugrunde liegende Anspruch, → Rn. 27) **müssen identisch sein.** Mangels Identität zwischen titulierter und bestrittener Forderung ist Abs. 2 unanwendbar, wenn das Urteil einen Erfüllungsanspruch tituliert, der Verwalter die Erfüllung des Vertrages aber ablehnt und daraufhin der Gläubiger einen Schadensersatzanspruch (§ 103 Abs. 2 S. 1) zur Tabelle anmeldet, den der Verwalter bestreitet.[94] Ebenso wenig wird ein Gläubiger (auch nicht teilweise) nach Abs. 2 privilegiert, dessen Titel nur einen Rechnungsposten in dem zur Tabelle angemeldeten Saldo betrifft.[95] Abs. 2 findet ferner keine Anwendung, wenn die titulierte Forderung nicht auf eine bestimmte Geldforderung gerichtet ist und deshalb der Gläubiger gemäß § 45 S. 1 den Schätzwert der Forderung angemeldet hat. Der Titel deckt hier nur die Forderung in ihrer ursprünglichen Form, nicht die Schätzung.[96] Abs. 2 greift dagegen ein, wenn eine Forderung in fremder Währung tituliert, aber in Euro angemeldet worden ist (§ 45 S. 2).[97]

29 **2. Betreibungslast des Bestreitenden.** Liegt für die bestrittene Forderung ein vollstreckbarer Schuldtitel oder ein Endurteil vor, so obliegt es gemäß Abs. 2 dem Bestreitenden, den Widerspruch zu verfolgen. Dem Gläubiger der titulierten Forderung soll die Rechtsposition, die er vor Eröffnung des Insolvenzverfahrens im Verhältnis zu dem Schuldner erlangt hat, auch im Verhältnis zu dem Widersprechenden erhalten bleiben. Aus dem Unterlassen der Widerspruchsverfolgung ergeben sich für den Bestreitenden und die übrigen konkurrierenden Gläubiger Nachteile im Verteilungsverfahren: Solange nicht der Widersprechende die negative Feststellung des Insolvenzgläubigerrechts erstritten hat, wird der Gläubiger der bestrittenen titulierten Forderung bei den Verteilungen berücksichtigt mit der Folge, dass sich der Anteil der übrigen Gläubiger verkürzt (arg. § 189).[98] Die Berücksichtigung erfolgt grundsätzlich durch Auszahlung des Anteils. Weist jedoch der Bestreitende vor Vollzug der Verteilung dem Verwalter die Verfolgung des Widerspruchs nach, so wird der Anteil analog § 189 Abs. 2 zurückbehalten.[99] Dass die Insolvenzordnung anders als die Konkursordnung (§ 168 Nr. 1 KO) die Zurückbehaltung von Anteilen auf titulierte prozessbefangene Forderungen nicht ausdrücklich vorsieht, beruht ersichtlich auf einem Redaktionsversehen.[100]

---

90 BGH LM KO § 61 Nr. 2, 3; ebenso BSG NJW 1961, 1087.

91 *Häsemeyer,* Insolvenzrecht, Rn. 22.34; *Jauernig/Berger,* Zwangsvollstreckungs- und Insolvenzrecht, § 56 Rn. 22; wohl auch Nerlich/Römermann/*Becker* § 179 Rn. 15.

92 *Häsemeyer,* Insolvenzrecht, Rn. 22.34; für die KO *Bley* S. 65 ff.; *Jonas* S. 76 ff.; Jaeger/*Gerhardt* InsO § 179 Rn. 11.

93 *Häsemeyer,* Insolvenzrecht, Rn. 22.34.

94 Str.; wie hier Henckel ZZP 75 (1962) 353 f.; Jaeger/*Gerhardt* InsO § 179 Rn. 65; aA BGH NJW 1962, 153, 154; *Eckardt,* Kölner Schrift, S. 533, Rn. 65.

95 RG LZ 1912, Sp. 331 f. Nr. 2; *Bley* S. 66; Jaeger/*Gerhardt* InsO § 179 Rn. 66.

96 Jaeger/*Gerhardt* InsO § 179 Rn. 68; *Bley* S. 66; zustimmend OLG Dresden KuT 1940, 94 (Schätzung einer Forderung aus Unterhaltsvergleich im Nachlasskonkurs).

97 *Eckardt,* Kölner Schrift, S. 533, Rn. 65; Jaeger/*Gerhardt* InsO § 179 Rn. 68.

98 *Eckardt,* Kölner Schrift, S. 533, Rn. 64; *Holzer* NZI 1999, 44, 45 f.; KPB/*Holzer* § 189 Rn. 2 ff.

99 Die Ausschlussfrist des § 189 Abs. 1 gilt für den Nachweis des Widersprechenden nicht; *Eckardt,* Kölner Schrift, S. 533, Rn. 64; Uhlenbruck/*Sinz* InsO § 179 Rn. 27.

100 Nach der Begründung zu § 217 RegE (= § 189) sollten die §§ 152, 168 Nr. 1 KO sinngemäß übernommen werden (BR-Drs. 1/92, 186); zutreffend *Eckardt,* Kölner Schrift, S. 533, Rn. 64; *Holzer* NZI 1999, 44, 45 f.; KPB/*Holzer* § 189 Rn. 3; Nerlich/Römermann/*Becker* § 178 Rn. 12.

Der Bestreitende verfolgt den Widerspruch **durch Klage** (§ 180 Abs. 1) oder **durch Aufnahme** eines über die Forderung anhängigen Rechtsstreits (§ 180 Abs. 2). Für die Auswirkungen der Einzel- oder Gesamtrechtsnachfolge auf die Parteistellung des Gläubigers und des Widersprechenden gilt das zur Klage des Gläubigers gemäß Abs. 1 Gesagte entsprechend (→ Rn. 13 f.). Verfolgt der Bestreitende den Widerspruch nicht, so kann der Gläubiger Feststellungsklage gegen den Bestreitenden erheben oder einen über die Forderung anhängigen Prozess gegen den Bestreitenden aufnehmen (→ Rn. 43 f.). 30

3. Betreibungslast des Gläubigers bei insolvenzspezifischen Einwendungen? Der vorinsolvenzliche Titel bezieht sich nur auf den **Bestand der Forderung** (iSd „prozessualen Anspruchs") **nach Grund und Betrag,** nicht auf ihren Rang oder ihre Anmeldbarkeit im Insolvenzverfahren oder auf ihre insolvenzrechtliche Anfechtbarkeit (→ Rn. 27).[101] Nach der älteren Rechtsprechung des BGH war es daher trotz Titulierung der Forderung dem Gläubiger überlassen, die Feststellung gegen den Bestreitenden zu betreiben, wenn dieser allein einem von dem Gläubiger beanspruchten Vorrecht (§ 61 Abs. 1 Nr. 1 bis 5 KO) widersprach.[102] Entsprechendes gilt nach Ansicht eines Teils des Schrifttums bei einem Widerspruch allein gegen die Anmeldbarkeit der Forderung[103] und bei Berufung auf die Insolvenzanfechtung.[104] Bei einem Widerspruch sowohl gegen den Bestand der titulierten Forderung als auch gegen den beanspruchten Rang oder die Anmeldbarkeit der Forderung sollte es zu einer Aufspaltung der Betreibungslast und zu getrennten Feststellungsprozessen kommen.[105] 31

Die entsprechende Anwendung dieser Rechtsprechung auf die Insolvenzordnung, namentlich auf den Fall, dass der Bestreitende den Nachrang (insbesondere § 39 Abs. 1 Nr. 5), die Unanmeldbarkeit oder die Insolvenzanfechtung der titulierten Forderung behauptet, ist **abzulehnen.** Der Wortlaut des §§ 179 Abs. 2, 189 Abs. 1 enthält für die Differenzierung der Betreibungslast je nach „Widerspruchsrichtung" keine Anhaltspunkte.[106] Die mit der Differenzierung verbundene Aufspaltung der Feststellungsprozesse ist prozessual unzweckmäßig.[107] Zwar trifft der vorinsolvenzliche Titel keine Aussage über Rang, Anfechtbarkeit oder Anmeldbarkeit der Forderung. Der Grund für die Privilegierung des Gläubigers gemäß § 179 Abs. 2 liegt aber jedenfalls im Falle des Abs. 2, 1. Alt. weniger in der Gewähr für den Bestand der Forderung, die der Titel bietet, als vielmehr in der Aufrechterhaltung der erlangten verfahrensrechtlichen Position auch im Verhältnis zu dem Bestreitenden.[108] Nach Abschaffung der allgemeinen Konkursvorrechte durch die Insolvenzordnung ist es auch sachlich nicht mehr gerechtfertigt, dem Gläubiger die Betreibungslast aufzuerlegen, sobald der Widersprechende den für die titulierte Forderung beanspruchten (Voll-)Rang bestreitet. Der bestrittene Vollrang ist nunmehr die Regel, ein Vorrecht nach der Konkursordnung war die Ausnahme.[109] Geht man schließlich zutreffend vom Haftungsrecht als Gegenstand des Feststellungsverfahrens aus (ausführlich → § 178 Rn. 11 ff.; → Rn. 7 f.), so liegt es nahe, die Betreibungslast unabhängig von dem Grund des Widerspruchs gegen das Haftungsrecht einheitlich zu beurteilen.[110] Andernfalls müssten Gläubiger und Bestreitender jeweils in getrennten Prozessen die Feststellung der einzelnen Voraussetzungen des Haftungsrechts verfolgen.[111] 32

4. Mittel der Widerspruchsverfolgung. Nach **herrschender Meinung** kann der Bestreitende seinen Widerspruch nur mit den Mitteln verfolgen, die dem Schuldner zurzeit der Insolvenzverfahrenseröffnung gegen den Titel zur Verfügung standen.[112] Liegt für die Forderung ein nicht rechtskräftiges Endurteil vor, so müsse der Bestreitende den Rechtsstreit aufnehmen und fortführen, 33

---

[101] Dagegen *Häsemeyer,* Insolvenzrecht, Rn. 22.34.

[102] BGH LM KO § 61 Nr. 2, 3; ebenso BSG NJW 1961, 1087; für die Behauptung des Nachranges nach der InsO *Häsemeyer,* Insolvenzrecht, Rn. 22.34; *Jauernig/Berger,* Zwangsvollstreckungs- und Insolvenzrecht, § 56 Rn. 22; Nerlich/Römermann/*Becker* § 179 Rn. 15; aA RGZ 116, 368, 374; *Eckardt,* Kölner Schrift, S. 533, Rn. 65.

[103] So für die KO *Bley* S. 65 ff.; *Jonas* S. 76 ff.; *Jaeger/Weber* KO 8. Aufl. § 146 Rn. 36b.

[104] *Häsemeyer,* Insolvenzrecht, Rn. 22.34.

[105] *Bley* S. 66 ff.; *Jonas* S. 76 f.; Jaeger/*Gerhardt* InsO § 180 Rn. 42.

[106] BGH Urt. v. 26.1.2017 IX ZB 315/14, NJW 2017, 1752.

[107] BGH Urt. v. 26.1.2017 IX ZB 315/14, NJW 2017, 1752; RGZ 116, 368, 374.

[108] ZB bei Titulierung durch vollstreckbare Urkunde oder Vollstreckungsbescheid; *Kramer,* Konkurs- und Steuerverfahren, 1993, S. 255.

[109] *Eckardt,* Kölner Schrift, S. 533, Rn. 65.

[110] BGH Urt. v. 26.1.2017 IX ZB 315/14, NJW 2017, 1752 Rn. 10 ff.; *Eckardt,* Kölner Schrift, S. 533, Rn. 65.

[111] Ebenso RGZ 116, 368, 374; BGH Urt. v. 26.1.2017 IX ZB 315/14, NJW 2017, 1752 Rn. 10 ff.; *Eckardt,* Kölner Schrift, S. 533, Rn. 65.

[112] Motive, S. 366 f. = *Hahn* IV S. 328 f.; K. Schmidt/*Jungmann* § 179 Rn. 21; Uhlenbruck/*Sinz* InsO § 179 Rn. 33; *Jonas* S. 66 ff.; Jaeger/*Gerhardt* InsO § 179 Rn. 73; KPB/*Pape/Schaltke* § 179 Rn. 14a.

wie ihn der Schuldner hätte fortführen können. Gegen eine rechtskräftig titulierte Forderung sei der Bestreitende auf die Wiederaufnahmeklage (§§ 578 ff. ZPO) und die Vollstreckungsgegenklage (§ 767 ZPO) angewiesen. Sei die Forderung durch vollstreckbare gerichtliche oder notarielle Urkunde tituliert, so sei Vollstreckungsgegenklage zu erheben, wobei § 767 Abs. 2 ZPO keine Anwendung finde (§ 797 Abs. 4 ZPO).[113]

34 Sieht man entgegen der hM nicht den Anspruch gegen den Schuldner, sondern das **Haftungsrecht des Gläubigers** an der Masse als Gegenstand des Feststellungsverfahrens an (→ Rn. 7 f.; → § 178 Rn. 11 ff.), so schließt die rechtskräftige Entscheidung über die Forderung eine selbständige negative Feststellungsklage des Widersprechenden über das Haftungsrecht gemäß § 180 Abs. 1 S. 1 nicht aus. Nach dem Sinn und Zweck des § 180 Abs. 2 ist aber der Widersprechende im Rahmen der Neuklage an eine vor Eröffnung des Insolvenzverfahrens ergangene rechtskräftige Entscheidung, die dem Gläubiger die dem Haftungsrecht zugrunde liegende Forderung zuspricht, gebunden.[114] Der Bestreitende kann daher Einwendungen gegen den Bestand der Forderung dem Grunde oder der Höhe nach grundsätzlich nur insoweit erheben, als sie der Schuldner bis zur letzten mündlichen Tatsachenverhandlung nicht mehr geltend machen konnte (§ 767 Abs. 2 ZPO). Insolvenzspezifische Einwendungen wie Nachrangigkeit, Insolvenzanfechtung oder mangelnde Verfolgbarkeit der Forderung im Insolvenzverfahren kann er dagegen unbegrenzt geltend machen. Eine Durchbrechung der Rechtskraft des vorliegenden Titels ist nur im Rahmen der §§ 578 ff. ZPO oder § 826 BGB möglich. Soweit der Titel nicht rechtskraftfähig ist (Bsp.: vollstreckbare Urkunde), ist er entgegen der hM für die Widerspruchsverfolgung gemäß § 180 Abs. 1 S. 1 ohne Bedeutung.[115]

35 War über die Forderung, für die das Insolvenzgläubigerrecht beansprucht wird, zurzeit der Eröffnung des Insolvenzverfahrens **ein Rechtsstreit anhängig,** so ist die Feststellung durch Aufnahme des Rechtsstreits zu betreiben (§ 180 Abs. 2). Dem Bestreitenden obliegt gemäß Abs. 2 die Aufnahme, wenn die Forderung durch nicht rechtskräftiges Endurteil oder nicht rechtskräftigen Vollstreckungsbescheid tituliert ist. Nach der Aufnahme ist der Rechtsstreit so fortzusetzen, wie ihn der Schuldner hätte fortsetzen können. Der Widersprechende muss also Einspruch, Berufung oder Revision einlegen oder den Prozess in der Rechtsmittelinstanz weiter betreiben. Das entspricht auch der hM.[116] Der Antrag ist der veränderten prozessualen Situation anzupassen (→ § 180 Rn. 23 ff.). Streitgegenstand ist nunmehr die (negative) Feststellung des bestrittenen Insolvenzgläubigerrechts. Der anhängige Rechtsstreit ist auch dann aufzunehmen, wenn der Bestreitende den Widerspruch ausschließlich oder unter anderem auf die Insolvenzanfechtung, Nachrangigkeit oder Unanmeldbarkeit der Forderung stützt (→ § 180 Rn. 18).[117] Dass dadurch für die Prüfung dieser Einwendungen gegebenenfalls nur noch ein verkürzter Instanzenzug zur Verfügung steht, nimmt das Gesetz im Interesse der Prozessökonomie in Kauf. Wird nach der Prozessaufnahme die Klage des Gläubigers als unzulässig abgewiesen, so entfällt damit der Titel im Sinne des Abs. 2, ohne dass eine Entscheidung über das Insolvenzgläubigerrecht getroffen wäre. Es ist dann dem Gläubiger überlassen, die Feststellung der Forderung zu betreiben (Abs. 1).[118]

36 **5. Klageart und -gegenstand; Antrag.** Die Klage des Widersprechenden gegen den Gläubiger gemäß §§ 179 Abs. 2, 180 Abs. 1 S. 1 ist eine **negative Feststellungsklage** im Sinne des § 256 ZPO (→ Rn. 5). Der Widersprechende beantragt üblicherweise, den Widerspruch gegen die Forderung für begründet zu erklären.[119] Deutlicher ist ein Antrag auf Feststellung, dass dem Gläubiger für die angemeldete Forderung ein Insolvenzgläubigerrecht nicht zusteht (→ Rn. 6).[120] Gegenstand der zu beantragenden negativen Feststellung ist das Insolvenzgläubigerrecht im Sinne des Haftungsrechts des Gläubigers an der Masse (→ Rn. 7 f.; → § 178 Rn. 15 ff.). Gegen dieses Haftungsrecht richtet sich der Widerspruch, unabhängig davon, ob sich der Bestreitende auf die

---

113 K. Schmidt/*Jungmann* § 179 Rn. 21; Uhlenbruck/*Sinz* InsO § 179 Rn. 33; Jaeger/*Gerhardt* InsO § 179 Rn. 78.

114 Jaeger/*Gerhardt* InsO § 179 Rn. 75; BGH, Beschl. v. 26.4.2017 – I ZB 119/15, NJW-RR 2017, 1327, Rn. 22; vgl. auch *Eckardt,* Kölner Schrift, S. 533, Rn. 49: der widersprechende Verwalter oder Gläubiger habe im Hinblick auf die Masse eine dem Rechtsnachfolger des Schuldners jedenfalls ähnliche Stellung.

115 AA Uhlenbruck/*Sinz* InsO § 179 Rn. 33.

116 RGZ 27, 352; Motive, S. 367 = *Hahn* IV, S. 329; OLG München GmbHR 2010, 1031; Jaeger/*Gerhardt* InsO § 179 Rn. 79; Uhlenbruck/*Sinz* InsO § 179 Rn. 33; K. Schmidt/*Jungmann* § 179 Rn. 21; *Jonas* S. 82.

117 Str.; wie hier *Eckardt,* Kölner Schrift, S. 533, Rn. 49; *Jonas* S. 61 f.; aA Uhlenbruck/*Sinz* InsO § 179 Rn. 33.

118 *Bley* S. 75 f.; aA *Jonas* S. 83.

119 RG Warn Rspr. 1933 Nr. 167, S. 362; BGH NJW 1962, 153, 154 f.; ZIP 1994, 1193; Jaeger/*Gerhardt* InsO § 179 Rn. 70; *Jauernig/Berger,* Zwangsvollstreckungs- und Insolvenzrecht, § 56 Rn. 20; Uhlenbruck/*Sinz* InsO § 179 Rn. 26; K. Schmidt/*Jungmann* § 179 Rn. 23.

120 *Eckardt,* Kölner Schrift, S. 533, Rn. 52; Jaeger/*Gerhardt* InsO § 179 Rn. 70.

Nachrangigkeit der Forderung, ihre Unanmeldbarkeit oder die Insolvenzanfechtung beruft (streitig; → § 178 Rn. 34 ff.).

37 **Nimmt der Bestreitende einen Rechtsstreit auf,** der zurzeit der Eröffnung des Insolvenzverfahrens zwischen dem Gläubiger als Kläger und dem Schuldner als Beklagten über die Forderung anhängig ist (§§ 179 Abs. 2, 180 Abs. 2), so kann er sich entgegen der hM[121] darauf beschränken, die Abweisung des zu erwartenden Feststellungsantrags des Gläubigers zu beantragen (→ § 180 Rn. 25). Der Antrag, den Widerspruch gegen die Forderung für begründet zu erklären, ist in diesem Fall als besondere Formulierung des Abweisungsantrags anzusehen.[122] Die bisherigen Parteirollen ändern sich durch die Aufnahme nicht. Der Bestreitende tritt als Beklagter anstelle des Schuldners in den Prozess ein und kann als solcher die Klage nicht ändern. Unterlässt es der Gläubiger, den Leistungsantrag nach Aufnahme des Rechtsstreits durch den Bestreitenden in einen Antrag auf Feststellung der Forderung zur Tabelle zu ändern, so ist seine Klage als unzulässig abzuweisen, in der Rechtsmittelinstanz unter Aufhebung des angefochtenen Urteils; hierdurch geht die Betreibungslast auf den Gläubiger über.[123] Verurteilt jedoch das Gericht fälschlich den bestreitenden Verwalter zur Leistung, so kann das Urteil gegebenenfalls als Feststellung der eingeklagten Forderung zur Tabelle ausgelegt werden (→ § 180 Rn. 24).[124]

38 **6. Feststellungsinteresse.** Das Feststellungsinteresse des Widersprechenden besteht darin, ungerechtfertigte Auszahlungen zu verhindern (→ Rn. 29) und die Freigabe der zurückbehaltenen Anteile für die Verteilung zu erreichen.[125] Der widersprechende **Insolvenzgläubiger** klagt zum Schutz der eigenen Quote; der widersprechende **Verwalter** prozessiert im Interesse der wirklichen Insolvenzgläubiger sowie des Schuldners, dessen Nachhaftung sich durch Berücksichtigung Nichtberechtigter bei den Verteilungen erhöht (§ 201 Abs. 1). Der Widersprechende hat selbst dann ein Feststellungsinteresse, wenn die voraussichtliche Quote null beträgt.[126] Zum Feststellungsinteresse des Gläubigers der titulierten Forderung → Rn. 43.

39 Das **Feststellungsinteresse fehlt** in der Regel, wenn der Bestreitende die negative Feststellungsklage erst nach Vollzug der Schlussverteilung erhebt (§§ 179 Abs. 1, 180 Abs. 1, 2). Eine Zurückbehaltung von Anteilen analog § 189 Abs. 2 kommt dann zunächst nicht mehr in Betracht (→ Rn. 29). Soweit der Masse wegen der an den Gläubiger ausgezahlten Beträge Schadensersatz- oder Bereicherungsansprüche zustehen, sind diese von dem Insolvenzverwalter durch Leistungsklage und nicht durch Feststellungsklage geltend zu machen.[127] Folgt dem Insolvenzverfahren jedoch ein Restschuldbefreiungsverfahren, kann der Widersprechende Feststellungsklage erheben, um Auszahlungen durch den Treuhänder an den Gläubiger der titulierten Forderung zu verhindern (§ 292 Abs. 1 S. 2).

40 **7. Übereinstimmung mit der Anmeldung.** Wie die positive Feststellungsklage nach Abs. 1, so ist auch die negative Feststellungsklage gemäß Abs. 2 nur insoweit zulässig, als die Forderung nach Grund, Betrag und Rang in der Anmeldung oder im Prüfungstermin bezeichnet worden ist (§ 181).[128]

41 **8. Mehrere Widersprechende.** Mehrere Bestreitende können den Widerspruch gemeinsam oder selbständig verfolgen. Im ersten Fall sind sie notwendige Streitgenossen im Sinne des § 62 Abs. 1 Alt. 1 ZPO (→ Rn. 17). Gehen die Bestreitenden in getrennten Prozessen vor, so werden die übrigen Klagen unzulässig, sobald der Widerspruch eines Opponenten rechtskräftig für begründet erklärt wird. Dagegen hat die rechtskräftige Abweisung der negativen Feststellungsklage eines Bestreitenden auf die übrigen Prozesse keinen Einfluss.[129] Die Aufnahme eines anhängigen Rechtsstreits setzt die Rechtsmittelfrist nur für und gegen den aufnehmenden Bestreitenden in Gang.[130] Die Ausführungen zum Widerspruch mehrerer gegen eine nicht titulierte Forderung gelten im Übrigen entsprechend (→ Rn. 15 ff.).

---

121 BGH NJW 1962, 153, 154; ZIP 1994, 1193; RG Warn 1933 Nr. 167, S. 362; Nerlich/Römermann/*Becker* § 179 Rn. 23; *Smid* § 180 Rn. 10.

122 Str.; wie hier *Henckel,* ZZP 75 (1962) 351, 353 f.; aA BGH NJW 1962, 153, 154; ZIP 1994, 1193; Nerlich/Römermann/*Becker* § 179 Rn. 23.

123 OLG München GmbHR 2010, 1031; *Henckel* ZZP 75 (1962) 351, 354.

124 BGH LM KO § 146 Nr. 9, 17.

125 *Jonas* S. 68; *Eckardt,* Kölner Schrift, S. 533, Rn. 54; Jaeger/*Gerhardt* InsO § 179 Rn. 73.

126 BGH NZI 2008, 611.

127 *Bley* S. 95 f.; *Jaeger/Weber* KO 8. Aufl. § 146 Rn. 43; aA *Jonas* S. 86 f.

128 BGH LM KO § 146 Nr. 1.

129 *Jonas* S. 81.

130 *Jonas* S. 84.

42 **9. Streithilfe.** Gläubiger und Verwalter können, auch wenn sie der titulierten Forderung nicht selbst widersprochen haben, dem nach Abs. 2 klagenden Opponenten als Streithelfer beitreten. Dasselbe gilt für einen Schuldner, der rechtzeitig der Forderung widersprochen hat. Vgl. im Einzelnen → Rn. 19f.

43 **10. Positive Feststellungsklage des Gläubigers.** Der Gläubiger der titulierten Forderung wird zwar trotz des Widerspruchs ohne weiteres bei der Verteilung der Insolvenzmasse berücksichtigt – entweder durch Auszahlung des Anteils oder (wenn der Opponent den Widerspruch rechtzeitig verfolgt) durch Zurückbehaltung des Anteils analog § 189 Abs. 2 (→ Rn. 29). Er hat aber mit Rücksicht auf die durch den Widerspruch bewirkte Unsicherheit ein eigenes rechtliches Interesse an der alsbaldigen Feststellung des Insolvenzgläubigerrechts. Sonst hätte es zB der Bestreitende in der Hand, die Auszahlung des Anteils des Gläubigers dadurch zu verzögern, dass er kurz vor der Auszahlung Klage erhebt. Verfolgt der Bestreitende seinen Widerspruch nicht, kann daher der Gläubiger selbst Feststellungsklage erheben oder einen anhängigen Prozess gegen den Bestreitenden aufnehmen.[131] Entsprechendes gilt, wenn der Insolvenzverwalter gänzlich untätig bleibt und eine angemeldete titulierte Forderung entgegen § 175 Abs. 1 S. 1 InsO nicht in die Tabelle einträgt.[132] Allein die nachlässige Prozessführung durch den klagenden Opponenten begründet dagegen kein rechtliches Interesse des Gläubigers an einer eigenen Feststellungsklage,[133] ebenso wenig das Interesse des Gläubigers an der Klärung seines Stimmrechts.[134]

44 Als **Mittel für die Betreibung der Feststellung** stehen grundsätzlich Neuklage oder Prozessaufnahme zur Verfügung (§ 180; → Rn. 4). War der unterbrochene Rechtsstreit zurzeit der Eröffnung des Insolvenzverfahrens in der Rechtsmittelinstanz anhängig, so kann ihn der Gläubiger aufnehmen und gegebenenfalls seinen Leistungsantrag in einen Antrag auf Feststellung des Insolvenzgläubigerrechts ändern. Entsprechendes gilt, wenn durch Eröffnung des Insolvenzverfahrens eine Rechtsmittelfrist unterbrochen wurde und der Widersprechende nach der Aufnahme des Rechtsstreits durch den Gläubiger das zulässige Rechtsmittel einlegt. Legt dagegen der Widersprechende nach der Aufnahme durch den Gläubiger während der Rechtsmittelfrist kein Rechtsmittel ein, so scheidet eine Klageänderung aus. Infolge der Aufnahme des Rechtsstreits wird das Urteil rechtskräftig.[135]

VI. Beglaubigter Auszug aus der Tabelle (Abs. 3)

45 Das Insolvenzgericht erteilt dem Gläubiger der bestrittenen Forderung von Amts wegen[136] einen beglaubigten Auszug aus der Tabelle (Abs. 3 S. 1). Der Auszug soll dem Gläubiger den Nachweis der Anmeldung und Prüfung (§ 181) sowie des Widerspruchs gegen die Forderung erleichtern.[137] Liegt für die bestrittene Forderung ein vollstreckbarer Schuldtitel oder ein Endurteil vor, so erhält auch der Bestreitende einen beglaubigten Auszug (Abs. 3 S. 2). Denn ihm obliegt es in diesem Fall, den Widerspruch durch Klage oder Prozessaufnahme zu verfolgen (Abs. 2). Hierzu muss er seinerseits Anmeldung, Prüfung und Widerspruch gegen die Forderung nachweisen. Die Erteilung des Auszugs an den Gläubiger der titulierten Forderung bleibt unberührt. Er kann selbst Feststellungsklage erheben, wenn der Bestreitende den Widerspruch nicht verfolgt. Gläubiger, deren Forderungen festgestellt worden sind, erhalten mangels Feststellungsinteresses keinen Tabellenauszug (Abs. 3 S. 3 Hs. 1). Zur Vermeidung von Nachfragen sollen sie hierauf vor dem Prüfungstermin hingewiesen werden (Abs. 3 S. 3 Hs. 2).[138] Der Hinweis kann zB in Verbindung mit der Zustellung des Eröffnungsbeschlusses (§ 30 Abs. 2) erfolgen.[139]

---

131 RGZ 34, 409, 410; 51, 94, 97; 86, 235, 237; JW 1938, 1537 Nr. 27; BGH LM KO § 146 Nr. 1; NJW 1965, 1523; ZIP 1998, 1594; BGH Beschl. v. 31.10.2012 – III ZR 204/12, NZI 2012, 967 Rn. 7; BGH, Beschl. v. 27.3.2013 – III ZR 367/12, NZI 2013, 437, Rn. 7; BFH NZI 2010, 496; LAG Köln JurBüro 2007, 328; *Bley* S. 76ff.; Jaeger/*Gerhardt* InsO § 179 Rn. 100f.; *Jonas* S. 68ff.; KPB/*Pape/Schaltke* § 179 Rn. 17; Nerlich/Römermann/*Becker* § 179 Rn. 17.

132 BAG Beschl. v. 28.8.2013 – 5 AZN 426/13, BeckRS 2013, 72373 Rn. 5.

133 *Eckardt,* Kölner Schrift, S. 533, Rn. 54; aA Jaeger/*Gerhardt* InsO § 179 Rn. 100.

134 Hierzu steht dem Gläubiger das Verfahren nach § 77 Abs. 2 zur Verfügung; *Eckardt,* Kölner Schrift, S. 533, Rn. 54; aA *Bley* S. 77; aA Jaeger/*Gerhardt* InsO § 179 Rn. 100.

135 *Jaeger/Weber* KO 8. Aufl. § 146 Rn. 42.

136 RGZ 85, 64, 70f.; JW 1928, 2714; Jaeger/*Gerhardt* InsO § 179 Rn. 120; K. Schmidt/*Jungmann* § 179 Rn. 26; Uhlenbruck/*Sinz* InsO § 179 Rn. 37.

137 Jaeger/*Gerhardt* InsO § 179 Rn. 119; K. Schmidt/*Jungmann* § 179 Rn. 26; Uhlenbruck/*Sinz* InsO § 179 Rn. 37; Beschlussempfehlung des Rechtsausschusses zu § 207 Abs. 3 RegE (= § 179 Abs. 3 InsO) BT-Drs. 12/7302, 179; zur Bedeutung des Widerspruchs für das Feststellungsinteresse → Rn. 9.

138 Vgl. Beschluss-Empfehlung des RechtsA zu § 207 Abs. 3 (= § 179 Abs. 3 InsO) BT-Drs. 12/7302, 179.

139 Beschluss-Empfehlung des RechtsA zu § 207 Abs. 3 (= § 179 Abs. 3 InsO) BT-Drs. 12/7302, 179.

VII. Einfluss der Beendigung des Insolvenzverfahrens auf den Feststellungsprozess

1. Aufhebung gemäß § 200 Abs. 1. Die Aufhebung des Insolvenzverfahrens nach Vollzug der Schlussverteilung (§ 200 Abs. 1) berührt einen noch anhängigen Forderungsfeststellungsprozess **grundsätzlich nicht.** Der Prozess wird zwischen den bisherigen Parteien um die nach §§ 189 Abs. 2, 198 zurückbehaltenen und hinterlegten Beträge fortgesetzt (arg. § 203 Abs. 1 Nr. 1).[140] Dies gilt sowohl für die positive (Abs. 1) als auch für die negative Feststellungsklage (Abs. 2)[141] und unabhängig davon, ob der Verwalter bzw. der Treuhänder (§ 313 Abs. 1 S. 1), ein konkurrierender Gläubiger oder – in der Eigenverwaltung – der Sachwalter oder der Schuldner (§ 283 Abs. 1) der Feststellung widersprochen haben. Einer Änderung der Anträge bedarf es nicht. Das Feststellungsinteresse des Gläubigers der bestrittenen Forderung, im Falle des § 179 Abs. 2 des Bestreitenden, besteht fort. Obsiegt der Widersprechende, so werden die Anteile für die Nachtragsverteilung frei (§§ 189 Abs. 2, 203 Abs. 1 Nr. 1). Unterliegt er, so kann der Gläubiger Auszahlung der zurückbehaltenen Beträge verlangen.[142] Nach Berichtigung der Tabelle kann er darüber hinaus aus der Eintragung in die Tabelle die Zwangsvollstreckung gegen den Schuldner persönlich betreiben, es sei denn, dass auch der Schuldner der Feststellung widersprochen hat oder dass dem Insolvenzverfahren ein Restschuldbefreiung folgt (§§ 201 Abs. 2, Abs. 3, 294 Abs. 1).[143] 46

Hat der Gläubiger einer nicht titulierten Forderung erst **nach Ablauf der Ausschlussfrist** vor der Schlussverteilung Feststellungsklage erhoben, so wird die Forderung weder bei der Schlussverteilung (§ 189 Abs. 3) noch bei einer möglichen Nachtragsverteilung (§ 205 S. 1) noch bei den Verteilungen des Treuhänders im Restschuldbefreiungsverfahren (§ 292 Abs. 1 S. 2) berücksichtigt. Die Klage ist daher grundsätzlich mangels Feststellungsinteresses unzulässig (→ Rn. 10).[144] Da für die bestrittene Forderung bei der Schlussverteilung keine Anteile zurückbehalten wurden, endet mit der Aufhebung des Insolvenzverfahrens die Prozessführungsbefugnis des Verwalters (Treuhänders, Sachwalters).[145] Die Ausführungen unten (→ Rn. 51) zur Fortsetzung des Prozesses gegen den Schuldner persönlich nach Einstellung des Insolvenzverfahrens gelten in diesem Fall sinngemäß. 47

2. Einstellung. Die Auswirkungen der Einstellung des Insolvenzverfahrens (§§ 207 Abs. 1 S. 1, 211–213) auf einen anhängigen Feststellungsstreit hängen davon ab, ob der Rechtsstreit (wie in der Regel) mit dem Verwalter bzw. Treuhänder oder mit einem widersprechenden Gläubiger geführt wurde. Besonderheiten gelten für das Eigenverwaltungsverfahren (→ Rn. 54). 48

a) Feststellungsstreit mit dem Verwalter. Anders als bei der Aufhebung gemäß § 200 Abs. 1 werden bei der Einstellung keine Anteile für die bestrittene Forderung hinterlegt. Der Schuldner erhält das Recht zurück, über die noch vorhandenen Gegenstände der Insolvenzmasse frei zu verfügen (§ 215 Abs. 2 S. 1). Eine Fortsetzung des Feststellungsstreits um hinterlegte Anteile mit dem widersprechenden Verwalter kommt daher nicht in Betracht.[146] 49

Die Einstellung bewirkt die **Erledigung des Feststellungsstreits** in der Hauptsache. Die haftungsrechtliche Zuweisung der Insolvenzmasse an die Insolvenzgläubiger erlischt (§ 215 Abs. 2 S. 1). Für die Feststellung des Anteils des Gläubigers an dieser Zuweisung (des „subjektiven Haftungsrechts"; → § 178 Rn. 15 ff.; → Rn. 7 f.) ist kein Raum mehr. Ein fortbestehendes Interesse an der Feststellung des Insolvenzgläubigerrechts ergibt sich auch nicht daraus, dass der Gläubiger durch die Beseitigung des Widerspruchs und die Tabellenberichtigung einen Vollstreckungstitel gegenüber dem Schuldner persönlich erhielte, wenn dieser der Feststellung im Prüfungstermin oder im schriftlichen Verfahren nicht widersprochen hat (§§ 215 Abs. 2 S. 2; 201 Abs. 2; 183 Abs. 2).[147] Denn die Vollstreckungswirkung des Tabelleneintrags gegenüber dem Schuldner persönlich ist nicht Zweck der Feststellungsklage, sondern nur eine durch das Gesetz vermittelte Folge der Feststellung.[148] Dass der Schuldner mangels eigenen Widerspruchs auch persönlich an die bisherige Prozessführung durch den Verwalter gebunden ist (arg. §§ 215 Abs. 2 S. 2, 201 Abs. 2), kann im Rahmen einer Leistungsklage gegen den Schuldner berücksichtigt werden (→ Rn. 52). Der Feststellung der übrigen Voraussetzungen des Haftungsrechts (Rang der Forderung, Eigenschaft als Insolvenzforderung, mangelnde 50

---

140 *Bley* S. 94; Jaeger/*Gerhardt* InsO § 179 Rn. 102; *Jonas* S. 86 ff.; Uhlenbruck/*Wegener* InsO § 200 Rn. 24; s. auch BGH NJW 1982, 1765 (Anfechtungsprozess des Insolvenzverwalters).
141 Zur analogen Anwendung des § 189 Abs. 2 in diesem Fall oben Rn. 29.
142 Jaeger/*Gerhardt* InsO § 179 Rn. 102.
143 Jaeger/*Gerhardt* InsO § 179 Rn. 102.
144 AA BGH ZIP 1998, 515 und KPB/*Pape/Schaltke* § 177 Rn. 10 ff.
145 BGH, Beschl. v. 23.4.2015 – IX ZB 76/12, NZI 2015, 756, Rn. 7 ff.
146 Jaeger/*Gerhardt* InsO § 179 Rn. 111.
147 AA *Oetker,* Konkursrechtliche Grundbegriffe, Bd. I, 1891, S. 507; offen BGH ZIP 1998, 515.
148 Jaeger/*Gerhardt* InsO § 179 Rn. 103.

Anfechtbarkeit) bedarf es nach der Einstellung nicht mehr.[149] Unberührt bleiben die Fälle der Einstellung nach § 211 unter dem Vorbehalt einer Nachtragsverteilung (→ Rn. 51).[150]

51 Der Feststellungsprozess wird durch die Einstellung des Insolvenzverfahrens analog §§ 239, 242 ZPO unterbrochen – jedenfalls wenn man den Verwalter selbst[151] oder die Insolvenzmasse[152] als Partei des Feststellungsstreits ansieht.[153] An die Stelle des Verwalters **tritt der Schuldner.** Etwas anderes gilt allenfalls dann, wenn bei Einstellung des Insolvenzverfahrens keine Insolvenzmasse als das „Streitvermögen"[154] oder das „Interessevermögen"[155] mehr vorhanden ist, über die der Schuldner die Verfügungsbefugnis wiedererlangen könnte.[156] War der Verwalter durch einen Prozessbevollmächtigten vertreten, so kann der Prozess analog § 246 ZPO ausgesetzt werden. Bei **Einstellung nach § 211** kann die Prozessführungsbefugnis des Verwalters ebenso wie das Feststellungsinteresse ausnahmsweise dann fortbestehen, wenn das Insolvenzgericht eine Nachtragsverteilung angekündigt hat (§ 211 Abs. 3), bei der die Berücksichtigung nicht nur der Massegläubiger, sondern auch der Insolvenzgläubiger zu erwarten ist.[157] Entsprechendes wird zu gelten haben, wenn ein Insolvenzverfahren über das Vermögen einer natürlichen Person nach § 211 eingestellt wird und eine Berücksichtigung der Insolvenzgläubiger bei den Verteilungen des Treuhänders im nachfolgenden Restschuldbefreiungsverfahren in Betracht kommt (§§ 286 ff., 289 Abs. 3, 292 Abs. 1 S. 2).

52 Ist der Bestand der Forderung streitig, so kann der Gläubiger, nachdem der Schuldner den Rechtsstreit aufgenommen hat, von der Feststellungs- zur Leistungsklage übergehen (§ 264 Nr. 2 ZPO).[158] Waren dagegen allein insolvenzspezifische Einwendungen im Streit (Nachrang, mangelnde Anmeldbarkeit, Insolvenzanfechtung), so bedarf es keiner Fortsetzung des Prozesses als Leistungsklage gegenüber dem Schuldner, soweit auch dieser den Bestand der Forderung nicht bestreitet. Der Gläubiger kann den Rechtsstreit für erledigt erklären. Stimmt der Schuldner der Erledigungserklärung des Gläubigers zu, so ergeht Kostenentscheidung nach § 91a ZPO. Der Kostenerstattungsanspruch des Gläubigers ist Masseverbindlichkeit (§ 55 Abs. 1 Nr. 1), für die der Schuldner mit den ehemals zur Insolvenzmasse gehörenden Gegenständen haftet.[159] Der Anspruch ist auch dann gegenüber dem Schuldner zu verfolgen, wenn vor einer Einstellung gemäß § 212 oder § 213 der Verwalter für den bedingten Kostenerstattungsanspruch Sicherheit gemäß § 214 Abs. 3 geleistet hat.[160] Die Verfügungsbefugnis über den Sicherungsgegenstand fällt unbeschadet der durch die Sicherstellung begründeten Belastung mit der Einstellung des Verfahrens an den Schuldner zurück.[161] Dieser kann den unterbrochenen Feststellungsprozess seinerseits zum Zwecke der Klageabweisung bzw. beiderseitigen Erledigungserklärung aufnehmen. Der Kostenerstattungsanspruch des Schuldners gehört nach der Einstellung des Insolvenzverfahrens zu seinem freien Vermögen.[162]

53 **b) Feststellungsstreit mit einem widersprechenden Gläubiger.** Ein widersprechender Gläubiger führt den Prozess nicht als Verwalter der Insolvenzmasse, sondern kraft seines eigenen

---

[149] AA *Bley* S. 100 f.

[150] S. dazu Begr. zu § 329 RegE, BR-Drs. 1/92, 222; Kübler/Prütting/*Pape* § 210 Rn. 16; zum (fehlenden) Verteilungsmaßstab *Häsemeyer,* Insolvenzrecht, 26.32, 26.56; FKInsO/*Grote* § 292 Rn. 14; kritisch zum Ausschluss des Restschuldbefreiungsverfahrens bei Einstellung nach § 207 zB Kübler/Prütting/*Pape* § 207 Rn. 46; ausführlich *Pape* Rpfleger 1997, 237 ff.; ZIP 1997, 190 ff. (zur GesO).

[151] Amtstheorie.

[152] Organtheorie; vgl. auch *Henckel* KO § 6 Rn. 113.

[153] Offen BGH, Beschl. v. 23.4.2015 – IX ZB 76/12, NZI 2015, 756, Rn. 8; bei zutreffender Würdigung der Interessenlage wird der Feststellungsprozess durch die Einstellung des Insolvenzverfahrens auch dann unterbrochen, wenn man den Schuldner als Partei des Feststellungsstreits und den Verwalter als gesetzlichen Vertreter des Schuldners ansieht (Schuldnervertretungstheorie): s. Jaeger/*Windel* InsO § 80 Rn. 14 ff.; *K. Schmidt* KTS 1984, 345, 384; aA *Lent* ZZP 62, 144; allgemein zum Einfluss der Beendigung des Insolvenzverfahrens auf Prozesse über massezugehörige Gegenstände OLG Köln ZIP 1987, 1004 (zu § 163 KO); Jaeger/*Gerhardt* InsO § 179 Rn. 105 ff.; Jaeger/*Meller-Hannich* § 200 Rn. 12 ff.; Kübler/Prütting/*Pape* § 207 Rn. 43; § 192 Rn. 3; Mohrbutter/*Pape,* Rn. X.53; Stein/Jonas/*Roth* § 240 Rn. 34 und § 239 ZPO Rn. 9.

[154] *De Boor,* Zur Lehre vom Parteiwechsel und vom Parteibegriff, 1941, S. 53, 61 ff.; *Weber* KTS 1955, 104 ff.

[155] *Henckel,* Parteilehre und Streitgegenstand im Zivilprozess, 1961, S. 167 ff.

[156] Jaeger/*Gerhardt* InsO § 179 Rn. 105 ff.

[157] Dasselbe gilt für eine Einstellung nach § 207, sofern man auch in diesem Fall eine Nachtragsverteilung zulässt; so *Holzer* NZI 1999, 44, 46; Kübler/Prütting/*Holzer* § 203 Rn. 29; Kübler/Prütting/*Pape* § 207 Rn. 39; *Kübler,* Kölner Schrift, S. 967, Rn. 50.

[158] Jaeger/*Gerhardt* InsO § 179 Rn. 111.

[159] Jaeger/*Henckel* InsO § 129 Rn. 300; Jaeger/*Henckel* InsO § 55 Rn. 23; Uhlenbruck/*Sinz* InsO § 54 Rn. 7; aA *Häsemeyer,* Insolvenzrecht, Rn. 7.72; 25.28 ff.

[160] Bei Einstellung nach § 211 Abs. 1 wird § 214 Abs. 3 analog zu gelten haben; aA offenbar *Jaeger/Weber* KO § 146 Rn. 44 (unter a) für die entsprechenden Regelungen der KO.

[161] Jaeger/*Henckel* InsO § 129 Rn. 300; *Jaeger/Weber* KO 8. Aufl. § 191 Rn. 2.

[162] Jaeger/*Henckel* InsO § 129 Rn. 300.

Haftungsrechts an der Masse und auf eigene Kosten.[163] Die Einstellung des Insolvenzverfahrens bewirkt hier **keinen gesetzlichen Parteiwechsel.** Die Verfügungsbefugnis über das Vermögen des Gläubigers als seines „Interessevermögens"[164] geht nicht auf den Schuldner über. Auch der Feststellungsprozess gegen den Gläubiger erledigt sich durch die Einstellung des Insolvenzverfahrens regelmäßig in der Hauptsache, da die haftungsrechtliche Zuweisung der Insolvenzmasse an die Gläubiger und damit das subjektive Haftungsrecht des klagenden Gläubigers erlischt (→ Rn. 50). Eine Fortsetzung des Rechtsstreits gegen den widersprechenden Gläubiger mit bisherigem Antrag kommt nur bei einer Einstellung nach § 211 in Betracht, wenn eine Nachtragsverteilung zu erwarten ist (§ 211 Abs. 3) oder wenn dem Insolvenzverfahren ein Restschuldbefreiungsverfahren folgt (§ 289 Abs. 3; → Rn. 51). Ansonsten kann der Gläubiger den Rechtsstreit gegebenenfalls im Wege gewillkürten Parteiwechsels als Leistungsprozess gegen den Schuldner fortsetzen.[165] War nicht der Bestand der Forderung, sondern allein ihr Rang oder die Eigenschaft der Forderung als Insolvenzforderung (§§ 38 f.) streitig, so bleibt dem Gläubiger regelmäßig nur die Erledigungserklärung. Stimmt der widersprechende Gläubiger zu, so ist über die Kosten gemäß § 91a ZPO zu entscheiden.

c) Besonderheiten bei der Eigenverwaltung. Der **Sachwalter** führt den Feststellungsprozess nur mit Wirkung für und gegen die Insolvenzmasse (§§ 283 Abs. 1, 270 Abs. 1 S. 2, 179 bis 183; → Rn. 14). Mit der Einstellung des Insolvenzverfahrens erlischt seine Prozessführungsbefugnis. An die Stelle des Sachwalters tritt der Schuldner. Die Rechtslage entspricht derjenigen im Feststellungsstreit mit dem Insolvenzverwalter (→ Rn. 49 ff.). Für einen Feststellungsprozess, den **der Schuldner als Eigenverwalter** führt (§ 283 Abs. 1), gelten gemäß § 270 Abs. 1 S. 2 die §§ 179 bis 183, nicht § 184 (→ § 184 Rn. 9). Auch der Schuldner ist als Eigenverwalter nur mit Wirkung für und gegen die Insolvenzmasse Partei. Mit Einstellung des Insolvenzverfahrens ändert sich die Interessenlage des Schuldners. Während er als Verwalter vor allem die Interessen der Gläubiger wahrzunehmen hatte, vertritt er nach der Einstellung seine eigenen Interessen. Deshalb führt die Einstellung auch im Feststellungsprozess gegen einen widersprechenden Eigenverwalter zur Unterbrechung bzw. zur Möglichkeit der Aussetzung des Rechtsstreits. Soweit der Gläubiger nach der Einstellung zur Leistungsklage gegenüber dem Schuldner persönlich übergeht, gilt das oben Gesagte sinngemäß (→ Rn. 52). 54

3. Aufhebung gemäß § 258 Abs. 1. Die Aufhebung des Insolvenzverfahrens gemäß § 258 Abs. 1 entspricht in ihren Auswirkungen auf einen anhängigen Feststellungsprozess grundsätzlich der Einstellung (→ Rn. 48 ff.). Anders als bei der Aufhebung nach Schlussverteilung (§ 200 Abs. 1) scheidet eine Fortsetzung des Rechtsstreits mit unveränderten Anträgen zwischen den bisherigen Parteien aus. Denn der Schuldner erlangt die Verfügungsmacht auch über diejenigen Beträge zurück, die bei früheren Abschlagszahlungen für die Forderung gemäß § 189 Abs. 2 zurückbehalten wurden (keine Hinterlegung gemäß § 198).[166] Der Gläubiger kann nach der Aufhebung gegebenenfalls zur Leistungsklage gegen den Schuldner übergehen oder den Rechtsstreit für erledigt erklären (→ Rn. 52). Ein fortbestehendes Interesse an der Feststellung des Insolvenzgläubigerrechts ergibt sich weder aus § 257 Abs. 1 (→ Rn. 50) noch aus § 256 Abs. 1. 55

§ 180 Zuständigkeit für die Feststellung

(1) [1]Auf die Feststellung ist im ordentlichen Verfahren Klage zu erheben. [2]Für die Klage ist das Amtsgericht ausschließlich zuständig, bei dem das Insolvenzverfahren anhängig ist oder anhängig war. [3]Gehört der Streitgegenstand nicht zur Zuständigkeit der Amtsgerichte, so ist das Landgericht ausschließlich zuständig, zu dessen Bezirk das Insolvenzgericht gehört.

(2) War zur Zeit der Eröffnung des Insolvenzverfahrens ein Rechtsstreit über die Forderung anhängig, so ist die Feststellung durch Aufnahme des Rechtsstreits zu betreiben.

Schrifttum: siehe § 178.

---

163 Jaeger/*Gerhardt* InsO § 179 Rn. 115; im Ergebnis auch *Bley* S. 98; aA *Jonas* S. 90, 93.

164 S. *Henckel,* Parteilehre und Streitgegenstand im Zivilprozess, 1961, S. 145 ff., 169.

165 Jaeger/*Gerhardt* InsO § 179 Rn. 115.

166 *Jaeger/Weber* KO 8. Aufl. § 192 Rn. 1 (zum Zwangsvergleich früheren Rechts); dies gilt ausnahmsweise nicht, wenn der Insolvenzplan vorsieht, dass der Verwalter die Verfügungsmacht über die zurückbehaltenen Beträge bis zur endgültigen Feststellung des Insolvenzgläubigerrechts behält; vgl. *Jaeger/Weber* KO 8. Aufl. § 146 Rn. 43 (zum Zwangsvergleich früheren Rechts).

Übersicht

I. Normzweck

1 § 179 bestimmt, wer die Feststellung der bestrittenen Forderung zu betreiben hat. § 180 regelt dagegen, wie die Feststellung zu betreiben ist. Die streitige Feststellung erfolgt nicht im Insolvenzverfahren, sondern außerhalb des Insolvenzverfahrens im Klagewege (Abs. 1 S. 1). Abs. 1 S. 1 ist im Zusammenhang mit §§ 189 Abs. 2, 198 zu lesen. Der Feststellungsprozess hindert danach den Fortgang des Insolvenzverfahrens nicht. Gläubiger streitbefangener Forderungen werden bei den Verteilungen durch Zurückbehaltung und Hinterlegung ihrer Anteile gesichert. Die Gesetzgeber von KO und InsO haben damit eine Lehre aus dem gemeinen deutschen Konkursrecht gezogen, unter dessen Geltung sich der Abschluss des Insolvenzverfahrens wegen anhängiger Feststellungsprozesse häufig auf unbestimmte Zeit verzögerte.[1]

2 **Abs. 1 S. 2 und 3** begründet eine ausschließliche örtliche Zuständigkeit für selbständige Insolvenzfeststellungsklagen vor den ordentlichen Gerichten (vgl. § 185).[2] Dies soll einer zu großen Zersplitterung der Streitigkeiten vorbeugen und zugleich für diejenigen Fälle, in denen die Klage gegen mehrere Widersprechende mit verschiedenen allgemeinen Gerichtsständen zu erheben sein würde, die Schaffung eines gemeinschaftlichen Gerichtsstandes aufgrund des § 36 Abs. 1 Nr. 3 ZPO erübrigen.[3]

3 **Abs. 2** ergänzt § 240 ZPO (→ Vor § 85 Rn. 1 f., 78). Die Aufnahme des unterbrochenen Rechtsstreits soll den Kosten- und Zeitaufwand eines selbständigen Insolvenzfeststellungsprozesses vermeiden, die bisherigen Prozessergebnisse erhalten und den anhängigen Prozess zu einem Abschluss bringen.[4] Ein unterbrochenes Verfahren, das eine Insolvenzforderung zum Gegenstand hat, kann erst aufgenommen werden, wenn die Forderung angemeldet, geprüft und bestritten worden ist. Die Aufnahme erfolgt nach Abs. 2, wenn der Verwalter oder ein Gläubiger, nach § 184 Abs. 1 S. 2, wenn der Schuldner der Forderung widerspricht.

II. Entstehungsgeschichte

4 § 180 übernimmt im Wesentlichen die Regelungen des § 146 Abs. 2 und 3 KO. Die Vorschrift wurde im Gesetzgebungsverfahren nicht verändert (§§ 208 RegE, 198 RefE, 198 DE). Im Geltungsbereich der Gesamtvollstreckungsordnung war für Insolvenzfeststellungsklagen gemäß § 11 Abs. 3 S. 3 GesO nF das Gericht örtlich zuständig, in dessen Bezirk das Gesamtvollstreckungsgericht seinen Sitz hatte.[5] § 146 Abs. 3 KO galt entsprechend.[6]

---

[1] Motive zur KO, S. 364 = *Hahn* IV, S. 327; ferner *Baur/Stürner* II, Insolvenzrecht, Rn. 3.12 ff.

[2] Insoweit klingt die gemeinrechtliche *vis attractiva concursus* nach; s. *Baur/Stürner* II, Insolvenzrecht, Rn. 5.47; *Jaeger/Weber* KO 8. Aufl. § 146 Rn. 4 f.

[3] Motive zur KO, S. 365 = *Hahn* IV, S. 328.

[4] Motive zur KO, S. 366 = *Hahn* IV, S. 328 f.; Jaeger/*Gerhardt* InsO § 180 Rn. 5.

[5] BGH ZIP 2000, 899; die Zuständigkeit war nicht ausschließlich: *Brödermann* ZIP 1996, 825; *Hess/Binz/Wienberg* GesO § 11 Rn. 53; aA *Haarmeyer/Wutzke/Förster* GesO § 11 Rn. 99; *Kilger/K. Schmidt* § 11 GesO Anm. 4.

[6] BAG NZA 1997, 892, 893; *Hess/Binz/Wienberg* GesO § 11 Rn. 54 ff.; *Kilger/K. Schmidt* § 11 GesO Anm. 4; Mohrbutter/*Pape*, Handbuch der Insolvenzverwaltung, Rn. XVI.176; aA *Smid* GesO § 11 Rn. 102.

III. Neuklage (Abs. 1)

1. Klage im ordentlichen Verfahren (Abs. 1 S. 1). Die streitige Feststellung ist außerhalb des Insolvenzverfahrens zu betreiben (→ Rn. 1). War zurzeit der Eröffnung des Insolvenzverfahrens kein Rechtsstreit über die bestrittene Forderung anhängig, so ist auf die Feststellung Neuklage zu erheben (Abs. 1 S. 1). Der Gläubiger erhebt positive (§ 179 Abs. 1), der Bestreitende negative Feststellungsklage (§ 179 Abs. 2) im Sinne des § 256 ZPO.[7] Die Zulässigkeit der Feststellungsklage ist nicht von der vorherigen Durchführung eins Verfahrens der obligatorischen außergerichtlichen Streitschlichtung abhängig.[8] Soweit sich nicht aus §§ 180 bis 183 etwas anderes ergibt, gelten für den Feststellungsstreit vor den ordentlichen Zivilgerichten die Vorschriften der Zivilprozessordnung. Das Feststellungsinteresse ergibt sich unmittelbar aus den Rechtsfolgen des Widerspruchs für das Verteilungsverfahren (→ § 179 Rn. 9 ff., 38 f.). Gegenstand der zu beantragenden Feststellung ist das bestrittene Insolvenzgläubigerrecht im Sinne des Haftungsrechts des Gläubigers an der Masse (streitig; → § 179 Rn. 7 f.). 5

a) Feststellung im Urkundenprozess. Nach Ansicht der **Rechtsprechung**[9] und eines Teils des Schrifttums[10] kann auf die Feststellung nicht im Urkunden-, Wechsel- oder Scheckprozess geklagt werden. Nach dem Wortlaut des § 592 ZPO könne der Kläger im Urkundenprozess nur Verurteilung zur Leistung, nicht Feststellung verlangen. Auch werde der Zweck des Urkundenprozesses, dem durch die Urkunden legitimierten Gläubiger zu einer raschen Befriedung zu verhelfen, bei einer Feststellung der Forderung im Urkundenprozess nicht erreicht, da der Kläger – wenn überhaupt – nur Leistung aufgrund einer der noch zu ermittelnden Insolvenzmasse entsprechenden Quote fordern könne.[11] 6

Die **Gegenauffassung** geht zutreffend davon aus, dass der Urkundenprozess auch zur Feststellung der bestrittenen Insolvenzforderung zulässig ist.[12] Der Wortlaut des § 592 ZPO steht dem nicht entgegen. Der Gläubiger verfolgt auch durch die Klage gemäß §§ 179 ff. die Befriedigung seiner Forderung, jedoch unter den besonderen Bedingungen des Insolvenzverfahrens. Allerdings würde der Zweck des Urkundenprozesses, dem Kläger rasche Befriedigung zu verschaffen, nicht erreicht, wenn auch nach Rechtskraft des Vorbehaltsurteils der auf die Forderung entfallende Anteil gemäß § 189 Abs. 2 bis zum Abschluss des Nachverfahrens zurückzubehalten wäre.[13] Dies lässt sich jedoch dadurch vermeiden, dass ein Gläubiger, der im Urkundsprozess die Feststellung seiner Forderung erstritten hat, dem Inhaber einer titulierten Insolvenzforderung gleichgestellt wird (§§ 179 Abs. 2, 189 Abs. 2 analog).[14] Bei den Verteilungen sind dann die auf die Forderung entfallenden Anteile an den Gläubiger auszuzahlen, sofern nicht der Widersprechende vor der Auszahlung nachweist, dass er den Widerspruch durch Betreibung des Nachverfahrens verfolgt.[15] Zur Fortsetzung eines durch die Eröffnung des Insolvenzverfahrens unterbrochenen Urkundenprozesses → Rn. 29. 7

b) Mahnverfahren. Das Mahnverfahren ist zur Feststellung des streitigen Insolvenzgläubigerrechts ungeeignet. Es zielt auf den Erlass eines auf Leistung, nicht auf Feststellung lautenden Vollstreckungsbescheids. Zudem ist das Mahnverfahren auf das Unterbleiben der Anspruchsbestreitung angelegt, während es zum Feststellungsprozess gerade deshalb kommt, weil die Forderung bestritten wurde.[16] Hatte der Gläubiger zurzeit der Eröffnung des Insolvenzverfahrens oder des Übergangs der Verfügungsbefugnis über das Vermögen des Schuldners auf einen vorläufigen Verwalter einen 8

---

[7] Nach Ansicht von Nerlich/Römermann/*Becker* § 179 Rn. 19, § 180 Rn. 1 f. gilt § 180 nicht für die Widerspruchsverfolgung durch den Bestreitenden.

[8] BGH NZI 2011, 687 (zum Gesetz zur obligatorischen außergerichtlichen Streitschlichtung des Landes Baden-Württemberg).

[9] OLG Hamm KTS 1967, 169; OLG München ZIP 1985, 297; vgl. auch BGH WM 1979, 614 (Feststellung zur Vergleichstabelle).

[10] *Baumbach/Lauterbach/Albers/Hartmann* § 592 Rn. 4; *Eckardt,* Kölner Schrift, S. 533, Rn. 50; FKInsO/*Kießner* § 180 Rn. 6; KPB/*Pape/Schaltke* § 180 Rn. 7; ausführlich *Jonas* S. 17 ff., 45 ff.; Jaeger/*Gerhardt* InsO § 180 Rn. 10 ff.

[11] BGH WM 1979, 614 (Feststellung zur Vergleichstabelle); OLG München ZIP 1985, 297.

[12] Gottwald/*Eickmann,* InsO-HdB, § 64 Rn. 40; *Hess/Binz/Wienberg* GesO § 11 Rn. 52; *Jaeger/Weber* KO 8. Aufl. § 146 Rn. 5; Uhlenbruck/*Sinz* InsO § 180 Rn. 10 f.; MüKoZPO/*Braun* § 592 Rn. 6; Rattunde/Smid/Zeuner/*Smid* § 180 Rn. 5; *Teske* ZZP 99 (1986), S. 185 ff.; Zöller/*Greger* § 592 Rn. 3.

[13] So Stein/Jonas/*Schlosser* § 592 Rn. 2a.

[14] *Teske* ZZP 99 (1986) S. 185, 199, 201; zur analogen Anwendung des § 189 auf titulierte Forderungen siehe § 179 Rn. 29.

[15] *Teske* ZZP 99 (1986) S. 185, 198 ff.

[16] RGZ 129, 339, 343; *Bley* S. 15 ff.; Jaeger/*Gerhardt* InsO § 180 Rn. 14; Jaeger/*Windel* InsO § 85 Rn. 57; *Jonas* S. 52 ff.; K. Schmidt/*Jungmann* § 180 Rn. 3, 10; Uhlenbruck/*Sinz* InsO § 180 Rn. 13; Nerlich/Römermann/*Becker* § 180 Rn. 12.

Mahnbescheid über seine Forderung beantragt, war dieser aber noch nicht zugestellt, so hemmt die Anmeldung der Forderung zur Tabelle gemäß § 204 Abs. 1 Nr. 10 BGB iVm §§ 167, 693 ZPO analog rückwirkend die Verjährung (auch → Rn. 30).[17]

9 **c) Schiedsrichterliches Verfahren.** Der Gläubiger und der Bestreitende können vereinbaren, den Streit um das Insolvenzgläubigerrecht der Entscheidung durch ein Schiedsgericht zu unterwerfen (§§ 1029, 1030 Abs. 1). Abs. 1 S. 1 schließt die Entscheidung des Feststellungsstreits im schiedsrichterlichen Verfahren nicht aus.[18]

10 Eine andere Frage ist es, ob der Bestreitende im Feststellungsrechtsstreit an einen zwischen dem Schuldner und dem Gläubiger geschlossenen Schiedsvertrag gebunden ist. Die hM bejaht dies jedenfalls für den bestreitenden Verwalter,[19] im Vorverfahren für den starken vorläufigen Verwalter.[20] Die Rechtsprechung geht darüber hinaus von einer Bindung des Verwalters aus, soweit der Rechtsstreit eine Masseforderung[21] oder ein Aus- oder Absonderungsrecht betrifft.[22] Dagegen kann der Schuldner nach der Rechtsprechung des BGH durch eine Schiedsabrede nicht verhindern, dass der Verwalter Rückgewähransprüche aus Insolvenzanfechtung vor staatlichen Gerichten geltend macht; denn der Schuldner sei in keinem Zeitpunkt befugt, über das im Interesse der Gläubiger bestehende Anfechtungsrecht zu verfügen (auch → Vor § 85 Rn. 53 ff.).[23]

11 Eine Bindung des Widersprechenden an die Schiedsabrede des Schuldners[24] ist im Insolvenzfeststellungsstreit jedenfalls insoweit anzunehmen, als der Bestand der Forderung in Frage steht. Dagegen wird die Schiedsklausel die Feststellung von Rang und Anmeldbarkeit der Forderung in einem Insolvenzverfahren im Zweifel gar nicht erfassen. Selbst wenn die Parteien diese Fragen ausdrücklich in den Schiedsvertrag einbezogen hätten, wäre der Widersprechende hieran nicht gebunden. Ebenso wenig wie der Schuldner zu Lasten der übrigen Insolvenzgläubiger einer nachrangigen Forderung durch Vereinbarung mit dem Gläubiger einen besseren Rang zuweisen oder eine unanmeldbare Forderung für anmeldbar erklären kann, steht es ihm frei, Rang und Anmeldbarkeit der Forderung im späteren Insolvenzverfahren in eine Schiedsvereinbarung einzubeziehen.[25] Die Ausführungen des BGH zur mangelnden Bindung des Verwalters im Anfechtungsrechtsstreit gelten insoweit entsprechend. Stellt das Schiedsgericht fest, dass die Forderung besteht, so gilt sie analog § 179 Abs. 2 als tituliert,[26] so dass es nunmehr dem Bestreitenden obliegt, den Widerspruch gegen den Rang oder die Anmeldbarkeit der Forderung oder die Insolvenzanfechtung durch Klage vor den ordentlichen Gerichten zu verfolgen. Das Schiedsgericht kann nur dann über insolvenzspezifische Fragen wie Rang, Anmeldbarkeit und Anfechtbarkeit der Forderung entscheiden, wenn sich der Gläubiger und der Widersprechende hierauf einigen.[27]

12 **2. Örtliche Zuständigkeit (Abs. 1 S. 2 und 3).** Für die selbständige Feststellungsklage vor den ordentlichen Zivilgerichten ist örtlich ausschließlich das Amtsgericht, bei dem das Insolvenzverfahren anhängig ist oder war (Abs. 1 S. 2), bei landgerichtlicher Zuständigkeit das übergeordnete Landgericht zuständig (Abs. 1 S. 3). Die **Zuständigkeitskonzentration** soll eine zu große Zersplitterung der Feststellungsprozesse verhindern und für den Fall, dass die Klage gegen mehrere Bestreitende mit unterschiedlichem allgemeinem Gerichtsstand zu erheben ist, die Bestimmung des zustän-

[17] Uhlenbruck/*Sinz* InsO § 180 Rn. 13; aA RGZ 129, 339, 345 f.

[18] *Bley* S. 24 ff.; Jaeger/*Gerhardt* InsO § 180 Rn. 15; *Jestaedt,* Schiedsverfahren und Konkurs, 1985, S. 123 ff.; K. Schmidt/*Jungmann* § 180 Rn. 4; Uhlenbruck/*Sinz* InsO § 180 Rn. 15.

[19] BGHZ 179, 304 = NJW 2009, 1747; OLG Hamburg OLGZ 11, 362; OLG Naumburg OLGZ 42, 78 Fn. 1.; *Baur/Stürner* II, Insolvenzrecht, Rn. 21.20; *Bley* S. 25 ff.; Jaeger/*Gerhardt* InsO § 180 Rn. 18; *Jestaedt,* Schiedsverfahren und Konkurs, 1985, S. 126 ff.; K. Schmidt/*Jungmann* § 180 Rn. 4; Uhlenbruck/*Sinz* InsO § 180 Rn. 16; KPB/*Pape/Schaltke* § 180 Rn. 7; *Heidbrink/v. d. Groeben* ZIP 2006, 265, 269; *Ehricke* ZIP 2006, 1847, 1849.

[20] *Ehricke* ZIP 2006, 1847, 1850; *Heidbrink/v. d. Groeben* ZIP 2006, 265, 269; *Flöther,* Auswirkungen des inländischen Insolvenzverfahrens auf Schiedsverfahren und Schiedsabrede, 2001, S. 47 f.

[21] BGHZ 24, 15.

[22] RGZ 137, 109.

[23] BGH NJW 1956, 1920, 1921.

[24] Gleich, ob Verwalter oder Gläubiger; s. *Jestaedt,* Schiedsverfahren und Konkurs, 1985, S. 128 ff.

[25] Gegen eine Bindung des Widersprechenden an die Schiedsabrede insgesamt *Häsemeyer,* Insolvenzrecht, Rn. 13.28; *Jonas* S. 22 f.

[26] BGH, Beschl. v. 26.4.2017 – I ZB 119/15, NJW-RR 2017, 1327, Rn. 23.

[27] AA *Jestaedt,* Schiedsverfahren und Konkurs, S. 133 ff. unter Berufung auf BGHZ 55, 224, 225 f.; 60, 64; NJW 1973, 1077; nach dieser Rechtsprechung stellt der Rang lediglich eine besondere Eigenschaft der Forderung dar, so dass das zur Entscheidung über die Forderung berufene besondere Gericht im Sinne des § 185 auch über den Rang entscheiden könne.

digen Gerichts gemäß § 36 Abs. 1 Nr. 3 ZPO erübrigen.[28] Die ausschließliche örtliche Zuständigkeit gemäß Abs. 1 S. 2 und 3 gilt nicht nur für eine positive Feststellungsklage des Gläubigers gegen den Bestreitenden gemäß § 179 Abs. 1, sondern auch dann, wenn der Bestreitende gemäß § 179 Abs. 2 seinen Widerspruch durch selbständige Klage verfolgt.[29] Eine selbständige Klage des Bestreitenden (im Unterschied zur Prozessaufnahme nach § 180 Abs. 2) kommt zB in Betracht, wenn die Forderung durch notarielle Urkunde tituliert ist (→ § 179 Rn. 33 ff.).

Abs. 1 S. 2 und 3 gilt nur für die **Feststellung des streitigen Insolvenzgläubigerrechts,** nicht zB für Aus- oder Absonderungsstreitigkeiten.[30] Die Vorschrift findet ferner keine Anwendung, wenn zurzeit der Eröffnung des Insolvenzverfahrens ein Rechtsstreit über die bestrittene Forderung anhängig ist (Abs. 2; → Rn. 15) oder wenn für die Feststellung des Insolvenzgläubigerrechts der Rechtsweg zu den ordentlichen Gerichten nicht gegeben ist (arg. § 185). In dem Gerichtsstand der Insolvenzfeststellungsklage kann der beklagte Bestreitende nach allgemeinen Regeln (§ 33 ZPO) Widerklage gegen den Anmelder erheben.[31] Die Erhebung einer Insolvenzfeststellungsklage als Widerklage gegenüber einer Klage des Insolvenzverwalters kommt in Betracht, wenn die Verwalter vor dem gemäß Abs. 1 S. 2, 3 für die Insolvenzfeststellungsklage örtlich zuständigen Gericht geklagt hat (§ 33 Abs. 2 ZPO).[32] 13

3. Sachliche Zuständigkeit. Die sachliche Zuständigkeit der ordentlichen Zivilgerichte richtet sich nach dem Streitwert (§§ 23, 71 GVG), der nach der zu erwartenden Dividende bestimmt wird (§ 182). Nur die örtliche, nicht auch die sachliche Zuständigkeit ist ausschließlich.[33] Vereinbarungen über die sachliche Zuständigkeit (§ 38 ZPO) können zB dann zweckmäßig sein, wenn dieselbe Forderung mehrfach in unterschiedlicher Höhe bestritten wird und wenn infolge dessen unterschiedliche Zuständigkeiten für die einzelnen Feststellungsklagen gegeben wären.[34] Soweit unabhängig von dem Insolvenzverfahren die Kammer für Handelssachen zur Entscheidung über die streitige Forderung zuständig wäre, kann auch die Klage auf Feststellung der Forderung vor der Kammer für Handelssachen anhängig gemacht werden.[35] 14

4. Weitere Sachurteilsvoraussetzungen. → § 179 Rn. 9 ff.

IV. Aufnahme eines unterbrochenen Rechtsstreits (Abs. 2)

1. Unzulässigkeit der Neuklage. War zurzeit der Eröffnung des Insolvenzverfahrens ein Rechtsstreit über denjenigen Anspruch anhängig, für den das bestrittene Insolvenzgläubigerrecht beansprucht wird (→ Rn. 18), so ist die Feststellung durch Aufnahme des Rechtsstreits zu betreiben (Abs. 2). Die Erhebung einer **selbständigen Feststellungsklage** ist in diesem Falle ausgeschlossen.[36] Abs. 2 bezweckt, den Kosten- und Zeitaufwand eines selbständigen Feststellungsprozesses zu vermeiden und die bisherigen Prozessergebnisse zu erhalten.[37] Die Vorschrift ergänzt § 240 ZPO (→ Vor § 85 Rn. 1 f., 78). Anhängigkeit im Sinne des § 180 Abs. 2 ist gleichbedeutend mit Rechtshängigkeit im Sinne der §§ 261 Abs. 1, 253 Abs. 1 ZPO.[38] 15

Der Rechtsstreit ist auch dann aufzunehmen, wenn er zurzeit der Eröffnung des Insolvenzverfahrens in der **Rechtsmittelinstanz** schwebte[39] oder wenn die Unterbrechung zwischen den Instanzen eintrat. Die erforderliche Änderung eines früheren Leistungsantrags in einen Antrag auf Feststellung der Forderung zur Tabelle (→ Rn. 23 ff.) ist nach Auffassung des BGH auch in der Revisionsinstanz 16

---

28 Motive zur KO, S. 365 = *Hahn* IV, S. 328.

29 KPB/*Pape/Schaltke* § 179 Rn. 18; aA wohl Nerlich/Römermann/*Becker* § 179 Rn. 19, § 180 Rn. 1 f.; für das Verhältnis von § 146 Abs. 6 und § 146 Abs. 2 KO streitig; für die Anwendung des § 146 Abs. 2 auf Klagen des Bestreitenden *Jaeger/Weber* KO 8. Aufl. § 146 Rn. 40; *Kilger/K. Schmidt* § 146 Anm. 3a; aA *Baur/Stürner* II, Insolvenzrecht, Rn. 21.25; s. auch Motive zur KO, S. 367 = *Hahn* IV, S. 329.

30 *Jaeger/Weber* KO 8. Aufl. § 146 Rn. 18.

31 RGZ 16, 115, 118; Jaeger/*Gerhardt* InsO § 180 Rn. 41.

32 RG JW 1902, 397 Nr. 30; Jaeger/*Gerhardt* InsO § 180 Rn. 41; vgl. auch OLG Hamm ZIP 1993, 444.

33 *Eckardt,* Kölner Schrift, S. 533, Rn. 48; *Jaeger/Weber* KO 8. Aufl. § 146 Rn. 18; aA *Jauernig/Berger,* Zwangsvollstreckungs- und Insolvenzrecht, § 56 Rn. 25; Jaeger/*Gerhardt* InsO § 180 Rn. 38; *Gerhardt* NZI 2010, 849; wohl auch FKInsO/*Kießner* § 180 Rn. 4.

34 *Jaeger/Weber* KO § 146 Rn. 18.

35 Jaeger/*Gerhardt* InsO § 180 Rn. 38; K. Schmidt/*Jungmann* § 180 Rn. 5; KPB/*Pape/Schaltke* § 180 Rn. 4.

36 BGHZ 105, 34, 37 ff.; BGH, Teilurt. v. 26.1.2017 – IX ZR 315/14, NJW 2017, 1752 Rn. 8; Jaeger/*Windel* InsO § 87 Rn. 8; *Jaeger/Weber* KO 8. Aufl. § 146 Rn. 23; K. Schmidt/*Jungmann* § 180 Rn. 8.

37 Motive zur KO S. 366 = *Hahn* IV, S. 328 f.

38 LAG Berlin LAGE Nr. 1 zu § 146 KO.

39 BGH WM 1965, 626; BGH LM Nr. 5 zu § 146 KO; K. Schmidt/*Jungmann* § 180 Rn. 12; Uhlenbruck/*Sinz* InsO § 180 Rn. 20 f.

möglich. § 559 ZPO soll nicht entgegenstehen.[40] Dies gelte auch für den Fall, dass die ursprüngliche Klageforderung gemäß § 45 S. 1 in eine Geldforderung umgewandelt wurde.[41] Soweit jedoch der Bestreitende seinen Widerspruch auf insolvenzspezifische Einwendungen wie zB die Nachrangigkeit der Forderung oder die Insolvenzanfechtung stützt und dafür neue, beweisbedürftige Tatsachen vorbringt, ist der Rechtsstreit an das Berufungsgericht zurückzuverweisen.[42] Klageänderungen, die über die Umstellung des bisherigen Leistungsantrags in einen Feststellungsantrag hinausgehen (zB weil eine andere als die rechtshängige Forderung angemeldet wurde; → Rn. 17), sind in der Revisionsinstanz grundsätzlich unzulässig (§ 559 ZPO).[43]

17 Ist der rechtshängige Anspruch **nicht mit demjenigen Anspruch identisch,** für den das Insolvenzgläubigerrecht beansprucht wird, so hat der Gläubiger die Wahl: Er kann entweder den anhängigen Prozess aufnehmen und den Klageantrag gemäß §§ 263, 264 ZPO ändern, oder er kann selbständige Feststellungsklage im Gerichtsstand des Abs. 1 S. 2, 3 erheben.[44] So zB, wenn bei Eröffnung des Insolvenzverfahrens ein Rechtsstreit über einen Erfüllungsanspruch anhängig war und der Gläubiger nach Erfüllungsablehnung durch den Verwalter einen Anspruch auf Schadensersatz wegen Nichterfüllung (§ 103) zur Tabelle anmeldet, den der Verwalter bestreitet.[45] Hat ein Arbeitnehmer vor der Eröffnung des Insolvenzverfahrens über das Vermögen des Arbeitgebers die Feststellung des Fortbestehens des Arbeitsverhältnisses beantragt und meldet er nach Eröffnung des Insolvenzverfahrens eine Entgeltforderung zur Tabelle an, die der Verwalter bestreitet, so kann der Gläubiger den anhängigen Prozess mit dem Antrag aufnehmen, die bestrittene Entgeltforderung zur Tabelle festzustellen,[46] oder aber selbständige Klage gemäß Abs. 1 erheben. Ein Antrag, festzustellen, dass über die Vergütung für die Benutzung eines Grundstücks keine Vereinbarung getroffen worden ist, kann nach Eröffnung des Insolvenzverfahrens über das Vermögen des Beklagten und Anmeldung eines Vergütungsanspruchs für die Benutzung des Grundstücks in einen Antrag auf Feststellung der bestrittenen Vergütungsforderung geändert werden.[47] § 181 steht der Klageänderung nicht entgegen (→ § 181 Rn. 7). Bei fehlender Identität zwischen dem rechtshängigen und dem bestrittenen Anspruch ist im Gegenteil die Klageänderung erforderlich, um die Übereinstimmung zwischen Anmeldung und Klage gemäß § 181 sicherzustellen.[48] War jedoch in den genannten Fällen der Rechtsstreit zurzeit der Eröffnung des Insolvenzverfahrens in der Revisionsinstanz anhängig, so ist die Antragsänderung in der Regel nach § 559 ZPO unzulässig (anderes gilt nach hM für die „Antragsanpassung" bei Identität zwischen dem rechtshängigen und dem angemeldeten und bestrittenen Anspruch; → Rn. 23 f.).[49] Zur Aufnahme, wenn mehrere Widerspruchsberechtigte dem angemeldeten Insolvenzgläubigerrecht widersprochen haben, → § 179 Rn. 18 und → Rn. 21.

18 **2. Rechtsstreit „über die Forderung".** Abs. 2 setzt voraus, dass ein Rechtsstreit „über die (bestrittene) Forderung" anhängig ist. Bestritten wird nach hier vertretener Auffassung aber nicht der (prozessuale) Anspruch gegen den Schuldner persönlich, der den Gegenstand des vorinsolvenzlichen Rechtsstreits bildet, sondern das **Haftungsrecht** des Gläubigers an der Masse, das neben dem Bestand einer Forderung auch ihre Anmeldbarkeit im Insolvenzverfahren und den geltend gemachten (Voll-)Rang voraussetzt (→ § 178 Rn. 15 ff.; → § 179 Rn. 7 f.).[50] § 180 Abs. 2 ist aus dieser Sicht dahingehend auszulegen, dass die Feststellung durch Aufnahme des Rechtsstreits zu betreiben ist, wenn über den dem bestrittenen Haftungsrecht zugrunde liegenden Anspruch zurzeit der Eröffnung des Insolvenzverfahrens ein Rechtsstreit anhängig war. Der Rechtsstreit ist in diesem Fall unabhängig von dem Grund des Widerspruchs aufzunehmen, also auch dann, wenn der Bestreitende den Nach-

---

[40] BGH LM KO § 146 Nr. 4, 5.

[41] BGH LM KO § 146 Nr. 4; BAGE 50, 62.

[42] BGH LM KO § 146 Nr. 4; *Eckardt,* Kölner Schrift, S. 533, Rn. 49; *Jonas* S. 61 f.

[43] BGH LM KO § 146 Nr. 4; s. auch RG JW 1932, 168, 169 (unzulässige Geltendmachung eines Absonderungsrechts); RG LZ 1912, 400 (unzulässige Geltendmachung eines Vorrechts).

[44] Str., wie hier OLG Brandenburg NZI 2010, 684; *Jaeger/Henckel* KO 9. Aufl. § 12 Rn. 7; *Henckel* ZZP 75, 351 ff.; aA (Aufnahme unzulässig) offenbar BGHZ 105, 34; *Bley* S. 44 ff.; *Grunsky* EWiR 1988, 1017, 1018; K. Schmidt/*Jungmann* § 180 Rn. 11.

[45] BGH NJW 1962, 153 (Aufnahme durch den widersprechenden Konkursverwalter); dazu *Henckel* ZZP 75 (1982) 351 ff.

[46] RAG JW 1933, 1551, 1552; insoweit zustimmend BGHZ 105, 34, 38.

[47] BGH LM KO § 146 Nr. 4.

[48] *Henckel* ZZP 75 (1982) 351, 353.

[49] BGH LM KO § 146 Nr. 4; RG JW 1932, 168 (unzulässige Änderung einer ursprünglich auf Zahlung gerichteten Klage in eine Klage auf abgesonderte Befriedigung in der Revisionsinstanz); RG LZ 1912, 400 (unzulässige Änderung einer Leistungsklage in Klage auf Feststellung, unter anderem, eines Vorrechts nach der KO in der Revisionsinstanz); aA RAG JW 1933, 1551, 1552.

[50] S. auch BFH BB 2006, 2682.

rang, die Unanmeldbarkeit oder die Insolvenzanfechtung geltend macht.[51] Dies gilt grundsätzlich auch für den Fall, dass sich der Rechtsstreit zurzeit der Eröffnung des Insolvenzverfahrens in der Rechtsmittelinstanz befand (→ Rn. 16). Dass dann für die Erörterung insolvenzspezifischer Einwendungen nur ein verkürzter Instanzenzug zur Verfügung steht, nimmt das Gesetz zugunsten der Prozessökonomie in Kauf.[52]

Dagegen scheidet nach bislang herrschender Meinung im Schrifttum eine Prozessaufnahme aus, wenn der Widersprechende nicht den rechtshängigen Anspruch, sondern allein den für ihn beanspruchten Rang oder die Anmeldbarkeit bestreitet. Die Feststellung des bestrittenen Ranges oder der Anmeldbarkeit sei durch selbständige Klage zu betreiben.[53] Diese Ansicht beruht im Wesentlichen auf der Annahme, dass im Feststellungsverfahren die einzelnen Voraussetzungen der Verfahrensteilnahme getrennt voneinander festgestellt oder bestritten werden können, ein einheitliches Insolvenzgläubigerrecht also abzulehnen sei (→ § 178 Rn. 12; → § 179 Rn. 7 f.). 19

Die **Teilaufnahme** eines gem. § 240 ZPO unterbrochenen Rechtsstreits ist in der Regel nur möglich, wenn die Gefahr einander widersprechender Entscheidungen in Bezug auf den aufgenommenen Teil des Rechtsstreits und den nicht aufgenommenen Teil ausgeschlossen ist.[54] 19a

3. Form der Aufnahme. Die Aufnahme erfolgt gemäß § 250 ZPO durch amtswegige Zustellung (§ 166 Abs. 2 ZPO) eines bei dem Gericht des anhängigen Rechtsstreites einzureichenden Schriftsatzes an den Gegner. Die Rechtsprechung lässt darüber hinaus eine Erklärung in mündlicher Verhandlung genügen, wenn beide Parteien anwesend sind.[55] Die Aufnahme ist Prozesshandlung. Mängel der Aufnahme sind nach § 295 ZPO heilbar. Bei Unterbrechung zwischen den Instanzen kann nach Ansicht des BGH die Aufnahme auch (stillschweigend) in Verbindung mit der Einlegung eines Rechtsmittels bei dem Rechtsmittelgericht erfolgen, ungeachtet dessen, dass bei Einlegung des Rechtsmittels der Rechtsstreit mangels Zustellung des Aufnahmeschriftsatzes noch unterbrochen ist.[56] Für Einzelheiten → Vor § 85 Rn. 80 f. 20

4. Aufnahmebefugnis; Aufnahmegegner. Zur Aufnahme ist der Gläubiger der bestrittenen Forderung und unter den Voraussetzungen des § 179 Abs. 2 auch der Bestreitende befugt (→ § 179 Rn. 4, 29 f., 43). Aufnahmegegner ist der Bestreitende, wenn der Gläubiger die Feststellung betreibt (§§ 179 Abs. 1; 180 Abs. 2),[57] der Gläubiger, wenn der Bestreitende seinen Widerspruch verfolgt (§§ 179 Abs. 2; 180 Abs. 2). Haben mehrere der Forderung widersprochen, so kann der Gläubiger nach Ansicht des BGH[58] einen über die Forderung anhängigen Rechtsstreit nur gegenüber allen Widersprechenden gemeinsam aufnehmen (zweifelhaft; → § 179 Rn. 18). Zu den Auswirkungen einer Rechtsnachfolge auf die Aufnahmebefugnis → § 179 Rn. 13 f. 21

5. Parteiwechsel. Der Widersprechende tritt anstelle des Schuldners in den aufgenommenen Rechtsstreit ein.[59] Er ist an die bisherigen Prozessergebnisse gebunden (auch → § 85 Rn. 16).[60] Hat auch der Schuldner Widerspruch eingelegt (§ 178 Abs. 1 S. 2) und nimmt der Gläubiger den Rechtsstreit gegenüber dem Schuldner (§ 184 Abs. 1 S. 2) und dem widersprechenden Verwalter oder Gläubiger (§ 180 Abs. 2) gemeinsam auf, so sind sie einfache Streitgenossen.[61] 22

6. Antragsänderung. Nach der Aufnahme des Rechtsstreits sind die Anträge der veränderten Verfahrenslage anzupassen.[62] Der Gläubiger hat, wenn er Kläger des anhängigen Rechtsstreits ist, nach hM die Feststellung der näher bezeichneten Forderung zur Insolvenztabelle zu beantragen. Deutlicher ist ein Antrag auf Feststellung, dass ihm für die Forderung ein Insolvenzgläubigerrecht 23

---

51 BGH Urt. v. 26.1.2017 IX ZR 315/14, NJW 2017, 1752 Rn. 10 ff. (offen lassend, ob neben der Aufnahme auch Feststellungsklage nach § 180 Abs. 1 erhoben werden kann) mAnm *Jungmann* NJW 2017, 1752; *Willmer* NZI 2017, 304; *Magnus* LMK 2017, 392693.

52 *Eckardt,* Kölner Schrift, S. 533, Rn. 49; *Jonas* S. 61 f.

53 Jaeger/*Gerhardt* § 180 Rn. 42; Uhlenbruck/*Sinz* § 179 Rn. 30, § 180 Rn. 27; *Häsemeyer,* Insolvenzrecht, Rn. 22.31; dagegen nunmehr BGH, Urt. v. 26.1.2017, IX ZB 315/14, NJW 2017, 1752 Rn. 16 ff.

54 BGH, Beschl. v. 27.3.2013 – III ZR 367/12, NZI 2013, 437, Rn. 11 ff.

55 RGZ 78, 343, 344; 86, 235, 240; 109, 47, 48; Jaeger/*Windel* InsO § 85 Rn. 130.

56 BGHZ 36, 258, 259 f.; 111, 104, 108 f.; str., ausführlich zum Streitstand Jaeger/*Windel* InsO § 85 Rn. 131.

57 BGH Teilurt. v. 26.1.2017 – IX ZR 315/14, NJW 2017, 1752 Rn. 32.

58 BGHZ 76, 206, 209 f. (seerechtliches Verteilungsverfahren); NZI 2012, 967; Beschl. v. 6.3.2013 – III ZR 261/12, NZI 2013, 396, Rn. 9 ff.; Beschl. v. 27.3.2013 – III ZR 367/12, NZI 2013, 437, Rn. 9 ff.

59 BGH KTS 1962, 46; Jaeger/*Gerhardt* InsO § 180 Rn. 75; *Jonas* S. 40; K. Schmidt/*Jungmann* § 180 Rn. 12; Uhlenbruck/*Sinz* InsO § 180 Rn. 22.

60 BGH NZI 2012, 967.

61 BGH ZIP 1980, 23; Jaeger/*Gerhardt* InsO § 180 Rn. 64.

62 BGH LM KO § 146 Nr. 4, 5; NJW 1962, 153; BAGE 50, 62; *Jonas* S. 41 ff.; *Eckardt,* Kölner Schrift, S. 533, Rn. 49, Rn. 53; K. Schmidt/*Jungmann* § 180 Rn. 13, § 87 Rn. 18; Uhlenbruck/*Sinz* InsO § 180 Rn. 24.

zusteht (→ § 179 Rn. 6). Die Antragsänderung ist gemäß § 264 Nr. 3 ZPO ohne weiteres zulässig.[63] Sie lässt nach Ansicht des BGH die Identität des jeweils geltend gemachten Anspruchs unberührt.[64] Gegenstand des Insolvenzfeststellungsstreits ist jedoch nach zutreffender Auffassung nicht der Anspruch gegen den Schuldner persönlich, sondern das Haftungsrecht des Gläubigers an der Masse, das neben dem Bestand einer Forderung auch ihre Verfolgbarkeit im Insolvenzverfahren und den geltend gemachten Rang voraussetzt (→ § 179 Rn. 7 f.).

24 Aufnahme und Antragsänderung sind nach hM auch in dem Fall möglich, dass der Rechtsstreit zurzeit der Eröffnung des Insolvenzverfahrens in der **Revisionsinstanz** schwebte.[65] § 559 ZPO stehe der Antragsänderung nicht entgegen; dies gelte auch, soweit bei der Neufassung des Antrags § 45 (§ 69 KO) zu berücksichtigen sei.[66] Der Rechtsstreit ist aber jedenfalls dann an das Berufungsgericht zurückzuverweisen, wenn der Bestreitende seinen Widerspruch auf insolvenzspezifische Einwendungen wie die Insolvenzanfechtung, die Unanmeldbarkeit oder den Nachrang der Forderung stützt und dafür neue, beweisbedürftige Tatsachen vorträgt.[67] Hat es der Gläubiger nach der Aufnahme des Rechtsstreits versäumt, seinen ursprünglichen Leistungsantrag in einen Antrag auf Feststellung umzustellen, und hat daraufhin das Gericht fälschlicherweise den bestreitenden Verwalter zur Leistung verurteilt, so kann das Urteil als Feststellung der bestrittenen Forderung zur Tabelle ausgelegt werden, wenn die Entscheidungsgründe eindeutig ergeben, dass der Prozess eine Insolvenzforderung und nicht eine Masseverbindlichkeit betraf.[68]

25 Nimmt der **Bestreitende** den anhängigen Rechtsstreit auf (§ 179 Abs. 2 iVm § 180 Abs. 2), so muss er nach Ansicht des BGH beantragen, den Widerspruch für begründet zu erklären.[69] Durch die Aufnahme ändern sich aber unbeschadet des gesetzlichen Parteiwechsels die Parteirollen in dem anhängigen Rechtsstreit grundsätzlich nicht. Tritt der Bestreitende anstelle des bisher beklagten Schuldners in den Rechtsstreit ein, so kann er sich darauf beschränken, die Abweisung der Klage zu beantragen.[70] Beantragt er in diesem Fall, seinen Widerspruch für begründet zu erklären, so ist dies als besondere Formulierung des Antrags auf Abweisung des zu erwartenden Feststellungsantrags des Gläubigers anzusehen.[71] Als Beklagter kann der Bestreitende die Klage nicht ändern. Hält der Gläubiger nach der Aufnahme des Rechtsstreits durch den Bestreitenden den bisherigen Leistungsantrag aufrecht, so ist seine Klage als unzulässig abzuweisen (aber → Rn. 24).[72] Ein Antrag des Bestreitenden, seinen Widerspruch für begründet zu erklären oder – deutlicher – festzustellen, dass dem Anmelder für die näher bezeichnete Forderung kein Insolvenzgläubigerrecht zusteht, ist nur geboten, wenn der Bestreitende im Feststellungsstreit Kläger ist. So, wenn er eine unterbrochene negative Feststellungsklage des Schuldners gegen den Gläubiger aufnimmt (§§ 179, 180 Abs. 2) oder wenn er selbständige negative Feststellungsklage gegen den Gläubiger erhebt (§§ 179 Abs. 2, 180 Abs. 1; Beispiel: Titulierung des Anspruchs durch vollstreckbare Urkunde).

26 **7. Zuständigkeit.** Zuständig bleibt örtlich und sachlich das Gericht, bei dem der Rechtsstreit zurzeit der Eröffnung des Insolvenzverfahrens anhängig war.[73] Die einmal begründete sachliche Zuständigkeit des Landgerichts besteht auch dann fort, wenn infolge veränderter Streitwertberechnung (§ 182) oder nur teilweiser Bestreitung für eine selbständige Klage das Amtsgericht zuständig wäre.[74]

27 **8. Aufnahme wegen der Kosten.** War der Prozess zwischen dem Gläubiger und dem Schuldner vor Eröffnung des Insolvenzverfahrens durch **beiderseitige Erledigungserklärung** in der Hauptsache beendet, wegen der Kosten jedoch noch anhängig, so kann der Gläubiger die Kostenforderung (§ 91a ZPO) zur Tabelle anmelden und im Bestreitensfalle den Rechtsstreit gegen den Widersprechenden aufnehmen. Entsprechendes gilt für die Kostenforderung gemäß § 269 Abs. 3

[63] BGH NZI 2012, 967; OLG Hamm ZIP 1993, 444; Zöller/*Greger* § 264 Rn. 5; KPB/*Pape/Schaltke* § 180 Rn. 13; aA Stein/Jonas/*Roth* § 240 Rn. 33.

[64] BGH LM KO § 146 Nr. 5.

[65] BGH LM KO § 146 Nr. 5; BGH Beschl. v. 31.10.2012 – III ZR 204/12, NZI 2012, 967 Rn. 8; BGH Urt. v. 21.5.2015 – III ZR 384/12, ZIP 2015, 1500 Rn. 14; Stein/Jonas/*Roth* § 240 Rn. 33.

[66] BGH LM KO § 146 Nr. 5; BAGE 50, 62, 67.

[67] *Eckardt,* Kölner Schrift, S. 533, Rn. 49; *Jonas* S. 61 f.

[68] RG WarnRspr. 1933 Nr. 167, S. 362 f.; BGH LM KO § 146 Nr. 9; ZIP 1994, 1193; Uhlenbruck/*Sinz* InsO § 180 Rn. 30; K. Schmidt/*Jungmann* § 87 Rn. 18.

[69] BGH NJW 1962, 153; ZIP 1994, 1193; KPB/*Pape/Schaltke* § 180 Rn. 14.

[70] OLG München GmbHR 2010, 1031; *Henckel* ZZP 75 (1962) 351, 354.

[71] *Henckel* ZZP 75 (1962) 351, 35.

[72] *Henckel* ZZP 75 (1962) 351, 354.

[73] Jaeger/*Gerhardt* InsO § 180 Rn. 65; Uhlenbruck/*Sinz* InsO § 180 Rn. 23.

[74] § 261 Abs. 3 Nr. 2 ZPO ist jedenfalls entsprechend anwendbar; Jaeger/*Gerhardt* InsO § 180 Rn. 65; Uhlenbruck/*Sinz* InsO § 180 Rn. 23.

S. 2 ZPO, wenn der Schuldner als Kläger vor Eröffnung des Insolvenzverfahrens seine **Klage zurückgenommen** hat.[75] In dem aufgenommenen Verfahren ist die Kostenforderung dem Grunde nach festzustellen; die Feststellung der Forderungshöhe erfolgt im Kostenfestsetzungsverfahren.[76] Ist vor oder nach der Eröffnung des Insolvenzverfahrens (§ 249 Abs. 3 ZPO) ein Beschluss über die Kosten zugunsten des Gläubigers ergangen (§§ 91a Abs. 1 S. 1; 269 Abs. 4 ZPO), so obliegt es dem Bestreitenden, den Widerspruch durch Aufnahme und Anfechtung der Kostenentscheidung zu verfolgen (§ 179 Abs. 2).[77]

War der Prozess zwischen dem Gläubiger als Kläger und dem Schuldner als Beklagtem vor oder durch die Eröffnung des Insolvenzverfahrens **in der Hauptsache erledigt,** ohne dass es zu einer beiderseitigen Erledigungserklärung kam, so kann der Gläubiger seine Kostenforderung anmelden und bei einem Widerspruch den Rechtsstreit gemäß Abs. 2 gegen den Bestreitenden aufnehmen. Dies gilt unabhängig davon, ob der Gläubiger den Rechtsstreit vor der Eröffnung des Insolvenzverfahrens einseitig für erledigt erklärt hat oder nicht.[78] Der Gläubiger muss in dem aufgenommenen Rechtsstreit den Antrag an die veränderte Verfahrenslage anpassen, also die Feststellung der bestrittenen Kostenforderung zur Tabelle beantragen. Gegenstand der zu treffenden Feststellung ist die Kostenforderung, die Erledigung der Hauptsache ist Vorfrage.[79] War aufgrund einseitiger Erledigungserklärung des Gläubigers vor Eröffnung des Insolvenzverfahrens ein Feststellungsurteil zugunsten des Gläubigers ergangen, so ist es dem Bestreitenden überlassen, den Widerspruch gegen die angemeldete Kostenforderung zu verfolgen (§ 179 Abs. 2).[80] 28

Ist nach Rechtskraft der Kostengrundentscheidung das anhängige **Kostenfestsetzungsverfahren unterbrochen** worden (vgl. → Vor §§ 85, 86 Rn. 44) und hat der Verwalter den zur Tabelle angemeldeten Erstattungsanspruch des Klägers bestritten, kann das unterbrochene Verfahren entsprechend § 180 Abs. 2 InsO aufgenommen werden.[81] In dem aufgenommenen Kostenfestsetzungsverfahren kann die Höhe des Erstattungsanspruchs lediglich festgestellt werden.[82] 28a

9. Aufnahme in den besonderen Verfahrensarten. a) Aufnahme eines Urkundenprozesses. Ein durch das Insolvenzverfahren unterbrochener Urkunden-, Wechsel- oder Scheckprozess kann als solcher aufgenommen und mit dem Antrag auf Feststellung des bestrittenen Insolvenzgläubigerrechts fortgesetzt werden (→ Rn. 7). Nach der Gegenansicht (→ Rn. 6) muss der Gläubiger nach Aufnahme des Rechtsstreits vom Urkundenprozess Abstand nehmen (§ 596 ZPO). Dies ist in der Berufungsinstanz jedoch nur analog § 263 ZPO, in der Revisionsinstanz gar nicht mehr möglich.[83] Teilweise wird ein Übergang in das ordentliche Verfahren kraft Gesetzes angenommen.[84] 29

b) Aufnahme eines Mahnverfahrens. Die Aufnahme eines unterbrochenen Mahnverfahrens (→ Vor §§ 85–87 Rn. 45) gemäß Abs. 2 scheidet aus, da dieses Verfahren zur Feststellung des Insolvenzgläubigerrechts ungeeignet ist und im Übrigen das Unstreitigbleiben des Anspruchs voraussetzt (→ Rn. 8). Der Gläubiger, der den Mahnbescheid beantragt hat, muss daher **Neuklage** auf Feststellung gegen den Bestreitenden erheben.[85] Eine Aufnahme ist dagegen möglich, wenn das Mahnverfahren zurzeit der Eröffnung des Insolvenzverfahrens oder der Ernennung des vorläufigen Verwalters bereits in das streitige Verfahren übergegangen war[86] oder wenn zurzeit der Unterbrechung ein nicht rechtskräftiger Vollstreckungsbescheid über die Forderung vorlag. Im zuletzt genannten Fall obliegt die Aufnahme gemäß § 179 Abs. 2 iVm § 180 Abs. 2 dem Bestreitenden.[87] 30

c) Aufnahme eines Schiedsverfahrens. Ein Schiedsverfahren zwischen dem Gläubiger und dem Schuldner über einen als Insolvenzforderung zu qualifizierenden Anspruch wird zwar durch die Eröffnung des Insolvenzverfahrens oder den Übergang der Verwaltungs- und Verfügungsbefugnis 31

---

[75] OLG Hamburg OLG Rspr. 21, 177; Jaeger/*Windel* InsO § 85 Rn. 120; *Jaeger/Weber* KO 8. Aufl. § 146 Rn. 28.

[76] *Jaeger/Henckel* KO 9. Aufl. § 10 Rn. 85.

[77] *Jaeger/Henckel* KO 9. Aufl. § 10 Rn. 85.

[78] *Jaeger/Henckel* KO 9. Aufl. § 10 Rn. 96 f.

[79] *Jaeger/Henckel* KO 9. Aufl. § 10 Rn. 92 ff.

[80] *Jaeger/Henckel* KO 9. Aufl. § 10 Rn. 90; zur Verfolgung eines Kostenerstattungsanspruchs durch den Gläubiger als Beklagten siehe *Jaeger/Henckel* KO 9. Aufl. § 10 Rn. 88, 90, 91, 95, 98.

[81] OLG München ZIP 2003, 2318; BGH Beschl. v. 15.5.2012 – VIII ZB 79/11, NZI 2012, 625 Rn. 5.

[82] OLG München ZIP 2003, 2318.

[83] BGHZ 29, 337; Zöller/*Greger* § 596 Rn. 4 mwN; aA *Eckardt,* Kölner Schrift, S. 533, Rn. 50.

[84] OLG Hamm KTS 1967, 169; *Baumbach/Lauterbach/Albers/Hartmann* § 592 Rn. 4; *Jonas* S. 45 ff.

[85] *Bley* S. 17 ff.; Jaeger/*Windel* InsO § 85 Rn. 57; Jaeger/*Gerhardt* InsO § 180 Rn. 53, 56; Nerlich/Römermann/*Becker* § 180 Rn. 18; aA *Jonas* S. 54 ff.

[86] Jaeger/*Gerhardt* § 180 Rn. 59.

[87] Jaeger/*Gerhardt* § 180 Rn. 60.

auf einen vorläufigen Verwalter nicht gemäß § 240 ZPO unterbrochen.[88] Das Schiedsgericht darf aber das Schiedsverfahren gemäß § 1059 Abs. 2 Nr. 2b ZPO iVm § 87 grundsätzlich nicht vor Abschluss des insolvenzrechtlichen Feststellungsverfahrens fortsetzen (→ Vor § 85 Rn. 53).[89] Nach Abschluss des Feststellungsverfahrens kann der Gläubiger das Schiedsverfahren gegen den widersprechenden Verwalter oder Gläubiger weiterführen. Der Bestreitende ist an eine von dem Schuldner getroffene Schiedsabrede gebunden, soweit der Bestand der Forderung in Frage steht. Dagegen kann das Schiedsgericht mangels anderslautender Einigung zwischen dem Gläubiger und dem Widersprechenden nicht über den Rang, die Anmeldbarkeit oder die insolvenzrechtliche Anfechtbarkeit der Forderung entscheiden (→ Rn. 10 f.).[90] Die Aufnahme eines unterbrochenen Verfahrens vor den staatlichen Gerichten auf Vollstreckbarerklärung eines Schiedsspruchs kann nur zur Vollstreckbarerklärung erfolgen. Ein Antrag auf Feststellung einer Forderung zur Insolvenztabelle ist in diesem Verfahren unzulässig.[91]

32 **10. Kostenentscheidung.** Die Kostenentscheidung, die in dem aufgenommenen Verfahren ergeht, erfasst sämtliche vor und nach der Aufnahme entstandenen Kosten. Werden die Kosten dem bestreitenden Verwalter auferlegt, so sollen sie in vollem Umfang Masseverbindlichkeiten (§ 55 Abs. 1 Nr. 1) sein, unabhängig davon, ob der Gebührentatbestand vor oder nach der Aufnahme verwirklicht wurde (zweifelhaft; siehe § 85 Rn. 19 f.; § 182 Rn. 6). Vom Zeitpunkt der Aufnahme an bestimmt sich der Streitwert für das weitere Verfahren nach § 182.[92] Für die Berechnung der bis dahin entstandenen Gebühren ist der ursprüngliche Wert zugrunde zu legen (→ § 182 Rn. 6).[93]

§ 181 Umfang der Feststellung

Die Feststellung kann nach Grund, Betrag und Rang der Forderung nur in der Weise begehrt werden, wie die Forderung in der Anmeldung oder im Prüfungstermin bezeichnet worden ist.

Schrifttum: siehe § 178.

I. Normzweck und Anwendungsbereich

1 § 181 statuiert eine besondere Sachurteilsvoraussetzung für Insolvenzfeststellungsklagen.[1] Sie soll sicherstellen, dass die übrigen Widerspruchsberechtigten Gelegenheit zur Mitwirkung bei der Feststellung der Insolvenzforderungen erhalten.[2] § 181 gilt für positive (§ 179 Abs. 1) ebenso wie für negative Insolvenzfeststellungsklagen (§ 179 Abs. 2)[3] und unabhängig davon, ob die Feststellung durch Neuklage (§ 180 Abs. 1) oder durch Prozessaufnahme (§ 180 Abs. 2),[4] durch Klage oder Widerklage[5] verfolgt wird. Unerheblich ist auch, ob die Forderung im Prüfungstermin oder im schriftlichen Verfahren bestritten wurde (§ 177 Abs. 1 S. 2; § 5 Abs. 2).[6]

---

88 Jaeger/*Windel* InsO § 85 Rn. 68; *Jestaedt,* Schiedsverfahren und Konkurs, 1985, S. 20 ff., 106 ff.; *Musielak/Stadler* § 240 Rn. 6; *Schwab/Walter,* Schiedsgerichtsbarkeit, 6. Aufl. 2000, Kap. 16 Rn. 48.

89 *Jestaedt,* Schiedsverfahren und Konkurs, 1985, S. 106 ff. (Ausnahme: § 249 Abs. 3 ZPO analog); *Heidbrink/v. d. Groeben* ZIP 2006, 265, 270.

90 AA für Rang und Anmeldbarkeit *Jestaedt,* Schiedsverfahren und Konkurs, 1985, S. 132 ff.

91 BGH, Beschl. v. 26.4.2017 – I ZB 119/15, NZI 2017, 774, Rn. 15.

92 BGH ZIP 1980, 429; ZIP 1993, 50, 51; NJW-RR 1994, 1251; BFH ZIP 2006, 2284; OLG Düsseldorf OLGR Düsseldorf 1994, 306; OLG Köln MDR 1974, 853; OLG Schleswig ZIP 1981, 1359; OVG Mecklenburg-Vorpommern NVwZ-RR 2004, 798; Jaeger/*Gerhardt* InsO § 182 Rn. 25; K. Schmidt/*Jungmann* § 182 Rn. 1; Uhlenbruck/*Sinz* InsO § 182 Rn. 17.

93 OLG Düsseldorf KTS 1978, 41 f.; OLGR Düsseldorf 1994, 306; OLG Frankfurt ZIP 1981, 638 f.; OLG Jena OLGR Jena 1997, 284, 285; OLG Köln JurBüro 1986, 1244, 1245.

1 *Häsemeyer,* Insolvenzrecht, Rn. 22.28; KPB/*Pape/Schaltke* § 179 Rn. 2; nach hM fehlt einem Kläger, der die Feststellung einer unangemeldeten und ungeprüften Forderung beantragt, das Feststellungsinteresse: *Bley* S. 50 ff.; *Eckardt,* Kölner Schrift, S. 533, Rn. 55; Jaeger/*Gerhardt* InsO § 181 Rn. 5; Uhlenbruck/*Sinz* InsO § 181 Rn. 1.

2 Motive zur KO, S. 366 = *Hahn* IV, S. 329; BGH LM KO § 146 Nr. 1.

3 BGH LM KO § 146 Nr. 1; NJW 1962, 153; RGZ 86, 394, 396; KPB/*Pape/Schaltke* § 181 Rn. 1; Uhlenbruck/*Sinz* InsO § 181 Rn. 2; aA Nerlich/Römermann/*Becker* § 181 Rn. 1 (nur Klagen des Gläubigers gemäß §§ 179 Abs. 1, 180).

4 BGH LM KO § 146 Nr. 1; NJW 1962, 153; BAG ZIP 1983, 1095, 1097; OLG Nürnberg ZIP 1982, 476, 477; RGZ 86, 394, 396.

5 RG JW 1902, S. 397 Nr. 30; Jaeger/*Gerhardt* InsO § 181 Rn. 3.

6 Nerlich/Römermann/*Becker* § 181 Rn. 3.

II. Entstehungsgeschichte

2 § 181 entspricht im Wesentlichen § 146 Abs. 4 KO. Im Geltungsbereich der Gesamtvollstreckungsordnung war § 146 Abs. 4 KO entsprechend anwendbar.[7] Neu ist das ausdrückliche Verbot der Abweichung der Klage von dem in der Anmeldung oder im Prüfungstermin bezeichneten Rang der Forderung, das ungeschrieben auch unter der Konkursordnung galt.[8] Im Gesetzgebungsverfahren wurde die Vorschrift nicht verändert (§ 209 RegE; § 199 RefE; § 199 DE).

III. Anmeldung und Prüfung als besondere Sachurteilsvoraussetzungen

3 Anmeldung und Prüfung der festzustellenden Forderung sind besondere Sachurteilsvoraussetzungen. Sie dienen dazu, den übrigen Widerspruchsberechtigten die Mitwirkung bei der Forderungsfeststellung zu sichern. Die Klage ist **unzulässig,** soweit sie von dem in der Anmeldung angegebenen Grund der Forderung abweicht oder der Gläubiger einen höheren Betrag oder besseren Rang als angemeldet geltend macht (aber → RN. 10),[9] desgleichen, wenn die geltend gemachte Forderung mangels hinreichender Konkretisierung des Forderungsgrundes nicht ordnungsgemäß angemeldet ist.[10] Die Unzulässigkeit entfällt, wenn der Gläubiger den neuen Anspruchsgrund, höheren Betrag oder besseren Rang bis zum Schluss der mündlichen Verhandlung im Feststellungsprozess zur Tabelle anmeldet und der Feststellungsgegner die Forderung auch insoweit bestreitet. Da Anmeldung und Prüfung im Interesse aller Insolvenzgläubiger vorgeschrieben sind, können die Parteien des Feststellungsrechtsstreits nicht auf sie verzichten. Eine Heilung durch unterlassene Rüge in der mündlichen Verhandlung (§ 295 ZPO) ist nicht möglich.[11] Anmeldung und Prüfung gehören zum ordre public interne: Ein inländischer Schiedsspruch, der eine Insolvenzforderung feststellt, die nicht zuvor in gleicher Weise nach Grund und Betrag zur Insolvenztabelle angemeldet wurde, kann deshalb nicht für vollstreckbar erklärt werden (vgl. auch → Vor §§ 85 bis 87 RN. 53 f.).[12]

4 Als Sachurteilsvoraussetzungen müssen Anmeldung und Prüfung **bis zum Schluss der Letzten mündlichen Verhandlung** vorliegen. Sie können auch noch in der Revisionsinstanz nachgeholt werden.[13] § 559 ZPO steht der Berücksichtigung neuer Tatsachen durch das Revisionsgericht nicht entgegen, soweit sie für das Vorliegen der von Amts wegen zu berücksichtigenden Sachurteilsvoraussetzungen von Bedeutung sind.[14]

5 Zum Nachweis der Anmeldung und Prüfung erteilt das Insolvenzgericht dem Gläubiger der bestrittenen Forderung, im Fall des § 179 Abs. 2 auch dem Bestreitenden, einen **beglaubigten Auszug** aus der Tabelle (§ 179 Abs. 3 S. 1, 2; → § 179 Rn. 45). Unterscheiden sich Anmeldung und Eintragung, so ist die Anmeldung maßgebend.[15]

IV. Grund der Forderung

6 Grund der Forderung im Sinne des § 181 ist der für die Entstehung der Forderung **wesentliche Sachverhalt.**[16] Die Ergänzung oder Berichtigung der in der Anmeldung gemachten tatsächlichen

---

7 *Hess/Binz/Wienberg* GesO § 11 Rn. 48; Mohrbutter/*Pape,* Handbuch der Insolvenzverwaltung, Rn. XVI.180; *Smid* GesO § 11 Rn. 96.

8 RGZ 130, 333, 334; LAG Hamm ZIP 1987, 1267, 1270; *Jaeger/Weber* KO 8. Aufl. § 146 Rn. 32; *Kilger/K. Schmidt* § 146 Anm. 2e.

9 RGZ 130, 333, 334 f.; BGH NJW 1962, 153, 154; ZIP 2000, 706; NJW-RR 2004, 1050; NZI 2007, 647; BGH Urt. v. 3.7.2014 – IX ZR 261/12, NZI 2014, 749, Rn. 9 ff.; BAG BeckRS 2012, 69834; NJW 1986, 1896; LAG Frankfurt KTS 1998, 77 f.; NZA 1992, 619; OLG Nürnberg ZIP 1982, 476, 477; OLG Stuttgart NJW 1962, 1018; OLG München Endurteil v. 2.10.2015 – 10 U 1534/13, BeckRS 2015, 16801 Rn. 30; LG Bonn ZIP 1996, 1672, 1673; 1997, 934.

10 BGH NJW-RR 2009, 772.

11 BGH LM KO § 146 Nr. 1; OLG Nürnberg ZIP 1982, 476, 477.

12 BGHZ 179, 304 = NJW 2009, 1747.

13 Im Ergebnis ebenso BGH LM KO § 61 Nr. 2, 3; BGH ZIP 2000, 706; KPB/*Pape/Schaltke* § 181 Rn. 2; K. Schmidt/*Jungmann* § 181 Rn. 1; aA (Schluss der letzten Tatsachenverhandlung maßgebend) Jaeger/*Gerhardt* InsO § 181 Rn. 6.

14 ZB BGHZ 85, 288, 290 (nachträgliche Niederlegung eines Schiedsspruchs); BGH ZIP 1981, 746, 747 (Wiedererlangung der Prozessführungsbefugnis durch Konkursaufhebung); ZIP 1983, 994, 995 (nachträgliches Feststellungsinteresse); weitere Nachweise bei *Baumbach/Lauterbach/Albers/Hartmann* § 559 Rn. 7; kritisch Stein/Jonas/*Jacobs* § 559 Rn. 19 f., im Ergebnis jedoch zustimmend.

15 BGH, Urt. v. 26.1.2017, IX ZB 315/14, NJW 2017, 1752 Rn. 37; KG OLG Rspr. 21, 178.

16 Jaeger/*Gerhardt* InsO § 181 Rn. 9; Uhlenbruck/*Sinz* InsO § 181 Rn. 5; KPB/*Pape/Schaltke* § 181 Rn. 4; s. auch BAG BeckRS 2012, 69918 (Geltendmachung der Klageforderung als Schadensersatz statt aus tariflicher Leistungszulage); LAG Hessen KTS 1998, 77 f. (Anmeldung einer Verzugszinsforderung ohne Angabe der zugrundeliegenden Hauptforderungen und des Zinssatzes).

Angaben im Feststellungsprozess ist analog § 264 Nr. 1 ZPO zulässig. Auch § 268 Alt. 1 ZPO gilt insoweit entsprechend.[17] Eine weitergehende Einschränkung des § 181 durch analoge Anwendung der §§ 263 f.; 267 f. ZPO ist ausgeschlossen. So wird eine Abweichung des Klagegrundes von dem in der Anmeldung angegebenen Grund der Forderung nicht dadurch zulässig, dass der Beklagte einwilligt oder das Gericht sie für sachdienlich erachtet. § 181 schützt nicht die Parteien des Feststellungsstreits, sondern die Gesamtheit der Insolvenzgläubiger (→ Rn. 1).[18]

7 Von der (unzulässigen) Einschränkung des § 181 durch entsprechende Anwendung der §§ 263 f., 267 f. ZPO ist die Zulässigkeit der Änderung der Insolvenzfeststellungsklage zu unterscheiden. § 181 schließt **Klageänderungen** nicht aus.[19] Im Gegenteil bedarf es regelmäßig der Klageänderung, wenn gemäß § 180 Abs. 2 ein über die Forderung anhängiger Rechtsstreit aufgenommen wird (→ § 180 Rn. 23 ff.). Aber auch, wenn der Gläubiger oder der Bestreitende die Feststellung durch selbständige Klage gemäß § 180 Abs. 1 verfolgen, steht § 181 einer späteren Klageänderung nicht entgegen. Damit jedoch über die geänderte Klage sachlich entschieden werden kann, muss der geänderte Anspruch bis zum Schluss der Letzten mündlichen Verhandlung im Insolvenzverfahren angemeldet, geprüft und bestritten worden sein.[20]

8 Zum Grund der Forderung im Sinne des § 181 gehört auch die **Rechtszuständigkeit.**[21] Geht die bestrittene Forderung nach der Anmeldung und Prüfung, aber vor der Klageerhebung auf einen Einzel- oder Gesamtrechtsnachfolger über, so dürfte das Prozessgericht nach dem Wortlaut des § 181 über die Feststellungsklage des Erwerbers sachlich nur entscheiden, nachdem dieser seinerseits die Forderung angemeldet hat. Nach hM erfordert jedoch der Schutzzweck des § 181 eine erneute Anmeldung jedenfalls dann nicht, wenn die Rechtsnachfolge dem Insolvenzgericht nachgewiesen und in der Tabelle vermerkt worden ist.[22] Dagegen spricht, dass die übrigen Widerspruchsberechtigten in diesem Fall keine Möglichkeit haben, die behauptete Rechtsnachfolge zu bestreiten. Weder die Eintragung der Rechtsnachfolge in die Tabelle noch die rechtskräftige Feststellung der Forderung zu Gunsten des vermeintlichen Nachfolgers können verhindern, dass später der wahre Rechtsnachfolger die Forderung gegenüber der Insolvenzmasse für sich in Anspruch nimmt (→ § 178 Rn. 68). Nach der hM ist eine erneute Anmeldung und Prüfung auch dann entbehrlich, wenn die Forderung nach Erhebung der Feststellungsklage durch Einzelrechtsnachfolge auf einen Dritten übergeht und der Anmelder nunmehr Feststellung der Forderung als einer dem Erwerber zustehenden beantragt (§ 265 Abs. 2 ZPO) oder wenn nach Erhebung der Feststellungsklage ein Gesamtrechtsnachfolger an die Stelle des bisherigen Klägers tritt (→ § 179 Rn. 13).

9 Keine Abweichung des Klagegrundes von dem in der Anmeldung bezeichneten Grund und keine Mehrforderung stellt es dar, wenn der Gläubiger die Forderung **„für den Ausfall"** anmeldet und dann Klage auf uneingeschränkte Feststellung der Forderung zur Tabelle erhebt.[23] Der Vermerk „für den Ausfall" gilt im Zweifel nur für die Berücksichtigung der Forderung im Verteilungsverfahren. Angemeldet und bestritten ist trotz des Zusatzes die gesamte Forderung (→ § 178 Rn. 64).

V. Betrag und Rang

10 Die Klage ist auch dann nach § 181 unzulässig, wenn und soweit mit ihr ein höherer Betrag oder ein besserer Rang als angemeldet geltend gemacht wird. Einer Beschränkung des Betrages steht § 181 seinem Schutzzweck nach nicht entgegen,[24] ebenso wenig der bloßen Inanspruchnahme eines schlechteren als des angemeldeten Ranges (§ 39).[25] Verbindet sich jedoch mit der Inanspruchnahme des schlechteren Ranges eine Änderung des Anspruchsgrundes, so erfordert § 181 zunächst eine

[17] Str.; wie hier BGH KTS 1973, 266, 269; RG LZ 1911, Sp. 231 f.; LZ 1912, Sp. 235 f.; einschränkend Stein/Jonas/*Roth* § 263 Rn. 30 (nur soweit das Gericht die Klageänderung zulässt): aA (§ 268 Alt. 1 ZPO nicht anwendbar) *Bley* S. 55; *Eckardt,* Kölner Schrift, 2. Aufl., S. 743, Rn. 55; Jaeger/*Gerhardt* InsO § 181 Rn. 10; MüKoZPO/*Becker-Eberhard* § 263 Rn. 60.

[18] Jaeger/*Gerhardt* InsO § 181 Rn. 10.

[19] *Bley* S. 53 f.; MüKoZPO/*Becker-Eberhard* § 263 Rn. 59; Stein/Jonas/*Roth* § 263 Rn. 29 f.; s. auch BGH NJW 1962, 153, 154; aA *Baumbach/Lauterbach/Hartmann* § 263 Rn. 3.

[20] Vgl. auch BGH NJW-RR 2004, 1050.

[21] RG LZ 1911 Sp. 862; KG OLG Rspr. 42, 76, 77; *Bley* S. 56; Jaeger/*Gerhardt* InsO § 174 Rn. 27; Uhlenbruck/*Sinz* InsO § 181 Rn. 10.

[22] RG LZ 1911 Sp. 862, 863; Jaeger/*Gerhardt* InsO § 181 Rn. 13; Uhlenbruck/*Sinz* InsO § 181 Rn. 10; nach KG OLG Rspr. 42, 76 ist auch die Eintragung des Rechtsnachfolgers in die Tabelle entbehrlich.

[23] AA LG Bonn ZIP 1996, 1672; ZIP 1997, 934.

[24] BGH 103, 1, 3; *Eckardt,* Kölner Schrift, S. 533, Rn. 55; KPB/*Pape/Schaltke* § 181 Rn. 6.

[25] BAGE 47, 343, 353 (mAnm *Zeuner* AP TVG § 4 Nr. 88); *Eckardt,* Kölner Schrift, S. 533, Rn. 55; vgl. auch BAGE 35, 98, 102; aA BGH LM KO § 61 Nr. 2, 3; Jaeger/*Gerhardt* InsO § 181 Anm. 12; Uhlenbruck/*Sinz* InsO § 181 Rn. 13; offen LAG Hamm ZIP 1987, 1267, 1270.

Neuanmeldung.[26] Die Inanspruchnahme eines schlechteren Ranges kann auch dann zur Unzulässigkeit der Klage führen, wenn das Insolvenzgericht nicht zur Anmeldung von Forderungen des nunmehr beanspruchten Nachranges aufgefordert hat (§ 174 Abs. 3).[27]

§ 182 Streitwert

Der Wert des Streitgegenstands einer Klage auf Feststellung einer Forderung, deren Bestand vom Insolvenzverwalter oder von einem Insolvenzgläubiger bestritten worden ist, bestimmt sich nach dem Betrag, der bei der Verteilung der Insolvenzmasse für die Forderung zu erwarten ist.

Schrifttum: siehe § 178.

Übersicht

I. Normzweck

1 § 182 soll sicherstellen, dass die Kosten des Verfahrens in einem angemessenen Verhältnis zu seiner regelmäßigen wirtschaftlichen Bedeutung für die Beteiligten stehen. Zugleich soll den Parteien eine zuverlässige Einschätzung ihres Kostenrisikos ermöglicht werden. Die Berechnung des Streitwerts nach dem Nominalwert der bestrittenen Forderung, wie sie zB das preußische Kostenrecht vorsah,[1] schlösse die Beseitigung unberechtigter Widersprüche vielfach faktisch aus.[2] Die durch § 182 bewirkte Ausdehnung der amtsgerichtlichen Zuständigkeit für Insolvenzfeststellungsprozesse soll darüber hinaus zur Beschleunigung des Verfahrens beitragen.[3]

II. Entstehungsgeschichte

2 § 182 übernimmt im Wesentlichen die Regelungen des § 148 KO.[4] Dabei stellt die Vorschrift gegenüber § 148 KO klar, dass bei einem Widerspruch für die Streitwertberechnung einzig die Höhe des Betrages entscheidend ist, den der Gläubiger bei der Verteilung der Insolvenzmasse zu erwarten hat.[5] Im Gesetzgebungsverfahren wurde § 182 inhaltlich nicht verändert (§§ 210 RegE, 200 RefE, 200 DE). Unter der Gesamtvollstreckungsordnung galt § 148 KO entsprechend.[6]

III. Klage auf Feststellung einer Insolvenzforderung

3 § 182 gilt grundsätzlich für **alle Klagen gemäß §§ 179, 180** auf Feststellung einer bestrittenen Insolvenzforderung. Unerheblich ist, ob die Feststellung durch Neuklage (§ 180 Abs. 1) oder Prozess-

26 *Zeuner,* Anm. zu BAG AP TVG § 4 Nr. 88.

27 Vgl. *Eckardt,* Kölner Schrift, S. 533, Rn. 55; OLG Koblenz GmbHR 2008, 658: Klage unbegründet, nicht unzulässig, wenn nachrangige Forderung ohne Aufforderung zur Anmeldung (§ 174 Abs. 3) geltend gemacht wird.

1 Dazu Motive zur KO, S. 368 = *Hahn* IV, S. 330; *Schneider* MDR 1974, 101, 102.

2 Motive zur KO, S. 368 = *Hahn* IV, S. 330.

3 Motive zur KO, S. 368 = *Hahn* IV, S. 330 f.; BGH LM KO § 148 Nr. 1; NJW 1964, 1229; ZIP 1993, 50, 51; OLG Hamm ZIP 1984, 1258.

4 BGH NZI 1999, 447.

5 Vgl. Begründung zu § 210 RegE (= § 182), BR-Drs. 1/92, 185; dies entsprach auch der hM zu § 148 KO: BGH LM KO § 148 Nr. 1; NJW 1964, 1229; ZIP 1993, 50; *Jaeger/Weber* KO 8. Aufl. § 148 Rn. 2; *Kilger/K. Schmidt* § 148 Anm. 1a; Uhlenbruck/*Sinz* InsO § 182 Rn. 8; *Schneider* MDR 1974, 101, 102.

6 BGH NZI 1999, 447; OLG Naumburg ZIP 1995, 575; *Haarmeyer/Wutzke/Förster* GesO § 11 Rn. 101; *Hess/Binz/Wienberg* GesO § 11 Rn. 53b; *Kilger/K. Schmidt* § 11 GesO Anm. 4; Mohrbutter/*Pape,* Handbuch der Insolvenzverwaltung, Rn. XVI.180; *Smid* GesO § 11 Rn. 113.

aufnahme (§ 180 Abs. 2; aber → Rn. 6), positive Feststellungsklage des Gläubigers (§ 179 Abs. 1) oder negative Feststellungsklage des bestreitenden Insolvenzverwalters betrieben wird (§ 179 Abs. 2).[7] Verfolgt jedoch ein widersprechender Gläubiger seinen Widerspruch gemäß §§ 179 Abs. 2, 180, so findet § 182 keine Anwendung. Der Streitwert der Feststellungsklage bestimmt sich in diesem Fall nach dem Betrag, um den sich im Erfolgsfall der Anteil des bestreitenden Gläubigers erhöhen würde.[8] § 182 gilt für die Berechnung des Zuständigkeits-, Rechtsmittel- und Gebührenstreitwerts.[9]

4 § 182 ist **nicht anwendbar** auf eine Klage des Anmelders gegen den widersprechenden Schuldner gemäß § 184. Der Streitwert dieser Klage bestimmt sich nach dem Wert des Vollstreckungsanspruchs aus § 201 Abs. 2, also nach dem Nennwert der Forderung. Abzuziehen ist die auf die angemeldete Forderung voraussichtlich entfallende Insolvenzdividende, da der Gläubiger diesen Betrag auch erlangt, wenn er in dem Feststellungsprozess unterliegt.[10] Widerspricht der Schuldner nicht persönlich, sondern als Eigenverwalter (§ 283 Abs. 1 S. 2), so gelten für die Feststellungsklage des Gläubigers die §§ 179 ff. einschließlich des § 182 (§ 270 Abs. 1 S. 2).[11] § 182 findet keine Anwendung auf Klagen, mit denen ein Aus- oder Absonderungsrecht oder eine Masseverbindlichkeit geltend gemacht wird,[12] ebenso wenig auf eine Vollstreckungsabwehrklage, die der Gläubiger nach Ablehnung der Eröffnung des Insolvenzverfahrens mangels Masse erhebt.[13]

5 § 182 gilt **entsprechend,** wenn die Feststellung bei einem anderen als einem Zivilgericht zu betreiben ist (§ 185 S. 3).[14] Eine entsprechende Anwendung ist außerdem geboten, wenn der Insolvenzverwalter die Masseunzulänglichkeit angezeigt hat (§ 208) und der klagende Massegläubiger daraufhin seinen Zahlungsantrag auf die Feststellung seiner Forderung beschränkt.[15]

6 Wird ein Rechtsstreit, der zurzeit der Eröffnung des Insolvenzverfahrens über die Forderung anhängig ist, gemäß **§ 180 Abs. 2** von dem Gläubiger (§ 179 Abs. 1) oder dem widersprechenden Verwalter (§ 179 Abs. 2) **aufgenommen,** so bestimmt sich der Streitwert für das weitere Verfahren nach § 182.[16] Für die bis zur Aufnahme entstandenen Gebühren ist der ursprüngliche Wert maßgebend.[17] Die bisherige örtliche und sachliche Zuständigkeit bleibt bestehen, ebenso die Zulässigkeit eines vor Eröffnung des Insolvenzverfahrens eingelegten Rechtsmittels.[18] Werden die Kosten des aufgenommenen Rechtsstreits dem Verwalter auferlegt, so sind sie nach hM insgesamt als Masseverbindlichkeiten gemäß § 55 Abs. 1 Nr. 1 zu berichtigen, ohne Rücksicht darauf, ob sie vor oder nach der Eröffnung des Insolvenzverfahrens entstanden sind (zweifelhaft; → § 85 Rn. 19 f.).[19] § 182 ist auch dann anwendbar, wenn der Anmelder nach der Aufnahme des Rechtsstreits den Zahlungsantrag versehentlich nicht in einen Antrag auf Feststellung der Forderung zur Tabelle ändert und das Gericht dem Zahlungsantrag stattgibt, das Urteil aber dahin ausgelegt werden kann, dass die Forderung des Klägers zur Tabelle festgestellt wird.[20]

---

7 BGH, Beschl. v. 28.5.2015 – III ZR 260/14 , NZI 2015, 757, Rn. 1; aA Nerlich/Römermann/*Becker* § 182 Rn. 1, 9 f. (nur entsprechende Anwendung bei Widerspruchsverfolgung durch den Bestreitenden).

8 Jaeger/*Gerhardt* InsO § 182 Rn. 13; K. Schmidt/*Jungmann* § 182 Rn. 3; Uhlenbruck/*Sinz* InsO § 182 Rn. 3.

9 BGH NZI 2002, 549 (Berufungsstreitwert); 2007, 175; Jaeger/*Gerhardt* InsO § 182 Rn. 13, 26, 27.

10 BGH MDR 1966, 996; HambKommInsO/*Herchen* § 182 Rn. 3; Jaeger/*Gerhardt* InsO § 182 Rn. 17; *Schneider* MDR 1974, 101; aA Uhlenbruck/*Sinz* InsO § 182 Rn. 5; KPB/*Pape/Schaltke* § 182 Rn. 12 (Wert der zukünftigen Vollstreckungsmöglichkeiten).

11 AA KPB/*Pape/Schaltke* § 182 Rn. 13 (entsprechende Anwendung des § 182).

12 *Schneider* MDR 1974, 101; für Masseverbindlichkeit aA FG Düsseldorf EFG 1980, 31, 32.

13 BGH NJW-RR 1988, 444; aA *Lappe* NJW 1988, 3130; MüKoZPO/*Wöstmann* § 3 Rn. 130.

14 Vgl. BFH ZIP 2006, 2284; OVG Münster ZIP 1982, 1341 (Verwaltungsstreitverfahren); OVG Mecklenburg-Vorpommern NVwZ-RR 2004, 798; Uhlenbruck/*Sinz* InsO § 182 Rn. 7; KPB/*Pape/Schaltke* § 182 Rn. 9.

15 BGH NJW-RR 1988, 689 f.; OLG Celle OLGR Celle 1997, 57 f.; LAG Bremen MDR 1988, 699; OLG Düsseldorf BeckRS 2011, 00012; BeckRS 2010, 16638; aA Jaeger/*Gerhardt* InsO § 182 Rn. 22.

16 BGH ZIP 1980, 429; ZIP 1993, 50, 51; NJW-RR 1994, 1251; BFH ZIP 2006, 2284; OLG Düsseldorf OLGR Düsseldorf 1994, 306; OLG Köln MDR 1974, 853; OLG Schleswig ZIP 1981, 1359; LAG Baden-Württemberg NZI 2012, 420; Jaeger/*Gerhardt* InsO § 182 Rn. 13; K. Schmidt/*Jungmann* § 182 Rn. 6; Uhlenbruck/*Sinz* InsO § 182 Rn. 17; *Schneider* MDR 1974, 101, 104.

17 BFH ZIP 2006, 2284; OLG Düsseldorf KTS 1978, 41 f.; OLGR Düsseldorf 1994, 306; OLG Frankfurt ZIP 1981, 638 f.; OLG Jena OLGR Jena 1997, 284, 285; OLG Köln JurBüro 1986, 1244, 1245; OVG Mecklenburg-Vorpommern NVwZ-RR 2004, 798.

18 Gedanke des § 265 Abs. 3 Nr. 2 ZPO; vgl. Jaeger/*Gerhardt* InsO § 180 Rn. 65; Uhlenbruck/*Sinz* InsO § 182 Rn. 18; s. auch Stein/Jonas/*Roth* § 4 Rn. 7.

19 BGH ZIP 2006, 2132; BGH Beschl. v. 28.6.2016 – II ZR 364/13, NZI 2016, 829 Rn. 10; OLG Frankfurt AnwBl. 83, 569; ZIP 1981, 638; Rpfleger 1977, 372; OLG Hamburg JurBüro 1974, 904; OLG Hamm JurBüro 1990, 1482; OLG Köln JurBüro 1986, 1244; OLG Schleswig ZIP 1981, 1359; Stein/Jonas/*Roth* § 240 Rn. 24; aA OLG Hamm ZIP 1994, 1547; *Gaedeke* JW 1939, 733 ff.; KPB/*Lüke* § 85 Rn. 58 f.; Uhlenbruck/*Mock* InsO § 85 Rn. 166; *Pape* EWiR 1994, 1115.

20 BGH NJW-RR 1994, 1251; LM KO § 146 Nr. 9.

IV. Der bei der Verteilung zu erwartende Betrag

1. Ausschließliche Maßgeblichkeit der Insolvenzdividende. Der Wert des Streitgegenstands der Insolvenzfeststellungsklage bestimmt sich ausschließlich nach dem Betrag, der bei der Verteilung der Insolvenzmasse für die Forderung zu erwarten ist (§ 182). Es ist unzulässig, den Streitwert aufgrund besonderer Umstände oberhalb oder unterhalb der zu erwartenden Quote anzusetzen. Unerheblich für die Streitwertberechnung ist zB ein für die Forderung bestehendes Absonderungsrecht an Gegenständen des Schuldners,[21] die Möglichkeit zur Aufrechnung der Forderung gegen eine Forderung des Schuldners[22] oder die Haftung weiterer Personen für die Forderung, zB eines Bürgen[23] oder eines persönlich haftenden Gesellschafters der Schuldnerin. Außer Betracht bleibt auch die Bedeutung der Feststellung für eine Zwangsvollstreckung aus der Tabelle nach Beendigung des Insolvenzverfahrens (§ 201 Abs. 2).[24] § 182 ist **abschließend.** Ein Abschlag wegen des Feststellungscharakters der Klage gemäß §§ 179 ff. erfolgt nicht.[25] 7

Die voraussichtliche Quote ist von dem Prozessgericht **zu schätzen.** Soweit erforderlich, hat es dazu die Auskunft des Insolvenzverwalters einzuholen oder die Insolvenzakten beizuziehen.[26] Die Quote bestimmt sich nach dem Verhältnis der Teilungsmasse zur Schuldenmasse.[27] Zur Teilungsmasse in diesem Sinne zählt auch eine (aufrechenbare) Gegenforderung der Masse gegen den Kläger der Feststellungsklage.[28] Bei der Schätzung der Schuldenmasse ist die Klageforderung zum vollen Betrag anzusetzen;[29] andere bestrittene Forderungen sind unabhängig davon, ob ihretwegen bereits Feststellungsklage erhoben wurde oder nicht, mit dem Wahrscheinlichkeitswert zu berücksichtigen.[30] Auch die bis zur Eröffnung des Insolvenzverfahrens aufgelaufenen Zinsen und die bis dahin entstandenen Kosten sind, wie sich im Umkehrschluss aus § 39 Abs. 1 Nr. 1, 2, Abs. 3 ergibt, bei der Ermittlung der Schuldenmasse zu berücksichtigen.[31] Im Übrigen bleiben die für die Forderung angefallenen Zinsen und Kosten, wenn sie als Nebenforderung geltend gemacht werden, bei der Berechnung des Streitwerts außer Betracht (§ 4 Abs. 1 Hs. 2 ZPO).[32] Ist eine Quote nicht zu erwarten, so ist der Streitwert der Insolvenzfeststellungsklage nach der niedrigsten Gebührenstufe festzusetzen.[33] Der Gebührenstreitwert ist jedoch auf den für die Zuständigkeit des Landgerichts erforderlichen Mindeststreitwert zu setzen, wenn trotz mangelnder Aussicht auf eine Quote der beklagte Insolvenzverwalter dem vom Kläger angegebenen vorläufigen Gegenstandswert oberhalb der Zuständigkeitsgrenze des Landgerichts nicht widersprochen und die sachliche Zuständigkeit des Landgerichts nicht gerügt hat.[34] Wird eine Forderung, für die ein Absonderungsrecht besteht, nur „für den Ausfall" angemeldet und auf entsprechende Feststellung zur Tabelle geklagt, so ist nach hM[35] der mutmaßliche Ausfall zu schätzen und die Quote nur von dem Teil der Forderung zu berechnen, der durch das Absonderungsrecht nicht gedeckt ist (zweifelhaft; → § 178 Rn. 64). 8

2. Widerspruch gegen Rang oder Höhe der Forderung. Hat der Bestreitende dem beanspruchten Rang oder der Höhe der Forderung widersprochen und erhebt der Gläubiger nur insoweit 9

---

21 BGH ZIP 1993, 50, 51; BGH, Beschl. v. 28.5.2015 – III ZR 260/14 , NZI 2015, 757, Rn. 3; OLG Hamm ZIP 1984, 1258; BayObLG MDR 1974, 323.

22 BGH NZI 2000, 115.

23 BGH NJW 1964, 1229; ZIP 1993, 50, 51; s. auch *Schneider* MDR 1974, 101, 102; OLG Hamburg ZIP 1989, 1345.

24 BGH LM KO § 146 Nr. 1; NJW 1964, 1229; ZIP 1993, 50, 51; OLG Celle ZIP 2005, 1571; OLG Köln MDR 1974, 241.

25 OLG Naumburg ZIP 1995, 575; KPB/*Pape/Schaltke* § 182 Rn. 7.

26 BGH NZI 1999, 447; 2007, 175; LAG Köln ZIP 1994, 639; Jaeger/*Gerhardt* InsO § 182 Rn. 10; Uhlenbruck/*Sinz* InsO § 182 Rn. 8.

27 Näher *Baur/Stürner,* II, Insolvenzrecht, Rn. 12.3.

28 BGH NZI 2000, 115.

29 RG JW 1896, 602 Nr. 22.

30 BGH NZI 1999, 447, 448; Uhlenbruck/*Sinz* InsO § 182 Rn. 20.

31 *Schneider* MDR 1974, 101, 104; OLG Naumburg ZIP 1995, 575.

32 OLG München NJW 1967, 1374; OLG Naumburg ZIP 1995, 575; K. Schmidt/*Jungmann* § 182 Rn. 2; KPB/*Pape/Schaltke* § 182 Rn. 6; aA *Schneider* MDR 1974, 101, 104.

33 BGH NZI 2000, 115; ZIP 1999, 1811 f.; ZIP 1993, 50, 51; BGH, Beschl. v. 25.9.2013 – VII ZR 340/12, NJOZ 2014, 936, Rn. 9; OLG Celle KTS 1970, 227 f.; OLG Düsseldorf ZIP 1994, 638, 639; OLG Frankfurt NJW 1973, 1888; OLG Hamm ZIP 1984, 1258; OLG Köln MDR 1974, 853; LAG Köln ZIP 1994, 639; OLG München OLGR München 1992, 224; K. Schmidt/*Jungmann* § 179 Rn. 12; Uhlenbruck/*Sinz* InsO § 182 Rn. 14; KPB/*Pape/Schaltke* § 182 Rn. 11; aA (Streitwertbemessung mit 10% der festzustellenden Forderung) OLG Frankfurt NJW 1970, 868; ZIP 1986, 1063, 1064; LAG Rheinland-Pfalz ZIP 1983, 595, 597.

34 LG Göttingen ZIP 1990, 61, 62 f.; aA OLG Rostock NZI 2004, 320.

35 OLG Hamm ZIP 1984, 1258, 1259; Uhlenbruck/*Sinz* InsO § 182 Rn. 10; HambKommInsO/*Herchen* § 182 Rn. 19.

Feststellungsklage, so bestimmt sich der Streitwert nach der Differenz zwischen dem Betrag, den der Gläubiger im Obsiegensfalle erhalten würde, und dem Betrag, den er im Falle des Unterliegens erhielte.[36] Behauptet zB der Widersprechende, die als gewöhnliche Insolvenzforderung angemeldete Forderung betreffe die Rückgewähr eines kapitalersetzenden Darlehens (§ 39 Abs. 1 Nr. 5), so hängt der Streitwert der Insolvenzfeststellungsklage davon ab, ob das Insolvenzgericht zur Anmeldung von Forderungen des betreffenden Nachrangs aufgefordert hat oder nicht (§ 174 Abs. 3). Mangels Aufforderung entspricht der Streitwert dem Betrag, der bei der Verteilung auf die Forderung als gewöhnliche Insolvenzforderung entfallen würde. Hat dagegen das Insolvenzgericht zur Anmeldung von Forderungen des behaupteten Nachranges aufgefordert, so ist für die Streitwertberechnung von dem Betrag, der für die Forderung bei Einordnung als gewöhnliche Insolvenzforderung zu erwarten ist,[37] der Betrag abzusetzen, der auf die Forderung in dem zugestandenen Nachrang entfiele.[38]

10 **3. Bewertungszeitpunkt.** Der für die Bewertung maßgebende Zeitpunkt ergibt sich grundsätzlich aus § 4 Abs. 1 ZPO. Für die sachliche Zuständigkeit erster Instanz ist daher die Quote maßgeblich, die zurzeit der Einreichung der Klage zu erwarten ist;[39] für die Berechnung der Rechtsmittelbeschwer kommt es auf den Zeitpunkt des Eingangs des Rechtsmittels an,[40] für den Gebührenstreitwert auf den Zeitpunkt der die Instanz einleitenden Antragstellung. Maßgebend für die Bewertung der Beschwer der Nichtzulassungsbeschwerde ist der Zeitpunkt der letzten mündlichen Verhandlung vor dem Berufungsgericht.[41] Zur Aufnahme eines anhängigen Rechtsstreits (§ 180 Abs. 2) → Rn. 6.[42] Maßgeblich ist die Dividende, die zu dem jeweiligen Zeitpunkt zu erwarten ist.[43] Unerheblich ist, ob sich infolge nachträglicher Veränderung der Teilungs- oder Schuldenmasse die Dividende erhöht oder mindert.[44] Sofern jedoch Umstände unberücksichtigt geblieben sind, die zu dem für die Berechnung maßgeblichen Zeitpunkt bekannt oder erkennbar waren, darf der zunächst angenommene Streitwert berichtigt werden.[45]

11 **4. Mehrere Widersprechende; Mehrheit von Ansprüchen.** Klagt der Gläubiger gegen mehrere Widersprechende gemeinsam, so gilt der einfache Streitwert nach § 182. Eine Zusammenrechnung nach § 5 ZPO scheidet aus, da wirtschaftlich gesehen nur ein Gegenstand – das Insolvenzgläubigerrecht – umstritten ist.[46] Richtet sich die Klage gegen einen widersprechenden Verwalter oder Gläubiger und zugleich gegen den Schuldner, so ist der Nennbetrag der Forderung entscheidend.[47] Begehrt der Gläubiger gleichzeitig Feststellung seiner Forderung zur Tabelle und Feststellung seines Rechts auf abgesonderte Befriedigung, so gilt nach hM der höhere Wert, dh regelmäßig der Wert des Absonderungsanspruchs (mit dem Nennwert der Forderung als Obergrenze, § 6 ZPO).[48] Dem Wert des Absonderungsanspruchs sollte aber der Betrag hinzugerechnet werden, der bei der Verteilung für den Teil der Forderung zu erwarten ist, der durch das Absonderungsrecht voraussichtlich nicht gedeckt ist (§ 52).

§ 183 Wirkung der Entscheidung

(1) Eine rechtskräftige Entscheidung, durch die eine Forderung festgestellt oder ein Widerspruch für begründet erklärt wird, wirkt gegenüber dem Insolvenzverwalter und allen Insolvenzgläubigern.

[36] Begr. zu § 210 RegE (= § 182), BR-Drus. 1/92, 185; KPB/*Pape/Schaltke* § 182 Rn. 16; Nerlich/Römermann/*Becker* § 182 Rn. 3; s. auch RG JW 1927, 848 f. Nr. 14; BFH BStBl. II 1988, 124, 125; FG Düsseldorf EFG 1980, 31, 32.

[37] Regelmäßig der Nennbetrag; anders zB, wenn ein Insolvenzplan auch ohne volle Befriedigung der gewöhnlichen Gläubiger Zahlungen an nachrangige Gläubiger vorsieht; Begr. zu § 210 RegE (= § 182), BR-Drs. 1/92, 184.

[38] Vgl. Uhlenbruck/*Sinz* InsO § 182 Rn. 22.

[39] OLG Köln NZI 2003, 568.

[40] BGH NZI 1999, 447; Beschl. v. 14.1.2016 – IX ZB 57/15, NZI 2016, 167, Rn. 8; Beschl. v. 23.3.2016 – IX ZB 73/15, BeckRS 2016, 7173, Rn. 7; OLG Celle ZIP 2005, 1571.

[41] BGH, Beschl. v. 25.2.2014 – II ZR 156/13, NZI 2014, 357, Rn. 9.

[42] S. auch BGH ZIP 1980, 429; OLG Bremen MDR 1988, 699.

[43] OLG Frankfurt KTS 1980, 66; KPB/*Pape/Schaltke* § 182 Rn. 5.

[44] FKInsO/*Kießner* § 182 Rn. 4; Jaeger/*Gerhardt* InsO § 182 Rn. 25; Uhlenbruck/*Sinz* InsO § 182 Rn. 15; *Schneider* MDR 1974, 101, 104; s. aber LG Göttingen ZIP 1990, 61, 62 und KPB/*Pape/Schaltke* § 182 Rn. 4.

[45] Uhlenbruck/*Sinz* InsO § 182 Rn. 15; *Schneider* MDR 1974, 101, 104.

[46] KPB/*Pape/Schaltke* § 182 Rn. 8; Stein/Jonas/*Roth* § 5 Rn. 14.

[47] *Jaeger/Weber* KO § 148 Rn. 5.

[48] OLG Hamm ZIP 1984, 1258, 1259; *Jaeger/Weber* KO 8. Aufl. § 148 Rn. 5; Stein/Jonas/*Roth* § 3 Rn. 54 („Insolvenzfeststellungsklage").

(2) Der obsiegenden Partei obliegt es, beim Insolvenzgericht die Berichtigung der Tabelle zu beantragen.

(3) Haben nur einzelne Gläubiger, nicht der Verwalter, den Rechtsstreit geführt, so können diese Gläubiger die Erstattung ihrer Kosten aus der Insolvenzmasse insoweit verlangen, als der Masse durch die Entscheidung ein Vorteil erwachsen ist.

Schrifttum: siehe § 178.

Übersicht

I. Normzweck

Abs. 1 erstreckt die Rechtskraftwirkung des Insolvenzfeststellungsurteils über die Parteien des Rechtsstreits hinaus auf den Insolvenzverwalter und alle Insolvenzgläubiger. Dem einzelnen Gläubiger würde die Feststellung seines Anteils an der gemeinschaftlichen Haftungszuweisung wenig nützen, wenn sie nur gegenüber dem Prozessgegner, nicht auch gegenüber den übrigen Gläubigern und dem Verwalter wirkte. Umgekehrt wirkt eine rechtskräftige Entscheidung, die einen Widerspruch für begründet erklärt, selbst dann zugunsten aller übrigen Insolvenzgläubiger, wenn ein konkurrierender Gläubiger die Entscheidung allein zum Schutze seiner eigenen Quote erstritten hat (→ § 178 Rn. 20). Der Gläubiger kann gemäß Abs. 3 Erstattung seiner Kosten aus der Insolvenzmasse verlangen, soweit der Masse durch die Entscheidung ein Vorteil entstanden ist.[1] Für die Berichtigung der Tabelle hat gemäß Abs. 2 die obsiegende Partei zu sorgen. Dem Verwalter wird damit abgenommen, sich bei Verteilungen und Abstimmungen um den Ausgang von Insolvenzfeststellungsprozessen zu kümmern, die gegen einzelne widersprechende Gläubiger anhängig sind.[2] 1

II. Entstehungsgeschichte

§ 183 entspricht im Wesentlichen §§ 146 Abs. 7, 147 KO. Abs. 1 stellt ebenso wie § 178 Abs. 3 nunmehr klar, dass die Rechtskrafterstreckung auch im Verhältnis zum Insolvenzverwalter eintritt.[3] Die Vorschrift wurde im Gesetzgebungsverfahren inhaltlich nicht verändert (§§ 211 RegE, 201 RefE, 201 DiskE). Im Gesamtvollstreckungsverfahren galt § 147 KO entsprechend.[4] 2

III. Rechtskrafterstreckung (Abs. 1)

1. Verneinende Feststellung. Eine rechtskräftige Entscheidung, die einen Widerspruch für begründet erklärt, wirkt gemäß Abs. 1 ohne weiteres zugunsten des Insolvenzverwalters und aller Insolvenzgläubiger. Für begründet erklärt im Sinne des Abs. 1 wird der Widerspruch, wenn das Gericht einer negativen Feststellungsklage des Widersprechenden stattgibt oder die positive Feststellungsklage des Gläubigers abweist (→ § 179 Rn. 5, 36). Mit der Rechtskraft des Feststellungsurteils ist der unterlegene Anmelder, soweit der Widerspruch reicht, endgültig von der Teilnahme an den Verteilungen und der Mitwirkung in der Gläubigerversammlung ausgeschlossen.[5] Unerheblich ist, ob noch andere Widerspruchsberechtigte die Forderung bestritten haben. Der Sieg auch nur eines 3

1 Motive zur KO, S. 368 = *Hahn* IV, S. 330; Jaeger/*Gerhardt* InsO § 183 Rn. 3.
2 Motive zur KO, S. 367 = *Hahn* IV, S. 330; Jaeger/*Gerhardt* InsO § 183 Rn. 23.
3 Begr. zu § 211 RegE (= § 183), BR-Drs. 1/92, 185.
4 *Smid* GesO § 11 Rn. 111; Mohrbutter/*Pape*, Handbuch der Insolvenzverwaltung, Rn. XVI.180.
5 K. Schmidt/*Jungmann* § 183 Rn. 2; Uhlenbruck/*Sin* InsO § 183 Rn. 4; ferner *Eckardt*, Kölner Schrift, S. 533, Rn. 58; *Henckel*, Parteilehre und Streitgegenstand im Zivilprozess, 1961, S. 206 f.

Widerspruchsberechtigten verhindert endgültig die Feststellung der Forderung im Sinne des § 178 Abs. 1 S. 1, 2. Fall. Noch anhängige Insolvenzfeststellungsklagen gegen andere Widersprechende werden infolge der entgegenstehenden Rechtskraft unzulässig.

4 **2. Bejahende Feststellung.** Hat nur ein Widerspruchsberechtigter (zB der Verwalter) das Insolvenzgläubigerrecht bestritten, so wirkt die rechtskräftige positive Feststellung im Prozess gemäß §§ 179 ff. ohne weiteres zu Lasten des Insolvenzverwalters und aller übrigen Insolvenzgläubiger. Von diesem Regelfall geht Abs. 1 aus. Der positiven Feststellung des Insolvenzgläubigerrechts steht die Abweisung der negativen Feststellungsklage des Widersprechenden gleich. Der Gläubiger der bestrittenen Forderung nimmt aufgrund der Feststellung endgültig an dem Insolvenzverfahren teil. Haben dagegen mehrere Widerspruchsberechtigte die Forderung bestritten, so wirkt ein rechtskräftiges positives Feststellungsurteil nur dann gemäß Abs. 1 zu Lasten des Insolvenzverwalters und aller übrigen Insolvenzgläubiger, wenn es den letzten noch nicht überwundenen Widerspruch oder alle Widersprüche gleichzeitig beseitigt.[6] Nur bei Beseitigung aller Widersprüche ist die Forderung festgestellt im Sinne des § 178 Abs. 1 S. 1, 2. Fall. Der Antrag im Einzelprozess kann ebenso wie der Antrag im Gesamtprozess auf Feststellung des bestrittenen Insolvenzgläubigerrechts zur Tabelle lauten (→ § 179 Rn. 6).[7] Ein Anspruch, der aufgrund eines rechtskräftigen Feststellungsurteils nach § 180 als Insolvenzforderung zur Tabelle festgestellt worden ist, kann gleichwohl unter Berufung auf § 55 gegen die Masse eingeklagt werden (dazu auch → § 178 Rn. 65 f.).[8] Der Insolvenzverwalter kann in dem Rechtsstreit trotz rechtskräftigen Feststellungsurteils Grund und Höhe des Anspruchs bestreiten.[9] Ebenso wenig kommt der Entscheidung über das Nichtbestehen einer zur Aufrechnung gestellten Gegenforderung im rechtskräftig abgeschlossenen Feststellungsverfahren im Verhältnis zwischen Massegläubiger und Insolvenzverwalter Bindungswirkung zu.[10]

5 **3. Rechtskrafterstreckung bei Eigenverwaltung.** Im Eigenverwaltungsverfahren wirkt das rechtskräftige Urteil über das Insolvenzgläubigerrecht gegenüber dem Schuldner als Verwalter der Insolvenzmasse sowie gegenüber dem Sachwalter und allen Gläubigern (§§ 283 Abs. 1 S. 1, 270 Abs. 1 S. 2, 183 Abs. 1).

6 **4. Rechtskraftwirkung gegenüber dem Schuldner persönlich.** Die positive Feststellung des bestrittenen Insolvenzgläubigerrechts vermittelt über die Eintragung in die Tabelle nicht nur Vollstreckbarkeit (§ 201 Abs. 2), sondern auch Rechtskraft **zu Lasten** des Schuldners persönlich, sofern dieser der Feststellung nicht widersprochen hat oder sein Widerspruch beseitigt ist (→ § 178 Rn. 70).[11] Nach überwiegender Meinung erzeugt darüber hinaus ein Urteil, das die Feststellungsklage des Gläubigers wegen Nichtbestehens der Forderung abweist, auch Rechtskraftwirkung **zu Gunsten** des Schuldners persönlich.[12] Der im Feststellungsstreit unterlegene Gläubiger kann nach dieser Ansicht seine Forderung nach Beendigung des Insolvenzverfahrens nicht mehr gegen den Schuldner durchsetzen. Dem ist nicht zu folgen. § 183 Abs. 1 beschränkt die Rechtskraftwirkung des Feststellungsurteils auf den Insolvenzverwalter und die übrigen Insolvenzgläubiger.[13] Der Schuldner ist zunächst nur als Träger der Insolvenzmasse an das Urteil gebunden (auch → § 178 Rn. 69). Zwar vermittelt die Eintragung der positiven Feststellung auch Rechtskraftwirkungen gegenüber dem Schuldner persönlich (§ 201 Abs. 2), sofern dieser der Feststellung nicht widersprochen hat. § 201 Abs. 2 ist jedoch eine eng auszulegende, nicht verallgemeinerungsfähige Ausnahmeregelung.[14] Der Gläubiger bezweckt mit seiner Feststellungsklage die Zulassung zum Insolvenzverfahren. Gegenstand des Feststellungsstreits ist nicht der Anspruch gegen den Schuldner, sondern das Haftungsrecht des Gläubigers an der Masse (→ § 178 Rn. 15 ff.; → § 179 Rn. 7 f.). Drohte dem Gläubiger bei einer

---

6 *Eckardt,* Kölner Schrift, S. 533, Rn. 58; Jaeger/*Gerhardt* InsO § 183 Rn. 6; K. Schmidt/*Jungmann* § 183 Rn. 2; KPB/*Pape/Schaltke* § 183 Rn. 1; *Spellenberg* S. 113 f.; dieselbe Rechtsfolge würde auch ohne Abs. 1 aus der Eintragung der nachträglichen Feststellung in die Tabelle gem. § 178 Abs. 1, 3 iVm § 183 Abs. 2 folgen (*Eckardt,* Kölner Schrift, S. 533, Rn. 58).

7 *Eckardt,* Kölner Schrift, S. 533, Rn. 52; *Henckel,* Parteilehre und Streitgegenstand im Zivilprozess, 1961, S. 205; *Jaeger/Weber* KO 8. Aufl. § 146 Rn. 9; aA Nerlich/Römermann/*Becker* § 180 Rn. 7; § 183 Rn. 3.

8 BGH NJW 2006, 3068.

9 BGH NJW 2006, 3068.

10 BGH NJW 2006, 3068.

11 OLG Hamm ZIP 1993, 444, 445; *Eckardt,* Kölner Schrift, S. 533, Rn. 59; Jaeger/*Gerhardt* InsO § 183 Rn. 16; Uhlenbruck/*Sinz* InsO § 183 Rn. 6.

12 Das soll unabhängig davon gelten, ob der Schuldner selbst Widerspruch erhoben hat: BGH WM 1958, 696, 697.

13 *Eckardt,* Kölner Schrift, S. 533, Rn. 59; *Spellenberg* S. 153 ff. Uhlenbruck/*Sinz* InsO § 183 Rn. 7 ff.; Jaeger/*Gerhardt* InsO § 183 Rn. 19; KPB/*Pape/Schaltke* § 183 Rn. 13.

14 *Eckardt,* Kölner Schrift, S. 533, Rn. 59; *Spellenberg* S. 153 ff.

Klagabweisung der Verlust auch der persönlichen Zugriffsmöglichkeit, so wäre sein Prozessrisiko unangemessen erhöht. Auch § 182 spricht gegen eine Rechtskraftwirkung der Klagabweisung zugunsten des Schuldners persönlich.[15]

IV. Tabellenberichtigung (Abs. 2)

Der obsiegenden Partei obliegt es, beim Insolvenzgericht die Berichtigung der Tabelle zu beantragen (Abs. 2). Der Verwalter kann sich daher bei den Verteilungen regelmäßig ohne Risiko persönlicher Haftung (§ 60) an den jeweiligen Tabelleninhalt halten; er muss sich insbesondere nicht um den Ausgang von Feststellungsprozessen gegen einzelne widersprechende Gläubiger kümmern.[16] Das rechtskräftige Feststellungsurteil wirkt unmittelbar gegenüber dem Verwalter und gegenüber allen Insolvenzgläubigern. Die Berichtigung der Tabelle hat anders als die Tabelleneintragung nach § 178 Abs. 3 nur **deklaratorische** Bedeutung (→ § 178 Rn. 56 ff.).[17] Die Berichtigung ist grundsätzlich auch noch nach Aufhebung des Insolvenzverfahrens zulässig (arg. §§ 189 Abs. 2, 203 Abs. 1 Nr. 1, 183 Abs. 2; → § 178 Rn. 52).[18] 7

Dem **Berichtigungsantrag** ist eine Urteilsausfertigung mit Rechtskraftvermerk (§ 706 ZPO) beizufügen.[19] Ein Beschluss, durch den die Berichtigung abgelehnt wird, ist dem Antragsteller von Amts wegen zuzustellen (§ 8 Abs. 1).[20] Gegen den Beschluss ist nur die sofortige Rechtspflegererinnerung gegeben (§§ 6 Abs. 1 InsO, 11 RPflG). Die Berichtigung selbst soll nicht anfechtbar sein.[21] Stimmt sie nicht mit dem Urteil überein, so kann der Insolvenzverwalter und jeder beeinträchtigte Insolvenzgläubiger seinerseits Berichtigung beantragen und gegen die Ablehnung befristete Rechtspflegererinnerung einlegen.[22] 8

Abs. 2 ist entsprechend anwendbar, wenn der Schuldner eine bereits titulierte Forderung, die zur Tabelle angemeldet worden ist, bestritten hat, dann aber nicht innerhalb der Monatsfrist des § 184 Abs. 2 Klage erhoben und dem Insolvenzgericht die Verfolgung des Anspruchs nachgewiesen hat. Auch in einem solchen Fall wird die Tabelle unrichtig (§ 184 Abs. 2 S. 2).[23] Hat jedoch der Schuldner nicht die Forderung, sondern nur den Anspruchsgrund der vorsätzlich begangenen unerlaubten Handlung bestritten und ist die Forderung tituliert, nicht aber der Anspruchsgrund rechtskräftig festgestellt, kommt eine entsprechende Anwendung des Abs. 2 nicht in Betracht.[24] 8a

V. Kosten des Feststellungsprozesses

Wer die Kosten des Feststellungsprozesses zu tragen hat, ergibt sich grundsätzlich aus §§ 91 ff. ZPO. Darüber hinaus können gemäß Abs. 3 einzelne Gläubiger, wenn sie und nicht auch der Verwalter den Feststellungsrechtsstreit geführt haben, Erstattung ihrer Kosten aus der Insolvenzmasse insoweit verlangen, als der Masse durch die Entscheidung ein Vorteil erwachsen ist. 9

1. Feststellungsprozess mit dem Verwalter. Erstreitet der Gläubiger ein positives Feststellungsurteil gegen den widersprechenden Verwalter, so hat die Masse gemäß § 91 ZPO die Kosten des Rechtsstreits als Masseverbindlichkeit (§ 55 Abs. 1 Nr. 1) zu tragen.[25] Die Kostentragungspflicht ist im Fall des § 180 Abs. 2 nach hM auch insoweit Masseverbindlichkeit, als der betreffende Gebührentatbestand vor Eröffnung des Insolvenzverfahrens verwirklicht wurde (zweifelhaft; → § 85 Rn. 19 f.; → § 180 Rn. 32). Unterliegt der Gläubiger, so steht der Masse ein Kostenerstattungsanspruch zu (§ 91 ZPO). Zur Berechnung des Streitwertes, insbesondere bei Aufnahme des Verfahrens, → § 182 Rn. 6 ff. 10

2. Feststellungsprozess mit einem oder mehreren Gläubigern. Siegt der Anmelder im Feststellungsprozess mit einem widersprechenden Gläubiger, so hat dieser die Kosten des Rechtsstreits persönlich zu tragen; ein Kostenerstattungsanspruch gegen die Masse steht dem unterlegenen Wider- 11

---

15 *Kohler,* Konkursrecht, 1891, S. 303.

16 Motive zur KO, S. 367 = *Hahn* IV, S. 330; *Eckardt,* Kölner Schrift, S. 533, Rn. 37; Jaeger/*Gerhardt* InsO § 183 Rn. 23.

17 AA BGH NJW 2006, 3068.

18 Jaeger/*Gerhardt* InsO § 183 Rn. 24.

19 Gottwald/*Eickmann,* InsO-HdB, § 64 Rn. 55; Jaeger/*Gerhardt* InsO § 183 Rn. 26.

20 Jaeger/*Gerhardt* InsO § 183 Rn. 29.

21 Jaeger/*Gerhardt* InsO § 183 Rn. 27; K. Schmidt/*Jungmann* § 183 Rn. 6; Uhlenbruck/*Sinz* InsO § 183 Rn. 14; KPB/*Pape/Schaltke* § 183 Rn. 17.

22 Jaeger/*Gerhardt* InsO § 183 Rn. 23, 27.

23 BGH ZInsO 2011, 39.

24 BGH ZInsO 2011, 39; BeckRS 2012, 17494.

25 Gottwald/*Eickmann,* InsO-HdB, § 64 Rn. 60; Jaeger/*Gerhardt* InsO § 183 Rn. 30.

sprechenden nicht zu.[26] Werden mehrere widersprechende Gläubiger zusammen verurteilt, so haften sie gem. § 100 Abs. 1 ZPO für die Kosten nach Kopfteilen.[27] Obsiegt der widersprechende Gläubiger, so kann er gemäß § 91 ZPO Erstattung seiner Prozesskosten von dem Anmelder verlangen. Bei mehreren obsiegenden Widersprechenden muss der Anmelder grundsätzlich jedem die ihm entstandenen Kosten erstatten.[28] Unbeschadet des Erstattungsanspruchs gegen den Anmelder können gemäß Abs. 3 der oder die obsiegenden widersprechenden Gläubiger – sofern nicht auch der Verwalter den Feststellungsprozess geführt hat (→ Rn. 12) – die Erstattung ihrer Prozesskosten aus der Insolvenzmasse insoweit verlangen, als der Masse durch die Entscheidung ein Vorteil erwachsen ist. Den Vorteil bildet die Dividende, die ohne den Widerspruch auf den angemeldeten Anspruch entfallen wäre.[29] Der Ersatzanspruch nach Abs. 3 ist Masseverbindlichkeit (§ 55 Abs. 1 Nr. 3).[30] Er erlischt, soweit der Anmelder dem widersprechenden Gläubiger nach § 91 ZPO die entstandenen Kosten erstattet. Soweit die Masse gemäß Abs. 3 dem widersprechenden Gläubiger die Prozesskosten ersetzt, kann sie Abtretung des Erstattungsanspruchs aus § 91 verlangen, da ansonsten der widersprechende Gläubiger auf Kosten der Masse ungerechtfertigt bereichert wäre.[31]

12 **3. Feststellungsprozess gegen Verwalter und widersprechende Gläubiger zusammen.** Haben der Verwalter und der oder die widersprechenden Gläubiger den Feststellungsprozess gemeinsam geführt, so haften sie, wenn sie unterliegen, dem Anmelder für die Kosten nach Kopfteilen (§ 100 Abs. 1 ZPO). Obsiegen die Widersprechenden, so können sie von dem Anmelder gemäß § 91 ZPO Erstattung ihrer Kosten verlangen. Anders als im Falle der Prozessführung ohne den Verwalter hat jedoch der widersprechende Gläubiger keinen zusätzlichen Anspruch auf Kostenersatz gegen die Masse. Das Gesetz geht davon aus, dass bei einer Prozessführung gemeinsam mit dem Verwalter die dem Gläubiger entstandenen Kosten keine Aufwendungen zum Vorteil der Masse darstellen.[32] Ob tatsächlich der Prozess auch ohne Beteiligung des widersprechenden Gläubigers dasselbe Ergebnis gehabt hätte, bleibt nach der abschließenden Regelung des Abs. 3 außer Betracht.[33] Ein Erstattungsanspruch des Gläubigers gegen die Masse scheidet entsprechend Abs. 3 auch dann aus, wenn Verwalter und widersprechender Gläubiger getrennte Feststellungsprozesse geführt und gewonnen haben. Unterliegt dagegen der Verwalter in seinem Prozess, während der Gläubiger gewinnt, so kann dieser nach Abs. 3 Erstattung seiner Kosten aus der Insolvenzmasse verlangen.[34]

§ 184 Klage gegen einen Widerspruch des Schuldners

(1) [1]Hat der Schuldner im Prüfungstermin oder im schriftlichen Verfahren (§ 177) eine Forderung bestritten, so kann der Gläubiger Klage auf Feststellung der Forderung gegen den Schuldner erheben. [2]War zur Zeit der Eröffnung des Insolvenzverfahrens ein Rechtsstreit über die Forderung anhängig, so kann der Gläubiger diesen Rechtsstreit gegen den Schuldner aufnehmen.

(2) [1]Liegt für eine solche Forderung ein vollstreckbarer Schuldtitel oder ein Endurteil vor, so obliegt es dem Schuldner binnen einer Frist von einem Monat, die mit dem Prüfungstermin oder im schriftlichen Verfahren mit dem Bestreiten der Forderung beginnt, den Widerspruch zu verfolgen. [2]Nach fruchtlosem Ablauf dieser Frist gilt ein Widerspruch als nicht erhoben. [3]Das Insolvenzgericht erteilt dem Schuldner und dem Gläubiger, dessen Forderung bestritten worden ist, einen beglaubigten Auszug aus der Tabelle und weist den Schuldner auf die Folgen einer Fristversäumung hin. [4]Der Schuldner hat dem Gericht die Verfolgung des Anspruchs nachzuweisen.

Schrifttum: siehe § 178.

---

26 Gottwald/*Eickmann,* InsO-HdB, § 64 Rn. 59; Jaeger/*Gerhardt* InsO § 183 Rn. 30; Uhlenbruck/*Sinz* InsO § 183 Rn. 18; KPB/*Pape/Schaltke* § 183 Rn. 19.

27 Gottwald/*Eickmann,* InsO-HdB, § 64 Rn. 60.

28 Gottwald/*Eickmann,* InsO-HdB, § 64 Rn. 61; Besonderheiten gelten bei gemeinsamem Anwalt.

29 Gottwald/*Eickmann,* InsO-HdB, § 64 Rn. 61; Jaeger/*Gerhardt* InsO § 183 Rn. 33; K. Schmidt/*Jungmann* § 183 Rn. 9.

30 Gottwald/*Eickmann,* InsO-HdB, § 64 Rn. 61; Jaeger/*Gerhardt* InsO § 183 Rn. 31; Uhlenbruck/*Sinz* InsO § 183 Rn. 16.

31 Jaeger/*Gerhardt* InsO § 183 Rn. 34; K. Schmidt/*Jungmann* § 183 Rn. 9; KPB/*Pape/Schaltke* § 183 Rn. 19.

32 Vgl. Motive zur KO, S. 368 = *Hahn* IV, S. 330; Jaeger/*Gerhardt* InsO § 183 Rn. 35.

33 Jaeger/*Gerhardt* InsO § 183 Rn. 35.

34 Jaeger/*Gerhardt* InsO § 183 Rn. 35.

Übersicht

I. Entstehungsgeschichte

1 § 184 Abs. 1 S. 2 entspricht im Wesentlichen § 144 Abs. 2 KO. Die Möglichkeit zur Beseitigung des Schuldnerwiderspruchs durch Neuklage (§ 184 Abs. 1 S. 1) war in der Konkursordnung nicht ausdrücklich geregelt, entsprach aber herrschender Meinung. Weniger Einigkeit bestand in der Frage der richtigen Klageart.[1] Im Geltungsbereich der Gesamtvollstreckungsordnung konnte der Gläubiger den Schuldnerwiderspruch analog § 144 Abs. 2 KO durch Aufnahme eines anhängigen Rechtsstreits oder Erhebung einer Feststellungsklage gegen den Schuldner beseitigen.[2] Im Gesetzgebungsverfahren zur Insolvenzordnung blieb § 184 weitgehend unverändert (§§ 212 RegE, 202 RefE, 202 DE). Einzige Änderung gegenüber § 212 RegE ist die Erwähnung des Schuldnerwiderspruchs im schriftlichen Verfahren (§ 184 Abs. 1 S. 1) als Folgeänderung zur neu geschaffenen Möglichkeit der schriftlichen Prüfung verspätet angemeldeter Forderungen (§ 177).[3] Durch das Gesetz zur Vereinfachung des Insolvenzverfahrens vom 13.4.2007 (BGBl. 2007 I 509) wurde Abs. 2 angefügt. Der bisherige Wortlaut wurde Abs. 1 (Art. 1 Nr. 23).

II. Widerspruch des Schuldners; Normzweck

2 Der Widerspruch des Schuldners im Prüfungstermin oder im schriftlichen Verfahren (§ 177 Abs. 1) steht der Feststellung der Forderung und damit der Teilnahme des Gläubigers an den Verteilungen in der Regel nicht entgegen (§ 178 Abs. 1 S. 2; → § 178 Rn. 23 ff.).[4] Er verhindert jedoch, dass die Eintragung der Feststellung in die Tabelle gemäß **§ 201 Abs. 2 S. 1** Vollstreckbarkeit und Rechtskraft gegenüber dem Schuldner persönlich erzeugt.[5] Die Klage gemäß § 184 Abs. 1 dient der Beseitigung des Schuldnerwiderspruchs mit dem Ziel, die nachinsolvenzliche Vollstreckung aus der Tabelle zu ermöglichen (§ 201 Abs. 2 S. 2).[6] Der Schuldnerwiderspruch kann sich **nur gegen den Bestand** der Forderung oder ihre Durchsetzbarkeit außerhalb des Insolvenzverfahrens richten, nicht gegen ihre Eigenschaft als Insolvenzforderung (§ 38) oder gegen den beanspruchten Rang (§§ 38, 39; → § 178 Rn. 25).[7] Zur entsprechenden Anwendung des § 184 bei einem Widerspruch des Steuerschuldners → § 185 Rn. 16 f. Die **praktische Bedeutung** der Vollstreckung gemäß § 201 Abs. 2 und damit des Schuldnerwiderspruchs und seiner Beseitigung ist durch die Einbeziehung des Neuerwerbs in die Insolvenzmasse und die Einführung eines Restschuldbefreiungsverfahrens für natürliche Personen reduziert worden (→ § 178 Rn. 24). Praktisch relevant ist vor allem der isolierte Widerspruch gegen die Feststellung eines der in § 302 Abs. 1 genannten Haftungsgründe (vorsätzliche unerlaubte Handlung, vorsätzliche pflichtwidrige Nichtgewährung von Unterhalt, Forderungen im Zusammenhang mit einer Steuerstraftat) zur Tabelle (§§ 174 Abs. 2, 175 Abs. 2), der die Weiterhaftung des Schuldners trotz Restschuldbefreiung gemäß § 302 Nr. 1 verhindert.[8] Zur Beseitigung eines solchen Widerspruchs ist eine Feststellungsklage analog § 184 Abs. 1 InsO zulässig und erforder-

[1] Für Feststellungsklage RGZ 24, 405, 407; *Jaeger/Weber* KO 8. Aufl. § 144 Rn. 5; *Kilger/K. Schmidt* § 144 Anm. 4; für (beschränkte) Leistungsklage BGH ZIP 1980, 23; *Jonas* S. 35 f.; *Spellenberg* S. 155 ff.

[2] Mohrbutter/*Pape,* Handbuch der Insolvenzverwaltung, Rn. XVI.179; Smid/*Smid* GesO § 11 Rn. 74.

[3] Dazu BT-Drs. 12/7302, 178 f.

[4] Etwas anders gilt für den Widerspruch des Schuldners als Eigenverwalter: § 283 Abs. 1 S. 2.

[5] Dass § 201 Abs. 2 S. 1 den Widerspruch im schriftlichen Verfahren nicht erwähnt, beruht wohl auf einem Redaktionsversehen.

[6] Begr. zu § 230 RegE (= § 201), BR-Drs. 1/92, 187; Jaeger/*Gerhardt* InsO § 184 Rn. 2.

[7] Anders bei der Eigenverwaltung (§ 283 Abs. 1 S. 2).

[8] BGH NZI 2006, 536; ZIP 2007, 541; ZInsO 2011, 44; VGH Mannheim BeckRS 2012, 57183; *Hattwig* ZInsO 2004, 636; *Kahlert* ZInsO 2006, 409; *Riedel* NZI 2002, 414; *Pape* ZVI 2002, 225, 236; aA *Fuchs* NZI 2002, 298, 302 f.

lich.[9] Der Anspruch des Gläubigers auf Feststellung des Rechtsgrundes des Anspruchs aus vorsätzlicher unerlaubter Handlung verjährt nicht nach den Vorschriften, die für die Verjährung des Leistungsanspruchs gelten.[10] Verfügt der Gläubiger der bestrittenen Forderung bereits über einen vollstreckbaren Schuldtitel oder ein Endurteil, so obliegt es dem Schuldner, seinen Widerspruch binnen einer Frist von einem Monat zu verfolgen (Abs. 2; → Rn. 8a ff.). Dem Gesetzgeber erschien es unbillig, wenn der Gläubiger in diesem Fall trotz des erwirkten Titels nochmals prozessieren müsste und auch bei einer erfolgreichen Prozessführung Gefahr liefe, wegen der wirtschaftlichen Situation des Schuldners seine Kostenerstattungsansprüche nicht oder nur schwer durchsetzen zu können.[11]

III. Feststellung nicht titulierter Forderungen (Abs. 1)

3 **1. Klage auf Feststellung (Abs. 1 S. 1).** Liegt für die vom Schuldner bestrittene Forderung weder ein vollstreckbarer Schuldtitel noch ein Endurteil vor (siehe Abs. 2), so ist es dem Gläubiger überlasssen, Klage auf Feststellung der Forderung gegen den Schuldner zu erheben (Abs. 1 S. 1), wenn nicht zurzeit der Eröffnung des Insolvenzverfahrens ein Rechtsstreit über die Forderung anhängig war (Abs. 1 S. 2). Wird die Forderung rechtskräftig festgestellt, so ist damit der Schuldnerwiderspruch beseitigt (§ 201 Abs. 2 S. 2). Die Tabelle ist analog § 183 Abs. 2 zu berichtigen.[12] Entsprechendes gilt, wenn der isolierte Widerspruch des Schuldners gegen die Behauptung des Gläubigers, der Forderung liege eine vorsätzlich begangene unerlaubte Handlung zugrunde, beseitigt wird.[13] Die Klage gemäß § 184 ist eine **echte Feststellungsklage** im Sinne des § 256 ZPO. Das Feststellungsinteresse ergibt sich daraus, dass die gerichtliche Feststellung den Schuldnerwiderspruch beseitigt (§ 201 Abs. 2 S. 2) und damit die Vollstreckung in das Schuldnervermögen aus der Eintragung der Feststellung in die Tabelle nach Beendigung des Insolvenzverfahrens ermöglicht (§ 201 Abs. 2).[14] Die §§ 179 bis 183 sind auf die Klage nach § 184 nicht anwendbar.[15] Zuständigkeit, Streitwertberechnung und Urteilswirkungen richten sich nach allgemeinen prozessualen Regeln. Der Streitwert einer Klage auf Feststellung, dass die zur Tabelle angemeldete Forderung die Qualität einer Forderung aus **vorsätzlich unerlaubter Handlung** hat, bemisst sich nach den späteren Vollstreckungsaussichten des Insolvenzgläubigers nach Erteilung der Restschuldbefreiung.[16] Für die Klage ist stets der ordentliche Rechtsweg gegeben.[17] Eine etwaige Zuständigkeit der Familiengerichte bleibt unberührt.[18] Gegenstand der Feststellung ist anders als bei der Insolvenzfeststellungsklage (§§ 179 bis 183) nicht das Haftungsrecht des Gläubigers an der Masse, sondern der Anspruch des Gläubigers gegen den Schuldner persönlich (vgl. → § 178 Rn. 16)[19] oder – bei isoliertem Widerspruch gegen den Anspruchsgrund der vorsätzlichen unerlaubten Handlung (→ Rn. 2) – dieser Anspruchsgrund. Die Klage gegen den Widerspruch des Schuldners kann bereits während des Insolvenzverfahrens erhoben werden, sie muss es aber nicht. Eine Frist für die Erhebung der Feststellungsklage besteht nicht.[20]

4 Hat außer dem Schuldner noch der Verwalter oder ein anderer Gläubiger die Forderung bestritten, so kann der Gläubiger auch diesem gegenüber Feststellungsklage erheben. Für diese Klage gelten §§ 179 bis 183. Verklagt der Gläubiger den Schuldner und den Verwalter/anderen Gläubiger

---

9 BGH NZI 2006, 536; 2007, 416; OLG Rostock ZInsO 2005, 1175; OLG Hamm ZInsO 2005, 1329; OLG Frankfurt ZInsO 2005, 714; OLG Koblenz ZInsO 2011, 335; ZIP 2007, 541; *Behr* Rpfleger 2002, 389, 391; *Pape* ZVI 2002, 225, 236; MüKoInsO/*Stephan* → § 302 Rn. 20; *Kahlert* ZInsO 2006, 409; *Heinze* DZWIR 2002, 369, 370; aA *Fuchs* NZI 2002, 298, 302 f.

10 BGH NJW 2011, 1133; aA OLG Düsseldorf NZI 2010, 694; ist jedoch der Leistungsanspruch verjährt und infolge Erhebung des Verjährungseinwands nicht durchsetzbar, ist der Widerspruch begründet und die Feststellungsklage abzuweisen: OLG Hamm NZI 2012, 196.

11 Begr. Regierungsentwurf für ein Gesetz zur Vereinfachung des Insolvenzverfahrens, BT-Drs. 16/3227, 21.

12 FKInsO/*Kießner* § 184 Rn. 11 f.; *Jaeger/Weber* KO 8. Aufl. § 144 Rn. 5.

13 *Riedel* NZI 2002, 414.

14 Zu der Frage, ob dem Gläubiger mangels Beseitigung des Widerspruchs gemäß § 201 Abs. 2 ein den isolierten Widerspruch enthaltender vollstreckbarer Auszug aus der Tabelle erteilt werden kann, ablehnend AG Göttingen NZI 2011, 546; bejahend LG Köln NZI 2012, 682.

15 Anders bei einer Feststellungsklage gegen den Schuldner als Eigenverwalter, → Rn. 9.

16 BGH NJW 2009, 920; OLG Hamm ZInsO 2012, 1638.

17 BGH ZInsO 2011, 44; VGH Mannheim BeckRS 2012, 57183; OLG Schleswig ZInsO 2011, 1708; aA LG Kassel BeckRS 2010, 28901.

18 Str.; wie hier OLG Celle NJOZ 2012, 1386; KG NJW-RR 2012, 201; aA OLG Rostock FamRZ 2011, 910.

19 *Spellenberg* S. 147 ff., S. 151.

20 *Vallender* ZInsO 2002, 110; aA *Hattwig* ZInsO 2004, 636.

gemeinsam, so sind sie **einfache Streitgenossen.**[21] Die Klage gegen den widersprechenden Verwalter oder Gläubiger kann (zB mangels Eigenschaft der Forderung als Insolvenzforderung, § 38) abzuweisen sein, obwohl der Klage gegen den Schuldner, die ausschließlich den Bestand und die Durchsetzbarkeit der Forderung zum Gegenstand hat, stattzugeben ist. Hat der Schuldner nur der Qualifizierung der Forderung als aus vorsätzlich begangener unerlaubter Handlung widersprochen und der Gläubiger nur insoweit Feststellungsklage erhoben, liegen die Voraussetzungen einer Streitgenossenschaft mit dem widersprechenden Verwalter oder Gläubiger nicht vor.[22]

2. Prozessaufnahme (Abs. 1 S. 2). Die Eröffnung des Insolvenzverfahrens unterbricht alle Verfahren des Schuldners, die die Insolvenzmasse betreffen (§ 240 S. 1 ZPO; → Vor § 85 Rn. 1 ff.). Hierzu zählen auch Prozesse über Insolvenzforderungen. Gemäß Abs. 1 S. 2 kann der Gläubiger das unterbrochene Verfahren gegen den Schuldner aufnehmen, wenn dieser die Forderung im Prüfungstermin oder im schriftlichen Verfahren bestreitet. Eine Neuklage gegen den Schuldner ist in diesem Falle unzulässig. Für den aufgenommenen Prozess gilt grundsätzlich das zur Neuklage Gesagte entsprechend (→ Rn. 3 f.). Liegt für die bestrittene Forderung ein vollstreckbarer Schuldtitel oder ein Endurteil vor, obliegt die Aufnahme dem Schuldner (Abs. 2; → Rn. 8a ff.).[23] Nach der Aufnahme ist die Klage des Gläubigers auf Feststellung der Forderung zu richten (§ 184 S. 1; aber → Rn. 6).[24] Aufnahme und Antragsanpassung sind auch noch in der Revisionsinstanz zulässig.[25] Haben sowohl der Insolvenzverwalter oder ein konkurrierender Gläubiger als auch der Schuldner der Forderung widersprochen, so kann der Gläubiger den Rechtsstreit gegenüber beiden gemeinsam aufnehmen (§§ 180 Abs. 2; 184 S. 2). Verwalter und Schuldner sind in dem Prozess einfache Streitgenossen (→ Rn. 4).[26] 5

3. Leistungsklage. Die gerichtliche Feststellung gemäß § 184 Abs. 1 ermöglicht in Verbindung mit der Insolvenzfeststellung (§§ 178 ff.) die Vollstreckung aus der Tabelle gegen den Schuldner persönlich nach Abschluss des Insolvenzverfahrens (§ 201 Abs. 2 S. 1; → Rn. 2). Der direktere Weg zum Vollstreckungstitel gegen den Schuldner wäre eine Leistungsklage. Das Vorgehen gemäß § 184 iVm § 201 Abs. 2 verursacht nur dann keinen größeren Aufwand als eine Leistungsklage, wenn allein der Schuldner die Forderung bestritten hat. Hat auch der Verwalter oder ein Gläubiger Widerspruch erhoben, so verhilft die Feststellungsklage nach § 184 Abs. 1 S. 1 dem Gläubiger nur in Verbindung mit der Beseitigung des Verwalter- bzw. Gläubigerwiderspruchs zu einem Vollstreckungstitel (§ 201 Abs. 2 S. 1). Die Erfolgsaussichten einer Klage gegen den widersprechenden Verwalter (Gläubiger) können aber aus insolvenzspezifischen Gründen zweifelhaft sein (zB weil der Verwalter die Nachrangigkeit der Forderung behauptet oder die Insolvenzanfechtung geltend macht), während das Bestehen der von dem Schuldner bestrittenen Forderung nicht fraglich ist. Dem Zweck des § 184 Abs. 1, dem Gläubiger einen Leistungstitel für die Zeit nach der Verfahrensbeendigung zu schaffen, wird in diesem Fall eine Leistungsklage besser gerecht als die Feststellungsklage. § 184 Abs. 1 sollte daher in dem Sinne **einschränkend ausgelegt** werden, dass der Gläubiger jedenfalls bei mangelnder insolvenzmäßiger Feststellung der Forderung (§ 178 Abs. 1 S. 1) auch Leistungsklage gegen den Schuldner mit der Einschränkung erheben kann, dass die Zwangsvollstreckung erst nach Aufhebung des Insolvenzverfahrens erfolgen darf,[27] gegebenenfalls verbunden mit einem Antrag auf gesonderte Feststellung des Haftungsgrundes der vorsätzlichen unerlaubten Handlung im Urteilstenor. 6

Unabhängig von einem Widerspruch des Schuldners im Prüfungstermin konnte der Gläubiger nach der zur Konkursordnung hM seine Forderung durch Leistungsklage gegen den Schuldner persönlich verfolgen, wenn er auf die **Teilnahme am Insolvenzverfahren verzichtete.**[28] Diese Möglichkeit ist nach der Begründung zu § 98 RegE (= § 87) durch den Wortlaut des § 98 RegE (§ 87) im Interesse der Rechtsklarheit jedoch ausgeschlossen worden.[29] Der Gläubiger hat nach hM 7

---

[21] BGH ZIP 1980, 23; RGZ 13, 315; 24, 405, 408; RG JW 1895, 266 f. Nr. 15; Jaeger/*Gerhardt* InsO § 184 Rn. 9; Uhlenbruck/*Sinz* InsO § 184 Rn. 7; K. Schmidt/*Jungmann* § 184 Rn. 5; KPB/*Pape/Schaltke* § 184 Rn. 25.

[22] MüKoInsO/*Stephan* → § 302 Rn. 22a.

[23] *Behr* Rpfleger 2003, 389, 391; *Riedel* NZI 2002, 414.

[24] BGH ZIP 1980, 23; FKInsO/*Kießner* § 184 Rn. 7.

[25] BGH ZIP 1980, 23.

[26] BGH ZIP 1980, 23; *Bley* S. 88 f.; Jaeger/*Gerhardt* InsO § 184 Rn. 9.

[27] S. zur KO BGH ZIP 1980, 23 unter Verweis auf RGZ 29, 73, 76; ebenso *Eckardt,* Kölner Schrift, S. 743533 Rn. 28; für Leistungsklage auch *Häsemeyer,* Insolvenzrecht, Rn. 25.21; *Jonas* S. 35 f.; *Spellenberg* S. 155 ff.; aA (Feststellungsklage) Jaeger/*Gerhardt* InsO § 184 Rn. 11; Nerlich/Römermann/*Becker* § 184 Rn. 13; Rattunde/Smid/Zeuner/*Smid* § 184 Rn. 2; KPB/*Pape/Schaltke* § 174 Rn. 20.

[28] RGZ 29, 73, 74; BGHZ 25, 395, 397 ff.; 72, 234 ff.; BGH NJW 1996, 2035; *Jaeger/Henckel* KO 8. Aufl. § 12 Rn. 3, 8 mwN.

[29] BT-Drs. 12/7302, 35; BGH ZIP 2004, 2345; BGHZ 179, 304 = NJW 2009, 1747; dazu *Eckardt,* Kölner Schrift, S. 533, Rn. 10; KPB/*Pape/Schaltke* § 174 Rn. 16.

keine Möglichkeit mehr, außerhalb des Insolvenzverfahrens seine Forderung zu titulieren.[30] Zwar wird ein Verzicht des Gläubigers auf die Teilnahme am Insolvenzverfahren infolge der Einbeziehung des Neuerwerbs in die Insolvenzmasse und der Einführung eines Restschuldbefreiungsverfahrens für natürliche Personen nur mehr selten interessengerecht sein. *De lege ferenda* besteht jedoch kein sachlicher Grund, den Gläubiger auf die Feststellung der Forderung zur Tabelle und gegebenenfalls die Beseitigung des Schuldnerwiderspruchs gemäß § 184 Abs. 1 zu verweisen, wenn er auf die Teilnahme an dem Insolvenzverfahren keinen Wert legt und es ihm nur auf einen Vollstreckungstitel gegen den Schuldner persönlich ankommt.

8 **4. Negative Feststellungsklage des Schuldners.** Für eine Klage des widersprechenden Schuldners auf negative Feststellung der von dem Gläubiger beanspruchten Forderung, für die weder ein vollstreckbarer Schuldtitel noch ein Endurteil vorliegt, besteht regelmäßig **kein Rechtsschutzbedürfnis.**[31] Die nachinsolvenzliche Vollstreckung aus dem Tabelleneintrag (§ 201 Abs. 2 S. 1) verhindert der Widerspruch im Prüfungstermin bzw. im schriftlichen Verfahren. Soweit die Teilnahme des Gläubigers an den Verteilungen in Frage steht, werden die Interessen des Schuldners ausschließlich durch den Verwalter wahrgenommen (§ 178 Abs. 1 S. 2).[32] Etwas anderes gilt jedoch für eine negative Feststellungsklage des Schuldners, wenn Streit darüber besteht, ob die Forderung (insbesondere weil auf vorsätzlicher unerlaubter Handlung oder auf vorsätzlicher pflichtwidriger Nichtgewährung von Unterhalt beruhend) der Restschuldbefreiung unterfällt.[33] Der Schuldner hat in diesem Falle ein anerkennenswertes Interesse an einer alsbaldigen, vor Erteilung der Restschuldbefreiung getroffenen Feststellung, dass die Forderung nicht nach § 302 Nr. 1 von der Restschuldbefreiung ausgenommen ist.[34]

IV. Feststellung titulierter Forderungen (Abs. 2)

8a Liegt für die bestrittene Forderung ein vollstreckbarer Schuldtitel oder ein Endurteil vor, so obliegt es dem Schuldner binnen einer Frist von einem Monat, den Widerspruch zu verfolgen (Abs. 2 S. 1). Nach fruchtlosem Ablauf dieser Frist gilt ein Widerspruch als nicht erhoben (Abs. 2 S. 2). Die Tabelle ist dann analog § 183 Abs. 2 zu berichtigen (vgl. → § 183 Rn. 8a). Dem Gesetzgeber erschien es unbillig, wenn der Gläubiger eines erstrittenen Titels nochmals prozessieren muss und auch bei einer erfolgreichen Prozessführung Gefahr läuft, wegen der wirtschaftlichen Situation des Schuldners seine Kostenerstattungsansprüche nicht oder nur schwer durchsetzen zu können.[35] Solange dem Gläubiger die Möglichkeit verbleibt, aus dem vollstreckbaren Schuldtitel auch nach Beendigung des Insolvenzverfahrens vorzugehen, wenn der Schuldner der Feststellung der Forderung zur Tabelle widerspricht,[36] erscheint die Erforderlichkeit der Neuregelung jedoch zweifelhaft. Durch die Neuregelung wird der Schuldner gezwungen, zur Vermeidung der nachinsolvenzlichen Vollstreckung gemäß § 201 Abs. 2 auch gegen einen nicht rechtskräftigen Titel wie ein vorläufig vollstreckbar erklärtes Endurteil, ein Versäumnisurteil oder eine vollstreckbare notarielle Urkunde vorzugehen, selbst wenn nicht feststeht, ob eine solche Vollstreckung überhaupt möglich ist (§ 301) oder der Gläubiger sie betreibt. Damit werden gegebenenfalls unnötige Prozesskosten verursacht. Solange nicht feststeht, dass eine Vollstreckung nach Aufhebung des Insolvenzverfahrens nicht mehr möglich ist, kann einer negativen Feststellungsklage, mit welcher die schuldnerische GmbH ihren im Prüfungstermin erhobenen Widerspruch gegen die Feststellung einer Forderung verfolgt, für die ein vorläufig vollstreckbarer Titel vorliegt, nicht das Rechtsschutzbedürfnis abgesprochen werden.[37]

8b **1. Titulierte Forderung. Vollstreckbare Schuldtitel** im Sinne des Abs. 2 sind die in §§ 704, 794 ZPO genannten Vollstreckungstitel, ferner der Auszug aus der Insolvenztabelle, Entscheidungen und Vergleiche der Arbeitsgerichte (§§ 62, 85 ArbGG) sowie landesrechtliche Vollstreckungstitel (§ 801 ZPO). **Endurteile** im Sinne des Abs. 2 sind auch Teilurteile, Versäumnisurteile und Vorbehaltsurteile. Die Ausführungen oben zu § 179 (→ Rn. 23 bis 26) gelten insoweit entsprechend. Die titulierte und die bestrittene Forderung müssen identisch sein (vgl. → § 179 Rn. 28).

---

30 BGH, Urt. v. 21.2.2013 – IX ZR 92/12, NJW-RR 2013, 992, Rn. 21 ff.; NJW-RR 2009, 566 Rn. 7.

31 OLG Hamm BeckRS 2011, 20681; Jaeger/*Gerhardt* InsO § 184 Rn. 12; vgl. aber BGH KTS 1957, 9, 10 (Feststellungsinteresse der Gesellschafter einer insolventen OHG).

32 *Jaeger/Weber* KO 8. Aufl. § 144 Rn. 4.

33 BGH, Urt. v. 10.10.2013 – IX ZR 30/13, NZI 2013, 1025, Rn. 5 ff.; aA OLG Hamm ZIP 2003, 2311; dazu *Hattwig* ZInsO 2004, 636.

34 BGH, Urt. v. 10.10.2013 – IX ZR 30/13, NZI 2013, 1025, Rn. 5 ff.

35 Begr. Regierungsentwurf BT-Drs. 16/3227, 21.

36 BGH NJW 1998, 2364; MüKoInsO/*Hintzen* → § 201 Rn. 36; *Uhlenbruck* InsO § 201 Rn. 18.

37 BGH, Urt. v. 11.7.2013 – IX ZR 286/12, NJW-RR 2013, 1268, Rn. 17.

Abs. 2 ist **entsprechend** anwendbar auf die Verfolgung eines isolierten Widerspruchs gegen den behaupteten Anspruchsgrund der vorsätzlichen unerlaubten Handlung oder vorsätzlichen pflichtwidrigen Nichtgewährung von Unterhalt (§§ 174 Abs. 2, 175 Abs. 2, 302 Nr. 1), wenn sowohl die Forderung als auch der Deliktsgrund durch Feststellungsurteil,[38] Vergleich, notarielles Schuldanerkenntnis[39] oder vollstreckbaren Auszug aus der Insolvenztabelle eines früheren Insolvenzverfahrens[40] tituliert sind. Ein Interesse an der besonderen Feststellung des Haftungsgrundes der vorsätzlichen unerlaubten Handlung oder der vorsätzlichen pflichtwidrigen Nichtgewährung von Unterhalt hat der Gläubiger nur aus vollstreckungsrechtlichen Gründen (§§ 850f Abs. 2 ZPO, 302 Nr. 1). Ein Schuldner, der einer solchen Feststellung in einem gerichtlichen Vergleich oder zur Insolvenztabelle eines früheren Insolvenzverfahrens zustimmt oder sie in einem notariellen Schuldanerkenntnis selbst trifft, ist über die Bedeutung seiner zusätzlichen Erklärung belehrt.[41] Dagegen obliegt dem Gläubiger einer Forderung, die durch Vollstreckungsbescheid unter Angabe eines in § 302 Abs. 1 genannten Schuldgrundes tituliert ist, grundsätzlich die Beseitigung des gegen den Schuldgrund gerichteten Schuldnerwiderspruchs. Im Feststellungsprozess ist das Gericht an den im Vollstreckungsbescheid aufgeführten Schuldgrund nicht gebunden.[42] Denn hier beruht der Titel auf einseitigen, vom Gericht nicht materiell-rechtlich geprüften Angaben des Gläubigers, ohne dass gewährleistet ist, dass der Schuldner die Folgen seiner Untätigkeit – wegen § 302 Nr. 1 InsO nicht eintretende Restschuldbefreiung – überblickt.[43] Ebenso wenig kommt eine entsprechende Anwendung des Abs. 2 in Betracht, wenn die Forderung durch Leistungsurteil tituliert, nicht aber der betreffende Anspruchsgrund festgestellt ist und sich der Widerspruch des Schuldners nur gegen diesen Anspruchsgrund richtet.[44] 8c

2. Betreibungslast des Schuldners. Dem **Schuldner obliegt** es, den Widerspruch binnen einer Frist von einem Monat, die mit dem Prüfungstermin oder im schriftlichen Verfahren mit dem Bestreiten der Forderung beginnt, zu verfolgen. Verfolgt der Schuldner nicht innerhalb der Frist seinen Widerspruch, so gilt dieser als nicht erhoben.[45] Der Schuldnerwiderspruch ist damit beseitigt im Sinne des § 201 Abs. 2 S. 2, die Tabelle analog § 183 Abs. 2 zu berichtigen. Der Schuldner hat dem Gericht die Verfolgung des Anspruchs nachzuweisen (Abs. 2 S. 4). Das Insolvenzgericht weist den Schuldner auf die Folgen einer Fristversäumung hin (Abs. 2 S. 3 Hs. 2). Mangels Belehrung kommt entsprechend § 186 Wiedereinsetzung in den vorigen Stand in Betracht. Der Schuldner verfolgt seinen Widerspruch durch **Klage** oder durch **Aufnahme** eines über die Forderung anhängigen Rechtsstreits. Er kann den Widerspruch nur mit den Mitteln verfolgen, die ihm zurzeit der Insolvenzverfahrenseröffnung gegen den Titel zustanden (vgl. aber → § 179 Rn. 33 ff. zum Widerspruch des bestreitenden Verwalters oder Gläubigers). Die Klage des Schuldners ist eine negative Feststellungsklage. Gegenstand ist der bestrittene Anspruch, bei einem isolierten Widerspruch gegen einen der in § 302 Abs. 1 genannten Schuldgründe dieser Schuldgrund. Nimmt der Schuldner einen Prozess auf, der zurzeit der Eröffnung des Insolvenzverfahrens mit dem Schuldner als Beklagtem anhängig ist, so kann er sich darauf beschränken, die Abweisung des zu erwartenden Feststellungsantrags des Gläubigers zu beantragen (→ § 179 Rn. 41). Verfolgt der Schuldner seinen Widerspruch nicht, so fehlt wird für eine positive Feststellungsklage des Gläubigers der titulierten Forderung regelmäßig das Feststellungsinteresse. 8d

Das Insolvenzgericht erteilt dem Schuldner und dem Gläubiger, dessen Forderung bestritten worden ist, einen **beglaubigten Auszug aus der Tabelle** und weist den Schuldner auf die Folgen einer Fristversäumung hin (Abs. 2 S. 3). Der Auszug erleichtert dem Schuldner den zur Darlegung seines Feststellungsinteresses erforderlichen Nachweis von Anmeldung, Prüfung und Widerspruch gegen die Forderung. 8e

V. Besonderheiten bei der Eigenverwaltung

Im Eigenverwaltungsverfahren (§§ 270 ff.) kann der Schuldner der Feststellung sowohl als Verwalter der Insolvenzmasse (§ 283 Abs. 1) als auch persönlich widersprechen (§§ 178 Abs. 1 S. 2; 201 9

[38] So schon *de lege lata Kahlert* ZInsO 2006, 409, 410 ff.; *Behr* Rpfleger 2003, 389, 391; *Heinze* DZWIR 2002, 369, 371; *Riedel* NZI 2002, 414; *Gaul* NJW 2005, 2894; aA *Hattwig* ZInsO 2004, 636.

[39] *Kahlert* ZInsO 2006, 409, 413.

[40] *Sengl* NZI 2009, 31.

[41] Vgl. auch *Kahlert* ZInsO 2006, 409, 413; *Pape* NZI 2007, 481, 485; *Sengl* NZI 2009, 31.

[42] BGH NJW 2006, 2922; aA OLG Hamm ZInsO 2005, 1329.

[43] BGH NJW 2005, 2922.

[44] BGH ZInsO 2011, 39; 2012, 1614; WM 2012, 1872; aA OLG Brandenburg NZI 2010, 266; 2008, 319 (für Anerkenntnisurteil); KG BeckRS 2012, 17523; OLG Naumburg NZI 2011, 772 (Versäumnisurteil); KG NZI 2011, 447.

[45] Begr. zum Gesetzentwurf der Bundesregierung für ein Gesetz zur Vereinfachung des Insolvenzverfahrens, BT-Drs. 16/3227, 21.

Abs. 2 S. 1). Die verschiedenen Widerspruchsrechte kann der Schuldner unterschiedlich ausüben (→ § 178 Rn. 30).[46] Bestreitet der Schuldner den Bestand der Forderung, so widerspricht er im Zweifel sowohl als Eigenverwalter als auch persönlich. Nur in seiner Funktion als Eigenverwalter kann der Schuldner dagegen geltend machen, die Forderung sei keine Insolvenzforderung (§ 38) oder nachrangig (§ 39; → Rn. 2). Umgekehrt hat nur der Schuldner persönlich ein Interesse an einem isolierten Widerspruch gegen den Schuldgrund der vorsätzlich begangenen unerlaubten Handlung oder der vorsätzlichen pflichtwidrigen Nichtgewährung von Unterhalt (§ 302 Nr. 1).[47] Für die Beseitigung eines Widerspruchs, den der Schuldner als Verwalter erhoben hat, gelten die §§ 179 bis 183,[48] die Beseitigung des persönlichen Widerspruchs erfolgt nach § 184. Wird die Eigenverwaltung aufgehoben (§ 272), so tritt in den Prozess nach §§ 179 bis 183 der Insolvenzverwalter anstelle des Schuldners ein, der Prozess nach § 184 wird dagegen von der Aufhebung nicht berührt (→ § 179 Rn. 14).

§ 185 Besondere Zuständigkeiten

[1]Ist für die Feststellung einer Forderung der Rechtsweg zum ordentlichen Gericht nicht gegeben, so ist die Feststellung bei dem zuständigen anderen Gericht zu betreiben oder von der zuständigen Verwaltungsbehörde vorzunehmen. [2]§ 180 Abs. 2 und die §§ 181, 183 und 184 gelten entsprechend. [3]Ist die Feststellung bei einem anderen Gericht zu betreiben, so gilt auch § 182 entsprechend.

Schrifttum: *App,* Das Rechtsbehelfsverfahren gegen Feststellungsbescheide der Finanzbehörde nach § 251 Abs. 3 der Abgabenordnung, BB 1985, S. 861 f.; *ders.,* Reichweite von § 251 Abs. 3 der Abgabenordnung, BB 1984, S. 1032 f.; *Bartone,* Feststellung von Steuerforderungen zur Insolvenztabelle und ihre Auswirkung auf das Besteuerungsverfahren, DStR 2017, 1743; *Becker,* Die Anmeldung und Prüfung von Steuerforderungen im Insolvenzverfahren, DStR 2016, 919; *Bley,* Steuern als Konkursforderungen, ZZP 51 (1926), S. 233 ff.; *Fichtelmann,* Bescheide im Besteuerungsverfahren nach Konkurseröffnung, NJW 1970, S. 2276 ff.; *Frotscher,* Besteuerung bei Insolvenz, 8. Aufl. 2014, S. 301 ff.; *Gerhardt,* Die rechtswegfremde Forderung im Insolvenzfeststellungsverfahren, NZI 2010, 849; *Gundlach/Frenzel/Schirrmeister,* Der Erlass eines Abgabenbescheides im Insolvenzverfahren, DStR 2004, S. 318 ff.; *Heilmann,* Die Beitrags- und Umlageansprüche der Sozialversicherungsträger im Konkurs des Arbeitgebers, SGb 1981, 470 ff.; *Hübschmann/Hepp/Spitaler,* Kommentar zur Abgabenordnung und Finanzgerichtsordnung, Loseblattwerk, § 251 AO Rn. 403 ff.; *Hundt-Eßwein,* Die Behandlung von Steueranträgen im Konkurs, BB 1987, 1718; *Jäger,* Eröffnung eines Insolvenzverfahrens während eines Finanzgerichtsverfahrens, DStR 2008, 1272; *Kramer,* Konkurs- und Steuerverfahren, 1993, S. 219 ff.; *Maus,* Steuerbescheide im Insolvenzverfahren, FS Günter Greiner zum 70. Geburtstag, 2005, S. 227 ff.; *Müller,* Konkurs und Besteuerung, DStZ 1950, S. 158 ff.; *Tipke/Kruse,* Abgabenordnung, Finanzgerichtsordnung, Loseblattwerk, § 251 AO Rn. 49 ff.; *Waza/Uhländer/Schmittmann,* Insolvenzen und Steuern, 11. Aufl. 2015 Rn. 721 ff.

Übersicht

I. Normzweck

1 § 185 regelt die streitige Feststellung der Insolvenzforderung für den Fall, dass der Rechtsweg zu den ordentlichen Gerichten nicht gegeben ist. §§ 180 Abs. 2, 181, 183, 184 gelten in diesem Fall entsprechend, ebenso § 182, wenn die Feststellung bei einem anderen Gericht zu betreiben ist (S. 2 und 3). § 180 Abs. 1 findet dagegen keine Anwendung. Die Feststellung ist vielmehr bei dem zuständigen Gericht des anderen Rechtswegs zu betreiben oder von der zuständigen Verwaltungsbe-

[46] BGH Urt. v. 10.10.2013 – IX ZR 30/13, NZI 2013, 1025, Rn. 12 f.
[47] BGH Urt. v. 10.10.2013 – IX ZR 30/13, NZI 2013, 1025, Rn. 12 f.
[48] KPB/*Pape/Schaltke* § 184 Rn. 4.

hörde vorzunehmen (S. 1). Dies trägt der besonderen Sachkompetenz des allgemein zuständigen Gerichts bzw. der zuständigen Verwaltungsbehörde Rechnung. Dass § 180 Abs. 1 keine entsprechende Anwendung findet, folgt bereits aus § 185 Sätze 2 und 3. Eigene Bedeutung kommt § 185 S. 1 vor allem insoweit zu, als die Vorschrift der Behörde die Befugnis zur Feststellung des Insolvenzgläubigerrechts gegenüber dem Bestreitenden durch Verwaltungsakt einräumt (→ Rn. 4).

II. Entstehungsgeschichte

2 § 185 übernimmt inhaltlich im Wesentlichen § 146 Abs. 5 KO. Im Gesetzgebungsverfahren blieb die Vorschrift weitgehend unverändert. Die Beschränkung der entsprechenden Anwendung des § 182 auf Gerichtsverfahren (§ 185 S. 3) gelangte erst mit dem Regierungsentwurf in die Insolvenzordnung (§§ 213 RegE, 204 RefE, 204 DiskE).[1] Im Geltungsbereich der Gesamtvollstreckungsordnung war zunächst umstritten, ob § 146 Abs. 5 KO entsprechend anzuwenden sei.[2] Jedenfalls seit der Beschränkung des § 11 Abs. 3 S. 3 GesO auf die Regelung der örtlichen Zuständigkeit[3] ist von einer analogen Geltung auszugehen. Auch § 251 Abs. 3 AO (→ Rn. 5 ff.) war im Geltungsbereich der Gesamtvollstreckungsordnung entsprechend anwendbar.[4]

III. Streitige Feststellung außerhalb des ordentlichen Rechtswegs

3 **1. Rechtswegzuständigkeit.** Die Rechtswegzuständigkeit richtet sich nach den allgemeinen Regeln.[5] Maßgebend ist grundsätzlich die Natur des bestrittenen Insolvenzgläubigerrechts. So ist zB ein Rechtsstreit um angemeldete Lohnforderungen vor den Arbeitsgerichten (§§ 2, 3 ArbGG), ein Streit um Steuerforderungen vor den Finanzgerichten (§ 33 FGO), ein Streit um Sozialversicherungsbeiträge vor den Sozialgerichten (§ 51 SGG) und ein Streit um Kommunalbeiträge vor den Verwaltungsgerichten (§ 40 VwGO) auszutragen. Soweit die bestrittene Forderung außerhalb des Insolvenzrechts zunächst durch Verwaltungsakt der Behörde festzusetzen ist, gilt dies entsprechend für die streitige Feststellung der Forderung im Insolvenzverfahren (→ Rn. 4 ff.). Für die Klage gegen einen isolierten Widerspruch des Schuldners analog § 184 auf Feststellung, dass die zur Tabelle angemeldete Forderung die Qualität einer Forderung aus vorsätzlich unerlaubter Handlung hat, ist stets der ordentliche Rechtsweg gegeben.[6] Unberührt bleibt eine etwaige Zuständigkeit der Familiengerichte.[7] Das Gericht oder die Behörde entscheidet nicht nur über den Bestand der Forderung, sondern auch über ihren Rang (§ 39) und über ihre Eigenschaft als Insolvenzforderung (§ 38).[8] Ein Wechsel des Verpflichteten[9] oder des Berechtigten berührt die Natur des Insolvenzgläubigerrechts grundsätzlich nicht. Deshalb ist zB ein Feststellungsstreit über eine auf einen Zollbürgen übergegangene Zollforderung vor den Finanzgerichten, nicht vor den Zivilgerichten auszutragen.[10]

4 **2. Betreibung der Feststellung durch Verwaltungsakt.** Der Gläubiger kann gemäß Abs. 1, 2. Fall die bestrittene Forderung durch Verwaltungsakt gegenüber dem Bestreitenden feststellen, sofern er außerhalb des Insolvenzrechts zur Festsetzung der Forderung durch Verwaltungsakt gegenüber dem Schuldner berechtigt ist.[11] Das gilt nicht nur für Steuerforderungen (§ 251 Abs. 3 AO; → Rn. 5 ff.), sondern auch für andere öffentlich-rechtliche Forderungen wie den Anspruch auf Zahlung einer Ausgleichsabgabe nach Schwerbehindertenrecht,[12] einen öffentlich-rechtlichen

---

1 S. dazu Begr. zu § 213 RegE (= § 185) BR-Drs. 1/92, 185.

2 Gegen entsprechende Anwendung zB LAG Brandenburg ZIP 1993, 1829; *Hess/Binz/Wienberg* GesO § 11 Rn. 53a; dafür *Pape* EWiR 1993, 1205.

3 Gesetz v. 24.6.1994, BGBl. 1994 I 1374.

4 FG Brandenburg EFG 1999, 593 f.

5 Dazu GemS BGHZ 97, 312, 313 f.; BSG NJW 1990, 342; Zöller/*Lückemann* § 13 GVG Rn. 4 ff. mwN.

6 BGH ZInsO 2011, 44; BVerwG, Beschl. v. 12.4.2013 – 9 B 37.12, NZI 2013, 550, Rn. 7 ff.; *Gerhardt* NZI 2010, 849; aA LSG Berlin-Brandenburg BeckRS 2012, 65440.

7 Str.; wie hier OLG Celle NJOZ 2012, 1386; KG NJW-RR 2012, 201; aA OLG Rostock FamRZ 2011, 910.

8 Zum Vorrecht nach der Konkursordnung vgl. BGHZ 55, 224; 60, 64; *Jaeger/Weber* KO 8. Aufl. § 146 Rn. 20; *Kuhn/Uhlenbruck* KO § 146 Rn. 15b mwN; vgl. auch Uhlenbruck/*Sinz* InsO § 185 Rn. 1.

9 BGHZ 72, 56; BVerwGE 35, 170, 171; BSG NJW 87, 1846; Zöller/*Lückemann* § 13 GVG Rn. 4.

10 AA BGH NJW 1973, 1077; wie hier *André* NJW 1993, 1495 f.; *Häsemeyer,* Insolvenzrecht, Rn. 22.29; Uhlenbruck/*Sinz* § 185 Rn. 2; ausführlich *Gerhardt* NZI 2010, 849.

11 BVerwG Buchholz 401.0 § 251 AO Nr. 1; BVerwG DÖV 1986, 290; OVG Lüneburg OVGE MüLü 39, 441, 443; *Häsemeyer,* Insolvenzrecht, Rn. 22.37 f.; Nerlich/Römermann/*Becker* § 185 Rn. 5; aA VGH Kassel NJW 1987, 971; VG Frankfurt Agrarrecht 1998, 97, 98.

12 BVerwG DÖV 1986, 290.

Erstattungsanspruch[13] oder den Beitragsanspruch eines Sozialversicherungsträgers.[14] Für den Feststellungsbescheid gelten gemäß S. 2 die §§ 180 Abs. 2, 181, 183, 184 entsprechend (→ Rn. 12 ff.). Zweifelhaft ist die entsprechende Anwendung des § 180 Abs. 2, sofern man davon ausgeht, dass den Gegenstand der Anmeldung, Prüfung und Feststellung das Haftungsrecht des Gläubigers an der Masse und nicht der Anspruch gegen den Schuldner persönlich bildet (dazu → Rn. 13). Die Streitwertregel des § 182 gilt gemäß S. 3 nur für das gerichtliche Feststellungsverfahren entsprechend.[15] Gleichwohl wird der Rechtsgedanke des § 182 auch bei der Kostenfestsetzung im Verwaltungsverfahren zu berücksichtigen sein, sofern die maßgebenden Bewertungsvorschriften hinreichend offen gefasst sind.[16] Gegen die Feststellung durch Verwaltungsakt stehen dem Bestreitenden diejenigen Rechtsbehelfe zu, die der Schuldner gegen die Festsetzung der Forderung außerhalb des Insolvenzverfahrens einlegen könnte (zB Widerspruch oder Einspruch, Klage; vgl. § 348 Abs. 1 Nr. 11 AO). Im Übrigen gelten die Ausführungen zur Feststellung bestrittener Steuerforderungen (→ Rn. 5 ff.) für die Feststellung anderer öffentlich-rechtlicher Forderungen durch Verwaltungsakt im Wesentlichen entsprechend.

5 **3. Feststellung bestrittener Steuerforderungen. a) Feststellung durch das Finanzamt (§ 251 Abs. 3 AO).** Ist ein Anspruch aus einem Steuerschuldverhältnis (§ 37 Abs. 1 AO) im Prüfungstermin oder im schriftlichen Verfahren vom Insolvenzverwalter oder einem Insolvenzgläubiger bestritten worden, so ist der Anspruch vom zuständigen Finanzamt durch schriftlichen Verwaltungsakt festzustellen (§ 185 S. 1 iVm **§ 251 Abs. 3 AO**). Die Feststellung von Steuerforderungen gehört zu den wichtigsten Anwendungsfällen des § 185 S. 1, Alt. 2. Festzustellen ist die einzelne Steuerforderung, jede Steuerforderung muss nach Grund und Höhe so genau bezeichnet werden, dass die Prüfung der Forderung einwandfrei möglich ist.[17] Mehrere Feststellungen können jedoch in einem Bescheid verbunden werden.[18]

5a Der Feststellungsbescheid nach § 251 Abs. 3 AO übernimmt nach der Eröffnung des Insolvenzverfahrens die Funktion des Steuerbescheides.[19] Ein nach Eröffnung noch ergehender Steuerbescheid ist nichtig.[20] Nach der Rechtsprechung des BFH umfasst das Verbot der Steuerfestsetzung auch solche Bescheide, in denen Besteuerungsgrundlagen ausschließlich zu dem Zweck ermittelt und festgestellt werden, um Steuerforderungen zur Insolvenztabelle anzumelden.[21] Allenfalls dort, wo die Feststellung ausschließlich zugunsten des Steuerpflichtigen wirken könnte, könne eine Festsetzung noch zulässig sein.[22] Anderenfalls könnte die Finanzbehörde den Vorrang des Insolvenzverfahrens vor dem Festsetzungsverfahren nach der AO unterlaufen, indem sie mit Bindungswirkung Feststellungen oder Festsetzungen von Besteuerungsgrundlagen erlässt.[23]

6 Der Feststellungsbescheid gemäß § 251 Abs. 3 AO ist **„das verwaltungsrechtliche Gegenstück"** zum Feststellungsurteil im Sinne des § 183.[24] Der Tenor des Bescheids entspricht dem des positiven Feststellungsurteils (→ § 179 Rn. 6).[25] Der Bescheid darf die Forderung nach Grund, Betrag und Rang nur in der Weise feststellen, wie sie in der Anmeldung oder im Prüfungstermin bezeichnet worden ist (§ 181; → Rn. 14).

7 **Erforderlich** im Sinne des § 251 Abs. 3 AO ist der Feststellungsbescheid, wenn die angemeldete Forderung bestritten worden ist.[26] Der Umstand, dass die Finanzbehörde mit ihrer Steuerforderung voraussichtlich ausfallen wird, steht der Erforderlichkeit des Feststellungsbescheids nicht entgegen.[27]

---

13 BVerwG Buchholz 401.0 § 251 AO Nr. 1 und Vorinstanz OVG Münster NWVBl. 1997, 24, 25; OVG Lüneburg OVGE MüLü 39, 441; aA VG Frankfurt Agrarrecht 1998, 97, 98.

14 *Heilmann* SGb. 1981, 470, 472; K. Schmidt/*Jungmann* § 185 Rn. 4; Nerlich/Römermann/*Becker* § 185 Rn. 11; ähnlich LSG Bayern, ZIP 1998, 1931, 1933, das aber den Erlass eines Verwaltungsakts vor Anmeldung und Bestreitung der Forderung verlangt; aA wohl BSG ZIP 1981, 998: zulässige Klage auf Feststellung einer bestrittenen Beitragsforderung.

15 Dazu Begr. zu § 213 RegE (= § 185), BR-Drs. 1/92, 185.

16 Nerlich/Römermann/*Becker* § 185 Rn. 18.

17 Koenig/*Fritsch* § 251 AO Rn. 54.

18 BFH BStBl. II 1979, 198, 200; allgemein zur Behandlung von Steuerforderungen im Insolvenzverfahren: BMF-Schreiben vom 17.121998, BStBl. I 1998, 1500, ZIP 1999, 775.

19 BFH DStR 2008, 1468.

20 BFH BStBl. II 1995, 225; *Tippke/Kruse* § 251 AO Rn. 44.

21 BFH BStBl. II 1998, 428; 2003, 630; DStRE 2009, 1028; aA noch BFH BStBl. II 1985, 650.

22 Ausdrücklich offengelassen in BFH BStBl. II 2003, 630, 631.

23 Koenig/*Fritsch* § 251 AO Rn. 42.

24 *Waza/Uhländer/Schmittmann* Rn. 752; *Kramer* S. 262; Uhlenbruck/*Sinz* InsO § 185 Rn. 9.; Tipke/Kruse/*Loose* § 251 AO Rn. 69.

25 *Waza/Uhländer/Schmittmann* Rn. 752 *Kramer* S. 262 ff.; s. auch Jaeger/*Gerhardt* InsO § 179 Rn. 50.

26 Weitergehend Hessisches FG EFG 1975, 550, 551 (Feststellungsbescheid auch nach Feststellung der Forderung zur Tabelle).

27 FG Brandenburg EFG 1999, 593, 594. bestätigt durch BFH BFH/NV 2000, 584.

Der bestandskräftige Feststellungsbescheid wirkt zu Lasten des Insolvenzverwalters und aller übrigen Insolvenzgläubiger (§§ 185 S. 2, 183 Abs. 1; → Rn. 15). Adressat des Feststellungsbescheids ist der Widersprechende; ihm ist der Bescheid bekannt zu geben.[28] Ist der Bestreitende nicht der Insolvenzverwalter, so ist auch diesem der Bescheid bekannt zu geben.[29] Der Bestreitende kann den Bescheid durch Einspruch (§ 347 Abs. 1 S. 1 Nr. 1 AO) und anschließende Klage vor dem Finanzgericht **anfechten.**[30] Werden in einen Feststellungsbescheid nach § 251 Abs. 3 AO Steuerforderungen aufgenommen, die auf unterschiedlichen materiellrechtlichen Entstehungsgründen beruhen, so handelt es sich nicht um unselbständige Besteuerungsgrundlagen im Sinne von Teilen eines Steuerbescheids, sondern um selbständig zu beurteilende und anfechtbare Feststellungsakte.[31] Sie unterliegen als selbständige Streitpunkte einer jeweils gesonderten revisionsrechtlichen Prüfung.[32] Ist ein Bescheid, der mehrere Feststellungen enthält, nur hinsichtlich einzelner Feststellungen angefochten, kann nur über diese entschieden werden.[33] 8

Der Feststellungsbescheid ist kein vollziehbarer Verwaltungsakt, so dass eine **Aussetzung der Vollziehung** gemäß § 361 AO oder § 69 FGO nicht in Frage kommt.[34] Auch eine einstweilige Anordnung (§ 114 FGO) mit dem Ziel, die Steuerforderung bei den Verteilungen vorläufig nicht zu berücksichtigen, ist unzulässig. Eine solche Anordnung ist auch nicht erforderlich, da die Finanzbehörde und die Insolvenzmasse während des Rechtsbehelfs- und Gerichtsverfahrens durch die Zurückbehaltung und Hinterlegung der auf die Steuerforderung entfallenden Anteile gemäß §§ 189 Abs. 2, 198 gesichert sind.[35] 9

Der Feststellungsbescheid ist kein auf die Steuerfestsetzung gerichteter Verwaltungsakt und damit kein Steuerbescheid im Sinne des § 155 AO.[36] Daraus wird überwiegend geschlossen, dass eine **Abänderung des bestandskräftigen Bescheids** nur gemäß §§ 130, 131 AO, nicht nach §§ 172 ff. AO möglich ist.[37] Dagegen spricht, dass der Feststellungsbescheid nach § 251 Abs. 3 AO im Insolvenzverfahren die Funktion des Steuerbescheids übernimmt. Die Besonderheiten der Forderungsverfolgung im Insolvenzverfahren (§§ 87, 174) rechtfertigen es nicht, das Verhältnis zwischen dem Vertrauensschutz einerseits, dem Gebot materiell richtiger Besteuerung andererseits innerhalb des Insolvenzverfahrens anders zu beurteilen als außerhalb dieses Verfahrens.[38] Die §§ 172 ff. AO sollten daher auf die Korrektur des Feststellungsbescheids entsprechend angewandt werden (auch → § 178 Rn. 88).[39] Bei der Durchführung der Korrektur ist dem Prüfungs- und Widerspruchsrecht des Verwalters und der übrigen Gläubiger Rechnung zu tragen. Deshalb hat das Finanzamt bei einer Änderung zu Ungunsten der Masse den Mehrbetrag nachträglich zur Tabelle anzumelden und gegebenenfalls gegenüber dem Widersprechenden festzustellen.[40] 10

Streitig ist, ob § 251 Abs. 3 AO auch für die **Grund- und Gewerbesteuerforderungen einer Gemeinde** gilt. Teilweise wird dies verneint, weil § 1 Abs. 2 AO, wonach bestimmte Vorschriften der Abgabenordnung auf die gemeindlich verwalteten Realsteuern entsprechend anwendbar sind, die Vorschriften über die Vollstreckung, zu denen systematisch auch § 251 Abs. 3 AO gehört, nicht einbezieht.[41] Die Behörde ist jedoch unabhängig von § 251 Abs. 3 AO schon aufgrund des § 185 S. 1 Alt. 2 zur Feststellung der Forderung durch Verwaltungsakt gegenüber dem Bestreitenden befugt (→ Rn. 4). Im Übrigen regelt § 251 Abs. 3 AO inhaltlich nicht die Vollstreckung der Steuerforde- 11

---

28 Tz. 6.1 des BMF-Schreibens v. 17.12.1998, BStBl. I 1998, 1500, 1503; RFHE 19, 355, 359; *Waza/Uhländer/Schmittmann* Rn. 752; *Frotscher* S. 315; Uhlenbruck/*Sinz* InsO § 185 Rn. 7.; Tipke/Kruse/*Loose* § 251 AO Rn. 69.

29 § 122 Abs. 1 AO; AEAO § 122 Tz. 2.9.2.

30 Dazu BFHE 106, 419, 420 f.; *Waza/Uhländer/Schmittmann* Rn. 754; *Frotscher* S. 260; Uhlenbruck/*Sinz* InsO § 185 Rn. 7a.

31 „Bündeltheorie“, vgl. BFH BStBl. II 1990, 327, 330.

32 BFH BStBl. 1988 II, 199, 200; aA *Kramer* S. 264 ff.

33 BFH BStBl. II 1979, 198, 200.

34 FG Rheinland-Pfalz ZIP 1983, 96; *Waza/Uhländer/Schmittmann* Rn. 757; *Frotscher* S. 237 f.; Tipke/Kruse/*Loose* § 251 AO Rn. 69.

35 FG Rheinland-Pfalz ZIP 1983, 96, 97.

36 BFH BStBl. 1988 II, 124, 126; *Waza/Uhländer/Schmittmann* Rn. 755; *Frotscher* S. 255; *Maus,* FS Greiner, S. 227 f.

37 BFH NZI 2012, 96; FG Baden-Württemberg EFG 1993, 763, 764; *Waza/Uhländer/Schmittmann* Rn. 755; *Frotscher* S. 314; Tipke/Kruse/*Loose* § 251 AO Rn. 68; *Maus,* FS Greiner, S. 227 f.; aA *Fichtelmann* NJW 1970, 2276, 2279; *Kramer,* S. 267 ff.; offen lassend FG Berlin-Brandenburg DStRE 2012, 766; OVG Magdeburg NZI 2012, 254.

38 *Kramer,* S. 269 ff.

39 *Kramer,* S. 271 f.

40 *Kramer,* S. 268 f.

41 VGH Kassel NJW 1987, 971, 972; aA *Frotscher* S. 315; OVG Lüneburg KStZ 1992, 239.

rung, sondern ersetzt ihre Festsetzung unter den besonderen Bedingungen des Insolvenzverfahrens. Die Bestimmungen der Abgabenordnung über die Steuerfestsetzung gelten aber gemäß § 1 Abs. 2 Nr. 4 AO für die gemeindlich verwalteten Realsteuern entsprechend.[42] Die Bundesländer haben die Streitfrage inzwischen dadurch entschieden, dass sie § 251 Abs. 3 AO für entsprechend anwendbar erklärt haben.[43]

12 **b) § 180 Abs. 2.** Nach herrschender Meinung gilt der Verweis des S. 2 auf § 180 Abs. 2 auch für die Feststellung bestrittener Steuerforderungen. War zurzeit der Eröffnung des Insolvenzverfahrens ein Einspruchs- oder Finanzgerichtsverfahren über die Steuerforderung anhängig, so sei dieses aufzunehmen (aber → Rn. 13). Die Aufnahme obliegt nach dieser Ansicht entsprechend § 179 Abs. 2 dem Bestreitenden, wenn für die Forderung ein Steuerbescheid im weiteren Sinne vorliegt.[44] Der Bestreitende kann das unterbrochene Verfahren nach der Aufnahme mit den Mitteln und in der Verfahrenslage fortsetzen, die dem Gemeinschuldner zurzeit der Eröffnung des Insolvenzverfahrens gegen den Bescheid zur Verfügung standen.[45] Eine durch Eröffnung des Insolvenzverfahrens unterbrochene Rechtsmittelfrist beginnt nach Aufnahme von neuem zu laufen (§ 249 Abs. 1 ZPO).[46] Anders als im Zivilprozess muss der Widersprechende nach verbreiteter Ansicht seinen Antrag nicht an die geänderte Verfahrenslage anpassen, sondern kann beantragen, den angefochtenen Steuerbescheid ersatzlos aufzuheben.[47] Auch der Gläubiger der titulierten Steuerforderung ist nach dieser Auffassung zur Aufnahme des unterbrochenen Rechtsstreits befugt, da § 179 Abs. 2 ihm nur die Betreibungslast abnimmt, aber nicht die Betreibungsbefugnis entzieht (auch → § 179 Rn. 43).[48] War die bestrittene Forderung bei Eröffnung des Insolvenzverfahrens bereits bestands- oder rechtskräftig festgesetzt, so ist nach dem Rechtsgedanken des § 180 Abs. 2 auch der Bestreitende daran gebunden (→ § 179 Rn. 33 ff.). Er kann in diesem Fall nach der hM nur Wiedereinsetzung in den vorigen Stand (§ 110 AO; § 56 FGO), Änderung des bestandskräftigen Bescheids (§§ 172 ff. AO) oder Wiederaufnahme des Rechtsstreits (§§ 134 FGO, 578 ff. ZPO) beantragen. Bei nachträglichem Erlöschen der festgesetzten Steuerforderung kommt ein Antrag auf Erlass eines Abrechnungsbescheids nach § 218 Abs. 2 AO in Betracht.[49] Ein Feststellungsbescheid gemäß § 251 Abs. 3 AO ist bei einem Widerspruch gegen eine titulierte Steuerforderung nach der hM nicht erforderlich.[50] Anders, wenn der Insolvenzverwalter seinen Widerspruch auf die von ihm behauptete Unwirksamkeit der Forderungsanmeldung stützt.[51]

13 Richtet sich der Widerspruch auch gegen den beanspruchten **Rang** (zB bei Anmeldung eines Zwangsgelds gemäß §§ 328 ff. AO als vollrangige Insolvenzforderung, § 39 Abs. 1 Nr. 3), so obliegt es trotz des gegebenenfalls vorliegenden Steuerbescheids nach teilweise vertretener Auffassung der Finanzbehörde, den Rang gemäß § 251 Abs. 3 AO gegenüber dem Bestreitenden festzustellen.[52] Anders als das zivilgerichtliche Verfahren (→ § 180 Rn. 18 f., 23 ff.) kann das anhängige steuerrechtliche Rechtsbehelfs- oder Gerichtsverfahren nicht auf den Rangstreit ausgedehnt werden. Eine Umstellung des Anfechtungsantrags in einen Antrag auf Feststellung der Begründetheit des Widerspruchs ist diesem Verfahren fremd.[53] Diese Auffassung beruht auf der Annahme, dass im Feststellungsverfahren je nach „Widerspruchsrichtung" gegebenenfalls einzelne Voraussetzungen der Ver-

---

42 *Frotscher* S. 315.

43 *Waza/Uhländer/Schmittmann* Rn. 1891 mwN; siehe auch VGH Mannheim ESVGH 41, 75 f.

44 RFHE 18, 141, 144 ff.; 19, 355, 359; BFH BStBl. 1978 II 471, 472; 1988 II 124, 126; BStBl. 1997 II, 464, 465; BStBl. II 2005, 591; ZIP 2006, 2284; BFH, Urt. v. 18.8.2015 – V R 39/14, NZI 2016, 92, Rn. 17; OLG Karlsruhe OLGR Karlsruhe 1997, 26; BMF-Schreiben v. 17.12.1998, ZIP 1999, 775, 777; *Baur/Stürner* II, Insolvenzrecht, Rn. 21.28; *Waza/Uhländer/Schmittmann* Rn. 758; Jaeger/*Gerhardt* InsO § 179 Rn. 50; K. Schmidt/*Jungmann* § 179 Rn. 25; *Kramer,* S. 253 ff.; Nerlich/Römermann/*Becker* § 179 Rn. 19, 24 f., § 185 Rn. 7, 17; *Rattunde/Smid/Zeuner* § 185 Rn. 5; *Maus,* FS Greiner, S. 227, 229.

45 BFH BStBl. 1987 II 471, 472; *Waza/Uhländer/Schmittmann* Rn. 758 f.; *Frotscher* S. 317 ff.; *Jaeger/Weber* KO 8. Aufl. § 146 Rn. 20; *Kramer* S. 256 ff.; *Müller* DStZ 1950, 158, 160; Tipke/Kruse/*Loose* § 251 Rn. 65.

46 Tipke/Kruse/*Loose* § 251 AO Rn. 65.

47 BFH BStBl. 1978 II, 472, 473 f.; BStBl. 1997 II, 464, 465; BStBl. II 2005, 591; OLG Karlsruhe OLGR Karlsruhe 1997, 26; Uhlenbruck/*Sinz* InsO § 186 Rn. 13; aA BFH 1978 II, 165, 167; *Kramer* S. 260; *Müller* DStZ 1950, 158, 160.

48 BVerwG NJW 1989, 314; BFH/NV 1994, 293; BFH ZIP 2006, 968; s. auch FG Münster EFG 1997, 565; *Maus,* FS Greiner, S. 227, 229 f.

49 *Waza/Uhländer/Schmittmann* Rn. 760; *Frotscher* S. 322; Uhlenbruck/*Sinz* InsO 186 Rn. 8.

50 *Waza/Uhländer/Schmittmann* Rn. 758; *Frotscher* S. 318; s. auch BVerwG NJW 1989, 314; FG Münster EFG 1997, 565.

51 BFH NZI 2010, 496 (Abgrenzung zum BFHE 209, 23).

52 *Kramer* S. 257.

53 Für eine Antragsumstellung BFH 1978 II, 165, 167; *Kramer* S. 260; *Müller* DStZ 1950, 158, 160; ähnlich FG Rheinland-Pfalz, Urt. v. 27.11.1995, Az 1 K 2668/95 (nicht veröffentlicht).

fahrensteilnahme getrennt voneinander festgestellt werden können (→ § 178 Rn. 34 ff.). Geht man dagegen davon aus, dass sich der Widerspruch unabhängig von seiner Begründung immer gegen das insolvenzspezifische Haftungsrecht des Gläubigers an der Masse richtet (→ § 178 Rn. 15 ff.), so ist grundsätzlich dieses Haftungsrecht (Insolvenzgläubigerrecht) zunächst durch Bescheid gemäß § 251 Abs. 3 AO festzustellen.

c) § 181. Gegenstand des Feststellungsbescheids gemäß § 251 Abs. 3 AO kann nur eine Steuerforderung sein, die mit der angemeldeten und geprüften Forderung identisch ist (§§ 185, 181).[54] Eine im Insolvenzverfahren nach Grund und Höhe angemeldete, aber bestritten gebliebene Umsatzsteuerforderung kann daher im Feststellungsbescheid und in dem sich anschließenden Rechtsbehelfsverfahren nicht gegen eine andere – an sich unbestrittene – Umsatzsteuerforderung ausgetauscht werden.[55] Die Forderungsidentität ist vom Finanzamt im Feststellungsbescheid kenntlich zu machen und im Klagefall vom Finanzgericht von Amts wegen zu prüfen.[56] 14

d) §§ 182, 183. § 182 gilt nur für die Streitwertberechnung im finanzgerichtlichen Verfahren, nicht dagegen im Verfahren vor den Finanzbehörden (S. 3).[57] Der bestands- oder rechtskräftige Feststellungsbescheid wirkt grundsätzlich zu Lasten des Insolvenzverwalters und aller übrigen Insolvenzgläubiger (S. 2 iVm § 183 Abs. 1; im Übrigen → § 183 Rn. 4).[58] Dem obsiegenden Teil obliegt es, beim Insolvenzgericht die Berichtigung der Tabelle zu beantragen (S. 2 iVm § 183 Abs. 2). Haben einzelne Gläubiger, nicht der Verwalter, Einspruch (und Klage) gegen den Feststellungsbescheid erhoben, so können sie die Erstattung ihrer Kosten aus der Insolvenzmasse insoweit verlangen, als der Masse durch die Entscheidung über den Einspruch oder die Klage ein Vorteil erwachsen ist (S. 2 iVm § 183 Abs. 3; näher → § 183 Rn. 11). 15

e) § 184. Der Schuldnerwiderspruch hindert zwar nicht die Feststellung der Steuerforderung zur Tabelle (§ 178 Abs. 1 S. 2), wohl aber die Vollstreckung aus der Tabelle nach Beendigung des Insolvenzverfahrens (§ 201 Abs. 2 S. 1 InsO; § 251 Abs. 2 S. 2 AO). Das Finanzamt kann zur Beseitigung des Schuldnerwiderspruchs einen Feststellungsbescheid gegenüber dem Schuldner erlassen (S. 2 iVm §§ 184 Abs. 1 S. 1, 201 Abs. 2 S. 2 InsO, 251 Abs. 3 AO).[59] Stattdessen ist auch der Erlass eines Steuerbescheids (§§ 155 ff. AO) als Vollstreckungsgrundlage zulässig (streitig; → § 184 Rn. 6).[60] Das Vollstreckungsverbot des § 89 bleibt unberührt. War zurzeit der Eröffnung des Insolvenzverfahrens ein Steuerbescheid erlassen und vom Schuldner angefochten, so kann das anhängige Einspruchs- oder Finanzgerichtsverfahren aufgenommen werden (S. 2 iVm § 184 Abs. 1 S. 2).[61] 16

Die finanzgerichtliche Rechtsprechung vertritt zum Teil die Auffassung, dass der Steuergläubiger auch ohne Widerspruch des Schuldners und ohne Verzicht auf die Teilnahme am Insolvenzverfahren ein Steuerfestsetzungsverfahren oder ein schwebendes Rechtsmittelverfahren gegen den Gemeinschuldner persönlich fortsetzen kann.[62] Die Interessenlage des Steuergläubigers unterscheidet sich jedoch auch hier nicht entscheidend von der eines bürgerlich-rechtlichen Gläubigers, der jedenfalls unter Geltung der Konkursordnung seine Forderung erst nach Verzicht auf die Teilnahme am Insolvenzverfahren gegen den Schuldner persönlich verfolgen konnte (→ § 184 Rn. 7).[63] 17

4. Betreibung der Feststellung durch Klage. Ist der Gläubiger zur Feststellung des bestrittenen Insolvenzgläubigerrechts durch Verwaltungsakt nicht befugt, so hat er die Feststellung durch Klage oder Prozessaufnahme bei dem zuständigen anderen Gericht zu betreiben (S. 1, 1. Fall). Für die Klage gelten die §§ 180 Abs. 2 bis 184 entsprechend (§ 185 S. 2 und 3). Auch die §§ 179, 189 sind in diesem Fall entsprechend anwendbar, wenngleich § 185 S. 2 nicht ausdrücklich auf sie verweist. Liegt zB für eine bestrittene Lohnforderung ein vollstreckbarer Schuldtitel oder ein Endurteil vor, so obliegt es gemäß §§ 179 Abs. 2, 189 Abs. 2 analog dem bestreitenden Verwalter, seinen Widerspruch durch Klage oder Prozessaufnahme gegen den anmeldenden Arbeitnehmer zu verfolgen. § 185 S. 1, 1. Fall findet insbesondere auf Streitigkeiten Anwendung, die in die Zuständigkeit der Arbeitsgerichte fallen. Die gemäß § 2 ArbGG begründete Zuständigkeit wird nicht dadurch 18

---

[54] BFH BStBl. II 1984, 545, 546 f.; BStBl II 1988, 124, 126; BStBl II 1988, 199, 200 f.; *Frotscher* S. 313 f.; *Maus,* FS Greiner, S. 227, 232.

[55] BFH BStBl. 1987 II 471, 472.

[56] BFH BStBl. 1984 II, 545, 546 f.

[57] Dazu Begr. zu § 213 RegE (= § 185) BR-Drs. 1/92, 185; BFH ZIP 2006, 2284; zur Anwendung des § 148 KO im finanzgerichtlichen Verfahren siehe BFH BStBl. 1988 II 124, 125.

[58] *Frotscher* S. 315.

[59] *Fichtelmann* NJW 1970, 2276, 2277 f.; *Frotscher* S. 333 f.; *Kramer* S. 235 Fn. 85.

[60] *Waza/Uhländer/Schmittmann* Rn. 745.

[61] *Waza/Uhländer/Schmittmann* Rn. 745; aA Hessisches FG EFG 1982, 6, 7 f.

[62] RFHE 21, 9, 15 ff.; BFH BStBl. III 1951, 192; III 1963, 382, 383; ebenso *Frotscher* S. 334 f.

[63] FG Rheinland-Pfalz EFG 1978, 471, 472; *Fichtelmann* NJW 1970, 2276, 2277 ff.; ausführlich *Kramer* S. 230 ff.

berührt, dass sich die Feststellungsklage gegen den bestreitenden Insolvenzverwalter oder Gläubiger[64] und nicht gegen den Arbeitgeber richtet. Die Arbeitsgerichte sind auch dann zuständig, wenn die bestrittene Forderung nicht durch den Arbeitnehmer, sondern durch die Bundesanstalt für Arbeit (§ 187 S. 1 SGB III) oder den Pensionssicherungsverein (§ 9 Abs. 2 BetrAVG)[65] geltend gemacht wird (§ 3 ArbGG).

§ 186 Wiedereinsetzung in den vorigen Stand

(1) [1]Hat der Schuldner den Prüfungstermin versäumt, so hat ihm das Insolvenzgericht auf Antrag die Wiedereinsetzung in den vorigen Stand zu gewähren. [2]§ 51 Abs. 2, § 85 Abs. 2, §§ 233 bis 236 der Zivilprozeßordnung gelten entsprechend.

(2) [1]Die den Antrag auf Wiedereinsetzung betreffenden Schriftsätze sind dem Gläubiger zuzustellen, dessen Forderung nachträglich bestritten werden soll. [2]Das Bestreiten in diesen Schriftsätzen steht, wenn die Wiedereinsetzung erteilt wird, dem Bestreiten im Prüfungstermin gleich.

I. Normzweck und Anwendungsbereich

1 Hat der Schuldner den Prüfungstermin versäumt und aus diesem Grunde der Forderung nicht widersprochen, so kann der Gläubiger aus der Feststellung der Forderung zur Tabelle nach Beendigung des Insolvenzverfahrens die Zwangsvollstreckung gegen ihn betreiben (§§ 201 Abs. 2; 215 Abs. 2 S. 2; 257 Abs. 1). War die Säumnis unverschuldet, so gebietet es nicht zuletzt der Anspruch des Schuldners auf rechtliches Gehör (Art. 103 GG), dass er Gelegenheit zur Nachholung des Widerspruchs erhält. § 186 sieht deshalb die Wiedereinsetzung des Schuldners gegen die Versäumung des Prüfungstermins entsprechend den Bestimmungen der Zivilprozessordnung über die Wiedereinsetzung gegen Fristversäumungen vor.[1] Die Vorschrift ist auch dann anwendbar, wenn der Verwalter oder ein Gläubiger die Forderung bestritten haben.[2] Zwar wird durch ihren Widerspruch die Vollstreckung aus der Tabelle zunächst gehindert. Das gilt aber nur solange, als nicht der Widerspruch durch Rücknahme oder streitige Feststellung beseitigt ist. § 186 gilt entsprechend, wenn der Schuldner im Termin zwar anwesend, aber prozessunfähig war,[3] oder wenn bei Anmeldung einer Forderung aus vorsätzlicher unerlaubter Handlung die Belehrung gemäß § 175 Abs. 2 unterblieben oder unzureichend durchgeführt worden ist.[4] Eine analoge Anwendung des § 186 ist auch geboten, wenn der Schuldner eine im schriftlichen Verfahren geprüfte Forderung ohne sein Verschulden nicht innerhalb der vom Insolvenzgericht gesetzten Ausschlussfrist bestritten hat (§§ 177 Abs. 1 S. 2; 312 Abs. 2 S. 1).[5]

2 In der **Eigenverwaltung** kann die Wiedereinsetzung nur dem Schuldner persönlich gewährt werden, nicht dem Schuldner in seiner Funktion als Eigenverwalter (§ 283 Abs. 1 S. 2). Die Frage der Wiedereinsetzung des Eigenverwalters gegen die Versäumung des Prüfungstermins kann sich überhaupt nur stellen, wenn die Anwesenheit des Eigenverwalters nicht Voraussetzung für die Durchführung des Prüfungstermins ist. Dafür, dass die Anwesenheit des Sachwalters genügt, spricht insbesondere, dass auch der Sachwalter im Prüfungstermin zur Wahrung der Interessen der Gläubiger und des Schuldners berechtigt und verpflichtet ist (§ 283 Abs. 1 S. 2). Versäumt demnach der verwaltende Schuldner den Prüfungstermin, so kann er durch Wiedereinsetzung und nachträglichen Widerspruch nur die Vollstreckungswirkung des § 201 Abs. 2, nicht jedoch die Feststellung der Forderung zur Tabelle beseitigen. § 186 soll dem Schuldner Gelegenheit geben, die Folgen der Säumnis im Hinblick auf das insolvenzfreie Vermögen rückgängig zu machen (§ 201 Abs. 2). Die Feststellung der Insolvenzforderung zur Tabelle und damit die Berücksichtigung der Forderung bei den Verteilungen kann dagegen auch in der Eigenverwaltung nicht nachträglich beseitigt werden.[6]

II. Entstehungsgeschichte

3 § 186 stimmt inhaltlich weitgehend mit § 165 KO überein. Die Vorschrift blieb im Gesetzgebungsverfahren im Wesentlichen unverändert (s. §§ 214 RegE, 203 RefE, 203 DE).

---

64 Dazu *Jaeger/Weber* KO 8. Aufl. § 146 Rn. 19.
65 Vgl. zB BAG NJW 1999, 2612.
1 Begr. zu § 214 RegE (= § 186), BR-Drs. 1/92, 185.
2 Jaeger/*Gerhardt* InsO § 186 Rn. 3; Nerlich/Römermann/*Becker* § 186 Rn. 6.
3 Jaeger/*Gerhardt* InsO § 186 Rn. 4.
4 AG Duisburg NZI 2008, 628; MüKoInsO/*Stephan* → § 302 Rn. 14.
5 KPB/*Pape/Schaltke* § 186 Rn. 4; Nerlich/Römermann/*Becker* § 186 Rn. 3.
6 Nerlich/Römermann/*Becker* § 178 Rn. 6, § 186 Rn. 4; aA KPB/*Pape/Schaltke* § 176 Rn. 11.

III. Wiedereinsetzungsgrund

4 Dem Schuldner ist Wiedereinsetzung zu gewähren, wenn er ohne sein Verschulden (Vorsatz oder Fahrlässigkeit) den Prüfungstermin versäumt hat (Abs. 1 S. 2 iVm § 233 ZPO). Anders als bei § 276 BGB gilt grundsätzlich ein individueller Fahrlässigkeitsmaßstab, sofern es sich nicht um Anwaltsverschulden handelt.[7] Dem Verschulden des Schuldners steht das Verschulden des gesetzlichen Vertreters (§ 51 Abs. 2 ZPO) und des Bevollmächtigten (§ 85 Abs. 2 ZPO) gleich. Es muss sich jeweils um eigenes Verschulden handeln; Verschulden des Büropersonals genügt nicht.[8] Eine Wiedereinsetzung scheidet aus, wenn die vorgetragenen unverschuldeten Umstände für die Versäumung des Prüfungstermins nicht ursächlich waren.[9]

IV. Fristgemäßer Antrag

5 Die Wiedereinsetzung ist innerhalb einer Frist von zwei Wochen bei dem Insolvenzgericht zu beantragen (§ 234 Abs. 1 ZPO).[10] Die Frist kann nicht verlängert werden (§ 224 Abs. 2 ZPO). Sie beginnt gemäß § 234 Abs. 2 ZPO mit dem Tag, an dem das der Wahrnehmung des Prüfungstermins entgegenstehende Hindernis behoben ist. Behoben ist das Hindernis nicht erst dann, wenn es tatsächlich aufhörte zu bestehen, sondern schon dann, wenn sein Weiterbestehen nicht mehr als unverschuldet angesehen werden konnte.[11] So beginnt die Frist des § 234 ZPO für einen inhaftierten Schuldner, der zum Prüfungstermin nicht vorgeführt wurde, in dem Augenblick zu laufen, in dem er bei Beachtung aller zu verlangenden Sorgfalt die Erkenntnis gewinnen musste, dass er den Prüfungstermin versäumt hat und um Wiedereinsetzung in den vorigen Stand nachsuchen musste.[12] Gegen die Versäumung der Wiedereinsetzungsfrist findet wiederum Wiedereinsetzung statt (§ 233 ZPO). Für die Fristberechnung gilt § 187 Abs. 1 BGB (vgl. § 222 ZPO). Nach Ablauf eines Jahres, vom Ende des versäumten Prüfungstermins an gerechnet, kann der Schuldner keine Wiedereinsetzung mehr beantragen (§ 234 Abs. 3 ZPO; Ausschlussfrist).[13] Solange nicht die Jahresfrist abgelaufen ist, kann die Wiedereinsetzung auch noch nach Beendigung des Insolvenzverfahrens beim Insolvenzgericht beantragt werden.[14]

V. Form des Antrags

6 Gemäß § 236 Abs. 1 ZPO richtet sich die Form des Antrags auf Wiedereinsetzung nach den Vorschriften, die für die versäumte Prozesshandlung gelten. Der Antrag auf Wiedereinsetzung gegen die Versäumung des Prüfungstermins kann jedoch nicht, wie für den Widerspruch des Schuldners vorgesehen (→ § 178 Rn. 40), mündlich im Prüfungstermin erklärt werden. Er ist vielmehr gemäß §§ 4 InsO, 496 ZPO schriftlich beim Insolvenzgericht einzureichen oder mündlich zu Protokoll der Geschäftsstelle zu erklären.[15] Die den Antrag enthaltenden Schriftsätze oder Protokollerklärungen sind dem Gläubiger zuzustellen, dessen Forderung nachträglich bestritten werden soll (Abs. 2 S. 1). Beantragt im Sinne des § 234 Abs. 1 ZPO ist die Wiedereinsetzung mit der Einreichung der Schriftsätze beim Insolvenzgericht bzw. mit der Protokollerklärung, nicht erst mit der Zustellung an den Gläubiger.

VI. Antragsinhalt; Nachholung des Bestreitens

7 Der Wiedereinsetzungsantrag muss die den Antrag begründenden Tatsachen angeben. Es sind die Umstände vorzutragen, die das Bestreiten des Schuldners im Prüfungstermin oder im schriftlichen Prüfungsverfahren vereitelt haben.[16] Die Tatsachen sind bei der Antragstellung oder im Verfahren

---

[7] S. im Einzelnen Stein/Jonas/*Roth* § 233 Rn. 19 ff. mwN.

[8] BGH NJW-RR 1992, 1019; Stein/Jonas/*Roth* § 233 Rn. 22 f.

[9] BGH VersR 1987, 49, 50 mwN; ausführlich Stein/Jonas/*Roth* § 233 Rn. 29 ff.

[10] Die Einhaltung der Wiedereinsetzungsfrist ist ein von Amts wegen zu prüfendes Erfordernis der Zulässigkeit der Wiedereinsetzung; OLG Frankfurt Rpfleger 1977, 213; Jaeger/*Gerhardt* InsO § 186 Rn. 10.

[11] OLG Frankfurt Rpfleger 1977, 213; allgemein BGH NJW-RR 1990, 830; Zöller/*Greger* § 234 Rn. 5; Stein/Jonas/*Roth* § 234 Rn. 4 ff. mwN.

[12] OLG Frankfurt Rpfleger 1977, 213, 214.

[13] Vgl. im Einzelnen Stein/Jonas/*Roth* § 234 Rn. 18 f.; zu Ausnahmen von der Ausschlussfrist, wenn die Gründe für die Versäumung der Jahresfrist der Sphäre des Gerichts zuzuordnen sind: BGH, Beschl. v. 21.1.2016 – IX ZA 24/15, NJW-RR 2016, 638, Rn. 7 ff. (im konkreten Fall verneinend).

[14] Jaeger/*Gerhardt* InsO § 186 Rn. 11; KPB/*Pape/Schaltke* § 186 Rn. 9.

[15] OLG Frankfurt Beschl. v. 17.2.1977, 20 W 1094/76 (insoweit nicht veröffentlicht in Rpfleger 1977, 213); Jaeger/*Gerhardt* InsO § 186 Rn. 12; *Kilger/K. Schmidt* § 165 Anm. 3; Uhlenbruck/*Sinz* InsO § 186 Rn. 4; Nerlich/Römermann/*Becker* § 186 Rn. 12.

[16] Jaeger/*Gerhardt* InsO § 186 Rn. 13; allgemein Stein/Jonas/*Roth* § 236 Rn. 6.

über den Antrag glaubhaft zu machen (§ 236 Abs. 2 S. 1 ZPO iVm § 294 ZPO). Die Forderung oder die Forderungen, die bestritten werden sollen, sind bestimmt zu bezeichnen. Nicht zulässig ist zB ein Antrag auf Wiedereinsetzung, „damit einzelne Forderungen bestritten werden können".[17] Das Bestreiten der bezeichneten Forderung(en) ist innerhalb der Antragsfrist nachzuholen; ist dies geschehen und liegen die Voraussetzungen für eine Wiedereinsetzung vor, so ist die Wiedereinsetzung auch ohne Antrag zu gewähren (§ 236 Abs. 2 S. 2 ZPO).

VII. Entscheidung über den Antrag

8 Über den Antrag entscheidet das Insolvenzgericht. Für das Verfahren gelten die §§ 5 ff. Dies gilt auch für den Fall, dass der Antrag erst nach der Beendigung des Insolvenzverfahrens gestellt wird.[18] Dem Gläubiger ist Gelegenheit zu geben, zu dem Antrag Stellung zu nehmen. Das Gericht kann auf Antrag des Schuldners anordnen, dass die Zwangsvollstreckung aus dem Tabelleneintrag eingestellt werde oder nur gegen Sicherheitsleistung stattfinde (§ 707 ZPO).[19] Der Beschluss über den Wiedereinsetzungsantrag ist dem Schuldner und dem Gläubiger zuzustellen.[20] Dem Schuldner steht gegen die Ablehnung der Wiedereinsetzung, dem Gläubiger gegen ihre Gewährung (nur) die sofortige Rechtspflegererinnerung zu (§ 11 Abs. 2 RPflG; § 6).[21] Die Kosten der Wiedereinsetzung fallen dem Schuldner zur Last, soweit sie nicht durch einen unbegründeten Widerspruch des Gläubigers entstanden sind (§ 4 iVm § 238 Abs. 4 ZPO).[22]

VIII. Wirkung der Wiedereinsetzung

9 Wird die Wiedereinsetzung gewährt, so steht das Bestreiten in den Schriftsätzen, die den Antrag auf Wiedereinsetzung betreffen, dem Bestreiten im Prüfungstermin gleich (Abs. 2 S. 2). Der Insolvenzrichter hat die Eintragung des Widerspruchs in die Tabelle (unter „Bemerkungen") zu veranlassen.[23] Die Anordnung eines neuen Prüfungstermins ist weder zulässig noch erforderlich.[24] Etwas anderes ergibt sich auch nicht aus § 176 S. 2, der die Erörterung der vom Schuldner bestrittenen Forderungen im Prüfungstermin vorsieht.[25] Der Schuldner und der Gläubiger der bestrittenen Forderung können die Argumente, die zur Rücknahme des Widerspruchs einerseits, zum Verzicht auf die Verfolgung der Feststellung andererseits führen könnten, schriftlich austauschen. Konkurrierende Gläubiger oder der Verwalter haben kein schutzwürdiges Interesse daran, an der Erörterung der bestrittenen Forderung beteiligt zu werden, da sie selbst nicht nachträglich bestreiten können und der Widerspruch des Schuldners auf die Feststellung der Forderung keinen Einfluss hat (§ 178 Abs. 1 S. 2).[26]

---

[17] OLG Frankfurt Beschl. v. 17.2.1977, 20 W 1094/76 (insoweit nicht veröffentlicht in Rpfleger 1977, 213).

[18] Jaeger/*Gerhardt* InsO § 186 Rn. 14.

[19] Jaeger/*Gerhardt* InsO § 186 Rn. 14.

[20] Jaeger/*Gerhardt* InsO § 186 Rn. 15; K. Schmidt/*Jungmann* § 186 Rn. 3; Uhlenbruck/*Sinz* InsO § 186 Rn. 10.

[21] BGH BeckRS 2011, 11534; Beschl. v. 3.7.2014 – IX ZB 2/14, NZI 2014, 724, Rn. 6 ff.

[22] Jaeger/*Gerhardt* InsO § 186 Rn. 16; Uhlenbruck/*Sinz* InsO § 186 Rn. 13; Nerlich/Römermann/*Becker* § 186 Rn. 29 f.

[23] Dass § 186 anders als § 165 KO die Eintragung nicht mehr ausdrücklich vorsieht, ändert am Erfordernis der Tabellenberichtigung nichts; vgl. auch Begr. zu § 214 RegE (= § 186) BR-Drs. 1/92, 185.

[24] Jaeger/*Gerhardt* InsO § 186 Rn. 17; Uhlenbruck/*Sinz* InsO § 186 Rn. 10; KPB/*Pape/Schaltke* § 186 Rn. 15; aA Nerlich/Römermann/*Becker* § 186 Rn. 21.

[25] AA Nerlich/Römermann/*Becker* § 186 Rn. 19 ff.

[26] Zur Erhebung eines Widerspruchs des Schuldners in der Eigenverwaltung gemäß § 283 Abs. 1 S. 2 kann Wiedereinsetzung nicht gewährt werden; → Rn. 2.

Zweiter Abschnitt. Verteilung

§ 187 Befriedigung der Insolvenzgläubiger

(1) Mit der Befriedigung der Insolvenzgläubiger kann erst nach dem allgemeinen Prüfungstermin begonnen werden.

(2) [1]Verteilungen an die Insolvenzgläubiger können stattfinden, sooft hinreichende Barmittel in der Insolvenzmasse vorhanden sind. [2]Nachrangige Insolvenzgläubiger sollen bei Abschlagsverteilungen nicht berücksichtigt werden.

(3) [1]Die Verteilungen werden vom Insolvenzverwalter vorgenommen. [2]Vor jeder Verteilung hat er die Zustimmung des Gläubigerausschusses einzuholen, wenn ein solcher bestellt ist.

Übersicht

I. Normzweck

Die Vorschrift stellt klar, dass es allein die Aufgabe des Insolvenzverwalters ist, Verteilungen an die Insolvenzgläubiger vorzunehmen, sobald der allgemeine Prüfungstermin stattgefunden hat. Der Zeitpunkt der Verteilung gewährleistet die gerechte Verteilung der Barmittel auf die geprüften Forderungen. Verfrühte Auszahlungen auf ungeprüfte Forderungen sollen damit vermieden werden. 1

II. Verteilungsarten

Das Gesetz kennt Abschlags-, Schluss- und Nachtragsverteilungen. Die §§ 187 bis 191 beinhalten allgemeine Bestimmungen für alle Verteilungen.[1] 2

1. Abschlagsverteilung. Die Abschlagsverteilung dient dazu, den Insolvenzgläubigern möglichst zeitnah die aus der Verwertung generierten Gelder zukommen zu lassen.[2] Es handelt sich um Zahlungen auf die in das Verteilungsverzeichnis aufgenommenen Insolvenzforderungen während des laufenden und noch nicht zur Abschlussreife gelangten Verfahrens.[3] 3

2. Schlussverteilung. Die Schlussverteilung ist vorzunehmen, wenn die Verwertung des Schuldnervermögens abgeschlossen ist. Sie dokumentiert abschließend, in welcher Höhe die Insolvenzgläubiger befriedigt werden. Einen Ermessensspielraum gibt es für den Insolvenzverwalter nicht, da die Schlussverteilung durchzuführen ist, wenn die Verwertung (einschränkend laufendes Einkommen) beendet ist (§ 196 Abs. 1). Für die Schlussverteilungen enthalten die §§ 196, 197 Sondervorschriften. 4

3. Nachtragsverteilung. Die Nachtragsverteilung ist die nachträgliche Verteilung von Barmitteln oder Vermögensgegenständen, die nach dem Schlusstermin zur Insolvenzmasse ermittelt werden 5

[1] Begr. zu § 220 RegE (= § 192).
[2] Vgl. *Uhlenbruck* § 187 Rn. 1.
[3] Nerlich/Römermann/*Westphal* § 187 Rn. 5.

konnten oder frei wurden. Nach § 203 kann die Nachtragsverteilung auf Antrag oder auch von Amts wegen angeordnet werden, damit auch diese Werte den Insolvenzgläubigern zu Gute kommen.

III. Durchführung der Abschlagsverteilungen

6 Mit den Regelungen über die Abschlagsverteilung wird es ermöglicht, dass Insolvenzgläubiger eine erste Quotenausschüttungen auf ihre Forderungen erhalten, ohne auf die endgültige Verwertung der Insolvenzmasse warten zu müssen, die sich je nach Größe des Insolvenzverfahrens über mehrere Jahre erstrecken kann. Wenn aufgrund der vorhandenen Barmittel eine Abschlagsverteilung möglich ist, ohne dass eine Betriebsfortführung[4] gefährdet wird oder Masseverbindlichkeiten nicht bedient werden können, ist die Verteilung auch im Hinblick auf die Erwartungen der Gläubiger, einen Teil ihrer Forderungen (zügig) befriedigt zu bekommen, vorzunehmen.[5] Sicherzustellen ist immer, dass die Verfahrenskosten und Masseverbindlichkeiten bei der Berechnung der auszuschüttenden Quoten berücksichtigt werden; ggfs. sind hierfür Rückstellungen zu bilden.

7 **1. Zeitpunkt (Abs. 1).** Nach Abs. 1 kann die **Abschlagsverteilung** auf jeden Fall erst nach dem Prüfungstermin (§ 176) erfolgen. Unter Berücksichtigung des Gleichbehandlungsgrundsatzes der Insolvenzgläubiger ist eine vorherige Ausschüttung – vor dem Prüfungstermin – nicht statthaft, da erst mit dem Prüfungstermin ein erster konkreter Überblick über die Höhe der Verbindlichkeiten geschaffen wird.

8 **2. Ermessensentscheidung des Insolvenzverwalters (Abs. 2 Satz 1).** Nach dem Prüfungstermin entscheidet der Insolvenzverwalter insoweit nach seinem **pflichtgemäßen Ermessen,** ob eine **Abschlagsverteilung** vorgenommen wird (die Vorschrift spricht in Abs. 2 Satz 1 von „können stattfinden"). Eine Abschlagsverteilung kann aber nur dann vorgenommen werden, wenn hinreichende Barmittel in der Insolvenzmasse vorhanden sind (Abs. 2 Satz 1). Der Begriff **hinreichende Barmittel** ist durch den Insolvenzverwalter auszulegen. Er kann im Hinblick auf den zeitlichen und wirtschaftlichen Bestand des Insolvenzverfahrens entscheiden, ob eine Ausschüttung sinnvoll erscheint.[6] Bevor die Abschlagsverteilung vorgenommen wird, ist der Insolvenzverwalter angehalten zu prüfen, ob die Befriedigung der Masseansprüche nicht beeinträchtigt wird.[7] Der Insolvenzverwalter hat die Masseverbindlichkeiten zu berücksichtigen, die ihm bis zu dem in § 206 genannten Zeitpunkt bekannt werden. Deshalb wird der Insolvenzverwalter immer auch künftig zu erwartende Masseverbindlichkeiten, insbesondere Sozialplanansprüche gemäß § 123 Abs. 2 Satz 1 in seine Überlegung einzubeziehen haben, um die Durchführung des Insolvenzverfahrens nicht zu gefährden.[8] Vor einer Abschlagsverteilung ist ggfs. auch die Ablösung von Sicherungsrechten zu erwägen, um eine weitere Zinslast zu vermeiden. Ebenso darf eine Betriebsfortführung durch eine verfrühte Quotenausschüttung nicht gefährdet werden. Eine Abschlagsverteilung hat auch zu unterbleiben, wenn die Kosten der Verteilung in keinem wirtschaftlichen Verhältnis zu den auszuzahlenden Beträgen stehen.[9] Eine Mindestquote kennt das Gesetz aber nicht.[10] Zu berücksichtigen ist des Weiteren, dass eine Abschlagsverteilung dann nicht durchzuführen ist, wenn das Insolvenzverfahren alsbald abgeschlossen werden kann,[11] um Aufwand und Kosten zu sparen.

9 **3. Nachrangige Insolvenzgläubiger (Abs. 2 Satz 2).** Nachrangige Insolvenzgläubiger sollen nach Abs. 2 Satz 2 bei Abschlagsverteilungen nicht berücksichtigt werden. Dies ergibt sich allerdings bereits aus der Gesetzsystematik, denn die nachrangigen Insolvenzgläubiger gemäß § 39 erhalten nur im Fall der vollen Befriedigung der übrigen Insolvenzgläubiger überhaupt Zahlungen aus der Insolvenzmasse.[12] Die Berücksichtigung der nachrangigen Insolvenzgläubiger erfolgt daher eventuell erst bei der Schlussverteilung, sofern die Insolvenzmasse zur vollständigen Befriedigung der Insolvenzgläubiger ausreicht. Insoweit kommt dieser Regelung kaum eine praktische Bedeutung zu, denn es wird *äußerst selten* der Fall eintreten, dass bereits bei einer Abschlagsverteilung die Insolvenzmasse ausreicht, die Insolvenzgläubiger vollständig zu befriedigen und auch Ausschüttungen auf die nachrangigen Insolvenzgläubiger vornehmen zu können. Insoweit kommt Abs. 2 Satz 2 kein eigener Regelungsgehalt zu.[13]

---

4 Begr. zu § 215 RegE (= § 187).
5 Vgl. KPB/*Holzer* § 187 Rn. 13.
6 Jaeger/*Meller-Hannich* § 187 Rn. 10.
7 *Uhlenbruck* § 187 Rn. 11; HambKommInsO/*Preß* § 187 Rn. 2.
8 Braun/*Pehl* § 187 Rn. 6.
9 *Uhlenbruck* § 187 Rn. 7.
10 Nerlich/Römermann/*Westphal* § 187 Rn. 9; *Haarmeyer/Wutzke/Förster*, Hdb. zur InsO, Kap. 8 Rn. 9.
11 Vgl. Jaeger/*Meller-Hannich* § 187 Rn. 11.
12 HambKommInsO/*Preß* § 187 Rn. 8.
13 Jaeger/*Meller-Hannich* § 187 Rn. 13; HambKommInsO/*Preß* § 187 Rn. 8.

4. Zuständigkeit des Insolvenzverwalters (Abs. 3 Satz 1). Jede Verteilung, nicht nur die Abschlagsverteilung, wird von dem Insolvenzverwalter vorgenommen (Abs. 3 Satz 1). Der Insolvenzverwalter vollzieht die Verteilung entweder durch Auszahlung der Quoten oder in bestimmten Fällen durch das Zurückbehalten von Beträgen (für bestrittene Forderungen nach § 189 Abs. 2, für absonderungsberechtigte Gläubiger nach § 190 Abs. 2 Satz 2, für aufschiebend bedingte Forderungen nach § 191 Abs. 1 Satz 2). 10

5. Zustimmung des Gläubigerausschusses. Gemäß § 187 Abs. 3 Satz 2 darf der Insolvenzverwalter die Verteilung nur dann durchführen, wenn der Gläubigerausschuss (§ 67) zugestimmt hat. Für jede neue Verteilung ist eine erneute Zustimmung erforderlich.[14] Bei einer Schlussverteilung ist zusätzlich die Zustimmung des Insolvenzgerichts notwendig (§ 196 Abs. 2). Ist kein Gläubigerausschuss bestellt, handelt der Insolvenzverwalter sowohl bei den Abschlags- als auch bei den Nachtragsverteilungen in eigenem Ermessen.[15] 11

Der Prüfungsumfang des Gläubigerausschusses ist darauf beschränkt, ob überhaupt eine Verteilung stattfinden soll. Er hat nicht darüber zu entscheiden, welche Forderungen in das Verteilungsverzeichnis aufgenommen werden oder welche Forderungen nicht berücksichtigt werden sollen. Sinn und Zweck der Zustimmungspflicht ist es, dem Gläubigerausschuss die Entscheidung zu belassen, ob im Interesse der Gläubiger mit einer Verteilung noch zuzuwarten ist.[16] Bei seiner Entscheidung über die Zustimmung steht dem Gläubigerausschuss damit ein eigenes Ermessen zu. Eines Nachweises der erfolgten Zustimmung des Gläubigerschusses gegenüber dem Insolvenzgericht bedarf es bei Abschlagsverteilungen nicht.[17] 12

Der Gläubigerausschuss kann den Insolvenzverwalter nicht anweisen, eine Verteilung vorzunehmen. Der Verwalter steht allein unter der Aufsicht des Insolvenzgerichts (§ 58), nicht aber unter der Aufsicht des Gläubigerausschusses. Es steht dem Gläubigerausschuss aber offen, beim Insolvenzgericht aufsichtliches Einschreiten anzuregen.[18] 13

Weder das Insolvenzgericht noch die Gläubigerversammlung kann die etwaige vom Gläubigerausschuss verweigerte Zustimmung durch einen eigenen Beschluss ersetzen.[19] Allerdings kann die Gläubigerversammlung andere Mitglieder in den Ausschuss wählen, die einer Verteilung zustimmen.[20] 14

IV. Ausgleich von Verteilungsfehlern

Der Verwalter oder die Mitglieder des Gläubigerausschusses machen sich dem Grunde nach schadensersatzpflichtig (§§ 60, 71) bei unterlassener oder pflichtwidriger Abschlagsverteilung bzw. Zustimmung. 15

1. Pflichtwidriges Unterlassen einer Verteilung. Voraussetzung ist die Pflichtwidrigkeit des Unterlassens. Eine denkbare Konstellation ist die Nichtvornahme einer Abschlagsverteilung durch den Insolvenzverwalter, obwohl alle Umstände und Voraussetzungen dafür sprechen. Angesichts der in dem Abs. 2 Satz 1 gewählten Wortwahl „können" wurde dem Insolvenzverwalter ein Ermessensspielraum bei der Möglichkeit der Verteilung eingeräumt, die es ihm ermöglichen muss, zu entscheiden, Abschlagsverteilungen vorzunehmen oder zu unterlassen. Gründe, die gegen die Durchführung sprechen, sind unter → Rn. 8 benannt. Wegen des Ermessens kommt eine Pflichtwidrigkeit des Unterlassens nur bei einer **Ermessensreduktion auf Null** in Betracht, eine letztlich kaum denkbare Konstellation. 16

Ein Vermögensschaden entsteht in der Regel nur in Höhe entgangener Zinsen, weil die Gläubiger gegebenenfalls verspätet befriedigt wurden. 17

Ein einklagbarer Anspruch gegen Insolvenzverwalter oder gegen den Gläubigerausschuss auf Durchführung oder Zustimmung der Verteilung besteht nicht.[21] Die Durchsetzung dieses Anspruchs im Prozessweg ist durch § 87 ausgeschlossen, da die Insolvenzgläubiger nur innerhalb des Insolvenzverfahrens ihre Befriedigung verfolgen können. Aus diesem Grund kann ein Anspruch auf Durchführung der Verteilung auch nicht auf Naturalrestitution gemäß den §§ 60, 61 i.A. § 249 S. 1 BGB gestützt werden. 18

---

14 Nerlich/Römermann/*Westphal* § 187 Rn. 12; vgl. HambKommInsO/*Preß* § 187 Rn. 11.
15 Jaeger/*Meller-Hannich* § 187 Rn. 15; HambKommInsO/*Preß* § 187 Rn. 11.
16 *Hahn,* Materialien, S. 335.
17 Nerlich/Römermann/*Westphal* § 187 Rn. 14; *Uhlenbruck* § 187 Rn. 16.
18 *Uhlenbruck* § 187 Rn. 18.
19 *Uhlenbruck* § 187 Rn. 19; BKInsO/*Martini* § 187 Rn. 10.
20 Nerlich/Römermann/*Westphal* § 187 Rn. 12.
21 RG Gruchot's Beiträge Band 34, 1201, 1204 = JW 189, 114; Nerlich/Römermann/*Westphal* § 187 Rn. 6; BKInsO/*Martini* § 187 Rn. 5; *Uhlenbruck* § 187 Rn. 9.

19 Auch ein Antrag des Insolvenzgläubigers an das Insolvenzgericht, den Insolvenzverwalter zur Vornahme von Abschlagszahlungen anzuhalten, entfaltet nur den Charakter einer unverbindlichen Anregung.[22] Die Insolvenzgläubiger müssen sich vielmehr an das Insolvenzgericht wenden, damit dieses im Wege der Aufsicht einschreitet.[23] Die Aufsicht kann in Form der Zwangsgeldandrohung- oder Festsetzung ausgeübt werden oder das Amtsenthebungsverfahren (§ 59) angeregt werden.

20 Gegenüber dem Gläubigerausschuss besteht kein Weisungsrecht des Gerichts. Es kann allerdings bei wichtigem Grund ein Mitglied des Ausschusses entlassen (§ 70).

21 **2. Pflichtwidrige Durchführung der Verteilung.** a) Schadensersatzansprüche (§§ 60, 71) sind denkbar, wenn Massegläubiger (§ 206) vor der Verteilung nicht berücksichtigt wurden und nicht mehr genügend Masse zu ihrer Befriedigung vorhanden ist. Ihre vorrangige Befriedigung muss vor jeder Verteilung geprüft werden. Der Insolvenzverwalter und Ausschussmitglieder haften als Gesamtschuldner.[24] Auch der Gläubigerausschuss muss prüfen, ob der Insolvenzverwalter die Masseverbindlichkeiten berücksichtigt hat; er nimmt insoweit auch Pflichten gegenüber den Massegläubigern war.[25] Die Haftungsinanspruchnahme des Insolvenzverwalters kommt auch in Betracht, wenn der Insolvenzverwalter ohne Zustimmung des Gläubigerausschusses die Verteilung vorgenommen hat, Massegläubiger aber nicht berücksichtigt wurden. Sollten dann die Barmittel nicht mehr ausreichen, die Massegläubiger zu befriedigen, ist ein Anspruch nach §§ 60, 61 gegeben.

22 b) Bereicherungsansprüche (§§ 812 ff. BGB) stehen weder dem Insolvenzverwalter noch übergangene Gläubiger zu, wenn die Verteilung ohne die Zustimmung des Gläubigerausschusses vorgenommen wurde. Die fehlende Zustimmung macht die Verteilung nicht unwirksam.[26] Die Zahlungen können weder von dem Verwalter noch von den Gläubigern zurückgefordert werden.[27] Dagegen besteht ein Bereicherungsanspruch, wenn zum Zeitpunkt der Festsetzung des Bruchteils bekannte Masseverbindlichkeiten infolge der Verteilung nicht mehr gedeckt sind. Auch hat ein Insolvenzgläubiger Abschlagszahlungen, die er vom Verwalter vor dem Prüfungstermin erhalten hat, nach § 812 Abs. 1 S. 1 1. Alt. BGB an die Masse zurückzubezahlen, ohne sich auf seine später noch festzustellende Dividende berufen zu können. Aus § 187 Abs. 1 folgt, dass der insolvenzspezifische Rechtsgrund für die Leistungen an den Insolvenzgläubiger erst nach dem Prüfungstermin vorliegt. Der Bereicherungsanspruch steht der Insolvenzmasse als Leistendem zu und wird vom Insolvenzverwalter geltend gemacht.

V. Eigenverwaltung

23 Hat das Gericht die Eigenverwaltung unter Aufsicht des Sachwalters nach §§ 270 ff. angeordnet, führt der Schuldner die Verteilung gemäß § 283 Abs. 2 Satz 1 durch. Das von dem Schuldner aufgestellte Verteilungsverzeichnis wird durch den Sachwalter geprüft. Der Sachwalter hat schriftlich Stellung zu nehmen, ob Einwendungen zu erheben sind (§ 283 Abs. 2 Satz 2). Die Zustimmung des Gläubigerausschusses ist einzuholen (§ 187 Abs. 3 Satz 2). Wurde von dem Schuldner nach § 275 Abs. 2 verlangt, dass alle eingehenden Gelder nur vom Sachwalter entgegengenommen und Zahlungen nur von diesem geleistet werden, hat der Sachverwalter auch die Verteilungen vorzunehmen.[28]

VI. Insolvenzplanverfahren

24 Während der Aufstellung eines Insolvenzplans können Verteilungen nach §§ 187 ff. stattfinden, werden jedoch dann ausgesetzt, wenn sie den vorgelegten Insolvenzplan gefährden. Der Insolvenzverwalter hat dann die Verteilung zu unterlassen. Nach Bekanntmachung (§ 188 Satz 3) kann der Insolvenzverwalter mit dieser Begründung nicht mehr von sich aus die Verteilung einstellen, sondern muss einen Antrag auf gerichtliche Aussetzung stellen (§ 233 Satz 1). Die in § 217 vorgesehene Möglichkeit, die Verteilung an die Beteiligten abweichend von den gesetzlichen Vorschriften zu regeln, hat für die Abschlags- und Schlussverteilungen keine Bedeutung. Denn erst wenn der Insolvenzplan rechtskräftig bestätigt ist, treten die im gestaltenden Teil vorgesehenen Wirkungen ein (§ 256 Abs. 1 Satz 1). Dann aber wird das Insolvenzverfahren aufgehoben und es kann schon deshalb zu keinen Abschlagsverteilungen oder einer Schlussverteilung kommen. Die in §§ 217 benannte Möglichkeit kann sich daher nur auf die Nachtragsverteilungen beziehen.

---

22 Jaeger/*Meller-Hannich* § 187 Rn. 12.
23 *Uhlenbruck* § 194 Rn. 5.
24 *Uhlenbruck* § 71 Rn. 17 mwN.
25 Vgl. zur Haftung gegenüber Massegläubigern BGHZ 124, 86, 93 f.; BGH ZIP 1994, 46, 48.
26 Nerlich/Römermann/*Westphal* § 187 Rn. 13.
27 Vgl. BKInsO/*Martini* § 187 Rn. 10; FKInsO/*Kießner* § 187 Rn. 4.
28 *Uhlenbruck* § 187 Rn. 25.

VII. Genossenschaften und Versicherungsvereine auf Gegenseitigkeit

In aller Regel gibt es bei Genossenschaften keine Nachschusspflicht der Genossen. Hier besteht für die Verteilung keine Besonderheit. Nur in den Fällen, in denen die Genossen (bis zur Höhe ihrer Haftsumme) zu Nachschüssen verpflichtet sind, gelten die folgenden Besonderheiten. Im Insolvenzverfahren ist zu unterscheiden zwischen der Verteilung von Barmitteln aus der Verwertung des Vermögens der Genossenschaft einerseits und der Verteilung von Vor- oder **Nachschüssen der Genossen,** die der Verwalter eingezogen hat, andererseits.[29] Im ersteren Fall gelten die §§ 187 ff. ohne Einschränkung, im letzteren nach Maßgabe der §§ 115, 115a GenG. Im Normallfall sollen die eingezogenen Vorschüsse (§§ 109, 110 GenG) erst verteilt werden, wenn die Nachschusspflicht (§ 105 Abs. 1 GenG) genau beziffert werden kann. Diese Nachschussberechnung erfolgt erst nach der Schlussverteilung (§ 114 GenG), weil erst dann feststeht, inwieweit die Gläubiger nicht befriedigt wurden. Der Verwalter hat die eingezogenen Beiträge unverzüglich im Wege einer Nachtragsverteilung an die Gläubiger zu verteilen (§ 115 Abs. 1 GenG). Wenn allerdings die Abwicklung des Insolvenzverfahrens voraussichtlich **längere Zeit** in Anspruch nimmt, kann der Verwalter eingezogene Vorschussbeiträge (§§ 109, 110) einer **Abschlagsverteilung** zuführen (§ 115a Abs. 1 Satz 1 GenG). Dies *soll* (vgl. demgegenüber die Formulierung in § 115 Abs. 1 aF) aber gemäß § 115a Abs. 1 Satz 2 unterbleiben, soweit nach dem Verhältnis der Schulden zu dem Vermögen mit einer Erstattung eingezogener Beiträge an Genossen nach den §§ 105 Abs. 4 oder 115 Abs. 3 zu rechnen ist. Das Insolvenzgericht muss nicht nur der Schlussverteilung, sondern jeder Abschlagsverteilung zustimmen. 25

Für Versicherungsvereine auf Gegenseitigkeit (VVaG) gelten die vorstehenden Ausführungen entsprechend, § 52 Abs. 2 VAG. 26

§ 188 Verteilungsverzeichnis

[1]Vor einer Verteilung hat der Insolvenzverwalter ein Verzeichnis der Forderungen aufzustellen, die bei der Verteilung zu berücksichtigen sind. [2]Das Verzeichnis ist auf der Geschäftsstelle zur Einsicht der Beteiligten niederzulegen. [3]Der Verwalter zeigt dem Gericht die Summe der Forderungen und den für die Verteilung verfügbaren Betrag aus der Insolvenzmasse an; das Gericht hat die angezeigte Summe der Forderungen und den für die Verteilung verfügbaren Betrag öffentlich bekannt zu machen.

Übersicht

I. Normzweck

Durch die öffentliche Bekanntmachung des Verteilungsverzeichnisses wird Transparenz geschaffen und die Gläubiger erhalten die Möglichkeit zu prüfen, ob sie erfasst sind. Des Weiteren kann ein Gläubiger, der nicht in dem Verteilungsverzeichnis berücksichtigt wurde, zB weil er erforderliche Nachweise noch nicht erbracht hat, entscheiden, ob er sich mit Nachreichung der erforderlichen Unterlagen noch beteiligen möchte.[1] Mit Bekanntmachung kann es auch zu einer Beschleunigung der weiteren Verfahrensabwicklung kommen. Das Verteilungsverzeichnis dient ebenfalls als Berechnungsgrundlage für die auszuschüttenden Beträge.[2] 1

[29] *Uhlenbruck* § 187 Rn. 23.
[1] HambKommInsO/*Preß* § 188 Rn. 1.
[2] *Uhlenbruck* § 188 Rn. 2.

2 **1. Anwendungsbereich.** Die Vorschrift gilt sowohl für Abschlags- als auch für Schlussverteilungen. Bei der Schlussverteilung wird das Verteilungsverzeichnis Schlussverzeichnis genannt (§ 197 Abs. 1 Nr. 2), das auch Grundlage für eine Nachtragsverteilung ist (§ 205 Satz 1). Außer bei der Nachtragsverteilung, die nur Bezug nehmen kann auf das Schlussverzeichnis, wird bei jeder neuen Abschlagsverteilung ein neues Verzeichnis erstellt.[3]

3 **2. Das Verteilungsverzeichnis.** Die Tabelle gemäß § 175 dient als Grundlage für das Verteilungsverzeichnis, in dem aber nur die in der Tabelle festgestellten Forderungen berücksichtigt werden. Damit ist die Anmeldung und Prüfung zwingende Voraussetzung für eine Aufnahme in das Verteilungsverzeichnis.[4] Zu berücksichtigen sind auch Fortschreibungen der Tabelle durch weitere Anmeldungen und Tabellenberichtigungen aufgrund rechtskräftiger Entscheidungen in Feststellungsprozessen oder nachträglicher Anerkennung zur Tabelle durch den Insolvenzverwalter.[5] Für nachträglich angemeldete Forderungen muss aber ein besonderer Prüfungstermin oder ein schriftliches Verfahren (§ 177 Abs. 2) durchlaufen sein.[6] Die materiell-rechtliche Prüfung ist mit der Feststellung der Forderung abgeschlossen. Bei der Aufstellung des Verteilungsverzeichnisses wird keine erneute materiell-rechtliche Prüfung der angemeldeten Forderungen vorgenommen.[7] Sollte sich nachträglich ergeben, dass eine Forderung zu Unrecht festgestellt wurde oder Gläubiger vollständige Befriedigung durch Dritte erfahren hat (**getilgte Forderungen**), bleibt dem Insolvenzverwalter lediglich die Möglichkeit, Vollstreckungsgegenklage (§ 767 ZPO) zu erheben,[8] wenn der Gläubiger seine Forderung nicht selbst zurücknimmt. Erhebt der Insolvenzverwalter Vollstreckungsgegenklage nach § 767 ZPO, so ist er zur Zurückbehaltung der Quote entsprechend § 189 Abs. 2 berechtigt.[9]

4 Im Fall der **Eigenverwaltung** hat der Schuldner das Verteilungsverzeichnis zu erstellen, das vom Sachwalter zu prüfen ist (§ 283 Abs. 2).

II. Die zu berücksichtigenden Forderungen (§ 188 Satz 1)

5 In das Verteilungsverzeichnis aufzunehmen sind alle Forderungen, die entweder durch Auszahlung oder Zurückbehaltung (§§ 189 Abs. 2, 190 Abs. 2 Satz 2, 191 Abs. 1 Satz 2) zu berücksichtigen sind. Dies gilt auch für das Schlussverzeichnis. Ungeprüfte Forderungen sind auch dann nicht aufzunehmen, wenn für sie bereits ein vollstreckbarer Titel vorliegt.[10] Wer mit seiner Forderung im Verteilungsverzeichnis aufgeführt ist, hat einen verfahrensrechtlichen Anspruch auf Teilnahme an den Verteilungen, soweit nicht für die Abschlagsverteilungen im Einzelfall Einschränkungen gelten.[11] Im Einzelnen sind folgende Forderungen aufzunehmen:

6 **1. Festgestellte Forderungen (§ 178 Abs. 1).** Festgestellte Forderungen sind unabhängig davon zu berücksichtigen, ob die Feststellung schon im Prüfungstermin oder nachträglich,[12] freiwillig oder aufgrund eines gerichtlichen Verfahrens erfolgte.[13] Ein Widerspruch des Schuldners hat keine Auswirkung auf die Feststellung, es sei denn, es handelt sich um ein Insolvenzverfahren in Eigenverwaltung.

7 **2. Bestrittene, aber titulierte Forderungen (§ 179 Abs. 2).** Bestrittene, aber titulierte Forderungen sind im Verteilungsverzeichnis zu berücksichtigen, wenn für die Forderung ein Titel im Prüfungstermin vorgelegt wird. Es ist zwingende Voraussetzung, dass der Titel zum Zeitpunkt der Forderungsprüfung vorgelegen hat.[14] Neben den rechtskräftigen Urteilen gehören zu den titulierten Forderungen auch Titel, die gem. §§ 708 ff. ZPO für vorläufig vollstreckbar erklärt wurden, Vollstreckungsbescheide und mit einer Vollstreckungsklausel versehene Vergleiche (§ 794 Abs. 1 Nr. 1 ZPO).[15]

8 **3. Bestrittene, (aber nicht titulierte) Forderungen.** Die übrigen bestrittenen Forderungen (§ 179 Abs. 1) sind nach Maßgabe des § 189 zu berücksichtigen. Dies gilt dann, wenn innerhalb der

---

3 Nerlich/Römermann/*Westphal* § 188 Rn. 2.
4 FKInsO/*Kießner* § 188 Rn. 2.
5 *Uhlenbruck* § 188 Rn. 4; Jaeger/*Meller-Hannich* § 188 Rn. 7.
6 Jaeger/*Meller-Hannich* § 188 Rn. 7; vgl. *Uhlenbruck* § 188 Rn. 4.
7 RGZ 22, 331, 339; Nerlich/Römermann/*Westphal* § 188 Rn. 3.
8 BGH NZI 2009, 167.
9 Braun/*Pehl* § 188 Rn. 5.
10 Nerlich/Römermann/*Westphal* § 188 Rn. 4; HambKommInsO/*Preß* § 188 Rn. 5.
11 Nerlich/Römermann/*Westphal* § 188 Rn. 18.
12 *Uhlenbruck* § 188 Rn. 8.
13 BGH, Urteil vom 19.1.2912 – IX ZR4/11.
14 RGZ 85, 64, 68; *Uhlenbruck* § 188 Rn. 12; BKInsO/*Martini* § 188 Rn. 15; KPB/*Holzer* § 188 Rn. 6.
15 KPB/*Holzer* § 188 Rn. 6.

Ausschlussfrist von zwei Wochen nach der öffentlichen Bekanntmachung dem Insolvenzverwalter der Nachweis erbracht wird, dass und für welchen Betrag Feststellungsklage erhoben oder ein anhängiger Rechtsstreit aufgenommen worden ist.

4. Absonderungsberechtige Forderungen. Absonderungsberechtigte Forderungen (§§ 49 ff.) sind unter den Voraussetzungen des § 190 zu berücksichtigen. Berücksichtigung erfahren diese Gläubiger durch Nachweis des bei der bereits durchgeführten Verwertung entstandenen Ausfalls oder durch Verzicht auf das Absonderungsrecht gegenüber dem Insolvenzverwalter innerhalb der Ausschlussfrist nach § 189 Abs. 1. Bei der Abschlagsverteilung genügt die Glaubhaftmachung eines mutmaßlichen Ausfalls, wobei die Forderung dann aber auch nur durch Zurückbehaltung berücksichtigt wird. 9

5. Aufschiebend bedingte Forderungen. Aufschiebend bedingte Forderungen werden nach Maßgabe des § 191 berücksichtigt und werden in voller Höhe in das Verteilungsverzeichnis aufgenommen.[16] Bei einer Abschlagsverteilung werden diese Forderungen in das Verzeichnis aufgenommen und bei der Verteilung durch Zurückbehaltung der Quote berücksichtigt (§ 191 Abs. 1). Ob bei der Schlussverteilung eine Berücksichtigung erfolgt, richtet sich nach § 191 Abs. 2. 10

6. Auflösend bedingte Forderungen. Auflösend bedingte Forderungen werden, solange die Bedingung nicht eingetreten ist, im Verteilungsverzeichnis aufgenommen; denn diese Forderungen sind nach § 42 wie unbedingte Forderungen zu behandeln, solange der Bedingungsantritt nicht erfolgt ist.[17] 11

III. Niederlegung des Verzeichnisses

Der Insolvenzverwalter reicht das Verzeichnis mit den zu berücksichtigenden Forderungen beim Insolvenzgericht auf der Geschäftsstelle ein. Der Urkundsbeamte fertigt und unterschreibt einen Niederlegungsvermerk.[18] Die Einsicht in das Verteilungsverzeichnis steht denjenigen zu, die eine Forderung angemeldet haben.[19] Durch die Einsichtnahme wird es den Insolvenzgläubigern ermöglicht, das Schlussverzeichnis zu sichten und zu entscheiden, ob sie im Schlusstermin Einwendungen gegen das Verzeichnis erheben wollen. Vorschriften über die Gestaltung des Verteilungsverzeichnisses gibt es nicht. Zweckmäßig ist ein Ausdruck des Verzeichnisses auf der Grundlage einer EDV-mäßig geführten Tabelle. 12

Die Niederlegung muss vor der öffentlichen Bekanntmachung erfolgen, andernfalls beginnt nicht die Ausschlussfrist des § 189 Abs. 1.[20] Erst dann ist die Verteilung wirksam. Auch das Fehlen der Bekanntmachung führt zur Unwirksamkeit der Verteilung. Eine unwirksame Verteilung begründet für die berücksichtigten Gläubiger kein Recht, die Zahlung zu behalten, weil sie Zahlungen nur innerhalb des vom Gesetz vorgesehenen Rahmens beanspruchen können. 13

Das Insolvenzgericht ist gesetzlich nicht verpflichtet, das Verteilungsverzeichnis sachlich und rechnerisch zu prüfen. Eine materiell-rechtliche Prüfungskompetenz ist zu verneinen. Zweckmäßig ist es aber, wenn das Insolvenzgericht den Insolvenzverwalter auf erkannte Fehler hinweist, damit diese noch rechtzeitig berichtigt werden können.[21] 14

IV. Öffentliche Bekanntmachung (§ 188 Satz 3)

Nach § 188 Satz 3 ist die Summe der im Verzeichnis berücksichtigten Forderungen und der für die anstehende Verteilung verfügbare Betrag vom Insolvenzverwalter anzuzeigen und vom Insolvenzgericht öffentlich bekanntzumachen. Die Mitteilungen des Insolvenzverwalters werden vom Insolvenzgericht bekannt gemacht gemäß § 9 Abs. 1 durch Veröffentlichung im Internet (www.insolvenzbekanntmachungen.de).[22] Darüber hinaus hat sich aus der Bekanntmachung des Verfahrens, die Art der Verteilung (Abschlags-, Schluss- oder Nachtragsverteilung) sowie der Hinweis zu ergeben, dass das Verzeichnis der zu berücksichtigenden Forderungen auf der Geschäftsstelle des Insolvenzgerichts zur Einsicht aller Beteiligten niedergelegt ist.[23] 15

Die öffentliche Bekanntmachung der anstehenden Verteilung und die Niederlegung des Verzeichnisses dient dazu, die Insolvenzgläubiger zu informieren und ihnen die Möglichkeit zu geben, 16

---

16 KPB/*Holzer* § 188 Rn. 13.
17 Jaeger/*Meller-Hannich* § 188 Rn. 16, KPB/*Holzer* § 188 Rn. 14; HambKommInsO/*Preß* § 188 Rn. 6.
18 KPB/*Holzer* § 188 Rn. 15.
19 Vgl. *Jäger/Meller-Hannich* § 188 Rn. 21.
20 *Uhlenbruck* § 188 Rn. 23; KPB/*Holzer* § 188 Rn. 16.
21 Jaeger/*Meller-Hannich* § 188 Rn. 21; KPB/*Holzer* § 188 Rn. 19.
22 Gesetz zur Vereinfachung des Insolvenzverfahrens 1.7.2007.
23 HambKommInsO/*Preß* § 188 Rn. 12; BKInsO/*Martini* § 188 Rn. 26.

ihre Rechte zu wahren, denn diejenigen Gläubiger, die nicht im Verzeichnis aufgenommen sind, werden nach § 189 Abs. 3 bei der Verteilung nicht berücksichtigt.[24]

V. Verfahrensfragen

17 Die Gläubiger können Einwendungen gegen das Verteilungsverzeichnis einer Abschlagsverteilung nach § 194 Abs. 1 und gegen das Schlussverzeichnis nach § 187 Abs. 1 Nr. 2 erheben. Die Entscheidung trifft das Insolvenzgericht.

18 Gegen die Entscheidung des Gerichts steht dem Insolvenzverwalter als auch den Gläubigern die sofortige Beschwerde zu.

VI. Schadenersatzpflicht

19 Der Insolvenzverwalter ist gemäß § 60 schadensersatzpflichtig, wenn er zu berücksichtigende Forderungen übergangen hat, ein ordnungsgemäß in das Verteilungsverzeichnis aufgenommener Insolvenzgläubiger somit keine Auszahlung erhält. Ist weiterhin genügend Masse vorhanden, ist der Insolvenzgläubiger nicht auf die nächste Verteilung zu vertrösten, bei der er vorrangig zu berücksichtigen (§ 192) wäre, sondern der Insolvenzgläubiger kann jederzeit gegenüber dem Insolvenzverwalter seinen Anteil verlangen.[25] Haftbar kann der Insolvenzverwalter zB für einen erlittenen Zinsschaden des Gläubigers sein. Der Insolvenzverwalter macht sich in der Höhe der hypothetischen Quote haftbar, wenn die Masse nicht mehr ausreicht, den übergangenen Gläubiger gleichzustellen.

20 Dem Insolvenzgläubiger kann aber ein Mitverschulden gemäß § 254 BGB zuzurechnen sein, wenn er es unterlassen hat, das Verteilungsverzeichnis selbst zu prüfen und dessen Mängel durch Einwendungen geltend zu machen.[26] Bei einer ungerechtfertigten Berücksichtigung eines Gläubigers (denkbar ist zB die Aufnahme einer nicht geprüften Forderung oder einer absonderungsberechtigten Forderung ohne entsprechenden Ausfallnachweis) können die übrigen Insolvenzgläubiger vom Insolvenzverwalter den Betrag als Schaden beanspruchen, den sie im Fall der Nichtberücksichtigung des virtuellen Gläubigers zusätzlich erhalten hätten, aber auch unter Berücksichtigung eines Mitverschuldens gemäß § 254 BGB.

21 Das Insolvenzgericht ist nicht verpflichtet, von Amts wegen die Richtigkeit des Verzeichnisses zu prüfen. Amtshaftungsansprüche nach den § 839 BGB, Art. 34 GG bestehen demnach nicht. Erst auf Einwendungen hin muss sich das Gericht mit dem Verteilungsverzeichnis befassen (§ 194).

VII. Bereicherungsansprüche

22 Im Hinblick auf mögliche Versäumnisse des Insolvenzverwalters können folgende Verteilungsfehler auftreten.

1. Unterlässt der Insolvenzverwalter die Aufnahme einer ordnungsgemäß angemeldeten und festgestellten Forderung in das Verteilungsverzeichnis, mit der Folge, dass die Auszahlung der entfallenden Quote ausbleibt, stehen dem Gläubiger keine Ansprüche nach §§ 812 ff. BGB gegen die begünstigten Gläubiger zu.[27] Dem Gläubiger steht allein der Schadensersatzanspruch gemäß § 60 gegen den Insolvenzverwalter zu, unter Berücksichtigung des Mitverschuldens gemäß § 254 BGB.

23 2. Wird ein Gläubiger zu Unrecht im Verteilungsverzeichnis berücksichtigt, so kann die an ihn entsprechend dem Verzeichnis ausgezahlte Quote weder vom Insolvenzverwalter nach § 812 Abs. 1 S. 1 1. Alt. BGB noch von den benachteiligten Insolvenzgläubigern nach § 812 Abs. 1 S. 1 Alt. 2 BGB zurückgefordert werden.[28] Die Insolvenzforderungen sind nämlich Rechtsgrund, wenn und soweit sie in dem jeweiligen Verzeichnis unangreifbar festgestellt sind.[29] Das Verteilungsverzeichnis soll gerade eine sichere Grundlage bilden. Alleinige Möglichkeit für die Insolvenzgläubiger ist das Einwendungsverfahren gemäß § 194. Im Übrigen kommen Schadensersatzansprüche gegen den Insolvenzverwalter nach § 60 in Betracht.

24 3. Fehlt es an einer Niederlegung des Verzeichnisses oder wurde dieses verspätet durch den Insolvenzverwalter niedergelegt, die Verteilung der Quoten wurde aber an die Gläubiger vorgenommen, sind die Quoten von den Gläubigern zurückzuzahlen. Die unwirksame Verteilung bildet für die berücksichtigten Gläubiger keine Berechtigung, die Zahlung zu behalten. Die Rückforde-

---

24 HambKommInsO/*Preß* § 188 Rn. 13.
25 Nerlich/Römermann/*Westphal* § 192 Rn. 16.
26 OLG Hamm ZIP 1983, 341; FKInsO/*Kießner* § 188 Rn. 22.
27 BGHZ 91, 198, 204 ff. = ZIP 1984, 980, 981; OLG Stuttgart OLGE 11, 366; Nerlich/Römermann/*Westphal* § 188 Rn. 20.
28 *Uhlenbruck* § 188 Rn. 31; BKInsO/*Martini* § 188 Rn. 39.
29 *Weber* JZ 1984, 1027.

rung ist dann nach Treu und Glauben (§ 242) ausgeschlossen, wenn sich unmittelbar eine dann ordnungsgemäß angekündigte Verteilung anschließt.[30]

4. Erhält ein Gläubiger dagegen im Rahmen des Vollzugs mehr als ihm nach dem Verzeichnis zusteht, so hat er die Zuvielzahlung nach § 812 Abs. 1 BGB herauszugeben. Den bereicherungsrechtlichen Anspruch hat allein der Insolvenzverwalter und nicht die benachteiligten Gläubiger. Nur der Insolvenzverwalter kann den ausgezahlten Betrag kondizieren (§ 812 Abs. 1 S. 1 1. Alt. BGB). Eine Eingriffskondiktion der benachteiligten Gläubiger begegnet schon deshalb Bedenken, weil unklar ist, in welcher Rechtsposition eingegriffen sein soll.[31] Gegebenenfalls ist die Leistungskondition des Verwalters vorrangig vor einer Nichtleistungskondiktion der benachteiligten Gläubiger.[32] Auch bestehen praktische Bedenken gegen eine Vielzahl von Einzelklagen der benachteiligten Gläubiger, die aufgrund des Verteilungsverzeichnisses zu errechnen haben, in welcher Höhe ihre Quote ausbezahlt worden wäre, wenn der unberechtigte Gläubiger nicht Berücksichtigung gefunden hätte. 25

VIII. „Sondermassen" in der Verteilung

Steht ein bestimmter Teil der Insolvenzmasse nicht allen Gläubigern, sondern nur einer bestimmten Gläubigergruppe zur Verfügung, so ist für derartige „Sondermassen" ein besonderes Verteilungsverzeichnis zu erstellen, das aber zusammen mit dem Hauptverzeichnis niedergelegt werden kann.[33] Unter die genannten Vermögenswerte fällt zB der Anspruch aus § 171 HGB gegen den ausgeschiedenen Kommanditisten für solche Gläubiger, deren Ansprüche zum Zeitpunkt des Ausscheidens bereits entstanden waren.[34] 26

§ 189 Berücksichtigung bestrittener Forderungen

(1) Ein Insolvenzgläubiger, dessen Forderung nicht festgestellt ist und für dessen Forderung ein vollstreckbarer Titel oder ein Endurteil nicht vorliegt, hat spätestens innerhalb einer Ausschlussfrist von zwei Wochen nach der öffentlichen Bekanntmachung dem Insolvenzverwalter nachzuweisen, dass und für welchen Betrag die Feststellungsklage erhoben oder das Verfahren in dem früher anhängigen Rechtsstreit aufgenommen ist.

(2) Wird der Nachweis rechtzeitig geführt, so wird der auf die Forderung entfallende Anteil bei der Verteilung zurückbehalten, solange der Rechtsstreit anhängig ist.

(3) Wird der Nachweis nicht rechtzeitig geführt, so wird die Forderung bei der Verteilung nicht berücksichtigt.

Übersicht

I. Normzweck

Der Zweck der Norm besteht darin, dass gewährleistet wird, dass Gläubiger, deren Forderungen bestritten wurden, bei Verteilungen von Quoten trotzdem Berücksichtigung erfahren. Durch die kurze Frist in Abs. 1 wird der Gläubiger angehalten, das Feststellungsverfahren zeitnah zu betreiben, um möglichst schnell Klarheit über die Berücksichtigung der angemeldeten Forderung im Insolvenzverfahren zu gewinnen. Dabei wird bis zur rechtskräftigen Entscheidung über den Feststellungsantrag der an den Gläubiger möglichweise auszubezahlende Betrag als Sicherheit verwahrt; eine Auszahlung an den Gläubiger erfolgt nicht. Unbestrittene Forderungen sind bei der Verteilung durch Auszahlung zu berücksichtigen. 1

[30] *Uhlenbruck* § 188 Rn. 32; BKInsO/*Martini* § 188 Rn. 42.
[31] *Häsemeyer* Rn. 2.34.
[32] Nerlich/Römermann/*Westphal* § 188 Rn. 20.
[33] Vgl. *Uhlenbruck* § 188 Rn. 23.
[34] KPB/*Holzer* § 188 Rn. 22; *Uhlenbruck* § 188 Rn. 26.

II. Bestrittene (titulierte) Forderungen

2 § 189 regelt, wie und unter welchen Voraussetzungen bestrittene, nicht zur Tabelle festgestellte, nicht titulierte und nicht vollstreckbare Forderungen bei der Verteilung berücksichtigt werden. Bestrittene und nicht titulierte Forderungen werden nicht in das Verteilungsverzeichnis aufgenommen und bei den Verteilungen entsprechend nicht berücksichtigt. Es sei denn, die betroffenen Gläubiger weisen nach, die Feststellung der bestrittenen Forderung zu betreiben.[1] Dann wird die auf ihre Forderung entfallende Quote durch Zurückbehaltung gesichert.

3 Nicht mehr ausdrücklich geregelt ist, wie bestrittene, aber titulierte Forderungen zu behandeln sind. Eine analoge Anwendung des § 189 ist vorzugswürdig.[2] Den titulierten Forderungen muss widersprochen worden sein. Der widersprechende Insolvenzverwalter oder ein anderer widersprechender Insolvenzgläubiger müssen bis zum Stichtag der Abschlags- bzw. Schlussverteilung den Widerspruch erhoben haben, damit die Berücksichtigung durch Zurückbehalten der auf die bestrittene Forderung entfallenden Quote erfolgen kann.[3] Erfolgt kein rechtzeitiger Widerspruch, ist die Quote auszubezahlen.

III. Vorläufiges Bestreiten

4 Das in der Praxis häufig (zu Unrecht) verwendete **vorläufige Bestreiten** ist gesetzlich nicht vorgesehen. Das vorläufige Bestreiten durch den Insolvenzverwalter wird aber überwiegend für zulässig erachtet[4] und wird von einigen Gerichten auch akzeptiert.

5 Das „vorläufigen Bestreiten" kann keine Form der Bewertung einer Forderung sein. Sollte es der Gläubiger nicht geschafft haben, seine Forderung der Höhe und dem Grunde nach durch Unterlagen oder Vergleichbarem nachzuweisen, dann muss die Forderung (nur) bestritten werden. Auch wenn dem Insolvenzverwalter die Forderung eines Gläubigers „bekannt" ist, diese Forderung aber durch den Gläubiger noch nicht stichhaltig nachgewiesen wurde, muss die Forderung **bestritten** werden, bis der Nachweis erbracht wurde. Eine vorläufig bestrittene Forderung kann damit nur als wirksam bestritten angesehen werden. Eine weitere Einschränkung ist nicht notwendig.

IV. Nachweis

6 Der Gläubiger, der bei der anstehenden Verteilung Berücksichtigung finden möchte, hat gegenüber dem Insolvenzverwalter – und nicht gegenüber dem Insolvenzgericht – innerhalb einer Ausschlussfrist von zwei Wochen den Nachweis zu führen, dass er entweder gegen den Widersprechenden Feststellungsklage erhoben oder vorher eine anhängig gewesenen und durch die Insolvenzeröffnung unterbrochenen Rechtsstreit gegen den oder den Wiedersprechenden aufgenommen hat.[5]

7 Eine bestimmte Form des Nachweises ist nicht vorgeschrieben. Entscheidend ist, dass der Nachweis gegenüber dem Insolvenzverwalter erbracht wird. Die bloße Übersendung der Klageschrift kann nicht genügen, weil für den Insolvenzverwalter nicht ersichtlich ist, ob und wann die Klage bei Gericht eingereicht wurde.[6] Es reicht aber aus, dass die Bestätigung des Prozessgerichts über den Eingang der Klageschrift bzw. des Aufnahmeschriftsatzes erfolgt ist.[7] Darüber hinaus ist aber nicht erforderlich, dass die Zustellung des Schriftsatzes an den bestreitenden Insolvenzgläubiger als Voraussetzung der Rechtshängigkeit innerhalb der Ausschlussfrist erfolgt ist. Mit Verweis auf § 270 Abs. 3 ZPO genügt die Darlegung, dass die Zustellung „demnächst" erfolgen wird.[8] Auch nicht als ausreichend wird allein die Mitteilung an den Insolvenzverwalter gesehen, bei welchem Prozessgericht die Klage anhängig gemacht wurde.[9] Es kann nicht Aufgabe des Insolvenzverwalters sein, dann noch zu prüfen, ob die Klage auch **tatsächlich** anhängig gemacht wurde. Darlegungsverpflichtet ist allein der Insolvenzgläubiger. Dieser Darlegungspflicht kommt er nicht nach, wenn er nur eine Mitteilung macht und nicht konkret, zB durch Eingangsstempel nachweist, dass die Klage anhängig ist. Ein Nachweis durch

---

1 HambKommInsO/*Preß* § 189 Rn. 1.

2 *Uhlenbruck* § 189 Rn. 7; Jaeger/*Meller-Hannich* § 189 Rn. 16.

3 Nerlich/Römermann/*Westphal* § 189 Rn. 18; Jaeger/*Meller-Hannich* § 189 Rn. 16; *Holzer* NZI 1999, 44, 46; *Uhlenbruck* § 189 Rn. 1, 12 f. mwN; aA FKInsO/*Kießner* § 189 Rn. 7.

4 Vgl. Nerlich/Römermann/*Westphal* § 189 Rn. 5; *Hoffmann* NJW 1961, 1343; HambKommInsO/*Herchen* § 189 Rn. 4.

5 *Uhlenbruck* § 189 Rn. 9 mwN.

6 Nerlich/Römermann/*Westphal* § 189 Rn. 9; aA KPB/*Holzer* § 189 Rn. 10; vgl. BGH, Beschluss vom 13.9.2012 – IX ZB 143/11.

7 Nerlich/Römermann/*Westphal* § 189 Rn. 9.

8 Nerlich/Römermann/*Westphal* § 189 Rn. 9.

9 Vgl. FKInsO/*Kießner* § 189 Rn. 12; *Uhlenbruck* § 189 Rn. 11.

öffentliche Beurkundung muss[10] nicht erfolgen. Haben mehrere Beteiligte widersprochen, so ist nachzuweisen, dass gegenüber sämtlichen Bestreitenden die Feststellung betrieben wird.[11]

Ein gesonderter Nachweis ist entbehrlich, wenn auf Feststellung gegenüber dem Insolvenzverwalter geklagt oder ein unterbrochenes Verfahren aufgenommen wird. Der Nachweis liegt hier in der Zustellung der Klageschrift bzw. des Aufnahmeschriftsatzes.[12] 8

Bei einer Steuerforderung tritt an die Stelle der Klageerhebung die Bekanntgabe des Feststellungsbescheides gemäß § 251 Abs. 3 AO. 9

V. Ausschlussfrist für den Nachweis

Die Ausschlussfrist für den Nachweis beginnt mit der öffentlichen Bekanntmachung des Verzeichnisses und beträgt zwei Wochen. Sie beginnt mit Ablauf des zweiten Tages der Veröffentlichung (§ 4 iVm § 187 Abs. 2 BGB, § 222 Abs. 1 ZPO), da mit Ablauf dieses Tages die Veröffentlichung als bewirkt gilt (§ 9 Abs. 1 Satz 3). Es handelt sich um eine absolute Ausschlussfrist.[13] Wiedereinsetzung (§ 233 ZPO) und Verlängerung durch Parteivereinbarung (§ 224 Abs. 2 ZPO) sind daher ausgeschlossen. Fällt dieser Zeitpunkt auf einen Samstag, Sonntag oder Feiertag, so endet die Frist gemäß § 222 Abs. 2 ZPO am nächstfolgenden Werktag. 10

VI. Zurückbehaltung (§ 189 Abs. 2)

Wird der Nachweis gemäß Abs. 1 rechtzeitig geführt, so ist der auf die Forderung entfallende Anteil zurückzubehalten. Dieser Anteil darf also nicht für die Befriedigung von Massegläubigern oder für weitere Verteilungen benutzt werden. Dies gilt, solange der Rechtsstreit anhängig ist. Obsiegt der Gläubiger, so ist ihm der Anteil auszuzahlen, unterliegt er dagegen, wird der zurückbehaltende Betrag für weitere Verteilungen an die übrigen Gläubiger frei. Handelt es sich um eine Schlussverteilung, wird der Betrag nach § 198 hinterlegt. 11

VII. Präklusionswirkung (§ 189 Abs. 3)

Wird der Nachweis durch den Gläubiger nicht oder nicht rechtzeitig geführt, dass er Klage erhoben oder den Rechtsstreit aufgenommen hat, findet seine bestrittene Forderung bei der anstehenden Verteilung keine Berücksichtigung.[14] Führt der Gläubiger den Nachweis nach Ablauf der Frist und es handelt sich dabei um eine Abschlagsverteilung, kann er bei den weiteren Verteilungen berücksichtigt werden, wobei gemäß § 192 ein Ausgleich zu erfolgen hat.[15] Geht es dagegen um eine Schlussverteilung, so ist der Gläubiger auch bei einer Nachtragsverteilung ausgeschlossen, weil diese auf dem Schlussverzeichnis beruht (§ 205 Satz 1).[16] Dem Insolvenzverwalter steht es natürlich frei, den Insolvenzgläubigern einen Hinweis zu geben, dass der Nachweis noch nicht erbracht wurde.[17] Eine Pflicht besteht aber nicht. Es liegt allein im Ermessen des Gläubigers – durch aktives Tun – seine Rechte gewahrt zu wissen. 12

VIII. Rechtsbehelfe

Wird eine bestrittene Forderung vom Insolvenzverwalter nicht berücksichtigt, kann der Insolvenzgläubiger Einwendungen gegen das Verteilungsverfahren nach §§ 194, 197 Abs. 1 erheben. Eine Klage gegen den Insolvenzverwalter über Rechtzeitigkeit und Ordnungsmäßigkeit des Nachweises ist unzulässig; es fehlt am Rechtsschutzbedürfnis. 13

§ 190 Berücksichtigung absonderungsberechtigter Gläubiger

(1) [1]Ein Gläubiger, der zur abgesonderten Befriedigung berechtigt ist, hat spätestens innerhalb der in § 189 Abs. 1 vorgesehenen Ausschlussfrist dem Insolvenzverwalter nachzuweisen, dass und für welchen Betrag er auf abgesonderte Befriedigung verzichtet hat oder bei ihr ausgefallen ist. [2]Wird der Nachweis nicht rechtzeitig geführt, so wird die Forderung bei der Verteilung nicht berücksichtigt.

---

10 Haarmeyer/*Wutzke/Förster* 8/20.
11 *Uhlenbruck* § 189 Rn. 11.
12 Vgl. Jaeger/*Meller-Hannich* § 189 Rn. 8.
13 Jaeger/*Meller-Hannich* § 189 Rn. 12.
14 KPB/*Holzer* § 189 Rn. 12; HambKommInsO/*Herchen* § 189 Rn. 8.
15 FKInsO/*Kießner* § 189 Rn. 22.
16 AG Düsseldorf, Beschluss vom 8.2.2006 – 514 IK 8/04, ZIP 2006, 1107, vgl. Braun/*Pehl* § 189 Rn. 12; *Uhlenbruck* § 189 Rn. 17.
17 OLG Hamm ZIP 1994, 1373 = KTS 11995, 502, 503.

(2) [1]Zur Berücksichtigung bei einer Abschlagsverteilung genügt es, wenn der Gläubiger spätestens innerhalb der Ausschlussfrist dem Verwalter nachweist, dass die Verwertung des Gegenstands betrieben wird, an dem das Absonderungsrecht besteht, und den Betrag des mutmaßlichen Ausfalls glaubhaft macht. [2]In diesem Fall wird der auf die Forderung entfallende Anteil bei der Verteilung zurückbehalten. [3]Sind die Voraussetzungen des Absatzes 1 bei der Schlussverteilung nicht erfüllt, so wird der zurückbehaltene Anteil für die Schlussverteilung frei.

(3) [1]Ist nur der Verwalter zur Verwertung des Gegenstands berechtigt, an dem das Absonderungsrecht besteht, so sind die Absätze 1 und 2 nicht anzuwenden. [2]Bei einer Abschlagsverteilung hat der Verwalter, wenn er den Gegenstand noch nicht verwertet hat, den Ausfall des Gläubigers zu schätzen und den auf die Forderung entfallenden Anteil zurückzubehalten.

Übersicht

I. Normzweck

1 Der Zweck des § 190 liegt darin begründet, zum einen die Befriedigung der Insolvenzgläubiger nicht zu verzögern und zum anderen absonderungsberechtigte Gläubiger nicht bei den Abschlagsverteilungen zu benachteiligen, indem bei der Abschlagsverteilung die Quote auf den geschätzten Ausfall zurückbehalten wird. Die Vorschrift regelt, in welchem Umfang absonderungsberechtigte Gläubiger (§§ 49–52), denen der Schuldner auch persönlich haftet, im Rahmen einer Verteilung berücksichtigt werden. Abs. 1 gilt nur für die Schlussverteilung und eine etwaige Nachtragsverteilung. Bei Abschlagsverteilungen findet Abs. 2 Anwendung.

II. Voraussetzungen

2 **1. Absonderungsberechtigte Gläubiger.** Anwendung findet § 190 für Gläubiger, die sowohl eine persönliche Forderungen gegen den Schuldner als auch ein Recht zur abgesonderten Befriedigung an Gegenständen des Schuldnervermögens haben.[1] Einschlägig sind hier insbesondere die §§ 49–51, jedoch berechtigt auch ein rechtsgeschäftliches, gesetzliches oder ein Pfändungspfandrecht an einem Gegenstand der Insolvenzmasse zur abgesonderten Befriedigung.[2] Verzichtet ein Gläubiger vor Verfahrenseröffnung auf das den Absonderungsanspruch begründende Recht, so ist er kein absonderungsberechtigter Gläubiger. § 190 ist dann unanwendbar.[3]

3 **2. Prüfungsverfahren.** Die von den absonderungsberechtigten Gläubigern angemeldeten Forderungen müssen geprüft und zur Tabelle festgestellt worden sein. Die Feststellung erfolgt unter der Einschränkung „für den Ausfall". Die Rechtskraftwirkung der Feststellung besteht trotz des einschränkenden Tabellenvermerks hinsichtlich der gesamten Insolvenzforderung (§ 178 Abs. 3).[4] Sollte die Forderung noch bestritten sein, so kommt eine Berücksichtigung nur entsprechend § 189 in Betracht.

4 **3. Verzicht oder Ausfall.** Um bei der Schlussverteilung oder Nachtragsverteilung berücksichtigt zu werden, muss der Gläubiger nachweisen, dass er auf abgesonderte Befriedigung verzichtet hat oder bei ihr ausgefallen ist. Erfüllt der Gläubiger die Voraussetzung des Abs. 1 Satz 1 nicht, wird der zurückbehaltene Betrag zugunsten der anderen Gläubiger frei (Abs. 1 Satz 2).

5 **a) Verzicht.** Eine Möglichkeit nach § 190 Abs. 1 Satz 1 ist der Verzicht. Verzicht ist die endgültige, vorbehaltlose und unwiderrufliche Aufgabe des den Absonderungsanspruch begründenden Rechts.[5]

1 *Uhlenbruck* § 190 Rn. 3.
2 Nerlich/Römermann/*Westphal* § 190 Rn. 4–16.
3 *Jaeger/Weber* § 153 Rn. 3.
4 Vgl. auch BGH WM 1957, 1225, 1226; 1961, 427, 429.
5 RGZ 64, 425, 428; HambKommInsO/*Herchen* § 190 Rn. 12.

Verzichtet der absonderungsberechtigte Gläubiger auf sein Absonderungsrecht, wird er wie jeder andere Gläubiger bei der Verteilung berücksichtigt.[6] Der Verzicht ist gegenüber dem Verwalter zu erklären. Strittig ist der konkludente Verzicht. Nach allgemeiner Auffassung[7] liegt kein konkludenter Verzicht auf das Absonderungsrecht vor, wenn ein Gläubiger seine gesamte Forderung ohne weitere Vorbehalte zur Insolvenztabelle anmeldet, und zwar auch dann nicht, wenn er bei der Anmeldung der Forderung die Frage, ob eine abgesonderte Befriedigung unter gleichzeitiger Anmeldung der Forderung beansprucht werde, mit „nein" beantwortet hat. Im Einzelfall kann aber ein konkludenter Verzicht angenommen werden, wenn bei nachweisbarer Kenntnis des Gläubigers über sein Absonderungsrecht dieses nicht geltend gemacht wird. Denn es kann nicht Aufgabe des Insolvenzverwalters sein, die Aufgaben des Gläubigers in diesem Zusammenhang zu übernehmen und Rechte für ihn zu wahren. Um aber ggfs. entstehende Streitigkeiten zu vermeiden, sollte der Insolvenzverwalter stets genauestens prüfen, ob Absonderungsrechte zu berücksichtigen sind.

Kein endgültiger Verzicht kann unterstellt werden, wenn der absonderungsberechtigte Gläubiger vorbehaltlos die Verteilungsdividende überwiesen erhält. Es muss ein Wille des absonderungsberechtigten Gläubigers erkennbar sein, dass er auf sein Absonderungsrecht verzichtet. Wenn ein absonderungsberechtigter Gläubiger auf abgesonderte Befriedigung verzichtet hat, so wird ihm bei den Verteilungen die Quote auf die volle Forderung ausgezahlt.

b) Ausfall. Ausfall ist der Betrag, zu dem die Forderung des Gläubigers bei der abgesonderten Befriedigung ungedeckt bleibt.[8] Der Nachweis des Ausfalls kann erst nach Durchführung der Verwertung geführt werden. Dem Ausfall gleichgestellt ist der Untergang oder die vollständige Zerstörung der Sache. Im Fall der noch nicht beendeten **Zwangsversteigerung** kann für die Schätzung des mutmaßlichen Ausfalls unter Berücksichtigung der Rangfolge von dem nach § 74a Abs. 5 ZVG festgesetzten Verkehrswert ausgegangen werden.[9] Gemäß § 174 ZVG kann der absonderungsberechtigte Gläubiger bis zum Schluss der Verhandlung im Versteigerungstermin (§§ 66, 74 ZVG) verlangen, dass abweichend von den gesetzlichen Versteigerungsbedingungen bei der Feststellung des geringsten Gebots (§§ 44, 45 ZVG) nur die seinem Anspruche vorgehenden Rechte berücksichtigt werden. Wird auf beide Ausgebote geboten, so ist der Zuschlag auf das abweichende Angebot zu erteilen, weil nur dann der Ausfall des Gläubigers festgestellt werden kann.[10] 6

III. Ausschlussfrist

Der zur abgesonderten Befriedigung berechtigte Insolvenzgläubiger, der das Sicherungsgut nach den §§ 173 Abs. 1, 166 Abs. 1 selbst verwerten darf, hat gemäß § 190 Abs. 1 Satz 1 gegenüber dem Insolvenzverwalter binnen einer Frist von zwei Wochen nach der öffentlichen Bekanntmachung der Verteilungsmasse (§§ 190 Abs. 1 Satz 1, 189 Abs. 1, 188 Satz 3) den Nachweis zu erbringen, dass und für welchen Betrag er entweder auf die abgesonderte Befriedigung verzichtet hat oder bei ihr ausgefallen ist. Der Insolvenzverwalter ist nicht verpflichtet, den Gläubiger auf die Frist und die Rechtsfolge eines Fristversäumnis hinzuweisen. 7

IV. Rechtsfolgen

Wird der Nachweis des Ausfalls nicht rechtzeitig geführt, wird die Forderung bei der Verteilung nicht berücksichtigt. Das gilt selbst dann, wenn die persönliche Forderung im Prüfungsverfahren geprüft und in voller Höhe zur Tabelle festgestellt worden ist. 8

Hat der absonderungsberechtigte Gläubiger Verteilungserlöse erhalten, obgleich es an der Voraussetzung des Verzichtes oder des Nachweises fehlte, sind diese nach Bereicherungsrecht zurückzugewähren.

V. Voraussetzungen des § 190 Abs. 2

Damit Abschlagsverteilungen auch durchgeführt werden können, wenn zu diesem Zeitpunkt der absonderungsberechtigte Gläubiger noch keinen Verzicht erklärt oder den Ausfall darlegen kann, schafft Abs. 2 eine Erleichterung bezüglich der zu erbringenden Nachweise. 9

Es ist nachzuweisen, dass die Verwertung betrieben wird. Der Betrag des mutmaßlichen Ausfalls ist glaubhaft zu machen. Vor Durchführung einer Abschlagsverteilung fordert der Insolvenzverwalter in der Regel die ihm bekannten absonderungs- und verwertungsberechtigten Gläubiger auf, ihren mutmaßli- 10

[6] Nerlich/Römermann/*Westphal* § 190 Rn. 21.
[7] OLG Nürnberg ZIP 2007, 642; *Uhlenbruck* § 190 Rn. 16.
[8] *Jaeger/Weber* § 153 Rn. 4.
[9] *Uhlenbruck* § 190 Rn. 18.
[10] *Zeller/Stöber,* ZVG, § 174 Anm. 3. 10 (auch zu anderen Fallgestaltungen); *Uhlenbruck* § 190 Rn. 18.

chen Ausfall mitzuteilen und glaubhaft zu machen. Nach § 190 Abs. 2 Satz 1 genügt deshalb der Nachweis, dass die Verwertung betrieben wird und der mutmaßliche Ausfall glaubhaft, dh überwiegend wahrscheinlich gemacht wird (§ 294 ZPO analog).[11] Diese beabsichtigte Gleichbehandlung mit aufschiebend bedingten Gläubigern führt aber konsequenterweise dazu, dass bei einer bloßen Glaubhaftmachung der Anteil des absonderungsberechtigten Gläubigers – wie bei § 191 – nur zurückbehalten wird. Sofern der absonderungsberechtigte Gläubiger den nach § 190 Abs. 1 notwendigen Nachweis des Ausfalls bis zu der für die Schlussverteilung (§ 196) laufenden Ausschlussfrist erbringt, wird der zurückbehaltende Betrag an den Gläubiger ausgezahlt.[12] Gläubiger, die bei einer Abschlagsverteilung nicht berücksichtigt worden sind und die Voraussetzungen der §§ 189, 190 nachträglich erfüllen, erhalten bei einer nachfolgenden Verteilung aus der restlichen Insolvenzmasse vorab einen Betrag, der sie dem übrigen Gläubigern gleichstellt (§ 192). Wird der erforderliche Nachweis nicht spätestens zum Schlusstermin geführt, wird der zurückbehaltende Anteil gemäß § 190 Abs. 2 Satz 3 für die Insolvenzmasse frei.

VI. Verwertungsrecht durch den Verwalter (§ 190 Abs. 3)

11 Soweit ein alleiniges Verwertungsrecht des Insolvenzverwalters besteht, entfallen für die Gläubiger die Nachweispflichten der Abs. 1 und 2.

12 Ist die Verwertung durch den Insolvenzverwalter erfolgt, ist der Erlös nach Abzug des Verfahrensbeitrages (§ 171) an den Gläubiger auszukehren (§ 170). Der Ausfallbetrag steht im Falle der Verwertung durch den Insolvenzverwalter zu dessen Kenntnis fest. Auf diesen ist bei der Verteilung die Quote auszuzahlen. Ist die Verwertung durch den Verwalter noch nicht erfolgt, hat der Verwalter den Ausfall zu schätzen und einen entsprechenden Quotenanteil zurückzubehalten.[13]

13 Der Insolvenzverwalter muss die Gegenstände bis zur Schlussverteilung verwerten, weil diese erst nach vollständiger Verwertung der Insolvenzmasse erfolgt (§ 196 Abs. 1). Der tatsächliche Ausfall steht damit bei der Schlussverteilung fest. Ist hingegen das Sicherungsgut nicht oder nur langfristig verwertbar, so ist im Schlusstermin über den nicht verwertbaren Gegenstand der Insolvenzmasse zu entscheiden (§ 197 Abs. 1 Satz 2 Nr. 3). Mangels Verwertung steht der Ausfall hier also nicht fest und der absonderungsberechtigte Gläubiger nimmt an der Schlussverteilung nicht teil. Etwaige bei Abschlagsverteilungen nach § 190 Abs. 2 Satz 2 zurückbehaltene Beträge werden dann für die Schlussverteilung frei (§ 190 Abs. 2 Satz 3). Der Gläubiger kann dies nur abwenden, wer er rechtszeitig verzichtet.[14] Der Gläubiger muss sich also entscheiden, ob der Quote möchte oder er selbst nach Verfahrensabschluss die Verwertung des Sicherungsgutes betreiben will.[15] Das Risiko der Nichtverwertung bis zur Schlussverteilung trägt somit der Gläubiger. In der Regel wird jedoch in solchen Fällen schwerer oder unmöglicher Verwertbarkeit der Gläubiger auf das Absonderungsrecht verzichten und sich mit der Quote begnügen. Damit ist eine spätere Verwertungsmöglichkeit nach Verfahrensbeendigung aber ausgeschlossen.

§ 191 Berücksichtigung aufschiebend bedingter Forderungen

(1) [1]Eine aufschiebend bedingte Forderung wird bei einer Abschlagsverteilung mit ihrem vollen Betrag berücksichtigt. [2]Der auf die Forderung entfallende Anteil wird bei der Verteilung zurückbehalten.

(2) [1]Bei der Schlussverteilung wird eine aufschiebend bedingte Forderung nicht berücksichtigt, wenn die Möglichkeit des Eintritts der Bedingung so fernliegt, dass die Forderung zur Zeit der Verteilung keinen Vermögenswert hat. [2]In diesem Fall wird ein gemäß Absatz 1 Satz 2 zurückbehaltener Anteil für die Schlussverteilung frei.

Übersicht

[11] *Jaeger/Weber* § 153 Rn. 5.
[12] KPB/*Holzer* § 190 Rn. 14; BKInsO/*Martini* § 190 Rn. 12; Nerlich/Römermann/*Westphal* § 190 Rn. 31–35.
[13] *Uhlenbruck* § 190 Rn. 7.
[14] *Uhlenbruck* § 190 Rn. 8.
[15] Nerlich/Römermann/*Westphal* § 190 Rn. 46.

I. Normzweck

Die Vorschrift regelt, wie aufschiebend bedingte Forderungen bei Verteilungen zu berücksichtigen sind und wie die Unterscheidung zwischen Abschlagsverteilungen (Abs. 1) und der Schlussverteilung (Abs. 2) zu erfolgen hat. Aufschiebend bedingte Forderungen berechtigen nur nach Abs. 1 Satz 2 zur Zurückbehaltung und damit zur Sicherung. Die Sicherung erfolgt durch Zurückbehaltung der bei Verteilungen auf die Forderung entfallenden Quote. Des Weiteren wird in Abs. 2 geregelt, wie mit dem Eintritt der Bedingung, der zeitlich nicht eingegrenzt werden kann, bei den Abschlagsverteilungen und der Schlussverteilung verfahren werden soll. 1

II. Anwendungsbereich

§ 191 ist nur auf Insolvenzforderungen gemäß § 38 anzuwenden. Voraussetzung für die Berücksichtigung einer aufschiebend bedingten Forderung im Verteilungsverzeichnis ist, dass es sich um eine festgestellte Forderung handelt (§§ 178 Abs. 1, 183 Abs. 1), um eine titulierte Forderung iSv § 179 Abs. 2, die geprüft aber bestritten wurde oder um eine geprüfte, aber bestrittene Forderung, wobei der Nachweis durch den Gläubiger erbracht werden muss, dass nach § 189 Abs. 1 und 2 rechtzeitig Klage erhoben wurde.[1] Bestrittene Forderungen und persönliche Forderungen absonderungsberechtigter Gläubiger, die nach § 189 bzw. § 190 nicht zu berücksichtigen sind, werden auch nach § 191 nicht berücksichtigt. Liegen die Voraussetzungen des § 189 bzw. § 190 vor, gehen diese § 191 vor. 2

III. Aufschiebend bedingte Forderungen

Aufschiebend bedingte Forderungen sind in voller Höhe im Insolvenzverfahren anzumelden, obwohl der Eintritt der Rechtswirkungen von einem zukünftigen Ereignis abhängt. 3

Unter bedingten Forderungen sind zunächst aufschiebend bedingte Forderungen iSv § 158 Abs. 1 BGB zu fassen, wobei das Entstehen der Forderung von einem zukünftigen, ungewissen Ereignis abhängig ist. Während § 158 BGB nur rechtsgeschäftliche Bedingungen erfasst, geht der insolvenzrechtliche Begriff in § 191 weiter und umfasst auch Forderungen, die einer gesetzlichen Bedingung unterstehen oder einer Rechtsbedingung.[2] 4

Gleich zu setzen mit aufschiebend bedingten Forderungen sind die **befristeten Forderungen mit ungewissem Fälligkeitstermin.**[3] Ebenfalls aufschiebend bedingte Forderungen sind Ansprüche auf Hinterbliebenenrente, Altersruhegeld und Berufsunfähigkeitsrente, solange der Versorgungsfall noch nicht eingetreten ist.[4] 5

Aufschiebend bedingte Forderungen sind auch **Rückgriffsansprüche** unter **Gesamtschuldnern** (§ 426 BGB) sowie des **Bürgen** (§ 774 BGB). Bedingung ist die vollständige Leistung an den Gläubiger. Grundsätzlich kann der Gläubiger seine Forderung nach § 44 uneingeschränkt geltend machen. Sofern der Mitverpflichtete/Bürge den Gläubiger befriedigt hat, darf dieser seinen Rückgriffsanspruch gegen den Schuldner im Insolvenzverfahren geltend machen. Zu unterscheiden ist in diesem Zusammenhang aber, wann der Mitverpflichtete an den Gläubiger geleistet hat. Hat dieser vor Eröffnung des Insolvenzverfahrens geleistet, ist § 191 nicht anzuwenden, da an Stelle des Gläubigers allein der Mitverpflichtete Insolvenzgläubiger ist, wenn und soweit die Hauptforderung kraft Gesetzes (§§ 426 Abs. 2, 774 BGB) auf ihn übergeht.[5] Eine bedingte Forderung iSv § 191 liegt vor, wenn der Gläubiger nicht am Verfahren teilnimmt und der Mitverpflichtete noch nicht in Regress genommen wurde durch den Gläubiger. Nimmt der Gläubiger nicht teil, ist die Regressforderung des Mitverpflichteten durch Zurückbehaltung zu berücksichtigen, sobald er den Gläubiger durch Zahlung befriedigt hat.[6] Es besteht im Ergebnis wirtschaftlich nur eine einzige Verpflichtung, die durch das Insolvenzverfahren nicht verdoppelt werden darf.[7] 6

Nach allgemeiner Auffassung fallen auch noch nicht entstandene **Steuerforderungen,** die insolvenzrechtlich vor Verfahrensöffnung begründet sind, unter § 191. Insolvenzrechtlich ist eine Steuerforderungen begründet, wenn der zivilrechtliche Sachverhalt, der zur Entstehung des Steueranspruches führt, verwirklicht wurde (§ 38 AO), das Entstehen jedoch noch vom Ablauf des Besteuerungszeitraums abhängt.[8] Das Entstehen der Steuerforderung ist von einem zukünftigen Ereignis 7

---

1 *Uhlenbruck* § 191 Rn. 3; vgl. Nerlich/Römermann/*Westphal* § 191 Rn. 4.

2 Hierzu RGZ 58, 11; Nerlich/Römermann/*Westphal* § 191 Rn. 3.

3 BGH ZinsO 2005, 535, 536; *Uhlenbruck* § 191 Rn. 4; HambKommInsO/*Herchen* § 191 Rn. 6.

4 Vgl. Jaeger/*Meller-Hannich* § 191 Rn. 4 mwN.

5 HambKommInsO/*Herchen* § 191 Rn. 7.

6 HambKommInsO/*Herchen* § 191 Rn. 7.

7 RGZ 14, 172, 178; 72, 285, 290; 83, 401, 404; BGHZ 55, 117, 120.

8 HambKommInsO/*Herchen* § 191 Rn. 8.

abhängig, nämlich dem Ablauf des steuerlich maßgebenden, kalendermäßig bestimmten Besteuerungszeitraums. Sie sind als aufschiebend bedingte Forderungen nach § 191 zu behandeln, so dass die auf die Forderung entfallende Quote bei einer Abschlags- oder Schlussverteilung zurückzubehalten ist.[9]

IV. Berücksichtigung bei Abschlagsverteilungen (§ 191 Abs. 1)

8 Ist bis zum Vollzug der Verteilung die Bedingung nicht eingetreten, wird der auf den vollen Betrag entfallende Anteil zurückbehalten. Ist die Bedingung eingetreten, wird der Betrag ausgezahlt. Fällt die Bedingung aus, wird der zurückbehaltende Betrag für die Masse frei.

V. Berücksichtigung bei der Schlussverteilung (§ 191 Abs. 2)

9 Zunächst ist festzuhalten, dass in Abs. 2 nicht bestimmt wurde, in welcher Art und Weise die Forderungen zu berücksichtigen sind. Aufgrund dieser Regelungslücke wird § 191 Abs. 1 Satz analog angewandt, mit der Folge, dass der auf eine aufschiebend bedingte werthaltige Forderung entfallene Anteil bis zum Eintritt der Bedingung durch Hinterlegung (§ 198) zurückzubehalten ist.[10] Ob der Anteil durch Hinterlegung zurückbehalten wird, hängt davon ab, ob die Möglichkeit des Eintritts der Bedingung fern liegt oder nicht.

10 Wenn die Möglichkeit besteht, dass die aufschiebende Bedingung eintritt, wird die Forderung im vollen Umfang berücksichtigt und durch den Insolvenzverwalter zurückbehalten und hinterlegt. Stellt sich dann aber der Bedingungseintritt erst nach der Schlussverteilung als äußerst fern liegend heraus, wird der nach § 198 hinterlegte Betrag – wie bei einem endgültigen Ausfall der Bedingungen – für die übrigen Gläubiger frei und kann im Wege der Nachtragsverteilung nach § 203 Abs. 1 Nr. 1 an die übrigen Gläubiger verteilt werden.[11]

11 Ist dagegen der Eintritt der aufschiebenden Bedingung fern liegend, wird sie bei der Schlussverteilung nicht berücksichtigt. Bei einer möglichen vorangegangenen Abschlagsverteilung wird der zurückbehaltene für die Schlussverteilung frei. Der Insolvenzverwalter prüft, ob der Bedingungseintritt fern liegt. Entscheidend ist der Zeitpunkt der Durchführung der Schlussverteilung.[12]

VI. Rechtsbehelfe

12 Der Gläubiger, dessen aufschiebend bedingte Forderung nicht in Verteilungsverzeichnis für die Schlussverteilung aufgenommen wurde, kann im Schlusstermin Einwendungen nach §§ 197 Abs. 1 Nr. 2 erheben. Gegen den zurückweisenden Beschluss steht dem Gläubiger die sofortige Beschwerde nach §§ 197 Abs. 3, 194 Abs. 2 Satz 2 zu. Der Insolvenzverwalter ist darlegungs- und beweisbelastet.

VII. Auflösende Bedingung

13 Dagegen sind auf auflösend bedingte Forderungen (§ 42), die wie unbedingte zu berücksichtigen sind, Quotenauskehrungen vorzunehmen. Sie sind demgemäß zur Tabelle anzumelden und unbedingt festzustellen. Die auf auflösend bedingte Forderungen entfallende Quote ist bei der Verteilung in vollem Umfang auszuzahlen.[13] Kommt es später zum Bedingungseintritt, so ist der ausgekehrte Betrag durch den Gläubiger zurück zu gewähren und auf Antrag eine Nachtragsverteilung durch das Insolvenzgericht anzuordnen (§ 203 Abs. 1 Nr. 2).

§ 192 Nachträgliche Berücksichtigung

Gläubiger, die bei einer Abschlagsverteilung nicht berücksichtigt worden sind und die Voraussetzungen der §§ 189, 190 nachträglich erfüllen, erhalten bei der folgenden Verteilung aus der restlichen Insolvenzmasse vorab einen Betrag, der sie mit den übrigen Gläubigern gleichstellt.

I. Normzweck

1 Die Vorschrift soll gewährleisten, dass ein Gläubiger, der bei früheren Abschlagsverteilungen nicht berücksichtigt werden konnte, nunmehr bei weiteren Abschlagsverteilungen oder bei der Schlussverteilung den übrigen Gläubigern gleichgestellt wird. Nicht berücksichtigt wurden Gläubi-

---

9 *Uhlenbruck* § 191 Rn. 5.

10 HambKommInsO/*Herchen* § 191 Rn. 10; *Uhlenbruck* § 191 Rn. 10 mwN.

11 Vgl. FKInsO/*Kießner* § 191 Rn. 7.

12 *Uhlenbruck* § 191 Rn. 11.

13 *Bitter* NZI 2000, 399, 400; KPB/*Holzer* § 191 Rn. 10.

ger, weil sie dem Insolvenzverwalter nicht oder nicht rechtzeitig die Klageerhebung oder die Aufnahme des Rechtsstreits (§ 189) oder ihren Ausfall oder Verzicht (§ 190) nachgewiesen haben. Wenn der Gläubiger die Voraussetzungen der §§ 189, 190 bei der Schlussverteilung nicht erfüllt hat, fällt mit seiner Forderung endgültig aus.[1]

II. Anwendungsbereich

§ 192 gilt dem Wortlaut nach allgemein für Gläubiger, die bei einer Abschlagsverteilung nicht berücksichtigt worden sind, also für Gläubiger bestrittener Forderungen (§ 189) und absonderungsberechtigte Gläubiger (§ 190). Gläubiger bestrittener Forderungen müssen also den Nachweis erbringen, dass Klage auf Feststellung erhoben oder der Rechtsstreit aufgenommen wurde. Die absonderungsberechtigten Gläubiger haben den Nachweis zu führen, dass durch die Verwertung des Sicherungsgutes ein Ausfall entstanden ist, dass die Verwertung des Sicherungsgutes betrieben wird oder der Verzicht der Verwertung des Sicherungsgutes erklärt wurde. 2

Die Vorschrift findet auch auf verspätet angemeldete Forderungen entsprechend Anwendung.[2] Für die Aufnahme in das Verteilungsverzeichnis ist neben der Anmeldung die Prüfung in einem besonderen Prüfungstermin oder im schriftlichen Verfahren erforderlich.[3] 3

§ 192 gilt auch für diejenigen Gläubiger, die von vorne herein die Voraussetzungen der §§ 187 ff. für eine Berücksichtigung erfüllt haben, zu Unrecht aber ausgeschlossen wurden.[4] Da es im Rahmen von § 192 nicht auf das Verschulden für den erst nachträglichen Nachweis im Sinne §§ 189, 190 ankommt, kann auch das schuldhafte Versäumnis der Geltendmachung im Einwendungsverfahren keine Rolle spielen.[5] Der Insolvenzverwalter steht in der Pflicht, die **gesetzwidrig nicht berücksichtigen Forderungen** aufzunehmen und die Berichtung des Verzeichnisses vorzunehmen. 4

Gegenüber dem Insolvenzverwalter ist vor Ablauf der Ausschlussfrist der §§ 189 Abs. 1, 190 Abs. 2 für die nächste Verteilung der Nachweis von dem säumigen Gläubiger zu erbringen. Dies gilt nicht bei gesetzwidrig nicht berücksichtigten Gläubigern. 5

III. Antragserfordernis

Die durch den Insolvenzverwalter durchzuführende Gleichstellung ist **nicht** von einem vorherigen Antrag des Insolvenzgläubigers abhängig, sowohl bei den rechtmäßig nicht berücksichtigten Forderungen als auch bei den rechtswidrig nicht berücksichtigten Forderungen. Der Wortlaut des § 192 gibt dies nicht wieder. Da der Insolvenzverwalter die Gleichbehandlung der Gläubiger berücksichtigen muss, kann er nicht auf einen Antrag des Gläubigers warten, um seiner grundsätzlichen Aufgabe nachzugehen. Der Gläubiger, der rechtmäßig nicht berücksichtigt wurde, hat die geforderten Nachweise iS der §§ 189, 190 zu erbringen, um nach § 192 gleichgestellt zu werden. Einen Antrag, ein Gesuch muss er aber nicht stellen.[6] Erbringt der Gläubiger die Nachweise, kann darin ein konkludenter Antrag gesehen werden.[7] 6

Bei gesetzwidriger Nichtberücksichtigung der Forderung ist eine vorherige Beantragung nicht notwendig. Nach richtiger Auffassung hat der Insolvenzverwalter rechtswidrig nicht berücksichtigte Gläubiger kraft seines Amtes nachträglich zu berücksichtigen und hat keinen Antrag abzuwarten.[8] 7

Der Zustimmung des Gläubigerausschusses (§ 187 Abs. 3 Satz 2) bedarf es nicht.[9] Eine Gleichstellung ist keine eigenständige Verteilung, sondern vollzieht sich innerhalb einer genehmigten Verteilung. 8

IV. Durchführung der Gleichstellung

Nach dem Wortlaut des § 192 erfolgt die Gleichstellung *vorab aus der restlichen Insolvenzmasse.* Vor einer Auszahlung im Rahmen dieser Vorschrift sind stets alle Masseverbindlichkeiten (in den Grenzen des § 206) zu berücksichtigen. Die Restmasse setzt sich zusammen aus dem, was bei den vorherigen Abschlagsverteilungen übriggeblieben ist, sowie aus dem, was aus der weiteren Verwer- 9

---

1 HambKommInsO/*Herchen* § 192 Rn. 4.

2 Nerlich/Römermann/*Westphal* § 192 Rn. 6; FKInsO/*Kießner* § 192 Rn. 3.

3 Vgl. Jaeger/*Meller-Hannich* § 192 Rn. 6.

4 KPB/*Holzer* § 192 Rn. 3; BKInsO/*Martini* § 192 Rn. 1; Nerlich/Römermann/*Westphal* § 192 Rn. 16.

5 Jaeger/*Meller-Hannich* § 192, Rn. 7.

6 Jaeger/*Meller-Hannich* § 192 Rn. 8; HambKommInsO/*Herchen* § 192 Rn. 8; aA KPB/*Holzer* § 192 Rn. 4.

7 HambKommInsO/*Herchen* § 192, Rn. 8.

8 KPB/*Holzer* § 192 Rn. 6; Nerlich/Römermann/*Westphal* § 192 Rn. 16; HambKommInsO/*Herchen* § 192 Rn. 7; BKInsO/*Martini* § 192 Rn. 2.

9 *Uhlenbruck* § 192 Rn. 10; vgl. Jaeger/*Meller-Hannich* § 192 Rn. 8; aA KPB/*Holzer* § 192 Rn. 7a; HambKommInsO/*Herchen* § 192 Rn. 9.

tung der Masse und den zur Masse freigewordenen oder zurückgeflossenen Beträge nach Begleichung der Masseverbindlichkeiten stammt.[10] Reicht die restliche Insolvenzmasse nicht aus, um die nachträglich zu berücksichtigenden Gläubiger den übrigen Gläubigern gleichzustellen, sind sie nach Verhältnis ihrer Forderungen anteilsmäßig zu befriedigen.[11] Eine Rückforderung der bereits ausbezahlten Quoten kommt aber nicht in Betracht.[12]

V. Rechtsfolgen

10 Der Anspruch auf nachträgliche Berücksichtigung ist nicht im Klagewege gegen den Insolvenzverwalter durchzusetzen,[13] sondern die Gläubiger sind hinreichend durch die §§ 58, 60 geschützt. Im Einwendungsverfahren (§ 194) kann der Gläubiger aber seine Gleichstellung beanspruchen, weil die Gleichstellung im Verzeichnis zu vermerken ist.

Sollte rechtswidrig eine Gleichstellung erfolgt sein, können die übrigen Gläubiger nach § 60 Schadensersatz vom Insolvenzverwalter verlangen und Aufsichtsmaßnahmen anregen. Gegen die vorab erfolgende Gleichstellung können nach § 194 Einwendungen erhoben werden. Die Bestandskraft des Verteilungsverzeichnisses schließen Rückforderungen aus.[14]

§ 193 Änderung des Verteilungsverzeichnisses

Der Insolvenzverwalter hat die Änderungen des Verzeichnisses, die auf Grund der §§ 189 bis 192 erforderlich werden, binnen drei Tagen nach Ablauf der in § 189 Abs. 1 vorgesehenen Ausschluss Frist vorzunehmen.

I. Normzweck

1 Mit Änderung des Verteilungsverzeichnisses innerhalb der 3-Tagesfrist soll gewährleistet werden, dass Gläubiger auch gegen die von dem Insolvenzverwalter noch vorgenommenen Ergänzungen und Berichtigungen des Verzeichnisses innerhalb der Wochenfrist des § 194 Abs. 1 Einwendungen erheben können.

II. Art der Änderungen iSv § 193

Im Einzelnen kommen folgende Änderungen in Betracht:

2 **1. Änderungen auf Grund § 189.** Wenn der Gläubiger nach § 189 dem Insolvenzverwalter nachweist, für welchen Betrag er als Inhaber nicht titulierter bzw. nicht festgestellter Forderung innerhalb der Ausschlussfrist des § 189 Abs. 1 die Feststellungsklage erhoben oder einen früheren Rechtsstreit aufgenommen hat, so ist die bestrittene Forderung in dieser Höhe in das Verteilungsverzeichnis aufzunehmen.

3 **2. Änderungen auf Grund § 190.** Wenn der Gläubiger innerhalb der Ausschlussfrist des § 189 Abs. 1 nachweist, dass er auf abgesonderte Befriedigung verzichtet hat oder bei ihr ausgefallen ist, ist eine absonderungsberechtige Forderung nachträglich im Verteilungsverzeichnis aufzunehmen. Der Unterschied zwischen der Abschlags- und Schlussverteilung liegt darin, dass bei Abschlussverteilungen der mutmaßliche Ausfall glaubhaft zu machen ist (§ 191 Abs. 2 Satz 2), während bei einer Schlussverteilung der endgültige Ausfall feststehen muss.

4 **3. Änderungen auf Grund § 191.** Eine Änderung gemäß § 191 Abs. 2 Satz 1 kommt in Betracht im Hinblick auf den Ausfall der Bedingung bei einer Schlussverteilung, wenn die Möglichkeit des Eintritts so fern liegt, dass die Forderung keinen Vermögenswert hat. Der Insolvenzverwalter kann diesen Ausfall jedoch innerhalb der Frist des § 193 berücksichtigen, weil dem betroffenen Gläubiger die Möglichkeit des Einwendungsverfahrens gegen die Nichtberücksichtigung offenbleiben muss. Der Eintritt einer aufschiebenden Bedingung führt nicht zu einer Änderung des Verzeichnisses, weil im Verzeichnis nicht zwischen Zurückbehaltung und Auszahlung zu unterscheiden ist.[1]

5 **4. Änderungen auf Grund § 192.** Eine Änderung nach § 192 wird dann erforderlich, wenn ein Gläubiger, der weder bei einer vorangegangenen Verteilung noch bei dem Verzeichnis für die anstehende Verteilung berücksichtigt wurde, nunmehr im Verteilungsverzeichnis zu berücksichtigen

---

10 *Uhlenbruck* § 192 Rn. 18 mwN.
11 BKInsO/*Breutigam* § 192 Rn. 5; Nerlich/Römermann/*Westphal* § 192 Rn. 15.
12 BGHZ 91, 198 = ZIP 1984, 980; HambKommInsO/*Herchen* § 192 Rn. 3.
13 Kilger/K. Schmidt § 155 KO Anm 1; *Uhlenbruck* § 192 Rn. 14; HambKommInsO/*Herchen* § 192 Rn. 7.
14 Vgl. Nerlich/Römermann/*Westphal* § 192 Rn. 17.
1 HambKommInsO/*Preß* § 193 Rn. 4; *Uhlenbruck* § 193 Rn. 6.

ist, weil er die Voraussetzungen der §§ 189, 190 nachträglich erfüllt hat. Aus § 193 ergibt sich dabei, dass der Insolvenzverwalter auch die Gleichstellung nach § 192 im Verzeichnis zu vermerken hat.

III. Berichtigung des Verzeichnisses

Zu den erforderlichen und damit zulässigen Änderungen muss auch die Berichtigung offensichtlicher Irrtümer und Unrichtigkeit gehören, wie zB die versehentliche Nichtaufnahme einer festgestellten Forderung oder die fehlerhafte Aufnahme von Masseansprüchen in das Verzeichnis.[2] Auch diese Berichtigungen sind innerhalb der Drei-Tages-Frist vorzunehmen. Soweit die Gegenansicht nur die Berichtigung von Schreib- und Rechenfehlern zulassen will,[3] greift dies zu kurz. Es muss dem Insolvenzverwalter möglich sein, auch sonstige, ohne weiteres erkennbare Fehler eigenständig zu beseitigen.[4] Die Gewährleistung einer richtigen Verteilung darf in solchen Fällen nicht allein der Initiative von Gläubigern im Einwendungsverfahren überlassen bleiben, zumal das Interesse der Gläubiger an dem Verfahren selbst erfahrungsgemäß gering ist. Bloße Schreib- oder Rechenfehler unterscheiden sich von sonstigen offensichtlichen Irrtümern darin, dass sie auch nach Ablauf der 3-Tagesfrist noch berichtigt werden können.[5] 6

IV. Fristberechnung

Die Frist beginnt gemäß den §§ 187 Abs. 2 BGB, § 222 Abs. 1 ZPO, § 4 InsO mit Ablauf der Ausschlussfrist des § 189 Abs. 1 und endet gemäß den §§ 188 Abs. 1 BGB, § 222 Abs. 1 ZPO und § 4 InsO mit Ablauf des dritten Tages, es sei denn, es handelt sich um einen Sonntag, Feiertag oder Sonnabend. Eine Wiedereinsetzung ist nicht möglich, weil es sich um keine Notfrist handelt (§ 233, § 224 Abs. 1 Satz 2 ZPO, § 4 InsO). Nach Ablauf der Frist können Änderungen sachlicher Art nicht mehr vorgenommen werden.[6] 7

V. Niederlegung

Das berichtigte und ausgetauschte Verteilungsverzeichnis ist gemäß § 188 Abs. 2 wieder auf der Geschäftsstelle des Insolvenzgerichts niederzulegen.[7] Eine erneute öffentliche Bekanntmachung der geänderten Summe der zu berücksichtigenden Forderungen entsprechend § 188 Satz 3 ist nicht erforderlich.[8] 8

Grundsätzlich können die Änderungen nach § 193 auf dem ursprünglichen, beim Insolvenzgericht niedergelegten Verzeichnis in einer Berichtigungsspalte vermerkt werden, da dann für die Gläubiger, die bereits das ursprüngliche Verzeichnis überprüft haben, ohne weiteres zu erkennen ist, welche Änderungen nach Ablauf der Ausschlussfrist vorgenommen wurden.[9] Aufgrund der elektronischen Übermittlung der Daten ist es auch leicht möglich, ein komplett neues Verzeichnis auf der Geschäftsstelle des Insolvenzgerichts einzureichen.

§ 194 Einwendungen gegen das Verteilungsverzeichnis

(1) Bei einer Abschlagsverteilung sind Einwendungen eines Gläubigers gegen das Verzeichnis bis zum Ablauf einer Woche nach dem Ende der in § 189 Abs. 1 vorgesehenen Ausschlussfrist bei dem Insolvenzgericht zu erheben.

(2) [1]Eine Entscheidung des Gerichts, durch die Einwendungen zurückgewiesen werden, ist dem Gläubiger und dem Insolvenzverwalter zuzustellen. [2]Dem Gläubiger steht gegen den Beschluss die sofortige Beschwerde zu.

(3) [1]Eine Entscheidung des Gerichts, durch die eine Berichtigung des Verzeichnisses angeordnet wird, ist dem Gläubiger und dem Verwalter zuzustellen und in der Geschäftsstelle zur Einsicht der Beteiligten niederzulegen. [2]Dem Verwalter und den Insolvenzgläubigern steht gegen den Beschluss die sofortige Beschwerde zu. [3]Die Beschwerdefrist beginnt mit dem Tag, an dem die Entscheidung niedergelegt worden ist.

---

2 Nerlich/Römermann/*Westphal* § 193 Rn. 8.
3 KPB/*Holzer* § 193 Rn. 3.
4 HambKommInsO/Preß § 193 Rn. 6.
5 *Uhlenbruck* § 193 Rn. 8; Nerlich/Römermann/*Westphal* § 193 Rn. 24.
6 Nerlich/Römermann/*Westphal* § 193 Rn. 9, *Uhlenbruck* § 194, Rn. 9.
7 KPB/*Holzer* § 193 Rn. 5.
8 Nerlich/Römermann/*Westphal* § 193 Rn. 11; HambKommInsO/*Preß* § 193 Rn. 8.
9 Vgl. Nerlich/Römermann/*Westphal* § 193 Rn. 3.

Übersicht

I. Normzweck

1 Die Einwendungen gegen das Verteilungsverzeichnis stellen eine insolvenzrechtliche Beschwerde des Gläubigers dar, um die Vorgaben der Verzeichniserstellung überprüfen zu können. Diese Einwendungen sind an das jeweilige Insolvenzgericht zu richten. Ziel ist die gerechte Verteilung des gesamten Ausschüttungsbetrages an die Gläubiger. § 194 Abs. 1 gilt nur für Abschlagsverteilungen. Die Abs. 2 und 3 sind auch für die Schlussverteilung anzuwenden, die auch regeln, wem die Entscheidung des Gerichts zuzustellen und wer beschwerdeberechtigt ist.

II. Einwendungsberechtigte

2 Einwendungsberechtigte im Sinne des § 194 Abs. 1 sind nur die Insolvenzgläubiger (§ 38), die ihre Forderungen **zur Insolvenztabelle angemeldet** haben, wobei es nicht relevant ist, ob die von dem Insolvenzgläubiger angemeldeten Forderungen bestritten oder noch nicht geprüft worden sind.[1] Neben der Voraussetzung der angemeldeten Forderung muss ein rechtliches Interesse an der Änderung des Verzeichnisses seitens des Insolvenzgläubigers geltend gemacht werden.[2]

3 Den nachrangigen Gläubigern ist es grundsätzlich verwehrt, Einwendungen vorzubringen, da in der Regel die Insolvenzgläubiger nicht in voller Höhe befriedigt werden. Ist es wahrscheinlich, dass auch eine Quote auf die nachrangigen Gläubiger ausbezahlt werden kann, so sind auch deren Einwendungen zuzulassen.[3]

4 Massegläubiger sind nicht einwendungsberechtigt, da sie aus der Insolvenzmasse vorab befriedigt werden und somit nicht beschwert sind.[4] Eine Einwendungsberechtigung seitens des Schuldners ist nicht vorgesehen;[5] seine Rechte werden durch den Insolvenzverwalter wahrgenommen.

III. Einwendungen

5 Einwendungen durch die Gläubiger richten sich allein gegen das Verzeichnis, in das die zu berücksichtigten Forderungen aufzunehmen sind. Einwendungen können gegen das ursprüngliche Verteilungsverzeichnis selbst (§ 188 Satz 1) als auch gegen das vom Insolvenzverwalter berichtigte Verzeichnis (§ 193) erhoben werden. Die Einwendungen können sich gegen jede Art der Berücksichtigung oder Nichtberücksichtigung einer Forderung wenden.[6]

6 Äußerst selten wird die Einwendung eines Insolvenzgläubiger vorgebracht, dass eine entgegen den §§ 188 ff. berücksichtigte Forderung eines anderen Gläubigers zu Unrecht besteht und aus dem Verzeichnis zu streichen ist. Umgekehrt kann der Insolvenzgläubiger geltend machen, dass seine Forderung entgegen den verfahrensrechtlichen Bestimmungen der §§ 188 ff. zu Unrecht nicht berücksichtigt wurde.

7 Mit der Einwendung kann zB vorgebracht werden, dass eine Forderung nicht hätte berücksichtigt werden dürfen, da sie nachrangig gemäß § 39 sei, dass ein Gläubiger bei der Abschlagsverteilung zu Unrecht übergangen oder das Fehlen der in den §§ 189–192 vorgesehenen Nachweise.[7] Der insolvenzrechtliche Rechtsbehelf kann auch dann geltend gemacht werden, wenn ein Gläubiger irrtümlich als Absonderungsberechtigter nur „für den Ausfall" eingetragen wird, obwohl die Voraussetzungen des § 190 nicht vorliegen.[8]

---

1 FKInsO/*Kießner* § 194 Rn. 4; Nerlich/Römermann/*Westphal* § 194 Rn. 4; *Uhlenbruck* § 194 Rn. 3.
2 *Uhlenbruck* § 194 Rn. 3.
3 HambKommInsO/*Preß* § 194 Rn. 5; KPB/*Holzer* § 194 Rn. 8; Jaeger/*Meller-Hannich* § 194 Rn. 10.
4 Vgl. Nerlich/Römermann/*Westphal* § 194 Rn. 7.
5 Nerlich/Römermann/*Westphal* § 194 Rn. 8; *Uhlenbruck* § 194 Rn. 4.
6 *Uhlenbruck* § 194 Rn. 5.
7 *Uhlenbruck* § 194 Rn. 5; BKInsO/*Martini* § 194 Rn. 3; HambKommInsO/*Preß* § 194 Rn. 2; Nerlich/Römermann/*Westphal* § 194 Rn. 2.
8 Jaeger/*Meller-Hannich* § 194 Rn. 6.

Materiell-rechtliche Einwendungen sind nicht zulässig,[9] da sie nicht das Verteilungsverzeichnis betreffen. Will ein Gläubiger geltend machen, dass die Forderung eines anderen Gläubigers nicht oder nicht in der Höhe besteht, so ist er angehalten, bereits durch Bestreiten im Prüfungsverfahren oder durch Klage im Feststellungsverfahren seine Einwände vorzubringen. 8

Der Anspruch auf Durchführung einer Verteilung ist keinesfalls im Wege des Einwendungsverfahrens zu verfolgen. Dies ist nur dann zulässig, wenn eine Verteilung bereits eingeleitet worden ist. Erst dann existiert ein Verzeichnis. Auch eine Erhöhung des für die Verteilung vorgesehenen Betrages und damit der Quote kann nicht mit dem Einwendungsverfahren erreicht werden.[10] 9

IV. Einwendungsfrist

Die Einwendungsfrist beträgt gemäß den §§ 194 Abs. 1, 189 Abs. 1 eine Woche und ist keine Notfrist. Sie ist nicht verlängerbar (§§ 224 ZPO, 4 InsO) und auch eine Wiedereinsetzung ist nicht möglich (§§ 224 Abs. 1, 233 ZPO, § 4). Die Frist beginnt mit dem Ende der zweiwöchigen Ausschlussfrist des § 189 Abs. 1, die sich an die öffentliche Bekanntmachung nach § 188 Satz 3 anschließt. Ihre Berechnung erfolgt nach § 222 ZPO, §§ 187 f. BGB. Einwendungen sind nicht erst nach Ablauf der Ausschlussfrist des § 189 Abs. 1 zulässig, sondern können vielmehr auch vorher bereits erhoben werden.[11] 10

V. Einwendungsadressat

Nach § 194 Abs. 1 sind Einwendungen beim Insolvenzgericht geltend zu machen. Zuständig ist das Amtsgericht als Insolvenzgericht am allgemeinen Gerichtsstand des Schuldners (§§ 2, 3, 194 Abs. 1). Die Geltendmachung der Einwendungen gegenüber dem Insolvenzverwalter ist zwar möglich, zur Fristwahrung ist aber erforderlich, dass die Einwendungen durch den Insolvenzverwalter innerhalb der Frist bei Gericht eingehen.[12] Eine Verpflichtung zur Weitergabe besteht jedoch nicht. Gemäß den § 496 ZPO, § 4 InsO sind die Einwendungen schriftlich einzureichen oder mündlich zu Protokoll der Geschäftsstelle des Insolvenzgerichts zu erklären. Wird die Einwendung fristgerecht beim unzuständigen Gericht eingereicht und an das zuständige Gericht verwiesen, schadet es nicht, wenn die Verweisung nach Fristablauf erfolgt.[13] 11

Funktionell ist der Rechtspfleger zuständig, wenn sich nicht der Richter das Einwendungsverfahren vorbehalten hat (§ 3 Nr. 2 e, § 18 Abs. 2 RPflG).

VI. Verfahrensvorschriften

Für das Verfahren vor dem Insolvenzgericht gelten die Vorschriften der §§ 4–9. Dem Insolvenzverwalter ist vor Entscheidung stets rechtliches Gehör zu gewähren, Gläubigern nur dann, wenn sie von der erhobenen Einwendung betroffen sind.[14] Das Insolvenzgericht entscheidet durch Beschluss (§ 194 Abs. 2 Satz 2), durch Zurückweisung der Einwendung oder die Anordnung der Berichtigung des Verteilungsverzeichnisses. Die Berichtigung erfolgt sodann nur durch den Insolvenzverwalter (§ 194 Abs. 3 Satz 1) und nicht durch das Insolvenzgericht. 12

VII. Zustellung und Niederlegung

Zu unterscheiden ist, ob die Einwendungen zurückgewiesen wurden (Abs. 2) oder eine Berichtigung angeordnet wurde (Abs. 3).

1. Zurückweisung. Handelt es sich um eine Entscheidung, die die Einwendung abweist, ist in Abs. 2 geregelt, dass das Insolvenzgericht diese von Amts wegen sowohl dem Gläubiger, der die Einwendung erhoben hat, zustellt, als auch dem Insolvenzverwalter. Da die übrigen Insolvenzgläubiger durch die Entscheidung nicht beschwert sind, entfällt eine Zustellung an diese.[15] 13

2. Berichtigung. Hat das Insolvenzgericht der Einwendung stattgegeben, bestimmt Abs. 3, dass das Insolvenzgericht die Berichtigung des Verteilungsverzeichnisses anordnet. Somit ist dem Insolvenzverwalter die Entscheidung zuzustellen, der die Berichtigung vornehmen muss und dem Gläubiger, dessen Forderung im Verzeichnis berichtigt werden soll. Die Zustellung an die übrigen 14

[9] RGZ 21, 331, 339; BGH WM 1957, 1225, 1226; *Uhlenbruck* § 194 Rn. 5.
[10] HambKommInsO/Preß § 194 Rn. 3.
[11] FKInsO/*Kießner* § 194 Rn. 10.
[12] KPB/*Holzer* § 194 Rn. 10; HambKommInsO/*Preß* § 194 Rn. 8.
[13] BGHZ 97, 155, 161, 34, 230, 235, 35, 374, 377f; Jaeger/*Meller-Hannich* § 194 Rn. 13.
[14] KPB/*Holzer* § 194 Rn. 11; Nerlich/Römermann/*Westphal* § 194 Rn. 12; BKInsO/*Martini* § 194, Rn. 11.
[15] *Uhlenbruck* § 194 Rn. 13; HambKommInsO/*Preß* § 194 Rn. 11; FKInsO/*Kießner* § 194 Rn. 13.

Beteiligten wird ersetzt durch die Niederlegung des Beschlusses auf der Geschäftsstelle des Insolvenzgerichts (§ 194 Abs. 3 Satz 1). Die Beschwerdefrist für die übrigen Gläubiger beginnt somit nach § 194 Abs. 3 Satz 3 an dem Tag, an dem die Niederlegung erfolgt. In der Praxis beauftragt das Insolvenzgericht den Insolvenzverwalter mit der Zustellung an sämtliche Insolvenzgläubiger oder die Entscheidung wird im Wege der Veröffentlichung gemäß § 9 allen Beteiligten gegenüber bekanntgemacht. Damit wird gewährleistet, dass die Insolvenzgläubiger, die am Einwendungsverfahren nicht beteiligt waren, von der Entscheidung der Niederlegung Kenntnis erlangen.

15 Gibt das Gericht der Einwendung nur teilweise statt und ordnet daraufhin eine Berichtigung an, die hinter der Einwendung zurückbleibt, so sind die Abs. 2 und 3 kumulativ anzuwenden.

VIII. Rechtsmittel

16 Einschlägiger Rechtsbehelf ist allein die sofortige Beschwerde nach § 6. Gemäß § 194 Abs. 2 Satz 2 ist im Falle der Zurückweisung allein der zurückgewiesene Gläubiger beschwerdeberechtigt. Bei einer Berichtigung sind die Insolvenzgläubiger sowie der Insolvenzverwalter beschwerdeberechtigt (Abs. 3 Satz 2). Wird das Verteilungsverzeichnis unter teilweiser Zurückweisung der Einwendung berichtigt, so sind dem Insolvenzverwalter sowohl die einwendenden als auch die übrigen Insolvenzgläubiger berechtigt, Beschwerde einzulegen.

17 Die sofortige Beschwerde ist schriftlich oder zu Protokoll der Geschäftsstelle beim Insolvenzgericht einzulegen (§ 569 Abs. 1 u. Abs. 2 ZPO). Die Beschwerdefrist beträgt gemäß § 4 iVm § 569 Abs. 1 Satz 1 ZPO zwei Wochen. Sie ist eine Notfrist; die Wiedereinsetzung unter den Voraussetzungen des § 233 ZPO ist also bei Fristversäumung möglich. Hinsichtlich des Beginns der Frist ist zu differenzieren: In den Fällen der Zurückweisung beginnt die Frist mit der Zustellung beim zurückgewiesenen Gläubiger (§ 6 Abs. 2 Satz 1). Ordnet das Gericht die Berichtigung an, so bestimmt dagegen Abs. 3 Satz 3, dass der Tag der Niederlegung für den Beginn der zweiwöchigen Beschwerdefrist maßgeblich ist. Der Zeitpunkt der Zustellung ist daher nicht maßgeblich und verkürzt die Frist nicht.[16] Findet die Berichtigung unter teilweiser Zurückweisung statt, so ist ebenfalls für sämtliche Beschwerdeberechtigte der Beginn des Tages der Niederlegung maßgeblich für den Fristbeginn.

18 Das Insolvenzgericht ist nach § 572 Abs. 1 ZPO befugt, der sofortigen Beschwerde abzuhelfen. Wird der Beschwerde nicht abgeholfen, so ist die Beschwerde der zuständigen Kammer des Landgerichts vorzulegen.

19 Sowohl die Einwendung als auch die sofortige Beschwerde haben zwar ausdrücklich keine aufschiebende Wirkung (vgl → § 572), doch darf mit der Quotenfestsetzung und der Verteilung erst nach Abschluss des Einwendungsverfahrens begonnen werden.[17]

§ 195 Festsetzung des Bruchteils

(1) [1]Für eine Abschlagsverteilung bestimmt der Gläubigerausschuss auf Vorschlag des Insolvenzverwalters den zu zahlenden Bruchteil. [2]Ist kein Gläubigerausschuss bestellt, so bestimmt der Verwalter den Bruchteil.

(2) Der Verwalter hat den Bruchteil den berücksichtigten Gläubigern mitzuteilen.

I. Normzweck

1 Die Vorschrift gilt nur für Abschlagsverteilungen. Massegläubiger, die sich nicht rechtzeitig gemeldet haben, sind ab dem Zeitpunkt der Festsetzung der Quoten in der für die Verteilung bereitgestellten Masse ausgeschlossen (§ 206 Nr. 1).

II. Zuständigkeit der Bestimmung

2 Gemäß § 195 Abs. 1 Satz 1 ist für die Festsetzung der Abschlagsverteilungsquote der Gläubigerausschuss zuständig. Der Insolvenzverwalter hat ein Vorschlagsrecht, an dem sich der Gläubigerausschuss jedoch nicht binden lassen muss.[1] Eine gesetzeswidrige Quotenfestsetzung durch den Gläubigerausschuss darf der Insolvenzverwalter jedoch nicht ausführen (zB eine solche, die die Befriedigung der Massegläubiger beeinträchtigt).[2]

---

16 FKInsO/*Kießner* § 194 Rn. 16; *Uhlenbruck* § 194 Rn. 17.

17 Kilger/K. Schmidt § 159 Anm. 1; Nerlich/Römermann/*Westphal* § 195 Rn. 3; *Uhlenbruck* § 195 Rn. 2.

1 HambKommInsO/*Preß* § 195 Rn. 3; Nerlich/Römermann/*Westphal* § 195 Rn. 5; *Uhlenbruck* § 195 Rn. 4.

2 KPB/*Holzer* § 195 Rn. 5; *Uhlenbruck* § 195 Rn. 4.

Ist kein Gläubigerausschuss bestellt, so bestimmt der Insolvenzverwalter den Bruchteil und damit die Ausschüttungsquote (§ 195 Abs. 1 Satz 2). Wenn der Insolvenzverwalter in seinem Ermessen entscheidet, steht dieser unter der Aufsicht des Insolvenzgerichts (§ 58). Das Insolvenzgericht prüft aber nicht die Richtigkeit der Quotenfestsetzung.[3] Es kann einschreiten, wenn der Insolvenzverwalter eine Abschlagsverteilung ohne oder trotz entgegenstehender Genehmigung des Gläubigerausschusses abgekündigt oder vorgenommen hat bzw. die Durchführung einer möglichen Abschlagsverteilung verweigert.[4] 3

III. Quotenfestlegung

Die Quote ist erst festzusetzen, wenn die Einwendungsfrist abgelaufen und ein etwaiges Einwendungsverfahren abgeschlossen ist.[5] Dies ergibt sich zwar nicht aus dem Wortlaut, wohl aber aus der systematischen Stellung des § 194. Eine vorherige Festsetzung des Bruchteils erweist sich auch als unzweckmäßig, weil erst nach Erledigung oder rechtskräftiger Entscheidungen der Einwendungen feststehen, welche Forderungen bei der Verteilung zu berücksichtigen sind.[6] Erst dann können die Summe der bei der Abschlagsverteilung zu berücksichtigenden Forderungen und die darauf zu zahlende Quote festgesetzt werden.[7] 4

IV. Berechnung des Bruchteils

Der gemäß § 195 Abs. 1 zu bestimmende Bruchteil ergibt sich aufgrund des Verhältnisses der zur Verteilung zur Verfügung stehenden Barmittel (§ 187 Abs. 2 Satz 1) zu der Summe der zu berücksichtigen Forderungen, wobei die noch anfallenden und zu bedienenden Masseverbindlichkeiten ebenfalls in Betracht zu ziehen sind.[8] Der verfügbare Betrag kann nicht über dem in § 188 Satz 3 veröffentlichten Betrag liegen, da sonst der Präklusionswirkung der §§ 189, 190 zu große Bedeutung zukäme.[9] Zusätzliche Mittel, die zwischen der Veröffentlichung nach § 188 und der Quotenfestlegung nach § 195 flüssig geworden sind, sind einer späteren Verteilung vorzubehalten.[10] Eine nach der Veröffentlichung gemäß § 188 Satz 3 eingetretene Reduzierung des zur Verteilung verfügbaren Betrages ist bei der Bruchteilsberechnung zu berücksichtigen. Es empfiehlt sich, bei der Abschlagsverteilung nicht die gesamten verfügbaren Barmittel zur Verteilung zu bringen, damit möglichst auch ein leicht handhabbarer Prozentsatz zu ermitteln ist.[11] 5

V. Mitteilung des festgesetzten Prozentsatzes (§ 195 Abs. 2)

Der Insolvenzverwalter hat nach Abs. 2 den von dem Gläubigerausschuss bzw. von ihm festgelegten Prozentsatz des Bruchteils denjenigen Gläubigern mitzuteilen, die bei der Abschlagsverteilung berücksichtigt werden. Eine besondere Formvorschrift der Mitteilung ist gesetzlich nicht geregelt. Möglich ist die öffentliche Bekanntmachung oder die schriftliche Mitteilung. Die Unterrichtung erfolgt in der Praxis an den Gläubiger durch einen entsprechenden Zusatz auf dem Überweisungsträger.[12] Wird der Anteil zurückbehalten, ist die Quote dem Gläubiger gesondert mitzuteilen. 6

Die nach außen gerichtete Kundgabe des bestimmten Bruchteils, also dessen Mitteilung an wenigstens einen der zu berücksichtigenden Gläubiger, führt zum Wirksamwerden der Bruchteilsbestimmung.[13] Das ist damit der entscheidende Zeitpunkt für die Präklusion der Massegläubiger nach § 206 Nr. 1.[14] 7

Bis zur Mitteilung kann der Bruchteil geändert werden, da die Festsetzung erst dann von einer inneren Verwaltungsangelegenheit zur Wirksamkeit nach außen gelangt.[15] Nach Mitteilung ist die Anteilsbestimmung wirksam und Änderungen nur noch wegen unvorhergesehenen Erlösverluste 8

---

3 Nerlich/Römermann/*Westphal* § 195 Rn. 8.

4 KPB/*Holzer* § 195 Rn. 7; HambKommInsO/*Preß* § 95 Rn. 2, 5.

5 Kayser/Thole/*Depré* § 195 Rn. 1.

6 KPB/*Holzer* § 195 Rn. 2.

7 *Uhlenbruck* § 195, Rn. 3; Nerlich/Römermann/*Westphal* § 195 Rn. 3.

8 *Uhlenbruck* § 195 Rn. 8.

9 Nerlich/Römermann/*Westphal* § 195 Rn. 6.

10 KPB/*Holzer* § 195 Rn. 3.

11 Nerlich/Römermann/*Westphal* § 195 Rn. 4.

12 Nerlich/Römermann/*Westphal* § 195 Rn. 10; *Uhlenbruck* § 195 Rn. 7 mwN.

13 HambKommInsO/*Preß* § 195 Rn. 7; Nerlich/Römermann/*Westphal* § 195 Rn. 11; KPB/*Holzer* § 195 Rn. 10; Kayser/Thole/*Depré* § 195 Rn. 6.

14 Nerlich/Römermann/*Westphal* § 195 Rn. 11; *Uhlenbruck* § 195 Rn. 7.

15 Jaeger/*Meller-Hannich* § 195 Rn. 11.

oder erkannter Berechnungsirrtümer möglich.[16] Auf keinen Fall darf mehr verfügbare Masse verteilt werden als zur Verteilung nach § 188 veröffentlich wurde.

VI. Rechtsbehelfe

9 Für die Gläubiger besteht kein einklagbarer Anspruch gegen die Insolvenzmasse auf Aufzahlung der mitgeteilten Quote.[17] Den Gläubigern steht selbst kein Rechtsmittel gegen die Vornahme der Abschlagsverteilung und deren Berechnung zur Verfügung, da es sich um eine reine Verwaltungsmaßnahme handelt. Die Geltendmachung von Schadensersatzansprüchen gemäß § 60 oder unter Beteiligung des Gläubigerausschusses gegen diesen gemäß § 71 ist bei einem pflichtwidrigen Verhalten des Insolvenzverwalters oder des Gläubigerausschusses möglich.

§ 196 Schlussverteilung

(1) Die Schlussverteilung erfolgt, sobald die Verwertung der Insolvenzmasse mit Ausnahme eines laufenden Einkommens beendet ist.

(2) Die Schlussverteilung darf nur mit Zustimmung des Insolvenzgerichts vorgenommen werden.

Übersicht

I. Normzweck

1 Der Vorschrift regelt, dass Gläubiger, die bei der Schlussverteilung ausgeschlossen sind, auch bei Nachtragsverteilungen nicht mehr berücksichtigt werden (§ 205 Satz 1). Nach der Schlussverteilung – Ausschüttung der gesamten noch vorhandenen Teilungsmasse an die Gläubiger, die nach der endgültigen Verwertung der Insolvenzmasse verbleibt – ist es unmöglich, während des Verfahrens aufgetretene Irrtümer und Unregelmäßigkeiten wieder auszugleichen.[1] Deshalb sieht das Gesetz in Abs. 2 eine Überprüfung und Genehmigung durch das Insolvenzgericht vor; die Vornahme der Schlussverteilung liegt damit nicht im Ermessen des Insolvenzverwalters. Die Vorschriften §§ 187 bis 189, 190 Abs. 1 und 3 Satz 1, 191 Abs. 2, 192, 193, 194 Abs. 2 und 3 sind auf die Schlussverteilung anzuwenden.

II. Voraussetzungen

2 **1. Verwertung der Masse (Abs. 1).** Sind noch unverwertbare Gegenstände vorhanden, die Verwertung der Insolvenzmasse ist in der Gesamtheit also noch nicht beendet, kann die Schlussverteilung trotzdem durchgeführt werden. Die Teilungsmasse kann durch die Unverwertbarkeit der Gegenstände nicht mehr vermehrt werden, so dass die Schlussverteilung vorzunehmen ist.[2] Die Schlussverteilung ist auch dann vorzunehmen, wenn Forderungen erst in weiter Zukunft fällig werden und deren Verwertung somit nicht von Handlungen des Insolvenzverwalters abhängig sind.[3] Derartige Massegegenstände bleiben einer späteren Nachtragsverteilung vorbehalten (§ 197 Abs. 1 Satz 2 Nr. 3). Um das Insolvenzverfahren schneller zu beenden, ist auch ein Forderungsverkauf denkbar.

3 Auch der Neuerwerb des Schuldners gehört zur Insolvenzmasse (§ 35). Die frühere Unsicherheit, ob bei wiederkehrenden Leistungen die Verwertung einer Insolvenzmasse überhaupt beendet sein kann, wurde durch das InsO-ÄndG 2001 nunmehr beseitigt. Es würde zu einer mit dem Zweck des Verteilungsverfahrens nicht zu vereinbarenden Verzögerung führen, wenn der Insolvenzverwalter warten müsste, bis ein weiterer Neuerwerb bis zum voraussichtlichen Verfahrensabschluss vollkom-

16 Jaeger/*Meller-Hannich* § 195 Rn. 12; *Uhlenbruck* § 195 Rn. 10.
17 HambKommInsO/*Preß* § 195 Rn. 8.
1 HambKommInsO/*Preß* § 196 Rn. 1.
2 *Uhlenbruck* § 196 Rn. 4; FKInsO/*Kießner* § 196 Rn. 4.
3 HambKommInsO/*Preß* § 196 Rn. 5; Jaeger/*Meller-Hannich* § 196 Rn. 6.

men ausgeschlossen ist.[4] Der durch das Gesetz zur Änderung der Insolvenzordnung in Abs. 1 eingefügte Zusatz stellt klar, dass laufendes, zugunsten der Insolvenzmasse pfändbares Einkommen der Schlussverteilung nicht entgegensteht.[5]

2. Anhängigkeit von Prozessen. Die Anhängigkeit von Feststellungsprozessen hindert die Schlussverteilung nicht.[6] Die auf die streitigen Forderungen entfallenden Quoten sind gemäß § 189 Abs. 2 bis zum Abschluss des Rechtsstreits zurückzubehalten und nach dem Schlusstermin gemäß § 198 zu hinterlegen. Werden die hinterlegten Anteile später frei, weil die Feststellungsklage rechtskräftig abgewiesen worden ist, wird gemäß § 203 Abs. 1 Nr. 1 die Nachtragsverteilung angeordnet, falls diese nicht schon vorbehalten war. 4

Die Anhängigkeit eines Aktivprozesses kann grundsätzlich die Schlussverteilung auch nicht hindern, da auch diesem Fall eine Nachtragsverteilung gemäß § 203 anzuordnen ist.[7] Dagegen ist die Ansicht von Westphal (Nerlich/Römermann/Westphal, § 196 Rn. 10–13) zwar konsequent in der Auslegung der insolvenzrechtlichen Vorschrift, jedoch in den meisten Fällen nicht praxisnah, da die eintretenden Verzögerungen nicht im Interesse der Gläubiger liegen. Die Insolvenzgläubiger sind im Übrigen durch die Möglichkeit der Nachtragsverteilung nach § 203 geschützt. 5

Grundsätzlich ist es dem Insolvenzverwalter sehr daran gelegen, das Insolvenzverfahren ohne die Anordnung einer Nachtragsverteilung zu beenden. Die Nachtragsverteilung ist ein nicht unerheblicher Arbeitsaufwand. Bei Verteilungen, die erst nach zwei oder drei Jahren erfolgen, können Gläubiger zB aufgrund eines Umzuges nicht mehr ermittelt werden, Bankverbindungen haben sich geändert oder der anwaltlich Bevollmächtigte hat sein Mandat gegenüber dem Insolvenzgläubiger niedergelegt. 6

Der Insolvenzverwalter bleibt – trotz Aufhebung des Insolvenzverfahrens – für die noch nicht abgeschlossenen Aktivprozesse aktiv legitimiert und prozessführungsbefugt.[8] 7

III. Zustimmung des Insolvenzgerichts (§ 196 Abs. 2)

Gemäß Abs. 2 darf der Insolvenzverwalter nur mit vorheriger Zustimmung des Insolvenzgerichts die Schlussverteilung durchführen. Durch das gerichtliche Zustimmungserfordernis ist zugleich gewährleistet, dass eine Überprüfung stattfindet, ob die gesetzlichen Voraussetzungen für eine Schlussverteilung gegeben sind.[9] Die Zustimmung ist vom Insolvenzverwalter unter Beifügung der Schlussunterlagen zu beantragen. Die Schlussunterlagen umfassen den Schlussbericht mit Hinweis, dass die Verwertung der Insolvenzmasse abgeschlossen ist und eine Aufstellung der nicht verwertbaren Massegegenstände, Schlussrechnung mit Belegen gemäß § 66 sowie das Schlussverzeichnis gemäß § 188. Ist ein Gläubigerausschuss eingesetzt, muss dessen Zustimmung nachgewiesen werden (§ 187 Abs. 3 Satz 2). 8

Die Zustimmung zur Schlussverteilung ist vom Gericht zu erteilen, wenn die Schlussrechnung geprüft, Unregelmäßigkeiten oder Mängel mit dem Insolvenzverwalter geklärt und für die abschließende Gläubigerversammlung durch Prüfungsvermerk offengelegt worden sind. Eine Prüfung des Schlussverzeichnisses von Amts wegen findet grundsätzlich nicht statt. Ansonsten kann das Insolvenzgericht das Schlussverzeichnis prüfen, zB darauf, ob und dass nachgemeldeten Forderungen auch enthalten sind.[10] Die Zustimmung ist nur zu verweigern, wenn infolge eines Fehlverhaltens des Insolvenzverwalters die Masse noch nicht verwertet ist. 9

Die Zustimmung des Insolvenzgerichts oder die Verweigerung der Zustimmung ergeht durch Beschluss. Gegen den Beschluss ist die sofortige Beschwerde nicht zulässig; die sofortige Erinnerung nach § 11 Abs. 2 Satz 1 RPflG ist möglich, wenn der Rechtspfleger entschieden hat. 10

Der **Widerruf** der Zustimmung soll aber ausnahmsweise zuzulassen sein, wenn zwingende Gründe dies erfordern. Dies ist unter anderem dann der Fall, wenn festgestellt wird, dass weitere Massegegenstände vorhanden sind und noch verwertet werden müssen.[11] In einem solchen Fall haben dann die Voraussetzungen für die seinerzeitige Zustimmung durch das Gericht nicht vorgelegen, so dass der Widerruf zuzulassen ist. 11

Führt der Insolvenzverwalter die Schlussverteilung **ohne** oder **bei verweigerter Zustimmung** des Gerichts aus, so hat dies nicht die Nichtigkeit der Schlussverteilung zur Folge. Allerdings macht sich der Insolvenzverwalter dann ggfs. schadenersatzpflichtig (§ 60). 12

---

4 KPB/*Holzer* § 196 Rn. 5a; HambKommInsO/*Preß* § 196 Rn. 7.

5 Vgl. zu dieser Problematik AG Düsseldorf ZInsO 2011, 572 mAnm *Haarmeyer.*

6 *Uhlenbruck* § 196 Rn. 7 mwN.

7 KPB/*Holzer* § 196 Rn. 6; *Uhlenbruck* § 196 Rn. 8; BKInsO/*Breutigam* § 196 Rn. 3.

8 *Uhlenbruck* § 196 Rn. 8; FKInsO/*Kießner* § 196 Rn. 7.

9 Jaeger/*Meller-Hannich* § 196 Rn. 9.

10 HambKommInsO/*Preß* § 196 Rn. 8.

11 HambKommInsO/*Preß* § 196 Rn. 8; KPB/*Holzer* § 196 Rn. 18.

IV. Durchführung der Schlussverteilung

13 Wird die Zustimmung des Insolvenzgerichts nach § 196 Abs. 2 erteilt, der Schlusstermin (§ 197) durchgeführt und ist über Einwendungen, die im Schlusstermin erhoben worden sind, rechtskräftig entschieden, so nimmt der Insolvenzverwalter die Schlussverteilung vor. Sie besteht entweder in der Auszahlung der Insolvenzquote an die Gläubiger oder in deren Zurückbehaltung bzw. Hinterlegung.[12] Zuvor sind alle Masseverbindlichkeiten zu berichtigen.

14 Gemäß § 188 Satz 1 hat der Insolvenzverwalter für die Schlussverteilung ein Verteilungsverzeichnis zu erstellen, das sogenannte Schlussverzeichnis. Das Schlussverzeichnis gibt Auskunft über den Massebestand vor und nach Verteilung, die an jeden einzelnen Gläubiger gemäß Schlussverzeichnis ausgezahlte Quote, die in der Zeit zwischen Vorlage der Schlussrechnung und dem Ende des Schlusstermins auf Massegläubiger entfallenden Beträge, die für Masse- bzw. für Insolvenzgläubiger zurückbehaltenen Beträge, die nicht verwertbare Massegegenstände und eventuell noch ermittelte Massegegenstände gibt. Außerdem hat er einen Nachweis über die Nullstellung des Hinterlegungskontos einzureichen.[13]

15 Die Auszahlung erfolgt in der Regel durch Überweisung, per Scheck oder Postanweisung. Auch Kleinstbeträge sind bei der Schlussverteilung auszuzahlen.[14] Sofern die Ausschüttung an einen Gläubiger nicht erfolgen kann, weil dieser nicht auffindbar ist, hat der Insolvenzverwalter die dem Gläubiger zustehende Quote beim Amtsgericht zu hinterlegen. Die Hinterlegung richtet sich hierbei nach § 372 Satz 2, 1. Alt. BGB.

16 Nur die im Schlussverzeichnis aufgeführten Forderungen werden bei der Verteilung berücksichtigt. Dies gilt auch dann, wenn eine Forderung erst in der abschließenden Gläubigerversammlung (Schlusstermin) geprüft wird; diese Forderung nimmt an der Verteilung nicht mehr teil.[15] Auch die nachrangigen Forderungen (§ 39) sind in das Schlussverzeichnis aufzunehmen, auch wenn auf sie keine Quoten ausgeschüttet werden. Voraussetzung ist aber, dass diese nachrangigen Forderungen angemeldet sind, was nur bei einer entsprechenden Aufforderung durch das Insolvenzgericht in Betracht kommt (§ 174 Abs. 3 Satz 1).

V. Rechtsbehelfe

17 Gegen das Schlussverzeichnis sind Einwendungen nach §§ 194, 197 Abs. 3 möglich. Dabei gilt die Ausschlussfrist des § 194 Abs. 1 nicht. Die Einwendungen sind gemäß § 197 Abs. 1 Satz 2 Nr. 2 im Schlusstermin zu erheben.

§ 197 Schlusstermin

(1) [1]Bei der Zustimmung zur Schlussverteilung bestimmt das Insolvenzgericht den Termin für eine abschließende Gläubigerversammlung. [2]Dieser Termin dient
1. zur Erörterung der Schlussrechnung des Insolvenzverwalters,
2. zur Erhebung von Einwendungen gegen das Schlussverzeichnis und
3. zur Entscheidung der Gläubiger über die nicht verwertbaren Gegenstände der Insolvenzmasse.

(2) Zwischen der öffentlichen Bekanntmachung des Termins und dem Termin soll eine Frist von mindestens einem Monat und höchstens zwei Monaten liegen.

(3) Für die Entscheidung des Gerichts über Einwendungen eines Gläubigers gilt § 194 Abs. 2 und 3 entsprechend.

Übersicht

[12] *Uhlenbruck* § 196 Rn. 20.
[13] HambKommInsO/*Preß* § 196 Rn. 12.
[14] So auch KPB/*Holzer* § 196 Rn. 23.
[15] OLG Köln, ZIP 1992, 949; HambKommInsO/*Preß* § 197 Rn. 5.

I. Normzweck

Der Schlusstermin ist die abschließende Gläubigerversammlung im Rahmen des Insolvenzverfahrens. Die §§ 74 ff. finden Anwendung. Die Leitung der Gläubigerversammlung erfolgt durch das Gericht, in der Regel durch den Rechtspfleger. Neben den in Abs. 1 Satz 2 genannten Punkten dient der Schlusstermin auch der Anhörung von Gläubigern und Insolvenzverwalter zu einem Antrag des Schuldners auf Restschuldbefreiung (§ 289 Abs. 1 Satz 1). Die Anhörung dient dazu, den Gläubigern noch im Schlusstermin die Möglichkeit zu verschaffen, einen Antrag auf Versagung der Restschuldbefreiung gemäß § 290 Abs. 1 zu stellen.[1] 1

II. Schlusstermin

Nachdem das Insolvenzgericht die Zustimmung zur Schlussverteilung gemäß § 196 Abs. 2 erteilt hat, bestimmt das Gericht auch ohne Antrag den Schlusstermin. Zeit, Ort und Tagungsordnung sind nach § 9 öffentlich bekanntzumachen (§ 74 Abs. 2 Satz 1), demnach durch die Veröffentlichung im Internet (www.insolvenzbekanntmachungen.de). Eine gesonderte Ladung der Insolvenzgläubiger ist nicht vorgesehen.[2] Muss der Schlusstermin vertagt werden, ist eine erneute Bekanntmachung nicht notwendig. Wird der Termin verlegt, ist der neue Termin wieder öffentlich bekannt zu machen. 2

Entgegen der herrschenden Auffassung[3] darf sich der Insolvenzverwalter bei Verhinderung durch eine nach seiner Ansicht geeignete Person in dem Schlusstermin vertreten lassen. Allein zur Vermeidung von Verzögerungen kann es auch für das Insolvenzgericht sinnvoll sein, Termine nicht verlegen zu müssen. Hier ist mit dem jeweiligen Insolvenzgericht vorher abzustimmen, ob die Vertretung möglich. Des Weiteren ist es möglich, dass das Insolvenzgericht und der Verwalter einen Termin abstimmen, um die persönliche Wahrnehmung des Schlusstermins zu gewährleisten.

Gemäß § 197 Abs. 2 *soll* zwischen der öffentlichen Bekanntmachung und dem Schlusstermin eine Frist von mindestens einem Monat und höchstens zwei Monaten liegen. Da es sich um eine Sollvorschrift handelt, können in begründeten Ausnahmefällen abweichende Bestimmungen geregelt werden, sofern der Ablauf der Ausschlussfrist der §§ 189, 190 und die Änderungsfristen des § 193 vor dem Termin sichergestellt ist.[4] Damit wird gewährleistet, dass im Schlusstermin festgestellt werden kann, dass die Gläubiger ihre Einwendungen rechtzeitig erheben konnten.[5] 3

Der Schlusstermin kann auch mit einem Termin zur Prüfung nachträglich angemeldeter Forderungen (§ 177 Abs. 1) verbunden werden, denn für Anmeldung und Prüfung von Forderungen besteht keine zeitliche Grenze. Sie können noch bis zum Abschluss des Verfahrens angemeldet werden. Die Prüfung von Forderungen im Schlusstermin hat aber zur Folge, dass diese nicht in das Schlussverzeichnis aufgenommen und bei der Schlussverteilung nicht berücksichtigt werden.[6] Die Feststellung im Schlusstermin hat daher nur die Bedeutung für die Zwangsvollstreckung aus der Tabelle (§ 201 Abs. 2). Der Prüfungstermin sollte daher anberaumt werden, bevor die Schlussverteilung eingeleitet wird.[7] 4

III. Erörterung der Schlussrechnung

Gemäß § 197 Abs. 1 Satz 2 Nr. 1 dient der Schlusstermin zunächst der Abnahme und Erörterung der Schlussrechnung, die der Insolvenzverwalter nach § 66 Abs. 1 zu erstellen hat, und vom Gericht (§ 66 Abs. 2 Satz 1) und gegebenenfalls vom Gläubigerausschuss (§ 66 Abs. 2 Satz 2) bereits vorgeprüft worden ist.[8] 5

Wie der Wortlaut des § 197 Abs. 1 Satz 1 Nr. 1 wiedergibt, findet nur eine Erörterung der Schlussrechnung statt, dies bedeutet, dass auf Nachfrage von Insolvenzgläubigern der Insolvenzverwalter Stellung beziehen wird. Die Erhebung von Einwendungen – wie in § 197 Abs. 1 Satz 1 Nr. 2 – ist nach dem Wortlaut nicht mehr möglich.[9] Die Folge der Neuregelung hat (anders noch § 86 Abs. 4 KO) ist, dass Einwendungen, die nach dem Schlusstermin vorgebracht werden, nicht 6

---

1 *Uhlenbruck* § 197 Rn. 16.

2 HambKommInsO/*Preß* § 197 Rn. 3, BKInsO/*Breutigam* § 197 Rn. 26.

3 *Uhlenbruck* § 197 Rn. 1; Braun/*Pehl* § 197 Rn. 5; Nerlich/Römermann/*Westphal* § 197 Rn. 2.

4 Jaeger/*Meller-Hannich* § 197 Rn. 4; HambKommInsO/*Preß* § 197 Rn. 4.

5 Nerlich/Römermann/*Westphal* § 197 Rn. 4.

6 BGH WM 2007, 954 = NZI 2007, 401; OLG Köln, ZIP 1992, 949; FKInsO/*Kießner* § 197 Rn. 9; *Uhlenbruck* § 197 Rn. 1; Nerlich/Römermann/*Westphal* § 197 Rn. 13.

7 KPB/*Holzer* § 197 Rn. 5.

8 *Uhlenbruck* § 197 Rn. 6.

9 HambKommInsO/*Preß* § 197 Rn. 6; aA *Uhlenbruck* § 197 Rn. 7; KPB/*Holzer* § 197 Rn. 6.

mehr präkludiert sind.[10] In der Frist des § 62 Satz 1 können Schadensersatzansprüche gegenüber dem Insolvenzverwalter geltend gemacht werden.[11] Eine Präklusionswirkung tritt mit Beendigung des Schlusstermins nicht ein.[12]

IV. Einwendungen gegen das Schlussverzeichnis

7 **1. Einwendungsverfahren.** Allein die Insolvenzgläubiger, die ihre Forderungen angemeldet haben, sind berechtigt, Einwendungen iSv § 197 Abs. 1 Nr. 2 gegen das Schlussverzeichnis zu erheben, unerheblich, ob die Forderung bereits geprüft oder anerkannt wurde. Bei dem Schlussverzeichnis handelt es sich um eine Liste der bei der Schlussverteilung zu berücksichtigenden Forderungen nebst Verteilungsvorschlag.[13] § 197 Abs. 1 Nr. 2 tritt an die Stelle des § 194 Abs. 1. Im Gegensatz zu dem Vorbringen bei Abschlagsverteilungen müssen Einwendungen des Insolvenzgläubigers gegen das Schlussverzeichnis im Schlusstermin – mündlich – vorgetragen werden. Bereits vorliegende schriftliche Einwendungen entfalten keine Rechtswirkung und bleiben unberücksichtigt.[14] Durch das mündliche Vorbringen soll eine sofortige Klärung des strittigen Sachverhalts erfolgen. Die Einwendungen sind zu protokollieren. Einwendungen können nicht erhoben werden in Bezug auf die zur Verteilung gelangte Masse oder materiell-rechtliche Einwendungen gegen den Stand einer Forderung.[15] Massegläubiger sind nicht einwendungsberechtigt. Über die Einwendungen entscheidet das Insolvenzgericht, wobei § 197 Abs. 3 die entsprechende Anwendung von § 194 Abs. 2 und Abs. 3 anordnet. Hinsichtlich der Bekanntmachung der Entscheidung ist daher auf § 194 Rn. 14f. zu verweisen. Für die möglichen Rechtsbehelfe gilt § 194 Rn. 16ff.

8 **2. Präklusionswirkung.** Nimmt ein Gläubiger aufgrund Versäumnis an dem Schlusstermin nicht teil, ist eine Wiedereinsetzung in den vorherigen Stand ausgeschlossen, weil das Gesetz an dieser Stelle keine Notfrist vorsieht.[16] Wenn ein nicht berücksichtigter Gläubiger – trotz Teilnahme an dem Schlusstermin – es versäumt, Einwendungen gegen das Schlussverzeichnis im Schlusstermin zu erheben, so ist er sowohl bei der Schlussverteilung als auch bei etwaigen Nachtragsverteilungen ausgeschlossen, weil letztere auf der Grundlage des Schlussverzeichnisses erfolgen (§ 205 Satz 1).[17] Ein zu Unrecht berücksichtigter Gläubiger muss die Quote, die ihm in Übereinstimmung mit dem Schlussverzeichnis ausgezahlt wurde, nicht als ungerechtfertigte Bereicherung herausgeben.[18] Dagegen sind Ansprüche gegen den Schuldner nach § 201 (Nachhaftung) von der Präklusion nicht berührt.

V. Entscheidung über nicht verwertbare Gegenstände

9 Gemäß § 197 Abs. 1 Satz 2 Nr. 3 ist im Schlusstermin von den Gläubigern zu entscheiden, wie mit den nicht verwertbaren Gegenständen verfahren werden soll. Grundsätzlich liegt die Freigabe eines Massegegenstandes, dh die Überführung in das insolvenzfreie Vermögen des Schuldners, im Ermessen des Insolvenzverwalters, wenn der Massegegenstand nicht verwertbar ist. Die Entscheidung im Schlusstermin, wie mit den unverwertbaren Gegenständen verfahren werden soll, dient somit auch dazu, den Insolvenzverwalter von der Verantwortung zu entlasten.[19]

10 Der Insolvenzverwalter erstellt zur Vorbereitung der Gläubigerversammlung eine Liste mit den Massegegenständen, die nach seiner Auffassung nicht verwertbar sind. Die Gläubigerversammlung entscheidet durch Beschluss (§ 76 Abs. 2), wie mit den Massengegenständen umgegangen werden soll. Sie kann ua entscheiden, dass ein erneuter Verwertungsversuch unternommen werden soll. Es ist ebenfalls möglich, dass ein Gläubiger die Massegegenstände unter Anrechnung seiner Insolvenzforderung erwirbt[20] oder die Gegenstände freigegeben werden, dh, der Schuldner wieder über diese Gegenstände verfügen kann.[21] Entscheiden sich die Gläubiger nicht für irgendeine Art der Verwer-

---

[10] Jaeger/*Meller-Hannich* § 197 Rn. 9.

[11] Jaeger/*Meller-Hannich* § 197 Rn. 9; HambKommInsO/*Preß* § 197 Rn. 8.

[12] Vgl. HambKommInsO/*Preß* § 197 Rn. 8.

[13] KPB/*Holzer* § 197 Rn. 9.

[14] AG Krefeld NZI 2001, 45; *Uhlenbruck* § 197 Rn. 7; KPB/*Holzer* § 187 Rn. 6; Nerlich/Römermann/*Westphal* § 197 Rn. 8.

[15] *Uhlenbruck* § 197 Rn. 8a mwN.

[16] HambKommInsO/*Preß* § 197 Rn. 12; *Uhlenbruck* § 197 Rn. 12.

[17] BGHZ 91, 198, 210; OLG Köln MDR 1990, 558; LG Düsseldorf KTS 1966, 185; AG Krefeld NZI 2001, 45; *Uhlenbruck* § 197 Rn. 12.

[18] BGHZ 91, 198 = BGH NJW 1984, 2154.

[19] *Uhlenbruck* § 197 Rn. 13; FKInsO/*Kießner* § 197 Rn. 26; Braun/*Pehl* § 197 Rn. 17.

[20] *Uhlenbruck* § 197 Rn. 13; Braun/*Pehl* § 197 Rn. 17.

[21] Gottwald/*Eickmann,* InsO-HdB, § 65 Rn. 48; Nerlich/Römermann/*Westphal* § 197 Rn. 11.

tung, so ist darin eine konkludente Freigabe zu sehen.[22] Die Entlastungswirkung tritt auch ein, wenn die Gläubigerversammlung hierzu keinen Beschluss fasst oder kein Gläubiger erscheint.[23] Wenn der erneute Versuch der Verwertung erfolgreich sein sollte, findet nach § 203 eine Nachtragsverteilung statt.[24]

Die Übertragung einer schwer verwertbaren Restmasse auf einen Treuhänder ist nicht möglich.[25] Der eingesetzte Treuhänder unterliegt nicht der Aufsicht des Insolvenzgerichts (§ 58), so dass das Insolvenzverfahren ohne Kontrolle fortgeführt werden könnte.[26] **11**

§ 198 Hinterlegung zurückbehaltener Beträge

Beträge, die bei der Schlussverteilung zurückzubehalten sind, hat der Insolvenzverwalter für Rechnung der Beteiligten bei einer geeigneten Stelle zu hinterlegen.

I. Normzweck

§ 198 soll gewährleisten, dass der Insolvenzverwalter das Insolvenzverfahren abschließen kann, wobei Gläubiger, deren angemeldeten Forderungen noch nicht endgültig geklärt werden konnten, keine Nachteile erleiden durch die Quotenausschüttung an die übrigen Gläubiger. Zurückzubehalten ist ein Betrag dann, wenn eine rechtskräftige Entscheidung über eine bestrittene Forderung noch aussteht (§ 189 Abs. 1 und 2) oder bei einer aufschiebend bedingten Forderung der Bedingungseintritt zu Zeitpunkt der Schlussverteilung noch nicht erfolgt, aber absehbar ist (§ 191). § 198 gilt aber nur für Beträge, die bei einer **Schlussverteilung** zurückzubehalten sind. Einer Zustimmung des Insolvenzgerichts zur Hinterlegung ist nicht einzuholen. **1**

II. Vergleich der Hinterlegung nach § 198 und § 372 BGB

Zu unterscheiden ist die Hinterlegung gemäß § 198 zurückbehaltener Beträge und die Hinterlegung zum Zweck der Schuldbefreiung nach § 372 BGB. **2**

1. Insolvenzrechtliche Hinterlegung nach § 198. § 198 ist anzuwenden, wenn bei der Schlussverteilung Beträge gemäß den §§ 189, 191 zurückzubehalten sind. Die Hinterlegung erfolgt auf den Namen der Insolvenzmasse ohne Ausschluss des Rückforderungsverzichts, da ggfs. eine Nachtragsverteilung nach § 203 Abs. 1 Nr. 1 durchzuführen ist. Die Hinterlegung erfolgt für Rechnung der Beteiligten, mit der Folge, dass die Kosten der Hinterlegung aus dem hinterlegten Betrag zu bestreiten sind, der Zinsanspruch aber dem Berechtigten zusteht.[1] **3**

Als geeignete Hinterlegungsstelle kommt die amtliche Hinterlegungsstelle im Sinne von § 372 BGB in Betracht als auch jede Stelle, die die Anforderungen an eine sichere und neutrale Verwahrung erfüllt, so zB die Bank oder Sparkasse.[2] Die Hinterlegung sollte zeitlich begrenzt werden auf einen gewissen Zeitraum nach der Bekanntmachung über die Verfahrensaufhebung.[3] **4**

2. Hinterlegung nach § 372 BGB. Die Hinterlegung nach § 372 BGB erfolgt zum Zweck der Schuldbefreiung unter Verzicht der Rücknahme. § 372 BGB ist anzuwenden, wenn der Aufenthaltsort des Gläubigers unbekannt ist oder eine gültige Kontoverbindung nicht vorliegt. Der Insolvenzverwalter hinterlegt beim Amtsgericht der amtlichen Hinterlegungsstelle im Sinne von § 1 HinterlegungsO auf Kosten und Namen des Gläubigers, damit die Erfüllungswirkung nach § 378 BGB eintritt.[4] **5**

§ 199 Überschuss bei der Schlussverteilung

[1]Können bei der Schlussverteilung die Forderungen aller Insolvenzgläubiger in voller Höhe berichtigt werden, so hat der Insolvenzverwalter einen verbleibenden Überschuss dem Schuldner herauszugeben. [2]Ist der Schuldner keine natürliche Person, so hat der Insolvenzverwalter jeder am Schuldner beteiligten Person den Teil des Überschusses

---

22 RG JW 1888, 288; KPB/*Holzer* § 197 Rn. 14.
23 Jaeger/*Meller-Hannich* § 197 Rn. 13; *Uhlenbruck* § 197 Rn. 14; Nerlich/Römermann/*Westphal* § 197 Rn. 11.
24 BKInsO/*Breutigam* § 197 Rn. 24; Gottwald/*Eickmann* § 65 Rn. 48.
25 *Uhlenbruck* § 197 Rn. 14 mwN.
26 KPB/*Holzer* § 197 Rn. 15; BKInsO/*Breutigam* § 197 Rn. 22.
1 *Uhlenbruck* § 198 Rn. 11; Nerlich/Römermann/*Westphal* § 198 Rn. 10.
2 BKInsO/*Breutigam* § 198 Rn. 7; Nerlich/Römermann/*Westphal* § 198 Rn. 9.
3 KPB/*Holzer* § 198 Rn. 12.
4 Nerlich/Römermann/*Westphal* § 198 Rn. 11.

herauszugeben, der ihr bei einer Abwicklung außerhalb des Insolvenzverfahrens zustünde.

I. Normzweck

1 Sofern nach vollzogener Schlussverteilung ein Überschuss vorhanden ist, was in der Praxis äußerst selten ist, ist dieser an den Schuldner auszukehren. Unberücksichtigt bleiben noch vorhandene, aber unverwertbare Gegenstände, da sich aus ihnen, wie bei freigegebenen Gegenständen, kein Überschuss ergeben kann.[1] Erst nach vollständiger Befriedigung der Massegläubiger und der im Schlussverzeichnis aufgeführten Gläubigerforderungen ist der Überschuss auszukehren. Maßgebend sind die im endgültigen Schlussverzeichnis aufgeführten Insolvenzgläubiger.[2]

II. Norminhalt

2 Satz 1 regelt die Herausgabe an den Schuldner, an die natürliche Person.

Die Herausgabe an juristische Personen ist in Satz 2 geregelt. Um zu vermeiden, dass sich nach dem Insolvenzverfahren noch eine gesellschaftsrechtliche Liquidation anschließen muss,[3] hat der Insolvenzverwalter den Überschuss an die Gesellschafter auszukehren, und zwar in Höhe der Beteiligungsverhältnisse oder aufgrund der vertraglichen Regelungen unter den Gesellschaftern; insoweit ist unter anderem zu verweisen auf § 49 Abs. 1 Satz 1 BGB, § 734 BGB, § 155 HGB, § 271 AktG, § 72 GmbHG, §§ 91 f. GenG. Sollte der Insolvenzverwalter bei einer Gesellschaft ohne Rechtspersönlichkeit iSv § 11 Abs. 2 Nr. 1 oder einer Kommanditgesellschaft auf Aktien von einem persönlich haftenden Gesellschafter (§ 128) mehr eingetrieben als letztlich zur Befriedigung der Gläubiger erforderlich war, sind diese unverbrauchten Beträge an diese Gesellschafter zurückzuzahlen, bevor die an der Gesellschaft Beteiligten die Auskehr des Überschusses erhalten.[4]

3 Durch die vollständige Abwicklung des Vermögens der Gesellschaft kann die Löschung des Unternehmens im Handelsregister vorgenommen werden (§ 141a FGG). Diese „Vollabwicklung“ ist für den Insolvenzverwalter nicht verpflichtend und muss dann eine untergeordnete Rolle spielen, wenn Gläubigerinteressen dem entgegenstehen. Es muss dem Insolvenzverwalter zum Schutz der vorhandenen Masse erlaubt sein, Massegegenstände, die unverwertbar oder Kosten verursachen, aus dem Insolvenzbeschlag freizugeben.[5]

III. Durchsetzung des Anspruches

4 Der Anspruch des Schuldners oder der Anteilsinhaber auf Herausgabe ist insolvenzrechtlicher Natur.[6] Die Auskehrung des Überschusses gehört zu den Aufgaben des Insolvenzverwalters mit der Folge einer Inanspruchnahme des Insolvenzverwalters nach § 60 auf Schadensersatz, sofern die Auskehrung unterbleibt oder fehlerhaft erfolgt.[7]

§ 200 Aufhebung des Insolvenzverfahrens

(1) Sobald die Schlussverteilung vollzogen ist, beschließt das Insolvenzgericht die Aufhebung des Insolvenzverfahrens.

(2) [1]Der Beschluss und der Grund der Aufhebung sind öffentlich bekanntzumachen. [2]Die §§ 31 bis 33 gelten entsprechend.

Schrifttum: *App,* Die Aufhebung und Einstellung des Insolvenzverfahrens und die Gläubigerrechte nach Verfahrensbeendigung, DGVZ 2001, 1 ff.; *Bork,* Aufhebung und Einstellung des Insolvenzverfahrens unter Vorbehalt der Nachtragsverteilung, ZIP 2009, 2077; *Markgraf/Hertelt,* Die Beendigung des Insolvenzverfahrens während des rechtshängigen Zivilprozesses, ZIP 2018, 1480; *Uhlenbruck,* Rechtsfolgen der Beendigung des Konkursverfahrens, ZIP 1993, 241 ff.; *Uhlenbruck* Aufhebung des Konkursverfahrens trotz Einwendungen gegen das Schlussverzeichnis?, Rpfleger 1994, 407 ff.; *Wellkamp,* Verfahrensprobleme bei der Insolvenz der Gesellschaft bürgerlichen Rechts, KTS 2000, 331.

---

1 *Uhlenbruck* § 199 Rn. 3; Jaeger/*Meller-Hannich* § 199 Rn. 1.
2 Braun/*Pehl* § 199 Rn. 3.
3 Begr. § 227 RegE (= § 199).
4 KPB/*Holzer* § 199 Rn. 6.
5 BGHZ 163, 32; 148, 252, 258 f.: NJW 2001, 2966; NJW 2005, 2015, 2016; Jaeger/*Meller-Hannich* § 199 Rn. 3.
6 Uhlenbruck § 199 Rn. 8; Nerlich/Römermann/*Westphal* § 199 Rn. 9.
7 Nerlich/Römermann/*Westphal* § 199 Rn. 10; Jaeger/*Meller-Hannich*, § 199 Rn. 6.

Übersicht

I. Normzweck

1 Das Insolvenzverfahren wird förmlich mit dem Eröffnungsbeschluss, § 27, eröffnet und nach Vollzug der Schlussverteilung durch Beschluss förmlich aufgehoben. Die Aufhebung erfolgt auch nach rechtskräftiger Aufhebung der Eröffnungsentscheidung, § 34 Abs. 3. Einen weiteren Aufhebungsgrund sieht § 258 nach rechtskräftiger Bestätigung des Insolvenzplans vor. Vorzeitig abgebrochen durch Einstellungsbeschluss wird das Insolvenzverfahren in den Fällen §§ 207, 211, 212, 213. Mit der Aufhebung des Insolvenzverfahrens werden die mit der Insolvenzeröffnung verbundenen Auswirkungen sowohl gegen den Schuldner als auch gegen die Gläubiger für die Zukunft beseitigt. Das mit Eröffnung auf den Insolvenzverwalter übergegangene Recht, das dem Schuldner gehörende Vermögen zu verwalten und darüber zu verfügen, § 80, fällt an den Schuldner zurück. Vollstreckungsverbote, §§ 89, 90, 110 Abs. 2, 123 Abs. 3 Satz 2 und 210, gelten nicht mehr, die Insolvenzgläubiger haben grundsätzlich das freie Nachforderungsrecht, § 201.

2 In Abweichung zu § 263 Abs. 1 Satz 1 KO sieht § 200 vor, dass das Insolvenzverfahren nach Vollzug der Schlussverteilung aufzuheben ist und nicht, wie früher, schon nach Abhaltung des Schlusstermins. Damit soll sichergestellt werden, dass das Amt des Verwalters und die gerichtliche Aufsicht über seine Geschäftsführung auch während der Schlussverteilung eine eindeutige Rechtsgrundlage haben. Die frühere Regelung über den Ausschluss der Anfechtbarkeit des Beschlusses, § 163 Abs. 1 Satz 2 KO ist obsolet, da § 6 insoweit eine abschließende Regelung trifft.

3 Wie bereits § 163 KO enthält auch § 200 keine Regelung über die Rechtsfolgen der Aufhebung des Verfahrens, insoweit kann jedoch auf die Wirkungen nach Verfahrenseinstellung, § 215 bzw. nach rechtskräftiger Bestätigung des Insolvenzplans, § 259, zurückgegriffen werden.[1]

II. Entstehungsgeschichte

4 Die frühere Regelung, die Aufhebung des Konkursverfahrens unmittelbar nach Abhaltung des Schlusstermins zu beschließen, wurde einerseits als Rechtspflicht angesehen.[2] Andererseits blieben zahlreiche Rechtsfragen strittig. Mit Aufhebung des Konkursverfahrens unterstand der Konkursverwalter nicht mehr der Aufsicht des Konkursgerichts und konnte auch nicht mehr zur ordnungsgemäßen Schlussverteilung angehalten werden. Zwangsmaßnahmen gegen den Konkursverwalter waren nicht möglich, § 83 KO. Mit Aufhebung des Verfahrens erhielt der Schuldner zwar grundsätzlich die freie Verfügungsgewalt über die noch vorhandene Masse zurück, insoweit musste jedoch eine Nachwirkung des Konkursbeschlages angenommen werden.[3] Anhängige Prozesse, die vom Konkursverwalter eingeleitet oder gegen ihn geführt wurden, mussten nach Aufhebung des Konkursverfahrens durch den Schuldner persönlich weitergeführt werden. Nur im Falle eines Anfechtungsprozesses hatte der BGH die prozessuale Fortführungsbefugnis des Konkursverwalters für den Fall anerkannt, dass der Konkursbeendigung eine Schlussverteilung vorausgegangen und eine Nachtragsverteilung, § 166 KO, möglich und deshalb auch vom Konkursgericht angeordnet worden war.[4] Um eine ordnungsgemäße verfahrensrechtliche Abwicklung zu garantieren, wurde von der Literatur in

---

1 Uhlenbruck/*D. Wegener* § 200 Rn. 1; KPB/*Holzer* § 200 Rn. 2.

2 *Uhlenbruck* Rpfleger 1994, 407.

3 BGH NJW 1973, 1198; BGH ZIP 1982, 467; *Kuhn/Uhlenbruck* § 163 KO Rn. 6, 9; *Jaeger/Weber* § 163 Rn. 7.

4 BGH ZIP 1982, 457, 468.

der gerichtlichen Genehmigung der Schlussverteilung ein stillschweigender Vorbehalt einer Nachtragsverteilung hinsichtlich des Prozessgegenstandes angenommen.[5] Das OLG Celle[6] nahm an, dass für der Höhe nach noch nicht hinreichend bestimmte Forderungen im Zeitpunkt der Schlussverteilung auch eine stillschweigend ausgesprochene Nachtragsverteilung angenommen werden musste. Das OLG Frankfurt[7] hat in einem Fall, in dem der Schlusstermin noch mit einem besonderen Prüfungstermin verbunden wurde und in dem gleichzeitig Einwendungen eines Gläubigers gegen das Schlussverzeichnis zurückgewiesen wurden, das Rechtsmittel des Gläubigers gegen einen Zurückweisungsbeschluss mit Eintritt der Rechtskraft des Aufhebungsbeschlusses als gegenstandslos erklärt. Mit rechtskräftiger Aufhebung des Konkursverfahrens waren Rechtsmittel in der Hauptsache als erledigt anzusehen und nur noch im Kostenpunkt auszutragen, es sei denn, dass der Rechtsbehelf seinem Gegenstand nach von der Fortdauer des Konkursverfahrens unabhängig war. Zahlreiche Konkursgerichte waren deshalb bereits in der Vergangenheit dazu übergegangen, die Verfahrensaufhebung erst nach Abschluss der Schlussverteilung vorzunehmen.[8]

5 Die Neuregelung lässt den Insolvenzbeschlag mit seinen materiellen Wirkungen kraft Gesetzes bis zum Vollzug der Schlussverteilung bestehen. Dies ist zweckmäßig, da das Amt des Verwalters und die Aufsichtspflicht des Gerichts während der Schlussverteilung noch andauern und ausgeübt werden müssen.[9]

III. Aufhebung des Insolvenzverfahrens

6 **1. Vollzug der Schlussverteilung.** Nach Verwertung der Insolvenzmasse hat der Verwalter die Schlussverteilung vorzunehmen, § 196 Abs. 1. Die Schlussverteilung beinhaltet die Ausschüttung der gesamten noch vorhandenen Teilungsmasse.[10] Den Vollzug der Schlussverteilung hat der Insolvenzverwalter dem Insolvenzgericht gegenüber nachzuweisen. Sofern im Schlusstermin, § 197, **Einwendungen** gegen die Schlussrechnung oder auch das Schlussverzeichnis erhoben werden, kann die Schlussverteilung erst vollzogen werden, sobald über die Einwendungen rechtskräftig entschieden ist.

7 Der Vollzug der Schlussverteilung beinhaltet:
a) die Zuteilung der restlichen Teilungsmasse an die im Verteilungsverzeichnis aufgeführten Beteiligten, § 188,
b) die Hinterlegung zurückbehaltener Beträge, § 198, entweder bei einer amtlichen Stelle im Sinne von § 273 BGB oder auf einem Sonderkonto des Insolvenzverwalters,
c) im Falle eines Überschusses nach Wegfertigung aller Insolvenzgläubiger, die Auszahlung an den Schuldner oder im Falle einer juristischen Person an die Gesellschafter, § 199.

8 Der Insolvenzverwalter hat den Vollzug der Schlussverteilung nachzuweisen. Sofern der Nachweis nicht durch geeignete Belege (Hinterlegungsschein, Kontoauszüge) geführt werden kann, genügt die ausdrückliche und begründete Erklärung des Insolvenzverwalters.

9 **2. Aufhebungsbeschluss.** Die Aufhebung des Insolvenzverfahrens erfolgt durch Beschluss. Einer Begründung des Beschlusses bedarf es nicht.[11] Da es verschiedene Aufhebungsgründe gibt, ist in dem Beschluss der **Grund der Aufhebung** anzugeben.[12] **Beschlussformel** und **Aufhebungsgrund** sind öffentlich bekannt zu machen. Hierbei genügt im Fall des § 200 die Angabe „nach Vollzug der Schlussverteilung".

10 Der Aufhebungsbeschluss ist als Entscheidung des Insolvenzgerichts mangels einer gesetzlichen Regelung[13] unanfechtbar, § 6 Abs. 1. Die **Rechtskraft** tritt ein, sobald nach dem Tag der Veröffentlichung zwei weitere Tage verstrichen sind, §§ 200 Abs. 2 Satz 1, 9 Abs. 1 Satz 3.[14] Die Unanfechtbarkeit des Aufhebungsbeschlusses gilt jedoch nur dann, wenn der Insolvenzrichter die Entscheidung getroffen hat. Da das gesamte Insolvenzverfahren grundsätzlich nach der Verfahrenseröffnung zur weiteren Bearbeitung auf den Rechtspfleger übergeht, § 18 Abs. 1 RPflG, wird auch der Aufhebungsbeschluss regelmäßig vom Rechtspfleger getroffen. Im Falle einer Entscheidung des Rechtspfle-

---

5 *Jaeger/Weber* § 163 Rn. 6; Hess/*Kropshofer* § 163 Rn. 9; *Kuhn/Uhlenbruck* § 163 KO Rn. 8.
6 KTS 1972, 265.
7 Rpfleger 1992, 35 = ZIP 1991, 1365 = NJW-RR 1992, 487.
8 *Uhlenbruck* ZIP 1993, 241, 245; *Bihler* KTS 1962, 84, 89.
9 Begr. RegE zu § 228.
10 § 196 Rn. 1; HKInsO/*Deprè* § 196 Rn. 1; Nerlich/Römermann/*Westphal* § 196 Rn. 4; Uhlenbruck/*D. Wegener* § 200 Rn. 2.
11 Uhlenbruck/*D. Wegener* § 200 Rn. ; Nerlich/Römermann/*Westphal* § 200 Rn. 3.
12 Uhlenbruck/*D. Wegener* § 200 Rn. 5.
13 Ausdrückliche Regelung nach früherem Recht, § 163 Abs. 1 Satz 2 KO.
14 Vgl. LG Braunschweig MDR 1964, 64 zu § 376, 163 KO; Uhlenbruck/*D. Wegener* § 200 Rn. 6.

gers ist hiergegen das Rechtsmittel der **sofortigen Erinnerung** gegeben, § 11 Abs. 2 Satz 1 RPflG.[15] Die Erinnerung steht jedem Beteiligten zu, der durch die Entscheidung in seinen Rechten verletzt sein kann, auch dem Verwalter. Die Erinnerung ist innerhalb der für die sofortige Beschwerde geltenden Frist einzulegen, § 577 Abs. 2 ZPO. Die Frist beginnt mit Ablauf von zwei weiteren Tagen nach dem Tag der Veröffentlichung, § 9 Abs. 1 Satz 3. Der Rechtspfleger kann der Erinnerung abhelfen, § 11 Abs. 2 Satz 2 RPflG. Im Falle der Nichtabhilfe entscheidet der Insolvenzrichter abschließend, § 11 Abs. 2 Satz 3 RPflG.

Wird die **Aufhebung** des Insolvenzverfahrens **abgelehnt,** so ist nach denselben zuvor genann- 11
ten Grundsätzen danach zu unterscheiden, ob der Richter oder der Rechtspfleger die Ablehnung der Verfahrensaufhebung beschlossen hat.[16]

3. Bekanntmachung. a) Inhalt. Der Inhalt der öffentlichen Bekanntmachung ergibt sich 12
zunächst aus § 200 Abs. 2 Satz 1. Hiernach sind der Beschluss und der Grund der Aufhebung zu veröffentlichen. Mit Beschluss ist nur die Beschlussformel (= Tenor) gemeint. Die für den Geschäftsverkehr maßgebliche Begründung ergibt sich aus der Angabe des Grundes der Aufhebung. Insgesamt genügt deshalb die Mitteilung, das (genau bezeichnete) Insolvenzverfahren ist nach Vollzug der Schlussverteilung aufgehoben.[17] Zweck der öffentlichen **Bekanntmachung** ist die möglichst umfassende Unterrichtung des Geschäftsverkehrs unter gleichzeitiger Wahrung der Rechte der Beteiligten. Um die Verfahrensvorgänge zu erleichtern und zu vereinfachen wird von einer förmlichen Zustellung an die einzelnen Personen abgesehen und statt dessen die öffentliche Bekanntmachung im Internet[18] (www.insolvenzbekanntmachungen.de) gewählt, von denen ausgegangen wird, dass diese jedermann zugänglich und von den Beteiligten regelmäßig gelesen werden.[19] Auf diesem Hintergrund regelt § 9 Abs. 1 Satz 2, dass in der öffentlichen Bekanntmachung der Schuldner mit Vor- und Zunahme bzw. Firmierung unter weiterer Angabe der Anschrift und des Geschäftszweiges anzugeben ist.

In den Text der öffentlichen Bekanntmachung kann auch die **Festsetzung** einer eventuellen 13
Vergütung des Insolvenzverwalters und/oder der Mitglieder des Gläubigerausschusses aufgenommen werden, sofern die entsprechende Festsetzung im Schlusstermin vorgenommen worden ist.[20] Soweit die öffentliche Bekanntmachung eine Rechtsmittelfrist in Lauf setzt, muss der vollständige Entscheidungsausspruch veröffentlicht werden.[21]

b) Form. Der Aufhebungsbeschluss ist allen am Verfahren Beteiligten mitzuteilen. Die Mittei- 14
lung erfolgt durch **öffentliche Bekanntmachung** im Internet.[22] Einer besonderen Zustellung an die Beteiligten bedarf es nicht, da der Nachweis der Zustellung durch die öffentliche Bekanntmachung ersetzt wird, § 9 Abs. 3. Eine förmliche Zustellung ist auch deswegen entbehrlich, weil der Aufhebungsbeschluss unanfechtbar ist und eine Rechtsmittelfrist nicht in Gang gesetzt wird (zum Rechtsmittel gegen die Entscheidung des Rechtspflegers vgl. zuvor → Rn. 10).

Zuständig für die Veranlassung der öffentlichen Bekanntmachung ist die Geschäftsstelle des 15
Insolvenzgerichts, § 30 Abs. 1 Satz 1 analog. Nicht geregelt ist der Text dieser Veröffentlichung. Die Bekanntmachung dient der Nachrichtenübermittlung bundesweit, also über den regionalen Bereich hinaus. Relevant dürfte daher nur die Angabe der Tatsache sein, dass das Insolvenzverfahren aufgehoben ist. Der Grund der Aufhebung ist insoweit nur von sekundärer Bedeutung.[23]

Auf Grund der Unanfechtbarkeit des Aufhebungsbeschlusses tritt die Rechtskraft nach Ablauf 16
von zwei weiteren Tagen nach dem Tag der Veröffentlichung ein, § 9 Abs. 1 Satz 3. Sofern der Rechtspfleger die Entscheidung getroffen hat, tritt die Rechtskraft erst zwei Wochen nach der Zustellungsfiktion nach § 9 Abs. 1 Satz 3 ein (§ 11 Abs. 2 RPflG).

---

15 Uhlenbruck/*D. Wegener* § 200 Rn. 9; FKInsO/*Kießner* § 200 Rn. 19; KPB/*Holzer* § 200 Rn. 18; *Frege/Keller/Riedel* HRP Rn. 1722.

16 Uhlenbruck/*D. Wegener* § 200 Rn. 12.

17 Uhlenbruck/*D. Wegener* § 200 Rn. 4; HKInsO/*Depré* § 200 Rn. 3; Nerlich/Römermann/*Westphal* § 200 Rn. 4.

18 VO zu öffentlichen Bekanntmachungen in Insolvenzsachen im Internet vom 12.2.2002, BGBl I 677; hierzu *Mäusezahl* Insbüro 2004, 53; auf Grund des Gesetzes zur Vereinfachung des Insolvenzverfahrens vom 13.4.2007 (BGBl I 509) wurde § 9 Abs. 1 geändert, und der bisherige § 200 Abs. 2 Satz 2 aufgehoben. Veröffentlichungen erfolgen nur noch im Internet.

19 Vgl. hierzu die Kommentierung zu §§ 8, 9.

20 Vgl. hierzu zum sog. „Münchener Verfahren" *Kuhn/Uhlenbruck,* § 163 KO Rn. 2; Uhlenbruck/*D. Wegener* § 200 Rn. 7; KPB/*Holzer* § 200 Rn. 17.

21 BVerfG NJW 1988, 1255 = ZIP 1988, 379 = Rpfleger 1988, 327; Uhlenbruck/*D. Wegener* § 200 Rn. 7.

22 S. Fn. 18.

23 Uhlenbruck/*D. Wegener* § 200 Rn. 5.

17 **4. Wirksamwerden der Aufhebung.** Der Beschluss über die Aufhebung des Insolvenzverfahrens wird zu dem **Zeitpunkt** für und gegen alle Beteiligten wirksam, zu dem seine öffentliche Bekanntmachung nach § 9 Abs. 1 Satz 3 als bewirkt gilt, also nach Ablauf von zwei weiteren Tagen nach dem Tage der Veröffentlichung. Es kommt nicht darauf an, ob der Aufhebungsbeschluss formell rechtskräftig ist. Die Wirksamkeit tritt deshalb auch dann zu dem angegebenen Zeitpunkt ein, wenn der Rechtspfleger den Aufhebungsbeschluss erlassen hat und gegen seine Entscheidung noch die Möglichkeit der sofortigen Erinnerung besteht, § 11 Abs. 2 RPflG.[24] Etwas anderes gilt nur dann, wenn der Rechtspfleger im Beschluss ausdrücklich die **Rechtswirkungen der Aufhebung** von der Rechtskraft des Beschlusses abhängig gemacht hat. Nach Ansicht des BGH wird die Verfahrensaufhebung allerdings bereits im Zeitpunkt der Beschlussfassung wirksam.[25] Ein allgemeiner Grundsatz, nach dem nicht verkündete Entscheidungen, deren öffentliche Bekanntmachung vorgeschrieben ist, erst mit deren Bewirkung wirksam werden, ist dem Gesetz nicht zu entnehmen. Somit ist die Frage, wann ein Beschluss des Insolvenzgerichts, dessen öffentliche Bekanntmachung zu erfolgen hat, wirksam wird, nach dem jeweiligen Regelungszusammenhang der Entscheidung zu beantworten. Mit Blick auf § 35 Abs. 1 darf der Schuldner nach Ansicht des BGH nicht länger als durch die Verfahrenszwecke geboten in seiner Möglichkeit zum insolvenzfreien Neuerwerb und in seiner Verfügungsfreiheit beschränkt werden, die erst durch die Aufhebung des Verfahrens wieder hergestellt werden. Unabhängig davon, ob die Aufhebungswirkungen im Zeitpunkt der Beschlussfassung eintreten oder erst mit der öffentlichen Bekanntmachung, entstehen im Hinblick auf § 35 Abs. 1 Schwierigkeiten, wenn Zuflüsse zum Schuldnervermögen im Verlaufe des Wirkungstages eintreten. Handelt es sich um einen Erbfall, kommt dann entweder die Nachtragsverteilung gemäß § 203 oder – bei angekündigter Restschuldbefreiung – die Herausgabepflicht des § 295 Abs. 1 Nr. 2 in Frage. Das Gesetz enthält insoweit eine Regelungslücke. Diese schließt der BGH in Anlehnung an den Rechtsgedanken des § 27 Abs. 3 und postuliert, dass das Insolvenzgericht im Aufhebungsbeschluss eine konkrete Uhrzeit anzugeben hat, andernfalls die Mittagszeit gilt.

18 **5. Nachricht an öffentliche Register.** Da die Aufhebung des Verfahrens das Gegenstück zur Eröffnung ist, muss sichergestellt werden, dass alle amtlichen Stellen, die nach gesetzlicher Anordnung von der Eröffnung benachrichtigt worden sind, nunmehr von der Beendigung des Verfahrens in Kenntnis gesetzt werden. Demzufolge verweist Abs. 2 Satz 3 auf die Benachrichtigungspflichten nach der Eröffnung, §§ 31 bis 33.

19 **a) Nach Eröffnung.** Das Insolvenzgericht hat eine Ausfertigung des Eröffnungsbeschlusses dem **Handels-, Genossenschafts-, Partnerschafts-** oder **Vereinsregister** mitzuteilen, § 31. Das Handels-, Genossenschafts-, Partnerschafts- oder Vereinsgericht hat die Eröffnung des Insolvenzverfahrens in sein Register einzutragen, §§ 32, 34 HGB, § 102 GenG, § 75 BGB.

20 Die Eröffnung des Insolvenzverfahrens ist weiterhin dem **Grundbuchamt** zu übermitteln, § 32. Da im Grundbuch stets die Möglichkeit eines gutgläubigen Erwerbs besteht, § 81 InsO, §§ 892, 893 BGB, hat das Grundbuchamt die Insolvenzeröffnung sowohl bei Grundstücken als auch bei grundstücksgleichen Rechten (zB Erbbaurecht) des Insolvenzschuldners einzutragen. Gleichermaßen gilt dies, wenn der Schuldner Eigentümer eines Miteigentumsanteils oder als Mitglied einer Gesamthandsgemeinschaft im Grundbuch eingetragen ist (zB Erbengemeinschaft),[26] vgl. → §§ 32, 33 Rn. 19. Ist der Insolvenzschuldner als Miteigentümer in **Gesellschaft bürgerlichen Rechts** im Grundbuch eingetragen, soll die Eintragung des Insolvenzvermerkes nach Eröffnung des Insolvenzverfahren über das Vermögen des Mitgesellschafters nicht zulässig sein (→ §§ 32, 33 Rn. 19, dem eher zu widersprechen ist.[27] Im Wesentlichen wird hierzu ausgeführt, dass eine klare Trennung von Privateigentum und gesamthänderisch gebundenem Gesellschaftsvermögen vorzunehmen ist. Die Gesellschaft bürgerlichen Rechts könne aber ungeachtet ihrer Nichtrechtsfähigkeit eigenes Vermögen besitzen. Die in sie eingebrachten oder von ihr erworbenen Gegenstände seien, ohne Berücksichtigung der rechtlichen Zuordnung zu den gesamthänderisch gebundenen Gesellschaftern jedenfalls wirtschaftlich gesondertes Vermögen, das nicht den privaten Zwecken

---

[24] BGH NJW 1975, 692.

[25] BGH NJW-RR 2010, 1494 = Rpfleger 2010, 692 = NZI 2010, 741 = ZIP 2010, 1610.

[26] BGH NJW-RR 2011, 1030 = NZI 2011, 650 = Rpfleger 2011, 490 = ZInsO 2011, 1212; LG Duisburg NZI 2006, 534 = Rpfleger 2006, 465; LG Dessau InVo 2001, 57.

[27] OLG Rostock Rpfleger 2004, 94 = NJW-RR 2004, 260 = NZI 2003, 648 = ZIP 2004, 44 = DZWiR 2004, 38 mAnm Keller; OLG Dresden NJW-RR 2003, 46 = NZI 2002, 687 = Rpfleger 2003, 96 = ZInsO 2002, 1031 = ZIP 2003, 130 = NotBZ 2003, 159; LG Leipzig Rpfleger 2000, 111; *Keller* Rpfleger 2000, 201, 202; vgl. bereits *Rellermeyer* Rpfleger 2004, 149, 151 mwN; für einen Zustimmungsvorbehalt LG Frankenthal Rpfleger 2002, 72.

der Gesellschafter zugänglich gemacht werden könne, sondern dem gemeinsamen Zweck gewidmet sei.[28] Der BGH hat in seiner Grundsatzentscheidung vom 21.1.2001[29] zumindest der (Außen) GbR Rechtsfähigkeit zugesprochen, sofern die GbR durch Teilnahme am Rechtsverkehr eigene Rechte und Pflichten begründet. Zur Haftung eines einzelnen Gesellschafters oder der GbR selbst, wendet der BGH die Vorschriften über die OHG an. Mit seinem Urteil vom 25.9.2006[30] stellte der II. Zivilsenat des BGH die Grundbuchfähigkeit der GbR fest. Sind im Grundbuch die Gesellschafter einer Gesellschaft bürgerlichen Rechts mit dem Zusatz „als Gesellschafter bürgerlichen Rechts" als Eigentümer eingetragen, so ist die Gesellschaft Eigentümerin des Grundstücks. Auf die Frage, ob die Gesellschaft auch selbst in das Grundbuch eingetragen werden könnte, kommt es dabei nicht an. Mit Beschluss vom 4.12.2008[31] erkannte der V. Zivilsenat des BGH dann auch auf die formelle Grundbuchfähigkeit der GbR. Er stellt fest, dass die GbR unter der Bezeichnung in das Grundbuch eingetragen werden, die ihre Gesellschafter im Gesellschaftsvertrag für sie vorgesehen haben. Sieht der Gesellschaftsvertrag keine Bezeichnung der GbR vor, wird die GbR als „Gesellschaft des bürgerlichen Rechts, bestehend aus …" und den Namen ihrer Gesellschafter eingetragen. Nicht zuletzt diese Rechtsprechung des BGH veranlasste den Gesetzgeber zu den GbR-Regelungen im Rahmen des ERVGBG.[32] Verfahrensrechtlich wurde Absatz 2 von § 47 GBO neu geschaffen und materiell wurde neu eingefügt § 899a BGB. In Erweiterung der Norm des § 891 Abs. 1 BGB statuiert die Vorschrift des § 899a S. 1 BGB nunmehr auch eine gesetzliche Vermutung für die Richtigkeit und Vollständigkeit des im Grundbuch verlautbarten Gesellschafterbestandes, was die Möglichkeit eines gutgläubigen Erwerbs bei der Verfügung einer fehlerhaft vertretenen GbR eröffnet (§ 899a S. 2 BGB). Diese Vermutung setzt voraus, dass die GbR bereits unter Benennung ihrer Gesellschafter als Rechtsinhaber im Grundbuch eingetragen ist. Sie gilt demnach nur, wenn die GbR auf der Verfügungsseite, nicht jedoch, wenn sie auf der Erwerberseite steht. Zum Nachweis des Bestehens einer GbR auf Erwerberseite entschied dann der V. Senat des BGH am 28.4.2011,[33] dass, wenn eine GbR Grundstücks- oder Wohnungseigentum erwirbt, es für die Eintragung des Eigentumswechsels in das Grundbuch ausreicht, wenn die GbR und ihre Gesellschafter in der notariellen Auflassungsverhandlung benannt sind und die für die GbR Handelnden erklären, dass sie deren alleinige Gesellschafter sind; weiterer Nachweise der Existenz, der Identität und der Vertretungsverhältnisse dieser GbR bedarf es gegenüber dem Grundbuchamt nicht. Im Ergebnis ist die GbR damit vollumfänglich einer Personengesellschaft gleichgestellt. Allerdings werden die Gesellschafter nach § 47 Abs. 2 GBO im Grundbuch mit eingetragen. Der Schutzzweck von § 32 Abs. 1 Nr. 1 verlangt auch in diesem Fall die Eintragung des Insolvenzvermerks im Grundbuch. Ebenso wie als Mitglied einer Erbengemeinschaft kann der Insolvenzschuldner über seinen Anteil an dem Grundstück oder dem grundstücksgleichen Recht nur zusammen mit den übrigen Gesellschaftern verfügen, § 719 BGB. Allerdings ist die Willenserklärung des Schuldners im Rahmen einer solchen gemeinschaftlichen Verfügung unwirksam, § 81 Abs. 1 Satz 1. Dem Schuldner ist es verboten, zusammen mit den anderen Gesellschaftern über einzelne Massegegenstände zu verfügen. § 80 Abs. 1. Eine solche Verfügung ist nur dann wirksam, wenn an Stelle des Schuldners der Insolvenzverwalter mitwirkt oder wenn er die Verfügung genehmigt. Gleichwohl kann ein Dritter, der bezüglich der Insolvenzeröffnung in gutem Glauben ist, das Grundstück gutgläubig erwerben, § 81 Abs. 1, § 892 BGB.[34] Eine gegen einen Mitgesellschafter bestehende Verfügungsbeschränkung ist daher bei diesem Mitgesellschafter zu vermerken.[35]

Weiterhin ist die Eröffnung des Insolvenzverfahrens in das **Schiffsregister,** das Schiffsbauregister und das Register für Pfandrechte an Luftfahrzeugen einzutragen, § 33. 21

b) Nach Aufhebung. Nach § 200 Abs. 2 Satz 3 gelten die §§ 31 bis 33 entsprechend. Wie nach der Insolvenzeröffnung hat daher nach Aufhebung des Insolvenzverfahrens die Geschäftsstelle des Insolvenzgerichtes dem **Registergericht** die Verfahrensaufhebung zu übermitteln. Zum Nachweis ist eine Ausfertigung des Aufhebungsbeschlusses beizufügen. Ebenso ist die Eintragung der 22

---

28 Vgl. hierzu *Eickmann* Rpfleger 1985, 85.

29 NJW 2001, 1056 = ZIP 2001, 330 = Rpfleger 2001, 246.

30 BGH Rpfleger 2007,23 = NJW 2006,3716.

31 BGH Rpfleger 2009, 141 mAnm *Bestelmeyer* = NJW 2009,594 = ZEV 2009,91 mAnm *Langenfeld* = DNotZ 2009,115 mAnm *Hertel* = ZfIR 2009,93 mAnm *Volmer.*

32 Gesetz zur Einführung des elektronischen Rechtsverkehrs und der elektronischen Akte im Grundbuchverfahren sowie zur Änderung weiterer grundbuch-, register- und kostenrechtlicher Vorschriften vom 11.8.2009 (BGBl I 2713).

33 BGH Rpfleger 2011, 483 mAnm *Demharter* = NJW 2011, 1958.

34 LG Neubrandenburg NZI 2001, 325; LG Hamburg ZIP 1986, 1590 = EWiR 1986, 1221 *(Otto).*

35 OLG München ZIP 2011, 375 = ZInsO 2011, 536; so auch HKInsO/*Rüntz/Laroche* § 32 Rn. 6.

Insolvenzeröffnung im **Grundbuch** bzw. im See-, Binnenschiffs- oder Schiffsbauregister ist wieder zu löschen.

23 Die **Löschung** im Grundbuch kann – wie die Eintragung § 32 – auf Ersuchen des Insolvenzgerichts erfolgen. Für das **Ersuchen** gilt § 38 GBO, es ersetzt Antrag und Bewilligung iSv §§ 13, 19 GBO.

24 Die Löschung kann weiterhin auf **Antrag des Insolvenzverwalters** erfolgen, § 32 Abs. 3 Satz 2. Hierbei ist es unerheblich, ob die Eintragung der Insolvenzeröffnung auf Ersuchen des Insolvenzgerichts oder auf Antrag des Insolvenzverwalters vorgenommen wurde.[36]

25 Der Insolvenzverwalter kann jedoch zunächst nur einen Antrag iSd § 13 GBO stellen. Der Antrag ersetzt nicht die weiteren grundbuchrechtlichen Eintragungsvoraussetzungen. Eine Berichtigungsbewilligung, § 19 GBO, wird regelmäßig nicht in Betracht kommen, da diese in öffentlich beglaubigter Form vorgelegt werden müsste, § 29 Abs. 1 GBO. Die Löschung dürfte regelmäßig auf Grund eines **Unrichtigkeitsnachweises** erfolgen, § 22 GBO. Der Nachweis der Grundbuchunrichtigkeit wird geführt durch eine Ausfertigung oder beglaubigte Abschrift[37] des Aufhebungsbeschlusses des Insolvenzgerichts. Das Antragsrecht des Insolvenzverwalters ist hierbei unabhängig davon, ob das Insolvenzverfahren bereits aufgehoben wurde. Der Fortbestand der Verwalterbefugnis ist Kraft der gesetzlichen Regelung in § 200 Abs. 2 Satz 3 auch über die Aufhebung des Insolvenzverfahrens hinaus anzunehmen.[38]

26 Auch auf **Antrag des Schuldners** kann die Löschung erfolgen. Er erhält nach Aufhebung des Insolvenzverfahrens die Verwaltungs- und Verfügungsbefugnis über sein noch vorhandenes Vermögen zurück und ist damit auch antragsberechtigt iSd § 13 GBO. Die Löschung setzt auch hier den Unrichtigkeitsnachweis voraus, der in Form einer Ausfertigung oder beglaubigten Abschrift des Aufhebungsbeschlusses beigebracht werden kann.

27 Ist neben dem Insolvenzvermerk noch die Eintragung einer **Verfügungsbeschränkung** nach den §§ 23, 21 Abs. 2 Nr. 2 vorhanden, so ist diese bereits bei der Insolvenzeröffnung gegenstandslos geworden und kann spätestens jetzt nach Aufhebung des Insolvenzverfahrens mit gelöscht werden; der Nachweis der Unrichtigkeit erfolgt auch hier auf Grund einer Ausfertigung oder beglaubigten Abschrift des Aufhebungsbeschlusses.[39]

28 Ist eine **Nachtragsverteilung** bereits vor Aufhebung des Insolvenzverfahrens angeordnet worden, so bleibt die Verwaltungs- und Verfügungsbefugnis des Insolvenzverwalters bezüglich der von der Anordnung betroffenen Vermögensgegenstände erhalten, § 203. Von einer Löschung des Insolvenzvermerks im Grundbuch, Handels-, Genossenschafts-, Partnerschafts- oder Vereinsregister ist in diesem Falle Abstand zu nehmen. Zunächst die Löschung vorzunehmen und dann erneut den Insolvenzvermerk auf Grund der Nachtragsverteilung einzutragen, ist nicht nur unzweckmäßig, sondern bringt die Gefahr mit sich, dass Vermögensverschiebungen unter Berufung auf einen möglichen gutgläubigen Erwerb vorgenommen werden.

29 **6. Weitere Benachrichtigungen.** Neben einer Benachrichtigung der öffentlichen Register im Sinne der §§ 31–33 sieht das Gesetz grundsätzlich eine Benachrichtigungspflicht nicht vor. Die Geschäftsstelle hat jedoch die Aufhebung des Insolvenzverfahrens all denjenigen Personen und Behörden mitzuteilen, die von der Insolvenzeröffnung selbst benachrichtigt wurden. Die Benachrichtigungspflichten ergeben sich aus der Anordnung über **Mitteilungen in Zivilsachen** (MiZi).[40] Neben der Bekanntmachungspflicht durch das Insolvenzgericht dürfte es sich auch für den Insolvenzverwalter empfehlen, eine Kopie des Aufhebungsbeschlusses all denjenigen zu übermitteln, die ihm als weitere Beteiligte aus dem nunmehr beendeten Verfahren bekannt sind.[41]

---

36 Uhlenbruck/*Zipperer* § 32 Rn. 14 und Uhlenbruck/*D. Wegener* § 200 Rn. 10; FKInsO/*Kießner* § 200 Rn. 6, 7.

37 BGH NJW 2000, 2427.

38 HKInsO/*Depré* § 200 Rn. 5; Uhlenbruck/*D. Wegener* § 200 Rn. 2; KPB/*Holzer* § 200 Rn. 23. Letztere folgert jedoch weiterhin, dass der Antrag des Insolvenzverwalters das Grundbuchamt dahingehend verpflichten soll zu überprüfen, ob nicht eine Löschung wegen rechtlicher Gegenstandslosigkeit möglich ist, § 84 GBO. Dem Wortlaut nach kann es sich bei der Löschung gegenstandsloser Eintragungen nicht nur um Rechte, sondern ua auch um Verfügungsbeschränkungen handeln, § 84 Abs. 3 GBO. Der Normzweck dieser Vorschrift besteht jedoch darin, bedeutungslose Eintragungen, die unnütz und nur irreführender Ballast der Grundbuchbenutzung bzw. Grundführung darstellen von Amts wegen zu löschen (*Meikel/Böttcher,* Grundbuchrecht, 10. Aufl., § 84 Rn. 2). Die Löschung wegen Gegenstandslosigkeit löst jedoch ein Verfahren aus, §§ 85 ff. GBO, welches vorliegend für die Löschung des Insolvenzvermerkes regelmäßig nicht in Betracht kommen dürfte. Auch der Hinweis auf die Kostenfreiheit ändert daran nichts.

39 Uhlenbruck/*D. Wegener* § 200 Rn. 11.

40 MiZi vom 29. April 1998 unter IX, zuletzt geändert am 23. Dezember 2016 (BAnz AT 24.5.2017 B1).

41 Nerlich/Römermann/*Westphal* § 200 Rn. 7.

IV. Wirkung der Insolvenzaufhebung

1. Übergang der Verwaltungs- und Verfügungsbefugnis auf den Schuldner. a) Analogie zu §§ 215, 259. Der Gesetzgeber hat es versäumt, die **Rechtsfolgen der Aufhebung** des Insolvenzverfahrens nach Vollzug der Schlussverteilung zu regeln[42] (vgl. zuvor → Rn. 3). Wird das Insolvenzverfahren eingestellt mangels Masse, § 207, nach Anzeige der Masseunzulänglichkeit, §§ 211, 209, wegen Wegfall des Eröffnungsgrundes, § 212, oder mit Zustimmung aller Gläubiger, § 213, so regelt § 215 Abs. 2 Satz 1, dass mit der Einstellung des Verfahrens der Schuldner das Recht zurückerhält, über die Insolvenzmasse frei zu verfügen. Gleiches gilt im Falle des § 34 Abs. 3. Noch deutlicher ist die gesetzliche Regelung als Folge der rechtskräftigen Bestätigung des Insolvenzplans mit nachfolgender Aufhebung des Insolvenzverfahrens, § 258. Hierzu regelt § 259, dass der Schuldner nicht nur das Recht zurückerhält, über die Insolvenzmasse frei zu verfügen, sondern auch die Tatsache des Erlöschens der Ämter des Insolvenzverwalters und der Mitglieder des Gläubigerausschusses. Da sowohl mit einer Einstellung des Insolvenzverfahrens als auch nach rechtskräftiger Bestätigung eines Insolvenzplans das Insolvenzverfahren insgesamt beendet ist, können die dort geregelten gesetzlichen Rechtswirkungen auch auf die Aufhebung des Insolvenzverfahrens iSd § 200 angewandt werden. 30

Mit der Aufhebung des Insolvenzverfahrens erlangt der Schuldner aber nicht nur die **Verfügungsbefugnis** zurück, sondern auch die **Verwaltungsbefugnis.** Mit Aufhebung des Verfahrens ist auch das Amt des Insolvenzverwalters beendet. Das mit Eröffnung des Verfahrens auf den Insolvenzverwalter übergegangene Recht des Schuldners, über die Insolvenzmasse zu verfügen und zu verwalten, fällt mit Beendigung des Amtes kraft Gesetzes auf den Schuldner zurück.[43] Nicht nur das Amt des Insolvenzverwalters, sondern auch die Ämter der Mitglieder eines Gläubigerausschusses sind damit erloschen. Der Insolvenzbeschlag fällt kraft Gesetzes weg. Die rechtlichen Wirkungen treten sofort mit Aufhebung des Insolvenzverfahrens ein. Nach Ansicht des BGH wird die Verfahrensaufhebung im Zeitpunkt der Beschlussfassung wirksam.[44] In Anlehnung an den Rechtsgedanken des § 27 Abs. 3 InsO postuliert der BGH, dass das Insolvenzgericht im Aufhebungsbeschluss eine konkrete Uhrzeit anzugeben hat, andernfalls die Mittagszeit gilt. 31

b) Zeitpunkt des Übergangs. Sofern der Rechtspfleger den Aufhebungsbeschluss erlassen hat, ist gegen seine Entscheidung die befristete Erinnerung zulässig, § 11 Abs. 2 RPflG. Hierüber entscheidet der Richter abschließend. Der Richter könnte somit den Aufhebungsbeschluss seinerseits wieder aufheben. Um Schwierigkeiten bei der etwaigen Rückabwicklung eines solchen vom Richter aufgehobenen Aufhebungsbeschlusses zu vermeiden, empfiehlt es sich für den Rechtspfleger, im Beschluss ausdrücklich zu bestimmen, dass die Rechtswirkungen der Aufhebung des Insolvenzverfahrens erst mit der Rechtskraft des Beschlusses eintreten. Durchgreifende rechtliche Bedenken bestehen hiergegen nicht. 32

Trotz Aufhebung des Insolvenzverfahrens bleibt der Insolvenzverwalter hinsichtlich der Vermögensgegenstände verwaltungs- und verfügungsbefugt, die zur Teilungsmasse einer angeordneten Nachtragsverteilung gehören, § 203. Die Aufhebung des Insolvenzverfahrens steht der Anordnung einer Nachtragsverteilung nicht entgegen, § 203 Abs. 2.[45] 33

c) Rückgabe der Masse. Nach Aufhebung des Insolvenzverfahrens hat der Insolvenzverwalter seine Verwaltungstätigkeit gegenüber den Verfahrensbeteiligten und insbesondere dem Schuldner sofort einzustellen. Einstellen bedeutet jedoch nicht, dass er seine Tätigkeit einfach beendet. Vielmehr ist er insoweit, als actus contrarius zur Aufnahme seiner Tätigkeit, zunächst verpflichtet, dafür Sorge zu tragen, dass dem Insolvenzschuldner die Verfügungsgewalt über sein Vermögen auch tatsächlich wieder zurückgegeben wird.[46] Insbesondere hat der Insolvenzverwalter dem Schuldner in seinen Händen befindliches Massevermögen und auch **Unterlagen, Papiere** einschl. der **Geschäftsbücher** auszuhändigen. Rechtshandlungen, die der Insolvenzverwalter während seiner Tätigkeit getroffen hat, bleiben auch nach Aufhebung des Verfahrens für und gegen den Schuldner wirksam, der Schuldner ist an Verträge auch nach Beendigung des Verfahrens gebunden (§ 34 Abs. 3 Satz 3 analog). Etwas anderes kann nur dann gelten, wenn Handlungen des Verwalters oder Verträge sich im Nachhinein als dem Insolvenzzweck offenbar zuwiderlaufend herausstellen würden.[47] 34

---

42 BGH NJW-RR 2010, 1494 = Rpfleger 2010, 692 = NZI 2010, 741 = ZIP 2010, 1610.

43 Uhlenbruck/*D. Wegener* § 200 Rn. 9; Nerlich/Römermann/*Westphal* § 200 Rn. 8; KPB/*Holzer* § 200 Rn. 7; *Uhlenbruck* ZIP 1993, 241, 245.

44 BGH NJW-RR 2010, 1494 = Rpfleger 2010, 692 = NZI 2010, 741 = ZIP 2010, 1610.

45 BGH NJW 1973, 1198 = WM 1973, 642, 644; BGH ZIP NJW 1982, 1765 = ZIP 1982, 467; *Bork* ZIP 2009, 2077.

46 Nerlich/Römermann/*Westphal* § 200 Rn. 8.

47 BGH NJW 1971, 701, 703; BGH NJW 1983, 2018, 2019; Nerlich/Römermann/*Westphal* § 200 Rn. 8.

35 **d) Rechte der Gläubiger.** Mit Aufhebung des Insolvenzverfahrens verlieren auch die Vollstreckungsverbote ihre Wirkung, §§ 89, 90, 110 Abs. 2, 123 Abs. 3 Satz 2. Die Insolvenzgläubiger können ihre Insolvenzforderungen, die in der Insolvenztabelle eingetragen sind, vom Insolvenzverwalter festgestellt und vom Schuldner nicht bestritten wurden, nach Aufhebung des Verfahrens gegen den Schuldner in Höhe der nicht gezahlten Beträge unbeschränkt weiter geltend machen, § 201 Abs. 1. Läuft für den Schuldner jedoch die Abtretungsfrist (§ 287 Abs. 2) ist das **Nachforderungsrecht** zu Gunsten der einzelnen Insolvenzgläubiger jedoch **ausgeschlossen,** Zwangsvollstreckungen für Insolvenzgläubiger sind im Zeitraum zwischen Beendigung des Insolvenzverfahrens und dem Ende der Abtretungsfrist unzulässig, § 294 Abs. 1.

36 Die **Hemmung der Verjährung** durch Forderungsanmeldung im Insolvenzverfahren entfällt mit der Aufhebung des Verfahrens, § 204 Abs. 1 Nr. 10 BGB. Die Hemmung dauert während des gesamten Verfahrens und darüber hinaus noch weitere 6 Monate an, § 204 Abs. 2 Satz 1 BGB. Das gilt auch für nicht festgestellte Forderungen.[48]

37 **2. Anhängige Prozesse.** Mit Aufhebung des Insolvenzverfahrens erlangt der Schuldner nicht nur die Verwaltungs- und Verfügungsbefugnis über sein Vermögen zurück, sondern auch die mit Eröffnung des Verfahrens auf den Insolvenzverwalter übergegangene **Prozessführungsbefugnis.**[49] Sind bei der Aufhebung des Verfahrens noch Rechtsstreite anhängig, die der Insolvenzverwalter kraft seines Amtes für oder gegen die Masse geführt hat, werden diese unterbrochen, §§ 240, 239 ZPO.[50] Der Aufhebung des Verfahrens steht auch die Einstellung des Insolvenzverfahrens gleich, §§ 207 bis 216.[51] Die Unterbrechung tritt ein, sobald der Aufhebungsbeschluss **wirksam** geworden ist, analog § 27 Abs. 3.[52] Es kommt nicht darauf an, ob der Aufhebungsbeschluss formell rechtskräftig ist, somit unabhängig davon, dass gegen den vom Rechtspfleger erlassenen Aufhebungsbeschluss noch die Möglichkeit der sofortigen Erinnerung gegeben ist, § 11 Abs. 2 RPflG.[53] Dem Schuldner steht es frei, das unterbrochene Verfahren aufzunehmen, § 250 ZPO, und im eigenen Namen fortzuführen.[54]

38 Hat der Insolvenzverwalter für ein gerichtliches Verfahren einen **Rechtsanwalt** mit seiner Vertretung beauftragt und ihm eine entsprechende **Prozessvollmacht** erteilt, tritt mit Aufhebung des Insolvenzverfahrens keine Unterbrechung des noch anhängigen Prozesses ein. Die Vollmacht wird nicht durch eine Veränderung in der gesetzlichen Vertretung des Vollmachtgebers aufgehoben, § 86 Hs. 1 ZPO. Eine Unterbrechung des laufenden Prozesses entsprechend § 240 ZPO kommt somit nicht in Betracht.[55] Der Schuldner ist nach Aufhebung des Verfahrens nicht nur an abgeschlossene Rechtshandlungen gebunden, die der Insolvenzverwalter vorgenommen hat, sondern auch erteilte Vollmachten bleiben grundsätzlich bestehen. Der Schuldner muss erteilte Vollmachten widerrufen.[56]

39 Hat der Insolvenzverwalter als Rechtsanwalt selbst den Prozess geführt, so erlischt seine Vollmacht mit Aufhebung des Insolvenzverfahrens. Zwar tritt eine Verfahrensunterbrechung dann nicht ein, wenn ua bei Verlust der Prozessfähigkeit oder bei Wegfall des gesetzlichen Vertreters eine Vertretung durch einen Prozessbevollmächtigten stattfindet, § 246 Abs. 1 ZPO, jedoch ist dieser Fall bei Personenidentität des Insolvenzverwalters und des beauftragten Rechtsanwaltes nicht gegeben. Mit Verlust der Prozessführungsbefugnis ist eine prozessuale Vertretung durch einen Prozessbevollmächtigten nicht mehr gegeben.[57] Die weitere Vertretung durch die Person des Insolvenzverwalters als Prozessbevollmächtigten bedarf einer erneuten Beauftragung durch den Schuldner.

40 Bleiben Vermögensgegenstände auch nach Aufhebung des Insolvenzverfahrens einer **Nachtragsverteilung** vorbehalten, so gilt insoweit der Insolvenzbeschlag fort.[58] Hierauf erstreckt sich weiterhin die Prozessführungsbefugnis des Verwalters, die insoweit fortdauert. Diese fortdauernde Prozessführungsbefugnis gilt auch für die Fortführung von **Anfechtungsklagen,** da der Rückgewährsanspruch iSv § 143 Abs. 1 Satz 1 zur Insolvenzmasse gehört und somit in einer Nachtragsverteilung auszukehren ist.[59] Gleiches gilt, wenn bezüglich des mit der Anfechtung verfolgten Gegenstan-

[48] Uhlenbruck/*Sinz* § 174 Rn. 56; *Vallender* ZInsO 2002, 110.
[49] BFH BeckRS 2017, 94044 = ZInsO 2017, 236.
[50] Uhlenbruck/*D. Wegener* § 200 Rn. 21; FKInsO/*Kießner* § 200 Rn. 11, 12.
[51] BGH NJW 1990, 1293.
[52] BGH NJW-RR 2010, 1494 = Rpfleger 2010, 692 = NZI 2010, 741 = ZIP 2010, 1610.
[53] BGH NJW 1975, 692; Zöller/*Greger* § 240 Rn. 15.
[54] Uhlenbruck/*D. Wegener* § 200 Rn. 17; Nerlich/Römermann/*Westphal* § 200 Rn. 11.
[55] Zöller/*Althammer* § 86 Rn. 9; Zöller/*Greger* § 240 Rn. 15; Uhlenbruck/*D. Wegener* § 200 Rn. 21; Nerlich/Römermann/*Westphal* § 200 Rn. 11, 12.
[56] Uhlenbruck/*D. Wegener* § 200 Rn. 21, 22; Nerlich/Römermann/*Westphal* § 200 Rn. 11, 12.
[57] Uhlenbruck/*D. Wegener* § 200 Rn. 22.
[58] BFH BeckRS 2017, 94044 = ZInsO 2017, 236; *Bork* ZIP 2009, 2077.
[59] BGH ZIP 1982, 467, 468; HKInsO/*Depré* § 200 Rn. 7; Uhlenbruck/*D. Wegener* § 200 Rn. 24; FKInsO/*Kießner* § 200 Rn. 11, 12.

des ein ausdrücklicher **Vorbehalt** bestimmt wird. Der Insolvenzverwalter ist nicht nur befugt, anhängige Anfechtungsprozesse insoweit fortzuführen, sondern kann sie auch erst nach Aufhebung des Verfahrens anhängig machen.[60] Zu Recht weist *Uhlenbruck*[61] darauf hin, dass das Recht des Insolvenzverwalters anhängige Anfechtungsprozesse fortzuführen oder neue Anfechtungsprozesse einzuleiten davon abhängt, dass das Insolvenzgericht betreffend der Gegenstände, auf die sich der Anfechtungsprozess bezieht, eine Nachtragsverteilung gesondert anordnet. Ein stillschweigender Vorbehalt einer Nachtragsverteilung genügt insoweit nicht.[62] Ohne einen entsprechenden Vorbehalt oder ohne die gerichtliche Anordnung einer Nachtragsverteilung kann der bisherige Insolvenzverwalter keinen Aktivprozess zu Gunsten von noch zur Insolvenzmasse gehörenden Gegenständen führen (zur Ausnahme im Planverfahren, vgl. § 259 Abs. 3 S. 1).

Sofern keine Nachtragsverteilung angeordnet wird, kann der bisherige Insolvenzverwalter kei- 41
nen Anfechtungsprozess mehr führen.[63] Eine entsprechende Anwendung des § 239 ZPO scheidet aus. Hinsichtlich des im Anfechtungsprozess geltend gemachten Rückgewährsanspruches sind weder der Insolvenzschuldner noch die Gesamtheit der Insolvenzgläubiger als Rechtsnachfolger iSd § 239 ZPO anzusehen. Insbesondere die Gesamtheit der Insolvenzgläubiger kann nicht als Rechtsnachfolger des Insolvenzverwalters angesehen werden, die Gläubiger sind nur einzeln anfechtungsberechtigt und in ihrer Gesamtheit selbst nicht rechtsfähig. Der Insolvenzschuldner ist grundsätzlich nicht befugt, vor, während oder nach dem Insolvenzverfahren eigene Rechtshandlungen oder gegen ihn gerichtete Rechtshandlungen seiner Gläubiger nach §§ 129 ff. anzufechten. Das in der Insolvenzordnung geregelte Anfechtungsrecht steht ausschließlich dem Insolvenzverwalter zu. Insofern findet nach Aufhebung des Insolvenzverfahrens kein Übergang der Prozessführungsbefugnis auf den Insolvenzschuldner statt. Das Anfechtungsrecht ist eigens für Insolvenzzwecke geschaffen und untrennbar mit dem Amt des Insolvenzverwalters verbunden. Der Insolvenzverwalter übt das Anfechtungsrecht im Interesse der Insolvenzgläubiger aus, handelt aber insoweit weder als deren Vertreter noch als Vertreter des Schuldners, sondern Kraft gesetzlicher Übertragung bzw. als Partei Kraft Amtes.[64] Nach einer im Vordringen vertretenen Meinung ist das **Anfechtungsrecht abtretbar.**[65] In diesem Falle wird die weitere Verfolgung des Anspruchs durch den Zessionar durch die Aufhebung des Verfahrens nicht gehindert. In der Praxis dürfte sich ein entsprechender Vorbehalt im Aufhebungsbeschluss empfehlen, um Rechtsunsicherheit zu vermeiden. Ist nach Aufhebung des Insolvenzverfahrens eine Insolvenzanfechtungsklage noch anhängig, und wird insoweit keine Nachtragsverteilung angeordnet, tritt auch keine Verfahrensunterbrechung ein, §§ 239, 240 ZPO. Die noch anhängige Klage ist in der Hauptsache erledigt, weil das Anfechtungsrecht mit der Beendigung des Insolvenzverfahrens ersatzlos weggefallen ist,[66] das Verfahren kann nur noch wegen der Kosten vom und gegen den Schuldner weitergeführt werden (zur Ausnahme im Planverfahren vgl. § 259 Abs. 3 S. 1).

3. Urkunden, Papier, Geschäftsunterlagen. Nach Aufhebung des Insolvenzverfahrens hat 42
der Insolvenzverwalter sämtliche schriftlichen Unterlagen (Bücher, Papiere, Urkunden, Geschäftsunterlagen), die er nach Insolvenzeröffnung zur ordnungsgemäßen Ausführung seines Amtes in Besitz genommen hat, dem Schuldner zurückzugeben. Soweit eine **Nachtragsverteilung** angeordnet wird und der Insolvenzbeschlag fort gilt, verbleiben auch hierfür benötigte Geschäftsunterlagen beim Insolvenzverwalter. Nach § 157 Abs. 2 HGB sind die Geschäftsunterlagen entweder einem Gesellschafter oder einem Dritten in Verwahrung zu geben. Bei einer **Gesellschaft mit beschränkter Haftung** sind die Unterlagen auf die Dauer von 10 Jahren nach Beendigung der Liquidation einem Gesellschafter oder einem Dritten in Verwahrung zu geben, § 74 Abs. 2 Satz 1 GmbHG. Eine gleiche Regelung gilt für die **Aktiengesellschaft** bzw. Kommanditgesellschaft auf Aktien, § 273 Abs. 2 AktG, hier sind die Unterlagen allerdings an einem vom Gericht bestimmten sicheren Ort zur Aufbewahrung zu hinterlegen.

Der Insolvenzschuldner ist grundsätzlich zur Rücknahme der Geschäftsbücher verpflichtet.[67] 43
Ist der Insolvenzschuldner (Gesellschafter oder Dritter) nicht zur Annahme der Unterlagen bereit,

---

60 BGH ZIP 1982, 467; Nerlich/Römermann/*Westphal* § 200 Rn. 11.
61 ZIP 1993, 241, 246.
62 LG Köln ZIP 1982, 737; Uhlenbruck/*D. Wegener* § 200 Rn. 25.
63 Nerlich/Römermann/*Westphal* § 200 Rn. 11.
64 BGH MDR 1968, 236.
65 *Kreft* ZInsO 1999, 372 mwN; *Wagner* ZIP 1999, 700; HKInsO/*Thole* § 129 Rn. 112, 113.
66 BGH MDR 1982, 748 = ZIP 1982, 467; *Uhlenbruck* ZIP 1993, 241, 246; Nerlich/Römermann/*Westphal* § 200 Rn. 11; KPB/*Holzer* § 200 Rn. 10.
67 LG Hannover KTS 1973, 191; OLG Stuttgart ZIP 1984, 1385 = Rpfleger 1984, 192; Uhlenbruck/*D. Wegener* § 200 Rn. 30; KPB/*Holzer* § 200 Rn. 13; HKInsO/*Deprè* § 200 Rn. 9; Nerlich/Römermann/*Westphal* § 200 Rn. 13.

so kann die Annahme nicht durch **Zwangsgeld** erzwungen werden.[68] Das Insolvenzgericht ist nicht befugt, ein Zwangsgeld zur Annahme der Geschäftsunterlagen festzusetzen, auch nicht bei einer Aktiengesellschaft oder Kommanditgesellschaft auf Aktien. § 273 Abs. 2 AktG regelt lediglich die Tatsache, dass die Bücher und Schriften der Gesellschaft an einem von Gericht bestimmten **sicheren Ort** zur Aufbewahrung auf 10 Jahre zu hinterlegen sind. Als „sicherer Ort" können auch die Wohnung oder die Geschäftsräume eines Gesellschafters bestimmt werden. Nach § 407 AktG können Vorstandsmitglieder oder Abwickler durch Festsetzung von Zwangsgeld angehalten werden, die Unterlagen an den vom Gericht bestimmen sicheren Ort zu verbringen und aufzubewahren. Das Zwangsgeld kann nicht vom Insolvenzgericht festgesetzt werden, sondern nur vom Registergericht. Der Insolvenzverwalter kann jedoch beim **Registergericht** einen Antrag iSd §§ 157 Abs. 2 Satz 1 HGB, 74 Abs. 2 Satz 1 GmbHG, 273 Abs. 2 AktG stellen. Die Festsetzung selbst und die Bestimmung der Person bzw. des Ortes der Hinterlegung trifft das Registergericht. Sofern das Registergericht eine dritte Person zur Annahme und Aufbewahrung der Geschäftsunterlagen bestimmt, kann die Annahme des Amtes nicht erzwungen werden, sie bedarf der Zustimmung des benannten Dritten.[69] Die **Bestimmung eines Dritten** zur Verwahrung durch das Registergericht ist wenig praktikabel, niemand kann ohne seine Zustimmung zu einer solchen Aufgabe gezwungen werden, die darüber hinaus auch durchaus nicht unerhebliche Kosten mit sich bringen kann.[70] Um seiner Rückgabeverpflichtung nachzukommen und damit der Insolvenzverwalter selbst nicht mit weiteren Kosten der Aufbewahrung belastet wird,[71] ist ihm zu empfehlen, zunächst das zuständige Finanzamt zu informieren, welches dann den Schuldner unter Androhung von Zwangsmittel zur Erfüllung der ihm obliegenden steuerlichen Aufbewahrungspflichten anhalten kann.[72] Soweit selbst dann noch keine Annahmebereitschaft des Schuldners besteht, ist der Insolvenzverwalter berechtigt, nach schriftlicher Ankündigung der Vernichtung und nach Inkenntnissetzung der Staatsanwaltschaft die Unterlagen tatsächlich zu vernichten.[73] Ausgenommen von der Vernichtung sind nur Personalunterlagen. Die Bestellung eines gesonderten Liquidators[74] ist abzulehnen, da es nach Aufhebung des Insolvenzverfahrens niemanden gibt, der die entsprechenden Kosten übernehmen wird.[75]

§ 201 Rechte der Insolvenzgläubiger nach Verfahrensaufhebung

(1) Die Insolvenzgläubiger können nach der Aufhebung des Insolvenzverfahrens ihre restlichen Forderungen gegen den Schuldner unbeschränkt geltend machen.

(2) [1]Die Insolvenzgläubiger, deren Forderungen festgestellt und nicht vom Schuldner im Prüfungstermin bestritten worden sind, können aus der Eintragung in die Tabelle wie aus einem vollstreckbaren Urteil die Zwangsvollstreckung gegen den Schuldner betreiben. [2]Einer nicht bestrittenen Forderung steht eine Forderung gleich, bei der ein erhobener Widerspruch beseitigt ist. [3]Der Antrag auf Erteilung einer vollstreckbaren Ausfertigung aus der Tabelle kann erst nach Aufhebung des Insolvenzverfahrens gestellt werden.

(3) Die Vorschriften über die Restschuldbefreiung bleiben unberührt.

Schrifttum: *Dahl/Engels,* Die Rechtskraftwirkung der widerspruchslos erfolgten Feststellung von Forderungen zur Insolvenztabelle, NZI 2018, 435; *Riedel,* Widerspruch des Schuldners gegen eine angemeldete Insolvenzforderung, Rpfleger 2008, 339; *Fischer,* Die Wirkungen der Restschuldbefreiung nach der Insolvenzordnung, Rpfleger 2007, 173; *Ackmann,* Lebenslängliche Schuldverstrickung oder Schuldbefreiung durch Konkurs?, ZIP 1982, 1266; *Hansens,* Zur Zulässigkeit der Erteilung eines vollstreckbaren Konkurstabellenauszuges vor Beendigung des Konkursverfahrens, JurBüro 1985, 499; *Hundt-Eßwein,* Die Behandlung von Steueransprüchen im Konkurs, BB 1987, 1718; *Kalter,* Die nachkonkursliche Vermögens- und Schuldenmasse, KTS 1980, 215; *Pape,* Zur entsprechenden Anwendung des § 166 KO auf eine Verteilung nach Einstellung der Masse, ZIP 1992, 747; *Pape* Zur Konkurrenz der Vollstreckung aus einer Eintragung in die Konkurstabelle und einem vor Konkurseröffnung erwirkten Titel, KTS 1992, 185; *Paulus,* Grundlagen des neuen Insolvenzrechts Liquidations- und Planverfahren, DStR 2004, 1568; *Heinze,* Behandlung von Forderungen aus Vorsatzdelikt im Insolvenzverfahren über das Vermögen natürlicher Personen, DZWiR 2002, 369; *Riedel,* Deliktische Ansprüche in der Restschuldbefreiung, NZI 2002, 414;

[68] LG Hannover KTS 1973, 191; OLG Stuttgart ZIP 1984, 1385 = Rpfleger 1984, 192.
[69] OLG Stuttgart ZIP 1984, 1385 = Rpfleger 1984, 192; Uhlenbruck/*D. Wegener* § 200 Rn. 30.
[70] OLG Stuttgart ZIP 1998, 1880; Nerlich/Römermann/*Westphal* § 200 Rn. 13.
[71] Spätestens im Schlusstermin sollte beschlossen werden, Gelder zurück zu behalten, damit der Verwalter die Aufbewahrung selbst vornehmen oder in die Wege leiten kann, Uhlenbruck/*D. Wegener* § 200 Rn. 30.
[72] Vgl. § 147 AO; Uhlenbruck/*D. Wegener* § 200 Rn. 30; Nerlich/Römermann/*Westphal* § 200 Rn. 13.
[73] Nerlich/Römermann/*Westphal* § 200 Rn. 13; Uhlenbruck/*D. Wegener* § 200 Rn. 31.
[74] *Kalter* KTS 1960, 6369.
[75] So auch Uhlenbruck/*D. Wegener* § 200 Rn. 31; Nerlich/Römermann/*Westphal* § 200 Rn. 13.

Rinjes, Restschuldbefreiung und Forderungen aus vorsätzlichen unerlaubten Handlungen nach dem InsOÄndG, DZWir 2002, 415; *Behr,* Durchsetzung von Deliktsforderungen bei der Forderungspfändung und im Insolvenzverfahren; Rpfleger 2003, 389; *Hattwig,* Ungewissheit für Schuldner deliktischer Forderungen – Überlegungen zu § 184 InsO, ZInsO 2004, 636; *Schoppe,* Nachhaftung für Deliktforderungen im Anschluss an das Restschuldbefreiungsverfahren, ZVI 2004, 377.

Übersicht

I. Normzweck

Die Norm regelt – ebenso wie im Konkursrecht – das unbeschränkte Nachforderungsrecht der Insolvenzgläubiger, die sich am Insolvenzverfahren beteiligt haben. Sie können ihre noch nicht befriedigten Forderungen in vollem Umfange gegen den Schuldner im Wege der Zwangsvollstreckung weiter geltend machen. Das gilt selbstverständlich auch für diejenigen Gläubiger, die sich nicht am Insolvenzverfahren beteiligt haben. 1

Grundlage der weiteren Geltendmachung der noch offenen Forderungen ist für den jeweiligen Insolvenzgläubiger der vollstreckbare Auszug aus der Insolvenztabelle, sofern die Forderung festgestellt, nicht bestritten oder ein Widerspruch beseitigt ist. Der Auszug aus der Insolvenztabelle verschafft somit insbesondere den Insolvenzgläubigern, die bisher keine titulierte Forderung in Händen hatten, einen zur Zwangsvollstreckung geeigneten Titel. 2

Das uneingeschränkte Nachforderungsrecht der Gläubiger steht jedoch unter dem Vorbehalt der Ankündigung und letztlich der Erteilung der Restschuldbefreiung. Die Erteilung der Restschuldbefreiung bewirkt zwar nicht den materiellen Untergang des titulierten Anspruches, hindert den Gläubiger jedoch an der weiteren Durchsetzung. 3

II. Entstehungsgeschichte

Das unbeschränkte Nachforderungsrecht in § 201 Abs. 1 entspricht der Regelung in § 164 Abs. 1 KO. Auch die Feststellung, dass der Tabellenauszug einen zur Zwangsvollstreckung geeigneten Titel darstellt, § 201 Abs. 2 Satz 1 und 2, ist im Wesentlichen wie in § 164 Abs. 2 KO übernommen worden. Gestrichen wurde die Verweisung in die Vorschriften der ZPO §§ 724 bis 793. Stattdessen wurde die Formulierung „wie aus einem vollstreckbaren Urteil" gewählt, die jedoch insoweit missverständlich ist, als der Tabellenauszug nicht automatisch vollstreckbar ist, sondern noch mit einer Vollstreckungsklausel versehen werden muss. 4

Der Zusatz in § 201 Abs. 2 Satz 3 wurde erst nachträglich durch das Gesetz vom 19.12.1998 eingefügt.[1] Hierdurch sollte die alte Streitfrage geklärt werden, ob der Antrag auf Erteilung eines vollstreckbaren Tabellenauszuges bereits vor Abschluss des Konkursverfahrens gestellt werden konnte, obwohl die Erteilung der vollstreckbaren Ausfertigung erst nach Aufheben des Verfahrens möglich war, da erst nach Schlussverteilung der Restbetrag fest stand, wegen dessen der Gläubiger vollstrecken konnte. Da in der gerichtlichen Praxis viele Gläubiger die Anträge bereits vorzeitig stellten, führte dies auf der gerichtlichen Seite nicht nur zu einer erheblichen Belastung, sondern möglicher Weise auch zu Schadenersatzansprüchen, da Anträge auch leicht übersehen werden konnten. Da die Aufhebung des Insolvenzverfahrens nach § 200 Abs. 2 öffentlich bekannt gemacht wird, ist nunmehr auch für jeden Gläubiger ohne weiteres ersichtlich, ab wann er den Antrag auf Erteilung eines vollstreckbaren Tabellenauszuges stellen kann. 5

1 EGInsOÄndG vom 19.12.1998, BGBl. I 3836.

6 Die Zuständigkeitsregelung für Klagen auf Erteilung der Klausel, sowie für Vollstreckungsgegenklagen oder Klauselklagen, früher in § 164 Abs. 3 KO iVm § 146 Abs. 2 KO ist nunmehr in der gesonderten Vorschrift § 202 geregelt.

III. Unbeschränkte Nachhaftung

7 **1. Insolvenzforderung.** Eines der zentralen Anliegen des neuen Insolvenzrechtes war die Einführung einer Restschuldbefreiung für natürliche Personen. Aber auch die erteilte Restschuldbefreiung steht dem Grundsatz der unbeschränkten Nachhaftung nicht entgegen.[2] Die Insolvenzgläubiger, §§ 38, 39, können während des Insolvenzverfahrens ihre Ansprüche nicht im Wege der Zwangsvollstreckung gegen den Schuldner durchsetzen, §§ 89, 88. Dies gilt unabhängig davon, ob sie als Insolvenzgläubiger am Verfahren teilnehmen und ihre Ansprüche zur Insolvenztabelle anmelden, §§ 174 ff., oder nicht. Nach Aufhebung des Insolvenzverfahrens gelten die vollstreckungsrechtlichen Beschränkungen nicht mehr. Gläubiger, die sich nicht am Insolvenzverfahren beteiligt haben, können ihre Ansprüche nunmehr so, wie sie sich bereits vor dem Insolvenzverfahren dargestellt haben, gegen den Schuldner weiter durchsetzen. Diejenigen Insolvenzgläubiger, die ihre Ansprüche zur Insolvenztabelle angemeldet haben, erlangen einen **Vollstreckungstitel** in Form des Auszuges aus der Insolvenztabelle, § 201 Abs. 2 Satz 1 und 2, und können grundsätzlich hieraus gegen den Schuldner uneingeschränkt im Wege der Zwangsvollstreckung vorgehen, der Anspruch verjährt erst in 30 Jahren, § 197 Abs. 1 Nr. 5 BGB.[3] Das Nachhaftungsrecht des Schuldners bezieht sich auf diejenige Gläubigerforderung, die unter Anrechnung von Abschlagszahlungen während des laufenden Insolvenzverfahrens und unter Berücksichtigung der Schlussverteilung noch offen ist.

8 Am Insolvenzverfahren beteiligen können sich nur Gläubiger, die zum Zeitpunkt der Eröffnung einen begründeten Vermögensanspruch gegen den Schuldner haben, § 38. Für erst nach Eröffnung des Insolvenzverfahrens neu begründete Verbindlichkeiten gilt § 201 nicht, diese sogenannten **„Neugläubiger“** unterliegen keinem Vollstreckungsverbot und können grundsätzlich während des Verfahrens ihre Ansprüche durchsetzen.[4] Eine Ausnahme gilt für Zwangsvollstreckungen in künftige Forderungen auf Bezüge aus einem Dienstverhältnis oder an deren Stelle tretende laufende Bezüge, hier ist die Zwangsvollstreckung für Alt- und Neugläubiger unzulässig, § 89 Abs. 2 Satz 1. Allerdings ist eine Zwangsvollstreckung regelmäßig aussichtslos, da auch das Neuvermögen zur Insolvenzmasse gehört und damit dem Insolvenzbeschlag unterliegt, § 35. Nicht dem Insolvenzbeschlag unterliegen die in § 36 genannten Gegenstände bzw. Teile des schuldnerischen Arbeitseinkommens, stehen dem Gläubiger jedenfalls nicht als Zugriffsmasse zur Verfügung, da es sich um unpfändbare Gegenstände handelt. Letztlich bleiben einem Neugläubiger zur Zwangsvollstreckung nur diejenigen Gegenstände, die der Insolvenzverwalter während des Verfahrens frei gibt. § 89 Abs. 1 spricht von „noch in das sonstige Vermögen“, hierbei dürfte es sich eher um ein aus der Konkursordnung übernommenes „Versehen“ handeln, welches in § 14 Abs. 1 KO Sinn gab, jetzt aber nach der Neudefinition in § 35 so nicht mehr gelten kann.

9 **2. Umgerechnete Forderungen iSv §§ 41, 45, 46.** Im Hinblick auf eine umfassende Schuldenregulierung können in Ergänzung zu § 38 auch nicht fällige Forderungen, § 41, ferner nicht auf Geld gerichtete und betragsmäßig unbestimmte Ansprüche, § 45, sowie Forderungen auf wiederkehrende Leistungen, § 46, im Verfahren angemeldet werden. Nicht fällige Forderungen gelten gemäß § 41 Abs. 1 als fällig (vgl. → § 41 Rn. 1) und werden gemäß § 41 Abs. 2 abgezinst (vgl. → § 41 Rn. 17 ff.), nicht auf Geld gerichtete Forderungen oder Forderungen, deren Geldbetrag unbestimmt ist, sind bei der Anmeldung zu schätzen bzw. umzurechnen (vgl. → § 45 Rn. 21 ff.). Forderungen, deren Betrag und Dauer bestimmt ist, sind von dem Anmelder für die gesamte Restlaufzeit zu kapitalisieren unter Abzug des Zwischenzinses (vgl. → § 46 Rn. 7 ff.); Leistungen von unbestimmter Dauer sind der Summe nach zu schätzen (vgl. → § 45 Rn. 11, 26 und → § 46 Rn. 4). Fremdwährungsforderungen sind nach dem Kurswert des Tages der Verfahrenseröffnung in Euro umzurechnen (vgl. → § 45 Rn. 17 ff., 24).

10 Da der Gläubiger gemäß § 201 Abs. 1 die Möglichkeit hat, seine restlichen Forderungen nach Aufhebung des Insolvenzverfahrens weiterzuverfolgen, und ihm hierfür gemäß § 201 Abs. 2 der Tabelleneintrag als Titel zur Verfügung steht, ergibt sich die Frage, ob sich das Weiterverfolgungsrecht bei den gemäß § 41 fällig gestellten bzw. gemäß §§ 45, 46 umgerechneten Forderungen auf den **Bestand der Forderung in ihrer ursprünglichen oder neuen (= umgerechneten) Gestalt** bezieht (dazu eingehend → § 41 Rn. 26 ff. und → § 45 Rn. 36 ff.). Zu differenzieren ist danach, ob es zu einer rechtskräftigen Feststellung der Forderung zur Tabelle gekommen ist oder nicht.

---

2 *Prütting,* Kölner Schrift, S. 26, Rn. 80.

3 Zu Zinsen vgl. OLG Köln WM 1995, 597, 600.

4 Nerlich/Römermann/*Westphal* §§ 201, 202 Rn. 5; HKInsO/*Depré* § 201 Rn. 2.

Ist das Verfahren noch vor der rechtskräftigen Feststellung beendet worden, kann der Gläubiger seine Forderung (nur) in der alten Gestalt gegen den Schuldner (weiter-)verfolgen (→ § 41 Rn. 31, § 45 → Rn. 37). Gleiches gilt, wenn der Gläubiger seine Anmeldung noch vor der Feststellung zur Tabelle zurückzieht oder ein gegen die Forderung erhobener Widerspruch nicht durch eine Feststellungsklage des Gläubigers (Abs. 2 Satz 2) überwunden wird (→ § 41 Rn. 31, → § 45 Rn. 37 f.). 11

Kommt es hingegen zu einer **rechtskräftigen Feststellung der Forderung zur Tabelle,** ist die Rechtslage umstritten (dazu eingehend → § 45 Rn. 39 ff.). Die Rechtsprechung und hM geht von einer **Umwandlung** (Inhaltsänderung) der Forderung im Zeitpunkt der Feststellung aus, so dass die Forderung ab diesem Zeitpunkt nur noch in der umgerechneten Gestalt verfolgt werden kann.[5] Demgegenüber will eine in jüngerer Zeit vordringende Ansicht dem Gläubiger die Möglichkeit geben, die Umrechnungswirkung durch eine Anmeldung mit abgestuftem Inhalt auf das Verfahren zu beschränken, so dass er nach Verfahrensende wieder auf die Forderung in ihrer ursprünglichen Gestalt zurückgreifen kann. Umgekehrt könne der Schuldner in eingeschränkter Form (mit Wirkung für die Nachhaftung) Widerspruch einlegen.[6] 12

Der hM ist im Ergebnis, nicht allerdings in der Begründung zuzustimmen. Die Feststellung zur Tabelle kann eine materielle Änderung (Umwandlung) der Forderung ebenso wenig bewirken wie dies bei einem rechtskräftigen Urteil der Fall ist. Die Titulierung in Form des Tabelleneintrags beschränkt sich auf eine **rein prozessuale Wirkung,** hat also lediglich die rechtskräftige Feststellung der Forderung in ihrer umgerechneten Gestalt gegenüber dem Schuldner zur Folge (→ § 45 Rn. 42). Diese rechtskräftige Feststellung wirkt auch nach Verfahrensende fort. Die von der Minderansicht vorgeschlagene Anmeldung mit abgestuftem Inhalt sowie ein beschränkter Widerspruch sind de lege lata nicht vertretbar, weil das Gesetz derartige Instrumente nicht kennt. Zudem würde die Beschränkung auf das Verfahren dem Grundanliegen des § 201 Abs. 2 widersprechen, der das Ergebnis der – uU zeitaufwändigen und z. T. mit einem Feststellungsprozess verbundenen – Feststellung zur Tabelle ganz generell für die Zeit nach Abschluss des Verfahrens sichern will (vgl. iE → § 45 Rn. 43 f.). 13

Kommt es nach der rechtskräftigen Feststellung der umgerechneten Forderung zur Tabelle zu einer **Kollision mit einem älteren Vollstreckungstitel,** geht der in der Tabelle liegende neue Titel generell vor. Wollte man dem Gläubiger das Recht geben, wahlweise aus dem einen oder anderen Titel vorzugehen, könnte er auf Kosten des Schuldners spekulieren, obwohl sich dieser gegen die doppelte Titulierung nicht wehren konnte (→ § 45 Rn. 45). 14

3. Masseansprüche. Die Nachhaftung des Schuldners gilt nur, wie sich aus dem Gesetzeswortlaut ergibt, für Insolvenzgläubiger. Nicht erfasst werden somit **Masseansprüche,** da die Gläubiger dieser Ansprüche auch nicht am Insolvenzverfahren teilnehmen. Weiterhin werden diese Ansprüche auch nicht zur Insolvenztabelle angemeldet. Die Nachhaftung beschränkt sich jedoch ausschließlich auf die Eintragung in der Insolvenztabelle. Ansprüche, die **vor Eröffnung** des Insolvenzverfahrens **begründet** wurden und deren Erfüllung nach der Verfahrenseröffnung zur Masse verlangt wird, unterliegen insoweit nicht der Nachhaftung nach § 201, sondern hierfür haftet der Schuldner auch nach Beendigung des Insolvenzverfahrens weiter fort.[7] Diese Gläubiger unterliegen auch nicht einem Vollstreckungsverbot während des Insolvenzverfahrens, §§ 89, 88, sind somit berechtigt, auch während des Verfahrens ihre Forderung zwangsweise beizutreiben. 15

Werden Ansprüche erst **während des Insolvenzverfahrens begründet** und nicht aus der Masse gezahlt, beschränkt sich die Haftung des Insolvenzschuldners nach Aufhebung des Insolvenzverfahrens nur auf Massegegenstände, die als Überschuss dem Schuldner zurückgegeben werden oder auf Gegenstände, die der Insolvenzverwalter bereits während des Verfahrens freigegeben hat.[8] Der Schuldner hat auf solche Masseverbindlichkeiten keinen Einfluss, da diese ausschließlich vom Handeln des Verwalters abhängig sind. Die Tätigkeit des Verwalters beschränkt sich jedoch ausschließlich auf das zur Insolvenzmasse gehörende Vermögen, eine Haftung des gesamten Vermögens des Schuldners nach Beendigung des Insolvenzverfahrens kann durch Handeln des Verwalters nicht 16

5 RGZ 93, 209, 213; 112, 297, 299; RG JW 1956, 2139; BGHZ 108, 123, 127 = NJW 1989, 3155, 3157 = Fn. 1; BGH NJW 1992, 2091, 2092 = Fn. 74; zum neuen Recht s. Uhlenbruck/*Knof* § 45 Rn. 19; HKInsO/*Keller* § 45 Rn. 11 ff.

6 *Häsemeyer* Rn. 25.15 ff.; dem folgend Nerlich/Römermann/*Westphal* §§ 201, 202 Rn. 14; HKInsO/*Depré* § 201 Rn. 4.

7 *Kilger/K. Schmidt* § 57 Rn. 2; Uhlenbruck/*D. Wegener* § 201 Rn. 11; Nerlich/Römermann/*Westphal* §§ 201, 202 Rn. 6.

8 HKInsO/*Depré* § 201 Rn. 3; Nerlich/Römermann/*Westphal* §§ 201, 202 Rn. 7; Uhlenbruck/*D. Wegener* § 201 Rn. 11; aA *Häsemeyer* Rn. 25, 30; *Smid* § 201 Rn. 3, der dies auf Grund des Insolvenzbeschlag in § 35 anzweifelt.

begründet werden. Der Schuldner hat auch nach Beendigung des Verfahrens keine Möglichkeit, die Angemessenheit und die Notwendigkeit der durch das Handeln des Verwalters ausgelösten Verbindlichkeiten zu überprüfen.

17 **4. Nicht angemeldete und nicht durchsetzbare Forderungen.** Gläubiger, die zwar einen begründeten Vermögensanspruch gegen den Schuldner im Zeitpunkt der Verfahrenseröffnung haben, ihre Forderung jedoch nicht zum Verfahren anmelden, sind auch keine Insolvenzgläubiger im Sinne von § 201 Abs. 1. Die Nachhaftung mit der Möglichkeit der Vollstreckung aus der Insolvenztabelle besteht nicht. Diese Gläubiger können nach Beendigung des Insolvenzverfahrens ihre ursprüngliche Forderung gegen den Schuldner weiter durchsetzen.[9]

18 Dies gilt auch für diejenigen Gläubiger, die zwar ihre Forderung zur Insolvenztabelle angemeldet haben, bei denen der Insolvenzverwalter und/oder Schuldner der Anmeldung jedoch widersprochen haben und der Widerspruch während des Insolvenzverfahrens nicht beseitigt wurde. Diesen Gläubigern kann nach Aufhebung des Insolvenzverfahrens kein vollstreckbarer Tabellenauszug erteilt werden, § 178 Abs. 3. Diese Gläubiger können ihre ursprüngliche Forderung (eine rechtskräftige Titulierung der gem. §§ 41, 45, 46 umgerechneten Forderung findet nicht statt) in vollem Umfange gegen den Schuldner weiter durchsetzen. Der **ursprüngliche Titel** gilt weiter. Noch nicht titulierte Ansprüche sind durch Klage oder durch Aufnahme eines durch das Insolvenzverfahren unterbrochenen Prozesses gegen den Schuldner weiter geltend zu machen.[10] Handelt es sich bei dem Schuldner um eine natürliche Person und wurde die Restschuldbefreiung angekündigt, unterliegen dieser Gläubiger jedoch dem Vollstreckungsverbot nach § 294 Abs. 1. Auch die Erteilung der Restschuldbefreiung wirkt gegen diese Gläubiger. Betroffen sind alle Insolvenzgläubiger, § 301 Abs. 1.

19 Die Nachhaftung nach § 201 gilt auch nicht für solche Ansprüche, die nach § 39 nachrangig sind. Etwas anderes gilt nur dann, wenn die Forderungen **nachrangiger Gläubiger** nach besonderer Aufforderung zur Anmeldung berechtigt sind, § 174 Abs. 3, und somit auch in die Insolvenztabelle eingetragen und festgestellt wurden. Grundsätzlich sind diese Ansprüche Insolvenzforderungen, nehmen jedoch am Verfahren nicht teil. Sie werden mangels Anmeldung nicht in die Insolvenztabelle eingetragen, können somit nicht festgestellt werden und es kann weiterhin auch kein vollstreckbarer Tabellenauszug für diese Ansprüche erteilt werden, § 201 Abs. 2. Der Gläubiger ist daher berechtigt, diese Ansprüche auch nach Aufhebung des Insolvenzverfahrens uneingeschränkt gegen den Schuldner geltend zu machen, vorbehaltlich einer eventuell erteilten Restschuldbefreiung.

20 **5. Öffentlich-rechtliche Ansprüche.** Die Nachhaftung nach § 201 bezieht sich auch auf öffentlich-rechtliche Ansprüche, insbesondere Steuern. Das materielle Steuerrecht wird durch das Insolvenzverfahren grundsätzlich nicht berührt, der Insolvenzschuldner bleibt Träger der Rechte und Pflichten aus dem Steuerrechtsverhältnis. Der Rang und die Geltendmachung von Steuerforderungen bestimmt sich nach Insolvenzrecht, § 251 Abs. 2 AO. Auch **öffentlich-rechtliche Ansprüche sind Insolvenzforderungen,** soweit sie zurzeit der Eröffnung des Verfahrens begründet sind, § 38. Sind diese Ansprüche als Insolvenzforderung einzustufen, müssen auch die öffentlich-rechtlichen Träger ihre Forderung zur Insolvenztabelle anmelden. Soweit der Anspruch zur Insolvenztabelle festgestellt wird, ist der Tabellenauszug Grundlage für die nachinsolvenzrechtliche Vollstreckung gegen den Schuldner.[11] Die Vollstreckung selbst richtet sich dann wieder nach den Regeln der AO, auch die Verjährung festgestellter Forderungen richtet sich nach der Beendigung des Verfahrens nach den öffentlichen-rechtlichen Vorschriften, bei Steuern insbesondere nach § 228 AO.[12] War der Anspruch bereits vor Eröffnung des Insolvenzverfahrens durch Steuerbescheid tituliert, tritt an dessen Stelle nunmehr der vollstreckbare Tabellenauszug, nur er allein ist für die weitere Vollstreckung im Rahmen der Nachhaftung maßgeblich.[13] Ohne einen Tabelleneintrag kann das Finanzamt nach Insolvenzbeendigung seine Forderung wieder klageweise geltend machen.[14]

20a **6. Deliktsanspruch.** Gem. § 174 Abs. 1 haben die Insolvenzgläubiger ihre Forderungen beim Insolvenzverwalter anzumelden.[15] Der Insolvenzverwalter hat jede angemeldete Forderung mit Grund und Betrag in die Tabelle einzutragen, § 175. Weiterhin einzutragen ist die vom Gläubiger angegebene Tatsache oder Einschätzung eines Anspruchs aus unerlaubter Handlung, § 174 Abs. 2. Die Forderungen werden im gerichtlichen Prüfungstermin jedoch nur nach **Betrag** und nach **Rang**

---

[9] BGH NJW 2008, 1440 = NZM 2008, 242; OLG Karlsruhe ZIP 2010, 2526 = ZInsO 2011, 526.
[10] BGH NJW 2008, 1440 = NZM 2008, 242.
[11] Vgl. OVG NRW KKZ 1999, 166; Uhlenbruck/*D. Wegener* § 201 Rn. 26.
[12] BFH BStBl. II 1988, 865.
[13] Uhlenbruck/*D. Wegener* § 201 Rn. 26.
[14] FG Hamburg NZI 2012, 48 = ZInsO2011, 2294 und erneut ZInsO 2011, 2287.
[15] Hierzu auch BGH NJW-RR 2009, 772 = Rpfleger 2009, 337 = NZI 2009, 242 = ZIP 2009, 483 = ZInsO 2009, 381; allg. *Mäusezahl* ZInsO 2002, 462.

geprüft, § 176 und nicht nach dem **Rechtsgrund.**[16] Das Gericht hat in der Tabelle den Verlauf der Prüfung zu dokumentieren, insbesondere für jede Forderung in die Tabelle einzutragen, inwieweit sie festgestellt ist, § 178 Abs. 2. Erfolgt weder durch den Insolvenzverwalter noch durch Insolvenzgläubiger ein Widerspruch gegen die angemeldete Forderung, wird die Feststellung fingiert, § 178 Abs. 1. Durch die Eintragungen der Feststellung in die Tabelle nach Betrag und Rang erhält die angemeldete Forderung gegenüber dem Insolvenzverwalter und allen Insolvenzgläubigern eine Wirkung, die einem rechtskräftigen Urteil entspricht, § 178 Abs. 3. Ein Widerspruch eines Insolvenzverwalters oder eines Gläubigers hindert zunächst die Feststellungswirkung, nicht aber der Widerspruch des Schuldners, § 178 Abs. 1 S. 2. Der Widerspruch kann jedoch beseitigt werden, § 178 Abs. 1 S. 2, ggf. durch Feststellungsklage, § 179 vor dem ordentlichen Gericht im streitigen Verfahren. Die Gläubigerforderung durchläuft also im Feststellungsverfahren drei Verfahrensabschnitte: Anmeldung, Prüfung und Feststellung.

Liegt der Forderung eine **vorsätzlich begangene unerlaubte Handlung** des Schuldners zugrunde, sind diese Tatsachen bei der Forderungsanmeldung plausibel und konkret darzulegen, damit eine Eintragung der Forderung zur Tabelle im Insolvenzverfahren erfolgen kann und der Rechtsgrund der Forderung auch von der **Rechtskraftwirkung** der **Tabelleneintragung** erfasst werden kann, welche die Voraussetzung für die Ausnahme von der Restschuldbefreiung, § 302 Nr. 1, darstellt. Wird eine Forderung aus einer vorsätzlich begangenen unerlaubten Handlung zur Insolvenztabelle angemeldet, muss das Insolvenzgericht gem. § 175 Abs. 2 darauf hinweisen, dass der Schuldner Widerspruch einlegen kann. Denn nach § 302 Nr. 1 sind Verbindlichkeiten des Schuldners aus einer vorsätzlichen unerlaubten Handlung, sofern sie ordnungsgemäß beim Insolvenzverwalter angemeldet wurden, von der Erteilung der Restschuldbefreiung ausgenommen.[17] Der Schuldner kann dem Rechtsgrund alleine widersprechen.[18] Hat der Schuldner dem Rechtsgrund einer angemeldeten Forderung aus unerlaubter Handlung widersprochen, hat der Gläubiger ein rechtliches Interesse daran, den Widerspruch durch Feststellungsklage zu beseitigen.[19] Erlangt der Gläubiger ein positives Urteil, ist der Widerspruch des Schuldners beseitigt. Das Forderungsattribut der unerlaubten Handlung ist dann zur Tabelle festgestellt. Materiell hat dies zur Folge, dass der Anspruch nicht der Restschuldbefreiung unterliegt, § 302 Nr. 1. 20b

Bleibt die Frage, ob der vollstreckbare Tabellenauszug auch ein mit dem Forderungsattribut der unerlaubten Handlung geeigneter Vollstreckungstitel ist, um zB nach § 850f Abs. 2 ZPO vollstrecken zu können. Der BGH hat zum **Vollstreckungsbescheid** entschieden, dass hierdurch der Nachweis einer Forderung aus vorsätzlich begangener unerlaubter Handlung für das Vollstreckungsprivileg durch den Gläubiger nicht geführt werden kann.[20] Im Wesentlichen wird die Entscheidung von der Tatsache getragen, dass im Mahnverfahren keine materielle Anspruchsprüfung vorgenommen wird. Dies kann bei dem Verfahren zur Erlangung eines Tabellenauszuges als Titel jedoch nicht gleich gesetzt werden. Zwar nimmt auch das Insolvenzgericht keine materielle Prüfung des angemeldeten Anspruchs dem Grunde nach vor. Widerspricht der Schuldner im Termin dem Forderungsattribut nicht oder wird ein Widerspruch im Feststellungsprozess beseitigt, steht dies aber einem streitigen Urteil im Zivilprozess gleich. Der Tabellenauszug ist daher auch ein Titel mit dem Vollstreckungsprivileg nach § 850f Abs. 2 ZPO.[21] 20c

Der Gläubiger kann aber auch bereits einen Titel vorlegen, aus dem sich die Tatsache der vorsätzlich begangenen unerlaubten Handlung ergibt. Diese Tatsache muss sich aber aus dem **Tenor des Urteils** oder aus den **Entscheidungsgründen** ergeben.[22] Nicht geeignet ist der **Vollstreckungsbescheid** als Titel.[23] Mit dieser Entscheidung setzt der BGH seine Grundsätze aus 2003 20d

[16] Uhlenbruck/*Sinz* § 176 Rn. 3.
[17] BGH NZI 2014, 1109.
[18] BGH NZI 2013, 1025; Uhlenbruck/*Sinz* § 174 Rn. 20; *Mäusezahl* ZInsO 2002, 462, 466 ff.; *Kehe/Meyer/Schmerbach* ZInsO 2002, 660, 662; LG Trier v. 31.1.2006, 1 S 207/05 in BeckRS 2006, 02546.
[19] OLG Celle Rpfleger 2003, 465 = ZVI 2004, 46 = ZInsO 2003, 280; LG Bonn v. 4.11.2013 – 6 T 215/13, juris; LG Köln NZI 2005, 406; *Kehe/Meyer/Schmerbach* ZInsO 2002, 660, 665.
[20] BGH NJW 2005, 1663 = Rpfleger 2005, 370 = ZInsO 2005, 538 mAnm *Grote* = FamRZ 2005, 974 = JurBüro 2005, 437 = MDR 2005, 1014 = WM 2005, 1326 = ZVI 2005, 253; hierzu *Gaul* NJW 2005, 2894.
[21] LG Essen v. 7.4.2017 – 10 T 103/17, juris, aA AG Köln NZI 2017, 78.
[22] BGH NJW 2003, 515 = Rpfleger 2003, 91 = ZInsO 2002, 1183 = BB 2002, 2468 = JurBüro 2003, 436 = KTS 2003, 263 = MDR 2003, 290 = VersR 2003, 620 = WM 2002, 2385; zu einem Anerkenntnisurteil OLG Brandenburg NZI 2008, 319.
[23] BGH NJW 2005, 1663 = Rpfleger 2005, 370 = ZInsO 2005, 538 mAnm *Grote* = FamRZ 2005, 974 = JurBüro 2005, 437 = MDR 2005, 1014 = WM 2005, 1326 = ZVI 2005, 253; hierzu *Gaul,* NJW 2005, 2894.

(→ Rn. 20c) zu § 850f Abs. 2 ZPO fort.[24] Das Mahnverfahren, das zum Erlass des Vollstreckungsbescheides geführt hat, kann nur wegen eines Anspruchs, der die Zahlung einer bestimmten Geldsumme zum Gegenstand hat, eingeleitet werden (§ 688 Abs. 1 ZPO). Es ist nicht dazu bestimmt, zur Vorbereitung der privilegierten Vollstreckung den deliktischen Schuldgrund und den für § 850f Abs. 2 ZPO erforderlichen Verschuldensgrad feststellen zu lassen. Der Schuldner kann daher bei Vorlage eines solchen Titels dem Forderungsattribut jederzeit noch wirksam widersprechen.

Da der bisherige Titel – soweit Deckungsgleichheit besteht (hierzu nachfolgend → Rn. 20e) – durch den vollstreckbaren Tabellenauszug als „aufgezehrt" gilt, muss der Gläubiger bei einem Widerspruch des Schuldners diesen durch ein Feststellungsurteil beseitigen, um nach erteilter Restschuldbefreiung weiter vollstrecken zu können.[25] Erst Recht gilt dies beim Vollstreckungsbescheid, da das Forderungsattribut überhaupt noch nicht rechtwirksam tituliert ist.

20e Hat der Schuldner dem Rechtsgrund **nicht** widersprochen oder wird ein Widerspruch beseitigt, bleibt weiter die Frage, ob der Auszug aus der **Insolvenztabelle** überhaupt als Titel gegen den Schuldner genutzt werden kann. Einem Insolvenzgläubiger soll auch nach Aufhebung des Insolvenzverfahrens während der Laufzeit der Abtretung kein vollstreckbarer Tabellenauszug erteilt werden. Auch die Erteilung einer vollstreckbaren Ausfertigung während der Laufzeit der Abtretung zur Vollstreckung in den pfandfreien Betrag gem. §§ 850f Abs. 2, 850d ZPO soll nicht möglich sein.[26] Hier steht § 294 entgegen. Auch wenn man die Erteilung der Klausel nicht als Zwangsvollstreckung ansieht, fehlt der Erteilung der vollstreckbaren Ausfertigung jedoch das Rechtsschutzinteresse. Dem ist zu widersprechen. Die Erteilung der Vollstreckungsklausel selbst ist noch kein Akt der Zwangsvollstreckung, da letztere erst nach Vorliegen der Klausel und Zustellung des Titels beginnt, § 750 Abs. 1 ZPO. Die Klauselerteilung ist daher noch eine Vorstufe der Zwangsvollstreckung. Weder eine Einstellung der Zwangsvollstreckung (zB gem. §§ 707, 769 ZPO) noch das mit der Eröffnung des Insolvenzverfahrens verbundene Vollstreckungsverbot nach § 89 Abs. 1, das im Eröffnungsverfahren erlassene Vollstreckungsverbot nach § 21 Abs. 2 Nr. 3 oder § 294 hindern während der Laufzeit der Abtretung die Erteilung der Vollstreckungsklausel.[27] Dies ist unabhängig davon zu beurteilen, ob die Zwangsvollstreckung überhaupt möglich ist.

IV. Vollstreckbarer Tabellenauszug

21 **1. Festgestellte Forderung.** Die Eintragung der angemeldeten Forderung in die Insolvenztabelle wirkt für die festgestellten Forderungen ihrem Betrag und ihren Rang nach wie ein **rechtskräftiges Urteil** gegenüber dem Insolvenzverwalter und allen Insolvenzgläubigern und ist insoweit ein zur Zwangsvollstreckung geeigneter Titel, §§ 178 Abs. 3, 201 Abs. 2. Voraussetzung ist, dass die angemeldete Forderung im Prüfungstermin oder nach nachträglich widerspruchslos festgestellt wird. Zum Widerspruch berechtigt sind der Insolvenzverwalter und jeder Insolvenzgläubiger, § 178 Abs. 1 Satz 1. Erhebt der Insolvenzverwalter oder ein Insolvenzgläubiger **Widerspruch** und wird dieser Widerspruch später beseitigt, steht dies einer nicht bestrittenen und damit uneingeschränkt festgestellten Forderung gleich, § 201 Abs. 2 Satz 2. Hierbei ist es unerheblich, ob der Widerspruch durch Rücknahme des Widersprechenden oder durch ein Feststellungsurteil beseitigt wird. Grundsätzlich steht ein Widerspruch des Schuldners einer Feststellung der Forderung nicht entgegen, § 178 Abs. 1 Satz 2. Nach dem Wortlaut von § 201 Abs. 2 Satz 1 ist der Tabellenauszug dann jedoch nicht ein zum Zwecke der Zwangsvollstreckung geeigneter Titel, es kann keine Vollstreckungsklausel erteilt werden. Der anmeldende Gläubiger muss den Widerspruch durch Feststellungsklage beseitigen,

---

[24] Die bis dahin ergangene Rechtsprechung ist somit überholt: zuletzt noch LG Heilbronn Rpfleger 2005, 98; der Gläubiger kann die vorsätzlich begangene unerlaubte Handlung schlüssig vortragen; in keinem Falle genügt es, wenn im Vollstreckungsbescheid der titulierte Anspruch als vorsätzlich begangene unerlaubte Handlung klassifiziert ist, aA LG München JurBüro 2004, 673; LG Augsburg Rpfleger 1995, 122 = DGVZ 1995, 26; LG Münster JurBüro 1996, 385; das Vollstreckungsgericht muss selbstständig die Angaben prüfen, OLG Hamm NJW 1973, 1332; LG Düsseldorf NJW-RR 1987, 758 = Rpfleger 1987, 319; LG Bonn Rpfleger 1994, 264; LG Münster JurBüro 1996, 385; *Büchmann* NJW 1987, 172, aA LG Landshut Rpfleger 1996, 470; Stein/Jonas/*Münzberg* § 850f. Rn. 10; Musielak/*Becker* § 850f. Rn. 10; sofern der Vortrag des Gläubigers ungenügend ist, muss er gegebenenfalls Feststellungsklage erheben, so BGH NJW 1990, 834 = Rpfleger 1990, 248 = WM 1989, 583; OLG Oldenburg NJW-RR 1992, 573.

[25] Streitig: in diesem Sinne vgl. § 302; überzeugend auch *Hattwig* ZInsO 636, 640; aA der alte Titel gilt weiter *Graf Schlicker/Remmert* NZI 2001, 569; *Behr* Rpfleger 2003, 389; *Heinze* DZWiR 2002, 369; der Schuldner muss sich bei der Vollstreckung aus dem bisherigen Titel mit § 767 ZPO wehren, *Riedel* NZI 2002, 414; Die Entscheidung des LG Oldenburg ZVI 2003, 291 ist durch die BGH-Rechtsprechung zu § 850f. Abs. 2 ZPO überholt.

[26] AG Göttingen ZInsO 2005 668 = DZWir 2005, 348 = ZVI 2005, 327.

[27] BGH NJW 2008, 918 = Rpfleger 2008, 209 = NZI 2008, 198; *Hintzen/Wolf* Rn. 351 ff.

§ 184.[28] Eine vom Widerspruch des Schuldners behaftete Forderung nimmt zwar an der Verteilung im Insolvenzverfahren teil, nach Aufhebung des Verfahrens hat die Eintragung in die Insolvenztabelle für den Gläubiger jedoch keine Vollstreckungswirkung.[29]

Widerspricht der Schuldner der angemeldeten Forderung im Prüfungstermin, gibt dann aber sein Bestreiten nach Aufhebung des Insolvenzverfahrens auf, tritt nicht die rechtskräftige Vollstreckungswirkung nach Abs. 2 ein. Hat der Gläubiger nach Widerspruch des Schuldners nicht vor Beendigung des Insolvenzverfahrens zur Beseitigung des Widerspruchs Klage erhoben, kann er nach Beendigung des Verfahrens nur noch seine ursprüngliche Forderung gegen den Schuldner unbeschränkt geltend machen, nicht jedoch die im Insolvenzverfahren vom Insolvenzverwalter festgestellte Forderung.[30] Hat der Schuldner nicht innerhalb der Monatsfrist des § 184 Abs. 2 seinen Widerspruch verfolgt, ist der Widerspruch i. S. von § 201 Abs. 2 Satz 2 2 beseitigt. Die Insolvenztabelle ist dann analog § 183 Abs. 2 zu berichtigen.[31] 22

Hat zunächst der **Insolvenzverwalter der angemeldeten Forderung widersprochen,** wird dann jedoch nach Klageerhebung die rechtskräftige Feststellung zur Insolvenztabelle vorgenommen, schafft dies auch gegenüber dem Insolvenzschuldner einen vollstreckbaren Titel.[32] Widerspricht der Schuldner einer angemeldeten Forderung für die der Gläubiger bereits vor Eröffnung des Verfahrens einen noch nicht rechtskräftigen Titel erlangt hat, so bleibt, solange der Widerspruch nicht beseitigt ist, für die nach Insolvenzbeendigung mögliche Vollstreckung in das sonstige Vermögen des Schuldners dieser Titel bestehen. Will der Insolvenzschuldner vermeiden, dass der Titel rechtskräftig wird, so kann und muss er innerhalb der nach Aufnahme des Rechtsstreits durch den Gläubiger oder spätestens nach Aufhebung des Insolvenzverfahrens neu beginnenden Frist das zulässige **Rechtsmittel** gegen die Entscheidung einlegen.[33] Die Eintragung in die Insolvenztabelle wirkt hinsichtlich der festgestellten Forderung ihrem Betrag und Rang nach wie ein rechtskräftiges Urteil gegenüber allen Insolvenzgläubigern und auch dem Insolvenzverwalter, § 178 Abs. 3. Die **widerspruchslose Feststellung** hat somit die Wirkung eines rechtskräftigen Urteils. Ist die festgestellte Forderung jedoch bereits außerhalb des Insolvenzverfahrens durch einen Dritten gezahlt worden, kann der Insolvenzverwalter gegen die festgestellte Forderung im Wege der Vollstreckungsgegenklage vorgehen, § 767 ZPO entsprechend.[34] Da die Feststellung der Forderung wie ein rechtskräftiges Urteil wirkt und auch zur Berücksichtigung bei der Masseverteilung führt, sind hiergegen auch diejenigen Rechtsbehelfe gegeben, die außerhalb des Insolvenzverfahrens einer rechtskräftig verurteilen Partei zur Verfügung stehen. Bei den festgestellten Forderungen muss es sich jedoch um Insolvenzforderungen handeln, ein zur Insolvenztabelle angemeldeter Massekostenanspruch kann nicht die Rechtswirkungen nach Abs. 2 beanspruchen, die Eintragung selbst ist ohne jede rechtliche Bedeutung.[35] 23

Die Insolvenztabelle ist bei **unrichtiger Eintragung** zu berichtigen und zwar auch dann, wenn die Eintragung auf Grund einer irrtümlich falschen Erklärung des Insolvenzverwalters zu Stande gekommen ist. Denn nur die Eintragung wirklich festgestellter Forderungen in die Insolvenztabelle erzeugt Rechtskraft, nicht der irrtümliche Feststellungsvermerk streitig gebliebener Forderungen.[36] Die Berichtigung der Insolvenztabelle ist bei unzutreffenden Tabelleneintragungen auch noch nach Aufhebung des Insolvenzverfahrens zulässig.[37] 24

Die **rechtskräftige Vollstreckungswirkung** festgestellter Forderungen richtet sich immer nur gegen den Insolvenzschuldner selbst. Nur ihm gegenüber hat die Eintragung in die Tabelle die Wirkung eines rechtskräftigen Urteils. Ist das Insolvenzverfahren über das Vermögen einer OHG, KG oder GbR eröffnet, kann aus dem Tabelleneintrag nicht gegen den Gesellschafter vollstreckt werden, § 129 Abs. 4 HGB, und umgekehrt aus einem vollstreckbaren Tabellenauszug gegen den Gesellschafter, nicht gegen die Gesellschaft, § 124 Abs. 2 HGB.[38] Hat der Gläubiger einen Vollstreckungstitel sowohl gegen die Gesellschaft als auch gegen den Gesellschafter als Gesamtschuldner erstritten, und wird das Insolvenzverfahren nur über eine der beiden Personen eröffnet, kann die 25

28 *Riedel* Rpfleger 2008, 339.

29 BGH NJW 1998, 2364 = ZIP 1998, 1113 = *Runkel* EWiR 1998, 757; OLG Köln WM 1995, 597 mwN; Uhlenbruck/*D. Wegener* § 201 Rn. 19.

30 LSG NW Rpfleger 1986, 105.

31 OLG Brandenburg NZI 2010, 266 = ZIP 2010, 2022 = ZInsO 2010, 728.

32 OLG Hamm ZIP 1993, 444.

33 BGH NJW 1998, 2364 = MDR 1998, 982 = BB 1998, 2177 = ZIP 1998, 1113 = WM 1998, 1366.

34 BGH Rpfleger 1984, 476.

35 OVG Münster KTS 1999, 137 = Rpfleger 1999, 89.

36 LG Hannover Rpfleger 1996, 419.

37 OLG Celle MDR 1964, 65; OLG Hamm Rpfleger 1965, 78; aA LG Karlsruhe ZIP 1981, 1235.

38 AG München KTS 1966, 122; zur GbR und insbesondere zur Haftung entsprechend den Regeln der OHG vgl. BGH v. 21.1.2001, NJW 2001, 1056 = ZIP 2001, 330 = Rpfleger 2001, 246.

Eintragung und die Feststellung der Forderung auch nur gegenüber dem Insolvenzschuldner wirken, der ursprüngliche Titel gegen den anderen, nicht am Insolvenzverfahren beteiligten Schuldner bleibt erhalten.[39]

26 **2. Gerichtliche Zuständigkeit.** Der **Antrag auf Erteilung** einer vollstreckbaren Ausfertigung aus der Insolvenztabelle kann nur von den jeweiligem Insolvenzgläubiger oder seinem Rechtsnachfolger gestellt werden. Die Antragstellung ist erst nach Aufhebung des Insolvenzverfahrens zulässig, § 201 Abs. 2 Satz 3. Der Antragseingang darf somit erst am dritten Tag nach der öffentlichen Bekanntmachung der Verfahrensaufhebung gestellt werden, § 9 Abs. 1 Satz 3. Nach Ansicht des BGH wird die Verfahrensaufhebung im Zeitpunkt der Beschlussfassung wirksam.[40] In Anlehnung an den Rechtsgedanken des § 27 Abs. 3 postuliert der BGH, dass das Insolvenzgericht im Aufhebungsbeschluss eine konkrete Uhrzeit anzugeben hat, andernfalls die Mittagszeit gilt. Dies gilt auch dann, wenn der Rechtspfleger den Aufhebungsbeschluss erlassen hat, der Eintritt der Rechtskraft nach Ablauf der Rechtsmittelfrist (befristete Erinnerung, § 11 Abs. 2 RPflG) braucht nicht abgewartet zu werden. Wird der **Antrag zu früh** gestellt, ist er als unzulässig zurückzuweisen.[41]

27 Ausgehend von dem Gesetzestext kann der Insolvenzgläubiger aus der Eintragung in die Tabelle „wie aus einem vollstreckbaren Urteil" die Zwangsvollstreckung gegen den Schuldner betreiben. Wortgenau würde dies bedeuten, dass der Tabelleneintrag bereits den Titel und die Vollstreckungsklausel beinhaltet. Nach der Definition in § 724 Abs. 1 ZPO setzt sich eine vollstreckbare Ausfertigung aus den beiden Komponenten Vollstreckungstitel und Vollstreckungsklausel zusammen. Aus der Regierungsbegründung zu § 201 ist zu entnehmen, dass § 164 KO sinngemäß übernommen werden sollte. Entfallen ist jedoch der Hinweis auf die entsprechende Anwendung der §§ 724 bis 793 ZPO, 164 Abs. 2 KO. Aus der Gesetzesbegründung kann somit nicht entnommen werden, dass der Gesetzgeber die Erteilung der **Vollstreckungsklausel** auf den Tabellenauszug für entbehrlich hält. Der Tabellenauszug ist zunächst nur der zur Zwangsvollstreckung geeignete Titel, der dann noch vom Insolvenzgericht für vollstreckbar erklärt werden muss. Da der vollstreckbare Tabellenauszug einem rechtskräftigen Urteil gleich steht, bedarf es keines gesonderten Rechtskraftzeugnisses.[42]

28 Auch wenn die Anmeldung der Forderungen der Insolvenzgläubiger beim Insolvenzverwalter zu erfolgen haben, § 174 Abs. 1, erfolgt die Prüfung der einzelnen Forderungen und die Protokollierung der Feststellung einschließlich des späteren Wegfalls eines erhobenen Widerspruches durch das Insolvenzgericht. Nur das **Insolvenzgericht ist für die Erteilung der Vollstreckungsklausel** auf den Tabellenauszug **zuständig.** Diese Zuständigkeit ist ausschließlich, § 2 Abs. 1. Wurde die Forderung des Gläubigers während der Prüfung bestritten, ist auch bereits im laufenden Insolvenzverfahren nur das Insolvenzgericht zur Erteilung eines beglaubigten Auszuges aus der Tabelle zuständig, § 179 Abs. 3 Satz 1.

29 Da die Insolvenzordnung selbst keine weiteren Regelungen zum Prozedere der Erteilung der Vollstreckungsklausel enthält, sind über § 4 die allgemeinen Vorschriften der ZPO zur Erteilung der vollstreckbaren Ausfertigung anzuwenden. Die **funktionelle Zuständigkeit** für die Erteilung der Klausel hängt von der Art der Klausel selbst ab. Für die einfache Klausel ist der Urkundsbeamte der Geschäftsstelle des Insolvenzgerichts zuständig, § 724 Abs. 2 ZPO, bei einer titelergänzenden bzw. titelumschreibenden Klausel ist der Rechtspfleger des Insolvenzgerichtes zuständig, § 20 Nr. 12 RPflG. Allerdings kann später in der Zwangsvollstreckung im Erinnerungsverfahren nach § 766 ZPO der Einwand des Schuldners grundsätzlich nicht berücksichtigt werden, der Urkundsbeamte der Geschäftsstelle habe die der Vollstreckung zugrunde liegende Klausel nach §§ 724, 725 ZPO zu Unrecht ohne die gemäß § 726 Abs. 1 ZPO erforderlichen Nachweise erteilt.[43] Eine Klauselerteilung bzw. Klauselumschreibung kommt jedoch dann nicht in Betracht, wenn das Insolvenzverfahren gegen eine OHG, KG oder GbR geführt wurde und der Insolvenzgläubiger den Antrag stellt, den Tabellenauszug gegen den Gesellschafter selbst zu erteilen (oder umgekehrt: Insolvenzverfahren gegen den Gesellschafter und Klauselerteilung gegen die Gesellschaft). Hier stehen die Regelungen in §§ 129 Abs. 4 und 124 Abs. 2 HGB entgegen.[44] Eine Rechtsnachfolge kommt beispielhaft dann in Betracht, wenn der Insolvenzgläubiger seinen Anspruch abgetreten hat oder auf der Schuldnerseite Erbfolge eingetreten ist.

30 Das funktionell zuständige Organ (Urkundsbeamte der Geschäftsstelle oder Rechtspfleger) prüft im Rahmen seiner Prüfungskompetenz vor Erteilung der Klausel an Hand der ihm vorliegenden

---

39 LG Hannover Rpfleger 1992, 127 = DGVZ 1992, 11.

40 BGH NJW-RR 2010, 1494 = Rpfleger 2010, 692 = NZI 2010, 741 = ZIP 2010, 1610.

41 KPB/*Holzer* § 201 Rn. 6a; Nerlich/Römermann/*Westphal* §§ 201, 202 Rn. 18; überholt somit die Auffassung zum Konkursrecht, vgl. AG Kaiserslautern ZIP 1988, 989; *Kuhn/Uhlenbruck* § 164 Rn. 3a.

42 Uhlenbruck/*D. Wegener* § 201 Rn. 28.

43 BGH Rpfleger 2012, 321.

44 LG Hannover Rpfleger 1992, 127 = DGVZ 1992, 11.

Unterlagen zunächst nur, ob über die Forderungsprüfung ein eindeutiger Feststellungsvermerk getroffen wurde. Weiterhin darf **kein Widerspruch des Insolvenzverwalters** mehr bestehen. Ebenfalls muss ein **Widerspruch des Schuldners** durch Feststellungsurteil beseitigt sein oder durch Rücknahme bzw. Anerkenntniserklärung des Schuldners selbst weggefallen sein. Im Falle einer titelumschreibenden Klausel sind die Urkunden zum Nachweis der Rechtsnachfolge in öffentlich beglaubigter Form beizufügen, §§ 727 ff. ZPO. Eine Anhörung des Schuldners erfolgt bei Erteilung der einfachen Klausel nicht, bei der Erteilung einer titelumschreibenden Klausel steht die Anhörung im Ermessen des Insolvenzgerichts, § 730 ZPO.[45] Zahlungen, die im Laufe des Insolvenzverfahrens als Abschlagszahlung geleistet und Zahlungen aus der Schlussverteilung sind von der Gläubigerforderung abzusetzen und in der vollstreckbaren Ausfertigung entsprechend zu vermerken.

Ist eine vollstreckbare Auswertung erteilt und wird später die Erteilung einer **weiteren vollstreckbaren Ausfertigung** beantragt, § 733 ZPO, ist hierfür ebenfalls das Insolvenzgericht zuständig. Funktionell zuständig ist der Rechtspfleger, § 20 Nr. 12, 13 RPflG. 31

Kosten, die einem einzelnen Insolvenzgläubiger durch die Teilnahme am Verfahren erwachsen, können nicht zur Insolvenztabelle angemeldet werden, es handelt sich um nachrangige Forderungen, § 39 Abs. 1 Nr. 2. Eine Ausnahme gilt nur dann, wenn zur Anmeldung solcher nachrangiger Ansprüche gesondert aufgefordert wurde, § 174 Abs. 3. **Kosten,** die dem Insolvenzgläubiger durch die Teilnahme am Verfahren entstehen, insbesondere durch die Beauftragung eines Rechtsanwaltes, sind nicht Kosten der Zwangsvollstreckung iSv § 788 ZPO, und können somit nicht im Rahmen der nachfolgenden Zwangsvollstreckung vom Schuldner beigetrieben werden. Es handelt sich hierbei um diejenigen Kosten, die entsprechend einem Erkenntnisverfahren als Prozesskosten nur auf Grund eines zur Zwangsvollstreckung geeigneten Titels beigetrieben werden können, § 103 Abs. 1 ZPO entsprechend. Der vollstreckbare Titel als Grundlage für die Festsetzung ist der vollstreckbare Tabellenauszug. Für die **Festsetzung dieser Kosten** ist daher ebenfalls das Insolvenzgericht als Gericht des ersten Rechtszuges zuständig.[46] 32

3. Erteilung des Tabellenauszuges. Die Erteilung einer vollstreckbaren Ausfertigung aus der Tabelle erfolgt nur auf **Antrag.** Da bereits der Antrag selbst erst nach Aufhebung des Insolvenzverfahrens gestellt werden kann (vgl. zuvor → Rn. 26), kann folgerichtig die Klauselerteilung ebenfalls erst nach Beendigung und Aufhebung des Insolvenzverfahrens erfolgen. Damit hat sich die noch im Konkursrecht streitige Frage, ob die Erteilung der vollstreckbaren Ausfertigung schon vor Aufhebung des Konkursverfahrens zulässig ist, erledigt.[47] Die vollstreckbare Ausfertigung kann auch während der Wohlverhaltensperiode erteilt werden.[48] 33

4. Keine Doppeltitulierung. Nicht geregelt ist – wie bereits im Konkursrecht – die Frage, welches Schicksal ein Vollstreckungstitel erleidet, den der Insolvenzgläubiger bereits vor dem Insolvenzverfahren für die in die Insolvenztabelle eingetragene Forderung erstritten hat. Bereits die Regelung in § 733 ZPO stellt klar, dass zum Schutz des Schuldners vor wiederholter Zwangsvollstreckung wegen desselben vollstreckbaren Anspruches eine neue – weitere – vollstreckbare Ausfertigung des Titels gegen den Schuldner grundsätzlich nicht erteilt werden soll. Eine weitere vollstreckbare Ausfertigung kann nur dann erteilt werden, wenn ein **besonderes schutzwürdiges Interesse des Gläubigers** dies notwendig erscheinen lässt. Ausgehend von diesem Rechtsgedanken ist zu unterscheiden: 34

a) Hat der Gläubiger einen vollstreckbaren Titel gegen den Schuldner in Händen, nimmt jedoch nicht am Insolvenzverfahren teil, bleibt der Titel auch nach Aufhebung des Insolvenzverfahrens für den Gläubiger bestehen, der Gläubiger kann nach Wegfall der Vollstreckungssperre, §§ 88, 89, gegen den Schuldner uneingeschränkt vollstrecken. Eine Ausnahme gilt nur dann, wenn dem Schuldner die Restschuldbefreiung angekündigt wird, in diesem Falle unterliegt der Gläubiger dem Vollstreckungsverbot nach § 294. 35

b) Hat der Gläubiger einen titulierten Anspruch und meldet diese Forderung zur Insolvenztabelle an, so kann nach Aufhebung des Insolvenzverfahrens nach wie vor aus dem alten Titel vollstreckt werden, sofern der angemeldete Anspruch einem Widerspruch ausgesetzt ist und der Widerspruch während des Verfahrens nicht beseitigt wurde, nach § 201 Abs. 2 Satz 1 setzt die Erteilung eines vollstreckbaren Tabellenauszuges eine widerspruchslose Forderungsfeststellung voraus. 36

---

45 Zu weiteren Einzelheiten vgl. *Hintzen/Wolf,* Rn. 3.72 ff.

46 Nerlich/Römermann/*Westphal* §§ 201, 202 Rn. 19; Uhlenbruck/*D. Wegener* § 201 Rn. 31; *Kalter* KTS 1980, 215, 223.

47 BGH NJW 1960, 435; LG Nürnberg-Fürth MDR 1950, 752; AG Kaufbeuren MDR 1961, 696; AG München MDR 1965, 307; LG München I KTS 1965, 51; OLG Braunschweig Rpfleger 1978, 220; *Kuhn/Uhlenbruck* § 164 Rn. 3a mwN; *Hansens* JurBüro 1985, 499 ff.

48 LG Tübingen NZI 2006, 647; LG Leipzig NZI 2006, 603.

37 c) Hat der Gläubiger seinen bereits titulierten Anspruch zur Insolvenztabelle angemeldet und wird der Anspruch festgestellt und nicht bestritten, wirkt die Eintragung wie ein rechtskräftiges Urteil, § 178 Abs. 3. Dem Gläubiger stehen somit zwei zur Zwangsvollstreckung geeignete Titel wegen desselben Anspruches zur Verfügung. Ausgehend von einer Entscheidung des Reichsgerichts[49] hat der Gläubiger jedoch nicht mehr die Möglichkeit, auf den früheren Vollstreckungstitel zurückzugreifen, da dieser durch den vollstreckbaren Tabellenauszug „aufgezehrt" wird.[50] Der vollstreckbare Tabellenauszug ersetzt den früheren Vollstreckungstitel nicht nur dem Umfang nach, sondern auch in einer eventuell inhaltsgeänderten Form, §§ 41, 42, 45, 46. Die Nachhaftung des Schuldners bestimmt sich nur noch nach dem Inhalt der Tabelleneintragung. Das bedeutet aber nicht, dass die Existenz des ersten Titels schlechthin vernichtet wird. Dem könnte nur insoweit zugestimmt werden, als der bereits früher titulierte Anspruch des Gläubigers auch insgesamt am Insolvenzverfahren teilnimmt. Mit seinen **laufenden Zinsen** der Forderungen seit der Öffnung des Insolvenzverfahrens ist der Insolvenzgläubiger jedoch ein nachrangiger Insolvenzgläubiger und nimmt nur nach besonderer Aufforderung zur Anmeldung am Insolvenzverfahren teil, § 174 Abs. 3.[51] Dies dürfte in der Praxis sicherlich der Ausnahmefall bleiben, nachrangige Gläubiger haben regelmäßig keine große Aussicht auf Zahlung. Soweit der Gläubiger somit Ansprüche, die in dem früheren Titel mittituliert sind, zum Insolvenzverfahren nicht anmelden kann, bildet auch der vollstreckbare Tabellenauszug hierüber keine neuen zur Zwangsvollstreckung geeigneten Titel.[52] Eine „Aufzehrung" des früheren Titels kann somit nur in der Höhe in Betracht kommen, in der der titulierte und der zum Verfahren angemeldete Betrag identisch ist. Soweit es um nachrangige Forderungen im Sinne von § 39 geht, ist nach wie vor der frühere Titel die zur Zwangsvollstreckung geeignete und bestimmte Grundlage.[53]

38 Vollstreckt der Gläubiger aus dem früheren Titel, obwohl über den deckungsgleichen Anspruch ein vollstreckbarer Tabellenauszug vorliegt, kann der Schuldner hiergegen im Wege der **Vollstreckungserinnerung** vorgehen, § 766 ZPO. Im Rahmen der Vollstreckungserinnerung kann der Schuldner ua die allgemeinen Vollstreckungsvoraussetzungen rügen, insbesondere den Wegfall der Vollstreckbarkeit des Titels.[54] Die Rüge des Schuldners zur fehlenden Vollstreckbarkeit des Titels ist auch als Vollstreckungshindernis nach § 775 Nr. 1 ZPO zu werten, mit der Folge, dass bereits getroffene Vollstreckungsmaßnahmen aufzuheben sind, § 776 ZPO.

39 **5. Rechtsmittel.** Über die Erteilung der einfachen Vollstreckungsklausel entscheidet der Urkundsbeamte der Geschäftsstelle, im Falle einer titelergänzenden oder titelübertragenden Klausel der Rechtspfleger, §§ 724 Abs. 2 ZPO, 20 Nr. 12 RPflG. **Sachlich und örtlich zuständig** ist das Insolvenzgericht, § 201 Abs. 2 Satz 1. Lehnt der Urkundsbeamte der Geschäftsstelle oder der Rechtspfleger des Insolvenzgerichtes die Erteilung der Klausel ab, handelt es sich hierbei nicht um eine Entscheidung iSv § 6. Das Klauselerteilungsverfahren ist ein Annexverfahren, welches erst nach Aufheben des Insolvenzverfahrens beginnt. Der Antrag auf Klauselerteilung kann erst nach Aufhebung des Verfahrens gestellt werden. Entscheidungen iSv § 6 sind jedoch nur solche, die während des Insolvenzverfahrens getroffen werden. Auf das Verfahren zur Klauselerteilung sind über § 4 die allgemeinen Rechtsmittelvorschriften der Zivilprozessordnung anzuwenden. Lehnt der Urkundsbeamte der Geschäftsstelle oder der Rechtspfleger die Klauselerteilung ab, ist hiergegen die befristete Erinnerung – binnen zwei Wochen – zulässig, § 573 Abs. 1 ZPO, § 11 Abs. 1 RPflG. Ist die Vollstreckungsklausel erteilt und erhebt der Schuldner hiergegen Einwendungen, ist das Rechtsmittel der unbefristeten Erinnerung gem. § 732 ZPO gegeben.[55] Unabhängig ob der Urkundsbeamte oder der Rechtspfleger zuständig ist und ebenfalls unabhängig welche Entscheidung getroffen wurde, auf Grund der Sachnähe ist und bleibt das Insolvenzgericht zuständig.[56] Über eine mögliche Beschwerde entscheidet dann der Insolvenzrichter bzw. das Landgericht, Kammer für Insolvenzsachen. Zur Erhebung einer Klage auf Erteilung der Vollstreckungsklausel siehe § 202.

---

49 RGZ 93, 213; 112, 300; 132, 115.

50 LG Hannover Rpfleger 1992, 127; *Kuhn/Uhlenbruck* § 164 Rn. 1b; *Jaeger/Weber* § 164 Rn. 6; Hess/*Kropshofer* § 164 Rn. 5.

51 LG Heilbronn DGVZ 2018, 15 = BeckRS 2017, 136631.

52 LG Bielefeld DGVZ 1991, 120.

53 LG Bielefeld DGVZ 1991, 120; so auch Uhlenbruck/*D. Wegener* § 201 Rn. 22 mwN.

54 Zöller/*Herget* § 766 Rn. 15.

55 *Hansens*, JurBüro 1985, 499 zum Konkursrecht und noch vor Änderung des § 11 RPflG durch das 3. Gesetz zur Änderung des Rechtspflegergesetzes vom 6.8.1998 (BGBl. I 2030).

56 so auch Uhlenbruck/*D. Wegener* § 201 Rn. 31.

§ 202 Zuständigkeit bei der Vollstreckung

(1) Im Falle des § 201 ist das Amtsgericht, bei dem das Insolvenzverfahren anhängig ist oder anhängig war, ausschließlich zuständig für Klagen:
1. auf Erteilung der Vollstreckungsklausel;
2. durch die nach der Erteilung der Vollstreckungsklausel bestritten wird, daß die Voraussetzungen für die Erteilung eingetreten waren;
3. durch die Einwendungen geltend gemacht werden, die den Anspruch selbst betreffen.

(2) Gehört der Streitgegenstand nicht zur Zuständigkeit der Amtsgerichte, so ist das Landgericht ausschließlich zuständig, zu dessen Bezirk das Insolvenzgericht gehört.

I. Normzweck

In § 202 sind die alten Regelungen der §§ 164 Abs. 3 und 146 Abs. 2 KO aufgegangen. Die inhaltsgleiche Übernahme aus dem bisherigen Konkursrecht wiederholt jedoch nur das, was bereits das Zivilprozess- und Gerichtsverfassungsrecht regeln.[1] Von § 202 erfasst werden ausschließlich Klagen, die sich auf den vollstreckbaren Tabellenauszug beziehen, § 201 Abs. 2: Die Klage auf Erteilung der Vollstreckungsklausel, § 731 ZPO, die Klauselgegenklage, § 768 ZPO und die Vollstreckungsabwehrklage, § 767 ZPO. § 202 Abs. 2 regelt weiterhin eine ausschließliche Zuständigkeit für die vorstehenden Klagen, so dass eine Gerichtsstandsvereinbarung unzulässig ist, § 40 Abs. 2 ZPO oder auch eine abweichende Zuständigkeit durch rügelose Einlassung nicht erlangt werden kann.[2] 1

II. Klagearten

1. Klage auf Erteilung der Vollstreckungsklausel. Kann der Gläubiger in den Fällen einer titelergänzenden oder titelübertragenden Klausel den erforderlichen Nachweis durch öffentliche oder öffentlich beglaubigte Urkunden nicht erbringen, §§ 726 Abs. 1, 727 bis 729, 742, 744, 744a, 745 Abs. 2, 749 ZPO, bleibt ihm zur Erlangung der Vollstreckungsklausel nur noch die Möglichkeit, Klage auf Erteilung der Klausel zu erheben, § 731 ZPO. Unbenommen bleibt dem Rechtsnachfolger, statt einer Klage gem. § 731 ZPO, eine neue (Anspruchs) Klage gegen den Schuldner zu erheben.[3] 2

2. Klauselgegenklage. Mit dem Verfahren der Klauselerinnerung nach § 732 ZPO kann der Schuldner Einwendungen gegen eine dem Gläubiger erteilte Klausel erheben, die Fehler formeller Art zum Gegenstand haben. Liegen die Voraussetzungen einer Klauselerinnerung nach § 732 ZPO und einer Vollstreckungsgegenklage in entsprechender Anwendung des § 767 ZPO vor, so hat der Schuldner ein Wahlrecht.[4] Im Rahmen einer Klauselgegenklage ist der Schuldner darauf beschränkt, zu rügen, dass die materiellen Voraussetzungen für die Erteilung einer qualifizierten Klausel nicht vorliegen, § 768 ZPO. Allerdings stehen dem Schuldner im Rahmen der Klauselgegenklage alle Beweismittel der ZPO zum Nachweis der materiellen Voraussetzung zur Verfügung, anders im Rahmen der Erinnerung nach § 732 ZPO.[5] 3

3. Vollstreckungsabwehrklage. Mit der Vollstreckungsabwehrklage kann der Schuldner materiell-rechtliche Einwendungen gegen den titulierten Anspruch vortragen. Die Einwendungen müssen rechtsvernichtender oder rechtshemmender Art sein. Im Hinblick auf die **Präklusion der Einwendungen,** § 767 Abs. 2 ZPO, kann der Schuldner die Vollstreckungsabwehrklage nur auf Gründe stützen, die nach der Feststellung der Forderung entstanden sind; hierbei ist auf den Zeitpunkt abzustellen, in dem die Forderung widerspruchslos durch den Insolvenzverwalter anerkannt und im Prüfungstermin oder später zur Tabelle festgestellt wurde[6] oder bei Erhebung eines Widerspruches der Zeitpunkt, in dem der Widerspruch rechtskräftig beseitigt wurde. Hat der Gläubiger nach Bestreiten der Forderung Feststellungsklage erhoben, ist für den Zeitpunkt des Entstehens der Einwendungen auf die letzte mündliche Verhandlung in diesem Feststellungsprozess abzustellen.[7] 4

---

1 Zurecht kritisch KPB/*Holzer* § 202 Rn. 2.

2 Nerlich/Römermann/*Westphal* §§ 201, 202 Rn. 25.

3 BGH NJW 1987, 2863; LG Berlin JurBüro 1995, 219.

4 BGH NJW-RR 2004, 1718 = Rpfleger 2005, 33 = DNotZ 2005, 132 = FamRZ 2004, 1714 = MDR 2005, 113 = WM 2004, 1745 = NotBZ 2004, 429 = WuB H. 12/2004 VII A. § 732 ZPO 1.04 *Hintzen* = ZfIR 2004, 964 und erneut Rpfleger 2005, 612 = NJOZ 2005, 3298; OLG Saarbrücken NJOZ 2005, 3162; zur Abgrenzung auch BGH NJW 2010, 2041 = NZI 2010, 784 = Rpfleger 2010, 414 = ZIP 2010, 1072 = ZInsO 2010, 1227.

5 Zu Einzelheiten mit Nachw. von Lit. und Rspr. *Hintzen/Wolf* Rn. 3.230 ff.

6 Hierzu Zöller/*Herget* § 767 Rn. 15; FKInsO/*Kießner* § 202 Rn. 8.

7 *Jaeger/Weber* § 164 Rn. 8.

Auf den gleichen Zeitpunkt ist abzustellen, wenn der Schuldner der Forderung widersprochen und der Gläubiger die Beseitigung des Widerspruchs nach § 184 eingeleitet hat.

III. Zuständigkeit

5 **Sachlich zuständig** ist je nach Höhe des Streitwertes entweder das Amtsgericht oder das Landgericht, §§ 23, 71 GVG. Der Streitwert bestimmt sich hierbei nach der Höhe der Forderungsfeststellung in der Insolvenztabelle.

6 **Örtlich zuständig** ist das Amtsgericht oder Landgericht am Ort des Insolvenzgerichtes, somit beim Amtsgericht nicht das Insolvenzgericht selbst, sondern die Prozessabteilung.[8]

7 Die vorstehenden Ausführungen gelten auch für **öffentlich-rechtliche Forderungen,** insbesondere Steuerforderungen, die angemeldet und in der Insolvenztabelle widerspruchslos festgestellt wurden. Vollstreckungsgrundlage gegen den Schuldner ist nur noch der Tabelleneintrag, bereits bestehende Vollstreckungstitel, insbesondere Steuerbescheide oder sonstige Beitragsbescheide werden durch den vollstreckbaren Tabellenauszug verdrängt. Hiervon unabhängig ist die Frage zu beantworten, ob die Beitreibung selbst auf zivilprozessualem Wege oder im Wege des Verwaltungszwangs erfolgt; hier dürften die öffentlich-rechtlichen Träger eine Wahlmöglichkeit haben.[9]

§ 203 Anordnung der Nachtragsverteilung

(1) Auf Antrag des Insolvenzverwalters oder eines Insolvenzgläubigers oder von Amts wegen ordnet das Insolvenzgericht eine Nachtragsverteilung an, wenn nach dem Schlußtermin
1. zurückbehaltene Beträge für die Verteilung frei werden,
2. Beträge, die aus der Insolvenzmasse gezahlt sind, zurückfließen oder
3. Gegenstände der Masse ermittelt werden.

(2) Die Aufhebung des Verfahrens steht der Anordnung einer Nachtragsverteilung nicht entgegen.

(3) [1]Das Gericht kann von der Anordnung absehen und den zur Verfügung stehenden Betrag oder den ermittelten Gegenstand dem Schuldner überlassen, wenn dies mit Rücksicht auf die Geringfügigkeit des Betrags oder den geringen Wert des Gegenstands und die Kosten einer Nachtragsverteilung angemessen erscheint. [2]Es kann die Anordnung davon abhängig machen, daß ein Geldbetrag vorgeschossen wird, der die Kosten der Nachtragsverteilung deckt.

Schrifttum: *Bork,* Aufhebung und Einstellung des Insolvenzverfahrens unter Vorbehalt der Nachtragsverteilung, ZIP 2009, 2077; *Schulte-Kaubrügger,* Nachtragsverteilung trotz Insolvenzplan für nachträglich ermittelte Gegenstände, ZInsO 2009, 1321; *Zimmer,* Die Nachtragsverteilung in InsO und InsVV, KTS 2009, 199; *Delhaes,* Das konkursrechtliche Verteilungsverfahren in der Praxis, KTS 1963, 240 ff.; *Lissner,* Die Anforderungen an die Bestimmtheit einer (vorbehaltenen) Nachtragsverteilung für Steuererstattungsansprüche, BB 2013, 1495; *Neuhof,* Wiederaufnahme abgeschlossener Konkursverfahren bei nachträglich erkannter Unwirksamkeit formularmäßig bestellter Kreditsicherheiten, NJW 1995, 937 ff.; *Pape,* Zur entsprechenden Anwendung des § 166 KO auf eine Verteilung nach Einstellung mangels Masse, ZIP 1992, 747 ff.; *Uhlenbruck,* Rechtsfolgen der Beendigung des Konkursverfahrens, ZIP 1993, 241 ff.

Übersicht

[8] Nerlich/Römermann/*Westphal* §§ 201, 202 Rn. 25; KPB/*Holzer* § 202 Rn. 3, auch bei den Rechtsbehelfen Erinnerung § 573 Abs. 1 ZPO oder § 11 Abs. 1 RPflG; HKInsO/*Depré* § 202 Rn. 3.

[9] So auch *Jaeger/Weber* § 164 Rn. 6b.

I. Normzweck

Die Vorschrift entspricht dem früheren § 166 KO. Werden nach Beendigung des Schlusstermins zurückbehaltende Beträge für die Verteilung frei oder fließen sonstige Beträge zur Insolvenzmasse zurück oder werden nachträglich Gegenstände der Insolvenzmasse ermittelt, kann eine Nachtragsverteilung angeordnet werden. Sinn und Zweck der Nachtragsverteilung ist, dass Insolvenzgläubiger, deren Forderungen in das Schlussverzeichnis aufgenommen worden sind, auch nach Aufhebung des Insolvenzverfahrens noch befriedigt werden können, sofern später zur Masse gehörende Beträge oder Gegenstände frei bzw. ermittelt werden. Hierbei steht die Aufhebung des Verfahrens der Anordnung einer Nachtragsverteilung nicht entgegen. 1

Die Vorschrift findet auch **im Verbraucherinsolvenzverfahren** Anwendung.[1] Auch wenn die strukturelle Gestaltung des Verbraucherinsolvenzverfahrens nicht mit der Unternehmerinsolvenz verglichen werden kann, finden die Vorschriften über das Unternehmensinsolvenzverfahren weitgehend Anwendung. Sinn und Zweck einer Nachtragsverteilung sprechen für eine Anwendung auch in der Verbraucherinsolvenz. Nach Beendigung des Insolvenzverfahrens durch die rechtskräftige Bestätigung eines Insolvenzplans kommt die Anordnung einer Nachtragsverteilung jedoch nicht in Betracht.[2] Der Nachtragsverteilung kommt der Vorrang gegenüber der Bestellung eines Nachtragsliquidators (§ 264 Abs. 3 AktG) zu, wenn sich nach Löschung der Gemeinschuldnerin herausstellt, dass noch Vermögen vorhanden ist, das der Verteilung unterliegt.[3] 2

Der Nachtragsverteilung unterliegen jedoch nur die in Abs. 1 Nr. 1 bis 3 aufgeführten Beträge bzw. Gegenstände, die Aufzählung ist abschließend. Soweit die Beträge bzw. Gegenstände zum Zeitpunkt des Schlusstermins bereits bekannt sind und einer Nachtragsverteilung vorbehalten werden, wirkt die Insolvenzbeschlagnahme auch über die Aufhebung des Insolvenzverfahrens hinsichtlich dieser Beträge bzw. Gegenstände fort. Soweit diese Beträge oder Gegenstände nachträglich ermittelt werden bzw. zur Masse zurückfließen, tritt in Folge der Anordnung der Nachtragsverteilung eine neue Insolvenzbeschlagnahme ein.[4] 3

Ist der für die Verteilung frei werdende oder zur Insolvenzmasse zurückfließende Betrag oder der für die Masse ermittelte Gegenstand nur von geringem Wert, so dass nach Abzug der durch eine Nachtragsverteilung entstehenden Kosten kein nennenswerter Betrag als Überschuss zur Verteilung ausgewiesen werden kann, steht es im Ermessen des Insolvenzgerichts die Nachtragsverteilung abzulehnen. Die Ablehnung der Nachtragsverteilung unterbleibt, wenn das Insolvenzgericht von dem Antragsteller einen Kostenvorschuss anfordert, der die Kosten der Nachtragsverteilung deckt und der dann auch tatsächlich gezahlt wird. Diese Regelung dürfte in der Praxis keine große Resonanz auslösen, da Gläubiger nur wenig geneigt sein werden, einen Kostenvorschuss für eine Nachtragsverteilung zu zahlen. 4

II. Entstehungsgeschichte

Die in § 166 KO geregelte Nachtragsverteilung wird in Abs. 1 in redaktionell geänderter Fassung übernommen. Der Zeitraum zwischen Schlusstermin und Aufhebung des Insolvenzverfahrens kann durchaus mehrere Wochen umfassen. Die Anordnung einer Nachtragsverteilung, die sich nach dem Schlusstermin aufzeigt, muss nicht sofort angeordnet werden. Die Anordnung kann während des Vollzugs der Schlussverteilung, aber auch nach Aufhebung des Insolvenzverfahrens angeordnet werden, § 203 Abs. 2. Die Nachtragsverteilung kann auch je nach Kenntnis und Notwendigkeit bei Vorliegen der Voraussetzungen mehrfach angeordnet werden. Zeichnet sich innerhalb eines kurzen Zeitraumes jedoch ab, dass mehrere Tatbestände die Anordnung mehrerer Nachtragsverteilungen notwendig werden lassen, hat das Gericht nach freiem Ermessen darüber zu entscheiden, ob mit 5

[1] BGH NZI 2016, 65 = ZInsO 2016, 698 = Rpfleger 2016, 438; BGH NZI 2006, 180 = MDR 2006, 894 = Rpfleger 2006, 153 = ZIP 2006, 143 = WuB H. 5/2006 VI A. § 203 InsO (*Hintzen*); Uhlenbruck/*D. Wegener* § 203 Rn. 2.

[2] OLG Celle Rpfleger 2007, 162 = ZVI 2007, 321; auch *Hingerl* ZInsO 2007, 870.

[3] OLG Hamm NZI 2011, 766 = ZIP 2011, 1782 = ZInsO 2011, 1699.

[4] BGH NJW 1973, 1198 = WM 1973, 642.

der Anordnung zunächst zugewartet wird, bis sämtliche Tatbestandsmerkmale für eine gemeinsame Nachtragsverteilungen vorliegen. Dies kann sich in der Praxis zB dann ergeben, wenn noch mehrere anhängige Feststellungsklagen von Insolvenzgläubigern zu deren Nachteil oder noch laufende Anfechtungsprozesse zu Gunsten der Insolvenzmasse in kurzen Zeitabschnitten hintereinander entschieden werden.[5]

6 Vor Anordnung der Nachtragsverteilung hat das Insolvenzgericht das Kosten-Nutzen Verhältnis abzuwägen. Sind die Kosten der Nachtragsverteilung höher oder auch nur geringfügig niedriger als die Summe der nachträglich zu verteilenden Beträge an die Insolvenzgläubiger, kann das Gericht entweder die Nachtragsverteilung ablehnen oder von der Zahlung eines Kostenvorschusses durch den Antragsteller abhängig machen. Auch wenn § 166 KO eine solche Regelung nicht vorsah, war die Ablehnung einer Nachtragsverteilung bei Geringfügigkeit in der Praxis anerkannt.[6] Soweit geringfügige Beträge nach wie vor dem Konkursbeschlag unterlagen, jedoch in keinem Verhältnis zu den Kosten der Nachtragsverteilung standen, wurde es überwiegend als gerechtfertigt angesehen, diese Beträge dem Verwalter als weitere Vergütung festzusetzen.[7] Diese Handhabung ist nach der Neuregelung in § 203 jedoch ausgeschlossen.

III. Nachtragsverteilung

7 **1. Einleitung des Verfahrens.** Die Nachtragsverteilung kann nach Beendigung des Schlusstermins,[8] somit während der Schlussverteilung, aber auch nach Aufhebung des Insolvenzverfahrens angeordnet werden, Abs. 2.[9] Die Anordnung erfolgt entweder auf Antrag des Insolvenzverwalters oder eines Insolvenzgläubigers oder von Amts wegen, Abs. 1 Satz 1. Die Zugehörigkeit eines nachträglich ermittelten Gegenstands zur Masse des noch laufenden oder bereits aufgehobenen Insolvenzverfahrens ist tatbestandliche Voraussetzung der Anordnung einer Nachtragsverteilung. Sie kann deshalb nicht vom Insolvenzgericht offengelassen und entsprechend § 47 S. 2 der Klärung im ordentlichen Verfahren überlassen werden. Vielmehr hat das Insolvenzgericht von Amts wegen die erforderlichen Ermittlungen anzustellen und kann dazu auch Beweise erheben.[10] Der Antrag ist an keine Frist gebunden.[11] Ist das Insolvenzverfahren aufgehoben, bleibt der ehemalige Insolvenzverwalter antragsberechtigt. Will der Insolvenzverwalter selbst keinen Antrag stellen, sollte er – bereits um Schadensersatzansprüche auszuschließen – die Anordnung der Nachtragsverteilung anregen, das Insolvenzgericht hat dann von Amts wegen über die Anordnung zu entscheiden. Stellt ein Insolvenzgläubiger den Antrag, ist das Rechtsschutzinteresse nur dann zu bejahen, wenn die Insolvenzgläubiger aus dem Insolvenzverfahren keine volle Zuteilung erlangt haben; sind die Insolvenzgläubiger insgesamt befriedigt worden, ist der Überschuss bei der Schlussverteilung dem Schuldner herauszugeben, § 199. Eine Nachtragsverteilung ist abzulehnen, weil in diesem Falle frei werdende bzw. zurückfließende Beträge oder sonstige ermittelte Gegenstände dem Schuldner gebühren.[12]

8 **2. Nach dem Schlusstermin.** Eine Nachtragsverteilung kommt nur dann in Betracht, wenn die in Abs. 1 Nr. 1 bis 3 aufgezählten Tatbestände nach dem Schlusstermin verwirklicht werden. Bereits die Formulierung in § 166 Abs. 1 Satz 1 KO „nach dem Vollzuge der Schlussverteilung" wurde in diesem Sinne verstanden.[13] Massezuflüsse, die bis zum Schlusstermin bekannt werden, können noch in die Schlussverteilung einbezogen werden, und entziehen sich somit einer Nachtragsverteilung. Auch die Regelung in Abs. 2, dass die Aufhebung des Insolvenzverfahrens einer Anordnung einer Nachtragsverteilung nicht entgegensteht, dient nur der Klarstellung, sie war bereits in der bisherigen Praxis unstreitig.[14]

9 **3. Schlussverzeichnis.** Die Anordnung der Nachtragsverteilung kann erst nach dem Schlusstermin erfolgen, mit der Folge, dass auch nur die Insolvenzgläubiger zu berücksichtigen sind, deren

[5] Vgl. RegE zu § 231.

[6] LG Osnabrück KTS 1957, 142; *Parsch* KTS 1956, 148; *Kuhn/Uhlenbruck* § 166 Rn. 7.

[7] *Kuhn/Uhlenbruck* § 166 Rn. 7; *Jaeger/Weber* § 166 Rn. 9.

[8] BGH NZI 2005, 395.

[9] Nach *Zimmer* KTS 2009, 199, ist entgegen dem Wortlaut des § 203 Abs. 1 InsO und entgegen der allgemeinen Ansicht nicht der Schlusstermin, sondern die Durchführung der Schlussverteilung Tatbestandsmerkmal der Anordnung der Nachtragsverteilung. Zwischen Schlusstermin und Schlussverteilung erzielte Geldzuflüsse bedürfen somit nicht der Anordnung der Nachtragsverteilung, soweit die dahinterstehenden Vermögenswerte im Schlussbericht als noch zu liquidierendes Vermögen ausgewiesen wurden und/oder sie sich als so genanntes Annex-Vermögen charakterisieren lassen.

[10] BGH ZVI 2013, 388 = BeckRS 2013, 11371.

[11] BGH NJW 2011, 1448 = NZI 2011, 369 = Rpfleger 2011, 231 = ZIP 2011, 135 = ZInsO 2011, 45.

[12] Nerlich/Römermann/*Westphal* §§ 203, 204 Rn. 3.

[13] *Kuhn/Uhlenbruck* § 166 Rn. 1; *Jaeger/Weber* § 166 Rn. 8; *Kilger/K. Schmidt* § 166 Anm. 1.

[14] LG Köln ZIP 1982, 337; *Kilger/K. Schmidt* § 166 Anm. 1.

Forderungen im Verteilungsverzeichnis aufgenommen sind, § 188. Im Schlusstermin wird ua auch das Schlussverzeichnis abschließend geprüft und ist somit auch für eine Nachtragsverteilung bindend, § 197 Abs. 1 Satz 2 Nr. 2. Forderungen, die nicht im Schlussverzeichnis aufgeführt sind, können im Rahmen der Nachtragsverteilung nicht berücksichtigt werden.[15]

4. Anordnung des Verfahrens durch das Insolvenzgericht. Die Anordnung der Nachtragsverteilung erfolgt durch **Beschluss** des Insolvenzgerichts. Hierbei ist es unerheblich, ob bereits im Schlusstermin eine Nachtragsverteilung ausdrücklich oder stillschweigend vorbehalten wurde, oder ob Gegenstände zur Masse erst später ermittelt werden.[16] Die betroffenen **Gegenstände** müssen im Anordnungsbeschluss ausreichend bestimmt bezeichnet werden um von der Beschlagnahme erfasst zu sein. Soweit Gegenstände nicht bestimmt bezeichnet sind, treten die Wirkungen der Anordnung nicht ein[17] (Der Beschluss des Rechtspflegers enthielt die Aussage, dass die Nachtragsverteilung „über das Vermögen des Schuldners" angeordnet wird. Eine Bezugnahme auf die streitgegenständliche oder irgendeine andere Forderung enthielt der Beschluss nicht). Die Löschung des Insolvenzschuldners im Handelsregister nach Durchführung des Insolvenzverfahrens steht der Anordnung der Nachtragsverteilung nicht entgegen. Sofern noch Vermögen vorhanden ist, ist eine Gesellschaft trotz ihrer Löschung nicht beendet und bleibt für eine Nachtragsliquidation parteifähig.[18] Die **Steuerart,** für die ein Erstattungsanspruch besteht, muss in der Anordnung der Nachtragsverteilung nicht angegeben werden, wenn sich diese auf sämtliche Steuerarten bezieht. In zeitlicher Hinsicht ist die Bezugnahme auf den Insolvenzzeitraum ausreichend, sofern der betreffende Veranlagungszeitraum vollständig in die Dauer des Insolvenzverfahrens fällt.[19] Funktionell zuständig zur Entscheidung ist der Rechtspfleger, § 18 Abs. 1 RPflG. Es handelt sich bei der Nachtragsverteilung nicht um ein gesondertes Insolvenzverfahren, auf der Grundlage des Schlussverzeichnisses wird lediglich ein späterer Massezufluss an die Insolvenzgläubiger zugeteilt. Wird mit der Anordnung der Nachtragsverteilung nicht der ehemalige **Insolvenzverwalter,** sondern ein neuer Insolvenzverwalter bestellt, ist für die Entscheidung ebenfalls der Rechtspfleger zuständig, eine der Erstbestellung eines Insolvenzverwalters im Insolvenzeröffnungsbeschluss vergleichbare Situation liegt nicht vor. Die Nachtragsverteilung ist ein dem Insolvenzverfahren nachgeordnetes Verteilungsverfahren, unabhängig davon, ob die Nachtragsverteilung während der Schlussverteilung oder nach Aufheben des Insolvenzverfahrens angeordnet wird. Die Nachtragsverteilung ist die Fortsetzung des insoweit mit der Insolvenzeröffnung auf den Rechtspfleger übergegangenen Insolvenzverfahrens.[20] 10

Wird die **Nachtragsverteilung** abgelehnt, ist der entsprechende Beschluss dem Antragsteller zuzustellen, § 204 Abs. 1 Satz 1. Die Anordnung der Nachtragsverteilung ist dem Insolvenzverwalter, dem Schuldner und auch dem Antragsteller zuzustellen, § 204 Abs. 2 Satz 2. Gegen die Anordnung oder Ablehnung ist die **sofortige Beschwerde** gegeben, § 204 Abs. 1 Satz 2, Abs. 2 Satz 2. Im Hinblick auf § 206 Nr. 3 ist die Anordnung der Nachtragsverteilung öffentlich bekannt zu machen, § 9 Abs. 1.[21] Die Befugnis zur Erhebung einer sofortigen Beschwerde gegen die Ablehnung der Anordnung einer Nachtragsverteilung hat nur der antragstellende Insolvenzverwalter oder -gläubiger, nicht derjenige, der nur angeregt hat, das Insolvenzgericht möge von Amts wegen tätig werden.[22] 11

5. Beträge und Gegenstände der Nachtragsverteilung. a) Nicht der Nachtragsverteilung unterliegender Massezufluss. Der Nachtragsverteilung unterliegen nur die abschließend in Abs. 1 Nr. 1 bis 3 aufgeführten zurückbehaltenden bzw. zurückfließenden Beträge und die Gegenstände der Masse, die später ermittelt werden. Da sich der Massezufluss für die Nachtragsverteilung nach dem Schlusstermin verwirklichen muss, ist der Neuerwerb iSv § 35 während des Insolvenzverfahrens kein der Nachtragsverteilung unterliegendes Vermögen.[23] Ebenfalls nicht der Nachtragsverteilung unterliegen diejenigen Gegenstände, die der Insolvenzverwalter freigegeben hat oder die Freigabe erfolgte auf Beschluss der Gläubigerversammlung im Schlusstermin, § 197 Abs. 1 Nr. 3. Ebenso wenig unterliegt der Veräußerungserlös für einen freigegebenen Gegenstand, der nach Aufhebung des Insolvenzverfahrens verkauft worden ist, der Nachtragsverteilung. Der Insolvenzverwalter 12

15 RG JR 1932, 1090; Uhlenbruck/*D. Wegener* § 203 Rn. 5.

16 Uhlenbruck/*D. Wegener* § 203 Rn. 21; Nerlich/Römermann/*Westphal* §§ 203, 204 Rn. 9.

17 BGH ZInsO 2015, 634.

18 BGH ZInsO 2014, 340.

19 BFH v. 20.9.2016 – VII R 10/15, juris.

20 So auch Uhlenbruck/*D. Wegener* § 203 Rn. 26; FKInsO/*Kießner* § 203 Rn. 24.

21 HKInsO/*Depré* § 203 Rn. 11; aA FKInsO/*Kießner* § 204 Rn. 2; Uhlenbruck/*D. Wegener* § 204 Rn. 2.

22 BGH Rpfleger 2015, 352 = ZInsO 2015, 213.

23 BGH NZI 2014, 656 = ZInsO 2014, 1213 = Rpfleger 2014, 540 zur Frage von „Zahlungen kirchlicher Körperschaften auf der Grundlage des Beschlusses der Deutschen Bischofskonferenz vom 2. März 2011 über „Leistungen in Anerkennung des Leids, das Opfern sexuellen Missbrauchs zugefügt wurde; Uhlenbruck/*D. Wegener* § 203 Rn. 4.

kann seine Freigabeerklärung nicht mit der Begründung anfechten, er habe sich hinsichtlich des Wertes des freigegebenen Gegenstands geirrt.[24] Die Freigabe kann selbstverständlich auch bereits während des Insolvenzverfahrens erfolgt sein. Die Freigabe ist grundsätzlich unwiderruflich, Gegenstände sind mit Wirksamwerden der Freigabe aus der Insolvenzmasse ausgeschieden, unterliegen nicht mehr dem Insolvenzbeschlag, und können somit für eine nachträgliche Verteilung nicht mehr herangezogen werden.[25] Die Anordnung der Nachtragsverteilung wegen eines versehentlich nicht verwerteten Grundstücks ist unzulässig, wenn vor der Anordnung die Auflassung erklärt und der Antrag auf Eintragung beim Grundbuchamt vom Erwerber oder vom Notar für diesen gestellt worden war.[26] Sobald die Voraussetzungen des § 878 BGB vorliegen, kann der Rechtserwerb durch Eigentumseintragung im Grundbuch nicht mehr verhindert werden. Ebenfalls nicht der Nachtragsverteilung unterliegt ein von dem Schuldner gegen den Treuhänder wegen der Ausschüttung unpfändbaren Vermögens erwirkter Schadensersatzanspruch (Einzelschaden), der einen Ausgleich für diese die Gläubiger rechtswidrig begünstigende Maßnahme bildet,[27] es handelt sich hierbei nicht um Insolvenzmasse.

13 **b) Zurückbehaltene Beträge.** Der Nachtragsverteilung unterliegen zurückbehaltene Beträge, die nach dem Schlusstermin für die Verteilung frei werden.[28] Der Nachtragsverteilung unterliegen zunächst die nach § 198 hinterlegten Beträge. Im Rahmen der Schlussverteilung nach dem Schlusstermin können auf der Grundlage des Schlussverzeichnisses nur solche Forderungen berücksichtigt werden, die festgestellt sind, §§ 178 Abs. 1, 188 Satz 1. Ist eine nicht titulierte und bestrittene Forderung zum Schlusstermin noch nicht festgestellt, so wird nach Vorlage des entsprechenden Nachweises zur Erhebung der Feststellungsklage der auf die Forderung entfallene Anteil bei der Verteilung zurückbehalten und hinterlegt, § 189 Abs. 1 und 2. Ebenfalls zu hinterlegen ist der Anteil, der auf eine aufschiebend bedingte Forderung bei der Schlussverteilung entfällt, § 191.[29] Ebenfalls der Nachtragsverteilung unterliegen hinterlegte Beträge für **streitige Masseansprüche,** die sich als unbegründet erweisen.[30] Da der Begriff „frei werdende Beträge" sehr weit zu fassen ist,[31] hierunter sind auch Forderungen und andere Vermögensgegenstände zu subsumieren, unterliegen der Nachtragsverteilung auch diejenigen Beträge, auf die ein Insolvenzgläubiger verzichtet, nachdem die auf ihn entfallende Quote hinterlegt wurde.[32] Wirkt die Insolvenzbeschlagnahme aufgrund der im Beschluss über die Aufhebung des Insolvenzverfahrens hinsichtlich des während der Dauer des Insolvenzverfahrens insolvenzrechtlich entstandenen Anspruchs auf Erstattung der **Einkommensteuer** ausdrücklich vorbehaltenen Nachtragsverteilung fort, hat der Insolvenzverwalter Anspruch auf Auszahlung des Erstattungsanspruchs. Der Anspruch kann nicht durch Aufrechnung erlöschen.[33]

14 **c) Zurückfließende Beträge.** Der Nachtragsverteilung unterliegen diejenigen Beträge, die während des Insolvenzverfahrens bis zum Schlusstermin aus der Masse ausgezahlt wurden und nach dem Schlusstermin zur Masse zurückfließen. Zur Masse zurückzuzahlen sind Beträge, die irrtümlich in vollem Umfange oder zu hoch ausgezahlt wurden: zB zu hoch veranschlagte Ausfallforderung eines Absonderungsberechtigten, zu hoch ermittelter Quotenanteil, irrtümlich ausgezahlter Betrag auf eine nicht festgestellte Forderung, Zahlungen auf auflösend bedingte Forderungen, bei denen die auflösende Bedingung eintritt, Zahlungen auf einen angeblichen Masseanspruch, der sich im Nachhinein als unbegründet erweist, im Beschwerdeverfahren gekürzte Vergütung des Insolvenzverwalters oder des Gläubigerausschusses, die zurückzuzahlen sind.[34] Erfasst werden auch Gegenstände, die der Verwalter zunächst nicht für verwertbar hielt und deshalb nicht zur Masse gezogen hat.[35]

15 **d) Nachträglich ermittelte Massegegenstände.** Der Nachtragsverteilung unterliegen Gegenstände, die erst nach dem Schlusstermin im Rahmen der Schlussverteilung oder auch nach

---

24 BGH Rpfleger 2014, 537 = ZInsO 2014, 1008.

25 *Kilger/K. Schmidt* § 166 Anm. 1c; Uhlenbruck/*D. Wegener* § 203 Rn. 4; Nerlich/Römermann/*Westphal* §§ 203, 204 Rn. 8b; KPB/*Holzer* § 203 Rn. 8.

26 BGH NJW-RR 2008, 428 = NZI 2008, 177 = Rpfleger 2008, 275 = ZIP 2008, 322 = ZInsO 2008, 99.

27 BGH NZI 2008, 560 = ZInsO 2008, 921.

28 OLG Celle KTS 1972, 265.

29 Nerlich/Römermann/*Westphal* §§ 203, 204 Rn. 5; KPB/*Holzer* § 203 Rn. 9; Uhlenbruck/*D. Wegener* § 203 Rn. 9.

30 Uhlenbruck/*D. Wegener* § 203 Rn. 9; HKInsO/*Depré* § 203 Rn. 3.

31 OLG Celle KTS 1972, 265; Uhlenbruck/*D. Wegener* § 203 Rn. 8.

32 HKInsO/*Depré* § 203 Rn. 3; FKInsO/*Kießner* § 203 Rn. 9.

33 FG Berlin-Brandenburg DStRE 2011, 1351 = ZIP 2011, 1580.

34 OLG Celle KTS 1972, 265; vgl. Uhlenbruck/*D. Wegener* § 203 Rn. 109; KPB/*Holzer* § 203 Rn. 12; Nerlich/Römermann/*Westphal* §§ 203, 204 Rn. 7.

35 BGH ZInsO 2006, 1105.

Aufhebung des Insolvenzverfahrens ermittelt werden. Der Begriff der Ermittlung in dieser Norm ist weit auszulegen.[36] Hierbei handelt es sich in erster Linie um Gegenstände, die dem Insolvenzverwalter **unbekannt** geblieben bzw. **verheimlicht** wurden oder von denen er irrtümlich davon ausging, dass sie nicht zur Insolvenzmasse gehören (zB **Auslandsvermögen,**[37] Vermögen in der ehemaligen DDR).[38] Hierzu gehören auch Gegenstände, die der Verwalter zunächst für nicht verwertbar hielt und sie deswegen auch nicht zur Masse gezogen hat. **Außenstände,** die der Verwalter wegen einer vermeintlichen Aufrechnung zunächst nicht eingezogen hat, stehen ebenfalls der Nachtragsverteilung zur Verfügung.[39] Zieht der Schuldner nach Aufhebung des Insolvenzverfahrens eine Forderung ein, die zur Masse gehörte, unterliegt der Erlös ebenfalls der Nachtragsverteilung.[40] Hat der Insolvenzverwalter Massegegenstände veruntreut oder bestehen aus sonstigen Handlungen **Schadensersatzansprüche** gegen ihn, handelt es sich ebenfalls um nachträglich ermittelte Vermögensgegenstände der Masse.[41] Eine Nachtragsverteilung kann angeordnet werden, wenn ein Gläubiger im vereinfachten Insolvenzverfahren schlüssig darlegt, dass er mit Hilfe einer **Anfechtungsklage** unbekannte Gegenstände zur Masse ziehen kann.[42] Der vom Schuldner durch einen Erbfall während des Insolvenzverfahrens erworbene **Pflichtteilsanspruch** gehört zur Insolvenzmasse. Wird der während des Insolvenzverfahrens entstandene Pflichtteilsanspruch erst nach Aufhebung des Insolvenzverfahrens anerkannt oder rechtshängig gemacht, unterliegt er der Nachtragsverteilung.[43] Vermögen, das der Schuldner nach der Verfahrenseröffnung aus **pfändungsfreiem Arbeitseinkommen** angespart und auf ein Konto eines Kreditinstituts eingezahlt hat, unterliegt dem Insolvenzbeschlag, eine Nachtragsverteilung kann angeordnet werden.[44] Verzichtet ein Grundpfandgläubiger einer im Insolvenzverfahren nicht mehr valutierten Sicherungsgrundschuld nach Aufhebung des Insolvenzverfahrens im Zwangsversteigerungsverfahren nach Zuschlag auf die Zuteilung, kann wegen des dann dem Schuldner zugeteilten **Erlösanteils** die Nachtragsverteilung angeordnet werden. Durch den (teilweisen) Verzicht des Gläubigers eines durch den Zuschlag erloschenen Rechts auf Zuteilung des Erlöses erwirbt der bisherige Grundstückseigentümer entsprechend §§ 1168, 1192 Abs. 1 BGB ein Eigentümererlöspfandrecht sowie den Anspruch auf anteilige Erlösauszahlung. Auch wenn der Verzicht des Gläubigers erst nach Aufhebung des Insolvenzverfahrens erklärt wird, so gelten das **Eigentümererlöspfandrecht** und der Anspruch auf anteilige Erlösauszahlung gleichwohl als massezugehörig und kann im Wege der Nachtragsverteilung verwertet werden. Gibt der Insolvenzverwalter ein Grundstück frei, folgt daraus nicht die Freigabe etwa bestehender Ansprüche auf Rückgewähr nicht valutierter Grundschulden.[45] Ein **Abfindungsanspruch** im Sinne des § 5 Abs. 1 Satz 3 VersAusglKassG kann grundsätzlich Teil der Insolvenzmasse sein und damit von der Anordnung der Nachtragsverteilung erfasst werden.[46] Entsteht nach Beendigung des Insolvenzverfahrens ein Anspruch des Schuldners auf die **Todesfallleistung** aus einer Risikolebensversicherung, der davor aufschiebend bedingt begründet war, kommt die Anordnung einer Nachtragsverteilung ebenfalls in Betracht.[47]

Nicht der Nachtragsverteilung unterliegen diejenigen Gegenstände, die auf Grund **rechtswirksamer Freigabe** endgültig aus dem Insolvenzbeschlag ausgeschieden sind. Die Freigabe ist endgültig 16 und unwiderruflich.[48] Hat der Schuldner über diese freigegebenen Gegenstände oder Ansprüche verfügt, so kann der Erwerber nicht zur Herausgabe in Anspruch genommen werden und auch das aus der Veräußerung Erlangte kann nicht vom Schuldner zur Nachtragsverteilung gefordert werden.[49] Eine dingliche Surrogation findet nur in den gesetzlich angeordneten Fällen statt.[50] Die Nachtragsverteilung darf nach Verfahrensaufhebung auch dann nicht angeordnet werden, wenn der Schuldner glaubhaft macht, dass das Insolvenzverfahren nicht aufzuheben, sondern wegen Wegfalls

[36] BGH NJW 2011, 1448 = NZI 2011, 369 = Rpfleger 2011, 231 = ZIP 2011, 135 = ZInsO 2011, 45.
[37] Uhlenbruck/*D. Wegener* § 203 Rn. 11a; KPB/*Holzer* § 203 Rn. 13.
[38] LG Berlin Rpfleger 1993, 301.
[39] Uhlenbruck/*D. Wegener* § 203 Rn. 11a, 13; KPB/*Holzer* § 203 Rn. 13.
[40] BGH NJW-RR 2012, 736 = Rpfleger 2012, 341 = NZI 2012, 271.
[41] Uhlenbruck/*D. Wegener* § 203 Rn. 11a ff. Nerlich/Römermann/*Westphal* §§ 203, 204 Rn. 8, der zurecht darauf hinweist, dass ein solcher Schadensersatzanspruch dem Verwalter aber nicht erst nach dem Schlusstermin bekannt werden darf.
[42] BGH NZI 2010, 259 = ZInsO 2010, 538.
[43] BGH NJW 2011, 1448 = NZI 2011, 369 = Rpfleger 2011, 231 = ZIP 2011, 135 = ZInsO 2011, 45.
[44] BGH NJW-RR 2013, 1519 = Rpfleger 2014, 38.
[45] BGH Rpfleger 2017, 580 = ZInsO 2017, 1850.
[46] LG Münster ZInsO 2017, 775.
[47] LG Siegen v. 10.6.2013 – 4 T 196/12, juris.
[48] RGZ 60, 107 ff.; BGH ZInsO 2014, 1008 = NZI 2014, 501; OLG Nürnberg MDR 1957, 683.
[49] RGZ 25, 7, 9.
[50] *Kuhn/Uhlenbruck* § 166 Rn. 5a; *Jaeger/Weber* § 166 Rn. 7.

des Eröffnungsgrundes einzustellen gewesen wäre. Ist dem Schuldner die Restschuldbefreiung angekündigt worden, wirkt diese Berufung auf den Einstellungsgrund zugleich als Rücknahme des Antrags auf Erteilung der Restschuldbefreiung.[51]

17 Der Nachtragsverteilung können auch solche Gegenstände unterliegen, die erst auf Grund einer **Insolvenzanfechtung** zur Masse gezogen werden können. Dies setzt jedoch voraus, dass die Anfechtungsmöglichkeit dem Insolvenzverwalter erst nach Beendigung des Schlusstermins bekannt wird. Eine Anfechtungsmöglichkeit, die vor dem Schlusstermin bekannt war, hätte umgehend ergriffen werden müssen, die anfechtungsbehafteten Gegenstände unterliegen der Schlussverteilung, die dann insoweit aufgeschoben werden muss.[52] Die Insolvenzanfechtung bezieht sich zunächst auf Rechtshandlungen, die vor der Eröffnung des Insolvenzverfahrens vorgenommen wurden, sie wird vom Insolvenzverwalter wahrgenommen, § 129 Abs. 1. § 147 regelt die Anfechtbarkeit von Rechtshandlungen auch nach Eröffnung des Insolvenzverfahrens. Die insolvenzspezifisch geregelten Anfechtungsmöglichkeiten sind mit Aufhebung des Insolvenzverfahrens ausgeschlossen. Die Nachtragsverteilung ist kein neues Insolvenzverfahren, sondern setzt lediglich die noch nicht endgültig abgeschlossene Schlussverteilung fort. Eine Anfechtung nach Aufhebung des Insolvenzverfahrens kommt somit nur in Betracht, sofern Gegenstände bereits der Nachtragsverteilung vorbehalten wurden und der Schuldner durch Rechtshandlung diese Nachtragsverteilung vereitelt oder beeinträchtigt.[53]

18 Der Nachtragsverteilung unterliegen auch diejenigen Gegenstände, die zwar nicht nachträglich ermittelt werden, die jedoch zeitlich vorher irrtümlich aus der Insolvenzmasse durch den Insolvenzverwalter oder Beschluss der Gläubigerversammlung an den Schuldner freigegeben wurden. An eine sogenannte unechte **Freigabeerklärung** ist der Insolvenzverwalter nicht gebunden.[54]

19 **6. Fortdauernder oder neu begründeter Insolvenzbeschlag.** Mit Aufhebung des Insolvenzverfahrens ist die Insolvenzbeschlagnahme entfallen, § 80 Abs. 1, die Verwaltungs- und Verfügungsbefugnis fällt an den Schuldner zurück.[55] Die Anordnung der Nachtragsverteilung ist kein eigenständiges Insolvenzverfahren, es handelt sich um die Fortsetzung der Verteilung, die grundsätzlich nach Vollzug mit Aufhebung des Insolvenzverfahrens endet. Sofern Beträge oder Vermögensgegenstände einer Nachtragsverteilung vorbehalten wurden, wirkt die Insolvenzbeschlagnahme auch über die Aufhebung des Insolvenzverfahrens hinaus. Hierzu ist im Einzelnen zu unterscheiden:

20 **a) Zurückbehaltene Beträge. Beträge** nach §§ 189 Abs. 2, 191 Abs. 1 werden nach Maßgabe des Schlussverzeichnisses bei der Schlussverteilung zurückbehalten und nach dem Schlusstermin wieder zur Verteilung für die Masse frei, Beträge oder Gegenstände, die auf Grund eines Beschlusses der Gläubigerversammlung im Schlusstermin einer Nachtragsverteilung vorbehalten werden, werden ebenfalls zur Verteilung wieder frei, in diesen Fällen ist die Insolvenzbeschlagnahme nicht mit der Aufhebung des Insolvenzverfahrens entfallen, soweit diese Vermögenswerte betroffen sind, dauert die Beschlagnahme nach wie vor an. Die Anordnung der Nachtragsverteilung durch gerichtlichen Beschluss des Rechtspflegers oder Richters hat nur deklaratorische Bedeutung.[56] Der Schuldner kann trotz formeller Aufhebung des Insolvenzverfahrens über diese Gegenstände nicht verfügen, Zwangsvollstreckungen für Insolvenzgläubiger sind unzulässig, § 89. Auch ein Neugläubiger, dessen Anspruch erst nach Aufhebung des Insolvenzverfahrens gegen den Schuldner begründet wurde, unterliegt der Vollstreckungssperre. Neugläubiger fallen zwar grundsätzlich nicht direkt unter die Vollstreckungssperre nach § 89, sie können jedoch nicht in Gegenstände vollstrecken, die der Masse zuzuordnen sind, da jeglicher Rechtserwerb an massezugehörigen Gegenständen spätestens nach § 91 Abs. 1 ausgeschlossen ist. Soweit Beträge oder Gegenstände der Nachtragsverteilung unterliegen, und die Insolvenzbeschlagnahme fortwährt, sind auch die insolvenzspezifischen Vollstreckungsverbote nach wie vor wirksam und zu beachten.

21 **b) Zurückfließende Beträge. Beträge,** die zur Insolvenzmasse zurückfließen oder Gegenstände, **die erst später zur Masse ermittelt werden,** sind zunächst mit Aufhebung des Insolvenzverfahrens aus der Insolvenzbeschlagnahme entlassen. Erst mit Anordnung der Nachtragsverteilung

---

51 BGH NJW-RR 2010, 1494 = NZI 2010, 741 = Rpfleger 2010, 692 = ZIP 2010, 1610 = ZInsO 2010, 1496.

52 IdS auch Nerlich/Römermann/*Westphal* §§ 203, 204 Rn. 8 und § 196 Rn. 7.

53 IdS auch Uhlenbruck/*D. Wegener* § 203 Rn. 14; *Neuhof* NJW 1993, 2840, 2844.

54 *Neuhof* NJW 1995, 937, 938; Uhlenbruck/*D. Wegener* § 203 Rn. 11, Nerlich/Römermann/*Westphal* §§ 203, 204 Rn. 6.

55 Vgl. hierzu § 200 Rn. 27 ff.

56 BGH NJW-RR 2012, 736 = Rpfleger 2012, 341 = NZI 2012, 271; BGH NJW 1973, 1198 = WM 1973, 642; Uhlenbruck/*D. Wegener* § 203 Rn. 16; Nerlich/Römermann/*Westphal* §§ 203, 204 Rn. 12.

in diese Vermögenswerte tritt eine erneute Insolvenzbeschlagnahme ein, allerdings nur mit Wirkung ex nunc.[57] Da der Anordnungsbeschluss insoweit konstitutive Wirkung zeigt, empfiehlt es sich, den Inhalt nach § 27 auszurichten, insbesondere sollte sich die Stunde der Anordnung aus dem Beschluss ergeben. Die **Beschlagnahmewirkung** tritt dann genau mit diesem angegebenen Zeitpunkt ein, hiervon unabhängig ist die öffentliche Bekanntmachung, § 9 Abs. 1 und die Zustellung nach § 204 Abs. 2 Satz 1. Die Verwaltungs- und Verfügungsbefugnis über die der Nachtragsverteilung unterliegenden Beträge oder Gegenstände geht auf den Insolvenzverwalter über, § 80, Zwangsvollstreckungen in diese Gegenstände sind sowohl für Insolvenzgläubiger als auch für Neugläubiger unzulässig, §§ 89, 91. Die so genannte Rückschlagsperre, § 88, ist jedoch nicht anzuwenden, die Tatbestandsvoraussetzungen liegen nicht vor (Antrag auf Insolvenzeröffnung). Die Beschlagnahmewirkung durch die Anordnung der Nachtragsverteilung wirkt nur in die Zukunft. Absonderungsrechte an diesen Gegenständen und auch ein Rechtserwerb bei Grundbesitz nach §§ 878, 892, 893 BGB sind gegen die Beschlagnahme wirksam. Bei Grundstücken und grundstücksgleichen Rechten empfiehlt sich daher eine erneute Eintragung des Insolvenzvermerkes im Grundbuch.

7. Insolvenzverwalter. Die Nachtragsverteilung obliegt dem Insolvenzverwalter. Hinsichtlich der Verwaltungs- und Verfügungsbefugnis einschließlich der Prozessführungsbefugnis ist wiederum zu unterscheiden, ob die Vermögenswerte einer vorbehaltenen Nachtragsverteilung unterliegen oder ob die Vermögenswerte erst durch die Anordnung der Nachtragsverteilung erneut unter den Insolvenzbeschlag fallen. 22

Soweit die Nachtragsverteilung vorbehalten wurde, enden die **Befugnisse des Insolvenzverwalters** nicht mit der Aufhebung des Insolvenzverfahrens, sie bleiben zum Zwecke der Nachtragsverteilung bestehen. Selbstverständlich beziehen sie sich nur auf die der Nachtragsverteilung unterliegenden Vermögenswerte.[58] Auch die **Prozessführungsbefugnis** bleibt zum Zwecke der Nachtragsverteilung erhalten, insbesondere ist der Insolvenzverwalter legitimiert, anhängige Prozesse weiterzuführen.[59] Hinsichtlich der zur Insolvenzmasse zurückfließenden Beträge oder später ermittelter Gegenstände bestimmt sich die Verwaltungs- und Verfügungsbefugnis, einschließlich der Prozessführungsbefugnis des Insolvenzverwalters, nach dem Anordnungsbeschluss. 23

Zur Nachtragsverteilung befugt und verpflichtet ist der Insolvenzverwalter, der bis zur Aufhebung des Insolvenzverfahrens im Amte war. Die Nachtragsverteilung ist in Fortführung der Schlussverteilung zu sehen und gehört somit noch zu seinen fortbestehenden Aufgaben. Ist der Insolvenzverwalter aus persönlichen oder sonstigen Gründen jedoch nicht mehr in der Lage das Amt auszuführen (altersbedingt, Verlust der Geschäftsfähigkeit, zu große Entfernung durch Wegzug vom Insolvenzgericht oder Versterben) ist mit dem Anordnungsbeschluss über die Nachtragsverteilung ein neuer Insolvenzverwalter zu bestimmen. Ebenfalls ist ein **neuer Insolvenzverwalter** dann zu bestimmen, wenn Schadensersatzansprüche gegen den bisherigen Verwalter geltend gemacht werden, zB wegen Veruntreuung.[60] 24

IV. Geringfügigkeit des Betrages oder geringer Wert des Gegenstandes

Die Nachtragsverteilung wird auf Antrag des Insolvenzverwalters oder eines Insolvenzgläubigers oder von Amts wegen angeordnet, die Entscheidung selbst steht im Ermessen des Insolvenzgerichts. Hierbei ist insbesondere zu berücksichtigen, ob die zur Nachtragsverteilung anstehenden Beträge oder Gegenstände auch in einem adäquaten **Kosten-Nutzungsverhältnis** zum Aufwand und Umfang der Nachtragsverteilung stehen.[61] Steht nur eine geringfügige Masse für die Verteilung zur Verfügung, kann von der Nachtragsverteilung abgesehen werden.[62] Diese Regelung, in Anlehnung an die österreichische Konkursordnung, § 138 Abs. 3 österr. KO, wurde in Abs. 3 übernommen, um insoweit den Bedürfnissen der Praxis entgegenzukommen.[63] Für die Anordnung der Nachtragsverteilung muss ebenso wie in jedem anderen Verfahren auch grundsätzlich das Rechtsschutzinteresse geprüft werden. Dieses ist nur dann anzunehmen, wenn sich im Hinblick auf die Höhe der zu verteilenden Beträge, des Aufwandes und des Umfangs des Verfahrens und insbesondere unter Berücksichtigung der auf die einzelnen Gläubiger entfallenden Quote, eine Verteilung überhaupt 25

---

[57] *Kilger/K. Schmidt* § 166 Anm. 2; Uhlenbruck/*D. Wegener* § 203 Rn. 18; FKInsO/*Kießner* § 203 Rn. 26; aA KPB/*Holzer* § 203 Rn. 25.

[58] BGH NJW 1973, 1198 = WM 1973, 642.

[59] BGHZ 83, 102 = NJW 1982, 1765 = ZIP 1982, 467.

[60] Uhlenbruck/*D. Wegener* § 203 Rn. 26.

[61] BGH NJW-RR 2008, 428 = NZI 2008, 177 = Rpfleger 2008, 275 = ZIP 2008, 322 = ZInsO 2008, 99.

[62] LG München I NZI 2017, 969.

[63] Vgl. RegE zu § 231; KPB/*Holzer* § 203 Rn. 15.

lohnt, andernfalls diese aus prozessökonomischen Gründen abzulehnen ist.[64] Allerdings wurde hier die Auffassung vertreten, dass auch minimalste Beträge an die einzelnen Insolvenzgläubiger ausgezahlt werden müssen. Dies kann aber dazu führen, dass der Anteil, der auf einen einzelnen Insolvenzgläubiger entfällt, niedriger ist als die Kosten, die durch die Überweisung und banktechnische Buchung entstehen. Die Auszahlung nur größerer Beträge an einzelne Insolvenzgläubiger und damit das Übergehen der anderen Insolvenzgläubiger mit Kleinstbeträgen würde jedoch dem Gebot der Gleichbehandlung widersprechen und ist unzulässig.[65] In der neueren Literatur wird teilweise vertreten,[66] dass die Auszahlung nicht davon abhängig gemacht werden könne, dass der Betrag zumindest die Kosten der Überweisung oder eine Benachrichtigung durch den Verwalter übersteige. Da niemals ein Gläubiger einem anderen gegenüber besser gestellt werden dürfe, müssten auch **Kleinbeträge** in jedem Falle ausgezahlt werden. In dieser strengen Form kann dem jedoch nicht gefolgt werden. Kleinbeträge (bis zu 10 € oder 15 €), die nicht den Aufwand der Benachrichtigung einschließlich der mit der Überweisung verbundenen Kosten übersteigen, sollen gerade nicht einer Nachtragsverteilung unterliegen. Beträge in dieser Größenordnung können freigegeben und dem Schuldner zur freien Verfügung überlassen werden.[67] Es bleibt den Gläubigern überlassen, auf die frei gewordenen Beträge oder Gegenstände Zugriff zu nehmen.[68] Die bisherige Übung, diese Gelder dem Verwalter als weitere Vergütung festzusetzen, ist jedoch wegen der ausschließlichen Regelung in Abs. 3 ausgeschlossen.[69]

V. Zahlung eines Kostenvorschusses

26 Das Insolvenzgericht kann die Anordnung der Nachtragsverteilung von der Zahlung eines Kostenvorschusses abhängig machen, Abs. 3 Satz 2. Auch hiermit wollte der Gesetzgeber den Bedürfnissen der Praxis entgegenkommen. Beispielsweise kommt die Zahlung eines Kostenvorschusses dann in Betracht, wenn ganz unsicher ist, welcher Erlös bei der Verwertung eines nachträglich ermittelten Massegegenstandes erzielt werden kann.[70]

27 Ein Kostenvorschuss ist auch dann anzufordern, wenn abzusehen ist, dass die mit der Nachtragsverteilung verbundenen Kosten die zur Verteilung erzielten Beträge übersteigen. Zu den **Kosten der Nachtragsverteilung** gehört in erster Linie die Vergütung des Insolvenzverwalters. Gebührenrechtlich handelt es sich bei der Nachtragsverteilung um ein selbstständiges Verfahren, § 6 Abs. 1 InsVV. Wird für die Nachtragsverteilung ein neuer Insolvenzverwalter bestellt, ist ihm in jedem Falle eine Vergütung zuzubilligen. Übernimmt die Nachtragsverteilung jedoch der ursprüngliche Insolvenzverwalter, ist eine gesonderte Vergütung dann nicht anzusetzen, wenn die Nachtragsverteilung voraussehbar war und schon bei der Festsetzung der Vergütung für das Insolvenzverfahren mitberücksichtigt worden ist, § 6 Abs. 1 Satz 2 InsVV. In jedem Falle jedoch sind dem Insolvenzverwalter die Auslagen zu erstatten. Ebenfalls zu den Kosten des Verfahrens gehören die mit der Nachtragsverteilung verbundenen gerichtlichen Kosten, insbesondere Zustellungs- und Veröffentlichungskosten.

28 Der Kostenvorschuss ist von dem antragstellenden Insolvenzgläubiger oder von der Gemeinschaft der Insolvenzgläubiger anzufordern, wobei letzteres im Zweifel praktisch undurchführbar ist.[71] Auch wenn der gezahlte Kostenvorschuss als Kosten des Verfahrens vorweg aus der Verteilungsmasse zurückzuzahlen ist, dürfte die Motivation eines Insolvenzgläubigers zur Zahlung eines solchen Vorschusses in der Praxis nur sehr gering sein. Auch vor diesem Hintergrund wird es bei der Auszahlung von Kleinstbeträgen darauf hinauslaufen, dass diese freigegeben und dem Schuldner zur Verfügung gestellt werden. Die selbe Konsequenz ergibt sich aus der Tatsache, dass der Kostenvorschuss zwar angefordert aber nicht gezahlt und damit die Nachtragsverteilung nicht angeordnet wird. Auch in diesem Falle verbleiben die einer eventuellen Nachtragsverteilung unterliegenden Beträge oder Gegenstände dem freien Vermögen des Schuldners.

---

[64] Bei einer Steuererstattung in Höhe von 97,36 Euro und Forderungsanmeldungen durch 25 Gläubiger ist davon auszugehen, dass der Aufwand des Treuhänders Kosten verursachen würde, die die Höhe der Steuererstattung ausmachen. Die Kosten/Nutzen-Relation ergibt damit, dass der für die Verteilung erforderliche Aufwand und die damit verbundenen Kosten in einem objektiven Missverhältnis stehen, so LG Göttingen NZI 2012, 277; LG Osnabrück KTS 1957, 142; *Parsch* KTS 1956, 148.

[65] LG Osnabrück KTS 1957, 142, 143.

[66] KPB/*Holzer* § 203 Rn. 16.

[67] Differenziert hierzu Uhlenbruck/*D. Wegener* § 203 Rn. 31, 33.

[68] So Uhlenbruck/*D. Wegener* § 203 Rn. 32, 33.

[69] Uhlenbruck/*D. Wegener* § 203 Rn. 30; KPB/*Holzer* § 203 Rn. 16.

[70] RegE zu § 231.

[71] So auch Uhlenbruck/*D. Wegener* § 203 Rn. 36.

VI. Nachtragsverteilung bei Einstellung des Verfahrens

Das eröffnete Insolvenzverfahren kann eingestellt werden mangels Masse, § 207, oder wegen Masseunzulänglichkeit, §§ 208 bis 211, 214 bis 216 (die Einstellungsmöglichkeiten nach §§ 212, 213 sind hier nicht weiter relevant).[72] Die Möglichkeit der Anordnung einer Nachtragsverteilung im Falle der Einstellung wegen Masseunzulänglichkeit ist neu geregelt in § 211 Abs. 3 (vgl. insoweit die Kommentierung zu § 211). Die Neuregelung bezieht sich allerdings ausdrücklich nur auf den Fall der Einstellung des Insolvenzverfahrens nach Anzeige der Masseunzulänglichkeit und nicht auf die Einstellung mangels Masse, § 207.[73] Rechtsprechung[74] und Literatur[75] haben die **Anordnung einer Nachtragsverteilung auch nach Einstellung des Verfahrens mangels Masse** weitgehend bejaht. Dieser Ansicht hat sich auch der BGH angeschlossen: Die Anordnung einer Nachtragsverteilung ist auch im Anschluss an eine Einstellung des Insolvenzverfahrens nach § 207 aufgrund des Fehlens einer die Verfahrenskosten deckenden Masse zulässig.[76] Die bisherige, aus dem Umkehrschluss des § 211 Abs. 3 gezogene gegenteilige Ansicht hat der BGH abgelehnt. Die Interessen der Massegläubiger in einem Verfahren nach Einstellung mangels Masse zu denen der Insolvenzgläubiger nach dem Schlusstermin sind weitgehend deckungsgleich. § 211 Abs. 3 ist daher auch nach Einstellung des Verfahrens mangels Masse anzuwenden. Dies ergibt sich auch aus der Regierungsbegründung, in der es ua heißt: „Zum geltenden Konkursrecht wird kritisiert, dass nach einer Einstellung mangels Masse die Verteilung nachträglich ermittelter Masse nicht möglich ist. Abs. 3 hilft diesem Mangel ab, indem er die Vorschriften über die Nachtragsverteilung für entsprechend anwendbar klärt."[77] Der Gesetzgeber hat also offensichtlich nicht in einer Einstellung nach Anzeige der Masseunzulänglichkeit oder mangels Masse unterscheiden wollen, die gesetzliche Umsetzung ist allerdings misslungen. 29

§ 204 Rechtsmittel

(1) [1]Der Beschluss, durch den der Antrag auf Nachtragsverteilung abgelehnt wird, ist dem Antragsteller zuzustellen. [2]Gegen den Beschluss steht dem Antragsteller die sofortige Beschwerde zu.

(2) [1]Der Beschluss, durch den eine Nachtragsverteilung angeordnet wird, ist dem Insolvenzverwalter, dem Schuldner und, wenn ein Gläubiger die Verteilung beantragt hatte, diesem Gläubiger zuzustellen. [2]Gegen den Beschluss steht dem Schuldner die sofortige Beschwerde zu.

I. Normzweck

Zur Vervollständigung des bisher nur fragmentarisch geregelten Verfahrens schafft § 204 die gesetzliche Regelung, wem sowohl der die Nachtragsverteilung anordnende als auch ablehnende Beschluss zuzustellen ist und wem das Rechtsmittel der sofortigen Beschwerde zusteht. Da die Regelung abschließend ist, sind weitere Zustellungen an in § 204 nicht genannte Personen nicht vorzunehmen und andererseits werden die nicht genannten Personen trotz möglicher Beschwer von der Einlegung der sofortigen Beschwerde ausgeschlossen. 1

II. Entscheidung

1. Ablehnende Entscheidung. Hat der **Insolvenzverwalter** oder ein **Insolvenzgläubiger** die Nachtragsverteilung beantragt und wird der Antrag abgelehnt, so ist der ablehnende Beschluss dem jeweiligen Antragsteller zuzustellen, Abs. 1 Satz 1. Diese Selbstverständlichkeit ist schon deswegen notwendig, da dem Antragsteller gegen den ablehnenden Beschluss das Rechtsmittel der sofortigen Beschwerde zusteht, Abs. 1 Satz 2. Von der Ablehnung ist zunächst nur der Antragsteller 2

---

72 Nach BGH NJW-RR 2010, 1494 = NZI 2010, 741 = Rpfleger 2010, 692 = ZIP 2010, 1610 = ZInsO 2010, 1496 darf eine Nachtragsverteilung auch dann nicht angeordnet werden, wenn der Schuldner glaubhaft macht, dass das Insolvenzverfahren nicht aufzuheben, sondern wegen Wegfalls des Eröffnungsgrundes nach § 212 InsO einzustellen gewesen wäre.

73 KPB/*Holzer* spricht hier von einem Redaktionsversehen des Gesetzgebers, § 203 Rn. 28, 29.

74 LG Oldenburg ZIP 1992, 200; LG Darmstadt Rpfleger 2001, 512 mAnm *Kneller*; aA OLG Celle NdsRpfl 1965, 200; LG Kassel BeckRS 2013, 19236.

75 *Pape* ZIP 1992, 747 ff.; Uhlenbruck/*D. Wegener* § 203 Rn. 38 misst dem Fall keine praktische Bedeutung zu.

76 BGH Rpfleger 2014, 153 = ZInsO 2013, 2492.

77 RegE zu § 324.

beschwert und somit auch rechtsmittelbefugt, nicht derjenige, der nur angeregt hat, das Insolvenzgericht möge von Amts wegen tätig werden.[1]

3 Hat der **Rechtspfleger** die ablehnende Entscheidung getroffen – was in der Praxis regelmäßig der Fall sein wird – ist ebenfalls die sofortige Beschwerde gegeben, § 6 Abs. 1. Nach § 11 Abs. 1 RPflG ist gegen Entscheidung des Rechtspflegers das Rechtsmittel gegeben, das nach den allgemeinen verfahrensrechtlichen Vorschriften zulässig ist, somit bei Entscheidungen in Insolvenzsachen die sofortige Beschwerde, soweit diese im Gesetz ausdrücklich vorgesehen ist, §§ 6 Abs. 1, 204 Abs. 1 Satz 2.[2]

4 *Westphal*[3] kritisiert zu Recht, dass auf Grund der abschließenden Regelung ein Massegläubiger, dessen Anspruch bis zum Schlusstermin nicht bekannt geworden ist, sowohl vom Antragsrecht auf Anordnung der Nachtragsverteilung und somit auch von der Möglichkeit der Einlegung eines Rechtsmittels ausgeschlossen wird, obwohl er auch bei der Nachtragsverteilung vorab aus der zur Verteilung stehenden Masse zu befriedigen ist.

5 **2. Stattgebende Entscheidung.** Wird die Nachtragsverteilung auf Antrag oder auch von Amts wegen angeordnet, ist der Anordnungsbeschluss dem Insolvenzverwalter, dem Schuldner und dem antragstellenden Insolvenzgläubiger zuzustellen, Abs. 2 Satz 1. Das Recht zur Erhebung der **sofortigen Beschwerde** steht jedoch nur dem Schuldner zu. Der Schuldner ist von der Anordnung der Nachtragsverteilung insoweit beschwert, als er die Verwaltungs- und Verfügungsbefugnis über die der Nachtragsverteilung unterliegende Vermögensgegenstände an den Insolvenzverwalter verliert.

6 Hat der **Rechtspfleger** die Nachtragsverteilung angeordnet, ist auch hier, wie bei der Ablehnung der Nachtragsverteilung, die sofortige Beschwerde das zulässige Rechtsmittel, § 11 Abs. 1 RPflG, § 6 Abs. 1. Die Zustellung des Anordnungsbeschlusses an den Insolvenzverwalter und dem antragstellenden Gläubiger dient nur der Kenntniserlangung. Der Gläubiger, dessen Antrag stattgegeben wurde, ist nicht beschwert, dasselbe gilt für den Insolvenzverwalter, sofern er Antragsteller ist.

7 Die Bestellung zum Insolvenzverwalter selbst ist nur möglich mit dessen Zustimmung, er kann das Amt ablehnen oder nachträglich auch aus dem Amt entlassen werden, es gelten die Regelungen zu §§ 56, 59.

§ 205 Vollzug der Nachtragsverteilung

[1]Nach der Anordnung der Nachtragsverteilung hat der Insolvenzverwalter den zur Verfügung stehenden Betrag oder den Erlös aus der Verwertung des ermittelten Gegenstands auf Grund des Schlussverzeichnisses zu verteilen. [2]Er hat dem Insolvenzgericht Rechnung zu legen.

I. Normzweck

1 Die Vorschrift regelt die Abwicklung der Nachtragsverteilung. Sie darf erst nach der Anordnung durch das Insolvenzgericht erfolgen. Zur Durchführung der Nachtragsverteilung berufen ist der Insolvenzverwalter. Grundlage der Verteilung ist das Schlussverzeichnis, §§ 188, 197 Abs. 1 Nr. 2. Es handelt sich somit um eine ähnliche Regelung entsprechend der Verteilung vor Aufhebung des Insolvenzverfahrens, §§ 187 ff. Die Nachtragsverteilung ist von der Sache her die Fortsetzung der Schlussverteilung in Vermögenswerte, die bereits vor Aufhebung des Insolvenzverfahrens einer Nachtragsverteilung vorbehalten wurden oder die nachträglich zur Verteilung frei werden, zurückfließen oder später erst ermittelt werden. In Anlehnung an § 66 Abs. 1 hat der Insolvenzverwalter Rechnung zu legen, allerdings nur dem Insolvenzgericht gegenüber. Es handelt sich um die gesetzliche Rechenschaftspflicht des Verwalters, der er vor Beendigung seines Amtes nachkommen muss.

II. Vollzug der Nachtragsverteilung

2 **1. Voraussetzungen der Verteilung.** Mit der Verteilung der Vermögenswerte nach § 203 Abs. 1 Nr. 1 bis 3 kann erst begonnen werden, wenn die Nachtragsverteilung förmlich durch Beschluss des Insolvenzgerichts angeordnet wurde, § 203 Abs. 1 Satz 1. Der Verwalter kann also nicht von sich aus mit der Verteilung auf Grund des Schlussverzeichnisses beginnen, auch wenn ihm verteilbare Vermögenswerte bereits zur Verfügung stehen. Die **gerichtliche Anordnung** der Nachtragsverteilung ist zwingende Voraussetzung für das Handeln des Insolvenzverwalters, da nur so sichergestellt ist, dass auch die Kostendeckung sicher ist, § 203 Abs. 3 Satz 1, und die Wirkungen der Insolvenzbeschlagnahme auf die der Nachtragsverteilung unterliegenden Vermögenswerte gewährleistet wird.

---

[1] BGH NZI 2015, 180 = Rpfleger 2015, 352.
[2] Nerlich/Römermann/*Westphal* §§ 203, 204 Rn. 17 und KPB/*Holzer* § 204 Rn. 2.
[3] In Nerlich/Römermann §§ 203, 204 Rn. 17; so auch Uhlenbruck/*Uhlenbruck* § 204 Rn. 4.

2. Grundlage der Nachtragsverteilung. Grundlage der Nachtragsverteilung ist das Schlussverzeichnis, §§ 188, 197 Abs. 1 Nr. 2. Das **Schlussverzeichnis** ist für die Nachtragsverteilung bindend. Einwendungen gegen das Schlussverzeichnis konnten nur im Schlusstermin vor der Schlussverteilung geltend gemacht und berücksichtigt werden.[1] In der Nachtragsverteilung findet keine Gläubigerversammlung statt, in der bereits im Schlussverzeichnis aufgenommene Beträge nachträglich noch korrigiert werden können. **Einwendungen gegen das Schlussverzeichnis sind** insoweit in der Nachtragsverteilung **präkludiert.**[2] Korrekturen sind allenfalls dann zulässig, wenn einzelne Gläubiger bereits ganz oder teilweise befriedigt wurden oder auf ihre Ansprüche verzichten. Solche Korrekturen kann der Insolvenzverwalter selbstständig vornehmen, die Einberufung einer Gläubigerversammlung ist nicht vorgesehen, § 197 Abs. 1 findet in der Nachtragsverteilung keine Anwendung.[3] 3

Die an die im Schlussverzeichnis aufgeführten **Gläubiger** auszuzahlende Quote bestimmt ausschließlich der Insolvenzverwalter. Werden dem Verwalter bisher nicht gezahlte Masseforderungen bekannt, sind diese im Rahmen der Nachtragsverteilung vorab aus dem zu verteilenden Erlös zu zahlen, § 206 Nr. 3. 4

Das Schlussverzeichnis ist zur Einsicht der Beteiligten auf der Geschäftsstelle niedergelegt worden, § 188 Satz 2. Das Verteilungsverzeichnis muss für die Nachtragsverteilung nicht erneut zur Einsicht der Beteiligten offen gelegt werden.[4] Dies ist auch dann entbehrlich, wenn das Verteilungsverzeichnis nachträglich korrigiert wurde, zB wenn sich aus dem Verteilungsverzeichnis ersichtliche Forderungen durch Zahlungen oder Verzicht ermäßigt haben oder sonstige Korrekturen nach §§ 189 Abs. 1 oder 194 Abs. 3 angebracht wurden.[5] Die Summe der im Rahmen der Verteilung zu berücksichtigenden Forderungen sind aus dem Schlussverzeichnis ersichtlich, Korrekturen für die Nachtragsverteilung können nur insoweit angebracht werden, als strittige Beträge nunmehr endgültig festgestellt sind oder der Höhe nach festgestellte Forderungen sich nunmehr ermäßigt haben. Einwendungen dem Grund und der Höhe nach gegen angemeldete Forderungen können nicht mehr berücksichtigt werden. Der Insolvenzverwalter ist gehalten, die Nachtragsverteilung als solche und den für die Verteilung verfügbaren Betrag öffentlich bekannt zu machen, § 188 Satz 3.[6] 5

3. Insolvenzverwalter. Die Durchführung der Nachtragsverteilung obliegt dem Insolvenzverwalter, der bereits für die Durchführung des Insolvenzverfahrens bestellt war. Nur dann, wenn der bisherige Insolvenzverwalter aus persönlichen oder sonstigen Gründen zur Übernahme des Amtes nicht in der Lage ist, kann ein neuer Insolvenzverwalter bestellt werden (vgl. hierzu → § 203 Rn. 24). 6

Für die Nachtragsverteilung ist dem Insolvenzverwalter eine **gesonderte Vergütung** zu gewähren, die unter Berücksichtigung des Wertes der nachträglich verteilten Insolvenzmasse nach billigem Ermessen festzusetzen ist, § 6 InsVV.[7] Sofern ein neuer Insolvenzverwalter eingesetzt wird, ist ihm in jedem Falle eine gesonderte Vergütung zu gewähren. Wird jedoch der bereits für die Durchführung des Insolvenzverfahrens bestellte Insolvenzverwalter auch in der Nachtragsverteilung eingesetzt, ist eine Vergütung dann nicht zu gewähren, wenn die Nachtragsverteilung voraussehbar war und schon bei der Festsetzung für die Vergütung für das Insolvenzverfahrens diese Tätigkeit berücksichtigt worden ist.[8] Auslagen sind dem Insolvenzverwalter in jedem Falle zu erstatten. 7

Das Amt des Insolvenzverwalters besteht hinsichtlich der zur Verteilung vorhandenen Vermögenswerte, § 203 Abs. 1 Nr. 1 bis 3, fort. Der Insolvenzverwalter steht unter der **Aufsicht des Insolvenzgerichts,** § 58, für seine Sorgfaltspflichten und seine Haftung gelten die Grundsätze nach §§ 59, 60. Die Festsetzung von Zwangsgeld ist auch hier zulässig.[9] Bei Verletzung seiner Sorgfaltspflichten ist er den Beteiligten gegenüber zum Schadensersatz verpflichtet. 8

Der Insolvenzverwalter hat vorhandene Beträge quotenmäßig an die aus dem Schlussverzeichnis ersichtlichen Gläubiger auszuzahlen. Hierbei zu berücksichtigen sind nachträgliche Korrekturen (vgl. → Rn. 3). Grundsätzlich gilt auch hier § 198, Beträge die bei der Verteilung zurückzubehalten sind, hat der Insolvenzverwalter bei einer geeigneten Stelle zu hinterlegen. Hiervon sollte jedoch regelmä- 9

[1] Uhlenbruck/*D. Wegener* § 197 Rn. 9; HKInsO/*Depré* § 197 Rn. 6.
[2] HKInsO/*Depré* § 205 Rn. 10; Nerlich/Römermann/*Westphal* § 205 Rn. 5; *Smid* § 205 Rn. 1; Uhlenbruck/*D. Wegener* § 205 Rn. 3a.
[3] Nerlich/Römermann/*Westphal* § 205 Rn. 5.
[4] So auch Uhlenbruck/*D. Wegener* § 205 Rn. 4.
[5] HKInsO/*Depré* § 205 Rn. 3; Nerlich/Römermann/*Westphal* § 205 Rn. 6.
[6] HKInsO/*Depré* § 205 Rn. 3; Nerlich/Römermann/*Westphal* § 205 Rn. 6; KPB/*Holzer* § 205 Rn. 6, der dies unter Hinweis auf § 206 Nr. 3 begründet.
[7] BGH NZI 2007, 43.
[8] FKInsO/*Kießner* § 205 Rn. 9; Uhlenbruck/*Uhlenbruck* § 205 Rn. 6.
[9] BGH ZInsO 2013, 1635.

ßig kein Gebrauch gemacht werden. Gerade die zurückbehaltenden Beträge stehen für eine Nachtragsverteilung zur Verfügung. Die Nachtragsverteilung sollte nicht bereits erneut die Grundlage für eine weitere Nachtragsverteilung legen. Wenn absehbar ist, dass die Nachtragsverteilung nicht zur endgültigen Verteilung führt, sollte von einer Nachtragsverteilung Abstand genommen oder sie sollte erst dann angeordnet werden, wenn auch die Verteilung selbst durchgeführt werden kann, § 203 Abs. 1 und 3.[10] Sofern der Empfänger unbekannt ist, kann die Hinterlegung unter Verzicht auf die Rücknahme erfolgen, §§ 372, 376, 378 BGB.

10 **4. Rechnungslegung.** Über den Vollzug der Nachtragsverteilung hat der Insolvenzverwalter Rechnung zu legen, § 66 Abs. 1.[11] Da im Rahmen der Nachtragsverteilung keine Gläubigerversammlung stattfindet, hat die Rechnungslegung ausschließlich gegenüber dem Insolvenzgericht zu erfolgen. Da das Insolvenzgericht insoweit die Belange der Gläubiger im Rahmen seiner Prüfungspflicht zu beachten hat, ist die Rechnungslegung mit besonderer Sorgfalt zu prüfen. Entsprechend der Regelung zu § 66 sollte auch hier die Rechnungslegung sowohl aus einem Tätigkeitsbericht des Verwalters und einer Übersicht über Einnahmen und Ausgaben bestehen.[12]

§ 206 Ausschluss von Massegläubigern

Massegläubiger, deren Ansprüche dem Insolvenzverwalter
1. bei einer Abschlagsverteilung erst nach der Festsetzung des Bruchteils,
2. bei der Schlussverteilung erst nach der Beendigung des Schlusstermins oder
3. bei einer Nachtragsverteilung erst nach der öffentlichen Bekanntmachung
bekanntgeworden sind, können Befriedigung nur aus den Mitteln verlangen, die nach der Verteilung in der Insolvenzmasse verbleiben.

I. Normzweck

1 Die Ansprüche von Massegläubigern, § 53, sind grundsätzlich vorweg aus der Insolvenzmasse zu befriedigen, bevor eine Auszahlung an die Insolvenzgläubiger erfolgt. Insbesondere bei den sonstigen Masseverbindlichkeiten, § 55, kann es vorkommen, dass einzelne Ansprüche dem Insolvenzverwalter erst nach durchgeführter Verteilung bekannt werden. Zweck der Vorschrift (sie entspricht § 172 KO) ist, die Insolvenzgläubiger davor zu schützen, dass Massegläubiger erst nach der Verteilung auftreten und ihre Ansprüche dann möglicherweise mit einer Bereicherungsklage durchsetzen und die Insolvenzgläubiger auf Rückzahlung in Anspruch nehmen.[1] Die Vorschrift schafft insoweit einen Ausgleich, dass klar gestellt wird, dass die Insolvenzgläubiger nach einer unanfechtbaren Auszahlung die Beträge „mit Rechtsgrund" erworben haben.

II. Ausschluss der Massegläubiger

2 **1. Zeitpunkt des Ausschlusses.** Die Befriedigung der Massegläubiger erfolgt aus der nach Aussonderung, Absonderung und Aufrechnung verbleibenden Insolvenzmasse. Masseansprüche sind in vollem Umfange vor der Auszahlung an Insolvenzgläubiger zu berücksichtigen. Die Befriedigung und bereits die Geltendmachung der Masseansprüche geschehen außerhalb des Insolvenzverfahrens, sie müssen dem Verwalter zur Kenntnis gelangen, der Verwalter hat diese Ansprüche auch ohne besondere Anmeldung zu berücksichtigen. Für eine Nichterfüllung der Masseverbindlichkeit ist der Verwalter ggfs. schadensersatzpflichtig, § 61. Der Verwalter kann **Masseansprüche** jedoch nur dann berücksichtigen und erfüllen, wenn sie ihm rechtzeitig vor einer Verteilung bekannt werden. Sofern Massegläubiger ihre Ansprüche dem Verwalter erst nach einer Verteilung zur Kenntnis bringen, können sie erst bei der nächsten Verteilung wieder berücksichtigt werden.[2] Da in einem laufenden Insolvenzverfahren mehrere Verteilungen vorgesehen sind, regelt § 206 hierfür die maßgeblichen Zeitpunkte:

3 a) Die **erste Abschlagsverteilung,** § 195, kann nach dem allgemeinen Prüfungstermin vorgenommen werden, §§ 187, 176. Die Abschlagsverteilung steht im Ermessen des Insolvenzverwalters, sie kann auch unterbleiben, wenn die Kosten der Verteilung in keinem vernünftigen Verhältnis zu den auszuzahlenden Beträgen stehen. Beabsichtigt der Insolvenzverwalter eine Erstverteilung in Form einer Abschlagszahlung, setzt er die auszuzahlende Quote für die jeweiligen Insolvenzgläubiger fest und teilt diese an die Gläubiger mit, § 195 Abs. 2. Ist ein Gläubigerausschuss bestellt,

---

10 Zur Pflicht zur Hinterlegung HKInsO/*Depré* § 205 Rn. 6.
11 BGH NZI 2015, 180 = Rpfleger 2015, 352.
12 Uhlenbruck/*D. Wegener* § 205 Rn. 5; *Andres/Leithaus,* § 205 Rn. 1.
1 Uhlenbruck/*D. Wegener* § 206 Rn. 1.
2 Relative Präklusion, vgl. *Jaeger/Weber* § 172 Rn. 1; Uhlenbruck/*D. Wegener* § 206 Rn. 3.

bestimmt dieser auf Vorschlag des Verwalters den auszuzahlenden Bruchteil, § 195 Abs. 1. Sobald die Festsetzung des Bruchteils den Insolvenzgläubiger mitgeteilt wurde, kann ein Massegläubiger bei dem Vollzug der Abschlagsverteilung nicht mehr berücksichtigt werden.

b) Hat der Insolvenzverwalter die Verwertung der Insolvenzmasse beendet, erfolgt die **Schlussverteilung,** die jedoch der Zustimmung des Insolvenzgerichts bedarf, § 196 Abs. 2. Hierzu bestimmt das Insolvenzgericht den Schlusstermin, § 197 Abs. 1. Der Ausschluss zur Berücksichtigung von Massegläubigern ist die Beendigung des Schlusstermins.[3] 4

c) Ist eine **Nachtragsverteilung** durch das Insolvenzgericht angeordnet worden, hat der Verwalter den zur Verteilung anstehenden Betrag aus den nachträglich ermittelten Vermögenswerten öffentlich bekannt zu machen, § 188 Satz 3. Sobald die öffentliche Bekanntmachung als bewirkt gilt (ab dem 3. Tage nach dem Tag der Veröffentlichung, § 9 Abs. 1 Satz 3), können Ansprüche von Massegläubigern bei der Nachtragsverteilung nicht mehr berücksichtigt werden.[4] 5

Der **Ausschluss** der Berücksichtigung **eines Masseanspruches** im Insolvenzverfahren ist jedoch nicht absolut. Masseansprüche sind grundsätzlich vorweg aus der zur Verteilung anstehenden Insolvenzmasse zu befriedigen. Kann der Anspruch eines Massegläubigers bei einer Abschlagsverteilung nicht mehr berücksichtigt werden, ist er nicht generell von der Verteilung ausgeschlossen, seine Ansprüche werden dann bei der nächsten Abschlagsverteilung oder spätestens bei der Schlussverteilung vorweg berücksichtigt. Sofern eine Berücksichtigung bei der Schlussverteilung nicht mehr zulässig ist, ist der Massegläubiger auf die Nachtragsverteilung angewiesen, die er allerdings selbst nicht beantragen kann, § 203 Abs. 1 Satz 1. Ein entsprechender Antrag kann allenfalls als Anregung gewertet werden, dass das *Insolvenzgericht* von Amts wegen die Nachtragsverteilung anordnet. 6

2. Kenntnis des Verwalters. Die Ansprüche von **Massegläubigern** sind außerhalb des Insolvenzverfahrens geltend zu machen und zu berücksichtigen. Sobald der Insolvenzverwalter positive Kenntnis hat, muss er Masseansprüche von Amts wegen berücksichtigen.[5] Hierbei ist es unerheblich, auf welche Weise der Insolvenzverwalter hiervon Kenntnis erlangt hat. Bestehen jedoch Zweifel, ob der Anspruch dem Grunde und der Höhe nach als Masseanspruch zu werten ist, hat der Insolvenzverwalter den zur Befriedigung erforderlichen Betrag zurückzubehalten, um sich nicht selbst schadensersatzpflichtig zu machen.[6] Zur Berücksichtigung reicht es aus, wenn der Insolvenzverwalter von dem Anspruchsgrund Kenntnis erlangt hat.[7] Zwar kann „kennen müssen" der tatsächlichen Kenntnis nicht gleich gestellt werden, jedoch läuft der Verwalter Gefahr, sich schadensersatzpflichtig zu machen, wenn er die Kenntnisnahme selbst schuldhaft vereitelt, indem er sich die Kenntnis nicht selbst verschafft, zB sollte der Verwalter vor dem Schlusstermin eventuelle Steueransprüche mit dem Finanzamt abgleichen oder bei dem Insolvenzgericht die genaue Höhe der Gerichtskosten erfragen.[8] 7

III. Nachhaftung des Schuldners

Der Ausschluss der Berücksichtigung von Massegläubigern wirkt nur zu Gunsten der Insolvenzgläubiger und der Insolvenzmasse. Massegläubiger können ihre Ansprüche weiterhin auch nach Aufhebung des Insolvenzverfahrens und – sofern keine Nachtragsverteilung erfolgt – gegen den Schuldner persönlich geltend machen.[9] Sie sind jedoch bei der Durchsetzung ihrer Ansprüche auf den herauszugebenden Überschuss an den Schuldner oder nachträglich ermittelte Gegenstände, § 203 Abs. 1 Nr. 3, angewiesen.[10] Etwas anderes gilt nur dann, wenn der Schuldner auch mit seinem freien Vermögen für eine Masseverbindlichkeit haftet. Eine nach § 301 erteilte Restschuldbefreiung wirkt sich nicht auf die Ansprüche von Massegläubigern aus, sie ist ausschließlich auf die Ansprüche von Insolvenzgläubigern begrenzt.[11] 8

---

3 *Kuhn/Uhlenbruck* § 172 Rn. 3b; *Jaeger/Weber* § 172 Rn. 3; Nerlich/Römermann/*Westphal* § 206 Rn. 4.

4 Uhlenbruck/*D. Wegener* § 206 Rn. 6; Nerlich/Römermann/*Westphal* § 206 Rn. 5.

5 Uhlenbruck/*D. Wegener* § 206 Rn. 7; Nerlich/Römermann/*Westphal* § 206 Rn. 6; FKInsO/*Kießner* § 206 Rn. 3; KPB/*Holzer* § 206 Rn. 2.

6 Uhlenbruck/*D. Wegener* § 206 Rn. 8.

7 BGH ZIP 1985, 359; OLG Schleswig ZIP 1984, 619.

8 BGH ZIP 1985, 359; Uhlenbruck/*D. Wegener* § 206 Rn. 7; Nerlich/Römermann/*Westphal* § 206 Rn. 6, 7.

9 Niedersächsisches FG v. 12.7.2013 – 3 K 436/12, juris; Uhlenbruck/*D. Wegener* § 206 Rn. 12.

10 Uhlenbruck/*D. Wegener* § 206 Rn. 12; Nerlich/Römermann/*Westphal* § 206 Rn. 9.

11 Str.: vgl. Nerlich/Römermann/*Westphal* § 206 Rn. 9a mwN.

Dritter Abschnitt. Einstellung des Verfahrens

§ 207 Einstellung mangels Masse

(1) [1]Stellt sich nach der Eröffnung des Insolvenzverfahrens heraus, daß die Insolvenzmasse nicht ausreicht, um die Kosten des Verfahrens zu decken, so stellt das Insolvenzgericht das Verfahren ein. [2]Die Einstellung unterbleibt, wenn ein ausreichender Geldbetrag vorgeschossen wird oder die Kosten nach § 4a gestundet werden; § 26 Abs. 3 gilt entsprechend.

(2) Vor der Einstellung sind die Gläubigerversammlung, der Insolvenzverwalter und die Massegläubiger zu hören.

(3) [1]Soweit Barmittel in der Masse vorhanden sind, hat der Verwalter vor der Einstellung die Kosten des Verfahrens, von diesen zuerst die Auslagen, nach dem Verhältnis ihrer Beträge zu berichtigen. [2]Zur Verwertung von Massegegenständen ist er nicht mehr verpflichtet.

Schrifttum: *Berger,* Die persönliche Haftung des Insolvenzverwalters gegenüber dem Prozessgegner bei erfolgloser Prozessführung für die Masse, KTS 2004, 185; *Dinstühler,* Die Abwicklung massearmer Insolvenzverfahren nach der Insolvenzordnung, ZIP 1998, 1697; *Frind,* Das unzulässige „Offenhalten" des Eröffnungsverfahrens zur Verfahrenskostendeckung, ZInsO 2012, 1357; *Gerke/Sietz,* Reichweite des Auslagenbegriffs gem. § 54 InsO und steuerrechtliche Pflichten des Verwalters in massearmen Verfahren, NZI 2005, 373; *Haarmeyer,* Abweisung der Verfahrenseröffnung mangels Kostendeckung nach § 26 InsO, ZInsO 2001, 103; *Henckel,* Masselosigkeit und Masseschulden in: FS 100 Jahre Konkursordnung, 1977, S. 169; *ders.,* Die Behandlung von Neumasseschulden bei Massearmut, ZIP 1993, 1277; *Huep/Webel,* Zur Kostenrisikoverteilung in massearmen Verfahren bei Kostenstundung, NZI 2011, 389; *Kaufmann,* Die Unzulässigkeit der Berücksichtigung sonstiger Masseverbindlichkeiten bei der Verfahrenskostendeckungsprüfung, ZInsO 2006, 961; *Keller,* Gibt es einen Zusammenhang zwischen Masselosigkeit, Restschuldbefreiung und der Vergütung des Insolvenzverwalters, ZIP 2000, 688; *Kluth,* Das Verfahren bei unzulänglicher Insolvenzmasse oder ein „Himmelfahrtskommando" für den Insolvenzverwalter, ZInsO 2000, 177; *Konzen,* Der Gläubigerschutz bei Liquidation der masselosen GmbH, FS P. Ulmer, 2003, S. 323; *Kübler,* Die Behandlung massearmer Insolvenzverfahren nach neuem Recht, Kölner Schrift zur Insolvenzordnung, 2. Aufl., 2000, S. 967; *Markgraf/Hertelt,* Die Beendigung des Insolvenzverfahrens während des rechtshängigen Zivilprozesses, ZIP 2018, 1480; *Mäusezahl,* Die Abwicklung masseunzulänglicher Verfahren, ZVI 2003, 617; *Pape,* Die Verfahrensabwicklung und Verwalterhaftung bei Masselosigkeit und Massearmut (Masseunzulänglichkeit) de lege lata und de lege ferenda, KTS 1995, 189; *ders.,* Die Haftung des Insolvenzverwalters für den Kostenerstattungsanspruch des Prozessgegners, ZIP 2001, 1701; *ders.,* Erstattungsfähigkeit der Steuerberatungskosten bei Unverständnis der Finanzverwaltung, ZInsO 2004, 1049; *ders.,* Aufhebung der Stundung der Verfahrenskosten im eröffneten Verfahren, ZInsO 2008, 143; *Pape/Hauser,* Massearme Verfahren nach der InsO (2002); *Prasser,* Steuerberatungskosten als Auslagen des Verwalters gemäß § 54 Nr. 2 InsO bei Masseunzulänglichkeit, Festschrift Kübler (2015) S. 551; *Rattunde/Röder,* Verfahrenseröffnung und Kostendeckung nach der Insolvenzordnung, DZWiR 1999, 309; *Ringstmeier,* Beendigung masseloser Insolvenzverfahren, JurBüro 2004, 49; *Roth,* Prozessuale Rechtsfolgen der „Insolvenz in der Insolvenz", FS H. F. Gaul, 1997, S. 573; *Runkel/Schnurbusch,* Rechtsfolgen der Masseunzulänglichkeit, NZI 2000, 49; *Schmidt, Karsten,* Insolvenzeröffnung mit Massekostenvorschuss – Vor einer neuerlichen Änderung des § 26 InsO, NJW 2011, 1255; *Schmidt, Nikolaus M.,* Prozesskostenhilfe für den Insolvenzverwalter in dem Fall der Massearmut, ZInsO 2013, 766; *Schröder,* Die Abwicklung des masseunzulänglichen Verfahrens (2010); *Stobbe,* Die Durchsetzung gesellschaftsrechtlicher Ansprüche der GmbH in Insolvenz und masseloser Liquidation, 2000; *Swierczok/Kontny,* Das Akteneinsichtsrecht im Insolvenzverfahren nach § 4a InsO iVm § 299 ZPO, NZI 2016, 566; *J. Uhlenbruck,* Die Rechtsfolgen der Abweisung oder Einstellung mangels Masse für die Gesellschaft mit beschränkter Haftung, Kölner Schrift zur Insolvenzordnung, 2. Aufl., 2000, S. 1187; *W. Uhlenbruck,* Der „Konkurs im Konkurs" – 50 Jahre BGH-Rechtsprechung zum Problem der Verteilungsgerechtigkeit in masselosen und massearmen Insolvenzverfahren –, 50 Jahre Bundesgerichtshof, Festausgabe aus der Wissenschaft, 2000, S. 803; *ders.,* Gesetzesunzulänglichkeit bei Masseunzulänglichkeit, NZI 2001, 408; *ders.,* Die Durchsetzung von Gläubigeransprüchen gegen die vermögenslose GmbH und deren Organe nach geltendem und neuem Insolvenzrecht, ZIP 1996, 1641; *Vallender,* Einzelzwangsvollstreckung im neuen Insolvenzrecht, ZIP 1997, 1993; *Weitzmann,* Rechnungslegung und Schlussrechnungsprüfung, ZInsO 2007, 449; *Wienberg/Voigt,* Aufwendungen für Steuerberaterkosten bei masseunzulänglichen Insolvenzverfahren als Auslagen des Verwalters gem. § 54 Nr. 2 InsO, ZIP 1999, 1662; *Zimmer,* Die Nachtragsverteilung in InsO und InsVV, KTS 2009, 199.

Übersicht

A. Normzweck

Die Kosten des Insolvenzverfahrens sind nach § 53 aus der Insolvenzmasse vorweg zu bestreiten. Die Deckung der Verfahrenskosten aus dem schuldnerischen Vermögen ist gleichermaßen Voraussetzung für die Eröffnung gem. **§ 26 Abs. 1 Satz 1,** wie auch für die Durchführung des eröffneten Verfahrens gem. § 207 Abs. 1 Satz 1.[1] Ein Insolvenzverfahren ist für die Insolvenzgläubiger ohne wirtschaftlichen Nutzen, wenn eine zu verteilende Masse nicht erzielt werden kann. Stellt sich nach Eröffnung des Insolvenzverfahrens heraus, dass die Insolvenzmasse zur vorrangigen Befriedigung der 1

[1] Zum Verhältnis beider Vorschriften s. KPB/*Pape* § 207 Rn. 8a; Jaeger/*Windel* § 207 Rn. 26 ff.

Massegläubiger nicht ausreichend ist und damit für die Insolvenzgläubiger ein totaler Ausfall eintritt, so wird das Insolvenzverfahren durch Einstellung beendet. Die Abwicklung massearmer Insolvenzverfahren hat der Gesetzgeber der InsO in den §§ **207** bis **211** neu geregelt.

2 Das Gesetz unterscheidet zwei Arten des Einstellungsverfahrens im Hinblick auf den **Grad** der **Massearmut.**[2] Können aus der Insolvenzmasse zwar noch die Kosten des Verfahrens iSd § 54 befriedigt werden, nicht aber die sonstigen Masseschulden nach § 55, so hat der Insolvenzverwalter die **Masseunzulänglichkeit** (= Massearmut im weiteren Sinn) anzuzeigen; die Einstellung des masseunzulänglichen Verfahrens richtet sich nach den §§ 208 bis 211. Demgegenüber tritt nach dem Gesetz **Masselosigkeit** (= Massearmut im engeren Sinn) ein, wenn sich zeigt, dass nicht einmal mehr eine die Kosten des Verfahrens deckende Masse vorhanden ist; in diesem Fall der Massekostenarmut ist das Verfahren nach Maßgabe des § 207 einzustellen.[3]

3 Zweck des § 207 ist die **Regelung der Einstellung** des Insolvenzverfahrens, das nach Hervortreten der Masselosigkeit nicht mehr durchführbar ist und deshalb – anders als bei Aufhebung aufgrund vollzogener Schlussverteilung nach § 200 – vorzeitig abgebrochen werden muss. Zuvor ist den Beteiligten Gelegenheit zu geben, die Einstellung durch Beseitigung der Masselosigkeit abzuwenden (§ 207 Abs. 1 Satz 2). Noch vorhandene Barmittel sind vom Insolvenzverwalter zu verteilen. Ausdrücklich stellt § 207 Abs. 3 Satz 2 aber klar, dass der Insolvenzverwalter nicht mehr verpflichtet ist, Massegegenstände zu verwerten. Aufgrund der Verfahrenseinstellung wegen Masselosigkeit sind vielmehr die nicht verwerteten Vermögensgegenstände dem Schuldner zurückzugeben, § 215 Abs. 2; die Gläubiger erhalten dadurch wieder die Möglichkeit, im Wege der Einzelzwangsvollstreckung hierauf zuzugreifen. Der Gesetzgeber räumt mit dieser Regelung ein, dass nach Eintritt der Masselosigkeit dem Verwalter wegen des Verlustes seines Anspruchs auf die volle Vergütung die Fortsetzung seiner Abwicklungstätigkeit nicht mehr zugemutet werden kann.[4] Zu einer weiteren Geschäftsführung ist der Insolvenzverwalter idR auch nicht in der Lage, da von ihm neu begründete Masseverbindlichkeiten nicht mehr aus der vorhandenen Masse befriedigt werden können. Das ohnehin hohe Haftungsrisiko des Insolvenzverwalters soll damit durch § 207 begrenzt werden. Der Insolvenzverwalter ist auch nicht im Interesse einer höheren Befriedigung der Massekostengläubiger gezwungen, noch vorhandenes Vermögen zu realisieren.[5] Nur etwaige Barmittel hat er nach Maßgabe des § 207 Abs. 3 Satz 1 zur gleichmäßigen Begleichung der Kosten des Verfahrens einzusetzen.

4 Nach dem Willen des Gesetzgebers sollte das einheitliche Insolvenzverfahren auch zur **Vollabwicklung von Gesellschaften** bis hin zur Löschungsreife führen und damit eine außergerichtliche Liquidation entbehrlich machen.[6] Die Insolvenzordnung verwirklicht dieses Ziel jedoch nur eingeschränkt.[7] Besteht keine Verfahrenskostendeckung, wird die insolvenzrechtliche Liquidation ohne Rücksicht auf evtl. noch vorhandene Vermögenswerte abgebrochen (vgl. → § 207 Abs. 3) und das eröffnete Verfahren zur Einstellung gebracht.

5 Das Insolvenzverfahren hat neben der gemeinschaftlichen Befriedigung der Gläubiger nach § 1 Satz 2 auch den Zweck, den Schuldner nach Maßgabe der §§ 286 ff. von seinen restlichen Verbindlichkeiten zu befreien. Der Schuldner kann dieses Ziel jedoch nicht erreichen, wenn für die Durchführung eines Insolvenzverfahrens keine ausreichende kostendeckende Masse zur Verfügung steht. Damit dieser Personenkreis in den Genuss einer **Restschuldbefreiung** kommen kann, eröffnet § 4a die Möglichkeit, die Kosten des Insolvenzverfahrens bis zur Erteilung der Schuldbefreiung auf Antrag zu stunden. Stellt sich erst nach Eröffnung des Insolvenzverfahrens die Massekostenarmut heraus, so unterbleibt die Einstellung, wenn die Verfahrenskosten nach § 4a Abs. 2 gestundet werden, § 207 Abs. 1 Satz 2. Dadurch soll auch mittellosen Schuldnern die Möglichkeit eines wirtschaftlichen Neuanfangs durch Gewährung der Restschuldbefreiung erhalten werden (s. Rn. 39).

B. Entstehungsgeschichte

6 Die Insolvenzordnung hat an dem Prinzip, dass bei nicht verfahrenskostendeckender Masse ein Insolvenzverfahren nicht durchgeführt werden kann, nichts geändert. Unter der Geltung der KO

[2] *Kübler,* Kölner Schrift, S. 967, 971, Rn. 13. Zum Regelungskonzept der InsO bei Massearmut krit. Jaeger/*Windel* § 207 Rn. 9 ff.

[3] Teilweise wird für Masselosigkeit bzw. Massekostenarmut auch der Begriff „Massebedürftigkeit" verwendet, so Jaeger/*Windel* § 207 Rn. 4.

[4] Begr. § 317 RegE, *Kübler/Prütting,* S. 431; zur Entwicklung der Rechtsprechung *Uhlenbruck,* FS 50 Jahre BGH, S. 814 f.

[5] *Häsemeyer* Rn. 7.76; KPB/*Pape* § 207 Rn. 22; Nerlich/Römermann/*Westphal* § 207 Rn. 34.

[6] Allg. Begr. RegE BT-Drs. 12/2443; S. 83; *Konzen,* FS P. Ulmer, S. 323, 333 f.

[7] Kritisch hierzu: *K. Schmidt* Kölner Schrift, S. 911, Rn. 20 ff. Dazu auch → Rn. 53.

wurde die weit überwiegende Zahl der Eröffnungsanträge mangels Masse nach § 107 KO abgewiesen oder nach § 204 KO eingestellt.[8] Die wesentliche Ursache hierfür lag in dem **erheblichen Umfang der Massekosten und Masseschulden,** die durch die Konkursmasse abgedeckt werden mussten.[9] Nach § 58 Nr. 1, 2 KO gehörten zu den Massekosten nicht nur die Gerichtskosten und die Vergütung des Konkursverwalters, also die heutigen Kosten des Verfahrens nach § 54, sondern zusätzlich die Ausgaben für die Verwaltung, Verwertung und Verteilung der Masse. In die Prüfung der Massekostendeckung mussten darüber hinaus wegen des sich aus § 60 Abs. 1 KO ergebenden Vorrangs die in § 59 Nr. 1, 2 KO aufgeführten Masseverbindlichkeiten einbezogen werden. Hierbei handelte es sich ua um die Ansprüche der Arbeitnehmer, deren Begleichung der Verwalter aus der Masse bis zum Ablauf der – gegenüber § 113 idR erheblich längeren – Kündigungsfristen schuldete, auch wenn er ihre Leistungen nicht in Anspruch genommen hatte. Zudem nahm die herrschende Lehre an, dass die Einstellung nach § 204 KO geboten ist, wenn die Konkursmasse voraussichtlich nicht ausreichen wird, neben den Massekosten auch die mit der Weiterführung des Verfahrens neu entstehenden Masseschulden voll abzudecken.[10] Dies führte in der Praxis dazu, dass Konkursverfahren mangels Masse eingestellt wurden, obgleich noch teilweise beträchtliche Vermögenswerte vorhanden waren, die jedoch zur erforderlichen Massedeckung nicht ausreichend waren. Mit der Rechtskraft des Einstellungsbeschlusses war der Schuldner wieder berechtigt, über das ihm verbliebene Vermögen frei zu verfügen, was dem Zweck des Konkursverfahrens, das Schuldnervermögen gleichmäßig unter die Gläubiger zu verteilen, evident widersprach.

Das gesetzgeberische **Reformziel** war es, der hohen Zahl der Verfahrensabweisungen bzw. 7
Einstellungen mangels Masse nach der KO effizient entgegenzuwirken.[11] Zu diesem Zweck erfolgte eine Neubestimmung des Begriffs der Verfahrenskosten, um die für die Eröffnung und Durchführung von Insolvenzverfahren erforderliche Kostendeckung herabzusetzen.[12] Danach soll es nur noch auf die Deckung der in § 54 gesetzlich definierten reinen Kosten des Verfahrens ankommen, während die in § 58 Nr. 1, 2 KO bezeichneten Verwaltungs- und Verwertungsausgaben nunmehr einheitlich den sonstigen Masseverbindlichkeiten in § 55 Abs. 1 Nr. 1 zugeordnet werden. Die mit dem **engen Kostenbegriff** beabsichtigte **Herabsetzung** der **Kostenbarrieren** kann freilich nicht verhindern, dass ein eröffnetes Insolvenzverfahren wegen Masseunzulänglichkeit nach § 211 eingestellt werden muss, wenn die vorhandenen Massemittel nicht ausreichend sind, um eine ordnungsgemäße Abwicklung zu finanzieren. Der Gesetzgeber hat diese Gefahren bewusst in Kauf genommen, um die auch mit einem nicht vollständig durchgeführten Insolvenzverfahren verbundenen Vorteile gegenüber einer „insolvenzfreien" Abwicklung des Schuldnervermögens für die Beteiligten zu nutzen.[13] Diese wurden ua darin gesehen, dass erst der Insolvenzverwalter auf Grund der ihm zustehenden umfassenden Verfahrens- und Informationsrechte eine ordnungsgemäße Feststellung des Aktiv- und Passivvermögens des Schuldners herbeiführen kann. Durch die Ermittlung von – andernfalls unentdeckt gebliebenen – Vermögenswerten, Ausschöpfung der bestehenden Haftungsmöglichkeiten gegenüber Geschäftsführern bzw. Gesellschaftern oder durch Rückgängigmachung von Vermögensverschiebungen mit Hilfe anfechtungsrechtlicher Klagen kann es ihm nach den gesetzgeberischen Vorstellungen dann sogar gelingen, eine anfänglich eingeschätzte Massearmut zu überwinden. Auch Chancen für die Erhaltung des Unternehmens und damit verbunden der Arbeitsplätze können vom Insolvenzverwalter nur wahrgenommen werden, wenn es zur Durchführung des Verfahrens kommt.

Bei fehlender Kostendeckung unterbleibt – wie nach früherem Recht (§ 107 Abs. 1 Satz 2 8
KO) – die Einstellung mangels Masse, wenn ein kostendeckender Geldbetrag vorgeschossen wird, § 207 Abs. 1 Satz 2 Alt. 1. Seit Inkrafttreten des InsÄndG 2001 kann ein eröffnetes Verfahren auch im Falle einer **Kostenstundung** gem. §§ 4a ff. nicht mehr wegen mangelnder Kostendeckung eingestellt werden. Anliegen des Gesetzgebers war es, mit Hilfe der Stundungsregelung mittellosen Schuldnern unter zumutbaren Bedingungen überhaupt den Zugang zum Insolvenzverfahren mit anschließender **Restschuldbefreiung** zu ermöglichen.[14]

---

[8] Die Nichteröffnungsquote lag zuletzt bei ¾ aller beantragten Konkursverfahren; von den eröffneten Konkursverfahren wurden dann noch mehr als ¼ mangels Masse eingestellt, vgl. Mohrbutter/Ringstmeier/*Pape* § 12 Rn. 1.

[9] Hinzu kam eine weitgehende „Vorabverteilung" der Masse durch Sicherungsrechte der Warenlieferanten und Kreditgeber zu Lasten aller übrigen Gläubiger, was auch trotz der Reform bis heute bemängelt wird, vgl. *Häsemeyer* Rn. 4.08.

[10] *Kilger/K. Schmidt* § 204 KO Anm. 1; HKInsO/*Landfermann* § 207 Rn. 1.

[11] Allg. Begr. RegE, *Kübler/Prütting,* S. 102; Jaeger/*Windel* § 207 Rn. 6.

[12] Vgl. BGH NZI 2016, 968 (Rn. 22) und 2011, 60.

[13] Allg. Begr. RegE, *Kübler/Prütting,* S. 97.

[14] BGH NZI 2003, 665; dazu Rn. 39.

C. Feststellung der Masselosigkeit

I. Verfahrensbeendigung

9 **1. Aufhebung des Insolvenzverfahrens.** Das Insolvenzverfahren wird beendet durch Aufhebung oder Einstellung des Verfahrens. Die **Verfahrensaufhebung** stellt die ordnungsgemäße Beendigung nach Vollzug der **Schlussverteilung,** § 200 Abs. 1, oder rechtskräftiger Bestätigung eines Insolvenzplans, § 258 Abs. 1, dar. Die Aufhebung erfolgt durch Beschluss des Insolvenzgerichtes. Der Beschluss und der Grund der Aufhebung sind öffentlich bekannt zu machen, § 200 Abs. 2 Satz 1. Mit der Aufhebung des Insolvenzverfahrens erhält der Schuldner die Verwaltungs- und Verfügungsbefugnis über die Insolvenzmasse zurück, soweit noch Massegegenstände vorhanden sein sollten.[15]

10 **2. Einstellung des Insolvenzverfahrens.** Kann das Insolvenzverfahren nicht bis zu seiner **Aufhebung** (§ 200) regulär durchgeführt werden, so kommt es zur vorzeitigen **Verfahrensbeendigung durch Einstellung.** Die Einstellung erfolgt durch Beschluss des Insolvenzgerichtes nach den §§ 215, 216. Die Insolvenzordnung kennt vier Einstellungsgründe, die in den §§ 207, 211, 212 und 213 abschließend geregelt sind.

11 **a) Einstellungsgründe.** Einstellungsgrund nach § 212 ist der **Wegfall des Eröffnungsgrundes.** Die Einstellung erfolgt nur auf Antrag des Schuldners, der die Einstellungsvoraussetzungen glaubhaft machen muss. Nach § 213 ist das Insolvenzverfahren auf Antrag des Schuldners einzustellen, wenn **alle Insolvenzgläubiger zugestimmt** haben. Dieser Einstellungsgrund erfasst den Ausnahmefall, dass sich die Finanzlage des Schuldners nach Verfahrenseröffnung entscheidend verbessert haben sollte. Stellt sich nach Verfahrenseröffnung heraus, dass die Insolvenzmasse nicht für eine Weiterführung des Verfahrens ausreichend ist, so unterscheidet das Gesetz zwischen der Einstellung wegen Masselosigkeit (Massekostenarmut) iSd § 207 und der Einstellung nur wegen Masseunzulänglichkeit nach den §§ 208 ff.

12 **Masseunzulänglichkeit** ist gegeben, wenn die Insolvenzmasse zwar zum Bestreiten der Kosten des Verfahrens iSd § 54 ausreichend ist, jedoch die fälligen sonstigen Masseverbindlichkeiten (§ 55) nicht voll erfüllt werden können. Der Insolvenzverwalter hat den Eintritt der Masseunzulänglichkeit nach § 208 dem Insolvenzgericht gegenüber anzuzeigen. In dem anschließenden Verfahren ist er nach § 208 Abs. 3 weiter verpflichtet, die Masse zu verwalten und zu verwerten. Erst wenn er die Insolvenzmasse nach Maßgabe der Rangordnung des § 209 an die Massegläubiger verteilt hat, stellt das Insolvenzgericht das Insolvenzverfahren nach § 211 ein. Können demgegenüber nicht einmal die Verfahrenskosten iSd § 54 aus der Insolvenzmasse voll befriedigt werden, fordert § 207 Abs. 1 Satz 1 die alsbaldige Einstellung des masselosen Insolvenzverfahrens, sofern kein ausreichender Geldbetrag[16] von einem Beteiligten vorgeschossen wird.

13 **b) Abgrenzung zwischen der Einstellung nach § 207 und § 208.** Ob sich im Falle unzulänglicher Massen die Einstellung eines Insolvenzverfahrens nach § 207 oder den §§ 208 ff. richtet, hängt von einer im Einzelfall schwierigen Bewertung der vorhandenen wie auch künftigen Insolvenzmasse und der – voraussichtlichen – Kosten des Verfahrens ab. Deshalb kann sich die **Deckungsprognose** nachträglich als falsch herausstellen. Hat der Insolvenzverwalter zunächst nach § 208 Masseunzulänglichkeit angezeigt, so ist er zur Verwaltung und Verwertung der Masse nach § 208 Abs. 3 weiter verpflichtet. Stellt sich nunmehr heraus, dass die angenommene Deckung der Verfahrenskosten zB auf Grund von Forderungsausfällen oder sonstigen Erlösschmälerungen nicht mehr vorhanden ist, wird das Verfahren idR aufgrund eines entspr. „Antrags" des Insolvenzverwalters nach § 207 vom Insolvenzgericht eingestellt. Der **Übergang** in das Einstellungsverfahren wegen Masselosigkeit ist möglich, zumal bei unzureichender Verfahrenskostendeckung dem Insolvenzverwalter keine weitere Abwicklungs- bzw. Verwertungstätigkeit zugemutet wird.[17] Dies gilt auch umgekehrt. Hatte der Insolvenzverwalter nach § 207 beim Insolvenzgericht die Einstellung mangels Masse beantragt, so kann er diesen „Antrag", solange keine rechtskräftige Einstellung erfolgte, zurücknehmen und die Masseunzulänglichkeit anzeigen, da mit dem Übergang in das Abwicklungsverfahren nach den §§ 208, 209 kein Eingriff in die Rechtsposition der Massegläubiger verbunden ist; deren Befriedigungsaussichten erfahren vielmehr eine Verbesserung.[18]

---

15 Vorbehaltlich der Anordnung einer Nachtragsverteilung, vgl. → § 203.

16 Nach § 207 Abs. 1 Satz 2 hat die Einstellung auch zu unterbleiben, wenn die Kosten nach § 4a InsO gestundet sind; dazu → Rn. 39.

17 *Dinstühler* ZIP 1998, 1698; Jaeger/*Windel* § 207 Rn. 30; Nerlich/Römermann/*Westphal* § 207 Rn. 10.

18 Zur Zulässigkeit der Rückkehr in das Regelinsolvenzverfahren nach Anzeige der Masseunzulänglichkeit → § 208 Rn. 53.

II. Verfahrenskostendeckung

1. Prüfung und Feststellung. Die Deckung der Kosten des Verfahrens iSd § 54 ist die **finanzielle Mindestvoraussetzung** für die Durchführung eines Insolvenzverfahrens zum Zwecke der gemeinschaftlichen Haftungsrealisierung im Interesse der Insolvenzgläubiger. Stellt sich im Verlauf des Insolvenzverfahrens heraus, dass die verwertbare Masse die Kosten des Verfahrens nicht zu decken vermag, zB wenn sich die Verwertung eines Grundstücks oder gewerblichen Schutzrechtes als unmöglich herausstellt, was bei Verfahrenseröffnung nicht absehbar war, so wird das Verfahren abgebrochen und durch das Insolvenzgericht nach § 207 Abs. 1 eingestellt. Dem Insolvenzverwalter werden weitere Tätigkeiten im Interesse der Masse nicht mehr zugemutet, wenn die Begleichung seiner Vergütungsansprüche auf Grund ausbleibender Verwertungserlöse nicht mehr gesichert ist. 14

a) Insolvenzverwalter. Zur Prüfung der Kostendeckung hat der Insolvenzverwalter zu berechnen und gegenüberzustellen die Höhe der anfallenden Verfahrenskosten und das (voraussichtlich) realisierbare Vermögen, das zu deren Begleichung eingesetzt werden kann.[19] Ob eine ausreichende Kostendeckung besteht oder eine Unterdeckung eingetreten ist, lässt sich im Einzelfall kaum exakt feststellen.[20] So richten sich die Gerichtskosten wie auch die Vergütungsansprüche des Verwalters nach dem Wert der Insolvenzmasse, auf die sich die Schlussrechnung bezieht, vgl. § 1 Abs. 1 InsVV. Der zum Schluss des Verfahrens tatsächlich erzielte Wert der Masse hängt aber vom künftigen Verfahrensablauf ab, der sich insbesondere bei der Fortführung eines Unternehmens nur annähernd prognostizieren lässt. Die für die Vergütungsberechnung maßgebliche **Teilungsmasse** kann zu Verfahrensbeginn nur im **Schätzwege** ermittelt werden. Ein weiteres **Bewertungsproblem** ergibt sich daraus, dass für die effektive Deckung der Verfahrenskosten nicht auf die geschätzte Aktivmasse abgestellt werden kann, sondern auf die idR erheblich geringeren Massemittel, die zur Begleichung der Verfahrenskosten tatsächlich zur Verfügung stehen. Der Wert der Insolvenzmasse und die Verfahrenskosten sind flexible Werte, die sich wechselseitig beeinflussen und vom Erfolg der Abwicklung des Insolvenzverfahrens abhängig sind. Trotz der mit einer Schätzung zwangsläufig verbundenen Unsicherheiten ist der Insolvenzverwalter gehalten, die Frage der ausreichenden **Verfahrenskostendeckung laufend** anhand seiner Liquiditätsberechnungen zu **kontrollieren,** um seine Vergütungsansprüche nicht zu riskieren bzw. um keine Abwicklungskosten zu produzieren, die letztlich nicht aus der Masse bezahlt werden können.[21] 15

b) Insolvenzgericht. Das Insolvenzgericht hat unter Mithilfe des Insolvenzverwalters umfassend zu klären, ob tatsächlich Masselosigkeit als Voraussetzung der Einstellung nach § 207 eingetreten ist. Dies ist eine **Amtspflicht** des Insolvenzgerichts.[22] Bestehen Zweifel, hat das Insolvenzgericht diesen ggf. unter Hinzuziehung eines Sachverständigen (§ 5) sorgfältig nachzugehen.[23] Im Übrigen ist es freilich nicht Aufgabe des Gerichts, den jeweiligen Stand der Kostendeckung ständig zu überprüfen;[24] es wird zu einer solchen fortlaufenden Kontrolle auch nicht in der Lage ist. Der Anstoß zur gerichtlichen Prüfung wird idR vom Insolvenzverwalter ausgehen.[25] 16

2. Insolvenzmasse. Masselosigkeit tritt ein, wenn die verfügbare Insolvenzmasse nicht mehr in der Lage ist, die Kosten des Verfahrens nach § 54 vollständig auszugleichen. Damit spielt auf der **Aktivseite** die Ermittlung des voraussichtlichen Werts der Masse die zentrale Rolle. Der Bewertung der Masse kommt dabei eine Doppelfunktion zu. Sie bildet zum einen die Grundlage für die Berechnung der zu erwartenden Verfahrenskosten, zugleich bemisst sich deren ausreichende Deckung an dem ermittelten Massewert.[26] 17

a) Aktivmasse. Für die Prüfung der Verfahrenskostendeckung kann nicht auf das gesamte schuldnerische Vermögen iSd § 35 abgestellt werden. Die Vermögenswerte des Schuldners erweisen sich im Rahmen der insolvenzrechtlichen Liquidation oft als nicht werthaltig oder verwertbar, so dass entsprechende Wertberichtigungen bzw. Abschläge auf den zunächst angenommenen Vermögenswert erfolgen müssen. Maßgeblich kann nur der voraussichtlich **realisierbare Wert** der Masse 18

---

19 Nerlich/Römermann/*Westphal* § 207 Rn. 19; Mohrbutter/Ringstmeier/*Pape* § 12 Rn. 14 f.; Graf-Schlicker/Riedel § 207 Rn. 4.

20 Zu den Prognoserisiken s. Uhlenbruck/*Ries* § 207 Rn. 9. Vergleichbare Unsicherheiten bei der Deckungsprognose treten im Rahmen der gerichtlichen Prüfung gem. § 26 Abs. 1 Satz 1 auf, dazu eingehend § 26 Rn. 14 ff.; Jaeger/*Windel* § 207 Rn. 29.

21 Vgl. BGH NZI 2009, 602 (Rn. 9).

22 Dazu auch → Rn. 40 und → § 26 Rn. 14.

23 HKInsO/*Landfermann* § 207 Rn. 17; *Häsemeyer* Rn. 7.28.

24 BGH NZI 2006, 697 (Rn. 16).

25 Jaeger/*Windel* § 207 Rn. 66, 79; auch → Rn. 40.

26 Vgl. BGH ZIP 2003, 2171.

bei Verfahrensbeendigung sein, also die voraussichtliche Teilungs- oder Aktivmasse, die effektiv zum Ausgleich der Verfahrenskosten eingesetzt werden kann.[27] Da bei zweifelhafter Massekostendeckung eine Unternehmensfortführung wenig realistisch ist, sollten Vermögensgegenstände mit ihrem geschätzten **Liquidationserlös**[28] angesetzt werden. Sind diese vollumfänglich mit Sicherungsrechten belastet, können nur die der Masse aus der Feststellung und Verwertung zufließenden Kostenbeiträge nach §§ 170, 171 berücksichtigt werden.[29] Aussonderungsrechte sind von vornherein nicht Bestandteil der (Soll-)Insolvenzmasse. Forderungen und sonstige **Außenstände** des Schuldners, insbesondere wenn sie **bestritten** sind und im Klagewege durchgesetzt werden müssen, zählen zwar bei Erfolgsaussicht grundsätzlich zu den Aktiva,[30] können aber nur in Höhe des wahrscheinlich realisierbaren Betrages angesetzt werden. Dabei ist bei zweifelhafter Leistungsfähigkeit des Drittschuldners das **Beitreibungsrisiko** – neben dem Prozessrisiko (→ Rn. 21) – ggf. mit einem prozentualen Abschlag zu bewerten.[31] Vorräten kann nur der Veräußerungswert beigelegt werden, der im Rahmen der Insolvenz unter Abzug der für die Verwertung ggf. noch aufzubringenden Kosten noch erzielbar ist. Ein **absehbarer Neuerwerb** des Schuldners ist im Hinblick auf § 35 Abs. 1 der Masse zuzurechnen, wie zB ein pfändungsfreies monatliches Arbeitseinkommen oder sonst zu erwartende Forderungen gegen Dritte.[32] Ebenso sind nach hM **anfechtungsrechtliche Erstattungsansprüche** (§§ 129 ff.) oder Organhaftungsansprüche als aktive Vermögenswerte zu berücksichtigen, auch wenn ihre Bewertung wegen der dabei oft zu klärenden schwierigen rechtlichen Fragen besonders risikobehaftet ist.[33] Ein Wert kann auch bei häufig auftretenden Realisierungsproblemen nur äußerst vorsichtig angesetzt werden. Soweit bei Insolvenz eines Konzernunternehmens Gewinnabführungs- und Verlustübernahmeverträge bestehen, können sie als Aktiva angesetzt werden, wenn zu erwarten ist, dass Ausgleichsansprüche trotz der Insolvenz bestehen und durchsetzbar sind.[34]

19 **b) Liquidität.** Für die **Deckungsprognose** nach § 207 ist es aber nicht allein entscheidend, ob die voraussichtlich erzielbare Aktivmasse bei Verfahrensbeendigung zur Kostendeckung ausreichend sein kann. Vielmehr ist es erforderlich, dass die Verfahrenskosten im Zeitpunkt ihrer **Fälligkeit** bezahlt werden können. Die Insolvenzmasse ist nur ausreichend, wenn sie insoweit über hinlängliche liquide Mittel verfügt. Allerdings sind zu Beginn des Insolvenzverfahrens im Wesentlichen als fällig nur anzusehen die gerichtlichen Kosten sowie die Vergütung und die Auslagen des vorläufigen Insolvenzverwalters. Die Vergütung und die Auslagen des Insolvenzverwalters (§ 63), die idR den wesentlichen Teil der Gesamtkosten ausmachen, werden dagegen erst **sukzessive** mit Ableistung der Tätigkeit, und damit spätestens mit Beendigung des Verfahrens fällig.[35] Deshalb müssen auch für die Kostendeckung zu Beginn des Verfahrens nur erheblich geringere liquide Mittel in der Masse vorhanden sein.[36] Zum Ausgleich der später fällig werdenden weiteren Verfahrenskosten muss die Masse erst im Laufe des Verfahrens mit überwiegender Wahrscheinlichkeit in der Lage sein.[37] Dies ist dann der Fall, wenn auf Grund konkreter Umstände die Annahme gerechtfertigt ist, dass die Deckung der Kosten des Verfahrens noch herbeigeführt werden kann. Zunächst illiquide Vermögensgegenstände oder auch künftige Zuwächse der Insolvenzmasse können in die Deckungsprognose einfließen, wenn hinreichend sichergestellt ist, dass aus ihrer Verwertung in einer absehbaren Zeit nach Verfahrenseröffnung entsprechende Barmittel der Masse zur Begleichung der Gerichtskosten sowie der fällig werdenden Vergütungs- und Auslagenansprüche des Verwalters zufließen. Eine aktuell unzureichende Geldliquidität, deren Überwindung aber kurzfristig zu erwarten ist, führt also noch nicht zur Einstellung des Insolvenzverfahrens nach § 207.[38]

---

27 OLG Köln ZInsO 2000, 606; HKInsO/*Rüntz/Laroche* § 26 Rn. 5.

28 OLG Celle ZIP 2012, 1428, 1429; *Häsemeyer* Rn. 7.28; HambKommInsO/*Weitzmann* § 207 Rn. 8; krit. Jaeger/*Windel* § 207 Rn. 42.

29 HKInsO/*Rüntz/Laroche* § 26 Rn. 5.

30 BGH NZI 2013, 79 (Rn. 10); ZInsO 2013, 496 (Rn. 6); OLG Hamm ZIP 2012, 192.

31 BGH NZI 2013, 79 (Rn. 13). Zur Forderungsbewertung im Rahmen des § 207 Abs. 1 auch OLG Karlsruhe ZIP 2012, 494, 496.

32 BGH NZI 2013, 79 (Rn. 12); LG Hamburg ZIP 2016, 1553 = NZI 2016, 772; Jaeger/*Windel* § 207 Rn. 41; AGR/*Henning* § 207 Rn. 7.

33 OLG Hamm ZInsO 2005, 217; einschränkend Jaeger/*Windel* § 207 Rn. 41: § 93 und die Insolvenzanfechtung kommen erst in Betracht, wenn später noch eine Quote für die Insolvenzgläubiger zu erwarten ist. Vgl. auch → Rn. 21.

34 HKInsO/*Rüntz/Laroche* § 26 Rn. 6.

35 Der vorleistende Verwalter kann nach § 9 InsVV einen angemessenen Vergütungsvorschuss aus der Masse beanspruchen, dessen rechtzeitige Entnahme sein Ausfallrisiko bei Masselosigkeit verringern soll. Vgl. BGH NJW 2003, 210; KPB/*Pape* § 207 Rn. 23.

36 OLG Köln ZInsO 2000, 606; Jaeger/*Windel* § 207 Rn. 40 u. 47.

37 AG Hamburg NZI 2000, 140; LG Kaiserslautern ZInsO 2001, 628.

38 Unter der gleichen Voraussetzung ist eine mangelnde Anfangsliquidität auch für die Verfahrenseröffnung nach § 26 unschädlich, dazu → § 26 Rn. 20.

c) Verwertbarkeit des Vermögens. Ob eine Kostendeckung durch weitere Abwicklungs- und **Verwertungsmaßnahmen** erreicht werden kann, ist nach einem besonders sorgfältigen Maßstab zu beurteilen, wenn der Umsetzungsprozess den Einsatz von vorhandenen Massemitteln erfordert. So müssen zB zum Zwecke der Be- und Verwertung ausländischen Grundvermögens Makler und Notare eingeschaltet, zur Vorbereitung eines anfechtungsrechtlichen Erstattungsanspruchs Gutachten zur Klärung der Vermögenssituation in Auftrag gegeben oder Rechtsanwälte zur Durchsetzung von gesellschaftsrechtlichen Haftungsansprüchen gegen die Geschäftsführer oder Gesellschafter der Schuldnerin beauftragt werden. Gelingt es dadurch dem Verwalter, die Vermögenspositionen erfolgreich zugunsten der Masse zu realisieren, so ist eine sog. "**temporäre**" **Unterdeckung** der Massekosten beseitigt[39] und die Vergütung für seine Tätigkeit gesichert. Die Durchführung des Insolvenzverfahrens zum Zwecke einer möglichst vollständigen Haftungsrealisierung liegt insoweit im Interesse der Gläubiger wie auch der Allgemeinheit. Geht demgegenüber zB ein vom Insolvenzverwalter angestrengter Rechtsstreit verloren, so führt dies zur endgültigen Masselosigkeit und der Verwalter verliert – anteilig – seine Vergütung.[40] Stehen der Insolvenzmasse keine ausreichenden liquiden Mittel zur Verfügung, sollte daher der Insolvenzverwalter grundsätzlich auch freiwillig keine Abwicklungs- und Verwertungstätigkeiten mehr ausüben. Zu diesem Zweck dennoch von ihm eingegangene Verpflichtungen sind dann nur zu Lasten der Verfahrenskostendeckung, insbesondere seiner eigenen Vergütung zu erfüllen.[41] Potentielle Vermögensgegenstände können jedenfalls nur dann dem Vermögen des Schuldners zugerechnet und in die Deckungsprognose einbezogen werden, wenn sie sich hinreichend sicher in absehbarer Zeit zugunsten der Masse in Geld umwandeln lassen. 20

Für die Frage der Massekostendeckung ist danach auch entscheidend, bis wann mögliche Vermögenswerte des Schuldners der Masse zur Verfügung stehen. Bei dieser gerichtlichen **Prognose** ist grundsätzlich nur das in **angemessener Zeit** liquidierbare Schuldnervermögen zu berücksichtigen.[42] Dies gilt bei der Entscheidung über die Einstellung eines eröffneten Verfahrens (→ § 207) ebenso wie schon bei der Entscheidung über die Verfahrenseröffnung (→ § 26).[43] Welcher **Zeitraum** dem Insolvenzverwalter zur Realisierung nicht liquider Massebestandteile noch zur Verfügung steht, um eine Deckung der Verfahrenskosten zu erreichen, ist umstritten.[44] Ein Zeithorizont bis zu einem Jahr dürfte regelmäßig unbedenklich sein;[45] teilweise werden aber auch längere Verwertungszeiträume noch als angemessen angesehen.[46] Fixe Zeiträume können nur Richtwerte sein; denn die Angemessenheitsprüfung hat sich letztlich an den **Besonderheiten des jeweiligen Einzelfalls** und daran zu orientieren, wie lange dem an sich nicht vorleistungspflichtigen (vgl. § 9 InsVV) Insolvenzverwalter eine Fortdauer des Verfahrens zur Beseitigung der Unterdeckung zuzumuten ist.[47] Je nach Risikobereitschaft wird der Verwalter auch längere Zeitverzögerungen in Kauf nehmen. Diese müssen ihm im Hinblick auf die Sicherung seiner Vergütungsansprüche aber auch **zumutbar** sein.[48] 20a

aa) Hinreichende Erfolgsaussichten. Die Haftungsrealisierung zugunsten der Masse muss **objektiv Erfolg versprechend** sein. Ob dies der Fall ist, hängt maßgeblich von den in Rede stehenden Vermögenswerten ab. Ist ein Grundstück wegen seiner Kontaminationen unveräußerbar, so kann ein Veräußerungserlös nicht mit der Begründung in die voraussichtliche Teilungsmasse eingestellt werden, dass sich die Verhältnisse am Immobilienmarkt uU in den nächsten Jahren verändern könnten.[49] Ebenso kann ein Auslandsvermögen des Schuldners nicht bei der Prüfung der Verfahrenskostendeckung als liquidierbarer Wert berücksichtigt werden, wenn es voraussichtlich in den nächsten Jahren nicht zur Insolvenzmasse gezogen werden kann.[50] Handelt es sich um bestrittene 21

[39] Dazu näher *Frind* ZInsO 2012, 1357, 1360 f.; Uhlenbruck/*Ries* § 207 Rn. 17.

[40] Darüber hinaus haftet der Verwalter aber nicht persönlich nach den §§ 60, 61 für ungedeckte Kostenerstattungsansprüche des obsiegenden Prozessgegners; s. → Rn. 24.

[41] *Dinstühler* ZIP 1998, 1699; ferner *Pape* ZIP 2001, 1701.

[42] BGH NZI 2004, 30; Gottwald/*Gundlach* § 15 Rn. 7.

[43] Zum Gleichlauf der Regelungen in § 26 und § 207 vgl. BGH NZI 2013, 79 (Rn. 11); Uhlenbruck/*Ries* § 207 Rn. 1.

[44] Vgl. HambKommInsO/*Weitzmann* § 207 Rn. 9; Uhlenbruck/*Vallender* § 26 Rn. 15 f.; zum Zeirahmen der Prognose auch § 26 Rn. 23.

[45] BGH NZI 2004, 30 = ZIP 2003, 2171 zu § 26 Abs. 1 Satz 1.

[46] AG Hamburg ZIP 2006, 1784; AG Göttingen ZIP 2009, 879; FKInsO/*Schmerbach* § 26 Rn. 27 f.

[47] Jaeger/*Windel* § 207 Rn. 46; Uhlenbruck/*Vallender* § 26 Rn. 18; HambKommInsO/*Schröder* § 26 Rn. 29; *Contius/Froehner* NZI 2013, 79, 84; auch → § 26 Rn. 23.

[48] *Smid,* Kölner Schrift, S. 453 ff. Rn. 59.

[49] Die bloße Aussicht auf einen Vermögenszuwachs kann zur Deckung der Verfahrenskosten nicht herangezogen werden, OLG Köln ZIP 2000, 548; Gottwald/*Gundlach* § 15 Rn. 7.

[50] Zum angemessenen Zeitraum für eine Realisierung → Rn. 20a.

und daher nur auf dem Rechtsweg durchsetzbare **Anfechtungsansprüche** aus § 143 oder um **Haftungsansprüche** gegen Gesellschaftsorgane und sonstige Dritte, so können diese als zur Kostendeckung zur Verfügung stehende Aktiva der Masse angesehen werden, wenn entsprechend §§ 114 ff. ZPO eine hinreichende Aussicht für eine erfolgreiche gerichtliche Geltendmachung besteht und die erforderlichen Prozesskosten entweder aus eigenen Mitteln oder durch Gewährung von Prozesskostenhilfe aufgebracht werden können.[51] Der Insolvenzverwalter hat deshalb unter Einsatz seiner Auskunfts- und Informationsrechte den Sachverhalt möglichst vollständig zu ermitteln,[52] damit eine zuverlässige Beurteilung der Prozessaussichten und der Realisierbarkeit der Ansprüche vorgenommen werden kann.

22 **bb) Prozesskostenhilfe.** Dem Insolvenzverwalter als Partei kraft Amtes kann auf Antrag Prozesskostenhilfe für ein Klage- oder Rechtsmittelverfahren gewährt werden, sofern die Kosten zur beabsichtigten Rechtsverfolgung nicht aus der verwalteten Masse aufgebracht werden können und den am Gegenstand des Rechtsstreits wirtschaftlich Beteiligten deren Vorfinanzierung nicht zuzumuten ist (§§ 114, 116 Satz 1 Nr. 1 ZPO). Eine Bewilligung scheidet aber in der Regel aus, sobald sich nach Insolvenzeröffnung ergibt, dass die Insolvenzmasse nicht einmal mehr zur Deckung der Verfahrenskosten ausreicht.[53] Bei bestehender **Massekostenarmut** iSv § 207 ist der Verwalter gem. § 207 Abs. 3 Satz 2 nicht mehr zur Verwertung von Massegegenständen verpflichtet (→ Rn. 62); er hat nur noch die vorhandene liquide Masse zu verteilen. Das Verfahren muss daher alsbald eingestellt werden, sofern nicht ein ausreichender Kostenvorschuss geleistet oder eine Kostenstundung gewährt wird, § 207 Abs. 1. In dieser Lage kann dem Verwalter daher Prozesskostenhilfe nur noch **ausnahmsweise** unter der Voraussetzung gewährt werden, dass die Kostenarmut der Masse im Falle der Beitreibung des Klagebetrages voraussichtlich entfallen würde.[54] Denn eine erfolgversprechende Prozessführung, die letztlich dazu dient und geeignet ist, die eingetretene **Massekostenarmut zu beseitigen,** kann nicht als „mutwillig" iSv § 114 Satz 1 ZPO eingestuft werden.[55] Anderenfalls könnten Anspruchsgegner auf eine Verfahrenseinstellung spekulieren, wenn sie von ihnen selbst als offensichtlich berechtigt erkannte Forderungen des Verwalters nicht bezahlen.[56] Bestehen also nach Abwägung der Prozess- und Vollstreckungsrisiken berechtigte Aussichten, den für die Masse geltend zu machenden Anspruch bei einem Prozesserfolg auch in angemessener Zeit wirtschaftlich durchzusetzen und mit dem zu erwartenden Erlös die Massearmut zu beheben, ist dem Insolvenzverwalter Prozesskostenhilfe zu gewähren.[57] Wenn hierdurch eine alsbaldige Verfahrenseinstellung vermieden werden kann, so entspricht dies der Ordnungsfunktion des Insolvenzrechts.

23 **cc) Zumutbarkeit.** Die weitere Verwertungstätigkeit muss dem Insolvenzverwalter auch zumutbar sein.[58] Vom Verwalter kann nicht verlangt werden, nicht gedeckte Masseverbindlichkeiten einzugehen. Stellt sich zB nachfolgend heraus, dass das zum Aktivvermögen gezählte Auslandsvermögen nicht der Insolvenzmasse zugeführt werden kann oder Erfolg versprechende Rechtsstreitigkeiten verloren werden, so hat idR der Verwalter mit Vergütungsausfällen und einer persönlichen Haftung nach § 61 zu rechnen, wenn er die zum Zwecke der Haftungsrealisierung eingegangenen Masseverbindlichkeiten nicht begleichen kann.[59] Dieses Risiko kann er nicht durch Vorschussanforderungen nach § 9 InsVV vermeiden, da diese angesichts der unzureichenden Massemittel kaum durchsetzbar sind.[60] Soweit bereits während des Eröffnungsverfahrens erkennbar war, dass die Kostendeckung erst

---

51 BGH ZIP 2012, 2526 (Rn. 10) = NZI 2013, 79. Zur str. Zulässigkeit der Insolvenzanfechtung bei Massearmut vgl. → § 208 Rn. 51.

52 Zu Auskunftsansprüchen gegen GmbH-Geschäftsführer, OLG Dresden ZIP 1999, 900.

53 BGH NZI 2009, 602; OLG Dresden ZVI 2010, 188 mAnm *H. Heinz*. Zum Anspruch auf Prozesskostenhilfe nach angezeigter Masseunzulänglichkeit vgl. § 208 Rn. 50a.

54 BGH ZInsO 2016, 270 (Rn. 4) und 2013, 496; ZIP 2012, 2526 (Rn. 9 ff.), dazu zust. *M. Wagner* EWiR 2013, 597 und NZI 2013, 79 m. zust. Anm. *Contius/Froehner*; OLG Hamm ZInsO 2011, 1947. Bei Kostenstundung dürfte die Bewilligung von PKH nicht zusätzlich von einem Wegfall der Massekostenarmut abhängig sein, vgl. *Pape* ZInsO 2013, 265, 274.

55 Bei der Prüfung, ob eine bestehende Kostenarmut durch die beabsichtigte Klage voraussichtlich behoben werden kann, sind ggf. sonst noch vorhandene Forderungen als zusätzliche Vermögenswerte der Aktivmasse zu berücksichtigen, auch wenn sich diese ebenfalls erst nach bewilligter Prozesskostenhilfe gerichtlich durchsetzen lassen. Vgl. *M Schmidt* ZInsO 2013, 766, 768.

56 Eine rechtskräftige Ablehnung des PKH-Antrags hätte die Einstellung nach § 207 zur Folge.

57 Die Klageforderung ist dabei mit ihrem voraussichtlich realisierbaren Wert zur Aktivmasse (fiktiv) hinzuzurechnen. Das Beitreibungsrisiko ist im Einzelfall mit einem prozentualen Abschlag zu bewerten, vgl. BGH NZI 2013, 79 (Rn. 13).

58 Uhlenbruck/*Ries* § 207 Rn. 17.

59 *Häsemeyer* Rn. 7.76; Gottwald/*Gundlach* § 15 Rn. 6 f.

60 Die Vergütung sollte grundsätzlich durch Vorschussleistungen sichergestellt werden, BVerfG NJW 1993, 2861; BGH NJW 1992, 692.

aus der Geltendmachung und Realisierung von illiquiden und nicht gesicherten Vermögenswerten erzielt werden kann, muss der Verwalter vor einer Amtsübernahme hierauf hingewiesen werden. Zeigt sich der Konflikt erst im weiteren Verfahrensablauf, kann vom Insolvenzverwalter nicht verlangt werden, unter Inkaufnahme des (teilweisen) Verlustes seiner Vergütung und erheblicher Haftungsrisiken eine Verwertungstätigkeit wegen der **bloßen Aussicht** auf Verfahrenskostendeckung fortzusetzen. Das Verfahren ist vielmehr, wenn mit zumutbarem Aufwand eine Deckung der Verfahrenskosten nicht erreichbar ist, nach § 207 einzustellen; damit entfällt gem. § 207 Abs. 3 Satz 2 die Verpflichtung zur weiteren Verwertung von Massegegenständen. Allerdings ist es nicht ausgeschlossen, dass der Insolvenzverwalter **freiwillig** bereit ist, Risiken einzugehen.[61] Eine Verfahrenseinstellung kann dann nicht erzwungen werden, zumindest solange die Aussicht besteht, dass zB durch die **Weiterführung eines Rechtsstreites** doch noch eine ausreichende Verfahrenskostendeckung herbeigeführt werden kann.[62] Nicht ausgeschlossen ist es auch, eine besondere Risikobereitschaft des Insolvenzverwalters im Erfolgsfall vergütungsrechtlich durch Gewährung eines Zuschlags[63] nach § 3 InsVV zu honorieren; Voraussetzung hierfür ist allerdings, dass die aus der **Fortführung der risikobehafteten Verwertungstätigkeit** erreichten Vermögenszuwächse über die bloße Deckung der Verfahrenskosten hinausgehend auch den Insolvenzgläubigern zugute kommen.

dd) Zulässigkeit der Prozessführung. Nach gefestigter Rspr. des BGH[64] obliegt dem Insolvenzverwalter keine insolvenzspezifische Pflicht gegenüber dem **Prozessgegner,** die Erfolgsaussichten von Klage und Rechtsmittel bei der Einleitung und Führung eines Prozesses zu prüfen. Da der Verwalter die Interessen des Prozessgegners an einer eventuellen Erstattung seiner Kosten nicht zu berücksichtigen hat, trifft ihn nach § 60 Abs. 1 Satz 1 keine persönliche Haftung für dessen **Kostenerstattungsansprüche.**[65] Seit der Grundsatzentscheidung in BGHZ 161, 236 ist ebenfalls geklärt, dass der Insolvenzverwalter nach verlorenem Rechtsstreit auch nicht aus § 61 Abs. 1 für Prozesskosten des Gegners persönlich haftet.[66] Zwar handelt es sich bei dem Prozesskostenerstattungsanspruch um eine bei Massearmut unerfüllbare Masseverbindlichkeit gem. § 55 Abs. 1 Nr. 1. Nach dem Schutzzweck des § 61 soll aber nur solchen Massegläubigern ein Ausgleichsanspruch gegen den Verwalter zustehen, die sich insbesondere durch Vertragsschluss zu Gegenleistungen an die Masse verpflichtet oder dieser einen sonstigen Vorteil verschafft haben.[67] Die Interessen eines Prozessgegners werden von diesem Normzweck nicht erfasst; ob eine obsiegende Prozesspartei von ihr aufgewendete Prozesskosten erstattet erhält, gehört vielmehr zu deren allgemeinen Risiken. Da der Insolvenzverwalter somit – unabhängig von den Erfolgsaussichten seiner Klage – keiner persönlichen Haftung für den gegnerischen Kostenerstattungsanspruch ausgesetzt ist, wird seine Prozessführung bei Massearmut erheblich erleichtert. Ohne diese **Haftungsbegrenzung** müsste er die Prozessführung regelmäßig unterlassen, da die Prozesschancen vor Beginn eines Rechtsstreits oftmals auf Grund komplexer Sachverhalte und schwieriger Rechtsfragen nur schwer kalkulierbar sind. Jedoch darf der Insolvenzverwalter nicht daran gehindert werden, zum Zweck optimaler Gläubigerbefriedigung **aussichtsreiche Masseprozesse** zu führen, auch wenn im Fall des Unterliegens ein Erstattungsanspruch des Prozessgegners aus der Masse nicht beglichen werden kann.[68] Ihm muss deshalb mit Blick auf die mit einem erhöhten Risiko behaftete Prozesstätigkeit ein angemessener **Beurteilungsspielraum** eingeräumt werden. Die Prozessführung kann ihm nur dann als sittenwidrige Schädigung des Prozessgegners gem. **§ 826 BGB** vorgeworfen werden, wenn er die Prozessaussichten in unvertretbarer Weise verkannt hat, und damit in zumindest grob fahrlässiger Weise ein gerichtliches Verfahren durchführt, obwohl er weiß, dass der gegnerische Kostenerstattungsanspruch ungedeckt ist.[69] Der Verwalter erfüllt mit der Prozesstätigkeit grundsätzlich seine Amtspflicht, die Masse zu mehren. Die Gewährung von Prozesskostenhilfe kann nicht allein wegen der Masseinsuffizienz verweigert werden (→ Rn. 22). Von der Masselosigkeit würden sonst gerade solche Personen profitieren, die besonders hartnäckig ihren Pflichten gegenüber der Insolvenzmasse nicht nachkom- 24

---

[61] Dazu auch Uhlenbruck/*Ries* § 207 Rn. 35.

[62] Vgl. BGH NZI 2013, 79 (Rn. 12).

[63] Vgl. FKInsO/*Lorenz* § 3 InsVV Rn. 20, 36.

[64] BGHZ 161, 236 = NJW 2005, 901 m. iE zust. Anm. *Pape* S. 138 = NZI 2005, 155 m. zust. Anm. *Vallender* = WM 2005, 180 m. zust. Anm. *Tetzlaff* in WuB VI A. § 60 InsO 1.05.

[65] BGH NZI 2017, 753 (Rn. 39); NJW 2010, 680 (Rn. 9); *Häsemeyer* Rn. 6.39.

[66] HKInsO/*Lohmann* § 60 Rn. 45 mwN; dazu auch § 208 Rn. 50; aA *Adam* DZWiR 2006, 321, 323 f., wonach der Verwalter bei einem Rechtsstreit mit geringen Erfolgsaussichten nach § 61 für den Kostenschaden des Prozessgegners haften soll.

[67] Vgl. BGH NJW 2010, 680 (Rn. 7).

[68] Vgl. schon BGH ZIP 1993, 188.

[69] Zur Vorsatzhaftung nach § 826 BGB vgl. BGH NZI 2017, 753 (Rn. 15 ff.); NZI 2005, 155; *Berger* KTS 2004, 185, 193.

men.[70] Das widerspräche zudem dem Insolvenzzweck, mit der Durchführung des Verfahrens eine möglichst vollständige Abwicklung des verbliebenen schuldnerischen Vermögens zu gewährleisten.

25 **3. Kosten des Verfahrens. a) Umfang der Verfahrenskosten.** Die Kosten des Insolvenzverfahrens sind in § 54 gesetzlich definiert. Die **Festlegung,** welche Kosten als Verfahrenskosten gelten, ist grundsätzlich **abschließend.**[71] Sie umfassen nach § 54 Nr. 1 die **Gerichtskosten** – also die gerichtlichen Gebühren und Auslagen (Nr. 9000 ff. KV-GKG)[72] – für das **eröffnete Insolvenzverfahren.** Dabei sind neben der Antragsgebühr nach § 3 Abs. 2 GKG iVm Nr. 2320 oder 2330 KV-GKG zuzüglich Auslagen die Kosten für die Eröffnung (Nr. 2310, 2311 KV-GKG) und die Durchführung des Verfahrens (Nr. 2320–2322 KV-GKG) anzusetzen; die Gerichtsgebühren werden berechnet nach dem Wert der Masse bei Beendigung des Verfahrens, § 58 Abs. 1 Satz 1 GKG. Ferner gehören die Vergütung und die Auslagen des vorläufigen Insolvenzverwalters, des Insolvenzverwalters und der Mitglieder des Gläubigerausschusses zu den Verfahrenskosten. Auch im Hinblick auf das in § 3 InsVV geregelte System von Zu- und Abschlägen zur Regelvergütung nach § 2 InsVV ist vor allem im frühen Stadium des Verfahrens eine präzise Vergütungsberechnung nahezu ausgeschlossen.[73] Deshalb ist es sachgerecht, bei der Berechnung der Verfahrenskostendeckung unter Außerachtlassung der Besonderheiten des Einzelfalls von der **Regelvergütung** des (vorläufigen) Insolvenzverwalters auszugehen.[74] Nicht zu den Kosten des Verfahrens zählen die Aufwendungen für die Verwaltung, Verwertung und Verteilung der Masse. Sie sind sonstige Masseverbindlichkeiten nach § 55 Abs. 1 und bleiben deshalb für die Frage der Kostendeckung außer Betracht (→ Rn. 29).

26 **Grundlage für die Berechnung** der Gerichtskosten sowie der Vergütungsansprüche des Verwalters ist der Wert der Teilungsmasse, auf die sich die Schlussrechnung des Verwalters bezieht.[75] Diese kann namentlich kurz nach Verfahrenseröffnung nur **geschätzt** werden, zB anhand der vom Insolvenzverwalter vorzulegenden Vermögensübersicht nach § 153 sowie eines vorhandenen Gutachtens des vorläufigen Insolvenzverwalters. Ist die voraussichtliche Teilungsmasse plausibel und prüfbar ermittelt, sind die gesamten Verfahrenskosten zu veranschlagen, nicht etwa nur bis zum Berichtstermin.[76] Aufgrund der vielfältigen Unsicherheiten und Ungenauigkeiten einer derartigen Bewertung ist diese vom Verwalter entsprechend den Verfahrensfortschritten zu überprüfen und ggf. anzupassen.[77]

27 **b) Keine Ausweitung des Kostenbegriffs.** Um die Effizienzvorteile des neuen marktkonformen Verfahrens zu nutzen, war es der ausdrückliche gesetzgeberische Wille, die Eröffnung des Insolvenzverfahrens **ausschließlich** von der Deckung der **reinen Verfahrenskosten** iSd § 54 abhängig zu machen. Dadurch wird die Eröffnung des Insolvenzverfahrens erleichtert.[78] Befinden sich keine über die Deckung der Verfahrenskosten hinausgehenden Mittel in der Masse, so ist der Insolvenzverwalter zwar kaum imstande, seine Verwaltungs- und Verwertungsaufgaben ordnungsgemäß wahrzunehmen.[79] Der Gesetzgeber hat diesem Umstand jedoch keine entscheidende Bedeutung beigemessen. Die **gesetzgeberische Intention** ging dahin, die Zahl der eröffneten und durchgeführten Verfahren durch radikale **Herabsetzung** der **Kostenbarrieren** zu fördern in der Annahme, dass auch ein nicht vollständig zum Abschluss gebrachtes Insolvenzverfahren für die Beteiligten von größerem Vorteil ist als eine sofortige Einstellung.[80] Die Verfahrenseinstellung nach § 207 kommt deshalb bei gesetzeskonformer Auslegung nur in Frage, wenn der Wert der Insolvenzmasse unter das durch die Deckung der Verfahrenskosten markierte Limit gesunken ist. Solange dies nicht der Fall ist, ist das Verfahren weiterzuführen.[81]

28 **c) Kostenvermeidung.** Welche Maßnahmen der Insolvenzverwalter in Erfüllung seiner Abwicklungs- und Befriedigungsaufgabe im Fall – drohender – Massekostenarmut noch ergreifen kann, beurteilt sich vor allem nach dem Umfang der ihm tatsächlich zur Verfügung stehenden

---

70 Dazu *Pape* ZIP 2001, 1701; → Rn. 22.

71 BGH ZIP 2017, 383 (Rn. 16); LG Berlin ZInsO 2000, 224 f.; AG Hamburg ZInsO 2004, 1093; *Häsemeyer* Rn. 7.76; ferner § 26 Rn. 15 f. und § 54 Rn. 8 f.

72 Zu den gerichtlichen Auslagen zählt ua die Vergütung eines zur Frage der voraussichtlichen Kostendeckung bestellten Sachverständigen (Nr. 9005 KV-GKG).

73 *Haarmeyer* ZInsO 2001, 105; Uhlenbruck/*Ries* § 207 Rn. 10; Gottwald/*Gundlach* § 15 Rn. 6.

74 Jaeger/*Windel* § 207 Rn. 34.

75 Vgl. § 58 GKG und § 63 Abs. 1 Satz 2 InsO; BGH ZIP 2012, 2515 (Rn. 25 f.).

76 So noch § 317 RegE, *Kübler/Prütting,* S. 434; hierzu *Pape* KTS 1995, 190.

77 Jaeger/*Windel* § 207 Rn. 34.

78 Allg. Begr. RegE, *Kübler/Prütting,* S. 103.

79 *Häsemeyer,* Rn. 14.23; *Dinstühler* ZIP 1998, 168.

80 So bereits *Jaeger,* Lehrbuch des Konkursrechts, 8. Aufl., 1932, S. 171.

81 AG Hamburg NZI 2000, 140.

Mittel. Der Insolvenzverwalter darf freilich einer voraussichtlich zeitaufwändigen und schwierigen Abwicklung nicht aus dem Weg gehen, indem er unter Hinweis auf vermeintlich notwendige Ausgaben den Eintritt der Masselosigkeit provoziert.[82] Bei der Beurteilung der Verfahrenskostendeckung muss vielmehr sorgfältig geprüft werden, inwieweit tatsächlich kostenauslösende Maßnahmen erforderlich sind und ob diese nicht vermieden werden können, zB durch **Freigabe** oder kurzfristige **Veräußerung von Massegegenständen** unter Wert, um die Masse von laufenden Belastungen, die mit den Vermögensgegenständen verbunden sind, zu entlasten.[83] Sind Steuererklärungen abzugeben, die der Insolvenzverwalter nicht selbst erstellen kann, so muss er versuchen, das Finanzamt zur Schätzung der Besteuerungsgrundlagen zu veranlassen, um die mit der Beauftragung eines Steuerberaters verbundenen Kosten einzusparen.[84] Der Insolvenzverwalter wird auch von einer Prozessführung Abstand nehmen, solange die Insolvenzmasse zur Aufbringung der damit verbundenen Kosten nicht in der Lage ist. Soweit **Prozesskostenhilfe** trotz Massekostenarmut ausnahmsweise gewährt werden kann,[85] wird der Insolvenzverwalter diese Möglichkeit aber konsequent nutzen, wenn er den beabsichtigten Rechtsstreit nach pflichtgemäßer Prüfung für aussichtsreich halten kann. Eine vorhandene Deckung der Kosten des Insolvenzverfahrens darf vom Verwalter freilich nicht durch die Einleitung von Rechtsstreitigkeiten gefährdet werden, für die keine hinreichend sicheren Erfolgschancen bestehen.

d) „Unausweichliche Verwaltungskosten" als Auslagen des Verwalters. Die gesetzliche Regelung wird im Schrifttum teilweise kritisiert.[86] Es wird bezweifelt, dass der Insolvenzverwalter die notwendige Bewirtschaftung und Sicherung der Massegegenstände gewährleisten kann, wenn ihm die Mittel zB zur Aufrechterhaltung des Versicherungsschutzes, zu einer erforderlichen Bewachung oder der Belieferung mit Strom, Heizung und Wasser fehlen. Daraus resultiert auch die Befürchtung vieler Insolvenzverwalter, zwangsläufig in eine Haftungssituation nach § 61 zu geraten.[87] Die Weiterführung eines Insolvenzverfahrens, in dem selbst absolut notwendige Verwaltungsmaßnahmen nicht aus der Masse bezahlt werden können, erscheint ohne erkennbaren Nutzen, weil Insolvenzgläubiger nicht mit einer Befriedigung ihrer Ansprüche rechnen können.[88] Die vorhandenen Massemittel werden vielmehr zum Bestreiten der Verfahrenskosten aufgebraucht und stehen damit auch nach Verfahrenseinstellung den Gläubigern als Zugriffsobjekte in der Einzelzwangsvollstreckung nicht zur Verfügung; auf Grund der Massearmut ist auch die Befriedigung der Massegläubiger selbst aus vom Insolvenzverwalter eingegangenen Rechtsgeschäften ungewiss. Damit nicht Insolvenzverfahren eröffnet oder weitergeführt werden müssen, die ihren Zweck vielfach nicht erfüllen können, wird deshalb in der Kommentarliteratur vorgeschlagen, in die Kosten iSd § 54 auch die für eine ordnungsgemäße Verwaltung und Verwertung der Masse zwingend notwendigen Ausgaben einzubeziehen.[89] Soweit eine Deckung dieser **„unausweichlichen Verwaltungskosten"** nicht – mehr – vorhanden ist, führte dies vorzeitig zur Einstellung des eröffneten Verfahrens wegen Masselosigkeit nach § 207. Der BGH hat zur Frage, ob und ggf. in welchem Umfang auch solche bei Fortführung der Verwaltung unvermeidbaren Aufwendungen unter den Kostenbegriff zu subsumieren sind, bisher nicht abschließend Stellung genommen.[90] Andere wollen Aufwendungen für derartige notwendige Sicherungs- und Abwicklungsmaßnahmen als erstattungsfähige **Auslagen** des Verwalters iSd § 54 Nr. 2 qualifizieren; die erforderliche Deckung der Verfahrenskosten nach § 207 Abs. 1 müsste deshalb diese mit umfassen.[91] Die Vorschläge zur Ausweitung des Kostenbegriffs sind jedoch mit dem 29

[82] KPB/*Pape* § 208 Rn. 21; HKInsO/*Landfermann* § 208 Rn. 14/15; aA *Kübler,* Kölner Schrift, S. 976 Rn. 33, der empfiehlt, die für die Verwaltung erforderlichen Kosten „großzügig" anzusetzen, um den Tatbestand des § 207 herbeizuführen.

[83] *Runkel/Schnurbusch* NZI 2000, 49; *Kluth* ZInsO 2000, 177; *Haarmeyer* ZInsO 2001, 105.

[84] AG Hamburg NZI 2000, 140; *Kirchhof* ZInsO 2001, 5; Uhlenbruck/*Ries* § 207 Rn. 15. Zur ablehnenden Haltung der Finanzverwaltung aber zuletzt BFH ZIP 2013, 83 (Rz 18).

[85] BGH NZI 2013, 79; s. o. Rn. 22.

[86] HKInsO/*Landfermann* § 207 Rn. 5; *Häsemeyer* Rn. 726; *Dinstühler* ZIP 1998, 1698; Schröder S. 66 ff.

[87] Vgl. zu Möglichkeiten der Haftungsvermeidung durch rechtzeitige Freigabe oder Anzeige nach § 208 aber *Kaufmann* in ZInsO 2006, 961, 962 f.

[88] Die InsO sieht für das nur masseunzulängliche Verfahren indes ausdrücklich die Abwicklung gem. §§ 208, 209 vor, bei der Gläubiger immerhin darauf hoffen können, dass noch restliches Schuldnervermögen vom Verwalter ermittelt u. verwertet wird. Dazu → § 208 Rn. 47.

[89] HKInsO/*Landfermann* § 207 Rn. 7 f.; *Kübler,* Kölner Schrift, S. 976, Rn. 33; FKInsO/*Kießner* § 207 Rn. 7 ff.; Graf-Schlicker/Riedel § 207 Rn. 13.

[90] Vgl. BGH NZI 2014, 399 (Rn. 8); NZI 2011, 60 und 2010, 188. Danach gehört die Umsatzsteuer aus Verwaltergeschäften jedenfalls nicht zu den „unausweichlichen" Verwaltungskosten.

[91] *Rattunde/Röder,* DZWiR 1999, 309; zust. Uhlenbruck/*Ries* § 207 Rn. 12; Braun/*Kießner* § 207 Rn. 10; *Schröder* S. 68 ff.; auch HambKommInsO/*Weitzmann* § 207 Rn. 5, allerdings begrenzt auf die öffentlich-rechtlichen – strafbewehrten – Verpflichtungen des Verwalters. Abl. *Kaufmann* ZInsO 2006, 961, 963; Gottwald/*Gundlach* § 15 Rn. 11.

Wortlaut und Normzweck der §§ 207, 54 unvereinbar. Die Ausgaben für die Verwaltung, Verwertung und Verteilung der Masse sind einheitlich in § 55 Abs. 1 als sonstige Masseverbindlichkeiten eingeordnet, was eine Umqualifizierung als Kosten des Verfahrens iSd§ 54 ausschließt.[92] Ein weiter „normativer" Kostenbegriff hätte in der Praxis zur Folge, dass Verfahren nicht mehr eröffnet würden, sobald zB notwendige Ausgaben für die Durchführung von Sicherungsmaßnahmen, für die Erfüllung steuerlicher Pflichten oder zur Altlastenbeseitigung nicht aus der vorhandenen Masse aufzubringen sind. Damit könnten die mit Verfahrenseröffnungen trotz unzulänglicher Masse verbundenen Vorteile nicht mehr genutzt werden. Dies widerspricht aber der gesetzgeberischen Intension, die dem „engen" Kostenbegriff in den §§ 26, 54, 207 Abs. 1 Satz 2 u. 209 Abs. 1 Nr. 1 zugrunde liegt. Erst durch diese Senkung der Kostenschwelle konnte das angestrebte Ziel höherer Eröffnungsquoten auch tatsächlich erreicht werden. Der Begriff der **Auslagen des Insolvenzverwalters** in § 4 Abs. 2 InsVV u. § 54 Nr. 2 bezieht sich auf Ausgaben, die aus der Amtstätigkeit des Insolvenzverwalters herrühren und ihn deshalb persönlich treffen; sie haben nichts mit den für die ordnungsgemäße Verfahrensabwicklung erforderlichen Ausgaben zu tun.[93] Soweit nach der Rechtsprechung des BGH notwendige **Steuerberatungskosten** des Insolvenzverwalters ausnahmsweise als Auslagen nach § 63 Abs. 2 aus der Staatskasse zu erstatten sind, gilt dies – bisher – nur in masselosen Insolvenzverfahren mit Kostenstundung gem. § 4a.[94] Darüber hinaus lässt sich nur de lege ferenda erreichen, dass Insolvenzverfahren – trotz voller Kostendeckung – schon mangels ausreichender Mittel für unvermeidbare Masseverbindlichkeiten eingestellt werden können.[95]

30 **4. Kostenvorschuss. a) Zweck.** Nach § 207 Abs. 1 Satz 2 HS 1 ist es erlaubt, die **Einstellung** des Insolvenzverfahrens mangels Masse durch Leistung eines ausreichenden Geldbetrages **abzuwenden.**[96] Mit Hilfe der Zahlung eines **Massekostenvorschusses** kann die Fortsetzung der Liquidation nach den Regeln des Insolvenzrechtes erreicht werden. Allerdings besteht in der Praxis – wie auch unter Geltung der KO und vor allem seit der Möglichkeit der Kostenstundung – wenig Bereitschaft zur freiwilligen Vorschussfinanzierung.[97] Die außergerichtliche Liquidation nach Einstellung des Insolvenzverfahrens ist für den einzelnen Gläubiger grundsätzlich vorteilhafter, da der individuelle Zugriff auf das schuldnerische Vermögen im Wege der Zwangsvollstreckung wieder eröffnet wird. Auch in Zukunft wird die Abwicklung masseloser Gesellschaften außerhalb des Insolvenzrechtes erforderlich sein.[98] Im Einzelfall kann der geschädigte Gläubiger jedoch ausreichend interessiert sein, durch Leistung eines Kostenvorschusses die weitere Tätigkeit des Insolvenzverwalters zu erkaufen. Beweggrund kann zB die Hoffnung sein, dass dieser durch Einsatz seiner umfassenden Auskunfts- und Informationsrechte verborgen gebliebene Massegegenstände aufspürt, gesellschaftsrechtliche Haftungsansprüche gegen die Organe und Gesellschafter herausfindet oder insolvenzrechtliche Anfechtungsansprüche erfolgreich zur Masseanreicherung durchsetzt. Sicherheitengläubiger können sich zu Vorschussleistungen bereit finden, um eine ordnungsgemäße Verwertung ihrer Aus- und Absonderungsrechte durch den Insolvenzverwalter zu gewährleisten, insbesondere wenn sie dem Schuldner misstrauen. Ohne die Verfolgung eigennütziger Zwecke wird niemand die Leistung eines Verfahrenskostenvorschusses auf sich nehmen.[99]

31 **b) Ersatzpflicht antragspflichtiger Personen.** Der zur Vorfinanzierung des Insolvenzverfahrens eingezahlte Vorschuss ist idR verloren, wenn das Insolvenzverfahren mangels Masse nach § 207 eingestellt werden muss. Um das damit verbundene Kostenrisiko zu mindern, sieht § 207 Abs. 1 Satz 2, 2. HS iVm § 26 Abs. 3 eine Haftung insbesondere der Gesellschaftsorgane für zum Zwecke der Weiterführung des Verfahrens geleistete Kostenvorschüsse vor. Der Vorschussleistende

---

92 Zum „engen" Kostenbegriff vgl. insbesondere Mohrbutter/Ringstmeier/*Pape* § 12 Rn. 18; Jaeger/*Windel* § 207 Rn. 35 f.; HKInsO/*Rüntz/Laroche* § 26 Rn. 15, 16; Gottwald/*Gundlach* § 15 Rn. 10; *Kaufmann* ZInsO 2006, 961, 965; *Huep/Webel* NZI 2011, 389, 391; auch → § 54 Rn. 40 und § 209 Rn. 19.

93 Zur Reichweite des Auslagenbegriffs gem. § 54 InsO s. *Gerke/Sietz* NZI 2005, 373 f.

94 BGH NZI 2010, 60; NJW 2004, 2976 u. ZIP 2006, 1501; Uhlenbruck/*Ries* § 207 Rn. 13, 15; auch → Rn. 39. Die vom BGH angenommene Pflichtenkollision des Verwalters spricht dafür, unvermeidbare Steuerberaterkosten auch in Nichtstundungsfällen als erstattungsfähige Auslagen (vgl. § 4 Abs. 2 InsVV) zu qualifizieren. Vgl. *Prasser* in FS Kübler, 2015, S. 551, 554 mwN; auch Jaeger/*Windel* § 207 Rn. 36; HambKommInsO/*Weitzmann* § 207 Rn. 5; Braun/*Kießner* § 207 Rn. 12; ferner → § 54 Rn. 40.

95 *Kaufmann,* ZInsO 2006, 961 ff.; Jaeger/*Henckel* § 26 Rn. 17; aA HKInsO/*Landfermann* § 207 Rn. 8.

96 Die Einzahlung eines Geldbetrages kann auch durch Stellung einer Bankgarantie ersetzt werden; die Zulassung einer solchen Kostengarantie liegt im richterlichen Ermessen.

97 *K. Schmidt* NJW 2011, 1255, 1256; Mohrbutter/Ringstmeier/*Pape* § 12 Rn. 33.

98 Die Gesellschafterhaftung aus § 128 HGB erstreckt sich nicht auf die Kosten des Gesellschaftsinsolvenzverfahrens, so dass deren Vorfinanzierung aus dem Gesellschaftervermögen ausscheidet, vgl. BGH NJW 2010, 69 (Rn. 21); *Windel* KTS 2011, 25, 47; ferner § 53 Rn. 42. Vgl. auch *Konzen,* FS P. Ulmer (2003), S. 323 ff.

99 BKInsO/*Breutigam* § 207 Rn. 11.

hat danach einen Erstattungsanspruch in Höhe des vorgeschossenen Betrages gegen diejenigen, die ihre nach Gesellschafts- oder Insolvenzrecht (s. § 15a) bestehende Insolvenzantragspflicht verletzt haben.[100] Dieser Rückgriffsanspruch besteht grundsätzlich auch dann, wenn die vom Insolvenzgericht angenommene Massekostenarmut auf einer Fehlprognose beruhte.[101] Um die Anspruchsdurchsetzung zu erleichtern, müssen die subjektiven Voraussetzungen einer Insolvenzverschleppung nicht nachgewiesen werden; vielmehr wird insoweit vermutet (§ 26 Abs. 3 Satz 2), dass der Antragspflichtige pflichtwidrig und schuldhaft gehandelt hat, was im Übrigen durch den Eintritt der Masselosigkeit indiziert wird. Auch die gesetzliche Beweiserleichterung hat jedoch die Bereitschaft zahlungsfähiger Dritten nicht nachhaltig gefördert, zur Abwendung der Verfahrenseinstellung ausreichende Kostenvorschüsse zur Verfügung zu stellen.[102] Der **Vorschussleistende** ist weiterhin gezwungen, zur Durchsetzung des Schadenersatzanspruches außerhalb des Insolvenzverfahrens einen auch unter Berücksichtigung der Beweislastumkehr riskanten und kostspieligen **Regressprozess** zu führen. Zusätzlich muss er die Ungewissheit in Kauf nehmen, dass Rückgriffansprüche gegen den Geschäftsführer wegen unzureichender Vermögensverhältnisse nicht durchgesetzt werden können, wenn dieser zur Abwendung der Haftung zB in das Verbraucherinsolvenzverfahren nach den §§ 305 ff. flüchtet. Eine auch andern Gläubigern nutzbringende Vorschusszahlung bleibt deshalb für den Gläubiger ein kaum kalkulierbares Risiko, so dass es meist eher in seinem Interesse liegt, die Einstellung des Insolvenzverfahrens mangels Masse abzuwarten und im Wege der Individualzwangsvollstreckung zu versuchen, auf noch vorhandene Vermögensgegenstände des Schuldners zuzugreifen.[103]

c) Vorschussleistender. Jeder Gläubiger ist zur Leistung des Verfahrenskostenvorschusses nach § 207 Abs. 1 Satz 2 **berechtigt,** Auch der **Schuldner** selbst kann den erforderlichen Kostenvorschuss aus eigenem (insolvenzfreien) Vermögen einzahlen, damit das Insolvenzverfahren durchgeführt wird und ihm eine Restschuldbefreiung zugute kommen kann.[104] Darüber hinaus sind auch **nicht** am Insolvenzverfahren **beteiligte Dritte** zur Erbringung eines Kostenvorschusses befugt, um die im allgemeinen Interesse an einer geordneten Abwicklung liegende Weiterführung des Insolvenzverfahrens sicherzustellen.[105] Ein rechtliches Interesse an der Nicht-Einstellung des Verfahrens muss der Leistende nicht besitzen.[106] In der Insolvenz über das Vermögen einer GmbH kann der Verfahrenskostenvorschuss deshalb auch von einem Gesellschafter gestellt werden. Die Bewilligung der Prozesskostenhilfe für einen Gläubiger nach §§ 114 ff. ZPO umfasst nicht die Einzahlung des Vorschusses, bei dem es sich nicht um Prozesskosten handelt.[107] 32

Die Vorschussleistung durch den **Insolvenzverwalter** ist zwar vom Gesetz nicht ausdrücklich **untersagt.** Der Insolvenzverwalter hat jedoch gem. § 56 Abs. 1 die Stellung eines unabhängigen Sachwalters. Mit der Aufbringung des Verfahrenskostenvorschusses aus eigenen Mitteln würde sich der Insolvenzverwalter wirtschaftlich am Verfahren beteiligen, was zu einem Interessenkonflikt führen kann. Der Insolvenzverwalter kann deshalb nach zutreffender hM[108] auch nicht den Vorschuss übernehmen, um zB die Weiterführung seiner Tätigkeit als Insolvenzverwalter zu sichern. 33

d) Vorschussbemessung. Die **Höhe** des Vorschusses bemisst sich nach dem zur Abdeckung der Kosten des Verfahrens erforderlichen Betrag.[109] Deshalb ist es erforderlich, ausgehend von der voraussichtlichen Teilungsmasse die **gesamten Verfahrenskosten** iSd § 54 möglichst exakt zu berechnen. Nach § 54 Nr. 2 gehören auch die Vergütung und Auslagen des vorläufigen Insolvenzverwalters zu den Verfahrenskosten; sie sind deshalb bei der Bemessung des erforderlichen Verfahrenskostenvorschusses einzurechnen. Soweit die Insolvenzmasse über – wenn auch unzureichende – eigene 34

---

100 Zu den Anspruchsvoraussetzungen iE vgl. § 26 Rn. 56 ff.; KPB/*Pape* § 26 Rn. 22.

101 BGH NJW-RR 2009, 703 = NZI 2009, 233 mAnm *Gundlach/Frenzel.*

102 Zur geringen praktischen Bedeutung des § 26 Abs. 3 vgl. Jaeger/*Windel* § 207 Rn. 49; Gottwald/*Gundlach* § 15 Rn. 36; AGR/*Sander* § 26 Rn. 50; *K. Schmidt* NJW 2011, 1255, 1257.

103 Der in § 26 Abs. 4 geregelte Vorschussanspruch gegen organschaftliche Vertreter bei Verletzung der Insolvenzantragspflicht ist auf das Eröffnungsverfahren beschränkt, da § 207 Abs. 1 ausdrücklich nur auf § 26 Abs. 3 verweist.

104 OLG Köln NZI 2000, 219; FKInsO/*Schmerbach* § 26 Rn. 34; s. noch Rn. 37.

105 HM, zB KPB/*Pape* § 207 Rn. 19; *Haarmeyer* ZInsO 2001, 103, 107.

106 *Kübler,* Kölner Schrift, S. 970 Rn. 12 unter Hinweis auf die Entstehungsgeschichte; K. Schmidt/*Jungmann* § 207 Rn. 27.

107 HKInsO/*Rüntz/Laroche* § 26 Rn. 23.

108 Mohrbutter/Ringstmeier/*Pape* § 12 Rn. 36; HKInsO/*Landfermann* § 207 Rn. 15; HambKommInsO/*Weitzmann* § 207 Rn. 13; Jaeger/*Windel* § 207 Rn. 52; Uhlenbruck/*Ries* § 207 Rn. 19; aA FKInsO/*Kießner* § 207 Rn. 26; K. Schmidt/*Jungmann* § 207 Rn. 28.

109 KPB/*Pape* § 209 Rn. 16; Nerlich/Römermann/*Westphal* § 207 Rn. 23.

Mittel verfügt, ist nur in Höhe des **Differenzbetrages** eine bestehende Kostenunterdeckung durch den Vorschuss auszugleichen.

35 Der Vorschuss dient ausschließlich dazu, die Begleichung der **Verfahrenskosten** sicherzustellen. Er steht in keiner Beziehung zu den sonstigen Masseverbindlichkeiten. Die Ausgaben für die Verwaltung und Verwertung der Insolvenzmasse oder sonstige **Masseverbindlichkeiten** nach § 55 sind für die Vorschussberechnung **irrelevant.** Auch dürfen in den Vorschuss nicht eingerechnet werden Aufwendungen für solche Verwaltungsmaßnahmen, die zur Durchführung des Insolvenzverfahrens notwendig sind, wie zB für die Aufrechterhaltung des Versicherungsschutzes oder Sicherstellung der Energieversorgung.[110] Gegenüber den Verfahrenskosten iSd § 54 sind die Verwaltungs- und Verwertungsausgaben nach der gesetzlichen Rangordnung, vgl. → § 209 Abs. 1, nunmehr ausdrücklich nachrangig; sie können deshalb dem Vorschussleistenden nicht noch zusätzlich aufgebürdet werden. Der Insolvenzverwalter ist vielmehr angesichts der Massearmut gezwungen, von der Begründung nicht gedeckter Masseverbindlichkeiten Abstand zu nehmen, andernfalls riskiert er bei deren Nichterfüllung nach § 61 persönlich haften zu müssen. Obgleich die eigentlichen Verfahrenskosten durch eine ausreichende Vorschussleistung abgedeckt sind, kann die Weiterführung des Insolvenzverfahrens dennoch zweckwidrig sein, wenn keine konkrete Aussicht auf eine Masseanreicherung besteht und dem Insolvenzverwalter auch keine weiteren finanziellen Mittel zur Verfügung stehen, um seine Abwicklungs- und Verwertungsaufgaben ordnungsgemäß erfüllen zu können; die Einstellung des Verfahrens ist jedoch nach § 207 erst zugelassen, wenn die Verfahrenskostendeckung unterschritten ist.[111] Hatte ein Gläubiger zunächst einen ausreichenden Geldbetrag vorgeschossen, so ist er nicht zu einem Nachschuss verpflichtet, wenn sich im Laufe des Verfahrens herausstellt, dass er unzureichend ist.[112] Vielmehr ist das Insolvenzverfahren, sobald die – erneute – Masselosigkeit festgestellt wird, einzustellen, falls der aufgetretene Fehlbetrag nicht wiederum vorgeschossen wird.

36 **e) Verfahren.** Das **Insolvenzgericht** hat die **Höhe** des als ausreichend angesehenen Verfahrenskostenvorschusses **festzusetzen.**[113] Zur Einzahlung kann es eine Frist setzen. Dabei handelt es sich nicht um eine Ausschlussfrist.[114] Der Vorschuss kann deshalb noch bis zur Rechtskraft des Einstellungsbeschlusses eingezahlt werden.[115] Das Insolvenzgericht braucht nicht etwa von sich aus den erforderlichen Kostenvorschuss einfordern;[116] es kann aber zB dem Antragsteller aufgeben, den Vorschuss zu leisten, oder von mehreren Antragstellern jeweils den vollen Geldbetrag einfordern.[117] Erfolgt die Leistung des festgesetzten Kostenvorschusses nicht, so beschließt das Insolvenzgericht die Verfahrenseinstellung. Der Einstellungsbeschluss ist nach § 216 mit der sofortigen Beschwerde anfechtbar. Die Beschwerde kann darauf gestützt werden, dass das Insolvenzgericht den Vorschuss fehlerhaft berechnet und zB im Ergebnis zu hoch angesetzt hat.[118]

37 **f) Sondermasse.** Der zur Verhinderung der Verfahrenseinstellung eingezahlte Verfahrenskostenvorschuss wird nicht Teil der Insolvenzmasse iSd § 35. Er stellt vielmehr eine **treuhänderisch** gebundene Sondermasse dar, die der Verwaltung des Insolvenzverwalters unterliegt.[119] Wird vom Schuldner ein kostendeckender Vorschuss geleistet, so stellt dieser allerdings nur dann ein Sondervermögen dar, wenn er nachweisbar aus seinem massefreien Vermögen bzw. von einem Dritten[120] stammt; andernfalls ist er Bestandteil der Insolvenzmasse.[121] Aufgrund seiner **Zweckbindung** darf der Vorschuss ausschließlich zur Begleichung der Verfahrenskosten eingesetzt werden. Sobald die Insolvenzmasse selbst ausreichend ist, um die Verfahrenskosten abzudecken, hat der Vorschussleistende deshalb einen Anspruch auf (Teil-)**Rückzahlung** gegenüber dem Insolvenzverwalter.[122]

---

110 Jaeger/*Windel* § 207 Rn. 56; Gottwald/*Gundlach* § 15 Rn. 23; K. Schmidt/*Jungmann* § 207 Rn. 23; aA HambKommInsO/*Weitzmann* § 207 Rn. 13.

111 → Rn. 29.

112 *Hess,* InsO, § 207 Rn. 25; K. Schmidt/*Jungmann* § 207 Rn. 26.

113 Hierzu sind die Verfahrensbeteiligten gem. § 207 Abs. 2 anzuhören. Vgl. Jaeger/*Windel* § 207 Rn. 57.

114 KPB/*Pape* § 207 Rn. 17.

115 HambKommInsO/*Weitzmann* § 207 Rn. 14.

116 Uhlenbruck/*Ries* § 207 Rn. 19; Jaeger/*Windel* § 207 Rn. 57.

117 HambKommInsO/*Weitzmann* § 207 Rn. 14; aA K. Schmidt/*Jungmann* § 207 Rn. 24.

118 Die Anforderung des Vorschusses durch das Insolvenzgericht ist nicht selbständig anfechtbar. Der Einwand, der Vorschuss sei nachträglich im Beschwerdeverfahren einbezahlt, ist zu berücksichtigen, vgl. LG Neuruppin NZI 2016, 367.

119 HM: Nerlich/Römermann/*Westphal* § 207 Rn. 24; Gottwald/*Uhlenbruck/Gundlach,* InsO-HdB, § 15 Rn. 20.

120 Insofern aA Jaeger/*Windel* § 207 Rn. 51.

121 Braun/*Kießner* § 207 Rn. 18; *Haarmeyer* ZInsO 2001, 107.

122 OLG Frankfurt/Main ZIP 1986, 931.

Muss der Vorschuss zum Ausgleich der Verfahrenskosten eingesetzt werden, so tritt der Leistende an die Stelle der Massekostengläubiger, deren Ansprüche damit befriedigt werden konnten.[123] Aus einem bei Fortführung des Verfahrens erwirtschafteten Massebestand ist der Rückzahlungsanspruch des Vorschussgläubigers vorrangig – allerdings erst nach Befriedigung weiterer Massekosten – zu erfüllen.[124] 38

5. Stundung der Verfahrenskosten. Ist der Schuldner eine **natürliche Person,** kann er auch mit einem Antrag auf Stundung der Kosten des Insolvenzverfahrens gem. § 207 Abs. 1 Satz 2, 2. HS iVm § 4a Abs. 1 Satz 1 eine sonst drohende Einstellung mangels Masse verhindern und mit dem notwendigen **Antrag auf Restschuldbefreiung** gem. §§ 286 ff. erreichen, von seinen restlichen Verbindlichkeiten befreit zu werden, § 1 Satz 2.[125] Hat der Schuldner rechtzeitig die Erteilung der Restschuldbefreiung beantragt,[126] wird ihn primär der Insolvenzverwalter über die Stundungsmöglichkeit informieren, bevor er eine Verfahrenseinstellung wegen Masselosigkeit anregt.[127] Seit dem InsÄndG 2001 ist die Zahl der mit Hilfe der Kostenstundung durchgeführten Verfahren und damit auch die Belastung der Insolvenzgerichte stark angestiegen. Ohne die Stundung der Verfahrenskosten würde ein Großteil der (Verbraucher-) Insolvenzverfahren mangels Masse nicht eröffnet bzw. nachträglich eingestellt. Den Stundungsvorschriften kommt daher gerade für die masselosen Verfahren eine besondere Bedeutung zu.[128] Ein zulässiger **Stundungsantrag** setzt voraus, dass der Schuldner dem Insolvenzgericht konkret darlegt, dass sein Vermögen voraussichtlich zur Deckung der in § 54 genannten Verfahrenskosten nicht ausreicht.[129] Zu den gestundeten Kosten gehören insbesondere die festgesetzte Vergütung und die Auslagen des Insolvenzverwalters. In Fällen der Kostenstundung sind notwendige Aufwendungen des Insolvenzverwalters infolge der Beauftragung eines **Steuerberaters** – ausnahmsweise – als „**Auslagen**" iSv § 4 Abs. 2 InsVV zu behandeln, die gem. § 63 Abs. 2 aus der Staatskasse zu erstatten sind. Dies setzt aber voraus, dass die Finanzverwaltung auf der Erfüllung der in § 34 Abs. 3 AO normierten steuerlichen Erklärungspflichten des Verwalters trotz Massearmut weiterhin besteht[130] statt auf die Abgabe einer Steuererklärung zu verzichten und die Besteuerungsgrundlagen zu schätzen.[131] Im Übrigen bleibt der Verwalter verpflichtet, auch die **gestundeten Verfahrenskosten** nach der gesetzlichen Tilgungsreihenfolge in §§ 209 Abs. 1 Nr. 1, 207 Abs. 3 Satz 1 **vorrangig** aus einer vorhandenen (Rest-)Masse zu berichtigen, wenn sich – wie häufig – die Masseunzulänglichkeit iSd § 208 Abs. 1 herausstellt.[132] Andernfalls gefährdet er seinen subsidiären Anspruch auf Vergütung und Auslagenerstattung gegen die Staatskasse.[133] 39

D. Die Einstellung mangels Masse

I. Ablauf des Verfahrens

1. Anzeige der Masselosigkeit. Die Einstellung des Verfahrens mangels Masse nach § 207 erfolgt durch das Insolvenzgericht **von Amts wegen.** Das Insolvenzgericht kann den Eintritt der Masselosigkeit idR jedoch nicht erkennen. Es ist auch nicht seine Aufgabe, den jeweiligen Stand der Deckung der Verfahrenskosten von sich aus zu kontrollieren. Vielmehr hat der **Insolvenzverwalter** die wirtschaftliche und finanzielle Lage des seiner Verwaltung unterliegenden schuldnerischen Vermögens **laufend zu überwachen** und hierbei notwendige Liquiditätsberechnungen durchzuführen.[134] Aufgrund seiner verfahrensrechtlichen Stellung verfügt er idR allein über die erforderlichen Informationen zur Berechnung der **Verfahrenskostendeckung.** Ergibt sich im Verlauf des Insolvenzverfahrens, dass – entgegen der Prognose bei Verfahrenseröffnung – die zur Deckung der Verfahrenskosten benötigten Mittel nicht ausreichen, so hat er das Insolvenzgericht hierüber in Kenntnis 40

---

123 HKInsO/*Rüntz/Laroche* § 26 Rn. 33; Gottwald/*Gundlach* § 15 Rn. 14; Uhlenbruck/*Ries* § 207 Rn. 20.
124 HKInsO/*Rüntz/Laroche* § 26 Rn. 34; auch → § 54 Rn. 31.
125 Das Gericht hat den Schuldner auf die Möglichkeit der Restschuldbefreiung iVm einem eigenen Antrag auf Insolvenzeröffnung unter Fristsetzung hinzuweisen, § 20 Abs. 2, § 287 Abs. 1 Satz 2.
126 Vgl. BGHZ 162, 181 = NJW 2005, 1433 mAnm *Pape* WuB VI A, § 287 InsO 1.05.
127 Zur Hinweispflicht des Verwalters und des Gerichts s. Jaeger/*Windel* § 207 Rn. 60.
128 S. dazu *Hergenröder* DZWiR 2006, 265 f.; *Pape* ZInsO 2006, 897; auch BGH ZIP 2011, 2158 (Rz 10).
129 Zu den Voraussetzungen s. BGH NZI 2005, 45; AGR/*Henning* § 207 Rn. 13.
130 Vgl. BFH ZIP 2013, 83.
131 BGHZ 160, 176, 182 f. = NJW 2004, 2976; dazu auch → § 54 Rn. 40 u. → § 208 Rn. 71.
132 BGH NZI 2010, 188 (Rz 23); dazu näher § 209 Rn. 17.
133 BGH NZI 2011, 60 m. zust. Anm. *Weitzmann* EWiR 2011, 59.
134 BGH NZI 2009, 602 (Rn. 9) und 2006, 697 (Rn. 16).

zu setzen. Er kann gleichzeitig die **Einstellung** mangels Masse **anregen;** eines förmlichen Antrages bedarf es jedoch nicht.[135] Das Insolvenzgericht hat nunmehr **von Amts wegen zu klären** (§ 5), ob tatsächlich die Voraussetzungen nach § 207 vorliegen. Der Insolvenzverwalter hat deshalb den Eintritt der Masselosigkeit nachvollziehbar darzulegen und zu diesem Zweck unter Angabe der vorhandenen Mittel sowie der noch künftig realisierbaren Vermögenswerte die erzielbare voraussichtliche Teilungsmasse möglichst genau zu beziffern; hiervon ausgehend sind die Verfahrenskosten zu berechnen und plausibel darzulegen, dass diese gegenwärtig und auch künftig aus der Aktivmasse nicht beglichen werden können. Die Anregung an das Insolvenzgericht zur Verfahrenseinstellung kann auch von einem Gläubiger oder anderen Verfahrensbeteiligten ausgehen, wenn diese, was typischerweise aber nicht der Fall ist, über entsprechende Informationen verfügen.[136] Zu Aufklärungszwecken wird das Insolvenzgericht in einem solchen Fall zunächst den Insolvenzverwalter zu einer Stellungnahme auffordern, § 58 Abs. 1.

41 **2. Anhörung der Beteiligten.** Sieht das Gericht auf Grund der Anzeige die Einstellungsvoraussetzungen für gegeben an, so hat es vor einer Verfahrenseinstellung nach § 207 Abs. 2 die **Gläubigerversammlung,** den **Insolvenzverwalter** und die **Massegläubiger** zu hören. Die Anhörung der Verfahrensbeteiligten dient vor allem dem **Insolvenzgericht,** das die Anzeige nur beschränkt prüfen kann, zur **abschließenden Klärung,** ob die Einstellungsvoraussetzungen vorliegen.[137] Die Gläubiger können deren Eintritt zB dadurch in Zweifel ziehen, dass sie die Existenz weiterer Vermögensgegenstände nachweisen. Zudem erhalten die Beteiligten **Gelegenheit,** durch eine ausreichende **Vorschussleistung** eine nicht in ihrem Interesse liegende Einstellung des Verfahrens nach § 207 abzuwenden.[138] Anzuhören ist – was selbstverständlich ist – der Insolvenzverwalter.[139]

42 **a) Gläubigerversammlung.** Ausdrücklich vorgeschrieben ist die Anhörung der Gläubigerversammlung. In der Einberufung der Gläubigerversammlung zum Zwecke der Anhörung ist der Hinweis aufzunehmen, dass die Verfahrenseinstellung durch Einzahlung des vom Insolvenzgericht festgelegten Kostenvorschusses verhindert werden kann. Die Insolvenzgläubiger können in der ersten Gläubigerversammlung auf ihr **Anhörungsrecht** nach § 207 Abs. 2 **nicht vorab verzichten,** da die Anhörung vom Gesetzgeber **zwingend** vorgesehen ist.[140] Die gesetzgeberische Regelung ist aber nicht sachgerecht. Gerade in größeren Verfahren wäre es vernünftiger, auf die kostenträchtige Durchführung einer Gläubigerversammlung zu verzichten, an deren Teilnahme die Gläubiger wegen der fehlenden Quotenaussicht grundsätzlich ohnehin nicht interessiert sind.[141] Die Anhörung eines im Insolvenzverfahren bestellten Gläubigerausschusses wäre ausreichend; der Gesetzgeber hat dies jedoch nicht vorgesehen.

43 **b) Massegläubiger.** Das Insolvenzgericht hat vor der beabsichtigten Verfahrenseinstellung ferner die Massegläubiger zu hören. Diese sind dem Insolvenzgericht nicht bekannt; der **Insolvenzverwalter** hat deshalb eine **vollständige,** mit Namen und Anschrift versehene **Massegläubigerliste** beim Insolvenzgericht einzureichen, aus der auch ersichtlich ist, inwieweit die geltend gemachten Ansprüche anerkannt bzw. bestritten sind. Für die Anhörung der Massegläubiger ist eine Form nicht vorgeschrieben. Die **Unterrichtung** wird idR kostengünstig durch ein **Rundschreiben** des Insolvenzverwalters erfolgen, in dem die Gründe für die Einstellung des Verfahrens erläutert werden und Gelegenheit geboten wird, spätestens bis zum Stattfinden der Gläubigerversammlung hierzu Stellung zu nehmen sowie ggf. die Einstellung durch eine **Vorschusszahlung** abzuwenden.[142] Das Insolvenzgericht kann entsprechend § 8 Abs. 3 mit dieser Mitteilung auch den Insolvenzverwalter beauftragen. Einer besonderen Zustellung des Informationsschreibens bedarf es aber nicht.

44 **3. Rechnungslegung.** Der Insolvenzverwalter hat auch im Falle der Einstellung mangels Masse nach § 207 einen Tätigkeitsbericht vorzulegen sowie nach Maßgabe des § 66 Abs. 1 Rechnung zu legen.[143] Die vom Verwalter im Vorfeld der Verfahrenseinstellung einzureichende **Schlussrechnung** ist vom Insolvenzgericht zu prüfen, § 66 Abs. 2 Satz 1. Die Anhörung der Gläubigerversammlung

135 Nerlich/Römermann/*Westphal* § 207 Rn. 19; Jaeger/*Windel* § 207 Rn. 66 u. 67.
136 KPB/*Pape* § 207 Rn. 13.
137 Allg. Begr. zu § 317 RegE, *Kübler/Prütting,* S. 434.
138 Allg. Begr. zu § 317 RegE, *Kübler/Prütting,* S. 434.
139 Zur Rechnungslegungspflicht des Verwalters gem. § 66 → Rn. 44.
140 KPB/*Pape* § 207 Rn. 21; Uhlenbruck/*Ries* § 207 Rn. 32; Jaeger/*Windel* § 207 Rn. 71;K. Schmidt/*Jungmann* § 207 Rn. 11; aA aber Nerlich/Römermann/*Westphal* § 207 Rn. 32; Braun/*Kießner* § 207 Rn. 14; Graf-Schlicker/*Riedel* § 207 Rn. 17.
141 Gem. § 5 Abs. 2 kann das Verfahren in geeigneten Fällen auch schriftlich geführt werden.
142 KPB/*Pape* § 207 Rn. 14; Nerlich/Römermann/*Westphal* § 207 Rn. 34; Jaeger/*Windel* § 207 Rn. 78.
143 Uhlenbruck/*Mock* § 66 Rn. 32.

nach § 207 Abs. 2 kann mit dem Termin zur Abnahme der Schlussrechnung des Verwalters verbunden werden.[144] Dies ist zweckmäßig, um in Hinblick auf den Eintritt der Masselosigkeit die Verfahrenseinstellung möglichst zügig und kostengünstig herbeizuführen.

Der Insolvenzverwalter hat deshalb seine Schlussrechnung rechtzeitig vor dem anberaumten Termin der Gläubigerversammlung beim Insolvenzgericht einzureichen.[145] Insoweit muss in Kauf genommen werden, dass die Abnahme der Schlussrechnung nicht einhergeht mit der Beendigung des Amts als Insolvenzverwalter. Dieser hat zunächst gem. § 207 Abs. 3 die **Verteilung** der **Barmittel** an die Massekostengläubiger vorzunehmen (→ Rn. 58). Erst wenn er den **Vollzug** durch Vorlage des entsprechenden Verteilungsverzeichnisses sowie der Auszahlungsbelege gegenüber dem Insolvenzgericht nachgewiesen hat, kann dieses die Verfahrenseinstellung beschließen, vgl. → §§ 215, 216. 45

4. Forderungsprüfung, Nachhaftung. Die Insolvenzgläubiger haben auch im Falle der Einstellung des Insolvenzverfahrens mangels Masse ein Interesse daran, dass die zur Tabelle angemeldeten **Insolvenzforderungen** gem. §§ 87, 176 **geprüft** und festgestellt werden. Nach Verfahrenseinstellung können sie ihre Ansprüche gegen den Schuldner wieder unbeschränkt geltend machen, §§ 215 Abs. 2 Satz 2 i.V. m. 201, 202. Wurden ihre Forderungen uneingeschränkt festgestellt, können sie aus der Eintragung in die Insolvenztabelle wie aus einem vollstreckbaren Urteil die Zwangsvollstreckung betreiben, § 201 Abs. 2 Satz 1 (→ Rn. 73). Liegen nach Eintritt der Masselosigkeit noch nicht geprüfte – **nachträglich angemeldete** – Insolvenzforderungen vor, sollten daher auch diese im Zusammenhang mit der Anhörung der Gläubigerversammlung geprüft werden, damit zugunsten der Insolvenzgläubiger zumindest noch eine **Titulierung** ihrer Ansprüche herbeigeführt werden kann.[146] 46

Der Insolvenzverwalter hat ein **Verteilungsverzeichnis** bzw. Schlussverzeichnis iSd§§ 188, 197 Abs. 1 beim Insolvenzgericht allerdings **nicht** einzureichen.[147] Für den Fall der Einstellung mangels Masse ist ein derartiges Verzeichnis nicht vorgesehen, da die Verteilung einer Masse an die Insolvenzgläubiger nicht in Betracht kommt. 47

II. Einstellung

1. Beschlussfassung durch das Insolvenzgericht. Die Einstellung des Insolvenzverfahrens erfolgt von Amts wegen, wenn Masselosigkeit eingetreten ist und ein ausreichender Kostenvorschuss nicht einbezahlt wurde.[148] Das Insolvenzgericht hat keinen Ermessensspielraum.[149] Der Einstellungsbeschluss sowie der Grund der Einstellung mangels Masse nach § 207 sind **öffentlich bekannt zu machen,** § 215 Abs. 1 Satz 1.[150] Der Einstellungsbeschluss kann von jedem Insolvenzgläubiger und dem Schuldner mit der **sofortigen Beschwerde** angefochten werden; dagegen steht dem Insolvenzverwalter kein Beschwerderecht zu, § 216 Abs. 1. Die sofortige Beschwerde hat grundsätzlich **keine aufschiebende Wirkung,** § 572 Abs. 1 ZPO, vgl. aber § 572 Abs. 2 und 3 ZPO. Bis zur Rechtskraft der Beschwerdeentscheidung behält der Schuldner deshalb die Verwaltungs- und Verfügungsbefugnis, die er auf Grund der Einstellung des Insolvenzverfahrens zurückerhalten hatte, § 215 Abs. 2 Satz 1. Die sofortige Beschwerde wird idR darauf gestützt werden, dass Masselosigkeit iSd § 207 nicht eingetreten ist. 48

2. Wirksamwerden der Einstellung. Der Einstellungsbeschluss wird **wirksam** in dem Zeitpunkt, in dem die öffentliche Bekanntmachung als bewirkt gilt. Dies ist nach § 9 Abs. 1 Satz 3 der Fall, sobald nach dem Tag der Veröffentlichung zwei weitere Tage verstrichen sind.[151] Die öffentliche Bekanntmachung der Verfahrenseinstellung hat deshalb umgehend nach der Beschlussfassung durch das Insolvenzgericht zu erfolgen. Die vom Insolvenzverwalter vorgenommenen Rechtshandlungen bleiben wirksam. Die Einstellung wirkt ex nunc. 49

---

[144] HKInsO/*Landfermann* § 207 Rn. 18; Jaeger/*Windel* § 207 Rn. 72; Braun/*Kießner* § 207 Rn. 13.

[145] *Haarmeyer/Wutzke/Förster,* Handbuch, Kap. 8 Rn. 118; KPB/*Pape* § 207 Rn. 20; Uhlenbruck/*Ries* § 207 Rn. 30.

[146] Jaeger/*Windel* § 207 Rn. 75; Uhlenbruck/*Ries* § 207 Rn. 30. Dagegen hält *Pape* in: Mohrbutter/Ringstmeier/*Pape* § 12 Rn. 62 eine solche Forderungsprüfung für unvereinbar mit dem Zweck des Einstellungsverfahrens nach § 207.

[147] *Haarmeyer/Wutzke/Förster,* Handbuch, Kap. 8 Rn. 116; Mohrbutter/Ringstmeier/*Pape* § 12 Rn. 42; Jaeger/*Windel* § 207 Rn. 75.

[148] Zuvor hat der Insolvenzverwalter die Verteilung der vorhandenen Barmittel nach § 207 Abs. 3 vorzunehmen, → Rn. 58.

[149] *Smid* § 207 Rn. 3; BKInsO/*Breutigam* § 207 Rn. 23.

[150] Zum Einstellungsverfahren selbst vgl. näher → § 215 Rn. 4 f.

[151] Vgl. hierzu → § 215 Rn. 6.

50 **3. Ablehnung der Einstellung.** Hat sich das Insolvenzgericht nach dem vom Insolvenzverwalter angezeigten Eintritt der Masselosigkeit nicht davon überzeugen können, dass die Einstellungsvoraussetzungen vorliegen, so nimmt das Insolvenzverfahren ohne weiteres seinen **Fortgang.** Auch wenn die Einstellung mangels Masse förmlich beantragt wurde, sieht das Gesetz nicht vor, dass die Zurückweisung durch anfechtbaren Beschluss zu erfolgen hat (vgl. → § 216 Abs. 1 und 2). Eine gerichtliche Rechtsmittelkontrolle der Beurteilung des Insolvenzgerichts, dass zB im Hinblick auf noch vorhandene Erfolg versprechende Ansprüche eine ausreichende Verfahrenskostendeckung vorhanden ist, findet daher gem. § 216 Abs. 1 Satz 1 nicht statt.[152] Dem Insolvenzverwalter verbleibt im Konfliktsfall die Möglichkeit, Masseunzulänglichkeit nach § 208 anzuzeigen.[153] Allerdings ist er dann weiterhin zur Verwaltung und Verwertung der Masse bis hin zur Verteilung an die Massegläubiger verpflichtet, § 208 Abs. 3. Zwar sind die aus der weiteren Verwaltung entstehenden Verfahrenskosten und damit auch die Verwaltervergütung gem. § 209 Abs. 1 Nr. 1 vorrangig aus den vorhandenen Barmitteln der Masse zu erfüllen.[154] Bestätigt sich am Ende aber die Einschätzung des Insolvenzverwalters, ist sein Vergütungsanspruch nebst Auslagen durch die noch verfügbare Masse nicht voll abgedeckt. Solche Einbußen werden sich auch bei frühzeitiger Unzulänglichkeitsanzeige nicht immer vermeiden lassen.[155]

III. Sonderfälle

51 **1. Genossenschaft.** In der Satzung von Genossenschaften ist idR eine beschränkte oder unbeschränkte **Nachschusspflicht** der Mitglieder in der Insolvenz statuiert. Im Hinblick auf die Nachschusspflicht lässt sich eine Einstellung mangels einer verfahrenskostendeckenden Masse i.a. vermeiden. Nach § 105 Abs. 1 GenG können die Nachschüsse ausdrücklich auch zur Abdeckung der Ansprüche der **Massegläubiger** geltend gemacht werden.[156] Jedoch ist die Verfahrensbeendigung nach § 207 nur ausgeschlossen, wenn die Kosten des Verfahrens durch die eingeforderten Nachschüsse **tatsächlich aufgebracht** werden.[157] Sie werden zur Insolvenzmasse geleistet und können deshalb auch zur Begleichung der Verfahrenskosten eingesetzt werden. Wenn sich zeigt, dass die zur Deckung der Kosten des Verfahrens benötigten Nachschüsse gegenüber den Genossen nicht zu realisieren sind, ist das Insolvenzverfahren gem. § 207 einzustellen. Ist durch die Satzung der Genossenschaft eine Nachschusspflicht ausgeschlossen, so kann die Einstellung wegen Masselosigkeit ohne weiteres erfolgen.

52 **2. Insolvenzplan.** Die Durchführung eines Insolvenzplanverfahrens kommt nicht in Betracht, wenn auf Grund von **Masselosigkeit** die Verfahrenskosten nicht voll befriedigt werden können. Ein vorgelegter **Insolvenzplan** wäre – anders als bei Anzeige der Masseunzulänglichkeit (s. § 210a) – nach § 231 Abs. 1 Nr. 2 von Amts wegen **zurückzuweisen,** sobald nicht einmal die Kosten des Verfahrens gedeckt sind.[158] Bei Massekostenarmut ist das Insolvenzverfahren nach § 207 alsbald zu beenden, was die Anwendbarkeit eines Planverfahrens ausschließt.[159]

53 **3. Vollabwicklung des schuldnerischen Vermögens.** Zu den gesetzgeberischen Absichten gehörte, die Vollabwicklung des Schuldnervermögens als insolvenzrechtliche Aufgabe zu bewältigen.[160] Das Insolvenzverfahren sollte bei Kapitalgesellschaften zugleich die Aufgabe der gesellschaftsrechtlichen Abwicklung bis hin zur Löschungsreife übernehmen. Damit sollte im Interesse des Rechtsverkehrs sichergestellt werden, dass insolvente Gesellschaften nach Durchführung des Insolvenzverfahrens in aller Regel ohne eine weitere außergerichtliche Liquidation gelöscht werden.[161] Das Gesetz hat den **Grundsatz der Vollabwicklung** der juristischen Person durch den Insolvenzverwalter jedoch nur **unzureichend verwirklicht.**[162] Gesetzlicher Hauptzweck des Insolvenzverfahrens ist gem. § 1 Satz 1 die Wahrung der Gläubigerinteressen durch gemeinschaftliche Befriedi-

---

152 BGH NZI 2007, 406 mAnm Kimmel WuB VI A. § 207 InsO 1.07; auch § 216 Rn. 9. Gegen die Ablehnung der Verfahrenseinstellung mangels Masse kann lediglich Erinnerung nach § 11 Abs. 2 RpflG eingelegt werden.

153 BGH NZI 2007, 406; KPB/*Pape* § 207 Rn. 29.

154 BGH NJW 2006, 970 = NZI 2006, 392; näher § 209 Rn. 15.

155 Zur misslichen Lage des Verwalters vgl. auch Jaeger/*Windel* § 207 Rn. 113.

156 OLG Frankfurt NJW-RR 1997, 675 zur KO; Uhlenbruck/*Ries* § 207 Rn. 56.

157 Jaeger/*Windel* § 207 Rn. 31; Nerlich/Römermann/*Westphal* § 207 Rn. 29.

158 *Smid* WM 1998, 1322; Nerlich/Römermann/*Westphal* § 210a Rn. 8; Uhlenbruck/*Ries* § 210a Rn. 2.

159 KPB/*Pape* § 210a Rn. 9.

160 Allg. Begr. Nr. 4 a dd zum RegE, *Kübler/Prütting,* S. 103.

161 Dazu schon → Rn. 8.

162 *J. Uhlenbruck,* Kölner Schrift, S. 1196 Rn. 20; *K. Schmidt,* Kölner Schrift, S. 1207 ff. Rn. 14 f.; KPB/*Pape* § 207 Rn. 53; Uhlenbruck/*Ries* § 207 Rn. 54.

gung, dem eine Abwicklung juristischer Personen untergeordnet ist.[163] Muss das Insolvenzverfahren nach § 207 eingestellt werden, weil keine die Verfahrenskosten deckende ausreichende Masse mehr vorhanden ist, so bedeutet dies nicht stets, dass überhaupt keine Vermögenswerte vorhanden sind. Wie § 207 Abs. 3 zeigt, ist nach Verteilung der Barmittel aber keine weitere Masseverwertung durch den Insolvenzverwalter im Falle der Masselosigkeit vorgesehen.[164]

a) Einstellung mangels Masse. Ein noch vorhandenes Restvermögen ist vielmehr nach Verfahrenseinstellung vom Insolvenzverwalter zurückzugeben. Diese Vermögenswerte sind im **verbandsrechtlichen Liquidationsverfahren** mit dem Ziel der Löschung abzuwickeln.[165] Die Gesellschaftsinsolvenz ist zwar kraft Gesetzes mit der rechtskräftigen Entscheidung über die Einstellung mangels Masse iSd § 207 beendet; eine Löschung kann jedoch nach § 394 Abs. 1 Satz 2 FamFG erst erfolgen, wenn auch tatsächlich Vermögenslosigkeit eingetreten ist.[166] Die Existenz der Gesellschaft endet nur dann, wenn sie im Register gelöscht und auch wirklich vermögenslos ist. Die Gesellschaft ist deshalb, solange sie trotz ihrer Löschung noch über Vermögen verfügt, im Rechtsstreit **parteifähig.**[167] Das gilt auch für die Anordnung einer Nachtragsverteilung analog § 211 Abs. 3, § 203 Abs. 1.[168] Gerade im Insolvenzverfahren über das Vermögen einer GmbH, das wegen Masselosigkeit eingestellt werden musste, sind oftmals noch gesellschaftsrechtliche Haftungsansprüche der GmbH gegen ihre Organverwalter (§ 43 GmbHG), Gesellschafter oder verbundene Unternehmen wegen masseschädigender Auszahlungen vorhanden, die unerkannt geblieben sind bzw. deren Durchsetzbarkeit auch wegen des Fehlens der zur Prozessführung benötigten Mittel als nicht ausreichend eingestuft wurde.[169] Deshalb hat trotz Beendigung des Insolvenzverfahrens durch Verfahrenseinstellung nach § 207 noch eine gesellschaftsrechtliche Liquidation zur Verwertung des Restvermögens zu erfolgen (vgl. §§ 65 ff. GmbHG), die freilich keine Gleichbehandlung der (Fremd-)Gläubiger gewährleistet.[170] 54

b) Freigabe. Auch nach rechtskräftiger Abweisung eines Insolvenzantrags über das Vermögen einer GmbH mangels Masse (§ 26 Abs. 1) ist noch vorhandenes Vermögen an die (aufgelöste) Gesellschaft „in Liquidation" zurückzugeben. Die gesetzliche Regelung ist eine Bestätigung dafür, dass auch während des Insolvenzverfahrens über das Vermögen einer **juristischen Person** eine **Freigabe** von Massegegenständen, die zB nicht verwertbar sind oder keine Massemehrung versprechen, **zulässig** ist. Müsste der Verwalter solche Gegenstände nur zum Zwecke einer Vollabwicklung in der Masse behalten, wäre dies mit seiner Aufgabe einer optimalen Gläubigerbefriedigung unvereinbar.[171] 55

E. Rechtsfolgen des Eintritts der Masselosigkeit

I. Materiellrechtliche Bedeutung

Jeder Massegläubiger kann grundsätzlich seine Forderungen gegen den Insolvenzverwalter einklagen und deswegen in die Insolvenzmasse vollstrecken. Tritt Masselosigkeit ein, können die Ansprüche aber nicht mehr befriedigt werden.[172] Die Vorschrift des § 207 führt zu einer **materiellrechtlichen Beschränkung** des Forderungsrechtes der Massegläubiger, welche von Amts wegen zu beachten ist.[173] Mit dem tatsächlichen Eintritt der Masselosigkeit verlieren die sonstigen Masse- 56

---

163 BGH NJW 2010, 69 (Rn. 27) u. 2001, 2966 = ZIP 2001, 1469.

164 Der Verwalter darf daher keine Massemittel zur Totalliquidation von Verbandsvermögen auf Kosten der Gläubiger einsetzen, vgl. Mohrbutter/Ringstmeier/*Pape* § 12 Rn. 65.

165 Vgl. → § 26 Rn. 47. Zum Gläubigerschutz bei der außergerichtlichen Liquidation der masselosen GmbH eingehend *Konzen* in FS P. Ulmer (2003) S. 323 f., 328 f.; *J. Uhlenbruck,* Kölner Schrift, S. 1195 Rn. 18 mwN.

166 OLG Karlsruhe NZI 2014, 930 f. mwN. Die Lehre vom Doppeltatbestand gilt deshalb weiter, vgl. hierzu eingehend K. Schmidt, GesellschaftsR, 4. Aufl. (2002) § 38 IV 1.

167 Uhlenbruck/Ries § 207 Rn. 54. Bei Anhaltspunkten für noch verwertbares Vermögen bleibt auch die bereits gelöschte Gesellschaft rechts- u. parteifähig (§ 50 Abs. 1 ZPO), vgl. BGH NJW-RR 2011, 115 (Rn. 22).

168 BGH ZInsO 2014, 340 (Rn. 7); auch → Rn. 85.

169 Zu den Gläubigerrisiken im Liquidationsverfahren s. *Konzen* S. 323, 325 f.

170 Zur Problematik einer insolvenzrechtlich unkontrollierten Abwicklung masseloser Gesellschaften vgl. *K. Schmidt* (Fn. 166) § 11 VI 5; ferner → § 26 Rn. 52 mwN.

171 BGH NJW 2005, 2015; KPB/*Pape* § 207 Rn. 54.

172 BGH NZI 2006, 697 (Rn. 16).

173 Vgl. *Pape* KTS 1995, 189 f. Nach Jaeger/*Windel* § 207 Rn. 85 erwächst dem Verwalter nur eine haftungsrechtliche Einrede.

gläubiger nach § 55 auf Grund des absoluten Vorrangs der Verfahrenskosten die Möglichkeit, ihre Forderung noch gegen die Masse durchzusetzen; gleichzeitig wird die korrespondierende Leistungspflicht des Insolvenzverwalters aufgehoben, ohne dass jedoch der Bestand der Masseforderungen dadurch berührt wird.[174] Die Gläubiger der Verfahrenskosten können dagegen vom Insolvenzverwalter die ihnen nach § 207 Abs. 3 zustehenden Quoten geltend machen; insoweit erschöpft sich die Abwicklungsaufgabe des Insolvenzverwalters darin, die vorhandenen Barmittel ranggerecht und gleichmäßig zur Begleichung der Verfahrenskosten einzusetzen. Den materiellrechtlichen Folgen aus dem Eintritt der Masselosigkeit muss der Verwalter im Zusammenhang mit der Befriedigung von Masseverbindlichkeiten entsprechend Rechnung tragen.

II. Eintritt der Masselosigkeit

57 Die Wirkungen der Masselosigkeit iSd § 207 Abs. 1 sind – anders als bei der Masseunzulänglichkeit nach § 208 – nicht von deren vorheriger Anzeige gegenüber dem Insolvenzgericht oder einer öffentlichen Bekanntmachung abhängig. Vielmehr treten die sich aus der Masselosigkeit ergebenden Rechtsfolgen ein, sobald deren Voraussetzungen vorliegen.[175] Die **Verfahrenseinstellung** selbst erfolgt **von Amts wegen** in dem in § 207 geregelten Verfahren durch das Insolvenzgericht nach Anhörung der Beteiligten gem. § 207 Abs. 2. Der Verwalter, der die Einstellung gegenüber dem Insolvenzgericht nur **anregen** kann, darf seine Tätigkeit somit nicht sofort beenden. Das Insolvenzverfahren muss angesichts der fehlenden Verfahrenskostendeckung möglichst umgehend zum Abschluss gebracht werden, so dass für den Verwalter auch **keine Verwertungspflichten mehr** bestehen.[176] Kosten für eine öffentliche Bekanntmachung des Eintritts der Masselosigkeit sind infolgedessen nach dem Gesetz entbehrlich und können eingespart werden. Anlässlich der Einberufung der Gläubigerversammlung, die zur beabsichtigten Einstellung angehört werden muss, wird zudem ua die Tagesordnung öffentlich bekannt gemacht, § 74 Abs. 2 Satz 1, so dass eine Unterrichtung der Beteiligten stattfindet.

III. Verteilung der Barmittel

58 **1. Anteilige Befriedigung.** Die Einstellung des Verfahrens durch das Insolvenzgericht kann erst erfolgen, wenn die in der Masse vorhandenen Barmittel vom Insolvenzverwalter verteilt wurden, § 207 Abs. 3 Satz 1. Die Verpflichtung zur gleichmäßigen Befriedigung der Verfahrenskostengläubiger bezieht sich ausschließlich auf die **liquiden Mittel** der Masse.[177] Der Insolvenzverwalter ist darüber hinaus nicht mehr verpflichtet, vorhandene Massegegenstände zu verwerten, auch nicht zum Zwecke der Erhöhung der Verteilungsquote, § 207 Abs. 3 Satz 2.

59 Der Insolvenzverwalter hat zwar vor der Verfahrenseinstellung die Verteilung der Barmittel vorzunehmen und gegenüber dem Insolvenzgericht nachzuweisen. Mit dem Vollzug darf er aber erst beginnen, wenn diese ihm vom Insolvenzgericht aufgegeben bzw. gestattet ist; es muss sichergestellt sein, dass im Anschluss hieran es auch tatsächlich zur Verfahrenseinstellung kommt.[178] Für die **Verteilung der Barmittel** an die Kostengläubiger gilt gem. § 207 Abs. 3 Satz 1 folgende **Rangordnung:**[179] Vorrangig auszugleichen sind – anteilig im Verhältnis ihrer jeweiligen Beträge – die **Auslagen** des Gerichtes, des Insolvenzverwalters und der Mitglieder des Gläubigerausschusses; sodann sind im zweiten Rang die sonstigen Verfahrenskosten, also die **Gerichtskosten** und die festgesetzte **Vergütung** gleichfalls anteilig – also mit derselben Quote – zu berichtigen.[180] Der gesetzliche Verteilungsschlüssel gilt auch für die gem. § 4a gestundeten Verfahrenskosten.[181] Den **Vollzug** der Verteilung hat der Insolvenzverwalter in geeigneter Form gegenüber dem Insolvenzgericht nachzuweisen, damit die Verfahrenseinstellung erfolgen kann.[182] Zum Zwecke der quotenmäßigen Befriedigung werden die Vergütungs- und Auslagenansprüche nicht im Hinblick auf den

---

174 LAG Düsseldorf ZIP 2000, 2034; *Pape,* ZInsO 2000, 60; aA *Runkel/Schnurbusch* NZI 2000, 52.

175 KPB/*Pape* § 207 Rn. 11. Das Gesetz kennt – im Gegensatz zu § 208 – nicht den Tatbestand der „drohenden" Masselosigkeit.

176 KPB/*Pape* § 207 Rn. 8a; Nerlich/Römermann/*Westphal* § 207 Rn. 38; HambKommInsO/*Weitzmann* § 207 Rn. 20.

177 BGH NZI 2009, 602.

178 Wie hier *Pape/Hauser* Rn. 226/227 und 240, wonach der Verwalter sich vor der Verteilung beim Insolvenzgericht zu vergewissern hat, dass es zu einer Einstellung mangels Masse kommt.

179 Nerlich/Römermann/*Westphal* § 207 Rn. 37; Uhlenbruck/*Ries* § 207 Rn. 36.

180 Zur quotalen Berichtigung der Verfahrenskosten s. BGH ZIP 2013, 634 (Rn. 3); auch → § 209 Rn. 13.

181 Jaeger/*Windel* § 207 Rn. 88; HKInsO/*Landfermann* § 207 Rn. 21. Zur Verteilungsfolge bei Masseunzulänglichkeit → § 209 Rn. 17.

182 Da idR Auszahlungen nur an die Gerichtskasse und den Verwalter erfolgen, erübrigt sich die Erstellung gesonderter Verteilungslisten, vgl. hierzu auch *Kluth* ZInsO 2000, 182 f.

Zeitpunkt des Eintritts der Masselosigkeit weiter aufgeteilt.[183] Der Insolvenzverwalter ist deshalb auch nicht mehr verpflichtet, eine entsprechende zeitanteilige Aufteilung seiner vor und nach Insolvenzeröffnung entstandenen Vergütungsansprüche vorzunehmen.[184] Allerdings können auf Grund der vorzeitigen Verfahrensbeendigung bei Einstellung mangels Masse Abschläge auf die Regelvergütung nach § 3 Abs. 2 lit. c InsVV gerechtfertigt sein.[185] Eine solche Herabsetzung der Vergütung besitzt wegen der bereits eingetretenen Massearmut meist keine praktische Relevanz mehr. Wichtiger wird oftmals sein, dass der Insolvenzverwalter durch rechtzeitige Vorschussanforderungen von vornherein das Risiko von Vergütungsausfällen reduziert.[186] Soweit die auf Vergütung und Auslagen festgesetzten **Vorschüsse** durch die dem Insolvenzverwalter zustehenden Vergütungsansprüche gedeckt sind und daher mit Rechtsgrund entnommen wurden, kommt nach Eintritt der Masselosigkeit und Einstellung des Verfahrens eine Verpflichtung des Verwalters zu deren Rückzahlung nicht in Betracht.[187]

2. Rückforderungsanspruch, Verteilungsfehler. a) Zahlungen vor Eintritt der Masselosigkeit. Hatte der Insolvenzverwalter vor Eintritt der Masselosigkeit die Ansprüche von Massegläubigern mit Recht befriedigt, so können diese die erhaltenen Zahlungen **behalten.** Rückforderungsansprüche der Masse bestehen nicht.[188] Dies gilt auch für Vorschüsse auf die Vergütung und Auslagen, die der Insolvenzverwalter mit Zustimmung des Gerichtes der Insolvenzmasse entnommen hat (→ Rn. 59).[189] 60

b) Zahlungen nach Eintritt der Masselosigkeit. Ist dem Insolvenzverwalter bei Verteilung der Barmittel gem. der Rangordnung des § 207 Abs. 3 ein Fehler unterlaufen, so kann er diesen noch korrigieren.[190] Der begünstigte Kostengläubiger hatte auf die entgegen dem Verteilungsschlüssel erhaltene **(Zuviel-)Zahlung** keinen Anspruch, so dass er insoweit nach § 812 Abs. 1 Satz 1 ungerechtfertigt bereichert ist. Ein **Erstattungsanspruch** besteht im Grundsatz auch im Hinblick auf irrtümliche Zahlungen auf sonstige Masseverbindlichkeiten, die überhaupt nicht hätten erfolgen dürfen. Der Insolvenzverwalter kann den fehlenden Rechtsgrund gegenüber dem Massegläubiger aber nur geltend machen, wenn zum Zeitpunkt der Zahlung die Masselosigkeit eingetreten war und diese von ihm auch verlautbart worden ist.[191] Die Massegläubiger dürfen bis zu diesem Zeitpunkt mit Recht auf die Beständigkeit des Rechtserwerbs vertrauen.[192] Rückforderungsansprüche des Insolvenzverwalters sind ferner ausgeschlossen, wenn das Verfahren – rechtskräftig – eingestellt ist.[193] Der Bereicherungsanspruch gehört nach der Verfahrensbeendigung nicht mehr zur Masse und kann deshalb vom Insolvenzverwalter aus eigenem Recht nicht mehr geltend gemacht werden. 61

IV. Beendigung der Verwertungspflicht

Ab Eintritt der Masselosigkeit ist der Insolvenzverwalter bis zur Einstellung des Verfahrens **nicht** mehr **verpflichtet,** vorhandene Massegegenstände zur Verwertung zu bringen, § 207 Abs. 3 Satz 2.[194] Da seine Vergütungsansprüche (§ 54 Nr. 2) nicht mehr aus der Masse voll erfüllt werden können, wird ihm der mit der Verwertungstätigkeit verbundene Aufwand nicht mehr zugemutet.[195] 62

Der Insolvenzverwalter behält jedoch bis zur Einstellung des Verfahrens die volle Verwaltungs- und Verfügungsbefugnis, § 80 Abs. 1.[196] Er ist deshalb auch weiter **berechtigt,** Verwertungsmaßnahmen durchzuführen, sofern die Masse dadurch nicht mit zusätzlichen Kosten belastet und die alsbal- 63

---

183 BKInsO/*Breutigam* § 207 Rn. 21.
184 BFH ZIP 2001, 428; HambKommInsO/*Weitzmann* § 207 Rn. 22.
185 BGH ZIP 2019, 715 (Rn. 14 f.) mAnm *Lütcke* NZI 2019, 367.
186 KPB/*Pape* § 207 Rn. 23.
187 BFH ZIP 2019, 332 (Rn. 36); LG Göttingen ZIP 2014, 1943; Uhlenbruck/*Ries* § 207 Rn. 36; Jaeger/*Windel* § 207 Rn. 90.
188 Mohrbutter/Ringstmeier/*Pape* § 12 Rn. 43; HKInsO/*Landfermann* § 207 Rn. 20.
189 Nur dadurch kann der vorleistende Insolvenzverwalter Vergütungsausfälle in massearmen Verfahren effektiv vermeiden.
190 Mohrbutter/Ringstmeier/*Pape* § 12 Rn. 44; Jaeger/*Windel* § 207 Rn. 91 auf der Grundlage des § 813 BGB.
191 KPB/*Pape* § 207 Rn. 11.
192 *Henckel,* Anmerkung zu BAG AP Nr. 1 KO § 60.
193 Mohrbutter/Ringstmeier/*Mohrbutter* § 6 Rn. 351.
194 BGH NZI 2013, 79 (Rn. 7); *Häsemeyer* Rn. 7.76; schon → Rn. 57.
195 BGH NZI 2009, 602 (Rn. 6); K. Schmidt/*Jungmann* § 207 Rn. 17.
196 BGH NZI 2009, 602 (Rn. 6); Smid WM 1998, 1313, 1315; Jaeger/*Windel* § 207 Rn. 86 u. 103.

dige Einstellung des Verfahrens nicht verzögert wird.[197] Von dieser Verwertungsbefugnis wird er als Kostengläubiger im eigenen Interesse Gebrauch machen, wenn er die Chance sieht, ohne besonderen Aufwand durch Veräußerung einzelner Massegegenstände die – anteilige – Befriedigung seiner ungedeckten Auslagen- und Vergütungsansprüche zu erhöhen.[198]

63a Für den Gläubiger einer **Bürgschaft auf erstes Anfordern,** der sich in masseloser Insolvenz befindet und auf Liquidität für eine weitere wirtschaftliche Tätigkeit nicht mehr angewiesen ist, entfällt das Recht, sofortige Zahlung zu verlangen; es widerspräche nämlich dem Sinn und Zweck einer solchen Bürgschaft, wenn der Bürge ohne Aussicht auf Rückzahlung an den Gläubiger leisten müsste.[199]

V. Steuerliche Pflichten

64 Der Insolvenzverwalter hat im Rahmen seiner Verwaltungstätigkeit grundsätzlich alle handels- und steuerrechtlichen Pflichten des Schuldners zu erfüllen.[200] Die Buchführungs- und Rechnungslegungspflicht in Bezug auf die Insolvenzmasse ergibt sich aus § 155 Abs. 1 Satz 2, wobei mit der Insolvenzeröffnung ein neues Geschäftsjahr beginnt.[201] Da der Schuldner die Verfügungsgewalt über die Bücher verliert, hat der Insolvenzverwalter als Vermögensverwalter iS des Steuerrechts auch dessen **Steuererklärungspflichten** aus der Zeit vor Verfahrenseröffnung zu erfüllen, § 34 Abs. 3 AO.[202] Dies erfordert idR die Aufarbeitung der handels- und steuerlichen Buchführung. Im **massearmen Verfahren** hat das Finanzamt aber der Tatsache Rechnung zu tragen, dass die Buchführungs- und Bilanzierungspflichten vom Insolvenzverwalter nicht erfüllt werden können, wenn die hierzu benötigten finanziellen Mittel, zB zur Beauftragung eines Steuerberaters oder Buchhalters, nicht aus der Masse aufgebracht werden können.[203] Das Finanzamt kann insoweit nicht voraussetzen, dass der Insolvenzverwalter kraft seiner beruflichen Qualifikation die steuerlichen Erklärungspflichten stets persönlich und vergütungsfrei zu erfüllen habe.[204] Gegen den Fortbestand steuerlicher Pflichten trotz ungenügender Masse spricht auch das mit der Erledigung der steuerlichen Pflichten verbundene Haftungsrisiko.[205] Im Übrigen besteht kein wirkliches Bedürfnis, den Insolvenzverwalter unter diesen Voraussetzungen zur Abgabe der steuerlichen Erklärungen, zB unter Androhung und Festsetzung von **Zwangsgeldern** zu zwingen, wenn das Finanzamt die Steuern im Wege der Schätzung ermitteln kann.[206] Demgegenüber sind Finanzbehörden und -gerichte aber unverändert der Auffassung, dass die Durchsetzung der steuerlichen Pflichten des Insolvenzverwalters durch ein Zwangsgeld regelmäßig zulässig und auch trotz möglicher Schätzung der Besteuerungsgrundlagen verhältnismäßig sei, obwohl wegen Masse(kosten)armut keine steuerlichen Auswirkungen zu erwarten sind.[207] Danach hat der Insolvenzverwalter die anfallenden Steuererklärungspflichten zu erfüllen, auch wenn sich keine Steueransprüche ergeben.

VI. Auswirkungen auf das Erkenntnis- und Vollstreckungsverfahren

65 **1. Erkenntnisverfahren. a) Neu eingeleitete Prozesse.** Bei fehlender Deckung der Verfahrenskosten können Ansprüche von Kostengläubigern nur noch anteilig und von sonstigen Massegläubigern überhaupt nicht mehr aus der verbliebenen Masse beglichen werden. In dieser Situation muss der Insolvenzverwalter vorhandene Barmittel in der ihm bis zur Einstellung verbleibenden Zeit nach

---

197 Vgl. OLG Celle NZI 2010, 688; Uhlenbruck/*Ries* § 207 Rn. 34; Nerlich/Römermann/*Westphal* § 207 Rn. 38; HKInsO/*Landfermann* § 207 Rn. 21; → Rn. 20.

198 Zur weiter betriebenen Prozessführung s. → Rn. 23.

199 BGHZ 151, 241 = NJW 2002, 3170; zust. Jaeger/*Windel* § 208 Rn. 98, sofern weder das Unternehmen im Ganzen fortgeführt noch Einzelprojekte abgewickelt werden. Dazu noch → § 208 Rn. 47.

200 BFH NZI 2018, 817 (Rn. 23); NJW 2011, 1998; ZIP 2012, 42; BGH NJW 2007, 2556; Mohrbutter/Ringstmeier/*Voigt-Salus*, § 32 Rn. 126 f. Zur internen Rechnungslegung → Rn. 44.

201 Zu den Buchführungsverpflichtungen iE vgl. Mohrbutter/Ringstmeier/*Vortmann*, § 31 Rn. 28 f.

202 BGH NZI 2009, 327 (Rn. 8); FG Neustadt ZIP 2010, 892, 894; *Vortmann* aaO § 31 Rn. 37.

203 Mohrbutter/Ringstmeier/*Pape* § 5 Rn. 15 u. § 12 Rn. 20.

204 Nach der Rspr. des BGH kann der Insolvenzverwalter angemessene Steuerberaterkosten bei Kostenstundung als „Auslagen" aus der Staatskasse erstattet verlangen; dazu → Rn. 29 u. → § 208 Rn. 71.

205 Ist die Verpflichtung für den Insolvenzverwalter unerfüllbar oder unzumutbar, kann ihm deren Nichtbeachtung freilich nicht als Pflichtwidrigkeit angelastet werden. Vgl. Mohrbutter/Ringstmeier/*Pape* § 5 Rn. 15.

206 AG Hamburg NZI 2000, 141; Mohrbutter/Ringstmeier/*Pape* § 5 Rn. 14. Zur Praxis der Steuerschätzung, wenn sich der Verwalter gegenüber dem Finanzamt auf Unzumutbarkeit beruft, vgl. Mohrbutter/Ringstmeier/*Voigt-Salus* § 32 Rn. 130.

207 BFH ZIP 2013, 83 (Rn. 18) mAnm Harder ZInsO 2013, 227. Abl. *Ries* ZInsO 2013, 595 f. u. Uhlenbruck/*Ries* § 207 Rn. 13, wonach das Vorgehen der Finanzämter nur zur schnelleren Verfahrenseinstellung gem. § 207 führt.

der Rangfolge des § 207 Abs. 3 Satz 1 verteilen können, und zwar unbehindert durch Rechtsverfolgung einzelner Kostengläubiger. Es besteht daher **kein Rechtsschutzbedürfnis** mehr für die Erlangung eines Zahlungstitels, so dass **Leistungsklagen unzulässig** sind.[208] Dem Kostengläubiger verbleibt die Möglichkeit, zB einen vom Insolvenzverwalter bestrittenen Vergütungsanspruch gerichtlich feststellen zu lassen.[209] Dadurch werden die Interessen der Verfahrenskostengläubiger ausreichend berücksichtigt, während der Insolvenzverwalter davor bewahrt wird, die nach einer Verurteilung drohende Zwangsvollstreckung aus einem Leistungstitel mit der Vollstreckungserinnerung abwehren zu müssen.[210]

b) Anhängige Prozesse. In einem bereits anhängigen Rechtsstreit über eine Kostenforderung ist nach Eintritt der Masselosigkeit die Leistungsklage auf einen Feststellungsantrag **umzustellen.**[211] Eine Aussetzung des Verfahrens entsprechend § 148 ZPO bis zur Entscheidung des Insolvenzgerichtes über die Einstellung liegt idR nicht im Interesse des Klägers.[212] 66

c) Darlegungs- und Beweislast. Für den Eintritt der Masselosigkeit ist der **Insolvenzverwalter** darlegungs- und beweispflichtig. Er kann seiner Darlegungs- und Beweispflicht nicht allein dadurch nachkommen, dass er gegenüber dem Insolvenzgericht das Vorliegen der Masselosigkeit anzeigt. Der Insolvenzverwalter hat im Falle der Massekostenarmut nicht das Recht, diese – wie im Falle der Masseunzulänglichkeit nach § 208 – mit bindender Wirkung für alle Beteiligten durch eine entsprechende Anzeige bekannt zu machen. Vielmehr hat er im Rechtsstreit die Tatsachen darzulegen, aus denen sich ergibt, dass auch die Verfahrenskosten nicht mehr vollständig aus der vorhandenen Masse erfüllt werden können. Hierfür ist es idR ausreichend, wenn der Insolvenzverwalter einen im Zeitpunkt der letzten mündlichen Verhandlung zeitnahen Status vorlegt, aus dessen Zahlenwerk sich die Masselosigkeit ablesen lässt. Nicht ausreichend ist, wenn der Insolvenzverwalter nur die Summe der verfügbaren liquiden Mittel mitteilt. Er hat darüber hinaus das ggf. noch verwertbare Vermögen des Schuldners darzulegen, da sich hieran die Unzulänglichkeit bemisst.[213] Gelangt das Prozessgericht zum Ergebnis, dass der Insolvenzverwalter den Einwand der Masselosigkeit tatsächlich zu Recht erhoben hat, so ist eine Zahlungsklage wegen fehlenden Rechtsschutzbedürfnisses unzulässig; in Betracht kommt nach Umstellung nur noch der Erlass eines Feststellungsurteils.[214] 67

2. Zwangsvollstreckung. Verfügt der **Kostengläubiger** bereits über einen Vollstreckungstitel gegen den Insolvenzverwalter, so ist nach Eintritt der Masselosigkeit die Vollstreckung in die Insolvenzmasse unzulässig.[215] Das **Vollstreckungsverbot des § 210** ist zwar nicht unmittelbar anwendbar, da es seinem Wortlaut nach nur Altmassegläubiger betrifft, nachdem der Insolvenzverwalter die Masseunzulänglichkeit nach § 208 angezeigt hat. Eine **entsprechende Anwendung** ist aber im Fall der Kostenunterdeckung geboten, weil auch die Abwicklung des massekostenarmen Verfahrens vor Vollstreckungszugriffen einzelner Gläubiger zu schützen ist.[216] Das Vollstreckungsverbot soll verfahrensrechtlich sicherstellen, dass bei unzureichender Insolvenzmasse die Verteilung nach der vorgegebenen Rangordnung des § 209 bzw. des § 207 Abs. 3 Satz 1 erfolgen kann. Die Beachtung dieser Verteilungsschlüssel durch den Verwalter stellt eine insolvenzspezifische Verpflichtung dar, deren Erfüllung bei Massekostenarmut bis zur Verfahrenseinstellung erst durch den Vollstreckungsschutz auch gegenüber den Kostengläubigern analog § 210 gewährleistet wird. 68

Verletzen Vollstreckungsmaßnahmen von Massegläubigern das gesetzliche Vollstreckungsverbot, kann der Insolvenzverwalter hiergegen **Erinnerung** nach § 766 ZPO einlegen, über die analog § 89 Abs. 3 das **Insolvenzgericht** zu entscheiden hat.[217] Stellt das Gericht nach Überprüfung der vom Insolvenzverwalter geltend gemachten Massearmut iSv § 207 fest, dass tatsächlich Masselosigkeit 69

---

[208] Braun/*Kießner* § 207 Rn. 26; Nerlich/Römermann/*Westphal* § 207 Rn. 37; aA Jaeger/*Windel* § 207 Rn. 102; *Häsemeyer* Rn. 14.26; *Runkel/Schnurbusch* NZI 2000, 49, 52 f. Zum entspr. Verbot nach angezeigter Masseunzulänglichkeit vgl. § 208 Rn. 65.

[209] KPB/*Pape* § 210 Rn. 7.

[210] Nach Jaeger/*Windel* § 207 Rn. 102 wird diese Entlastung aber zu teuer erkauft, indem die Erkenntnisverfahren mit der Prüfung der Massearmut belastet werden.

[211] Vgl. hierzu näher § 208 Rn. 65.

[212] KPB/*Pape* § 207 Rn. 31.

[213] BAG NJW 1999, 517; vgl. ferner zur Beweislast BGH NZI 2001, 539.

[214] BGH NJW 2006, 2997.

[215] BGH NZI 2006, 697 = WM 2006, 2090 m. zust. Anm. *Pape* WuB VI A. § 89 InsO 2.07.

[216] BGH NZI 2006, 697; KPB/*Pape* § 207 Rn. 32; Jaeger/*Windel* § 207 Rn. 99; Uhlenbruck/*Ries* § 207 Rn. 43; aA Gottwald/*Klopp/Kluth* § 74 Rn. 44. Vgl. auch → § 210 Rn. 27.

[217] BGH NZI 2006, 697 = ZInsO 2006, 1049.

vorliegt, wird es bereits erfolgte Vollstreckungsmaßnahmen einzelner Kostengläubiger aufheben.[218] Soweit demgegenüber auf die Möglichkeit einer Vollstreckungsgegenklage nach § 767 ZPO, ggf. iVm einem Antrag auf einstweilige Einstellung der Zwangsvollstreckung nach § 769 ZPO verwiesen wird,[219] so führte dies nur zu vermeidbaren Kostennachteilen für die bereits völlig unzureichende Masse.[220] Gelingt es Kostengläubigern – etwa einem abgewählten früheren Insolvenzverwalter – trotz Massekostenarmut im Vollstreckungswege noch volle Befriedigung zu erhalten, sind sie nach § 812 BGB bis zur Einstellung des Verfahrens zur Herausgabe an die Insolvenzmasse verpflichtet, soweit das Erlangte die ihnen nach § 207 Abs. 3 Satz 1 zustehende Quote übersteigt.[221]

F. Rechtswirkungen der Einstellung mangels Masse

I. Rechtsstellung des Schuldners

70 **1. Verwaltungs- und Verfügungsbefugnis.** Der Schuldner erhält mit Wirksamwerden der Verfahrenseinstellung[222] die Verwaltungs- und Verfügungsbefugnis über die Insolvenzmasse – einschließlich der Prozessführungsbefugnis – wieder zurück, § 215 Abs. 2.[223] Zugleich **endet** der **Insolvenzbeschlag.** Soweit noch Massegegenstände vorhanden sind, die der Verwalter nicht verwertet hat, sind diese dem Schuldner zurückzugeben. Die Einstellung des Insolvenzverfahrens nach § 207 führt nicht zu der vom Gesetzgeber beabsichtigten insolvenzrechtlichen Vollabwicklung des schuldnerischen Vermögens.[224]

71 Mit der Verfahrenseinstellung endet das Amt des Insolvenzverwalters.[225] Dieser ist nicht mehr verantwortlich für die Restliquidation der dem Schuldner überlassenen Massebestandteile. Eine weitere Haftungsverwirklichung erfolgt durch die den Gläubigern wieder eröffnete Möglichkeit der Individualzwangsvollstreckung.[226] Hatte der Insolvenzverwalter zB zur Durchsetzung gesellschaftsrechtlicher Ansprüche einen Masseprozess gegen die Gesellschafter geführt, so können die Gläubiger diese Ansprüche nunmehr pfänden.

72 **2. Nachhaftung für Verbindlichkeiten.** Sobald die Barmittel gem. § 207 Abs. 3 verteilt sind, stellt das Gericht das Insolvenzverfahren ein. Der Schuldner kann wieder über die noch vorhandene Masse frei verfügen (§ 215 Abs. 2 Satz 1), so dass die Gläubiger ihre im Verfahren nicht befriedigten Ansprüche gegen ihn weiterverfolgen können.

73 **a) Insolvenzforderungen.** Die **Insolvenzgläubiger** können ihre restlichen Forderungen nach Einstellung des Insolvenzverfahrens unbeschränkt gegen den Schuldner geltend machen. Das Recht der **freien Nachforderung** haben sie wie bei der Aufhebung des Insolvenzverfahrens, § 215 Abs. 2 Satz 2 iVm § 201. Gegebenenfalls steht ihnen zur nachinsolvenzlichen Haftung des Schuldners eine vollstreckbare Ausfertigung der Eintragung in die Tabelle zu, § 201 Abs. 2 (→ Rn. 46). Insolvenzrechtliche Beschränkungen der Anspruchsverfolgung wie Aufrechnungs- oder Vollstreckungsverbote, §§ 96, 89, entfallen. Gläubiger können also nach Beendigung des Insolvenzverfahrens zB gegen Forderungen des Schuldners, die nicht mehr dem Insolvenzbeschlag (§ 80 Abs. 1) unterliegen, unbeschränkt aufrechnen.[227]

74 **b) Restschuldbefreiung.** Das Insolvenzverfahren dient neben der gemeinschaftlichen Befriedigung der Gläubiger auch dem Zweck, den redlichen Schuldner, wenn es sich um eine natürliche Person handelt, von seinen restlichen Verbindlichkeiten zu befreien, § 1 Satz 2. Dieses **verfahrensrechtliche Ziel** kann der Schuldner nach geltendem Recht nur erreichen, wenn zuvor ein Insolvenzverfahren durchgeführt wird.[228] Dementsprechend kann der Schuldner keine Restschuldbefrei-

---

218 Der Verwalter wird sich auch ohne vorherige Mitteilung an das Gericht erstmals mit der Vollstreckungserinnerung auf fehlende Kostendeckung berufen dürfen, vgl. Jaeger/*Windel* § 207 Rn. 100.

219 Gottwald/*Klopp/Kluth* § 74 Rn. 44; HKInsO/*Landfermann* § 207 Rn. 22.

220 BGH NZI 2006, 697; KPB/*Pape* § 207 Rn. 33; Nerlich/Römermann/*Westphal* § 207 Rn. 45.

221 Zur Korrektur von Verteilungsfehlern → § 209 Rn. 63.

222 Diese richtet sich nach § 9 Abs. 1 Satz 3.

223 → § 215 Rn. 9 f.

224 Vgl. Jaeger/*Windel* § 207 Rn. 106; auch § 207 Rn. 53.

225 Dem Verwalter steht hiergegen – anders als bei einer Entlassung aus wichtigem Grund, § 59 Abs. 2 – kein Rechtsmittel zu, vgl. § 216 Abs. 1. Mit der Verfahrensbeendigung durch Einstellung enden auch die Rechte und Pflichten des Gläubigerausschusses.

226 Mohrbutter/Ringstmeier/*Pape* § 12 Rn. 62.

227 BFH ZIP 2017, 934 (Rn. 10).

228 BGH NZI 2015, 899 (Rn. 17); *Häsemeyer* Rn. 26.05; Jaeger/*Windel* § 207 Rn. 109.

ung erlangen, wenn das Verfahren mangels verfahrenskostendeckender Masse nach § 207 Abs. 1 eingestellt werden muss.[229] Hingegen bleibt die Restschuldbefreiung nach § 289 zulässig, wenn das Insolvenzverfahren gem. § 211 wegen **Masseunzulänglichkeit** nach § 208 eingestellt wurde.[230] Das Vorhandensein eines die Verfahrenskosten deckenden Vermögens wird danach als Mindestvoraussetzung angesehen, um in den Genuss der Restschuldbefreiung zu kommen. Diese gesetzliche Differenzierung ist jedoch sachlich nicht zu rechtfertigen, da sie gerade diejenigen Schuldner grundsätzlich von der Restschuldbefreiung ausschließt, die ihrer am nötigsten bedürften.[231]

Das zentrale Anliegen des InsOÄndG 2001 war es deshalb, diesen verfassungswidrigen Zustand 75 zu beheben und mit Hilfe der **Kostenstundung** nach §§ 4a, 207 Abs. 1 Satz 2 auch denjenigen Personen den Zugang zum Restschuldbefreiungsverfahren zu eröffnen, die zur Aufbringung der Verfahrenskosten nicht in der Lage sind. Dadurch ist das der Durchführung des Insolvenz- und Restschuldbefreiungsverfahrens entgegenstehende Verfahrenshindernis der fehlenden Kostendeckung beseitigt worden.[232]

c) Masseverbindlichkeiten. Als Rechtsträger des zur Insolvenzmasse gehörenden Vermögens 76 haftet der Schuldner grundsätzlich persönlich für die nach Einstellung des Verfahrens gem. § 207 unerfüllt gebliebenen Massekosten und Masseverbindlichkeiten.[233] Hinsichtlich des **Umfangs** dieser persönlichen **Nachhaftung** ist jedoch nach zutr. hM zu unterscheiden.[234] Beruhen die Ansprüche der Massegläubiger auf der Verwaltungs- und Verwertungstätigkeit des Insolvenzverwalters, so **beschränkt** sich die **Haftung** des Schuldners gegenständlich auf das mit dem Insolvenzbeschlag haftungsrechtlich den Gläubigern zugewiesene Vermögen, soweit es als Überschuss noch vorhanden ist.[235] Der Verwalter kann den Schuldner wegen der nach Insolvenzeröffnung begründeten Masseschulden nur beschränkt auf die Insolvenzmasse verpflichten, vgl. → § 80 Abs. 1. Nach § 35 zählt hierzu auch der Neuerwerb des Schuldners während des Verfahrens, so dass ein haftungsrechtlich freies Vermögen des Schuldners – mit Ausnahme ggf. von freigegebenen Gegenständen – weitgehend ausgeschlossen ist.[236] Werden nach Verfahrenseinstellung zB im Verfahren noch nicht befriedigte **Vergütungsansprüche** oder sonstige Verfahrenskosten vom Insolvenzverwalter geltend gemacht, so haftet der Schuldner auch insoweit nur mit der ihm zurückgegebenen Insolvenzmasse.[237] Gegenüber einer Zwangsvollstreckung in sein (insolvenzfreies) Eigenvermögen kann der Schuldner die Haftungsbegrenzung als materielle Einwendung im Wege der Vollstreckungsabwehrklage nach § 767 ZPO geltend machen.

Hatte dagegen der Schuldner den Rechtsgrund für den Anspruch des Massegläubigers bereits 77 **vor Insolvenzeröffnung** durch sein Handeln selbst geschaffen, so hat er hierfür nach Einstellung des Verfahrens **uneingeschränkt,** also unter Einschluss seines etwaigen Neuerwerbs persönlich einzustehen. Das gilt zB für restliche Masseverbindlichkeiten nach § 55 Abs. 1 Nr. 2 Fall 2 aus noch vom Schuldner eingegangenen Miet- oder Arbeitsverhältnissen, § 108, die nicht auf Rechtshandlungen des Insolvenzverwalters beruhen.[238] Die uneingeschränkte Haftung des Schuldners ist deshalb berechtigt. Dies gilt auch für die während des Eröffnungsverfahrens vom Schuldner mit Zustimmung eines vorläufigen Insolvenzverwalters begründeten Ansprüche.[239]

3. Schuldnerverzeichnis. Mit der Einstellung des Insolvenzverfahrens mangels kostendecken- 78 der Masse erfolgt **keine Eintragung** des Schuldners in das Schuldnerverzeichnis.[240] Eine ausdrückliche gesetzliche Regelung fehlt. Aufgrund der mit der Eintragung für den Schuldner verbundenen kreditschädigenden Wirkung ist eine entsprechende Anwendung des § 26 Abs. 2, der die Eintragung

---

229 Uhlenbruck/*Sternal* § 289 Rn. 3.
230 Dazu → § 208 Rn. 59 und → § 53 Rn. 36.
231 KPB/*Pape* § 207 Rn. 46 mwN.
232 Mohrbutter/Ringstmeier/*Pape* § 12 Rn. 26; → Rn. 39 und → § 215 Rn. 14.
233 BGH NZI 2006, 592; auch → § 53 Rn. 33.
234 Vgl. KPB/*Pape* § 207 Rn. 37; Bork/Hölzle/*Nissen* Kap. 11 Rn. 69; Uhlenbruck/*Sinz* § 53 Rn. 10.
235 BGH NJW 2010, 69; HKInsO/*Lohmann* § 53 Rn. 9; Uhlenbruck/*Wegener* § 201 Rn. 17; AGR/*Wagner* § 201 Rn. 6. Für uneingeschränkte Nachhaftung des Schuldners für sämtliche Masseverbindlichkeiten aber *Häsemeyer* Rn. 25.30; Uhlenbruck/*Ries* § 207 Rn. 49; *Windel* KTS 2011, 25, 29 ff. Zur Streitfrage zuletzt BFH NZI 2018, 461 (Rn. 26 ff.), wonach der Schuldner nach erfolgter Einstellung jedenfalls für als Masseverbindlichkeiten entstandene Steuerschulden unbeschränkt haftet. Dazu noch → § 53 Rn. 34a.
236 Gottwald/*Klopp*/*Kluth* § 58 Rn. 17.
237 BGH NJW 2010, 69.
238 BGH NZI 2007, 771 (Rn. 14). Es handelt sich um „oktroyierte" Masseverbindlichkeiten iSd § 90 – jfls. bis zu dem Zeitpunkt, zu dem der Verwalter das Mietverhältnis frühestens hätte kündigen können, vgl. dazu OLG Stuttgart NZI 2007, 527 m. krit. Anm. *Eckert* in EWiR 2007, 503.
239 KPB/*Pape* § 207 Rn. 38.
240 Nerlich/Römermann/*Westphal* § 207 Rn. 47.

in das Schuldnerverzeichnis für den Fall der Abweisung mangels Masse vorsieht, ausgeschlossen.[241] Freilich ist eine Kundgabe bereits über die öffentliche Bekanntmachung der Verfahrenseinstellung nach § 215 Abs. 1 erfolgt.

79 **4. Geschäftsunterlagen.** Mit der Beendigung des Verfahrens erhält der Insolvenzschuldner das Verwaltungsrecht zurück, § 215 Abs. 2. Der Insolvenzverwalter muss ihm daher die **Geschäftsunterlagen** des Unternehmens **zurückgeben;** dazu gehören auch Geschäftspapiere, die er im Rahmen seiner Buch- und Rechnungslegungspflichten für das schuldnerische Unternehmen erstellt hat.[242] Der **Schuldner** hat nunmehr die gesetzlichen **Aufbewahrungspflichten** zB nach § 257 Abs. 1 HGB zu erfüllen,[243] auch wenn er über keinerlei Vermögen verfügt. Der Insolvenzverwalter ist auch dann nicht für die weitere Aufbewahrung der Geschäftsunterlagen verantwortlich, wenn noch Vermögen vorhanden sein sollte.[244] Vielmehr haben bei Handelsgesellschaften bis zu deren Vollbeendigung die Geschäftsführung, der Vorstand oder die Liquidatoren hierfür Sorge zu tragen. Das praktische Problem liegt idR darin, auf welche Weise sich der Insolvenzverwalter der in Einzelfällen erheblichen **Aktenbestände** entledigen kann. Die Übernahme der Geschäftsunterlagen durch den Schuldner im Gerichtswege durchzusetzen, wenn dieser hierzu nicht freiwillig bereit ist, ist nur dann Erfolg versprechend, wenn er hierzu überhaupt in der Lage ist.[245] Als Ausweg bietet sich meist nur an, die Erfüllung der Aufbewahrungspflichten noch während des Insolvenzverfahrens zu regeln und evtl. noch vorhandene Massemittel hierfür zurückzustellen.[246]

II. Rechtsstreitigkeiten

80 Mit dem Wirksamwerden des Einstellungsbeschlusses nach § 207 endet der Insolvenzbeschlag. Die Auswirkungen der Beendigung des Insolvenzverfahrens auf **laufende (Zivil-)Prozesse** sind davon abhängig, ob bereits vor Eröffnung des Insolvenzverfahrens rechtshängige Prozesse vom Insolvenzverwalter fortgeführt wurden oder ob dieser nach Verfahrenseröffnung neue Prozesse für die Masse eingeleitet hat.

81 **1. Nicht aufgenommene Rechtsstreitigkeiten.** Ein bei Insolvenzeröffnung anhängiger Rechtsstreit wird gem. § 240 ZPO unterbrochen, damit der Insolvenzverwalter über dessen evtl. Fortsetzung entscheiden kann. Wird der Rechtsstreit vom Insolvenzverwalter im Laufe des Verfahrens **nicht aufgenommen,** endet die Unterbrechungswirkung mit der Einstellung des Verfahrens nach § 207, die insoweit der Aufhebung des Insolvenzverfahrens nach § 200 gleichgestellt ist.[247] Maßgebender Zeitpunkt für die **Beendigung** der **Prozessunterbrechung** ist nicht erst die Rechtskraft des Einstellungsbeschlusses, sondern dessen Wirksamwerden mit Ablauf des zweiten Tages nach der öffentlichen Bekanntmachung, § 9 Abs. 1 Satz 3.[248] Von diesem Zeitpunkt an beginnen die Fristen in dem während der Dauer des Insolvenzverfahrens unterbrochenen Rechtsstreit wieder von neuem zu laufen (§ 249 Abs. 1 ZPO). Die Fortsetzung des Rechtsstreits durch den wieder prozessführungsbefugten Schuldner bedarf deshalb keiner ausdrücklichen Aufnahme des Rechtsstreites.[249] Das gilt auch für den Prozessgegner. Waren von diesem Prozessbevollmächtigte eingeschaltet, so sind sie verpflichtet, alle zumutbaren Vorkehrungen zu treffen, um den Lauf einer unterbrochenen Rechtsmittelbegründungsfrist nach der Einstellung des Insolvenzverfahrens unter Kontrolle zu halten.[250]

82 **2. Rechtsstreitigkeiten unter Beteiligung des Verwalters.** Hatte der Insolvenzverwalter während des Verfahrens neue Rechtsstreitigkeiten eingeleitet oder einen zunächst kraft Gesetzes unterbrochenen Aktivprozess nach § 85 Abs. 1 aufgenommen, so endet mit dem Wirksamwerden der Verfahrenseinstellung seine Prozessführungsbefugnis. Es findet idR ein gesetzlicher Parteiwechsel vom Insolvenzverwalter zum Schuldner und damit nach hM entsprechend § 239 ZPO eine **Prozessunterbrechung** statt.[251] Der Schuldner tritt nicht ohne weiteres mit der Verfahrensbeendigung

[241] Jaeger/*Windel* § 207 Rn. 106; K. Schmidt/*Jungmann* § 207 Rn. 41.
[242] OLG Stuttgart ZIP 1998, 1883, dazu EWiR 1998, 987 *(Eckardt)*; → § 215 Rn. 13.
[243] OLG Stuttgart ZIP 1984, 1385; *Vallender* NZI 2013, 1001, 1004 f.
[244] *Kalter* KTS 1960, 65; Mohrbutter/Ringstmeier/*Pape* § 12 Rn. 64.
[245] Die Prozessführung kann nicht durch Hinterlegung nach § 372 BGB vermieden werden, da deren Voraussetzungen nicht vorliegen, *Kalter* KTS 1960, 70.
[246] *Förster/Tost* ZInsO 1998, 297; kritisch dazu Mohrbutter/Ringstmeier/*Pape* Kap. 12 Rn. 64; Uhlenbruck/*Ries* § 215 Rn. 6; Pape/*Hauser* Rn. 275; Jaeger/*Windel* § 207 Rn. 108.
[247] BGH ZIP 1989, 1411; Nerlich/Römermann/*Westphal* § 207 Rn. 43.
[248] Uhlenbruck/*Ries* § 207 Rn. 50; Mohrbutter/Ringstmeier/*Pape* § 12 Rn. 57; Jaeger/*Windel* § 215 Rn. 13.
[249] KPB/*Pape* § 207 Rn. 42.
[250] BGH ZIP 1992, 1152 dazu EWiR 1992, 825 *(Fleck)*.
[251] Vgl. BGH NZI 2015, 756 (Rn. 7); OLG Karlsruhe ZInsO 2005, 824; Uhlenbruck/*Ries* § 207 Rn. 51; HambKommInsO/*Weitzmann* § 207 Rn. 25.

anstelle des Verwalters in den Prozess ein.[252] Die Unterbrechung des Rechtsstreites endet erst, wenn der Schuldner ihn ordnungsgemäß nach § 250 ZPO **aufgenommen** hat. Er erhält damit Gelegenheit, vor einer Entscheidung über die Weiterführung des Prozesses die Sach- und Rechtslage gründlich zu prüfen. Diese Einarbeitungszeit muss ihm zugestanden werden, auch im Hinblick auf die mit dem Rechtsstreit verbundenen Kostenrisiken, die von ihm getragen werden müssen.[253] Wird der Rechtsstreit nach Aufnahme fortgesetzt, muss der Prozessgegner, wenn er obsiegt, seine Kosten gegen den Schuldner festsetzen lassen, da sich die Kostenerstattungsansprüche nach Einstellung des Insolvenzverfahrens gegen diesen richten.[254]

Hatte allerdings der Insolvenzverwalter zur Führung des Rechtsstreites einen Prozessbevoll- 83
mächtigten bestellt, so endet die ihm erteilte **Prozessvollmacht** nicht automatisch mit der Verfahrensbeendigung.[255] Eine Unterbrechung des Prozesses tritt deshalb nicht ein (vgl. § 246 ZPO).[256]

Bei **Insolvenzanfechtungsklagen** nach Maßgabe der §§ 129 ff. erlischt mit der vorbehaltlosen 84
Verfahrenseinstellung nach § 207 die Anfechtungsbefugnis des Insolvenzverwalters, die untrennbar mit seinem Verwalteramt verbunden ist (→ § 215 Rn. 11).[257] Vom Insolvenzverwalter anhängig gemachte Anfechtungsprozesse können deshalb nach Verfahrensende vom Schuldner auch nicht aufgenommen und hinsichtlich der Hauptsache weitergeführt werden.[258] Sie sind auf Grund der Verfahrenseinstellung **in der Hauptsache erledigt.** Eine Aufnahme des Prozesses kommt nur wegen der Kosten in Betracht.[259] Der frühere Insolvenzschuldner hat den Rechtsstreit zur Herbeiführung einer Kostenentscheidung nach § 91a ZPO für erledigt zu erklären, andernfalls ist die Anfechtungsklage kostenpflichtig abzuweisen.[260] Dem Insolvenzverwalter kann aber nach hM ausnahmsweise zum Zwecke der Durchführung einer **Nachtragsverteilung** die Prozessführungsbefugnis zur Weiterführung eines rechtshängigen Anfechtungsprozesses oder zur Einleitung neuer Anfechtungsklagen entsprechend § 203 Abs. 1 Nr. 1 eingeräumt werden.[261] Dann dauert der Insolvenzbeschlag hinsichtlich des mit der Anfechtung verfolgten Gegenstandes fort.

III. Nachtragsverteilung

Die Möglichkeit einer Nachtragsverteilung ist in § 211 Abs. 3 ausdrücklich nur für die Einstel- 85
lung des Verfahrens nach angezeigter Masseunzulänglichkeit (§ 208) vorgesehen. Eine Erweiterung auf den Fall des § 207 ist umstritten.[262] Auch bei Verfahrenseinstellung mangels Masse kann es dazu kommen, dass noch unbekannte Vermögenswerte (zB Steuererstattungen) auftauchen, deren nachträgliche Verteilung vor allem im Interesse der Kostengläubiger liegen würde.[263] Jedoch ist der Insolvenzverwalter mit Eintritt der Masselosigkeit nach Auszahlung der vorhandenen Barmittel gerade nicht mehr zur Verteilung von Massegegenständen verpflichtet (§ 207 Abs. 3 Satz 2) – mit der Folge, dass dem Schuldner ggf. unverwertete Teile der Masse endgültig verbleiben. Der Umstand, dass dem Verwalter bei Kostenunterdeckung eine (weitere) Verwertungstätigkeit angesichts sonst drohender Vergütungsausfälle nicht zugemutet werden soll, spricht dagegen, ihm zum Zwecke der Nachtragsverteilung eine solche Verwertungspflicht wieder aufzubürden.[264] Für die übrigen (Insolvenz- u. Masse-)Gläubiger erschließt sich auch nicht ohne weiteres, warum nachträglich verfügbare zusätzliche Masse zur weiteren Befriedigung der Verfahrenskosten verwendet und damit ihrem

---

252 OLG Köln ZIP 1987, 1004; Jaeger/*Meller-Hannich* § 200 Rn. 18; aA MüKoZPO/*Feiber* § 240 Rn. 34.

253 Vgl. dazu auch Mohrbutter/Ringstmeier/*Pape* § 12 Rn. 58.

254 BGHZ 49, 11, 16; *Haarmeyer/Wutzke/Förster,* Handbuch, Kap. 8 Rn. 145.

255 Mohrbutter/Ringstmeier/*Ernestus* Kap. 13 Rn. 67.

256 BGH NZI 2015, 756 (Rn. 8). Anders nur, wenn sich der Verwalter als Rechtsanwalt selbst vertreten hat (§ 78 Abs. 6 ZPO) und seine Prozessvollmacht mit der Einstellung erlischt.

257 BGH NZI 2011, 486 (Rn. 12) und 2010, 99 (Rn. 8), dazu zust. *Blum* WuB VI A. § 259 InsO 1.10; *Häsemeyer* Rn. 21.108; auch → § 129 Rn. 210.

258 Uhlenbruck/*Ries* § 207 Rn. 51; HambKommInsO/*Weitzmann* § 207 Rn. 25. Zur Streitfrage, ob eine Insolvenzanfechtung trotz Massearmut überhaupt zulässig ist, vgl. → § 208 Rn. 51.

259 Der Schuldner wird dann bezüglich der Kostenfrage Partei; hinsichtlich der Hauptsache scheidet aber ein Parteiwechsel aus.

260 *Haarmeyer/Wutzke/Förster,* Handbuch, Kap. 8 Rn. 145; Nerlich/Römermann/*Westphal* § 207 Rn. 44; Uhlenbruck/*Ries* § 207 Rn. 51; auch → § 129 Rn. 211.

261 BGH NZI 2010, 99 (Rn. 8); HKInsO/*Thole* § 129 Rn. 107; *Pape* in Mohrbutter/Ringstmeier § 12 Rn. 59; Uhlenbruck/*Ries* § 207 Rn. 53; aA etwa HKInsO/*Landfermann* § 207 Rn. 27.

262 Hierzu ausführlich Jaeger/*Windel* § 207 Rn. 114 ff. Die Streitfrage ist vor allem wegen der von der ganz hM zugelassenen Insolvenzanfechtung bei Massearmut praktisch bedeutsam.

263 Im Falle einer Verfahrenskostenstundung, bei der die Einstellung gem. § 207 Abs. 1 Satz 2 unterbleibt, ist über § 211 Abs. 3 eine Nachtragsverteilung ohnehin möglich.

264 *Haarmeyer/Wutzke/Förster,* Handbuch, Kap. 8 Rn. 144; Nerlich/Römermann/*Westphal* § 207 Rn. 39; aA KPB/*Pape* § 207 Rn. 39; *Hess* § 207 Rn. 57.

Zugriff entzogen werden soll, die nach Einstellung eigentlich an den früheren Insolvenzschuldner zurückzuführen ist.[265] Der BGH hat indes mit Beschluss vom 10.10.2013 entschieden, dass die Anordnung einer Nachtragsverteilung analog § 211 Abs. 3 iVm § 203 Abs. 1 auch bei einer Verfahrenseinstellung wegen Massekostenarmut (§ 207) grundsätzlich **zulässig** ist.[266] Er hat dabei das praktische Bedürfnis für die Anordnung einer Nachtragsverteilung betont, um auch bei eingetretener Massearmut ein an sich abschlussreifes Insolvenzverfahren ohne Verzögerung durch anhängige Prozesse etc. einstellen zu können und um die Einleitung eines neuen Insolvenzverfahrens über nachträglich verfügbare Masse zu vermeiden. Der BGH stellt zudem maßgeblich darauf ab, dass im Hinblick auf den Regelungszweck des § 211 Abs. 3 wertungsmäßig kein relevanter Unterschied zwischen den beiden Fällen der Einstellung gem. § 208 und § 207 bestehe. Dieser Beurteilung wird auch in der Literatur überwiegend zugestimmt.[267]

IV. Akteneinsichtsrecht

86 Aufgrund ihrer **Beteiligung** im eröffneten Insolvenzverfahren steht **allen Gläubigern** iSd §§ 38, 174 ff. auch nach Einstellung mangels Masse weiterhin das Recht zur Akteneinsicht als „Parteien“ nach **§ 299 Abs. 1 ZPO** iVm § 4 InsO zu.[268] Ihre Parteistellung während des Verfahrens wirkt also über die Verfahrenseinstellung hinaus; auch besteht das Ausforschungsinteresse der Gläubiger ohne weiteres fort, mit Hilfe der **Insolvenzakten** doch noch (Rest-)Vermögenswerte des Schuldners als Vollstreckungsobjekte zur Durchsetzung ihrer Forderungen zu ermitteln. Soweit das Einsichtsrecht nach Abs. 1 des § 299 ZPO für die Zeit nach Verfahrensbeendigung – vor allem bei Einstellung nach den §§ 212, 213 – im Schrifttum teilweise auf den antragstellenden Gläubiger beschränkt wird,[269] kann aber auch den sonstigen Gläubigern als „**dritten Personen**“ iSd§ 299 Abs. 2 ZPO schon auf Grund ihrer Gläubigerposition das erforderliche **rechtliche Interesse** an der Einsicht in die Insolvenzverfahrensakten idR nicht abgesprochen werden; dass mit der Akteneinsicht zugleich (oder allein) überprüft werden soll, ob Anhaltspunkte für Schadenersatzansprüche gegen Dritte, insbesondere Gesellschaftsorgane bestehen, lässt das schutzwürdige rechtliche Interesse potenzieller Gläubiger grundsätzlich nicht entfallen.[270] Vor der Ermessensentscheidung des Gerichtsvorstands über das Einsichtsgesuch und den Umfang der zu gewährenden Akteneinsicht ist dem insolventen Schuldner im Rahmen des Möglichen und Zumutbaren Gelegenheit zu geben, etwaige berechtigte Geheimhaltungsinteressen darzulegen und seinerseits glaubhaft zu machen.[271]

§ 208 Anzeige der Masseunzulänglichkeit

(1) [1]Sind die Kosten des Insolvenzverfahrens gedeckt, reicht die Insolvenzmasse jedoch nicht aus, um die fälligen sonstigen Masseverbindlichkeiten zu erfüllen, so hat der Insolvenzverwalter dem Insolvenzgericht anzuzeigen, daß Masseunzulänglichkeit vorliegt. [2]Gleiches gilt, wenn die Masse voraussichtlich nicht ausreichen wird, um die bestehenden sonstigen Masseverbindlichkeiten im Zeitpunkt der Fälligkeit zu erfüllen.

(2) [1]Das Gericht hat die Anzeige der Masseunzulänglichkeit öffentlich bekanntzumachen. [2]Den Massegläubigern ist sie besonders zuzustellen.

(3) Die Pflicht des Verwalters zur Verwaltung und zur Verwertung der Masse besteht auch nach der Anzeige der Masseunzulänglichkeit fort.

---

265 Eine Privilegierung der Verfahrenskostengläubiger entspricht indes der absoluten Priorität, die den Verfahrenskosten allgemein zukommt.

266 NZI 2013, 1019 = ZIP 2013, 2320, dazu zust. *Zimmer* EWiR 2014, 19 und zust. Anm. *Ch. Keller* in WuB VI A. § 203 InsO 1.14; bestätigt von BGH ZInsO 2014, 340 (Rn. 5).

267 *Kohler* KTS 2014, 188–192; *Zimmer* KTS 2009, 199; *Pape* in Mohrbutter/Ringstmeier § 12 Rn. 61; Uhlenbruck/*Wegener* § 203 Rn. 38; AGR/*Henning* § 207 Rn. 21; FKInsO/*Kießner* § 207 Rn. 39 f.; auch → § 203 Rn. 29; aA Uhlenbruck/*Ries* § 207 Rn. 37–42; K. Schmidt/*Jungmann* § 203 Rn. 16 u. § 207 Rn. 19, 20.

268 Vgl. § 4 Rn. 61; Jaeger/*Gerhardt* § 4 Nr. 23; Uhlenbruck/*I. Pape* § 4 Rn. 31;HambKommInsO/*Rüther* § 4 Rn. 35; *Swierczok/Kontny* NZI 2016, 566; *Kind/Heinrich* NZI 2006, 433; *Thole* ZIP 2012, 1533, 1541; *Heese*, Gläubigerinformation in der Insolvenz (2008), S. 70 ff.

269 So Uhlenbruck/*Ries* § 207 Rn. 59; Andres/Leithaus/*Andres* § 4 Rn. 11; Uhlenbruck/*I. Pape* § 4 Rn. 31; auch → § 4 Rn. 63.

270 Vgl. BGH NZI 2006, 472 = ZIP 2006, 1154 = EWiR 2006, 447 m. zust. Anm. *Pape*; OLG Hamburg ZIP 2002, 266 = EWiR 2002, 267 m. zust. Anm. *Bork*; Uhlenbruck/*Ries* § 207 Rn. 58 – jeweils zur Akteneinsicht bei Abweisung mangels Masse. Vgl. auch OLG Frankfurt ZIP 2010, 1811 (Einsicht durch Massegläubiger).

271 BGH NZI 2006, 472 (Rn. 12); KG NZI 2016, 555; auch → § 4 Rn. 70.

Schrifttum: *Adam*, Regeln für die Verwaltung unzulänglicher Massen, DZWiR 2011, 485; *ders.*, Die gleichmäßige Befriedigung der Massegläubiger, DZWiR 2009, 181; *Berscheid,* Zur Unzulässigkeit einer Leistungsklage bei angezeigter Masseunzulänglichkeit, ZInsO 2002, 868; *Breitenbücher,* Masseunzulänglichkeit (2007); *Büchler,* Haftungsrisiken bei „faktischer Masseunzulänglichkeit", ZInsO 2011, 1240; *Dinstühler,* Die Abwicklung massearmer Insolvenzverfahren nach der Insolvenzordnung, ZIP 1998, 1697; *Foerste,* Insolvenzanfechtung zugunsten von Massegläubigern, ZInsO 2013, 659; *Ganter,* Die „erneute Masseunzulänglichkeit", NZI 2019, 7; *Gundlach/Frenzel/Jahn,* Die Anzeige der Maseunzulänglichkeit und die Haftung des Insolvenzverwalters gemäß § 60 InsO; *Gundlach/Frenzel/Schmidt,* Die Insolvenzanfechtung nach Anzeige einer nicht kostendeckenden Masse durch den Insolvenzverwalter, NZI 2004, 184; *Häsemeyer,* Das Verfahren bei Masseunzulänglichkeit – eine verselbständigte Variante des Insolvenzverfahrens?, FS Gerhardt (2003) S. 323; S. 341; *Hees/Stange,* Verzugszinsen auf Altmasseverbindlichkeiten trotz Masseunzulänglichkeit?, ZIP 2013, 1206; *Henckel,* Die Behandlung der Neumasseschulden bei Massearmut, ZIP 1993, 1277; *Huep/Webel,* Zur Kostenrisikoverteilung in massearmen Verfahren bei Kostenstundung, NZI 2011, 389; *Jansen,* Zinsen und Kosten von Altmassegläubigern im (drohend) masseunzulänglichen Insolvenzverfahren, NZI 2013, 774; *Kayser/Heck,* Die Gläubigerversammlung nach Anzeige der Masseunzulänglichkeit, NZI 2005, 65 f.; *Keller,* Die Befriedigung von Masseverbindlichkeiten nach Anzeige der Masseunzulänglichkeit im Insolvenzverfahren Rpfleger 2008, 1; *Klaas/Zimmer,* Zeitpunkt der Anzeige der Masseunlänglichkeit als taugliches Qualitätsmerkmal des Insolvenzverwalters ?, ZInsO 2011, 666; *Kluth,* Das Verfahren bei unzulänglicher Insolvenzmasse oder ein „Himmelsfahrtskommando" für den Insolvenzverwalter, ZInsO 2000, 177; *Konzen,* Der Gläubigerschutz bei Liquidation der masselosen GmbH, FS Ulmer (2003) S. 323; *Kröpelin,* Die massearme Insolvenz, 2003; *dies.,* Aktuelle Probleme der Masseunzulänglichkeit: Wider die Unzulässigkeit von Leistungsklagen und zur Verfahrensabwicklung bei Neumasseunzulänglichkeit, ZIP 2003, 2341 f.; *Kübler,* Die Behandlung massearmer Insolvenzverfahren nach dem neuen Recht, Kölner Schrift zur Insolvenzordnung, 2. Aufl., 2000, 967; *Möhlmann,* Der Nachweis der Verfahrenseinstellung im neuen Insolvenzrecht, KTS 1998, 373; *Pape,* Keine persönliche Haftung des Insolvenzverwalters für die Kosten des Prozessgegners der Insolvenzmasse, ZInsO 2005, 138; *ders.,* Erforderlichkeit der Überprüfung der Anzeige der Masseunzulänglichkeit durch das Insolvenzgericht, ZInsO 2004, 1223; *ders.,* Die Berücksichtigung der Anzeige der Masseinsuffizienz im Erkenntnisverfahren, ZInsO 2001, 60; *ders.,* Zulässigkeit der Insolvenzanfechtung nach Anzeige der Masseinsuffizienz, ZIP 2001, 901; *Pape/Hauser,* Massearme Verfahren nach der Insolvenzordnung (2002); *Rose,* Haftung des Insolvenzverwalters nach § 69 AO bei Masseunzulänglichkeit, ZIP 2016, 1520; *Roth,* Prozessuale Rechtsfolgen der „Insolvenz in der Insolvenz", FS H. F. Gaul, 1997, S. 573; *Runkel/Schnurbusch,* Rechtsfolgen der Masseunzulänglichkeit, NZI 2000, 49; *A. Schmidt,* Nichts ist unmöglich: Rückkehr zum „normalen" Insolvenzverfahren trotz angezeigter Masseunzulänglichkeit, NZI 1999, 442; *H. Schröder,* Die Abwicklung des masseunzulänglichen Insolvenzverfahrens (2010); *Staufenbiel/Karlstedt,* Der Liquiditätsplan im Insolvenzverfahren, ZInsO 2010, 2059; *Thole,* Die rechtliche Behandlung der „erneuten Maseunzulänglichkeit", ZIP 2018, 2241; *W. Uhlenbruck,* Der „Konkurs im Konkurs" – 50 Jahre BGH-Rechtsprechung zum Problem der Verteilungsgerechtigkeit in masselosen und massearmen Insolvenzverfahren – , in: 50 Jahre Bundesgerichtshof, Festgabe aus Wissenschaft und Praxis, 2000, S. 803; *ders.,* Gesetzesunzulänglichkeit bei Masseunzulänglichkeit, NZI 2001, 408; *von Websky,* Betriebsfortführung und Masseunzulänglichkeit, ZInsO 2014, 1468; *Walther,* Das Verfahren bei Masseunzulänglichkeit nach den §§ 208 ff. InsO (2005); *Wenner/Jauch,* Die Verjährung von Masseverbindlichkeiten im Insolvenzverfahren bei Masseunzulänglichkeit, ZIP 2009, 1894; *Zimmer,* Absoluter Vorrang der Verfahrenskosten auch bei Stundung im Insolvenzverfahren, Rpfleger 2010, 401.

Übersicht

A. Normzweck

1 Stellt sich nach Verfahrenseröffnung heraus, dass zwar eine die Verfahrenskosten iSd § 54 deckende Insolvenzmasse vorhanden ist, diese aber nicht ausreicht, sämtliche Massegläubiger zu befriedigen, tritt Masseunzulänglichkeit ein. Bei Hervortreten der Masseunzulänglichkeit wird das Insolvenzverfahren – im Gegensatz zur Einstellung gem. § 207 nach Eintritt der Masselosigkeit – fortgesetzt. Die **Abwicklung** masseunzulänglicher Insolvenzverfahren ist in den §§ 208 bis 211 **neu geregelt** worden.[1] Die weiterbestehende Verwertungs- und Verteilungspflicht des Insolvenzverwalters hat den Zweck, die Haftung gegenüber dem Schuldner innerhalb eines geordneten Verfahrens vollständig zu realisieren, um der unter Geltung der KO weit verbreiteten Praxis einer Flucht des Schuldners in die Massearmut einen wirksamen Riegel vorzuschieben.[2] Auch die Abwicklung masseunzulänglicher Verfahren besitzt eine Ordnungs- und Regelungsfunktion. Jedoch ändert sich der Verfahrenszweck. Das fortgesetzte Verfahren dient nicht mehr der Befriedigung der Insolvenzgläubiger, sondern primär den Interessen der **Altmassegläubiger.**[3]

---

1 Die Abwicklung masseloser Verfahren war unter Geltung der KO ein unbewältigtes rechtliches und rechtspolitisches Problem, vgl. *Uhlenbruck,* Konkurs im Konkurs, FS 50 Jahre BGH, 2000, S. 803 ff.

2 Allg. Begr. RegE, *Kübler/Prütting,* S. 101; *Smid* WM 1998, 1320.

3 BGH NZI 2005, 32; Uhlenbruck/*Ries* § 208 Rn. 40; Mohrbutter/Ringstmeier/*Pape* § 12 Rn. 110 f.; *Häsemeyer,* FS Gerhardt (2003), S. 341, 344 f., der den Notcharakter des Abwicklungsverfahrens bei Masseunzulänglichkeit betont; *Dinstühler* ZIP 1998, 1702: „Richtungswechsel des Verfahrensziels".

Das Verwertungs- und Verteilungsverfahren nach den §§ 208 ff. beginnt mit der Anzeige der Masseunzulänglichkeit durch den Insolvenzverwalter an das Insolvenzgericht. Dadurch wird eine **Zäsur** herbeigeführt zwischen den nach der Anzeige vom Verwalter begründeten Neumasseverbindlichkeiten und den zu diesem Zeitpunkt bereits bestehenden Altmasseverbindlichkeiten. Das nun gesetzlich verankerte **Vorwegbefriedigungsrecht** der **Neumassegläubiger** in § 209 Abs. 1 Nr. 2 ist das **Kernstück des neuen Regelungssystems;** dieses ist notwendig, damit der Insolvenzverwalter angesichts einer unzulänglichen Insolvenzmasse seine ihm nach § 208 Abs. 3 auferlegte Abwicklungstätigkeit fortsetzen kann.[4] Er darf die zur Verwaltung und Verwertung der Restmasse erforderlichen neuen Geschäfte zur Vermeidung einer persönlichen Haftung aus § 61 nur insoweit eingehen, wie er die daraus resultierenden Masseverbindlichkeiten vorrangig und in voller Höhe befriedigen kann, und zwar ohne Rücksicht auf die bestehenden Masseverbindlichkeiten der Altmassegläubiger iSv § 209 Abs. 1 Nr. 3.[5] 2

Die nachrangigen Altmassegläubiger befinden sich nach Anzeige der Masseunzulänglichkeit in einer den Insolvenzgläubigern im Regelinsolvenzverfahren vergleichbaren verfahrensrechtlichen Lage.[6] Ihnen ist deshalb in der „Insolvenz in der Insolvenz“ untersagt, wegen ihrer Masseansprüche in die Insolvenzmasse nach § 210 zu vollstrecken. 3

B. Entstehungsgeschichte

I. Frühere Rechtslage

Die Abwicklung massearmer Verfahren nach der Konkursordnung bereitete in der Praxis auf Grund erheblicher Rechtsunsicherheiten große Schwierigkeiten. Reichte die Masse zur Erfüllung sämtlicher Masseansprüche nicht aus, so sah § 60 KO eine Rangordnung dieser Verbindlichkeiten vor. Danach waren an erster Stelle die Ansprüche aus Rechtshandlungen des Konkursverwalters sowie aus zweiseitigen Verträgen zu befriedigen, deren Erfüllung zur Konkursmasse verlangt wird oder für die Zeit nach Eröffnung des Verfahrens erfolgen muss, § 60 Abs. 1 Nr. 1 KO. Nachrangig waren demgegenüber die Massekosten iSd § 58 KO, also die Verfahrenskosten wie auch die Ausgaben für das Verfahren sowie die Verwaltung und Verteilung der Masse. Aufgrund dieser gesetzlichen **Rangordnung des § 60 KO** war das eröffnete Insolvenzverfahren nach § 204 KO einzustellen, wenn die Insolvenzmasse zwar die (nachrangigen) Massekosten des § 58 KO abdeckte, jedoch nicht auch die im ersten Rang stehenden Masseschulden nach § 59 Abs. 1 Nr. 1, 2 KO.[7] Um die Insolvenzmasse nach Maßgabe des § 60 KO an die Massegläubiger zu verteilen, sollten diese zwar vor einer Verfahrenseinstellung noch verwertet werden. Jedoch enthielt die Konkursordnung keine Regelungen für das vom Konkursverwalter nach Eintritt der Masseinsuffizienz zu beachtende Verfahren.[8] 4

Eine weitere ordnungsgemäße Konkursabwicklung nach Eintritt der Masseinsuffizienz erfordert vor allem, dass zu diesem Zweck neue Masseverbindlichkeiten eingegangen werden können. Hinsichtlich dieser Neumasseverbindlichkeiten war aber strittig, ob sie in voller Höhe vorweg aus der Masse bezahlt oder – nach Eintritt der Masseunzulänglichkeit – auch nur nach Maßgabe des § 60 KO befriedigt werden können, also nach ihrem Rang und ggf. nur anteilig.[9] Freilich leuchtet es unmittelbar ein, dass der Verwalter seinen Abwicklungsaufgaben nicht gerecht werden kann, wenn er seinem Vertragspartner im Zweifel nur anteilige Befriedigung versprechen kann. Die Rechtsprechung des BGH hielt es jedoch nicht für zulässig, Neumasseverbindlichkeiten – mit Ausnahme der Konkursverwaltervergütung – gegenüber den bei Eintritt der Masseunzulänglichkeit bestehenden Altmasseschulden zu privilegieren.[10] Die durch § 60 KO vorgegebene Rangordnung konnte nach Auffassung der Rechtsprechung nur durch den Gesetzgeber abgeändert werden. 5

Ohne ein Vorwegbefriedigungsrecht für Neumassegläubiger war es aber dem Verwalter nur unter Inkaufnahme eines unzumutbaren Haftungsrisikos möglich, seine Tätigkeit bis zur vollständi- 6

---

4 Da nach der Rechtsprechung zu § 60 KO Neu-Masseschulden grundsätzlichen keinen Vorrang besaßen, war die gesetzliche Regelung erforderlich; vgl. Begr. RegE zu § 318, *Kübler/Prütting,* S. 436. Zur Zielrichtung der Verteilungsordnung in § 209 vor allem Jaeger/*Windel* § 209 Rn. 1 ff.

5 Eine Verkürzung der Insolvenzmasse erfolgt durch die vorrangige Befriedigung der Neumassegläubiger grundsätzlich nicht, da die Gegenleistung in die Masse gelangt.

6 → § 209 Rn. 35.

7 Die Einzelheiten waren umstritten, vgl. *Kuhn/Uhlenbruck* § 204 KO Rn. 1.

8 *Kilger/K. Schmidt* § 204 KO Anm. 2.

9 *Uhlenbruck,* Konkurs im Konkurs, FS 50 Jahre BGH, 2000, S. 803 ff.

10 BGH NJW 1992, 692; ZIP 1984, 612; Zur Entwicklung der Rechtsprechung eingehend *Uhlenbruck,* Konkurs im Konkurs, FS 50 Jahre BGH, 2000, S. 803 ff.

gen Verwertung und Verteilung der Masse fortzusetzen; er geriet schnell in Gefahr, sich schadenersatzpflichtig zu machen, wenn er die Befriedigungsmöglichkeiten von ihm begründeter Neu-Masseschulden unzutreffend einschätzte. In der Praxis führte deshalb ein „**Konkurs im Konkurs**" vielfach zur alsbaldigen Verfahrenseinstellung, obgleich noch erhebliche Vermögenswerte, wie zB auch Haftungsansprüche gegenüber den Gesellschaftern bzw. Geschäftsführern, vorhanden waren und die zugunsten der Massegläubiger noch hätten realisiert werden können.[11]

II. Gesetzgebungsverfahren

7 Zweck der gesetzlichen **Neuregelung** des masseunzulänglichen Verfahrens war es deshalb, den Insolvenzverwalter zu befähigen, seine Abwicklungsaufgabe ohne übermäßiges Haftungsrisiko so lange fortzusetzen, bis die Masse vollständig verwertet ist.[12] Dies ist wiederum Voraussetzung dafür, dass die Masseverbindlichkeiten möglichst weitgehend getilgt werden können. Dadurch sollte zugleich auch das Ziel verwirklich werden, im Insolvenzverfahren das schuldnerische Vermögen vollständig abzuwickeln, so dass im Anschluss hieran für eine außergerichtliche Liquidation kein Bedürfnis mehr besteht.[13] Wird das verwertbare Massevermögen restlos zur Befriedigung der Gläubiger eingesetzt, wird eine Rückgabe von Vermögenswerten an den Schuldner vermieden.

8 Die neue Vorschrift des § 208 basiert auf Vorschlägen der Praxis und Rechtslehre zur Behandlung von Neumasseschulden bei Eintritt der Masseunzulänglichkeit. Damit der Verwalter die weitere Verwertung und Verteilung der Masse durchführen kann, wurde er als berechtigt angesehen, sobald er die während des Verfahrens hervorgetretene Masseunzulänglichkeit bekannt gemacht hatte, die Neumasseschulden außerhalb des Verteilungsmaßstabs nach § 60 KO vorab voll zu befriedigen.[14] Demgegenüber sollten die im Zeitpunkt der Bekanntmachung bestehenden Altmassegläubiger – wie Konkursgläubiger – nach der Rangordnung des § 60 KO in einem „Konkurs im Konkurs" befriedigt werden.[15]

9 Die Abwicklung masseunzulänglicher Insolvenzverfahren wird durch das neue Regelungssystem der §§ 208 ff. erstmals auf eine gesetzliche Grundlage gestellt. Der Insolvenzverwalter erhält die **Handlungsfreiheiten** zurück, die er benötigt, um seine Abwicklungs- und Befriedigungsaufgabe zur Verwertung und Verteilung der noch vorhandenen Restmasse gem. § 208 Abs. 3 erfüllen zu können.

10 **1. Feststellung der Masseunzulänglichkeit.** Mit der Anzeige der Masseunzulänglichkeit durch den Insolvenzverwalter wird die Insolvenz in das Abwicklungsverfahren nach den §§ 209 bis 211 übergeleitet. Die Feststellung der Masseunzulänglichkeit war nach § 319 RegE Sache des Insolvenzgerichtes.[16] Demgegenüber wurde eingewandt, dass diese Aufgabe die Insolvenzgerichte überfordert und dass die Gerichte von der Prüfung der die Masseunzulänglichkeit begründenden Tatsachen wie auch von der Anhörung der Verfahrensbeteiligten entlastet werden sollten. Der **Insolvenzverwalter** sollte deshalb auf Vorschlag des Rechtsausschusses ausschließlich für die Feststellung der Masseunzulänglichkeit **verantwortlich** sein.[17] Den Insolvenzgerichten obliegt es in der Gesetz gewordenen Fassung nur noch, die ihnen vom Verwalter angezeigte Masseunzulänglichkeit öffentlich bekannt zu machen und den Massegläubigern besonders zuzustellen, § 208 Abs. 2. Die bindende Wirkung der Anzeige schafft Planungssicherheit und erleichtert damit die Abwicklung massearmer Verfahren, um wenigstens die Massegläubiger zu befriedigen.

11 **2. Keine Rechtsschutzmöglichkeit gegen Anzeige der Masseunzulänglichkeit.** Mit der Verlagerung der **Feststellungskompetenz** auf den Insolvenzverwalter ging einher der Verlust von Rechtsschutzmöglichkeiten für die Insolvenzgläubiger und insbesondere für die Altmassegläubiger. § 318 RegE hatte noch vorgesehen, dass vor einer Entscheidung des Insolvenzgerichtes eine Anhörung vor allem auch der betroffenen Massegläubiger stattzufinden hat;[18] ferner war ihnen eine Rechtsmittelmöglichkeit gegen den Einstellungsbeschluss des Insolvenzgerichtes eingeräumt. Der Gesetzgeber hielt den Ausschluss jeglicher Überprüfungsmöglichkeit der Masseunzulänglichkeitsanzeige jedoch für gerechtfertigt im Hinblick auf die gegenüber der KO verschärfte persönliche Haftung des Verwalters nach § 61 für nicht erfüllbare Masseverbindlichkeiten.

---

11 *Kuhn/Uhlenbruck* § 60 KO Rn. 3.
12 Vgl. BGH NZI 2005, 561 u. NZI 2003, 369.
13 Allg. Begr. RegE, *Kübler/Prütting,* S. 101; *J. Uhlenbruck,* Kölner Schrift, S. 1197 Rn. 21.
14 *Henckel,* ZIP 1993, 1277; *Kuhn/Uhlenbruck* § 60 KO Rn. 2a.
15 *Kilger/K. Schmidt* § 60 KO Anm. 4a.
16 § 319 RegE, *Kübler/Prütting,* S. 633.
17 Begr. Rechtsausschuss, *Kübler/Prütting,* S. 437.
18 Begr. zu § 318 RegE, *Kübler/Prütting,* S. 436.

3. Auswirkungen der Masseunzulänglichkeit auf Masseverbindlichkeiten. Gestrichen wurde auf Vorschlag des Rechtsausschusses auch § 320 Abs. 2 RegE, der die Wirkungen des Eintritts der Masseunzulänglichkeit auf die zum Zeitpunkt der Anzeige bestehenden Masseverbindlichkeiten regelte.[19] Ein gesetzliches Regelungsbedürfnis wurde verneint. Vielmehr sollte es der Rechtsprechung vorbehalten bleiben zu klären, ob die Regeln über die Erfüllung gegenseitiger Verträge, über die Aufrechnung im Verfahren sowie über die Unwirksamkeit von vor der Eröffnung des Verfahrens durch Zwangsvollstreckung erlangten Sicherungen auf derartige Masseverbindlichkeiten übertragen werden können.[20] 12

C. Feststellung der Masseunzulänglichkeit nach § 208

I. Abwicklung des masseunzulänglichen Verfahrens

1. Abgrenzung Masselosigkeit und Masseunzulänglichkeit. Die InsO unterscheidet zwischen zwei verschiedenen Tatbeständen der Massearmut, an die unterschiedliche Rechtsfolgen geknüpft sind. **Masselosigkeit** (=Massearmut im engeren Sinn) iSd § 207 tritt ein, wenn der Insolvenzmasse – entgegen der ursprünglichen Prognose – die zur Deckung der Verfahrenskosten benötigten Mittel fehlen, zB wenn ein als werthaltig angesehener Anspruch des Schuldners sich nicht realisieren lässt. Ohne ausreichende Deckung der Verfahrenskosten kann das Insolvenzverfahren nicht durchgeführt werden. Es ist dann ohne weitere Verwertung, vgl. § 207 Abs. 3, gem. § 207 Abs. 1 wegen Masselosigkeit umgehend vom Insolvenzgericht von Amts wegen einzustellen.[21] 13

Demgegenüber liegt **Masseunzulänglichkeit** iSd § 208 vor, wenn zwar die Mittel zur Begleichung der Verfahrenskosten iSd § 54 vorhanden sind, die Insolvenzmasse aber nicht ausreicht, um alle sonstigen Masseverbindlichkeiten vollständig zu erfüllen. Im Hinblick auf die Deckung der Kosten des Verfahrens wird dieses weiter fortgesetzt, allerdings mit einem **geänderten Verfahrenszweck,** sobald der Insolvenzverwalter die Masseunzulänglichkeit angezeigt hat. Die geordnete Verwertung der noch vorhandenen Restmasse erfolgt jetzt zugunsten der Massegläubiger, und dient nicht mehr der gemeinschaftlichen Befriedigung der Insolvenzgläubiger.[22] Mit der Fortführung des masseunzulänglichen Verfahrens bis hin zur vollständigen Verwertung der Insolvenzmasse wird zugleich ausgeschlossen, dass nach Verfahrenseinstellung noch Vermögensgegenstände an den Schuldner zurückgegeben werden müssen. 14

2. Rangordnung der Massegläubiger. Die dem Insolvenzgericht vom Verwalter angezeigte Masseunzulänglichkeit bewirkt, dass die Befriedigung der Massegläubiger sich ab diesem Zeitpunkt nach der Rangordnung des § 209 Abs. 1 Nr. 2, 3 richtet. Bevor die Masseunzulänglichkeit nicht angezeigt ist, kann jeder Massegläubiger die geschuldete Leistung gegen den Insolvenzverwalter geltend machen und ggf. bei Nichterfüllung in die Masse vollstrecken. Was er bis zu diesem Zeitpunkt vom Insolvenzverwalter auf seine Forderung erhält, muss er auch nach angezeigter Masseunzulänglichkeit nicht herausgeben, sondern kann dies behalten.[23] Erst mit der Anzeige der Masseunzulänglichkeit nach § 208 kommt es zur Unterscheidung der Massegläubiger in Alt- und Neumassegläubiger, wobei die Rangordnung des § 209 zwecks Verteilung der ungenügenden Mittel die Masseverbindlichkeiten in **drei Rangstufen** aufteilt.[24] 15

Die erste Rangstelle nehmen die Verfahrenskosten iSd § 54 ein. Sie müssen – auch nach Anzeige der Masseunzulänglichkeit – voll abgedeckt sein, andernfalls das Verfahren nach § 207 abgebrochen wird und einzustellen ist. An der zweiten Rangstelle stehen die nach der Masseunzulänglichkeitsanzeige vom Verwalter zum Zwecke der Restabwicklung eingegangenen Neumasseschulden. An der dritten, der letzten Rangstelle, sind alle übrigen Altmasseverbindlichkeiten eingestuft. Diese haben ihr Recht auf Vorwegbefriedigung verloren; Vollstreckungsmaßnahmen sind nach § 210 unzulässig. Die Aufteilung der Massegläubiger nach angezeigter Masseunzulänglichkeit in zwei Gruppen ermöglicht zu Lasten der Altmassegläubiger eine vollständige Befriedigung der Neumassegläubiger. Mit der Anzeige der Masseunzulänglichkeit greift der Insolvenzverwalter deshalb in erster Linie in die Rechtsstellung der **Altmassegläubiger** ein.[25] Ihnen gegenüber kann er sich in erster Linie durch eine verfrühte oder unrichtige Unzulänglichkeitsanzeige schadenersatzpflichtig machen, weil er 16

---

19 Begr. Rechtsausschuss, *Kübler/Prütting,* S. 437; kritisch hierzu *Kluth* ZInsO 2000, 177.
20 Begr. Rechtsausschuss, *Kübler/Prütting,* S. 437.
21 Vgl. → § 207 Rn. 43.
22 *Haarmeyer/Wutzke/Förster,* Handbuch, Kap. 8 Rn. 159.
23 Uhlenbruck/*Ries* § 209 Rn. 44; *Thole* ZIP 2018, 2241, 2247; → Rn. 63.
24 Vgl. → § 209 Rn. 13.
25 BGH NZI 2005, 32.

deren Befriedigungsmöglichkeiten wegen der sich aus § 209 Abs. 1 Nr. 3 ergebenden Rangrückstufung beeinträchtigt (→ Rn. 78, 79).

II. Eintritt der Masseunzulänglichkeit

17 **1. Prüfung der Masseunzulänglichkeit.** Der Insolvenzverwalter hat ständig im Auge zu behalten, ob die Insolvenzmasse bei normalem Geschäftsablauf ausreichend ist, die Massegläubiger aus der Insolvenzmasse gem. § 53 vorweg zu befriedigen.[26] Die fortlaufende Überprüfung und **Kontrolle** der **Massezulänglichkeit** anhand einer ordnungsgemäßen **Liquiditätsplanung** bzw. einer Masseunzulänglichkeitsrechnung, die auch alle voraussichtlich noch anfallenden Masseverbindlichkeiten einbezieht, gehört zu den insolvenzspezifischen Pflichten.[27] Freilich ist die Pflicht des Insolvenzverwalters, bei eingetretener oder drohender Masseunzulänglichkeit diese dem Insolvenzgericht anzuzeigen, nicht gesetzlich normiert.[28] Jedoch haftet der Insolvenzverwalter persönlich nach § 61 Satz 1, wenn er fällige Masseverbindlichkeiten wegen Masseunzulänglichkeit nicht befriedigen kann, obgleich deren Eintritt bei Begründung der Verbindlichkeit für ihn vorhersehbar war. Zur Vermeidung einer Haftung für die pflichtwidrige Begründung vonMasseverbindlichkeiten muss der Verwalter die Masseunzulänglichkeit rechtzeitig anzeigen. Er kann sich gem. § 61 Satz 2 nur durch den Nachweis entlasten, dass entweder objektiv von einer ausreichenden Masse auszugehen war oder dass die Unzulänglichkeit aus seiner damaligen Sicht für ihn nicht erkennbar war.[29] Im Hinblick auf die Haftung nach § 61 ging der Gesetzgeber davon aus, dass der Verwalter aus eigenem Interesse heraus die Masseunzulänglichkeit nur anzeigen wird, wenn er dies auch verantworten kann.[30]

18 Zweck der mit der **Anzeige** verbundenen Rangrückstufung der Altmasseverbindlichkeiten iSd § 209 Abs. 1 Nr. 3 ist es, den Insolvenzverwalter wieder handlungsfähig zu machen. Zur Erfüllung der ihm im masseunzulänglichen Verfahren auferlegten Abwicklungs- und Befriedigungspflichten ist er danach wieder in der Lage, neue Masseschulden einzugehen, da er diese voll und vorweg aus der verbliebenen Aktivmasse befriedigen kann. Dadurch reduziert sich auch das Haftungsrisiko des Insolvenzverwalters. Er muss – wenn er die Anzeige rechtzeitig erstattet hat – nur noch sicherstellen, dass die von ihm willentlich begründeten Masseverbindlichkeiten getilgt werden, da er für die Nichterfüllung der Neumasseverbindlichkeiten entsprechend § 61 wiederum persönlich haftet.[31]

19 **2. Begriff der Masseunzulänglichkeit.** Masseunzulänglichkeit tritt nach § 208 ein, wenn die Insolvenzmasse nicht ausreichend ist, um die fälligen sonstigen Verbindlichkeiten zu erfüllen bzw. wenn die Masse voraussichtlich nicht ausreichen wird, um diese im Zeitpunkt ihrer Fälligkeit zu erfüllen. Der Insolvenzverwalter hat zur Feststellung, ob Masseunzulänglichkeit iSd § 208 vorliegt, zu ermitteln den Umfang der bestehenden fälligen und fällig werdenden sonstigen Masseverbindlichkeiten und die – unter Abzug der Verfahrenskosten – zur Befriedigung voraussichtlich zur Verfügung stehende Insolvenzmasse.[32] In der Mehrzahl der Insolvenzverfahren wird sich aus der Gegenüberstellung der relevanten Aktiva und Passiva ein klares Ergebnis ablesen lassen. Da nach § 26 Abs. 1 aber eine Verfahrenseröffnung schon bei einer nur knappen Deckung der Verfahrenskosten erfolgen muss, kann es auch im Laufe des Verfahrens strittig werden, ob die – über die Kostendeckung hinaus – zur Verfügung stehenden Mittel der Insolvenzmasse zur Erfüllung aller sonstigen Ansprüche der Massegläubiger noch ausreichend sind.[33]

20 **a) Eingetretene Masseunzulänglichkeit.** Die Masseunzulänglichkeit ist eingetreten, wenn die Insolvenzmasse nicht mehr in der Lage ist, die gesamten bereits fällig gewordenen Masseverbindlichkeiten zu bedienen, § 208 Abs. 1 Satz 1. Zu den Masseverbindlichkeiten zählen sowohl die aus der

---

[26] Diese besondere Pflicht des Insolvenzverwalters bezieht sich aber nur auf die primären Erfüllungsansprüche u. nicht auf Sekundäransprüche, s. BGH NZI 2018, 258 (Rn. 15); auch KPB/*Pape* § 208 Rn. 5.

[27] Zur Masseunzulänglichkeitsrechnung als Kontrollinstrument vgl. HambKommInsO/*Weitzmann* § 208 Rn. 9 u. *von Websky* ZInsO 2014, 1468, 1476. Zur Aufstellung eines Liquiditätsplans *Staufenbiel/Karlstedt* ZInsO 2010, 2059.

[28] Das Insolvenzgericht ist in die Prüfung der Masseunzulänglichkeit nicht eingeschaltet, vgl. zur Entstehungsgeschichte § 208 Rn. 10.

[29] Vgl. BGH NZI 2005, 222 mAnm *Zwoll* = ZIP 2005, 311, dazu EWiR 2005, 679 *(Pape)*.

[30] Begr. zu § 318 RegE, *Kübler/Prütting,* S. 436. Dazu auch Jaeger/*Windel* § 208 Rn. 13, der den Zusammenhang der Anzeigekompetenz des Verwalters mit dessen persönlicher Haftung nach § 61 hervorhebt. Vgl. auch → Rn. 30.

[31] BGH ZIP 2018, 386.

[32] Die Rechtsprechung verlangte zur Darlegung der Masseunzulänglichkeit nach § 60 KO idR die Vorlage eines zeitnahen Konkursstatus, aus dem die Summe der verfügbaren liquiden Mittel wie auch das gesamte verwertbare Vermögen des Schuldners hervorgehen musste, vgl. BGH NZI 2001, 539.

[33] Zur Deckungsprognose bei § 207 u. § 208 → § 207 Rn. 13.

Geschäftsführung des Verwalters entstandenen wie auch die kraft Gesetzes aus den fortbestehenden Dauerschuldverhältnissen herrührenden (oktroyierten) Masseschulden, § 55 Abs. 1. Die Insolvenzmasse ist mit Blick auf die sonstigen Masseverbindlichkeiten **zahlungsunfähig** u. damit unzulänglich; die eingetretene Masseunzulänglichkeit entspricht insoweit der Situation des § 17 Abs. 2.[34]

b) Drohende Masseunzulänglichkeit. Mit der eingetretenen Masseunzulänglichkeit wird in § 208 Abs. 1 Satz 2 die drohende Masseunzulänglichkeit gleichgestellt. Auch diese hat der Insolvenzverwalter daher dem Gericht anzuzeigen, wenn er absehen kann, dass die Masse „voraussichtlich" nicht ausreichend ist, um die bestehenden sonstigen Masseverbindlichkeiten im Zeitpunkt ihrer Fälligkeit zu erfüllen.[35] Wegen der **rechtlichen Gleichbehandlung** der beiden Formen von Masseunzulänglichkeit behalten Neumasseverbindlichkeiten, die nach der Anzeige der zunächst nur prognostizierten, drohenden Masseunzulänglichkeit entstanden sind, ihren Vorrang gem. § 209 Abs. 1 Nr. 2 auch dann, wenn später die Masse tatsächlich unzulänglich geworden ist. Eine weitere Anzeige ist dann nicht mehr erforderlich und wäre ohne eigenständige rechtliche Wirkung.[36] Der Insolvenzverwalter hat eine **Prognoseentscheidung** zu treffen, die ihm bei Einschätzung der Liquiditätsentwicklung und damit auch bezüglich des richtigen Zeitpunkts der Anzeige der Masseunzulänglichkeit einen weiten Beurteilungsspielraum eröffnet.[37] Entscheidend kommt es darauf an, ob die Insolvenzmasse zur Erfüllung sämtlicher aktuell und **zukünftig fällig werdender Masseverbindlichkeiten** „voraussichtlich" nicht ausreichend sein wird; die Nichterfüllung sämtlicher sonstiger Masseverbindlichkeiten muss also bei einer vorausschauenden Wertung wahrscheinlicher sein als deren vollständige Erfüllung. Da in die Beurteilung dieser **Deckungsprognose** auch Masseschulden aus **künftigen Abwicklungsmaßnahmen** des Verwalters – wie Löhne von Arbeitnehmern – einbezogen werden müssen,[38] kann dies dazu führen, dass der Verwalter bereits unmittelbar nach Verfahrenseröffnung die Masseunzulänglichkeit anzeigen muss. Er kann dadurch erreichen, dass die nach § 209 entstehenden (oktroyierten) Masseverbindlichkeiten aus fortbestehenden Dauerschuldverhältnissen als Altmasseverbindlichkeiten zurückgestuft und nur noch gem. § 209 Abs. 1 Nr. 3 nachrangig zu befriedigen sind, sofern die Gegenleistung nicht in Anspruch genommen wird, vgl. § 209 Abs. 2 Nr. 3.[39] Die vorhandenen Mittel kann er für die tatsächliche Liquidation einsetzen. 21

Die Gleichbehandlung der Anzeigen der drohenden und der bereits eingetretenen Masseunzulänglichkeit ist notwendig auch im Hinblick auf die **Haftungsrisiken** des Insolvenzverwalters nach **§ 61.** Sobald die drohende Masseunzulänglichkeit absehbar ist, kann sich der Insolvenzverwalter nach § 61 schadenersatzpflichtig machen, wenn er neue Masseverbindlichkeiten eingeht, die er später nicht voll erfüllen kann.[40] Er muss deshalb seine Berechnungen zur Massekostendeckung laufend überprüfen und sich darüber vergewissern, ob die vollständige Erfüllung der erst künftig fällig werdenden Masseverbindlichkeiten ernsthaft gefährdet sein könnte.[41] Wenn die Gefahr einer nicht nur kurzfristigen Unterdeckung besteht, würde sich der Insolvenzverwalter bei Eingehung neuer Masseverbindlichkeiten einem erheblichen persönlichen Haftungsrisiko aussetzen, zumal er dafür beweispflichtig ist, dass eine nachfolgend eingetretene Masseunzulänglichkeit für ihn zum damaligen Zeitpunkt nicht vorhersehbar war, § 61 Satz 2.[42] Im Interesse der eigenen Haftungsbegrenzung muss deshalb der Insolvenzverwalter die drohende Masseunzulänglichkeit rechtzeitig dem Insolvenzgericht anzeigen, um für die weitere Abwicklung der Masse Planungssicherheit herbeizuführen. Erst nach der Anzeige kann der Insolvenzverwalter die Liquidationstätigkeit fortsetzen, da die von ihm zu diesem Zweck neu begründeten Masseverbindlichkeiten nach § 209 Abs. 1 Nr. 2 vorrangig aus der Insolvenzmasse befriedigt werden können, während die Altmassegläubiger ihre Forderungen aufgrund des Vollstreckungsverbots gem. § 210 nicht mehr einklagen und vollstrecken können.[43] 22

---

[34] Jaeger/*Windel* § 208 Rn. 15.

[35] HambKommInsO/*Weizmann* § 208 Rn. 9; KPB/*Pape* § 208 Rn. 14; → Rn. 30.

[36] OLG Frankfurt NZI 2005, 40; FKInsO/*Kießner* § 208 Rn. 9.

[37] OLG Düsseldorf NZI 2012, 675, 678; Mohrbutter/Ringstmeier/*Pape* § 12 Rn. 91.

[38] Vgl. Schröder S. 93 f. Der Prognosezeitraum ist wie im Fall der drohenden Zahlungsunfähigkeit in § 18 str., sollte aber idR mindestens das nächste Geschäftsjahr umfassen, vgl. Jaeger/*Windel* § 208 Rn. 19.

[39] *Haarmeyer/Wutzke/Förster,* Handbuch, Kap. 8 Rn. 161; HKInsO/*Landfermann* § 208 Rn. 10; *Klaas/Zimmer* ZInsO 2011, 666, 670.

[40] Mohrbutter/Ringstmeier/*Pape* § 12 Rn. 93. Die Haftung nach § 61 knüpft damit inhaltlich an die Erkennbarkeit der drohenden Masseunzulänglichkeit durch den Insolvenzverwalter bei Begründung der Masseschuld an.

[41] BGH NZI 2017, 753 (Rn. 25); NZI 2004, 435 mAnm *Kaufmann* S. 439 = ZInsO 2004, 609 mAnm *Pape* S. 605 f. u. st. Rspr.

[42] BGH NZI 2004, 435; ZIP 2005, 311, dazu EWiR 2005, 679 (Pape) = DZWiR 2005, 211 mAnm *Smid* DZWiR 2006, 20.

[43] BGH NZI 2003, 369 mAnm *Uhlenbruck*; KPB/*Pape* § 208 Rn. 15c.

23 **3. Insolvenzmasse. a) Vermögen des Schuldners.** Maßgebend für den Eintritt der (drohenden) Masseunzulänglichkeit ist, ob die Insolvenzmasse auf der Aktivseite – über die Verfahrenskosten hinausgehend – ausreichend ist, um die Masseverbindlichkeiten zum Zeitpunkt ihrer Fälligkeit zu erfüllen. Unter dem Begriff der Insolvenzmasse kann nicht der im Zeitpunkt der Verfahrenseröffnung geschätzte Wert der sog. Soll-Masse verstanden werden. Diese umfasst Vermögenswerte, deren Bestand und Realisierbarkeit sich erst während des Verfahrens herausstellt. Maßstab der Beurteilung der Unzulänglichkeit kann vielmehr nur sie sog. **Ist-Masse,** dh das gesamte verwertbare Vermögen des Schuldners sein.[44]

24 **b) Liquidität.** Allerdings kann es nicht darauf ankommen, ob irgendwann einmal im Laufe des Verfahrens die Erwartung besteht, dass eine zur Befriedigung der Masseverbindlichkeiten ausreichende Masse vorhanden ist. Nach dem Gesetz ist der Eintritt der Masseunzulänglichkeit davon abhängig, ob die bestehenden Masseverbindlichkeiten zu ihrem **Fälligkeitszeitpunkt** aus der Masse bedient werden können.[45] Wenn dies nicht gewährleistet ist, gerät der Insolvenzverwalter unweigerlich in Verzug, so dass der Massegläubiger seinen Anspruch gerichtlich geltend machen sowie ggf. in die Masse vollstrecken kann. Gerade diese Gefahr soll der Insolvenzverwalter durch rechtzeitige Anzeige der Masseunzulänglichkeit abwenden können, da ansonsten eine weitere geordnete Abwicklung des Verfahrens ausgeschlossen ist. Für die Feststellung, ob die Insolvenzmasse unter Berücksichtigung der Verfahrenskosten ausreichend ist, muss deshalb auf die liquiden Mittel abgestellt werden, die im Zeitpunkt der Fälligkeit zur Begleichung der Masseverbindlichkeiten zur Verfügung stehen.[46] Da die Ansprüche der Massegläubiger idR auf eine Geldleistung gerichtet sind, ist für deren Erfüllbarkeit zudem auch die **Geldliquidität der Masse** ausschlaggebend. Die Insolvenzmasse muss über ausreichende Barmittel verfügen, um ihren Zahlungsverpflichtungen ordnungsgemäß gegenüber den Massegläubigern nachkommen zu können; ist dies nicht mehr gewährleistet, ist Masseunzulänglichkeit iSd § 208 eingetreten oder zumindest droht sie.

25 **c) Vorübergehende Masseunzulänglichkeit.** Der Eintritt der Masseunzulänglichkeit nach § 208 wird nicht dadurch ausgeschlossen, dass sich in der Insolvenzmasse noch verwertbare **Vermögensgegenstände** befinden, wenn diese erst im Laufe des Verfahrens in Geld umgesetzt werden können und damit voraussichtlich zur Befriedigung der sonstigen Masseverbindlichkeiten **im Zeitpunkt ihrer** jeweiligen **Fälligkeiten nicht zur Verfügung stehen.**[47] Vermögenswerte, die nicht oder auch nicht in absehbarer Zeit liquidierbar sind, stehen zur gleichmäßigen und vollständigen Berichtigung aller Ansprüche von Massegläubigern nicht zur Verfügung und lassen diese deshalb ernsthaft gefährdet erscheinen. Zu den illiquiden Aktiva zählen zB im Ausland gelegene, schwer verwertbare Grundstücke, bei denen sich nicht voraussehen lässt, ob und wann hieraus ein Masseerlös zu realisieren ist. Soweit offene Ansprüche zur Masse gehören, schließen sie den Eintritt der Masseunzulänglichkeit nicht aus, wenn mit ihrer Durchsetzung nicht gerechnet werden kann; eine Erfolg versprechende gerichtliche Geltendmachung, ggf. unter Bewilligung der Prozesskostenhilfe nach § 110 ZPO, ist allein nicht ausreichend, um sie als liquide Mittel einzustufen. Auch titulierte Forderungen können wegen des Vollstreckungsrisikos idR liquiden Mitteln nicht gleichgestellt werden.

26 Wegen der **Illiquidität** von Vermögenswerten kann die Insolvenzmasse – drohend – zahlungsunfähig sein.[48] Aufgrund des Liquiditätsplans des Insolvenzverwalters und des Verwertungsstands lässt sich mitunter aber prognostizieren, dass sie zu einem späteren Zeitpunkt wieder über ausreichende flüssige Mittel verfügt, um alle Masseverbindlichkeiten zu befriedigen. In dieser Situation eines voraussichtlich nur vorübergehend unzulänglichen Verfahrens liegt es im Interesse der Massegläubiger, dass der Insolvenzverwalter von der Anzeige der Masseunzulänglichkeit Abstand nimmt, damit die damit verbundene Rangrückstufung für die Altmassegläubiger nicht eintritt. Der Insolvenzverwalter sollte deshalb die Massegläubiger über diese „**temporäre**" Masseunzulänglichkeit aufklären und sie auffordern, zB Stundungsvereinbarungen abzuschließen, damit die sonstigen Masseverbindlichkeiten erst zu einem Zeitpunkt fällig werden, in dem sie voraussichtlich aus der Masse

---

44 Mohrbutter/Ringstmeier/*Pape* § 12 Rn. 15; Jaeger/*Windel* § 208 Rn. 17 („Barmittel"); *Klaas/Zimmer* ZInsO 2011, 666, 669; s. auch § 207 Rn. 18.

45 *Haarmeyer/Wutzke/Förster,* Handbuch, Kap. 8 Rn. 162; HKInsO/*Landfermann* § 208 Rn. 7.

46 Wegen der Schwierigkeiten bei der Bewertung dieser Mittel steht dem Verwalter ein Einschätzungsspielraum zu, vgl. *Gundlach/Frenzel* DZWiR 2011, 177, 179.

47 Jaeger/*Windel* § 208 Rn. 22; *Klaas/Zimmer* ZInsO 2011, 666, 669; auch *Haarmeyer/Wutzke/Förster,* Handbuch, Kap. 8 Rn. 162, die auf die Möglichkeit der Massebesserung verweisen. Der BGH hat bisher offen gelassen, ob der Insolvenzverwalter in einer solchen Situation eine nur zeitweilige Masseunzulänglichkeit anzeigen muss, vgl. ZInsO 2004, 609, 612. Zur Eröffnung des Insolvenzverfahrens trotz temporärer Verfahrenskostenunterdeckung vgl. AG Hamburg ZInsO 2006, 51 u. → § 207 Rn. 20.

48 Vgl. BAG NJW 2000, 517; BayObLG NZI 2000, 366.

bezahlt werden können. Einen Anspruch hierauf besitzt er aber nicht. Sollten sich Massegläubiger nicht abhalten lassen, wegen ihrer Ansprüche zB in die Masse zu vollstrecken, so kann dies der Insolvenzverwalter nur durch Anzeige der Masseunzulänglichkeit abwenden. Im Fall der **Massebesserung** kann er in das **Regelverfahren zurückkehren.**[49]

4. Masseverbindlichkeiten. a) Umfang. Die zur Feststellung der Masseunzulänglichkeit zu berücksichtigenden sonstigen Masseverbindlichkeiten umfassen sämtliche sich aus § 55 ergebenden Ansprüche. Hierzu zählen die durch die Verwaltung, Verwertung und Verteilung der Insolvenzmasse begründeten Masseverbindlichkeiten wie auch die aus gegenseitigen Verträgen, deren Erfüllung zur Insolvenzmasse verlangt wird oder für die Zeit nach Eröffnung des Insolvenzverfahrens erfolgen muss, § 55 Abs. 1 Nr. 1 und 2. Der Insolvenzverwalter muss auch die aus nach Insolvenzeröffnung weiterbestehenden Miet- oder Arbeitsverträgen herrührenden oktroyierten Masseverbindlichkeiten voll berücksichtigen, obgleich er deren Umfang im Wesentlichen nur dadurch reduzieren kann, dass er die Vertragsverhältnisse nach Maßgabe der §§ 109, 113 durch Kündigung vorzeitig beendet. Einzubeziehen sind in die Prognoseentscheidung auch die im Eröffnungsverfahren von einem vorläufigen Insolvenzverwalter, auf den die Verwaltungs- und Verfügungsbefugnis gem. § 22 Abs. 1 übergegangen ist, begründeten Masseverbindlichkeiten nach § 55 Abs. 2. Ebenso müssen aus dem verwertbaren Vermögen des Schuldners abgedeckt sein die Ansprüche aus ungerechtfertigter Bereicherung der Masse, § 55 Abs. 1 Nr. 3, sowie Unterhaltsansprüche des Schuldners nach §§ 100, 101 Abs. 1 Satz 3, vgl. § 209 Abs. 1 Nr. 3. Die sich aus nach Insolvenzeröffnung abgeschlossenen Sozialplänen ergebenden Ansprüche sind dagegen bei der Prüfung der Massezulänglichkeit nicht zu berücksichtigen.[50] Sie werden zwar in § 123 Abs. 2 als Masseforderungen rechtlich qualifiziert; sie dürfen jedoch nur – anteilig – befriedigt werden, wenn auch eine Masse zur Befriedigung der Insolvenzgläubiger vorhanden ist; bei unzulänglicher Masse fallen sie deshalb aus. 27

b) Bewertung. Der tatsächliche Umfang der bei der Feststellung der Masseunzulänglichkeit zu berücksichtigenden Masseverbindlichkeiten ist oftmals nicht präzise zu ermitteln. Die von Massegläubigern geltend gemachten Ansprüche können dem Grunde wie auch der **Höhe** nach **ungewiss** sein. Wenn zB vom Vermieter Nutzungsentschädigungsansprüche geltend gemacht werden, Arbeitnehmer wegen nach Insolvenzeröffnung rückständiger Lohn- und Gehaltsansprüche prozessieren oder die öffentliche Hand wegen der Beseitigung von Kontaminationen die Erstattung von Entsorgungskosten fordert, ist vielfach eine Bewertung erforderlich, die auf nachvollziehbaren Tatsachen beruhen muss. Dabei sind streitige Masseforderungen grundsätzlich nicht zum vollen Nennwert, sondern nur in der Höhe anzusetzen, in der unter Zugrundelegung **kaufmännischer Vorsicht** mit einer Inanspruchnahme gerechnet werden muss.[51] 28

Dem Insolvenzverwalter ist bei der Bewertung einzelner Verbindlichkeiten zwar ein gewisser **Beurteilungsspielraum** zuzugestehen. Er darf jedoch keine Risiken überhöhen, um dadurch den vorzeitigen Eintritt der Masseunzulänglichkeit zu provozieren (→ Rn. 32). 29

5. Zeitpunkt der Anzeige der Masseunzulänglichkeit. Für die Unterscheidung von Neumasse- und Altmasseschulden stellt § 209 auf den Zeitpunkt der dem Insolvenzgericht angezeigten Masseunzulänglichkeit ab. **Wann** der Insolvenzverwalter dem Gericht (drohende) Masseunzulänglichkeit anzeigen muss, wird in § 208 Abs. 1 nicht näher bestimmt. Die Berechnung des Umfangs der fälligen und noch fällig werdenden Masseverbindlichkeiten sowie der zu ihrer Befriedigung im Fälligkeitszeitpunkt zur Verfügung stehenden Massemittel ist vor allem bei einer Fortführung des Unternehmens oder unübersichtlichen Vermögenssituation schwierig und mit Unwägbarkeiten behaftet. Zweck des § 208 ist es, den Insolvenzverwalter – unter der Voraussetzung der Deckung der Verfahrenskosten – durch Anzeige der Masseunzulänglichkeit in die Lage zu versetzen, den sich aus § 208 Abs. 3 ergebenden Abwicklungspflichten nachzukommen und das gesetzgeberische Ziel der Vollabwicklung des schuldnerischen Vermögens auf rechtlich gesicherter Basis zu verwirklichen. Obgleich der Insolvenzverwalter durch die **Wahl des Zeitpunkts der Unzulänglichkeitsanzeige** die Befriedigungsrechte der Massegläubiger entscheidend beeinflussen kann, hat der Gesetzgeber davon abgesehen, einen Zeitpunkt für die verpflichtende, inter omnes wirkende Anzeige durch den Insolvenzverwalter klar zu fixieren.[52] Jedenfalls obliegt diesem keine insolvenzspezifische Pflicht, Masseunzulänglichkeit im Interesse einzelner Gläubiger zu einem bestimmten Zeitpunkt anzuzei- 30

---

49 KPB/*Pape* § 208 Rn. 12a u. 23; Uhlenbruck/*Ries* § 208 Rn. 22; → Rn. 53 mwN.

50 Nerlich/Römermann/*Westphal* § 208 Rn. 13.

51 Vgl. KPB/*Pape* § 208 Rn. 16a; Jaeger/*Windel* § 208 Rn. 15. Zur Berechnung und Feststellung der Masseunzulänglichkeit im Einzelnen *Möhlmann* KTS 1998, 382.

52 BGH ZIP 2010, 2356 (Rn. 8).

gen.[53] Vielmehr wird es in das **pflichtgemäße Ermessen** des Insolvenzverwalters gestellt, mit Blick auf die weitere Verfahrensabwicklung zu entscheiden, wann die Anzeige der Masseunzulänglichkeit erforderlich ist.[54] Hierbei wird dem Verwalter ein **weiter Handlungs- und Entscheidungsspielraum** zugestanden.[55] Dies zeigt sich schon daran, dass seine Anzeige keiner Begründung bedarf und nicht justiziabel ist.[56] In Übereinstimmung mit dem Eröffnungsgrund der drohenden Zahlungsunfähigkeit rechtfertigt bereits die **drohende** Masseunzulänglichkeit deren Anzeige nach § 208 Abs. 1 Satz 2. Sobald ihr Eintritt für den Insolvenzverwalter erkennbar wird, kann er die Masseunzulänglichkeit anzeigen; die Anzeige muss aber nicht zu einem bestimmten Zeitpunkt erfolgen.[57] Die Anzeige bei drohender Masseunzulänglichkeit ist der in der Praxis häufigste Anwendungsfall des § 208 Abs. 1.[58] Bereits mit dem Eintritt der drohenden Unterdeckung der Masse hat der Insolvenzverwalter – unabhängig davon, wann er diese anzeigt – die Rangordnung des § 209 Abs. 1 zwingend zu beachten.[59] Er kann der materiell-rechtlichen Befriedigungsreihenfolge also nicht durch eine hinausgezögerte Anzeige ausweichen u. damit die Rangfolge der Befriedigung der Massegläubiger taktisch steuern.[60] Tatsächlich besteht jedoch für den Verwalter ein erheblicher Zwang, bereits die drohende Masseunzulänglichkeit anzuzeigen.[61] Nach § 61 haftet er für von ihm eingegangene, bei Fälligkeit nicht erfüllbare Masseverbindlichkeiten, wenn er bei deren Begründung hätte erkennen können, dass die Masse voraussichtlich zur Erfüllung nicht ausreichen wird. Parallel hierzu regelt § 208 Abs. 1 Satz 2, dass der Eintritt der Masseunzulänglichkeit droht, wenn die Masse voraussichtlich nicht zur Befriedigung der bestehenden Masseverbindlichkeiten zum Zeitpunkt ihrer Fälligkeit ausreichen wird. Bei drohender Masseunzulänglichkeit muss der Insolvenzverwalter daher mit der persönlichen Haftung rechnen, wenn er weiterhin Masseverbindlichkeiten begründet, die er später aus der Masse nicht voll erfüllen kann. Um das **Haftungsrisiko** zu vermeiden, ist der Insolvenzverwalter darauf angewiesen, die drohende Masseunzulänglichkeit rechtzeitig anzuzeigen. Zum Zwecke der weiteren Abwicklung des Verfahrens nach § 208 Abs. 3 kann er danach wieder Neumasseverbindlichkeiten iSd § 209 Abs. 1 Nr. 2 begründen und diese wegen ihres Vorrangs voll berichtigen.

31 **a) Vorbeugende Anzeige.** Auch wenn der Insolvenzverwalter ein berechtigtes Interesse daran hat, die Masseunzulänglichkeit möglichst frühzeitig anzuzeigen, so ist jedoch die vorbeugende oder **prophylaktische** Anzeige **unzulässig.**[62] Solange die Masse „voraussichtlich" noch zur Befriedigung der Massegläubiger ausreichend ist, darf der Insolvenzverwalter zur Vermeidung eigener Haftungsrisiken das Befriedigungsrecht der vorhandenen Massegläubiger nicht ausschalten und sie auf eine quotale Befriedigung verweisen.[63] Freilich löst auch die – unzulässige – vorbeugende oder unrichtige Anzeige der Masseunzulänglichkeit die Rechtsfolgen des § 209 und damit die Rangrückstufung der Altmassegläubiger nach § 209 Abs. 1 Nr. 3 aus. Soweit den Altmassegläubigern dadurch ein Schaden entsteht, können sie ihn nur in einem Haftungsprozess gegenüber dem Insolvenzverwalter geltend machen und durchsetzen.[64]

32 **b) Provozierte Anzeige.** Ebenso ist der Insolvenzverwalter nicht berechtigt, den Zeitpunkt des Eintritts der (drohenden) Masseunzulänglichkeit zu provozieren. So darf er nicht Masseverbind-

---

53 BGH ZIP 2010, 2356 (Rn. 10 f.); dazu *Klaas/Zimmer* ZInsO 2011, 666, 670 f. Zur grundsätzlichen Anzeigepflicht des Insolvenzverwalters vgl. aber Jaeger/*Windel* § 208 Rn. 30.

54 HambKommInsO/*Weitzmann* § 208 Rn. 7 und § 209 Rn. 4; Uhlenbruck/*Ries* § 208 Rn. 18; KPB/*Pape* § 208 Rn. 15a; *Gundlach/Frenzel* DZWiR 2011, 177 f.; abl. Jaeger/*Windel* § 208 Rn. 31.

55 BGH NZI 2017, 753 (Rn. 25).

56 BGH ZIP 2010, 2356 (Rn. 10).

57 OLG Düsseldorf NZI 2012, 675, 677; FKInsO/*Kießner* § 208 Rn. 11; *Gundlach/Frenzel* DZWiR 2011, 177, 179; *von Websky* ZInsO 2014, 1468, 1470; *Schröder* S. 94; aA Jaeger/*Windel* § 208 Rn. 30; HKInsO/*Landfermann* § 208 Rn. 6, wonach eine echte Amtspflicht des Verwalters zur rechtzeitigen Anzeige besteht.

58 Mohrbutter/Ringstmeier/*Pape* § 12 Rn. 90.

59 BGH NJW-RR 2010, 927 (Rn. 11 ff.); ZIP 2010, 2356 (Rn. 12); ZIP 2013, 226 (Rn. 14); OLG Düsseldorf ZIP 2012, 2115, 2117.

60 Zur Haftung des Insolvenzverwalters wegen fehlerhafter Anzeige der Masseunzulänglichkeit vgl. → Rn. 33 und → Rn. 77 f.

61 KPB/*Pape* § 208 Rn. 15c; → Rn. 21/22. Der Insolvenzverwalter wird häufig zugleich mit der Verfahrenseröffnung Masseunzulänglichkeit anzeigen müssen, um sich von oktroyierten Verpflichtungen aus Dauerschuldverhältnissen – insbesondere solchen gem. § 108, etwa bei unvermeidlichem Personalabbau – zu entlasten.

62 KPB/*Pape* § 208 Rn. 17; Uhlenbruck/*Ries* § 208 Rn. 21; *Schröder* S. 88 bis 90. Auf Grund des absoluten Vorrangs der Verfahrenskosten gem. § 209 Abs. 1 Satz 1 ist auch für eine prophylaktische Masseunzulänglichkeitsanzeige zur Sicherung der Vergütungsansprüche kein Raum mehr.

63 Mohrbutter/Ringstmeier/*Pape* § 12 Rn. 97.

64 Skeptisch zu den Erfolgsaussichten, KPB/*Pape* § 208 Rn. 6; *Uhlenbruck* NZI 2001, 409.

lichkeiten eingehen, deren Nichterfüllung er, sobald Masseunzulänglichkeit angezeigt ist, einkalkuliert, auch wenn er gleichzeitig damit rechnet, diese zu einem späteren Zeitpunkt, etwa aus dem Erlös eines schwer verwertbaren Grundstücks zu befriedigen. Die Vertragspartner vertrauen darauf, dass der Insolvenzverwalter den eingegangenen Zahlungsverpflichtungen ordnungsgemäß nachkommt.[65] Er kann auch im Hinblick auf erwartete künftige Massemehrungen keine laufenden Abwicklungsgeschäfte tätigen, wenn ihm die zur Bezahlung benötigten Geldmittel fehlen. Ist die vertragsgemäße Begleichung von eingegangenen Masseverbindlichkeiten auf Grund der Liquiditätssituation von vornherein nicht gewährleistet bzw. zweifelhaft, so muss der Insolvenzverwalter **zur Vermeidung einer späteren Haftung** (§ 61) den Vertragspartner hierüber **aufklären** und ggf. vereinbaren, dass die sich hieraus ergebenden Zahlungsverpflichtungen der Entwicklung der Liquiditätslage der Masse angepasst werden.[66]

c) Verspätete Anzeige. Der Insolvenzverwalter kann den Eintritt der (auch drohenden) Masse- 33
unzulänglichkeit **verspätet erkannt** haben. Zeigt er infolgedessen die Unzulänglichkeit der Masse dem Gericht nur mit Verzögerung an, so können sich daraus haftungsrechtliche Folgen aus § 60 ergeben, wenn Massegläubiger mit ihren Forderungen ausfallen oder eine geringere Quote erhalten, weil andere Masseverbindlichkeiten trotz vorliegender Masseunzulänglichkeit voll befriedigt wurden.[67] Vor allem aber haftet der Insolvenzverwalter persönlich nach § 61, falls er bei Begründung der Masseverbindlichkeit hat erkennen können, dass die Masse zur Deckung dieser weiteren Verbindlichkeit voraussichtlich nicht ausreichen wird.

D. Das Verfahren bei Masseunzulänglichkeit

I. Anzeige der Masseunzulänglichkeit durch den Insolvenzverwalter

1. Feststellungskompetenz des Insolvenzverwalters. Die Feststellung des Eintritts der Mas- 34
seunzulänglichkeit fällt in die ausschließliche **Zuständigkeit** des **Insolvenzverwalters.**[68] Er legt mit der Anzeige **einheitlich** und **verbindlich gegenüber allen Beteiligten** den Zeitpunkt fest, von dem an die Massegläubiger nach der Rangordnung des § 209 zu befriedigen sind.[69] Nicht mehr erforderlich ist es, die Masseunzulänglichkeit dem einzelnen Massegläubiger einredeweise entgegenzusetzen. Aufgrund dieser inter-omnes-Wirkung stellt sich auch nicht mehr die Frage, wer zB im Rahmen eines Zivilprozesses die Darlegungs- und Beweislast für die Masseunzulänglichkeit trägt.[70]

Das **Insolvenzgericht** besitzt keine Feststellungskompetenz. Es ist ohne weitere Prüfungsmög- 35
lichkeit an die Anzeige des Insolvenzverwalters **gebunden.**[71] Der Insolvenzverwalter hat die Entscheidung, ob die Voraussetzungen der Masseunzulänglichkeit vorliegen, nach eigener Prüfung und Beurteilung zu treffen.[72] Seine Anzeige ist auch bei fehlerhafter Beurteilung der Frage der eingetretenen oder drohenden Unzulänglichkeit der Masse für das Insolvenz- und auch für das befasste **Prozessgericht** grundsätzlich bindend. Unverbindlich kann sie allenfalls dann sein, wenn eine entsprechende gerichtliche Feststellung nichtig wäre. Anhaltspunkte für eine Unverbindlichkeit der Anzeige werden aber selten bestehen.[73] Eine Mitwirkung der Beteiligten im Verfahren einschließlich des Insolvenzgerichtes oder eine Anhörung der betroffenen Massegläubiger bzw. der Gläubigerversammlung – wie in § 207 Abs. 2 ausdrücklich vorgeschrieben – ist nicht vorgesehen.[74]

---

[65] Der Insolvenzverwalter haftet auch unmittelbar persönlich; sollte allerdings der Zahlungsausgleich später aus der Masse möglich sein, so würde die Haftung insoweit entfallen.

[66] Dazu auch Uhlenbruck/*Ries* § 208 Rn. 39.

[67] BGH ZIP 2010, 2356 (Rn. 11 f.); Mohrbutter/Ringstmeier/*Pape* § 12 Rn. 100; auch → Rn. 79.

[68] *Häsemeyer* Rn. 7.78. Zu den gesetzgeberischen Bestrebungen, die alleinige Feststellungskompetenz des Insolvenzverwalters de lege ferenda einzuschränken, vgl. *Kayser* NZI 2005, 67; HambKommInsO/*Weitzmann* § 208 Rn. 6.

[69] *Kübler,* Kölner Schrift, S. 973 Rn. 19 f.; kritisch hierzu *Kluth* ZInsO 2000, 180 f.

[70] Hingegen muss vom Verwalter eine erneute Masseunzulänglichkeit gegenüber dem einzelnen Neumassegläubiger einredeweise geltend gemacht und nachgewiesen werden, vgl. → Rn. 60.

[71] BGHZ 154, 358; BAG ZIP 2002, 628, 631. Dagegen war das Prozessgericht im früheren Konkursverfahren an eine Anzeige der Masseunzulänglichkeit durch den Konkursverwalter nicht gebunden, BGH DZWiR 2006, 35 mAnm *Smid* S. 19.

[72] Zu seinem Beurteilungsspielraum → Rn. 30.

[73] BGHZ 154, 358/361 = NJW 2003, 2454; BGH NZI 2005, 817; BAG NZI 2005, 408.

[74] Kritisch hierzu KPB/*Pape* § 208 Rn. 7.

36 **2. Form und Inhalt der Anzeige.** Eine besondere Form der Anzeige der Masseunzulänglichkeit durch den Insolvenzverwalter ist gesetzlich nicht vorgeschrieben.[75] Damit der mit der Anzeige verbundene Zweck erfüllt werden kann, muss aus ihr aber das Insolvenzgericht klar die Entscheidung des Insolvenzverwalters ersehen können, dass Masseunzulänglichkeit iSd § 208 eingetreten ist. Die Hinzufügung von Bedingungen, Auflagen o. dgl. ist nicht statthaft.[76] An die Anzeige der Masseunzulänglichkeit werden vom Gesetz **keine** weiteren **inhaltlichen Anforderungen** gestellt. Der Insolvenzverwalter muss deshalb zB nicht darlegen den Umfang der bestehenden Masseverbindlichkeiten und die Aktivmasse, aus der er die (voraussichtliche) Unterdeckung berechnet hat.[77] Dies erleichtert dem Insolvenzverwalter die Anzeige vor allem in Eilfällen, da sie kurzfristig und ohne größeren Aufwand möglich ist. Eine andere Frage ist, ob der Insolvenzverwalter der Anzeige der Masseunzulänglichkeit Unterlagen beifügen sollte, aus denen seine Berechnung und Prognose nachvollzogen werden können.[78] Dies ist grundsätzlich zu befürworten.[79] Der Insolvenzverwalter kann dadurch von vornherein vermeiden, dass das Insolvenzgericht – zB auf Veranlassung von zurückgesetzten Alt-Gläubigern – weitere Informationen und Auskünfte einholt.[80] Ferner werden die Betroffenen der gesetzmäßigen Verfahrensabwicklung nur das erforderliche Vertrauen entgegenbringen, wenn die für den weiteren Verfahrensgang wesentliche Entscheidung über die Anzeige der Masseunzulänglichkeit hinreichend **transparent** gemacht wird. Der Insolvenzverwalter sollte deshalb – zumindest zeitnah – einen aktuellen Insolvenzstatus vorlegen, aus dem hervorgeht, von welchem verwertbaren Vermögen des Schuldners er ausgeht und inwieweit die bestehenden Masseverbindlichkeiten nicht ausreichend abgedeckt sind. Der Insolvenzverwalter hat eine vollständige **Liste der Massegläubiger** vorzulegen, damit die Anzeige ihnen umgehend zugestellt werden kann. Auch wenn ihnen keine Rechtsmittel eingeräumt wurde, um gegen die Anzeige und die damit verbundenen Rechtsfolgen vorzugehen,[81] so müssen sie durch eine umgehende Information jedoch in die Lage versetzt werden, sich auf die neue Verfahrenssituation einzustellen und ggf. anderweitig zu reagieren.

37 **3. Maßgebender Zeitpunkt.** Zur Anzeige der Masseunzulänglichkeit ist allein der Insolvenzverwalter berechtigt. Eine Anzeige im **Eröffnungsverfahren** durch den bloß vorläufigen Insolvenzverwalter kommt daher grundsätzlich nicht in Betracht.[82] Wenn der nach § 22 Abs. 1 Nr. 3 beauftragte vorläufige Insolvenzverwalter bereits gutachterlich eindeutig die Masseunzulänglichkeit angezeigt hat und dann bei der Verfahrenseröffnung zum endgültigen Verwalter bestellt wird, kann das Insolvenzgericht aber davon ausgehen, dass dieser an seiner verfrühten (unwirksamen) Anzeige festhalten und sich diese zu Eigen machen will; es wird daher keine nochmalige ausdrückliche Erklärung verlangen, sondern die ihm vorliegende Anzeige des Verwalters zusammen mit dem Eröffnungsbeschluss gem. § 208 Abs. 2 öffentlich bekannt machen.[83]

37a Maßgebend für den Eintritt der Rechtsfolgen ist der **Eingang** der Masseunzulänglichkeitsanzeige beim Insolvenzgericht. Die Bekanntmachung hat nur deklaratorische Wirkung.[84] Wann das Insolvenzgericht die Anzeige öffentlich bekannt macht, ist unerheblich.[85] Der maßgebliche Zeitpunkt, von dem ab sich die Befriedigung der Massegläubiger nach der Rangordnung des § 209 richtet, wird damit einheitlich mit Wirkung gegenüber sämtlichen Massegläubigern festgelegt.[86] Dementsprechend liegen Neumasseverbindlichkeiten nach § 209 Abs. 1 Nr. 2 vor, wenn sie „nach der Anzeige der Masseunzulänglichkeit" begründet wurden. Nach einer vom Insolvenzverwalter angezeigten Masseunzulänglichkeit ist in einem Rechtsstreit auch das Prozessgericht hieran gebunden, da es – wie das Insolvenzgericht – keine Befugnis zur Feststellung der Masseunzulänglichkeit

75 Ein GesE der Länder NRW u. Nds. zur Verbesserung u. Vereinfachung der Aufsicht in Insolvenzverfahren (GAVI) v. 15.8.2007 (BRat-Drucks. 566/07) hatte einen Begründungszwang für den Insolvenzverwalter vorgesehen, damit die Gläubiger überprüfen können, ob die angezeigte Masseunzulänglichkeit tatsächlich vorliegt u. auf welchen Ursachen sie beruht.

76 *Dinstühler* ZIP 1998, 1701; Jaeger/*Windel* § 208 Rn. 33; *von Websky* ZInsO 2014, 1468, 1470.

77 KPB/*Pape* § 208 Rn. 5 u. 5 d.

78 BKInsO/*Breutigam* § 208 Rn. 17; *Möhlmann* KTS 1998, 378, der die Vorlage einer Masseunzulänglichkeitsberechnung empfiehlt, um ua Haftungsrisiken zu begegnen.

79 KPB/*Pape* § 208 Rn. 5; Jaeger/*Windel* § 208 Rn. 34; K. Schmidt/*Jungmann* § 208 Rn. 18.

80 KPB/*Pape* § 208 Rn. 8.

81 Gegen die Einstellung nach § 211 ist gem. § 216 die sofortige Beschwerde nicht vorgesehen.

82 HambKommInsO/*Schröder* § 22 Rn. 25.

83 BAG NZI 2005, 408 m. zust. Anm. *Lindemann* in EWiR 2005, 473; HKInsO/*Landfermann* § 208 Rn. 10; Jaeger/*Windel* § 208 Rn. 8; Uhlenbruck/*Ries* § 208 Rn. 18.

84 Mohrbutter/Ringstmeier/*Pape* § 12 Rn. 82; HKInsO/*Landfermann* § 208 Rn. 8.

85 *Runkel/Schnurbusch* NZI 2000, 51.

86 Zur „inter omnes"-Wirkung der Anzeige vgl. KPB/*Pape* § 208 Rn. 14; Nerlich/Römermann/*Westphal* § 208 Rn. 23.

besitzt.[87] Der Verwalter kann sich auch nicht nur gegenüber einzelnen Massegläubigern auf den Eintritt der Masseunzulänglichkeit berufen; nach der Anzeige ist sie gegenüber allen Massegläubigern geltend zu machen.[88]

4. Überprüfbarkeit. a) Ausschluss von Rechtsmitteln. Das **Recht,** die **Masseunzulänglichkeit festzustellen,** besitzt ausschließlich der **Insolvenzverwalter.**[89] Mit der Anzeige greift der Insolvenzverwalter in erster Linie auf Grund der sich aus § 209 Abs. 1 Nr. 3 ergebenden Rangrückstufung in die Befriedigungsaussichten der Altmassegläubiger ein. Dennoch sieht das Gesetz keine verfahrensimmanente Prüfung oder Kontrolle der Verwalteranzeige vor.[90] Auch die zurückgesetzten Altmassegläubiger besitzen **keine Überprüfungsmöglichkeit.**[91] Der Gesetzgeber hat ausdrücklich die Justiziabilität der Anzeige der Masseunzulänglichkeit nicht vorgesehen, um die Insolvenzgerichte von der gerichtlichen Prüfung zu entlasten und damit auch auf eine zügige Abwicklung des masseunzulänglichen Verfahrens hinzuwirken. In der Tat wäre mit Verfahrensverzögerungen zu rechnen, da der für die Anzeigenüberprüfung zuständige Rechtspfleger schon zur eigenen Absicherung regelmäßig sachverständige Hilfe hinzuziehen wird. Nach *Runkel/Schnurbusch*[92] soll jedoch die Erhebung einer Feststellungsklage durch Massegläubiger zulässig sein mit dem Ziel, festzustellen, dass Masseunzulänglichkeit nicht eingetreten ist. Dem steht aber die gesetzgeberische Intention entgegen, durch Ausschluss von Rechtsmitteln das Abwicklungsverfahren zu vereinfachen und für den Verwalter Planungssicherheit zu schaffen. Dieser gesetzgeberische Zweck würde unterlaufen, wenn der Verwalter nach Anzeige der Masseunzulänglichkeit mit Feststellungsklagen unzufriedener Altmassegläubiger überzogen werden könnte. Auch schreibt das Gesetz keine Pflicht des Insolvenzverwalters zur vorherigen Anhörung entsprechend § 207 Abs. 2 vor. Die betroffenen Massegläubiger im masseunzulänglichen Verfahren, in dem noch eine verteilbare Insolvenzmasse vorhanden ist, haben damit nicht einmal die Rechtsstellung der Gläubiger bei Eintritt der Masselosigkeit nach § 207.[93] 38

b) Keine Kontrolle durch das Insolvenzgericht. Soweit mit dem Verzicht auf eine gerichtliche Feststellung der Masseunzulänglichkeit tatsächlich eine Entlastung der Justiz einhergeht,[94] ist jedoch der damit einhergehende Rechtsverlust vor allem der Altmassegläubiger nicht überzeugend.[95] Das Feststellungsrecht des Insolvenzverwalters zur Anzeige der Unzulänglichkeit der Masse unterliegt keiner inhaltlichen Kontrolle durch das Insolvenzgericht. Das Insolvenzgericht wirkt an dem Entscheidungsprozess nicht mit. Es hat deshalb auch keine Kompetenz, die vom Verwalter angezeigte Masseunzulänglichkeit einer Prüfung zu unterziehen.[96] Allerdings ist es dem Insolvenzgericht im Rahmen der **Aufsicht** nach § 58 erlaubt, vom Verwalter nähere Angaben oder Auskünfte zum Bestehen der angezeigten Masseunzulänglichkeit einzuholen. Den Gläubigern steht allerdings auf Grund der gesetzlichen Kompetenzzuweisung an den Insolvenzverwalter kein Anspruch auf Einschreiten des Insolvenzgerichtes im Rahmen der gerichtlichen Aufsicht zu. Aufsichtsmaßnahmen des Insolvenzgerichtes haben zudem keinen Einfluss darauf, dass mit der vom Verwalter angezeigten Masseunzulänglichkeit die daran anknüpfenden Wirkungen nach §§ 209 ff. ausgelöst werden.[97] 39

c) Stellungnahme. Angesichts der unzureichenden Rechtsschutzmöglichkeiten besteht in der Tat im Einzelfall die Gefahr, dass Insolvenzverwalter die Masseunzulänglichkeit „vorbeugend" anzeigen, um zB bei angespannter Liquiditätslage die Pflichten zur Erfüllung laufender Masseverbindlichkeiten – zumindest zeitweise – außer Kraft zu setzen. Den sich aus einer verfrühten oder unzutreffenden Unzulänglichkeitsanzeige ergebenden Gefahren wird nach Auffassung des Gesetzgebers durch die den Verwalter treffende – gegenüber der Konkursordnung verschärften – Haftung wirksam begegnet.[98] Jedoch kann der sich aus einer förmlichen gerichtlichen Kontrolle ergebende Schutz 40

---

87 BGH NZI 2005, 369.

88 KPB/*Pape* § 208 Rn. 5; Jaeger/Windel Rn. 50.

89 BGH ZIP 2018, 233 (Rn. 16).

90 Der Gesetzgeber hat Vorschläge, eine gerichtliche Überprüfung der Anzeige auf Antrag eines Massegläubigers zuzulassen, nicht übernommen.

91 Das Insolvenzgericht kann ggf. veranlasst werden, aufsichtsrechtlich gegen den Verwalter vorzugehen.

92 NZI 2000, 52.

93 Vgl. KPB/*Pape* § 208 Rn. 7; *Kluth* ZInsO 2000, 177, 179 f.

94 Begr. zu § 317 RegE, *Kübler/Prütting,* S. 437.

95 KPB/*Pape* § 208 Rn. 4.

96 *Haarmeyer/Wutzke/Förster,* Handbuch, Kap. 8 Rn. 164; HKInsO/*Landfermann* § 208 Rn. 8; *Runkel/Schnurbusch* NZI 2000, 49, 51.

97 KPB/*Pape* § 208 Rn. 8.

98 Nach *Breutigam* in *Breutigam/Blersch/Goetsch* § 208 Rn. 8 wird die lediglich inzidente Prüfung der Masseunzulänglichkeit im Haftungsprozess gerechtfertigt durch den Gewinn an Flexibilität des Verwalters bei der Abwicklung masseunzulänglicher Verfahren.

für die betroffenen Gläubiger nicht durch eine – potentielle – Verwalterhaftung gleichwertig ersetzt werden.[99] Die **Prüfung** der Frage, ob der Verwalter die Masseunzulänglichkeit fehlerhaft, insbesondere verfrüht angezeigt hat, wird auf einen gegen den Verwalter zu führenden späteren **Haftungsprozess** verlagert.[100] In diesem kann umfassend nachgeprüft werden, ob der Insolvenzverwalter den ihm bezüglich des Zeitpunkts der Unzulänglichkeitsanzeige zustehenden weiten Beurteilungsspielraum eingehalten hat.[101] Die beabsichtigte Entlastung der Insolvenzgerichte wird durch die mögliche Mehrbelastung der Prozessgerichte bei einer incidenten Überprüfung – jedenfalls teilweise – kompensiert.[102] Die Urteilswirkung der Entscheidung in einem gegen den Insolvenzverwalter erhobenen Haftungsprozess beschränkt sich auf die Prozessbeteiligten, so dass hieraus sämtliche zurückgesetzten Massegläubiger von vornherein keinen Nutzen ziehen können. Werden bei einer „vorsorglich" angezeigten Masseunzulänglichkeit die Altmasseverbindlichkeiten vom Insolvenzverwalter später noch erfüllt, so tritt bei ihnen freilich nur ein auf die Verspätungsfolgen begrenzter Schaden ein.[103] Ob deshalb die schwierig nachweisbare und begrenzte Haftung gegenüber Altmassegläubigern geeignet ist, den Verwalter von einer vorzeitigen Anzeige der Masseunzulänglichkeit abzuhalten, wenn er dadurch sein aus der Begründung von Neumasseverbindlichkeiten resultierendes Haftungsrisiko spürbar reduzieren kann, bleibt fraglich. Allerdings darf nicht übersehen werden, dass die sich aus § 61 ergebenden Haftungsrisiken dem Verwalter wenig Spielraum lassen, die Anzeige der Masseunzulänglichkeit beliebig zu handhaben.[104]

II. Bekanntmachung und Zustellung der Anzeige

41 Die vom Insolvenzverwalter angezeigte Masseunzulänglichkeit ist vom Insolvenzgericht – ungeprüft – öffentlich bekannt zu machen, § 208 Abs. 2 Satz 1. Die **öffentliche Bekanntmachung** richtet sich nach § 9. Sie gilt zwei Tage nach der Veröffentlichung im Internet als bewirkt, § 9 Abs. 1 Satz 3.[105]

42 Das Insolvenzgericht hat darüber hinaus die Anzeige der Masseunzulänglichkeit gem. § 208 Abs. 2 Satz 2 den Massegläubigern besonders **zuzustellen;** hierdurch sollen vor allem die nach der Unzulänglichkeitsanzeige zurückgestuften und vom Vollstreckungsverbot des § 210 erfassten **„Altmassegläubiger"** iSd § 209 Abs. 1 Nr. 3 gesondert informiert werden. Damit die Zustellungen von Amts wegen (§ 8 Abs. 1) erfolgen können, hat der Insolvenzverwalter eine Liste aller Massegläubiger dem Insolvenzgericht vorzulegen, aus der sich neben den Namen und der Anschrift zusätzlich auch der maßgebliche Zeitpunkt des Eingangs der Anzeige beim Insolvenzgericht[106] sowie Grund und Höhe der Ansprüche ergeben sollten, ggf. mit der Anmerkung, inwieweit diese vom Verwalter bestritten werden (→ Rn. 36). Mit der Durchführung der Zustellungen kann das Insolvenzgericht auch den Insolvenzverwalter beauftragen, § 8 Abs. 3;[107] von dieser Delegationsmöglichkeit machen die Insolvenzgerichte im Rahmen ihres pflichtgemäßen Ermessens regelmäßig Gebrauch.[108] Wenn das Insolvenzgericht die Masseunzulänglichkeitsanzeige ordnungsgemäß öffentlich bekannt gemacht hat, genügt diese Bekanntmachung zwar zum Nachweis der Einzelzustellungen an die Massegläubiger, § 9 Abs. 3; diese Zustellungswirkung entbindet aber nicht von der Amtspflicht, die gesetzlich vorgeschriebenen Individualzustellungen vorzunehmen.[109]

III. Rechtsfolgen aus der Anzeige der Masseunzulänglichkeit

43 **1. Pflicht zur Verwaltung und Verwertung. a) Fortbestehende Abwicklungs- und Verwertungsaufgabe.** Mit der Anzeige der Masseunzulänglichkeit endet nicht die Abwicklungs- und

[99] KPB/*Pape* § 208 Rn. 2; *Dinstühler* ZIP 1998, 1697, 1701; Nerlich/Römermann/*Westphal* § 208 Rn. 16.
[100] Vgl. BGH NZI 2017, 753 (Rn. 24) = ZIP 2017, 1571, dazu *Ries* EWiR 2017, 631; *Roth,* Insolvenz in der Insolvenz, FS *Gaul,* S. 573, 583.
[101] BGH NZI 2017, 753 (Rn. 27) = NJW 2017, 2617.
[102] KPB/*Pape* § 208 Rn. 4.
[103] BGH NZI 2004, 209; HKInsO/*Landfermann* § 208 Rn. 12; *Kayser/Heck* NZI 2005, 65, 67.
[104] BGH NZI 2004, 209 = WM 2004, 295; BKInsO/*Breutigam* § 208 Rn. 7; *Hess* § 210 Rn. 27; zum Haftungsrisiko vgl. →. Rn. 76 f.
[105] LG Göttingen NZI 2007, 735 (zu § 215). Zu den Funktionen der öffentlichen Bekanntmachung vgl. *Keller* ZIP 2012, 1895, 1897 f.
[106] Jaeger/*Windel* § 208 Rn. 39.
[107] Die Anzeige kann auch durch Aufgabe zur Post zugestellt werden, § 8 Abs. 1 Satz 2. Dem Verwalter ist für jede vorgenommene Zustellung der tatsächliche Sach- u. Personalaufwand gesondert zu ersetzen, BGH NZI 2013, 487 (Rn. 19 f.).
[108] Uhlenbruck/*Pape* § 8 Rn. 9.
[109] Die Zustellung hat wie die Veröffentlichung der Anzeige nur deklaratorische Wirkung.

Befriedigungsaufgabe des Insolvenzverwalters.[110] Er bleibt vielmehr zur Verwaltung und Verwertung der Masse verpflichtet, **§ 208 Abs. 3,** weil sich die Anzeige nur auf deren Verteilung auswirkt (§§ 208, 209).[111] Das Insolvenzverfahren wird fortgesetzt mit dem Ziel, die noch vorhandene Restmasse geordnet im Interesse der Befriedigung der Massegläubiger zu verwerten.[112] Zudem soll durch die **fortbestehende Verwertungspflicht** verhindert werden, dass Massebestandteile an den Schuldner zurückgegeben werden müssen und damit die Vollabwicklung des schuldnerischen Vermögens nicht erreicht wird. Dem Insolvenzverwalter wird die Fortsetzung seiner Tätigkeit – anders als bei Kostenarmut iSv § 207 – zugemutet, da im Rahmen der Deckung der Verfahrenskosten seine Vergütungsansprüche abgesichert sind. Zu einer unentgeltlichen Tätigkeit wird er nicht verpflichtet.[113] Das Amt des Insolvenzverwalters mit den sich daraus ergebenden Rechten und Pflichten bleibt uneingeschränkt bestehen.[114]

Der Insolvenzverwalter hat deshalb die Verwertung nach Maßgabe der §§ 148 f. vorzunehmen, 44
auch im Hinblick auf die mit Absonderungsrechten belasteten Gegenstände, §§ 165 ff.[115] Ebenso gelten im Abwicklungsverfahren nach § 208 Abs. 3 die Vorschriften der §§ 160 bis 164, die den Verwalter verpflichten, vor bedeutsamen Rechtshandlungen, Betriebsveräußerungen an besonders Interessierte oder unter Wert die Zustimmung der **Gläubigerversammlung** oder des Gläubigerausschusses einzuholen. **Rechtshandlungen von besonderer Bedeutung** können vor dem Hintergrund der eingetretenen Masseunzulänglichkeit auch die Abwehr bzw. Anerkennung von geltend gemachten Masseansprüchen sein.[116] Allerdings sind erkennbar die §§ 160 ff. nicht zugeschnitten auf die Abwicklung des masseunzulänglichen Verfahrens. So werden insbesondere die **Insolvenzgläubiger,** die keine Befriedigung mehr zu erwarten haben, nicht zur Teilnahme an Gläubigerversammlungen oder Gläubigerausschüssen zu bewegen sein.[117] Ein Gremium, in dem sich die Willensbildung der von der Entscheidung betroffenen **Massegläubiger** vollziehen könnte, sieht die Insolvenzordnung nicht vor. Falls nach Anzeige der Masseunzulänglichkeit eine weitere Gläubigerversammlung stattfindet, ist daher fraglich, ob Insolvenzgläubiger überhaupt daran zu beteiligen sind.[118] Nach einer im Schrifttum vertretenen Ansicht sollen die Altmassegläubiger an Stelle der meist desinteressierten Insolvenzgläubiger in der Versammlung stimmberechtigt sein.[119] Eine solche gesetzlich nicht vorgesehene Beschränkung der Mitwirkungsrechte der Insolvenzgläubiger ist aber schon im Hinblick auf ihr berechtigtes Interesse an einer möglichen Rückkehr zum normalen Verfahren (→ Rn. 53) nicht gerechtfertigt.[120] Hat der Rechtspfleger Insolvenzgläubiger zu einer Abstimmung zugelassen, so könnte das allenfalls im Verfahren nach § 18 Abs. 3 Satz 2 HS 1 RPflG überprüft werden; eine Beschwerde gegen den angefochtenen Beschluss wird dadurch nicht eröffnet.[121] Zur Vermeidung von Haftungsrisiken wird der Insolvenzverwalter in jedem Fall das Insolvenzgericht rechzeitig von der beabsichtigten Vornahme der besonders bedeutsamen Rechtshandlungen informieren[122] und ggf. auch die Massegläubiger hierüber in Kenntnis setzen sowie zur Stellungnahme auffordern, um auf diese Weise zu erkunden, ob Einwände oder Bedenken bestehen.

b) Verfahrensrisiken. Aufgrund der mit der Anzeige der Masseunzulänglichkeit bewirkten 45
rechtlichen Zäsur kann der Verwalter neue Masseverbindlichkeiten zum Zweck der weiteren Verwaltung und Verwertung eingehen und diese vorweg nach § 209 Abs. 1 Nr. 2 voll befriedigen. Im Hinblick auf die zurückgestuften Altmasseverbindlichkeiten nach § 209 Abs. 1 Nr. 3 gewinnt er damit die erforderliche **Handlungsfreiheit** zurück, um die Verfahrensabwicklung zügig zu Ende

---

110 Zum fortbestehenden Erfüllungswahlrecht (§ 103 Abs. 1) → § 209 Rn. 27 ff.

111 Vgl. BGH NJW-RR 2009, 1346 (Rn. 5); Uhlenbruck/*Ries* § 208 Rn. 36.

112 BGHZ 151, 241 = NJW 2002, 3170; NZI 2009, 602 (Rn. 5).

113 BGH ZIP 1992, 120. Der Verwalter wird auch zum eigenen Schutz Massearmut anzeigen, sobald die verfügbare Masse seinen Vergütungsanspruch nebst Auslagen nicht mehr voll deckt.

114 BGH NJW 2013, 2345 (Rn. 9).

115 HKInsO/*Landfermann* § 208 Rn. 15.

116 Gottwald/*Klopp/Kluth/Wimmer* § 74 Rn. 34.

117 Wenn die einberufene Versammlung zB mangels anwesender Insolvenzgläubiger beschlussunfähig ist, gilt aber eine Zustimmung als erteilt, § 160 Abs. 1 Satz 3.

118 Der BGH (NZI 2005, 32) konnte diese Frage, da nicht entscheidungserheblich, bisher offen lassen.

119 HKInsO/*Landfermann* § 208 Rn. 25 u. § 211 Rn. 6.

120 *Kayser/Heck* NZI 2005, 65, 66 f.; Jaeger/*Windel* § 208 Rn. 41, 43; Graf-Schlicker/*Riedel* § 208 Rn. 19; vgl. auch BVerfG ZIP 2005, 537.

121 BGH NZI 2005, 32. Zur gesamten Problematik der Gläubigerversammlung im massearmen Verfahren s. *Kayser/Heck* NZI 2005, 65 f.

122 Ebenso Jaeger/*Windel* § 208 Rn. 80. Nach *Haarmeyer/Wutzke/Förster,* Handbuch, Kap. 8 Rn. 168, sollte der Verwalter die Einberufung einer Gläubigerversammlung beantragen, auch wenn voraussichtlich niemand erscheint; krit. dazu Uhlenbruck/*Ries* § 208 Rn. 36.

bringen zu können.[123] Bei Fortführung der Insolvenzverwaltung wird der Verwalter allerdings wegen des geänderten Verfahrenszwecks bestimmte **Beschränkungen** seiner Befugnisse zu beachten haben, um weitere Verluste und daraus resultierende Ersatzansprüche von Massegläubigern möglichst zu vermeiden.[124] Zwar besteht im Abwicklungsverfahren nach § 208 Abs. 3 kein besonderes Haftungsrisiko mehr gegenüber den Altmassegläubigern.[125] Dem Insolvenzverwalter droht bei weiterer Geschäftstätigkeit aber eine persönliche Inanspruchnahme durch die vorrangigen Massegläubiger des § 209 Abs. 1 Nr. 2, wenn er deren neu begründete Forderungen bei Fälligkeit nicht mehr aus der Masse erfüllen kann.[126]

46 Das Abwicklungsverfahren dient in erster Linie der bestmöglichen Befriedigung der nach § 209 Abs. 1 Nr. 3 im Rang zurückgestuften **Altmassegläubiger.**[127] Der Insolvenzverwalter muss deshalb deren Interesse im Auge behalten und sich vor allem um eine **unverzügliche Verwertung** der vorhandenen Restmasse bemühen, damit die Verbindlichkeiten der Altmassegläubiger frühestmöglich – anteilig – bedient werden können.[128] Um deren Befriedigungsaussichten nicht zu verkürzen oder zu gefährden, hat der Insolvenzverwalter sich auf solche Verwaltungs- und Verwertungshandlungen zu konzentrieren, welche die Abwicklung fördern und die möglichst wirtschaftlich vorteilhaft sind. Nur solche Geschäfte können grundsätzlich noch getätigt werden, bei denen der Masse zumindest eine **gleichwertige Gegenleistung** zufließt, um zu verhindern, dass die zur Befriedigung der Altmassegläubiger zur Verfügung stehende Masse nicht noch weiter geschmälert wird.[129] Mangels günstiger Verwertungsmöglichkeiten ist der Insolvenzverwalter berechtigt, Vermögensgegenstände aus der Masse freizugeben und Arbeitnehmer im Zuge von Betriebseinstellungen freizustellen. Es geht also (nur noch) um eine **selektive Masseverwertung,** die eine Unterdeckung bei neuen Masseschulden verhindern soll.[130] Die Weiterführung eines nicht nur vorübergehend unrentablen Betriebes kann dem Insolvenzverwalter deshalb als Liquidationsverschleppung angelastet werden, wenn diese sich zu Lasten der Altmassegläubiger auswirkt.[131] Der Insolvenzverwalter haftet gegenüber den **Neumassegläubigern,** mit denen er im Rahmen der weiteren Masseverwaltung Geschäfte tätigt, nach § 61, wenn er nicht erkennt, dass die noch vorhandene Restmasse in der konkreten Verfahrenslage auch nicht zur Erfüllung der neuen Forderungen ausreichend ist. Dem Insolvenzverwalter wird der Entlastungsbeweis nach § 61 Satz 2 idR nicht gelingen, da er nach angezeigter Masseunzulänglichkeit in verschärfter Weise laufend zu kontrollieren und sich zu vergewissern hat, dass die nach der Anzeige eingegangenen Masseverbindlichkeiten jedenfalls voll befriedigt werden können.[132]

47 **c) Abwicklung ohne ausreichende Masse.** Insolvenzverfahren können nach § 26 Abs. 1 eröffnet werden, wenn nur die Verfahrenskosten voraussichtlich durch die Insolvenzmasse gedeckt sind. Stehen darüber hinaus keine oder nur unzureichende Mittel zur Verfügung, so wird der Insolvenzverwalter gezwungen sein, sofern nicht eine Einstellung wegen Masselosigkeit nach § 207 in Betracht kommt, **frühzeitig** die drohende Masseunzulänglichkeit anzuzeigen, um seine **Haftungsrisiken** gegenüber Altmassegläubigern **einzugrenzen** u. um seinen Vergütungsanspruch nicht zu gefährden.[133] Eine wirtschaftlich sinnvolle Abwicklung entsprechend der Zwecksetzung des § 208 Abs. 3 im Interesse

---

[123] BGH NZI 2008, 98 (Rn. 7); BAG ZIP 2018, 988 (Rn. 12); HKInsO/*Landfermann* § 208 Rn. 4 u. 14; → Rn. 2 u. § 209 Rn. 1.

[124] Vgl. Mohrbutter/Ringstmeier/*Pape* § 12 Rn. 110; Jaeger/*Windel* § 208 Rn. 69 bis 78, der konkrete Grenzen der Verwaltungspflicht aufzeigt.

[125] Der Verwalter kann sich jedoch schon bei Schuldbegründung nach § 61 ersatzpflichtig gemacht haben, wenn er eine drohende Masseunzulänglichkeit schuldhaft nicht erkannt hat. Zur möglichen Haftung wegen verspäteter Unzulänglichkeitsanzeige vgl. → Rn. 79.

[126] Vgl. *Kaufmann* ZInsO 2006, 961, 962 ff. zu Strategien der Haftungsvermeidung.

[127] BGH NZI 2005, 32; OLG Düsseldorf ZIP 2017, 2416, 2417; Uhlenbruck/*Ries* § 208 Rn. 40; *Haarmeyer/Wutzke/Förster,* Handbuch, Kap. 8 Rn. 167.

[128] BGH NJW 2002, 3170; K. Schmidt/*Jungmann* § 208 Rn. 45; *Kübler,* Kölner Schrift, S. 967 Rn. 29; KPB/*Pape* § 208 Rn. 20; *Häsemeyer,* FS Gerhardt (2003), 341, 347; krit. demgegenüber HambKommInsO/*Weitzmann* § 208 Rn. 15 u. auch HKInsO/*Landfermann* § 208 Rn. 15, wonach die Masseunzulänglichkeit nichts am Ablauf des Verfahrens ändert u. dem Verwalter daher weiterhin alle Möglichkeiten der Verfahrensgestaltung offen stehen.

[129] OLG Düsseldorf ZIP 2017, 2416, 2417; KPB/*Pape* § 208 Rn. 20 f.

[130] Hierzu Jaeger/*Windel* § 208 Rn. 72/73, der es vor diesem Hintergrund vorzieht, eine Verwertungspflicht ganz abzulehnen. Gegen eine Beschränkung auf eine „selektive Notverwertung" *Thole* ZIP 2018, 2241, 2247 f.

[131] LAG Hamm DZWiR 2001, 148; ferner *Kübler,* Kölner Schrift, S. 97 6 Rn. 31; KPB/*Pape* § 208 Rn. 21. Zur Betriebsfortführung bei nur temporärer Masseunzulänglichkeit → Rn. 26.

[132] → Rn. 76.

[133] Nach *Haarmeyer/Wutzke/Förster,* Handbuch, Kap. 8 Rn. 161 kann es die erste Amtshandlung des Verwalters sein, die Masseunzulänglichkeit dem Gericht anzuzeigen.

der Massegläubiger ist jedoch idR nicht möglich, wenn die finanziellen Mittel fehlen, um selbst dringende Maßnahmen zur Masseerhaltung und Verwertung in Auftrag zu geben.[134] Ebenso fragwürdig ist auch die Weiterführung eines Abwicklungsverfahrens, wenn dadurch die noch vorhandene Insolvenzmasse aufgezehrt wird.[135] Nach der gesetzlichen Leitidee sind die Verfahrenskosten gering zu halten, damit möglichst viele Insolvenzverfahren eröffnet und durchgeführt werden können. Deshalb entspricht es auch nicht dem Willen des Gesetzgebers, die erforderliche Deckung der Verfahrenskosten „höher" anzusetzen, umso den Verfahrensabbruch nach § 207 einzuleiten.[136] Jedoch darf letztlich auch nicht übersehen werden, dass für die Gläubiger die Eröffnung und Durchführung eines kostenträchtigen Insolvenzverfahrens, für das die Vermögenswerte des Schuldners aufgezehrt werden, wirtschaftlich nachteiliger sein kann als die Abweisung des Insolvenzantrags mangels Masse, da für sie dann zumindest ein Zugriff im Wege der Einzelzwangsvollstreckung möglich bleibt.

Sobald der insolvente Gläubiger einer **Bürgschaft auf erstes Anfordern** bei unzulänglicher 48 Masse nicht mehr auf liquide Mittel für eine weitere Geschäftstätigkeit angewiesen ist, kann der Insolvenzverwalter vom Bürgen keine sofortige Zahlung mehr zugunsten der Massegläubiger beanspruchen; ihm stehen nur noch die Rechte aus einer gewöhnlichen Bürgschaft zu, wenn der Bürge den Missbrauchseinwand erhebt.[137]

d) Prozessführung. Trotz Anzeige der Masseunzulänglichkeit hat der Insolvenzverwalter seine 49 Verwertungsaufgabe auch durch Führen von **Aktivprozessen** fortzusetzen, um Ansprüche der Insolvenzmasse in größtmöglichem Umfang durchzusetzen. Allerdings ist dem weiterhin prozessführungsbefugten Insolvenzverwalter eine Prozesstätigkeit nicht mehr **zumutbar,** wenn dadurch Verbindlichkeiten begründet werden, für deren Erfüllung er bei unzureichender Masse persönlich haften würde.[138]

aa) Hinreichende Erfolgsaussichten. Auch wenn keine ausreichende Kostendeckung besteht, 50 so ist der Insolvenzverwalter dennoch nicht von vornherein verpflichtet, eine Prozessführung zu unterlassen bzw. zu beenden. Das gebotene prozessuale Vorgehen richtet sich vielmehr nach den voraussichtlichen **Prozessaussichten.**[139] Zur Vermeidung von Haftungsrisiken sollte der Insolvenzverwalter hierzu, sofern ausreichende Mittel vorhanden sind, stets gutachterliche Stellungnahmen einholen.[140] Wenn hinreichende Erfolgsaussichten bestehen, erfüllt der Verwalter mit der Prozessführung seine auch im masseunzulänglichen Verfahren weiterbestehende **Pflicht zur Massemehrung.**[141] Dies gilt auch dann, wenn die Masse im Falle des Unterliegens vorhersehbar nicht ausreichend ist, um die – aufschiebend bedingten – **Kostenerstattungsansprüche** des obsiegenden Prozessgegners zu erfüllen.[142] Eine persönliche Haftung des Insolvenzverwalters nach § 60 kommt nicht in Betracht, da der Verwalter keine insolvenzspezifische Pflicht gegenüber dem Prozessgegner zur Prüfung der hinreichenden Erfolgsaussichten von Klage und Rechtsmittel verletzt; die InsO verpflichtet den Verwalter nicht, vor der Erhebung einer Klage oder während des Prozesses die gegnerischen Interessen an einer eventuellen Kostenerstattung zu berücksichtigen.[143] Obwohl es sich bei dem Prozesskostenerstattungsanspruch um eine Masseverbindlichkeit handelt,[144] scheidet auch eine persönliche Haftung des Verwalters nach § 61 Satz 1 aus; denn dessen Pflicht, keine unerfüllbaren Masseverbindlichkeiten zu begründen, dient nicht dem Schutz etwaiger Prozessgegner.[145]

---

[134] Alle mit Kosten verbundene Handlungen zu unterlassen, kann zwar das Insolvenzverfahren vor der Einstellung nach § 207 bewahren, die Befriedigungsaussichten der Massegläubiger werden dadurch aber nicht verbessert, HKInsO/*Landfermann* § 208 Rn. 16; *Smid* WM 1998, 1313, 1318.

[135] KPB/*Pape* § 209 Rn. 11: Sinn des Verfahrens darf es nicht sein, die Masse bis auf die vorrangige Befriedigung der Kostenansprüche und Neumasseverbindlichkeiten zu „verwirtschaften".

[136] Für diesen Ausweg ua *Kübler,* Kölner Schrift, S. 976 Rn. 33.

[137] BGH NJW 2002, 3170 m. krit. Anm. *Theewen* EWiR 2003, 17; Jaeger/*Windel* § 208 Rn. 83; → § 207 Rn. 63a.

[138] BAG NJW 1999, 517, 518.

[139] Bei einer erkennbar aussichtslosen Klage droht eine Haftung wegen schuldhafter Masseverkürzung, § 60; vgl. hierzu näher → § 207 Rn. 24.

[140] Ansonsten bestehen vor allem bei Rechtsstreitigkeiten mit besonderer Bedeutung haftungsrechtliche Risiken gegenüber Insolvenz- und Massegläubigern, wenn eine Zustimmung des Gläubigerausschusses oder einer Gläubigerversammlung nach § 160 nicht mehr herbeigeführt werden kann.

[141] Vgl. BGH ZIP 2013, 1332 (Rn. 9); OLG München ZInsO 2018, 1517 (Rn. 18).

[142] Auch wenn der Rechtsstreit nach der Anzeige der Masseunzulänglichkeit fortgeführt wird, ist der Kostenerstattungsanspruch insgesamt als Altmasseverbindlichkeit zu qualifizieren.

[143] BGH NZI 2017, 753 (Rn. 39); BGHZ 161, 236, 240 = NZI 2005, 155 f. mAnm *Vallender*; BGHZ 148, 175, 178 = NJW 2001, 3187 mAnm *Pape* EWiR 2001, 823; HKInsO/*Lohmann* § 60 Rn. 45; *Berger* KTS 2004, 185 f.

[144] BGH NZI 2007, 104.

[145] Es gehört zum allgemeinen Prozessrisiko jeder obsiegenden Partei, ob sie ihre eigenen Prozesskosten vom unterlegenen Gegner erstattet erhält, vgl. BGH NJW 2005, 901 = NZI 2005, 155, → § 207 Rn. 24.

50a **bb) Prozesskostenhilfe.** Der Verwalter kann für einen Masserechtsstreit, der hinreichende Aussicht auf Erfolg bietet, auch nach Anzeige der Masseunzulänglichkeit noch Prozesskostenhilfe erhalten, wenn er die besonderen Voraussetzungen hierfür darlegt und ggf. glaubhaft macht (§§ 114, 116 ZPO).[146] Dass er über ausreichende Mittel verfügt, die Prozesskosten als Neumasseverbindlichkeit (§ 209 Abs. 1 Nr. 2) zu bezahlen, ist unerheblich. Denn die Frage, ob die **Masse** hinsichtlich der Finanzierung eines Rechtsstreits als **bedürftig** iSd § 116 Satz 1 Nr. 1 HS 1 ZPO zu betrachten ist, muss unter Einbeziehung auch der **Altmasseverbindlichkeiten** beantwortet werden; andernfalls trügen letztlich die Altmassegläubiger das (Kosten-)Risiko eines verlorenen Prozesses, obwohl ihnen ein Prozesserfolg in aller Regel keinen Vorteil bringt.[147] Danach ist im Falle der **Masseunzulänglichkeit** grundsätzlich davon auszugehen, dass die Verfahrenskosten nicht aus dem verwalteten Vermögen aufgebracht werden können.[148] Ob den am Gegenstand des Rechtsstreits „wirtschaftlich beteiligten" Gläubigern **zumutbar** ist, Vorschüsse auf die Prozesskosten aufzubringen (§§ 116 Satz 1 Nr. 1 HS 2 ZPO), richtet sich nach den Umständen des konkreten **Einzelfalls.** Bei der notwendigen Gesamtabwägung sind nach st. Rspr. des BGH vor allem die zu erwartende Quotenverbesserung im Falle des Obsiegens, das Prozess- und Vollstreckungsrisiko, aber auch die Gläubigerstruktur zu berücksichtigen. Den Insolvenz- oder Massegläubigern als wirtschaftlich Beteiligten[149] ist daher eine Prozessfinanzierung erst zuzumuten, wenn der aus der beabsichtigten Prozessführung zu erwartende **Ertrag deutlich größer** ist als der aufzubringende Kostenbeitrag.[150] Solange Insolvenzgläubiger auch im Erfolgsfalle keine Aussicht auf eine bessere Befriedigungsquote haben, kann eine Kostenaufbringung allenfalls für **Altmassegläubiger** in Frage kommen, deren Befriedigungschancen durch einen erfolgreichen Prozessausgang nennenswert verbessert werden. Auch ihre Inanspruchnahme wird aber häufig unzumutbar sein, weil es nach der erklärten Masseunzulänglichkeit in erster Linie um die Befriedigung von Neumassegläubigern geht (→ Rn. 1); den Altmassegläubigern wird daher ein etwaiger Prozesserfolg in aller Regel nicht zugute kommen.[151]

51 **cc) Anfechtungsprozesse.** Diese Grundsätze gelten nach **gefestigter Rspr.** und hM im Schrifttum auch für Anfechtungsprozesse nach den §§ 129 ff. in massearmen Verfahren. Da die Tatbestände der besonderen **Insolvenzanfechtung** (§§ 130 bis 132) nach § 129 Abs. 1 eine **Gläubigerbenachteiligung** voraussetzen, sind der Anfechtung Rechtshandlungen unterworfen, welche die Insolvenzgläubiger in ihrer Gesamtheit objektiv benachteiligen. Das trifft zu, wenn sich deren Befriedigungsmöglichkeiten ohne die anzufechtende Handlung bei wirtschaftlicher Betrachtung günstiger gestaltet hätten.[152] Diese Voraussetzung wird bei Abwicklung einer unzulänglich gewordenen Masse idR nicht mehr vorliegen. Sobald die Masse nämlich zur Befriedigung sämtlicher Masseverbindlichkeiten nicht ausreicht, können die Insolvenzgläubiger grundsätzlich keine Befriedigung mehr erwarten. Der **BGH** und ihm folgend eine große Mehrheit im Schrifttum bejahen eine Gläubigerbenachteiligung aber trotz Masseunzulänglichkeit schon deswegen, weil die **Befriedigungsaussichten** der **Insolvenzgläubiger** durch die angefochtene Rechtshandlung jedenfalls **im Allgemeinen** (potentiell) **verkürzt** worden sind, auch wenn letztlich **nur Massegläubiger** von der konkreten Insolvenzanfechtung „profitieren".[153] Es wird also nicht zugleich vorausgesetzt, dass jede einzelne Anfechtung im Ergebnis auch die Befriedigungschancen der Insolvenzgläubiger verbes-

---

146 BGH NZI 2017, 688 (Rn. 4). Klagen des Verwalters sind nicht schon deshalb als mutwillig einzustufen, weil er Masseunzulänglichkeit angezeigt hat, vgl. BGH ZInsO 2016, 270 (Rn. 4); NZI 2009, 602 u. 2008, 431 (Anfechtungsklage). „Mutwillig" iSv § 114 Satz 1 wäre aber die Beteilung des Verwalters als Streithelfer in einem Passivprozess, der keine Auswirkung auf die von ihm zu verteilende Masse hat, vgl. OLG Stuttgart ZIP 2012, 1314.

147 BGH NZI 2008, 98 m. krit. Anm. *H. Mohrbutter* WuB VII A. § 116 ZPO 1.08.

148 Schon die Anzeige der Masseunzulänglichkeit als solche ist meist ein starkes Indiz dafür, dass die Kosten iSd § 116 ZPO nicht aufzubringen sind, vgl. BGH NZI 2008, 368; BAG ZIP 2017, 2027 (Rn. 15); Jaeger/*Windel* § 208 Rn. 112.

149 Vgl. BGH ZInsO 2016, 542 (Rn. 14); Uhlenbruck/*Mock* § 80 Rn. 200.

150 Vgl. zur Kostenaufbringung durch Insolvenzgläubiger BGH NZI 2018, 862 (Rn. 9) und 581 (Rn. 7, 12). Den Insolvenzverwalter als Partei kraft Amtes trifft mangels wirtschaftlicher Beteiligung am Gegenstand eines für die Masse geführten Rechtsstreits grds. keine Vorschussverpflichtung, vgl. BGH NZI 2016, 279 (Rn. 13 f.).

151 BGH NZI 2008, 98 (Rn. 9). Nach OLG Celle ZIP 2013, 903 ist (Alt-)Massegläubigern, soweit sie vom Prozesserfolg profitieren, eine Finanzierung des Rechtsstreits grds. zuzumuten.

152 BGH ZIP 2018, 1601 (Rn. 15); ZIP 2012, 2513 (Rn. 11) u. st. Rspr.

153 BGH NZI 2011, 639 (Rn. 5) und 2008, 297 (Rn. 13 f.); ZIP 2001, 1641, 1643 ff.; BAG ZIP 2019, 279 (Rn. 17); HKInsO/*Landfermann* § 208 Rn. 15; Uhlenbruck/*Ries* § 208 Rn. 55. Vor allem Mohrbutter/Ringstmeier/*Pape* Kap. 12 Rn. 119, 123, wonach die Gläubigerbenachteiligung – unabhängig vom späteren Verfahrensablauf – schon durch anfechtbare Rechtshandlungen im Vorfeld des Insolvenzverfahrens eintrete. Dazu auch BGH ZIP 2019, 715 (Rn. 11).

sert. Außerdem würde es dem Grundsatz der Gläubigergleichbehandlung und damit dem Anfechtungszweck zuwiderlaufen, einzelne in anfechtbarer Weise begünstigte Insolvenzgläubiger bei Ablehnung einer Anfechtungsmöglichkeit nur deshalb besser zu stellen, weil das Schuldnervermögen sogar unzulänglich geworden ist. Eine Masseunzulänglichkeit ist danach für die Zulässigkeit der Insolvenzanfechtung ohne Bedeutung. Der hM ist zu folgen (anders noch → 3. Aufl. 2013, § 208 Rn. 51). Die jedenfalls im Zeitpunkt der Eröffnung des Insolvenzverfahrens objektiv vorliegende Benachteiligung der Insolvenzgläubiger kann grundsätzlich erst durch Rückgewähr des Anfechtungsgegenstandes (bzw. dessen Wertes) in das Schuldnervermögen wieder beseitigt werden. Dementsprechend bleibt der Insolvenzverwalter trotz angezeigter Masseunzulänglichkeit gem. § 208 Abs. 3 verpflichtet, aussichtsreiche Anfechtungsansprüche – ggf. nach Gewährung von Prozesskostenhilfe – durchzusetzen.[154] Nach anderer Ansicht verfehlt aber eine Insolvenzanfechtung, die nur dazu dient, die weitere Abwicklung des Verfahrens zugunsten der Massegläubiger zu finanzieren, ihren eigentlichen Zweck, Vermögensverschiebungen des Schuldners im Interesse der Insolvenzgläubiger haftungsrechtlich rückgängig zu machen.[155] Sie bleibt danach nur statthaft, soweit sie sich auch zum **Vorteil der Gläubigergesamtheit** auswirken kann.[156] Das kommt in Betracht, wenn durch die Insolvenzanfechtung eine nur temporäre Massearmut überwunden oder bei Verfahren mit dem Ziel der Restschuldbefreiung erreicht werden kann, dass bei der Verteilung der während der Wohlverhaltensphase eingehenden Beträge (§ 292 Abs. 1 Satz 2) auch noch Insolvenzgläubiger berücksichtigt werden.[157]

2. Verteilungsverfahren. Für die Verteilung schreibt das Gesetz in § 211 Abs. 1 nur die Beachtung der Rangordnung des § 209 vor. Für die – anteilige – Befriedigung der Altmassegläubiger iSd § 209 Abs. 1 Nr. 3 ist das in den §§ 187 ff. für die Insolvenzgläubiger geregelte Verteilungsverfahren nicht anwendbar.[158] Der Insolvenzverwalter hat deshalb keine Altmassegläubigerliste und auch **kein Verteilungsverzeichnis** iSd § 188 aufzustellen und bei Gericht einzureichen. Für die Schlussverteilung bedarf es keiner Zustimmung des Insolvenzgerichtes. Die in §§ 196, 197 geregelte Schlussverteilung für Insolvenzgläubiger ist auf die Befriedigung der Altmassegläubiger im Abwicklungsverfahren nach § 208 Abs. 3 nicht übertragbar. Dem Insolvenzverwalter ist es deshalb freigestellt,[159] wie er seine Verteilungslisten und Verteilungsberechnungen gestaltet. Aufgrund der Haftung für Verteilungsfehler ist der Insolvenzverwalter ohnehin gehalten, die Befriedigung der Altmassegläubiger nach § 209 Abs. 1 Nr. 3 ausreichend zu dokumentieren. Die Befriedigung der Neumassegläubiger nach § 209 Abs. 1 Nr. 2 richtet sich nach den §§ 53 f. Diese hat der Insolvenzverwalter im Rahmen der Rechnungslegung nachzuweisen.[160] 52

3. Rückkehr in das Regelinsolvenzverfahren. Die vom Insolvenzverwalter angezeigte Masseunzulänglichkeit muss nicht von Dauer sein. Tauchen vor Einstellung des Verfahrens neue Vermögenswerte auf, werden bei der weiteren Masseverwertung nicht erwartete Verkaufserlöse erzielt, werden verloren geglaubte (Anfechtungs-)Prozesse gewonnen u. dgl., so kann dadurch die Insolvenzmasse wieder ausreichend werden, um sämtliche Massegläubiger vollständig und uU auch Insolvenzgläubiger anteilig zu befriedigen. Wenn durch eine solche überraschend **positive Entwicklung** des Verfahrens keine Masseunzulänglichkeit mehr vorliegt oder droht, steht nach ganz hM der Weg zurück in das reguläre Insolvenzverfahren offen.[161] Umstritten ist nur, ob und inwieweit ein **Wiedereintritt** in das **frühere Verfahren** von förmlichen Voraussetzungen abhängt. 53

a) Widerruflichkeit der Anzeige der Masseunzulänglichkeit. Nach einer vereinzelt gebliebenen Entscheidung des AG Hamburg[162] soll die Anzeige der Masseunzulänglichkeit nicht 54

[154] Vgl. BGH NZI 2009, 602 (Rn. 5). Dem Verwalter kann Prozesskostenhilfe sogar nach eingetretener Massekostenarmut bewilligt werden, sofern diese mit dem erwarteten Erlös aus dem beabsichtigten Anfechtungsprozess abzuwenden ist. Vgl. BGH NZI 2013, 79 mAnm Contius/Froehner; dazu auch → § 207 Rn. 22.

[155] *Jaeger/Henckel* § 129 Rn. 142; Jaeger/*Windel* § 208 Rn. 102; *Häsemeyer* Rn. 21.25; ähnlich auch AG Göttingen NZI 2013, 188.

[156] Gottwald/*Huber* § 46 Rn. 66. Nach *Foerste* ZInsO 2013, 659, 661 soll die Insolvenzanfechtung – auch – den Vorrang der Massegläubiger vor anfechtbar begünstigten Insolvenzgläubigern sichern. Zur möglichen Rückkehr in das reguläre Insolvenzverfahren, sobald die Insolvenzanfechtung auch Leistungen auf Insolvenzforderungen erwarten lässt, s. *Häsemeyer,* FS Gerhardt S. 359.

[157] Zu den Kriterien für eine eingeschränkte Zulässigkeit der Anfechtung vgl. Jaeger/*Windel* § 208 Rn. 101 bis 102.

[158] Jaeger/*Windel* § 208 Rn. 45; dazu → § 211 Rn. 5.

[159] Der Insolvenzverwalter hat grundsätzlich „freie Hand" für die Verteilung, vgl. *Kluth* ZInsO 2000, 177; AGR/*Henning* § 211 Rn. 3.

[160] Dazu → § 211 Rn. 14.

[161] BAG NZI 2010, 317 (Rn. 14); Mohrbutter/Ringstmeier/*Pape* § 12 Rn. 104 ff.; Jaeger/*Windel* § 208 Rn. 46; Uhlenbruck/*Ries* § 208 Rn. 22; FKInsO/*Kießner* § 208 Rn. 27; K. Schmidt/*Jungmann* § 208 Rn. 35.

[162] AG Hamburg NZI 2000, 141; dagegen zB Uhlenbruck/*Ries* § 208 Rn. 22; *Schröder* S. 100 bis 103.

mehr rückholbar sein, da sie die Reihenfolge der Befriedigung der Massegläubiger bis zur Einstellung des Verfahrens unwiderruflich und damit endgültig verändert. Andernfalls bestehe die Gefahr, dass die bevorzugte Befriedigung der Neumassegläubiger nach § 209 Abs. 1 Nr. 2 zu ihrem Nachteil durch eine Rücknahme der Anzeige wieder beseitigt werde. Neumassegläubiger haben aber bei **Rückkehr ins „normale" Verfahren** keine Nachteile zu befürchten, da ihre Forderungen bei ausreichender Masse vorweg und vollständig befriedigt werden, § 53. Sollten sie infolge eines schuldhaften Verteilungsfehlers des Insolvenzverwalters einen Ausfall erleiden, haftet dieser ihnen persönlich aus § 60 Abs. 1 auf Schadenersatz. Auf der anderen Seite besteht für den Verwalter nach Wegfall der Masseinsuffienz kein Grund mehr, die Befriedigung von Altmassegläubigern gem. der Rangordnung des § 209 weiterhin zurückzustellen; es gilt vielmehr wieder der Grundsatz, dass gleichrangige Massegläubiger auch gleichmäßig zu befriedigen sind.[163] Bei verwertbarer Teilungsmasse ist eine Rückkehr zum Regelverfahren auch deshalb geboten, weil das Insolvenzverfahren in erster Linie der gemeinschaftlichen Gläubigerbefriedigung dienen soll (§ 1). Ohne Rückkehrmöglichkeit müsste das Verfahren aber nach § 211 vorzeitig eingestellt und könnte eine verbleibende Masse nur über den umständlichen Weg der Nachtragsverteilung gem. §§ 211 Abs. 3, 203, 205 an die Gläubiger ausgeschüttet werden.[164]

55 **b) Verfahren zur Rückkehr und deren Folgen.** Die öffentlich bekannt zu machende Verwalteranzeige (§ 208 Abs. 1, 2) dokumentiert nach außen hin den Übergang in das Abwicklungsverfahren gem. § 208 Abs. 3, in dem die Insolvenzmasse nach Maßgabe des § 209 an die Massegläubiger zu verteilen ist, vgl. § 211 Abs. 1. Sobald eine volle Deckung der Masseverbindlichkeiten wieder gewährleistet ist und der Insolvenzverwalter daher zum Regelverfahren zurückkehren will, ist nach zutr. hM **entsprechend § 208 Abs. 1 und 2** zu verfahren.[165] Ebenso wie der Verwalter durch seine Unzulänglichkeitsanzeige Rechtsklarheit schafft, muss bei der Rückkehr als **actus contrarius,** mit der ua die Durchsetzungssperre für Altmassegläubiger (§ 210) entfällt, für alle Verfahrensbeteiligten eindeutig feststehen, nach welchen gesetzlichen Vorschriften das weitere Insolvenzverfahren abgewickelt wird.[166] Der Insolvenzverwalter hat daher nach Wegfall einer nur temporären Masseunzulänglichkeit dem Insolvenzgericht die Rückkehr in das Regelinsolvenzverfahren durch eine „**Zulänglichkeitsanzeige**" mitzuteilen.[167] Zudem ist eine **öffentliche Bekanntmachung** dieser Anzeige durch das Insolvenzgericht notwendig, die den Massegläubigern besonders zuzustellen ist.[168] Wenn der Insolvenzverwalter ohne diese Förmlichkeit – rein tatsächlich – dazu überginge, fällige Masseverbindlichkeiten abweichend von der Tilgungsreihenfolge des § 209 zu erfüllen, würde sich sein Risiko erhöhen, für mögliche Verteilungsfehler haften zu müssen. Die Rückkehr in das Regelverfahren setzt aber **keinen gerichtlichen Beschluss** voraus. Es ist auch nicht Aufgabe des Insolvenzgerichts zu überprüfen, ob die vom Insolvenzverwalter angezeigte Wiederherstellung der Massezulänglichkeit tatsächlich vorliegt;[169] die Feststellungskompetenz hierfür liegt – wie bei der Anzeige nach § 208 Abs. 1 – allein beim Insolvenzverwalter. Die **Rechtsfolgen** der angezeigten Masseunzulänglichkeit fallen mit der Anzeige, dass wieder ausreichend Masse zur Verfügung steht, gegenüber allen Massegläubigern einheitlich **für die Zukunft weg.**[170] Bei Wiederaufnahme des Regelverfahrens können sämtliche Massegläubiger wieder ohne Rücksicht auf die Rangordnung des § 209 ihre Ansprüche gegenüber der Masse geltend machen und ggf. in diese vollstrecken.[171] Das Verfahren wird als normales Insolvenzverfahren fortgesetzt.[172]

---

163 Vgl. Mohrbutter/Ringstmeier/*Pape* § 12 Rn. 107. Zur materiellen Anwendung der Rangordnung des § 209 s. BGH ZIP 2010, 145 und 2356.

164 Jaeger/*Windel* § 208 Rn. 46; *Kayser/Heck* NZI 2005, 65, 67; eingehend auch *Schröder* S. 100 ff.

165 Mohrbutter/Ringstmeier/*Pape* § 12 Rn. 105 f; HKInsO/*Landfermann* § 208 Rn. 35; *Schröder* S. 103 f.

166 Dazu auch HambKommInsO/*Weitzmann* § 208 Rn. 14.

167 KPB/*Pape* § 208 Rn. 24; *Häsemeyer* Rn. 7.81. In BGH NZI 2004, 209 konnte die Frage einer Zulänglichkeitsanzeige als nicht entscheidungserheblich offen bleiben.

168 Mohrbutter/Ringstmeier/*Pape* § 12 Rn. 105; Nerlich/Römermann/*Westphal* § 208 Rn. 27; aA FKInsO/*Kießner* § 208 Rn. 28; Uhlenbruck/*Ries* § 208 Rn. 62; AGR/*Henning* § 208 Rn. 17.

169 HKInsO/*Landfermann* § 208 Rn. 35; Graf-Schlicker/*Riedel* § 208 Rn. 7; Mohrbutter/Ringstmeier/*Pape* § 12 Rn. 109; aA Jaeger/*Windel* § 208 Rn. 46; K. Schmidt/*Jungmann* § 208 Rn. 40; *A. Schmidt* NZI 1999, 442.

170 So entfällt zB ein dem Verwalter nach angezeigter Masseunzulänglichkeit zustehendes erneutes oder zusätzliches Erfüllungswahlrecht nach § 103 (s. → § 209 Rn. 28/29), vgl. Jaeger/*Windel* § 208 Rn. 54; *Schröder* S. 105.

171 Wird die zunächst unzulässige Leistungsklage eines Altmassegläubigers nach Beseitigung der Masseunzulänglichkeit im Laufe des Rechtsstreits zulässig (u. begründet), muss der Insolvenzverwalter zur Vermeidung einer Kostenbelastung die Klage gem. § 93 ZPO sofort anerkennen, vgl. OLG Rostock NZI 2008, 750.

172 Zur weiteren Forderungsfeststellung und Verteilung an die Insolvenzgläubiger vgl. Mohrbutter/Ringstmeier/*Pape* § 12 Rn. 105; Uhlenbruck/*Ries* § 208 Rn. 63.

4. Nachtragsverteilung. **§ 211 Abs.** 3 sieht ausdrücklich die Möglichkeit zur Anordnung einer Nachtragsverteilung vor, wenn nach der Einstellung des Verfahrens Gegenstände der Insolvenzmasse ermittelt werden.[173] Das Gesetz hat diese vereinfachte Form der nachträglichen Verteilung von Vermögensgegenständen durch den insoweit weiterhin verfügungsbefugten Verwalter vorgesehen, um unnötige Verzögerungen bei Abwicklung des masseunzulänglichen Verfahrens und ggf. die Einleitung eines weiteren Insolvenzverfahren zu vermeiden. 56

5. Rechnungslegung. Nach § 211 Abs. 2 hat der Insolvenzverwalter für seine Tätigkeit nach Anzeige der Masseunzulänglichkeit **gesondert** Rechnung zu legen.[174] Im Vordergrund steht hierbei die Darlegung der vom Insolvenzverwalter neu begründeten Masseverbindlichkeiten iSd § 209 Abs. 1 Nr. 2. Die hervorgehobene gesonderte Rechnungslegungspflicht für den Verfahrensabschnitt nach der Anzeige lässt die sich aus § 66 ergebende Rechnungslegungspflicht für das gesamte Verfahren im Übrigen unberührt. 57

6. Insolvenzplan. Die Frage der Zulässigkeit eines Insolvenzplanverfahrens bei Masseunzulänglichkeit war in der Vergangenheit strittig.[175] Der durch das ESUG mit Wirkung vom 1.3.2012 in die Insolvenzordnung eingefügte **§ 210a** hat klargestellt, dass Insolvenzpläne auch im Falle der Masseunzulänglichkeit mit der Maßgabe möglich sind, dass an die Stelle der nicht nachrangigen Insolvenzgläubiger die nachrangigen Massegläubiger des § 209 Abs. 1 Nr. 3 treten und für nicht nachrangige Insolvenzgläubiger § 246 Nr. 2 entsprechend gelten soll.[176] 58

7. Restschuldbefreiung. Das Insolvenzverfahren dient neben der gemeinschaftlichen Befriedigung der Gläubiger auch dem Zweck, den redlichen Schuldner nach Maßgabe der §§ 286 ff. von seinen restlichen Verbindlichkeiten gegenüber den Insolvenzgläubigern zu befreien, vgl. § 1 Satz 2. Dieses Ziel eines wirtschaftlichen Neuanfangs des Schuldners kann aber nur unter der Voraussetzung erreicht werden, dass ein eröffnetes Insolvenzverfahren auch bis zur Verteilung der Masse durchgeführt wird. Bei einer die Verfahrenskosten nicht deckenden Masse wird das Insolvenzverfahren aber nicht eröffnet bzw. eingestellt, §§ 26 Abs. 1, 207 Abs. 1, so dass ein Restschuldbefreiungsverfahren unzulässig ist.[177] Sind die erforderlichen Verfahrenskosten durch das schuldnerische Vermögen – insbesondere bei einer **Kostenstundung** nach §§ 4a ff., 207 Abs. 1 Satz 2 –[178] jedoch abgedeckt, so wird dem Schuldner die Möglichkeit der Restschuldbefreiung im Anschluss an das nach Verteilung der Insolvenzmasse (§ 209) gem. § 211 eingestellte Insolvenzverfahren eröffnet. Dies ist ausdrücklich für das masseunzulängliche Verfahren in § 289 geregelt (→ § 53 Rn. 36). Die Einstellung erfolgt erst nach Rechtskraft des Beschlusses über die Ankündigung (oder Versagung) der Restschuldbefreiung.[179] Der gerichtlich bestellte Treuhänder hat bei der Verteilung der im Verlauf der „Wohlverhaltensphase" erlangten Beträge nicht nur die nach § 4a gestundeten **Verfahrenskosten,** § 292 Abs. 1 Satz 2 Hs. 2, sondern wegen des Vorwegbefriedigungsrechts der Massegläubiger (§ 53) auch die sonstigen im Verfahren offen gebliebenen Masseverbindlichkeiten vollständig zu berichtigen,[180] bevor er Auszahlungen an die Insolvenzgläubiger vornimmt.[181] Diese werden daher auch in diesem Verfahrensabschnitt nur selten noch mit einer Quote rechnen können. 59

IV. Erneute Masseunzulänglichkeit

Die Verteilungsordnung des § 209 Abs. 1 sieht eine privilegierte Befriedigung der Neumassegläubiger iSd. § 209 Abs. 1 Nr. 2 vor. Deren nach Anzeige der Masseunzulänglichkeit begründeten Ansprüche sind vom Insolvenzverwalter bei Fälligkeit vor den sog. Altmasseverbindlichkeiten gem. 60

[173] Dazu → § 211 Rn. 18 ff.
[174] Vgl. hierzu im Einzelnen → § 211 Rn. 14 f.
[175] Nachweise bei Jaeger/*Windel* § 211 Rn. 84.
[176] Zur Neuregelung des Insolvenzplanverfahrens vgl. § 210a Rn. 1 ff.; KPB/*Pape* § 210a Rn. 1 ff.; Nerlich/Römermann/*Westphal* § 210a Rn. 1 ff.; *Zimmer* ZInsO 2012, 390 f.
[177] FKInsO/*Ahrens* § 289 Rn. 27; KPB/*Wenzel* § 289 Rn. 5; auch → § 207 Rn. 74.
[178] Vielfach werden masseunzulängliche Verfahren nur durchgeführt, damit der Schuldner Restschuldbefreiung erlangt.
[179] Zuvor sind die Insolvenzgläubiger und der Verwalter zum Antrag des Schuldners auf Erteilung der Restschuldbefreiung in einer Gläubigerversammlung oder auch im schriftlichen Verfahren anzuhören (§ 287 Abs. 4), vgl. BGH ZVI 2009, 346; → § 211 Rn. 17.
[180] Masseverbindlichkeiten werden nach hM von einer dem Schuldner erteilten Restschuldbefreiung nicht erfasst, da diese nach § 301 ausdrücklich auf Insolvenzforderungen beschränkt ist, vgl. BFH ZIP 2018, 593 (Rn. 12–17); auch → § 53 Rn. 36.
[181] BGH ZIP 2015, 85 (Rn. 10); NZI 2005, 399 m. zust. Anm. *Ahrens*; Mohrbutter/Ringstmeier/*Pape* § 17 Rn. 105 u. 113; HambKommInsO/*Streck* § 289 Rn. 4.

§ 209 Abs. 1 Nr. 1 zu berichtigen.[182] Indes kommt es in der Insolvenzpraxis immer wieder vor, dass im Rahmen der weiteren Abwicklung der Insolvenzmasse nach § 208 Abs. 3 im Hinblick auf die Neumasseverbindlichkeiten erneut Masseunzulänglichkeit eintritt. Das ist der Fall, wenn die Masse unter Berücksichtigung der erstrangigen Verfahrenskosten (§ 209 Abs. 1 Nr. 1) nicht einmal mehr ausreicht, um alle Neumassegläubiger vollständig zu befriedigen, weil zB auf Grund unvorhersehbarer Auftragsverluste während der Betriebsfortführung die Umsatzziele nicht erreicht werden können. Im Schrifttum ist die rechtliche Behandlung dieser „verschärften" Masseunzulänglichkeit und insbesondere die Frage umstritten, ob und ggf. mit welchen rechtlichen Wirkungen eine **erneute Anzeige** durch den Verwalter statthaft ist, um das Verfahren ordnungsgemäß abschließen zu können.[183] Nach verbreiteter Auffassung soll der Verwalter in dieser gesetzlich nicht geregelten Situation analog § 208 Abs. 1 berechtigt sein, diesmal in Ansehung der Neumasseverbindlichkeiten nochmals die Masseunzulänglichkeit mit bindender Wirkung inter omnes anzuzeigen.[184] Rechtsfolge einer solchen zweiten Anzeige wäre, dass ohne gerichtliche Überprüfung die bisherigen Neumasseverbindlichkeiten zu **Altmasseverbindlichkeiten** iSd § 209 Abs. 1 Nr. 3 zurückgestuft werden[185] oder aber als **Alt**-Neumasseverbindlichkeiten jedenfalls hinter den erst nach der zweiten Anzeige hinzukommenden **Neu**-Neumasseverbindlichkeiten rangieren.[186] Nach der **„Zwischenrang-Lösung"** behalten die bisherigen Neumassegläubiger also ihren Vorrang vor den Altmassegläubigern und bleiben auch – wenn auch nachrangige – Massegläubiger iSd § 209 Abs. 1 Nr. 2. Der **BGH** hat die Zulässigkeit einer wiederholten Unzulänglichkeitsanzeige bisher offen gelassen. Eine solche Anzeige hätte nach Ansicht des BGH jedenfalls keine rechtsverbindliche Wirkung und würde auch nicht zu einer gegenüber § 209 abweichenden Rangordnung unter den Massegläubigern führen, weil Neumasseverbindlichkeiten nicht allein durch eine spätere Anzeige zu Altmasseverbindlichkeiten zurückgestuft werden dürften. Der BGH sieht auch **keine** Notwendigkeit für eine **gestufte Rangordnung** innerhalb der gesetzlichen Neumasseverbindlichkeiten, so dass die **Neumassegläubiger** zur Sicherung ihrer Gleichbehandlung **insgesamt** nur eine **quotale Erfüllung** aus der Insolvenzmasse beanspruchen können. Der Insolvenzverwalter kann daher nach der Rspr. des BGH nicht mehr uneingeschränkt zur Leistung verurteilt werden, sobald er im Prozess die erneute Masseunzulänglichkeit einwendet und die Erfüllung von Neumasseschulden verweigert; auch für Neumassegläubiger ist dann nur noch eine Feststellungsklage zulässig.[187] Schon aus systematischen Gründen erscheint eine nochmalige entsprechende Anwendung der §§ 208 ff. nicht erforderlich.[188] Durch förmliche **Mehrfachanzeigen** gem. § 208 und eine damit verbundene weitere Aufspaltung der Rangordnung zwischen den Massegläubigern würde die Abwicklung des masseunzulänglichen Verfahrens für die Beteiligten nur **intransparenter.** Die Zulassung einer erneuten Anzeige der Masseunzulänglichkeit mit nochmaliger Zäsurwirkung ist daher nicht sachgerecht.[189] Es gibt auch keinen zureichenden Grund, den erst nach verschärfter Masseunzulänglichkeit begründeten Neumasseverbindlichkeiten außerhalb der in § 209 festgelegten Rangordnung einen verbesserten Rang vor den bisherigen (Alt-)Neumassegläubigern einzuräumen. Vielmehr ist stattdessen auf die zu § 60 KO entwickelten Grundsätze für die Behandlung von Masseverbindlichkeiten nach Eintritt der Masseunzulänglichkeit zurückzugreifen. Soweit Neumassegläubiger daher versuchen, ihre Masseansprüche gerichtlich geltend zu machen, so ist der Insolvenzverwalter individuell ihnen gegenüber dazu **berechtigt,** eine erneute Masseunzulänglichkeit einzuwenden.[190] Er hat den **Einwand** der **Neu-Masseunzulänglichkeit,** dem die Bindungswirkung einer Anzeige nach § 208 fehlt, substantiiert darzulegen und ggf. zu beweisen.[191] Seiner Darlegungs- und Beweislast im Masseschuldprozess kann er nicht dadurch genügen, dass er die Neu-Masseunzu-

---

182 Dazu → § 53 Rn. 50.

183 Zur Meinungsstand in Rspr. und Literatur vgl. Jaeger/*Windel* § 208 Rn. 26–28 sowie eingehend *Thole* ZIP 2018, 2241 ff. und – zugleich in Auseinandersetzung mit dessen Thesen – *Ganter* NZI 2019, 7 ff.

184 HKInsO/*Landfermann* § 208 Rn. 36; ausführlich *Ganter* NZI 2019, 7 ff.

185 Uhlenbruck/*Ries* § 208 Rn. 25 und HambKommInsO/*Weizmann* § 208 Rn. 11.

186 Zur „Rangabstufung" unter den Neumassegläubigern zuletzt vor allem *Ganter* NZI 2019, 7 ff.

187 BGH NZI 2003, 369; NZI 2004, 209; NZI 2006, 392 (Rn. 17 f.).

188 Mohrbutter/Ringstmeier/*Pape* § 12 Rn. 100; Jaeger/*Windel* § 208 Rn. 27 u. 56; → § 210 Rn. 20 f.

189 Dazu ausführlich *Thole* ZIP 2018, 2241, 2245 f.

190 BGH NZI 2003, 369. Der Verwalter erhält damit – anders als nach der Erstanzeige (→ Rn. 66) – die Möglichkeit, Ansprüche einzelner Neumassegläubiger für Leistungen, die zur geordneten Verfahrensabwicklung unerlässlich sind, noch in vollem Umfang statt gemäß dem Gleichbehandlungsgrundsatz mit einer bloßen Quote zu befriedigen. Zur notwendigen Differenzierung mittels „haftungsrechtlicher Einrede" s. Jaeger/*Windel* § 208 Rn. 56, § 209 Rn. 19, 20 sowie *Thole* ZIP 2018, 2241, 2246 f.; → § 210 Rn. 23 Abl. zuletzt *Ganter* NZI 2019, 7 ff., weil eine solche Einrede keine gesetzliche Basis habe.

191 Im Kostenfestsetzungsverfahren genügt gem. § 104 Abs. 2 ZPO eine Glaubhaftmachung.

länglichkeit öffentlich bekannt macht.[192] Vielmehr hat er eine zeitnahe Liquiditätsberechnung vorzulegen, auf deren Grundlage das Prozessgericht – ggf. mit Hilfe der Beweiserleichterungen entsprechend § 287 Abs. 2 ZPO – beurteilen kann, ob wiederum Masseunzulänglichkeit vorliegt.[193] Wenn das Gericht eine Unterdeckung der Neumasseverbindlichkeiten feststellt, kann der Klagende nur noch eine auf ihn entfallende Quote beanspruchen; solange diese nicht feststeht, wird seine **Leistungsklage** gegen die Masse mangels Rechtsschutzbedürfnis **unzulässig.**[194] Auf bereits titulierte Ansprüche gem. § 209 Abs. 1 Nr. 2 ist das Vollstreckungsverbot des § 210 nach hM nicht analog anwendbar. Neumassegläubiger sollten nach Auffassung des Gesetzgebers ihre Vollstreckungsmöglichkeiten nach Anzeige der Unzulänglichkeit nicht verlieren.[195] Der Verwalter muss deshalb den Einwand der weiteren Masseunzulänglichkeit im Wege der **Vollstreckungsgegenklage nach § 767 ZPO** geltend machen, um die rangwidrige Durchsetzung von Ansprüchen gegen die Masse abzuwehren.[196]

E. Materiellrechtliche u. prozessuale Wirkungen der Masseunzulänglichkeit

I. Kürzung des Forderungsrechtes

1. Insolvenz in der Insolvenz. Können die sonstigen Masseverbindlichkeiten – bei bestehender Verfahrenskostendeckung – nicht aus der Insolvenzmasse voll befriedigt werden, tritt die früher als „Konkurs im Konkurs" bezeichnete Situation ein.[197] Die Massegläubiger sehen sich einer zur Befriedigung ihrer Ansprüche insuffizienten Masse gegenüber. Sie besitzen keine Aussicht mehr auf volle Befriedigung und bilden deshalb eine den Insolvenzgläubigern vergleichbare **Forderungs- und Verlustgemeinschaft,** für die auch der Grundsatz der Gleichbehandlung gilt.[198] Mit der Anzeige der Masseunzulänglichkeit erfolgt die zeitliche Fixierung, ab der die Rangordnung des § 209 einheitlich gegenüber den nunmehr nachrangig zu befriedigenden Altmassegläubigern („inter omnes") eingreift. Sie sichert dadurch deren gleichmäßige Befriedigung im Rahmen der Rangverhältnisse des § 209 Abs. 1 Nr. 3.[199] 61

2. Geltendmachung der Masseunzulänglichkeit. Die Anzeige der Masseunzulänglichkeit lässt die Forderung des Altmassegläubigers als solche zwar unberührt. Sie schränkt jedoch die Leistungspflicht des Insolvenzverwalters und damit zugleich den Wert der Altmasseforderungen ein.[200] Aufgrund der Anzeige verlieren die Altmasseverbindlichkeiten iSd § 209 Abs. 1 Nr. 3 nicht allein ihre Durchsetzbarkeit (→ Rn. 65), sondern es tritt auch eine **Anspruchsbeschränkung** auf die ihnen zustehende Quotenforderung ein.[201] Die Höhe der Quote schwankt im Laufe des Verfahrens und kann im Grunde erst nach Abschluss der Verwertung hinreichend sicher berechnet werden.[202] Die angezeigte Masseunzulänglichkeit begründet deshalb nach hM eine **materiell-haftungsrechtliche Einwendung.**[203] Der Verwalter kann somit durch die Anzeige einen Schuldnerverzug gegen- 62

192 Vgl. BGH DZWiR 2006, 35 (zur Anzeige nach § 60 KO).

193 BGH NJW 2003, 2454; → § 210 Rn. 22.

194 BGH ZIP 2012, 533, 534; OLG Stuttgart ZIP 2011, 2077; BAG ZIP 2003, 1850, dazu EWiR 2004, 243 (Pape); OVG Bautzen ZIP 2013, 424; weiter → § 210 Rn. 23.

195 Begr. Rechtsausschuss zu § 210, *Kübler/Prütting,* S. 441.

196 BGH NZI 2007, 721 (Rn. 9); BAG ZInsO 2005, 50; AG Hamburg ZInsO 2007, 830; für die Erinnerung gem. § 766 ZPO dagegen Jaeger/*Windel* § 208 Rn. 60; → § 210 Rn. 21.

197 BGH NJW 2006, 2997, 2999 („Insolvenz in der Insolvenz"); HKInsO/*Landfermann* § 208 Rn. 16.

198 BGHZ 154, 358 = NJW 2003, 2454; Uhlenbruck/*Ries* § 208 Rn. 34. Nach Jaeger/Windel § 208 Rn. 52 stehen die Massegläubiger dem Verwalter nur als jeweils Einzelne und nicht als Gemeinschaft gegenüber. Zur Forderungsbeschränkung bei Massekostenarmut vgl. → § 207 Rn. 56.

199 → § 209 Rn. 13 u. 35. Sachlicher Auslöser für die zwingende Befriedigungsrangfolge in § 209 ist allerdings (schon) der tatsächliche Eintritt der Masseunzulänglichkeit. Der Verwalter muss für etwaige Verteilungsfehler also auch bei unterlassener oder verspäteter Anzeige einstehen, → Rn. 74 f.

200 BGH NZI 2004, 209 mAnm Uhlenbruck = ZIP 2004, 326, dazu EWiR 2004, 349 *(Pape).*

201 BGHZ 154, 358 = NJW 2003, 2454; *Thole* ZIP 2018, 2241, 2246; *Pape* ZInsO 2001, 60; *Dinstühler* ZIP 1998, 1697, 1701; aA *Runkel/Schnurbusch* NZI 2000, 54.

202 Altmassegläubiger können daher erst nach Schlussrechnungslegung (§§ 66, 211 Abs. 2) und Berichtigung aller Neumasseverbindlichkeiten (§ 209 Abs. 1 Nr. 1 und 2) auf Zahlung einer evtl. auf sie entfallenden Quote klagen.

203 Mohrbutter/Ringstmeier/*Pape* § 12 Rn. 116; Jaeger/*Windel* § 208 Rn. 50; *Jansen* NZI 2013, 774, 776; aA Uhlenbruck/*Ries* § 208 Rn. 1, 34; *Hees/Stange* ZIP 2013, 1206, 1207.

über Altmassegläubigern (§§ 280, 286 BGB) vermeiden, so dass die Masse nicht durch **Verzugszinsen** oder Säumniszuschläge nach Wegfall der Masseunzulänglichkeit zusätzlich geschmälert wird.[204]

63 **3. Rückforderung.** Hatte der Insolvenzverwalter vor der angezeigten Masseunzulänglichkeit auf Masseverbindlichkeiten Zahlungen geleistet, so müssen diese nicht zurückerstattet werden.[205] Vor der Anzeige besitzen die Massegläubiger ranggleiche einwendungsfreie Ansprüche, die sie gegen den Insolvenzverwalter mittels Leistungsklage geltend machen und ggf. im Vollstreckungsweg auch durchsetzen können.[206] Erhält dagegen ein Altmassegläubiger nach angezeigter Masseunzulänglichkeit Leistungen, die über die Quote hinausgehen, die ihm nach dem Verteilungsschlüssel gem. § 209 Abs. 1 Nr. 3 zusteht, so hat er diese unter dem Gesichtspunkt der **ungerechtfertigten Bereicherung** der Masse wieder zu erstatten.[207]

II. Prozessuale Auswirkungen

64 **1. Erkenntnisverfahren.** Nach angezeigter Masseunzulänglichkeit sind die Altmasseverbindlichkeiten in der Rangordnung des § 209 Abs. 1 Nr. 3 anteilig zu befriedigen. Die **Altmassegläubiger** sind nach § 210 daran gehindert, die Zwangsvollstreckung zu betreiben. Das Vollstreckungsverbot begründet über seinen Wortlaut hinaus nicht nur einen im Wege der Vollstreckungserinnerung nach § 766 ZPO geltend zu machenden Einwand, sondern ist auch im Rahmen eines anhängigen oder künftigen Rechtsstreits mit einem Altmassegläubiger zu berücksichtigen.

65 **a) Leistungs- und Feststellungsklage.** Da der Gläubiger einer Masseforderung iSd § 209 Abs. 1 Nr. 3 wegen des Verbots gem. § 210 keine Vollstreckungsmöglichkeit besitzt, kann der Insolvenzverwalter nach angezeigter Masseunzulänglichkeit nicht mehr zur Leistung verurteilt werden. Dem Verwalter steht deshalb ein gesetzliches Leistungsverweigerungsrecht gegenüber Altmasseverbindlichkeiten zu.[208] Eine **Leistungsklage** ist nach der Rechtsprechung des BGH und des BAG sowie der hM im Schrifttum wegen **fehlenden Rechtsschutzbedürfnisses unzulässig.**[209] Altmassegläubiger können sich also auch für den möglichen Fall einer Rückkehr zum regulären Insolvenzverfahren (→ Rn. 53) keinen Titel mehr gegen die Masse verschaffen.[210] Könnte jeder Altmassegläubiger den Insolvenzverwalter mittels Leistungsklage in Anspruch nehmen, so würden die Gerichte Leistungsurteile ohne Rücksicht auf deren tatsächliche Durchsetzbarkeit erlassen müssen. Das aber widerspricht dem Sinn und Zweck der §§ 208, 210;[211] Zwangsvollstreckungsversuche aus Zahlungstiteln einzelner Altmassegäubiger würden den Verwalter zu Abwehrmaßnahmen (§ 766 ZPO) zwingen und eine geordnete Abwicklung des masseunzulänglichen Verfahrens gefährden. Die Befriedigung der Altmassegläubiger findet nur im Verteilungsverfahren nach § 209 Abs. 1 Nr. 3 statt. Zur Klärung seiner Ansprüche hat er prozessual die Möglichkeit, gem. § 256 ZPO **Feststellungsklage** gegen den Insolvenzverwalter zu erheben (→ § 210 Rn. 18). Auf diesem Weg lässt sich auch eine evtl. sonst drohende **Verjährung** von Altmasseverbindlichkeiten verhindern (§ 204 Abs. 1 Nr. 1 BGB); denn die Anzeige der Masseunzulänglichkeit durch den Insolvenzverwalter und auch die Eintragung der Altmasseforderungen in eine von ihm geführte Masseschuldliste bewirken nach hM **keine Hemmung** der Verjährung analog §§ 205, 206 BGB.[212] Um eine zur Verjährungshemmung angekündigte Feststellungsklage zu vermeiden, kann sich der hierzu aufgeforderte Insolvenzverwalter zu einem Verzicht auf die Verjäh-

---

[204] LSG Stuttgart ZIP 2015, 396, 399; Jaeger/*Windel* § 208 Rn. 51; *Schröder* S. 105 f.; aA HKInsO/*Landfermann* § 209 Rn. 13 u. § 210 Rn. 6; *Hees/Stange* ZIP 2013, 1206 f. Ein schon vor der Anzeige des Verwalters eingetretener Schuldnerverzug endet infolge der Durchsetzungssperre mit Wirkung ex nunc, vgl. Jaeger/*Windel* § 208 Rn. 51.

[205] KPB/*Pape* § 208 Rn. 1; Jaeger/*Windel* § 208 Rn. 51; auch Rn. 15.

[206] Der Verwalter, der eine rechtzeitige Anzeige unterlassen hat, kann sich dem Zahlungsempfänger gegenüber nicht nachträglich auf die Rangordnung des § 209 berufen.

[207] OLG Brandenburg NZI 2002, 1007; Uhlenbruck/*Ries* § 208 Rn. 2; Jaeger/*Windel* § 209 Rn. 24 f.

[208] BGH ZIP 2018, 233 (Rn. 12).

[209] BGHZ 167, 178 = NZI 2006, 392 (Rn. 8) und 154, 358 = NZI 2003, 369 mAnm *Uhlenbruck* S. 372; BAG ZIP 2012, 1678 (Rn. 24); HKInsO/*Landfermann* § 210 Rn. 7; Uhlenbruck/*Ries* § 208 Rn. 50; dazu auch → § 210 Rn. 18; aA *Kröpelin* ZIP 2003, 2341; Jaeger/*Windel* § 208 Rn. 57 f.; *Häsemeyer* Rn. 14.26; *Adam* DZWiR 2009, 181.

[210] Nur wenn der Insolvenzverwalter bereits Schlussrechnung gelegt und vorrangige Masseschulden (§ 209 Abs. 1 Nr. 1 und 2) berichtigt hat, kann ein Altmassegläubiger ausnahmsweise berechtigt sein, in Höhe der auf ihn entfallenden Quote auf Leistung zu klagen, vgl. BGH ZIP 2018, 233 (Rn. 10).

[211] KPB/*Pape* § 210 Rn. 7.

[212] BGH ZIP 2018, 233 = NZI 2018, 154 m. zust. Anm. *Schädlich*; HKInsO/*Landfermann* § 210 Rn. 7; HambKommInsO/*Weitzmann* § 208 Rn. 13; *Wenner/Jauch* ZIP 2009, 1894, 1895 f. Für eine Hemmung analog § 205 BGB noch OLG Düsseldorf als Vorinstanz ZIP 2017, 2416; Jaeger/*Windel* § 208 Rn. 51; Uhlenbruck/*Ries* § 210 Rn. 20.

rungseinrede bereit erklären oder sich mit dem Gläubiger auf eine Stundung bzw. ein Stillhalteabkommen verständigen.[213] Er wird dies tun, solange Interessen anderer Gläubiger nicht entgegenstehen und er sich dadurch keiner eigenen Haftung aussetzt. Nur im Ausnahmefall wird die Berufung auf den Verjährungseintritt **treuwidrig** sein (§ 242 BGB), falls sich der Altmassegläubiger aufgrund des Verwalterverhaltens objektiv darauf verlassen durfte, dieser werde keine Verjährungseinrede erheben.[214] Eine bereits **anhängige Leistungsklage** eines Altmassegläubigers ist nach Anzeige der Masseunzulänglichkeit ggf. auf gerichtlichen Hinweis in eine **Feststellungsklage umzustellen,** § 264 Nr. 3 ZPO.[215] Der Arbeitnehmer, der zB seine Lohn- oder Abfindungsansprüche gegen die Masse gerichtlich geltend macht, muss die Berechtigung seiner bestrittenen Forderungen also im Wege der Feststellungsklage weiterverfolgen, sobald der Insolvenzverwalter die angezeigte Masseunzulänglichkeit einwendet.[216] Auch im Kostenfestsetzungsverfahren ist eine vom Insolvenzverwalter nach Eintritt der Rechtshängigkeit angezeigte Masseunzulänglichkeit zu berücksichtigen. Daher kann gegen den im Prozess unterlegenen Verwalter kein **Kostenfestsetzungsbeschluss** nach § 104 ZPO mehr zugunsten eines Altmassegläubigers erlassen werden; denn diesem fehlt wegen des in § 210 angeordneten Vollstreckungsverbots das Rechtsschutzinteresse, in Form eines solchen Beschlusses noch einen Vollstreckungstitel zu erlangen.[217] Insoweit gilt das Gleiche wie im Klageverfahren. Soweit der Kostenerstattungsanspruch streitig ist, bleibt auch im Kostenfestsetzungsverfahren die Möglichkeit eines Feststellungsausspruchs.[218]

Neumassegläubiger, die nicht dem Vollstreckungsverbot des § 210 unterliegen, können dagegen ihre Forderungen nach Anzeige der Masseunzulänglichkeit grundsätzlich im Wege der Leistungsklage gegenüber dem Insolvenzverwalter geltend machen.[219] Das prozessuale Vorgehen hängt damit von der insolvenzrechtlichen Einordnung der Masseverbindlichkeit ab. Nach Anzeige der Masseunzulänglichkeit ist aber die Leistungsklage auch eines Neumassegläubigers unzulässig, wenn der Insolvenzverwalter zu Recht einwendet, dass eine die Verfahrenskosten oder wenigstens alle Neumasseverbindlichkeiten deckende Masse nicht mehr vorhanden ist.[220] **65a**

b) Folgen. Gegen die Unzulässigkeit der Leistungsklage sprechen auch keine praktischen Erwägungen.[221] Den Altmassegläubigern bringt es keinen Nutzen, wenn sie zwar einen Leistungstitel gegen den Insolvenzverwalter erstreiten können, für sie aber wegen der angezeigten Masseunzulänglichkeit gem. § 210 keine Vollstreckungsmöglichkeiten bestehen.[222] Die Vollstreckungsorgane haben die Anzeige der Masseunzulänglichkeit als Vollstreckungshindernis in jedem Fall zu beachten. Eine Prüfung der Rechtmäßigkeit der Anzeige steht ihnen nicht zu, da die Kompetenz zur Feststellung der Masseunzulänglichkeit ausschließlich dem Insolvenzverwalter zusteht. Die Handhabung der Unzulänglichkeitsanzeige kann von den Massegläubigern allenfalls mittelbar durch die Geltendmachung von Haftungsansprüchen gegen den Verwalter einer nachträglichen gerichtlichen Kontrolle unterzogen werden. Zudem ist der Insolvenzverwalter zur **ranggerechten Gleichbehandlung** aller Altmassegläubiger iSd § 209 Abs. 1 Nr. 3 verpflichtet, wenn eine anteilige Befriedigung erfolgt. Gegenüber titulierten Ansprüchen dürfen deshalb die übrigen – festgestellten – Masseverbindlichkeiten nicht schlechter gestellt werden.[223] Fehler des Insolvenzverwalters im Verteilungsverfahren sind haftungsrechtlich sanktioniert. Die Verpflichtung, alle Massegläubiger nach § 209 Abs. 1 Nr. 3 gleich zu behandeln, gilt freilich auch dann, wenn die Masseunzulänglichkeit auf Grund unerwartet positiver Verwertungsergebnisse überwunden werden kann. Auch wegen der haftungsrechtlichen Folgen kann dem Insolvenzverwalter nicht unterstellt werden, er könnte zulassen, dass titulierte Ansprüche gegenüber berechtigten – ggf. gerichtlich festgestellten – Masseansprüchen bevorzugt befriedigt werden.[224] **66**

---

213 Zu den Anforderungen vgl. BGH ZIP 2018, 233 (Rn. 24 f.).

214 Vgl. zB BGH NJW-RR 2014, 1020. Weitergehend *Runkel* in FS Kübler (2015) S. 595, 602, wonach der Verwalter mit der Masseunzulänglichkeitsanzeige die Aussage verbinde, derAnspruchsinhaber möge sich noch gedulden.

215 BGH ZIP 2019, 1075 (Rn. 14); BAG ZIP 2002, 628; ZInsO 2009, 1116.

216 BAG ZIP 2018, 848 (Rn. 13) u. 2017, 2113 (Rn. 18). Dieser Einwand kann auch erst während des Berufungsverfahrens erhoben werden, vgl. OLG Köln NZI 2011, 812.

217 BGH ZIP 2005, 817 = NZI 2005, 328; NJW-RR 2009, 59; Nerlich/Römermann/*Westphal* § 209 Rn. 21 f.

218 BGH ZIP 2019, 1075 (Rn. 12 f.); OLG Naumburg ZInsO 2014, 303; LAG Stuttgart 2001, 657.

219 BAG ZIP 2006, 1510 und ZIP 2004, 1323 mAnm *Bork* in EWiR 2004, 815; NZI 2003, 161; OLG Stuttgart ZIP 2011, 2077.

220 BGH ZIP 2012, 534 (Rn. 12); → Rn. 60 u. → § 210 Rn. 23.

221 *Pape* ZInsO 2001, 60.

222 Eine entsprechende Anwendung des § 888 Abs. 2 ZPO verbietet sich, da die Höhe der Quote nicht feststeht, so dass eine dahingehend konkretisierte Verurteilung nicht möglich ist; LAG Düsseldorf ZIP 2000, 2035; aA *Runkel/Schnurbusch* NZI 2000, 49, 52.

223 BAG ZIP 2002, 628; KPB/*Pape* § 210 Rn. 8a.

224 KPB/*Pape* § 210 Rn. 8; aA *Runkel/Schnurbusch* NZI 2000, 49, 52 unter Hinweis auf den „böswilligen" Verwalter.

67 **c) Darlegungs- und Beweislast.** Der Eintritt der Masseunzulänglichkeit wirkt sich nicht unmittelbar auf den Rechtsstreit aus. Der Insolvenzverwalter hat gegenüber der Leistungsklage den **Einwand** der Masseunzulänglichkeit geltend zu machen. Für den Eintritt der Rechtsfolgen der §§ 209 f. ist es ausreichend, wenn er die Masseunzulänglichkeit dem Insolvenzgericht anzeigt.[225] Er genügt deshalb seiner prozessualen Darlegungs- und Beweislast, wenn er die Anzeigeerstattung nachweist. Darüber hinaus ist nicht erforderlich, dass er den Eintritt der Masseunzulänglichkeit durch entsprechenden Tatsachenvortrag belegt.[226] Dies würde bedeuten, dass die Befugnis zur Feststellung der Masseunzulänglichkeit auf das Prozessgericht verlagert würde und stünde damit in Widerspruch zum alleinigen Recht des Insolvenzverwalters, die Masseunzulänglichkeit gegenüber allen Beteiligten verbindlich festzustellen.

68 **2. Vollstreckungsverfahren.** Massegläubiger können grundsätzlich während des Insolvenzverfahrens wegen ihrer titulierten Ansprüche in die Masse vollstrecken. Ihre Ansprüche unterliegen keinen quotenmäßigen Beschränkungen. Nach der Anzeige der Masseunzulänglichkeit erfolgt jedoch eine **materiellrechtliche Beschränkung** der Ansprüche der Altmassegläubiger auf die ihnen zustehende Quote. Im Hinblick auf den Gleichbehandlungsgrundsatz darf der einzelne Massegläubiger sich keine Besserstellung durch Zwangsvollstreckungsmaßnahmen verschaffen. § 210 statuiert deshalb ein gesetzliches Vollstreckungsverbot für titulierte Altmasseverbindlichkeiten iSd § 209 Abs. 1 Nr. 3. Gegen nach § 210 unzulässige Zwangsvollstreckungsmaßnahmen steht dem Insolvenzverwalter der Rechtsbehelf der **Vollstreckungserinnerung** nach § 766 ZPO zu, über die das Insolvenzgericht entscheidet.[227] Das Vollstreckungsorgan hat die Rechtsmäßigkeit der angezeigten Masseunzulänglichkeit nicht zu überprüfen. Das Feststellungsrecht steht auch insoweit ausschließlich dem Insolvenzverwalter zu. Das Erinnerungsverfahren nach § 766 ZPO dient allein der Klärung der vollstreckungsrechtlichen Frage, ob das Vollstreckungsverbot vom Insolvenzverwalter mit Recht eingewandt wurde.

III. Sonstige materielle Rechtsfolgen

69 **1. Sicherungsrechte.** Die Masseverbindlichkeiten werden durch die Anzeige der Masseunzulänglichkeit in ihrem Bestand nicht berührt. Allein die Leistungspflicht des Insolvenzverwalters gegenüber Altmassegläubigern wird eingeschränkt. Soweit zur Besicherung der **Altmasseverbindlichkeiten Sicherheiten** bestellt wurden, bleiben diese bestehen u. können im Sicherungsfall realisiert werden.[228] Dies gilt auch für akzessorische Sicherheiten, wie Bürgschaften oder Hypotheken.[229]

70 **2. Aufrechnung.** Massegläubiger können grundsätzlich mit ihren Ansprüchen gegen Ansprüche der Insolvenzmasse wirksam aufrechnen, §§ 387 ff. BGB. Ihre Aufrechnungsbefugnis wird aber nach Anzeige der Masseunzulänglichkeit entsprechend den insolvenzrechtlichen Aufrechnungsvorschriften, §§ 94 bis 96, **eingeschränkt.** Nach der Anzeige regelt die Rangordnung des § 209 die geordnete Verteilung der Insolvenzmasse. Altmasseverbindlichkeiten iSd § 209 Abs. 1 Nr. 3 werden idR nur noch anteilig befriedigt. Nach § 210 gilt für sie eine Vollstreckungssperre. **Altmassegläubiger** sind damit von der angezeigten Masseunzulänglichkeit wertungsmäßig vergleichbar betroffen wie Insolvenzgläubiger iSd §§ 38, 39 infolge der Insolvenzeröffnung.[230] Demzufolge werden die in der InsO geregelten **Aufrechnungsverbote** gem. **§ 96 Nr. 1 und 2**[231] nach zutreffender herrschender Meinung entsprechend angewandt.[232] Massegläubiger können also analog § 94 mit ihren Altforderungen nur noch gegen Ansprüche der Masse wirksam aufrechnen, die bereits vor Eingang der Anzeige der Masseunzulänglichkeit entstanden sind.[233] Das Vertrauen in solche **Aufrechnungslagen**

---

225 BGHZ 154, 358 = NJW 2003, 2454.

226 Dagegen hat der Verwalter den Einwand weiterer Masseunzulänglichkeit gegenüber Neumassegläubigern im Prozess iE darzulegen u. nachzuweisen, → Rn. 60.

227 BGH ZInsO 2006, 1049; → § 210 Rn. 14.

228 Uhlenbruck/*Ries* § 208 Rn. 34 u. 49; Jaeger/*Windel* § 208 Rn. 51. Der Erwerb von Sicherungsrechten zu Lasten der Masse erst nach angezeigter Masseinsuffizienz scheitert aber an § 91 analog, → § 210 Rn. 12.

229 Der Bürge ist bei Zahlung an Altmassegläubiger zur abgesonderten Befriedigung berechtigt, wenn seine Rückgriffsansprüche zB gem. § 51 Nr. 1 gesichert sind; § 91 steht nicht entgegen, s. BGH NZI 2008, 371.

230 Vgl. Adam DZWiR 2011, 485, 488.

231 Die Aufrechnungsverbote des § 96 Abs. 1 Nr. 3 und 4 treffen für das masseunzulängliche Verfahren in der Praxis nicht zu; dazu auch → § 94 Rn. 11.

232 BFH ZIP 2008, 886; OLG Celle ZIP 2011, 1164; BGH NJW 1995, 2783 (zur KO); Uhlenbruck/*Sinz* § 94 Rn. 72; Uhlenbruck/*Ries* § 208 Rn. 44; Jaeger/*Windel* § 207 Rn. 95 u. § 208 Rn. 98; auch → § 210 Rn. 12; aA *Runkel/Schnurbusch* NZI 2000, 49, 54, die eine unmittelbare Anwendung der Aufrechnungsregeln der §§ 387 ff. BGB vorziehen.

233 BFH ZIP 2008, 886 = NZI 2008, 49 (Rn. 9).

wird geschützt, die zum Zeitpunkt der Anzeige des Insolvenzverwalters schon bestanden haben.[234] Die Aufrechnung von Alt-Forderungen gegen Neuansprüche der Masse, die erst nach dieser Anzeige begründet worden sind, ist dagegen unzulässig. Dadurch wird sichergestellt, dass sich kein Altmassegläubiger eine ungerechtfertigte Befriedigung seiner Gegenforderung in voller Höhe (anstatt nur zur Quote) verschaffen kann, die dem bei Eintritt der „Insolvenz in der Insolvenz" geltenden Grundsatz der Gleichbehandlung widerspricht.[235] Stellt der Insolvenzverwalter seine Verwaltervergütung erst nach Anzeige der Masseunzulänglichkeit in Rechnung, so kann das Finanzamt daher gegenüber dem sich aus der Vergütung ergebenden Vorsteueranspruch des Schuldners nicht mit rückständigen Umsatzsteuerforderungen aufrechnen.[236] **Neumassegläubiger** iSd § 209 Abs. 1 Nr. 2 können grundsätzlich unbeschränkt gegen Ansprüche der Masse aufrechnen. Wird das Verfahren allerdings nach der Erstanzeige (§ 208 Abs. 1) erneut masseunzulänglich, so finden wiederum die §§ 94 ff. entspr. Anwendung, um eine Benachteiligung der konkurrierenden Neumassegläubiger zu vermeiden.[237]

IV. Steuerliche Pflichten

Nach der Rechtsprechung des BFH hat der Insolvenzverwalter auch im masseunzulänglichen Verfahren die sich aus dem Steuerrechtsverhältnis ergebenden Pflichten zu erfüllen, wie die zur Buchführung, Erstellung von Jahresabschlüssen, Abgabe der **Steuererklärungen,** vgl. § 34 Abs. 3 AO, § 155. Diese Pflichten sollen regelmäßig auch zwangsweise durchgesetzt werden können, obwohl die zu ihrer Erfüllung notwendigen Kosten die unzureichende Masse zusätzlich belasten und keine steuerlichen Auswirkungen zu erwarten sind („Null-Erklärungen").[238] Es ist aber erforderlich, die steuerlichen Pflichten der eingetretenen Masseunzulänglichkeit anzupassen, dh zu reduzieren oder entfallen zu lassen. Das gilt vor allem dann, wenn ersichtlich ist, dass auch bei Erfüllung sämtlicher steuerlichen Pflichten auf Grund der Lage der Insolvenzmasse keine Steuern gezahlt werden müssen bzw. können. Die **Erfüllung der steuerlichen Pflichten** darf nicht zu einem Selbstzweck werden.[239] Kann der Insolvenzverwalter die steuerlichen Erklärungen nicht selbst erstellen, so darf er auch nicht gezwungen werden, hiermit einen Steuerberater oder Buchhalter zu beauftragen, wenn der Masse die zur Begleichung der damit verbundenen Kosten erforderlichen Mittel fehlen. Die fortbestehende Aufgabe des Verwalters zur vollen Abwicklung des Schuldnervermögens nach § 208 Abs. 3 ist dahingehend eingeschränkt, dass zur Vermeidung neuer Verluste und einer sonst drohenden persönlichen Haftung aus § 61 keine neuen Masseverbindlichkeiten eingegangen werden dürfen, die durch die Masse nicht gedeckt sind.[240] Dem Insolvenzverwalter muss es **zumutbar** sein, die – unzureichenden – Mittel auch unter Berücksichtigung anderer erforderlicher Ausgaben zur Anfertigung der Steuererklärungen einzusetzen; das Finanzamt hat sich ggf. mit der **Schätzung** der Besteuerungsgrundlagen zu begnügen.[241] Lehnt das Finanzamt indes trotz Hinweis auf fehlende Massemittel eine kostensparende Schätzung ab, sind die Steuerberaterkosten nur bei Kostenstundung ggf. als Auslagen iSv § 4 InsVV aus der Staatskasse zu erstatten.[242] 71

V. Sonderfälle

1. Nachlassinsolvenzverfahren. Im Nachlassinsolvenzverfahren kann gleichfalls Masseunzulänglichkeit iSd § 208 hervortreten. Für die Abwicklung bestehen grundsätzlich keine Besonderheiten. § 324 Abs. 1 erweitert allerdings den Kreis der Masseverbindlichkeiten.[243] Die in § 324 Abs. 1 Nr. 1 bis 6 genannten Masseschulden besitzen gem. Abs. 2 im masseunzulänglichen Verfahren den Rang von Altmasseverbindlichkeiten nach § 209 Abs. 1 Nr. 3. 72

---

234 KPB/*Pape* § 210 Rn. 10. Der aufrechnende Altmassegläubiger muss das Bestehen der Aufrechnungslage im Zeitpunkt der Anzeige darlegen u. ggf. beweisen, s. BGH ZIP 2012, 1254 (zur Insolvenzaufrechnung).

235 Das auf die Dauer des Insolvenzverfahrens beschränkte Aufrechnungsverbot des § 96 Abs. 1 Nr.l 1 entfällt mit der Beendigung des Verfahrens, s. BFH ZIP 2017, 934 (Rn. 10).

236 BFH ZIP 2008, 886 u. ZIP 2001, 428, dazu EWiR 2001, 777 *(Onusseit)*; eingehend Uhlenbruck/*Sinz* § 96 Rn. 18.

237 Vgl. Jaeger/*Windel* § 208 Rn. 98.

238 BFH ZIP 2013, 83 (Rn. 18) mAnm Harder ZInsO 2013, 227.

239 → § 207 Rn. 64.

240 Uhlenbruck/*Ries* § 208 Rn. 39; HKInsO/*Lohmann* § 61 Rn. 7.

241 Vgl. auch KPB/*Pape* § 208 Rn. 19b; HambKommInsO/*Weitzmann* § 208 Rn. 17; Uhlenbruck/*Sinz* § 155 Rn. 15. Zur Konfliktslage anschaulich AG Hamburg NZI 2000, 140; *Kaufmann* ZInsO 2006, 961, 963 f.

242 BGH NJW 2004, 2976; AG Dresden ZIP 2006, 1686; dazu näher → § 54 Rn. 39.

243 Uhlenbruck/*Lüer* § 324 Rn. 1.

73 **2. Eigenverwaltung.** Tritt im Rahmen der vom Insolvenzgericht angeordneten Eigenverwaltung Masseunzulänglichkeit ein, so ist diese vom **Sachwalter** anzuzeigen, § 285.[244] Sofern eine Masseunzulänglichkeit absehbar sein sollte, ist idR die Fortsetzung des typischerweise auf die Sanierung des Schuldners ausgerichteten Verfahrens in Eigenverwaltung nach § 270 verfehlt. Der Sachwalter hat aber keine Möglichkeit, die Aufhebung der Eigenverwaltung zu beantragen; hierzu sind Anträge der Gläubigerversammlung oder eines absonderungsberechtigten Gläubigers bzw. Insolvenzgläubigers nach § 272 erforderlich. Auch nach vom Sachwalter angezeigter Masseunzulänglichkeit ist es deshalb dem Schuldner bis zur förmlichen Beendigung der Eigenverwaltung möglich, weiterhin tätig zu werden und (Neu-)Masseverbindlichkeiten zu begründen, wobei ihm der Schutz vor Vollstreckungsmaßnahmen von Altmassegläubigern nach § 209 Abs. 1 Nr. 3 zugute kommt. Dies birgt für den Sachwalter erhebliche Gefahren einer eigenen Haftung für Überwachungsverschulden nach § 274 Abs. 1 iVm § 60.[245] Um diesen **Haftungsrisiken** vorzubeugen, sollte er vor allem auch die Insolvenzgläubiger und ggf. den Gläubigerausschuss über die Gründe informieren, die zum Eintritt der Masseunzulänglichkeit geführt haben; zugleich sollte er darauf hinwirken, dass diese nach § 272 die Aufhebung der Eigenverwaltung beantragen, da deren Fortsetzung mit Nachteilen für die Gläubiger verbunden ist, § 274 Abs. 3.[246] Zur erforderlichen Glaubhaftmachung nach § 272 Abs. 2 können sich Gläubiger dann auf die Masseunzulänglichkeitsanzeige oder sonstige Informationen des Sachwalters stützen.

F. Haftung des Insolvenzverwalters

I. Haftungsrisiko

74 Der Insolvenzverwalter darf die Masseunzulänglichkeit iSd § 208 nur anzeigen, wenn sie eingetreten ist oder droht.[247] Die Voraussetzungen der Masseunzulänglichkeit nach § 208 müssen **objektiv** vorliegen. Eine lediglich vorsorglich angezeigte Masseunzulänglichkeit verletzt deshalb insolvenzspezifische Pflichten.[248] Das Insolvenzgericht prüft freilich nicht, ob die angezeigte Masseunzulänglichkeit rechtmäßig erfolgte. Da auch die fehlerhafte Verwalteranzeige die Rechtsfolgen des § 209 auslöst, besteht für geschädigte Massegläubiger, insbesondere für die im Rang zurückgestuften Altmassegläubiger iSv § 209 Abs. 1 Nr. 3 nur die Möglichkeit, die Richtigkeit der Anzeige in einem nachfolgenden **Haftungsprozess** gegen den Insolvenzverwalter zu überprüfen. Aus einer verfrühten oder verspäteten Anzeige einer Masseunzulänglichkeit, welche auf die Abwicklung des Insolvenzverfahrens ansonsten ohne Einfluss ist, ergeben sich für den Insolvenzverwalter zwar Haftungsrisiken. Sollte es ihm aber gelingen, die nachrangigen Altmassegläubiger so zu befriedigen wie bei pflichtgemäßer Anzeigenerstattung, reduziert sich das Haftungsrisiko auf einen möglichen Verspätungsschaden.[249]

II. Haftungsgrundlagen

75 **1. Haftung nach § 61.** § 61 Satz 1 regelt ausschließlich die Haftung des Insolvenzverwalters für die pflichtwidrige Begründung von Masseverbindlichkeiten.[250] Werden daher vom Insolvenzverwalter durch Rechtshandlungen willentlich Masseverbindlichkeiten begründet, die aus der Insolvenzmasse bei Fälligkeit nicht voll erfüllt werden können, so haftet er den Neugläubigern gegenüber bei Verschulden persönlich auf Schadenersatz.

76 Im Interesse der Haftungsvermeidung wird der Insolvenzverwalter bereits eine drohende Masseunzulänglichkeit dem Insolvenzgericht rechtzeitig anzeigen.[251] Auch wenn nach angezeigter Masse-

---

[244] Anzeigeberechtigt ist nach dem Gesetz nur der Sachwalter (nicht auch der Schuldner), s. Uhlenbruck/*Zipperer* § 285 Rn. 2. Bei Masselosigkeit gem. § 207 dürfte neben dem Sachwalter auch der Schuldner selbst berechtigt u. verpflichtet sein, diese dem Gericht mitzuteilen, vgl. AGR/*Ringstmeier* § 285 Rn. 13.

[245] Vgl. FKInsO/*Foltis* § 274 Rn. 35 ff.; *Thole/Brünkmans* ZIP 2013, 1097, 1101. Eine Haftung für vom Schuldner begründete u. nicht erfüllbare Masseverbindlichkeiten dürfte aber wegen § 274 Abs. 1 grundsätzlich ausscheiden, s. dazu AGR/*Ringstmeier* § 274 Rn. 12.

[246] HKInsO/*Brünkmans* § 285 Rn. 4; Jaeger/*Windel* § 208 Rn. 6.

[247] Dem Insolvenzverwalter steht damit ein weiter Handlungsspielraum zur Verfügung, in dem er mit Blick auf seine persönliche Haftung nach § 61 bestimmen kann, wann die Anzeige gegenüber dem Gericht erfolgt, vgl. BGH NZI 2017, 753 (Rn. 25); dazu → Rn. 30.

[248] KPB/*Pape* § 208 Rn. 12; vgl. auch § 208 Rn. 31.

[249] BGH NZI 2004, 435 mAnm *Kaufmann* = WM 2004, 1191 mAnm *Lüke/Stengel* in WuB VI A. § 61 InsO 1.05.

[250] BGH ZIP 2018, 386 (Rn. 10); BAG ZIP 2019, 129 (Rn. 17) u. 2013, 638 (Rn. 30 ff.).

[251] *Kübler,* Kölner Schrift, S. 946 Rn. 30 f.; Mohrbutter/Ringstmeier/*Pape* § 12 Rn. 91; → Rn. 30.

unzulänglichkeit begründete Neumasseverbindlichkeiten iSd § 209 Abs. 1 Nr. 2 nicht ausgeglichen werden können, haftet der Verwalter aber den weiteren Gläubigern – begrenzt auf das negative Interesse – entsprechend § 61 auf Schadenersatz, wenn er bei Begründung der Masseverbindlichkeit schuldhaft nicht erkannt hat, dass die Masse voraussichtlich zur Erfüllung erneut nicht ausreichen würde (→ Rn. 80).[252] Nach § 61 Satz 2 kann sich der Verwalter entlasten, wenn er beweist, dass zZt der Anspruchsbegründung objektiv von einer Erfüllbarkeit der eingegangenen Verbindlichkeit auszugehen war oder dass er die Unzulänglichkeit der Masse nicht erkennen konnte. Dieser **Entlastungsbeweis** wird im Allgemeinen nur gelingen, wenn der Verwalter im Hinblick auf das Risiko einer Masseunzulänglichkeit eine plausible Liquiditätsrechnung erstellt und diese bis zum Zeitpunkt der Begründung der Verbindlichkeit laufend aktualisiert hat.[253]

2. Fehlerhafte Anzeige. Zeigt der Insolvenzverwalter Masseunzulänglichkeit an, obgleich deren Voraussetzungen – auch im Laufe des Verfahrens – nicht eingetreten sind, so werden die Altmassegläubiger zwar im Ergebnis voll befriedigt werden können, jedoch zu einem späteren Zeitpunkt. Der Insolvenzverwalter haftet für den durch die **unbegründete Anzeige** der Masseunzulänglichkeit hervorgerufenen (Verzögerungs-)Schaden den zurückgesetzten Altmassegläubigern nach § 60. Eine Haftung nach § 61 kommt nicht in Betracht, da dem Insolvenzverwalter in Bezug auf die Begründung der Masseverbindlichkeiten kein Vorwurf gemacht werden kann.[254] 77

Die Masseunzulänglichkeit kann vom Insolvenzverwalter auch schuldhaft **zu früh** angezeigt werden, wenn die Voraussetzungen der drohenden Masseunzulänglichkeit nach § 208 Abs. 1 Satz 2 nicht vorlagen. Für die im Rang zurückgestuften Altmassegläubiger kann ein Schaden eintreten, wenn ihre Masseansprüche andernfalls zuvor ggf. im Wege der Zwangsvollstreckung aus der Masse voll erfüllt worden wären.[255] Ob ein solcher Schadensnachweis erfolgreich geführt werden kann, ist zweifelhaft, wenn nachfolgend die Voraussetzungen einer drohenden Masseunzulänglichkeit tatsächlich eintreten. Der notwendige Aufwand der weiteren Abwicklung geht ohnedies zu Lasten der Altmassegläubiger, so dass daraus für sie kein Schaden erwächst. Der Insolvenzverwalter wird zudem sich jeweils darauf berufen, dass er im Zeitpunkt der Anzeige der Unzulänglichkeit den Eintritt bereits zutreffend vorhergesehen hat, was idR schwer zu widerlegen sein dürfte.[256] 78

Wird vom Insolvenzverwalter die Masseunzulänglichkeitsanzeige „**verspätet**" erstattet, so trifft ihn ein höheres Haftungsrisiko. Die zurückgestuften Altmassegläubiger werden vielfach geltend machen können, dass schon bei Eingehen der Masseverbindlichkeiten der Eintritt der Masseunzulänglichkeit erkennbar war, so dass der Verwalter ihnen persönlich nach § 61 haftet, wenn er nicht den Entlastungsbeweis führen kann.[257] Vor allem kommt eine Haftung für **Verteilungsfehler** gem. § 60 Abs. 1 in Betracht, wenn der Verwalter trotz vorliegender Masseunzulänglichkeit die Verteilungsreihenfolge des § 209 nicht beachtet u. damit die Masse pflichtwidrig verkürzt hat (→ § 60 Rn. 47). 79

3. Haftung aus Abwicklungsfehlern. Ein weiteres Haftungsrisiko ergibt sich für den Insolvenzverwalter aus dem mit dem Abwicklungsverfahren nach den §§ 208 ff. verfolgten Zweck, die Erfüllung der Verwertungs- und Befriedigungsaufgaben gem. § 208 Abs. 3 zu ermöglichen. Der erzielbare Verwertungserlös wie aber auch die Kosten der weiteren Abwicklung lassen sich nur mittels Schätzung, und damit ungenau und unsicher erfassen. Stellt sich ex post heraus, dass die vorgenommene **Deckungsprognose** unzutreffend war, so kann dies dazu führen, dass die Neumassegläubiger nicht mehr voll befriedigt werden können oder die Altmassegläubiger leer ausgehen, da die vorhandenen Massemittel auf Grund der entstandenen Kosten vollständig verbraucht wurden. Um dies zu verhindern, hat der Insolvenzverwalter im Hinblick auf die bereits erkannte Masseinsuffizienz Neumasseverbindlichkeiten nur noch mit Vorsicht und unter Berücksichtigung des zu erwartenden Nutzens für die nach der Rangordnung des § 209 zu befriedigenden Massegläubiger vorzunehmen. Hieraus ergeben sich für den Insolvenzverwalter schwer kalkulierbare Haftungsrisiken, die ihm vom Gesetz allerdings im Hinblick auf den Vorrang seiner Vergütungsansprüche zugemutet werden.[258] 80

---

[252] § 61 gilt ohne weiteres auch bei pflichtwidriger Begründung von Neumasseverbindlichkeiten, s. BGH NZI 2005, 222.

[253] Zu den Anforderungen an den Entlastungsbeweis s. BGH ZIP 2005, 311 mAnm *Pape* in EWiR 2005, 679.

[254] HKInsO/*Landfermann* § 208 Rn. 12.

[255] BGH ZIP 2010, 2356 (Rn. 12); BAG ZIP 2013, 638 (Rn. 65); auch → § 60 Rn. 46.

[256] War die Einschätzung des Verwalters aus ex-ante-Sicht nicht vorwerfbar unrichtig, ist es Sache des Massegläubigers die Ursachen für einen von der Prognose abweichenden Verlauf darzulegen und zu beweisen, vgl. BGH NZI 2005, 222; OLG Düsseldorf ZIP 2012, 2115, 2117 f.

[257] Vgl. Graf-Schlicker/*Riedel* § 208 Rn. 11; s. dazu → § 60 Rn. 43, 44.

[258] *Kübler,* Kölner Schrift, S. 976 Rn. 30; ausführlich zu den Haftungsgefahren für den Verwalter bei unzulänglicher Masse Mohrbutter/Ringstmeier/*Pape* Kap. 12 Rn. 112 f.; dazu schon → Rn. 43 ff., 60.

81 **a) Betriebsfortführung.** Im Fall der Masseunzulänglichkeit ist eine längerfristige Fortführung der unternehmerischen Tätigkeit nur im **Ausnahmefall** vorstellbar. Eine positive Fortführungsprognose für das Unternehmen wird idR nicht vorhanden sein. Die vielfältigen Risiken, die mit der unternehmerischen Tätigkeit verbunden sind, können wirtschaftlich vertretbar nicht in Kauf genommen oder kalkuliert werden, wenn dem Verwalter bei geringer Aussicht auf Massezuwächse nur eine unzulängliche Insolvenzmasse zur Verfügung steht.[259] Wird der Insolvenzverwalter von Neumassegläubigern, deren Ansprüche im Rahmen einer Weiterführung des Geschäfts nicht befriedigt werden konnten, persönlich in Anspruch genommen, so wird ihm deshalb der Entlastungsbeweis nach § 61 Satz 2 idR misslingen.[260] Gegenüber den Altmassegläubigern droht die persönliche Haftung nach § 60, wenn durch die verlustbringende betriebliche Tätigkeit ein zunächst noch vorhandener Deckungsstock vermindert oder verbraucht wird. Der Umfang sowie die Art und Weise der Abwicklungstätigkeit haben sich zu orientieren am Abwicklungszweck des § 208 Abs. 3,[261] der vor allem in der Befriedigung der Altmassegläubiger besteht. Eine Aufrechterhaltung des Betriebs ist idR deshalb nur im Sinne einer Auslaufproduktion und damit alsbaldigen Liquidation wirtschaftlich sinnvoll, um zB noch vorhandene Warenvorräte umsetzen zu können oder angefangene Aufträge zum Abschluss zu bringen.[262]

82 **b) Rechtsstreit.** Der Insolvenzverwalter ist grundsätzlich auch im masseunzulänglichen Verfahren befugt, Prozesse über Aktiva der Insolvenzmasse oder zur Abwehr von Masseansprüchen zu führen (→ Rn. 49). Die Möglichkeit, im Falle des Prozessverlustes den **Kostenerstattungsanspruch** des Prozessgegners aus der Masse nicht befriedigen zu können, schließt eine Prozesstätigkeit nicht aus. Der Insolvenzverwalter geriete sonst in eine Pflichtenkollision.[263] Er würde sich haftbar machen für das Unterlassen einer uU erfolgreichen Prozesstätigkeit wie aber auch für die Führung des Rechtsstreites, wenn dieser verloren geht. Auch hier kann die Lösung des Konflikts nicht darin liegen, von der Prozessführung Abstand zu nehmen. Vielmehr hat der Insolvenzverwalter einen nutzbringenden Rechtsstreit für die Masse zu führen, wenn hinreichende Erfolgschancen bejaht werden können. Eine persönliche Haftung für nicht beitreibbare Prozesskosten des obsiegenden Gegners kommt daher nur bei vorsätzlich sittenwidriger Schädigung gem. § 826 BGB in Betracht, falls der Verwalter in zumindest grob leichtfertiger Weise ein gerichtliches Verfahren durchführt, obwohl er weiß, dass der bedingte gegnerische Kostenerstattungsanspruch nicht gedeckt ist.[264]

§ 209 Befriedigung der Massegläubiger

(1) Der Insolvenzverwalter hat die Masseverbindlichkeiten nach folgender Rangordnung zu berichtigen, bei gleichem Rang nach dem Verhältnis ihrer Beträge:
1. **die Kosten des Insolvenzverfahrens;**
2. **die Masseverbindlichkeiten, die nach der Anzeige der Masseunzulänglichkeit begründet worden sind, ohne zu den Kosten des Verfahrens zu gehören;**
3. **die übrigen Masseverbindlichkeiten, unter diesen zuletzt der nach den §§ 100, 101 Abs. 1 Satz 3 bewilligte Unterhalt.**

(2) Als Masseverbindlichkeiten im Sinne des Absatzes 1 Nr. 2 gelten auch die Verbindlichkeiten
1. **aus einem gegenseitigen Vertrag, dessen Erfüllung der Verwalter gewählt hat, nachdem er die Masseunzulänglichkeit angezeigt hatte;**
2. **aus einem Dauerschuldverhältnis für die Zeit nach dem ersten Termin, zu dem der Verwalter nach der Anzeige der Masseunzulänglichkeit kündigen konnte;**
3. **aus einem Dauerschuldverhältnis, soweit der Verwalter nach der Anzeige der Masseunzulänglichkeit für die Insolvenzmasse die Gegenleistung in Anspruch genommen hat.**

Schrifttum: *Ganter,* Dauerschuldverhältnisse in der Insolvenz – Fortführung, Beendigung, Freigabe, ZIP 2019, 97; *Häsemeyer,* Das Verfahren der Masseunzulänglichkeit – eine verselbständigte Variante des Insolvenzverfahrens?, FS Gerhardt (2003), S. 341 f.; *Henckel,* Masselosigkeit und Masseschulden in: FS 100 Jahre Konkursordnung, 1977, S. 169; *ders.* Die Behandlung von Neumasseschulden bei Massearmut, ZIP 1993, 1277; *Huep/Webel,* Zur

[259] Vgl. K. Schmidt/*Jungmann* § 208 Rn. 45; zur Haftung wegen Liquidationsverschleppung BGH ZIP 2012, 1455.
[260] Vgl. dazu → § 53 Rn. 88.
[261] *Haarmeyer/Wutzke/Förster,* Handbuch, Kap. 8 Rn. 167; Mohrbutter/Ringstmeier/*Pape* § 12 Rn. 112; KPB/*Pape* § 208 Rn. 20; → § 208 Rn. 46.
[262] *Häsemeyer* Rn. 14.23 und FS Gerhardt (2003), 341, 346 f.
[263] BGH NZI 2005, 155, 175 f.; → § 208 Rn. 50.
[264] BGH NZI 2017, 753 (Rn. 15, 39).

Kostenrisikoverteilung in massearmen Verfahren bei Kostenstundung, NZI 2011, 389; *Jansen*, Zinsen und Kosten von Altmassegläubigern im (drohend) masseunzulänglichen Insolvenzverfahren, NZI 2013, 774; *Kießner*, Verfahrenskostenstundung und Rangordnung nach § 209 InsO, FS E. Braun (2007) S. 205; *Kübler*, Die Behandlung massearmer Insolvenzverfahren nach neuem Recht, Kölner Schrift zur Insolvenzordnung, 2. Aufl., 2000, S. 967; *Marotzke*, Antizipierte Begründung privilegierter Neumasseverbindlichkeiten – das Ende des Treuhandkontenmodells?, ZInsO 2005, 561 f.; *Rattunde/Röder*, Verfahrenseröffnung und Kostendeckung nach der Insolvenzordnung, DZWiR 1999, 309; *Ries/Berscheid*, Ansprüche auf Entgeltzahlung ohne Arbeitsleistung nach angezeigter Masseunzulänglichkeit, ZInsO 2008, 1161 und 1233; *Ringstmeier*, Abwicklung von Mietverhältnissen im masseunzulänglichen Insolvenzverfahren, ZInsO 2004, 169; *Roth*, Prozessuale Rechtsfolgen der „Insolvenz in der Insolvenz", FS H. F. Gaul, 1997, S. 573; *W. Uhlenbruck*, Der „Konkurs im Konkurs" – 50 Jahre BGH-Rechtsprechung zum Problem der Verteilungsgerechtigkeit in masselosen und massearmen Insolvenzverfahren –, 50 Jahre Bundesgerichtshof, Festausgabe aus der Wissenschaft, 2000, S. 803; *ders.*, Die Durchsetzung von Gläubigeransprüchen gegen die vermögenslose GmbH und deren Organe nach geltendem und neuem Insolvenzrecht, ZIP 1996, 1641; *Werres*, Das Treuhandmodell – Zulässigkeit und Praxis, ZInsO 2006, 918 f.; *Zimmer*, Absoluter Vorrang der Verfahrenskosten auch bei Stundung im Insolvenzverfahren, Rpfleger 2010, 401.

Übersicht

A. Normzweck

1 Nach angezeigter Masseunzulänglichkeit ist das Insolvenzverfahren fortzuführen, § 208 Abs. 3, damit die noch vorhandene Insolvenzmasse verwertet und an die Massegläubiger verteilt wird. Zweck des § 209 ist es, den Insolvenzverwalter zur Erfüllung der Abwicklungs- und Befriedigungsaufgabe zu befähigen. Angesichts der unzureichenden Mittel legt § 209 eine drei Klassen umfassende **Rangordnung** fest, nach der die Massegläubiger zu befriedigen sind.

2 Der **Vorrang** der **Verfahrenskosten** innerhalb der insolvenzrechtlichen Rangfolge von Masseverbindlichkeiten beruht auf dem Verständnis des Gesetzgebers, dass ein Insolvenzverfahren nicht durchgeführt werden kann, wenn dessen Kosten nicht gedeckt sind. Die gesamte InsO ist daher von dem Grundsatz durchzogen, dass die Berichtigung der Kosten des Insolvenzverfahrens absoluten Vorrang hat.[1] Im Falle des Eintritts der Masselosigkeit sieht § 207 vor, dass das Insolvenzverfahren abgebrochen und vorzeitig eingestellt wird. Infolgedessen weist § 209 Abs. 1 Nr. 1 den reinen Verfahrenskosten den ersten Rang zu.

3 Kernstück der Neuregelung des § 209 ist die gesetzlich getroffene **Unterscheidung** zwischen **Neu-** und **Altmasseverbindlichkeiten.**[2] Maßgebend hierfür ist der Zeitpunkt der Anzeige der Masseunzulänglichkeit nach § 208 Abs. 1 bei dem Insolvenzgericht. Die **Privilegierung** der **Neumasseverbindlichkeiten** nach § 209 Abs. 1 Nr. 2 ist notwendig, da sich niemand auf Geschäfte mit dem

[1] BGH ZIP 2015, 85 (Rn. 20).
[2] AGR/*Henning* § 209 Rn. 1.

Insolvenzverwalter einließe, wenn er nicht sicher sein könnte, für seine Sach- oder Dienstleistungen die volle Gegenleistung aus der Insolvenzmasse zu erhalten. Gem. § 208 Abs. 3 bleibt es aber trotz angezeigter Masseunzulänglichkeit weiterhin Aufgabe des Insolvenzverwalters, die Masse zu verwalten und zu verwerten. Als Neumasseverbindlichkeiten werden daher vom Gesetz sämtliche Ansprüche eingestuft, die nach angezeigter Masseunzulänglichkeit vom Insolvenzverwalter begründet wurden.[3] Die noch vorhandene Masse dient darum vorrangig der Berichtigung der von ihm eingegangenen neuen Verbindlichkeiten für Leistungen, auf die er bei Erfüllung seiner Verwertungs- und Verwaltungspflichten angewiesen ist. Der privilegierte Rang des § 209 Abs. 1 Nr. 2 verschafft dem Verwalter überhaupt erst den notwendigen **Handlungsspielraum,** um seine Geschäftsführung nach Anzeige der Masseunzulänglichkeit fortzusetzen und die Verwertung zu einem geordneten Abschluss zu bringen.[4]

4 Die Bevorzugung der Neumassegläubiger geht einher mit der **Rangrückstufung** der **Altmassegläubiger** in § 209 Abs. 1 Nr. 3. Darunter fallen sämtliche nicht zu den Neumasseverbindlichkeiten zählenden Masseverbindlichkeiten. Ihre Erfüllung kann der Insolvenzverwalter verweigern, vgl. § 210, um zuvor die vorhandenen Mittel zur Befriedigung der vorrangigen Rangklassen einsetzen zu können. Die Altmassegläubiger erhalten also keine quotale Befriedigung aus der Verteilung der vorhandenen Insolvenzmasse, so dass ihre Forderungen an Wert verlieren; auf Grund des innerhalb der einzelnen Gruppen geltenden Gleichbehandlungsgrundsatzes sind auch die Altmasseschulden im Verhältnis ihrer Beträge zu berichtigen.

B. Entstehungsgeschichte

I. Mängel des Verfahrens nach § 60 KO

5 Zu den zentralen Anliegen der Reform gehörte es, die Abwicklung masseloser und massearmer Verfahren gesetzlich zu regeln. Der Gesetzgeber musste auf den sich in der Konkurspraxis herausgebildeten Missstand reagieren, dass die beantragten Konkurse in ganz überwiegender Zahl mangels Masse nach §§ 107, 204 KO nicht eröffnet oder vorzeitig eingestellt wurden. Das Konkursrecht konnte damit die ihm zugewiesene Ordnungs- und Regelungsfunktion nicht mehr erfüllen.[5] Vielmehr fand eine **konkursfreie Liquidation** statt, deren wesentliche Mängel eine völlig unzureichende Haftungsrealisierung und die Nichtbeachtung der Gläubigergleichbehandlung waren.

6 **1. Rangverhältnis.** Die hohe Zahl der nicht durchgeführten Konkursverfahren war zurückzuführen auf die sich aus § 60 KO ergebende Rangordnung im masseunzulänglichen Verfahren. Nach dieser waren erstrangig die **Masseschulden** zu befriedigen, die aus Geschäften des Konkursverwalters resultierten oder aus gegenseitigen Verträgen, deren Erfüllung zur Konkursmasse verlangt wurde oder für die Zeit nach Verfahrenseröffnung erfolgen musste, § 60 Abs. 1 Nr. 1 iVm § 59 Abs. 1 Nr. 1, 2 KO. Der Umfang dieser Ansprüche, insbesondere die Lohn- und Mietzinsansprüche aus den weiterbestehenden Verträgen erschöpften häufig bereits die Konkursmasse. Nachrangig hierzu waren in § 60 auf der zweiten Rangstelle die **Massekosten** iSd § 58 KO eingestuft, die nicht nur die Kosten des Verfahrens, sondern auch die Ausgaben für die Verwaltung, Verwertung und Verteilung der Masse, und damit zB auch die steuerlichen Ansprüche des Finanzamts umfassten. Aufgrund dieses Rangverhältnisses mussten in die Prüfung, ob die Massekosten nach § 58 KO gedeckt sind, auch die vorrangigen Masseschulden nach § 59 Nr. 1, 2 KO einbezogen werden.[6] Die Konkursmasse reichte deshalb häufig zur Befriedigung sämtlicher dieser Masseverbindlichkeiten nicht aus, so dass das Verfahren nicht durchgeführt wurde, obgleich erhebliche Vermögenswerte vorhanden waren.[7]

7 Der komplizierte Verteilungsschlüssel des § 60 KO war vom historischen Gesetzgeber festgelegt worden, um den Verwalter zur frühzeitigen Verfahrenseinstellung zu veranlassen. Aufgrund des Nachrangs der Vergütungsansprüche drohten Vergütungsausfälle, wenn die Befriedigungsaussichten der vorrangigen Massegläubiger nach § 59 Abs. 1 Nr. 1, 2 KO nicht ausreichend gewahrt wurden.[8] Diese ursprünglich verständliche gesetzgeberische Zielrichtung hat jedoch dazu beigetragen, dass schließlich eine übergroße Zahl masseunzulänglicher Verfahren überhaupt nicht mehr durchgeführt wurden.

[3] Die sich aus gegenseitigen Vertragsverhältnissen bzw. Dauerschuldverhältnissen ergebenden Neumasseverbindlichkeiten werden mit den Regelungen in § 209 Abs. 2 Nr. 1–3 konkretisiert.
[4] Vgl. BAG ZIP 2018, 988 (Rn. 12); Jaeger/*Windel* § 209 Rn. 1; *Thole* ZIP 2018, 2241, 2245 f.
[5] Allg. Begr. RegE, *Kübler/Prütting,* S. 101.
[6] *Kübler,* Kölner Schrift, S. 968 Rn. 3.
[7] *Kilger/K. Schmidt* § 107 KO Anm. 2.
[8] BGHZ 55, 101, 103; *Smid* WM 1998, 1320.

2. Behandlung der Neu-Masseschulden. Die KO enthielt in **§ 60 KO** einen **Verteilungsschlüssel** für das masseunzulängliche Verfahren, jedoch keine ausreichenden Regelungen für dessen ordnungsgemäße Abwicklung.[9] Der Konkursverwalter sollte zwar trotz Masseunzulänglichkeit die noch vorhandene Konkursmasse – freilich nunmehr im Interesse der Massegläubiger – verwerten und verteilen können.[10] Um diese Aufgabe zu erfüllen, muss er auch neue Geschäfte tätigen und damit neue Masseverbindlichkeiten begründen können. Bis zum Inkrafttreten der InsO blieb es aber streitig, wie derartige Neumasseverbindlichkeiten, die mit der Abwicklung des masseunzulänglichen Verfahrens zwangsläufig verbunden sind, aus der Masse zu befriedigen sind. 8

Der **BGH** hat zunächst ein **Vorwegbefriedigungsrecht** der Neumassegläubiger strikt abgelehnt und auch für die Berichtigung der Neumasseverbindlichkeiten auf den Verteilungsschlüssel des § 60 KO verwiesen.[11] Die Situation blieb deshalb für die Praxis unbefriedigend. Begründete der Verwalter zur Erfüllung seiner Verwertungspflichten neue Masseverbindlichkeiten, so drohte ihm die persönliche Haftung, wenn er diese nur anteilig befriedigen konnte; überdies riskierte er den Ausfall seiner Vergütung. Anfang der 90er-Jahre lockerte der BGH seine Rechtsprechung und erkannte nunmehr auch aus verfassungsrechtlichen Gründen an,[12] dass es nach Hervortreten der Masselosigkeit oder Masseunzulänglichkeit gerechtfertigt ist, die Vergütungs- und Auslagenansprüche des Verwalters im Hinblick auf Art. 12 GG zu privilegieren.[13] Er billigte diesen jedoch nur anteilig einen Vorrang zu, soweit sie nach Feststellung der Masseunzulänglichkeit entstanden waren.[14] Mit dieser Änderung seiner Rechtsprechung stand der BGH im Grundsatz nicht mehr dem Lösungsweg ablehnend gegenüber, durch Privilegierung der Neumasseverbindlichkeiten die Abwicklung eines masseunzulänglichen Verfahrens praktisch handhabbar zu gestalten. 9

Das **Schrifttum** und im Folgenden die Praxis hatten dagegen überwiegend den Standpunkt eingenommen, dass zur Bewältigung der sich aus dem „**Konkurs im Konkurs**" ergebenden Probleme Neu-Masseschulden jeder Art einschließlich der Vergütung des Verwalters vom Verteilungsschlüssel des § 60 KO ausgenommen werden müssen.[15] Ihnen sollte ein Vorwegbefriedigungsrecht zukommen, um eine beschleunigte und den Gläubigerinteressen gerecht werdende Abwicklung zu erreichen. Den Altmassegläubigern entsteht nämlich durch die Zurückstufung regelmäßig kein Schaden, da sie den notwendigen Aufwand für die weitere Verwertung und Verteilung der Restmasse ohnedies durch Einbußen bei ihren Quoten tragen müssen.[16] 10

II. Gesetzgebung

Ziel des Gesetzgebers war es, für die Abwicklung des masseunzulänglichen Verfahrens eine einfache und präzise Regelung zu schaffen.[17] Die Rangordnung des § 60 KO wurde aufgegeben und eine grundsätzlich **neue Strukturierung** vorgenommen. Die erste Rangstelle nehmen nun die Kosten des Insolvenzverfahrens iSd § 54 ein, deren Deckung Grundvoraussetzung für eine Verfahrensdurchführung ist, vgl. § 207. Die Ausgaben der Verwaltung, Verwertung und Verteilung werden aus dem Bereich der Massekosten eliminiert und den sonstigen Masseverbindlichkeiten nach § 55 Abs. 1 Nr. 1 zugeordnet. Die **Privilegierung** der sog. **Neumassegläubiger** ist in § 209 Abs. 1 Nr. 2 gesetzlich verankert. Die Altmassegläubiger sind demgegenüber nachrangig zu befriedigen; sie befinden sich auf der dritten Rangstelle, § 209 Abs. 1 Nr. 3. 11

Maßgebend für die **Abgrenzung** der Neu- von den Altmasseverbindlichkeiten ist der **Zeitpunkt** der **Anzeige** der Masseunzulänglichkeit. Die zunächst noch im RegE vorgesehene Regelung,[18] die auf den „Antrag auf Feststellung der Masseunzulänglichkeit" abstellte, ist nicht in das Gesetz übernommen worden.[19] In Übereinstimmung mit der Regelung in § 208 ist vielmehr allein die Anzeige der Masseunzulänglichkeit an das Insolvenzgericht durch den Insolvenzverwalter ausschlaggebend für die geänderte Rangfolge bei der Befriedigung der Massegläubiger. 12

---

9 Zu den Regelungsdefiziten vgl. Mohrbutter/Ringstmeier/*Pape* § 12 Rn. 2/3.

10 *Jaeger/Weber* §§ 205, 206 KO Rn. 2; *Henckel,* FS 100 Jahre Konkursordnung, S. 183 ff.

11 BGH NJW 1984, 1527.

12 BVerfG ZIP 1993, 838 mAnm *Pape* EWiR 1993, 701; hierzu weiterführend *Uhlenbruck,* FS 50 Jahre BGH, S. 803, 814.

13 BGH NJW 1992, 692 = ZIP 1992, 120, dazu EWiR 1992, 173 *(Uhlenbruck).*

14 Hinsichtlich der vorher entstandenen Vergütungsansprüche lehnte der BGH eine rangmäßige Aufwertung im Wege der richterlichen Rechtsfortbildung ab, s. dazu auch BGH NJW 2006, 2997, 3000.

15 *Kilger/K. Schmidt* § 60 KO Anm. 4a; *Henckel* ZIP 1993, 1277.

16 *Henckel,* FS 100 Jahre Konkursordnung, S. 183 f.

17 Begr. § 209 RegE, *Kübler/Prütting,* S. 438.

18 Begr. § 321 RegE, *Kübler/Prütting,* S. 438.

19 Begr. § 209 RegE, *Kübler/Prütting,* S. 440.

C. Die Rangordnung des § 209

I. Verteilungsprinzip

13 Nach der Anzeige der Masseunzulänglichkeit gilt die besondere Rang- und Verteilungsordnung des § 209 für **sämtliche Masseverbindlichkeiten.** Der Insolvenzverwalter hat diese in der durch § 209 vorgegebenen Rangfolge zu berichtigen, bei gleichem Rang nach dem Verhältnis ihrer Beträge.[20] Die Altmassegläubiger der Rangklasse 3 sind auf eine anteilige Berichtigung ihrer Forderungen beschränkt; denn sie erhalten nur dann Zahlungen, wenn nach vollständiger Befriedigung der Neumassegläubiger der Rangklasse 2 noch Mittel zur Verfügung stehen. In gleicher Weise vorrangig sind die Verfahrenskosten im ersten Rang gegenüber den nach angezeigter Masseunzulänglichkeit begründeten zweitrangigen Neu-Masseschulden. Können die Gläubiger innerhalb einer Rangklasse bei unzureichender Masse nicht vollständig befriedigt werden, so sind die Forderungen gleichmäßig nach dem Verhältnis ihrer Beträge zu berichtigen, § 209 Abs. 1.[21] Nebenansprüche, die als solche geltend gemacht werden, teilen den Rang der Hauptforderung.[22]

14 Masseansprüche, die nicht auf Geld gerichtet sind, wurden vom Verteilungsschlüssel des § 60 KO von vornherein nicht erfasst. Die darin liegende Bevorzugung der Gläubiger von **Sachleistungen** hat § 209 nicht übernommen.[23] Wenn innerhalb einer Rangklasse die Gläubiger nur noch anteilig befriedigt werden können, so sind nicht auf Zahlung eines Geldbetrages gerichtete Ansprüche entsprechend § 45 umzurechnen. Auch wenn das Gesetz einen entsprechenden ausdrücklichen Hinweis auf § 45 nicht enthält, so kann die für das Regelinsolvenzverfahren geltende Vorschrift zwanglos angewandt werden.[24] Die nicht auf Geld gerichteten Ansprüche sind deshalb nach der Umrechnung quotal zu kürzen und zu befriedigen.

II. Kosten des Verfahrens

15 **1. Absolute Priorität.** Die Kosten des Insolvenzverfahrens iSd § 54 sind nach § 209 Abs. 1 Nr. 1 vorrangig vor allen anderen Masseverbindlichkeiten voll zu befriedigen.[25] Der Vorrang ist unabhängig davon, ob und wann der Insolvenzverwalter die bestehende Masseunzulänglichkeit dem Insolvenzgericht anzeigt. Anderenfalls könnte sich der Verwalter der von ihm zwingend einzuhaltenden Tilgungsreihenfolge bei der Befriedigung der Massegläubiger auf Kosten der Staatskasse entziehen, indem er eine eingetretene oder voraussichtliche Masseunzulänglichkeit verspätet anzeigt oder die nach § 208 Abs. 1 gebotene Anzeige einfach unterlässt.[26] Daher findet bei versäumter Anzeige auch keine Kostenaufteilung für die Zeit vor und nach der Anzeige statt.[27] Die **absolute Vorrangstellung** genießen die gesamten Verfahrenskosten **ungeteilt.** Bei den Ansprüchen des Insolvenzverwalters auf Vergütung und Auslagenerstattung ist also nicht danach zu unterscheiden, ob sie vor oder erst nach der angezeigten Masseunzulänglichkeit begründet worden sind.[28]

16 Die absolute Privilegierung der Verfahrenskosten hat nicht vorbehaltslose Zustimmung erfahren. *Häsemeyer*[29] kritisiert, dass Gläubigern aus Geschäften mit dem Insolvenzverwalter nicht eine Zurücksetzung ihrer Ansprüche hinter dessen Vergütungsforderungen zugemutet werden kann. Ohne die

---

[20] Auch der starke vorläufige Insolvenzverwalter kann vor Aufhebung seiner Bestellung, § 25 Abs. 2, die vorhandene Masse entsprechend der Rangordnung des § 209 Abs. 1 Nr. 1 oder Nr. 3 verteilen, wenn das von ihm verwaltete Schuldnervermögen zur Tilgung aller Verbindlichkeiten nicht ausreicht, vgl. *Haarmeyer,* FS Greiner (2005), 103, 106 f.; HKInsO/*Rüntz/Laroche* § 25 Rn. 7.

[21] BGH ZIP 2013, 631 (Rn. 29); Mohrbutter/Ringstmeier/*Pape* § 12 Rn. 135.

[22] Jaeger/*Windel* § 209 Rn. 11; dazu auch → Rn. 35.

[23] Soweit Urlaubsansprüche bestehen, können Arbeitnehmer auch nach Anzeige der Masseunzulängigkeit vom Insolvenzverwalter Freistellung von der Arbeitspflicht verlangen. Diese Ansprüche unterliegen im Gegensatz zu den mit dem Urlaub verbundenen Geldansprüchen nicht der Rangordnung des § 209. Gleiches gilt für vormerkungsgeschützte Ansprüche, § 106 Abs. 1 Satz 1, die trotz angezeigter Masseinsuffienz aus der Masse zu erfüllen sind, s. OLG Stuttgart ZInsO 2004, 1087.

[24] KPB/*Pape* § 209 Rn. 4; Jaeger/*Windel* § 209 Rn. 11.

[25] Zum Grundsatz des absoluten Vorrangs der Verfahrenskosten vgl. BGH ZIP 2015, 85 (Rn. 20). Soweit eine vorrangige Berichtigung mangels Masse nicht möglich ist, hat eine Verfahrenseinstellung nach § 207 zu erfolgen. Dadurch erhalten die Kostengläubiger einen zusätzlichen Schutz.

[26] BGH NZI 2010, 188 = ZIP 2010, 145 (Rn. 14) m. zust. Anm. *Weitzmann* EWiR 2009, 127.

[27] BGH NZI 2010, 188 (Rn. 14); BGH NZI 2006, 392; *Hess,* InsO, § 209 Rn. 11.

[28] Wenn eine der Masse aufgedrängte Bereicherung zu einer höheren Verwaltervergütung führt, geht dies aber im Ergebnis zu Lasten des Bereicherungsgläubigers, § 55 Abs. 1 Nr. 3, §§ 812, 818 Abs. 3 BGB. Vgl. BGH ZIP 2015, 738 (Rn. 16 f.).

[29] *Häsemeyer* Rn. 14.02, 14.24 u. FS Gerhardt S. 341, 351; zu den Bedenken gegen die gesetzliche Rangordnung s. auch KPB/*Pape* § 209 Rn. 3b–d.

Leistungserbringung des Insolvenzverwalters wäre aber jeder weitere Haftungszugriff auf das schuldnerische Vermögen im Interesse vor allem auch der Massegläubiger ausgeschlossen. Der hierbei entstehende Aufwand ist also erforderlich, um das Verfahren geordnet zum Abschluss zu bringen. Deshalb ist es gerechtfertigt, dass die Vergütung des Insolvenzverwalters nicht dem **Risiko der Masseunzulänglichkeit** ausgesetzt wird.[30] Die verschärfte persönliche Haftung des Insolvenzverwalters nach §§ 60, 61 bietet zudem ausreichenden Schutz davor, dass Verfahren nur zur Sicherung seiner Ansprüche auf Kosten der Massegläubiger weitergeführt werden.

Häsemeyer[31] hat sich auch gegen die Zurücksetzung der Masseverbindlichkeiten nach § 55 Abs. 1 Nr. 3 ausgesprochen. Diese Rückstufung hinter die Verfahrenskosten sei verfassungswidrig, weil für eine Inanspruchnahme eines rechtlosen Erwerbs zur Finanzierung des Insolvenzverfahrens jeder haftungsrechtliche Zuweisungsgrund fehlte. Jedoch behandelt die InsO – wie auch die KO – den Anspruch auf **Rückgewähr eines rechtsgrundlosen Erwerbs der Masse** nicht anders als die sonstigen Masseansprüche nach § 55 Abs. 1 Nr. 1 und 2. Für eine rangmäßige Differenzierung nach hervortretender Masseunzulänglichkeit fehlt deshalb ein hinreichender Grund.[32] Entsteht der Anspruch aus ungerechtfertigter Bereicherung der Masse nach angezeigter Masseunzulänglichkeit, muss dieser allerdings als Neu-Masseschuld iSd § 209 Abs. 1 Nr. 2 qualifiziert werden (→ Rn. 20).

Auch bei einer **Stundung der Verfahrenskosten** bleibt die Tilgungsreihenfolge nach § 209 Abs. 1 unverändert.[33] Die gestundeten Verfahrenskosten genießen also bei bestehender Masseunzulänglichkeit – unabhängig von deren Anzeige – **ungeteilten Vorrang** gegenüber anderen Masseverbindlichkeiten, so dass der Verwalter die vorhandene Masse nicht unter Verstoß gegen die Rangfolgenanordnung des § 209 Abs. 1 anderweitig verteilen darf. Der Kostenstundung gem. §§ 4a ff., die mittellosen redlichen Schuldnern den Zugang zur Restschuldbefreiung ermöglicht (§ 289 Abs. 3), liegt das Konzept zugrunde, wonach öffentliche Mittel als „ultima ratio" erst eingesetzt werden sollen, wenn der Schuldner die Verfahrenskosten auch unter Heranziehung etwaigen Neuerwerbs nicht abdecken kann.[34] Nach § 63 Abs. 2 steht dem Insolvenzverwalter im Falle der Kostenstundung ein Anspruch für seine Vergütung nebst Auslagen gegenüber der Staatskasse nur zu, soweit die freie Masse dafür nicht ausreicht.[35] Er wird daher bei Abwicklung des Verfahrens im eigenen Interesse dafür Sorge tragen müssen, dass keine sonstigen Masseverbindlichkeiten beglichen werden, ohne dass die absolut vorrangigen Verfahrenskosten von der freien Masse gedeckt sind. Bei rangwidrigen Auszahlungen an Massegläubiger droht dem Verwalter neben einer persönlichen Haftung auch eine entspr. Kürzung seiner festgesetzten Vergütung.[36] 17

2. Umfang. a) Kostenbegriff. Die nach § 209 Abs. 1 Nr. 1 im ersten Rang zu bezahlenden Kosten des Verfahrens ergeben sich aus § 54 Nr. 1 und Nr. 2. Sie umfassen deshalb die Gerichtskosten sowie die Vergütung und Auslagen des vorläufigen und endgültigen Insolvenzverwalters wie auch der Mitglieder des Gläubigerausschusses. Ist zu deren Befriedigung die Insolvenzmasse nicht ausreichend, so tritt Masselosigkeit bzw. Massekostenarmut iSd § 207 ein.[37] Der Verwalter kann allerdings seine Tätigkeit nicht sofort beenden, sondern muss die Einstellungsentscheidung des Insolvenzgerichts abwarten. Entstehen aus der weiteren Geschäftsführung bis zur Verfahrenseinstellung zusätzliche Kosten, sind auch diese grundsätzlich im ersten Rang zu berichtigen.[38] 18

b) Keine Ausweitung des Kostenbegriffs. Der den Verfahrenskosten in § 209 Abs. 1 Nr. 1 vor anderen Masseverbindlichkeiten eingeräumte Vorrang bezieht sich ausschließlich auf die in § 54 19

---

[30] *Kübler,* Kölner Schrift, S. 977 Rn. 36; KPB/*Pape* § 209 Rn. 6.

[31] *Häsemeyer* Rn. 14.24 und in FS Gerhardt S. 341, 356.

[32] BGH NJW 2006, 2997 (Rn. 13), wonach die uneingeschränkte Hervorhebung der Verfahrenskosten aus Gründen einer geordneten Verfahrensabwicklung nicht zu beanstanden ist; vgl. auch KPB/*Pape* § 209 Rn. 3c u. 3d.

[33] BGH NZI 2010, 188 (Rn. 22 f.) = ZIP 2010, 145 m. zust. Anm. *Weitzmann* EWiR 2010, 127; NZI 2011, 60 = ZIP 2010, 2252 m. zust. Anm. *Ries* EWiR 2011, 59; Jaeger/*Windel* § 209 Rn. 32; Uhlenbruck/*Ries* § 209 Rn. 2; KPB/*Pape* § 209 Rn. 5a; AGR/*Henning* § 208 Rn. 19; ausführlich *Huep/Webel* NZI 2011, 389, 390; aA FKInsO/*Kießner* § 209 Rn. 9 bis 11 und HKInsO/*Landfermann* § 209 Rn. 7 bis 8, wonach die gestundeten Verfahrenskosten hinter alle (Neu- oder Alt-)Masseverbindlichkeiten zurücktreten, also nachrangig zu befriedigen sind.

[34] BGH ZIP 2015, 85 (Rn. 20).

[35] Zum sekundären Vergütungsanspruch des Verwalters s. BGH ZIP 2013, 631 (Rn. 28).

[36] So in den obigen BGH-Beschlüssen ZIP 2010, 145 und 2252.

[37] Bei Einstellung des Verfahrens mangels Masse sind gem. § 207 Abs. 3 zuerst die Auslagen anteilig zu berichtigen; im Übrigen ist auf die Gerichtskosten und die Verwaltervergütung dieselbe Quote zu zahlen, vgl. BGH NZI 2013, 350 (Rn. 3).

[38] BGH NJW 2006, 2997, 3000.

abschließend genannten Kosten des Insolvenzverfahrens.[39] Es war der ausdrückliche Wille des Gesetzgebers der InsO, um die Zahl der durchgeführten Insolvenzverfahren zu erhöhen, sämtliche sonstigen Kosten und Ausgaben, insbesondere für die Verwaltung, Verwertung und Verteilung nicht mehr den Verfahrenskosten zuzurechnen und damit den **Umfang** der **Verfahrenskosten** strikt zu **begrenzen.**[40] Die bindende gesetzgeberische Vorgabe dieses „engen" Kostenbegriffs führt in der Praxis allerdings zu Problemen, wenn vom Verwalter **notwendige Ausgaben** zu bezahlen sind, die Masse jedoch nicht oder nur wenig über die Deckung der Verfahrenskosten hinausgeht.[41] Der Insolvenzverwalter kann dann idR nicht einfach von der Eingehung neuer Masseschulden Abstand nehmen, da die Erhaltung und Sicherung der Massegegenstände Kosten verursacht, zB für den Versicherungsschutz oder die Versorgung mit Heizung, Wasser und Elektrizität. Solange die Möglichkeit besteht, dass im Laufe des Verfahrens noch Massemehrungen erzielt werden können,[42] die auch unter Berücksichtigung der damit verbundenen Aufwendungen Vorteile versprechen, ist das Insolvenzverfahren weiterzuführen, wobei durch die Freigabe von belasteten Gegenständen oder ähnliche Maßnahmen mögliche Kostenbelastungen vermieden oder gering gehalten werden.[43] Jedoch sind masseunzulängliche Verfahren wegen der Unmöglichkeit, die Insolvenzgläubiger auch nur anteilig zu befriedigen, auf einen alsbaldigen Abschluss angelegt, der deshalb nicht durch ungerechtfertigten Aufwand oder bloßes Abwarten und Zögern verschleppt werden darf (→ Rn. 23).

III. Neumasseverbindlichkeiten

20 **1. Systematik.** Die Masseverbindlichkeiten der **Neumassegläubiger** sind nach der Grundregel des § 209 Abs. 1 Nr. 2 an zweiter Rangstelle zu berichtigen.[44] Sie umfassen sämtliche Ansprüche nach § 55, deren Rechtsgrund nach der angezeigten Masseunzulänglichkeit geschaffen wurde. Für die **Abgrenzung** gegenüber den im Rang zurückgestuften Altmasseverbindlichkeiten ist grundsätzlich maßgebend, ob die jeweiligen Ansprüche zeitlich vor oder erst nach Eingang der Anzeige der Masseunzulänglichkeit bei Gericht „begründet" worden sind.[45] Mit der Anzeige des Insolvenzverwalters gilt die Rangordnung des § 209 einheitlich und unanfechtbar gegenüber allen Massegläubigern („inter omnes"). Der Insolvenzverwalter hat allerdings unabhängig von der Anzeige die in § 209 Abs. 1 zwingend vorgegebene Befriedigungsreihenfolge bei Auszahlung an Massegläubiger schon dann zu beachten, wenn die Masse tatsächlich unzulänglich geworden ist. Er kann sich dieser Pflicht nicht dadurch entziehen, dass er die gebotene Anzeige trotz **„faktischer" Masseunzulänglichkeit** zu spät abgibt oder ganz unterlässt.[46] Für die Frage der materiellen Anwendung der Rangordnung des § 209 kommt es also auf den Zeitpunkt der Unzulänglichkeitsanzeige nicht an. Ist diese zu spät oder zu früh abgegeben worden, kann der Insolvenzverwalter bei einem **Verteilungsfehler** nach § 60 gegenüber Massegläubigern zum Schadenersatz verpflichtet sein.[47] Erst nach Eintritt der Masseunzulänglichkeit fällige, aber zuvor begründete Forderungen sind als Altmasseverbindlichkeiten zu qualifizieren. Ihr Entstehungsgrund ist ohne Bedeutung. Dies gilt mangels Sonderregelung auch für („aufoktroyierte") Ansprüche aus gesetzlichen Schuldverhältnissen. Der Rang eines ohne Zutun des Insolvenzverwalters begründeten **Massebereicherungsanspruchs,** § 55 Abs. 1 Nr. 3, hängt also davon ab, ob die Massebereicherung vor oder erst nach der Masseunzulänglichkeit eingetreten ist. Wird zB eine Nichtschuld nach Masseunzulänglichkeit irrtümlich an den Insolvenzverwalter gezahlt, ist der Bereicherungsanspruch als Neumasseverbindlichkeit einzuordnen.[48]

---

[39] BGH ZIP 2010, 2252 (Rn. 12); Jaeger/*Windel* § 209 Rn. 31; auch → § 54 Rn. 33 und → § 207 Rn. 27.

[40] Vgl. BGH ZIP 2016, 1688 (Rn. 22).

[41] Auch sog. „unausweichliche" Abwicklungs- u. Verwaltskosten lassen sich nach hM grds. nicht unter den Kostenbegriff in § 54 oder § 209 Abs. 1 Nr. 1 subsumieren. Vgl. BGH NZI 2014, 399 (Rn. 8 f.); Uhlenbruck/*Ries* § 209 Rn. 11; K. Schmidt/*Jungmann* § 209 Rn. 7, 8; *Huep/Webel* NZI 2011, 389, 391; dazu auch → § 207 Rn. 29. Eingehend zur Verfahrenslage bei knapper Massedeckung Mohrbutter/Ringstmeier/*Voigt-Salus* § 32 Rn. 4, 45 ff., 62 ff.

[42] Mögliche Forderungen, wie Haftungsansprüche gegen Gesellschafter und Geschäftsführer, werden sich freilich ohne liquide Masse häufig nicht realisieren lassen.

[43] KPB/*Pape* § 208 Rn. 19a; *Kaufmann* ZInsO 2006, 961 f. – auch zu Haftungsrisiken und Möglichkeiten des Verwalters, sich wirksam vor einer Haftung zu schützen.

[44] Vgl. BGH ZIP 2006, 1004 (Rn. 22).

[45] BAG NZI 2019, 385 (Rn. 14). HKInsO/*Landfermann* § 209 Rn. 13; HambKommInsO/*Weitzmann* § 209 Rn. 1 und 4; dazu auch → Rn. 24.

[46] BGH NJW 2010, 927; ZIP 2010, 2356; OLG Düsseldorf NZI 2012, 675, 677; *Gundlach/Frenzel* DZWiR 2011, 177, 179; *Büchler* ZInsO 2011, 1240 f.

[47] Zur persönlichen Verwalterhaftung bei Verteilungsfehlern → § 60 Rn. 44.

[48] BGH NJW 2006, 2997 (Rn. 9) = NZI 2006, 392 = BGH-Report 2006, 933 mAnm *Hefermehl*; HKInsO/*Landfermann* § 209 Rn. 23.

Die in § 209 Abs. 1 vorgegebene spezielle Reihenfolge bei der Berichtigung von Masseverbindlichkeiten lässt es nicht zu, dass Geschäftspartner des **vorläufigen** (schwachen) **Insolvenzverwalters** zB während einer Betriebsfortführung mittels einer besonderen Anordnung des Insolvenzgerichts nach §§ 21 Abs. 1 Satz 1, 22 Abs. 2 Satz 2 vor den Folgen der Masseunzulänglichkeit nach § 209 abgesichert werden. Zwar ist der vorläufige Verwalter auf Grund einer konkreten gerichtlichen Einzelermächtigung rechtlich in der Lage, bestimmte Masseverbindlichkeiten iSd § 55 Abs. 2 zu begründen (s. § 55 Rn. 226). Diese werden aber im Falle einer nach Insolvenzeröffnung gem. § 208 angezeigten Masseunzulänglichkeit **zwingend** zu Altmasseschulden iSd § 209 Abs. 1 Nr. 3 rückgestuft. Eine insolvenzgerichtliche Anordnung, die den vorläufigen schwachen Verwalter entgegen der gesetzlichen Rangordnung zur Begründung von Neumasseverbindlichkeiten im (Vor-)Rang des § 209 Abs. 1 Nr. 2 ermächtigen würde, wäre gesetzwidrig und insoweit unwirksam.[49] 20a

Die Haftungsdrohung ist nach den gesetzgeberischen Vorstellungen ausreichend, den Verwalter zu einer rechtzeitigen, insbesondere frühzeitigen Anzeige der Masseunzulänglichkeit zu veranlassen. Diese Erwartung ist im Grundsatz berechtigt. Für den Insolvenzverwalter besteht keine Veranlassung, zB die Unzulänglichkeitsanzeige bewusst zu spät zu erstatten, um die Befriedigungsaussichten eines Massegläubigers, der andernfalls zu den Neumassegläubigern gehörte, zu beeinträchtigen.[50] 21

2. Umfang. Der Insolvenzverwalter kann nach dem Gesetz frei entscheiden, welche Masseschulden er nach Anzeige der Unzulänglichkeit eingeht. Auch wenn das Gesetz keine ausdrücklichen Begrenzungen vorsieht, so hat sich die weitere Tätigkeit an dem sich aus § 208 Abs. 3 ergebenden **Abwicklungszweck** zu orientieren. 22

Der Insolvenzverwalter hat deshalb seine Verwertungstätigkeit so zu gestalten, dass das gesetzgeberische Ziel einer Vollabwicklung des schuldnerischen Vermögens erreicht werden kann. Er hat dafür Sorge zu tragen, dass die bestehende Verfahrenskostendeckung im weiteren Verfahrensablauf nicht verloren geht, um eine Einstellung nach § 207 wegen Masselosigkeit in jedem Fall zu vermeiden. Deshalb hat der Insolvenzverwalter die Geschäftsführungstätigkeit so einzurichten, dass dem Interesse der vorhandenen Altmassegläubiger an einer bestmöglichen Befriedigung ihrer zurückgesetzten Masseverbindlichkeiten soweit wie möglich entsprochen wird.[51] Hält sich der Insolvenzverwalter nicht in den **Grenzen** der ihm aufgegebenen Abwicklungs- und **Verwertungstätigkeit,** so berührt dies zwar nicht die Wirksamkeit des Rechtsgeschäftes mit dem Neumassegläubiger.[52] Jedoch kann er sich gegenüber Altmassegläubigern insoweit schadenersatzpflichtig machen, als sie eine im Hinblick auf die vorhandene Insolvenzmasse nicht angemessene Befriedigungsquote erhalten.[53] 23

3. Abgrenzung. Die Frage, ob nach der Anzeige der Masseunzulänglichkeit (§ 208 Abs. 1) begründete Neumasseverbindlichkeiten vorliegen, ist entsprechend den für die **Forderungsbegründung** iSv **§ 38** geltenden Grundsätzen zu beantworten.[54] Maßgebend für die Abgrenzung gegenüber den nachrangigen Altmasseschulden ist also, ob der anspruchsbegründende Tatbestand und damit die schuldrechtliche Grundlage der jeweiligen Masseforderung (§ 55) zeitlich vor oder nach Eingang der Unzulänglichkeitsanzeige beim Insolvenzgericht verwirklicht wurde.[55] Eine (Neu-)Masseverbindlichkeit iSd § 209 Abs. 1 Nr. 2 ist danach „begründet", wenn der Insolvenzverwalter den **Rechtsgrund** dafür – insbesondere durch selbstbestimmtes Handeln iSv § 55 Abs. 1 Nr. 1 – erst **nach Anzeige** der Masseinsuffizienz **gelegt** hat.[56] 24

Nach diesem Maßstab handelt es sich zB bei Ansprüchen auf **Nachteilsausgleich** gem. § 113 Abs. 3 BetrVG, die der Insolvenzverwalter in seiner Rolle als Arbeitgeber erst nach Anzeige durch betriebsverfassungswidriges Vorgehen ausgelöst hat, um Neumasseverbindlichkeiten.[57] Hatte das Schuldrechtsverhältnis, aus dem sich der Anspruch ergibt, zZt der Anzeige bereits bestanden, liegt 24a

---

[49] HKInsO/*Rüntz/Laroche* § 22 Rn. 54; HKInsO/*Landfermann* § 209 Rn. 4; *Marotzke* ZInsO 2005, 561 f.; *Werres* ZInsO 2005, 1236; aA AG Hamburg ZInsO 2004, 1270.

[50] KPB/*Pape* § 209 Rn. 10/10 a; Uhlenbruck/*Ries* § 209 Rn. 17. In der Praxis wird indes vielfach „prophylaktisch" die Masseinsuffizienz angezeigt, vgl. § 208 Rn. 31.

[51] *Kübler,* Kölner Schrift, S. 967 Rn. 29; *Haarmeyer/Wutzke/Förster,* Handbuch, Kap. 8 Rn. 167; *Häsemeyer,* FS Gerhardt, S. 341, 344 f.

[52] KPB/*Pape* § 209 Rn. 11.

[53] Mohrbutter/Ringstmeier/*Pape* § 12 Rn. 112, 113.

[54] Uhlenbruck/*Ries* § 209 Rn. 16; Mohrbutter/Ringstmeier/*Pape* § 12 Rn. 139; HKInsO/*Landfermann* § 209 Rn. 13. Jaeger/*Windel* § 209 Rn. 35 befürwortet hingegen eine Anknüpfung an § 55.

[55] Zur Einordnung als Insolvenzforderung im Eröffnungszeitpunkt vgl. zB BGH NZI 2011, 953 (Rn. 3).

[56] BAG NZI 2019, 385 (Rn. 14); BGHZ 154, 358 = NJW 2003, 2454; BGH NZI 2006, 2997. Nach Jaeger/*Windel* § 209 Rn. 36 ist eine Masseverbindlichkeit „begründet", sobald ihr Massebezug gem. § 55 Abs. 1 eingetreten ist.

[57] BAG ZIP 2006, 1510 (Rn. 11); aA Jaeger/*Windel* § 209 Rn. 43 f., wonach diese Ansprüche als „unechte" Masseverbindlichkeiten wie Insolvenzforderungen zu behandeln sind.

dagegen eine Altmasseverbindlichkeit iSv § 209 Abs. 1 Nr. 3 vor.[58] Der **Kostenerstattungsanspruch** eines Prozessgegners des Insolvenzverwalters hat nur dann den privilegierten Rang einer Neumasseverbindlichkeit, wenn die Rechtshängigkeit nach Anzeige der Masseunzulänglichkeit eingetreten ist.[59] Bei einem schon vor der Anzeige des Verwalters begonnenen Rechtsstreit ist die obsiegende Partei mit ihrem prozessualen Anspruch auf Kostenerstattung dagegen Altmassegläubigerin. **Wohngeldvorschüsse** der Eigentümergemeinschaft, die erst nach Insolvenzeröffnung fällig werden, stellen Masseverbindlichkeiten iSv § 55 Abs. 1 Nr. 1 Alt. 2 dar, sofern der Verwalter die Eigentumswohnung nicht rechtzeitig aus der Masse freigibt (→ § 55 Rn. 84). Zeigt der Insolvenzverwalter die Masseunzulänglichkeit nach § 208 an, handelt es sich bei den erst nach der Anzeige fällig werdenden Wohngeldbeträgen, §§ 16 Abs. 2, 28 WEG, um Neumasseverbindlichkeiten.[60] Kommt der zustandsverantwortliche Insolvenzverwalter einer behördlichen Anordnung zur Beseitigung von **Umweltaltlasten** nicht nach und lässt die Behörde diese daraufhin beseitigen, stellt der öffentlich-rechtliche Kostenerstattungsanspruch nur eine Altmasseschuld dar, sofern der Verwalter nach der durchgeführten **Ersatzvornahme** die Masseunzulänglichkeit anzeigt.[61] Dagegen wäre ein erst nach der Unzulänglichkeitsanzeige begründeter Anspruch auf Erstattung von Ersatzvornahmekosten als Neumasseverbindlichkeit gem. § 209 Abs. 1 Nr. 2 einzuordnen, der durch Leistungsbescheid gegenüber dem Insolvenzverwalter festgesetzt werden könnte.[62]

Um Abgrenzungsschwierigkeiten im Hinblick auf die sich aus **Vertragsverhältnissen** ergebenden Masseschulden nach § 55 Abs. 1 Nr. 2 zu vermeiden, erfolgt in **§ 209 Abs. 2** eine Präzisierung dazu, in welchen Fällen das Verhalten des Insolvenzverwalters nach angezeigter Masseunzulänglichkeit zu Neumasseverbindlichkeiten führt.

25 **4. Erfüllung gegenseitiger Verträge.** Der Insolvenzverwalter kann nach § 103 Abs. 1 verlangen, dass vom Schuldner vor Verfahrenseröffnung abgeschlossene gegenseitige Verträge zur Insolvenzmasse erfüllt werden. **§ 209 Abs. 2 Nr. 1** knüpft an dieses **Erfüllungswahlrecht** des Insolvenzverwalters an. In § 320 Abs. 2 RegE war vorgesehen, dass die Vorschriften über die Erfüllung gegenseitiger Verträge im Insolvenzverfahren entsprechend für die Masseverbindlichkeiten gelten sollen, die zwischen der Insolvenzeröffnung und dem Antrag auf Feststellung der Masseunzulänglichkeit begründet worden sind.[63] Diese Regelung wurde nicht in das Gesetz übernommen; es sollte der Rechtsprechung überlassen werden, ob die Regeln über die Erfüllung gegenseitiger Verträge auf derartige vom Insolvenzverwalter selbst begründete Masseverbindlichkeiten übertragen werden können. Dies ist zu bejahen.[64] Der Eintritt der Masseunzulänglichkeit hat nach der Konzeption der „Insolvenz in der Insolvenz" für die betroffenen Massegläubiger ähnliche Wirkungen, wie die Eröffnung des Insolvenzverfahrens für die Insolvenzgläubiger. Nach Anzeige der Masseunzulänglichkeit besitzt deshalb der Insolvenzverwalter **entsprechend § 103** ein Wahlrecht hinsichtlich der zu diesem Zeitpunkt noch beiderseits unerfüllten Austauschverträge.[65] Maßstab für die Ausübung des Wahlrechtes nach angezeigter Masseunzulänglichkeit sind freilich nicht mehr die Interessen der Insolvenzgläubiger, sondern die der nach § 209 Abs. 1 Nr. 3 zurückgesetzten Altmassegläubiger bzw. die Erfüllung der Abwicklungsziele nach § 208 Abs. 3.

26 **a) Vertragsabschluss vor Insolvenzeröffnung.** Liegt ein vom Schuldner noch vor Eröffnung des Insolvenzverfahrens abgeschlossener gegenseitiger Vertrag iSd § 103 vor, führt die Verfahrenseröffnung nicht zum Erlöschen der noch offenen beiderseitigen Erfüllungsansprüche; sie bewirkt nur, dass die Vertragspartner diese Ansprüche zunächst nicht mehr durchsetzen können.[66] Lehnt der Insolvenzverwalter die Erfüllung ab, so verwandelt sich der Erfüllungsanspruch des Vertragspartners **endgültig** in einen als **Insolvenzforderung** geltend zu machenden Anspruch auf Schadenersatz wegen Nichterfüllung aus § 103 Abs. 2 Satz 1.[67] Ob die Erfüllungsablehnung bereits vor Anzeige der Masseunzulänglichkeit erfolgte oder nachher, ist unerheblich.

---

[58] Vgl. BAG NZI 2004, 636 zum Anspruch auf Urlaubsentgelt/Urlaubsgeld, der auf einem schon vor der Unzulänglichkeitsanzeige geschlossenen Arbeitsvertrag beruht.

[59] BGH NZI 2019, 505 (Rn. 9); ZIP 2014, 480 (Rn. 14); Jaeger/*Windel* § 209 Rn. 37.

[60] BGH NJW 2011, 3098; OLG Düsseldorf NZI 2007, 50; Jaeger/*Windel* § 209 Rn. 67; Uhlenbruck/*Ries* § 209 Rn. 19.

[61] Vgl. Mohrbutter/Ringstmeier/*Voigt-Salus* § 32 Rn. 97; *Lwowski/Tetzlaff* WM 2005, 921, 923, 928; Uhlenbruck/*Ries* § 209 Rn. 20; dazu auch → § 55 Rn. 104.

[62] OVG Bautzen ZIP 2013, 424.

[63] Begr. zu § 320 RegE, *Kübler/Prütting,* S. 634; Begr. Rechtsausschuss, *Kübler/Prütting,* S. 437.

[64] KPB/*Pape* § 209 Rn. 12/12 a.

[65] HKInsO/*Landfermann* § 209 Rn. 15; *Dinstühler* ZIP 1998, 1697, 1703.

[66] Die Ansprüche aus dem unverändert bestehen bleibenden Vertragsverhältnis werden wieder durchsetzbar, sobald der Verwalter die Erfüllung wählt; s. BGH NJW 2003, 2744; NJW 2012, 678.

[67] Jaeger/*Windel* § 208 Rn. 93 bis 94. Zur Erfüllungsablehnung s. BGH ZIP 2013, 527 (Rn. 8) u. 2002, 1093; auch § 55 Rn. 125.

27 Hatte der Insolvenzverwalter sein Wahlrecht noch nicht ausgeübt, so verliert er es nicht mit der Anzeige der Masseunzulänglichkeit.[68] Entscheidet er sich nunmehr für die Vertragserfüllung, so handelt es sich bei den Ansprüchen des Vertragspartners um Masseverbindlichkeiten nach der ersten Alternative des § 55 Abs. 1 Nr. 2, die nach § 209 Abs. 2 Nr. 1 als **Neumasseverbindlichkeiten** mit Vorrang vom Insolvenzverwalter zu erfüllen sind.[69] Die Erfüllungswahl **nach angezeigter Masseunzulänglichkeit** wird entsprechend § 103 in ihren Rechtsfolgen einem Neuabschluss gleichgestellt, wobei hinsichtlich der bereits vor der Anzeige erbrachten Teilleistungen des Vertragspartners auch § 105 entsprechend anwendbar ist.[70]

28 Hatte dagegen der Insolvenzverwalter schon vor der angezeigten Masseunzulänglichkeit Erfüllung gewählt, so stellen die daraus sich ergebenden Masseverbindlichkeiten des Vertragspartners nach § 209 Abs. 1 Nr. 3 Altmasseverbindlichkeiten dar.[71] Der Insolvenzverwalter ist zwar nur noch zur nachrangigen und ggf. anteiligen Befriedigung verpflichtet, jedoch verliert er auch den Anspruch auf die Gegenleistung. Das kann im Einzelfall für die weitere Abwicklung äußerst nachteilig sein. Das Wahlrecht des § 103 hat jedoch den Zweck, der Verwaltung und der Verwertung der Masse Vorteile zu bringen. Hatte der Verwalter sich deshalb nach Insolvenzeröffnung bereits für die Vertragserfüllung entschieden, so steht ihm nach der Anzeige der Masseunzulänglichkeit **erneut** das **Wahlrecht** zu,[72] sofern die Voraussetzungen des § 103 in diesem Zeitpunkt weiterhin vorliegen. Er hat vor der Ausübung freilich zu prüfen, ob hinsichtlich des durch den Eintritt der Masseunzulänglichkeit geänderten Verfahrenszwecks die weitere Durchführung des nicht vollständig erfüllten Vertrages noch nützlich und wirtschaftlich vernünftig ist. Lehnt er dagegen nunmehr die Vertragserfüllung endgültig ab, stellen die Schadenersatzansprüche des Vertragspartners auf Grund der vorangegangenen Erfüllungswahl weiter Altmasseverbindlichkeiten iSd § 209 Abs. 1 Nr. 3 dar.

29 **b) Vertragsabschluss nach Insolvenzeröffnung.** Schließt der Insolvenzverwalter nach Insolvenzeröffnung selbst **neue Verträge** ab, die im Zeitpunkt der Anzeige der Masseunzulänglichkeit beiderseits nicht erfüllt sind, so ist ihm **entsprechend § 103** die Entscheidung zu überlassen, ob er den Vertrag auch angesichts der eingetretenen Masseunzulänglichkeit erfüllen will oder ob er nicht mehr daran festhält.[73] Macht er von diesem **zusätzlichen Wahlrecht** Gebrauch, führt seine Erfüllungswahl entsprechend § 209 Abs. 2 Nr. 1 dazu, dass die Masseansprüche des Vertragspartners als Neumasseverbindlichkeiten zu qualifizieren sind, während die Ablehnung der Vertragserfüllung es dabei belässt, dass der Anspruch des Vertragspartners auf Schadenersatz als Altmasseverbindlichkeit iSd § 209 Abs. 1 Nr. 3 nur nachrangig erfüllt werden muss.[74]

30 **5. Dauerschuldverhältnisse.** Nach § 108 Abs. 1 Satz 1 werden Dauerschuldverhältnisse wie Miet- und Pachtverträge über unbewegliche Sachen und Räume oder Dienstverträge des Schuldners durch die Insolvenzeröffnung zunächst nicht berührt. Die Mietforderungen in der Insolvenz des Mieters und die Lohnansprüche bei Insolvenz des Arbeitgebers aus den für die Masse fortbestehenden Vertragsverhältnissen stellen deshalb für die Zeit nach Verfahrenseröffnung gem. **§ 55 Abs. 1 Nr. 2 Fall 2** Masseverbindlichkeiten dar. Der Insolvenzverwalter hat diese nicht auf seiner Entscheidung beruhenden **aufoktroyierten Verbindlichkeiten** hinzunehmen und aus der Insolvenzmasse zu erfüllen.[75] Das Gesetz räumt ihm lediglich die Befugnis ein, den Umfang dieser die Insolvenzmasse belastenden Masseverbindlichkeiten durch Ausübung von Sonderkündigungsrechten nach §§ 113 Satz 1, 109 Abs. 1 Satz 1 innerhalb von höchstens drei Monaten bzw. der gesetzlichen Kündigungsfristen im Interesse der Gläubigergemeinschaft vorzeitig zu beenden.[76] Nach Anzeige der Masseunzulänglichkeit unterscheidet das Gesetz die sich aus Dauerschuldverhältnissen ergebenden Ansprüche

---

[68] Jaeger/*Windel* § 208 Rn. 90.
[69] AGR/*Henning* § 209 Rn. 14; HKInsO/*Landfermann* § 209 Rn. 15.
[70] Mohrbutter/Ringstmeier/*Homann* § 7 Rn. 19. Im Rahmen des besonderen Verwalterwahlrechts entspr. § 103 ist eine Anwendung des § 105 gegenüber Massegläubigern aber nicht gerechtfertigt, vgl. Jaeger/Windel § 209 Rn. 53.
[71] HambKommInsO/*Weitzmann* § 209 Rn. 5.
[72] *Dinstühler* ZIP 1998, 1697, 1703; *Ringstmeier* ZInsO 2004, 169, 170 f.; Jaeger/*Windel* § 208 Rn. 91; Mohrbutter/Ringstmeier/*Homann* § 7 Rn. 18; HKInsO/*Landfermann* § 208 Rn. 28; Uhlenbruck/*Ries* § 209 Rn. 21; *von Websky* ZInsO 2014, 1468, 1473; aA K. Schmidt/*Jungmann* § 209 Rn. 19; HambKommInsO/*Weitzmann* § 209 Rn. 5; FKInsO/Kießner § 209 Rn. 30.
[73] Für ein Wahlrecht analog § 103 auch Jaeger/*Windel* § 208 Rn. 91; Uhlenbruck/*Ries* § 209 Rn. 21; *Ringstmeier* ZInsO 2004, 171; aA K. Schmidt/*Jungmann* § 209 Rn. 18.
[74] Nerlich/Römermann/*Westphal* § 209 Rn. 7.
[75] Vgl. dazu iE → § 55 Rn. 147.
[76] Der Insolvenzverwalter kann ein gewerbliches Mietverhältnis aber auch durch Freigabeerklärung nach § 35 Abs. 2 Satz 1 von der Masse auf den Schuldner überleiten, s. dazu BGH ZIP 2014, 1341 (Rn. 22).

anhand der in § 209 Abs. 1 Nr. 2 und 3 genannten Kriterien nach Alt- und Neumasseverbindlichkeiten.[77] Danach sind Verbindlichkeiten aus einem vor Anzeige der Masseunzulänglichkeit abgeschlossenen Dauerschuldverhältnis letztrangig zu befriedigende Altmasseschulden iSd § 209 Abs. 1 Nr. 3, auch wenn zB Arbeits- und Mietverhältnisse gem. § 108 über den Zeitpunkt der Anzeige hinaus rechtlich fortbestehen und Ansprüche hieraus erst später fällig werden. Den Tilgungsvorrang von **Neumasseschulden** erhalten diese Dauerverbindlichkeiten erst, wenn die besonderen Voraussetzungen des § 209 Abs. 2 Nr. 2 und 3 vorliegen. Leitgedanke der gesetzlichen Regelung[78] ist, dass Neumasseverbindlichkeiten iSd § 209 Abs. 1 Nr. 2 vorliegen, wenn ihre Entstehung dem Insolvenzverwalter **zugerechnet** werden kann, sei es, dass er von einem ihm zustehenden Kündigungsrecht keinen Gebrauch macht, sei es, dass er die Gegenleistung des Vertragspartners für die Masse in Anspruch nimmt.[79] Dagegen werden Verbindlichkeiten, deren Entstehung der Verwalter nicht ausweichen kann, als Altmasseverbindlichkeiten behandelt.

31 **a) Masseansprüche nach Ablauf der Kündigungsfrist.** Gem. § 209 Abs. 2 Nr. 2 gelten als Neumasseverbindlichkeiten insbesondere die Verbindlichkeiten aus einem Dauerschuldverhältnis für die Zeit nach dem Termin, zu dem der Verwalter nach Anzeige der Masseunzulänglichkeit erstmals kündigen konnte. Daraus folgt umgekehrt, dass bei rechtzeitiger Kündigung zB eines Arbeitsverhältnisses zum nächstmöglichen Termin die Entgeltansprüche des Arbeitnehmers für die Monate bis zum Ablauf der Kündigungsfrist Altmasseverbindlichkeiten iSv § 209 Abs. 1 Nr. 3 sind, soweit sich aus § 209 Abs. 2 Nr. 3 auf Grund Inanspruchnahme der Gegenleistung nichts anderes ergibt. Der Eintritt der Masseunzulänglichkeit gibt dem Insolvenzverwalter kein Recht zur fristlosen Kündigung.[80] Ihm stehen aber die **besonderen insolvenzrechtlichen Kündigungsmöglichkeiten** nach §§ 113, 109 zu. Hat der Insolvenzverwalter das Dauerschuldverhältnis allerdings selbst vor der Anzeige der Masseunzulänglichkeit begründet, sind diese Sonderkündigungsrechte grundsätzlich nicht anwendbar.[81] Die angezeigte Masseunzulänglichkeit führt nach der Konzeption einer Insolvenz in der Insolvenz dazu, dass der Insolvenzverwalter nicht mehr an die Einhaltung der vertraglichen oder gesetzlichen Kündigungsfrist gebunden ist, sondern von den insolvenzrechtlichen Sonderkündigungsrechten Gebrauch machen kann.[82] Deshalb kann zB der Vermieter seine Mietzinsansprüche bis zum Ablauf der Kündigungsfrist wegen ihres Charakters als Altmasseverbindlichkeiten iSv § 209 Abs. 1 Nr. 3 nicht mehr gegen die Masse durchsetzen, da er nur noch einen Anspruch auf anteilige Befriedigung besitzt. Ihm ist in dieser besonderen Situation daher als Ausgleich ein **außerordentliches Kündigungsrecht** einzuräumen, um sich vorzeitig aus dem Vertragsverhältnis lösen zu können.[83]

32 Der Insolvenzverwalter muss die Kündigung nach der Anzeige der Masseunzulänglichkeit zum **frühest möglichen Zeitpunkt** aussprechen. Das wird regelmäßig auch der Fall sein, da kaum vorstellbar ist, dass der Insolvenzverwalter an einem Dauerschuldverhältnis festhalten will, das der Masse keinen tatsächlichen Nutzen bringt. Hat der Verwalter schon vor der Anzeige (wirksam) gekündigt, ist er nach einer solchen vorzeitigen Kündigung nicht gezwungen, zur Vermeidung von Neumasseverbindlichkeiten vorsorglich eine nochmalige Kündigung auszusprechen.[84] Werden etwa die Arbeitskraft eines Arbeitnehmers und Mietobjekte für die Abwicklung des massearmen Verfahrens nicht mehr benötigt, wird sich der Verwalter im Interesse der Erhaltung der Masse veranlasst sehen, solche Vertragsverhältnisse unverzüglich zu beenden. Versäumt er es schlicht, zum frühest möglichen Termin das Dauerschuldverhältnis zu kündigen, so kann dies zu seiner persönlichen Haftung auf **Schadenersatz** nach **§ 61 Satz 1** führen.[85] Eine Ersatzpflicht kommt in diesem Fall aber nur für Verbindlichkeiten in Betracht, die nach dem Zeitpunkt entstehen, zu dem der Vertrag bei einer erstmöglichen Kündigungserklärung geendet hätte.[86] Denn bis

---

77 Die in § 209 Abs. 2 Nr. 1 bis 3 für Neumasseverbindlichkeiten definierten „Qualifikationsregeln" stehen selbständig nebeneinander, vgl. Jaeger/*Windel* § 209 Rn. 60.

78 Begr. § 209 RegE, *Kübler/Prütting,* S. 439.

79 Vgl. BGHZ 154, 358; BAG ZIP 2006, 1510 u. DZWiR 2005, 106 m. zust. Anm. *Oetker* S 110.

80 Uhlenbruck/*Ries* § 209 Rn. 22; *Kübler,* Kölner Schrift, S. 977, 978 Rn. 38.

81 KPB/*Pape* § 209 Rn. 15; aA Jaeger/*Windel* § 209 Rn. 55 u. § 208 Rn. 95.

82 Zur Ausübung der Sonderkündigungsrechte s. KPB/*Pape* § 209 Rn. 15.

83 Jaeger/*Windel* § 209 Rn. 48; *Eckert,* Miete, Pacht und Leasing im neuen Insolvenzrecht, ZIP 1996, 897, 905; *Ringstmeier* ZInsO 2004, 172.

84 Eine erneute Kündigung nach der Anzeige könnte das Vertragsende nicht beschleunigen, vgl. BAG NZI 2018, 450 (Rn. 14); BGH NZI 2003, 369.

85 BGH ZIP 2012, 533 (Rn. 33) = NJW 2012, 5; NZI 2004, 435; BAG ZInsO 2005, 50 = DZWiR 2005, 106 m. zust. Anm. *Oetker* S. 112; OLG Düsseldorf ZIP 2012, 2115, 2116 f.; HKInsO/*Lohmann* § 61 Rn. 3; KPB/*Pape* § 209 Rn. 15.

86 BGH ZIP 2012, 533 (Rn. 33); BAG ZIP 2019, 129 (Rn. 17), dazu EWiR 2019, 149 (*Ries*); NZI 2013, 284; HKInsO/*Lohmann* § 61 Rn. 8; Uhlenbruck/*Sinz* § 61 Rn. 6.

zu diesem Beendigungszeitpunkt handelt es sich um aufgezwungene Masseverbindlichkeiten, die der Verwalter wegen der zu beachtenden Kündigungsfrist nicht verhindern kann, ohne selber vertragsbrüchig zu werden.

Wenn der Insolvenzverwalter trotz der von ihm angezeigten Masseunzulänglichkeit nicht rechtzeitig gekündigt hat, besteht das Dauerschuldverhältnis über den erstmöglichen Kündigungstermin hinaus fort und gelten die danach entstehenden Ansprüche des Vertragspartners nach § 209 Abs. 2 Nr. 2 als **Neumasseverbindlichkeiten.** Diese Einordnung beruht darauf, dass der Insolvenzverwalter die rechtliche Möglichkeit, Neumasseschulden durch eine rechtzeitige Kündigung zu vermeiden, nicht wahrgenommen hat. Wegen der **unterlassenen Kündigung** sind die weiteren Verbindlichkeiten so zu behandeln, als wären sie vom Verwalter nach der Anzeige neu begründet worden.[87] Gleiches gilt, falls der Insolvenzverwalter nach seiner Anzeige zwar zum erstmöglichen Termin gekündigt hat, diese rechtzeitig erklärte **Kündigung** sich jedoch als **unwirksam** erweist und das Dauerschuldverhältnis somit nicht frühestmöglich beendet hat.[88] Dies ist unabhängig davon, ob der Verwalter die Gegenleistung in Anspruch nimmt oder nicht.[89] Bei einem nicht rechtswirksam gekündigten Arbeitsverhältnis sind also die Entgeltansprüche für die Zeit nach dem erstmöglichen Kündigungstermin Neumasseverbindlichkeiten – und zwar auch dann, wenn der Insolvenzverwalter die Arbeitnehmer **freigestellt** hat.[90] Ebenso stehen in der Insolvenz des Mieters die bis zum Vertragsende noch anfallenden Mietzinsforderungen einer neu begründeten Masseverbindlichkeit iSd § 209 Abs. 1 Nr. 2 gleich, wenn der Verwalter trotz angezeigter Masseunzulänglichkeit nicht rechtswirksam kündigt; ob das Mietobjekt weiter für die Masse genutzt wird, ist unerheblich.[91] 32a

Der maßgebliche Termin der **erstmöglichen Kündigung** iSv § 209 Abs. 2 Nr. 2 richtet sich nach der **objektiven Rechtslage,** wobei auf das **rechtliche Können** zur Beendigung des Dauerschuldverhältnisses abzustellen ist.[92] Müssen vor der Kündigung eines Arbeitsverhältnisses mit der Frist des § 113 zB noch behördliche Zustimmungen eingeholt oder der Betriebsrat nach § 102 BetrVG angehört werden, sind daher zunächst diese **formellen Kündigungsvoraussetzungen** vom Verwalter unverzüglich herbeizuführen. Solange dieser nach Anzeige der Masseunzulänglichkeit rechtlich am Ausspruch der Kündigung gehindert ist, „kann" er noch nicht kündigen. Dies trifft auch zu, wenn bei einer Betriebsstilllegung zuvor Interessenausgleichsverhandlungen mit dem Betriebsrat zu führen sind, weil der Verwalter andernfalls die Masse mit Verpflichtungen zum Nachteilsausgleich gem. § 113 Abs. 3 BetrVG wirtschaftlich belasten würde.[93] Erst der Abschluss dieses Ausgleichsverfahrens bildet hier den frühest möglichen Zeitpunkt einer Kündigung. Der notwendige Zeitaufwand, den der Insolvenzverwalter für die Beseitigung solcher **formal-rechtlicher** Hindernisse einer Kündigung benötigt, schiebt also den Termin der erstmöglichen Kündigung hinaus. Anders ist es, wenn **materiell-rechtliche** Voraussetzungen für eine wirksame Kündigung fehlen; denn nach gefestigter Rspr. des BAG fällt es in den Verantwortungsbereich des Insolvenzverwalters, für eine – insbesondere nach **§ 1 KSchG** – rechtswirksame Kündigung zu sorgen.[94] Stellt sich eine rechtzeitige Kündigung daher aufgrund einer dagegen erhobenen Kündigungsschutzklage gem. § 1 Abs. 2 Satz 1 KSchG als unwirksam heraus, gelten die Ansprüche des zu Unrecht gekündigten Arbeitnehmers wegen Annahmeverzugs (§§ 611 Abs. 1, 615 Satz 1 BGB) bis zur Beendigung seines Arbeitsverhältnisses als Neumasseverbindlichkeiten iSd § 209 Abs. 1 Nr. 2, Abs. 2 Nr. 2. Die Rechtsfolgen einer unwirksamen Kündigung sind also die gleichen wie bei einer vom Verwalter unterlassenen Kündigung, weil das Arbeitsverhältnis in beiden Fällen über den erstmöglichen Kündigungstermin hinaus zu Lasten der Masse fortbesteht.[95] Da materiell-rechtliche Kündigungshindernisse nach der Rspr. des BAG ohne Einfluss auf den von § 209 Abs. 2 Nr. 2 festgelegten Termin sein sollen, kommt es zur Begründung von Neumasseschulden, solange sich der Insolvenzverwalter wegen realer unternehmerischer Bedürfnisse (Beschäftigungsbedarf 32b

---

[87] BAG ZIP 2006, 1510 (Rn. 12).

[88] BAG ZIP 2018, 988 (Rn. 15 f.), dazu (insoweit) zust. *Ries* EWiR 2018, 439; ZInsO 2018, 2666 (Rn. 18 f.).

[89] KPB/*Pape* § 209 Rn. 16; zu Folgeproblemen vgl. *Ries* ZInsO 2012, 1362.

[90] BAG ZIP 2018, 988 (Rn. 30); DZWiR 2005, 106 f. m. zust. Anm. *Oetker* S. 110; NZI 2005, 408; HKInsO/*Landfermann* § 209 Rn. 17.

[91] Die Kündigung eines gewerblichen Mietverhältnisses wird aber – anders als bei bestandsgeschützten Arbeitsverhältnissen (→ Rn. 32b) – regelmäßig zu dessen Beendigung führen.

[92] BAG NZI 2018, 450 (Rn. 19) mAnm *Krings* S. 453 f. = ZIP 2018, 988, dazu EWiR 2018, 439 (*Ries*); ZIP 2005, 873, dazu EWiR 2005, 473 *(Lindemann)*; ZIP 2004, 1323, dazu EWiR 2004, 815 *(Bork)*; ArbG Herford ZInsO 2012, 1325, 1328.

[93] BAG ZIP 2003, 1850; 2004, 1323; *Ringstmeier* ZInsO 2004, 171.

[94] BAG NZI 2018, 450 (Rn. 20); ZIP 2004, 1323; NZI 2005, 408; Mohrbutter/Ringstmeier/*Plössner* § 29 Rn. 86; nur mit Einschränkungen auch Jaeger/*Windel* § 209 Rn. 56.

[95] BAG ZIP 2018, 988 (Rn. 20).

ua) außerstande sieht, zB im praktisch wichtigen Fall einer betriebsbedingten Kündigung die Voraussetzungen nach § 1 Abs. 2 Satz 1 KSchG herbeizuführen.[96] Das BAG hält auch gegenüber Einwänden im Schrifttum[97] daran fest, dass der Verwalter für eine unwirksame Umsetzung der Vorgaben des gesetzlichen Kündigungsschutzes verantwortlich ist und fortbestehende Kündigungshindernisse daher den erstmöglichen Kündigungstermin zeitlich nicht hinausschieben.[98] Macht also der Insolvenzverwalter nach Anzeige der Masseunzulänglichkeit von einer formell-rechtlichen Möglichkeit zur Kündigung keinen Gebrauch, weil deren materiell-rechtliche Wirksamkeit (noch) unsicher ist, begründet er gleichwohl mit Ablauf des erstmöglichen Kündigungszeitraums Neumasseverbindlichkeiten.

33 **b) Masseansprüche bei Inanspruchnahme der Gegenleistung.** Hat der Insolvenzverwalter nach angezeigter Masseunzulänglichkeit ein Dauerschuldverhältnis fortgesetzt und die Gegenleistung – zB die vom Arbeitnehmer geschuldete Arbeitsleistung oder die vom Vermieter geschuldete Gebrauchsüberlassung – zur Insolvenzmasse in Anspruch genommen, so sind die Ansprüche der Gegenseite nach § 209 Abs. 2 Nr. 3 vorrangig zu bedienende Neumasseverbindlichkeiten. Diese Einstufung beruht darauf, dass der Masse durch die tatsächlich erbrachte Leistung ihres Vertragspartners idR auch ein entsprechender **wirtschaftlicher Wert zufließt.**[99] Die Rechtsfolge ist deshalb auch unabhängig davon gerechtfertigt, ob das Arbeits- oder Mietverhältnis gekündigt ist. Nach gefestigter Rechtsprechung des BGH erfordert eine „**Inanspruchnahme**" iSv § 209 Abs. 2 Nr. 3 keine ausdrückliche Willensbestätigung oder Kundgabe des Insolvenzverwalters, Leistungen aus einem Dauerschuldverhältnis für die Insolvenzmasse weiter in Anspruch nehmen zu wollen. Ausreichend, aber auch erforderlich ist ein Verhalten des Verwalters, mit dem er die Gegenleistung nach Anzeige der Masseunzulänglichkeit weiter **nutzt,** obwohl er dies **pflichtgemäß** hätte **verhindern** können.[100] Will der Verwalter das Entstehen von Neumasseverbindlichkeiten bei Abwicklung des unzulänglichen Verfahrens im Interesse aller Massegläubiger vermeiden, muss er ggf. – über die bloße Einstellung der Nutzung hinaus – aktiv tätig werden und von sich aus alles unternehmen, um eine weitere Inanspruchnahme der Gegenleistung zu verhindern. Soweit er durch noch laufende Kündigungsfristen gebunden ist, hat er den Vertragspartner im Zusammenhang mit der Anzeige von dessen vertraglichen Pflichten „**freizustellen**". Mit der bewussten Wahl für oder gegen eine solche Freistellung entscheidet der Verwalter darüber, ob eine Masseschuld als Alt- oder Neumasseverbindlichkeit einzuordnen ist.[101]

33a Soweit der Insolvenzverwalter **angemietete Räume** nach angezeigter Masseunzulänglichkeit weiterhin **nutzt,** so schuldet er dem Vermieter den vollen Mietzins als Neumasseverbindlichkeit nach § 209 Abs. 1 Nr. 2, Abs. 2 Nr. 3. Sollen Neumasseschulden verhindert werden, muss der Insolvenzverwalter die Mietsache tatsächlich zurückgeben oder den Vermieter zumindest von seiner Gebrauchsüberlassungspflicht „freistellen", indem er diesem die Nutzung der **Mietsache** und deren **Rückgabe** anbietet.[102] Lehnt der Vermieter gleichwohl eine Rücknahme ab, verliert er den Rang als Neumassegläubiger. Nur passives Verhalten wie die bloße Einstellung des Mietgebrauchs oder eine zuvor vom Schuldner veranlasste Räumung würden indes noch keine Klarheit für den Vermieter schaffen, dass die Masse keinen Anspruch auf die Mietsache mehr erheben werde.[103] Scheidet eine Herausgabe des unmittelbaren Besitzes etwa bei fortdauernder Untervermietung aus, so ist dem (Haupt-)Vermieter die Übergabe des mittelbaren Besitzes anzubieten und damit auch die Einziehung

---

96 Nach BAG ZIP 2018, 988 (Rn. 20) sind Neumasseverbindlichkeiten in einem solchen „Schwebezustand" unvermeidbar.

97 Nach Uhlenbruck/*Ries* § 209 Rn. 23 sollte der erstmögliche Kündigungstermin iSv § 209 Abs. 2 Nr. 2 im Arbeitsrecht konkret erst an die „Freistellung" nicht mehr benötigter Arbeitnehmer durch den Insolvenzverwalter anknüpfen und sich nicht ausschließlich an der Erstanzeige der Masseunzulänglichkeit orientieren.

98 BAG ZIP 2018, 988 (Rn. 20, 21); ZIP 2004, 1323 mit zust. Anm. *Bork* EWiR 2004, 815.

99 Vgl. BAG ZIP 2014, 1498 (Rn. 24); *Haarmeyer/Wutzke/Förster,* Handbuch, Kap. 8 Rn. 173; Nerlich/Römermann/*Westphal* § 209 Rn. 11.

100 BAG NJW 2018, 1563 (Rn. 30); BGHZ 154, 358 = NJW 2003, 2454 mAnm *Ringstmeier* ZInsO 2004, 169 = NZI 2003, 369, 372 m. zust. Anm. *Uhlenbruck* = ZIP 2003, 914 dazu EWiR 2003, 651 *(Tetzlaff)* = WM 2003, 1027 mAnm *Barnert,* WuB VI C. § 209 InsO 1.03; ZIP 2004, 326, dazu EWiR § 50 InsO 1/04, 349 *(Pape)* – jeweils zum Mietverhältnis.

101 Jaeger/*Windel* § 209 Rn. 61.

102 BGH NJW 2003, 2454; OLG Stuttgart ZIP 2011, 2077, 2078. Ansprüche aus dem Mietverhältnis, die als Insolvenzforderungen einzuordnen sind, ändern ihren Charakter auch bei Aufrechterhaltung des Mietverhältnisses nach Anzeige der Masseunzulänglichkeit nicht.

103 BGH ZIP 2004, 326, dazu *Pape* EWiR 2004, 349; Beschl. v. 26.6.2008 – IX ZR 146/07 – BeckRS 2008, 14248.

des Untermietzinses beim Endmieter zu überlassen.[104] Solange fällige Untermietzahlungen aber noch für die Masse vereinnahmt werden, fehlt es an einer vollständigen Nutzungsaufgabe und nimmt der Verwalter die Vermieterleistungen weiter in Anspruch. Der Vermieter ist mit seinen Mietzinsforderungen daher Neumassegläubiger.[105]

Entscheidet sich der Insolvenzverwalter bei **Arbeitsverhältnissen** nach Anzeige der Masseunzulänglichkeit dafür, einen Arbeitnehmer weiter zu beschäftigen und damit dessen Gegenleistung – also die nach § 611 Abs. 1 BGB geschuldete Arbeit – für die Insolvenzmasse „in Anspruch" zu nehmen, stellt die Vergütungspflicht eine Neumasseverbindlichkeit iSd § 209 Abs. 2 Nr. 3 dar.[106] Diese Privilegierung von arbeitsrechtlichen Entgeltforderungen ist gerechtfertigt, solange der Verwalter Arbeitnehmer zur Arbeit heranzieht und deren Arbeitsleistung damit der Masse tatsächlich zugutekommt.[107] Der Verwalter wird daher im Interesse der Erhaltung der Masse Arbeitnehmern kündigen und diese „**freistellen**", sobald er deren Arbeitsleistung zur Abwicklung des Verfahrens oder Unternehmensfortführung nicht mehr benötigt. Den freigestellten Arbeitnehmern, die keine Gegenleistung mehr für die Masse erbringen, steht bis zum nächstzulässigen Kündigungstermin kein Anspruch auf vorrangige Befriedigung als Neumassegläubigern zu; ihre Verzugslohnansprüche sind Altmasseverbindlichkeiten iSv § 209 Abs. 1 Nr. 3.[108] Dies gilt auch, falls der Arbeitnehmer durch Ausübung eines **Zurückbehaltungsrechts** aus § 273 Abs. 1 BGB eine Inanspruchnahme seiner Arbeitskraft verhindert und der Masse folglich kein Gegenwert zufließt.[109] Daher sind auch arbeitsrechtliche Ansprüche auf (auch „stichtagsbezogene") **Sonderzuwendungen** nur anteilig für den Zeitraum geleisteter Arbeit (Betriebstreue) nach Anzeige der Masseunzulänglichkeit als Neumasseverbindlichkeiten vorab zu berichtigen.[110] Eine entsprechende abschnittsweise Aufteilung gilt für sog. geldwerte **Urlaubsansprüche** auf Urlaubsentgelt und Urlaubsabgeltung, bei denen nur der auf die Dauer der tatsächlich entgegengenommenen Arbeitsleistung entfallende „anteilige" Geldwert des Urlaubs als Neumasseverbindlichkeit einzustufen ist.[111] Der Verwalter begründet auch für den Urlaubszeitraum keine Neumasseschulden, wenn er Arbeitnehmer während noch laufender Kündigungsfristen unwiderruflich „unter Anrechnung auf offenen Urlaub" von jeder Arbeitsleistung freistellt und der Masse somit keine Gegenleistung mehr zufließt.[112] Soweit ein Arbeitnehmer den restlichen Urlaub innerhalb des Freistellungszeitraums selbst zuteilen darf, kann er bei anderweitigem Verdienst ggf. dessen Anrechnung gem. § 615 Satz 2 BGB ausweichen.[113] 33b

IV. Altmasseverbindlichkeiten

Alle Masseansprüche, die nicht zu den Kosten des Verfahrens iSd § 54 gehören oder in die Gruppe der Neumasseverbindlichkeiten nach § 209 Abs. 1 Nr. 2 fallen, sind nach § 209 Abs. 1 Nr. 3 Altmasseverbindlichkeiten. Diese vor der Masseunzulänglichkeitsanzeige begründeten Masseverbindlichkeiten haben den letzten und damit **schlechtesten Rang;** sie können daher im Verteilungsverfahren allenfalls nach vollständiger Befriedigung der vorrangigen Massegläubiger noch zum Zuge kommen. Ihre Vollstreckung ist nach § 210 unzulässig (→ § 210 Rn. 3). Hierdurch behält der Verwalter die nötige Handlungsfreiheit, um seinen fortbestehenden Verpflichtungen gem. § 208 Abs. 3 nachzukommen. Zu den Altmasseverbindlichkeit zählen zB Abfindungsansprüche gem. § 113 34

[104] BGH NZI 2007, 335 (Rn. 24); ZInsO 2004, 674 m. krit. Anm. *H.-G. Eckert* in EWiR 2004, 871, wonach die Nutzung dem Verwalter bei fortbestehendem Untermietverhältnis nur aufgedrängt ist und daher keine Inanspruchnahme der Mietsache bedeuten sollte.

[105] Der Verwalter wird bei einer Zwischenvermietung daher im Interesse der Gläubiger abzuwägen haben, ob er den Einzug der Mietzinsen vom Endmieter dem (Haupt-)Vermieter überlässt oder ob er die Miete weiter für die Masse einnehmen soll. Leitet er keine Zahlungen an den (Haupt-)Vermieter weiter, kann dieser allerdings das Zwischenmietverhältnis fristlos kündigen, BGH NJW 2005, 2552.

[106] BAG NZI 2017, 535 (Rn. 33) und 2014, 660 (Rn. 24).

[107] Solange ein bisher freigestellter Arbeitnehmer der Aufforderung des Insolvenzverwalters zur Arbeitsleistung nicht nachkommt und der Masse folglich kein wirtschaftlicher Wert zufließt, kann keine Neumasseverbindlichkeit entstehen. Vgl. BAG ZIP 2014, 1498 (Rn. 25).

[108] Vgl. BAG NZI 2006, 309; ZIP 2004, 1660, dazu *Schneider* EWiR 2004, 1139; OLG Düsseldorf NZI 2012, 2115, 2117; LAG Nürnberg ZIP 2012, 1476 m. zust. Anm. *Mückl* EWiR 2012, 443; Jaeger/*Windel* § 209 Rn. 61; HKInsO/*Landfermann* § 209 Rn. 19; *Wroblewski* NJW 2011, 347, 348.

[109] BAG NZI 2014, 660 = ZIP 2014, 1498 (Rn. 26), dazu zust. *Zimmer* EWiR 2014, 655 sowie die Vorinstanz LAG Stuttgart ZIP 2012, 1874.

[110] BAG NZI 2017, 535 m. zust. Anm. *Rogner* = ZIP 2017, 1031 (Rn. 30–38), dazu EWiR 2017, 473 (*Hess*) = AP InsO § 209 Nr. 7 m. zust. Anm. *Windel*.

[111] BAG ZIP 2007, 834 (Rn. 26 f.), dazu EWiR 2008, 87 (*Henkel*).

[112] BAG ZIP 2019, 129 (Rn. 27, 28); NZI 2004, 636 mAnm *V. Schneider* EWiR 2004, 1139.

[113] BAG NJW 2007, 2796 m. zust. Anm. *Fesenmeyer*; dazu ergänzend Jaeger/*Windel* § 209 Rn. 63.

BetrVG, falls der Insolvenzverwalter vor Anzeige der Masseunzulänglichkeit eine Betriebsänderung ohne Versuch eines Interessenausgleichs durchgeführt hat.[114]

35 **1. Begriff.** Die Altmasseverbindlichkeiten werden nach dem Verständnis von der „Insolvenz in der Insolvenz" – entsprechend den Ansprüchen der Insolvenzgläubiger – zum Zweck der gemeinschaftlichen Befriedigung aus der vorhandenen Restmasse zusammengefasst. Sie sind innerhalb dieser **„Forderungs- und Verlustgemeinschaft"** bei **gleichem Rang** auch gleich zu behandeln. Ist die Insolvenzmasse zur vollständigen Befriedigung der Alt-Masseansprüche nicht ausreichend, hat nur noch eine anteilsmäßige Berichtigung zu erfolgen.[115] Da Leistungsklagen wegen einer Altmasseverbindlichkeit mangels Rechtsschutzinteresses analog § 210 unzulässig sind, steht dem **Altmassegläubiger** zur Sicherung einer vom Insolvenzverwalter nicht erfüllten Altmasseschuld auch **kein Zurückbehaltungsrecht** gem. § 273 Abs. 1 BGB zu.[116] **Nebenansprüche,** wie evtl. (Verzugs-)Zinsen und Säumniszuschläge auf Altmasseforderungen teilen idR den **Rang der Hauptforderung;** sie sind also als Altmasseverbindlichkeiten iSd § 209 Abs. 1 Nr. 3 zu bewerten, auch wenn sie erst nach der angezeigten Masseunzulänglichkeit angefallen sind.[117] Etwaige Zinsansprüche von Altmassegläubigern sind allerdings entspr. der Regelung in § 39 Abs. 1 Nr. 1 erst nach den übrigen Altmasseforderungen zu befriedigen.[118] Auch Ansprüche aus einer vor Anzeige der Masseunzulänglichkeit eingetretenen ungerechtfertigten Bereicherung der Masse gem. § 55 Abs. 1 Nr. 3 werden nach dem Gesetz zu Altmasseverbindlichkeiten zurückgestuft.[119] Sie können wegen des Vollstreckungsverbotes nach § 210 daher nur mit der Feststellungsklage verfolgt werden (→ § 208 Rn. 65).

36 **2. Unterhaltsansprüche des Schuldners.** Die Unterhaltsansprüche des Schuldners und seiner Familie sowie des vertretungsberechtigten persönlich haftenden Gesellschafters einer Schuldnergesellschaft nach §§ 100, 101 Abs. 1 Satz 3 haben zwar – unabhängig vom Zeitpunkt ihrer Entstehung – jeweils den Rang von **Altmasseverbindlichkeiten** iSd § 209. Unter diesen hat der Insolvenzverwalter aber den **bewilligten Unterhalt** nicht gleichrangig (anteilig), sondern gem. § 209 Abs. 1 Nr. 3 HS 2 **zuletzt** zu berichtigen.[120] Der RegE v. 15.4.1992 – BT-Drs. 12/2443 – hatte für den Fall, dass andere Altmasseverbindlichkeiten iSd § 209 nicht voll befriedigt werden könnten, eine entsprechende Kürzung der Unterhaltsleistungen vorgesehen, was im Ergebnis der jetzigen Einstufung als „letztrangige" (Alt-)Masseverbindlichkeiten entspricht.[121] Unterhaltsansprüche des Schuldners und seiner Angehörigen dürfen also im Interesse aller übrigen Massegläubiger erst erfüllt werden, wenn sämtliche vorrangigen Altmasseverbindlichkeiten voll aus der Masse beglichen worden sind. Im Fall der angezeigten Masseunzulänglichkeit wird deshalb der Schuldner hinsichtlich seiner Unterhaltsansprüche idR leer ausgehen.[122]

37 **3. Sozialplanansprüche.** Ansprüche der Arbeitnehmer auf Zahlung der Abfindung aus einem nach Insolvenzeröffnung abgeschlossenen Sozialplan werden in § 123 Abs. 2 Satz 1 zwar als Masseverbindlichkeiten eingeordnet (→ § 53 Rn. 27). Diese sind in § 209 aber nicht aufgeführt. Grund hierfür ist, dass nach § 123 Abs. 2 Satz 2 eine Befriedigung der Sozialplanforderungen erst zulässig ist, wenn auch auf die Insolvenzgläubiger eine Quote ausgeschüttet wird (→ § 55 Rn. 193). Mangels einer Teilungsmasse für Insolenzgläubiger können also im Falle der **Masseunzulänglichkeit** keine Sozialplanforderungen erfüllt werden.[123] Ihre Berücksichtigung kommt allenfalls in Betracht, wenn die angezeigte Masseunzulänglichkeit beseitigt werden konnte und das Verfahren wieder in das Regelinsolvenzverfahren zurückgeführt wurde.[124] Für die Befriedigung ist jedoch dann nicht mehr § 209 einschlägig. Aufgrund des Vollstreckungsverbots für Sozialplanansprüche (§ 123 Abs. 3 Satz 2) ist eine **Leistungsklage** gegen den Insolvenzverwalter auf Abfindungszahlung mangels Rechtsschutzbedürfnis **unzulässig,** und zwar auch dann, wenn der Insolvenzverwalter den Sozialplan erst

---

[114] BAG ZIP 2018, 848 (Rn. 33).
[115] Auch eine etwaige Quote entfällt aber bei „erneuter" Masseunzulänglichkeit, dazu → § 208 Rn. 60.
[116] BAG ZIP 2014, 1498 (Rn. 18 f.), dazu EWiR 2014, 655 (*Zimmer*).
[117] Vgl. OVG Berlin-Brandenburg ZIP 2012, 485; SG Düsseldorf ZIP 2015, 2139; HKInsO/*Landfermann* § 209 Rn. 13; Jaeger/*Windel* § 209 Rn. 11. Ob den Altmassegläubigern überhaupt Ansprüche wegen verzögerter Leistung zustehen, ist allerdings str.; dazu → § 208 Rn. 62.
[118] Braun/*Kießner* § 209 Rn. 45; *Jansen* NZI 2013, 774, 781.
[119] Zu dieser Einordnung vgl. → Rn. 16 u. → 20.
[120] K. Schmidt/*Jungmann* § 209 Rn. 31.
[121] Die Rangfolge der Massegläubiger wird damit in § 209 unter Einschluss der Unterhaltsansprüche umfassend geregelt.
[122] Uhlenbruck/*Ries* § 209 Rn. 42.
[123] Sozialplanforderungen „rangieren" damit auch hinter Unterhaltsansprüchen des Schuldners, vgl. Uhlenbruck/*Ries* § 209 Rn. 43.
[124] Nerlich/Römermann/*Westphal* § 209 Rn. 13.

nach Anzeige der Masseunzulänglichkeit vereinbart hat.[125] Statthaft ist nur noch die Erhebung einer Klage des Gläubigers auf Feststellung seiner Sozialplanabfindung als Masseverbindlichkeit iSd § 123 Abs. 2 Satz 1.[126]

§ 210 Vollstreckungsverbot

Sobald der Insolvenzverwalter die Masseunzulänglichkeit angezeigt hat, ist die Vollstreckung wegen einer Masseverbindlichkeit im Sinne des § 209 Abs. 1 Nr. 3 unzulässig.

Schrifttum: *Ganter,* Die „erneute Masseunzulänglichkeit", NZI 2009, 2010; *Pape,* Die Berücksichtigung der Anzeige der Masseinsuffizienz im Erkenntnisverfahren, ZInsO 2001, 60; *Rendels,* BGH zur Masseunzulänglichkeit: Absoluter Vorrang der Kosten des Insolvenzverfahrens vor Neumasseverbindlichkeiten. Sind die Haftungsrisiken bei (ggf. erneuter) Masseunzulänglichkeit noch tragbar?, INDAT-Report 2006, 34; *Roth,* Prozessuale Rechtsfolgen der „Insolvenz in der Insolvenz", FS H. F. Gaul, 1997, S. 573; *Runkel/Schnurbusch,* Rechtsfolgen der Masseunzulänglichkeit, NZI 2000, 49; *Schröder,* Die Abwicklung des masseunzulänglichen Insolvenzverfahrens, 2010; *Thole,* Die rechtliche Behandlung der „erneuten Masseunzulänglichkeit", ZIP 2018, 2241; *Urban,* Kostenfeststellungs- statt Kostenfestsetzungsbeschluss nach Anzeige der Masseunzulänglichkeit, ZVI 2004, 233.

Übersicht

A. Normzweck

Jeder Massegläubiger kann während der Dauer des Insolvenzverfahrens seinen Anspruch klage- **1**
weise selbständig geltend machen und grundsätzlich auch die Einzelzwangsvollstreckung in die Insolvenzmasse betreiben.[1] Das ändert sich aber mit der Anzeige der Masseunzulänglichkeit durch den Insolvenzverwalter (§ 208). Ab diesem Zeitpunkt ist für die Berichtigung der Masseverbindlichkeiten die **Rangordnung des § 209** maßgebend. Massegläubiger nach § 209 Abs. 1 Nr. 3, deren Forderungen schon vor der Anzeige der Masseunzulänglichkeit begründet worden sind, werden erst drittrangig befriedigt. Deshalb ist den sog. **Altmassegläubigern** die Einzelzwangsvollstreckung nach § 210 untersagt, um die Befriedigung der Massegläubiger in einem gesetzmäßigen Verfahren zu gewährleisten. Das gesetzliche Vollstreckungsverbot soll verhindern, dass einzelne nachrangige Massegläubiger ihre Forderungen entgegen der zwingenden Befriedigungsreihenfolge des § 209 noch zu Lasten der vorrangigen Massegläubiger zwangsweise durchsetzen können und eine vorzeitige

[125] BAG NZI 2010, 317 (Rn. 10 f.) mAnm *Windel* in AP InsO § 123 Nr. 4; auch → § 55 Rn. 193.
[126] BAG NZI 2010, 317 (Rn. 10); ArbG Oberhausen NZI 2013, 9.
[1] Soweit nicht das auf sechs Monate befristete Vollstreckungsverbot nach § 90 Abs. 1 entgegensteht (→ § 53 Rn. 58 f.).

Aushöhlung der Insolvenzmasse stattfindet.[2] Dagegen gilt das Vollstreckungsverbot grundsätzlich nicht für **Neumassegläubiger** iSv § 209 Abs. 1 Nr. 2 → Rn. 19.

B. Entstehungsgeschichte

2 Nach allgemeiner Auffassung zu § 60 KO war im masseunzulänglichen Verfahren die Zwangsvollstreckung unzulässig, damit eine Befriedigung der Massegläubiger nach der vorgegebenen Rangordnung nicht gestört wird.[3] Der Gesetzgeber der InsO wollte die Vollstreckungssperre nunmehr normieren. In § 322 RegE war allerdings zunächst nur ein Vollstreckungsschutz-Verfahren geregelt.[4] Dieses sah vor, dass der Insolvenzverwalter die Feststellung der Masseunzulänglichkeit und die einstweilige Einstellung der Zwangsvollstreckung wegen einer Masseverbindlichkeit beantragen konnte, wenn hierdurch die Befriedigung der Massegläubiger nach der gesetzlichen Verteilungsordnung konkret gefährdet würde. Die Entscheidung über die Einstellung der Zwangsvollstreckung sollte vom Insolvenzgericht nach Anhörung des Gläubigers getroffen werden und mit der sofortigen Beschwerde anfechtbar sein. Die Regelung des § 322 RegE war geprägt von dem Gedanken, die Vollstreckungsmöglichkeiten der Massegläubiger so wenig wie möglich einzuschränken. Die Anordnung der Einstellung der Zwangsvollstreckung sollte nur zulässig sein, solange noch nicht feststand, in welcher Höhe der Altmassegläubiger eine quotale Befriedigung beanspruchen kann; andernfalls sollte sie unterbleiben und der Insolvenzverwalter entsprechende Abschlagszahlungen an die betroffenen Altmassegläubiger leisten.[5] Der Rechtsausschuss befürchtete wohl zu Recht, dass der in § 322 RegE vorgesehene Vollstreckungsschutz nach Anzeige der Masseunzulänglichkeit zu einer erheblichen **Belastung der Insolvenzgerichte** führen würde.[6] Zu deren Entlastung und zur nachhaltigen Sicherung des Vorrangs der Masseverbindlichkeiten nach § 209 Abs. 1 Nr. 2 hat er deshalb mit § 210 das eo ipso wirkende gesetzliche Vollstreckungsverbot[7] für Altmassegläubiger eingeführt. Damit konnten Regelungen hinsichtlich der Zuständigkeit des Insolvenzgerichtes, der Zulässigkeit einer sofortigen Beschwerde sowie der Anhörung der Gläubiger entfallen, da sich die Unzulässigkeit der Individualzwangsvollstreckung unmittelbar aus dem Gesetz ergibt.

C. Vollstreckungsverbot für Altmassegläubiger

I. Voraussetzungen und zeitliche Grenze

3 Die Vorschrift des § 210 verbietet nach der Anzeige der Masseunzulänglichkeit die Zwangsvollstreckung wegen der in § 209 Abs. 1 Nr. 3 bezeichneten **Altmasseverbindlichkeiten.** Das Vollstreckungsverbot richtet sich in seinem unmittelbaren Anwendungsbereich ausschließlich gegen die Altmassegläubiger, die zur Durchsetzung ihrer Forderungen versuchen, entgegen der zwingenden Rangordnung des § 209 ihre volle Befriedigung im Wege der Individualzwangsvollstreckung durchzusetzen.[8] Es steht in einem äußerlichen Zusammenhang mit dem nur gegen Insolvenzgläubiger gerichteten Vollstreckungsverbot des § 89 Abs. 1.[9] Das von Amts wegen zu beachtende gesetzliche **Verbot** in § 210 wird **wirksam,** sobald der Insolvenzverwalter dem Insolvenzgericht die **Masseunzulänglichkeit angezeigt** hat. Seine Geltung hängt nicht von weiteren Voraussetzungen ab. Maßgebender Zeitpunkt ist allein der Eingang der Unzulänglichkeitsanzeige beim Insolvenzgericht.[10]

4 **Neumasseverbindlichkeiten** iSd § 209 Abs. 1 Nr. 2, die nach Anzeige der Masseunzulänglichkeit begründet wurden, werden vom Vollstreckungsverbot des § 210 nicht erfasst.[11] Das Gesetz geht dabei von dem Regelfall aus, dass die vom Insolvenzverwalter erst nach Anzeige der Masseunzuläng-

---

[2] BSG ZIP 2016, 128 (Rn. 18); HKInsO/*Landfermann* § 210 Rn. 1; K. Schmidt/*Jungmann* § 210 Rn. 2.
[3] *Kilger/K. Schmidt* § 60 KO Anm. 3; BFH NZI 2001, 612 (Rn. 22).
[4] Begr. § 322 RegE, *Kübler/Prütting,* S 441.
[5] Begr. § 322 RegE, *Kübler/Prütting,* S 441.
[6] Jaeger/*Windel* § 210 Rn. 1.
[7] Begr. Rechtsausschuss, *Kübler/Prütting,* S. 441.
[8] BGHZ 154, 358 = NJW 2003, 2454; BAG ZIP 2014, 1498 (Rn. 13); Nerlich/Römermann/*Westphal* § 210 Rn. 3.
[9] Jaeger/*Windel* § 210 Rn. 2.
[10] AGR/*Henning* § 210 Rn. 7; auch § 208 Rn. 37. Unabhängig vom Zeitpunkt der Anzeige, der die Alt- von den Neumassegläubigern iSd § 209 Abs. 1 Nr. 2 u. 3 formal abgrenzt, hat der Verwalter bei Masseunzulänglichkeit stets die Verteilungsordnung des § 209 Abs. 1 einzuhalten, vgl. BGH ZIP 2010, 145.
[11] Dazu → Rn. 19.

lichkeit während des weiteren Verfahrens nach § 208 Abs. 3 neu begründeten Masseverbindlichkeiten bei Fälligkeit aus der dann vorhandenen Masse voll gedeckt sind. Ihr **Vorwegbefriedigungsrecht** wird durch das auf die Altmassegläubiger beschränkte Verbot der Einzelzwangsvollstreckung gesichert.[12] Das Vollstreckungsverbot bezieht sich auch nicht auf Sozialplangläubiger, da ihnen nach § 123 Abs. 3 Satz 2 die Zwangsvollstreckung in die Masse wegen einer Sozialplanforderung grundsätzlich untersagt ist.[13]

1. Keine Feststellungsklage gegen das Vollstreckungsverbot. Die Berechtigung der vom Verwalter gem. § 208 Abs. 1 angezeigten Masseunzulänglichkeit wird nach der gesetzlichen Regelung nicht überprüft.[14] Angesichts der **fehlenden gerichtlichen Kontrolle** ist als Ausweg vorgeschlagen worden, mit Hilfe einer Feststellungsklage gerichtlich überprüfen zu lassen, ob das Vollstreckungsverbot des § 210 auf Grund drohender bzw. eingetretener Masseunzulänglichkeit tatsächlich besteht.[15] Eine solche Feststellungsklage kann aber nicht als statthaft angesehen werden. Die Feststellung der Masseunzulänglichkeit obliegt ausschließlich dem Insolvenzverwalter. Die gesetzgeberische Intention würde umgangen, wenn über ein Feststellungsklageverfahren letztlich die Gerichte wieder entscheidungsbefugt wären[16] und im Hinblick auf divergierende gerichtliche Entscheidungen der Zeitpunkt des Eintritts der Masseunzulänglichkeit nicht mehr einheitlich inter omnes festgestellt würde. Zudem spricht der Wortlaut des § 210 dafür, dass Tatbestandsvoraussetzung für das Vollstreckungsverbot ausschließlich die vom Insolvenzverwalter nach § 208 angezeigte Masseunzulänglichkeit ist, unabhängig davon, ob die Anzeige berechtigt oder zu Unrecht erfolgte.[17] 5

2. Verfahrenseinstellung. Mit der Einstellung des Insolvenzverfahrens **endet** das Vollstreckungsverbot des § 210.[18] Die wegen ihrer titulierten Ansprüche nicht befriedigten Massegläubiger können gegen den Schuldner die Individualzwangsvollstreckung betreiben.[19] Allerdings haftet der Schuldner gegenüber den Neumassegläubigern, deren Ansprüche durch Handlungen des Insolvenzverwalters begründet wurden, nur mit der Restmasse, die ihm vom Verwalter gem. § 215 Abs. 2 zurückzugeben ist. Die Vollstreckung in ein vom Insolvenzbeschlag nicht erfasst gewesenes Vermögen kann der Schuldner durch Erhebung der Vollstreckungsgegenklage nach § 767 ZPO abwenden.[20] 6

II. Tragweite

1. Vollstreckungsmaßnahmen. Zwangsvollstreckungsmaßnahmen **jeder Art** sind nach § 210 verboten. Unerheblich ist, ob der Altmassegläubiger die Zwangsvollstreckung aus einem Leistungsurteil, einem Kostenfestsetzungsbeschluss oder einem anderen Vollstreckungstitel betreibt. Auch für das Finanzamt oder die Verwaltungsbehörden als Altmassegläubiger gilt das Vollstreckungsverbot in § 210.[21] 7

Der **Fiskus** kann daher als Altmassegläubiger nicht mehr vom Insolvenzverwalter begründete Masseverbindlichkeiten iSd § 55 vollstrecken. Der Erlass einer Pfändungs- und Einziehungsverfügung wegen einer vor Anzeige der Masseunzulänglichkeit begründeten **Steuerforderung** wäre gem. § 251 Abs. 2 Satz 1 AO iVm. § 210 rechtswidrig.[22] Auch **Gerichtskosten,** die im finanzgerichtlichen Verfahren nach Insolvenzeröffnung als Altmasseschulden iSd § 209 Abs. 1 Nr. 3 entstanden sind, dürfen von der Gerichtskasse nicht mehr im Wege der Einzelzwangsvollstreckung beigetrieben werden.[23] Nach der finanzgerichtlichen Rspr. sind abgabenrechtliche Forderungen allerdings im Hinblick auf die in der Abgabenordnung angelegte systematische Trennung des Festsetzungs- vom Erhebungsverfahren trotz des Vollstreckungsverbots in § 210 weiterhin durch **Steuerbescheid** gegenüber dem Insolvenzverwalter festzusetzen (§ 155 Abs. 1 AO).[24] Das Finanzamt bleibt zur Fest- 8

[12] KPB/*Pape* § 210 Rn. 6; HKInsO/*Landfermann* § 210 Rn. 1.
[13] BAG NZI 2010, 317 (Rn. 10).
[14] BGHZ 154, 358 = NJW 2003, 2454. Zur grundsätzlichen Bindungswirkung der Anzeige näher → § 208 Rn. 35.
[15] *Runkel/Schnurbusch* NZI 2000, 49, 52.
[16] Abl. auch Jaeger/*Windel* § 210 Rn. 36 wegen der Tatbestandswirkung der Anzeige; KPB/*Pape* § 208 Rn. 4, der aber die gesetzliche Regelung für nicht überzeugend hält.
[17] HKInsO/*Landfermann* § 210 Rn. 2; Uhlenbruck/*Ries* § 210 Rn. 2.
[18] KPB/*Pape* § 215 Rn. 4.
[19] Endet das Vollstreckungsverbot mit Anzeigerücknahme und Rückkehr zum Normalverfahren, können auch Altmassegläubiger grundsätzlich wieder ungehindert vollstrecken, vgl. Jaeger/*Windel* § 210 Rn. 9.
[20] Zum Umfang der Nachhaftung vgl. → § 207 Rn. 76.
[21] BSG ZIP 2016, 128 (Rn. 18); Nerlich/Römermann/*Westphal* § 210 Rn. 5; Jaeger/*Windel* § 210 Rn. 4; KPB/*Pape* § 210 Rn. 5; Uhlenbruck/*Ries* § 210 Rn. 4.
[22] BFH NZI 2008, 120; ZIP 1996, 1838 (zu § 60 KO) m. zust. Anm. *Gerhardt* EWiR 1996, 1041.
[23] FG Münster EFG 2011, 354 f.
[24] BFH ZIP 2007, 2083 = NZI 2008, 120 (Rn. 13).

setzung zB von Kraftfahrzeug- oder Einkommensteuern befugt, weil der erlassene Steuerbescheid erst die Grundlage für eine spätere Vollstreckung schafft, selbst aber noch keine nach § 210 unzulässige Vollstreckungsmaßnahme darstellt.[25] Damit wird von der st. Rspr. des BGH und des BAG abgewichen, wonach § 210 für (Alt-)Massegläubiger auch das Rechtsschutzinteresse an der Durchführung von Verfahren entfallen lässt, die ihnen einen Vollstreckungstitel verschaffen sollen (→ Rn. 18).[26] Bei Gerichtskosten, die als Masseverbindlichkeiten iSd § 209 Abs. 1 Nr. 3 einzuordnen sind, hält der BFH nicht nur eine Feststellung der Kostenschuld, sondern deren Ansatz (ohne zusätzliche Zahlungsaufforderung gem. § 5 Abs. 2 JBeitrO) für zulässig, weil § 210 erst die Vollstreckung der Kostenrechnung verbiete.[27]

9 Das Vollstreckungsverbot in § 210 ist nicht auf titulierte Geldforderungen beschränkt, sondern erfasst auch vollstreckbare Titel über Ansprüche auf Vornahme vertretbarer Handlungen, die als Altmasseschulden iSd § 209 Abs. 1 Nr. 3 zu qualifizieren sind. Dazu können gegen die Masse gerichtete **Verwaltungsakte** von **Ordnungsbehörden** auf Gefahrenbeseitigung zählen, sofern die ordnungsrechtlichen Pflichten (§ 55) bereits vor der vom Insolvenzverwalter angezeigten Masseunzulänglichkeit begründet worden sind.[28] Nach der Rspr. der **Verwaltungsgerichte** kann die zuständige Behörde den Insolvenzverwalter gleichwohl zur Erfüllung seiner ordnungsrechtlichen Pflichten weiterhin durch Verwaltungsakt in Anspruch nehmen, weil das Vollstreckungsverbot allein die Durchsetzung von Ordnungsverfügungen betrifft, der Erlass einer **Grundverfügung** als erster Schritt im Verwaltungsverfahren (Primärebene) aber noch keine Maßnahme der Verwaltungsvollstreckung darstellt.[29] Übereinstimmend hiermit müssen sich nach der Rspr. des **BSG** auch Rentenversicherungsträger wegen des Vollstreckungsverbots in § 210 nicht auf die bloße Feststellung einer (Altmasse-)Beitragsforderung beschränken, weil erlassenen **Leistungsbescheiden** nur der Charakter eines Grundlagenbescheids für die Erhebung der Beiträge zukommt.[30]

10 **2. Laufende Zwangsvollstreckung.** Das Vollstreckungsverbot greift auch in laufende Zwangsvollstreckungsmaßnahmen ein und untersagt deren Fortsetzung.[31] Hatte der Massegläubiger allerdings schon im Zeitpunkt der angezeigten Masseunzulänglichkeit im Wege der Zwangsvollstreckung für seine titulierte Forderung ein **Pfändungspfandrecht** erwirkt, so bleibt dieses wirksam.[32] Der Massegläubiger kann sich nach dessen Verwertung aus dem Erlös befriedigen. Hierbei handelt es sich nicht um eine abgesonderte Befriedigung nach den §§ 50 f.; diese Regelung gilt für Insolvenzgläubiger und kann nicht auf Massegläubiger Anwendung finden.[33]

10.1 Hat der zur Zahlung einer (Alt-)Masseverbindlichkeit verurteilte Insolvenzverwalter zur Abwendung der Zwangsvollstreckung nach §§ 711, 108 ZPO Geld hinterlegt, ist der hinterlegte Betrag aufgrund des rechtskräftigen Urteils von der Hinterlegungsstelle an den empfangsberechtigten Titelgläubiger auszuzahlen (§§ 21, 22 HintG), auch wenn der Verwalter nach Eintritt der Rechtskraft Masseunzulänglichkeit angezeigt hat. § 210 steht einer Auszahlung bzw. Herausgabeanordnung nicht entgegen.[34] Denn die **Hinterlegung** soll den Gläubiger bei seinem Verzicht auf die vorläufige Vollstreckung gerade vor möglichen Nachteilen und damit auch vor einem durch die Anzeige nach § 208 ausgelösten Vollstreckungsverbot bewahren. Im Übrigen wäre ein solches Verbot in dem landesrechtlich formal ausgestalteten Hinterlegungsverfahren grds. auch nicht zu prüfen.[35]

11 **3. Feststehende Verteilungsquote.** Nach § 210 ist die Individualzwangsvollstreckung **insgesamt unzulässig.** § 322 Abs. 1 RegE wollte zwar dem Altmassegläubiger die Zwangsvollstreckung nur untersagen, solange die Verteilungsquote noch nicht feststand und die rangmäßige Befriedigung

---

25 BFH ZIP 2016, 1784 (Rn. 49) und 2007, 2083; HKInsO/*Landfermann* § 210 Rn. 9.

26 Abl. daher Uhlenbruck/*Ries* § 210 Rn. 4.

27 BFH ZIP 2016, 1391 (Rn. 12–14) = NZI 2016, 655 m. zust. Anm. *Schmittmann*; auch LAG Hamm ZIP 2018, 2036.

28 BVerwG NJW 1999, 1416 f.; Uhlenbruck/*Ries* § 210 Rn. 4.

29 Vgl. VGH Mannheim NZI 2012, 722 f.; OVG Sachsen ZIP 2013, 424 (Festsetzung von Abfallgebühren); OVG Lüneburg WM 1998, 1553, 1554; vgl. auch Jaeger/*Windel* § 80 Rn. 125 zu behördlichen Grundverfügungen gegen den Verwalter.

30 BSG NZA 2017, 1173 (Rn. 24); ZIP 2016, 128 (Rn. 19), dazu zust. *Hess* EWiR 2016, 55 = NZI 2016, 27 mAnm *Plagemann*.

31 OLG Frankfurt ZIP 2017, 1825, 1827; K. Schmidt/*Jungmann* § 210 Rn. 10; KPB/*Pape* § 210 Rn. 3.

32 Zur fehlenden Rückwirkung des Vollstreckungsverbots vgl. OLG Frankfurt ZIP 2017, 1825, 1827; LG Berlin NZI 2008, 108, 109; Uhlenbruck/*Ries* § 210 Rn. 6; HKInsO/*Landfermann* § 210 Rn. 4; auch → Rn. 13.

33 *Häsemeyer* Rn. 14.26.

34 BGH ZIP 2018, 541, dazu *Zipperer* EWiR 2018, 245 und OLG Frankfurt ZIP 2017, 1825 als Vorinstanz.

35 BGH ZIP 2018, 541 = NZI 2018, 353 m. zust. Anm. *Ruland*.

der Massegläubiger gefährdet wäre.[36] Diese am Verständnis zu § 60 KO orientierte, differenzierende Regelung ist mit Recht nicht in das Gesetz übernommen worden.[37] Sonst könnte der Altmassegläubiger jeweils einwenden, dass er nach dem Stand des Verfahrens zumindest eine bestimmte Quote zu beanspruchen habe. Damit würde das Abwicklungs- und Verteilungsverfahren nach §§ 208 Abs. 3, 209 wieder mit Rechtsstreitigkeiten belastet, die der Gesetzgeber ausdrücklich durch eine Vereinfachung und Streichung von Rechtsmitteln vermeiden wollte.[38] Altmassegläubiger haben zwar ein berechtigtes Interesse an dem Erhalt von **Abschlagszahlungen** aus der Masse, soweit eine **Verteilungsquote bereits feststeht.** Indes ist der Insolvenzverwalter allein verantwortlich für die ranggerechte Befriedigung der vorrangigen Neumassegläubiger; er hat deshalb sorgfältig darauf zu achten, diese nicht durch Abschlagszahlungen an Altgläubiger zu gefährden.[39]

4. Aufrechnungsverbot. Aus dem Vollstreckungsverbot des § 210 ergibt sich entspr. **§ 96** 12
Abs. 1 Nr. 1 und 2 auch ein Aufrechnungsverbot zu Lasten der **Altmassegläubiger.** Diese können mit Masseforderungen also während des Insolvenzverfahrens nicht gegen die erst nach angezeigter Masseunzulänglichkeit begründeten Neuansprüche der Masse aufrechnen.[40] Zulässig bleibt hingegen die Aufrechnung mit ihren Altmasseforderungen gegen vor Anzeige der Masseunzulänglichkeit (§ 208) entstandene Ansprüche der Masse, wobei die Rangfolge des § 209 einzuhalten ist. Den Altmassegläubigern steht wegen der vom Insolvenzverwalter nicht erfüllten Gegenforderungen auch **kein Zurückbehaltungsrecht** aus § 273 Abs. 1 BGB zu, weil deren zwangsweise Durchsetzung (Zug um Zug) zu einer nach § 210 gerade verbotenen Schmälerung der Masse führen würde.[41] Eine Aufrechnung bleibt **analog § 94** insolvenzrechtlich nur zulässig, wenn die Aufrechnungslage (§ 387 BGB) schon zur Zeit der Anzeige nach § 208 Abs. 1 bestanden hat. In sinngemäßer Anwendung des **§ 91** können Altmassegläubiger nach angezeigter Masseunzulänglichkeit auch **keine Vorzugsrechte** mehr an Gegenständen der Insolvenzmasse erwerben, weil sie nach der gesetzlichen Verteilungsordnung auf eine quotale Befriedigung beschränkt sind.[42]

5. Keine Ausweitung des Vollstreckungsverbots nach § 88 analog. Das Vollstreckungsver- 13
bot des § 210 erfasst alle Zwangsvollstreckungsmaßnahmen nach Wirksamwerden der Unzulänglichkeitsanzeige. Eine Ausweitung des Vollstreckungsverbotes auf Maßnahmen innerhalb des letzten Monats vor der Anzeige entsprechend § 88 ist nicht statthaft.[43] Die in § 88 normierte sog. **Rückschlagsperre** ergänzt von ihrer Funktion her das Recht der Insolvenzanfechtung, indem die Wirkungen von Zwangsvollstreckungsmaßnahmen vor Verfahrenseröffnung rückgängig gemacht werden. Die Regelung ist damit zugeschnitten auf die **Interessenlage** der **Insolvenzgläubiger,** nach Eintritt der materiellen Insolvenz gemeinschaftlich aus dem Vermögen des Schuldners befriedigt zu werden. Demgegenüber sind im Insolvenzverfahren die Masseverbindlichkeiten wie geschuldet aus der Insolvenzmasse zu erfüllen. Ihr Vorwegbefriedigungsrecht nach § 53 endet erst, wenn der Insolvenzverwalter durch die Anzeige der Masseunzulänglichkeit das Regelinsolvenzverfahren in eine Abwicklung nach §§ 208 f. überleitet. Der Insolvenzverwalter ist berechtigt, bereits die drohende Masseunzulänglichkeit gem. § 208 anzuzeigen. Die Pflicht des Schuldners zur Stellung eines Insolvenzantrags gegenüber seinen Gläubigern kann insoweit nicht gleichgestellt werden der ausschließlich vom Insolvenzverwalter nach § 208 zu erstattenden Anzeige der Masseunzulänglichkeit. Deshalb können auch Sicherheiten, die Massegläubiger im letzten Monat vor der Anzeige durch Zwangsvollstreckung erlangt haben, nicht entsprechend § 88 unwirksam werden.[44] Soweit der Insolvenzverwalter durch eine verspätete Anzeige der Masseunzulänglichkeit nach § 208 schuldhaft nicht verhindert hat, dass ein Massegläubiger iSd § 209 Abs. 1 Nr. 3 noch eine Sicherung für seine Forderung im Wege der Einzelzwangsvollstreckung erlangt hat, so können die Altmassegläubiger einen ihnen

---

[36] Begr. § 322 RegE, *Kübler/Prütting,* S. 441.
[37] Dagegen für eine entsprechende teleologische Reduktion BKInsO/*Breutigam* § 210 Rn. 8.
[38] Wie hier Jaeger/*Windel* § 210 Rn. 11. Dazu auch → § 208 Rn. 65.
[39] Inwieweit Abschlagsverteilungen im massearmen Verfahren überhaupt zulässig sind, ist fraglich, vgl. *Kluth* ZInsO 2000, 177, 183; Uhlenbruck/*Ries* § 209 Rn. 5; Jaeger/*Windel* § 210 Rn. 11.
[40] BFH ZIP 2008, 886 (Rn. 9); HambKommInsO/*Weitzmann* § 210 Rn. 6; Uhlenbruck/*Sinz* § 94 Rn. 73; Nerlich/Römermann/*Westphal* § 210 Rn. 10; dazu näher → § 208 Rn. 70.
[41] Vgl. BAG NZI 2014, 660 = ZIP 2014, 1498 (Rn. 18 f.), dazu zust. *Zimmer* EWiR 2014, 655; Jaeger/*Windel* § 208 Rn. 51.
[42] KPB/*Pape* § 210 Rn. 9; HambKommInsO/*Weitzmann* § 210 Rn. 6; Jaeger/*Windel* § 208 Rn. 106.
[43] Ebenso Mohrbutter/Ringstmeier/*Pape* § 12 Rn. 126, da keine planwidrige Regelungslücke vorliegt; Jaeger/*Windel* § 210 Rn. 8; HambKommInsO/*Weitzmann* § 210 Rn. 3; Uhlenbruck/*Ries* § 210 Rn. 6; K. Schmidt/*Jungmann* § 210 Rn. 12; *Schröder* aaO S. 121 f.; aA HKInsO/*Landfermann* § 210 Rn. 4; BKInsO/*Breutigam* § 210 Rn. 3.
[44] Nerlich/Römermann/*Westphal* § 210 Rn. 4.

dadurch entstandenen Quotenschaden haftungsrechtlich gegenüber dem Insolvenzverwalter durchsetzen.

III. Durchsetzung des Vollstreckungsverbots

14 **1. Rechtsbehelf.** Das Vollstreckungsverbot des § 210 ist von den Vollstreckungsorganen **von Amts wegen** zu beachten. Werden ungeachtet des Vollstreckungshindernisses die Vollstreckungsmaßnahmen vollzogen, so sind die verbotswidrig vorgenommenen Vollstreckungen zwar materiellrechtlich unwirksam, führen jedoch zur öffentlich-rechtlichen **Verstrickung** der erfassten Vermögenswerte.[45] Im Falle zB der öffentlichen Versteigerung kann der Ersteher das – gepfändete – Recht erwerben.[46]

15 Die Unzulässigkeit der Zwangsvollstreckung nach Anzeige der Masseunzulänglichkeit wird gegenüber dem Altmassegläubiger mit der **Erinnerung** nach **§ 766 ZPO** geltend gemacht.[47] Zur Abwehr einer wegen Masseunzulänglichkeit unzulässigen Zwangsvollstreckung bedarf es nicht mehr wie nach altem Recht der aufwändigen Erhebung einer Vollstreckungsgegenklage nach § 767 ZPO. Das Vollstreckungsorgan ist an die angezeigte Masseunzulänglichkeit gebunden; eine Prüfung, ob diese berechtigt vom Verwalter angezeigt wurde, ist nicht gestattet. Die Erinnerung des Insolvenzverwalters ist beim **Insolvenzgericht** einzureichen.[48] Eine ausdrückliche Zuständigkeitsregelung hat der Gesetzgeber zwar nicht getroffen. Jedoch hat er in § 89 Abs. 3 die Prüfung, ob Zwangsvollstreckungen für einzelne Gläubiger während des Insolvenzverfahrens zulässig sind, nicht dem Vollstreckungsgericht, sondern dem Insolvenzgericht übertragen. Dieses entscheidet dann als besonderes Vollstreckungsgericht.[49] Grund hierfür ist die Annahme, dass das Insolvenzgericht die Voraussetzungen der Vollstreckungsverbote, insbesondere hinsichtlich der insolvenzrechtlichen Tatbestände besser beurteilen könne.[50] Dementsprechend ist es auch bei der gerichtlichen Durchsetzung des Vollstreckungsverbotes in § 210 sachgerecht, dass über die vom Verwalter eingelegte Erinnerung das Insolvenzgericht als das **sachnähere Gericht** entscheidet. Dieses ist auch dann zuständig, wenn ein Kostengläubiger nach Eintritt der Massearmut (§ 207) in die Insolvenzmasse vollstreckt und damit gegen das Vollstreckungsverbot im erweiterten Anwendungsbereich des § 210 verstösst.[51]

16 **2. Rückforderungsanspruch.** Erst bei Masseunzulänglichkeit ist für die Befriedigung der Massegläubiger die Rangordnung des § 209 maßgebend. Hat deshalb ein Massegläubiger **vor der Anzeige** eine Befriedigung oder Sicherheit aus der Masse erhalten, so stand sie ihm zu und er kann sie behalten.[52] Dies gilt auch, wenn der Insolvenzverwalter eine Masseverbindlichkeit vor Eintritt der Fälligkeit beglichen hat; eine **Rückforderung** ist **ausgeschlossen.**

17 Mit der Anzeige der Masseunzulänglichkeit kann der Altmassegläubiger iSd § 209 Abs. 1 Nr. 3 jedoch nur noch Befriedigung seiner Ansprüche gem. der besonderen Verteilungsordnung des § 209 beanspruchen; eine Befriedigung im Wege der Zwangsvollstreckung ist ausgeschlossen. Hat der Massegläubiger daher ungeachtet der angezeigten Masseunzulänglichkeit auf vollstreckungsrechtlichem Weg eine Sicherheit oder Befriedigung erlangt, die ihm im Hinblick auf die anteilige und gleichmäßige Befriedigung nach § 209 nicht gebührt, so hat er diese wieder an die Masse herauszugeben.[53] Die Rückabwicklung hat wegen **ungerechtfertigter Bereicherung** nach den §§ 812 ff. zu erfolgen.

18 **3. Leistungsklagen.** Das Vollstreckungsverbot ist nicht nur für das Vollstreckungsverfahren – also für die im Zeitpunkt der Anzeige der (drohenden) Masseunzulänglichkeit bereits titulierten Ansprüche – von Bedeutung.[54] Verfügen die **Altmassegläubiger** noch über keinen Vollstreckungstitel, so können sie einen solchen im Erkenntnisverfahren auch nicht mehr erlangen. Denn Leistungsklagen von Altmassegläubigern gegen den Insolvenzverwalter sind nach gefestigter Rspr. und hM im Schrifttum wegen der nach angezeigter Masseunzulänglichkeit fehlenden Vollstreckungsmöglichkeit

---

45 BGH NZI 2017, 892 (Rn. 14); Uhlenbruck/*Ries* § 210 Rn. 7.

46 OLG Celle KTS 1962, 112, 114.

47 BGH NZI 2006, 697; Uhlenbruck/*Ries* § 210 Rn. 7; HKInsO/*Landfermann* § 210 Rn. 6; KPB/*Pape* § 210 Rn. 4.

48 BGH NZI 2006, 697; KPB/*Pape* § 210 Rn. 4a; HKInsO/*Landfermann* § 210 Rn. 6.

49 BGH ZIP 2004, 732; AGR/*Piekenbrock* § 89 Rn. 40, 41.

50 Begr. § 89 RegE, *Kübler/Prütting,* S. 266.

51 Dazu → Rn. 27.

52 Dazu näher → § 53 Rn. 83.

53 *Dinstühler* ZIP 1998, 1697, 1705; Jaeger/*Windel* § 209 Rn. 24; K. Schmidt/*Jungmann* § 210 Rn. 15; → § 209 Rn. 63.

54 Vgl. BGH ZIP 2018, 541 = NZI 2018, 353 (Rn. 23).

mangels **Rechtsschutzinteresses** analog § 210 unzulässig.[55] Ein gegen den Verwalter ergehendes Leistungsurteil wäre vollstreckungsunfähig und hätte keine weitreichendere Wirkung als ein Feststellungsurteil. Wegen der ihm untersagten Vollstreckung beschränkt sich das Interesse des Altmassegläubigers darauf, seinen vom Verwalter bestrittenen Anspruch als Masseverbindlichkeit iSd § 55 Abs. 1, § 209 Abs. 1 Nr. 3 gerichtlich feststellen zu lassen. Das gem. § 256 ZPO erforderliche Feststellungsinteresse ist gegeben, weil durch die Entscheidung über den Feststellungsantrag ein Streit über das Bestehen und die insolvenzrechtliche Einordnung des geltend gemachten Anspruchs beseitigt wird.[56] So können etwa Mietzinsansprüche, die gem. §§ 108 Abs. 1, 55 Abs. 1 Nr. 2 Masseschulden sind, nur noch im Wege der **Feststellungsklage** gem. § 256 ZPO verfolgt werden, soweit sie in den Zeitraum vor Anzeige der Masseunzulänglichkeit fallen. Eine im Zeitpunkt der Unzulänglichkeitsanzeige anhängige, infolge der Anzeige unzulässig gewordene Leistungsklage ist gem. § 264 Nr. 2 ZPO auf einen Feststellungsantrag umzustellen.[57] Der Verweis auf eine Feststellungsklage schützt den Insolvenzverwalter vor Vollstreckungsversuchen der Altmassegläubiger. Diesen wird freilich die Möglichkeit genommen, sich rechtzeitig für den (Ausnahme-)Fall einer Rückkehr ins reguläre Verfahren einen Vollstreckungstitel gegen die Masse zu verschaffen.[58]

4. Kostenfestsetzungsbeschluss. Sobald der Insolvenzverwalter nach Eintritt der Rechtshängigkeit Masseunzulänglichkeit angezeigt hat, kann auch im **Kostenfestsetzungsverfahren** kein Vollstreckungstitel mehr zugunsten eines im Rechtsstreit obsiegenden Altmassegläubigers ergehen. Diesem fehlt wie im Klageverfahren das notwendige Rechtsschutzinteresse für den Erlass eines gem. § 210 nicht mehr durchsetzbaren Kostenfestsetzungsbeschlusses gegen den Insolvenzverwalter (§ 104 ZPO).[59] Für den zuständigen Rechtspfleger ist eine nach Rechtshängigkeit angezeigte Masseunzulänglichkeit ohne weiteres aus den Akten ersichtlich. Wenn der Kostenerstattungsanspruch sachlich oder rechnerisch streitig ist, kann sein Bestehen aber auf zulässigen Antrag des Altmassegläubigers gerichtlich wenigstens festgestellt werden.[60] 18a

D. Neumassegläubiger

I. Anwendungsbereich

Das Vollstreckungsverbot des § 210 bezieht sich auf die Masseverbindlichkeiten iSd § 209 Abs. 1 Nr. 3 und gilt damit nur für Altmassegläubiger. Nach Anzeige der Masseunzulänglichkeit verlieren deshalb Neumassegläubiger ihre Vollstreckungsbefugnis grundsätzlich nicht.[61] Sie können ihre Forderungen gem. § 209 Abs. 1 Nr. 2 und Abs. 2 also regelmäßig weiterhin mit der Zahlungsklage verfolgen[62] und ggf. noch volle Befriedigung aus der an sich unzulänglichen Masse erlangen.[63] Eine Ausdehnung des Vollstreckungsverbots des § 210 auf Gläubiger von **Neumasseverbindlichkeiten,** die nach Anzeige der Masseunzulänglichkeit mit dem Verwalter kontrahiert haben, hat der Gesetzgeber ausdrücklich abgelehnt. Er befürchtete, der Insolvenzverwalter würde unter diesen Voraussetzungen keinen Vertragspartner finden, der noch bereit wäre, im Rahmen der weiteren Verwaltung und 19

---

55 BGH ZIP 2015, 589 (Rn. 16); BGHZ 154, 358 = NJW 2003, 2454; BAG ZIP 2012, 1678 (Rn. 24); ZIP 2002, 628 m. zust. Anm. *Berscheid* EWiR 2002, 815; AGR/*Henning* § 210 Rn. 9; Mohrbutter/Ringstmeier/*Pape* § 12 Rn. 114; HKInsO/*Landfermann* § 210 Rn. 7; HambKommInsO/*Weitzmann* § 210 Rn. 3; aA Jaeger/*Windel* § 208 Rn. 57 f.; *Häsemeyer* Rn. 14.26; *Adam* DZWiR 2009, 181; *Kröpelin* ZIP 2003, 2341; vgl. auch → § 208 Rn. 65 und → § 53 Rn. 79.

56 BAG ZIP 2018, 848 (Rn. 13); ZIP 2017, 2113 (Rn. 18), dazu *Knof/Stütze* EWiR 2018, 23. Ist die Einordnung der Klageforderung als Masseverbindlichkeit unstreitig, wird aber idR kein Feststellungsinteresse mehr bestehen.

57 Die Antragsänderung kann auch noch in der Revisionsinstanz vorgenommen werden. Vgl. BAG ZInsO 2009, 1116 (Rn. 13); Uhlenbruck/*Ries* § 210 Rn. 13; KPB/*Pape* § 210 Rn. 7; K. Schmidt/*Jungmann* § 210 Rn. 6.

58 Ihr Anspruch steht also zunächst „nur auf dem Papier". Nach Jaeger/*Windel* § 208 Rn. 57 besteht daher ein Rechtsschutzbedürfnis der Altmassegläubiger für Leistungsklagen fort.

59 BGH NZI 2005, 328 und 2008, 735 (Rn. 6); OLG Naumburg ZInsO 2014, 303; Uhlenbruck/*Ries* § 210 Rn. 5; Mohrbutter/Ringstmeier/*Pape* § 12 Rn. 130; dazu auch → § 208 Rn. 65.

60 HKInsO/*Landfermann* § 210 Rn. 11; K. Schmidt/*Jungmann* § 210 Rn. 7. In BGH ZInsO 2005, 430 und 1103 konnte die Zulässigkeit eines Feststellungsausspruches im Kostenfestsetzungsverfahren jeweils offen bleiben, da der Kostenerstattungsanspruch selbst außer Streit war.

61 BGH NJW 2006, 2997, 2998; BAG NZI 2017, 535 (Rn. 13); → Rn. 4.

62 Das gilt auch dann, wenn die Sachprüfung ergibt, dass es sich bei den geltend gemachten Forderungen tatsächlich nicht um Neumasseschulden handelt; vgl. BAG ZIP 2014, 1498 (Rn. 13) und std. Rspr.

63 Uhlenbruck/*Ries* § 210 Rn. 9 und 15.

Verwertung der Masse mit ihm zu kontrahieren.[64] Sein Handlungsspielraum wäre wesentlich zum Nachteil der Gläubigergesamtheit eingeschränkt, was die ihm nach § 208 Abs. 3 obliegende Restabwicklung der Insolvenzmasse gefährden würde.

II. Masseunzulänglichkeit gegenüber Neumassegläubigern

20 Trotz bereits angezeigter Masseunzulänglichkeit kann sich im Laufe des Verfahrens ergeben, dass die verfügbare Insolvenzmasse nicht einmal in der Lage ist, alle fälligen Ansprüche der Gläubiger vorrangiger Masseverbindlichkeiten nach § 209 Abs. 1 Nr. 2 vollständig zu befriedigen. Die Rechtsfolgen einer solchen **erneuten** oder „verschärften" **Masseunzulänglichkeit** bezüglich der Neumassegläubiger sind gesetzlich nicht geregelt. Die Vorschriften der **§§ 208 ff.,** die mit dem Vollstreckungsverbot für Altmassegläubiger den Vorrang der Neumasseverbindlichkeiten gem. § 209 Abs. 1 Nr. 2 absichern, sind **grundsätzlich nicht entsprechend anzuwenden.**[65] Eine wiederholte, das Insolvenzgericht bindende Unzulänglichkeitsanzeige des Verwalters nach § 208 würde – abweichend von der gesetzlichen Rangordnung in § 209, wonach alle Neumassegläubiger im selben Rang die gleiche Quote erhalten – unterschiedliche Befriedigungsklassen innerhalb der Neumasseverbindlichkeiten schaffen. Die (ursprünglichen) Neumassegläubiger würden ihren Vorrang einbüßen und die nach der weiteren Anzeige neu hinzukommenden Gläubiger einen verbesserten Rang mit Aussicht auf vollständige Befriedigung erhalten („Neumassegläubiger 1. Klasse"). Solche in § 209 nicht vorgesehenen zusätzlichen Rangstufen würden die restliche Abwicklung der Insolvenzmasse unnötig erschweren.[66] Auch das Vollstreckungsverbot des § 210, das die Rangfolge des § 209 Abs. 1 und namentlich die Neumassegläubiger vor Einzelvollstreckungen nachrangiger Massegläubiger schützen will, lässt sich nach zutreffender hM grds. nicht auf Neumassegläubiger übertragen.[67] Obgleich sie keinem Vollstreckungsverbot unterliegen, muss aber die Durchsetzbarkeit ihrer **Neumasseforderungen** mit dem erneuten Hervortreten einer Unterdeckung eingeschränkt werden.[68] Wie im Fall der „Insolvenz in der Insolvenz" können sie im Hinblick auf die wiederum unzulängliche Masse **nur noch** eine **quotale Befriedigung** aus der Insolvenzmasse verlangen. Aufgrund des zwischen ihnen nunmehr bestehenden Konkurrenzverhältnisses darf der einzelne Gläubiger sich nicht durch Vollstreckungsmaßnahmen eine Vorzugsstellung verschaffen und damit entgegen dem **Gleichbehandlungsgrundsatz** die auf andere Neumassegläubiger entfallende Befriedigungsquote weiter verringern. Ein Wettlauf miteinander konkurrierender Neugläubiger muss – ähnlich wie bei der ursprünglichen Masseunzulänglichkeit – verhindert werden.[69]

21 **1. Vollstreckungsabwehrklage nach § 767 ZPO.** Ist zugunsten eines Neumassegläubigers schon ein Zahlungstitel ergangen, kann der Insolvenzverwalter dessen Zwangsvollstreckung durch Erhebung der **Vollstreckungsgegenklage nach § 767 ZPO** abwehren und die Klage ggf. mit einem Antrag auf einstweilige Einstellung der Zwangsvollstreckung verbinden. In diesem Verfahren ist die weitere Massearmut als neue **materiell-rechtliche Einwendung** iSv § 767 Abs. 2 ZPO gegen die Masseforderung geltend zu machen.[70] Eine ausdrückliche Regelung enthält das Gesetz hierzu nicht. Der Rückgriff auf die zur Anwendung des § 60 KO im masseunzulänglichen Verfahrens entwickelten Grundsätze ist deshalb zutreffend.[71] Der Insolvenzverwalter hat danach die erneut drohende oder eingetretene Masseunzulänglichkeit gegenüber den Massegläubigern öffentlich bekannt zu machen; darüber hinaus sollte er – allerdings ohne die konstitutive Wirkung der förmli-

---

64 Begr. Rechtsausschuss, *Kübler/Prütting,* S. 441.

65 BGH NZI 2008, 735 (Rn. 7); 2006, 392 (Rn. 15) = WM 2006, 970 m. krit. Anm. *Barner,* WuB VI A. § 209 InsO 1.06; NZI 2003, 369; auch BAG ZIP 2004, 1323 und NZI 2003, 619; Jaeger/*Windel* § 209 Rn. 27 f.; Uhlenbruck/*Ries* § 209 Rn. 37; *Thole* ZIP 2018, 2241, 2243 f.; aA HKInsO/*Landfermann* § 208 Rn. 36; K. Schmidt/*Jungmann* § 210 Rn. 17; *Ganter* NZI 2019, 7; *Schröder* aaO S. 127–136; *Kröpelin* ZIP 2003, 2341, 2344. Zur erneuten Anzeige der Masseunzulänglichkeit s. auch → § 208 Rn. 60.

66 Vgl. Mohrbutter/Ringstmeier/*Pape* § 12 Rn. 101; Jaeger/*Windel* § 208 Rn. 27, 71; *Thole* ZIP 2018, 2241, 2244; AG Hamburg ZInsO 2007, 830; OLG Frankfurt NZI 2005, 40, 41. Gegen Rangänderung unter den Neumasseverbindlichkeiten auch *Rendels,* INDAT-Report 2006, 34, 36; aA HKInsO/*Landfermann* § 210 Rn. 3 und § 208 Rn. 27.

67 BAG ZIP 2004, 1323 = DZWiR 2005, 106 mAnm *Oetker* S. 108 f.; Uhlenbruck/*Ries* § 210 Rn. 16; Mohrbutter/Ringstmeier/*Pape* § 12 Rn. 116 u. 129; aA Jaeger/*Windel* § 210 Rn. 5; *Kröpelin* ZIP 2003, 2345.

68 BGHZ 154, 358 = NZI 2003, 369; NZI 2006, 392; BAG ZIP 2004, 1323; KPB/*Pape* § 210 Rn. 6.

69 BGH aaO; *Kübler,* Kölner Schrift, S. 967, 979.

70 BGH NZI 2007, 721 (Rn. 9); BAG ZIP 2004, 1323; KG ZIP 2008, 610; AG Hamburg ZInsO 2007, 830; Uhlenbruck/*Ries* § 210 Rn. 9; Mohrbutter/Ringstmeier/*Pape* § 12 Rn. 131; HambKommInsO/*Weitzmann* § 210 Rn. 8; Nerlich/Römermann/*Westphal* § 210 Rn. 9; HKInsO/*Landfermann* § 210 Rn. 3.

71 KPB/*Pape* § 210 Rn. 6; *Kilger/K. Schmidt* § 60 KO Anm. 2.

chen (Erst-)Anzeige des § 208 – die nunmehr auch gegenüber den Neumassegläubigern bestehende Masseunzulänglichkeit dem Insolvenzgericht mitteilen.

2. Einwand der erneuten Masseunzulänglichkeit im gerichtlichen Verfahren. Im Rechtsstreit mit einem Neumassegläubiger kann sich der Insolvenzverwalter auf weitere Masseunzulänglichkeit berufen. Dieser Einwand bewirkt freilich – anders als die (erstmalige) Anzeige der Masseunzulänglichkeit nach § 208 – nicht, dass die Neu-Masseunzulänglichkeit allseitig verbindlich feststeht (→ Rn. 20).[72] Da der Verwalter somit keine prozessuale Sonderstellung besitzt, ist er für eine von ihm behauptete fortwährende Masseunzulänglichkeit **darlegungs- und beweispflichtig.**[73] Zur Substantiierung hat er die mindestens drohende Zahlungsunfähigkeit der Neumasse im Einzelnen darzulegen und hierzu nach Möglichkeit einen Insolvenzstatus vorzulegen, aus dessen aktuellem Zahlenwerk sich die weitere (drohende) Masseinsuffizienz ablesen lässt; eine nur pauschale Gegenüberstellung von Aktiva und Passiva ohne deren Bewertung genügt nicht.[74] Kein Beweisanzeichen liefert die erstmalige Anzeige der Masseunzulänglichkeit; auch deren öffentliche Bekanntmachung ersetzt daher im Passivprozess des Insolvenzverwalters mit einem Massegläubiger nicht die Darlegung und den Nachweis der wiederum unzulänglichen Masse.[75] Letztlich hat das Prozessgericht die Voraussetzungen der erneuten Masseunzulänglichkeit mit Hilfe der Beweiserleichterungen entsprechend § 287 Abs. 2 ZPO zu beurteilen.[76] 22

Soweit feststeht, dass auch für die fälligen Neumasseverbindlichkeiten iSd § 209 Abs. 1 Nr. 2 nur noch eine quotale Befriedigung in Frage kommt, befinden sich deren Gläubiger prozessual in einer vergleichbaren Situation wie die Altmassegläubiger. Beide können mit Hilfe eines Zahlungstitels keine vollständige Befriedigung ihrer Ansprüche mehr erlangen. Der Insolvenzverwalter, der zur Sicherung einer **gleichmäßigen Behandlung aller Neugläubiger** die **Erfüllung verweigern darf,** kann grundsätzlich nicht mehr zur Leistung verurteilt werden.[77] Die Neumassegläubiger verlieren deshalb – ausnahmsweise – das Recht, den Verwalter auf uneingeschränkte Leistung zu verklagen; eine **Leistungsklage** gegen die Masse ist wegen fehlenden Rechtsschutzbedürfnisses **unzulässig.**[78] Zulässig ist nur noch die Erhebung einer Feststellungsklage; im anhängigen Rechtsstreit hat der Neumassegläubiger zur **Feststellungsklage** überzugehen, § 264 Nr. 2 ZPO.[79] Mit der gerichtlichen Feststellung, dass die geltend gemachten Masseforderungen im Rang des § 209 Abs. 1 Nr. 2 einzuordnen und somit vom Verwalter vorrangig zu berichtigen sind, stehen Neumassegläubiger im praktischen Ergebnis regelmäßig nicht schlechter als bei einem Leistungsurteil; denn es ist grundsätzlich davon auszugehen, dass sich der Insolvenzverwalter bei Verteilung der vorhandenen Masse strikt an die gesetzlich vorgegebene Rangfolge hält. Auf der anderen Seite wird dem Verwalter die Abwicklung massearmer Verfahren erleichtert, wenn er bei wiederum unzureichender Masse Leistungsklagen auch von Neumassegläubigern abwehren kann. Ist allerdings bei Deckung der Verfahrenskosten nur **ein einziger Neumassegläubiger** vorhanden, dürfte dessen Zahlungsklage weiterhin zulässig sein.[80] In diesem Sonderfall sind nämlich ein Wettlauf konkurrierender Gläubiger in derselben Rangklasse und eine damit verbundene Störung der Insolvenzabwicklung ausgeschlossen. 23

Sollte vor Abschluss des Verfahrens die im Rahmen des § 209 Abs. 1 Nr. 2 zur Verteilung gelangende **Quote** an die Neumassegläubiger bereits **endgültig feststehen,** so kann ein **Leistungs-** 24

[72] Vgl. Jaeger/*Windel* § 208 Rn. 28 u. 56 sowie eingehend *Thole* ZIP 2018, 2241, 2244 f., wonach dem Insolvenzverwalter eine „haftungsrechtliche Einrede" zusteht. Auch → § 208 Rn. 60.

[73] BGHZ 154, 358, 369 = NJW 2003, 2454, 2456; BGHZ 167, 178 = NZI 2006, 392; OLG Stuttgart ZIP 2011, 2077, 2078; BAG ZIP 2004, 1323; Mohrbutter/Ringstmeier/*Pape* § 12 Rn. 102.

[74] BGHZ 154, 358; OLG Düsseldorf NZI 2007, 50, 52 mAnm *Drasdo*; ArbG Herford ZInsO 2012, 1325, 1327 mAnm *Ries* S. 1362.

[75] BGH ZInsO 2004, 326 und 2005, 1103; Mohrbutter/Ringstmeier/*Pape* § 12 Rn. 84.

[76] BGHZ 154, 358 = NJW 2003, 2454 = NZI 2003, 369 m. zust. Anm. *Uhlenbruck*.

[77] Der Insolvenzverwalter entscheidet nach pflichtgemäßem Ermessen, inwieweit er bei Wahrnehmung seiner Pflichten aus § 208 Abs. 3 vom Recht zur Erfüllungsverweigerung gegenüber Neumassegläubigern Gebrauch macht. Für eine flexible Korrektur der starren Gläubigergleichbehandlung nach Eintritt einer Neu-Masseunzulänglichkeit zuletzt *Thole* ZIP 2018, 2241, 2245 f., wonach der Verwalter mit der „Erschöpfungseinrede" innerhalb der Neuverbindlichkeiten je nach deren „Wichtigkeit" differenzieren kann. Ähnlich schon Jaeger/*Windel* § 208 Rn. 56, 73 u. § 209 Rn. 19, 20.

[78] BGH ZIP 2012, 533 (Rn. 12); BGHZ 154, 327 = NJW 2003, 2454; DZWiR 2005, 106 f. m. zust. Anm. *Oetker* = ZIP 2004, 1323, dazu EWiR 2004, 815 *(Bork)*.

[79] BGHZ 167, 178 = ZIP 2006, 1004; BAG DZWiR 2005, 106 mAnm *Oetker* S. 108 f.; Mohrbutter/Ringstmeier/*Pape* § 12 Rn. 102, 118; HKInsO/*Landfermann* § 210 Rn. 10.

[80] OLG Stuttgart ZIP 2011, 2077, 2079 m. zust. Anm. *Lüke/Scherz* WuB VI A. § 209 InsO 1.12; KG ZIP 2008, 610; Graf-Schlicker/*Riedel* § 210 Rn. 5.

urteil in Höhe dieser Quote gegen den Insolvenzverwalter ergehen.[81] In diesem seltenen **Ausnahmefall** lässt sich der auszuzahlende Betrag beziffern, so dass ein auf die anteilige Befriedigung beschränkter Leistungsantrag zulässig ist. Auch bei feststehender Verteilungsquote ist aber im Einzelfall zu prüfen, ob für die erhobene Leistungsklage ein Rechtsschutzbedürfnis überhaupt vorhanden ist, wenn zB der Insolvenzverwalter seine Leistungspflicht nicht bestreitet, jedoch auf eine derzeit bestehende unzureichende Liquiditätslage hinweist und diese im Einzelnen plausibel macht.

25 In Fällen der weiteren Masseunzulänglichkeit darf zugunsten der Neumassegläubiger auch kein **Kostenfestsetzungsbeschluss** gegen den im Rechtsstreit unterlegenen Insolvenzverwalter ergehen; ihnen fehlt – wie im Klageverfahren – das notwendige Rechtsschutzinteresse für den Erlass eines zur Vollstreckung geeigneten Titels, § 794 Abs. 1 Nr. 2 ZPO.[82] Der für die erneute Masseunzulänglichkeit beweispflichtige Verwalter muss allerdings im Einzelnen darlegen und mit den im Kostenfestsetzungsverfahren gem. § 104 Abs. 2 ZPO zulässigen Mitteln **glaubhaft** machen, dass der als Neumasseverbindlichkeit einzustufende Kostenerstattungsanspruch auch aus der für die Neumassegläubiger zur Verfügung stehenden Masse nicht befriedigt werden kann.[83] Bei fehlender Glaubhaftmachung ist der Titel zu erlassen und der Verwalter ggf. auf den Weg der Vollstreckungsabwehrklage zu verweisen (§§ 794 Abs. 1, 795, 767 ZPO).[84]

III. Entsprechende Anwendung des § 210

26 § 210 ist auf das Rangverhältnis und die Konkurrenzsituation zwischen **Neumasseverbindlichkeiten** und **Verfahrenskosten** entsprechend anzuwenden.[85] Konkurrieren bei unzulänglicher Insolvenzmasse die im ersten Rang zu berichtigenden Kosten des Insolvenzverfahrens, § 209 Abs. 1 Nr. 1, mit den im zweiten Rang zu berichtigenden Neumasseverbindlichkeiten nach § 209 Abs. 1 Nr. 2, ist auch den Neumassegläubigern eine Vollstreckung in die Masse verboten, um den Vorrang der Verfahrenskosten sicherzustellen. Wie bei dem in § 210 ausdrücklich geregelten Vollstreckungsverbot für nachrangige Altmassegläubiger geht es auch hier um die von § 210 bezweckte Durchsetzung der in § 209 angeordneten Befriedigungsreihenfolge. Das gesetzliche Vollstreckungsverbot ist daher nach seinem Sinn und Zweck auf einen Neumassegläubiger auszudehnen, sobald dessen Einzelzwangsvollstreckung die absolute Vorrangstellung der Verfahrenskosten in massearmen Insolvenzverfahren gefährdet.[86] Folglich **fehlt** einer Zahlungsklage gegen die Masse das **Rechtsschutzbedürfnis,** wenn der Verwalter zu Recht einwendet, dass die freie Insolvenzmasse nicht ausreicht, neben den erstrangigen Verfahrenskosten auch die eingeklagte Neumasseforderung zu erfüllen.[87]

27 Auch bei **masselosen** Insolvenzverfahren iSv § 207 gilt das Vollstreckungsverbot des § 210 entsprechend. Die Befriedigung der **Kostengläubiger** in der Rangfolge des § 207 Abs. 3 Satz 1 würde vereitelt, wenn ein anderer Kostengläubiger ungehindert in die Insolvenzmasse vollstrecken könnte, obwohl die vorhandenen Barmittel nicht einmal zur Deckung der Verfahrenskosten nach §§ 209 Abs. 1 Nr. 1, 54 ausreichen.[88] Der Insolvenzverwalter, der die Einstellung des Verfahrens mangels Masse abwarten muss, befindet sich in einer vergleichbaren Lage wie bei Masseunzulänglichkeit. Die analoge Anwendung des § 210 im masselosen Verfahren füllt daher eine planwidrige Regelungslücke aus, wobei die Anzeige gem. § 208 hier durch die sachlich zutreffende Mitteilung des Verwalters an das Insolvenzgericht vom Eintritt der Masselosigkeit ersetzt wird.[89] Zulässiger Rechtsbehelf gegen Vollstreckungsmaßnahmen des Kostengläubigers ist die **Erinnerung** nach § 766 ZPO, über die entspr. § 89 Abs. 3 das **Insolvenzgericht** und nicht das Vollstreckungsgericht zu entscheiden hat.

---

81 BAG ZIP 2004, 1323; in BGH NJW 2003, 2454 und WM 2001, 1470 blieb offen, ob bei feststehender Verteilungsquote – mit dieser Beschränkung – auch zur Leistung an den Massegläubiger verurteilt werden kann; Uhlenbruck/*Ries* § 210 Rn. 15 aE; aA Jaeger/*Windel* § 210 Rn. 11 im Hinblick auf die absolute Wirkung des Vollstreckungsverbots.

82 BGH NZI 2007, 721 (Rn. 6) und NZI 2005, 680; HKInsO/*Landfermann* § 210 Rn. 9; aA Jaeger/*Windel* § 208 Rn. 63.

83 BGH NZI 2008, 735.

84 BGH NZI 2007, 721 (Rn. 9).

85 BGHZ 167, 179 = NJW 2006, 2997 (Rn. 25) = BGH-Report 2006, 933 *(Hefermehl)* = WM 2006, 970 m. krit. Anm. *Barnert* in WuB VI A. § 209 InsO 1.06; Nerlich/Römermann/*Westphal* § 211 Rn. 9a.

86 Uhlenbruck/*Ries* § 210 Rn. 15; AGR/*Henning* § 210 Rn. 12.

87 BGH NJW 2012, 1361 (Rn. 12). Der Insolvenzverwalter wird bei Eingehung von Neumasseverbindlichkeiten schon wegen des Haftungsrisikos nach § 61 genau darauf achten müssen, dass diese noch aus der Masse zu erfüllen sind, vgl. dazu auch Mohrbutter/Ringstmeier/*Pape* § 12 Rn. 103.

88 BGH NJW-RR 2009, 59: NZI 2006, 697 = WM 2006, 2090 mAnm *Pape* WuB VI A. § 89 InsO 2.07; Jaeger/*Windel* § 207 Rn. 100; HambKommInsO/*Weitzmann* § 210 Rn. 7; → § 207 Rn. 68.

89 BGH NZI 2006, 697; aA Gottwald/*Klopp*/*Kluth* § 74 Rn. 44, die eine analoge Anwendung des § 210 ablehnen und den Verwalter auf die Vollstreckungsgegenklage verweisen.

§ 210a Insolvenzplan bei Masseunzulänglichkeit

Bei Anzeige der Masseunzulänglichkeit gelten die Vorschriften über den Insolvenzplan mit der Maßgabe, dass

1. an die Stelle der nicht nachrangigen Insolvenzgläubiger die Massegläubiger mit dem Rang des § 209 Absatz 1 Nummer 3 treten und

2. für die nicht nachrangigen Insolvenzgläubiger § 246 Nummer 2 entsprechend gilt.

Schrifttum: *Adam,* Regeln für die Verwaltung unzulänglicher Massen, DZWiR 2011, 485; *Häsemeyer,* Das Verfahren bei Masseunzulänglichkeit – eine verselbständigte Variante des Insolvenzverfahrens?, in: FS Walter Gerhardt, Köln 2004, S. 341; *Kayser/Heck,* Die Gläubigerversammlung nach Anzeige der Masseunzulänglichkeit, NZI 2005, 65; *Kebekus/Georg,* Disponibilität des § 258 Abs. 2 InsO als Alternative zum Insolvenzplan bei Masseunzulänglichkeit, FS Wimmer, Baden-Baden 2017, S. 368; *Kluth,* Das Verfahren bei unzulänglicher Insolvenzmasse oder ein „Himmelfahrtskommando" für den Insolvenzverwalter, ZInsO 2000, 177; *Madaus,* Der Insolvenzplan, 2011; *Pape/Uhlenbruck/Voigt-Salus,* Insolvenzrecht, 2. Aufl.2010; *Paul,* Zulässigkeit eines Insolvenzplans im masseunzulänglichen Verfahren?, ZInsO 2005, 1136; *Schröder,* Die Abwicklung des masseunzulänglichen Insolvenzverfahrens, Diss. Kiel 2010; *Smid,* Die Abwicklung masseunzulänglicher Insolvenzverfahren nach neuem Recht, WM 1998, 1313; *ders.*, Große Reform oder Beseitigung der Insolvenzordnung durch ein neues Konkursverfahren?, DZWiR 2010, 397; *ders.*, Pläne bei Masseunzulänglichkeit, ZInsO 2017, 2085; *Walther,* Das Verfahren bei Masseunzulänglichkeit nach den §§ 208 ff. InsO, Diss. Regensburg 2005; *Zimmer,* Insolvenzplan bei Masseunzulänglichkeit nach § 210a InsO (ESUG), ZInsO 2012, 390.

Übersicht

A. Normzweck

Anders als im Fall der Masselosigkeit (§ 207) ist bei Masseunzulänglichkeit (§ 208) das Insolvenzverfahren nicht einzustellen, sondern fortzuführen. § 210a stellt für diesen Fall klar, dass die Insolvenzsituation auch dann weiter im Wege eines Insolvenzplanverfahrens bereinigt werden kann. Zugleich ordnet § 210a im Grundsatz die **uneingeschränkte Geltung der §§ 217 ff.** an. Die aus der Masseunzulänglichkeit folgende Verschlechterung der Befriedigungsaussichten der Alt-Massegläubiger (§ 209 Abs. 1 Nr. 3) soll nach dem Willen des Gesetzgebers dazu führen, dass diese in einem Planverfahren „an die Stelle" der nicht nachrangigen Insolvenzgläubiger rücken.[1] Eingriffe in deren Rechtsstellung werden so möglich; Planeingriffe in die Rechte der Neu-Massegläubiger (§ 209 Abs. 1 Nr. 1 und 2) sind im Umkehrschluss nicht zulässig (→ Rn. 12).[2] Zugleich wird die **Verfahrensbeteiligung der Alt-Massegläubiger** sichergestellt. Für die dadurch verdrängten nicht nachrangigen Insolvenzgläubiger findet sich keine explizite Regelung ihrer verbleibenden Rechtsposition im Planverfahren, insbesondere kein pauschaler Rangrücktritt in die Position der nachrangigen Insolvenzgläubiger. Stattdessen wird in Nr. 2 nur die Vermutung des § 246 Nr. 2 für entsprechend anwendbar erklärt. 1

[1] BT-Drs. 17/5712, S. 29.
[2] Ebenso *Zimmer* ZInsO 2012, 390, 391.

B. Entstehungsgeschichte

2 Die in § 210a mit dem ESUG erfolgte Klarstellung des Anwendungsbereichs des Planverfahrens (§§ 217 ff.) hatte schon der **Regierungsentwurf** zur InsO aus dem Jahr 1992 im damaligen **§ 323 Abs. 2** vorgesehen.[3] Infolge der Beratungen im Rechtsausschuss ist die Frage nach einer Planoption bei Masseunzulänglichkeit dann allerdings offen gelassen und der Rechtsprechung überantwortet worden;[4] § 323 wurde so nie Teil der InsO.

3 Die **Rechtsprechung** hat sich nach 1999 – soweit ersichtlich – nur in zwei instanzgerichtlichen Entscheidungen mit der ihr überantworteten Frage auseinandergesetzt. Zunächst verneinte das LG Dresden im Jahr 2005[5] die Zulässigkeit eines Insolvenzplans bei Masseunzulänglichkeit, wobei es tragend darauf abstellte, dass ein Eingriff in die Rechte der Massegläubiger ohne deren Beteiligung an der Planabstimmung als eigene Gruppe verfassungsrechtlich nur denkbar sei, wenn diese Gläubiger durch den Plan nicht beschwert, also vollständig befriedigt würden. Diese vollständige Befriedigung sah damals auch noch § 258 Abs. 2 als Voraussetzung für die Aufhebung des Insolvenzverfahrens vor, weshalb sich auch einfachgesetzliche Bedenken ergaben.[6] Im Jahr 2007 entschied demgegenüber das LG Mühlhausen,[7] ein Insolvenzplan sei auch bei Masseunzulänglichkeit zulässig, solange er eine Massekostenunterdeckung beseitige. Die verfassungsrechtlichen Argumente des LG Dresden blieben dem Gericht dabei offensichtlich verborgen. In der **Literatur** sprach man sich überwiegend für die Zulässigkeit eines Insolvenzplans bei Einräumung eines Stimmrechts für die vom Plan beeinträchtigten Massegläubiger aus.[8]

4 Der **ESUG-Gesetzgeber** sah sich angesichts des Streitstands aufgefordert, die Anwendbarkeit des Planverfahrens auch im Fall einer Masseunzulänglichkeit festzustellen und griff dazu in § 210a die Formulierung des § 323 Abs. 2 Satz 2 des RegE InsO 1992 wieder auf. Allein die Anzeige der Masseunzulänglichkeit hindert mithin nicht die Bereinigung der Insolvenzsituation durch einen Insolvenzplan. Insbesondere eine **Sanierung** soll weiter möglich bleiben.[9]

C. Das Planverfahren bei Masseunzulänglichkeit

5 Der Gesetzgeber beantwortet in § 210a neben der Frage nach dem Ob eines Planverfahrens nach Anzeige der Masseunzulänglichkeit nur noch die spezielle Frage nach der **Einordnung der Alt-Massegläubiger** (§ 209 Abs. 1 Nr. 3) in die Rangordnung der Planbeteiligten sowie die Anwendung des § 246 Nr. 2 auf die Gruppe der einfachen Insolvenzgläubiger. Die erste Anordnung ergibt sich aus dem Umstand der angezeigten Masseunzulänglichkeit und dem daraus folgenden Wegfall der vollständigen Befriedigungsaussicht bei Alt-Massegläubigern. Der damit einhergehende Wegfall nahezu jeglicher Befriedigungsaussicht bei einfachen Insolvenzgläubigern hätte den Gesetzgeber dazu verleiten können, auch für diese Gläubiger im Planverfahren einen generellen Rangrücktritt in die Position der nachrangigen Insolvenzgläubiger anzuordnen.[10] Dies hat er nicht getan. Stattdessen wird nur eine einzelne, diesen Gläubigerkreis treffende Norm, § 246 Nr. 2, für anwendbar erklärt; im Übrigen schweigt der Gesetzgeber. Die große **Mehrzahl der Besonderheiten** eines Planverfahrens unter Masseunzulänglichkeit bleibt so **weiter ungeregelt** und der Rechtsprechung überlassen.

6 Für die Bestimmung der Regelungswirkung des § 210a ist dabei zu beachten, dass sich die **Wirkungen einer Anzeige der Masseunzulänglichkeit** bereits aus **§ 208** ergeben und durch eine Planvorlage nicht verändert werden.[11] Die in § 210a Nr. 1 angeordnete Ersetzung der nicht

[3] BT-Drs. 12/2443, S. 60 mit der Begründung auf S. 221.
[4] BT-Drs. 12/7302, S. 180.
[5] ZIP 2005, 1607.
[6] LG Dresden ZIP 2005, 1607; diesbezüglich kritisch *Bähr/Landry* EWiR 2005, 831, 832; *Paul* ZInsO 2005, 1136, 1137.
[7] LG Mühlhausen NZI 2007, 724.
[8] *Bähr/Landry* EWiR 2005, 831, 832; Gottwald/*Braun*, InsO-HdB, § 67 Rn. 22; HKInsO/*Flessner*, § 217 Rn. 10; FKInsO/*Jaffé* § 217 Rn. 100; KPB/*Pape* § 210 Rn. 15; *Pape/Uhlenbruck/Voigt-Salus*, Kap. 38 Rn. 61; *Paul* ZInsO 2005, 1136, 1137; *Schröder*, S. 164; *Smid* WM 1998, 1313, 1323; *Walther*, S. 196 ff.; aA *Adam* DZWiR 2011, 485, 491 f.; *Häsemeyer*, FS Gerhardt, 2004, 350; Jaeger/*Windel* § 208 Rn. 88; *Kluth* ZInsO 2000, 177, 178.
[9] BT-Drs. 17/5712, S. 19.
[10] § 323 Abs. 1 des RegE InsO 1992, der eine derartige Regelung enthielt, ist mit dem ESUG nicht wiederaufgegriffen worden.
[11] Wohl unstreitig – vgl. K. Schmidt/*Jungmann* InsO § 210a Rn. 6.

nachrangigen Gläubiger durch die Alt-Massegläubiger findet nach dem klaren Wortlaut der Norm nur im Rahmen der „Vorschriften über den Insolvenzplan“, also für die §§ 217 ff. statt. Der ESUG-Gesetzgeber hat – ohne Begründung – darauf verzichtet, auch Abs. 1 des § 323 RegE InsO 1992[12] zu normieren, der eine Ersetzung der Insolvenzgläubiger durch die Alt-Massegläubiger auch in der Gläubigerversammlung vorsah. Das Absehen von der Übernahme dieser alten Regelungsidee ist zu respektieren. Die Wirkungsmacht des § 210a knüpft insofern an die allgemeinen Wirkungen in den §§ 208 ff. an (angezeigte, auch nur drohende[13] Masseunzulänglichkeit, keine Massearmut nach § 207[14]) und beschränkt sich auf die in Nr. 1 und 2 genannten Punkte in einem Planverfahren der §§ 217–269. Hervorzuheben ist insofern, dass die Anzeige einer tatsächlichen oder drohenden Masseunzulänglichkeit weder durch das Insolvenzgericht überprüft noch durch die Beteiligten angefochten werden kann (→ § 208 Rn. 38 f.). Auch bleibt eine Rückkehr ins „normale“ Verfahren möglich, wenn sich die Prognose des Insolvenzverwalters als Fehleinschätzung erweist (→ § 208 Rn. 53 ff.). Schließlich berührt die Anzeige weder die Kompetenzen eines bestellten Gläubigerausschusses noch die der Gläubigerversammlung. Insbesondere werden die Insolvenzgläubiger in diesen Gremien nicht durch die Alt-Massegläubiger verdrängt (→ § 208 Rn. 44). Die gesetzgeberische Entscheidung, ein Planverfahren auch im Fall einer angezeigten Masseunzulänglichkeit zu erlauben, verdeutlicht zudem, dass die Masseunzulänglichkeit **nicht als „Insolvenz in der Insolvenz“** betrachtet werden sollte, die es rechtfertigt, nur noch ein Notverteilungsverfahren unter den verbliebenen Beteiligten mit Befriedigungsaussicht stattfinden zu lassen.[15] Tatsächlich ändert sich infolge der Masseunzulänglichkeitsanzeige weder der Verfahrenszweck der bestmöglichen Gläubigerbefriedigung aus § 1 Satz 1[16] noch die Aufgabenstellung des Insolvenzverwalters (vgl. § 208 Abs. 3) oder die Verfahrensposition der Insolvenzgläubiger. Lediglich der Kreis der Gläubiger, die bei der Verteilung wahrscheinlich nicht voll befriedigt, sondern auf eine Quote verwiesen werden dürfen, erweitert sich um die Gruppe der Alt-Massegläubiger. Eine damit einhergehende Verdrängung der Insolvenzgläubiger aus all ihren hergebrachten Verfahrensrechten ist in pauschaler Form weder dem Gesetz zu entnehmen noch gerechtfertigt, würde doch eine derart weitreichende Verdrängung allein auf der Anzeige der Masseunzulänglichkeit durch den Verwalter, nicht aber auf einer gerichtlichen Entscheidung basieren (vgl. § 208 Abs. 1). Zugleich ist eine Anzeige schon bei drohender Masseunzulänglichkeit möglich (§ 208 Abs. 1 Satz 2) und wird so von der Prognose des Insolvenzverwalters bestimmt, die sich wiederum oft auf den Eintritt höchst unsicherer Faktoren beziehen wird (Durchsetzbarkeit von Haftungs- und Anfechtungsansprüchen, Einstieg von Investoren als M&A-Käufer, Eigen- oder Fremdkapitalgeber). Diese Unwägbarkeiten hinsichtlich der Masseentwicklung darf nicht zum Risiko für die Verfahrensrechte der Insolvenzgläubiger werden; sie stehen den Insolvenzgläubigern für die gesamte Verfahrensdauer zu.[17]

I. Planinhalt

Der ESUG-Gesetzgeber hält den Insolvenzplan vor allem als Sanierungsinstrument auch bei 7
Masseunzulänglichkeit für sinnvoll.[18] Dennoch spricht nichts dagegen, die **Inhaltsoffenheit** des § 217 auch in Planverfahren über § 210a zugrunde zu legen und damit neben Sanierungen auch liquidations- und vor allem verfahrensleitende Insolvenzpläne zuzulassen, etwa um eine ertragreichere freihändige Verwertung von Immobilien durch den Insolvenzverwalter zu erzwingen.[19] Die Gegenansicht[20] verkennt, dass durchaus auch im Fall der Masseunzulänglichkeit Situationen denkbar sind, in denen eine abweichende Liquidations- oder Verfahrensregelung zu einer Erhöhung der Befriedigungsaussichten der (Alt-Masse-)Gläubiger führt, ohne dass gleichzeitig der Schuldner erhalten und saniert wird. Nicht die Sanierung des Schuldners, sondern die Verbesserung der Befriedi-

[12] BT-Drs. 12/2443, S. 60 mit der Begründung auf S. 220 f.

[13] Wohl unstreitig – vgl. KPB/*Pape* § 210a Rn. 14; *Smid* ZInsO 2017, 2085, 2089; auch *Kebekus/Georg*, FS Wimmer, 2017, 368, 379.

[14] Ebenso *Kebekus/Georg*, FS Wimmer, 2017, 368, 379; K. Schmidt/*Jungmann* InsO § 210a Rn. 8; KPB/*Pape* § 210a Rn. 9; Nerlich/Römermann/*Westphal* InsO § 210a Rn. 8; aA für den Fall, dass der Insolvenzplan die Massearmut beheben kann aber *Smid* ZInsO 2017, 2085, 2089; HambKommInsO/*Weitzmann* § 210a Rn. 3.

[15] Dies lehnte selbst *Häsemeyer*, FS Gerhardt, 2004, 344, 349, ab, der den Begriff der Notabwicklung prägte.

[16] *Schröder*, S. 162.

[17] Überzeugend *Kayser/Heck* NZI 2005, 65 ff.

[18] BT-Drs. 17/5712, S. 19.

[19] K. Schmidt/*Jungmann* InsO § 210a Rn. 4; Uhlenbruck/*Ries* InsO § 210a Rn. 7; HambKommInsO/*Weitzmann* § 210a Rn. 5.

[20] KPB/*Pape* § 210a Rn. 19 f.; *Zimmer* ZInsO 2012, 390.

gungsaussichten der Gläubiger ist der eigentliche Grund jedes Planverfahrens und dies gilt auch für Planverfahren bei Masseunzulänglichkeit.

8 Die vor allem auch für die Haftung des Insolvenzverwalters aus § 61 interessante Frage der **Feststellung des Eintrittszeitpunkts einer tatsächlichen Masseunzulänglichkeit** kann im gestaltenden Teil des Insolvenzplans nicht (mit-)geregelt werden. Ein solcher verfahrensleitender Insolvenzplan würde de facto nur die Verwalterhaftung regeln und insofern in die Rechte der Alt-Massegläubiger gegen einen schuldnerfremden Dritten eingreifen, was § 254 Abs. 2 verwehrt.[21] Die Rechtsstellung der Massegläubiger als Alt- oder Neu-Massegläubiger würde ein solcher Insolvenzplan hingegen nicht neu regeln, da diese Frage nicht vom Eintritt der tatsächlichen Masseunzulänglichkeit, sondern allein vom Zeitpunkt der Anzeige der Masseunzulänglichkeit bestimmt wird (vgl. § 209 Abs. 1 Nr. 2 und Abs. 2), weshalb aus diesem Gesichtspunkt heraus nichts gegen eine solche Plangestaltung spräche.[22]

II. Planvorlage

9 Die Planvorlage ist in zeitlicher Hinsicht **bis zur Aufhebung des Insolvenzverfahrens** möglich. Auch eine Masseunzulänglichkeit, die erst im Rahmen der Erfüllung von Masseverbindlichkeiten nach § 258 Abs. 2 eintritt, kann daher noch durch einen Insolvenzplan adressiert werden.[23] Das in § 218 auf den **Schuldner** sowie den **Insolvenzverwalter** beschränkte Planvorlagerecht wird durch den Umstand der Masseunzulänglichkeit nicht erweitert.[24] Ein Grund dafür, den Massegläubigern mehr Rechte als Insolvenzgläubigern in einem Regelinsolvenzverfahren zuzugestehen, ist nicht ersichtlich.

10 Den **Auftrag zur Planerstellung** nach § 157 Satz 2 kann weiter nur die **Gläubigerversammlung** im Berichtstermin erteilen. In dieser sind – selbst wenn der Berichtstermin erst nach Anzeige der Masseunzulänglichkeit stattfindet – nur die **Insolvenzgläubiger** nach Maßgabe des § 74 Abs. 1 zur Teilnahme und nach § 77 stimmberechtigt[25] (→ § 208 Rn. 44); § 210a enthält hierzu keine abweichende Regelung.[26] Es sind damit weiter die Insolvenzgläubiger, die trotz der infolge der Masseunzulänglichkeit fehlenden Quotenaussicht im Berichtstermin über die Betriebsfortführung (§ 157 Satz 1) sowie die Erstellung eines Verwalterplans (§ 157 Satz 2) entscheiden. Ihnen wird es auf diesem Weg insbesondere möglich, den Auftrag zur **Erstellung eines Alternativplans** zu erteilen, der bei Zweifeln an der Berechtigung der Anzeige des Insolvenzverwalters ein Szenario beinhalten kann, dass von einer optimistischen Bewertung der künftigen Entwicklung (Ausgang von Anfechtungsprozessen oder Einstieg von Investoren) getragen wird. Die Befugnis zur verbindlichen Prognose wird so vom Verwalter auf die Stimmberechtigten in der Planabstimmung, und damit auf die eigentlich wirtschaftlich Betroffenen, verlagert. Kostenträchtige Haftungsprozesse nach § 61 lassen sich so vermeiden.

III. Gruppenbildung

11 **1. Gruppen nach § 222 Abs. 1 Nr. 1.** Die Pflicht zur Bildung der Gruppe(n) der **absonderungsberechtigten Gläubiger** aus § 222 Abs. 1 Nr. 1 wird von § 210a nicht beeinträchtigt, da die Masseunzulänglichkeit ihr Absonderungsrecht nicht beeinträchtigt.[27] Der Insolvenzverwalter hat bei der Verwertung der unzulänglichen Masse weiter Aus- und Absonderungsrechte zu beachten.[28] Eingriffe in die gesicherte Rechtsposition absonderungsberechtigter Gläubiger können daher nur durch einen Insolvenzplan erfolgen und verlangen dann nach einer Gruppenbildung für diese Gläubiger.

12 **2. Gruppen nach § 222 Abs. 1 Nr. 2.** § 210a erlaubt ausdrücklich nur eine Beeinträchtigung der Gläubiger im Rang des § 209 Abs. 1 Nr. 3. Für **Massegläubiger im Rang des § 209 Abs. 1**

21 IE ebenso Uhlenbruck/*Ries* InsO § 210a Rn. 19, wenn er allenfalls für die drohende Masseunzulänglichkeit „allseits konsensuale Festlegungen" erlauben will; letzteres ist eine Vereinbarung anlässlich eines Plans, aber nicht mehrheitsfähiger Planinhalt.

22 Wenig überzeugend insofern *Zimmer* ZInsO 2012, 390, 394.

23 *Kebekus/Georg*, FS Wimmer, 2017, 368, 383.

24 KPB/*Pape* § 210a Rn. 24; anders *Pape/Uhlenbruck/Voigt-Salus*, Kap. 38 Rn. 61.

25 Jaeger/*Windel* § 208 Rn. 41, 43; *Kayser/Heck* NZI 2005, 65, 69 f.; *Zimmer* ZInsO 2012, 390, 392; offengelassen BGH NZI 2005, 32, 33.

26 Ebenso KPB/*Pape* § 210a Rn. 23; *Smid* ZInsO 2017, 2085, 2097; *Zimmer* ZInsO 2012, 390, 392; aA K. Schmidt/*Jungmann* InsO § 210a Rn. 13; HKInsO/*Landfermann* § 210a Rn. 13; Nerlich/Römermann/*Westphal* § 210a Rn. 14.

27 Uhlenbruck/*Ries* InsO § 210a Rn. 10; *Smid* ZInsO 2017, 2085, 2098.

28 *Walther*, S. 65.

Nr. 1 und 2 gilt damit weiter der Grundsatz des § 217, der ihre Rechte vor Planeingriffen schützt. Folgerichtig kann der Plan **weder ihre Rechte regeln noch hierzu diese Rechte in Gruppen einteilen.** Dies gilt auch im Fall einer Masseunzulänglichkeit, die ihre Befriedigungsaussichten gefährdet.[29] Insbesondere bei drohender Neumasseunzulänglichkeit wird ein Plan zwar nicht grundsätzlich unzulässig sein,[30] wohl aber die Erfüllung dieser Forderungen sicherstellen müssen (vgl. § 258 Abs. 2; siehe auch unten Rn. 30).

Hinsichtlich der Gruppenbildung ist die Besonderheit zu beachten, dass nun **auch für die Alt-Massegläubiger** – soweit der Insolvenzplan in ihre Rechte eingreifen will – (mindestens) eine Gruppe zu bilden ist. Über § 210a Nr. 1 bilden sie eine oder auch mehrere Gruppen nach § 222 Abs. 1 Nr. 2. Die gesetzliche Anordnung in § 210a erlaubt ihre Vergemeinschaftung in Gläubigergruppen zum Zwecke der Willensbildung mittels Mehrheitsvotum über den Insolvenzplan. Ihrer Beteiligung an der Gläubigerversammlung bedarf es dazu nicht,[31] da die Gläubigerversammlung nur allgemein hinsichtlich der Art der Masseverwertung (§ 157), nicht aber hinsichtlich der privaten Forderungsrechte der Beteiligten entscheidungsbefugt ist.[32] Die Anwendung des § 222 erlaubt auch die Bildung **weiterer fakultativer Gruppen** (§ 222 Abs. 2 und 3). Für **Arbeitnehmerforderungen** im Rang des § 209 Abs. 1 Nr. 3 ist daher regelmäßig („soll") eine eigene Gruppe nach § 222 Abs. 3 Satz 1 zu bilden.[33] Für **Kleingläubiger** aus dem Kreis der Alt-Massegläubiger erlaubt § 222 Abs. 3 Satz 2 die Bildung einer eigenen Gruppe, wenn dies sachgerecht iSd § 222 Abs. 2 erscheint („kann").[34] Schließlich muss der in § 209 Abs. 1 Nr. 3 letzter Halbsatz angeordnete Nachrang von Unterhaltsforderungen dazu führen, dass für diese Forderungen eine eigene Gruppe gebildet wird, liegt doch insofern eine andere Rang- und damit Rechtsstellung im Regelverfahren vor.[35] Inhaltlich wird der Plan den Alt-Massegläubigern in allen Gruppen regelmäßig eine **Befriedigung in Höhe ihrer Befriedigungsaussicht** nach § 209 Abs. 1 oder besser zuweisen müssen. Sollen hingegen von diesen Gruppen Sanierungsbeiträge erbracht werden, die in weiteren Quotenkürzungen bestehen, so ist eine solche Plangestaltung nicht unzulässig und daher kein Zurückweisungsgrund nach § 231 Abs. 1 Satz 1 Nr. 1; er wird aber nur Erfolg haben, wenn die betroffenen Gruppen ihm ohne Gegenstimme zustimmen, da ansonsten das Schlechterstellungsverbot der §§ 251 Abs. 1 Nr. 2, 245 Abs. 1 Nr. 1 greift. 13

In diesen Gruppen werden sie mit ihrem **nominalen Forderungswert** berücksichtigt. Bei streitigen Masseansprüchen, etwa aufgrund von Auseinandersetzungen des Insolvenzverwalters mit den Finanzbehörden oder von Kündigungsschutzklagen durch Arbeitnehmer, **fehlt** für Masseansprüche ein **Feststellungsverfahren.**[36] Der Gesetzgeber hat für dieses Problem keine Regelung bereitgestellt. Sachgerecht erscheint es, im Planverfahren zunächst jede im Verfahren geltend gemachte Forderung in der Gruppe mit ihrem vollen Wert zu berücksichtigen. Dies sichert zum einen die Plandurchführung im Fall des gerichtlichen Erstreitens der Forderung durch den Massegläubiger, da entsprechende Vorkehrungen getroffen werden mussten. Zum anderen wird die Rechtsstellung der anderen Massegläubiger nicht unangemessen beeinträchtigt, solange jedenfalls die **Stimmrechtsfrage individuell** geklärt wird (→ Rn. 19), sodass die Strategie der Behauptung von Massegläubigerforderungen allein zum Zweck der Erlangung eines Stimmrechts bzw. der Erhöhung des Stimmrechtsgewichts nicht ermöglicht wird.[37] 14

Hinsichtlich der **einfachen Insolvenzgläubiger** ist zu beachten, dass die Regelung des § 210a Nr. 1 ihnen für das Planverfahren gerade nicht pauschal die Rechtsstellung nachrangiger Insolvenzgläubiger zuweist (→ Rn. 6), sodass der Anwendungsbereich des § 222 Abs. 1 Nr. 3 iVm § 225 eben nicht eröffnet ist. Danach wäre eine Gruppenbildung nur erforderlich, wenn der Plan ihnen Werte 15

---

29 *Kebekus/Georg*, FS Wimmer, 2017, 368, 381; K. Schmidt/*Jungmann* InsO § 210a Rn. 7; KPB/*Pape* § 210a Rn. 15; *Smid* ZInsO 2017, 2085, 2091; *Zimmer* ZInsO 2012, 390, 391; aA BKInsO/*Gruber* § 210a Rn. 23, 45; HKInsO/*Landfermann* § 210a Rn. 14; Nerlich/Römermann/*Westphal* InsO § 210a Rn. 18.

30 So aber Uhlenbruck/*Ries* InsO § 210a Rn. 6.

31 Wie hier Uhlenbruck/*Ries* InsO § 210a Rn. 12; BeckOK InsO/*Ruland* InsO § 210a Rn. 5; aA *Häsemeyer,* FS Gerhardt, 2004, 351 f.; K. Schmidt/*Jungmann* InsO § 210a Rn. 13.

32 Eingehend *Madaus*, S. 214 ff.

33 Wohl unstreitig – vgl. K. Schmidt/*Jungmann* InsO § 210a Rn. 18; *Smid* ZInsO 2017, 2085, 2098; praktische Bedenken aber bei *Kebekus/Georg*, FS Wimmer, 2017, 368, 382.

34 Bedenken wegen zunehmender Komplexität (so etwa K. Schmidt/*Jungmann* InsO § 210a Rn. 18) können dabei berücksichtigt werden.

35 So die ganz hL; vgl. Braun/*Kießner* InsO § 210a Rn. 17; HKInsO/*Landfermann* § 210a Rn. 7; BeckOK InsO/*Ruland* InsO § 210a Rn. 4 anders aber wohl Nerlich/Römermann/*Westphal* InsO § 210a Rn. 17 (Ausweis in der Gruppe).

36 Eine analoge Anwendung der §§ 174 ff. wird zutreffend abgelehnt, vgl. *Adam* DZWiR 2011, 485, 486; Jaeger/*Windel* § 208 Rn. 44; *Walther*, S. 225 ff.

37 Diesen Aspekt übersieht *Zimmer* ZInsO 2012, 390, 395.

zuweisen will.[38] Stattdessen ordnet § 210a Nr. 2 ausdrücklich allein die Geltung des § 246 Nr. 2 an, wonach die Zustimmung der Gruppe der Insolvenzgläubiger zum Insolvenzplan als erteilt gilt, wenn sich kein Insolvenzgläubiger an der Abstimmung beteiligt. Dieser Verweis setzt mithin denklogisch eine Gruppe der Insolvenzgläubiger voraus, die abstimmen könnte.[39] Somit ist **stets mindestens eine Gruppe** aus den einfachen Insolvenzgläubigern zu bilden und an der Abstimmung zu beteiligen; bei offenen Arbeitnehmerforderungen ist schon insofern gem. § 222 Abs. 3 Satz 1 regelmäßig eine weitere Gruppe zu bilden.[40] Gleichzeitig gilt nicht die Erlassvermutung des § 225 Abs. 1. Ein Erlass nicht nachrangiger Insolvenzforderungen folgt vielmehr weiter aus § 227 Abs. 1 und damit nur in Höhe der sich aus der Planquote ergebenden Restschuld. Es ist daher für diese Gläubigergruppen stets eine Quote, ggf. auch eine Nullquote, festzusetzen.[41] Eine derartige Handhabung der Regelung in § 210a ist nicht unnötig kompliziert, sondern durchaus angemessen, da zum einen durch die Anzeige der Masseunzulänglichkeit eben kein besonderes Insolvenzverfahren im Insolvenzverfahren unter Ausschluss der Insolvenzgläubiger stattfindet und zum anderen eine **Überprüfung der Masseunzulänglichkeitsanzeige auf deren Richtigkeit** nicht sofort, sondern allenfalls nachgelagert in einem Haftungsprozess nach § 61 stattfindet. Die Verfahrensbeteiligung der Insolvenzgläubiger erlaubt insofern die Berücksichtigung ihrer – oft abweichenden – Prognosevorstellungen im Entscheidungsfindungsprozess des laufenden Insolvenzverfahrens. Können sie hier die anderen Gläubigergruppen von der Wahrscheinlichkeit eines Verfahrensablaufs überzeugen, der – etwa durch den Erfolg eines Anfechtungsprozesses oder den Einstieg eines Investors – die Masseunzulänglichkeit beseitigt, und so insbesondere den Alt-Massegläubigern eine volle Befriedigung in Aussicht stellt, wird der über § 210a eingereichte Plan in der Abstimmung scheitern. Eben diese Diskussion sollte im Planverfahren sichergestellt werden, zumal dem Insolvenzgericht die Befugnis fehlt, die Masseunzulänglichkeitsanzeige auf Richtigkeit zu überprüfen (→ Rn. 6), was auch bedeutet, dass das Gericht hierauf weder eine Zurückweisung des Plans noch eine Versagung der Bestätigung stützen kann.[42] Schließlich trägt allein der Umstand einer allenfalls geringen Quotenaussicht im Rahmen des § 210a ebenso wenig wie in Regelinsolvenzverfahren mit äußerst geringer Quotenerwartung die einschneidende Rechtsfolge, den Insolvenzgläubigern ihre Verfahrensrechte abzusprechen. Unberechtigten Verzögerungsstrategien kann man mit den Instrumenten des Obstruktionsverbots begegnen, die durch § 210a Nr. 2 iVm § 246 Nr. 2 (Zustimmung der Gruppe bei Schweigen) nochmals verstärkt wurden. Und schließlich ist auch eine Rückkehr zum Regelverfahren bei Nichteintritt einer als drohend angezeigten Masseunzulänglichkeit problemlos möglich, wenn die Insolvenzgläubiger ohnehin bei der Gruppenbildung berücksichtigt wurden.

16 **3. Gruppen nach § 222 Abs. 1 Nr. 3.** Eine Gruppe der **nachrangigen Insolvenzgläubiger** ist nach der hier vertretenen Auffassung selbst im Fall der Masseunzulänglichkeit nur für die Gläubiger nach **§ 39** zu bilden. Insoweit macht das Gesetz in den §§ 222 Abs. 1 Nr. 3, 225 Abs. 1, 2 die Notwendigkeit einer Gruppenbildung davon abhängig, dass der Plan ihnen einen Wert zuweisen will.

17 **4. Gruppen nach § 222 Abs. 1 Nr. 4.** Schließlich wird für die **Gesellschafter** (mindestens) eine Gruppe zu bilden sein, wenn der Insolvenzplan in deren Rechte eingreifen will (vgl. § 225a), also etwa gesellschaftsrechtliche Maßnahmen vorsieht.[43] Insbesondere ein Debt-to-Equity-Swap zugunsten der Alt-Massegläubiger wäre hier denkbar.[44]

IV. Zurückweisung des Plans

18 Allein der Umstand der Masseunzulänglichkeit kann nicht mehr zu einer Zurückweisung des Insolvenzplans wegen Unerfüllbarkeit nach § 231 Abs. 1 Nr. 3 führen.[45] Dies folgt aus der gesetzlichen Zulässigkeitsanordnung in § 210a. Sie entbindet den Richter aber nicht von der üblichen **Prüfung der Erfolgsaussichten des Insolvenzplans** nach den Maßstäben des § 231 Abs. 1 Nr. 3,

[38] So aber MüKoInsO/*Eidenmüller* → § 222 Rn. 79; *Kebekus/Georg*, FS Wimmer, 2017, 368, 381 f.; Braun/*Kießner* § 210a Rn. 14, 18; KPB/*Pape* § 210a Rn. 29 f.; Uhlenbruck/*Ries* InsO § 210a Rn. 13; iE auch HambKommInsO/*Weitzmann* § 210a Rn. 7; vor dem ESUG: *Smid* DZWiR 2010, 397, 402; wohl auch *Bähr/Landry* EWiR 2005, 831, 832.

[39] Zutreffend *Brünkmans/Thole* Hdb InsPlan 2016, § 12 Rn. 10 f.; HKInsO/*Landfermann* § 210a Rn. 8; *Zimmer* ZInsO 2012, 390; auch iE auch *Smid* ZInsO 2017, 2085, 2096 (verfassungsrechtlich notwendig).

[40] Ebenso *Smid* ZInsO 2017, 2085, 2098.

[41] Ebenso HKInsO/*Landfermann* § 210a Rn. 8; *Smid* ZInsO 2017, 2085, 2099.

[42] Dies übersieht *Smid* ZInsO 2017, 2085, 2093, wenn er dem Gericht solche Kompetenzen zuweist.

[43] KPB/*Pape* § 210a Rn. 39 ff.; *Smid* ZInsO 2017, 2085, 2098.

[44] *Smid* ZInsO 2017, 2085, 2094.

[45] Zutreffend *Smid* DZWiR 2010, 397, 401; auch KPB/*Pape* § 210a Rn. 49.

die gerade in Fällen der Masseunzulänglichkeit durchaus dazu führen kann, einen Schuldnerplan als unerfüllbar zurückzuweisen. Aus der Zulässigkeitsanordnung des § 210a folgt zudem, dass es auch dem Insolvenzverwalter erlaubt sein muss, einen Insolvenzplan eigenständig zu entwickeln und vorzulegen, selbst wenn dies seinen Vergütungsanspruch und damit die Massekosten zunächst erhöht; ein Zurückweisungsgrund liegt hierin nicht.[46]

Wird ein Insolvenzplan nach § 210a, also mit Gruppen von Alt-Massegläubigern, vorgelegt, so ist der Plan zurückzuweisen, wenn bis zum Ende der Vorprüfung **keine Anzeige der Masseunzulänglichkeit** durch den Verwalter nach § 208 erfolgt. Das Insolvenzgericht hat hinsichtlich einer materiellen Masseunzulänglichkeit keine eigene Prüfungskompetenz (→ § 208 Rn. 38 f.; → Rn. 6). Der Verwalter ist folglich bei Vorlage eines Schuldnerplans zur Stellungnahme aufzufordern, aus der sich die Anzeige ergeben kann.[47] 19

V. Erörterungs- und Abstimmungstermin

Zum Erörterungs- und Abstimmungstermin sind neben den in § 235 Abs. 3 genannten Personen **auch die Alt-Massegläubiger zu laden.**[48] Dies ist – anders als bei den Insolvenzgläubigern – nicht davon abhängig, ob sie ihre Masseforderungen angemeldet haben, da ein Feststellungsverfahren bei ihnen nicht stattfindet. 20

Eine Anmeldung zu einem vom Insolvenzverwalter geführten Verteilungsverzeichnis ist nicht konstitutiv für das **Stimmrecht der Alt-Massegläubiger.** Vielmehr steht ihnen stets ein Stimmrecht **entsprechend des Forderungsbetrags** ihrer Masseforderung zu.[49] Ist das Bestehen oder aber die Höhe einer Alt-Masseforderung im Einzelfall zwischen dem Insolvenzverwalter und dem Alt-Massegläubiger streitig, so ist die Problemlage mit der in § 77 Abs. 2 normierten Situation vergleichbar und sollte auf diesem Wege (ggf. über § 237 Abs. 1 Satz 1), also durch Stimmrechtseinigung und hilfsweise gerichtliche Stimmrechtsfestsetzung im Erörterungs- und Abstimmungstermin, gelöst werden.[50] Dies gilt auch für die Vorlage eines Verwalterplans, da dieser nicht konkludent als Masseunzulänglichkeitsanzeige ausgelegt werden darf.[51] Aufgrund der verfahrensrechtlichen Wirkungen der Anzeige ist diese als Prozesshandlung hinreichend klar und damit eigenständig zu formulieren. 21

VI. Annahme des Insolvenzplans

Die Annahme des Insolvenzplans setzt grundsätzlich voraus, dass **jede Gruppe** dem Plan zustimmt (§ 243 Abs. 1). Die Gruppe der Alt-Massegläubiger muss daher grundsätzlich den Plan mit der Kopf- und Summenmehrheit der abstimmenden Gläubiger ebenso annehmen wie die Gruppe der einfachen Insolvenzgläubiger und andere vom Planinitiator gebildete Gruppen (zur Gruppenbildung siehe oben → Rn. 11 ff.). 22

VII. Obstruktionsverbot

1. Gegen die Alt-Massegläubiger. Wird die erforderliche Mehrheit in der Gruppe der Alt-Massegläubiger verfehlt, so findet über § 210a Nr. 1 das Obstruktionsverbot aus **§ 245 Abs. 1** Anwendung. Danach gilt ihre Zustimmung als erteilt, wenn diese Gläubiger durch den Plan voraussichtlich nicht schlechter gestellt werden, als sie ohne den Plan stünden (Nr. 1). Vor allem aber darf **kein anderer Beteiligter** (Insolvenzgläubiger, Anteilseigner oder Schuldner) **einen wirtschaftlichen Wert** erhalten (§ 245 Abs. 1 Nr. 2, Abs. 2 Nr. 2), da die Alt-Massegläubiger gegenüber all diesen Personen einen Befriedigungsvorrang genießen. Die fehlende Zustimmung der Gruppe der Alt-Massegläubiger wird sich daher in der Praxis gerade bei **Sanierungsplänen** des Schuldners, die eine Beteiligung des Schuldners bzw. von Altgesellschaftern am sanierten Unternehmen vorsehen,[52] nur dann über das Obstruktionsverbot überwinden lassen, wenn das (noch) insolvente Unternehmen entweder keinen wirtschaftlichen Wert besitzt, da es **keinen Marktwert** (kein Kaufinteressent) sowie bilanziell kein positives Kapital hat, oder aber sein wirtschaftlicher Wert durch eine Gegenleistung 23

---

46 Anders *Smid* ZInsO 2017, 2085, 2091.

47 Ebenso *Smid* ZInsO 2017, 2085, 2088 f.

48 Wohl unstreitig – vgl. KPB/*Pape* § 210a Rn. 51; *Smid* ZInsO 2017, 2085, 2096; Nerlich/Römermann/*Westphal* InsO § 210a Rn. 20.

49 Ebenso Uhlenbruck/*Ries* InsO § 210a Rn. 11.

50 Wohl unstreitig – vgl. schon *Walther*, S. 186; nun auch *Kebekus/Georg*, FS Wimmer, 2017, 368, 381; Braun/*Kießner* InsO § 210a Rn. 24; KPB/*Pape* § 210a Rn. 26; Uhlenbruck/*Ries* InsO § 210a Rn. 11; *Smid* ZInsO 2017, 2085, 2096; Nerlich/Römermann/*Westphal* § 210a Rn. 21.

51 So aber *Smid* ZInsO 2017, 2085, 2088.

52 Siehe anschaulich die beiden Fälle eines Insolvenzplans bei Masseunzulänglichkeit: LG Dresden ZIP 2005, 1607; LG Mühlhausen NZI 2007, 724.

an die Insolvenzmasse aufgrund des Insolvenzplans neutralisiert wird („new value exception").[53] Folgerichtig lässt sich ein solcher Sanierungsplan gegen eine Gruppe der Alt-Massegläubiger nur durchsetzen, wenn der Wert, der laut Plan an die Gesellschafter gehen soll, **voll kompensiert** wird und so die Befriedigungsaussicht der Alt-Massegläubiger nicht berührt.[54]

24 An dieser Stelle wird auch die **Nachranganordnung für Unterhaltsforderungen** relevant, die schon eine besondere Gruppenbildung für diese Forderungen bedingt hat (siehe oben Rn. 13). § 245 Abs. 1 Nr. 2 iVm. Abs. 2 Nr. 2 verhindert die Anwendung des Obstruktionsverbots gegen die Gruppe der Alt-Massegläubiger, wenn der Plan ihre Rechte beeinträchtigt, zugleich aber einen wirtschaftlichen Wert auf die Unterhaltsforderungen verteilt (absolute Vorrangregel).

25 **2. Gegen die Insolvenzgläubiger.** Stimmt eine Gruppe der Insolvenzgläubiger dem Insolvenzplan nicht zu, so ist danach zu differenzieren, ob es überhaupt Gläubiger in der Gruppe gab, die sich an der **Abstimmung beteiligt** haben.

26 **a) Stimmabgabe durch Insolvenzgläubiger.** Ist in einer Gruppe der Insolvenzgläubiger mindestens eine Stimme abgegeben worden und hat sich hieraus **keine Zustimmung** zum Plan ergeben, so kann die Zustimmung der Gruppe der Insolvenzgläubiger nur über **§ 245 Abs. 1** fingiert werden. § 210a enthält für diesen Fall keine Sonderregelung. Wegen der infolge der Masseunzulänglichkeit fehlenden Quotenerwartung dieser Gruppe in einem alternativen Liquidationsszenario wird allerdings kaum je eine **Schlechterstellung** im Sinne des § 245 Abs. 1 Nr. 1 in Betracht kommen. Problematisch kann hingegen die Frage der „**angemessenen Beteiligung**" nach § 245 Abs. 1 Nr. 2 werden, vor allem dann, wenn der Schuldner oder ein Anteilseigner aufgrund des Insolvenzplans einen wirtschaftlichen Wert erhält (§ 245 Abs. 2 Nr. 2 – absolute Vorrangregel).

27 **b) Keine Stimmabgabe durch Insolvenzgläubiger.** Hat sich kein Insolvenzgläubiger an der Abstimmung beteiligt, so findet gemäß § 210a Nr. 2 das Obstruktionsverbot des **§ 246 Nr. 2** Anwendung – die **Zustimmung** dieser Gruppe gilt ohne weitere Voraussetzungen als erteilt.

28 Die hier zur Anwendung gelangende Zustimmungsfiktion basiert bei nachrangigen Insolvenzgläubigern auf dem Schluss, dass die Beteiligung dieser Gläubiger an der Abstimmung ausbleibt, da sie mangels jeder Aussicht auf eine Beteiligung an den Verwertungserlösen aus der Insolvenzmasse dem gesamten Verfahren desinteressiert gegenüberstehen und daher auch einer Regelung dieser Fragen durch den Insolvenzplan kein Interesse entgegenbringen. Dieses **Desinteresse der Gruppenangehörigen** wird dann in § 246 Nr. 2 im Wege der Fiktion **als Zustimmung** zum Plan gewertet. Dass das Desinteresse dieser Beteiligtengruppe nicht entsprechend seines natürlichen Aussagegehalts als Ablehnungshaltung verstanden und demgemäß auch als Ablehnung des Plans gewertet wird – wie dies etwa im U.S.-amerikanischen Chapter 11-Verfahren der Fall ist[55] –, entlastet das Verfahren von der Anwendung des Obstruktionsverbotes (§ 245). Die angeordnete Anwendung der Zustimmungsfiktion ist dennoch kritikwürdig. Zum einen wird ein Insolvenzplan in einem Regelverfahren einer Gruppe nachrangiger Gläubiger stets einen wirtschaftlichen Wert zuweisen, da ansonsten eine solche Gruppe nicht zu bilden ist (§ 225 Abs. 1); die gesetzlich vermutete Zustimmung dieser Gruppe zum Plan darf daher bei Passivität vermutet werden. Bei Insolvenzgläubigern ist nach der Anzeige der Masseunzulänglichkeit demgegenüber weder überprüft, ob deren Insolvenzforderungen tatsächlich wertlos sind, noch wird eine Gruppe dieser Gläubiger nur gebildet, wenn sie im Plan einen Wert erhalten sollen (→ Rn. 15). Die Grundlagen der Vermutung des § 246 Nr. 2 fehlen mithin. Folgerichtig sollte die Regelung in § 210a Nr. 2 gestrichen und so die Bindung desinteressierter Gläubigergruppen wie im Chapter 11-Verfahren[56] von den Voraussetzungen des Obstruktionsverbots (§ 245) abhängig gemacht werden. Bis dahin ist darauf hinzuweisen, dass opponierende Insolvenzgläubiger zur Ausschaltung der Vermutung am Abstimmungstermin teilnehmen und mit mindestens einer Stimme gegen den Plan stimmen müssen.

VIII. Rechtsmittel

29 Aus der Beteiligtenstellung der **Alt-Massegläubiger** in einem Planverfahren über § 210a folgt notwendigerweise auch die Rechtsmittelbefugnis dieses Personenkreises. Sie können gegen die Bestätigung wie auch die Versagung der Bestätigung unter den für alle Gläubiger geltenden Voraussetzun-

[53] Ausführlicher dazu → § 245 Rn. 74 ff.; zum verfassungsrechtlichen Hintergrund *Madaus*, S. 289 f.

[54] HKInsO/*Landfermann* § 210a Rn. 10; iE ebenso Uhlenbruck/*Ries* InsO § 210a Rn. 18, der allerdings die Funktionsweise des § 245 Abs. 2 Nr. 2 bei seiner Argumentation ignoriert.

[55] 11 U.S.C. § 1126 (g).

[56] 11 U.S.C. §§ 1128 (a) 8, 1129 (b).

gen des § 253 die sofortige Beschwerde einlegen.[57] Beschwerdeberechtigt bleiben – mangels Verdrängung aus dem Verfahren – auch die **nicht nachrangigen Insolvenzgläubiger** (§ 253 Abs. 1).[58] Deren sofortige Beschwerde wird aber nur zulässig sein, wenn die Anforderungen des § 253 Abs. 2 erfüllt werden können. Hierzu gehört insbesondere die Glaubhaftmachung einer wesentlichen Schlechterstellung durch den Plan gegenüber des Ablaufs des Regelverfahrens bis zur Einstellung nach § 211, die wohl nur gelingen kann, wenn tatsächlich keine Masseunzulänglichkeit vorliegt bzw. droht oder aber eine solche beseitigt wurde.[59]

IX. Aufhebung des Verfahrens

Bei der Aufhebung des Insolvenzverfahrens nach erfolgreichem Abschluss eines Planverfahrens nach § 210a ist zu beachten, dass in diesen Verfahren die Regelung des **§ 258 Abs. 2** nur mit der aus § 210a Nr. 1 folgenden **Besonderheit** gilt; die Alt-Massegläubiger haben also ihre Rechtsstellung als Massegläubiger verloren. Folgerichtig ist der Insolvenzverwalter vor Aufhebung des Insolvenzverfahrens nur verpflichtet, die unstreitigen fälligen Masseansprüche der Massegläubiger mit dem Rang des § 209 Abs. 1 Nr. 1 und 2 zu berichtigen und für die streitigen oder nicht fälligen Masseansprüche dieser Gläubiger Sicherheit zu leisten (§ 258 Abs. 2 Satz 1).[60] Anstelle der Sicherheitsleistung genügt hinsichtlich der nicht fälligen Masseansprüche dieser privilegierten Massegläubiger nach § 258 Abs. 2 Satz 2 ein Finanzplan, der die Erfüllung dieser Ansprüche hinreichend gewährleistet. Die Stellung der Neu-Massegläubiger in einem Planverfahren bei Masseunzulänglichkeit unterscheidet sich insofern nicht von der Rechtsstellung der Massegläubiger in einem „normalen" Planverfahren.[61] Eine Erfüllung der Masseansprüche der Massegläubiger mit dem Rang des § 209 Abs. 1 Nr. 3 erfolgt nur noch nach Maßgabe des Insolvenzplans.[62] Einer Sicherstellung der bestrittenen Alt-Masseforderungen „in doppelter Analogie" zu § 258 Abs. 2[63] bedarf es dabei nicht, da insoweit gem. § 210a Nr. 1 die Behandlung als Insolvenzgläubiger zu erfolgen hat und mithin jede Regelungslücke für eine Analogie fehlt.[64] 30

Erweisen sich die Planmaßnahmen als unzureichend und tritt daher eine Neumasseunzulänglichkeit bereits im Rahmen der Erfüllung von Masseverbindlichkeiten nach § 258 Abs. 2 auf, so findet § 210a keine Anwendung. Planeingriffe in Rechtspositionen von Neumassegläubigern sind vielmehr auch nach dieser Norm gerade nicht möglich. Eine erneute Verschiebung der Rangklassen findet daher keine Grundlage im Gesetz.[65] 31

§ 211 Einstellung nach Anzeige der Masseunzulänglichkeit

(1) Sobald der Insolvenzverwalter die Insolvenzmasse nach Maßgabe des § 209 verteilt hat, stellt das Insolvenzgericht das Insolvenzverfahren ein.

(2) Der Verwalter hat für seine Tätigkeit nach der Anzeige der Masseunzulänglichkeit gesondert Rechnung zu legen.

(3) [1]Werden nach der Einstellung des Verfahrens Gegenstände der Insolvenzmasse ermittelt, so ordnet das Gericht auf Antrag des Verwalters oder eines Massegläubigers oder von Amts wegen eine Nachtragsverteilung an. [2]§ 203 Abs. 3 und die §§ 204 und 205 gelten entsprechend.

---

57 AllgA – vgl. KPB/*Pape* § 210a Rn. 53; Uhlenbruck/*Ries* InsO § 210a Rn. 22.

58 AA KPB/*Pape* § 210a Rn. 53.

59 Zu eng insofern HambKommInsO/*Weitzmann* § 210a Rn. 11, wenn er auch bei geringfügiger Befriedigungsaussicht eine Beschwerdebefugnis verneint.

60 *Kebekus/Georg*, FS Wimmer, 2017, 368, 382 f.; Braun/*Kießner* InsO § 210a Rn. 26; KPB/*Pape* § 210a Rn. 57; Uhlenbruck/*Ries* InsO § 210a Rn. 20; *Zimmer* ZInsO 2012, 390, 391; aA Nerlich/Römermann/*Westphal* InsO § 210a Rn. 23.

61 Dies erkennt auch *Zimmer* ZInsO 2012, 390, 391, der dann aber wegen der möglichen Eingriffe des Finanzplans in Massegläubigerrechte ohne deren Beteiligung am Planverfahren verfassungsrechtliche Bedenken gegen die Neuregelung in § 258 Abs. 2 Satz 2 vorbringt und von deren Anwendung abrät.

62 So auch die Gesetzesbegründung in BT-Drs. 17/5712, S. 37 (zu § 258).

63 So im Anschluss an *Zimmer* ZInsO 2012, 390, 394 auch KPB/*Pape* § 210a Rn. 58; HambKommInsO/*Weitzmann* § 210a Rn. 12.

64 Wie hier HKInsO/*Landfermann* § 210a Rn. 12; wohl auch Andres/Leithaus/*Andres* InsO § 210a Rn. 1.

65 Ebenso *Kebekus/Georg*, FS Wimmer, 2017, 368, 383; KPB/*Pape* § 210a Rn. 15; aA *Brünkmans/Thole* HdB InsPlan 2016, § 12 Rn. 15; HKInsO/*Landfermann* § 210a Rn. 14; Nerlich/Römermann/*Westphal* InsO § 210a Rn. 7.

Schrifttum: *Bork*, Aufhebung und Einstellung des Insolvenzverfahrens unter Vorbehalt der Nachtragsverteilung, ZIP 2009, 2077; *Dinstühler*, Die Abwicklung massearmer Insolvenzverfahren nach der Insolvenzordnung, ZIP 1998, 1697; *Kluth*, Das Verfahren bei unzulänglicher Insolvenzmasse oder ein „Himmelfahrtskommando" für den Insolvenzverwalter, ZInsO 2000, 177; *Uhlenbruck*, Gesetzesunzulänglichkeit bei Masseunzulänglichkeit, NZI 2001, 408; *Weitzmann*, Rechnungslegung und Schlussrechnungsprüfung, ZInsO 2007, 449.

Übersicht

A. Normzweck

1 Nach Anzeige der Masseunzulänglichkeit dient das Verfahren nach §§ 208, 209 der bestmöglichen Befriedigung der **Altmassegläubiger** iSd § 209 Abs. 1 Nr. 3. Es soll darüber hinaus aber auch der Ordnungs- und Regelungsfunktion des Insolvenzrechtes gerecht werden und die **vollständige Abwicklung** des schuldnerischen Vermögens herbeiführen.[1] Die Einstellung des Verfahrens wird deshalb in **§ 211 Abs. 1** ausdrücklich davon abhängig gemacht, dass zuvor die Insolvenzmasse nach Maßgabe des § 209 verteilt ist.

2 Für das Einstellungsverfahren verlangt **§ 211 Abs. 2,** dass die Schlussrechnung des Verwalters, vgl. § 66, aufzuteilen ist zwischen der Zeit seiner Tätigkeit vor der Anzeige der Masseunzulänglichkeit und dem Zeitraum danach. Die **gesonderte Rechnungslegung** über die Abwicklung des masseunzulänglichen Verfahrens ist vorgeschrieben, da die während dieser Zeit begründeten sog. Neumasseverbindlichkeiten nach § 209 Abs. 1 Nr. 2 vorrangig zu erfüllen sind.

B. Entstehungsgeschichte

3 § 211 schließt inhaltlich an die entsprechenden Regelungen in §§ 204, 191 KO über die Einstellung des Verfahrens nach Eintritt der Masseunzulänglichkeit an. Der Gesetzgeber hat zugleich die Chance der Neuregelung genutzt, um gegenüber dem früheren Recht **Klarstellungen** herbeizuführen. So wird in Übereinstimmung mit der hM zu § 204 KO nunmehr in Abs. 1 betont, dass der Abschluss der gem. § 209 vorzunehmenden Verteilung der Masse durch den Verwalter Voraussetzung der Einstellung des Verfahrens ist.[2] Während der Geltung der KO war kritisiert worden, dass nach Einstellung mangels Masse eine Verteilung nachträglich ermittelter Massegegenstände gesetzlich nicht möglich ist. Der Reformgesetzgeber wollte diesem Mangel abhelfen, indem er in § 211 Abs. 3 die Vorschriften über die **Nachtragsverteilung** für entsprechend anwendbar erklärt.[3]

[1] Allg. Begr. RegE, *Kübler/Prütting,* S. 101; Pape/Uhländer/*Schmittmann* § 211 Rn. 1.
[2] Begr. § 324 RegE, *Kübler/Prütting,* S. 442.
[3] Begr. § 324 RegE, *Kübler/Prütting,* S. 442; BGH ZIP 2013, 2320 (Rn. 11); AGR/*Henning* § 211 Rn. 1: krit. zum Regelungsgehalt des Abs. 3 Jaeger/*Windel* § 211 Rn. 5.

C. Verfahrenseinstellung, Abs. 1

I. Verteilung der Masse

1. Rangfolge der Verteilung. Der Insolvenzverwalter hat nach § 211 Abs. 1 vor der Verfahrenseinstellung die Insolvenzmasse nach Maßgabe des § 209 an die Massegläubiger zu verteilen.[4] Absolute Priorität besitzt die Befriedigung der Verfahrenskosten iSd § 54. Nachfolgend sind an zweiter Rangstelle die Ansprüche der Massegläubiger nach § 209 Abs. 1 Nr. 2 zu erfüllen. Die **Abgrenzung** gegenüber den im Rang zurückgesetzten Altmassegläubigern richtet sich nach dem Zeitpunkt des Eingangs der Masseunzulänglichkeitsanzeige des Verwalters beim Insolvenzgericht[5] Erst nach Deckung sämtlicher vorrangiger Ansprüche erfolgt die Befriedigung der nachrangigen Massegläubiger iSd § 209 Abs. 1 Nr. 3; reicht die Masse zur Befriedigung der Altmassegläubiger nicht aus, sind die Massemittel quotal und gleichmäßig an diese zu verteilen. 4

2. Verteilungsverfahren. Ein Verfahren, nach dem die Verteilung der Insolvenzmasse sich vollzieht, ist im Gesetz nicht geregelt.[6] Dem Insolvenzverwalter ist **freigestellt,** wie er die Aufgabe der **ranggerechten Verteilung** der Insolvenzmasse im jeweiligen Verfahren konkret erfüllt.[7] Die Erstellung von Massegläubigerlisten sowie eines Verteilungsverzeichnisses ist nicht vorgeschrieben. Auch ist die „Schlussverteilung“ in der von § 209 bestimmten Rangfolge nicht von einer Zustimmung des Insolvenzgerichtes abhängig.[8] Eine entsprechende Anwendung des auf die Insolvenzgläubiger zugeschnittenen Verteilungsverfahrens nach §§ 187 ff., 196 Abs. 2 kommt wegen ihrer völlig anderen verfahrensrechtlichen und materiellrechtlichen Rechtsstellung im Insolvenzverfahren nicht in Betracht. Der Insolvenzverwalter muss freilich noch vor der Verfahrenseinstellung im Rahmen der **Rechnungslegung** gem. § 211 Abs. 2 über die Befriedigung der Massegläubiger sowie die Verteilung der Insolvenzmasse berichten und sie belegen. Er ist schon deshalb im eigenen Interesse gehalten, **prüfbare Verteilungslisten** zu erstellen, um die Mittelverwendung hinreichend dokumentieren zu können; zu diesem Zweck muss er entsprechende Nachweise auch dem Insolvenzgericht **vorlegen.**[9] Ein den Grundsätzen ordnungsgemäßer Buchhaltung entsprechend aufgestelltes Rechenwerk ist zudem erforderlich, um einer persönlichen Haftungsinanspruchnahme wegen behaupteter Verteilungsfehler nach § 60 durch vermeintlich benachteiligte Massegläubiger wirkungsvoll entgegentreten zu können. Damit die Erlösverteilung nach der Rangfolge des § 209 – also unter Vorrang der Verfahrenskosten – erfolgen kann, ist zuvor auf Antrag des Insolvenzverwalters dessen Vergütung vom Gericht festzusetzen.[10] 5

Der Verteilungsaufgabe kann sich der Insolvenzverwalter **nicht** durch **Hinterlegung** der Barmittel zugunsten der Massegläubiger entziehen, da er sie zur Erfüllung der unstreitigen Masseansprüche einzusetzen hat. Ein Verteilungsverfahren nach § 209 lässt sich über die Hinterlegungsstelle nicht organisieren und vollziehen.[11] 6

3. Sicherstellungen. Die Verteilung der Insolvenzmasse kann grundsätzlich erst abgeschlossen werden, wenn die zu berücksichtigenden Masseverbindlichkeiten feststehen und das Aktivvermögen gem. § 208 Abs. 3 verwertet ist. Die Klärung einzelner bestrittener Masseverbindlichkeiten oder die Fortsetzung eines voraussichtlich langwierigen Rechtsstreites sollten aber nicht dazu führen, dass die Verfahrenseinstellung auf unabsehbare Zeit blockiert wird. Das Gesetz sieht in § 211 zwar nicht vor, dass **streitige** oder aufschiebend bedingte **Masseansprüche** iSv § 53 sicherzustellen sind. Allerdings muss von der Zulässigkeit ihrer **Sicherstellung** ausgegangen werden, da eine zügige Verteilung und Einstellung des Verfahrens gerade im Interesse der in ihren Befriedigungsrechten zurückgesetzten Massegläubiger nach § 209 Abs. 1 Nr. 3 liegt. Soweit Masseansprüche streitig sind,[12] hat daher – wie 7

---

4 Das folgt schon aus der gem. § 208 Abs. 3 fortbestehenden Pflicht des Verwalters zur Verwaltung und Verwertung der Masse.

5 BGH NJW 2006, 2997; dazu § 208 Rn. 37a.

6 Eingehend hierzu *Kluth* ZInsO 2000, 177, 182; ferner *Uhlenbruck* NZI 2001, 410.

7 AGR/*Henning* § 211 Rn. 3.

8 Gottwald/*Klopp/Kluth/Wimmer* § 74 Rn. 39.

9 Mohrbutter/Ringstmeier/*Pape* § 12 Rn. 147; HKInsO/*Landfermann* § 211 Rn. 13; Graf-Schlicker/*Riedel* § 211 Rn. 4; AGR/*Henning* § 211 Rn. 13; K. Schmidt/*Jungmann* § 211 Rn. 4; → Rn. 15. Die Verteilungslisten stellen nach *Kluth* (ZInsO 2000, 177, 182) zwar unverbindliche, aber bei der Masseabwicklung und anschließenden Rechnungslegung sinn- und zweckvolle „Arbeitspapiere“ dar.

10 Mohrbutter/Ringstmeier/*Pape* § 12 Rn. 146; AGR/*Henning* § 211 Rn. 5; Graf-Schlicker/*Riedel* § 211 Rn. 7.

11 Nerlich/Römermann/*Westphal* § 211 Rn. 5; Jaeger/*Windel* § 211 Rn. 2.

12 Streitig sind jedenfalls Ansprüche, über deren Berechtigung bzw. Einordnung als Masseverbindlichkeiten schon ein Rechtsstreit anhängig ist.

bei der in den §§ 214 Abs. 3, 258 Abs. 2 geregelten Sicherheitsleistung – zunächst deren ausreichende Sicherstellung durch Einbehalt der auf sie entfallenden Auszahlungsbeträge zu erfolgen.[13] Für die Sicherstellung aufschiebend bedingter oder betagter Masseforderungen gilt dies entsprechend. Sind Ansprüche von Massegläubigern bis zur Schlussverteilung im Rahmen der Verfahrenseinstellung nicht bekannt geworden, so sind sie entsprechend § 206 Nr. 2 von der weiteren Befriedigung ausgeschlossen. Die Massegläubiger müssen ihre Ansprüche danach wieder gegen den Schuldner geltend machen. Im Hinblick auf seine persönliche Haftung wird der Insolvenzverwalter auch bei zweifelhaften Ansprüchen vor der Verteilung den zur Erfüllung erforderlichen Betrag zwecks Sicherstellung vorsichtshalber zurückbehalten und diesen erst an den Gläubiger auskehren, wenn dessen Berechtigung geklärt ist.

8 Befinden sich in der Insolvenzmasse derzeit **schwer liquidierbare Vermögenswerte,** schließt dies wegen der Zulässigkeit einer späteren Nachtragsverteilung auch in diesem Falle (→ Rn. 19) die Einstellung des Verfahrens nach § 211 nicht aus. Ist zB noch ein Haftungsprozess gegen Geschäftsführer oder Gesellschafter des schuldnerischen Unternehmens anhängig, kann das Insolvenzgericht gem. § 211 Abs. 3, § 203 Abs. 1 Nr. 1 insoweit die **Nachtragsverteilung** anordnen, so dass der Verwalter weiterhin prozessführungsbefugt bleibt.[14] Fließen auf Grund des erfolgreichen Ausgangs des vom Verwalter fortgeführten Rechtsstreits der Insolvenzmasse nach Verfahrensbeendigung finanzielle Mittel zu, so sind sie vom Insolvenzverwalter nachträglich gem. § 209 zu verteilen; das gilt auch für frei werdende Beträge, die wegen der Prozessführung über eine Masseforderung zurückbehalten wurden.[15]

II. Einstellung

9 **1. Entscheidung des Insolvenzgerichts.** Sobald der Insolvenzverwalter die vorhandene Masse aufgrund der von ihm erstellten Gläubigerliste **verteilt** hat, setzt er das Insolvenzgericht hiervon umgehend in Kenntnis. Im Anschluss an diese **Mitteilung** und die gesonderte Rechnungslegung des Verwalters gem. § 211 Abs. 2 erfolgt die Einstellung des Verfahrens durch das Insolvenzgericht.[16] Da der **Verwalter** bis zur durchgeführten Verteilung an die Neu- und Altmassegläubiger **Herr des Verfahrens** bleibt (§§ 208 Abs. 3, 209), reicht er seine Schlussrechnung erst nach erfolgter Masseabwicklung beim aufsichtsführenden Insolvenzgericht ein.[17] Die Verfahrenseinstellung soll in direktem Anschluss an den Vollzug der Verteilung vorgenommen werden.[18] Das Insolvenzgericht kann nicht nach eigenem Ermessen über die **Einstellung** des Verfahrens befinden; diese ist vielmehr **zwingend** vorgegeben.[19]

10 **2. Prüfung der Einstellungsvoraussetzungen.** Die Einstellung kann allerdings nur erfolgen, wenn deren Voraussetzungen vorliegen. Hiervon hat sich das Gericht zu überzeugen. Es hat deshalb sorgsam zu prüfen (§ 5 Abs. 1), ob die Insolvenzmasse nach Maßgabe des § 209 vollständig verteilt ist oder ggf. zulässige Rückstellungen wegen streitiger Masseansprüche erfolgt sind. Vor der Einstellung ist eine **Anhörung** der **Gläubigerversammlung** oder der Massegläubiger **nicht** vorgesehen (→ Rn. 16). Der Schuldner, der Insolvenzverwalter wie auch die Mitglieder des Gläubigerausschusses sind aber nach § 215 Abs. 1 Satz 2 vorab über den Zeitpunkt des Wirksamwerdens der Einstellung zu unterrichten, damit sie sich rechtzeitig hierauf einstellen können.[20]

11 **3. Rechtsmittel.** Der **Einstellungsbeschluss** des Insolvenzgerichtes ist nicht mit der sofortigen Beschwerde angreifbar, § 6 Abs. 1.[21] Nach § 216 Abs. 1 kann nur die Einstellung des Insolvenzverfahrens nach den §§ 207, 212 oder 213 mit der sofortigen Beschwerde angefochten werden; eine Anfechtung der Verfahrenseinstellung nach § 211 ist nicht vorgesehen. Den **Rechtsmittelaus-**

---

13 Braun/*Kießner* § 211 Rn. 14; Graf-Schlicker/*Riedel* § 211 Rn. 10; K. Schmidt/*Jungmann* § 211 Rn. 15; Uhlenbruck/*Ries § 211 Rn. 5*; KPB/*Pape* § 211 Rn. 5 f.

14 Mohrbutter/Ringstmeier/*Pape* § 12 Rn. 149; *Bork* ZIP 2009, 2077, 2080; Pape/Uhländer/*Schmittmann* § 211 Rn. 14.

15 HKInsO/*Landfermann* § 211 Rn. 9, HambKommInsO/*Weitzmann* § 211 Rn. 5; aA Jaeger/*Windel* § 211 Rn. 18, der in diesen Fällen die Zulässigkeit von Nachtragsverteilungen zwecks Masseanreicherung zugunsten der Massegläubiger grundsätzlich verneint.

16 HKInsO/*Landfermann* § 211 Rn. 2.

17 Jaeger/*Windel* § 211 Rn. 6; Gottwald/*Klopp/Kluth/Wimmer* § 74 Rn. 39, 40; aA Graf-Schlicker/*Riedel* § 211 Rn. 2, 10.

18 Zur gerichtlichen Überprüfung der Schlussrechnung des Verwalters → Rn. 16.

19 Nerlich/Römermann/*Westphal* § 211 Rn. 6; AGR/*Henning* § 211 Rn. 9.

20 Zur Vorabinformation → § 215 Rn. 7.

21 BGH NZI 2007, 243 = WM 2007, 555 mAnm *Hess* WuB VI A. § 211 InsO 1.07; Uhlenbruck/*Ries* § 211 Rn. 11.

schluss sah der Gesetzgeber darin begründet, dass infolge der Verfahrenseinstellung erst nach Verteilung des Schuldnervermögens die Rechte insbesondere der Massegläubiger ausreichend geschützt werden. Soweit der Einstellungsbeschluss nach § 211 – wie idR – vom Rechtspfleger erlassen wird, besteht aber für die Massegläubiger und den Schuldner die Möglichkeit, hiergegen **befristete Erinnerung** nach § 11 Abs. 2 RPflG einzulegen.[22] Die damit eröffnete Überprüfung durch den Insolvenzrichter genügt den Anforderungen des Art. 19 Abs. 4 GG.[23]

Da weder die Anzeige der Masseunzulänglichkeit nach § 208 einer richterlichen Kontrolle unterliegt noch der Einstellungsbeschluss zur Beendigung des masseunzulänglichen Verfahrens rechtsmittelfähig ist, besteht für die Betroffenen, vor allem die zurückgesetzten Alt-Massegläubiger nach § 209 Abs. 1 Nr. 3, überhaupt keine verfahrensimmanente Überprüfungsmöglichkeit. Dies ist **rechtspolitisch nicht angemessen.**[24] Die Insolvenzgläubiger werden zwar wegen der fehlenden Befriedigungsaussichten vermutlich an der Teilnahme und Mitwirkung im Insolvenzverfahren nicht interessiert sein. Jedoch hätte den Massegläubigern, deren Ansprüche aus der Insolvenzmasse nicht voll befriedigt worden sind, zumindest Gelegenheit gegeben werden müssen, zu einer beabsichtigten Einstellung des Verfahrens Stellung zu nehmen, um zB noch weitere Verwertungsmaßnahmen oder die gerichtliche Geltendmachung von Ansprüchen anregen zu können. Aufgrund der unzureichenden Einbeziehung der betroffenen Massegläubiger in den Ablauf des Verfahrens bis hin zur Einstellung fehlt der Verwertung und Verteilung der Insolvenzmasse nach der angezeigten Masseunzulänglichkeit die ausreichende Legitimation und damit oft auch die Akzeptanz der Beteiligten. Ihnen bleibt weitgehend nichts anderes übrig, als wegen vermeintlicher Schädigungen auf Grund von Pflichtverletzungen des Insolvenzverwalters bei der von ihm angezeigten Masseunzulänglichkeit gegen diesen Haftungsprozesse anzustrengen, in deren Rahmen erst dann – mittelbar – eine Verfahrenskontrolle stattfindet.[25] Das ist jedoch höchst aufwändig, umständlich und idR auch zu spät. 12

4. Rechtsfolgen. Die Rechtsfolgen der Einstellung des Verfahrens nach § 211 entsprechen im Wesentlichen denjenigen der Einstellung nach § 207, auf deren Kommentierung deshalb verwiesen werden kann.[26] Mit der Einstellung des Insolvenzverfahrens erhält nach § 215 Abs. 2 Satz 1 der Schuldner das Recht zurück, über die Insolvenzmasse frei zu verfügen. Soweit deshalb noch eine nicht liquidierbare Restmasse vorhanden ist, hat der Insolvenzverwalter diese dem Schuldner zu übergeben. Zur Aufbewahrung u. Rückgabe der Geschäftsunterlagen des Schuldners vgl. → § 207 Rn. 79. 13

D. Gesonderte Rechnungslegung, Abs. 2

I. Rechnungslegungspflicht

Der Insolvenzverwalter hat nach § 66 Abs. 1 „bei der Beendigung seines Amtes" **Rechnung zu legen.** Diese übliche Pflicht zur Rechnungslegung gilt entsprechend auch bei der Beendigung durch Einstellung des Verfahrens.[27] Hiervon geht das Gesetz in § 211 Abs. 2 aus. Jedoch schreibt es vor, dass die **Schlussrechnung aufgeteilt** wird in die **Verfahrensabschnitte vor und nach der Anzeige** der Masseunzulänglichkeit. Diese „gesonderte" Rechnungslegungspflicht für das masseunzulängliche Verfahren ist Ausdruck des geänderten Verfahrenszwecks.[28] Den Massegläubigern und dem Gericht soll mit einer auf diesen Verfahrensabschnitt zugeschnittenen Rechnungslegung ein klares Bild über die Geschäftsführung des Insolvenzverwalters vermittelt werden.[29] Die das Abwicklungsverfahren nach § 208 Abs. 3 betreffende gesonderte Rechnungslegung ist praktisch auch wichtig, um den Massegläubigern zB bei vermuteten Verteilungsfehlern eine Kontrolle des Handelns des Insolvenzverwalters zu ermöglichen;[30] Haf- 14

[22] KPB/*Pape* § 211 Rn. 10; HambKommInsO/*Weitzmann* § 211 Rn. 6.
[23] BGH NZI 2007, 243.
[24] KPB/*Pape* § 211 Rn. 11; K. Schmidt/*Jungmann* § 211 Rn. 12.
[25] Nerlich/Römermann/*Westphal* § 211 Rn. 9.
[26] Gem. § 289 ist eine Restschuldbefreiung (nur) bei Einstellung nach § 211 möglich. Vgl. dazu → § 207 Rn. 74.
[27] Vgl. Uhlenbruck/*Mock* § 66 Rn. 32; dazu noch → § 207 Rn. 44. Zu den Anforderungen an die interne (Dokumentations-)Rechnungslegung vgl. *Weitzmann* ZInsO 2007, 449 f.
[28] *Dinstühler* ZIP 1998, 1697, 1702.
[29] Daher sollte buchhalterisch ein Kontoabschluss auf den Tag der Anzeige der Masseunzulänglichkeit erfolgen.
[30] Jaeger/*Windel* § 211 Rn. 13.

tungsansprüche gegen den Verwalter sind nicht davon abhängig, dass Einwendungen gegen die Schlussrechnung erhoben werden.[31] Damit die Rechnungslegung ihren Zweck erfüllen kann, hat der Insolvenzverwalter einen **Tätigkeitsbericht** sowie eine **Einnahmen- und Ausgabenrechnung** bei Gericht einzureichen, die sich auf das Verfahren vor Anzeige der Masseunzulänglichkeit und danach beziehen. Aus ihnen muss im Hinblick auf die Rangordnung des § 209 klar hervorgehen, welche Verbindlichkeiten der Verwalter in der Zeit nach angezeigter Masseunzulänglichkeit begründet und vorrangig erfüllt hat.[32] Auf diese Angaben sind die **Altmassegläubiger** angewiesen, um beurteilen zu können, ob der Insolvenzverwalter bei der Befriedigung der Massegläubiger die Rangfolge des § 209 beachtet und die Masseunzulänglichkeit rechtzeitig oder aber verspätet angezeigt hat.

15 Der Insolvenzverwalter muss auch im Rahmen der Rechnungslegung grundsätzlich **kein Schlussverzeichnis** erstellen.[33] Um die anteilsmäßige Befriedigung der Altmassegläubiger durchzuführen, ist allerdings die Anfertigung einer **Liste der Neu- und Altmassegläubiger** und eines **Verteilungsverzeichnisses** notwendig, um die ordnungsgemäße Verteilung in ausreichender Form belegen zu können.[34] Mit Hilfe dieser Listen kann der Verwalter im Falle einer späteren Nachtragsverteilung iSd § 211 Abs. 3 auch noch weiteres Massevermögen verteilen.[35]

II. Gerichtliche Prüfung

16 Entsprechend § 66 Abs. 2 hat das **Insolvenzgericht** die Schlussrechnung des Insolvenzverwalters zu **prüfen** und mit seinem Prüfvermerk zur Einsichtnahme auszulegen; dagegen ist eine Abnahme der Schlussrechnung durch die Gläubigerversammlung entbehrlich.[36] Ein Schlusstermin gem. § 197 Abs. 1 Nr. 1 wird bei Einstellung wegen Masseunzulänglichkeit nach hM nicht mehr abgehalten.[37] Die Insolvenzgläubiger besitzen grundsätzlich keine Befriedigungsaussichten mehr, so dass ihre Anhörung vor der Verfahrenseinstellung nicht vorgesehen ist; dementsprechend kann auch von ihrer Mitwirkung bei der Prüfung der Schlussrechnung abgesehen werden.[38] Die Abwicklung des masseunzulänglichen Verfahrens dient vorrangig den Interessen der Alt-Massegläubiger iSd § 209 Abs. 1 Nr. 3; diese können aber mangels gesetzlicher Regelung im masseunzulänglichen Verfahren nicht die aus Insolvenzgläubigern bestehende Gläubigerversammlung verkörpern und deren Funktionen übernehmen.[39] Erst nach Prüfung der Schlussrechnung und der vom Verwalter hierzu vorgelegten Verwendungsnachweise kann das Insolvenzgericht die Einstellung des Verfahrens beschließen.

17 Die vorherige Einberufung einer Gläubigerversammlung ist auch nicht (mehr) erforderlich, wenn der Schuldner gem. § 287 Abs. 1 zugleich einen Antrag auf **Restschuldbefreiung** gestellt hat (→ § 208 Rn. 59). Denn die Insolvenzgläubiger, die ihre Forderungen zur Tabelle angemeldet haben, können nach § 290 Abs. 2 Satz 1 jederzeit im eröffneten Verfahren bis zur Einstellung nach § 211 Abs. 1 schriftlich einen Versagungsantrag stellen.[40] Zur Antragstellung bedarf es also keiner Durchführung einer Gläubigerversammlung anstelle eines „Schlusstermins".[41]

---

[31] Graf-Schlicker/*Riedel* § 211 Rn. 9.

[32] Mohrbutter/Ringstmeier/*Pape* § 12 Rn. 151; HambKommInsO/*Weitzmann* § 211 Rn. 3; Pape/Uhländer/*Schmittmann* § 211 Rn. 6; ferner *Kluth* ZInsO 2000, 177, 183.

[33] Jaeger/*Windel* § 211 Rn. 8; *Keller* Rpfleger 2008, 1, 8. Zum Restschuldbefreiungsverfahren → Rn. 17.

[34] Vgl. Uhlenbruck/*Ries* § 211 Rn. 2; dazu schon → Rn. 5.

[35] Nerlich/Römermann/*Westphal* § 211 Rn. 13. Zur Verteilung eines Überschusses an Insolvenzgläubiger → Rn. 22.

[36] Nach KPB/*Pape* § 211 Rn. 14, 15 ist das Gericht Adressat der Schlussrechnung; ebenso HKInsO/*Landfermann* § 211 Rn. 6; Uhlenbruck/*Ries* § 211 Rn. 7; Jaeger/*Windel* § 211 Rn. 14; *HWF,* Handbuch, Kap. 8 Rn. 174.

[37] Vgl. BGH ZVI 2009, 346; AGR/*Henning* § 211 Rn. 6; Uhlenbruck/*Ries* § 211 Rn. 7; aA Graf-Schlicker/*Riedel* § 211 Rn. 2.

[38] AGR/*Henning* § 211 Rn. 6; Pape/Uhländer/*Schmittmann* § 211 Rn. 8. Nach HambKommInsO/*Weitzmann* § 211 Rn. 3 soll die Prüfung aber vorrangig dem Gläubigerausschuss obliegen; ähnlich Nerlich/Römermann/*Westphal* § 211 Rn. 14; K. Schmidt/*Jungmann* § 211 Rn. 23.

[39] § 323 RegE, der vorgesehen hatte, dass nach Feststellung der Masseunzulänglichkeit in der Gläubigerversammlung an die Stelle der nicht nachrangigen Insolvenzgläubiger die Massegläubiger treten, ist nicht in das Gesetz übernommen worden, vgl. zu den damit verbundenen Folgen *Kluth* ZInsO 2000, 177, 179. Gegen eine Umbesetzung der Gläubigerversammlung auch *Kayser/Heck* NZI 2005, 65 f.; aA HKInsO/*Landfermann* § 211 Rn. 6.

[40] Nach § 297a kann auch bei erst nach der Einstellung bekannt gewordenen Versagungsgründen nach § 290 Abs. 1 noch ein Versagungsantrag gestellt werden.

[41] Zum früheren Recht vgl. BGH ZVI 2009, 346; Jaeger/*Windel* § 211 Rn. 10.

E. Nachtragsverteilung, Abs. 3

I. Voraussetzungen

18 Werden nach der Verfahrenseinstellung noch Gegenstände der Insolvenzmasse ermittelt, so kann eine Nachtragsverteilung nach § 211 Abs. 3 stattfinden.[42] Die Zulässigkeit von Nachtragsverteilungen erfüllt den gesetzgeberischen Zweck, eine möglichst vollständige Verwertung des schuldnerischen Vermögens auch bei Masseunzulänglichkeit herbeizuführen.[43]

19 **1. Anwendungsbereich.** Seinem Wortlaut nach beschränkt § 211 Abs. 3 die Nachtragsverteilung auf nach der Verfahrenseinstellung ermittelte **Gegenstände der Insolvenzmasse** und damit auf den in **§ 203 Abs. 1 Nr. 3** genannten Verteilungsfall. Hierzu zählen nach ständiger Rspr auch zur Zeit der Einstellung schon bekannte, vom Insolvenzverwalter zunächst aber nicht verwertete und deswegen nicht zur Masse gezogene Gegenstände (Erlöse).[44] Nicht zur Masse gehört allerdings Neuerwerb des Schuldners erst nach Einstellung des Verfahrens.[45] Auch vom Insolvenzverwalter wirksam und damit endgültig aus der Masse freigegebene Gegenstände sowie etwaige vom Schuldner aus deren Veräußerung später erzielte Einnahmen unterliegen als dessen insolvenzfreies Vermögen nicht der Nachtragsverteilung.[46] Vom Insolvenzbeschlag nicht mehr erfasst ist auch Vermögen, das der Schuldner nach erteilter Restschuldbefreiung und Ablauf der Abtretungsfrist (§ 287 Abs. 2) zB aus selbständiger Tätigkeit erwirbt, § 300a Abs. 1.[47] Die weiteren in **§ 203 Abs. 1 Nr. 1 und 2** aufgeführten Fälle der Nachtragsverteilung werden zwar nicht ausdrücklich angeführt. Ihre Ausklammerung würde jedoch der klaren gesetzgeberischen Intention widersprechen, wonach mit Hilfe der Nachtragsverteilung umfassend die **vollständige Haftungsrealisierung** zugunsten der Gläubiger bewirkt werden sollte. Deshalb können nach ganz hM auch aus der Masse gezahlte und nach Verfahrenseinstellung zurückfließende (Nr. 2) oder zunächst zurückbehaltene und für die Masse wieder frei werdende „Beträge" (Nr. 1) noch nachträglich verteilt werden.[48] Anhängige Prozesse zur Abwehr von Masseverbindlichkeiten oder Anfechtungsprozesse können somit vom Verwalter fortgeführt werden, ohne dass sonst einstellungsreife Verfahren unnötig verlängert werden.[49]

20 **2. Anordnung.** Die gerichtliche Anordnung der Nachtragsverteilung erfolgt entweder auf **Antrag** des Verwalters, eines Massegläubigers oder aber **von Amts wegen,** § 211 Abs. 3 Satz 1.[50] Da Insolvenzgläubiger idR nicht Nutznießer des Nachtragsverteilungsverfahrens sind, besitzen sie kein Antragsrecht. Soweit ein Insolvenzgläubiger dennoch die Nachtragsverteilung beantragt, so ist dies zwar unzulässig; das Insolvenzgericht wird diese „Anregung" jedoch zum Anlass nehmen, von Amts wegen zu klären (§ 5 Abs. 1), ob die tatbestandlichen Voraussetzungen für die Durchführung einer Nachtragsverteilung nach dem Gesetz vorliegen.[51] Dabei geht es regelmäßig um die Feststellung, ob ein nachträglich ermittelter Vermögenswert zur Masse des eingestellten Insolvenzverfahrens gehört.

II. Verfahren

21 Die Durchführung von Nachtragsverteilungen richtet sich gem. § 211 Abs. 3 Satz 2 nach den entsprechend anwendbaren §§ 204 und 205. Mit der Anordnung der Nachtragsverteilung unterliegt der hiervon betroffene Vermögensgegenstand wieder dem Insolvenzbeschlag und geht die Verfügungsbefugnis vom Schuldner auf den Insolvenzverwalter über (§ 80 Abs. 1). Soweit die Nachtrags-

[42] Nach der Rspr. des BGH kann eine Nachtragsverteilung auch im Anschluss an eine Einstellung des Verfahrens mangels Masse (§ 207) analog § 211 Abs. 3 angeordnet werden; → § 207 Rn. 87.

[43] Entfällt die angezeigte Masseunzulänglichkeit durch Massemehrung schon vor Einstellung, ist eine Rückkehr in das reguläre Verfahren zulässig. Vgl. → § 208 Rn. 55.

[44] Zur weiten Auslegung des § 203 Abs. 1 Nr. 3 s. BGH NZI 2012, 271 m. krit. Anm. *U. Keller* und ZIP 2012, 437 (Rn. 22), dazu *Zipperer* EWiR 2012, 183; K. Schmidt/*Jungmann* § 203 Rn. 7.

[45] Zur Abgrenzung des insolvenzfreien Neuerwerbs des Schuldners von restlichen Masseaktiva, vgl. BGH ZIP 2014, 1235 (Rn. 10 f.); ZIP 2017, 1169 (Rn. 18, 20 f.); BFH ZIP 2012, 933 (Rn. 10).

[46] BGH ZIP 2017, 1169 (Rn. 19); NZI 2014, 501 (Rn. 6) mAnm *Leithaus*. Der Verwalter kann seine Freigabeerklärung nicht widerrufen oder wegen Irrtums anfechten, vgl. BGH NZI 2007, 173 (Rn. 20).

[47] Die ab dem 1.7.2014 geltende Neuregelung folgt der Rspr. des BGH in NZI 2014, 312 m. zust. Anm. *Harder.*

[48] BGH ZIP 2013, 2320 (Rn. 8); ZInsO 2014, 340 (Rn. 5); BAG ZIP 2014, 1498 (Rn. 11); *Bork* ZIP 2009, 2077, 2080 f.; Nerlich/Römermann/*Westphal* § 211 Rn. 15; AGR/*Henning* § 211 Rn. 14; HKInsO/*Landfermann* § 211 Rn. 9; Mohrbutter/Ringstmeier/*Pape* § 12 Rn. 149; Graf-Schlicker/*Riedel* § 211 Rn. 15.

[49] Zur Insolvenzanfechtung bei angezeigter Masseunzulänglichkeit → § 208 Rn. 51.

[50] Das gilt auch bei vorbehaltenen Nachtragsverteilungen.

[51] Nerlich/Römermann/*Westphal* § 211 Rn. 16.

verteilung zugleich mit der Verfahrenseinstellung **vorbehalten** wurde, besteht für die von ihr erfassten Gegenstände die Insolvenzbeschlagnahme unverändert fort. Der Schuldner erhält also insoweit trotz der Verfahrensbeendigung entgegen § 215 Abs. 2 Satz 1 die **Verfügungsmacht** nicht zurück; diese **verbleibt** beim bisherigen (o. neu bestellten) **Insolvenzverwalter.**[52] Gegen die Ablehnung oder Anordnung der Nachtragsverteilung können entsprechend § 204 Rechtsmittel eingelegt werden.

22 **1. Verteilung.** Der **Vollzug** der angeordneten Nachtragsverteilung erfolgt entsprechend der Regelung in § 205. Der Insolvenzverwalter hat die ihm zur Verfügung stehenden Beträge oder den Erlös aus der Verwertung unter den **Massegläubigern** zu verteilen und dem Insolvenzgericht hierüber Rechnung zu legen.[53] Maßgebend für die Verteilung ist die Rangordnung des § 209 Abs. 1. Der Verwertungserlös kann im Einzelfall ausreichend sein, um sämtliche Massegläubiger nachträglich voll zu befriedigen. Einen evtl verbleibenden **Überschuss** hat der Insolvenzverwalter an die **Insolvenzgläubiger** auszuschütten.[54] Nach § 205 Satz 1 hat dessen Verteilung auf der Grundlage eines „Schlussverzeichnisses" (§ 197 Abs. 1 Nr. 2) über die offen stehenden Verbindlichkeiten zu erfolgen. Liegt ein solches nicht vor,[55] muss der Verwalter ein gesondertes Verzeichnis nachträglich erstellen, anhand dessen die Verteilung in Höhe der von ihm festgelegten Quote vorgenommen werden kann.[56] Darin sind nur Insolvenzgläubiger aufzunehmen, deren Forderungen im Insolvenzverfahren festgestellt wurden. In entsprechender Weise ist bei der weiteren Durchführung eines Restschuldbefreiungsverfahrens („Wohlverhaltensphase") im Anschluss an die Verfahrenseinstellung gem. §§ 209, 211, 289 zu verfahren. Auch hier sollte in der Insolvenzphase von vornherein darauf geachtet werden, dass die angemeldeten Forderungen der Insolvenzgläubiger ordnungsgemäß festgestellt und in ein Schlussverzeichnis aufgenommen werden.[57] Ist dies nicht der Fall, muss als Grundlage für die Abwicklung der Restschuldbefreiung – also für die abschließende Verteilung durch den Treuhänder – die Anfertigung eines Verzeichnisses der noch zu berücksichtigenden Forderungen nachgeholt oder zumindest ein Verteilungsschlüssel gerichtlich festgelegt werden.[58]

23 **2. Absehen von der Anordnung.** Das Insolvenzgericht kann entsprechend § 203 Abs. 3 Satz 1 die Anordnung einer an sich zulässigen Nachtragsverteilung nach pflichtgemäßem **Ermessen** ablehnen, wenn dies im Hinblick auf den **geringen** Wert des noch zur Verteilung anstehenden Gegenstandes (Betrages) und den Kosten eines Nachtragsverteilungsverfahrens angemessen erscheint.[59] Übersteigt der Kostenaufwand schon den überhaupt erzielbaren Verwertungserlös[60] oder deckt der Erlös zwar noch die Verfahrenskosten, ist für die Massegläubiger aber praktisch keine Verteilungsmasse mehr zu erwarten, macht eine Nachtragsverteilung wirtschaftlich keinen Sinn. Bei einem solchen Kosten/Nutzen-Vergleich wird das Gericht daher von der Anordnung einer Nachtragsverteilung absehen und das „Nachtragsvermögen" dem Schuldner überlassen, damit es nicht unnötig verschleudert wird.[61]

§ 212 Einstellung wegen Wegfalls des Eröffnungsgrunds

[1]Das Insolvenzverfahren ist auf Antrag des Schuldners einzustellen, wenn gewährleistet ist, dass nach der Einstellung beim Schuldner weder Zahlungsunfähigkeit noch drohende Zahlungsunfähigkeit noch, soweit die Überschuldung Grund für die Eröffnung des Insolvenzverfahrens ist, Überschuldung vorliegt. [2]Der Antrag ist nur zulässig, wenn das Fehlen der Eröffnungsgründe glaubhaft gemacht wird.

Schrifttum: *Möhlmann,* Der Nachweis der Verfahrenseinstellung im neuen Insolvenzrecht, KTS 1998, 373.

---

[52] BGH ZIP 2013, 2320 (Rn. 16); BGH NZI 2011, 263 (Rn. 12); BFH ZIP 2012, 933 (Rn. 13, 14). Zur fortbestehenden Prozessführungsbefugnis des Verwalters vgl. *Markgraf/Hertelt,* ZIP 2018, 1480, 1485.

[53] Zur Dokumentation der Verteilung anhand von Massegläubigerlisten → Rn. 5, 15.

[54] Jaeger/*Windel* § 211 Rn. 24.

[55] Vgl. *Kluth* ZInsO 2000, 177, 182.

[56] KPB/*Pape* § 211 Rn. 17; Jaeger/*Windel* § 211 Rn. 25; Nerlich/Römermann/*Westphal* § 211 Rn. 18; aA Uhlenbruck/*Ries* § 211 Rn. 4, 17; AGR/*Henning* § 211 Rn. 16.

[57] HKInsO/*Waltenberger* § 289 Rn. 8.

[58] FKInsO/*Grote/Lackmann* § 292 Rn. 15; K. Schmidt/*Henning* § 292 Rn. 10.

[59] Zum Kostenaufwand einer Nachtragsverteilung s. Uhlenbruck/*Wegener* § 203 Rn. 32.

[60] BGH NZI 2008, 177 (Rn. 9).

[61] Vgl. LG München ZIP 2017, 2272, dazu *Schur* EWiR 2018, 25; LG Göttingen NZI 2012, 276; Jaeger/*Windel* § 211 Rn. 21.

Übersicht

A. Normzweck

Die Durchführung eines Insolvenzverfahrens ist wegen des damit verbundenen Eingriffs in die Rechtsstellung des Schuldners nicht mehr gerechtfertigt, wenn die Eröffnungsgründe von vornherein nicht bestanden haben oder später weggefallen sind.[1] Zweck des § 212 ist es, dem Schuldner in einem solchen Fall das Recht einzuräumen, die **Verfahrensdauer** durch Herbeiführung einer Einstellung des eröffneten Verfahrens **abzukürzen.** Für die Anwendung der Vorschrift besteht vor allem dann ein Bedürfnis, wenn der Schuldner durch nachhaltige Kapitalmaßnahmen wie Eigenkapitalzufuhr, Forderungsverzichte oder Rangrücktritte gewährleisten kann, dass eingetretene Eröffnungsgründe überwunden sind und dass deshalb auf absehbare Zeit ein neues Insolvenzverfahren ausgeschlossen erscheint. 1

B. Entstehungsgeschichte

Die KO kannte eine Einstellung wegen Fehlens oder Wegfalls des Eröffnungsgrundes nicht. 2
Auch wenn der Eröffnungsgrund irrtümlich angenommen oder später entfallen war, konnte der Schuldner eine vorzeitige Beendigung des Verfahrens nur mit Zustimmung aller Gläubiger gem. **§ 202 KO** erreichen. Bei Weigerung einzelner Gläubiger war der Schuldner grundsätzlich darauf angewiesen, die Zustimmungserklärungen auf dem aufwändigen und mühsamen Weg über § 894 ZPO zu erkämpfen.[2] Dies wurde zu Recht als Mangel des damaligen Konkursrechtes angesehen.[3] In Anknüpfung an die Regelung in § 19 Abs. 1 Nr. 4 GesO[4] sah § 325 RegE deshalb vor, dass das Insolvenzverfahren auf Antrag des Schuldners auch ohne Zustimmung der Gläubiger einzustellen ist, wenn feststeht, dass eine Insolvenzreife nicht oder nicht mehr gegeben ist.[5] Sachlich übereinstimmend ermöglicht § 212 die Einstellung des Verfahrens wegen Wegfalls des Eröffnungsgrundes.

Nach § 325 Abs. 2 RegE sollte das Antragsrecht auch jeder am Schuldner beteiligten Person 3
zustehen, wenn der Schuldner keine natürliche Person ist. Dadurch sollte zB der Muttergesellschaft eines insolventen Unternehmens die Möglichkeit eingeräumt werden, die Einstellung des Insolvenzverfahrens zu erreichen, wenn sie durch eine Garantieerklärung gegenüber den Gläubigern des Unternehmens den Eröffnungsgrund beseitigt hat. Auf Empfehlung des Rechtsausschusses ist diese Regelung jedoch aus Vereinfachungsgründen gestrichen worden.[6] Die Berechtigung, die Einstellung wegen Wegfalls des Eröffnungsgrundes zu beantragen, wurde damit auf den Schuldner beschränkt.

1 Begr. § 325 RegE, *Kübler/Prütting,* S. 443.

2 Nerlich/Römermann/*Westphal* § 212 Rn. 2; Uhlenbruck/*Ries* § 212 Rn. 1. Allerdings wurde schon zum alten Recht vertreten, dass es keiner Zustimmung der voll befriedigten Gläubiger bedarf, vgl. Jaeger/*Windel* § 212 Rn. 2.

3 *Kilger/K. Schmidt* KO § 202 Anm. 2b bb.

4 Danach war die Gesamtvollstreckung einzustellen, „wenn der Eröffnungsgrund beseitigt ist".

5 Begr. § 325 RegE, *Kübler/Prütting,* S. 443.

6 Begr. Rechtsausschuss, *Kübler/Prütting,* S. 444. Zur Kritik an der Streichung s. Jaeger/*Windel* § 212 Rn. 3.

C. Voraussetzungen der Verfahrenseinstellung

I. Fehlen der Eröffnungsgründe

4 **1. Gesetzliche Eröffnungsgründe.** Das Insolvenzverfahren wird eröffnet, wenn nach Überzeugung des Gerichtes ein für die Rechtsform des Schuldners maßgebender Insolvenzeröffnungsgrund, §§ 17 bis 19, vorliegt. Eine vorzeitige Beendigung des Insolvenzverfahrens nach §§ 212, 214 setzt voraus, dass alle in Betracht kommenden Eröffnungsgründe beseitigt sind. Dabei ist trotz der abweichenden Überschrift zu § 212 für dessen Anwendung unerheblich, ob im Zeitpunkt der Verfahrenseröffnung zB der **Eröffnungsgrund** der Zahlungsunfähigkeit tatsächlich vorgelegen hat und **nachträglich entfallen** ist oder ob dieser nur irrtümlich vom Insolvenzgericht angenommen wurde, der Eröffnungsgrund also **von Anfang an fehlte.**[7] Entscheidend für die Einstellung nach § 212 ist, dass **Insolvenzgründe** nicht bzw. **nicht mehr vorliegen.**[8] Waren die materiellen Eröffnungsvoraussetzungen im Zeitpunkt der Eröffnung erfüllt, kann der nachträgliche Wegfall des Insolvenzgrundes nur noch im Verfahren nach § 212 geltend gemacht werden, weil das kontradiktorische Antragsverfahren mit dem Erlass des Eröffnungsbeschlusses beendet ist.[9] Eine Aufhebung des Eröffnungsbeschlusses im Verfahren der sofortigen Schuldnerbeschwerde, § 34 Abs. 2, kommt dann nicht mehr in Betracht.[10]

5 **2. Nichtbestehen oder Wegfall von Eröffnungsgründen.** Eine vollständige Gläubigerbefriedigung durch den Insolvenzverwalter berechtigt den Schuldner grundsätzlich nicht zur vorzeitigen Verfahrensbeendigung, vielmehr ist ein förmlicher Abschluss nach den §§ 187, 196 f. herbeizuführen.[11] Jedoch kann der Schuldner eine Verfahrenseinstellung nach § 212 erwirken, wenn mit der vollständigen Befriedigung der Insolvenzgläubiger zugleich **jeder gesetzliche Eröffnungsgrund beseitigt** wurde.[12] Maßgebend für die Beurteilung ist der Zeitpunkt der Entscheidung über den Einstellungsantrag des Schuldners. Das Insolvenzgericht hat wie bei der Prüfung, ob die Voraussetzungen für die Eröffnung eines Insolvenzverfahrens vorliegen, nunmehr umgekehrt deren Nichtvorliegen zu beurteilen und festzustellen. Deshalb kommt es nicht nur darauf an, ob der für die Verfahrenseröffnung seinerzeit maßgebende Eröffnungsgrund nachträglich weggefallen ist oder tatsächlich nie bestanden hat. Vielmehr muss nach Überzeugung des Gerichts die sichere Erwartung bestehen, dass auch nicht aus einem anderen Grund wieder ein Insolvenzverfahren eröffnet werden kann. **Alle** in Betracht kommenden **Eröffnungsgründe** müssen **nachhaltig überwunden** sein.[13] Das kann zB zweifelhaft sein, solange noch eine Steueraußenprüfung beim Schuldner läuft.[14]

6 Nach dem Gesetz reicht es für die Einstellung des Verfahrens nicht aus, dass lediglich die bei der Verfahrenseröffnung festgestellte Zahlungsunfähigkeit beseitigt ist. Auch mit dem Eintritt einer **drohenden Zahlungsunfähigkeit,** § 18, darf in absehbarer Zeit nicht mehr gerechnet werden, so dass die Hürde zur Überwindung der Insolvenzreife sehr hoch ist. Damit das Insolvenzgericht eine ausreichende Prüfung der wiedererlangten Zahlungsfähigkeit vornehmen kann, muss der Schuldner daher nicht nur einen aktuellen Finanzstatus vorlegen, sondern auch einen **Finanzplan** für die Zukunft, aus dem ersichtlich ist, dass er auch seinen künftigen Zahlungsverpflichtungen gegenüber allen Gläubigern pünktlich nachkommen kann.[15] Wird dem Schuldner, der eine natürliche Person ist, nach Ablauf der Abtretungserklärung aber noch vor Verfahrensabschluss (vorzeitig) **Restschuldbefreiung** erteilt, führt dies allein nicht zum Wegfall des Insolvenzeröffnungsgrundes; denn die festgestellten Insolvenzforderungen sind auch als nunmehr „unvollkommene" – gem. §§ 215 Abs. 2

---

7 K. Schmidt/*Jungmann* § 212 Rn. 2 f.; HKInsO/*Landfermann* § 212 Rn. 2; Uhlenbruck/*Ries* § 212 Rn. 2; AGR/*Henning* § 212 Rn. 5; offen geblieben in BGH NZI 2011, 20 (Rn. 6).

8 Jaeger/*Windel* § 212 Rn. 4; HKInsO/*Landfermann* § 212 Rn. 2 u. ganz hM.

9 BGHZ 169, 17 = NJW 2006, 3554 m. zust. Anm. *Gundlach* S. 3556 = DZWiR 2007, 152 m. zust. Anm. *Gruber* S. 154 f. = NZI 2006, 693 m. zust. Anm. *Frenzel/Schirrmeister* S. 696; Graf-Schlicker/*Kexel* § 34 Rn. 27; aA Jaeger/*Gerhardt* § 34 Rn. 23; *M. Nöll* ZInsO 2007, 249, 253.

10 Der Schuldner kann aber mit der sofortigen Beschwerde rügen, dass der Eröffnungsgrund nie vorlag oder schon während des Antragsverfahrens fortgefallen ist. In diesem Fall ist er also nicht auf einen Einstellungsantrag nach § 212 angewiesen. Zum Vorrang des Beschwerdeverfahrens s. Jaeger/*Windel* § 212 Rn. 5–7; K. Schmidt/*Jungmann* § 212 Rn. 3.

11 Vgl. Nerlich/Römermann/*Westphal* § 212 Rn. 4.

12 Auch die nachrangigen Insolvenzgläubiger nach § 39 müssen befriedigt sein; ansonsten besteht die Gefahr, dass nach Verfahrenseinstellung ein neues Verfahrens hinsichtlich dieser Ansprüche eröffnet werden muss; vgl. LG München ZInsO 2001, 861; Jaeger/*Windel* § 212 Rn. 14.

13 Uhlenbruck/*Ries* § 212 Rn. 2; HambKommInsO/*Weitzmann* § 212 Rn. 2; Jaeger/*Windel* § 212 Rn. 13.

14 LG München ZInsO 2001, 861; K. Schmidt/*Jungmann* § 212 Rn. 19; Jaeger/*Windel* § 212 Rn. 22.

15 So auch AG Hamburg ZIP 2006, 1688, 1690; Jaeger/*Windel* § 212 Rn. 15; K. Schmidt/*Jungmann* § 212 Rn. 15; Uhlenbruck/*Ries* § 212 Rn. 2.

Satz 2, 201 Abs. 3 nicht mehr durchsetzbare – Verbindlichkeiten im laufenden Insolvenzverfahren weiter zu berücksichtigen.[16] Im Falle einer juristischen Person muss zudem gewährleistet sein, dass sie – auch zukünftig – nicht überschuldet ist. Die **Überschuldungsprüfung** richtet sich nach § 19 Abs. 2 Satz 1.[17] Danach ist eine Gesellschaft nicht mehr überschuldet, wenn ihre Finanzkraft nach überwiegender Wahrscheinlichkeit mittelfristig zur Fortführung des Unternehmens ausreicht.[18] Ob ihr Vermögen bei Ansatz von Liquidationswerten auch die bestehenden Verbindlichkeiten deckt, ist unerheblich. Der Eröffnungsgrund der Überschuldung entfällt also trotz möglicher rechnerischer Überschuldung bei einer **positiven Fortführungsprognose.** Voraussetzung einer solchen in die Zukunft gerichteten Prognose ist, dass das Unternehmen objektiv überlebensfähig ist und daher während des Prognosezeitraums jedenfalls seine fälligen Zahlungen voraussichtlich erfüllen kann.[19] Die Prognose zur Lebensfähigkeit des Unternehmens erfordert eine Finanzplanung und als deren Grundlage zusätzlich die Vorlage eines aussagekräftigen Unternehmenskonzepts als Planungsgrundlage.[20] Insgesamt sind danach die Anforderungen sehr streng, um ein eröffnetes Verfahren ohne Haftungsabwicklung wegen Wegfalls des Eröffnungsgrundes vorzeitig beenden zu können.[21] Ohne diese hohe Schwelle und ohne eine besonders gründliche Prüfung der Glaubhaftmachung der Einstellungsvoraussetzungen durch den Schuldner (→ Rn. 11) bestünde aber die Gefahr, dass unberechtigte Einstellungsanträge den regulären Verfahrensablauf erheblich stören und verlängern.

II. Einstellungsantrag

1. Antragsberechtigung. Der Antrag auf Einstellung des Insolvenzverfahrens wegen Wegfalls 7
des Eröffnungsgrundes kann nach § 212 Satz 1 **ausschließlich** vom **Schuldner** gestellt werden. Antragsberechtigt sind natürliche Personen wie auch juristische Personen. Sind mehrere Personen Schuldner, wie die **persönlich haftenden Gesellschafter** einer oHG oder BGB-Gesellschaft oder im Nachlassinsolvenzverfahren die Miterben,[22] so muss der Antrag einheitlich von allen gestellt werden.[23] Der Antrag einer sich in der Insolvenz befindenden **juristischen Person** ist von sämtlichen organschaftlichen Vertretern zu stellen.[24] Mehrere alleinvertretungsberechtigte Geschäftsführer können daher den Einstellungsantrag nach § 212 für eine GmbH wirksam nur gemeinsam stellen.[25] Nicht antragsberechtigt sind die Gesellschafter der Schuldnerin.[26] Befinden sich in einer Unternehmensgruppe mehrere verbundene Unternehmen in der Insolvenz, so ist weiterhin der bisherige Geschäftsführer der Schuldnerin (Komplementär-GmbH) zur Antragsstellung nach § 212 berechtigt.[27] Der Insolvenzverwalter selbst ist nicht zur Stellung des Einstellungsantrags befugt.[28]

2. Zeitpunkt und Form. Die Stellung des Antrags nach § 212 ist an **keine Frist** gebunden. 8
Er kann deshalb bereits vor Ablauf der Frist zur Anmeldung der Insolvenzforderungen gestellt werden; das Insolvenzverfahren könnte gleichfalls zuvor eingestellt werden.[29] Der Antrag muss **ausdrücklich** erfolgen; eine besondere Form ist aber nicht vorgeschrieben.[30]

---

[16] Das Insolvenzverfahren ist also hinsichtlich des verbleibenden Massevermögens zu Gunsten der Gläubiger zu Ende zu führen, vgl. BGH NZI 2014, 229 (Rn. 7 f.); Uhlenbruck/*Ries* § 212 Rn. 4; AGR/*Henning* § 212 Rn. 6.

[17] Der mit dem FMStG v. 17.10.2008 – zunächst befristet – eingeführte neue Überschuldungstatbestand wurde durch Ges. v. 5.12.2012 (BGBl. I S. 2418) „entfristet". Zu Grundsatzfragen des (fort-)geltenden § 19 Abs. 2 InsO eingehend *Karsten Schmidt* ZIP 2013, 485 ff.

[18] Zu Maßnahmen, durch die eine bestehende Überschuldungssituation behoben werden kann, vgl. KPB/Pape § 19 Rn. 71; Jaeger/*Windel* § 212 Rn. 16.

[19] BGH ZIP 2006, 2171; KPB/*Pape* § 19 Rn. 37 bis 47.

[20] LG Göttingen ZIP 2009, 382; AG Hamburg ZIP 2012, 1776; Uhlenbruck/*Ries* § 212 Rn. 2a.

[21] KPB/*Pape* § 212 Rn. 5.

[22] Anstelle der Erben kann (auch) ein verwaltender Testamentsvollstrecker die Einstellung nach § 212 beantragen, vgl. LG München ZVI 2011, 339 m. zust. Anm. *Fischer-Brunkow* in EWiR 2011, 681.

[23] Uhlenbruck/*Ries* § 212 Rn. 3; HambKommInsO/*Weitzmann* § 212 Rn. 3. Gegen diese Einschränkung und für Geltung der allgm. Vertretungsregelung aber Jaeger/*Windel* § 212 Rn. 19.

[24] AG Hamburg ZIP 2006, 1688; KPB/*Pape* § 212 Rn. 3; K. Schmidt/*Jungmann* § 212 Rn. 7; Uhlenbruck/*Ries* § 212 Rn. 5; Nerlich/Römermann/*Westphal* § 212 Rn. 6; auch → § 213 Rn. 4; aA HKInsO/*Landfermann* § 212 Rn. 3; AGR/*Henning* § 212 Rn. 3.

[25] Im Beschl. des BGH ZIP 2016, 817 (Rn. 15) kam es auf diese (Streit-)Frage nicht an.

[26] OLG Naumburg ZInsO 2001, 810. Das folgt aus der Streichung des § 325 Abs. 2 RegE, vgl. Begr. Rechtsausschuss, *Kübler/Prütting,* S. 444.

[27] OLG Celle NZI 2001, 28 = ZIP 2000, 1943 (bei Insolvenz einer GmbH & Co KG); Uhlenbruck/*Ries* § 212 Rn. 5.

[28] KPB/*Pape* § 212 Rn. 4; Uhlenbruck/*Ries* § 212 Rn. 3.

[29] Nach Aufhebung des Insolvenzverfahrens ist aber kein Raum mehr für eine Einstellung, vgl. BGH NZI 2010, 655 (Rn. 17).

[30] Uhlenbruck/*Ries* § 212 Rn. 5.

9 **3. Rechtsschutzbedürfnis.** Der Einstellungsantrag kann in jeder Lage des Verfahrens gestellt werden. Er darf jedoch vom Schuldner nicht dazu benutzt werden, um die Verfahrensabwicklung zu beeinträchtigen und zB Verwertungsentscheidungen zu verzögern. Werden Einstellungsanträge erkennbar zum Zwecke der Verschleppung und nachhaltigen **Störung der Insolvenzabwicklung** gestellt, so sind diese von vornherein als **rechtsmissbräuchlich** und damit unzulässig anzusehen. Das nach hM notwendige Rechtsschutzbedürfnis kann etwa für wiederholte Einstellungsanträge nach § 212 fehlen, mit denen erkennbar nur Zeit für Sanierungsbemühungen gewonnen werden soll und die sich dabei auf ungewisse Zusagen stützen.[31] Auch wenn der Schuldner selbst einräumt, den Umfang seiner Verbindlichkeiten nicht genau zu kennen, ist ein rechtliches Interesse fraglich, soweit sein Einstellungsantrag nur darauf abzielt, den Insolvenzverwalter zu entsprechenden Auskünften zu veranlassen.[32] In solchen Fällen wird die Zulässigkeit der Anträge oft aber schon daran scheitern, dass das Fehlen von Eröffnungsgründen nicht substantiiert dargelegt werden kann.[33]

10 **4. Darlegung und Glaubhaftmachung.** Der Schuldner hat das Fehlen von Eröffnungsgründen substantiiert darzulegen und gem. § 212 Satz 2 glaubhaft zu machen. Wurde zB die Zahlungsunfähigkeit des Schuldners in einem dem Eröffnungsbeschluss zugrunde gelegten Sachverständigengutachten festgestellt, so muss er zunächst konkret aufzeigen, wie er seine Zahlungsfähigkeit wieder zurückgewonnen hat.[34] Die weiter notwendige Glaubhaftmachung ist eine besondere **Zulässigkeitsvoraussetzung** des Einstellungsantrags.[35] Ohne ausreichende Glaubhaftmachung ist der Antrag nicht nach § 214 Abs. 1 Satz 1 zu veröffentlichen, sondern als unzulässig zurückzuweisen.[36] Das in § 214 geregelte kostenträchtige Verfahren zum Zweck der Einstellung wird nicht „eröffnet". Die Glaubhaftmachung richtet sich nach § 294 ZPO und besagt, dass Eröffnungsgründe auf Grund **liquider Beweismittel** mit **überwiegender Wahrscheinlichkeit** fehlen. Taugliches Mittel der Glaubhaftmachung können jedenfalls für den Verbraucherschuldner auch eidesstattliche Versicherungen sein; von höherem Beweiswert sind aber in aller Regel Sachverständigengutachten zum Wegfall oder Fehlen des Eröffnungsgrundes sowie **Urkunden** über rechtswirksam übernommene Bürgschaften, Rangrücktritte, Patronatserklärungen,[37] Besserungsscheine oder auch Finanz- und Liquiditätspläne, die von einem Wirtschaftsprüfer begutachtet sind.[38]

11 Der Schuldner muss zur behaupteten Wiederherstellung seiner zuvor verlorenen Zahlungsfähigkeit konkret belegen, dass ihm – zB aufgrund einer Erbschaft (§ 35 Abs. 1)[39] – genug finanzielle Mittel zur Verfügung stehen, um sämtliche Verbindlichkeiten, die mit der Eröffnung des Verfahrens als fällig gelten (§ 41 Abs. 1), einschließlich der Verfahrenskosten und sonstigen Masseschulden erfüllen zu können. Ausreichend können Zahlungsbelege über die Tilgung aller bekannten Gläubigerforderungen oder auch die Vorlage von Ratenzahlungsvereinbarungen sein, mit denen entspr. Forderungen gestundet wurden.[40] Die Glaubhaftmachung ist aber jeweils **streng zu prüfen.**[41] Bloße Absichtserklärungen potentieller Kreditgeber zur Schuldentilgung sind ebenso wenig geeignet wie rechtlich unverbindliche Goodwill-Erklärungen. Die zur **nachhaltigen Beseitigung** der Eröffnungsgründe notwendige Zuführung von Eigenkapital muss **sichergestellt** sein. Daher bieten nur uneingeschränkte und unbedingte Garantieerklärungen oder Patronatserklärungen hinreichende Gewähr dafür, dass nach Einstellung weder Zahlungsunfähigkeit noch drohende Zahlungsunfähigkeit beim Schuldner vorliegen. Die nachgewiesene Erfüllung der Forderung nur des antragstellenden Gläubigers genügt für sich genommen idR nicht, um zuverlässig sicherzustellen, dass der Schuldner demnächst nicht doch wieder zahlungsunfähig werden kann.[42]

---

31 KPB/*Pape* § 212 Rn. 8; Uhlenbruck/*Ries* § 212 Rn. 6 und 8; HambKommInsO/*Weitzmann* § 212 Rn. 3.

32 OLG Celle ZIP 2000, 1943, 1945.

33 So zutr. Jaeger/*Windel* § 212 Rn. 23, wonach sich ein gesondertes Rechtsschutzbedürfnis als einschränkendes Kriterium dann erübrigt.

34 Vgl. LG Göttingen NZI 2008, 751.

35 BGH NZI 2011, 20; Nerlich/Römermann/*Westphal* § 212 Rn. 7; Uhlenbruck/*Ries*, § 212 Rn. 7.

36 OLG Celle NZI 2001, 28. Ggf. wird das Gericht zuvor auf eine Ergänzung des Schuldnerantrags hinwirken.

37 Auch „harte" (konzern-)interne Patronatserklärungen können einen Insolvenzgrund aber erst beseitigen, wenn der Patron die benötigten Mittel tatsächlich zur Verfügung stellt, vgl. BGH NZI 2011, 536 (Rn. 31).

38 *Möhlmann* KTS 1998, 373, 374 ff.; Uhlenbruck/*Ries* § 212 Rn. 9.

39 Vgl. BGH NZI 2011, 741 (Rn. 13).

40 Vgl. LG Göttingen NZI 2008, 751.

41 OLG Celle NZI 2001, 28; LG Göttingen ZInsO 2009, 38, 40; *Häsemeyer* Rn. 7.74; HambKommInsO/*Weitzmann* § 212 Rn. 4; Vallender/Undritz/*Laroche* Kap. 2 Rn. 158.

42 BGH NZI 2011, 20; ZIP 2006, 1957, 1960; Jaeger/*Windel* § 212 Rn. 14; AGR/*Henning* § 212 Rn. 6 und 14.

D. Verfahren der Einstellung und Rechtsmittel

Ist der Einstellungsantrag auf Grund ausreichender Glaubhaftmachung des Wegfalls der Eröffnungsgründe zulässig, so richtet sich das **weitere Verfahren** der Einstellung nach **§ 214.**[43] Der zulässige Antrag ist öffentlich bekannt zu machen und in der Geschäftsstelle zur Einsicht der Beteiligten auszulegen. Das Insolvenzgericht hat von Amts wegen gem. § 5 Abs. 1 in tatsächlicher und rechtlicher Hinsicht – häufig unter Mithilfe von Sachverständigen – umfassend zu prüfen, ob die Voraussetzungen der Verfahrenseinstellung nach § 212 wirklich vorliegen.[44] Zuvor sind gem. § 214 Abs. 2 der Antragsteller, der Insolvenzverwalter und ggf. der Gläubigerausschuss anzuhören. Ist das Insolvenzgericht zur Überzeugung gelangt, dass die Insolvenzgründe nachhaltig beseitigt sind, beschließt es gem. §§ 212, 214 die Einstellung des Insolvenzverfahrens. 12

Gegen den Einstellungsbeschluss können sich die Insolvenzgläubiger mit der **sofortigen Beschwerde** wenden, § 216 Abs. 1. Wird der Einstellungsantrag zB wegen nicht ausreichender Glaubhaftmachung der Einstellungsgründe als unzulässig verworfen oder nach gerichtlicher Prüfung als unbegründet abgewiesen, weil die tatsächlichen Voraussetzungen des § 212 nicht erfüllt sind, steht dem Schuldner die sofortige Beschwerde nach § 216 Abs. 2 zu. Es genügt, wenn die Voraussetzungen des § 212 im Zeitpunkt des Abschlusses des Beschwerdeverfahrens vorliegen, § 571 Abs. 2 Satz 1 ZPO.[45] 13

E. Rechtswirkungen der Einstellung

Mit der wirksamen Einstellung des Verfahrens erlangt der Schuldner die Verfügungsmacht über sein Vermögen wieder zurück. Da die Einstellung nach § 212 voraussetzt, dass alle Gläubiger befriedigt werden können, kommt die Erteilung einer **Restschuldbefreiung** nicht mehr in Betracht.[46] Beruft sich der Schuldner daher auf einen Wegfall des Eröffnungsgrundes, nimmt er damit zugleich seinen Antrag auf Restschuldbefreiung zurück.[47] Auch für eine **Nachtragsverteilung** gem. § 203 Abs. 1 wird nach vollständiger Gläubigerbefriedigung in aller Regel kein Bedürfnis mehr bestehen. Der Schuldner kann sich daher mit einem Einstellungseinwand nach § 212 wehren, falls trotz Verfahrensaufhebung noch eine Nachtragsverteilung beantragt oder angeordnet werden sollte.[48] 14

§ 213 Einstellung mit Zustimmung der Gläubiger

(1) [1]Das Insolvenzverfahren ist auf Antrag des Schuldners einzustellen, wenn er nach Ablauf der Anmeldefrist die Zustimmung aller Insolvenzgläubiger beibringt, die Forderungen angemeldet haben. [2]Bei Gläubigern, deren Forderungen vom Schuldner oder vom Insolvenzverwalter bestritten werden, und bei absonderungsberechtigten Gläubigern entscheidet das Insolvenzgericht nach freiem Ermessen, inwieweit es einer Zustimmung dieser Gläubiger oder einer Sicherheitsleistung gegenüber ihnen bedarf.

(2) Das Verfahren kann auf Antrag des Schuldners vor dem Ablauf der Anmeldefrist eingestellt werden, wenn außer den Gläubigern, deren Zustimmung der Schuldner beibringt, andere Gläubiger nicht bekannt sind.

Schrifttum: *Haarmeyer,* Die Einstellung des Insolvenzverfahrens nach § 213 InsO – ein verkannter „Königsweg", ZInsO 2009, 556 bis 564.

Übersicht

[43] Gottwald/*Klopp/Kluth/Wimmer,* InsO-HdB, § 74 Rn. 60.
[44] Uhlenbruck/*Ries* § 212 Rn. 10; Graf-Schlicker/*Riedel* § 212 Rn. 12.
[45] BGH ZIP 2016, 817 (Rn. 37).
[46] Uhlenbruck/*Ries* § 212 Rn. 10; Jaeger/*Windel* § 212 Rn. 11; KPB/*Pape* § 212 Rn. 20.
[47] BGHZ 186, 223 = NJW-RR 2010, 1494, dazu Anm. *M. Würdinger/M. Hofmann* WuB VI A. § 200 InsO 1.10; AGR/*Henning* § 212 Rn. 4 und 21.
[48] BGHZ 186, 223 = ZIP 2010, 1610, 1612; HKInsO/*Landfermann* § 212 Rn. 7.

A. Normzweck

1 Das Insolvenzverfahren dient der gemeinschaftlichen Befriedigung der Insolvenzgläubiger. Wenn die Insolvenzgläubiger auf die Durchführung des Insolvenzverfahrens verzichten, so besteht kein Grund mehr, dieses gegen ihren Willen weiterzuführen.[1] Kann der Schuldner zB nach einer gelungenen außergerichtlichen Sanierung die Zustimmungserklärungen aller beteiligten Insolvenzgläubiger zum Einstellungsantrag beibringen, sieht § 213 folgerichtig die vorzeitige Verfahrensbeendigung durch Einstellung vor. Bei **allseitigem Einverständnis** können die Gläubiger also ausnahmsweise über das Verfahrensende disponieren.[2] Auf den nachträglichen Wegfall des Eröffnungsgrundes ist § 213 nicht anwendbar, da dieser Einstellungsgrund in § 212 speziell geregelt ist.[3]

B. Entstehungsgeschichte

2 Die Verfahrenseinstellung mit Zustimmung der Konkursgläubiger war bereits in **§ 202 KO** vorgesehen. Die Vorschrift des § 213 hat diese Regelung im Wesentlichen übernommen.[4] Zusätzlich ist vorgesehen, dass das Insolvenzgericht auch bei nur vom Schuldner selbst bestrittenen Forderungen und bei absonderungsberechtigten Gläubigern nach seinem Ermessen entscheidet, ob die Gläubigerzustimmung zur Einstellung erforderlich ist oder der Schuldner Sicherheit zu leisten hat, § 213 Abs. 1 Satz 2. Abweichend vom früheren Recht (§ 202 Abs. 1 Satz 2 KO) ist dagegen keine Ermessensentscheidung des Gerichts mehr vorgesehen, wenn angemeldete Forderungen von konkurrierenden Mitgläubigern bestritten worden sind; in diesen Fällen kann also auf die Zustimmung der Anmeldungsgläubiger nicht verzichtet werden.[5]

C. Einstellung mit Zustimmung der Insolvenzgläubiger

I. Einstellungsgründe

3 Materieller Einstellungsgrund ist der **„Insolvenzverzicht"** der Gläubiger.[6] Sobald die Gläubiger aller angemeldeten Forderungen zur Einstellung des Verfahrens, an dessen Fortführung sie nicht mehr interessiert sind, ihre Zustimmung erklärt haben, ist das Verfahren auf Antrag des Schuldners einzustellen. Die Beweggründe für die Zustimmung der Gläubiger werden dabei nicht hinterfragt. Das Gesetz unterscheidet in § 213 zwei Einstellungsvarianten: Die Einstellung **nach Ablauf** der Anmeldefrist (§ 28 Abs. 1), die das Insolvenzgericht beschließen muss, wenn die Voraussetzungen vorliegen, und die Einstellung **vor Ablauf** der Anmeldefrist, die in das Ermessen des Insolvenzgerichts gestellt ist. Unerheblich ist deshalb, ob der Schuldner den Antrag vor oder nach Ablauf der

[1] Zur vorzeitigen Beendigung des Restschuldbefreiungsverfahrens → Rn. 18.
[2] Vgl. auch HambKommInsO/*Weitzmann* § 213 Rn. 1.
[3] Zum Vorrang des § 212 vor § 213 vgl. Jaeger/*Windel* § 213 Rn. 7, 32 und § 212 Rn. 1.
[4] Begr. § 326 RegE, *Kübler/Prütting,* S. 444.
[5] Vgl. *Haarmeyer* ZInsO 2009, 556, 558; Jaeger/*Windel* § 213 Rn. 1, 23.
[6] Gottwald/*Klopp/Kluth/Wimmer,* InsO-HdB, § 74 Rn. 67; HambKommInsO/*Weitzmann* § 213 Rn. 3; Vallender/Undritz/*Laroche* Kap. 2 Rn. 159.

Anmeldefrist stellt oder wann er die Zustimmungserklärungen der Insolvenzgläubiger beigebracht hat. Die Einstellung des Verfahrens aufgrund Zustimmung der Gläubiger ist in der Praxis höchst selten. Sie kann in Betracht kommen, wenn zB bei einer außergerichtlichen Schuldenregulierung das Interesse an einer vereinfachten und verkürzten Art der Verfahrensbeendigung besteht.[7]

II. Einstellung nach Ablauf der Anmeldefrist gem. § 213 Abs. 1

1. Antragstellung. Nur der **Schuldner** kann die Einstellung nach § 213 beantragen. Eine Verfahrenseinstellung von Amts wegen, auf Antrag des Verwalters oder auf Wunsch auch aller Insolvenzgläubiger ist nicht statthaft.[8] Befinden sich mehrere Personen in der Rolle des Schuldners, wie zB Gesellschafter einer oHG, so muss der Antrag einheitlich von allen gestellt werden. Ebenso muss bei einer **juristischen Person** die Antragstellung – wie bei der Einstellung nach § 212 – von **sämtlichen organschaftlichen Vertretern** vorgenommen werden.[9] Für die Stellung des Antrags ist eine Form nicht vorgeschrieben. Er kann deshalb auch mündlich in der Gläubigerversammlung gestellt werden.[10] 4

2. Zeitpunkt. Die Stellung des Antrags kann nach Ablauf der Anmeldefrist des § 28 **in jeder Lage des Verfahrens** wirksam erfolgen. Der Schuldner wird i.a. seinen Gläubigern innerhalb der Anmeldefrist von zwei bis drei Monaten ab Insolvenzeröffnung (vgl. § 28 Abs. 1 Satz 2) ein Angebot unterbreiten, um deren Zustimmung für eine Einstellung des Verfahrens zu erreichen. Der formlose Einstellungsantrag kann ausnahmsweise auch schon vor Ablauf der Anmeldefrist gestellt werden, § 213 Abs. 2; idR wird hierüber jedoch erst nach Ablauf der Anmeldefrist entschieden. 5

3. Zustimmung der Insolvenzgläubiger, § 213 Abs. 1 Satz 1. a) Zustimmungserklärungen. Die Zustimmungserklärung des Gläubigers zur beantragten Verfahrenseinstellung hat nur den **Verzicht auf die Fortsetzung des Insolvenzverfahrens** zum Inhalt; dieser bezieht sich also nicht etwa auf den Anspruch selbst oder dessen Geltendmachung.[11] Die Zustimmungserklärung ist eine reine **Prozesshandlung.**[12] Sie kann nicht von einer Bedingung abhängig gemacht werden. Sie muss zudem unwiderruflich sein, jedoch kann sie befristet abgegeben werden.[13] Als Prozesshandlung ist die Zustimmungserklärung nicht nach den §§ 119 ff. BGB wegen Irrtums, Täuschung oder Drohung anfechtbar.[14] Willensmängel bei Erteilung der Zustimmung können vom Gläubiger nur nach Maßgabe des § 214 Abs. 1 Satz 3 durch Widerspruchseinlegung gegen den Antrag oder ggf. nachfolgend durch Beschwerde gegen den Einstellungsbeschluss geltend gemacht werden.[15] Als Prozesshandlung ist die Zustimmungserklärung nur wirksam, wenn der zustimmende Gläubiger prozessfähig oder im Falle der Abgabe durch einen Vertreter prozessordnungsgemäß vertreten ist.[16] Dies hat das Insolvenzgericht von Amts wegen zu prüfen. 6

b) Beibringung der Zustimmungen. Der Schuldner hat die Zustimmung **aller Insolvenzgläubiger,** die Forderungen **zur Tabelle angemeldet** haben, gem. § 213 Abs. 1 Satz 1 „beizubringen".[17] Die zustimmenden Erklärungen sind auf der Geschäftsstelle des Gerichts zur Einsicht auszulegen, § 214 Abs. 1 Satz 2. Das Gesetz verlangt für die Beendigung der Insolvenz auf freiwilliger Basis **Einstimmigkeit.**[18] Keine Zustimmungserklärungen müssen von Gläubigern vorgelegt werden, die nicht angemeldet oder ihre Anmeldung wirksam zurückgenommen haben. Wer am Insolvenzverfahren nicht teilnehmen will, verliert auch seinen Anspruch darauf, dass seinetwegen das Verfahren 7

---

[7] Dazu näher Jaeger/*Windel* § 213 Rn. 5. Zum Ankauf von Insolvenzforderungen samt Stimmrechten, um eine Verfahrenseinstellung gem. § 213 zu erreichen, vgl. *Schwarz/Brockmann* ZInsO 2014, 1368 ff.

[8] Jaeger/*Windel* § 213 Rn. 9.

[9] Uhlenbruck/*Ries* § 213 Rn. 3; Vallender/Undritz/*Laroche* Kap. 2 Rn. 161. Nach aA gilt die verbandsinterne Vertretungsregelung vgl. Jaeger/*Windel* § 213 Rn. 11; HKInsO/*Landfermann* § 213 Rn. 3; AGR/*Henning* § 213 Rn. 6.

[10] Jaeger/*Windel* § 213 Rn. 10.

[11] HambKommInsO/*Weitzmann* § 213 Rn. 4; *Haarmeyer* ZInsO 2009, 556, 557. Die „Insolvenzverzichtserklärung" allein ermöglicht aber noch keine Restschuldbefreiung des Schuldners, → Rn. 18.

[12] Uhlenbruck/*Ries* § 213 Rn. 7.

[13] HWF/*Tetzlaff* § 213 Rn. 9; Uhlenbruck/*Ries* § 213 Rn. 7. Nach Gottwald/*Klopp/Kluth/Wimmer* § 74 Rn. 67 ist eine Befristung zweifelhaft, soweit sie den sachgerechten Verfahrensablauf stört.

[14] Braun/*Kießner* § 213 Rn. 5.

[15] KPB/*Pape* § 213 Rn. 3; HambKommInsO/*Weitzmann* § 213 Rn. 4.

[16] Uhlenbruck/*Ries* § 213 Rn. 6.

[17] Nerlich/Römermann/*Westphal* § 213 Rn. 3; Graf-Schlicker/*Riedel* § 213 Rn. 4.

[18] Nachrangige Insolvenzgläubiger iSd § 39 sind daher stets zur Anmeldung ihrer Ansprüche gem. § 174 Abs. 3 aufzufordern, vgl. Graf-Schlicker/*Riedel* § 213 Rn. 4; Jaeger/*Windel* § 213 Rn. 19; einschränkend Uhlenbruck/*Ries* § 213 Rn. 5; HKInsO/*Landfermann* § 213 Rn. 6; K. Schmidt/*Jungmann* § 213 Rn. 9, 10.

fortgeführt wird.[19] Deshalb besteht keine Notwendigkeit, diese Insolvenzgläubiger nochmals zur Anmeldung aufzufordern; sie können ohnehin ihre Anmeldung bis zum Erlass des Einstellungsbeschlusses nachträglich noch vornehmen.[20] Auch für Gläubiger, die angemeldet haben und voll befriedigt wurden, müssen vom Schuldner keine Zustimmungserklärungen vorgelegt werden; jedoch hat er den Nachweis der Erfüllung und damit des **Erlöschens** der angemeldeten **Forderung** zu führen.[21] Der Schuldner muss aber die Zustimmungserklärungen der Gläubiger mit betagten und bedingten Insolvenzforderungen (§§ 41, 42) beibringen.[22] Soweit angemeldete Forderungen zur Tabelle festgestellt, jedoch von einem (konkurrierenden) Insolvenzgläubiger bestritten sind, misst § 213 diesem Umstand keine Bedeutung zu.[23] Der Schuldner hat also die entsprechende Zustimmungserklärung des Gläubigers einzuholen.

III. Entscheidung des Insolvenzgerichtes

8 **1. Weitere Zustimmungserklärungen, § 213 Abs. 1 Satz 2.** Im Rahmen der Prüfung der Begründetheit des Einstellungsantrags hat das Insolvenzgericht bei bestrittenen Forderungen oder bei Forderungen absonderungsberechtigter Gläubiger nach **freiem Ermessen** zu entscheiden, inwieweit es gem. § 213 Abs. 1 Satz 2 weiterer Zustimmungserklärungen von Gläubigern oder ggf. einer Sicherheitsleistung ihnen gegenüber bedarf.[24] Entsprechende im Beschlusswege getroffene (Vorab-)Entscheidungen sind nicht selbständig rechtsmittelfähig.[25] Sie können erst in einem gegen die Ablehnungsentscheidung eingeleiteten Beschwerdeverfahren nach § 216 Abs. 2 (nur) auf etwaige Ermessensfehler hin überprüft werden. Gläubiger können etwa geltend machen, das Gericht habe willkürlich ihr fehlendes Einverständnis mit der vom Schuldner beantragten Einstellung ersetzt.[26]

9 **a) Bestrittene Forderungen.** In den Fällen, in denen Insolvenzforderungen angemeldet sind, diese jedoch vom **Schuldner** oder **Insolvenzverwalter** bestritten sind, hat der Schuldner die ihm vom Gericht aufgegebenen weiteren Zustimmungserklärungen von diesen Gläubigern bzw. Sicherheitsleistungen beizubringen. Hierzu zählen auch die Fälle, in denen die vom Gläubiger angemeldete Forderung noch nicht festgestellt werden konnte, weil ein Prüfungstermin bisher nicht stattgefunden hatte oder weil sie erst nach dem Prüfungstermin angemeldet wurde.[27] Im Rahmen seiner Ermessensentscheidung, ob eine fehlende Gläubigerzustimmung vom Schuldner nachzureichen oder (ausnahmsweise) entbehrlich ist, wird das Gericht in erster Linie auf die **Erfolgsaussichten** der bestrittenen Forderungen abstellen.[28] Ergibt die bloß **summarische Forderungsprüfung,** dass der anmeldende Gläubiger mit einer Feststellungsklage nach § 179 voraussichtlich unterliegen würde, gibt es keinen hinreichenden Anlass für eine Zustimmung auch dieses Gläubigers, sondern allenfalls für eine Sicherstellung seiner Forderung.[29] Dagegen ist die **Gläubigerzustimmung** idR **unverzichtbar,** wenn angemeldete Forderungen wahrscheinlich sachlich berechtigt sind. Das Insolvenzgericht wird bei seiner Würdigung darauf zu achten haben, ob Gläubigerforderungen auffällig nur vom Schuldner bestritten werden; dies kann darauf hindeuten, dass der Schuldner auf diese Weise versucht, die Zustimmungsverweigerung einzelner Gläubiger zu unterlaufen, um bei der angestrebten außergerichtlichen Einigung unlautere Vorteile für sich herauszuholen.[30] In solchen Situationen können schutzwürdige Gläubigerinteressen einem vorzeitigen Verfahrensende entgegenstehen. Umgekehrt können auch Gläubiger, denen bei Einstellung keinerlei Nachteil drohen würde, ihrerseits versucht sein, ihr Zustimmungsrecht zu benützen, um zB durch überhöhte Anmeldungen Druck auf den Schuldner auszuüben, auch wenn ihnen grundsätzlich nicht untersagt ist, sich ihre

---

19 Uhlenbruck/*Ries* § 213 Fn. 6.

20 Nerlich/Römermann/*Westphal* § 213 Rn. 3.

21 Uhlenbruck/*Ries* § 213 Rn. 6.

22 KPB/*Pape* § 213 Rn. 4; Jaeger/*Windel* § 213 Rn. 19.

23 KPB/*Pape* § 213 Rn. 5; Uhlenbruck/*Ries* § 213 Rn. 10; Jaeger/*Windel* § 213 Rn. 23.

24 Zu wichtigen Kriterien für die Ermessensausübung eingehend *Haarmeyer* ZInsO 2009, 556, 559 f.; auch Uhlenbruck/*Ries* § 213 Rn. 11.

25 HambKommInsO/*Weitzmann* § 213 Rn. 5; FKInsO/*Kießner* § 213 Rn. 9. Bei Entscheidungen des Rechtspflegers ist aber die befristete Erinnerung statthaft, § 11 Abs. 2 RPflG.

26 Zur eingeschränkten Kontrollmöglichkeit vgl. LG Wuppertal ZInsO 2009, 1113; → Rn. 12.

27 Nerlich/Römermann/*Westphal* § 213 Rn. 14, 15.

28 AGR/*Henning* § 213 Rn. 20; Uhlenbruck/*Ries* § 213 Rn. 11. Zu weiteren Kriterien der insolvenzgerichtlichen Entscheidung Nerlich/Römermann/*Westphal* § 213 Rn. 16 f.

29 Die Darlegungs- u. Beweislast liegt insoweit beim Schuldner, vgl. Jaeger/*Windel* § 213 Rn. 24; *Hess* § 213 Rn. 12; abw. KPB/*Pape* § 213 Rn. 6, wonach die Begründetheit der Forderung von Amts wegen zu prüfen ist.

30 KPB/*Pape* § 213 Rn. 6; Jaeger/*Windel* § 213 Rn. 23. Ohne Anzeichen für ein bloß „taktisches" Bestreiten des Schuldners und bei vom Insolvenzverwalter bestr. Forderung kann aber auch eine Sicherstellung des betroffenen Gläubigers ausreichend und geboten sein.

Zustimmung „abkaufen" zu lassen.[31] Das Insolvenzgericht kann in diesem Ausnahmefall die vom zustimmungsberechtigten Gläubiger verweigerte Zustimmung durch Stellen einer **Sicherheitsleistung** in Höhe der dem Gläubiger zustehenden Forderung ersetzen.[32]

b) Absonderungsberechtigte. Nach § 202 Abs. 1 KO war für die Einstellung stets erforderlich die Zustimmung der Absonderungsberechtigten, die für den Ausfall Konkursgläubiger waren. Demgegenüber sieht § 213 vor, dass bei absonderungsberechtigten Gläubigern das Insolvenzgericht nach seinem Ermessen entscheidet, ob ihre Zustimmung zur Einstellung erforderlich ist. Die Zustimmung eines Insolvenzgläubigers, der zugleich zur abgesonderten Befriedigung berechtigt ist, kann damit im Einzelfall für entbehrlich erklärt werden.[33] Das Insolvenzgericht kann bei berechtigtem Interesse aber auch anordnen, die Zustimmung eines absonderungsberechtigten Gläubigers beizubringen, der nicht gleichzeitig Insolvenzgläubiger ist.[34] Nach den gesetzgeberischen Vorstellungen soll entscheidend sein, ob der Gläubiger ein **berechtigtes Interesse** an einer zumindest **zeitweiligen Fortsetzung** des Insolvenzverfahrens hat.[35] Ein solches Interesse kann vorliegen, wenn die **Ausfallforderung** des Absonderungsberechtigten gegen den Schuldner nicht voll gedeckt ist. Es kann sich aber zB auch daraus ergeben, dass eine vom Verwalter begonnene Verwertung von dinglichen Sicherheiten zu Ende geführt werden sollte oder dass eine Gesamtverwertung der belasteten Gegenstände für die gesicherten Gläubiger vorteilhafter ist. 10

c) Massegläubiger. Eine Zustimmung zur Verfahrenseinstellung von Massegläubigern ist **nicht erforderlich.**[36] Denn zu ihrem Schutz kann die Einstellung gem. § 214 Abs. 3 erst erfolgen, wenn der Verwalter die Verfahrenskosten iSd § 54 wie auch die Ansprüche der sonstigen Massegläubiger berichtigt bzw. sichergestellt hat (→ § 214 Rn. 14). 11

2. Verfahrenseinstellung. Das Gericht hat, wenn dem Schuldner die Beibringung der Zustimmung aller Gläubiger gelungen ist und der Insolvenzverwalter die Berichtigung bzw. Sicherstellung der Masseverbindlichkeiten nachgewiesen hat (§ 214 Abs. 3), das Insolvenzverfahren gem. § 213 Abs. 1 einzustellen. Die zuvor festzusetzende **Verwaltervergütung** ist gem. § 1 Abs. 1 Satz 2 InsVV, § 287 ZPO nach dem Schätzwert der Masse zZ der Verfahrenseinstellung zu bemessen; dabei sind auch noch nicht verwertete Massegegenstände mit dem bei einer Verwertung zu erwartenden Erlös anzusetzen, soweit dieser zur Gläubigerbefriedigung benötigt worden wäre.[37] Gegen die Verfahrenseinstellung steht jedem Insolvenzgläubiger gem. § 216 Abs. 1 die **sofortige Beschwerde** zu.[38] Der Abschluss des Einstellungsverfahrens sollte durch weitere Verwertungsmaßnahmen des Verwalters nicht verzögert werden, sofern Verfahrenskosten und sonstige Masseverbindlichkeiten aus dem vorhandenen Vermögen gedeckt sind.[39] Kann der Schuldner erforderliche Zustimmungen oder (angeordnete) Sicherheitsleistungen nicht beibringen, ist sein Einstellungsantrag als unzulässig zu verwerfen.[40] Zuvor wird ihm das Insolvenzgericht aber idR Gelegenheit geben, fehlende Zustimmungserklärungen innerhalb einer gesetzten Frist nachzureichen. 12

IV. Einstellung vor Ablauf der Anmeldefrist gem. § 213 Abs. 2

Nach § 213 Abs. 2 ist die Verfahrenseinstellung auf Antrag des Schuldners bereits vor Ablauf der Anmeldefrist zulässig. Die Anforderungen an eine Verfahrenseinstellung sind strenger, da das Anmelde- und Prüfungsverfahren der Insolvenzforderungen noch nicht abgeschlossen ist.[41] Als Beispiel für diesen in der Praxis sehr seltenen **Ausnahmefall** wurde unter Geltung des § 202 Abs. 2 KO angeführt, dass der Eröffnungsgrund von vornherein gefehlt oder durch vollständige Befriedigung alsbald wieder beseitigt wurde. Da diese Fallkonstellation nunmehr von § 212 erfasst wird, ist ein Anwendungsbereich für § 213 Abs. 2 kaum mehr erkennbar.[42] 13

---

[31] Die missbräuchlich verweigerte Zustimmung ist ggf. durch Anordnung einer angemessenen Sicherheitsleistung zu ersetzen. Zum Konfliktpotential bei solchen „Manövern" auch Jaeger/*Windel* § 213 Rn. 23 u. 26.

[32] Vgl. Jaeger/*Windel* § 213 Rn. 26; K. Schmidt/*Jungmann* § 213 Rn. 18; Uhlenbruck/*Ries* § 213 Rn. 12.

[33] Auf die Zustimmung kann vor allem verzichtet werden, wenn kein Ausfallrisiko besteht; FKInsO/*Kießner* § 213 Rn. 10.

[34] Jaeger/*Windel* § 213 Rn. 28; Braun/*Kießner* § 213 Rn. 7; *Haarmeyer* ZInsO 2009, 556, 563.

[35] Begr. § 326 RegE, *Kübler/Prütting,* S. 444; LG Wuppertal ZInsO 2009, 1113; Uhlenbruck/*Ries* § 213 Rn. 13; K. Schmidt/*Jungmann* § 213, Rn. 16.

[36] HKInsO/*Landfermann* § 213 Rn. 9; FKInsO/*Kießner* § 213 Rn. 18.

[37] BGH ZIP 2019, 715 (Rn. 6) und 2017, 1627 (Rn. 9, 10).

[38] Zu Einzelheiten des Einstellungsverfahrens s. die Kommentierung zu §§ 214, 215 Abs. 1.

[39] Vgl. LG Wuppertal ZInsO 2009, 1113.

[40] Zur amtwegigen Prüfung der Verfahrensvoraussetzungen s. Jaeger/*Windel* § 213 Rn. 34. Der Antrag kann bei späterer Vorlage der restlichen Zustimmungen wiederholt werden.

[41] Jaeger/*Windel* §§ 213 Rn. 33.

[42] Nerlich/Römermann/*Westphal* § 213 Rn. 21; Jaeger/*Windel* § 213 Rn. 3, 32.

14 **1. Zustimmungserklärungen.** Der Schuldner muss die Zustimmungserklärungen **sämtlicher bekannter Gläubiger** beibringen, unabhängig davon, ob diese ihre Forderungen angemeldet haben oder nicht.[43] Zugleich hat er konkret darzulegen und zu versichern, dass ihm **andere Gläubiger** bislang **nicht bekannt** sind. Bestehen Zweifel daran, ob die Zustimmungserklärungen aller bekannten Gläubiger vorgelegt sind, hat im Wege der Amtsermittlung (§ 5) eine Prüfung durch das Insolvenzgericht zu erfolgen, zB anhand des vom Insolvenzverwalter aufgestellten **Gläubigerverzeichnisses** nach § 152.[44] Auf die Zustimmungserklärungen einzelner (bekannter) Gläubiger kann nicht verzichtet werden. Das Insolvenzgericht ist nicht befugt, nach eigenem Ermessen zu entscheiden, ob deren Zustimmung erforderlich ist oder ggf. durch eine Sicherheitsleistung ersetzt werden kann.[45] Insoweit berücksichtigt das Gesetz Bedenken, die mit einem vorzeitigen Insolvenzverzicht in jedem Fall verbunden sind.

15 **2. Entscheidung.** Liegen die Voraussetzungen nach § 213 Abs. 2 vor, so besteht dennoch für das Insolvenzgericht **kein Einstellungszwang.** Folglich „kann" das Insolvenzgericht bei seiner **Ermessensentscheidung** weiter bestehende Zweifel berücksichtigen, insbesondere im Hinblick auf die Existenz bisher nicht bekannt gewordener Gläubiger. In diesem Fall wird das Insolvenzgericht den Ablauf der Anmeldefrist abwarten.[46] Falls neue Gläubiger Insolvenzforderungen angemeldet haben, besteht dann die Gelegenheit, dem Schuldner aufzugeben, die ausstehenden Zustimmungserklärungen beizubringen.

16 **3. Genossenschaft, Versicherungsverein.** Auch in der Insolvenz einer Genossenschaft oder eines Versicherungsvereins aG ist § 213 Abs. 2 anwendbar. Denn die früheren **Sonderregelungen** in § 116 GenG aF und § 52 Abs. 2 VAG aF, wonach eine Verfahrenseinstellung auf Antrag des Vorstandes erst nach Ablauf der Anmeldefrist möglich war, sind ersatzlos **weggefallen.**[47]

D. Rechtswirkungen der Verfahrenseinstellung

17 Sobald die Verfahrenseinstellung wirksam wird, **endet** der **Insolvenzbeschlag** mit Wirkung für die Zukunft und der Schuldner kann über sein Vermögen wieder frei verfügen, § 215 Abs. 2 Satz 1 (→ § 215 Rn. 9).

18 Im Falle der Einstellung von Insolvenzverfahren kann der Schuldner Restschuldbefreiung grundsätzlich nur erlangen, wenn das Verfahren wegen Masseunzulänglichkeit nach § 211 eingestellt und danach die sog. Wohlverhaltensperiode durchlaufen wird, § 289. Gleichwohl kommt bei Zustimmung der Gläubiger eine – vorzeitige – Erteilung der Restschuldbefreiung auch nach der Verfahrenseinstellung gem. § 213 in Betracht. Nach § 300 Abs. 1 Satz 2 Nr. 1 Alt. 2 und der entspr. Rspr. des BGH ist nämlich eine **vorzeitige Restschuldbefreiung** auf Antrag des Schuldners ua dann möglich, wenn die von Insolvenzgläubigern zur Tabelle angemeldeten Forderungen nach Eröffnung vollständig beglichen werden und auch die Verfahrenskosten einschließlich sonstiger Masseverbindlichkeiten getilgt sind.[48] Ein Restschuldbefreiungsverfahren, in dem es keine Ansprüche von Gläubigern mehr gibt und somit keine Versagungsanträge gestellt werden können, macht keinen Sinn. Das trifft auch bei einer Einstellung mit Zustimmung der beteiligten Gläubiger nach § 213 zu, sobald sämtliche von ihnen angemeldete **Forderungen** – oft im Vergleichswege durch Teilzahlung und Teilerlass (§ 397 BGB) – **erloschen** sind.[49] Einer vorzeitigen Restschuldbefreiung steht nicht entgegen, dass der Schuldner die Teilbefriedigung seiner bisherigen Gläubiger mit Hilfe einer Kreditaufnahme bei einem (von der Schuldbefreiung nicht erfassten) Neugläubiger finanziert.[50] Beschließt das Gericht

---

43 Die Zustimmung nur einer Gläubigermehrheit reicht also nicht aus. Für den Schuldner wird es meist wirtschaftlich ungünstiger sein, wenn er sich zwecks Zustimmung mit jedem Gläubiger verständigen muss, vgl. *du Carrois* InsbürO 2012, 15.

44 KPB/*Pape* § 213 Rn. 8; Andres/Leithaus/*Andres* § 213 Rn. 5.

45 Nerlich/Römermann/*Westphal* § 213 Rn. 23; Uhlenbruck/*Ries* § 213 Rn. 15.

46 HKInsO/*Landfermann* § 213 Rn. 11; *Haarmeyer* ZInsO 2009, 556, 558.

47 Uhlenbruck/*Ries* § 213 Rn. 20; Jaeger/*Windel* § 213 Rn. 4.

48 BGH NJW-RR 2005, 1363 = NZI 2005, 399, 400 f. m. zust. Anm. *Ahrens*; NZI 2011, 947 m. zust. Anm. *Grote*.

49 LG Berlin ZInsO 2009, 443, 444; FKInsO/*Kießner* § 213 Rn. 23; AGR/*Henning* § 213 Rn. 2, 25, 26; K. Schmidt/*Jungmann* § 213 Rn. 3; *Haarmeyer* ZInsO 2009, 556, 564; weitergehend Jaeger/*Windel* § 213 Rn. 8, wonach die Restschuldbefreiung analog § 213 bei Zustimmung der Gläubiger auch ohne Erlöschen ihrer Forderungen vorzeitig zu erteilen ist.

50 BGH NZI 2011, 947 bei Vergleichsschluss in der Wohlverhaltensperiode m. zust. Anm. *Ganter* in WuB VI A. § 299 InsO 1.12; Mohrbutter/Ringstmeier/*Pape* Kap. 17 Rn. 43 u. 173.

entspr. §§ 213, 300 die vorzeitige Beendigung des Restschuldbefreiungsverfahrens, hat es zugleich die Restschuldbefreiung mit Wirkung gegenüber allen Insolvenzgläubigern (§ 301) zu erteilen. Sieht sich der Schuldner allerdings keinen nicht angemeldeten Forderungen weiterer Gläubiger ausgesetzt, wird er es idR vorziehen, den zusätzlichen Antrag auf Restschuldbefreiung auch im Hinblick auf eine uU nachteilige Veröffentlichung gem. § 300 Abs. 3 zurückzunehmen.[51]

§ 214 Verfahren bei der Einstellung

(1) [1]Der Antrag auf Einstellung des Insolvenzverfahrens nach § 212 oder § 213 ist öffentlich bekanntzumachen. [2]Er ist in der Geschäftsstelle zur Einsicht der Beteiligten niederzulegen; im Falle des § 213 sind die zustimmenden Erklärungen der Gläubiger beizufügen. [3]Die Insolvenzgläubiger können binnen einer Woche nach der öffentlichen Bekanntmachung schriftlich Widerspruch gegen den Antrag erheben.

(2) [1]Das Insolvenzgericht beschließt über die Einstellung nach Anhörung des Antragstellers, des Insolvenzverwalters und des Gläubigerausschusses, wenn ein solcher bestellt ist. [2]Im Falle eines Widerspruchs ist auch der widersprechende Gläubiger zu hören.

(3) Vor der Einstellung hat der Verwalter die unstreitigen Masseansprüche zu berichtigen und für die streitigen Sicherheit zu leisten.

Übersicht

A. Normzweck

Das Verfahren bei vorzeitiger Einstellung wegen Wegfalls des Eröffnungsgrundes oder mit Zustimmung der Gläubiger wird übereinstimmend in § 214 geregelt. Ob die Voraussetzungen für eine Einstellung nach den §§ 212, 213 vorliegen, ist jeweils vom Insolvenzgericht von Amts wegen zu prüfen. Das Verfahren sieht vor, die von der Insolvenz Betroffenen in den Entscheidungsprozess einzubeziehen, um auf diese Weise zu gewährleisten, dass eine Verfahrenseinstellung mit dem **Interesse der Gläubiger** übereinstimmt.[1] Dem Bedürfnis der Massegläubiger wird dadurch Rechnung getragen, dass nach § 214 Abs. 3 vor der Einstellung die Befriedigung bzw. Sicherstellung aller Masseverbindlichkeiten – also auch des Vergütungsanspruchs des Verwalters – gewährleistet sein muss. 1

B. Entstehungsgeschichte

Die InsO hat die Regeln, die nach früherem Recht (§ 203 KO) für die verfahrensrechtliche Behandlung des Einstellungsantrags vorgesehen waren, bis auf zwei inhaltliche Änderungen im Wesentlichen übernommen. Die in § 203 Abs. 1 Satz 3 KO enthaltene Beschränkung des Widerspruchsrechtes auf Konkursgläubiger, die ihre Forderungen rechtzeitig angemeldet hatten, wurde allerdings fallen gelassen. Das **Recht zum Widerspruch** gegen den Einstellungsantrag des Schuld- 2

[51] Dazu auch AGR/*Henning* § 213 Rn. 27.

[1] Begr. § 327 RegE, *Kübler/Prütting*, S. 446.

ners steht nunmehr **jedem Insolvenzgläubiger** zu. Dem Gesetzgeber erschien dies gerechtfertigt, da die Prüfung der Einstellungserfordernisse von Amts wegen erfolgt.[2] Zugleich wurde es als zweckmäßig angesehen, vor der Entscheidung des Insolvenzgerichts über die Einstellung eine Anhörung auch des **Gläubigerausschusses** vorzuschreiben, sofern ein solcher bestellt ist.

C. Verfahrensablauf

I. Zulässigkeitsprüfung

3 Der Antrag des Schuldners auf Einstellung des Verfahrens muss **zulässig** sein. Wird die Einstellung wegen Wegfalls des Eröffnungsgrundes nach § 212 geltend gemacht, ist das Fehlen aller in Betracht kommender Eröffnungsgründe glaubhaft zu machen.[3] Wird als Einstellungsgrund die Zustimmung aller Insolvenzgläubiger gem. § 213 behauptet, hat der Schuldner die Zustimmungserklärungen aller Gläubiger vorzulegen, deren Forderungen angemeldet und vom Schuldner sowie Insolvenzverwalter nicht bestritten worden sind.[4] Wenn diese Zulässigkeitsvoraussetzungen fehlen und die notwendigen Nachweise innerhalb angemessener Zeit nicht beigebracht werden, ist der Einstellungsantrag ohne weitere Sachprüfung als **unzulässig zurückzuweisen.**[5] Eine öffentliche Bekanntmachung des Einstellungsantrags erübrigt sich. Dem Schuldner steht gegen die Zurückweisung seines Antrags als unzulässig das Recht der sofortigen Beschwerde nach § 216 Abs. 2 zu.

II. Bekanntmachung und Niederlegung

4 Ist der Antrag auf Einstellung gem. §§ 212, 213 nach Auffassung des Gerichts zulässig, ist dieser nach Maßgabe des § 9 **öffentlich bekanntzumachen.** Der Einstellungsantrag ist ferner auf der Geschäftsstelle zur Einsicht der Beteiligten **niederzulegen.** Wird die Einstellung nach § 213 beantragt, so sind die zustimmenden Erklärungen der Gläubiger dem in der Geschäftsstelle ausgelegten Antrag beizufügen, § 214 Abs. 1 Satz 2 Hs. 2. Soweit **Zustimmungserklärungen** entbehrlich sind, weil zB betroffene Forderungen getilgt wurden, sind ersatzweise die entsprechenden Erfüllungsnachweise vorzulegen.[6] Wurde dem Schuldner vom Gericht gem. § 213 Abs. 1 Satz 2 aufgegeben, Zustimmungserklärungen von Gläubigern bestrittener Forderungen beizubringen oder ihnen gegenüber Sicherheit zu leisten, so sind diese Unterlagen gleichfalls auszulegen, damit die Verfahrensbeteiligten sich hierüber informieren und ggf. auch hierzu Stellung nehmen können.

III. Widerspruch

5 Nach § 214 Abs. 1 Satz 3 können Insolvenzgläubiger gegen den Einstellungsantrag schriftlich Widerspruch erheben. Der Widerspruch ist **kein Rechtsmittel.**[7] Sein verfahrensrechtlicher Zweck besteht darin, es den Insolvenzgläubigern zu ermöglichen, rechtzeitig vor der Einstellung dem Gericht Einwände vorzutragen, die der vom Schuldner beantragten Einstellung nach ihrer Beurteilung entgegenstehen.

6 **1. Berechtigte.** Zur Erhebung des Widerspruchs sind ausschließlich die **Insolvenzgläubiger** berechtigt.[8] Voraussetzung ist nicht, dass sie ihre Forderung zur Insolvenztabelle angemeldet haben.[9] Beschwerdeberechtigt bleibt auch jeder Insolvenzgläubiger, der zuvor einer Einstellung zugestimmt hatte; die erteilte Zustimmungserklärung wird durch den Widerspruch nicht „widerrufen" (→ § 213 Rn. 6). Die geltend gemachten Einstellungshindernisse werden **von Amts wegen** durch das Insolvenzgericht geprüft.[10]

7 **Kein Widerspruchsrecht** gegenüber dem Einstellungsantrag des Schuldners haben die Massegläubiger und der Insolvenzverwalter. Auch **absonderungsberechtigte Gläubiger,** denen der Schuldner nicht persönlich haftet, besitzen kein Recht zum Widerspruch, da sie sich aus der Verwertung der Sicherheiten befriedigen können.[11] Ihre Interessen werden im Übrigen vom Insolvenzge-

[2] Begr. § 327 RegE, *Kübler/Prütting,* S. 446; → Rn. 6.
[3] OLG Dresden DZWiR 2004, 476; AG Hamburg ZIP 2006, 1688.
[4] Uhlenbruck/*Ries* § 214 Rn. 2.
[5] OLG Celle ZIP 2000, 1943.
[6] Nerlich/Römermann/*Westphal* § 214 Rn. 3.
[7] Uhlenbruck/*Ries* § 214 Rn. 5; Andres/Leithaus/*Andres* § 214 Rn. 3.
[8] HKInsO/*Landfermann* § 214 Rn. 2.
[9] Die Anmeldung kann mit dem Widerspruch nachgeholt werden, *vgl.* AGR/*Henning* § 214 Rn. 5.
[10] HambKommInsO/*Weitzmann* § 214 Rn. 5.
[11] AGR/*Henning* § 214 Rn. 6; Nerlich/Römermann/*Westphal* § 214 Rn. 5.

richt im Rahmen der Ermessensentscheidung nach § 213 Abs. 1 Satz 2 berücksichtigt. Auch **nachrangigen Insolvenzgläubigern** iSd § 39 ist keine Widerspruchsbefugnis eingeräumt worden, solange sie nicht am Verfahren teilnehmen, vgl. § 174 Abs. 3.[12]

2. Widerspruchsgründe. Eine **Begründung** des Widerspruchs ist gesetzlich zwar **nicht vorgeschrieben.** Der Widersprechende sollte jedoch angeben, weshalb aus seiner Sicht die Einstellungsvoraussetzungen nicht vorliegen, damit das Gericht diesen Hinweisen im Rahmen der Amtsermittlung nachgehen kann.[13] Gegenüber einer beantragten Einstellung nach § 212 kann zB vorgebracht werden, die Eröffnungsgründe seien nicht nachhaltig beseitigt, weil eine vollständige Befriedigung der Insolvenzgläubiger nicht erreichbar sei. Gegenüber einem Einstellungsantrag nach § 213 können Gläubiger vor allem geltend machen, erforderliche Zustimmungserklärungen fehlten, sie seien gefälscht bzw. beruhten auf Irrtum, Betrug oder Drohung; gleichfalls kann bemängelt werden, dass der Vertreter des Gläubigers, der die Zustimmungserklärung abgegeben hatte, keine Vertretungsmacht besessen habe.[14] 8

3. Frist. Die Frist für die Einlegung des Widerspruchs beträgt nach § 214 Abs. 1 Satz 3 eine Woche. Die **Wochenfrist** beginnt mit dem Wirksamwerden der öffentlichen Bekanntmachung, also zwei Tage nach der Veröffentlichung des Einstellungsantrages im Internet, vgl. § 9 Abs. 1 Satz 3. Die **Versäumung** der Widerspruchsfrist ist jedoch **unschädlich.**[15] Das Insolvenzgericht, das vor einer abschließenden Entscheidung zumindest den Fristablauf abwarten muss,[16] hat auch Einstellungshindernisse zu beachten, die mit einem verspätet eingelegten Widerspruch vorgebracht werden. Denn alle dem Gericht bekannt gewordenen Hinderungsgründe sind im Rahmen der Prüfung der Einstellungsvoraussetzungen von Amts wegen zu berücksichtigen.[17] Dies gilt auch im Falle eines vom Gläubiger wieder zurückgenommenen Widerspruchs. 9

IV. Anhörungen

Nach Ablauf der Widerspruchsfrist kann das Insolvenzgericht noch nicht über den Einstellungsantrag entscheiden. Vor der Entscheidung über die Einstellung sind der Schuldner, der Insolvenzverwalter und, wenn ein solcher bestellt ist, der **Gläubigerausschuss** anzuhören, § 214 Abs. 2 Satz 1. Auch einem widersprechenden Gläubiger ist Gelegenheit zur mündlichen oder schriftlichen Äußerung einzuräumen, § 214 Abs. 2 Satz 2. Nach der Anhörung hat das Insolvenzgericht zu prüfen, ob noch weitere für die Entscheidung wesentlichen Umstände zu ermitteln sind, § 5 Abs. 1. Erst wenn dies nicht mehr der Fall ist, kann das Insolvenzgericht entscheiden.[18] 10

D. Befriedigung und Sicherstellung der Masseansprüche

I. Befriedigung

Vor jeder Einstellung des Verfahrens muss den Interessen der **Massegläubiger** Rechnung getragen werden. Der Insolvenzverwalter ist deshalb verpflichtet, wie in **§ 214 Abs. 3** ausdrücklich hervorgehoben wird, die **Masseansprüche** (§§ 54, 55) vorab zu berichtigen und ggf. sicherzustellen. Das Gericht hat dem Verwalter die Möglichkeit einzuräumen, diese Pflicht zu erfüllen, bevor der Schuldner durch die Einstellung des Verfahrens die Verfügungsbefugnis zurückerhält. 11

Da eine Verfahrenseinstellung erst nach Befriedigung bzw. Sicherstellung auch der **Verfahrenskosten** beschlossen werden kann,[19] hat das Insolvenzgericht zunächst die Gerichtskosten sowie die Vergütung und Auslagen des Insolvenzverwalters[20] und der Mitglieder eines Gläubigerausschusses 12

---

12 HKInsO/*Landfermann* § 214 Rn. 3; AGR/*Henning* § 214 Rn. 6. Nach HWF/*Tetzlaff* § 214 Rn. 12 soll nachrangigen Insolvenzgläubigern auch ohne Verfahrensbeteiligung ein Widerspruchsrecht zustehen.

13 Nerlich/Römermann/*Westphal* § 214 Rn. 7; FKInsO/*Kießner* § 214 Rn. 6.

14 Uhlenbruck/*Ries* § 214 Rn. 7.

15 Nerlich/Römermann/*Westphal* § 214 Rn. 9; Graf-Schlicker/*Riedel* § 214 Rn. 9.

16 Ein Einstellungsbeschluss schon vor Ablauf der Wochenfrist wäre wegen Verletzung des rechtlichen Gehörs unzulässig.

17 Uhlenbruck/*Ries* § 214 Rn. 6; FKInsO/*Kießner* § 214 Rn. 7; Jaeger/*Windel* § 214 Rn. 3; Vallender/Undritz/*Laroche* Kap. 2 Rn. 162.

18 Uhlenbruck/*Ries* § 214 Rn. 8. Zur Festsetzung der Verwaltervergütung → Rn. 12.

19 Das gilt auch im Fall einer Stundung gem. § 4a, vgl. Braun/*Kießner* § 214 Rn. 15.

20 Zur Vergütungsfestsetzung bei vorzeitiger Verfahrensbeendigung durch Einstellung s. BGH ZIP 2017, 1627 (Rn. 16 f.); *Lütcke* NZI 2019, 367; auch → § 207 Rn. 59.

festzusetzen.[21] Der Insolvenzverwalter muss daher – ggf. nach gerichtlicher Aufforderung – die Schlussrechnung nach § 66 einschließlich seines Vergütungs- und Auslagenantrags bei Gericht einreichen, sobald sich abzeichnet, dass das Insolvenzgericht die Verfahrenseinstellung beschließt.[22] Die Vergütung wie auch die Auslagen des Verwalters und der Mitglieder eines Gläubigerausschusses sind nach Festsetzung noch **vor der Einstellung** in vollem Umfang zu **begleichen.**[23] Gleichfalls sind die ***unstreitigen*** sonstigen Masseverbindlichkeiten zuvor aus dem Barbestand zu berichtigen. Stehen dafür keine ausreichenden liquiden Mittel zur Verfügung, sind vom Insolvenzverwalter noch weitere Verwertungsmaßnahmen zu ergreifen, damit auch die Deckung der offenen Masseansprüche vor Verfahrenseinstellung gewährleistet ist. Will der Schuldner eine solche mit Verzögerungen und Kosten verbundene Fortsetzung der Verwaltertätigkeit vermeiden, muss er die fehlenden Mittel ggf. mit Hilfe Dritter durch eine **Vorschussleistung** beisteuern. Deren Höhe ist ihm auf Anforderung vom Verwalter mitzuteilen, damit das Verfahren nach Zahlung des erforderlichen Vorschusses beendet werden kann.[24] Solange die Deckungslücke aber fortbesteht, kann die beantragte Einstellung nach §§ 212, 213 nicht beschlossen und somit auch die Verwaltervergütung noch nicht abschließend festgesetzt werden.[25]

II. Sicherstellung

13 Die **streitigen** Masseverbindlichkeiten – darunter die eigenen Vergütungsansprüche –[26] sind vom Insolvenzverwalter zu erfassen; ihre Sicherstellung erfolgt nach Maßgabe der §§ 232 ff. BGB, wenn nicht eine andere Form der Sicherstellung vereinbart ist, was zulässig sein dürfte. Nicht nur strittige, sondern auch **aufschiebend bedingte oder betagte** Masseverbindlichkeiten sind sicherzustellen.[27] Sonst besteht die Gefahr, dass alsbald wieder Zahlungsunfähigkeit eintritt, und zwar auf Grund von Verpflichtungen, die während des Insolvenzverfahrens begründet wurden. Haben Massegläubiger ihre Ansprüche im Insolvenzverfahren allerdings nicht geltend gemacht, müssen für derartige Risiken vom Insolvenzverwalter nicht vorsorglich Sicherstellungen erfolgen; die Massegläubiger können vielmehr ihre Ansprüche nur noch gegenüber dem Schuldner weiter verfolgen.

E. Entscheidung des Insolvenzgerichts

I. Einstellungsbeschluss

14 Gelangt das Gericht zur Überzeugung, dass die gesetzlichen Voraussetzungen für eine Verfahrenseinstellung nach § 212 oder § 213 Abs. 1 vorliegen, so hat es die Einstellung zu beschließen. Die Einstellung des Verfahrens wird nicht in das Ermessen des Gerichtes gestellt, da der Schuldner auf die **abgekürzte Beendigung des Verfahrens** ein Recht hat.[28] Nicht erforderlich ist, zuvor eine abschließende Gläubigerversammlung, zB zur Abnahme der Schlussrechnung des Verwalters anzuberaumen, § 197.[29] Auf Seiten der Gläubiger fehlt ein berechtigtes Interesse an der Fortsetzung des Verfahrens, da die Insolvenzgründe beseitigt sind bzw. Zustimmungserklärungen zur Einstellung vorliegen.[30] Allerdings müssen vor der Einstellung die Erfüllung bzw. Sicherstellung der Verfahrenskosten wie auch der Masseverbindlichkeiten gewährleistet sein, vgl. § 214 Abs. 3. Erst im Anschluss hieran kann die Verfahrenseinstellung erfolgen (→ Rn. 12).

---

21 LG Freiburg ZInsO 2015, 856; Jaeger/*Windel* § 214 Rn. 5; Uhlenbruck/*Ries* § 214 Rn. 11; Braun/*Kießner* § 214 Rn. 14; K. Schmidt/*Jungmann* § 214 Rn. 12.

22 KPB/*Pape* § 214 Rn. 3; Vallender/Undritz/*Laroche* Kap. 2 Rn. 163. Ob eine Festsetzung der Verwaltervergütung ggf. auch vom Schuldner beantragt und im Beschwerdewege durchgesetzt werden kann, hat der BGH in ZInsO 2011, 777 offen gelassen.

23 HambKommInsO/*Weitzmann* § 214 Rn. 7; Uhlenbruck/*Ries* § 214 Rn. 11.

24 Vgl. BGH ZInsO 2011, 777 (Rn. 7); AGR/*Henning* § 214 Rn. 10; zur notwendigen Kooperation auch Jaeger/*Windel* § 212 Rn. 25.

25 Vgl. BGH ZInsO 2011, 777 (Rn. 6); LG Stuttgart, Beschl. v. 7.9.2012 – 2 T 199/12, BeckRS 2013, 00403. Kommt es zur vorzeitigen Verfahrensbeendigung nach § 213, ist gem. § 3 Abs. 2c InsVV ein Abschlag vom Regelsatz gerechtfertigt, BGH NZI 2019, 392 (Rn. 16).

26 BGH ZIP 2014, 1448 (Rn. 31).

27 Jaeger/*Windel* § 214 Rn. 6; Vallender/Undritz/*Laroche Kap. 2 Rn. 163;* K. Schmidt/*Jungmann § 214 Rn. 12.*

28 Nerlich/Römermann/*Westphal* § 214 Rn. 12.

29 Graf-Schlicker/*Riedel* § 214 Rn. 14; Uhlenbruck/*Ries* § 214 Rn. 8; Jaeger/*Windel* § 214 Rn. 5.

30 Nerlich/Römermann/*Westphal* § 214 Rn. 12.

II. Ablehnung

Im Verfahren nach § 214 kann sich auch herausstellen, dass der zulässige Einstellungsantrag sich als nicht begründet erweist, zB weil das Gericht den Wegfall des Eröffnungsgrundes nicht mit der erforderlichen Sicherheit feststellen kann. Der Einstellungsantrag ist in diesem Fall vom Insolvenzgericht als **unbegründet abzuweisen.** Nach Ablehnung seines Antrags kann der Schuldner die Einstellung etwa nach § 213 erneut beantragen, sobald alle Masseansprüche befriedigt sind oder entspr. Sicherheit geleistet wurde. 15

III. Rechtsmittel

Der Beschluss des Insolvenzgerichts, das Insolvenzverfahren gem. §§ 212, 213 einzustellen oder den Einstellungsantrag abzuweisen, ist mit der **sofortigen Beschwerde** anfechtbar. Beschwerdeberichtigt sind im Fall der Verfahrenseinstellung alle Insolvenzgläubiger (§ 216 Abs. 1) und bei einer ablehnenden Entscheidung der Schuldner (§ 216 Abs. 2). Den durch § 214 Abs. 3 geschützten Massegläubigern (→ Rn. 11) und dem Insolvenzverwalter steht kein Beschwerderecht zu. 16

§ 215 Bekanntmachung und Wirkungen der Einstellung

(1) [1]Der Beschluß, durch den das Insolvenzverfahren nach § 207, 211, 212 oder 213 eingestellt wird, und der Grund der Einstellung sind öffentlich bekanntzumachen. [2]Der Schuldner, der Insolvenzverwalter und die Mitglieder des Gläubigerausschusses sind vorab über den Zeitpunkt des Wirksamwerdens der Einstellung (§ 9 Abs. 1 Satz 3) zu unterrichten. [3]§ 200 Abs. 2 Satz 2 gilt entsprechend.

(2) [1]Mit der Einstellung des Insolvenzverfahrens erhält der Schuldner das Recht zurück, über die Insolvenzmasse frei zu verfügen. [2]Die §§ 201, 202 gelten entsprechend.

Schrifttum: *Markgraf/Hertelt,* Die Beendigung des Insolvenzverfahrens während des rechtshängigen Zivilprozesses, ZIP 2018, 1480.

Übersicht

A. Normzweck

An die Einstellung des Verfahrens in allen vier Fällen, die das Gesetz kennt, sind einschneidende **Rechtsfolgen** geknüpft. Mit dem Wirksamwerden der Einstellung und der Beendigung des Insolvenzbeschlages erhält der Schuldner das Verfügungsrecht über die bisherige Masse und damit auch seine Prozessführungsbefugnis zurück, § 215 Abs. 2 Satz 1. Diese für den Geschäftsverkehr bedeutsamen Tatsachen sind deshalb **öffentlich bekannt** zu machen; das dabei zu beachtende Verfahren ist Regelungsgegenstand des § 215 Abs. 1.[1] Unmittelbar von der Einstellung betroffene Verfahrensbeteiligte sollen sich mit Hilfe der Vorabinformation gem. § 215 Abs. 1 Satz 2 rechtzeitig auf das Ende des Insolvenzbeschlags einstellen können.[2] 1

[1] Nerlich/Römermann/*Westphal* § 215 Rn. 2; KPB/*Pape* § 215 Rn. 3.

[2] Begr. § 328 RegE, *Kübler/Prütting,* S. 447; AGR/*Henning* § 215 Rn. 3; KPB/*Pape* § 215 Rn. 1; → Rn. 7.

B. Entstehungsgeschichte

2 Die Bekanntmachung des Einstellungsbeschlusses und der Rückfall der Verwaltungs- und Verfügungsbefugnis über die Masse auf den Schuldner waren gleich lautend in den §§ 205 und 206 KO geregelt. Beide – ganz verschiedene – Regelungen werden im Interesse der redaktionellen Straffung in § 215 zusammengefasst.[3] Neu ist die Verpflichtung des Insolvenzgerichtes aufgenommen worden, den Schuldner, den Insolvenzverwalter und die Mitglieder des Gläubigerausschusses vorab über den Zeitpunkt zu unterrichten, in dem durch die Einstellung des Verfahrens die Verfügungsbefugnis wieder auf den Schuldner übergeht.

3 Da für die Art und Weise der Bekanntmachung der Einstellung des Insolvenzverfahrens die gleichen Regelungen gelten sollen wie für die Bekanntmachung der Aufhebung des Insolvenzverfahrens nach der Schlussverteilung, ordnet § 215 Abs. 1 Satz 3 die entsprechende Anwendung des § 200 Abs. 2 Satz 2 an, der wegen der Eintragung in die öffentlichen Register auf die §§ 31 bis 33 weiter verweist.[4] Die in § 215 Abs. 1 Satz 3 aF iVm § 200 Abs. 2 Satz 2 aF zusätzlich zur öffentlichen Bekanntmachung vorgeschriebene auszugsweise Veröffentlichung des Einstellungsbeschlusses im Bundesanzeiger ist mit Wirkung vom 1.7.2007 weggefallen.[5]

C. Bekanntmachung der Einstellung

I. Öffentliche Bekanntmachung

4 **1. Inhalt.** Der **Einstellungsbeschluss** ist unter Angabe des Einstellungsgrundes im Anschluss an seinen Erlass und nach Information der in § 215 Abs. 1 Satz 2 Genannten öffentlich bekannt zu machen, § 215 Abs. 1 Satz 1. Damit die obligatorische **Vorabinformation** ihren Zweck erfüllen kann, sollte sie die betroffenen Verfahrensbeteiligten **einige Tage vor der Veröffentlichung** im Internet erreichen.[6] In der Bekanntmachung muss angegeben sein, auf welchen der in Frage kommenden **Gründe,** vgl. §§ 207, 211 bis 213, die **Einstellung** beruht. Dabei kann vor allem die Mitteilung darüber, dass ein Verfahren nach Gläubigerbefriedigung wegen Wegfalls des Eröffnungsgrundes oder mit Zustimmung der Gläubiger eingestellt wurde, die Kreditwürdigkeit des Schuldners wieder herstellen.[7]

5 **2. Bekanntmachung.** Die Bekanntmachung richtet sich nach § 9. In der Veröffentlichung ist deshalb der Schuldner genau zu bezeichnen und sind insbesondere seine Anschrift und der Geschäftszweig anzugeben, § 9 Abs. 1 Satz 2. Die öffentliche Bekanntmachung in Insolvenzsachen, die früher wahlweise über die Printmedien (Bundesanzeiger) oder das Internet erfolgen konnte, ist seit dem 1.7.2007 nur noch über das **Internet** vorzunehmen, § 9 Abs. 1 Satz 1. Mit der zentralen Internetveröffentlichung werden die Gläubiger schnell, umfassend und auch kostengünstig über Einstellungen des Insolvenzverfahrens informiert.[8]

II. Wirksamkeit der Einstellung

6 Der Einstellungsbeschluss des Insolvenzgerichtes ist nicht schon – entsprechend der Regelung für den Eröffnungsbeschluss, vgl. § 27 Abs. 3 – wirksam, wenn er aufhört, eine interne Angelegenheit des Gerichtes zu sein.[9] § 215 Abs. 1 Satz 2 bezieht sich zur **Wirksamkeit** von Einstellungsbeschlüssen ausdrücklich auf die Fristbestimmung des § 9 Abs. 1 Satz 3.[10] Maßgeblicher Zeitpunkt ist danach der Vollzug der öffentlichen **Bekanntmachung** des Einstellungsbeschlusses **im Internet;** auf den Eintritt der Rechtskraft der Entscheidung kommt es insoweit nicht an.[11] Die Bekanntmachung gilt

[3] Dazu näher Jaeger/*Windel* § 215 Rn. 3.
[4] Begr. Rechtsausschuss § 328 RegE, *Kübler/Prütting,* S. 447.
[5] Ges. zur Vereinfachung des Insolvenzverfahrens v. 13.4.2007, BGBl. I, S. 509. Vgl. dazu KPB/*Pape* § 215 Rn. 4.
[6] HKInsO/*Landfermann* § 215 Rn. 3; KPB/*Pape* § 215 Rn. 7; Uhlenbruck/*Ries* § 215 Rn. 3; Jaeger/*Windel* § 215 Rn. 4, wonach fünf Werktage vor der Bekanntmachung angemessen sind.
[7] Jaeger/*Windel* § 215 Rn. 3; FKInsO/*Kießner* § 215 Rn. 2.
[8] Die Veröffentlichung erfolgt auf der Internetseite www.insolvenzbekanntmachungen.de.
[9] Uhlenbruck/*Ries* § 215 Rn. 2; aA K. Schmidt/*Jungmann* § 215 Rn. 5.
[10] Dagegen wird eine Verfahrensaufhebung iSd § 200 schon im Zeitpunkt der Beschlussfassung und nicht erst mit der Veröffentlichung des Aufhebungsbeschlusses wirksam, vgl. BGHZ 186, 223 = NJW-RR 2010, 1494 (Rn. 5).
[11] Jaeger/*Windel* § 215 Rn. 8.

nach § 9 Abs. 1 Satz 3 erst als bewirkt, wenn nach dem Tag der Veröffentlichung zwei weitere Tage verstrichen sind. Sie genügt zum Nachweis der Zustellung an alle Beteiligten, § 9 Abs. 3, und löst den Lauf der Beschwerdefrist in gleicher Weise aus wie die Zustellung selbst.[12]

III. Vorabinformation

Das Insolvenzgericht hat den Schuldner, den Insolvenzverwalter und die Mitglieder des Gläubigerausschusses **vorab** – also spätestens dann, wenn die beschlossene Einstellung öffentlich bekannt gemacht werden soll (→ Rn. 4) – über den **Zeitpunkt des Wirksamwerdens** der Einstellung zu **informieren,** § 215 Abs. 1 Satz 2.[13] Entscheidend ist, dass mit der Wirksamkeit des Einstellungsbeschlusses die Verwaltungs- und Verfügungsbefugnis über die Insolvenzmasse wieder dem Schuldner zufällt; auf diese Rechtsfolge sollen sich die unmittelbar Verfahrensbeteiligten rechtzeitig vorbereiten können. 7

IV. Mitteilung an öffentliche Register

Die notwendige Bekanntmachung der Verfahrenseinstellung erfolgt gemäß den für die Aufhebung des Insolvenzverfahrens geltenden Regelungen, § 215 Abs. 1 Satz 3 iVm § 200 Abs. 2 Satz 2 (→ Rn. 3). Die von der Geschäftsstelle des Insolvenzgerichtes zu Verfahrensbeginn von der Insolvenzeröffnung gem. § 31 unterrichteten Gerichte und Behörden sind nunmehr unter Beifügung einer Ausfertigung des Einstellungsbeschlusses über die Einstellung des Verfahrens zu informieren. Im Grundbuch oder in öffentlichen Registern eingetragene **Insolvenzvermerke,** vgl. §§ 32, 33, sind zur **Löschung** zu bringen, allerdings erst dann, wenn der **Einstellungsbeschluss rechtskräftig** geworden ist.[14] Das Löschungsersuchen wird nach Rechtskraft vom Insolvenzgericht gestellt. Auch der Insolvenzverwalter ist antragsberechtigt, vgl. § 32 Abs. 3 Satz 2. 8

D. Wirkungen der Einstellung

I. Verfügungsmacht des Schuldners

Sobald der Einstellungsbeschluss wirksam wird, vgl. § 9 Abs. 1 Satz 3, **endet** grundsätzlich der **Insolvenzbeschlag** für die Zukunft. Der Insolvenzverwalter verliert – von vorbehaltenen Nachtragsverteilungen abgesehen (→ Rn. 12) – mit der rechtskräftigen Verfahrensbeendigung die Verwaltungs- und Verfügungsbefugnis nach § 80 Abs. 1 über die Insolvenzmasse.[15] Der **Schuldner** erlangt in vollem Umfang das Recht zurück, frei über die Insolvenzmasse zu verfügen § 215 Abs. 2 Satz 1. Mit der Wiedergewinnung aller Zuständigkeiten werden **Verfügungen,** die der **Schuldner** während des Verfahrens unter Verstoß gegen § 81 Abs. 1 Satz 1 getroffen hat, über eine entspr. Anwendung von § 185 Abs. 2 Satz 1 Alt. 2 BGB **wirksam;** der Fortfall der in § 81 angeordneten Unwirksamkeit tritt mit Beendigung des Insolvenzverfahrens allerdings nur **ex nunc** ein.[16] Soweit gutgläubige Drittschuldner in Unkenntnis der Verfahrenseinstellung noch an den nicht mehr empfangszuständigen vormaligen Insolvenzverwalter zahlen, werden sie entspr. § 82 Satz 1 von ihrer Schuld befreit, § 362 BGB.[17] 9

1. Rechtshandlungen des Insolvenzverwalters. Die **Wirkungen** der Verfahrenseinstellung treten nur **für die Zukunft** ein.[18] Der Insolvenzbeschlag wird also nicht rückwirkend beseitigt. Rechtshandlungen des Insolvenzverwalters, die er während des Insolvenzverfahrens vorgenommen hat, bleiben deshalb rechtswirksam.[19] Dies gilt zB für rechtsgeschäftliche Verfügungen, die Ausübung des Wahlrechts nach § 103 oder für die Kündigung von Dauerschuldverhältnissen, u. zwar unabhängig davon, ob die Maßnahmen des Insolvenzverwalters wirtschaftlich sinnvoll oder unzweckmäßig waren.[20] 10

---

12 BGH Insbüro 2012, 358; LG Göttingen NZI 2007, 735. Näher → § 216 Rn. 10.

13 HambKommInsO/*Weitzmann* § 215 Rn. 2; Uhlenbruck/*Ries* § 215 Rn. 3, wonach die Vorabmitteilung wegen der Beschwerdemöglichkeit auch den Hinweis „unter dem Vorbehalt der Rechtskraft" enthalten sollte.

14 Nerlich/Römermann/*Westphal* § 215 Rn. 10; Jaeger/*Windel* § 215 Rn. 7.

15 BGH NZI 2015, 756 (Rn. 5). Neben dem Amt des Insolvenzverwalters erlischt entspr. § 259 Abs. 1 auch das der Gläubigerausschussmitglieder, vgl. Uhlenbruck/*Ries* § 215 Rn. 7.

16 BGH ZIP 2013, 1181 (Rn. 25); BGHZ 166, 74, 80 = NJW 2006, 1286 (zu § 88); HKInsO/*Kayser* § 81 Rn. 27; Uhlenbruck/*Ries* § 215 Rn. 7; Jaeger/*Windel* § 215 Rn. 12; Uhlenbruck/*Mock* § 81 Rn. 28; auch → § 81 Rn. 18; aA HambKommInsO/*Weitzmann* § 215 Rn. 5.

17 BGHZ 186, 223 (Rn. 8) = NJW-RR 2010, 1494; BGH NZI 2011, 104.

18 Jaeger/*Windel* §§ 215 Rn. 17; Nerlich/Römermann/*Westphal* § 215 Rn. 11; K. Schmidt/*Jungmann* § 215 Rn. 6.

19 KPB/*Pape* § 215 Rn. 10; Uhlenbruck/*Ries* § 215 Rn. 7.

20 Zur Fortwirkung der durch den Verwalter umgestalteten Rechtsverhältnisse eingehend Jaeger/*Windel* § 215 Rn. 18.

Eine **Bindung** des **Schuldners** entfällt nur dann, wenn Rechtshandlungen des Verwalters evident insolvenzzweckwidrig[21] und damit ausnahmsweise unwirksam sind. Auch **prozessuale Lagen,** die aus Rechtshandlungen des Insolvenzverwalters für die Masse resultieren, wirken nach der Verfahrenseinstellung grundsätzlich für und gegen den Schuldner fort. Vollstreckungstitel, die während des Insolvenzverfahrens gegen den Verwalter erwirkt wurden und aus denen nunmehr die Vollstreckung eingeleitet werden soll, sind zuvor aber entspr. § 727 ZPO auf den Schuldner umzuschreiben.[22] Nach § 89 unzulässige **Vollstreckungsmaßnahmen** von Insolvenzgläubigern werden nach Verfahrenseinstellung grundsätzlich ex nunc **geheilt.**[23] Wurde allerdings vom Finanzamt wegen einer Steuer-Insolvenzforderung noch nach Insolvenzeröffnung entgegen § 87 ein **Steuerbescheid** erlassen, so wird dieser nicht etwa mit der Verfahrenseinstellung wirksam; der Bescheid ist mangels jeglicher Rechtsgrundlage nichtig,[24] so dass das Finanzamt die Steuerschuld gegen den Schuldner neu festzusetzen hat.[25] Im Übrigen können festgestellte und vom Schuldner nicht bestrittene Gläubigerforderungen mit Hilfe eines Titels nach § 201 Abs. 2 Satz 1 vollstreckt werden (→ Rn. 15).

11 **2. Prozessführungsbefugnis.** Mit der Wirksamkeit des Einstellungsbeschlusses **verliert** der Insolvenzverwalter neben dem Verwaltungs- und Verfügungsrecht grundsätzlich auch seine Prozessführungsbefugnis. In einem bis zur Einstellung des Verfahrens vom Insolvenzverwalter als Partei kraft Amtes für die Masse geführten Rechtsstreit kommt es daher grundsätzlich zu einem gesetzlichen Parteiwechsel vom Verwalter auf den Schuldner.[26] Zudem werden laufende **Verwalterprozesse** – wie bei Aufhebung des Verfahrens nach Schlussverteilung (§ 200) – analog §§ 239, 242 ZPO **unterbrochen,** bis sie von dem wieder prozessführungsbefugten Schuldner aufgenommen werden, § 250 ZPO.[27] Das gilt allerdings nicht für vom ehemaligen Insolvenzverwalter rechtshängig gemachte **Anfechtungsklagen.** Ohne Vorbehalt einer Nachtragsverteilung nach § 203 Abs. 1 erledigen sich Insolvenzanfechtungsprozesse in der Hauptsache mit der Beendigung des Verfahrens, weil das Recht zur Anfechtung nach den §§ 129 ff. untrennbar mit dem Verwalteramt verknüpft ist und daher mit dessen Ende ebenfalls untergeht.[28] Der Schuldner kann den in der Hauptsache erledigten Rechtsstreit nur noch im Hinblick auf die Kostenentscheidung nach § 91a ZPO aufnehmen.[29]

12 Ausnahmsweise kann die **Prozessführungsbefugnis** des früheren Insolvenzverwalters im Rahmen einer **Nachtragsverteilung fortbestehen.** So bleibt der Verwalter nach einer gem. § 211 Abs. 3 angeordneten Nachtragsverteilung über die Dauer des nach § 208 wegen Masseunzulänglichkeit eingestellten Verfahrens hinaus befugt, begonnene Aktivprozesse fortzuführen und neue einzuleiten, mit denen die der Nachtragsverteilung vorbehaltenen Gegenstände – etwa auch **Anfechtungsansprüche** – für die Masse realisiert werden sollen; denn die streitgegenständlichen Vermögenswerte unterliegen weiter dem Insolvenzbeschlag.[30] Erfolgt die Einstellung nach §§ 212, 213, sind die Ansprüche der Gläubiger bereits voll befriedigt oder doch sichergestellt. Für eine Nachtragsverteilung ist daher kein Raum mehr; das Prozessführungsrecht geht vorbehaltlos auf den Schuldner über.[31] Nur bei Aufhebung des Verfahrens könnte der Verwalter in einem bestätigten **Insolvenzplan** ermächtigt werden, bereits rechtshängige und noch schwebende **Anfechtungsprozesse** als gewillkürter Prozessstandschafter für Rechnung des Schuldners fortzuführen, § 259 Abs. 3.[32]

13 **3. Herausgabe von Geschäftsunterlagen.** Mit der Verfahrenseinstellung steht dem Schuldner das Recht zu, das noch vorhandene bisherige Massevermögen einschließlich Geschäftsunterlagen vom Verwalter zurückzuerhalten. Dieser ist daher im Zuge der **Abwicklung** des beendeten Verfahrens verpflichtet, alle erforderlichen Maßnahmen zu treffen, damit der Schuldner mit der Verfügungsbefugnis auch tatsächlich den Besitz an übriggebliebenen Massegegenständen wiedererlangt; zugleich sind

---

21 Vgl. BGH NZI 2018, 708 (Rn. 13); Uhlenbruck/*Ries* § 215 Rn. 7; auch → § 53 Rn. 27.

22 LAG Düsseldorf ZIP 2005, 2176; BGH Rpfleger 2006, 423; Jaeger/*Windel* § 215 Rn. 20. Vgl. auch BGH WM 2005, 1324 m. zust. Anm. *Ganter* in WuB VI A. § 80 InsO 1.05: Keine Titelumschreibung nach Grundstücksfreigabe aus der Masse während eines bereits laufenden Vollstreckungsverfahrens entspr. § 80 Abs. 2 Satz 2 InsO.

23 Zur hM vgl. AGR/*Piekenbrock* § 89 Rn. 37; aA Jaeger/*Windel* § 215 Rn. 21.

24 BFH ZIP 2012, 785 (Rn. 8); NJW 2003, 2335; HKInsO/*Kayser* § 87 Rn. 7; Jaeger/*Gerhardt* § 174 Rn. 34.

25 FG Düsseldorf KTS 1958, 30; Jaeger/*Windel* § 215 Rn. 21.

26 BGH NZI 2015, 756 (Rn. 7); OLG München NZI 2014, 610; *Markgraf/Hertelt*, ZIP 2018, 1480, 1482.

27 BGH NJW 1982, 1765; BFH NZI 2011, 911 (Rn. 16); Uhlenbruck/*Mock* § 86 Rn. 38. Keine Prozessunterbrechung aber, wenn der Insolvenzverwalter anwaltlich vertreten war, vgl. § 246 ZPO.

28 BGH ZIP 2013, 998 (Rn. 8); NJW-RR 2010, 629 (Rn. 7 und 10); Jaeger/*Windel* § 215 Rn. 20.

29 Uhlenbruck/*Ries* § 215 Rn. 8.

30 BGH NZI 2013, 1019 (Rn. 16); ferner Uhlenbruck/*Ries* § 211 Rn. 12; *Markgraf/Hertelt,* ZIP 2018, 1480, 1485; → § 211 Rn. 21.

31 KPB/*Pape* § 215 Rn. 13; AGR/*Henning* § 212 Rn. 22 und § 213 Rn. 28.

32 BGH ZIP 2013, 998; NJW-RR 2010, 629 f. (Rn. 8).

ihm die **Geschäftsbücher** (§ 36 Abs. 2) auszuhändigen. Der Schuldner ist seinerseits zur Rücknahme verpflichtet.[33]

II. Restschuldbefreiung

14 Die Frage, inwieweit Restschuldbefreiung im Falle der Verfahrenseinstellung gem. § 215 Abs. 2 Satz 2 iVm § 201 Abs. 3 in Betracht kommt, ist für die §§ 207, 211, 212 und 213 jeweils gesondert zu beantworten. Im Fall der Einstellung nach **§ 207** ist eine zur Deckung der Verfahrenskosten ausreichende Insolvenzmasse nicht vorhanden; da die Kostendeckung jedoch auch Voraussetzung der Restschuldbefreiung ist, konnte diese bei Massearmut bis zur Einführung der Stundungsregelung, §§ 4a ff., durch das InsoÄndG 2001 regelmäßig nicht erteilt werden. Soweit natürlichen Personen, die die Verfahrenskosten nicht aufbringen können, nach § 4a Stundung bewilligt wird und deshalb die Einstellung gem. § 207 Abs. 1 Satz 2 unterbleibt, steht auch ihnen der Zugang zur Restschuldbefreiung nach Maßgabe der §§ 286 ff. offen.[34] Wird das Verfahren wegen Masseunzulänglichkeit nach Verteilung der Masse (§§ 208 Abs. 1, 209) gem. **§ 211** eingestellt, kann der Schuldner gem. § 289 nach Anhörung der Gläubiger und ggf. auch des Insolvenzverwalers (§ 287 Abs. 4) Restschuldbefreiung erlangen; mit der Einstellung des Insolvenzverfahrens wird das Restschuldbefreiungsverfahren in die Wohlverhaltensphase übergeleitet.[35] Die Einstellung des Verfahrens nach **§ 212** beruht darauf, dass die Insolvenzgläubiger befriedigt werden können. Bei voller Schuldendeckung besteht aber kein Rechtsschutzbedürfnis mehr, um noch ein Restschuldbefreiungsverfahren durchzuführen.[36] Bei Einstellung des Verfahrens mit Zustimmung der Gläubiger nach **§ 213** kann es nur ausnahmsweise zulässig sein, dem Schuldner eine vorzeitige Restschuldbefreiung analog § 299 zu gewähren (dazu → § 213 Rn. 18).

III. Nachhaftung des Schuldners

15 Nach Einstellung des Verfahrens können die **Insolvenzgläubiger** ihre im Insolvenzverfahren nicht befriedigten restlichen Ansprüche entsprechend § 201 Abs. 1 iVm § 215 Abs. 2 Satz 2 **unbeschränkt** geltend machen, sofern dem Schuldner keine Restschuldbefreiung erteilt wird, § 201 Abs. 3.[37] Durch die Möglichkeit einer Restschuldbefreiung wird die sog. Nachhaftung des Schuldners bei natürlichen Personen stark eingeschränkt.[38] Bereits vor Insolvenzeröffnung titulierte Forderungen können nach dem Wegfall des Vollstreckungsverbots in § 89 gegen den Schuldner vollstreckt werden. Unter den Voraussetzungen des § 201 Abs. 2 können sich die Insolvenzgläubiger auch einen vollstreckbaren Auszug aus der Insolvenztabelle erteilen lassen und aus dem Tabelleneintrag die Vollstreckung betreiben, wenn der Schuldner seinen gem. §§ 178 ff. festgestellten Zahlungsverpflichtungen nicht nachkommt.[39] Im Übrigen haben die nicht am Insolvenzverfahren beteiligten Gläubiger – auch während eines Restschuldbefreiungsverfahrens – die Möglichkeit, ihre ursprünglichen noch offenen Forderungen einzuklagen, um einen vollstreckbaren Titel zu erlangen. Aus einem obsiegenden Urteil kann aber wegen § 294 Abs. 1 erst nach Versagung der vom Schuldner beantragten Restschuldbefreiung vollstreckt werden.[40]

16 Zur persönlichen Haftung des Schuldners für **Masseverbindlichkeiten,** die bei einer Einstellung nach § 207 oder § 211 unerfüllt geblieben sind, s. → § 207 Rn. 76/77 u. → § 53 Rn. 33–34a.

§ 216 Rechtsmittel

(1) Wird das Insolvenzverfahren nach § 207, 212 oder 213 eingestellt, so steht jedem Insolvenzgläubiger und, wenn die Einstellung nach § 207 erfolgt, dem Schuldner die sofortige Beschwerde zu.

(2) Wird ein Antrag nach § 212 oder § 213 abgelehnt, so steht dem Schuldner die sofortige Beschwerde zu.

---

33 Zum gesetzlichen „Abwicklungsverhältnis" zwischen Verwalter und Schuldner s. Jaeger/*Windel* § 215 Rn. 11; Uhlenbruck/*Ries* § 215 Rn. 6. Zu praktischen Schwierigkeiten bei Übernahme von großen Aktenbeständen durch den Schuldner vgl. Gottwald/*Klopp/Kluth/Wimmer,* InsO-HdB, § 75 Rn. 30 f.; dazu auch → § 207 Rn. 79.

34 FKInsO/*Ahrens* § 289 Rn. 7; dazu → § 207 Rn. 75.

35 BGH ZVI 2009, 346 (Rn. 3); näher → § 208 Rn. 59.

36 KPB/*Pape* § 212 Rn. 20 u. § 215 Rn. 15; Uhlenbruck/*Ries* § 215 Rn. 10.

37 Das freie Nachforderungsrecht gilt auch bei Einstellung des Verfahrens nach § 213. Vgl. KPB/*Pape* § 215 Rn. 14; Uhlenbruck/*Ries* § 215 Rn. 9; § 213 Rn. 6.

38 HambKommInsO/*Herchen* § 201 Rn. 22.

39 Vgl. K. Schmidt/*Jungmann* § 215 Rn. 8. Während eines Restschuldbefreiungsverfahrens darf aber die Zwangsvollstreckung gem. § 294 Abs. 1 nicht betrieben werden.

40 OLG Brandenburg NZI 2012, 762.

Übersicht

A. Normzweck

1 Die Entscheidungen des Insolvenzgerichtes unterliegen nach § 6 Abs. 1 nur in denjenigen Fällen einem Rechtsmittel, in denen die Insolvenzordnung dies ausdrücklich vorsieht. Die Beschränkung der Rechtsmittel soll einen **zügigen Ablauf** des Insolvenzverfahrens gewährleisten. Zweck der gesetzlichen Regelung in § 216 ist es, den **Umfang** der **Beschwerdemöglichkeiten** gegen Einstellungsbeschlüsse und gegen die Ablehnung eines Einstellungsantrages **abschließend** festzulegen. Die in § 216 nicht erwähnte Einstellung des Verfahrens nach Anzeige der Masseunzulänglichkeit gem. §§ 208, 211 ist daher nicht mit der sofortigen Beschwerde anfechtbar. (→ § 211 Rn. 11).

B. Entstehungsgeschichte

2 Nach der gesetzgeberischen Konzeption sind die Anfechtungsmöglichkeiten in der InsO auf die Fälle beschränkt, in denen diese zugelassen sind.[1] Für die Fälle der vorzeitigen Einstellung des Verfahrens mangels Masse (§ 207) bzw. wegen Wegfalls des Eröffnungsgrundes (§ 212) oder mit Zustimmung der Gläubiger (§ 213) musste der Gesetzgeber deshalb die Rechtsmittel **ausdrücklich bestimmen,** die den Beteiligten zur Rechtswahrung eingeräumt werden. Bereits § 330 RegE sah – wie bei Aufhebung des Verfahrens nach der Schlussverteilung oder der Planbestätigung (§§ 200, 258) – kein Rechtsmittel gegen die Verfahrenseinstellung gem. § 211 vor, weil nach Vorstellung des Gesetzgebers nach der Verteilung des Schuldnervermögens kein Bedürfnis mehr für eine Anfechtbarkeit bestehe.[2] Den Beteiligten steht in diesem besonders wichtigen Einstellungsfall aber gegenüber der idR vom Rechtspfleger getroffenen Entscheidung wenigstens der Rechtsbehelf der Erinnerung nach § 11 Abs. 2 RPflG zu (→ Rn. 11).

C. Rechtsmittel

I. Einstellung des Verfahrens, § 216 Abs. 1

3 **1. Einstellungsbeschluss.** Die InsO kennt vier Einstellungsgründe. Jedoch nur gegen die Einstellung auf Grund Masselosigkeit nach § 207 sowie in den selten vorkommenden Fällen der Einstellung wegen Wegfalls des Insolvenzeröffnungsgrundes (§ 212) oder mit Zustimmung der Insolvenzgläubiger (§ 213) wird gem. § 216 die sofortige Beschwerde gegen den Einstellungsbeschluss zugelassen.

4 **2. Beschwerdeberechtigung.** Die Befugnis zur Einlegung der sofortigen Beschwerde gegen Einstellungsentscheidungen des Insolvenzgerichts gem. §§ 212, 213 steht nur jedem Insolvenzgläubiger zu; bei Einstellung nach § 207 ist neben den Insolvenzgläubigern auch der Schuldner beschwerdeberechtigt.

1 Zum Enumerationsprinzip s. AGR/*Ahrens* § 6 Rn. 7.

2 Begr. § 330 RegE, *Kübler/Prütting,* S. 448; BGH NZI 2007, 243. Zur Problematik dieser Regelung → § 211 Rn. 12; kritisch zur Beschränkung des Beschwerderechts auch KPB/*Pape* § 211 Rn. 10 f. und § 216 Rn. 2.

a) Insolvenzgläubiger. Die Insolvenzgläubiger sind bei vorzeitiger Verfahrensbeendigung durch eine Einstellung nach den **§§ 207, 212 und 213** beschwerdeberechtigt. In den (seltenen) Einstellungsverfahren nach § 212 oder § 213 haben die Insolvenzgläubiger gem. § 214 Abs. 1 Satz 3 zuvor die Möglichkeit, dem Einstellungsantrag des Schuldners zu widersprechen. Ob sie von dieser Widerspruchsmöglichkeit Gebrauch machen, ist ihnen freigestellt. In jedem Fall verlieren sie nicht ihr Beschwerderecht, wenn sie gegen den schuldnerischen Einstellungsantrag nach § 212 oder § 213 keinen Widerspruch eingelegt haben.[3] **Nachrangige Insolvenzgläubiger** iSd § 39 sind nur beschwerdeberechtigt, wenn sie vom Insolvenzgericht gem. § 174 Abs. 3 Satz 1 besonders zur Anmeldung ihrer Forderungen aufgefordert und damit in das Insolvenzverfahren einbezogen wurden.[4] Absonderungsberechtigten (Insolvenz-)Gläubigern steht kein Beschwerderecht zu.[5] 5

b) Massegläubiger. Die Massegläubiger sind grundsätzlich nicht beschwerdebefugt.[6] Ihre Interessen werden durch die Verwalterpflichten aus § 214 Abs. 3 und die persönliche Haftung des Insolvenzverwalters nach §§ 61, 60 ausreichend **geschützt.** Schadenersatzansprüche können sich ergeben, wenn der Verwalter seine den Massegläubigern gegenüber bestehenden Verpflichtungen verletzt, zB nicht für die Berichtigung und Sicherstellung von Masseansprüchen ausreichend Sorge trägt. 6

c) Schuldner. Die Einstellung des Insolvenzverfahrens wegen Massearmut liegt nicht immer im Interesse des Schuldners, der dadurch zB Sanierungschancen für sein Unternehmen durch Vorlage eines Insolvenzplans verliert. Jedoch ist auch er nur **beschwerdeberechtigt** bei einer Einstellung mangels Masse nach **§ 207 Abs. 1,** damit er sich die Möglichkeit der Restschuldbefreiung nach § 289 Abs. 3 erhalten kann.[7] 7

d) Insolvenzverwalter. Gegen die Einstellung des Verfahrens steht dem Insolvenzverwalter kein Rechtsmittel zu.[8] Dies gilt auch für den Fall der Einstellung mit Zustimmung der Insolvenzgläubiger (§ 213).[9] 8

II. Ablehnung des Einstellungsantrags, § 216 Abs. 2

Die Einstellung des Verfahrens nach **§ 212** oder **§ 213** kann ausschließlich vom Schuldner beantragt werden. Wird der Antrag vom Insolvenzgericht zurückgewiesen, so ist auch **nur** der **Schuldner** berechtigt, hiergegen gem. § 216 Abs. 2 sofortige Beschwerde einzulegen. Wird dem „Antrag" des **Insolvenzverwalters** auf Einstellung des Insolvenzverfahrens nach **§ 207** wegen Masselosigkeit nicht entsprochen, weil nach Einschätzung des Insolvenzgerichts die Verfahrenskosten durch die Masse gedeckt sind, so liegt gem. § 216 keine rechtsmittelfähige Entscheidung vor. Der Insolvenzverwalter ist trotz Ablehnung seines Antrags – auch durch förmlichen Beschluss – nicht beschwerdeberechtigt; das Insolvenzverfahren wird fortgesetzt.[10] Ihm verbleibt bei unzulänglicher Masse die Möglichkeit einer Anzeige nach § 208 Abs. 1. Im Übrigen steht dem Verwalter wegen seiner Vergütung nebst Auslagen in Stundungsfällen ein Erstattungsanspruch gegen die Staatskasse zu (§ 63 Abs. 2), soweit die vorhandene Masse zur vollen Kostendeckung tatsächlich nicht ausreicht. 9

III. Beschwerdeverfahren

1. Sofortige Beschwerde. Die Einlegung der sofortigen Beschwerde gegen eine vom Richter oder Rechtspfleger beschlossene Einstellung und das Beschwerdeverfahren richten sich nach § 6. Beschwerdegericht ist das Landgericht, § 72 GVG. Die Beschwerde ist schriftlich (§ 569 Abs. 2 ZPO) oder zu Protokoll der Geschäftsstelle (§ 569 Abs. 3 Nr. 1 ZPO) stets beim **zuständigen Insolvenzgericht** einzulegen, § 6 Abs. 1 Satz 2.[11] Die **zweiwöchige Beschwerdefrist** nach § 4 iVm § 569 Abs. 1 Satz 1 ZPO beginnt gem. § 6 Abs. 2 mit der Verkündung der Entscheidung oder, wenn diese – wie im Regelfall – nicht verkündet wird, mit der wirksamen Zustellung. Dabei genügt zum Nachweis der Zustellung die **öffentliche Bekanntmachung** der Einstellung im Internet, § 9 10

---

[3] KPB/*Pape* § 212 Rn. 21; s. auch → § 213 Rn. 6.

[4] HKInsO/*Landfermann* § 216 Rn. 2; AGR/*Henning* § 216 Rn. 4; K. Schmidt/*Jungmann* § 216 Rn. 2. Gegen die Beschränkung durch gerichtliche Aufforderung bei Einstellung nach §§ 212, 213 aber Jaeger/*Windel* § 216 Rn. 13, 14.

[5] Braun/*Kießner* § 216 Rn. 3.

[6] Nerlich/Römermann/*Westphal* § 216 Rn. 6; Uhlenbruck/*Ries* § 216 Rn. 5; Jaeger/*Windel* § 216 Rn. 5.

[7] Jaeger/*Windel* § 216 Rn. 9.

[8] BGH NZI 2007, 406 (Rn. 4).

[9] Nerlich/Römermann/*Westphal* § 216 Rn. 6, 9; Uhlenbruck/*Ries* § 216 Rn. 3.

[10] BGH 5.2.2015 – IX ZA 36/14, BeckRS 2015, 04564; NZI 2007, 406 (Rn. 4); → § 207 Rn. 50.

[11] Die Möglichkeit zur Einlegung des Rechtsmittels auch beim Beschwerdegericht (s. § 569 Abs. 1 Satz 1 ZPO) ist zum 1.3.2012 entfallen.

Abs. 1 und 3. Die Notfrist von zwei Wochen beginnt dann zwei Tage nach der – ordnungsgemäßen – Internetveröffentlichung, § 569 Abs. 1 Satz 2 ZPO, § 9 Abs. 1 Satz 3; dies gilt auch, wenn der Einstellungsbeschluss später noch persönlich zugestellt wurde.[12]

11 **2. Befristete Rechtspflegererinnerung.** Die Einstellungsbeschlüsse nach §§ 207 ff. trifft grundsätzlich der **Rechtspfleger,** da sie nicht dem Richtervorbehalt in § 18 Abs. 1 RPflG unterfallen. Nach § 11 Abs. 1 RPflG steht den Verfahrensbeteiligten, soweit eine **Beschwerde** nach § 216 statthaft ist, dieses Rechtsmittel auch gegen die Rechtspflegerentscheidungen zu. Daher können zB alle nach § 216 Abs. 1 beschwerdeberechtigten Insolvenzgläubiger sofortige Beschwerde auch gegen Verfahrenseinstellungen nach den §§ 207, 212 oder 213 einlegen, die nicht vom Richter, sondern vom Rechtspfleger beschlossen worden sind. Darüber hinaus sieht § 11 Abs. 2 Satz 1 RPflG die befristete **Erinnerung** vor, soweit § 216 die Beschwerde ausschließt. Stellt also der Rechtspfleger nach Anzeige des Insolvenzverwalters das Verfahren wegen Masseunzulänglichkeit gem. § 211 ein, findet hiergegen innerhalb zweiwöchiger Notfrist die Erinnerung statt.[13] Über Erinnerungen, denen der Rechtspfleger nicht abhilft, § 11 Abs. 2 Satz 2 RPflG, hat der zuständige Insolvenzrichter – abschließend und unanfechtbar – zu entscheiden.

12 **3. Wirkung.** Die Einlegung der sofortigen Beschwerde hat – ebenso wie die Erinnerung gegen die Entscheidung des Rechtspflegers, § 11 Abs. 2 Satz 4 RPflG – **keine aufschiebende Wirkung,** §§ 570 Abs. 1 ZPO, 4 InsO. Trotz der Anfechtung des Einstellungsbeschlusses erhält daher der Schuldner bis zur Rechtskraft der Beschwerdeentscheidung, § 6 Abs. 3 Satz 1, das Recht zurück, über die Insolvenzmasse frei zu verfügen (§ 215 Abs. 2). Ebenso endet die Prozessunterbrechung bereits mit der Einstellung und nicht erst mit Eintritt der Rechtskraft des Einstellungsbeschlusses.[14] Jedoch können Insolvenzgericht und Beschwerdegericht die Vollziehung des angefochtenen Beschlusses aussetzen, § 570 Abs. 2, 3 ZPO, und so zB verhindern, dass der Insolvenzverwalter eine noch vorhandene Restmasse an den Schuldner herausgibt.[15] Das Beschwerdegericht kann bei Vorliegen besonderer Umstände die sofortige Wirksamkeit seiner Entscheidung anordnen, § 6 Abs. 3 Satz 2. Ist die **Beschwerde begründet,** wird die Einstellung mit der rechtskräftigen Aufhebung des Einstellungsbeschlusses zwar „ex tunc" wieder rückgängig gemacht. Zwischenzeitliche Rechtshandlungen des Schuldners behalten aber zum Schutz des Rechtsverkehrs – entspr. dem Rechtsgedanken des § 34 Abs. 3 Satz 3 – grundsätzlich ihre Wirksamkeit.[16] Das Insolvenzverfahren nimmt aber im Übrigen seinen Fortgang, wie wenn die Einstellung nicht geschehen wäre.

13 **4. Rechtsbeschwerde.** Eine Rechtsbeschwerde zum BGH gegen Beschlüsse des Beschwerdegerichts in Insolvenzsachen, die seit dem 27.10.2011 erlassen worden sind, findet nach der Aufhebung des § 7 nur noch statt, wenn sie vom **Beschwerdegericht** zugelassen wurde, § 574 Abs. 1 Satz 1 Nr. 2 ZPO, § 4.[17] Die Nichtzulassung der Rechtsbeschwerde ist unanfechtbar. Ohne **Zulassung** in der Beschwerdeentscheidung ist der Rechtsweg also erschöpft.[18]

---

12 BGH NJW 2014, 1241 (Rn. 5); ZIP 2012, 1779 (Rn. 6); NZI 2010, 159 (Rn. 9).

13 Der vorgeschaltete Rechtsbehelf der Erinnerung steht auch den nach § 216 nicht beschwerdebefugten Massegläubigern und dem Insolvenzverwalter zu, vgl. BGH NZI 2007, 243 und 406; Uhlenbruck/*Ries* § 216 Rn. 9.

14 *Häsemeyer* Rn. 7.70.

15 BGH NZI 2006, 693 (Rn. 30).

16 Vgl. BAG DB 1958, 1016; Jaeger/*Windel* § 215 Rn. 16; K. Schmidt/*Jungmann* § 215 Rn. 11; Uhlenbruck/*Ries* § 216 Rn. 2.

17 BGH ZIP 2012, 1146, dazu Anm. *Baumert* EWiR 2012, 481.

18 Eine erst nachträglich ausgesprochene Zulassung bleibt wirkungslos, BGH ZInsO 2015, 517 (Rn. 8).

Sachverzeichnis

Fette Zahlen = Paragraphen; magere Zahlen = Randnummern

C

D

E

F

G

H

I

J

K

L

N

O

S

T

U

V

W

Z